훈민정음

학습 국어 사전

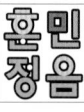

LEARNER'S KOREAN DICTIONARY

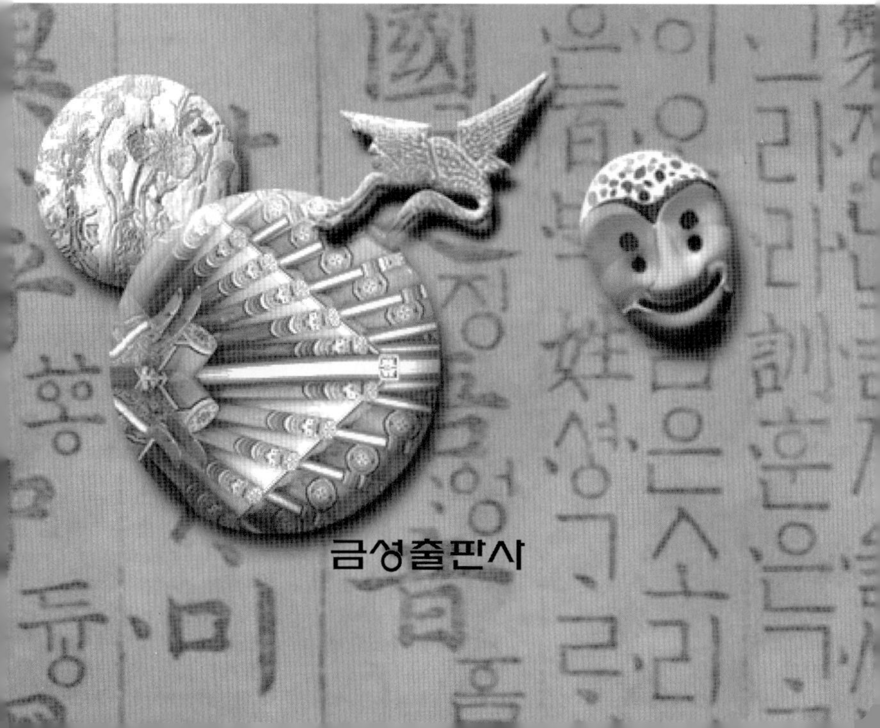

금성출판사

머리말

　사전 편찬은 모든 선행 사전의 집적 위에서 이뤄진다. 그 어떤 후발 사전도 선행 사전의 거대 중력으로부터 벗어날 수 없다. 그렇지만 사전 편찬자들은 선행 사전이 도달한 높이에서 한 발짝 더 나아가기를 꿈꾼다. 이 사전도 그러한 열망 속에서 출발하였다. 누군가가 이 사전 어느 갈피에서 그 열망의 흔적을 조금이나마 읽어 준다면 더 무엇을 바랄 것인가? 좋은 사전을 만들고자 하는 우리의 노력은 다음 다섯 가지에 집약되어 있다.

　첫째, 공시적 현대 국어사전을 지향하였다. 그동안 많은 국어사전들이 고어와 사어, 유령 단어(사용 여부가 검증된 바 없는 단어) 등을 끌어안고 불필요하게 부피만을 키워 왔음을 부인하기 어렵다. 이는 사전의 효율성을 크게 떨어뜨린다는 점에서 병폐라면 병폐였다. 우리는 이를 지양하고 현대 국어의 참모습을 충실히 담은 본격 현대 국어사전을 만들고자 하였다. 여기서 현대 국어라 함은 20세기 이후의 문헌과 언어 생활에서 나타나는 모든 국어 어휘를 뜻한다.

　둘째, 새로 생긴 말을 철저히 발굴하여 수용하였다. 신문·방송 등에 무수히 쏟아지는 새말은 물론이고, 인터넷에서 쓰이는 통신 언어까지도 폭넓게 채집하였다. 오늘날 말의 폭발적 증가는 사람들 사이에 시시때때로 소통의 장애를 일으키기도 하고, 또한 텍스트를 제대로 읽지 못하는 문맹 아닌 문맹을 초래하기도 한다. 이 사전은 다른 사전에서는 찾을 수 없는 풍부한 신어로 그러한 어려움을 말끔히 씻어 줄 것이다.

　셋째, 실증적이고 귀납적인 뜻풀이를 추구하였다. 때로 사전 편찬자들은 단어의 의미를 자신의 머릿속에서 이끌어 내는 경우가 있는데, 이는 주관과 편견의 함정에 빠지기 쉽다. 우리는 그러한 우를 범하지 않기 위해, 단어를 실제의 문장 속에서 실증적으로 검토한 뒤, 그로부터 객관적 의미를 귀납해 내고자 하였다. 이를 위해 우리는 많은 문학 작품과 신문·잡지·인터넷 사이트 등을 샅샅이 뒤지는 수고를 즐겁게 감내하였다.

　넷째, 돋워보기 항목을 도입하여 실용성을 높였다. 명확히 그 차이를 알기 어려운 유의어, 서로 뒤바꾸어 쓰기 쉬운 혼동어, 자주 틀리는 어법 등을 상자 모양의 돋워보기로 다룸으로써, 이용자들이 국어를 한층 더 깊게 이해하고 언어 생활을 보다 더 충실하게 할 수 있게 하였다.

　다섯째, 통일 시대를 대비하여 북한어를 부록으로 수록하였다. 이는 점차 서로 이질화되고 있는 남북 언어의 실상을 정확히 알리기 위한 것으로, 사용 빈도가 높은 약 1,000개의 북한어를 다루었다. 특히, 북한어로 찾는 북한어→남한어 색인뿐만 아니라, 남한어로 찾는 남한어→북한어 색인도 함께 붙임으로써, 북한어를 전혀 모르는 사람도 쉽고 편리하게 이용할 수 있도록 하였다.

일러두기

표 제 항

1. 단어의 선정 범위

20세기 이후의 문헌에 두루 나타나는 현대 국어를 망라하고자 했다. 이는 규범적으로는 표준어와 비표준어(또는 방언)로 구별될 수 있고, 사용의 보편성에 따라서는 일반어·전문어·속어·비어·특수집단어 등으로 나뉠 수 있다. 고유 명사는 원칙적으로 배제하였으나 독자의 편의를 위해 국가명과 극히 일부의 인명·작품명 등을 실었다. 이 사전의 수록 어휘는 총 11만 5,800여 개이다(부표제어 포함).

2. 표제어 배열 순서

● 자모의 차례
초성: ㄱㄲㄴㄷㄸㄹㅁㅂㅃㅅㅆ ㅇㅈㅉㅊㅋㅌㅍㅎ
중성: ㅏㅐㅑㅒㅓㅔㅕㅖㅗㅘㅙ ㅚㅛㅜㅝㅞㅟㅠㅡㅢㅣ
종성: ㄱㄲㄳㄴㄵㄶㄷㄹㄺㄻㄼ ㄽㄾㄿㅀㅁㅂㅄㅅㅆㅇㅈㅊ ㅋㅌㅍㅎ

● 자모가 같은 말의 차례
동자 동음이의어(同字同音異義語)는 각각 따로 표제어로 삼되, 어깨번호를 붙여 구별했고, 그 순서는 다음과 같다.

　고유어→한자어→외래어

위의 조건으로도 구별되지 않을 경우에는 다시 다음의 기준에 따라 구별했다.

　고유어:자립어→비자립어(품사 및 문법 요소 배열순— vii쪽 참고)
　　　　짧은소리→긴소리
　　　　표준어→비표준어→방언
　한자어:자립어→비자립어
　　　　한자 획이 적은 것→많은 것
　　　　표준어→비표준어
　외래어:자립어→비자립어
　　　　어원의 로마자 배열순

3. 주표제어

원칙적으로 단일어 및 합성어·파생어 등의 단어와 조사·어미·접사 등의 형식 형태소를 주표제어로 삼았다. 그러나 독자의 편의를 위해, 자립성이 없는 한자어 어근('-하다'가 붙어서 비로소 자립성을 갖는 말)을 주표제어로 세우기도 했으며, 드물게 예외적 형태를 주표제어로 삼기도 했다.

4. 부표제어

● '-하다/-되다'가 붙는 파생어
동작성이나 상태성이 있는 명사에 '-하다', '-되다'가 붙어 동사나 형용사를 이룰 경우, 그 명사의 풀이 끝에 부표제어로 세웠으며, 풀이는 반복하지 않고 생략하였다. 단, '-하다'나 '-되다'가 붙어 새로운 개념이 창출되거나, 명사의 일부의 뜻만을 나타낼 때에는 풀이를 보였다.

> **매매**(賣買) 명 ……. **매매-하다** 동(타)(여) **매매-되다** 동(자)
> **소ː복**(素服) 명 하얗게 차려입은 한복. **소ː복-하다** 동(자)(여) 소복을 입다.

● '-이/-히'가 붙는 부사어
'-하다/-롭다/-없다'가 붙어서 파생되는 형용사나 어간이 ㅂ으로 끝나는 형용사의 어근에 '-이/-히'가 붙어 부사로 된 것은 별도의 풀이 없이 형용사의 부표제어로 처리했다.

> **불쌍-하다** 형 ……. **불쌍-히** 부
> **향기-롭다**(香氣—) 형 ……. **향기로이** 부
> **하염-없다** 형 ……. **하염없-이** 부
> **부드럽다** 형 ……. **부드러이** 부

● 관용구
첫머리에 오는 단어의 부표제어로 처리하되 각각 별행으로 잡았다. 한편, 낱말과 낱말 사이에 조사가 선택적으로 붙을 수 있는 것은 그 조사를 ( )로 싸서 보였고, 서로 바꾸어 쓰일 수 있는 말은 〔 〕로 싸서 보였다.

> **가슴** 명 …….
> 　**가슴(이) 아프다** 구 …….
> 　**가슴이 덜컹〔철렁〕하다** 구 …….

● 속담·격언·명언
속담은 그 문장의 첫머리에 오는 단

어의 표제어 항 안에 설정하되, 풀이가 끝난 다음에 [ ]로 싸서 별행으로 처리했다. 또, 우리나라에서 널리 쓰이는 외국의 격언이나 속담, 명언을 우리나라 속담 다음에 ※ 기호를 앞세워 별행으로 처리했다.

> **구ː르다** 동 ……
> [굴러 온 돌이 박힌 돌 뺀다] ……
> ※ 구르는 돌에는 이끼가 끼지 않는다〔서양 격언에서〕……

뜻 풀 이

1. 풀이 원칙

알기 쉬운 말을 사용하되, 적확하고 구체적인 표현으로 핵심을 찌르도록 했다. 특히, 유의어끼리 순환적으로 동어 반복하는 폐단을 바로잡아, 의미가 서로 명확히 구별되게 하였다. 또한, 단어를 실제의 문장 속에서 검토한 뒤, 그로부터 의미를 이끌어 내는 실증적 뜻풀이를 추구했다.

2. 갈래

● 품사의 갈래

한 표제어 안에서 품사가 둘 이상일 때에는 Ⅰ, Ⅱ, Ⅲ, …으로 갈랐으며, 같은 품사이나 종속 단위로 나뉠 때에는 필요에 따라 ①, ②, ③, …으로 갈랐다.

> **내일**(來日) Ⅰ명 ……
> Ⅱ부 ……
> **맺다** 동 ①타 …… ②자 ……

● 뜻 갈래

한 어휘가 여러 가지 뜻을 가질 때에는 **1**, **2**, **3**, …으로 가르되, 사용 빈도가 높은 것부터, 또는 빈도가 현저히 낮지 않을 경우 역사적으로 근원이 되는 것부터 배열했다.

3. 문법 정보

● 쓰임의 제약

어휘의 개념 이외에 통사 제약이나 활용 형태의 제약 등 여러 가지 문법 정보를 제시할 때, 그 내용을 ( ) 안에 보였다.

> **아니** 부 **1** (용언 앞에 쓰여) ……
> **데리다** 동(불타) (주로 '데리고', '데려', '데리러'의 꼴로 쓰여) ……

● 호응 관계

표제어와 흔히 호응하는 주어·목적어·부사어 등을 ( ) 안에 보였다.

> **마시다** 동(타) **1** (사람이 액체를) 입속으로 들어가게 하여 씹거나 머금지 않고 곧바로 목구멍으로 넘기다. ……

4. 세는 단위

수량을 나타낼 수 있는 명사 중 주요한 것에 그 세는 단위, 곧 단위성 의존 명사를 풀이 끝에 보였다.

> **연필**(鉛筆) 명 …… 세는 단위는 자루·다스(12자루)·그로스(12다스).

5. 호칭 및 지칭

친족 관계를 나타내는 말 중에서 주요한 것에 직접 부르거나(호칭어), 간접적으로 이르는 말(지칭어)을 풀이 끝에 표로 보였다.

> **어머니** 명 ……
>
> 어머니에 대한 호칭어, 지칭어
>
> | | | 살아 계신 어머니 | 돌아가신 어머니 |
> |---|---|---|---|
> | 호칭어 | 어릴 때 | 어머니(엄마) | |
> | | 성장 후 | 어머니 | |
> | 지칭어 | 부모, 조부모에게 | 어머니(엄마) | 어머니 |
> | | 친척에게 | 어머니(엄마) | 어머니(어머님) |
> | | 남편에게 | 친정(지역 이름) 어머니 | 친정어머니(어머님) |
> | | ⋮ | ⋮ | ⋮ |

6. 활용 형태

불규칙 용언은 품사 표시 뒤에 불규칙의 종류를 약호로 보이고, 대표적인 활용 형태를 < >로 싸서 예시했다. 다만, 'ㄹ 불규칙'과 '으 불규칙'은 학교 문법에 따라 규칙 용언으로 처리했으나 활용 형태만은 참고로 보였다.

> **덥ː다** 형(ㅂ) <더우니, 더워> ……
> **그을다** 동(자) <그으니, 그으오> ……
> **쓰다** 동(타) <쓰니, 써> ……

7. 동물의 울음소리

어떤 동물에게 울음소리를 나타내는 말이 있을 때, 그 말을 풀이 끝에 보였다.

> **개** 명 …… 울음소리는 '멍멍', '왕왕', '컹컹', '깨갱깨갱', '깨갱', '으르렁'.

iv 일러두기

8. 오류어·방언·순화어

오류어·비표준어·방언은 다음과 같이 올바른 말 또는 표준어를 보였다. 이때, 어원(한자·로마자·가나 따위)은 풀이 속에서 밝혔다. 단, 한자어로서 한자 읽기 자체에는 문제가 없는 비표준어는 표제어 바로 우측에 어원을 보였다. 한편, 어떤 말이 오류나 방언은 아니라 하더라도 바람직하지 않을 경우, 순화어 정보를 제시하였다.

까탈-스럽다 혱 '까다롭다'의 잘못.
귀절 몡 '구절(句節)'의 잘못.
미리-내 몡 〈방〉 은하수(제주).
앵도(櫻桃) 몡 '앵두'의 잘못.
고수-부지(高水敷地) 몡 '둔치'로 순화.

9. 신어

폭발적으로 증가하고 있는 신어를 적극적으로 수용했다. 아울러 인터넷에서 빈도 높게 쓰이고 있는 일부 통신 언어도 신중한 검토를 거쳐 수록했다. 여기에는 국립국어연구원의 '2000년 신어', '2001년 신어', '2002년 신어'를 비롯하여 각종 시사 용어 사전 및 신문·잡지·웹 사이트 등이 참고 자료로 이용되었다.

10. 돋워보기 항목

언어 생활에서 어법적으로 틀리기 쉬운 표현이나 서로 헷갈리기 쉬운 혼동어와 유의어, 기타 유용한 언어 정보 등을 상자 모양의 돋워보기 항목으로 설정하여 상세히 설명하였다.

같다 혱 ……

> **어법** 눈이 올 것 같애:같애(×)→같아(○). ▶ 어간 '같-'에 종결 어미 '-아'가 결합한 구조임.

벌리다 동 …….

> **혼동어** 벌리다 / 벌이다
> '벌리다'는 사이나 틈이 생기게 하거나 커지게 하는 것을 가리키고, '벌이다'는 물건들을 늘어놓는 것, 또는 어떤 일을 행하는 것을 가리킴. ¶팔을 **벌리다** / 책상 위에 책을 **벌여** 놓다 / 한바탕 논쟁을 **벌이**

실랑이 몡 …….

> **유의어** 실랑이 / 승강이
> 둘 다 서로 대립되어 갈등 관계를 이루는 것이나 '실랑이'는 한 편이 상대편을 괴롭히는 경우에 쓰이고, '승강이'는 양편이 제 주장을 굽히지 않고 팽팽히 맞서는 경우에 쓰임.

발 음

1. 발음 체계

'표준어 규정'(문교부 고시, 1988) 제2부 표준 발음법에 준거하되, 낱낱의 단어에 대해서는 '표준국어대사전'(국립국어연구원, 1999)을 따랐다.

2. 처리 방식

● 표제어의 표기와 다르게 나는 발음을 표제어와 품사 표시 사이에 [ ]로 싸서 보였다. 모든 발음 변화, 곧 구개음화, 자음 동화, 된소리되기, 음의 첨가 등을 다 보이되, 변화된 음절만 나타냈고, 불변의 음절은 대시(-)로 처리했다. 가령, '전라도(全羅道)'는 [절-]과 같이 처리된다. 그런데 '시계(時計)'의 '계'처럼 두 가지로 소리 나는 것은 대비적으로 보이기 위하여 [-계/-게]와 같이 처리했다.

● 긴소리는 ¦표를 써서 표제어에 직접 보였으며, 표준 발음법에 따라 단어의 첫 음절에서만 나타나는 것을 원칙으로 하였다. 다만, 합성어 가운데 둘째 음절 이하에서도 분명히 긴소리가 나는 경우나, 또는 주표제어 가운데 띄어 쓰거나 띄어 씀을 원칙으로 하는 단어의 경우에는 뒤에 오는 단어의 첫 음절의 긴소리를 인정하였다.

● 외래어는 긴소리를 포함한 발음 표시를 일절 나타내지 않았다.

● 동사 '불다'와 같이, 결합하는 어미가 자음으로 시작되느냐 모음으로 시작되느냐에 따라 어간이 길게도 짧게도 소리 나는 경우에는, 표제어 바로 다음에 두 가지 대표적인 어미 결합을 보이고 그 정보를 제시하였다.

불¦다 (불¦고 / 불어) 동 자 타 ……

어 원

순 우리말을 제외한 말, 곧 한자어와 외래어는 표제어 바로 다음에 각각 한자와 로마자, 가나(かな) 등을 ( ) 안에 보였다. 특히, 외래어는 앞에 국적을 ⑬, ⑤, ⑫, …식으로 나타냈으나(아무 표시가 없는 로마자는 영어임), 고유 명사는 굳이 그 표시를 보이지 않았다.

1. 한자어

한자는 정자(正字)를 원칙으로 하되, 정자와 함께 쓰이는 동자(同字) 또는 속자(俗字)는 가운뎃점을 써서 나란히 보였다. 또, 자(字) 자체는 다른 것이나 동음(同音)의 단어를 이루어 같은 뜻으로 쓰이는 한자도 병렬했다.

한편, 한자어에서 본음으로 나지 않고 속음(俗音)으로 나는 것은 어원으로 밝힌 한자 우측에 *표를 보였으며, 품사 뒤에서 본음을 밝혔다.

> **사막**(沙漠·砂漠) 명 ······.
> **어부**(漁夫·漁父) 명 ······.
> **곤ː란**(困難*) 명 ['難'의 본음은 '난']
> ······

2. 구미어(歐美語) 및 기타 언어

로마자를 사용하는 언어권은 물론이고 비사용권 국가, 곧 러시아·그리스·아랍 등지의 말도 로마자로 표기를 보였다(중국·일본은 제외). 한편, 표제어와 원어가 정확히 대응하지 않는 경우가 있는데, 이는 원어의 발음이 우리말에 들어와 변화를 일으켰거나 일부의 음절이 줄었을 때 나타난다. 전자의 경우는 원어 앞에 화살표(←)를 넣었고, 후자의 경우는 생략된 음절 부분을 이탤릭체로 나타내되 원어 앞에 화살표를 넣었다. 일본어는 한자로 쓸 수 있는 말이면 한자를 보인 뒤, 히라가나를 병렬해서 보였고, 구미어에서 받아들인 말이면 가타카나를 보였다.

> **뉴스**(news) 명 ······.
> **셔츠**(←shirt) 명 ······.
> **파마**(←perma*nent*) 명 ······.
> **기모노**(일 着物/きもの) 명 ······.

3. 순 우리말처럼 굳어진 것

다른 나라의 말이 순 우리말화한 것은 한자어에서 온 것이 대부분인데, 그 외에도 구미어나 중국어·몽골 어·만주어 등에서 온 것도 있다. 이러한 말은 품사 표시 다음에 [ ]로 싸서 원어를 보여 주었다.

> **끼** 명 [<기(氣)] ······.
> **붓** 명 [<중 筆] ······.
> **빵** 명 [<포 pão] ······.

4. 둘 이상의 국가를 거쳐 들어온 말

어떤 외국어가 제삼의 외국을 거쳐서 우리나라에 들어온 경우(주로, 구미어가 일본을 거쳐서 들어오거나 범어가 한자어로 음역되거나 한 경우) 그 최초의 외국어를 품사 표시 우측에 부등호(<)로 표시하여 밝혔다.

> **마후라**(일 マフラ) 명 [<muffler]
> ······
> **삼매**(三昧) 명 [<범 Samādhi] ······.

5. 고사성어(故事成語)

우리말에는 중국의 고전에서 나온 상당수의 고사성어가 들어와 쓰이고 있다. 그 유래를 〔 〕로 싸서 보였다.

> **새옹지마**(塞翁之馬) 명 〔옛날에 중국 북방에서 살던 노인의 말이 도망쳐서 낙심하였는데, 그 말이 준마를 한 마리 데리고 와서 훌륭한 말을 얻게 되었으나, 아들이 그 말을 타다가 떨어져서 다리가 부러졌는데, 그 바람에 아들은 전쟁에 끌려 나가지 않게 되어 죽음을 면했다는 고사에서〕 인생의 길흉화복은 변화가 많아 예측하기 어렵다는 말.

6. 외래어의 본뜻

외래어가 본래의 뜻과 멀어졌거나 극히 한정적인 뜻으로만 쓰일 경우, 그 본뜻이나 핵심 개념을 밝혔다.

> **컨디션**(condition) 명 ['형편', '상황'의 뜻] 몸의 건강 상태.

용 례

용례(用例)는 우리나라의 현대 문학을 비롯하여 신소설·고대 소설·크리스트교 성서 등에서 채집하거나, 신문·잡지·웹사이트 등에서 뽑거나, 편찬자가 규범에 맞게 적절히 만들어 제시하였다.

한편, 용례로 보일 때에는 풀이 끝에 ¶ 기호를 써서 나타냈으며, 예가 둘 이상일 때에는 빗금(/)을 그어 구분 지었다. 그리고 문예 작품에서 인용한 것은 맨 마지막에 두되, 작가명과 작품명을 밝혔다. 한편, 용례로 든 단어나 구나 문장 속에서 표제어에 해당하는 부분은 물

vi 일러두기

결표(~)나 굵은 글자로 나타내었다. 물결표는 표제어와 형태가 똑같은 경우에, 굵은 글자는 용언이되 그 형태가 기본형 이외의 활용형일 때 사용하였다.

연관 관계

1. 동의어(同義語) 또는 유의어(類義語)

둘 이상의 단어 사이에 의미의 차이를 인정하기 어려운 것은 동의어, 의미는 비슷하나 실제 쓰임과 어감에 있어서 미세한 차이가 있는 것은 유의어로 처리하였다. = 표시 다음에 오는 말은 동의어이고, ㈜ 표시 다음에 오는 말은 유의어이다.

2. 상대어·참고어

서로 상반되는 뜻을 가진 낱말은 ↔, 참고가 될 만한 낱말은 ▷표를 하여 나타냈다.

> **밝다** 〔형〕 …… . ↔어둡다.
> **육군**(陸軍) 〔명〕 …… . ▷공군·해군.

3. 준말·본딧말

준말은 원칙적으로 그 풀이를 본딧말 쪽에 의뢰했으나, 준말이 압도적으로 많이 쓰이는 경우에는 준말에서 풀이했다.

> **애:** 〔명〕 '아이'의 준말.
> **아이** 〔명〕 …… . 〔준〕애.
> **긴가민가-하다** 〔형〕 …… . 〔본〕기연가미연가하다.
> **기연가미연가-하다**(其然-未然-) 〔형〕 '긴가민가하다'의 본딧말.

4. 큰말·작은말, 여린말·센말·거센말

개념의 차이는 거의 없이 모음이나 자음 교체에 의해 어감의 차이만을 보이는 것은 큰말·작은말 또는 여린말·센말·거센말의 관계로 다루었다.

> **방실-방실** 〔부〕 …… . 〔큰〕벙실벙실. 〔센〕빵실빵실.
> **벙실-벙실** 〔부〕 …… . 〔작〕방실방실. 〔센〕뻥실뻥실.
> **빵실-빵실** 〔부〕 '방실방실'의 센말. 〔큰〕뻥실뻥실.
> **뻥실-뻥실** 〔부〕 '벙실벙실'의 센말. 〔작〕빵실빵실.

5. 풀이 의뢰

체제상의 이유로 다른 항목에서 풀이할 때 ➡로 그 항목을 가리켰다.

> **가로되**[-되/-뒈] ➡가로다.
> **ㄱㄴ-순**(-順) 〔명〕 ➡기역니은순.

어문 규범

1. 맞춤법/표준어

맞춤법과 표준어는 1988년 1월에 확정된 '한글 맞춤법'(문교부 고시 제88-1호)과 '표준어 규정'(문교부 고시 제88-2호)을 원칙으로 삼되, 낱낱의 단어에 대해서는 '표준국어대사전'(국립국어연구원, 1999)을 따랐다.

2. 외래어

● 한글화 표기법

1986년 1월 7일에 확정 고시된 '외래어 표기법'(문교부 고시 제85-11호)에 따랐으며, 1992년과 1995년에 각각 추가 고시된, 동구의 5개 언어 외래어 표기법(문화부 고시 제1992-31호)과 북구의 3개 언어 외래어 표기법(문화 체육부 고시 제1995-8호)을 반영하였다. 주요 참고 자료는 외래어 표기 용례를 다룬 '편수 자료' Ⅱ-1(1987), Ⅱ-2(1987)와 '외래어 표기 용례집'(국어연구소, 1988), '동구권 외래어 표기 용례집'(국립국어연구원, 1993), '북구권 외래어 표기 용례집'(국립국어연구원, 1995), '외래어 표기 용례집—인명/지명/일반 용어'(국립국어연구원, 2002), 표준국어대사전(국립국어연구원, 1999) 등이다. 아울러, 1991년부터 2003년 9월까지 제53차에 걸쳐 베풀어진 '정부 언론 외래어 심의 공동 위원회'의 결정 사항도 모두 수용하였다.

● 조어 및 뜻이 바뀐 외래어의 표시

외래어 가운데에는 해당 외국에서 쓰이지 않는 조어(造語)나 원어의 뜻이 바뀌어 쓰이는 말이 꽤 있는데, 이런 외래어의 경우, 표제어 다음에 괄호 병기한 로마자 앞에 † 기호를 보였다. 그런데 원어의 뜻이 바뀌는 현상이 뜻 갈래의 단위에서 나타나는 경우에는 † 기호를 갈래 번호 다음에 보였다.

> **백-미러**(† back mirror) 〔명〕 …… .
> **핸들**(† handle) 〔명〕 …… .

대시(dash) 명 1 … 2 … 3 … 4 †
'프라임'의 잘못.

3. 문법 용어

문법 용어 및 체계는 학교 문법 통합 교재로 편찬된 고등학교 문법 교과서(2002년)를 따랐다.

약호 및 약어

1. 품사 및 문법 요소

명사 명
  자립 명사 명(자립)
  의존 명사 명(의존)
  (명만 나타날 때에는 자립 명사)
대명사 대
  인칭 대명사 대(인칭)
  지시 대명사 대(지시)
수사 수
동사 동
  자동사 동(자)
  불완전 자동사 동(불자)
  타동사 동(타)
  불완전 타동사 동(불타)
  보조 동사 동(보조)
  불완전 보조 동사 동(불보조)
형용사 형
  보조 형용사 형(보조)
관형사 관
부사 부
감탄사 감
조사 조
접두사 접두
접미사 접미
어미 어미
  선어말 어미 어미(선어말)
  (어미만 나타날 때에는 어말 어미)
관용구 구

2. 불규칙 활용

ㄷ ㄷ 불규칙 용언
ㅂ ㅂ 불규칙 용언
ㅅ ㅅ 불규칙 용언
ㅎ ㅎ 불규칙 용언
러 러 불규칙 용언
르 르 불규칙 용언
여 여 불규칙 용언
우 우 불규칙 용언
거라 거라 불규칙 용언
너라 너라 불규칙 용언

3. 전문어

[가] 가톨릭
[건] 건축·토목
[경] 경제학
[고고] 고고학
[공] 공업·공학
[광] 광물학·광물명
[교] 교육학
[군] 군사
[기] 개신교
[기상] 기상학
[논] 논리학
[농] 농업
[동] 동물학·동물명
[문] 문학
[물] 물리학
[미] 미술·공예
[민] 민속
[방송] 방송
[법] 법률·법학
[불] 불교
[사] 사회학
[사진] 사진
[생] 생물학·생리학
[성] 크리스트교 성서
[수] 수학
[수산] 수산업
[식] 식물학·식물명
[신화] 신화
[심] 심리학
[약] 약학·약품명
[언] 언어학
[역] 역사·고제도
[연] 연극
[영] 영화
[예] 예술 일반
[윤] 윤리학
[음] 음악
[의] 의학
[인] 인쇄
[일제] 일제 강점기 제도
[정] 정치
[종] 종교 일반
[지] 지리학·지학·지명
[책] 책명
[천] 천문학
[철] 철학
[체] 체육
[컴] 컴퓨터
[통] 통신
[한] 한의학
[화] 화학

4. 특수어

〈궁〉 궁중어　〈속〉 속어(표제어)
〈은〉 은어　〈유아〉 유아어　〈방〉 방언

5. 외래어의 국적

[그] 그리스 어　[에] 에스파냐 어
[네] 네덜란드 어　[이] 이탈리아 어
[노] 노르웨이 어　[일] 일본어
[독] 독일어　[중] 중국어
[라] 라틴 어　[타] 타이 어
[러] 러시아 어　[페] 페르시아 어
[말] 말레이시아 어　[포] 포르투갈 어
[몽] 몽골 어　[프] 프랑스 어
[범] 범어　[헝] 헝가리 어
[베] 베트남 어　[히] 히브리 어
[스] 스웨덴 어　[힌] 힌디 어
[아] 아랍 어

6. 기타 기호 및 약어

( ) **표제어에서**: 해당 한자, 로마자, 일본어의 가나를 넣을 때
풀이에서: 한자·로마자를 한글 옆에 병기할 때, 사건 연도를 보일 때, 표제어와 호응하는 말을 보일 때

〔 〕 (　)에서 보이기 어려운 어원을 품사 뒤에 보일 때, 한자 속음에 대한 본음을 보일 때, 고사성어의 유래를 보일 때, 용례에서 대치할 수 있거나 대비되는 낱말을 보일 때, 취음 정보를 보일 때

[ ] 발음을 표시할 때

[ ] 속담을 보일 때

⦅ ⦆ 용법상의 문법 정보를 보일 때

《 》 예문의 출전을 밝힐 때

〈 〉 불규칙 용언의 활용 형태를 보일 때

= 동의어 앞에

➡ 풀이하고자 하는 항목 앞에

← 원음이 변질된 외래어 로마자 또는 가나 앞에

< 외래어의 이차 어원에서 원음이 변질된 것을 나타낼 때

↔ 상대어 또는 반대어 앞에

▷ 참고어 앞에

× 비표준어 또는 잘못된 말 앞에

ː 표제어에서 긴소리가 나는 음절 다음에

- 표제어에서 복합어의 결합 단위 사이에

^ 표제어에서 띄어 쓰는 것이 원칙이나 붙여 쓰는 것도 허용함을 나타낼 때

— 어원에서 순 우리말 부분임을 나타낼 때, 발음에서 변화되지 않는 부분을 나타낼 때

† 해당 외국에서 쓰이지 않는 외래어임을 보일 때

* 한자어에서 속음으로 나는 한자 다음에

¶ 용례가 시작됨을 나타낼 때

～ 용례에서 표제어 부분의 생략, 활용의 예에서 어근의 생략

/ 용례에서 여러 예문의 구분, 표제어를 복수로 제시할 때

❈ 외국에서 들어온 격언·속담·명언 앞에

▶ 유의어·혼동어의 의미 변별을 보인 표제어 앞에

⏩ 어법 설명 앞에

(×) 어법적으로 잘못된 말 뒤에

(○) 어법적으로 옳은 말 뒤에

[비] 비슷한 말　[센] 센말
[본] 본딧말　[거] 거센말
[준] 준말　[높] 높임말
[속] 속어(연관 관계)　[낮] 낮춤말
[큰] 큰말　[원] 원말
[작] 작은말　[변] 변한말
[여] 여린말　[참고] 참고

ㄱ

ㄱ →기역.
ㄱㄴ-순(-順) 명 →기역니은순.
ㄱ-자(-字) 명 →기역자.
ㄱ자-집(-字-) 명 [건] →기역자집.
가¹ 명[음] 서양 음악의 7음 음계에서 여섯째 음이름. 영어로는 에이(A), 이탈리아 어로는 라(la).
가² 명 1 사물의 바깥쪽 경계가 되는 부분. 또는, 그 부근. ¶바닷~ / 호숫~ / 운동장~ 에 서 있는 나무. 2 어떤 것을 중심으로 하여 그 가까운 데. ㈑가장자리·근방·근처·둘레·언저리·주변·주위. ¶난롯~ / 창~에 서다 / 입~에 미소를 띠다.
가³ 조 (주로, 모음으로 끝나는 체언에 붙어) 1 그 말을 주격(主格)이 되게 하는 격 조사. ¶제~ 하겠습니다. / 누~ 이겼느냐? 2 어떤 것이 변하여 그것이 됨을 나타내는 격 조사. '되다' 앞에 쓰여, 앞의 체언을 보어(補語)로 만듦. ¶올챙이가 자라서 개구리~ 되다. 3 그것이 아님을 나타내는 격 조사. '아니다' 앞에 쓰여, 앞의 체언을 보어로 만듦. ¶박쥐는 새~ 아니다. 4 주로 보조적 연결 어미 '-지'에 붙어, 그 뜻을 강조하는 보조사. '않다', '못하다' 등의 부정어와 호응함. ¶아무리 먹어도 배부르지~ 않다. ▷이·는.
가!⁴(可) 명 1 옳거나 좋음. 2 찬성하는 의사의 표시. ¶~ 20표, 부 10표. ↔부(否). 3 [교] 성적을 매기는 등급의 하나. '수·우·미·양·가'의 5단계 평가에 있어 그 다섯째 등급.
가⁵(家) 명[법] 호주(戶主)를 중심으로 동일한 호적에 올라 있는 가족 단체.
가!-⁶(假) 접두 1 '임시적인', '시험적인', '정식이 아닌'의 뜻을 나타내는 말. ¶~등기 / ~석방 / ~건물. 2 '가짜', '거짓'의 뜻을 나타내는 말. ¶~면. ↔진(眞).
-가⁷(家) 접미 1 어떤 방면의 전문인. 또는, 그것을 직업으로 하는 사람. ¶건축~ / 정치~ / 소설~. 2 어떤 일에 능한 사람. ¶전략~ / 사교~. 3 어떤 것을 많이 가지고 있는 사람. ¶자본~ / 장서~. 4 어떤 특성을 지닌 사람. ¶노력~ / 정력~. 5 집안을 나타내는 말. ¶명문~ / 세도~.
-가⁸(哥) 접미 1 어떤 성(姓)에 붙여, 그 성을 예사롭게 이르는 말. 또는, 자신의 성을 이르는 말. 참고 자기의 성이나 본관을 말할 때에는 '○가', ○○가', 남의 성이나 본관을 말할 때에는 '○씨, ○○ 씨'라고 하는 것이 규범에 맞음. ¶제 성은 오~입니다. / 이 마을에는 송~성을 가진 사람이 많이 산다. 2 어떤 사람의 성에 붙여, 그 사람을 낮추어 이르는 말. ¶이건 틀림없이 황~ 짓이야.
-가⁹(街) 접미 1 큰 도시의 '동(洞)'이나 '로(路)'를 작게 나눈 구획. 흔히 숫자로 3~ / 회현동 1~. 2 특수한 성격의 거리. ¶대학~ / 금융~ / 번화~.
-가¹⁰(歌) 접미 노래의 이름이나 종류를 나타내는 말. ¶흥부~ / 주제~ / 응원~.

-가¹¹(價) 접미 1 어떤 명사 아래에 붙어, '값'이라는 뜻을 나타내는 말. ¶최고~ / 적정~. 2 [화] 숫자 아래에 붙어, 원자가(原子價)를 나타내는 말. ¶2~ 알코올.
가:가-대소(呵呵大笑) 명 한바탕 크게 웃음.
가:가대소-하다 통(자여)
가가호호(家家戶戶) I 명 각 집. 또는, 모든 집. ¶~에 전단(傳單)을 돌리다.
Ⅱ 부 모든 집마다 빠짐없이. ¶~ 찾아다니며 인구 조사를 하다.
가간-사(家間事) 명 글에서, '집안일'을 한문투로 이르는 말.
가감(加減) 명 1 더하거나 더는 일. 또는, 그렇게 하여 알맞게 맞추는 것. ¶난 그의 말을 ~ 없이 그대로 전했을 뿐이다. 2 [수] =가감법. 가감-하다 타여 더하거나 덜다. ¶병의 증세에 따라 약의 분량을 ~. 가감-되다 통(자) 정상에 따라 형비가 가감된다.
가감-법(加減法) [-뻡] 명[수] 1 더하고 빼는 법. 2 연립 일차 방정식을 푸는 방법의 하나. 두 방정식의 양변에 적당한 수를 곱하여 한 미지수의 계수를 같게 하고, 두 식의 각각의 양변을 더하거나 빼어 그 미지수를 없애는 방법. =가감.
가감승제(加減乘除) 명 덧셈·뺄셈·곱셈·나눗셈을 아울러 이르는 말.
가객(歌客) 명 우리 전통 음악 가운데 가곡·가사·시조 등을 잘 부르거나 읊는 사람. 또는, 그런 노래를 짓는 사람. ㈑가인(歌人).
가갸 →가갸 뒷다리[뒷자]도 모른다 반절본문의 첫 글자인 가와 갸의 세로획조차도 쓸 줄 모른다는 뜻으로, 글자를 전혀 깨치지 못하여 무식하거나, 사리에 몹시 어두운 사람을 놀려 이르는 말.
가:-건물(假建物) 명 임시로 지은 건물.
가:검(假劍) 명 진검과 모양이 거의 같으나 날이 알루미늄을 사용해 만들어진 검.
가:-검물(可檢物) 명 병균의 유무를 검사하기 위해 채취한 물질. ¶~에서 세균성 이질을 일으키는 균이 검출되다.
가:게 명 1 물건을 벌여 놓고 파는 집. 주로 소매상의 형태로, 단일한 또는 제한된 종류의 상품을 팖. 넓은 뜻으로는 장사하는 집을 총칭함. =가게방. ㈑상점. ¶쌀~ / 구멍~ / 담배~ / ~를 내다 / ~를 차리다 / ~를 보다 / ~를 열다. 2 길가나 장터 같은 데서 임시로 물건을 벌여 놓고 파는 곳.
[가게 기둥에 입춘] '입춘대길(立春大吉)'이라는 한문 글귀는 허름한 가게 기둥에는 어울리지 않는다는 뜻으로, 제격에 맞지 않음을 비유한 말.
가:게-채 명 가게로 쓰는 집채.
가:겟-방(-房) [-게빵/-겓빵] 명 1 가게로 쓰는 방. 2 =가게.
가:겟-집 [-게찝/-겓찝] 명 1 가게를 벌이고 장사를 하는 집. 2 가게로 쓰는 집. =점포(店鋪). ↔살림집.
가격¹(加擊) 명 (주먹이나 몽둥이 따위로) 때

가격
리거나 치는 것. **가격-하다** 〖타〗〖여〗 ¶주먹으로 상대의 복부를 ~.

가격²(價格) 〖명〗〖경〗 물건이 지니고 있는 가치를 돈으로 나타낸 것. 〖비〗값. ¶도매[소매] ~ / 공정 ~ / 상품의 ~. ▶값.

가격-대(價格-帶) 〖명〗 어떤 물건의 가장 싼 값과 가장 비싼 값 사이의 범위. ¶~가 형성되다.

가격-표¹(價格表) 〖명〗 상품들의 가격을 적어 놓은 일람표.

가격-표²(價格票) 〖명〗 각각의 상품에 가격을 표시해 놓은 쪽지. =표(票).

가:결(可決) 〖명〗 회의에서, (제출된 안을) 일정한 절차에 따라 찬성하여 받아들이기로 결정하는 것. ¶의안의 ~을 선포하다. ↔부결. **가:결-하다** 〖타〗〖여〗 회칙 개정을 만장일치로 ~. **가:결-되다** 〖자〗 ¶동의안이 ~.

가:경¹(佳境) 〖명〗 1 재미있는 판이나 고비. ¶점입(漸入)~ / 이야기는 점점 ~으로 접어들었다. 2 가경치가 좋은 곳. =묘경(妙境).

가:경²(可驚) ➡**가:경-하다** 〖형〗〖여〗 (주로 '가경할' 의 꼴로 쓰여) 가히 놀랄 만하다.

가계¹(家系) [-계/-게] 〖명〗 한 집안의 계통.

가계²(家計) [-계/-게] 〖명〗 1 집안 살림의 수입과 지출의 상태. ¶적자 ~. 2 집안 살림을 꾸려 나가는 방도나 형편. 〖비〗가도(家道)·생계(生計). ¶~를 근근이 꾸려 나가다 / ~가 넉넉지 못하다.

가계^보:험(家計保險) [-계-/-게-] 〖명〗〖경〗 개인 생활의 안정을 꾀하기 위하여 계약하는 보험. 생명 보험·화재 보험 따위.

가계-부(家計簿) [-계-/-게-] 〖명〗 집안 살림의 수입과 지출을 적는 장부. ¶~를 쓰다.

가계-비(家計費) [-계-/-게-] 〖명〗 집안 살림살이에 드는 비용.

가계^수표(家計手票) [-계-/-게-] 〖명〗〖경〗 은행에 가계 종합 예금 계좌를 가진 사람이 발행하는 소액 수표.

가:-계약(假契約) [-계-/-게-] 〖명〗〖법〗 정식 계약을 맺기 전에 임시로 맺는 계약. ¶~을 맺다. **가:계약-하다** 〖타〗〖여〗 **가:계약-되다** 〖자〗

가계^종합^예금(家計綜合預金) [-계-함녜-/-게-함녜-] 〖명〗〖경〗 급여 생활자나 소상인이 가계 수표를 발행하는 조건으로 그 자금을 은행에 예입하는 예금.

가곡(歌曲) 〖명〗〖음〗 1 서양 음악에서, 시에 곡을 붙인 성악곡. 시와 피아노 반주가 일체가 되어 깊은 정감을 표현함. =예술가곡. 2 3장 형식의 시조를 5장으로 세분하고, 거문고·가야금·대금·단소·세피리·장구·해금 등의 반주에 맞추어 부르는 독창 성악곡. ×만년장환지곡.

가곡-집(歌曲集) [-집] 〖명〗 가곡을 모아 엮은 책이나 음반.

가공¹(加工) 〖명〗 (천연물 또는 원재료·반제품 등을) 인공을 가하거나 품을 들여서 질을 높이거나 새로운 제품으로 만드는 것. ¶수산물 ~. **가공-하다** 〖타〗〖여〗 ¶수입한 원자재를 가공하여서 수출하다.

가공²(架空) 〖명〗 1 (어떤 시설물을) 공중에 가설하는 것. ¶~ 케이블. 2 이유나 근거가 없는 것, 또는, 사실이 아니고 상상이나 거짓으로 꾸민 것. ¶~의 사건. ↔실재. **가공-하다** 〖타〗〖여〗

가:공³(可恐) ➡**가:공-하다³** 〖형〗〖여〗 (주로 '가공할' 의 꼴로 쓰여) 두려워할 만하다. ¶지구를 순식간에 파멸시킬 **가공할** 핵무기의 위력.

가공^무:역(加工貿易) 〖명〗〖경〗 외국에서 원자재나 반제품을 수입하여, 이것을 가공하여 다시 수출하는 무역.

가공-사(加工絲) 여러 가지 기술 가공을 하여 원사(原絲)를 화학적·기계적으로 변화시킨 실. 금실·은실 따위.

가공^삭도(架空索道) [-도] 〖명〗〖건〗 공중에 건너질러 놓은 강철선에 운반차를 달고 사람이나 화물·광석 등을 나르는 장치. =고가삭도·삭도·로프웨이.

가공-선(架空線) 〖건〗 전력 수송 또는 통신을 위하여 공중에 가설한 전선. =가공 케이블.

가공^식품(加工食品) 〖명〗 농산물·수산물·축산물 등을 가공하여 오래 저장할 수 있고 먹기 좋게 한 식품.

가공-업(加工業) 〖명〗〖공〗 가공을 전문으로 하는 산업 분야.

가공^의:치(架工義齒) 〖명〗〖의〗 빠진 이의 좌우에 있는 두 개의 이를 버팀으로 하여 다리를 놓듯이 박는 것. 또는, 그렇게 하여 박은 이. =브리지. 〖준〗가공치.

가공-인물(架空人物) 〖명〗 실제로는 존재하지 않는, 가상(假想)으로 꾸며 낸 인물.

가공-적(架空的) 〖관〗 근거가 없거나 실지로 있을 수 없는 것을 마치 있는 것처럼 꾸미는 터무니없는 (것). ¶~ 이론.

가공-품(加工品) 〖명〗 어떤 물질을 원료나 재료로 하여 기술과 인공을 가하여 보다 가치 있게 만들어 낸 물품.

가관¹(加冠) 〖명〗〖역〗 성년식인 관례를 치르며 갓을 씌우는 일. **가관-하다** 〖자〗〖여〗

가:관²(可觀) 〖명〗 꼴이 볼 만하다는 뜻으로, 어떤 행동이나 상태를 비웃을 때에 이르는 말. ¶쥐뿔도 없는 주제에 허세를 부리는 꼴이 참으로 ~이다.

가교¹(架橋) 〖명〗 1 다리를 놓는 일. 2 서로 떨어져 있는 것을 이어 주는 사물이나 사실. ¶사랑의 ~를 놓다 / 최근 남북한 문화 교류가 통일의 ~ 역할을 하고 있다. **가교-하다** 〖자〗〖여〗 다리를 놓다.

가:교²(假橋) 〖명〗 임시로 놓은 다리.

가:교³(駕轎) 〖명〗 1 앞뒤에 각 한 마리의 말이 채를 메고 끌게 되어 있는, 임금이 타는 가마. 2 =쌍가마².

가:-교사(假校舍) 〖명〗 임시로 쓰는 학교 건물.

가구¹(架構) 〖명〗 재료를 서로 얽어 짜서 만든 구조물.

가구²(家口) 〖명〗 ①〖자립〗 현실적으로 주거 및 생계를 같이하는 사람의 집단. 또는, 독신으로서 주거를 가지고 단독 생활을 영위하는 자. =세대(世帶). ¶~ 수 / ~별. ②〖의존〗 ①을 세는 단위로 이르는 말. =세대(世帶). ¶이 집에는 몇 ~가 삽니까?

가구³(家具) 〖명〗 집 안에서 물건을 넣거나 놓거나, 또는 사람이 앉거나 눕거나 하는 등의 생활상의 편의를 위해 갖추어 놓고 쓰는, 이동이 가능한 물건. 장롱·탁자·소파·침대 따위. 〖비〗집물. ¶목제 ~ / 부엌 ~ / ~를 들여놓다.

가구-재(家具材) 〖명〗 가구를 만드는 재료.

가구-점(家具店) 〖명〗 가구를 파는 가게.

가구-주(家口主) 〖명〗 한 가구의 주가 되는 사람. 〖비〗세대주.

가군(家君) 〖명〗 아내가 '남편' 을 지칭하는 말.

또는, 남의 남편을 지칭하는 말. [비]가부.
가권(家眷) [명] 호주나 세대주에게 딸린 식구. [비]가솔(家率).
가ː귀-대기 [명] 투전에서, 열다섯 끗 뽑기로 하는 노름. =가귀노름. ×가귀뜨기. **가ː귀대기-하다** [동][자][여]
가귀-뜨기 [명] '가귀대기' 의 잘못.
가규(家規) [명] 집안의 규칙.
가극(歌劇) [명][음] =오페라. ¶~단.
가금(家禽) [명] 알이나 고기를 식용으로 하기 위하여 집에서 기르는 날짐승. 닭·오리 따위. ↔야금(野禽).
가급(加給) [명] (돈이나 물품을) 정한 한도 외에 더 주는 것. ↔감급(減給). **가급-하다** [동][타][여] **가급-되다** [동][자]
가ː급-적(可及的) [-쩍] [명][부] '될 수 있는 대로' 의 뜻. ¶~이면 아내와 함께 들르겠네. / ~ 빨리 용무를 끝내고 오너라.
가ː긍(可矜) ➡**가ː긍-하다** [형][여] 불쌍하고 가엾다. **가ː긍-히** [부]
가까스로 [부] **1** 애를 써서 간신히. [비]겨우. ¶교통 체증이 심했지만 ~ 비행기 시간에 댈 수 있었다. **2** 어떤 기준에 빠듯하게. ¶합격선인 200점을 ~ 넘기다.
가까이 Ⅰ[부] 시간적·공간적·심리적으로, 또는 어떤 기준에 가깝게. ¶이웃과 ~ 지내다 / 나는 그의 곁으로 ~ 갔다. ↔멀리.
Ⅱ[명] 시간적·공간적으로 가까운 곳이나 시점. ¶우리 집 ~에 공원이 있다. / ~론 조선 시대, 멀리론 삼국 시대에 이르기까지 역사적 인물을 조사하였다. ↔멀리.
가까이-하다 [동][자][타][여] **1** 친밀하게 사귀다. ¶그와 **가까이한** 지가 꽤 오래 되었다. **2** (무엇을) 좋아하여 즐기다. ¶책을 ~/ 담배와 술을 **가까이하지** 마세요. ↔멀리하다.
가깝다[-따] [형][ㅂ]〈가까우니, 가까워〉**1** (어떤 곳에서 다른 곳까지의 거리가) 보통의 경우보다 짧다. ¶직장이 집에서 **가까워서** 편리하다. **2** (현재의 시점에서 미래의 어느 시점까지의 동안이) 보통의 경우보다 짧다. ¶두 사람은 **가까운** 장래에 결혼할 사이다. **3** (누구와) 스스럼없이 친하다. ¶**가까운** 벗〔이웃〕. **4** (촌수나 혈연관계가) 밀접하다. ¶촌수가 **가까운** 친척. **5** 어떤 기준이나 수준 또는 수치에 근접해 있다. ¶완벽에 **가까운** 묘기 / 마흔 **가까운** 나이. **6** 성질이나 특성이 비슷하다. ¶그의 사랑은 연애라기보다 동정에 ~. **7** (전화기나 무전기 등의 소리가) 감도가 좋다. 곧, 소리가 크고 확실하다. ¶미국에서 걸려 온 전화의 목소리가 아주 **가깝게** 들린다. ↔멀다.
[**가까운 남이 먼 일가보다 낫다**] 이웃끼리 서로 가까이 지내면 먼 곳에 있는 일가보다 더 친하게 된다.
가깝디-가깝다[-띠-따] [형][ㅂ]〈~가까우니, ~가까워〉매우 가깝다.
가꾸다 [동][타] **1** (채소나 화초 등을) 잘 자라도록 또는 탐스럽게 크도록 보살펴 기르다. [비]경작하다·재배하다. ¶텃밭에 채소를 ~. **2** 《주로, 여자의 경우에 쓰여》 외모를 매만져서 아름답게 만들다. ¶피부를 탄력 있게 ~.
가꾸러-뜨리다/-트리다 [동][타] '거꾸러뜨리다' 의 작은말. [센]까꾸러뜨리다. ▷고꾸라뜨리다.
가꾸러-지다 [동][자] '거꾸러지다' 의 작은말. [센]까꾸러지다.
가꾸로 [부] '거꾸로' 의 작은말. [센]까꾸로.
가끔 [부] 시간적으로 사이가 뜨게 한 번씩. =종종. [비]드문드문·때때로. ¶그는 요즘도 ~ 그림을 그린다. / 곳에 따라 ~ 비가 오겠습니다.
가끔-가끔 [부] '가끔' 의 힘줌말. ¶그때 그 일이 지금도 ~ 생각난다.
가끔-가다 [부] '가끔가다가' 의 준말.
가끔-가다가 [부] 가끔 어쩌다가. ¶나는 ~ 고향 집에 편지를 쓴다. [준]가끔가다.
가나[1](일假名/かな) [명] 일본 고유의 글자. 가타카나(片假名)와 히라가나(平假名)가 있음. 모두 50자임.
가나[2](Ghana) [명][지] 아프리카의 중서부 기니 만에 면한 공화국. 수도는 아크라.
가나다-순(一順) [명] 단어를 배열할 때, 한글 자모의 순서(가, 나, 다, …)로 하는 일. =기역니은순·음절순. ¶인명은 ~임.
가나-오나 [부] =오나가나. ¶저 친구는 ~ 술타령이다.
가난 [명] 재산이나 돈이 별로 없어 먹고살기가 어려운 상태. ¶~에 쪼들리다 / ~에서 벗어나다. [원]간난(艱難). **가난-하다** [형][여] ¶**가난하게** 자라나다 / 집안이 ~ / **가난한** 나라. **가난-히** [부]
[**가난 구제는 나라도 못한다**] 가난한 사람을 구제하기는 끝이 없어 개인은 물론 나라의 힘으로도 어렵다. [**가난이 원수**] 가난하기 때문에 고통을 받게 되니 가난이 원수같이 느껴진다는 말. [**가난이 죄다**] ㉠가난하기 때문에 여러 가지 범죄를 저지르게 된다. ㉡일이 순조롭게 안 되는 것은 모두 가난한 탓이다. [**가난한 집 제사〔제삿날〕 돌아오듯**] 치르기 힘든 일이 자주 닥침을 비유하는 말.
가난(이) 들다 [구] **1** 가난하게 되다. **2** 쓸 만한 것이 드물어 구하기 어렵게 되다. ¶인재가 ~.
가난-뱅이 [명] 가난한 사람을 낮추보아 이르는 말.
가납(嘉納) [명] **1** 바치는 물건을 고맙게 받아들이는 것. **2** 간(諫)하거나 권하는 말을 기꺼이 받아들이는 것. **가납-하다** [동][타][여] ¶왕이 신하의 진언을 ~. **가납-되다** [동][자]
가내(家內) [명] 가정의 안. ¶~ 부업 / ~ 두루 평안하십니까?
가내^공업(家內工業) [명] 자기 집에서 가족을 중심으로 하여 단순한 기술과 도구로 물건을 생산하는 소규모의 수공업적 공업.
가냘프다 [형]〈가냘프니, 가냘파〉**1** (몸매가) 호리호리하고 연약하다. ¶허리가 ~ / **가냘픈** 몸매. **2** (목소리가) 가늘고 약하다. =가녀리다. ¶**가냘픈** 음성.
가녀리다 [형] '가냘프다' 를 문학적으로 이르는 말. ¶흐느낌으로 그녀의 **가녀린** 어깨가 떨리고 있었다.
가노(家奴) [명][역] =가복(家僕).
가누다 [동][타] **1** (몸을) 세워서 바른 자세로 가지다. ¶아직 목을 **가누지** 못하는 아기 / 몸을 못 **가눌** 정도로 취하다. **2** (기운이나 정신을) 가다듬어 차리다. ¶자꾸 가물거리는 의식을 겨우 **가누어** 주위를 살펴보았다. **3** (일을) 휘어잡아 처리해 내다. ¶나이 어린 소녀가 집안일을 곧잘 **가누어** 간다. [큰]거누다.
가느-다랗다[-라타] [형][ㅎ]〈~다라니, ~다라오, ~다래〉꽤 또는 퍽 가늘다. ¶**가느다란** 목소리 / **가느다란** 실. ↔굵다랗다.
가느스름-하다 [형][여] 조금 가늘다. ¶**가느스**

름한 몸매. **가느스름-히** 튀 ¶눈을 ~ 뜨다.

가:-늑골(假肋骨)[-꼴] 명 ¶생 가슴뼈에 붙지 않은 좌우 5쌍의 아래쪽의 늑골. ↔진늑골(眞肋骨).

가는귀-먹다[-따] 재 (작은 소리는 잘 알아듣지 못할 정도로) 귀가 조금 먹다. ¶가는귀먹은 할머니.

가는-눈 명 가늘게 뜬 눈. ¶어머니가 ~을 하고 바늘귀에 실을 꿰었다.

가는-베 명 가는 올로 곱게 짠 베. ↔굵은베.

가는-소금 명 정제를 여러 번 하여 하얗고 보드라운 소금. ↔굵은소금.

가는-허리 명 잘록 들어간, 허리의 뒷부분. =잔허리·세요(細腰).

가늘다 형 〈가느니, 가느오〉 1 길이에 비하여 굵기나 너비가 작다. ¶가는 실[철사] / 개미처럼 가는 허리. 2 (소리의) 울림이 약하다. ¶가는 신음 소리 / 목소리가 ~. 3 (낟알 따위가) 아주 잘다. ¶가는 모래. 4 (직물 따위의 짜임새가) 성기지 않고 촘촘하다. ¶가는 모시. ↔굵다. 5 (흔들리는 정도가) 아주 약하다. ¶그녀는 어깨를 가늘게 떨며 소리 없이 울고 있었다. 6 (빛이나 연기 등이) 흐릿하거나 연하다. ¶푸르스름한 가는 연기. 7 (웃음 따위의 표정이) 나타날 듯 말 듯 약하다. ¶그는 입을 다문 채 가늘게 웃었다.

가늘디-가늘다 형 〈가느니, 가느오〉 몹시 가늘다. ↔굵디굵다.

가늠 명 1 어떤 목표나 기준에 맞고 안 맞음을 헤아려 보는 것. 또는, 헤아리는 목표나 기준. ¶짙은 안개 때문에 한 치 앞도 ~을 할 수 없다. 2 일이 되어 가는 형편이나 기미를 살펴 얻은 짐작. ¶오늘날과 같은 불확실성의 시대에는 미래에 대한 ~이 쉽지 않다. **가늠-하다** 통태여 ¶물이 흐려서 깊이를 가늠할 수 없다.

가늠(을) 보다 구 1 목표를 겨누어 보다. 2 시세나 기미를 살피다.

가늠-구멍[-꾸-] 명 군 총의 가늠자 윗부분에 있는 작고 동그란 구멍. 가늠쇠와 함께 조준하는 데 씀.

가늠-쇠[-쇠/-쉐] 명 군 총의 가늠을 보기 위하여 총구 가까이에 붙인, 삼각형의 작은 쇳조각. =조성(照星).

가늠-자 명 군 총의 조준 장치의 일부. 개머리판의 앞쪽에 붙여 놓음. 총구의 가늠쇠와 더불어 목표를 정함. =조척(照尺).

가능(可能) 명 할 수 있거나 될 수 있는 것. ↔불가능. **가능-하다** 형여 ¶실현 가능한 일.

어법 가능한 빨리 와 주세요.:가능한(×) →가능한 한(○). 가능하면(○). ▶ '가능하-'에 관형사형 어미 '-ㄴ'이 붙어 '가능한'이 되면 그 뒤에 반드시 명사가 와야 함.

가능-성(可能性)[-썽] 명 일이 장차 실현될 수 있는 성질. 또는, 어떤 사람이 장차 어떤 훌륭한 일을 해낼 수 있는 능력. ¶그 일은 실패할 ~이 크다. / 젊은이는 인생에 있어서 무한한 ~을 가지고 있다.

가닐-가닐 튀 가닐거리는 모양. 본그닐그닐. **가닐가닐-하다**

가닐-거리다/-대다 통재 1 살갗이 간지럽고 자리자리한 느낌이 자꾸 들다. 2 보기에 매우 위태롭거나 단작스러워 자리자리한 느낌이 들다. 본그닐거리다.

가다 통 거라 〈가거라〉 [1] 재 1 (말하는 사람 또는 사람이 있던 곳이나 기준이 되는 곳에서 다른 곳으로) 움직여서 위치를 옮기다. ¶서울에서 부산으로 가는 새마을호 열차 / 지금 곧 그리 갈게. ↔오다. 2 (사람이 직장·학교, 또는 기타의 단체나 장소에) 근무나 공부, 또는 그곳에서 본디 하기로 되어 있는 일을 하기 위하여 움직여서 위치를 옮기다. ¶학교에 ~ / 김 과장은 회사에 갈 때 지하철을 이용한다. 3 (사람이 본래 속했던 조직이나 집단에서 벗어나 다른 조직이나 집단에) 새 구성원이 되어 위치를 옮기다. 또는, (그 조직이나 집단에 어떤 자격으로) 일하거나 구실을 하기 위해 위치를 옮기다. ¶군대에 ~ / 만 여섯 살이면 학교에 갈 수 있다. 4 (말이나 소식, 신호 따위가 말하는 사람이나 기준이 되는 곳에서 다른 곳으로) 전해져 이르다. ¶소식[기별]이 ~ / 신호는 가는데 전화를 받지 않는다. 5 (물건이나 그 물건에 대한 권리가 말하는 사람 이외의 사람에게) 옮겨져 이르다. ¶복숭아가 나한테 두 개 오고 너한테 세 개 갔다. / 재 손에 갔다 하면 남아나는 물건이 없다! 6 (정이나 관심, 시선 따위가 어떤 대상에) 쏠리어 이르다. ¶호감이 ~ / 동정이 ~. 7 (어떤 사실에 대한 이해·짐작·판단 등이) 생기어 미치다. ¶이해가 ~ / 범인으로 추측이 가는 인물. 8 (어떤 대상이 그 가치나 값에 있어서 앞말이 나타내는 수준이나 정도에) 이르거나 미치다. ¶이 아파트는 시가로 2억은 간다. 9 (말하는 시점이나 기준 시점으로부터 미래의 때에) 시간이 지나서 이르다. ¶내년에 가서는 수출이 더욱 활기를 띨 것으로 보인다. 10 (어떤 상태에서 벗어나 발전적인 상태로) 옮기어 나온 상태가 되다. ¶우리는 선진국으로 가는 길목에 서 있다. 11 (붓이나 손이) 일정한 대상에 미치어 작용하다. ¶왠만하면 내가 좀 고칠랜. 꼭 네 손이 가야 하겠니? 12 (어떤 현상·상태가 일정한 동안) 계속 유지되다. ¶그 결심이 며칠이나 가겠나? 13 (기계 따위가) 동력에 의해 제 기능대로 움직이다. ¶전원을 끊어 버리자 기계는 가다가 서 버렸다. 14 (일정한 동안이나 말하는 시점이나 기준 시점에서) 지나서 이전 상태가 되다. ¶세월[시간]이 ~ / 추운 겨울이 가고 따뜻한 봄이 왔다. 15 (가지거나 누리던 것이) 속했던 사람으로부터 없어지다. ¶우리의 청춘도 꿈도 이제 다 가 버렸다. 16 (매나 얼룩 따위가 빨았을 때) 지워져 없어지다. ¶때가 잘 가는 고농축 세제. 17 (음식 맛이) 본래의 신선한 맛을 잃거나 상한 상태가 되다. 구어체의 말임. ¶맛이 ~ / 물이 간 생선. 18 (사람이) '죽다'를 완곡하게 이르는 말. ¶비명에 ~. 19 어떤 타격이나 영향을 받아 정신이 혼미한 상태가 되거나 기절한 상태에 이르다. 속된 말임. ¶이 주먹 한 방이면 간다, 가! / 술을 권하는 대로 마시더니 끝내는 갔구먼. 20 (없었던 금·줄·주름살·흠집 따위가 물건이나 피부, 관계 따위에) 생기어 나타나다. ¶눈가에 잔주름이 ~ / 우정에 금이 ~ / 유리에 흠이 ~. 21 (손해나 좋지 않은 상태가 어떤 대상에게) 생기거나 닥치게 되다. ¶제발 엄마 갈 일 사는 하지 마라. / 심한 운동은 오히려 몸에 무리가 가는 법이다. 22 (피워 놓은 불이) 다 타 버리거나 더 이상 타지 않고 꺼지다. ¶아이고, 연탄불이 갔네! 23 →한물가다. [2] 타 1

(사람이나 어떤 대상이 있던 곳이나 기준이 되는 곳에서 어떤 곳을 지나 다른 곳으로) 움직여서 위치를 옮기다. ¶길을 **가다가** 친구를 만났다. 2 (사람이 직장·학교, 기타의 장소를) 그곳에서 본디 하게 되어 있는 일을 하기 위하여, 그곳을 향하여 움직여서 위치를 옮기다. ¶학교를 ~ / 시장을 ~. 3 (사람이 어떤 일을) 실현할 목적으로 말하는 사람이 있는 곳에서 먼 쪽으로 움직여서 위치를 옮기다. ¶출장을 / 등산을 ~. 4 (순위나 값 따위의 수준이나 정도를) 보이는 상태가 되다. ¶그는 반에서 10등을 **간다**. / 물건 값이 10만 원을 **간다**. 5 (노름 따위에서 얼마의 액수를) 판돈으로 걸다. ¶5만 원을 ~. ③ (보조)(용언의 보조적 연결 어미 '-아/어/여' 아래에 쓰여) 그 동작이나 상태가 기준 시간에서 미래로 계속되어 나타내는 말. ¶아이가 아빠를 닮아 ~ / 밤이 깊어 ~ / 미쳐 ~.
[**가는**[**가던**] **날이 장날**] 우연히 갔다가 뜻하지 않은 일을 공교롭게 당함을 비유하는 말. [**가는 말에 채찍질**] ㉠부지런히 하노라고 하는데도 자꾸 더 빨리 하라고 한다는 말. ㉡형편이 좋을수록 더 잘되게 노력한다는 말. [**가는 말이 고와야 오는 말이 곱다**] 남에게 말이나 행동을 좋게 해야 자기에게도 좋은 반응이 돌아온다.
가다가 어떤 일이 진행되다가. ㈜간혹. ¶그는 ~ 한 번씩 골부림을 한다.
가다-가다 ㉮ '가다가' 보다 조금 동안이 뜨게 이따금. ¶악몽 같은 그 일이 지금도 ~ 생각난다.
가다듬다 [-따] ㉰㉱ 1 정신이나 기운을 바로 차리거나 마음을 다잡다. ¶정신을 **가다듬고** 공부에 전념하다. (옷차림·자세 등을) 바르게 하다. ¶경건한 마음으로 옷깃을 ~ / 선생님의 일장 훈시에 학생들은 자세를 **가다듬었다**. 3 헛기침 같은 것을 하여 목소리를 매끄럽게 나도록 하거나 목청을 조절하다. ¶노래를 하기 전에 목청을 ~. 4 (붓의 끝을) 글씨가 잘 쓰이도록 가지런하게 하다. ¶석봉은 붓 끝을 벼루에 **가다듬은** 뒤에 일필휘지로 시문을 써 내려갔다.
가다랑어 ㈔㉱ 고등엇과의 바닷물고기. 몸길이 1m가량. 몸은 방추형으로 살지고, 몸빛은 등이 검은 청자색, 배는 은백색이며 흑색 띠가 있음. 횟감·통조림용 등으로 널리 쓰임.
가닥 ㈔ ①(자럄) 한군데에 딸린 낱낱의 줄이나 갈래. ¶머리숱이 삭아 ~이 풀어지다. ② (의존) ①의 수효를 세는 단위. ¶~으로 땋은 머리.
가닥-가닥[-까-] ㉮ 여러 가닥으로 갈라진 모양. ¶올이 ~ 풀어지다.
가닥-가닥[-까-] ㉮ (물기나 풀기 있는 물체의 거죽이) 거의 말라서 빳빳한 모양. ¶~ 말라붙은 풀. 작끄덕끄덕. 깐까닥까닥. 가닥가닥-하다 ㉱㉵ 가닥가닥-이 ㉮
가ː단-성(可鍛性)[-썽]㈔㈑ 금속을 두드려 늘일 수 있는 성질.
가-단조(-短調)[-쪼]㈔㈑ 으뜸음이 '가'인 단조.
가ː단-주철(可鍛鑄鐵)(㈔㈘ 열처리에 의하여 가단성이 있게 한 주철. 자동차나 기계의 부품 등에 쓰임.
가담(加擔)㈔ (여럿이 하는 부정적인 일에) 끼어들어 함께 행동하는 것. 가담-하다 ㉰㉲㉵ ¶범행에 ~ / 데모에 ~. 가담-되다 ㉰㉳

가ː당(可當)=**가ː당-하다**㉱㉵ 1 대체로 합당하다. ¶아무 잘못도 없는 나더러 사과를 하라니 그게 **가당키나** 한 소리야? 2 (정도나 수준 따위가) 비슷하게 맞다. 가ː당-히 ㉮
가당-분유(加糖粉乳)㈔ 우유에 설탕·젖당·엿당·덱스트린 등을 첨가하여 만든 분유.
가ː당찮다(可當-) [-찬타] ㉱ 가당하지 않다. ¶**가당찮게도** 윗사람한테 이래라저래라 한다.
가대(架臺)㈔ 무엇을 얹기 위하여 밑에 받쳐 세운 구조물.
가대기㈔ (주로 '치다' 와 함께 쓰여) 창고나 부두에서, 쌀가마니 따위의 무거운 짐을 인부들이 갈고리로 찍어서 어깨에 메고 나르는 일. 가대기-하다 ㉰㉲㉵
가댁-질[-찔] ㈔ 서로 피하고 잡고 하며 뛰노는 아이들의 장난. ¶깊은 곳에 들어가 물장구를 ~이다. 《이효석:들》가댁질-하다 ㉰㉳
가도¹(家道)㈔ 1 집안 살림을 하여 가는 방도. ㈓가계(家計). 2 집안에서 마땅히 행하여야 할 도덕적 규범.
가ː도²(街道)㈔ 1 큰 길거리. ㈓가로(街路). 2 도시와 도시 사이를 잇는 큰길. ¶경춘 ~.
가ː-도관(假導管)㈔㈑ =헛물관.
가도-교(架道橋)㈔ 육교(陸橋).
가ː-도련(一刀鍊)㈔ 종이의 가장자리를 도련하는 것. 가ː도련-하다 ㉰㉲㉵ ¶장판지를 바르고 ~.
가ː독-성(可讀性)[-썽]㈔ 인쇄물의 글이 읽히는 능률의 정도. 문자의 서체나 자간·행간 등에 따라 달라짐. ¶글자가 너무 빽빽하면 ~이 떨어진다.
가돈(家豚)㈔ 남에게 자기의 아들을 낮추어 이르는 말. ㈓가아(家兒).
가돌리늄(gadolinium)㈔㉩ 희토류 원소의 하나. 원소 기호 Gd, 원자 번호 64, 원자량 157.250. 은백색의 금속으로 단단함.
가ː동¹(可動)㈔ 움직일 수 있는 일. ¶~ 장치 / ~ 관절.
가동²(稼動)㈔ 사람이나 기계 따위가 움직여 일하는 것. 또는, 기계 따위를 움직여 일하게 하는 것. ¶~ 일수. 가동-하다 ㉰㉲㉵ ¶기계를 하루 12시간씩 **가동한다**.
가동-가동 I ㉳ 가동질하여 아이를 어를 때에 하는 소리.
II ㉮ 가동거리는 모양. 가동가동-하다 ㉰㉳
가동-거리다/-대다 ㉰㉳㉲ 가동질을 하다. 또는, 가동질을 시키다.
가ː동-교(可動橋)㈔ 배가 통과할 때 다리의 중앙부를 상하 좌우로 움직일 수 있게 만든 다리. ¶개폐교.
가ː동-댐(可動dam)㈔㈛ 물의 양을 자유로이 조절할 수 있도록 가동 장치를 한 둑. =가동둑.
가동-률(稼動率)[-뉼]㈔ 가동할 수 있는 시간과 실제로 가동한 시간의 비율.
가ː동-성(可動性)[-썽]㈔ 움직일 수 있거나 움직이기 쉬운 성질.
가동-질㈔ 어린아이를 치켜들고 올렸다 내렸다 하며 어를 때에 다리를 오그렸다 폈다 하는 짓. 또는, 그렇게 시키는 짓. 가동질-하다 ㉰㉲㉵
가ː두(街頭)㈔ 도시의 길거리. ¶~모금 / ~방송 / ~연설 / 데모대가 ~로 진출하다.

가두다 〖타〗 1 (사람이나 동물을 일정한 곳에) 넣어 마음대로 드나들지 못하게 하다. ¶죄수를 감방에 ~ / 닭을 우리에 **가두어** 기르다. 2 (물을) 일정한 곳에 괴어 있게 하다. ¶논에 물을 ~.

가:-두리 〖명〗 물건 가에 둘린 언저리.

가:두리^양^식(-養殖) 〖명〗〖수산〗 물속에 그물을 쳐 놓고 그 안에서 물고기를 기르는 일.

가:두-시위(街頭示威) 〖명〗 길거리에서 행하는 시위. ¶~를 벌이다.

가:두-판매(街頭販賣) 〖명〗 거리에서 벌여 놓고 판매하는 일. ¶신문·잡지의 ~. 〖준〗가판.

가둥-가둥 〖부〗 가둥거리는 모양. **가둥가둥-하다** 〖자〗

가둥-거리다/-대다 〖자〗 (몸집이 작은 사람이) 홰홰 엉덩잇짓을 하다.

가드(guard) 〖체〗 1 농구에서, 상대편이 슈팅을 하지 못하게 막는 역할을 하는 포지션. 또는, 그 선수. 공격할 때에는 공을 배급하거나 슈팅을 돕는 역할을 주로 함. 2 권투에서, 상대 선수의 공격을 막기 위해 팔을 들어 올려 취하는 자세. ¶~를 올리다〔내리다〕. 3 미식축구에서, 스크럼을 짤 때 센터 양쪽에 있는 선수.

가드-레일(guardrail) 〖명〗 1 철도에서, 주로 다리 위나 커브 등에서 바퀴의 탈선 등으로 인한 사고를 막기 위하여 본선 레일 안쪽에 깐 보조 레일. 2 도로에서, 차의 사고 방지를 위하여 차도 가장자리에 친 철책.

가득 〖부〗 가득하게. ¶장내에 ~ 찬 청중 / 잔에 술을 ~ 붓다. 〖큰〗그득. 〖예〗가득.

가득-가득[-까-] 〖부〗 여럿이 모두 가득하거나 매우 가득한 모양. ¶봇물이 논마다 ~ 괴다. 〖큰〗그득그득. 〖예〗가득가득. **가득가득-하다** 〖형여〗 **가득가득-히** 〖부〗

가득-률(稼得率)[-뜽뉼] 〖명〗〖경〗 가공 무역에서, 자기 나라로 순수하게 입금되는 외화 획득 비율.

가득-하다[-드카-] 〖형여〗 1 (물건이나 물질 등이 그릇이나 공간 범위 안에) 꽉 차 있다. ¶광주리마다 과일이 ~. 2 (빛이나 냄새가 공간에) 빈 데 없이 퍼져 있다. ¶뜰에 아카시아 향기가 ~. / 대청엔 대보름인지라 달빛이 ~. 3 (어떤 감정·심리·생각 등이) 많거나 강하다. ¶수심이 **가득한** 얼굴 / 그의 미래는 기쁨과 희망만이 **가득하였다.** 〖큰〗그득하다. 〖센〗가뜩하다. **가득-히** 〖부〗 ¶잔이 넘치도록 ~ 부어라.

가든-그리다 〖타〗 가든하게 거두어 싸다. ¶여행 갈 짐을 ~. 〖큰〗거든그리다.

가든-파티(garden party) 〖명〗 옥외, 특히 넓은 정원에서 여는 의례적인 파티.

가등(街燈) 〖명〗 '가로등'의 준말.

가:-등기(假登記) 〖명〗〖법〗 본등기를 할 요건이 갖추어지지 못하였을 때, 임시로 하는 등기.

가디간(←cardigan) 〖명〗 '카디건'으로 순화.

가뜩 〖부〗 1 '가득'의 센말. 2 '가뜩이나'의 준말.

가뜩-가뜩[-까-] 〖부〗 '가득가득'의 센말. ¶항아리를 ~ 채우다. 〖큰〗그뜩그뜩. **가뜩가뜩-하다** 〖형여〗 **가뜩가뜩-이** 〖부〗

가뜩-에 〖부〗 어려운 그 위에 또. 〖비〗더군다나. ¶어려운 형편에 ~ 병까지 들어 약만났다.

가뜩-이 〖부〗 '가뜩이나'의 준말.

가뜩-이나 〖부〗 그러지 않아도 매우. 어려움에 또 하나의 어려움이 가중될 때, 앞의 어려움을 꾸미어 그것만으로도 힘겨움을 나타냄. ¶~ 일손이 달리는 참인데 뭐 놀러 가겠다고? 〖준〗가뜩. 가뜩이.

가뜩-하다[-뜨카-] 〖형여〗 '가득하다'의 센말. 〖큰〗그뜩하다. **가뜩-이²** 〖부〗

가뜩-한데[-뜨칸-] 〖부〗 이미 있는 것만으로도 힘에 겹거나 견디기 어려운데.

가튼-가튼 〖부〗 모두가 다 가튼하거나 매우 가튼한 모양. 〖큰〗거튼거튼. 〖예〗가튼가튼. **가튼가튼-하다** 〖형여〗 **가튼가튼-히** 〖부〗

가튼-하다 〖형여〗 1 가볍고 단출하다. ¶짐을 **가튼하게** 꾸려라. 2 (기분이) 가볍고 상쾌하다. ¶일을 끝내고 나니 마음이 ~. 〖큰〗거튼하다. 〖예〗가튼하다. **가튼-히** 〖부〗 ¶옷차림을 ~ 하고 오너라.

가라-말 〖명〗 털빛이 검은 말.

가라사대 〖명〗 '가로되'의 높임말. ¶공자께서 ~ / 예수 ~ "네 이웃을 네 몸같이 사랑하라." 하셨다.

가라-앉다[-안따] 〖동〗〖자〗 1 (물체가) 물의 밑바닥에 내려가 닿다. 〖비〗침몰하다. ¶배가 난파되어 바다 속으로 ~. ↔뜨다. 2 (찌꺼기나 앙금 따위가) 액체의 밑바닥에 쌓이다. 〖비〗침전하다. ¶바닥에 앙금이 ~. 3 (홍분이나 아픔 따위가) 수그러들거나 사라지다. ¶홍분이 ~ / 두통이 ~. 4 (숨결이나 기침 따위가) 순하게 되다. ¶밤새 기침이 심하더니 새벽이 되자 **가라앉았다.** 5 (바람이나 파도가) 잠잠해지다. ¶파도가 **가라앉자** 어부들은 출어 준비를 서둘렀다. 6 (붓거나 부풀었던 것이) 줄어들어 본래대로 되다. ¶약을 발랐더니 부기가 ~. 7 (떠들썩하거나 들뜬 분위기가) 안정되고 조용해지다. ¶떠들썩한 분위기가 ~. 8 (목소리가) 낮아지고 차분해지다. ¶그의 목소리는 착 **가라앉아** 있었다. 〖준〗갈앉다.

가라앉-히다[-안치-] 〖동〗〖타〗 '가라앉다'의 사동사. ¶녹말가루를 물에 ~ / 흥분을 ~. 〖준〗갈앉히다.

가라오케(@空オケ/からオケ) 〖명〗 [가라(空: 거짓, 비어 있음) + 오케(orchestra)] 테이프나 시디(CD) 등에 녹음된 악기 반주에 맞추어 노래를 부를 수 있도록 마이크·스피커·앰프 등을 연결한 연주 장치. 또는, 그 장치를 이용하여 노래를 부르는 일. ¶~ 시설이 있는 술집.

가라테(@唐手/からて) 〖명〗 주로 맨손을 사용하여 상대와 맞서 싸우는, 일본에서 발달한 호신술. 〖비〗당수(唐手). ▷태권도.

가락¹ 〖명〗〖가락〗 1 물레에 실을 자을 때, 실이 감기는 쇠꼬챙이. 2 가느스름하고 기름하게 토막이 진 물건의 낱개. ¶~국수 / ~이 굵다. 2〖의존〗 기름하게 토막이 진 물건의 낱개를 세는 단위. ¶엿 두 ~.

가락² 〖명〗 1〖음〗 음악의 기본 요소 가운데 하나. 고른음의 높낮이의 변화가 리듬과 연결되어 하나의 음악적인 통합으로서 형성되는 음의 흐름. 또는, 음향의 형태. =멜로디. 〖비〗선율(旋律). ¶흥겨운 ~에 맞추어 춤을 추다. 2 일의 솜씨나 능률 또는 기분.

가락(이) 맞다 〖구〗 노래나 행동이 서로 척척 들어맞다.

가락-국수[-꾹쑤] 〖명〗 국숫발이 굵은 국수.

가락-악기(-樂器)[-끼] 〖명〗 가락을 연주하는 악기. 하모니카·리코더·피아노·바이올린 따위. ▷리듬 악기.

가락-엿[-량녇] 〖명〗 둥글려 길고 가늘게 뽑은 엿. =가래엿.

가락지 [-찌] 명 1 손가락에 끼는 장신구로, 안쪽은 판판하고 바깥쪽은 통통하게 만든, 두 짝의 고리 모양의 물건. 보통, 금·은·옥 등으로 만듦. =지환(指環). ¶금[옥]~ / 쌍~ / ~를 끼다. ▶반지. 2 [건] 기둥머리를 둘러 감은 쇠테. =편철(片鐵).
가람(伽藍) [불] '승가람마'의 준말.
가랑-가랑¹ 부 '그렁그렁'의 작은말. ㉠카랑카랑. **가랑가랑-하다** 형여
가랑-가랑² 부 1 '가르랑가르랑'의 준말. ¶가래가 끓는다. 2 숨이 거의 질 듯 질 듯하면서 숨결이 가늘게 남아 있는 모양. 또는, 그 소리. ¶노파는 아직 심장의 고동이 멈추지 않았으나 ~ 숨이 붙어 있었다. **가랑가랑-하다**² 통재여 ¶목에서 가랑가랑하는 소리가 나다.
가랑-거리다/-대다 통재 '가르랑거리다'의 준말. ¶목구멍에 가래가 걸려 숨 쉴 때마다 ~. 은그렁거리다.
가랑-눈 명 잘게 내리는 눈. =분설(粉雪).
가랑-니 명 서캐에서 깨어 나온 지 얼마 안 되는 새끼 이.
가랑-머리 명 두 가랑이로 땋은 머리.
가랑-무 명 밑동이 두셋으로 가랑이진 무.
가랑-비 명 가늘게 내리는 비. =안개비·세우(細雨). ¶~가 부슬부슬 내리다.
[**가랑비에 옷 젖는 줄 모른다**] 대수롭지 않은 것이라도 거듭되면 무시하지 못할 것이 된다.
가랑이 명 1 원 몸의 끝이 갈라져 나란히 벌어진 부분. 특히, 두 다리의 사이. ¶~를 벌리다 / 뱁새가 황새걸음을 걸으면 ~가 찢어진다. 2 바지의 다리를 꿰는 부분. ¶바짓 ~ / 역수 같은 비에 ~가 다 젖었다.
[**가랑이가 찢어지게[째지게] 가난하다**] 집이 매우 가난하다.
가랑이-지다 통재 끝이 갈라지다. ¶가랑이진 무 뿌리 / 가랑이진 나무.
가랑-잎 [-닙] 명 1 활엽수에서 떨어진 마른 잎. ¶~을 긁어모아 태우다 / 가을이 되니, 거리에 ~이 뒹군다. 준갈·갈잎. 2 '떡갈잎'의 잘못.
[**가랑잎에 불붙듯**] 성질이 조급하고 아량이 적음을 비유한 말. [**가랑잎으로 눈을 가리고 아웅 한다**] 속이 빤히 들여다보이는 일을 감추려 한다. [**가랑잎이 솔잎더러 바스락거린다고 한다**] 자기 허물은 생각하지 않고 도리어 남의 허물만 나무란다.
가래¹ 명 [1] 자루 홈을 파헤치거나 떠서 던지는 기구. ¶호미로 막을 것을 ~로 막는다. (속담) [2] 의존 가래로 뜨는 흙의 양을 나타내는 단위. ¶한 ~ 두 ~ 흙을 떠내다.
가래² 명 [1] 자루 떡이나 엿 따위를 둥글고 길게 늘여 놓은 토막. ¶~떡 / ~엿 / 떡 ~를 쌓아 놓다. [2] 의존 떡이나 엿 따위를 세는 단위. ¶떡 두 ~ / 엿 세 ~.
가래³ 명 [생] 폐에서 목구멍에 이르는 사이에서 생기는 끈끈한 분비물. =담(痰). ¶~가 끓다 / ~가 삭다 / ~를 뱉다.
가!래⁴ 명 [식] 가랫과의 여러해살이풀. 논이나 늪에 나는데, 숟가락 모양의 잎이 물 위에 뜸. 여름에 황록색 꽃이 핌. 논에 자라면 곡식에 해를 끼침. 중국.
가래-나무 명 [식] 가래나뭇과의 낙엽 활엽 교목. 5월에 꽃이 피며, 열매는 '가래'라고 하는데 9월에 익음. 재목은 가구재·조각재·총대 등에 쓰고, 나무껍질은 한약재로 씀.

가래다 통타 맞서서 옳고 그름을 따지다. ¶철모르는 아이들을 상대로 가랠 거야 뭐 있나.
가래-떡 명 둥글려 길고 가늘게 뽑은 흰떡.
가래-엿 [-녇] 명 =가락엿.
가래-질 [농] 가래로 흙을 떠 옮기는 일. **가래질-하다** 통재여
가래-침 명 가래가 섞인 침. ¶~을 뱉다.
가래-톳 [-톤] 명 [의] 사타구니 근처 허벅다리 속에 생긴 멍울. 허벅지의 림프샘이 부어오른 것으로, 만지던 아픔을 느끼어 잘 걷지 못하게 됨. ¶너무 많이 걸었더니 ~이 섰다.
가!량¹(假量) 명 =어림짐작. ¶수효가 얼마나 될지 ~을 할 수가 없다.
-가!량²(假量) 접미 명사나 수사 아래에 쓰여, 수량을 대강 어림쳐서 나타내는 말. ¶돈이 얼마~ 들까요? / 모집 인원이 100명~ 된다.
가!량-없다(假量-) [-업따] 형 1 어림짐작이 없다. ¶경험도 없이 그런 사업을 한다니 가량없는 짓이다. 2 어림짐작도 할 수 없다. ¶대평원에 나서니 그 넓이가 ~. **가!량없-이** 부
가!려(佳麗) →**가!려-하다** 형여 (모양이나 경치 등이) 아름답고 새뜻하다. 비미려하다.
가려-내다 통타 여럿 가운데에서 분간하여 추리다. ¶불량품을 ~ / 쌀에서 뉘를 ~.
가려-듣다 통타 (-들으니, -들어) 내용을 분간하여 알다. ¶<사실>을 ~.
가려-보다 통타 1 무엇을 분간하여 알아보다. ¶양서를 ~. 2 문제의 본질을 판단하여 알아내다. ¶세상 물정을 ~.
가려움 명 긁고 싶은 기분을 일으키는 일종의 불쾌한 감각. ¶피부병으로 온몸에 ~을 느끼다.
가려움-증(-症) [-쫑] 명 가려운 증세.
가려워-하다 통재여 가렵게 느끼다.
가려-잡다 [-따] 통타 =골라잡다.
가려-지다 통재 (무엇이) 사이에 가리게 되다. ¶베일에 가려진 진실. 본가리어지다. ✕가리워지다.
가!련(可憐) →**가!련-하다** 형여 가엾고 불쌍하다. ¶집도 절도 없는 가련한 신세. **가!련-히** 부
가!렴-주구(苛斂誅求) 명 세금을 가혹하게 거두어들이고, 함부로 재물을 빼앗음. ¶백성들이 탐관오리의 ~에 시달리다.
가렵다 [-따] 형 〈가려우니, 가려워〉 (피부가) 근질근질하여 긁고 싶은 느낌이 있다. ¶무좀에 걸려 발가락이 ~ / 목욕을 오랫동안 안 했더니 몸이 **가려워** 죽겠다.
[**가려운 데를[곳을] 긁어 주다**] 꼭 필요한 것을 알아서, 욕구를 만족시켜 주다.
가!령(假令) 부 (앞의 사실을 더 분명하게 밝히기 위해 예를 들 때 쓰여) 알기 쉽게 예를 들어 말하여. 비예컨대·이를테면. ¶아프리카의 맹수들, ~ 사자·표범·치타 등은 … / 단어는 문맥에 따라 뜻이 달라질 수 있다. ~, '발이 넓다'에서의 '발'은 '족(足)'의 뜻을 벗어나 있다.
가례¹(家禮) 명 한 집안의 예법.
가례²(嘉禮) 명 [역] 왕의 성혼이나 즉위, 세자·세손·태자·태손의 성혼이나 책봉 따위의 예식.
가로¹ Ⅰ 명 좌우나 옆으로 된 방향. 또는, 그 길이. = 횡(橫). ¶~ 3cm, 세로 5cm의 직사각형. ↔세로.
Ⅱ 부 좌우의 방향을 따라. ¶줄을 ~ 긋다 /

싫다고 하며 머리를 ~ 내젓는다. ↔세로.
가로 지나 세로 지나 〖구〗 이렇게 되든지 저렇게 되든지. =외로 지나 바로 지나.
가로²(街路) 〖명〗 시가지의 도로. 〖비〗가도(街道). 〖~변(邊) / ~수.
가로-거치다 〖동〗⒁ 앞에서 거치적거려 방해가 되다.
가로-글씨 〖명〗 가로로 써 나가는 글씨. ↔세로글씨.
가로-나비 〖명〗 피륙 등의 가로로 잰 넓이. =횡폭(橫幅).
가로-놓다 [-노타] 〖동〗⒯ 가로질러 놓다.
가로놓-이다 [-노-] 〖동〗⒁ 1 '가로놓다'의 피동사. ¶한강에 **가로놓인** 철교. 2 (장애물 따위가) 앞에 버티고 있다. ¶우리의 앞길에는 많은 난관이 **가로놓여** 있다.
가로누이다 〖동〗⒯ '가로눕다'의 사동사. ¶아기를 ~.
가로-눕다 [-따] 〖동〗⒁ᴮ 〈~누우니, ~누워〉 1 가로 또는 옆쪽으로 눕다. ¶**가로누워** 잠을 자다. 2 바닥에 기다랗게 눕혀지거나 누운 것처럼 놓이다.
가로다 〖동〗⒡ (주로 '가로되', '가론'의 꼴로 쓰여) '말하다'를 예스럽게 이르는 말. ¶공자 **가로되** / 옛사람이 **가로되**, 사람은 의식(衣食)이 족해야 예절을 안다고 했다.
가로닫-이 [-다지] 〖건〗 가로로 여닫게 된 창이나 문. ↔내리닫이.
가로-대 〖명〗 1 =가로장. 2 천칭의 가로놓인 저울대. 3 〖수〗 =가로축. ↔세로대.
가로되 [-되→-뒈] 〖동〗 →가로다.
가로-등(街路燈) 〖명〗 거리의 조명과 교통의 안전을 위하여 길을 따라 설치한 조명 시설. 〖준〗 가등.
가로-띠 〖명〗 가로로 두르거나 뻗친 띠. =횡대(橫帶). ↔세로띠.
가로-막(-膜) 〖명〗〖생〗 =횡격막(橫膈膜).
가로-막다 [-막따] 〖동〗⒯ 1 (앞을) 가로질러 막다. ¶강물을 **가로막아** 만든 호수. 2 (무슨 일을) 못 하게 방해하거나 막다. ¶말을 ~ / 남의 일을 **가로막지** 마시오.
가로막-히다 [-마키-] 〖동〗⒁ '가로막다'의 피동사. ¶철조망으로 **가로막힌** 휴전선.
가로-맡다 [-맏따] 〖동〗⒯ 1 (남의 할 일을) 대신 맡다. ¶그는 항상 남의 어려운 일을 **가로맡고** 나섰다. 2 남의 일에 참견하다. ¶공연스레 이러니저러니 남의 일을 **가로맡고** 나서지 마라.
가로-무늬 [-니] 〖명〗 가로로 난 무늬. =횡문(橫紋). ↔세로무늬.
가로무늬-근(-筋) [-니-] 〖명〗〖생〗 가로무늬가 있는 근육. 골격근을 이루며, 마음대로 움직일 수 있음. =횡문근(橫紋筋). ↔민무늬근.
가로-물다 〖동〗⒯ 〈~무니, ~무오〉 기다란 것이 가로놓이게 물다. ¶담뱃대를 ~.
가로-변(街路邊) 〖명〗 도시의 큰길가. ¶~에 꽃을 심다.
가로-새다 〖동〗⒁ 1 중도에서 다른 곳으로 빠져나가다. ¶그는 작업 중 **가로새어** 종적을 감추었다. 2 (어떤 내용이나 비밀이) 밖으로 새다.
가로-세로 Ⅰ 〖명〗 가로와 세로. ¶정사각형은 ~의 길이가 똑같은 사각형이다.
Ⅱ〖부〗 이리저리 여러 방향으로. ¶사건이 ~ 얽혀 종잡을 수 없다.
가로-수(街路樹) 〖명〗 거리의 미관과 국민의 건강을 위하여 길을 따라 줄지어 심은 나무.
가로-쓰기 〖명〗 글씨를 가로로 써 나가는 방식. 〖비〗횡서(橫書). ↔세로쓰기. **가로쓰기-하다** 〖동〗⒩
가로-장 〖명〗 가로로 건너지른 나무. =가로대.
가로-젓다 [-전따] 〖동〗⒯ㅅ 〈~저으니, ~저어〉 1 가로 방향으로 젓다. 2 (손이나 머리를) 거절하거나 부정하거나 의심스럽다는 뜻을 나타내기 위하여 가로 방향으로 젓다. ¶그는 손을 **가로저으며** 돈 봉투를 거절했다.
가로-줄 〖명〗 1 가로로 그은 줄. 〖비〗횡선(橫線). ↔세로줄. 2 〖농〗 줄모를 심을 때, 가로 치는 못줄.
가로-지 〖명〗 1 종이 뜬 자국이 가로놓인 종이결. 2 종이·피륙 등의 가로로 넓은 조각. ↔세로지.
가로-지다 〖형〗 가로 방향으로 되어 있다. ↔세로지다.
가로-지르다 〖동〗⒯ᴸ 〈~지르니, ~질러〉 1 가로로 건너지르다. ¶문빗장을 **가로질러** 잠그다. 2 (통과하는 것이 어떤 곳을) 그 공간의 가장자리로 돌지 않고 곧바로 중심부를 거치는 상태가 되다. 또는, (길이로 된 공간을) 수직 방향으로 거치는 상태가 되다. ¶강이 평원을 **가로질러** 흐르다.
가로질리다 〖동〗⒁ '가로지르다'의 피동사.
가로-짜기 〖인〗 조판에서, 각 행의 활자를 가로로 읽도록 짜는 방식. =횡조(橫組). ↔세로짜기.
가로-차다 〖동〗⒯ =가로채다.
가로-채다 〖동〗⒯ 1 옆에서 갑자기 탁 쳐서 빼앗다. ¶날치기가 행인의 손가방을 **가로채어** 달아났다. 2 (남의 것을) 옳지 못한 방법으로 빼앗다. ¶회사의 공금을 ~ / 남의 여자를 ~. 3 남이 말하는 중간에 불쑥 끼어들어, 말을 가로맡아 하다. =가로차다. ¶왜 남의 말을 **가로채고** 그래?
가로채-이다 〖동〗⒁⒯ '가로채다'의 피동사. ¶날치기에게 가방을 ~.
가로-축(-軸) 〖명〗〖수〗 평면 상의 직교 좌표에서 가로로 잡은 좌표축. 쓰이는 어는 횡축(橫軸). =가로대·엑스축. ↔세로축.
가로-타다 〖동〗⒯ 1 (길 따위를) 가로질러 지나다. ¶산등성이를 **가로타고** 가다. 2 몸을 모로 하고 타다. ¶한 목동이 소 잔등을 **가로타고** 앉아 피리를 불며 간다.
가로-퍼지다 〖동〗⒁ 1 옆으로 자라다. ¶가지가 ~. 2 살이 쪄서 뚱뚱해지다. ¶작달막한 키에 **가로퍼진** 몸집.
가로-피리 〖명〗〖음〗 가로로 쥐고 불도록 된 피리. =횡적(橫笛). ▷세로피리.
가로-획(-畫) [-획/-휃] 〖명〗 글자의, 왼쪽에서 오른쪽으로 가로로 긋는 획. ↔세로획.
가론 〖동〗 →가로다.
가료(加療) 〖명〗 병이나 상처의 치료를 해 주는 것. ¶이 환자는 3주간의 ~를 요함.
가루 〖명〗 딱딱한 물질이 아주 잘게 부스러진 것. 〖비〗분말(粉末). ¶밀~ / 콩~ / 고춧~ / ~가 곱다 / ~를 내다 / 체로 ~를 치다.
[**가루는 칠수록 고와지고, 말은 할수록 거칠어진다**] 이러니저러니 하고 시비가 길어지면 말다툼에까지 이를 수 있음을 경계하는 말.
가루-눈 〖명〗 가루처럼 잘게 내리는 눈. ▷함박눈.
가루라(迦樓羅) 〖명〗 [<⟨범⟩Garuda] 〖불〗 팔부중(八部衆)의 하나. 불경에 나오는 상상의

큰 새. 머리는 매, 몸은 사람을 닮고, 입에서 불을 내뿜는다 함. =금시조(金翅鳥).
가루-받이[-바지] 명 [식] =수분(受粉)³. **가루받이-하다** 통 자 여
가루-분(-粉) 명 가루로 된 분. ↔물분.
가루-붙이(-부치) 명 1 음식의 재료가 되는 가루. 2 가루로 만든 음식. ¶점심은 ~로 때우다 / 나는 국수 같은 ~를 좋아한다.
가루-비누 명 가루로 된 비누. 2 '합성 세제'의 속칭. ↔물비누.
가루-약(-藥) 명 가루로 된 약. =산약(散藥)·산제(散劑). ▷알약. ×말약.
가루-우유(-牛乳) 명 =분유(粉乳).
가르다 통 타 르 <가르니, 갈라> 1 (사람이나 동물의 배 따위를) 칼로 베다. 또는, 그렇게 하여 열어젖히다. ¶자르다. ¶생선의 배를 **가르고** 내장을 빼내다 / 배를 **가르고** 낳은 자식. 2 (사물을) 이것과 저것으로 나누어 구별을 짓다. ¶편을 ~ / 패를 ~ / 내용을 항목별로 ~ / 가르마 ~ / 승패를 ~ / 9회 말 홈런 / 대륙을 동서로 **가르는** 거대한 산맥. 3 (물체가 공기나 물살 등을) 좌우로 헤치듯이 하면서 빠르게 움직이다. ¶모터보트가 좌우로 물살을 **가르며** 질주한다. / 스포츠카가 바람을 **가르며** 달리고 있다. 4 (이익이나 몫 등을) 나누어 가지다. ¶셋이서 이익을 똑같이 ~. 5 (주로 '갈라놓다', '갈라지다'의 꼴로 쓰여) (가까운 관계를) 끊어지게 하거나 멀어지게 하다. ¶이간질하여 둘 사이를 **가른다**.

가르랑-가르랑 부 가르랑거리는 소리. 또는, 그 모양. 준가랑가랑. 센그르렁그르렁. **가르랑가르랑-하다** 통 자 여

가르랑-거리다/-대다 통 자 목구멍에 가래가 걸려 숨 쉬는 대로 소리가 자꾸 나다. 또는, 그 소리를 자꾸 내다. 준가랑거리다. 센그르렁거리다.

가르마 명 이마에서 정수리까지의 머리털을 양쪽으로 갈라붙여 생긴 금. ¶~를 타다. ×가리마.

가르마-꼬챙이 명 가르마를 타는 데에 쓰는 가느다란 꼬챙이. ×가리마꼬창이·가리마꼬챙이.

가르치다 통 타 1 (누구에게 [누구를] 지식·기술·방법·예절 따위를) 깨닫거나 익히게 만들다. ¶학생을 ~ / 예의범절을 ~ / 아이들에게 글을 ~. ¶배우다. 2 (아직 모르는 일을) 알도록 일러 주다. ¶길 좀 **가르쳐** 주시겠습니까?

가르친-사위 명 독창성이 없고 시키는 대로만 하는 어리석은 사람을 농으로 이르는 말.

가르침 명 가르치어 사상, 옳고 그름을 알게 하는 일. ¶스승으로부터 많은 ~을 받다 / 성인의 ~이 담긴 책.

가름 명 1 나누어 가르는 일. 2 사물을 구별하거나 분별하는 일. ¶주인장의 입장을 **가름하지** 못하는 바는 아니오. 《김주영: 객주》

혼동어	**가름하다 / 갈음하다**

'**가름하다**'는 '가르다, 분별하다'의 뜻인 데 반해, '**갈음하다**'는 '대신하다'의 뜻임. '가름'은 '가르다[分割]'에 명사형 어미 '-ㅁ'이 결합한 꼴이고, '갈음'은 '갈다[代替]'에 명사형 어미 '-음'이 결합한 꼴임. ¶일의 성패를 **가름하다** / 자세한 설명은 유인물로 **갈음하겠습니다**.

가름-끈 명 읽던 곳이나 특정한 곳을 표시하기 위하여 책의 갈피에 끼워 넣는 끈.

가름-대[-때] 명 수판의 윗알과 아래알을 구분하기 위하여 댄 나무.

가름-솔[-쏠] 명 솔기를 중심으로 하여 시접을 좌우 양쪽으로 갈라붙인 솔기.

가릉-빈가(迦陵頻伽) 명 <←범 Kalavinka> [불] 불경에 나오는, 사람의 머리를 한 상상의 새. 히말라야 산맥에 살고 미묘한 소리를 낸다 함. =비천(飛天)·선조. 준빈가.

가리¹ 명 통발 비슷한, 고기 잡는 기구.
가리² 명 곡식·땔나무 등을 쌓은 더미. ¶벗~ / 노적~.
가리³ 명 '가리새'의 준말. ¶일이 하도 어수선해서 ~를 못 차리다.
가리⁴ 명 '갈비'의 잘못.

가리-가리 부 여러 가닥으로 찢어진 모양. 준갈가리.

가리-개 명 사랑방 같은 데 구석에 치는 두 폭의 병풍. ¶~를 치다 / ~를 걷다.

가리다¹ 통 1 자 보이지 않게 무엇이 막히다. ¶앞이 나무에 **가려** 잘 안 보인다. 2 타 보이지 않게 무엇으로 막거나 덮다. ¶두 손으로 얼굴을 ~ / 부끄러운 곳만 아슬하게 가린 나부(裸婦). ×가리우다.

가리다² 통 타 1 (여럿 가운데서 어떤 것을) 구별하여 고르다. ¶우수작을 ~ / 친구는 잘 **가려** 사귀어야 한다. 2 (주로 '낯을 가리다'의 꼴로 쓰여) (어린아이가 낯선 사람을) 싫어하거나 두려워하다. ¶이 애는 낯을 **가리지** 않고 아무한테나 잘 안긴다. 3 (셈을) 따져 갚다. ¶빚을 ~. 4 시비(是非)를 분간하다. ¶잘잘못을 **가려본들** 무엇 하겠니? 5 (머리를 빗어) 대강 빗다. 6 (음식을) 편식하다. ¶음식을 **가려** 먹지 마라. 7 (어린아이가 오줌을) 눌 곳에 누다. ¶세 살이나 되었는데도 아직도 똥오줌을 **가릴** 줄 모른다.

가리다³ 통 타 (곡식·땔나무 등의) 단을 쌓아 더미를 짓다. ¶낟가리를 ~.

가리마 명 '가르마'의 잘못.
가리마-꼬창이 명 '가르마꼬챙이'의 잘못.
가리마-꼬챙이 명 '가르마꼬챙이'의 잘못.

가리맛-조개[-맏쪼-] 명 [동] 연체동물 부족류 죽합과의 한 종. 껍데기는 길이 10cm, 폭 2cm가량으로 갈황색의 껍데기로 덮여 있음. 살은 식용함. =가리맛·맛.

가리비 명 [동] 가리빗과에 속하는 조개의 총칭. 국자가리비·큰가리비 등이 있음.

가리사니 명 1 사물을 판단할 만한 지각. ¶~없는 행동. 2 사물을 분간할 수 있는 실마리. ¶~를 잡아야 일이 풀리지.

가리산-지리산 부 '갈팡질팡'을 속되게 이르는 말. ¶이제 앞뒤 돌볼 처지가 아닌 길녀는 ~이었다.《김주영: 객주》 **가리산지리산-하다** 통 자 여

가리-새 명 일의 갈피와 조리. ¶어떻게 해야 할지 ~를 못 추겠다. 준가리.

가리어-지다 통 자 '가려지다'의 본딧말.
가리-온 명 [동] 몸이 희고 갈기가 검은 말.
가리-우다 통 타 '가리다¹'의 잘못.
가리워-지다 통 자 '가려지다'의 잘못.
가리-이다 통 자 '가리다²'의 피동사. ¶앞산이 안개에 ~.

가리-질 명 가리로 물고기를 잡는 일. **가리질-하다** 통 자 여

가리키다 통 타 1 (손가락이나 길이를 가진 물체 등으로 어떤 방향이나 대상을) 다른 사

람의 시선이나 주의를 끌도록 향하다. ㉥지적하다. ¶손가락으로 북쪽을 ~. 2 (시곗바늘이나 푯말 등이) 시각이나 방향 등을 알리다. ¶시곗바늘이 세 시를 ~ / 삼거리의 이정표는 서울 방향을 **가리키고** 있다. 3 (어떤 대상을) 특별히 지적하여 말하다. ¶사람들은 그 아이를 **가리켜** 신동이라 했다.

가린(慳*吝) ['慳'의 본음은 '간'] →**가린-하다** [형]어] 아니꼬울 만큼 몹시 인색하다. 웬간린하다.

가린-스럽다(慳*吝-) [-따] [형]비] <-스러우니, -스러워> 가린한 데가 있다. 웬간린스럽다. **가린스레** [부]

가마¹ [명] '가마솥'의 준말.
  [가마 밑이 노구솥 밑을 검다 한다] 자기 허물은 모르고, 남을 나무라려서 흉을 본다.

가마² [명] 숯·기와·벽돌·질그릇 따위를 구워 내는, 아궁이와 굴뚝이 있는 시설. =요(窯). ¶숯~ / 벽돌~.

가마³ [명] 사람의 머리나 일부 짐승의 대가리에 털이 소용돌이 모양을 이룬 부분. =선모(旋毛). ¶쌍~.

가마⁴ [명] ❶[자립] '가마니'의 준말. ❷[의존] 1 '가마니'의 준말. ¶쌀 열~. 2 갈모나 쌈지 등을 셀 때, 100개를 이르는 말. ¶쌈지 세~.

가:마⁵ [명] 전날에, 한 사람이 안에 타고 두 사람 또는 네 사람이 들거나 메고 다니던, 조그만 집 모양의 탈것. 연(輦)·덩·남여(籃輿)·사인교 등이 있음. 세는 단위는 채. =교군·숭교. ¶~를 메다 / ~를 타다 / ~를 메다.

가:마-꾼 [명] 가마를 메는 사람. =가정(駕丁)·교군·교군꾼·교부(轎夫).

가마니 [명] <ⓓ[叺/かます] ❶[자립] 곡식·소금 등을 담기 위하여 짚을 엮어서 큰 자루처럼 만든 용기. 세는 단위는 닢. ¶~를 짜다. ❷[의존] 곡식·소금 등의 양이나 무게를 그것이 담긴 가마니 포대의 수로 헤아리는 말. 부피로서의 한 가마니는 소두 10말이거나 100리터이고, 무게로서의 한 가마니는 곡식에 따라 약간 달라, 가령 쌀은 80kg, 보리쌀은 60kg임. ¶그는 쌀을 ~쯤 거뜬히 들어 올린다. [준]가마.

가마니-떼기 [명] '가마니'를 격을 낮추어 이르는 말. 또는, 낡거나 헌 가마니를 속되게 이르는 말. [준]가마떼기.

가마득-하다 [-드카-] [형]여] '까마득하다'의 여린말. [본]가마아득하다. **가마득-히** [부]

가:마-등 [명][민] =가마타기.

가마-떼기 [명] '가마니떼기'의 준말.

-가마리 [접미] 일부 명사적인 어근에 붙어, 그 명사가 나타내는 성질의 대상이 되는 사람. ¶욕~ / 놀림~.

가마말쑥-하다 [-쑤카-] [형]여] '까마말쑥하다'의 여린말. [큰]거머멀쑥하다. **가마말쑥-이** [부]

가마-솥 [-솓] [명] 무쇠로 만든, 크고 아가리가 오긋한 재래식 솥. 흔히, 상투 모양의 꼭지가 달린, 무쇠로 된 소댕을 덮음. [준]가마.

가마아득-하다 [-드카-] [형]여] '가마득하다'의 본딧말. [센]까마아득하다. **가마아득-히** [부]

가마우지 [명] 가마우짓과에 속하는 물새의 총칭. 몸빛은 검고 청록색이 돌며, 부리는 긴데 끝이 굽었음. 발가락 사이에 물갈퀴가 있음. [준]우지.

가:마-채 [명] 타는 가마 밑 양편에 세로로 지르는 기다란 나무. 가마를 멜 때, 이 나무 끝에 멜빵을 걸고 손으로 잡음.

가:마-타기 [명][민] 어린이 놀이의 하나. 두 사람이 서로 두 손을 맞걸어 잡으면 한 사람이 그 위에 두 다리를 걸쳐 탐. =가마등·손가마.

가마-터 [명] 질그릇이나 사기그릇을 굽는 가마가 있던 옛터.

가막-소 [명] '감옥¹'의 잘못.

가막-조개 [-쪼-] [명][동] =가무락조개.

가만 Ⅰ [부] 아무런 간섭이나 상관도 하지 않고 그냥 그대로. ¶날 좀 ~ 내버려 둬 다오. Ⅱ [부] 남의 말이나 행동을 제지할 때에 쓰는 말. ¶~, 진정하고 내 말을 좀 들으시오.

가만-가만 [부] 가만히 가만히. 또는, 살그머니. ¶~ 속삭이다 / ~ 다가오다. **가만가만-히** [부] ¶소리 안 나게 ~ 걷다.

가만-두다 [동]타] 건드리거나 상관하지 않고 그대로 두다. ¶한 번만 더 까불면 **가만두지** 않겠다.

가만-있다 [-읻따] [동]자] 1 몸을 움직이거나 활동하거나 하지 않고 조용히 있다. ¶집 안에 **가만있지** 않고 어디를 그리 쏘다니느냐? 2 관계하거나 간섭하지 않다. ¶아무것도 모르면 **가만있어**. 3 ('가만있어', '가만있자', '가만있어라'의 꼴로 쓰여) 생각이 얼른 떠오르지 않을 때 하는 말. ¶**가만있어**, 네가 누구더라? / **가만있자**, 어머니 생신이 며칠이더라?

가만-하다 [형]여] (주로 '가만한'의 꼴로 쓰여) 움직임이 드러나지 않을 만큼 조용하다. ¶공주의 뺨이 살짝 붉어지며 입가엔 **가만한** 웃음이 고요히 흘러진다.〈박종화: 다정불심〉

가만-히 [부] 1 움직이지 않거나 아무 말 없이. ¶~ 바라보다 / 곰이 다가오자 나무꾼은 죽은 듯이 ~ 엎드려 있었다. 2 드러나지 않게 살며시. ¶~ 귓속말을 주고받다. 3 아무런 손도 쓰지 않고. ¶사람이 죽어 가는데 ~ 앉아서 구경만 할 작정이오? 4 마음을 가다듬어 곰곰이. ¶~ 생각해 보니 내 잘못이었어.

가:망(可望) [명] 이룰 수 있을 만한 희망. ¶이 환자는 도저히 살아날 ~이 없습니다.

가:맣다¹ [-마타] [형]ㅎ] <가마니, 가마오, 가매> '까맣다'의 여린말. [큰]거멓다.

가:맣다² [-마타] [형]ㅎ] <가마니, 가마오, 가매> '까맣다²'의 여린말.

가:-매장(假埋葬) [명] (시체를) 임시로 묻는 것. **가:매장-하다** [동]타여] **가:매장-되다** [동]자]

가:매-지다 [동]자] '까매지다'의 여린말. [큰]거메지다.

가맹(加盟) [명] 동맹이나 연맹, 또는 단체에 가입하는 것. ¶~ 단체. **가맹-하다** [동]자여] **가맹-되다** [동]자]

가맹-국(加盟國) [명] 동맹이나 연맹에 가입한 나라. ¶이유(EU) ~.

가맹-점(加盟店) [명] 어떤 기관이나 조직에 가맹되어 있는 가게나 점포.

가:면(假面) [명] 얼굴을 변장하거나 분장하거나 보호하기 위해 얼굴에 덮어쓰는, 얼굴 모양의 물건. 주로, 종이·나무·가죽 등으로 만드는데, 세계 각 지역마다 온갖 다양한 형태의 것이 있음. ㉥탈. ¶~을 쓴 프로 레슬러.

가면(을) 벗다 [구] 정체를 드러내다. 또는, 속마음을 드러내다.

가면(을) 쓰다 [구] 본심을 감추고 겉으로는 그렇지 않은 것처럼 꾸미다.

가:면-극(假面劇) [명][연] 가면을 쓰고 하는

연극.
가!면-무(假面舞) 명 =탈춤.
가!면-무도회(假面舞蹈會)[-회/-훼] 명 가면을 쓰고 하는 무도회.
가멸다(〈가머니, 가머오〉 재산이 많다. ¶가장 가멸고 가장 귀한 자리에 있는 안평대군이 그보다 더 무엇을 바라고 당신을 배반하였나.《김동인:대수양》
가!명(假名) 명 1 가짜 이름. ¶-을 쓰다. ↔실명(實名). 2 [불] 실속이 없는 헛된 이름.
가모(家母) 명 한 집안의 주부.
가묘¹(家廟) 명 한 집안의 사당(祠堂).
가!묘²(假墓) 명 시신이 들어 있지 않은 묘.
가무(歌舞) 명 1 노래와 춤. ¶-를 즐기다. 2 노래하면서 추는 춤. 가무-하다 통(자여) 노래하고 춤추다.
가무끄름-하다 형여 '까무끄름하다'의 여린말. ¶보이지는 않아도 노루가 내빼 숨어 버린 산골짝 가무끄름한 속은 못 노루 떼들이 득실거리고 있을 것 같았다.《안회남:농민의 비애》 큰거무끄름하다.
가무대대-하다 형여 천격스럽게 가무스름하다. 큰거무데데하다. 쎈까무대대하다.
가무댕댕-하다 형여 '까무댕댕하다'의 여린말. 큰거무뎅뎅하다.
가무락-조개 [-쪼-] 명[동] 부족류 백합과(白蛤科)의 조개. 껍데기는 갈색이며, 가장자리는 자색을 띰. 식용함. =가막조개·모시조개·재첩. ×갱조개.
가무러-지다 통(자) '까무러지다'의 여린말.
가무러-치다 통(자) '까무러치다'의 여린말.
가무레-하다 형여 '까무레하다'의 여린말. 큰거무레하다.
가리다 통(타) 1 몰래 혼자 차지하거나 흔적도 없이 먹어 버리다. ¶붕어 한 마리가 물 위에 뜬 먹이를 납작 가렸다. 2 남이 보지 못하게 숨기다. 비감추다.
가무스레-하다 형여 =가무스름하다.
가무스름-하다 형여 (빛깔이) 다소 밝고 산뜻하게 가만 데가 있다. =가무스레하다. 준가뭇하다. 큰거무스름하다. 쎈까무스름하다. 가무스름-히 부
가무잡잡-하다 [-짜파-] 형여 (오종종한 얼굴이) 칙칙하게 가무스름하다. ¶건강미 넘치는 가무잡잡한 얼굴. 큰거무접접하다. 쎈까무잡잡하다.
가무족족-하다 [-쪼카-] 형여 '까무족족하다'의 여린말. 큰거무죽죽하다.
가무칙칙-하다 [-치카-] 형여 '까무칙칙하다'의 여린말. 큰거무칙칙하다.
가무퇴퇴-하다 [-퇴퇴-/-튀튀-] 형여 '거무튀튀하다'의 작은말. 쎈까무틱틱하다.
가문¹(家門) 명 집안. 또는, 그 집안의 사회적 지위. ¶-의 명예 / 훌륭한 -에서 태어나다 / -을 더럽히다 / -을 빛내다.
가문²(家紋) 명 한 가문(家門)의 표지(標識)로 정한 무늬. 옛날 유럽의 귀족 사회나 일본 등에서 흔히 볼 수 있음.
가문비-나무 명 [식] 소나뭇과의 상록 침엽교목. 높이 30m 이상. 나무껍질이 검은 갈색에 비늘 모양이며, 자웅 동주로 6월에 꽃이 핌. 재목은 건축재·펄프 원료로 쓰임. =가문비.
가!-문서(假文書) 명 가짜로 만든 문서.
가물 명 =가뭄. ¶-이 들다 / -을 타다.
[가물 끝은 있어도 장마 끝은 없다] 가뭄에 의한 재난보다도 수재(水災)가 더 무섭다.
[가물에 콩 나듯] 어떤 일이나 물건이 드문드문 있는 것을 이르는 말.
가물-가물 부 가물거리는 모양. ¶고깃배가 수평선 너머로 ~ 사라지다. 큰거물거물. 쎈까물까물. 가물가물-하다 통(자)여 ¶기억이 ~.
가물-거리다/-대다 통(자) 1 (불빛 따위가) 희미하여 자꾸 사라질 듯 말 듯하다. ¶흥얼흥얼 노래하면서 갈대밭을 돌아다녔다, 까막내 마을의 불빛들이 점점이 가물거리고 있었다.《황석영:장길산》 2 (멀리 있는 물체가) 희미하여 보일 듯 말 듯하다. ¶저기 숲 사이에 가물거리는 게 뭐지? 3 (정신이나 기억이) 맑지 못하고 희미하다. ¶술에 취하여 의식이 ~. 큰거물거리다. 쎈까물거리다.
가물다 통여 〈가무니, 가무오〉 오랫동안 비가 오지 않다. ¶날이 ~ / 몇 달째 가물던 하늘에서 굵은 빗방울이 떨어지기 시작했다.
가물치 명[동] 가물칫과의 민물고기. 몸길이 85cm가량. 몸빛은 등이 암갈색, 배는 회백색이며, 옆구리에 흑갈색의 얼룩무늬가 있음. 진흙물에서 살며, 산란기에는 물가의 얕은 곳으로 이동한다. 식용 또는 산모(產母)의 보혈약으로 쓰임.
가뭄 명 오래도록 비가 오지 않는 날씨. =가물·염발·한발. ¶-이 들다 / 한 달째 계속되는 -으로 농작물이 말라 가고 있다.
가뭄-철 명 가뭄이 계속되는 철. =가물철.
가뭄-해(-害) 명 가뭄으로 말미암아 입은 재해. 비한해(旱害). ¶-를 입다.
가뭇-가뭇 [-묻가묻] 부 군데군데 감은 모양. ¶주근깨가 온 얼굴에 ~ 퍼져 있다. 큰거뭇거뭇. 쎈까뭇까뭇. 가뭇가뭇-하다 형여
가뭇가뭇한 반점이 있는 벌레.
가뭇-없다 [-묻업-] 형 1 (어떤 사물이) 있었던 흔적이나 자취가 없다. ¶바람이 눈을 날려 발자국을 가뭇없게 지워 버렸다. 2 눈에 띄지 않게 감쪽같다. ¶가뭇없이 부 ¶파도가 모래성을 ~ 휩쓸어 갔다.
가뭇-하다 [-무타-] 형여 '가무스름하다'의 준말. 큰거뭇하다. 쎈까뭇하다.
가미(加味) 명 1 (음식에 양념이나 식료품을 더 넣어) 맛이 나게 하는 것. 2 본래의 것에 다른 요소를 보태어 넣는 것. 3 [한] 원래의 약방문에 다른 약재를 더 넣는 것. ¶-대보탕(大補湯). 가미-하다 통(타)여 ¶대통령제에 의원 내각제의 요소를 ~. 가미-되다 통(자)
가미카제(일神風/かみかぜ) 명[역] 제2차 세계 대전 말기에 자살 공격대 노릇을 하던 일본의 항공대에 붙인 명칭. ¶- 특공대.
가!발(假髮) 명 변장하거나 멋을 내기 위하여 머리에 쓸 수 있도록 만든 머리털. ¶-을 쓰다.
가방 명 [<일鞄/かばん<네kabas] 물건을 넣어 들거나 메고 다니기에 편하도록 만든 용구. 흔히, 가죽이나 천, 비닐 등으로 만듦. ¶책~ / 가죽 ~ / 서류 ~ / ~을 메다 / ~을 들다.
가방 끈이 짧다 구〈속〉 학교 교육을 높은 단계에까지 받지 못하다.
가백(家伯) 명 남 앞에서 자기의 맏형을 이르는 말. 비가형(家兄). ▷가형(家兄).
가!벌-성(可罰性) [-썽] 명[법] 어떤 행위에 대해 형벌로 처벌할 수 있는 성질. ¶죄형 법정주의에 따라 행위의 ~ 여부는 행위 당시의 법을 기준으로 판단해야 한다.

가법¹(加法) [-뻡] 명[수] '덧셈'의 구용어. ↔감법(減法).

가법²(家法) 명 한 집안의 법도나 규율.

가변(可變) 명 고정불변한 것이 아니고, 변하거나 변화할 수 있는 것(不變).

가변-성(可變性) [-썽] 명 일정한 조건 밑에서 변할 수 있는 성질.

가변^자본(可變資本) [경] 생산 과정에 투입된 자본 중 노동력에 대한 임금으로 지출하는 자본. ↔불변 자본.

가변-적(可變的) 관명 바꿀 수 있거나 바뀔 수 있는 (것). ¶~ 상태.

가변^차로(可變車路) 명 시간에 따라 가변적으로 사용되는 차로. 고정된 중앙선이 없어지고 왕복 차로가 달라짐.

가변^축전기(可變蓄電器) [-전-] 명[물] 전기 용량을 바꿀 수 있는 축전기. 무선 송신기·라디오 등에 쓰임. =바리콘.

가볍다[-따] 형ㅂ<가벼우니, 가벼워> 1 (물건이나 물체의 무게가) 보통의 정도나 기준 대상의 것보다 적다. ¶짐이 ~ / 몸무게가 ~. 2 중요성이나 가치 따위가 낮거나 작다. ¶목숨을 **가볍게** 여기다. 3 (상처나 병 등이) 정도가 심하지 않다. ¶**가벼운** 감기 / 병세가 ~. 4 (잘못이나 벌, 손해 등이) 심각하지 않고 예사롭다. ¶**가벼운** 실수 / 태풍이 휩슬고 갔으나 다행히 피해가 ~. 5 (책임이나 부담이) 적다. ¶세금이 ~ / 여행길에 **가볍게** 읽을 수 있는 책. 6 (생각이나 언어·행동이) 신중하지 않고 함부로 하는 데가 있다. ¶입이 ~ / 행동이 **가벼운** 사람. 7 (옷차림이) 활동하기 좋거나 편하다. ¶**가벼운** 옷차림으로 한 산책객. 8 (마음이) 억눌린 데 없이 편하다. ¶**가벼운** 마음으로 첫 출근을 하다. 9 (기분이) 상쾌하고 가뿐하다. ¶실컷 자고 났더니 몸이 아주 ~. 10 (동작이) 재빠르고 경쾌하다. ¶**가벼운** 발걸음 / **가볍게** 담을 뛰어넘다. 11 (행동이) 은근하거나 가만하다. ¶입가에 **가벼운** 웃음을 띠다. 12 (식사 따위가) 담박하고 간단하다. ¶**가벼운** 아침 식사. 13 다루는 솜씨가 능숙하다. ¶어려운 수학 문제를 **가볍게** 풀어내다. 14 (소리가) 작고 약하다. ¶조심스럽게 노크하는 소리가 **가볍게** 났다. 존거볍다. ¶~ 무겁다. **가벼이** 부

가볍디-가볍다[-따-따] 형ㅂ<~가벼우니,~가벼워> 매우 가볍다. 존거볍디거볍다.

가보¹(家譜) 명 한 집안의 계보.

가보²(家寶) 명 한 집안에서 대를 물려 전해졌거나 전해질 보배로운 물품. ¶이 책은 우리 집에서 ~로 전해 내려오는 것이다.

가보³(←かぶ) 명 화투 따위의 노름에서, 아홉 끗을 이르는 말. ¶~를 잡다.

가보트(@gavotte) 명[음] 17~18세기에 프랑스에서 유행한 2박자의 경쾌한 춤곡. 또는, 그에 맞추어 추는 춤.

가복(家僕) 명[역] 양반들이 자기 집에서 부리던 사내종. =가노(家奴).

가본(假本) 명 옛날의 책이나 글씨·그림 따위를 가짜로 꾸민 것. 비위본(偽本). ↔진본(眞本).

가봉¹(假縫) 명 =시침바느질. **가봉-하다** 타여 ¶양복을 ~.

가봉²(Gabon) 명[지] 아프리카의 서부, 기니만 동안(東岸)의 적도 밑에 있는 공화국. 수도는 리브르빌.

가부¹(可否) 명 1 옳고 그름의 여부. 2 표결에서, 찬성과 반대. ¶~ 동수 / ~ 결정 / ~를 묻다.

가부²(家夫) 명 남에게 자기 남편을 일컫는 말. 비가군(家君).

가부-간(可否間) 부 옳거나 그르거나, 찬성하거나 반대하거나 하여튼. ¶더 미루지 말고 오늘은 그 일을 매듭짓자.

가부-장(家父長) 명[역] 봉건적 사회에서 가장권(家長權)의 주체가 되는 사람. 가족에 대하여 절대적인 권력을 가짐.

가부장-적(家父長的) 관명 봉건 사회의 가부장 제도와 같은 (것). ¶~ 남성 중심 사회.

가부장-제(家父長制) 명[사] 1 가장(家長)이 강력한 지배권을 가지고 가족을 통솔하는 가족 형태. 2 1을 원리로 하는 사회의 지배 형태. ¶~ 국가.

가부-좌(跏趺坐) 명[불] 책상다리를 하고 앉는 것. ¶결(結)~ / ~를 틀다 / ~를 걷다. 존가부. **가부좌-하다** 자여

가부키(@歌舞伎/かぶき) 명[연] 음악과 무용의 요소를 포함한 일본의 전통극.

가분(可分) 명 나눌 수 있는 일. ↔불가분.

가분-가분(可分可分) 부 '가뿐가뿐'의 여린말. 존거분거분. **가분가분-하다** 형여 **가분가분-히** 부

가:-분수(假分數) [-쑤] 명[수] 1 분자가 분모와 같거나 분모보다 큰 분수. 6/5 따위. ↔진분수(眞分數). 2 몸집에 비하여 머리가 유난히 큰 사람을 놀림조로 이르는 말.

가분-하다 형여 '가뿐하다'의 여린말. 존거분하다. **가분-히** 부

가:불(假拂) 명 1 올릴 과목(科目)이나 금액이 확정되지 않았을 때, 뒤에 명세를 밝히기로 하고 임시로 하는 지불. 2 (봉급 따위를) 기일 전에 지불하는 것. **가:불-하다** 동타여 ¶월급을 가불해 쓰다.

가붓-하다[-부타-] 형여 '가뿟하다'의 여린말. 존거붓하다. **가붓-이** 부

가빠(←@カッパ) 명[<@capa] 1 긴 외투 모양의 비옷. ¶~를 걸치다. 2 눈비를 막기 위하여 덮는, 방수 처리 된 넓은 천. ¶~를 치다 / 이삿짐 위에 ~를 씌우다.

가빠-지다 동자 가빠게 되다. ¶달리기 시작한 지 십여 분도 되지 않아 숨이 **가빠지기** 시작했다.

가뿐-가뿐 부 여럿이 다 또는 매우 가뿐한 모양. 존거뿐거뿐. 여가분가분. **가뿐가뿐-하다** 형여 ¶**가뿐가뿐한** 발걸음. **가뿐가뿐-히** 부

가뿐-하다 형여 1 (물건이) 들기 좋은 정도로 가볍다. ¶책가방이 ~. 2 말이나 몸놀림이 가볍다. ¶걸음걸이가 ~. 3 (몸이나 마음이) 상쾌하고 편안하다. ¶일을 해결하고 나니 마음이 ~. 존거뿐하다. 여가분하다. **가뿐-히** 부

가뿟-가뿟[-뿌까뿓] 부 여럿이 다 가뿟한 모양. 또는 매우 가뿟한 모양. 존거뿟거뿟. 여가붓가붓. **가뿟가뿟-하다** 형여 **가뿟가뿟-이** 부

가뿟-하다[-뿌타-] 형여 조금 가뿐하다. ¶두꺼운 옷을 벗었더니 몸이 ~. 존거뿟하다. 여가붓하다. **가뿟-이** 부

가쁘다 형<가쁘니, 가빠> 몹시 숨차다. ¶뛰었더니 숨이 ~. / ~ 숨을 몰아쉬다.

가빼 부 가쁘게. ¶숨을 ~ 몰아쉬다.

가사(家事) 명 1 살림을 꾸려 나가는 일. ¶~ 노동 / ~를 돌보다. 2 한 집안의 사사로운 일.

가사²(假死) [의] 완전히 의식을 잃어 죽은 것처럼 보이는 상태. ¶~ 상태.
가사³(袈裟) [<산kasaya] [불] 승려가 장삼 위에, 왼쪽 어깨에서 오른쪽 겨드랑이 밑으로 걸쳐 입는 법의. =자비옷·전상의.
가사⁴(歌詞) [음] 1 가곡·가요곡·오페라 등에서 노래의 내용이 되는 글. =노랫말. 2 한국의 전통 성악곡의 한 갈래. 가사체(歌辭體)의 긴 사설을 담은 노래로, 어부사·백구사 등 12가사가 전해짐.
가사⁵(歌辭) [문] 조선 초기에 나타난, 시가와 산문의 중간 형태의 문학. 형식은 주로 4음보의 율문으로, 3·4조 또는 4·4조를 기조로 하며, 행수(行數)에는 제한이 없음.
가사⁶(假使) [부] 가정하여 말하여. 비설령.
가사-일(家事-) [명] '가사(家事)¹'의 잘못.
가사-체(歌辭體) [문] 가사의 문체. 3·4조나 4·4조를 기조로 한 운문으로, 산문에 가까움.
가산¹(加算) [명] 1 더하여 셈하는 것. 2 [수] 덧셈. ↔감산(減算). 가산-하다 [동](타여) ¶원금에 이자를 ~. 가산-되다 [동](자)
가산²(家産) [명] 집안의 재산. ¶주색잡기로 ~을 탕진하다. ⇒가재(家財).
가산-금(加算金) [명] [법] 세금·범칙금·공공요금 등을 납부 기한까지 내지 않은 경우, 본래의 금액에 일정한 비율로 덧붙여 매겨지는 금액.
가산-세(加算稅) [-쎄] [명] [법] 납세 의무자가 세법상의 신고 의무를 다하지 않거나 세금을 연체하는 경우, 본래의 세액에 일정 비율의 금액을 덧붙여 부과하는 세금.
가산-점(加算點) [-쩜] [명] 시험·경쟁 등에서, 어떤 조건을 갖춘 사람에게 특별히 더 주는 점수.
가!살 [명] 말씨나 하는 짓이 얄망궂고 되바라짐. ¶~을 떨다 / ~을 부리다 / ~을 피우다 / ~을 빼다.
가삼(家蔘) [명] 밭에 심어 가꾼 인삼. ↔산삼.
가상¹(家相) [명] 그 집안의 운세를 좌우한다고 하는 집의 위치·방향·구조 따위. 음양오행설에 근거를 둔 것임.
가!상²(假相) [명] [불] 덧없고 헛된 현실 세계. 비이승. ↔진여(眞如).
가!상³(假象) [명] 1 실재(實在)하는 그대로가 아닌 거짓 현상. 2 객관적인 실재성이 결여된 주관적인 사고에서 나온 것. ↔실재.
가!상⁴(假想) [명] (사실이 아니거나 사실 여부가 분명하지 않은 것을) 사실이라고 가정하여 생각하는 것. ¶~의 적(敵). 가!상-하다 [동](타여) ¶적기 공습 시를 가상한 비상 대비 훈련.
가!상⁵(假像) [명] 실물처럼 보이는 거짓 형상.
가!상⁶(嘉尙) ➡가상-하다² [형여] (윗사람이 아랫사람을 칭찬할 때 쓰여) 매우 착하고 기특하다. ¶어린 나이에 그런 생각을 하다니, 참으로 가상하구나. 가상-히 [부] ¶~ 여기다.
가!상-공간(假想空間) [명] [컴] 통신망으로 연결된 컴퓨터에서 서로 정보나 메시지 등이 오가는, 보이지 않는 활동 공간이나 영역. =사이버스페이스.
가!상-섹스(假想sex) [명] 컴퓨터를 이용하여 가상공간에서 에로틱한 사진·영화를 보거나, 성적(性的)인 채팅이나 게임을 하거나, 로봇을 비롯한 전자 보조 도구를 가지고 성행위를 하는 일. =사이버섹스.
가!상-적(假想敵) [명] 싸움이나 경기의 연습에서, 가상으로 삼는 적.
가!상-현실(假想現實) [명] [컴] 컴퓨터를 이용하여, 사용자가 마치 어떤 실제의 세계에 놓여 있는 것처럼 느낄 수 있게 만든 가상의 세계. 안경처럼 머리에 착용하는 화면 장치와 몸이나 손의 움직임을 감지하는 입력 장치가 사용됨.
가새-주리 [명] [역] 고문할 때 두 다리를 동여매고 정강이 사이에 두 개의 주릿대를 꿰어, 어긋맞게 벌려 가며 잡아 젖히는 형벌.
가새-지르다 [동](타르) <~지르니, ~질러> 어긋맞게 엇걸리게 하다. ¶굵은 나무 두 개를 가새질러 문을 폐쇄하다.
가새-표(-標) [명] =가위표.
가!석(可惜) ➡가!석-하다 [-서카-] [형여] 애틋하게 아깝고 가엾다. 가!석-히 [부]
가!-석방(假釋放) [-빵] [명] [법] 교도소·노역장·소년원 등에 수감되어 있는 사람을 형기 또는 수용 기간의 만료 이전에 조건부로 사회에 복귀시키는 제도. 구칭은 가출옥. 가!석방-하다 [동](타여) ¶모범수를 ~. 가!석방-되다 [동](자)
가!-선(-縇) [명] 1 옷 따위의 가장자리에 다른 헝겊으로 가늘게 싸서 돌린 선. ¶~을 두르다. 2 쌍꺼풀이 진 눈시울의 주름 진 금.
가설¹(架設) [명] (전선·다리·선로 따위를) 공중에 건너질러 설치하는 것. ¶~비(費) / ~공사. 가설-하다 [동](타여) ¶교량을 ~. 가설-되다¹ [동](자) ¶전화가 ~.
가설²(假設) [명] 1 임시로 설치하는 것. ¶~극장 / ~무대. 2 실제로 없는 것을 있는 것으로 치는 일. 가설-하다² [동](타여) 가설-되다² [동](자)
가!설³(假說) [명] [논] [수] 실제로는 아직 타당성이 증명되지 않았으나, 여러 경험적 사실들을 통일적으로 설명하기 위하여 임시로 세운 이론. ¶~을 세우다.
가설랑 [감] =가설랑은.
가설랑-은 [감] 글을 읽거나 말을 하다가 막힐 때에 내는 군소리. =가설랑. ¶하나요, 둘이요, ~ 셋이요….
가!성(假性) [의] (주로 병이나 병적 상태를 뜻하는 일부 명사 앞에 쓰이어) 그와 아주 비슷한 증세를 보이기는 하나, 실제로는 그런 병이나 상태가 아니거나 전혀 다른 원인에 의한 것임을 나타내는 말. ¶~ 빈혈. ↔진성(眞性).
가!성²(假聲) [명] 1 일부러 지어내는 거짓 목소리. 2 [음] 가장 높은 성역인 두성(頭聲) 보다도 더욱 높은 성역으로 부르는 기법. 또는, 그 성역. 여성의 목소리에는 없음. ¶저 가수는 ~을 잘 낸다.
가!성^근시(假性近視) [명] [의] 독서 등으로 모양체근의 긴장이 오래 계속됨으로써 일어나는 가벼운 근시 상태. =위근시(僞近視)·학교 근시.
가!성^소다(苛性soda) [명] [화] '양잿물', '수산화나트륨'으로 순화.
가세¹(加勢) [명] (어떤 일에, 또는 어느 편에) 끼어들어 힘을 보태거나 거드는 것. 가세-하다 [동](자여) ¶학생들의 시위에 시민들까지 가세하였다.
가세²(家勢) [명] 한 집안의, 경제적 형편이나 사회에서의 지위나 영향력. ¶~가 기울다 / ~가 퍼지다 / ~를 일으키다.
가소-롭다(可笑-) [-따] [형여] <~로우니, ~로워> (하는 짓이나 꼴이) 같잖고 어처구니없어 우습다. ¶하룻강아지 범 무서운 줄 모르고 날뛰는 꼴이 **가소롭기** 그지없다. **가소로이** 〔부〕

가ː소-성(可塑性) [-썽] 〔명〕〔물〕 =소성(塑性).

가속¹(加速) 〔명〕 속도가 더해지는 것. 또는, 속도를 더하는 것. ¶낙하 물체에 ~이 붙다. ↔감속(減速). **가속-하다** 〔동〕(자타)(여).

가속²(家屬) 〔명〕 한 집안에 딸린 식구. ¶~이 많다. 2 '아내'의 낮춤말.

가속-기(加速器) [-끼] 〔명〕 1 엔진의 회전 속도를 빠르게 하는 장치. 2 =가속 장치.

가-속도(加速度) [-또] 〔명〕 1〔물〕 운동하는 물체의 단위 시간 내의 속도 증가의 비율. 2 시간의 경과에 따라 속도나 일의 정도가 차차 더해지는 일. ¶~가 붙다.

가속도^운ː동(加速度運動) [-또-] 〔명〕〔물〕 시간의 경과에 따라서 그 속도가 더해지는 물체의 운동. =가속 운동.

가속^장치(加速裝置) [-짱-] 〔명〕 양성자·전자 등의 하전 입자를 전기장·자기장 속에서 가속시켜 높은 에너지를 부여하는 장치. =가속기.

가속^차로(加速車路) 〔명〕 고속도로로 진입하는 램프에 이어지는 직선로.

가속^페달(加速pedal) 〔명〕 =액셀러레이터.

가속-화(加速化) [-소콰] 〔명〕 (사물의 움직임이나 변화를) 점점 더 빨라지게 하는 것. 또는, (사물의 움직임이나 변화가) 점점 더 빨라지는 것. **가속화-하다** 〔동〕(자)(타)(여) **가속화-되다** 〔동〕(자)(여)

가솔(家率) 〔명〕 집안에 딸린 식구. 〔비〕가권(家眷).

가솔린(gasoline) 〔명〕 석유의 휘발 성분을 이루는, 무색투명한 액체. 자동차·비행기 등의 연료나 도료, 고무 가공 등에 쓰임. =휘발유.

가솔린^기관(gasoline機關) 〔명〕 가솔린을 연료로 하는 내연 기관.

가ː쇄(假刷) 〔명〕〔인〕 교정을 보기 위해서나 그 밖의 용도로 임시로 찍는 인쇄. 또는, 그 인쇄물. ▷교정쇄. **가ː쇄-하다** 〔동〕(타)(여)

가수¹(加數) 〔명〕 1 (돈이나 물품의) 수를 늘리는 것. 2〔수〕 덧셈에서 더하려는 수. '3+2=5'에서의 '2' 따위. =덧수. ↔피가수(被加數). **가수-하다** 〔동〕(타)(여) 수를 늘리다.

가ː수²(假數) 〔명〕〔수〕 어떤 수의 상용로그를 정수와 1보다 작은 양의 소수와의 합으로 나타냈을 때, 그 소수 부분. ↔진수(眞數).

가수³(歌手) 〔명〕 노래 부르는 것을 직업으로 하는 사람. 단독으로 쓰일 때에는 주로 대중가수를 가리킨다. ¶오페라 ~ / 전속 ~ / 인기 ~. ▷성악가.

가수^분해(加水分解) 〔명〕〔화〕 1 염(鹽)이 수용액 중에서 물과 반응하여 다른 이온 또는 분자로 변하는 일. 2 유기 화합물이 물과 반응하여 분해하는 일.

가수^분해^효ː소(加水分解酵素) 〔명〕〔화〕 생체 내의 가수 분해 반응을 촉매하는 효소의 총칭.

가ː-수요(假需要) 〔명〕〔경〕 가격 인상이나 물자 부족이 예상될 경우, 당장 필요가 없으면서도 일어나는 수요. ↔실수요.

가스(gas) 〔명〕 1 기체 물질의 총칭. ¶수소 ~. 2 연료로 사용되는 기체. ¶프로판 ~ / 도시 ~ / ~를 끊다 / ~를 공급하다. 3 살상 무기로 사용되는 유독한 기체. ¶독(毒) ~. 4 소화기(消化器) 내에서 내용물이 부패·발효하여 생긴 기체. ¶배 속에 ~가 차다. 5 연소할 때 발생하는 기체. ¶배기 ~ / 연탄 ~ / ~에 중독되다.

가스-관(gas管) 〔명〕 연료용 가스를 보내는 강철관.

가스-난로(gas暖爐) [-날-] 〔명〕 가스를 연료로 하는 난로.

가스-등(gas燈) 〔명〕 가스를 도관(導管)에 흐르게 하여 불을 켜는 등. 〔비〕와사등(瓦斯燈).

가스라기 '가시랭이¹'의 잘못.

가스-라이터(gas lighter) 〔명〕 액화 가스를 연료로 쓰는 라이터.

가스랑이 '가시랭이¹'의 잘못.

가스러-지다 〔동〕(자) 1 (잔털 같은 것이) 거칠게 일어나다. 2 (사람의 성질이) 순하지 못하고 거칠어지다. 〔큰〕거스러지다.

가스-레인지(gas range) 〔명〕 주로, 부엌의 일정한 곳에 놓아두고 쓰는, 가스를 연료로 하는 조리용 가열 기구.

가스-버너(gas burner) 〔명〕 가스를 연료로 하는 버너.

가스-봄베(㉭Gasbombe) 〔명〕 압축한 고압 가스나 액화 가스 등을 넣는 강철제의 원통형 용기.

가스-사(gas絲) 〔명〕 방적한 직후의 실을 가스 불꽃 속을 고속도로 통과시켜 표면의 보풀을 태워 없애고 매끈한 광택을 낸 실. =가스실·주란사실.

가스^성운(gas星雲) 〔명〕〔천〕 주로 발광성(發光性) 기체로 이루어진 은하계 내의 성운의 총칭. 오리온 성운 따위. =가스상 성운.

가스-실(gas室) 〔명〕 1〔군〕 가스전에 대비하기 위해 방독면 따위를 쓰고 훈련하는 방. 2 가스로 사람을 처형할 때 사용하는 방.

가스^전ː구(gas電球) 〔명〕 질소나 아르곤 따위의 가스를 넣은 전구.

가스^중독(gas中毒) 〔명〕 탄산가스·일산화탄소 따위의 독이나 가스를 마심으로써 일어나는 중독.

가스-총(gas銃) 〔명〕 1 공기총의 하나. 액화 탄산가스가 기화할 때 생기는 에너지로 총알을 발사하는 총. 2 최루탄 등을 발사하기 위한 총.

가스-탱크(gas tank) 〔명〕 도시가스 또는 화학 공업용의 원료 가스를 저장하여 두는 장치.

가스-통(gas桶) 〔명〕 도시가스나 화학 공업용 원료 가스를 저장하는 통.

가스트린(gastrin) 〔명〕〔생〕 위(胃)의 점막에서 분비되는 호르몬. 위를 자극하여 위액의 분비를 촉진시킴.

가스펠-송(gospel song) 〔명〕〔음〕 미국 흑인들 사이에서 불리는 종교적인 노래.

가슬-가슬 〔부〕 '까슬까슬'의 여린말. 〔큰〕거슬거슬. **가슬가슬-하다** 〔형〕(여)

가슴 〔명〕 1 목과 배 사이에 해당하는, 몸의 앞부분. 〔비〕흉부(胸部). ¶넓은 ~ / ~을 펴다. 2 '유방(乳房)²'을 완곡하게 이르는 말. ¶~이 납작하다 / ~을 드러내다 / ~이 풍만한 여자. 3 심장이나 폐가 있는, 몸의 속 부분. 또는, '심장'이나 '폐'를 이르는 말. ¶~이 걸리다 / ~이 두근거리다 / 공기가 탁해 ~이 답답하다. 4 정신 작용으로서의 마음을 이르는 말. ¶~에 사무치다. 5 옷에서, 상체의 앞 위가 닿는 부분. 〔비〕웃가슴. ¶~을 잘 여미어 입다. 6〔동〕 곤충의 머리와 배 사이의 부분.

가슴(이) 뿌듯하다 [구] 흥분과 감격의 만족감이 가슴에 그득하다. ¶**가슴 뿌듯한** 소식.
가슴(이) 아프다 [구] 몹시 마음이 쓰리다. ¶**가슴 아픈** 추억.
가슴에 맺히다 [구] (통절한 원한이나 근심 등이) 가슴에 뭉쳐 있다. ¶**가슴에 맺힌** 한.
가슴에 못(을) 박다 [구] 마음에 상처를 주다.
가슴을 쓸어내리다 [구] 곤란하거나 어려운 일, 걱정, 근심 등이 해결되어 안도하다. ¶악천후 속에 비행기가 무사히 착륙하자 사람들은 **가슴을 쓸어내렸다.**
가슴이 내려앉다 [구] **1** 몹시 놀라서 맥이 풀리다. **2** 슬픔으로 가슴이 무너지는 듯하다.
가슴이 덜컹〔철렁〕하다 [구] 갑자기 놀라거나 몹시 충격을 받다. ¶빚쟁이와 마주치자 **가슴이 덜컹했다.**
가슴이 미어지다 [구] (심한 슬픔·고통·감동 따위로) 가슴이 터지는 듯하다.
가슴이 부풀다 [구] (희망·기쁨 따위로) 가슴이 벅차오르다.
가슴이 찢어지다 [구] (슬픔·괴로움·분함 등으로) 가슴이 째지는 듯한 고통을 느끼다.
가슴이 후련하다 [구] (일이 뜻대로 되어) 막혔던 것이 뚫리듯, 마음이 시원해지다.
가슴(을) 치다 [구] (일이 마음대로 되지 않아) 억울하거나 답답해서 가슴을 두드리다.
가슴(을) 태우다 [구] 몹시 애태우다.
가슴-관(-管) [명][생] 파충류 이상의 척추동물에서, 림프를 운반하는 림프관의 주된 줄기. =흉관(胸管).
가슴-둘레 [명] 가슴과 등을 둘러 잰 길이. =흉위(胸圍).
가슴-등뼈 [명][생] =흉추(胸椎).
가슴-뼈 [명][생] 가슴의 양쪽 한복판에 있어서 좌우 늑골과 연결된 뼈. =흉골(胸骨).
가슴-살[-쌀] [명] 가슴에 붙은 살.
가슴-샘 [명][생] 척추동물의 림프 조직의 하나. 사람에게는 가슴뼈 상부의 뒤쪽에 있으며, 림프구의 분화 증식에 관여함. =흉선(胸腺).
가슴-속[-쏙] [명] =마음속. ¶~을 털어놓고 말해 보자.
가슴-앓이[-알-] [명] **1** 안타까워 마음속으로만 애달파하는 일. **2** [의] 가슴 속이 이따금씩 켕기고 쓰리며 아픈 병. 위염이나 신경쇠약에 기인함. =흉복통(胸腹痛).
가슴^운!동(-運動) [명][체] 맨손 체조의 하나. 주로 가슴을 뒤로 젖히는 운동.
가슴-지느러미 [명][동] 물고기의 가슴에 붙은 지느러미. 전진 운동에 쓰임.
가슴츠레 [부] (눈이) 술에 취하거나 졸려 흐릿하고 감길 듯한 모양. ¶졸려서 눈이 ~ 감기다. [큰]거슴츠레. **가슴츠레-하다** [형][여] ¶술에 취해 **가슴츠레한** 눈.
가슴-통 [명] **1** 가슴의 앞쪽 전부. **2** 가슴둘레의 크기.
가슴-팍 [명] =가슴패기.
가슴-패기 [명] '가슴의 바닥'을 속되게 이르는 말. =가슴팍.
가습-기(加濕器)[-끼] [명] 실내가 건조할 때 수증기를 뿜어내어 습도를 알맞게 조절하는 전기 기구.
가승(家乘) [명] 한 집안의 역사적 사실을 적은 책. 족보나 문집 등.
가시[1] [명] **1** [식] 일부 식물의 줄기나 잎, 또는 열매껍질에 바늘처럼 뾰족하게 돋아난 것. =침(針). ¶선인장 ~ / ~가 돋다 / ~에 찔리다. **2** 일부 동물의 몸에 바늘처럼 뾰족하게 돋친 것. ¶고슴도치는 등에 ~가 돋쳐 있다. **3** 생선의 잔뼈. ¶잔~ / 갈치 ~가 목에 걸리다. **4** 살에 박힌 나무 따위의 거스러미. ¶발바닥에 ~가 박히다. **5** 철조망 따위에 달린 뾰족한 쇳조각. ¶~를 단 철조망. **6** 공격의 뜻을 담거나 악의를 품은 표현. ¶~가 돋친 말 / 말 속에 ~가 있다.
가시[2] [명] 된장이나 고추장과 같은 음식물에 생긴 구더기를 완곡하게 이르는 말. ¶된장에 ~가 생기다〔나다〕.
가!시[3](可視) [명] 《주로 일부 명사 앞에 쓰여 합성어를 이루어》 눈으로 볼 수 있음. ¶~거리 / ~광선.
가!시-거리(可視距離) [명] **1** 눈으로 볼 수 있는 목표물까지의 수평 거리. **2** 방송국에서 보내는 전파가 방해를 받지 않고 텔레비전 수상기에 도달할 수 있는 거리.
가시-고기 [명][동] 큰가시고깃과의 민물고기. 몸길이 5cm가량. 몸은 방추형이고, 등지느러미의 앞부분이 톱날처럼 가시를 이룸. 생식기에는 수컷이 아름다운 홍색을 띠며, 물풀로 둥근 집을 짓고 새끼를 보호함.
가!시-광선(可視光線) [명][물] 인간의 눈으로 느낄 수 있는 보통 광선. [준]가시선. ↔비가시광선.
가!시-권(可視圈)[-꿘] [명] 눈으로 볼 수 있는 범위. ¶~에서 벗어나다 / 목표물이 ~ 안에 들어오다.
가시-나무 [명] **1** 가시가 있는 나무. 찔레나무·탱자나무 따위. **2** [식] 참나뭇과의 상록 활엽 교목. 높이 15m 정도. 봄에 황갈색 꽃이 핌. 목재는 가구재·땔감 등으로 쓰이고, 열매는 '가시'라 하는데 식용함.
가시내 [명] '계집아이'의 잘못.
가시-눈 [명] 쏘아보는 날카로운 눈.
가시다 [동] [1][자] (어떤 상태나 현상이) 없어지거나 사라지다. ¶피로가 싹 ~ / 더위가 ~ / 도시물을 먹더니 촌티가 **가셨다.** [2][타] 물로 깨끗이 씻다. ¶물로 솥을 ~ / 식사 후 입안을 ~.
가시-덤불 [명] **1** 가시나무의 덩굴이 어수선하게 엉클어진 수풀. ¶~이 무성하다. **2** =가시밭2.
가시랭이 [명] **1** 초목의 가시의 부스러기. ×가스라기·가스랑이·까스라기. **2** '까끄라기'의 잘못.
가시리 [명][문] 작자·연대 미상의 고려 가요. 사랑하는 사람과의 이별을 안타까워하며 부른 노래임. =귀호곡(歸乎曲).
가시^면!류관(-冕旒冠)[-멸-] [명][성] 예수가 십자가에 못 박힐 때, 로마 병정이 예수를 조롱하기 위하여 씌웠던, 가시나무로 만든 관. =형관(荊冠). [준]가시관.
가시-밭[-받] [명] **1** 가시덤불이 얽혀 있는 곳. **2** 고난과 애로가 겹친 환경의 비유. =가시덤불.
가시밭-길[-받낄] [명] **1** 가시밭 속의 험한 길. **2** 어려운 환경이나 험한 인생 행로. ¶인생의 ~을 헤쳐 나가다.
가시-버시 [명] '부부(夫婦)[2]'의 고유어. 예스러운 말로 오늘날 잘 쓰이지 않음.
가시-아비 [명] '장인[1]'을 낮추어 이르는 말.
가시-줄 [명] =가시철사.
가시-철사(-鐵絲)[-싸] [명] 가시 모양의 쇠를 끼워서 꼰 철사. 철조망으로 쓰임. =가

시죽.

가시-화(可視化) 명 (가려져 있던 어떤 현상이나 실체가) 눈에 띄게 드러나게 되는 것. 또는, (가까이 있던 것을) 눈에 띄게 드러내는 것. ¶가시화-되다 困 가시화-하다 困

가:식¹(假植) 명 〈농〉(종자나 모종을) 제자리에 심을 때까지 임시로 딴 곳에 심어 두는 것. ↔정식(定植). 가:식-하다¹ 동타여

가:식²(假飾) 명 다른 사람에게 자기 약점을 감추거나 허세를 부리느라 본마음과는 달리 위선적으로 언행을 꾸미는 것. ¶~이 없다 / 그가 웃어른한테 공손한 행동을 하는 것은 ~일 뿐이다. 가:식-하다² 동타여

가:식-적(假飾的) [-쩍] 어떤 말이나 행동을 거짓으로 꾸미는 (것). ¶~행동 / ~인 웃음.

가신¹(家臣) 명 [역] 권세 있는 집안에 딸려 그 주인을 섬기는 사람. =배신(陪臣). 2 카리스마적인 정치 지도자를 가까이에서 공적·사적으로 도우면서 추종하는 정치인. 알잡는 어감을 가진 말임.

가신²(家神) 명 [민] 집에 딸려 집을 지킨다는 귀신. 성주·조왕·삼신(三神) 따위.

가십(gossip) 명 신문·잡지 등에서, 유명한 사람의 사생활에 대해 소문이나 험담을 다룬 기사. ¶~난(欄) / ~거리.

가아(家兒) 명 남에게 자기 아들을 낮추어 일컫는 말. 비가돈/가돈.

가압(加壓) 명 압력을 가하는 것. ↔감압(減壓). 가압-하다 동재여

가:-압류(假押留) [-암류] 명 [법] 법원이 채무자의 재산에 대한 장래의 강제 집행을 위하여 그 재산을 잠정적으로 압류하는 일. 또는, 그 명령. 구칭은 가차압. 가:압류-하다 동재여 가:압류-되다 동재

가액(價額) 명 물품의 가치에 상당하는 금액.

가야(伽倻) 명 [역] 42년경에 낙동강 하류 지역인 변한(弁韓)에서 12부족의 연맹체가 단합하여 6가야로 통합된 나라. 금관가야·대가야·소가야·아라가야·성산가야·고령가야 등 6개의 소국이 있음. =가락국·가야국.

가야-금(伽倻琴) 명 [음] 우리나라 고유의 현악기. 오동나무로 길게 공명관을 만들어 바탕을 삼고, 그 위에 12줄을 맸음. 손가락으로 줄을 퉁기어 소리를 냄. ✕가얏고.

가:약¹(可約) [수] 약분할 수 있는 것.

가:약²(佳約) 명 부부가 되기로 약속하는 것. ¶백년~/ ~을 맺다.

가얏-고(伽倻-) 명 [음] '가야금'의 잘못.

가양(家釀) 명 1 쌀 목적으로 술을 빚는 것. 2 '가양주'의 준말. 가양-하다 동타여

가양-주(家釀酒) 명 집에서 빚은 술. 준가양.

가:언-적(假言的) 관명 [논] 어떤 조건을 가정하여 말하는 (것). ↔정언적(定言的).

가:언적 삼단^논법(假言的三段論法) [-뻡] [논] 가언적 판단을 대전제로 하는 삼단 논법. ↔정언적 삼단 논법.

가:언적 판단(假言的判斷) [논] 어떤 가정이나 조건 아래에서 성립되는 판단. "만일 S가 P라면 Q는 R이다."의 형식을 취함. ↔정언적 판단.

가엄(家嚴) 명 [집안의 엄한 분이라는 뜻] 남에게 자기 아버지를 이르는 말. 비가친.

가업(家業) 명 1 집안의 직업. 2 =세업(世業). ¶~을 잇다.

가:-없다 [-업따] 끝이 없다. 비그지없다. ¶가없는 광야 / 가없는 부모님의 은혜. ✕가이없다. **가:없-이** 부 ¶~ 펼쳐진 바다.

가여워-하다 동타여 =가엾어하다.

가역(家役) 명 집을 짓거나 고치는 일.

가역^반:응(可逆反應) [-빤-] 명 [화] 화학 반응에서, 본디의 물질에서 생성물이 생기는 반응(정반응)과 생성물에서 본디의 물질이 생기는 반응(역반응)이 동시에 일어나는 반응. ↔비가역 반응.

가역^전:지(可逆電池) [-전-] 명 [화] 방전(放電)에 의하여 화학 변화를 일으킨 전극 전해액이 충전에 의하여 다시 원래의 상태로 되돌아가는 전지. 축전지 따위.

가:연(可燃) 명 불에 탈 수 있음. →불연.

가:연(佳緣) 명 부부 관계나 사랑을 맺게 될 연분.

가:연-성(可燃性) [-썽] 명 불에 타기 쉬운 성질. ¶~물질.

가열(加熱) 명 (어떤 물질에) 열을 가하는 것. 가열-하다¹ 동타여 ¶플라스크에 든 용액을 알코올램프로 ~. 가열-되다 동자

가:열²(苛烈) →가:열-하다² 어 가혹하고 격렬하다. 가:열-히 부

가열-기(加熱器) 명 [물] 가스·증기·전기 등을 이용하여 목적물을 가열하는 장치. 각종 버너·전기로(電氣爐) 따위. 비히터.

가엽다 [-따] 형여 (가여우니, 가여워) =가없다. ¶아이, 가여워. / 가여운 소녀.

가:엾다 [-엽따] 불쌍하고 딱하다. =가엽다. ¶아이, 가엾어. / 부모 잃은 가엾은 소녀. 가:엾-이 부 ¶~ 여기다.

가:엾어-하다 [-엽써-] 동타여 가엾게 여기다. =가여워하다.

가오리 명 [동] 수구리목·전기가오리목에 딸린 바닷물고기의 총칭. 몸은 가로로 넓적한 마름모꼴이고 꼬리가 김. 홍어·매가오리·쥐가오리 등이 있음.

가오리-연(-鳶) 명 가오리 모양으로 만들어 꼬리를 길게 달아 띄우는 연의 한 가지. =꼬빡연.

가옥(家屋) 명 '집[1]'을 문어 투로 이르거나, 외형적 관점에서 이르는 말. ¶전통 ~.

가옥-대장(家屋臺帳) [-때-] 명 가옥의 상황을 밝히기 위하여 그 소재·번호·종류·면적·소유자 등을 등록하는 공부(公簿).

가온-음(-音) 명 [음] 음계의 제3도의 음. 으뜸음과 딸림음 사이에 있음. =중음(中音).

가온음자리-표(-音-標) 명 [음] 높은음자리표와 낮은음자리표 사이에 '다(C)' 음의 자리를 나타내는 { 모양의 기호. 다음 자리표. ↔낮은음자리표·높은음자리표.

가외(加外) [-외/-웨] 명 일정한 표준이나 한도의 밖. ¶~지출 / ~의 일.

가욋-돈(加外-) [-외똔/-웯똔] 명 일정한 표준이나 한도를 넘어서는 돈. ¶~이 많이 나가다.

가욋-일(加外-) [-왼닐/-웬닐] 명 일정한 일 외에 하는 다른 일.

가요(歌謠) 명 1 악가(樂歌)나 속요. ¶고려 ~. 2 대중들이 부르는 노래. 비대중가요.

가요-계(歌謠界) [-계/-게] 명 주로, 대중가요에 관한 것을 직업으로 하는 사람들의 사회.

가요-제(歌謠祭) 명 여러 사람이 대중적인 노래를 불러 실력을 겨루는 대회. ¶대학~.

가:용¹(可用) 〖관〗 (주로 명사 앞에 쓰여) 사용할 수 있음. ¶~ 공간 / ~ 자원 / ~ 외환 보유액.

가:용²(可溶) 〖명〗〖화〗물질이 용매에 잘 녹음. ¶~성(性) / ~물(物). ↔불용(不溶).

가용³(家用) 〖명〗 1 집안 살림의 쓸쓸이. 2 집에서 필요하여 쓰는 일.

가:용-인구(可容人口) 〖명〗〖사〗식량 소비면에서 본, 지구 상에서 부양이 가능한 인구의 총수.

가우스(gauss) 〖명〗〖의존〗〖물〗자기력선속(磁氣力線束) 밀도를 나타내는 단위. 1가우스는 1cm²당 1맥스웰인 자기력선속 밀도와 같음. 기호는 G.

가운¹(家運) 〖명〗집안의 운수. ¶~이 기울다.

가운²(gown) 〖명〗 1 의례적인 행사 때에 입는, 긴 망토 모양의 옷. 법복(法服)·졸업 예복 따위. 2 흔히, 위생을 요하는 작업을 할 때 입는 흰 옷. 3 주로 거실에 있을 때, 잠옷 위에 덧입는 긴 옷옷. ¶~을 걸치다.

가운데 〖명〗 1 일정한 공간이나 길이를 갖는 사물에서, 가장자리 또는 양 끝으로부터 거의 같은 거리로 떨어져 있는 부분. ¶숲 ~로 난 길 / 생선의 ~ 토막. 2 양쪽의 사이. ¶세 건물 중 ~ 건물에 우리 연구실이 있다. 3 차례에서, 처음도 마지막도 아닌 중간. ¶성적이 ~다 / 이 아이가 첫째이고 저 아이가 ~올시다. 4 여럿으로 이루어진 일정한 범위의 안. ¶친구들 ~ 내가 가장 키가 크다. 5 (주로 어미 '-ㄴ', '-는' 아래에 쓰여) 어떤 일이나 상태가 이루어지는 범위의 안. ¶그는 어려운 ~서도 남을 돕는다.

가운데-골 〖명〗〖생〗=중뇌(中腦).

가운데-귀 〖명〗〖생〗=중이(中耳).

가운데열매껍질[-찔] 〖명〗〖식〗열매에서 겉열매껍질과 속열매껍질 사이에 있는 두꺼운 육질(肉質) 부분. =중과피(中果皮).

가운뎃-발가락[-데빠까-/-뎉빠까-] 〖명〗다섯 발가락 중의 한가운데 발가락.

가운뎃-소리[-데쏘-/-뎉쏘-] 〖명〗=속소리1.

가운뎃-손가락[-데쏜까-/-뎉쏜까-] 〖명〗다섯 손가락 중에서 가장 긴 셋째 손가락. =장지(長指)·중지(中指).

가운뎃-점(-點)[-데쩜/-뎉쩜] 〖명〗〖언〗열거된 여러 단위가 대등하거나 밀접한 관계임을 나타내는 '·'의 이름. 1 같은 계열의 단어 사이에 사용됨. 곧, '명사·동사·형용사' 따위. 2 특정한 의미를 가지는 날을 나타내는 숫자에 쓰임. 곧, '3·1 운동' 따위. =중점.

-가웃[-욷] 〖접미〗되·말·자의 수를 셀 때, 단위의 약 반에 해당하는 분량이 더 있음을 나타내는 말. ¶한 자~ / 쌀 서 말~을 팔았다. ×-아웃.

가위¹ 〖명〗 1 옷감이나 종이 등을 베는, 두 개의 날로 된 도구. 날 반대쪽 끝에 달린 고리 모양의 손잡이에 손가락을 끼우고 두 날을 벌렸다 오므렸다 하면서 물건을 자름. =전도(剪刀). ¶이발용 ~ / ~로 종이를 자르다. 2 가위바위보에서, 집게손가락과 가운뎃손가락을 번갈아 엄지손가락을 벌려 내민 것.

가위² 〖명〗꿈속에 나타나는 무서운 것. ¶~에 눌리다.

가:위³(可謂) 〖부〗가히 이르자면 참으로. 비그야말로. ¶내장산의 가을 단풍은 ~ 절경이라 할 만하다.

가위-눌리다 〖동〗〖자〗자다가 무서운 꿈을 꾸어 몸을 마음대로 움직이지 못하고 답답함을 느끼다.

가위-다리 〖명〗 1 가위의 손잡이. 2 길이가 있는 두 물건을 '×' 모양으로 서로 어긋매껴 걸친 형상.

가위다리(를) 치다 〖관〗 (물건을) '×' 모양으로 서로 어긋매껴 놓다.

가위바위보 〖명〗둘 이상의 사람이 가위나 바위나 보의 모양을 만든 한 손을 동시에 내밀어 이기고 짐을 가리는 일이나 놀이. 흔히, 어떤 일을 할 차례나 승부를 정할 때 이용하는 방법임.

가위-질 〖명〗가위로 자르거나 오리는 일. **가위질-하다** 〖동〗〖자〗〖타〗〖여〗

가위-춤 〖명〗빈 가위를 벌렸다 오므렸다 하는 일. ¶~을 추다.

가위-표(-標) 〖명〗틀린 것을 나타내거나 글자의 빠진 곳을 메우는 데 쓰는 부호 '×'의 이름. =가새표. ↔동그라미표. ▷곱셈표.

가윗-날¹[-윈-] 〖명〗=한가위.

가윗-날²[-윈-] 〖명〗가위에서 물건을 자르는 날카로운 부분.

가윗-밥[-위빱/-윋빱] 〖명〗가위질할 때 생기는 헝겊 쪼가리.

가:융^합금(可融合金)[-끔] 〖명〗〖화〗비스무트·주석·납·카드뮴 등을 주성분으로 하는, 녹는점이 낮은 합금. 화재경보기·퓨즈 등에 이용함. =융 합금.

가으-내 〖부〗가을 동안 내내. ¶올해는 ~ 바빠 상종할 틈이 없었다네. ×가을내.

가을¹ 한 해의 네 철 가운데 셋째 철. 여름과 겨울 사이에 오며, 북반구에서는 보통 양력 9, 10, 11월에 해당함. 단풍이 들고 오곡백과가 무르익으며 날씨가 선선하고 나뭇잎이 지기 시작함. =계추(桂秋). ¶맑은 ~ 하늘 / ~이 깊어 가다 / ~은 독서〔천고마비〕의 계절이다. 〖준〗갈.

[**가을에는 부지깽이도 덤빈다**] 추수기에는 매우 바빠서 누구든지 일을 한다. [**가을 중 싸대듯 한다**] 사방을 분주히 돌아다닌다.

가을(을) 타다 〖관〗가을을 맞아 마음이 쓸쓸해지고 우울해지다.

가을² 〖명〗농작물을 거두어들이는 일. ¶올해 보리 ~은 잘되었느냐? **가을-하다** 〖동〗〖자〗〖타〗〖여〗 ¶벌써 가을하는 사람들의 손길이 바쁘다.

가을-갈이 〖명〗〖농〗가을에 논을 갈아 두는 일. =추경(秋耕). 〖준〗갈갈이. ×가을카리. **가을갈이-하다** 〖동〗〖자〗〖타〗〖여〗

가을-걷이[-거지] 〖명〗〖농〗=추수(秋收)². 〖준〗갈걷이. **가을걷이-하다** 〖동〗〖자〗〖타〗〖여〗

가을-꽃[-꼳] 〖명〗가을에 피는 꽃. =추화.

가을-날[-랄] 〖명〗가을철의 날. 또는, 그 날씨. =추일(秋日).

가을-내 〖부〗'가으내'의 잘못.

가을-맞이 〖명〗가을을 맞는 일. **가을맞이-하다** 〖동〗〖여〗

가을-바람[-빠-] 〖명〗가을에 부는, 선선하고 서늘한 바람. =추풍(秋風). 〖준〗갈바람.

가을-밤[-빰] 〖명〗가을철의 밤. =추야.

가을-배추 〖명〗늦여름 김장용으로 가을철에 기르는 배추. ▷봄배추.

가을-볕[-뼏] 〖명〗가을철에 따갑게 내리쬐는 볕. =추양(秋陽).

[**가을볕에는 딸을 쬐이고 봄볕에는 며느리를 쬐인다**] 가을볕보다 봄볕에 더 살갗이 타

고 거칠어지므로, 며느리보다 딸을 더 생각한다는 말.

가을-보리 [명] 가을에 씨를 뿌려 이듬해 초여름에 거두어들이는 보리. =추맥(秋麥). [준] 갈보리. ↔봄보리.

가을-비[-삐] [명] 가을철에 오는 비. =추우(秋雨).

가을-빛[-삗] [명] 가을임을 느끼게 하는 밝은 기운. [비]추색(秋色). ¶드높은 하늘을 보니 ~이 완연하다.

가을-일[-릴] [명] 추수하는 일. [준]갈일. **가을일-하다** [동][자][여]

가을-장마[-짱-] [명] 가을철에 여러 날 줄곧 오는 비. ▷봄장마.

가을-철 [명] 가을 절기. =추절(秋節).

가을-카리 [명] '가을갈이' 의 잘못.

가이거·뮐러^계¦수기(Geiger-Müller計數器) [-계-/-게-] [명][물] 방사선 검출기의 하나. 금속 원통에 아르곤 등의 기체를 넣어 그 중심에 걸친 금속선과 원통 사이에 고전압을 걸어 두면, 입자가 입사(入射)할 때마다 방전이 일어나는데, 이 방전을 계측하여 방사선을 검출함.

가이드(guide) [명] 관광 따위의 안내. 또는, 안내원.

가이드-라인(guideline) [명] **1** 지침 또는 지도 목표. **2** 정부가 어떤 부문에 대한 정책을 뒷받침하기 위하여 설정한 규제의 범위. **3** 언론 보도에 대한 정부의 보도 지침.

가이드-북(guidebook) [명] 여행자를 위한 안내 책자.

가이슬러-관(Geissler管) [명][물] 진공 방전관의 하나. 냉음극(冷陰極) 방전관으로, 글로 방전 실험이나 스펙트럼 연구에 쓰임.

가이아나(Guyana) [명][지] 남아메리카 대륙의 북동부, 대서양에 면한 공화국. 수도는 조지타운.

가이-없다 [형] '가없다' 의 잘못.

가¦인¹(佳人) [명] **1** 아름다운 여자. [비]미인(美人). ¶절세~ / 재자(才子) ~. **2** 이성으로서 애정을 느끼게 하는 사람.

가인²(歌人) [명] 노래를 잘 부르거나 잘 짓는 사람. [비]가객(歌客).

가¦인-박명(佳人薄命) [-방-] [명] 아름다운 여자는 수명이 짧음. [비]미인박명.

가¦일(佳日·嘉日) [명] **1** 축하할 만한 좋은 일이 있는 날. **2** 좋은 날.

가-일수(加一手) [명] 바둑에서, 공격 또는 수비가 불완전하여 사활이 확실하지 않을 때 그것을 확실하게 만들기 위해 더 두는 한 수. **가일수-하다** [동][자][타][여]

가-일층(加一層) [명][부] 한층 더. ¶~ 분발하기 바란다.

가입(加入) [명] **1** (조직이나 단체 따위에) 들거나 참가하는 것. ↔탈퇴(脫退). **2** (어떤 보험에) 들기로 보험 회사와 계약을 맺는 것. **가입-하다** [동][자][여] ¶정당에 ~ / 산악회에 ~ / 보험에 ~. **가입-되다** [동][자]

가입-비(加入費) [-삐] [명] 조직이나 단체에 가입하기 위해 내는 돈.

가입-자(加入者) [-짜] [명] 단체나 조직, 보험 등에 가입한 사람.

가자¹(加資) [명][역] 정3품 통정대부(通政大夫) 이상의 품계를 올리는 일. 또는, 그 올린 품계. **가자-하다** [동][자][타][여] **가자-되다** [동][자]

가자²(架子) [명] **1** 초목의 가지를 받쳐 세운 시렁. ¶포도 ~. **2** [음] 편종(編鐘)·편경(編磬) 따위를 달아 놓는 틀. **3** =갸자.

가자미 [명][동] 가자밋과의 바닷물고기 가운데 넙치가자미·목탁가자미·흰비늘가자미 등의 총칭. 몸이 납작하고 두 눈은 오른쪽에 몰려 붙어 있음. =접어(鰈魚).

가자미-눈 [명] 화가 나서 흘겨보는 눈을 가자미의 눈에 비유하여 이르는 말.

가¦작¹(佳作) [명] **1** 썩 잘된 작품. **2** 당선작으로 하기에는 다소 부족하여 그에 버금가는 자격으로 뽑은 작품. 또는, 중요하고 핵심적인 등수에 들지 못하였으나 일정한 수준에 있음을 인정하여 뽑은 작품. ¶선외~ / ~ 입선.

가¦작²(假作) [명] **1** 참되지 않은 거짓 행동. **2** 완전하지 못한 임시적인 제작. **가¦작-하다** [동][타][여] **가¦작-되다** [동][자]

가잠(家蠶) [명] =집누에.

가잠-나룻[-룯] [명] 짧고 성기게 난 구레나룻.

가장¹ [부] 여럿 가운데 어느 것보다 더. =제일. ¶우리나라는 1, 2월이 ~ 춥다.

가장²(家長) [명] 집안의 어른.

가¦장³(假裝) [명] **1** 겉으로 거짓 태도를 취하는 것. **2** 알아보지 못하게 얼굴이나 몸차림을 바꾸어 꾸미는 것. **가¦장-하다** [동][자][타][여] ¶손님으로 ~ / 애써 태연을 **가장하고** 모르는 체한다.

가장-권(家長權) [-꿘] [명] 가족 제도에서, 가장이 가족을 다스리는 권한. =부권(父權).

가장귀 [명] 나뭇가지의 갈라진 곳.

가¦장-무도회(假裝舞蹈會) [-회/-훼] [명] 제각기 옷이나 가면 등으로 가장하여 참석하는 무도회.

가¦장-자리 [명] 가에 가까운 부분. ¶눈 ~에 잔주름이 잡히다 / 길 ~에 꽃을 심다.

가-장조(-長調) [-쪼] [명][음] 으뜸음이 '가'인 장조.

가장-집물(家藏什物) [-짐-] [명] 집안의 온갖 살림 도구. [준]가집.

가¦장-행렬(假裝行列) [-녈] [명] 축제나 운동회 등에서, 여러 사람이 특이한 옷차림이나 분장으로 가장하고 길게 줄지어 가는 일. 또는, 그 행렬.

가¦재¹ [명][동] 갑각강 가잿과의 한 종. 게와 새우의 중간 모양이고, 앞의 큰 발에 집게발톱이 있음. 개울 상류의 돌 밑에 사는데, 뒷걸음질을 잘함. 폐디스토마를 옮김. =석해(石蟹).

[**가재는 게 편이라**] 모양이 비슷하고 서로 인연 있는 것끼리 편을 든다는 말.

가재²(家財) [명] 한 집안의 재물이나 재산.

가¦재-걸음 [명] **1** 뒤로 기어가는 걸음. ¶~을 치다. **2** 일이 더디고 진보하지 못함을 비유하여 이르는 말.

가재-도구(家財道具) [명] 집안 살림에 쓰는 온갖 물건.

가¦재-수염(-鬚髥) [명] 윗수염이 양쪽으로 뻗은 수염.

가전¹(家電) [명] (일부 명사 앞에서 관형어적으로 쓰이거나 일부 명사 뒤에 쓰여) '가정용 전기 기구' 의 뜻을 나타내는 말. ¶~ 업계 / ~ 3사 / 주방 ~ / 음향 ~.

가전²(家傳) [명] 집안에 대대로 전해 내려오는 것. 또는, 그 물건. ¶~ 보옥. **가전-하다** [동][자][여]

가전-제품(家電製品) [명] 가정용 전기 제품을 줄여서 이르는 말. 세탁기·냉장고·텔레비전 따위.

가:전-체(假傳體) [명][문] 사물을 의인화하여 전기체(傳記體)로 서술한 문학 양식. 고려 중기 이후에 성행했음. '국순전(麴醇傳)·죽부인전(竹夫人傳)' 따위. =가전체 소설·가전체 문학.

가:전체 소:설(假傳體小說) [문] =가전체.

가:절(佳節) [명] 1 좋은 때. 또는, 좋은 철. 2 좋은 명절. =가신·양신·영절.

가점(加點) [-쩜] [명] 글 가운데서 강조하고자 하는 글자의 위아래나 옆에 점을 찍는 것. 또는, 그 점. **가점-하다** [동][자][여] **가점-되다** [동][자]

가:정(苛政) [명] 가혹한 정치. [비]학정(虐政).

가정²(家政) [명] 1 집안 살림을 다스리는 일. 2 가정생활을 처리하는 수단과 방법.

가정³(家庭) [명] 함께 살아가는 한 가족의 모임. 또는, 그 가족이 사는 곳. ¶목목한[단란한] ~ / ~을 버리다 / ~에 충실하다 / ~을 이루다.

가:정⁴(假定) [명] 1 (어떤 사실을 실제와는 관계없이) 임시로 정하는 것. 2 [논][수] (일정한 사실을 증명하기 위하여 어떤 조건을) 임시로 내세우는 것. 또는, 그 조건. **가:정-하다** [동][자][타][여] 말썽쟁이가 일어난다고 **가정하**보자. 인류의 전멸은 불을 보듯 뻔한 일이다. **가:정-되다** [동][자]

가정-교사(家庭敎師) [명] 남의 집에서 돈을 받고 그 집의 자녀를 가르치는 사람.

가정-교육(家庭敎育) [명] 가정에서 일상생활을 통하여 어른이 자녀에게 주는 영향. 또는, 가르침.

가정-란(家庭欄) [-난] [명] 신문·잡지 등에서 주로 집안일에 관한 기사를 싣는 부분.

가정^방:문(家庭訪問) [명][교] 학교 교사가 학생의 가정환경을 이해하고 가족과 밀접한 연락을 유지하여 학생의 교육에 효과를 올리기 위해 그 가정을 방문하는 일.

가:정-법(假定法) [-뻡] [명][언] 내용이 가정(假定) 또는 요망(要望)·원망(願望)임을 나타내는 동사의 형태.

가정^법원(家庭法院) [명][법] 이혼·상속·재산 관리 등 가정 사건의 심판·조정, 소년 보호 사건의 조사·심판 등을 다루는 하급 법원.

가정-부(家政婦) [명] 남의 집에 기거하면서 집안 살림을 해 주는 여자. 종전에는 '식모(食母)'라고 불렀음. ▷파출부.

가정-부인(家庭婦人) [명] 집에서 살림하는 부인.

가정-불화(家庭不和) [명] 한집안의 가족이 화목하지 못함.

가정-생활(家庭生活) [명] 1 가정을 이루어 사는 생활. ¶행복한 ~. 2 가정 안에서의 생활.

가정-용품(家庭用品) [-농-] [명] 가정에서 쓰는 여러 가지 물품.

가정-의(家庭醫) [-의/-이] [명][의] 가정 의학을 전공한 의사.

가정-의례(家庭儀禮) [명] 혼인·장사(葬事)·제사 등의 가정에서 치르는 의례.

가정의례^준:칙(家庭儀禮準則) [명][법] 가정 의례의 의식 절차에 관한 기준을 정한 규칙.

가정^의학(家庭醫學) [명][의] 가족 전체를 대상으로 질병의 종류에 얽매이지 않고 지속적이고 포괄적으로 의료를 제공하는, 의학의 전문 과목.

가정-적(家庭的) [관][명] 1 가정과 관계되는 (것). ¶~인 문제 / ~ 분위기. 2 가정에 충실한 (것). ¶김 선생은 매우 ~이다.

가정-주부(家庭主婦) [명] =주부(主婦)¹.

가정-집(家庭-) [-찝] [명] 관공서나 회사 등이 아닌, 개인이 살림하는 집.

가정^통신(家庭通信) [명][교] 학생의 교육 지도를 위하여 부모와 교사 간에 주고받는 소식.

가정-학(家政學) [명] 가정생활을 원만히 유지하기 위해 필요한 지식과 기술을 연구하는 학문.

가정-환경(家庭環境) [명] 태어나서 자란 집안의 분위기나 조건.

가제¹(家弟) [명] 남에게 자기 아우를 일컫는 말. [비]사제(舍弟). ←→가형(家兄).

가제²(⑤Gaze) [명] =거즈(gauze).

가:제본(假製本) [명] 본격적인 제본에 앞서 시험적으로 하는 제본. 또는, 그 책. **가:제본-하다** [동][타][여]

가져-가다 [-저-] [동][타][거라] <~가거라> 1 (무엇을) 한 곳에서 다른 곳으로 옮겨 가다. ¶이 의자를 저쪽으로 **가져가거라**. 2 어떠한 상태로 끌고 가다. ¶화제를 결혼 문제로 ~.

가져다-주다 [-저-] [동][타] 어떠한 결과를 생기게 하다. ¶부단한 노력만이 너에게 합격의 영광을 **가져다줄** 것이다.

가져-오다 [-저-] [동][타][너라] <~오너라> 1 (무엇을) 한 곳에서 다른 곳으로 옮겨 오다. ¶책을 이리 **가져오너라**. 2 어떠한 결과를 생기게 하다. ¶산업 혁명은 생산 기술의 엄청난 변혁을 **가져왔다**.

가:-조약(假條約) [명][법] 가조인만 되고 아직 정식으로 비준되지 않은 조약. =잠정 조약.

가족(家族) [명] 부부와 같이 혼인으로 맺어지거나 부모·자식과 같이 혈연으로 이루어지는 집단. 또는, 그 성원(成員). 법적으로는, 동일한 호적 내에 있는 친족의 단체. ¶책~ / 대~ / 부양~.

가족-계획(家族計劃) [-께획/-꼐휙] [명] 부부가 생활 능력에 따라 자녀의 수나 터울을 알맞게 조절하는 일.

가족-묘(家族墓) [-종-] [명] 1 한 가족의 여러 무덤이 한곳에 모여 있는 형태의 묘. 2 한 가족의 여러 유골을 한곳에 모아 놓은 묘소. ¶납골 ~.

가족-법(家族法) [-뻡] [명][법] 민법의 '친족법'과 '상속법'을 아울러 이르는 말.

가족-사진(家族寫眞) [-싸-] [명] 가족들이 함께 찍은 사진.

가족^수당(家族手當) [-쑤-] [명][사] 부양가족이 있는 근로자에게 그 생활을 유지하게 하기 위해, 사용자가 기본급에 덧붙여 지급하는 수당.

가족-애(家族愛) [명] 가족 구성원끼리의 사랑. ¶따뜻한 시선으로 ~를 담담하게 그린 소설.

가족-적(家族的) [-쩍] [관][명] 1 가족처럼 친밀한 (것). ¶~인 분위기. 2 규모나 범위가 가족에 걸치는 (것).

가족^제:도(家族制度) [-쩨-] [명][사] 1 가족의 원만한 공동생활을 위한 규범적 질서. 2 가장권을 중심으로 하는 대가족주의. ¶~의 폐해.

가족-탕(家族湯) [명] 한 가족끼리 따로 쓸 수 있도록 되어 있는 목욕탕.

가족-회의(家族會議) [-조괴의/-조꿰이]

가족회의 〖명〗 집안일에 대해 온 가족이 의논하기 위해 여는 회의.

가죽 〖명〗 **1** 동물 몸의 거죽을 이루는 질긴 물질. **2** 죽은 동물의 살 가죽을 벗겨 가공한 물건. 옷·가방·구두 따위를 만드는 재료로 쓰임. 세는 단위는 영(쉿)·장, 치수 단위는 평(사방 1자). ¶소~ / 털~ / ~ 장갑. **3** (흔히 합성어의 꼴로 쓰여) 사람의 피부를 얕잡아 이르는 말. ¶살~ / 낯~ / 뱃~

가죽-나무 [-중-] 〖명〗〖식〗 소태나뭇과의 낙엽 교목. 높이 27m 정도, 여름에 백록색 꽃이 핌. 근피(根皮)는 약으로 쓰며, 가로수 등으로 심음. =저목.

가죽-신 [-씬] 〖명〗 **1** 가죽으로 만든 신. **2** =혁신.

가중¹(加重) 〖명〗 **1** 책임이나 부담 등을 더욱 무겁게 하는 것. **2** 〖법〗 여러 번 죄를 범하거나 같은 죄를 거듭 범할 때, 형벌을 더 무겁게 하는 것. ~ 처벌. **가중-하다**¹ 〖타여〗
가중-되다 〖동〗〖자〗 ¶책임이 ~.

가중²(家中) 〖명〗 **1** 한 가정 안. **2** 온 집안.

가중³(苛重) ➡**가:중-하다**² 〖형여〗 정도가 심하고 부담이 무겁다. ¶**가중한** 세금. **가중-히** 〖부〗

가중-치(加重値) 〖명〗 평균값을 계산할 때 각 값에 주어지는 중요한 정도.

가:증(可憎) ➡**가:증-하다** 〖형여〗 괘씸하고 얄밉다. ¶그의 위선과 파렴치가 **가증하기** 짝이 없다.

가:증-스럽다(可憎-) [-따] 〖형〗〖ㅂ〗 〈-스러우니, -스러워〉 가증한 데가 있다. **가:증스레** 〖부〗

가지¹ 〖명〗 **1** 나무의 굵은 줄기에서 갈라져 뻗어 나간 가느다란 부분. 여기에 잎이 나고 꽃이 피며 열매가 맺힘. ¶나뭇~ / 마른 ~ / 앙상한 ~ / ~를 꺾다 / ~를 치다 / ~가 벋다. **2** 근본에서 갈라져 나간 것을 비유적으로 이르는 말. ¶자연주의는 사실주의에서 벋어 나간 ~이다. **3** 〖언〗 =접사(接辭)².
[가지 많은 나무에 바람 잘 날이 없다] 자식 많은 어버이는 걱정이 끊일 날이 없다.
가지(를) 치다 〖관〗 하나의 근본에서 딴 갈래가 생기다.

가지² 〖명〗〖식〗 가짓과의 한해살이풀. 높이 60~100cm. 6~9월에 백색·담자색 등의 꽃이 피고, 자줏빛 열매를 맺음. **2** 의 열매. 흔히 찬거리로 씀. 세는 단위는 개·거리(50개)·접(100개).

가지³ 〖의존〗 **1** 특성에 따라 구별되는 사물의 갈래나 종류를 헤아리는 말. ¶몇 ~ / 여러 ~ 예를 들다 / 이것을 보면 열 ~를 안다. **2** 제기를 차기 시작한 때부터 땅에 떨어지기까지의 동안. ¶나는 한 ~에 백 개 이상 찰 수 있다.

가지-가지¹ Ⅰ〖명〗 이런저런 여러 가지. ¶우리네 인생 시름도 ~ 사연도 ~. 〘준〙갖가지.
Ⅱ〖관〗 ¶이름 모를 ~ 꽃. 〘준〙갖가지.

가지-가지² 〖명〗 나무의 낱낱의 가지.

가지가지-로 〖부〗 온갖 종류로, 여러 가지로. ¶~ 음식을 차려 내놓다. 〘준〙갖가지로.

가지-각색(-各色) [-쌕] 〖명〗 모양이나 현상이 서로 다른 여러 가지. ≒종종색색. 〖비〗형형색색. ¶~의 취미 / 아이들의 옷차림이 ~이다.

가지-고르기 〖명〗 나무의 불필요한 가지를 잘라 가지런히 다듬는 것. =정지(整枝).

가지다 〖동〗〖타〗 **1** 손에 쥐거나 몸에 지니다. ¶책을 **가지러** 서재로 가다 / 손수건을 **가지고** 다니다. **2** 자기 것으로 하다. ¶인형을 하나는 동생을 주고 다른 하나는 내가 **가졌다**. **3** (생각·태도·취미 등을) 마음에 품다. ¶관심을 / 포부를 크게 **가져라**. **4** (모임을) 열어 치르다. ¶좌담회를 ~. **5** (관계나 관련을) 이루거나 맺다. ¶여자와 관계를 ~ / 기독교와 관계를 **가지고** 있는 모임. **6** (아이나 새끼·알 등을) 배다. ¶아이를 ~ / 돼지가 새끼를 ~. **7** 거느리거나 모시거나 두다. ¶딸을 **가진** 어머니 / 20여 개의 계열 기업을 **가진** 재벌. **8** ('가지고'의 꼴로 쓰여) 수단이나 재료로 함을 나타내는 말. ¶쌀을 **가지고** 빚은 막걸리 / 한자를 **가지고** 우리말을 기록한 이두. **9** ('가지고'의 꼴로 쓰여) 대상으로 함을 나타내는 말. ¶난 아무 관계도 없는데 왜 날 **가지고** 그래. 〘준〙갖다. **2** 〖보조〗 ('-어/아 가지고'의 꼴로 쓰여) 동작이나 상태를 그대로 지니고 있음을 나타내는 말. ¶그렇게 빈둥빈둥 놀아 **가지고** 어떻게 시험에 합격하겠니?

가지런-하다 〖형여〗 (여러 개의 물체가) 서로 나란하고 고르게 놓인 상태에 있다. ¶**가지런하게** 자란 보리가 바람결에 파도처럼 출렁인다. **가지런-히** 〖부〗 ¶섬돌 위에 신발이 ~ 놓여 있다.

가지무늬^토기(-土器) [-니-] 〖명〗〖고고〗 청동기 시대 민무늬 토기의 하나. 어깨 부분에 검은빛으로 가지 무늬가 돌려 있음. =채문토기.

가지-색(-色) 〖명〗 =가짓빛.

가지-접(-椄) 〖명〗〖농〗 접목법(椄木法)의 하나. 한 나무의 가지를 잘라 내고 그 자리에 눈이 달린 다른 나무의 가지를 붙이는 법.

가지-치기 〖명〗 나무의 모양을 보기 좋게 하고, 열매를 많이 맺게 하기 위하여 곁가지를 자르고 다듬는 일. =전지(剪枝). **가지치기-하다** 〖동〗〖타여〗

가직-하다 [-지카-] 〖형여〗 거리가 대체로 가깝다고 여겨지는 상태에 있다. ↔멀찍하다.
가직-이 〖부〗

가집(歌集) 〖명〗〖문〗 시가(詩歌)를 모아 엮은 책.

가:집행(假執行) [-지팽] 〖명〗〖법〗 아직 확정되지 않은 판결 사항을 우선 실행하는 일.
가:집행-하다 〖동〗〖타여〗 **가:집행-되다** 〖동〗〖자〗

가:짓-말 [-진-] 〖명〗 '거짓말'의 작은말로, 홀하게 또는 품격이 낮게 이르는 말. **가:짓말-하다** 〖동〗〖자여〗

가:짓-부리 [-진뿌-] 〖명〗 '가짓말'을 속되게 이르는 말. 〘준〙가짓불. 〘큰〙거짓부리.

가:짓-불 [-진뿔] 〖명〗 '가짓부리'의 준말. 〘큰〙거짓불.

가:짓-빛 [-지빋/-진삗] 〖명〗 가지 열매의 빛깔처럼, 보라에 연한 파랑이 섞인 빛깔. =가지색.

가:짓-수(-數) [-지쑤/-진쑤] 〖명〗 종류상으로 본 여러 가지의 수효. ¶~가 많은 중국 요리 / 안 많지 입을 만한 옷이 없다.

가:짜(假) 〖명〗 남을 속이기 위해, 실제의 물건과 비슷하게 꾸며서 만든 물건. 또는, 거짓으로 어떤 신분·자격의 사람으로 행세하는 사람. ¶~ 문서 / ~ 대학생. ↔진짜.

가:차(假借) 〖명〗 **1** 임시로 빌리는 것. **2** 육서(六書)의 하나. 어떤 말을 한자로 나타내고자 하는데 마땅한 글자가 없을 때, 이미 있는 한자의 음만 빌려서 그것을 적는 것. 주로

외래어를 표기할 때 쓰는데, 프랑스를 '佛蘭西'로 나타내는 것이 그 예임. **가:차-하다** 통(타)(여) **가:차-되다** 통(자)
가차 없다 〔구〕 사정을 보아주지 않거나 용서가 없다. ¶가차 없는 비판 / **가차 없이** 처벌하다.
가:-차압(假差押)〔법〕'가압류'의 구칭. **가:차압-하다** 통(타)(여)
가창(歌唱) 명 노래를 부르는 것. ¶~ 지도. **가창-하다** 통(자)(여)
가창-력(歌唱力) [-녁] 명 노래를 부르는 능력. 특히, 넓은 음역과 풍부한 성량으로 호소력 있게 부르는 실력을 가리킴. ¶~이 있는 가수 / ~이 뛰어나다 / 그 가수는 폭발적인 ~으로 청중을 사로잡았다.
가창-오리(動) 오릿과의 물새. 몸이 작고 아름다우며, 수컷은 얼굴에 황색·녹색의 무늬가 있음. 우리나라에 무리 지어 날아오는 겨울새임.
가:채(可採)명 (일부 명사 앞에 쓰여) 캐낼 수 있음. ¶~ 매장량 / ~ 연수(年數).
가:책(呵責)명 꾸짖어 책망하는 것. ¶양심의 ~을 받다. **가:책-하다** 통(타)(여) **가:책-되다** 통(자)
가:-처분(假處分) 명 1 임시로 어떤 사물을 처분하는 것. 2 [법] 금전 이외의 받을 권리가 있는 특정물을 상대가 처분하지 못하도록 법원이 결정한 잠정적 처분. **가:처분-하다** 통(타)(여) **가:처분-되다** 통(자)
가:처분^소:득(假處分所得) [-뜩] 명 [경] 어떤 해의 개인 소득 전액에서 세금을 뺀 개인 소득. 곧, 개인이 마음대로 쓸 수 있는 소득. =실소득.
가:철(假綴) 명 (책·서류 등을) 임시로 대강 매어 두는 것. ¶~본(本). **가:철-하다** 통(타)(여)
가첨-석(加檐石) 명 비석 위에 지붕 모양으로 만들어 덮어 얹는 돌. =개두(蓋頭)·개석(蓋石).
가:청(可聽) 명 들을 수 있음. ¶~ 지역.
가:청-음(可聽音) 명 귀로 들을 수 있는 소리. 곧, 주파수 20~20,000Hz, 크기 0~130폰의 소리.
가체(加髢) 명 [역] 조선 시대에 부녀자들이 화려하게 차려입을 때, 맏머리를 얹거나 덧대어 드리우던 일. 큰머리·어여머리·얹은머리 등이 있음. **가체-하다** 통(자)(여)
가촌(街村) 명 큰길가를 따라 집이 줄지어 길게 늘어선 마을.
가축[1] 명 알뜰히 매만져 잘 지니는 것. **가축-하다** 통(타)(여) ¶물건의 수명은 **가축하기**에 달렸다.
가축[2](家畜) 명 오랜 세월에 걸쳐 사람에게 길들여져 집에서 기르는 짐승. 소·말·돼지·개·닭·거위 따위. =집짐승.
가축-병원(家畜病院) [-뼝-] 명 동물의 병을 예방·진찰·치료하는 병원. =동물병원.
가출(家出) 명 가족과의 불화나 갈등 등으로 다시 돌아오지 않을 생각으로 자기 집에서 나가는 것. ¶~ 청소년 / ~ 신고. **가출-하다** 통(자)(여)
가:-출소(假出所) [-쏘] 명 [법] 교도소에서 가석방으로 나오는 것. **가:출소-하다** 통(자)(여)
가:-출옥(假出獄) 명 [법] '가석방'의 구칭. **가:출옥-하다** 통(자)(여) **가:출옥-되다** 통(자)(여)
가:취(可取) → **가:취-하다** 통(여) (주로 '가취할'의 꼴로 쓰여) 취할 만하다. 또는, 쓸 만하다.

가톨릭●21

가치[1](의존) '개비'[22]의 잘못.
가치[2](假齒) 명 =의치(義齒).
가치[3](價値) 명 1 사물 및 일의 중요성이나 의의. ¶읽을 만한 ~가 있는 책 / 네 얘기는 들을 ~도 없다. 2 인간이 마땅히 규범으로서 받아들여야 할, 옳은 것이나 바람직한 것. ¶~ 있는 삶 / ~를 추구하다. 3 [경] 상품이나 재화(財貨)의 효용.
가치-관(價値觀) 명 인간이 삶이나 어떤 대상에 대해서 무엇이 좋고, 옳고, 바람직한 것인지를 판단하는 관점. ¶~의 혼란 / 건전한 ~를 확립하다.
가치^판단(價値判斷) [-찰] 명 판단하는 사람의 가치관이 개입되는 판단. "그 여자는 아름답다."와 같은 판단이 이에 해당함.
가친(家親) 명 남에게 자기 아버지를 이르는 말. =가군(家君)·가부(家父). (비) 가엄(家嚴).
가칠-가칠 부 매우 가칠한 모양. 또는, 여러 군데가 가칠한 모양. (큰) 거칠거칠. (센) 까칠까칠. **가칠가칠-하다** (형)(여) ¶손등이 ~.
가칠-하다 (형)(여) 몸이 여위어서 살갗이나 털이 거칠고 윤기가 없다. (큰) 거칠하다. (센) 까칠하다.
가칫-가칫 [-칟까칟] 부 가칫거리는 모양. (큰) 거칫거칫. (센) 까칫까칫. **가칫가칫-하다** 통(자)(여) ¶손가락에 가시가 박혀 ~.
가칫-거리다/-대다 [-칟(께)-] 통(자) 살갗에 조금씩 닿아 걸리다. (큰) 거칫거리다. (센) 까칫거리다.
가칫-하다 [-치타-] 형(여) 야위어서 보기에 거칠다. (큰) 거칫하다. (센) 까칫하다.
가:칭(假稱) 명 임시 또는 거짓으로 일컫는 말. 또는, 그 이름. ¶~ 범태평양 연합. **가:칭-하다** 통(타)(여) **가:칭-되다** 통(자)
가쾌(家儈) 명 =집주릅.
가:타-부타(可-否-) 부 옳다느니 그르다느니. ¶~ 말이 없다 / 남의 일에 ~ 참견하고 나서다. ⨯가타부타를 갖다붙다.
가:탁(假託) 명 1 거짓 평계를 대는 것. 2 말이나 글에서, 다른 사물을 빌려 그것을 통하여 어떤 사상이나 감정을 나타내는 일. **가:탁-하다** 통(타)(여) ¶새벽 하늘에서 별이 하나 둘씩 스러져 가는 것에 **가탁하여** 노년의 심경을 읊은 시.
가:탄(可歎) → **가:탄-하다** 형(여) (주로 '가탄할'의 꼴로 쓰여) 탄식할 만하다. ¶**가탄할** 불신 풍조.
가:탄-스럽다(可歎-) [-따] 형(ㅂ) 〔~스러우니, ~스러워〕 가탄한 데가 있다.
가탈 명 '까탈'의 여린말.
가탈-스럽다 형(ㅂ) '까다롭다'의 잘못.
가택(家宅) 명 '집'[1]을 달리 이르는 말. 일반적으로 법률상의 문맥에서 많이 쓰임.
가택^수색(家宅搜索) [-쑤-] 명 [법] 검사·경찰관 등이 판사가 발부한 압수 수색 영장에 의해 피의자의 집을 뒤져 범인·증거물을 찾는 일.
가터-벨트(garter belt) 명 스타킹이 흘러내리지 않도록 매어 주는 벨트.
가토(加土) 명 1 초목의 뿌리가 묻힌 위에 흙을 더 덮는 것. 2 무덤 위에 흙을 더 얹는 것. **가토-하다** 통(자)(타)(여)
가톨릭(←Catholic) 명 [가] 정통 로마 가톨릭 교회의 교의(敎義)를 믿는 크리스트교. =

가톨릭교 (―敎) 로마 가톨릭교·성교(聖敎)·진교(眞敎)·천주교. ×카톨릭.

가톨릭-교 (←Catholic敎) 圀[가] =가톨릭.

가톨릭-교도 (←Catholic敎徒) 圀 가톨릭의 신도. =천주교도.

가톨릭교-회 (←Catholic敎會) [-회/-훼] 圀[가] 사도 베드로를 계승하는 로마 교황을 최고 지도자로 하는 교회. =공교회·성교회·성회·로마 가톨릭교회·천주교회·로마교회.

가통 (家統) 圀 집안의 계통 또는 내림. ¶~을 잇다.

가:통² (可痛) ➡**가:통-하다** 곈 (주로 '가통할'의 꼴로 쓰여) 통탄할 만하다. **가:통-히** 뮈

가투 (歌鬪) 圀 시조나 노래를 적은 놀이딱지. 또는, 그것을 가지고 하는 놀이. **가투-하다** 통곈

가트 (GATT) 圀 [General Agreement on Tariffs and Trade] = 관세 무역 일반 협정.

가파르다 (르)<가파르니, 가팔라> 산이나 길이 몹시 비탈지다. =강파르다. ¶가파른 언덕길/산이 가팔라 오르기 힘들다.

가:판 (街販) 圀 '가두판매'의 준말.

가:판-대 (街販臺) 圀 가두판매하는 신문·잡지 등을 꽂아 놓기 위하여 설치한 대.

가:표 (可票) 圀 찬성을 나타내는 표. ¶~를 던지다. ↔부표(否票).

가풀-막 몹시 비탈진 땅바닥.

가풀막-지다 [-찌-] 곈 땅바닥이 가파르게 비탈져 있다.

가품 (家品) 圀 1 =가풍(家風). 2 한집안 가족의 공통된 성품.

가풍 (家風) 圀 한 집안에 전해 내려오는 풍습이나 범절. =가품(家品). ¶~을 지키다/신부가 시가(媤家)의 ~을 익히다.

가피 (加被) 圀[불] 부처가 자비의 힘을 베풀어 중생을 이롭게 하는 것. ¶부처님의 ~로 건강을 회복하다. **가피-하다** 통탄곈

가필 (加筆) 圀 (글이나 그림에) 붓을 대어 지우거나 보태거나 하여 고치는 것. **가필-하다** 통잔타곈 **가필-되다** 통잔

가-하다¹ (加-) 통탄곈 1 (수량이나 정도를) 더하다. ¶힘을 ~. 2 (어떤 작용이나 영향을) 행사하거나 미치다. ¶열을 ~/일침을 ~/범법자에게 제재를 ~.

가:-하다² (可-) 곈 1 자기 뜻에 맞아 옳다. ¶이 의견이 가하다고 생각하는 사람은 손을 드시오. 2 도리나 사리에 맞아 옳다. ¶죄인에게 중벌을 내림이 **가한** 줄로 아뢰오. 3 (위위가) 용인되어 가능하다. ¶미성년자의 출입도 **가함**.

가학 (加虐) 圀 (사람을) 때리면서 괴롭히는 것. 맨학대. **가학-하다¹** 통탄곈

가학² (苛虐) 圀 몹시 심하게 학대하는 일. **가:학-하다²** 통탄곈

가학-애 (加虐愛) 圀 =사디즘.

가:합 (可合) ➡**가:합-하다** [-하파-] 곈 무던히 적합하다. **가:합-히** 뮈

가해 (加害) 圀 남의 생명·신체·명예·재산 등에 해를 끼치는 것. ↔피해. **가해-하다** 통

가해-자 (加害者) 圀[법] 남에게 해를 입힌 사람. ↔피해자.

가:현 (假現) 圀[종] 신이나 부처가 사람의 모습으로 잠시 이 세상에 나타나는 것. **가:현-하다** 통잔곈

가:현^운:동 (假現運動) 圀[심] 실제는 움직이지 않는 것이 어떤 조건 아래에서 움직이는 것처럼 보이는 현상.

가형 (家兄) 圀 남에게 자기 형을 이르는 말. 뎬사형(舍兄). ↔가제(家弟).

가호 (加護) 圀 1 보호하여 주는 것. 2 (신이나 부처가 사람을) 잘되도록 보호하여 주는 것. ¶신의 ~가 있기를 빕니다. **가호-하다** 통탄곈 **가호-되다** 통잔

가호² (家戶) 圀 ①자랩 호적상의 집. ②의존 지역의 집 수나 세대 수를 세는 말. ¶열 ~.

가:혹 (苛酷) ➡**가:혹-하다** [-호카-] 곈 몹시 혹독하다. ¶**가혹한** 말. **가:혹-히** 뮈

가화 (家禍) 圀 집안에 일어난 재앙.

가:화² (假花) [화] 1 =조화(造花)³.

가화만사성 (家和萬事成) 집안이 화목하면 모든 일이 잘된다는 말.

가환 (家患) 圀 집안의 근심·걱정이나 병.

가황 (加黃) 圀[화] 1 생고무에 황을 섞어 가열하여 고무의 탄성을 증가시키는 일. 2 유지(油脂)에 황을 가하여 열처리하는 일. 3 유기 방향족 화합물에 황을 가하여 황화 염료를 만드는 일. **가황-하다** 통탄곈

가황²고무 (加黃-) 圀[화] 생고무에 황을 섞고 가열하여 신축성이 있게 한 고무. =유화고무.

가획 (加畫) [-획/-훽] 圀 글자의 원 획 이외의 획을 더하는 것. ↔감획. **가획-하다** 통잔타곈 **가획-되다** 통잔

가:효 (佳肴·嘉肴) 圀 맛 좋은 안주. ¶옥반(玉盤) ~.

가훈 (家訓) 圀 한 집안의 생활 지침이나 교훈. 또는, 그것을 표현한 짧은 문구나 문장. ¶우리 집은 '정직'을 ~으로 삼고 있다.

가:히 (可-) 뮈 말 그대로 틀림없이. 또는, 미루어 보건대 능히. ¶우리나라 기능공의 수준은 ~ 세계적이라 할 수 있다./굵은 손마디를 보니 얼마나 고생을 했는지 ~ 알 만하다.

각¹ (角) 圀 1 [수] 한 점에서 나간 두 개의 반직선으로 이루어지는 도형. 또는, 동일한 선에서 벌어져 나간 두 평면으로 이루어지는 도형. 2 [수] '각도(角度)¹'의 준말. 3 물건의 면과 면이 만나 이루어지는 모서리. 또는, 물건이 둥글지 않고 모를 이루는 것. ¶얼굴이 ~이 지다.

각² (角) 圀 1 [동] =뿔¹. 2 [음] 옛날 국악 연주에서 쓰인 뿔로 만든 나발. 대각·중각·소각·나각 따위.

각³ (角) 圀[음] 오음(五音) 중 셋째 음.

각⁴ (刻) 圀[음] ①자랩 국악에서, 일정한 박자 수에 더하 풀이되는 한 장단. ②의존 장단을 세는 단위.

각⁵ (脚) 圀 1 =다리¹. 2 짐승을 잡아 고기를 나눌 때, 전체를 네 등분한 그런 부분. **각을 뜨다** 곈 잡은 짐승을 머리·다리 등 몇 부분으로 나누다.

각⁶ (刻) 圀의존 지난날, 1일을 24시로 했을 때 1시간의 1/4에 해당하는 동안을 이르던 말. 곧, 1각은 15분이 됨. 또, 매시(毎時)는 초각·1각·2각·3각의 넷으로 구분했음.

각⁷ (各) 圀 괜 각각의. 또는, 낱낱의. ¶~ 행정 기관/~ 학교.

각-가속도 (角加速度) [-까-또] 圀[물] 단위 시간 중에 나타나는 각속도의 변화.

각-가지 (各-) [-까-] 圀 각각의 여러 가지. 뎬각종. ¶~ 동물/~ 상품/~ 음식을 다

장만하다.
각각(各各)[-깍] 閉 저마다 따로따로. ¶제 ~ / 너희 둘이서 빵을 ~ 한 개씩 먹어라.
각각-으로(刻刻-)[-깍-] 閉 일각일각(一刻一刻)마다. 또는, 시간이 가는 대로 자꾸자꾸. ¶바람이 ~ 거세어지자 물결도 한층 사나워졌다.
각간(角干)[-깐] 몡 역 신라의 17관등 가운데 첫째 등급. =이벌찬·서불한.
각개(各個)[-깨] 몡 하나하나의 낱개. ¶~훈련 / ~의 의견.
각개^격파(各個擊破)[-깨-] 몡 군 적을 하나하나 따로따로 무찌름.
각개^전투(各個戰鬪)[-깨-] 몡 군 병사 개개인이 약진과 총검술 등으로 벌이는 전투. ¶~ 훈련.
각-거리(角距離)[-꺼-] 몡 물 두 점 사이의 거리를, 정점(定點)과 그 두 점을 연결한 두 직선이 이루는 각도로 나타낸 것.
각계(各界)[-께/-꼐] 몡 사회의 각 분야. ¶~의 의견을 청취하다.
각계-각층(各界各層)[-꼐-/-꼐-] 몡 사회 각 방면의 여러 계층. ¶강연회에는 ~의 인사들이 모여들었다.
각고(刻苦)[-꼬] 몡 고생을 이겨 내며 몹시 애쓰는 것. ¶~의 노력을 기울이다. **각고-하다** 톰재여
각고-면려(刻苦勉勵)[-꼬멸-] 몡 모든 고생을 이겨 내며 부지런히 노력함. **각고면려-하다** 톰재여
각골(刻骨)[-꼴] 몡 잊을 수 없을 만큼 마음속에 깊이 사무치는 것. ¶~통한(痛恨). **각골-하다** 톰재여
각골-난망(刻骨難忘)[-꼴란-] 몡 은혜가 마음속에 깊이 새겨져 잊혀지지 않음. ¶선생님의 은혜 ~이로소이다. **각골난망-하다** 톰타여
각광(脚光)[-꽝] 몡 연 무대의 앞 아래쪽에서 비추는 광선. =풋라이트.
각광(을) 받다 곺 ① 배우가 무대에서 각광을 받아 그 모습을 화려하게 드러내는 데에서] 많은 사람들로부터 주목을 받다. ¶우리의 상품이 세계 시장에서 **각광을 받고** 있다.
각국(各國)[-꾹] 몡 각 나라. ¶세계 ~.
각궁(角弓)[-꿍] 몡 쇠뿔·양뿔 따위로 장식한 활.
각근(恪勤)[-끈] 몡 부지런히 힘쓰는 것. **각근-하다** 톰재여
각급(各級)[-끕] 몡 각각의 급. ¶~ 학교.
각기¹(各其)[-끼] Ⅰ몡 저마다의 사람이나 사물.
Ⅱ뷔 각각 저마다. ¶~ 맡은 바 일에 충실하다.
각기²(脚氣)[-끼] 몡 의 비타민 B₁의 부족에서 오는 영양실조증의 하나. 다리가 붓고 맥박이 빨라지는 등의 증상이 나타남. =각기병·각질.
각-기둥(角-)[-끼-] 몡 수 한 직선에 평행하는 셋 이상의 평면과 이 직선과 만나는 두 평행 평면으로 둘러싸인 다면체. 구용어는 각주(角柱). =모기둥.
각기-병(脚氣病)[-끼뼝] 몡 의 =각기(脚氣)².
각내(閣內)[-강-] 몡 내각(內閣)의 범위 안. ↔각외(閣外).
각다귀[-따-] 몡 1 동 곤충류 각다귓과에 속하는 곤충의 총칭. 모기와 비슷하나 훨씬 크고 다리가 긺. 애벌레는 '머루'라 하는데, 논밭에서 벼나 보리의 뿌리를 잘라 먹음. =꾸정모기. 2 남을 착취하여 먹고사는 사람을 비유하여 이르는 말.
각다귀-판[-따-] 몡 남의 것만 뜯어먹으려고 덤비는 판을 이르는 말.
각다분-하다[-따-] 혱 여 일을 해 나가기가 매우 고되고 힘들다. ¶살림이 ~.
각단(角端)[-딴] 몡 일의 갈피와 실마리. ¶~을 내다 / 일의 전후좌우를 가려 ~을 짓다.
각담[-땀] 몡 논밭의 돌·풀을 추려 한편에 나지막이 쌓아 놓은 무더기.
각도(角度)[-또] 몡 1 수 각의 크기. 단위는 도(度)·분(分)·초(秒)·라디안. 준각. 2 사물에 대한 견해나 관점. ¶~를 달리하다 / 여러 ~로 생각해 보다.
각도-계(角度計)[-또계/-또게] 몡 각의 크기를 재는 기구.
각도-기(角度器)[-또-] 몡 각의 크기를 재는, 반원형의 투명 플라스틱 판. 각도를 눈금으로 표시했음. =분도기.
각-도장(角圖章)[-또-] 몡 1 모가 난 도장. 2 짐승의 뿔로 만든 도장. =뿔도장.
각-띠(角-)[-띠] 몡 역 벼슬아치가 예복에 두르는 띠의 총칭. =각대(角帶).
각력(脚力)[강녁] 몡 1 다릿심. 2 걷는 힘.
각력-암(角礫巖·角礫岩)[강녁-] 몡 광 암석의 깨어진 조각들이 결합하여 된 수성암.
각론(各論)[강논] 몡 각 항목을 떼어 논하는 것. ↔총론.
각료(閣僚)[강뇨] 몡 내각을 구성하고 있는 각 장관.
각루(刻漏)[강누] 몡 =물시계.
각막(角膜)[강막] 몡 생 눈동자의 바깥면 앞에 볼록하게 나와 있는 투명한 막. =안막.
각막-염(角膜炎)[강망념] 몡 의 각막에 염증이 생겨 각막이 흐려지는 병.
각목(角木)[강-] 몡 모가 지게 깎은 기다란 나무. 보통 단면이 사각형임. ¶손에 ~과 쇠파이프를 든 폭력배.
각박(刻薄)[-빡] 몡 →**각박-하다**[-빠카-] 혱여 (세상인심이) 사랑이나 인정을 베풀지 않아 메마르고 삭막하다. ¶철벗은 이웃의 고통에 무관심한 **각박한** 세태. **각박-히** 뷔
각반(脚絆)[-빤] 몡 걸음을 걸을 때 가든하게 하려고 발목에서 무릎 아래까지 감는 띠. ¶~을 풀다 / ~을 치다.
각반-병(角斑病)[-빤뼝] 몡 식 식물의 잎에 갈색 또는 회색의 다각형 반점(斑點)이 생기는 병. 오이·우엉·감나무·강낭콩·보리 따위에 생김. =모무늿병.
각방¹(各方)[-빵] 몡 1 여러 방면. ¶주민 생활의 편익을 ~으로 연구한 끝에 개설된 도로. ▷백방(百方). 2 각각의 편. ¶~의 이해가 날카롭게 대립되다.
각방²(各房)[-빵] 몡 한 집 안에서, 각각의 다른 방. ¶~거처 / 부부가 ~을 쓰다.
각-배¹(各-)[-빼] 몡 1 어미는 같으나 낳은 시기가 다른 새끼. 2 '이복(異腹)'을 속되게 일컫는 말. ↔한배.
각배²(角杯)[-빼] 몡 짐승의 뿔로 만든 술잔.
각-별(各-)[-뻘] 몡 옷이나 서류 등의 따로따로의 한 벌.
각별(各別·恪別)[-뻘] →**각별-하다**[-뻘-] 혱여 마음을 쓰거나 주의를 기울이는 것이 남다르거나 두드러지게 강하다. ¶**각별한** 사

이/이 문제는 각별한 주의를 요한다. **각별-히**[튀] ¶내가 말한 것을 ~ 명심하여라.
각본¹(刻本)[-뽄][명] =목판본.
각본²(脚本)[-뽄][명] 1 [연] 연극의 무대 장치 및 배우의 동작이나 대사 따위를 적은 글. =극본(劇本). 2 미리 예정된 계획을 비유적으로 이르는 말. ¶일이 ~대로 잘되어 간다. 3 '영화 각본'의 준말.
각-봉투(角封套)[-뿡-][명] 네모진 봉투.
각부(各部)[-뿌][명] 어떤 하나에 딸린 각각의 부분. ¶신체 ~/~ 명칭.
각불-때기(各-)[-뙈-][명][자] (살림을 따로 하면 자연히 각각 다른 아궁이에 불을 때면서 살게 된다는 뜻에서) '각살림하다'를 속되게 이르는 말.
각-뿔(角-)[명][수] 다각형의 각 변을 밑변으로 하고, 다각형의 평면 밖의 한 점을 공통의 꼭짓점으로 하는 여러 개의 삼각형으로 둘러싸인 입체. 구용어는 각추(角錐). =모뿔.
각뿔-대(角-臺)[명][수] 각뿔의 윗부분을 밑면과 평행한 평면으로 자른 나머지 부분이 이루는 입체. 구용어는 각추대.
각-살림(各-)[-쌀-][명] 한 가족이면서 각각 따로 차린 살림. ¶~을 내다. **각살림-하다**[자]
각상(各床)[-쌍][명] 한 사람분씩 따로 차린 음식상. (비)외상. ↔겸상.
각색¹(各色)[-쌕][명] 1 각가지 빛깔. 2 여러 가지. (비)각양. ¶각양~/가지~/의견이 구구~으로 갈리다.
각색(脚色)[-쌕][명] 1 (어떤 소설이나 사건 등을) 연극·영화 등으로 만들기 위해 각본으로 고쳐 쓰는 일. 2 흥미나 강한 인상을 주기 위하여 사실에 덧보태어 말하는 일. **각색-하다**[타][여]¶소설을 방송극으로 ~. **각색-되다**[자]
각서(覺書)[-써][명] 1 의견이나 희망을 상대편에 전달하거나, 서로 확인하여 기억하기 위하여 적어 두는 문서. 2 어떤 일의 이행을 약속한다는 뜻으로 상대에게 주는 문서. 3 [정]조약에 덧붙여 그 해석이나 보충할 것을 정하고, 예외 조건을 붙이거나 자기 나라의 희망·의견을 진술하는 외교 문서.
각석¹(角石)[-썩][명] 네모지게 떠내거나 자른 석재(石材).
각석²(刻石)[-썩][명] (글자·무늬 등을) 돌에 새기는 것. 또는, 그 돌. **각석-하다**[타][여]
각선-미(脚線美)[-썬-][명] 여자 다리의 곡선이 가지는 시각적인 아름다움. ¶팔등신 미인의 미끈한 ~. ▷곡선미.
각설(却說)[-썰][튀] 화제를 돌려 다른 말을 꺼낼 때, 말머리에 쓰는 말. 고대 소설에서 흔히 쓰던 말임. ▷화설. **각설-하다**[자][여] (주로 '각설하고'의 꼴로 쓰여) ¶자, 각설하고 사업 얘기로 들어갑시다.
각설-이(却說-)[-써-][명] '장타령꾼'을 낮추어 이르는 말. ¶~ 떼.
각설이^타령(却說-)[-써-][명] =장타령.
각-설탕(角雪糖)[-썰-][명] 정육면체의 덩어리로 된 설탕. =각사탕·모사탕. ¶커피에 ~ 둘을 넣다.
각섬-석(角閃石)[-썸-][명][광] 칼슘·나트륨 등을 함유하는 단사 정계(單斜晶系)의 규산염 광물. 어두운 회녹색 내지 회갈색이며, 주상(柱狀)임. 화성암·변성암의 조암 광물임.

각성¹(各姓)[-썽][명] 1 각기 다른 성씨. ¶열 사람이 모였는데, 모두 ~이다. 2 성이 다른 각 사람.
각성²(覺醒)[-썽][명] 1 깨어 정신을 차리는 것. 2 깨달아 아는 것. ¶실패가 오히려 ~의 계기가 되다. **각성-하다**[자][타][여]¶잘못을 ~. **각성-되다**[자]
각성-바지(各姓-)[-썽-][명] 1 성이 다른 이부형제(異父兄弟). 2 성이 각각 다른 사람.
각성-제(覺醒劑)[-썽-][명][약] 중추 신경계를 흥분시키고, 수면 억제·피로감 경감 등의 작용이 있는 의약품의 총칭. 상용하면 습관이 되고 중독을 일으킴. 코카인·메스암페타민(필로폰) 등.
각소(各所)[-쏘][명] 여러 군데. ¶각개 ~에 배치하다.
각-속도(角速度)[-쏙또][명][물] 물체가 회전 운동을 할 때의 그 회전의 속도. 회전축의 방향 및 회전 방향을 나타내는 벡터량.
각수(角數)[-쑤][의존] 돈을 '원' 단위로 셀 때 남는 몇 전이나 몇십 전을 일컫던 말. ¶외상값이 원 ~다. 〈김유정:산골 나그네〉
각시[-씨][명] 1 새색시나 아내를 예스럽게 이르는 말. 2 한복을 입고 머리를 뒤로 땋은 조그맣게 만든 여자 인형. 〔閣氏〕는 취음〕
각시-놀음[-씨-][명] 여자 아이들이 각시 인형을 가지고 노는 놀이. =각시놀이. **각시놀음-하다**[자][여]
각시-메뚜기[-씨-][명][동] 메뚜깃과의 곤충. 몸빛은 적갈색 또는 황갈색이며 등 쪽에 한 개의 노란 줄무늬가 있음. 앞날개는 꼬리 끝을 훨씬 지날 정도로 긺. 풀밭에 삶. =송장메뚜기.
각심[-씸][명][역] =각심이.
각심-이[-씸-][명][역] 조선 시대에, 상궁이나 나인의 방에 딸려 잡역에 종사하던 여자 종. =각심·방아이·방자(房子).
각아비-자식(各-子息)[-씩][명] 1 어머니는 같으나 아버지가 각각 다른 형제. 2 부모가 각각 다른 사람의 자식.
각양(各樣)[명] 여러 가지 모양.
각양-각색(各樣各色)[-쌕][명] 서로 다른 각가지 모양. ¶~의 민속 의상.
각오(覺悟)[명] 1 (어렵거나 괴로운 일을) 마음을 단단히 먹고 받아들이거나 해낼 작정을 하는 것. ¶~가 서다/조국을 위해서라면 죽을 ~가 되어 있다. 2 도리를 깨쳐 아는 것. **각오-하다**[자][타][여]¶그만한 고생은 각오하고 있다.
각외(閣外)[-외/-웨][명] 내각(內閣)의 범위 밖. ↔각내(閣內).
각운(脚韻)[명][문] 시가(詩歌)에서, 구(句)나 행(行)의 끝에 같은 울림의 말을 반복하는 압운법(押韻法). ▷두운. 요운.
각-운동(角運動)[명][물] 물체가 한 직선의 주위를, 항상 일정한 거리를 유지하며 도는 운동.
각운동-량(角運動量)[-냥][명][물] 회전하고 있는 물체의 회전 운동의 세기를 나타내는 양. 운동량과 원점으로부터의 거리를 곱한 것임.
각위(各位)[명] 1 앞앞의 여러분. ¶회원 ~의 적극적인 참여를 바랍니다. 2 각각의 지위. 3 각각의 신위(神位).
각의(閣議)[-의/-이][명] 내각이 그 직무를 수행하기 위하여 개최하는 회의.

각인¹(各人) 뎽 각 사람.
각인²(刻印) 뎽 1 도장을 새기는 것. 또는, 새겨 만든 도장. 2 (주로, '되다'와 결합하여) (어떤 일이 마음속이나 머릿속에) 오래 잊히지 않게 되는 것. **각인-하다** 동(타여) **각인-되다** 동(자)
각인-각색(各人各色) [-쌕] 뎽 사람마다 모두 다름. ¶성격과 취향이 백이면 백 ~이다.
각인-각설(各人各說) [-썰] 뎽 사람마다 주장하는 의견이나 설(說)이 모두 다름.
각-일각(刻一刻) 뎽 시간이 지남에 따라 점점 더. ¶폭우로 인하여 강물은 ~ 불어나고 있다.
각자¹(各自) [-짜] Ⅰ뎽 각각의 자기. ¶~의 일은 ~가 책임을 져야 한다.
Ⅱ 뎽 저마다 따로따로. 뗑제각기. ¶필기도구는 ~ 지참할 것.
각자²(刻字) [-짜] 뎽 글자를 새기는 것. 또는, 그 글자. **각자-하다** 동(타여)
각자³(覺者) [-짜] 뎽 [불] 1 깨닫기 위한 수행을 완전히 마쳐 스스로 깨닫고, 남을 깨닫게 하는 사람. 곧, 부처를 이름. 2 우주·인생의 진리를 깨달아 안심입명의 경지에 다다른 사람.
각자-병서(各自竝書) [-짜-] 뎽[언] 같은 자음 두 글자를 가로로 나란히 붙여 쓰는 일. ㄲ·ㄸ·ㅃ·ㅆ·ㅉ 따위. 합용 병서.
각장(各葬) [-짱] 뎽 부부를 각기 딴 자리에 장사 지내는 것. ↔합장(合葬). **각장-하다** 동(타여)
각재(角材) [-째] 뎽 모가 지게 켠 재목. 통나무. ▷각목(角木).
각저(角紙·角抵) [-쩌] 뎽 1 옛날 유희(遊戱)의 한 가지. 두 사람이 씨름하듯이 맞붙어 힘을 겨루거나 또는 여러 가지 기예와 활쏘기·말타기 등을 겨룸. 2 [체] =씨름1. **각저-하다** 동(자여)
각적(角笛) [-쩍] 뎽 뿔로 만든 피리. =뿔피리.
각전(角錢) [-쩐] 뎽 예전의, 큰돈이 아닌 일전이나 십 전짜리 따위의 잔돈.
각종(各種) [-쫑] 뎽 여러 가지. 여러 종류. ¶~ 도서/~ 경기.
각-종(角-) [-쫑] 뎽 뿔·가죽 등으로 남자의 생식기처럼 만든 장난감.
각주¹(角柱) [-쭈] 뎽 1 네모진 기둥. 2 [수] '각기둥'의 구용어.
각주²(脚註) [-쭈] 뎽 논문이나 학술적인 글에서, 인용하거나 참고한 자료를 밝히거나, 어느 부분을 좀 더 설명하고자 할 때 본문 아래쪽에 따로 쓰는 글. =주각. ▷두주(頭註).
각주구검(刻舟求劍) [-쭈-] 뎽 [배의 밖으로 칼을 떨어뜨린 사람이, 후에 찾기 위해 배가 움직이는 것도 생각하지 않고 뱃전에 표시를 해 두었다는 고사에서] 시세의 변천도 모르고, 낡은 것만 고집하는 어리석음을 비유한 말.
각죽(刻竹) [-쭉] 뎽 무늬를 새긴 담뱃대.
각지¹(各地) [-찌] 뎽 각 지방. 뗑각처. ¶전국 ~ / 세계 ~ / ~를 떠돌아다니다.
각지²(各紙) [-찌] 뎽 각각의 신문. 또는, 여러 신문. ¶그 사건은 도하(都下) ~에 일제히 보도되었다.
각질(角質) [-찔] 뎽[생] 비늘·털·뿔·부리 등을 형성하는, 케라틴으로 이루어진 물질. 동물의 몸을 보호함.

각지(各地). ¶세계 ~에서 사람들이 모여든다.
각-추렴(各-) 뎽 각기 금품(金品)을 얼마씩 내어서 거두는 것. **각추렴-하다** 동(타여) ¶돈을 ~.
각축(角逐) 뎽 서로 이기려고 다투는 것. =추축. ¶~을 벌이다. **각축-하다** 동(자여)
각축-장(角逐場) [-짱] 뎽 각축을 벌이는 곳. ¶17세기 이후 아시아는 유럽 열강의 ~이 되었다.
각축-전(角逐戰) [-쩐] 뎽 승부를 겨루는 싸움. ¶월드컵을 놓고 세계적인 강팀들이 ~을 벌이다.
각출-물(略出物) 뎽 '침'이나 '가래'를 이르는 말.
각층(各層) 뎽 1 각각의 계층. 또는 여러 계층. ¶각계~. 2 각각의 등급.
각칙(各則) 뎽 1 여러 가지 법칙. 2 [법] 법률·명령·규칙·조약 따위에서, 다른 부분에 적용되지 않고 특정한 경우에만 적용되는 것으로 규정하고 부분. ↔총칙.
각탕(脚湯) 뎽 온몸을 담그지 않고 무릎 아랫부분만 뜨거운 물에 담그는 방식의 목욕.
각통(各通) 뎽 서류나 편지 등의 각별. ¶아버지께서 어머니와 나에게 ~의 편지를 보내셨다.
각파(各派) 뎽 유파·당파·학파 따위의 각각의 파.
각판(刻板) 뎽[인] 1 서화를 새기는 데 쓰는 널조각. 2 서화를 널조각에 새기는 것. 뗑판각(板刻). **각판-하다** 동(타여) 서화를 널조각에 새기다.
각판-본(刻版本) 뎽 =목판본.
각피(角皮) [가경] 뎽 =큐티쿨라층.
각필(閣筆·擱筆) 뎽 편지에서, 글을 마치고 붓을 놓는 것. **각필-하다** 동(자여) ¶할 말은 많지만 지면상 이만 **각필합니다**.
각하¹(却下) [가카] 뎽 1 원서나 소송 따위를 받아들이지 않고 물리치는 것. 2 [법] 민사 소송에서, 형식적인 면에서 부적법하다고 하여 공소장이나 신청을 받아들이지 않는 일. 형사 소송법에서는 '기각(棄却)'으로 통일함. **각하-하다** 동(타여) ¶소송을 ~. **각하-되다** 동(자)
각하²(閣下) [가카] 뎽 특정한 고급 관료에 대한 경칭. 우리나라에서는 대통령·장관·군장성 등에 대해 사용해 왔으나, 제3공화국 이후로 대통령에 대해서만 사용해 오다가 근래에 들어 공식적으로는 더 이상 쓰이지 않게 되었음. ¶대통령 ~(김대중 정부에서는 '대통령님'을 공식 사용).
각항(各項) [가캉] 뎽 각 항목.
각혈(喀血) [가켤] 뎽[의] 폐병 따위로 폐·기관지 점막 등에서 피를 토하는 것. =객혈(喀血)·폐출혈. **각혈-하다** 동(자여)
각형(角形) [가켱] 뎽 1 각(角)이 진 모양. 2 [수] '사각형'의 준말. 3 뿔 모양.
각호(各戶) [가코] 뎽 1 각 집. 2 각 세대(世帶). 3 호적상의 각 집.
각화(角化) [가콰] 뎽[동] 척추동물의 표피가 각질(角質)을 많이 포함하는 조직으로 변화하는 일. 2[식] 잎·줄기·열매 따위의 표피가 굳어지는 일. **각화-하다** 동(자여) **각화-되다** 동(자)
각희¹(角戱) [가키] 뎽[체] =씨름1.
각희²(脚戱) [가키] 뎽[체] =태견.
간¹ 뎽 1 소금 성분이 있는 물질. ¶~이 배다 / ~을 치다. 2 짠맛의 정도. ¶~이 맞다 /

~을 보다 / ~을 맞추다.

간²(干)[명][역] 1 신라 초기에 임금 또는 부족장을 이르던 말. 2 신라 때, 중앙 관아나 각 지방에 두었던 으뜸 벼슬.

간³(刊)[명]《연도나 출판사를 나타내는 말 뒤에 쓰여》'간행'의 뜻을 나타내는 말. 조사가 붙지 않으며 완전한 문장 속에서 쓰이지는 않는다. ¶2003년 ~ / 금성 출판사 ~ 국어 사전.

간!⁴(肝)[명][생] 사람을 비롯한 척추동물의 몸 안에 있는 내장의 하나. 횡격막의 오른쪽 아래에 있으며 붉은 갈색을 띰. 쓸개즙을 만들고, 해독 작용을 하며, 당(糖)을 저장함. = 간장(肝臟).

[간에 붙었다 쓸개에 붙었다 한다] 자기에게 이로우면 지조 없이 이편에 붙었다 저편에 붙었다 한다. **[간이라도 빼어 먹이겠다]** 아주 친한 사이가 되어 네 것 내 것을 가리지 않고 무엇이라도 다 내어 줄 것 같음을 이르는 말.

간(이) 뒤집히다 ㉠ 까닭 없이 자꾸 웃음을 나무라는 말. ¶간이 뒤집혔냐 허파에 바람이 들었나.

간(이) 떨어지다 ㉠ 순간적으로 몹시 놀라다. ¶에구머니, 간 떨어지겠네. 왜 소린 지르고 그래?

간(이) 붓다 ㉠ 어떤 사람이 분수에 넘는 행동을 하거나 겁 없이 무모한 짓을 할 때, 그의 어리석음을 간의 비정상적 상태에 빗대어 힐난조로 이르는 말. ¶이 친구 간이 부었군! 자네 월급이 얼만데 그런 고급 승용차를 산단 말인가?

간에 기별도 안 가다 ㉠ 먹은 것이 너무 적어 먹으나 마나 하다.

간을 녹이다 ㉠ 1 몹시 애타게 하다. 2 사람의 마음이 매혹되게 하다.

간이 서늘하다 ㉠ 위험하고 두려워 매우 놀라다.

간이 콩알만 해지다 ㉠ 몹시 두려워지거나 무서워지다.

간을 졸이다 ㉠ 매우 걱정되고 불안스러워 마음을 놓지 못하다.

간(이) 크다 ㉠ 어떤 일을 마땅히 꺼리거나 삼가지 않는 대담함이 있다. ¶호랑이 선생님한테 대들다니 간 큰 학생이다. ▷ 담(이) 크다. →담(膽)⁵.

간⁵(間)[명] '칸'의 잘못.

간⁶(間)[의존]《하나의 명사 또는 2개 이상 명사가 나열된 다음에 쓰여》 그 명사가 뜻하는 대상들끼리의 '사이'임을 뜻하는 말. ¶국가 ~의 관계 / 부모와 자식 ~에도 예의는 지켜야 한다. / 서울과 부산 ~을 잇는 고속도로. 2 ('-든가' '-든(지)', '-거나(건)' -거나(건)' 다음에 '-간에'의 꼴로 쓰여) 어느 경우든지 관계없이나 문제가 되지 않음을 나타내는 말. ¶좋든지 싫든지 ~에 일단 해보아라.

간⁷(間)[명][의존] 1 길이 단위의 하나. 한 간은 여섯 자 (1.81818미터)에 해당함. 경우에 따라 여덟 자 또는 열 자를 한 간으로 보기도 함. 2 넓이 단위의 하나. 건물 칸살의 넓이를 잴 때 쓰는 것으로, 한 간은 여섯 자 제곱의 넓이임. 때로 여덟 자 또는 열 자를 한 간으로 보기도 함.

간⁸(間) ㉤ 십진수수의 하나. 구(溝)의 만 배, 정(正)의 만분의 일. 곧, 10^{36}.

-간⁹(間)[접미] 1 둘 이상의 대상을 가리키는 일부 명사에 붙어, 그것을 이루는 대상들끼리의 관계로서의 '사이'임을 뜻하는 말. ¶부자 ~ / 남녀 ~ / 피차 ~ / 부부 ~의 금실. 2 시간적 길이를 나타내는 말 다음에 붙어, 그 만큼의 시간이 지속됨을 나타내는 말. ¶이틀 ~ / 며칠 ~ / 한 달 ~. 3 주로 양쪽으로 대립되는 개념을 가진 한자어에 붙어, 어느 경우든지 관계없이나 문제가 되지 않음을 나타내는 말. ¶가부 ~ / 조만 ~. 4 일부 명사나 어근적 한자어에 붙어, 그런 특성이 있거나 그런 용도로 쓰이는 구조물임을 나타내는 말. ¶헛 ~ / 뒷간 ~ / 마구 ~ / 외양 ~.

간가(間架)[명] 집의 칸살의 얽이.

간간¹(間間)[부] '간간이'의 준말.

간간²(衎衎)[어근] **간간-하다**[형][여] 1 기쁘고 즐겁다. 2 강직하고 민첩하다. **간간-히**[부]

간간-이(間間-)[부] 1 시간적인 사이를 두고 이따금씩. ¶ ~ 들려오는 기적 소리. 2 듬성듬성 사이를 두고. ¶산골짜기에 농가가 ~ 눈에 띈다. ㉤간간.

간간짭짤-하다[형][여] (음식이) 입맛에 맞게 짭짤하다. ㉤건건짭짤하다. **간간짭짤-히**[부]

간간-하다²[형][여] (음식이) 입맛에 맞게 약간 짜다. ¶나물을 좀 간간하게 무쳐라. ㉤건건하다. **간간-히²**[부]

간-거리(間-)[명] (차례에서) 일정한 사이를 거르는 것. **간거리-하다**[동][타][여]

간검(看檢)[명] 두루 살펴 검사하는 것. **간검-하다**[동][타][여]

간격(間隔)[명] 1 둘 이상의 대상이 놓이거나 벌어지거나 세워지거나 할 때, 그 대상과 대상이 서로 떨어져 있는 거리. ㉥사이·틈. ¶10cm ~으로 씨를 뿌린다 / 앞사람과의 ~을 좁히다. 2 어떤 일이 이루어지고 그다음 일이 이루어지기까지의 시간적 길이. ¶배차 ~ / 1시간 ~으로 차가 출발한다. 3 사람들 사이의 관계에서의 심리적 거리감. ¶그들은 싸운 뒤로 ~이 생겼다. 4 사물 사이의 동떨어진 관계. ¶그 일은 현실과 상당한 ~이 있다.

간결(簡潔) →**간결-하다**[형][여] (글이나 표현이나 구성 등이) 군더더기 없이 짧거나 핵심으로 이뤄진 상태에 있다. ¶간결한 문체 / 문장이 ~.

간결-미(簡潔美)[명] 번잡하지 않고 간결한 데서 찾아볼 수 있는 아름다움.

간결-성(簡潔性)[-썽][명] 간결한 특성.

간결-체(簡潔體)[명][문] 내용을 압축하여 간결하게 표현한 문체. ↔만연체.

간경(刊經)[명][불] 불경을 펴내는 것. **간경-하다**[동][타][여]

간경-도감(刊經都監)[명][역] 조선 세조 7년(1461)에 불경을 번역하기 위하여 설치했던 기관.

간!경변-증(肝硬變症)[-쯩][명][의] 간이 굳어지면서 오그라드는 병. 복수(腹水)가 생기고, 빈혈·황달·전신 쇠약 따위의 증세가 나타남.

간계(奸計)[-계/-게][명] 남을 해치려고 하는 나쁜 꾀. =간모(奸謀). ¶정적의 ~에 빠지다 / ~를 간파하다.

간고(艱苦)[어근] **간고-하다**[형][여] 1 가난하여 고생스럽다. 2 몹시 힘들고 어렵다. **간고-히**[부]

간!곡(懇曲) → **간!곡-하다**[-코카-][형][여] (하는 일이) 간절하고 정성스럽다. ¶간곡한 부탁. **간!곡-히**[부] ¶나는 그의 무모한 모험을 ~ 만류했다.

간곳-없다[-곧업따] 형 =간데없다. **간곳없-이** 부
간과¹(干戈) 명 1 전쟁에 쓰는 병기의 총칭. 2 전쟁 또는 병란을 비유하여 이르는 말.
간과²(看過) 명 (어떤 일이나 문제점을) 마땅히 주의를 기울여 살펴야 함에도 대수롭지 않게 보아 넘기는 것. **간과-하다** 통타여 ¶최근의 사회 혼란은 결코 **간과하지** 못할 상태이다. **간과-되다** 통
간:관(諫官) 명 [역] 조선 시대에, 사간원·사헌부에 속하여 임금에게 충고를 하는 직책을 맡은 벼슬아치. =간신(諫臣)·언관.
간:괘(艮卦) 명 1 8괘의 하나. 상형은 '☶'로, 산을 상징함. 2 64괘의 하나. '☶' 둘을 포갠 것으로, 아래위에 산이 거듭됨을 상징함. ⟶준괘.
간교(奸巧) 명 간사하고 교활한 것. **간교-하다** 형여 **간교-히** 부
간교-스럽다(奸巧-)[-따] 형여<~스러우니, ~스러워> 간교한 데가 있다. **간교스레** 부
간구¹(干求) 명 바라고 구하는 일. **간구-하다**¹ 통타여
간:구²(懇求) 명 간절히 구하는 일. **간구-하다**² 통타여 ¶우리를 죄에서 구해 주실 것을 간구하나이다.
간구³(艱苟) →**간구-하다**³ 형여 가난하고 구차하다. **간구-히** 부
간-국[-꾹] 명 1 짠맛이 우러난 물. =간물. 2 때와 땀이 섞여 더럽게 옷에 밴 것. ¶~이 흐르는 잠바.
간균(杆菌) 명 [의] 막대 모양 또는 타원형의 세균. 디프테리아균·백일해균·장티푸스균·결핵균·탄저균 따위. =바실루스.
간극(間隙) 명 1 사물 사이의 틈. ¶~이 생기다 / ~을 메우다. 2 사귀는 사이나 의견 등에서 생기는 틈. ¶형제간에 ~이 벌어지다.
간-기¹(一氣) 명 짠 기운.
간기²(刊記) 명 동양의 간본(刊本)에서, 출판한 때·곳·간행자 등을 적은 부분.
간나위 명 1 '간사스러운 사람'을 비속하게 일컫는 말. 2 간사스러운 짓. ¶~를 치다.
간난(艱難) 명 1 몹시 힘들고 고생이 되는 것. ¶~을 극복하다. 2 '가난'의 원말. **간난-하다** 형여 **간난-히** 부
간난-신고(艱難辛苦) 명 갖은 고초를 겪어 몹시 힘들고 괴로움. **간난신고-하다** 통자여
간:뇌(間腦)[-뇌/-눼] 명 [생] 척추동물에서, 좌우의 대뇌 반구와 중뇌 사이에 있는 대뇌 부분. 후각 이외의 모든 감각로를 대뇌 피질로 연결하는 중계소임. =사이골.
간능(幹能) 명 1 일을 잘하는 재능. 2 재간 있게 능청스러운 상태. ⟶간릉.
간:능-스럽다(幹能-)[-따] 형여<~스러우니, ~스러워> 재간 있게 능청스러운 데가 있다. **간:능스레** 부
간:-니 명 젖니가 빠진 뒤 그 자리에 나는 이. ▷영구치.
간닥-간닥[-깐-] 부 '간닥간닥'의 여린말. ⟶근덕근덕. **간닥간닥-하다** 통자타여
간닥-거리다/-대다[-꺼(때)-] 통자타 '간닥거리다'의 여린말. ⟶근덕거리다.
간닥이다 통자타 '간닥이다'의 여린말. ⟶근덕이다.
간단(簡單) →**간단-하다** 형여 1 (내용이) 기본적 요소만 있어 단순하다. ¶구조가 ~ / 소설의 줄거리를 **간단하게** 요약하다. 2 정식

간두다 ●27

으로 또는 제대로 갖추지 않아 간편하다. ¶간단한 옷차림 / 점심을 간단하게 먹고 출발합시다. 3 (일이) 예사롭고 쉽다. ¶교통 문제의 해결은 그리 간단한 문제가 아니다. **간단-히** 부 **간단-히** 용건만 - 말하시오.
간단간단(簡單簡單) →**간단간단-하다** 형여 매우 간단하다. 또는, 여럿이 모두 간단하다. **간단간단-히** 부
간단명료(簡單明瞭)[-뇨] →**간단명료-하다**[-뇨-] 형여 간단하면서도 분명하고 똑똑하다. ¶기면 기다, 아니면 아니다 **간단명료하게** 대답해라.
간:단-없다(間斷-)[-업따] 형 (어떤 현상이나 일이) 중간에 끊어지지 않고 계속되는 상태에 있다. ⟶끊임없다. ¶간단없는 노력. **간:단없-이** 부
간:담¹(肝膽) 명 간과 쓸개.
간담이 서늘하다 관 두려움이 느껴지는 상태에 있다. ¶벼락 아래를 내려다보니 ~.
간:담²(懇談) 명 정답게 서로 의견을 나누는 일. 또는, 그 이야기. **간:담-하다** 통자여
간:담-상조(肝膽相照) 명 [간과 쓸개를 서로 드러내 보인다는 뜻] 서로 마음을 터놓고 사귐. **간:담상조-하다** 통자여
간:담-회(懇談會)[-회/-훼] 명 정담게 서로 이야기하는 모임.
간당-간당 부 간당거리는 모양. ⟶건덩건덩. **간당간당-하다** 통자여
간당-거리다/-대다 통자 작은 물체가 매달려 가볍게 자꾸 흔들리다. ⟶건덩거리다.
간당-이다 통자 작은 물체가 매달려 가볍게 흔들리다. ⟶건덩이다.
간대(竿-)[-때] 명 =간짓대.
간대로 부 그다지 쉽게. ¶"따님을 내게 주실 수는 없겠습니까. 뭐, 잘이야 하겠습니까마는 ~ 고생은 아니 시킬 작정입니다."《이광수: 흙》
간댕-간댕 부 간댕거리는 모양. ⟶근뎅근뎅. **간댕간댕-하다** 통자여
간댕-거리다/-대다 통자 작은 물체가 위태롭게 매달려 흔들거리다. ¶옷에 달린 단추가 ~. ⟶근뎅거리다.
간댕-이다 통자 간댕간댕 흔들리며 움직이다. ⟶근뎅이다.
간:-덩이(肝-)[-땡-] 명 '간(肝)'을 속되게 일컫는 말.
간덩이(가) 붓다 관 '간(이) 붓다'를 더욱 비속하게 이르는 말. ¶**간덩이가 부었지**, 제가 어디라고 들어와?
간덩이(가) 크다 관 '간(이) 크다'를 더욱 비속하게 이르는 말.
간데-없다[-업따] 형 감쪽같이 자취를 감추어 어디로 갔는지 알 수가 없다. =간곳없다. **간데없-이** 부
간데온데-없다[-업따] 형 =온데간데없다.
간데-족족[-쪽] 부 가는 곳마다 모조리.
간동-간동 부 '건둥건둥'의 작은말. ⟶깐동깐동. **간동간동-하다** 형여
간동-그리다 통타 '건둥그리다'의 작은말. ⟶깐동그리다.
간동-하다 형여 '건둥하다'의 작은말. ⟶깐동하다. **간동-히** 부
간:-두다 통타 '그만두다'의 준말. ¶직장을 간두고 싶다 / 하기 싫으면 **간둬**!

간두지세(竿頭之勢) 명 〔대막대기 끝에 선 형세라는 뜻〕몹시 위태로운 형세.

간드랑-간드랑 부 간드랑거리는 모양. 큰근드렁근드렁. **간드랑간드랑-하다** 동 자여

간드랑-거리다/-대다 동 자 가늘게 붙은 물체가 연해 옆으로 가볍고 부드럽게 움직이다. ¶버들가지가 ~. 큰근드렁거리다.

간드러-지다 형 예쁘고 맵시 있게 가늘고 부드럽다. 는산드러지다. ¶그녀는 아양을 떨며 **간드러지게** 웃었다. 큰건드러지다.

간드레(←candle) 명 광산의 갱내에서 불을 켜 들고 다니는 카바이드등(燈). ▷칸델라.

간들-간들 부 간들거리는 모양. 큰건들건들·근들근들. **간들간들-하다** 동 자여

간들-거리다/-대다 동 자 1 (바람이) 부드럽게 살랑살랑 불다. ¶**간들거리는** 봄바람이 귀밑을 간질인다. 2 (사람이) 간드러진 태도로 되바라지게 행동하다. 3 (작은 물체가) 이리저리 가볍게 자꾸 흔들리다. ¶마지막 남은 잎이 금방 떨어질 듯이 **간들거렸다.** 큰건들거리다·근들거리다.

간-디스토마(肝distoma) 명 동 편형동물 흡충류에 속하는 기생충. 몸길이 10~25 mm, 납작하고 긴 나뭇잎 모양의, 사람·개·고양이 등의 간에 기생함. =간흡충.

간디스토마-증(肝distoma症) 명 의 간디스토마의 기생으로 일어나는 병. 간비대증·설사·빈혈 따위의 증세를 보임. 한의학 용어는 간토질.

간디즘(Gandhiism) 명 인도의 간디가 반영(反英) 항쟁에 내건 불복종·비협력·비폭력주의적 무저항주의.

간략(簡略)[갈-] → **간략-하다**[갈략카-] 형여 (내용이) 기본적 요소만 남아 최소한 준 상태에 있다. ¶내용이 ~. | **간략한** 행사. **간략-히** 부

간련(干連)[갈-] 명 역 (남의 범죄에) 관련되는 것. **간련-되다**[갈-] 동 자여

간류(幹流)[갈-] 명 1 =본류(本流)1. 2 사조(思潮)의 으뜸 되는 줄기. 비주류(主流).

간-막이(間-) 명 '칸막이'의 잘못.

간만(干滿) 명 지 밀물과 썰물. =만간. ¶~의 차가 심하다.

간망(懇望) 명 간절히 바라는 것. **간망-하다** 동 타여

간명(簡明) → **간명-하다** 형여 (내용이) 간결하고 분명하다. 비간명료하다. ¶**간명한** 사실 / 명쾌한 설명. **간명-히** 부

간:문-맥(肝門脈) 명 생 간(肝)과 장(腸)에 퍼져 있는 정맥. 간과 장에서 두 번 모세 혈관으로 나누어 갈라짐.

간-물 명 1 소금기가 섞인 물. 2 =간국1.

간:발(間髮) 명 1 ('간발의 차[차이]'의 꼴로 쓰여) 어떤 차이로 일이 되고 안 되고가 아슬아슬하게 판가름 날 때, 그 차이가 '극히 미미한 정도'임을 나타내는 말. ¶택시를 간히 서둘러 갔으나 ~의 차로 열차를 놓치고 말았다. 2 극히 짧은 시간. ¶~이라도 허를 보이면 비수가 날아올 참이다.

간-밤 명 지난밤.

간:방[1](艮方) 명 1 24방위의 하나. 정동(正東)과 정북(正北)의 한가운데를 중심으로 한 15도 안. 2 8방의 하나. 정동쪽과 정북쪽의 한가운데를 중심으로 한 45도 각도 안. 준간(艮).

간:방[2](間方) 명 정동·정서·정남·정북의 각 사이의 방위. ¶동남 ~ / 서북 ~.

간:벌(間伐) 명 삼림이나 수목 농장에서, 주된 나무의 성장을 돕기 위하여서 빽빽하게 자란 곳이나 불필요한 나무를 잘라 내어 적당한 간격을 두는 일. =솎아베기. ↔주벌. **간벌-하다** 동 타여

간병(看病) 명 병자나 다친 사람의 곁에서 보살피며 바라지를 해 주는 것. 비병구완·간호(看護). **간병-하다** 동 타여

간병-인(看病人) 명 환자를 보살피고 시중드는 사람. 특히, 직업적으로 종사하는 사람을 가리킴.

간:부[1](奸婦) 명 간악한 여자. ▷독부(毒婦).

간:부[2](姦夫) 명 간통한 남자. ↔간부(姦婦).

간:부[3](姦婦) 명 간통한 여자. ↔간부(姦夫).

간:부[4](幹部) 명 단체나 조직체에서, 어느 등급의 직위를 가지고 그 범위의 책임을 맡은 사람. ¶~ 사원 / ~ 회의 / 학생회 ~.

간부-후보생(幹部候補生) 명 군 장교가 되기 위해 정규 사관학교 이외의 기관에서 단기 교육 과정을 밟고 있는 사람.

간:불용발(間不容髮) 명 〔머리털 하나 들어갈 틈도 없다는 뜻〕1 사태가 매우 위급함. 2 치밀하여 빈틈이 없음.

간:빙-기(間氷期) 명 지 두 빙기(氷期) 사이에 끼어 있는, 기후가 온난한 시기. 빙하가 녹아서 고위도 지방까지 물러감. ↔빙기.

간사(奸詐) 명 자기 잇속을 차리기 위하여 교활하게 알랑거리는 것. 또는, 그 성질. ¶~를 부리다 / 어찌나 ~를 떠는지 그 여자에게 winter 넘어가는 사람이 없다.

간사[2](幹事) 명 1 일을 맡아서 주선하고 처리하는 것. 2 단체의 일을 맡아서 처리하는 직무. 또는, 그 직무에 있는 사람. ¶~장(長). **간사-하다**[1] 동 자여 일을 맡아서 주선하고 처리하다.

간사[3](奸邪) → **간사-하다**[2] 형여 성질이 간교하고 행실이 바르지 못하다. **간사-히**[1] 부

간사[4](奸詐) → **간사-하다**[3] 형여 제 잇속을 차리기 위해 알랑거리는 교활하다. ¶**간사한** 웃음을 흘리다. **간사-히**[2] 부

간사-스럽다(奸詐-)[-따] 형ㅂ <~스러우니, ~스러워> 1 간사한 데가 있다. 2 지나치게 붙임성이 있고 아양을 떠는 면이 있다. **간사스레** 부

간:사위 명 1 면밀하며 융통성 있는 솜씨. 2 자기 이익을 위하여 쓰는 교묘한 수단. ¶~가 있다 / ~가 좋다.

간살[1](奸詐) 명 간사스럽게 아양을 떠는 태도.

간살[2](間-) 명 '칸살'의 잘못.

간살-부리다 동 자 간사스럽게 아양을 부리다.

간상(奸商) 명 간사한 방법으로 부당한 이익을 보려는 장사치. ¶~ 모리배.

간상-배(奸商輩) 명 간상의 무리.

간상-세포(杆狀細胞) 명 생 척추동물의 눈의 망막에 있는 시세포(視細胞)의 하나. 명암을 식별하는 작용을 함. ▷원추 세포.

간색[1](看色) 명 1 물건의 질을 가리기 위하여 본보기로 그 일부를 보는 것. 2 여러 가지 물건을 갖추어 보이려고 눈비음으로 내놓는 물건. =감색(監色). **간색-하다** 동 타여

간:색[2](間色) 명 1 삼원색과 백(白)·흑(黑) 이외의 색, 또는, 원색을 혼합하여 만든 색. 2 화면상의 조화를 위해 밝은 부분과 어두운 부분을 부드럽게 이어 주는 색.

간색-대(看色-)[-때] 명 =색대.

간:-석기(-石器)[-끼] 명 고 돌을 갈아

서 만든, 신석기 또는 청동기 시대의 석기. 돌칼·돌도끼·돌살촉 등이 있음. =마제 석기. ▷뗀석기.
간석-지(干潟地)[-찌] [명] 밀물 때 잠기고 썰물 때 드러나는 바닷가의 평평한 땅. [비]갯벌. ▶간척지.
간선[1](看-) [명] 선을 보는 것. **간선-하다**[1] [동][타][여]
간:선[2](間選) [명][정] '간접 선거'의 준말. ↔직선. **간:선-하다**[2] [동][타][여]
간선[3](幹線) [명] 도로·철도·전신 등의 주요 구간 사이를 연결하는 선. =기선(基線). [비]본선. ¶~ 철도. ↔지선(支線).
간선^도:로(幹線道路) [명] 도로망의 원줄기를 이루는 주요 도로.
간:선-제(間選制) [명][정] 간접 선거에 의하는 제도. ¶대통령 ~. ↔직선제.
간섭(干涉) [명] **1** (남의 일을[에], 또는 어떤 사람에게) 이래라저래라 하면서 영향을 주려고 하는 것. [비]참견. ¶내정 ~ / 부모의 지나친 ~은 아이를 도리어 망친다. **2**[물] 둘 이상의 같은 종류의 파동이 한 지점에서 만났을 때, 서로 겹쳐서 파동을 강하게 하거나 약하게 하는 일. **간섭-하다** [동][자][타][여] ¶사생활을 ~.
간섭-계(干涉計)[-꼐/-께] [명][물] 빛의 간섭을 측정하는 장치.
간섭-무늬(干涉-)[-섬-니] [명][물] 빛의 간섭에 의하여 명암이 생겨 이룬 줄무늬.
간섭-색(干涉色)[-쌕] [명][물] 두 백색광이 간섭할 때, 광파의 조성이 바뀌기 때문에 나타나는 빛깔. 비눗방울에서 보는 빛깔 따위.
간성[1](干城) [명] ['방패와 성'의 뜻] 나라를 지키는 군인.
간:성[2](間性) [명][생] **1** 자웅 이체(雌雄異體) 또는 자웅 이주(雌雄異株)인 생물의 개체에 자웅 두 가지 형질이 혼합되어 나타나는 일. 또는, 그런 성질. **2** 종(種)이 다른 동물을 교배하여 얻은 동물. 노새 따위. =중성(中性).
간소(簡素) **➜간소-하다** [형][여] 간략하고 수수하다. ¶**간소한** 옷차림 / **간소하게** 차리다. **간소-히** [부]
간소-화(簡素化) [명] 복잡한 것을 간략하게 하는 것. ¶절차의 ~ / 기구의 ~. **간소화-하다** [동][타][여] ¶업무를 ~. **간소화-되다** [동][자]
간수[1] [명] (어떤 물건을 어느 곳에) 일정한 동안 두어 없어지지 않게 하는 것. [비]간직·보관. **간수-하다**[1] [동][타][여] ¶패물을 장롱 속에 ~ / 네 물건은 네가 잘 **간수해라**.
간수[2](-水) [명] 소금이 습기를 빨아들여 녹아 나오는 쓰고 짠 물. 두부를 만들 때 씀. =고염(苦鹽).
간수[3](看守) [명] **1** (어떤 대상을) 보살펴 지키는 것. **2** '교도관'의 구칭. **3** 철도 건널목에서 차단기를 올리고 내리는 일을 하면서 사고가 나지 않게 관리하는 사람. [비]건널목지기. **간수-하다**[2] [동][타][여] (어떤 대상을) 보살펴 지키다.
간:시[1](艮時) [명] 이십사시의 넷째 시. 곧, 오전 2시 반부터 3시 반까지의 동안. [준]간(艮).
간:시[2](間時) [명] 십이지(十二支)의 이름을 붙인 하루의 12시를 24시로 나누어, 한 시의 중간에 다른 이름을 붙인 시. 곧, 계(癸)·간(艮)·갑(甲)·을(乙)·손(巽)·병(丙)·정(丁)·곤(坤)·경(庚)·신(辛)·건(乾)·임(壬)의 12시.
간:식(間食) [명] 끼니 외에 먹는 음식. ¶~을 먹다 / ~으로 빵을 먹다. **간:식-하다** [동][자][여] 끼니 외의 음식이나 곁두리를 먹다.
간:식-거리(間食-)[-꺼-] [명] 간식이 될 만한 대상. ¶슈퍼에 가서 ~ 좀 사 가지고 오너라.
간신(奸臣) [명] 간사한 신하. ¶~배(輩).
간신-히(艱辛-) [부] 힘들게 겨우. ¶대학에 ~ 합격하다 / 끼니를 ~ 잇다.
간심(看審) [명] 자세히 보아 살피는 일. **간심-하다** [동][타][여]
간악(奸惡) **➜간악-하다**[-아카-] [형][여] 간사하고 악독하다. ¶**간악한** 무리 / 그 여자는 천성이 **간악하고** 시기심이 많다. **간악-히** [부]
간악-무도(奸惡無道)[-앙-] **➜간악무도-하다**[-앙-] [형][여] 간악하고 무지막지하다. ¶**간악무도한** 인신매매범.
간악-스럽다(奸惡-)[-쓰-따] [형][ㅂ]<~스러우니, ~스러워> 간악한 데가 있다. **간악스레** [부]
간:암(肝癌) [명][의] 간에 생기는 암.
간:언[1](間言) [명] 두 사람 사이를 이간하는 말. ¶~을 놓다.
간:언[2](諫言) [명] 웃어른이나 임금에게 옳지 못하거나 잘못된 일을 고치도록 하는 말. **간:언-하다** [동][타][여]
간여(干與) [명] (어떤 일에) 끼어들어 참견하는 것. =간예(干預). ▷관여. **간여-하다** [동][자][여] ¶내가 알아서 할 테니 더 이상 내 일에 **간여하지** 마라.
간:연(間然) [명] 결점을 지적하여 비난하는 것. 또는, 남의 실수를 들추는 것. **간:연-하다** [동][타][여]
간:열(簡閱) [명] 낱낱이 가려서 조사하는 것. ¶~ 소집 / ~ 점호(點呼). **간:열-하다** [동][타][여]
간:염(肝炎) [명][의] 간에 염증이 생기는 질환의 총칭. 황달·구토·식욕 부진 등의 증세를 보임. ¶~ 백신 / B형 ~.
간:염^바이러스(肝炎virus) [명][의] 바이러스성 간염을 일으키는 병원체. A형·B형·비(非)A 비(非)B형의 세 가지가 있음.
간예(干預) [명] =간여(干與). **간예-하다** [동][자][여]
간웅(奸雄) [명] 간사한 꾀가 있는 영웅.
간:원(懇願) [명] 간절히 원하는 것. **간:원-하다** [동][타][여]
간:유(肝油) [명][약] 대구·연어 등의 신선한 간에서 얻은 지방유. 노란색이고 투명하며, 비타민 A·D를 다량으로 함유함. 야맹증과 발육기 등의 영양 보급에 사용함. =어간유(魚肝油).
간:-유리(-琉璃)[-뉴-] [명] 한쪽 면을 갈아서 물건이 비쳐 보이지 않게 만든 유리.
간:음(姦淫) [명] 배우자가 아닌 남자나 여자와 성교하는 일. 법률적으로는 강간도 포함됨. **간:음-하다** [동][자][여] ¶**간음하지** 말라, 살인하지 말라, 도적질하지 말라, ….《신약 로마서》
간:의(簡儀)[-의/-이] [명][역] 조선 세종 14년(1432)에 이천(李蕆)·장영실(蔣英實) 등이 만든, 천체의 운행과 현상을 관측하던 기계.
간:이(簡易) [명]《일부 명사 앞에 쓰여》사물의 내용이나 형식을 정식의 것보다 줄이거나 간단하게 하여 이용하기에 쉽거나 편리

간이-매점(簡易賣店) 명 간단한 설비만을 갖추고 일용품·식료품·담배 등을 파는 작은 매점.

간이-역(簡易驛) 명 열차 운행상 필요한 철도역의 하나. 역장·운전 취급자 등이 배치되지 않고 정차만 하는 역.

간이-침대(簡易寢臺) 명 간단한 구조의 침대.

간인(間印) 명 한데 묶은 서류의 종잇장 사이에 걸쳐 도장을 찍는 일. 또는, 그 도장. ▷계인(契印). 간인-하다 통(자)

간-잎(肝-)[-닢] 명 우엽(右葉)·좌엽(左葉)의 둘로 나뉜 간의 그 한쪽 부분. 모양이 나뭇잎 같음. =간엽(肝葉).

간!작(間作) 명[농] =사이짓기. 간!작-하다 통(타)연

간잔지런-하다 형여 1 졸리거나 술에 취하거나 하여 눈시울이 맞닿을 듯이 가느스름하다. 2 매우 가지런하다. ¶산 밑에 늘어선 집들이 ~. 간잔지런-히 부

간잡이-그림(間-)[-짜-] 명 건물을 설계한 그림. (비)설계도.

간장¹(-醬) 명 음식의 간을 맞추는 데 쓰는, 짜고 특유한 맛이 있는 검붉은 액체. 메주를 소금물에 담가 우려낸 뒤 그 물을 솥에 붓고 달여서 만듦. =장유(醬油) ¶~을 달이다 /~을 치다. 준장.

간장²(肝腸) 명 1 간과 창자. 2 ('녹다'·'타다' 등 일부 동사와 함께 쓰여) '애' 또는 '마음'을 뜻하는 말.

간장을 녹이다 관 1 감언이설·아양 등으로 상대방의 환심을 사다. ¶그녀의 눈웃음이 사내들의 간장을 녹인다. 2 몹시 애타게 하다. ¶아들 잃은 슬픔이 어미의 간장을 녹인다.

간장을 태우다 관 애를 태우다.

간!장³(肝臟) 명[생] =간(肝)⁴.

간!장-약(肝臟藥)[-냑] 명[약] 간의 기능을 돕는 약.

간장-쪽박(-醬)[-빡] 명 간장을 떠낼 때 쓰는 쪽박. 준장쪽박. ×간장쪽박.

간쟁(諫爭·諫諍) 명 어른이나 임금에게 옳지 못하거나 잘못된 일을 고치도록 간절히 말하는 것. 간!쟁-하다 통(자)여

간!절(懇切) →간!절-하다 형여 1 (태도가) 정성스럽고 간곡하다. ¶그의 간절한 부탁을 차마 거절하기가 어려웠다. 2 (바람이나 욕망 등이) 강하고 절실하다. ¶술 생각이 ~. 간!절-히 부 ¶하느님께 ~ 기도드리다.

간접(間接) 명 어떤 일이 중간에 다른 것이 끼어 그것을 통하여 이루어진 상태. ¶~살인 / ~ 효과. ↔직접.

간접^경험(間接經驗)[-경-] 명 직접 사물에 부닥치어 체험하지 않고, 언어나 문자 따위의 중간 매개를 통하여 얻는 경험. ↔직접 경험.

간접^높임말(間接-)[-점-] 명[언] 높임을 받는 대상과 관계있는 인물이나 소유물 등을 높이는 말. '진지', '계씨(季氏)' 따위. ▷직접 높임말.

간접^목적어(間接目的語)[-점-쩍-] 명[언] 목적어의 하나. 'A에게 B를 주다'라고 할 때, 'A에게'에 해당하는 것. ▷직접 목적어.

간접^무!역(間接貿易)[-점-] 명[경] 제3국을 통하거나 또는 외국인이나 외국 상사를 통하여 하는 무역.

간접^민주주의(間接民主主義)[-점-의/-점-이] 명[정] 국민이 선출한 대표들이 국가의 의사를 결정하는 민주주의. ↔직접 민주주의.

간접-비(間接費)[-삐] 명[경] 여러 가지 종류의 제품에 공통적으로 소요되는 비용. 원가 계산에서는 각 제품에 배부(配賦)됨. ↔직접비.

간접^사!실(間接事實)[-싸-] 명[법] 소송에서, 권리의 발생·소멸에 직접적으로 필요한 사실 또는 범죄의 구성 요건에 해당하는 사실과 같은 주요 사실의 유무(有無)를 확정할 때 도움이 되는 사실. =징빙(徵憑).

간접^선!거(間接選擧)[-썬-] 명[정] 일반 유권자에 의해 선출된 선거인이 투표로 당선자를 결정하는 제도. 미국의 대통령 선거 따위. ↔간선. 직접 선거.

간접-세(間接稅)[-쎄] 명[법] 세금을 내는 사람과 실제로 부담하는 사람이 일치하지 않는 조세. 특별 소비세·부가 가치세·주세 따위. ↔직접세.

간접-적(間接的)[-쩍] 관명 간접으로 하는 (것). ¶정보를 ~으로 입수하다. ↔직접적.

간접^전염(間接傳染)[-쩐-] 명[의] 공기나 물 등을 통하여 전염하는 일.

간접^조!명(間接照明)[-쪼-] 명 광원(光源)에서 나오는 빛을 일단 벽이나 천장으로 비추고 그 반사광만을 이용하는 조명. ↔직접 조명.

간접^프리^킥(間接free kick)[체] 축구에서, 프리 킥한 공이 찬 선수 이외의 선수에게 닿은 후가 아니면 골인이 되어도 인정되지 않는 프리 킥.

간접^화법(間接話法)[-쩌퐈뻡] 명[언] 남의 말을 옮길 때 말하는 사람의 입장에서 인칭(人稱)이나 시제(時制) 따위를 고쳐서 말하는 화법. ↔직접 화법.

간접^흡연(間接吸煙)[-쩌픔-] 명 비흡연자가 흡연자의 담배 연기를 들이마시게 되는 것.

간정 명 소란하던 것이 가라앉아 조용해짐. 간정-되다 통(자)

간!-정맥(肝靜脈) 명[생] 척추동물의 간에 들어온 혈액을 심장으로 보내는 정맥.

간조(干潮) 명[지] 하루에 두 번 조수가 빠져 수면이 가장 낮아진 상태. =간물때·저조(低潮). ↔만조(滿潮).

간종-간종 부 자꾸 간종그리는 모양. 圖건중건중.

간종-그리다 통(타) 흐트러진 일이나 물건을 가닥가닥 골라서 가지런하게 하다. =간종이다. ¶퇴근 시간이 가까워지자 그는 서류 더미를 간종그렸다. 圖건중그리다.

간종-이다 통(타) =간종그리다. 圖건중이다.

간주(看做) 통(타) (대상을 어떤 부류나 범위에 속한 것 또는 어떤 성질을 띤 것으로) 생각하거나 판단하는 것. 간주-하다 통(타)여 ¶결시자(缺試者)는 불합격으로 간주함. 간주-되다 통(자)

간!주²(間奏) 명[음] 1 한 곡 도중에 어떤 기분을 나타내기 위해 기악곡을 삽입하는 것. 2 =간주곡2.

간!주-곡(間奏曲) 명[음] 1 극이나 오페라의 막간에 연주되는 소곡(小曲). 또는, 그 곡과 비슷한 분위기를 가지는 독립된 소곡. =인

테르메조. 2 악곡이나 오페라, 시의 낭독 사이에 삽입하여 연주하는 기악곡의 소품. = 간주.
간증(干證)[명][기] 기독교인이 특별한 신앙적 체험을 공개하여 밝히는 것. ¶신앙 ~. **간증-하다**[동][여] **간증-되다**[동][자]
간지¹(干支)[명] 천간(天干)과 지지(地支). 곧, 갑(甲)·을(乙)·병(丙)·정(丁)·무(戊)·기(己)·경(庚)·신(辛)·임(壬)·계(癸)의 10간(干)과, 자(子)·축(丑)·인(寅)·묘(卯)·진(辰)·사(巳)·오(午)·미(未)·신(申)·유(酉)·술(戌)·해(亥)의 12지(支). 또는, 그 간(干)의 어느 것과 지(支)의 어느 것을 조합한 것.
간지²(奸智)[명] 간사한 지혜.
간지³(間紙)[명] 1 [인] 건조가 잘 안 된 인쇄면이 다른 지면에 붙지 않게 하기 위하여 사이에 끼우는 얇은 종이. 2 신문에 끼워 넣는, 별도의 낱장으로 된 인쇄물.
간-지다[형] 1 붙은 데가 가늘어 끊어질 듯하다. ¶가는 덩굴에 늙은 호박이 **간지게** 매달려 있다. 2 간드러진 멋이 있다. ¶간지게 넘어가는 가락.
간지럼[명] (주로, '타다', '태우다'와 함께 쓰여) 몸의 예민한 곳을 뭔가로 살살 자극했을 때 간지러워 웃음이 나오면서 몸이 움츠러드는 느낌. ¶~을 타다 / ~을 태우다.
간지럽다[-따][형]〈간지러우니, 간지러워〉1 무엇이 살갗에 살살 닿을 때처럼 스멀거리는 느낌이 있다. 또는, 그 느낌 때문에 웃음이 나오려고 하거나 몸이 움츠러져 견디기 어렵다. ¶봄바람이 살랑살랑 얼굴을 **간지럽게** 스친다. 2 (주로, '얼굴', '낯' 등과 함께 쓰여) 어색하거나 부끄럽다. ¶난 낯이 **간지러워** 그런 거짓말은 못 해요. 3 (느낌이) 미묘하고 야릇하다. ¶방 안에서 여자의 **간지러운** 교성이 흘러나왔다. 4 놀리거나 움직여서 무엇을 하고 싶어 안타깝다. ¶왜 날 때리고 싶어 주먹이 **간지럽니**? ㉰근지럽다.
간지럽-히다[타] '간질이다'의 잘못.
간지르다[타] '간질이다'의 잘못.
간'지-석(間指石)[건] =견칫돌.
간직[명] 1 (어떤 물건을) 오랫동안 잃어버리지 않고 가지는 것. 2 (마음속에 생각이나 기억을) 오랫동안 잊지 않고 가지는 것. **간직-하다**[타][여] ¶아버지의 유품이니 손 안 닿는 곳에 소중히 **간직하여라**. **간직-되다**[동][자]
간'질(癎疾)[명][의] 경련·의식 장애 등의 발작을 계속 되풀이하는 질환. 갑자기 의식을 잃고 쓰러져, 경직되고 손발의 경련을 일으키는 등 증상이 다양하다. 한의학에서는 간풍(癎風). =간기(癎氣)·간질병·지랄병.
간질-간질[부] 간질거리는 모양. ㉰근질근질. **간질간질-하다**[형][여]
간질-거리다/-대다[동] ①[자] 간지러운 느낌이 자꾸 나다. ㉰근질거리다. ②[타] 자꾸 간질이다.
간질-병(癎疾病)[-뼝][명][의] =간질.
간질-이다[동][타] 간지럽게 하다. ¶겨드랑이를 ~ / 꽃향기가 코끝을 ~. ×간지럽히다·간지르다.
간짓-대[-지때/-짇때][명] 긴 대로 만든 장대. =간대.
간'찰(簡札)[명] 1 간지(簡紙)에 쓴 편지. 2 '편지'를 예스럽게 이르는 말.
간책(奸策)[명] 간사한 계책. ㉯간계(奸計).

간'책²(簡策/簡冊)[명] 옛날에 종이 대신 글씨를 쓰던 대쪽. 또는, 그것으로 엮은 책. ㉯죽간(竹簡).
간척(干拓)[명][지] 호수나 바닷가에 제방을 만들고 그 안의 물을 빼내어 육지나 경지를 만드는 것. ¶서해안 ~ 사업. **간척-하다**[동][타][여]
간척-지(干拓地)[-찌][명] 바다나 호수 등을 둘러막고 물을 뺀 뒤 농경지·산업 부지 등으로 만든 땅. ¶서산 ~ / 영종도 ~.

혼동어	간척지 / 간석지

'간척지'는 해안이나 호수 일부에 둑을 쌓고 물을 뺀, 인공 개발의 땅을 가리키는 데 반해, '간석지'는 바닷가의 갯벌로 자연 상태의 땅을 가리킴.

간'첩(間諜)[명] 국가나 단체의 비밀을 몰래 탐지·수집하여 대립 관계에 있는 국가나 단체에 제공하는 사람. =간자(間者)·세인(細人)·스파이. ㉯밀정(密偵)·첩자. ¶~ 행위 / ~ 신고 / 자수 / ~을 침투시키다.
간'첩-선(間諜船)[-썬][명] 간첩 침투나 정보 수집과 같은 간첩 활동을 하는 배.
간'청(懇請)[명] 간절히 청하는 것. 또는, 그 청. ¶친구의 ~에 못 이겨 그의 부탁을 들어주었다. **간청-하다**[동][타][여]
간체-자(簡體字)[명] 중국에서 문자 개혁에 따라 복잡한 자형을 간단하게 고친 한자. '機'를 '机', '雲'을 '云'으로 쓰는 따위.
간추(看秋)[명][농] 병작(竝作)을 할 때, 지주가 소작인의 추수하는 상황을 살펴보는 것. **간추-하다**[동][자][여]
간-추리다[타] 1 (내용을) 중요한 점만 골라서 알기 쉽게 줄이다. ¶이 글의 요점을 **간추려** 보아라. 2 흐트러진 것을 가지런히 바로잡다. ¶서류를 ~.
간'충-직(間充織)[명][생] 척추동물의 발생 과정에서 형성되는, 기관과 기관 사이를 메우는 조직.
간취(看取)[명] (사정이나 마음 등을) 살펴서 알아차리는 것. **간취-하다**[동][타][여] ¶상대의 꿍꿍이셈을 ~. **간취-되다**[동][자]
간'택(揀擇)[명] 1 분간하여 선택하는 것. 2 [역] 임금·왕자·왕녀의 배우자를 고르는 일. **간택-하다**[동][타][여] ¶세자빈을 ~. **간택-되다**[동][자]
간'택-령(揀擇令)[-탱녕][명][역] 조선 시대에, 임금·왕자·왕녀의 배우자를 고른다는 명령.
간'통(姦通)[명] (어떤 사람이 남의 배우자)와 성 관계를 맺는 것. **간'통-하다**[동][자][여]
간'통-죄(姦通罪)[-쬐/-쮀][명][법] 간통에 의하여 성립하는 죄. 배우자의 고소에 의하여 성립되는 친고죄(親告罪)의 하나임.
간'투-사(間投詞)[명][언] =감탄사.
간특(奸慝) →**간특-하다**[-트카-][형][여] 간사하고 악하다. **간특-히**[부]
간파(看破)[명] (상대의 마음속을) 꿰뚫어 보고 알아차리는 것. **간파-하다**[동][타][여] ¶흉계를 ~. **간파-되다**[동][자]
간판(看板)[명] 1 상점·기업체·기관 등에서, 그 이름·판매 상품 따위를 써서 사람들의 눈에 잘 띄도록 걸거나 붙이는 표지(標識). ¶~ 식당 / ~을 내걸다. 2 특히, 영화 따위를 소개하는 대형의 그림. 3 대표로 내세울 만한 사람이나 물건. ¶~스타. 4 〈속〉외모, 특히 얼굴의 생김새. 5 〈속〉내세울 만한 학벌.

¶~을 따기 위해 대학을 가다.
간판-선수(看板選手) 몡 어느 팀에서 대표로 내세울 만한 선수.
간판-스타(看板star) 몡 어떤 분야를 대표할 만한 최고 수준의 기량을 갖춘 사람. ¶한국 축구계의 ~.
간판-장이(看板-) 몡 간판을 그리거나 만드는 일을 하는 사람을 얕잡아 이르는 말.
간판-주의(看板主義) [-의/-이] 몡 사람의 실제 능력보다 출신 배경을 중요시하는 사고방식.
간편(簡便) →간편-하다 웽 간단하고 편리하다. ¶들고 다니기에 **간편한** 물건. **간편-히** 閅
간평(看坪) 몡〖농〗지주가 도조(賭租)를 매기기 위하여 추수하기 전에 실지로 농작물의 잘되고 못된 정도를 살펴보는 것. =검견(檢見). ▷간추(看秋). **간평-하다** 통(타)
간-하다¹ 통(타) 1 음식에 맛을 내기 위해 간을 치다. 2 생선·채소 따위를 소금에 절이다. ¶생선을 **간하여** 저장하다.
간²-하다(諫-) 통(타) (어른이나 임금에게 옳지 못하거나 잘못된 일을) 고치도록 말하다. ¶임금에게 실정을 ~.
간-해 '지난해'의 잘못.
간행(刊行) 몡 (서적 따위를) 인쇄하여 세상에 널리 펴는 것. =인행(印行). 비출판(出版). **간행-하다** 통(타) ¶시집을 ~. **간행-되다** 통(자) ¶이 책은 정부에 의해 **간행된** 것이다.
간행-물(刊行物) 몡 간행한 출판물.
간행-본(刊行本) 몡 간행한 책. 쥰간본.
간¦헐(間歇) 몡 일정한 시간을 두고 되풀이하여 일어났다 쉬었다 하는 것. ¶~은천.
간¦헐-적(間歇的) [-쩍] 관·몡 일정한 시간 간격을 두고 반복되는 (것). ¶멀리서 포성이 둥둥하고 ~으로 들려왔다.
간¦헐-천(間歇泉) 몡〖지〗일정한 간격을 두고 주기적으로 분출하는 온천. =간헐 온천.
간협(奸俠) 몡 간악한 불량배.
간호(看護) 몡 (환자나 부상자를) 보살펴 돌보는 것. ¶병/부상자의 ~를 맡다. **간호-하다** 통(타) ¶밤새껏 환자를 ~.
간호-보조원(看護補助員) 몡 '간호조무사'의 구칭.
간호-부(看護婦) 몡 예전에, 여자 간호사를 이르던 말.
간호-사(看護師) 몡 법정 자격을 가지고 의사의 진료를 돕고 환자를 간호하는 사람. 구칭은 간호원.
간호-원(看護員) 몡 '간호사'의 구칭.
간호-조무사(看護助務士) 몡 간호 및 진료 업무를 보조하는 사람. 구칭은 간호보조원.
간¦혹(間或) 閅 어쩌다가 간간이. =혹간. ¶함께 살다 보면 ~ 싸울 때도 있는 법이다.
간화-선(看話禪)〖불〗화두(話頭)를 근거로 하여 수행하는 방법의 참선. 모든 의심을 한곳에 집중하여 마음이 흩어지지 않도록 하는 것이 수행의 핵심임. =공안선. ↔묵조선.
간휼(奸譎) →간휼-하다 웽 간악하고 음흉하다.
간흉¹(奸凶) 몡 간사하고 흉악한 사람.
간흉²(奸凶) →간흉-하다 웽 간사하고 흉악하다.
간-힘 몡 숨 쉬는 것도 억지로 참으면서 고통을 이겨 내려고 애쓰는 힘. ¶~을 쓰다.

간힘(을) 주다 귄 간힘을 아랫배에 내리밀다.
갇히다[가치-] 통(자) '가두다'의 피동사. ¶새장 속에 **갇힌** 새/감옥에 **갇힌** 죄수.
갈¹[-] 몡 '가을'의 준말. ¶산에는 꽃 피네 꽃이 피네 ~ 봄 여름 없이 꽃이 피네.《김소월:산유화》
갈¦² 몡〖식〗'가래'의 준말.
갈¹-가리 閅 '가리가리'의 준말. ¶종이를 ~ 찢어 버리다.
갈개-꾼 몡 1 닥나무의 껍질을 벗기는 사람. 2 남의 일을 훼방하는 사람.
갈개-발 몡 1 연의 아래 양쪽 귀퉁이에 붙이는 긴 종잇조각. 2 권세 있는 집안에 붙어서 덩달아 세도를 부리는 사람을 조롱하여 이르는 말.
갈강갈강-하다 웽 몸이 말랐으나 굳세고 단단한 느낌을 주는 상태에 있다. ¶중키에 **갈강갈강하게** 생긴 여자.
갈건-야복(葛巾野服)[-냐-] 몡 '갈포(葛布)로 만든 두건과 베옷'이라는 뜻 처사(處士)나 은사(隱士)의 거칠고 소박한 옷차림.
갈¦-걸이[-거지] 몡〖농〗'가을걷이'의 준말.
갈¦걸이-하다 통(자)(타)(여) ¶**갈걷이하는** 바쁜 손길.
갈겨니 몡〖동〗잉엇과의 민물고기. 몸길이 20cm 정도. 피라미와 비슷하나 몸의 양옆에 암청색의 가로띠가 있어서 구별됨. 몸빛은 황색인데, 산란기에는 붉은 혼인색이 나타남.
갈겨-쓰다 통(타) 〈~쓰니, ~써〉 (글씨를) 아무렇게나 마구 쓰다. ¶한자를 **갈겨써서** 무슨 자인지 알아보기 힘들다.
갈고(羯鼓) 몡〖음〗아악기(雅樂器)의 하나. 장구와 비슷하나, 양쪽 마구리를 말가죽으로 메우고, 두 개의 채로 치는 타악기.
갈고-닦다[-닥따] 통(타) 학문이나 재주 등을 힘써 배우고 익히다. ¶그동안 **갈고닦은** 실력을 유감없이 발휘하다.
갈고리-쇠[-쇠/-쉐] 몡 1 둥글게 꼬부라지되 끝이 뾰족한 쇠. 2 성질이 괴팍스럽게 꼬부장한 사람을 비유하여 이르는 말.
갈고리-이 몡 =갈고리.
갈고리 몡 1 무엇을 걸거나 달 수 있도록, 둥글게 꼬부라지되 끝이 뾰족하게 만든 물건. 주로 쇠로 만듦. ¶정육점의 ~에 매달려 있는 고깃덩어리. 2 긴 나무 자루에 둥그스름하게 구부러지되 끝이 뾰족한 쇠를 박은 물건. 주로 물건을 찍어 올리는 도구로 사용됨. =갈고랑이.
갈고리-눈 몡 위로 쩨진 눈.
갈고리-달 몡 초승달이나 그믐달처럼 몹시 이지러진 달. ¶낫 모양의 ~.
갈고리-못[-몯] 몡 1 대가리가 'ㄱ' 자 모양으로 꼬부라진 못. =곡정(曲釘). 2 양 끝이 뾰족한 'U' 자형 못.
갈고리-촌충(-寸蟲) 몡〖동〗'유구조충(有鉤條蟲)'의 구용어.
갈고리-표(-標) 몡〖인〗'§'의 이름. 문장의 한 편을 여러 단락으로 나눌 때, 새 단락의 첫머리에 쓰임.
갈구(渴求) 몡 몹시 애타게 구하는 것. **갈구-하다** 통(타)(여) ¶자유를 ~/사랑을 ~.
갈그랑-갈그랑 閅 갈그랑거리는 소리. 또는, 그 모양. ¶노인은 목구멍에서 ~ 가래 끓는 소리를 냈다. 쥰갈강갈강. ⓗ글그렁글그렁.

갈그랑갈그랑-하다 통(자)(여)
갈그랑-거리다/-대다 통(자) 목구멍에서 거칠게 가르랑거리다. 준)갈강거리다. 큰)글그렁거리다.
갈근(葛根) 명 (한) '칡뿌리'를 한의학에서 이르는 말. 발한(發汗)·해열제로 쓰임. =건갈(乾葛). ¶~탕.
갈근-갈근 부 갈근거리는 모양. 큰)걸근걸근.
갈근갈근-하다 통(자)(여)
갈근-거리다/-대다 통(자) 1 음식이나 재물을 얻어먹거나 얻으려고 자꾸 구차스럽게 굴다. 2 목구멍에 가래 따위가 걸려 간지럽게 가치작거리다. 큰)걸근걸근.
갈급(渴急) ➡갈급-하다 [-그파-] 형(여) 목이 마른 듯이 몹시 조급하다. ¶**갈급한** 영혼.
갈급-히 부
갈급-증(渴急症) [-쯩] 명 몹시 조급해하는 마음. 준)갈증.
갈:기 명 말·사자 따위의 목덜미에 난 긴 털.
갈기-갈기 부 여러 가닥으로 여지없이 찢어진 모양. ¶~ 찢어진 옷.
갈기다 통(타) 1 (무엇으로 무엇을) 힘 있게 또는 모질게 때리다. ¶손으로 따귀를 ~. 2 (총이나 포를) 냅다 쏘다. ¶적을 향해 기관총을 냅다 **갈겼다**. 3 (글씨를) 아무렇게나 흘려 쓰다. ¶글씨를 알아볼 수 없게 **갈겨** 놓았다. 4 (똥·오줌 따위를) 함부로 싸다. ¶길가에 오줌을 ~. 5 (날카로운 연장으로 결가지 따위를) 단번에 베어 떨어뜨리다. ¶잔가지를 낫으로 ~.
갈-까마귀 명(동) 까마귓과의 새. 까마귀보다 약간 작으며, 몸빛은 검은데 목의 둘레와 배가 흼. 늦가을부터 봄까지 떼를 지어 날아다니며 곡식을 해침.
갈-꽃 [-꼳] 명 '갈대꽃'의 준말.
갈:-나무 [-라-] 명(식) '떡갈나무'의 준말.
갈다[1] 통(타) 〈가니, 가오〉 1 (사람이나 동물이 사용되던 사물을 새로운 것으로 대신하여 그 자리에 있게 하다. ¶부속품을 새것으로 ~ / 이름을 ~ / 동물이 털을 ~. 2 (어떤 직책이나 역할의 사람을) 물러나거나 그만두게 하고 다른 사람으로 대신 있게 하다. (비)바꾸다. ¶대통령은 실책에 대한 책임을 물어 장관을 **갈았다**.
갈:다[2] [갈:고/갈아] 통(타) 〈가니, 가오〉 1 (날이 있는 물체나 보석 따위를 단단한 물체에) 날을 세우거나 매끄럽게 하거나 광채를 내기 위하여 문지르다. ¶칼을 ~ / 낫을 숫돌에 ~ / 옥을 ~. 2 (물건을 어떤 장치에) 넣거나 대고 문지르거나 마찰하거나 하여 잘게 부수거나 으깨다. ¶맷돌에 콩을 ~ / 강판에 무를 ~. 3 (먹을 벼루에) 문질러 물에 풀리게 하다. ¶어머니는 도마에 떡을 올리고 석봉은 벼루에 먹을 **갈았다**. 4 (윗니와 아랫니를) 소리가 나도록 맞대고 문지르다. ¶자면서 이를 ~.
갈:다[3] [갈:고/갈아] 통(타) 〈가니, 가오〉 1 (쟁기·경운기 따위로 논밭을) 땅을 파 뒤집다. ¶밭을 ~. 2 씨앗을 뿌려 심다. ¶밭에 무를 ~.
갈-대 [-때] 명(식) 볏과의 여러해살이풀. 줄기는 곧고 단단하며, 속이 비었음. 가을에 흰 털이 많은 회백색의 잔 꽃이 핌. 줄기는 발·삿자리 등으로 쓰이며, 뿌리는 약용, 애순은 식용됨. 습지나 물가에 남. =갈.
갈대-꽃 [-때꼳] 명(식) 갈대의 꽃. 준)갈꽃.
갈대-발 [-때-] 명 가는 갈대의 줄기를 질긴

실이나 노로 엮어서 만든 발. =노렴.
갈대-밭 [-때밭] 명 갈대가 우거진 곳. 준)갈밭.
갈대-숲 [-때숩] 명 갈대가 우거진 숲.
갈대-청 [-때-] 명 갈대의 줄기 속에 붙어 있는 얇고 흰 막(膜). 준)갈청.
갈댓-잎 [-때닙/-땐닙] 명 갈대의 잎. 준)갈잎.
갈데-없다 [-떼업따] 형 오직 그렇게만 되고 다르게 될 수 없다. ¶추접분한 꼬락서니가 깡통만 들면 **갈데없는** 거지다. **갈데없-이** 부
갈도(喝道) [-또] 명(역) 높은 벼슬아치가 다닐 때, 길을 인도하는 하인이 앞에 서서 소리를 질러 행인들을 비키게 하는 일. **갈도-하다** 통(자)(여)
갈등(葛藤) [-뜽] 명 ('칡과 등나무'라는 뜻) 1 개인이나 집단 사이에 목표나 이해관계가 달라 서로 적대시하거나 불화를 일으키는 상태. ¶노사간의 ~ / 고부간의 ~이 심화되다. 2 마음속에 두 가지 이상의 욕구 등이 동시에 일어나 갈피를 못 잡고 괴로워하는 상태. ¶내면적 ~ / 이상과 현실 사이에서 ~을 겪다. 3 [문] 소설에나 극에서, 등장인물 사이의 대립이나 등장인물과 운명·환경 사이의 충돌. 또는, 한 인물의 내면적인 욕구의 대립.
갈라-내다 통(타) 합쳐 있는 것을 각각 따로 떼어 내다. ¶사과 상자에서 썩은 사과와 성한 사과를 ~.
갈라-놓다 [-노타] 통(타) 1 사이가 멀어지게 하다. ¶두 사람 사이를 ~. 2 각각 떼어 둘 이상으로 구분하다.
갈라디아-서 (←Galatia書) 명(성) 신약 성서 중의 한 권.
갈라-땋다 [-따타] 통(타) 머리채 등을 가닥을 내어 땋다. ¶머리를 두 갈래로 ~.
갈라-붙이다 [-부치-] 통(타) 둘 또는 그 이상으로 갈라서 이쪽저쪽에 각각 붙이다. ¶아낙네는 머리를 곱게 빗어 **갈라붙이고** 쪽을 쪘다.
갈라-서다 통(자) 1 맺었던 관계를 끊고 따로따로 되다. ¶한 단체가 두 편으로 ~. 2 (부부가) 이혼하다. ¶그들 부부는 성격 차이로 끝내 **갈라섰다**.
갈라-지다 통(자) 1 (사물이) 쪼개지거나 금이 가 벌어지다. ¶박이 두 쪽으로 ~ / 심한 가뭄으로 논바닥이 ~. 2 무리를 이룬 것이 둘 또는 그 이상으로 나뉘어지나 흩어지다. ¶지도부의 내분으로 당이 둘로 ~.
갈락토오스 (galactose) 명(화) 단당류의 하나. 하얀 분말로, 물에 잘 녹음. 락토오스를 가수 분해하여 만들며, 단맛이 약함.
갈래 명 [1](자립) 하나에서 둘 이상으로 갈라져 나간 낱낱의 부분이나 가닥. ¶문학의 ~는 크게 시·소설·극·수필로 나눌 수 있다. [2](의존) 갈라진 낱낱을 세는 말. ¶여러 ~ / 길은 두 ~밖에 없다.
갈래-갈래 부 여러 갈래로 갈라지거나 찢어진 모양. ¶~ 해진 옷.
갈래-꽃 [-꼳] 명(식) 꽃잎이 기부(基部)에서부터 서로 떨어져 있는 꽃. 매화·벚꽃 따위. =이판화(離瓣花). ↔통꽃.
갈래-머리 양쪽으로 갈라땋거나 묶어 늘어뜨린 여자 머리. ¶~ 여고생.
갈려-가기 명(음) 두 개의 성부(聲部)가 반대 방향으로 갈려서 가는 일. =반진행(反進

行).

갈륨(gallium) [명][화] 청백색의 무른 금속 원소. 원소 기호 Ga, 원자 번호 31, 원자량 69.72. 반도체 재료·저융점 합금 등에 쓰임.

갈리다[1] [동][자] 목이 잠겨 쉰 소리가 나다. ¶**갈린** 목소리.

갈리다[2] [동][자] '가르다'의 피동사. ¶길이 동서로 ~ / 청군과 백군으로 ~.

갈-리다[3] [동] [1][자] '갈다[1]'의 피동사. ¶담임선생님이 ~ / 새 정부가 들어서면서 각료가 모두 **갈렸다**. [2][타] '갈다[1]'의 사동사.

갈-리다[4] [동] [1][자] '갈다[2]'의 피동사. [2][타] '갈다[2]'의 사동사.

갈-리다[5] [동] [1][자] '갈다[3]'의 피동사. [2][타] '갈다[3]'의 사동사. ¶머슴에게 밭을 ~.

갈림-길[-낄] [명] **1** 여러 갈래로 갈린 길. **2** 미래의 향방이 상반되게 갈라지는 지점을 비유적으로 이르는 말. =기로(岐路). ¶생사의 ~에서 헤매다 / 인생의 ~에 서다.

갈림-목 [명] 여러 갈래로 갈라지는 길목.

갈마-들다 [동][자] 〈~드니, ~드오〉 서로 번갈아들다. ¶사회에 첫발을 내디디면서 그의 마음속에는 희망과 불안이 **갈마들었다**.

갈마-바람 [명] =늦하늬바람.

갈마-쥐다 [동][타] **1** 한 손에 쥔 것을 다른 손으로 바꾸어 쥐다. ¶짐을 오른손에서 왼손으로 ~. **2** 쥐고 있던 것을 놓고 다른 것으로 바꾸어 쥐다.

갈망[1] [명] 어떤 일을 감당하여 수습하고 처리하는 것. ¶뒷~ / ~도 못 할 일을 왜 저질러.
갈망-하다[1] [동][타][여]

갈망[2](渴望) [명] (어떤 일을) 목마른 사람이 물을 찾듯이 간절히 바라는 일. **갈망-하다**[2] [동][타][여] ¶자유를 ~ / 이재민들은 따뜻한 구호의 손길을 **갈망하고** 있다.

갈매 [명] =갈맷빛.

갈매기 [명][동] 갈매깃과의 바닷새. 몸빛은 대체로 흰데, 등과 날개는 회색임. 물갈퀴가 있어 헤엄을 잘 침. 해안·항구 등에 살며 물고기를 잡아먹음. 울음소리는 '걀걀', '꺌꺌'. =백구(白鷗).

갈매기-살 [명] 돼지 갈비 양쪽에 붙은, 기름기 없는 살코기.

갈맷-빛[-매삗/-맨삗] [명] 짙은 초록빛. =갈매. ¶저 눈부신 햇빛 속에 ~의 등성이를 드러내고 서 있는 여름 산 같은…《서정주: 무등을 보며》

갈모[1](-帽) [명] 예전에, 비가 올 때 갓 위에 덮어쓰던, 기름종이로 만든 물건. 세는 단위는 개·가마(100개). =입모(笠帽).

갈모[2] [명][공] '갓모'의 잘못.

갈무리 [명] **1** 물건을 정돈하여 간수하는 것. 또는, 쌓아서 간직하는 것. **2** 일을 처리하여 마무리하는 것. ¶일이란 시작도 중요하지만 ~를 잘해야 한다. **갈무리-하다** [동][타][여] ¶무를 움 속에 ~. **갈무리-되다** [동][자]

갈ː-묻이[-무지] [명][농] 논밭을 갈아엎어, 묵은 끄트러기 따위를 묻히게 하는 일. **갈ː묻이-하다** [동][타][여]

갈민대우(渴民待雨) [명] 가뭄 때 백성들이 몹시 비를 기다림.

갈ː-바람[-빠-] [명] **1** '가을바람'의 준말. **2** '서풍[1]'을 뱃사람이 일컫는 말.

갈반(褐斑) [명] 갈색의 반점.

갈-밭[-받] [명] '갈대밭'의 준말.

갈-범(褐-) [명] '칡범'의 잘못.

갈변(褐變) [명] **1** [식] 식물의 어느 부분이 병들어 갈색으로 변하는 일. **2** 일부 과일이나 채소 등을 칼로 깎았을 때, 깎인 부분이 갈색으로 변하는 현상. **갈변-하다** [동][자][여]

갈보 [명] 남자에게 몸을 파는 여자를 멸시 조로 이르는 말. 속된 말임. [비]매음부·매춘부·창녀.

갈ː-보리 [명][식] '가을보리'의 준말.

갈분(葛粉) [명] 칡뿌리를 짓찧어 물에 앙금을 가라앉혀 말린 가루. 갈증과 술독을 해소할 때, 또는 이뇨에 약으로 씀.

갈비[1] [명] 소나 돼지(특히, 소)의 늑골을 식용으로 이르는 말. 세는 단위는 대·짝. ¶~를 굽다 / ~를 뜯다. ×가리.

갈비[2] [명] '솔가리'의 잘못.

갈비-구이 [명] 갈비를 토막 낸 뒤 양념하여 구운 음식. ×가리구이.

갈비-뼈 [명] '늑골(肋骨)'을 일상적으로 이르는 말.

갈비-씨(-氏) [명] 바싹 마른 사람을 놀림조로 이르는 말.

갈비-찜 [명] 갈비를 토막 내어 양념한 뒤 뭉근한 불에 찐 음식. ×가리찜.

갈비-탕(-湯) [명] 토막 낸 쇠갈비를 물에 넣고 푹 끓인 음식. =갈빗국.

갈빗-국[-비꾹/-빋꾹] [명] =갈비탕.

갈빗-대[-비때/-빋때] [명][생] 갈비의 낱낱의 뼈대.
갈빗대(가) 휘다 [구] 갈빗대가 휠 정도로 책임이나 짐이 무겁다. =갈비(가) 휘다.

갈색(褐色)[-쌕] [명] 커피나 밤 껍질과 같은 색깔. =다색(茶色)·브라운색. [비]밤색. ¶~ 눈동자 / ~ 피부.

갈색^인종(褐色人種)[-쌕-] [명] 살빛이 갈색인 인종. 머리털이 검고, 코가 납작하며, 턱이 앞으로 나왔음. 말레이 인이 이에 속함.

갈색점무늬-병(褐色點-病)[-쌕쩜-니뼝/-쌕쩜-닏뼝] [명][식] 식물의 잎·줄기에 조직이 죽어 변한 갈색 반점이 둥글게 생기는 병. =갈반병(褐斑病).

갈색^조류(褐色藻類)[-쌕쪼-] [명][식] =갈조류.

갈수(渴水)[-쑤] [명] 하천 등의 물이 마름. ↔풍수(豐水).

갈수-기(渴水期)[-쑤-] [명] 하천 등에 흐르는 물이 연중 가장 적어지는 시기.

갈수록[-쑤-] [부] 시간이 지나거나 일이 진행될수록 점점 더. ¶~ 집안 형편이 어려워진다. / 이야기가 ~ 재미있다.
[**갈수록 태산**(泰山)] 점점 힘들고 어려운 지경에 처해짐을 이르는 말.

갈수-위(渴水位)[-쑤-] [명] 하천의 물이 연중 가장 적을 때의 수면의 높이. ↔풍수위(豐水位).

갈쌍 [부] '글썽'의 작은말. **갈쌍-하다** [동][자][타][형][여]

갈쌍-갈쌍 [부] '글썽글썽'의 작은말. **갈쌍갈쌍-하다** [동][자][타][형][여]

갈쌍-거리다/-대다 [동][자][타] '글썽거리다'의 작은말.

갈쌍-이다 [동][자][타] '글썽이다'의 작은말.

갈아-대다 [동][타] 묵은 것 대신 새것을 가져다 대다. ¶차양을 ~ / 구두 밑창을 ~.

갈아-들다 [동][자] 〈~드니, ~드오〉 묵은 것이 나간 자리에 새것이 들어오다.

갈아들-이다 [동][타] '갈아들다'의 사동사. ¶가정부를 ~.

갈아-서다 통(자) 묵은 것이 나간 자리에 새것이 대신 들어서다.

갈아-세우다 통(타) '갈아서다'의 사동사. ¶기둥을 ~ / 회장을 ~.

갈아-엎다[-업따] 통(타) 땅을 갈아서 흙을 뒤집어엎다. ¶쟁기로 밭을 ~.

갈아-입다[-따] 통(타) 다른 옷으로 바꾸어 입다. ¶그는 집에 들어와 외출복을 평상복으로 갈아입었다.

갈아입-히다[-이피-] 통(타) '갈아입다'의 사동사. ¶아이에게 새 옷을 ~.

갈아-주다 통(타) 상인에게 이익을 붙여 주고 물건을 사다.

갈아-타다 통(타) 타고 있던 것에서 내려, 다른 것으로 바꾸어 타다. ¶대전에서 열차를 ~.

갈-앉다[-안따] 통(자) '가라앉다'의 준말. ¶흥분이 ~.

갈앉-히다[-안치-] 통(타) '가라앉히다'의 준말. ¶흥분된 마음을 ~.

갈애(渴愛) 명 1 몹시 사랑하는 것. 2 [불] 범부(凡夫)가 목마르게 오욕(五慾)에 애착하는 것. **갈애-하다** 통(타여)

갈-옷(葛-)[-옫] 명 갈포(葛布: 칡베)로 짠 옷. =갈의(葛衣).

갈음 명 무엇을 다른 것으로 바꾸어 대신하는 것. ¶~옷. **갈음-하다** 통(타여) ¶간단하나마 이것으로 인사말을 **갈음할까** 합니다. ▶가름하다.

갈의(葛衣)[-의/-이] 명 =갈옷.

갈-이¹ 명 낡고 헌 부분을 떼어 내고 새것으로 바꾸어 대는 일. ¶구두창 ~.

갈-이² 명 [1](자립) 논밭을 가는 일. ¶밭~. [2](의존) 한 마리의 소가 하루에 갈 만한 논밭의 면적을 나타내는 단위. ¶이 논은 사흘 ~는 된다.

갈-잎[-립] 명 1 '가랑잎'의 준말. 2 '떡갈잎'의 준말. 3 '갈댓잎'의 준말. ¶뒷문 밖에는 ~의 노래 엄마야 누나야 강변 살자.(김소월:엄마야 누나야)

갈-잎-나무[-립-] 명[식] 1 = 낙엽수. 2 = 떡갈나무.

갈-잎 떨기나무[-립-] 명[식] = 낙엽 관목.

갈-잎 큰키나무[-립-] 명[식] = 낙엽 교목.

갈장(渴葬)[-짱] 명[역] 예월(禮月)을 기다리지 않고 급히 장사(葬事)를 지내는 것. **갈장-하다** 통(타여)

갈조-류(褐藻類)[-쪼-] 명[식] 녹갈색 또는 담갈색을 띤 해조(海藻). 미역·다시마 따위가 이에 속하며, 식용 및 요오드의 원료로 쓰임. =갈색 조류·갈조식물.

갈조-소(褐藻素)[-쪼-] 명[식] 갈조류에 함유된 적갈색 색소. 광합성에 관여함. =조갈소.

갈조-식물(褐藻植物)[-쪼싱-] 명[식] = 갈조류.

갈증(渴症)[-쯩] 명 1 목이 말라 물을 몹시 마시고 싶은 느낌. ¶~을 풀다[해소하다] / ~을 느끼다 / ~이 나다. 2 '갈급증'의 준말.

갈지개 명(동) 사냥용으로 기르는 한 살 된 매. ¶삼지니·초지니.

갈지-자(-之字)[-찌짜] 명 비틀거리는 걸음새를 한자 '之(지)' 자의 형태에 빗대어 이르는 말. ¶그 주정꾼은 골목길에서 마구 ~를 그렸다.

갈지자-걸음(-之字-)[-찌짜-] 명 좌우로 비틀거리며 걷는 걸음. ¶술에 취하여 ~을 걷다.

갈지자-형(-之字形)[-찌짜-] 명 한자 '之(지)' 자 모양으로 직선을 좌우로 그어 나간 형상. =지그재그.

갈쭉-하다[-쭈카-] 형(여) '걸쭉하다'의 작은말. **갈쭉-히** 부

갈-참나무 명[식] 참나뭇과의 낙엽 활엽 교목. 높이 25m 정도. 5월에 꽃이 피며, 10월에 타원형의 열매가 익음. 재목은 땔감·가구재로 쓰이며, 열매는 식용함. 산기슭에 자람.

갈채(喝采) 명 어떤 일을 훌륭하게 해낸 사람이나 그 행위에 대해, 칭찬·찬양의 뜻으로 큰 소리를 지르는 것. 때로, 대상을 칭찬하거나 찬양하는 것을 비유적으로 이르기도 함. ¶박수~ / ~를 보내다 / ~를 받다. **갈채-하다** 통(자여)

갈철-석(褐鐵石)[-썩] 명[광] 황갈색 또는 흑갈색의, 광택이 없는 철. 제철 원료로 쓰이며, 진흙이 섞인 것은 채료(彩料) 원료로 쓰임. 구용어는 갈철광.

갈-청(褐-) '갈대청'의 준말.

갈충-보국(竭忠報國) 명 = 진충보국(盡忠報國). **갈충보국-하다** 통(자여) ¶…승상이 국은을 감동하여 **갈충보국하니**….《홍길동전》

갈취(喝取) 명 으름장을 놓아 억지로 빼앗는 것. **갈취-하다** 통(타여) ¶금품을 ~.

갈치 명(동) 갈칫과의 바닷물고기. 몸길이 1.5m 정도. 몸은 띠처럼 길고 얄팍하며, 비늘이 없고 은백색의 가루 같은 것이 덮여 있음. 지느러미는 등지느러미뿐임. 어린 것은 '풀치'라고 부름. 세는 단위는 마리·두름(20마리).

[**갈치가 갈치 꼬리 문다**] 친한 사이에 서로 모함한다.

갈퀴 명 검불 또는 곡식 따위를 긁어모으는 데 쓰는 도구. 대쪽이나 철사를 얽어 만듦.

갈퀴-나무 명 갈퀴로 긁어모은 검불·솔가리 따위의 땔나무.

갈퀴-눈 명 화가 나서 눈시울이 갈퀴 모양으로 모가 난 험상궂은 눈. ¶~으로 노려보다.

갈퀴다 통(타) 갈퀴로 긁어모으다. ¶나뭇잎을 ~.

갈퀴-지다 형 1 (생긴 모양이) 갈큇발처럼 구부정하다. ¶갈퀴진 손. 2 (눈초리나 말이) 모가 나 있다. ¶갈퀴진 눈초리로 쏘아보다.

갈퀴-질 명 1 (낙엽이나 솔가리 등의 검불을) 갈퀴로 긁어모으는 일. 2 (남의 재물을) 옳지 못한 방법으로 빼앗아 긁어모으는 일. **갈퀴질-하다** 통(타여)

갈탄(褐炭) 명[광] 탄화가 불완전하고 갈색을 띤 석탄. 화력이 약함.

갈파(喝破) 명 1 큰소리로 남의 언론·이론을 뒤엎는 것. 2 그릇된 설(說)을 무너뜨리고 진리를 밝혀 말하는 것. **갈파-하다** 통(타여) ¶소크라테스는 일찍이 무지(無知)에 대한 자각을 통해 참다운 삶에 이를 수 있음을 **갈파하였다**.

갈-파래 명[식] 녹조류 갈파랫과의 해조(海藻). 몸은 엽상체이며 질이 단단함. 물결이 잔잔한 바닷가에 많이 남. =청태(靑苔).

갈팡-질팡 부 갈피를 잡지 못하고 이리저리 헤매는 모양. **갈팡질팡-하다** 통(자여) ¶**갈팡질팡하지** 말고 마음을 다잡아 새 출발해라. / 쾅 하는 소리와 함께 불길이 치솟자 사람들은 놀라 **갈팡질팡했다**.

갈포(葛布) 명 칡의 섬유로 짠 베. ¶~벽지.

갈-풀 명[농] 논에 거름하기 위하여 베는 부

드러운 나뭇잎이나 풀. [준]풀. **갈ː풀-하다** [동][자][여] **1** 갈풀로 쓰기 위하여 나뭇잎이나 풀을 베다. **2** (논에) 갈풀을 넣다. [준]풀하다.

갈피 [명] **1** 겹치거나 포갠 물건의 하나하나의 사이. ¶책~. **2** 일의 갈래가 구별되는 어름. ¶~를 못 잡다 / ~를 잡을 수 없다.

갈피-갈피 [부][명] 갈피마다. ¶낡은 사진첩 ~에 추억이 담겨 있다.

갈-피리 [명] 갈대의 줄기나 잎을 말아서 만든 피리.

갈필(渴筆) [명][미] **1** 빳빳한 털로 만든 그림붓. **2** 머금어진 먹물이 부족하여 거칠고 흐릿하게 써어지거나 그려지는 상태에 있는 붓. 또는, 그런 붓으로 쓰거나 그리는 수법.

갈-하다(渴—) [형][여] 목이 마르다.

갉다[각따] [동][타] **1** (물체를 이나 손톱 또는 끝이 날카로운 도구로) 깔짝깔짝 문지르다. ¶쥐가 천장을 ~. **2** (갈퀴 따위로) 빗질하듯이 끌어 들이다. ¶수북이 쌓인 낙엽을 갈퀴로 **갉아** 모으다. **3** (남의 재물을) 비열한 짓으로 훑어 들이다. **4** 좀스럽게 헐뜯다. [큰]긁다. [참고]'갉-'은 다음에 오는 어미의 첫소리가 ㄱ일 때에는 [갈]로, 그 외의 자음일 경우에는 [각]으로 소리 남. 곧, '갉고'는 [갈꼬], '갉지'는 [각찌]로 소리 남.

갉아-먹다[—따] [동][타] (남의 재물을) 좀스럽게 빼앗아 가지다. ¶백성들의 재물을 **갉아먹는** 탐관오리. [큰]긁어먹다.

갉작-갉작[각짝깍짝] [부] 갉작거리는 모양. [큰]긁적긁적. **갉작갉작-하다** [동][타][여]

갉작-거리다/-대다[각짝꺼(때)—] [동][타] 계속해서 갉다. ¶쥐가 벽을 ~. [큰]긁적거리다.

갉작-이다[각짝—] [동][타] 이리저리 갉다. [큰]긁적이다.

갉죽-갉죽[각쭉깍쭉] [부] 갉죽거리는 모양. [큰]긁죽긁죽. **갉죽갉죽-하다** [동][타][여]

갉죽-거리다/-대다[각쭉꺼(때)—] [동][타] 계속해서 둔하게 자꾸 갉다. [큰]긁죽거리다.

갉-히다[갈키—] [동][자] '갉다'의 피동사. [큰]긁히다.

감ː[1] [명] 감나무의 열매. 모양은 넓둥글거나 길둥글며, 색깔은 붉은빛 또는 노란빛임. 익기 전에는 떫으나 다 익은 뒤에는 단맛이 남. 세는 단위는 개·접(100개)·동(100접). ¶침~ / 떫은 ~.

● 감의 여러 가지 이름

길쭉하면서 뾰족한 것은 **뾰주리감**, 작은 뾰주리감은 **고추감**, 물렁물렁하게 익은 것은 **연시·연감·홍시**, 동글납작한 것은 **납작감**, 소금물에 담가 떫은맛을 없앤 것은 **침감**, 떫은 것은 **땡감**, 소금물에 담그지도 않고 물렁물렁하게 익지 않았는데도 단 것은 **단감**, 꼬챙이에 꿰어 말린 것은 **곶감**임.

감ː[2] [명] [1][자립] **1** 물건을 만드는 데 바탕이 되는 것. ¶옷을 두 벌 짓기에는 ~이 조금 모자란다. **2** (일부 명사 뒤에 붙어) 바탕이 되는 재료임을 뜻하는 말. ¶양복~ / 한복~ / 양념~. **3** (일부 명사 뒤에 붙어) 어떤 자격에 알맞은 사람임을 나타내는 말. ¶신랑~ / 며느릿~ / 사윗~. **4** (일부 명사 뒤에 붙어) 어떤 일의 대상이 되는 사물이나 도구 또는 사람임을 나타내는 말. ¶구경~ / 장난~ / 놀림~. [2][의존] **1** (어떤 자격을 갖춘) 사람. ¶대통령이 될 ~. **2** 옷감을 세는 단위. 한 감이라 하면 옷 한 벌을 만들 수 있는 크기를 말함. ¶치마 한 ~을 뜨다.

감ː[3] [명] 감히 어떤 일을 해 보려고 하는 마음. ¶~을 못 내다.

감ː[4](感) [명] [1][자립] 통신 기기에 수신되는 예민한 정도. ¶무전기가 ~이 나쁘다〔좋다〕. / 전화의 ~이 멀다. [2][의존] 어떠한 느낌이나 기분. 꼭 그렇다고는 할 수 없지만 그에 가까운 느낌임을 나타냄. ¶허전한 ~이 들다 / 막상 헤어지자니 아쉬운 ~이 있다.

감이 오다 [구] <속> 어떤 느낌이나 뜻이 전달되어 오다. ¶너무 허황된 얘기라 도무지 **감이 안 온다**.

감(을) 잡다 [구] <속> 어떤 일에 대해서 눈치로 대충 알아채거나 확신을 가지다. ¶네가 무슨 말을 하려는지 대충 **감 잡았다**.

-감[5](感) [접미] '느끼는 마음'의 뜻을 나타내는 말. ¶의무~ / 책임~ / 사명~.

감ː가(減價) [—까] [명] 값을 줄이는 것. **감ː가-하다** [동][타][여]

감ː가-상각(減價償却) [—까—] [명][경] 토지를 제외한, 고정 자산에 생기는 가치의 소모를 결산기마다 계산하여, 그 자산 가격을 감소해 가는 회계상의 절차. [준]상각.

감ː가-상각비(減價償却費) [—까—삐] [명][경] 감가상각의 절차에서 계상(計上)되는 비용.

감ː각[1](減却) [명] 덜어 내는 것. **감ː각-하다**[1] [동][타][여] ¶예산을 ~.

감ː각[2](感覺) [명] **1** 생체(生體)가 어떤 자극에 반응하여 의식하는 일. 보통, 시각·청각·후각·미각·촉각 등으로 분류함. ¶수족의 ~이 마비되다. **2** 사물에서 받는 인상이나 느낌. ¶새로운 ~을 주는 패션 / 현대 ~을 살린 건축. **3** 사물의 실체를 파악하는 정신 작용. ¶그 작가는 언어 ~이 뛰어나다. **감ː각-하다**[2] [동][타][여] ¶아픔을 ~. **감ː각-되다** [동][자]

감ː각-기(感覺器) [—끼] [명][생] 동물의 몸 표면에 있으면서, 외부로부터 자극을 받아들여 신경계에 전달하는 기관. =감각 기관.

감ː각^기관(感覺器官) [—끼—] [명][생] =감각기.

감ː각-모(感覺毛) [—강—] [명][생] 주로 포유동물의 몸에 붙어 외부의 자극을 민감하게 받아들이는 털.

감ː각^신경(感覺神經) [—씬—] [명][생] 감각기에 어떤 자극이 있을 때, 이를 신경 중추에 전달하는 신경. =지각 신경.

감ː각-적(感覺的) [—쩍] [관][명] **1** 감각에 관계되는 (것). **2** 감각이나 자극에 예민한 (것).

감ː각-점(感覺點) [—쩜] [명][생] 피부에 분포되어 냉각·온각·압각·통각을 느끼는 부위.

감감 [부] **1** 아주 멀어서 아득한 모양. ¶고깃배가 ~ 멀어지다. **2** 어떤 일을 잊거나 모르고 있는 모양. ¶사실을 ~ 모르다. **3** 소식이 전혀 없는 모양. ¶소식이 ~ 없다. [센]깜깜.

감감-무소식(—無消息) [명] =감감소식. ¶아무리 기다려도 ~이다. [센]깜깜무소식.

감감-소식(—消息) [명] 소식이 오랫동안 없음. =감감무소식. ¶심부름 간 후 ~이니 어디서 뭘 하고 있는지. [센]깜깜소식.

감감-하다 [형][여] **1** 아주 멀어 아득하다. ¶수평선 멀리 고깃배 한 척이 눈에 ~. **2** (어떤 일을) 아주 잊어버리거나 전혀 모르고 있다. ¶기억이 ~. **3** (소식 따위가) 전혀 없다. ¶그가 떠난 지 한 달이 되도록 소식이 ~. **감감-히** [부]

감ː개(感慨) [명] 마음속에 어떤 느낌이나 감정

감:개-하다 통자여
이 강하게 복받쳐 일어나는 것. 또는, 그 느낌이나 감정. ¶오랜만에 고향을 찾으니 ~가 깊다. **감:개-하다** 통자여

감:개-무량(感慨無量) →감개무량-하다. 형여 사물에 대한 회포의 느낌이 한이 없다. ¶옛 전우를 만나게 되니 정말 ~.

감:격(感激) 명 1 깊이 느끼거나 강한 인상을 받아 뭉클한 감정이 솟구쳐 일어나는 것. 또는, 그런 마음의 상태. ¶우승을 차지하는 ~의 순간. 2 고마움을 깊이 느껴 감정이 복받치는 것. ¶~의 눈물을 흘리다. **감:격-하다** 통자여 ¶은혜에 ~ / 청중들은 도산 선생의 열정적인 웅변에 **감격하였다**.

감:격-스럽다(感激-) [-쓰-따] 형비 <-스러우니, -스러워> 감격을 느끼게 하는 데가 있다. ¶10년 만의 **감격스러운** 재회. **감:격스레** 부

감:격-적(感激的) [-쩍] 관명 감격할 만한 (것). ¶이산가족이 50년 만에 ~인 상봉을 하다.

감:경(減輕) 명 1 줄여 가볍게 하는 것. ¶형(刑)의 ~ / 세금의 ~. 2 [법] 본형(本刑)보다 가벼운 형벌을 내리는 것. **감:경-하다** 통타여 ¶형량(刑量)을 ~. **감:경-되다** 통자

감광(感光) 명 (물질이) 빛에 감응하여 화학적 변화를 일으키는 것. ¶~ 물질. **감:광-하다** 통자여. **감:광-되다** 통자

감:광-제(感光劑) [-꽝-] 명 [화] 사진 건판이나 필름 등에 발라 감광성을 부여하는 약제. 감광약에 젤라틴·갖풀 등을 조합하여 만듦.

감:광-지(感光紙) [-꽝-] 명 감광제를 바른 종이. 인화지·청사진 종이 따위.

감:광-판(感光板) [-꽝-] 명 [화] 감광제를 바른 유리판이나 셀룰로이드판. 사진 건판·필름 따위.

감:괘(坎卦) 명 18괘의 하나. 상형은 ☵로 물을 상징함. 264괘의 하나. ☵둘을 포갠 것으로 물이 거듭됨을 상징함. 준감(坎).

감:구(感舊) 명 지난날을 생각하며 감회에 젖는 것. **감:구-하다** 통자여

감:군(減軍) 명 군사력을 줄이는 것. ¶~ 협상. ↔증군(增軍). **감:군-하다** 통자여

감:-궂다[-굳따] 형 성질이 매우 험상궂다.

감귤(柑橘) 명 온주귤과 귤의 총칭.

감:극(減極) 명 [물] 전해질 용액 안에서 일어나는 전해 분극(電解分極)을 방해하여, 그 진행을 막는 일. =소극(消極).

감:극-제(減極劑) [-께] 명 [물] 전지의 분극(分極)을 방지하기 위하여 쓰이는 약제.

감금(監禁) 명 (사람을) 일정한 곳에서 벗어나지 못하도록 강제로 가두는 것. ¶불법 ~. **감금-하다** 통타여 ¶피의자를 유치장에 ~. **감금-되다** 통자 ¶독방에 ~.

감:급(減給) 명 급료를 정한 액수보다 낮추어 주는 것. ↔가급(加給). **감:급-하다** 통타여 **감:급-되다** 통자

감:기(感氣) 명 [의] 열이 나고 머리가 아픈, 호흡기 계통의 가벼운 병. 초기에는 재채기를 자주 하며, 콧물이 나오거나 목이 붓거나 기침을 하는 등의 증상을 보임. 바이러스에 의해 감염됨. =감모(感冒)·고뿔. ¶코 [목] ~ / 유행성 ~ / ~ 들다 / ~에 걸리다 / ~ 몸살을 앓다 / ~ 기운이 있다.

[**감기 고뿔도 남을 안 준다**] 지독하게 인색한 사람.

감-기다[1] 1 자 '감다'의 피동사. ¶졸려서 눈이 저절로 ~. 2 타 '감다'의 사동사. ¶선생님은 아이들의 눈을 **감기고는** 훈화를 들려주었다.

감-기다[2] 1 자 '감다[3]'의 피동사. ¶실패에 실이 ~. 2 (옷이 몸을) 친친 감듯 달라붙다. ¶비에 젖어 치마가 다리에 ~. 3 (사람이나 동물이) 달라붙어 떠나지 않다. ¶아이가 할머니 다리에 감겨 떨어질 줄 모른다. 2 타 '감다[3]'의 사동사. ¶끈을 ~.

감-기다[3] 타 '감다[4]'의 사동사. ¶깨끗한 물에 [로] 머리를 ~.

감:기-약(感氣藥) 명 감기를 치료하는 데 쓰는 약.

감:-꼬치 명 곶감을 꿰어 꽂은 나무 꼬챙이. [**감꼬치 빼 먹듯**] 벌지는 못하고 있는 재물을 하나씩 하나씩 축내는 모양.

감:-나무 명 [식] 감나뭇과의 낙엽 교목. 높이 6~14m. 초여름에 담황색 꽃이 핌. 열매는 타닌이 들어 있어 떫으나, 가을에 주황색으로 익으면 달게 됨. 열매는 식용, 목재는 조각·가구재로 쓰임.

감내(堪耐) 명 (어려움을) 참고 견디는 것. **감내-하다** 통타여 ¶고통을 ~.

감:-노랗다[-라타] 형호 <-노라니, -노라오, -노래> '검누렇다'의 작은말.

감농(監農) 명 1 농사일을 보살피는 것. 2 농사일을 위임받은 직책. 또는, 그 직책을 맡은 사람. **감농-하다** 통자여 ¶농사일을 보살피다.

감는-줄기 명 [식] 스스로 서지 못하고 다른 물건을 의지하여 감아 뻗어 올라가는 덩굴진 줄기. =전요경(纏繞莖).

감:다[1][-따] (눈과 함께 쓰여) 눈꺼풀을 닿아 위아래 눈시울을 마주 닿게 하다. ¶눈을 감고 기도하다[자다]. ↔뜨다.

감:다[2][-따] (감고 / 감아) 통타 1 (머리털을) 물로 씻다. ¶샴푸로 머리를 ~. 2 ('미역 [멱]' 과 함께 쓰여) 냇물이나 강물에 몸을 담그고 씻다. ¶벌거벗고 냇가에서 미역 감는 시골 아이들.

감:다[3][-따] (감고 / 감아) 통타 1 (실·끈, 그 밖의 긴 물건을) 어떤 물체에 여러 번 빙 두르다. ¶실을 실패에 ~ / 팔에 붕대를 ~. 2 (야유조로 쓰여) 옷 따위를 호사스럽게 입다. ¶밍크를 몸에 **감고** 다니는 부유층 여자들. 3 서리서리 사리다. ¶방울뱀이 몸을 **감고** 있다. 4 [체] (씨름 따위에서) 다리를 걸다. ¶왼쪽 다리를 ~.

감:다[4][-따] (감고 / 감아) 형 밝게 검다. 준 검다. 센 깜다.

감당(堪當) 명 (일을) 능히 해내는 것. **감당-하다** 통타여 ¶한 사람이 **감당하기엔** 업무량이 너무 많다.

감:도(感度) 명 1 자극에 대해 느끼는 정도. ¶~가 약하다. 2 수신기나 측정기 등의 전파·전류, 또는 소리 따위를 감수(感受)하는 정도나 능력. ¶~가 좋은 라디오. 3 필름이나 인화지가 빛을 느끼는 예민도. ¶~가 뛰어난 필름.

감독(監督) 명 1 (어떤 일이나 그 일을 하는 사람을) 잘못이 없도록 보살펴 다잡는 것. 또는, 그 일을 하는 사람. ¶시험 ~ / 현장 ~ / ~이 소홀하다. 2 영화나 무대 행사 등을 종합적으로 지도하고 지휘하는 일. 또는, 그 일을 하는 사람. ¶영화 ~ / 무대 ~. 3 스포츠 팀을 조직하고 훈련시키는 책임자. ¶야구 ~ / 축구 ~. **감독-하다** 통타여 1 잘못이 없도록 보살펴 다잡다. ¶공사를 ~ / 선

생님은 학생을 **감독하고** 선도할 의무가 있다. 2 영화나 무대 행사 등을 종합적으로 지도하고 지휘하다. ¶무술 영화를 ~.

감독-관(監督官)[-꽌] 圀 감독하는 직무를 맡은 관리.

감독-관청(監督官廳)[-꽌-] 圀 1 하급 관청에 대해서 감독권을 가지는 상급 관청. 2 지방 공공 단체나 민간 기업·단체·개인 등에 대하여 감독권을 가지는 행정 관청.

감독-권(監督權)[-꿘] 圀 감독할 수 있는 권한. ¶~을 행사하다.

감:-돌[-똘] 圀 [광] 어느 정도 이상으로 유용 광물이 들어 있는 광석. ⦗춘⦘감. ⇒버력. × 감석.

감:-돌다 통(자)(타) 〈~도니, ~도오〉 1 어떤 주위를 여러 번 빙빙 돌다. ¶독수리가 한 마리가 머리 위에서 **감돌고** 있었다. 2 (물의 흐름이나 길의 굽이가) 모퉁이를 따라 빙빙 돌다. ¶강물이 산기슭을 **감돌아** 흐르다. 3 (어떤 분위기가) 그 자리에 가득 차다. ¶전운(戰雲)이 ~ / 훈기가 ~. 4 (어떤 생각이) 눈앞이나 마음속에서 사라지지 않고 자꾸 얼씬거리다. ¶옛 생각이 머릿속에 ~.

감:돌아-들다 통(타) 〈~드니, ~드오〉 감돌아서 들어오다. ¶길은 산모퉁이를 **감돌아들**었다.

감:-돌이 圀 사소한 이익을 탐내어 덤비는 사람. ¶그는 먹는 데는 ~, 일에는 베돌이이다.

감동(感動) 圀 사물·현상의 훌륭함이나 아름다움 등에 깊이 느끼어 마음이 움직이거나 놀라거나 흥분이 되는 것. ¶벅찬 ~ / 뜨거운 ~ / 깊은 ~을 자아내다. **감:동-하다** 통(자)(여) ¶사람들은 김 씨의 지극한 효성에 **감동하여** 입이 마르도록 칭송했다.

감동-적(感動的) 팬 감동할 만한 (것). ¶~ 장면 / ~인 소설 / ~인 사랑.

감득(感得) 圀 1 느껴서 깨달아 아는 것. 2 (영감으로) 깨달아 아는 것. **감:득-하다** 통(타)(여) ¶승호는 사람들의 어두운 표정에서 일이 심상치 않게 돌아가고 있음을 **감득하였**다. **감:득-되다** 통(자)

감:등(減等) 圀 1 등수 또는 계급을 낮추는 것. 2 [역] 은전(恩典)이나 특별한 사연으로 형벌을 가볍게 하는 것. **감:등-하다** 통(타)(여) **감:등-되다** 통(자)

감:때-사납다[-따] 혭(ㅂ) 〈~사나우니, ~사나워〉 매우 험상궂고 감사납다. ¶**감때사납**게 눈을 부라리다.

감:-떡 圀 1 찹쌀과 곶감 가루를 버무려 찐 것에, 호두 가루를 묻힌 경단 모양의 떡. 2 감을 썰어 넣고 찐 떡.

감:-똣개 圀 꽃과 함께 떨어진 어린 감. ⦗춘⦘ 감.

감:람-나무(橄欖-)[-남-] 圀 1 [식] 감람과의 상록 교목. 5월에 백색 꽃이 핌. 열매는 백록색이며 식용되고, 수지(樹脂)는 약재로 씀. 2 [성] 올리브를 성서로 이르는 말.

감:람-색(橄欖色)[-남-] 圀 감람나무의 잎처럼 누런빛을 띤 녹색. =감람녹색.

감:람-석(橄欖石)[-남-] 圀 [광] 마그네슘·철 등이 풍부한 규산염 광물. 사방 정계에 속하며, 일반적으로 검은빛을 띠고 있음.

감:량(減量)[-냥] 圀 1 분량이나 무게가 주는 것. 또는, 분량이나 무게를 줄이는 것. ¶체중 ~. ↔증량(增量). 2 (물건을 매매할 때) 전체 분량에서 빼야 할 포장·먼지 등의 무게. **감:량-하다** 통(자)(타)(여) 분량이나 무게가 줄다. 또는, 분량이나 무게를 줄이다.

감로(甘露)[-노] 圀 1 천하가 태평하면 하늘이 길한 징표로 내린다는 단 이슬. 2 생물에게 이로운 이슬. 3 여름에 단풍나무·떡갈나무 따위의 잎에서 떨어지는 달콤한 액즙. 진딧물이 배설한 것임. 4 [불] 하늘에서 내리는 불사(不死)의 단 이슬.

감로-수(甘露水)[-노-] 圀 깨끗하고 시원한 물.

감로-주(甘露酒)[-노-] 圀 소주에 용안육·대추·포도·살구씨·구기자·두충·숙지황 등을 넣고 우린 술.

감루(感淚)[-누] 圀 마음속 깊이 느끼어 흘리는 눈물. ▷열루(熱淚).

감리(監理)[-니] 圀 감독하고 관리하는 것. ¶공사 ~. **감리-하다** 통(타)(여) **감리-되다** 통(자)

감리-교(監理教)[-니-] 圀 [기] 기독교 신교의 한 파. 18세기 초엽 영국에서 창시됨.

감:마[1](減磨·減摩) 圀 1 닳아서 줄어드는 것. 2 닳는 정도를 적게 하는 것. ¶~유(油) / ~제. **감:마-하다** 통(자)(타)(여)

감마[2] / γ(⑬gamma) 圀 (의존) [물] 1 질량의 단위. 1감마는 10^{-6}kg임. 기호는 γ. 2 자기력선속(磁氣力線束) 밀도를 나타내는 단위. 기호는 γ.

감마-선(⑬gamma線) 圀 [물] 방사선의 하나. 방사성 원소의 감마 붕괴로 방출되는, 극히 파장이 짧은 전자기파. 투과력이 몹시 강함.

감:면(減免) 圀 1 (매겨야 할 부담을) 덜해 주거나 면제하는 것. ¶조세 ~. 2 등수를 낮추어 면제하는 것. **감:면-하다** 통(타)(여) ¶형(刑)을 ~. **감:면-되다** 통(자)

감명(感銘) 圀 깊이 느끼어 마음속에 새겨 두는 것. ¶소설을 읽고 깊은 ~을 받다. **감:명-하다** 통(자)(여) **감:명-되다** 통(자)

감:모(減耗) 圀 줄어드는 것. 또는, 닳는 것. ¶~량. **감:모-하다** 통(자)(여)

감:-물 圀 땡감의 떫은 즙. ¶옷에 ~이 들어 빨아도 안 진다.

감미(甘味) 圀 =단맛. ¶벌써 배가 ~가 돌 때가 되었다. ↔고미(苦味).

감미-롭다(甘味-)[-따] 혭(ㅂ) 〈~로우니, ~로워〉 1 맛이 달다. 2 감미로운 술. 2 정서적으로 달콤한 느낌이 있다. ¶가슴에 젖어드는 **감미로운** 선율. **감미로이** 円

감미-료(甘味料) 圀 식품·의약품 등에 단맛을 내는 데에 쓰는 물질. 설탕·엿·과당·사카린 따위. ¶인공 ~.

감:바리 圀 잇속을 노리고 약빠르게 달라붙는 사람. =감발저뀌.

감:-발[1] 圀 =발감개. ¶짚신에 ~을 하다. ¶발감개를 한 차림새. **감:발-하다**[1] 통(자)(여) 발감개로 발을 감다.

감:발[2](感發) 圀 느끼어 마음이 움직이는 것. **감:발-하다**[2] 통(자)

감:방[1](坎方) 圀 8방의 하나. 정북(正北)을 중심으로 한 45도 각도 안. ⦗춘⦘감(坎).

감방[2](監房) 圀 교도소에서, 죄수를 가두어 두는 방. ¶~살이.

감:법(減法)[-뻡] 圀 [수] '뺄셈'의 구용어. ↔가법(加法).

감별(鑑別) 圀 1 보고 식별하는 것. 2 옛 예술 작품 또는 골동품 따위의 가치나 진위(眞僞)를 판단하는 것. **감별-하다** 통(타)(여) ¶고서화를 ~ / 병아리의 암수를 ~. **감별-되다**

감별-사(鑑別師) [-싸] 몡 병아리의 암수나 보석·와인 등을 전문적으로 감별하는 사람. ¶병아리 ~ / 와인 ~.

감!복(感服) 몡 마음에 깊이 느끼어 충심으로 따르는 것. 감!복-하다 통재여 ¶사람들은 그의 뜨거운 애국심에 감복하였다.

감!봉(減俸) 몡 1 봉급을 줄이는 것. ¶~ 처분 / ~을 당하다. 2 [법] 공무원 징계 처분의 하나. 일정한 기간(1개월 이상 3개월 이하) 동안 보수의 1/3 이하를 줄임. =벌봉(罰俸). ▷징계. 감!봉-하다 통태여 감!봉-되다 통재 ¶물가가 올라 실질적으로 감봉된 것이나 다름없다.

감!불생심(敢不生心) 몡 힘이 부쳐 감히 엄두도 내지 못함.

감비아(Gambia) 몡[지] 아프리카 서단(西端)에 있는 공화국. 수도는 반줄.

감!-빛[-삗] 몡 익은 감과 같은 붉은빛. =시색(枾色).

감!-빨다 통타 〈~빠니, ~빠오〉 1 감칠맛 있게 입으로 야무지게 빨다. ¶숟가락을 ~. 2 잇속을 탐내다. ¶재물을 ~.

감!빨-리다 통재 1 '감빨다'의 피동사. 2 감칠맛 있게 입맛이 당기다. 3 잇속이 탐나서 욕심이 생기다.

감!사¹(感謝) 몡 1 고맙게 여기는 것. 또는, 그러한 마음. ¶~의 눈물을 흘리다. 2 고마움을 나타내는 인사. ¶~의 뜻을 표하다 / 저를 성원해 주신 여러분께 뜨거운 ~를 드립니다. 감!사-하다 형여 고맙게 여기다. ¶나는 그의 친절에 감사한다. / 다영이는 선생님의 사랑과 은혜를 깊이 감사했다. ▷감사하다⁴.

감사²(監司) 몡[역] =관찰사.

감사³(監事) 몡 1 단체의 서무를 맡아보는 사람. 2 [법] 법인의 재산 상황 및 이사(理事)의 업무 집행 상황을 감사하는 상설(常設) 기관. 또는, 그 사람. 구칭은 감사역.

감사⁴(監査) 몡 감독하고 검사하는 것. ¶국정 ~. 감사-하다² 통태여 ¶비위를 ~.

감사⁵(鑑査) 몡 잘 살펴서 적부(適否)·우열(優劣) 따위를 분별하는 것. 감사-하다³ 통타여

감!-사납다 [-따] 형ㅂ 〈~사나우니, ~사나워〉 1 모양이나 생각이 억세고 사납다. ¶감사납게 생긴 얼굴. 2 바탕이 험하고 거칠어 일하기 어렵다. ¶감사나운 밭.

감사-드리다(感謝-) 통재 '감사하다'의 객체 높임말. ¶날 이만큼 키워 주신 부모님께 감사드린다.

감사-원(監査院) 몡 대통령 직속의 헌법 기관의 하나. 국가의 세입·세출의 결산, 국가 및 법률에 정한 단체의 회계를 검사하며, 행정 기관 및 공무원의 비위를 감찰하는 임무를 한다.

감!사-장(感謝狀) [-짱] 몡 감사의 뜻을 나타낸 글장.

감!사-패(感謝牌) 몡 감사의 뜻을 나타낸 글을 적어 주는 패.

감!사-하다⁴(感謝-) 형여 고마운 마음이 있다. ¶물심양면으로 도와주셔서 대단히 감사합니다. 감!사-히 틘 ¶주시는 것이니 ~ 받겠습니다.

감!산¹(減産) 몡 1 생산이 줄거나 생산을 줄이는 것. ↔증산(增産). 2 자산이 줄거나 자산이 줄는 것. 감!산-하다¹ 통재태여 ¶중

감!산²(減算) 몡 1 빼어 셈하는 것. 2 [수] =뺄셈. ▷가산(加算). 감!산-하다² 통태여

감!상¹(感想) 몡 마음속에 느끼어 일어나는 생각. ¶고국을 둘러보신 ~이 어떠하십니까?

감!상²(感傷) 몡 쉽게 또는 지나치게 슬퍼하거나 감동하거나 낭만을 느끼거나 하는 마음의 상태. ¶~에 빠지다 / ~에 젖다. 감!상-하다¹ 통재여

감!상³(鑑賞) 몡 예술 작품을 이해하여 즐기고 평가하는 것. =상감. ¶영화 ~. 감!상-하다² 통태여 ¶음악을 감상하며 하루를 보내다.

감!상-문(感想文) 몡[문] 어떤 사물이나 현상을 보거나 겪으면서 느낀 생각을 적은 글.

감!상-벽(感傷癖) 몡 하찮은 일에도 곧잘 감상에 젖는 성벽(性癖).

감!상-적(感傷的) 관명 어떠한 일에 지나치게 슬퍼하거나 쉽게 감동하는 (것). ¶~인 문학소녀.

감!상-주의(感傷主義) [-의/-이] 몡[문] 슬픔이나 낭만, 감동 등의 감정을 지나치게 작품 속에 드러내는 태도나 경향. =센티멘털리즘.

감!-색¹(-色) 몡 잘 익은 감처럼 붉은 색깔.

감색²(紺色) 몡 검은빛을 띤 남빛. ㉤반물. ¶~ 양복. ×곤색.

감석(-石) 몡[광] '감돌'의 잘못.

감!성(感性) 몡 1 사람이 외부의 자극에 대한 어떤 느낌을 가지는 상태나 능력. ㉤감수성. ¶~이 풍부하다. 2 [철] 감각적 자극이나 인상(印象)을 받아들이거나, 경험을 수반하는 자극에 반응하는 마음의 능력. ▷오성(悟性)·이성.

감성-돔 몡[동] 감성돔과의 바닷물고기. 몸길이 40cm 정도. 몸은 타원형이고 등 쪽이 솟아 있으며, 몸빛은 암회색임. 깊이 40~50m 이하의 얕은 바다에 살며, 특히 여름철에 맛이 좋음. =먹도미.

감!성-적(感性的) 관명 1 감성에 관한 (것). 2 감성이 특히 빠르거나 날카로운 (것).

감!성^지수(感性指數) 몡[심] 자기감정을 다스리고 남의 감정을 이해할 수 있는 능력을 나타낸 수치. =이큐(EQ).

감!세¹(減稅) 몡[법] 조세의 액수를 줄이거나 세율을 낮추는 것. =감조(減租). ↔증세(增稅). 감!세-하다 통재여

감!세²(減勢) 몡 (권력·기운·병 등이) 세력이나 형세가 줄어들거나 덜어지는 것. 감!세-하다² 통재여

감!소(減少) 몡 줄어서 적어지는 것. ¶올해에는 수출량이 ~를 보였다. ↔증가. 감!소-하다 통재 ¶범죄 발생률이 예년보다 5% 감소했다. 감!소-되다 통재 ¶생산량이 ~.

감!소-세(減少勢) 몡 점점 적어지는 흐름이나 경향. ¶주류 소비량이 ~로 돌아서다. ↔증가세.

감!소-함수(減少函數) [-쑤] 몡[수] 독립 변수의 값이 증가함에 따라 이에 대응하는 함수의 값이 감소하는 함수. ↔증가함수.

감!속(減速) 몡 속도를 줄이는 것. ¶~기. ↔가속. 감!속-하다 통재태여 ¶눈이나 비가 올 때는 자동차를 감속하여 운행해야 한다.

감!속^장치(減速裝置) [-짱-] 몡[공] 한 축에서 다른 축으로 동력을 전할 때, 회전 속도를 작게 하기 위한 장치. =리덕션 기어.

감!속-재(減速材) [-째] 몡[물][화] 원자로에

서, 핵분열에 의해 발생하는 고속 중성자를 열중성자로까지 감속시키기 위한 물질. 흑연·경수(輕水)·중수(重水) 따위. =완충 물질·완속 물질.

감!손(減損) 명 줄거나 줄이는 것. **감!손-하다**

감!쇄(減殺) 명 덜리어 없어지거나 덜어서 없애는 것. **감!쇄-하다** 자타 **감!쇄-되다** 자

감!쇠(減衰) [-쇠/-쉐] 명 (힘이나 세력 따위가) 줄어서 약해지는 것. **감!쇠-하다** 자여 ¶기력이 ~.

감수(甘水) 명 맛이 단 물. 빈단물.

감수(甘受) 명 (책망이나 괴로움 따위를) 불만 없이 달게 받는 것. **감수-하다** 타여 ¶불이익을 ~. **감수-되다** 자

감!수(減水) 명 강이나 호수 따위의 물이 주는 것. ↔증수(增水). **감!수-하다** 자여 **감!수-되다** 자

감!수(減收) 명 수입이나 수확이 주는 것. ↔증수(增收). **감!수-하다** 자여 **감!수-되다** 자

감!수(減壽) 명 수명이 줄어드는 것. ¶십년 ~. **감!수-하다** 자

감!수(減數) 명 1 (돈이나 물품의) 수를 줄이는 것. 2 [수] 뺄셈에서 빼려는 수. '10-8=2'에서의 '8' 따위. ↔뺌수. ☞피감수. **감!수-하다** 타여 ¶수를 줄이다.

감!수(感受) 명 1 외부의 자극을 받아들이는 것. 2 [심] 감각 신경에 의하여 외계의 자극이나 인상을 받아들이는 것. **감!수-하다** 타여 **감!수-되다** 자

감!수(監修) 명 책의 저술이나 편찬을 지도·감독하는 것. ¶~자. **감수-하다** 타여 ¶사전을 ~.

감!수^분열(減數分裂) 명 [생] 정자나 난자 등의 생식 세포가 형성될 때, 염색체의 수가 반으로 줄어드는 세포 분열.

감!수-성(感受性) 명 외계의 자극이나 인상에 대하여 어떤 느낌을 가지게 되거나 감정의 변화를 일으키는 성질. 또는, 그러한 능력. 빈감성. ¶~이 풍부하다 / ~이 예민한 소녀.

감숭-감숭 부 (드물게 난 짧은 털 같은 것이) 가무스름한 모양. ¶털이 ~ 나다. ☞검숭검숭.

감숭-하다 형여 (드물게 난 짧은 털 같은 것이) 가무스름하다. ☞검숭하다.

감시(監視) 명 (위험한 사람이나 그의 행동을) 문제나 사고를 일으키지 않도록 주의 깊게 살펴거나 지켜보는 것. ¶~가 소홀하다 / ~의 눈길을 보내다. **감시-하다** 타여 ¶적의 동태를 엄중히 ~. **감!시-되다** 자

감시-단(監視團) 명 문제나 사고가 생기지 않도록 미리 보살피고 주의를 주는 단체. ¶부정 선거 방지 ~.

감시-망(監視網) 명 감시하기 위한 조직망.

감시-병(監視兵) 명 [군] 감시하는 임무를 맡은 병사.

감시-원(監視員) 명 감시하는 임무를 맡은 사람.

감식[1](甘食) 명 맛있게 먹는 것. **감식-하다**[1] 타여 **감식-되다**[1] 자

감!식[2](減食) 명 식사의 양이나 횟수를 줄이는 것. 또는, 음식의 분량을 줄여 먹는 것. ¶~요법. **감!식-하다**[2] 타여

감식[3](鑑識) 명 1 어떤 사물의 좋고 나쁨과 진짜인지 가짜인지를 알아내는 것. 또는, 그러한 능력. ¶보석 ~ / 골동품 ~. 2 범죄 수사에서, 필적·지문·혈흔(血痕) 따위를 과학적으로 감정하는 일. ¶지문 ~. **감식-하다**[3] 타여 **감식-되다**[2] 자

감식-안(鑑識眼) 명 사물의 선악·미추(美醜) 등을 감식할 수 있는 눈. ¶그는 고대 미술에 대하여 뛰어난 ~을 가지고 있다.

감실[1](監室) 명 [군] 참모 총장의 지휘를 받는 특별 참모 부서. ¶공병 ~ / 헌병 ~.

감실[2](龕室) 명 1 사당 안에 신주를 모셔 두는 공간. 2 [불] 불상을 모셔 두는 작은 방. 3 [가] 제대(祭臺) 위에 성체를 모셔 두는 장. 4 [고고] 고구려 무덤에서, 앞 방의 양옆에 딸린 방.

감실-감실[1] 부 감실거리는 모양. ¶들판에 아지랑이가 ~ 피어오른다. ☞검실검실. **감실-하다**[1] 자여

감실-감실[2] 부 (드물게 난 털 같은 것이) 가무스름한 모양. ☞검실검실. **감실감실-하다**[2] 형여 ¶코 밑이 감실감실한 중학생.

감실-거리다/-대다 자여 먼 곳에서 자꾸 아렴풋이 움직이다. ¶어둠 속에서 **감실거리는** 불빛. ☞검실거리다.

감심[1](甘心) 명 (괴로움이나 책망을) 달게 여기거나 기꺼이 받아들이는 것. 또는, 그러한 마음. ¶아버지의 책망을 ~으로 듣다. **감심-하다**[1] 자여

감!심[2](感心) 명 깊이 마음에 느끼는 것. 또는, 감동되어 마음이 움직이는 것. **감!심-하다**[2] 자여

감싸고-돌다 타 (~도니, ~도오) 흉이나 약점을 덮어 주어 불리한 처지에서 벗어나도록 돕다. ¶당신이 그렇게 자꾸 **감싸고도**니 아이의 버릇이 나빠지지.

감-싸다 타 1 휘감아 싸다. ¶아기를 포대기로 ~. 2 흉이나 약점을 덮어 주다. ¶허물을 너그럽게 **감싸다**.

감아-쥐다 타 (긴 물체를) 감듯이 손으로 움켜쥐다. ¶머리채를 ~.

감안(勘案) 명 (불리하거나 좋지 않은 사정이나 형편이) 어떤 일을 다룰 때 이래하는 입장에서 헤아리는 것. 빈참작. **감안-하다** 타여 ¶가정 형편을 **감안하여** 학비를 면제해 주다. **감안-되다** 자

감!압(減壓) 명 압력이 주는 것. 또는, 압력을 줄이는 것. ¶~ 증류. ↔가압(加壓). **감!압-하다** 자타여

감!액(減額) 명 액수를 줄이는 것. 또는, 줄인 액수. ↔증액. **감!액-하다** 타여 **감!액-되다** 자 ¶예산이 ~.

감언(甘言) 명 남의 마음에 들도록 꾸미는 말. ¶~으로 꾀다 / ~에 이끌리다. ↔고언(苦言).

감언-이설(甘言利說) [-니-] 명 남의 비위에 맞도록 꾸민 달콤한 말과 이로운 조건을 내세워 꾀는 말. ¶~에 속아 넘어가다.

감역(監役) 명 1 역사(役事)를 감독하는 것. 2 [역] '감역관'의 준말. **감역-하다** 자타여 ¶공사를 감독하다.

감역-관(監役官) [-꽌] 명 [역] 조선 시대, 선공감(繕工監)에서 토목이나 건축 공사를 감독하던 종9품 관리. 준감역.

감!연(敢然) → **감!연-하다** 형여 과단성 있고 용감하다. **감!연-히** 부 ¶조국의 독립을 위해 ~ 일어서다.

감!열-성(感熱性) [-썽] 명 [식] 튤립·크로커

감:염(感染)[명] 1 (나쁜 버릇이나 풍습 등이) 옮아서 물이 드는 것. 2 [의] 미생물이 동식물의 몸 안에 침입하여 증식하는 일. ¶—경로. 감:염-하다 감:염-되다 [동][자][여] ¶불온사상에 ~ / 장티푸스에 ~.

감:염-원(感染源)(醫)[명] 전염병의 병원체나 기생충의 애벌레·알 따위를 가지고 있어 감염의 원천이 되는 것.

감영(監營)[명][역] 감사(監司)가 직무를 맡아 보는 관아. =영문(營門). ¶전라 ~.

감옥(監獄)[명] 1 구법에서, '죄인을 가두어 두는 곳'을 이르던 말. 한동안 '형무소'라 불리다가 현재는 '교도소'로 개칭됨. =수옥. [비] 뇌옥. ¶~에 갇히다. 2 [역] 조선 시대, 형벌의 집행에 관한 일을 맡아보던 관아.

감옥-살이(監獄-)[-쌀-][명] 1 감옥에 갇혀 지내는 생활. 2 행동의 자유가 극도로 억제된 생활을 비유적으로 이르는 말. =철창생활. 감옥살이. 감옥살이-하다 [동][자][여]

감옥-소(監獄所)[-쏘][명] '감옥'을 속되게 이르는 말.

감옥-행(監獄行)[-오캥][명] 감옥으로 잡혀 가는 것. 또는, 그런 길.

감우(甘雨)[명] 때맞추어 알맞게 내리는 비. [비] 단비.

감:원(減員)[명] 조직이나 단체에 딸린 구성원의 수를 줄이는 것. ¶~ 대상자 / ~ 선풍이 불다. ↔증원(增員). 감:원-하다 [동][타][여] ¶K 회사는 기구 축소로 사원 약 100명을 감원하였다. 감:원-되다 [동]

감:-음정(減音程)[명][음] 완전 음정이나 단음정을 반음 낮춘 음정.

감:읍(感泣)[명] 감격하여 흐느끼는 것. 감:읍-하다 [동][자][여] ¶은혜에 ~.

감:응(感應)[명] 1 무엇에 접촉하여 마음이 따라 움직이는 것. ¶그는 나의 끈질긴 설득에 뭔가 ~을 일으킨 듯했다. 2 믿는 마음이 신(神)에게 통하는 것. ¶신불(神佛)의 ~을 얻다. 3 [물] =유도(誘導)². 감:응-하다 [동][자][여] 감:응-되다 [동]

감자¹[명] [식] 가지과의 여러해살이풀. 높이 60~100cm. 여름에 흰빛 또는 자줏빛 꽃이 핌. 땅속줄기의 일부가 덩이 모양을 이룸. 2 1의 덩이줄기. 녹말이 많아 주식과 부식으로 널리 쓰임. =마령서(馬鈴薯). [원] 감저(甘藷).

감:자²(減資)[명][경] 주식회사가 자본금을 줄이는 일. 주식 수를 줄이거나 주당 액면가를 낮추거나 하는 방법이 있음. =자본 감소. ↔증자(增資). 감:자-하다 [동][자][여]

감자-튀김[명] 감자를 채썰어 기름에 튀겨 낸 것.

감:작(感作)[명][의] 1 생체를 어떤 항원(抗原)에 대하여 예민한 상태로 만드는 것. 2 항원과 항체(抗體)가 특이하게 결합하는 것. 감:작-하다 [동][타][여] 감:작-되다 [동][자][여] ¶알레르기성 피부염은 항원인 원인 물질에 감작된 사람에게만 나타나는 질환이다.

감작-감작[-깜-][부] 가무스름한 점이 잘게 여기저기 박혀 있는 모양. [큰] 검적검적. [센] 감짝감짝. 감작감작-하다 [형][여] ¶얼굴이 ~.

감:-잡이[명] 1 [건] 기둥과 들보에 검쳐 못을 박는 쇳조각. 2 [건] 대문 문장부에 감아 박는 쇠. 3 '낫'을 심마니들이 이르는 말.

감:-잡히다[-자피-][동][자] 남과 말다툼하거나 할 때, 조리가 서지 않거나 하여 약점을 잡히다.

감장¹[명] '검정'의 작은말. [센] 깜장.

감장²[명] 남의 도움 없이 자기 힘으로 꾸려 가는 것. ¶제 앞 —도 못하면서 남의 일에 무슨 참견이니? 감장-하다 [동][타][여]

감장-이[명] '검정이'의 작은말. [센] 깜장이.

감:전(感電)[명] 전기가 통하고 있는 물체에 몸이 닿아 쇼크를 받는 것. 감:전-하다 [동][자][여] 감:전-되다 [동][자][여] ¶고압 전류에 ~.

감:전-사(感電死)[명] 감전되어 죽는 것. 감:전사-하다 [동][자][여]

감:점(減點)[-쩜][명] 점수를 줄이는 것. 또는, 그 점수. ¶반칙을 하여 ~을 받다. 감:점-하다 [동][타][여] ¶5점을 ~ / 제조 경기는 10점 만점에서 연기의 결점이나 실패에 따라 감점한다. 감:점-되다 [동]

감:접-이[명] 피륙을 짤 때, 양 끝을 올이 풀리지 않도록 엮어서 둘러 감아 마무리한 부분.

감:정¹(感情)[명] 주위의 어떤 대상이나 일이나 현상에 대해 느끼게 되는 기쁨·즐거움·슬픔·괴로움·두려움·노여움·사랑·미움 등의 기분의 상태. ¶~을 억누르다 / ~이 메마르다 / ~이 풍부한 소년. ▷정서(情緖).

감:정²(憾情)[명] 원망하거나 언짢아하는 마음. ¶~을 품다 / ~ 섞인 언사.

감정(을) 사다 [관] 남을 감정 나게 하다. ¶회장의 독단적인 행동은 회원들의 감정을 샀다.

감:정³(鑑定)[명] 1 사물의 좋고 나쁨이나 진위(眞僞) 등을 분별하여 판정하는 것. ¶~(料). 2 [법] 법원으로부터 명령을 받은 사항에 관하여, 특별한 전문가가 자기의 학식과 경험에 의하여 구체적 사실에 응용할 판단을 진술·보고하는 일. ¶필적 ~ / 정신 ~. 감:정-하다 [동][타][여] ¶보석을 ~.

감:정-가¹(鑑定家)[명] 감정을 잘하거나 전문적으로 하는 사람.

감:정-가²(鑑定價)[-까][명] =감정 가격.

감:정^가격(鑑定價格)[-까-][명] 담보가 될 물건을 평가하여 매기는 가격. =감정가.

감:정-서(鑑定書)[명] 1 미술 작품·보석 등의 진위(眞僞) 여부나 품질 등을 보증하는 문서. 2 [법] 감정한 결과를 적은 문서.

감:정-싸움(感情-)[명] 서로 미워하는 마음으로 벌이는 싸움. ¶사소한 문제가 ~으로 번지다.

감:정^이입(感情移入)[명][철] 사람이 어떤 대상에 깊이 몰두하여 그것과 하나가 되는 의식의 상태나 작용. 가령, 관객이 영화 속의 주인공과 자신을 동일시하여 함께 울고 웃으며, 어떤 신체 동작을 따라 하는 것 따위.

감:정-인(鑑定人)[명] 1 감정을 하는 사람. 2 [법] 특수한 사실의 감정이 필요할 때, 법원의 명령으로 그 감정을 하는 전문가.

감:정-적¹(感情的)[명] 감정에 바탕을 둔 (것). ¶~인 행동. ↔이성적.

감:정-적²(憾情的)[관][명] 원망하는 마음이 있거나 언짢아하는 태도가 있는 (것). ¶이족에서 그만큼 사과했는데 계속해서 ~으로 나올 거야?

감:정^평가사(鑑定評價士)[-까-][명][법] 동산(動産)과 토지·건물 등 부동산의 경제적 가액(價額)을 감정·평가할 수 있는, 법적 자격을 갖춘 사람.

감주(甘酒)[명] =단술.

감:지(感知) 〖명〗 (어떤 일을) 느끼어 아는 것. **감:지-하다** 〖타〗〖여〗 ¶적의 동태를 ~. **감:지-되다** 〖자〗 ¶그 군사 기밀은 미국 CIA에 의해 맨 처음 감지되었다.

감:지-기(感知器) 〖명〗 여러 가지의 물리량(物理量), 곧 소리·빛·온도·압력 등을 검출하는 소자(素子). 또는, 그것을 갖춘 기계 장치. =센서.

감:지덕지(感之德之) [-찌] 〖부〗 과분한 듯이 아주 고맙게 여기는 모양. ¶나그네는 겨우 밥 한 그릇에 ~ 고마워했다. **감:지덕지-하다** 〖자〗〖여〗

감질(疳疾) 〖명〗 먹고 싶거나 가지고 싶어서 몹시 애타는 마음.

감질-나다(疳疾-) [-라-] 〖자〗 몹시 먹고 싶거나 가지고 싶거나 하고 싶어서 애타는 마음이 생기다. ¶수돗물이 찔끔찔끔 감질나게 나온다.

감질-내다(疳疾-) [-래-] 〖자〗 감질을 일으키다.

감-쪼으다(鑑-) 〖타〗 〈~쪼으니, ~쪼아〉 윗사람으로 하여금 물건을 살펴보게 하다.

감쪽-같다 [-깓따] 〖형〗 1 (어떤 행위가) 남이 짐작하지 못할 만큼 교묘하거나 능란하다. ¶적군은 감쪽같은 그의 계략에 걸려들고 말았다. 2 (고치거나 꾸민 것이) 그 흔적을 알아차리지 못할 만큼 말짱하다. ¶이어 붙인 자국이 ~. **감쪽같-이** 〖부〗 ¶~ 속이다.

감찰(監察) 〖명〗 1 감시하고 살피는 것. 2 [법] 공무상의 비위(非違)나 비행(非行)에 대하여 조사 및 감독하는 일. 3 조직의 규율과 구성원의 행동을 감독하여 살피는 직(職). **감찰-하다** 〖타〗〖여〗 감시하고 살피다.

감-참외 [-외/-웨] 〖명〗〖식〗 참외의 한 품종. 속의 살이 잘 익은 감같이 붉고 맛이 좋음.

감채(減債) 〖명〗 빚을 갚아 나가며 줄이는 것. ¶~ 적립금. **감채-하다** 〖자〗〖여〗

감:천(感天) 〖명〗 지극한 정성에 하늘이 감동하는 것. ¶지성이면 ~ 이라. **감:천-하다** 〖자〗〖여〗

감청(紺靑) 〖명〗 =감청색.

감청(監聽) 〖명〗 수사·정보기관에서 어떤 사람을 감시하기 위해 전화 등의 전기 통신으로 전달되는 내용을 몰래 듣거나 보는 일. **감청-하다** 〖타〗〖여〗

감청-색(紺靑色) 〖명〗 짙고 산뜻한 남빛. 파랑과 남빛의 중간 색깔임. =감청.

감쳐-물다 [-처-] 〖타〗 〈~무니, ~무오〉 아래위 두 입술을 서로 약간 겹치도록 붙이면서 꼭 다물다.

감초(甘草) 〖명〗 1 〖식〗 콩과의 여러해살이풀. 여름에 쪽빛을 띤 보라색 꽃이 피며, 뿌리는 맛이 달아 먹거나 약재로 씀. 2 [한] 의 뿌리. 다른 약의 작용을 순하게 하므로 처방에 널리 쓰임.

감촉(感觸) 〖명〗 만지거나 접촉하여 일어나는 느낌. 囲촉감. ¶~이 좋은 옷감 / ~이 부드럽다. **감촉-하다** 〖타〗〖여〗 **감:촉-되다** 〖자〗

감추다 〖타〗〖여〗 1 (물건이나 신체를 어느 곳에) 남이 보거나 찾아내지 못하도록 숨겨 두거나 가리거나 하다. 囲가무리다. ¶옷장 속에 돈을 ~ / 몸을 나무 뒤에 ~. 2 (어떤 사실을 누구에게) 모르게 하다. ¶신분을 ~ / 과거를 ~. 3 (자취를) 사라지거나 보이지 않게 하다. ¶한때 그토록 유행하던 장발족은 어느덧 우리 곁에서 자취를 감추었다.

감:축[1](減縮) 〖명〗 덜어서 줄이는 일. =축감. ¶핵무기 ~. **감:축-하다**[1] 〖타〗〖여〗 ¶병력(兵力)을 ~.

감:축[2](感祝) 〖명〗 (경사스러운 일을) 함께 감사하고 축하하는 것. **감:축-하다**[2] 〖자〗〖타〗〖여〗

감치다[1] 〖자〗 잊지 않고 항상 마음에 감돌다. ¶그녀가 누님처럼 따뜻하게 감쳐 오는 것을 느끼며….《이호철:소시민》

감:-치다[2] 〖타〗 바느질감의 가장자리나 솔기를 실올이 풀리지 않게 용수철 모양으로 감으며 꿰매다. ¶치맛단을 ~.

감:칠-맛 [-만] 〖명〗 1 음식물이 입에 당기는 맛. ¶그 집 냉면은 구수하고 ~이 있다. 2 사람의 마음을 끌어당기는 힘의 비유.

감침-질 〖명〗 바늘로 감치는 일. **감침질-하다** 〖자〗〖여〗

감탄(感歎·感嘆) 〖명〗 (어떤 대상에 대해) 훌륭하다고 느껴, '아', '야', '대단하다', '굉장하다' 등과 같은 놀랍다는 뜻의 말을 하는 것. =영탄(詠歎). ¶설악의 가을 풍광은 절로 ~을 자아낸다. **감:탄-하다** 〖자〗〖여〗

감탄고토(甘呑苦吐) 〖명〗 [달면 삼키고 쓰면 뱉는다는 뜻] 사리의 옳고 그름에는 관계없이 자기 비위에 맞으면 좋아하고 그렇지 않으면 싫어함. **감탄고토-하다** 〖자〗〖여〗

감탄-문(感歎文) 〖언〗 말하는 사람이 듣는 사람을 별로 의식하지 않거나, 거의 독백 상태에서 자기의 느낌을 표현하는 문장. 감탄형 종결 어미로 문장을 끝냄.

감탄-사(感歎詞) 〖명〗〖언〗 품사의 하나. 말하는 사람의 본능적인 놀람, 감정을 나타내거나, 부름·대답, 입버릇·말더듬 등을 나타내는, 활용하지 않고 조사가 붙지 않으며 독립성이 강한 단어. '아차', '에라', '여보', '에' 따위. =느낌씨·간투사(間投詞)·동동사.

감:탄-조(感歎調) [-쪼] 〖명〗 감탄하는 어조나 투. ¶시를 ~로 읊다.

감:탄-형(感歎形) 〖명〗〖언〗 용언 및 서술격 조사 '이다'의 활용형의 하나. 감탄을 나타내는 종결 어미 '-구나', '-도다' 등이 붙은 꼴. =느낌꼴.

감탕 〖명〗 1 갖풀과 송진을 끓여 만든 풀. 새를 잡거나 나무를 붙이는 데에 씀. 2 곤죽처럼 된 진흙. ¶장마철만 되면 길이 ~이 된다.

감탕-나무 〖명〗〖식〗 감탕나뭇과의 상록 활엽 소교목. 높이 10m 정도. 4~5월에 황록색 꽃이 피며, 가을에 열매가 붉게 익음.

감탕-밭 [-받] 〖명〗 곤죽 같은 진흙땅.

감탕-질 〖명〗 (여자가) 성교할 때에 흐느끼는 소리를 내면서 남을 음탕하게 놀리는 짓. **감탕질-하다** 〖자〗〖여〗

감태(甘苔) 〖명〗〖식〗 =김[3].

감토(-土) 〖명〗 '감흙'의 잘못.

감:퇴(減退) [-퇴/-퉤] 〖명〗 (기세·세력 따위가) 줄어드는 것. ¶식욕 ~ / 기억력 ~. ↔증진. **감:퇴-하다** 〖자〗〖여〗 **감:퇴-되다** 〖자〗 ¶나이가 들면서 시력이 ~.

감투[1] 〖명〗 1 예전에, 머리에 쓰던 의관의 하나. 말총·가죽·헝겊 따위로 탕건 비슷하게 만듦. 2 '탕건'을 속되게 이르는 말. 3 '벼슬'을 속되게 이르는 말. ¶~싸움 / 벼락~.

감투(를) 쓰다 〖관〗 벼슬자리나 높은 직위에 오르다. 속된 말임.

감:투[2](敢鬪) 〖명〗 용감하게 싸우는 것. ¶~상(賞) / ~ 정신. **감:투-하다** 〖자〗〖여〗

감투-거리 〖명〗 여자가 남자 위에 올라가 하는 성행위. **감투거리-하다** 〖자〗〖여〗

감투-밥 〖명〗 그릇 위로 수북이 담은 밥. 囲고봉밥.
감투-싸움 명 벼슬자리를 놓고 벌이는 다툼.
감:-파랗다 [-라타] 형ㅎ <~파라니, ~파라오, ~파래> '검퍼렇다'의 작은말.
감:파래-지다 동재 '검퍼레지다'의 작은말.
감:-파르다 형(르) <~파르니, ~파르러> '검푸르다'의 작은말.
감:편(減便) 명 항공기·선박·자동차 따위의 정기 운행 횟수를 줄이는 것. ↔증편(增便).
감:편-하다 타여
감:표¹(減票) 명 표를 줄이는 것. ¶입후보자의 스캔들이 막판에 ~의 원인으로 작용하여 선거에서 패하고 말았다. **감:표-하다¹** 동재
감:표²(監票) 명 투표·개표를 감시 또는 감독하는 것. ¶~위원. **감:표-하다²** 타여
감:-하다(減-) 동타여 (수량이나 부담을) 줄이거나 빼다. ¶형량을 ~ /복무 기간을 24개월로 ~.
감:행(敢行) 명 과감하게 행하는 것. **감:행-하다** 타여 ¶맥아더 장군은 인천 상륙 작전을 **감행했다**. **감:행-되다** 동재
감:형(減刑) 명 [법] 사면(赦免)의 한 가지. 대통령이 사면권에 의해서 범죄인의 확정된 형의 일부를 줄이는 일. **감:형-하다** 동타여 ¶사형을 무기형으로 ~. **감:형-되다** 동재
감호(監護) 명 보호하고 감독하는 일. **감호-하다** 타여 **감호-되다** 동재
감호^조치(監護措置) 명 [법] 소년 사건을 조사하고 심판할 때까지 소년을 보호자·학교장·병원·소년 감별소 등에 위탁하여 보호하는 일.
감홍-로(甘紅露) [-노] 명 1 지치 뿌리를 꽂고 꿀을 넣어서 빚은, 평양 특산의 붉은 소주. 2 소주에 누룩·계피·진피·정향 등의 약재를 넣어 우린 술.
감:화(感化) 명 정신적 또는 도덕적으로 좋은 영향을 받아 마음이나 행동이 변화하는 것. 또는, 그렇게 변화하게 하는 것. ¶스승으로부터 정신적 ~를 받다. **감:화-하다** 동(자)(타)여 **감:화-되다** 동재
감:화-력(感化力) 명 감화시키는 힘.
감:화-원(感化院) 명 [법] 보호 처분을 받은 청소년을 수용하여 감화·선도하기 위한 시설. ⇨소년원.
감:회(感懷) [-회/-훼] 명 어떤 사물을 대할 때 그와 관계된 옛날 일을 떠올리면서 가지게 되는 생각이나 느낌. =감구지회(感舊之懷). ¶~가 새롭다 / ~에 잠기다[젖다] / ~가 남다르다.
감:획(減畫) [-획/-훼] 명 글씨의 획수를 줄이는 것. ↔가획(加畫). **감:획-하다** 타여
감:-흙 [-흑] 명 사금광에서 파낸, 금이 섞인 흙. (준)감. ×감토.
감:흥(感興) 명 마음에 깊이 느끼어 일어나는 흥취. ¶시적(詩的) ~이 일어나다.
감:-히(敢-) 부 1 두려움이나 송구스러움을 무릅쓰고. ¶어려운 부탁인 줄 알면서 ~ 청하오니 부디 거두어 주시기 바랍니다. 2 주제넘거나 분별없이. ¶어느 안전이라고 ~ 말대꾸를 하는 게냐? 3 (주로, '못하다', '없다'와 같은 말과 함께 쓰여) '함부로', '만만하게'의 뜻을 나타내는 말. ¶김 선생은 워낙 무서워서 학생들이 ~ 말을 붙이지 못한다.
갑¹(甲) 명 1 천간(天干)의 첫째. 2 순서나 등급을 매길 때의 첫째. 3 둘 이상의 사물이 있을 때, 그 하나의 이름 대신 쓰는 말. 4[동]

=갑각(甲殼). 5 [체] 검도에서, 호구(護具)의 하나. 몸통을 보호하기 위해서 사용함.
갑²(匣) 명 1 [저비] 1 물건을 담는 작은 상자. ¶성냥~ / 담뱃~ / 빈 ~. 2 [공] 형체가 완성된 도자기를 구울 때 담는 큰 그릇. 2[의존] 물건의 분량을 그것이 담긴 갑의 수로 헤아리는 말. ¶담배 한 ~ / 분필 두 ~.
갑³(岬) 명 [지] =곶(串).
갑각(甲殼) 명 갑각강의 체표를 싸고 있는 외골격. 큐티쿨라층에 탄산칼슘이 포함되어 단단한 구조로 되어 있음. =갑(甲)·개갑(介甲)·두흉갑(頭胸甲).
갑각-강(甲殼綱) 명 절지동물의 한 강(綱). 대개 물속에 삶. 몸은 체절적 구조이고 머리·가슴·배로 나누어지며, 겉은 딱딱한 껍데기로 덮여 있는데 탈피를 함. 게·새우·가재 따위. =갑각류.
갑각-류(甲殼類) [-깡뉴] 명[동] =갑각강.
갑갑-증(-症) [-깝쯩] 명 지루하거나 답답한 마음. ¶종일 방 안에만 있으니 ~이 난다.
갑갑-하다 [-까파-] 형여 1 (몸이) 옷을 잔뜩 껴입거나 무엇이 누르듯이 달라붙거나 하여 불유쾌한 압박을 느끼는 상태에 있다. ¶옷을 많이 입었더니 **갑갑해서** 견딜 수 없다. / 몸이 사람들 틈에 꽉 끼자 나는 **갑갑함**을 느꼈다. 2 (사람이) 좁고 닫힌 공간 속에 있어 그곳에서 벗어나고 싶은 상태에 있다. ¶집구석에만 있자니 너무 **갑갑해서** 바람을 쐬러 나왔다. 3 (마음이) 하고자 하는 일이 잘되지 않거나 마땅한 방도가 없어 막막하거나 괴로운 상태에 있다. ¶나는 마음이 **갑갑할** 때면 바다를 찾는 버릇이 있다. ▷답답하다. **갑갑-히** 부

어법 갑갑치 않은 옷:갑갑치(×)→갑갑지(○), 갑갑하지(○). ▶ 어간의 끝 음절 '하'가 아주 줄 적에는 준 대로 적을 수 있음(맞40).

갑골^문자(甲骨文字) [-꼴-짜] 명[역] 거북의 등딱지나 짐승 뼈에 새겨진 중국 은(殷)나라 때의 상형 문자. =은허 문자.
갑과(甲科) [-꽈] 명[역] 과거에서 성적으로 나눈 등급의 첫째. ⇨을과·병과.
갑근-세(甲勤稅) [-끈쎄] 명 [법] '갑종 근로 소득세'의 준말.
갑남을녀(甲男乙女) [갑-려] 명 '갑이라는 남자와 을이라는 여자'라는 뜻) 평범한 사람들을 일컫는 말. ▷장삼이사(張三李四).
갑년(甲年) [-련] 명 예순한 살 되는 해. 곧, 회갑이 되는 해.
갑론을박(甲論乙駁) [갑논-] 명 서로 자기주장을 내세우고 상대방의 주장을 반박하는 것. ¶한글 전용 문제는 학자들 사이에 ~이 아직도 계속되고 있다. **갑론을박-하다** 동(자)여
갑리(甲利) [감니] 명 =갑변(甲邊).
갑문(閘門) [감-] 명[건] 1 운하·방수로(放水路) 등에서 수위(水位)를 일정하게 하기 위한 수량 조절용 문. 2 선박을 높낮이가 큰 수면으로 오르내리게 하는 장치.
갑방(甲方) [-빵] 명 24방위의 하나. 정동(正東)으로부터 북으로 15도의 방위를 중심으로 한 15도 각도 안. ⑤갑(甲).
갑변(甲邊) [-뼌] 명 고리대금업자들이 곱쳐서 받는 이자. =갑리(甲利).
갑부(甲富) [-뿌] 명 첫째가는 부자. ¶당대의 ~ / 장안의 ~.

갑사[1](甲士) [-싸] [명][역] 조선 시대, 의흥부(義興府)에 딸린 군인.
갑사[2](甲紗) [-싸] [명] 얇고 성기게 짠 품질이 좋은 비단.
갑사-댕기(甲紗-) [-싸-] [명] 갑사로 만든 댕기. ¶~를 드리다.
갑상-선(甲狀腺) [-쌍-] [명][생] 성장·발육·지능 발달에 필요한 호르몬을 분비하는 내분비선. 후두의 아래쪽, 기관(氣管)의 앞쪽에 있음. =목밑샘.
갑술(甲戌) [-쑬] [명] 60갑자의 열한째.
갑시(甲時) [-씨] [명] 이십사시의 여섯째 시. 곧, 오전 4시 30분부터 5시 30분까지의 동안. [준]갑(甲).
갑시다 [-씨-] [동][자] 갑자기 몸에 찬물이나 찬 기운을 받거나, 또는 물 따위가 갑자기 목구멍으로 들어가거나 할 때, 숨을 쉬기가 어려워 헉헉거리는 상태가 되다. ¶찬 우물물을 등에 붓자 그는 어푸어푸 **갑시는** 소리를 냈다.
갑신(甲申) [-씬] [명] 60갑자의 스물한째.
갑신-정변(甲申政變) [-씬-] [명][역] 조선 고종 21년(1884:갑신년)에 김옥균·박영효 등의 개화당이 민씨(閔氏) 일파의 사대당을 물리치고 국정을 쇄신하기 위하여 일으킨 정변.
갑야(甲夜) [명] '초경(初更)[1]'을 오야(五夜)의 하나로 이르는 말.
갑오(甲午) [명] 60갑자의 서른한째.
갑오-개혁(甲午改革) [명][역] 조선 고종 31년(1894:갑오년)에 개화당이 집권하여 구식 제도를 진보적인 서양식 제도로 개혁한 일. 구용어는 갑오경장.
갑오-경장(甲午更張) [명][역] '갑오개혁'의 구용어.
갑-옷(甲-) [-옫] [명] 옛날 전쟁할 때에 화살이나 창·칼 등을 막기 위하여 입던 옷. 쇠나 가죽의 미늘을 붙였음. =갑의·개갑·혁갑.
갑옷-미늘(甲-) [-온-] [명] 갑옷에 단, 비늘 모양의 가죽 조각이나 쇳조각. [준]미늘.
갑을(甲乙) [명] **1** 갑(甲)과 을(乙). **2** 순서·우열을 나타내어 가리키는 말. 곧, 첫째와 둘째. ¶막상막하의 실력이라 ~을 매기기 어렵다.
갑인(甲寅) [명] 60갑자의 쉰한째.
갑인-자(甲寅字) [명][역] 조선 세종 16년(1434:갑인년)에 만든 구리 활자.
갑자(甲子) [-짜] [명] 60갑자의 첫째.
갑자기 [-짜-] [부] 예상치 못하게 급히. 또는, 아무 조짐도 없이 돌연히. [비]별안간·졸지에. ¶길을 가는데 ~ 소나기가 쏟아졌다. [큰]급자기.
갑자-사화(甲子士禍) [-짜-] [명][역] 연산군 10년(1504:갑자년)에 일어난 사화. 연산군의 어머니 윤 씨가 사약을 받고 죽은 일을 임사홍이 연산군에게 발설함으로써 일어났으며, 윤필상·김굉필 등 10여 명의 관련자가 사형당했음.
갑작-병(-病) [-짝뼝] [명] 갑자기 앓는 병. ¶~으로 죽다.
갑작-스럽다 [-짝쓰-따] [형][ㅂ] <~스러우니, ~스러워> (어떤 일이) 갑자기 일어난 듯한 느낌이 있다. ¶**갑작스런** 질문에 그는 대답할 말을 얼른 찾지 못했다. [큰]급작스럽다. **갑작스레** [부]
갑절 [-쩔] Ⅰ[명] 어떤 수량을 두 번 합치는 것. [비]곱절·배(倍). ¶100은 50의 ~이다. Ⅱ[부] 두 번 합친 만큼. ¶남보다 뒤진 사람은 ~ 노력해야 한다.
갑족(甲族) [-쪽] [명] 가문이나 문벌이 아주 훌륭한 집안. ¶삼한(三韓) ~.
갑종(甲種) [-쫑] [명] 갑·을·병 등으로 차례를 매길 때, 그 첫째 종류. ¶~ 합격.
갑종^근!로^소!득(甲種勤勞所得) [-쫑글-] [명][법] 정부가 세금을 원천 징수 하도록 되어 있는 근로 소득. 직장에 다니면서 받는 봉급·보수·수당·상여·연금·퇴직금 등이 이에 속함.
갑종^근!로^소!득세(甲種勤勞所得稅) [-쫑글-쎄] [명][법] 갑종 근로 소득에 대하여 매기는 세금. [준]갑근세.
갑주(甲冑) [-쭈] [명] 갑옷과 투구.
갑주어(甲冑魚) [-쭈-] [명][동] 고생대의 실루리아기에서 데본기 사이에 번성한, 외골격을 가진 원시 어류의 하나. 현생 어류의 선조로, 머리와 몸통의 앞부분이 딱딱한 골질판(骨質板)으로 덮였음.
갑진(甲辰) [-찐] [명] 60갑자의 마흔한째.
갑창(甲窓) [명][건] 추위나 햇볕을 막으려고, 미닫이 안쪽에 덧끼우는 미닫이. ▷이중창.
갑충(甲蟲) [명][동] =딱정벌레.
갑판(甲板) [명] 비교적 큰 배에서, 선체의 위쪽에 나무나 철판으로 넓고 평평하게 깔아 놓은 바닥. ¶그는 뱃멀미가 나 ~에 나가 찬 바람을 쐬었다.
갑판-실(甲板室) [명] 갑판 위에 있는 방.
갑판-장(甲板長) [명] 1등 항해사의 지시에 따라 갑판원을 지휘하며 선내 작업을 하는 직위. 또는, 그 사람.
갑화(-火) [명] '도깨비불**2**'의 잘못.
값[갑] [명] **1** 물건을 사거나 팔거나 할 때 주거나 받거나 해야 할 돈이 얼마인지를 단위와 함께 나타낸 수. =가전(價錢). [비]금·가격. ¶헐~ / ~이 싸다〔비싸다〕 / ~이 오르다〔내리다〕 / ~을 깎다. **2** 물건을 사고팔 때 주고받는 돈. ¶외상~ / ~을 물다 / 옷을 사고 ~을 치르다. **3** 중요성이나 의의. ¶~있다〔없다〕 / ~이 있는 삶. **4** 무엇에 합당한 구실이나 노릇. ¶나잇~ / 얼굴~ / 덩칫~ / 킷~. **5** 노력이나 희생의 대가(代價)나 보람. ¶일한 ~. **6** [수] 문자로써 나타낸 식 중의 문자에 해당하는 수. p가 5를 대표할 때, 5는 p의 값임. =수치(數値). [비]치(値). ¶x의 ~을 구하다.

> **유의어** 값 / 가격 / 삯
>
> '**값**'은 어떤 물건(반드시 상품만을 가리키지는 않음)을 사거나 팔거나, 빌리거나 빌려 주는 데 대한 대가로서의 돈을 가리키고, '**가격**'은 특정한 상품의 가치를 나타내는 돈의 액수를 가리키며, '**삯**'은 사람의 육체노동에 대한, 또는 시설·물건 등을 빌려 쓴 데 대한 대가로서의 돈을 가리킴.

[**값도 모르고 싸다 한다**] 일의 사정도 잘 모르면서 이러니저러니 말한다.
값(을) 놓다 [구] 값을 지정하여 말하다. ¶그쪽에서 **값을 놓아** 보시오. 적당하면 내 사리다.
값(을) 보다 [구] 사려는 물건의 값을 어림하여 보다. ¶너무 싸게 **값을 보면** 흥정이 안 되오.
값(을) 부르다 [구] 사거나 팔기에 알맞다고 생각되는 값을 말하다. ¶한 상자당 만 원에 사겠다고 ~.
값-나가다[갑―] 통(자) 귀하거나 좋아서 값이 많은 액수에 이르다. ¶그의 소장품에는 값 나가는 물건이 많다. ⸗값가다.
값-나다[갑―] 형 =금나다.
값-낮다 형 '값싸다'의 잘못.
값-높다 형 '값비싸다'의 잘못.
값-비싸다[갑삐―] 형 1 (물건이) 그 값이 많이 나가는 상태에 있다. '비싸다'에 비해 그 물건이 귀하다는 어감이 강함. =금높다. ¶값비싼 보석. ↔값싸다. ×값높다. 2 (어떤 일이) 많은 노력을 들이거나 큰 어려움을 겪고서야 겨우 이뤄지는 상태에 있다. ¶값비싼 대가 / 값비싼 경험 / 값비싼 교훈.
값-싸다[갑―] 형 1 (물건이) 그 값이 적게 나가는 상태에 있다. '싸다'에 비해 그 물건이 천하다는 어감이 강함. =금낮다. ¶값싼 물건 / 값싼 옷. ↔값비싸다. ×값낮다. 2 (어떤 행동이) 너무 쉽게 이루어져서 진실함이 적은 상태에 있다. ¶값싼 동정 / 값싼 눈물 / 남자 앞에서 값싼 웃음을 판다.
[값싼 비지떡] 값싼 물건치고 좋은 것이 없다는 말.
값-어치[갑―] 명 일정한 값에 해당하는 내용이나 쓸모. 또는, 사물이 가지는 가치. ¶보석은 빛깔과 광택이 아름다울수록 ~가.
값-없다[갑업따] 형 1 물건 따위가 너무 흔하여 아무 가치가 없다. 2 물건이 값을 매길 수 없을 정도로 가치가 매우 크다. 3 아무 보람이나 가치가 없다. **값없이** 부 ¶~ 살다 간 인생.
값-있다[갑읻따] 형 많은 가치를 지니고 있다. ¶나라를 위하여 값있는 일을 하고 싶다.
값-지다[갑찌―] 형 값이 많이 나갈 만하다. ¶값진 골동품 / 값진 경험.
값-하다[가파―] 타여 그것이 지닌 값어치에 맞는 일을 하다. ¶은혜에 값하는 행동.
갓¹[갇] 명 1 조선 시대에, 어른이 된 남자가 머리에 쓰던 모자. 주로, 사대부가 쓰던 것으로, 머리를 덮는 원통형의 갓모자와 햇빛을 가리는 갓양태로 이루어짐. 가늘게 쪼갠 대나무나 말총으로 만들며 갓끈을 닮. =입자(笠子). ¶~을 쓰다. 2 갓 모양의 물건. ¶전등~.
[갓 쓰고 자전거 탄다] 어울리지 않아 어색하다.
갓²[갇] 명(식) 십자화과의 한해살이풀. 높이 1m 정도. 봄부터 여름에 걸쳐 황색 꽃이 핌. 잎과 줄기는 식용하며, 씨는 겨자씨와 같이 쓰나 매운맛이 적고 향기가 있음.
갓³[갇] 명(의존) 말린 식료품 중, 굴비 따위의 열 마리, 고사리·고비 따위의 열 모숨을 한 줄로 엮은 단위. ¶굴비 두 ~ / 고사리 한 ~.
갓⁴[갇] 부 금방 처음으로. 또는, 이제 막. ¶~ 피어난 꽃 / ~ 시집온 여자 / ~ 스물이 되다.
갓!-길[가낄/갇낄] 명 도로의 유효 폭 밖의 가장자리 부분. 고장 난 차를 세울 수 있음.
갓-김치[갇낌―] 명 갓으로 담근 김치.
갓-끈[갇―] 명 갓에 다는 끈. =입영(笠纓).
갓난-것[간-걷] 명 '갓난아이'를 속되게 이르는 말.
갓난-아기[간―] 명 '갓난아이'를 귀엽게 이르는 말.
갓난-아이[간―] 명 낳은 지 얼마 안 되는 아이. =적자. 비신생아. ⸗갓난애·갓난이.
갓난-애[간―] 명 '갓난아이'의 준말.
갓난-이[간―] 명 '갓난아이'의 준말.
갓-두루마기[갇두―] 명 1 갓과 두루마기. 2 갓을 쓰고 두루마기를 입은 사람. **갓두루마기-하다** 통(자)여 갓을 쓰고 두루마기를 입다.
갓-망건(-網巾)[갇―] 명 갓과 망건. =관망(冠網). **갓망건-하다** 통(자)여 갓과 망건을 쓰다.
갓모[갇―] 명(공) 사기그릇을 만드는 물레 밑구멍에 끼우는 사기로 된 고리. ×갈모.
갓-모자(-帽子)[갇―] 명 갓에서, 머리를 덮는 부분. 아래가 위보다 조금 넓은 원통형임. ▷갓양태.
갓-무[갇―] 명(식) 무의 한 가지. 잎은 갓 잎 비슷하고, 뿌리는 배추 뿌리 비슷함.
갓-밝이[갇빡―] 명 날이 막 밝을 무렵. 비여명(黎明).
갓-스탠드(-stand)[갇―] 명 전등 위쪽에 갓을 씌운 조명 기구.
갓-양태[갇냥―] 명 갓에서, 차양을 이루는 원반 모양의 물건. 갓모자가 가운데에 박혀 있음. ▷갓모자.
갓-장이[갇짱―] 명 갓을 만드는 것을 직업으로 하는 사람.
갓-쟁이[갇쨍―] 명 갓을 쓴 사람을 얕잡아 이르는 말.
갓-털[갇―] 명(식) 국화과·마타리과 등의 열매의 상단에 생기는, 털 모양의 돌기. 꽃받침의 형태가 변한 것임. =관모(冠毛).
강-¹ 접두 1 '억지', '호된', '부자연스러운'을 뜻하는 말. ¶~다짐 / ~추위 / ~주정. 2 '그것만으로 이루어지는'을 뜻하는 말. ¶~보리밥 / ~술.
강²(江) 명 육지를 가로질러 넓고 길게 흐르는 큰 물줄기. 내보다 큼. ¶낙동~ / ~이 흐르다 / ~이 범람하다 / ~을 건너다.
강 건너 불구경[불 보둥] 관 자기에게 관계 없는 일이라 하여 무관심하게 방관하는 모양.
강³(綱) 명(생) 생물 분류학상의 한 단위. 문(門)과 목(目) 사이의 단계에 해당됨.
강¹⁴(講) 명 배운 글(주로, 한문으로 된 유학 경전)을 스승이나 윗사람 앞에서 외는 것.
강-⁵(強) 접두 '매우 세거나 됨'을 나타내는 말. ¶~타자 / ~펀치 / ~행군.
강-가(江-)[-까] 명 강줄기가 육지와 잇닿은 곳. 또는, 그 부근. 비강변(江邊).
강!간(強姦) 명(법) (주로, 남자가 여자를) 협박하거나 폭력을 쓰거나 기타 불법적 수단을 이용하여 강제로 자기와 성교하는 상태가 되게 하는 것. 비겁간·겁탈. ¶~범 / ~죄. ▷화간(和姦). **강!간-하다** 타여.
강강(剛剛) →**강강-하다** 형여 1 (마음이나 기력이) 굽힘이 없이 단단하다. ¶강강한 성미. 2 (날씨가) 쌀쌀하다. ¶날은 초저녁보다 강강한데 싸락눈이 쌀쌀하게 뿌리기 시작한다.《심훈:상록수》 3 (목소리가) 높고 날카롭다. 비강강히. **강강-히** 부.
강강-술래 명(민) 전라도 지방에 전하는 민속놀이의 하나. 여자들이 손을 잡고 원을 그리며 추는 춤. 또는, 그 춤에 맞추어 부르는 노래. '강강술래'를 후렴으로 부름.
강!개(慷慨) →**강!개-하다** 형여 의기(義氣)가 복받쳐 원통하고 슬프다.
강건¹(剛健) →**강건-하다¹** 형여 1 (의지나 기상이) 굳세고 건전하다. ¶강건한 기상 / 강

건한 정신. 2 필력(筆力)이나 문세(文勢)가 강하고 씩씩하다. **강건-히** [부]

강건²(康健) →**강건-하다²** [형여] 기력이 튼튼하다. ¶기력이 **강건하신지요**. **강건-히²** [부]

강건³(强健) →**강건-하다³** [형여] (몸이) 튼튼하고 건강하다. ¶**강건한** 청년. ↔병약(病弱)하다. **강건-히³** [부]

강건-체(剛健體) [명] [문] 문체의 하나. 웅대·장중·강직 등 굳세고 힘찬 품격을 지닌 남성적인 문체. ↔우유체(優柔體).

강경(强勁·强硬) →**강경-하다** [형여] (태도가) 굽힘이 없이 강하게 맞서는 상태에 있음. ¶**강경한** 태도 / **강경한** 수단. **강경-히** [부]

강!경-과(講經科) [명] [역] 조선 시대에 경서(經書)에 정통한 사람을 뽑던 과거. 준강과·경과.

강경-파(强勁派) [명] 강경한 태도나 입장을 취하는 부류의 사람.

강고(强固) →**강고-하다** [형여] 굳세고 튼튼하다. **강고-히** [부]

강골(强骨) [명] 1 꿋꿋하고 단단한 기질. 2 '강골한'의 준말.

강골-한(强骨漢) [명] 꿋꿋하고 단단한 기질을 가진 사람. 준강골.

강공(强攻) [명] 다소의 위험을 무릅쓰고 적극적으로 공격하는 것. **강공-하다** [동]타)

강공-책(强攻策) [명] 강공으로 나가는 술책.

강관(鋼管) [명] 강철로 만든 관.

강괴(鋼塊) [-괴/-궤] [명] 용광로에서 녹인 쇠를 거푸집에 부어 굳힌 강철 덩어리.

강구¹(江口) [명] 1 강이 바다나 호수, 또는 더 큰 강으로 흘러 들어가는 어귀. =강어귀. 2 =나루.

강!구²(講究) [명] (방법이나 대책 등을) 머리를 써서 궁리하는 것. **강!구-하다** [동](타)여] 대책을 ~. **강!구-되다** [동](자] ¶환경오염에 대한 대책이 시급히 **강구되어야** 한다.

강구-연월(康衢煙月) [명] 태평한 시대의 평화스러운 거리 풍경.

강국(强國) [명] 경제력과 군사력이 뛰어나 국제 사회에서 우위를 인정받는 나라. ¶경제~ / 세계 최대 ~. ↔약국(弱國).

강군(强軍) [명] 1 싸우는 힘이 강한 군대. 2 운동 경기에 있어서 강한 팀.

강-굴 [명] 물 같은 것을 타거나 섞지 않은 굴조개의 살.

강!권¹(强勸) [명] (상대에게 어떤 일을) 억지로 하도록 권하는 것. ¶~에 못 이겨 샀다. **강!권-하다** [동]타)여] ¶동행을 ~.

강권²(强權) [-꿘] [명] 1 강한 권력. 2 [법] 경찰·군대 따위 국가의 강제력을 가진 권력 작용. ¶~을 발동하다.

강기¹(剛氣) [명] 굳세고 용맹스러운 기질. ¶백발이 성성했지만 노인의 목소리에는 ~가 서려 있었다.

강기²(强記) [명] 오래도록 똑똑하게 잘 기억하는 것. 또는, 그 똑똑한 기억. ¶박람(博覽) ~의 석학(碩學). **강기-하다¹** [동]타)여]

강기³(綱紀) [명] 1 법률이나 풍속의 기율. ¶~를 바로잡다. 2 나라를 다스리는 바탕이 되는 질서. 또는, 국가의 대법. 비기강(紀綱).
강기-하다² [동]타)여] 강기를 세워 나라를 다스리다.

강-기슭(江一) [-끼슥] [명] 강줄기에 잇닿은 가장자리 땅. =강안(江岸).

강-나루(江一) [명] 강가의 배가 건너다니는 일정한 곳. ¶~ 건너 밀밭 길을 구름에 달 가듯이 가는 나그네.《박목월: 나그네》

강남(江南) [명] 1 강의 남쪽. 2 [지] 서울의 한강 이남 지역. 3 [지] 중국의 양쯔 강(揚子江) 이남. 흔히 남쪽의 먼 곳이라는 뜻으로 쓰임. ¶~ 갔던 제비가 돌아오다. ↔강북.

강남-콩(江南一) [명] [식] '강낭콩'의 잘못.

강낭-콩 [명] 1 [식] 콩과의 한해살이풀. 재배식물로, 여름에 흰빛 또는 연한 황백색 꽃이 피며, 열매는 꼬투리로 맺힘. 2 1의 열매. 흔히 밥에 두어 먹음. ×강남콩.

강냉이 [명] =옥수수2.

강녕(康寧) →**강녕-하다** [형여] (주로 나이가 지긋한 윗사람이) 건강하고 마음이 편하다. ¶수복(壽福)~ / 그간 기체후 **강녕하셨습니까**? **강녕-히** [부]

강다리 [명] 1 [재] 1 물건을 버틸 때 어긋맞게 괴는 나무. 2 [건] 도리 바깥쪽으로 내민 추녀 끝의 처짐을 막기 위하여 추녀의 안쪽 위 끝에 비녀장을 꽂는 단단한 나무. 2 [의존] 쪼갠 장작을 셀 때 100개비를 이르는 말. ¶장작 세 ~.

강-다짐 [명] 1 밥을 국이 없이 팍팍하게 먹는 상태. ¶~으로 먹은 밥. 2 보수도 주지 않고 우격다짐으로 남을 부리는 것. 3 억지로 하거나 강압적으로 하는 방식. ¶일이란 순리대로 해야지 그렇게 ~으로만 해서는 안 되는 법이다. **강-다짐하다** [동]타)여]

강단¹(剛斷) [명] 어떤 일을 야무지게 결단하거나 견뎌 내는 힘. ¶그는 약골 같아도 ~이 있다.

강!단²(講壇) [명] 강연·강의·설교 따위를 하는 사람이 올라서도록 조금 높게 만든 자리.
강단에 서다 [구] 교편생활을 하다. ¶그는 대학 강단에 선 지 벌써 20년이 되었다.

강단-성(剛斷性) [-썽] [명] 강단이 있는 성질.

강단-지다(剛斷一) [형] 강단성이 있다. ¶**강단진** 사람.

강!담(講談) [명] 강연이나 강의처럼 하는 말투의 이야기. **강!담-하다** [동](자)여]

강!당(講堂) [명] 1 강연이나 의식을 행하는 건물 또는 방. ¶학교 ~. 2 [불] =강원(講院).

강대(强大) →**강대-하다** [형여] (나라나 조직 등의 역량이) 강하고 크다. ¶나라의 힘이 **강대해지다**. **강대-히** [부]

강대-국(强大國) [명] 강대한 나라. =강대국가. ↔약소국.

강대-국가(强大國家) [-까] [명] =강대국. ↔약소국가.

강-더위 [명] 오랫동안 가물고 볕만 내리쬐는 심한 더위. ↔강추위.

강도¹(硬度) [명] 금속의 단단하고 센 정도.

강도²(强度) [명] 1 강렬한 정도. ¶~ 높은 대정부 공세. 2 [물] =세기¹.

강도³(强盜) [명] 폭행이나 협박으로 남의 재물을 빼앗는 도둑. 또는, 그런 행위. ¶노상(路上) ~ / 살인 ~.

강도-질(强盜一) [명] 폭행이나 협박으로 남의 재물을 빼앗는 짓. **강도질-하다** [동](자)여]

강!독(講讀) [명] 글을 읽고 그 뜻을 밝히는 것. ¶한문 ~ / 원서 ~. **강!독-하다** [동]타)여]

강동 [부] '깡뚱'의 여린말. '깡동'의 여린말이기도 함.

강동-강동 [부] '깡뚱깡뚱'의 여린말. '깡동깡동'의 여린말이기도 함. 큰경둥경둥. **강동강동-하다** [동](자)여]

강동-거리다/-대다 [동](자] '깡뚱거리다'의 여린말. '깡동거리다'의 여린말이기도 함. ㈜ 정동거리다.
강동-하다 ㈜여 '깡동하다'의 여린말. '껑둥하다'의 여린말이기도 함. ㈜정동하다.
강-둑(江-)[-뚝] 똉 강물이 넘치지 않도록 강의 가장자리를 따라 흙이나 돌로 쌓아 올린 둑.
강-등(降等) 똉 등급·계급을 낮추는 것. **강등-하다** ㉠여 ¶계급을 ~ / 김철수 씨를 소령에서 대위로 ~. **강:등-되다** ㉰
강-똥 똉 몹시 된 똥.
강력(强力)[-녁] →**강력-하다**[-녀카-] 휑여 힘이나 작용이 강하다. ¶강력한 주장 / 강력한 접착제 / 이 약은 강력한 진동 효과가 있다. **강력-히** 뷔 ¶~ 만류하다.
강력-범(强力犯)[-녁뺌] 똉 폭력이나 흉기를 쓰는 범행. 또는, 그 범인. =폭력범. ~소탕.
강력-분(强力粉)[-녁뿐] 똉 경질(硬質)의 밀로 만든 가루. 글루텐의 함유량이 많아 빵이나 국수 등을 만드는 데 쓰임. ↔박력분.
강렬(强烈)[-녈] →**강렬-하다**[-녈-] 휑여 세차고 맹렬하다. ¶강렬한 빛[색채] / 강렬한 자극. **강렬-히** 뷔
강령(綱領)[-녕] 똉 1일의 으뜸이 되는 큰 줄거리. 2정당·노동조합 등 단체의 기본 입장이나 방침, 또는 운동의 순서나 전략을 요약하여 열거한 것.
강:론(講論)[-논] 똉 1학술이나 도의(道義)의 뜻을 풀이하여 설명하고 토론하는 것. ¶역사학 ~. 2[가] 미사 때, 신부가 교리를 해설하는 일. 또는, 그 해설. **강:론-하다** ㉰㉠여 **강:론-되다** ㉰
강류(江流)[-뉴] 똉 강의 흐름.
강:림(降臨)[-님] 똉 신(神)이 인간 세상으로 내려오는 것. **강:림-하다** ㉰여 ¶성령이 ~.
강-마르다 휑ㅌ〈~마르니, ~말라〉 1물기가 없이 바싹 마르다. ¶가뭄으로 강마른 논바닥. 2성미가 칼칼하고 메마르다. ¶강마른 성미. 3살이 없이 매우 마르다. ¶강마른 얼굴. ⑩깡마르다.
강:매¹(强買) 똉 강권에 못 이겨 억지로 사는 일. =늑매(勒買)·억매(抑買). **강:매-하다**¹ ㉠㉠여 **강:매-되다**¹ ㉰여
강:매²(强賣) 똉 강제로 떠맡겨 파는 일. =늑매(勒賣)·억매(抑賣). **강:매-하다**² ㉠여 ¶친구들에게 책을 ~. **강:매-되다**² ㉰
강모(剛毛) 똉 1뻣뻣한 털. 2[동] 포유류의 뻣뻣한 털. 또는, 절지동물·환형동물 등의 뻣뻣한 털 모양의 돌기. 3[식] 식물체의 표피 세포가 변하여 생긴, 끝이 뾰족하며 뻣뻣한 털. =센털.
강-모래(江-) 똉 강에서 나는 모래.
강목(綱目) 똉 사물을 분류·정리하는 큰 단위와 작은 단위.
강-물 똉 강에 흐르는 물.
  [강물도 쓰면 준다] 무엇이든지 많다고 마구 쓰지 말고 아껴 써야 한다.
강:미(講米) 똉 글방 선생에게 보수로 주는 곡식. ¶쓸데없이 ~만 없애지 말고 집에서 상일이나 배우라고 글방에를 보내지 아니하여…《홍명희:임꺽정》
강:밋-돈(講米-)[-미똔/-믿똔] 똉[역] 강미 대신으로 내는 돈.
강-바닥(江-)[-빠-] 똉 강의 밑바닥. ¶가뭄으로 ~이 드러나다.

강-바람¹ 똉 비는 오지 않고, 심하게 부는 바람.
강-바람²(江-)[-빠-] 똉 강물 위나 강가에서 부는 바람. =강풍(江風).
강박(强拍) 똉[음] =센박. ↔약박(弱拍)
강:박²(强迫) 똉 1상대를 자신의 뜻에 따르도록 강요하는 것. 2[법] 민법에서, 부당한 이익을 얻기 위해 상대에게 고의로 해악(害惡)을 끼칠 것을 알려 공포심이 일어나도록 하여 자유로운 의사 결정을 방해하는 일. **강:박-하다** ㉰㉠여
강:박-감(强迫感)[-깜] 똉 아무리 물리치려 애써도 없어지지 않고 마음을 짓누르는 감정. ¶일 등을 해야 한다는 ~을 떨쳐 버려라.
강:박^관념(强迫觀念)[-꽌-] 똉[심] 아무리 물리치려고 애써도 그 의사(意思)에 거역하여 마음속에서 떠나지 않는 생각. ¶~에 사로잡히다.
강-밥 똉 1강다짐으로 먹는 밥. 2'눌은밥'의 잘못.
강-배(江-)[-빼] 똉 강에서 쓰는 배. 배의 밑을 평평하게 만듦.
강변¹(江邊) 똉 강가의 지역. ¶~에 늘어선 아파트.
강변²(强辯) 똉 (어떤 사실을) 이치에 닿지 않는 억지스러운 근거나 핑계를 대며 주장하는 것. **강변-하다** ㉰㉠여 ¶군사 정권은 그들이 일으킨 쿠데타가 정의를 실현하기 위한 것이라고 강변하였다.
강변-도로(江邊道路) 똉 강변을 따라서 난 도로. =강변로.
강변-로(江邊路)[-노] 똉 =강변도로.
강병(强兵) 똉 1강한 군사. 2병력을 강화하는 것. =부병(富兵). ¶부국(富國)~.
강보(襁褓) 똉 갓난아이를 밖으로 데리고 나갈 때 아이의 몸을 덮거나 두르거나 하는, 비교적 얇은 천. ⑩포대기. ¶~에 싸인 채 버려진 아기.
강-보합(强保合) 똉[경] 주식 등의 시세가 약간 상승한 상태에서 보합을 유지하는 것. ↔약보합.
강:봉(降封) 똉 작위가 낮추어져 봉해지는 것. **강:봉-되다** ㉰ ¶단종은 노산군으로 강봉되어 강원도 영월로 유배되었다.
강북(江北) 똉 1강의 북쪽. 2중국 양쯔 강의 북쪽. 3서울에서, 한강 이북 지역을 이르는 말. ↔강남(江南).
강:사¹(講士) 똉 강연회에서 강연을 하는 사람. ⑩연사(演士).
강:사²(講師) 똉 1촉탁을 받아 학교에서 한시적으로 강의를 하고 보수를 받는 사람. ¶대학 ~ / 시간 ~. 2학원에서 강의를 하고 보수를 받는 사람. ¶학원 ~. 3[불] =경스승.
강삭(鋼索) 똉 강철 철사를 여러 겹으로 합쳐 꼬아 만든 줄. ⑩와이어로프. ×강색.
강산¹(江山) 똉 1강과 산. ¶10년이면 ~도 변한다고 한다. 2나라의 영토. ¶삼천리금수~ / 화려~.
강산²(强酸) 똉[화] 물에 녹였을 때 거의 전부가 이온화하는 산. 염산·질산 따위. ↔약산.
강상¹(江上) 똉 강의 위. ¶~제(祭) / ~의 놀잇배.
강:상²(降霜) 똉 서리가 내리는 것. 또는, 내린 서리. **강:상-하다** ㉰여
강색 똉 '강삭(鋼索)'의 잘못.
강-샘 똉 상대하고 있는 이성(異性)이 다른

이성을 좋아함을 지나치게 시기하는 일. ⓑ 질투·투기. **강:생-하다** 图函

강:생(生生) 图 신(神)이 인간의 모습으로 세상에 태어나는 것. =강세(降世). **강:생-하다** 图函 **강:생-되다** 图函

강:석(講席) 图 강의·강연·설교를 하는 자리. =강연(講筵)·강좌(講座).

강선(鋼船) 图 강철로 만든 배.

강선²(鋼線) 图 강철로 만든 줄.

강:설¹(降雪) 图 눈이 내리는 것. 또는, 내린 눈. **강:설-하다**¹ 图函

강:설²(講說) 图 강론하여 설명하는 것. **강:설-하다**² 图目的 **강:설-되다** 图函

강:설-량(降雪量) 图 일정한 장소에 일정한 기간 동안 내린 눈을 녹여서 물로 환산한 양. ▷강수량·강우량.

강-섬(江-) 图 강에 있는 섬.

강성¹(剛性) 图[물] 물체가 외부로부터 힘을 받아도 변형되지 않고 본디의 모양을 유지하려는 성질.

강성²(強性) 图 강한 성질.

강성³(強盛) →**강성-하다** 图면 힘이 강하고 번성한 상태에서의. ¶고구려는 한때 국력의 강성함을 내외에 자랑하였다.

강세(強勢) 图 1 강한 세력이나 형세. 2 [경] 증권 시세나 물가 따위가 올라가는 기세. ¶건설주가 ~를 보이다. ↔약세(弱勢). 3 [언] 연속된 음성에서 어떤 부분을 강하게 발음하는 일. =스트레스.

강소-국(強小國) 图 영토는 작지만 부유하고 강한 나라. 스웨덴·스위스·네덜란드·핀란드·싱가포르 따위. ¶북유럽 ~.

강-소주(-燒酒) 图 안주 없이 마시는 소주. ×깡소주.

강-속구(強速球) [-꾸] 图[체] 야구에서, 투수가 던지는 강하고 빠른 공.

강쇠-바람 [-쇠/-쉐-] 图 첫가을에 부는 동풍(東風).

강:수¹(降水) 图 비·눈·우박 등 지상에 내리는 대기 중의 수분.

강수²(強手) 图 바둑 등에서, 위험을 무릅쓴, 공격성이 강한 수. ¶~를 두다.

강:수-량(降水量) 图[기상] 강수가 모두 지표에 고였다고 가정하였을 때의 수심. 눈이나 우박은 녹아서 물이 된 것으로 치고 잼. 단위는 mm.

강-술¹ 图 안주 없이 마시는 술. ×깡술.

강:술²(講述) 图 학예나 책의 내용을 차례대로 밝혀 말하는 것. **강:술-하다** 图目的 **강:술-되다** 图函

강-숏(強shoot) 图 축구·핸드볼 따위에서, 공을 강하게 차거나 던져서 하는 숏. **강숏-하다** 图函目的 ¶센터링한 공을 받아 논스톱으로 ~.

강습(強襲) 图 1 적의 저항과 방어를 무릅쓰고 습격을 강행하는 것. 2 적이 예상하지 못한 때에 호되게 공격하는 것. **강습-하다**¹ 图函目的

강습²(講習) 图 (정규의 제도 교육 외의 기술·학문·어학 등의) 여러 사람을 대상으로 일정 기간 강의의 형태로 가르쳐서 익히게 하는 것. ¶꽃꽂이 ~ / 외국어 ~ / ~을 받다.

강습-소(講習所) [-쏘] 图 학문이나 기예 따위를 강습하는 곳.

강습-회(講習會) [-쉬/-쉐] 图 학술이나 기예 따위를 강습하기 위하여 단기간 설치하는 모임. ¶요리 ~.

강:시(僵屍·殭屍) 图 얼어 죽은 송장.

강:신(降神) 图 1 제사에서, 신의 강림을 청하는 일. 향을 피우고 잔에 따른 술을 모삿그릇(모래를 담고 띠 묶음을 꽂은 그릇)에 부음. 2 [민] 주문을 외거나 다른 술법으로 신이 내리게 하는 일. **강:신-하다** 图函目的

강:신-무(降神巫) 图[민] 신이 내려서 된 무당. ¶세습무(世襲巫).

강심(江心) 图 강물의 한복판. =하심(河心).

강-심장(強心臟) 图 웬만한 일에는 겁내거나 부끄러워하거나 주저하지 않는 성질. 또는, 그런 성질을 가진 사람.

강심-제(強心劑) 图[약] 쇠약해진 심장의 기능을 회복시키는 약제. 디기탈리스·아드레날린 따위.

강아지 图 1 아직 다 자라지 않은 어린 개. ×개지. 2 어린 손자나 자식을 귀엽다는 뜻으로 이르는 말. ¶어이구, 내 ~ 예쁘기도 하지. 3 〈은〉담배 (죄수의 말).

강아지-풀 图[식] 볏과의 한해살이풀. 높이 20~70cm. 여름에 강아지 꼬리 모양의 연한 녹색 또는 자주색이 핌. 길가나 들에 자람. =구미초(狗尾草)·낭미초(狼尾草).

강안(江岸) 图 강기슭.

강:압¹(降壓) 图 압력을 낮추는 것. ↔승압. **강:압-하다**¹ 图函目的 **강:압-되다**¹ 图函

강압²(強壓) 图 강제로 억누르는 것. **강압-하다**² 图目的 **강압-되다**² 图函

강압-적(強壓的) [-쩍] 圂图 강압하는 방식으로 하는 (것). ¶아무리 좋은 일이라도 ~으로 한다면 반발이 생기기 쉽다.

강약(強弱) 图 1 강함과 약함. 또는, 그 정도. 2 힘·세력 등이 강한 것과 약한 것.

강약¦부ː호(強弱符號) [-뿌-] 图[음] =셈여림표.

강-어귀(江-) 图 =강구(江口)¹.

강-어녀(江-) 图 강의 여녀.

강역(疆域) 图 국경 안. 또는, 영토의 구역.

강:연¹(講筵) 图 1 =강석(講席). 2 [역] 임금 앞에서 경서(經書)를 강론하는 일.

강:연²(講演) 图 일정한 주제를 가지고 청중 앞에서 강의 형식으로 이야기하는 것. **강:연-하다** 图目的 ¶국제 문제에 대해 ~.

강연사(強撚絲) 图 1m당 800회 이상 꼰 실.

강:연-회(講演會) [-회/-훼] 图 강연을 하기 위한 모임. ¶시국(時局) ~.

강-염기(強鹽基) [-념-] 图[화] 물에 녹였을 때 거의 전부가 이온화하는 염기. 수산화칼륨·수산화나트륨 따위. ↔약염기.

강옥(鋼玉) 图[광] 산화알루미늄으로 된 광물. 유황 정계에 속하며, 청색인 것을 사파이어, 적색인 것을 루비라고 하여 보석으로 씀. 연마재용으로 인공적으로 합성함. =강옥석·커런덤.

강:요¹(強要) 图 (어떤 일이나 돈 따위를) 상대의 뜻을 무시하고 강하게 요구하는 것. =강구(強求). **강:요-하다** 图目的 ¶희생을 ~ / 기부금을 ~. **강:요-되다** 图函

강요²(綱要) 图 일의 으뜸 줄기가 될 만한 것.

강용(剛勇) →**강용-하다** 图면 굳세고 용맹스럽다.

강:우(降雨) 图 비가 내리는 것. 또는, 내린 비. ¶인공 ~. **강:우-하다** 图函

강:우-량(降雨量) 图 일정한 장소에 일정한 기간 동안 내린 비의 양. 단위는 mm. =우량

(雨量). ¶연평균 ~. ▷강수량.
강:울음 〔명〕 억지로 힘주어 우는 울음.
강:원(講院) 〔명〕〖불〗 불경이나 그에 대한 논설을 연구하고 학습하는 곳. ≒강당.
강유(剛柔) 〔명〕 굳셈과 부드러움.
강-유전체(強誘電體)[-뉴-] 〔명〕〖물〗 외부로부터 전기장을 가하지 않더라도 분극(分極)을 나타내는 성질을 가진 물질. 수정·로셸염 따위.
강음(強音) 〔명〕 음의 진폭이 넓은 소리. 곧, 세게 나오는 소리.
강:의(講義)[-의/-이] 〔명〕 (주로 교수나 강사 등이 학생들에게 일정한 교과 내용을) 체계적으로 설명하여 가르치는 것. ¶~ 시간 / ~을 받다 / ≒수업. **강:의-하다** 〔동〕〖타〗〖여〗 ¶김 교수는 이번 학기에 국문학사를 **강의**하고 있다.
강:의-록(講義錄)[-의-/-이-] 〔명〕 강의의 내용을 담은 책. ¶통신 ~.
강:의-실(講義室)[-의-/-이-] 〔명〕 대학이나 학원 등에서, 강의하는 데 쓰이는 방. ▷교실.
강인(強韌) →**강인-하다** 〔형〕〖여〗 (성질이나 기질, 의지 따위가) 강하여 어려움에 지지 않거나 잘 견디는 상태에 있다. ¶**강인한** 체력 / **강인한** 정신력으로 난관을 극복하다. **강인-히** 〔부〕
강인-성(強韌性)[-썽] 〔명〕 강인한 성질.
강:잉(強仍) →**강:잉-하다** 〔형〕〖여〗 마지못해 하는 태도가 있다. **강:잉-히** 〔부〕
강자(強者) 〔명〕 힘이나 세력이 강한 자. ↔약자(弱者).
강-자성(強磁性) 〔명〕〖물〗 물체가 자기장에 의하여 강하게 자화(磁化)되어, 자기장을 없애도 자화가 남아 있는 성질.
강자성-체(強磁性體) 〔명〕〖물〗 강자성이 있는 물질. 철·니켈·코발트 따위.
강:작(強作) 〔명〕 억지로 꾸미어 만드는 것. **강:작-하다** 〔동〕〖타〗〖여〗 ¶자기를 위하여 힘써 주는 사람에게 불편한 기색을 아니 보이려고 쾌활한 태도를 **강작하였다**.《이광수:흙》
강장[1](強壯) 〔명〕《일부 명사 앞에 쓰여》 몸이 튼튼하고 혈기가 왕성한 것. ¶~ 식품 / ~ 음료. **강장-하다** 〔형〕〖여〗
강장[2](腔腸) 〔명〕〖동〗 자포동물의 내부의 체강(體腔). 고등 동물의 체강과 소화기를 겸함.
강장-강장 〔부〕 강장거리는 모양. ⑤정정경경. ㉢깡짱깡짱. ㉡깡창깡창. **강장강장-하다** 〔동〕〖자〗〖여〗
강장-거리다/-대다 〔동〕〖자〗 짧은 다리를 모으고 자꾸 가볍게 내뛰다. ¶아이가 앞마당에서 ~. ⑤정정거리다. ㉢깡짱거리다. ㉡깡창거리다.
강장-동물(腔腸動物) 〔명〕〖동〗 =자포동물.
강장-제(強壯劑) 〔명〕〖약〗 온몸의 신진대사를 촉진하며, 영양 상태를 좋게 하고 체력을 회복시키기 위한 약제.
강재(鋼材) 〔명〕〖공〗 공업·건설 등의 재료로 쓰기 위해 압연(壓延) 등의 가공을 하여 만든 강철.
강적(強敵) 〔명〕 강한 적수나 상대. ≒경적(勁敵). ¶~을 물리치다.
강전(強電) 〔명〕〖물〗 1 공업 등에서 사용하는 대전류(大電流)·고전압·대전력을 이르는 말. 2 전기 에너지의 전송이나, 그 기계적 에너지·열에너지로의 변환을 다루는 전기 공학 부문. ↔약전.

강:점[1](強占) 〔명〕 (남의 것을) 강제로 차지하는 것. ¶~기(期). **강:점-하다** 〔동〕〖타〗〖여〗 **강:점-되다** 〔동〕〖자〗 ¶일제에 **강점되었던** 국토.
강점[2](強點) 〔명〕 우수하거나 뛰어난 점. ¶쾌활하고 호탕한 것이 그의 ~이다. ↔약점(弱點).
강정 〔명〕 1 유밀과(油蜜菓)의 한 가지. 찹쌀가루를 술로 반죽하여 손가락 마디만큼씩 썰어 말렸다가 기름에 튀겨 꿀과 고물을 묻힌 것. 2 깨·콩 따위를 물엿에 버무려 만든 과자. [羌飣'은 취음] ▷ ~쌀.
강:제(強制) 〔명〕 1 (어떤 일을) 상대의 뜻을 거스르거나 그의 의사와 상관없이 억지로 하게 하는 것. ¶~ 동원 / 일을 ~로 시키다. 2 저절로 이뤄지기 어려운 현상을 인공적·인위적인 기술이나 수단으로 이뤄지게 하는 것. ¶~ 냉각 / ~ 대류. **강:제-하다** 〔동〕〖타〗〖여〗 (어떤 일을) 상대의 뜻을 거스르거나 그의 의사와 상관없이 억지로 하게 하다. **강:제-되다** 〔동〕〖자〗
강:제[2](鋼製) 〔명〕 강철로 만든 제품.
강:제^격리(強制隔離)[一껵니] 〖법〗 전염병을 예방하기 위하여 전염병 환자의 거소(居所)를 행정권에 의하여 강제로 제한하는 일.
강:제-권(強制權)[-꿘] 〖법〗 강제 수단을 쓰는 행정상의 권리.
강:제-력(強制力) 〔명〕 1 강제하는 힘. 2 〖법〗 국가가 국민에게 명하여 그 명령에 따를 것을 강제하는 권력.
강:제^송환(強制送還) 〔명〕〖법〗 밀입국자 또는 국내에서 범죄를 저지른 외국인을 국가 권력에 의하여 국외로 송환하는 일.
강:제^수용소(強制收容所) 〔명〕 주로 군사적·정치적 이유에서 반대파나 적을 대량으로 구금·수용하기 위한 시설.
강:제-적(強制的) 〔관〕 본인의 의사를 무시하고 억지로 시키는 (것). ¶~인 처사.
강:제^집행(強制執行)[-지팽] 〔명〕〖법〗 사법상(私法上) 또는 행정법상의 의무를 이행하지 않는 사람에 대하여 국가가 강제 권력으로써 그 의무를 이행시키는 일. 〖준〗집행.
강:제^징용(強制徵用) 〔명〕〖일제〗 일제 강점기에, 일본이 우리나라 사람들을 강제로 노역에 동원하여 부리던 일. =징용.
강조(強調) 〔명〕 1 말이나 글에서, (다른 사람에게 어떤 부분이나 요소나 내용을) 분명히 깨달아 알도록 중요하다고 말하거나 여러 번 말하는 것. ¶~ 사항 / 불조심 ~ 주간. 2 예술이나 그에 준하는 표현물 등에서, (어느 부분이나 요소를) 관심을 끌 수 있게 특별히 두드러지게 하거나 또렷이 구별되게 하는 것. **강조-하다** 〔동〕〖타〗〖여〗 ¶붉은 색조를 **강조한** 그림 / 선생님이 학생들에게 근면과 성실을 **강조했다**. **강조-되다** 〔동〕〖자〗
강-조밥 〔명〕 좁쌀로만 지은 밥.
강조-법(強調法)[-뻡] 〔명〕〖문〗 수사법의 한 가지. 전달하고자 하는 내용을 강조하기 위해 강하고 뚜렷하게 표현하는 방법. 과장법·대조법·반복법·점층법 등이 이에 속함.
강:좌(講座) 〔명〕 1 =강석(講席). 2 〖교〗 대학에서 교수가 강의를 분담하는 학과. ¶철학 ~. 3 몇 가지 전문적인 분야로 나누어 강습하는 계몽적인 강습회. 또는, 그러한 출판물이나 방송 프로그램 따위. ¶교양 ~. 4 〖불〗 절에서 불경을 강담(講談)하는 자리.
강-주정(-酒酊) 〔명〕 일부러 취한 체하고 하

강-줄기(江-)[-쭐-] 圀 강물이 뻗어 흐르는 선. ¶낙동강 ~를 따라 철새의 도래지가 펼쳐져 있다.
강중 믿 짧은 다리로 힘 있게 솟구쳐 뛰는 모양. 흰껑중. 쎈깡중. 관깡중.
강중-강중 믿 강중거리는 모양. 흰껑중껑중. 쎈깡쭝깡쭝. 관깡충깡충. **강중강중-하다** 톱쟁어
강중-거리다/-대다 톱쟁 짧은 다리를 모으고 자꾸 솟구어 뛰다. 흰껑중거리다. 쎈깡쭝거리다. 관깡충거리다.
강즙(薑汁) 圀 =생강즙.
강;직¹(降職) 圀 직위가 낮아지거나, 직위를 낮추는 것. ↔승직(昇職). **강;직-하다¹** 톱예 **강;직-되다** 톱잼
강직²(剛直) → **강직-하다²**[-지카-] 혭예 기질이 꿋꿋하고 곧다. ¶강직한 성품. **강직-히** 믿
강진(强震) 圀[지] 진도 5의 강한 지진. 벽에 금이 가고, 굴뚝이나 흙담이 무너질 정도임.
강짜 圀 '강샘'을 속되게 이르는 말. ¶~를 부리다 / ~가 심한 여자. **강짜-하다** 톱쟁에
강철(鋼鐵) 圀 **1** 탄소를 0.04~2% 정도 함유한 철. 열처리에 따라 성질을 크게 변화시킬 수 있으므로, 여러 가지 기계·기구의 재료로 쓰임. =철강. 스틸. ↔연철(軟鐵). **2** 단련되어 아주 단단하고 굳세게 된 것의 비유. ¶~같은 의지 / 그 권투 선수의 주먹은 ~이다.
강철-못(鋼鐵-)[-몯] 圀 강철 재료를 접합하는 데 사용하는 못. =콘크리트 못.
강철-이(鋼鐵-) 圀[민] 지나가기만 하면 초목이 다 말라 죽는다는, 전설상의 악독한 용(龍).
강철-판(鋼鐵板) 圀 강철로 된 철판. =강판.
강;청(强請) 圀 (무엇을) 달라거나 해 줄 것을 무리하게 청하는 것. ¶~에 못 이겨 승낙하다. **강;청-하다** 톱태에 ¶기부금을 ~.
강체(剛體) 圀[물] 어떠한 힘을 가하여도 모양과 부피가 변하지 않는다고 가상되는 이상적인 고체.
강촌(江村) 圀 강가에 있는 마을.
강추(强推) 圀〈속〉강력히 추천함. 인터넷상에서 쓰이는 통신 언어임. ¶~ 웹 사이트 / 금주의 ~ 영화.
강-추위¹ 圀 바람도 불지 않고 눈도 오지 않으면서 몹시 매서운 추위. ↔강더위.
강-추위²(强-) 圀 몹시 심한 추위. ¶영하 20도를 밑도는 ~.
강타(强打) 圀[체] 배구나 권투 등에서, 공이나 상대 선수를 강하게 쳐서 공격하는 것. **2** 태풍 따위가 거세게 들이치는 것을 비유적으로 이르는 말. **3** (어떤 대상이 사회의 집단을) 강하게 충격을 주어 영향을 미치는 것. **강타-하다** 톱태에 ¶독서 시장을 **강타한** 밀리언셀러 / 주먹으로 상대의 턱을 ~ / 태풍이 남해안을 **강타하고** 지나갔다.
강-타자(强打者) 圀[체] 야구에서, 타격이 강한 타자.
강;탄(降誕) 圀 존귀한 사람이나 비범한 사람이 태어나는 것. ¶~일(日) / ~절(節). **강;탄-하다** 톱쟁에 **강;탄-되다** 톱쟁
강;탈(强奪) 圀 강제로 빼앗는 것. =강취(强取). ¶우리나라는 한때 일본에게 주권을 ~ 당했다. **강;탈-하다** 톱태에 ¶돈을 ~. **강;탈-되다** 톱쟁
강-태공(姜太公) 圀 〔중국의 태공망(太公望: 속칭은 강태공)이 때를 기다리며 낚시질을 했다는 고사에서〕 낚시꾼을 이르는 말. ¶호면(湖面)에 낚싯대를 드리우고 찌만 노려보고 있는 ~들.
강토(疆土) 圀 국경 안에 있는 한 나라의 땅. =경토(境土). ¶조국 ~.
강퇴(强退) 圀[-퇴/-퉤] 圀〈속〉인터넷 대화방이나 게임방 등에서, 어떤 사람을 강제로 퇴장시키는 일. 통신 언어임. ¶~시키다〔당하다〕. **강퇴-되다** 톱쟁
강-팀(强team) 圀 전력(戰力)이 강한 팀. ↔약팀.
강파르다 혭[르]〈강파르니, 강팔라〉**1** 몸이 야위고 파리하다. ¶**강파른** 얼굴. **2** 성질이 까다롭고 괴팍하다. ¶**성미가** ~. **3** =가파르다. ¶**강파른** 산등성이.
강;판¹(降板) 圀[체] 야구에서, 투수가 마운드에서 내려오는 일. ↔등판(登板). **강;판-하다** 톱예 **강;판-되다** 톱쟁
강판²(鋼板) 圀 **1** =강철판. **2** =줄판.
강판³(薑板) 圀 무·사과·생강 따위를 갈아서 즙을 내는 기구.
강팔-지다 혭 성미가 까다롭고 너그럽지 못하다.
강퍅(剛愎) → **강퍅-하다**[-퍄카-] 혭예 성미가 까다롭고 고집이 세다. ¶성격이 ~. **강퍅-히** 믿
강-펀치(强punch) 圀 권투에서, 강한 펀치.
강;평(講評) 圀 작품이나 연기, 또는 실습 등에 대해 총괄적으로 분석하고 평가하는 것. 또는, 그 평가. **강;평-하다** 톱태에
강;평-회(講評會)[-회/-훼] 圀 강평하는 모임.
강포(强暴) → **강포-하다** 혭예 우악스럽고 사납다. ¶**강포한** 성격 / **강포한** 오랑캐. **강포-히** 믿
강폭(江幅) 圀 강의 너비.
강풍(强風) 圀 **1** 세게 부는 바람. **2** [기상] =센 바람.
강;하(降下) 圀 **1** 높은 곳에서 아래로 향하여 내리는 것. **2** (온도·기압 등이) 내리는 것. **강;하-하다** 톱쟁에 **강;하-되다** 톱쟁
강-하다¹(剛-) 혭예 **1** 굳고 단단하다. **2** (마음이) 단단하고 굳세다. ↔유(柔)하다.
강-하다²(强-) 혭예 **1** (힘의 정도가) 크다. ¶**강한** 나라. **2** (자극이나 충격이) 세차다. ¶햇살이 ~ / 그의 한마디 충고가 마음에 **강하게** 와 닿았다. **3** 견디는 힘이 크다. ¶열에 **강한** 옷감 / 추위에 **강한** 품종. **4** 정신적으로 굳세고 굴함이 없다. ¶**강한** 의지. **5** 신랄하고 모질다. ¶**강한** 저항을 받다. **6** (무엇에) 익숙하거나 능하다. ¶이 학생은 암기 과목에 ~. ↔약하다.
강;하어(降河魚) 圀[동] 민물에 살지만 알을 낳기 위하여 일시 바다로 가는 물고기. 뱀장어·은어 따위. ↔소하어(遡河魚).
강;학(講學) 圀 학문을 닦고 연구하는 것. **강;학-하다** 톱쟁에
강;해(講解) 圀 (문장이나 학설 따위를) 강론하여 해석하는 것. 또는, 그 해석. **강;해-하다** 톱태에 **강;해-되다** 톱쟁
강;행(强行) 圀 **1** 어려움을 무릅쓰고 행하는 것. **2** 강제로 시행하는 것. **강;행-하다** 톱태에 ¶빗속에서 경기를 ~ / 그들은 양가 부모님의 반대에도 불구하고 결혼을 **강행했다**. **강;행-되다** 톱쟁
강;-행군(强行軍) 圀 **1** [군] 무리함을 무릅쓰

고 힘들고 어렵게 하는 행군. 2 짧은 시간 안에 끝내려고 무리하게 일을 하는 것. ¶~을 해서라도, 추석 전에 일을 마치자. 강!행군-하다 통㉧어

강호¹(江湖) 몡 1 강과 호수. 2 서울과 서울 근방, 또는 '경향(京鄕)'을 운치 있게 이르는 말. ¶~의 제현(諸賢). 3 은자(隱者)나 시인(詩人), 묵객(墨客) 등이 현실을 도피하여 생활하는 시골이나 자연을 이르는 말. =도해(湖海). ¶~로 가려 하니 성은이 깊고 깊고.(옛시조)

강호²(強豪) 몡 세력이 강하여 맞서서 겨루기 힘든 상대. ¶한국 축구팀은 세계의 ~들을 물리치고 8강전에 진출했다.

강호-가(江湖歌) 몡[문] 속세를 떠나 자연에 묻힌 삶을 찬양하여 노래한 가사·시조 등의 총칭.

강-호령(-號令) 몡 아무 까닭 없이 꾸짖는 호령. 閉생호령. 강호령-하다 타어

강호-사시가(江湖四時歌) 몡[문] 조선 세종 때 맹사성(孟思誠)이 지은 연시조. 만년에 벼슬을 버리고 자연에 파묻힌 자신의 생활을 사철의 변화에 결부시켜 각 한 수씩 네 수로 읊음.

강호지락(江湖之樂) 몡 자연을 벗 삼아 누리는 즐거움. ¶백구야, 너는 ~을 아느냐?

강¦혼(降婚) 몡 지체가 높은 사람이 지체가 낮은 사람과 혼인하는 것. 또는, 그 혼인. =낙혼(落婚). ↔앙혼. 강¦혼-하다 통㉧어

강화¹(強化) 몡 (대상을) 이전보다 튼튼하고 강하게 하거나 보완하여 좋게 하는 것. ¶국방력 ~ / ~ 플라스틱. ↔약화. 강화-하다¹ 통㉣어 ¶수비를 ~. 강화-되다 통㉧㉠전력(戰力)이 대폭~.

강¦화²(講和) 몡 교전국이 전쟁을 끝내기 위하여 서로 화의하는 것. =구화(媾和). ¶~회의. 강¦화-하다² 통㉣어

강¦화³(講話) 몡 강의하듯이 쉽게 풀어서 이야기하는 것. 또는, 그 이야기. ¶문장 ~. 강¦화-하다³ 통㉣어

강화도^조약(江華島條約) 몡[역] 고종 13년 (1876)에 우리나라와 일본 사이에 맺은 수호 조약. 운요호(雲揚號) 사건을 계기로 일본의 강압에 의하여 맺어진 불평등 조약임. =병자수호조약.

강화-미(強化米) 몡 비타민 B₁·B₂·칼슘 따위를 첨가하여 영양가를 높인 쌀.

강화-식품(強化食品) 몡 칼슘·비타민·아미노산 따위의 영양소를 인공적으로 첨가한 식품.

강화-우유(強化牛乳) 몡 비타민 A·D나 광물질 등을 첨가하여 영양소를 강화한 우유.

강¦화^조약(講和條約) 몡[법] 서로 싸우던 나라끼리 강화할 때 맺는 조약. =평화 조약.

강-회(-膾) [-회/-웨] 몡 미나리·파 따위를 돌돌 감아 초고추장에 찍어 먹는 회. ¶미나리 ~.

갖-가지[갇까-] 관몡 '가지가지'의 준말. ¶~ 물건 / ~의 상념이 떠오르다.

갖가지-로[갇까-] 몓 '가지가지로'의 준말. ¶꽃이 ~ 피었다.

갖다¹[갇따] 통 '가지다'의 준말. ¶희망을 ~ / ~는 전문 지식을 갖고 있다.

갖다²[갇따] '가지어다가'가 준 말. ¶숭늉을 ~ 드려라.

갖-바치[갇빠-] 몡 갖신을 만드는 일을 직업으로 하는 사람.

갖-신[갇씬] 몡 전날에 신던, 가죽으로 만든 재래식 신. =가죽신.

갖-옷[갇옫] 몡 모피로 안을 댄 옷. =모의(毛衣).

갖은 관 골고루 다 갖춘. 또는, 여러 가지의. ¶~ 고생 / ~ 양념.

갖은-떡 몡 격식과 모양을 제대로 갖추어 잘 만든 산병(散餠).

갖은-소리 몡 1 쓸데없는 여러 가지 말. ¶~를 다하여 남을 모함하다. 2 고루 갖추고 있는 체하는 말. ¶없는 주제에 무슨 ~냐.

갖은-자(-字) 몡 같은 뜻을 지닌 한자로서 획을 더 많이 쓰는 글자. '三'에 대한 '參' 따위.

갖추[갇-] 몓 고루 갖추어. ¶음식을 ~ 차리다.

갖추-갖추[갇-갇-] 몓 고루고루 갖추어.

갖추다[갇-] 통㉣ 1 (있어야 할 것이나 필요한 것을) 마련하여 가지다. ¶서류를 ~ / 현대식 설비를 갖춘 공장. 2 몸을 가누어 바로 하다. ¶그는 자세를 갖추어 경건한 마음으로 국기를 향해 섰다.

갖춘-꽃[갇-꼳] 몡[식] 꽃받침·꽃잎·암술·수술을 완전히 갖춘 꽃. 무궁화꽃·벚꽃 따위. =완전화(完全花). ↔안갖춘꽃.

갖춘-마디 몡[음] 첫째 마디부터 끝 마디까지 정해진 박자를 제대로 갖추고 있는 마디. =완전 소절. ↔못갖춘마디.

갖춘-마침[갇-] 몡[음] 악곡이 완전히 끝났음을 느끼게 하는 형태. =완전 종지. ↔못갖춘마침.

갖춘-잎[갇-닙] 몡[식] 잎새·잎자루·턱잎의 세 가지를 완전히 갖춘 잎. =완전엽. ↔안갖춘잎.

갖-풀[갇-] 몡 =아교(阿膠).

같다[갇따] 혱 1 서로 다른 것이 아니다. 또는, 서로 한 모양을 이루고 있다. 同동일(同一)하다. ¶크기가 ~ / 같은 말을 되풀이하다. ↔다르다. 2 (격 조사 '와·과'가 붙거나 생략된 체언 다음에 쓰이어) (체언이 나타내는 사물과) 비교하거나 비유하여 비슷하다. ¶샛별 같은 눈 / 마치 꿈속 ~. / 고래 등 같은 집. 3 (체언 뒤에 '같은'의 꼴로 쓰이어) 그 체언의 부류나 유형에 속함을 나타내는 말. ¶밭에 감자나 옥수수 같은 것을 심다. 4 ('-ㄴ/는 것', '-ㄹ/을 것'의 뒤에 붙어) 추측이나 불확실한 단정을 나타냄. ¶날이 잔뜩 흐린 걸 보니 곧 비가 올 것 ~. 5 ('같으면'의 꼴로 쓰이어) '…라면, …라도'의 뜻을 나타냄. ¶옛날 같으면 네 나이에 장가를 갔다. 6 ('같은'의 꼴로 동일한 명사 사이에 놓여) '… 중에서도 기준이 될 만한'의 뜻을 나타냄. ¶도대체 말 같은 말을 해야지. 7 (마음·생각 등의 명사나 시간을 나타내는 일부 명사 뒤에 '같아서', '같아서는'의 꼴로 쓰여) '…으로는, … 형편으로는'의 뜻을 나타냄. ¶마음 같아서는 며칠 푹 쉬고 싶지만 그럴 형편이 돼야 말이지. 8 (욕하는 말 뒤에 '같으니, 같으니라고'의 꼴로 쓰여) 혼잣말로 남을 욕할 때 그와 다름없다는 뜻으로 쓰이는 말. ¶몹쓸[괘씸한] 놈 같으니. / 천하에 불효막심한 놈 같으니라고.

어법 눈이 올 것 같애 : 같애(×) → 같아(○). ✦ 어간 '같-'에 종결 어미 '-아'가 결합한 구조임.

[같은 값이면 다홍치마] 값이 같거나 같은

노력을 한다면 품질이 좋은 것을 택한다는 말. '동가홍상(同價紅裳)'과 같은 말.

같은 값이면 [구] 값이나 힘이 드는 정도가 같을 바에는. [비]이왕이면. ¶~ 큰 것으로 주세요.

같아-지다 [동][자] 같게 되다. ↔달라지다.

같이[가치] Ⅰ[부] (주로 격 조사 '와/과' 다음에 쓰여) **1** 서로 함께. ¶나와 ~ 가자. **2** 서로 다름이 없이. ¶내가 하는 것과 ~ 하면 된다. **3** 바로 그대로. ¶예상한 바와 ~ 심각한 사태가 벌어졌다.

Ⅱ[조] **1** (명사나 대명사에 붙어) '비슷하게', '…처럼'의 뜻을 나타냄. ¶눈~ 흰 목련화 / 얼음~ 차다. **2** (때를 나타내는 일부 명사에 붙어) 그때를 강조함. ¶새벽~ 떠나다.

같이-가기[가치-] [명][음] 화성(和聲)의 진행에서, 두 성부가 같은 방향으로 가는 꼴.

같이-하다[가치-] [동][타][여] (어떤 사람과 뜻이나 행동, 또는 삶이나 경험 등을) 동일하게 가지거나 더불어 하다. =함께하다. ¶행동을 ~ / 의견을 ~ / 운명을 ~ / 고락을 ~ / 일생을 ~. ↔달리하다.

같잖다[갇짠타] [형] **1** 눈꼴사나운 품이 제격에 맞지 않고 아니꼽다. ¶똑똑한 체하는 꼴이 ~. **2** 말할 나위도 없을 만큼 하찮다. ¶그런 **같잖은** 일로 다투느냐?

갚다[갑따] [동][타] **1** (남에게 외상을 지거나 빌리거나 꾼 돈을) 돌려주다. ¶외상값을 ~. **2** (남에게 진 신세나 은혜를) 그에 상당하는 다른 것으로 되돌려 주다. [비]보답하다. ¶은혜를 ~. **3** (원수를) 원한을 맺게 한 대가로 벌하거나 해치다. [비]보복하다. ¶부모의 원수를 ~.

갚-음 [명] **1** 남에게 진 신세나 은혜를 갚는 일. ¶어려울 때 도와준 은혜 ~을 하다. **2** 맺힌 원한을 푸는 일. **갚음-하다** [동][타][여]

개¹ [명] 강이나 내에 바닷물이 드나드는 곳. 또는, 바닷물이 드나드는, 바다와 육지의 경계를 이루는 곳.

개² [명] 윷놀이에서, 윷이 둘이 엎어지고 둘이 잦혀진 상태. 말이 두 밭을 가게 됨.

개ǃ³ [명] **1** [동] 냄새를 잘 맡고 소리를 잘 들으며 사람을 잘 따라, 집을 지키거나 사냥을 하기 위해, 또는 애완용 등으로 집에서 기르는 네발짐승. 포유류 갯과에 속함. 암컷은 암캐, 수컷은 수캐, 어린 것은 강아지라고 부름. 울음소리는 '멍멍', '왕왕', '컹컹', '깨갱깨갱', '깨개갱', '으르렁'. **2** 행실이 형편없는 자를 욕하여 이르는 말. ¶저 녀석은 술만 먹으면 ~가 된다. **3** '남의 앞잡이 노릇을 하는 사람'을 얕잡아 이르는 말. ¶일본 경찰에 빌붙어 ~ 노릇을 하다.

[**개가 똥을 마다할까**〔**마다한다**〕] 틀림없이 좋아해야 할 것을 싫다고 할 때 이르는 말. [**개가 웃을 일이다**] 기가 막혀 어이없거나 같잖은 일이라는 말. [**개같이 벌어서 정승같이 먹는다**〔**산다**〕] 천하게 벌어서라도 떳떳하게 살면 된다. [**개 꼬리 삼 년 묵어도 황모(黃毛) 되지 않는다**〔**못 된다**〕] 본바탕이 좋지 않은 것은 어떻게 하여도 좋아지지 않는다. [**개 눈에는 똥만 보인다**] 어떤 것을 좋아하거나 관심을 갖게 되면 모든 것이 그것과 같이 보임을 빈정대는 말. [**개도 주인을 알아본다**] 배은망덕한 사람에게 개만도 못하다고 하는 말. [**개 발에 편자**] 가진 물건이나 입은 옷 등이 제격에 맞지 않음을 비유한 말. [**개 보름 쇠듯**] 정월 대보름에 개에게 먹이를 주면 여름에 파리가 많이 꾄다 하여 개를 굶기는 풍속이 있었던 데서, 명절 같은 날에 제대로 먹지도 못하고 지냄을 이르는 말. [**개 팔자가 상팔자**] ㉠분주하고 고생스러울 때 이르는 말. ㉡신세가 고달플 때 하는 넋두리 말.

개 발싸개 같다 [구] 보잘것없이 허름하고 빈약한 것을 얕잡아 이르는 말.

개 콧구멍으로 알다 [구] 시시한 것으로 알아 대수롭지 않게 여기다.

개 패듯 하다 [구] 함부로 때리고 치다. ¶몽둥이로 사람을 ~.

개ǃ-⁴ [접두] **1** 일부 명사에 붙어, 참 것이나 좋은 것이 아니고 변변하지 못한 것임을 나타내는 말. ¶~떡 / ~살구. **2** 일부 명사에 붙어, '허황한', '값어치 없는'의 뜻을 나타내는 말. ¶~꿈 / ~죽음.

-개⁵ [접미] **1** 일부 명사나 동사의 어근에 붙어, 도구나 물건을 나타내는 말. ¶덮~ / 지우~ / 이쑤시~. **2** 일부 명사나 동사의 어근에 붙어, 어떤 사람임을 홀하게, 또는 예사롭게 나타내는 말. ¶코흘리~ / 오줌싸~ / 아무~ / 졸~.

개⁶(個·箇·介) [명][의존] **1** 낱으로 된 물건의 수효를 세는 말. 가장 널리 쓰이는 단위성 의존 명사로, 어떤 경우에는 '연필 한 자루〔한 개〕'와 같이 다른 의존 명사와 병용되기도 함. ¶사과 한 ~ / 탁구공 두 ~. **2** [광] 지금(地金) 열 냥쭝을 세는 단위.

개ǃ**가**¹(改嫁) [명] 한 번 결혼하였던 여자가 다시 다른 곳으로 시집가는 것. =재가(再嫁). **개**ǃ**가-하다**¹ [동][자][여]

개가²(開架) [명] 도서관에서 서가(書架)를 열람자에게 공개하여 자유로이 열람하도록 하는 것. **개가-하다**² [동][타][여]

개ǃ**가**³(凱歌) [명] 승리하여 기뻐서 부르는 노래. [비]개선가.

개가를 올리다 [구] 큰 성과를 거두다. ¶연구를 시작한 지 5년 만에 ~.

개ǃ**-가죽** [명] '낯가죽'을 비속하게 이르는 말.

개ǃ**각**(改閣) [명] 내각(內閣)을 개편하는 것. ¶전면적인 ~을 단행하다. **개**ǃ**각-하다** [동][자][여]

개ǃ**간**¹(改刊) [명] 원판을 고쳐 다시 간행하는 것. [비]개판(改版). **개**ǃ**간-하다**¹ [동][타][여] **개**ǃ**간-되다**¹ [동][자]

개간²(開墾) [명] 버려져 있던 거친 땅을 처음으로 일구어 논밭을 만드는 것. =기간(起墾). **개간-하다**² [동][타][여] ¶황무지를 ~ / 간석지를 ~. **개간-되다**² [동][자]

개간-지(開墾地) [명] 개간한 땅. ↔미개간지.

개강(開講) [명] 강의나 강습회 등을 시작하는 것. ↔종강(終講). **개강-하다** [동][자][타][여]

개ǃ**개**(個個·箇箇) [명] 구성 성분이 되는 하나하나. =낱낱. ¶많은 일을 하다 보면 ~의 형편을 다 살필 수는 없다.

개개다 [동][자] **1** 성가시게 달라붙어 손해가 되다. **2** 서로 닿아서 닳거나 벗어지다. ¶발꿈치가 구두 뒤축에 **개개어서** 살가죽이 벗어지다.

개개비 [명][동] 휘파람샛과의 새. 몸빛은 등 쪽이 담갈색, 배 쪽은 회백색임. 늦봄의 번식기에 갈대밭이나 들에서 '개개개' 하고 욺. 곤충·개구리 등을 잡아먹는 익조(益鳥)임.

개개-빌다 [동][자] 〈~비니, ~비오〉 잘못을 용서하여 달라고 간절히 빌다.

개ǃ**개-이**(個個-) [부] '낱낱이'의 잘못.

개:개-인(個個人) 명 한 사람 한 사람.
개:개-풀리다 동(자) =개개풀어지다. ¶개개 풀린 눈.
개:개-풀어지다 동(자) 1 끈끈하던 것이 녹아서 풀어지다. 2 졸리거나 술에 취하여 눈의 정기가 흐려지다. =개개풀리다.
개갱(開坑) 명 [광] 광물을 파내기 위하여 굴을 뚫는 것. **개갱-하다** 동(자)
개거(開渠) 명 [건] 1 위를 덮지 않고 그대로 터놓은 수로(水路). 2 철도나 궤도 밑을 가로 뚫어 도로나 운하를 통하게 만든, 위를 터놓은 하수 도랑. ↔암거(暗渠).
개:결(介潔) →**개:결-하다** 형(여) (사람의 마음이나 성질이) 곧고 깨끗하다. **개:결-히** 부
개경(開京) 명 [역] '개성(開城)'의 고려 시대의 이름.
개:고(改稿) 명 원고를 고쳐 쓰는 것. 또는, 그 원고. **개:고-하다** 동(자타)
개:-고기 명 1 사람이 식용 대상으로 삼는 개의 살. 2 성질이 고약하고 막된 사람을 비유한 말.
개:-골 명 까닭 없이 내는 성을 속되게 이르는 말. ¶~을 내다.
개골-개골 부 개구리가 연달아 우는 소리. 큰개굴개굴.
개골-창 명 수채 물이 흐르는 작은 도랑. =구거(溝渠).
개:과(改過) 명 잘못을 고치는 것. **개:과-하다** 동(자)
개:과-천선(改過遷善) 명 지난날의 허물을 고치고 착하게 됨.
개관[1](開館) 명 1 도서관·박물관·영화관 따위를 차려 놓고 처음 여는 것. ↔폐관(廢館). 2 도서관·박물관·영화관 따위의 일을 열어 그날의 일을 시작하는 것. ¶~ 시간. ↔폐관(閉館). **개관-하다**[1] 동(자)(여) **개관-되다** 동(자)
개:관[2](概觀) 명 전체를 대강 살펴보는 것. **개:관-하다**[2] 동(타)(여)
개:괄(概括) 명 1 내용의 요점이나 줄거리를 추려 내어 한데 뭉뚱그리는 것. 2 [논] 같은 부류의 사물을 골라서 한데 뭉치는 것. ↔한정(限定). **개:괄-하다** 동(타)(여) ¶한국의 현대 문학사를 ~. **개:괄-되다** 동(자)
개:괄-적(概括的) [-쩍] 명관 대충 추려 한데 뭉뚱그린 (것). ¶~ 설명.
개교(開校) 명 새로 세운 학교에서 처음으로 수업을 시작하는 것. ↔폐교(廢校). **개교-하다** 동(자)(여) **개교-되다** 동(자)
개교-기념일(開校記念日) 명 매년 개교 날짜에 맞추어 개교를 기념하는 날.
개구(開口) 명 1 입을 벌리는 것. 2 입을 열어 말하는 것. **개구-하다** 동(자)(여)
개-구간(開區間) 명[수] 양 끝을 포함하지 않는 구간, 즉, 실수 a, b에 대해 $a<x<b$를 만족시키는 실수 x의 집합.
개구리 명[동] 개구리목에 딸린 동물의 총칭. 뒷다리가 길고, 발가락 사이에 물갈퀴가 있음. 물과 뭍에서 다 살며, 수컷은 울음주머니를 부풀려 울음 소리를 냄. 어린 것은 올챙이로서 변태를 거쳐 개구리가 됨. 울음소리는 '개굴개굴', '개골개골'. ¶~가 논에서 개굴 개굴 운다.
[개구리 올챙이 적 생각 못한다] 잘되고 난 뒤, 어려웠던 옛일은 생각하지 않고 처음부터 잘난 듯이 뽐낸다.
개구리-눈 명 둥그렇게 툭 불거져 나온 눈을 비유하여 이르는 말.
개구리-밥 명[식] 개구리밥과의 여러해살이 물풀. 연못이나 논의 물 위에 떠서 살며, 여름에 백색의 잔 꽃이 핌. 전체를 약용함. =부평초(浮萍草).
개구리-주:차(-駐車) 명 보도 위에 좌우 어느 한쪽의 차바퀴를 올려놓는 형태의 주차.
개구리-참외(-외/-웨) 명 1 [식] 박과의 한해살이 풀. 열매껍질은 푸른 바탕에 개구리의 등처럼 얼룩얼룩한 무늬가 있음. 2 1의 열매. 살이 붉고 맛이 닮.
개구리-헤엄 명 개구리처럼 두 발을 함께 오므렸다가 뻗으면서 치는 헤엄. ▷평영.
개:-구멍 명 담이나 울타리에 개가 드나들 만한 크기로 뚫려 있는 구멍. ¶불량 학생들이 학교 담장의 ~으로 치는 것이 있다.
[개구멍에 망건 치기] 되지도 않을 일을 어리석게 시작하였다가 도리어 손해나 망신을 당한다는 말.
개:-구멍-바지 명 오줌·똥을 누기에 편하도록 밑을 터서 만든 사내아이의 바지.
개:-구멍-받이[-바지] 명 남이 대문 밖에 버리고 간 것을 데려다가 기른 아이.
개:-구멍-서방(-書房) 명 정식으로 결혼을 하지 않고 남몰래 드나들며 여자와 사귀는 남자를 얕잡아 일컫는 말.
개구장이 명 '개구쟁이'의 잘못.
개구쟁이 명 지나치게 짓궂은 장난을 하는 아이를 흉하게 이르는 말. ×개구장이.
개국[1](開局) 명 1 우체국·방송국 등이 사무소를 설치하고 일을 시작하는 것. 2 바둑의 대국(對局)을 시작하는 것. **개국-하다**[1] 동(자)(타)(여)
개국[2](開國) 명 1 나라를 처음으로 세우는 것. =건국(建國). 비건국. 2 다른 나라와 교류를 처음으로 시작하는 것. ↔쇄국(鎖國). **개국-하다**[2] 동(자)(타)(여)
개국[3](個國) 명(의존) 국가의 수를 세는 단위. ¶국제 연합 16~이 한국전에 참전했다.
개국-공신(開國功臣) [-꽁-] 명 나라를 새로 세울 때 공로가 있는 신하.
개굴-개굴 부 개구리가 연달아 우는 소리. 작개골개골.
개그(gag) 명 주로 텔레비전 방송 등에서, 시청자를 웃기기 위하여 하는 대사나 연기.
개그-맨(gagman) 명 주로 텔레비전 방송에 출연하여 개그를 직업적으로 하는 사람.
개그-우:먼(†gagwoman) 명 주로 텔레비전 방송에 출연하여 개그를 직업적으로 하는 여자.
개근(皆勤) 명 학교나 직장 등에 일정한 기간 동안 하루도 빠짐없이 출석하거나 출근하는 것. **개근-하다** 동(자)(타)(여) ¶영수는 초등학교 6년 동안 **개근하였다**.
개근-상(皆勤賞) 명 개근한 사람에게 주는 상.
개기다 동(자) 1 '개개다'의 잘못. 2 (속) (어떤 사람에게) 성가시게 굴거나 함부로 행동하다. 또는, 할 일 없이 그냥 시간만 보내거나, 해야 할 일을 짐짓 하지 않다(학생·젊은이의 말). ¶너 지금 이 형님한테 **개기는** 거냐? / 창수는 학교도 안 가고 피시방에서 **개기고** 있다.
개:-기름 명 얼굴에 번질번질하게 끼는 땀기 있는 기름. ¶~이 흐르는 얼굴.
개기-식(皆旣蝕) 명[천] 개기 일식과 개기 월식의 통칭. ↔부분식.
개기^월식(皆旣月蝕) [-씩] 명[천] 달이 지

개기°일식(皆旣日蝕) [-씩] 몡[천] 태양이 달의 그림자에 완전히 가려지는 현상. ↔부분 일식.

구에 완전히 가려져 햇빛을 전혀 받지 못하는 현상. ↔부분 월식.

개:-꼴 몡 체면이 아주 엉망이 된 꼬락서니. ¶여러 사람 앞에서 남을 흉보다가 ~이 되었다.

개:-꿀 몡 벌집에 들어 있는 그대로의 꿀. =소밀(巢蜜).

개:-꿈 몡 뚜렷한 내용이 없이 어수선하게 꾸는 꿈. ▷용꿈.

개:-나리¹ 몡[식] 물푸레나뭇과의 낙엽 관목. 높이 3m 내외. 이른 봄에 잎에 앞서 노란 꽃이 핌. 열매는 '연교(連翹)'라 하여 약용함. 흔히 울타리용으로 심음.

개:-나리² 몡[식] 들에 저절로 나는 나리의 총칭.

개:나리-꽃 [-꼳] 몡 개나리의 꽃.

개:-나발(-喇叭*) →개나발(을) 불다 구 사리에 맞지 않는 엉터리없는 소리를 하다. 상대의 말이 못마땅할 때 매우 공격적인 뜻을 담아 이르는 말.

개년(個年) 몡[의주] 연수(年數)를 세는 단위. ¶경제 개발 5~ 계획.

개:념(槪念) 몡[철] 1 어떤 사물이나 그것을 나타내는 언어가 가지는 기본적인 의미 내용. ¶~을 파악하다 / ~을 모르다. 2 사물 현상에 대한 일반적인 지식이나 관념.

개:념-론(槪念論) [-논] 몡[철] 1 개념에 대한 논리적 또는 인식론적 이론. 2 스콜라 철학의 실념론(實念論)과 유명론(唯名論)의 대립을 해결하기 위하여, 개체를 떠나 존재하는 개념도 또한 보편적 관념이라고 주장한 학설.

개:념-적(槪念的) [-쩍] 관·몡[철] 직관이나 표상에 의해서가 아니라 개념에 의하고 있는 (것).

개:다¹ (개고 / 개어) 통[자] (흐리거나 궂은 날씨가) 맑게 되다. ¶활짝 갠 하늘 / 비가 ~ / 날이 ~.

> 어법 맑게 개인 오후 : 개인(×)→갠(○). ➡'개이다'는 '개다'의 비표준어임.

개:다² (개고 / 개어) 통[타] 덩이진 것이나 가루에 물·기름 등을 쳐서 풀어져 섞이게 이기다. ¶풀을 ~ / 가루약을 물에 개어 먹이다.

개:다³ (개고 / 개어) 통[타] (이부자리·옷 따위를) 겹치거나 접어 포개다. ▣개키다. ¶이불을 ~.

개다리-밥상(-床) 몡 '개다리소반'의 잘못.

개:다리-소반(-小盤) 몡 상다리 모양이 개다리처럼 구부러진 밥상. ×개다리밥상.

개:다리-출신(-出身) [-씬] 몡 예전에, 총 쏘는 기술로 무과에 급제한 사람을 깔보아 이르던 말.

개더(gather) 몡 천에 홈질을 한 뒤 그 실을 잡아당겨 만든 잔주름. 스커트·소매 끝·어깨선 등에 씀.

개더-스커트(←gathered skirt) 몡 허리에 개더를 잡은 스커트.

개도-국(開途國) 몡 '개발도상국'의 준말.

개:-돼지 몡 개나 돼지와 같이 더럽고 보잘 것없는 존재. 사람을 욕하거나 얕잡아 이르는 말임. =견돈·돈견. ¶~만도 못한 놈.

개:-떡 몡 거칠게 빻은 보릿가루나 밀가루를 반죽하여 둥글넓적하게 아무렇게나 반대기를 지어 찐 떡.

개떡 같다 구 무슨 일이나 물건이 마음에 들지 않아 하찮다. ¶시험 문제가 ~.

개:-똥 몡 1 개의 똥. 2 어떤 대상에 대해 경멸감이나 역겨움·불쾌감 등을 나타낼 때 속되게 이르는 말. ¶~ 같다 / ~도 모르는 주제에 어디서 아는 척해?

[개똥도 약에 쓰려면 없다] 평소에는 흔하던 것도 막상 긴하게 쓰려면 구하기 어렵다.

개:똥-밭 [-받] 몡 1 땅이 건 밭. 2 개똥이 많은 더러운 곳.

[개똥밭에 굴러도 이승이 좋다] 아무리 고생스럽고 천하게 살더라도 사는 것보다는 사는 것이 낫다. [개똥밭에 인물 난다] 보잘 것없는 가문에서 뛰어난 인물이 태어난다.

개:똥-벌레 몡 =반딧불이.

개:똥-불 몡 '반딧불'의 방언.

개:똥-지빠귀 몡 지빠귓과의 새. 몸빛은 대체로 흑갈색인데 배는 희며, 옆구리에 흑갈색의 무늬가 있음. 다른 새의 울음소리를 잘 흉내 냄. ≒티티새. 준지빠귀.

개:똥-참외 [-외/-웨] 몡 길가나 들에 저절로 자라서 열린 참외. 보통 참외보다 작고 맛이 없음.

개:똥-철학(-哲學) 몡 '통속적이고 어쭙잖은 인생론이나 처세론'을 얕잡아 이르는 말.

개:-띠 몡[민] 개해에 난 사람의 띠.

개:략(槪略) 몡 대강 추려 줄이는 일. 또는, 그 줄인 것. ▣개요. 개:략-하다 통[타어]

개:략-적(槪略的) [-쩍] 관·몡 대충 추려 간략하게 개괄한 (것). ¶~ 설명 / ~인 내용.

개:량(改良) 몡 (질이나 성능, 구조 등을) 더 낫거나 편리하게 고치는 것. ¶품종 ~. ▷개선. 개:량-하다 통[타어] ¶주택을 ~. 개:량-되다 통[자어]

개:량-식(改良式) 몡 개량한 방식. ↔재래식.

개량-조개 몡[동] 개량조갯과의 조개. 겉모양은 대합과 비슷하며, 황갈색의 각피(角皮)가 덮임. 살은 식용함. ≒명주조개.

개:량-종(改良種) 몡 교배 등에 의하여 개량하여 유성한 동식물의 새 품종. ↔재래종.

개:량-한복(改良韓服) 몡 =생활한복.

개런티(†guarantee) 몡 [영어의 본뜻은 '보증', '보증 계약'] 가수·배우·탤런트 등의 계약에 따른 출연료. ¶~를 받다 / ~가 높은 가수.

개력-하다 [-려카-] 통[자어] 산천이 무너지고 변하거나 옛 모습이 없어지다. =가력되다.

개:론(槪論) 몡 어떤 분야의 학문에 대해 기초적인 내용을 추려 대강 논하는 일. 또는, 그 논술. ¶문학 ~. ▷개설(槪說). 개:론-하다 통[타어]

개:름 몡 '개으름'의 준말. 큰게름.

개:립(介立) 몡 1 혼자의 힘으로 일하는 것. 2 둘 사이에 끼어 서는 것. ▣개재(介在). 개:립-하다 통[자어]

개막(開幕) 몡 1 (연극·음악회 등을 시작할 때) 막을 여는 것. 2 (어떤 회의나 행사 등을) 시작하는 것. ↔폐막(閉幕). 개막-하다 통[자타어] 개막-되다 통[자어]

개막-식(開幕式) [-씩] 몡 행사가 일정 기간 동안 계속될 경우에 첫날 그 행사를 시작할 때 베푸는 의식. ¶올림픽 ~ / 서울 국제 도서전 ~. ↔폐막식.

개막-전(開幕戰) [-쩐] 몡 개막식에 이어 열리는 첫 경기. ¶월드컵 축구 ~.

개:-망나니 몡 하는 짓이나 성질이 아주 못된 사람을 욕하여 이르는 말. ¶본데없이 자라

개:-망신(-亡身) 명 아주 큰 망신. 개:망신-하다 동(자여)
개맹이 명 (부정적·소극적인 뜻을 가진 술어와 함께 쓰여) 똘똘한 기운이나 정신. ¶~가 없는 사람 / ~가 풀어지다.
개:머리-판(-板) 명(군) 총대의 밑동을 이룬, 나무나 플라스틱으로 된 넓적한 부분. =개머리.
개:명¹(改名) 명 이름을 바꾸는 것. 또는, 바꾼 이름. 개:명-하다¹ 동(자타여)
개명²(開明) 명 사람의 지혜가 계발되고 문화가 발달되는 것. 개명-하다² 동(자여) 개명-되다 동(자) ¶개명된 사회.
개-모음(開母音) 명(언) =저모음. ↔폐모음.
개문(開門) 명 문을 여는 것. ↔폐문(閉門). 개문-하다 동(자타여)
개:물(個物) 명 =개체(個體)1.
개미¹ 명 연줄을 질기고 세게 하기 위하여 먹이는, 부레풀에 사기나 유리의 고운 가루를 탄 것. ¶연줄에 ~를 먹이다.
개미² 명(동) 벌목 개밋과 곤충의 총칭. 몸은 머리·가슴·배로 구분되는데, 허리가 가늘고 몸빛은 검거나 붉은 갈색임. 날개는 여왕개미와 수개미에게만 있음. 땅속이나 썩은 나무 속에 집을 짓고 사회생활을 함.
[개미 금탑(金塔) 모으듯 한다] 재물을 조금씩 알뜰히 모은다. [개미 쳇바퀴 돌듯 한다] 앞으로 나아가지 못하고 늘 제자리걸음만 한다.
개미 새끼 하나도 얼씬 못한다 관 허락된 사람 외에는 아무도 얼씬 못한다. ¶내 허락 없이는 ~.
개미 새끼 하나 볼 수 없다 관 어느 곳에 전혀 사람이 있지 않거나 다니지 않는 상태에 있다. 강조를 위한 과장된 비유의 말임.
개:미-구멍 명 1 개미가 뚫은 구멍. =의공(蟻孔). 2 =개미집.
개:미^군단(-群團) 명(경) 주식 시장에서 '다수의 소액 투자자'를 이르는 말. 개개인은 힘이 약하지만 무리로서는 힘이 강하다는 뜻을 가짐.
개:미-굴(-窟) 명 1 개미가 뚫은 굴. =의혈(蟻穴). 2 =개미집.
개:미-귀신(-鬼神) 명(동) 명주잠자릿과의 애벌레의 총칭. 몸빛은 회갈색임. 개미지옥을 파고 숨어 있다가 미끄러져 떨어지는 개미 따위의 곤충을 큰 턱으로 잡아 체액을 빨아 먹음.
개:미-누에 명 알에서 갓 깬 누에. =의잠(蟻蠶).
개:미-산(-酸) 명(화) =포름산.
개:미-지옥(-地獄) 명 개미귀신이 마루 밑이나 양지바른 모래땅에 파 놓고 숨어 있는, 깔때기 모양의 구멍.
개:미-집 명 개미가 구멍을 파고 모여 사는 곳. =개미구멍·개미굴.
개:미-총(-塚) 명 =개밋둑.
개:미-핥기(-目) 명 포유류 빈치목(貧齒目) 개미핥깃과에 속하는 동물의 총칭. 머리가 길고 뾰족하며 이가 없고, 온몸이 털로 덮임. 깊은 숲 속에 살면서 갈고리 모양의 앞발톱으로 개미집을 파헤쳐 긴 혀로 개미를 핥아 먹음.
개:미-허리 명 개미의 허리처럼 아주 가는 허리.
개:밋-둑[-미뚝/-믿뚝] 명 개미가 집을 짓기 위하여 땅 위에 수북이 쌓아 놓은 흙가루로 된 둑. =개미총·개미탑·의봉(蟻封).

개발(開發) 명 1 (토지나 천연자원을) 개척하여 유용하게 만드는 것. ¶수자원 ~. 2 (지식이나 능력 등을) 더 나아지도록 이끄는 것. ¶능력 ~. 3 (산업이나 경제 등을) 흥하도록 발전시키는 것. ¶경제 ~·계획. 4 (새로운 것이나 물건을) 연구하여 내어 만드는 것. ¶신제품 ~에 성공하다. 개발-하다 동(타여) ¶천연자원을 ~ / 소질을 ~. 개발-되다 동(자) ¶사고력이 ~.
개발도상-국(開發途上國) 명 선진국과 공산권의 여러 나라를 제외하고, 경제 발전이 뒤져서 국민 1인당 실질 소득이 낮은 나라. =개도국.
개발^독재(開發獨裁)[-째] 명(정) '개발'이라는 기치 아래 자행되는 강권 정치. 흔히, 개발도상국에서 볼 수 있음.
개발-쇠발 '괴발개발'의 잘못.
개발^제한^구역(開發制限區域) 명(법) 개발이 제한되는 일정 지역. 도시의 무질서한 확산을 방지하고, 도시 주변의 자연환경을 보전하기 위한 것임. =그린벨트.
개:발-코 명 개의 발처럼 너부죽하고 뭉툭하게 생긴 코.
개:-밥 명 개의 먹이.
[개밥에 도토리] 따돌림을 받아 여럿에 어울리지 못하는 사람을 이르는 말.
개:밥-바라기[-빠-] 명(천) 배가 고파서 저녁밥을 바랄 무렵에 서쪽 하늘에 뜬다 하여 생긴 이름) [천] 저녁에 서쪽 하늘에 보이는 금성(金星)의 별칭. =장경성·태백성. ㈜어둠별. ▷샛별.
개방(開放) 명 (막았던 것을) 터놓는 것. 곧, 자유롭게 출입하거나 교류하도록 하는 것. ¶문호 ~. 개방-하다 동(타여) ¶고궁을 무료로 ~ / 지역 주민에게 학교 운동장을 ~. 개방-되다 동(자)
개방^경제(開放經濟) 명 외국과의 자본이나 상품·서비스 등 거래에 제한을 두지 않는 경제.
개방^대:학(開放大學)[교] 대학 교육의 기회를 갖지 못한 사람을 위해 설치한 특수한 교육 방식의 대학. 교육의 시기·연령·장소 및 학습 방법에 제한을 두지 않는 것이 특징임.
개방-적(開放的) 관 숨기거나 막거나 하지 않고 툭 터놓는 (것). ¶~인 성격.
개방^정책(開放政策) 명 다른 나라와의 통상이나 교역을 허용하는 정치적 방침. ↔쇄국정책.
개방^혈관계(開放血管系)[-계/-게] 명(생) 절지동물·연체동물 등에서 볼 수 있는 혈관계. 모세 혈관이 결여되고, 혈관계는 말단이 개방된 혈관계.
개방-화(開放化) 명 개방하는 상태가 되게 하는 것. 또는, 그런 상태가 이루어지는 것. ¶~의 물결. 개방화-하다 동(자타여) 개방화-되다 동(자) ¶문화 교류가 ~.
개:-백장[-짱] 명 =개백정.
개:-백정(-白丁)[-쩡] 명 1 개 잡는 일을 직업으로 하는 사람. 2 성품과 행동이 막된 사람을 욕하여 이르는 말. =개백장.
개버딘(gabardine) 명 소모사(梳毛絲)를 사용하여 날실을 씨실보다도 촘촘하게 능직으로 짠 옷감. 신사복·코트·부인복의 감으로 쓰임.

개벽(開闢) 명 1 천지가 처음으로 생기는 것. ¶천지~ / ~ 이래. 2 새로운 시대가 열리는 것을 비유적으로 이르는 말. **개벽-하다** 동 자여

개:변(改變) 명 (제도·시설·상태 등을) 발전적인 방향으로 고쳐 바꾸는 것. **개:변-하다** 동 타여 ¶제도를 ~. **개:변-되다** 동 자

개:별(個別) 명 (주로 명사 앞에 쓰여) 여럿 중 하나하나 또는 따로따로. ¶~ 심사 / ~ 행동.

개:별-적(個別的) [-쩍] 관 따로따로 되어 있는 (것). ¶~으로 처리하다.

개:별^지도(個別指導) 명 [교] 개인의 소질이나 능력, 성격, 환경에 맞추어 따로 지도하는 학습 지도 방법.

개병(皆兵) 명 온 국민이 병역 의무가 있는 것. ¶국민 ~ 제도.

개:보수(改補修) 명 (건물이나 시설물 따위를) 뜯어고치거나 수리하는 것. ¶주택 ~. **개:보수-하다** 동 타여 ¶낡은 아파트를 ~ / 재해 우려가 있는 취약 시설을 ~.

개복(開腹) 명 수술하려고 배를 갈라서 여는 것. **개복-하다** 동 자여

개복^수술(開腹手術) [-쑤-] 명 [의] 배를 갈라서 배 안에 있는 기관을 치료하는 수술. =개복술.

개:-복치 명 [동] 개복치과의 바닷물고기. 몸 길이 2~4m에 이르는 큰 물고기로, 몸은 달걀꼴이고 납작함. 몸빛은 등 쪽이 청색, 배 쪽은 회백색임. 지느러미가 특이하여 꼬리 없는 물고기처럼 보이며.

개봉(開封) 명 1 봉한 것을 떼어 여는 것. ¶유언장 ~. ⇒함봉(緘封). 2 새로 만든 영화를 영화관에서 처음 상영하는 것. ¶~ 박두. **개봉-하다** 동 자타여 ¶편지를 ~ / 그 영화는 **개봉하자마자** 엄청난 관람객이 몰렸다. **개봉-되다** 동 자

개봉-관(開封館) 명 새로 만든 영화만을 처음 상영하는 영화관. ▷재개봉관.

개:-불 명 [동] 환형동물 개불과의 한 종. 몸길이 10~30cm. 몸은 둥근 통 모양이며 황갈색을 띰. 바다 밑 모래 속에 'U' 자 모양의 구멍을 파고 삶. 낚시 미끼로 쓰임.

개:불알-꽃 [-꼳] 명 [식] 난초과의 여러해살이풀. 높이 25~40cm. 이른 여름에 개의 불알 모양의 홍자색 꽃이 핌. 관상용임.

개비[1] 명 1 [자] 다소 길이가 있는 나무의 토막. ¶장작~ / 나뭇~ / 성냥~. [2] 의존 1 다소 길이가 있는 나무토막을 세는 단위. ¶장작 한 ~ / 성냥 두어 ~. 2 종이로 만 담배의 낱개를 세는 단위. ¶담배 한 ~.

개:비[2](改備) 명 갈아 내고 다시 장만하여 갖추는 것. **개:비-하다** 동 타여 ¶장롱을 새것으로 ~. **개:비-되다** 동 자

개:-비자나무(-榧子-) 명 [식] 주목과의 상록 침엽 관목. 높이 3m 정도. 봄에 꽃이 피고 가을에 열매가 여는데, 열매는 먹거나 기름을 짬. 우리 나라 남부 산골짜기나 숲한 숲에 자람.

개:-뼈다귀 명 1 개의 뼈다귀. 2 별 볼일 없이 먼저 끼어드는 사람을 경멸하여 속되게 이르는 말. ¶어디서 굴러먹다 온 ~야?

개:-뿔 명 (주로 '아니다', '없다', '모르다'와 같은 부정어와 함께 쓰여) 어떤 대상을 무시하거나 경멸할 때 하찮은 것을 속되게 이르는 말. ¶~도 없는 게 돈을 물 쓰듯 한다. ▷ 쥐뿔.

개:사(改詞) 명 어떤 노래의 가사를 임의로 바꾸는 것. ¶~곡(曲). **개:사-하다** 동 타여 ¶유행가를 개사해서 부르다.

개산[1](開山) 명 [불] 1 절을 처음으로 세우는 것. ¶~날. 2 '개산조사'의 준말. **개산-하다** 동 자타여 절을 처음으로 세우다.

개:산[2](概算) 명 '어림셈'의 구용어. ↔정산(精算). **개:산-하다**[2] 동 타여

개산-조사(開山祖師) 명 [불] 절을 처음 세우거나 종파를 새로 연 승려. 준개산·개조(開祖).

개:-살구 명 개살구나무의 열매. 보통 살구보다 시고 떫음. ¶겉만 번드레하고 실속이 없으니 빛 좋은 ~지 뭐야.

[개살구도 맛 들일 탓] 어떤 일이든 취미를 붙이기는 나름이라는 말. [개살구 지레 터진다] 되지못한 사람이 오히려 날뛰고 뽐낸다.

개:살구-나무 명 [식] 장미과의 낙엽 활엽 교목. 높이 5~10m. 4~5월에 연한 홍색 또는 흰색 꽃이 잎보다 먼저 핌. 정원수나 도구재(道具材)로 쓰이며, 열매는 식용, 종자는 약용함.

개:-상 (-床) 명 [농] 볏단·보릿단 등을 메어쳐서 낟알을 떨어뜨리는 데 쓰는 재래식 농구. 서까래 같은 통나무 네댓 개를 가로 대고 엮어 다리 넷을 박아 만들었음.

개:-새끼 명 반감을 주는 사람 (특히, 남자)를 적대하고 모욕하여 이르는 말. 욕설임. =개자식.

개:서(改書) 명 다시 고쳐 쓰는 것. **개:서-하다** 동 타여

개석[1](開析) 명 [지] 하천의 침식 작용으로 평지에 골짜기가 생겨 가는 현상.

개:석[2](蓋石) 명 1 [고고] =뚜껑돌. 2 가첨석(加檐石).

개:선[1](改善) 명 (어떤 대상을) 부족하거나 잘못된 점을 고쳐 더 낫거나 좋게 하는 것. ¶식생활 ~. ↔개악(改惡). **개:선-하다**[1] 동 타여 ¶근로 조건을 ~ / 체질을 ~. **개:선-되다**[1] 동 자 ¶처우가 ~.

개:선[2](改選) 명 의원이나 임원 등의 임기가 찼거나 사퇴하였을 때, 새로 뽑는 것. **개:선-하다**[2] 동 타여 **개:선-되다**[2] 동 자

개:선[3](凱旋) 명 (전쟁이나 경기에서) 이기고 돌아오는 것. **개:선-하다**[3] 동 자여 ¶혁혁한 전과를 세우고 개열한 환영을 받으며 ~.

개:선-가(凱旋歌) 명 개선을 축하하는 노래. 비(凱)(凱歌).

개:선-문(凱旋門) 명 전쟁에서 이기고 돌아오는 군사를 환영하고 기념하기 위하여 세운 문. 파리의 것이 유명함.

개:선-장군(凱旋將軍) 명 적과의 싸움에서 이기고 돌아온 장군.

개:선-책(改善策) 명 좋게 고치는 방법이나 꾀. ¶입시 제도에 대한 ~을 마련하다.

개설[1](開設) 명 1 새로 설치하여 그에 관한 일을 시작하는 것. 2 [경] 은행에서 신용장을 발행하는 것. **개설-하다** 동 타여 ¶상담소를 ~ / 버스 노선을 ~. **개설-되다** 동 자 ¶이 학과는 새로 개설되었다.

개:설[2](槪說) 명 어떤 분야의 학문의 기초적인 내용을 대강 설명하는 것. ¶철학 ~. ▷개론(槪論). **개:설-하다**[2] 동 타여

개:성(個性) 명 개개인이 가지는 고유한 특성. 성격·취향·사고방식 등으로 나타남. =개인성. ¶몰(沒)~ / ~을 살리다 [죽이다] / ~이 있다 [없다] / ~이 강한 사람 / ~을 무시한 획일적인 교육.

개ː성ː교육(個性教育)〖명〗〖교〗각 개인의 개성을 존중하고 타고난 소질을 계발시키려는 교육.
개ː성-적(個性的)〖관〗〖명〗개성이 두드러지게 나타난 (것). ¶~ 헤어스타일 / ~인 문체.
개ː성-파(個性派)〖명〗개성이 강하거나 개성적인 것을 지향하는 사람들의 부류.
개소¹(開所)〖명〗사무소·연구소 등 '소(所)'자가 붙은 명칭의 기관을 처음으로 세워 일을 시작하는 것. 개소-하다〖자〖여〗 개소-되다〖동〖여〗
개소²(個所·箇所)〖명〗〖의존〗특정한 장소를 세는 말. 문어적인 말임. 〖비〗곳·군데. ¶이상 ~.
개ː-소리〖명〗상대방의 말을 당찮게 여길 때 그 말을 욕하여 이르는 말. 개ː소리-하다〖동〗
개ː소리-괴소리[-괴/-꿰-]〖명〗아무렇게나 조리 없이 지껄이는 말을 개 짖는 소리나 고양이 울음소리에 빗대어 욕하는 말. ×개소리괴음문.
개소리-괴소문 '개소리괴소리'의 잘못.
개ː-소주(-燒酒)〖명〗개를 통째로 여러 한약재와 함께 고아 낸 액즙. 민간에서 흔히 강장제로 복용함.
개수¹〖명〗=개숫물.
개ː수²(改修)〖명〗1〖글을〗고쳐 바로잡는 것. ▷개정(改正). 2〖길이나 둑 따위를〗고쳐 닦거나 쌓는 것. ¶~ 공사. 개ː수-하다〖타〖여〗¶가옥을 ~. 개ː수-되다〖동〗〖자〗
개ː수³(個數·箇數)[-쑤]〖명〗낱으로 셀 수 있는 물건의 수효. ~를 세다. ×갯수.
개수-대(-臺)〖명〗부엌에서 설거지를 하도록 된 대(臺) 모양의 장치.
개ː-수작(-酬酌)〖명〗상대가 걸어오는 말이나 행동에 대해 강한 거부감을 가지고 욕하여 이르는 말. 개ː수작-하다〖동〗〖자〖여〗
개수-통(-桶)〖명〗개숫물을 담는 통. =설거지통.
개ː술(概述)〖명〗줄거리만 대강 말하는 것. ↔상술(詳述). 개ː술-하다〖동〗〖타〖여〗
개숫-물[-순-]〖명〗설거지할 때 그릇을 씻는 물. =개수·설거지물.
개시¹(開市)〖명〗1시장을 열어 물건을 팔기 시작하는 것. ↔폐시(閉市). 2상점을 열고 그날 처음으로 물건을 파는 것. ¶해가 중천인데 아직 ~도 못 했다. 개시-하다²〖타〖여〗
개시²(開始)〖명〗〖사업이나 행동을〗처음으로 시작하는 것. ¶행동 ~. ↔종료. 개시-하다²〖동〖타〖여〗¶사업을 ~. 개시-되다〖동〗〖자〗¶그 노선은 내일부터 운행이 개시된다.
개ː신(改新)〖명〗새롭게 고치는 것. 개ː신-하다〖동〗〖타〖여〗 개ː신-되다〖동〗〖자〗
개신-개신〖부〗'기신기신'의 작은말. 개신개신-하다〖동〗〖자〖여〗
개신-거리다/-대다〖자〗'기신거리다'의 작은말.
개ː신-교(改新教)〖명〗〖기〗=프로테스탄트.
개ː심(改心)〖명〗잘못된 마음을 고치는 것. ¶~자. 개ː심-하다〖동〗〖자〗
개ː-싸움〖명〗1개끼리의 싸움. 2더러운 욕망을 채우려는 추잡한 싸움.
개ː-아들〖명〗하는 짓이 못된 남자를 욕하여 이르는 말.
개ː악(改惡)〖명〗〖어떤 대상을〗본디보다 도리어 나쁘게 고치는 것. ↔개선(改善). 개ː악-하다〖동〗〖타〖여〗¶법을 ~. 개ː악-되다〖동〗〖자〗

개안(開眼)〖명〗1먼눈을 뜨는 것. 2[불]불도의 진리를 깨달아 아는 것. 3[불]불상을 만든 뒤에 처음으로 불공을 드리는 의식. ¶~불사. 개안-하다〖동〗〖자〖여〗
개안^수술(開眼手術)〖명〗〖의〗각막 이식을 하여 눈먼 사람의 눈을 보이도록 하는 수술.
개암〖명〗개암나무의 열매. 모양은 도토리 비슷하며, 맛은 밤과 비슷함. =진자(榛子).
개암-나무〖명〗〖식〗자작나뭇과의 낙엽 활엽 관목. 봄에 이삭 모양의 꽃이 피고, 가을 열매인 '개암'이 갈색으로 익음. 열매는 먹거나 약으로 쓰며, 산에 자람.
개-어귀〖명〗강물이나 냇물이 호수나 바다로 들어가는 어귀.
개업(開業)〖명〗1영업이나 사업을 새로 시작하는 것. 2영업을 하고 있는 것. ¶현재 ~ 중인 의사. ↔폐업. ▷휴업. 개업-하다〖동〗〖자〗〖타〖여〗¶식당을 ~.
개업-식(開業式)[-씩]〖명〗개업을 알리고 축하하기 위하여 하는 의식.
개업-의(開業醫)[-의/-이]〖명〗의사 면허증을 가지고, 자기 병원을 경영하는 의사.
개-여울〖명〗개울의 여울.
개ː역(改譯)〖명〗번역한 것을 고쳐 다시 번역하는 것. 개ː역-하다〖동〗〖타〖여〗 개ː역-되다〖동〗〖자〗
개ː연¹(蓋然)〖명〗어떤 일이 있을 수도 있고 없을 수도 있지만, 대체로 그럴 것이라고 예견되는 상태. ▷필연(必然).
개ː연²(慨然)〖명〗→개연-하다〖형〖여〗울울하거나 의분으로 몹시 분하다. 개ː연-히〖부〗
개ː연-성(蓋然性)[-썽]〖명〗〖논〗어떤 일이 일어날 수 있는 확실성의 정도 또는 가능성의 정도. ¶그 일은 사실일 ~이 높다. =필연성.
개ː연-적(蓋然的)〖관〗〖명〗개연성이 있는 (것). ▷필연적.
개ː연적 판단(蓋然的判斷)〖논〗주어와 술어의 결합에 분리의 관계가 다 같이 가능한 판단. 즉, 'A는 B일 수 있다' 따위. ▷필연적 판단.
개염〖명〗시새워서 탐내는 마음. ¶~이 나다 / ~을 내다 / ~을 부리다 / ~을 피우다. 〖큰〗게염.
개ː오(改悟)〖명〗잘못을 뉘우치고 깨닫는 것. ▷개전(改悛). 개ː오-하다〖동〗〖타〖여〗
개ː-오동(-梧桐)〖명〗〖식〗=개오동나무.
개ː-오동나무(-梧桐-)〖명〗〖식〗능소화과의 낙엽 활엽 교목. 여름에 담황색 꽃이 피는데, 꽃잎에는 자줏빛 점이 있음. 열매와 나무껍질은 약재로 씀. =개오동.
개ː-옻나무[-온-]〖명〗〖식〗옻나뭇과의 낙엽 활엽 소교목. 높이 5~7m. 여름에 황록색 꽃이 핌. 즙액은 약용함.
개ː와(蓋瓦)〖명〗1기와로 지붕을 이는 것. 2'기와'의 잘못. 개ː와-하다〖동〗〖타〖여〗기와로 지붕을 ~.
개ː요(概要)〖명〗추려 낸 주요 내용. 〖비〗대요(大要). ¶한국 역사의 ~를 서술하다.
개운(開運)〖명〗좋은 운수가 열리는 것. 개운-하다〖동〗〖자〖여〗
개운-하다²〖형〖여〗1(기분이나 몸이) 상쾌하고 가뿐하다. ¶샤워를 하고 나니 몸이 ~. 2(맛이) 깔끔하고 산뜻하다. ¶조갯국이 ~. 개운-히〖부〗
개울〖명〗골짜기나 들에 흐르는 작은 물줄기. 시내보다 작음. ¶~에서 멱을 감다 / ~을 건너다.

개울-가 [-까] 몡 개울의 주변.
개울-물 몡 개울의 물.
개:원¹(改元) 몡[역] 연호(年號)를 바꾸는 것. =개호(改號). 개:원-하다¹ 톰(자)여
개원²(開院) 몡 1 병원·학원 등 '원(院)' 자가 붙은 명칭의 기관에서 그날의 업무를 시작하는 것. 또는, 새로 그 시설을 개설하는 것. 2 의회 등에서 회기를 맞이하여 회의를 여는 것. 개원(開院). 개원-하다² 톰(자타)여
개원³(開園) 몡 동물원·유치원 등 '원(園)' 자가 붙은 명칭의 곳에서 그날의 업무를 시작하는 것. 또는, 새로 그 시설을 개설하는 것. 개원-하다³ 톰(자타)여
개월(個月) 몡(의존) 달수를 세는 단위. ¶24~ 할부.
개으르다 톔⟨개으르니, 개을러⟩ (사람이) 일을 하기 싫어하여 할 일을 자꾸 미루거나 제대로 하지 않는 버릇이 있다. 준개르다. 톈게르다.
개으름 몡 개으른 버릇이나 태도. ¶~을 부리다 / ~을 피우다. 준개름. 톈게으름.
개-음절(開音節) 몡[언] 모음 또는 이중 모음으로 끝나는 음절. 우리말에서 받침 없는 음절은 이에 해당됨. ↔폐음절(閉音節).
개:의¹(介意) [-의/-이] 몡 (어떤 일을) 마음에 두거나 신경을 쓰는 것. 개:의-하다¹ 톰(자타)여 ¶누가 뭐라 하든 개의치 않고 내 신념대로 밀고 나가겠다.
개의²(開議) [-의/-이] 몡 토의를 시작하는 것. 개의-하다² 톰(자타)여
개:의³(槪意) [-의/-이] 몡 대강의 뜻.
개이다 톰(자) '개다'의 잘못.
개:인¹(改印) 몡 1 도장을 본디 모양과 다르게 고쳐 새기는 것. 2 신고된 인감(印鑑)을 바꾸는 것. ¶~ 신고(申告). 개:인-하다 톰(자타)여 개:인-되다 톰(자)
개:인²(個人) 몡 국가나 사회·단체 등에 대하여, 그것을 구성하는 낱낱의 사람. ¶~ 자격으로 참가하다 / ~의 의견을 존중하다.
개:인-감정(個人感情) 몡 1 개인들 간의 좋지 않은 감정. ¶~을 앞세워 싸움을 벌이다. 2 집단이나 단체에 대하여 자신을 먼저 생각하는 마음. ¶조국을 위해 ~을 버리다.
개:인^경기(個人競技) 몡[체] 개인별로 힘과 기량을 겨루는 경기. ↔단체 경기.
개:인^교수(個人敎授) 몡 1 교사가 학생과 일대일의 관계에서 하는 학습 지도. 2 가정 교사에 의한 학습 지도.
개:인-기(個人技) 몡 개인의 기술. 특히, 단체 경기를 하는 운동에서의 개인의 기량. ¶유럽의 축구는 ~에서 한국을 앞서고 있다.
개:인-상(個人賞) 몡 개인에게 주는 상. ↔단체상.
개:인-성(個人性) [-썽] 몡 =개성(個性).
개:인-소득(個人所得) 몡 임금·이윤·이자·연금 따위로 개인이 얻는 소득.
개:인-연금(個人年金) [-년-] 몡 생명 보험 회사나 신탁 은행이 개인에게 상품으로 판매하는 연금 지급형의 보험이나 신탁.
개:인용 컴퓨터(個人用computer) [-농-] [컴] 개인이 이용할 목적으로 만들어진 소형 컴퓨터. =퍼스널 컴퓨터·피시(PC).
개:인-적(個人的) 몡 개인과 관계되거나 특정 개인에 한하는 (것). 또는, 공적(公的)이 아닌 사적(私的)인 (것). ¶이것은 어디까지나 ~인 생각입니다. / 그 회사 사장과는 ~으로 친분이 있다.

개:인-전¹(個人展) 몡 화가·조각가 등의 한 사람의 작품만을 모아서 하는 전시.
개:인-전²(個人戰) 몡[체] 개인끼리 승부를 가리는 시합. ↔단체전.
개:인-주의(個人主義) [-의/-이] 몡 1 개인의 의의(意義)와 가치를 중시하여, 개인의 권리와 자유를 존중하는 사고방식. ↔전체주의. 2 다른 사람에 대하여 별로 관심을 가지지 않고 자기나 자기 가족만을 생각하는 태도. 3 경제 활동에서 개인의 자유 경쟁이 경제 발전에 가장 유효한 것이라 하여 국가의 간섭이나 통제를 배제하는 사고방식.
개:인-차(個人差) 몡 각 개인에 따라 서로 다른 정신적·육체적 능력이나 특성의 차이. ¶학생들의 ~를 고려한 학습 지도.
개:인-택시(個人taxi) 몡 회사 조직이 아니고 개인이 경영하는 택시.
개:인^투자가(個人投資家) 몡[경] 개인 명의(個人名義)로 주식이나 채권 등 유가 증권에 투자한 사람. ▷기관 투자가.
개:인-플레이(個人play) 몡 1 단체 생활이나 조직에서, 전체의 이익을 돌보지 않고 개인의 성취만을 추구하는 행동. 비개인행동. 2 운동 경기에서, 전체적으로 협력하지 않고 떨어져 따로 움직이는 일.
개:인-행동(個人行動) 몡 단체 경기나 조직에서 전체의 이익을 돌아보지 않고 개인의 명예나 성취만을 존중하는 행동이나 활동. 비개인플레이. ¶단체 생활에서 ~은 금물이다.
개:인^혼영(個人混泳) 몡[체] 경영(競泳) 종목의 하나. 한 사람의 선수가 접영·배영·평영·자유형의 각 영법으로 같은 거리를 차례로 이어서 헤엄치는 것. =개인 메들리. ▷혼계영.
개:인^회사(個人會社) [-회-/-훼-] 몡 회사의 자본이나 주식의 대부분을 어느 한 사람이 소유한 회사.
개:인^휴대^통신^서비스(個人携帶通信service) 몡[통] 음성은 물론 데이터 및 화상까지도 전달할 수 있는 첨단적인 이동 통신 서비스. =피시에스(PCS).
개입(介入) 몡 (사람이나 기관·국가 등이 남의 일이나 직접 관계되지 않은 일에) 나서거나 끼어드는 것. 개:입-하다 톰(자타)여 ¶국제 분쟁에 강대국이 ~. 개:입-되다 톰(자) ¶권력이 개입된 음모.
개:-자리 몡 1 [건] 불기를 빨아들이고 연기를 머무르게 하려고 구들 윗목 속에 깊이 판 고랑. 2 [체] 사람이 들어앉아 화살이 맞았는지 안 맞았는지를 살필 수 있도록 과녁 앞에 파 놓은 구덩이. 3 사람이나 내 바닥에 갑자기 푹 패어 들어가 깊어진 곳.
개-자식(-子息) 몡 =개새끼.
개:작(改作) 몡 (작품이나 원고 등을) 고쳐 다시 짓는 일. 또는, 고쳐 지은 작품. ¶전면(全面) ~. 개:작-하다 톰(타)여 ¶단편을 장편으로 ~. 개:작-되다 톰(자)
개-잘량 몡 털이 붙은 채로 다룬 개 가죽. 방석처럼 까는 데에 쓰임. 준잘량.
개-잠¹ 몡 개처럼 머리와 팔다리를 오그리고 자는 잠.
개:-잠²(改-) 몡 아침에 깨었다가 다시 드는 잠. ¶~이 들다.
개:-잠-자다¹ 톰(자) 개가 자는 모습처럼 머리와 팔다리를 오그리고 옆으로 누워 자다.
개:-잠-자다²(改-) 톰(자) 아침에 깨었다가 다

시 자다.
개:-장¹(-醬) 명 =개장국.
개:장²(改裝) 명 1 포장·장식 따위를 새롭게 다시 꾸미는 것. 2 군함 따위의 장비를 뜯어고치는 것. 개:장-하다¹ 图(타) 개:장-되다¹ 图(자)
개장³(開場) 명 1 (주로 '장(場)'으로 끝나는 명칭의 장소나 백화점·공원·고궁 등을) 열어서 운영·영업·사용 등을 시작하는 것. 문맥에 따라 하루의 시작일 수도 있고, 처음으로 시작하는 것일 수도 있음. ¶수영장 ~ 시각:오전 7시. 2 [경] 증권 시장을 1년 중 처음 여는 것. 또는, 그 증권 시장. ↔폐장. 3 [역] 과거를 보이기 시작하는 것. 개장-하다² 图(타) ¶7월 15일에 해수욕장을 ~. 개장-되다² 图(자)
개:-장국(-醬-) [-꾹] 명 개고기를 고아 끓인 국. =개장·보신탕.
개:재(介在) 명 (어떤 일이나 사실에 어떤 요소가) 사이에 끼이는 것. 개:재-하다 图(자) (여) 개:재-되다 图(자) ¶모종의 음모가 개재되어 있는 사건.
개:전¹(改悛) 명 잘못을 뉘우치고 마음을 바르게 고쳐먹는 것. =전개(悛改). ¶~의 정이 엿보이다. 개:전-하다¹ 图(여)
개전²(開戰) 명 전쟁을 시작하는 것. ↔종전(終戰). 개전-하다² 图(여) 개전-되다 图(자)
개:절(剴切) →개:절-하다 형(여) 아주 알맞고 적절하다.
개점(開店) 명 1 새로 가게를 내는 것. 2 가게 문을 열고 하루의 영업을 시작하는 것. ¶그 백화점의 ~ 시간은 오전 10시이다. ↔폐점. 개점-하다 图(여)
개점-휴업(開店休業) 명 개점은 하고 있으나 돈벌이가 잘 안 되어 휴업한 것과 같은 상태. ¶손님이 없어 ~ 상태이다.
개:정¹(改正) 명 (문서 따위를) 고쳐 바르게 하는 것. '헌법. 개:정-하다¹ 图(타)(여) ¶규칙을 ~. 개:정-되다¹ 图(자) ¶개정된 법률.
개:정²(改定) 명 (이미 정했던 것을) 고쳐 다시 정하는 것. ~ 요금. 개:정-하다² 图(타)(여) 개:정-되다² 图(자)
개:정³(改訂) 명 1 잘못된 것을 고쳐 바로잡는 것. 2 글귀나 글자 등의 틀린 곳을 바로잡는 것. (비)수정(修訂). ¶~ 증보판·초판본을 ~ 보완하다. 개:정-하다³ 图(타)(여) 개:정-되다³ 图(자)
개정⁴(開廷) 명 [법] 법정을 열어 재판을 시작하는 것. ↔폐정(閉廷). ▷휴정(休廷). 개정-하다⁴ 图(여) 개정-되다⁴ 图(자)
개:정-안(改正案) 명 개정한 안건. 또는, 개정할 안건. ¶~을 상정(上程)하다.
개:정-판(改訂版) 명 이미 낸 책의 내용을 고쳐 다시 출판한 책.
개:제(改題) 명 제목을 바꾸는 것. 또는, 바꾼 제목. 개:제-하다 图(타) 개:제-되다 图(자)
개:조¹(改造) 명 (조직·구조·기구 등을) 고쳐 다시 만드는 것. ¶정신 ~ / 인간 ~. 개:조-하다 图(타)(여) ¶창고를 방으로 ~. 개:조-되다 图(자)
개:조²(開祖) 명 1 어떤 일을 처음으로 시작하는 사람. 그 일파의 원조(元祖)가 되는 사람. 2 [불] '개종조(開宗祖)'의 준말. 3 [불] '개산조사'의 준말.
개:조³(個條·箇條) 명(의존) 조목이나 조항을 세는 단위. ¶30~의 규정.

개:종¹(改宗) 명 종교를 다른 것으로 바꾸어 믿는 것. =개교(改敎). 개:종-하다¹ 图(자)(여)
개종²(開宗) 명 [불] 한 교파를 개창(開創)하는 것. 개종-하다² 图(자)(타)(여)
개종-조(開宗祖) 명 [불] 한 교파를 개창한 사람. ⑥개조.
개:-죽(-粥) 명 죽같이 만들어 개에게 주는 먹이.
개:-죽음 명 아무 값어치 없는 죽음. ¶전쟁통에 많은 양민들이 ~을 당하였다. 개:죽음-하다 图(자)(여)
개:중(個中·箇中) 명 여럿 있는 그 가운데. (비)그중. ¶사람들이 많이 모였는데 ~에는 아는 얼굴도 있었다.
개지¹ 명 1 '버들개지'의 준말. 2 '강아지'의 잘못. 3 '버들치'의 잘못.
개:지²(-) 명 [불] 사월 초파일에 다는 등(燈)에 모양을 내기 위하여 모서리나 밑에 붙여 늘어뜨린 색종이.
개:-지랄 명 어떤 사람이 몹시 못마땅한 행동을 할 때, 그 행동을 경멸조로 이르는 비속어. 개:지랄-하다 图(자)(여)
개진(開陳) 명 (어떤 사실이나 내용을 글이나 말로) 밝히어 펼치는 것. 문어적인 말임. 개진-하다 图(타)(여) ¶생각을 글로 ~.
개짐 명 월경 때 샅에 차는 헝겊. (비)생리대(生理帶).
개:-짐승 명 언행이 몹시 좋지 않은 사람을 비유하여 이르는 말. ¶~만도 못하다.
개:-집 명 개가 들어가 잠을 자거나, 비 또는 더위·추위 따위를 피할 수 있도록 집 모양으로 자그마하게 만든 구조물.
개:차¹(改差) 명 [역] 벼슬아치를 바꾸는 것.
개:차²(蓋車) 명 지붕이 있는 화차(貨車). (비)유개차. ↔무개차(無蓋車).
개:-차반 명 [개가 먹는 차반, 곧 똥이라는 뜻] 행실이 형편없는 사람을 욕하여 이르는 말.
개:찬(改撰) 명 책 등을 고쳐 다시 짓는 것. ▷개:찬-하다 图(타)(여)
개:찰(改札) 명 '개표(改票)'의 구용어. 개:찰-하다 图(타)(여)
개창(開創·開刱) 명 새로 시작하거나 세우는 것. 개창-하다 图(타)(여) ¶절을 ~ / 왕조를 ~ / 종파를 ~.
개척(開拓) 명 1 황무지를 일구어 논밭을 만드는 것. 2 (새로운 영역이나 운명, 진로 등을) 열어 나가는 것. 개척-하다 图(타)(여) ¶황무지를 ~ / 해외 시장을 ~ / 판로를 ~ / 운명을 ~. 개척-되다 图(자)
개척-자(開拓者) [-짜] 명 1 미개지를 개척하는 사람. 2 새로운 분야의 길을 여는 사람. ¶우리나라의 양악(洋樂)의 ~.
개척-지(開拓地) [-찌] 명 개척한 땅.
개천(-川) 명 1 개골창 물이 흘러 나가도록 길게 판 내. 2 =내³.
[개천에서 용 난다] 미천한 집안에서 뛰어난 인물이 나는 경우를 이르는 말.
개천-가(-川-) [-까] 명 개천의 가장자리.
개천-절(開天節) 명 단군의 고조선 건국을 기리는 뜻에서 제정한 국경일. 10월 3일.
개:체(個體·箇體) 명 1 [철] 그 자신의 성질과 규정을 지니고 다른 것과는 구별되는 단일 고유의 독자적 존재. =개물(個物). 2 [생] 하나의 독립된 생물체. 보통 더 이상 세분할 수 없는 하나의 몸을 갖고 생식·운동 등의

생명 현상을 영위할 수 있는 구조와 기능을 가짐. ↔군체(群體).
개:체-군(個體群) 명 [생] 생물 개체의 집단.
개:체^변:이(個體變異) 명 [생] 유전이 아닌, 환경에 의하여 개체의 성질이나 모양이 달라지는 현상. =방향 변이·환경 변이.
개:초(蓋草) 명 1=이엉. 2이엉으로 지붕을 이는 일. **개:초-하다** 동(타)여
개최(開催) [-최/-췌] 명 (어떤 모임·행사 따위를) 주최하여 여는 것. **개최-하다** 동(타)여 ¶길기 대회를 ~. **개최-되다** 동(자) ¶'88 올림픽 경기가 서울에서 ~.
개:축(改築) 명 (건물·담장 따위를) 고쳐 짓거나 쌓는 것. ¶~ 공사. **개:축-하다** 동(타)여 ¶창고를 ~. **개:축-되다** 동(자)
개:칠(改漆) 명 1다시 고쳐 칠하는 것. 2글씨 쓸 때 한 번 그은 획에 다시 붓을 대어 긋는 것. =가칠(加漆). **개:칠-하다** 동(타)여
개:칭(改稱) 명 이름이나 호(號)를 고치는 것. 또는, 그 이름. **개:칭-하다** 동(타)여 ¶경무대를 청와대로 ~. **개:칭-되다** 동(자)
개:코-같다 [-갇따] 형 보잘것없고 시시하 속된 말임. **개:코같-이** 부
개:코-망신(-亡身) 명 잘못하여 명예나 지위를 크게 망치는 것. **개:코망신-하다** 동
개키다 동(타) (옷이나 이부자리 따위를) 포개어 접다. 비개다. ¶요를 ~.
개탁(開坼) 명 봉한 편지나 서류 등을 뜯어보라는 뜻으로, 주로 손아랫사람에게 보내는 편지 겉봉에 쓰는 말. ¶한 장은 '오 두령 ~' 이요, 한온이 자기에게 온 편지는 없었다. 《홍명희:임꺽정》**개탁-하다** 동(타)여
개:탄(慨歎·慨嘆) 명 분하거나 못마땅하게 여겨 탄식하는 것. **개:탄-하다** 동(타)여 ¶우리 사회에 만연해 있는 황금만능주의와 도덕적 타락은 참으로 개탄할 일이다.
개:탄-스럽다(慨歎-) [-따] 형(ㅂ) <-스러우니, -스러워> 개탄을 느끼게 하는 데가 있다. ¶청소년의 탈선을 개탄스럽게 여기다.
개:-털 명 1개의 털. 2(은) 돈 없고 힘없는 복역수(죄수의 말). ▷범털.
개토(開土) 명 (집을 짓거나 묘를 쓰기 위하여) 땅을 파기 시작하는 것. **개토-하다** 동(자)(타)여
개통(開通) 명 (도로·철도·전화·전신 등을) 완성하여 통하게 하는 것. **개통-하다** 동(타)여 ¶고속도로를 ~/ 전화를 ~. **개통-되다** 동(자) ¶지하철이 ~.
개통-식(開通式) 명 개통할 때 행하는 의식.
개:-판[1] 명 일의 형편이나 됨됨이나 행동 등이 엉망인 상태. 속된 말임. ¶공중도덕이 ~이다 / 그 음식점은 서비스가 ~이라니까.
개:-판[2] (-板) [체] 씨름 등에서, 승부가 나지 않거나 분명하지 않을 때에 다시 하는 것. 또는, 그 판. **개:판-하다**[1] 동(자)여
개:판[3] (改版) 명 [인] 1원판을 고쳐 다시 판을 짜는 일, 또는, 그 판. 2출판물의 내용에 손을 보아, 판을 새로이 하여 펴내는 일. 또는, 그 출판물. 비간판(改刊). **개:판-하다**[2] 동(타)여
개펄 명 갯가의 질퍽한 개흙 땅. ¶~에서 조개를 캐다. 준펄. ▷갯벌. ×뻘.
개:편(改編) 명 1 (책 따위를) 다시 고쳐 엮는 것. 2 (조직 따위를) 고쳐 편성하는 것. ¶내각 ~. **개:편-하다** 동(타)여 ¶교과서를 ~.

개평[1] 명 남의 몫에서 조금 얻어 가지는 공것. ¶~을 얻다 / ~을 뜯다.
개평(을) 떼다 ㈜ 개평을 얻어 가지다.
개:평[2] (槪評) 명 대충대충 비평을 하는 것. 또는, 그런 비평. **개:평-하다** 동(타)여
개평-꾼 명 개평을 떼는 사람.
개:폐[1] (改廢) [-폐/-페] 명 (제도나 기구 등을) 고치거나 없애 버리는 것. ¶법률의 ~. **개:폐-하다**[1] 동(타)여 **개:폐-되다**[1] 동(자)
개:폐[2] (開閉) [-폐/-페] 명 열고 닫는 것. **개:폐-하다** 동(타)여 **개:폐-되다**[2] 동(자) ¶이 문은 자동으로 개폐된다.
개폐-기(開閉器) [-폐-/-페-] 명 [물] =스위치.
개폐-식(開閉式) [-폐-/-페-] 명 여닫게 된 방식. ¶~ 철교 / ~ 환풍기 / 좌우 ~ 자동문.
개-품(-form) 명 <속> '폼(form)'[2]을 얕잡아 이르는 말. ¶쥐뿔도 없으면서 ~을 잡고 다닌다.
개:표[1] (改票) 명 1 역 입구에서 역무원이 승객의 열차표를 확인하는 것. 흔히, 펀치(집게 비슷한 도구)로 표에 구멍을 뚫음. 2 전철역 입구에서, 기계에 차표를 넣거나 교통 카드를 감지기에 대어 전자적으로 체크를 하는 것. 구용어는 개찰(改札). ↔집표. **개:표-하다**[1] 동(자)(타)여
개표[2] (開票) 명 투표함을 열고 투표 결과를 조사하는 것. ¶~ 상황 / ~ 장소 / ~에 들어가다. **개표-하다** 동(타)여
개:표-구(改票口) 명 철도역이나 전철역에서 표를 확인하거나 체크하는 입구. 구용어는 개찰구.
개:표-기(改票機) 명 전철역 입구에 설치되어 표나 교통 카드 등을 전자적으로 체크하는 기계 장치.
개표-소(開票所) 명 개표를 하는 일정한 장소.
개피 [의준] '개비'의 잘못.
개피-떡 명 흰떡이나 쑥떡을 얇게 밀어 팥소나 콩소를 넣고 반달 모양으로 만든 떡. ×바람떡.
개학(開學) 명 방학 등으로 쉬었던 수업을 다시 시작하는 것. ↔방학. **개학-하다** 동(자)(타)여
개함(開函) 명 함이나 상자를 여는 것. **개함-하다** 동(자)(타)여
개항(開港) 명 1 항구를 개방하여 외국 선박의 출입을 허가하는 것. 또는, 그 항구. 2 새로 항구나 공항을 열어 업무를 보는 것. 3 '개항장'의 준말. **개항-하다** 동(타)여 ¶1 항구를 개방하여 외국 선박의 출입을 허가하다. 2 새로 항구나 공항을 열어 업무를 보다. **개항-되다** 동(자)
개항-장(開港場) 명 외국과 통상을 하기 위하여 개방된 항구. 준개항.
개:-해 명 [민] =술년(戌年).
개:헌(改憲) 명 [법] 헌법을 고치는 것. **개:헌-하다** 동(타)여 **개:헌-되다** 동(자)
개:헌-안(改憲案) 명 [법] 개헌하고자 하는 사항을 조항의 형식으로 초안(草案)한 문서. ¶~을 국회에 제출하다.
개:-헤엄 명 1 개가 헤엄치듯이 손바닥을 아래로 하고 팔을 물속 앞쪽으로 내밀어 물을 끌어당기면서 치는 헤엄. 2 정식으로 배우지 못한 엉터리 헤엄.
개:혁(改革) 명 (제도나 기구 따위를) 새롭게

뜯어고치는 것. ¶의식 ~ / 종교 ~ / 화폐 ~ / ~을 단행하다. 개'혁-하다 동(타여) ¶임시 제도를 ~. 개'혁-되다 동(자)

개'호(改號) 명 1 당호(堂號)나 호(號)를 고치는 것. 2 =개원(改元)¹. 개'호-하다 동(자여) 개'호-되다 동(자)

개호주 명 호랑이의 새끼.

개혼(改婚) 명 여러 자녀 중에서 처음으로 혼인을 치르는 일. 또는, 그 혼인. =초혼(初婚). ↔필혼(畢婚). 개혼-하다 동(자여)

개화¹(開化) 명 선진 문물을 받아들여, 새로운 의식을 가지거나, 문물·제도 등이 새롭게 바뀌는 것. 특히, 조선 말기 갑오개혁 이후의 사회 변혁을 가리킴. 비계명(開明). ¶~의 물결 / ~와 수구의 대립과 갈등. 개화-하다 ¶그는 일찍 개화하여 신식 학문을 배우고 익혔다. 개화-되다¹ 동(자) ¶의식이 ~.

개화²(開花) 명 1 꽃이 피는 것. 2 <문화·예술 따위가> 한창 번영하는 것. 개화-하다² 동(자여) ¶시조 문학은 조선조에 이르러 크게 개화하였다. 개화-되다² 동(자)

개화-경(開化鏡) 명 우리나라 개화기에 '안경'을 일컫던 말.

개화-기¹(開化期) 명[역] 1876년의 강화도 조약 이후 조선 사회가 종래의 봉건적인 사회 질서를 타파하고 근대적 사회로 개혁되어 가던 시기.

개화-기²(開花期) 명 1 꽃이 피는 시기. 2 문화·예술 등이 한창 번영하는 시기.

개화-당(開化黨) 명[역] 조선 고종 21년(1884)에 옛 제도의 타파를 목적으로 갑신정변을 일으킨, 김옥균을 중심으로 한 정치 집단. ↔수구당.

개화-사상(開化思想) 명[역] 조선 말기 봉건적 사상을 개혁하고 근대화를 꾀하고자 한 사상.

개화-운'동(開化運動) 명[역] 조선 고종 때, 김옥균(金玉均) 일파가 주동이 되어 새로운 문화를 받아들이기 위하여 일으킨 사회 운동.

개화-인(開化人) 명 조선 말기, 선진 문물을 받아들여 새로운 의식을 가지게 된 사람.

개화-장(開化杖) 명 우리나라 개화기에 '단장(短杖)'을 일컫던 말.

개화-파(開化派) 명[역] 조선 말기에 개화를 주장한 사람들의 집단.

개활(開豁) →개활-하다 형(여) 1 앞이 시원하게 탁 트이고 너르다. 2 도량이 넓고 시원시원하다.

개활-지(開豁地) [-찌] 명 앞이 너르게 탁 트인 땅.

개'황(概況) 명 대략적인 상황. ¶일기(日氣) ~.

개회(開會) [-회/-훼] 명 회의나 회합을 시작하는 것. ¶~를 선언하다. ↔폐회(閉會). 개회-하다 동(자타여) 개회-되다 동(자) ¶국회가 ~.

개회-사(開會辭) [-회-/-훼-] 명 회의를 개회할 때의 인사말. ↔폐회사.

개회-식(開會式) [-회-/-훼-] 명 회의나 집회를 시작할 때 하는 의식. ↔폐회식.

개흉(開胸) 명 흉곽의 외과 등에서, 가슴을 째는 일. ¶~술(術). 개흉-하다 동(자여)

개-흙 [-흑] 명 개펄이나 늪 바닥에 있는 거무스름하고 미끈미끈한 흙. ×뻘.

객¹(客) 명 잠시 머물거나 하룻밤 묵기 위해 집에 찾아온 나그네. 현대 국어에서는 구어(口語)로는 거의 쓰이지 않음. 비과객(過客)·손. ¶낯선 ~ / 주승은 잠이 들고 ~이 홀로 듣는구나.(이은상:성불사의 밤)

-객²(客) [접미] 일부 명사 뒤에 붙어, '손님' 또는 '사람'의 뜻을 나타내는 말. ¶불청~ / 관람~ / 불평~ / 등산~.

객고(客苦) [-꼬] 명 1 객지에서 당하는 고생. ¶~가 심하다. 2 쓸데없는 고생. ¶~를 치르다. 객고-하다 동(자여)

객관¹(客館) [-관] 명 =객사(客舍)¹.

객관²(客觀) [-관] 명 [철] 1 관찰이나 인식 등의 정신 작용이 향하는 대상. 또는, 주관(主觀)과 독립하여 존재하는 외계(外界)의 사물. 2 자기의 직접적 관심에서 벗어나 제삼자의 입장에서 사물을 보는 일. ↔주관.

객관-성(客觀性) [-관썽] 명 1 주관으로부터 독립하여 존재하는, 객관(대상) 그 자체에 속하여 있는 성격. 2 주관을 떠나 독립되어 있으며, 언제 누가 보아도 그러하다고 인정되는 성질. 비보편타당성. ↔주관성.

객관-식(客觀式) [-관-] 명[교] 시험 문항이 단답형(단어나 구로 간단히 답하는 것)이거나 진위형(○×로 답하는 것)이거나 선택형(여럿 중에서 맞는 것을 선택하는 것)이거나 나 복합형(관계있는 것을 줄로 잇는 것) 등의 특징을 띠고 있는 방식. ¶~ 문제. ↔주관식.

객관-적(客觀的) [-관-] 관명 1 객관으로 존재하는 (것). 2 개인적 주관을 떠나서 보편성을 가진 (것). ¶~ 판단. ↔주관적.

객관-주의(客觀主義) [-관-의/-관-이] 명[철] 보편타당성을 가진 대상(對象)·규범·의미가 존재한다는 입장. ↔주관주의.

객관-화(客觀化) [-관-] 명 1 자기에게 직접 관련되는 사항을 제삼자적인 입장에서 보도록 하는 일. 2 (철) 주관적인 것을 객관의 세계에 편입하는 일. ↔주관화. 객관화-하다 동(타여) ¶대상을 ~. 객관화-되다 동(자)

객귀(客鬼) [-뀌] 명 1 객지에서 죽은 사람의 혼. 2 떠돌아다니는 귀신.

객기(客氣) [-끼] 명 쓸데없이 부리는 혈기. ¶~를 부리다.

객-꾼(客-) 명 예정 밖의 사람을 달갑지 않은 투로 이르는 말. ¶잔칫집에 ~만 많다.

객담¹(客談) [-땀] 명 =객설(客說). ¶~을 늘어놓다 / ~은 그만 하고 본론을 얘기합시다. 객담-하다¹ 동(자여)

객담²(喀痰) [-땀] 명 가래를 뱉는 것. 또는, 그 가래. =각담(喀痰). 객담-하다² 동(자여)

객반위주(客反爲主) [-빤-] 명 손이 도리어 주인이 됨. 비주객전도. 객반위주-하다 동(자여)

객방(客房) [-빵] 명 손님이 묵는 방.

객비(客費) [-삐] 명 1 객지에서 드는 비용. 2 쓸데없는 비용.

객사¹(客死) [-싸] 명 객지에서 죽는 것. 객사-하다 동(자여) ¶머나먼 이국 땅에서 ~.

객사²(客舍) [-싸] 명 1 객지에서의 숙소. =객관(客館). 2 [역] 고려·조선 시대에, 각 고을에 설치하여 외국 사신이나 다른 곳에서 온 관원을 묵게 하던 곳. =관사.

객석(客席) [-썩] 명 극장 등에서, 손님이 앉는 자리. 비관람석. ¶~을 메우다.

객선(客船) [-썬] 명 1 손님을 태우는 배. 비여객선. ↔하선(荷船). 2 다른 곳에서 온 배.

객설(客說) [-썰] 명 쓸데없는 말. =객담(客談)·객론(客論)·객소리. **객설-하다** 동(자여)
객-소리(客-) [-쏘-] 명 =객설(客說). **객소리-하다** 동(자여)
객수(客愁) [-쑤] 명 객지에서 느끼는 시름. =여수(旅愁).
객승(客僧) [-씅] 명 [불] 1 절에 손님으로 와 있는 승려. 2 여러 곳으로 돌아다니며 수행하는 승려.
객-식구(客食口) [-씩꾸] 명 본식구 외에 집에서 묵고 있는 딴 식구. 凷식구. ¶~가
객실(客室) [-씰] 명 1 여관·호텔 따위에서, 손님이 거처하는 방. 2 열차·배 따위에서, 승객이 타는 칸이나 방.
객아(客我) [철] 의식하는 자아(自我)의 대상이 되는 객관적인 자기. ↔자아.
객-없다(客-) [형] '객쩍다'의 잘못.
객연(客演) [명] 전속이 아닌 배우가 임시로 고용되어 출연하는 것. **객연-하다** 동(자여)
객원(客員) 명 1 어떤 일에 직접적인 책임이 없이 참여한 사람. 2 정규 구성원이 아니면서 빈객(賓客)으로 우대를 받아 참여하는 사람.
객원^교수(客員敎授) 명 =초빙 교수.
객인(客人) 명 1 =손님. 2 객적은 사람.
객장(客場) [-짱] 명 은행이나 증권사 등의 점포에서 고객들이 거래 업무를 볼 수 있도록 마련한 일정한 공간. ¶연이은 주가 하락으로 ~ 분위기가 침통하다. ~영업장.
객-적다(客-) [형] '객쩍다'의 잘못.
객주(客主) [-쭈] 명[역] 조선 시대에, 물건을 위탁받아 팔거나 흥정을 붙여 주며, 또는 그 상사치들을 재워 주던 영업. 또는, 그런 일을 하던 사람. ¶보행(步行) ~.
객죽(客竹) [-쭉] 명 손님을 위하여 마련하여 둔 담뱃대. =공죽(空竹).
객줏-집(客主-) [-쭈찝/-쭏찝] 명 객주 영업을 하는 집.
객중(客中) [-쭝] 명 객지에 있는 동안.
객지(客地) [-찌] 명 자기 집을 떠나 임시로 있는 곳. 凷타향. ¶~ 생활 / ~에서 얼마나 고생이 많으시오?
객지-살이(客地-) [-찌-] 명 객지에서 사는 일. **객지살이-하다** 동(자여)
객-쩍다(客-) [-따] [형] (행동이나 말이) 쓸데없고 실없다. ¶객쩍은 소리를 하다. ×객적다·객쩍다. **객쩍-이** 부
객차(客車) 명 열차 등에서, 승객을 태우는 차량. 세는 단위는 칸·량(輛). ↔화차(貨車).
객창(客窓) 명 나그네가 객지에서 묵는 방. =여창(旅窓).
객체(客體) 명 1 [철] 작용의 대상이 되는 쪽. 2 [법] 의사나 행위가 미치는 목적물. 3 [언] 문장에서 동사의 행위가 미치는 대상. ↔주체(主體).
객체^높임법(客體^-法) [-뻡] 명[언] 한 문장의 주어의 행위가 미치는 대상, 즉 객체를 대접하여 표현하는 높임법. 가령, "찬수는 아버지께 선물을 드렸다."에서 '드렸다'와 같은 표현이 이에 해당한다. =겸손법·겸양법. ▷상대 높임법.
객초(客草) 명 손님을 위하여 마련한 담배.
객출(喀出) 명 (침이나 가래 따위를) 뱉어 내는 일. ¶~물. **객출-하다** 동(타여)
객침(客枕) 명 1 손님용 베개. 2 객지에서의 외로운 잠자리.
객토(客土) 명[농] 논밭의 토질을 개량하기 위하여 다른 곳의 흙을 갖다 넣는 일. 또는, 그 흙. ¶~ 작업. **객토-하다** 동(자여)
객혈(喀血·咯血·喀血) [개결] 명[의] =각혈(咯血). **객혈-하다** 동(자여)
객회(客懷) [개괴/개퀘] 명 객지에서 일어나는 울적한 느낌. =여회. ¶~여정.
갤갤-거리다 동(자) '골골거리다'의 잘못.
갤러리(gallery) 명 1 [체] 골프장에서 골프 경기를 구경하는 사람. 2 '화랑'으로 순화.
갤런(gallon) 명(의존) 용량의 단위. 영국의 1갤런은 4.54*l*, 미국의 1갤런은 3.78*l*에 해당함.
갤럽(galop) 명[음] 원을 그리며 추는, 4분의 2박자의 경쾌한 춤. 또는, 그 곡.
갭(gap) 명 1 사람과 사람, 집단과 집단, 현상과 현상 사이에 존재하는 의견·능력·속성 등의 차이. ¶세대 간의 ~ / 이상과 현실 사이에는 커다란 ~이 존재한다. 2 등산에서, 산의 능선(稜線)이 'V'자형으로 심하게 갈라진 곳.
갭직-갭직[-찍깹찍] 부 1 여럿이 다 갭직한 모양. 2 몹시 갭직한 모양. **갭직갭직-하다** 형여 ¶짐들이 ~. **갭직갭직-이** 부
갭직-하다[-찌카-] 형여 대체로 가볍다고 여겨지는 상태에 있다. ¶갭직해 보여서 들었더니 생각보다 무거웠다. **갭직-이** 부
갯-가[개까/갠까] 명 1 바닷물이 드나드는 개의 가. =포변(浦邊). 2 물이 흐르는 가장자리.
갯-값[개깝/갣깝] 명 형편없이 헐한 값. 凷똥값.
갯-고랑[개꼬-/갣꼬-] 명 바닷물이 드나드는 갯가의 고랑. ⓒ갯골.
갯-골[개꼴/갣꼴] 명 '갯고랑'의 준말.
갯-내[갠-] 명 갯가에서 나는 짭조름하고 비릿한 냄새. ¶~가 물씬 풍기는 섬 마을. ×갯내음.
갯-내음 명 '갯내'의 잘못.
갯-논[갠-] 명 바닷가의 개펄에 둑을 쌓고 만든 논.
갯-마을[갠-] 명 갯가에 자리 잡고 있는 마을. =포촌(浦村). 凷어촌.
갯-물[갠-] 명 개에 흐르는 물.
갯-바닥[개빠-/갣빠-] 명 개울이나 개의 바닥.
갯-바람[개빠-/갣빠-] 명 바다에서 육지로 부는 바람.
갯-밭[개빹/갣빹] 명 갯가의 개흙밭.
갯-버들[개뻐-/갣뻐-] 명[식] 버드나뭇과의 낙엽 활엽 관목. 높이 1~2m. 개울가에 많이 나며, 제방의 방조림용으로 알맞음. 열매는 식용하며, 가지와 잎은 풋거름으로 쓰임. =땅버들.
갯-벌[개뻘/갣뻘] 명 바닷물이 드나드는 곳에 모래나 개흙으로 이뤄진 넓은 벌판. 凷간석지. ¶~을 간척하다.
갯-솜[개쏨/갣쏨] 명 =해면(海綿)².
갯-장어(-長魚) [개짱-/갣짱-] 명 갯장어과의 바닷물고기. 몸길이 2m에 이르며, 살갗은 부드럽고 비늘이 없으며 자갈색임. 우리나라 주요 어종의 하나임.
갯-지네[개찌-/갣찌-] 명 [동] =갯지렁이.
갯-지렁이[개찌-/갣찌-] 명[동] 환형동물 갯지렁잇과의 한 종. 몸길이 5~12cm. 지네 비슷한데, 납작함. 민물이 흘러 들어오는 바닷가 진흙 속에 살며, 낚싯밥으로 쓰임. =

갯지네·사잠(沙蠶).

갱¹(坑) 圀 [광] 1 광물을 파내기 위하여 땅속을 파 들어간 굴. =광(鑛)·광갱·광점·광혈·구덩이. 2 '갱도(坑道)'의 준말. ¶~이 무너져 광원들이 매몰되었다. 3 사금광(沙金鑛)에서, 퍼낸 물을 빼기 위하여 만든 도랑.

갱¹²(羹) 圀 무와 다시마 등을 넣고 끓인, 제사에 쓰는 국. =메탕. ▷탕(湯).

갱³(gang) 圀 범죄를 목적으로 조직적으로 행동하는 무리. ¶~ 영화 / ~ 두목.

갱구(坑口) 圀 [광] 갱도의 입구. =광구(鑛口)·굿문.

갱!기(更起) 圀 다시 일어나거나 다시 일으키는 것. 冏재기(再起). **갱!기-하다** 图 (타)여

갱내(坑內) 圀 [광] 광산이나 탄광의 갱의 안.

갱!년-기(更年期) 圀 사람이 장년기에서 노년기로 접어드는, 40~50대의 시기. 여자의 경우, 월경이 없어지고 여성 호르몬이 감소되는 등의 신체적 변화와, 불안·우울증과 같은 정신적 변화를 겪음. ▷폐경기.

갱!년기^장애(更年期障礙) 圀 [생] 갱년기에 일어나기 쉬운 자율 신경 실조 증상이나 정신 신경 증상. 두통·요통·이명(耳鳴)·현기증·불면증·안면 홍조(얼굴 화끈거림)·우울증 따위의 증상이 나타남.

갱-단(gang團) 圀 범죄를 목적으로 조직적으로 행동하는 폭력 조직.

갱도(坑道) 圀 광산·탄광 또는 토목 공사를 위하여 땅속에 뚫어 놓은 길. 㑳(坑).

갱목(坑木) 圀 갱도(坑道) 따위가 무너지지 않도록 받치는 기둥. =동바리.

갱문(坑門) 圀 [광] 갱도의 출입구에 설치하여 놓은 문.

갱부(坑夫) 圀 [광] 광산의 채굴 작업에 종사하는 인부. ▷광부(鑛夫).

갱!생(更生) 圀 1 거의 죽을 지경에서 다시 살아나는 것. 2 생활 태도나 정신이 본디의 바람직한 상태로 되돌아가는 것. ¶자력~/ ~의 길을 걷다. 3 못 쓰게 된 물건이나 소용없게 된 물건을 손질하여 다시 쓸 수 있도록 하는 것. 冏재생(再生). ¶~ 고무. **갱!생-하다** 图(자)(타)여 **갱!생-되다** 图(자)

갱!생-사위(更生-) 圀 죽을 고비를 넘기고 다시 살아날 수 있는 기회.

갱!-소년(更少年) 圀 (늙은이의 몸과 마음이) 다시 젊어지는 것. =개소년(改少年).

갱신¹ 圀 (주로 '하다', '못 하다', '없다' 따위와 함께 쓰여) 몸을 기운 있게, 또는 활발하게 움직여 활동하는 일. ¶허리를 다쳐 ~을 못 하고 누워 지낸다. / 심한 몸살로 ~을 할 수가 없다.

갱!신²(更新) 圀 1 다시 새로워지거나 새롭게 하는 것. 2 [법] (계약을) 기간이 만료되었을 때, 그 기간을 연장하여 유효한 상태가 되게 하는 것. 3 [컴] 기본 파일의 내용을 변동 파일의 내용에 의해 변경·추가·삭제하는 것. ▷경신(更新). **갱!신-하다** 图(자)(타)여 ¶임대 계약을 ~. **갱!신-되다** 图(자)

갱-엿 [-녇] 圀 검붉은 빛깔의 엿. 이것을 늘여 여러 번 켜면 흰엿이 됨. =검은엿·흑당.
↔흰엿.

갱의-실 圀 '경의실(更衣室)'의 잘못.

갱정(坑井) 圀 [광] 지하자원을 찾아내거나 광석 운반 또는 통풍을 위하여 수평 갱도를 연결하여 수직이나 경사가 되게 판 갱도.

갱-조개[동] '가무락조개'의 잘못.

갱!지(更紙) 圀 지면이 조금 거친 양지(洋紙)의 하나. 신문 인쇄 따위에 쓰임. 속칭은 백로지(白鷺紙).

갱충-맞다[-맏따] 혱 조심성이 없고 아둔하다. =갱충쩍다.

갱충-쩍다[-따] 혱 =갱충맞다.

갸기 圀 몹시 얄밉게 보이는 교만한 태도. 冏 교기(驕氣).

갸!륵-하다[-르카-] 혱여 (마음씨나 하는 일이) 착하고 장하다. ¶부모에 대한 네 효성이 참으로 **갸륵하구나**. **갸!륵-히** 甼

갸름갸름-하다 혱여 낱낱이 다 갸름하다. 冏 기름기름하다.

갸름-하다 혱여 조금 긴 듯하다. ¶**갸름한** 얼굴.

갸우듬-하다 혱여 조금 갸웃하다. 冏 기우듬하다. 匘꺄우듬하다. **갸우듬-히** 甼

갸우뚱갸우뚱 甼 갸우뚱거리는 모양. 冏 우뚱우뚱. 匘꺄우뚱꺄우뚱. **갸우뚱갸우뚱-하다** 图(자)(타)여

갸우뚱-거리다/-대다 图(자)(타) 물체가 이쪽 저쪽으로 갸울어지게 하다. 또는, 그리 되게 하다. ¶아이들은 선생님 말씀이 얼른 납득이 가지 않는 듯 고개를 **갸우뚱거렸다**. 冏 기우뚱거리다. 匘꺄우뚱거리다.

갸우뚱-하다 I 혱여 한쪽으로 갸우듬하게 기울어지다. 또는, 기울이다. ¶고개를 ~. 冏 기우뚱하다. 匘꺄우뚱하다.
II 혱 한쪽으로 갸우듬히 기울어져 있다. 冏 기우뚱하다. 匘꺄우뚱하다.

갸울다 图(자) 〈갸우니, 갸우오〉'기울다'의 작은말. 匘꺄울다.

갸울어-뜨리다/-트리다 图(타) '기울어뜨리다'의 작은말. 匘꺄울어뜨리다.

갸울어-지다 图(자) '기울어지다'의 작은말. 匘꺄울어지다.

갸울-이다 图(타) '기울이다'의 작은말. 匘꺄울이다.

갸웃[-욷] 甼 무엇을 보려고 고개를 기울이는 모양. 冏 기웃. 匘꺄웃. **갸웃-하다**¹ 图(타)여

갸웃-갸웃[-욷갿] 甼 갸웃거리는 모양. 冏 기웃기웃. 匘꺄웃꺄웃. **갸웃갸웃-하다** 图(타)여 ¶웬 사람이 **갸웃갸웃하며** 안을 들여다본다.

갸웃-거리다/-대다[-욷꺼(때)-] 图(타) 고개를 자꾸 이쪽저쪽으로 갸울이다. ¶잘 모르겠는지 고개를 ~. 冏 기웃거리다. 匘꺄웃거리다.

갸웃-하다²[-우타-] 혱여 조금 갸울다. 匘꺄웃하다. **갸웃-이** 甼 고개를 ~ 기울이다.

갸자(架*子) 圀 ['架'의 본음은 '가'] 두 사람이 가마를 메듯이 하여 음식을 나르는 들것. =가자(架子). ¶~꾼.

갹출(醵出) 圀 여러 사람이 금품을 어떤 목적을 위해 추렴하는 것. =거출. **갹출-하다** 图(타)여 ¶잔칫집에 빈손으로 갈 순 없으니 돈을 얼마씩 **갹출하자**.

갈갈 甼 1 암닭이 알겯는 소리. 2 갈매기가 우는 소리. 匘깔깔.

갈쭉-갈쭉[-쭉깔쭉] 甼 모두가 다 갈쭉한 모양. 冏 길쭉길쭉. **갈쭉갈쭉-하다** 혱여

갈쭉스름-하다[-쓰-] 혱여 조금 갈쭉하다. 冏 턱이 ~. 冏 길쭉스름하다.

갈쭉-하다[-쭈카-] 혱여 보기 좋을 정도로

조금 길다. ⓒ길쭉하다. **갈쭉-이** 匣

갈찍-갈찍 [-짝-] 匣 모두가 다 갈찍한 모양. ⓒ길찍길찍. **갈찍갈찍-하다** 匣
갈찍-하다 [-찌카-] 匣 '길찍하다'의 작은말. **갈찍-이** 匣

걔 '그 애'가 준 말. 어리거나 젊은 사람이 동년배의 그 자리에 없는 사람을 가리켜, 또는 손윗사람이 그 자리에 없는 손아랫사람을 가리켜, 상대에게 이르는 말. ¶아까 온 애가 네가 말하던 ~냐? ▷애·쟤.

거¹ 冏(의존) '것'의 준말. 주로 구어(口語)에서 사용됨. 주격 조사 '이'와 결합하면 '게'가 되고, 서술격 조사 '이다'와 결합할 경우에는 어간 '이-'가 생략됨. ¶이 책은 내 ~다. / 내 말을 순순히 듣는 게 좋을걸.
Ⅱ '그거'의 준말. ¶~ 얼마요?
Ⅲ 冚 생각이 잘 안 날 때 내는 소리. ¶그 사람 이름이 ~ 뭐더라….

┌─────────────────────────────┐
│ 어법 곧 꽃이 필 거에요:거에요(×)·거
│ 예요(○)·거여요(○). ▶▶ '체언+이에요
│ (→예요)/이어요(→여요)'의 형태에서,
│ '이'(서술격 조사의 어간)의 탈락을 인정
│ 치 않음.
└─────────────────────────────┘

거² 団 '거기Ⅰ①'의 준말. 구어에서 극히 한정된 문맥에서만 쓰임. ¶언제 ~까지 갔니? / ~ 누구요?
거가-대족(巨家大族) 冏 대대로 번창한, 문벌이 좋은 집안. =거가. 비대가(大家). 준거가.
거간(居間) 冏 1 사이에 들어 흥정을 붙이는 것. 2 '거간꾼'의 준말. **거간-하다** 匣 홍정을 붙이다.
거간-꾼(居間-) 冏 홍정 붙이는 일을 직업으로 하는 사람. =아쾌(牙儈). 비중개인. 준거간.
거개(擧皆) 冏 거의 모두. 비대부분. ¶그 연극은 관람객의 ~가 대학생들이다.
거-구(巨軀) 冏 거대한 몸집들. =거체(巨體). ¶그 레슬러는 몸무게가 140kg이 훨씬 넘는 ~이다.
거:국(擧國) 冏 온 나라. 또는, 국민 전체. ¶~ 내각. **거:국-하다** 匣 온 나라가 한데 뭉쳐 일어서다.
거:국-일치(擧國一致) 冏 온 국민이 뭉쳐 나가 됨. **거:국일치-하다** 匣 ¶거국일치하여 국난을 극복하다.
거:국-적(擧國的) [-쩍] 冠 온 나라, 온 국민이 궐기하여 하거나 또는 그렇게 할 만한 (것). ¶~ 행사 / 캠페인을 ~으로 벌이다.
거:금¹(巨金) 冏 거액의 돈. ¶~을 복지 사업에 희사하다.
거:금²(距今) 匣 거슬러 올라가서 지금으로부터. ¶갑오개혁은 ~ 100여 년 전 일이다.
거기 団 ① 匣 1 말하는 사람이 듣는 사람이 있는 장소나 그 가까운 장소를 가리키이르는 말. ¶~서 잠깐 기다리고 있어라. 준거·게. 2 말하는 사람이, 이미 언급된 곳이나 듣는 사람이 문맥상 알고 있는 장소를 가리켜 이르는 말. ¶그래 그 사람을 만났다는 ~가 대체 어디냐? 3 거론하고 있는 대상, 곧 어떤 일이나 문제 등을 '그것' 또는 '그 점'의 뜻으로 이르는 말. ¶~에 비하면 이것은 질이 훨씬 낫다. 짝고기. ② (인칭) 말하는 사람이 듣는 사람에게 거리감을 두고 그를 지칭하는 말. 이름을 부르기가 거북하거나 딴 호칭이 마땅히 없을 때 씀. 윗사람에게는 사

용하지 않음. ¶내 생각은 이런데 ~ 생각은 어때? 준게. ▷여기·저기.
Ⅱ 匣 그곳에. 듣는 사람이 있는 곳을 포함하여 그 가까운 데를 이르거나 또는 듣는 사람이 문맥상 알고 있는 곳을 가리킴. ¶너 왜 허락도 없이 ~ 갔니? 준게. 짝고기. ▷여기·저기.

거꾸러-뜨리다/-트리다 匣(타) 1 거꾸로 엎어지게 하다. ¶발로 걸어 ~. 2 세력을 꺾어 기운을 못 쓰게 하거나 무너뜨리다. ¶왕정을 ~. 짝가꾸러뜨리다. 쎈꺼꾸러뜨리다.
거꾸러-지다 匣(자) 1 거꾸로 엎어지다. ¶뛰어가다가 돌부리에 걸려 **거꾸러졌다**. 2 (사람이나 동물이) 죽다. 비속한 말임. ¶적이 총탄에 맞아 **거꾸러졌다**. 3 (어떤 세력이) 힘을 잃고 망하다. 속된 말임. 짝가꾸러지다. 쎈꺼꾸러지다.
거꾸로 匣 차례나 방향, 처지나 이치 등이 반대로 되게. ¶신발을 ~ 신다 / 원숭이가 나무에 ~ 매달리다. 짝가꾸로.
거꾸로 박히다 冚 머리를 아래로 하고 떨어지다. ¶격추된 적기가 논바닥에 **거꾸로 박혔다**.

-거나 匝 1 ('-거나 -거나'의 꼴로 쓰이거나 의문사와 함께 쓰여) 이미 있는 사실에서 그 내용을 가리지 않음을 나타내는 연결 어미. ¶가~ 오~ 네 맘이다. 준-건. 2 두 가지 이상의 동작·상태·사물을 나란히 벌여 놓을 때 쓰는 연결 어미. ¶비가 오~ 눈이 오면 야외 행사는 하지 않겠다.
거나-하다 匣(어) (술이) 어지간히 취한 상태이다. ¶술이 **거나하게** 취하다. 준건하다. ▶얼근하다. **거나-히** 匣
거:납(拒納) 冏 납세하거나 납부하기를 거절하는 것. **거:납-하다** 匣(자)(타)
거:냉(去冷) 冏 ['冷'의 본음은 '랭'] 약간 데워 찬 기운만 없애는 것. 원거랭. **거:냉-하다** 匣(타)(어) **거:냉-되다** 匣(자)(어)
거:년(去年) 冏 =지난해.
거두다 匣 '가누다'의 큰말.
거느리다 匣(타) 1 손아래에 데리고 있다. ¶처자를 거느린 가장(家長) / 많은 식솔을 ~. 2 지휘하며 통솔하다. ¶충무공은 작은 규모의 함대를 **거느리고** 왜군의 침략을 막아 냈다.
거늑-하다 [-느카-] 匣 넉넉하여 아주 느긋하다. ¶배 속이 든든해지자 기분도 **거늑해졌다**.

-거늘 匝 1 까닭이나 원인을 나타내는 연결 어미. 예스러운 표현이나 문어체로 쓰임. ¶때가 이미 늦었~ 하룻밤 쉬어 가는 게 좋을 듯하오. 2 앞의 사실을 인정하면서 그와 맞서는 사실을 이어 주는 연결 어미. 보통 의문문에 쓰임. 예스러운 표현이나 문어체로 쓰임. ¶그처럼 타일렀~ 어찌 말을 듣지 않느냐?
-거니 匝 1 어떤 사실을 인정하면서 그것이 다른 사실의 전제나 조건이 됨을 나타내는 연결 어미. 예스러운 표현이나, 다음에 의문 형식이 따름. ¶그대는 용사~ 싸움이 두려우랴. 2 응당한 사실임을 인정하거나 추측의 뜻을 나타내는 연결 어미. ¶여기가 내 고향이~ 하고 지낸다. 3 ('-거니 -거니'의 꼴로 쓰여) 동사의 어간에 붙어, 대립되는 두 동작이나 상태가 되풀이됨을 나타내는 연결 어미. ¶주~ 받~ 이야기를 나누다. 4 어떤 사실을 당연하게 여기거나 감탄조로 나타내

는 종결 어미. ¶그대는 조국을 위해 산화한 아름다운 넋이··.

-거니와 [어미] 1 앞의 사실을 인정하고 한 걸음 더 나아가 뒤의 사실과 이어 주는 연결 어미. ¶얼굴도 예쁘~ 마음씨도 곱다. ▶-려니와. 2 앞의 사실에 대비되는 사실을 뒤에 이어 주는 연결 어미. ¶나는 이제 떠나~ 그대는 장차 어찌할 것인가?

거:닐다 동〈거니니, 거니오〉 ① 자 천천히 가까운 거리를 이리저리 한가히 걷다. ¶우리는 공원에서 함께 **거닐며** 얘기를 나누었다. ② 타 (어떤 곳이나 길을) 이리저리 한가히 걷다. ¶파도 소리를 들으며 해변을 ~.

거:담(祛痰·去痰) 명 약을 써서 후두 또는 기관(氣管)에 괴어 있는 가래를 없어지게 하는 것. **거:담-하다** 동〈자여〉 **거:담-되다** 동〈자여〉

거:담-제(祛痰劑) 명〔약〕 가래를 제거하여 호흡을 돕는 약.

거:당(擧黨) 명 정당 따위에서, 당의 전체.

거:대(巨大) 명 (일부 명사 앞에 쓰여) 엄청나게 큰 것. ¶~ 세포. **거:대-하다** 형여 ¶**거대한** 규모의 미사일 기지.

거:대^도시(巨大都市) 명 인구 100만 이상의 큰 도시. =메트로폴리스.

거:대^분자(巨大分子) 명〔화〕 =고분자.

거덕-거덕 [-꺼-] 부 (물기나 풀기 있는 물건의 죽이) 약간 마른 듯한 모양. 작가닥가닥. 센꺼덕꺼덕. **거덕거덕-하다** 형여 ¶풀먹인 옷은 **거덕거덕할** 때 밟아 다린다.

거덜 명 (주로 '나다', '내다'와 함께 쓰여) 살림이나 무슨 일이 흔들려서 결딴이 나는 것. ¶살림이 ~ 나다/그렇게 헤피 쓰다가는 얼마 못 가서 ~ 나겠다.

거덜-하다 [형여] (살림이나 무슨 일이) 금방 거덜 나려고 하다.

거:도(鋸刀) 명 자루를 한쪽에만 박아 혼자 잡아당겨 켜는 톱. =톱칼.

거:동(擧動) 명 1 사람이 어떤 행동을 하는 짓이나 태도. 비행동거지. ¶~을 감시하다/~이 수상한 자. 2 (사람이) 오거나 가기 위해, 또는 어떤 일을 위해 몸을 움직이는 일. ¶~이 불편한 노인. 3 '거둥'의 원말. **거:동-하다** 동〈자여〉 (사람이) 오거나 가기 위해, 또는 어떤 일을 하기 위해 몸을 움직이다.

거:두¹(巨頭) 명 어떤 조직이나 분야에서 주요한 자리를 차지하고 있는 우두머리. ¶낭만파의 ~.

거:두²(擧頭) 명 1 머리를 드는 것. 2 떳떳하게 머리를 들어 남을 대하는 것. **거:두-하다** 동〈자여〉

거두다 동타 1 (흩어져 있거나 널려 있는 것을) 한데 모아들이다. ¶빨래를 ~. / 쓰레기를 ~. 2 (여러 사람이나 단체 등으로부터 돈이나 물건 등을) 받아들이다. ¶회비를 ~. 준거두다. 3 (좋은 결과·성과·승리 등을) 얻다. ¶실효를 ~/좋은 성적을 ~. 4 기르거나 가꾸어 돌보다. ¶남의 자식을 친자식처럼 **거두어** 주다. 5 (살림살이 등을) 치다꺼리하여 보살피다. ¶부엌일을. 6 (벌여 놓은 것 등을) 정리하다. ¶살림을 **거두고** 고향을 떠나다. 7 (옷을·울음·생각 등을) 멈추거나 그치다. ¶이제 그만 눈물일랑 **거두고** 자초지종을 얘기해 보세요. 8 (이미 한 말을) 되돌려 취소하다. ¶제발 떠나시겠다는 말씀만은 **거두어** 주십시오. 9 ('숨'과 함께 쓰여) 쉬지 않다. 곧, '죽다'를 완곡하게 이르는 말. ¶그는 혼수상태에서 헤어나지 못하고 끝내 숨을 거두었다.

거두어-들이다 동타 (흩어져 있는 것이나 농작물 등을) 한데 모으거나 수확하다. 준거두들이다.

거:두-절미(去頭截尾) 명 1 머리와 꼬리를 잘라 버림. 2 앞뒤의 잔사설은 빼 버림. **거:두절미-하다** 동〈자타여〉 ¶**거두절미하고** 용건만 말하시오.

거:두^회담(巨頭會談) [-회-/-훼-] 명 1 국제 사회를 주도하는 큰 나라의 최고 지도자끼리 하는 회담. ¶연합국 ~. ▷정상 회담. 2 정계(政界)·재계(財界) 따위의 거두끼리 모여서 하는 회담.

거:둥 명 (임금이) 나들이하는 것. 원거동(擧動). **거:둥-하다** 동〈자여〉

거둥-그리다 동타 '거든그리다'의 잘못.

거:둥-길 [-낄] 명 임금이 거둥하는 길. =어로(御路).

거둬-들이다 동타 '거두어들이다'의 준말.

거드럭-거드럭 [-꺼-] 부 거드럭거리는 모양. 준거들거들. 작가드락가드락. 센꺼드럭꺼드럭·꺼뜨럭꺼뜨럭. **거드럭거드럭-하다** 동〈자여〉

거드럭-거리다/-대다 [-꺼(때)-] 동〈자〉 거만스럽게 잘난 체하며 버릇없이 굴다. ¶**거드럭거리며** 걷다. 준거들거리다. 작가드락거리다. 센꺼드럭거리다·꺼뜨럭거리다.

거:드름 명 거만스러운 태도. ¶~을 부리다/~을 피우다/~을 빼다.

거:드름-스럽다 [-따] 형ㅂ〈-스러우니, -스러워〉거만한 태도가 있다. **거:드름스레** 부

-거드면 [어미] '-거든'과 '-으면'이 합쳐서 된 연결 어미. ¶일이 뜻대로 안 되~ 말하여라.

-거든 [어미] 1 가정(假定)이나 조건을 나타내는 연결 어미. ¶학생이~ 열심히 공부해라. / 몸이 불편하~ 집에 가서 쉬어라. ▷-건. ▷-면. 2 (주로, 의문형 종결 어미와 함께 쓰여) 어떤 사실을 인정함으로써 그것이 원인이나 근거가 되어 뒤의 사실이 당연히 인정됨을 나타내는 연결 어미. ¶짐승도 은혜를 알~ 하물며 사람이야 말해 무엇하랴. / 그도 사람이~ 어찌 도리를 모를손가? 3 '해'할 상대에게 앞의 사실에 대한 이유를 설명할 때 쓰이는 종결 어미. ¶"너는 왜 책만 붙들고 있니?" "난 책 읽는 게 좋~." 4 '해'할 상대에게 화자가 납득할 수 없거나 문젯거리로 인식하고 있음을 나타내는 종결 어미. ¶좀 가르쳐 줄래? 아무리 생각해도 모르겠~. / 애는 내 말이라면 죽어라 하고 안 든~.

거든-그리다 동타 1 간단하게 꾸려 싸다. 작가든그리다. ×거둥그리다.

거들(girdle) 명 아랫배를 누르고 허리를 조임으로써 몸매를 날씬하게 하는 여자용 속옷.

거들-거들 부 '거드럭거드럭'의 준말. 작가들가들. 센꺼들꺼들. **거들거들-하다** 동〈자여〉

거들-거리다/-대다 동〈자〉'거드럭거리다'의 준말. 작가들거리다. 센꺼들거리다.

거:들다 동타〈거드니, 거드오〉 1 남이 하는 일에 참여하여 도와주다. ¶집안 살림을 ~/우두커니 있지만 말고 이리 와서 이것 좀 **거들어라**. 2 남의 행동이나 말에 끼어들어 참견하다. ¶괜히 옆에서 한마디 **거들다가** 핀잔만 맞았다.

거들떠-보다 [동][타] (주로, '않다'와 함께 쓰이거나, 부정의 뜻을 나타내기 위한 의문문에 쓰여) 약간이나마 관심을 가지고 눈길을 주다. 또는, 다소나마 관심을 가지거나 호감을 가지다. ¶시험이 낼 모렌데 책을 거들떠보지도 않는다./그 여자가 어디 웬만한 남자들을 거들떠보기나 해?

거들-뜨다 [동][타] <~뜨니, ~떠> 내리떴던 눈을 크게 치뜨다.

-거들랑 [어미] '-거든'과 '-을랑'이 합쳐서 된 연결 어미. 가정적인 사실을 강조하는 뜻으로 쓰임. ¶취직하~ 한턱내지./무슨 일이 있~ 바로 연락해라. =걸랑.

거들먹-거들먹 [-꺼-] [부] 거들먹거리는 모양. ¶제가 뭐나 되는 것처럼 ~ 돌아다니며 큰소릴 친다. [작]가들막가들막. [센]꺼들먹꺼들먹. **거들먹거들먹-하다** [동][자][여]

거들먹-거리다/-대다 [-꺼-(때)-] [동][자] 신이 나서 잘난 체하며 함부로 행동하다. ¶돈 좀 벌었다고 ~. [작]가들막거리다. [센]꺼들먹거리다.

거들먹-이다 [동][자] 잘난 체하며 함부로 행동하다. [작]가들막이다. [센]꺼들먹이다.

거듬-거듬 [부] 대강대강 거두는 모양. ¶큰 휴지만 ~ 줍다.

거듭 [부] 되풀이하여. 같은 말이나 행동이 반복되는 모양을 나타내는 말. ¶~ 부탁하다/문을 노크해도 아무 소리가 없자 그는 ~ 문을 두드렸다.

거듭-거듭 [-꺼-] [부] 여러 번 되풀이하는 모양. ¶불조심을 ~ 당부하다.

거듭-나다 [-듬-] [동][자][기] 다시 태어난다는 뜻으로, 새로운 사람으로 영적(靈的)인 변화를 가지다. [비]중생(重生)하다. ¶사람이 거듭나지 않으면 하나님 나라를 볼 수 없느니라.《신약 요한복음》

거듭-되다 [-뙤-/-뛔-] [동][자] (어떤 일이) 계속 생기거나 되풀이되다. ¶실패가 ~/시련이 ~.

거듭-제곱 [-쩨-] [명][수] 같은 수 또는 문자를 여러 번 곱하는 것. 또는, 그 값. 구용어는 =멱(冪)·승멱. **거듭제곱-하다** [동][타][여]

거듭-제곱근 [-根] [-쩨-끈] [명][수] 제곱근·세제곱근·네제곱근 등의 총칭. =근(根)·멱근(冪根)·승근(乘根).

거듭-하다 [-드파-] [동][타][여] (어떤 일을) 되풀이하다. ¶실수를 ~/실험을 ~.

거뜬-거뜬 [부] '가뜬가뜬'의 큰말. [여]거든거든. **거뜬거뜬-하다** [형][여] **거뜬거뜬-히** [부]

거뜬-하다 [형][여] '가뜬하다'의 큰말. [여]거든하다. **거뜬-히** [부] ¶쌀 한 가마니를 ~ 들다.

-거라 [어미] 동사 '가다' 또는 '가다'로 끝나는 말의 어간에 붙어, '해라'할 상대에게 명령의 뜻을 나타내는 '-아라/-어라'가 변하여 된 종결 어미. ¶얼른 가~/빨리 뛰어가~.

거라^변^칙^활용 (-變則活用) [-치콸-] [명][언] =거라 불규칙 활용.

거라^불규칙^용^언 (-不規則用言) [-칭농-] [명][언] 거라 불규칙 활용을 하는 용언. '가다', '들어가다', '뛰어가다' 따위.

거라^불규칙^활용 (-不規則活用) [-치콸-] [명][언] 동사의 명령형 어미가 '-거라'로 바뀌는 활용 형식. '가다', '들어가다'가 '가거라', '들어가거라'로 바뀌는 따위. =거라 변칙 활용.

거란 [명][역] 5세기 이래 내몽골의 시라무렌강 유역에 출현한 유목 수렵 민족. 몽골계로 퉁구스와의 혼혈종이라 함. [원]글안(契丹).

거랑 [명][광] 광산 구덩이의 버력탕에서 광석을 고르는 일. **거랑-하다** [동][자][여]

거랑-꾼 [명] 거랑 작업을 하는 사람.

거:래 (去來) [명] 1 상인과 상인, 상인과 손님 사이에 물건을 사고팔거나 서로 돈을 뀌어 주고 받는 일. 또는, 그러한 경제상의 관계. ¶금전 ~/신용 ~가 있다[없다]/~를 트다. 2 서로 오고 가거나 주고받거나 하는 것. ¶이웃끼리 ~가 없다. **거:래-하다** [동][타][여] =상품을 ~. **거:래-되다** [동][자][여] ¶시골에서는 농산물이 주로 거래된다.

거:래-량 (去來量) [명] 1 거래되는 수량. 2 [경] 증권 거래에서, 시장에서 거래된 주식의 수 또는 채권의 액면 가액.

거:래-선 (去來先) [명][경] =거래처.

거:래-소 (去來所) [명][경] 상품·유가 증권 등을 대량으로 거래하는 조직화된 상설 시장.

거:래-처 (去來處) [명] 돈이나 물건을 계속적으로 거래하는 곳. =거래선. ¶~에 나가다/~를 바꾸다.

거량 (巨量) [명] 1 많은 분량. 2 많이 먹는 음식의 양.

거렁-뱅이 [명] '비렁뱅이'의 잘못.

거:레 [명] 쓸데없이 지체하며 몹시 느리게 움직이는 짓. **거:레-하다** [동][자][여]

거령-맞다 [-맏따] [형] 조촐하지 못하여 격에 어울리지 않은 상태에 있다. [작]가량맞다.

거령-스럽다 [-따] [형][ㅂ] <~스러우니, ~스러워> 조촐하지 못해 격에 어울리지 않는 데가 있다. [작]가량스럽다. **거령스레** [부]

거:론 (擧論) [명] 어떤 사항을 이야깃거리로 삼아 논의하거나 말하는 것. **거:론-하다** [동][타][여] ¶거론할 가치도 없는 이야기. **거:론-되다** [동][자]

거루 [명] '거룻배'의 준말.

거:룩-하다 [-루카-] [형][여] 1 신(神)의 세계에 속하될 성스럽다. 2 훌륭하고 고귀하다. ¶현충일은 조국을 위해 산화한 선열들의 거룩한 뜻을 기리는 날이다. **거:룩-히** [부]

거룻-배 [-루빼/-룯빼] [명] 돛 없는 작은 배. =소선(小船). [준]거루.

거류 (居留) [명] 1 일시적으로 머물러 사는 것. 2 남의 나라 영토에 머물러 사는 것. **거류-하다** [동][자][여]

거류-민 (居留民) [명] 거류지에 사는 외국인. =재류민.

거류민-단 (居留民團) [명] 거류민이 조직한 자치 단체. [재일(在日)] ~. [준]민단.

거류-지 (居留地) [명][법] 한 나라의 영토 중에서 일정 지역에 한하여 외국인의 거주·영업이 인정된 구역.

거르-기 [化] =여과(濾過). **거르기-하다** [동][타][여]

거르다[1] [동][타][르] <거르니, 걸러> (찌꺼기나 더기가 있는 액체를) 체 따위에 밭쳐서 액체만 빼내다. ¶술을 ~/여과지로 불순물을 ~.

거르다[2] [동][타][르] <거르니, 걸러> 차례대로 하여 가다가 중간에 어느 자리를 빼고 넘기다. [비]건너뛰다. ¶끼니를 ~/이 잡지는 1주일 걸러 한 번씩 나온다.

거름 [명] 식물이 잘 자라도록 땅을 기름지게 하기 위하여 주는 물질. 두엄이나 똥·오줌·재, 썩은 동식물 따위. [비]비료(肥料). ¶웃 ~/밑 ~/덧 ~/~을 치다/~을 주다/

~을 내다. **거름-하다** 통재여 (논밭에) 거름을 주다.
거름-기(-氣) [-끼] 명 어떠한 것에 함유되어 있는 거름 기운. =거름발.
거름-발[-빨] 명 =거름기. ¶벼가 ~을 받아 잘 자란다.
거름-종이 명[화] 액체 속에 들어 있는 침전물이나 불순물을 거르는 특수한 종이. =여과지.
거름-주기 명[농] 논밭에 거름을 주는 일. =시비(施肥).
거름^지게[-찌-] 명[농] 거름을 나르는 데 쓰는, 거름통을 긴 작대기의 양 끝에 매달 질 수 있게 만든 도구.
거름-통(-桶) 명 거름을 퍼 나르는 통.
거름-흙[-흑] 명[농] 1 거름진 흙. 2 거름을 놓았던 자리에서 그러모은 흙.
거리[1] 명 도시 지역이나 번화한 곳에 이루어진, 비교적 넓은 길. 비길거리. ¶번화한 ~ / ~를 활보하다.
거리[2] 의존 1 음식을 만드는 재료. ¶국~ / 반찬~. 2 어떤 일의 대상이나 소재. ¶걱정 ~ / 관심 ~ / 웃음 ~ / 그런 사소한 문제는 논의할 ~가 못 된다.
거리[3] 의존 오이·가지 따위의 50개를 묶어 세는 단위. ¶가지 두 ~ / 오이 세 ~.
거리[4] 명 1[민] 춤이나 굿의 한 장면. ¶춤 한 ~. 2[연] 연극의 한 막이나 한 각본. 3 [음] 음악이나 연극 또는 무속 음악 따위에서, 단락·과장·마당을 뜻하는 말. ¶첫째 ~ / 열두 ~.
-거리[5] 접미 1 날수 따위를 나타내는 명사에 붙어, 어떤 현상이 주기적으로 일어나는 동안을 나타내는 말. ¶이틀~ / 달~ / 해~. 2 어떤 말을 좀 속되게 표현하는 말. ¶짓~ / 떼~.
거리[6](距離) 명 1 두 개의 물건·장소 등이 공간적으로 떨어진 길이. ¶가까운 ~ / ~를 재다. 2 추상적인 사물 사이에 느껴지는 차이. ¶내 기대와는 ~가 있다. 3 사람과 사람 사이에 느껴지는 간격. ¶~를 두고 교제하다. 4 [수] 두 점을 잇는 선분의 길이.
거리-감(距離感) 명 1 공간적으로 떨어진 느낌. 2 친숙하지 않아 서먹서먹한 느낌. ¶그 친구와는 ~이 느껴진다.
거리-거리 명 여러 거리. ¶~에 넘치는 자동차들.
거리-계(距離計) [-게/-계] 명 거리재는 계기. 사진·측량 등에 쓰임. ▷측거의.
거리끼다 자타 1 (일·행동 따위를 함에 있어) 순조롭지 못하게 방해가 되다. ¶일하는 데 **거리끼는** 것은 모두 치워라. 2 꺼림칙하거나 어색하여 마음에 걸리다. ¶양심에 **거리끼는** 일은 하지 마라.
거리낌(이) 없다 관 거리끼는 것이 없다. ¶거리낌이 없이 살다.
-거리다 접미 의성어나 의태어 뒤에 붙어, 그 소리나 동작이 잇달아 계속됨을 나타내는 말. ¶삐걱~ / 반짝~ / 출렁~. 대는-대다.
거리-제(-祭) 명[민] 1 음력 정월 보름 직전에, 길거리에 서 있는 장승에게 지내는 제사. 2 상여를 묘지로 옮기는 도중에, 길에서 지내는 제사. =노전(路奠)·노제.
거리-표(距離標) 명 큰길 옆에 세워서 그곳으로부터 다른 곳까지의 거리를 나타낸 표.
거마(車馬) 명 수레와 말.
거마-비(車馬費) 명 탈것을 이용하는 데 드는 비용. 비교통비.

거:만[1](巨萬·鉅萬) 명 썩 많음. 또는, 막대한 수.
거:만[2](倨慢) →거:만-하다 형여 거드름을 피우며 남을 얕잡는 태도를 보이는 상태에 있다. ¶거만한 태도. **거:만-히** 부
거:만-스럽다(倨慢-) [-따] 형ㅂ <~스러우니, ~스러워> 거만한 데가 있다. **거:만스레** 부
거망-빛[-삗] 명 아주 짙게 검붉은 빛. 준 거망.
거머누르께-하다 형여 검은빛을 띠면서 누르스름하다. 작 가마노르께하다.
거머-당기다 통타 힘차게 휘감아 당기다.
거머-들이다 통타 힘차게 휘몰아 들이다. ¶남의 것까지 마구 ~.
거:머리-말 명 1 [동] 환형동물 거머릿과의 한 종. 몸길이 3~4cm. 몸은 길고 납작하며 많은 주름이 있음. 빨판으로 다른 동물에 붙어 피를 빨아 먹음. 논이나 못 따위에 삶. =수질(水蛭). 2 남에게 달라붙어서 괴롭히 구는 사람을 비유하여 이르는 말.
거:머리-말 명[식] 거머리말과의 여러해살이 해초(海草). 잎은 줄 모양으로 길이 50~100cm임. 뿌리줄기와 어린잎은 식용함.
거머-먹다[-따] 통타 욕심스럽게 급히 먹다. ¶여러 날 굶은 사람들이 ~.
거머무트름-하다 형여 (얼굴이) 거무스름하고 투실투실하다. 작 가마무트름하다. 센 꺼머무트름하다. **거머무트름-히** 부
거머번드르-하다 형여 거멓고 번드르르하다. 작 가마반드르하다. 센 꺼머번드르하다.
거머번지르-하다 형여 거멓고 번지르르하다. 작 가마반지르하다. 센 꺼머번지르하다.
거머-삼키다 통타 욕심스럽게 급히 삼키다. ¶자장면을 한입에 ~.
거머-안다[-따] 통타 욕심스럽게 휘몰아 안다. ¶선물 꾸러미를 ~.
거머-잡다[-따] 통타 힘있게 마구 잡다. ¶뒷덜미를 ~. 준 검잡다.
거머-쥐다 통타 1 (물체를) 욕심스럽게 손에 쥐다. 비 움켜쥐다. ¶큰돈다발을 ~. 2 (어떤 대상을) 제 것으로 가져 마음껏 누릴 수 있게 되다. ¶부(富)와 명예를 ~. 준 검쥐다.
거머-채다 통타 힘 있게 마구 채다. ¶머리채를 ~.
거:멀 명 '거멀장'의 준말. **거:멀-하다** 통재
거:멀-못[-몯] 나무 그릇 따위의 벌어질 염려가 있는 곳에 검쳐서 거멀장처럼 박는 못.
거:멀-장 1 가구나 나무 그릇의 사개를 맞춘 모서리에 걸쳐 대는 쇳조각. 2 두 물건 사이를 벌어지지 못하게 연결시키는 일. 준 거멀. **거:멀장-하다** 통재여 두 물건 사이를 벌어지지 못하게 연결시키다.
거:멀-장식(-裝飾) 명 세간이나 나무 그릇의 사개 또는 연귀를 맞춘 자리가 벌어지지 못하게 걸쳐 대는 쇠 장식.
거멍 명 '검정'의 잘못.
거:멓다[-머타] 형ㅎ <거머니, 거머오, 거메> 어둡고 연하게 검다. ¶햇볕에 **거멓게** 그을다. 작 가맣다. 센 꺼멓다.
거:메-지다 자 '꺼메지다'의 여린말. 작 가매지다.
거:명(擧名) 명 누구라고 이름을 밝혀 말하는 것. **거:명-하다** 통타여 ¶그는 그 사건에 연

루되 여진 인사를 **거명하면서** 비난을 퍼부었다. **거:명-되다** 동재 누구라고 이름이 말해지다. 또는, 어떤 사람의 이름이 어떤 대상으로 입에 오르내리다. ¶후임 인사로 이 준오 씨가 거명되고 있다.

거:목(巨木) 명 1 아주 굵고 큰 나무. 2 '위대한 인물'을 비유하여 이르는 말. (비)거봉(巨峯). ¶도산(島山) 선생은 일찍이 우리 민족의 사상적 지주 역할을 한 ~이었다.

거무끄름-하다 혱여 '꺼무끄름하다'의 여린말. 좍가무끄름하다.

거무데데-하다 혱여 좀 천하게 거무스름하다. ¶살결이 ~. 좍가무대대하다. 센꺼무데데하다.

거무레-하다 혱여 '가무레하다'의 큰말. 센꺼무레하다.

거무스레-하다 혱여 =거무스름하다.

거무스름-하다 혱여 (빛깔이) 다소 어둡고 충충하게 거먼 데가 있다. =거무스레하다. ¶거무스름한 얼굴에 건장한 체격의 청년. 준거뭇하다. 좍가무스름하다. 센꺼무스름하다. **거무스름-히** 부

거무접접-하다 [-쩌파-] 혱여 (넓적한 얼굴이) 칙칙하게 거무스름하다. 좍가무잡잡하다. 센꺼무접접하다.

거무죽죽-하다 [-쭈카-] 혱여 '가무족족하다'의 큰말. 센꺼무죽죽하다.

거무칙칙-하다 [-치카-] 혱여 '가무칙칙하다'의 큰말. 센꺼무칙칙하다.

거무튀튀-하다 혱여 탁하게 거무스름하다. ¶거무튀튀한 낯. 좍가무퇴퇴하다. 센꺼무튀튀하다.

거무틱틱-하다 혱여 '거무칙칙하다'의 잘못. '거무튀튀하다'의 잘못.

거문-고 명 [음] 국악기의 하나. 길고 넓적한 나무 판에 16가의 괘를 얹고 그 위에 6개의 줄을 걸어 만든 현악기. 왼손으로는 줄을 짚고, 오른손으로는 술대를 잡아 줄을 튕겨 연주함. ¶~를 타다 / ~를 뜯다. ×현금(玄琴)·현학금(玄鶴琴).

거:물(巨物) 명 1 학문이나 경력·세력 등이 뛰어나 사회적으로 영향력이 큰 인물. ¶정계(政界)의 ~. 2 큰 물건.

거물-거리다/-대다 동자 1 약한 불빛이 사라질 듯 말 듯하게 움직이다. ¶어둠 속에서 불빛이 ~. 2 멀리 있는 물건이 희미하게 보일 듯 말 듯하게 움직이다. 3 의식이 흐릿하여 정신이 날 듯 말 듯하다. 좍가물거리다. 센꺼물거리다.

거물-거물 부 거물거리는 모양. 좍가물가물. 센꺼물꺼물. **거물거물-하다** 동재혱여 ¶의식이 ~.

거:물-급(巨物級) [-끕] 명 거물의 부류. 또는, 그 부류에 속하는 사람. ¶재계(財界)를 주름잡는 ~ 인물.

거뭇-거뭇 [-묻거묻] 부 군데군데 검은 모양. ¶기미가 ~ 낀 얼굴. 좍가뭇가뭇. 센꺼뭇꺼뭇. **거뭇거뭇-하다** 혱여 ¶거뭇거뭇한 반점이 있는 나래.

거뭇-하다 [-무타-] 혱여 '거무스름하다'의 준말. 좍가뭇하다. 센꺼뭇하다.

거미 명[동] 절지동물 거미류 거미목에 속하는 동물의 총칭. 다리는 4쌍이며 날개·촉각이 없고, 몸은 머리가슴과 배로 구분됨. 항문 근처에 있는 돌기에서 진득진득한 실을 뽑아 그물처럼 쳐 놓고 그 그물에 걸리는 벌레를 잡아먹음. =지주(蜘蛛).

[**거미도 줄을 쳐야 벌레를 잡는다**] 무슨 일이나 준비가 있어야 그 결과를 얻을 수 있다.

거미-발 명 장신구 따위에 보석이나 진주알을 박을 때, 빠지지 않게 물리고 겹쳐 오그리게 된 빼죽빼죽한 부분.

거미-줄 명 1 거미가 꽁무니 부분에서 뿜아내는 가는 줄. 또는, 그 줄로 그물처럼 얽어 놓은 것. =주사(蛛絲). 2 [건] 방구들을 놓을 때, 구들장과 고래 사이의 틈을 진흙으로 바른 줄. 3 범인을 잡기 위하여 여러 곳에 쳐놓은 비상선(非常線). ¶도시 일대에 ~을 쳐 놓고 범인이 나타나기를 기다린다.

[**거미줄에 목을 맨다**] ㉠그렇게 분하거든 거미줄에라도 목을 매어 죽으라는 뜻으로, 같잖게 분격하는 사람을 놀리는 말. ㉡처지가 매우 궁박하고 답답하여 어쩔 줄 모르고 어이없는 우스운 짓까지 한다.

거미줄(을) 늘이다 관 범인을 잡기 위하여 곳곳에 비상선을 널리 펴 놓다.

거미-집 명 거미가 먹이를 잡거나 알을 슬기 위하여 얽은 그물. =주망(蛛網).

거반(居半) 부 '거지반(居之半)'의 준말. ¶~다 끝났다. / 이달도 ~ 다 갔다.

거:방-지다 혱 1 (몸집이) 크다. ¶거방진 허우대. 2 (행동이) 점잖고 무게가 있다. 3 (먹고 마시고 노는 것이) 넉넉하고 푸짐하다. ¶거방지게 놀다.

거:벽(巨擘) 명 어떤 전문적인 분야에서 남달리 뛰어난 사람. ¶그는 한학(漢學)의 ~이요, 문장(文章)의 대가이다.

거:벽-스럽다(巨擘-) [-쓰-] 혱비 <-스러우니, -스러워> (사람됨이) 묵직하고 억척스럽다. ¶모친이란 사람은 좀 수다스럽고 **거벽스러운** 보이나 힘부로 된 위인 같지는 않다.〈염상섭:삼대〉 **거:벽스레** 부

거볍다 [-따-] 혱비 <거벼우니, 거벼워> '가볍다'의 큰말. **거벼이** 부

거볍디-거볍다 [-따-따-] 혱비 <-거벼우니, -거벼워> '가볍디가볍다'의 큰말.

거:병(擧兵) 명 전쟁이나 병란을 위하여 군사를 일으키는 것. **거:병-하다** 동재여 ¶왜구를 치기 위해 ~.

거:보(巨步) 명 1 목표를 향하여 크게 나아가는 걸음. ¶조국 건설을 위한 ~를 내디디다. 2 크고 훌륭한 업적.

거-보시오 감 어떤 일이 자기 말대로 되었을 때 '하오' 할 상대에게 하는 소리.

거:봉(巨峯) 명 1 두드러지게 크고 높은 봉우리. 2 뛰어난 인물을 비유하여 이르는 말. (비)거목. ¶법조계의 ~.

거-봐 감 어떤 일이 자기 말대로 되었을 때, '해' 할 상대에게 하는 소리. ¶~, 내가 뭐랬어.

거-봐라 감 어떤 일이 자기 말대로 되었을 때, '해라' 할 상대에게 하는 소리. ¶~, 내가 조심하라고 하지 않았느냐.

거:부¹(巨富) 명 썩 큰 부자. (비)대부(大富). ▷장자(長者).

거:부²(拒否) 명 1 (공적인 요청이나 제안 등을) 응하지 않거나 반대하여 물리치는 것. ¶북측의 ~로 회담이 결렬되다. 2 (어떤 일이나 사람을) 적대적인 상태에서 받아들이지 않는 태도나 입장으로 물리치는 것. ▶거절. **거:부-하다** 동태여 ¶노조의 임금 인상 요구를 ~ / 야당의 협상안을 ~. **거:부-되다** 동재

거:부-감(拒否感) 명 어떤 대상을 선선히 받

아들이거나 긍정하지 못하고 좋지 않게 여기는 감정. ¶노출이 심한 옷차림은 사람들에게 ~을 불러일으킨다.
거ː부-권(拒否權)[-꿘] 명[법] 1 입법부를 통과한 의안에 대하여 대통령이 동의를 거부할 수 있는 권한. 2 국제 연합 안전 보장 이사회 상임 이사국에 부여된, 결의 성립을 거부할 수 있는 특권. =비토(veto). ¶~을 행사하다.
거ː부^반ː응(拒否反應) 명 1 [의] 조직 적합성이 일치하지 않는 장기(臟器)가 이식되었을 때, 이것을 배제하려고 일어나는 생체 반응. ¶인공 심장에 대한 ~. 2 어떤 사물이나 사람에 대하여 심리적·생리적으로 기피(忌避)의 감정을 일으키는 일. 비유하여 쓰는 말임. ¶여론 조사에서 많은 국민들은 정부의 주택 정책에 대해 ~를 보였다.
거북 명[동] 파충류 거북목에 딸린 동물의 총칭. 몸은 타원형으로 납작하며, 등과 배에 단단한 딱지가 있어 머리·꼬리와 네 다리를 그 안으로 움츠릴 수 있음. 이가 없으며, 짧은 네 다리로 기어 다니거나 헤엄쳐 다님.
거ː북살-스럽다 [-쌀--따] 형[ㅂ]<-스러우니, -스러워> '거북스럽다'의 힘줌말. ¶옷이 꽉 끼어 ~. **거ː북살스레** 부
거북-선(-船)[-썬] 명[역] 조선 선조 때 이순신이 만든 거북 모양의 배. 거북 등딱지 모양의 덮개를 덮었다고 하여 붙인 이름임. =귀선(龜船). ▷철갑선.
거북-손[-쏜] 명[동] 갑각강 거북손과의 한 종. 머리 부분이 사람의 다리처럼 생겼으며, 석회판(石灰板)으로 덮여 있음. 바닷가의 바위에 떼 지어 붙어삶. 식용 또는 석회질의 비료로 쓰임. =거북다리.
거ː북-스럽다[-쓰--따] 형[ㅂ]<-스러우니, -스러워> 거북한 데가 있다. ¶자꾸 칭찬만 하니, 듣기 ~. **거ː북스레** 부
거북-운행(-運行) 명 차의 더딘 운행. 비유적인 말임. =거북이걸음. ¶심한 정체로 자동차들이 ~을 하다.
거북-이 명 '거북'을 일상적으로 이르는 말.
거북이-걸음 명 1 아주 느리게 걷는 걸음. 2 =거북운행.
거북-점(-占)[-쩜] 명[민] 1 거북의 등딱지를 불에 태우서 그 갈라지는 틈을 보고 길흉을 판단하는 점. =귀점(龜占). ¶~을 치다. 2 거북패로 보는 점. ¶~을 보다.
거북-패(-牌) 명[민] 골패나 화투짝을 거북 모양으로 엎어 놓고, 혼자 젖혀 패를 맞추어 보는 오락.
거ː북-하다[-부카-] 형예 1 (몸을 움직이거나 놀리는 것이) 자연스럽지 못하거나 자유롭지 못하다. ¶옷이 작아서 몸놀림이 ~. / 손가락을 다쳐서 글씨를 쓰기가 ~. 2 (어떤 일이) 어색하거나 자연스럽지 못해 꺼려지거나 싫은 느낌이다. ¶앉아 있기 ~한 자리 / 듣기 **거북**한 말. 3 (배 속이) 소화가 안 되어 불유쾌하다. ¶과식을 했더니 속이 ~.

어법 거북치 않게 대하다:거북치(×)→거북지(○), 거북하지(○). ▶ 어간의 끝 음절 '하'가 아주 줄 적에는 준 대로 적을 수 있음 (맞40).

거분-거분 부 '가분가분'의 큰말. 센거뿐거뿐. **거분거분-하다** 형예 **거분거분-히** 부
거분-하다 형예 '가분하다'의 큰말. 센거분하다. **거분-히** 부
거불-거리다/-대다 자타 1 경솔하게 자꾸 까불다. 2 거볍게 자꾸 흔들려 움직이다. 또는, 흔들어 움직이게 하다. ¶바람에 촛불이 자꾸 **거불거린다**. 작가불거리다. 센꺼불거리다.
거불-거불 부 거불거리는 모양. 작가불가불. 센꺼불꺼불. **거불거불-하다** 자예
거붓-거붓[-붇껃] 부 여럿이 모두 거붓한 모양. 또는, 매우 거붓한 모양. 작가붓가붓. 센꺼뿟꺼뿟. **거붓거붓-하다** 형예 **거붓거붓-이** 부
거붓-하다[-부타-] 형예 들기에 알맞게 거분하다. 작가붓하다. 센꺼뿟하다. **거붓-이** 부
거뿐-거뿐 부 '가뿐가뿐'의 큰말. 예거분거분. **거뿐거뿐-하다** 형예 ¶발걸음이 ~. **거뿐거뿐-히** 부
거뿐-하다 형예 '가뿐하다'의 큰말. 예거분하다. **거뿐-히** 부
거ː사¹(巨事) 명 아주 거창한 일.
거사²(居士) 명 ① (락) 1 숨어 살며 벼슬을 하지 않는 선비. 비처사(處士). 2 [불] =우바새. 3 아무 실속도 하지 않고 놀고 지내는 사람을 속되이 이르는 말. 4 [민] 사당패에서, 춤과 노래를 하는 여자들에게 기생하면서 잔일과 뒷바라지를 하는 남자. ²뜻over. [2](의존) 당호(堂號) 따위에 붙여, 처사의 뜻을 나타내는 칭호. ¶죽림(竹林)~.
거ː사³(擧事) 명 사회적 영향이나 의의가 큰 일을 일으키는 것. ¶신흥 군부 세력은 ○일 ○일 새벽을 기해 ~에 들어갔다. **거ː사-하다** 자예
거ː산¹(巨山) 명 크고 높직한 산.
거ː산²(擧散) 명 (집안 식구나 한곳에 살던 사람들이) 모두 뿔뿔이 흩어지는 일. **거ː산-하다** 자예
거ː상³(巨商) 명 밑천을 많이 가지고 하는 장사. 또는, 그 사람. 비대상(大商).
거상²(居常) 명 사생활에 있어서의 평상시.
거상³(居喪) 명 1 상중(喪中)에 있는 것. 준상(喪). 2 '상복'을 속되이 이르는 말. ¶~을 입다. **거상-하다** 자예 상중(喪中)에 있다.
거상⁴(巨-) 명 '큰톱'의 잘못.
거생(居生) 명 일정한 곳에 머물러 살아가는 것. **거생-하다** 자예
거서간(居西干) 명[역] 신라 초기의 임금의 칭호. 시조 박혁거세(朴赫居世) 때 씀.
거ː석(巨石) 명 매우 큰 돌덩이. ¶~ 숭배.
거ː석-기념물(巨石紀念物)[-끼-] 명[역] 거대한 석재를 써서 구축한 건축물 이외의 건조물. 선돌·고인돌·거석렬 따위.
거ː석-문화(巨石文化)[-성-] 명[역] 거석 유구(遺構)가 많이 잔존하는 서유럽의 신석기 시대의 문화.
거ː선(巨船) 명 아주 큰 배.
거ː성¹(巨星) 명 1 [천] 항성(恒星) 중에서 반지름과 절대 광도가 큰 별. ↔왜성(矮星). 2 어떤 방면에서 눈부신 업적을 남긴 큰 인물. ¶그 사람은 한국 화단의 ~이다.
거ː성²(去聲) 명[언] 1 사성(四聲)의 하나로, 가장 높은 소리. 2 한자음의 하나. 슬픈 듯이 멀리 굽이치는 소리. 이에 딸린 한자는 모두 측자(仄字)임.
거ː섶[-섭] 명 1 냇물이 둑에 바로 스쳐 개개지 못하도록 둑가에 말뚝을 늘여 박고 가로

결은 나뭇가지. **2** 삼굿 위에 덮는 풀. **3** 비빔밥에 섞는 나물.

거:세¹(去勢) 명 **1** 동물의 수컷에서 정소(精巢)를 제거하거나 그 기능을 없애는 것. **2** (반대하는 세력을) 맞서거나 반항하지 못하도록 힘을 없애는 것. **거:세-하다** 통(타여) 돼지를 ~ / 반대 세력을 ~. **거:세-되다** 통(자)

거:세²(擧世) 명 온 세상. 또는, 세상 사람 전체.

거세다 형 **1** (사물의 기세 따위가) 몹시 세차다. ¶거센 파도 / 거센 바람. **2** (성격 따위가) 거칠고 억세다. ¶거센 여자 / 거센 성격. **3** (목소리가) 크고 힘차다. ¶거센 목소리.

거센-말 명[언] 어감을 거세게 하기 위하여 거센소리를 쓰는 말. '캄캄하다', '펑펑' 따위.

거센-소리 명[언] 숨이 거세게 나오는 파열음. 우리말의 'ㅊ', 'ㅋ', 'ㅌ', 'ㅍ' 따위. =격음(激音)·기음(氣音)·유기음. ▷된소리.

거센소리-되기 [-되-/-뒈-] 명[언] 예사소리 'ㄱ', 'ㄷ', 'ㅂ', 'ㅈ'이 거센소리 'ㅋ', 'ㅌ', 'ㅍ', 'ㅊ'으로 바뀌는 일. '녘'이 '녘'으로, '곶'이 '꽃'으로 되는 따위. =격음화.

거소(居所) 명 **1** 거처하는 곳. ¶~을 정하다. **2** [법] 생활의 본거지가 될 정도는 아니나, 얼마 동안 계속하여 머물러 있는 곳.

거:수¹(巨樹) 명 썩 큰 나무.

거:수²(擧手) 명 찬반을 나타내거나 경례를 붙이기 위해 손을 위로 들어 올리는 것. ¶~로 표결하다. **거:수-하다** 통(자여)

거:수-가결(擧手可決) 명 회의에서, 투표 대신 손을 들어서 가부(可否)를 결정함.

거:수-경례(擧手敬禮) [-녜] 명 모자를 썼을 때는 오른손을 모자챙 옆, 모자를 벗었을 때는 눈썹 언저리까지 올려서 하는 경례. ¶~를 붙이다.

거:수기(擧手機) 명 회의에서 거수가결을 할 때, 주견이 없이 남이 시키는 대로 손드는 사람을 야유조로 이르는 말.

거:수-투표(擧手投票) 명 손을 들어 각자의 의사를 표시하는 투표.

거스러미 명 **1** 손톱 주위의 살 껍질이 거슬려서 일어난 것. 비손거스러미. **2** 나뭇결 따위가 거슬려 일어나 가시처럼 된 것.

거스르다¹ 통(타르)〈거스르니, 거슬러〉 **1** (남의 뜻을) 따르지 않고 그와 어긋나는 방향을 취하다. ¶어른의 뜻을 ~. **2** 순리(順理)를 벗어나다. ¶하늘의 뜻을 ~. **3** 세(勢)가 마르지 않고 반대되는 방향을 잡다. ¶대세를 거스를 수야 없지. **4** ('비위', '신경' 등과 함께 쓰여) 남의 마음을 언짢게 하다. ¶옆에서 껌을 딱딱거리며 씹는 것이 신경을 거스른다.

거슬러 오르다 통 **1** (사람이나 이동하는 물체가 강이나) 흐르는 방향과 반대쪽으로 움직여 가다. ¶일행이 강을 ~ / 배가 한강을 ~. **2** (시간을) 현재에서 과거의 시점으로 생각이나 의식이 미치게 하다. ¶역사를 ~. **3** (사람의 생각이나 의식이 과거의 시점으로) 되돌아간 상태가 되다. ¶나의 상념은 어느덧 어린 시절로 **거슬러 오른다**.

거스르다² 통(타르)〈거스르니, 거슬러〉 셈할 돈을 빼고 나머지 돈을 도로 주거나 받다. ¶잔돈을 **거슬러** 받다.

거스름 명 '거스름돈'의 준말.

거스름-돈 [-똔] 명 거슬러 주거나 받는 돈. =잔돈. 비우수리. ¶~을 받다. 준거스름.

거슬-거슬 튀 '꺼슬꺼슬'의 여린말. ¶가슬가슬. **거슬거슬-하다** 형(여)

거슬리다 통(자) **1** '거스르다'의 피동사. ¶노출이 심한 옷차림이 신경에 거슬린다. **2** 순순히 받아들여지지 않고 언짢은 느낌이 들다. ¶눈에 ~ / 귀에 거슬리는 말 / 그의 행동이 비위에 ~.

거슴츠레 튀 (눈이) 정기가 풀려 흐리멍덩한 모양. =게슴츠레. ¶술에 취해 눈이 ~ 풀어지다. 짝가슴츠레. **거슴츠레-하다** 형(여) ¶졸음을 못 이겨 눈을 거슴츠레하게 뜨다.

거:승(巨僧) 명 이름난 승려.

거:시 경제학(巨視經濟學) 명[경] 근대 경제학 체계의 하나. 소득의 분석을 중심으로 경제의 여러 통계량(소비·저축·투자 등) 사이의 관계나 동향을 해명하여, 경제 전체의 규칙성과 추세를 밝히려고 하는 것. =매크로 경제학. ↔미시 경제학.

거시기 I 대(안경)(지시) 사람이나 사물의 이름이 얼른 떠오르지 않거나 직접 말하기가 거북할 때, 그 대신으로 쓰는 말. ¶너 ~ 모르니? 거 왜 안경 쓰고 키 큰 사람 말이야. / "저, ~ 가 좀 필요한데요." "아, 돈을 달란 말이지?" ×거시키.
II 감 하려는 말이 얼른 생각나지 않거나 얼른 말하기 거북할 때 쓰는 군말. ¶저 ~, 사실은 부탁이 좀 있어서 왔습니다만…. ×거시키.

거:시-적(巨視的) 관·명 **1** 인간의 감각으로 식별할 수 있을 정도의 (것). ▷물체. **2** (어떠한 대상을) 전체적으로 분석·파악하는 (것). ¶~ 안목으로 본 경제 현황. ↔미시적(微視的).

거:시적 세:계(巨視世界) [-계/-게] 명 육안으로 볼 수 있는 세계. 또는, 감각으로 직접 알 수 있는 세계. ↔미시적 세계.

거시키 감 '거시기'의 잘못.

거:식(擧式) 명 식을 올리는 것. **거:식-하다**¹ 통(자여)

거:식-증(拒食症) [-쯩] 명[의] 식욕이 전혀 일지 않거나 정신적인 원인이 있거나 하여 음식 먹기를 거부하는 증세. 체중이 20∼30kg까지 떨어지며 전신 쇠약을 가져옴.

거:식-하다² [-시카-] I 통(자)(타여) 표현하고자 하는 어떤 동사가 얼른 떠오르지 않을 때, 그 대신으로 쓰는 말. ¶이걸 **거식해서** 하면 될 것 같은데요.
II 형 표현하고자 하는 어떤 형용사가 얼른 떠오르지 않을 때, 그 대신으로 쓰는 말. ¶옷 빛깔이 너무 **거식해서** 외출복으로는 좀 곤란하네요.

거실(居室) 명 **1** 주택에서, 가족 공동의 휴식 공간이자 손님을 접대하는 공간이기도 한, 일상생활의 중심이 되는 방. **2** 거처하는 방. 비거처실.

거:암(巨巖) 명 썩 큰 바위.

거:액(巨額) 명 많은 액수의 돈. ¶부동산을 ~ 투자하다. ↔소액(寡額).

거:역(拒逆) 명 (윗사람의 뜻이나 지시를) 따르지 않고 거스르는 것. **거:역-하다** 통(타여) ¶왕명을 ~ / 부모에게 ~.

거열-형(車裂刑) 명 사람의 두 발을 각각 다른 수레에 매어 놓고, 수레를 서로 반대되는 방향으로 끌게 하여 찢어 죽이는 형벌. =환형(轘刑).

거:오(倨傲) →**거:오-하다** 형(여) 거만스럽게

남을 낮추어 보다.
거!오-스럽다(倨傲-) [-따] 혱⒝〈~스러우니, ~스러워〉 거오한 데가 있다. **거!오스레** 閉
거우다 图(탄) 집적거려 성나게 하다.
거우듬-하다 혱例 조금 기울어진 듯하다. 준거운하다. **거우듬-히** 閉
거우르다 图(탄)〈거우르니, 거울러〉 속에 든 것이 쏟아지도록 기울이다.
거운-하다[-우타-] 혱例 '거우듬하다'의 준말.
거울 圀 1 빛의 반사를 이용하여 사람의 모습이나 물체의 모양을 비추어 보는 물건. 보통, 유리 한 면에 아말감을 발라 만드는데, 옛날에는 구리나 돌로 만들었음. ¶손~/~을 보다 /~에 비친 초췌한 몰골. 2 모범이나 교훈이 될 만한 사실. 비귀감(龜鑑). ¶신사임당은 한국 여성의 ~이다.
거울-삼다[-따] 图(탄) 남의 일이나 지나간 일을 보아 본받거나 경계하다. ¶이번 실패를 **거울삼아** 더욱 노력하겠다.
거웃¹[-욷] 圀 '음모(陰毛)'의 고유어. '음모'에 비해 비교적 덜 쓰임. ¶불~/~씹~.
거웃²[-욷] 圀 논이나 밭을 쟁기로 갈아 넘긴 골.
거위¹ 圀(동) 오릿과의 새. 몸빛은 희고, 목이 긺. 헤엄을 잘 치나, 날지는 못함. 밤눈이 밝아서 개 대신으로 기르기도 함.
거위² 圀(동) =회충(蛔蟲).
거위-걸음 圀 거위가 걷는 것처럼 어기적어기적 걷는 걸음.
거위-배 圀(한) 회충으로 말미암은 배앓이. =충복통·횟배·회통(蛔痛)·회복통(蛔腹痛).
거위-영장 圀 여위고 크며 목이 긴 사람을 놀림조로 이르는 말.
거!유(巨儒·鉅儒) 圀 1 이름난 유학자. ¶퇴계 이황(李滉)은 조선 중기의 ~이다. 2 학식이 많은 선비. =대유(大儒)·석유(碩儒)·홍유.
거의[-의/-이] Ⅰ 圀 어느 한도나 기준에 매우 가까운 정도. ¶휴일이라 상점들은 ~가 문을 닫았다.
Ⅱ 閉 어느 한도나 기준에 매우 가까운 정도로. ¶요즘은 그를 만난 적이 ~ 없다. ×거진.
거의-거의[-의/-이-이] 閉 '거의'보다 더 가까움을 나타내는 말. ¶~ 완성되다/~ 목적지에 다다르다.
거이 〈방〉 게¦(강원·경기·충남·평안·함남·황해).
거!인(巨人) 圀 1 몸이 아주 큰 사람. ⇔대인(大人). ¶키가 2m가 넘는 ~. 2 어느 분야에서 능력이 매우 뛰어나거나 위대한 업적을 남긴 인물을 비유하여 이르는 말. 3 신화·전설 따위에 나오는 초인간적인 거대한 인물. =자이언트.
거!인-증(巨人症) [-쯩] 圀(의) 신체가 거대하게 발육하여 정상인보다 훨씬 크게 되는 병. 성장기에 뇌하수체 호르몬이 지나치게 많이 분비되어 발생함.
거!작(巨作) 圀 규모가 크고 내용이 훌륭한 예술 작품.
거!장(匠) 圀 예술계에서 두드러지게 뛰어난 사람. 비대가(大家). ¶첼로의 ~ 카잘스/피카소는 20세기가 낳은 현대 미술의 ~이다.
거재(居齋) 圀(역) 조선 시대에, 성균관이나

사학(四學) 또는 향교에서 숙식하며 학업을 닦던 일. **거재-하다** 图(자)
거재^유생(居齋儒生) 圀(역) 거재하며 학업을 닦는 선비. 준재유·재생.
거저 閉 1 아무 조건 없이. ¶그런 고물 시계는 ~ 줘도 싫다. 2 아무 노력이나 대가 없이. ¶남의 물건을 ~ 가지려 해서야 쓰나./성공은 ~ 얻어지는 게 아니다. 3 아무것도 가지지 않고. 또는, 아무 소득도 없이. ¶잔칫집에 ~ 갈 수는 없잖아?
거저먹-기[-끼] 圀 노력도 하지 않고 득을 보거나 일을 이루는 것. ¶세상일에 ~가 어디 있느냐?
거저-먹다[-따] 图(자)(타) 노력도 하지 않고 득을 보거나 일을 이루다. ¶하는 짓이 가만히 앉아서 **거저먹자는** 심보 아니냐?
거적 圀 1 짚으로 엮거나, 새끼와 짚으로 결어서 자리처럼 만든 물건. ¶~을 깔다/~을 덮다/~을 치다. 2 '섬거적'의 준말.
거적-눈[-정-] 圀 윗눈시울이 축 처진 눈.
거적-때기 圀 '거적'을 격을 낮추어 이르는 말. 또는, 낡거나 헌 거적을 속되게 이르는 말.
거적-문(-門) [-쩡-] 圀 문짝 대신에 거적을 친 문.
거적-자리[-짜-] 圀 거적을 깔아 놓은 자리. 또는, 깔개로 쓰인 거적.
거!절(拒絶) 圀 (개인적인 요구나 요청이나 호의 등을) 안 하겠다거나 못 하겠다고 하면서 받아들이지 않고 물리치는 것. ¶그는 남들로부터 부탁을 받으면 ~을 못 한다. **거!절-하다** 图(타)(여) ¶그는 나의 간청을 일언지하에 **거절하였다**. **거!절-되다** 图(자)

유의어	거절 / 거부
둘 다 상대의 요청을 받아들이지 않는 것을 뜻하나, '거절'이 개인과 개인의 사사로운 관계에서 상대의 뜻을 물리침을 나타내는 데 반해, '거부(拒否)'는 주로 개인과 집단, 집단과 집단 사이의 공식적 관계에서 상대의 뜻에 동조하거나 찬성하지 않음을 나타냄(¶그는 나의 청혼을 **거절했다**./야당의 **거부**로 의안이 부결되다). 때로, '거부'가 개인 간의 관계에서도 쓰이는 경우가 있는데, 이는 상대에게 동조하지 않는 입장임을 강하게 나타낼 때임(¶그 여자는 나를 완강히 **거부했다**.)	

거!점(據點) [-쩜] 圀 활동의 근거로 삼는 중요한 지점. ¶첩보 활동의 ~/~을 확보하다.
거접(居接) 圀 잠시 몸을 맡겨 거주하는 것. **거접-하다** 图(자)(여)
거!조¹(擧措) 圀 1 말이나 행동 등을 하는 태도. ¶~를 살피다/~가 수상하다. 2 무엇을 처리하거나 꾸미기 위한 조치.
거!조²(擧朝) 圀 《주로 주격 조사 '가'와 함께 쓰여》 온 조정(朝廷). ¶뜻하지 않은 환란으로 ~가 술렁이다.
거!족¹(巨足) 圀 진보·발전의 속도나 정도가 뚜렷하게 빠른 상태를 뜻하는 말. ¶~의 발전을 이룩하다. ▷장족.
거!족²(巨族) 圀 '거가대족'의 준말.
거!족-적(擧族的) [-쩍] 관(명) 온 겨레가 다 참가하거나 관계되는 (것). ¶~ 운동/~인 행사.
거주(居住) 圀 일정한 곳에 자리를 잡고 사는 일. 또는, 그곳. 비주거. ¶~ 신고/~가 일정하지 않다. **거주-하다** 동재어 ¶임시로 이 곳에 **거주하고** 있다.
거주 이전의 자유(自由) 구 기본적 인권의 하나. 공공복지에 위반되지 않는 한, 자유로이 거주·이전할 수 있는 자유.
거주-권(居住權) [-꿘] 명 가옥에 거주할 수 있는 권리. 일반적으로 임차권(賃借權)을 가리킴.
거주-민(居住民) 명 어느 곳에 거주하는 사람들.
거주-소(居住所) 명 1 거주하는 곳. 2 거소와 주소의 병칭. 비거주지.
거주-자(居住者) 명 어느 곳에 거주하는 사람.
거주-지(居住地) 명 1 거소 및 주소. 비거주소. 2 현재 거주하고 있는 장소. ¶불명/~를 대다.
거주^지역(居住地域) 명 [지] =외쿠메네. ↔ 비거주 지역.
거죽 명 물체의 겉 부분. ¶이불 ~ /~이 너덜너덜한 책.
거죽-감[-깜] 명 옷이나 이불 따위의 거죽으로 쓰이는 감.
거:중-기(擧重器) 명[공] 조선 후기, 실학의 영향으로 만들어진, 무거운 물체를 들어 올리는 데 사용하던 기계. ▷기중기(重機).
거즈(gauze) 명 붕대로 사용하는, 가볍고 부드러운 무명베. =가제(Gaze).
거:증(擧證) 명 1 증거를 드는 것. 사실을 들어 증명하는 것. 2[법] 사실의 유무(有無)를 법원에 증명하는 소송 행위. **거:증-하다** 타여 **거:증-되다** 동재
거지 명 1 제힘으로 살 길이 없어 남에게 돈이나 음식을 구걸하여 먹고사는 사람. =걸객·걸개·걸인(乞人). 2 남을 업신여기고 멸시하여 욕하는 말. ¶이런 ~ 같은 놈을 보았나.
[**거지도 손 볼 날이 있다**] 아무리 가난한 집이라도 손님 맞을 때가 있으니, 깨끗한 옷가지 한두 벌은 마련해 두어야 한다.
거:-지게 명 길마 양옆에 하나씩 덧얹어 새기로 묶어 놓고 짐을 싣는 지게.
거:지-꼴 명 거지와 같이 초라하고 지저분한 몰골이나 차림새.
거지반(居之半) 부 절반 이상. 비거의. ¶일이 ~ 끝나 간다. 준거반.
거:지-발싸개 명 몹시 더럽고 보잘것없는 물건이나 사람을 욕하는 말.
거진 부 '거의II'의 잘못.
거:짓[-짇] 명 1 말이나 행동이 사실이나 실제와 같지 않은 상태. 또는, 그렇게 꾸민 말이나 행동. 비허위. ¶~웃음/감히 어느 앞이라고 ~을 아뢰오리까? 2[논] 이치(二値) 논리에서, 진릿값의 하나. 명제가 진리가 아닌 것. ↔참.
거:짓-되다[-짇뙤/-짇뛔-] 형 거짓이 있어 참답지 않다. ¶**거짓된** 삶. ↔참되다. **거:짓되-이** 부
거:짓-마침[-짇-] 명[음] 화성법의 하나. 딸림화음에서 으뜸화음으로 진행하여 일단 정지함으로써 불안정감을 나타내는 방식.
거:짓-말[-짇-] 명 남을 속이기 위해 사실이 아닌 것을 사실처럼 꾸미어 하는 말. =망어(妄語). 비허사·허언(虛言). ¶새빨간 ~/ 터무니없는 ~을 하다. 작가짓말. ↔참말. **거:짓말-하다** 동재여 ¶영태는 어머니한테 도서관에 간다고 **거짓말**했다.

어법 "내가 왜 너한테 거짓말 시키겠니?": 거짓말 시키다(X)→거짓말하다(O). '거짓말 시키다'는 "동생을 꼬드겨 거짓말을 시켰다."와 같이 '거짓말을 하게 하다'의 뜻일 때에만 옳은 말임.

거:짓말(을) 보태다 구 실지보다 더 보태어 과장해서 말하다. ¶거짓말 보태어 바다 같은 호수였다.
거:짓말-쟁이[-진-] 명 거짓말을 잘하는 사람.
거:짓말^탐지기(-探知機) [-진-] 명 범죄 수사 때에서, 거짓말인지 아닌지를 알아내는 기계. 거짓말하였을 때 일어나는 호흡·맥박 등의 생리적 변화를 이용함.
거:짓-부렁[-짇뻥] 명 '거짓부렁이'의 준말. 작가짓부렁.
거:짓-부렁이[-짇뻥-] 명 '거짓말'을 속되게 이르는 말. ¶그건 ~야. 준거짓부렁. 작가짓부렁이.
거:짓-부리[-짇뿌-] 명 '거짓말'을 속되게 이르는 말. 준거짓불. 작가짓부리.
거:짓-불[-짇뿔] 명 '거짓부리'의 준말. 작가짓불.
거찰(巨刹) 명 큰 절. 비대찰(大刹).
거:참 감 '그것참'의 준말.
거:창(巨創·巨剏) →**거:창-하다** 형여 (규모 등이) 엄청나게 크다. ¶거창한 사업/거창하게 일을 벌이다. **거:창-히** 부
거:창-스럽다(巨創-·巨剏-) [-따] 형ㅂ <~스러우니, ~스러워> 거창한 느낌이 있다. **거:창스레** 부
거:처¹(去處) 명 간 곳이나 가는 곳, 또는 갈 곳. ¶~를 분명히 하다.
거처(居處) 명 일정하게 자리를 잡고 살거나 한동안 묵는 것. 또는, 그러한 장소. ¶~를 정하다 / 일정한 ~가 없다. **거처-하다** 동재여 ¶그는 숙부의 집에서 **거처**하고 있다.
거처-방(居處房) [-빵] 명 사람이 거처하는 방. 비거실(居室).
거:처-불명(去處不明) 명 가는 곳이나 간 곳이 분명하지 않음.
거:천(擧薦) 명 1 =천거(薦擧). 2 어떤 일이나 사람에 관계하기 시작하는 것. **거:천-하다** 동자타여 **거:천-되다** 동재
거초(裾礁) 명[지] 큰 바다의 섬이나 따뜻한 해역(海域)에 발달하는 산호초.
거총(據銃) 감[군] 사격할 때, 목표를 겨누기 위하여 총대를 들고 개머리판을 어깨 앞쪽에 대라는 구령. 또는, 그 구령에 따라 행하는 동작. **거총-하다** 동자타여
거추-꾼 명 일을 주선하거나 치다꺼리하여 주는 사람.
거추-없다[-업따] 형 하는 짓이 어울리지 않고 싱겁다. **거추없-이** 부
거:추장-스럽다[-따] 형ㅂ<~스러우니, ~스러워> 1 다루기가 거북하고 주체스럽다. ¶거추장스러운 옷차림/그는 내겐 거추장스러운 존재다. 2 번거로운 갈래나 절차가 많아서 거치적거려 성가시다. ¶손님 접대가 **거추장스러워서** 잔치는 요릿집에서 하기로 했다. ×거치장스럽다. **거:추장스레** 부
거:출(醵出) 명 =갹출(醵出).
거춤-거춤 부 1 일을 대강대강 하는 모양. ¶방을 ~ 치우다. 2 (이곳에서 저곳으로) 대강대강 거쳐 가는 모양. ¶시간이 없어 ~ 돌

아보다.

거충-거충 [부] 세밀하지는 못하지만 일을 쉽고 빠르게 하여 나가는 모양.

거:취(去就) [명] **1** 사람이 어디로 가거나 다니거나 하는 동태. ¶작년 이래 그의 ~를 알 수 없다. **2** 어떤 일에 대한 자신의 입장을 밝혀 취하는 태도. ¶찬성인지 반대인지 ~를 분명히 해라.

거치(据置) [명] **1** 그대로 두는 일. **2** [경] 공채(公債)·사채(社債)·저금·연금 따위의 상환 또는 지급을 일정 기간 하지 않는 것. ¶3년 ~, 10년 분할 상환. **거치-하다** [동][타][여]

거치다 [동] [1][자] **1** (무엇에) 걸리거나 막히다. ¶돌이 발길에 ~. **2** 마음에 거리끼거나 꺼리다. ¶모든 장애가 다 사라졌으니 이제 **거칠** 것이 없다. [2][타] **1** 오거나 가는 도중에 어디를 지나거나 들르다. ¶일본을 **거쳐** 미국으로 가다. **2** (과정이나 단계를) 겪거나 밟다. ¶예심을 ~ / 서류 전형을 **거친** 뒤 필기시험을 치르다.

거치렁이 [명] 거친 벼.

거치장-스럽다 [형][ㅂ] '거추장스럽다' 의 잘못.

거치적-거리다/-대다[-꺼(때)-] [동][자] 자꾸 여기저기 걸리고 닿다. ¶길에 짐을 쌓아 놓아 **거치적거린다**. [작]가치작거리다. [센]꺼치적거리다. ×걸리적거리다.

거치적-거치적[-꺼-] [부] 거치적거리는 모양. [작]가치작가치작. [센]꺼치적꺼치적. **거치적거치적-하다** [동][자][여]

거친무늬^거울[-니-] [명][고고] 꼭지가 한쪽에 치우쳐 2개가 있고 뒷면에 다소 거친 기하학적 무늬가 새겨진 청동 거울. =조문경(粗紋鏡).

거칠-거칠 [부] 매우 거칠한 모양. 또는, 여러 군데가 거칠한 모양. [작]가칠가칠. [센]꺼칠꺼칠. **거칠거칠-하다** [형][여] ¶손등이 ~.

거칠다 [형]<거치니, 거치오> **1** (바탕이나 표면이) 매끄럽거나 부드럽지 않고 껄껄하거나 거칠거칠하다. ¶살결이 ~ / 대패질을 하지 않은 **거친** 널조각. **2** (천 따위의 올이) 성기고 굵다. ¶**거친** 삼베. **3** (가루나 흙·모래 등의 알갱이가) 잘지 않고 굵다. ¶**거친** 왕모래 / 가루가 ~. **4** 손질이 제대로 되지 않아 너더분하다. ¶잡초가 **거칠게** 자란, 주인 없는 무덤. **5** (일솜씨나 태도가) 찬찬하지 않고 엉성하거나 어설프다. ¶**거친** 문장 / 작업을 서두르다 보니 제품이 **거칠기** 짝이 없다. **6** (행동이나 성격이) 공격성이 있거나 사납다. ¶말이 ~ / 성미가 ~. **7** (바람이나 물결 따위가) 세차고 격렬하다. ¶**거친** 파도 / **거친** 비바람이 휘몰아치다. **8** (호흡이) 고르지 않고 가쁘다. ¶**거친** 숨을 몰아쉬다. **9** (음식이) 변변치 못하여 먹잘 것이 없다. ¶모처럼 오셨는데 찬이 **거칠어** 송구스럽습니다. ↔곱다.

> [어법] 거칠은 피부 : 거칠은(×)→거친(○). ▶▶ 어간의 끝소리가 'ㄹ' 인 말이 어미 '-ㄴ' 과 결합할 때에는 규칙적으로 'ㄹ' 이 탈락됨.

거칠-하다 [형][여] (여위어 피부나 털이) 윤기가 없다. ¶**거칠한** 얼굴. [작]가칠하다. [센]꺼칠하다.

거침-새 [명] (어떤 일이) 중간에 걸리거나 막히거나 하는 상태.

거침-없다[-업따] [형] **1** 순조로워 걸리거나 막히는 일이 없다. ¶**거침없는** 답변. **2** 마음에 아무 거리낌이 없다. ¶젊은이들의 활달하고 **거침없는** 행동. **거침없-이** [부] ¶말을 ~ 받아넘기다.

거칫-거리다/-대다[-친꺼(때)-] [동][자] 살갗에 조금씩 자꾸 걸리다. [작]가칫거리다. [센]꺼칫거리다.

거칫-거칫[-친꺼친] [부] 거칫거리는 모양. [작]가칫가칫. [센]꺼칫꺼칫. **거칫거칫-하다** [동][자][여]

거칫-하다[-치타-] [형][여] **1** (살갗이나 털이) 여위어 윤기가 없고 거칠다. **2** (성미가) 거친 듯하다. [작]가칫하다. [센]꺼칫하다.

거쿨-지다 [형] (사람이) 몸집이 크고 말이나 하는 짓이 씩씩하고 시원시원하다.

거탈 [명] 실상이 아닌, 겉으로 나타난 태도.

거퍼 [부] '거푸' 의 잘못.

거:포(巨砲) [명] **1** 큰 대포. **2** 배구의 강스파이커나 야구의 강타자를 비유적으로 이르는 말.

거푸 [부] 잇달아 거듭. ¶~ 술잔을 기울이다 / ~ 실수를 하다.

거푸-거푸 [부] 잇달아 거듭거듭.

거푸-집 [명] **1** 쇠붙이를 녹여 부어서 만드는 물건의 바탕으로 쓰이는 모형. =주형(鑄型)·형(型). **2** 풀칠로 붙인 종이나 천 따위에서 공기가 들어가 들뜬 부분. **3** 콘크리트를 일정한 치수와 형태로 굳히기 위해 설치하는 구조물. **4** 몸의 겉모양을 농조로 이르는 말.

거푼-거리다/-대다 [동][자] 놓인 물체의 일부분이 바람에 불려 떠들렸다가 가라앉았다가 하다.

거푼-거푼 [부] 거푼거리는 모양. **거푼거푼-하다** [동][자][여]

거풀 [명] '꺼풀' 의 잘못.

거품 [명] **1** 액체가 공기를 머금고 둥글게 부풀어 물 위에 뜬 잔 방울. ¶물~ / 비누 ~ / ~이 뜨다 / ~이 일다. **2** 입가에 내뿜어진, 속이 빈 침방울. ¶입에 ~을 물고 대들다. **3** 유리 따위의 투명한 물질 속에 공기가 들어가 방울처럼 이뤄진 것. ▷기포(氣泡). **4** 어떤 자산에 대한 가치가 실제의 가치보다 훨씬 높게 평가되어 투기나 수요가 일시적으로 강하게 일어나는 상태. 또는, 실제보다 높게 평가된 가치. ¶~ 경제 / 부동산 투기의 ~이 빠지다.

거품-기(-器) [명] 달걀·생크림 등을 저어서 거품이 일게 하거나, 걸쭉한 액체를 골고루 섞는 데 쓰는 기구.

거품^유리(-琉璃)[-뉴-] [명] 유리의 일종. 유리 가루에 거품제를 넣고 높은 열을 가하여 부풀어 오르게 한 유리. 방음·방열 등에 이용됨.

거:풍(擧風) [명] (통풍이 안 되게 쌓여 있던 물건을) 바람에 쐬는 것. **거:풍-하다** [동][타][여] **거:풍-되다** [동][자]

거:피[1](去皮) [명] **1** 콩·팥 등의 껍질을 벗기는 것. ¶~고물. **2** 소·말 등의 가죽을 벗기는 것. [비]박피(剝皮). **거:피-하다** [동][타][여] **거:피-되다** [동][자]

거피[2](guppy) [명][동] 송사릿과에 속하는 열대 담수어의 하나. 몸길이 3~6cm. 송사리와 비슷하나 개량종이 많아서 형태·빛깔이 다양함. 관상용으로 기름.

거:피팥-떡(去皮-)[-팓-] [명] 껍질을 벗긴 팥으로 고물을 한 시루떡. [준]거피떡.

거·하다¹ [형] (한턱내거나 얻어먹는 정도가) 분에 넘칠 만큼 대단하다. ¶내가 한잔 거하게 살게.
거·하다² (居-) [동][자][여] (사람이 어느 곳에) 머물러 살다.
거:한(巨漢) [명] 몸집이 아주 큰 사나이.
거:함(巨艦) [명] 매우 큰 군함.
거:행(擧行) [명] 1 의식을 치르는 것. 2 명령대로 행하는 것. 거행-하다 [동][타][여] ¶졸업식을 ~ /분부대로 거행하겠습니다. 거행-되다 [동][자]
걱실-거리다/-대다 [-썰-] [동][자] 성질이 너그러워 언행을 시원시원하게 하다.
걱실-걱실 [-썰-썰] [부] 걱실거리는 모양. 걱실걱실-하다 [동][자][형][여] 걱실걱실-히 [부] ¶나도 한때는 ~ 일 잘하고 얼굴 예쁜 계집애인 줄 알았더니,….《김유정:동백꽃》
걱정 [-쩡] [명] 1 일이 잘못되지 않을까 하여 마음을 졸이는 것, 또는 바라는 대로 되지 않으면 어쩌나 하여 마음을 놓지 못하는 것. ¶~을 끼치다 /~이 많다 /~ 없이 살다 /무슨 ~이 있으세요? 2 아랫사람의 잘못을 나무라는 말. ¶선생님께 ~을 듣다. 걱정-하다 [동][타][여] ¶부모님은 나의 진학 문제를 걱정하고 계십니다. 걱정-되다 [동][자]

유의어	걱정 / 근심 / 시름

모두 어려운 일 때문에 마음의 괴로움을 겪는 상태를 가리킴. 그런데 '걱정'이 가장 포괄적인 뜻을 가져 사소하고 가벼운 고민거리도 포함하는 데 반해(¶소풍날 비가 안 와야 할 텐데 걱정이다.), '근심'과 '시름'은 보다 심각한 고민 상태를 나타낼 때 쓰임. 특히 '시름'은 오래된 문제로 말미암은 것으로, 사람의 얼굴에 일상적으로 어두운 그늘을 드리우고 있는 상태를 가리킴.

[걱정도 팔자다] 하지 않아도 될 걱정을 자꾸 할 때, 비웃는 뜻으로 이르는 말.
걱정이 태산이다 [구] 해결해야 할 일이 너무 많거나 복잡해서 걱정이 태산처럼 크다. ¶아이들 등록금을 마련하자니 ~.
걱정-거리 [-쩡꺼-] [명] 걱정이 되는 일. [비] 근심거리. ¶왜 그러고 있니? 무슨 ~라도 생겼니?
걱정걱정-하다 [-쩡-쩡-] [동][타][여] 매우 걱정하다.
걱정-덩어리 [-쩡떵-] [명] 큰 걱정거리. 또는, 그러한 사람.
걱정-스럽다 [-쩡-따] [형][비] <~스러우니, ~스러워> 걱정이 되어 마음이 편하지 못하다. ¶허구한 날 놀기만 하니 장래가 ~. 걱정스레 [부]
건¹ '것은'이 준 말. ¶상한 ~ 버려라. 2 '그것은'이 준 말. ¶~ 좋지 않아.
-건² [어미] '-거든¹'의 준말. ¶날씨가 개 가거라. 2 '-거나'의 준말. ¶오~ 말~ 상관없다. /연필이~ 볼펜이~ 아무것이나 가져오너라.
건³(巾) [명] 1 헝겊 따위로 만든 쓰개의 총칭. 2 '두건(頭巾)'의 준말.
건⁴(件) [명] [1][자립] 문제가 되는 일이나 사건. ¶이 ~은 수사가 완결됐다. [2][의존] '벌²'·'가지'의 뜻을 나타내는 말. ¶서류 두 ~ /한 ~의 교통사고.
건:⁵(鍵) [명] 피아노·풍금·타자기 등의, 손가락으로 치도록 된 부분. ▷건반.

건-⁶(乾) [접두] 1 '마른', '말린'의 뜻을 나타내는 말. ¶~포도 /~어물. 2 '근거나 이유 없는'의 뜻을 나타내는 말. ¶~깡깡이 /~살포. 3 '겉으로만의'의 뜻을 나타내는 말. ¶~주정 /~울음.
건:각(健脚) [명] 튼튼하여 잘 뛰거나 걷는 다리. 또는, 그러한 사람. ¶세계의 ~들이 펼치는 42.195km의 마라톤 대회.
건:간-망(建干網) [명] 바닷가에 말뚝을 박고 둘러치는 그물. 밀물 때 물고기가 그 속으로 들어갔다가 썰물 때에 걸림.
건-갈이(乾-) [명] [농] '마른갈이'의 잘못.
건:강(健康) [명] (몸이) 병이 없이 좋은 기능을 가진 상태에 있는 것. ¶~이 좋다 [나쁘다] /~을 해치다 /흡연은 ~에 해롭다. 건:강-하다 [형][여] ¶건강히 다시 만날 때까지 몸~ 잘 있어라.
건:강-관리(健康管理) [-괄-] [명] 건강의 유지와 증진, 질병의 예방 등을 꾀하는 일.
건:강-나이(健康-) [명] 실제의 나이가 아닌, 건강의 정도에 따라 나타내는 나이. ¶실제 나이는 30인데 ~는 40대다.
건:강-미(健康美) [명] 건강한 사람의 좋은 혈색이나 잘 발달한 근육 등에서 느낄 수 있는 아름다움. ¶~가 넘치다.
건:강-식(健康食) [명] 건강의 유지를 위하여 특별히 고안된 식사.
건:강-식품(健康食品) [명] 건강의 유지와 증진에 대한 효과를 기대하고 먹는 의약품 이외의 식품.
건:강-진:단(健康診斷) [명] [의] 병의 조기 발견이나 예방, 건강의 유지와 증진을 위하여 의사가 심신의 기능이나 상태를 검사하여 진단하는 일. ¶~을 수하에 받다.
건:강-체(健康體) [명] 병이 없이 튼튼한 몸.
건건사사(件件事事) [-껀-] [명][부] =사사건사事件件).
건건-이¹ 밥에 곁들여 먹을 만한 최소한의 반찬. 또는, 변변치 않은 반찬. ¶~도 없이 맨밥을 먹다.
건건-이²(件件-) [-껀-] [부] 건(件)마다. 즉, 일마다.
건건찝찔-하다 [형][여] 1 약간 짜기만 하고 감칠맛이 없다. ¶국이 ~. [작] 간간짭짤하다. 2 관계는 있으나 가깝지는 않은 사이를 농으로 이르는 말. 건건찝찔-히 [부]
건건-하다 [형][여] 맛이 조금 짜다. [작] 간간하다.
건계(乾季) [-계/-게] [명] [지] =건조기(乾燥期¹). ↔우계.
건:고(建鼓) [명] [음] 아악기의 하나. 네 발 달린 받침 위에 통이 긴 북을 걸쳐 놓았음. 조선 시대에 조회와 연회 때 시작과 끝에 쳤음.
건곤(乾坤) [명] 1 하늘과 땅. [비] 천지(天地). 2 =음양(陰陽). 3 건방과 곤방.
건곤-일색(乾坤一色) [-쌕] [명] 눈이 내려온 천지가 한 빛깔임. ¶백설이 뒤덮여 ~이 되다.
건곤-일척(乾坤一擲) [명] [하늘과 땅을 걸고 한 번 주사위를 던진다는 뜻] 승부를 내거나 성패를 가르기 위해 운명과 흥망을 걸고 결행하는 것. ¶~의 승부로 천하를 거머쥐다.
건공(乾空) [명] =반공중(半空中).
건공-대매로(乾空-) [부] 아무런 조건이나 근거도 없이 무턱대고. ¶어디 가 파묻혀 있는지 소식두 모르는 사람을 ~ 나가서 어떻게

찾습니까.《홍명희: 임꺽정》

건과(乾果) [명][식] '건조과(乾燥果)'의 준말.

건괘(乾卦) [명] **1** 8괘의 하나. 상형(象形)은 '☰'으로 하늘을 상징함. **2** 64괘의 하나. '☰' 둘을 포갠 것으로 하늘이 거듭됨을 상징함. [준]건(乾).

건¦교-부(建交部) [명] '건설 교통부'의 준말.

건¦구[1](建具) [명][건] 건축물에 쓰이는 문짝·장지 따위 물건의 통칭.

건구[2](乾球) [명][물] 건습구 습도계의 두 개의 구부(球部) 중, 젖은 헝겊으로 싸지 않은 쪽의 것. ↔습구(濕球).

건-구역(乾嘔逆) [명] =헛구역.

건¦국(建國) [명] 나라를 세우는 것. =조국(肇國). [비]개국(開國). ¶~자. **건¦국-하다** [동][자][타][여] **건¦국-되다** [동][자]

건¦군(建軍) [명] 군대를 처음으로 세우는 것. [비]창군(創軍). **건¦군-하다** [동][자][여]

건기(乾期) [명] '건조기(乾燥期)[1]'의 준말. ↔우기(雨期).

건깡깡이-로(乾-) [부] 아무 노력이나 품도 들이지 않고 그냥. ¶남의 뽕을 네 거같이 따가? 이렇게 남의 것이라고 ~ 먹으면 체하지 않을 줄 알았더냐?《나도향: 뽕》

건¦너 [명] 공간 너머의 맞은편. 또는, 그 방향. ¶바다 ~ 이웃 나라 일본 / 강 ~에 마을이 있다.

건¦너-가다 [동][자][타][거라] 〈~가거라〉 건너서 저쪽으로 가다. ¶헤엄을 쳐서 강을 ~. ↔건너오다.

건¦너다 [동][타] **1** 사이에 있는 것을 넘거나 지나서 맞은편으로 가거나 오다. ¶길을 ~ / 냇물을 헤엄쳐 ~. **2** (말·소문 따위가 무엇을) 거쳐서 옮아가다. ¶이 집 저 집을 **건너서** 퍼진 소문. **3** (일정한 동안이나 차례를) 사이에 두고 지나다. ¶한 주 **건너서** 한 번 모임을 갖다.

건¦너-다니다 [동][타] (어떤 곳을) 건너서 왔다 갔다 하다. ¶다리를 ~.

건¦너다-보다 [동][타] **1** (건너편에 있는 것을) 바라보거나 살피다. ¶맞은편 산을 ~. **2** (대상을) 탐내거나 부러워하여 넘보다. ¶김 노인은, 똑똑하고 근면한 그 청년을 사윗감으로 은근히 **건너다보고** 있었다. [준]건너보다.
[**건너다보니 절터(라)**] ㉠겉으로만 보아도 거의 틀림없을 만한 짐작이 든다. ㉡아무리 욕심을 내어도 남의 것이므로 뜻대로 할 수 없다.

건¦너다보-이다 [동][자] '건너다보다'의 피동사.

건¦너-뛰다 [동][자][타] **1** (일정한 공간을 사이에 두고) 건너편까지 뛰다. [비]넘다. ¶도랑을 ~. **2** 반복적·연속적으로 하는 일에서, (한 부분을) 빼고 하다. ¶끼니를 ~ / 차례를 ~.

건너-방(-房) [명] '건넌방'의 잘못.

건¦너-보다 [동][타] '건너다보다'의 준말.

건¦너-서다 [동][자][타] 건너서 맞은편으로 옮아서다.

건¦너-오다 [동][자][타][너라] 〈~오너라〉 건너서 이쪽으로 오다. ¶배를 타고 강을 ~. ↔건너가다.

건¦너-지르다 [동][타][르] 〈~지르니, ~질러〉 긴 물건의 양 끝을 두 곳에 가로질러 놓다.

건¦너-짚다[-집따] [동][타] **1** 중간에 있는 무엇을 건너서 팔을 내밀어 짚다. **2** 앞질러서 짐작으로 알아차리다. ¶멋대로 **건너짚어** 생각하지 말고 진상을 알아봐라.

건¦너-편(-便) [명] 마주 대하고 있는 저편. =월편(越便). ¶길 ~에 우체국이 있다.

건¦넌-방(-房) [명] 전통 한옥에서, 안방에서 대청을 건너 맞은편에 있는 방. =월방(越房).

혼동어	건넌방 / 건넛방
'**건넌방**'은 안방 맞은편에 있는 방만을 가리키는 데 반해, '**건넛방**'은 단순히 어떤 곳의 건너편에 있는 방을 가리킴.	

건¦널-목 [명] **1** 철로와 도로가 엇갈린 곳. **2** =횡단보도.

건¦널목-지기[-찌-] [명] 철도의 건널목을 지키는 사람. [비]간수(看守).

건¦넛-마을[-넌-] [명] 건너편에 있는 마을.

건¦넛-방(-房)[-너빵/-넏빵] [명] 건너편에 있는 방. ¶부엌 ~ / 사랑방 ~. ▶건넌방.

건¦넛-산(-山)[-너싼/-넏싼] [명] 건너편에 있는 산.

건¦넛-집[-너찝/-넏찝] [명] 건너편에 있는 집.

건¦네다 [동][타] **1** '건너다'의 사동사. ¶나룻배로 사람을 ~. **2** 남에게 말을 붙이다. ¶말을 ~ / 수작을 ~. **3** (돈이나 물건 등을 상대에게) 받으라는 뜻으로 내밀다. ¶계약금을 ~.

건¦네-받다[-따] [동][타] (상대가 내미는 돈이나 물건 등을) 손을 뻗어서 받다. ¶현금 500만 원을 김 씨로부터 **건네받았다**.

건¦네-주다 [동][타] (돈이나 물건을 상대에게) 손을 내밀어서 주다. ¶사과를 포크에 찍어 그이에게 **건네주었다**.

건달(乾達) [명] 하는 일 없이 빈둥빈둥 놀거나 게으름을 부리는 짓. 또는, 그러한 사람. ¶백수~.

건달-패(乾達牌) [명] 건달들의 무리.

건답(乾畓) [명] **1** 조금만 가물어도 곧 물이 마르는 논. ↔골답. **2** 물이 실려 있지 않은 논. =마른논.

-건대 [어미] **1** 듣거나 보거나 생각하는 내용의 동사의 어간에 붙어, '-아 보면'의 뜻으로 뒤의 사실을 진술하게 되는 근거가 됨을 나타내는 연결 어미. ¶내가 생각하~ 그것은 사실이 아니다. **2** '바라다, 당부하다, 단언하다' 등의 동사 어간에 붙어, 다음에 오는 내용을 말함에 있어서 전제가 됨을 나타내는 연결 어미. ¶바라~ 부디 제 간곡한 청을 뿌리치지 마소서. **3** '-관데'의 잘못.

건더기 [명] **1** 국물 있는 음식에서 국물 이외의 것. ¶~ 한 점 없는 멀건 국. **2** 액체에 섞여 있는, 풀리지 않은 덩어리. **3** 내세울 만한 일의 내용이나 근거를 속되게 이르는 말. ¶변명할 ~가 없다. [변]건지. ×건덕지·건데기.

건덕지 [명] '건더기'의 잘못.

건덩-거리다/-대다 [동][자] '간당거리다'의 큰말.

건덩-건덩 [부] '간당간당'의 큰말. **건덩건덩-하다** [동][자][여]

건덩-이다 [동][자] '간당이다'의 큰말.

건데 [부] '그런데'의 준말. ¶~ 말이야.

건데기 [명] '건더기'의 잘못.

건둥-건둥 [부] 건둥그리는 모양. [작]간동간동. [센]껀둥껀둥. ¶물건을 ~ 거두어 담다. **건둥건둥-하다** [동][타][여]

건둥-그리다 [동][타] 하나도 흩어지지 않게 말끔히 가다듬어 거두다. [작]간동그리다. [센]껀둥그리다.

건둥-하다 [형][여] 흐트러짐이 없이 하나로 정

건드러지다

돈되어 시원스럽게 훤하다. ㉡간동하다. ㉢건둥하다. 건둥-히 ㉣

건드러-지다 ㉠ '간드러지다'의 큰말.
건드렁-타령¹ ㉢ 술에 취하여 건들거리는 몸짓.
건드렁^타!령² [-] [음] 경기도 민요의 하나. 세마치장단에 맞추어 부름.
건드레-하다 ㉠㉣ 술이 거나하게 취하여 정신이 흐릿하다.
건!드리다 ㉢㉤ 1 (사람이나 동물이 어떤 물체를) 손이나 발로 또는 손에 든 물체로 약간 힘을 주어 치다. ¶막대기로 벌집을 ~ / 건드리면 톡 터질 것 같은 홍시. 1 (사람이나 동물을, 또는 그의 심리를) 말이나 행동으로 좋지 않은 작용이나 자극을 가하다. ¶비위를 ~ / 신경을 ~ / 남의 아픈 상처를 ~. 3 (여자를) 꾀어 성적(性的)으로 관계하다. ¶이웃 처녀를 ~. 4 (어떠한 일을) 가볍게 다루는 상태가 되다. ¶이것저것 건드려 보기는 하는데 끝맺는 게 없다. ㉢건들다.
건들-거리다/-대다 ㉢㉥ 1 (사람이) 싱겁고 멋없이 굴다. 2 (물체가) 가볍게 천천히 흔들리다. ¶수양버들이 봄바람에 ~. 3 바람이 솔솔 불다. 4 하는 일 없이 빈둥거리다. ¶허구한 날 집에서 **건들거리지**만 말고 일을 해라, 일을! ㉡간들거리다.
건들-건들 ㉣ 건들거리는 모양. ¶하는 일 없이 그저 ~ 지내고 있지요. ㉡간들간들. **건들건들-하다** ㉢㉦㉣
건!들다 ㉢㉤ 〈건드니, 건드는〉'건드리다'의 준말. ¶제발 날 건들지 말고 내버려 둬.

> **어법** 가만히 있는 사람을 그가 먼저 건들었다: 건들었다(×)→건드렸다(○). ▶모음 어미가 연결될 때에는 준말의 활용형을 인정하지 않음(표16).

건들-바람 ㉢ 1 초가을에 선들선들 부는 바람. 2 [기상] 초속 5.5~7.9m로 부는 바람. 먼지가 일어나고, 종이가 흐트러지며, 나무의 작은 가지가 움직임. =화풍(和風).
건들-팔월(-八月) ㉢ 건들바람처럼 덧없이 지나간다는 뜻에서, 음력 8월을 이르는 말.
건듯[-듣] ㉣ 1 일을 정성껏 하지 않고 빠르게 대강 하는 모양. ¶일을 ~ 해치우다. 2 바람이 스치듯 가볍게 부는 모양. ¶춘풍은 ~ 불어 백화를 흩날리고…. (옛시조) ㉢건뜻.
건듯-건듯[-듣끋-] ㉣ 일을 정성껏 하지 않고 빠르게 대강대강 하는 모양. ㉢건뜻건뜻.
건등 ㉢[광] 땅거죽 가까이 있는 광맥의 부분.
건!-땅 ㉢ 걸어서 기름진 땅. =옥토(沃土).
건뜻[-] ㉣ '건듯'의 센말.
건뜻-건뜻[-뜯껃-] ㉣ '건듯건듯'의 센말.
건량(乾量)[-] ㉢ 곡물·건과 같은 마른 건물의 양을 되는 단위. 부셀 따위. ↔액량(液量).
건류(乾溜)[걸-] ㉢[화] (석탄·목재 따위의 고체를) 가열하여 휘발 성분과 휘발하지 않는 성분으로 가르는 일. ▷증류. **건류-하다** ㉢㉤
건!립(建立)[걸-] ㉢ 1 (건물이나 기념비 등을) 만들어 세우는 것. 2 (기관·조직체 등을) 새로 조직하는 것, 설립. **건립-하다** ㉢㉤㉦ ¶독립 기념관을 ~. **건!립-되다** ㉢㉧ ¶신라 때 건립된 절.
-건마는 [어미] 어떠한 사실을 기정의 사실로 또는 응당한 사실로 인정하거나 추측하면서 뒤의 사실에 대립시키는 뜻을 나타내는 연결 어미. ¶몸집은 크지 않~, 힘은 장사로군. / 나이는 먹었~, 철이 없다. ㉢-건만.
-건만 [어미] '-건마는'의 준말. ¶그렇게 얘기했~ 또 을 저질렀구나.
건!망(健忘) ㉢ 잘 잊어버림.
건!망-증(健忘症)[-쯩] ㉢ 기억력이 좋지 않아 어떤 일을 잘 잊어버리는 증상. ¶~이 심하다.
건면(乾麵) ㉢ =마른국수.
건물¹ ㉢ 거칠게 대강 만드는 일. 또는, 그렇게 만든 물건.
건목²(乾木) ㉢ 베어내어 바짝 말린 재목. ㉠마른나무.
건물다 ㉢㉤ 〈건모니, 건모오〉 일을 정성들이지 않고 건성건성 빨리해 나가다.
건-몸 ㉢ 공연히 혼자 애쓰며 몸이 다는 일. **건몸(을) 달다** ㉥ 공연히 혼자 애쓰며 몸이 달다.
건!물(建物) ㉢ 사람이 살거나 일하거나 물건을 두기 위해 땅 위에 지은 집. ¶고층 ~ / 콘크리트 ~.
건!반(鍵盤) ㉢ 피아노·오르간·타자기 등의 건(鍵)을 늘어놓은 면. =키보드. ¶~을 누르다. / ~을 두드리다. ▷건.
건!반^악기(鍵盤樂器)[-끼] ㉢[음] 건반을 가진 악기의 총칭. 오르간·피아노·쳄발로 따위.
건-밤 ㉢ 뜬눈으로 새우는 밤. ¶~을 새우다.
건방¹ ㉢ 다른 사람에게 공손하게 또는 겸손하게 대하지 않고 잘난 체하거나 거들먹거리거나 주제넘은 태도를 보이는 것. ¶~을 떨다 / ~을 부리다 / ~을 피우다.
건방²(乾方) ㉢ 1 24방위의 하나. 정서(正西)와 정북(正北)의 한가운데를 중심으로 한 15도 각도 안. 2 8방위의 하나. 정서와 정북의 한가운데를 중심으로 한 45도 각도 안. ㉡(乾).
건방-지다 ㉠ (어떤 사람이) 다른 사람에게 공손하게 또는 겸손하게 대하지 않고 잘난 체하거나 거들먹거리거나 주제넘은 말이나 행동을 하는 상태이다. ¶**건방지게** 굴다 / 나이도 어린 녀석이 **건방지게** 어디서 말대꾸야.
건배(乾杯) ㉢ 술잔을 여럿이 같이 들어 서로의 건강이나 발전, 행복 등을 빌면서 잔의 술을 다 마시는 것. 또는, 그때에 다 함께 외치는 말. ¶자, 다 같이 ~! **건배-하다** ㉢㉤㉦ ¶무궁한 발전을 위하여 건배합시다. [참고] 건배할 때 외치는 말: ○○를 위하여(선창)—위하여(화답), 지화자(선창)—좋다(화답), 드십시다, 듭시다, 건배, 축배, 집배. ※'위하여'를 선창할 때 사용하는 것은 옳지 않음.
건-빨래(乾-) ㉢ '마른빨래'의 잘못.
건-빵(乾-) ㉢ 밀가루를 주재료로 하고 수분과 당분을 적게 하여 딱딱하게 구운, 비스킷보다 다소 작고 두꺼운 과자. 오래 보관할 수 있고 휴대하기 편해 군대의 비상식량으로 많이 쓰임.
건사 ㉢ 1 (물건을) 책임 있게 간수하는 것. ¶다 큰 녀석이 제 물건 ~도 못한다. 2 (사람이나 생물을) 돌보아 다스리거나 가꾸는 것. ¶아이는 ~를 어떻게 했기에 저렇게 버릇이 없느냐? 3 일을 시킬 때 그 거리를 만들어 주는 것. **건사-하다** ㉢㉤㉦ ¶고서(古書)에 좀이 슬지 않도록 잘 ~ / 가축의 위생을 위해 축사를 잘 ~.
건-살포(乾-) 圀 일은 하지도 않으면서 건성으로 살포만 짚고 다니는 사람.
건-삶이(乾-) 圀 [농] 논에 물을 대지 않고 흙을 부드럽게 고르는 일. ↔무삶이. **건삶이-하다** 国团
건삼(乾蔘) 圀 잔뿌리와 줄기를 자르고 껍질을 벗겨 말린 인삼. ↔수삼(水蔘).
건선(乾癬) 圀=마른버짐. ↔습선.
건-선거(乾船渠) 圀[건] 큰 배를 수리할 때, 그 배를 집어넣는 구조물. =건독·드라이 독 ·선거. ↔습선거.
건!설(建設) 圀 1 건물이나 시설 등을 새로 세우는 것. ¶~비 / 주택. 2 (조직체 따위를) 새로 이룩하는 것. ↔파괴. **건!설-하다** 国他囵 ¶아파트를 ~ / 민주 사회를 ~. **건!설-되다** 国困
건!설^교통부(建設交通部) 圀 행정 각 부의 하나. 수송·화물 유통·도로·주택·국토의 계획 및 건설 등 건설 및 교통에 관한 업무를 통괄함. 1994년 '건설부'와 '교통부'를 통합하여 신설한 것임. 준건교부.
건설방 가진 것 없이 오입판에 쫓아다니면서 허랑한 짓이나 하는 추잡한 사람.
건!설-업(建設業) 圀[건] 토목·건축 및 그에 따르는 공사를 하는 산업.
건!설-적(建設的) [-쩍] 쥔圀 좋은 방향으로 적극적으로 이끌어 가려고 하는 (것). ¶~인 방안. ↔파괴적.
건성¹ Ⅰ 圀 (주로 '건성이다'의 꼴로 쓰여) 일을 성의 없이 대충 하는 상태. ¶너는 매사에 왜 그리 ~이냐?
Ⅱ 囝 =건성으로. ¶남의 말을 ~ 듣다.
건성²(乾性) 圀 1 공기 중에서 쉽게 마르는 성질. 2 수분이 적은 성질. ¶~ 피부. ↔습성(濕性).
건성-건성 囝 정성을 들이지 않고 대강대강. ¶일을 ~ 해치우다.
건성드뭇-하다 [-무타-] 阎团 많은 수효의 것이 듬성듬성 흩어져 있다. ¶"… 이제 보릿고개를 넘길려면 굴뚝에서 연기가 못 나는 집이 **건성드뭇해요**." 〈심훈: 상록수〉 **건성드뭇-이** 囝
건성-울음 圀 정말 우는 것이 아니라, 건성으로 우는 울음. ↔건울음.
건성-유(乾性油) [-뉴] 圀[화] 공기 중에 두면 산화되어 말라서 굳어 버리는 기름. 동유(桐油)·아마인유 등의 식물성 기름이 이에 속함. =건조유. ↔불건성유.
건성-으로 囝 성의를 갖지 않거나 진지한 자세 없이 대충. =건성. ¶책을 ~ 읽다 / 남편은 신문에 눈을 박고 문는 말에 ~ 대답한다.
건수(件數) [-쑤] 圀 1 사건이 일어난 수. ¶화재 ~ / 교통사고 ~. 2 업적이나 실적의 수. 속된 말임. ¶~를 잡기 위한 함정 단속.
건순(乾脣) 圀 위로 들린 입술.
건습구^습도계(乾濕球濕度計) [-꾸-또계/-꾸-또게] 圀[물] 물의 증발 속도가 습도에 따라 다른 것을 응용한 습도계. 준건습계.
건습^운동(乾濕運動) 圀[식] 식물의 세포막이 습도 변화에 따라 늘어났다 줄어들었다 하는 운동. 콩의 깍지가 벌어져 종자를 내는 운동 따위.
건!승(健勝) 圀 탈이 없이 건강한 것. ¶끝으로 오형(吾兄)의 ~을 빌면서 이만 줄일까 하오. **건!승-하다** 阎团

건정건정 ●77

건시(乾時) 圀 이십사시의 스물두째 시. 곧, 오후 8시 반부터 9시 반까지의 동안. 준건(乾).
건식(乾式) 圀 물을 쓰지 않고 하는 방식. ¶~ 공사. ↔습식(濕式).
건!실(健實) →**건!실-하다** 阎团 1 건전하고 착실하다. ¶건실한 생활 태도 / 건실한 청년. 2 몸이 건강하다. **건!실-히** 囝
건!아(健兒) 圀 건강하고 씩씩한 사나이. ¶보무도 당당한 대한의 ~.
건양(建陽) 圀[역] 조선 고종 때 처음으로 사용한 연호. 1896년부터 1897년까지 사용하였음. ▷광무(光武).
건어(乾魚) 圀 '건어물'의 준말.
건-어물(乾魚物) 圀 생선·조개류 따위를 말린 식품. 준건어.
건열(乾裂) 圀 1 말라서 갈라지는 것. 2 [지] 진흙의 퇴적물의 표면이 건조하여 생기는 다각형의 갈라진 금. **건열-하다** 国困
건!원(建元) 圀 1 나라의 연호를 정하는 것. 2 [역] 신라 때의 연호. 법흥왕 23년(536)부터 진흥왕 11년(550)까지 사용하였음. **건!원-하다** 国困 나라의 연호를 정하다.
건원-중보(乾元重寶) 圀[역] 고려 성종 15년(996)에 만든, 우리나라 최초의 쇠돈.
건!위-제(健胃劑) 圀[약] 위(胃)의 운동을 도와 소화·흡수 작용을 왕성하게 하는 약제.
건-으로(乾-) 囝 1 =터무니없이. 2 공연히, 실속이 없이 건성으로. ¶~ 너털웃음을 치다. 3 아무런 준비도 없이 마구잡이로. ¶무슨 일을 ~ 하려 하오?
건!의(建議) [-의/-이] 圀 어떤 문제에 대하여 의견이나 희망을 제시하는 것. 또는, 그 희망이나 의견. ¶~ 사항. **건!의-하다** 国他囵 ¶상부에 근무 조건의 개선을 ~. **건!의-되다** 国困
건!의-서(建議書) [-의-/-이-] 圀 건의의 취지나 내용을 적은 문서.
건!의-안(建議案) [-의-/-이-] 圀[법] 건의의 초안 또는 의안.
건잠-머리 어떤 일을 시킬 때 대강의 방법을 일러 주고, 이에 필요한 기구를 준비하여 주는 일. **건잠머리-하다** 国困囵
건!장(健壯) →**건!장-하다** 阎团 몸이 튼튼하고 굳세다. ¶키가 훤칠하고 몸이 건장한 청년. **건!장-히** 囝
건!재¹(建材) 圀 건축에 필요한 재료.
건재²(乾材) 圀 조제하지 않은 원료 그대로의 약재. =건색(乾色).
건!재³(健在) →**건!재-하다** 阎团 (힘이나 능력이) 줄거나 없어지지 않고 그대로 있다. ¶할아버지는 연세가 80이 넘으셨는데도 아직 **건재하시다**.
건!재-상(建材商) 圀 건축 재료를 파는 가게. 또는, 그 사람.
건!전(健全) →**건!전-하다** 阎团 1 (사람의 생각이나 행하는 일, 또는 표현물 등이) 참되고 바르다. 또는, 도덕적인 상태에 있다. ¶건전한 사고방식 / 건전한 오락. 2 (사물의 상태가) 정상적이고 충실하다. ¶건전한 재정(財政). **건!전-히** 囝
건-전복(乾全鰒) 圀 말린 전복. 준건복.
건-전지(乾電池) 圀[화] 전해액(電解液)을 솜이나 종이에 흡수시키거나 풀 모양으로 한 다음, 용기에 넣어 취급이나 휴대가 편리하도록 한 전지. ↔습전지.
건정-건정 囝 일을 성의 없이 대강대강 해치

우는 모양. ¶무엇에 들뜬 사람처럼 ~ 일을 하다.
건제(乾製) 명 물기 없이 만드는 것. **건제-하다** 틘(타여)
건제-품(乾製品) 명 식품 따위를 오래 둘 수 있도록 말린 제품. =건조품.
건조¹(建造) 명 (건물이나 선박 따위를) 만드는 일. **건조-하다** 틘(타여) ¶대형 유조선을 ~.
건조²(乾燥) 명 습기나 물기를 말리는 것. **건조-하다**² 틘(타여) ¶목재를 햇볕에 ~. ▷건조-되다³. 건조-되다 틘(자)
건조^경보(乾燥警報) 명 (기상) 기상 경보의 하나. 실효 습도가 40% 이하이고 그날의 최대 습도가 20% 이하이며, 최대 순간 풍속이 초속 10m 이상인 상태가 2일 이상 계속될 것이라고 예상될 때에 발표됨.
건조-과(乾燥果) 명 1 [식] 익으면 껍질이 마르는 과실. 밤·호두 따위. 2 생과실을 볕이나 불, 또는 열에 말린 것. 곶감·건포도 따위. 준건과.
건조-기¹(乾燥期) 명 기후가 건조한 시기. =건계(乾季)건기.
건조-기²(乾燥器·乾燥機) 명 젖은 것을 말리는 장치. =드라이어.
건조-기후(乾燥氣候) 명 [지] 우량이 아주 적은 건조한 기후. ↔습윤 기후.
건조-대(乾燥臺) 명 식기나 빨래 따위와 같은, 수분이 있는 물건을 말리는 대.
건조-롭다(乾燥-)[-따][형](-로우니, -로워) 무미건조한 느낌이 있다. ¶건조로운 생활. **건조로이** 튀
건조-물(建造物) 명 건조한 가옥이나 창고 따위의 총칭.
건조-제(乾燥劑) 명 [화] 1 물질 속의 수분을 제거하여 건조시키는 약품. 염화칼슘·진한 황산 등. 2 건성유나 반건성유의 건조성을 증가시키는 물질. 납·망간·코발트 등. =건제(乾劑).
건조^주의보(乾燥注意報)[-의-/-이-] 명 [기상] 기상 주의보의 하나. 실효 습도가 50% 이하이고, 그날의 최소 습도가 30% 이하이며, 최대 순간 풍속이 초속 7m 이상인 상태가 2일 이상 계속될 것이라고 예상될 때에 발표됨.
건조-증(乾燥症)[-쯩] 명 [한] 땀·침·대소변 등이 잘 나오지 않는 병증.
건조-지형(乾燥地形) 명 [지] 건조한 기후로 말미암아 내륙 지방에 생기는 지형. 풍화 작용과 침식 작용이 현저하여 바위의 부스러기가 많음.
건조-체(乾燥體) 명 [문] 비유나 수식이 거의 없이 의사 전달을 위주로 하는 문체. 기사문·설명문 등에 많음. ↔화려체. ▷평명체.
건조-하다³(乾燥-) [형어] 1 바싹 말라서 물기가 없다. ¶건조한 날씨 / 방 안 공기가 ~. 2 정서적으로 메마르고 딱딱하다. ¶무미 ~ / 헤밍웨이의 짧고 **건조한** 문체.
건조^효모(乾燥酵母) 명 식료나 수송에 편리하도록 말린 효모. 담황색 또는 담갈색으로, 비타민 B제의 원료. 단백질 식료품, 가축 사료로 쓰임.
건-주정(乾酒酊) 명 일부러 취한 체하고 하는 주정. 비강주정. **건주정-하다** 틘(자여)
건중-건중 튀 '간종간종'의 큰말. **건중건중-하다** 틘(타여)
건중-그리다 틘(타) '간종그리다'의 큰말.

건중-이다 틘(타) '간종이다'의 큰말.
건지 명 '건더기'의 변한말.
건지다 틘(타) 1 (물에 떠 있거나 빠진 것을) 집어내거나 끌어내다. ¶건더기만 **건져** 먹다 / 시체를 강에서 ~. 2 (목숨을) 위태로운 지경에서 잃지 않게 되다. 또는, (사람을 어려운 지경에서) 편안한 상태가 되도록 구하다. ¶표류 끝에 겨우 목숨을 ~ / 백성을 도탄에서 ~. 3 (실패나 재앙으로 인한 손해 중 밑천이나 일부를) 회복하거나 되찾다. ¶장사가 안 돼 본전도 못 **건졌다**.
건-지황(乾地黃) 명 [한] '생건지황'의 준말.
건착-망(巾着網)[-창-] 명 [수산] 고기잡이 그물의 하나. 긴 그물의 아래쪽 가장자리에 금속 고리를 달고, 그 고리에 동아줄을 꿴 것인데, 이것을 바다에 원형 수직으로 둘러친 다음 동아줄을 잡아당기면 그물이 두루주머니를 졸라맨 것처럼 되어 고기가 그물 밑으로 빠져나가지 못하게 되는 것임.
건천(乾川) 명 조금만 가물어도 마르는 내.
건초(乾草) 명 베어서 말린 풀. 비마른풀.
건축(建築) 명 건물·구조물 따위를 세우거나 쌓아 만드는 일. ¶~비 / 목조 ~. **건축-하다** 틘(타여) ¶교사(校舍)를 ~. **건축-되다** 틘(자)
건축-가(建築家)[-까] 명 건축 사업에 대한 전문적인 지식과 기술을 지닌 사람.
건축-물(建築物)[-눌-] 명 토지에 정착하는 공작물 중에서 지붕 및 기둥 또는 벽을 가진 것. =영조물(營造物).
건축-미(建築美) 명 건축물이 지닌 아름다움. ¶~를 자랑하다.
건축-사(建築士)[-싸] 명 면허를 받아 건축물의 설계와 공사 감리 등의 업무를 행하는 사람.
건축-선(建築線)[-썬] 명 도로·공원 등을 침범하지 못하게 정한 건축물의 경계선.
건축^설계(建築設計)[-설계-설계] [건] 건축물의 형태·구조·재료·비용·공사 방법 등을 결정하고, 그에 필요한 도면·시방서·공사 예산서 등을 작성하는 일.
건축-업(建築業) 명 건축 공사를 담당하여 소득을 얻는 직업.
건축-학(建築學)[-추칵] 명 [건] 건축에 관한 사항을 연구하는 학문.
건투(健鬪) 명 (상대방의 승리나 목표 달성을 바라는 뜻의 문맥에 쓰여) 어려움에 굴하지 않고 꿋꿋하게 잘 싸우는 것. ¶~를 빌다. **건투-하다** 틘(자여)
건판(乾板) 명 [사진] 사진 감광판의 하나. 유리나 셀룰로이드 등 투명한 판에 감광 재료를 발라서 말린 것. ≒습판.
건평(建坪) 명 [건] 1 건물이 자리 잡은 터의 평수. =건축 면적. ¶대지 200평에 ~ 100평의 주택. 2 건물의 각 층이 차지하는 밑바닥의 총 평수.
건폐-율(建蔽率)[-폐-/-페-] 명 [건] 대지(垈地) 면적에 대한 건물의 바닥 면적의 비율. ≒용적률.
건포¹(乾布) 명 마른 수건.
건포²(乾脯) 명 쇠고기·생선 등을 저며서 말린 포.
건-포도(乾葡萄) 명 말린 포도.
건포-마찰(乾布摩擦) 명 혈액 순환을 좋게 하고 피부를 단련하기 위하여 마른 수건으로 온몸을 문지르는 일.
건필(健筆) 명 1 글씨를 힘 있게 잘 씀. 2 문

장이나 시(詩)를 의욕적으로 많이 쓰는 것. ¶노경에도 ~을 휘두르다 / 선생님의 ~을 빕니다.
건!-하다 [형여] **1** 아주 넉넉하다. **2** '흥건하다'의 준말. **3** '거나하다'의 준말. ¶술이 **건하게** 취하다. **건!-히** [부]
건!학(建學) [명] 학교를 일으켜 세우는 일. ¶ ~ 이념 / ~ 정신.
건현(乾舷) [명] 배에 짐을 가득 실었을 때 수면 위로 드러나는 뱃전의 부분.
걷!-기 [-끼] [명] 걷는 일.
걷!다¹ [-따] [자] **1** (구름이나 안개 따위가) 흩어져서 없어지다. ¶안개가 **걷자** 먼 산이 자태를 드러냈다. **2** (비나 장마 따위가) 맑게 개다. ¶비가 ~. [2] [타] **1** (깔리거나 덮이거나 가려진 것을) 개거나 접어서 치우다. ¶멍석을 ~ / 발을 ~. **2** (소매나 바짓가랑이 따위를) 말아 올리다. ¶바지를 무릎까지 **걷고** 개울을 건너다. **3** (일이나 일손을) 끝내거나 멈추다. ¶일을 **걷고** 담배를 한 대 피우다. **4** '거두다1·2'의 준말. ¶회비를 ~.
걷!다² [-따] (**걷고** / **걸어**) [동][ㄷ]<걸으니, 걸어> [1] [자] (사람이) 두 다리를 번갈아 움직이면서 한 걸음을 내딛는 동안 어느 한 발은 땅에 붙인 상태로 나아가다. 드물게, 네발짐승이 빠르지 않게 네 다리로 이동하는 것을 가리킬 경우도 있음. ¶아기가 아장아장 ~ / 집에서 학교까지 **걸어서** 30분이 걸린다. [2] [타] **1** (사람이 어떤 곳을) 보통의 속도로 두 다리를 번갈아 움직여 위치를 옮기다. ¶오솔길을 ~. **2** (비유적으로 쓰여) 일정한 방향으로 진행하거나 어떤 과정을 통과하다. ¶평생 외길을 ~ / 지금 섬유 산업은 쇠퇴 일로를 걷고 있다.
[**걷기도 전에 뛰려고 한다**] 쉽고 작은 일도 해낼 능력이 없으면서 어렵고 큰일을 하려고 한다.
걷어-들다 [동][타] <~드니, ~드오> (늘어진 옷자락 따위를) 걷어서 추켜들다. ¶치맛자락을 ~.
걷어-붙이다 [-부치-] [동][타] (소매나 바짓가랑이 따위를) 일을 적극적으로 할 태세로 힘있게 걷다. ¶소매를 **걷어붙이고** 나서다.
걷어-잡다 [-따] [동][타] 걷어 올려서 잡다. = 걷어쥐다.
걷어-쥐다 [동][타] =걷어잡다.
걷어-지르다 [동][르] <~지르니, ~질러> (늘어진 치마 따위를) 걷어서 내려오지 못하게 꽂아 놓다.
걷어-질리다 [동][자] 기운이 없어 눈까풀이 맥없이 열리고 눈알이 우묵해지다.
걷어-차다 [동][타] **1** 발을 들어서 세게 차다. ¶엉덩이를 ~. **2** (상대와) 관계를 끊고 배척하다. 속된 말임. ¶몇 년 동안 사귀어 온 여자를 하루아침에 ~.
걷어채다 [동][자] '걷어차다'의 피동사. ¶여자한테 **걷어채었다**.
걷어채이다 [동][자] '걷어채다'의 잘못.
걷어-치우다 [동][타] **1** 흩어진 것을 거두어 치우다. ¶이불을 ~. **2** (하던 일을) 중도에 그만두다. ¶고시 공부를 ~.
걷-잡다 [-짭따] [동][타] (주로 '없다', '못하다'와 함께 쓰여) **1** (잘못되어 가는 형세를) 거두어 바로잡다. ¶불길이 **걷잡을** 수 없이 번져 나갔다. **2** 마음을 진정하거나 억제하다. ¶**걷잡을** 수 없이 흐르는 눈물.
걷-히다 [거치-] [동][자] '걷다'의 피동사. ¶안

개가 ~ / 장마가 ~ / 돈이 ~.
걸¹ [명] 윷놀이에서, 윷이 셋이 잦혀지고 하나가 엎어진 상태. 말이 세 밭을 가게 됨.
걸² '것을'이 준 말. ¶더 좋은 ~ 주시오. / 빨리 갈 ~ 그랬구나.
걸-개-그림 [명] [미] 대형 화폭에 그려 벽에 걸어 설치하는 이동식 벽화.
걸객(乞客) [명] 의관(衣冠)을 갖추고 다니며 얻어먹는 사람.
걸걸(傑傑) →**걸걸-하다** [형여] (성격이) 시원스럽고 쾌활하다. **걸걸-히**¹ [부]
걸걸-하다² [형여] (목소리나 말소리가) 탁하면서도 크고 힘차다. ¶**걸걸한** 목소리. **걸걸-히**² [부]
걸고-넘어지다 [동][타] 책임이나 죄를 피할 수 없게 된 경우에 관계없는 사람을 끌고 들어가다. ¶내가 뭘 잘못했다고 나까지 **걸고넘어지는** 거냐.
걸귀(乞鬼) [명] **1** 새끼를 낳은 뒤의 암퇘지. **2** [새끼를 낳은 뒤의 암퇘지가 먹성이 좋은 데서] 음식을 몹시 탐내는 사람을 욕으로 이르는 말.
걸귀(가) **들린 듯이** [구] 음식을 지나치게 탐내는 모양. ¶밥을 보자 ~ 달려든다.
걸-그물 [명] [수산] 바다 속에 물의 흐름과 직각이 되도록 설치하여, 물고기가 그물코에 걸리거나 또는 그물에 말려서 잡히도록 되어 있는 그물의 총칭. =자망(刺網).
걸근-거리다/-대다 [동][자] **1** 목구멍에 가래 따위가 걸려 자꾸 근지러운 느낌을 주다. **2** (음식이나 또는 남의 것을) 던적스럽게 욕심내어 구차스러운 행동을 자주 하다. [작] 갈근거리다.
걸근걸근 [부] 걸근거리는 모양. [작] 갈근갈근.
걸근걸근-하다 [동][자][여]
걸!-기 [명] [체] 유도에서, 상대를 발로 걸어서 넘어뜨리는 기술.
걸!다¹ (**걸고** / **걸어**) [동][타] <거니, 거오> **1** (어떤 물건을 어디에) 달려 있도록 하거나 드리워지게 하다. ¶그림을 벽에 ~ / 옷을 옷걸이에 ~. **2** (기구나 기계 따위를) 쓸 수 있도록 차려 놓다. ¶솥을 ~ / 음반을 전축에 ~. **3** 씨름에서, 상대를 쓰러뜨리기 위해 다리를 휘감다. ¶안다리를 **걸어** 좌로 돌리다. **4** (어떤 문제 따위를) 토론이나 심의의 대상으로 삼아서 다루다. ¶안건을 회의에 ~ / 재판을 ~. **5** (누구에게 어떤 행동을) 먼저 시작하다. ¶수작을 ~ / 시비를 ~. **6** (무엇을) 문제로 삼다. ¶그는 궁지에 몰리자 지난 일을 **걸고** 나왔다. **7** (자물쇠나 고리쇠 따위로) 잠그다. ¶빗장을 ~ / 문고리를 ~. **8** (금품을) 계약이나 상 또는 내기의 담보로 내놓다. ¶계약금을 ~ / 현상금을 ~. **9** (무엇 또는 누구에게 기대·희망 등을) 품거나 가지다. ¶그 일에 마지막 희망을 ~ / 사람들이 너에게 **거는** 기대가 크다. **10** (승부·장래·운명 등을) 의탁하거나 내맡기다. ¶마지막 한 판에 승부를 ~ / 청년들에게 나라의 장래를 ~. **11** (목숨·명예 등을) 담보로 삼거나 희생할 각오를 하다. ¶목숨을 **걸고** 맹세하다. **12** 엔진이나 브레이크 같은 기계 장치를 작동하게 하다. ¶자동차에 시동을 ~. **13** 전화를 이용하여 통화하다. ¶전화를 ~. **14** (어떤 재료를) 기계 작업에 투입하다. ¶용지를 윤전기에 ~. **15** (이름 따위를) 올리거나 내세우다. ¶난 그 단체에 이름만 **걸어** 놓지 아무 하는 일도 없어요.

걸:다² (걸고/걸어) 형 <거나, 거오> **1** (흙·거름이) 기름지고 양분이 많다. ¶땅이 **걸어** 채소가 잘 자란다. **2** 차려 놓은 음식의 가짓수가 많고 푸짐하다. ¶반찬이 ~ / 술상이 ~. **3** ('-게'의 꼴로 쓰여) 푸짐하여 배부르고 흡족하다. ¶저녁을 **걸게** 먹다. **4** (말솜씨가 험하여) 거리낌이 없고 푸지다. ¶입이 **걸어** 욕을 잘한다. **5** 손으로 하는 일이 솜씨가 좋다. **6** (액체가) 묽지 않고 톡톡하다. ¶국물이 ~ / 풀을 **걸게** 쑤다.

걸'-대 (-臺) 명 물건을 높은 곳에 걸 때에 쓰는 장대.

걸때 명 사람의 몸피의 크기.

-걸랑 어미 **1** '-거들랑'의 준말. ¶내가 늦~ 너 먼저3·4의 잘못.

걸러-뛰다 동 차례를 걸러서 건너뛰다.

걸레 명 **1** 방바닥이나 마룻바닥, 그 밖의 먼지가 끼거나 더러워진 곳을 깨끗이 닦거나 훔치는 데 쓰는, 헌 깊으로 된 물건. ¶~로 방을 훔치다. **2** 정조 관념이 없이 아무 남자와 성관계를 가지는 여자를 얕잡아 비유적으로 이르는 말.

걸레-받이 [-바지] 명 장판방을 걸레질할 때 굽도리가 더러워지지 않도록 굽도리 밑으로 좁게 오려 붙인 기름종이.

걸레-질 명 걸레로 닦거나 훔치는 일. ¶~을 치다. **걸레질-하다** 동(자)여

걸레-통 (-桶) 명 걸레를 담아 두거나 빠는 데 쓰는 통.

걸:려-들다 동(자) <-드니, -드오> **1** 그물·낚시 등에 걸려 벗어나지 못하게 되다. ¶낚싯밥에 **걸려든** 잉어. **2** 어떤 꾀나 꾸며 놓은 계략에 빠지다. ¶적의 함정에 ~. **3** 피하지 못하고 맞닥치다.

걸르다 동(타) '거르다'의 잘못.

걸:-리다¹ 동(자) **1** '걸다'의 피동사. ¶벽에 걸린 달력 / 현상금이 걸린 수배자. **2** (어떤 물건이나 장소에) 멈추거나 끼여 있다. ¶가시가 목에 ~. **3** (물건에) 매달려 있다. ¶연이 나뭇가지에 ~. **4** (그물·낚시 등에) 잡히다. ¶낚시에 고기가 ~. **5** (꾸며 놓은) 계략에 빠지다. ¶사기꾼에게 ~. **6** 관련이 되거나 맞부딪다. ¶쌈패에 **걸리면** 달아나는 것이 수다. **7** 마음에 거리끼다. ¶집안일이 마음에 ~. **8** 병이 나다. ¶감기에 ~. **9** (날짜나 시간이) 소요되다. ¶다리를 건설하는 데 5년이 **걸렸다**. **10** 들키거나 하여 단속의 대상이 되다. ¶과속 운전을 하다가 교통경찰한테 **걸렸다**. **11** (해나 달이) 하늘에 떠 있다. 또는, 뜨거나 지려고 산이나 지평선에 모습의 일부를 보이다. ¶서산마루에 해가 **걸려** 있다. **12** (무엇에) 어긋나거나 거슬리다. ¶법에 ~. **13** 요행히 얻어지거나 생기다. ¶여기저기 이력서를 냈으니 어디 한 자리라도 **걸리겠**지. **14** 거슬거리다. ¶하는 짓이 자꾸 눈에 **걸린다**.

걸:리다² 동(타) **1** '걷다'의 사동사. ¶아기를 ~. **2** 윷놀이에서, 말을 걸밭으로 올리다.

걸리적-거리다 동(자) '거치적거리다'의 잘못.

걸리-곡 (-谷) 명[지] 하천의 지류가 본류와 합류하는 지점에서 폭포나 급류를 이루는 골짜기. 큰 산지에 많이 나타남. =현곡 (懸谷)

걸림-돌 [-똘] 명 ['발에 걸리는 돌'이라는 뜻] 어떤 일을 추진하는 데 장애가 되는 일이나 문제. ¶책 문제가 남북 회담의 ~이 되다.

걸림-음 (-音) 명[음] 한 화음에서 다음 화음으로 나아갈 때에, 한 음 또는 여러 음이 밖의 음으로 걸러서 남는 음. =계류음(繫留音)

걸:립 (乞粒) 명 **1** [불] 절을 중건하거나 할 때 그 비용을 얻는 수단으로 승려들이 각처로 돌아다니면서 돈이나 곡식을 탁발하는 일. ¶시주(施主)~. **2** 동네 경비를 마련하기 위하여 떼를 지어 돌아다니며 풍악을 치고 돈이나 곡식을 얻는 일. 또는, 그 일행. **3** [민] =걸립신. **걸:립-하다** 동(자)여

걸:립-신 (乞粒神) [-씬] 명[민] 무당이 굿할 때 위하는, 급이 낮은 신. 대청 처마나 어귀에 모심. =걸립.

걸:립-패 (乞粒牌) 명[민] 동네의 경비를 마련하기 위해 집집마다 다니면서 풍악을 울려 주고 돈이나 곡식을 얻기 위해 조직한 무리. =두레패.

걸:-망 (-網) 명 **1** 물건을 넣어 걸머지고 다닐 수 있게 얽어 만든 망태기 모양의 물건. =걸낭. **2** [불] =바랑.

걸:-맞다 [-맏따] 형 두 편의 정도가 서로 견주어 볼 때 어울릴 만큼 비슷하다. ¶분위기에 **걸맞은** 옷차림 / 집안으로 보나 인물로 보나 두 사람은 **걸맞은** 배필이다.

> **어법** 수임에 걸맞는 지출:걸맞는(×)→걸맞은(○). ▶ 형용사는 어미 '-는'이 아닌 '-은'과 어울려 활용함.

걸머-메다 동(타) =걸메다.

걸머-잡다 [-따] 동(타) 여럿을 한데 걸치어 잡다.

걸머-지다 동(타) **1** (짐을) 멜빵이나 끈을 내어 어깨에 지다. ¶배낭을 어깨에 ~. **2** (빚을) 잔뜩 지다. ¶무리하게 사업을 벌이다가 빚만 잔뜩 ~. **3** (책임을) 맡다. ¶겨레의 운명을 두 어깨에 ~.

걸-메다 동(타) 짐을 한쪽 어깨에 걸어 메다. =걸머메다.

걸물 (傑物) 명 뛰어난 사람을 비유적으로 이르는 말.

걸사 (傑士) [-싸] 명 뛰어난 사람. 비걸인.

걸:상 (-床) [-쌍] 명 사람이 걸터앉을 수 있게 만든 기구. '의자'와 거의 같은 뜻이기는 하나, 매우 제한적으로 쓰일 뿐으로, 주로 교실에 두는 것을 가리키거나, 여럿이 앉을 수 있게 널빤지 따위에 다리를 달아 만든 것 을 이름.

걸:-쇠 [-쐬/-쒜] 명 문을 걸어 잠글 때 빗장으로 쓰는 'ㄱ'자 모양의 쇠.

걸^스카우트 (Girl Scouts) 명[사] 전 세계에 퍼져 있는, 소녀들의 수양·교육 단체. 1912년 미국에서 비롯됨. =소녀단. ▷보이 스카우트

걸식 (乞食) [-씩] 명 음식을 남에게 구걸하는 것. ¶문전(門前)~. **걸식-하다** 동(자)여

걸신 (乞神) [-씬] 명 ['빌어먹는 귀신'이라는 뜻] 굶주려 음식을 몹시 탐내는 욕심.

걸신-들리다 (乞神-) [-씬-] 동(자) 굶주려 음식에 대한 욕심이 몹시 나다.

걸신-스럽다 (乞神-) [-씬-따] 형(ㅂ)<-스러우니, -스러워> 굶주려 음식에 몹시 탐욕스럽다. **걸신스럽게** 먹어 대다.

걸-싸다 형 (하는 일이나 동작이) 매우 날쌔다.

걸쌈-스럽다 [-따] 형(ㅂ) <-스러우니, -스러워> 남에게 지기 싫어하고 억척스럽다. 걸

쌈스레 튀
걸쌍-스럽다[-따] 형ㅂ 〈~스러우니, ~스러워〉(태도가) 보기에 흡족한 데가 있다. 또는, (먹는 모양새가) 보기에 탐스럽다. 걸쌍스레 튀
걸어-가다 동(자)(타)[거러]〈~가거라〉1 발로 걸어서 가다. ¶시골 길을 ~ / 아기가 아장아장 ~. 2 어떤 과정이나 경로를 진행해 가다. ¶조선 왕조는 개항 이후 몰락의 길을 걸어갔다.
걸어-앉다[-안따] 동(자) 높은 곳에 궁둥이를 붙이고 두 다리를 늘어뜨리고 앉다. 준걸앉다. ▷걸터앉다.
걸어-오다¹ 동(자)(타)[너라]〈~오너라〉1 발로 걸어서 오다. 1 내 앞으로 성큼성큼 걸어왔다. 2 어떤 과정이나 경로를 진행하여 오다. ¶그는 한평생 외길을 걸어왔다.
걸어-오다² 동(타) 말·수작 등을 먼저 붙여 오다. ¶그는 내게 싸움을 걸어왔다.
걸음 명 ①(자탸) 1 다리를 번갈아 옮겨 걷는 동작. 세는 단위는 걸음·보(步)·발·발짝. 비발걸음·행보(行步). ¶~을 빨리하다 / ~을 멈추다. 2 내왕하는 일. ¶~이 뜸하다. 3 어떤 일을 해 나가는 움직임. ¶민주화로 가는 큰 ~을 내딛다. ②(의존) 걷는 동작이 이뤄지는 횟수를 세는 단위. ¶한 ~ 두 ~. ▷발짝.
걸음아 날 살려라 관 있는 힘을 다하여 매우 빨리 도망침을 이르는 말. =종짓굽아 날 살려라. ¶~ 하고 도망쳐 버렸다.
걸음을 재촉하다 관 1 빨리 가다. 2 빨리 갈 것을 요구하다.
걸음-걸음 튀 '걸음걸음이'의 준말. ¶가시는 ~ 놓인 그 꽃을 사뿐히 즈려밟고 가시옵소서.《김소월:진달래꽃》
걸음걸음-이 튀 걸음을 걸을 적마다. 또는, 걸음마다. 준걸음걸음.
걸음-걸이 명 걸음을 걷는 모양새. 비걸음새. ¶~가 힘차다.
걸음-나비 명 =보폭(步幅).
걸음-마 Ⅰ명 어린아이가 걸음을 배울 때 발을 떼어 놓는 걸음. Ⅱ감 어린아이에게 걸음을 익히게 할 때 발을 떼어 놓으라고 하는 소리.
걸음-발[-빨] 명 1 발을 놀려 걸음을 걷는 일. 또는, 그렇게 걷는 발. 2 걸음을 걷는 기세나 본새.
걸음발-타다[-빨-] 동(자) 어린아이가 걸음을 익혀 비틀거리며 걷기 시작하다. =걸음마타다.
걸음-새 명 걸음을 걷는 본새. 비걸음걸이. ¶빠른 ~.
걸음-짐작(-斟酌) 명 걸음으로 길이나 거리를 헤아림. =보측(步測). ¶~으로 한 십 리는 될 겁니다. 걸음짐작-하다 동(타)
걸-이 명(체) 씨름에서, 다리로 상대방의 오금을 걸어 내미는 기술.
걸인¹(乞人) 명 =거지1.
걸인²(傑人) 명 남보다 훨씬 뛰어난 사람. 비걸사(傑士).
걸작(傑作)[-짝] 명 1 뛰어난 작품. 비명작(名作). ¶'모나리자'는 레오나르도 다빈치가 남긴 불후의 ~이다. ▷졸작(拙作). 2 말이나 행동이 유별나게 우스꽝스러워 이목을 끄는 사람을 이르는 말. ¶그 사람 참 ~이군.
걸짜(傑-) 명〈속〉걸작으로 노는 사람. ¶그 친구 참 ~인걸.

검기다●81

걸쩍지근-하다[-찌-] 형여 1 닥치는 대로 마구 먹어 게검스럽다. 2 욕이나 말을 함부로 하여 입이 매우 걸다. 걸쩍지근-히 튀
걸쭉-하다[-쭈카-] 형여 1 (액체가) 묽지 않고 조금 걸다. ¶호박죽을 걸쭉하게 쑤다. 좍갈쭉하다. 2 (말이) 거리낌이 없고 험하다. 또는, 외설스럽고 입심 좋은 상태에 있다. ¶걸쭉한 육담 / 욕을 한바탕 걸쭉하게 퍼붓다. 걸쭉-히 튀
걸-채 명[농] 소의 길마 위에 덧얹어, 볏단이나 보릿단 등을 싣는 기구. ×발구.
걸출(傑出) → 걸출-하다 형여 남보다 훨씬 뛰어나다. ¶걸출한 인물.
걸-치다 동 ①(자) 1 가로질러 걸리다. ¶계곡 사이에 줄다리가 ~. 2 긴 물건이 어떤 물건에 얹혀 두 끝이 양쪽으로 늘어지다. ¶줄에 빨래가 걸쳐 있다. 3 (해나 달이 기울어져) 산이나 고개 위에 얹히다. ¶서산에 걸친 해. 4 (어느 기간 동안) 계속되다. ¶1주일에 걸친 훈련. 5 (어떤 범위에까지) 미치다. ¶여러 방면에 걸친 연구. ②(타) 1 (양쪽이 맞닿이) 이어지게 하다. ¶사다리를 처마 끝에 ~. 2 긴 물건을 다른 것에 얹어서 두 끝이 늘어지게 하다. ¶어깨에 잠바를 ~. 3 끝 부분을 다른 물건의 끝에 올려놓다. ¶의자에 엉덩이를 ~. 4 (옷이나 이불 등을) 있는 대로 대강 입거나 덮다. ¶실오라기 하나 걸치지 않은 알몸 / 누더기를 ~. 5 (술을) 마시다. 속된 말임. ¶식사를 하면서 술을 몇 잔 ~.
걸태-질 명 염치나 체면을 돌보지 않고 재물을 마구 긁어모으는 짓. 걸태질-하다 동
걸터듬다[-따] 동(타) (무엇을 찾느라고) 이것저것을 마구 더듬다.
걸-터앉다[-안따] 동(타) 온몸의 무게를 실어 걸터앉다. ¶문턱에 걸터앉지 마라. ▷걸어앉다.
걸터앉-히다[-안치-] 동(타) '걸터앉다'의 사동사.
걸-터타다 동(자) (마소나 탈것에) 모로 앉아 타다.
걸판-지다 형 '거방지다'의 잘못.
걸-프렌드(girl friend) 명 이성(異性)으로서의 여자 친구. ↔보이프렌드.
걸핏-하면[-피타-] 튀 조금이라도 일만 있으면 곧. =까딱하면. 비툭하면. ¶그는 ~ 지각을 한다. / 그 여자는 ~ 운다.
검¹ 명 사람에게 길흉화복을 내리는 초월적 존재. 비신(神)·신령.
검²(劍) 명 양쪽에 날이 있는, 무기로 쓰는 칼. ¶달려드는 적을 향해 ~을 휘두르다.
검객(劍客) 명 검술에 능통한 사람. =검사(劍士).
검거(檢擧) 명[법] 수사 기관이 범죄 수사상 지목된 자를 조사하기 위하여 일시적으로 억류하는 일. 검거-하다 동(타여) ¶용의자를 ~/ 유괴범을 ~. 검거-되다 동(자) ¶사기 혐의로 경찰에 ~.
검경(檢警) 명 '검찰'과 '경찰'을 아울러 이르는 말. ¶~ 합동 수사.
검광(劍光) 명 칼날의 번쩍거리는 빛.
검극(劍劇) 명[연] 칼싸움을 내용으로 하는 영화나 연극.
검-기다 동(타) 1 검게 더럽히다. 2 [미] 그림의 바깥쪽에서 안쪽으로 차차 짙게 칠하여 들어오다.

검¹-누렇다[-러타] 〖형〗ㅎ〈~누러니, ~누러오, ~누레〉검은빛을 띠면서 누렇다. 〖작〗감노랗다.

검¹-누르다 〖형〗러〈~누르니, ~누르러〉검은빛을 띠면서 누르다. 〖작〗감노르다.

검다[-따] (검고 / 검어) 〖형〗 1 숯이나 먹의 빛과 같다. ¶검은 눈동자 / 검게 그은 피부. 〖작〗감다. 2 (속에 품은 마음이) 바르지 못하여 엉큼하다. ¶검은 속셈 / 뱃속이 ~. 〖센〗껌다. ↔희다.
[검은 머리 파뿌리 되도록] 늙어서 머리가 하얗게 셀 때까지 오래오래의 뜻.

검댕 〖명〗 그을음이나 연기가 맺혀서 된 검은빛의 물질. ¶얼굴에 ~을 묻히다.

검-덕귀신(-鬼神) [-뀌-] 〖명〗 얼굴이며 옷이 몹시 더러운 사람을 속되게 이르는 말. ¶진흙탕에서 놀더니 ~이 다 되었구나.

검도(劍道) 〖명〗체〗 두 사람이 호구(護具)를 착용하고 죽도(竹刀)로 서로 상대를 타격하거나 찔러서 승패를 결정하는 경기.

검둥-개 〖명〗 털빛이 검은 개.

검둥-오리 〖명〗동〗 오릿과의 물새. 몸빛이 수컷은 검고 암컷은 갈색임. 잠수하여 조개류를 먹음. 겨울에 우리나라에 떼 지어 날아옴.

검-둥이 〖명〗 1 검둥개를 귀엽게 일컫는 말. 2 살빛이 검은 사람. 3 '흑인'을 비하하여 이르는 말. 〖센〗껌둥이. ↔흰둥이. ×검동이.

검디-검다[-띠-따] 〖형〗 몹시 검다.

검란(檢卵) 〖명〗 부화 중의 알을 햇빛이나 불빛으로 비추어 보며 배(胚)의 발육 상태를 검사하는 일. 검¦란-하다 〖동〗자〗여〗

검량(檢量) [-냥] 〖명〗 물건의 양이나 무게를 검사하는 것. ▷검수(檢數). 검¦량-하다 〖동〗타〗여〗

검량-인(檢量人) [-냥-] 〖명〗 화물을 인도·인수할 때, 그 화물의 용량이나 중량을 계산·증명하는 사람. ▷검수인.

검류(檢流) [-뉴] 〖명〗 전류나 조류(潮流) 등의 속도·세기 따위를 측정하고 검사하는 것. 검¦류-하다 〖동〗타〗여〗

검류-계(檢流計) [-뉴게/-뉴계] 〖명〗물〗화〗 매우 약한 전류의 유무를 측정하는 계기.

검무(劍舞) 〖명〗 칼을 들고 추는 춤. =칼춤.

검문(檢問) 〖명〗 (경찰관·헌병 등이) 의심적은 사람을 조사하고 묻는 것. ¶불심 ~ / ~에 불응하다. 검¦문-하다 〖동〗타〗여〗

검문-검색(檢問檢索) 〖명〗 경찰관·헌병 등이 의심적은 사람을 조사하고 물어 찾아내는 일. ¶~을 철저히 하다.

검문소(檢問所) 〖명〗 범죄 수사나 치안 유지를 위하여 통행인 및 차량을 점검하려고 교통상 중요 지점에 둔 임시 파견소.

검박(儉朴) ➡검¦박-하다 [-바카-] 〖형〗여〗 검소하고 꾸밈이 없다. 검¦박-히 〖부〗

검-버섯[-섣] 〖명〗 노인의 얼굴이나 손등 등에 생기는 거뭇거뭇한 반점. =오지(汚池). ¶~이 낀 얼굴 / ~이 피다. 〖속〗지승꽃.

검법(劍法) [-뻡] 〖명〗 검술에서, 칼 쓰는 법.

검부러기 〖명〗 검불의 부스러기. =섬개(纖芥).

검부-잿불[-재뿔/-잳뿔] 〖명〗 검불을 때서 만든 잿불.

검부저기 〖명〗 먼지나 잡물이 섞인 검부러기.

검불 〖명〗 마른 풀이나 가랑잎, 지푸라기 따위의 부스러기. ¶옷에 ~이 붙다.

검불-덤불 〖부〗 갈피를 잡을 수 없게 뒤섞여 어수선한 모양. ¶실이 ~ 엉클어지다.

검¦-붉다[-북따] 〖형〗 검은빛을 띠면서 붉다. ¶검붉은 피.

검¦-뿌옇다[-여타] 〖형〗ㅎ〈~뿌여니, ~뿌여오, ~뿌예〉검은빛을 띠면서 뿌옇다.

검¦사(檢事) 〖명〗법〗 범죄의 수사, 공소의 제기, 공판 절차의 추구, 형 집행의 감독 등을 행하는 사법 행정관. =검찰관.

검¦사(檢査) 〖명〗 일정한 기준에 비추어 사물의 상태를 조사하는 것. ¶숙제 ~ / 신체 ~ / ~를 받다 / ~를 필하다. 검¦사-하다 〖동〗타〗여〗 ¶품질을 ~ / 시력을 ~. 검¦사-되다 〖동〗자〗

검¦사-필(檢査畢) 〖명〗 검사를 마침. ¶~증(證).

검¦산(檢算) 〖명〗수〗 계산의 결과가 올바른가 어떤가를 검사하는 것. =험산(驗算). 검¦산-하다 〖동〗타〗여〗

검¦색(檢索) 〖명〗 1 검사하여 찾아보는 것. ¶검문(檢問) ~. 2 [컴] 기억 공간 안에 들어 있는 자료 중 어떤 조건에 맞는 자료를 찾아내는 일. 검¦색-하다 〖동〗타〗여〗 ¶몸을 ~.

검¦색-대(檢索臺) 〖명〗 사람이 통과할 때 소지품을 검색하거나 짐 속에 어떤 물건이 있는지를 검색할 수 있게 설치한 시설. ¶공항 ~ / 적외선 ~

검¦색^엔진(檢索engine) 〖명〗컴〗 인터넷에서 원하는 정보를 찾아 주는 구실을 하는 프로그램. 키 워드를 입력하면 그 정보가 있는 사이트를 찾아서 제시해 줌.

검¦소(儉素) ➡검¦소-하다 〖형〗여〗 사치하지 않고 수수하다. ¶검소한 생활. 검¦소-히 〖부〗

검¦속(檢束) 〖명〗법〗 예전에, 공공의 안전을 해롭게 하거나 죄를 지을 염려가 있는 사람을 잠시 잡아 가두는 일. 검¦속-하다 〖동〗타〗여〗 검¦속-되다 〖동〗자〗

검¦수¹(檢水) 〖명〗 물의 좋고 나쁨을 검사하는 것. 검¦수-하다¹ 〖동〗자〗여〗

검¦수²(檢數) 〖명〗 물건의 개수를 헤아리고 검사하는 것. ▷검량(檢量). 검¦수-하다² 〖동〗

검¦수-인(檢數人) 〖명〗 화물을 인도·인수할 때, 그 화물의 개수를 계산·증명하는 사람. ▷검량인.

검¦술(劍術) 〖명〗 무술에서, 칼을 쓰는 기술이나 방법.

검숭-검숭 〖부〗 (드물게 난 잔털 따위가) 썩 거무스름한 모양. 〖작〗감숭감숭. 검숭검숭-하다 〖형〗여〗 ¶갓난아이의 머리털이 ~.

검숭-하다 〖형〗여〗 (드물게 난 잔털 따위가) 거무스름하다. 〖작〗감숭하다.

검¦시¹(檢屍) 〖명〗법〗 변사체(變死體)나 변사의 의심이 있는 시체를 조사하여 범죄에 의한 것인가의 여부를 가리는 일. ▷검안(檢案). 검¦시-하다¹ 〖동〗

검¦시²(檢視) 〖명〗 1 검사하여 살펴보는 것. 2 시력(視力)을 검사하는 것. 3 [법] '검시(檢屍)¹', '시체 검사'로 순화. 검¦시-하다² 〖동〗자〗타〗여〗

검¦시-관(檢視官) 〖명〗법〗 검시를 하는 공무원.

검실-거리다/-대다 〖동〗자〗 먼 곳에서 자꾸 어렴풋이 움직이다. 〖작〗감실거리다.

검실-검실 〖부〗 검실거리는 모양. 〖작〗감실감실. 검실검실-하다¹ 〖동〗자〗여〗

검실-검실² 〖부〗 검은 털이 조금 나서 거뭇거뭇한 모양. 〖작〗감실감실. 검실검실-하다² 〖형〗여〗

검¦안¹(檢案) 〖명〗 1 뒤에 남은 흔적이나 형편

을 조사하고 따지는 것. 2 [법] 의사의 진찰을 받지 않고 사망한 자의 시체에 대해 의사가 사망 사실을 의학적으로 확인하는 것. ▷검시(檢屍). **검!안-하다¹** 동(타여) ¶시체를 ~.

검!안²(檢眼) 명 시력이나 색맹 따위를 알아보기 위해 눈을 검사하는 것. **검!안-하다²** 동(자타여)

검!안-경(檢眼鏡) 명 [의] 눈동자에 빛을 쐬고, 그 반사광에 의해서 각막부터 안저까지를 관찰하거나 굴절 정도를 측정하는 기구.

검!안-서(檢案書) 명[법] 의사의 치료를 받지 않고 죽은 사람의 사망을 확인하는 의사의 증명서.

검!압(檢壓) 명 압력을 검사하는 것. **검!압-하다** 동(자여)

검!약(儉約) 명 낭비하지 않고 아껴 쓰는 것. **검!약-하다** 동(타여)

검!역(檢疫) 명 전염병이나 해충 등이 외국으로부터 침입·발생하는 것을 방지하기 위하여 검진·검사 및 소독·격리 등으로 조치하고 전국의 주요 항구·공항에서 여객·화물 등을 조사하는 일. **검!역-하다** 동(타여)

검!역-소(檢疫所) [-쏘] 명 검역 사무를 보기 위하여 주요한 항구나 공항에 마련된 공공 기관.

검!열(檢閱) [-녈/거멸] 명 1 (어떤 행위나 사업 등에 대하여) 잘못이 있나 없나를 살펴보는 것. ¶위생 ~ / ~을 받다. 2 언론·출판·연극·영화·우편물 등의 내용을 사전에 심사하여 그 발표를 통제하는 일. 3 [심] 정신 분석학에서, 인간의 마음속에 있는 본능적 욕망을 초자아의 도덕적 의지로 억누르거나 수정하는 일. 4 [군] 군기(軍紀)·교육·작전 준비·장비 등의 군사 상태를 살펴보는 것. **검!열-하다** 동(타여) ¶영화를 **검열하여** 문제가 되는 장면을 삭제하다. **검!열-되다** 동(자)

검!온(檢溫) 명 온도, 특히 체온을 재는 일. ¶~기(器). **검!온-하다** 동(자타여)

검은-건(-鍵) 명[음] =검은건반. 흑건.

검은-건반(-鍵盤) 명 피아노·오르간 등과 같은 건반 악기의 검은색의 건반. =검은건·흑건. ↔흰건반.

검은-깨¹ 명 검은 참깨. =흑임자(黑荏子). ↔흰깨.

검은-깨² 명 '주근깨'의 잘못.

검은-돈 명 뇌물의 성격을 띠거나 기타 정당하지 못한 방법으로 주거나 받는 돈.

검은머리-물떼새 명[동] 물떼샛과의 새. 머리와 목, 등이 까맣고 배와 허리는 흼. 겨울에 우리나라에 오는 철새임.

검은머리-방울새 [-쌔] 명[동] 되샛과의 작은 방울새. 등에는 황록색·흑갈색 줄무늬가 있고, 배는 산뜻한 노란색임. 애완용으로 기르며, 식용도 함. =금시작(金翅雀).

검은별무늿-병(-病) [-니뺑/-닏뺑] 명[농] 사과·오이·고구마 따위에 발생하는 과수병(果樹病)의 하나. 어린잎·줄기·열매 따위에 담흑색 반점이 생겨서 성장을 방해하며, 심하면 썩거나 잎이 짐. =흑반병·흑성병.

검은-빛 [-빋] 명 검은 빛깔. ↔흰빛.

검은-색(-色) 명 검은 색깔. ↔흰색.

검은-손 (-) 명 흉계를 꾸미는 손길. 비마수(魔手). ¶범죄 조직이 ~을 뻗다.

검은-엿 [-녇] 명 =갱엿.

검은-자 명 '검은자위'의 준말.

검은-자위 명 눈알의 검은 부분. 준검은자. ↔흰자위.

검은-콩 명 알갱이 껍질이 검은 콩. =검정콩·흑대두(黑大豆)·흑태(黑太).

검은-팥 [-팓] 명 낱알의 껍질이 검은 팥. =흑두(黑豆).

검!인(檢印) 명 1 서류나 물건을 검사한 표시로 찍는 도장. 또는, 찍는 일. ¶~이 없는 서류. 2 지은이가 자신이 쓴 책의 발행 부수를 검사하기 위하여 판권장(版權張)에 찍는 도장.

검!-인정(檢認定) 명 1 검사하여 인정하는 것. 2 '검정 교과서'와 '인정 도서'를 동시에 이르는 말. **검!인정-하다** 동(타여)

검!인정-필(檢認定畢) 명 검인정을 마쳤음.

검!자(檢字) [-짜] 명 한자 자전 색인(索引)의 한 가지. 부수가 분명하지 않은 글자를 총획으로 찾아보게 배열함.

검적-검적 [-껌-] 부 검은 점이 굵게 여기저기 박혀 있는 모양. ㉠감작감작. ㉡껌적껌적. **검적검적-하다** 형여

검!전-기(檢電器) 명[물] 1 옥내 배선 등의 통전(通電)의 유무를 조사하는 간단한 계기. 2 정전기의 검출에 쓰이는 측정기. 금박검전기 등.

검정¹ 명 검은 빛깔. 또는 그런 색을 내는 물감과 같은 물질. ㉠감장. ㉡껌정. ×거멍.

검정²(檢定) 명 1 (일정한 규정에 의해 가치·조건·등급 따위를) 검사하여 인정하는 것. ¶자격 ~. 2 '검정고시'의 준말. **검!정-하다** 동(타여) 검정하여 결정하는.

검정-고시(檢定考試) 명 주로 행정 관청이 어떤 자격에 필요한 지식·학력·기술의 유무를 검정하기 위해 실시하는 시험. =준검정.

검!정^교과서(檢定敎科書) 명 =이종 교과서.

검정-말 명 털빛이 검은 말. 비흑마(黑馬).

검정-말² [-] 명 자라풀과의 여러해살이 물풀. 연못이나 늪·개울 등의 물속에서 자람. 줄기는 뭉쳐나고 마디가 많음. 가을에 엷은 자줏빛의 꽃이 핌.

검정-이 명 1 검은빛의 물건. 2 검은 물감이나 빛깔. ㉠감장이. ㉡껌정이.

검정-콩 명 =검은콩.

검!정-필(檢定畢) 명 검정을 마침. ¶~ 교과서.

검!조(檢潮) 명 밀물과 썰물에 의한 해면의 높낮이 변동을 측정하는 것. **검!조-하다** 동(타여)

검!조-기(檢潮器) 명[지] 밀물과 썰물에 의한 해면의 높낮이를 측정하는 장치. =검조의.

검!조-의(檢潮儀) [-의/-이] 명[지] =검조기(檢潮器).

검!증(檢證) 명 1 검사하여 증명하는 것. 2 [논] 어떤 가설에서 이끌어 낸 결론은 관찰이나 실험을 통해 그 진위(眞僞)를 확인하는 것. 3 [법] 법관이나 수사 기관이 증거 자료인 사물의 성질이나 상태 등을 직접 조사하고 확인하는 일. ¶현장 ~. **검!증-하다** 동(타여) **검!증-되다** 동(자) 과학적으로 **검증**될 수 없는 심령의 세계.

검!지(-指) 명 =집게손가락.

검!진(檢診) 명 (의사가 어떤 사람의 건강을) 이상이 있는지 없는지, 또 병명은 무엇인지 검사하여 살피는 것. ¶정기 ~ / 의사의 ~을 받다. **검!진-하다** 동(타여)

검!-질기다 형 (성질이나 행동이) 끈기 있게 질기다. ¶찰거머리처럼 **검질기게** 달라붙다.

검:차(檢車) 명 차량의 고장이 있고 없음을 검사하는 것. ¶~원(員). 검:차-하다 동(자)여

검:찰(檢察) 명 1 검사하여 살피는 것. 2 [법] 범죄를 수사하고, 공소를 제기·유지하며, 형벌권을 행사하고 실현하는 것을 지휘·감독하는 국가 권력 작용. 검:찰-하다 동(타)여

검:찰-되다 동(자)여

검:찰-관(檢察官) 명 1 =검사(檢事). 2 [군] 군사 법원에서 검찰의 직무를 맡아보는 법무 장교.

검:찰-청(檢察廳) 명[법] 법무부 장관 소속하에 설치되어 검사(檢事)에 관한 사무를 관장하는 관청. 대검찰청·고등 검찰청·지방 검찰청이 있다.

검:출(檢出) 명 (어떤 성분이나 요소를) 검사하여 추출하는 것. 검:출-하다 동(타)여 검:출-되다 동(자)여 ¶사체 부검 결과, 위에서 독극물이 검출되었다.

검:측-스럽다[-쓰-따] (형)(ㅂ)(<~스러우니, ~스러워) 검측한 태가 있다. 검:측스레 부

검:측-하다[-츠카-] (형)여 1 검은빛을 띠며 어둡고 맑지 않다. 2 (마음이) 엉큼하고 욕심이 많다.

검:치다 타 1 모서리를 중심으로 하여, 좌우 양쪽으로 걸쳐서 접거나 휘어 맞추다. 2 (한 물체의 두 곳이나 두 물체를) 맞대고 걸쳐서 붙이다. ¶기와를 잘못 검치면 빗물이 새기 쉽다.

검:침(檢針) 명 전기·수도·가스 등의 사용량을 알기 위하여 계량기의 눈금을 검사하는 것. 검:침-하다 동(타)여

검:침-원(檢針員) 명 검침하는 사람.

검:탄(黔炭) 명 화력이 약하고 연소 시간이 짧은 검은 숯. ↔백탄(白炭).

검:토(檢討) 명 (어떤 대상을) 어떤 목적에 맞는지, 또는 잘못된 점이 없는지 등을 알기 위해 내용을 이모저모 살피거나 따지는 것. 검:토-하다 동(타)여 ¶보고서를 ~ / 답안지를 두 번 세 번 ~. 검:토-되다 동(자)여

검:파(檢波) 명 [물] 1 고주파 전류를 검사하여 알아내는 것. 2 =복조(復調). 검:파-하다 동(타)여 검:파-되다 동(자)여

검:파-기(檢波器) 명 [물] 변조된 전파로부터 음성 등의 신호를 끌어내는 회로 또는 장치.

검:-퍼렇다[-러타] (형)ㅎ<~퍼러니, ~퍼러오, ~퍼레> 검은빛을 띠면서 퍼렇다. 작감파랗다.

검:퍼레-지다 동(자) 검퍼렇게 되다. 작감파래지다.

검:표(檢票) 명 승객이 차표·배표·비행기 표 등을 가지고 있는지를 검사하는 것. =검찰(檢札). 검:표-하다 동(자)(타)여 검:표-되다 동(자)여

검:표-원(檢票員) 명 승객이 차표·배표·비행기 표 등을 가지고 있는지를 검사하는 일을 맡은 사람.

검:-푸르다 (형)여<~푸르니, ~푸르러> 검은 빛이 돌면서 푸르다. ¶동해의 검푸른 바닷물. 작감파르다.

검:-흐르다 동(자)여<~흐르니, ~흘러> (액체가) 그릇 따위의 전 바깥으로 넘쳐흐르다. ¶솥의 전으로 물이 ~.

겁¹(劫) 명 [<(범)kalpa] [불] 천지가 개벽한 때부터 다음 개벽할 때까지의 동안. 곧, 무한한 기간을 이르는 말. =겁파(劫). ▷찰나.

겁²(怯) 명 어떤 일이나 대상을 무서워하거나 두려워하는 마음의 상태나 경향. ¶~이 많다 / ~이 없다 / ~을 주다 / ~을 집어먹다.

겁(에) 질리다 자 잔뜩 겁을 먹어서 기를 못 쓰다.

겁간(劫姦) [-깐] 명 =겁탈(劫奪). 겁간-하다 동(타)여

겁겁(劫劫) [-껍] →겁겁-하다 [-꺼파-] (형)여 1 성미가 급하여 참을성이 없다. ¶성미가 ~. 2 =급급(汲汲)하다. 겁겁-히 부

겁-결(怯-) [-껼] 명 (주로 '겁결에'로 쓰여) 겁이 나서 어쩔 줄 몰라 당황한 서슬. ¶~에 비명을 지르다.

겁-나다(怯-) [-까-] 동(자) 무섭고 두려워하는 마음이 생기다.

겁-내다(怯-) [-까-] 동(타) 무섭고 두려워하는 마음을 태도나 표정으로 나타내다. ¶물을 ~ / 낯선 사람을 ~.

겁략(劫掠·劫略) [검냑] 명 위협하거나 폭력 따위를 써서 강제로 빼앗는 것. 비약탈(掠奪). 겁략-하다 동(타)여

겁-먹다(怯-) [-꺽-따] 동(자) 무섭고 두려워하는 마음을 가지다. ¶겁먹은 얼굴.

겁박(劫迫) [-빡] 명 으르고 협박하는 것. 겁박-하다 동(타)여

겁보(怯-) [-뽀] 명 겁이 많은 사람.

겁-장이(怯-) 명 '겁쟁이'의 잘못.

겁-쟁이(怯-) [-쨍-] 명 겁이 많은 사람을 얕잡아 이르는 말. ×겁장이.

겁-주다(怯-) [-쭈-] 동(자)여 상대방으로 하여금 겁을 집어먹도록 만들다.

겁탈(劫奪) 명 1 남의 것을 폭력을 써서 강제로 빼앗는 것. 2 (남자가 여자를) 강제로 성교하여 정조나 순결을 빼앗는 것. =겁간. 비강간(強姦). 겁탈-하다 동(타)여 겁탈-되다 동(자)

겁화(劫火) [거퐈] 명 [불] 세계가 파멸될 때에 일어난다는 큰불.

것[걷] 명(의존) (관형격 조사나 관형어 뒤에 쓰이며, 때로 명사절을 만드는 기능을 함) 1 어떤 사물을 낱낱의 이름 대신 포괄적으로 이르는 말. 비해. ¶이 책이 네 ~이냐? / 냉장고 안에 먹을 ~이 하나도 없다. 2 어떤 일·사실·현상·행위 등을 포괄적으로 이르는 말. ¶지구가 돈다는 ~은 움직일 수 없는 진리다. 3 사람을 얕잡거나 사람이나 동물을 범상하게 이르는 말. ¶저런 ~을 친구로 사귀다니, 쯧쯧…. / 동물 중에서 가장 빨리 달리는 ~은 치타다. 4 ('-ㄴ/는 것이다'의 꼴로 쓰여) 화자의 단정적이고 훈계조의 태도를 나타내는 말. ¶사람이란 모름지기 부지런해야 하는 ~이다. 5 ('-ㄹ/을 것이다'의 꼴로 쓰여) 앞의 내용에 대한 추측의 뜻을 나타내는 말. ¶내일즈음이면 그가 돌아올 ~이다. 6 ('-ㄹ/을 것이다'의 꼴로 쓰여) 화자의 주관적 소신이나 주장을 나타내는 말. ¶통일을 앞당기기 위해서는 정치적·사회적 민주화가 선행되어야 할 ~이다. 준거. 7 (주로 글말에서, '-ㄹ/을 것'의 꼴로 쓰여) 명령이나 지시의 뜻을 나타내는 말. ¶수험 시 필기도구를 지참할 ~.

-겄다[걷따] (어미) 1 '해라' 할 상대에게 원인·조건 등이 충분함을 나타내는 종결 어미. ¶부자(이) ~ 건강하~ 무엇이 걱정이요. 2 '해라' 할 상대에 인정된 동작이나 상태를 다지어 말할 때 쓰이는 종결 어미. ¶네가 먹기는 먹었~. 3 추측하여 으레 그러함이나 그리됨을 인정할 때 쓰이는 종결 어미. ¶지

금즘이면 시골에는 모내기가 한창이~.

것-지르다[걷찌-] 통태르 〈~-지르니, ~-질러〉 아래에서 위로 거슬러 지르다.

겅그레 명 솥에 무엇을 찔 때, 찌는 것이 물에 잠기지 않도록, 물 위에 놓는 물건. 보통, 댓조각을 얽어서 만듦.

겅둥 부 '껑뚱'의 여린말. '껑둥'의 여린말이기도 함. 잭강동.

겅둥-거리다/-대다 재 '껑둥거리다'의 여린말. '껑둥거리다'의 여린말이기도 함. 잭강동거리다.

겅둥-겅둥 부 '껑뚱껑뚱'의 여린말. '껑둥껑둥'의 여린말이기도 함. 잭강동강동. **겅둥겅둥-하다** 통재여

겅둥-하다 형여 '껑뚱하다'의 여린말. '껑둥하다'의 여린말이기도 함. 잭강동하다.

겅성드뭇-하다[-무타-] 형여 (여러 대상이) 듬성듬성 흩어져 있다. ¶초가집이 **겅성드뭇한** 마을. **겅성드뭇-이** 부

겅정-거리다/-대다 통재 긴 다리로 자꾸 내어 뛰면서 걷다. 잭강장거리다. 쎈껑쩡거리다. 게겅청거리다.

겅정-겅정 부 겅정거리는 모양. 잭강장강장. 쎈껑쩡껑쩡. 게겅청겅청. **겅정겅정-하다** 통재여

겅중 부 긴 다리로 힘있게 높이 솟구어 뛰는 모양. 잭강중. 쎈껑쭝. 게겅충.

겅중-거리다/-대다 통재 긴 다리로 자꾸 솟구어 뛰면서 걷다. 잭강중거리다. 쎈껑쭝거리다. 게겅충거리다.

겅중-겅중 부 겅중거리는 모양. ¶선물을 받은 조카는 좋아서 ~ 뛰었다. 잭강중강중. 쎈껑쭝껑쭝. 게겅충겅충. **겅중겅중-하다** 통재여

겉¹[건] 명 1 물건의 밖으로 드러난 쪽이나 면. ¶~이 오톨도톨한 호두 껍질. 2 바깥으로 드러난 현상. ¶~으로 표현은 않지만 무척 고전하는 눈치더라. / 사람은 ~만 봐서는 모르는 법이다. ↔속.

[**겉 다르고 속 다르다**] 말이나 행동이 일치하지 않다.

겉으로 빙빙 돌다 구 핵심을 시원스럽게 말하지 않고 그것과 거리가 먼 얘기를 늘어놓다.

겉-²[걷] 접두 1 건성으로, 또는 겉으로만 보아 대강 한다는 뜻. ¶~짐작 / ~대중 / ~잡다. 2 실속은 그러하지 않은데 겉으로만 그러하다는 뜻. ¶~똑똑이 / ~늙다 / ~약다. 3 '껍질을 벗기지 않은 채로 그냥'의 뜻. ¶~보리 / ~수수. 4 '섞어 어울리지 않고 따로'의 뜻. ¶~놀다 / ~돌다.

겉-가량(-假量)[걷까-] 명 겉으로만 보고 어림쳐서 하는 짐작. ↔속가량. **겉가량-하다** 통태여

겉-가죽[걷까-] 명 거죽을 싸고 있는 가죽. 비외피(外皮). ↔속가죽.

겉-감[걷깜] 명 1 물건의 겉에 대는 감. 2 옷의 거죽이 되는 감. ↔안감.

겉-겨[걷껴] 명 곡식의 겉에서 벗겨진 굵은 겨. ↔속겨.

겉-고샅[걷꼬삳] 명 지붕을 일 때 이엉 위에 걸쳐 매는 새끼. ↔속고샅. × 겉고샇.

겉-고샇 명 '겉고샅'의 잘못.

겉-곡식(-穀食)[걷꼭씩] 명 겉껍질을 벗겨내지 않은 곡식. =피곡(皮穀). 준겉곡. ↔속곡식.

겉-궁합(-宮合)[걷꿍-] 명[민] 사주 가운데 띠와 태어난 월을 가지고 부부의 관계를 따져 보는 궁합. ↔속궁합.

겉귀[걷뀌] 명[생] =외이(外耳). ↔속귀.

겉-깃[걷낀] 명 겉으로 드러난 옷깃. ↔안깃.

겉-꺼풀[걷-] 명 겉으로 드러난 꺼풀. ↔속꺼풀.

겉-껍더기 명 '겉껍데기'의 잘못.

겉-껍데기[걷-떼-] 명 겉으로 드러난 껍데기. =외각(外殼). ↔속껍데기. × 겉껍더기.

겉-껍질[걷-찔] 명 겉으로 드러난 껍질. =외피. ↔속껍질.

겉-꾸림[걷-] 명 겉만을 그럴듯하게 꾸리는 짓. **겉꾸림-하다** 통재태여

겉-꾸미다[걷-] 통재 겉만을 그럴듯하게 꾸미다. 비겉치레하다.

겉-날리다[걷-] 통태 겉으로만 어름어름하여 일을 되는대로 날려서 하다. ¶마구 **겉날려** 지은 집.

겉-넓이[건-] 명[수] 물체의 겉면의 넓이. =표면적(表面積).

겉-놀다[건-] 재 〈~-노니, ~-노오〉 1 서로 잘 어울리지 못하고 따로 놀다. 2 못·나사 따위가 맞 맞지 않아 흔들리고 움직이다. ▷겉돌다.

겉-눈[건-] 명 눈을 약간 떠서 겉으로 보기에는 감은 것처럼 보이는 눈. ¶~을 감고 자는 체하다.

겉-눈썹[건-] 명 '눈썹¹'을 속눈썹에 상대하여 이르는 말. ↔속눈썹.

겉-늙다[건늑따] 통재 나이에 비하여 더 늙은 티가 나다. ¶고생이 심해서인지 10년은 더 **겉늙어** 보인다.

겉-대[건-] 명 푸성귀의 거죽에 붙은 줄기나 잎. ↔속대.

겉-대답(-對答)[건때-] 명 1 건성으로 하는 대답. 2 겉으로만 그런 체하는 대답.

겉-대중[건때-] 명 겉으로만 보아서 어림한 대중. ¶~으로는 제법 한 가마는 실하겠던데. ↔속대중. **겉대중-하다** 통태여

겉-더께[건-] 명 물체의 겉에 찌들어 낀 때. ↔속더께.

겉-도랑[걷또-] 명[건] 배수 등을 위해 땅 위에 설치한 도랑. =명거(明渠). ↔속도랑.

겉-돌다[걷똘-] 통재 〈~-도니, ~-도오〉 1 (서로 다른 액체·기체·가루 따위가) 한데 섞이지 않고 따로따로 나누이다. ¶물과 기름이 ~. 2 다른 사람과 사귀어 어울리지 못하고 따로 돌다. ¶창수는 늘 외곬으로 행동하기 때문에 친구들 사이에서 **겉돌기** 일쑤다. 3 (기계·바퀴 따위가) 제대로 구실을 못하고 헛돌다. ¶길이 미끄러워 차바퀴가 **겉돈다**. ▷겉놀다.

겉-뜨기[건-] 명 편물의 대바늘뜨기에서 가장 기본이 되는 뜨개질법. 코를 겉으로만 감아 뜨어 나간다. ↔안뜨기.

겉-뜨물[건-] 명 쌀이나 보리 등을 첫 번에 대강 씻어 낸 뜨물. ↔속뜨물.

겉-마르다[건-] 통재 〈~-마르니, ~-말라〉 1 속은 덜 말라 물기가 있고 겉만 마르다. 2 곡식이 제대로 여물기도 전에 말라 버리다.

겉-마음[건-] 명 겉으로만 드러나는 진실되지 않은 마음. ↔속마음.

겉-말[건-] 명 속으로는 그러하지 않으면서 겉으로만 꾸미는 말. ↔속말. **겉말-하다** 통재여

겉-멋[건먿] 명 내면에서 우러나오지 않은, 어설프게 겉으로 꾸며 낸 멋. ¶머리는 텅 빈

녀석이 ~만 들어 가지고….

겉-면(-面)[건-][명] 겉으로 드러난 면. (비)외면(外面)·표면(表面).

겉-모습[건-][명] 겉으로 나타나 보이는 모습. (비)외모(外貌).

겉-모양(-模樣)[건-][명] 겉으로 나타난 모양. =외양(外樣). (비)외모(外貌)·외면(外面). ¶~을 내다 / ~은 그럴듯하다.

겉-묻다[건-따][동](자) 남이 무슨 일을 하는 운김에 덩달아 따르다.

겉-물[건-][명] 액체가 잘 섞이지 못하고 위로 떠서 겉도는 물. (비)웃물.
겉물(이) 돌다[구] 액체의 위에 겉물이 떠서 돌다. ¶풀이 삭아서 ~.

겉발림[건빨-][명] 겉만 그럴듯하게 발라맞추는 것. ¶그가 간사하게 ~으로 하는 말을 믿을 사람은 아무도 없었다. **겉발림-하다**[자여]

겉-밤[건빰][명] 껍데기를 벗기지 않은 밤. =피율(皮栗). ↔속밤.

겉-버선[건뻔-][명] 솜버선 겉에 신는 홑겹으로 지은 버선.

겉-벼[건뼈][명] 껍질을 벗겨 내지 않은 벼.

겉-벽(-壁)[건뼉][명] 겉으로 드러나 보이는 벽. ↔안벽.

겉-보기[건뽀-][명] 겉으로 보이는 모양새. (비)외관(外觀). ¶그는 ~와는 달리 명랑한 성격이다. ↔에는 성실해 보인다.

겉보기^팽창(-膨脹)[건뽀-][물] 그릇에 담긴 액체를 그릇과 함께 가열하였을 때 나타나는, 액체의 외관상 팽창.

겉-보리[건뽀-][명] 1 껍질을 벗기지 않은 보리. =피맥(皮麥). 2 [식] 보리를 쌀보리에 상대하여 이르는 말. ▷쌀보리.
[겉보리 서 말만 있으면 처가살이하랴] ㉠어북해야 처가살이를 하겠느냐는 말. ㉡누구나 처가살이할 것은 아니라는 말.

겉-볼-안[건뽈-][명] 어떤 사람이나 대상의 겉을 보고 속이 어떠한가를 능히 판단할 수 있는 상태. ¶~이라 했으니, 그의 수려한 외모가 총명함을 짐작케 하기에 충분하다.

겉-봉(-封)[건뽕][명] 1 편지를 봉투에 넣고, 다시 싸서 봉한 종이. =외봉(外封). 2 봉투의 겉면. =피봉(皮封). ¶편지 ~에 주소를 쓰다. 3 =겉봉투.

겉-봉투(-封套)[건뽕-][명] 이중 봉투에서 겉의 봉투. =겉봉. ↔안봉투.

겉-불꽃[건뿔꼳][명][화] 불꽃의 가장 바깥 부분. =산화성 불꽃·산화염·외염(外焰). ↔속불꽃.

겉-살[건쌀][명] 얼굴이나 손같이 옷에 싸이지 않고 늘 겉으로 드러나 있는 부분의 살. ↔속살.

겉-섶[건썹][명] 두루마기나 저고리의 겉자락에 붙인 섶. ↔안섶.

겉-수작(-酬酢)[건쑤-][명] 겉만을 꾸며 그럴싸하게 발라맞추는 수작.

겉-싸개[건-][명] 여러 겹으로 싼 물건의 맨 겉을 싼 싸개. ↔속싸개.

겉씨-식물(-植物)[건-싱-][명][식] 종자식물을 크게 둘로 나누었을 때의 한 무리. 밑씨가 씨방 안에 있지 않고 벗어져 있는 식물. 소나무·전나무 따위. =나자식물. ↔속씨식물.

겉-약다[건냑따][형] 실상은 어리석으면서 겉보기에만 약다.

겉-어림[건-][명] 겉으로만 보아 짐작하는 어림. ¶~으로 헤아려 보다. ↔속어림. **겉어림-하다**[동](타여)

겉-여물다[건녀-][동](자) Ⅰ〈~여무니, ~여무오〉(곡식이) 속은 여물지 못하고 겉으로 보기에만 여물다. Ⅱ[형]〈~여무니, ~여무오〉(사람이) 실상은 여리면서 겉보기에만 오달지다.

겉^열매껍질(-질)[건널-쩔][식] 열매의 가장 겉쪽에 있는 껍질. =외과피. ↔속 열매껍질.

겉-옷[건옫][명] 겉에 입는 옷. =외의(外衣)·표의(表衣). ↔속옷.

겉-옷고름[건옫꼬-][명] 겉깃을 여미어 매는 옷고름. ㈜겉고름. ↔안옷고름.

겉-웃음[건-][명] 속마음은 다르면서 겉으로만 웃는 웃음. ¶~ 치다.

겉-잎[건닙][명] 풀·나무 따위의 우듬지의 속잎 겉에 붙은 잎. ↔속잎.

겉-자락[건짜-][명] 치마·저고리 따위를 여밀 때 겉으로 나오는 옷자락. ↔안자락.

겉-잠[건짬][명] 1 겉으로 눈만 감고 자는 체하는 잠. 2 깊이 들지 않은 잠. =수잠.

겉-잡다[건짭따][동](타) 겉으로 보아 대강 짐작하여 헤아리다. ¶겉잡아도 사흘은 걸릴 만한 작업량이다.

겉-장(-張)[건짱][명] 책·공책에서, 맨 거죽을 싸고 있는 표지. ↔속장.

겉-저고리[건쩌-][명] 저고리를 껴입을 때 맨 겉에 입는 저고리. ↔속저고리. ×웃저고리.

겉-절이[건쩔-][명] 소금에 살짝 절인 배추나 상추나 무 등에 고춧가루·파·마늘·생강 등의 양념으로 무친 뒤 익히지 않고 바로 먹는 반찬. ¶배추~.

겉-절이다[건쩔-][동](타) 1 김치를 담글 때에 배추 따위의 숨을 죽이려고 소금을 뿌려 애벌로 절이다. 2 겉절이를 만들다.

겉-주름[건쭈-][명] 옷 따위의 주름에서, 겉으로 내민 주름. ↔속주름.

겉-주머니[건쭈-][명] 옷의 겉쪽에 단 주머니. ↔안주머니.

겉-짐작(-斟酌)[건찜-][명] 겉만 보아 어림하는 짐작. ↔속짐작. **겉짐작-하다**[동](타여)

겉-쪽[-][명] 물건의 겉면을 이루는 쪽.

겉-치레[건-][명] 겉만 보기 좋게 꾸민 치레. (비)눈치레·외면치레. ¶~뿐이지 실속은 없다. ↔속치레. ▷허식. **겉치레-하다**[동](자여)

겉-치마[건-][명] 치마를 껴입을 때 맨 겉에 입는 치마. ↔속치마.

겉-치장(-治粧)[건-][명] 1 바깥 부분을 꾸미는 것. ↔속치장. 2 실속은 없이 겉만 그럴싸하게 꾸미는 것. **겉치장-하다**[동](자여)

겉-칠(-漆)[건-][명] 겉에 칠하는 칠. 또는, 그 일. **겉칠-하다**[동](타여)

겉-표지(-表紙)[건-][명] 책의 겉을 싼 표지. ¶책의 ~에 이름을 쓰다. ↔속표지.

겉-흙[거특][명] 1 맨 위에 깔린 흙. 2 [농] =경토(耕土)2.

게[1] [명][동] 절지동물 갑각강 십각목에 속하는 동물의 총칭. 몸이 납작하며 등과 배는 딱지로 싸였음. 다섯 쌍의 발로 옆으로 기어 다니며, 한 쌍의 큰 집게발로 먹이를 잡아먹음. 바다 및 민물에서 삶. 식용함.
[게도 구럭도 다 잃었다] 무슨 일을 하려다가 아무 소득 없이 도리어 손해만 보았다.

게 눈 감추듯 (구) 음식을 허겁지겁 빨리 먹어 치움을 비유하여 이르는 말.
게² (대) ①(지시) '거기 I ①'의 준말. ¶~서 혼자 뭘 하니? ②(인칭) '거기 I ②'의 준말. ¶~ 생각을 얘기해 봐.
Ⅱ(부) '거기Ⅱ'의 준말. ¶~ 누구 없느냐?
게³ (조) ('내', '네', '제' 아래에 쓰여) '에게'의 준말. ¶내~ 말겨라. / 네~ 주마. / 제~ 하실 말씀이 있습니까?
게⁴ '것이'가 준 말. ¶손에 쥔 ~ 무엇이냐?
-게⁵ (어미) 1 동사나 '있다'의 어간, 또는 어미 '-시-' 아래에 붙어, 의도나 목적을 나타내는 종속적 연결 어미. ¶과수에 벌레가 끼지 않~ 약을 치다 / 그가 꿋꿋이 살아갈 수 있~ 도와주십시오. 2 동사의 어간이나 어미 '-시-' 아래에 붙어, 결과를 나타내는 종속적 연결 어미. ¶아이들이 장난감을 못 쓰~ 망가뜨렸다. 3 형용사의 어간에 붙어, 다음에 오는 말을 꾸미는 종속적 연결 어미. ¶하늘이 유난히 푸르~ 보인다. 4 용언의 어간이나 어미 '-시-' 아래에 붙어, '하다'와 함께 쓰여, 시킴의 뜻을 나타내는 보조적 연결 어미. ¶그는 일부러 말소리를 작~ 했다. 5 용언의 어간이나 어미 '-시-' 아래에 붙어, '되다'와 함께 쓰여, 변화나 결과를 나타내는 보조적 연결 어미. ¶이제 나는 말을 믿~ 되었다. 6 동사나 '있다'의 어간, 또는 어미 '-시-' 아래에 붙어, '하게' 할 상대에게 무엇을 하게 하는 명령형 종결 어미. ¶식기 전에 어서 들~. 7 용언의 어간이나 어미 '-시-', '-았/었-'의 아래에 붙어, '해' 할 상대에게 상대의 말에 대해 다소 뜻밖이라 생각하거나 다소 궁금하게 여겨, 또는 상대의 요구를 못마땅하게 여겨, 되묻는 뜻을 나타내는 종결 어미. ¶아니, 벌써 가~? / 돈은 또 뭐에 쓰~? 8 '해' 할 상대에게 어떤 사실을 알아맞혀 보라는 뜻으로 묻는 종결 어미. ¶내 손에 든 게 뭐~? 9 '해' 할 상대에게 앞의 사실이 그러하면 뒤의 사실이 당연히 이러하지 않겠느냐는 뜻을 나타내는 의문형 종결 어미. ¶그러다가 나만 골탕 먹~? 10 '해' 할 상대에게 앞의 사실이 성립하지 어려움을 뒤의 사실을 가지고 반어적으로 나타내는 의문형 종결 어미. ¶타일러서 말을 듣는다면 착한 자식~?
게:-거품 (명) 1 게가 토하는 거품 모양의 침. 2 사람이나 동물이 몹시 괴롭거나 흥분할 때에 입에서 나오는 거품 같은 침. ¶~을 물고 떠들다 / ~을 뿜다.
게걸 (명) 욕심스럽게 마구 먹거나 가지려고 하는 마음.
게걸-거리다/-대다 (동)(자) 천한 말로 자꾸 불평스럽게 떠들다.
게걸-게걸 (부) 게걸거리는 모양. 게걸게걸-하다 (동)(자여)
게걸-들다 (동)(자) 〈~드니, ~드오〉 =게걸들리다.
게걸-들리다 (동)(자) 몹시 먹고 싶거나 갖고 싶은 욕심에 사로잡히다. =게걸들다. ¶그는 게걸들린 사람처럼 밥 한 그릇을 순식간에 비워 냈다.
게걸-스럽다 [-따] (형)(ㅂ) 〈~스러우니, ~스러워〉 1게걸들린 태도가 있다. 2'게검스럽다'의 잘못. 게걸스레 (부)
게:-걸음 (명) 게처럼 옆으로 걷는 걸음. =해행(蟹行).
게걸음(을) 치다 (구) 1 옆으로 걸어 나가다.

2 (걸음이나 사업이) 몹시 느리거나 좀처럼 발전이 없다.
게검-스럽다 [-따] (형)(ㅂ) 〈~스러우니, ~스러워〉 욕심을 내어 마구 먹어 대는 태도가 있다. (좌)개감스럽다. ×게걸스럽다. 게검스레 (부)
게게 코나 침을 보기 흉하게 흘리는 모양.
게:-구(偈句) [-꾸] (명)(불) 가타(伽陀)의 글귀. 네 구(句)를 한 게(偈)로, 5자나 7자를 한 구로 하여 한시(漢詩)처럼 지은 것임.
게:-꼬리 (명) '게꽁지'의 잘못.
게:-꽁지 (명) (지식이나 재주 등이) 극히 얕고 짧은 것을 비유하여 이르는 말. ×게꼬리.
-게끔 (어미) 어미 '-게⁵·1·4·5'를 더 힘주어 나타내는 연결 어미. ¶춥지 않~ 옷을 많이 껴입어라. ×게시리.
-게나 (어미) '-게⁶'보다 좀 더 친밀하게 쓰는 종결 어미. ¶어서 들~. / 언제든지 오~.
게나-예나 '거기나 여기나'가 준 말. ¶~ 살기는 마찬가지다.
게:-네 (대)(인칭) 상대자의 무리를 조금 얕잡아 이르는 복수 대명사. ¶~가 무얼 알겠나?
게놈 (獨Genom) (명)(생) 개개의 생물체가 가지는 한 세트의 염색체. 인간은 23쌍의 염색체를 가지는데, 이 염색체는 유전 정보가 들어 있는 디엔에이(DNA)로 이뤄져 있음. ¶~을 해독하여 염색체 지도를 작성하다. ×지놈.
게다¹ Ⅰ (부) '게다가 Ⅰ'의 준말.
Ⅱ'게다가 Ⅱ'의 준말.
게다² (←(日)下駄/げた) (명) 일본 고유의 나막신. 보통 밑에 2개의 굽이 있는 나무 바탕에 구멍을 3개 뚫어서 끈을 꿰고, 그 끝의 앞쪽을 엄지발가락 사이에 끼어서 신음. =왜나막신.
게다가 Ⅰ (부) 그런 데다가. 또는, 그뿐 아니라. ¶현희는 얼굴도 예쁘고 키도 커. ~ 공부도 잘하고…. (준)게다.
Ⅱ'거기에다가'가 준 말. (준)게다.
게두덜-거리다/-대다 (동)(자) 굵고 거친 목소리로 자꾸 두덜거리다.
게:-딱지 [-찌] (명) 1 게의 등딱지. 2 (주로 집이) 작고 허술함을 비유하여 이르는 말. ¶산비탈에 ~만 한 집들이 늘어섰다.
게뚜더기 (명) 눈두덩 위의 살이 헐거나 상처 자국이 있어 쩌어맨 것처럼 된 눈. 또는, 그런 사람.
게라 ((日)ゲラ) (명) 〈galley〉 '교정쇄'로 순화.
게르마늄 (獨Germanium) (명)(화) 푸른빛이 도는 회백색의 금속 원소. 원소 기호 Ge, 원자 번호 32, 원자량 72.59. 반도체로서 트랜지스터나 다이오드 등 전자 공학 분야에서 널리 쓰임.
게르만-족(獨German族) (명) 인도·유럽 어족, 게르만 어파에 속하는 민족. 백색 인종으로 본디 북유럽에 분포했으나, 민족 대이동기에 각지에 왕국을 건설하여 중세 유럽의 기초를 쌓았음. 게르만.
게:름 (명) '게으름'의 준말. (좌)개름.
게:름-뱅이 (명) '게으름뱅이'의 준말. (좌)개름뱅이.
게:름-쟁이 (명) '게으름쟁이'의 준말. (좌)개름쟁이.
게리맨더링 (gerrymandering) (명) 자기 정당에 유리하도록 선거구를 구획하는 일.
게릴라 (西guerrilla) (명) 적의 빈틈을 엿보아 기습을 가함으로써 적을 교란시키는 소규모의 비정규 부대. 또는, 그 부대에 속하는 전투원. ⓑ유격대.
게릴라-전(⑭guerrilla戰) [명][군] =유격전.
게마인샤프트(⑭Gemeinschaft) [명][사] =공동 사회. ↔게젤샤프트.
게:-맛살[-맏쌀] [명] 명태 등 생선의 살을 가공하여 게 다리의 맛이 나게 만든 일종의 어묵. =맛살.
게:목 [명] 거위의 목소리. 곧, 듣기 싫은 목소리. ¶형보는 그새 아픔이 신간했던지 병원이 떠나가게 ~을 질렀다.《채만식:탁류》
게발-새발 [명] '괴발개발'의 잘못.
게:-살 [명] 게의 살. 또는, 게의 살을 말린 식품.
게-서¹ [조] '에게서'의 준말. ¶내~ 무엇을 더 바라느냐?
게서² '거기에서'가 준 말. ¶~ 놀지 마라.
게:-성운(-星雲) [명][천] 은하계 안에 있는 가스상의 성운. 황소자리에 있음. 강한 전파나 X선의 방사원임.
게:송(偈頌) [명][불] 부처의 공덕을 찬미하는 노래. 외우기 쉽게 게구(偈句)로 지었음. ⓑ범패.
게슈타포(⑭Gestapo) [명] 나치스 독일의 비밀 국가 경찰.
게스트(guest) [명] ['손님'이라는 뜻] 라디오나 텔레비전의 프로에 특별히 초대된 출연자.
게슴츠레 [부] =거슴츠레. **게슴츠레-하다** [형여]
게:시(揭示) [명] 여러 사람에게 알리기 위하여 내붙이거나 걸어 두루 보게 하는 일. 또는, 그런 일. ¶~문. **게:시-하다** [동여] ¶광고문을 벽에~. **게:시-되다** [동자]
-게시리 [어미] '-게끔'의 잘못.
게:시-판(揭示板) [명] 게시하는 글·그림·사진 등을 붙이는 판.
게:-아재비 [명][동] 매미목 장구애빗과의 곤충. 몸길이 4cm 정도. 몸은 가늘고 길며, 몸빛은 엷은 황갈색을 띰. 못·늪에서 어린 물고기나 곤충의 애벌레를 잡아먹고 삶. 맑은 날에는 날기도 함.
게:양(揭揚) [명] (기 따위를) 높이 거는 일. ↔하기. **게:양-하다** [동타여] ¶국기를~. **게:양-되다** [동자]
게:양-대(揭揚臺) [명] 기(旗) 같은 것을 게양하기 위하여 높이 만들어 놓은 대. ¶국기~.
게염 [명] 부러워하고 시새워서 탐내는 욕심. ¶남이 잘되었다니까 공연히 ~이 나서 헐뜯는다. ㉲개염.
게염-나다 [동자] 게염스러운 마음이 생기다.
게염내다 [동타] '게염나다'의 사동사.
게염-스럽다[-따] [형ㅂ] <~스러우니, ~스러워> 게염내는 마음이 있다. ㉲개염스럽다. **게염스레** [부]
게우다 [동타] 1 (먹은 음식을) 삭이지 못하고 입 밖으로 왈칵 쏟아 내다. ¶아기가 젖을~. ▶토하다. 2 (부당하게 차지한 재물을) 가지지 못하고 도로 내놓다. 비유적인 말임. ¶뇌물을 게워 내다. ×게다.
게으르다 [동르] <게으르니, 게을러> (사람이) 일을 하기 싫어하며 할 일을 자주 미루거나 제대로 하지 않는 버릇이 있다. =해타(懈惰)하다. ¶게으른 사람. ㉲게르다. ㉳개으르다. ↔부지런하다.
[**게으른 선비 책장 넘기기**] 글 읽는 데는 마음이 없고, 얼마나 읽었나, 얼마나 남았나 하고 책장만 뒤지고 있듯이, 그 일에서 벗어날 궁리만 함을 이르는 말.
게으름 [명] 게으른 버릇이나 태도. =해태(懈怠). ¶~을 피우다 / ~을 부리지 말고 부지런히 일해라. ㉲게름. ㉳개으름.
게으름-뱅이 [명] 게으른 사람을 낮잡아 이르는 말. ㉲게름뱅이. ㉳개으름뱅이.
게으름-쟁이 [명] 게으른 사람을 낮잡아 이르는 말. ㉲게름쟁이. ㉳개으름쟁이.
게을러-빠지다 [형] 몹시 게으르다. =게을러터지다. ㉲겔러빠지다. ㉳개을러빠지다.
게을러-터지다 [형] =게을러빠지다. ㉲겔러터지다. ㉳개울러터지다.
게을리 [부] 게으르게. ¶감시를~ 하다. ㉲겔리. ㉳개을리.
게이(gay) [명] 1 동성연애자. 특히, 남자를 가리키는 말. 2 남자의 생식 기관을 갖추고 있으나, 남성으로서의 성 역할을 포기하고 여성으로서 살고 싶어 하는 사람.
게이뤼삭의 법칙(Gay-Lussac-法則) [-의-/-에-] [화] 기체의 온도와 부피와의 관계를 나타내는 법칙. 제1법칙은 '샤를의 법칙', 제2법칙은 '기체 반응의 법칙'이라고 함. ▷샤를의 법칙·기체 반응의 법칙.
게이머(gamer) [명] 직업적으로 컴퓨터 게임을 하는 사람.
게이샤(⑭藝者/げいしゃ) [명] 일본의 기녀(妓女).
게이지(gauge) [명] 1 표준 치수나 표준 규격. 또는, 그 검사에 쓰이는 계기(計器)의 총칭. 2 철도 레일의 안쪽의 폭. 3 편물에서, 일정한 면적 안에 들어가는 코와 단의 수. ¶~를 잡다. 4 [인] 조판의 넓이와 길이의 치수를 정하는 일.
게이트(gate) [명] ['문'이라는 뜻] 1 승마에서, 문 모양으로 된 장애물. 2 전자 회로나 컴퓨터에서, 전류 또는 입력 신호를 제어하는 전자 스위치.
게이트-볼(†gate ball) [명][체] 5명으로 된 두 팀이 공을 스틱으로 쳐서 3개의 게이트를 차례로 통과시킨 다음, 마지막으로 중앙의 골대에 맞히면 이기는 경기.
게임(game) [명] ①[자립] 1 규칙을 정해 놓고 승부를 겨루는 놀이. ¶낱말 알아맞히기~. 2 특히, 운동 경기를 이르는 말. ¶선수들이 긴장한 탓인지 ~이 잘 안 풀린다. ②[의존] 1 기 수를 세는 말. ¶한~ / 두~. 2 [체] 테니스에서, 세트를 이루는 단위. 4점이 1게임이고, 6게임이 1세트가 됨.
게임-기(game機) [명] 소형 컴퓨터를 이용하여 게임을 할 수 있도록 만든 전자 장치.
게임-메이커(†game maker) [명] 축구·농구 등에서, 경기를 주도적으로 이끌어 나가는 선수.
게임-방(game房) [명] =피시방(PC房).
게임-차(game差) [명][체] 프로 야구에서 각 팀 사이의 성적 격차를 보는 기준의 하나. 산출 방법은 {(상위 팀의 이긴 수－하위 팀의 이긴 수)＋(하위 팀의 패한 수－상위 팀의 패한 수)}÷2임.
게임˚포인트(game point) [명][체] 테니스·배드민턴에서, 승패를 결정짓는 마지막 1점.
게:-자리 [천] 황도 십이궁의 넷째 별자리. 쌍둥이자리와 사자자리 사이에 있으며, 3월 하순에 자오선을 통과함. =거해궁.
게:-장(-醬) [명] 1 =게젓. 2 게젓을 담근 간장.

게:재(揭載) 명 신문·잡지 등에 글이나 그림 따위를 싣는 것. 게:재-하다 통타 ¶광고를 ~ / 논문을 ~. 게:재-되다 통자 ¶잡지에 시(詩)가 ~.

게저분-하다 형여 너절하고 지저분하다. 셈께저분하다. 게저분-히 부

게적지근-하다 [-찌-] 형여 마음이 조금 게저분함을 느끼다. 셈께적지근하다. 게적지근-히 부

게접-스럽다 [-쓰-따] 형ㅂ ⟨~스러우니, ~스러워⟩ 약간 지저분하고 더럽다. 게접스레 부

게:-젓 [-전] 명 끓여 식힌 간장에 산 게를 담가 삭힌 음식. =게장.

게정 명 불평을 품고 떠드는 말과 행동.

게젤샤프트(ⓓGesellschaft) 명[사] =이익사회. ↔게마인샤프트.

게:-줄 명 줄다리기를 할 때, 여러 사람이 쥐고 당길 수 있도록 굵은 줄의 양쪽에 맨 여러 가닥의 작은 줄.

게토(ghetto) 명 1 유대 인의 강제 거주 지역. 2 흑인 또는 소수 민족이 사는, 미국의 빈민가.

게:-트림 명 거만스럽게 거드름을 피우며 하는 트림. 게:트림-하다 통자여

겔(ⓓGel) 명[화] 어떤 물질이 유동성을 잃고 약간 탄성을 지닌 채 반고체 또는 고체 상태가 된 것. 한천·젤라틴·두부 따위. ▷졸.

겔:러-빠지다 형 '게을러빠지다'의 준말.

겔:러-터지다 형 '게을러터지다'의 준말.

겟-투(✝get two) 명[체] =병살(倂殺).

-겠- [겐] 어미(선어말) 1 동사나 '있다'의 어간, 또는 어미 '-시-' 아래에 붙어, 미래를 나타내는 선어말 어미. ¶오후 4시부터 회의실에서 모임이 있~습니다. 2 '이다'나 용언의 어간, 또는 어미 '-시-', '-았/었-' 아래에 붙어, 추측의 뜻을 나타내는 선어말 어미. ¶이 속에 있는 것이 무엇이~니? / 계획대로 끝나~다. 3 동사나 '있다'의 어간, 또는 어미 '-시-' 아래에 붙어, 가능성을 나타내는 선어말 어미. ¶이 많은 걸 혼자 다 먹을 수 있~니? / 그는 올지 잘 모르~는데요. 4 동사나 '있다'의 어간에 붙어, 화자(話者)의 의지나 결의를 나타내는 선어말 어미. ¶난 널 믿~다.

겨 명 벼·보리·조 같은 곡식을 찧어 벗겨 낸 껍질의 총칭. ¶쌀~ / 보릿~.

[겨 묻은 개가 똥 묻은 개를 나무란다] 흉본다] 다소의 차이가 있으나 결점이 있기는 마찬가지인데, 조금 덜한 사람이 더한 사람을 흉볼 때에 변변하지 못하다고 지적하는 말.

겨끔-내기 명 어떤 일을 번갈아 하는 상태. ¶그는 원손 바른손으로 ~로 치맛귀를 여며 가며 조심조심 걸었다.《김유정: 소낙비》

겨냥 명 1 목표물을 겨누는 것. 2 어떤 물건에 대하여 치수와 양식을 겨누어 보는 것. 또는, 그렇게 겨누어 정한 치수와 양식. =견양(見樣). ¶옷감을 갖다 놓고 ~을 해 보다. 겨:냥-하다 통타여 ¶총의 가늠구멍으로 목표물을 ~.

겨냥(을) 보다 관 실물에 맞는 치수와 양식을 정하기 위하여 맞추어 보다.

겨:냥-내다 통자 실물에 겨누어 치수와 양식을 정하다.

겨:냥-도(-圖) 명 건물 따위의 모양이나 배치를 알기 쉽게 그린 그림.

겨누다 통타 1 (총·활·창 따위를) 명중이 되도록 거리를 가늠하여 목표물 쪽으로 향하다. ¶활을 겨누어 쏘다 / 한쪽 눈을 감고 총을 목표물에 ~. 2 (어떤 물체의 길이·넓이 등을 알기 위하여) 대중이 될 만한 다른 물체로서 마주 대어 헤아리다.

겨드랑 명 =겨드랑이.

겨드랑-눈 명[식] 곁눈의 하나. 잎겨드랑이에 생기는 눈. =액아(腋芽).

겨드랑-이 명 1 가슴의 양쪽 옆, 어깨와 팔이 만나는 부분 아래의 오목한 곳. ¶책을 ~에 끼다. 2 '겨드랑이'에 닿는 옷의 부분을 일컫는 말. =겨드랑.

겨레 명 1 같은 핏줄을 이어받은 민족. ¶온 ~ / 단군을 조상으로 하는 배달의 ~. 2 =겨레붙이.

겨레-말 명 한 겨레가 공통으로 쓰는 말.

겨레-붙이 [-부치] 명 혈연관계가 있는 사람. =겨레.

겨루-기 명[체] 태권도의 응용 기술의 한 가지. 기본 기술과 품세로써 익힌 공격·방어의 기술을 활용하여, 두 사람이 서로 기량을 겨루어 보는 것임.

겨루다 통타 (누가 더 잘하고 못하는지, 또는 더 세고 약한지를) 서로 맞서거나 싸워서 가리다. ¶자웅을 ~ / 힘을 ~ / 실력을 ~.

겨룸 명 겨루는 일. 겨룸-하다 통자여

겨를 명(의존) (동사의 어미 '-ㄹ/을' 아래에 쓰여) 어떤 일 이외에 다른 일을 할 잠깐의 시간적인 여유. 비짬·틈·여가. ¶바빠서 잠시도 쉴 ~이 없다.

겨릅 명 '겨릅대'의 준말.

겨릅-단 [-딴] 명 겨릅대를 묶은 단.

겨릅-대 [-때] 명 껍질을 벗긴 삼대. 준겨릅.

겨리 명[농] 소 두 마리가 끄는 쟁기. ▷호리. ×보쟁기.

겨린 [역] 살인 사건이 났을 때, 그 범인의 이웃에 사는 사람.

겨린(을) 잡다 관 겨린이나 범죄 현장 근처를 지나가는 사람도 증인으로 잡아가다.

겨린(을) 잡히다 관 겨린이나 범죄 현장 근처를 지나가는 사람이 증인으로 불려 가다.

겨우 부 1 어렵게 힘들여. 비가까스로·근근이. ¶역전의 역전을 거듭한 끝에 ~ 이기다. 2 잘해야 고작. 또는, 그 이상도 그 이하도 아니게. ¶그의 운전 경력은 ~ 6개월이다. / 범인은 ~ 15세의 소년이었다.

겨우-내 명 겨울 동안 죽. ¶~ 얼었던 땅이 녹기 시작한다.

겨우-살이¹ 명 1 겨울 동안 먹고 입고 지낼 생활 용품. 2 =월동(越冬). ¶~ 준비. ×겨울살이.

겨우-살이² 명[식] 겨우살이과의 상록 관목. 이른 봄에 담황색 꽃이 피고, 가을에 열매가 황록색으로 익음. 참나무·오리나무 등에 기생하며, 줄기와 잎은 약제로 씀. =기생목.

겨울 명 한 해의 네 철 가운데 마지막 철. 가을 다음에 오며, 북반구에서는 보통 양력 12, 1, 2월에 해당함. 날씨가 춥고 눈이 내리며 나무는 잎이 다 지고 성장을 멈춤. ¶추운 ~ / ~을 나다. 준겨울.

겨울-나무 [-라-] 명 겨울의 마른 잎은 시들어 떨어지고 가지만 앙상히 남은 나무.

겨울-날 [-랄] 명 겨울철의 날. 또는, 그 날씨. =동일(冬日)·동천(冬天).

겨울-눈 [-룬] 명[식] 늦여름부터 가을 사이

90●겨울맞이

에 생겨 겨울을 휴면 상태로 넘기고 이듬해 봄에 자라는 눈. =동아(冬芽). ↔여름눈.
겨울-맞이 명 겨울을 맞는 일. **겨울맞이-하다** 통(자)여
겨울-바람 [-빠-] 명 겨울철에 부는 찬 바람. ¶매서운 ~.
겨울-밤 [-빰] 명 겨울의 밤. =동야(冬夜).
겨울^방학(-放學) [-빵-] 명 [교] 겨울의 추운 동안 학교에서 일정 기간 수업을 중지하는 일.
겨울-비 [-삐] 명 겨울철에 오는 비.
겨울-새 [-쌔] 명 가을에 북쪽에서 날아와 겨울을 나고, 이듬해 봄에 다시 북쪽으로 가서 번식하며 여름을 나는 철새. 우리나라에는 기러기·두루미·백조 따위가 있음. ↔여름새.
겨울-옷 [-옫] 명 겨울철에 입는 옷. ⓑ동복(冬服).
겨울-잠 [-짬] 명[동] =동면1. ↔여름잠.
겨울-철 [-쩔] 명 겨울의 계절. =동절(冬節). ⓑ동계(冬季)·동기(冬期).
겨울-털 명 털갈이를 하는 동물의 몸에 가을에서 겨울에 걸쳐 나서 이듬해 봄에 가는, 길고 촘촘하며 질이 좋은 털. =동모(冬毛). ↔여름털.
겨워-하다 통(타)여 힘겹게 여기다.
겨자 1 [식] 십자화과의 한해살이풀 또는 두해살이풀. 높이 약 1m. 밭에 재배하며, 봄에 십자 모양의 노란 꽃이 핌. 씨는 맵고 향기로워 양념과 약재로 씀. 2 1의 씨로 만든 양념. 냉면에·를 넣어 먹다.
겨자-씨 명 1 겨자의 씨. 2 몹시 작은 것을 비유하여 이르는 말.
겨-죽(-粥) 명 쌀의 속겨로 쑨 죽. =강죽(糠粥).
격¹(格) 명 ① (자립) 1 주위 환경이나 사정에 어울리는 분수나 품위. ¶~에 맞다 / ~이 떨어지다 / ~에 어울리는 옷차림. 2 [언] 문장 속에서 체언이 다른 단어들에 대해 가지는 자격. 주격·목적격 따위. 3 [논] 삼단 논법에서, 대·소두 전제(前提)에 포함된 매개념(媒概念)의 위치에 따라 결정되는 형식. ② (의존) 1 (어미 '-ㄴ/은/는' 아래나 명사 아래에 쓰이어) '셈', '식'의 뜻을 나타내는 말. ¶쇠귀에 경 읽는 ~이다. 2 화투·윷놀이에서 끗수를 세는 말. ¶다섯 ~. 3 (자격이나 직위 등을 나타내는 명사 뒤에 쓰이어) 그에 준하는 자격·직위임을 나타내는 말. ¶김 노인은 이 마을 대표자 ~이라 할 수 있다.
격²(隔) 명 사이를 가로막는 간격.
격(을) 두다 굳 인간관계에서 거리감을 두다. ¶그는 내게 격을 두고 대했다.
격감(激減) [-깜] 명 (수량이) 갑자기 줄어드는 것. ↔격증(激增). **격감-하다** 통(자)여 ¶수요가 ~. **격감-되다** 통(자) ¶노사 분규로 생산이 ~.
격강-천리(隔江千里) [-깡철-] 명 겨우 강 하나를 사이에 두고 있으면서도 서로 왕래가 드물어, 천 리나 멀리 떨어진 것처럼 느껴진다는 말.
격검(擊劍) [-껌] 명 1 적을 물리치거나 자기 몸을 보호하기 위하여, 장검을 법도 있게 쓰는 일. 2 [체] =검도. **격검-하다** 통(자)여
격검-대(擊劍-) [-껌-] 명[체] 검도 연습을 할 때에 칼 대신 쓰는, 참대로 만든 긴 막대기. =격검채.
격구(擊毬) [-꾸] 명[체] =타구(打毬)¹.

격납-고(格納庫) [-꼬] 명 비행기 등을 넣어 두거나 정비하는 건물.
격년(隔年) [-껸-] 명 1 한 해 이상 지나는 것. 2 한 해씩 거르는 것. ⓑ해거리. ¶대회를 ~으로 개최하다. **격년-하다** 통(자)여
격노(激怒) [-껀-] 명 몹시 화를 내는 것. =격분(激忿). **격노-하다** 통(자)여 ¶격노한 군중은 거리로 쏟아져 나와 시위를 벌였다.
격돌(激突) [-똘] 명 격렬하게 부딪치는 것. **격돌-하다** 통(자)여
격동(激動) [-똥] 명 1 (정세 따위가) 급격히 움직이는 것. 2 몹시 흥분하여 충동을 느끼는 것. **격동-하다** 통(자)여 ¶격동하는 세계 정세. **격동-되다** 통(자)
격동-기(激動期) [-똥-] 명 사회의 변동이나 역사의 진행이 급격히 이루어지는 시기.
격랑(激浪) [경낭] 명 1 거센 파도. =격파(激波). 2 어렵고 모진 시련을 비유하여 이르는 말.
격려(激勵) [겨녀] 명 용기나 의욕을 북돋워 주는 것. ¶~문(文) / ~와 성원을 보내다. **격려-하다** 통(타)여 ¶분투하도록 선수들을 ~. **격려-되다** 통(자)
격려-금(激勵金) [겨녀-] 명 격려하는 뜻으로 주는 돈. ¶소년·소녀가장에게 ~을 전달하다.
격려-사(激勵辭) [겨녀-] 명 공식적 모임이나 식 등에서, 격려하는 말.
격렬(激烈) [경녈] 명 →**격렬-하다** [경녈-] (형)여 (공격하거나 맞서는 정도, 또는 운동이나 화학 반응 따위가) 심하고 세차다. ¶격렬한 논쟁 / 격렬한 운동. **격렬-히** 부
격론(激論) [경논] 명 격렬한 언론이나 논쟁. **격론-하다** 통(자)여
격류(激流) [경뉴] 명 1 몹시 세차게 흐르는 물. ¶~에 휩쓸려 떠내려가다. 2 사회적인 변화나 사조(思潮) 따위의 거센 흐름. ¶시대의 ~를 타고 민주화의 길로 나아가다.
격률(格率) [경뉼] 명 1 [철] 행위의 규범이나 윤리의 원칙. =준칙(準則). 2 [논] [수] 논리상 자명한 명제 또는 공리(公理).
격리(隔離) [경니] 명 1 다른 것과 통하지 못하도록 사이를 막거나 떼어 놓는 것. 2 전염병 환자 등을 따로 옮겨서 떼어 놓는 것. 3 [생] 생물 개체의 생식 범위가 한정되어 있는 현상. **격리-하다** 통(타)여 ¶전염병 환자를 강제로 격리하여 수용하다. **격리-되다** 통(자)
격린(隔隣) [경닌] 명 가까이 이웃하는 것. **격린-하다** 통(자)여
격막(隔膜) [경-] 명 어떠한 구조의 내부를 칸막이하는 판이나 막 모양으로 된 것.
격멸(擊滅) [경-] 명 쳐서 멸망시키는 것. **격멸-하다** 통(타)여 ¶적을 ~. **격멸-되다** 통(자)
격무(激務) [경-] 명 몹시 고되고 바쁜 직무. ¶~에 시달리다.
격문(檄文) [경-] 명 1 비상사태 등에 관하여 널리 알려 사람들을 부추기기 위한 글. =격(檄)·격서(檄書). 2 급히 여러 사람에게 알리려고 각처로 보내는 글. ¶~을 띄우다.
격물(格物) [경-] 명 사물의 이치를 탐구하는 일. **격물-하다** 통(자)여
격물-치지(格物致知) [경-] 명 이상적인 정치를 위한 제1·2단계. 주자(朱子)에 의하면 사물의 이치를 연구하여 자기의 지식을 극한에까지 파고드는 일이고, 왕양명(王陽明)에 의하면 사물에 의해 인간의 자연적·본래적인 마음의 작용인 '양지(良知)'를 철저히

게 발현시키는 일임. 㽗격치. **격물치지-하다** 동

격발¹(激發) [-빨] 명 (기쁨이나 분노 따위의 감정이) 격렬히 일어나는 것. 또는, 격렬히 일어나게 하는 것. **격발-하다** 동타여 **격발-되다**¹ 자여

격발²(擊發) [-빨] 명 방아쇠를 당겨 총을 쏘는 것. 이때, 공이가 탄환의 뇌관을 쳐서 '탕' 하는 폭발음과 함께 탄환이 나가게 됨. ¶부주의에 의한 ~ 사고. **격발-하다**² 동자타여 ¶목표물을 조준한 뒤 숨을 멈추고 ~. **격발-되다**² 자여

격벽(隔壁) [-뼉] 명 **1** 벽을 사이에 두는 것. **2** 칸을 막은 벽. **격벽-하다** 동자타여 벽을 사이에 두다.

격변(激變) [-뼌] 명 (상황 따위가) 갑자기 심하게 변하는 것. =극변(劇變). **격변-하다** 동자여 ¶격변하는 정세.

격^변화(格變化) [-뼌-] 명언 주로 인도·유럽 어족의 언어에서 어미에 의한 격의 변화. =자리바꿈. ▷곡용(曲用).

격분¹(激忿) [-뿐] 명 =격노(激怒). **격분-하다**¹ 동자여

격분²(激憤) [-뿐] 명 몹시 분하여 성이 치미는 것. 비분격. **격분-하다**² 동자여 **격분-되다** 자여

격분³(激奮) [-뿐] 명 몹시 흥분하는 것. **격분-하다**³ 동자여

격상(格上) [-쌍] 명 (자격·등급·지위 등의) 격을 올리는 것. ↔격하(格下). **격상-하다** 동자타여 **격상-되다** 자여

격세(隔世) [-쎄] 명 **1** 세대(世代)를 거르는 것. **2** 세상에 변천한 다른 세대. **격세하다** 동자여 세대를 거르다.

격세^유전(隔世遺傳) [-쎄-] 명생 조상이 가지고 있던 성질·체질 등이 몇 대 뒤의 자손에게서 다시 나타나는 현상. =간헐 유전·잠복 유전.

격세지감(隔世之感) [-쎄-] 명 그리 오래지 않은 동안에 풍속이나 문물이 아주 바뀌어서 딴 세상이 된 것 같은 느낌. ¶불과 10여 년 전만 해도 자가용이 많지 않았는데, 이제는 웬만한 사람은 다 있으니 정말 ~을 느낀다.

격식(格式) [-씩] 명 어떤 일이나 행동에 있어서, 예절이나 규정 등에 맞는 일정한 방식. ¶~을 갖추다 / ~에 맞다 / 그는 까다로운 ~ 따위 차리지 않는 사람이다.

격식-체(格式體) [-씩-] 명언 상대 높임법의 한 분류. 쓰임이 의례적이며 표현이 직접적이고 단정적·객관적인 말체. 해라체·하게체·하오체·합쇼체 등이 여기에 속함. ▷비격식체.

격심(激甚) [-씸] → **격심-하다** [-씸-] 형여 (사물의 상태나 정도가) 대단히 심하다. ¶격심한 통증 / 격심한 가뭄으로 식수난을 겪다. **격심-히** 부

격앙(激昂) [-] 명 (감정이나 기운이) 격렬히 일어나 높아지는 것. **격앙-하다** 동자여 **격앙-되다** 동자 ¶격앙된 어조로 말하다.

격야(隔夜) 명 하룻밤을 거르거나 하룻밤씩 거르는 것. **격야-하다** 동자여

격양-가(擊壤歌) 명 풍년이 들어 농부가 태평한 세월을 즐기는 노래.

격언(格言) 명 사리에 맞아 교훈이 될 만한 짧은 어구나 문장. ¶~집(集).

격월(隔月) 명 한 달을 거르거나 한 달씩 거르는 것. =간삭(間朔)·간월(間月). **격월-하다** 동자여

격월-간(隔月刊) 명 잡지 등을 두 달에 한 번씩 발행하는 일. 또는, 그 간행물. ¶잡지를 ~으로 내다. ▷월간.

격월간-지(隔月刊誌) 명 두 달에 한 번씩 발행하는 잡지나 전문지.

격음(激音) 명 =거센소리.

격음-화(激音化) [-] 언 =거센소리되기.

격의(隔意) [-의/-이] 명 서로 터놓지 않는 속마음. =격심(隔心). ¶~ 없이 대화를 나누다.

격일(隔日) 명 하루를 거르거나 하루씩 거르는 것. =간일(間日). ¶~제(制). **격일-하다** 동자여

격자(格子) [-짜] 명 **1** 대나무로 된 갓끈에서 대나무의 토막과 토막 사이에 꿴 구슬. **2** 나무오리·대오리·쇠붙이 따위로 가로세로를 일정한 간격으로 직각이 되도록 짠 물건. 또는, 그런 형식. ¶~문. **3** [물] =그리드(grid). **4** [물] =회절발. **5** [화] =결정격자.

격자-무늬(格子-) [-짜-니] 명 바둑판처럼 가로세로로 줄이 진 무늬.

격자-창(格子窓) [-짜-] 명 창살을 격자로 짠 창.

격장(隔牆·隔墻) [-짱] 명 담을 사이에 두고 서로 이웃하는 것. **격장-하다** 동자여

격전(激戰) [-쩐] 명 격렬하게 싸우는 것. ¶~을 벌이다. **격전-하다** 동자여

격전-지(激戰地) [-쩐-] 명 매우 격렬한 전투가 벌어졌던 곳. ¶백마고지는 6·25 전쟁의 ~이었다.

격정(激情) [-쩡] 명 강렬하고 갑작스러워 누르기 어려운 감정. ¶~에 사로잡히다.

격정-적(激情的) [-쩡-] 관여 격정이 담긴 상태인 (것). ¶강렬한 음악에 맞춰 ~으로 몸을 흔들어 대는 젊은 사람들.

격조¹(格調) [-쪼] 명 **1** 한시에서, 시문의 구성 방법과 음조(音調). **2** 고상하고 우아한 품격. ¶고전에서 맛볼 수 있는 ~ 높은 향기.

격조²(隔阻) [-쪼] 명 **1** 멀리 떨어져 있어서 서로 통하지 못하는 것. **2** 오랫동안 서로 소식이 막히는 것. 비적조(積阻). **격조-하다** 동자여 ¶그간 격조했습니다. 댁내 두루 평안하시지요? **격조-되다** 동자

격^조사(格助詞) [-쪼-] 명언 체언 또는 용언의 명사형 아래에 붙어, 그 말의 다른 말에 대한 자격을 나타내는 조사. 주격 조사·서술격 조사·목적격 조사·보격 조사·관형격 조사·부사격 조사·호격 조사 따위. =자리토씨.

격주(隔週) [-쭈] 명 한 주일을 거르거나 한 주일씩 거르는 것. **격주-하다** 동자여

격주-간(隔週刊) [-쭈-] 명 잡지 등을 두 주에 한 번씩 발행하는 일. 또는, 그 간행물.

격증(激增) [-쯩] 명 (수량이) 갑자기 늘거나 붙는 것. ¶인구의 ~으로 많은 사회 문제가 야기되고 있다. ↔격감(激減). **격증-하다** 동자여 ¶수요가 ~. **격증-되다** 동자

격지 [-찌] 명 여러 겹으로 쌓여 붙은 켜.

격-지다(隔-) [-찌-] 동자 사이가 멀어져 거리감이 생기다.

격지-자(隔地者) [-찌-] 명법 한 편의 의사 표시를 다른 편이 알기까지 시간이 필요한 관계에 있는 사람. ↔대화자(對話者).

격진(激震) [-찐] 명지 매우 심한 지진. 집이 30% 이상 쓰러지고 큰 산사태가 일어나

며, 땅이 심하게 갈라질 정도임. 진도 7에 해당함.

격차(隔差) 명 비교 대상이나 사물 간의 수준의 차이. ¶생활수준의 ~ / 빈부의 ~가 심하다.

격찬(激讚) 명 매우 칭찬하는 것. =격상(激賞). ¶~을 받다. **격찬-하다** 통(타여) ¶선행을 ~.

격추(擊墜) 명 (비행기 따위를) 쏘아 떨어뜨리는 것. **격추-하다** 통(타여) ¶미사일로 적기를 ~. **격추-되다** 통(자) ¶바다 위에 격추된 비행기.

격침(擊沈) 명 (함선을) 공격하여 가라앉히는 것. **격침-하다** 통(타여) **격침-되다** 통(자)

격통(激痛) 명 심한 아픔. ¶~을 느끼다.

격퇴(擊退) [-퇴/-퉤] 명 (적을) 쳐서 물리치는 것. =격양(擊攘). **격퇴-하다** 통(타여) ¶침략자들을 ~. **격퇴-되다** 통(자)

격투¹(格鬪) 명 (맨몸으로) 서로 맞붙어 치고받으며 싸우는 것. ¶~ 끝에 도둑을 잡다. **격투-하다**¹ 통(자여)

격투²(激鬪) 명 몹시 심하게 싸우는 것. **격투-하다**² 통(자여)

격투-기(格鬪技) 명(체) 두 사람이 맞서서 격투를 하여 승패를 가리는 경기. 유도·씨름·권투·레슬링 따위.

격파(擊破) 명 1 (함선·비행기 따위를) 처부수는 것. 2 (세력을) 쳐서 무찌르는 것. 3 (체) 태권도 등에서, 벽돌·기왓장 따위를 맨손이나 맨발 등으로 쳐서 깨뜨리는 것. ¶~ 시범. **격파-하다** 통(타여) ¶적함을 ~. **격파-되다** 통(자)

격하(格下) [겨카] 명 (자격·등급·지위 등의) 격을 내리는 것. ↔격상(格上). **격하-하다** 통(자타여) **격하-되다** 통(자) ¶지위가 ~.

격-하다¹(隔-) [겨카-] 통(타여) (시간이나 공간적으로) 사이를 두다. ¶하루를 격하여 만나다.

격-하다²(激-) [겨카-] Ⅰ형여 (기세나 감정 따위가) 급하고 거세다. ¶성미가 ~ / 격한 어조로 말하다. Ⅱ통(자여) 갑자기 성을 내거나 흥분하다. ¶그는 사소한 일에도 격하기를 잘한다.

격화(激化) [겨콰] 명 격렬하게 되는 것. **격화-하다** 통(자여) ¶감정이 ~. **격화-되다** 통(자) ¶시위가 점차 ~.

격화-소양(隔靴搔癢) [겨콰-] 명 요긴한 데에 직접 미치지 못하여 시원하지 않음. '신 신고 발바닥 긁기'와 같은 말.

격화-일로(激化一路) [겨콰-] 명 오로지 격렬해져 갈 뿐임. ¶~를 달리다 / 노사 분규가 ~에 있다.

겪다[격따] 통(타) 1 (어려운 일이나 뜻밖의 일, 또는 시련 등을) 당하여 견디다. 비경험하다. ¶굿심한 가뭄을 ~ / 같은 고초를 다 ~. 2 손님이나 여러 사람에게 음식을 차려 대접하다. ¶손님을 ~. 3 (사람을) 한동안 함께 생활하여 어떤 사람인지 알 만한 상태가 되다. ¶사람은 겪어 보기 전에는 그 속을 모르는 법이다.

견(絹) 명 얇고 성기게 짠 깁.

견갑-골(肩胛骨) [-꼴] 명(생) =어깨뼈.

견강-부회(牽強附會) [-회/-훼] 명 자기 입장을 유리하게 내세우기 위해 어떤 말을 끌어다가 억지 논리에 맞추는 것. **견강부회-하다** 통(타여)

견결(堅決) →견고-하다 형여 (의지나 태도가) 강하고 굳세다. ¶그는 어떤 외압 앞에서도 견결한 자세를 잃지 않았다. **견결-히** 부

견고(堅固) →견고-하다 형여 1 (물체나 건축물 따위가) 굳고 튼튼하다. ¶견고하게 지은 건물. 2 (어떤 현상이) 흔들림 없이 굳건하다. **견고-히** 부 ¶수비를 ~ 하다.

견공(犬公) 명 '개'를 의인화하여 일컫는 말.

견과(堅果) 명 (식) 껍질이 단단하고 깍정이에 싸여 있는 나무 열매의 총칭. 밤·도토리 따위. =각과(殼果).

견대(肩帶) 명 =전대(纏帶).

견디다 통(타) 1 (사람이나 생물이 어려움이나 괴로움이나 시련에 [을]) 굴복하거나 쓰러지거나 죽거나 하지 않고 버티다. ¶추위를 ~ / 견딜 수 없는 모욕 / 가뭄에 잘 견디는 벼 품종. 2 (물체가 압력이나 열 따위의 어떤 외부적 힘이나 작용에 [을]) 본래의 상태나 성질을 바꾸지 않고 버티다. ¶플라스틱은 높은 열에 견디지 못한다. / 밧줄이 무게를 견디지 못하고 끊어졌다. ▶참다.

견딜-성(-性) [-썽] 명 잘 견뎌 내는 성질.

견딜-힘(-) 명 참고 견뎌 내는 힘. 비인내력.

견뢰(堅牢) [결뢰/결뤠] →견뢰-하다 [결뢰/결뤠] 형여 단단하여 쉽게 부서지지 않다. 비강고(強固)하다.

견마(犬馬) 명 1 개와 말. 2 자기 몸에 관한 것을 극히 낮추어 이르는 말. ¶선생님을 위해서라면 ~의 힘을 다하겠습니다.

견마지로(犬馬之勞) 명 1 임금이나 나라에 정성껏 충성을 다함. 2 윗사람에 대하여 '자기의 노력'을 겸손하게 이르는 말.

견면(繭綿) 명 누에가 고치를 만들 때, 몸을 없음 만들려고 토하여 놓는 물질. =고치솜.

견:문(見聞) 명 (사물을) 지적(知的)인 의식을 가지고 보고 듣는 것. 또는, 그렇게 보고 들어서 생기는 앎이나 지식. 비견식·식견. ¶~이 넓다 [좁다] / 여행을 하면서 ~을 넓히다. **견:문-하다** 통(타여)

견:문-록(見聞錄) [-녹] 명 보고 들은 지식을 적은 글. 비동방(東方)~.

견:문-발검(見蚊拔劍) 명 대수롭지 않은 일에 지나치게 화를 내며 덤비거나 지나치게 큰 대책을 세움. '모기 보고 칼 빼기'와 같은 말. **견:문발검-하다** 통(자여)

견:물생심(見物生心) 명 실물을 보면 그것을 가지고 싶은 욕심이 생김.

견백-동이(堅白同異) [-똥-] 명 중국 전국 시대의 사상가 공손룡(公孫龍)의 궤변. 단단하고 흰 돌은, 눈으로 보아 흰 것을 알 수 있으나 단단한지 어떤지는 모르며, 손으로 만져 보아 단단한 것을 알 수 있으나 빛깔이 흰지 어떤지는 모르므로, 단단한 돌과 흰 돌은 동일물이 아니라는 것. ▷백마비마론.

견:본(見本) 명 전체의 질(質)이나 상태 등을 알리기 위하여 본보기로 보이는 물건. =샘플. ¶상품의 ~ / ~과 다르다.

견:본-쇄(見本刷) 명(인) 견본으로 하기 위한 인쇄. 또는 그 인쇄본.

견:본-시(見本市) 명(경) =견본 시장.

견:본^시:장(見本市場) 명(경) 여러 상품을 진열하여 선전·소개를 통해서 판매 촉진을 꾀하는 시장. **견:본발검-하다** 통(자여)

견비-통(肩臂痛) 명(한) 어깨 부분이 아파서 팔을 잘 움직이지 못하는 신경통. 속오십견.

견사¹(絹絲) 명 누에고치의 실을 원료로 하여 만든 실. =비단실. 비명주실. ▷화섬사.

견사²(繭絲) 명 누에고치에서 켠 실. 치수가

단위는 잎·바람. =잠사·진사(眞絲)·천연 견사.
견ː성(見性) [명][불] 모든 망념과 미혹을 떨쳐 버리고 자기 본디의 천성을 깨닫는 것. **견ː성-하다** [동][자][여]
견ː습(見習) [명] '수습(修習)[2]'로 순화. **견ː습-하다** [동][타][여]
견ː습-공(見習工)[-꽁] [명] '수습공(修習工)'으로 순화.
견ː식(見識) [명] 보고 듣거나 배워서 얻은 지식. ¶~이 넓다.
견실(堅實) ➜**견실-하다** [형][여] (하는 일이나 생각이) 믿음직스럽게 든든하고 착실하다. ¶재무 구조가 **견실한** 기업. **견실-히** [부]
견아(犬牙) [명] 개의 이빨과 같이 사물이 서로 어긋나 맞지 않음을 이르는 말.
견ː양(見樣) [명] =겨냥2. **견ː양-하다** [동][타][여]
견우(牽牛) [명][천] '견우성'의 준말. ¶칠석은 ~와 직녀가 만나는 날.
견우-성(牽牛星) [명][천] 독수리자리의 알파성(α星). 칠석에 은하수를 건너 직녀성과 만난다는 전설로 유명함. [준]견우.
견우-직녀(牽牛織女)[-징-] [명] 견우성과 직녀성을 함께 이르는 말.
견원지간(犬猿之間) [명] 개와 원숭이 사이처럼 사이가 매우 나쁜 관계. ¶두 사람은 오래 전부터 ~이다.
견유-주의(犬儒主義)[-의/-이] [명][철] 사회의 관습·도덕 및 제도를 부정하고 외부의 사물에 구애됨이 없이 자신의 본성에 따라 자족적으로 생활하는 것을 이상으로 삼는 태도나 입장. =시니시즘.
견인[1](牽引) [명] 끌어당기는 것. =견예(牽曳). ¶~ 역할. **견인-하다**[1] [동][타][여] ¶고장 차량을 ~. **견인-되다** [동][자]
견인[2](堅忍) [명] 굳게 참고 견디는 것. **견인-하다**[2] [동][타][여]
견인-력(牽引力)[-녁] [명] **1** 다른 것을 끌어당기는 힘. **2** 차량을 움직이는 원동력이 되는, 끄는 힘.
견인불발(堅忍不拔) [명] 굳게 참고 버티어 마음이 흔들리지 않음. **견인불발-하다** [동][자][여]
견인-자동차(牽引自動車) [명] 차량을 끌 수 있는 원동력을 갖추고 있는 자동차. 트랙터·레커차 따위. =견인차.
견인-차(牽引車) [명] **1** 짐을 실은 차량을 끄는 기관차. **2** =견인자동차. **3** 앞장서서 이끌어 가는 존재를 비유적으로 이르는 말. ¶수출이 올해 경제 성장의 ~ 역할을 하였다.
견장(肩章) [명] 군인·경찰관 등의 제복 어깨에 붙이는, 직위나 계급을 밝히는 표장(標章).
견ː적(見積) [명] 어떤 일에 소요되는 비용 등을 미리 어림잡아 계산하는 것. 또는, 그 계산. [비]어림셈. ¶~을 내다. **견ː적-하다** [동][타][여]
견ː적-서(見積書)[-써] [명] 어떤 일을 하는 데 필요한 경비 계산을 구체적으로 기재한 서류.
견ː전-제(遣奠祭) [명][민] 발인(發靷)할 때, 문 앞에서 지내는 제사. [준]견전.
견제(牽制) [명] **1** 지나치게 자유행동을 하거나, 세력을 펴는 것을 못 하도록 누르는 일. =견철(牽掣). **2** [군] 작전상 적을 자기편에 유리한 방향으로 끌어들이거나 눌러 두는 전술적 행동. **견제-하다** [동][타][여] ¶투수가 일루 주자를 ~. **견제-되다** [동][자]
견제-구(牽制球) [명][체] 야구에서, 도루를 막거나 주자를 아웃시키기 위해 투수나 포수가 야수에게 던지는 공.
견조(堅調) [명][경] 주가(株價) 등의 오름세가 꾸준하고 탄탄한 상태. **견조-하다** [형][여] ¶주가가 **견조한** 상승세를 보이다.
견주다 [동][타] 둘 이상의 사물의 질·양·상황 등의 차이나 우월을 비교하기 위하여 서로 대보다. ¶실력을 ~ / 금강산의 아름다움은 그 무엇과도 **견줄** 데가 없다.
견지[1] [명] 계류 낚시 등에서, 낚싯줄을 감았다 풀었다 하며 쓰는, 대로 만든 납작한 외짝 얼레. ¶~낚시.
견ː지[2](見地) [명] 사물을 관찰하는 입장. [비]관점(觀點). ¶거시적 ~에서 백년대계를 세우다 / 대국적 ~에서 생각하다.
견지[3](堅持) [명] (주장이나 주의 따위를) 굳게 지니는 일. **견지-하다** [동][타][여] ¶자기주장을 ~ / 강경 노선을 ~.
견ː지[4](遣支) [명][역] 삼한 시대에 마한에서 부족장이나 왕읍(王邑)의 우두머리를 부르던 칭호.
견직(絹織) [명] '견직물'의 준말.
견직-물(絹織物)[-징-] [명] 명주실로 짠 피륙. [준]견직.
견ː책(譴責) [명] **1** 잘못을 꾸짖고 나무라는 것. ¶상사(上司)로부터 ~을 당하다. **2** [법] 공무원의 징계 처분의 하나. 가장 가벼운 징계로, 잘못을 꾸짖고 앞으로 그런 일이 없도록 주의를 주는 일. ▷징계. **견ː책-하다** [동][타][여] **견ː책-되다** [동][자]
견ː출(見黜) [명] 내쫓기는 것. **견ː출-하다** [동][자][여] **견ː출-되다** [동][자] ¶공무상의 부정으로 공직에서 ~.
견ː출-지(見出紙) [명] 책이나 서류 등의 가장자리에 삐죽이 내밀도록 붙여, 분류의 표지로 삼는 작은 종이쪽.
견칫-돌[-치똘/-친똘] [명][건] 현대식의 석축을 쌓는 데 쓰는, 앞면이 판판한 네모난 석재(石材). =간지석(間知石).
견토지쟁(犬兎之爭) [명] [사나운 개가 교활한 토끼를 쫓아 산을 다섯 번 오르고 세 바퀴를 돈 뒤 마침내 지쳐서 둘 다 죽으니, 농부가 이를 거저 얻었다는 고사에서] 두 사람의 싸움에 제삼자가 이익을 봄을 이르는 말. ▷방휼지쟁·어부지리.
견포(絹布) [명] **1** 비단으로 짠 직물. **2** 비단과 무명.
견ː학(見學) [명] 실지로 보고 그 일에 관한 지식을 넓히는 것. ¶현장(現場) ~ / 방송국에 ~을 가다. **견ː학-하다** [동][타][여] ¶공장을 ~.
견ː해(見解) [명] 어떤 사물에 대한 자기의 의견이나 평가. ¶~의 차이 / ~를 달리하다.
겯ː거니-틀거니[-꺼-거-] [부] 서로 겨루느라고 겯거나 틀면서 버티고 대항하는 모양. ¶양군이 줄다리기를 ~ 하다가 기진맥진하여 무승부로 끝났다.
겯ː고-틀다[-꼬-] [동][자] <~트니, ~트오> 서로 지지 않으려고 버티어 겨루다. ¶첫째와 둘째를 놓고 **겯고트는** 숙명의 라이벌.
겯ː다[1][-따] (겯ː고 / 결어) [동][ㄷ] <결으니, 결어> [1][자] **1** 기름기가 많이 묻어 흠씬 배다. ¶기름에 **결은** 종이. **2** 어떤 일에 오래 종사하여 손에 익고 몸에 배다. [2][타] 물건을 기름에 담그거나 발라 흠씬 배게 하다. ¶장판지를 기름에 ~.
겯ː다[2][-따] (겯ː고 / 결어) [동][타][ㄷ] <결으니,

결어> 1 (대·싸리 따위의 여러 오리로) 씨와 날이 서로 어긋매끼게 엮어 짜다. ¶돗자리를 ~. 2 여러 개의 긴 물체가 자빠지지 않도록 어긋매끼게 걸어 세우다. ¶비계를 단단히 **겯어서** 안전사고를 방지하다. 3 서로 어긋매끼도록 걸치거나 짜다. ¶서로 어깨를 ~. 4 실꾸리를 만들기 위하여 실을 어긋맞게 감다. ¶실꾸리를 **겯는** 아낙네.

겯:다³ [-따] 〈겯고 / 겯어〉 图 困 〈겯으니, 겯어〉 암탉이 알을 낳을 무렵에 골골 소리를 내다.

겯-지르다 [-찌-] 国 톤 〈-지르니, ~질러〉 1 서로 마주 엇걸리게 겯다. ¶문을 두 개의 각목으로 **겯질러** 놓았다. 2 엇걸어 다른 쪽으로 지르다.

겯질리다 [-찔-] 톤 困 1 '겯지르다'의 피동사. ¶상대의 다리에 **겯질려** 넘어지다. 2 겯지른 상태로 되다. 3 일이 엇갈려 서로 거리끼다. 4 일이 힘에 겨워 기운을 잃어버리다.

결¹ 图 ① (재밥) 나무·돌·살가죽 따위의 조직이 굳고 무른 부분이 모여 일정하게 켜를 지으면서 짜인 바탕의 상태나 무늬. ¶~이 고운 나무. ② (의존) (일부 명사 뒤에 쓰이거나 어미 '-는'이나 관형사 '어느' 다음에 '결에'의 꼴로 쓰어) '때', '사이', '짬'의 뜻을 나타내는 말. ¶잠~ / 꿈~ / 어느 ~에 해가 기울다.

결² 图 1 '성결'의 준말. 2 '결기'의 준말.

결(이) 삭다 旬 성난 마음이 풀려 부드러워지다.

결³(缺) 图 빠져서 부족함. ¶20에 하나 ~.

결⁴(結) 图 (의존)[역] 조세를 셈하기 위한 논밭의 면적 단위. 목 또는 만 파(把)를 일컬음. =목. ¶토지 백 ~.

결가(決價) [-까] 图 값을 결정하는 것. =절가(折價). **결가-하다** 동 타 여.

결-가부좌(結跏趺坐) 图 [불] 좌법(坐法)의 하나. 오른발을 왼편 넓적다리 위에 놓은 뒤, 왼발을 오른편 넓적다리 위에 놓고 앉는 자세. =연화좌(蓮華坐)·전가부좌. [준] 결가. ▷ 반가부좌. **결가부좌-하다** 동 자 여.

결강(缺講) 图 (학생이나 수강자가) 강의에 빠지는 것. ▷휴강. **결강-하다** 동 자 타 여.

결격(缺格) [-껵] 图 필요한 자격을 갖추고 있지 않은 것. **결격-하다** 동 자 여.

결결-이 [부] 1 그때그때마다. 2 =때때로.

결곡-하다 [-고카-] 형 생김새나 태도가 빈틈이 없고 야무지다. ¶**결곡한** 성품을 지닌 선비 / 옥을 깎아 붙인 듯한 **결곡한** 코언저리엔 송글송글 땀방울이 엉기었다.《박종화·다정불심》 **결곡-히** 부.

결과¹(缺課) 图 1 과업을 쉬는 것. 2 학생이 수업이나 강의 시간에 빠지는 것. **결과-하다¹** 동 자 여.

결과²(結果) 图 1 열매를 맺는 일. 또는, 그 열매. [비] 결실(結實). 2 어떤 원인에서 초래된 결말의 상태. ¶그의 고시 합격은 피땀 어린 노력의 ~이다. / 이번 사고는 정비를 소홀히 한 데서 온 ~이다. ↔원인. 3 [유] 내부적 의지나 동작의 표현이 되는 외부적 의지·동작 및 그곳에서 생기는 영향이나 변화. ↔동기(動機). **결과-하다²** 동 타 여 열매를 맺다. ¶이 고장의 사과는 다른 지방보다 일찍 **결과한다**.

결과-론(結果論) 图 원인이나 경과를 생각하지 않고 오직 결과만 가지고 하는 논의.

결과-물(結果物) 图 어떤 일을 끝맺으며 만들어 낸 물질적인 성과. ¶피땀 어린 연구의 ~이 나오다.

결과-적(結果的) 판 图 1 결과가 되는 (것). 2 ('결과적으로'의 꼴로 쓰여) '결과로 보아', '결과에 있어서'의 뜻. ¶의도는 좋았으나 ~으로 잘못되었다.

결과-지(結果枝) 图 [식] 과실나무에서, 꽃눈이 붙어 그것이 꽃이 피고 열매를 맺는 가지. =열매가지.

결구¹(結句) [-꾸] 图 1 문장·편지 등의 끝을 맺는 글귀. 2 [문] 한시(漢詩) 따위 시가(詩歌)의 끝 구절. ×결귀.

결구²(結球) 图 양배추 같은 채소의 잎이 여러 겹으로 겹쳐서 구상(球狀)을 이루는 것. ¶~배추. **결구-하다** 동 자 여.

결국(結局) Ⅰ 图 1 일이 귀결되는 국면. ¶적은 오래 버티지 못하고 ~은 항복했다. 2 [민] 얼굴·묏자리·집터 따위가 형국(形局). Ⅱ 부 마지막에 이르러. ¶치열한 접전 끝에 ~ 우리 팀이 이겼다.

결귀 '결구(結句)'의 잘못.

결근(缺勤) 图 (직장에) 근무하는 날에 나가지 않고 빠지는 것. ¶무단~. ↔출근. **결근-하다** 동 자 타 여 ¶몸이 불편하여 회사를 ~.

결근-계(缺勤屆) 图 [-계/-게] 결근을 하였을 때나 하려고 할 때 그 사유를 기록한 문서. 순화어는 '결근 신고서'.

결기(-氣) 图 1 참지 못하고 성을 내거나 왈칵 행동하는 성미. ¶~가 나다 / ~를 부리다. 2 결바르고 결단성 있게 행동하는 성질. ¶매사에 머뭇거리지 않고 ~ 있게 행동하다. [준] 결.

결김-에 [-낌-] 부 화가 난 나머지.

결-나다 [-라-] 동 자 결기가 일어나다. ¶**결나서** 대들다.

결뉴(結紐) [-류] 图 끈을 매는 것. 또는, 얽어 맺는 것. **결뉴-하다** 동 자 타 여.

결단(決斷) [-딴] 图 결정적인 판단을 하거나 단안을 내리는 것. 또는, 그 판단이나 단안. =단결. ¶더 이상 기다릴 수 없으니, 가부간에 ~을 내리십시오. **결단-하다¹** 동 타 여.

결단(結團) [-딴] 图 단체를 결성하는 것. ¶~식(式). ↔해단(解團). **결단-하다²** 동 타 여 **결단-되다** 동 자.

결단-력(決斷力) [-딴녁] 图 결단을 내릴 수 있는 능력. ¶~이 부족하다.

결단-성(決斷性) [-딴썽] 图 결단력이 있는 성질. ¶~이 없다.

결단-코(決斷-) [-딴-] 부 결정적으로 꼭. 또는, 마음먹은 대로 반드시. ¶~ 하고야 말겠다. / 나는 그런 일에 ~ 가담할 수 없다. ▷결코.

결당(結黨) [-땅] 图 도당(徒黨)이나 정당(政黨)을 결성하는 것. **결당-하다** 동 자 타 여 **결당-되다** 동 자.

결-딱지 [-찌] 图 '결증'을 속되게 이르는 말.

결딴 图 아주 망그러져 도무지 손을 쓸 수 없게 된 상태. ¶밭농사는 때맞춰 비가 안 와 ~.

결딴-나다 동 자 1 (일·물건 등이) 망가져서 도무지 쓸 수 없는 상태가 되다. 2 (살림이) 망하여 거덜 나다. ¶사업 실패로 살림이 ~.

결딴내다 동 타 '결딴나다'의 사동사.

결렬(決裂) 图 교섭이나 회의 등에서 의견이

합쳐지지 않아 갈라서게 되는 것. **결렬-하다** 동(자)(여) **결렬-되다** 동(자) ¶회담이 ~ / 노사의 협상이 ~.

결례(缺禮) 명 예의를 결하는 것. 또는, 예를 갖추지 못하는 것. (비)실례. ¶~를 용서하십시오. / ~인 줄 알면서 이렇게 밤늦게 전화를 드렸습니다. **결례-하다** 동(자)(여)

결론(結論) 명 1 전개한 생각이나 의견을 끝에 가서 마무리하는 일. 또는, 그 마무른 말이나 판단. ¶~을 얻다 / ~을 내리다 / ~이 나다 / ~에 도달하다. 2 책이나 논문 등에서, 마지막에 이르러 글을 마무리하여 간단히 요약하거나 정리하는 글. =맺음말. (비)결어·마무리. ▷서론·본론. 3 [논] 삼단 논법의 대전제·소전제에서 얻어지는 최종적 명제로서, 추론(推論)의 결과 도출된 판단.

결론-짓다(結論-) [-짇따] 동(타)(ㅅ) <~지으니, ~지어> 글이나 말의 끝을 맺다. ¶토의 한 참가하지 않기로 **결론짓다**.

결리다 동(자) 1 숨을 쉬거나 움직일 때, 몸의 한 부분이 아프게 딱딱 마치다. ¶담이 들어 가슴이 ~. 2 남에게 눌려 기를 펴지 못하다. ¶서슬이 시퍼런 그의 기세에 **결려** 아무도 이의를 제기하지 못했다.

결막(結膜) 명 [생] 눈꺼풀의 안쪽과 눈알의 흰자 부분을 표면 주위까지 덮고 있는 막.

결막-염(結膜炎) [-망념] 명 [의] 결막에 생기는 염증. 결막이 충혈·충창하고, 눈곱이 끼거나 눈물이 나오며 통증을 느낌.

결말(結末) 명 1 일이 진행되어 다다른 결론이나 끝맺음. (비)끝맺·결미. ¶양쪽 주장이 한 치의 양보도 없이 아주 팽팽하여 ~이 나지 않는다. 2 [문] 극이나 소설 등에서, 작품의 마지막 부분으로 해소되고 사건이 종결되는 단계. ¶그 추리 소설은 ~에 가서 독자의 예상을 완전히 뒤엎고 있다.

결말-나다(結末-) [-라-] 동(자) 끝장나다. ¶그의 **결말난** 일이니 문제 삼지 마라.

결말-내다(結末-) [-래-] 동(타) 결말나게 하다.

결말-짓다(結末-) [-짇따] 동(타) <~지으니, ~지어> 결말이 되도록 만들다.

결맹(結盟) 명 맹약(盟約)을 맺는 것. 또는, 연맹이나 동맹을 결성하는 것. =체맹(締盟).

결-머리 명 '결증'을 속되게 이르는 말.

결명-자(決明子) 명 [한] 결명차의 씨. 간열(肝熱)을 내리고 눈을 밝게 하며, 두통·변비 등에 약재로 쓰임.

결명-차(決明茶) 명 [식] 콩과의 한해살이풀. 높이 1m 정도. 여름에 노란 꽃이 핌. 씨는 '결명자'라 하여 한약재로 쓰거나 차를 끓여 먹음. =결명.

결미(結尾) 명 1 문장 따위의 끝 부분. 2 일의 끝. 마무리.

결박(結縛) 명 몸이나 두 손을 묶는 것. **결박-하다** 동(타)(여) ¶죄수를 오랏줄로 ~. **결박-되다** 동(자)

결박-짓다 결박을 단단히 하다.

결발(結髮) 명 쪽을 찌거나 상투를 틀거나 하는 것. **결발-하다** 동(자)(여)

결발-부부(結髮夫婦) 명 숫총각과 숫처녀로 혼인한 부부.

결방(缺放) 명 (방송이 예정되었던 프로그램을) 어떤 사정으로 방송하지 못하는 것. ¶노조 파업으로 일부 프로의 ~이 불가피하다. **결방-하다** 동(타)(여) **결방-되다** 동(자)

결백(潔白) 명 (행동이나 마음씨가) 깨끗하고 조촐하여 아무 허물이 없는 것. ¶~을 증명하다. **결백-하다** 형(여) ¶청렴**결백한** 성품 / 그가 **결백하다는** 것은 세상이 다 아는 사실이다.

결번(缺番) 명 1 당번을 거르는 것. 또는, 거른 그 번(番). 2 중간에서 번호를 거르는 것. 또는, 그 번호. ¶제적으로 ~이 생기다. **결번-하다** 동(자)(여)

결벽(潔癖) 명 1 유난스럽게 깨끗함을 좋아하는 성벽(性癖). 2 악하고 그릇된 일을 극단으로 미워하는 성질.

결벽-증(潔癖症) [-쯩] 명 병적으로 깨끗함에 집착하는 증상.

결별(訣別) 명 1 기약 없는 작별을 하는 것. 2 관계나 교제를 끊는 것. ¶~을 선언하다. **결별-하다** 동(자)(여)

결본(缺本) 명 질(帙)로 이루어진 책 중에서 빠진 책이 있는 것. 또는, 그 책. =궐본(闕本). **결본-되다** 동(자)

결부(結付) 명 (무엇을) 서로 연관시키는 것. **결부-하다** 동(타)(여) **결부-되다** 동(자) ¶이데올로기는 으레 지배 집단의 이해와 **결부되어** 있게 마련이다.

결빙(結氷) 명 물이 어는 것. =동빙(凍氷). ↔해빙(解氷). **결빙-하다** 동(자)(여) **결빙-되다** 동(자)

결사(決死) [-싸] 명 죽기를 각오하여 결심하는 것. ¶~반대. **결사-하다**[1] 동(자)(여)

결사[2](決社) [-싸] 명 [법] 여러 사람이 공동의 목적을 이루기 위하여 단체를 조직하는 일. 또는, 그 단체. ¶비밀 ~. **결사-하다**[2] 동(자)(타)(여)

결사의 자유(自由) 구 기본권의 하나. 공공질서를 문란하게 하지 않는 범위 안에서 다수인이 일정한 목적을 위하여 단체를 조직할 수 있는 자유.

결사-대(決死隊) [-싸-] 명 죽음을 각오하고 있는 힘을 다할 결심으로 나선 무리. =정신대.

결사-반대(決死反對) [-싸-] 명 죽기를 각오할 정도로 강하게 반대함. ¶신탁 통치 ~. **결사반대-하다** 동(자)(여)

결사-적(決死的) [-싸-] 관명 죽기를 각오하고 있는 힘을 다하여 행동하는 (것). ¶~투쟁 / ~으로 싸우다.

결산(決算) [-싼] 명 1 금전의 수입과 지출을 마감하는 일. 또는, 그 마감. 2 공공 기관이나 기업체 등에서, 일정 기간의 수입과 지출을 계산하는 것. 3 일정 기간 동안의 활동이나 업적을 모아 정리하거나 마무리하는 일. ¶가요 반세기의 ~. **결산-하다** 동(자)(여) ¶분기별로 매출을 ~.

결산^보고(決算報告) [-싼-] 명[경] 결산에 의하여 밝혀진 결과를 주주나 채권자 및 일반 사회에 보고하는 일. 또는, 그 보고서.

결산-서(決算書) [-싼-] 명 일정한 기간 동안의 영업 개황과 재정 상태를 결산하여 기록한 문서.

결석[1](缺席) [-썩] 명 (사람이) 마땅히 나와야 할 자리에 나오지 않는 것. =궐석(闕席). ¶~ 신고서 / 무단 ~. ↔출석. **결석-하다** 동(자)(여) ¶병으로 학교를 ~ / 6년간 하루도 **결석하지** 않고 학교에 다니다.

결석[2](結石) [-썩] 명 [의] 체내의 장기(臟器) 속에 생기는, 돌과 같은 덩어리. 담석·요석 따위.

결석-계(缺席屆) [-썩께/-썩께] 명 결석을 하였을 때나 하려고 할 때 그 사유를 기록한 문서. 순화어는 '결석 신고서'

결선(決選) [-썬] 명 **1** 결선 투표로 당선자를 결정하는 것. **2** 1등 또는 우승자를 가리는 마지막 겨룸. ¶~에 진출하다. **결선-하다** 타여

결선^투표(決選投票) [-썬-] 명 재투표의 한 가지. 당선에 필요한 표수를 얻은 자가 없거나, 어느 쪽도 당선으로 인정하기 어려운 표수를 얻은 자가 둘 이상일 때, 그중 고점자 둘 이상을 대상으로 한 사람의 당선자를 결정하는 투표.

결성(結成) [-썽] 명 모임이나 단체를 조직하는 것. ¶~식. **결성-하다** 동타여 ¶노동조합을 ~. **결성-되다** 동자

결속(結束) [-쏙] 명 **1** 뜻이 같은 사람끼리 굳게 한 덩이로 뭉치는 것. ¶당원의 ~을 다지다 / 최원의 ~을 굳게 하다. **2** 여행·출진(出陣) 따위를 하기 위해 몸단속하는 것. **결속-하다** 동자타여 **결속-되다** 동자

결손(缺損) [-쏜] 명 **1** 어느 부분이 축이 나서 불완전한 상태. **2** 금전상의 손실. ¶~ 처분 / ~이 나다 / ~을 메우다 / 사업에서 큰 ~을 보다.

결손^가정(缺損家庭) [-쏜-] 명 [사] 이혼·사망 등으로 부모 중 한쪽이 없거나 부모 모두가 없어 어린 자녀를 제대로 돌보지 못하는 가정. =결손 가족.

결손^가족(缺損家族) [-쏜-] 명 [사] =결손 가정.

결승(決勝) [-씅] 명 마지막 승부를 가리는 것. 또는, 그 경기나 시합. ¶~에 진출하다. **결승-하다** 동여

결승-골(決勝goal) [-씅-] 명 [체] 축구·하키·핸드볼 등에서, 승리를 결정짓은 최초의 골. 가령, 최종 점수가 3:0이면 첫째 골, 3:1이면 둘째 골, 3:2이면 셋째 골이 각각 결승골임. ¶팽팽한 동점 상황에서 극적으로 ~이 터졌다.

결승^문자(結繩文字) [-씅-짜] 명 [역] 끈이나 띠의 매듭을 통해 개념을 나타내는 문자. 고대의 중국을 비롯해 잉카 제국·티베트 등지에서 쓰였음.

결승-선(決勝線) [-씅-] 명 [체] 경주 등의 결승을 판가름하는 지점에 가로 치거나 그은 선. =골라인.

결승-전(決勝戰) [-씅-] 명 예선이나 준결승을 마치고 나서 마지막으로 우승을 결정짓는 경기나 시합.

결승-점(決勝點) [-씅쩜] 명 [체] 육상·수영 등에서, 승부가 결정되는 지점.

결승-타(決勝打) [체] 야구에서, 승리를 결정짓는 결정적인 타격. ¶9회 말 동점 상황에서 끝내기 ~를 날리다.

결시(缺試) [-씨] 명 시험에 응하지 않고 빠지는 것. ¶~생. **결시-하다** 동자여

결식(缺食) [-씩] 명 끼니를 거르는 것. =궐식(闕食). ¶~아동 / ~노인. **결식-하다** 동자여

결실(結實) [-씰] 명 **1** 열매가 맺히는 것. 비 결과(結果). ¶~기 / 가을은 ~의 계절. **2** 일의 결과가 잘 he지는 것. ¶합심한 결과 결은 ~을 이루다. **결실-하다** 동자여

결심¹(決心) [-씸] 명 무엇을 하고자 마음을 굳게 다잡아 먹는 것. 또는, 그 마음. 비결의(決意). ¶굳은 ~ / ~이 흔들리다. **결심-하다** 동자타여 ¶담배를 끊기로 ~.

결심²(結審) [-씸] 명 [법] 재판의 모든 절차를 끝내고 결판을 짓는 것. 또는, 심리가 끝나는 것. ↔예심. **결심-하다**² 동자타여

결어(結語) 명 끝맺는 말. =맺음말.

결여(缺如) 명 (있어야 할 것을) 빠뜨리는 것. **결여-하다** 동타여 ¶그의 주장은 객관성과 보편성을 결여하고 있다. **결여-되다** 동자 ¶자격이 ~.

결연¹(結緣) 명 **1** 인연을 맺는 것. ¶자매~. **2** [물] 불문(佛門)에 드는 인연을 맺는 것. **결연-하다**¹ 동자타여 **결연-되다** 동자

결연²(決然) →**결연-하다**² 형여 결심이 움직일 수 없을 만큼 확고하다. **결연-히** 부 ¶그는 ~ 절필(絕筆)을 선언했다.

결원(缺員) 명 사람이 빠져 정원(定員)이 차지 않는 것. 또는, 그 모자라는 인원수. =궐원(闕員). ¶~을 보충하다 / 3명의 ~이 나다. **결원-하다** 동자타여 **결원-되다** 동자

결의¹(決意) [-의/-이] 명 굳게 뜻을 정하는 것. 또는, 그 뜻. 비결심. ¶굳은 ~ / 필승의 ~를 다지다. **결의-하다**¹ 동타여

결의²(決議) 명 의안이나 제의 따위의 가부를 결정하는 것. 또는, 그 결정. 비의결. ¶~권(權) / ~ 사항. **결의-하다**² 타여 **결의-되다** 동자

결의³(結義) [-의/-이] 명 남남끼리 부자·형제 같은 친족의 의리를 맺는 것. ¶도원(桃園) ~. **결의-하다**³ 동자여

결의-문(決議文) [-의/-이-] 명 결의 사항을 적은 글.

결의-안(決議案) [-의/-이-] 명 결의에 부칠 안건.

결인(結印) [불] 손가락을 여러 가지 모양으로 구부려서, 법덕(法德)의 표시인 인(印)을 맺는 것. =수수.

결자해지(結者解之) [-짜-] 명 [묶은 사람이 풀어야 한다는 뜻] 일을 저지르거나 문제를 일으킨 사람이 그 일이나 문제를 해결해야 한다는 말.

결장¹(缺場) [-짱] 명 출장(出場)해야 할 장소에 나오지 않는 것. **결장-하다** 동자타여 ¶공식전(公式戰)에 ~.

결장²(結腸) [생] 맹장과 직장 사이에 있는, 대장(大腸)의 주요 부분. 수분을 흡수하는 구실을 함.

결장-암(結腸癌) [-짱-] 명 [의] 결장에 생기는 암.

결재(決裁) [-째] 명 상관이 부하 직원이 제출한 업무상의 요구 안 등을 허가하거나 승인하는 것. ¶~ 서류 / ~를 받다 / ~가 나다 / 사장의 ~를 맡다. **결재-하다** 동타여

> **혼동어 결재 / 결제**
>
> '결재'는 어떤 사안에 대해 의사 결정의 권한이 있는 자가 승인하는 절차를 가리키는 데 반해, '결제(決濟)'는 대금을 주고받음으로써 거래 관계를 마치는 것을 가리킴. ¶전무 결재는 났는데 사장 결재가 아직 안 났다. / 대금을 어음으로 결제.

결전(決戰) [-쩐] 명 승부나 흥망이 결정 나는 싸움. ¶~의 날이 다가오다. **결전-하다** 동자여

결전-장(決戰場) [-쩐-] 명 최후의 승부가 결정 나는 싸움터. ¶나라의 운명을 좌우할

결절(結節) [-쩔] 【명】 1 맺혀서 이루어진 마디. 2 【의】 강낭콩 또는 도토리만 한 크기로 단단하게 맺혀져 살갗 위에 불룩하게 두드러진 응기물. =망울.

결점(缺點) [-쩜] 【명】 사람이나 사물이 부족하거나 불충분한 점. ¶~을 찾기 어려운 완벽한 작품 / 용기가 부족한 것이 네 ~이다. ▶단점.

결정¹(決定) [-쩡] 【명】 1 어떤 문제에 대해 어떻게 하겠다는 태도나 뜻을 정하는 것. 또는, 그 내용. ¶~이 나다 / ~에 따르다 / ~을 짓다. 2 【법】 법원이 행하는 판결·명령 이외의 재판. ¶~을 내리다. **결정-하다**¹ 【동】(타)【여】¶그 문제는 좀 더 생각해 보고 **결정하겠다. 결정-되다**¹ 【동】(자)¶우선순위가 ~.

결정²(結晶) [-쩡] 【명】 1 【물】【화】 원자·분자·이온 등이 대칭적·주기적으로 규칙 있게 배열되어 이루어진 다면체(多面體)의 고체. 2 애써 노력하여 이루어진 보람 있는 결과. ¶이 논문은 그의 오랜 연구 생활의 ~이다. **결정-하다**² 【동】(자)(타)【여】 **결정-되다**² 【동】(자)

결정-격자(結晶格子) [-쩡-짜] 【명】【화】 결정 내부에서 원자·분자·이온 등이 만드는, 주기적이며 규칙적인 격자 모양의 배열. =격자(格子).

결정-계(結晶系) [-쩡계/-쩡게] 【명】【화】 결정체를 결정축의 수·길이·위치에 따라 등축(等軸)·육방(六方)·정방(正方)·사방(斜方)·단사(單斜)·삼사(三斜)의 여섯 유형으로 나눈 것. =정계.

결정-권(決定權) [-쩡꿘] 【명】 1 어떤 일을 결정할 수 있는 권한. 2 【법】 일반적으로 합의체의 의결에서 가부(可否)의 수가 같을 경우, 이를 결정하는 권한. ¶가부 동수일 때는 의장이 ~을 가진다.

결정-론(決定論) [-쩡논] 【철】 자연이나 역사의 여러 현상이 일어나는 것은 외적인 원인, 곧 신·자연·사회 관계 등에 의해 궁극적으로 규정되어 있다고 하는 설. =규정론·디터미니즘·필연론(必然論). ↔비결정론.

결정-면(結晶面) [-쩡-] 【명】【광】 결정체의 외형을 이루는 면.

결정-수(結晶水) [-쩡-] 【명】【화】 결정 속에 일정한 비율로 함유되어 있는 물.

결정-적(決定的) [-쩡-] 【관】【명】 1 일이 되어 가는 형편이나 결과가 움직일 수 없을 만큼 확실한 것. ¶이 경기에서 우리 팀이 이긴다는 것은 ~인 사실이다. 2 일의 결과를 좌우할 만큼 중요한 (것). ¶~ 역할을 하다 / 승패의 ~인 순간에 방심하여 패하다.

결정-질(結晶質) [-쩡-] 【명】【광】 결정 상태에 있는 물질. =정질(晶質). ↔비결정질.

결정-짓다(決定-) [-쩡짇따] 【동】(타)(ㅅ)¶~지으니, ~지어】 결정이 되도록 만들다.

결정-체(結晶體) [-쩡-] 【명】 1 【화】 결정하여 일정한 형체를 이룬 물체. 2 애쓴 결과로 이루어진 것. 비유적인 말임.

결정-축(結晶軸) [-쩡-] 【명】【광】 결정면이나 성질의 대칭성 등을 계통적으로 보여 주기 위하여 결정 속에 상정(想定)하는 좌표축.

결정-타(決定打) [-쩡-] 【명】 1 【체】 야구나 권투 등에서, 승부를 판가름하는 결정적인 타격. ¶상대 선수의 안면에 ~를 날리다. 2 어떤 일에 결정적인 영향을 주는 행동의 비유. ¶그의 탈당(脫黨)이 그 정당을 붕괴시키는 ~가 되었다.

결정-판(決定版) [-쩡-] 【명】 어떤 출판물이나 대상물을 칭송하거나 자랑하여, '더 이상 고칠 것이 없을 만큼 내용이 완벽한 것'이라는 뜻으로 이르는 말. ¶이 책은 한국 탑 연구의 ~이다 / 이번 공연은 그의 40년 음악 인생의 ~이라 할 수 있다.

결정-형(結晶形) [-쩡-] 【명】【광】 결정이 나타내는 겉모양. =정형(晶形).

결제(決濟) [-쩨] 【명】 1 일을 처리하여 끝을 내는 것. 2 【경】 증권 또는 대금을 주고받아 매매 당사자 간의 거래 관계를 끝맺는 것. ▶결재. **결제-하다**¹ 【동】(여)¶어음을 ~. **결제-되다** 【동】(자)¶대금이 ~.

결제(結制) [-쩨] 【명】【불】 안거(安居)에 들어가는 것. ↔해제(解制). **결제-하다**² 【동】(자)(여)

결증(-症) 【명】 몹시 급한 성미로 말미암아 일어나는 화증.

결집(結集) [-찝] 【명】 1 한데 모여 뭉치는 것. 또는, 한데 모으는 것. 2 【불】 석가가 죽은 뒤에 제자들이 석가의 언행을 모아 경전을 만든 일. **결집-하다** 【동】(자)(타)(여)¶국민의 충의를 ~. **결집-되다** 【동】(자)¶민중의 힘이 **결집된** 소리.

결찌 【명】 어찌어찌하여 연분이 닿는 먼 친척.

결착(決着·結着) 【명】 결말이 나서 낙착되는 것. **결착-하다** 【동】(여) **결착-되다** 【동】(자)

결창 【명】 '내장(內臟)'을 속되게 이르는 말.

결처(決處) 【명】 1 처결하는 것. 2 【역】 형벌을 집행하는 것. **결처-하다** 【동】(타)(여) **결처-되다** 【동】(자)

결초-보은(結草報恩) 【명】 〔진(晉)과 진(秦)이 싸울 때, 진(晉)의 위과(魏顆)에게 은혜를 입은 사람의 아버지의 혼령이 나타나 그를 위해 풀을 묶어 놓음으로써 진(秦)의 두회(杜回)를 넘어지게 하여 붙잡게 했다는 고사에서〕 죽어서까지라도 은혜를 잊지 않고 갚음. **결초보은-하다** 【동】(자)(여)

결-코(決-) 【부】 ('아니다', '없다', '못하다' 따위의 말과 함께 쓰이어) 어떠한 경우에라도. 또는, 절대로. ¶나는 네 잘못을 ~ 용서할 수 ~다 / 그는 ~ 비굴한 사람이 아니다.

결탁(結託) 【명】 (주로 나쁜 일을 꾸미려고) 서로 연계하여 한통속이 되는 것. **결탁-하다** 【동】(자)(여)¶세관원과 **결탁하여** 금수품을 들여오다. **결탁-되다** 【동】(자)

결투(決鬪) 【명】 원한·모욕 따위를 풀기 위하여 서로 목숨을 내걸고 하는 싸움. ¶~를 벌이다. **결투-하다** 【동】(여)¶악당들과 맨주먹으로 ~.

결투-장(決鬪狀) [-짱] 【명】 결투를 신청하는 도전장.

결판(決判) 【명】 승부 또는 옳고 그름을 가려 판정하는 것. ¶~을 짓다. **결판-하다** 【동】(타)(여)

결판-나다(決判-) 【동】(자) 이기고 짐, 또는 옳고 그름 따위의 결정이 나다. ¶승부는 이미 **결판났다**.

결판-내다(決判-) 【동】(타) 이기고 짐, 또는 옳고 그름 따위의 결정을 내다.

결핍(缺乏) 【명】 있어야 할 것이 모자라거나 없는 것. ¶각기병은 비타민 B₁의 ~이 원인이다. **결핍-하다** 【동】(자)(여) **결핍-되다** 【동】(자)¶부모의 사랑이 **결핍된** 아이는 비뚤어지기 쉽다.

결핍-증(缺乏症) [-쯩] 【명】 있어야 할 것이 모자라거나 없어서 나타나는 증세. ¶비타민 ~ / 애정 ~.

결하(結夏) 【명】【불】 1 3개월에 걸친 하안거를 시작하는 것. [비]결제. **2** 하안거의 첫날. 음력 4월 15일. 윤달일 경우에는 5월 15일.

결-하다[1](決一) [동][타][여] **1** (어떤 일을) 결정하다. **2** 승부를 내다.

결-하다[2](缺一) [형][여] 빠져 있거나 갖추지 못해 없다. ¶예(禮)를 ~.

결함(缺陷) [명] 완전하지 못하고 흠이 되는 부분. ¶성격상의 ~ / 신체적 ~을 극복하다.

결합(結合) [명] 둘 이상의 사물이 관계를 맺고 합쳐서 하나가 되는 것. **결합-하다** [동][자][타][여] ¶남녀가 **결합하여** 가정을 이루다. **결합-되다** [동][자]

결합^법칙(結合法則) [-뻡-] [명][수] 덧셈이나 곱셈에서, 각 수를 달리 묶어서 계산해도 그 값은 같다는 법칙. $(a+b)+c=a+(b+c)$ 또는 $(ab)c=a(bc)$ 따위. =결합률(結合律).

결합^조직(結合組織) [-쪼-] [명][생] 동물체의 기관 및 조직 사이를 메우고, 이들을 지지하는 조직. =결체 조직.

결합-체(結合體) [명] 둘 이상의 서로 다른 개체가 결합하여 이룬 조직체.

결항(缺航) [명] 정기 노선의 배나 비행기가 운항을 거르는 것. **결항-하다** [동][자][여] ¶폭풍으로 여객선이 ~ / 짙은 안개로 비행기가 ~.

결핵(結核) [명][의] 결핵균에 감염되어 일어나는 만성 질환. 모든 장기에 감염이 일어나나, 특히 폐에 침투하는 경우가 많음. =결핵병.

결핵-균(結核菌) [-뀬] [명][의] 결핵의 병원균. 간균(桿菌)으로, 저항력과 번식력이 강함.

결행(決行) [명] 딱 잘라 결정하여 행하는 것. =단행. **결행-하다** [동][타][여] ¶폭풍 속에 태평양 횡단을 ~. **결행-되다** [동][자]

결혼(結婚) [명] (남자와 여자가, 또는 어떤 사람이 이성의 상대와) 부부로서의 법률적 관계를 맺는 것. ¶연애[중매] ~ / 국제~ / 정략~ / ~ 생활 / ~에 실패하다. ↔이혼. **결혼-하다** [동][자][여] ¶갑돌이는 아랫마을 처녀와 **결혼했다**.

결혼-기념식(結婚記念式) [명] 결혼한 날을 기념하여 베푸는 의식. 전통 의식에는 회혼례가 있고, 서양에서 들어온 의식에는 은혼식·금혼식 등의 구분이 있음.

결혼-기념일(結婚記念日) [명] 매년 결혼 날짜에 맞추어 결혼을 기념하는 날.

결혼-반지(結婚半指) [명] 결혼할 때, 결혼의 상징으로서 신랑과 신부가 주고받는 반지.

결혼^비행(結婚飛行) [명][동] =혼인 비행.

결혼-사진(結婚寫眞) [명] 결혼할 때 기념으로 찍는 사진.

결혼-상담소(結婚相談所) [명] 결혼에 관한 상담을 하거나 중매를 하는 곳.

결혼-식(結婚式) [명] 남녀가 부부 관계를 맺는 서약을 하는 의식. =혼례식·혼인식·화촉지전(華燭之典). ¶~을 올리다 / ~을 치르다.

결혼식-장(結婚式場) [-짱] [명] 결혼식을 올리는 장소. [비]예식장.

결혼^연령(結婚年齡) [-녈-] [명] **1** 결혼하는 때의 나이. **2** [법] 결혼할 수 있는 나이. 우리나라 민법은 남자 만 18세, 여자 만 16세 이상으로 정하고 있음.

결혼^행진곡(結婚行進曲) [명][음] 결혼식에서 신랑·신부의 입장과 퇴장 때에 연주하는 행진곡. =웨딩 마치.

겸(兼) [명][의존] 《두 명사 사이, 또는 어미 '-ㄹ/을' 아래에 붙어》 한 가지 외에 또 다른 것이 아울림을 나타내는 말. ¶응접실 ~ 거실 / 점심 ~ 저녁 / 책도 사고 안부도 물을 ~ 친구가 경영하는 서점에 갔다.

겸공(謙恭) [명] 자기를 낮추고 남을 높이는 태도가 있는 것. **겸공-하다** [형][여]

겸관(兼官) [명] **1** =겸직(兼職). **2** [역] 조선 시대에 수령의 자리가 비었을 때, 이웃 고을의 수령이 임시로 겸하여 그 사무를 맡아보던 일. **겸관-하다** [동][타][여]

겸대(兼帶) [명] =겸임(兼任). **겸대-하다** [동][타][여]

겸두-겸두 [부] '겸사겸사'의 잘못.

겸무(兼務) [명] 맡은 직무 이외에 다른 직무를 겸하여 보는 것. 또는, 겸하여 보는 그 직무. **겸무-하다** [동][타][여]

겸병(兼倂) [명] 한데 합쳐 가지는 일. **겸병-하다** [동][타][여]

겸비(兼備) [명] 두 가지 이상의 것을 갖추고 있는 것. **겸비-하다** [동][타][여] ¶문무(文武)를 **겸비한** 장수 / 재색(才色)을 ~.

겸사(謙辭) [명] **1** 겸손한 말. ¶"저는 아무것도 아는 게 없는 무지렁이올시다." "원, 당치 않은 ~이십니다." **2** 겸손히 사양하는 것. =굴신(屈身). **겸사-하다** [동][자][타][여]

겸사-겸사(兼事兼事) [부] 한꺼번에 여러 가지 일을 겸하여 하는 모양. ¶바람도 쐬고 스케치도 하러 ~ 야외에 나갈 생각이다. ×겸두겸두·겸지겸지.

겸사-말(謙辭一) [명][언] =겸양어.

겸상(兼床) [명] 두 사람이 함께 먹도록 차린 상. 또는, 마주 앉아 식사하는 것. ¶부자(父子)가 ~을 받다 / ~을 차리다. ↔독상·외상·각상(各床). ×맞상. **겸상-하다** [동][자][여]

겸섭(兼攝) [명] 맡은 직무 외에 다른 직무를 겸해서 보는 것. **겸섭-하다** [동][타][여]

겸손(謙遜·謙巽) [명] 남을 존중하고 자기를 내세우지 않는 태도가 있는 것. 또는, 그 태도. ¶그는 높은 직위에 있으면서도 늘 ~을 잃지 않았다. **겸손-하다** [형][여] ¶모름지기 사람은 늘 **겸손해야** 한다. **겸손-히** [부]

겸애(兼愛) [명] 자기를 사랑하듯 모든 사람을 가리지 않고 똑같이 사랑하는 것. **겸애-하다** [동][자][여]

겸애-사상(兼愛思想) [명][윤] 자타(自他)나 친소(親疏)를 가리지 않고 모든 사람을 평등하게 사랑할 것을 주장한 묵자(墨子)의 학설. =겸애교리설.

겸양(謙讓) [명] 자기를 내세우거나 자랑하지 않고 겸손한 태도로 사양하는 것. ¶~의 미덕을 갖추다. **겸양-하다** [동][자][타][여]

겸양-법(謙讓法) [-뻡] [명][언] =객체 높임법.

겸양-사(謙讓辭) [명][언] =겸양어.

겸양-어(謙讓語) [명][언] 자기를 낮춤으로써 상대방을 높이는, 높임말의 한 가지. '저희', '여쭈다' 따위. =겸사말·겸양사. ↔예사말.

겸업(兼業) [명] 본업 외에 다른 업무를 겸하여 보는 것. 또는, 그 업무. ¶~농가. **겸업-하다** [동][타][여] ¶음식점과 여관을 ~.

겸연-스럽다(慊然一) [-따] [형][ㅂ] <~스러우니, ~스러워> 쑥스럽거나 미안하여 부끄러운 느낌이 있다. **겸연스레** [부]

겸연-쩍다(慊然一) [-따] [형] 쑥스럽거나 미안하여 부끄럽다. ¶그는 무의식중에 자신이 실언한 것을 깨닫고 **겸연쩍게** 웃었다. [변]계

겸연쩍어-하다(慊然-) 图(재) 겸연쩍게 느끼다.
겸용(兼用) 圏 하나를 가지고 여러 가지로 겸하여 쓰는 것. ¶식당 ~의 부엌. **겸용-하다** 图(타)(여) ¶아파트를 사무실로 ~. **겸용-되다** 图(재)
겸용-종(兼用種) 圏 가축으로서 두 가지 이상의 용도를 겸하는 품종. 젖과 고기를 제공하는 소, 달걀과 고기를 제공하는 닭 따위의 품종.
겸유(兼有) 圏 아울러 가지는 일. **겸유-하다** 图(타)(여) ¶지덕(智德)을 ~.
겸인지력(兼人之力) 圏 능히 몇 사람을 당해 낼 만한 힘.
겸인지용(兼人之勇) 圏 능히 몇 사람을 당해 낼 만한 용기.
겸임(兼任) 圏 두 가지 이상의 지위·직무를 아울러 겸하는 것. =겸대(兼帶). 圓 겸무(兼務). ←전임(專任). **겸임-하다** 图(타)(여)
겸자(鉗子) 圏(의) 외과 수술 용구의 하나. 가위 모양이며, 조직 또는 기관을 고정하거나 누르는 데 쓰임. 산과 겸자·지혈 겸자 등이 있음.
겸장(兼掌) 圏 두 가지 이상의 일을 아울러 맡아보는 것. **겸장-하다** 图(타)(여)
겸-장군(兼將軍) 圏 장기에서, 말을 한 번을 움직였을 때 동시에 두 군데에서 장군을 부를 수 있게 되는 상태. 㑳겸장.
겸전(兼全) 圏 (두 가지 이상의 좋은 점을) 함께 갖추는 것. ¶문무 ~의 인물. **겸전-하다** 图(여) ¶덕용(德容)을 겸전한 처자(處子). ▷겸전하다².
겸전-하다²(兼全-) 图(여) (두 가지 이상의 좋은 점이) 함께 갖추어져 훌륭하다. ¶지와 덕이 ~.
겸제(箝制·鉗制) 圏 자유를 구속하고 억누르는 것. **겸제-하다** 图(타)(여)
겸지-겸지(兼之兼之) 囝 '겸사겸사'의 잘못.
겸직(兼職) 圏 본직 외에 다른 직무를 겸하는 것. 또는, 그 직무. =겸관(兼官). **겸직-하다** 图(타)(여)
겸-치다(兼-) 图 ①(재) 두 가지 이상이 함께 겹쳐서 생기다. ¶홍수와 전염병이 ~. ②(타) (두 가지 이상을) 겸하여 하거나 겸하게 하다. ¶부(富)와 명예를 겸쳐서 차지하다.
겸칭(謙稱) 圏 자신을 낮추어 겸손하게 일컫는 것. 또는, 그 칭호. **겸칭-하다** 图(타)(여)
겸-하다(兼-) 图(타)(여) 1 주된 직무 외에 다른 직무를 더 맡아 하다. ¶동장이 민방위대장을 ~. 2 두 가지 이상의 기능을 아울러 가지다. ¶재색을 겸한 규수 / 문무를 ~.
겸행(兼行) 圏 1 밤에도 낮처럼 일하는 것. ¶주야 ~. 2 〈여러 가지 일을〉 겸하여 하는 것. 圓 섭행(攝行). **겸행-하다** 图(타)(여)
겸허(謙虛) 圏(여) 자기를 낮추어 겸손하다. ¶겸허한 자세.
겹 圏 ①(자립) 1 넓이나 길이가 있는 물체가 비교적 나란히 맞닿아 붙거나 포개어져 있는 상태. ¶~으로 된 실 / 창호지를 ~으로 바르다. 2 같거나 비슷한 종류의 사물이 거듭 이뤄지거나 놓여 있는 상태. ¶그 집과 우리 집은 ~으로 사돈이 된다. ←홑. ②(의존) 넓이 있는 물건을 세는 단위. ¶종이 세 / 헝겊 두 ~.
겹-것[-껃] 圏 1 겹으로 된 것. 2 =겹옷.
겹-겹[-껍] 圏 여러 겹. ¶~으로 쌓여 있는

겹세도막 형식 ●99
옷감 / ~으로 포위하다.
겹겹-이 囝 여러 겹으로 거듭된 모양. ¶사방이 산으로 ~ 에워싸인 마을 / 구경꾼들이 사건 현장을 ~ 둘러쌌다.
겹-경사(-慶事)[-꼉-] 圏 둘 이상 겹친 기쁜 일. ¶~가 나다 / ~를 맞다.
겹-글자(-字)[-글짜] 圏 같은 자가 겹쳐서 된 글자. '林','比','品' 따위.
겹-꽃[-꼳][식] 여러 겹의 꽃잎으로 된 꽃. 장미꽃·국화 따위. =중판화(重瓣花). ←홑꽃.
겹-꽃잎[-꼰닙] 圏(식) 여러 겹으로 된 꽃잎. =복판·중판(重瓣)·천엽(千葉). 㑳겹잎. ←홑꽃잎.
겹-낫표(-標)[겹난-] 圏 세로쓰기에 사용되는 따옴표의 하나. 『』의 이름. 그 기능은 큰따옴표와 같음. ▷큰따옴표.
겹내림-표(-標)[겹-][음] 어떤 음을 반음씩 두 번 내리는 임시표의 하나. '♭♭'로 나타냄.
겹-눈[겸-] 圏(동) 홑눈이 벌집 모양으로 여러 개 모여서 된 눈. 곤충강·갑각강 등에서 볼 수 있음. =복안(複眼). ←홑눈.
겹-다[겹따] 图(여)(겨우니, 겨위) 1 정도가 지나쳐 배겨 내기 어렵다. ¶힘에 겨운 일 / 복에 겨운 소리를 하다. 2 감정이 북받쳐 누를 수 없다. ¶흥에 겨워서 덩실덩실 춤을 추다. 3 때가 기울어서 늦다. ¶봄도 겨운 어느 날.
겹-닿소리[-따쏘-] 圏(언) =복자음(複子音).
겹두도막^형식(-形式)[-뚜-마켱-] 圏 [음] 두도막 형식이 복식화된 것. 두 부분으로 되어 있며, 각 부분은 몇 개의 큰악절로 이루어짐. ▷두도막 형식.
겹-말[겸-] 圏 같은 뜻의 말이 겹쳐서 된 말. '긴 장죽(長竹)', '처갓집', '흰 백설기' 따위.
겹-문자(-文字)[겸-짜] 圏 같은 뜻의 말과 문자를 겹쳐서 쓰는 말. '푸르 청청(靑靑)', '일락서산(日落西山) 해 떨어지다' 따위.
겹-문장(-文章)[겸-][언] 한 개의 홑문장이 다른 문장 속에 한 성분으로 들어가 있거나, 홑문장이 서로 이어지거나 하여 여러 겹으로 된 문장. '이어진문장'과 '안은문장'으로 나뉨. =복문(複文). ←홑문장.
겹-바지[-빠-] 圏 겹으로 된 바지. ←홑바지.
겹-박자(-拍子)[-빡짜] 圏(음) 같은 종류의 홑박자가 여러 개 합쳐진 박자. 6박자·9박자·12박자 등. =복합 박자. ←홑박자.
겹-받침[-빧-] 圏(언) 서로 다른 두 개의 자음으로 이루어진 받침. ㄳ, ㄺ, ㅄ 등. ▷쌍받침·홑받침.
겹-버선[-뻐-] 圏 솜을 두지 않고 겹으로 지은 버선. ←홑버선.
겹-벚꽃[-뻗꼳] 圏(식) 꽃잎이 여러 겹으로 피는 벚꽃.
겹-사돈(-査頓)[-싸-] 圏 겹혼인을 하여 맺어진 사돈. 또는, 그러한 사이.
겹-살림[-쌀-] 圏 1 한 가족이 나뉘어 따로 살림을 차린 생활. 2 본처를 두고 첩을 얻어 따로 살림을 차려 이중으로 하는 살림. **겹살림-하다** 图(재)(여)
겹세도막^형식(-形式)[-쎄-마켱-] 圏 [음] 세도막 형식이 복식화된 것. 세 부분으로 되어 있으며, 각 부분은 몇 개의 큰악절

겹-세로줄 [-쎄-] 圀[음] 악보에 그어진 두 개의 수직선. 굵기가 같은 것은 악곡의 단락을 가리킬 때나 박자·조(調)가 바뀔 때 쓰이고, 오른쪽이 굵은 것은 마침을 가리키는 데 쓰임. ▷세로줄.

겹-소리 [-쏘-] 圀[언] =복음(複音)².

겹-실 [-씰] 圀 두 올 이상으로 드린 실. =복사(複絲).

겹-씨방 (-房) 圀[식] 두 개 이상의 칸으로 된 씨방. 난초·참나리 등의 씨방. =복실자방(複實子房). ↔홑씨방.

겹울림-표 (-標) 圀[음] 이미 반음(半音)이 올려진 음을 다시 반음 올리는 기호. 부호에 'ⅹ'을 붙여 나타냄. =더블 샤프.

겹-옷 [-옫] 圀 솜을 두지 않고 거죽과 안을 맞추어 지은 옷. =겹것. ↔홑옷.

겹-유리 (-琉璃) [겨뷰-] 圀 겹으로 된 유리. 방음·보온을 위하여, 또는 깨져도 파편이 튀지 않게 중간에 합성수지 판 등을 끼워 만듦.

겹-이불 [겨니-] 圀 솜을 두지 않고 겹으로 만든 이불. ↔홑이불.

겹-잎 [겨닙] 圀[식] 한 잎자루에 여러 개의 낱잎이 붙어 겹을 이룬 잎. 탱자나무·아카시아·칡 따위의 잎. =복엽(複葉). ↔홑잎. 2 '겹꽃잎'의 준말.

겹-자락 圀 양복 저고리나 외투의 섶을 깊이 겹치게 하여 두 줄로 단추를 단 것. 또는, 그렇게 지은 옷. 비더블브레스트. ↔홑자락.

겹-저고리 [-쩌-] 圀 겹으로 지은 저고리.

겹점^음표 (-點音標) [-쩜-] 圀[음] 점음표에 또 하나의 점이 붙은 음표. =복부점음표(複附點音標).

겹-주름위 (-胃) [-쭈-] 圀[동] 반추위(反芻胃)의 제3위. =중판위(重瓣胃).

겹-줄 [-쭐] 圀 겹으로 된 줄. 비복선(複線).

겹-질리다 [-찌-] 困(困) 몸의 근육과 관절이 생긴 방향대로 움직이지 않거나, 너무 빨리 움직여 다치다. ¶차에서 내리다 발목을 **겹질렸다**.

겹-집 [-찝] 圀[건] 1 여러 채가 겹으로 되거나, 잇달린 집. ↔홑집. 2 한 개의 종마루 밑에 두 줄로 나란히 방을 들인 집.

겹-창 (-窓) 圀[건] =이중창(二重窓)². ↔홑창.

겹쳐-쓰기 [-처-] 圀[컴] 어떤 데이터가 있는 하드디스크나 디스켓 등의 부분에 새로운 데이터를 겹쳐서 기록하는 일. 이때, 기존의 데이터는 지워지게 됨. =덮어쓰기. **겹쳐쓰기-하다** 困(困)

겹쳐-지다 [-처-] 困(困) 여럿이 서로 포개어 덧놓이다.

겹치-기 圀 두 가지 이상의 일을 한꺼번에 하는 것. ¶~ 출연.

겹-치다 困 [Ⅰ](困) 1 여럿이 서로 덧놓이거나 포개지다. ¶공휴일과 일요일이 ~. 2 일이 한꺼번에 일어나다. ¶불운이 ~. 동창회와 결혼식이 ~. [Ⅱ](困) 여럿을 서로 덧놓거나 포개다. ¶요를 **겹쳐** 덮다.

겹-치마 圀 겹으로 지은 치마. ↔홑치마.

겹-혼인 (-婚姻) [겨폰-] 圀 인척 관계에 있는 집안끼리 다시 맺는 혼인.

겹-홀소리 [겨폴쏘-] 圀[언] =이중²모음.

겻-불 [겯뿔/견뿔] 圀 겨를 태우는 불.

경¹ (更) 圀 밤 시각을 나타내는 말. 곧, 하룻밤을 다섯으로 나누어 초경(初更)·이경(二更)·삼경(三更)·사경·오경으로 나타냄.

경² (卿) 圀(역) 천간(天干)의 일곱째.

경³ (景) 圀 [1](자립) 1 '경치'를 옛 투로 이르는 말. ¶강산 좋은 ~을 힘셴이 다툴 양이면. (김천택: 옛시조) 2 '경황'을 옛 투로 이르는 말. [2](의존) 1 [연] 무대의 같은 장면에서, 등장인물의 교체 따위로 변화가 나타나는 장면을 세는 단위. ¶2막 5~. 2 아름다운 경치를 세는 단위. ¶단양 8~.

경⁴ (卿) Ⅰ圀[역] 조선 말기, 궁내부에 속한 각 원(院)의 으뜸 벼슬. Ⅱ데(인칭) 임금이 2품 이상의 신하를 부르던 말.

경⁵ (卿) 圀 영국에서, 나이트(knight)의 작위를 받은 이를 존경하여 일컫는 말.

경⁶ (經) 圀 1 '경서(經書)'의 준말. 2 [불] '불경(佛經)²'의 준말.

경⁷ (經) 圀[한] 경락 중에 세로로 정기가 흐르는 길. ▷낙(絡).

경⁸ (黥) 圀 1 [역] =묵형(墨刑). 2 ⇒경치다.

경⁹ (頃) 圀(의존) 중국의 지적(地積) 단위. 100 묘(畝). 약 100a에 상당함.

경¹⁰ (京) 圀(수) 십진급수의 하나. 조(兆)의 만 배, 해(垓)의 만분의 일임. 곧, 10^{16}.

경-¹¹ (輕) 圀(접두) '가벼운', '간편한' 등의 뜻을 나타내는 말. ¶~음악 / ~양식(洋食) / ~합금.

-경¹² (頃) 圀(접미) 특정한 시·분이나 연·월·일·세기 등에 붙어, 어림잡은 시각이나 시점임을 나타내는 말. ¶17세기~ / 3시~에 만나자. / 김 박사는 10월~에 귀국할 예정이오. ▷무렵.~쯤.

-경¹³ (鏡) 圀(접미) 1 렌즈나 그 밖의 물리적 원리로 물체를 관찰할 수 있게 만든 광학용 기구를 나타내는 말. ¶현미~ / 망원~. 2 '거울'을 나타내는 말. ¶반사~. 3 '안경'을 나타내는 말. ¶근시~ / 원시~.

경-가극 (輕歌劇) 圀[연] =오페레타.

경가-파산 (傾家破産) 圀 집안의 재산을 모두 떨어 없앰. **경가파산-하다** 困(困)

경각¹ (頃刻) 圀 아주 짧은 시간. 또는, 눈 감 빡할 동안. =경각간. 비삽시간. ¶~을 다투다 / 목숨이 ~에 달렸다.

경:각² (警覺) 圀 경계하여 깨우치는 것. **경:각-하다** 困(困)

경각-간 (頃刻間) [-깐] 圀 =경각(頃刻)¹.

경:각-심 (警覺心) [-씸] 圀 정신을 가다듬어 조심하는 마음. ¶~을 불러일으키다.

경간 (徑間) 圀[건] 다리·건물·전봇대 따위의 기둥과 기둥 사이의 거리.

경감¹ (輕減) 圀 (부담이나 고통 따위를) 덜어서 가볍게 하는 것. **경감-하다** 困(困) 비경감. ¶세금을 ~ / 형(刑)을 ~. **경감-되다** 困(困) ¶진통제를 먹었더니 치통이 **경감되었**다.

경:감² (警監) 圀 경찰 공무원 계급의 하나. 경정(警正)의 아래, 경위(警衛)의 위임.

경강 (硬鋼) 圀 탄소 함유량이 0.5~0.8%인 강철. 레일·축(軸)·공구 따위에 쓰임. =고 탄소강.

경강-상인 (京江商人) 圀[역] 조선 시대에 한강을 중심으로 뱃길의 주요 지점을 장악하여, 곡류 등의 상업에 종사하던 상인.

경개¹ (梗槪) 圀 전체의 내용을 요점만 간추린 줄거리. ¶작품 ~ / 장편 소설의 ~.

경개² (景槪) 圀 =경치(景致). ¶한려 수도의 그림 같은 ~ / 산천~를 돌아보다.

경거-망동(輕擧妄動) 명 경솔하고 분수없이 행동함. 또는, 그런 행동. ¶~을 삼가라. **경거망동-하다** 자여 ¶경거망동하지 말고 매사에 신중해라.

경!건(敬虔) → **경!건-하다** 형여 초월적이거나 위대한 대상 앞에서 우러르고 받드는 마음으로 삼가고 조심하는 상태에 있다. ¶경건한 마음으로 기도를 올리다 / 성당 안은 웅장하면서도 **경건한** 분위기를 느끼게 했다. **경!건-히** 부

경겁(驚怯) 명 놀라 무서워하는 것. **경겁-하다** 동자여

경!견(競犬) 명 개를 경주시켜 승부를 겨루는 일. 또는, 그 개.

경결(硬結) 명 단단하게 굳는 것. **경결-하다** 동자여

경!경(耿耿) 명 1 (불빛이) 깜박깜박하는 것. 또는, 밝게 빛나는 것. 2 마음에 잊히지 않는 것. ¶~불매(不寐). **경!경-하다** 동자여 ▷ 경경하다.

경!경-하다²(耿耿-) 형여 불빛이 환하다. 또는, 반짝반짝하다. **경!경-히** 부

경계¹(境界) [-계/-게] 명 1 지역이 구분되는 한계. ≒경계선(境界線). ¶38도선을 사이하여 남한과 북한으로 나뉘다. 2 일정한 기준에 따라 분간이 되는 사물의 한계. ¶강줄기를 따라 ~를 정하다 / 문명과 야만의 ~는 모호하다. 3 [불] 인과응보의 이치에 따라 자기가 놓이게 되는 처지.

경!계²(警戒) [-계/-게] 명 1 잘못되는 일이 일어나지 않도록 미리 조심하는 것. ¶비상 ~ / 삼엄한 ~ / ~를 게을리 하지 말 것. 2 잘못이 없도록 타일러 주의시키는 것. **경!계-하다** 타여 ¶물샐틈없이 ~.

경!계-경보(警戒警報) [-계/-게/-] 명 공습 등 위험이 닥칠 것을 미리 알리는 신호.

경!계-망(警戒網) [-계/-게] 명 경계를 하기 위하여 그물처럼 사방으로 펴 놓은 조직. ¶물샐틈없는 ~ / ~를 뚫다 / 적의 ~을 피하다.

경!계-색(警戒色) [-계/-게] 명 독이나 불쾌한 냄새·맛을 가진 동물에서 볼 수 있는 선명한 색채. ▷보호색.

경!계-석(境界石) [-계/-게] 명 경계임을 나타내기 위하여 세운 돌. ≒경계(界石).

경!계-선¹(境界線) [-계/-게] 명 경계가 되는 선.

경!계-선²(警戒線) [-계/-게] 명 적의 침입, 범인의 도주, 불상사의 발생 등을 미리 막기 위하여 경계하는 지대. ¶~을 뚫다.

경!계-수위(警戒水位) [-계/-게] 명 홍수의 피해를 받기 이전에 적절한 예방책을 강구해야 할 양수표(量水標) 상의 수위. ¶위험수위.

경!계-심(警戒心) [-계/-게] 명 경계하여 조심하는 마음. ¶전쟁 도발에 대한 ~을 늦추지 않다.

경!계-인(境界人) [-계/-게] 명사 ≒주변인(周邊人).

경!계-표지(警戒標識) [-계/-게] 명 건널목·커브 길 등에 마련한 도로 표지와 같은, 조심하라는 뜻을 나타내는 표지.

경!고(警告) 명 1 (어떤 사람에게, 또는 단체에 어떤 일이나 행동을) 문제가 있음을 지적하거나, 조심하도록 주의를 주는 것. 또는, 그 주의. ¶주의하라는 ~를 받다. 2 운동 경기에서 선수가 반칙을 범했을 때, 심판이 내리는 처벌의 하나. **경!고-하다** 타여 ¶근신할 것을 엄중히 ~.

경!고-문(警告文) 명 경고하는 내용을 적은 글.

경!고-장(警告狀) [-짱] 명 경고하는 내용을 적은 서류. ¶집을 압류한다는 ~이 날아들다.

경골(脛骨) 명 [생] '정강이뼈'로 순화.

경골²(硬骨) 명 1 [생] 척추동물의 뼈 중에서 굳고 단단한 뼈. ≒굳뼈. ↔연골(軟骨). 2 강직한 사람의 비유.

경골³(頸骨) 명 [생] ≒목뼈.

경골-어류(硬骨魚類) 명 [동] 골격이 경골로 된 어류. 대부분의 물고기가 이에 속함. ↔연골어류.

경-공업(輕工業) [공] 섬유 제품·식품·잡화 등 주로 소비재를 생산하는 공업. ↔중공업.

경-공장(京工匠) 명 [역] 조선 시대에, 서울의 여러 궁이나 관아에 딸렸던 장인(匠人).

경과(經過) 명 1 시간이 지나가는 것. 2 시간이 지남에 따라 일이나 사물이 변화하고 진행되는 과정. ¶수술 ~가 좋다 / 사건의 ~를 기록하다. **경과-하다** 자타여 ¶5년의 세월이 ~ / 유효 기간이 ~. **경과-되다** 자 ¶날짜가 ~.

경과-법(經過法) [-뻡] 명 [법] 법령의 제정·개폐(改廢)로 그때까지의 법률 상태에서 새로운 법률 상태로 변화할 때, 그 과정을 원활하게 진행시키기 위해 필요한 조치를 정한 법규. ≒경과 규정·시제법(時際法).

경과-보고(經過報告) 명 일이 진행된 상황에 대한 보고.

경관¹(景觀) 명 1 =경치(景致). ¶수려한 ~. 2 [지] 지형·기후·토양·생물들 등으로 이루어지는, 일정 지역의 지리학적 특성. 또는, 이러한 특성이 있는 지역. 자연경관과 문화경관으로 구분됨.

경!관²(警官) 명 '경찰관'의 준말.

경관-직(京官職) 명 [역] 조선 시대에 중앙에 있던 관직의 총칭. =내직(內職). 준경직. ↔외관직.

경광(景光) 명 =경치(景致).

경광-등(警光燈) 명 자동차 위쪽에 달아 긴급함을 알리거나, 도로 공사 하는 곳 등에 설치하여 위험을 알리는, 번쩍이는 등.

경광-봉(警光棒) 명 주로 야간에 교통정리를 위하여 교통경찰이나 교통 단속원이 사용하는, 붉은 색이 켜지는 막대 모양의 물건.

경구¹(硬球) 명 [체] 야구나 테니스 등에 쓰는 조금 딱딱한 공. ↔연구(軟球).

경구²(經口) 명 약이나 세균 따위가 입을 통하여 몸 안으로 들어감. ¶~ 투약.

경구³(警句) [-꾸] 명 진리나 삶에 대한 깊고 날카로운 통찰을 간결하게 표현한 어구. 가령, 파스칼의 '인간은 생각하는 갈대이다.' 따위. 비아포리즘. ×경귀.

경구⁴(驚句) [-꾸] 명 '경인구'의 준말.

경구^감염(經口感染) 명 [의] 병원체가 음식물과 함께 입을 통하여 들어가 전염되는 일.

경구-구개(硬口蓋) 명 [생] 입천장 앞쪽의 부분. 두꺼운 점막으로 덮여 있고, 안쪽에 뼈가 있어 단단함. =센입천장. ↔연구개.

경구개-음(硬口蓋音) [언] =구개음. ↔연구개음.

경국(經國) 명 나라를 다스리는 것. **경국-하다** 동자여

경국-제세(經國濟世)[-쩨-] 뗭 나라를 잘 다스려 도탄에 빠진 백성을 구제함. 경국제세-하다 통(자여)

경국지색(傾國之色)[-찌-] 뗭 ['한 나라를 위기에 빠뜨리게 할 만한 미인' 이라는 뜻] 썩 뛰어난 미인. =경성지색.

경국지재(經國之才)[-찌-] 뗭 나라를 다스릴 만한 재주. 또는, 그런 재주를 가진 사람.

경귀 뗭 '경구(警句)³'의 잘못.

경극(京劇) 뗭 청나라 때 시작된 중국의 전통극. 노래가 중시되며 동작이 무용에 가까움.

경-금속(輕金屬) 뗭[화] 비중이 약 4.5 이하인 비교적 가벼운 금속. 알루미늄·마그네슘·베릴륨·티탄·알칼리 금속 따위. ↔중금속.

경기¹(京畿) 뗭[지] 서울을 중심으로 한 가까운 주위의 땅. 비기내(畿內).

경기²(景氣) 뗭[경] 매매나 거래 등에 나타나는 호황(好況)·불황(不況) 따위 경제 활동의 상태. ¶부동산 ~/~가 좋다/~가 불투명하다.

경기³(競技) 뗭 일정한 규칙 아래 기량과 기술을 겨루는 일. 특히, 운동 경기를 가리킴. ¶육상 ~/운동 ~/권투 ~/~에 이기다/~를 벌이다. 경기-하다¹ 통 ¶경기하는 방법.

경기⁴(驚氣)[-끼] 뗭[한] =경풍(驚風). ¶아기가 ~를 일으키다. 경기-하다² 통(자여)

경-기관총(輕機關銃) 뗭[군] 한 사람이 운반할 수 있고, 쏠 수 있는 소형 기관총. =엘엠지. 준경기(輕機). ↔중기관총.

경-기구(輕氣球) 뗭 =기구(氣球)³.

경기-력(競技力) 뗭 운동선수나 팀이 경기를 해 나가는 능력. ¶~이 향상되다.

경기^변동(景氣變動) 뗭[경] 자본주의 경제에서의 고유한 경제 변동. 보통 일정한 주기로 경기 상승·호황·경기 후퇴·불황의 각 국면을 반복함. =경기 순환.

경-기병(輕騎兵) 뗭 가벼운 장비로써 민첩하게 행동할 수 있는 기병.

경기^순환(景氣循環) 뗭[경] =경기 변동.

경기^예측(景氣豫測) 뗭[경] 경기 순환의 실제 동향을 전체적·평균적으로 측정하여 그로써 경기를 통계적으로 관찰함으로써 장래를 예측하는 일.

경기^입창(京畿立唱) 뗭[음] 서울·경기 지방을 중심으로 한 선소리. 선소리 산타령·경복궁 타령·양산도 등이 이에 속함. ▷경기좌창.

경기^잡가(京畿雜歌)[-까] 뗭[음] 서울·경기 지방을 중심으로 불리는 잡가. 흔히, 십이 잡가(十二雜歌)로 통함.

경기-장(競技場) 뗭 운동 경기를 하기 위한 종합적 시설을 갖춘 곳.

경기^좌창(京畿坐唱) 뗭[음] 서울·경기 지방을 중심으로 한 민요나 잡가로, 앉아서 부르는 소리. 십이 잡가가 이에 속함. ▷경기입창.

경기체-가(景幾體歌) 뗭[문] 고려 중엽에서 조선 초기까지 계속되었던 장가(長歌)의 하나. 주로 양반·귀족들의 퇴폐적·향락적 생활을 읊은 것으로, 장마다 끝에 '경기하여(景幾如何)' 또는 '경(景)긔 엇더ᄒ니잇고'라는 후렴이 붙음. 관동별곡과 한림별곡 등이 있음. =경기하여가.

경난(經難) 뗭 어려운 일을 겪는 것. 경난-하다 통(자여)

경내(境內) 뗭 일정한 지역의 안. ↔경외(境外).

경-노동(輕勞動) 뗭 육체적으로 비교적 힘이 덜 드는 노동. ↔중노동.

경단(瓊團) 뗭 찹쌀이나 찰수수의 가루를 반죽하여 밤톨만큼씩 동글동글하게 빚어, 끓는 물에 삶아 내어 고물을 묻힌 떡. ¶수수~.

경당(扃堂) 뗭[역] 고구려가 평양으로 도읍을 옮긴 뒤 각 지방에 둔 사학(私學). 평민층의 자제에게 경학(經學)·문학·무예를 가르쳤음.

경¦대¹(敬待) 뗭 공경하여 접대하는 것. 경¦대-하다 통(타여)

경¦대²(鏡臺) 뗭 거울을 달아 세운 화장대. =경가(鏡架)·장경(粧鏡).

경도¹(京都) 뗭 =서울¹.

경도²(硬度) 뗭 1 [광] =굳기. 2 [화] 물속에 칼슘염과 마그네슘염이 들어 있는 정도. 3 [물] X선의 종류에 따른 물체 투과도의 크기.

경도³(經度) 뗭[지] 지구 위의 위치를 나타내는, 세로로 된 좌표. 지구 위의 한 지점을 지나는 자오선이 런던의 그리니치 천문대를 지나가는 본초 자오선과 이루는 각도로 나타냄. 측정하는 단위는 도·분·초. =날도. ↔위도(緯度).

경도⁴(經度) 뗭[생] =월경(月經)¹.

경도⁵(傾度) 뗭 =경사도.

경도⁶(傾倒) 뗭 1 기울어 넘어지는 것. 또는, 넘어뜨리는 것. 2 어떤 인물이나 사상에 감화되어 심취하는 것. 경도-하다 통(자여) ¶젊었을 때는 릴케에 경도하여 나도 시인을 꿈꾸었다. 경도-되다 통(자) ¶그는 한때 마르크스 사상에 경도된 적이 있었다.

경도-계(硬度計)[-계/-게] 뗭[광] =굳기계.

경도-풍(傾度風) 뗭[기상] 공기 운동에 대한 저항이 없을 때, 등압선을 따라 분다고 생각되는 이론적인 바람.

경¦동¹(鏡胴) 뗭 망원경·사진기 따위의 몸통.

경¦동²(鏡銅) 뗭 청동(靑銅)의 하나. 구리와 주석의 비율이 2:1로 된 백색 합금. 닦으면 광택이 나므로, 옛날에 거울로 썼음.

경동³(驚動) 뗭 [뜻밖의 일에] 놀라서 움직이는 것. 경동-하다 통(자여) ¶천지가 경동할 일.

경-동맥(頸動脈) 뗭[생] 대동맥에서 갈려, 목을 지나 머리나 얼굴로 피를 보내는 동맥.

경동^지괴(傾動地塊)[-괴/-궤] 뗭[지] 지각의 일부가 경동에 의해서 한쪽으로 기울어져 생긴 지괴. 경사가 가파른 단층 절벽과 그 반대쪽의 완만한 경사면으로 이루어짐.

경락¹(經絡)[-낙] 뗭[한] 몸 전체에 퍼져 있는, 기와 혈이 도는 통로. 해부를 통해 확인할 수 없으나, 혈관이나 신경과 밀접한 관계를 가진 별도의 연결 체계로, 경맥과 낙맥으로 구분됨.

경¦락²(競落)[-낙] 뗭[법] 경매(競賣)에 의하여 그 대상이 동산 또는 부동산의 소유권을 취득하는 일.

경랍¹(硬鑞)[-납] 뗭[광] 납 합금 중에서 녹는점이 높은 황동랍·동랍·은랍·금랍 따위의 총칭.

경랍²(鯨蠟)[-납] 뗭[화] 향유고래의 머리 부분에 있는 기름을 냉각·압착시켜 만든 결정성 물질. 초·연고·화장품 등의 원료가 됨.

=고래밑.
경략(經略)[-냑] 圀 **1** 나라를 경영하고 다스리는 것. **2** 공략하여 점령한 지방을 다스리는 것. ¶북방 ~에 나서다. **경략-하다** 图(타여)

경량(輕量)[-냥] 圀 가벼운 무게. ↔중량(重量).

경량-급(輕量級)[-냥끕] 圀 체급에 따라 하는 운동 경기에서, 가벼운 편에 드는 등급.

경력(經歷)[-녁] 圀 현재까지 직업상의 어떤 일을 해 오거나 어떤 직위나 직책을 맡아 온 경험. 또는, 그 내용. ㈂이력(履歷). ¶화려한 ~ / ~을 쌓다.

경력-자(經歷者)[-녁짜] 圀 일정한 경력을 가진 사람.

경련(痙攣)[-년] 圀(의) 근육이 자기 의사와 관계없이 급격한 수축(收縮)을 일으키는 현상. ¶분노를 누르지 못해 그의 입술은 ~이 이는 듯 파르르 떨렸다.

경례(敬禮)[-네] Ⅰ 圀 공경을 나타내는 뜻으로 고개를 숙이거나 오른손을 이마 또는 가슴에 대는 동작. ¶거수 ~ / ~를 받다[붙이다] / ~ 인사(人事). ▶**경례-하다** 图(자여) ¶구령에 따라 학생들이 일제히 교장 선생님께 ~.
Ⅱ 의식이나 제식 훈련 등에서, 구령의 하나. 상급자나 국기 등에 대하여 경의를 표하도록 하는 말.

경로¹(敬老)[-노] 圀 노인을 공경하는 것. ¶~잔치 / ~우대증. **경로-하다** 图(자여)

경로²(經路)[-노] 圀 **1** 지나는 길. ¶무장간첩의 침투 ~. **2** 일이 진행되어 온, 또는 진행되어 가는 형편이나 차례. ¶범행 ~ / 전염 ~ / ~를 밟다.

경로-당(敬老堂)[-노-] 圀 마을 노인들이 모여서 즐길 수 있게 마련한 집이나 방. =노인정.

경론(經論)[-논] 圀(불) 부처의 말을 적은 '경(經)'과 이것을 해석한 '논(論)'을 이르는 말.

경루(更漏)[-누] 圀(역) 조선 시대에, 밤 동안의 시간을 알리는 데 쓰던 물시계.

경륜(經綸)[-뉸] 圀 **1** 어떤 포부를 가지고 일을 조직하고 계획하는 것. 또는, 그러한 포부. ¶덕망과 높은 ~을 구비한 인물. **2** 천하를 다스리는 것. **경륜-하다** 图(타여)

경륜²(競輪)[-뉸] 圀(체) 직업 선수들에 의한 자전거 경주. 경주권을 발매하여 도착순을 알아맞히는 사람에게 환급금을 지불함.

경륜-가(經綸家)[-뉸-] 圀 정치적·조직적인 일에 수완이 좋은 사람.

경리(經理)[-니] 圀 어떤 기관이나 단체에서, 재산의 관리·회계·급여 따위에 관한 사무를 처리하는 일. 또는, 그 부서나 사람. **경리-하다** 图(타여)

경리-과(經理課)[-니꽈] 圀 어떤 기관이나 단체에서, 회계·급여 등의 사무를 담당하는 과.

경마¹ 圀 남이 탄 말을 몰기 위해 잡는 고삐. ▶**경마(를) 잡다** 丒 남이 탄 말의 고삐를 잡고 몰고 가다. ▶**경마(를) 잡히다** 丒 경마를 잡게 하다.

경마²(競馬) 圀(체) 일정한 거리를 여러 명의 기수가 말을 타고 달리며 빠르기를 겨루는 경기. 마권(馬券)을 발매하여 도착순을 알아맞히는 사람에게 환급금을 지불함.

경마-잡이 圀 경마를 잡는 사람.

경마-장(競馬場) 圀 경마를 하고 그것을 볼 수 있도록 베풀어진 장소. =마장.

경망(輕妄) 圀 (말이나 짓이) 가볍고 방정맞은 것. ¶~을 떨다. **경망-하다** 图(여)¶**경망하게** 굴다. **경망-히** 閇

경망-스럽다(輕妄-)[-따] 图(비) 〈-스러우니, -스러워〉 경망한 데가 있다. ¶**경망스러운 태도. 경망-스레** 閇

경매¹(競買) 圀 같은 종류의 물건을 파는 사람이 많을 때, 가장 싸게 팔겠다고 하는 사람에게서 물건을 사는 일. **경매-하다**¹ 图(타여)

경매²(競賣) 圀 **1** 사겠다는 사람이 여럿 있을 때, 값을 제일 많이 부른 사람에게 파는 일. ¶~ 가격. **2** (법) 경매 청구의 권리자의 신청에 의하여 법원 또는 집달관이 동산이나 부동산을 공매(公賣) 방법으로 파는 일. ¶강제 ~ / ~에 부치다. **경매-하다**² 图(타여) ¶압류 물품을 ~. **경매-되다** 图(자여) ¶그 집은 헐값에 **경매됐다.**

경맥¹(硬脈) 圀(의) 혈압이 높아서 긴장 정도가 센 맥박. ↔연맥.

경맥²(經脈) 圀(한) 경락에서, 몸의 상하로 연결된, 기와 혈이 순환하는 기본 통로. 가장 기본적인 것은 12쌍이 있음. ▷낙맥.

경멸(輕蔑) 圀 (어떤 사람이나 태도 등을) 낮추어 보거나 업신여겨 싫어하거나 미워하는 것. ㈂멸시. ¶~의 눈으로 바라보다. **경멸-하다** 图(타여) ¶위선자를 ~ / 속물근성을 ~.

경멸-감(輕蔑感) 圀 경멸하는 감정. ¶상당수의 백인은 유색 인종에 대하여 ~을 가지고 있다.

경모¹(敬慕) 圀 깊이 존경하고 사모하는 것. ¶~심(心) / 스승에 대한 ~의 정. **경모-하다**¹ 图(타여)

경모²(輕侮) 圀 업신여겨 모욕하는 일. **경모-하다**² 图(타여)

경묘(輕妙) →**경묘-하다** 图(여) 경쾌하고 교묘하다. ¶경묘한 솜씨 / 경묘한 필치. **경묘-히** 閇

경무(警務) 圀 경찰에 관한 사무.

경무-관(警務官) 圀 경찰 공무원 계급의 하나. 치안감의 아래, 총경(總警)의 위임.

경무-청(警務廳) 圀(역) 대한 제국 때, 한성부 안에서 경찰과 감옥에 관한 일을 맡아보던 관청.

경문(經文) 圀 **1** (민) 기도하거나 푸닥거리할 때에 외는 사설. ¶~을 외다. **2** (불) 불경(佛經)의 글. **3** (가) '기도문'의 구용어. **4** (종) 도교(道教)의 서적.

경-문학¹(硬文學) 圀(문) 학술 논문이나 평론 따위와 같은, 딱딱하고 건조한 문체로 쓴 문학. ↔연문학(軟文學).

경-문학²(輕文學) 圀(문) 가볍게 읽히는, 딱딱하지 않은 문예 작품.

경물(景物) 圀 계절에 따라 달라지는 경치. ¶초하(初夏)의 ~을 화폭에 담다.

경미(輕微) →**경미-하다** 图(여) 가볍고 아주 작아 대수롭지 않다. ¶**경미한** 실수 / **경미한** 손해. **경미-히** 閇

경민-가(警民歌) 圀(문) =훈민가(訓民歌).

경박(輕薄) →**경박-하다**[-바카-] 图(여) 언행이 신중하지 못하고 가볍다. ¶**경박한** 말씨. **경박-히** 閇

경박-스럽다(輕薄-)[-쓰-따] 图(비) 〈-스러우니, -스러워〉 경박한 데가 있다. ¶경박스러운 말투. **경박스럽게 웃다.**

경방(庚方) 명 24방위의 하나. 정서(正西)로부터 남으로 15도의 방위를 중심으로 한 15도 각도 안. 준경(庚).

경배(敬拜) 명 1공경하여 절하는 것. 2신불(神佛) 등을 숭배하는 것. **경배-하다** 동 (자)(타)여 ¶왕에게 ~ / 여호와 하나님을 **경배하라.**

경범(輕犯) 명[법] '경범죄'의 준말.

경범-죄(輕犯罪) [-쬐/-쮀] 명[법] 일상생활에서의 경미한 범죄. 가령, 휴지나 담배꽁초 따위를 길거리에 함부로 버린다든지 공공의 장소에서 고성방가하는 등의 행동이 이에 해당함. 준경범.

경변(硬便) 명 되게 나오는 똥. 비된똥.

경보(競步) 명 육상 경기의 하나. 일정한 거리를 한쪽 발이 땅에서 떨어지기 전에 다른 발이 땅에 닿게 하여 빨리 걷는 것을 겨루는 경기.

경보²(警報) 명 태풍·공습 등의 위험이 임박할 때, 경계하라고 알리는 보도. ¶호우~ / 공습~가 울리다 / ~를 발하다.

경보-기(警報器) 명 급작스러운 사고나 재해를, 음향이나 광선을 통하여 알리는 장치. ¶화재~.

경보-음(警報音) 명 급작스러운 사고나 재해를 알리는 소리. ¶도난 ~이 울리다.

경복(敬服) 명 존경하여 복종하는 일. **경복-하다** 동 (자)여 ¶선생의 고귀한 인품에 세상 사람들은 모두 **경복하였다.**

경부(京府) 명 =서울1.

경부²(警部) 명[일제] 경찰 관직. 판임관(判任官)으로, 해방 후에는 경감(警監)으로 바뀜.

경비¹(經費) 명 1어떤 일을 경영하는 데 드는 비용. ¶여행에 드는 ~ / ~를 줄이다. 2원가 계산에서, 원재료비·노무비와 더불어 기본적 원가 요소가 되는 비용.

경비²(警備) 명 사고나 변란이 생길 것을 염려하여 미리 살피고 지키는 것. ¶야간 ~ / ~를 서다 / 삼엄한 ~를 펴다. **경비-하다** 동(타)여 ¶해상을 ~.

경비-대(警備隊) 명[군] 경비 임무를 맡은 부대.

경비-망(警備網) 명 경비를 위하여 여러 곳에 설치해 놓은 연결된 조직.

경비-병(警備兵) 명[군] 경비의 임무를 맡은 병사. 또는, 그 군대.

경비-선(警備船) 명 해상 보안 경찰의 임무에 쓰이는 경찰 선박.

경비-실(警備室) 명 경비하기 위해 마련한 방. ¶아파트 ~ / 빌딩 ~.

경비-원(警備員) 명 경비의 책임을 맡은 사람.

경비-정(警備艇) 명 항만이나 하천 등지에서 위법 행위를 단속하는 데 쓰이는 작고 빠른 함정.

경-비행기(輕飛行機) 명 단발(單發) 또는 쌍발(雙發)의 프로펠러기로서 2~8인승의 항공기. 선전 광고·연락·스포츠·농약 살포 등에 쓰임.

경사¹(經史) 명 경서(經書)와 사기(史記).

경사²(傾斜) 명 1비스듬히 기울어진 상태. ¶급~ / ~가 급하다 / ~가 완만하다. 2[지] 수평면에 대해 지층면이 이루는 각도.

경사³(經絲) 명 =날실. ↔위사(緯絲).

경사⁴(慶事) 명 축하할 만한 기쁜 일. ¶뭐, 옥동자를 낳았다고? 손이 귀한 집안에 ~ 났구면.

경사⁵(警査) 명 경찰 공무원 계급의 하나. 경위의 아래, 경장의 위임.

경사-각(傾斜角) 명 어떤 직선이나 평면이 수평면과 이룬 각.

경사-도(傾斜度) 명 기울어진 정도. =경도.

경사-롭다(慶事-) [-따] 형비 〈~로우니, ~로워〉 경사가 될 만하다. **경사로이** 부

경사-류(傾斜流) 명[지] 바람이나 기압의 변화, 하수(河水)의 유입 등으로 해면에 고저(高低)가 생겼을 때, 바다 속의 압력 분포와 평형을 회복하기 위하여 흐르는 해류.

경사-면(傾斜面) 명[물] 수평면에 대해 일정한 각도로 기울어진 평면.

경사-스럽다(慶事-) [-따] 형비 〈~스러우니, ~스러워〉 경사로 여겨 기뻐할 만하다. **경사스레** 부

경사^습곡(傾斜褶曲) [-꼭] 명[지] 좌우의 압력이 달라 축면(軸面)이 기울어져 한쪽으로 밀린 듯한 습곡.

경사자집(經史子集) 명 중국의 옛날 서적 중에서 경서(經書)·사서(史書)·제자(諸子)·시문집(詩文集)의 총칭.

경사-지(傾斜地) 명 비탈진 땅.

경사-지다(傾斜-) 형 한쪽으로 기울어져 있다. ¶경사진 언덕.

경산-부(經產婦) 명 아이를 낳은 경험이 있는 부인. ▷초산부(初產婦).

경삿-날(慶事-) 명 경사가 있거나 경사가 있는 것처럼 기쁜 날.

경상¹(經床) 명 불경이나 경서 등을 얹어 놓고 읽는 데 쓰이는, 양쪽 끝이 약간 말려 올라간 책상.

경상²(經常) 변함없이 항상 일정함. ¶~수입. ↔임시.

경상³(輕傷) 명 조금 다치는 것. 또는, 가벼운 상처. ¶~중~. ↔중상(重傷). **경상-하다** 동 (자)여

경상^거래(經常去來) 명[경] 1국제간의 거래에서, 자본 거래 이외의 부분. 상품 수출입, 운임, 물물 교환, 증여 따위가 포함됨. 2기업 등이 일상적으로 하는 거래.

경상-비(經常費) 명[경] 매 회계 연도마다 연속적으로 반복하여 지출되는 일정한 종류의 경비. ↔임시비.

경상^수지(經常收支) 명[경] 국제간의 거래에서, 경상 거래의 의한 수지.

경색¹(梗塞) 명 1(사물의 흐름이나 분위기 등이) 막히거나 굳어져 순조롭지 못한 상태가 되는 것. 2[의] 혈전(血栓) 등의 물질이 혈관을 막아, 영양을 공급받지 못한 세포 조직이 죽는 일. ¶심근(心筋) ~. **경색-하다** 동 (자)여 **경색-되다** 동 (자) ¶경색된 분위기 / 정국(政局)이 ~.

경색²(景色) 명 =경치(景致).

경서(經書) 명 옛 성현들이 유교의 사상과 교리를 써 놓은 책. =경적(經籍). 준경(經).

경석(磬石) 명 경쇠를 만드는 데 쓰이는 안산암의 하나. 정으로 치면 맑은 소리가 남. =경돌.

경-석고(硬石膏) [-꼬] 명[광] 황산칼슘의 무수물에 해당하는 광물. 보통은 무색 또는 흰색을 띠며, 덩어리 또는 알갱이 모양으로 산출됨.

경선¹(經線) 명[지] 양극을 지나는 평면으로 지구를 잘랐을 때, 그 평면과 지구 표면이

경선²(競選) 명 복수(複數)의 후보가 경쟁하는 선거. ¶당 대표를 ~을 통해 선출하다.
경성¹(京城) 명 1 도읍의 성. 2 '서울²'의 옛 이름.
경성²(硬性) 명 단단한 성질. ↔연성(軟性).
경성³(傾性) 명 [식] 식물에 자극을 주었을 때, 주어진 자극에 따라 식물의 기관이 일정한 방향으로 운동을 일으키는 성질.
경:성⁴(警醒) 명 미혹(迷惑)에서 깨어나 정신을 차리도록 하는 것. **경:성-하다** [동][타][여]
경성^헌'법(硬性憲法) [-뻡] 명 [법] 개정(改正) 절차가 일반 법률보다 까다롭게 규정되어 있는 헌법. =강성 헌법. ↔연성 헌법.
경세(經世) 명 세상을 다스리는 것. **경세-하다¹** [동][자][여]
경세²(輕稅) 명 가벼운 세금. ↔중세(重稅).
경:세³(警世) 명 세상 사람을 깨우치는 것. **경:세-하다²** [동][자][여]
경세-제민(經世濟民) 명 세상을 다스리고 백성을 구제함.
경세-치용(經世致用) 명 학문은 세상을 다스리는 데에 실질적인 이익을 줄 수 있는 것이어야 한다는 유교상의 한 주장.
경소(京所) 명 [역] 고려·조선 시대에, 각 지방의 영향력 있는 인물들을 서울로 불러, 같은 고을 사람끼리 묶게 하며, 중앙과 지방의 연락 사무를 보게 하던 곳.
경솔(輕率) ➡**경솔-하다** [형][여] (말이나 행동이) 조심성이 없이 가볍다. ¶경솔한 짓[판단]/앞뒤를 생각하지 않고 **경솔하게** 결정을 내리다. **경솔-히** [부] ¶~ 행동하다.
경!-쇠(磬-) [-쇠/-쉐] 명 1 [민] 판수가 경을 읽을 때 흔드는 작은 방울. 2 [불] 부처 앞에 절할 때 흔드는 작은 종.
경수¹(硬水) 명 [화] =센물. ↔연수(軟水).
경수²(輕水) 명 보통의 물. 중수(重水)와 대비하여 쓰는 말임.
경수-로(輕水爐) 명 [물] 경수(輕水)를 감속재와 냉각재로 사용하는 원자로.
경-수소(輕水素) 명 [화] 수소의 동위 원소 중 질량수가 1인 보통의 수소. =프로튬. ▷중수소.
경-수필(輕隨筆) 명 [문] 일정한 주제보다는 잡다한 상념이 중심이 되고, 사회적인 문제보다는 개인적인 문제를 주로 다루며, 논리적인 판단보다는 주관적·감성적 표현이 우세한 수필. =연수필·미셀러니. ↔중수필.
경술(庚戌) 명 60갑자의 마흔일곱째.
경술-국치(庚戌國恥) 명 [역] 국권 피탈.
경-스승(經-) [-쓰-] 명 [불] 경문의 뜻을 풀어 가르치는 승려. =강사(講師)·경사(經師).
경승(景勝) 명 경치가 좋은 곳.
경-승용차(輕乘用車) 명 무게가 가볍고 크기가 작은 승용차. 현재 우리나라에서는 엔진 배기량 800cc 이하의 승용차를 가리킴. =경미니카.
경승-지(景勝地) 명 경치가 좋은 곳. ¶금강산은 세계적인 ~이다.
경시¹(京時) 명 이십사시의 열여덟째. 곧, 오후 4시 30분부터 5시 30분까지의 동안. [준]경(庚).
경시²(輕視) 명 (어떤 대상을) 대수롭지 않게 보거나 업신여기는 것. ¶인명~·풍조. ↔중시(重視). **경시-하다** [동][타][여] ¶요즘 젊은이들은 옛 문물과 전통을 **경시하는** 경향이 있다. **경시-되다** [동][자]

경시-청(警視廳) 명 [역] 융희 1년(1907)에 경무청을 고친 이름.
경식(硬式) 명 1 단단한 재료를 쓰는 방식. 2 [체] 야구·정구 등에서, 단단한 공을 사용하는 방식. ↔연식(軟式).
경식^정구(硬式庭球) [-쩡-] 명 [체] '테니스'를 '연식 정구'에 상대하여 부르는 명칭. 연식 정구가 부드러운 고무공을 사용하는 데 반해, 테니스는 딱딱한 공을 쓰는 데서 생긴 이름임. ▷연식 정구.
경신¹(更新) 명 1 (옛 제도나 기구 따위를) 고쳐 새롭게 하는 것. 2 기록경기에서, 종전의 기록을 깨뜨리는 것. =갱신. **경신-하다** [동][타][여] ¶제도를 **경신해** 절차를 간소화하다/100m 달리기에서 10초 기록을 ~. **경신-되다** [동][자]
경신²(庚申) 명 60갑자의 쉰일곱째.
경심(傾心) 명 [물] 부체(浮體)의 기울기의 중심. =메타센터.
경악(驚愕) 명 (뜻밖의 일에) 놀라서 충격을 받는 것. ¶~을 금치 못하다/수백 명의 참사를 가져온 항공기 격추 사건은 온 세계에 ~을 불러일으켰다. **경악-하다** [동][자][여] ¶연쇄 살인 사건이 터지자 세인들은 **경악하고** 분노했다.
경!앙(景仰) 명 (어떤 사람을) 그의 덕(德)을 사모하여 우러러보는 일. ¶세인(世人)의 ~을 받다. **경:앙-하다** [동][타][여]
경!애(敬愛) 명 공경하고 사랑하는 일. ¶~와 신의에 뿌리박은 상부상조의 전통을 이어받아.../국민 교육 헌장. **경:애-하다** [동][타][여]
경-양식(輕洋食) 명 서양식의 간단한 일품 요리.
경!어(敬語) 명 상대를 공경하거나 존중하는 뜻으로 사용하는 높임말이나 해요체·합쇼체의 말. =존경어. [비]존댓말. ¶그 회사 사장은 말단 직원에게도 ~를 쓴다.
경!업(競業) 명 영업상 경쟁하는 것. **경:업-하다** [동][자][여]
경-없다(景-) [형] '경황없다'의 잘못.
경연¹(硬鉛) 명 [화] 5~10%의 안티몬을 더하여 만든 납의 합금.
경연²(經筵) 명 [역] 1 고려·조선 시대에 임금 앞에서 경적(經籍)과 사서(史書)를 강론하던 자리. =경악(經幄). 2 '경연청'의 준말.
경!연³(慶宴) 명 경사스러운 잔치. ¶~을 베풀다.
경!연⁴(競演) 명 (개인적·단체적으로 일정한 곳에 모여) 예술·기능 따위의 재주를 겨루는 것. ¶국악 ~ 대회. **경!연-하다** [동][타][여]
경연-청(經筵廳) 명 [역] 조선 세종 2년(1420)에 창설된, 경연(經筵)의 일을 맡아 하던 관청. =하전. [준]경연.
경염(競艷) 명 (여자들이) 서로 아름다움을 겨루는 것. ¶(비유적으로 쓰여) 온갖 꽃들이 ~을 벌이다. **경염-하다** [동][자][여] ¶미인 대회 결선에 24명이 진출하다.
경엽¹(莖葉) 명 [식] 1 줄기와 잎. 2 줄기에서 나는 잎. ↔근생엽(根生葉).
경엽^식물(莖葉植物) [-씽-] 명 [식] 줄기·잎·뿌리의 구별이 확실한 식물. 양치식물과 종자식물이 이에 해당됨. ↔엽상 식물.
경영(經營) 명 1 (사업이나 기업 등을) 관리하고 운영하는 것. ¶~ 방침/~이 부실하다. 2 (국가를) 다스려 보살피는 것. ¶국태

민안을 국가 ~의 목표로 삼다. **경영-하다**¹ 图(타)(여) ¶회사를 ~. **경영-되다** 图(자)

경:영²(競泳)图[체] 수영으로 빠름을 겨루는 경기. **경영-하다** 图(자)(여)

경영-권(經營權)[-꿘] 图[경] 기업의 경영자가 자기의 기업체를 전반적으로 관리·경영하는 권리. ¶~을 인수하다.

경영-난(經營難) 图 사업이나 기업을 경영해 나가는 데 따라서 일어나는 여러 가지 어려움. ¶~에 빠지다 / ~에 부딪히다.

경영^분석(經營分析) 图[경] 대차 대조표·손익 계산서 등의 재무제표나 기업 내외의 여러 정보를 자료로 하여 기업의 경영 효율·경제 성적·재무 상태 등을 분석·판단하는 일.

경영-인(經營人) 图 사업이나 기업 등을 관리하고 운영하는 사람. ¶전문 ~.

경영-자(經營者) 图[경] 기업의 경영 활동에 관하여 최고의 의사 결정을 내리는 사람 또는 기관.

경영-주(經營主) 图 기업을 경영하는 주인.

경영-학(經營學) 图[경] 기업의 형태·구조·존립 조건 등을 이론적으로 해명하고, 당면 문제를 현실적으로 해결하는 방법을 연구·개발하는 학문.

경오(庚午) 图 60갑자의 일곱째.

경옥(硬玉)[-광] 휘석의 하나. 빛깔은 백색 또는 녹색이며 반투명함. 녹색의 것은 비취라고 하여 보석으로 쓰임.

경:외¹(敬畏)[-외/-웨] 图 공경하고 두려워하는 것. =외경(畏敬). **경:외-하다** 图(타)(여) ¶온 땅은 여호와를 두려워하며 세계의 모든 거민은 그를 **경외할지어다**.《구약 시편》

경외²(境外)[-외/-웨] 图 일정한 경계의 밖. ↔경내(境內).

경:외-감(敬畏感)[-외/-웨-] 图 공경하면서 두려워하는 감정.

경:외-심(敬畏心)[-외/-웨-] 图 공경하면서 두려워하는 마음. ¶생명에 대한 ~을 품다.

경우¹(境遇) 图 놓여 있는 조건이나 놓이게 되는 형편 또는 사정. ¶장사를 하다 보면 손해를 보는 ~도 있는 법이다. / 만일의 ~ 비가 오면 행사를 연기하겠다.

경우² 图 '경위(涇渭)'의 잘못.

경우의 수(境遇-數)[-의/-에][수] 어떤 시행(試行)에서 특정한 사건이 일어날 수 있는 경우의 가짓수. 가령, 한 개의 주사위를 던져서 홀수의 눈이 나올 경우는 1, 3, 5의 3가지이므로, 이때의 경우의 수는 3임.

경운-기(耕耘機) 图[농] 원동기를 갖추어, 논밭을 갈거나 흙덩이를 부수거나 짐을 운반하거나 탈곡·양수 등의 작업을 하게 되어 있는, 사람이 타지 않은 채 손으로 조정하는 기계.

경:원(敬遠) 图 1 공경하되 가까이하지 않는 것. 2 겉으로는 공경하는 체하나 속으로는 꺼려 멀리하는 것. 또는, 단순히 꺼려 멀리함을 이르는 말. =경이원지(敬而遠之). 3 [체] 야구에서, 투수가 고의로 사구(四球)를 던져 타자를 1루로 보내는 일. **경:원-하다** 图(타)(여) ¶직장 동료들은 아첨꾼인 그를 경원하고 있다.

경위¹(涇渭) [중국의 경수(涇水)는 탁하고, 위수(渭水)는 맑아서 뚜렷이 구별된다는 데에서] 사람으로서의 도리나 사리 분별. ¶~가 없다 / ~가 밝은 사람 / ~ 바르게 행동하다. ×경우.

경위²(經緯) 图 1 피륙의 날과 씨. 2 [지] '경위도'의 준말. 3 [지] '경위선'의 준말. 4 일이 되어 온 경로나 경과. ¶사건의 ~를 조사하고 고향을 떠나게 된 ~를 털어놓다.

경:위³(警衛) 图 1 살펴 호위하는 것. 2 경찰 공무원 계급의 하나. 경감의 아래, 경사의 위임. **경:위-하다** 图(타)(여) 살펴 호위하다.

경-위도(經緯度) 图[지] 경도와 위도. 준경위(經緯).

경-위선(經緯線) 图[지] 경선과 위선. 준경위(經緯).

경위-의(經緯儀)[-의/-이] 图 =세오돌라이트.

경유¹(經由) 图 (탈것, 특히 일정한 노선을 다니는 탈것이 어느 곳을) 거쳐 지나가는 것. **경유-하다** 图(타)(여) ¶이 비행기는 일본을 **경유하여** 미국으로 간다. **경유-되다** 图(자)

경유²(輕油) 图[화] 1 원유를 증류할 때 나오는, 끓는점 250~350℃의 유분. 디젤 기관의 연료 등에 쓰임. =석유 경유. 2 콜타르를 증류하여 얻는, 끓는점 80~170℃의 유분. 용매로 쓰임.

경유³(鯨油) 图 수염고래류의 지방 조직이나 뼈에서 얻는 기름. 비누·마가린 등의 원료로 쓰임.

경유-지(經由地) 图 탈것이 어느 곳을 거쳐 지나가는 곳. ¶중간 ~. ▷목적지.

경음(硬音) 图[언] =된소리.

경-음악(輕音樂) 图[음] 비교적 소규모의 악단이 연주하는, 가벼운 마음으로 들을 수 있는 대중음악.

경음-화(硬音化) 图[언] =된소리되기.

경:의(敬意)[-의/-이] 图 존경하는 뜻. ¶~의 업적에 ~를 표하다.

경의-실(更衣室)[-의/-이-] 图 작업장 등에서, 옷을 갈아입는 방. ×갱의실.

경이(驚異) 图 놀랍고 감탄스러운 상태. 또는, 놀라고 감탄하는 상태. ¶~의 눈으로 보다. **경이-하다** 图(자)(여)

경이-감(驚異感) 图 놀라서 이상히 여기는 느낌. ¶~을 맛보다.

경이-롭다(驚異-)[-따] 혭(ㅂ) <-로우니, -로워> 놀랍고 이상스럽다. ¶인간의 달 착륙은 ~ 사건이었다. **경이로이** 用

경:이원지(敬而遠之) 图 =경원(敬遠)1·2. **경:이원지-하다** 图(타)(여)

경이-적(驚異的) 冠 图 놀랍고 감탄스러운 상태에 있는 (것). ¶한국 경제의 ~인 발전은 세계의 이목을 집중시켰다.

경인¹(京仁) 图 서울과 인천. ¶~ 공업 지대 / ~ 고속도로.

경인²(庚寅) 图 60갑자의 스물일곱째.

경인-구(驚人句)[-꾸] 图 사람을 놀라고 감탄하게 할 만큼 뛰어나게 잘 지은 시구(詩句). ¶경구. ×경인귀.

경인-귀 图 '경인구(驚人句)'의 잘못.

경-입자(輕粒子)[-짜] 图[물] 전자·중성미자·뮤온 등 강한 상호 작용을 하지 않는, 스핀 2분의 1인 소립자.

경자(庚子) 图 60갑자의 서른일곱째.

경작(耕作) 图 (논·밭 따위의 토지를) 심을 곡물이나 채소 등이 잘 자랄 수 있도록 갈고 보살피는 것. =경가(耕稼). ¶~ 농민. **경작-하다** 图(타)(여) ¶**경작하고** 있는 땅. **경작-되다** 图(자)

경작-지(耕作地)[-찌] 图 경작하는 토지. 준경지.

경장[1](經藏) [명][불] **1** 삼장(三藏)의 하나. 부처의 가르침인 '경'을 모은 경전. [비]불경(佛經). **2** 절에서, 불경을 넣어 두는 집. =경당(經堂).

경장[2](輕裝) [명] 홀가분하게 차림. 또는, 그렇게 차린 차림새. **경장-하다** [동][자][여]

경ː장[3](警長) [명] 경찰 공무원 계급의 하나. 경사의 아래, 순경의 위임.

경재-소(京在所) [명][역] 조선 초기에 지방 관청이 서울에 두었던 출장소.

경ː쟁(競爭) [명] 같은 목적을 두고 서로 이기거나 앞서거나 더 큰 이익을 얻으려고 겨루는 것. ¶생존 ~ / 치열한 ~ / ~ 상대 / 선의의 ~ / ~이 심하다 / 이권을 놓고 ~이 붙다. **경ː쟁-하다** [동][자][여] ¶중소기업은 자금 면이나 기술 수준에 있어서 대기업과 **경쟁할** 수가 없다.

경ː쟁-국(競爭國) [명] 어떤 문제·분야에서 국제적으로 유리한 입장을 차지하려고 서로 다투는 상대국.

경ː쟁-력(競爭力) [-녁] [명] 어떤 상품이나 기업 등의, 경쟁에서 뒤지지 않을 만한 힘이나 능력. ¶국제 ~ / 이 신제품은 국내 시장에서 ~이 있다.

경ː쟁-률(競爭率) [-뉼] [명] 경쟁의 비율. ¶~이 높다[낮다].

경ː쟁-사(競爭社) [명] 경쟁 대상이 되는 회사.

경ː쟁-심(競爭心) [명] 남과 겨루어 이기려는 마음. =경쟁의식. ¶~이 강하다 / ~을 조장하다.

경ː쟁-의식(競爭意識) [명] =경쟁심.

경-쟁이(經-) [명][민] 재앙을 없게 하기 위하여 경을 읽어 주는 일을 직업으로 하는 사람.

경ː쟁-자(競爭者) [명] 경쟁을 하는 사람. ¶새로운 ~가 나타나다 / 많은 ~를 물리치고 우수한 성적으로 합격하다.

경ː쟁-적(競爭的) [관][명] 경쟁하는 (것). 또는, 경쟁하다시피 하는 (것). ¶대기업들이 정보 통신 분야에 ~으로 뛰어들고 있다.

경저-리(京邸吏) [명][역] 고려·조선 시대에 중앙과 지방 관청의 연락 사무를 맡아보기 위하여 서울에 머물던 향리. =경주인.

경ː적(警笛) [명] 주의나 경계를 하도록 울리는 음향기. 주로, 탈것에 닮. ¶~을 울리다.

경전(經典) [명] 종교의 가르침을 담은, 신앙이 되는 글이나 책. 크리스트교의 성서, 불교의 불경, 이슬람교의 코란, 유교의 사서오경 따위.

경-전기(輕電機) [명] 전기 기계나 기구 가운데 비교적 가벼운 것의 총칭. 주로, 가정용 전기 기구를 가리킴. ↔중전기(重電機).

경점(更點) [-쩜] [명] **1** [역] 조선 시대, 북과 꽹과리를 쳐서 알리던 경과 점. 경에는 북, 점에는 꽹과리를 침. **2** [불] 절에서 초경·이경·삼경·사경·오경에 맞추어 치는 종.

경정[1](更正) [명] **1** 바르게 고치는 것. ¶~ 작업. **2** [법] 납세 의무자의 신고가 없거나 신고액이 너무 적을 때, 정부가 과세 표준과 과세액을 변경하는 일. **경정-하다** [동][타][여]

경ː정[2](警正) [명] 경찰 공무원 계급의 하나. 경감의 위, 총경의 아래임.

경제(經濟) [명] **1** [경] 인간이 공동생활을 하는 데에 필요한, 물질적 재화(財貨)와 서비스의 생산·유통·소비의 활동. 또는, 그것을 통하여 형성되는 사회적 관계. ¶국민 ~ / 자본주의 ~ / ~가 침체되다. **2** 시간·노력·비용 등이 적게 드는 것.

경제^개발(經濟開發) [명] 주로 개발도상국에서 산업을 일으켜 국가 경제를 발전시키는 일. ¶~ 5개년 계획.

경제-계(經濟界) [-계/-게] [명] 주로 경제 활동에 종사하는 조직체나 개인의 활동 영역. 흔히, 실업가들의 세계를 일컬음. ¶~ 소식[동정].

경제^계ː획(經濟計劃) [-계획/-게훽] [명] [경] 국민 경제를 일정 시기에 일정 목표까지 이르게 하려는 지속적·종합적인 경제 정책. ▷계획 경제.

경제^공ː황(經濟恐慌) [명][경] 자본주의 경제에서의 경제 순환 과정에서, 상품의 생산과 소비의 균형이 깨져 산업이 침체하고 파산(破産)이 속출하는 등 급격한 경제 혼란에 빠지는 현상. ¶세계 ~. [준]공황.

경제-관념(經濟觀念) [명] 재화·노력·시간 등을 유효하게 쓰려고 하는 생각. ¶~이 없다.

경제-권[1](經濟圈) [-꿘] [명][경] 국제적·국내적으로 경제 활동이 현저히 교류되고 있는 일정한 지역.

경제-권[2](經濟權) [-꿘] [명] 경제 행위를 주장하는 권리.

경제-난(經濟難) [명] 경제 생활의 어려움.

경제-력(經濟力) [명][경] 경제 행위를 하여 나가는 힘. ¶우리나라의 ~도 이제 선진국 수준에 다가가고 있다.

경제-림(經濟林) [명] 목재 등 임산물의 이용·수익을 목적으로 경영하는 산림.

경제-면(經濟面) [명] 신문에서, 재정·금융·경제에 관한 기사를 싣는 지면.

경제^백서(經濟白書) [-써] [명][정] 정부가 국민에게 발표하는, 경제 분야의 연차 보고서.

경제-법(經濟法) [-뻡] [명][법] 자본주의 경제에서 생기는 모순과 폐해를 정책적으로 조정하고 통제하는 법.

경제^봉쇄(經濟封鎖) [명][경] 교전국 또는 대립 관계에 있는 나라에 대하여 한 나라 또는 몇 나라가 공동으로 통상을 끊고 그 나라를 경제적으로 고립시키는 일.

경제^블록(經濟bloc) [명][경] 몇 나라가 단결하여 이룬, 배타적 성격을 가진 경제권(經濟圈).

경제-사(經濟史) [명][경] 경제 발전의 역사. 또는, 경제 활동의 발전·진보 과정을 연구하는 학문.

경제^사ː범(經濟事犯) [명][법] 개인·공공 단체 또는 국가의 경제적 법익을 침해하였거나 침해하려 함으로써 성립되는 죄. 또는, 그런 죄를 범한 사람. =경제범.

경제^사회^이ː사회(經濟社會理事會) [-회-회/-훼-훼] [명][정] '국제 연합 경제 사회 이사회'의 준말.

경제-성(經濟性) [-썽] [명] 경제의 목적을 합리적으로 추구하는 특성. 또는, 경제상으로 본 합리성. ¶이 광산은 매장량은 상당하지만 개발 비용이 엄청나 ~이 높지 않다.

경제^성장(經濟成長) [명][경] 재화와 용역을 생산하는 국민 경제의 능력이 증가하는 일. 특히, 국민 총생산(GNP)이 상승하는 일.

경제^성장률(經濟成長率) [-뉼] [명][경] 한 나라의 경제 성장을 보기 위한 지표. 일반적으로는 실질 국민 총생산(GNP)의 연간 증가율이 그 척도가 됨. [준]성장률.

경제-속도(經濟速度) [-또] [명] 선박·항공기·자동차 등이 일정한 양의 연료로 가장 먼

거리를 운행할 수 있는 속도. ¶이 차의 ~는 시속 70km이다.

경제^수역(經濟水域) [명][지] 연안국이 어업 관할권을 지배할 수 있는 해역. 보통 연안에서 200해리까지임.

경제^원¦조(經濟援助) [명][경] 개발도상국의 경제 개발에 대하여 선진국이 자금이나 기술을 원조하는 일. [준]경원.

경제-인(經濟人) [명] **1** 경제계에서 활동하는 사람. ¶전국 ~ 연합회. **2** 경제 원칙에 따라 최대 이윤을 꾀하여 합리적으로 행동하는 인간상. **3** =호모 에코노미쿠스.

경제-재(經濟財) [명][경] 경제적 가치가 있고 경제 행위의 대상이 되는 재화. ↔자유재.

경제-적(經濟的) [관][명] **1** 경제에 관한 (것). ¶~ 자립 / ~으로 궁핍하다. **2** 비용·물자·노력 따위가 적게 드는 (것). ¶상품 구입은 세일 기간을 이용하는 것이 ~이다.

경제-주의(經濟主義) [-의/-이] [명] **1** [경] 경제 원칙을 합리적으로 실현하려는 주의. **2** [사] 계급투쟁에서, 정치 투쟁을 부인하고 노동자 계급과 자본가 계급의 경제 투쟁만을 주장하는 주의.

경제^지표(經濟指標) [명][경] 한 나라의 경제 상태를 알 수 있도록 통계 수치로 나타낸 지표. 국민 소득·경제 성장률·국제 수지·물가 상승률 따위.

경제-특구(經濟特區) [-꾸] [명][경] 일반 지역과는 달리 경제면에서 특별 우대 정책이 적용되는 지역. ¶~로 지정하다.

경제-학(經濟學) [명][경] 인간 사회의 경제 현상, 특히 재화(財貨)와 서비스의 생산·교환·소비의 법칙을 연구하는 학문.

경제^협력^개발^기구(經濟協力開發機構) [-혐녁-] [명] 1961년 유럽과 북아메리카를 연결하는 경제 개발 기구로서 발족하여 경제 성장, 개발도상국의 원조, 세계 무역의 확대 등을 목적으로 하는 조직. 우리나라는 1996년에 가입함. =오이시디(OECD).

경조[1](硬調) [명][사진] 현상된 음화나 인화의 상태가 명암·농담의 대비가 강하여 중간 톤이 부족한 상태. ↔연조.

경¦조[2](慶弔) [명] **1** 경사스러움과 불행함. **2** 경사를 축하하고 궂은일을 위문하는 일.

경조부박(輕佻浮薄) [명] 언행이 경솔하여 신중하지 못함. **경조부박-하다** [형][여]

경¦-조사(慶弔事) [명] 축하해야 할 기쁜 일과 애도해야 할 불행한 일. 곧, 혼사·상사(喪事) 따위. ¶그는 집안의 ~에 한 번도 빠지는 일이 없다.

경¦조-상문(慶弔相問) [명] 서로 경사에는 축하하고 흉사에는 위문함. **경¦조상문-하다** [동][자][여]

경¦종(警鐘) [명] **1** 위급한 일이나 비상사태를 알리는 종이나 사이렌. **2** 잘못되는 일이나 위험한 일에 대해 경계하여 주는 주의나 충고의 비유.

경종을 울리다 [구] 잘못이나 위험을 미리 경계하여 주의를 환기시키다. ¶최근 에이즈(AIDS)의 전 세계적 확산은 문란한 성도덕에 크나큰 **경종을 울려** 주고 있다.

경죄(輕罪) [-죄/-줴] [명] 가벼운 죄. ↔중죄.

경주[1](傾注) [명] (힘이나 정신을) 한곳에 기울이는 것. **경주-하다**[1] [동][자][타][여] ¶목적을 달성하기 위해 노력을 ~. **경주-되다** [동][자]

경¦주[2](競走) [명] 사람·동물·차량 등이 일정한 거리를 달려 빠르기를 겨루는 일. 또는, 그 경기. [비]달리기. ¶단거리 ~ / 자동차 ~. **경¦주-하다**[2] [동][자][여] ¶토끼와 거북이가 ~.

경¦주-로(競走路) [명][체] =레인(lane)1.

경¦주-마(競走馬) [명] 경마에 출전시키기 위한 말.

경-주인(京主人) [명][역] =경저리(京邸吏).

경중(輕重) [명] **1** 가벼움과 무거움. 또는, 그 정도. ¶죄의 ~을 조사하다. **2** 중요함과 중요하지 않음. ¶사안(事案)의 ~을 가리다.

경¦중-미인(鏡中美人) [명] ['거울에 비친 미인'이라는 뜻] 실속 없는 일을 비유하여 이르는 말.

경증(輕症) [-쯩] [명] 가벼운 증세. ¶~ 환자. ↔중증(重症).

경지[1](耕地) [명] '경작지'의 준말. ¶~ 면적.

경지[2](境地) [명] **1** 일정한 경계 안의 땅. **2** 쉽게 도달할 수 없는 높은 상태. ¶달관의 ~ / 무아의 ~에 이르다. **3** 학문이나 예술 등에서, 일정한 체계로 이루어진 영역이나 분야. ¶독자적 ~를 개척하다.

경지^정¦리(耕地整理) [-니] [명][농] 토지의 효과적 이용, 영농의 기계화, 농업용수와 배수 관리의 원활화 등을 위하여 일정 구역의 경지 소유자가 토지의 교환, 관개의 개량 등을 공동으로 하는 일.

경직(硬直) [명] **1** (몸 따위가) 굳어서 뻣뻣하게 되는 것. ¶사후(死後) ~. **2** (사고방식이나 태도나 분위기 따위가) 외곬으로 치우쳐 융통성이 없거나 딱딱한 상태가 되는 것. **경직-하다** [동][자][여] **경직-되다** [동][자] ¶폐쇄적이고 **경직된** 사회.

경직-화(硬直化) [-지콰] [명] 경직된 상태로 되게 하는 것. 또는, 그런 상태로 되는 것. **경직화-하다** [동][자][타][여] **경직화-되다** [동][자] ¶**경직화된** 사회 체제.

경진[1](庚辰) [명] 60갑자의 열일곱째.

경진[2](輕震) [명][지] 진도 2의 가벼운 지진. 창문이 약간 흔들릴 정도임.

경¦진[3](競進) [명] 서로 겨루어 우열을 가리는 것. **경¦진-하다** [동][자][여]

경질[1](更迭·更佚) [명] (어떤 조직의 직위나 직책을) 그 자리에 있던 사람을 그만두게 하고 다른 사람이 맡게 하는 것. **경질-하다** [동][타][여] ¶대학교 총장을 ~. **경질-되다** [동][자] ¶대폭 개각으로 많은 각료가 ~.

경질[2](硬質) [명] 물건의 단단하고 굳은 성질. ¶~ 고무 / ~ 화합물. ↔연질(軟質).

경질^도기(硬質陶器) [명][공] 1200℃ 정도의 고열로 구운 후 약한 유약을 칠하여 다시 1000℃ 정도의 열로 구워 낸, 단단하고 굳은 도기. 백색으로 변기·타일·욕조 등에 씀.

경질^자¦기(硬質瓷器) [명][공] 900℃ 정도의 고열로 구운 후 강한 유약을 칠하여 다시 1400℃ 정도의 열로 구운 자기. 식기·화학용 기구 등에 씀.

경차(輕車) [명] =경승용차.

경-착륙(硬着陸) [-창뉵] [명] **1** 우주선이 속도를 제대로 줄이지 못해 천체에 충돌하는 일. **2** [경] 경기 하강이나 후퇴가 급격하게 이뤄지는 일. ↔연착륙. **경착륙-하다** [동][자][여] **경착륙-되다** [동][자]

경¦찰(警察) [명] **1** [법] 공공의 안녕·질서를 유지하기 위해 국가 권력으로 국민에게 명령·강제하는 행정 작용. 구체적으로는, 국민의 생명·재산 및 권리를 지키고, 범죄의 수사, 용의자의 체포 등을 실행하는 일. 또는, 그러한 일을 하는 기관. ¶~에 연행되다 / ~

경¦찰-견(警察犬) 명 경찰의 활동을 보조할 목적으로 육성·훈련된 개. 범인의 추적, 시체·유류품·마약 등의 발견, 인명 구조 등이 주임무임.

경¦찰-관(警察官) 명 경찰 공무원의 통칭. ⓒ경관·경찰.

경¦찰-국가(警察國家)[-까] 명 [정] 절대 군주 시대에, 군주가 내정 전반에 걸쳐 경찰권을 마음대로 행사하던 국가. ↔법치 국가.

경¦찰-권(警察權)[-꿘] 명 [법] 경찰 행정을 담당하는 공권력. 공공의 안녕·질서를 유지하기 위해 법규에 의해 국민에게 명령·강제하는 국가 권력.

경¦찰-력(警察力) 명 경찰의 물리적인 힘. ¶~을 동원하여 시위대를 강제 해산시키다.

경¦찰-봉(警察棒) 명 경찰관이 휴대하는 둥근 나무 방망이.

경¦찰-서(警察署)[-써] 명 경찰 관청의 하나. 대도시의 각 구(區) 및 시·군에 설치함.

경¦찰-차(警察車) 명 경찰이 업무를 위해 사용하는 차. 특히, 식별 가능하도록 특정한 색깔이 칠해져 있는 차를 가리킴.

경¦찰-청(警察廳) 명 행정 자치부 장관 소속 하에 설치되어 경찰 업무를 관장하는 정부 행정 기관. 1991년 '치안 본부'를 새로이 발족시킨 것임.

경창¦(京倉) 명 [역] 조선 시대에 서울 한강 가에 있던, 나라의 각종 창고.

경창²(競唱) 명 노래, 특히 판소리·민요·시조창·활가 등의 솜씨를 겨루는 일. ¶전국 남녀 시조 ~ 대회. 경¦창-하다 통(자여)

경채¦(硬彩) 명 [미] 짙고 선명한 도자기의 그림 빛깔. = 오채(五彩). ↔연채(軟彩).

경채²(莖菜) 명 =줄기채소.

경채-류(莖菜類) 명 줄기를 주로 먹는 채소.

경¦천(敬天) 명 하늘을 숭배하는 것. 경¦천-하다 통(자여)

경¦천-근민(敬天勤民) 명 하늘을 숭배하고 백성을 위하여 부지런히 일함. 경¦천근민-하다 통(자여)

경천-동지(驚天動地) 명 세상을 몹시 놀라게 함. 경천동지-하다 통(자여)

경¦천-애인(敬天愛人) 명 하늘을 숭배하고 인간을 사랑함. 경¦천애인-하다 통(자여)

경첩¹ 명 돌쩌귀처럼 문짝을 다는 데 쓰는 철물의 한 가지. 두 쇳조각을 맞물려 만듦.

경첩² '경칩(驚蟄)'의 잘못.

경첩³(勁捷) → 경첩-하다[-처파어] 형어 군세고 날래다.

경첩⁴(輕捷) → 경첩-하다²[-처파어] 형어 1 (동작이) 가뿐하고 민첩하다. ¶경첩한 몸놀림. 2 (차림새가) 단출하고 홀가분하다. ¶경첩한 옷차림.

경청¹(傾聽) 명 (다른 사람의 말을) 귀 기울여 듣는 것. 경청-하다¹ 통(타여) ¶청중은 숨소리 하나 내지 않고 그의 강연을 끝까지 경청하였다.

경청²(輕清) → 경청-하다²[어여] 1 (날씨나 빛깔 따위가) 산뜻하고 맑다. 2 (곡조가) 맑고 가볍다. 3 (맛이) 느끼하지 않고 담백하다.

경추(頸椎) 명 [생] 척추의 맨 위쪽, 목 부분에 있는 추골. 사람의 경우에는 7개로 구성됨. = 경추골·목등뼈.

경¦축(慶祝) 명 (어떤 일을) 경사스럽게 여겨 축하하는 것. 경¦축-하다 통(타여) ¶독립 기념관에서는 광복절을 경축하는 기념식이 거행되었다.

경¦축-일(慶祝日) 명 경축하는 날.

경치(景致) 명 멀리 한눈에 보이는, 산·강·바다 등의 자연의 모습이나 도시·시골 등 넓은 지역의 모습. 또는, 그 모습이 조화나 균형을 이루고 있는 상태. =경개(景槪)·경관(景觀)·경광(景光)·경색(景色)·풍물. ⓑ풍경·풍광. ¶시골 ~ / ~가 좋다 / 단풍이 붉게 물든 설악의 가을 ~. ⓒ경(景).

경-치다(黥-) 통 1 호된 꾸지람을 듣거나 벌을 받다. ¶이런 경칠 녀석 같으니. 2 (주로 '경치게'의 꼴로 쓰여) 아주 심한 상태를 못마땅하게 여겨 이르는 말. ¶날씨 한번 경치게 덥다.

경칩(驚蟄) 명 24절기의 하나. 양력 3월 6일 경으로, 우수와 춘분 사이에 있음.

경¦칭(敬稱) 명 공경하는 뜻으로 사용하는 칭호. ¶그는 김 씨를 언급할 때마다 김 선생님께서, 김 박사님께서 어쩌고 하면서 깍듯이 ~을 붙였다.

경쾌(輕快) → 경쾌-하다 [형어] 1 (움직임이나 모습·기분 따위가) 가볍고 상쾌하다. ¶경쾌한 발놀림 / 경쾌한 옷차림 / 기분이 ~. 2 (음악이나 필치 따위가) 무겁지 않고 멋들어지다. ¶왈츠는 경쾌한 리듬의 춤이다. 경쾌-히 부

경탄(驚歎·驚嘆) 명 사물의 훌륭함이나 대단함에 놀라 절로 '아' 하는 소리를 내거나, 그런 소리를 낼 만큼 감동받는 상태가 되는 것. ⓑ감탄. ¶관중들은 아슬아슬한 곡예가 끝날 때마다 ~과 찬사의 박수를 보냈다. 경탄-하다 통(자여) ¶우주의 질서와 대자연의 운행을 보노라면 신의 위대한 섭리에 경탄하지 않을 수 없게 된다.

경토(耕土)[-토] 명 [농] 1 갈아서 농사짓기에 알맞은 땅. 2 토지의 위층으로, 갈고 맬 수 있는 부분의 흙. = 갈이흙·겉흙. ⓑ표토.

경판(經板) 명 간행하기 위하여 나무나 금속에 불경을 새긴 판.

경판-본(京板本) 명 서울에서 판각(板刻)한 책. ▷완판본(完板本).

경편(輕便) 가볍고 편하거나, 손쉽고 편리한 것. ¶~ 요리 / ~ 철도. 경편-하다 형어
경편-히 부

경포(輕砲) 명 [군] 구경(口徑)이 작은 화포(火砲). ↔중포(重砲).

경-폭격기(輕爆擊機)[-격끼] 명 [군] 폭탄 적재량이 적은, 비교적 규모가 작고 민첩한 폭격기.

경¦품(景品) 명 어떤 특정한 기한 안에 많은 상품을 팔기 위하여 일정액 이상의 상품을 사는 손님에게 곁들여 주는 물품. ¶당첨자에게 ~을 주다.

경¦품-권(景品券)[-꿘] 명 당첨된 것에 한하여 경품을 받을 수 있도록 주는 표.

경풍(驚風) 명 [한] 어린아이가 경련을 일으키는 병의 총칭. =경기(驚氣).

경¦하(敬賀) 명 공경하여 축하하는 것. 경¦하-하다 통(타여)

경¦하²(慶賀) 명 경사로운 일에 대하여 치하하는 것. 경¦하-하다² 통(타여) ¶귀하의 수상을 경하해 마지않습니다.

경-하다(輕-) 형어 1 (무게가) 가볍다. 2 (사태가) 중대하지 않다. 3 (언행이) 경솔하다. ¶그 사람, 싹싹하긴 한데 좀 경해서 탈이야. ↔중(重)하다.

경학(經學) 명 공자의 사상을 중심으로 사서 오경을 연구하는 학문. ⸝유학(儒學).

경:합(競合) 명 1 (둘 이상의 사람이나 단체 등이) 거의 비등하게 서로 실력이나 승부를 겨루는 것. ¶결승점을 앞에 놓고 1위와 2위가 ~을 벌이다. 2 [법] 단일한 사실·요건에 대하여 평가 또는 평가의 효과가 중복되는 일. 특히, 형법에서 동일 행위가 몇 개의 죄명에 해당하는 일. **경:합-하다** 동⟨자여⟩ ¶시장 선거에 네 후보가 ~.

경-합금(輕合金) [-끔] 명 알루미늄·마그네슘·티탄을 성분으로 하는 합금. 가볍고 강도가 커서 항공기의 재료로 쓰임.

경:해(謦欬·謦咳) 명 1 인기척으로 내는 헛기침. 2 윗사람을 공경하여 그의 기침 소리나 말씀을 이르는 말. **경:해-하다** 동⟨자여⟩

경해에 접하다 관 윗사람을 뵙다.

경향¹(京鄕) 명 서울과 시골. ⸝중외(中外). ¶~ 각지.

경향²(傾向) 명 (사상·행동이나 어떤 현상이) 어떤 방향으로 기울거나 쏠리는 일. ¶사실주의적 ~을 띤 소설 / 병수는 말을 함부로 하는 ~이 있다.

경향-극(傾向劇) 명[연] 어떠한 주의·사상, 특히 사회주의 사상을 선전하기 위한 극.

경향-문학(傾向文學) 명[문] 작가의 일정한 이상·주의·신념을 실현시키려는 태도가 강한 문학. 특히, 사회주의 사상을 배경으로 한 문학.

경험(經驗) 명 1 (어떤 일을) 보거나 듣거나 느끼면서 겪는 것. 또는, 거기서 얻은 지식이나 능력. ¶산 ~ / 간접 ~ / 사회 ~ / ~이 많다[풍부하다] / ~이 있다 / ~을 쌓다. ▸체험. 2 [철] 객관적 대상에 대한 감각 내지 지각 작용에 의하여 깨닫게 되는 내용. **경험-하다** 동⟨타여⟩ ¶여행을 통해 많은 것을 ~ / 가난의 쓰라림은 그것을 **경험해** 보지 않은 사람은 모른다.

경험-담(經驗談) 명 몸소 겪은 일에 대한 이야기. ⸝체험담. ¶사업에 대한 ~을 들려주다.

경험-론(經驗論) [-논] 명 1 [철] =경험주의. 2 경험을 중시하여 행한 논의나 견해.

경험-방(經驗方) 명[한] 실지로 많이 써서 겪어 본 약의 처방.

경험-자(經驗者) 명 어떤 일을 경험한 사람.

경험-적(經驗的) 관 경험에 근거하는 (것). ¶마을 사람들은 이맘때면 학이 날아오리라는 것을 ~으로 알고 있었다.

경험-주의(經驗主義) [-의/-이] 명[철] 경험할 수 있는 것만이 인식을 구성하며, 또 경험한 것만이 진리라고 생각하는 사상. =경험론. ▷합리주의.

경험-철학(經驗哲學) 명[철] 지식의 원천을 경험에 두어 경험을 근본 원리로 삼는 철학. ↔사변 철학.

경혈¹(經穴) 명[한] 경락(經絡)에서, 침을 놓거나 뜸을 뜨면 치료의 효과가 나타나는 자리.

경혈²(驚血) 명 멍이 들어 맺힌 피.

경호(警護) 명 (어떤 사람을) 위험으로부터 보호하는 것. ¶경찰의 ~를 받다. **경:호-하다** 동 ¶경찰이 브이아이피(VIP)를 ~.

경:호-원(警護員) 명 다른 사람의 신변을 경호하는 사람.

경화¹(硬化) 명 1 (어떤 물질이) 단단하게 굳어지는 것. ¶동맥 ~. 2 (의견·태도 등이) 강경하게 되는 것. ↔연화(軟化). **경화-하다** 동⟨자여⟩ **경화-되다** 동⟨자⟩ ¶근육이 ~ / 여야의 관계가 ~.

경화²(硬貨) 명[경] 1 금속으로 주조한 화폐. 2 금 또는 각국의 화폐와 언제나 바꿀 수 있는 화폐. ↔연화(軟貨).

경화-기(輕火器) 명 소총 등과 같이 비교적 무게가 가벼운 화기. ↔중화기(重火器).

경화-유(硬化油) 명 어유(魚油)나 식물성 유지 등의 액체 상태의 유지(油脂)에 수소를 첨가하여 고체 상태로 만든 기름. 마가린·비누·초 등의 제조 원료로 씀.

경화-증(硬化症) [-쯩] 명[의] 조직이 변성하여 굳어지는 것. 또는, 그것에 의하여 일어나는 병적인 상태. 동맥 경화증·간경변증 따위.

경-환자(輕患者) 명 가벼운 질환에 걸린 사람. ↔중환자.

경황¹(景況) 명 정신적인 여유나 겨를. ¶내일도 태산 같은데 무슨 ~으로 네 일까지 해주겠니?

경황²(驚惶) 명 놀라서 당황하는 것. **경황-하다** 동⟨여⟩

경황-없다(景況-) [-업따] 형 몹시 바빠 겨를이 없다. ×경없다. **경황없-이** 부

곁[겯] 명 1 공간적으로 사람이나 사물로부터 가까운 데. ¶거기 있지 말고 내 ~으로 와. 2 관심이 미치는 영역이나 유대 관계가 있는 범위. ¶부모 ~을 떠나다. 3 가까이에서 도와줄 만한 사람. ▶옆.

곁(이) 비다 관 보호하거나 지킬 사람이 곁에 없다. ¶환자의 **곁이 비었으니** 빨리 가서 지켜라.

곁(을) 비우다 관 보호하거나 지키는 사람이 없는 상태가 되게 하다. ¶**곁을 비우지** 말고 잘 돌보아라.

곁-가지[겯까-] 명 1 원가지에서 곁으로 돋은 작은 가지. ¶소나무가 ~를 치다. 2 어떤 사물에서 갈라져 나오거나 부차적인 부분.

곁-간(-間) [겯깐] 명 1 집의 본채에 딸려 있는 작은 간. 2 주가 되는 방에 딸린 방.

곁-길[겯낄] 명 큰길에서 곁으로 갈라져 난 길. ¶~로 빠지다.

곁-꾼[겯-] 명 곁에서 남의 일을 거들어 주는 사람.

곁-눈¹[견-] 명 얼굴을 돌리지 않고 눈알만 옆으로 돌려 보는 눈. ¶~으로 슬쩍 보다. ×옆눈.

곁눈(을) 주다 관 1 남이 모르도록 곁눈질로 상대방에게 어떤 뜻을 알리다. ¶노름판에서 그는 한패에게 슬금슬금 **곁눈을 주었다**. 2 곁눈으로 은근히 정을 나타내다.

곁눈(을) 팔다[뜨다] 관 주의를 집중시키지 않고 다른 데를 보다. ¶**곁눈 팔지** 말고 열심히 공부하여라.

곁-눈²[견-] 명[식] 줄기의 옆쪽에 생기는 눈. =측아(側芽).

곁눈-질[견-] 명 1 곁눈으로 보는 짓. ¶낯선 사람을 ~ 해보다. 2 곁눈으로 뜻을 알리는 것. ¶그는 나에게 ~로 밖으로 나가자는 신호를 보냈다. ×옆눈질. **곁눈질-하다** 동⟨자타여⟩ ¶상대를 흘끔 ~.

곁-다리[겯-] 명 직접 관계없는 사람이나 부차적인 것을 얕잡아 이르는 말.

곁다리(를) 끼다[들다] 관 당사자가 아닌 사람이 곁에서 참견하여 말하다. ¶자네가 무슨 상관인데 남의 일에 **곁다리를 끼고** 나

서나?
결-두리[겯뚜-] [명] 농부나 일꾼이 일하면서 끼니 외에 아침과 점심 사이, 점심과 저녁 사이에 먹는 음식. 아침과 점심 사이의 것은 '점심곁두리', 점심과 저녁 사이의 것은 '저녁곁두리' 라고 함. [비]새참.
곁-들다[겯뜰-] [동]〈~드니, ~드오〉 [1][자] (어떤 것에 다른 것이) 덧붙어 어울리다. 또는, (어떤 상황에 다른 것이) 끼어들다. ¶노래에 춤이 **곁들어** 분위기가 더욱 흥겨워졌다. [2][타] **1** 곁에서 붙잡아 함께 들다. ¶무거운 짐을 **곁들고** 따라가다. **2** 곁에서 거들어 주다. ¶그는 종일 밭일을 **곁들었다**.
곁들-이다[겯뜰-] [동][타] **1** 주된 음식에 다른 음식을 함께 갖추다. =앙구다. ¶스테이크에 야채를 ~. **2** 주된 일에 다른 일을 겸하여 하다. ¶노래에 춤을 ~/해장으로 국밥에 소주를 한 잔 ~.
곁-땀[겯-] [명] **1** 겨드랑이에서 나는 땀. **2** 겨드랑이에서 유난히 땀이 많이 나는 병. =액한(腋汗).
곁땀-내 [명] '암내[2]'의 잘못.
곁-마기[겯-] [명] 여자의 예복으로 입는 저고리의 한 가지. 노랑이나 연두 바탕에 자줏빛으로 깃·겨드랑이·끝동·고름을 닮.
곁-말[겯-] [명] 같은 집단의 사람들끼리 사물을 바로 말하지 않고 다른 말로 빗대어 하는 말. '희떱다'는 것을 '까치 배때기 같다'라 하는 따위. ▷은어.
곁-방(-房)[겯빵] [명] **1** 안방에 딸린 방. =협실(夾室)·협방(夾房). **2** 남의 집 한 부분을 빌려 든 방. **3** 주가 되는 방에 딸린 방. =측실.
곁방-살이(-房-)[겯빵-] [명] 남의 집 곁방을 빌려 사는 살림. ¶~ 삼 년에 눈치만 남았다. **곁방살이-하다** [동][자][여]
곁-부축[겯뿌-] [명] **1** 겨드랑이를 붙들어 걸음을 돕는 것. =부액(扶腋). [비]부축. **2** 남의 일이나 말을 곁에서 거들어 주는 것. **곁부축-하다** [동][타][여]
곁-불[겯뿔] [명] 목표물 근처에 있다가 잘못 맞은 총.
곁-뿌리[겯-] [명][식] 고등 식물의 원뿌리에서 갈라져 나간 작은 뿌리. =측근(側根). ↔원뿌리.
곁-사돈(-査頓)[겯싸-] [명] 직접 사돈 간이 아닌, 같은 항렬의 방계(傍系) 간의 사돈. ▷친사돈.
곁-상(-床)[겯쌍] [명] 한 상에 다 못 차려 덧붙여 차리는 작은 상.
곁-쇠[겯쐬/겯쒜] [명] 제짝이 아니면서 자물쇠에 맞는 대용 열쇠. ▷마스터키.
곁-순(-筍)[겯쑨] [명] 나무나 풀의 원줄기 곁에서 돋아나는 순.
곁-옷고름[겨돋꼬-] [명] 저고리나 두루마기의 안쪽의 짧은 옷고름. [준]곁고름.
곁-자리[겯짜-] [명] 주가 되는 자리 곁에 있는 자리.
곁-줄기[겯쭐-] [명][식] 덩굴식물의 원줄기에서 곁으로 뻗은 가는 줄기.
곁-채[겯-] [명] 몸채 곁에 딸린 다른 집채.
계ː[1](系) [계/게] [명] **1** [수][철] 어떤 정리로부터 쉽게 밝혀낼 수 있는 명제. **2** [물][화] 일정한 상호 작용·관련이 있는 집합체. **3** [지] 지질 시대 구분의 한 단위인 기(紀)에 해당하는 지층임을 나타내는 말.
계ː[2](戒·誡) [계/게] [명] **1** 죄를 짓지 못하게 하는 규정. **2** [불] 승려 및 불교도가 지켜야 할 행동 규범. **3** [문] 훈계를 목적으로 지은 한문 문체의 하나.
계ː[3](計) [계/게] [명] **1** =합계(合計). ¶~를 내다/~가 얼마냐? **2** =계교(計巧)[1].
계ː[4](係) [계/게] [명] 사무나 작업 분담의 작은 갈래. 과(課)의 아래 단위임.
계ː[5](癸) [계/게] [명] 천간(天干)의 열째.
계ː[6](界) [계/게] [명] **1** [생] 생물을 분류하는 가장 큰 단위. 동물계·식물계 따위. **2** [지] =대층(代層).
계ː[7](契) [계/게] [명] **1** 상호 부조, 친목, 공동 이익, 금전 융통 등을 목적으로 여러 사람이 정기적으로 돈이나 곡식·피륙 등을 추렴하여 그것을 서로 이용할 수 있도록 조직된, 우리나라에 예로부터 널리 존재해 온 민간 협동 단체. **2** 특히, 오늘날 목돈을 마련하기 위해 여러 사람이 일정 기간 동안 매달 일정액의 돈을 내어 한 사람씩 돈을 타게 되어 있는 일시적인 조직. ¶~ 모임/~를 들다/~가 깨지다.
　계(를) 타다 [구] 곗돈을 받게 되다.
계[8](階) [계/게] [명] **1** 벼슬의 등급. **2** '품계'의 준말.
-계[9](系) [계/게] [접미] 그런 계통에 속함의 뜻. ¶기독교~의 학교/한국~의 미국인.
-계[10](屆) [계/게] [접미] 일부 명사 아래에 쓰여, '문서'의 뜻. ¶결석~/결근~.
-계[11](計) [계/게] [접미] 일부 명사 아래에 쓰여, 그것을 재는 '기구'나 '계기'의 뜻. ¶온도~/주행(走行)~.
-계[12](係) [계/게] [접미] 일부 명사 아래에 쓰여, 사무나 작업 분담의 '단위'의 뜻. ¶서무~/인사~.
-계[13](界) [계/게] [접미] **1** 분야나 업종 등을 나타내는 일부 명사에 붙어, 그것의 '영역', '사회', '세계' 등을 뜻하는 말. ¶정치~/출판~/연예~. **2** 행정 구역을 나타내는 일부 명사에 붙어, '경계'의 뜻을 나타내는 말. ¶군~/시~/도~.
계ː가(計家) [계-/게-] [명] 바둑을 다 둔 뒤에 이기고 진 것을 가리기 위해 집 수를 헤아리는 것. **계ː가-하다** [동][자][여]
계ː간[1](季刊) [계-/게-] [명] 잡지·전문지 등을 계절마다 한 번씩(곧, 1년에 네 번) 발행하는 일. 또는, 그 간행물.
계간[2](鷄姦) [계-/게-] [명] =비역. **계간-하다** [동][자][여]
계ː간-지(季刊誌) [계-/게-] [명] 계절마다 한 번씩 발행하는 잡지나 전문지. =계보.
계ː계승승(繼繼承承) [계계-/게게-] [명] **1** 자자손손이 대를 이어 감. **2** 앞사람이 하던 일을 뒷사람이 내리 이어받음. **계ː계승승-하다** [동][자][여]
계ː고(戒告) [계-/게-] [명][법] **1** 행정상의 의무를 일정 기간 안에 이행하지 않을 때는 강제 집행을 한다는 뜻을 미리 문서로써 통고하는 일. 또는, 그 절차. **2** 공무원의 의무 위반에 대한 징계 처분. **계ː고-하다** [동][타][여]
계ː고-장(戒告狀) [계-짱/게-짱] [명][법] 행정상의 의무 이행을 알려 재촉하는 글이나 문서.
계곡(溪谷) [계-/게-] [명] 물이 흐르는 골짜기.
계관(鷄冠) [계-/게-] [명] **1** 닭의 볏. =계두. **2** [식] =맨드라미.
계ː관^시인(桂冠詩人) [계-/게-] [명] 〔고대

그리스에서 훌륭한 시인에게 월계관을 준 데서] [문] 영국에서 국왕으로부터 임명되어 왕실의 경조(慶弔)에 공적인 시를 짓는 것을 의무로 한 시인.

계:교¹(計巧) [계-/게-] 명 요리조리 생각해 낸 꾀. =계교(計). ¶~를 부리다 / ~를 꾸미다 / ~를 쓰다.

계:교²(計較) [계-/게-] 명 서로 견주어 살피는 것. =교계(較計). **계:교-하다** 동(타여)

계급(階級) [계-/게-] 명 1 사회나 조직 속에서의 신분·지위 따위의 단계. 특히, 군대나 경찰 등에서의 위계(位階). ¶그 군인은 ~이 병장이다. 2 [사] 재산·부(富)와 같은 경제적 능력, 신분의 고하, 정치적 지배력의 유무에 따라 구분되는 사회적 집단. ¶부르주아 ~ / 중산 ~. 3 [수] 도수 분포표에서 측정값이 분류되는 작은 구간.

계급^문학(階級文學) [계급-/게급-] 명[문] 계급 간의 갈등이나 계급의식을 다룬 문학.

계급-의식(階級意識) [계-/게-] 명 1 어떤 계급의 구성원이 일반적으로 가지는 심리·태도 등의 공통적인 경향. 2 자기가 속하는 계급의 지위·역할·사명 등을 자각하고 또 이것의 향상을 실현하려는 의식.

계급-장(階級章) [계-짱/게-짱] 명 옷 따위에 달아 계급을 나타내는 표.

계급^정년(階級停年) [계-쩡-/게-쩡-] 명[군] 한 계급에서 일정한 기간이 지나도 진급하지 못하면 전역(轉役)하거나 퇴역하도록 정한 기한. ¶~에 걸리다.

계급^제:도(階級制度) [계-쩨-/게-쩨-] 명 1 사회적 지위의 구별에 관한 국가의 제도. 2 [사] 서로 대립하는 계급이 있어 지배와 피지배, 착취와 피착취 등의 관계가 있는 사회 제도.

계급-주의(階級主義) [계-쭈의/게-쭈의] 명 1 자신이 속한 계급의 이념에만 충실하고 다른 계급에 대해서는 배타적인 태도. 2 역사 발전의 원동력은 계급 사이의 투쟁에 있다고 보는 주의.

계급-투쟁(階級鬪爭) [계-/게-] 명 경제적·정치적 우열(優劣)이나 지배·피지배를 둘러싸고, 서로 다른 계급 사이에서 이루어지는 투쟁.

계:기¹(計器) [계-/게-] 명 무게·길이·양·면적이나 온도·속도·시간·세기 따위를 재는 기계나 기구의 총칭.

계:기²(契機) [계-/게-] 명 어떤 일이 일어나거나 변화·결정되는 근거나 기회. ¶올림픽을 ~로 우리 사회의 스포츠에 대한 인식이 크게 향상하였다.

계:기³(繼起) [계-/게-] 명 (어떤 일이나 현상이) 잇달아 일어나는 것. **계:기-하다** 동(자여)

계:기^비행(計器飛行) [계-/게-] 명 날씨가 좋지 않은 때나 야간에 나침반·레이더 등의 계기에만 의존하는 비행. =맹목 비행.

계:기-판(計器板) [계-/게-] 명 항공기나 자동차, 기관차 등의 조종석 또는 운전석 앞에 각종 계기를 설치해 놓은 면. =계기반. 비문자반.

계단(階段) [계-/게-] 명 1(자립] 1 2층 이상의 건물이나 비탈 등과 같이 높이가 다른 곳으로 걸어서 움직일 때, 밟고 오르내릴 수 있도록 턱을 지어 만든 설비. 비층계. ¶비상 ~ / 나선식 ~ / ~을 오르다. 2 일을 하는 데 밟아야 할 순서. 2[의존] 밟고 오르내릴 수 있도록 턱을 지어 만든 것의 단을 세는 말. ¶한 ~ / 두 ~.

계단^경작(階段耕作) [계-/게-] 명[농] 비탈진 땅에 층층으로 논밭을 만들어 갈아 부치는 일. =계단갈이.

계단^단:층(階段斷層) [계-/게-] 명[지] 같은 종류의 많은 단층이 평행으로 발달하여 계단 모양으로 된 지반(地盤).

계단-식(階段式) [계-/게-] 명 1 계단을 본뜬 방식. ¶~ 개간지. 2 한 단계 한 단계씩 순서를 밟아서 하는 방식. ¶~ 학습법.

계단-참(階段站) [계-/게-] 명[건] =층계참(層階站).

계:달(啓達) [계-/게-] 명 임금에 의견을 아뢰는 것. **계:달-하다** 동(타여)

계:도¹(系圖) [계-/게-] 명 대대의 계통을 나타낸 도표. =성계(姓系).

계:도²(啓導) [계-/게-] 명 깨치어 이끌어 주는 것. **계:도-하다** 동(타여)

계:동(季冬) [계-/게-] 명 1 음력 섣달. 2 =늦겨울.

계란(鷄卵) [계-/게-] 명 =달걀.
[계란에도 뼈가 있다] [임금이 가난한 정승에게 사 준 계란이 모두 곯았다는 데에서] 일이 늘 안 되는 사람은 좋은 기회를 만나도 역시 그르치고 만다. '계란유골(鷄卵有骨)'과 같은 말.

계란이나 달걀이나 관 이것이나 저것이나 다 마찬가지라는 뜻.

계란-말이(鷄卵-) [계-/게-] 명 달걀을 얇게 부쳐서 돌돌 만 음식. =달걀말이.

계란-유골(鷄卵有骨) [계-뉴-/게-뉴-] 명 일이 늘 안 되는 사람은 좋은 기회를 만나도 역시 그르치고 만다는 말. '계란에도 뼈가 있다'와 같은 말.

계란-찜(鷄卵-) [계-/게-] 명 푼 달걀에 새우젓이나 명란젓, 파·깨 따위를 넣고 찐 음식. =달걀찜.

계란-형(鷄卵形) [계-/게-] 명 달걀처럼 생긴 모양. 곧, 한쪽이 다소 길쭉한 타원형의 모양. =달걀형. 비달걀꼴. ¶~의 얼굴.

계:략(計略) [계-/게-] 명 어떤 일을 이루기 위한 꾀나 수단. =계모(計謀). ¶무서운 ~ / ~을 꾸미다 / 적의 ~에 걸리다.

계:량¹(計量) [계-/게-] 명 분량이나 무게를 재는 것. 비계측. **계:량-하다**¹ 동(타여) ¶무게를 ~.

계:량²(繼糧) [계-/게-] 명 추수한 곡식으로 한 해 동안의 양식을 이어 가는 것. **계:량-하다**² 동(자여)

계:량-기(計量器) [계-/게-] 명 계량하는 데에 쓰이는 기구. ¶수도 ~ / 전기 ~.

계:량-스푼(計量spoon) [계-/게-] 명 가루나 조미료, 액체 따위의 용량을 재는 기구.

계:량-컵(計量cup) [계-/게-] 명 가루나 조미료, 액체 따위의 용량을 재는, 눈금이 표시된 컵.

계례(笄禮) [계-/게-] 명 옛날에, 약혼한 여자가 올리던 성인 의식. 땋았던 머리를 풀어 쪽을 찜. ↔관례(冠禮). **계례-하다** 동(자여)

계:루(繫累·係累) [계-/게-] 명 1 어떤 일에 얽매여 관련되는 것. 2 딸린 식구. 비권속. **계:루-하다** 동(자여) 어떤 일에 얽매여 관련되다. **계:루-되다** 동(자) ¶살인 사건에 ~.

계류¹(溪流·磎流) [계-/게-] 명 산골짜기에 흐르는 시냇물. =계수(溪水).

계:류²(繫留) [계-/게-] 명 1 어떤 자리에서

벗어나지 못하도록 밧줄 따위로 붙잡아 매어 놓는 것. 2 (어떤 사건이) 해결되지 않고 걸려 있는 것. 계:류-하다 통(자)(타)(여) ¶배를 나루터에 ~. 계:류-되다 통(자) ¶검찰에 계류되어 있는 사건.
계:류-선(繫留船) [계-/게-] 명 부두나 바닷가에 매어 놓은 배.
계:류-장(繫留場) [계-/게-] 명 배를 대고 매어 놓는 장소.
계:류-탑(繫留塔) [계-/게-] 명 비행선이나 기구(氣球)를 붙들어 매기 위하여 세운 탑.
계륵(鷄肋) [계-/게-] 명 1 ['닭의 갈비'라는 뜻] 그다지 가치는 없으나 버리기에는 아까움의 비유. 2 몸이 몹시 약함의 비유.
계:리-사(計理士) [계-/게-] 명 '공인 회계사'의 구칭.
계림(鷄林) [계-/게-] 명[역] 1 신라 탈해왕 때부터 한때 부르던 '신라'의 다른 이름. 2 '경주(慶州)'의 옛 이름. 3 우리나라'의 다른 이름.
계:마(桂馬) [계-/게-] 명 바둑에서, 옆줄에서 한 칸이나 두 칸을 대각선 방향으로 건너 돌을 놓는 일. '日(일)' 자로 놓으면 소계마(小桂馬), '目(목)' 자로 놓으면 대계마(大桂馬)라 함.
계:면(界面) [계-/게-] 명 1 [물] 서로 접촉해 있는 두 가지 상(相)의 경계면. 2 [음] '계면조'의 준말. 3 경계를 이루는 면.
계:면-굿 [계-굳/게-굳] 명[민] 무당이 쌀이나 돈을 걷기 위하여 집집마다 돌아다니며 하는 굿. =계면놀이.
계:면-떡 [계-/게-] 명[민] 무당이 굿을 끝내고 구경꾼에 돌라 주는 떡.
계:면^장력(界面張力) [계-녁/게-녁] 명[물] =표면 장력.
계:면-조(界面調) [계-쪼/게-쪼] 명[음] 국악에서 쓰이는 음계의 하나. 슬프고 처절한 감을 주는 음조로, 서양 음악의 단조(短調)와 비슷함. 준계면.
계면-쩍다 [계-따/게-따] 형 '겸연쩍다'의 변한말.
계:명¹(戒名) [계-/게-] 명[불] =법명.
계:명²(階名) [계-/게-] 명 1 계급이나 품계의 이름. 2 [음] =계이름.
계:명³(誡命) [계-/게-] 명 종교·도덕상 꼭 지켜야 할 조건. ¶~을 따르다/~을 어기다/~을 범하다.
계명-구도(鷄鳴狗盜) [계-/게-] 명 [제(齊) 나라의 맹상군(孟嘗君)이 진(秦) 나라에 갇혔을 때, 개를 흉내 낸 도둑질과 닭의 울음소리를 흉내 낸 식객의 도움으로 피신할 수 있었다는 고사에서] 비굴한 꾀를 써서 남을 속이는 천박한 사람. 또는, 하찮고 천하지만 도움이 될 때가 있는 재주.
계:명-성(啓明星) [계-/게-] 명[천] =샛별.
계명워리 [계-/게-] 명 행실이 바르지 못한 계집.
계명-창법(階名唱法) [계-뻡/게-뻡] 명[음] =계이름부르기.
계:모¹(季母) [계-/게-] 명 계부(季父)의 아내를 이르는 말. ▷백모·숙모.
계:모²(繼母) [계-/게-] 명 아버지의 후처. 후모(後母). 비의붓어머니. ▷서모.
계:목(繫牧) [계-/게-] 명[농] 가축의 목에 적당한 길이의 끈을 매어 그 범위 안에서 자유로이 먹고 운동하게 하는 사육 방법. =매어기르기. 계:목-하다 통(타)(여)

계:몽(啓蒙) [계-/게-] 명 (지식 수준이 낮거나 인습적 편견에 젖어 있는 사람을) 바른 생각을 가지도록 깨우쳐 주는 것. 계:몽-하다 통(타)(여) ¶청소년을 ~. 계:몽-되다 통(자)
계:몽-사상(啓蒙思想) [계-/게-] 명[철] =계몽주의.
계:몽^운:동(啓蒙運動) [계-/게-] 명[사] 지식 수준이 낮은 사람을 깨우치고, 인습적 편견에 젖어 있는 사람에게 합리적 판단력을 가지게 하는 운동. ¶농촌 ~.
계:몽-주의(啓蒙主義) [계-의/게-이] 명[철] 18세기에 프랑스를 중심으로 유럽 전역에 확산된, 중세의 전통적·권위적 사상을 부정하는 혁신적인 사상. =계몽사상·계몽철학.
계:묘(癸卯) [계-/게-] 명 60갑자의 마흔째.
계:문(啓門) [계-/게-] 명[민] 제사에서, 닫았던 문을 여는 일. 합문(闔門):조상의 영혼에게 진지를 권한 뒤 문을 닫고 나오는 일) 다음의 절차로, 축관이 헛기침을 세 번한 뒤, 문을 열고 들어감. 계:문-하다 통(자)(여)
계:미(癸未) [계-/게-] 명 60갑자의 스무째.
계:미-자(癸未字) [계-/게-] 명[역] 조선 태종 3년(1403:계미년)에 만든 구리 활자.
계:발(啓發) [계-/게-] 명 (슬기와 재능 등을) 일깨워 더 나은 상태가 되게 하는 것. ¶지능 ~ 프로그램. 계:발-하다 통(타)(여) ¶소질을 ~. 계:발-되다 통(자)
계:방(癸方) [계-/게-] 명 24방위의 하나. 정북(正北)으로부터 동으로 15도의 방위를 중심으로 한 15도 각도 안. 준계(癸).
계:배(計杯) [계-/게-] 명 술값을 치를 때 순배(巡杯)나 잔의 수효를 세어서 계산하는 것. 계:배-하다 통(타)(여)
계:보(系譜) [계-/게-] 명 1 조상 때부터 내려오는 혈통과 집안 역사를 적은 책. 2 혈연 관계나 학풍·사조(思潮) 등이 계승되어 온 연속성. ¶워즈워스는 낭만주의 ~에 속하는 시인이다.
계:보-기(計步器) [계-/게-] 명 =보수계(步數計).
계:부¹(季父) [계-/게-] 명 아버지의 맨 마지막 남동생을 이르는 말. 직접 호칭은 기혼일 때 '(막내) 아버지', 미혼일 때 '(막내) 삼촌', '아저씨'임. ▷백부·숙부.
계:부²(繼父) [계-/게-] 명 어머니가 개가하여 얻은 남편. 비의붓아버지.
계분(鷄糞) [계-/게-] 명 =닭똥.
계:비(繼妃) [계-/게-] 명 임금의 후취인 비(妃).
계:사¹(癸巳) [계-/게-] 명 60갑자의 서른째.
계:사²(啓辭) [계-/게-] 명[역] 논죄(論罪)에 관하여 임금에게 올리는 글.
계:사³(繫辭) [계-/게-] 명 1 [논] 명제의 주사(主辭)와 빈사(賓辭)를 연결하여 긍정이나 부정의 뜻을 나타내는 말. '고래는 동물이다'에서 '이다' 같은 것. =연사(連辭)·코풀러. 2 [역] 문왕(文王)과 주공(周公)이 역(易)의 괘(卦)와 효(爻)의 아래에 써넣은 설명의 말. =괘사(卦辭). 3 본문에 딸려 그것을 설명하는 말.
계사⁴(鷄舍) [계-/게-] 명 =닭장.
계:산(計算) [계-/게-] 명 1 (어떤 수로 이루어진 식) 그 값이나 답을 구하기 위해 덧셈·뺄셈·곱셈·나눗셈의 방식으로 셈하는 것. ¶~이 빠르다/~이 맞다. 2 (값을) 치

르는 것. **3** (어떤 일을) 예상하거나 고려하는 것. ¶돌발 사태를 ~에 넣다. **4** 어떤 일이 자기에게 어떤 이해득실이 있는지를 따지는 일. ¶~이 밝다 / ~이 빠르다. **계¦산-하다** [동][타][여] ¶비용을 ~ / 암산으로 ~. **계¦산-되다** [동][자] ¶치밀하게 **계산된** 행동.

계¦산-기(計算器·計算機) [계-/게-] [명] 각종 계산을 빠르고 정확하게 할 수 있도록 만든 장치. 수판·계산자·컴퓨터 따위.

계¦산-대(計算臺) [계-/게-] [명] 슈퍼마켓·상점 등에서, 물건 값을 계산하기 위하여 마련한 대.

계¦산-서(計算書) [계-/게-] [명] 계산한 명세를 적은 서류. ¶세금 ~ / 술값 ~.

계¦산-속(計算-) [계-쏙/게-쏙] [명] 어떤 일이 자기에게 이해득실이 있는지 속으로 따져 보는 것. ¶~이 빠르다.

계¦산-자(計算-) [계-/게-] [명][수] 로그 눈금이 새겨진 평행한 두 고정 자와, 그 사이를 움직이는 안쪽 자 및 계산의 눈금을 맞추는 커서로 이루어져 있는 계산기. 구용어는 계산척. =셈자.

계¦산-적(計算的) [계-/게-] [관][명] **1** 계산에 의한 (것). **2** 지나치게 앞뒤를 재거나 득실을 따지는 (것). ¶이기적이고 ~인 사람.

계삼-탕(鷄蔘湯) [계-/게-] [명][한] =삼계탕(蔘鷄湯).

계¦상[1](計上) [계-/게-] [명] 계산하여 넣는 일. **계¦상-하다** [동][타][여] **계¦상-되다** [동][자]

계상[2](階上) [계-/게-] [명] 계단 위. ↔계하.

계¦선[1](界線) [계-/게-] [명] **1** 경계나 한계를 나타내는 선. **2** [수] =기선(基線)[2]**2**.

계¦선[2](繫船) [계-/게-] [명] 선박을 항구 등에 매어 두는 것. 또는, 그 배. ¶~ 말뚝. **계¦선-하다** [동][자][여]

계¦선-거(繫船渠) [계-/게-] [명] 조석 간만의 차가 큰 항만에서 출입구에 갑문을 설치하여, 만조 때에 배를 넣고 닫아서 간조 때도 안벽(岸壁)에 대해 같은 높이를 유지하여 배를 매어 두는 선거. =계선 독(dock).

계¦선^부표(繫船浮標) [계-/게-] [명] 항만 안에서 배를 매어 두기 위해 설치한 부표. =부이(buoy).

계¦선-주(繫船柱) [계-/게-] [명] 배를 매어 두기 위하여 계선안·부두·잔교(棧橋) 등에 세워 놓는 기둥. =돌핀. [준]계주.

계¦속(繼續) [계-/게-] Ⅰ [명] (행위나 현상을) 끊지 않고 이어지게 하는 것. [비]지속(持續). ¶지금 얘기는 아까 하던 얘기의 ~이다. **계¦속-하다** [동][자][타][여] ¶내기 장기에서 연거푸 세 번을 **계속해서** 졌다. **계¦속-되다** [동][자] ¶30도를 웃도는 무더위가 연일 ~. Ⅱ [부] 어떤 행위를 끊지 않고 잇달아. 또는, 어떤 현상이 끊이지 않고 잇대어. ¶며칠째 ~ 비가 온다. / 10km를 ~ 달려왔다.

계¦속-적(繼續的) [계-쩍/게-쩍] [관][명] 계속되거나 계속하는 (것).

계¦수[1](季嫂) [계-/게-] [명] =제수(弟嫂)[1].

계¦수[2](係數) [계-/게-] [명] **1** [물] 하나의 수량을 다른 여러 양의 함수로 나타내는 관계식에서, 물질의 종류에 따라 달라지는 비례 상수. **2** [수] 숫자와 문자의 곱으로 이뤄진 단항식에서, 숫자를 포함한 앞의 인수를 뒤의 인수에 대해 일컫는 말. 가령, $5ax^2$에서, 5는 ax^2의 계수이고, $5a$는 x^2의 계수임.

계¦수[3](計數) [계-/게-] [명] 수를 계산하는 것. 또는, 그 결과로 얻은 값. **계¦수-하다** [동][타][여]

계¦수[4](桂樹) [계-/게-] [명][식] =계수나무**1**.

계¦수[5](繼受) [계-/게-] [명] 이어받거나 넘겨받는 것.

계¦수-관(計數管) [계-/게-] [명][물] =계수기**4**.

계¦수-기(計數器) [계-/게-] [명] **1** 주화(鑄貨) 따위를 세는 도구. **2** [교] 수의 기본 관념을 심어 주기 위한 아동 학습 용구. 작은 알들을 몇 개의 쇠줄에 꿰어 놓은 것임. **3** [컴] 입력 펄스의 수를 계산하는 회로. **4** [물] 방사선의 입자를 계측하는 장치. =계수관.

계¦수-나무(桂樹-) [계-/게-] [명] **1** [식] 계수나뭇과의 낙엽 교목. 높이 7m 정도. 5월에 잎에 앞서 황백색의 꽃이 핌. 가을철의 단풍이 아름답고 개화기에 향기가 있어, 가로수로 많이 심음. =계수. **2** 옛날 사람들이 달 속에 있다고 상상하던 나무. ¶저기 저기 저 달 속에 ~ 박혔으니.

계승[1](階乘) [계-/게-] [명][수] n이 하나의 자연수일 때, 1에서 n까지의 모든 자연수의 곱을 n에 대하여 일컫는 말. $n!$으로 나타냄.

계¦승[2](繼承) [계-/게-] [명] **1** (선임자의 뒤를) 이어받는 것. **2** (선대의 업적·유산·전통 따위를) 이어받는 것. =수계(受繼)·승계. [비]승사(承嗣). **계¦승-하다** [동][타][여] ¶왕위를 ~ / 문화유산을 ~ / 가업을 ~. **계¦승-되다** [동][자]

계¦시[1](癸時) [계-/게-] [명] 이십사시의 둘째 시. 곧, 오전 0시 30분부터 1시 30분까지의 동안. [준]계(癸).

계¦시[2](計時) [계-/게-] [명] 경기·바둑 따위에서, 소요 시간을 잼. 또는, 그 시간.

계¦시[3](啓示) [계-/게-] [명] **1** 깨우쳐 보이는 것. **2** [종] 사람으로서는 알 수 없는 진리를 신(神)이 가르쳐 알게 하는 것. ¶신의 ~를 받다. ▷묵시(默示). **계¦시-하다** [동][타][여] ¶신은 그에게 미래의 일을 **계시했다**.

계¦시다 [계-/게-] [동][자] [1] (윗사람이나 존귀한 존재가 어느 곳에) 자리를 차지하시거나 머무르시다. '있다'의 높임말임. ¶아버지께서는 시골에 **계신다**. / 하나님은 나와 함께 **계셨느니라**.《구약 창세기》 [2][보조] **1** (동사의 어미 '-아/어' 아래에 쓰여) 윗사람이나 존귀한 존재가 어떤 행동을 끝내고 그 상태를 지속하고 있음을 높여 이르는 말. ¶할아버지께서는 종일 누워 **계신다**. **2** (동사의 어미 '-고' 아래에 쓰여) 윗사람이나 존귀한 존재가 어떤 행동을 계속하고 있음을 높여 이르는 말. ¶사장님께서는 지금 전화를 받고 **계신다**.

> [어법] 선생님은 따님이 계신다:계신다(×)→있으시다(○), 사장님 말씀이 계시겠습니다:계시겠습니다(×)→있으시겠습니다(○). ▶▶'계시다'는 존귀한 인물이 주어로 쓰일 경우에, '있으시다'는 존귀한 인물과 관계되는 존재나 사물이 주어로 쓰일 경우에 사용됨.

계¦시-대비(繼時對比) [계-/게-] [명][미] 시간의 차이를 두고 두 개의 색을 차례로 보았을 때 일어나는 색의 대비. 가령, 빨간색을 보다가 흰색을 보면, 청록색을 띤 흰색으로 보이는 현상 따위. ↔동시 대비.

계¦시-원(計時員) [계-/게-] [명] 운동 경기나 바둑 등에서 시간을 재고 기록하는 사람. =타임 키퍼.

계:시^종교(啓示宗敎) [계-/게-] 圀[종] 인간에 대한 신의 계시를 믿는 것을 전제로 하여 성립된 종교. ▷자연 종교.
계시-판 '게시판(揭示板)'의 잘못.
계:씨(季氏) [계-/게-] 圀 상대방을 높여, 그의 아우를 이르는 말. =제씨(弟氏).
계:-알(契-) [계-/게-] 圀 산통계(算筒契)에서 쓰는, 구슬처럼 둥글게 깎은 나무 알. 그 위에 계원의 번호와 이름을 씀.
계:약(契約) [계-/게-] 圀 **1** 쌍방이 서로에게 지게 될 의무나 갖게 될 권리에 대해 글이나 말로 약속하는 일. 법률적으로는, 일정한 법률적 효과의 발생을 목적으로 하는 두 개 이상의 의사 표시의 합치에 의하여 성립하는 법률 행위를 가리킴. ¶매매 ~ / 전세 ~ / ~을 위반하다 / ~을 해제하다. **2** [가][기] 하느님과 인간 사이에 맺어진 약속. 모세를 통하여 세운 것이 구약, 예수를 통하여 세운 것이 신약임. **계:약-하다** 동(타여) ¶보증금 200만 원에 월 10만 원씩 주기로 하고 방을 **계약했다**. **계:약-되다** 동(자)
계:약-금(契約金) [계-끔/게-끔] 圀[법] '계약 보증금'의 준말. ¶~을 걸다.
계:약^보증금(契約保證金) [계-뽀-/게-뽀-] 圀[법] 계약 이행의 담보로 당사자의 한쪽이 상대방에게 제공하는 보증금. =약조금. ⓒ계약금.
계:약-서(契約書) [계-써/게-써] 圀 계약의 성립을 증명하는 서면(書面). ¶전세 ~.
계:약-자(契約者) [계-짜/게-짜] 圀 계약을 맺은 사람.
계:약-직(契約職) [계-찍/게-찍] 圀 계약에 따라 일정한 기간으로 근무하는 직책. 또는, 그런 직책의 직원.
계:엄(戒嚴) [계-/게-] 圀[법] 전쟁이나 사변, 국가의 비상사태가 일어났을 때, 전국 또는 한 지역을 병력으로 경계하며, 그 지역의 사법권과 행정권의 전부 또는 일부를 계엄 사령관이 행사하는 일. ¶비상~ / ~을 선포하다.
계:엄-군(戒嚴軍) [계-/게-] 圀 계엄의 임무를 맡은 군대. 또는, 그 군인.
계:엄-령(戒嚴令) [계-녕/게-녕] 圀[법] 국가 원수가 계엄의 실시를 선포하는 명령.
계:엄^사령관(戒嚴司令官) [계-/게-] 圀[법] 계엄령의 선포에 의하여 계엄 지역 안의 계엄에 관한 업무를 수행하는 사령관.
계:열(系列) [계-/게-] 圀 **1** 서로 관련이 있거나 유사한 점에서 한 갈래로 이어지는 계통이나 조직. ¶인문 ~ / 자연주의 ~의 문학 작품. **2** [경] 대기업 상호 간 또는 대기업과 중소기업 간에 볼 수 있는 기업 결합. ¶~ 기업.
계:열-사(系列社) [계-싸/게-싸] 圀 =계열 회사.
계:열^회:사(系列會社) [계-회-/게-훼-] 圀[경] 특정 대기업과 일반적인 거래 관계 이상의 긴밀한 유대가 있으며, 그 지배하에 있는 회사. =계열사.
계:영(繼泳) [계-/게-] 圀[체] 4명이 한 조가 되어 동일한 거리를 왕복하는 경영(競泳). **계:영-하다** 동(자)
계오다 동(자) '지다[1]'의 잘못.
계:원[1](員員) [계-/게-] 圀 사무를 가른 어느 한 계(係)에서 일하는 사람.
계:원[2](契員) [계-/게-] 圀 계에 든 사람.
계:유(癸酉) [계-/게-] 圀 60갑자의 열째.

계:유-정난(癸酉靖難) [계-/게-] 圀[역] 조선 단종 원년(1453)에 수양 대군이 정권 탈취를 목적으로 반대파를 숙청한 사건.
계:율(戒律) [계-/게-] 圀[불] 승려나 신도가 지켜야 할 행동 규범. =율·율법. ¶~을 범하다 / ~을 어기다.
계-이름(階-) [계-/게-] 圀[음] 악곡 중의 개개의 음이 음계 중 어느 위치에 있는가를 나타내는 명칭. 서양 음악에서는 도·레·미·파·솔·라·시의 7음으로, 국악에서는 궁·상·각·치·우의 5음으로 나누어 부름. =계명(階名). ⓗ음이름.
계이름-부르기(階-) [계-/게-] 圀[음] 계이름에 의하여 소리의 높이나 선율을 나타내거나 노래 부르는 방법. =계명창법·솔파·토닉솔파.
계:인[1](契印) [계-/게-] 圀 관련된 두 장의 종이에 걸쳐 찍는, '契(계)' 자를 새긴 도장. ▷할인(割印). **계:인-하다** 동(자여) 계인을 찍다.
계:인[2](契印) [계-/게-] 圀[불] 불보살이 깨달은 내용을, 손에 경전·지팡이·꽃·칼 등의 물건을 잡은 모습으로 상징하여 나타낸 것.
계:자(繼子·系子) [계-/게-] 圀 **1** =양자(養子). **1.2** 배우자의 자식으로 자기의 친자식이 아닌 것. ⓗ의붓자식.
계:장(係長) [계-/게-] 圀 계(係)의 책임자.
계:쟁(係爭) [계-/게-] 圀[법] 어떤 권리에 대해 소송 당사자끼리 서로 다투는 일. **계:쟁-하다** 동(자여)
계:전-기(繼電器) [계-/게-] 圀[물] 어떤 회로의 전류가 끊어지고 이어짐에 따라 다른 회로를 여닫는 장치.
계:절(季節) [계-/게-] 圀 매년 일정한 순서로 되풀이되는 기후 현상의 변화에 따라, 한 해를 구분한 각 시기. 보통 온대에서는 봄·여름·가을·겨울로, 열대에서는 건기(乾期)와 우기(雨期)로 나눔. =시절. ⓗ철. ¶~이 바뀌다 / 가을은 독서의 ~이다.
계:절-병(季節病) [계-뼝/게-뼝] 圀[의] 여름의 소화기병이나 겨울의 호흡기병 따위와 같이, 계절과 밀접한 관계를 가지고 발생하는 병.
계:절-적(季節的) [계-쩍/게-쩍] 판圀 계절에 따라 영향을 받거나 변화를 가져오는 (것). ¶패션의 ~ 특성을 살리다.
계:절적 실업(季節的失業) [계-쩍/게-쩍-] 圀[경] 농한기의 농민, 제빙업 종사자 등에서 볼 수 있듯이 계절에 따라 상품의 생산이나 수요가 한정된 산업에서 생기는 실업.
계:절-풍(季節風) [계-/게-] 圀[기상] 넓은 지역에 걸쳐, 겨울과 여름의 풍향이 거의 반대가 되는 바람. 겨울에는 대륙에서 해양으로, 여름에는 해양에서 대륙을 향하여 붊. =계후풍(季候風)·몬순.
계:절풍^기후(季節風氣候) [계-/게-] 圀[지] 계절풍의 영향을 받아 나타나는 기후. 여름에는 고온 다습하고, 겨울에는 저온 건조한 것이 특징임.
계:절^회유(季節回游) [계-회-/게-훼-] 圀[동] 물고기가 계절에 따라 살기 좋은 온도의 물로 떼 지어 이동하는 일.
계:정(計定) [계-/게-] 圀[경] 기업의 자산·부채·자본·수익·비용의 발생을 종류별 및 성질별로 원장에 기록·계산하기 위하여 설정된 단위.
계:정-계좌(計定計座) [계-계-/게-]

계제 명[경] 부기에서, 계정마다 금액의 증감을 차변·대변으로 나누어 기록·계산하는 자리. 준계좌.

계제(階梯)[계-/계-] 명 1 계단이나 사다리를 밟아 나가듯이 어떤 일이 차차 진행되는 차례 또는 절차. 2 어떤 일을 할 수 있게 된 형편이나 기회. ¶내가 간섭할 ~가 아니다.

계조(階調)[계-/계-] 명[인] 그림이나 사진 따위에서, 농도가 가장 짙은 부분에서부터 가장 옅은 부분까지 변화해 가는 농담(濃淡)의 이행 단계. =그러데이션.

계:좌(計座)[계-/계-] 명[경] 1 금융 기관에서, 고객 개개인의 입출금 상황을 기록하기 위해 마련한 추상적인 자리를 이르는 말. ¶~ 번호 / 휴면 ~ / 비밀 ~를 개설하다. 2 '계정계좌'의 준말.

계:주¹(契主)[계-/계-] 명 계를 조직하고 주관하는 사람.

계:주²(繼走)[계-/계-] 명[체] =이어달리기.

계:주^경:기(繼走競技)[계-/계-] 명[체] =이어달리기.

계:주-자(繼走者)[계-/계-] 명[체] 이어달리기하는 사람. ~릴레이 선수.

계:진-기(計塵器)[계-/계-] 명 공기 중에 떠있는 먼지의 양을 재는 기계.

계집[계-/계-] 명 1 '여자'를 낮추어 이르는 말. ¶술집 ~ / 이라면 사족을 못 쓴다. 2 '아내'를 낮추어 이르는 말. ¶~을 얻다 / 저 녀석은 제 ~밖에 모른다. ↔사내.

[계집 때린 날 장모 온다] 일이 공교롭게도 잘못되어 낭패를 본다.

계집을 보다 ⇨ 여자를 사귀어 관계를 가지다.

계:집-년[계집-/계집-] 명 '계집'을 비속하게 이르는 말. ↔사내놈.

계:집-아이[계-/계-] 명 시집가지 않은 어린 여자. =여아(女兒)·유녀(幼女). 준계집애. ↔사내아이.

계:집-애[계-/계-] 명 '계집아이'의 준말.

계:집-자식(-子息)[계-짜-/계-짜-] 명 1 '처자(妻子)'을 낮추어 이르는 말. 2 '딸자식'을 낮추어 이르는 말.

계:집-종[계-쫑/계-쫑] 명 남의 집에서 종살이하는 여자. =비녀·여종. ↔사내종.

계:집-질[계-질/계-질] 명 아내 아닌 여자와 관계하는 일. ↔서방질. **계:집질-하다** 동[자][어]

계:책(計策)[계-/계-] 명 어떤 일을 실현하기 위하여 짜낸 꾀나 방법. ¶~을 꾸미다.

계첩(戒牒)[계-/계-] 명[불] 승려가 계를 받았다는 증명서.

계:-체량(計體量)[계-/계-] 명[체] 체급이 있는 경기에서, 경기에 앞서 선수의 몸무게를 재는 것.

계:촌(計寸)[계-/계-] 명 일가의 촌수를 따지는 것. **계:촌-하다** 동[타][어]

계:추(季秋)[계-/계-] 명 1 음력 9월. 2 =늦가을.

계:축(癸丑)[계-/계-] 명 60갑자의 쉰째.

계:축-일기(癸丑日記)[계-/계축닐-] 명[책] 조선 광해군 5년(1613:계축년)에 광해군이 아우 영창 대군을 죽이고 인목 대비를 서궁(西宮)에 가두었을 때의 정경을, 한 궁녀가 기록한 글. =서궁록(西宮錄).

계:춘(季春)[계-/계-] 명 1 음력 3월. 2 =늦봄.

계:측(計測)[계-/계-] 명 물건의 무게·길이·부피 등을 재어 계산하는 것. 비계량(計量). ¶~ 기기(器機). **계:측-하다** 동[타][어]

계층(階層)[계-/계-] 명 재산·교육·직업 등의 여러 차원에서 사회적 지위가 거의 비슷한 사람들의 집단. ¶사회 ~ / 부유한 ~.

계:친-자(繼親子)[계-/계-] 명 전처의 자식과 후처, 또는 전남편의 자식과 현재 남편 사이의 친자 관계.

계:통(系統)[계-/계-] 명 1 일정한 체계에 따라 서로 관계되어 작용하는 부분들의 통일적 조직. ¶소화기 ~. 2 일정한 분야나 부문 또는 갈래. ¶예술 ~에 종사하다. 3 거쳐야 할 순서나 체계. ¶지휘 ~을 무시하다 / ~을 세워 일을 하다 / ~을 밟아 결재를 받다. 4 [생] 생물의 종이 진화되어 온 과정. 5 [생] 공통의 조상을 가지며, 어떤 형질에 관해 같은 유전자형을 가진 개체의 모임.

계:통-도(系統圖)[계-/계-] 명 사물의 계통 관계를 나타낸 도표.

계:통^분류(系統分類)[계-불-/계-불-] 명[생] 생물의 진화의 계통에 일치하거나, 이를 반영하려고 하는 생물의 분류법.

계:통-수(系統樹)[계-/계-] 명[생] 생물의 발생과 진화의 유연(類緣) 관계를 한 그루의 나무에 비유하여 나타낸 그림.

계:통-적(系統的)[계-/계-] 관명 순서를 따라 연결되어 통일된 (것).

계:투(繼投)[계-/계-] 명[체] 야구에서, 이제까지 던진 투수와 교체하여 새 투수가 투구하는 일. **계:투-하다** 동[자][어]

계:파(系派)[계-/계-] 명 정당이나 조직 내부에서 출신이나 연고 등에 의하여 형성된 파벌.

계:표¹(計票)[계-/계-] 명 표를 모아 수를 헤아리는 것. ¶~원(員). **계:표-하다** 동[자][어]

계:표²(界標)[계-/계-] 명 토지나 수면 따위의 경계를 나타내는 표지.

계:피(桂皮)[계-/계-] 명 계피나무 줄기의 껍질을 말린 것. 식품·화장품 등의 향신료 및 약제로 쓰임.

계:피-나무(桂皮-)[계-/계-] 명[식] 녹나뭇과의 상록 교목. 높이 12m 정도. 여름에 황록색의 꽃이 핌. 나무껍질을 말린 것은 '계피'라 하여 향신료와 한약제로 쓰임.

계:피-산(桂皮酸)[계-/계-] 명[화] =신남산.

계:피-차(桂皮茶)[계-/계-] 명 계피를 물에 넣고 끓인 차.

계:핏-가루(桂皮-)[계핏까-/계핀까-/계핃까-/계핀까-] 명 계피를 곱게 간 가루. 음식의 향료로 씀. =계말(桂末)·계피말.

계:하¹(季夏)[계-/계-] 명 1 음력 6월. 2 =늦여름.

계:하²(階下)[계-/계-] 명 섬돌의 아래. ↔계상(階上).

계:해(癸亥)[계-/계-] 명 60갑자의 예순째.

계:행(戒行)[계-/계-] 명[불] 계율(戒律)을 잘 지켜 닦는 일. **계:행-하다** 동[자][어]

계:호(戒護)[계-/계-] 명 1 경계하여 지키는 것. 2 교도소 안의 보안을 유지하는 것. **계:호-하다** 동[자][타][어]

계:획(計劃·計畫)[계획·계퀙] 명 (앞으로 할 일을) 그 내용·방법·기한 따위를 미리 생각하여 정하는 것. 또는, 그 정한 내용. 비플랜. ¶사업 ~ / 치밀한 ~ / ~을 세우다 /

계:획-하다 (計劃-) [타여] ¶원대한 사업을 ~ / 노후의 생활을 ~. **계:획-되다** [동(자)] 처음부터 계획된 음모.

계:획^경제 (計劃經濟) [-/계획꼉-] [명][경] 1 사회주의 사회에서, 모든 생산 활동 및 생산물의 분배를 정부가 관리·감독하는 경제. 2 자본주의 사회에서, 정부의 통제가 비교적 강한 경제.

계:획-서 (計劃書) [계획써/계획써] [명] 계획을 적어 놓은 서류.

계:획-성 (計劃性) [계획썽/계획썽] [명] 모든 일을 계획에 따라 처리하려고 하는 성질. ¶그는 매사에 ~이 없어 발등에 불이 떨어지고 나서야 허둥지둥 서두른다.

계:획-안 (計劃案) [계획-/계획-] [명] 계획에 대한 구상. 또는, 계획을 적어 놓은 서류.

계:획-적 (計劃的) [계획쩍/계획쩍] [관][명] 미리 정하여 놓은 계획에 따르는 (것). ¶~인 범행.

계:획-표 (計劃表) [계획-/계획-] [명] 계획을 적은 표. ¶생활 ~.

곕:시다 [곕씨-/곕씨-] [형] '계시다'를 더 높이 이르는 말.

곗:-날 (契-) [겐-/겐-] [명] 계원들이 모여서 결산을 하기로 정한 날.

곗:-돈 (契-) [계똔/곈똔/계똔/곈똔] [명] 1 계에 들어서 내는 돈. ¶~을 붓다. 2 계를 타서 찾는 목돈. 3 계에서 소유하고 있는 돈. =계전(契錢).

곗:-술 (契-) [계쑬/곈쑬/계쑬/곈쑬] [명] 계의 모임에서 마시는 술. =계주(契酒).

고¹ [명] 1 옷고름이나 노끈 따위를 한 가닥이 매듭 부분에서 고리를 이루도록 맨 상태. 2 상투를 틀 때, 머리털을 고리 모양으로 감은 것.

고² [관] '그ㅍ'와 뜻이 거의 같으나 얕잡는 어감을 갖거나 상대적으로 작고 귀여운 대상을 이를 때 쓰이는 말. 또, '그'보다 가리키는 범위가 좁혀진 느낌을 줌. ¶~ 녀석 참 똘똘하게 생겼군. / 넌 왜 밤낮 ~ 모양 ~ 꼴이냐? / 곧 갈 테니 ~ 근처에 가 있어라. ▷요·조.

고³ [조] 1 모음으로 끝나는 체언 아래에서, 두 가지 이상의 사물을 아울러 말할 때에 쓰여, 앞에 든 것을 또 포함시킴을 나타내는 접속 조사. ¶공부~ 뭐~ 다 그만두어라. ▷이고. 2 'ㅏ', 'ㅑ'로 끝나는 종결 어미 뒤에서, 인용을 나타내는 부사격 조사. ¶괜찮다~ 하더라. / 저이가 누구냐~ 물었다.

-고⁴ [어미] 1 두 가지 이상의 사실을 단순히 나열하는 뜻을 나타내는 연결 어미. ¶값어치 좋은 물건 / 이것은 종이 ~ 저것은 벼루다. 2 상반되는 두 사실을 대조적으로 나타내는 연결 어미. ¶흥정은 붙이~ 싸움은 말려라. 3 동사의 어간이나 어미 '-시-' 아래에 붙어, 동작이나 행위의 진행·종료·욕망을 나타내는 연결 어미. ¶편지를 쓰~ 있다. / 목욕을 하~ 나니 몸이 개운하다. / 집에 가~ 싶다. 4 동사의 어간과 어미 '-시-' 아래에 붙어, 뒤에 오는 동사의 이유 및 근거를 나타내는 연결 어미. ¶연탄가스를 마시~ 죽었다. 5 동사의 어간이나 어미 '-시-' 아래에 붙어, 두 가지 동작을 말할 때 뒤에 서술되는 동작에 선행함을 나타내는 연결 어미. ⦗비⦘-고서. ¶밥을 먹~ 가거라. 6 동사의 어간이나 어미 '-시-' 아래에 붙어, 어떤 행동을 뒤의 행동에 그대로 이어짐을 나타내는 연결 어미. ¶말을 타~ 가다. 7 ('-고-ㄴ/은'의 꼴로 쓰여) 어떤 행동·상태·성질 등을 강조하는 연결 어미. ¶높~ 높은 은혜 / 길~ 긴 세월 / 넓~ 넓은 바다. 8 '해' 할 상대에게 물음·항변 따위의 뜻을 나타내는 종결 어미. ¶설거지는 누가 하~? / 자기는 뭐 얼마나 예쁘~?

고⁵ (考) [명] 세상을 떠난 아버지를 이르는 말. ⦗비⦘선고(先考)·선친(先親). ↔비(妣). ▷현고(顯考).

고⁶ (苦) [불] 심신의 괴로움. 네 가지 고통인 '사고(四苦)'와 여덟 가지 고통인 '팔고(八苦)'가 있음. ↔낙(樂).

고:⁷ (故) [관] 이미 세상을 떠난 사람이 된. ¶~ 손기정 옹.

고:-⁸ (古) [접두] '낡은', '오래된'의 뜻을 나타내는 말. ¶~시조 / ~서적 / ~문서.

고-⁹ (高) [접두] '높은', '훌륭한'의 뜻을 나타내는 말. ¶~기압 / ~소득 / ~성능. ↔저(低)-.

-고¹⁰ (高) [접미] '높이' 또는 어떤 일을 한 결과 얻어진 '물질의 양이나 돈의 액수'를 나타내는 말. ¶생산~ / 수출~ / 판매~.

고가¹ (古家) [명] 지은 지 퍽 오래된 집. ⦗비⦘고옥. ¶이 집은 지은 지 백 년이 넘는 ~이다.

고가² (高架) [명] 높이 가설하는 것. ~ 도로.

고가³ (高價) [-까] [명] 비싼 값. ¶시세보다 ~로 구매하였다. ↔저가(低價).

고가-교 (高架橋) [명] 지대가 험한 곳에, 또는 길의 교차를 피하기 위하여 공중으로 놓은 다리. ⦗비⦘구름다리.

고:-가구 (古家具) [명] 오래된 가구. ¶전통 ~.

고가^도로 (高架道路) [명] 주로 큰 도시에서 땅 위에 받침대를 높이 세우고 그 위에 설치한 도로.

고가-주 (高價株) [-까-] [명][경] 상장 주식의 주가 평균에 비하여 주가가 높은 수준에 있는 주식. ▷저가주.

고가-차 (高架車) [명] 사다리를 갖춘 특수한 자동차.

고가^철도 (高架鐵道) [-또] [명] 땅 위에 높이 받침대를 세우고 그 위에 설치한 철도.

고가-품 (高價品) [-까-] [명] 값비싼 물건.

고간 (苦諫) [명] (윗사람에게) 고충을 무릎쓰고 간절히 간하는 것. **고간-하다** [동(타)여].

고갈 (枯渴) [명] 1 물이 말라서 없어지는 것. 2 돈이나 물건 등이 다하여 매우 귀해지는 것. ¶최근 기업들은 수출 부진에 자금 ~까지 겹쳐 큰 어려움을 겪고 있다. 3 (생각이나 느낌이) 없어지는 것. **고갈-하다** [동(자)여] **고갈-되다** [동(자)여] ¶물자가 ~ / 국가 재정이 ~.

고-감도 (高感度) [명] 아주 뛰어난 감도. ¶~의 화질 / ~ 무선 전화기.

고개¹ [명] 1 목의 뒷등 부분. ¶~가 뻣뻣하다 / 밤에 잠을 잘못 잤는지 ~가 아프다. 2 (상하좌우의 동작을 나타내는 말과 주로 어울려 쓰여) '머리 부분'을 이르는 말. ¶~를 뒤로 돌리다 / 아직 ~를 가누지 못하는 젖먹이.

고개가 수그러지다 [구] 존경하는 마음이 일어나다. ¶그의 고결한 인품에 저절로 ~.

고개(를) 들다 주로 부정적인 의미의, 눌리거나 숨겨져 있던 일·세력·감정·생각 따위가 일어나다. ¶슬픔이 다시 ~ / 물가가 ~.

고개(를) 숙이다 [구] 1 기가 꺾여 수그러지다. ¶더위가 한풀 ~. 2 남에게 굴복하거나 아침하다.

고개² 명 ①(자립) 1 사람이 넘어 다니는, 산허리나 언덕의 높은 부분. ¶~를 넘다. 2 사람이 어떤 일을 해 나감에 있어서 겪어야 할 어려운 일이나 과정. ¶우리가 선진국의 대열에 진입하기 위해서는 몇 개의 큰 ~를 넘어야만 한다. 3 주로, 마흔 이상의 나이를 나타내는 열 단위 숫자 다음에 사용하여, 그 나이의 경계나 고비를 비유적으로 이르는 말. ¶60~를 넘어서다 / 쉰 ~를 바라보는 나이. ②(의존) 1을 세는 단위. 5두기 ~ 넘다.

고개-턱 명 고개의 마루터기.
고개-티 명 고개를 넘는 가파른 비탈길.
고객(顧客) 명 영업하는 곳에서, 물건을 사거나 서비스를 받기 위해 찾아오는 손님을 다소 격식을 갖추어 이르는 말. =상객(常客).
고객^예:탁금(顧客預託金) [-끔] 명 [경] 증권 회사가 유가 증권의 매매 거래와 관련하여 고객에게 받아 일시 보관 중인 돈.
고갯-길 [-깯/-갠낄] 명 고개를 넘어가는 길. ¶가파른 ~.
고갯-마루 [-갠-] 명 산이나 언덕의 고개에서 가장 높은 곳.
고갯-심 [-개씸/-갠씸] 명 고갯짓의 힘.
고갯-장단 [-개짱-/-갠짱-] 명 고갯짓으로 맞추는 장단.
고갯-짓 [-개찓/-갠찓] 명 고개를 흔들거나 끄덕이는 짓. ¶아기가 ~ 을 하며 / 말없이 ~으로 대답하다. **고갯짓-하다** 동(자여)
고갱이 명 1 [식] 초목의 줄기 한가운데의 연한 심. =목수(木髓)·수(髓). ¶배추 ~. × 알심. 2 사물의 핵심.
고-거 대(인칭)(지시) '고것'을 구어적으로 이르는 말. ¶영숙이 ~ 깜찍하더라. / 허, ~ 참 신기한데. ⇒고거.
고:-건물(古建物) 명 옛날 건물.
고검(高檢) 명 [법] '고등 검찰청'의 준말.
고-것 [-걷] 대(인칭)(지시) '그것'과 뜻은 같으나 얕잡는 어감을 갖거나 상대적으로 작고 귀여운 대상을 가리킬 때 쓰이는 말. ¶~을 글씨라고 썼느냐? / ~이 요즘 얼마나 재롱을 떠는지 몰라. ⇒그것.
고견(高見) 명 1 뛰어난 의견이나 생각. (비)탁견(卓見). 2 남의 의견을 높여 이르는 말. ¶정치 현안에 대한 선생님의 ~을 듣고 싶습니다.
고결(高潔) →고결-하다 형(여) 뜻이 높고 깨끗하다. ¶고결한 인격. **고결-히** 부
고계(苦界) [-계/-게] 명 [불] 괴로움이 있는 육도(六道:지옥·아귀·축생·아수라·인간·천상의 여섯 세계)의 세계.
고고¹(考古) 명 옛 유물이나 유적으로 옛일을 연구하는 것. ¶~ 인류학. **고:고-하다¹** 동(타여)
고고²(呱呱) 명 아이가 태어나면서 처음 우는 소리.
고고³(孤高) →고고-하다² 형(여) (어떤 사람이) 세속에 물들지 않고 외따로 높은 품위와 품격을 가진 상태에 있다. ¶선생은 평생을 악척럼 고고하게 사셨다. **고고-히** 부
고고⁴(gogo) 명 로큰롤에 맞추어 몸을 격하게 흔드는 야성적인 춤. 또는, 그 음악. ¶~ 클럽 / ~를 추다.
고-고도(高高度) 명 항공기 비행에서, 지상으로부터 8~12km의 높이.
고:고-학(考古學) 명 유물이나 유적을 발굴·수집·관찰하여 고대 인류의 역사·문화·생활 방법 등을 연구하는 학문.
고골(枯骨) 명 살이 썩어 없어진 시체의 뼈.
고공(高空) 명 높은 공중. ¶~ 비행 / ~ 폭격. ↔저공(低空).
고공-병(高空病) [-뼝] 명 [의] 높은 공중의 기상의 변화, 산소의 부족 등으로 식욕 감퇴, 구토, 허탈 상태 등에 빠지는 증세. =고도병.
고공-살이(雇工-) 명 =머슴살이. **고공살이-하다** 동(자여)
고:과(考課) 명 군인·공무원·회사원 등의 근무 성적이나 태도·능력 따위를 조사하여 보고하는 일. ¶~장(狀) / 인사(人事) ~. **고:과-하다** 동(타여)
고:과-표(考課表) 명 고과를 기록한 표.
고관(高官) 명 직위가 높은 관리. ¶정부 ~.
고관-대작(高官大爵) 명 지위가 높고 훌륭한 벼슬. 또는, 그 벼슬에 있는 사람. ↔미관말직.
고굉(股肱) [-굉/-궹] 명 1 팔과 다리. 2 '고굉지신'의 준말.
고굉지신(股肱之臣) [-굉-/-궹-] 명 ['팔다리와 같은 신하'라는 뜻] 임금이 가장 믿고 중히 여기는 신하. ⇒고굉.
고교(高校) 명 [교] '고등학교'의 준말.
고교-생(高校生) 명 =고등학생.
고:구¹(考究) 명 깊이 살펴 연구하는 것. **고:구-하다** 동(여)
고:구²(故舊) 명 사귄 지 오랜 친구.
고구려(高句麗) 명 [역] 만주 일대와 한반도 북부에 있었던, 고대 국가의 하나(37 B.C. ~A.D. 668). 시조는 동명왕 주몽(朱蒙). 광개토 대왕 때에는 한반도 남부에서 요동 지방까지 영유하였으나, 신라와 당(唐)의 연합군에게 망함.
고구마 명 1 [식] 메꽃과의 여러해살이풀. 줄기는 길게 뻗고 잎은 심장 모양이며, 담홍색 꽃이 나팔꽃 모양으로 핌. 타원형의 덩이뿌리는 식용하며 잎·줄기도 나물로 먹음. 2 1의 덩이뿌리. 녹말이 많아 식용하며, 공업용으로도 쓰임. =감저(甘藷). × 참감자.
고:국(故國) 명 1 조상 때부터 살아왔고 자기가 태어났으나 현재는 살고 있는 나라. ¶~을 떠나온 지 어언 3년이 되었다. ▶조국(祖國). 2 이미 망해 버린 옛 나라.
고:국-산천(故國山川) [-싼-] 명 고국의 산과 내라는 뜻으로, '고국'을 정답게 이르는 말. ¶~을 그리워하다.
고군(孤軍) 명 전장(戰場)에서 고립된 군대나 군사.
고군-분투(孤軍奮鬪) 명 1 도움이 없고 수가 적은 군사가 대적(大敵)과 용감하게 잘 싸움. 2 남의 도움을 받지 않고 힘에 벅찬 일을 잘 해내는 것을 비유하여 이르는 말. **고군분투-하다** 동(자여)
고:궁(古宮) 명 옛 궁전.
고귀(高貴) →고귀-하다 형(여) 1 훌륭하고 귀중하다. ¶고귀한 희생 / 고귀한 목숨. 2 지체가 높고 귀하다. ¶고귀한 신분 / 고귀하신 분. ↔비천(卑賤)하다. 3 값이 비싸다. ¶고귀한 물건.
고글(←goggles) 명 먼지나 강한 빛으로부터 눈을 보호하는 안경. 오토바이를 타거나 겨울에 스키나 등산을 할 때 씀.
고:금(古今) 명 옛날부터 지금에 이르기까지의 동안. ¶동서~ / ~을 통하여 그 유례가

고:금-독보(古今獨步)[-뽀] 명 고금을 통하여 견줄 사람이 없을 만큼 뛰어남.
고:금-동서(古今東西) 명 =동서고금.
고-금리(高金利)[-니] 명 높은 금리. ↔고리(高利). ↔저금리.
고급(高級) 명 1 지위나 신분이 높은 것. ¶~ 관리. 2 정도·품질·수준 따위가 높은 것. ¶~ 호텔 / 이 시계는 ~이다. ¶저급·하급. 3 특히, 학습을 받을 수 있는 수준을 크게 세 단계로 나눌 때, 가장 높은 등급. ¶~ 영어 회화. ↔중급·초급.
고급-문화(高級文化)[-끕-] 명 귀족의 문화적 전통을 이어받아 소수의 지식인이 생산하고 즐기는 문화. 연극·발레·클래식 음악·순수 미술 따위. ↔대중문화.
고급-스럽다(高級-)[-끕-따] 형ㅂ <-스러우니, -스러워> 품질·수준 등이 높고 값이 비싼 듯하다. ¶고급스러운 옷 / 실내 분위기가 ~.
고급^언어(高級言語) 명[컴] 일상생활에서 사용하는 자연어에 가까워 사람이 이해하고 사용하기에 편리한 프로그래밍 언어. 베이식·포트란·코볼 따위.
고급^장:교(高級將校)[-짱-] 명[군] 영관급(領官級) 이상의 장교.
고급-품(高級品) 명 품질이 좋거나 값이 비싼 물품.
고급-화(高級化)[-꿔] 명 고급의 상태가 되게 하는 것. 또는, 고급의 상태로 되는 것. **고급화-하다** 타 ¶상품을 ~. **고급화-되다** 자 ¶소비자의 취향이 ~.
고기 명 1 사람이 먹는 대상이 되는, 가죽을 벗겨 낸 짐승의 살. 또는, 그것을 먹기 좋게 요리한 물질. ¶쇠~ / 닭~ / ~반찬 / ~를 굽다 [볶다] / ~가 연하다 [질기다]. 2 물속에서 아가미로 호흡하고 지느러미를 놀려 헤엄치는 동물. 비물고기. ¶~ 떼 / 민물[바닷물]~ / 그물로 ~를 잡다.
[고기는 씹어야 맛이요, 말은 해야 맛이라] 할 말은 시원하게 해야 좋다. [고기도 먹어 본 사람이 많이 먹는다] 무슨 일이든지 늘 하던 사람이 더 잘한다. [고기도 저 놀던 물이 좋다] 평소에 낯익은 제 고장이나 익숙한 환경이 좋다는 말.
고기 값을 하다 관 억울하게 죽게 될 때 헛되이 죽지 않고 표적을 남길 만한 행동을 하다.
고기² 대ㅣ부 '거기'를 범위를 좁혀서 이르는 말. ⓔ거기.
고:기³(古記) 명 옛 기록.
고기-구이 명 쇠고기나 돼지고기 등을 석쇠 같은 것에 구운 음식.
고기-만두(-饅頭) 명 고기를 다져 만든 소를 넣고 빚은 만두.
고기-반찬(-飯饌) 명 고기로 만든 반찬.
고기-밥 명 1 물고기에게 주는 밥. 2 =미끼1. **고기밥(이) 되다** 관 물에 빠져 죽다. 속된 말임. ¶지난여름에 해수욕 갔다가 하마터면 고기밥이 될 뻔했다.
고기-붙이[-부치] 명 식용하는 짐승의 고기. =육류붙이·육속(肉屬).
고기-소 명 =육우(肉牛).
고-기압(高氣壓) 명[기상] 주변의 기압보다 높은 구역의 기압. ↔저기압(低氣壓).
고기작-거리다/-대다[-꺼-] 동타 '꼬기작거리다'의 여린말. ⓔ구기적거리다.

고기작-고기작[-꼬-] 부 '꼬기작꼬기작'의 여린말. ⓔ구기적구기적. **고기작고기작-하다** 동타여.
고기-잡이 명 1 (낚시나 그물 따위로) 물고기를 잡는 일. =어렵(漁獵). 2 물고기를 잡으며 살아가는 사람. 비어부. **고기잡이-하다** 동자여.
고기잡이-배 명 =어선(漁船)².
고깃-간(-間)[-긷깐/-긷깐] 명 쇠고기·돼지고기 등을 파는 가게. 비푸줏간. ×고깃관.
고깃-거리다/-대다[-긷꺼(때)-] 동타 '꼬깃거리다'의 여린말. ⓔ구깃거리다.
고깃-고깃[-긷꼳긷] 부 '꼬깃꼬깃'의 여린말. ⓔ구깃구깃. **고깃고깃-하다** 동타 형여.
고깃-관(-館)[-긷꽌] 명 '고깃간'의 준말.
고깃-국[-기꾹/-긷꾹] 명 고기(특히, 쇠고기)를 넣어 끓인 국.
고깃-덩어리[-기떵-/-긷떵-] 명 1 짐승 고기의 덩어리. =육괴(肉塊). 2 사람의 육신을 비속하게 이르는 말. ¶~야 죽으면 썩을 걸 뭐 그리 아껴? ⓒ고깃덩이.
고깃-덩이[-기떵-/-긷떵-] 명 '고깃덩어리'의 준말.
고깃-배[-기빼/-긷빼] 명 =어선(漁船)².
고깃-점(-點)[-기쩜/-긷쩜] 명 고기의 작은 조각.
고까 <유아> =꼬까.
고까-신 명 <유아> =꼬까신.
고까-옷[-옫] 명 <유아> =꼬까옷.
고까워-하다 동타여 고깝게 여기다.
고-까지로 부 겨우 고만한 정도로. ¶~ 해 놓고 큰소리냐? ⓔ그까지로.
고-까짓 관 겨우 고만한 정도의. ¶~ 일로 화를 내? / ~ 일쯤이야 식은 죽 먹기다. ⓒ고깟. ⓔ그까짓.
고깔 명 승려가 쓰는 건(巾)의 한 가지. 베 조각으로 세모지게 만듦.
고깔-모자(-帽子) 명 원뿔 모양의 모자. ¶~를 쓴 어릿광대.
고깝다[-따] 형ㅂ <고까우니, 고까워> 무시당했다고 느끼거나 자존심이 상하여 언짢거나 분하다. =곡하다. ¶제가 주제넘은 말씀을 드리더라도 고깝게 생각지 마세요. **고까이** 부.
고-깟[-깓] 관 '고까짓'의 준말. ⓔ그깟.
고꾸라-뜨리다/-트리다 동타 고꾸라져 쓰러지게 하다. ¶다리를 걸어 ~. ⓢ꼬꾸라뜨리다.
고꾸라-지다 자여 고부라져 쓰러지다. ¶땅바닥에 ~. ⓢ꼬꾸라지다.
고-나마 부 고것이나마. 또는, 고것이라도. ¶~ 사람은 다치지 않았으니 정말 다행이다. ⓔ그나마.
고난(苦難) 명 사람이 살아가면서 맞닥뜨리게 되는 괴롭고 힘든 일. 비고초(苦楚). ¶~의 세월 / ~의 길을 걷다.
고-난도(高難度) 명 어떤 기술이 해내기 매우 어려운 상태. 또는, 고도의 기술이 필요한 상태. ¶~ 묘기 / ~의 테크닉.
고난-스럽다(苦難-)[-따] 형ㅂ <-스러우니, -스러워> 고난이 되는 점이 있다. **고난스레** 부.
고냉-지 '고랭지(高冷地)'의 잘못.
고-냥 부 1 고 모양 고대로. ¶있던 대로 ~ 두다. 2 고대로 줄곧. ¶이대로 ~ 사는 거지 뭐. ⓔ그냥.

고-년(-年)[대][인칭] '고 여자'를 얕잡거나 비하하여 이르는 말. 또는, '고 여자 아이'를 귀엽게 이르는 말. ¶~ 참, 깜찍하게도 생겼다. (준)그년. ↔고놈.

고념(顧念)[명] 1 남의 사정이나 일을 돌보아 주는 것. 2 남의 허물을 덮어 주는 것. =고시(顧視). **고념-하다**[동][타][여]

고-놈[대] ① [인칭] '고 남자'를 얕잡거나 비하하여 이르는 말. 또는, '고 아이'를 귀엽게 이르는 말. ¶~ 참, 기특하다. ↔고년. ② [지시] '고 동물'이나 '고 물건'을 귀엽게, 또는 얘사롭게 이르는 말. (준)그놈.

고뇌(苦惱)[-뇌/-눼][명] 깊은 성찰과 치열한 의식을 가지고 삶의 본질적인 문제를 해결하고자 애쓰며 괴로워하는 것. =고환(苦患). ▶고민. **고뇌-하다**[동][자][여] ¶이상과 현실 사이에서 **고뇌하는** 젊은이.

고누[명] 땅이나 종이 위에 말밭을 그려 놓고 두 편이나 나누어 말을 많이 따거나 말길을 막는 것을 다투는 놀이의 한 가지.

고니[명][동] 오릿과의 물새. 온몸이 순백색이어서 아름답고 몸이 큼. 눈 앞쪽에는 노란 피부가 드러나 있고 다리는 검음. 가을에 우리 나라에 날아와 겨울을 나고는 북쪽으로 감. 떼 지어 살며, 보호조임. =백조(白鳥).

고:-다(고¹고/고¹) [타] 1 (고기나 고기 뼈 등을) 진액이 나오도록 오래 끓이다. ¶쇠뼈를 푹 ~. ▷삶다. 2 (엿물을) 좋아서 진하게 엉기도록 푹 끓이다. ¶엿을 ~. 3 소주 따위를 얻기 위해 솥에 열을 가하여 증류시키다.

고-다음[명] 그것의 바로 뒤에 이어 오는 때나 자리. ¶~에 내리면 된다. / ~은 누가 발표할 차례지? (준)그다음.

고-다지[부] 1 별로. 또는, 고러하게까지. ¶~ 아쉬운 것은 아니다. 2 고러한 정도로까지. ¶~ 하고 싶으냐. (준)그다지.

고-단백(高蛋白)[명] 어떤 식품에 단백질이 매우 많이 들어 있는 상태. =고단백질. ¶~ 식품 / ~ 보양 음식. ↔저단백.

고-단백질(高蛋白質)[-찔][명] =고단백. ▷저지방

고-단수(高段數)[명] 수단이나 술수를 쓰는 재간의 정도가 뛰어난 것. 또는, 그 사람. ¶~

고단-하다[형][여] (몸이) 지쳐서 느른하다. ¶몸이 ~ / 긴 여행에 **고단할** 텐데 어서 자라. **고단-히**[부]

고달¹[명] 1 칼·송곳 따위의 몸뚱이가 자루에 박힌 부분. 2 대롱으로 된 물건의 부리.

고달²[명] 1 거만을 떠는 짓. 2 젖먹이가 화가 나서 몸부림을 치는 짓.

고-달이[명] 물건을 들거나 걸어 놓기 위하여 노끈 등으로 고리처럼 만들어 달아 놓은 것.

고달프다〈고달프니, 고달파〉[형][여] (몸이나 마음, 처지가) 지쳐서 힘들고 괴롭다. ¶고달픈 신세 / 인생이 황혼에 접어드니 몸도 **고달프**고 마음도 ~.

고달-피[부] 고달프게.

고:-담¹[명] '고다음'의 준말. (준)그담.

고:-담²(古談)[명] 옛날부터 전해 오는 이야기. [비]옛날이야기.

고담(枯淡)[명] → **고담-하다**[형][여] 서화·문장·인품 등이 속되지 않고 아취가 있다.

고담-준론(高談峻論)[-줄-][명] 1 뜻이 높고 바르며 엄숙하고 날카로운 말. 2 스스로 잘난 체하고 과장하여 떠벌리는 말. **고담준**

론**-하다**[동][자][여]

고답-적(高踏的)[-쩍][관][명] 세상에 초연(超然)하거나, 현실과 동떨어지게 사고하거나 행동하는 (것). ¶~인 생활 태도.

고답-주의(高踏主義)[-쭈의/-쭈이][명] 세상의 법속과 접촉을 피하려는 주의.

고답-파(高踏派)[명][문] 프랑스 근대시의 한 유파. 낭만파에 대한 반동으로 나타났던 문예 사조로, 몰개성적·객관적인 미(美)를 추구하였음. =파르나시앙.

고당(高堂)[명] 1 높게 지은 집. 2 남의 아버지나 어머니를 높여 이르는 말. 3 남을 높여 그의 집을 이르는 말. ¶~의 만복을 기원하나이다.

고대¹[명] '깃고대'의 준말.

고대²[부] 1 지금 막. ¶그가 ~ 왔다 갔다. 2 즉시로. 또는, 바로 곧. ¶비가 그치면 ~ 김매기를 시작해라. / 하도 오랜만이라 ~ 알아보질 못했구려.

고:대³(古代)[명] 1 먼 옛날. ¶~로부터 내려오는 풍습. 2 [역] 역사의 시대 구분의 하나. 원시 시대와 중세 사이. 우리나라에서는 고조선에서 통일 신라 시대까지를 가리킴. 중세와 대비되는 개념으로, 고대 국가의 형성과 더불어 시작되어 중세 시작 전까지의 시기, 신라의 멸망.

고대⁴(苦待)[명] (어떤 일이나 때를) 몹시 기다리는 것. ¶학수(鶴首)~. **고대-하다**[동][타][여] ¶소식이 오기를 ~.

고대-광실(高臺廣室)[명] 굉장히 크고 좋은 집. ¶오막살이망정 ~ 부럽지 않게 정다운 그 집이었다.《정비석:성황당》

고:대^국가(古代國家)[-까][명][역] 원시 사회와 중세의 사이에 성립된 나라.

고:대^국어(古代國語)[명][언] 국어의 역사에서 중세 국어의 전 단계로서, 고려 이전의 국어. 특히, 신라의 언어.

고-대로[부] 1 변함없이 고 모양으로. ¶~ 꼼짝 말고 있어라. 2 더하거나 덜함이 없이 똑같게. ¶남의 작품을 ~ 베끼다. (준)그대로.

고:대-사(古代史)[명][역] 중세 이전의 역사.

고:대^사회(古代社會)[-회/-훼][명] 원시 사회와 중세 사회의 중간 단계에 있는 사회.

고:대^소:설(古代小說)[명][문] 조선 초기부터 19세기 말엽까지 씌어진 소설. 고려의 그 전체가 더욱 발전한 문학 양식으로, 김시습의 '금오신화'가 그 최초의 작품임. [비]구소설. ▷신소설.

고:대-인(古代人)[명] 고대에 살던 사람.

고덕(高德) → **고덕-하다**[-떠카-][형][여] 덕이 높다.

고데(← 鏝/こて)[명] 1 머리를 지져 다듬는, 가위 모양의 기구. 2 1로 머리를 다듬는 일. **고데-하다**[동][자][타][여] 고데로 머리를 다듬다.

-고도¹[어미] '이다'의 어간이나 용언의 어간에 붙어, 어떤 사실이나 느낌을 나타내면서 이에 상반되거나 다른 특성이 있음을 나타내는 연결 어미. ¶길~ 짧은 이야기 / 밥을 두 그릇이나 먹~ 양이 차지 않는다.

고:도²(古都)[명] 옛 도읍. ¶부여는 백제의 ~이다.

고도³(孤島)[명] 육지에서 멀리 떨어진 작은 섬. [비]외딴섬. ¶무인~ / 절해(絶海)의 ~.

고도⁴(高度)[명] 1 평균 해수면 등의 기준면을 0으로 하고 측정한 지표면의 높이. 혼히, 높은 상공이나 고산(高山)의 어느 지점을 이를 때 쓰이는 말임. ¶~ 5000m 상공을 비행하는 기술 / ~로 발달한 현대 문명. 2 수준이나 정도가 높은 상태. ¶~의 기술 / ~로 발달한 현대 문명. 3 [천] 천체

고도-계(高度計)[-계/-게] 몡 비행기 등에서 고도를 측정하는 계기.

고도리(←⊙ごとり) 몡 ①'다섯 마리의 새'라는 뜻》 1'고스톱'의 통칭. 2 고스톱에서, 매화·흑싸리·공산명월의 열 끗짜리 석 장으로 이루어지는 약.

고도-성장(高度成長) 몡 발전의 속도나 규모가 높은 정도로 빨리 이루어짐. **고도성장-하다** 동재

고도-화(高度化) 몡 속력·능률이나 생활·문명의 정도가 높아지는 일. 또는, 높아지게 하는 일. **고도화-하다** 동재타여 ¶능률을 ~. **고도화-되다** 동재 ¶고도화된 기술.

고독(孤獨) 몡 1 주위에 마음을 함께할 사람이 없어 혼자 동떨어져 있음을 느끼는 상태. 비외로움. ¶~을 술로 달래다/~을 느끼다. 2 부모 없는 어린아이와 자식 없는 늙은이. **고독-하다** 형여 주위에 마음을 함께할 사람이 없어 혼자 동떨어져 있음을 느끼는 상태에 있다. 비외롭다. ¶고독한 영웅 / 그는 만년을 고독하게 살다 갔다.

고독-감(孤獨感)[-깜] 몡 외로움을 느끼는 마음.

고독-고독[-꼬-] 閈 '꼬독꼬독'의 여린말. 큰구둑구둑. **고독고독-하다** 형여

고독-단신(孤獨單身)[-딴-] 몡 도와주는 사람 없이 외로운 처지에 있는 몸.

고동¹ 몡 1 틀어서 작동시키는 기계 장치. 2 배 따위에서, 신호를 하기 위해 소리를 내는 장치. 또는, 그것이 내는 소리. ¶뱃 ~ 소리. 3 어떤 일을 하는 데 가장 중요한 점이나 계기. 4 물렛가락에 끼워서 고정시킨 두 개의 매듭 같은 물건.

고동을 울리다 굳 고동 소리를 내다.

고동(을) 틀다 굳 기계를 움직이게 하는 장치를 돌리다.

고동²(鼓動) 몡 피의 순환을 위하여 뛰는 심장의 운동. ¶젊은이의 힘찬 ~ / 심장의 ~이 들리다.

고:동-색(古銅色) 몡 붉은빛 또는 누른빛이 도는 갈색.

고동-치다(鼓動-) 동재 1 심장이 심하게 뛰다. 2 희망이나 이상이 가득 차 마음이 약동하다.

고-되다[-되-/-뒈-] 형여 《하는 일이》 힘에 겨워 고단하다. ¶고된 훈련을 끝내다.

고두리 몡 물진 끝의 둥그런 곳.

고두-밥 몡 1 아주 된 밥. 2 '지에밥'의 잘못.

고두-백배(叩頭百拜)[-빼] 몡 머리를 조아리며 몇 번이고 거듭 절함. **고두백배-하다** 동재여 ¶고두백배하며 잘못을 빌다.

고두-사죄(叩頭謝罪)[-죄/-줴] 몡 머리를 조아려 잘못을 빎. **고두사죄-하다** 동재여

고두-쇠[-쇠/-쉐] 몡 1 작두 따위의 머리에 꽂는 긴이 굽은 쇠. 2 두 쪽으로 된 장식 따위를 맞추어 끼우는 쇠. 3 [민] 명이 길어지라고 수양아들이나 수양딸로 삼은 어린아이의 주머니 끝에 다는, 은으로 만든 장식품.

고둥 몡 복족강에 속하는 연체동물 중에서, 나선상으로 말린 껍데기를 가지는 것의 총칭.

고드래-뿡 몡 1 술래를 정할 때 세는 말의 끝의 말. ¶하날때, 두알때, 사망때, 날때, 육낭거지, 팔때, 장군, ~. 2 일이 끝났을 때 쓰는 말. ¶일 년이나 끌던 일이 마침내 ~이다.

고드랫-돌[-래똘/-랜똘] 몡 발이나 자리를 엮을 때 날을 감아서 매다는 돌. 준고드래.

고드러-지다 동재 물기가 말라서 빳빳하게 굳어지다. 큰구드러지다. 쎈꼬드러지다.

고드름 몡 낙숫물 따위가 흘러내리다가 길게 얼어붙은 얼음. =빙주(氷柱). ¶처마 끝에 ~이 달리다.

고드름-똥 몡 고드름 모양으로 뾰족하게 눈 똥.

고드름똥 싸겠다(싸게 춥다) 굳 언 똥을 눌 만큼 방이 몹시 춥다.

고-득점(高得點)[-점] 몡 아주 높은 득점. ¶~자(者)/~을 얻다.

고들개 몡 1 안장의 가슴걸이에 다는 방울. 2 채찍의 열 끝에 달린 굵은 매듭이나 추 같은 물건. 3 말 굴레의 턱 밑으로 돌아가는, 방울이 달린 가죽.

고들-고들 몡 '꼬들꼬들'의 여린말. 큰구들구들. **고들고들-하다** 형여 ¶밥이 고들고들 해졌다.

고들-빼기 몡[식] 국화과의 두해살이풀. 높이 80cm 정도. 여름에서 가을에 걸쳐 노란 꽃이 핌. 어린잎은 먹음. 들이나 논밭에 남. =고채(苦菜).

고등¹(高等) 몡 등급이나 정도·품위 따위가 높은 것. ¶~ 수법 / ~ 수학. ↔초등·하등.

고등¹-하다(高等-) 형여 ¶인간은 고등한 동물이다.

고등²(高騰) 몡 물가가 크게 오르는 것. 비앙등(昂騰)·등귀(騰貴). **고등-하다**² 형여

고등ˆ감각(高等感覺) 몡[심] 시각과 청각의 두 감각. 음악·미술 등 예술을 이해하는 데에 기본 수단이 됨.

고등ˆ검ː찰청(高等檢察廳) 몡[법] 고등 법원에 대응하여 설치된 검찰청. 준고검.

고등-계(高等係)[-계/-게] 몡[일제] 한국인의 독립 운동 및 정치적·사상적 동향을 감시하고 탄압하던 경찰의 한 부서. ¶~ 형사.

고등ˆ고ː시(高等考試) 몡 행정 고급 공무원 또는 사법관이 되기 위한 자격시험. 1963년에 폐지되었음. 준고시.

고등ˆ교ː육(高等敎育) 몡[교] 고도의 전문적 지식을 터득하는, 대학 및 대학원 교육. ▷초등 교육·중등 교육.

고등ˆ동ː물(高等動物) 몡[생] 진화의 정도가 높고 여러 기관이 분화·발달된 동물. ↔하등 동물.

고등ˆ법원(高等法院) 몡[법] 지방 법원의 위, 대법원의 아래인 중급 법원. 지방 법원의 재판에 대한 항소·항고와 행정 소송의 제1심을 재판함. 준고법.

고등ˆ식물(高等植物)[-씽-] 몡[식] 뿌리·줄기·잎의 세 부분을 갖추고, 체제가 복잡하게 진화된 식물. 현화식물·양치식물 따위. ↔하등 식물.

고등-실업자(高等失業者)[-짜] 몡 고등 교육을 받고서도 일자리를 얻지 못하고 노는 사람. =고등룸펜.

고등어 몡[동] 고등어과의 바닷물고기. 몸은 기름하고 통통하며, 몸빛은 등은 녹색 바탕에 흑색 물결무늬가 있고 배는 은백색임. 우리나라 주요 수산물의 하나임. 어린 것은 '고도리'라고 부름. 세는 단위는 마리·손(2마리)·뭇(10마리). =청어(鯖魚).

고등-학교(高等學校)[-꾜] 몡 중학교에서 받은 교육의 기초 위에 고등 보통 교육과 전문 교육을 실시하는 것을 목적으로 하는 학교. 수업 연한은 3년임. 준고교.

고등-학생(高等學生)[-쌩] 몡 고등학교에

다니는 학생. =고교생.
고딕(Gothic) 명 **1** [건] 12~16세기에 유행한 중세 유럽의 건축 양식. 성당 건축에 가장 전형적으로 나타나는데, 돔(dome)과 높은 첨탑(尖塔) 등이 특색임. **2** [인] =고딕체.
고딕-식(Gothic式) 명 고딕의 특성을 가지는 방식.
고딕-체(Gothic體) 명 [인] 활자의 서체(書體)의 하나. 가로·세로의 획이 일정하게 굵음. =고딕·흑자체 활자(黑字體活字).
고딩(高-) 명 <속> 고등학생. 인터넷상에서 쓰이는 통신 언어임.
고라 '고라말'의 준말.
고라니 명 [동] 포유류 사슴과의 한 종. 노루의 일종으로 몸길이 90cm 정도로 작고, 암수 모두 뿔이 없음. 몸빛은 어름에는 적갈색, 가을에는 회갈색임. 피는 신경통에 약효가 있다 하여 한방에 쓰임. =마록(馬鹿).
고라-말 등에 검은 털이 난 누른 말. ㈜고라.
고락(苦樂) 명 괴로움과 즐거움. ¶생사~ / ~을 같이하다.
고란-초(皐蘭草) 명 [식] 양치식물 고란초과의 상록 여러해살이풀. 뿌리줄기는 옆으로 뻗고, 줄 모양의 적갈색 비늘로 덮여 있음. 산지의 벼랑이나 바위틈에 남.
고랑¹ 명 [자립] 밭이나 논에서, 두둑과 두둑 사이의 좁고 길게 파진 곳. 또는, 물이 빠질 수 있도록 좁고 길게 판 곳. ¶밭~ / 텐트 주위에 ~을 내다. **2** [의존] 밭의 고랑을 세는 단위. ¶밭 한 ~을 매다. ㈜골. ▷이랑.
고랑² '쇠고랑'의 준말.
고랑-쇠 명 '쇠고랑'의 잘못.
고랑-창 명 좁고 깊은 고랑. ㈜골창.
고래¹ 명 [동] 포유류 고래목에 속하는 동물의 총칭. 뒷다리는 퇴화하였고, 앞다리는 지느러미 모양으로 변하였음. 털은 퇴화하였고 감각 수염이 있음. 고기는 식용, 기름은 공업용, 뼈·수염은 공예용으로 이용됨.
[고래 싸움에 새우 등 터진다] 강한 자들이 싸우는 틈에 끼어 약한 자가 공연히 해를 입게 된다.
고래 등 같다 관 (기와집 따위가) 굉장히 크고 으람하다. ¶고래 등 같은 집에서 살다.
고래² 명 '방고래'의 준말.
고래³ '고리하여'가 준 말. ¶~ 어떡할 작정이냐? ㈜그래.
고:래(古來) 명 옛날부터 지금까지. ¶~에 드문 일.
고래-고래 甲 화가 나서 목청껏 소리를 지르는 모양. ¶온 집안이 떠나갈 듯이 ~ 소리를 지르다.
고래도 '고리하여도'가 준 말. ¶네가 암만 ~ 내 마음은 변함이 없다. ㈜그래도.
고:래-로(古來-) 甲 '자고이래로'의 준말. ¶~ 우리는 조상을 숭배하였다.
고래서 '고리하여서'가 준 말. ¶~ 어쩌란 말이냐? ㈜그래서.
고래-수염(-鬚髥) 명 고래의 입천장 양쪽에 빗살같이 나란히 있는 섬유성의 각질판(角質板). 공예 재료로 쓰임.
고래-실 명 [농] 바닥이 깊고 물길이 좋은 기름진 논.
고래-자리 명 [천] 별자리의 하나. 양자리와 물고기자리의 남쪽 춘분점 가까이에 있음. =경좌.
고래-잡이 명 고래를 잡는 일. ㈜포경(捕鯨). 고래잡이-하다 동자여

고랫-재 [-래째/-랟째] 명 방고래에 쌓여 있는 재.
고랭-지(高冷地) 명 저위도에 위치하고 표고가 높은 한랭한 곳. ¶~ 배추. ×고냉지.
고랭지^농업(高冷地農業) 명 [농] 고원이나 산지 등 여름철에도 서늘한 땅이 이루어지는 농업. 감자·메밀·울벼 따위나 배추 등 야채를 가꿈. =한랭지 농업.
고량¹(考量) 명 생각하여 헤아리는 것. **고량-하다** 타여
고량²(高粱) 명 [식] **1** 볏과의 한해살이풀. 수수의 일종으로, 높이 2m 정도이고 끝에 이삭이 달림. 만주 등지에서는 주식으로 하거나 고량주를 만들기도 함. **2** =수수¹.
고량-주(高粱酒) 명 고량의 가루로 죽을 끓이거나 떡을 쪄서, 누룩과 버무려 빚은 술을 고아서 내린 향기로운 증류주. 중국 술로, 빛깔이 없고 투명하며 조금 신맛이 남. =고량소주·배갈·백주(白酒).
고량-진미(膏粱珍味) 명 기름진 고기와 좋은 곡식으로 만든 맛있는 음식.
고리고리-하다 형여 모두 비슷비슷하여 별로 두드러진 것이 없다. ¶**고리고리한** 아이들이 모이다. ㈜그러그러하다.
고러다 동자 고렇게 하다. 곧, 고렇게 행동하거나 생각하다. 주로 구어체에서 쓰임. ¶~ 다칠라. ㈜그러다.
고러-하다 형여 '고렇다'의 본딧말. ㈜그러하다.
고렇다 [-러타] 형여 <고러니, 고러오, 고래> (사물의 상태나 속성이) 고와 같다. ¶애기 인슥~. ㈜고러하다. ㈜그렇다.
고렇-듯 [-러튿] 甲 '고렇듯이'의 준말. ¶~ 에쁜 여자는 처음 본다. ㈜그렇듯.
고렇-듯이 [-러튿이] 甲 고러한 정도로까지. ¶동생을 ~ 못살게 굴면 안 돼. ㈜고렇듯. ㈜그렇듯이.
고려¹(考慮) 명 (어떤 대상이나 사실에 대해) 생각하여 헤아리는 것. ¶상대의 입장을 ~에 넣고 대화하다. **고려-하다** 타여 ¶시민들의 불편과 고통을 **고려하지** 않은 탁상 행정의 교통 정책. **고려-되다** 동자 ¶건물 신축 시 도시 경관과의 조화가 **고려되어야**.
고려²(高麗) 명 [역] 우리나라 중세에 세워진 통일 왕조(918~1392). 왕건(王建)이 태봉의 왕 궁예(弓裔)를 말아내고 송악(개성)에 도읍하여 건국함. 후삼국을 통일했으나, 이성계(李成桂)에 의해 멸망함.
고려^가사(高麗歌詞) 명 [문] =고려 가요.
고려^가요(高麗歌謠) 명 [문] 고려 시대에 구전(口傳)된 평민의 노래. 남녀간의 사랑과 이별을 다룬 것이 많음. =고려 가사·고려 속요·고려요(麗謠).
고려^대:장경(高麗大藏經) 명 [불] 고려 시대에 불력(佛力)으로 국난을 극복하기 위하여 간행한 대장경. 고려 대장경 초조본·속장경·팔만대장경을 통칭하는 말임.
고려^속요(高麗俗謠) 명 [문] =고려 가요.
고려-양(高麗樣) 명 [역] 고려 말기에 원(元)나라에서 유행되었던 고려의 음식·의복 등의 풍속의 일컫어 일컫던 말.
고려-인삼(高麗人蔘) 명 우리나라의 인삼을 다른 나라의 인삼과 구별하여 부르는 이름.
고려-자기(高麗瓷器·高麗磁器) 명 고려 시대에 만든 자기. 무늬와 빛깔이 아름다워

술적 가치가 높으며, 특히 청자(靑瓷)가 유명함.
고려-장(高麗葬)[명][역] 늙은이를 산 채로 광중(壙中)에 두었다가 죽으면 그곳에 매장하였다는, 고구려 때의 풍속.
고려-청자(高麗靑瓷)[명] 고려 시대에 만들어진, 푸른빛을 띤 자기의 총칭. 상감청자가 유명함.
고령(高齡)[명] 나이가 많음. 또는, 많은 나이. =고년(高年)·고수(高壽). ¶~ 인구.
고령-석(高嶺石)[명][광] 점토·고령토의 주성분을 이루며 있는 광물. 화산암·운모·장석의 분해로 생기며, 지방과 같이 부드럽고, 도자기나 시멘트 등의 원료가 됨. =카올리나이트.
고령-자(高齡者)[명] 나이가 썩 많은 사람.
고령-토(高嶺土)[명][공] 바위 속의 장석(長石)이 풍화 작용을 받아 생긴 점토. 빛깔은 희고 입자가 비교적 굵음. 도자기·내화재의 원료로 쓰임. =고량토·고릉토·백토(白土)·카올린.
고령화 사회(高齡化社會)[-회/-훼][사] = 노령화 사회.
고:례(古例)[명] 예로부터 내려오는 관례(慣例).
고:례(古禮)[명] 옛날의 예절이나 예법.
고-로(故)[부] ('어미 '-ᄂ', '-는', '-ㄹ', '-던' 따위의 뒤에나 문장 앞에 쓰여) '까닭에', '때문에'의 뜻으로 쓰이는 말. ¶눈이 큰 ~ 겁이 많을 것이다. / 나는 생각한다. ~ 나 존재한다.
고:로(古老)[명] 경험이 많고 옛일을 많이 알고 있는 늙은이. =고로(故老).
고:로(故老)[명] 1 인습에 젖은 늙은이. 2 = 고로(古老).
고로(高爐)[명][공] 주철(鑄鐵)을 만들기 위한 원통형의 높은 노(爐). 위에서 광석을 넣고, 아래에서 녹은 주철이 흘러나오게 되어 있음.
고로롱-거리다/-대다[동][자] (몸이 약하거나 늙어서) 늘 골골거리다. (준)고롱거리다.
고로롱-고로롱[부] 고로롱거리는 모양. (준)고롱고롱. **고로롱고로롱-하다**[동][자][여] ¶고로롱고로롱하면서도 쉽게 죽지도 않는다.
고로롱-팔십(-八十)[-씹][명] 병으로 고로롱거리면서도 여든 살까지 산다는 뜻으로, 매우 병약한 상태로 오래 사는 것을 가리켜 이르는 말. ¶~이라더니, 저 노인네를 두고 한 말이구먼.
고로쇠-나무[-쇠-/-쉐-][명][식] 단풍나뭇과의 낙엽 활엽 교목. 높이 15~20미터로, 4~5월에 흰 꽃이 피고 열매는 9월에 익음. 수액은 경칩 전후에 채취하여 약으로 마시기도 함.
고로케(←コロッケ)[명] [<(영)croquette] '크로켓(croquette)'으로 순화.
고론(高論)[명] 1 훌륭한 논설. ¶~ 탁설(卓說). 2 남을 높여 그의 논설이나 이론을 이르는 말.
고롱-거리다/-대다[동][자] '고로롱거리다'의 준말.
고롱-고롱[부] '고로롱고로롱'의 준말. ¶~앓다. **고롱고롱-하다**[동][자][여]
고료(稿料)[명] '원고료'의 준말.
고루[부] 더하고 덜함이 없이 고르게. ¶아이들에게 과자를 ~ 나누어 주다.
고루(固陋) → **고루-하다**[형][여] (사람이) 세상의 변화나 발전에 어두워 낡은 생각이나

고리대금 ●123

도덕을 고집하는 상태이다. ¶**고루한** 노인 / **고루한** 사고방식. **고루-히**[부]
고루-거각(高樓巨閣)[명] 높고 큰 다락집. = 고각대루.
고루-고루[부] 여럿이 모두 고르게. ¶이것저것 가리지 말고 ~ 먹어라. (준)골고루.
고르다¹[동][타]<고르니, 골라> (여럿 중에서 어떤 것을) 가려내거나 뽑다. ¶신랑감을 ~ / 물건을 ~ / 다음 보기 중에서 옳은 것을 **고르시오**.
고르다² Ⅰ[형][여]<고르니, 골라> 1 더하고 덜함이 없이 모두 한결같다. ¶아이들 키가 ~ / **고르게** 분배하다. 2 (상태가) 정상적으로 순조롭다. ¶숨결이 ~ / **고르지** 못한 일기에 건강이나 상하지 않으셨는지요?
Ⅱ[동]<고르니, 골라> 1 높낮이가 없도록 평평하게 만들다. ¶모래판의 바닥을 ~. 2 (붓 끝을) 글씨가 잘 쓰이도록 다듬다. ¶그는 잠시 붓 끝을 **고른** 뒤에 일필휘지로 그의 시상을 종이 위에 옮기기 시작했다. 3 (악기의 줄을) 음의 높낮이가 조화를 이루도록 맞추다. 예스러운 말임. ¶거문고 줄을 ~. 4 (목소리를) 가다듬어 부드럽게 한다. ¶목을 ~ 나오다.
고르-잡다[-따][동][타] (호흡이나 표정 등을) 정상적인 상태로 고르게 조절하다. ¶가쁜 숨을 ~.
고르-쌀[명] 돌이나 뉘 등을 골라낸 쌀. =석발미(石拔米).
고른-음(-音)[명][음] 진동이 규칙적이고 일정한 높이가 있는 음. 노래나 대부분의 악기 소리 따위. ↔악음(樂音).
고름¹[명] 종기가 곪아서 생기는 희고 누런 액체. =농(膿)·농액·농즙. ¶~을 짜다 / ~이 나오다.
고름²[명] '옷고름'의 준말. ¶저고리의 ~을 매다 / ~이 풀리다.
고름-집[-찝][명] 고름이 누렇게 맺힌 곳.
고리¹[명] 1 쇠붙이나 끈 따위를 구부려서 두 끝을 맞붙여 만든 물건. 주로 둥근 모양을 이룸. ¶문~ / 귀~ / 열쇠~. 2 여러 가지가 서로 연관되어 있는 사물 현상의 하나하나의 구성 부분. ¶중심 ~ / 기본 ~ / 중추적인 ~를 이루고 있다.
고리² [명] ① [자립] 1 껍질을 벗긴 고리버들의 가지, 고리짝이나 키 등을 만드는 데 쓰임. 2 키나 대오리를 엮어 만든 옷상자. =유기(柳器). (비)고리짝. 3 '소줏고리'의 준말. ② [의존] 소주의 분량을 그것이 담긴 고리(소줏고리)의 수로 헤아리는 말. 1고리는 10사발임. ¶ 소주 한 ~만 주세요.
고리³[부] 고렇게. ¶왜 ~ 무뚝뚝하냐? (큰)그리. **고리-하다**[동][여] (큰)**고리-되다**[동][자]
고리⁴[부] 그 곳으로. 또는, 그쪽으로. ¶곧 갈 테니 ~ 가 있으시오. (큰)그리.
고리⁵(高利)[명] 1 법률상의 제한이나 보통의 이자율을 초과하는 비싼 이자. (비)고금리. ↔ 저리(低利). 2 많은 이익.
고리-눈[명] 1 눈동자의 둘레에 흰 테가 둘린 눈. (비)환안(環眼). 2 고리처럼 생긴 눈.
고리눈-이[명] 고리눈으로 된 사람이나 동물.
고리다[형] 1 썩은 풀이나 썩은 달걀 냄새 같다. ¶발에서 **고린** 냄새가 나다. 2 (하는 짓이) 잘고 다랍다. ¶**고린**샘님. (큰)구리다. (거)코리다.
고리-대(高利貸)[명] '고리대금'의 준말.
고리-대금(高利貸金)[명] 1 이자가 비싼 돈. 2 비싼 이자를 받는 돈놀이. (준)고리대.

고리대금-업(高利貸金業) 圀 고리대금을 직업으로 하는 일. ¶~자(者).
고리-로 튄 '고리'의 힘줌말. ㋵골로.
고리^모양^화!합물(-模樣化合物)[-함-] 圀[화] 원자가 고리 모양으로 결합하여 구조를 분자 내에 가지는 화합물의 총칭. =환식 화합물.
고리-못[-몯] 圀 대가리가 고리 모양으로 생긴 못.
고리-백정(-白丁)[-쩡] 圀 1 '고리장이'를 낮추어 이르는 말. 2 시기에 맞게 해야 할 것을 때가 지난 뒤까지 하고 있는 사람을 조롱하여 이르는 말. =고리백정.
고리-버들 圀[식] 버드나뭇과의 낙엽 관목. 냇가나 들의 축축한 땅에 저절로 남. 가지는 껍질을 벗겨 버들고리나 키 등을 만듦.
고리-삭다[-따] 혱 (젊은이의 말이나 행동이나 모습이) 맥이 없이 활발하지 못하거나, 건강함이 없이 아주 늙어 보이는 상태이이 있다. ¶그는 사날 없이 눈을 안 붙이고 성화를 하는 바람에 농사에 **고리삭은** 그의 얼굴은 더욱 해쓱하였다.《김유정·소낙비》
고리-잠(-簪) 圀 여자가 머리에 꽂는 꾸미개. 이쑤시개와 귀이개가 한데 달렸음.
고리-장이 圀 고리짝이나 키를 만들어 파는 것을 직업으로 하는 사람. =유기장(柳器匠)·유기장이.
고리-점(-點)[언] 세로쓰기에 사용되는 마침표의 하나. '。'의 이름. ▷온점.
고리-짝 圀 1 고리나 대오리로 엮어 옷을 넣도록 만든 상자. ⓑ고리. 2 옷을 담는 고리의 낱개.
고리-채(高利債) 圀 비싼 이자로 얻은 빚.
고리타분-하다 톙㉨ 1 (냄새가) 상쾌하지 못하고 역겹게 고리다. ¶**고리타분한** 냄새. 2 (사람이 하는 짓이나 성미가) 생기가 없고 따분하다. ¶젊은 사람이 왜 그렇게 **고리타분하니?** ㋵고타분하다·골타분하다. ㋷구리터분하다.
고리탑탑-하다[-타파-] 혱㉨ 매우 고리타분하다. ¶**고리탑탑한** 샌님. ㋵고탑탑하다·골탑탑하다. ㋷구리텁텁하다.
고린-내 圀 고린 냄새. ㋵구린내. ㋾코린내.
고린도-서(←Korinthos書) 圀[성] 신약 성서 중의 하나. 전서와 후서로 되어 있음.
고린-전(-錢) 圀 매우 적은 푼돈. ¶~ 한 푼 쓰지 않는 지독한 구두쇠.
고릴라(gorilla) 圀[동] 포유류 유인원과의 큰 짐승. 뒷다리로 서면 키가 약 2m, 무게는 약 280kg임. 몸빛은 검은색 내지 흑갈색이며, 팔이 길고 다리는 짧음. =대성성(大猩猩).
고립(孤立) 圀 1 어떤 원인으로 어느 곳에서 다른 곳으로 가는 길이 막히거나 끊어지거나 하여 그곳을 벗어날 수 없는 상태가 되는 것. 2 남과 어울리지 못하고 외톨이가 되는 것. **고립-되다** 圐㉧ ¶폭설로 **고립된** 마을 / 국제 사회에서 **고립된** 나라.
고립^경제(孤立經濟)[-쩡-] 圀[경] 사회에서의 재화의 수요·공급, 또는 국제간의 통상 무역이 없이 자급자족하는 경제. ↔사회 경제.
고립-무원(孤立無援)[-림-] 圀 고립되어 구원을 받을 데가 없음.
고립-어(孤立語)[언] 언어의 형태론적 유형의 하나. 한 음절에 하나의 통합된 뜻이 대응하여 어미변화나 접사(接辭)가 발달하지 않고, 단지 관념을 표시하는 단어의 글 가운데서의 위치에 따라 그 기능을 표시하는 언어. 중국어·타이 어 따위.
고립-주의(孤立主義)[-쭈의/-쭈이] 圀[정] 국가가 타국과의 동맹을 맺지 않고 고립을 지키는 주의. 특히, 지난날 미국의 전통적인 외교 정책의 원칙이었음.
고릿-적[-리쩍/-릳쩍] 圀 옛날의 때. ¶~ 얘기는 왜 꺼집어내고 그래요?
고!마움 圀 어떤 일이나 대상에 대해 고맙게 여기는 마음이나 느낌. ¶부모의 ~을 모르는 젊은이 / 어떻게 ~을 표시해야 할지 모르겠다는.
고!마워-하다 圐㉠㉧ 고맙게 여기다.
고막(鼓膜) 圀[생] 외이(外耳)와 중이(中耳)의 경계에 있는, 반투명하고 타원형인 얇은 막. 음파를 청소골(聽小骨)을 통하여 내이에 전달함. ㋵귀청.
고-만 Ⅰ㉱ 고만한. ¶~ 일에 화를 내다니. ㋵그만.
Ⅱ㉲ 1 고 정도까지만. ¶이제 ~ 놀아라. 2 어떤 행동을 고 정도에서 그치고. ¶자꾸 떠들지 말고 ~ 공부나 해라. 3 달리 어찌할 도리가 없어. ¶막차를 놓쳐 ~ 그 댁에서 하룻밤을 신세 졌다. 4 저도 모르는 사이에. ¶너무 참혹한 모습이 나타날 것 같아 ~ 눈을 감아 버렸다. 5 고대로 곧. ¶곧 일어나 마저 정리한다는 게 ~ 내쳐 아침까지 자고 말았다. 6 (서술격 조사 '이다'와 함께 쓰여) '그것으로 끝이다'의 뜻을 나타내는 말. ¶미안하다는 말만 하면 ~인 줄 알아? 7 (서술격 조사 '이다'와 함께 쓰여) '더할 나위 없이 좋다'의 뜻을 나타내는 말. ¶기분이 ~이다. ㋵그만.
Ⅲ㉴ 상대의 행동을 제지하거나 중지시키려고 할 때 하는 말. ¶~! 이제 더 이상 그런 얘기는 하지 마. ㋵그만.
고만고만-하다 혱㉨ (여러 대상이) 정도나 수준에 있어서 고만하면서 비슷하다. ¶키가 ~ / 나이가 ~. ㋵그만그만하다.
고만-두다 圐㉠ 1 고 정도에서 멈추다. ¶이제는 충분하니 고만두어도 좋다. 2 하던 일을 그치다. ¶하던 일을 **고만두고** 뭘 해? ㋵그만두다.
고-만치 ㉲圀 =고만큼. ¶~ 떨어져 앉아라.
고만-큼 Ⅰ㉲ 고만한 정도로. =고만치. ㋵그만큼.
Ⅱ圀 고만한 정도. =고만치. ¶설거지를 ~밖에 못했니? ㋵그만큼.
고만-하다 혱㉨ 1 (수준이나 정도 등이) 고 대상과 비슷한 상태에 있다. ¶실력이 **고만한** 사람도 많지 않다. 2 (어떤 일이나 대상이) 그 수준이나 정도에 있어 웬만하다. ¶아픈 데는 그저 ~. 3 (주로 '고만한'의 꼴로 쓰여) (이유 등이) 고럴 만하다. ㋵그만하다.
-고말고 ㉮ 상대의 말이나 물음에 강한 동감이나 긍정을 나타내는, 반말 투의 종결 어미. =다마다. ¶효자이~. / 그렇~. / 주~.
고만-때 圀 1 고 시기나 고 시기에 이른 때. 2 고만한 정도에 이른 때. ㋵그만때.
고!맙다[-따] 혱㉣ <고마우니, 고마워> 1 (남이 베푼 은혜·도움·친절 등에 대해) 마음속 깊이 고마워하고 따뜻한 정을 느껴 기쁘다. ¶도와주셔서 대단히 **고맙습니다**. 2 (은혜·도움·친절 등을 베푼 대상에) 은혜로움이나 따뜻한 정을 마음속에 절실히 느끼게 하는 데가 있다. ¶**고마운** 이웃 / 고마우

신 선생님. 고마이 [부]

고매(高邁) →고매-하다 [형여] (인품·학식·재질 등이) 높고 뛰어나다. ¶그분의 **고매한** 인격에 모두 감복하였다.

고명¹ [명] 모양과 맛을 더하기 위하여 음식 위에 뿌리거나 얹는 것의 총칭. =웃고명. ¶알~/국수에 ~을 얹다.

고명²(高名) [명] 1 높이 알려진 이름. 2 '남의 이름'의 높임말. ¶선생님의 ~은 일찍부터 들어 알고 있습니다. **고명-하다**¹ [형여] 명성이 높다. ¶**고명하신** 어른을 뵙게 되어 영광입니다.

고명³(高明) →고명-하다² [형여] 1 고매하고 현명하다. 2 식견이 높고 사물에 밝다.

고명⁴(顧命) [명] 임금이 유언으로 뒷일을 부탁하는 것. 또는, 그 말. **고명-하다**³ [타여]

고명-딸 [명] 아들 많은 집의 외딸.

고모(姑母) [명] 아버지의 누이. 호칭 및 지칭으로 쓰임.

고모-부(姑母夫) [명] 고모의 남편. 호칭 및 지칭으로 쓰임. =인숙(姻叔).

고-모음(高母音) [명][언] 입을 작게 열고, 혀의 위치를 높여서 발음하는 모음. 한글의 'ㅣ','ㅡ','ㅜ' 따위. ↔폐모음(閉母音).

고모-할머니(姑母-) [명] 아버지의 고모. =대고모·왕고모.

고모-할아버지(姑母-) [명] 고모할머니의 남편. =대고모부·왕고모부.

고¹**목**¹(古木) [명] 오래 묵은 나무. 비노목(老木).

고목²(枯木) [명] 말라 죽은 나무.

고목-생화(枯木生花)[-쌩-] [명] [마른나무에서 꽃이 핀다는 뜻] 불우했던 사람이 뜻밖의 행운을 만나게 됨을 비유적으로 이르는 말.

고묘(高妙) →고묘-하다 [형여] 고상하고 묘하다. ¶**고묘한** 필치. **고묘-히** [부]

고무 [명] [⇔ゴム⇔gomme] 1 고무나무 껍질에서 나오는 액체를 굳혀 만든 물질. 탄력성이 강하고 전기가 통하지 않아 공업 제품이나 생활필수품의 원료로 널리 쓰임. 2 아라비아고무 등 식물체에서 채취하는 점착성의 고분자 다당류. 아이스크림의 첨가물이나 풀·잉크 등에 쓰임. 3 =지우개1.

고무(鼓舞) [명] [북을 쳐서 춤을 추게 한다는 뜻] (남을) 더 잘하려고 힘을 내도록 북돋우는 것. ¶선생님의 격려에 ~를 받다. **고무-하다** [타여] ¶사장은 격무에 지친 사원들을 고무했다. **고무-되다** [자여] ¶감독의 말에 고무되어 선수들은 필승을 다짐했다.

고무-공 [명] 탄성 고무로 만든 공.

고무-나무 [명] [식] 고무의 원료를 채취하는 열대성 고무 식물의 총칭.

고무-다리 [명] 고무로 만든 의족(義足).

고무-도장(-圖章) [명] 고무로 만든 도장. =

고무라기 [명] 떡의 부스러기.

고무락-거리다/-대다[-꺼(때)-] [동][자][타] '꼬무락거리다'의 여린말. @구무럭거리다.

고무락-고무락[-꼬-] [부] '꼬무락꼬무락'의 여린말. @구무럭구무럭. **고무락고무락-하다** [동][자][타]

고무래 [명] 곡식을 그러모으거나 펴는 데, 또는 밭의 흙을 고르거나 아궁이의 재를 긁어내는 데 쓰는 'T' 자 모양의 물건. ¶~질.

고무-밴드(-band) [명] 고리 모양으로 만든 가는 고무줄.

고무-보트(-boat) [명] 속에 공기를 넣어 물에 띄우는, 고무로 만든 배.

고무-신 [명] 고무로 만든 신.

고무신-짝 [명] 1 고무신의 짝. 2 고무신을 속되게 이르는 말.

고무-인(-印) [명] =고무도장.

고무-장갑(-掌匣) [명] 고무로 만든 장갑. 의료용·취사용·전기 절연용 등의 목적으로 사용됨.

고무-적(鼓舞的) [관][명] (남을) 고무하는 성질을 띤 (것). ¶동서 화해는 한반도의 긴장 완화를 위해서도 ~인 사태 진전이랄 수 있을 것이다.

고무-줄 [명] 1 고무로 만든 줄. 2 통계·나이 등의 숫자가 상황에 따라 제멋대로 늘었다 줄었다 하는 상태. 비유적인 말. ¶~ 나이 / 그런 엉터리 ~ 통계를 어떻게 믿어?

고무줄-놀이[-롤-] [명] 주로 여자 아이들이 양쪽에서 잡고 있는 고무줄을 노래에 맞춰 발목으로 걸어 넘는 놀이.

고무-지우개 [명] =지우개1.

고무-창 [명] 고무로 만든, 구두의 창.

고무-총(-銃) [명] 탄성이 강한 고무줄로 만든 장난감 총.

고무-풀 [명] 아라비아고무를 녹여 만든 풀.

고무-풍선(-風船) [명] 공기를 넣어 부풀릴 수 있게 얇은 고무로 주머니처럼 만든 물건. 또는, 그것을 부풀린 물건. 비풍선.

고무-호스(-hose) [명] 고무로 만든 호스. 고무의 바깥쪽을 섬유나 금속 따위로 보강하기도 함.

고¹**문**¹(古文) [명] 1 우리나라의 갑오개혁 이전의 옛글. ↔현대문. 2 =과두 문자(蝌蚪文字). 3 육서(六書)의 하나. 변려문(騈儷文) 이전의 산문.

고문²(拷問) [명] 피의자에게 죄를 자백시키기 위하여 육체적 고통을 주는 것. ¶물~/전기~/모진 ~에 못 이겨 자백하다. **고문-하다** [동][타][여]

고문³(顧問) [명] 어떤 분야에 대하여 전문적인 지식과 풍부한 경험을 가지고 자문에 응하여 의견을 제시하는 직책. 또는, 그 사람. ¶~ 변호사 / 법률 ~.

고문-관(顧問官) [명] 1 고문의 직책을 맡은 관리. 2 [미군정 시기와 6·25 때 우리나라에 파견된 미국의 군사 고문관들이 한국말이 서투르고 한국 실정에 어두워 여러 면에서 어수룩한 행동과 실수를 많이 한 데에서] 군대 등의 단체 생활에서 생활에 익숙지 못하고 우둔한 행동을 잘하는 사람. 놀림조의 말임.

고¹**-문서**(古文書) [명] 옛 문서.

고문-치사(拷問致死) [명] 심한 고문으로 사람을 죽게 함.

고¹**-문헌**(古文獻) [명] 옛 문헌.

고물¹ [명] 시루떡에 넣거나 인절미·경단에 묻히는 팥·녹두·콩 따위의 가루. ¶떡~/콩[팥]~/떡에 ~을 묻히다.

고물²[명][건] 1 우물마루의 귀틀 두 개 사이의 구역. 2 '고미'의 잘못.

고물³ [명] 배의 뒤쪽. =선로(船艫)·선미(船尾). ↔이물.

고¹**물**⁴(古物·故物) [명] 1 옛날 물건. 2 헐거나 낡은 물건. ¶~ 자동차 / ~을 모아 팔다. 3 시대에 뒤져 쓸모없이 된 사람을 놀리어 이르는 말. ¶이젠 그도 ~이 다 됐다.

고-물가(高物價) [-까] [명] 높은 물가. ↔저물가.

고물-간(一間) 명 배의 고물 쪽의 칸. =허릿간. ↔이물간.
고물-거리다/-대다 통(자)(타) '꼬물거리다'의 여린말. 큰구물거리다.
고물-고물 부 '꼬물꼬물'의 여린말. 큰구물구물. 고물고물-하다 통(자)(타)(여)
고:물-단지(古物-)[-딴-] 명 시대에 뒤떨어진 사람이나 쓸모없게 된 물건을 홀하게 이르는 말.
고:물-딱지(古物-)[-찌] 명 '고물'을 얕잡아 이르는 말. ¶이까짓 ~ 줘도 안 가져.
고:물-상(古物商)[-쌍] 명 고물을 파는 장사. 또는, 그 상인이나 상점.
고미¹ 명[건] 반자의 하나. 굵은 나무를 가로지르고, 그 위에 산자를 엮어 진흙을 이겨 두껍게 바름. ×고물.
고미²(苦味) 명 =쓴맛. ⇔감미(甘味).
고:-미술품(古美術品) 명 고대의 서화·조각·금속 제품·도자기 등의 작품의 총칭.
고민(苦悶) 명 뜻대로 안 되는 일이나 근심거리가 있어 괴로워하고 속을 태우는 것. ¶너 요즘 무슨 ~이라도 있니? 혼자 맘속에 담고 다니지 말고 다 털어놔 봐. 고민-하다 통(자)(타)(여) ¶이성 문제로 ~.

> **유의어** 고민 / 번민 / 고뇌
> 모두 마음의 괴로움을 겪고 있는 상태를 가리키나, '고민'은 구체적이고 특정한 문제에 대해서 애를 태우는 것을 가리키고, '번민'은 이런저런 삶의 문제를 풀지 못하여 답답해하며 괴로워하는 것을 가리키며, '고뇌'는 삶의 근원적인 문제에 대해 깊은 성찰과 철학적인 의식을 가지고 해결하려고 애를 쓰는 것을 가리킴. ¶외출을 해야 하는데 입을 옷이 없어 고민이다. / 그는 방황과 번민으로 젊은 시절을 보냈다. / 이 시는 인간의 실존적 고뇌를 서정적으로 노래하고 있다.

고민-거리(苦悶-)[-꺼-] 명 고민이 되는 일. ¶~를 털어놓다.
고민-스럽다(苦悶-)[-따] 형(ㅂ) <-스러우니, -스러워> 고민이 되는 점이 있다.
고밀도^집적^회로(高密度集積回路)[-또쩌쾨/-또쩌퀘-] 명[컴] 다층화·미세화 등에 의하여 집적 회로의 집적도를 높인 회로. 하나의 칩에 1000~10만 개의 소자가 탑재되어 있음. =엘에스아이(LSI). ▷집적회로.
고:발(告發) 명 1[법] 고소권자(告訴權者)가 아닌 제삼자가 어떤 범죄 사실을 경찰서나 검찰청에 신고하여 그 수사나 기소를 요구하는 일. ▷고소(告訴). 2 사회의 모순이나 부조리 등을 단죄하여 비판하는 것. 고:발-하다 통(타)(여) ¶사고 목격자가 뺑소니 운전사를 경찰에 ~. 고:발-되다 통(자)
고:발^문학(告發文學) 명 사회의 모순과 병폐를 드러내어 비판하는 문학.
고:발-장(告發狀)[-짱] 명[법] 범죄를 고발하기 위하여 제출하는 서류.
고:발-정신(告發精神) 명 1 범죄나 부정을 적극적으로 고발하려는 태도. 2[문] 사회의 비리나 죄악을 들추어내어 비판하고자 하는 작가의 정신.
고방(庫房) 명 '광'의 원말.
고배(苦杯) 명 ['쓴 술이 든 잔'이라는 뜻] (주로 '들다', '마시다'와 함께 쓰여) 실패나 패배의 쓰라린 경험을 비유적으로 이르는 말. ⓑ쓴잔.
고배를 들다[마시다] 구 실패나 패배의 쓰라린 일을 겪다. ¶연습 부족으로 ~.
고배(高排) 명 과일·음식 등을 그릇에 높이 괴는 것. 고배-하다 통(타)(여)
고:백(告白) 명 1 마음속에 생각하고 있는 것이나 감추어 둔 것을 숨김없이 말하는 것. 2[가] 죄를 용서받기 위하여 고해 신부에게 지은 죄를 숨김없이 밝히는 것. 구용어는 고명(告明). 고:백-하다 통(타)(여) ¶여자에게 사랑을 ~ / 잘못을 ~.
고:백^문학(告白文學)[-빵-] 명[문] 자기의 내적·외적 생활을 있는 그대로 서술하는 문학.
고:백^성:사(告白聖事)[-씽-] 명[가] 영세를 받은 신자가 범한 죄를 뉘우치고 하느님의 대리인인 사제(司祭)에게 고백하여 용서받는 일. 구용어는 고해 성사. =고해.
고법(高法) 명[법] '고등 법원'의 준말.
고:변(告變) 명 1 변을 알리는 것. 2 반역 행위를 고발하는 것. 고:변-하다 통(타)(여)
고:별(告別) 명 이별을 알리는 것. ¶~ 인사. 고:별-하다 통(자)(여)
고:별-사(告別辭)[-싸] 명 1 전임·퇴직할 때 헤어짐을 알리는 말. 2 장례 때 죽은 사람에게 이별을 고하는 말.
고:별-식(告別式)[-씩] 명 1 전임·퇴관·퇴직할 때에 작별을 고하는 식. 2 죽은 사람과 결별을 고하는 의식. ⓑ영결식.
고:병(古兵) 명 1 경험과 무공이 많은 병사. 2 경험이 많은 사람.
고보(高普) 명[일제] '고등 보통학교'가 준말.
고복(皐復) 명 초혼(招魂)하고 발상(發喪)하는 의식. 고복-하다 통(자)(여)
고복-격양(鼓腹擊壤)[-껵-] 명 [중국의 요(堯) 임금 때 한 노인이 배를 두드리고 땅을 치면서 요 임금의 덕을 찬양하고 태평을 즐겼다는 고사에서] 태평성대를 즐김.
고:본(古本) 명 1 오래된 책. 2 같은 책의 구판(舊版).
고봉(高峯) 명 높은 산봉우리. ¶한국의 원정대는 히말라야의 ~ 마나슬루를 정복한 바 있다.
고봉²(高俸) 명 높은 봉급.
고봉³(高捧) 명 곡식이나 밥 등을 그릇의 전 위로 수북이 담는 것. ¶밥을 ~으로 푸다.
고봉-밥(高捧-) 명 그릇 위로 수북이 담은 밥. ⓑ감투밥. ×높은밥.
고봉-준령(高峯峻嶺)[-줄-] 명 높이 솟은 봉우리와 험준한 산마루.
고부(姑婦) 명 시어머니와 며느리. =고식(姑媳).
고부가^가치(高附加價値) 명 어떤 물품을 생산하는 과정에서 새롭게 덧붙여진 높은 가치. ¶기술 혁신으로 ~를 창출하다.
고부-간(姑婦間) 명 시어머니와 며느리의 사이. ¶~의 갈등.
고부라-들다 통(자) <-드니, -드오> 안쪽으로 고부라져 들어오거나 들어가다. 큰구부러들다. ⓒ꼬부라들다.
고부라-뜨리다/-트리다 통(타) 몹시 고부라지게 하다. 큰구부러뜨리다. ⓒ꼬부라트리다.
고부라-지다 통(자) 한쪽으로 옥아 들다. ¶끝이 고부라진 쇠갈고리 / 늙어서 허리가 ~. 큰구부러지다. ⓒ꼬부라지다.

고부랑-고부랑 '꼬부랑꼬부랑'의 여린말. ⓔ구부렁구부렁. **고부랑고부랑-하다** 혱여

고부랑-길[-낄] 몡 '꼬부랑길'의 여린말. ⓔ구부렁길.

고부랑-이 몡 '꼬부랑이'의 여린말. ⓔ구부렁이.

고부랑-하다 혱여 '꼬부랑하다'의 여린말. ⓔ구부렁하다.

고부리다 卧 '꼬부리다'의 여린말. ¶상체를 ~. ⓔ구부리다.

고부스름-하다 혱여 조금 곱은 듯하다. 쥰고부슴하다. 쎈꼬부스름하다. **고부스름-히** 뛰

고부슴-하다 혱여 '고부스름하다'의 준말. **고부슴-히** 뛰

고부장-고부장 뛰 여러 곳이 고부장한 모양. ⓔ구부정구부정. 쎈꼬부장꼬부장. **고부장고부장-하다** 혱여

고부장-하다 혱여 **1** 조금 고부라져 있다. ⓔ구부정하다. **2** (마음이) 조금 뒤틀어져 있다. 쎈꼬부장하다. **고부장-히** 뛰

고부탕이¹ 몡 피륙 등의 필을 지을 때 꺾어 겹쳐 넘어간 곳. ⓔ고불.

고부탕이² 몡 '고비'의 잘못.

고:분(古墳) 몡 고대의 무덤. 석실(石室)·점토곽(粘土槨) 등을 쌓고 관에 부장품과 함께 넣은 다음 흙·자갈 따위로 덮어서 봉분을 한 것. ¶~ 벽화.

고분-고분 뛰 (말이나 행동이) 공손하고 부드러운 모양. ¶그 아이는 부모의 말을 ~ 잘 듣는다. **고분고분-하다** 혱여 **고분고분-히** 뛰

고-분자(高分子) 몡 [화] 고무·단백질 등의 분자와 같이 분자량이 매우 큰 분자. =거대분자.

고분지통(鼓盆之痛) 몡 〔장자가, 아내가 죽었을 때 질그릇을 두드렸다는 고사에서〕 아내를 잃은 슬픔. ↔붕성지통.

고불-거리다/-대다 재 '꼬불거리다'의 여린말. ⓔ구불거리다.

고불-고불 뛰 '꼬불꼬불'의 여린말. ⓔ구불구불. **고불고불-하다** 혱여

고불탕-고불탕 뛰 '꼬불탕꼬불탕'의 여린말. ⓔ구불텅구불텅. **고불탕고불탕-하다** 혱여

고불탕-하다 혱여 '꼬불탕하다'의 여린말. ⓔ구불텅하다.

고불-통(-桶) 몡 흙을 구워서 만든 담뱃대.

고붓-고붓 뛰 '꼬붓꼬붓'의 작은말. 쎈꼬붓꼬붓. **고붓고붓-하다** 혱여 **고붓-이** 뛰

고붓-하다[-붇-] 혱여 '구붓하다'의 작은말. 쎈꼬붓하다. **고붓-이** 뛰

고비¹ 몡 사물의 가장 긴요한 기회나 막다른 절정. ⓑ관두. ¶죽을 ~를 무사히 넘기다 / 추위도 한 ~ 지났다. / 이 환자는 오늘 밤이 ~다. ×고부랑.

고비² 몡 편지 등을 꽂아 두는 물건. 종이를 주머니나 상자처럼 만들어 벽에 붙임.

고비³ 몡 〔식〕 양치식물 고사릿과의 여러해살이풀. 산과 들에 나며, 어린잎은 흰 솜털에 싸여 둘둘 말려 있음. 어린잎과 줄기는 식용, 뿌리는 약용함. 세는 단위는 모숨·갓·두름(10모숨).

고-비용(高費用) 몡 비용이 많이 듦. 또는, 그 비용. ¶~, 저효율 구조의 한국 경제.

고비-원주(高飛遠走) 몡 자취를 감추려고 남 모르게 멀리 도망함. **고비원주-하다** 동재여

고비-판 몡 중요한 고비 가운데서도 가장 아슬아슬한 판.

고빗-사위[-비싸-/-빋싸-] 몡 중요한 고비 가운데서도 가장 아슬아슬한 순간.

고빙(雇聘) 몡 (학식이나 기술이 높은 사람을) 예를 갖추어 초빙하는 것. **고빙-하다** 동타여 **고빙-되다** 동재

고뿔 몡 '감기(感氣)'를 예스럽게 이르는 말. ¶~들다. 참 중세에는 '곳블'로 표기되었던 말로, 어원은 '고(鼻)+ㅅ+블(火)'임. 즉, '코의 불'이라는 뜻을 가짐.

고삐 몡 **1** 마소의 재갈에 잡아매어, 몰거나 부릴 때에 끄는 줄. ¶~를 잡다 / ~를 매다 / ~를 당기다. **2** 사물 현상이나 흐름을 통제하는 힘. 비유적인 말임. ¶치솟던 환율에 ~가 잡히다 / 시험이 며칠 남지 않았으니 ~를 늦추지 말고 최선을 다해라.

고삐 놓은 말 관 '굴레 벗은 말'과 같은 말. →굴레.

고-삐리(高-) 몡〈속〉'고등학생'을 얕잡아 이르는 말.

고:사¹(古史) 몡 옛날 역사.

고:사²(考査) 몡 (성적·능력·인물 등을) 자세히 상고하여 검사하는 일. ¶학력~ / 월말〔기말〕~ / ~를 치르다. **고:사-하다**¹ 동타여

고:사³(告祀) 몡[민] 계획하는 일이나 집안이 잘되기를 신령에게 비는 제사. ¶~를 지내다. **고:사-하다**² 동재여

고사⁴(固辭) 몡 굳이 사양하는 것. **고사-하다** 타여 ¶그는 몇 차례의 권유에도 불구하고 회장 자리를 **고사하였다**.

고사⁵(枯死) 몡 (나무나 풀 따위가) 말라 죽는 것. **고사-하다**⁴ 동재여

고:사⁶(故事) 몡 **1** 옛날부터 전해 내려오는 유서 깊은 일. **2** 예전부터 전해 오는 규칙과 정례(定例).

고사⁷(高士) 몡 인격이 고결한 선비.

고사⁸(高射) 몡 높이 쏘는 것. ¶~ 기관총. **고사-하다**⁵ 동타여

고:사-떡(告祀-) 몡 고사를 지낼 때 쓰려고 만든 떡.

고사리 몡 [식] 양치식물 고사릿과의 여러해살이풀. 어린잎은 꼬불꼬불하면서 말리고 흰 솜털로 덮여 있는데 식용함. 산과 들의 양지쪽에 자람. 세는 단위는 모숨·갓·두름(10모숨).

고사리 같은 손 관 어린아이의 여리고 포동포동한 손을 이르는 말.

고사리-류(-類) 몡 [식] 양치식물의 한 강(綱). 뿌리·잎·줄기가 뚜렷하며, 포자낭은 잎 뒷면이나 가장자리에 붙음. 고사리·고비·고란초 등이 이에 속함. =양치류(羊齒類).

고:-사본(古寫本) 몡 손으로 베껴 써 옛날부터 전해 오는 책.

고:사-성어(故事成語) 몡 고사를 바탕으로 하여 이뤄진 관용 어구. '모순(矛盾)', '사면초가(四面楚歌)' 따위.

고-사이 뛰몡 어느 때부터 어느 때까지의 고 동안. ¶~를 못 참다니. ⓒ고새. ⓔ그사이.

고사-지(-紙) 몡 굽도리를 바르는 종이.

고사-포(高射砲) 몡 [군] 공중의 항공기를 쏘는, 구경 75~150mm의 앙각(仰角)이 큰 대포. 세는 단위는 문(門).

고사-하고(姑捨-) 뛰 〔조사 '는/은' 다음에 쓰여〕 말할 것도 없고, 앞의 사실보다 뒤의 사실이 더 심하거나 좋지 않을 때 쓰는 말임.

'는커녕/은커녕'과 거의 같은 말임. ¶그는 일어서기는 ~ 움직이지도 못했다. / 거리엔 사람은 ~ 개미 새끼 한 마리 얼씬거리지 않았다.

고산(高山) 圀 높은 산. ¶~ 지대.

고산-구곡가(高山九曲歌) [-까] 圀[문] 조선 선조 때, 이이(李珥)가 지은 10수의 연시조. 석담 수양산의 경치를 읊은 것임.

고산^기후(高山氣候) 圀[지] 해발 2000m 이상의 높은 산에 나타나는 특유한 기후. 고도가 높아 감에 따라 기온의 저하, 기압의 감소, 공기의 희박화 등이 생김.

고산-대(高山帶) 圀[식] 식물의 수직 분포의 하나. 삼림 한계 이상에서 설선(雪線)까지의 지대임.

고산-병(高山病) [-뼝] 圀[의] 높은 산에 올라갔을 때 낮아진 기압 때문에 일어나는 병. 얼굴이 붉어지고 코피가 나며, 메스꺼움·구토·이명(耳鳴) 등의 증세가 나타남. =산악병. ▷고공병(高空病).

고산^식물(高山植物) [-싱-] 圀[식] 고산대에서 자라는 식물. 소형의 여러해살이풀이나 관목이 많음. 일반적으로 지하부가 발달하고, 꽃은 선명한 빛깔을 띰.

고삿[-산] 圀 지붕을 일 때 쓰는 새끼. ¶겉~.×고삿.

고:삿-고기(告祀-) [-사꼬-/-삳꼬-] 圀 여러 사람의 허물을 혼자 뒤집어쓰고 희생되는 사람.

고상[^1^](固相) 圀[화] =고체상(固體相).

고상[^2^](高尙) ➡고상-하다 ᄒ[어] (사람의 성품이나 취향이, 또는 성품이나 취향을 나타내는 대상물이) 격이 높고 점잖다. ¶**고상한** 취미 / 말씨가 ~ / **고상한** 인격. ↔비속하다. **고상-히** 튀

고상-고상 튀 잠이 도무지 오지 않아 애를 태우는 모양. ¶낯선 곳에서 ~ 잠을 뒤척이다 새벽녘에야 잠이 들었다. **고상고상-하다** ᄌ[어]

고-살[-살] 圀 1 마을의 좁은 골목길. =고샅길. 2 좁은 골짜기의 사이. 3 '고샅'의 잘못.

고살-고살[-삳꼬살] 튀 고샅마다.

고샅-길[-삳낄] 圀 =고샅1.

고-새 圀 '고사이'의 준말. ¶~를 못 참아 뛰처나와? ¶그새.

고:색(古色) 圀 1 낡은 색. 2 예스러운 모습이나 풍치.

고:색-창연(古色蒼然) ➡고:색창연-하다 ᄒ[어] 퍽 오래되어 예스러운 풍치가 그윽하다. ¶**고색창연한** 산사(山寺).

고생(苦生) 圀 1 (사람이) 어떤 일을 하는 과정에서 어려움이나 괴로움을 겪는 것. ¶생~ / 객지에서 혼자 지내느라 ~이 많구나. 2 사는 동안 견디기 힘든 가난이나 불운 등을 겪는 상태. ¶~를 모르고 자라다. **고생-하다** 동ᄌ[어] ¶젊어서는 그리도 **고생하더니** 늘그막에 호의호식하고 지낸다.

[**고생** 끝에 **낙**(樂)**이** 온다(있다)] 어려운 일, 괴로운 일을 겪고 나면 즐겁고 좋은 일도 있다는 말.

고생-길(苦生-) [-낄] 圀 고생을 벗어날 수 없는 고생의 형편. ¶~에 들어서다.

고생-담(苦生談) 圀 고생한 이야기.

고:생-대(古生代) 圀[지] 지질 시대에서 선캄브리아대의 뒤, 중생대 앞의 시대. 해초·양치식물·무척추동물이 번성하였음.

고:생대-층(古生代層) 圀[지] 고생대에 이루어진 지층.

고생-문(苦生門) 圀 고생을 당할 운명. ¶~이 열리다 / 싹수를 보아하니 네 놈도 ~이 훤하다.

고:-생물(古生物) 圀[생] 지질 시대에 살던 생물. 주로 화석으로 나타남.

고:생물-학(古生物學) 圀[생] 고생물을 연구대상으로 하는 학문. 생물의 진화 해명과 지층의 대비, 퇴적 환경의 해석에 공헌하고 있음. =화석학.

고생-바가지(苦生-) [-빠-] 圀 1 평생 고생만 하는 사람을 속되게 이르는 말. ᐥ고생주머니. ¶남편은 죽고 애들만 주렁주렁하니 저 여자도 ~야. 2 고생을 몹시 하는 경우를 속되게 이르는 말. ¶피시고 뭐고 제집 떠나면 ~더라고.

고생-살이(苦生-) 圀 고생이 되는 살림살이. ¶이놈의 ~를 언제나 면할까. **고생살이-하다** 동ᄌ[어]

고생-스럽다(苦生-) [-따] ᄒ[ㅂ] <~스러우니, ~스러워> 고생이 되는 점이 있다. **고생스레** 튀

고생-주머니(苦生-) [-쭈-] 圀 평생에 고생만 하는 사람을 놀림조로 이르는 말.

고생-티(苦生-) 圀 드러나 보이는 고생한 흔적. ¶얼굴에 ~가 나다.

-고서[^1^] 어미 용언의 어간이나 어미 '-시-' 아래에 붙는 연결 어미. 1 뒤의 행동보다 앞선 행동임을 나타냄. ¶목욕을 하~ 저녁을 먹어라. 2 어떤 가정이나 전제 조건이 됨을 나타냄. ¶그토록 매를 맞~ 항우장사라도 견딜 수 없다.

고:서[^2^](古書) 圀 1 출간된 지 아주 오래된 옛날의 책. =고서적. 2 낡고 해묵은 헌책. ᐥ고본(古本). ↔신서(新書).

고:-서적(古書籍) 圀 =고서(古書)¹.

고:서-점(古書店) 圀 고서를 취급하는 책방.

고:-서화(古書畵) 圀 옛날 책과 그림.

고선(考選) 圀 여럿 가운데에서 자세히 검사하여 골라 뽑는 일. =선고. **고선-하다** 동ᄐ[어] **고선-되다** 동ᄌ

고선명^텔레비전(高鮮明television) 圀 가로로 긴 대형 화면에 극히 선명한 화질의 화상을 보여 주는 텔레비전. 주사선도 기존의 것보다 많이 늘림으로써 화상의 세부에 이르기까지 선명하게 나타남. =에이치디 티브이·하이비전. ▷고화질화 텔레비전.

고:성[^1^](古城) 圀 옛 성.

고:성[^2^](高聲) 圀 높은 목소리. ¶~을 지르다 / ~이 오가다.

고성[^3^](鼓聲) 圀 =북소리.

고:성-낙일(孤城落日) 圀 [고립된 성과 서산으로 지는 해라는 뜻] 남의 도움이 없이 고립된 상태의 비유.

고-성능(高性能) 圀 아주 좋은 성능. ¶~ 스피커.

고성-방가(高聲放歌) 圀 큰 소리로 시끄럽게 마구 노래를 부름. ¶술에 취해 길거리에서 ~를 하다.

고섶[-섭] 圀 물건을 두는 곳이나 그릇이 놓인 곳의 가장 손쉽게 찾을 수 있는 맨 앞쪽. ¶바로 ~에 두고도 못 찾니.

고:소[^1^](告訴) 圀[법] 범죄의 피해자나 그의 법정 대리인이 범죄 사실을 수사 기관에 신고하여 법적 처리를 구하는 행위. ¶~를 하다[제기하다]. **고:소-하다**[^1^] 동ᄐ[어] ¶

해자를 ~. 고소-되다 통

혼동어 고소 / 고발
둘 다 어떤 범죄 사실을 수사 기관에 신고하는 행위이나, '고소'는 피해 당사자나 고소권자가 행하는 것인 데 반해, '고발(告發)'은 제삼자가 행하는 것임. 명예 훼손죄나 강간죄 등은 '고소'는 할 수 있지만 '고발'이 불가능한 친고죄(親告罪)라 불림.

고소²(苦笑) 명 =쓴웃음. ¶~를 머금다 / ~를 금치 못하다. 고소-하다² 통(자)
고소^공!포증(高所恐怖症) [-쯩] 명[의] 높은 곳을 병적으로 무서워하는 증상.
고!소권-자(告訴權者) [-꿘-] 명[법] 고소권을 가진 사람. 곧, 범죄로 인한 피해자나 피해자의 법정 대리인.
고-소득(高所得) 명 높은 소득. ¶~자 / ~층 / ~을 올리다. ↔저소득.
고소원(固所願) 명 본디부터 바라던 바임. 고소원이나 불감청(不敢請)이라 쿠 본디부터 바라던 바이나 감히 청하지는 못하는 터이라.
고!소-인(告訴人) 명[법] 고소를 한 피해자. 또는, 그 법정 대리인.
고!소-장(告訴狀) [-짱] 명[법] 고소할 때에 제출하는 서류.
고소-하다³ 형여 1 (맛이나 냄새가) 볶은 참깨나 땅콩의 것과 같다. ¶고소한 땅콩 과자 / 어디서 이렇게 고소한 냄새가 나지? ☞구수하다. 2 (미운 사람이 잘못되는 것이) 재미있고 통쾌하다. 비유적인 말임. ¶그 애가 시험에 떨어졌다면서? 잘난 척하더니 고거 참 ~.
고속(高速) 명 '고속도(高速度)'의 준말. ¶~으로 달리다. ↔저속(低速).
고속^국도(高速國道) [-꾹또] 명 '고속도로'의 정식 이름.
고-속도(高速度) [-또-] 명 썩 빠른 속도. 준고속. ↔저속도(低速度).
고속-도로(高速道路) [-또-] 명 자동차가 고속으로 달릴 수 있게 만든, 자동차 전용 도로.
고속-버스(高速bus) 명 고속도로를 안전하게 고속으로 달릴 수 있도록 만든 버스.
고속-정(高速艇) [-쩡] 명 속력이 매우 빠른 배.
고속^철도(高速鐵道) [-또] 명 고속으로 달릴 수 있도록 개발된 철도.
고속^촬영(高速撮影) 명[영] 표준 촬영 속도보다 빠르게 촬영하는 일. 정상적인 속도로 영사하면 슬로 모션이 됨. ↔저속 촬영.
고손(高孫) 명 =현손(玄孫).
고수¹(固守) 명 (차지한 것이나 어떤 입장을) 굳게 지키는 일. 고수-하다 통(타여) ¶일등을 ~ / 강경 노선을 ~.
고수²(高手) 명 바둑이나 장기에서, 수가 높음. 또는, 수가 높은 사람. 뗌상수(上手).
고수³(鼓手) 명[음] 국악에서, 북이나 장구를 치는 사람. 특히, 판소리에서 북으로 장단을 치는 사람. 뗌북재비.
고수-공사(高水工事) 명 홍수를 막기 위하여 하는 하천 공사.
고수레¹ 흰떡을 만들기 위하여 쌀가루를 반죽할 때, 끓는 물을 훌훌 뿌려서 가루가 골고루 퍼지게 하는 일. 고수레-하다¹ 통(자여)
고수레² 명(감)[민] 야외에서 음식을 먹거나 무

당이 굿을 할 때, 귀신에게 먼저 바친다는 뜻으로 음식을 조금 떼어 던지는 소리. 또는, 그렇게 하는 짓. 고수레-하다² 통(자여)
고수레-떡 명 고수레하여 반죽한 덩이를 쪄낸 흰떡. =섬떡.
고수련 명 앓는 사람의 시중을 들어 주는 것. 고수련-하다 통(타여)
고수-머리 명 =곱슬머리.
고수-부지(高水敷地) 명 '둔치'로 순화.
고-수위(高水位) 명 호수나 강 등에서 홍수로 말미암아 평균 수위 이상에 이른 수위.
고-수익(高收益) 명 높은 수익. ¶~ 상품.
고스란-하다 형여 (물체나 대상이) 조금도 축나거나 줄거나 달라짐이 없이 그대로 온전하다. 고스란-히 부 ¶첫 월급을 ~ 어머니께 드렸다.
고스러-지다 통(자) (벼·보리 등이) 벨 때가 지나서 이삭이 꼬부라져 앙상하게 되다.
고-스톱(†go stop) 명 화투 놀이의 하나. 주로, 세 사람이 하는데, 일정한 점수를 얻은 사람이 놀이의 계속 여부를 결정함.
고스트^이미지(ghost image) 명 텔레비전 화면에 유령과 같은 흰 상이 겹쳐 나타나는 현상.
고슬-고슬 부 (밥이) 되지도 질지도 않아 알맞은 모양. 흰구슬구슬. 고슬고슬-하다 형
고슴도치 명[동] 포유류 고슴도칫과의 한 종. 몸빛은 암갈색이며, 주둥이가 뾰족하고 다리가 짧음. 등에 가시가 돋쳐 있는데, 적을 만나면 가시를 세우고 몸을 둥글게 함. 준고슴돗.
[고슴도치도 제 새끼가 함함하다면 좋아한다] 칭찬을 받을 만한 일이 못 되더라도 좋다고 추어주면 기뻐함.
고승(高僧) 명[불] 1 학덕이 높은 승려. 2 상대편의 승려를 높여 부르는 말.
고!시¹(古詩) 명 1 고대의 시. 한시(漢詩)에서는 시경(詩經)이나 문선(文選)에 딸리는 시 따위. 2 '고체시(古體詩)'의 준말.
고!시²(考試) 명 공무원의 임용 자격을 결정하는 시험. ¶행정 ~ / 외무 ~. 고!시-하다¹ 통(타여)
고!시³(告示) 명 (행정 기관이 일반 국민에게) 글로서 널리 알리는 것. 고!시-하다² 통(타여) ¶추곡 수매 가격을 ~. 고!시-되다 통(자)
고시⁴(高試) 명 '고등 고시(高等考試)'의 준말. ¶~에 붙다 / ~를 보다.
고!시-가(告示價) [-까] 명[경] =고시 가격.
고!시^가격(告示價格) [-까-] 명[경] 정부에서 지정한 가격.
고시랑-거리다/-대다 통(자) 1 작은 소리로 자꾸 말을 하다. 2 잔소리를 듣기 싫게 자꾸 하다. ¶제발 좀 그만 고시랑거려라. 흰구시렁거리다.
고시랑-고시랑 부 고시랑거리는 모양. 흰구시렁구시렁. 고시랑고시랑-하다 통(자여)
고!시-생(考試生) 명 사법 시험·행정 고시·외무 고시 등을 치르기 위하여 공부하는 사람.
고!시-원(考試院) 명 고시생이나 학생, 직장인 등이 일정 기간 동안 공부방이나 숙소로 이용할 수 있도록 방을 빌려 주는 업소.
고!-시조(古時調) 명 주로 갑오개혁 이전에 창작된 시조를 현대 시조에 상대하여 이르는 말. =옛시조.

고식(姑息) 명 [잠시 숨을 쉰다는 뜻] 1 당장에는 탈이 없는 잠시 동안의 안정. 2 =임시변통.
고식-적(姑息的) [-쩍] 관형 근본적인 대책 없이 임시변통으로 하는 (것). ¶~인 미봉책.
고식지계(姑息之計) [-찌계/-찌게] 명 당장 편한 것만을 택하는 꾀나 방법. =고식책.
고식-책(姑息策) [-책] 명 =고식지계.
고신-원루(孤臣寃淚) [-월-] 명 임금의 사랑을 받지 못하는 신하의 원통한 눈물.
고실(鼓室) 명 [생] 척추동물의 중이(中耳)의 한 부분. 고막과 내이(內耳) 사이에 있는 빈 곳으로, 고막의 진동을 내이에 전달하는 구실을 함.
고심(苦心) 명 어떤 어려운 일을 해결하려고 몹시 애쓰는 것. ¶~ 끝에 단안을 내리다. **고심-하다** 동(자타여) ¶그는 자신의 진로 문제를 **고심하고** 있었다. / 이 작품은 도처에 고심한 흔적이 역연하다.
고심-참담(苦心慘憺) 명 마음을 쓰며 애쓰는 것이 몹시 괴롭고 암담함. **고심참담-하다** 형여
고싸움-놀이 명 [민] 여러 사람이 양편으로 편을 갈라, 짚으로 굵게 만든 고를 가지고 승부를 겨루는 민속놀이. 상대편의 고를 짓눌러 먼저 땅바닥에 닿게 하는 쪽이 이김.
고아¹(孤兒) 명 부모를 여의어, 몸 붙일 곳이 없는 아이. ¶전쟁~ / ~로 자라다.
고아²(古雅) →**고아-하다**¹ 형여 예스럽고 아담한 풍치가 있다. ¶**고아한** 조선 백자.
고아³(高雅) →**고아-하다**² 형여 1 고상하고 우아하다. ¶**고아한** 여인의 자태. 2 (지조나 뜻이) 높고 바르다. ¶**고아한** 기상.
고아-원(孤兒院) 명 고아를 거두어 기르는 사회사업 기관.
고안(考案) 명 (새로운 물건이나 아이디어 등을) 연구하여 생각해 내는 것. 또는, 그 안. ¶~자(者) / ~품(品). **고안-하다** 동타여 ¶신제품을 **고안해** 내다. **고안-되다** 동자여 ¶난청자(難聽者)를 위해 **고안된** 보청기구.
고압(高壓) 명 1 높은 압력. ¶~ 가스. 2 600V 이상 7000V 이하의 전압. 우리나라에는 6600V가 있음. ▷저압(低壓).
고압-선(高壓線) [-썬] 명 고압의 전력을 보내는 배전선(配電線).
고압-적(高壓的) [-쩍] 관형 남의 의지나 행동에 대하여 세게 압력을 가하는 (것). ¶~인 자세.
고애-자(孤哀子) 대인칭 주로 한문 투의 글에서, 부모를 모두 여읜 사람이 상중(喪中)에 스스로를 이르는 말. ▷고자(孤子)·애자(哀子).
고액(高額) 명 많은 액수. ¶~ 납세자. ↔저액(低額).
고액-권(高額券) [-꿘] 명 고액의 지폐.
-고야 어미 동사의 어간이나 어미 '-시-' 아래에 붙어 1 ('말다'와 함께 쓰여) 어떤 일을 기어이 하겠다는 뜻을 나타내는 연결 어미. ¶무슨 일이 있어도 그 일을 해내~ 말겠다. 2 (주로 수사 의문문에 쓰여) 앞의 사실이 뒤의 사실의 조건이 될 수 있을까 의문이들 때 앞의 사실을 더욱 강조하는 연결 어미. ¶그렇게 공부해 가지~ 시험에 붙을 수 있겠니? 3 'ㄴ 다음에 비로소'의 뜻으로, 앞의 행동이 끝나고 비로소 뒤의 행동이 있음을 나타내는 연결 어미. ¶나는 그의 설명을 듣~ 그간의 사태를 이해할 수 있었다.

고약(膏藥) 명 종기나 상처에 붙이는 약. ¶~을 붙이다.
고약-스럽다 [-쓰-따] 형비 〈~스러우니, ~스러워〉 고약한 데가 있다. ¶말씨 한번 고약스럽구나. **고약스레** 부
고약-하다 [-야카-] 형여 1 (맛·냄새 등이) 비위에 거슬리게 나쁘다. ¶수챗구멍에서 고약한 냄새가 풍기다. 2 (얼굴 생김이) 험상궂고 거칠다. ¶볼에 흉터가 있고 **고약하게** 생긴 흉악범. 3 (성미·언행·인심·풍습 등이) 사납거나 도리에 벗어난 데가 있다. ¶성미가 **고약한** 도사 / **고약한** 말씨 / 허, 이 동네 인심 한번 **고약하구먼**. 4 (날씨·바람 등이) 거칠고 사납다. ¶날씨가 **고약해서** 등산을 할 수가 없다. 5 (일이) 꼬여 난처하다. ¶원, 이렇게 **고약한** 일이 있나? **고약-히** 부
고얀 관형 성미나 언행이 도리에 벗어나는. ¶~ 놈! / 원, ~ 녀석 같으니라고.
고양(高揚) 명 (어떤 정신·의식·분위기 등을) 북돋우어 드높이는 것. **고양-하다** 동타여 ¶애국심을 ~ / 질서 의식을 ~. **고양-되다** 동자 ¶사기가 ~.
고양이 명동 포유류 고양잇과의 짐승. 발바닥에 살이 많아 소리를 내지 않고 걸을 수 있어 다른 동물에 접근하기가 쉬우며, 밤눈이 밝아 쥐를 잘 잡음. 애완용으로 많이 기름. 울음소리는 '야옹야옹', '야옹야옹'. 준 괭이.
[**고양이 목에 방울 달기**] 실행하지 못할 것을 공연히 의논함을 이르는 말. '묘두현령(猫頭懸鈴)'과 같은 말. [**고양이보고 반찬 가게 지켜 달란다**] 믿을 수 없는 사람에게 소중한 물건을 맡기는 것은 도리어 잃게 될 뿐이라는 말. [**고양이 세수하듯**] ㉠흉내만 내고 그침을 이르는 말. ㉡세수를 하되 콧등에 물만 묻히는 정도밖에는 하지 않는다는 말. [**고양이 앞에 쥐**[쥐걸음]] 무서운 사람 앞에서 설설 기는 모양을 이르는 말. [**고양이 쥐 생각**] 쥐를 보기만 하면 잡아먹는 고양이가 쥐를 위해 생각해 줄 리 없듯이, 당치 않게 누구를 위해서 생각해 주는 척함을 비유하는 말.
고양이 낯짝만 하다 관 매우 좁다.
고양이와 개 관 서로 앙숙인 관계를 이르는 말. ¶두 사람은 ~ 한 관계이다.
고어¹(古語) 명 =옛말1. ¶~ 사전.
고언¹(古言) 명 =옛말1.
고언²(苦言) 명 듣기에는 거슬리나 유익한 말. =고어(苦語). ↔감언(甘言).
고역(苦役) 명 몹시 힘들어 견디기 어려운 일. ¶~을 치르다 / 하는 일 없이 집에서 빈둥거리는 것도 ~이다.
고열(高熱) 명 1 높은 열. ↔저열(低熱). 2 [의] 몸의 높은 열. =대열(大熱).
고엽(枯葉) 명 시들어서 마른 잎.
고엽-제(枯葉劑) [-쩨] 명 [약] 식물의 잎을 인위적으로 떨어뜨리는 약제. 특히, 베트남 전쟁 때 미군이 밀림에 대량으로 뿌린 제초제를 가리킴.
고영(孤影) 명 외롭고 쓸쓸한 그림자. 또는, 그러한 모습.
고옥(古屋) 명 지은 지 아주 오래된 집. =구옥.
고온(高溫) 명 높은 기온이나 온도. ¶~ 다습한 기후. ↔저온(低溫).
고와(古瓦) 명 옛 기와.

고요 ① 아무 소리도 움직임도 없는 상태. 비정적(靜寂). ¶세상은 짙은 어둠과 ~ 속에 잠겨 있다. ② [기상] 초속 0~0.2m로 부는 바람. 연기가 연직으로 상승함. **고요-하다** 형여 사방이 아무 소리도 움직임도 없다.
고요한 밤 / 고요한 바다. 고요-히 부

> **유의어   고요하다 / 조용하다**
> 둘 다 시끄럽지 않은 상태를 가리키나, '고요하다' 가 아예 아무 소리도 안 들리는 상태가리키는 데 반해, '조용하다' 는 그런 상태를 포함해서 소리가 있으나 그다지 시끄럽지 않은 상태도 가리킴.

고욕(苦辱) 명 견디기 어려운 고통과 치욕. ¶일본 경찰에 끌려가 ~을 당하다.
고욤 명 고욤나무의 열매. =소시(小柹).
고욤-나무 명[식] 감나뭇과의 낙엽 활엽 교목. 6월에 연한 녹색의 꽃이 피고, 10월에 둥근 열매가 황색에서 암자색으로 익음. 기구재로 쓰고, 열매는 식용·약용됨.
고용¹(雇用) 명 품삯을 주고 사람을 부리는 것. **고용-하다** 통[타][여] ¶신입 사원을 ~. **고용-되다** 통[자] ¶그 공장에는 많은 여자들이 **고용되어** 있다.
고용²(雇傭) 명 당사자의 한쪽이 상대방에게 노무를 제공하고, 상대방은 이에 대한 보수를 지불하는 노동 계약. ¶~ 조건.
고용-살이(雇傭-) 명 남의 집 일을 돌보아 주면서 그 집에 붙어사는 일. **고용살이-하다** 통[자][여]
고용-인(雇傭人) 명 고용된 사람. 준고인(雇人)·용인.
고용-주(雇用主) 명 삯을 주고 사람을 부리는 사람. ¶악덕 ~. 준고주(雇主).
고용-체(固溶體) 명[화] 고체에 다른 고체가 녹아 들어가 균일한 하나의 고체가 된 것. 합금의 대부분이 이에 속함.
고ː운-대 명 토란의 줄거리. 준곤대. ×고은대.
고ː운-때 명 흉하지 않을 정도로 묻은 때.
고원¹(高原) 명[지] 평야에 비하여 높은 지대에 펼쳐진 넓은 벌판. ¶~ 지대 / 개마~.
고원²(高遠) →**고원-하다** 형[여] ① 높고 멀다. ② (품은 뜻이나 이상이) 높고 원대하다.
고위(高位) 명 ① 높고 귀한 지위. ② 높은 위치. ↔하위(下位)·저위(低位).
고위-급(高位級) [-끕] 명 높은 지위에 해당하는 계급. 또는, 그 사람. ¶~ 인사 / ~ 회담.
고-위도(高緯度) 명[지] 남극과 북극에 가까운 위도의 지역. 또는, 그 위도. ▷저위도·중위도.
고위-층(高位層) 명 높은 지위나 관직에 있는 계층. 또는, 그에 속한 사람. ¶~ 인사.
고ː유¹(告諭) 명 어떤 사실을 알려서 깨우쳐 주는 것. 또는, 그 내용. **고ː유-하다**¹ 통[타][여]
고유²(固有) 명 본디부터 지니고 있거나 어느 사물에만 특별히 있는 것. 비특유(特有). ¶민족 ~ 의상. **고유-하다**² 형[여] ¶김치는 우리나라의 **고유한** 음식이다.
고유^명사(固有名詞) 명[언] 어느 특정한 사물에 한정하여 그 이름을 나타내는 명사. 인명·지명·국호·상호·책명·사건명 따위가 이에 속함. =홀로이름씨. ↔보통 명사.
고유-문화(固有文化) 명 어떠한 국가나 민족만의 독특한 문화. ↔외래문화.
고유-색(固有色) 명 어떤 물체가 광선으로 인하여 변화를 일으키지 않은 본디의 빛깔.
고유-성(固有性) [-씽] 명 어떠한 사물이 가지고 있는 고유한 성질. 또는, 그 사물의 특유의 속성(屬性). ↔우유성(偶有性).
고유-어(固有語) 명 그 나라나 민족의 역사와 함께 변천·발달하여 온 고유의 말. =토박이말·토착어(土着語). ↔외래어.
고육지계(苦肉之計) [-찌계/-찌게] 명 적을 속이기 위하여, 자신의 희생을 무릅쓰고 꾸미는 계책. =고육지책·고육책.
고육지책(苦肉之策) [-찌-] 명 =고육지계.
고육-책(苦肉策) 명 =고육지계.
고율(高率) 명 높은 비율. ¶~의 이자. ↔저율(低率).
고을 명 옛날에, 주(州)·부(府)·군(郡)·현(縣) 등의 지역을 두루 일컫던 말. =성읍(城邑). ¶~ 원님 / ~ 백성. 준골.
고을-고을 명 여러 고을. ¶~에 돌림병이 돌아 뭇 백성이 하릴없이 목숨을 잃었다. 준골골.
고을-살이 명 고을의 원으로 지내는 생활. 준골살이. **고을살이-하다** 통[자][여]
고음(高音) 명 높은 소리. ↔저음(低音).
고음-질(高音質) 명 아주 뛰어난 음질.
고ː읍(古邑) 명 옛날 군아(郡衙)가 있던 곳.
고ː의¹[-의/-이] 명 남자의 여름 홑바지. ['袴衣' 는 취음] =중의(中衣).
고ː의²(故意) [-의/-이] 명 ① 일부러 하는 행동이나 생각. ¶결코 ~는 아니었으니 양해하시기 바랍니다. ② [법] 자신의 행위가 어떤 결과를 가져오리라는 것을 알면서도 그 행위를 하는 경우의 심리 상태. ¶미필적(未必的) ~. ↔과실(過失).
고ː의-로(故意-) [-의-/-이-] 부 좋지 않은 줄 알면서 일부러. ¶~ 반칙을 범하다.
고ː의-범(故意犯) [-의-/-이-] 명[법] 고의로 행한 범죄. =고범(故犯)·유의범. ↔과실범.
고ː의-적(故意的) [-의-/-이-] 관·명 나쁜 생각에서 일부러 하는 (것). ¶~인 반칙.
고의-적삼[-의-/-이-쌈] 명 여름에 입는 홑바지와 홑저고리.
고의-춤[-의-/-이-] 명 고의의 허리를 접어서 여민 사이. ¶~을 추스르다. 준괴춤.
고ː이 부 ① 곱게. ¶~ 자란 외동딸 / 머리를 ~ 빗다. ② 삼가 정성을 다하여. ¶가보를 ~ 간직하다. ③ 편안하고 조용하게. ¶지하에 계신 영령이시여, ~ 잠드소서. ④ 그대로 온전히. ¶소행은 괘씸하지만 ~ 돌려보냈다. / 나 보기가 역겨워 가실 때에는 말없이 ~ 보내 드리오리다. 《김소월:진달래꽃》 ⑤ 저항 없이 순순히. ¶달로 할 때, ~ 들어.
고ː이-고ː이 부 '고이' 를 강조하여 이르는 말. ¶~ 기른 딸을 시집보내며.
고이다¹ 통[자] =괴다¹.
고이다² 통[타] =괴다³¹·².
고ː인¹(古人) 명 옛날 사람.
고ː인²(故人) 명 죽은 사람. ¶~의 유지를 받들다 / 그는 이미 ~이 되었다.
고ː인-돌 명[고고] 청동기 시대에서 철기 시대에 걸쳐 만들어진 권력자의 돌무덤. 굄돌이 낮차 바둑판 모양인 남방식과 굄돌이 높아 탁자형의 북방식이 있음. =돌멘·지석묘. ×괸돌.
고임 명 =굄¹.
고임-새 명 =굄새².
고입(高入) '고등학교 입학' 을 줄여 이르

는 말.
-고자¹ [어미] 동사의 어간이나 어미 '-시-' 아래에 붙어, 주어의 확고한 의도나 마음의 다짐 등을 나타내는 연결 어미. ¶목적을 달성하~ 열심히 노력하다 / 내가 말하~ 하는 것은 이렇다. ▷-려고.
고:자² (古字) [명] 1 지금은 쓰이지 않는 옛 글자. 한글의 경우, 'ㆍ', 'ㆍㆍ', 'ㆁ', 'ㆆ' 따위. 2 한자에서, 지금의 글자와 같은 뜻으로 옛날에 쓰였던 글자. 예를 들어, '竟(경)', '共(공)'은 각각 '境(경)', '供(공)'의 고자임.
고자³ (鼓子) [명] 생식기가 불완전한 사내. =화자(火者).
고자⁴ (孤子) [대] [인칭] 아버지의 상중(喪中)에 있는 사람이 스스로를 일컫는 말. ▷애자(哀子)·고애자(孤哀子).
고자누룩-하다 [-루카-] [형여] 1 한참 떠들썩하다가 잠잠하다. 2 몹시 괴롭고 답답하던 병세가 좀 가라앉다. 고자누룩-이 [부]
고자리 [명] [동] '구더기'의 잘못. ¶차라리 화장이 낫지 땅속에서 썩으면 ~ 들끓고 썩은 물은 흐르고, 끔찍하구나.《박범신: 흰 소가 끄는 수레》
고-자세 (高姿勢) [명] 상대를 얕잡아 보거나 무시하는, 거만한 자세나 태도. ¶황 영감은 하루아침에 졸부(猝富)가 되더니 안하무인으로 ~가 되었다. ↔저자세.
고:자-쟁이 (告者-) [명] 고자질을 잘하는 사람.
고:자-질 (告者-) [명] (남의 허물이나 비밀을) 몰래 일러바치는 짓. 고:자질-하다 [동] [자타여] ¶선생님께 ~.
고작¹ [부] '상투'를 속되게 이르는 말.
고작² [부] Ⅰ 기껏 헤아려 보거나 따져 보아야. ¶몇 년 동안 저축했다는 게 ~ 이거냐? Ⅱ 기껏 한 것의 전부. ¶밥벌이라고 해 봤자 입에 풀칠하는 ~이다.
고장¹ [명] 1 사람이 사는 일정한 지방이나 지역. ¶산 좋고 물 맑은 ~. 2 어떤 물건이 특징적으로 많이 나는 곳. (비)산지(産地). ¶인삼의 ~.
고:장² (故障) [명] 1 기계나 기구의 기능을 마비시키는 파손이나 사고. ¶~이 잦다 / 난 시계 / 라디오의 ~이 나다 / 배가 기관~을 일으키다. 2 몸에 탈이 생기는 것. 속된말임. ¶위가 ~이 났다.
고장-난명 (孤掌難鳴) [명] [한쪽 손뼉은 울리지 못한다는 뜻] 1 혼자서는 일을 이루기가 어려움. 2 맞서는 이가 없으면 싸움이 되지 않음. ▷독장난명(獨掌難鳴).
고장애°경:주 (高障礙物競走) [명] [체] 육상 경기에서, 남자 장애물 경주의 한 종목. 110m의 거리에 106.4~107cm 높이의 장애물을 9.14m 간격으로 10개 세워 놓고 하나씩 차례로 뛰어넘는 경기. =하이 허들. ↔저장애물 경주.
고장-액 (高張液) [명] [생] 삼투압이 다른 두 용액중 삼투압이 높은 쪽의 용액. 특히, 사람의 체액이나 생물의 원형질보다 삼투압이 높은 용액을 말함. ▷등장액·저장액.
고쟁이 [명] 한복에서, 가랑이의 통이 넓고 홑으로 된, 여름용 여자 속옷. 단속곳과 속곳 사이에 입음. =속바지.
고저 (高低) [명] =높낮이. ¶음의 ~.
고:적¹ (古跡·古蹟) [명] 남아 있는 옛날의 물건이나 건물. 또는, 그런 것이 있던 터. (비)유적(遺跡). ¶명승 ~ / ~을 답사하다.
고적² (孤寂) →고적-하다 [-저카-] [형여] 외롭고 적적하다. ¶고적한 나날을 보내다. 고적-히 [부]
고적-대 (鼓笛隊) [-때] [명] [음] 피리와 북으로 구성된 의식 및 행진용 음악대.
고적-운 (高積雲) [명] [기상] 중층운(中層雲)의 하나. 권적운에 비해 양떼구름·높쌘구름·적권운.
고전¹ [명] [음] 판소리에서, 소리꾼과 고수(鼓手) 간의 암시(暗示). 소리 도중에 어느 쪽이 착각을 일으킬 때 서로 깨닫게 하기 위한 것으로 소리꾼은 부채를, 고수는 북을 이용함.
고:전² (古典) [명] 1 오랜 세월에 걸쳐 많은 사람들에게 높이 평가되고 애호된 저술이나 작품. 2 옛날의 서적이나 작품.
고전³ (苦戰) [명] 1 몹시 힘들고 괴로운 싸움. ¶강적을 만나 ~을 면치 못하다. 2 무슨 일을 해 나가기가 매우 어려움의 비유. (비)고투(苦鬪). 고전-하다 [동] [자여] 몹시 힘들고 괴롭게 싸우다. ¶경기 침체로 기업들은 자금 부족에 고전하고 있다.
고:전-극 (古典劇) [연] 1 고대 그리스·로마에서 발달한 연극 및 그 영향을 받은 16~18세기 이탈리아·프랑스 등의 희극 또는 비극. ▷근대극. 2 고전(古典)의 내용을 주제로 한 극.
고:전^무용 (古典舞踊) [명] 예로부터 전해 내려오는 민족 고유의 무용.
고:전^문학 (古典文學) [문] 1 예전의 작품으로서, 탁월성이 인정되어 지금까지 읽히고 있는 일급의 문학. 2 고전주의의 문학.
고:전-미 (古典美) [명] 고전적인 아름다움. ¶~가 있는 기와집.
고:전^음악 (古典音樂) [명] [음] 서양의 전통적 작곡 기법·연주법에 의한 음악. 흔히, 대중 음악에 상대되는 말로 쓰임. =클래식.
고:전-적 (古典的) [관] 1 고전이 될 만한 내용과 의의를 가진 (것). ¶~인 작품. 2 고전을 중히 여기는 경향이 있는 (것).
고:전-주의 (古典主義) [-의/-이] [명] [예] 17~18세기에 근대 유럽에서 일어난 예술 사조. 고대 그리스·로마의 예술 작품을 모범으로 하여, 단정한 형식미를 중시하고 조화·균형·이지(理智)를 추구했음. ▷낭만주의.
고:전-파 (古典派) [명] 고전주의를 신봉하여 실천하는 파. ▷낭만파.
고절¹ (孤節) [명] 외롭게 지키는 절개. ¶오상(傲霜) ~.
고절² (苦節) [명] 어떠한 고난을 당하여도 굽히지 않는 굳은 절개.
고점 (高點) [-쩜] [명] 높은 점수. ¶~자(者).
고정¹ →고정-하다¹ [동] [자여] (주로 손윗사람에게 사용하여) 노여움이나 흥분 따위를 가라앉히다. ¶역정만 내실 게 아니라 고정하시고 제 말씀을 들어 보십시오.
고정² (固定) [명] 1 움직이지 않도록 한곳에 붙이거나 박아 놓는 것. ¶나사가 마모되어 ~이 안 된다. 2 어떤 상황이나 상태가 계속해서 같은 모습으로 있는 것. ¶~ 수입. ↔유동. 3 [~]=고착. 고정-하다² [타여] 고정-되다 [동] [자] ¶시선이 한곳에 ~ / 그 잡지는 고정된 독자층이 넓다.
고정³ (孤貞) →고정-하다³ [형여] 마음이 외곬으로 곧다. 고정-히 [부]
고정-간첩 (固定間諜) [명] 이동하거나 교체되

고정-관념(固定觀念) 명[심] 어떤 대상에 대하여 경험이나 지식 등에 의해 오래전부터 굳어져 온 관념. =고착 관념. ¶그는 부자들에 대해 좋지 않은 ~을 가지고 있다. / ~을 버리고 자유롭게 상상의 날개를 펴라.

고정-급(固定給) 명[경] 각자의 생산량과 관계없이 노동 일수나 노동 시간에 따라 지급되는 임금. ▷능률급·성과급.

고정ˆ도르래(固定-) 명[물] 회전축을 고정시킨 도르래. 힘의 방향만 바꾸는 구실을 함. 구용어는 정활차(定滑車). =고정 활차. ↔움직도르래.

고정-란(固定欄) [-난] 명 신문·잡지 등에 비슷한 종류의 기사가 호마다 고정적으로 실리는 난.

고정불변(固定不變) 명 고정되어 변함이 없음. ¶~의 진리. **고정불변-하다** 형여

고정-비(固定費) 명[경] 조업도의 변화 또는 생산량의 증감에 관계없이 일정하게 지출되는 비용. =불변 비용. ↔변동비.

고정-식(固定式) 명 한곳에 고정시켜 움직이지 못하게 하는 방식. ↔ 탁차. ⇒이동식.

고정ˆ자본(固定資本) 명[경] 토지·건물·기계 등의 구입에 투자한 자본처럼 생산을 위하여 1년을 넘게 기업에 보유되는, 유통을 목적으로 하지 않는 자본. ↔유동 자본.

고정-적(固定的) 관 일정한 상태로 고정되어 있는 (것). ¶~인 수입.

고정-표(固定票) 명 선거 때에 일정한 정당이나 정견(政見)을 지지하여, 동일한 정당 또는 후보자에게 투표하는 표. ↔부동표.

고정-화(固定化) 명 고정시키거나 고정되게 하는 것. **고정화-하다** 동자타여 **고정화-되다** 동자

고정ˆ환율제(固定換率制) [-쩨] 명[경] 환율을 고정시켜 환율 변동을 전혀 인정하지 않거나 평가 폭의 상하 변동을 아주 작은 범위 안에서 막는 제도. ↔변동 환율제.

고조¹(高祖) 명 1 사대조(四代祖)임을 뜻하는 말. 2 ‘고조부(高祖父)’의 준말.

고조²(高調) 명 1 높은 가락. ↔저조(低調). 2 (감정·사상·세력 등이) 가장 높아진 상태. **고조-되다** 동자 ¶경기의 열기가 점차 ~.

고조³(高潮) 명 1[지] =만조(滿潮)², ↔저조(低潮). 2 사물의 극도(極度). ¶~ 칙.

고-조모(高祖母) 명 ‘고조할머니’의 문어적 지칭.

고-조부(高祖父) 명 ‘고조할아버지’의 문어적 지칭. 준고조. ▷증조부.

고ː조선(古朝鮮) 명[역] 우리나라 최초의 부족 국가(2333~108 B.C.). 단군(檀君)이 건국하여 단군 조선·위만 조선으로 이어졌으나, 한(漢)나라에 멸망당함. =단군 조선·조선.

고조-할머니(高祖-) 명 할아버지의 할머니. 호칭 및 지칭으로 쓰임. 비고조모.

고조-할아버지(高祖-) 명 할아버지의 할아버지. 호칭 및 지칭으로 쓰임. 비고조부.

고졸¹(高卒) 명 ‘고등학교 졸업’을 줄어 이르는 말. ¶~자.

고ː졸²(古拙) → **고ː졸-하다** 형여 기교는 없으나 예스럽고 소박한 멋이 있다. ¶**고졸한** 멋을 풍기는 조선 백자. **고졸-히** 부

고종(姑從) 명 고모의 아들이나 딸. 비내종.

고종-제(姑從弟) 명 고종 사촌인 아우.

고종-형(姑從兄) 명 고종 사촌인 형.

고주¹ ‘고주망태’의 준말.

고주²(孤舟) 명 외로이 떠 있는 배. =고범(孤帆).

고주-망태 명 술을 많이 마셔 정신을 차릴 수 없는 상태. ¶~가 되도록 마시다. 준고주.

고-주파(高周波) 명[물] 주파수가 높은 파동이나 전파. ↔저주파.

고준(高峻) → **고준-하다** 형여 1 산이 높고 가파르다. 2 **고준한** 산세. 2 (경지가) 높고 뛰어나다. ¶**고준한** 법문 / **고준한** 안목을 갖춘 대학자. **고준-히** 부

고즈너기 부 ‘고즈넉이’의 잘못.

고즈넉-하다 [-너카-] 형여 1 (어느 곳이) 잠잠하고 호젓하다. ¶사위가 ~ / 삼팔 접경의, 이 북쪽 마을은 드넓이 갠 가을 하늘 아래 한껏 **고즈넉했다**.《황순원:학》2 (사람의 태도가) 말없이 다소곳하다. ¶**고즈넉하게** 앉아 깊은 사념에 잠겨 있는 여인. **고즈넉-이** 부 ¶~ 들려는 부엉이 울음소리.

고증(考證) 명 옛 문헌이나 유물에 기초하여 증거를 찾아 밝히는 것. ¶문헌 ~. **고증-하다** 동타여 ¶그림의 제작 연대를 ~. **고증-되다** 동자

고증-학(考證學) 명 옛 문헌이나 유물에서 확실한 증거를 찾아 경서(經書)를 설명하려 한, 중국 청조(清朝)의 학풍.

고지¹ 명 호박·가지·고구마 등을 잘게 썰거나 길게 오려서 말린 것. ¶호박 ~ / ~를 켜다.

고지² 명[농] 논 한 마지기에 대하여 얼마의 값을 정하고, 모내기로부터 마지막 김매기까지 일해 주기로 하고 미리 받아 쓰는 삯. 또는, 그 일.

고지(를) 먹다 관 고지를 해 주기로 하고 삯을 미리 받아 쓰다.

고ː지³(告知) 명 1 (게시·글을 통하여) 알리는 것. 2 [법] 어떤 사실에 관한 의사를 상대에게 알리는 행위. **고지-하다** 동타여

고지⁴(固持) 명 놓치지 않고 단단히 가지거나 굳게 지니는 것. **고지-하다²** 동타여

고ː지⁵(故地) 명 전에 살던 곳.

고ː지⁶(高地) 명 1 평지보다 높은 땅. ↔저지(低地). 2 [군] 전략적으로 유리한 높은 곳의 진지. ¶백마 ~ / ~를 탈환하다. 3 이루어야 할 목표. 2 그 수준에 이른 단계. ¶100억 달러 수출 ~를 정복하자.

고-지기(庫-) 명[역] 조선 시대에 관아의 창고를 보살피고 지키던 사람. =고자(庫子)·고직(庫直)·사숙(司稵).

고-지대(高地帶) 명 높은 지대. ¶~ 주민들은 수도 사정이 나빠 불편을 겪고 있다. ↔저지대.

고지랑-물 명 더러운 것이 섞여 썩거나 깨끗하지 못한 물. 흰구지렁물.

고-지방(高脂肪) 명 어떤 식품에 지방질이 매우 많이 들어 있는 상태. ¶~고지방질. ¶~식품. ↔저지방.

고-지방질(高脂肪質) 명 =고지방.

고ː지-서(告知書) 명 국가 기관이 개인에게 고지의 내용을 통지하는 서장. ¶주민세 납부 ~.

고지식-하다 [-시카-] 형여 (사람이) 경우에 따라 알맞게 행동하지 못하고 원칙만을 고집하는 태도가 있거나, 하나만 알고 둘은 모르고 행동하는 상태에 있다. ¶황 영감은 워낙 고루한 데다가 **고지식해서** 남과 타협할 줄 모른다.

고지혈-증(高脂血症) [-쯩] 명[의] 혈청 속

에 지방질이 많아서 혈청이 뿌옇게 흐려진 상태. 동맥 경화증을 촉진시키는 요인의 하나임.

고직(庫直)[역] =고지기.

고진감래(苦盡甘來)[-내] [쓴 것이 다하면 단 것이 온다는 뜻] 고생 끝에 즐거움이 옴. ¶~라더니, 기어이 성공했군. ↔흥진비래(興盡悲來). **고진감래-하다** [동](자)

고질(痼疾) [명] 1 오래도록 낫지 않아 고치기 어려운 병. =고질병. [비]지병(持病). ¶그는 ~인 신경통으로 고생하고 있다. 2 오래되어 바로잡기 어려운 나쁜 버릇이나 병폐. ¶땅 투기는 우리 사회의 뿌리 깊은 ~이다.

고질-병(痼疾病)[-뼝] [명] =고질(痼疾)1.

고질-적(痼疾的)[-쩍] [관] [명] 고질이 되다시피 된 (것). ¶배금주의는 현대 사회의 ~ 병폐이다.

고집(固執) [명] 한번 정한 자기 의견을 바꾸지 않고 굳게 내세워 우기는 것. 또는, 그 우기는 성미. ¶~이 세다 / ~을 부리다 / ~을 세우다 / ~을 꺾다. ▷아집(我執). **고집-하다** [동](타여) ¶자기 견해를 ~.

고집불통(固執不通)[-뿔-] [명] 고집이 너무 세어 조금도 융통성이 없음. 또는, 그런 사람.

고집-스럽다(固執-)[-쓰-따] [형](ㅂ) <~스러우니, ~스러워> 고집을 부리는 태도가 있다. ¶제 의견을 **고집스럽게** 주장하다. **고집스레** [부]

고집-쟁이(固執-)[-쨍-] [명] 고집이 센 사람. =고집통이.

고집통-이(固執-) [명] 1 고집이 센 성질. 2 =고집쟁이.

고-쪽 [대] 고리 향한 쪽을 가리켜 이르는 말. 图그쪽.

고-쯤 [명][부] 고만한 정도. ¶~이야 나도 할 수 있다. / ~ 사면 충분하다. 图그쯤.

고차(高次)[수] 높은 차수(次數). 보통 3차 이상을 말함.

고차^방정식(高次方程式) [명] [수] 차수가 높은 방정식. 보통 3차 이상의 것을 말함.

고-차원(高次元) [명] 1 3차원 이상의 높은 차원. 2 사고방식·행위 등의 뛰어나고 높은 수준. =3차원.

고차원-적(高次元的) [관] [명] 1 3차원 이상의 높은 차원의 (것). 2 사고방식·행위 등의 수준이 뛰어나고 높은 (것). ¶~인 문제 / ~ 기술.

고착(固着) [명] 1 단단히 들러붙는 것. ¶제(劑). 2 (어떤 현상이) 굳어져 변하지 않는 것. ¶분단의 ~. 3 [심] 정신 분석학에서, 성적(性的)·심리적 발달이 어느 단계에서 더 이뤄지지 못하고 멈추는 일. =고정(固定). ¶구강기 ~ 성격. **고착-하다** [동](자)(여) **고착-되다** [동](자) ¶나쁜 습관이 ~.

고찰¹(古刹) [명] 옛 절.

고찰²(考察) [명] (연구의 대상을) 생각하여 살피는 것. **고찰-하다** [동](타여) ¶문학의 발달을 역사적으로 ~. **고찰-되다** [동](자)

고참(古參) [명] 군대나 직장 등에 들어와 종사한 지 오래 된 사람. ¶~병(兵) / 이 회사에서는 그가 제일 ~이다. ↔신참(新參).

고창(高唱) [명] 1 (노래·구호·만세 등을) 큰 소리로 부르거나 외치는 것. 2 세상을 향하여 강하게 주장하는 것. **고창-하다** [동](타여) **고창-되다** [동](자)

고¦철(古鐵) [명] 사용된지 오래되어 못 쓰게 된 쇠붙이. [비]헌쇠. ¶~ 수집.

고¦철-상(古鐵商)[-쌍] [명] 고철을 파는 장사. 또는, 그 상인이나 상점.

고¦체¹(古體) [명] 글씨·그림·글 등의 옛날 체.

고체²(固體) [명] [물] 물질의 세 가지 상태 중 하나. 유동성이 없고 일정한 형태와 부피를 가진 물질. ▷기체·액체.

고체-상(固體相) [명] 고체의 어느 부분을 취하여도 물리적·화학적으로 균일한 성질을 가지는 상태. =고상(固相).

고¦체-시(古體詩) [명] [문] 한시에서, 옛날 체의 시. 한 구(句)의 글자 수에 제한이 없고, 운(韻)을 다는 데에도 일정한 규칙이 없음. 图고시. ↔근체시.

고체^연료(固體燃料)[-열-] [명] [공] 고체로 쓰는 땔감. 석탄·숯·코크스·장작·연탄 따위.

고체-화(固體化) [명] 액체 상태의 물질이 고체로 변하는 것. =고화(固化). **고체화-하다** [동](자)(타여) **고체화-되다** [동](자)

고쳐-먹다[-처-따] [동](타) (생각이나 마음을) 달리 가지다.

고초(苦楚) [명] 사람이 좋지 않은 일을 당하여 괴로움을 느끼는 상태. [비]고난. ¶모진 ~를 겪다.

고촉(高燭) [명] [물] 도수가 높은 촉광(燭光).

고총(古塚) [명] 오래된 무덤.

고추 [명] 1 [식] 가짓과의 한해살이풀. 높이 60cm 정도. 여름에 흰 꽃이 피고, 길둥근 열매는 처음은 녹색이나 익으면 빨갛게 됨. 잎·열매를 식용함. =당초(唐椒)·번초(蕃椒). 웬고초(苦椒). ×꼬치. 2 1의 열매. 원뿔형으로 길게 생겼고, 익은 것은 빨아서 양념으로 쓰이며 맛이 매움. ¶풋~. 3 사내아이의 성기(性器)를 비유적으로 이르는 말. '자지'의 완곡어임. [비]고추자지.
[고추는 작아도 맵다] 몸집은 작아도 힘이 세거나, 성질은 모질거나, 하는 일이 야무진 사람을 이르는 말.

고¦추-가(古鄒加·古雛加) [역] 고구려 때, 왕족·귀족의 대가(大加)를 이르던 말.

고추-기름 [명] =라유(辣油).

고추-냉이 [명] [식] 십자화과의 여러해살이풀. 시냇가에 흔히 나며, 여름에 흰 꽃이 핌. 땅 속줄기는 살이 많고 매운맛이 있어 조미료로 씀.

고추-바람 [명] 살을 에는 듯한 매우 쌀쌀한 바람.

고추-밭[-받] [명] 고추를 심어 가꾸는 밭.

고추-상투 [명] 늙은이의 조그마한 상투.

고추-씨 [명] 고추의 씨.

고추-자지 [명] 사내아이의 조그마한 자지를 '고추'에 빗대어 이르는 말. [비]고추.

고추-잠자리 [명] [동] 잠자리목 잠자릿과의 곤충. 수컷은 몸이 붉고, 암컷은 노르스름함. 날개는 누런 노란색인데 후에 가장자리만 빛깔이 달라짐. 초가을에 농촌이나 연못가에 떼 지어 날아다님.

고추-장(-醬) [명] 메줏가루에 질게 지은 밥이나 되게 쑨 죽을 버무리고, 고춧가루·소금을 넣어 만든 장의 한 가지. ¶찹쌀 ~.

고¦축(告祝) [명] (천지신명에게) 고하여 아뢰는 것. 또는, 하소연하며 비는 것. **고¦축-하다** [동](타여)

고-출력(高出力) [명] 높은 출력.

고춧-가루[-추까/-춘까-] [명] 고추를 말려 빻은 가루.

고추-잎[-춘닙] 명 고추의 잎.
고충(苦衷) 명 어떤 사람이 여러 가지 생활 속에서 겪는 어려움이나 괴로움. 또는, 그 심정이나 사정. ¶돈 있는 사람들은 집 없는 서민들의 ~을 모른다.
고취(鼓吹) 명 [북을 치고 피리를 분다는 뜻] 1 (용기나 기운을) 북돋워 일으키는 것. 2 (의견이나 사상 등을) 열렬히 주장하여 불어넣는 것. **고취-하다** 타여 ¶애국심을 ~ / 사기를 ~. **고취-되다** 자
고층(高層) 명 1 건물의 높은 층. 또는, 그 건물. ¶~ 건물 / ~ 아파트. ↔저층(低層). 2 상공(上空)의 높은 곳. ¶~ 기류.
고층-운(高層雲) 명 [기상] 중층운(中層雲)의 하나. 두꺼운 베일 모양이고 회색 또는 푸른 빛을 띠는 구름. =높층구름·회색차일구름·층런운.
고치 명 1 누에가 실을 토하여 제 몸을 싸서 만든 집. 명주실을 뽑아내는 원료가 됨. =누에고치·잠견(蠶繭). 2 벌레가 실을 내어 지은 집. 활동 정지 상태에 있는 곤충의 알·애벌레·번데기를 보호하는 것임. 세는 단위는 장. ¶꼬치.
고치다 통타 1 (고장이 나거나 못 쓰게 된 물건을) 손질을 하여 제구실을 할 수 있게 만들다. ¶시계를 ~ / 낡은 의자를 ~. 2 (잘못되거나 틀린 것을) 바로잡다. ¶버릇을 ~ / 답을 ~. 3 (병 따위를) 낫게 하다. ¶위장병을 ~. ×낫우다. 4 (모양이나 자세 따위를) 다르게 바꾸다. ¶자세를 ~ / 넥타이를 다시 **고쳐서** 매다. 5 (이름·형식·내용 따위를) 다른 것으로 바꾸다. ¶시간표를 ~ / 법을 ~. 6 처지를 바꾸다. ¶팔자를 ~.
고치-솜 명 =견면(繭綿).
고치-실 명 누에가 번데기로 변할 때에 제 몸을 둘러싸기 위하여 토하는 실. 생사의 원료가 됨.
고침-단금(孤枕單衾) 명 ['한 개의 베개와 한 채의 이불'이라는 뜻] 젊은 여자가 홀로 쓸쓸히 자는 것을 이르는 말.
고침-단명(高枕短命) 명 베개를 높이 베면 오래 살지 못한다는 말.
고침-안면(高枕安眠) 명 1 베개를 높이 하여 편안히 잘 잠. 2 근심 없이 편안히 잘 지냄.
고콜 명 관솔불을 올려놓을 수 있도록 벽에 뚫어 놓은 구멍.
고콜-불[-뿔] 명 고콜에 켜는 관솔불.
고타분-하다 형여 '고리타분하다'의 준말. ⊙구타분히-히 부
고-탄력(高彈力)[-녁-] 명 아주 뛰어난 탄력. ¶~ 스타킹.
고!탑(古塔) 명 옛 탑.
고!태의연(古態依然) →**고!태의연-하다** 형여 예스러운 모습이 조금도 변함없이 그대로 있다. ▷구태의연.
고!택(古宅) 명 옛날에 지은 집.
고!토(故土) 명 고향의 땅.
고통(苦痛) 명 1 사람이나 동물이 육체적으로 아픔을 느끼는 상태. ¶출산의 ~ / ~을 호소하다. 2 사람이 정신적·심리적으로 괴로움을 느끼는 상태. ¶남에게 ~을 주다 / 그 여자는 가정불화로 ~ 속에 살고 있다.
고통-스럽다(苦痛-)[-따] 형비 ⟨-스러우니, -스러워⟩ 정신적·육체적으로 고통을 느끼는 상태에 있다. ¶목이 부어 말하기가 ~ / 가난과 병마에 시달리며 **고통스러운** 나날을 보내다. **고통스레** 부

고학년 ●135

고투(苦鬪) 명 불리한 상황 속에서 힘든 싸움이나 일을 하는 것. 비고전(苦戰). ¶악전~. **고투-하다** 자여
고!판-본(古版本) 명 1 옛 목판본. 2 신판의 책에 대하여 그 이전의 책. 준고판.
고패 명 물건을 줄에 매어 당길 때, 그 줄에 걸쳐서 힘의 방향을 바꾸고 힘의 크기를 줄이는 용도로 이용하는, 나무나 쇠로 만든 바퀴 모양의 도구. (轆轤).
고패를 떨어뜨리다 관 [절을 하기 위해 머리를 숙이는 것이 고패를 떨어뜨리는 것 같다 하여 생긴 말] 하인이 상전에게 뜰 아래에서 절하다.
고패(를) 빼다 관 잘못을 인정하고 굴복하다.
고팻-줄[-패쭐/-팯쭐] 명 고패에 걸쳐서 오르내리는 줄.
고팽이 명 ① (자람) 단청(丹靑)에서 나선형(螺旋形) 무늬를 이르는 말. ② (의존) 1 새끼·줄 따위를 사려 놓은 돌림을 세는 단위. ¶새끼 한 ~. 2 두 지점 사이의 왕복을 세는 단위.
고평(高評) 명 남을 높여, 그가 해 주는 평가를 이르는 말. ¶근작(近作)의 시고(詩稿)를 보내오니 ~를 바랍니다.
고-평가(高評價)[-까] 명 사물의 값어치가 제 수준보다 높게 평가되는 것. ↔저평가. **고평가-되다** 자여 ¶**고평가된** 주식 종목.
고푸리다 통타 (몸을) 앞으로 고부리다. ≒구부리다. 센꼬푸리다.
고-품격(高品格)[-껵] 명 아주 높은 품격. ¶~이 느껴지는 실내 장식.
고-품질(高品質) 명 제품이나 상품의 품질이 아주 좋은 상태. ¶~ 티브이(TV) / ~ 벼.
고!풍(古風) 명 1 옛 풍속. 2 예스러운 풍취. 3 한시(漢詩)의 시체(詩體)의 하나.
고!풍-스럽다(古風-)[-따] 형비 ⟨-스러우니, -스러워⟩ 고풍을 지닌 데가 있다. ¶그 집의 세간은 모두 **고풍스러운** 것으로 채워져 있다. **고!풍스레** 부
고프다[1] 형 ⟨고프니, 고파⟩ (반드시 '배'[腹]와 함께 쓰여) 배 속이 비어 음식을 먹고 싶은 상태에 있다. 비시장하다. ¶배가 ~ / 배는 고픈데 먹을거리가 없다.
-고프다[2] '-고 싶다'의 잘못. ¶가~(→가고 싶다) / 보고프다(→보고 싶은) 얼굴.
고하(高下) 명 사회적 지위나 값 또는 품질 등의 높음과 낮음. ¶죄를 지으면 신분과 지위의 ~를 막론하고 처벌하는 것이 민주주의의 법이다.
고하-간(高下間) 명 (주로 '고하간에'의 꼴로 쓰여) 값이 많든지 적든지, 또는, 지위가 높든지 낮든지. ¶값은 ~에 흥정해야 한다.
고!-하다[1](告-) 통타여 1 (어떤 사실을) 알리거나 발표하다. ¶작별을 ~ / 종말을 ~ / 국민에게 **고하는** 글. 2 (윗사람에게) 사뢰어 알리다. ¶어서 네 죄를 **고하지** 못할꼬?
고!-하다[2](誥-) 통타여 (윗사람이 아랫사람에게) 알리다. 또는, 가르쳐 밝히다. ¶차(此)로써 자손만대에 **고하야** 민족자존의 정권(正權)을 영유(永有)케 하노라. ⟨기미 독립 선언문⟩
고학(苦學) 명 학비를 자기의 힘으로 벌어 고생하면서 배우는 것. ¶~으로 대학을 나오다. **고학-하다** 통자여
고-학년(高學年)[-항-] 명 높은 학년. ↔저학년.

고-학력(高學歷) [-녁] 명 높은 학력. ¶~자(者).

고학-생(苦學生) [-쌩] 명 집안이 가난하여 학비를 스스로 벌어서 공부하는 학생.

고함(高喊) 명 크게 외치는 소리. ¶~ 소리.

고함-지르다(高喊-) 困(지르니, ~질러) 큰 목소리로 부르짖다.

고함-질(高喊-) 명 고함 소리를 내는 짓. ¶~을 하며 길길이 날뛰다. **고함질-하다** 困

고함-치다(高喊-) 困 큰 소리로 세차게 소리치다. ¶화가 나서 ~.

고!해(告解) 명[가] 고백 성사. **고!해-하다** 困目여 ¶신부님께 죄를 ~.

고해(苦海) 명 ['고통의 바다'라는 뜻] [불] 고통으로 가득 찬 인간 세상을 비유적으로 이르는 말.

고!해-바치다(告-) 困目 (어떤 일을) 윗사람에게 말하여 알게 하다. 비일러바치다.

고!해^성!사(告解聖事) 명[가] '고백 성사'의 구용어.

고행(苦行) 명 1 [종] 육체에 고통을 가함으로써 육체의 욕망을 끊고 정신의 자유와 순화를 꾀하는 수행. 인도의 힌두교를 비롯 할 수 있음. 2 승려가 되려고 절에 있으면서 심부름을 하는 사람. **고행-하다** 困자여

고향(故鄕) 명 자기가 태어나 자란 곳. 또는, 자기 조상이 오래 누리고 살던 곳. =고산(故山)·고원(故園)·관산(關山). ↔타향.

고혈(高歇) 명 1 값이 올랐다 내렸다 하는 것. 2 비쌈과 쌈.

고혈(膏血) 명 ['사람의 기름과 피'라는 뜻] 몹시 고생하여 얻은 이익이나 재산. =고택(膏澤).

고혈을 짜다 团 가혹하게 착취하거나 징수하다. ¶백성의 ~.

고혈-단신(孤子單身) 명 혈육이 없는 외로운 몸. 비혈혈단신.

고-혈압(高血壓) 명 혈압이 정상보다 높은 상태. 일반적으로 최고 혈압이 160mmHg 이상이거나, 최저 혈압이 95mmHg 이상의 경우를 말함. ↔저혈압.

고형(固形) 명 질이 단단하고 굳어진 일정한 형체. ¶~물(物) / ~ 연료.

고혹(蠱惑) 명 (남의 마음을) 신비스러운 아름다움 등으로 흐려 자제심을 잃게 하는 것. **고혹-하다** 困目여

고혹-적(蠱惑的) [-쩍] 관명 아름다움이나 매력 등에 흘려서 정신을 못 차리는 (것). ¶~인 여인의 자태.

고혼(孤魂) 명 조상(弔喪)하여 줄 사람이 없는 외로운 넋. ¶구천을 떠도는 ~.

고!화(古畫) 명 옛날의 그림. ¶~ 전시회.

고화(固化) 명 =고체화(固體化). **고화-하다** 困재여 **고화-되다** 困재

고화질(高畫質) 명 아주 선명한 화질.

고화질화 텔레비전(高畫質化television) 주사선은 현재와 같은 525선 그대로 두고, 매초의 송신 신호 수를 늘려서 화면을 선명하게 한 텔레비전. =이디 티브이(ED TV). ▷ 고선명 텔레비전.

고환(睾丸) 명[생] 포유류의 정소(精巢)의 딴이름. 공 모양이어 이낭 속에서 좌우 한 쌍이 있음. 정자를 만들고 남성 호르몬을 분비함.

고황(膏肓) 명 ['膏'는 심장의 아랫부분, '肓'은 그 윗부분이라는 뜻] 심장과 횡격막의 사이. 이곳에 병이 생기면 낫기 어렵다고 함. ¶천석(泉石)~.

고황에 들다 团 병이 고치기 힘들게 몸속 깊이 들다. ¶병이 ~.

고!희(古稀) [-히] 명 [두보(杜甫)의 곡강시(曲江詩)에 나오는 '인생칠십고래희(人生七十古來稀)'라는 구절에서] '70세'를 이르는 말. ¶~를 바라보는 나이.

고!희-연(古稀宴) [-히-] 명 70세인 해의 생일잔치.

곡¹(曲) 명 ① [자립] 1 =곡조(曲調). ¶경쾌한 ~. 2 작곡된 음악의 작품. ¶노래자랑에 나가려면 으뜸 곡을 선택해야 한다. ② [의존] 노래나 악곡을 세는 단위. ¶한 ~ / 두 ~.

곡²(哭) 명 사람이 죽었을 때나 제사 때, 일정한 소리를 내어 우는 울음. ➡곡하다².

-곡³(曲) 접미 어떤 종류의 노래나 악곡임을 나타내는 말. ¶합창~ / 첩주~ / 고향~.

곡가(穀價) [-까] 명 곡식의 값. ¶~ 변동.

곡경(曲境) [-꼉] 명 몹시 힘들고 어려운 처지. 비곤경.

곡곡(曲曲) [-꼭] 명 1 굴곡이 많은 산·내·길 따위의 굽이굽이. 2 '방방곡곡'의 준말.

곡관(曲管) [-꽌] 명 'ㄴ' 자 모양으로 구부러진 관.

곡-괭이 [-꽹-] 명 괭이의 하나. 단단한 땅을 파기 쉽도록 쇠붙이의 머리 부분이 황새의 부리처럼 길고 좁게 생겼음.

곡구(曲球) [-꾸] 명[체] =커브 볼.

곡기(穀氣) [-끼] 명 (주로 '끊다', '놓다' 등의 동사와 함께 쓰여) 곡식으로 만든 끼니로서의 음식. ¶남을기. 비곤경. ¶식량이 없어 온 식구가 ~을 놓은 지 오래다.

곡기를 끊다 团 낟알기를 먹지 못하거나 먹지 않다. ¶노인은… **곡기도 끊고**, 며칠 밤을 울며 밝힌 모양이더라.<심훈:상록수>

곡두 [-뚜] 명 =환영(幻影)¹.

곡론(曲論) [공논] 명 1 이치에 어긋나는 이론. 옳지 않은 것을 옳은 것처럼 꾸며 댄 이론. ¶~을 펴다. **곡론-하다** 困재여

곡류(曲流) [공뉴] 명[지] 물이 굽이쳐 흐르는 것. 또는, 그 흐름. =사행(蛇行). **곡류-하다** 困재여

곡류²(穀類) [공뉴] 명 쌀·보리·밀 등 곡식에 속하는 것.

곡률(曲率) [공뉼] 명[수] 곡선 또는 곡면의 굽은 정도를 나타내는 값.

곡률^반!지름(曲率半-) [공뉼-] 명[수] 곡률원의 반지름. 곡률의 역수(逆數)임. =곡률 반경.

곡마-단(曲馬團) [공-] 명 이곳저곳을 떠돌면서 아슬아슬한 곡예와 신기한 마술, 어릿광대의 우스갯짓, 동물의 묘기 등을 보여 주는 단체.

곡면(曲面) [공-] 명[수] 공·달걀 등의 표면처럼 곡선으로 이루어진 면. ↔평면.

곡면-체(曲面體) [공-] 명[수] 표면의 일부가 곡면으로 된 입체 도형. 구(球)·원뿔 따위.

곡명(曲名) [공-] 명[음] 악곡의 이름. =곡목(曲目).

곡목(曲目) [공-] 명[음] 1 연주할 곡명을 적어 놓은 목록. 2 =곡명(曲名).

곡물(穀物) [공-] 명 사람의 주식을 식용 대상으로 하는 농작물. 쌀·보리·콩·밀 따위. 또는, 그것을 수확하여 껍질을 벗겨 낸 알곡이나 가공한 물질. 비곡식.

곡물-상(穀物商) [공-쌍] 명 곡물을 매매하

는 장사. 또는, 그 장수. ㈜곡상.
곡변(曲辯)[-뼌] 명 1 틀린 것을 옳다고 주장하는 말. 2 곡론(曲論)으로써 변명하거나 변호하는 것. ¶~을 농(弄)하다. 곡변-하다
곡-빙하(谷氷河)[-삥-] 명 [지] 골짜기를 따라 흘러내리는 빙하.
곡사(曲射)[-싸] 명 [군] 장애물 뒤의 목표를 사격하기 위해, 굽은 탄도로 높이 쏘아 목표물에 떨어지도록 하는 사격. ▷직사(直射)·평사(平射). 곡사-하다 동(타여)
곡사-포(曲射砲)[-싸-] 명 [군] 장애물 뒤의 목표물을 곡사하는 데 쓰는 화포. ↔직사포.
곡삼(曲蔘)[-쌈] 명 굵은 꼬리를 꼬부려서 말린 백삼(白蔘). ↔직삼(直蔘).
곡선(曲線)[-썬] 명 1 모나거나 반듯하지 않고 굽은 상태로 이어진 선. 2 물체의 윤곽이나 움직임 등이 둥글게 굽은 선과 같은 것을 나타내는 상태나 모양. ¶여체의 ~ / 제트기가 ~을 그리며 날아가다. 3 [수] 평면 위의 공간 안의 한 점이 연속적으로 움직일 때 생기는 선. 좁은 뜻으로는, 그중에서 직선이 아닌 것을 말함. ¶~곱은-. ¶~도형. ↔직선.
곡선-미(曲線美)[-썬-] 명 곡선에 나타나는 아름다움. 또는, 곡선의 형식으로 표현되는 아름다움. ¶가는 허리를 강조하여 ~를 살린 원피스. =곡선미.
곡선-자(曲線-)[-썬-] 명 [수] =운형자.
곡성(哭聲)[-썽] 명 곡하는 소리. =곡소리.
곡-소리(哭-)[-쏘-] 명 =곡성(哭聲).
곡수(曲水)[-쑤] 명 굽이굽이 휘어 흐르는 물. ¶유상(流觴)~.
곡식(穀食)[-씩] 명 쌀·보리·밀·콩 등과 같이 종자를 먹기 위해 기르는, 논이나 밭에 심은 상태의 작물. 또는, 그것의 수확물. (비)곡물. ¶누렇게 익은 ~ / ~이 잘 여물었다.
곡식-알(穀食-)[-씩-] 명 곡식의 낱알.
곡신(穀神)[-씬] 명 곡식을 맡아 다스린다는 신.
곡예(曲藝) 명 서커스 등에서, 줄타기·공중그네 타기 등 매우 위험하여 보는 사람을 아슬아슬하게 하는 재주.
곡예-단(曲藝團) 명 곡예를 전문으로 하는 단체.
곡예-무용(曲藝舞踊) 명 대중의 흥미를 으뜸으로 삼고 기술(奇術) 따위를 가미하여 추는 춤.
곡예-비행(曲藝飛行) 명 공중에서 비행기로 하는 여러 가지 재주.
곡예-사(曲藝師) 명 곡예를 직업으로 하는 사람.
곡옥(曲玉) 명 =곱은옥.
곡용(曲用) 명 [언] 인도·유럽 어에서, 명사·대명사·형용사 등의 격(格)·수(數)·성(性)에 의한 굴절. 국어에서는, 체언의 격만을 표시하는 어미변화, 즉 격 변화를 가리키나, 학교 문법에서는 곡용을 인정하지 않음. ▷활용(活用).
곡우(穀雨) 명 24절기의 하나. 4월 20일경으로, 청명(清明)과 입하(立夏) 사이에 있음.
곡읍(哭泣) 명 소리를 내어 슬피 우는 것. 곡읍-하다 동(자여)
곡장(曲牆) [-짱] 명 능(陵)·원(園)·묘(墓) 등 무덤 뒤에 둘러쌓은 나지막한 담.
곡절¹(曲折)[-쩔] 명 1 이런저런 복잡한 내막이나 까닭. ¶그가 갑자기 직장을 그만둔 데에는 필시 무슨 ~이 있을 것이다. 2 순탄

곤궁 ●137

치 못하거나 변화가 많은 경로나 상태. ¶성공하기까지 많은 ~을 겪었다.
곡절²(曲節)[-쩔] 명[음] 악곡의 마디.
곡정(曲釘)[-쩡] 명 =갈고리못1.
곡조(曲調)[-쪼] 명 [국악] 음악적 통일을 이루는 음의 연속. =곡(曲). ¶가사에 ~를 붙이다. 2[의존] 노래를 세는 단위로 이르는 말. ¶한 ~ 불러 보시지요.
곡주(穀酒)[-쭈] 명 곡식으로 빚은 술. ↔합성주.
곡직(曲直)[-찍] 명 ('굽음과 곧음'이라는 뜻) 사리의 옳음과 그름. ¶불문~ / 시비~.
곡진(曲盡)[-찐] → 곡진-하다[-찐-] 형여 1 정성을 다하다. ¶곡진한 대접 / 곡진한 사랑. 2 자세하고 간곡하다. 곡진-히 부
곡차(穀茶·麵*茶·麴茶)['麵'의 본음은 '국'] 절에서 '술' 특히 '곡식으로 빚은 술'을 완곡하게 이르는 말. =곡다. ▷반야탕.
곡창(穀倉) 명 1 곡식을 넣어 두는 창고. 2 곡식이 많이 생산되는 곳을 비유하여 이르는 말. =곡향(穀鄕). ¶~ 지대.
곡철(曲鐵) 명 직각으로 된 쇳조각. =곡쇠.
곡초식 농업(穀草式農業) 명 목장을 개척하여 곡식을 가꾸다가, 지력(地力)이 줄면 다시 목장으로 이용하는 영농 방식. =곡초식.
곡풍(谷風) 명 1 [기상] '골바람'으로 순화. ↔산풍(山風). 2 =동풍(東風).
곡필(曲筆) 명 어떤 일이나 대상을 사실대로 쓰지 않고 거짓으로 또는 그릇되게 쓰는 것. 또는, 그 글. ↔직필(直筆). 곡필-하다 동(타여)
곡-하다¹(曲-)[고카-] 형여 1 사리가 바르지 못하다. 2 =고깝다. ¶내 말을 곡하게 여기지 마라.
곡-하다²(哭-)[고카-] 재여 사람이 죽었을 때나 제사 때, 일정한 소리를 내어 울다.
곡학-아세(曲學阿世)[고칵-] 명 학자나 지식인 등이 학문이나 진리를 왜곡하여 권력자나 세상 사람들에게 아첨하는 것. ¶~를 일삼는 극우익 지식인. 곡학아세-하다 동(자여)
곡해(曲解)[고캐] 명 (어떤 말이나 사실 등을) 본래의 뜻과는 다르게 잘못 해석하거나 이해하는 것. 또는, 그러한 해석이나 이해. 곡해-하다 동(타여) ¶뭔가 내 말을 곡해하고 있는 것 같다. 곡해-되다 동(자)
-곤¹ 어미 동사의 어간이나 어미 '-시-' 아래에 붙어, 같은 동작을 되풀이함을 나타내는 연결 어미. ¶그는 저녁마다 내게 찾아오~ 하였다.
-곤² '고는' (어미 '-고'와 조사 '는'이 결합한 말)이 준 말. ¶사람은 빵만 가지~ 살 수 없다.
곤:경(困境) 명 곤란하거나 난처하거나 위험한 지경이나 상황. ¶~에 빠지다 [처大하다].
곤:고(困苦) → 곤:고-하다 형여 어렵고 괴롭다. ¶여호와여, 저는 곤고하고 궁핍하오니 제 기도에 응답하소서.
곤:-곤(滾滾) → 곤:곤-하다 형여 (물이 흐르는 모양이) 세차다. 곤:곤-히 부
곤괘(坤卦) 명 1 8괘의 하나. 상형(象形)은 '☷'. 음(陰)의 패로 땅을 뜻함. 2 64괘의 하나. 둘을 포갠 것. ㈜곤(坤).
곤:궁¹(困窮) 명 가난하여 구차한 것. ¶생계가 ~에 빠지다. 곤:궁-하다 형여 곤:궁-히 부
곤:궁²(坤宮) 명[역] =중궁전.

138 ●곤궁스럽다

곤:궁-스럽다(困窮─)[─따][형][ㅂ]〈~스러우니, ~스러워〉곤궁한 데가 있다. **곤:궁스레**[부]

곤난[명] '곤란(困難)'의 잘못.

곤:-달걀[명] 곯은 달걀.

곤:-대[명] '고운대'의 준말.

곤댓-짓[─대찐/─댇찓][명] 뽐내어 우쭐거리며 하는 고갯짓. **곤댓짓-하다**[동][자여]

곤돌라(이gondola)[명] 1 이탈리아 베네치아의 명물인 길고 좁은 배. 바닥이 평평하고 이물과 고물이 위로 굽었음. 2 빌딩·고층 아파트 등에서 짐을 실어 오르내리는 데 사용하는 기구.

곤:두-곤두[감] 어린아이를 손바닥 위에 세울 때 가락을 맞추기 위하여 부르는 소리.

곤두박-이다[자](사람·동물·탈것 등이) 몸 또는 몸체가 거꾸로 넘어지거나 뒤집힌 상태에서 빠르게 아래로 떨어지거나 구르다. ¶비행기가 솟구쳤다가 ~. ×곤두박히다.

곤두박이-치다[동][자] '곤두박이다'를 좀 더 힘주어 이르는 말.

곤두박-질[─찔][명] 1 (사람·동물·탈것 등이) 몸 또는 몸체가 거꾸로 넘어지거나 뒤집힌 상태에서 빠르게 아래로 떨어지거나 구르는 짓. 2 (어떤 수준을 나타내는 수치가) 급격하게 아래 단계의 수치로 떨어지는 일. ×근두박질. **곤두박질-하다**[동][자여] ¶물속으로 **곤두박질하듯** 뛰어들다 / 주가가 형편없이 ~.

곤두박질-치다[─찔─][동][자] '곤두박질하다'를 좀 더 힘주어 이르는 말. ¶**곤두박질치듯** 급히 달려왔다.

곤두박-히다[동][자] '곤두박이다'의 잘못.

곤두-서다[동][자] 1 (수평을 이루거나 아래를 향하던 대상이) 위쪽으로 꼿꼿이 서다. ¶독이 올라 대가리가 **곤두선** 코브라 / 머리털이 쭈뼛쭈뼛 ~. 2 (신경 따위가) 자극을 받아 심하게 긴장되거나 날카로워지다. ¶시끄러워 신경이 ~.

곤두-세우다[동][타] '곤두서다'의 사동사. ¶신경을 ~.

곤드라-지다[동][자] 1 술에 취하거나 몹시 피곤하여 정신없이 쓰러져 자다. ¶술에 만취하여 ~. 2 곤두박질하여 쓰러지다. ㉠군드러지다.

곤드레-만드레[부] 술이나 잠에 몹시 취하여 정신을 못 차리고 몸을 가누지 못하는 모양. ¶술에 ~ 취하다. **곤드레만드레-하다**[자여]

곤들-매기[명][동] 연어과의 민물고기. 몸길이 30cm 정도. 몸빛은 황갈색에 흰 점무늬가 배 쪽은 흼. 강 상류의 맑은 물에 살며, 맛이 좋음.

곤:란(困難*)[골─][명]['難'의 본음은 '난'] 1 (어떤 일을 하기가) 입장·상황·조건 등이 좋지 않아 어렵거나 까다로운 상태. ¶호흡 ~. 2 (생활의 형편이나 처지 등이) 경제적으로 상당히 어려움이나, 불편을 느끼는 상태에 있는 것. ¶식수난으로 ~을 겪다 / 그친구 요즘 생활에 ~을 겪고 있는 모양이더군. **곤:란-하다**[형여] ¶말하기 **곤란하면** 안 해도 좋다. **곤:란-히**[부]

곤로(일焜爐/こんろ)[명] '풍로'로 순화.

곤:룡포(袞龍袍·衮龍袍)[골─][명][역] 임금이 입는 정복(正服). 누른빛이나 붉은빛의 비단으로 지음. ㉠용포(龍袍).

곤방(坤方)[명] 1 24방위의 하나. 정남(正南)과 정서(正西)의 한가운데를 중심으로 한 15도 각도 안. 2 8방의 하나. 정남과 정서의 한가운데를 중심으로 한 45도 각도 안. ㉠곤(坤).

곤봉(棍棒)[명] 1 [체] 체조 용구의 하나. 단단한 나무를 깎아서, 손 잡는 데는 가늘고 그 반대쪽은 굵게 만든 것. 2 짤막하고 둥글게 깎아 만든 방망이.

곤봉체조(棍棒體操)[명][체] 곤봉을 가지고 하는 체조.

곤:비(困憊) →**곤:비-하다**[형여] 무엇을 할 기력도 없을 정도로 피로에 지치다. =곤핍(乏)하다.

곤색(일紺/こん 色)[명] '감색(紺色)²'으로 순화.

곤:-소금[명] =재염(再鹽).

곤시(坤時)[명] 이십사시의 열여섯째 시. 곧, 오후 3시부터 4시까지의 동안. ㉠곤.

곤약(菎蒻)[명] 1 [식] '구약나물'로 순화. 2 구약나물의 땅속줄기를 가루로 만들어 석회유(石灰乳)를 섞어 끓여 만든 식료품.

곤:욕(困辱)[명] 어떤 일로 수치스러움이나 괴로움을 몹시 느끼는 상태. ¶빚쟁이를 만나 길거리에서 ~을 당하다 / 혼자서 집안 대사를 돌보느라 ~을 치렀다.

곤:욕-스럽다(困辱─)[─쓰─따][형][ㅂ]〈~스러우니, ~스러워〉곤욕을 느끼게 하는 데가 있다. ¶**곤욕스러운** 자리.

곤이(鯤鮞)[명] 1 물고기의 배 속의 알. 2 물고기의 새끼.

곤자소니[명] 소의 창자 끝에 달린 기름기가 많은 부분.

곤:작(困作)(글을) 애써 가며 더디 짓는 것. **곤:작-하다**[동][타여]

곤장(棍杖)[명][역] 죄인의 볼기나 허벅다리를 치는 몽둥이. 버드나무로 넓적하고 길게 만든 것. 세는 단위는 장·도. ~을 치다.

곤쟁이[명][동] 새우 종류의 하나. 보리새우와 비슷하며, 몸이 작고 연함. 젓을 담아 먹음. =자하.

곤전(坤殿)[명][역] =중궁전(中宮殿).

곤죽(─粥)[명] 1 밥이나 땅 등이 물기가 많아 아주 질게 된 상태. ¶~이 된 밥 / 비가 와서 길이 ~이 되다, 2 일이 뒤죽박죽이어서 갈피를 잡을 수 없게 된 상태. ¶일을 ~으로 만들다. 3 술을 많이 마시거나 몸이 지쳐서 늘어져 있는 상태. ¶~이 되도록 술을 마시다.

곤지[명] 전통 혼례식에서, 새색시가 이마에 연지로 동그랗게 찍는 붉은 점.

곤지-곤지 Ⅰ[감] 젖먹이에게 왼손 손바닥에 오른손 집게손가락 끝을 댔다 뗐다 하라는 뜻으로 내는 소리. Ⅱ[명] 젖먹이가 왼손 손바닥에 오른손 집게손가락을 댔다 뗐다 하는 동작. **곤지곤지-하다**[동][자여]

곤충(昆蟲)[명] 곤충류에 속하는 동물의 총칭.

곤충-류(昆蟲類)[─뉴][명][동] 절지동물의 한 강(綱). 몸은 많은 체절로 되어 있으며, 머리·가슴·배의 세 부분으로 나뉨. 머리에 1쌍의 촉각(觸角)·겹눈과, 가슴에 2쌍의 날개와 3쌍의 다리가 있음. 자웅 이체로 난생(卵生)·변태를 함.

곤:핍(困乏) →**곤:핍-하다**[─피파─][형여] =곤비(困憊)하다. **곤:핍-히**[부]

곤:-하다(困─)[형여] 1 몸의 기운이 풀려 나른하다. ¶먼 길을 와서 **곤할** 텐데 일찍 자게

나. 2 피로하여 든 잠이 깊다. ¶**곤하게 자다.
곤-히** 튀 ¶코를 골며 ~ 잠들다.
곤:혹(困惑) 圀 곤란한 일을 당해 당황하거나 어떻게 해야 할지 모르는 상태. ¶나는 그의 예기치 못한 청혼에 ~을 느꼈다. **곤:혹-하다** 圄(재여)
곤:혹-스럽다(困惑-) [-쓰-따] 혭(ㅂ)<-스러우니, -스러워> 곤혹을 느끼게 하는 점이 있다. ¶**곤혹스러운** 질문. **곤:혹스레** 튀
곧¹ 튀 1 시간적으로 사이를 두지 않고 바로. ¶학교가 파하면 ~ 집으로 오너라. 2 (발화(發話) 시점을 기준으로 하여) 오래지 않아. ¶이제 ~ 겨울이다. / 김 과장은 ~ 마흔 살이 된다. 3 다시 말하자면. ¶인간은 사회적 동물이다. ~ , 인간은 사회와 더불어 그 속에서 성장하고 발전하는 존재이다. 4 다름 아닌 바로. =즉변(卽便). ¶열심히 공부하는 것이 ~ 애국이요, 효도다.
곧² 图 명사에 붙어, '만'의 뜻을 나타내는 보조사. 현대에는 거의 쓰이지 않는 말임. ¶해 ~ 지면 새가 운다.
곧다[-따] 혭 1 구부러지거나 비뚤어지지 않고 똑바르다. ¶**곧은** 길 / 자세가 ~. 2 (마음이) 의롭고 바르다. ¶대쪽같이 **곧은** 성미 / 없이 살아도 마음 하나는 ~.
[**곧은 나무 쉬 [먼저] 꺾인다**] 똑똑하고 강직한 사람이 일찍 죽거나 사회에서 먼저 도태된다.
곧-바로[-빠-] 튀 1 바로 그 즉시에. ¶서울에 가거든 ~ 편지하라. 2 곧은 방향으로 똑바로. ¶이 길로 ~ 가면 시청이 나온다. 3 다른 데를 들르지 않고 그대로. ¶회사에서 ~ 집으로 왔다.
곧은-결 圀[건] 나이테와 직각으로 자른 나무의 면에 나타나는 결.
곧은-길 圀 굽거나 꺾어지지 않고 똑바로 뻗어 나간 길. =직도(直道)・직로(直路).
곧은-뿌리 圀[식] 땅속으로 곧게 내리는 뿌리. 우엉・무・교목의 뿌리 등. =직근(直根).
곧은-줄기 圀[식] 땅 위에 곧바로 서는 줄기. =직립경(直立莖).
곧은-창자 圀 1 [생] =직장(直腸)¹. 2 아주 고지식한 사람을 이르는 말. 3 음식을 먹고 곧 뒤보러 가는 사람을 놀림조로 이르는 말.
곧이-곧대로[고지-때-] 튀 조금도 다르게 여기지 않고 바로 그대로. ¶아이들은 선생님 말씀이라면 ~ 믿는다.
곧이-듣다[고지-따] 圄(티)<-들으니, -들어> (남의 말을) 그대로 믿다. ¶너의 그 허황된 말을 **곧이들을** 사람은 아무도 없다.
곧이들리다[고지-] 圄(재) '곧이듣다'의 피동사. ¶순이는 그 소식이 너무 뜻밖이라 **곧이들리지** 않았다.
곧-이어 튀 바로 뒤따라. ¶번개가 번쩍하더니 ~ 천둥이 쳤다.
곧-잘[-짤] 튀 1 어떤 상황이나 조건 아래에서 자주. ¶그들은 견해 차이로 ~ 다툰다. 2 어떤 일에 있어서 어지간한 정도로. ¶영어는 ~ 공부를 한다. 凹제법.
곧장[-짱] 튀 1 옆길로 빠지지 않고 그대로. ¶밤골로 가려면 이 길을 따라 ~ 가시오. 2 곧이어 바로. ¶전화 받고 ~ 달려오는 길이다.
곧추 튀 굽히거나 구부리지 않고 곧게. ¶물속에 넘어져 흐르는 몸을 아무리 버둥거리어야 ~ 일으키는 장사 없었다.《이효석:들》
곧-추다 圄(티) 굽은 것을 곧게 하다. ¶학이 그

긴 주둥이를 하늘로 **곧추고** 비오, 비오, 울어 고해 주는 것이었다.《이범선:학마을 사람들》
곧추-들다 圄(티)<-드니, -드오> 곧게 쳐들다.
곧추-뛰기 圀[체] 뜀틀에서, 도움닫기를 한 후 발구름을 하고 뜀틀 위에 두 손을 힘차게 아래를 누르며 잠시 **곧추선** 자세를 취했다가 바닥에 내려서는 동작.
곧추-뜨다 圄(티)<-뜨니, -떠> 1 (눈을) 위로 향하여 뜨다. 2 (눈을) 부릅뜨다.
곧추-서다 圄(재) 꼿꼿이 서다.
곧추세우다 圄(티) '곧추서다'의 사동사. ¶아이를 ~ / 깃대를 ~.
곧추-안다[-따] 圄(티) (어린아이를) 곧게 세워서 안다.
곧추-앉다[-안따] 圄(재) 꼿꼿이 앉다. 또는, 허리를 펴고 똑바로 앉다.
골¹ 圀 1 '뇌'를 속되게 이르는 말. 비머릿골. ¶~이 아프다 / ~이 쑤신다. 2 생각・근심・걱정 등을 하는 작용의 근원으로서의 두뇌. 속된 어감의 말임. 비골머리・골치. 3 =골수(骨髓).
골(이) 비다 囝 지각(知覺)이나 소견이 없음을 속되게 이르는 말. ¶골 빈 녀석.
골² 圀 '성'의 낮은말. ¶~을 내다.
골(이) 오르다 囝 화가 치밀어 오르다.
골(을) 올리다 囝 골이 나게 하다.
골³ 圀 만들고자 하는 물건의 일정한 모양을 잡거나, 비뚤어진 물건의 모양을 바로잡는 데 쓰는 틀. =형(型). ¶망건~ / 구두~.
골(을) 박다 囝 제한된 범위 밖을 나가지 못하게 하다.
골⁴ 圀 종이・피륙・판자 따위를 길이로 똑같이 나누어 오리거나 접는 금.
골⁵ 圀 1 '골짜기'의 준말. ¶~이 깊다. 2 깊은 산・골목의 준말. 4 '고랭'의 준말. 5 물체에 얕게 팬 긴 홈 모양의 줄이나 금. ¶~을 내다 / ~을 타다 / ~이 지다. 6 ('~의 골이 깊다'의 꼴로 쓰여) 둘 사이의 미움이나 갈등의 정도. ¶(감정의) ~이 깊다 / 갈등의 ~이 점점 더 깊어지다.
골로 가다 囝 (사람이) 죽다. 속된 말임.
골⁶ 圀 1 '고을'의 준말. 2 (일부 명사 뒤에 붙어 합성어를 이루어) 마을 이름을 나타내는 말. 정식 행정 구역명으로 쓰이는 경우는 거의 없고, 대체로 예부터 쓰여 온 관습적 이름임. ¶밤~ / 안~ / 감나뭇~.
골⁷(骨) 圀[생] =뼈¹. ¶두개(頭蓋)~.
골⁸(goal) 圀[체] ①(자립) 1 축구・하키・핸드볼 등의 경기에서, 공을 넣어 득점하게 되어 있는 문 모양의 공간. =골문. 2 운동 경기에서, 골문 안에 공을 넣어 점수를 얻는 상태. ¶~이 나다 / ~이 터지다. ②(의존) 골이나 바스켓에 공을 넣어 얻은 점수. ¶한 ~ 차이로 지다.
골각-기(骨角器)[-끼] 圀[고고] 석기 시대에 동물의 뼈・뿔・엄니 등으로 만든 도구나 장신구.
골간(骨幹) 圀 1 =뼈대. 2 기본적이며 핵심적인 부분. ¶한국의 70년대 경제 개발 계획은 중화학 공업의 건설과 수출 증대가 ~을 이루었다.
골갱이 圀 1 물질 속에 있는 단단한 부분. 2 =골자(骨子).
골¹-걷이[-거지] 圀 밭고랑의 풀을 뽑아 없애는 것. **골¹걷이-하다** 圄(티)여

골^게터(†goal getter) [명][체] ＝골잡이.
골격(骨格·骨骼) [명][생] **1** 동물의 체형(體形)을 이루고 몸을 지탱하는 뼈의 조직. **2** 무슨 일을 형성하는 데 있어서의 기본적인 뼈대. ¶소설의 ~.
골격-근(骨格筋) [-끈] [명][생] 골격을 움직이는 근육. 모두가 가로무늬근으로, 중추 신경의 지배하에 몸의 운동을 맡음. ＝뼈대근.
골계(滑稽) [-계/-게] [명] 교훈을 주면서도 익살스러워 웃음을 자아내는 일. ¶~화(畫) / ~ 소설.
골고루 [부] '고루고루'의 준말. ¶음식을 ~ 먹다.
골ː-골¹ [명] '고을고을'의 준말. ¶그 지방은 가는 ~마다 풍광이 아름답기 그지없다.
골골² [부] 병이 잦거나 오래되어 늘 몸이 약한 모양. **골골-하다**¹ [동][자][여]
골골³ [부] 암탉이 알을 낳으려고 할 때 내는 소리. **골골-하다**² [동][자][여]
골골-거리다/-대다¹ [동][자] 몸이 병약하여 자주 앓다. ×갤갤거리다.
골골-거리다/-대다² [동][자] 암탉이 알을 낳으려고 할 때 골골 소리를 자꾸 내다.
골ː골샅샅-이 [-삳싸치] [부] 한 군데도 빼놓지 않고 갈 수 있는 곳은 모조리. ¶~ 뒤지다 / ~ 돌아다니다.
골기(骨器) [명] **1** 뼈로 만든 물건. **2** [고고] ＝뼈연장.
골김-에 [-낌-] [부] 골이 난 그 바람에. [비]홧김에. ¶그녀는 ~ 책을 집어던졌다.
골-나다 [-라-] [동][자] 비위에 거슬리거나 하여 벌컥 성이 나다.
골-내다 [-래-] [동][자] 비위에 거슬리거나 하여 벌컥 성을 내다.
골-네트(goal net) [명][체] 축구·하키 등에서, 골포스트에 친 그물. ¶~에 공이 꽂히다.
골ː다 (골ː고 / 골아) [동][타] 〈고니, 고오〉 (사람이 코를) 잠을 자면서 '드르렁드르렁' 하고 소리 나게 하다. ¶코를 심하게 ~.
골다공-증(骨多孔症) [-쯩] [명][의] 뼈의 석회 성분이 줄고 밀도가 떨어져서 뼈가 약해지고 쉽게 부서지는 증세. 노인이나 폐경(閉經) 후의 여성에게 많이 나타남.
골ː-답(-畓) [명] 물이 흔하고 기름진 논. ↔건답(乾畓).
골-대(goal-) [명][체] ＝골포스트. ¶공이 ~를 스치고 지나갔다.
골덴 [명] '코르덴'의 잘못.
골동-품(骨董品) [-똥-] [명] **1** 희소가치가 있어서 보존 또는 미적 감상의 대상이 되는 고미술품(古美術品)이나 오래된 세간. ＝골동. **2** 오래되거나 늙어서 가치나 쓸모가 없게 된 물건이나 사람. ¶그도 이제 ~에 지나지 않아.
골동품-상(骨董品商) [-똥-] [명] 골동품 장수. 또는, 그 가게.
골드-칼라(gold-collar) [명] 두뇌와 정보로 창의성을 발휘하는 전문직 종사자.
골든^골(golden goal) [명][체] 축구에서, 연장전에서 승부를 결정짓는 골. 연장전에서는 먼저 한 골만 넣으면 이기게 됨. 순화어는 '끝내기골'.
골든^디스크(golden disk) [명] 100만 장 이상 팔린 레코드. 또는, 그에 대하여 상으로 주는 금빛 레코드를 이르는 말.
골든-아워(†golden hour) [명] ＝황금 시간대(黃金時間帶).
골-딱지 [-찌] [명] '골²'를 속되게 이르는 말. ¶~가 나다.
골-때리다 [동][자] 〈속〉 (어떤 사람이) 어처구니없이 행동하여 실소가 나오거나 골이 아플 지경이 되다. 젊은이들, 특히 학생들이 많이 쓰는 말임.
골똘-하다 [형][여] 한 가지 일에 온 정신을 쏟아 딴생각이 없다. [원]골독(汨篤)하다. **골똘-히** [부] ¶무얼 그리 ~ 생각하니?
골ː라-내다 [동][타] 속에서 골라 집어내다. ¶불량품을 ~.
골-라인(goal line) [명][체] **1** ＝결승선(決勝線). **2** 축구·하키 등에서, 골포스트를 따라 그은 선.
골ː라-잡다 [-따] [동][타] 여럿 가운데서 골라 가지다. ＝가려잡다. ¶마음대로 ~.
골락-새 [-쌔] [명][동] ＝크낙새.
골로 [부] '고리로'의 준말. ¶~ 오시오.
골로새-서(←Colossae書) [명][성] 신약 성서 중의 한 권.
골리다 [동][타] (남을) 놀리어 약이 오르게 하다. ¶철수가 영희를 ~. ×곯리다.
골ː-마루 [명] **1** 안방이나 건넌방에 딸린 골방처럼 된 좁은 마루. **2** ＝복도(複道)2.
골마지 [명] 간장·술 따위에 생기는 곰팡이 같은 것.
골막(骨膜) [명][생] 경골(硬骨)의 표면을 덮는 결합 조직의 흰 막. 혈관과 지각 신경이 분포하고, 뼈의 보호·영양·성장·재생 등이 이루어짐.
골막-염(骨膜炎) [-망념] [명][의] 골막에 생기는 염증. 세균의 감염으로 생기며, 국소의 부기·동통·발적(發赤) 등이 따름.
골막-하다 [-마카-] [형][여] 그릇에 가득 차지 않은 듯하다. ¶손님 대접이랍시고, 사발에 **골막하게** 막걸리를 떠다 놓았을 뿐이었다. [큰]굴먹하다.
골-머리 [명] 어떤 일로 걱정·근심·고민이 많은 상태의 머리. 속된 말임. [비]골·골치. ¶~ 아프다.
골머리(를) 앓다 [구] 어떻게 해야 할지 몰라서 머리가 아플 정도로 생각에 몰두하다. ＝골치(를) 앓다.
골ː목 [명] 집들 사이로 좁은 길을 이룬 곳. [비]골목길. ¶뒷~ / 한 번 와 본 곳인데, 어느 ~으로 들어가는지 모르겠다. [준]골. ×회춤.
골ː목-골목 [-꼴-] **Ⅰ** [명] 여러 골목. 또는, 온 골목. ¶불량배들이 ~을 누비고 다닌다. **Ⅱ** [부] 골목마다 모두. ¶~ 외치고 다니다.
골ː목-길 [-낄] [명] 집들 사이로 난 좁은 길. [비]골목. ¶~에서 아이들이 놀고 있다.
골ː목-대장(-大將) [-때-] [명] 동네 골목에서 아이들의 우두머리 노릇을 하는 아이.
골목-자기 [명] '골목쟁이'의 잘못.
골목-장이 [명] '골목쟁이'의 잘못.
골ː목-쟁이 [-쨍-] [명] 골목에서 더 깊숙이 들어간 좁은 곳. ×골목자기·골목장이.
골몰(汨沒) [명] 다른 생각을 할 겨를도 없이 한 가지 일에만 파묻히는 것. [비]몰두·열중. **골몰-하다** [동][자][여] ¶연구에 ~ / 사업에 ~. **골몰-히** [부]
골무 [명] 바느질할 때 바늘을 눌러 밀기 위하여 손가락 끝에 끼는 물건. ¶~를 끼다.
골-문(goal門) [명][체] ＝골(goal)⁸[1]1.
골-밀도(骨密度) [-또] [명] 뼈의 밀도. ¶~ 검사 / ~를 측정하여 골다공증 여부를 진단하다.

골밑-샘[-믿쌤] 〔명〕〔생〕=뇌하수체.
골'-바람[-빠-] 〔명〕〔기상〕골짜기로부터 산 위로 부는 바람. ↔산바람.
골반(骨盤) 〔명〕〔생〕신체의 허리 부분에 위치하여 척추와 대퇴골을 연결하는, 사발 모양의 크고 납작한 뼈. =엉덩뼈.
골'-방(-房) 〔명〕 큰방의 뒤쪽에 딸린 작은 방. ¶~에 틀어박혀 두문불출하다.
골-백번(-百番)[-뺀] 〔명〕 '여러 번'을 강조하거나 과장하여 속되게 이르는 말. ¶하지 말라고 ~도 더 얘기했잖아.
골뱅이 〔명〕 1〔동〕 연체동물 복족강에 속하는 동물의 총칭. 몸이 타래처럼 꼬인 껍데기 속에 들어 있음. 다슬기류·우렁이류 따위. 2〔컴〕'@'기호를 통속적으로 이르는 이름. 흔히 이메일 주소에 사용되는 기호로, 자신의 아이디(ID)와 도메인 이름 사이에 쓰임.
골-병(-病) 〔명〕 겉으로 드러나지 않고 속으로 깊이 든 병.
골병-들다(-病-) 〔자〕〈-드니, -드오〉 심하게 다치거나 무리한 노동 등으로 몸이 상하여 속으로 깊이 병이 들다. ¶이렇게 매일 격무에 시달리다가는 골병들겠다.
골-부림 〔명〕 함부로 골을 내는 일. 골부림-하다 〔동〕〔자여〕
골분(骨粉) 〔명〕 동물의 뼛가루. 인산칼슘이 풍부하여 사료나 비료로 쓰임. =뼛가루. ¶~비료.
골'-살이 〔명〕 '고을살이'의 준말. 골'살이-하다 〔동〕〔자여〕
골상(骨相)[-쌍] 〔명〕 주로 얼굴이나 머리뼈의 겉으로 드러나 보이는 생김새. =골기(骨氣).
골-샌님(骨-) 〔명〕 1 판박이의 샌님. 2 샌님 티가 아주 몸에 밴 사람.
골-생원(骨生員) 〔명〕 1 옹졸하고 고루한 사람. =골선비. 2 잔병치레로 늘 골골거리는 사람.
골-선비(骨-) 〔명〕 1 판박이의 선비. 2 =골생원1.
골^세리머니(†goal ceremony) 〔명〕 축구 경기에서, 골을 넣은 뒤 자축하는 뜻으로 취하는 동작.
골-속[-쏙] 〔명〕 1 골풀의 속. 한약재로는 '등심(燈心)'이라 함. 2 머릿골의 속.
골수(骨髓)[-쑤] 〔명〕 1〔생〕뼈의 속을 채우고 있는 연한 조직. =골. ¶~ 이식 수술. 2 마음속의 깊은 곳.
골수에 맺히다 잊혀지지 않고 마음속 깊이 응어리져 있다. ¶원한이 ~.
골수에 사무치다 〔구〕원한이나 느낌이 잊을 수 없게 크다. ¶한이 ~/그리움이 ~.
골수-분자(骨髓分子)[-쑤-] 〔명〕 조직체에서 가장 핵심이 되는 구성원.
골수-염(骨髓炎)[-쑤-] 〔명〕〔의〕화농성 세균의 감염으로 인한 골수의 염증.
골싹-하다[-싸카-] 〔형여〕 그릇에 그리 모자라지 않고 거의 다 찬 듯하다. 〔큰〕굴썩하다.
골'-안개 〔명〕 골짜기에 끼는 안개.
골^에어리어(goal area) 〔명〕〔체〕축구·하키 등에서, 골문 앞에 마련된 일정 구역.
골연-증(骨軟症)[-쯩] 〔명〕 가축병의 하나. 설사를 하거나 뼈가 연해져 발을 절며 등이 굽기도 하는 등의 증상을 일으킴.
골연화-증(骨軟化症)[-련-쯩] 〔명〕〔의〕골조직에서 칼슘이나 인이 감소됨으로써 뼈가 물러지거나 변형되는 증세.

골육(骨肉) 〔명〕 1 뼈와 살. 2 부자·형제 등의 육친(肉親). =골육지친. ¶~의 정.
골육-상잔(骨肉相殘)[-쌍-] 〔명〕 부자·형제·숙질 등 가까운 친족끼리 서로 해침. 골육상잔-하다 〔동〕〔자여〕
골육-상쟁(骨肉相爭)[-쌍-] 〔명〕 가까운 혈족 사이에 서로 싸움. ¶~의 참극. 골육상쟁-하다 〔동〕〔자여〕
골육-종(骨肉腫)[-륙쫑] 〔명〕〔의〕뼈에 생기는 악성 종양의 하나.
골육지정(骨肉之情)[-찌-] 〔명〕 가까운 핏줄 사이의 정다움.
골육지친(骨肉之親)[-찌-] 〔명〕=골육2.
골-인(†goal in) 〔명〕 1〔체〕골이나 바스켓 안에 공을 넣는 것. 득점이 됨. 2 경주에서, 결승점에 도달하는 것. 3 결혼하게 된 것을 비유적으로 일컫는 말. 골인-하다 〔동〕〔자여〕¶결승점에 일착으로 ~ / 그들은 3년 동안의 열애 끝에 결혼에 골인하였다.
골인-되다 〔동〕〔자〕¶헤딩슛 한 볼이 ~.
골자(骨子)[-짜] 〔명〕 말이나 일의 요점이나 핵심. =골갱이. ¶장광설을 늘어놓지 말고 ~만 얘기해라.
골-잡이(goal-) 〔명〕〔체〕축구·농구 등 구기에서, 득점을 많이 올리는 선수. =골 게터.
골재(骨材)[-째] 〔명〕〔건〕콘크리트나 모르타르에 쓰이는 모래·자갈 등의 재료.
골절¹(骨折)[-쩔] 〔명〕〔의〕뼈가 부러지는 것. 〔비〕절골(折骨).
골절²(骨節)[-쩔] 〔명〕〔생〕=뼈마디.
골절-상(骨折傷)[-쩔-] 〔명〕 뼈가 부러지는 부상. 또는, 그 상처. ¶~을 입다.
골조(骨組)[-쪼] 〔명〕〔건〕건물 따위의 뼈대. 또는, 그 구조. ¶~ 공사.
골-조직(骨組織) 〔명〕〔생〕뼈를 구성하는 조직. 골세포와 다량의 칼슘을 함유하는 기질(基質)로 이루어지며 단단함.
골지-체(Golgi體) 〔명〕〔생〕세포의 작은 기관의 하나. 신경 세포나 소화관 등의 분비선 세포에서 많이 볼 수 있음.
골질(骨質)[-찔] 〔명〕 1 동물의 뼈와 같은 물질. 2 뼈의 기질(基質)을 만드는 물질.
골-집 〔명〕 '순대'의 잘못.
골짜기 〔명〕 산과 산 사이의, 비탈을 이룬 낮은 곳. ¶~를 흐르는 맑은 물. 〔준〕골짝·골.
골짝 〔명〕 '골짜기'의 준말.
골'-참외 〔-/-웨〕 〔명〕〔식〕참외의 한 품종. 껍질이 푸르고 살은 초록빛이며, 길고 골이 졌음.
골-초(-草) 〔명〕 1 질이 낮은 담배. 2 담배를 심하게 피우는 사람을 놀림조로 이르는 말.
골치 〔명〕 어떤 일에 고통스러울 만큼 몹시 신경을 쓰고 있는 상태의 머리. 다소 속된 말임. 〔비〕골머리.
골치(를) 앓다 〔구〕=골머리(를) 앓다. ¶결혼 문제로 ~.
골침(骨針) 〔고고〕 석기 시대에 사용하던, 뼈로 만든 바늘. =뼈바늘.
골칫-거리[-치꺼-/-칟꺼-] 〔명〕 성가시거나 처리하기 어려운 일. ¶자식놈이란 게 공부는 안 하고 하루 한 날 싸움질이나 하고 다니니 어찌해야 할지 ~.
골칫-덩어리[-치떵-/-칟떵-] 〔명〕=골칫덩이.
골칫-덩이[-치떵-/-칟떵-] 〔명〕 애를 먹이는 일이나 사람을 속되게 이르는 말. =골칫덩어리.

덩어리.

골-키퍼(goalkeeper) [명][체] 축구·하키 등에서, 골문을 지키는 선수. ⓒ키퍼.

골-킥(goal kick) [명][체] 1 축구에서, 상대편이 골라인 밖으로 차 낸 공을 자기편 골 에어리어에 가져다 놓고 차는 일. 2 럭비에서, 트라이를 한 후, 또는 골대와 가까운 곳까지 공격하였을 때 득점을 하기 위하여 차는 일.

골탄(骨炭) [명] 1 소·말·돼지 등의 탈지(脫脂)한 뼈를 건류하여 얻는 활성탄(活性炭). 용액의 정제·탈색제, 또는 흑색 안료로 쓰임. 2 =코크스.

골탕 →골탕(을) 먹다 [구] 공연히 또는 부당하게 곤란을 겪거나 낭패를 당하다. ¶예고 없이 계획을 취소하는 바람에 많은 사람들이 **골탕을 먹었다**.

→**골탕(을) 먹이다** [구] 어떤 사람에게 고의로 곤란을 겪게 하거나 낭패를 당하게 하다. ¶그는 못된 심술로 친구에게 **골탕을 먹였다**.

골통 [명] '골통이'의 준말. ¶~을 쥐어박다.

골통-대 [명] 담배통이 굵고 대가 짧은 담뱃대.

골통-이 [명] '머리1'을 비속하게 이르는 말. ⓒ골통.

골-판지(-板紙) [명] 물결 모양으로 골이 진 판지의 한쪽 또는 양쪽에 다른 판지를 붙인 것. 포장에 쓰임. ¶~ 상자.

골패(骨牌) [명] 납작하고 네모진 작은 나뭇조각 32개에 각각 흰 뼈를 붙이고, 여러 가지 수효의 구멍을 판 노름 기구. 또는, 그 노름.

골퍼(golfer) [명] 골프를 하는 사람. ¶프로 ~ / 아마추어 ~

골편(骨片) [명] 뼈의 부스러기. =뼛조각.

골-포스트(goalpost) [명][체] 축구·핸드볼·럭비 등에서, 골문의 양쪽 기둥. =골대. ¶공이 ~를 맞고 튀어나오다.

골-풀 [명][식] 골풀과의 여러해살이풀. 높이 1m가량. 잎은 없고 줄기 밑에 암갈색 잎집이 붙으며, 초여름에 녹갈색 꽃이 핌. 들이나 늪지에 남. 줄기로 자리를 만듦. =등심초(燈心草).

골-풀이 [명] 화를 참지 못하고 아무에게나 함부로 풀어 버리는 것. **골풀이-하다** [동][자][어]

골품(骨品) [명][역] 신라 때, 혈통의 존비에 따라 나눈 신분의 등급. 곧, 왕족은 성골·진골, 귀족은 육두품·오두품·사두품, 평민은 삼두품·이두품·일두품으로 나뉘었음.

골프(golf) [명][체] 클럽으로 공을 쳐서 경기장에 파 놓은 홀(hole)에 차례차례 넣어 가는 구기(球技). 모두 18홀을 돌며, 타수(打數)가 가장 적은 사람이 승리함.

골프-공(golf-) [명] 골프에 쓰이는 공. 열대 식물에서 채취한 고무로 만들며, 동그란 모양에 겉면은 올록볼록함.

골프-장(golf場) [명] 골프를 하는 경기장. 18홀의 코스가 표준임.

골프-채(golf-) [명][체] 골프를 할 때 공을 치는 채. =클럽·타봉.

골필(骨筆) [명] 먹지를 대고 복사할 때 쓰는, 촉을 뼈나 쇠로 만든 필기구.

골-함석 [명] 골이 죽죽 지게 물결 모양으로 된.

골회(骨灰) [-회/-훼] [명] 짐승의 뼈에서 아교질이나 지방질을 채취한 후 태워서 재로 만든 것. 인산칼슘·질소를 많이 함유하며, 비료·과인산 석회 제조의 원료임.

곪:다 [곰따] [곪:고 / 곪아] [동][자] 1 (사람이나 동물의 피부나 몸의 부위가) 염증으로 고름이 생기다. ¶상처가 ~. 2 (비유적으로 쓰여) 내부에 부패나 모순이 쌓여 터질 정도에 이르다. ¶**곪을** 대로 **곪은** 군사 정권.

곬[골] [명] 1 한쪽으로 트인 길. ¶외~으로 나가다. 2 물고기 떼가 늘 다니는 일정한 길. 3 양재에서, 천의 접는 부분.

곯:다¹[골타] [동][자] 1 (과일·달걀 따위가) 속이 물크러져 상하다. ¶**곯은**은 달걀 / 참외가 ~. 2 (사람의 몸이 속으로) 병이 든 상태가 되다. ¶주색에 ~ / 속에 속이 ~. 3 (답답한 일로 마음속으로) 병적인 상태가 되다. ¶말 못 할 고민 때문에 혼자서 속으로 **곯는다**.

곯:다²[골타] [동][타] 양(量)에 아주 모자라게 먹거나 담다. ¶어린 시절에 배를 **곯고** 자랐다.

곯:다³[골타] [형] (담긴 것이) 그릇에 가득 차지 않고 조금 비다. ⓒ곯다.

곯:-리다¹[골-] [동][타] 1 '곯다'의 사동사. 2 '골리다'의 잘못.

곯:-리다²[골-] [동][타] '곯다'의 사동사. ¶식구들 배나 안 **곯리는지** 모르겠다.

곯아-떨어지다[골-] [동][자] 1 술에 몹시 취하거나 곤하여 정신을 잃고 자다. ¶며칠 밤을 새워 가며 일하고 돌아온 그는 눕자마자 그냥 **곯아떨어졌다**.

곰¹ [명] 고기나 생선을 푹 삶은 국. ¶~을 고다.

곰² [명] 1 [동] 포유류 식육목 곰과에 속하는 짐승의 총칭. 몸이 비대하며 다리가 굵고 짧음. 털은 갈색·흑색 등으로 길고 거칢. 깊은 산에 살며 나무에 잘 오름. 겨울에는 굴속에서 겨울잠을 잠. 어린 것은 '능소니'라고 부름. 2 미련하거나 행동이 느린 사람을 조롱하여 이르는 말. ¶~ 같은 친구.

곰:-거리[-꺼-] [명] 곰국의 재료가 되는 고기나 뼈.

곰곰 [부] =곰곰이.

곰곰-이 [부] 깊이깊이 생각하는 모양. =곰곰. ¶그가 왜 그런 말을 했는지 ~ 생각해 보다.

곰:-국[-꾹] [명] 쇠고기와 소의 내장을 넣고 푹 곤 국. 또는, 소의 뼈를 푹 곤 국. (비)곰탕.

곰기다 [동][자] 곪은 자리에 딴딴한 멍울이 생기다.

곰바지런-하다 [형][여] (사람이) 일상생활에서 생기는 온갖 일에 쉬지 않고 늘 열심인 상태에 있다. (비)곰바지런하다. ¶옆집 며느리는 얼마나 **곰바지런한지** 잠시도 쉴 때가 없어요. **곰바지런-히** [부]

곰방-대 [명] 살담배를 피우는 데에 쓰는, 짧은 담뱃대. =곰방담뱃대·단죽(短竹)·짜른대. ↔장죽(長竹).

곰방-메 [명][농] 흙덩이를 깨뜨리거나 씨를 묻는 데 쓰는 농기구. 지름이 두 치, 길이가 한 자쯤 되는 둥근 나무토막에 긴 자루를 끼워 씀. =교토기. ▷고무래.

곰배 [명] '곰배팔이'의 준말.

곰배-팔 [명] 꼬부라져 펼 수 없게 된 팔. 또는, 팔뚝이 없는 팔.

곰배팔-이 [명] 팔이 꼬부라져 펼 수 없게 되거나 팔뚝이 없는 사람을 홀하게 이르는 말. ⓒ곰배.

곰:-보 [명] 얼굴이 얽은 사람.

곰:보-딱지[-찌] [명] '곰보'를 놀림조로 이르는 말.

곰:보-빵 [명] 밀가루에 설탕·달걀·버터 등을 섞어서 반죽하여 겉을 오톨도톨하게 구워

곰비-임비 튀 계속하여 자꾸. 또는, 그칠 새 없이. 주로 문학적 표현에 쓰임. ¶말을 ~ 재촉하다 / 술을 ~ 들이켜다 / 그는 바람 소리를 밀치며 ― 이어지는 말에 두 귀를 종긋 세웠다.《김원일:겨울 골짜기》

곰¹**-삭다**[-따] 동(자) 1 (옷 따위가) 오래되어 올이 삭고 질이 약해지다. 2 (젓갈 따위가) 오래되어 푹 삭다.

곰¹**-살갑다**[-따] 혱(ㅂ) <~살가우니, ~살가워> 겉으로 보기보다 성질이 부드럽고 다정하다.

곰-살곱다 혱 '곰살갑다'의 잘못.

곰¹**-살궂다**[-굳따] 혱 (성질이) 부드럽고 다정하다.

곰상 튀 꼼꼼하게 살살. ¶일을 ~ 잘한다. **곰상곰상-하다** 여

곰상-스럽다[-따] 혱(ㅂ) <~스러우니, ~스러워> (성질이나 행동이) 잘고 좀스럽다. **곰상스레** 튀

곰¹**-솔** 명[식] 소나뭇과의 상록 침엽 교목. 높이 약 30m. 나무껍질은 흑갈색이며, 5월에 꽃이 핌. 해안에서 자라며, 재목은 건축재·기구재·신탄재로 쓰이고 나무껍질과 꽃가루는 식용함. =해송(海松)·흑송(黑松).

곰실-거리다/-대다 동(자) (작은 벌레 같은 것이) 느릿느릿 자꾸 움직이다. ¶초그들에 잘린 사과의 살 속에 흰 벌레가 **곰실거리고** 있었다.《이인성:길, 한 이십 년》 ㄹ굼실거리다. 쎈꼼실거리다.

곰실-곰실 튀 곰실거리는 모양. ㄹ굼실굼실. 쎈꼼실꼼실. **곰실곰실-하다** 동(자)여

곰작 튀 '꼼짝'의 여린말. '꼼작'의 여린말이기도 함. ㄹ굼적. **곰작곰작-하다** 동(자)여

곰작-거리다/-대다[-꺼(때)-] 동(자)타 '꼼작거리다'의 여린말. '꼼작거리다'의 여린말이기도 함. ㄹ굼적거리다.

곰작-곰작[-쫌-] 튀 '꼼짝꼼짝'의 여린말. '꼼작꼼작'의 여린말이기도 함. ㄹ굼적굼적. **곰작곰작-하다** 동(자)타여

곰장어(-長魚) 명 '갯장어'의 잘못.

곰¹**-쥐** 명[동] 포유류 쥐목 쥣과의 한 종. 몸길이가 15~23cm. 집쥐보다 몸이 가늘고 귓바퀴가 크며, 동작이 매우 빠름. =갈색쥐·이집트쥐.

곰지락 튀 '꼼지락'의 여린말. 준곰질. ㄹ굼지럭. **곰지락-하다** 동(자)여

곰지락-거리다/-대다[-꺼(때)-] 동(자)타 '꼼지락거리다'의 여린말. 꼼지락거리다. ㄹ굼지럭거리다.

곰지락-곰지락[-꼼-] 튀 '꼼지락꼼지락'의 여린말. 준곰질곰질. ㄹ굼지럭굼지럭. **곰지락곰지락-하다** 동(자)타여

곰질 튀 '꼼질'의 여린말. ㄹ굼질. **곰질-하다** 동(자)여

곰질-거리다/-대다 동(자)타 '꼼질거리다'의 여린말. ㄹ굼질거리다.

곰질-곰질 튀 '꼼질꼼질'의 여린말. ㄹ굼질굼질. **곰질곰질-하다** 동(자)타여

곰치 명[동] 곰칫과의 바닷물고기. 몸길이가 약 60cm. 뱀장어와 비슷하나 훨씬 납작하며, 노랑과 갈색의 얼룩무늬가 있음. 피부는 두껍고 질겨 가죽으로 이용됨. 식용 어류로 맛이 좋음.

곰¹**-탕**(-湯) 명 양지머리·사태 등의 쇠고기와 양(䑋)·곱창 등의 내장을 푹 곤 음식. 흔히, 밥을 말아서 먹음. 비곰국. ▷설렁탕.

곰탕² 명[생] '곰팡이'의 잘못.

곰틀 튀 '꼼틀'의 여린말. ㄹ굼틀. **곰틀-하다** 동(자)여

곰틀-거리다/-대다 동(자)타 '꼼틀거리다'의 여린말. ㄹ굼틀거리다.

곰틀-곰틀 튀 '꼼틀꼼틀'의 여린말. ㄹ굼틀곰틀. **곰틀곰틀-하다** 동(자)타여

곰¹**-파다** 동(자)타 사물의 내용을 자세히 따지다.

곰팡 명 '곰팡이'의 준말.

곰팡-내 명 1 곰팡이에서 나는 퀴퀴한 냄새. ¶옷에서 ~가 난다. 2 생각·사상·관습 등이 낡고 고리타분함을 비유적으로 이르는 말. =곰팡냄새. ¶~ 나는 가부장적 사고방식.

곰팡-냄새 명 =곰팡내.

곰팡-이 명[생] 균류 중에서 진균류에 속하는 미생물. 몸은 균사(菌絲)로 되어 있고, 포자(胞子)에 의하여 번식함. 동식물에 기생하며, 음식물·의복·기구 등에 남. ¶~가 나다 / ~가 슬다 / 빵에 ~가 피었다. 준곰·곰팡. ×곰탕.

곱¹ 명 부스럼이나 헌데에 끼는 고름 모양의 물질.

곱² 명[1](자립) 수량이나 정도가 두 번 합한 만큼인 것. 비곱절·배(倍). ¶비용[힘]이 ~으로 들다. [2](의존) (주로 일부 고유어 수 뒤에 쓰여) 그 수만큼 거듭된 수나 양임을 나타내는 말. 비곱절·배(倍). ¶두 / 세 ~.

곱-걸다[-껄-] 동(타) <~거니, ~거오> 1 (노름이나 내기에서) 돈을 곱으로 걸다. 2 두 번 겹쳐서 걸다.

곱걸-리다[-껄-] 동(자) '곱걸다'의 피동사.

곱-꺾다[-꺽따] 동(타) 1 뼈마디를 꼬부렸다 폈다 하다. 2 노래를 부를 때, 꺾이는 목에서 소리를 낮추었다가 다시 높여 부드럽게 불러 넘기다.

곱-끼다 동(자) 부스럼이나 헌데에 곱이 생기다.

곱다¹[-따] 동(자) 이익을 보려다가 도리어 손해를 보다.

곱다²[-따] 혱 1 (손가락이나 발가락이) 얼어서 감각이 없고 놀리기가 자유롭지 못하다. ¶손이 **곱아** 글씨를 쓸 수가 없다. 2 (신 것을 먹은 뒤에 이뿌리가) 저리다.

곱다³[-따] 혱 곧지 않고 휘어 있다. ㄹ굽다.

곱다⁴[-따] 혱(ㅂ) <고우니, 고와> 1 (대상의 모습이) 말끔하거나 매끈하여 보기 좋은 상태에 있다. ¶**고운** 한복 / 할머니가 참 **곱게** 늙으셨다. ↔밉다. 2 (색깔이) 밝고 산뜻하여 보기 좋은 상태에 있다. ¶한복 색깔이 참 ~. 3 (마음씨나 태도가) 상냥하고 순하다. ¶마음씨가 **고운** 아가씨 / 가는 말이 **고와야** 오는 말이 ~. (속담) 4 (살결이나 천 따위의 바탕이) 거칠지 않고 부드럽다. 또는, 천을 이루는 올이 가늘고 촘촘하다. ¶**고운** 모시 / 살결이 ~. 5 (말소리나 음악 소리가) 듣기에 맑고 부드럽거나 매끄럽다. ¶**고운** 목소리. 6 (가루 같은 것이) 아주 잘고 보드랍다. ¶**고운** 밀가루. ↔거칠다. 7 평안하고 순탄하다. ¶**곱게** 자라다 / **곱게** 기르다. 8 그대로 온전하다. ¶**곱게** 돌려보내다.

곱¹**-다랗다**[-따라타] 혱(ㅎ) <~다라니, ~다라오, ~다래> 1 꽤 또는 퍽 곱다. ¶얼굴이 ~. 2 변하거나 축나지 않고 온전하다. 준곱 닿다.

곱-다래지다[-따-] 동(자) 곱다랗게 되다.

곱-다시[-따-] 튀 1 무던히 곱게. 2 그대로 고스란히.

곱-돌[-똘][-][광]=납석(蠟石).
곱드러-지다[-뜨-][동][재] (걸려채거나 무엇에 부딪혀) 엎드러지다.
곱-들다[-뜰-][동][재]<-드니, ~드오> 비용이나 재료가 갑절로 들다. =곱먹다. ¶기계가 낡아 기름이 ~.
곱들-이다[-뜰-][동][타] '곱들다'의 사동사. ¶집을 튼튼히 지으려고 철근을 곱들였다.
곱디-곱다[-띠-따][형][여]<-고우니, ~고와> 아주 곱다. ¶**곱디고운** 살결.
곱-디디다[-띠디-][동][타] (발을) 접질리게 디디다.
곱-똥[명] 곱이 섞여 나오는 똥.
곱-먹다[곱-따][동][타] 1 곱절로 먹다. 2 =곱들다.
곱먹-이다[곱-][동][타] '곱먹다'의 사동사.
곱-배기[명] '곱빼기'의 잘못.
곱-빼기[명] 1 주로 음식점에서, 음식이 한 그릇에 담긴 분량의 거의 두 그릇분인 것. 또는, 그 음식. ¶자장면을 ~로 주문하다. 2 '곱①'을 속되게 이르는 말. ¶욕을 ~로 얻어먹다. ×곱배기.
곱사[-싸][명] 1 '곱사등'의 준말. 2 '곱사등이'의 준말.
곱사-등[-싸-][명] 등뼈가 굽어 큰 혹처럼 불쑥 내민 등. 준곱사.
곱사등-이[-싸-][명] 곱사등인 불구자. =구루(佝僂). 비꼽추. 준곱사.
곱사등이-춤[-싸-][명] 남을 웃기려고 곱사등이같이 등에 바가지·베개 따위를 넣고 익살맞게 추는 춤. 준곱사춤.
곱사-춤[-싸-][명] '곱사등이춤'의 준말.
곱살-끼다[-쌀-][동][재] 몹시 보채다.
곱살-스럽다[-쌀-따][형][여]<-스러우니, ~스러워> 곱살한 데가 있다. ¶**곱살스럽게** 생긴 처녀. **곱살스레**[부]
곱살-하다[-쌀-][형여]=곱상하다.
곱-삶다[-쌈-][동][타] 1 두 번 삶아 짓는 밥. 2 =꽁보리밥.
곱삿-병(-病)[-싸뻥/-쌈뻥][명][의]=구루병(佝僂病).
곱-상-하다(-相-)[-쌍-][형여] (얼굴이나 성미가) 예쁘장하고 얌전하다. =곱살하다. ¶**곱상하고** 얌전해 보이는 외모/둥그스름한 얼굴의 **곱상한** 남자.
곱-새기다[-쎄-][동][타] 1 (남의 행동이나 말을) 좋지 않게 생각하거나 잘못 생각하다. 비곡해(曲解)하다. 2 거듭 생각하다.
곱-셈[-쎔][명] 두 개 이상의 수를 곱하는 셈. 구용어는 승법(乘法)·승산(乘算). ↔나눗셈. **곱셈-하다**[동][자][타][여]
곱셈-표(-標)[-쎔-][명][수] 곱셈의 기호 '×'의 이름. 구용어는 승표(乘標)·승호(乘號). ↔나눗셈표.
곱-솔[-쏠][명] 박이옷을 지을 때, 한 번 접어서 박고, 다시 접어서 박는 일. 또는, 그렇게 박은 솔기.
곱송-그리다[-쏭-][동][타] (몸을) 고부라지게 움츠리다. ¶지하도에서 몸을 **곱송그린** 채 손을 내밀고 있는 걸인.
곱수-머리[-쑤-][명] '곱슬머리'의 잘못.
곱슬-곱슬[-쓸-쓸][부] (털이나 실 따위가) 고불고불한 모양. 큰굽슬굽슬. 센꼽슬꼽슬. **곱슬곱슬-하다**[형여] ¶**곱슬곱슬한** 머리카락.
곱슬-머리[-쓸-][명] 곱슬곱슬한 머리털. 또는, 그런 머리털을 가진 사람. =고수머리.

×곱수머리.
곱-실[-씰][부] '굽실'의 작은말. 센꼽실. **곱실-하다**[자][타][여]
곱실-거리다/-대다[-씰-][동][자][타] 굽실거리다'의 작은말. 센꼽실거리다.
곱실-곱실[-씰-씰][부] '굽실굽실'의 작은말. 센꼽실꼽실. **곱실곱실-하다**[동][자][타][여]
곱-씹다[-따][동][타] 1 거듭하여 씹다. 2 (어떤 말이나 어떤 의도 등에 대해 거듭하여 곰곰이 생각하다. ¶**곱씹어** 볼 만한 명언/그가 한 말을 아무리 **곱씹어** 보아도 그 진의를 알 수가 없었다. 3 (어떤 생각이나 표현을 거듭하여 하다. ¶불필요한 생각을 **곱씹는** 건 혁명 의지를 약화시킬 뿐이다.《조정래:태백산맥》▷되씹다.
곱은-옥(-玉)[고븐-][명] 고부라진 모양의 구슬. 우리나라 고대에 장신구로 쓰였음. =곡옥(曲玉)·구옥(勾玉). ▷대롱옥.
곱이-곱이[부] '굽이굽이'의 작은말.
곱-자[-짜][명][공] 나무나 쇠로 90도 각도로 만든 'ㄱ' 자 모양의 자. =구(矩)·구척(矩尺)·기역자자.
곱-잡다[-짭따][동][타] 곱절로 셈하여 헤아리다. ¶경비를 ~.
곱장-다리[-짱-][명] 무릎뼈는 밖으로 벌어지고 정강이는 안으로 휘어진 다리.
곱-장사[-짱-][명] 곱으로 남기는 장사.
곱-쟁이[-쨍-][명] '곱절①'을 속되게 이르는 말. ¶돈이 생각한 것보다 ~로 들었다.
곱-절[-쩔][명] 1 [자립] '곱①'을 două로 구어적으로 이르는 말. 비갑절. ¶생산량이 ~나 늘다. 2 [의존] '곱①'를 좀 더 구어적으로 이르는 말. ¶값이 몇 ~ 오르다. II ~ 어떤 수량을 몇 번이고 합친 만큼. ¶비용이 ~ 들었다.
곱-집합(-集合)[-찌팝][명][수] 집합 A의 원소 a와 B의 원소 b로 만들어지는 순서쌍 (a, b)의 전체로 이루어진 집합.
곱-창[명] '소의 작은창자'를 먹을거리로서 이르는 말.
곱창-전골[명] 소의 작은창자를 잘게 썰어 양념을 넣고 채소를 섞어 국물을 부어 끓여서 만든 음식.
곱추[명] '꼽추'의 잘못.
곱-치다[동][타] 1 반으로 접어 합치다. 2 곱절로 이르다. ¶값을 곱쳐 드리겠소. 센꼽치다.
곱-하기[고파-][명][수] 곱하는 일. ↔나누기. **곱하기-하다**[동][자][타][여]
곱-하다[고파-][동][타][여][수] 곱절을 하다. =승(乘)하다. ¶3에 2를 **곱하면** 6이다. ↔나누다.

곳[곧][명] Ⅰ[자립] 1 지리적 공간이나 지역의 어느 위치. '장소'에 비해 막연한 위치를 나타내며, 특별한 쓰임을 제외하고는 자립적으로 쓰이기 어려움. 비데·장소·자리. ¶친구가 사는 ~에 따라 가끔 비가 오겠습니다. 2 사물 가운데 문제가 되거나 관심의 초점이 되는 부분. ¶잘못된 ~을 지적하다/아픈 ~을 말하시오. Ⅱ[의존] 세는 단위로 이르는 말. ¶한 ~/두 ~.
곳-간(庫間)[고간/곧깐][명] 물건을 간직하여 두는 곳. =고(庫).
곳간-차(庫間車)[고간-/곧깐-][명] '지붕이 있는 화물차'를 속되게 이르는 말.
곳-곳[곧꼳][명] 여러 곳. 또는, 이곳저곳. 비처처(處處). ¶~에서 물난리를 겪다.
곳곳-이[곧꼳-][부] 곳곳마다. ¶~ 가뭄으로 어려움을 겪고 있다.
곳-집(庫-)[고찝/곧찝] 명 1 곳간으로 쓰려고 지은 집. =고사(庫舍)·창(倉). 비창고. 2 =용영집.
공[1] 명 운동 경기나 놀이에서, 던지거나 치거나 찰 수 있도록 고무나 가죽 따위로 만든 구(球) 또는 달걀 모양의 물건. =볼(ball). ¶축구 ~ / 이 구르다 / ~을 튀기다.
공[2](公) 명 1 여러 사람을 위하거나 여러 사람에 관계되는 국가나 사회의 일. ¶~과 사(私)를 구별하다. ↔사(私). 2 '공작(公爵)[3]'의 준말.
[공은 공이고, 사는 사다] 공적인 일과 사적인 일은 분명히 가려서 행해야 된다.
공[3](功) 명 1 어떤 사람이 노력하여 훌륭한 일을 이룬 상태. 또는, 그 훌륭한 일. 비공로. ¶~을 세우다. 2 어떤 사람이 훌륭한 일을 이루기 위해 힘쓰는 상태. 또는, 훌륭한 일을 이루기 위하여 어떤 사람이 한 노력. 비공력. ¶~을 들이다.
공(을) 쌓다 관 어떤 목적을 이루기 위하여 정성을 기울이다. ¶나라의 발전에 많은 ~.
공[4](空) 관 1 =영(零)[6]. 2 숨김표인 ○을 이르는 말. 확실하지 않거나 일부러 밝히지 않으려고 할 때 씀. ¶~월 ~시. 3 [불] 실체(實體)가 없고 자성(自性)이 없음. ▷색(色).
공[5](公) 대(인칭) 1 '당신'의 높임말. 2 남자 3인칭의 높임말.
-공[6](工) 접미 명사 아래 붙어, 그 일에 종사하는 직공임을 나타내는 말. ¶견습 ~ / 기능 ~ / 인쇄 ~.
-공[7](公) 접미 남자의 성(姓)이나 시호(諡號) 등의 밑에 붙어, 높임의 뜻을 나타내는 말. ¶충무(忠武) ~.
공[8](gong) 명 1 [음] 청동이나 놋쇠로 만든 원반형의 타악기. 2 [체] 권투에서, 경기 시작과 종료 시간을 알리는 종. ¶~이 울리다.
공가(公暇) 명 1 공무의 겨를. 2 공무원에서 공식으로 인정되어 있는 휴가.
공간(空間) 명 1 아무것도 없이 비어 있는 곳. ¶~을 메우다 / 좁은 ~을 유효하게 활용하다. 2 상하·사방의 널리 퍼진 것. ¶우주 ~. 3 '영역', '세계'를 뜻하는 말. ¶인간이 살아가는 일상적 삶의 ~ / 한 편의 시(詩)가 펼쳐 보이는 서정 ~.
공간^도형(空間圖形) 명 [수] =입체 도형.
공간-미(空間美) 명 천연물이나 그림·조각·건축 등에서, 공간적 형식으로 나타나는 미. ↔시간미.
공간^예술(空間藝術)[-네-] 명 예술의 분야 중에서 평면적 또는 입체적인 공간(으로 질서가 잡혀 있으면서 인간의 미의식(美意識)에 와 닿는 것. ↔시간 예술.
공간-적(空間的) 관형 1 공간에 관계되거나 그에 딸리는 (것). 2 공간의 성질을 지닌 (것).
공간^패스(空間pass) 명 [체] 축구 등에서, 선수가 나아갈 방향으로 빈 곳에 공을 넣어 주는 패스.
공갈(恐喝) 명 1 (어떤 사람을[에게]) 겁을 주면서 으르대는 것. ¶~과 협박으로 금품을 뜯어내다. 2 《속》 거짓말. 6·25 이후 상당 기간 사용되었으나 현재는 거의 쓰이지 않음. **공갈-하다** 자타여.
공갈(을) 놓다 관 공포를 느끼도록 울러메서 무섭게 하다.
공갈-빵(恐喝-) 명 속이 텅 비고 겉만 부풀게 구운 중국식 빵.

공갈-죄(恐喝罪) 명 [법] 남을 공갈하여 재물을 내놓게 하거나, 재산상의 이익을 얻거나, 또는 제삼자에게 그것을 취득하게 함으로써 성립되는 죄.
공갈-치다(恐喝-) 자여 1 (어떤 사람에게) 겁을 주면서 으르대다. ¶돈을 내놓으라면서 ~. 2 《속》 거짓말하다.
공감(共感) 명 (어떤 사람이 취하거나 펼치는 태도나 의견에 대해) 마음으로부터 정말 그렇구나, 그렇겠구나 하는 느낌을 가지는 것. 또는, 그 느낌. ¶~을 얻다[자아내다] / 그 책은 여성 독자들에게 많은 ~을 불러일으켰다. ▷동감(同感). **공감-하다** 자타여 그도 나의 말에 공감하는 듯 고개를 끄덕였다. **공감-되다** 자여.
공감-각(共感覺) 명 어떤 자극에 의하여 일어나는 감각이 동시에 다른 영역의 감각을 일으키는 일. 예를 들면, '소리'를 듣고 '빛깔'을 느끼는 경우의 빛깔의 감각.
공감-대(共感帶) 명 서로 공감하는 부분. ¶김 선생과 나는 십수년 동안 친구로 지내 오면서 많은 ~를 형성하고 있다.
공강(空講) 명 주로 대학에서, 강의 시간 사이에 강의가 없이 비어 있는 시간. ¶3교시는 ~.
공개(公開) 명 (어떤 사실을) 여러 사람에게 널리 터놓는 것. 또는, 공중에게 입장·출석·방청·참여·관람·사용 등을 허락하는 것. ¶~ 석상. **공개-하다** 타여 ¶사건의 진상을 언론에 ~. **공개-되다** 자여 ¶국회 도서관이 일반에 ~.
공개^방^송(公開放送) 명 방청객들에게 실제의 방송 상황을 보이면서 하는 방송.
공개^선^거(公開選擧) 명 공개 투표에 의한 선거. ↔비밀 선거.
공개^수사(公開搜査) 명 범인의 인상이나 몽타주 사진을 전국에 배포하여 일반 시민들의 협력을 구하는 방식의 수사.
공개-장(公開狀)[-짱] 명 사회의 관심을 불러일으키기 위해 특정인이나 단체에게 알릴 사실이나 의견을 신문·잡지에 실어서 일반에게 널리 알리는 글.
공개^재판(公開裁判) 명 [법] 재판의 공정성을 유지하기 위하여 일반인의 방청을 허용하는 재판. =공심판(公審判).
공개-적(公開的) 관형 공개하거나 공개하다시피 하는 (것). ¶~으로 정적(政敵)을 비난하다.
공개^투표(公開投票) 명 [법] 선거에서, 투표인의 투표 내용을 제삼자가 알 수 있는 투표 제도. 거수·기립·기명·호명 등이 있음. ↔비밀 투표.
공개-회의(公開會議)[-회의/-훼이] 명 누구에게나 방청을 허락하는 회의.
공-것(空-)[-껏] 명 힘이나 돈을 들이지 않고 거저 얻은 물건. 비공짜. ¶세상에 ~이 어딨어?
[공것 바라면 이마가 벗어진다] 공짜를 좋아하는 사람을 놀리는 말. [공것이라면 양잿물도 먹는다] 공짜라면 무엇이든 가리지 않고 먹는 대로 먹는다.
공격(攻擊) 명 1 (적을) 물리치기 위해 무력(武力)으로 치는 것. ¶선제 ~ / ~을 가하다. 2 운동 경기나 게임 따위에서, 점수를 얻기 위한 적극적인 행동. ¶후반전에는 ~에 치중하라. ↔수비. 3 비난하거나 반대하여

나서는 것. ㉙공박(攻駁). ¶인신(人身)~. 4 [법] 소송법에서, 원고(原告)의 주장. ↔방어.공!격-하다 톰(타)여 ¶적의 요새를 ~.
공!격-수(攻擊手) [-쑤] [체] 운동 경기에서, 주로 공격을 맡는 선수. ↔수비수.
공!격-적(攻擊的) [-쩍] 관명 공격하는 태도를 취하는 (것). ¶전반전에는 수세에 몰렸으나 후반에 ~으로 나오고 있다.
공!격-진(攻擊陣) [-찐] 명 공격하는 측의 진영 또는, 공격하기 위한 진. ↔수비진.
공경(恭敬) 명 윗사람을 공손히 받들어 섬기는 것. 또는, 삼가 예를 표시하는 것. 공경-하다 톰(타)여 ¶어른을 ~. 공경-히 튀
공경-대부(公卿大夫) 명[역] 1 조선 시대에 삼공(三公)과 구경(九卿), 대부(大夫)를 아울러 이르던 말. 2 벼슬이 높은 사람들.
공-경제(公經濟) 명[경] 국가 및 공공 단체의 공법(公法)에 따른 경제. ↔사경제.
공고¹(工高) 명 '공업 고등학교'의 준말.
공고²(公告) 명 1 세상에 널리 알리는 것. ¶사원 모집 ~. 2 [법] 국가나 공공 단체가 일정한 사항을 광고·게시 따위의 방법으로 일반 대중에게 알리는 일. 공고-하다 톰(타)여 ¶헌법 개정안을 ~. 공고-되다 톰(자)
공고³(鞏固) ➔공고-하다² 어 굳고 튼튼하다. ㉙견고하다. ¶공고한 요새(要塞). 공고-히 튀 ¶사원 간의 유대를 더욱 ~ 하다.
공고-문(公告文) 명 공고하는 글.
공골-차다 형 '옹골차다'의 잘못.
공공¹(公共) 명 국가나 사회의 구성원에게 공동으로 딸리거나 관계되는 것. ¶~의 복리/~의 이익.
공공²(空空) 명 대상의 지정된 이름을 밝히지 않고 그 대신으로 나타내는 문장 부호 'OO'의 이름. ¶육군 ~ 부대.
공공-건물(公共建物) 명 공공의 용도로 쓰는 건물. 학교·도립 병원·도서관 따위.
공공^기업체(公共企業體) 명[경] 정부나 지방 자치 단체가 출자하고 경영하는, 공공의 복지와 밀접한 관계를 가진 기업체.
공공^단체(公共團體) 명[법] 국가로부터 그 존립의 목적이 주어진 법인(法人). 지방 자치 단체·공공 조합·영조물 법인의 세 가지가 있음. ㉺공법인.
공공-물(公共物) 명 =공공용물(公共用物).
공공^방송(公共放送) 명 영리를 목적으로 하지 않고 사회 공공의 이익을 위하여 하는 방송. 우리나라의 KBS, 일본의 NHK, 영국의 BBC 따위. ▷민영 방송.
공공-복지(公共福祉) [-찌] 명 사회 구성원 전체에 공통되는 복지.
공공-사업(公共事業) 명 사회 공공의 이익을 꾀하기 위한 사업.
공공-성(公共性) [-썽] 명 어떤 사물·기관 등이 널리 일반 사회 전반에 이해관계나 영향을 미치는 성격·성질.
공공-시설(公共施設) 명 국가 또는 지방 자치 단체가 설치하여 공공 목적을 위하여 이용되는 설비.
공공-심(公共心) 명 공공의 행복과 이익을 중히 여기는 마음.
공공연(公公然) ➔공공연-하다 형여 숨김이 없이 드러내는 태도가 있다. 또는, 숨김이 없이 드러난 상태에 있다. ¶요즘은 젊은 여성들이 공공연하게 흡연하고 있다. 공공연-히 튀 ¶가두에는 ~ 불법 영업을 하고 있다.
공공-요금(公共料金) [-뇨-] 명 정부가 결정하거나 법률적으로 관여할 권한을 가진, 공공성을 띤 요금. 우편 요금, 전화·전보 요금, 수도 요금, 버스·택시 요금 따위.
공공용-물(公共用物) [-농-] 명 도로·하천·항만·공원 따위와 같이 공중(公衆)이 공동으로 사용하는 물건이나 시설. =공공물.
공공-장소(公共場所) 명 많은 사람들이 이용하는, 공중도덕이 지켜져야 할 장소. ¶영화 장과 같은 ~에서는 휴대폰을 미리 꺼 놓는 것이 좋다.
공공-질서(公共秩序) [-써] 명 국가나 사회 구성원 전체에 두루 관계되는 질서.
공공칠-가방/007가방(空空七-) 명 얇고 작게 만든 직사각형의 사무용 가방. 1960년대 영국의 첩보 영화 '007'의 주인공이 들고 다닌 데서 나온 말임.
공과¹(工科) [-꽈] 명[교] 공학에 관한 학문을 배우거나 연구하는, 대학의 한 분과.
공과²(功過) 명 공로와 허물. ㉙공죄(功罪). ¶~를 따지다/~를 논하다.
공과-금(公課金) 명 국가나 공공 단체가 강제적으로 매긴 금전적인 공적(公的) 부담의 총칭.
공과^대!학(工科大學) [-꽈-] 명[교] 공학에 관한 전문 교육을 베푸는 단과 대학. ㉺공대.
공관(公館) 명 1 정부의 고위 관리가 그 관직에 있는 동안 사는 집. ¶총리 ~. 2 '재외 공관'의 준말. ¶주불(駐佛) ~.
공관-장(公館長) 명 대사·공사·영사 등과 같이 외국에 주재하고 있는 공관의 우두머리.
공교(工巧) ➔공교-하다 형여 1 (솜씨가) 재치 있고 교묘하다. ¶공교한 조각술. 2 =공교롭다. 공교-히 튀
공교-롭다(工巧-) [-따] 형비 <-로우니, -로워> 좋지 않거나 바라지 않은 일이나 상황이 생각지 않게 일어나 뜻밖으로 느껴지는 상태에 있다. =공교하다. ¶모처럼 찾아갔는데 공교롭게도 그는 외출 중이었다. 공교-로이 튀
공-교육(公敎育) 명 국가나 지방 공공 기관에 의해 설립되거나 운영·관리되는 교육. ↔사교육.
공구¹(工具) 명 기계 따위를 만들거나, 분해·조립하는 데 쓰이는 기구. ¶절삭 ~.
공구²(工區) 명 공사(工事)를 하고 있는 구역. ¶공구 2~.
공!구³(恐懼) ➔공!구-하다 형여 (지위가 아주 높은 사람에 대하여) 몹시 황송하여 두렵다. ¶국왕의 밀명을 받은 그는 공구하여 몸 둘 바를 몰랐다. 공!구-히 튀
공국(公國) 명 주로 중세 유럽에서 공(公)이라는 칭호를 갖는 군주가 다스리던 작은 나라. 현재는 리히텐슈타인·모나코 등이 있음.
공군(空軍) 명 항공기를 주요 수단으로 하여 공중에서의 전투를 주임무로 하는 군대. ▷육군·해군.
공군-기(空軍機) 명[군] 공군에 딸린 항공기.
공군^사!관학교(空軍士官學校) [-꾜] 명[군] 공군의 정규 장교를 양성하는 학교. 수업 연한은 4년이며, 졸업과 동시에 학사 학위를 수여받고 공군 소위로 임관됨. ㉺공사.
공권(公權) [-꿘] 명[법] 공법상 국가와 법인체나 개인 사이에서 인정되는 권리. 형벌권·재정권·경찰권 등의 국가적 공권과 자유권·참정권·수익권 등의 개인적 공권으로 나누어짐. ↔사권(私權).

공권-력(公權力)[-꿘녁] 명 1 [법] 국가가 국민에게 명령하고 강제하는 권력. 2 불법 시위나 농성 등을 해산시키기 위해 동원되는 경찰의 강제적인 힘. ¶불법 시위 현장에 ~을 투입하다.

공:궤(供饋) 명 (윗사람에게) 음식을 드리는 것. **공:궤-하다** 동(타)여

공규(空閨) 명 오랫동안 남편이 없이 아내 혼자서 거처하는 방. 비공방(空房)

공그르-기 명 시접을 접어 맞댄 뒤 바늘을 양쪽 시접에 번갈아 넣어 가며 속으로 떠서 꿰매어 실 땀이 시접 걸으로 나오지 않게 하는 바느질.

공:극(孔隙) 명 빈틈이나 구멍.
공극²(空隙) 명 비어 있는 틈.
공글리다 타 1 (땅바닥 따위를) 단단하게 다지다. 2 (일을) 알들하게 끝맺다.

공금(公金) 명 국가나 공공 단체 또는 회사 등의 소유로 되어 있는 공적(公的)인 돈. ¶~ 횡령 / ~을 사사로이 쓰다.

공:급(供給) 명 1 (물건을) 제공하여 주는 것. ¶물자 ~ / 수도관 파열로 수돗물 ~이 중단되다. 2 [경] 교환 또는 판매의 목적으로 시장에 상품을 제공하는 것. 또는, 그 제공된 재화(財貨)의 양. ↔수요(需要). **공:급-하다** 동(타)여 ¶전기를 ~ / 환자에게 피를 ~. **공:급-되다** 동(자)여

공:급-량(供給量)[-금냥] 명 [경] 공급의 수량. ↔수요량.

공:급-원(供給源) 명 공급이 이루어지는 바탕. ¶콩은 식물성 단백질의 훌륭한 ~이다. 준급원.

공:급의 법칙(供給-法則)[-의-/-에-] [경] 일반적으로 가격이 오르면 공급량이 늘고, 가격이 내리면 공급량이 줄어드는 법칙. ↔수요의 법칙.

공:기¹ 밤톨만 한 돌 다섯 개 또는 여러 개를 땅바닥에 놓고, 일정한 규칙에 따라 집고 받는 아이들의 놀이. 또는, 그 돌들. **공:기-하다** 동(자)여 공기놀이를 하다.
  공기(를) 놀다 관 공기놀이를 하고 놀다.

공기²(工期) 명 공사하는 기간. ¶~를 단축하다 / ~를 연장하다.

공기³(公器) 명 1 사회 일반의 공동으로 쓰이는 물건. 2 공공 기관을 개인의 사유(私有)가 아니라는 뜻으로 이르는 말. ¶신문은 사회의 ~이다.

공기⁴(空氣) 명 1 지구를 에워싸고 있는 여러 가지 기체의 혼합물. 산소와 질소를 주성분으로 하며, 그 밖에 아르곤·헬륨·이산화탄소 등을 포함함. 깨끗한 것은 무색투명하고 냄새가 없음. 생물이 살아가는 데 없어서는 안 될 요소임. ¶신선한 ~ / ~가 탁하다. 2 그 자리에 감도는 기분이나 분위기. ¶서로 노려보는 두 사람 사이의 ~가 험악하다.

공기⁵(空器)[-끼] 1 빈 그릇. 2 주로 밥을 덜어 먹는 데 쓰는, 위가 넓고 밑이 좁은 작은 그릇. ¶밥~. 2 [의존] 밥의 분량을 그것이 담긴 공기의 수로 헤아리는 말. ¶밥 두 ~.

공기-구멍(空氣-) 명 =통풍구(通風口).
공:기-놀이(空氣-) 명 공기를 가지고 노는 어린아이들의 놀이. **공:기놀이-하다** 동(자)여

공기-뿌리(空氣-) 명 [식] 공기 중에 노출되어 있는 식물의 뿌리. 옥수수·풍란의 뿌리 따위. =기근(氣根).

공기-압(空氣壓) 명 [물] 공기의 압력. 특히, 자동차 타이어 등의 공기 압력.

공기 압축기(空氣壓縮機)[-끼] 명 공기를 압축하여 2~3기압 이상의 압축 공기를 만드는 기계. =에어 컴프레서.

공기-기업(公企業) 명 [경] 국가나 지방 자치 단체가 사회 공공의 복리를 위하여 경영하는 기업. 철도·우편·수도 따위. ↔사기업.

공기-욕(空氣浴) 명 알몸으로 신선한 공기를 쐬어 피부의 저항력을 높이는 일.

공기^저:항(空氣抵抗) 명 [물] 공기 속을 운동하는 물체가 공기로부터 받는 저항.

공기^전염(空氣傳染) 명 [의] 전염 병원균이 공기 중에 떠 있다가, 사람이나 동물의 호흡기를 통하여 체내에 침입하여 전염되는 일. 유행성 감기 따위.

공기-주머니(空氣-) 명 [생] =기낭(氣囊) 1.
공기^청정기(空氣淸淨機) 명 오염된 공기를 신선한 공기로 정화하는 장치. =공기 정화기·에어 클리너.

공기-총(空氣銃) 명 공기를 이용하여 탄알이 발사되도록 만든 총.

공기^펌프(空氣pump) 명 1 밀폐된 용기 속의 기체를 뽑아내거나, 용기 속에 공기를 압축하여 넣는 펌프. =배기펌프. 2 자동차·자전거의 타이어나 기구(氣球)·부표(浮標) 등에 공기를 넣는 펌프. =에어 펌프.

공:깃-돌[-끼똘/-긷똘] 명 공기놀이에 쓰는 작은 돌멩이.
  공깃돌 놀리듯 관 공기를 갖고 놀듯이 손쉽게 다루거나 제 맘대로 함을 이르는 말.

공깃-밥(空器-)[-끼빱/-긷빱] 명 공기에 담은 밥.

공납¹(公納) 명 국고로 수입되는 조세.
공:납²(貢納) 명 [역] 지방의 특산물을 현물로 바치는 세제(稅制). =납공(納貢). 준공(貢). **공:납-하다** 동(타)여

공납-금(公納金)[-끔] 명 1 관공서에 의무적으로 납부하는 돈. 2 학생이 학교에 정기적으로 내는 돈. ¶~ 통지서.

공:녀(貢女) 명 [역] 고려 및 조선 시대에 중국 원나라·명나라의 요구에 응하여 여자를 바치던 일. 또는, 그 여자.

공:노(共怒) 명 함께 노하는 것. **공:노-하다** 동(자)여 ¶천인공노할 만행.

공-노비(公奴婢) ↔ [역] 관아에서 부리는 노비. 비관노비. ↔사노비(私奴婢).

공:-놀이 명 공을 가지고 노는 놀이. ▷구기. **공:놀이-하다** 동(자)여

공다리 명 무·배추 따위의 씨를 떨고 남은 장다리.

공단¹(工團) 명 '공업 단지'의 준말. ¶구로 ~.
공단²(公團) 명 일정한 국가적 사업을 수행하기 위하여 설립된 특수 법인. ¶에너지 관리 ~.

공단³(貢緞) 명 두껍고 무늬가 없는 비단.
공당(公黨) 명 주의·주장을 사회에 발표하여, 그 활동이 공적(公的)으로 인정되는 정당·공과. ↔사당(私黨).

공대¹(工大) 명 '공과 대학'의 준말. ¶~생.
공대²(恭待) 명 1 공손히 대접하는 것. ¶~를 받다. 2 (상대방에게) 공대말을 쓰는 것. ↔하대(下待). **공대-하다** 동(자)(타)여 ¶부모를 ~ / 비슷한 또래끼리 말을 공대하자니 어색하다.

공-대공(空對空) 명 공중에서 공중으로 향함. ¶~ 유도탄.

공대-말(恭待-) 명 남을 공대하는 뜻으로

쓰는 말. ↔예사말.
공-대지(空對地)[명] 공중에서 땅으로 향함. ¶~ 유도탄. ↔지대공(地對空).
공덕(功德)[명] 1 공로와 어진 덕. ¶~을 칭송하다 / ~이 높다. 2 [불] 착한 일을 많이 한 공과 불도를 닦은 덕. ¶~을 쌓다.
공덕-심(功德心)[-씸][명][불] 남을 위하여 좋은 일을 많이 하려는 마음.
공도(公道)[명] 1 공평하고 바른 도리. 2 =공로(公路)¹. ~사도(私道).
공-돈(空-)[-똔][명] 애쓰지 않고 공으로 얻은 돈. ¶~이 생기다.
공-돌다(空-)[동](재)<~도니, ~도오> 1 성과 없이 헛돌다. ¶자동차 바퀴가 ~. 2 쓰이지 않고 남아 마구 이리저리 구르다.
공-돌이(エ-)[명]<속> 남자 공원(工員).
공¦동¹(共同)[명] 어떤 일을 둘 이상의 사람이나 단체가 함께 하는 것. 또는, 어떤 대상이 둘 이상의 사람이나 단체에 모두 관계되거나 이용되는 것. ¶~ 작업 / ~ 경작 / ~묘지 / ~의 관심사.
공동²(空洞)[명] 1 텅 빈 굴. [비]동굴. 2 물체 속에 아무것도 없이 빈 곳. 또는, 그 자리. [의] 염증이나 괴사(壞死) 등으로 허물어진 몸의 조직이 배출되거나 흡수된 자리에 생기는 빈 곳.
공¦동^거류지(共同居留地)[명][법] 조약에 의하여 다른 나라의 영토의 일부에 여러 나라가 공동으로 행정권·경찰권 등을 행사하는 지역. ↔전관 거류지. ㈜조계.
공¦동^규제^수역(共同規制水域)[명][법] 1965년에 체결된 한·일 어업 협정에 의하여 한국의 전관 수역의 바깥쪽에 설치된 양국의 공동 어업 수역.
공¦동-묘지(共同墓地)[명] 여러 사람이 공동으로 쓸 수 있게 일정한 곳에 마련하여 둔 묘지.
공¦동-변소(共同便所)[명] =공중변소.
공¦동^사회(共同社會)[-회/-훼][명][사] 혈연에 의한 가족, 지연(地緣)에 의한 촌락 등과 같이, 인간에게 본래 갖추어져 있는 본질 의사에 따라 결합된 사회. =게마인샤프트·공동체·협동체. ↔이익 사회.
공¦동-생활(共同生活)[명] 1 서로 협력하여 사는 생활. ¶~을 영위하다. 2 [생] 목적이나 환경을 의식함이 없이 본능적으로 도우며 사는 생활. ¶개미나 벌의 ~.
공¦동-선(共同善)[유] 인류 공동체를 위해 모든 사람이 함께 추구해야 할 도덕적 가치.
공¦동^성명(共同聲明)[명] 둘 이상의 개인이나 단체, 국가가 어떤 일에 관하여 합의 내용을 공동으로 발표하는 성명. ¶남북 ~을 발표하다.
공¦동^소¦유(共同所有)[명][법] 둘 이상의 개인이나 단체, 국가가 동일물에 대하여 공동으로 소유권을 가지는 일. 또는, 그 권리.
공¦동^작전(共同作戰)[-쩐][명][군] 둘 이상의 부대나 육해공군이 공동으로 전략적 목적을 가지고 협동하여 수행하는 작전. =합동 작전·협동 작전.
공¦동^전¦선(共同戰線)[명] 주의·주장이 각각 다른 둘 이상의 단체가 당면한 공동 목적을 위하여 만드는 협력 태세. [비]통일 전선. ¶~을 펴다.
공¦동^조계(共同租界)[-계/-게][명][법] =공동 거류지.
공¦동^주¦택(共同住宅)[명][건] 여러 세대가 한 건축물 안에서 각각 독립 생활을 이룰 수 있도록 지어진 주택. 연립 주택·아파트 따위. ↔단독 주택.
공¦동-체(共同體)[명][사] 1 공동 사회. 2 운명이나 생활을 같이하는 조직체.
공¦동^판매(共同販賣)[명][경] 1 판매 조합을 통하여 공동으로 하는 판매. 2 기업체가 스스로 판매하지 않고 공동 판매장을 거쳐 하는 판매. ㈜공판.
공¦동^판매장(共同販賣場)[명][경] 동업자가 서로의 판매 경쟁으로 인한 불이익을 방지하거나 어떤 유력한 동업자에게 대항하기 위하여, 또는 판로 확장·자금 융통 따위의 편익을 얻으려고 함께 꾸미는 판매 기관. ㈜공판장.
공¦동^해¦손(共同海損)[명][법] 선박과 선화(船貨)에 생기는 공동의 위험을 피하기 위하여 선장이 배를 좌초시키거나 선화를 버리거나 함으로써 생기는 손해와 비용. ↔단독 해손.
공-들다(功-)[동](재)<~드니, ~드오> 어떤 일을 이루는 데 많은 노력과 정성이 들다.
[**공든 탑이 무너지랴**] 힘을 다하고 정성을 다하여 한 일은 쉽게 헛되지 않으며 그만한 보람이 있으리라는 말.
공-들이다(功-)[동](재) 무엇을 이루려고 정성과 노력을 많이 들이다. ¶공들여 가꾼 농작물 / 이 작품은 공들인 흔적이 역력하다.
공-떡(空-)[명] 힘들이지 않고 공으로 얻은 이익.
공-뜨다(空-)[동](재)<~뜨니, ~떠> 1 임자가 없이 매인 데가 없이 되다. ¶회계 결과 5백만 원이 ~. 2 마음이 괜히 들뜨다. 3 (말이나 소문 따위가) 근거 없이 떠돌다. ¶공뜬 소문.
공¦락(攻落)[-낙][명] 공격하여 함락시키는 것. **공¦락-하다**[동](타여) ¶성(城)을 ~. **공¦락-되다**[동](재)
공란(空欄)[-난][명] 지면(紙面)의 빈 난. 또는, 표 따위의 빈칸. ¶이름은 ~에 기입하시오. / ~을 채우시오.
공¦람(供覽)[-남][명] 관람하게 하는 것. 또는, 많은 사람이 보게 하는 것. **공¦람-하다**[동](타여)
공랭-식(空冷式)[-냉-][명] 총포·기관 등을 공기로 냉각시키는 방식. ¶~ 엔진. ↔수랭식(水冷式).
공¦략(攻略)[-냑][명][군] 적의 영토나 진지를 공격하여 빼앗는 것. **공¦략-하다**[동](타여) ¶적의 진지를 ~. **공¦략-되다**[동](재)
공력(功力)[-녁][명] 1 어렵고 힘든 일을 이루기 위해 들이는 노력이나 정성. [비]공(功). ¶많은 ~을 들여 만든 작품. 2 [불] 불법을 수행하여 얻은 공덕의 힘.
공로¹(公路)[-노][명] 공중(公衆)이 통행하는 길. =공도(公道).
공로²(功勞)[-노][명] 어떤 목적을 이루는 데에 힘쓴 노력이나 수고. [비]공훈(功勳). ¶~을 치하하다 / ~가 크다.
공로³(空路)[-노][명] '항공로'의 준말. ¶~ 이탈.
공로-상(功勞賞)[-노-][명] 공적(功績)을 기리어 주는 상.
공로-자(功勞者)[-노-][명] 공로를 세운 사람. [비]유공자(有功者).
공로-패(功勞牌)[-노-][명] 공이 있는 사람에게 그 공을 기리어 주는 패.

공론¹(公論)[−논] 圀 1 여럿이 모여 의논하는 것. 또는, 그 의논. =공의(公議). ¶~에 부치다. 2 어떤 문제에 대해 백성 또는 국민들 사이에 이루어지는 일정한 의견. 凬여론. ¶~에 따르다. ↔사론. **공론-하다¹** 통탁여
공론-되다 통자
공론²(空論)[−논] 圀 쓸데없는, 실제와 동떨어진 의논. ¶공리~ / 탁상~. **공론-하다²** 통자여
공론-공담(空論空談)[−논−] 圀 쓸데없는 논의와 이야기.
공론-화(公論化)[−논−] 圀 (어떤 문제를) 공론이 되게 하는 것. 또는, (어떤 문제가) 공론으로 되는 것. **공론화-하다** 통자타여 ¶개헌 문제를 ~. **공론화-되다** 통자
공!룡(恐龍)[−뇽] 圀 중생대의 쥐라기와 백악기에 걸쳐 번성하였던 거대한 파충류의 총칭.
공리¹(公利)[−니] 圀 일반 공중의 이익이나 공공 단체의 이익. 凬공익(公益). ↔사리(私利).
공리²(公理)[−니] 圀 1 일반적으로 널리 통용되는 도리. 2 [수][논] 증명이 없이 자명한 진리라고 보고, 그것을 출발점으로 하여 다른 명제(命題)를 증명하는 기본 명제.
공리³(功利)[−니] 圀 1 공명(功名)과 이득. 또는, 공과 이익. 2 [윤] 행복과 이익. 또는, 행복과 이익을 증진시키는 일.
공리⁴(空理)[−니] 圀 사실과 동떨어지거나 실제로 소용되지 않는 이론.
공리-공론(空理空論)[−니−논] 圀 아무 소용이 없는 헛된 이론. ¶~을 일삼다 / ~에 빠지다.
공리-적(功利的)[−니−] 관圀 무슨 일을 생각하거나 행함에 있어, 그것이 얼마만큼의 이익이나 효과를 가져올 것인가를 중심으로 생각하는 (것).
공리-주의(功利主義)[−니−의/−니−이] 圀 1 [윤] '최대 다수의 최대 행복'을 추구함으로써 이기적 쾌락과 사회 전체의 행복을 조화시키려고 하는 사회·정치 사상. =실리주의(實利主義). 2 예술은 인생과 사회에 유익한 것이라야 한다는 예술론.
공립(公立)[−닙] 圀 지방 자치 단체가 세워서 관리하고 운영하는 일. 또는, 그렇게 하는 기관. ¶~ 병원. ▷사립(私立).
공립-학교(公立學校)[−니파꾜] 圀[교] 지방 자치 단체가 지방비로 설립하여 유지하는 학교. ▷사립학교.
공막(鞏膜) 圀[생] 눈알의 바깥벽의 뒤쪽 대부분을 형성하고, 앞쪽에서 각막(角膜)으로 연결되는 흰색의 튼튼한 막. =백막(白膜).
공매(公賣) 圀[법] 1 법률의 규정에 의하여 공공 기관이 강제적으로 행하는 매각(賣却). 2 관공서에서 행하는 매각. ¶~ 공고 / 시유지 ~. **공매-하다** 통타여
공!맹(孔孟) 圀 공자와 맹자.
공!맹지도(孔孟之道) 圀 공자와 맹자가 주장한 인의(仁義)의 도.
공명¹(功名) 圀 1 공을 세워 드러난 이름. ¶천하에 ~을 떨치다. 2 공을 세워 이름이 널리 알려지는 것. **공명-하다** 통자여 ¶약관(弱冠)에 ~.
공!명²(共鳴) 圀 1 [물] 진동체나 전기 진동 회로 등에 고유 진동수와 동일한 진동을 외부로부터 가했을 때, 큰 진폭으로 진동하는 것. 2 남의 행동이나 사상 따위에 깊이 동감하는 것. **공!명-하다²** 통자여 ¶간디의 비폭력주의에 ~.
공명³(空名) 圀 실제 이상의 평판. 곧, 사실이나 실제 이상으로 세상에 전해진 명성.
공명⁴(公明)-**하다³** 형여 사사롭거나 편벽됨이 없이 정당하고 명백하다. ¶공명한 처사. **공명-히** 閈
공!명-상자(共鳴箱子) 圀[물] 발음체가 내는 소리를 공명에 의하여 크게 하는 장치. 기타의 몸통처럼 보통 속이 빈 상자로 되어 있음.
공명-선거(公明選擧) 圀 매수 따위의 부정이 없이 치러지는 깨끗한 선거. ↔부정 선거.
공명-심(功名心) 圀 공을 세우거나 업적을 이루어 명예를 얻고 싶어 하는 욕심. ¶~에 사로잡히다.
공명정대(公明正大) →**공명정대-하다** 형여 하는 일이나 행동에 사사로움이 없이 떳떳하고 바르다. ¶공명정대한 처사.
공명-첩(空名帖) 圀 성명을 적지 않은 사령장(辭令狀). 나라의 재정이 궁핍할 때 돈이나 곡식을 바치는 사람의 이름을 적어 명목상의 관직을 주는 것임. =공명장.
공!명-통(共鳴筒) 圀 =울림통.
공모¹(公募) 圀 1 일반에게 널리 공개하여 모집하는 것. ¶현상(懸賞) ~. 2 [경] 새로 주식·사채 등을 발행할 때 특정 거래처나 은행 등에 인수권을 주지 않고 다수의 일반으로부터 모집하는 일. ↔사모(私募). **공모-하다¹** 통타여 ¶표어를 ~ / 국민주를 ~.
공!모²(共謀) 圀 (둘 이상의 사람이, 또는 어떤 사람이[과] 다른 사람이[과]) 좋지 않은 일을 함께 의논하거나 협력하여 꾀하는 것. **공!모-하다²** 통타여 ¶그들은 공모하여 사기 행각을 벌였다.
공!모-자(共謀者) 圀[법] 범죄 구성 행위에 공모한 사람.
공모-전(公募展) 圀 공개 모집한 작품의 전람회. ▷미술~.
공모-주(公募株) 圀 널리 일반 투자자를 대상으로 발행·모집하는 신주(新株).
공목(空木·空目) 圀[인] 조판 때에 활자나 행 사이에 끼우는 나무나 납 조각.
공무(公務) 圀 1 공적인 일. 2 국가·공공 단체의 사무. =공사. ¶~ 집행. ↔사무(私務).
공무도하-가(公無渡河歌) 圀 고조선 때의 노래. 백수(白首) 광부(狂夫)가 강을 건너다가 빠져 죽자 그의 아내가 이를 한탄하면서 노래를 불렀는데, 이 노래를 곽리자고(霍里子高)가 듣고 그의 아내 여옥(麗玉)에게 들려주자, 여옥이 공후(箜篌)를 연주하면서 곡조를 만들어 불렀다는 기록이 중국 진(晉)나라 최표(崔豹)의 '고금주'에 전함. 작자를 여옥으로 보는 설도 있음. =공후인.
공무-원(公務員) 圀 국가 또는 지방 공공 단체의 직무를 담당·집행하는 사람. 凬관리. ▷국가~.
공무^집행^방해죄(公務執行妨害罪)[−지팽−쬐/−지팽−쮀] 圀[법] 폭행·협박 따위를 가하여 공무원의 직무를 방해하거나 압류의 표시를 훼손함으로써 성립되는 죄.
공문(公文) 圀 '공문서'의 준말. ¶~을 띄우다[발송하다].
공-문서(公文書) 圀 공공 기관이나 단체에서 공적으로 작성한 문서. =공첩(公貼). 凿공문·공서. ↔사문서.
공!물¹(供物) 圀 신령이나 부처 앞에 바치는 물건.

공물²(貢物) 명[역] 백성이 궁중이나 나라에 세금으로 바치는 특산물. 준공(貢). ▷진상(進上).

공민(公民) 명 1 국가 사회의 일원으로서 독립 생활을 하는 자유민. ▷사민(私民). 2 지방 자치 단체의 주민으로서 공민권을 가진 사람.

공민-권(公民權) [-꿘] 명[법] =참정권.

공민-학교(公民學校) [-꾜] 명[교] 초등 교육을 받지 못하고 취학 연령을 넘긴 사람에게 보통 교육을 실시하는 학교.

공:박(攻駁) 명 (어떤 사람을, 또는 그의 말이나 행동을) 잘못을 따지거나 약점을 들거나 하면서 공격하는 것. 공:박-하다 동(타)여 ¶상대의 우유부단한 태도를 ~.

공-밥(空-) [-빱] 명 제값을 치르지 않거나 일을 하지 않고 공으로 먹는 밥.
　공밥(을) 먹다 관 해야 할 일은 하지 않고 보수만 받다.

공방¹(工房) 명[역] 조선 시대에 공전(工典)에 관한 사무를 맡아보던, 승정원과 각 지방 관아의 육방(六房)의 하나.

공:방²(攻防) 명 적을 치는 일과 막는 일. 공:방-하다 동(타)여

공방³(空房) 명 1 사람이 거처하지 않는 빈 방. 2 오랫동안 남편 없이 아내 혼자서 거처하는 방. 비공규(空閨). ¶독수(獨守)~.

공방-살(空房煞) [-쌀] 명[민] 부부 사이가 나쁠 살. ¶~이 끼다.

공:방-전(攻防戰) 명 쌍방간 공격하고 방어하는 전투. ¶정부와 야당 간에 치열한 ~이 벌어지다.

공패(空排) 명 바둑을 둘 때 어느 편에도 이익이나 손해가 없는 빈 밭. ¶~를 메우다.

공-배수(公倍數) 명[수] 둘 이상의 정수(整數) 또는 정식(整式)에 공통되는 배수. ▷공약수.

공백(空白) 명 1 책 따위의, 글씨나 그림이 없는 빈 곳. 비여백(餘白). ¶책의 ~에 메모하다. 2 아무것도 없이 빔. ¶~ 기간 / ~ 상태 / ~를 메우다.

공백-기(空白期) [-끼] 명 이렇다 할 활동이나 실적이 없는 기간. ¶작가 김 씨는 최근 10년 동안의 ~를 벗어나 새로운 야심작을 내놓았다.

공:범(共犯) 명[법] 둘 이상이 공모하여 함께 범한 죄. 또는, 그 범인. ▷단독범. 공:범-하다 동(자)여

공:범-자(共犯者) 명[법] 공모하여 함께 죄를 지은 사람.

공법¹(工法) [-뻡] 명 공사하는 방법. ¶최신 ~ / 특수 ~.

공법²(公法) [-뻡] 명[법] 국가 간이나 공공 단체 상호 간의 관계, 또는 이들과 개인과의 관계를 규정하는 법률. ↔사법(私法).

공-법인(公法人) [-뻐-] 명[법] 특정의 공공 목적을 위하여 설립된 법인. 지방 자치 단체·공공 조합·공사(公社) 따위. ↔사법인.

공변-되다 [-뙤-/-뙈-] 형 (일 처리나 언동 등이) 어느 한쪽으로 치우치거나 사사롭지 않고 공평하다. ¶공변된 처리. 공변되-이 부

공:변-세포(孔邊細胞) 명[식] 식물의 기공(氣孔) 둘레에 있는 신장 모양의 세포. 기공을 여닫는 구실을 하여 수분을 조절하고 내부를 보호함. =주변 세포.

공병¹(工兵) 명[군] 1 군에서 축성(築城)·가교(架橋)·폭파·측량·건설 등 기술적 임무를 맡는 병과. 2 공병대에 딸린 병사.

공병²(空甁) 명 내용물이 없는 빈 병.

공병-대(工兵隊) 명[군] 공병으로 편성된 부대.

공보(公報) 명 1 관청에서 국민 일반에게 널리 알리는 보고. ¶~관(官). 2 지방 관청이 관보(官報)에 준하여 발행하는 문서. ¶선거 ~. ↔사보(私報). 3 관청 사이의 보고.

공복¹(公服) 명[역] 관원이 조정(朝廷)에 나아갈 때 입는 예복의 하나. =조의(朝衣) / 사복(私服).

공복²(公僕) 명 '공무원'을 국민의 심부름꾼이라는 뜻으로 일컫는 말. ¶국민의 ~ / 투철한 ~ 의식.

공복³(空腹) 명 음식물을 먹은 지 오래 되어 배 속이 비어 있는 상태. =공심(空心). 비빈속. ¶이 약은 ~에 드시오. ↔만복(滿腹).

공복-감(空腹感) [-깜] 명 배 속이 비어 배가 고픈 느낌. 비헛헛증.

공부(工夫) 명 (이론·지식·기능 등을) 배우고 익히는 것. ¶국어 ~ / 입시 ~ / ~를 잘하다. 공부-하다 동(자타)여 ¶역사를 ~ / 열심히 ~.

공부²(工部) 명[역] 고려 시대, 육부(六部)의 하나. 공장(工匠)과 영선(營繕)에 관한 일을 맡아봄.

공부³(公簿) 명 관청 또는 관공서에서 법규에 따라 작성·비치하는 장부.

공:부⁴(貢賦) 명[역] 나라에 바치는 물건과 세금.

공부-방(工夫房) [-빵] 명 공부를 하기 위하여 따로 마련해 놓은 방.

공분(公憤) 명 공적인 일에 대한 분노. ¶사회 병리와 부조리에 ~을 느끼다.

공-분모(公分母) 명[수] =공통분모.

공부-벌레(工夫-) [-뻘-/-뻘-] 명 '공부를 지나치게 열심히 하는 사람'을 놀림조로 이르는 말. ▷책벌레.

공비¹(工費) 명 공사에 드는 비용. =공사비. ¶~를 절감하다.

공비²(公比) 명[수] 등비급수에서, 각 항과 그 바로 앞 항 사이의 비.

공비³(公費) 명 관청·공공 단체 또는 일반 공중의 비용. 비공·관비. ↔사비.

공:비⁴(共匪) 명 공산당 유격대. ¶무장 ~ / ~ 소탕 / 해안으로 ~가 침투하다.

공사¹(工事) 명 토목·건축 등의 일. ¶건설 ~ / 아파트 신축 ~ / 하수도 배관 ~ / ~를 벌이다. 공사-하다 동(자)여

공사²(公私) 명 1 공공의 일과 사사로운 일. ¶~를 엄격히 구분하다. 2 관청과 민간. 3 사회와 개인.

공사³(公事) 명 =공무(公務). ¶매사에 ~를 우선하다. ↔사사(私事).

공사⁴(公使) 명[법] 국가를 대표하여 외교 통상부 장관의 감독·훈령을 받아 조약국에 상주하는 외교 사절로, 대사에 버금가는 계급. =전권 공사·특명 전권 공사. ¶주미 ~.

공사⁵(公社) 명[법] 국가적 사업을 수행하기 위해 설립된 공공 기업체의 하나. 정부가 전액 출자하는 공법인으로서, 정부의 감독을 받으며 공과금이 면제됨. ¶한국 전력 ~.

공사⁶(空土) 명 '공군 사관학교'의 준말.

공사-관(公使館) 명[법] 공사가 주재지에서 사무를 보는 곳. 국제법상 대사관에 준하며, 치외 법권이 있음.

공사-다망(公私多忙) 명 공적·사적인 일로 굉장히 바쁨.
공-사립(公私立) 명 공립과 사립.
공사-비(工事費) 명 =공비(工費).
공사-장(工事場) 명 공사를 하는 장소.
공-사채(公社債) 명 [경] 공채·사채 등 자금의 수요자가 채무자로서 발행하는 증권의 총칭.
공사-판(工事-) 명 공사를 벌이고 있는 현장. ¶~에서 막일을 하면서 하루하루 벌어먹고 산다.
공산(公算) 명 확실성의 정도. 비확률. ¶현재의 추세로 보아 금년에는 무역이 적자로 돌아설 ~이 크다.
공산²(共産) 명 자금·생산 수단 등이 사유(私有)가 아니고, 그 사회의 성원 전부가 공유하는 것.
공산³(空山) 명 1 사람이 없는 산중. 2 산과 달이 그려져 있는 화투짝. 8월이나 여덟 끗을 나타냄. =공산명월.
공산^국가(共産國家)[-까] 명[정] 공산주의를 신봉하고, 그에 의하여 정치를 하는 나라.
공산-군(共産軍) 명 공산당의 지배에 속하여 있는 군대.
공산-권(共産圈)[-꿘] 명[사] 공산 국가 및 그 영향 아래에 있는 지역.
공산-당(共産黨) 명[사] 공산주의 사회의 실현을 목표로 조직된 정당.
공산-명월(空山明月) 명 1 사람 없는 산에 외로이 비치는 밝은 달. 2 =공산³2. 3 '대머리'를 농으로 이르는 말.
공산-물(工産物) 명 공업 생산물. 준공산.
공산-제(共産制) 명[사] 재산을 공동으로 소유하는 제도.
공산-주의(共産主義)[-의/-이] 명[사] 재산 및 생산 수단의 사유(私有)를 부정하고, 자본주의의 붕괴, 계급투쟁, 프롤레타리아 혁명을 주장하는 학설 및 그 운동. 마르크스·엥겔스가 체계화하였음. =코뮤니즘.
공산주의-자(共産主義者)[-의/-이/-] 명 공산주의를 신봉하거나 지지하는 사람. =코뮤니스트.
공산-품(工産品) 명 공업 생산품.
공산-화(共産化) 명 사유 재산 제도를 부정하고 생산 수단을 사회가 공유하게 되는 것. 곧, 공산주의 사회로 변하는 것. 비적화(赤化). **공산화-하다** 동(자)(타)여 **공산화-되다** 동(자)여
공상¹(公傷) 명 공무(公務)로 인하여 입은 부상.
공상²(空想) 명 현실적이 아니거나 실현될 가망이 없는 것을 멋대로 상상하는 것. 또는, 그런 생각. ¶~에 빠지다 / ~에 잠기다. **공상-하다** 동(자)여
공상-가(空想家) 명 공상을 일삼는 사람.
공상^과학^소설(空想科學小說)[-쏘-] 명[문] 시간과 공간의 테두리를 벗어난 일을 과학적 가상(假想)에 바탕으로 묘사한 이야기. =과학 소설·에스에프(SF).
공상^과학^영화(空想科學映畵)[-항녕-] 명[영] 공상 과학을 주제로 하는 영화. 특수촬영 기술이나 효과를 활용하여, 과학적 상상을 표현함.
공상-적(空想的) 관현 현실적이 아닌, 또는 실현될 가망이 없는 (것).
공상적 사회주의(空想的社會主義)[-회의/-훼-이] [사] 자본주의의 모순을 비판하면서, 사랑과 협동으로써 자유롭고 평등한 사회를 실현시킬 것을 주장하는 사상이나 입장. 마르크스 이전의 사회주의를 가리킴. =유토피아 사회주의. ↔과학적 사회주의.
공:생(共生) 명 1 공동의 운명 아래 함께 사는 것. ¶~ 공사(共死). 2[생] 종류가 다른 두 생물이 같은 곳에서 서로 이익을 주고받으며 공동생활을 하는 일. 상리 공생과 편리 공생이 있음. 3[광] 어떤 광물이 다른 광물과 관련되어 함께 산출되는 일. **공:생-하다** 동(자)여
공:생^식물(共生植物)[-씽-] 명[식] 종류는 다르나 이익을 서로 주고받으며 함께 생활하는 식물. 콩과 식물과 뿌리혹박테리아 따위.
공-생애(公生涯) 명 어떤 사람의 공인(公人)으로서의 생애. 특히, 예수 그리스도가 복음을 전파하면서 공적인 삶을 살았던 약 3년간의 기간을 이르는 말. ↔사생애(私生涯).
공석¹(公席) 명 1 공적인 일로 여러 사람이 모인 자리. ¶그런 사담(私談)은 ~이 아닌 곳에서나 하시오. 2 공적 업무를 보는 자리. =공좌(公座). ¶~에 앉다. ↔사석(私席).
공석²(空席) 명 1 비어 있는 자리. 2 결원(缺員)이 된 자리. 비빈자리. ¶과장 직위가 현재 ~이다.
공선¹(公船) 명 1 공용(公用)의 선박. 2[법] 국제법에서, 국가의 공권(公權)을 행사할 수 있는 군함·경비선 등의 선박. ↔사선(私船).
공선²(空船) 명 빈 배. ↔만선(滿船).
공선-제(公選制) 명 관리나 공공의 직무를 맡을 사람을 일반 국민이 선출하는 제도. =임명제.
공설(公設) 명 국가나 공공 단체에서 만들어 세우는 일. 또는, 그 시설. ¶~ 운동장. ↔사설(私設). **공설-하다** 동(타)여
공:성(攻城) 명 성이나 요새를 공격하는 것. **공:성-하다** 동(자)여
공:세(攻勢) 명 공격하는 태세. 또는, 공격적이리만큼 적극적인 태세. ¶선심[질문] ~ / ~를 취하다 / 평화 ~로 나오다. ↔수세(守勢).
공소¹(公訴) 명[법] 검사가 법원에 특정 형사 사건의 재판을 청구하는 일. ¶~를 제기하다 / ~를 기각하다. **공소-하다¹** 동(타)여
공소²(控訴) 명[법] '항소(抗訴)'의 구용어. **공소-하다²** 동(타)여
공소³(空疎) →**공소-하다³** 형여 1 (글이나 말이) 내용이 별로 없고 짜임이 허술하다. ¶내용이 **공소한** 글. 2 텅 비거나 드문드문 떨어진 상태에 있다.
공소-권(公訴權)[-꿘] 명[법] 공소를 제기할 수 있는 권리.
공소^시효(公訴時效) 명[법] 죄를 범한 후 일정 기간이 지나면 검사의 공소권이 없어져 그 범죄에 대하여는 공소를 제기할 수 없는 제도.
공소-장(公訴狀)[-짱] 명[법] 검사가 공소 제기의 의사를 표시하여 관할 법원에 제출하는 문서. =기소장(起訴狀).
공손(恭遜) →**공손-하다** 형여 (어떤 사람이) 삼가 예의를 갖추고 자기를 낮추는 태도가 있다. 비고분고분하다. ¶**공손한** 말씨 / **공손한** 태도로 대답하다. ↔불손하다. **공손-히** 부 ¶모자를 벗고 ~ 인사하다.

공수¹ [민] 무당이 원한을 품고 죽은 사람의 넋을 풀 때, 죽은 사람의 뜻이라고 하여 전하는 말. ¶~를 받다 / ~를 주다.

공ː수² 명 공격과 수비. ¶~의 전환이 빠른 축구팀.

공수³(空輸) 명 '항공 수송'의 준말. **공수-하다** 동(타여)¶구호물자를 ~.

공ː수⁴(拱手) 명 왼손을 오른손 위에 놓고 두 손을 마주 잡아, 공경의 뜻을 나타내는 예. **공ː수-하다²** 동(자여)

공ː수-동맹(攻守同盟) 명 둘 이상의 나라가 제삼국에 대하여 공격·방어에 일치된 행동을 취한다는 취지로 체결한 동맹 조약.

공수래공수거(空手來空手去) [빈손으로 왔다가 빈손으로 간다는 뜻] 재물에 욕심을 부릴 필요가 없다는 말.

공ː수-병(恐水病) [-뼝] 명[의] '광견병'을 물을 두려워하는 증세를 보인다고 하여 이르는 말.

공수^부대(空輸部隊) 명[군] 1 비행기로 병력이나 군수 물자 등을 수송하기 위하여 편성한 수송기 부대. 2 공중으로부터 적지에 투입되어 작전하는 부대. =공정 부대·낙하산 부대.

공수^특전단(空輸特戰團) [-전-] 명[군] 항공기에서 낙하산으로 적지에 침투하여 싸우는 특수 부대.

공-수표(空手票) 명 1 [경] 은행에 거래가 없거나 거래가 정지된 사람이 발행한 수표. 2 실행(實行)이 없는 약속을 비유하여 이르는 말. ¶선거 유세장에 무성하던 공약들은 대부분 ~로 끝나고 말았다.

공순(恭順) →**공손-하다** 형여 공손하고 온순하다. **공순-히** 부

공-순이(工-) 명<속> 여자 공원(工員).

공-술¹(空-) [-쑬] 명 제 돈 들이지 않고 공으로 마시는 술.

공ː술²(供述) 명[법] =진술(陳述)2. **공ː술-하다** 동(타여)

공술-인(供述人) 명 공청회에서, 이해관계자나 학식 있는 경험자로서 의견을 진술하는 사람.

공ː습¹(攻襲) 명 공격하여 치는 것. **공ː습-하다**¹ 동(타여)¶적의 진지를 ~.

공습²(空襲) 명[군] 항공기로 공중에서 습격하는 것. 또는, 그 습격. **공습-하다²** 동(타여)

공습-경보(空襲警報) [-경-] 명 공습을 알리는 경보. ¶~를 발하다 [해제하다].

공시(公示) 명 공공 기관이 일정한 내용을 공개하여 게시하여 일반에게 널리 알리는 것. 또는, 그 알리는 글. (비)공고(公告)·공포(公布). ¶~ 사항. **공시-하다** 동(타여)¶판결문을 ~. **공시-되다** 동(자)

공시-가(公示價) [-까] 명 정부나 공공 기관에서 공시한 값.

공-시디(空CD) 명 글·소리·영상 등의 데이터를 기록할 수 있는, 아무것도 기록되어 있지 않은 시디.

공ː시-적(共時的) 관명 대상을 파악할 때 시대의 흐름을 배제한 채 한 시대 또는 당대의 시점만을 고려하는 입장에 있는 (것). ¶~ 연구 / ~ 분류. **공시적**.

공시ː지가(公示地價) [-까] 명[경] 건설 교통부 장관이 조사·평가하여 공시한 표준지의 단위 면적당 가격. 양도세·상속세 등의 각종 토지세의 과세 기준이 됨. ▷기준 시가.

공식(公式) 명 1 공적(公的)으로 정해진 형식이나 방식. ¶~ 방문 / ~ 회담. ↔비공식. 2 으레 정해져 있는 일이나 행동. ¶정각 8시만 되면 깡통 시계탑 앞에 그가 나타나는 건 ~이나 다름없다. 3 [수] 계산의 법칙이나 방법을 문자와 기호를 써서 나타낸 식. 가령, 원주=2πr 따위. =범식(範式). ¶인수 분해 ~ / ~에 대입하다.

공식-어(公式語) 명 정치상 또는 국민 교육상 표준으로 삼는 말. ▷공용어.

공식-적(公式的) [-쩍] 관명 공적인 형식이나 방식을 가지는 (것). ¶~ 발표 / ~인 행사.

공식-주의(公式主義) [-쭈의/-쭈이] 명 공식이나 원리·원칙에 묶여, 상황의 변화에 즉응하는 적절한 조치를 취하지 않으려는 태도 및 그 사고방식.

공식-화(公式化) [-시콰] 명 공식이나 공식적인 것이 되는 것. 또는, 그렇게 되게 하는 것. **공식화-하다** 동(자타여) **공식화-되다** 동(자)

공신(功臣) 명 나라를 위해 공을 세운 신하. ¶개국 ~.

공신-력(公信力) [-녁] 명 1 공식적인 신용을 널리 받을 수 있는 힘. 2 [법] 권리 관계를 추측할 수 있는 외형적 표상(등기·점유 따위)이 있을 경우, 그것을 믿고 행한 법률 행위를 유효한 것으로 인정하는 법률상의 효력. ¶~을 잃다.

공신-전(功臣田) 명[역] 조선 시대에 공신에게 주던 토지. 자손이 세습하였음. =공전(功田).

공실(空室) 명 사무실 등이 임대되거나 사용되지 않아 비어 있는 상태. 또는, 그 방. ¶~이 많은 빌딩.

공안¹(公安) 명 공공의 평온과 안전. 또는, 그것을 공권력에 의해서 강제적으로 도모하는 것. ¶~ 사범 / ~ 정국(政局).

공안²(公案) 명 1 정부에 관한 문안(文案). 2 공론에 의하여 결정된 안건. 3 [불] 석가모니의 말과 행동. 4 [불] 선종에서, 옛 고승들이 수행자에게 깨달음을 열어 주기 위해 제시해 놓은 과제. 옛 고승들의 언행 또는 선문답에서 나온 것으로, 오랜 세월에 걸쳐 공정하고 권위 있는 것으로 받아들여짐. 1700 공안이 전해지고 있음. ▷화두.

공안-선(公案禪) 명[불] =간화선.

공안ː소설(公案小說) 명[문] 조선 시대 소설의 한 형식. 백성들의 억울한 일을 관가에서 해결하여 주는 것을 소재로 한 소설. '장화홍련전' 따위.

공ː알 명[생] =음핵(陰核).

공액(共軛) [-뚝] 명 '켤레'의 구용어.

공약¹(公約) 명 1 (정부·정당·입후보자 등이) 어떤 일에 대해 국민에게 하는 약속. ¶선거 ~ / ~을 내걸다. 2 [법] 공법상의 계약. **공약-하다** 동(타여)

공약²(空約) 명 지켜지지 않거나 실현되지 않은 헛된 약속.

공-약수(公約數) [-쑤] 명[수] 둘 이상의 정수(整數) 또는 정식(整式)에 공통된 약수. ▷공배수.

공ː양(供養) 명 1 (부모·조부모 또는 시부모 등을) 의식주에 불편이 없도록 보살며 드리는 것. (비)봉양. ¶부모 ~. 2 [불] 삼보(三寶: 부처·법·승려)에 대하여 공경하는 마음으로, 또는 죽은 이의 영혼에게 음식·의복·꽃·향 등을 바치는 일. 또는, 다른 사람에

게 필요한 물건이나 진리의 가르침 등을 베풀어 주는 일. ¶부처님께 ~을 올리다. 3 [불] 승려나 불교도 사이에서, '밥을 먹는 일'을 이르는 말. 공'양-하다 통(자)(타)(여) ¶늙으신 어머니를 극진히 ~/스님께 음식을 ~/부처님께 꽃을 ~/스님, **공양하셨습니까**(식사하셨습니까)?

공'양-드리다(供養-) 통(자)[불] 부처 앞에 음식물을 올리다. 공'공드리다.

공'양-미(供養米) 몡[불] 공양에 쓰이는 쌀. (변)공양미.

공'양-주(供養主) 몡[불] 1 절에 시주하는 사람. 2 절에서 밥을 짓는 소임. 또는, 그 소임을 맡은 사람. (변)공양주.

공언¹(公言) 몡 1 공개하여 말하는 것. 또는, 그 말. 2 공정한 말. **공언-하다¹** 통(타)(여) ¶그는 다음 선거에 출마할 것을 **공언**했다.

공언²(空言) 몡 1 실천이 따르지 않는 빈말. 2 내용에 근거나 현실성이 없는 헛말. **공언-하다²** 통(자)(여)

공-얻다(空-) [-따] 통 공으로 얻다.

공업¹(工業) 몡 기계나 도구로 자원·자재를 가공하여 인간 생활에 필요한 물자를 만드는 산업. (중)[경]~/기계~/화학~.

공업²(功業) 몡 큰 공로를 이룬 업적. =훈업(勳業).

공업-계(工業界) [-께/-계] 몡 공업 방면에 속한 사회 분야.

공업^고등학교(工業高等學校) [-꼬-꾜] 몡[교] 고등 보통 교육 및 공업에 관한 전문 지식을 가르치는 실업 고등학교. (준)공고².

공업-국(工業國) [-꾹] 몡 공업을 주산업으로 하는 나라.

공업-규격(工業規格) [-뀨-] 몡 원료·재료·기계·제품 등 모든 공업품에 있어서 종류·특성·크기·모양 등 그 물건이 갖추어야 할 기술적 조건의 규격.

공업^단지(工業團地) [-딴-] 몡 미리 공장용 부지를 조성하고, 배수 시설이나 진입 도로 등을 정비하여 많은 공장을 유치한 단지. ¶울산^/철강^/임해 ~. (준)공단².

공업^도시(工業都市) [-또-] 몡 공업을 주 산업으로 하여 발달된 도시.

공업^소!유권(工業所有權) [-쏘-꿘] 몡[법] =산업 재산권.

공업-용(工業用) [-엄뇽] 몡 공업에 쓰임.

공업-용수(工業用水) [-엄뇽-] 몡 공업 제품의 제조 과정에서 냉각·제품 처리 등에 사용하는 물.

공업용 텔레비전(工業用television) [-엄뇽-] 방송용 텔레비전 이외의 텔레비전 장치의 총칭. 용광로·원자로 등 사람이 가까이 가지 못하는 장소의 감시나 의료 등에 쓰임. =아이티브이(ITV).

공업-화(工業化) [-어퐈] 몡 산업 구성의 중점이 농업·광업 등의 원시산업에서 공업으로 바뀌고, 전통적인 사회가 근대화되는 현상. **공업화-하다** 통(자)(타)(여) **공업화-되다** 통(자)

공'여(供與) 몡 이익이나 물건을 상대방에게 돌아가도록 하는 행위. **공'여-하다** 통(타)(여)

공역¹(工役) 몡 1 토목·건축 공사. 2 공사를 이룩하는 일.

공역²(公役) 몡 병역·부역 등 국가나 공공 단체가 지우는 의무.

공'역³(共譯) 몡 한 작품이나 글을 두 사람 이상이 공동으로 번역하는 것. 또는, 그 번역. **공'역-하다** 통(타)(여)

공역⁴(空域) 몡 연습 시 비행기 편대에 의해 점유되거나 또는 비행 중인 항공기가 충돌을 피하는 데 절대 필요한 공간.

공연¹(公演) 몡[연] 여러 사람 앞에서 음악·연극·무용 따위를 하는 일. ¶순회 ~/해외 ~. **공연-하다¹** 통(타)(여) ¶연극을 ~. **공연-되다** 통(자)

공'연²(共演) 몡 (연극·영화 따위에) 함께 출연하는 것. ¶~자. **공'연-하다²** 통(자)(여)

공연³(公然) →**공연-하다³** 휑(여) 숨김이 없고 떳떳하다. ¶**공연한** 사실. **공연-히¹** 틧

공연⁴(空然) →**공연-하다⁴** 휑(여) 까닭이나 실속이 없다. ¶**공연한** 짓을 해서 오해를 사다. (준)괜하다. **공연-히²** 틧 ¶~ 긁어 부스럼을 만들다.

공연-권(公演權) [-꿘] 몡[법] 영화·음반 등 저작자가 그 저작물을 공연할 수 있는 배타적(排他的) 권리. ▷상연권.

공연-스럽다(空然-) [-따] 휑(ㅂ)(여) <-스러우니, -스러워> 공연한 데가 있다. (준)괜스럽다. **공연스레** 틧

공연-장(公演場) 몡 공연을 하는 장소.

공-염불(空念佛) [-념-] 몡 1 진심이 없이 입으로만 외는 헛된 염불. 2 실천이나 내용이 따르지 않는 주장이나 선전의 비유. ¶~에 불과한 캠페인. **공염불-하다** 통(타)(여)

공영¹(公營) 몡 공공 기관, 특히 지방 자치 단체가 운영하는 상태인 것. ¶~ 방송. ↔사영(私營).

공'영²(共榮) 몡 서로 함께 번영하는 것. ¶공존/인류 ~에 이바지하다. **공'영-하다** 통(자)(여)

공영^방'송(公營放送) 몡 국가 기관으로부터 독립되어 있으며, 시청료 따위를 주된 재원으로 하고, 영리를 직접적인 목적으로 삼지 않는 방송. ▷국영 방송·상업 방송.

공영^선¹거(公營選擧) 몡[법] 선거 운동의 자유방임에서 오는 폐단을 막기 위하여, 선거를 국가 또는 지방 자치 단체가 관리하는 일. =선거 공영.

공예(工藝) 몡 1 공작이나 제조에 관한 기술. 2 조형 미술의 하나. 기능과 장식의 양면을 조화시켜 직물·염직·칠기·도자기 등 일상생활에 필요한 물품을 제작하는 일. 또는, 그 제작물. ¶금속 ~.

공예-가(工藝家) 몡 공예에 관한 전문적인 기술과 지식을 갖춘 사람.

공예^작물(工藝作物) [-짱-] 몡[농] 제조·가공을 거쳐야만 비로소 생활에 쓰일 수 있는 농작물. 목화·삼·차(茶)·담배 따위.

공예-품(工藝品) 몡 예술적 가치가 있게 만든 공작품. 칠기·도자기·가구 따위.

공용¹(公用) 몡 1 공적인 용무. (비)공무(公務). ¶~ 출장. 2 공공 단체에서 공적으로 쓰는 비용. (비)공비(公費). 3 국가·공공 단체가 사용하는 것. ↔사용(私用). **공용-하다¹** 통(타)(여) **공용-되다¹** 통(자)

공'용²(共用) 몡 공동으로 사용하는 일. ¶남녀 ~. ↔전용(專用). **공'용-하다²** 통(타)(여) **공'용-되다²** 통(자)

공용-물(公用物) 몡[법] 국가나 지방 자치 단체 등 행정 주체가 사용하는 공물(公物). 관공서 건물 따위.

공'용-물²(共用物) 몡 여러 사람들이 공동으로 쓰는 물건.

공용-어(公用語) 몡 1 어떤 국가에서 공식적

공운
으로 사용하는 하나 또는 둘 이상의 언어. ¶캐나다의 ~는 영어와 프랑스 어다. ▷공식어. 2 국제기구 등의 공식 회의에서 사용하는 것이 인정되는 둘 이상의 국어. ¶유엔에서는 영어·중국어·러시아 어·프랑스 어·에스파냐 어·아랍 어 등이 ~로 사용되고 있다.

공운(空運) 〖명〗 항공기에 의한 여객 및 화물의 운송. ▷해운(海運)·육운(陸運).

공원¹(工員) 〖명〗 공장에서 노동에 종사하는 사람. ㊁직공. ¶~ 모집.

공원²(公園) 〖명〗 1 사람들이 자연을 접하면서 산책하거나 휴식을 취할 수 있도록, 주로 도시 지역의 넓은 땅에 풀밭과 나무숲, 그 밖의 여러 편의 시설을 인공적으로 조성한 곳. 2 관광이나 자연보호를 위하여 지정된 지역. 국립공원·도립 공원 따위.

공원-묘지(公園墓地) 〖명〗 지방 자치 단체나 개인이 경영·관리하는 사설 공동묘지.

공유¹(公有) 〖명〗〖법〗 국가나 공공 단체의 소유. ↔사유(私有).

공유²(共有) 〖명〗 (어떤 물건을) 두 사람 이상이 공동으로 가지는 일. ↔전유(專有). **공유-하다** 〖동〗(타)(여) ¶부부의 재산을 ~.

공유^결합(共有結合) 〖명〗〖화〗 2개 이상의 원자가 서로 제공하여 생긴 전자쌍을 공유함으로써 이루어지는 화학 결합. =등극 결합. ㊁이온 결합·금속 결합.

공유-림(公有林) 〖명〗 국가나 공공 단체가 소유하는 삼림. ↔사유림.

공유^면적(共有面積) 〖명〗〖건〗 아파트 등 공동 주택에서, 출입구·엘리베이터·계단 등 각 가구가 공동으로 사용하는 부분의 바닥 면적.

공유-물¹(公有物) 〖명〗 국가나 공공 단체가 소유하는 물건. ↔사유물.

공유-물²(共有物) 〖명〗 두 사람 이상이 공동으로 소유한 물건. ↔전유물.

공유^재산(公有財産) 〖명〗〖법〗 공공의 목적에 사용하기 위하여 국가나 공공 단체가 소유하는 재산. ↔사유 재산.

공유-지¹(公有地) 〖명〗 국가나 공공 단체가 소유하는 땅. =공유토·공토. ↔사유지.

공유-지²(共有地) 〖명〗 두 사람 이상이 공동으로 소유하거나 이용하는 토지.

공융-점(共融點) [-쩜] 〖명〗〖화〗 다수 성분의 혼합 액체를 냉각시킬 때, 각 성분 물질이 동시에 석출(析出)하기 시작하여 이후 순수 물질 모양으로 석출을 마칠 때까지 일정하게 유지되는 온도. =공정점.

공-으로(空-) 〖부〗 힘을 들이거나 대가를 치르지 않고 거저. =공짜로. ¶~ 얻은 책.

공음-전(功蔭田) 〖명〗〖역〗 고려 시대에 공신에게 지급되어 세습을 허용한 토지.

공음-전시과(功蔭田柴科) [-꽈] 〖명〗〖역〗 고려 경종 2년(977)에 시작된 토지 제도의 하나. 5품 이상의 관리에게 논공행상으로 전지와 시지를 지급하여 세습을 인정했음.

공의¹(公義) [-의/-이] 〖명〗 1 공정한 도의(道義). 2 [가] 선악에 대한 재판(裁判)을 공평하게 하는 하느님의 적극적인 품성(稟性).

공의²(公醫) [-의/-이] 〖명〗 일정한 지역의 의료 시책, 또는 의사가 없는 지역의 의료 보급상의 필요에 따라 보건 복지부 장관이 배치한 의사.

공의³(公議) [-의/-이] 〖명〗 =공론(公論)¹. **공의-하다** 〖동〗(타)(여) **공의-되다** 〖동〗(자)

공-의무(公義務) 〖명〗〖법〗 개인이 일정한 한도의 국가의 통제와 합법적 명령에 복종할 의무. 국방·납세·근로·교육 따위의 의무. ↔사의무.

공의-회(公議會) [-의회/-이훼] 〖명〗〖가〗 교황이 전(全) 교구의 추기경·주교·신학자 등을 소집하여 진행하는 공식적인 종교 회의. 교회 전체에 해당하는 교리나 규율에 관하여 토의하고 규정함.

공이 〖명〗 1 방아나 절구에서, 손으로 들거나 외부의 힘을 이용하여 곡식을 내려치는 길쭉한 도구. ¶절굿~. 2 탄환의 뇌관을 쳐서 폭발하게 하는, 송곳 모양의 종포의 한 부분. =격침(擊針).

공이-치기 〖명〗 격발 장치의 하나. 방아쇠를 당기면 용수철이 늘어나 공이를 침. =격철(擊鐵).

공익¹(公益) 〖명〗 사회 전체의 이익. ↔사익(私益).

공익²(共益) 〖명〗 이익을 함께하는 것. 또는, 그 이익.

공익^광고(公益廣告) [-꽝-] 〖명〗 공공의 이익을 목적으로 하는 광고. 청소년 범죄의 방지나 마약 추방을 호소하는 따위의 광고.

공익^근무^요원(公益勤務要員) [-끈-] 〖명〗〖법〗 군 복무를 대신하여 공공의 이익을 위한 일을 하면서 일정 기간 동안 근무하는 사람. 행정 관서 요원, 국제 협력 봉사 요원, 예술·체육 요원 등으로 나뉨.

공익^단체(公益團體) [-딴-] 〖명〗〖법〗 공공의 이익을 목적으로 조직하는 단체.

공익^법인(公益法人) [-뻡-] 〖명〗〖법〗 영리를 목적으로 하지 않고 사회 공중을 위한 사업을 하는 법인. =비영리 법인. ↔영리 법인.

공익-사업(公益事業) [-싸-] 〖명〗 철도·전기·통신·수도·가스 사업 등과 같이 공공 이익을 위주로 하는 독점성이 강한 사업.

공인¹(公人) 〖명〗 공적인 지위에 있는 사람. 또는, 하는 일이 사회의 많은 사람들에게 영향을 주는 위치에 있는 사람. 본래 정치가·공직자 등을 가리키나, 때로 연예인·스포츠 선수와 같은 대중 스타를 포함시키기도 함. ¶정치가는 마땅히 ~으로서의 책임과 의무를 질 줄 알아야 한다. ↔사인(私人).

공인²(公認) 〖명〗 국가·사회 또는 공공 단체 등에서 어떠한 행위에 대하여 공식적으로 인정하는 것. **공인-하다** 〖동〗(타)(여) **공인-되다** 〖동〗(자) ¶공인된 기록.

공인³(貢人) 〖명〗〖역〗 조선 시대에 왕궁과 각 관아에 공물(貢物)을 납품하는 일을 맡아보던 사람. =공주인.

공인^감정사(公認鑑定士) 〖명〗〖법〗 '감정 평가사'의 구칭.

공인^노무사(公認勞務士) 〖명〗 국가가 인정하는 자격을 취득하여 기업의 노무 관리 업무를 맡아 처리하는 전문 직업인.

공인^중개사(公認仲介士) 〖명〗 소정의 국가시험에 합격하여 자격을 취득한 자로서, 부동산 거래의 중개를 전문적으로 하는 사람.

공인^회계사(公認會計士) [-회계-/-훼게-] 〖명〗 회계에 관한 감사·감정·계산·정리·입안·세무 대리 따위를 전문적으로 처리할 수 있는 법적 자격을 갖춘 사람. 구칭은 계리사.

공-일(空-) [-닐] 〖명〗 1 보수 없이 거저 하는 일. ↔삯일. 2 쓸데없는 일. ㊁헛일.

공일(空日) 〖명〗 일을 하지 않고 쉬는 날. 곧, 일요일. ¶~ 날.

공임(工賃) [명] 물건을 만들거나 수리하는 데 대해 대가로 지불하는 돈. [비]공전(工錢).
공자[1](公子) [명] 지체가 높은 집의 젊은 자제. ¶귀(貴)~.
공ː자[2](孔子) [명] 중국 춘추 시대의 사상가·학자(552~479 B.C.). 유교의 개조임.
[**공자 앞에서 문자**(文字) **쓴다**] 지식이 부족한 사람이 가소롭게도 자기보다 유식한 사람 앞에서 아는 체를 한다.
공자 왈 맹자 왈 [구] [공자와 맹자의 말을 거론한다는 뜻으로] **1** 봉건적 도덕이나 가르침을 늘어놓는 것을 이르는 말. ¶요즘 젊은 이한테 백날 ~ 해 보았자 아무 소용이 없다니까요. **2** 어려운 문자를 써 가며 유식한 체하는 태도를 이르는 말.
공작[1](工作) [명] **1** 물건을 만드는 일. **2** 어떤 목적을 위하여 미리 일을 꾸미는 것. ¶~ 정치 / 지하~. **공작-하다** [동][타][여]
공ː작[2](孔雀) [명][동] 꿩과의 큰 새. 수컷은 머리 위에 10cm 정도의 관모(冠毛)가 있으며, 길고 아름다운 꽁지를 펴면 오색 부채처럼 찬란함. 암컷은 수컷보다 작고 털빛도 수수함. =공작새.
공작[3](公爵) [명] **1** [역] 오등작(五等爵)의 첫째 작위. 후작(侯爵)의 위임. **2** 유럽에서, 중세 이후의 귀족 계급 중 첫째 작위. 후작의 위임. [준]공(公).
공작-금(工作金) [-끔] [명] 어떤 일을 꾸미고 이루게 하는 데에 드는 돈.
공작^기계(工作機械) [-끼계/-끼게] [명][공] 기계를 제작하거나 기계 부품을 가공하는 기계. 선반·연마반 따위.
공작-대(工作隊) [-때] [명] 어떤 공작 임무를 수행하기 위하여 조직된 집단.
공작-물(工作物) [-장-] [명][공] 재료에 기계적 가공을 하여 조립하여 만든 물건. =공작품(工作品).
공ː작-새(孔雀-) [-쌔] [명][동] =공작[2].
공ː작-석(孔雀石) [-썩] [명][광] 녹색 보석의 하나. 장식용·안료·구리 광석으로 쓰임. =석록(石綠).
공작-선(工作船) [-썬] [명] 공작원이 임무를 수행하기 위하여 사용하는 배. ¶간첩 ~.
공작-실(工作室) [-씰] [명] 실험 또는 실습을 위하여 간단한 기구나 물체를 만들 수 있도록 시설을 갖추어 놓은 방.
공작-원(工作員) [명] 어떤 목적을 이루기 위하여 자기편에 유리하도록 일을 꾸미는 사람. ¶대남~.
공장[1](工匠) [명][역] 수공업에 종사하는 장인(匠人).
공장[2](工場) [명] 많은 근로자들이 기계를 이용하여 물품을 대량으로 생산하거나 수리·정비하는 곳. 또는, 그런 시설을 갖춘 건물. ¶제조 ~ / 방직 ~ / 정비 ~.
공장[3](空腸) [명][생] 소장의 일부로, 십이지장과 회장(回腸) 사이의 부분.
공장-도(工場渡) [명] 제품을 공장에서 인도하는 거래 방식. ¶~ 가격.
공장^자동화(工場自動化) [명] 컴퓨터를 이용하여 공장에서의 작업을 자동화하는 일. ▷사무 자동화.
공장-장(工場長) [명] 노동 상황을 지휘·감독하는, 공장의 우두머리.
공장제^공업(工場制工業) [명][경] 자본주의하의 전형적인 생산 형태의 하나. 분산되어 있던 가내 노동자들을 하나의 작업장(기계·동력 시설을 갖춘 공장)에 모아 통일적 지휘 아래 대규모로 대량 생산을 하는 공업.
공장제^수공업(工場制手工業) [명][경] =매뉴팩처.
공장^폐ː쇄(工場閉鎖) [-폐-/-페-] [명] [사] 공장에서 노동 쟁의가 일어났을 경우, 경영주가 공장의 문을 닫아 노동자를 작업장에서 내몰고 일시적으로 해고하는 일. =로크아웃·셧아웃.
공ː저(共著) [명] 한 책을 몇 사람이 함께 짓는 것. **공ː저-하다** [동][타][여] ¶이것은 두 사람이 **공저한** 책이다.
공ː저-자(共著者) [명] 어떤 책을 공동으로 지은 사람.
공-적[1](公的) [-쩍] [관][명] 사사롭지 않고 널리 사회적·국가적으로 관계되는 (것). ¶~ 임무 / ~인 일. ↔사적(私的).
공적[2](公敵) [명] 국가나 사회·공중의 적.
공적[3](功績) [명] 어떤 사람이 이루어 놓은 훌륭한 일. ¶~을 세우다 / 충무공의 ~을 기리다.
공적 부조(公的扶助) [-쩍-] [사] 국가 또는 지방 공공 단체가 생활 능력이 없는 사람에게 최저한도의 생활을 보장하기 위하여 보호 또는 원조를 행하는 일. =국가 부조.
공적 자금(公的資金) [-쩍-] [경] 금융 기관이 기업에 빌려 준 돈을 회수하지 못해 부실해질 때 정부가 투입하는 자금.
공전[1](工錢) [명] 물건을 만드는 데 대한 품삯. =공가(工價). [비]공임(工賃).
공전[2](公田) [명][역] 국가 소유의 논밭. ↔사전(私田).
공전[3](公轉) [명][천] 한 천체가 다른 천체의 둘레를 회전하는 운동. 행성이 태양의 둘레를 회전하거나, 위성이 행성의 둘레를 회전하는 따위. ↔자전(自轉). **공전-하다**[1] [동][타][여] ¶지구는 태양의 둘레를 1년에 한 번 **공전한다**.
공전[4](空前) [명] 비교할 만한 것이 전에는 없음. ¶그 음악회는 ~의 대성황을 이루었다.
공전[5](空轉) [명] **1** 기계나 바퀴 따위가 헛도는 것. **2** 일이나 행동이 헛되이 진행되는 것. **공전-하다**[2] [동][자][여] **공전-되다** [동][자] ¶**공전된** 협상.
공정[1](工程) [명] 작업이나 공작의 과정. 또는, 작업 진척의 정도. ¶생산 ~ / 학교 신축 공사가 90%의 ~을 보이고 있다.
공정[2](公正) [명] (어떤 대상이나 행동이나 작용 등이) 사사롭지 않고 바르고 참된 상태에 있는 것. ¶~을 기하다. **공정-하다**[1] [형][여] ¶**공정한** 판결. **공정-히** [부]
공정[3](公定) [명] 관청이나 공론(公論)에 의하여 정하는 것. ¶~ 가격. **공정-하다**[2] [동][타][여]
공정-가(公定價) [-까] [명][경] '공정 가격'의 준말.
공정^가격(公定價格) [-까-] [명][경] 정부가 경제 통제상의 필요에 의해 일정한 상품에 대하여 결정한 가격. =통제 가격. [준]공정가.
공정^거ː래(公正去來) [명] 독점 거래나 암거래가 아닌 공정한 거래. ¶~법(法).
공정^거ː래^위원회(公正去來委員會) [-회/-훼] [명] 공정 거래법에 규정된 주요 사항과 위반되는 사항에 대해 심의·의결하는 합의제 기관.
공정^관리(工程管理) [-괄-] [명] 일정한 수량과 품질의 제품을 일정한 기간 안에 가장 경제적으로 생산할 수 있도록, 공장 안의 모든 생산 공정을 계획적으로 관리하는 일.
공정^금리(公定金利)[-니-][명][경] =공정이율.
공정-도(工程圖)[명][공] 제작 공정의 순서를 알기 쉽게 그림으로 나타낸 도면.
공정-성(公正性)[-썽][명] 공평하고 올바른 성질. ¶심판은 판정 시 ~을 잃지 말아야 한다.
공정^이:율(公定利率)[-니-][명][경] 중앙 은행이 시중 금융 기관에 대하여 어음 할인이나 대출을 하여 줄 경우에 적용하는 기준 금리. =공정 금리.
공!정-점(共晶點)[-쩜][명][화] =공용점.
공정-증서(公正證書)[명][법] 1공무원이 권한 내에서 작성한 일체의 서류. 2공증인이 법률 행위 및 사권(私權)에 관하여 작성한 증서. 공문서로서 강력한 증거력을 가짐.
공!제(共濟)[명] 1힘을 합하여 서로 돕는 것. ¶~회. 2같이 일을 하는 것. **공!제-하다**[동][타여]
공!제²(控除)[명] 1일정한 금액·수량을 빼어 내는 것. ~. 2=덤2. ¶6호 반 ~. **공!제-하다**²[동][타여]¶원금에서 이자를 ~. **공!제-되다**[동][자]¶월급에서 세금이 ~.
공!제-조합(共濟組合)[명] 조합원이 서로 도울 목적으로 출자하여 세운 조합.
공조¹(工曹)[명][역] 고려·조선 시대, 육조(六曹)의 하나. 산택(山澤)·공장(工匠)·영조(營造) 등에 관한 일을 맡아보던 관아.
공!조²(共助)[명] (어떤 사람이나 단체가 다른 사람이나 단체와) 어떤 일을 이루기 위해 서로 돕는 것. ¶~ 체제. **공!조-하다**[동][자여]
공!존(共存)[명] 1(둘 이상의 대상이) 조화롭게 함께 살아가거나 존속하는 것. ¶평화 ~. 2(서로 다른 두 가지 이상의 사물·현상이) 같은 시기에 함께 있는 것. **공!존-하다**[동][자여]¶근대와 전근대가 **공존하는** 과도기적 사회.
공!존-공!영(共存共榮)[명] 함께 살며 함께 번영함.
공죄(功罪)[-죄/-줴][명] 공로와 죄과. ⟨비⟩공과(功過).
공주(公主)[명] 정실 왕비가 낳은 임금의 딸. ▷옹주(翁主).
공주-병(公主病)[-뼝][명] 여자가 스스로를 공주와 같이 고귀한 존재로 여겨 남들도 그렇게 대해 주기를 바라는, 병적인 심리 상태나 태도. 놀림조의 말임. ↔왕자병.
공준(公準)[명][철] 공리(公理)처럼 확실한 것은 아니나, 어떤 이론 체계를 연역(演繹)으로 전개하는 시초로서 승인을 필요로 하는 근본 명제. =요청.
공중¹(公衆)[명] 사회를 이루는 일반 사람. 주로, 다른 말과 합성어를 이루어 쓰임. ¶~도덕/~변소.
공중²(空中)[명] 땅이나 바다로부터 얼마큼의 거리가 있는 공간. ⟨비⟩허공. ¶~에 애드벌룬을 띄우다 / 경찰은 ~에 대고 공포를 두어 발 쏘았다.
공중에 뜨다[구] 물건의 수량 따위가 계산 결과 모자라거나 없어지다. ¶분명히 백만 원을 챙겨 두었는데 십만 원이 **공중에 떠** 버렸다.
공중-권(空中權)[-꿘][명] 토지 소유의 권한을 넓힌 것으로, 위·아래의 범위를 정한 공간에 설정된 권리.

공중-누각(空中樓閣)[명] ['공중에 떠 있는 누각'이라는 뜻] 근거나 토대가 없는 사물을 이르는 말. ⟨비⟩신기루.
공중-도덕(公衆道德)[명] 여러 사람이 사회생활을 하면서 지켜야 할 도덕. ¶~을 지키다.
공중-목욕탕(公衆沐浴湯)[명] 적은 요금으로 여러 사람이 공동으로 쓸 수 있게 설비된 목욕탕.
공중-변소(公衆便所)[명] 누구나 이용할 수 있도록 길가나 공원 등에 만들어 놓은 변소. =공동변소.
공중^보:건의(公衆保健醫)[-의/-이][명][의] 병역 의무를 이행하지 않는 대신 그 기간 동안 의료 취약 지역에서 근무하는 의사.
공중-분해(空中分解)[명] 1비행 중인 항공기가 사고로 인하여 공중에서 분해되는 일. 2계획 등이 도중에 무산되는 일. **공중분해-되다**[동][자]¶미사일에 맞아 폭격기가 ~.
공중-위생(公衆衛生)[명] 사회 일반의 공동의 질병을 예방하고 건강을 유지·증진시키기 위하여 실시되는 위생 활동.
공중-전(空中戰)[명][군] 항공기가 공중에서 하는 전투. =항공전(航空戰).
공중-전화(公衆電話)[명] 누구든지 요금을 내고 수시로 사용할 수 있도록 공공장소에 설치한 전화.
공중-제비(空中-)[명] 1두 손을 땅에 짚고 두 다리를 공중으로 쳐들어서 반대 방향으로 넘는 재주. =텀블링. 2공중에서 거꾸로 나가떨어지는 것.
공중파^방:송(公衆波放送)[명][방송] 모든 사람이 시청하거나 청취할 수 있도록 내보내는 방송. 전파를 직접 쏘면 각 가정이나 지역에서 텔레비전이나 라디오로 수신할 수 있는 형태의 방송임. =지상파 방송.
공중-회전(空中回轉)[-회-/-훼-][명] 1비행기 따위가 공중에서 회전하는 일. 2체조·곡예에서, 허공에서 한 바퀴 이상 재주를 넘는 일.
공즉시색(空卽是色)[-씨-][명][불] 만물은 본래 실체가 없는 현상에 지나지 않지만 그 현상의 하나하나가 그대로 이 세상의 일체(一切)라는 말. ▷색즉시공(色卽是空).
공증(公證)[명][법] 국가 또는 공공 단체가 직권으로써 어떤 사실을 공적(公的)으로 증명하는 일. **공증-하다**[동][타여]¶갑의 각서를 ~. **공증-되다**[동][자].
공증-인(公證人)[명][법] 당사자 또는 그 밖의 관계자의 촉탁을 받아 민사에 관한 공정 증서를 작성하며, 사서 증서(私署證書)에 인증(認證)을 주는 권한을 가진 사람.
공지¹(公知)[명] 일반에게 널리 알리는 것. ¶~ 사항. **공지-하다**[동][타여]
공지²(空地)[명] 집이나 밭 따위가 없는 빈 땅. =공처(空處)·휴한지. ⟨비⟩공터.
공직(公職)[명] 공무원직이나 의원직 등과 같은 공적인 직무. ¶~ 생활 / ~에서 사퇴하다.
공직-자(公職者)[-짜][명] 공직에 종사하는 사람.
공!진(共振)[명][물] 진동체에 그 고유 진동수와 동일한 진동을 외부로부터 가했을 때, 매우 큰 진폭으로 진동하는 현상. 주로, 전기 진동에 쓰이는 말로, 소리의 경우에는 공명(共鳴)이라고 함. **공!진-하다**[동][자여]
공!진-회¹(共進會)[-회-/-훼-][명][역] 조선 말기 광무 8년(1904)에 보부상들로 조직된 공ː진-회²(共進會)[-회/-훼] 圀 생산품을 벌여 놓고 성적을 매겨 품평·사정하는 전시 모임. 품평회와 박람회를 절충한 것임. =경진회(競進會).

공ː진^회로(共振回路)[-회/-훼-] 圀 [물] 어떤 주파수의 진동이 가해졌을 때, 그 주파수에 공진할 수 있는 회로.

공-집합(空集合)[-지팝] 圀 [수] 원소(元素)를 하나도 갖지 않은 집합. 기호는 ∅ 또는 { }. =영집합(零集合).

공짜(空-) 圀 힘이나 돈을 들이지 않고 거저 얻는 일. 또는, 그 물건. 圄공짓것·맨입. ¶~ 구경/~ 손님/~라면 사족을 못쓴다.

공짜-로(空-) 凰 =공으로. ¶차를 ~ 타다/표를 ~ 얻다.

공짜-배기(空-) 圀 '공짜'를 속되게 이르는 말.

공차¹(公差) 圀 1 [수] 등차수열이나 등차급수에서 서로 이웃하는 두 항의 차. 2 [수] 근삿값에 대한 오차의 한계나 범위. 3 [법] 도량형기(度量衡器)의 일정한 표준과 실지와의 차를 법률에서 허용하는 범위.

공차²(空車) 圀 1 택시·버스 등의 빈 차. 2 요금을 내지 않고 거저 타는 차.

공ː차-기 圀 공을 차면서 노는 아이들의 놀이.

공창(公娼) 圀 관(官)의 허가를 받고 매음 행위를 하는 여자. ¶~가(街). ↔사창.

공ː채¹ 圀 1 장치기하는 데 쓰는, 끝이 조금 구부한 막대기. 2 공을 치는 총칭. 라켓 따위.

공채²(公採) 圀 시험 따위를 거쳐 공개적 방법으로 채용하는 것. ¶김 과장은 ~ 11기이다. ▷특채. 공채-하다 图 타 예

공채³(公債) 圀 국가 또는 지방 자치 단체가 수지(收支)의 균형을 꾀하기 위하여 임시로 지는 빚. 국채와 지방채로 나뉨. ↔사채(私債).

공책(空冊) 圀 어떤 내용을 적어 둘 수 있도록 백지나 줄이 쳐진 종이를 묶어, 책과 비슷한 형태로 만든 물건. =노트북. 圄노트 ·필기장. ¶국어 ~.

공처-가(恐妻家) 圀 아내에게 꼼짝 못하고 눌려 지내는 남편. ▷엄처시하(嚴妻侍下).

공천(公薦) 圀 [정] 정당에서 선거에 출마할 당원을 공식적으로 추천하는 것. ¶당의 ~을 받다. 공천-하다 图 타 예 ¶김철수 씨를 국회의원 후보로 ~. 공천-되다 图 예

공청(公廳) 圀 관청 따위의 공무를 보는 집이라는 뜻으로 이르는 말.

공청-회(公聽會)[-회/-훼] 圀 [정] 국회나 행정 기관이 사회 일반에 영향력이 큰 안건을 의결하기 전에, 학자·경험자 또는 이해관계자의 참석하에 의견을 듣는 공개회의. ▷청문회.

공ː초(供招) 圀 [역] 죄인이 범죄 사실을 진술하는 일. =공사(供辭). 공ː초-하다 图 타 예

공출(供出) 圀 일제 강점기에, 국가의 요구에 따라 국민이 곡식이나 기물을 강제로 정부에 내놓던 일. 공ː출-하다 图 타 예

공ː출-미(供出米) 圀 공출한 쌀.

공ː치-기 圀 1 공을 치고 받고 하는 운동의 총칭. 2 =장치기. 공ː치기-하다 图 재 예

공-치다(空-) 图 재 타 어떤 일을 하려다가 목적을 이루지 못하고 허탕 치다. ¶비가 와서 오늘 장사는 공쳤다.

공-치사(功致辭) 圀 자기의 공로를 남 앞에서 스스로 칭찬하고 자랑하는 것. ¶어쩌다 한 번 좋은 일 한 걸 가지고 ~는 되게 하는구먼. 공치사-하다¹ 图 재 타 예

공-치사²(空致辭) 圀 빈말로 하는 칭찬. ¶괜한 ~로 위안하려 들지 말게. 공치사-하다² 图 재 타 예

공칙-하다[-치카-] 圐 일이 공교롭게 잘못된 상태에 있다. 공칙-히 凰

공칭(公稱) 圀 1 공적인 명칭. 2 사회 일반에 드러내어 일컫는 것. 공칭-하다 图 타 예

공쿠르-상(Goncourt賞) 圀 [문] 프랑스의 문학상. 1903년 창설됨.

공ː탁(供託) 圀 1 물건을 맡겨 보관을 의뢰하는 것. 2 [법] 법령의 규정에 따라 금전·유가증권 따위를 공탁소에 맡겨 두는 것. 공ː탁-하다 图 타 예

공ː탁-금(供託金)[-끔] 圀 [법] 공탁한 돈.

공-터(空-) 圀 마을 또는 동네 안이나 근처에 집이 들어서지 않아 비어 있는 다소 넓은 땅. 圄공지(空地). ¶~에서 축구를 하다.

공-테이프(空tape) 圀 음악이나 소리, 영상 등을 녹음하거나 녹화할 수 있는, 아무것도 기록되어 있지 않은 테이프.

공ː통(共通) 圀 (어떤 요소나 대상이) 여러 대상에 두루 있거나 쓰이거나 해당하는 것. ¶세계 ~의 언어. 공ː통-하다 图 재 예 공ː통-되다 图 재 ¶남북통일은 우리의 공통된 염원이다.

공ː통-분모(共通分母) 圀 [수] 여러 개의 서로 다른 분수를 크기가 변하지 않게 통분한 분모. =공분모(公分母).

공ː통-성(共通性)[-썽] 圀 공통되는 성질.

공ː통-어(共通語) 圀 1 몇 가지의 다른 언어가 쓰이는 지역 안에서 공통으로 통용되는 말. 2 한 나라에 공통으로 쓰이는 언어. ▷표준어.

공ː통^인수(共通因數) 圀 [수] 둘 이상의 수 또는 식에 공통되는 인수. 준공인수.

공ː통-적(共通的) 圀 여럿 사이에 공통되는 (것). ¶~ 견해/젊은이들이 ~으로 안고 있는 문제.

공ː통-점(共通點)[-쩜] 圀 둘 또는 여럿 사이에 두루 통하는 점. ¶그들은 성장 배경이나 성격에 있어서 ~이 많다. ↔차이점.

공판¹(公判) 圀 [법] 기소된 형사 사건을 법원이 심리하는 절차. 공판-하다 图 재 예

공판²(共販) 圀 '공동 판매'의 준말.

공판-인쇄(孔版印刷) 圀 등사판·스크린 인쇄 등의 형지(型紙)를 사용하여, 판의 안쪽에서 잉크를 배어 나오게 하여 인쇄하는 방식. =공판(孔版).

공판-장(共販場) 圀 '공동 판매장'의 준말.

공판-정(公判廷) 圀 [법] 공판을 행하는 법정.

공ː편¹(共編) 圀 두 사람 이상이 협력하여 책을 편찬하는 것. 또는, 그렇게 편찬한 책. 공ː편-하다¹ 图 타 예

공편²(公便) →공평-하다² 圐 예 공평하고 서로 편리하다. ¶~히 凰

공평(公平) →공평-하다 圐 예 어떤 일을 처리함에 있어서 어느 한쪽에 치우침이 없이 모두에게 똑같이 대하는 태도가 있다. 圄공정하다. ¶공평한 분배/일을 공평하게 처리하다. ↔불공평하다. 공평-히 凰

공평-무사(公平無私) →공평무사-하다 圐 예 공평하여 사사로움이 없다. ¶공평무사한 심판.

공포¹(公布) 명 (헌법·법령·조약 등을) 국민들에게 정식으로 널리 알리는 것. **공포-하다** 동(타)여 ¶헌법을 ~ / 대통령령을 ~. **공포-되다** 동(자)

공포²(功布) 명 관(棺)을 묻을 때, 관을 닦는 삼베 헝겊. 발인할 때 명정과 함께 앞에 세우고 감.

공포³(空砲) 명 1 실탄을 넣지 않고 소리만 나게 쏘는 총. 비헛총. 2 위협하려고 공중으로 향해 쏘는 총. ¶~를 쏘다.
공포(를) 놓다 관 1 공포를 쏘다. 2 위협을 주거나 공갈하다.

공:포⁴(栱包·貢包) 명[건] 처마 끝의 무게를 받치기 위해 기둥머리에 짜 맞추어 댄 나무쪽. ⇒포(包).

공:포⁵(貢布) 명[역] 조선 시대에 결세(結稅)로 바치던 베.

공:포⁶(恐怖) 명 위협을 당하거나 위험에 빠지거나 하여 두려워하는 마음의 상태. ¶~에 떨다 / ~ 분위기를 조성하다.

공:포-감(恐怖感) 명 어떤 상황에서 공포를 느끼는 마음. ¶~을 조성하다 / ~에 사로잡히다 / ~이 엄습하다. ▷恐怖感.

공:포-심(恐怖心) 명 어떤 상황에서 인간이 보편적으로 공포를 느끼는 심리 상태. ¶물에 대한 ~ / 사람은 10m 높이에서 가장 ~을 느낀다고 한다.

공:포^정치(恐怖政治) 명 1 [정] 반대파의 세력을 가혹한 수단으로 탄압하여 사회에 극도의 공포 분위기를 조성하는 정치. =공포 정치. 2 [역] 프랑스 혁명 때, 자코뱅파의 과격한 보복에 의한 정치.

공:포-증(恐怖症) [-쯩] 명[심] 정상적인 사람에게는 아무렇지도 않은 것이 공포의 대상이 되는 병적인 증세. ¶고소(高所) ~.

공포-탄(空砲彈) 명 화약만 들어 있고 탄알이 없어 소리만 나는 탄환. 사격 연습·신호·예포 등에 씀.

공표¹(公表) 명 (어떤 사실을) 공개하여 세상에 널리 알리는 것. **공표-하다** 동(타)여 ¶시장은 연초에 도로 확장 계획을 공표하였다. **공표-되다** 동(자)여 ¶연구 결과가 학술지를 통해 ~.

공·표²(空標) 명 =동그라미표.

공학¹(工學) 명 공업적인 생산에 응용하여 생산력과 생산품의 성능을 향상·발전시키기 위한 과학 기술의 체계적인 학문. =엔지니어링.

공:학²(共學) 명 남녀 학생, 또는 민족이 서로 다른 학생들이 한 학교에서 함께 배우는 것. ¶남녀 ~. **공:학-하다** 동(자)여

공한(公翰) 명 공적으로 편지. ¶일본 정부에 역사 왜곡을 항의하는 ~을 보내다.

공한-지(空閑地) 명 1 농사가 가능하면서도 아무것도 심지 않은 토지. 2 집을 짓지 않은 빈 터.

공항(空港) 명 항공 수송을 위하여 사용되는 공공용 비행장. 주로 정기 항공기의 발착장을 말함. ¶국제~ / 김포 ~. 비비행장.

공항-버스(空港bus) 명 공항과 도심을 왕복하여 운행하는, 공항 이용객을 위한 전용 버스.

공해¹(公害) 명 급속한 산업화에 따라 공장의 폐수, 자동차의 매연과 소음, 각종 쓰레기 등으로 자연환경이 오염되는 재해.

공해²(公海) 명[법] 어느 나라의 주권에도 속하지 않으며, 모든 나라가 공통으로 사용할 수 있는 바다. ↔영해(領海).

공해-병(公害病) [-뼝] 명 수질 오염이나 대기 오염 등의 공해에 의하여 일어나는 병.

공해^산업(公害産業) 명 대기 오염·수질 오염 및 그 밖의 환경오염의 주된 원인이 되는 산업.

공해-전(公廨田) 명[역] 고려·조선 시대에, 중앙의 여러 관아와 지방 관서에 경비를 충당하도록 하기 위해 나누어 준 토지.

공행(公行) 명 1 공무(公務)로 하는 여행. 2 일반 공중이 널리 행하는 것. 3 공공연히 행하는 것. **공행-하다** 동(자)여

공허(空虛) → **공허-하다** 형여 1 (마음이) 텅 비어 쓸쓸하고 허전하다. ¶공허한 마음을 달래다 / 공허한 웃음을 웃다. 2 (사물이) 알찬 내용이나 가치가 없이 헛되다. ¶공허한 관념의 유희.

공허-감(空虛感) 명 텅 빈 듯한 허전한 느낌.

공:헌(貢獻) 명 (어떤 일에) 힘을 써 이바지하는 것. 비기여(寄與). ¶에디슨은 많은 발명을 함으로써 인류에 지대한 ~을 하였다. 2 [역] 공물(貢物)을 나라에 바치는 것. **공:헌-하다** 동(자)여

공형(公兄) 명[역] =삼공형(三公兄).

공:화(共和) 명 1 여러 사람이 공동으로 일을 행하는 것. 2 [정] 공화제(共和制)에 의하여 시행하는 것. ↔전제(專制).

공:화-국(共和國) 명[정] 주권을 가진 국민이 선거에 의해 국가 원수를 뽑는 국가. ▷군주국·전제국·입헌 군주국.

공:화^정치(共和政治) 명[정] 주권이 한 사람의 의사에 따라 행사되지 않고 합의체의 기관에 의하여 행사되는 정치.

공:화-제(共和制) 명[정] '공화 제도'의 준말.

공:화^제도(共和制度) 명[정] 국가의 의사가 복수(複數)의 사람들에 의하여 결정되는 정치 형태. 준공화제.

공활(空豁) → **공활-하다** 형여 텅 비어 매우 넓다. ¶가을 하늘 **공활**한데 높고 구름 없이…〈애국가〉.

공:황(恐慌) 명 1 갑자기 일어나는 심리적인 불안 상태. 2 '경제 공황'의 준말.

공회(公會) [-회/-훼] 명 1 공사(公事)를 토의하기 위하여 열리는 모임. 2 공중(公衆)의 모임. 3 [정] 중대한 국제 문제를 의결하기 위하여 열리는 국제회의. ¶베를린 ~.

공회-당(公會堂) [-회/-훼-] 명 공중(公衆)의 회합 등에 쓰기 위하여 지은 집.

공-회전(空回轉) [-회/-훼-] 명 자동차를 제자리에 세워 놓은 상태에서 엔진을 회전시키는 일. =아이들링.

공효(功效) 명 공을 들인 보람. =공용(功用).

공후(箜篌) 명[음] 하프와 비슷한, 동양의 현악기.

공후-인(箜篌引) 명[문] =공무도하가.

공훈(功勳) 명 사업이나 나라를 위하여 두드러지게 세운 공로. 비훈공(勳功). ¶나라에 ~을 세우다.

공휴-일(公休日) 명 1 국경일이나 일요일과 같이 공적으로 정하여진 휴일. ¶임시 ~. 2 동업자끼리의 공통의 휴일. 준공휴.

공:-히(共-) 부 다 같이. 비모두. ¶명실 ~ / 남녀 ~.

곶(串) [곧] 명 바다 쪽으로 뾰족하게 내민 땅. =갑·지취. ¶장산~. ▶반도.

곶-감[곧깜] 몡 껍질을 벗기고 말린 감. 세는 단위는 개·꼬치·접(100개)·동(100접). =건시(乾柿)·관시(串柿)·백시(白柿).
[곶감 꼬치에서 곶감 빼 먹듯] 애써 모아 둔 재산을 조금씩 잇달아 헐어 써 없애는 것을 비유하여 이르는 말.

과¹ 조 자음으로 끝나는 체언에 붙어. 1 다른 말과 비교함을 나타내는 부사격 조사. ¶계곡의 물이 얼음~ 같이 차갑다. 2 함께 행동함을 나타내는 부사격 조사. ¶나는 친구들~ 즐겁게 노래를 불렀다. 3 둘 이상의 단어를 같은 자격으로 이어 주는 접속 조사. ¶책 ~ 공책 ~ 연필. 4 상대로 하는 대상임을 나타내는 부사격 조사. ¶온갖 역경~ 맞서 싸우다. ▷와.

과²(科) 몡 1 전문 분야나 학과의 구분 단위. ¶국문~ / 소아~ / 무슨 ~를 전공했느냐? 2 [생] 생물 분류학상의 한 단위. 속(屬)의 위, 목(目)의 아래 단계에 해당함. ¶국화~ / 호랑이는 무슨 ~에 속하느냐?

과³(課) 몡 ①(자립) 관청·회사 등의 업무 조직의 한 구분. 계(係)의 위, 부(部)의 아래 단위임. ¶관리~ / 총무~. ②(의존) 교과서 따위에서, 내용에 따라 차례로 엮은 제목의 단위. ¶오늘은 몇 ~를 배울 차례인가?

과-⁴(過) 접두 1 '지나친'의 뜻. ¶~소비 / ~적재(積載). 2 [화] '과…산'의 꼴로 쓰여, 산화 상태가 기준이 되는 것보다 높은 것임을 나타내는 말. ¶~염소산[HClO₄]. ▷아(亞)-, 하이포아-.

과감¹(果敢) →**과감-하다** 혱 (사람이) 어떤 일을 함에 있어 망설이거나 두려워함이 없이 용감하게 하는 태도가 있다. ¶과감한 결단. **과감-히**¹ 튀 적과 맞서다.

과감²(過感) →**과감-하다** 혱 지나치게 감사하다. =오감하다. **과감-히**² 튀

과객(過客) 몡 먼 길을 가다가 어느 집에 하룻밤 또는 며칠 밤 묵고 가는 나그네. 옛날에는 숙박 시설이 별로 없어 길을 가다가 전혀 모르는 집에 묵기를 청하는 경우가 많았는데, 그 시절에 한정되어 쓰이던 말임. 오늘날에는 사극이나 역사 소설 등 이외에는 거의 쓰이지 않는 말임. ¶하루는 최 진사네 집에 한 ~이 찾아와 하룻밤 묵어가기를 청하였다.

과거¹(科擧) 몡 [역] 옛날 중국과 우리나라에서 관리를 뽑을 때 보던 시험. =과목(科目)·과시(科試)·과제(科第). ¶~에 급제하다 / ~를 보러 한양에 가다.

과거²(過去) 몡 1 이미 지나간, 현재 이전의 시간. 또는, 그때에 일어난 일. ¶~를 잊다 / ~를 돌아보다. 2 [언] 시제(時制)의 하나. 현재보다 앞선 시간 속의 사건임을 나타냄. 활용어의 어간에 어미 '-ㄴ/은'이나 선어말 어미 '-았/었-', '-더-' 등을 붙여 나타냄.

과거(가) 있다 귀 어둡거나 복잡한 과거를 가지고 있다. ¶**과거가 있는 여자.**

과거^분사(過去分詞) 몡 [언] 영어·프랑스어·독일어 등의 동사의 한 변화형. 형용사적 성질을 띠며, 완료형과 수동형을 만듦.

과거-사(過去事) 몡 지나간 과거의 일. =과거사.

과거^완료(過去完了) [-왈-] 몡 [언] 동사의 완료상의 하나. 지나간 어느 때에 이미 있었거나 행해졌던 동작을 나타내는 어법.

과거-장(過去帳) [-짱] 몡 [불] 절에서, 죽은 신도들의 속명(俗名)·법명(法名)·죽은 날짜 등을 기록해 두는 장부. =귀부(鬼簿)·귀적(鬼籍).

과거지사(過去之事) 몡 =과거사. ¶이제 와서 ~를 들추어 뭘 하겠나?

과거^진행(過去進行) 몡 [언] 동사의 진행상의 하나. 지나간 어느때의 동작이 진행 중이었음을 나타내는 어법.

과격(過激) →**과격-하다**[-껴카-] 혱 1 도가 지나치게 격하다. ¶과격한 운동. 2 한쪽으로 치우쳐 불온하다. ¶과격한 이론[사상]. ↔온건하다. **과격-히** 튀

과격-파(過激派) 몡 과격한 방법으로 주의(主義)나 주장이나 자기 이상(理想)을 실현하려고 하는 사람. 또는, 그러한 무리. ↔온건파.

과경-에(過頃-) 튀 =아까 1.

과공(過恭) 몡 지나치게 공손한 것. **과공-하다** 혱 **과공-히** 튀

과공비례(過恭非禮) 몡 지나친 공손은 도리어 예의가 아니라는 말. '과공은 비례라'의 꼴로도 쓰임.

과금(課金) 몡 요금, 특히 인터넷·전화 등의 통신 요금을 부과하는 것. ¶~ 단위 / ~ 체계. 과금-하다 톤

과급-기(過給器) [-끼] 몡 내연 기관에서 빨아들인 공기를 압축하여 기화기(氣化器)로 보냄으로써 기관(機關)의 출력을 높이는 장치.

과-꽃[-꼳] 몡 [식] 국화과의 한해살이풀. 여름에 자줏빛·붉은빛·남빛·흰빛 등의 꽃이 핌. 관상용이며 원예 품종이 많음. =추모·취국(翠菊).

과납-하다 혱 '과람(過濫)하다'의 잘못.

과납(過納) 몡 (세금·요금·대금 등을) 납부해야 할 규정의 금액보다 많이 내는 것. 과납-하다 통

과냉각(過冷却) 몡 [화] 1 액체를 어는점 이하로 어는점 이하로 냉각하는 일. 2 증기가 이 슬점 이하의 온도가 되어도 액체로 되지 않는 상태. =과랭(過冷). **과냉각-하다** 통 **과냉각-되다** 통

과녁 몡 1 활·총 따위를 쏠 때 표적으로 만들어 놓은 물건. ¶~을 맞히다 / 화살이 ~에 적중하다. 웬관혁(貫革). 2 [물] 전자류(電子流)나 이온류(ion流) 따위를 쬐는 전극. =타깃.

과녁-빼기 몡 똑바로 건너다보이는 곳. ¶~ 집. ▷언덕빼기.

과녁-판(-板) 몡 과녁으로 세우는 나무 등의 판. ¶~의 한가운데를 맞히다.

과년(瓜年) 몡 결혼하기에 적당한 여자의 나이. ¶~의 처녀.

과년(이) 차다 귀 여자의 나이가 혼기에 임박하다.

과년²(過年) →**과년-하다** 혱 (여자가) 나이가 혼인할 시기를 지난 상태에 있다. ¶과년한 딸.

과-년도(過年度) 몡 =전년도.

과다(過多) 몡 너무 많은 것. ¶지방 ~ / ~지출. **과다-하다** 혱 **과다-히** 튀

과단(果斷) 몡 일을 딱 잘라서 결정하는 것. **과단-하다** 통

과단-성(果斷性) [-씽] 몡 일을 딱 잘라 결정하는 성질. ¶~이 없다 / ~ 있게 일을 처리하다.

과당¹(果糖) 몡 [화] 꿀이나 단 과일의 즙에 들어 있는 단당류(單糖類). =프룩토오스.

과당²(過當) →**과당-하다** 혱 정도가 지나

치다.
과!당^경!쟁(過當競爭) [명][경] 같은 업종의 기업 사이에서, 서로 자기 시장의 유지·확대를 위하여 출혈을 보아 가면서 하는 경쟁.
과!대(誇大) 작은 것을 크게 떠벌리는 것. ¶~ 광고. **과!대-하다**[동][타여]
과!대²(過大) →**과!대-하다²**[명여] 지나치게 크다. ¶과대한 부담/과대한 요구. ↔과소(過小)하다. **과!대-히**[부]
과!대-광고(誇大廣告) [명] 상품의 내용을 과장하여 광고하는 일.
과!대-망상(誇大妄想) [명] 자기의 현재 상태를 실제보다 턱없이 크게 평가하여 그 평가가 사실인 것처럼 믿어 버리는 것. ¶~에 빠지다.
과!대-평가(過大評價) [-까] [명] 실제보다 크게 평가함. 또는, 그런 평가. ↔과소평가. **과!대평가-하다**[동][타여] ¶자기의 능력을 ~. **과!대평가-되다**[동][자여]
과!도(果刀) [명] 과일을 깎는 칼. =과일칼.
과!도²(過渡) [명] 어떤 상태에서 새로운 상태로 옮아가거나 바뀌어 가는 도중. ¶~ 정부.
과!도³(過度) →**과!도-하다**[형여] 정도에 넘치다. [비]지나치다. ¶과도한 노동[요구]. **과!도-히**[부]
과!도-기(過渡期) [명] 한 단계에서 다음 단계로 넘어가는 중간 시기. 또는, 사상이나 제도 따위가 확립되지 않아 불안정한 시기. ¶전후(戰後)의 ~.
과!도기-적(過渡期的) [관][명] 과도기에 나타나는 (것). 또는, 과도기에 해당하는 (것). ¶~ 형태.
과!도^정부(過渡政府) [명][정] 한 정체(政體)에서 다른 정체로 넘어가는 과정에 임시로 구성된 정부. [준]과정(過政).
과!동(過冬) [명] 겨울을 나는 것. [비]월동(越冬). **과!동-하다**[동][자여]
과!두(寡頭) [명] 어떤 집단이나 국가를 몇 사람의 우두머리가 함께 다스리는 일. 또는, 그 우두머리. ¶~ 체제.
과두^문자(蝌蚪文字) [-짜] [명] 글자 모양이 올챙이 같은 중국 옛 글자의 하나. 황제(黃帝) 때 창힐(蒼頡)이 새의 발자국에서 암시를 얻어 만들었다 함. =고문(古文).
과!두^정치(寡頭政治) [명][정] 소수의 사람이 국가의 최고 기관을 조직하여 행하는 독재적인 정치.
과!-똑똑이(過-) [명] 지나치게 똑똑한 사람. ▷유똑똑이
과락(科落) [명] 어떤 학과목의 성적이 합격 기준 점수에 못 미치는 일.
과!람-하다(過濫-) [형여] 분수에 넘치다. ¶과람한 칭찬이십니다.
과!량(過量) [명] 분량이 넘치는 것. ¶~의 수면제를 복용하다. **과!량-하다**[형여]
과!로(過勞) [명] 몸이 몹시 지칠 만큼 지나치게 일하는 것. 또는, 그렇게 일하여 몹시 지친 상태. ¶~로 쓰러지다. **과!로-하다**[동][자여] ¶너무 과로한 탓으로 몸살이 나다.
과!로-사(過勞死) [명] 과로로 인한 죽음.
과료(科料) [명][법] 재산형(財産刑)의 하나. 가벼운 죄에 물리며, 벌금보다 가벼움. ¶폭행죄의 법정형은 2년 이상의 징역, 500만 원 이하의 벌금, 구류 또는 ~이다. ▶과태료.
과립(顆粒) [명] 둥글고 잔 알갱이. ¶~으로 되어 있는 약.
과만(瓜滿) [명] 여자가 혼인할 나이가 다 된 것. **과만-하다**[형여]

과!망간산-칼륨(過⊗Mangan酸⊗Kalium) [명][화] 적자색의 주상(柱狀) 결정. 강한 산화제로 살균제·표백제 등에 이용됨.
과메기[명]<방> 얼렸다 녹였다 하면서 말린 꽁치(경북).
과명(科名) [명] 1 학과·과목 등의 이름. 2 [생] 동식물 분류 계통인 과(科)의 이름. ▷속명(屬名).
과목(科目) [명] 1 분류한 조목. 2 학문의 구분. ¶사회 과학의 한 ~인 정치학. 3 교과(敎科)를 잘게 나눈 영역. ¶필수 ~/주요 ~.
과!목-밭(果木-) [-빧] [명] =과수원.
과!묵(寡默) →**과!묵-하다**[-무카-] [형여] 말수가 적고 침착하다. ¶그는 **과묵하고** 매사에 신중하다. **과!묵-히**[부]
과!문(寡聞) →**과!문-하다**[형여] (사람이) 보고 들어서 얻은 지식이 적다. ¶제가 **과문한** 탓인지 모르지만, 아직 그런 말은 들어 본 적이 없습니다.
과!물-전(果物廛) [명] 과일을 파는 가게. =모전(毛廛).
[**과물전 망신은 모과가 시킨다**] 못난 것은 그가 속해 있는 단체의 여러 사람을 망신시키는 일만 저지른다.
과!민(過敏) [명] (감각이나 신경 또는 감정이) 지나치게 예민한 것. ¶신경 ~. **과!민-하다**[형여] ¶**과민한** 반응. **과!민-히**[부]
과!민-증(過敏症) [-쯩] [명][의] 특정한 조건 아래서 자극에 대하여 과민하게 반응하는 증상.
과!밀(過密) [명] (인구나 산업 등이) 한곳에 지나치게 집중되어 있는 것. ¶~ 학급 / 인구 ~. **과!밀-하다**[형여]
과!밀^도시(過密都市) [명] 인구 및 산업의 집중에도 불구하고 도시 환경이나 시설이 그에 따르지 못하는 도시.
과!반¹(果盤) [명] 과일을 담는 쟁반.
과!반²(過半) [명] 반이 넘음.
과!반-수(過半數) [명] 반이 넘는 수. ¶~의 찬성으로 그가 회장이 되었다.
과!방(果房) [명] 큰일 때 음식물을 맡아 차려 내는 곳. [비]숙설간(熟設間).
과!보(果報) [명][불] '인과응보'의 준말.
과!-보호(過保護) [명] =과잉보호. **과!보호-하다**[동][타여]
과!부(寡婦) [명] 남편이 죽어서 혼자 사는 여자. =과녀·과수. [비]미망인·홀어미. ¶청상 ~. [높]과부댁/과수댁.
[**과부는 은이 서 말이고 홀아비는 이가 서 말이다**] 과부는 알뜰하게 규모 있게 살아도 홀아비는 생활이 구차하게 되었다. [**과부 사정은 과부가 안다**] 무슨 일이든 당해 본 사람이라야 그 사정을 안다.
과!부-댁(寡婦宅) [-땍] [명] '과부'의 높임말. =과수댁.
과!-부족(過不足) [명] 남는 것과 모자라는 것. ¶~ 없이 딱 들어맞다.
과!부하(過負荷) [명] 기계나 전기 기기, 회로 등에서 규정량을 초과하는 부하.
과!분(過分) →**과!분-하다**[형여] (어떤 대상이, 또는 대우나 대접이나 칭찬 등이) 어떤 사람에게 분수에 넘치는 상태이다. ¶그에게서 **과분한** 대접을 받았다. / 과분한 칭찬이십니다. **과!분-히**[부]
과!불급(過不及) [명] 지나치거나 미치지 못하는 것. ▷과유불급. **과!불급-하다**[형여]

과:산화-나트륨(過酸化[독]Natrium) [명][화] 금속 나트륨을 공기 중에서 가열하여 만들어지는 담황색의 분말. 산화제·표백제에 쓰임. =과산화소다.
과:산화-수소(過酸化水素) [명][화] 수소와 산소의 화합물의 하나. 순수한 것은 점성(粘性)이 있는 무색의 액체로, 로켓의 연료로 쓰임. =이산화수소.
과:산화수소-수(過酸化水素水) [명][화] 과산화수소를 물에 녹인 액체. 상표명은 옥시풀.
과:세¹(過歲) [명] 설을 쇠는 것. ¶이중(二重) ~. **과:세-하다**¹ [동][자][여]
과세²(課稅) [명] 세금을 매기고 그것을 내도록 의무를 지우는 것. ¶인정 ~. **과세-하다**² [동][자][타][여] **과세-되다** [동][자]
과세-율(課稅率) [명][법] 법으로 각 과세 물건에 정해 놓은, 세금을 매길 수 있는 비율. [준]과율·세율.
과세^표준(課稅標準) [명][법] 세금을 매길 때 그 기준이 되는, 과세 물건의 수량·가격·품질 따위. [준]과표.
과:소¹(過小) →**과:소-하다**¹ [형][여] 지나치게 작다. ↔과대(過大)하다. **과:소-히**¹ [부]
과:소²(過少) →**과:소-하다**² [형][여] 너무 적다. ↔과다(過多)하다. **과:소-히**² [부]
과:-소비(過消費) [명] 제 분수나 경제적 능력을 벗어나 지나치게 소비하는 것. 또는, 지나치게 값비싸거나 호화로운 물건을 사거나 사용하는 일. **과:소비-하다** [동][자][여]
과:소-평가(過小評價) [-까] [명] 실제보다 작거나 약하게 평가함. 또는, 그런 평가. ↔과대평가. **과:소평가-하다** [동][타][여] ¶실력을 ~. **과:소평가-되다** [동][자]
과:속(過速) [명] 자동차 따위의 속도를 너무 빠르게 하는 것. 또는, 그 속도. ¶~ 운행 / ~ 차량 단속. **과:속-하다** [동][자][여]
과:속^방지^턱(過速防止-) [-빵-] [명] 차량의 주행 속도를 강제로 낮추기 위하여 황색 선으로 노면에 설치하는 턱.
과:수¹(果樹) [명] =과실나무.
과:수²(寡守) [명] =과부(寡婦).
과:수-댁(寡守宅) [-땍] [명] =과부댁.
과:수-원(果樹園) [명] 과실나무를 전문적으로 재배하는 곳. =과목밭. [준]과원(果園).
과시¹(科試) [명][역] =과거(科擧)¹.
과:시²(誇示) [명] (남에게 자기의, 또는 자기와 관계된 것의 잘나거나 뛰어난 점을) 일부러 드러내어 보이거나 뽐내어 보이는 것. ¶자기 ~. **과:시-하다** [동][타][여] ¶다른 사람 앞에서 재능을 ~ / 민족의 역량을 세계만방에 ~.
과:시³(果是) [부] =과연(果然)1. ¶~ 천재로다.
과:시-욕(誇示慾) [명] 남들 앞에서 자기의 잘나거나 뛰어난 점을 드러내어 뽐내고 싶은 욕구. ¶허영이 많고 ~이 강한 여자.
과:식(過食) [명] 음식을 자기 양보다 많이 먹는 것. **과:식-하다** [동][자][타][여]
과:신(過信) [명] (자기의 능력이나 생각 등을) 지나치게 믿는 것. **과:신-하다** [동][타][여] ¶자기를 ~ / 약효를 ~.
과:실¹(果實) [명] **1** 사람이 먹을 수 있는 나무의 열매. =과물(果物). ¶~을 맺다. ▶과일. **2** [법] 원물(元物)에서 생기는 이익을 비유하여 이르는 말. 곡물·양모 등 천연 과실과 이자·집세·땅세 등 법정 과실이 있음.
과:실²(過失) [명] **1** 실수나 부주의 등으로 인한 잘못. =과류(過謬). [비]과오(過誤). ¶~을 범하다. **2** [법] 일정한 사실을 인식해야 함에도 불구하고 부주의로 인식하지 않는 상태. ¶중(重) ~ / 업무상 ~. ↔고의(故意).
과:실-나무(果實-) [-라-] [명] 먹을 수 있는 열매를 거두기 위하여 가꾸는 나무의 총칭. =과목(果木)·과수(果樹)·실과나무.
과:실-범(過失犯) [명][법] 과실로 지은 죄. 또는, 그런 죄를 지은 사람. =무의범(無意犯). ↔고의범.
과:실-음료(果實飮料) [-뇨] [명] 과실의 즙을 내거나 섞어서 만든 음료. ¶100% 사과즙으로 만든 ~.
과:실-주(果實酒) [-쭈] [명] 과실즙을 발효시켜 만든 술. 포도주·사과주 따위.
과:실-즙(果實汁) [명] 과실에서 짜낸 즙. [비]과일즙.
과:실^치:사(過失致死) [명][법] 과실로 사람을 죽임.
과:액(寡額) [명] 적은 액수. [비]소액(少額). ↔다액·거액.
과:언(過言) [명] 《주로, '아니다'와 함께 쓰여》 정도가 지나친 말. ¶그 사람은 천재라 해도 ~이 아니다.
과업(課業) [명] **1** 해야 할 일. ¶~을 완수하다. **2** 일과로 정한 학과.
과:연(果然) [부] **1** 이미 알고 있거나 생각했던 바와 다름없이 정말로. 생각과 실제가 같음을 확인할 때 하는 말. =과시(果是). ¶소문에 듣던 대로 ~ 미인이로구나. **2** 결과에 있어서 참으로. ¶그 점수로 ~ 대학에 합격할 수 있을까?
과:열(過熱) [명] **1** 지나치게 뜨거워지는 것. **2** 《비유적으로 쓰여》 지나치게 활기를 띠는 것. ¶~ 경기(景氣). **과:열-하다** [동][자][여] **과:열-되다** [동][자]
과:오(過誤) [명] 사람이 저지른 도덕적·윤리적인 잘못. ¶~를 범하다 / ~를 뉘우치다.
과외(課外) [-외/-웨] [명] **1** 정해진 학과 과정이나 근무 시간 밖. ¶~ 공부 / ~ 지도. **2** '과외 수업'의 준말. ¶비밀~.
과외^수업(課外授業) [-외-/-웨-] [명] 정한 과정(課程) 이외에 하는 수업. [준]과외.
과:욕(過慾) [명] 지나친 욕심. ¶~을 부리다. **과:욕-하다** [형][여]
과:용(過用) [명] 정도에 지나치게 쓰는 것. 또는, 너무 많은 돈을 쓰는 것. ▷남용(濫用). **과:용-하다** [동][타][여] ¶약을 ~ / 오늘 **과용하시**는 것 아닙니까?
과:우(寡雨) [명] 비가 적음. ↔다우(多雨).
과:원¹(果園) [명] '과수원'의 준말.
과원²(課員) [명] 관청이나 회사의 한 과(課)에서 일하는 사람.
과:유불급(過猶不及) [명] 정도를 지나침은 미치지 못한 것과 같음. 곧, 중용(中庸)의 중요함을 이르는 말임. ¶옛말에 ~이라 했다. 약물을 과용하는 것은 오히려 몸을 망치는 일이다. ▷과불급(過不及).
과:육(果肉) [명] **1** 과일의 살. **2** 과일과 고기.
과:음(過飮) [명] 술 따위를 너무 많이 마시는 것. **과:음-하다** [동][자][타][여] ¶**과음하지** 마라.
과:인¹(寡人) [대][인칭] 임금이 겸손의 뜻으로 자기를 낮추어 하는 말. ▷짐(朕).
과:인²(過人) →**과:인-하다** [형][여] (능력이나 재주나 덕망 등이) 보통 사람보다 뛰어나다.
과:인산^석회(過燐酸石灰) [-서쾨/-서퀘]

명[화] 인산 비료의 하나. 인산수소칼슘과 황산칼슘으로 이루어진 굵은 가루. 토양을 불문하고 비료 효과가 큼.

과일 명 [<과실(果實)] 나무나 채소를 가꾸어 얻는, 수분이 많고 단맛이 있으면 향기가 좋은 식용 열매. 사과·배·토마토·수박·참외 따위.
[과일 망신은 모과가 시킨다] 못난 것이 동료를 망신시키는 수가 있다.

유의어	과일 / 과실
둘 다 식용 열매를 가리키나, '과일'이 나무의 열매를 포함하여 참외·토마토와 같은 일부 열매채소의 열매를 가리킬 수 있는 데 반해, '과실(果實)'은 열매채소의 것은 가리킬 수 없음. 한편, '과실'은 주로 농학(農學)에서 쓰는 말이나, '과일'은 일상 언어에서 널리 쓰는 말임.	

과일-즙(-汁) 명 과일에서 짜낸 즙. 비과실즙.
과!일-칼 명 =과도(果刀)¹.
과!잉(過剩) 명 예정한 수량이나 필요한 것보다 많은 일. ¶~섭취 / ~생산. ↔부족. **잉-되다** 동(자) ¶친절이 ~. **과!잉-되다** 동(자) ¶생산이 ~.
과!잉-보호(過剩保護) 명 부모가 어린 자녀를 대할 때, 무슨 일이든 혼자서 하도록 놔두지 않고 도와주거나 지나친 관심을 가지고 보살피는 일. =과보호. **과!잉보호-하다** 동(타)
과자(菓子) 명 단맛을 위주로 만들어 주로 끼니 외에 먹는 음식. 크게 한과(韓菓)와 양과(洋菓)로 나뉘는데, 좁은 뜻으로는 비스킷·쿠키·사탕·초콜릿 같은 양과를 가리킴.
과!작(寡作) 명 쓰는 작품의 수가 비교적 적은 것. 또는, 많지 않은 작품. ¶~가(家). ↔다작(多作). **과!작-하다** 동(자)(타)
과장¹(科場) 명 [역] 과거 보는 장소.
과!장²(誇張) 명 (어떤 사실을) 실제의 상태보다 훨씬 크거나 심하거나 대단한 것으로 나타내는 이. ¶~이 심하다. **과!장-하다** 동(타)(여) ¶사실을 과장하여 말하다. **과!장-되다** 동(자) ¶과장된 표현.
과장³(課長) 명 회사·관청 등의 한 과(課)의 책임자.
과!장-법(誇張法) [-뻡] 명[문] 수사법의 하나. 사물의 수량·성질·상태, 또는 글의 내용을 실제보다 더 많이 늘리거나 줄여서 표현하는 방법. '산더미처럼 쌓인 빨랫감' 따위.
과!적(過積) 명 적재정량(積載定量)을 초과하여 싣는 것. =과적재. ¶~차량을 단속하다. **과!적-하다** 동(타)(여) **과!적-되다** 동(자)
과!-적재(過積載) [-째] 명 =과적. **과!적재-하다** 동(타)(여) **과!적재-되다** 동(자)
과전(科田) 명[역] 과전법에 의하여 관원에게 나누어 준 토지.
과전-법(科田法) [-뻡] 명[역] 고려 말기와 조선 초기에 실시한 토지 제도. 모든 토지를 국유로 하여 관리들에게 등급에 따라 나누어 주었음.
과전불납리(瓜田不納履) [-람니] [오이 밭에서 신을 고쳐 신지 말라는 뜻] 오해받기 쉬운 일을 하지 말라는 말. ▷이하부정관.
과!-전압(過電壓) 명[물] 1 전기 분해를 진행시키기 위하여 필요한 전위차. 2 송전선이나 배전선에 발생하는 정격(定格) 이상의 전압.

과!점(寡占) 명[경] 소수의 기업이 시장의 대부분을 지배하는 상태. ¶독(獨)~/~기업/~품목.
과정¹(科程) 명[교] '학과 과정'의 준말. ¶교양~.
과!정²(過程) 명 일이 되어 가는 경로. ¶진행~/발달~/결과보다 ~을 중요시하다.
과정³(課程) 명 1 과업(課業)의 정도. 2 학교 등에서 어느 일정 기간 중에 할당된 학습·작업의 범위. ¶교육~/3학년~. 3 특히 대학 등에서 교수·연구를 위한 전문별 코스. ¶박사~.
과제¹(科題) 명[역] 과거를 볼 때에 내주는 제목.
과제²(課題) 명 1 학생이 정규 시간 외에 가정에서 학습할 수 있도록 학교에서 내주는 일정량의 문제. 비숙제. 2 부과되어 있어 해결해야 하는 문제. ¶당면 ~.
과제-장(課題帳) [-짱] 명[교] 1 어떤 학과의 연구·예습·복습 등에 관한 문제를 실은 책. 2 과제를 기록하는 공책.
과줄 명 1 약과·다식·정과·강정 따위의 총칭. 2 =약과(藥果)¹.
과줄-판(-板) 명 과줄을 박아 내는 기구.
과!중(過重) →**과!중-하다** 형(여) (어떤 일이) 어떤 사람이 맡거나 해내기 힘거운 상태에 있다. **과중한** 책임/교육비 부담이 ~. **과!중-히** 부
과!즙(果汁) 명 과일의 즙. ¶~음료/천연~.
과징-금(課徵金) 명[법] 정부·지방 자치 단체 등이 부과·징수하는 금액.
과!찬(過讚) 명 지나치게 칭찬하는 것. 또는, 그 칭찬. ¶원, ~의 말씀을 ~. **과!찬-하다** 동(타)(여) ¶과찬하시니 몸 둘 바를 모르겠습니다.
과!채(果菜) 명 1 과일과 채소. 2 =열매채소.
과!-체중(過體重) 명 기준이나 표준에 비해 지나치게 많이 나가는 몸무게.
과!취(過醉) 명 (술 따위에) 몹시 취하는 것. **과!취-하다** 동(자)(여)
과!태-료(過怠料) 명[법] 국가나 공공 단체가 공법상의 의무 이행을 태만히 한 사람에게 벌로 물게 하는 돈. 구용어는 과료(過料). ¶전입신고를 늦게 하여 ~를 물었다.

혼동어	과태료 / 과료
'과태료'는 형벌이 아니고 행정 처분의 일종인 데 반해, '과료(科料)'는 형법에 명시되어 있는, 형(刑)의 하나임.	

과테말라(Guatemala) 명[지] 중앙아메리카 북부에 있는 공화국. 수도는 과테말라.
과!판(-版) 명 국화 모양의 물건을 찍어 내는 데에 쓰는 쇠나 나무의 판.
과!-포화(過飽和) 명[물][화] 1 용액이 어떤 온도에서의 용해도에 상당하는 양 이상의 용질을 포함하고 있는 상태. 2 증기압이 어떤 온도에서의 포화 증기압보다 큰 상태.
과표(課標) 명 '과세 표준'의 준말.
과!피(果皮) 명[식] 과실의 씨를 둘러싸고 있는 부분. 씨방 벽이 발달하여 이루어짐. =열매껍질.
과-하다¹(科-) 동(타)(여) 형벌을 지우다. ¶강도범에게 징역 5년 형을 ~.
과-하다²(課-) 동(타)(여) 1 (세금이나 벌금 따위를) 매기다. ¶무거운 벌금을 ~. 2 (어떠한 책임이나 임무·과업을) 이행하게 하다.

과!-하다³(過─) 형어 (도수나 정도가) 지나치다. ¶술이 ~ / 말씀이 과하시군요. 과!-히 튀 1 (부정어와 함께 쓰여) 유난할 만큼 그렇게. ¶~ 멀지 않다. 2 지나치게.

과!하마(果下馬) 명 ['사람을 태우고서 과실 나무의 가지 밑을 지날 수 있는 말'이라는 뜻] 키가 몹시 작은 조랑말.

과학(科學) 명 보편적 진리나 법칙의 발견을 목적으로 하는 체계적 지식. 보통, 자연 과학·사회 과학·인문 과학 등으로 나누어지나, 좁은 뜻으로는 자연 과학만을 이르는 말. ¶기초 ~ / 응용 ~.

과학^기술부(科學技術部) [-끼-] 명 행정 각 부의 하나. 과학 기술 진흥을 위한 기본 정책의 수립, 기술 협력 및 원자력, 기타 과학 기술 진흥에 관한 사무를 맡아봄. 1998년에 '과학 기술처'가 개편된 것임.

과학-만능주의(科學萬能主義) [-항-의/-항-이] 명 과학, 특히 자연 과학이 모든 문제를 해결할 수 있다고 생각하는 태도.

과학^무!기(科學武器) [-항-] 명 현대 과학을 응용한 무기. 로켓포·독가스·미사일·핵폭탄 따위.

과학^수사(科學搜査) [-쑤-] 명 과학적 지식을 이용하여 행하는 범죄 수사의 방법. 지문(指紋) 감정·혈흔(血痕) 분석·사체(死體) 부검 따위.

과학-자(科學者) [-짜] 명 자연 과학을 연구하는 사람.

과학-적(科學的) [-쩍] 관명 사물의 처리 방법이 과학의 바탕 위에 서 있는 (것). ¶~ 수사 / ~ 분석.

과학적 사회주의(科學的社會主義) [-쩍-회-의/-쩍-훼-이] 공상적 사회주의와 구별하여 마르크스와 엥겔스가 자기들의 사회주의 이론을 일컫던 말. ↔공상적 사회주의.

과학-화(科學化) [-하콰] 명 과학적으로 체계화함. ¶범죄 수사의 ~. 과학화-하다 통태 과학화-되다 통재

곽¹(槨) 명 =덧널.

곽²(匣) 명 '갑(匣)'의 잘못.

곽란(霍亂·癨亂) [광난] 명한 음식이 체하여 토하고 설사하는 급성 위장병. ¶토사 ~.

곽!쥐[-쮜] 명 [옛날에 세력을 떨친 곽준(郭䞭)의 형제들의 별명에서 유래] 어린이의 울음을 그치게 하려고 '무서운 것'이라는 뜻으로 이르는 말. ¶이놈! 자꾸 울면 ~가 잡아간다.

관¹(官) 명 정부나 관청 등을 이르는 말.
 관 물(이) 들다 관 오랜 관리 생활로 관료적인 영향을 받다.
 관 밥(을) 먹다 관 관리 생활을 하다.

관²(冠) 명 1 [역] 머리에 쓰는 쓰개의 한 종류. 신분·격식에 따라 여러 가지가 있음. ¶면류~ / ~을 쓰다. 2 족보에서, 결혼한 남자를 이르는 말. ↔동(童).

관³(貫) 명 =본관(本貫)².

관⁴(貫) 명 과녁의 한복판. ↔변(邊).

관⁵(棺) 명 시체를 담는 궤. =관구(棺柩). 비널. ¶~을 짜다.

관⁶(款) 명[법] 1 법률문 등의 조항. 2 예산 항목의 한 과목. 항(項)의 위임.

관⁷(管) 명 1 몸 둘레가 둥글고 길며 속이 빈 물건. 비파이프. ¶수도~ / 가스~ / ~이 굵다. 2[음] 아악기의 하나로, 대로 만든 피리.

관⁸(貫) 명의존 1 [역] =쾌². ¶엽전 열 ~. 2 무게의 단위의 하나. 1관은 3.75kg임.

-관⁹(官) 접미 일정한 직책을 맡은 군인·공무원 등을 나타내는 말. ¶사령~ / 부사~ / 재판~.

-관¹⁰(館) 접미 1 어떤 기관이나 건물의 이름을 나타내는 말. ¶대사~ / 도서~ / 영화~. 2 주로 한식집이나 요정(料亭) 따위의 이름에 붙이는 말. ¶국일~.

-관¹¹(觀) 접미 체계화된 견해를 뜻하는 말. ¶세계~ / 세계~ / 교육~.

관가(官家) 명[역] 1 벼슬아치들이 나랏일을 보는 집. ↔민가(民家). 2 시골 사람들이 그 고을 수령을 일컫는 말. ¶~에 고하다.

관!개(灌漑) 명 농사를 짓는 데 필요한 물을 논밭에 대는 것. =관수(灌水). ¶~ 시설.
 관!개-하다 통태

관!개-용수(灌漑用水) [-농] 관개하는 데 쓰는 물. 비농업용수.

관객(觀客) 명 영화나 연극·무용 등의 무대 공연을 구경하는 사람. ¶~석(席) / ~이 몰리다.

관건(關鍵) 명 [문빗장과 자물쇠]라는 뜻) 어떤 사물의 가장 중요한 부분. ¶문제의 ~을 쥐다 / 경제 성장의 ~은 첨단 기술의 개발에 있다.

관격(關格) 명한 먹은 음식이 갑작스럽게 체하여, 가슴이 꽉 막히고 정신을 잃는 위급한 병.

관견(管見) 명 [대롱 구멍으로 사물을 본다는 뜻] 좁은 소견 또는 자기의 소견이나 견해를 겸손하게 이르는 말.

관계¹(官界) [-계/-게] 명 국가의 각 기관 또는, 그 관리의 사회. ¶~에 진출하다.

관계²(官階) [-계/-게] 명 관리·벼슬의 등급. =관벌·관품(官品). 비관등(官等).

관계³(關係) [-계/-게] 명 1 사람이나 현상 사이에 서로 맺어져 있는 연관. ¶외교 ~ / 주어와 술어의 ~ / 이 사건은 지난번의 연쇄 살인과 ~가 있다. 2 사람과 사람 사이의 연계. ¶부자 ~ / 노사(勞使) ~ / ~를 맺다 [끊다]. 3 남녀의 육체적 교섭을 완곡하게 이르는 말. 보통, 부부 이외의 경우에 사용함. ¶여자와 ~를 가지다. 4 어떤 방면이나 영역. ¶교육 ~의 서적. 5 남의 일에 참견하는 것. ¶남이야 전봇대로 이를 쑤시건 말건 네가 무슨 ~냐. 6 ('관계로'의 꼴로 쓰여) 까닭이나 원인을 가리키는 말. ¶사업 ~로 해외 출장을 떠나다. 7 [수] 순서쌍의 집합.

관계-하다 통태자 1 (어떤 일에) 종사하거나 교류를 가지다. ¶영화 사업에 관계한 지 10년이 넘었다. 2 (남의 일에) 참견하다. ¶공연히 남의 일에 관계하지 마라. 3 (남녀가) 육체적 교섭을 가지다. 관계-되다 통재 연관이 있다. 또는, 영향을 미치다. ¶이번 경기는 우승과 관계되는 시합이다.

관계^대!명사(關係代名詞) [-계/-게] 명[언] 앞에 오는 명사, 즉 선행사를 대신하는 동시에 뒤에 오는 절(節)을 선행사에 연결시켜 주는 대명사. 영어 등 유럽의 여러 언어에서 볼 수 있음. 'who', 'that' 따위.

관계^부!사(關係副詞) [-계/-게] 명[언] 관계 대명사와 접속사의 구실을 겸한 부사. 영어 등 유럽의 여러 언어에서 볼 수 있음. 'how', 'when' 따위.

관계-사(關係詞) [-계/-게] 명[언] '조사(助詞)'를 그 기능이 관계적인 데 있다 하여 이르는 말. =걸림씨.

관계-식(關係式) [-계/-게] 명[수] 수학

관계-없다(關係-)[-계업따/-게업따] 형 1 서로 관계되는 것이 없다. ¶그건 나와는 **관계없는** 일이야. 2 문제 될 것이 없거나 염려할 것 없다. =상관없다·계관없다. ¶늦게까지도 ~. **관계없-이** 부 ¶이번 운동회는 날씨와는 ~ 개최한다.

관계-있다(關係-)[-계일따/-게일따] 형 서로 관계가 있다. =상관있다. ¶내신과 **관계있는** 시험.

관계-자(關係者)[-계-/-게-] 명 어떠한 것에 관계가 있는 사람. ¶~ 외 출입 금지.

관계-조(關係調)[-계조/-게조] 명 [음] 대부분의 음을 공통으로 가지고 서로 깊은 관계를 가지는 장조와 단조. =걸림조.

관곡(官穀) 명 [역] 관아의 곡식.

관골(顴骨) 명 [생] =광대뼈.

관-공서(官公署) 명 관청과 공서(公署).

관광(棺槨) 명 시체를 넣는, 속 널과 겉 널.

관광(觀光) 명 다른 지방이나 나라의 명승고적과 풍속 등을 돌아다니며 구경하는 것. ¶~ 여행 / 시내 ~. **관광-하다** 동(타)여 ¶유적지를 ~.

관광-객(觀光客) 명 관광하러 다니는 사람. ¶~ 유치 / ~이 줄을 잇다.

관광-단(觀光團) 명 관광을 목적으로 한 여행 단체.

관광-단지(觀光團地) 명 관광지를 중심으로 구획 조성된 지역.

관광-버스(觀光bus) 명 관광객을 위하여 운행하는 버스.

관광^산업(觀光産業) 관광객에게 교통이나 숙박, 오락 등의 서비스를 제공하는 영업의 총체. 비레저 산업.

관광-지(觀光地) 명 경치가 좋고, 사적·문화재·온천 따위가 있어 관광객이 모이는 곳.

관광-특구(觀光特區)[-꾸] 명 관광지 가운데서 일정한 범위를 정하여 특권을 부여하는 구역. 주로, 영업시간의 제한을 받지 않음.

관광-호텔(觀光hotel) 명 큰 도시나 명승지·해변가 등의 경치가 좋고 휴양하기 편리한 지역에 있는 호텔.

관괘(觀卦) 명 64괘의 하나. 손괘(巽卦)와 곤괘(坤卦)가 거듭된 것으로, 바람이 땅 위로 행함을 상징함. 준관(觀).

관구(棺柩) 명 =관(棺).

관구(管區) 명 1 '관할 구역'의 준말. ¶~ 사령부. 2 [가] 교회의 행정 구역으로, 교구(敎區)보다 큰 단위.

관군(官軍) 명 지난날 정부 편의 군대. =관병. ▷민병·사병(私兵).

관권(官權)[-꿘] 명 국가 기관 또는 관리의 권력. ¶~ 남용 / ~ 개입. ↔민권(民權).

관규(官規) 명 관청의 규율. 또는, 관리에 대한 규칙.

관급(官給) 명 (돈이나 물품을) 관청에서 지급하는 것. **관급-하다** 동(타)여

관기¹(官妓) 명 전날에, 관청에 딸려서 가무(歌舞)와 기악(妓樂) 따위를 하던 기생.

관기²(官紀) 명 관리들이 지켜야 할 규율. ¶~가 문란해지다.

관기-숙정(官紀肅正)[-쩡] 명 문란해진 관청의 규율을 바로잡음. **관기숙정-하다** 동(자)여

관남(關南) 명 [지] 마천령 이남의 땅. 함경남도를 두루 일컬음. ↔관북(關北).

관납(官納) 명 관청에 납품하는 것. **관납-하다** 동(타)여 **관납-되다** 동(자)

관내(管內) 명 관할 구역의 안. ¶~ 소방서 /~를 순시하다. ↔관외(管外).

관념(觀念) 명 1 어떤 사물에 대해 비교적 오랜 시간에 걸쳐 알게 모르게 이뤄진 생각이나 의식. ¶고정 ~ / 시간 ~. 2 현실과 동떨어진 추상적이고 이론적인 생각. ¶~의 유희에 빠진 공소한 이론. 3 [불] 마음을 고요하게 하여, 불타의 진리를 관찰하고 생각함. 4 [철] 대상에 대한 인간의 인식이나 의식 내용. 비표상(表象).

관념-론(觀念論)[-논] 명 1 [철] 물질 또는 자연에 대하여, 정신 또는 의식(意識)을 더욱 근원적인 본질이라고 생각하는 입장. =이상주의·관념주의. ↔실재론·유물론. 2 머릿속에서 생각하여 낸, 현실과는 동떨어진 이론.

관념-시(觀念詩) 명 [문] 사상이나 철학적 관념을 제재로 한 시.

관념^유희(觀念遊戱)[-뉴히] 명 [문] 현실을 도외시하고 추상적·이론적인 관념에 매달려 탐닉하는 일.

관념-적(觀念的) 관명 1 관념에 바탕을 둔 (것). 2 현실에 의하지 않고 추상적·공상적인 (것).

관념-주의(觀念主義)[-의/-이] 명 1 [예] 객관적인 대상을 주관에 따라 그 가치를 결정하고 표현하는 예술상의 주의. 2 [철] =관념론1.

관노(官奴) 명 [역] =관노비. ↔사노(私奴).

관-노비(官奴婢) 명 [역] 관가에 딸려 있는 노비. 준관노. 비공노비. ↔사노비(私奴婢).

관능(官能) 명 1 생물이 생리적 기관에 의하여 영위하는 작용. 2 오관(五官) 및 감각의 작용. 3 특히, 인간의 성적(性的)인 감각 작용. ¶~을 자극하는 소설.

관능-미(官能美) 명 성적인 감각을 자극하는 아름다움. ¶~를 물씬 풍기는 육체파 여배우.

관능-적(官能的) 관명 성적인 감각을 자극하는 (것). 또는, 성욕을 불러일으키는 (것). ¶말초적·육감적. ¶소설의 ~ 묘사 / ~인 매력을 가진 육체파 여배우.

관능-주의(官能主義)[-의/-이] 명 1 동물적 관능의 충족을 우선적으로 추구하는 태도. 2 감각에서 미적 의의가 있다고 보고 예술 표현에 있어서 감각을 중시하는 입장. =센슈얼리즘.

관-다발(管-) 명 [식] 식물체 내에 있어 수분이나 양분, 기타 물질의 통로가 되는 조직. 대롱 모양의 세포나 섬유로 이루어짐. =관속(管束)·유관속(維管束).

관대(款待) 친절하게 대하거나 정성껏 대접하는 것. ¶~를 받다. **관대-하다**¹ 동(타)여

관대²(寬大) → **관대-하다**² 형여 (태도가) 잘못을 따지거나 않고 너그럽게 받아들이는 상태에 있다. ¶**관대한** 처분. **관대-히** 부 ¶잘못을 뉘우치고 있으므로 이번만은 ~ 용서해 주겠다.

-관데 어미 '무엇, 얼마나, 어찌' 등과 함께 쓰여, 어떤 사실에 대하여 그 까닭을 캐어물을 때 예스럽게 쓰는 연결 어미. 비-기에. ¶네가 무엇이 ~ 이리 함부로 구느냐? / 얼마나 사랑하~ 그리도 못 잊느냐? ×-건대.

관도(官途)〖명〗관리의 길. 비벼슬길.
관동(關東)〖지〗대관령 동쪽 지방. 곧, 강원도 지방. ↔관서(關西).
관동-별곡(關東別曲)〖문〗1 조선 선조 때, 정철(鄭澈)이 관동 팔경을 돌아보며 읊은 시가. 2 고려 충숙왕 때, 안축(安軸)이 관동 지방의 절경을 보고 읊은 경기체가.
관동^팔경(關東八景)〖명〗강원도 동해안에 있는 여덟 명승지. 곧, 간성의 청간정(淸澗亭), 강릉의 경포대(鏡浦臺), 고성의 삼일포(三日浦), 삼척의 죽서루(竹西樓), 양양의 낙산사(洛山寺), 울진의 망양정(望洋亭), 통천의 총석정(叢石亭), 평해의 월송정(越松亭). =영동 팔경.
관두(關頭)〖명〗가장 중요한 지경. 비고비. ¶흥망의 ~에서다.
관!-두다〖동(타)〗'고만두다'의 준말. ¶하기 싫으면 관둬라.
관둔-전(官屯田)〖명〗〖역〗고려·조선 시대에 각 지방 관아의 둔전. ▷둔전.
관등¹(官等)〖명〗군인·관리의 등급. 비관계(官階).
관등²(觀燈)〖명〗〖불〗1 음력 4월 8일에 부처의 탄생을 축하하기 위해 절과 거리에 많은 불을 밝히는 일. 2 절의 주요 행사 때 많은 등불을 밝히는 일.
관등-놀이(觀燈-)〖명〗〖민〗관등절에 하는 놀이. 집집마다 등을 달고, 제등 행렬·불꽃놀이 등을 하였음. 관등놀이-하다〖동(자)(여)〗
관등-절(觀燈節)〖명〗〖불〗석가의 탄생일인 음력 4월 8일을, 관등하는 명절이라 하여 이르는 말.
관디〖역〗옛날 벼슬아치의 공복(公服). 지금은 전통 혼례에 신랑이 입음. =관복(官服). 원관대(冠帶).
관디-벗김[-벋낌]〖명〗〖민〗신랑이 초례(醮禮)를 마치고 관디를 벗을 때에 갈아입도록 신부 집에서 마련한 옷. =긴옷벗김.
관람(觀覽)〖관-〗〖명〗(연극·영화·운동 경기·전람회 따위를) 극장·영화관·경기장·전람회장 등에 가서 구경하는 것. ¶영화 ~. 관람-하다〖동(타)(여)〗¶연극을 ~.
관람-객(觀覽客)〖관-〗〖명〗영화관·극장·전람회 등에서 관람하는 사람.
관람-권(觀覽券)〖관-뀐〗〖명〗관람할 수 있는 표.
관람-료(觀覽料)〖관-뇨〗〖명〗관람하기 위하여 내는 요금.
관람-석(觀覽席)〖관-〗〖명〗관람할 수 있도록 마련하여 놓은 자리.
관력(官歷)〖관-〗〖명〗관리로서의 경력.
관련(關聯)〖관-〗〖명〗사물과 사물, 현상과 현상 사이에 서로 관계가 있어 연결되는 것. 비연관. ¶컴퓨터 산업 ~ 업체 / 나는 그 사건과는 아무 ~이 없다. **관련-하다**〖동(자)(여)〗(주로, 동 '과(와) 관련하여'의 꼴로 쓰여〉(무엇과) 관계를 맺거나 연결을 짓다. ¶경기 침체와 **관련하여** 정부가 내놓은 대책. **관련-되다**〖동(자)〗¶시국과 **관련된** 사건.
관련-성(關聯性)〖관-썽〗〖명〗관련이 되는 특성이나 성질. 비연관성.
관련-짓다(關聯-)〖관-짇따〗〖동(타)(人)〗〈-지으니, -지어〉(사물과 사물, 현상과 현상 사이를) 서로 관계를 맺게 하다. ¶청소년 비행과 가정환경을 **관련지어** 생각하다.
관령(官令)〖관-〗〖명〗관청의 명령.
관례¹(冠禮)〖관-〗〖명〗옛날에, 남자가 성년에 이르면 상투를 틀고 갓을 쓰게 하던 예식. ¶~를 치르다. ¶계례(筓禮). ▷성년식. 관례-하다〖동(자)(여)〗
관례²(慣例)〖관-〗〖명〗습관처럼 된 선례(先例). ¶관례 / ~에 따르다 / ~이 되다.
관록¹(官祿)〖관-〗〖역〗관원에게 주는 봉급. =관봉(官俸). ¶~을 먹다.
관!록(貫祿)〖관-〗〖명〗어떤 분야의 일에 오랜 경험이 쌓여 생긴 이력. 또는, 그 이력에 따른 능숙함. ¶~이 붙다 / ~을 보이다 / 그는 ~을 자랑하는 야구 감독이다.
관료(官僚)〖관-〗〖명〗1 같은 관직에 있는 동료. 2 관리, 특히, 정치에 영향력을 가지는 고급 관리의 무리.
관료-의식(官僚意識)〖관-〗〖명〗관료들이 가지고 있는 권위적·독선적·형식적인 불건전한 의식.
관료-적(官僚的)〖관-〗〖관(명)〗관료에게 특유한 (것). 곧, 권위주의적·독선적·형식적인 (것).
관료-전(官僚田)〖관-〗〖명〗〖역〗통일 신라 시대에 관료에게 녹봉 대신 주던 토지.
관료^정치(官僚政治)〖관-〗〖명〗〖정〗1 의회나 정당이 아닌 관료 세력에 의하여 좌우되는 정치 형태. 2 독선적·형식적·비민주적·권위주의적인 정치의 총칭.
관료-제(官僚制)〖관-〗〖명〗1 엄격한 권한의 위임과 전문화된 직무의 체계를 가지고 합리적인 규칙에 따라 조직의 목표를 능률적으로 실현하는 관리 운영의 체계. 2 경직된 형식의 중시, 권위주의적인 경향을 가진 제도나 기구를 비판적으로 말하는 경우에 쓰이는 말.
관료-주의(官僚主義)〖관-의/관-이〗〖명〗관료 정치 아래에 있는 관청이나 사회 집단에서 흔히 볼 수 있는, 권위적·독선적·형식적인 태도를 취하는 주의.
관료주의-적(官僚主義的)〖관-의/관-이〗관료주의적 특성을 가지는 (것). ¶~ 사고.
관!류(貫流)〖관-〗〖명〗1 (하천 따위가) 관통하여 흐르는 것. 2 어떤 현상이나 사실이 바탕에 깔려 있음을 비유하여 이르는 말. 관!류-하다〖동(자)(타)(여)〗¶평야를 **관류하는** 강 / 이 작품 속에는 민족주의 정신이 **관류하고** 있다.
관리¹(官吏)〖관-〗〖명〗관직에 있는 사람. =관헌. 비벼슬아치.
관리²(管理)〖관-〗〖명〗1 사람을 통제하고 지휘·감독하는 것. ¶부하 ~ / 학생 ~. 2 시설이나 물건의 유지·개량 따위를 꾀하는 것. ¶시설 ~ / 물품 ~. 3 일을 맡아 처리하는 것. ¶업무 ~ / 품질 ~. 4 건전한 심신의 유지나 성장을 꾀하는 것. ¶건강 ~ / 체력 ~. 관리-하다〖동(타)(여)〗¶창고를 ~. 관리-되다〖동(자)〗
관리-관(管理官)〖관-〗〖명〗국가 공무원의 직급의 하나. 일반직 공무원 가운데 가장 높은 계급으로 이사관의 위이며 1급임.
관리-권(管理權)〖관-꿘〗〖명〗〖법〗남의 재산을 맡아 보존·이용·개량 등의 관리 행위를 할 수 있는 권리.
관리-비(管理費)〖관-〗〖명〗아파트나 건물·빌딩 등을 관리하는 데 드는 비용.
관리-인(管理人)〖관-〗〖명〗1 위탁받아서 시설을 관리하는 사람. ¶빌딩 ~ / 아파트 ~. 2〖법〗사법상, 남의 재산을 관리하는 사람. ¶법정 ~. 3〖법〗회사의 정리 수속 및 회사 재생 절차에서 재판소가 선임하여 그 회사의 업무 및 재산 관리를 맡게 한 사람. =관리자.
관리-자(管理者)[괄-] 명 1 =관리인. 2 기업에서, 간부직에 있는 사람. ¶최고 ~ / 중간 ~ / 현장 ~.
관리^종!목(管理種目)[괄-] 명 [경] 상장 회사의 영업 정지 또는 부도 발생 등과 관련하여 주권(株券)의 상장 폐지 기준에 해당되는 종목. =관리 대상 종목.
관리-직(管理職)[괄-] 명 관리 또는 감독을 하는 지위에 있는 직종. ¶중간 ~.
관리^통화^제!도(管理通貨制度)[괄-] 명 [경] 통화 당국이 정책 목표에 따라 통화량을 인위적으로 조정하려고 하는 제도. =통화 관리.
관립(官立)[괄-] 명 관청에서 세워서 운영하는 일. ▷민립(民立).
관망¹(冠網) 명 =갓망건. 관망-하다¹ 재 갓과 망건을 갖추어 쓰다.
관망²(觀望) 명 형세를 바라보는 것. 관망-하다² 통 탄여 ¶정국(政局)을 ~.
관망-세(觀望勢) 명 어떤 일이 되어 가는 형편을 가만히 바라보는 기세. ¶~를 보이다 / ~을 유지하다.
관-머리(棺-) 명 시체의 머리가 놓이는, 관(棺)의 위쪽.
관명¹(官名) 명 벼슬 이름.
관명²(冠名) 명 관례를 치르고 어른이 되고 나서 새로 지은 이름. ↔아명(兒名).
관모¹(冠帽) 명 관리가 쓰는 제모(制帽).
관모²(冠毛) 명 1 [식] =갓털. 2 [동] =도가머리1.
관!목(灌木) 명 [식] 일반적으로 사람의 키보다 작고 원줄기와 가지의 구별이 확실하지 않은 나무. 수국·진달래·앵두나무 등. =떨기나무. ↔교목(喬木).
관!목-대(灌木帶)[-때] 명 [식] 식물의 수직 분포대의 하나. 한랭·건조 등으로 삼림이 이루어지지 않아 누운잣나무·사스래나무 따위가 자라는 지대.
관문¹(關文) 명 [역] 조선 시대, 상급 관청에서 하급 관청으로 보내던 공문서.
관문²(關門) 명 1 국경이나 요새의 성문. 2 경계에 세운 문. ¶조령(鳥嶺) 제1~. 3 적을 막기에 좋은 목. 4 어떤 일을 하기 위하여 통과해야 할 초입. ¶입학시험이라는 어려운 ~을 통과하다.
관물(官物) 명 관청의 물건. ↔사물(私物).
관민(官民) 명 관리와 국민. ¶~ 합동 조사.
관법(觀法) 명 1 [불] 마음으로 진리를 관찰하는 일. 2 인상(人相)을 보는 법.
관변(官邊) 명 관청 쪽 또는 관청 계통. ¶~ 단체. 2 [역] 조선 시대에 나라에서 정한 변리. 연 1할이었음.
관병¹(官兵) 명 [군] =관군(官軍).
관병²(觀兵) 명 [군] 1 군의 위력을 보이는 것. 2 =열병(閱兵)¹. ¶~-식(式). 관병-하다 통 재
관보(官報) 명 1 정부가 일반에게 널리 알릴 사항을 실어 발행하는 인쇄물. 2 관공서에서 보내는 공용(公用) 전보.
관복¹(官服) 명 1 군(軍)이나 관(官)에서 지급한 제복이나 정복. 2 벼슬아치가 입던 정복. 3 [역] =관디. ▷사복(私服).
관복²(官福) 명 관리로서 출세하도록 타고난 복. =관운(官運). ¶~이 있다.

관부(官府) 명 [역] 1 조정이나 정부. 2 =관아(官衙).
관북(關北) 명 [지] 마천령 북쪽 지방. 곧, 함경북도 지방을 두루 일컫는 말. ↔관남.
관!불-회(灌佛會) 명 [-회/-훼] [불] 석가가 탄생한 날을 기념하는 행사. 음력 4월 8일에 화초로 꾸민 조그만 집에 불상을 모시고 감차(甘茶)를 그 머리 위에 끼얹음. 준관불.
관비¹(官婢) 명 [역] 관가의 계집종. ▷관노비.
관비²(官費) 명 관청에서 내는 비용. 비공비(公費).
관비-생(官費生) 명 관에서 지급하는 장학금으로 공부하는 학생. ▷사비생.
관사¹(官舍) 명 관청에서 지은 관리의 집. =공사(公舍).
관사²(冠詞) 명 [언] 구미어(歐美語) 등에서 명사 앞에 놓여, 단수·복수·성(性)·격(格) 등을 나타내는 품사. 정관사와 부정 관사가 있음.
관산(關山) 명 1 고향의 산. 2 고향.
관상¹(管狀) 명 대롱과 같은 모양.
관상²(觀相) 명 사람의 생김새를 보고 그의 운명·수명·성격 따위를 판단하는 일. ¶댁의 ~을 보아하니 관계(官界)로 나가면 성공하겠소. ▷수상(手相). 관상-하다¹ 재타여
관상³(觀賞) 명 보고 즐기는 것. 관상-하다² 통타여
관상-가(觀相家) 명 [민] 사람의 얼굴 형상을 보고 그 사람의 운명을 판단하는 것을 직업으로 하는 사람. =상자(相者).
관상-감(觀象監) 명 [역] 조선 세종 때 서운관(書雲觀)을 고친 이름. 천문·지리·역수(曆數)·기후 관측·각루(刻漏) 등을 맡아보았음.
관상-수(觀賞樹) 명 관상(觀賞)을 목적으로 가꾸는 나무.
관상-술(觀相術) 명 [민] 관상하는 방법.
관상-식물(觀賞植物)[-싱-] 명 보고 즐기기 위하여 가꾸는 나무나 풀.
관상^신경계(管狀神經系)[-계/-게] [생] 척추동물에 분포되어 있는 집중 신경계. 앞쪽에서 뇌, 뒤쪽에서 척수(脊髓)가 분화함. ▷사다리 신경계.
관상-어(觀賞魚) 명 관상(觀賞)을 목적으로 기르는 물고기. 금붕어·열대어 등.
관상-용(觀賞用)[-농] 명 두고 보면서 즐기는 데 소용되는 것.
관상-쟁이(觀相-) 명 '관상가'를 홀하게 이르는 말. 준상쟁이.
관서¹(官署) 명 1 관청과 그 보조 기관의 총칭. 2 [역] =관아(官衙).
관서²(關西) 명 [지] 마천령 서쪽 지방인 평안도와 황해도 북부 지역. ↔관동(關東).
관선¹(官線) 명 국가·공공 단체에서 설치한 전선이나 철도. ↔사선(私線).
관선²(官選) 명 관청에서 뽑는 일. ¶~ 위원. ↔민선(民選). 관선-하다 통타여 관선-되다 통
관설(官設) 명 관청에서 설립하거나 시설하는 것. ¶~ 철도. 관설-하다 통타여
관성(慣性) 명 [물] 물체가 외부의 힘을 받지 않는 한 정지 또는 운동의 상태를 지속하려고 하는 성질. =타성(惰性).
관성^바퀴(慣性-) 명 [물] 회전 속도를 고르게 하기 위한, 크랭크축에 달린 바퀴. =플라이휠.

관성의 법칙(慣性-法則) [-의-/-에-] [물] 뉴턴의 운동의 제1법칙. 밖으로부터의 작용이 없으면 물체는 정지(靜止) 또는 등속도 운동 상태를 계속한다는 것. ▷운동의 법칙.

관세(關稅) [명][법] 화물이 국경을 통과할 때 부과되는 조세(租稅). =통관세. ¶사치성 수입품에 높은 ~을 부과하다.

관세^동맹(關稅同盟) [명][경] 둘 이상의 국가가 관세 제도를 통일하기 위하여 맺는 동맹.

관세^무^역^일반^협정(關稅貿易一般協定) [-쩡] [명] 관세(關稅), 수출입 규제 등 무역 장애를 줄이거나 폐지하고 국제 무역의 자유, 무차별 원칙의 확립을 지향하는 국제 협정. 1947년에 제네바에서 조인되고, 1995년에 새롭게 세계 무역 기구(WTO)에 업무를 이관함. =가트·제네바 관세 협정.

관세-사(關稅士) [명][법] 통관 절차를 대신해 주거나 관세법상의 쟁의·소송 따위를 대신해 주는 사람.

관세음-보살(觀世音菩薩) [명][불] 보살의 하나. 괴로울 때 그 이름을 정성으로 외면 그 음성을 듣고 구제해 준다고 함. =관자재보살·대비(大悲)·대비관음·대비보살. ¶나무 ~. ㊣관음·관음보살.

관세^장벽(關稅障壁) [명][경] 높은 관세를 수입품에 부과하여 국내 산업을 유리하게 하는 기능. ¶각국의 ~을 뚫고 수출을 늘려야 한다.

관세-청(關稅廳) [명] 재정 경제부 장관 소속하에 설치된 기관의 하나. 관세의 부과·감면·징수와 수출입 물품의 통관 및 밀수입 단속에 관한 사무를 관장함.

관속(官屬) [명] 지방 관청의 아전과 하인의 총칭. ¶육방 ~을 거느리고 행차하다.

관-솔 [명] 송진이 많이 엉긴 소나무의 가지나 옹이. 불이 잘 붙으므로, 예전에는 불을 밝히는 도구로 이용했음. =송명(松明).

관-솔-불[-뿔] [명] 관솔에 붙인 불. =송명. ㊣솔불.

관수¹(官需) [명] 관청의 수요. ¶~ 물자. ↔민수(民需).

관¹수²(灌水) [명] =관개(灌漑). 관¹수-하다 [동](자)(여)

관습(慣習) [명] 사회적으로 인정된 질서나 습관. 일정한 사회 내부에서 역사적으로 성립·발달하여 정착되어 온 상습적·전통적인 행위 양식을 말함. ¶~을 따르다. ▶인습.

관습-도감(慣習都監) [-또-] [명][역] 고려 말기부터 조선 초기까지 있던 관청. 향악(鄕樂)과 당악(唐樂)을 가르쳤음.

관습-법(慣習法) [-뻡] [명][법] 법률과 동일한 효력을 갖는 관습. 불문법(不文法)의 전형적인 것으로서 성문법(成文法)에 대한 보충적인 효력을 가짐. =관례법·습관법. ▷불문법.

관습-적(慣習的) [-쩍] [관][명] 관습으로 되는 (것).

관식(官食) [명] 유치장·교도소 등에 갇혀 있는 사람에게 관청에서 주는 음식. ↔사식(私食).

관심(關心) [명] 어떤 일이나 대상에 흥미를 가지고 마음을 쓰거나 알고 싶어 하는 상태. ¶이성에 ~을 가질 나이 / 최근 노사(勞使) 문제가 사회적 ~을 끌고 있다.

관심-거리(關心-) [-꺼-] [명] =관심사.

관심-사(關心事) 흥미를 가지고 관심이 기울이는 일. =관심거리. ¶이번 대통령 선거에서 누가 당선되느냐가 최대의 ~이다.

관아(官衙) [명][역] 관원이 모여 나랏일을 처리하는 곳. =공당(公堂)·공서(公署)·공아(公衙)·관부(官府)·관서(官署)·마을.

관악(管樂) [명][음] 관악기로 연주하는 음악. ㉻취주악. ▷현악(絃樂).

관악-기(管樂器) [-끼] [명][음] 입으로 불어서 관 안의 공기를 진동시켜 소리를 내는 악기. 목관 악기와 금관 악기가 있음. =취주 악기. ▷현악기·타악기.

관악-대(管樂隊) [명][음] 금속제의 관악기를 주체로 하여 편성된 악대. =브라스 밴드·취주 악대.

관업(官業) [명] 정부에서 경영하는 사업. 우편·전신·철도 등이 있음. =관영사업. ↔민업(民業).

관여(關與) [명] (어떤 일에) 관계하여 참여하는 것. ▷간여. 관여-하다 [동](자)(여) ¶암 발생에 관여하는 유전자 / 그는 오랫동안 인권 운동에 깊이 관여했다.

관엽^식물(觀葉植物) [-씽-] [명][식] 잎사귀의 모양이나 빛깔을 보고 즐기기 위하여 재배하는 식물. 단풍나무·고무나무 따위.

관영(官營) [명] 기업·단체, 사업 등이 관(官)이 운영하는 상태인 것. ㉻국영(國營). ¶중국~ 신화사 통신.

관옥(冠玉) [명] 1 관(冠)의 앞을 꾸미는 옥. =면옥(面玉). 2 남자의 아름다운 얼굴을 비유한 말.

-관왕(冠王) 2 이상의 숫자에 붙어, 운동 경기에서 복수의 금메달을 딴 사람에게 붙이는 영예로운 칭호. ¶올림픽 경기에서 3~이 되다.

관왕-묘(關王廟) [명] 중국 촉한(蜀漢)의 장수 관우(關羽)의 영을 모신 사당. =관제묘·무묘(武廟).

관외(管外) [-외/-웨] [명] 관할 구역의 밖. ↔관내(管內).

관요(官窯) [명][역] 조선 시대에 관아에서 운영하던 사기 가마. 또는, 거기서 만든 도자기. ↔민요(民窯).

관용¹(官用) [명] 관청에서 쓰기 위한 것. ¶~ 차량.

관용²(慣用) [명] 습관적으로 늘 쓰는 것. 또는, 습관된 대로 늘 쓰는 것. 관용-하다¹ [동](타)(여)

관용-되다 [동](자)

관용³(寬容) [명] 너그럽게 받아들이거나 용서하는 것. ¶~을 베풀다. 관용-하다² [동](타)(여)

관용-구(慣用句) [-꾸] [명][언] 관용적으로 둘 이상의 단어가 결합하여 특정한 뜻을 생성한 어구. 귀를 기울이다, 속이 타다 따위. =관용어.

관용-어(慣用語) [명][언] 1 습관상으로 쓰는 말. =익은말. 2 =관용구.

관용-적(慣用的) [-쩍] [관][명] 관습적으로 쓰이는 (것).

관운(官運) [명] =관복(官福)². ¶~이 트이다.

관원(官員) [명] 벼슬아치.

관유(官有) [명] 관청의 소유. ¶~지(地).

관유-림(官有林) [명] 관청 소유의 산림.

관음(觀音) [명][불] '관세음보살'의 준말.

관음-보살(觀音菩薩) [명][불] '관세음보살'의 준말.

관음-상(觀音像) [명][불] 관세음보살의 상.

관음-죽(觀音竹) [명][식] 야자과의 상록 관엽 식물. 높이 1~2m. 잎 표면은 광택이 있고

관음-증(觀淫症) [-쯩] 명 [심] 이성의 알몸이나 타인의 성교 장면 등을 몰래 훔쳐봄으로써 성적 쾌감을 얻고자 하는 심리 증세.

관인¹(官人) 명 벼슬에 있는 사람. 凹벼슬아치.

관인²(官印) 명 관청 또는 관리가 직무상으로 쓰는 도장의 총칭. =공인(公印). ↔사인(私印).

관인³(官認) 명 관청에서 인정하는 것. **관인-하다** 톙 타여

관:입(貫入) 명 1 꿰뚫어 들어가는 일. 2 [지] 마그마가 지층이나 암석을 뚫고 들어가는 일. **관:입-하다** 톙 자여

관자(貫子) 명 망건에 달아 망건당줄을 꿰는 작은 고리. ¶옥(玉)~.

관자-놀이(貫子-) 명 사람의 얼굴에서, 귀와 눈 사이의 맥이 뛰는 자리.

관작(官爵) 명 관직과 작위. ¶~을 받다.

관장(官長) 명 [역] 시골 백성이 고을 원을 높여 일컫는 말.

관장²(管掌) 명 (어떤 기관이나 단체나 직책을 가진 사람이) 맡아서 처리하는 것. =장관. **관장-하다**¹ 톙 타여 ¶교통 업무를 **관장하는** 부서.

관장³(館長) 명 1 도서관·박물관 등과 같이, '관(館)' 자가 붙는 기관의 우두머리. ¶도서관 ~. 2 [역] 성균관의 우두머리 벼슬.

관:장⁴(灌腸) 명 [의] 대변을 잘 나오게 하거나 영양을 보급하거나 병 마취 등을 하기 위해 항문을 통해 직장·대장 안에 약물을 주입하는 일. ¶약물 ~. **관:장-하다**² 톙 자여

관:장-제(灌腸劑) 명 [약] 관장하는 데 쓰는 약제.

관재¹(官災) 명 관가로부터 받는 재앙. =관액(官厄).

관재²(棺材) 명 널을 만드는 재목. =널감. 凹관재(板材).

관재-수(官災數) [-쑤] 명 [민] 관재를 입을 운수.

관재-인(管財人) 명 [법] =재산 관리인.

관저(官邸) 명 높은 관리가 살도록 정부에서 관리하는 집. ¶대통령 ~. ↔사저(私邸).

관:적(貫籍) 명 1 =본관(本貫)². 2 =본적지.

관전¹(官錢) 명 1 나라에서 만든 돈. ↔사전(私錢). 2 관가의 돈.

관전²(觀戰) 명 1 전쟁의 실황을 구경하는 것. 2 운동이나 바둑 등의 승부 다툼을 참관하는 것. **관전-하다** 톙 자타여 ¶관계 인사들이 **관전하는** 가운데 축구 경기가 벌어졌다.

관전-기(觀戰記) 명 관전하고 나서 그 내용과 느낌을 쓴 글. ¶바둑 ~.

관전-평(觀戰評) 명 경기 따위를 보고 나서 하는 평.

관절(關節) 명 [생] 사람이나 동물의 골격에서, 뼈와 뼈가 이어진 부분. =마디. 凹뼈마디.

관절-염(關節炎) [-렴] 명 [의] 관절에 생기는 염증. 관절부가 붓고 쑤시고 아프며 운동 장애 등의 증상이 따름.

관점(觀點) [-쩜] 명 사물을 관찰할 때의 그 사람이 보는 각도나 입장. 凹견지(見地). ¶한 가지 사물을 보아도 다른 ~에서 보면.

관제¹(官制) 명 [법] 국가의 행정 조직 및 권한을 정하는 법규. 凹직제(職制). ¶~ 개편.

관제²(官製) 명 관청이나 정부가 경영하는 기업체에서 만드는 일. 또는, 그 만든 물건. ↔사제(私製). **관제-하다**¹ 톙 타여

관제³(管制) 명 관리하여 통제하는 것. 특히, 국가가 필요에 따라 강제적으로 관리·제한하는 것. ¶등화~/보도(報道)~. **관제-하다**² 톙 타여

관제-엽서(官製葉書) [-써] 명 정부에서 만들어 파는 우편엽서.

관제-탑(管制塔) 명 비행장에서 안전과 능률을 위하여 항공 교통 관제를 행하는 탑. =항공관제탑.

관조(觀照) 명 1 (대상을) 거리를 두고 냉정하게 근원적 관점에서 바라보거나 관찰하는 것. ¶~의 자세. 2 미학(美學)에서, 미(美)를 직접적으로 인식하는 것. **관조-하다** 톙 타여

관족(管足) 명 [동] 극피동물의 수관계(水管系)에 붙은 발. 대롱과 같이 생긴 이것을 자유롭게 놀려 몸을 이동하고 숨을 쉼.

관존-민비(官尊民卑) 명 관리는 높이고 귀히하며 백성은 낮고 천하다는 사고방식.

관:주(貫珠) 명 글자나 시문(詩文)의 잘된 곳에 치는 동그라미.

관-주인(館主人) [-쭈-] 명 [역] 성균관에 응시하려고 서울에 올라온 시골 선비가 성균관 근처에서 묵는 집. 또는, 그 집의 주인. =반주인(泮主人).

관:중¹(貫中) 명 화살이 과녁의 복판에 맞는 것. **관:중-하다** 톙 자여 **관:중-되다** 톙 자

관:중²(貫衆) 명 [식] 양치식물 면마과의 여러해살이풀. 뿌리줄기는 덩이 모양이고, 이것을 말린 것을 '면마근(綿馬根)'이라고 하며 구충제로 사용함. =면마(綿馬).

관중³(觀衆) 명 연극·운동 경기 등을 구경하는 무리. ¶많은 ~이 극장에 몰려들다.

관중-석(觀衆席) 명 관중이 앉는 자리.

관직(官職) 명 관리가 국가로부터 위임받은 일정한 범위의 직무, 또는 그 지위. 凹벼슬. ¶~에 오르다 / ~을 박탈당하다. ㈜직.

관찰(觀察) 명 (사물 현상의 형편이나 동태 따위를) 주의 깊게 살펴보는 것. **관찰-하다** 톙 타여 ¶식물의 세포를 현미경으로 ~ / 날씨의 변화를 ~. **관찰-되다** 톙 자

관찰-력(觀察力) 명 사물이나 현상을 관찰하는 능력.

관찰-사(觀察使) [-싸] 명 [역] 조선 시대의 외관직 문관의 종2품 벼슬로, 각 도의 지방 장관. =감사(監司)·도백(道伯)·방백(方伯).

관:철(貫徹) 명 (어떤 뜻이나 주장 등을) 굽히지 않고 밀고 나가는 것. **관:철-하다** 톙 타여 ¶초지(初志)를 ~. **관:철-되다** 톙 자 ¶노동자들은 자기네의 의지가 **관철될** 때까지 해산하지 않겠다고 선언했다.

관청(官廳) 명 국가 사무를 취급하는 국가 기관. 또는, 그 사무를 실제로 집행하는 곳. =관헌(官憲).

관청-색(官廳色) 명 [역] 조선 시대에 수령(守令)의 음식물을 맡아보던 아전. =관청빗.

관측(觀測) 명 1 (천체나 기상 등을) 자연 과학적 방법에 의하여 그 변화와 움직임을 관찰 또는 측정하는 것. ¶기상~/위성~. 2 상황이나 형편을 살펴 헤아리는 것. **관측-하다** 톙 자타여 ¶천체를 ~ / 적정(敵情)을 ~. **관측-되다** 톙 자 ¶경기(景氣)가 차츰 회복될 것으로 **관측된다.**

관측-기구(觀測氣球) [-끼-] 명 고공(高

空)의 대기 상태나 포탄의 탄착을 관측하는 기구.

관측-소(觀測所) [-쏘] 圐 1 [천] 기상·천문·지학 등을 연구하기 위하여 자연현상을 관찰·측정·기록하는 곳. 천문대·기상대 따위. 2 [군] 적의 동태를 살피기 위하여 여러 가지 관측 장비를 설치한 곳. ¶레이더 ~. 3 [군] 포병과 (砲兵科)에서 적의 동정을 살펴 대포알을 목표물로 유도하는 곳. = 오피(OP).

관측-통(觀測通) 圐 언론에서, 정계·재계 등 어떤 방면의 동정을 잘 관측하는 사람. 또는, 그 기관.

관치(官治) 圐 '관치행정'의 준말. ↔자치.

관치-행정(官治行政) [-쩡] 圐 직접 국가의 행정 기관의 의하여 행해지는 행정. 준관치. ↔자치 행정.

관-통(貫通) 圐 (어떤 물체나 대상이 다른 물체나 대상을) 꿰뚫거나 가로질러 통과하는 것. ¶동서 ~ 도로. **관.통-하다** 匨匜匜 ¶총알이 흉부를 ~ / 강이 도심을 ~. **관.통-되다** 匨匝

관.통-상(貫通傷) 圐 총탄 등이 몸을 꿰뚫고 나간 상처. ¶복부에 ~을 입다.

관폐(官弊) [-폐/-페] 圐 관리의 잘못으로 말미암은 폐단. ↔민폐(民弊).

관포지교(管鮑之交) 圐 중국의 관중(管仲)과 포숙아(鮑叔牙)의 우정이 퍽 두터웠다는 고사에서) 아주 친한 친구 사이의 사귐. 匣 수어지교(水魚之交).

관하(管下) 圐 관할하는 구역이나 범위. ¶~각 경찰서에 수배자 명단을 배포하다.

관-하다(關-) 匨匜匜 ('…에 관해(서)', '…에 관하여', '…에 관한'의 꼴로 쓰여) 무엇을 소재로 하거나 대상으로 하다. ¶미국 대통령 선거에 **관한** 뉴스 / 이 시간에는 여성의 사회 참여에 **관하여** 이야기해 봅시다.

관학(官學) 圐 1 나라에서 세운 교육 기관. 2 [역] 나라에서 인재를 양성하기 위해 세운 학교. 국자감·성균관·향교 따위. ↔사학(私學).

관할(管轄) 圐 권한에 의하여 통제하거나 지배하는 것. 또는, 그 권한이 미치는 범위. ¶이 사건은 서대문 경찰서 ~에 속한다. **관-하다** 匨匜匜

관할^구역(管轄區域) 圐[법] 관할권이 미치는 구역. 준관구.

관할-권(管轄權) [-꿘] 圐[법] 특정한 사건에 대하여 법원이 처리할 수 있는 권한.

관행(慣行) 圐 1 예전부터 습관적으로 늘 그렇게 행하는 일. ¶~을 따르다. 2 한 가지 일을 자주 행하는 것. 3 숙달하여 잘하는 것. **관행-하다** 匨匜匜

관.향(貫鄕) 圐 =본관(本貫)².

관허(官許) 圐 정부의 허가. =공허(公許).

관헌(官憲) 圐 1 관청의 법규. 2 =관청(官廳). 3 =관리(官吏)¹.

관현-악(管絃樂) 圐[음] 여러 가지의 관악기·현악기·타악기를 조화시킨 대규모의 합주.

관현악-단(管絃樂團) [-딴] 圐[음] 관현악을 연주하는 단체. =오케스트라.

관형-격(冠形格) [-껵] 圐[언] 어떤 체언이 관형어의 기능을 가지고 있음을 나타내는 격. =소유격·속격(屬格).

관형격^조.사(冠形格助詞) [-껵쪼-] 圐[언] 체언 아래에 붙어서, 그 체언을 관형어로 만드는 격 조사.

관형-사(冠形詞) 圐[언] 품사의 하나. 체언 앞에 놓여 그 체언의 내용을 구체적으로 정하여 주는 뜻을 가지는 단어. 조사를 취하지 않고, 활용하지 않음. 성상 관형사·지시 관형사·수 관형사 등으로 나뉨. '새', '이', '한' 따위. =매김씨.

관형사-구(冠形詞句) 圐[언] 관형사의 구실을 하는 구. 가령, '높고 푸른 하늘'의 '높고 푸른' 따위.

관형사형 어.미(冠形詞形語尾) [언] 문장에서 용언의 어간에 붙어 관형사와 같은 기능을 수행하게 하는 어미. '-ㄴ', '-는', '-던', '-ㄹ' 따위.

관형-어(冠形語) 圐[언] 체언 위에서, 체언의 내용을 꾸며 주는 구실을 하는 문장 성분. 예를 들면 '동물의 세계'라는 말에서 '동물의', '농촌 청년'이라는 말에서 '농촌' 따위의 말. =매김말.

관형-절(冠形節) 圐[언] 관형어의 구실을 하는 절. 가령, "순희가 부친 편지가 어제 왔다."에서 '순희가 부친'이 이에 해당함. =매김마디.

관혼(冠婚) 圐 관례와 혼례.

관혼상제(冠婚喪祭) 圐 관례·혼례·상례·제례의 총칭. 匣사례(四禮).

관활(寬闊) →**활활-하다** 匨匜匜 도량이 넓고 성질이 활달하다.

관후(寬厚) →**관후-하다** 匨匜匜 너그럽고 후하다. **관후-히** 匝

괄괄-하다 匨匜匜 1 (사람의 성미가) 급하고 드세며 거침없이 행동하는 상태에 있다. 匣 괄다. ¶**괄괄한** 성미. 2 (목소리가) 굵고 낮으며 우렁찬 상태에 있다. ¶**괄괄한** 목소리. 3 (풀기가) 빳빳하고 세게 먹여진 상태에 있다. 준괄하다. **괄괄-히** 匝

괄.다 (괄.고 / 괄아) 匝〈과니, 과오〉 1 (불기운이) 맹랑 일어나 거세다. ¶잘 펴서 한창 불이 **괄** 풍로는 작은 용광로처럼 보였다. 〈박완서: 서 있는 여자〉 2 (사람의 성미가) 차분하지 못하고 불처럼 급하다. 匣괄괄하다. 3 메마르거나 부드럽지 못하고 거칠고 단단하다. ¶나뭇결이 ~. 4 나무의 옹이 부분에 뭉쳐 엉긴 진이 많다. ¶**괄** 관솔.

괄대(恝待) [-때] 圐 업신여겨 소홀히 대접하는 것. **괄대-하다** 匨匜匜

괄목(刮目) 圐 [눈을 비빈다는 뜻) (어떤 대상의 발전이 놀라울 만큼 빨라) 사람의 이목을 끄는 것. **괄목-하다** 匨匜匜 ¶한국은 최근 20~30년 동안 **괄목할** 만한 경제 발전을 이룩했다.

괄목-상대(刮目相對) [-쌩-] 圐 상대의 학식이나 재주가 놀랄 만큼 향상되어 눈을 비비고 다시 봄. **괄목상대-하다** 匨匜匜

괄세 圐 '괄시(恝視)'의 잘못.

괄시(恝視) [-씨] 圐 (사람을) 업신여겨 차게 대하는 것. ¶~을 받다. **괄시-하다** 匨匜匜 ¶돈 좀 있다고 사람을 **괄시한다**.

괄약-근(括約筋) [-끈] 圐[생] 수축되거나 이완되어 생체 기관의 통로가 열리거나 닫히는 상태를 조절하는 구실을 하는, 고리 모양의 근육. 항문·유문(幽門)·방광·눈동자 등에 있다.

괄-하다 匨匜匜 '괄괄하다'의 준말.

괄호(括弧) 圐 글에서 주로 보충적인 내용을 보이거나 할 때 사용하는 부호. 소괄호·중괄호·대괄호 등이 있음. 匣묶음표. ¶~를 치다 / ~로 묶다 /~를 열다 [닫다].

괄호-부(括弧符) [명] =묶음표.

광¦[1] [명] 세간 따위를 넣어 두는 곳간. [원]고방(庫房).

[**광에서 인심 난다**] 제 살림이 넉넉해야 남을 동정하게 된다.

광[2](光) [명] **1** =빛1. **2** 화투의 20끗짜리 패. **3** 매끈거리고 어른어른하는 윤기. [비]광택·윤(潤). ¶~이 나다 / 구두에 약을 칠하여 ~을 내다.

광¦[3](壙) [명] 시체를 묻기 위하여 판 구덩이.

-광[4](狂) [접미] 일부 명사 뒤에 쓰여, 열광적인 성벽 또는 사람을 나타내는 말. ¶수집~ / 독서~ / 낚시~ / 야구~.

광¦각^렌즈(廣角lens) [명][물] 표준 렌즈보다 초점 거리가 짧고, 화각(畫角)이 60° 이상인 렌즈. 넓은 범위에 걸치는 대상물을 촬영하는 데에 쓰임.

광견(狂犬) [명] =미친개1.

광견-병(狂犬病) [-뼝] [명][의] 포유류, 특히 개에게서 볼 수 있는 바이러스성 질환. 사람은 이 병에 걸린 개에게 물려 감염되는데, 열이 나고 호흡이 어려우며 몸이 뒤틀리고 물을 두려워하게 됨. [비]공수병(恐水病).

광경(光景) [명] 어떤 일이나 현상이 벌어지는 장면이나 모습. [비]정경(情景). ¶해돋이 ~ / 그는 아이들이 길에서 놀고 있는 ~을 물끄러미 바라보았다.

광¦고(廣告) [명] **1** (어떤 것을) 널리 알리는 것. **2** 공지 사항 또는 상품·서비스 및 기타의 정보를 여러 가지 매체(媒體)를 통하여 널리 사람들에게 알리는 일. ¶약 ~ / ~ 효과 / ~를 내다. **광¦고-하다** [동][타][여] ¶새로운 제품을 ~.

광¦고-란(廣告欄) [명] 신문·잡지 등의 광고를 싣는 난. ¶일간 신문 ~에 분실 공고를 내다.

광¦고^매체(廣告媒體) [명] 광고 내용을 소비자에게 전달하는 매개체. 신문·잡지·라디오·텔레비전·차내 포스터·옥외 광고 따위가 있음.

광¦고-문(廣告文) [명] 신문·잡지·전단 등에 광고하기 위하여 싣는 글.

광¦고-비(廣告費) [명] 광고 활동에 지출되는 경비.

광¦고-주(廣告主) [명] 광고를 낸 사람.

광¦고-지(廣告紙) [명] 광고하는 글이나 도안이 실린 종이.

광¦고-탑(廣告塔) [명] 광고하기 위하여 세운 탑.

광¦고-판(廣告板) [명] 광고하는 글이나 그림을 붙이기 위하여 만든 판.

광¦-공업(鑛工業) [명] **1** 광업과 공업. **2** 광업에 딸린 공업.

광구[1](光球) [명][천] 보통 눈으로 태양을 볼 때, 둥글게 백색광으로 보이는 부분.

광¦구[2](鑛口) [명][광] =갱구(坑口).

광¦구[3](鑛區) [명][법] 석유·석탄·광석 등을 시굴(試掘) 또는 채굴할 수 있는 일정 범위의 구역.

광¦궤(廣軌) [명][건] 철도 선로에서 궤간(軌間)이 표준 궤간(1.435m)보다 넓은 궤도. ↔협궤(狹軌).

광기(狂氣) [-끼] [명] **1** 미쳤을 때 나타나는 기운이나 증세. ¶~가 서린 눈. **2** 사람이 이성을 잃고 난폭하게 행동하는 상태를 비난조로 이르는 말. ¶그는 술만 마셨다 하면 ~를 부린다.

광-나다(光-) [동][자] **1** (물체가) 잘 닦여 윤이 나다. **2** 빛이 나다.

광-내다(光-) [동][타] '광나다'의 사동사. ¶구두를 ~.

광녀(狂女) [명] 미친 여자.

광년(光年) [명][의존][천] 태양계 이외의 천체의 거리를 나타내는, 길이의 단위. 1광년은 전자기파가 자유 공간 속을 1년 동안에 가는 거리를 말하며, 9조 4605억 3000만 km임.

광-노화(光老化) [명][의] 태양 광선에 의한 피부의 노화 현상.

광달-거리(光達距離) [명] 등대·탐조등 따위의 빛을 사람이 육안으로 식별할 수 있는 최장 거리.

광담-패설(狂談悖說) [명] 이치에 맞지 않고 도의에 어그러지는 말.

광¦대[1] [명][민] **1** 옛날에, 가면극·인형극 같은 연극이나 판소리·줄타기 등을 하던 직업적 예능인. =배우·배창(俳倡)·창우(倡優). **2** 연극을 하거나 춤을 추려고 얼굴에 물감을 칠하는 일. ¶얼굴에 ~를 그리고 이리 뛰고 저리 뛴다. ['廣大'는 취음]

광¦대[2](廣大) ➔**광¦대-하다** [형][여] 크고 넓다. ¶**광대한** 평원 / **광대한** 우주. **광¦대-히** [부]

광¦대-놀음 [명][민] 정월 보름날 호남 지방에서 행하는 놀이의 하나. 악귀를 쫓고 영복(迎福)을 비는 뜻으로, 농악대들이 호랑이·토끼 등의 가면을 쓰고 풍악을 울리며 마을을 돌아다님. =광대놀이.

광¦대-무변(廣大無邊) ➔**광¦대무변-하다** [형][여] 한없이 넓고 커서 끝이 없다. ¶**광대무변한** 우주.

광¦대-뼈 [명] 눈의 끝 아래쪽에 내민 한 쌍의 뼈. ¶~가 튀어나오다 / ~가 두드러진 마름모꼴 얼굴.

광덕(光德) [명][역] 고려 광종(光宗)이 사용한 연호(年號).

광도(光度) [명] **1** [물] 점광원(點光源)의 밝기를 나타내는 양. 단위는 촉광(燭光) 또는 칸델라. **2** [천] =항성 광도.

광도-계(光度計) [-계/-게] [명][물] 광원(光源)의 광도를 측정하는 계기.

광도^계급(光度階級) [-계-/-게-] [명][천] 별의 밝기를 절대 등급으로 나타내는 계급. 밤에 육안으로 볼 수 있는 작은 별을 6등, 그보다 100배 밝은 별을 1등으로 함.

광¦독(鑛毒) [명][광] **1** 광물을 채굴·제련할 때에 생기는 폐기물로 인한 해독(害毒). **2** 광물 속에 들어 있는 독.

광-디스크(光disk) [명] 레이저 광선을 이용하여 자료를 읽고 쓸 수 있도록 유리나 아크릴산 수지 등으로 만든, 원반상의 기록 매체. 시디나 비디오디스크에 이용됨.

광란(狂亂) [-난] [명] 미친 듯이 어지럽게 날뛰는 소란을 부리는 것. ¶~의 도가니 / 지진에 이은 대화재로 그 도시는 ~의 수라장으로 돌변하였다. **광란-하다** [동][자][여]

광란-적(狂亂的) [-난-] [관][명] 미친 듯이 날뛰는 (것).

광림(光臨) [-님] [명] 남을 높여 그가 찾아옴을 이르는 말. **광림-하다** [동][자][타][여] ¶이 누추한 곳에 **광림하여** 주시니 더없는 영광입니다.

광¦막(廣漠) ➔**광¦막-하다** [-마카-] [형][여] 아득하게 넓다. ¶**광막한** 초원[사막]. **광¦막-히** [부]

광망[1](光芒) [명] 비치는 빛살.

광¦망[2](曠茫) ➔**광¦망-하다** [형][여] 한없이 너

르다.
광-맥(鑛脈) 명 [광] 유용 광물이 암석의 갈라진 틈에 생긴 광상(鑛床). =광혈(鑛穴)·쇳줄. ¶~을 찾아내다. ㈜맥(脈).
광명(光明) 명 **1** 밝고 환하다는 뜻으로, 희망이나 밝은 미래를 상징하는 말. ¶생활에 ~을 주다 / ~을 되찾다. **2** [불] 부처나 보살의 지혜의 빛. 또는, 몸에서 비치는 빛. **광명-하다** [형여] 밝고 환하다. 곧, 희망과 밝은 미래가 있다. ¶광명한 세상. **광명-히** [부]
광명-정대(光明正大) → 광명정대-하다 [형여] (말과 행실이) 떳떳하고 정당하다.
광-목(廣木) 명 무명실로 당목(唐木)처럼 폭이 넓게 짠 베. 세는 단위는 통. =왜포(倭布).
광무(光武) 명 [역] 조선 고종 34년(1897)에 제정한 연호(年號). 1907년 순종에게 양위할 때까지 사용하였음.
광-물(鑛物) 명 [광] 천연으로 나는 무기물(無機物)로서 질이 균일하고 화학 성분이 일정한 물질. 철·석탄·석유 따위.
광'물-성(鑛物性) [-썽] 명 **1** 광물의 특유한 성질. **2** (어떤 물질의 바탕이) 광물에서 뽑아내 이루어진 성질. ¶~ 섬유.
광'물-유(鑛物油) [-류] 명 석유처럼 광물로 된 기름. ㈜광유(鑛油).
광'물-질(鑛物質) [-찔] 명 **1** [광] 광물로 된 물질. **2** [생] 생리 기능에 필요한 광물 화합물이나 광물 원소. 칼륨·나트륨·칼슘·인·철 따위. =미네랄.
광'물-학(鑛物學) 명 [광] 광물의 물리적·화학적 성질, 성인(成因)·산출 상태 등을 연구하는 학문 분야. =금석학(金石學).
광배(光背) 명 회화나 조각에서 부처·신·천사 등 신성한 존재의 배면(背面)에 광명을 표현한 원광(圓光). 두광(頭光)·신광(身光)·거신광(擧身光) 등이 있음. ▷후광(後光)
광'범(廣範) → 광'범-하다 [형여] = 광범위하다. ¶광범한 자료 수집 / 그의 활동 범위는 ~. **광'범-히** [부]
광'-범위(廣範圍) 명 넓은 범위. **광'범위-하다** [형여] 범위가 넓다. =광범하다. ¶이 문제의 해결을 위해서는 **광범위한** 조사가 필요하다.
광복(光復) 명 [빛을 되찾는다는 뜻] 일본 제국주의로부터 빼앗긴 국권(國權)을 되찾는 일. 또는, 1945년 8월 15일 일본으로부터 국권을 되찾은 일. ¶~을 위해 피 흘려 싸운 애국지사.
광복-군(光復軍) [-꾼] 명 일제 강점기에, 중국에서 우리나라의 독립을 위하여 일본에 대항하던 군대.
광복-절(光復節) [-쩔] 명 우리나라가 일본으로부터 해방된 날을 기념하는 국경일. 8월 15일.
광부[1](狂夫) 명 미친 사내.
광'-부[2](鑛夫) 명 [광] 광산에서 광물을 캐는 일을 직업으로 하는 사람. =광꾼. ㈑광원.
광분(狂奔) 명 **1** 어떤 일을 위하여 미친듯이 날뛰는 것. **2** 미친 듯이 달아나는 것. **광분-하다** [동(자)여]
광-분해(光分解) 명 [물] 물질이 빛을 흡수하여 두 가지 이상의 성분으로 분해되는 일.
광'산(鑛山) 명 [광] 유용한 광물을 캐내는 곳.
광'산-물(鑛産物) 명 광산(鑛山)의 산출물.
광-산업[1](光産業) 명 광 통신 등의 광학 기술을 중심으로 한 산업.
광'산-업[2](鑛産業) 명 광산을 경영하는 사업.
광'산-촌(鑛山村) 명 광산을 끼고 이루어진 마을.
광상(鑛床) [광] 땅속에 유용한 광물이 묻혀 있는 부분.
광색(光色) 명 =광채(光彩)1.
광'석(鑛石) 명 [광] 땅속에서 캐내는 유용한 광물. ¶광석을 이룬 광선의 다발.
광'석^수신기(鑛石受信機) [-쑤-] 명 [물] 진공관 대신에 광석 검파기를 사용한 간단한 라디오 수신기. 이어폰으로 들음. =광석 라디오.
광선(光線) 명 **1** 빛의 줄기. ¶태양 ~ / 레이저 ~. **2** [물] 빛이 공간을 직진할 때, 빛 에너지를 통과하는 경로를 나타낸 선.
광선^무기(光線武器) [光線武器] 명 [군] 레이저 광선·적외선·방사선 등을 이용한 무기.
광선-속(光線束) 명 [물] 집합하여 일군(一群)을 이루는 광선의 다발. =광속(光束).
광-섬유(光纖維) 명 빛을 써서 정보를 전달할 때, 빛의 통로로 쓰이는 지름 0.1mm 정도의 가는 유리 섬유. 광 통신의 전송로(傳送路)로 이용됨.
광속[1](光束) 명 [물] **1** =광선속(光線束). **2** 단위 면적을 단위 시간 내에 통과하는 빛의 에너지를 표준 관측자의 시각(視覺)으로 측정한 양. 단위는 루멘(lm). ㈑ 빛다발.
광속[2](光速) 명 [물] '광속도'의 준말.
광-속도(光速度) [-또] 명 [물] 진공 속을 빛이 나아가는 속도. 1초에 약 30만km임. ㈜광속.
광속도^불변의 원리(光速度不變-原理) [-또-의월-/-또-에월-] 명 [물] 진공 속에서의 빛의 속도는 광원(光源)이 정지하여 있거나 등속 운동을 하거나 항상 일정한 값을 가진다는 원리. 특수 상대성 이론의 기본 원리임.
광'수(鑛水) 명 [광] **1** 광물질을 다량으로 포함한 물. ㈑광천수. **2** 제련소나 광산에서 흘러나오는 광독(鑛毒)이 섞인 물.
광-수차(光收差) 명 [천] 광행차.
광시-곡(狂詩曲) [천] 명 [음] =랩소디.
광신(狂信) 명 (어떤 종교나 사상 따위를) 이성(理性)을 잃을 정도로 무비판적으로 믿는 것. **광신-하다** [동(타)여]
광신-도(狂信徒) 명 광신하는 신도(信徒).
광신-자(狂信者) 명 광신하는 사람.
광신-적(狂信的) 관 광신하는 (것). ¶그 마을 사람들은 ~으로 그의 주장에 따르고 있었다.
광압(光壓) 명 [물] 빛 또는 전자기파가 물체에 닿았을 때 그 물체면에 미치는 압력.
광'야(曠野·廣野) 명 아득하게 너른 들. ¶눈 덮인 광막한 ~.
광약(光藥) [-냑] 명 금속의 표면에 발라 문지름으로써 광을 내는 물질.
광-양자(光量子) [-냥-] 명 [물] 빛을 입자로 보고 양자화한 것으로, 전자기 에너지를 전파하는 질량 0, 스핀 1의 소립자. =광자(光子).
광'어(廣魚) 명 **1** [동] =넙치. **2** 짜개어 말린 넙치.
광언(狂言) 명 미친 소리.
광'업(鑛業) 명 광물의 채굴(採掘)·선광(選鑛)·제련(製鍊) 등을 행하는 산업.
광'업-소(鑛業所) [-쏘] 명 광물의 채굴권자가 그 사업에 관한 사무를 다루는 곳.
광역(廣域)[명] 넓은 구역이나 범위. ¶~ 행정/~ 수사.
광역^경제(廣域經濟)[-경-][경] 몇 개 국이 하나의 경제권(經濟圈)을 형성하는 일. 경제적 상호 보완을 피하고, 고도의 자급자족을 이루려는 데에 그 목적이 있음. ▷블록 경제.
광역도시(廣域都市)[-또-][명] 인구 및 산업의 과밀 현상을 막고, 도시 주변의 저개발 지역을 개발하기 위하여 넓은 지역에 걸쳐 건설된 도시.
광역-시(廣域市)[-씨][명] 지방 자치 단체의 하나. 특별시·도(道)와 함께 상급 지방 자치 단체에 속하며, 현재 부산·대구·인천·광주·대전·울산이 이에 해당함. 1995년 '직할시'가 개정된 것임. ▷특별시.
광역^자치^단체(廣域自治團體)[-짜-][명] 특별시·광역시·도(道)의 상급 지방 자치 단체. ▷기초 자치 단체.
광열-비(光熱費)[명] 전기료와 연료비의 총칭.
광염(狂炎)[명] 미친 듯이 타오르는 불길. 또는, 그런 정념.
광영(光榮)[명] 빛나고 영예로운 상태. 비영광(榮光). ¶이렇게 찾아 주시니 더없는 ~이올시다.
광우리[명] '광주리'의 잘못.
광우-병(狂牛病)[-뼝][의] 소에게 발병하는 전염성 뇌질환. 뇌에 구멍이 생겨 미친 듯이 포악해지고 불안한 행동을 보이다가 결국 죽게 됨.
광원¹(光源)[명][물] 제 스스로 빛을 발하는 물체 또는 장치.
광원²(狂員)[명] '광부(鑛夫)²'를 대접하여 이르는 말.
광유(鑛油)[명][광] '광물유'의 준말.
광음(光陰)[명] '해와 달'이라는 뜻] 시간이나 세월을 이르는 말. ¶일촌(一寸)~을 아끼다.
광음-여류(光陰如流)[-녀-][명] 세월은 흐르는 물과 같아, 한번 가면 되돌아오지 않음.
광의(廣義)[-의/-이][명] 어떤 말의 개념을 정의할 때, 넓은 의미. ↔협의(狹義).
광인(狂人)[명] 미친 사람. =광자(狂者). 비미치광이.
광-입자(光粒子)[-짜][명][물] 19세기 전반까지 빛의 본질이라고 생각되던 미립자. =광소(光素).
광자¹(光子)[명][물] 빛을 단순히 입자로 보았을 때의 '광양자(光量子)'의 딴 이름.
광자²(狂者)[명] =광인(狂人).
광작(廣作)[명][농] 농사를 많이 짓는 것. **광작-하다**[동]타여.
광장(廣場)[명] ① 많은 사람들이 휴식하거나 집회를 가지거나 기타의 공공 목적으로 사용하기 위해, 주로 도시나 큰 건물 주위에 넓고 평평하게 만들어 놓은 장소. ¶서울역 ~. ② 의사의 소통을 피할 수 있는 자리나 기회. ¶대화의 ~.
광-재(鑛滓)[명][광] =슬래그(slag).
광적(狂的)[-쩍][명] 행동이나 미친 사람과 같은 (것). 또는, 일에 대한 애정이나 열성이 매우 뜨겁고 강렬한 (것). ¶수석(壽石) 수집에 대한 그의 애착은 ~이다.
광전-관(光電管)[명][물] 광전 효과를 이용하여 빛의 강약(強弱) 변화를 전류의 대소(大小)로 변환하는 이극관. 사진 전송 등에 이용함.
광-전자(光電子)[명][물] 물질에 빛을 쪼였을 때, 광전 효과에 의해 물질에서 튀어나온 자유 전자.
광-전지(光電池)[명][물][화] 빛 에너지를 직접 전기 에너지로 변환하는 반도체 장치. 태양 전지나 조명등·노출계 등에 쓰임.
광전^효과(光電效果)[명][물] 금속 또는 반도체를 진공 속에 봉입하고 빛을 쪼이면 그 표면에서 전자가 방출되는 현상. 광전관이나 텔레비전의 촬상관 등에 이용됨.
광점(光點)[-쩜][명][물] =점광원(點光源).
광정(匡正)[명] 바로잡아 고치는 것. **광정-하다**[동]타여.
광제-원(廣濟院)[명][역] 대한 제국 때, 백성의 질병을 고쳐 주던 병원.
광-주기성(光週期性)[-썽][명][생] 생물이 일조(日照) 시간의 변화에 대하여 반응하는 성질. 식물의 꽃눈 형성이나 개화(開花), 동물의 생식이나 발육에 밀접한 관계가 있음. =광주성.
광주리[명] 대·싸리·버들 등으로 바닥은 둥글고 울은 위쪽으로 약간 벌어지게 엮어 만든 그릇. 음식물이나 옷 따위를 서늘하게 보관하는 데 이용함. ×광우리.
광주리-장수[명] 광주리에 채소·어물·잡화 따위를 담아 머리에 이고 다니며 파는 사람.
광주^학생^항^일^운동(光州學生抗日運動)[-쌩-][명][역] 1929년 11월 3일, 전라남도 광주에서 일어난, 학생들의 반일(反日) 투쟁 운동.
광중(壙中)[명] 주로 시체를 묻는 구덩이 속. =지실(地室)·지중.
광증(狂症)[-쯩][명][한] 미친 증세. =광질(狂疾)·전광(癲狂).
광^집적^회로(光集積回路)[-쩌쾨-/-쩌퀘-][명] 광학적 원리를 이용하여 만든 집적 회로. 레이저 디스크·시디 등에 이용됨.
광차¹(光差)[명][천] ① 천체에 일어난 현상을 관측한 시각과 그것이 실제로 일어났던 시각과의 차이. ② 태양 광선이 지구에 이르기까지의 시간. 약 500초가 소요됨.
광차²(鑛車)[명][광] 광석을 실어 나르는 차. 궤도 위를 다니는 뚜껑 없는 화차임.
광창(光窓)[명][건] 채광을 위하여 설치한 창.
광채(光彩)[명] ① 물체에서 발하는 찬란한 빛. =광색·광요(光耀). ¶빛을 ~를 발하다. ② 눈빛에서 느껴지는 정기나 생기. ¶~가 나다/~를 잃은 눈.
광천(鑛泉)[명][지] 광물 성분·가스상 물질·방사성 물질 등을 일정량 이상 함유하고 있는 샘.
광천-수(鑛泉水)[명] 사람의 몸에 유용한 광물질을 함유한, 땅속에서 나오는 물. =미네랄워터. 비광수.
광체(光體)[명][물] =발광체(發光體).
광축(光軸)[명][물] ① 복굴절하는 결정체에 빛이 입사할 때, 빛이 두 갈래로 갈라지지 않는 특정한 방향. ② 렌즈·구면 거울 따위의 중심과 초점을 맺는 선.
광층(鑛層)[명][광] =성층 광상(成層鑛床).
광-컴퓨터(光computer)[명][컴] 광 신호로 작동하는 광소자를 이용하는 컴퓨터. 종래의 컴퓨터에 비하여 연산·기억·재생 속도가 현저하게 빠름.

광-케이블(光cable)[통] 광섬유를 꼬아서 만든 통신 케이블. 기존의 동축 케이블에 비해 훨씬 전달 속도가 빠르고 잡음이 없어 디지털 통신에 적당함.

광태(狂態)[명] 미친 사람 같은 태도. ¶술 마시고 ~을 부리다.

광택(光澤)[명] 빛의 반사에 의하여 물체의 표면에 번적거리는 빛. (비)광. ¶구두를 ~을 내다 / 자개장이 오래되어 ~을 잃다.

광택-제(光澤劑)[-쩨][명] 물건의 표면을 광택이 나도록 하기 위하여 쓰는 첨가제의 총칭.

광^통신(光通信)[통] 영상·음성·데이터 따위의 전기 신호를 레이저 광선의 강약으로 변환하여 전송하는 통신. 대량의 정보 전달이 가능함.

광파(光波)[명][물] 파동으로서 본 빛.

광패(狂悖) →광패-하다 [형][여] (행동이) 도의에 벗어나고 난폭하다.

광:포¹(廣布)[명] 널리 펴서 알리는 일. **광:포-하다**¹ [동][여]

광포²(狂暴) →광포-하다² [형][여] 미쳐 날뛰듯이 난폭하다. **광포-히** [부]

광:폭(廣幅)[명] 1 넓은 폭. 2 이유 없이 남의 일에 간섭하는 것. **광:폭-하다** [동][자][여] 이유 없이 남의 일에 간섭하다.

광풍(狂風)[명] 미친 듯이 사납게 부는 바람. ¶일진(一陣)~/~이 휘몰아치다.

광풍-제월(光風霽月)[명] 1 비 온 뒤에 맑게 부는 바람과 밝은 달. 2 마음이 넓고 쾌활하며 시원스러운 인품의 비유. =제월광풍.

광학(光學)[명][물] 빛의 성질과 현상을 연구하는 물리학의 한 분야.

광학^기기(光學機器)[-끼-][명][물] 빛의 특성인 굴절·반사·직진 등을 이용하여 만든 기계의 총칭. 망원경·현미경·영사기·사진기 따위.

광학^마크^판독기(光學mark判讀機)[-끼-][명][컴] 컴퓨터 입력 장치의 하나. 마크 시트 등의 용지에 연필이나 펜으로 마크를 기입한 것을 광학적으로 판독하여 전기 신호로 변환하는 장치. =오엠아르(OMR).

광학^문자^판독기(光學文字判讀機)[-항-짜-끼][명][컴] 컴퓨터 입력 장치의 하나, 손으로 썼거나 타자기 따위로 찍은 문자를 읽어 전기 신호로 바꾸어서 컴퓨터에 입력시키는 장치. =오시아르(OCR).

광학^유리(光學琉璃)[-항-][명][화] 광학 기기인 렌즈나 프리즘 등의 재료에 쓰이는, 물리적·화학적 성질이 균일하고 투명도가 높은 유리.

광:한-전(廣寒殿)[명] 달 속에 있다는 가상적인 궁전. =광한궁.

광-합성(光合成)[-씽][명][식] 녹색 식물이 빛 에너지를 받아서 행하는 탄소 동화 작용. 보통, 이산화탄소와 물로부터 탄수화물과 산소가 만들어짐.

광행-로(光行路)[-노][명][물] 빛이 굴절률 n인 매질 속을 지나갈 때 간 거리/1만큼 진행하였을 때의, 굴절률과 거리의 곱. =광로(光路)·광학 거리.

광행-차(光行差)[명][천] 지구에서 별을 관찰할 때, 지구의 공전 또는 자전으로 인해 별빛이 오는 방향이 실제와는 달리 기울어져 보이는 현상. =광수차.

광:혜-원(廣惠院)[-혜-/-헤-][명][역] 조선 고종 22년(1885)에 미국인 선교사 알렌이 정부의 후원으로 세운 우리나라 최초의 근대식 병원.

광-화학(光化學)[명][화] 빛과 물질의 화학적 성질과의 관계를 연구하는 화학의 한 부문.

광화학^스모그(光化學smog)[명] 자동차 등 배기가스에 포함된 탄화수소나 질소의 산화물이 태양으로부터 강한 자외선을 받아서 광화학 반응을 일으켜 안개가 낀 것처럼 공기가 흐려지는 현상. 또는, 그 공기.

광:활(廣闊·廣濶) →광:활-하다 [형][여] 매우 넓어 막힌 데가 없다. ¶광활한 평원. **광:활-히** [부]

광휘(光輝)[명] 아름답게 빛나는 빛.

광휘-롭다(光輝-)[-따][형][ㅂ]<-로우니,-로워> 1 빛이 휘황하다. 2 눈부실 정도로 훌륭하다. ¶광휘로운 앞날. **광휘로이** [부]

광희(狂喜)[-히][명] 미칠 듯이 기뻐하는 것. **광희-하다** [동][자][여]

괘¹(卦)[명] 1 고대 중국의 복희씨(伏羲氏)가 지었다는, 천지간의 변화를 나타내고 길흉을 판단하는 주역점의 기본. 8괘를 기본으로 하며 다시 64괘로 변화함. 2 '점괘(占卦)'의 준말.

괘²(棵)[명][음] 거문고·가야금 등 현악기의 현(絃)을 괴는 받침.

괘³(罫)[명][인] 행과 행 사이의 선을 긋는 데 쓰는 식자용(植字用) 재료의 총칭. =괘선(罫線).

괘념(掛念)[명] 마음에 두고 걱정하거나 잊지 않는 것. =괘의(掛意). **괘념-하다** [동][타][여] ¶이번 일에 대해선 너무 괘념치 마십시오.

괘다리-적다[-따][형] 1 멋없고 거칠다. 2 사람됨이 통명스럽다.

괘달머리-적다[-따][형] '괘다리적다'를 속되게 이르는 말.

괘도(掛圖)[명][교] 벽에 걸어 놓고 보는 학습용 그림이나 지도.

괘불(掛佛)[명][불] 야외에서 법회 등을 할 때 걸어 놓을 수 있도록 부처를 그려 만든 대형 그림. 탱화의 일종이나, 일반적으로 탱화가 법당의 주존불 뒤에 걸어 놓는 데 반해, 괘불은 큰 재나 초파일과 같이 대중이 운집하는 때에 사용됨. =괘불탱·괘불 탱화.

괘불^탱화(掛佛幀*畫)[명] =괘불.

괘사[명] 변덕스럽게 이기죽거리고 엇가는 짓. ¶~를 떨다 / ~를 부리다.

괘사-스럽다[-따][형][ㅂ]<-스러우니,-스러워> 괘사를 부리는 태도가 있다. **괘사스레** [부]

괘서(掛書)[명] 이름을 드러내지 않고 게시하는 글. **괘서-하다** [동][자][여]

괘:선(罫線)[명] 1 [인] =괘(罫)³. 2 [경] 주가(株價)의 변동을 모눈종이에 나타낸 선.

괘씸-죄(-罪)[-쬐/-쮀][명][속] 절대 권력자에게 순종하지 않고 항거하거나 항명한 죄.

괘씸-하다 [형][여] (어떤 사람이 하는 짓이나 말이) 도리에 어긋나거나 믿음을 저버리거나 하여 노여움과 미움을 느끼게 하는 상태에 있다. ¶은혜를 잊어버리고 이제 와서 날 몰라라 해? 이런 괘씸한 놈 같으니. **괘씸-히** [부]

괘의(掛意)[-의/-이][명] =괘념(掛念). **괘의-하다** [동][타][여] ¶그는 워낙 변덕이 심한 사람인데 뭘 그래? 괘의할 것 없어.

괘장[명] 처음에는 할 듯하다가 갑자기 딴전을 부림.

괘종(掛鐘) =괘종시계. ▷좌종(坐鐘).
괘종-시계(掛鐘時計)[-계/-게] 圈 일정한 시각이 되면 종을 치게 되어 있는, 벽이나 기둥에 거는 시계. =괘종(掛鐘). ▷벽시계.
괘:지(罫紙) =인찰지(印札紙). ¶양면 ~.
괘효(卦爻) 圈 1 역(易)의 괘와 효. 2 육십사괘에서 하나하나의 괘를 이루고 있는 여섯 개의 획.
괜:-스럽다[-따] 圈ㅂ<~스러우니, ~스러워> '공연스럽다'의 준말. 괜:스레 閉 ¶낙엽이 지는 걸 보니 ~ 눈물이 난다.
괜시리 閉 '괜스레'의 잘못.
괜찮다[-찬타] 圈 1 과히 나쁘지 않고 무난하다. ¶그는 보기보다는 괜찮은 사람이다. 2 문제나 말썽 따위가 될 것이 없다. ¶숙제를 다 했으면 놀아도 ~. 괜찮-이 閉
괜:-하다 圈여 '공연하다'의 준말. ¶그에게 괜한 얘길 했나 보다. 괜:-히 閉 ¶~ 트집을 잡다 / ~ 폐만 끼쳤군요.
괭이¹ 圈 땅을 파거나 흙을 고르는 데 쓰는 농기구의 하나. 손바닥 같은 쇠판의 'ㄱ' 자처럼 달린 구멍에 긴 자루를 끼워 사용함. 세는 단위는 자루·정(挺).
괭:이² 圈[동] '고양이'의 준말.
괭:이-잠 圈 깊이 들지 못하고 자주 깨면서 자는 잠. 비노루잠.
괭이-질 圈 괭이로 땅을 파는 일. 괭이질-하다 圈자
괴(魁) 圈 '으뜸'의 뜻. ¶매화가 조춘 만화(早春萬花)의 ~로서….《김진섭:매화찬》
괴경(塊莖)[괴-/궤-] 圈[식] =덩이줄기.
괴광(塊鑛)[괴-/궤-] 圈 큰 광석 덩어리. ↔분광(粉鑛).
괴괴(怪怪)[괴괴/궤궤] →괴괴-하다¹[괴-/궤궤-] 圈여 =이상야릇하다. 괴괴-히 閉
괴괴-망측(怪怪罔測)[괴괴-/궤궤-] →괴괴 망측-하다[괴괴-츠카/궤궤-츠카-] 圈여 말할 수 없을 정도로 이상야릇하다. ¶마을에 괴괴망측한 소문이 돈다.
괴괴-하다²[괴괴-/궤궤-] 圈여 쓸쓸한 느낌이 들 정도로 매우 고요하다. 비고자누룩하다. ¶위의 모든 것이 아직도 단꿈에서 깨지 않아 천지는 함께 ~.《심훈:상록수》 괴괴-히² 閉
괴근(塊根)[괴-/궤-] 圈[식] =덩이뿌리.
괴:기(怪奇)[괴-/궤-] 圈 1 괴상하고 기이한 것. ¶~물 / ~ 영화. 2 가공적(架空的)이고 황당무계한 것. 괴:기-하다 圈여
괴:기小設(怪奇小說)[괴-/궤-] 圈[문] 이상한 사건이나 환상을 소재로 하여 괴기한 분위기를 나타내고 공포감을 주는 소설.
괴-까다롭다[괴-따/궤-따] 圈ㅂ<~까로우니, ~까다와> '꾀까다롭다'의 여린 말. =괴까닭스럽다. 괴까다로이 閉
괴-까닭스럽다[괴-닥쓰-따/궤-닥쓰-따] 圈ㅂ<~까닭스러우니, ~까닭스러워> =괴까다롭다.
괴나리-봇짐(-褓-)[괴-보찜/괴-볻찜/궤-보찜/궤-볻찜] 圈 길을 떠날 때 보자기에 싸서 어깨에 메는 작은 짐. 준괴나리.
괴:다¹[괴-/궤-] (괴고/괴어) 재 1 (액체가 우묵한 곳이나 낮은 바닥에) 흐르지 않고 모이다. ¶빗물이 웅덩이에 ~. 2 (입이나 눈에) 침이 생겨 모이거나 눈물이 어리다. =고이다. ¶입에 침이 ~ / 눈에 눈물이 ~.

괴:다²[괴-/궤-] (괴고/괴어) 재 (술이나 초 따위가) 발효하여 거품이 일다. ¶술이 괴어 다 익으면 체에 밭아 거른다.
괴:다³[괴-/궤-] (괴고/괴어) 타 1 쓰러지거나 기울지 않도록 아래를 받쳐 안정하게 하다. ¶두꺼운 종이로 책상 한쪽 다리를 ~ / 손으로 턱을 괴고 앉다. 2 음식 따위를 그릇에 쌓아 올리다. =고이다. ¶제기(祭器)에 과일을 ~. 3 웃어른의 음식을 정성스럽게 담다. 4 웃어른의 직함을 받들어 쓰다.
괴:다⁴[괴-/궤-] (괴고/괴어) 타 귀여워하고 사랑하다.
괴:담(怪談)[괴-/궤-] 圈 괴이하고 으스스한 이야기. 유령이 나오는 공포 소설 따위. ¶~ 문학 / 학교 ~.
괴덕-스럽다[괴-쓰-따/궤-쓰-따] 圈ㅂ<~스러우니, ~스러워> 실없고 수선스러워 미덥지 못하다. 괴덕스레 閉
괴:도(怪盜)[괴-/궤-] 圈 괴상한 도둑.
괴도라치[괴-/궤-] 圈[동] 황줄베도라칫과의 바닷물고기. 몸이 가늘고 길며 납작함. 몸빛은 암갈색에 검은 점무늬가 있음. 새끼를 말린 것을 '뱅어포'라고 하여 식용함.
괴:란(壞亂)[괴-/궤-] 圈 무너뜨려 어지럽게 하는 것. 괴:란-하다 圈타여 ¶풍속을 ~.
괴:란-쩍다(愧赧*-)[괴-따/궤-따] ['赧'의 본음은 '난'] 圈 부끄러워 얼굴이 붉어지는 느낌이 있다.
괴:력(怪力)[괴-/궤-] 圈 놀라울 정도의 엄청난 힘이나 능력. ¶~을 발휘하다 / ~을 소유한 삼손.
괴로움[괴-/궤-] 圈 몸이나 마음이 아프거나 힘들거나 어려움을 느껴 편하지 않은 상태. ¶그는 아내를 잃은 뒤 ~을 술로 달래고 있다. 준괴롬.
괴로워-하다[괴-/궤-] 재타여 괴롭게 느끼거나 괴롭게 여기다. ¶환자가 통증으로 몹시 ~ / 그는 자신의 실패를 괴로워했다.
괴롬[괴-/궤-] 圈 '괴로움'의 준말.
괴롭다[괴-따/궤-따] 圈ㅂ<괴로우니, 괴로워> 1 몸이나 마음이 아프거나 힘들거나 하여 어려움을 느껴 편하지 못하다. ¶부상병은 몹시 괴로운 얼굴로 아픔을 호소했다. 2 성가시거나 귀찮아 마음이 편치 않다. ¶날 좀 괴롭게 하지 말고 내버려 둬. 괴로이 閉
괴롭-히다[괴로피-/궤로피-] 圈타 '괴롭다'의 사동사. ¶그는 내 약점을 잡은 뒤로 두고두고 나를 괴롭혔다.
괴:뢰(傀儡)[괴뢰/궤붸] 圈 =꼭두각시.
괴:뢰-군(傀儡軍)[괴뢰-/궤붸-] 圈 1 꼭두각시 노릇을 하는 군대. 2 괴뢰 정부의 군대.
괴리(乖離)[괴-/궤-] 圈 (두 가지 사물 현상이) 서로 조화나 일치를 이루지 못하고 어긋나 동떨어진 상태가 되는 것. ¶이론과 실제 사이에는 좁히기 어려운 ~가 있기 마련이다. 괴리-하다 동자여 괴리-되다 동자 ¶이상과 현실이 괴리되어 있다.
괴:망(怪妄)[괴-/궤-] 圈 말과 행동이 괴상하고 망측한 것. ¶~을 떨다 / ~을 부리다.
괴:망-하다 圈여 ¶… 너는 어떠한 아이로서 감히 우리 연석에 참입하여 언사 이렇듯이 괴망하뇨?《홍길동전》
괴:멸(壞滅)[괴-/궤-] 圈 파괴되어 멸망하는 것. 괴:멸-하다 동자여 괴:멸-되다 동자
괴:-문서(怪文書)[괴-/궤-] 圈 출처 불명의 괴이한 문서.

괴:물(怪物) [괴-/궤-] 명 1 괴상하게 생긴 물체. 2 괴상한 사람을 빗대어 일컫는 말.

괴발-개발[괴-/궤-] 부 (고양이 발자국과 개 발자국처럼 무질서하다는 뜻에서) 글씨를 함부로 갈겨서 놓은 모양. ¶새로 글을 깨친 아이들이 어느 틈에 분필과 연필로 예배당 안팎에다가 ~ 글씨를 쓰고 지저분하게 환도 친다.〈심훈:상록수〉×개발새발·개발 쇠발.

괴발개발 그리다 관 글씨를 함부로 갈겨쓰다. ¶괴발개발 그린 낙서.

괴:벽¹(怪癖) [괴-/궤-] 명 괴상한 버릇. ¶그는 한여름에도 털모자를 쓰고 다니는 ~이 있다.

괴벽²(乖僻) [괴-/궤-] →**괴벽-하다**[괴벼카-/궤벼카-] 형여 성격이 야릇하고 까다롭다. **괴벽-히** 부

괴벽-스럽다(乖僻-) [괴-쓰-따/궤-쓰-따] 형비 〈~스러우니, ~스러워〉 괴벽한 데가 있다. **괴벽스레** 부

괴:변(怪變) [괴-/궤-] 명 괴상한 재난이나 사고.

괴:병(怪病) [괴-/궤-] 명 =괴질(怪疾)1.

괴:불-주머니[괴-쭈-/궤-쭈-] 명 어린아이가 차는 노리개의 하나. 네모난 색헝겊을 귀나게 접어서 속에 솜을 넣고 수를 놓아 색 끈을 닮. 준 괴불.

괴:사(壞死) [괴-/궤-] 명의 생체 내의 조직이나 세포가 죽어서 그 기능을 잃는 일. **괴:사-하다** 동자여

괴상¹(塊狀) [괴-/궤-] 명 덩어리로 된 모양. =괴형(塊形).

괴상²(怪常) [괴-/궤-] →**괴상-하다**[괴-/궤-] 형여 (모습·소리 등이) 불쾌함이나 생소함을 느끼게 할 만큼 이상하다. 또는, (어떤 일이나 말·행동 등이) 정상이 아니거나 뭔지 모르게 이상하다. 비괴이하다. ¶괴상하게 생긴 바위 | 괴상한 소리를 지르다 | 괴상한 습관 | 괴상한 논리로 건강부회하다. **괴상-히** 부

괴상망측(怪常罔測) [괴-/궤-] →**괴상망측-하다**[괴-츠카-/궤-츠카-] 형여 이치나 도리에 어긋나게 괴상하여 어이가 없다. ¶수염과 머리를 기르고 괴상망측한 옷차림을 한 히피족.

괴상-스럽다(怪常-) [괴-따/궤-따] 형비 〈~스러우니, ~스러워〉 괴상한 데가 있다. **괴상스레** 부

괴상야릇-하다(怪常-) [괴-냐르타-/궤-냐르타-] 형여 알 듯 모를 듯하게 괴상하다. ¶괴상야릇한 옷차림. **괴:석**(怪石) [괴-/궤-] 명 이상하게 생긴 돌.

괴:설(怪說) [괴-/궤-] 명 이상하여 믿을 수 없는 말.

괴:성(怪聲) [괴-/궤-] 명 사람이나 동물이 크게 지르는 괴상한 소리. ¶인기 연예인을 보고 ~을 지르며 열광하는 10대들.

괴-소문(怪所聞) [괴-/궤-] 명 괴이한 소문. ¶근거 없는 ~에 시달리다.

괴:수¹(怪獸) [괴-/궤-] 명 괴상하게 생긴 짐승.

괴수²(魁首) [괴-/궤-] 명 한 무리의 우두머리. =수괴. ¶도적의 ~.

괴악(怪惡) [괴-/궤-] →**괴악-하다**[괴아카-/궤아카-] 형여 (말이나 행동이) 괴이하고 흉악하다.

괴:암(怪巖) [괴-/궤-] 명 생김새가 괴상한 바위.

괴어-오르다[괴어-/궤어-] 동자르 〈~오르니, ~올라〉 (술·초 따위가) 괴어 거품이 부걱부걱 솟아오르다.

괴이(怪異) [괴-/궤-] →**괴이-하다**[괴-/궤-] 형여 (어떤 대상이) 보통의 논리나 생각으로는 이해할 수 없을 만큼 이상하여 두려움이나 불안을 주는 상태에 있다. 비괴상하다. ¶괴이한 사건이 잇달다 / 밤마다 어디선가 괴이한 소리가 들려와 마을 사람들은 공포에 떨어야 했다. **괴이-히** 부

괴-이다¹[괴-/궤-] 동자 '괴다¹·²'의 피동사. ¶떡이 층층이 괴인 잔칫상.

괴-이다²[괴-/궤-] 동자 '괴다²'의 피동사.

괴이-쩍다(怪異-) [괴-따/궤-따] 형 이상한 데가 있다.

괴이찮다(怪異-) [괴-찬타/궤-찬타] 형 괴이하지 않다. 준 괴찮다.

괴임[괴-/궤-] 명 '굄'의 잘못.

괴임-새 명 '굄새'의 잘못.

괴:저(壞疽) [괴-/궤-] 명의 괴사(壞死)로 인하여 환부가 탈락 또는 부패하여 그 생리적 기능을 잃는 병. ≒회저.

괴좆-나무 명[식] '구기자나무'의 잘못.

괴:질(怪疾) [괴-/궤-] 명 1 원인을 알 수 없는 이상한 병. =괴병. ¶~이 온 동네에 만연하다. 2 '콜레라'를 속되게 이르는 말.

괴:짜(怪-) [괴-/궤-] 명 이상한 짓을 하는 사람을 속되게 이르는 말.

괴촌(塊村) [괴-/궤-] 명지 주택이 불규칙하게 모여서 덩이 모양으로 집단을 이루고 있는 촌락.

괴:충[괴-/궤-] 명 '고의춤'의 준말.

괴:탄(塊炭) [괴-/궤-] 명 덩어리로 된 석탄. ↔분탄(粉炭).

괴:통[괴-/궤-] 명 괭이·삽·창 등의 자루를 박기 위해, 날 끝의 반대쪽에 구부려 원통의 목을 이루게 한 부분. ×호구.

괴:팍-스럽다(乖愎*-) [괴-쓰-따/궤-쓰-따] 형비 〈~스러우니, ~스러워〉 '愎'의 본음은 '퍅'. 괴팍한 데가 있다. ¶괴팍스러운 성미. **괴팍스레** 부

괴:팍-하다(乖愎*-) [괴파카-/궤파카-] 형여 〔'愎'의 본음은 '퍅'〕성격이 까다롭고 별나다. ¶그는 성격이 괴팍해서 사람들과 잘 다툰다. ×괴퍅하다·괴파학.

괴퍅-하다 형여 '괴팍하다'의 잘못.

괴:-하다(怪-) [괴-/궤-] 형여 성격이나 행동이 이상하다. ▷이물스럽다. **괴:-히** 부

괴:한(怪漢) [괴-/궤-] 명 정체를 알 수 없고 행동이 수상쩍은 사내. ¶집에 ~이 침입하다.

괴:-현상(怪現象) [괴-/궤-] 명 이상하여 알 수 없는 현상.

괴:혈-병(壞血病) [괴-뼝/궤-뼝] 명의 비타민 C가 부족하여 생기는 병. 잇몸·피부 등에서 피가 나며 빈혈을 일으킴.

괴:화(怪火) [괴-/궤-] 명 까닭을 모르게 일어난 불.

괸-돌[고고] '고인돌'의 잘못.

굄¹[굄/궴] 명 물건의 밑을 받쳐 괴는 일. 또는, 그 물건. =고임. ×괴임.

굄²[굄/궴] 명 유난히 귀여워하는 사랑. 비 총애(寵愛).

굄-대[굄때/궴때] 명 물건의 밑을 받쳐 괴는 대. =고임대.

굄-돌[굄똘/궴똘] 명 물건의 밑을 받쳐 괴는

돌. =고임돌.
굄:-목(-木)[굄-/궴-] 명 물건의 밑을 받쳐 괴는 나무토막. =고임목.
굄:-새[굄-/궴-] 명 1 물건의 밑을 받쳐 놓은 모양. 2 쌓아 올린 솜씨. =고임새. ×괴임새.
굄:-질[굄-/궴-] 명 (그릇에 음식을) 보기좋게 쌓아 올리는 일. =고임질. **굄:질-하다** 통(자여)
굉걸(宏傑)[굉-/궹-]→**굉걸-하다** 굉-/궹-] 형여 굉장하고 훌륭하다.
굉굉(轟轟)[굉굉-/궹궹-]→**굉굉-하다**[굉굉-/궹궹-] 형여 울리는 소리가 아주 크다. 비굉연하다. **굉굉-히** 부
굉대(宏大)[굉-/궹-]→**굉대-하다** 형여 어마어마하게 크다.
굉연(轟然)[굉-/궹-]→**굉연-하다**[굉-/궹-] 형여 소리가 몹시 크게 울려 요란스럽다. 비굉굉하다. **굉연-히** 부
굉음(轟音)[굉-/궹-] 명 몹시 요란스럽게 울리는 소리. ¶공사장에서 발파하는 ~이 들린다.
굉장(宏壯)[굉-/궹-]→**굉장-하다**[굉-/궹-] 형여 1 (규모가) 크고 웅장하다. ¶굉장한 저택. 2 대단하거나 훌륭하다. ¶미숙이는 **굉장한** 미인이다./너 참 힘이 굉장하구나. **굉장-히** 부 ¶~ 더운 날씨.
교¹(教) 명 (문어적 표현으로 빈도가 낮게 쓰여) '종교'를 이르는 말. ¶그들 부부는 서로 믿는 ~가 달라 갈등을 빚어왔다.
교²(校) 명 (의존) 교정(校正)의 횟수를 세는 말. ¶3~ / 5~.
교³(絞) 명 (의존) (수 관형사 아래에서) 끈이나 새끼줄의 수 또는 꼰 줄의 가닥을 세는 말.
-교⁴(橋) 접미 일부 명사의 뒤에 붙어, 다리의 뜻을 나타내는 말. ¶인도~/오작~/가동(可動)~.
교:가(校歌) 명 학교를 상징하는 노래. 학교의 교육 정신·이상·특징 등을 나타내어 학교의 기풍을 높이기 위하여 만듦.
교각(交角)[-수] 1 두 도형이 만날 때 그 사이에 끼인 각. 2 두 원이 일부 겹칠 때 교점(交點)에서 접선이 이루는 각.
교각²(橋脚) 명[건] 다리를 받치는 기둥.
교각-살우(矯角殺牛)[-쌀-] 명 [소의 뿔을 바로잡으려다 소를 죽인다는 뜻] 잘못된 점을 고치려다 방법이 지나쳐 오히려 일을 그르침.
교감¹(交感) 명 1 (어떤 사람이나 동물과) 은연중에 마음이 통하거나, 마음이 같다고 느끼는 것. ¶배우와 관객 사이에 ~이 이뤄지다/승마는 사람과 동물과의 ~을 전제로 한 스포츠다. 2 (자연이나 우주와) 접하여 그 아름다움이나 신비 등을 느끼거나 누리는 것. ¶자연과의 ~을 화폭에 담다. 3 (신이나 초월적 존재와) 영적으로 교류하는 것. ¶신과의 영적인 ~. 4 (최면을 건 사람이 최면에 걸린 사람과) 의식의 교류를 가지는 것. **교감-하다** 통(자여)자연과 ~.
교:감²(校監) 명 학교장을 보좌하여 학교 일을 감독하는 직책. 또는, 그 사람.
교감^신경(交感神經) 명[생] 고등 척추동물의 신경 계통의 하나. 부교감 신경과 함께 자율 신경계를 형성하고, 분비선·혈관·내장 등을 지배함. ↔부교감 신경.
교갑(膠匣) 명 ⇒캡슐1.
교:결(皎潔)→**교:결-하다** 형여 1 (달이) 밝

고 맑다. ¶…적적한 공원에 월색만 **교결한데**…. 《최찬식: 추월색》 2 (마음씨가) 맑고 깨끗하다. 비결백하다. ¶인품이 **교결한** 선비. **교:결-히** 부
교:계¹(教界) 명 [-계/-게] =종교계.
교:계²(較計) 명 [-계/-게] =계교(計較)². **교:계-하다** 통(타여)
교:과(教科) 명[교] 학교 교육의 목적에 맞게 교육 내용을 계통적으로 짜 놓은 일정한 영역이나 분야. 가령, 초등학교 고학년의 경우 국어·수학·사회·자연·실과·음악·미술·체육·도덕 등으로 나누는 따위.
교:과^과정(教科課程) 명[교] =교육 과정.
교:과-목(教科目) 명[교] 교과(教科)를 더 세분화한 과목. 가령, 고등학교의 경우 국어 교과는 국어·국어 생활·화법·작문·독서·문학(제7차 교육 과정의 경우)의 6개 교과목으로 나뉨.
교:과-서(教科書) 명 1 학교에서 주된 교재로 채택하여 사용하는, 교육 과정에 따라 과목별로 편찬된 책. 비교본. ¶국정 ~/국어 ~. 2 어떤 분야에서 배우고 익힐 만한 내용을 담은 표준적이고 모범적인 책이나 사물. ¶'소녀경'은 동양에서 방중술의 ~로 알려져 있다.
교:과서-적(教科書的) 관명 1 내용이나 성질이 표준적이고 모범적인 (것). ¶~인 바른 문장. 2 너무 원칙에 얽매이거나 지나치게 표준적이고 모범적이어서 융통성이 없는 (것). ¶진부하고 ~인 결말.
교:관(教官) 명 1 학교에서 교련을 맡은 교사. 2 학술을 가르치는 관리. 3 [군] 군인을 가르치는 장교. ▷교(教)의 약자는 教(助教).
교교(皎皎)→**교:교-하다** 형여 1 (달이) 매우 맑고 밝다. ¶…**교교한** 추월색이 천지에 가득하니…. 《최찬식: 추월색》 2 매우 희고 깨끗하다. **교:교-히** 부 ¶달빛이 ~ 흐르다.
교:구¹(校具) 명 학교에서 쓰는 도구의 총칭.
교:구²(教具) 명 효과적인 학습을 위하여 쓰는 도구. 칠판·괘도·표본·모형 따위.
교:구³(教區) 명 [종] 종교의 전과, 신자의 지도 등을 위하여 편의상 나누어 놓은 구역. 2 [가] 가톨릭교회를 지역적으로 구분하는 한 단위. 주교(主敎)를 중심으로 함.
교군(轎軍) 명 1 =가마². 2 가마를 메는 일. 3 =가마꾼. **교군-하다** 통(자여) 가마를 메다.
교군-꾼(轎軍-) 명 =가마꾼.
교:권(教權)[-꿘] 명 1 교사로서의 권위나 권력. ¶~을 확립하다. 2 종교상의 권위. 특히, 가톨릭에서 교회 또는 로마 교황의 권력을 이름.
교:기¹(校旗) 명 학교를 상징하는 기.
교기²(驕氣) 명 남을 업신여기고 잘난 체하며 뽐내는 태도. 비야기. ¶~를 부리다.
교:내(校內) 명 학교의 안. ¶~ 행사/~ 활동. ↔교외(校外).
교:단¹(教團) 명 같은 종교를 믿는 사람들끼리 모여서 만든 종교 단체.
교:단²(教壇) 명 교실이나 강의실에서 교사나 교수가 수업이나 강의를 할 때 올라설 수 있도록 다소 높고 네모지게 만든 단.
교단에 서다 관용 교원 생활을 하다. ¶내가 교단에 선 지도 올해로 20년이 된다.
교대¹(交代) 명 (어떤 일을) 서로 번갈아 하는 것. 비대거리. ¶~자/~ 시간/~ 임무/~로 근무하다. **교대-하다** 통(자여자여) ¶보

초를 두 시간마다 ~.
교대²(敎大) 명[교] '교육 대학'의 준말.
교대³(橋臺) 명[건] 다리의 양 끝을 받치는 기둥. ▷교각(橋脚).
교대^광ː상(交代鑛床) 명[광] 교대 작용에 의하여 생성된 광상. ▷교대 작용.
교대-식(交代式) 명[수] 다항식에서, 임의의 두 변수의 위치를 바꾸어 놓았을 때, 절댓값은 변하지 않고 음음(陽陰)의 부호만 바뀌는 식.
교대^작용(交代作用) 명[광] 광물 또는 광상(鑛床)의 외부로부터 침투한 가스나 열수 용액에 의하여 화학 조성이 다른 새로운 광물 또는 광상이 되는 일.
교대-제(交代制) 명 근로자를 2~3개의 조로 나누어 작업 시간을 달리하여 번갈아 일하는 제도.
교ː도¹(敎徒) 명 종교를 믿는 사람. 凹신도(信徒)·신자(信者).
교ː도²(敎導) 명 1 가르쳐서 지도하는 것. 2 [교] 학생의 주변 문제를 지도·상담하는 것. ¶~ 교사. **교ː도-하다** 통(자)(타)(여)
교ː도-관(矯導官) 명 교도소에서 일을 맡아 보는 공무원. 구칭은 간수·형무관.
교ː도-소(矯導所) 명 행형(行刑) 사무를 맡아보는 기관. 징역형·금고형 또는 노역장 유치나 구류 처분을 받은 자, 재판 중에 있는 자 등을 수용하는 국가 시설임. 1961년 '형무소'를 개칭한 것임.
교두-보(橋頭堡) 명[군] 1 다리를 엄호하기 위하여 쌓은 보루(堡壘). 2 아군의 상륙이나 도하(渡河) 작전을 위한 발판으로, 적군 점령지의 한 모퉁이에 마련한 작은 진지. ¶~를 확보하다 3침투하기 위한 발판. ¶일제는 한반도를 중국 침략의 ~로 삼았다.
교란(攪亂) 명 (어떤 대상을) 뒤흔들어 어지럽게 하거나 혼란에 빠지게 하는 것. **교란-하다** 통(타)(여)¶후방을 ~. **교란-되다** 통(자) ¶민심이 ~.
교량(橋梁) 명[건] 강이나 내 등을 사람이나 차량이 건널 수 있게 만든, 비교적 큰 규모의 다리.
교련(敎鍊) 명 1 가르쳐 단련하는 것. 2 [군] 전투에 적응하도록 행하는 훈련. =조련(操鍊). ¶군사 ~. 3 [교] 학생에게 행하는 군사 교육. **교ː련-하다** 통(자)(타)(여)
교령(交靈) 명 죽은 사람의 영혼이 살아 있는 사람과 서로 통하는 것. **교령-하다** 통(자)(여)
교료(校了) 명[인] 인쇄물의 교정(校正)을 끝내는 것. =오케이·완준(完準). **교료-하다** 통(타)(여) **교료-되다** 통(자)
교룡(蛟龍) 명 1 모양이 뱀과 같고 길이가 한 길이 넘는다는 상상의 동물. 2 때를 못 만나 뜻을 이루지 못하는 영웅호걸의 비유.
교류(交流) 명 1 [물] 시간에 따라 크기와 방향이 주기적으로 바뀌어 흐르는 전류. ¶교류 전류·교번 전류. ↔직류(直流). 2 (서로 다른 나라나 지역의 사람들이) 오고 가면서 밀접한 관계를 맺는 것. 또는, (한 나라나 지역의 문화·사상 등이) 서로 오고 가면서 영향을 미치는 것. ¶동서 문화의 ~. 3 근원이 다른 물줄기가 서로 섞여 흐르는 것. **교류-하다** 통(자)(타)(여)¶두 나라가 문물을 ~. **교류-되다** 통(자)
교류^전ː력(交流電力) [-력] 명 교류 전류가 단위 시간에 할 수 있는 일의 양(量). 단위는 와트(W)·킬로와트(kW)임.

교ː리(敎理) 명[종] 종교상의 원리나 이치.
교ː리^문ː답(敎理問答) 명 1 [종] 종교상의 원리나 이치를 서로 묻고 대답하는 일. 2 [가][기] 교리를 이해하기 쉽게 문답 형식으로 엮은 것.
교린(交隣) 명 이웃 나라와의 교제.
교린^정책(交隣政策) 명[역] 조선 태조가 이웃인 여진(女眞)과 일본에 대하여 화친을 꾀한 외교 정책.
교만(驕慢) 명 자기의 부족한 점을 알지 못하고 자기 자신을 대단하고 훌륭한 존재라고 여기는 마음의 상태. ¶~을 부리다 / 자기가 무엇이든 할 수 있다고 생각하는 것은 ~에 지나지 않는다. **교만-하다** 형(여) ¶그는 벼락출세한 뒤로 아주 **교만해졌다**. **교만-히** 부
교만-스럽다(驕慢-) [-따] 형(비) ¶~스러우니, ~스러워〉 교만한 데가 있다. ¶교만스러운 태도. **교만스레** 부
교ː명(校名) 명 '학교명'의 준말.
교ː모(校帽) 명 학교에서 특별히 정하여 학생들에게 쓰게 하는 모자. 凹학생모.
교목¹(敎牧) 명 기독교 학교에서 종교 교육을 맡아보는 목사.
교목²(喬木) 명[식] 줄기가 곧고 굵으며, 높이 자라는 나무. 소나무·향나무 따위. = 큰키나무. ↔관목(灌木).
교목-세신(喬木世臣) [-쎄-] 명 여러 대에 걸쳐 중요한 지위에 있어, 나라와 운명을 같이하는 신하.
교묘(巧妙)→**교묘하다** 형(여) 1 (상대를 속이거나 제압하는 수단·수법 등이) 놀라울 정도로 능란하다. ¶교묘한 속임수 / 교묘한 말솜씨로 상대를 현혹하다. 2 (기술·솜씨 등이) 놀라울 정도로 빼어나다. ¶교묘한 솜씨로 수를 놓다. **교묘-히** 부 ¶미행자를 ~ 따돌리다.
교ː무¹(校務) 명[교] 학교에서 이루어지는 사무.
교ː무²(敎務) 명 1 [교] 학생을 가르치는 일에 대한 사무. 2 [종] 종교상의 사무.
교ː무-실(敎務室) 명[교] 교사가 수업에 필요한 사무를 보는 방.
교ː문(校門) 명 학교의 정문.
교미(交尾) 명 동물의 암컷과 수컷이 성적(性的)인 관계를 맺는 것. 교접. 凹교접. ¶~기(期) / ~를 붙이다. **교미-하다** 통(자)(여)
교민(僑民) 명 외국에 거주하고 있는 자기 나라의 국민.
교반(攪拌) 명 휘저어 함께 섞는 일. **교반-하다** 통(타)(여)
교반-기(攪拌機·攪拌器) 명 어떤 물건을 섞거나 부수거나 녹을 고루 전달시키기 위하여 뒤섞어 휘젓는 기계나 기구. =것개.
교ː방-고(敎坊鼓) 명[음] 당악기에 속하는 북의 한 가지. 북통 둘레에 서린 용(龍)을 그린 납작한 북을 틀에 걸어 놓고 쳐로 침.
교배(交拜) 명 전통 혼례식에서, 신랑·신부가 서로 마주 보고 절을 하는 일. **교배-하다¹**
교배²(交配) 명[생] 생물의 암수를 인위적으로 수정(受精) 또는 수분(受粉)시켜 다음 세대를 얻는 일. **교배-하다²** 통(타)(여) ¶진돗개와 풍산개를 ~.
교배-종(交配種) 명[생][농] 교배시켜 만든 새로운 품종.
교번(交番) 명 근무 따위를 설 때, 번(番)이나 차례를 서로 바꾸는 것. **교번-하다** 통

[자][여]

교ː범(敎範) [명] 가르치는 데 모범으로 삼는 법식. ¶태권도 ~ / 사격 ~.

교ː법(敎法) [명][종] =교의(敎義)[4]1.

교ː복(校服) [명] 학교에서 특별히 정하여 학생들에게 일제히 입게 하는, 똑같은 색깔과 모양으로 된 옷.

교ː본[1](校本) [명] **1** [인] 교정을 끝낸 책. =교열본(校閱本). **2** 내용이 근본적으로 같고 일부만 다른 옛 책이 여러 권 전할 때, 그 책들의 차이점을 한눈에 볼 수 있게 만든 책.

교ː본[2](敎本) [명] 교재로 쓰는 책. [비]교과서.

교부[1](交付·交附) [명] **1** 내주는 일. ¶원서 ~. **2** [법] 물건의 인도(引渡). **교부-하다** [동][타][여] **교부-되다** [동][자]

교ː부[2](敎父) [명][가][기] 크리스트 교회에 속하며, 교회가 인정하는 교의(敎義)에 따라 저술을 한 성직자.

교부-금(交付金) [명] =보조금(補助金).

교ː부^철학(敎父哲學) [명][철] 1~8세기경 그리스 철학에 기초하여 크리스트교의 교리를 합리적·철학적으로 이해하려고 한 철학.

교분(交分) [명] 서로 사귄 정. =교계(交契). [비]교의. ¶두터운 ~ / 그와 남다른 ~을 가지다.

교사[1](巧詐) [명] (남을) 교묘한 수단으로 속이는 것. **교사-하다**[1] [동][타][여]

교ː사[2](校舍) [명] 학교의 건물. ¶구(舊) ~ / 신축 ~ / ~를 증축하다.

교ː사[3](敎師) [명] 일정한 자격을 가지고 학생을 가르치는 사람. 곧, 유치원 및 초등·중등학교의 선생을 가리킴. ¶중등 ~ / 국어 ~.

유의어	교사 / 교원
유치원 및 초·중등학교의 선생이 '**교사**'라면, '**교원**(敎員)'은 보다 포괄적인 말로 대학의 선생도 포함함.	

교ː사[4](敎唆) [명] 남을 꾀거나 부추겨서 나쁜 짓을 하게 하는 것. **교ː사-하다**[2] [동][타][여] ¶하수인을 시켜 살인을 ~.

교사[5](絞死) [명] 목을 매어 죽는 것. **교사-하다**[3] [동][자][여]

교ː사-범(敎唆犯) [명][법] 남을 교사하여 죄를 짓게 만든 사람. 또는, 그러한 범죄.

교살(絞殺) [명] 목을 졸라 죽이는 것. =교수(絞首). ¶그는 ~당한 시체로 발견되었다. **교살-하다** [동][타][여] **교살-되다** [동][자]

교상[1](咬傷) [명] 짐승이나 독벌레·독사 등에 물려서 상처를 입는 것. 또는, 그 상처. **교상-하다** [동][자][타][여] **교상-되다** [동][자]

교상[2](膠狀) [명] 물질의 끈끈한 상태.

교ː생(敎生) [명][교] '교육 실습생'의 준말.

교ː생^실습(敎生實習) [-씁] [명][교] =교육 실습.

교ː서(敎書) [명] **1** [가] 교황이 공식으로 발하는 선언. **2** 영국에서 국왕이 의회에 보내는 서면(書面). **3** 미국 대통령 또는 주지사가 국회 또는 주의회(州議會)에 보내는 서면. 또는, 국민에게 정부의 의향을 말하는 문서. ¶연두(年頭) ~.

교선(交線) [명][수] 두 도형이 교차할 때 생기는 직선 또는 곡선.

교섭(交涉) [명] 어떤 일을 이루기 위하여 서로 의논하고 절충하는 것. ¶막후~ / 단체 ~을 벌이다. **교섭-하다** [동][자][타][여] ¶노사가 서로 만나 임금 문제를 **교섭하고** 있지만 난항이 예상된다. **교섭-되다** [동][자]

교섭^단체(交涉團體) [-딴-] [명][정] 국회에서 의사 진행에 관한 중요한 안건을 협의하기 위하여 국회의원들로 구성된 단체. ¶원내(院內) ~.

교성(嬌聲) [명] 여자의 간드러진 목소리.

교ː세(敎勢) [명] 종교의 세력.

교ː수[1](敎授) [명] **1** 학문이나 기예(技藝)를 가르치는 것. **2** 대학에서 학생을 지도하고 연구에 종사하는 교원. 좁게는 가장 높은 지위인 정교수를 가리키나 넓게는 부교수·조교수·전임 강사를 포함함. **교ː수-하다**[1] [동][타][여] 학문이나 기예를 가르치다. ¶대학에서 동양사를 ~.

교수[2](絞首) [명] **1** =교살(絞殺). **2** [법] 사형수의 목을 옭아매어 죽이는 것. **교수-하다**[2] [동][타][여]

교수-대(絞首臺) [명] 사형수의 목을 매어 죽이는 대(臺).

교ː수-법(敎授法) [-뻡] [명][교] 학문이나 기예를 가르치기 위한 조직적인 지식과 기술.

교ː수-안(敎授案) [명][교] =학습 지도안.

교ː수-요목(敎授要目) [명][교] 학교 교육에서 교과목마다 반드시 가르쳐야 할 줄거리. =요목.

교수-형(絞首刑) [명][법] 목을 옭아매어 죽이는 사형. ¶살인범을 ~에 처하다. [준]교형.

교ː습(敎習) [명] 가르쳐서 익히게 하는 것. ¶~을 받다. **교ː습-하다** [동][타][여]

교ː습-소(敎習所) [-쏘] [명] 기예(技藝) 따위를 교습하는 곳. ¶피아노 ~ / 사설 ~.

교ː시[1](校是) [명] 학교를 세운 근본 정신. ¶홍익인간을 ~로 삼다.

교ː시[2](敎示) [명] **1** 가르쳐서 보이는 것. **2** 길잡이가 되는 가르침. **교ː시-하다** [동][타][여] **교ː시-되다** [동][자]

교ː시[3](校時) [명][의존] 학교에서 수업상 정한 시간의 단위. 보통, 45분·50분 등으로 함.

교신(交信) [명] 우편·전화 등의 매체를 통하여 정보나 의견을 주고받는 것. **교신-하다** [동][자][여]

교ː실(敎室) [명] **1** 초등 및 중고등학교에서, 학생들이 수업을 하는 방. 대학의 경우는 보통 '강의실'이라고 함. **2** 《일부 명사 다음에 쓰여》 교양이나 기능 등을 얻거나 익힐 수 있도록 일정 기간 베푸는 강좌임을 나타내는 말. ¶주부 ~ / 꽃꽂이 ~.

교ː안(敎案) [명][교] =학습 지도안.

교ː양(敎養) [명] **1** 교육을 받거나 사회 규범·예절 등을 익힘으로써 이뤄지는 고상한 품성이나 품행. ¶~이 없다 / 점잖고 ~ 있는 신사. **2** 사회생활 전반에 필요한 폭넓은 지식이나 상식. ¶~ 강좌 / ~을 쌓다 / ~이 풍부하다.

교ː양^과목(敎養科目) [명][교] 대학에서 전공과목 외의 일반 교양을 위한 과목.

교ː양-물(敎養物) [명] 교양을 위한 읽을거리나 볼거리.

교ː양-미(敎養美) [명] 교양이 있어 나타나는 아름다움.

교ː양-서(敎養書) [명] 교양을 쌓는 데 도움이 되는 책. =교양서적.

교ː양^소ː설(敎養小說) [명][문] 주인공의 어린 시절부터 어른이 되기까지의 정신적인 성장 과정을 그린 소설. 여러 가지 내면적 갈등과 위기를 거치면서 성숙에 이르는 과정에 초점을 맞춤. =성장 소설.

교ː양-인(敎養人) [명] 교양이 있는 사람.

교언-영색(巧言令色)[-녕-] 명 남에게 아첨하는 말과 태도.

교역¹(交易) 명 나라와 나라 사이에서 서로 물건을 사고팔고 하는 일. 교역-하다 통타여

교역²(敎役) 명[기] 설교·전도·신자 방문 등의 종교적 사업을 책임지고 맡아 하는 일.

교역-자(敎役者)[-짜] 명[기] 교역에 종사하는 사람.

교열(校閱) 명 (원고나 문서의 내용을) 살피어 잘못된 것을 바로잡는 것. 교열-하다 통타여 ¶원고를~.

교외(郊外)[-외/-웨] 명 들이나 논밭이 비교적 많은, 도시의 주변. ¶휴일에는 많은 사람들이 ~로 나간다.

교외²(校外)[-외/-웨] 명 학교의 밖. ¶~ 지도. ↔교내(校內).

교외-선(郊外線)[-외-/-웨-] 명 대도시와 교외를 연결한 철도.

교우¹(交友) 명 벗을 사귀는 것. 또는, 그 벗. 교붕. ¶~ 관계가 좋다[나쁘다]. 교우-하다 통자여

교우²(校友) 명 1 같은 학교에 다니는 벗. 2 같은 학교 직원·재학생·졸업생의 총칭.

교우³(敎友) 명 크리스트교를 믿는 사람들이 서로에 대해 벗이라는 뜻으로 친근하게 이르는 말.

교우이신(交友以信) 명 세속 오계의 하나. 벗은 믿음으로써 사귀어야 한다는 말.

교우-회(校友會)[-외/-웨] 명 같은 학교의 직원·재학생·졸업생 등이 모여서 만든 모임.

교원(敎員) 명 각급 학교에서 학생을 직접 지도·교육하는 사람. ¶~ 자격증. ▶교사(敎師).

교유(交遊) 명 서로 사귀어 오가는 것. 교유-하다 통자여 ¶문인들과 ~.

교육(敎育) 명 사회생활에 필요한 지식과 기술을 가르치고, 인간의 잠재 능력을 일깨워 훌륭한 자질, 원만한 인격을 갖도록 이끌어 주는 일. 좁은 뜻으로는, 학교 교육만을 가리키기도 함. ¶가정 / 의무 / 고등 / ~. ¶그는 집안이 어려워 ~을 제대로 받지 못했다. 교육-하다 통타여 ¶교사가 아동들을 ~. 교육-되다 통자여

교육의 의무(義務) 구 국민의 의무의 하나. 국민으로서 초등 교육과 법률이 정한 교육을 받아야 할 의무.

교육-가(敎育家)[-까] 명 교육이나 교육 사업에 종사하는 사람. ▷교육자.

교육-감(敎育監)[-깜] 명 서울특별시·각 광역시 및 각 도의 교육 위원회의 사무를 관장하는 별정직 공무원.

교육-계(敎育界)[-계/-께] 명 교육과 관계가 있는 사회의 범위.

교육-공무원(敎育公務員)[-꽁-] 명 국공립 교육 기관이나 교육 행정 기관에 종사하는 교원 및 사무직원의 총칭. 별정직 공무원.

교육^과정(敎育課程)[-꽈-] 명[교] 교육 목표를 달성하기 위해, 그 내용을 체계적으로 조직한 교육 계획의 전체. =교과 과정·커리큘럼. ▶교과 과정.

교육^대학(敎育大學)[-때-] 명[교] 초등 학교 교사의 양성을 목적으로 하는 4년제 대학. 준교대(敎大).

교육-법(敎育法)[-뻡] 명[법] 교육에 관한 기본법. =학교 교육법.

교육^보험(敎育保險)[-뽀-] 명 장래의 교육비 조달을 목적으로 하는 보험. =학자 보험.

교육-비(敎育費)[-삐] 명 교육에 드는 비용.

교육-세(敎育稅)[-쎄] 명 의무 교육 실시에 필요한 경비 조달을 목적으로 한 조세.

교육^실습(敎育實習)[-씰씁] 명[교] 대학 등에서, 교직 과정(敎職課程)을 이수하는 학생이 일선 학교에 나가 실제로 가르치는 일을 체험하는 일. =교생 실습.

교육^실습생(敎育實習生)[-씰씁쌩] 명 [교] 교육 과정의 실제 체험을 위하여 일선 학교에서 교육 실습을 하는 학생. 준교생.

교육^연령(敎育年齡)[-융녈-] 명[교] 피교육자의 교육 수준을 나타내는 나이. ¶그는 제 또래에 비해 ~이 높다.

교육-열(敎育熱)[-육녈] 명 교육에 대한 열성. ¶~이 높다.

교육^위원회(敎育委員會)[-회/-웨] 명 교육 업무 전반에 관한 사무를 관장하기 위하여 서울특별시·각 광역시 및 각 도(道)에 설치된 교육 행정 기관.

교육^인적^자원부(敎育人的資源部)[-쩍짜-] 명 행정 각 부의 하나. 인적 자원 정책의 수립·조정·총괄 업무와 학교 교육·평생 교육 및 학술에 관한 사무를 맡아봄. 2001년 1월 '교육부'를 개편하여 신설한 것임.

교육-자(敎育者)[-짜] 명 교원으로서 교육에 종사하는 사람.

교육-장(敎育長)[-짱] 명 시·군의 교육청의 최고 책임자. ▷교육감.

교육-적(敎育的)[-쩍] 관명 교육에 관한 (것). 또는, 교육의 측면에서 본 (것). ¶과잉보호는 ~으로 좋지 않다.

교육-청(敎育廳) 명 시(市)·군(郡) 단위로 하여, 학교 교육이나 그 지방 자치 단체의 교육 학술에 관한 사무를 맡아보는 관청.

교육-학(敎育學)[-유칵] 명[교] 교육의 본질·목적·내용·방법과 교육 제도·행정 등에 관한 이론을 연구하는 학문.

교육-한자(敎育漢字)[-유칸짜] 명 ['한문 교육용 기초 한자'의 준말] 1972년에 문교부(현 교육 인적 자원부)에서 중고등학생이 꼭 배워야 할 한자로 선정한 1800자. 2000년 12월, 그 내용을 조정하여 1800자는 유지하되, 44자를 바꾸었음.

교의¹(交椅)[-의/-이] 명 1 =의자. 2 신주(神主)나 혼백 상자를 놓아 두는, 다리가 긴 의자.

교의²(交誼)[-의/-이] 명 사귀어 친해진 정의. 비교분(交分).

교의³(校醫)[-의/-이] 명 '학교의'의 준말.

교의⁴(敎義)[-의/-이] 명 1 [종] 종교상의 가르침. =교법(敎法). 2 [교] 교육의 근본 취지.

교의-학(敎義學)[-의-/-이-] 명[종] 특정한 종교의 교의를 체계적으로 조직·서술하는 학문. =교리 신학.

교인(敎人) 명 종교, 특히 크리스트교를 믿는 사람. 또는, 그 가운데 교역자가 아닌 일반 신자. ¶기독교~. ▷신도(信徒).

교자¹(交子) 명 교자상에 구색을 갖추어 차려 놓은 음식. ¶건~ / 식~ / 얼~.

교자²(轎子)[역] '평교자'의 준말.

교자-상(交子床)[-쌍] 명 음식을 차려 놓는

직사각형의 큰 상.
교잡(交雜) 몡 1 서로 한데 어울려 뒤섞이는 것. 2 [생] 품종·계통·성질이 다른 암수의 교배. =잡교(雜交). **교잡-하다** 图재어
교잡-종(交雜種) [-쫑] 몡 품종이 다른 것과 교배하여 새롭게 생긴 품종.
교:장¹(校長) 몡 1 초등학교·중학교·고등학교 등에서, 교무를 통할하고 교직원을 감독하는 최고 행정 직책. 또는, 그 직책에 있는 사람. =학교장. 2 사관학교의 최고 행정 책임자.
교:장²(敎場) 몡 1 가르치는 곳. ¶실습 ~. 2 [군] 교육·훈련 시설을 갖추어 놓은 장소. ¶사격술 ~ / 야외 ~.
교:재(敎材) 몡[교] 학술이나 기예를 가르치는 데 쓰이는, 교과서를 비롯한 여러 가지 재료. ¶대학 ~ / 학습 ~.
교:재-비(敎材費) 몡 교재의 구입 비용.
교:재-원(敎材園) 몡[교] 교육상 필요한 동식물 따위를 재배·사육하여 학생들에게 보이는 곳.
교전(交戰) 몡 (나라와 나라, 또는 군대와 군대 등이) 어느 지역에서 무기를 가지고 맞붙어 싸우는 것. =교병·교화(交火). ⾮전투. ¶~ 지역 / ~ 상태 / 시가에서 적과 치열한 ~을 벌이다. **교전-하다** 图재
교전-국(交戰國) 몡 1 전쟁에 참가하고 있는 나라. 2 전쟁 상태에 있는 상대국. ⾮적국(敵國).
교전^단체(交戰團體) 몡[법] 국제법상 교전국과 마찬가지로 교전자로서의 자격을 인정받은 정치 단체.
교점(交點) [-쩜] 몡 1 [천] 행성·혜성 등의 궤도면이 황도면과 만나는 점. 2 [수] 두 곡선이 서로 만나는 점. 또는, 만난 점.
교접(交接) 몡 1 서로 맞닿아서 접촉하는 것. 2 =교미(交尾). **교접-하다** 图재어 **교접-되다** 图재
교:정¹(校正) 몡[인] 교정쇄(校正刷)와 원고를 대조하여 글자·부호·배열·색 따위를 치리거나 빠진 것을 바로잡아 고치는 것. =간교(刊校)·교준(校準)·준(準). ¶~원 / 원고 ~. **교:정-하다¹** 图타어 **교:정-되다¹** 图재
교:정²(校訂) 몡 출판물의 잘못된 글자나 글귀를 바르게 고치는 것. **교:정-하다²** 图타어 **교:정-되다²** 图재
교:정³(校庭) 몡 학교의 마당 또는 운동장. ¶정든 ~을 떠나다.
교:정⁴(矯正) 몡 1 (틀어지거나 굽은 것을) 곧게 바로잡는 것. 2 [법] 교도소나 소년원 등에서 재소자(在所者)의 잘못된 품성이나 행동을 바로잡는 것. **교:정-하다³** 图타어 ¶치열(齒列)을 ~. **교:정-되다³** 图재
교:정^기호(校正記號) 몡[인] 식자 조판상의 잘못된 것을 바로잡기 위한 지시를 문구 대신으로 나타내는 일정한 기호.
교:정-도감(敎定都監) 몡[역] 고려 희종 때 최충헌(崔忠獻)이 설치한 무신 독재 정치 기관. 관리의 임면(任免) 및 감찰 업무를 맡았음.
교:정-보다(校正-) 图타 인쇄물의 틀린 것, 빠진 것을 바로잡다. =준보다.
교:정-본(校訂本) 몡 고서(古書)의 문장·어구 등을 후세 사람이 교정하여 출판한 도서.
교:정-쇄(校正刷) 몡[인] 교정을 보려고 박아 낸 인쇄. 또는, 그 인쇄물.

교:정-시력(矯正視力) 몡 근시나 원시 등을 렌즈나 기타의 장치로써 교정한 시력.
교:정-지(校正紙) 몡[인] 교정하기 위하여 임시로 인쇄를 한 종이. 또는, 그것에 교정을 보아 놓은 종이. =준장(準張)·준지(準紙).
교제(交際) 몡 (어떤 사람이 누구와) 계속 만나면서 서로 사귀는 것. ¶이성 ~ / ~를 트다 / ~를 끊다 / 형은 지금 어떤 여자와 ~ 중이다. ↔절교(絕交). **교제-하다** 图재어 ¶그 여자는 남자와 **교제하기**를 꺼린다.
교제-비(交際費) 몡 교제하는 데 드는 비용.
교제-술(交際術) 몡 교제하는 수단이나 방주.
교:조(敎祖) 몡[종] 어떤 종교나 종파를 처음 세운 사람. =교주(敎主). ¶동학의 ~ 최제우 / 이슬람 ~ 마호메트.
교:조-적(敎條的) 판몡 사고방식이나 태도가 한 가지 신념이나 원칙에 사로잡혀 경직되어 있는 (것). ¶~이고 독단적인 사고.
교:조-주의(敎條主義) [-의/-이] 몡 1 종교상의 교의(敎義)·교조(敎條)로써 세계의 사상(事象)을 설명하려는 태도. 중세의 스콜라 철학이 그 대표적인 것이었음. 2 마르크스주의에서, 역사적 정세를 무시하고 그 원칙론만을 고수하려는 공식주의를 일컫는 말. ▷수정주의. 3 원리·원칙에만 사로잡혀 응용·융통을 하지 못하는 고집스러운 태도.
교:종(敎宗) 몡[불] 1 불교를 크게 두 종파로 나누었을 때의 하나. 좌선(坐禪)보다 교리를 중히 여김. ↔선종(禪宗). 2 조선 세종 때 자은종(慈恩宗)·화엄종(華嚴宗)·시흥종(始興宗)·중신종(中神宗)이 통합하여 이루어진 불교 종파.
교:주¹(校主) 몡 ['학교의 주인'이라는 뜻] 사립학교를 설립하였거나 경영하는 사람.
교:주²(敎主) 몡 1 [종] 한 종교 단체의 우두머리. 2 [종] =교조(敎祖).
교:준(校準) 몡[인] =교정(校正)¹. **교:준-하다** 图타어 **교:준-되다** 图재
교:지¹(校地) 몡 학교 터.
교:지²(校誌) 몡 학생들이 교내에서 편집·발행하는 잡지. ¶~에 글을 싣다.
교:지³(敎旨) 몡 1 [역] 조선 시대에 임금이 신하에게 벼슬·시호·자격·토지·노비 등을 내려 주는 문서. 조선 개국 초에는 왕지(王旨), 대한 제국 시대에는 칙명(勅命)이라고 하였음. =관고(官誥)·관교(官敎). 2 [종] 종교의 취지. 3 [교] 교육의 취지.
교직¹(交織) 몡 두 가지 이상의 실로 섞어 짜는 것. 또는, 그렇게 짠 피륙. **교직-하다** 图타어
교:직²(敎職) 몡 1 [교] 학생을 가르치는 직무. ¶~자 / ~에 몸담고 있다 / ~을 떠나다. 2 [종] 교회에서 신도의 지도와 관리를 맡은 직무.
교:직-원(敎職員) 몡 학교의 교원과 사무직원의 총칭.
교질(膠質) 몡 1 물질의 끈끈한 성질. 2 [화] =콜로이드.
교-집합(交集合) [-찌팝] 몡[수] 집합 A, B에 대하여, A, B에 공통으로 속하는 요소 전체로 이루어지는 집합. A∩B로 나타냄. =공통집합.
교차(交叉) 몡 1 2개 이상의 선이나 물체나 도로 등이 한곳에서 마주치거나 엇갈리는 것. ↔평행. 2 [생] 생식 세포의 감수 분열에서, 상동 염색체 사이에 일어나는 부분적인

교환 현상. **교차-하다** 통[자여] ¶두 직선이 ~ / 기쁨과 슬픔이 ~. **교차-되다** 통[자] ¶두 길이 **교차되는** 지점.
교차(較差) 똉 일정한 시간 내에 기상을 관측한 값의 최대와 최소의 차.
교차-로(交叉路) 똉 서로 방향이 다른 도로와 도로가 엇갈리는 부분. 또는, 그런 부분을 이루는 도로.
교착¹(膠着) 똉 서로 붙는 것. **교착-하다**¹ 통[자여] **교착-되다**¹ 통[자]
교착²(交錯) 똉 여러 가지 것이 이리저리 뒤섞여 엇갈리는 것. ¶감정의 ~. **교착-하다**² 통[자여] **교착-되다**² 통[자]
교착³(膠着) 똉 1 단단히 달라붙는 것. 2 어떤 상태가 더 이상 발전되거나 진행되지 않고 굳어진 채로 조금도 변함이 없는 것. ¶회담이 ~ 상태에 빠지다. **교착-하다**³ 통[자여] **교착-되다**³ 통[자]
교착-어(膠着語) 똉[언] 언어의 형태적 유형에 의한 분류의 하나. 실질적인 의미를 가진 단어 또는 어간에 문법적인 기능을 가진 요소가 차례로 결합함으로써 문장 속에서의 문법적인 역할이나 관계의 차이를 나타내는 언어. 한국어·터키 어·일본어 따위. =첨가어·부착어.
교창(交窓) 똉[건] 분합문 위에 가로 길게 짜서 끼우는 채광창. =횡창(橫窓).
교창²(咬創) 똉 동물에게 물린 상처.
교체(交替·交遞) 똉 (어떤 대상을으로) 대신하여 바꾸는 것. ¶선수 ~. **교체-하다** 통[타여] ¶투수를 ~. **교체-되다** 통[자]
교치(咬齒) 똉 소리를 내어 이를 가는 것. = **교치-하다** 통[자여].
교:**칙**¹(校則) 똉 학생이 지켜야 할 학교의 규칙. ¶~ 위반.
교:**칙**²(敎則) 똉 1 [교] =학칙. 2 [종] 종교상의 규칙.
교-타자(巧打者) 똉[체] 야구에서, 타격이 정확하고 정교한 타자. ¶중장거리 ~.
교:**탁**(敎卓) 똉 강의할 책 따위를 올려놓기 위하여 교단의 위나 앞에 놓은 탁자.
교탑(橋塔) 똉 교량의 입구나 교각 위에 탑이나 문같이 높이 세워 만든 것.
교태(嬌態) 똉 아름답고 야양 부리는 자태. =교기·교자(嬌姿). ¶~를 부리다.
교통(交通) 똉 1 사람이나 물건이 자동차·열차·배·비행기 따위의 탈것을 이용하여 한 지역에서 다른 지역으로 이동하는 일. ¶항공 ~. 2 특히, 도로에 차나 그 밖의 탈것이 이동하는 일. ¶~이 혼잡하다 / ~이 마비되다 / ~이 두절되다. 3 서로 소식을 주고받거나 왕래하는 일. ¶그 집안은 우리와 아주 먼 일가라 거의 ~이 없다. 4 다른 나라와 관계를 맺어 오고 가고 하는 일. ¶고려는 송나라와 황해의 뱃길을 통해 ~을 하였다.
교통-경찰(交通警察) 똉 교통상의 위험 방지 및 질서 유지를 임무로 하는 경찰.
교통^**기관**(交通機關) 똉 운수 기관과 통신 기관의 총칭. 일반적으로는 도로·교량 등의 시설과 선박·철도·항공기·차량 등의 운수 기관을 가리킴.
교통-난(交通難) 똉 교통 기관이 부족하거나 교통량이 너무 많아 교통이 원활하게 이루어지지 않는 일. ¶~이 심각한 대도시.
교통-도덕(交通道德) 똉 교통수단을 이용하거나 길을 오갈 때 마땅히 지켜야 할 공중 도덕.
교통-량(交通量) [-냥] 똉 일정한 시간에 일정한 곳을 왕래하는 사람 또는 차량 따위의 수량.
교통-로(交通路) [-노] 똉 일반 사람의 교통을 위한 길. 도로 또는 수로(水路)·항공로 및 통신 시설 등.
교통-망(交通網) 똉 교통로가 이리저리 분포되어 있는 상태.
교통^**법규**(交通法規) [-뀨] 똉[법] 사람이나 차가 길을 왕래할 때 지켜야 할 사항을 정해 놓은 법령 및 규칙. ¶~를 준수하다.
교통-비(交通費) 똉 탈것을 타고 다니는 데에 드는 비용. 비곗마비. ¶~가 꽤 든다.
교통-사고(交通事故) 똉 운행 중이던 자동차·기차 등이 사람을 치거나 다른 교통 기관과 충돌하거나 하여 일어난 사고.
교통-수단(交通手段) 똉 사람을 태우거나 짐을 싣고 이동하는 데 쓰이는 수단. 곧, 자동차·열차·배·비행기 따위.
교통-순경(交通巡警) 똉 교통을 정리·단속하는 순경.
교통^**신**:**호**(交通信號) 똉 교통이 번잡한 도로에 설치하여 사람이나 차량이 질서 있게 길을 가도록 하는 신호.
교통-안전(交通安全) 똉 교통질서와 교통 법규를 철저히 지켜 사고를 미연에 방지하는 일.
교통안전^**표지**(交通安全標識) 똉 교통의 안전에 필요한 주의·규제·지시·안내 등을 표시한 판. 또는, 길에 표시한 기호·문자와 선 등의 표지. =도로 표지.
교통-정리(交通整理) [-니] 똉 혼잡한 거리에서 사고를 미연에 방지하기 위해 교통을 정리하는 일.
교통-지옥(交通地獄) 똉 교통 시설이 부족하거나 교통량이 너무 많아 교통 기관을 이용하기가 지극히 불편한 상태를 이르는 말.
교통-질서(交通秩序) [-써] 똉 차와 사람이 통행하는 데 있어서 지켜야 할 질서. ¶~를 확립하다.
교통-편(交通便) 똉 어느 곳을 오고 가는 데 이용되는 자동차·열차·배·비행기 등의 교통 수단. ¶~ 안내 / ~이 불편하다.
교:**파**(敎派) 똉 같은 종교의 갈래. =종파.
교:**편**(敎鞭) 똉 교사가 수업이나 강의를 할 때에 교수 사항을 지시하기 위하여 사용하는 가느다란 막대기. 흔히, '교직 생활'의 제유(提喩)로 쓰임.
교편(을) 잡다 관 학교에서 교사 생활을 하다. ¶모 고등학교에서 **교편을 잡고** 있다.
교:**편-생활**(敎鞭生活) 똉 교사로 지내는 생활.
교포(僑胞) 똉 다른 나라에 살고 있는 자기 민족. ¶재일(在日) ~.
교:**풍**(校風·學風) 똉 각 학교가 지니는 특유한 기풍. 비학풍(學風).
교합¹(交合) 똉 =성교(性交). **교합-하다** 통[자여]
교합²(咬合) 똉[의] 아래턱과 위턱을 물었을 때 생기는 아랫니와 윗니의 접촉 상태. 또는, 아래턱과 위턱의 치열 상호 간의 위치적 관계.
교향-곡(交響曲) 똉[음] 관현악을 위하여 만든 음악 중 가장 규모가 큰 악곡. 보통 4악장으로 이루어지며, 소나타 형식을 취함. =심포니.
교향-시(交響詩) 똉[음] 표제를 가진 독립된 단악장(單樂章)의 관현악곡. 시(詩)·전설·

교향-악(交響樂) [명][음] 교향곡·교향시·교향 모음곡 등의 관현악을 위하여 만든 음악의 총칭.

교향악-단(交響樂團) [-딴] [명][음] 교향악을 연주하기 위한 대규모의 관현악단. =심포니 오케스트라. ¶시립 ~.

교호(交互) [명] 서로 엇갈리게 맞추는 것. **교호-하다** [동][자][여] **교호-되다** [동][자]

교화(教化) [명] 1 가르치고 이끌어서 선(善)으로 나아가게 하는 것. ¶~ 단체. 2 [불] 불법(佛法)으로 사람을 가르쳐 착한 마음을 가지도록 하는 것. **교화-하다** [동][타][여] ¶불량소년을 ~. **교화-되다** [동][자]

교환(交換) [명] 1 (이것과 저것을) 서로 바꾸는 것. ¶~권(券). 2 서로 주고받고 하는 것. ¶예물 ~. 3 전화에서 진신을 바꿀 수 있도록 사이에서 선로를 연결해 주는 것. 4 =전화 교환원. ¶~을 불러 국제 통화를 신청하다. 5 [경] 어떤 물품을 다른 사람에게 주고, 그 값으로 같은 가치의 다른 물품이나 화폐를 얻는 것. =인환(引換). ¶물물 ~. **교환-하다** [동][타][여] ¶달러를 한화로 ~ / 축하 인사를 ~. **교환-되다** [동][자] ¶파손된 물품은 교환되지 않습니다.

교환^가치(交換價值) [명][경] 1 화폐를 다른 나라의 화폐와 교환할 때의 가치. 2 일정량의 물품이 다른 종류의 물품과 어느 정도로 교환될 수 있는가의 상대적 가치.

교환^경기(交歡競技) [명] 국제 친선을 증진시키기 위하여 외국 선수를 초청하여 벌이는 운동 경기. ¶친선 ~.

교환^교수(交換教授) [명] 학술·교육을 통한 문화의 교류와 친선을 꾀하기 위하여 두 나라의 대학 간에 서로 교수를 파견하여 강의를 하게 하는 일. 또는, 그 교수.

교환-기(交換機) [명] 동전 따위를 바꾸어 주는 기계 장치.

교환^법칙(交換法則) [명][수] 덧셈과 곱셈에 있어서 언제나 $a+b=b+a$, $a×b=b×a$와 같은 교환 관계가 성립한다는 법칙.

교환-양(交換孃) [-냥] [명] 전화 교환 업무에 종사하는 여자를 친근하게 이르는 말.

교환-원(交換員) [명] =전화 교환원.

교활(狡猾) →교활-하다 [형][여] (어떤 사람이) 악은 꾀를 쓰는 것이 능하다. 또는, (술수나 행동 따위가) 능란함이 있게 약다. ¶교활한 놈 / 교활한 술책. **교활-히** [부]

교황(教皇) [명][가] 로마 가톨릭교회의 최고위 성직자. 추기경의 호선(互選)에 의해 선출됨. =로마 교황·법왕·법황.

교황-청(教皇廳) [명][가] 로마 교황을 중심으로 하는 전 세계 가톨릭교회 행정의 중앙 기관. 바티칸 시국의 있음. =법왕청.

교회(教會) [-회/-훼] [명] 1 [가][기] 크리스트교 신자들로 이루어진 신앙의 공동체. 2 [기] 신도들이 모여 예배를 보기 위해 세운 건물. =성전·회당(會堂). [비]예배당.

교회-당(教會堂) [-회-/-훼-] [명][기] 교회의 건물.

교회^음악(教會音樂) [-회-/-훼-] [명][음] 크리스트교에 관계되는 성악·기악의 총칭. 미사곡·찬송가·오라토리오 따위.

교회^학교(教會學校) [-회-교/-훼-꾜] [명][기] 교회에서 주일마다 신자들에게 성경을 가르치고 종교 교육을 베푸는 모임. =주일 학교.

교:훈(校訓) [명][교] 학교의 교육 이념이나 목표를 간결하게 나타낸 표어.

교:훈²(教訓) [명] 1 [언] 둘 이상의 3차원 공간에서 행동이나 생활의 지침이 될 만한 가르침. ¶역사의 ~ / 실패를 ~으로 삼다. **교:훈-하다** [동][타][여] 올바른 길이나 도리 등을 가르치고 깨닫게 하다.

-구-¹ [접미] 일부 동사의 어간에 붙어, 그 동사가 사동의 기능을 갖게 만드는 어간 형성 접미사. ¶달~다 / 돋~다 / 솟~다.

구¹(句) [명] 1 둘 이상의 단어가 모여 절(節)이나 문장의 일부분이 되는 토막. 가령, "나는 밝은 색깔의 옷을 즐겨 입는다."에서 '밝은 색깔의 옷'(명사구)과 '즐겨 입는다'(동사구)가 절(節). 2 [문] 시조나 사설(辭說)의 짧은 토막. ×귀.

구:²(灸) [명][한] =뜸⁴.

구⁴(球) [명] 1 [자림] 1 공처럼 둥글게 생긴 물체. 또는, 그런 모양. 2 [수] 3차원 공간에서, 한 점에서 같은 거리에 있는 점의 궤적으로 둘러싸인 입체. 2 [의존] 야구에서, 투수가 타자에게 던지는 공을 세는 말. ¶제일 ~ / 이 ~.

구⁵(區) [명] 1 넓은 범위의 것을 몇으로 나눈 구획. [비]구역(區域). 2 특별시와 광역시의 관할 구역 안에 두는 하급 지방 자치 단체의 하나. 또는, 인구 50만 명 이상의 시에 설치되는 행정 구역의 하나. 시(市)의 아래, 동(洞)의 위에 해당함. ¶서대문~. 3 법령 집행을 위하여 설치하는 구획. ¶선거~ / 학~.

구⁶(毬) [명][체] 격구(擊毬)나 타구(打毬)에 쓰는 공. 나무나 마노로 만듦. =채구(彩毬).

구⁷(具) [명][의존] 시체의 수효를 세는 단위. ¶3 ~의 시체를 물속에서 건지다.

구⁸(九) [수] I [주] '아홉'과 같은 뜻의 한자어 계통의 수사. 아라비아 숫자로는 '9', 로마 숫자로는 'IX'로 나타냄. ~ 나누기 삼은 삼. II [관] '아홉', '아홉째'의 뜻. ¶~ 년.

구⁹(溝) [수] 십진급수의 하나. 양(穰)의 만 배, 간(澗)의 만분의 일. 곧, 10^{32}.

구-¹⁰(舊) [접두] 일부 명사 앞에 붙어, '전날의', '묵은', '낡은' 등의 뜻을 나타내는 말. ¶~시대 / ~시가(市街). ↔신(新)-.

-구¹¹(口) [접미] 일부 명사 뒤에 붙어, '사람이 드나드는 곳'을 나타내는 말. ¶출입~ / 개찰~ / 비상~. 2 '작은 구멍', '구멍이 나 있는 곳'을 나타내는 말. ¶접수~ / 출납~ / 통풍~.

-구¹²(具) [접미] 일부 명사 뒤에 붙어, 기구(器具)나 물건을 나타내는 말. ¶문방~ / 운동~.

구가(九加) [명][역] 부여(夫餘)의 네 행정 구역인 사출도(四出道)를 각각 맡아 다스리던 사가(四加)의 하나. ▷마가·우가·저가.

구:가²(舊家) [명] 1 옛날에 살던 집. [비]옛집. 2 오래 대를 이어 온 집안. 3 한곳에 오래 살아온 집안.

구가³(謳歌) [명] 칭송하여 노래하는 것. **구가-하다** [동][타][여] ¶청춘을 ~ / 자유를 ~.

구:각¹(口角) [명] =입아귀.

구:각²(舊殼) [명] 시대에 맞지 않는 옛 제도나 관습.

구간¹(區間) [명] 1 어떤 지점과 다른 지점과의 사이. ¶승차 ~ / 도로의 공사 ~ / 전철의 ~ 요금. 2 [수] 두 실수 a와 b 사이에 있는 모든 실수의 집합.

구:간²(舊刊) [명] 예전에 나온 책. ↔신간.

구:갈(口渴) [명] 목이 마름. ¶~증.

구¦강(口腔)[명][생] 입 안의 빈 곳으로 비강(鼻腔)과 인두(咽頭)에 연결되어 있는 부분. ¶~ 위생.
구¦강-염(口腔炎)[-념][명][의] 구강에 생긴 염증. =구내염(口內炎).
구¦개(口蓋)[명][의] '입천장'을 전문적으로 이르는 말.
구¦개-골(口蓋骨)[명][생] 안면골(顔面骨)의 하나. 비강(鼻腔)의 뒤쪽에 있는 한 쌍의 뼈.
구¦개-음(口蓋音)[명][언] 혓바닥과 경구개 사이에서 나는 소리. 'ㅈ', 'ㅊ', 'ㅉ' 등이나 모음 'ㅑ' 앞의 'ㄴ', 'ㄹ', 'ㅅ' 등이 이에 속함. =경구개음·센입천장소리·입천장소리·전구개음.
구¦개음-화(口蓋音化)[명][언] 구개음이 아닌 자음이 뒤에 오는 모음 'ㅣ'나 반모음 'ㅣ'의 영향을 받아 구개음으로 바뀌는 현상. '같이'가 '가치'로, '굳이'가 '구지'로 발음되는 현상 따위. =입천장소리되기.
구걸(求乞)[명] (남에게 돈·곡식·물건 따위를) 거저 달라고 하는 것. =걸구(乞求). 구걸-하다[동][타][여] ¶양식을 ~.
구겨-지다[동][재] 구김살이 잡히다. ¶잘 구겨지는 옷감 / 옷이 ~. (센)꾸겨지다.
구¦결(口訣)[명][언] 한문의 글 뜻을 명백히 하거나 읽기 쉽게 하기 위하여 한문 중간중간에 끼워 넣는 우리말 요소. 가령, "萬物之中厓(애) 唯人是(이) 最貴爲尼(하니) [만물 가운데 사람이 가장 귀하니]"에서 '厓', '是', '爲尼'와 같은 것.
구¦경¹ (늘 대하지 않는 어떤 것을) 흥미나 관심을 가지고 보는 일. ¶꽃~ / 달~ / 영화~ / ~을 가다 / 여기저기 ~을 다니다. 구¦경-하다[동][타][여] ¶이곳에 어디 구경할 만한 데가 있습니까?
구경도 못하다[구] 눈으로 보지도 못하였음을 힘주어 이르는 말. ¶손님은커녕 개미 새끼 하나 구경도 못했다.
구경²(九卿)[명][역] 조선 시대, 의정부의 좌우 참찬(左右參贊)·육조 판서(六曹判書)·한성 판윤(漢城判尹)의 아홉 대신을 이르던 말.
구¦경³(口徑)[명] 1 원통형으로 된 물건의 아가리의 지름. ¶~ 105mm포. 2 렌즈·거울의 유효 지름.
구경⁴(究竟)[명] =궁극(窮極)¹.
구경⁵(球莖)[명][식] '알줄기'로 순화.
구¦경-감[-깜] [명] 구경할 만한 물건.
구¦경-거리[-꺼-] [명] 구경할 만한 대상. ¶장터에 가면 여러 가지 ~가 많다.
구¦경-꾼[명] 구경하는 사람.
구¦경-나다[동][재] 구경할 만한 일이 생기다.
구¦경-비(口徑比)[명][물] 렌즈 등의 유효 지름과 초점 거리의 비. 밝기의 기준이 됨.
구¦곡(舊穀)[명] 묵은 곡식. 또는, 작년의 곡식. ↔신곡(新穀).
구곡-간장(九曲肝腸)[-깐-][명] ('굽이굽이 서린 창자'라는 뜻) 깊은 마음속을 비유적으로 이르는 말.
구곡간장을 녹이다[구] 몹시 놀라거나 실망하거나 애를 태우게 해서 간장이 온통 녹아 없어지는 것처럼 만들다.
구곡간장이 녹다[구] 몹시 놀라거나 실망하거나 애가 타서 간장이 온통 녹아 없어지는 것 같다.
구공-탄(九孔炭)[명] 1 구멍이 아홉 개 뚫린 연탄. ㉔구멍탄. 2 '연탄'의 이칭.

구과(毬果)[명][식] 낙우송과·측백나뭇과·소나뭇과 등 식물의 열매. 목질(木質)의 비늘 조각이 여러 겹으로 포개어져 구형이나 원추형으로 되어 있음. 솔방울·잣송이 따위.
구¦관(舊官)[명] 이전에 재임하였던 벼슬아치. ↔신관(新官).
[구관이 명관(明官)이다] ㉠경험이 많은 사람이 더 낫다. ㉡나중 사람을 겪어 봄으로써 먼저 사람이 좋음을 알다.
구¦관(舊館)[명] 비슷한 용도로 쓰이는 두 건물 중에서 새로 지은 건물이 아닌, 옛 건물. ↔신관.
구관-조(九官鳥)[명][동] 찌르레깃과의 새. 크기는 비둘기만 하고 온몸이 검으며, 자줏빛 광택이 남. 사람의 말을 잘 흉내 내며, 애완용으로 사육함.
구¦교¹(舊交)[명] 오래전부터의 사귐.
구¦교²(舊敎)[명][종] 가톨릭을 개신교에 상대하여 이르는 말. ↔신교(新敎).
구구¹ Ⅰ[부] 비둘기가 우는 소리. (센)꾸꾸.
Ⅱ[감] 사람이 닭이나 비둘기를 부를 때 내는 소리. (센)꾸꾸.
구구²(區區) → 구구-하다[형][여] 1 각각 다르다. ¶학설이 ~. 2 변변하지 못하다. 3 잘고 용렬하다. ¶구구한 변명을 늘어놓는다. 구구-히[부]
구구-각색(區區各色)[-쌕][명] 여럿이 각각 서로 다른 상태. ¶학설[의견]이 ~이다.
구구-단(九九段)[명][수] =구구법. ¶~을 외다.
구구-법(九九法)[-뻡][명][수] 곱셈에 쓰는 기초 공식. 1에서 9까지의 각 수를 두 수끼리 곱하여 그 값을 나타낸 것. =구구단·구굿셈.
구구절절(句句節節) Ⅰ 어떤 글의 모든 구절. 구절구절. ¶그 글은 ~이 읽는 이의 눈물을 자아낸다.
Ⅱ 어떤 글의 구절마다. =구절구절. ¶어머니의 편지에는 ~ 애정이 담겨 있었다.
구구-표(九九表)[명][수] 구구법의 공식을 순서에 따라 적은 표.
구¦국(救國) 위태롭게 된 나라를 구하는 것. ¶~ 운동에 앞장서다. 구¦국-하다[동][재][여]
구¦국-적(救國的)[-쩍][관][명] 나라를 구하기 위한 (것). ¶정치 지도자의 ~ 결단.
구-군복(具軍服)[명][역] 무관들이 군복을 갖추어 입는 일. 병거지를 쓰고, 전대띠를 띠고, 목화(木靴)를 신고, 환도(環刀)를 차고, 등채를 손에 듦. 구군복-하다[동][재][여]
구권(舊券)[-꿘] [명] 1 화폐 개혁 이전에 사용되던 화폐. 2 새 디자인으로 바뀌기 이전의 화폐. 3 헌 지폐. ↔신권.
구규(九竅)[명] 사람의 몸에 있는 아홉 개의 구멍. 눈·코·귀의 여섯 구멍과 입·항문·요도의 세 구멍을 합친 것.
구균(球菌)[명][생] 구형(球形)의 세균의 총칭. 포도상 구균·연쇄 구균·쌍구균 등이 있음. =구상 균(球狀菌).
구근(球根)[명][식] =알뿌리. ¶~초(草).
구근-류(球根類)[-뉴][명][식] =알뿌리 식물.
구근˚식물(球根植物)[-싱-][명][식] =알뿌리 식물.
구-글[명][문] '귀글'의 잘못.
구¦금¹(口金)[명][물] =꼭쇠.
구금²(拘禁)[명][법] 피고인 또는 피의자를 구

치소나 교도소 등에 가두어 신체의 자유를 구속하는 일. ▶구속(拘束). **구금-하다** 톈 EE어 ¶폭력배들 ~. **구금-되다** 톈ⓐ

구:급(救急)몡 1 위급한 상황에서 구해 내는 것. 2 위급한 병이나 부상에 대하여 응급 치료를 하는 것. ¶~상비약 / ~ 환자. **구:급-하다** 톈ⓐ어

구:급-낭(救急囊)[-금-] 몡 구급약을 넣어 두는 주머니.

구:급-방(救急方)[-빵] 몡 1 [한] 위급한 환자를 위한 약방문. 2 =구급책.

구:급-법(救急法)[-뻡] 몡 =응급 치료법.

구:급-상자(救急箱子)[-쌍-] 몡 구급약을 넣어 두는 상자. =구급함.

구:급-약(救急藥)[-금냑] 몡 구급 처치에 필요한 약. =구급약품.

구:급-차(救急車) 몡 위급한 환자나 부상자를 태우고 신속히 병원으로 수송하는 자동차. =앰뷸런스. ¶~를 부르다.

구:급-책(救急策) 몡 위급한 상황에 대처하는 방법. =구급방. ¶~을 강구하다.

구:급처:치(救急處置) 몡 [의] =응급 치료.

구기¹ 몡 1 [새] 기름이나 술 따위를 푸는 데 쓰는 국자와 비슷한 기구. =작자(杓子). ¶술 ~. 2 [의존] 액체의 분량을 그것이 담긴 구기의 수로 헤아리는 말. ¶술 한 ~.

구기²(球技) 몡[체] 공을 사용하는 운동 경기. 야구·축구·배구·탁구 등.

구기다 톈ⓐ어 1 (종이·피륙 따위가) 비벼져 잔금이 생기다. 또는, 비벼 잔금이 생기게 하다. ¶옷이 ~. / 종이를 구겨 휴지통에 넣다. 团 고기다. 2 마음이 언짢게 되다. 또는, 마음을 언짢게 하다. 3 (일이나 살림이) 순조롭지 못하고 꼬여 어렵게 되다. 또는, 꼬여 어렵게 만들다. 쎈꾸기다.

구기-자(枸杞子) 몡 [한] 구기자나무의 열매. 해열·강장제로 쓰임.

구기자-나무(枸杞子-) 몡[식] 가짓과의 낙엽 활엽 관목. 줄기는 가늘고 흔히 가시가 있음. 여름에 자줏빛 꽃이 피며, 열매는 가을에 빨갛게 익음. 어린잎은 나물로 먹고 열매와 함께 차를 달여 먹기도 하며, 열매·뿌리는 약용함. =각로(却老). ×괴좆나무.

구기적-거리다/-대다[-꺼(때)-] 톈EE '꾸 기적거리다'의 여린말. 团 고기작거리다.

구기적-구기적[-꾸-] 튀 '꾸기적꾸기적'의 여린말. 团 고기작고기작. **구기적구기적-하다** 톈EE 형어

구기-차(枸杞茶) 몡 말린 구기자로 달인 차.

구김 몡 '구김살'의 준말. ¶~이 안 가는 옷 / ~없는 밝은 표정.

구김-살[-쌀] 몡 1 (종이·피륙 따위가) 구겨져서 생긴 잔금. ¶다리미로 옷의 ~을 펴다. 团 고김살. 2 (성격이나 표정이) 찌들어 그늘진 자취. ¶가난한 환경 속에서도 ~ 없이 자라다. 3 (일이나 살림이) 순조롭지 못하고 지장이 있는 상태. ¶열심히 일한 보람이 있어 이제는 우리도 ~을 펴고 살게 되었다. 준구김. 쎈꾸김살.

구김-새 몡 1 종이·피륙 따위에 구김살이 진 모양. 2 기가 꺾이거나 풀이 죽은 태도나 기색. ¶영수는 한쪽 다리를 절지만, 조금도 ~없이 아이들과 어울려 논다. 3 말이나 글에서, 이치에 닿지 않아 막히는 모양. ¶~ 없이 말하다.

구깃-거리다/-대다[-긴꺼(때)-] 톈EE '꾸깃거리다'의 여린말. 团고깃거리다.

구깃-구깃[-긷꾿] 튀 '꾸깃꾸깃'의 여린말. 团 고깃고깃. **구깃구깃-하다** 톈EE 형어

-구나¹ [어미] 1 '이다'나 형용사의 어간, 또는 어미 '-시-', '-았/었-', '-겠-'의 아래에 붙어, '해라' 할 상대에게 쓰이거나 혼잣말에 쓰여, 어떤 사실을 느끼거나 깨닫고 가볍게 감탄하는 뜻을 나타내는 종결 어미. ¶너 참 예쁘~. / 이젠 짝짝이 아니~. / 이것은 네 책이 ~. ▷-는구나.-로구나.

구나²(驅儺) 몡[역] 고려·조선 시대에, 섣달 그믐 궁중에서 역귀(疫鬼)를 쫓던 일. 또는, 그 의식.

구:난(救難) 몡 재난을 구제하는 것. 凹구재(救災). **구:난-하다** 톈EE 어

구:내¹(口內) 몡 입 안.

구내²(構內) 몡 큰 건물이나 시설 또는 부지(敷地)의 안. ¶~ 이발소 / 역~.

구내-매점(構內賣店) 몡 구내에 있는 매점.

구내-방송(構內放送) 몡 구내에서 하는 방송.

구내-식당(構內食堂)[-땅] 몡 구내에 있는 식당.

구:내-염(口內炎) 몡[의] =구강염(口腔炎).

구내-전화(構內電話) 몡 어떤 기관·공장 등에서 내부 상호 간의 연락을 위하여 시설한 전화.

구:년(舊年) 몡 =묵은해. ↔신년(新年).

구:년-묵이(舊年-) 몡 1 여러 해 묵은 물건. ¶이 약은 ~가 되어 별 효과가 없다. 2 어떤 일에 오래 종사한 사람을 얕잡아 이르는 말.

구:-닥다리(舊-)[-따-] 몡 어떤 대상이 낡았거나 한창때를 지났거나 유행에 뒤떨어져 있거나 쓸모를 잃은 상태. 또는, 그런 물건이나 대상. 속된 어감의 구어(口語)임. 凹 고물(古物). ¶~ 장롱 / 유행이 지나 ~가 된 옷.

구단(球團) 몡[체] 프로 야구나 축구, 농구 등을 사업으로 하는 단체. ¶~주(主).

구:-대륙(舊大陸) 몡[지] 아메리카 대륙 발견 이전부터 알려져 있던 아시아·아프리카·유럽의 세 대륙. =구세계. ↔신대륙.

구더기 몡[동] 파리의 애벌레.

[구더기 무서워 장 못 담갈까] 다소 방해되는 일이 있다 하더라도 할 일은 하여야 한다는 말.

구덕-구덕[-꾸-] 튀 물기 있는 물체의 거죽이 조금 마른 모양. 쎈꾸덕꾸덕. **구덕구덕-하다** 형어

구덩이 몡 1 땅이 움푹하게 팬 곳. 또는, 그렇게 파낸 곳. ¶배추 ~ / ~를 파다 / ~를 메우다. 2 [광] =갱(坑) ¹.

구도¹(求道) 몡 1 진리나 종교적인 깨달음을 구하여 수행하는 것. ¶~ 정신. 2 [불] 부처가 될 정법(正法)을 구하는 것. **구도-하다** 톈어

구도²(構圖) 몡 1 [미] 회화나 사진 등에서, 전체적인 조화나 미적(美的) 효과를 높이기 위한, 여러 조형 요소의 화면상의 배치. ¶대각선 ~을 잡다. 2 사물 현상의 전체적인 짜임이나 양상. 비유적인 말임. ¶정계 ~ / 정국의 향후 ~.

구:도³(舊都) 몡 옛 도읍. ↔신도(新都).

구:도⁴(舊道) 몡 예전의 도로. 凹옛길.

구도-자(求道者) 몡 구도하는 사람.

구독(購讀) 몡 (책·신문·잡지 등을) 사서 읽는 것. ¶~ 신청 / 정기 ~. **구독-하다** 톈EE 어

㉤) ¶신문을 ~.
구독-료(購讀料)[-뇨] 몡 신문·잡지 등을 정기적으로 구독하는 데 드는 요금.
구독-자(購讀者)[-짜] 몡 구독하는 사람. ¶정기 / 신문 ~.
구동(驅動) 몡 동력을 가하여 움직이는 것. **구동-하다** 동태

구두¹ 몡〔⊙靴/くつ〕주로 가죽을 재료로 하여 만든, 구두창과 굽을 바닥에 단 서양식 신. 세는 단위는 짝·켤레·족(足). =양화(洋靴)·양혜. ¶뾰족~ / 가죽 ~ / ~를 닦다.
구:두²(口頭) 몡 글로 쓰지 않고 직접 입으로 말하는 상태. ¶~ 약속 / ~로 계약하다.
구:두-계:약(口頭契約)[-계-/-게-] 몡 계약서를 쓰지 않고 말로 맺는 계약. ↔서면 계약.
구두-끈 몡 구두가 발에서 벗어지지 않도록 죄어 매는 끈. ¶~을 매다 / ~을 풀다.
구두-닦이 몡 구두 닦는 일을 직업으로 하는 사람.
구두덜-거리다/-대다 동재 못마땅하여 혼자 군소리하다.
구:두-선(口頭禪) 몡 실행이 따르지 않는 실속 없는 말. ¶희생과 봉사 없는 이웃 사랑이란 ~에 불과하다.
구두쇠[-쇠/-쉐] 몡 재물을 몹시 아껴서 좀처럼 쓰지 않는 사람. 다소 얕잡거나 비난하는 어감을 담은 말임.
구:두-시험(口頭試驗) 몡 질문에 따라 구두로 대답하는 시험. =구술시험.
구두-약(-藥) 몡 구두에 칠하여 윤이 나게 하는 약. ¶~을 칠하다.
구두-점(句讀點)[-쩜] 몡[언] 글의 뜻을 분명히 하기 위하여 찍는, 쉼표·마침표·물음표·느낌표 따위의 부호. ¶~을 찍다.
구:두-질 몡 방고래의 재를 그러내는 일. **구:두질-하다** 동재예
구두-창 몡 구두의 밑바닥에 대는 창. ¶~을 갈다.
구두-코 몡 구두의 앞쪽 끝 부분. ¶~가 뭉툭하다.
구둑-구둑[-꾸-] 甩 '꾸둑꾸둑'의 여린말. 잭고독고독. **구둑구둑-하다** 형여
구둣-발[-두빨/-둗빨] 몡 구두를 신은 발. ¶~로 밟다[차다] / ~로 짓이기다.
구둣-발길[-두빨낄/-둗빨낄] 몡 구두를 신은 채로 차는 발길. ¶~로 차다.
구둣-방(-房)[-두빵/-둗빵] 몡 구두를 만들거나 수선하는 가게. 비양화점.
구둣-솔[-두쏠/-둗쏠] 몡 구두를 닦는 데 쓰이는 솔.
구둣-주걱[-두쭈-/-둗쭈-] 몡 구두를 신을 때 발이 잘 들어가도록 발과 뒤축 사이에 대는, 주걱 모양의 물건. 준주걱.
구드러-지다 동재 말라서 빳빳하게 굳어지다. 잭고드러지다.
구들 몡 고래를 켜고 구들장을 덮어 흙을 발라서 방바닥을 만들고 불을 때어 난방을 하는 구조물. =온돌. ▷ 온돌.
구들-고래 몡 '방고래'의 잘못.
구들-구들 甩 '꾸들꾸들'의 여린말. 잭고들고들. **구들구들-하다** 형여
구들-미 몡 구들장을 뜯어고칠 때 나오는 탄 흙과 재. 거름으로 쓰임.
구들-바닥[-빠-] 몡 장판이나 자리를 깔지 않은 구들의 맨바닥.
구들-방(-房)[-빵] 몡 =온돌방.

구로●185

구들-장[-짱] 몡 방고래를 덮는 얇고 넓은 돌. =구들돌. ¶~을 놓다. × 방돌.
구들장(을) 지다 관 구들방에 눕다.
구들-재[-째] 몡 방고래에 앉은 그을음과 재. =구재.
구듭 귀찮고 힘든 남의 뒤치다꺼리. ¶셋이나 되는 시동생들의 ~을 치느라 허리가 휜다.
구뜰-하다 형여 (변변찮은 국이나 찌개 따위의 맛이) 그럴듯하여 먹을 만하다. ¶소금국에 익힌 게맛처럼 **구뜰한** 맛은 어디 가 무엇을 먹어도 다시 없던 거였다.《이문구: 해벽》
구-띠(球-) 몡[수] 구(球)를 평행한 두 평면으로 잘랐을 때, 그 사이에 끼인 띠 모양의 구면(球面) 부분. =구대(球帶).
구라파(歐羅巴) 몡[지] '유럽'의 음역어.
구라파-전쟁(歐羅巴戰爭) 몡 1 '제1차 세계대전'을 달리 이르는 말. 2 싸움이나 소란스러운 판을 속되게 비유하는 말. 3 배 속이 거북하여 꾸르륵꾸르륵하거나 설사함을 비유하는 말. ¶배 속에서 ~이 일어나다.
구락부(俱樂部)[-뿌] 몡 '클럽(club)'의 일본식 음역어. 일본 음역 한자인 '俱樂部'는 일본 발음으로 '구라부(クラブ)'로서, 우리 한자음으로는 '구라부'로 읽힘.
구:랍(舊臘) 몡 지난해 섣달. 일반적으로, 연초에 바로 전 해 12월을 가리키는 뜻으로 사용하는 말임. =객랍(客臘). ¶○○동사무소는 ~ 30일 판내 독거 노인과 결식 아동들에게 쌀과 라면을 전달했다.
구:래(舊來) 몡 예로부터 내려옴.
구럭 1 무엇을 넣기 위하여 새끼로 그물처럼 떠서 만든 물건. ×멍구럭. 2 '망태기'의 잘못.
구렁 1 땅이 움쑥 패어 들어간 곳. 2 =구렁텅이 2. ¶죄의 ~에 몰아넣다 / 악의 ~에서 발을 빼다.
구렁-말 몡 털빛이 밤색인 말. 비황고랑.
구렁이 1 [동] =능구렁이 1. 2 =능구렁이 2.
[**구렁이 담 넘어가듯**] 일을 깔끔하게 처리하지 않고 슬그머니 얼버무려 버리는 모양.
구렁-텅이 몡 1 험하고 깊은 구렁. ¶~에 처박히다. 2 ('…의 구렁텅이'의 꼴로 쓰여) 헤어나기 어려운 좋지 않은 상황을 비유하여 이르는 말. =구렁. ¶절망의 ~ / 악(惡)의 ~에 빠지다.
구레-나룻[-룯] 몡 귀밑에서 턱에 걸쳐 난 수염.
-구려 어미 1 '이다'나 형용사의 어간, 또는 어미 '-시-', '-았/었-', '-겠-'의 아래에 붙어, '하오' 할 상대에게 새삼스런 감탄의 뜻으로 쓰이는 종결 어미. ¶벼가 벌써 패었~. / 참 고맙~. ▷ -는구려·-로구려. 2 동사의 어간이나 어미 '-시-' 아래에 붙어, '하오' 할 상대에게 권하는 태도로 시키는 뜻을 나타내는 종결 어미. ¶종도록 하~. ×-구료.
구력¹(球歷) 몡 당구·볼링 등을 한 경력.
구:력²(舊曆)[천] 몡 =태음력. ↔신력.
구령(口令) 몡 여러 사람이 일제히 어떤 동작을 하도록 지휘자가 크게 외치는, 단어나 짧은 구로 된 명령. '차려', '열중쉬어', '앞으로가' 따위. =호령. ¶~ 소리 / ~을 붙이다. **구:령-하다** 재여
구:례(舊例) 몡 예로부터의 관례(慣例). ▷ 전례(前例)·선례(先例).
구:로(舊路) 몡 예로부터 있던 길. 비구도(舊

구:론(口論)[명] 구두로 논쟁하는 것. [비]말다툼. **구:론-하다**[동][자][여]

-구료 [어미] '-구려'의 잘못.

구루마(②車/くるま)[명] '수레', '달구지'로 순화.

구루-병(佝僂病)[-뼝][명][의] 뼈의 발육이 불충분하여 척추가 고부라지는 병. 비타민 D의 부족으로 생기며, 유아에게 많음. =곱삿병.

구류(拘留)[명][법] 형법이 규정하는 형(刑)의 일종. 1일 이상 30일 미만의 기간 동안 교도소에 구치(拘置)하는 것으로, 자유형(自由刑) 가운데 가장 가벼움. ▶구속(拘束). **구류-하다**[동][타][여] **구류-되다**[동]

구륜(九輪)[명] 불탑 위의 노반(露盤)과 수연(水煙) 사이에 있는 9개의 테로 되어 있는 금속 장식. =공륜(空輪).

구:르다¹[자][르]〈구르니, 굴러〉1 (물체가) 어떤 면 위에서 일정한 방향으로 몸 전체가 돌면서 그 쪽으로 나아가다. ¶공이 ~/바퀴가 ~. 2 총 따위를 쏠 때 반동으로 뒤로 되튀다. [준]굴다.

> [어법] 바퀴가 잘 굴르지 않는다: 굴르지(×)→구르지(○). ▶불규칙활용의 '굴러(←구르-+-어)'에 이끌려, '굴르지'라고 하는 경우가 있는데, 이는 잘못임.

[굴러 온 돌이 박힌 돌 뺀다] 외부에서 들어온 사람이 본래부터 있던 사람을 내쫓는다. **[굴러 온 호박]** 생각지도 않은 좋은 일이 생김.

◈ **구르는 돌에는 이끼가 끼지 않는다** [서양 격언으로] ㉠굴러야 더러운 이끼가 끼지 않는다는 뜻으로, 사람이 쉬지 않고 활동해야만 발전이 있다는 말. ㉡직업이나 직장 등을 자주 바꾸면 성공하기 어렵다.

구르다²[타][르]〈구르니, 굴러〉1 (발을) 힘있게 바닥에 치거나 내리 디디다. ¶발을 동동 ~. 2 그네뛰기에서, 그네가 앞뒤로 많이 움직일 수 있도록 발을 굽혔다 펴면서 발로 밑싣개를 힘주어 밀다.

구름[명] 높은 공중에 떠 있는 작은 물방울이나 얼음 알갱이의 덩어리. 수증기가 하늘로 올라가 응결된 것으로, 흰빛이나 회색을 띰. 양을 헤아리는 단위는 점·송이. ¶먹~/~이 끼다[걷히다]/~ 한 점 없는 하늘/~이 뭉게뭉게 피어오르다.

구름같이 모여들다 [구] 한꺼번에 많이 모여들다. [비]운집하다. ¶광장에 사람이 ~.
구름(을) 잡다 [구] ㉠손에 잡히지 않는 구름을 잡으려 한다는 뜻! 너무 막연하거나 실현성이 없는 것을 손에 넣으려 하거나 구하다. ¶금방 부자가 된다느니 출세를 한다느니 하면서 **구름 잡는** 소리만 하고 있다.

구름-결[-껼][명] 구름같이 슬쩍 지나가는 겨를.

구름-다리[명] 1 길을 가로질러 그 위로 걸쳐 놓은 다리. [비]고가다리·육교. 2 골짜기 사이에 공중으로 걸쳐 놓은 다리.

구름-마찰(-摩擦)[명][물] 물체가 어떤 면 위를 구를 때의 면의 저항력. =회전 마찰.

구름-바다[명] 넓게 펼쳐진 구름을 비유하여 이르는 말. [비]운해(雲海).

구름-양(-量)[-냥][명][기상] 구름이 하늘을 덮은 정도. 구름이 온 하늘을 덮었을 때를 10, 구름이 전혀 없을 때를 0으로 하여 눈대중으로 정함. =운량.

구름-장[-짱][명] 넓게 퍼져 있는 두꺼운 구름 덩어리. ¶비가 오려는지 ~이 까맣게 몰려온다.

구름-판(-板)[명][체] 멀리뛰기나 뜀틀 운동 등에서, 뛰기 직전에 발을 구르는 판. =도약판.

구릉(丘陵)[명] 고도가 산보다 낮고 완만하게 경사진 땅. [비]언덕.

구릉-지(丘陵地)[명][지] 높이 300m 미만의 밋밋한 기복이 있는 얕은 산지.

구리[명] 광택이 있는 붉은색의 금속 원소. 원소 기호 Cu, 원자 번호 29, 원자량 63.546. 전성(展性)·연성(延性)이 뛰어나고, 열이나 전기 전도성이 높아 널리 쓰임. =동(銅)·적금(赤金).

구리다[형] 1 (냄새가) 사람의 똥이나 방귀에서 나는 것과 같거나 비슷하다. ¶구린 냄새. 2 (하는 짓이) 지저분하고 더럽다. ¶떳떳하지 못하고 거리끼는 데가 있다. ¶순이가 날 피하는 걸 보니 **구린** 데가 있는 모양이다. [작]고리다. [거]쿠리다.

구린 입도 안 떼다 [구] 이렇다든지 저렇다든지, 무엇이든지 자기 의견을 말해야 할 사람이 입을 다물고 있다.

구리-줄[명] 구리로 만든 줄. =동선(銅線).

구리-철사(-鐵絲)[-싸][명] 구리로 가늘게 뽑은 철사. =동사(銅絲).

구리터분-하다[형][여] 1 (냄새가) 상쾌하지 못하고 역겹게 구리다. 2 (하는 짓이) 깔끔하지 못하고 더럽다. [비]구터분하다·굴터분하다. [준]구터분하다. [작]고리타분하다.

구리텁텁-하다[-터파-][형][여] 매우 구리터분하다. [비]구텁텁하다·굴텁텁하다. [작]고리탑탑하다.

구린-내[명] 구린 냄새. ¶~를 풍기다/~가 진동하다. [작]고리내. [거]쿠린내.

구린내가 나다 [구] 1 구린 냄새가 풍기다. 2 수상쩍어 의심스러운 느낌이 들다. ¶공연히 변명을 늘어놓는 걸 보면 그 녀석한테서 뭔가 **구린내가** 나는데….

구릿-빛[-리삗/-릳삗][명] 구리의 빛깔처럼 검붉은 빛. [비]적갈색. ¶건강한 ~ 피부.

-구만 [어미] '-구먼'의 잘못.

구만리-장천(九萬里長天)[-말-][명] 끝없이 높고 너른 하늘을 일컫는 말. =만리장천.

구매(購買)[명] 물건 따위를 사들이는 것. [비]구입(購入). ¶~권. **구매-하다**[동][타][여] 사용 품목 ~.

구매-력(購買力)[명][경] 상품을 살 수 있는 재력(財力).

구매-욕(購買欲)[명] 어떤 상품을 사고 싶은 욕구. ¶소비자의 ~을 자극하는 광고 전략.

구매-자(購買者)[명] 물건을 사는 사람.

-구먼 [어미] '이다'나 형용사의 어간, 또는 어미 '-시-', '-았/었-', '-겠-'의 아래에 붙어, '해' 할 상대를 의식하면서 혼잣말처럼 어떤 사실에 대한 느낌을 말하거나 어떤 사실을 확인 또는 환기하는 뜻을 나타내는 종결 어미. ¶맛이 괜찮~./여, 그새 비가 왔~. ▷-는구먼·-로구먼. ×-구먼.

구멍[명] 1 뚫어졌거나 파낸 자리. ¶쥐~/바늘~/단춧~/하수도~/이 막히다/벽~을 뚫다/양말에 ~이 나다. 2 어려운 상황에서 벗어날 길. ¶하늘이 무너져도 솟아날 ~이 있다. (속담) 3 허술한 구석이나 빈틈. ¶일에 ~이 생기다.

[**구멍 보아 가며 말뚝[쐐기] 깎는다**] 형편을 보아 가며 적절히 일을 꾸며야 한다. [**구멍은 깎을수록 커진다**] 허물을 얼버무리려고 하면 할수록 더욱 일이 어려워진다.

구멍-가게 명 비교적 값싼 일상 잡화를 파는, 규모가 작은 가게.

구멍-구멍 명 부 여러 구멍. 또는, 구멍마다. ¶~을 다 막아 버리다 / ~ 안 뚫어 놓은 데가 없다.

구멍-새 명 1 구멍의 생김새. 2 얼굴의 생김새를 낮추어 이르는 말.

구멍-탄(-炭) 명 '연탄'을 구멍이 뚫려 있다 하여 이르는 말.

구메-구메 부 남모르게 틈틈이. ¶~ 모아 둔 돈. ▷꾀꼬로.

구메-농사(-農事) 명 [농] 1 작황(作況)이 고르지 못하여 고장에 따라 풍흉(豊凶)이 엇갈린 농사. =혈농(穴農). 2 작은 규모로 짓는 농사.

구메-밥 명 죄수에게 벽 구멍으로 몰래 들여보내는 밥.

-구면[1] 어미 '-구먼'의 잘못.

구면[2](球面) 명 1 구(球)의 표면. 2 [수] 일정한 점으로부터 입체적으로 일정한 거리에 있는 점의 자취.

구:면[3](舊面) 명 어떤 사람과 이전에 한두 번 만난 적이 있어 서로 얼굴이나 알고 있는 처지나 관계. ¶그 사람과는 지난 모임에서 인사했으니 ~인 셈이지요. ↔초면(初面).

구면-거울(球面-) 명 [물] 구면의 일부를 반사면으로 한 거울. 볼록 거울과 오목 거울이 있음. =구면경.

구면^수차(球面收差) 명 [물] 렌즈 등의 광학계에서 색 수차(色收差)를 제외한 수차의 총칭. 좁은 뜻으로는 한 점에서 나온 광선이 구면 거울에서 반사하거나 렌즈를 통과한 후 한 점에 모이지 않아, 상(像)이 선명하지 않게 되는 현상을 말함.

구명[1](究明) 명 (사물의 본질·원리 등을) 깊이 연구하여 밝히는 것. ▶규명. **구명-하다**[1] 통(타여) ¶학문이란 무릇 진리를 **구명하는** 작업이다. **구명-되다**[1] 통(자)

구:명[2](救命) 명 위험한 상태에 있는 사람의 목숨을 구하는 것. ¶~ 운동을 벌이다. **구:명-하다**[2] 통(타여) **구:명-되다**[2] 통(자)

구:명[3](舊名) 명 옛날 이름. 또는, 전의 이름.

구:명-구(救命具) 명 바다나 강 등에서, 물에 빠진 사람을 구하는 데 쓰이는 기구의 총칭.

구:명-대(救命帶) 명 물에 빠져도 몸이 뜨도록 허리에 두르는 띠.

구:명-동의(救命胴衣) [-의/-이] 명 =구명조끼.

구:명-보트(救命boat) 명 =구명정.

구:명-부표(救命浮標) 명 물에 빠진 사람을 구조하는 데 쓰는 구명구의 하나. 코르크를 방수포로 싼 고리 모양의 물건. =구명부환.

구:명-부환(救命浮環) 명 =구명부표.

구:명-정(救命艇) 명 바다에서 사고가 생겼을 때 인명을 구조하기 위한 보트. 본선(本船)에 싣고 다님. =구명보트.

구:명-조끼(救命-) 명 배나 비행기를 타다가 조난을 당했을 때, 몸이 물 위에 떠 있게 하기 위해 윗몸에 걸쳐 입는 조끼 모양의 물건. =구명동의.

구:명-줄(救命-)[-쭐] 명 1 배의 갑판 위에 가로세로 쳐 놓은 동아줄. 풍파가 심할 때 몸을 의지하기 위한 것임. 2 구명정의 둘레나 잠수자의 몸에 매는 줄. =구명삭.

구몰(俱沒) 명 부모가 모두 별세한 것. ↔구존(俱存). **구몰-하다** 통(자여)

구무럭-거리다/-대다[-꺼(때)-] 통(자타) '꾸무럭거리다'의 여린말.

구무럭-구무럭[-꾸-] 부 '꾸무럭꾸무럭'의 여린말. 잘고무락고무락. **구무럭구무럭-하다**[-꾸-] 통(자여)

구문[1](口文) 명 흥정을 붙여 주고 그 보수로 받는 돈. =구전(口錢)·두전(頭錢). ¶~은 톡톡히 드릴 테니 계약만 성사시켜 주십시오.

구문[2](究問) 명 캐묻는 것. **구문-하다** 통(타여)

구문[3](構文) 명 단어나 형태소 등이 어울려 문장을 이루는 방식. 또는, 그 문장.

구문[4](歐文) 명 유럽 여러 나라의 글 또는 글자. 좁은 뜻으로는 '로마자'를 가리킴. ¶~ 타이프라이터.

구:문[5](舊聞) 명 전에 들은 이야기나 소문. ↔초문(初聞).

구문-론(構文論)[-논] 명[언] =통사론(統辭論).

구물-거리다/-대다 통(자타) '꾸물거리다'의 여린말. 잘고물거리다.

구물-구물 부 '꾸물꾸물'의 여린말. 잘고물고물. **구물구물-하다** 통(자여)

구:미[1](口味) 명 음식을 대하거나 맛을 보았을 때 느끼게 되는 먹고 싶은 충동. (비)입맛.

구미가 당기다[돌다] 큰 욕심이나 관심이 생기다. ¶내가 좋은 돈벌이가 있다고 했더니 그 녀석 **구미가 당기는** 모양이더라.

구미가 동하다 관 무엇을 차지하고 싶은 마음이 생기다.

구미를 돋우다 관 관심을 가지게 하다.

구미[2](歐美) 명 1 유럽 주와 아메리카 주. 2 유럽과 미국.

구미-호(九尾狐) 명 1 꼬리가 아홉 개나 된 오래 묵은 여우. 2 교활한 사람을 일컫는 말.

구:민[1](區民) 명 구(區) 안에 사는 사람. ¶선거구 ~ / 지역구 ~.

구:민[2](救民) 명 어려움에 처하여 있는 백성을 구하는 것. **구:민-하다** 통(자여)

구:밀복검(口蜜腹劍) [-껌] [[입에는 꿀, 배 속에는 칼'이라는 뜻]] 말은 정답게 하나 속으로는 해칠 생각이 있다는 말.

구박(驅迫) 명 (어떤 사람을) 못 견디게 다그치고 괴롭히는 것. ¶계모로부터 온갖 ~을 받다. **구박-하다** 통(타여)

구배(勾配) 명 1 [건] '물매'[3]으로 순화. 2 [수] '기울기'로 순화.

구법[1](句法) [-뻡] 명 시문(詩文)의 구(句)를 만드는 방법. ×귀법.

구법[2](求法) 명 [불] 불교의 진리를 구하는 것. (비)구도(求道). **구법-하다** 통(자여)

구:법[3](舊法) [-뻡] 명 전날의 법률. ↔신법.

구:변[1](口辯) 명 남 앞에서 말하는 솜씨. (비)언변(言辯). ¶~이 좋다.

구:변-머리(口辯-) 명 '구변(口辯)'을 속되게 이르는 말. ¶~가 없어 할 말도 못 한다.

구별(區別) 명 (둘 이상의 대상을, 또는 어떤 대상과 다른 대상을) 서로 다른 것으로 가르거나 헤아려 아는 것. (비)구분. ¶남자인지 여자인지 ~이 안 가는 옷차림. **구별-하다** 통(타여) ¶공과 사를 ~. **구별-되다** 통(자) ¶그 둘은 내용면에서 뚜렷이 **구별된다**.

구보(驅步) 圀 (사람이) 달리는 것. 주로, 군대나 기타의 집단 등에서 훈련으로서 하는 달리기를 가리킴. ¶~로 연병장을 돌다. **구보-하다** 동(자여)

구:복(口腹) 圀 (음식을 먹는) 입과 배.

구:본(舊本) 圀 발행한 지 오래된 책.

구부러-들다 동(자) <~드니, ~드오> 안쪽으로 구부러져 오거나 들어가다. 国고부라들다. 센꾸부러들다.

구부러-뜨리다/-트리다 동(타) 구부러지게 하다. ¶철사를 ~. 国고부라뜨리다. 센꾸부러뜨리다.

구부러-지다 동(자) 한쪽으로 휘어지다. ¶구부러진 가지. 国고부라지다. 센꾸부러지다.

구부렁-구부렁 閉 '꾸부렁꾸부렁'의 여린말. 国고부랑고부랑. **구부렁구부렁-하다** 혱여

구부렁-길[-낄] 圀 '꾸부렁길'의 여린말. 国고부랑길.

구부렁-이 圀 '꾸부렁이'의 여린말. 国고부랑이.

구부렁-하다 혱여 '꾸부렁하다'의 여린말. 国고부랑하다.

구부리다 동(타) '꾸부리다'의 여린말. 国고부리다.

구부스름-하다 혱여 조금 굽은 듯하다. ¶어깨가 ~. ㉞구부슴하다. 国고부스름하다. 센꾸부스름하다. **구부스름-히** 閉

구부슴-하다 혱여 '구부스름하다'의 준말. **구부슴-히** 閉

구부정-구부정 閉 여러 군데가 구부정한 모양. 国고부장고부장. 센꾸부정꾸부정. **구부정구부정-하다** 혱여

구부정-하다 혱여 조금 휘어져 있다. ¶등이 ~. 国고부장하다. 센꾸부정하다. **구부정-히** 閉

구분(區分) 圀 1 (대상을) 어떤 기준에 의해 나누어 따로따로의 상태가 되게 하는 것. 비구별. ¶시대 ~. 2 [논] 개념의 외연(外延)을 다시 나누는 일. 또는, 유개념(類槪念)을 거기에 종속하는 종개념(種槪念)으로 나누는 일. **구분-하다** 동(타여) ¶학급을 남녀별로 구분하여 편성하다. **구분-되다** 동(자) ¶이 아파트는 화장실과 욕실이 구분되어 있다.

구분^구적법(區分求積法)[-뻡] 圀 [수] 도형의 넓이나 부피를 상대가 되는 도형을 여럿으로 구분해서 그 넓이나 부피의 합을 구하는, 그 합의 극한값으로써 계산하는 방법.

구:분-전(口分田) 圀 [역] 고려 시대에 하급 관리나 군인 유가족, 무의탁 고령 군인 등에게 지급하던 토지.

구불-거리다/-대다 동(자) '꾸불거리다'의 여린말. 国고불거리다.

구불-구불 閉 '꾸불꾸불'의 여린말. 国고불고불. **구불구불-하다** 혱여

구불텅-구불텅 閉 '꾸불텅꾸불텅'의 여린말. 国고불텅고불텅. **구불텅구불텅-하다** 혱여

구불텅-하다 혱여 '꾸불텅하다'의 여린말. 国고불텅하다.

구붓-구붓[-붇꾿] 閉 여러 군데가 구붓한 모양. 国고붓고붓. 센꾸붓꾸붓. **구붓구붓-하다** 혱여 **구붓구붓-이** 閉

구붓-하다[-부타-] 혱여 조금 굽은 듯하다. ¶허리가 구붓한 노인 / 구붓하게 뻗은 가지. 国고붓하다. 센꾸붓하다. **구붓-이** 閉

구:비[1](口碑) 圀 예로부터 전해 내려오는 말. 国구전(口傳). ¶~ 설화.

구비[2](具備) 圀 (필요한 물건이나 내용 등을) 빠짐없이 갖추는 것. **구비-하다** 동(타여) ¶서류를 ~. **구비-되다** 동(자) ¶조건이 ~.

구:비^문학(口碑文學) 圀[문] 문자에 의하지 않고 입으로 전해 내려온 문학. 설화·민요·판소리·무가·민속극·속담 등이 이에 속함. =구승 문학·구전 문학·전승 문학.

구:빈(救貧) 圀 가난한 사람을 구하여 주는 것. ¶~ 사업. **구:빈-하다** 동(자여)

구쁘다 혱 <구쁘니, 구뻐> 배 속이 허전하여 자꾸 먹고 싶다. ¶애 서는 사람은 쉬지 않고 주전거려도 만날 입이 **구쁘다더니만** 당해 보니 정말이었다. <이문구 : 담배 한 대>

구사[1](求仕) 圀 벼슬을 구하는 것. **구사-하다**[1] 동(자여)

구사[2](驅使) 圀 1 (사람이나 동물을) 몰아서 부리는 것. 2 (어떤 수단·수법 따위를) 능숙하게 다루거나 부리어 사용하는 것. **구사-하다**[2] 동(타여) ¶중국어를 유창하게 ~ / 화려한 테크닉을 **구사하는** 권투 선수. **구사-되다** 동(자)

구:사-대(救社隊) 圀 회사의 편에 서서 노동조합을 탄압하고 와해시키기 위해 급조된 어용 조직. ¶~가 쇠 파이프와 각목을 들고 농성장을 습격했다.

구사-력(驅使力) 圀 말이나 수사법·기교·수단 등을 능숙하게 다루거나 부리어 사용하는 능력. ¶언어 ~ / 어휘 ~.

구:-사상(舊思想) 圀 1 옛적의 사상. 2 시대에 뒤떨어진 낡은 사상. ↔신사상.

구사-일생(九死一生)[-쌩] 圀 여러 차례 죽을 고비를 겪으고 겨우 살아난 것을 이르는 말. =백사일생. ¶폭풍을 만나 배가 난파됐으나 ~으로 살아났다.

구산(求山) 圀 묏자리를 구하는 것. **구산-하다** 동(자여)

구산-문(九山門) 圀[불] 신라 하대부터 고려 초기에 걸쳐 달마(達磨)의 선법(禪法)을 종지로 삼아 그 문풍(門風)을 유지해 온 아홉 불교 선파(禪派). =구산·구산선문.

구산-선문(九山禪門) 圀[불] =구산문.

구상[1](具象) 圀 1 구체(具體). 2 [미] 사물의 형체를 재현한 회화나 조소. ↔비구상.

구상[2](球狀) 圀 공같이 둥근 모양.

구상[3](構想) 圀 1 (장차 하고자 하는 일을) 앞으로 어떤 방법으로 이룰 것인가를 이모저모로 생각하고 계획을 세우는 것. ¶사업 ~. 2 (장차 창작하고자 하는 작품을) 그 내용과 짜임새, 형식 등에 있어서 어떤 식으로 완성할 것인가를 구체적으로 궁리하는 것. **구상-하다** 동(타여) ¶작품을 ~ / 내일을 ~.

구상-나무 圀[식] 소나뭇과의 상록 침엽 교목. 높이 18m 정도, 6월에 짙은 자줏빛 꽃이 핌. 목재는 건축·기구재로 쓰임. 우리나라 특산 식물임.

구상^명사(具象名詞) 圀[언] =구체 명사.

구상^무:역(求償貿易) 圀[경] 일정 기간의 수입액과 수출액이 균형을 이루도록 무역 상대국과 협정하는 무역 제도. =바터 무역·바터제.

구상^성단(球狀星團) 圀[천] 수십만 개 이상의 항성이 구상으로 모여 있는 천체. ↔산개성단.

구상-어(具象語) 圀[언] 모양을 가진 구체적인 사물을 나타내는 말.

구상^예:술(具象藝術)[-네-] 圀 1 그림이나 조각, 건축 등과 같이 형체가 있는 예술. 2 대상(對象)을 있는 그대로 표현한 예술.

구:상유취(口尙乳臭)[-뉴-] 명 [입에서 아직 젖내가 난다는 뜻] 말이나 하는 짓이 유치함.

구상-화(具象畵) 명 실재(實在)하거나 또는 상상할 수 있는 사물을 사실적으로 표현한 그림. ↔추상화(抽象畵).

구상^화-산(臼狀火山) 명 [지] 폭발적 분화에 의하여 생긴 화산. 산의 높이에 비해 화구(火口)가 큼. =호마테.

구새 명 '구새통'의 준말.

구새(가) 먹다 관 1 크게 자란 나무의 속이 썩어서 구멍이 나다. ¶구새 먹은 고목나무에 새잎이 돋아났다. 2 속이 못 쓰게 되었거나 내용이 비다.

구새-통 명 1 속이 썩어서 구멍이 생긴 통나무. 2 나무로 만든 굴뚝. 준'구새.

구색(具色) 명 벌여 놓은 여러 가지 물건이 골고루 또는 빠짐없이 갖추어진 상태. ¶전집에서 그거 한 권 빠져 버리면 ~이 안 맞아 팔 수가 없어요.

구색(을) 맞추다 관 여러 가지가 골고루 갖추어지게 하다.

구색이 맞다 관 여러 가지가 골고루 갖추어지다.

구:서(口書) 명 1 붓을 입에 물고 쓴 글씨. 2 죄를 자백할 때 받아서 쓴 글.

구-서당(九誓幢) 명[역] 통일 신라 시대에 수도 경비를 위해 중앙군(中央軍)으로 조직한 9개 군대.

구석 명 1 모퉁이진 곳의 안쪽. ¶이 상자는 저 ~에 놓아두어라. 2 (방·집 등의 말 뒤에 쓰여) 넓은 바깥에 대하여, 그 '안'이 속되게 이르는 말. ¶허구한 날 방~에 처박혀 뭘 하는 게냐? 3 (시골·촌 등의 말 뒤에 쓰여) 드러나지 않는 치우친 곳임을 얕잡아 이르는 말. ¶시골~/촌~에서 농사나 짓는다고 무지렁이 취급을 한다.

구석-구석[-꾸-] 명[부] 이 구석 저 구석. 구석마다. ¶방 안을 ~ 깨끗이 청소하다.

구석구석-이[-꾸-] 부 구석구석마다. ¶된장 냄새가 집 안 ~ 배어들다.

구:-석기(舊石器)[-끼] 명[역] 구석기 시대에 인류가 만들어 쓴 뗀석기[打製石器].

구:석기^시대(舊石器時代)[-끼-] 명[역] 석기 시대의 전기(前期). 대략 70만~1만 년 전에 해당하는데, 뗀석기·골각기를 사용했고 채집·수렵 생활을 했음. ▷신석기 시대.

구석-방(-房)[-빵] 명 집의 한구석에 있는 방. ¶~에 틀어박히다.

구석-빼기 명 썩 치우쳐 박힌 구석.

구석-장(-欌)[-짱] 명 방의 구석에 놓는 세모진 장.

구석-지다[-찌-] 형 위치가 한쪽으로 치우쳐 으슥하다. ¶사회의 **구석진** 곳 / **구석진** 골방.

구:설(口舌) 명 시비하는 말이나 헐뜯는 말.

구:설-수(口舌數)[-쑤] 명 어떤 실수로 남들의 입에 올라 시빗거리가 되거나 비난을 받게 되는 운수. ¶그 연예인은 토크 쇼에서 장애인을 비하하는 발언을 해 ~에 올랐다.

구성(構成) 명 1 각각의 요소를 얽어서 하나의 통일체로 만드는 일. 또는, 그 결과. ¶~요소. 2[문] 소설·희곡 등의 줄거리. 또는, 줄거리에 나오는 여러 가지 사건을 통일성 있게 얽어 짜는 일과 그 수법. =플롯. ¶이 소설은 ~이 허술하다. 3 [미] 색채·형태와 같은 요소를 통일적이고 조화롭게 조합하는 일. 구성-하다 통[타][여] ¶내각을 ~. 구성-되다 통[자] ¶새로 이사진이 ~.

구성-없다[-업따] 형 격에 어울리지 않다. 비멋없다. ¶**구성없는** 짓을 하다. 구성없-이 부 ¶왜 그렇게 ~ 까부니?

구성-원(構成員) 명 어떤 조직을 이루고 있는 사람. ¶회의의 ~/가족의 ~.

구성-작가(構成作家)[-까] 명 방송에서, 드라마를 제외한 다큐멘터리·교양·오락 등의 프로그램을 기획하고 그 내용이 되는 원고를 쓰는 사람.

구성-주의(構成主義)[-의/-이] 명[미] 1920년 전후 러시아에서 일어난 예술 운동. 특히, 그림과 조각에서는 기하학적인 선과 면에 의하여 작품을 구성하는 것에서 조형의 본질을 구했음.

구성-지다 형 (대상이) 분위기에 잘 어울려 멋지고 흥겹다. ¶김 과장은 마이크를 잡더니 옛 가요를 **구성지게** 한 곡 뽑았다.

구:세(救世) 명 1 세상 사람들을 고통에서 구하는 것. 2[가][기] 인류를 마귀의 굴레와 죄악에서 구원하는 것. 3[불] 중생(衆生)을 고뇌에서 구하는 것. **구:세-하다** 통[여].

구:-세계(舊世界)[-계/-게] 명[지] =구대륙. ↔신세계.

구:세-군(救世軍) 명 개신교의 한 파. 중생(重生)·성결·봉사를 중히 여기며, 군대식 조직으로 복음 전도와 사회사업에 힘씀.

구:-세대(舊世代) 명 시대의 변화에 잘 따르지 못하는 나이 든 세대. 일반적으로, 40대 이상의 세대를 가리킴. ¶신세대와 ~의 갈등. ↔신세대.

구:-세력(舊勢力) 명 1 이전의 세력. 2 수구적(守舊的)인 세력.

구:세-제민(救世濟民) 명 어지러운 세상을 바로잡고 고통받는 민중을 구제함. 구:세제민-하다 통[여].

구:세-주(救世主) 명 1[가][기] 인류를 죄악에서 구원하는 주라는 뜻으로 '예수 그리스도'를 일컫는 말. =구주(救主). 비메시아. 2 어려움이나 괴로움에서 구해 주는 사람을 비유적으로 이르는 말.

구:-소설(舊小說) 명[문] '고대 소설'을 '신소설'에 상대하여 이르는 말.

구속¹(拘束) 명 1 행동이나 의사의 자유를 제한하는 것. ¶흔히 사춘기엔 부모한테 ~받고 강요당하는 걸 싫어하는 법이다. 2 [법] (피의자나 피고인을) 수사나 공판, 형의 집행 확보를 위해 강제적으로 일정한 장소에 가두어, 신체의 자유를 주지 않는 것. 구속-하다¹ 통[타][여] ¶검찰이 공무원을 수뢰 혐의로 ~. 구속-되다 통[자].

혼동어	구속 / 구인 / 구금 / 구류
'구속'은 형사 소송법상 '구인(拘引)'과 '구금(拘禁)'을 포함하는 말이고, **'구인'**은 피고인이나 그 밖의 관계인이 소환에 응하지 않을 때 강제로 법원이나 경찰서 등에 끌고 오는 것을 말하며, **'구금'**은 유죄 확정 전에 피고인이나 피의자를 구치소나 교도소에 가두는 것을 말함. 한편, **'구류'**는 형(刑)의 일종으로, 자유형 가운데 가장 가벼운 것으로 1~30일 동안 교도소에 가두는 것을 말함.

구속²(球速) 명[체] 야구에서, 투수가 던지는 공의 속도.

구:속³(救贖) 명[가][기] 예수가 십자가에 못

박혀 인류의 죄를 대속함으로써 인류를 구원하는 것. 또는, 하느님이 인간을 죄로부터 구원해 내는 것. **구:속-하다²** 동타여 ¶여호와께서 야곱을 **구속하셨으니…**.《구약 이사야》

구속-력(拘束力) [-쏭녁] 명 [법] 어떤 행동을 하지 못하게 하는 강제적인 힘.

구속^영장(拘束令狀) [-쏭녕짱] 명 [법] 피의자의 신체를 구속하는 명령서. 검사의 신청으로 판사가 발부함. ¶~을 발부하다.

구:송(口誦) 명 소리 내어 외는 것. **구:송-하다** 동타여

구:송-체(口誦體) 명 일정한 리듬이 있어 소리 내어 읽기 좋게 된 문체. ¶~ 소설.

구수¹(丘首) 명 [여우가 죽을 때 제가 살던 산이 있는 쪽으로 머리를 둔다는 뜻] 1 근본을 잊지 않음. 2 고향을 그리워함. 비수구초심.

구수²(鳩首) 명 여럿이 머리를 맞대는 일.

구수-하다 형여 1 맛이나 냄새가 보리차나 숭늉의 것과 같거나 비슷하다. ¶구수한 숭늉 맛. 좌고소하다. 2 (말이나 이야기가) 친밀감 있게 은근히 마음을 끄는 상태이 있다. ¶구수한 옛날이야기 / 그는 이야기를 구수하게 잘한다. 3 (사람됨이) 너그럽고 푸근하다. ¶구수하고 마음씨 좋은 털보 아저씨. **구수-히** 부

구수-회의(鳩首會議) [-회의/-훼이] 명 여럿이 머리를 맞대고 소곤소곤 의논하는 일. =구수응의. **구수회의-하다** 자타여

구순¹(九旬) 명 아흔 살. ¶~ 노모.

구:순(口脣) 명 1 입과 입술. 2 =입술.

구:순-기(口脣期) 명 [심] 프로이트가 성 본능(性本能)의 발달을 정신 분석학적으로 나누어 한 시기. 젖을 빠는 입술의 활동이 생활의 중심이 되는, 생후 약 1년간의 시기.

구순-하다 형여 사이가 좋다. **구순-히** 부

구:술(口述) 명 입으로 말하는 것. =구진(口陳). **구:술-하다** 동타여

구:술-시험(口述試驗) 명 =구두시험

구슬 명 1 동그란 모양의 보석이나 진주. 장신구로 흔히 이용됨. ¶옥 ~ / ~을 꿰어 만든 목걸이. 2 사기나 유리로 조그맣고 둥글게 만든 장난감. 세는 단위는 알·줄·제미.

[구슬이 서 말이라도 꿰어야 보배(라)] 아무리 좋은 것이라도 쓸모 있게 만들어 놓아야 값어치가 있다는 말.

구슬-구슬 부 밥이 질지도 되지도 않고 알맞은 모양. 좌고슬고슬. **구슬구슬-하다** 형여

구슬-땀 명 구슬처럼 방울방울 맺힌 땀. ¶이마에 ~이 맺히다.

구슬려-내다 동타 그럴듯한 말로 남을 자꾸 꾀다. ¶영화를 보러 가자고 친구를 ~.

구슬리다 동타 1 (다른 사람을) 자기 뜻에 따르도록 하기 위해 기분을 맞추어 주거나 듣기 좋은 말을 하거나 금품을 주거나 하면서 마음이 움직이게 하다. ¶범인을 **구슬려** 자백을 받아 내다. 2 (어떤 일을) 이리저리 생각하다. ¶그렇게 겉으로만 치달지 말고 좀 **구슬려** 생각해 보게나.

구슬려 삶다 관 구슬려 마음이 솔깃하도록 만들다. ¶반대하는 친구를 ~.

구슬-발 명 =주렴(珠簾).

구슬-사탕(-沙糖*) 명 '알사탕'의 잘못.

구슬-옥(-玉) 명 [고고] 끈에 꿸 수 있게 가운데에 구멍이 뚫린 작은 공 모양의 둥근 옥. =환옥(丸玉).

구슬-치기 명 구슬을 가지고 노는, 아이들의 놀이.

구슬프다 형 〈구슬프니, 구슬퍼〉 (노래나 곡조나 소리 따위가) 슬픔을 느끼게 하는 특성이 있다. ¶피리 소리가 어디선가 **구슬프게** 들려온다.

구슬피 부 구슬프게. ¶~ 울다.

구:습¹(口習) 명 1 =입버릇. 2 =말버릇.

구:습²(舊習) 명 예로부터 전해 오는 관습. ¶~을 타파하다.

구:승(口承) 명 =구전(口傳)¹. **구:승-하다**

구:-시가(舊市街) 명 신시가(新市街)에 대하여, 그전부터 있던 시가. ↔신시가.

구:-시대(舊時代) 명 이미 지나간 시대. ¶가부장적 사고방식은 케케묵은 ~의 유물이다. ↔신시대.

구:시대-적(舊時代的) 관명 구시대 특유의 (것). 새로운 시대에 있을 수 없는 (것). ¶낡은 ~ 발상.

구시렁-거리다/-대다 동자 못마땅하거나 하여 듣기 싫도록 군소리를 자꾸 중얼거리다. ¶김 씨는 얄팍한 한투를 받아 쥘 때면는 일당이 적다며 **구시렁거렸다**. / 늙은 어미와 딸이 새벽부터 **구시렁대며** 일어나 앉아 결국 한숨과 신세 한탄으로 끝을 맺게 돼 얘기를 나누기에는 새벽 단잠이 미진했다.《오정희: 겨울 뜸부기》 좌고시랑거리다. ×군시렁거리다.

구시렁-구시렁 부 구시렁거리는 모양. 좌고시랑고시랑. **구시렁구시렁-하다** 자여

구시-월(九十*月) 명 구월과 시월.

구:식(舊式) 명 1 신식(新式)에 대하여, 예전의 방식이나 격식·형식. ¶~ 결혼식. 2 시대에 뒤떨어진 것. ¶~ 사고방식 / ~ 옷차림. ↔신식.

구실¹ 명 1 어떤 자격의 사람으로서 마땅히 해야 할 일. ¶사내 ~ / 아비 ~ / 사람 ~. 2 사물이 수행하는 기능. 비역할. ¶권익 단체가 아무 ~도 못 하고 있다.

구:실²(口實) 명 어떤 목적을 이루기 위해 다른 사람에게 내세우는 그럴듯한 이유. 비핑계. ¶~을 붙이다 / ~을 삼다.

구실-아치 명 관원 밑에서 일을 보는 사람. 비이속(吏屬).

구심¹(求心) 명 [물] 원운동을 하는 물체가 운동의 중심 쪽으로 가까이 가려고 하는 작용. ↔원심(遠心). **구심-하다** 자여

구심²(球心) 명 구의 중심.

구심³(球審) 명 [체] 야구에서, 캐처 뒤에서 볼·스트라이크 등의 판정이나 시합의 진행을 담당하는 심판. ▷누심(壘審).

구심-력(求心力) [-녁] 명 [물] 물체가 원운동을 할 때, 그 원의 중심을 향하여 작용하는 힘. =향심력(向心力). ↔원심력.

구심-점(求心點) [-쩜] 명 1 구심 운동의 중심점. 2 핵심적인 역할을 하는 인물이나 단체 등을 비유적으로 이르는 말. ¶대한민국 임시 정부는 항일 민족 운동의 ~이었다.

구십(九十) I ㈜ '아흔'과 같은 뜻의 한자어 계통의 수사. 아라비아 숫자로는 '90', 로마 숫자로는 'XC'로 나타냄.
II 관 '아흔', '아흔째'의 뜻. ¶~ 명 / ~ 번.

구아노(guano) 명 해조(海鳥)의 배설물이 퇴적하여 덩어리가 된 것. 질소분이나 인산분이 많아 비료로 쓰임. =해조분.

구아닌(guanine) 명 [화] 핵산을 구성하는 푸

린 염기의 하나. 디옥시리보 핵산(DNA)의 이중 나선 안에서 시토신과 한 쌍의 염기를 만듦.

구아슈(囲gouache) 圐[미] 불투명한 수채 물감. 또는, 그것으로 그린 그림.

구¦악(舊惡) 圐 1 전에 저지른 죄악. 2 전날의 사회적인 여러 가지 악습이나 병폐(病弊). ¶~을 일소하다.

구¦안-와사(口眼喎斜) 圐[한] 입과 눈이 한쪽으로 돌아가는 증세.

구애¹(求愛) 圐 (이성의 상대에게) 자기의 사랑을 받아 달라고 하는 것. ¶~를 받아들이다. **구애-하다**¹ 圄(자)여

구애²(拘礙) 圐 (어떤 일에) 거리끼거나 얽매이는 것. ¶아무런 ― 없이 본 대로 느낀 대로 말씀하십시오. **구애-하다**² 圄(자)여 **구애-되다** 圄(자) ¶사소한 일에 **구애되지** 마라.

구¦약(舊約) 圐 1 오래전부터의 약속. 2 [가][기] 예수가 나기 전에 하느님이 사람들에게 했다는 약속. 3 [성] '구약 성서'의 준말. ↔신약.

구약-나물(蒟蒻-) [-냑-] 圐[식] 천남성과의 여러해살이풀. 땅속에 큰 알줄기가 있으며, 여름에 자갈색의 꽃이 핌. 알줄기는 '구약구(蒟蒻球)'라 하여 곤약을 만듦.

구¦약^성서(舊約聖書) [-썽-] 圐[성] 예수 그리스도를 세상에 보내기 전까지 하느님이 이스라엘 백성에게 준 구원의 약속을 담은, 크리스트교 성서의 한 부분. 39권. =고경(古經)·구약 성경·구약 전서. 㑩구약. ▷신약 성서.

구¦약^시대(舊約時代) [-씨-] 圐[가][기] 하느님이 천지를 창조한 이후 예수가 탄생하기까지의 율법 시대. ↔신약 시대.

구¦약^전서(舊約全書) [-전-] 圐[성] =구약 성서.

구¦어(口語) 圐[언] 문장에서만 쓰이는 특별한 말이 아니라, 보통의 대화에서 쓰는 말. =입말. ↔문어(文語).

구¦어-문(口語文) 圐[언] 구어체의 글. ↔문어문.

구어-박다[-따] 圄 ①(자) 한곳에서 꼼짝 못하고 지내다. ②(타) 1 한곳에서 꼼짝 못하고 지내게 하다. 2 쇠기 따위를 불에 쬐어서 박다. 3 이자 놓는 돈을 한곳에 잡아 두어 더 늘리지 않다. ×구워박다.

구어박-히다[-바키-] 圄(자) '구어박다①'의 피동형.

구¦어-체(口語體) 圐[언] 구어로 된 문체. =말체·입말체. ↔문어체(文語體).

구역¹(區域) 圐 1 갈라놓은 지역이나 범위. 囲구(區). ¶판할 ~ / 출입 금지 ~. 2 [가][기] 교회의 신자를 지역에 따라 나눈 단위. ¶~ 예배.

구역²(嘔逆) 圐 속이 메스꺼워 토하고 싶은 느낌. 囲욕지기.

구¦역³(舊譯) 圐 새로 한 번역에 대하여 그전에 한 번역. ↔신역(新譯).

구역-나다(嘔逆-) [-영-] 圄(자) 속이 메스꺼워 토하고 싶은 느낌이 나다. 囲욕지기나다.

구역-질(嘔逆-) [-질-] 圐 속이 메스꺼워 왝왝거리는 일. ¶~이 나다. **구역질-하다** 圄(자)여

구¦연(口演) 圐 1 (동화·야담 등을) 입으로 실감 나게 소리 내어 이야기하는 것. 2 입으로 말하는 것. 囲구술. **구¦연-하다** 圄(타)여

구¦연²(舊緣) 圐 예전에 맺은 인연. 또는, 예전부터 이어 내려오는 인연.

구¦연-동화(口演童話) 圐 어린이를 상대로 가벼운 몸짓과 함께 입으로 실감 나게 소리 내어 들려주는 동화.

구연-산(枸櫞酸) 圐[화] =시트르산.

구¦옥(舊屋) 圐 1 =고옥(古屋). 2 전에 살던 집. 囲옛집.

구완 (아픈 사람이나 해산하는 사람을) 곁에서 시중드는 것. 웬구원(救援). **구완-하다** 圄(타)여 ¶며느리가 병든 시어머니를 ~.

구¦우(舊友) 圐 옛적의 친구. 또는, 사귄 지 오래된 친구.

구우-일모(九牛一毛) 圐 ['아홉 마리 소의 털 가운데서 한 개의 털'이란 뜻] 썩 많은 것 중의 극히 적은 부분.

구운몽(九雲夢) 圐[책] 조선 숙종 15년 (1689)에 김만중(金萬重)이 지은 국문 소설. 성진(性眞)이 여덟 선녀와 함께 인간으로 환생하여 부귀영화를 누리다가 깨고 보니 꿈이었다는 줄거리임.

구워-박다 圄(자)타 '구어박다'의 잘못.

구워-삶다[-삼-] 圄(타) 구슬려 말을 듣게 하다. ¶빚쟁이를 **구워삶아** 돌려보내다.

구¦원(久遠) 圐 1 까마득하게 멀고 오랜 것. 2 영원하고 무궁한 것. ¶~의 진리 / ~의 여인상. **구¦원-하다**¹ 阳여

구¦원²(救援) 圐 1 (어려움이나 위험에 빠진 사람을) 구하여 돕는 것. ¶~을 청하다 / ~의 손길을 뻗치다. 2 [가][기] 인류를 죄악과 고통과 죽음에서 건져 내는 것. 3 '구완'의 원말. **구¦원-하다**² 圄(타)여 ¶주께서 세상을 **구원하러** 이 땅에 오셨도다. **구¦원-되다** 圄(자)

구¦원-병(救援兵) 圐 구원하는 군대나 병사. =구병(救兵).

구¦원^투수(救援投手) 圐[체] 야구에서, 먼저 등판하기 시작한 투수가 상대 타자들에게 계속 안타를 맞거나 위기에 몰렸을 때, 그 위기를 넘기기 위하여 등판하는 투수. =릴리프 피처.

구월(九月) 圐 한 해의 열두 달 가운데 아홉째 달.

구위(球威) 圐[체] 야구에서, 투수가 던지는 공의 위력.

구유¹ 圐 마소의 먹이를 담아 주는 나무 그릇.

구유²(具有) 圐 (어떤 성질·자질·능력 등을) 지니거나 갖추는 것. **구유-하다** 圄(타)여 ¶민주 시민으로서의 자질을 ~ / 인간은 본래 불성(佛性)을 **구유하고** 있다.

구¦음(口音) 圐 1 [언] 구강(口腔)으로만 기류(氣流)를 통하게 하여 내는 소리. ↔비음(鼻音). 2 [음] 국악에서, 거문고·가야금·피리·해금·장구 등의 악기의 소리를 의성화하여 나타낸 소리.

구이 圐 고기나 생선에 양념을 하여 구운 음식. ¶생선 ~ / 갈비 ~.

구인¹(求人) 圐 일할 사람을 구하는 것. ¶~ 광고. **구인-하다** 圄(타)여

구인²(拘引) 圐[법] 법원이 신문하기 위하여 피고인이나 증인 등을 일정한 장소로 끌고 가는 강제 처분. 소환에 불응하는 경우에 한하여, 영장에 의하여 집행됨. ▶구속(拘束). **구인-하다** 圄(타)여 **구인-되다** 圄(자)

구¦인³(救人) 圐 남의 어려움을 구하여 주는 것. 또는, 구하여 주는 사람. **구¦인-하다**³ 圄(자)여

구:인⁴(舊人) 명[고고] 약 30만 년 전부터 3만 5000년 전에 나타난 화석 인류. 원인(原人)과 신인(新人)의 중간 형태임. 네안데르탈인이 대표적임.

구인-난(求人難) 명 필요한 사람을 구하기가 힘듦.

구인-란(求人欄) [-난] 명 신문 등의 구인 광고를 싣는 난(欄). ¶~에 광고를 내다.

구인-장(拘引狀) [-짱] 명 [법] 법원이 피고인 또는 사건 관계인·증인 등을 구인하기 위하여 발부하는 영장.

구일(九日) 명 옛 명절이었던 음력 9월 9일. 비중양(重陽).

구일일^테러/9·11 테러(九──terror) 명[역] 2001년 9월 11일, 미국 뉴욕의 세계 무역 센터인 쌍둥이 건물이 2대의 비행기에 의한 의도적 충돌로 완전히 붕괴된 사건. 사건의 배후 인물은 아랍계 테러리스트 빈 라덴으로 알려지고 있음.

구일-장(九日葬) 명 사람이 죽은 뒤 아흐레만에 지내는 장례. ▷삼일장·칠일장.

구입¹ 명 겨우 밥벌이만 하는 것. 또는 겨우 되는 밥벌이. **구입-하다**¹ 동(자)

구입²(購入) 명 물건을 사들이는 것. 비구매. ¶물품 ~. **구입-하다**² 동(타여) ¶가전제품을 ~/할부로 ~.

구입-처(購入處) 명 물건을 구입하는 곳.

구:작(舊作) 명 전에 지은 작품. ↔신작.

구장(球場) 명 구기(球技)를 하는 운동장. 특히, 야구장을 가리키는 경우가 많음.

구:재¹ 명 구들재.

구재²(九齋) 명[역] 1 고려 문종 때 최충(崔沖)이 제자를 가르치던 아홉 군데의 학당. 2 조선 시대에, 경학(經學)을 가르치기 위하여 성균관 안에 둔 오경 사서재(五經四書齋)의 아홉 분과.

구:재³(救災) 명 재난을 만난 사람을 구하는 것. 비구난(救難). **구:재-하다** 동(타여)

구저분-하다 형(여) 더럽고 지저분하다. ¶구저분한 옷차림. **구저분-히** 부

구적 명 돌이나 질그릇 따위가 삭아서 겉에 일어나는 얇은 조각.

구:전¹(口傳) 명 1 (어떤 내용을) 글이 아닌 말로 전하는 것. 2 (노래나 이야기 등이) 문자에 의하지 않고 입에서 입으로 전해 내려오는 것. =구승(口承). 비구비(口碑). **구:전-하다** 동(타여) **구:전-되다** 동(자) ¶이곳에서 용이 승천했다는 전설이 **구전되어** 오고 있다.

구전²(口錢) 명 =구문(口文)¹.

구:전성명(苟全性命) 명 구차하게 목숨을 보전하는 것. **구:전성명-하다** 동(자여)

구절(句節) 명 1 [언] 구와 절. 2 한 도막의 말이나 글. ¶책을 읽다가 좋은 ~이 있으면 밑줄을 쳐 놓아라. ×귀절.

●**'句'의 읽기**
한자 '句'가 붙어서 이뤄진 단어는 '귀글'과 '글귀' 만 제외하고 모두 '구'로 읽음(표13). 곧, 句節→구절, 警句→경구, 對句→대구, 文句→문구, 詩句→시구, 引用句→인용구와 같이 읽음.

구절-구절(句節句節) 명부 =구구절절.

구절-양장(九折羊腸) [-량-] 명 양의 창자처럼, 산길이 꼬불꼬불하고 험함. 비양장.

구절-초(九節草) 명[식] 국화과의 여러해살이풀. 높이 50cm 정도. 가을에 담홍색·백색의 꽃이 핌. 산지에 나며, 잎은 약재로 씀.

구절-판(九折坂) 명 1 구절판찬합에 담아 먹는 우리나라 고유의 음식. 둘레의 여덟 칸에 각각 여덟 가지 음식을 담고, 가운데 금 칸에는 전병(煎餅)을 담아, 둘레의 음식을 골고루 조금씩 전병에 싸서 먹음. 2 =구절판찬합.

구절판-찬합(九折坂饌盒) 명 여덟모가 난 나무 그릇. 가운데 칸을 둥글게 하고, 그 둘레를 여덟 칸으로 나누었음. =구절판.

구점¹(句點) [-쩜] 명[언] 구절에 찍는 점. ×귀점.

구:점²(灸點) [-쩜] 명 뜸을 뜰 자리에 먹으로 찍은 점.

구접-스럽다 [-쓰-따] 형(ㅂ) 〈-스러우니, -스러워〉 1 (어느 곳이) 너절하고 더럽다. 2 (하는 짓이) 추잡하고 지저분하다. **구접스레** 부

구젓 '굴젓'의 잘못.

구:정¹(舊正) 명 지난날, 정부가 양력 설을 명절로 공식화했던 시절에 음력 1월 1일을 이르던 말. ↔신정.

구:정²(舊情) 명 =옛정. ↔신정(新情).

구정-물 명 1 빨래나 설거지를 하여 더러워진 물. =오수(汚水). 2 종기에서 고름이 다 빠진 뒤에 흐르는 물. 비고장물.

구:제¹(救濟) 명 1 불행이나 재해를 만난 사람을 도와주는 것. ¶~ 사업/난민(難民) ~. 2 [불] 고통받는 사람들을 제도(濟度)하는 것. **구:제-하다** 동(타여) ¶빈민을 ~. **구:제-되다**¹ 동(자)

구:제²(舊制) 명 =구제도. ↔신제(新制).

구제(驅除) 명 (해충 따위를) 몰아내어 없애 버리는 것. ¶해충 ~. **구제-하다**² 동(타여) ¶벌레구를 ~. **구제-되다**² 동(자)

구:제^금융(救濟金融) [-늉/-금늉] 명[경] 기업의 도산을 구제하기 위하여 금융 기관이 정책적으로 행하는 금융.

구:-제도(舊制度) 명 전의 제도. =구제(舊制). ↔신제도.

구:제-비(救濟費) 명 불행이나 재해를 만난 사람을 구제하는 데 드는 비용.

구:제-역(口蹄疫) 명[의] 소나 돼지 등에게 잘 걸리는 바이러스성 전염병. 입 안의 점막이나 발톱 사이의 피부에 물집이 생겨 짓무르는 증세를 보임.

구:제-책(救濟策) 명 불행이나 재해를 당한 사람을 돕기 위한 대책. ¶수해 ~/~을 강구하다.

구:제-품(救濟品) 명 불행이나 재해를 당한 사람을 돕기 위하여 보내 주는 물건. ¶수재민에게 ~을 보내다.

구:조¹(救助) 명 재난을 당하여 위기에 빠진 사람을 구해 주는 것. ¶인명 ~/~를 요청하다. **구:조-하다**¹ 동(타여) ¶조난자를 ~. **구:조-되다**¹ 동(자) ¶그는 익사 직전에 해상 경찰에 의해 **구조되었다.**

구조²(構造) 명 1 사물의 부분들이 서로 결합하여 전체를 이루고 있는 짜임새. ¶기계 ~/인체 ~/건물의 내부 ~. 2 요소들이 조직되어 이루어지는 질서나 체계. ¶사회의 ~/복잡한 유통 ~.

구조-곡(構造谷) 명[지] 단층이나 습곡 등의 지각 운동으로 생긴 골짜기. ↔침식곡.

구:조-대¹(救助袋) 명 고층 건물의 화재 때 인명 구조에 쓰이는 긴 부대. 사람이 이 속으

구조-대²(救助隊) 명 일정한 장비를 갖추고 위험에 빠진 사람이나 물건을 구하기 위해 조직된 사람들. ¶119 ~.

구조-물(構造物) 명 건물·다리·터널 등과 같이 여러 가지 재료를 얽어서 만든 물건. ¶콘크리트 ~.

구조-사다리(救助-) 명 화재 등으로 위험한 경우 고층 건물에서 사람을 구출하기 위하여 쓰는 높은 사다리.

구조-선¹(救助船) 명 해상에서 조난을 당한 배와 사람을 구조하는 배. ¶해난(海難) ~.

구조-선²(構造線) 명[지] 지각 변동에 따른 대규모의 단층대(斷層帶).

구조-식(構造式) 명[화] 홑원소 물질 또는 화합물의 각 원자의 결합 상태를 결합선을 써서 도식적(圖式的)으로 나타낸 화학식. 물의 구조식은 H-O-H 따위.

구조^역학(構造力學) [-녁학] 명[공] 역학의 일반 원리를 각종 형태를 가진 구조물에 적용하여, 구조물에 대한 각종 힘의 영향을 연구하는 응용 역학의 한 부문.

구조-적(構造的) 명 1 구조에 관계되는 (것). 2 구조를 이루고 있는 (것). ¶사회의 ~ 모순.

구조적 실업(構造的失業) [경] 자본주의의 경제 구조로 말미암아 발생하는 만성적이고 장기적인 실업.

구조^조정(構造調整) 명[경] 기업이나 산업의 구조적인 불합리를 해결하거나 조정하는 일.

구조-주의(構造主義) [-의/-이] 명 인간 사회의 사회적·문화적 현상을 심층적인 구조의 틀 속에서 파악하려고 하는 지적 경향이나 입장. 소쉬르의 언어학에 뿌리를 둔 것으로, 1960년대 이후 문학·인류학 등에 영향을 주면서 크게 유행함.

구조-호(構造湖) 명[지] 단층이나 습곡에 의하여 생긴 분지에 물이 괴어 이루어진 호수.

구족¹(九族) 명 1 고조·증조·조부·아버지·자기·아들·손자·증손·현손의 직계진(直系親). 2 외조부, 외조모, 이모의 자녀, 장인, 장모, 고모의 자녀, 자매의 자녀, 딸의 자녀 및 자기 동족.

구족²(具足) 명 →**구족-하다**[-조카-] 형여 =구존하다².

구족-계(具足戒) [-계/-께] 명[불] 비구(比丘)와 비구니가 지켜야 할 계. 비구에게는 250계, 비구니에게는 348계가 있음. =대계(大戒).

구족-화가(口足畵家) [-조콰-] 명 신체장애로 손을 쓸 수 없어 붓을 입에 물거나 발로 잡고 그림을 그리는 화가.

구존¹(俱存) 명 부모가 다 살아 있는 것. ↔구몰(俱沒). **구존-하다¹** 동여

구존²(俱存) 명 →**구존-하다²** 빠짐없이 고루 갖추어져 있다. =구족하다.

구종(驅從) 명[역] 벼슬아치를 모시고 따라다니는 하인.

구좌(口座) 명[경] '계좌(計座)'로 순화.

구주¹(九州) 명[역] 통일 신라 시대에 전국을 나눈 9개의 주.

구주²(敎主) 명[기] =구세주(救世主)1.

구주³(歐洲) 명[지] =유럽 주.

구주⁴(舊株) 명[경] 자본의 증가로 새로 발행한 주식에 대하여 종래의 주식. ↔신주.

구중(九重) 명 ['문이 아홉 겹'이라는 뜻] '궁중(宮中)'을 이르는 말.

구중-궁궐(九重宮闕) 명 ['문이 겹겹이 이어진 깊은 궁궐'이라는 뜻] 임금이 있는 대궐 안. =구중심처.

구중-심처(九重深處) 명 =구중궁궐.

구중중-하다 형여 (물이나 축축한 곳이) 더럽고 지저분하다. ¶개천물이 ~.

구지-가(龜旨歌) 명[문] 가락국의 건국 신화에 나오는 가요. 가락국의 추장들이 구지봉(龜旨峯)에 모여 수로왕(首露王)을 맞을 때 불렀다 함. =영신군가(迎神君歌).

구지렁-물 명 썩어서 더러워진 물. 준고지랑물.

구지레-하다 형여 지저분하게 더럽다. 또는, 낡고 너저분하다. ¶때는 장마철을 당하여 거리와 골목은 **구지레한** 빗물이 범람하였다.《최인욱:전봉준》/ 어린것들이 하나 둘 늘었고 **구지레한** 세간들도 지저분하게 늘었다.《윤오영:사발시계》

구직(求職) 명 일자리를 구하는 것. ¶~난(難). **구직-하다** 동자여

구직-자(求職者) [-짜] 명 일자리를 구하는 사람.

구진(久陳) 명 (음식이나 약재 등이) 오래되어 맛이 변하거나 사용할 수 없게 되는 것. **구진-하다** 동자여

구질(球質) 명[운] 야구·탁구·테니스 등에서 던지거나 치는 공의 속도·회전 등의 성질. ¶~이 까다로운 투수.

구질-구질 부 (하는 짓이나 상태가) 깨끗하지 못하고 구저분한 모양. ¶~ 내리는 비가 싫다는데도 ~ 따라다닌다. **구질구질-하다** 형여 ¶구질구질한 날씨가 계속되다.

구:-질서(舊秩序) [-써] 명 옛날의 남은 사회 질서와 체계. ¶봉건적 ~를 타파하다.

구:차(苟且) → **구:차-하다²** 1 (말이나 행동이) 남을 대하기에 떳떳하지 못하다. ¶구차한 변명을 늘어놓다. 2 살림이 가난하여 어렵다. ¶구차한 살림. **구:차-히** 부

구:차-스럽다(苟且-) [-따] 형ㅂ<-스러우니, ~스러워> 구차한 데가 있다. **구:차스레** 부

구채(舊債) 명 묵은 빚.

구처(區處) 명 1 구별하여 처리하는 것. 2 변통하여 처리함. ¶~가 없다. **구처-하다** 동타여 구별하여 처리하다.

구척-장신(九尺長身) [-짱-] 명 [키가 아홉 자나 된다는 뜻] 아주 큰 키. 또는, 그런 사람.

구천¹(九天) 명 1 고대 중국에서, 하늘을 아홉 개로 구분한 호칭. 2 하늘의 높은 곳. 3 [불] 지구를 중심으로 회전한다고 생각되는 아홉 개의 천체.

구천²(九泉) 명[불] 땅속 깊은 밑바닥이라는 뜻으로, 죽은 뒤에 넋이 돌아가는 곳을 이르는 말.

구첩-반상(九-飯床) [-빤-] 명 밥·국·김치·찌개(2가지)·찜(2가지)·간장·초간장·초고추장을 기본 음식으로 하여, 생채(2가지)·숙채(2가지)·구이(2가지)·조림·전·마른찬(또는 젓갈)·회의 9가지 반찬을 갖춘 상차림. 또는, 그 그릇 한 벌.

구청(區廳) 명 구(區)의 행정 사무를 맡아보는 관청.

구청-장(區廳長) 명 구의 행정을 책임지는 직위. 또는, 그 직위에 있는 사람.

구:체¹(久滯) 명[한] 오래된 체증(滯症). '만

성 위장병'의 총칭. =구체(舊滯).
구체²(具體) 명 사물이 개별적으로 일정한 모습을 갖추고 있음. =구상(具象).
구체³(球體) 명 공 모양으로 된 물체.
구체^명사(具體名詞) [명] [언] 어떤 형체나 형태를 갖춘 물체나 대상을 나타내는 명사. 사람·나무·구리·돌 따위와 같은 명사. =구상 명사. ↔추상 명사.
구체-성(具體性) [-썽] 명 구체적인 성질. =구상성(具象性). ↔추상성.
구체-안(具體案) 명 구체적인 안건.
구체-적(具體的) 관 명 1 사물이 실제적이고 개별적인 형태를 갖추고 있는 (것). 2 실제적이고 세밀한 부분까지 다루고 있는 (것). ¶~인 예를 들다. ↔추상적.
구체적 시:장(具體的市場) [경] 매매 거래가 실제로 이루어지는 장소나 건물. 농수산물 시장·소매 시장·증권 거래소 따위.
구-체제(舊體制) 명 전부터 내려오는 체제. ↔신체제.
구체-화(具體化) 명 1 구체적이 되게 하는 것. 2 계획 따위가 실행으로 옮겨지는 것. 구체화-하다 동(자)(타)에 ¶계획을 ~. 구체화-되다 동(자)에
구:초(口招) 명 죄인에게 구두(口頭)로 진술을 받는 것. 구:초-하다 동(타)에
구촌(九寸) 명 1 고조부의 친형제의 증손자·증손녀. 한 항렬 위임. 2 자기와 구촌 아저씨·아주머니 또는 자기와 구촌 조카와의 촌수.
구축¹(構築) 명 1 (어떤 구조물이나 진지 따위를) 쌓아 올리는 것. 2 (일의 체계·체제 등을) 기초를 닦아 세우는 것. ¶신뢰 / 판매망 ~. 구축-하다 동(타)에 ¶진지를 ~ / 안정 기반을 ~. 구축-되다¹ 동(자)에
구축²(驅逐) 명 몰아서 쫓아내는 것. 구축-하다² 동(타)에 ¶빈곤을 ~ / 사치 풍조를 ~. 구축-되다² 동(자)에
구축-함(驅逐艦) [-추캄] 명 [군] 어뢰·폭뢰 등을 장비하고 고속으로 항해할 수 있는 소형의 함정. ↔수뢰 구축함.
구:출(救出) 명 (사람을) 위험에서 구해 내는 것. ¶~ 작전. 구:출-하다 동(타)에 ¶갱(坑)에 갇힌 광부를 ~. 구:출-되다 동(자)에 ¶바다에 빠진 조난자가 ~.
구충(驅蟲) 명 기생충·해충 등을 없애 버리는 일. =제충(除蟲). 구충-하다 동(자)(타)에
구충-제(驅蟲劑) 명 [약] 1 산토닌 등 몸속의 기생충을 없애는 데 쓰는 약. 2 =살충제.
구:취(口臭) 명 입에서 나는 좋지 않은 냄새. =입내. ¶~가 나다.
구치(拘置) 명 (피의자나 범죄자 등을) 일정한 곳에 가두어 두는 것. 구치-하다 동(타)에 구치-되다 동(자)에
구:치-소(拘置所) 명 형사 피의자 또는 형사 피고인으로서 구속 영장의 집행을 받은 사람을 수용하는 시설.
구:칭(舊稱) 명 전에 일컫던 이름. ¶형무소는 교도소의 ~이다.
구타(毆打) 명 (사람을) 주먹이나 발, 몽둥이 따위로 마구 때리는 것. 구타-하다 동(타)에
구태¹ 명 '구태여'의 준말.
구:태²(舊態) 명 옛 모습.
구태-여 튀 (주로, '없다', '않다' 와 함께 쓰이거나 반어 의문에 쓰여) 일부러 애써. ¶그 일 때문이라면 ~ 거기까지 갈 필요는 없다. / 네가 좋다면 ~ 말리지는 않겠다. 준구태.

구:태의연(舊態依然) →구:태의연-하다 형여 조금도 진보·발전되지 못하고 예나 이제나 다름이 없다. ¶구태의연한 작업 방법/구태의연한 태도. ⇨고태의연하다.
구터분-하다 형여 '구리터분하다'의 준말. 작고탑분하다. 구터분-히 튀
구텁지근-하다 [-찌-] 형여 조금 구리터분하다. 작고탑지근하다. 구텁지근-히 튀
구텁텁-하다 [-터파-] 형여 '구리텁텁하다'의 준말. 작고탑탑하다. 구텁텁-히 튀
구토(嘔吐) 명 위 속에 들어간 음식물이 어떤 이유에 의해 통제할 수 없는 상태로 입 밖으로 나오는 일. =토역(吐逆). 비욕지기. 구토-하다 동(자)에
구:투(舊套) 명 예전의 양식이나 방식. 비구식(舊式). ¶~의 문장.
구:파(舊派) 명 재래 또는 기존의 양식이나 방식을 따르는 파. ↔신파(新派).
구:판(舊版) 명 1 이전에 간행한 판. 2 새로 고치거나 보태거나 하기 전에 나온 책. ↔신판.
구판-장(購販場) 명 생활 용품 등을 공동으로 구입하여 조합원에게 싸게 파는 곳. ¶농협.
구:폐(舊弊) [-폐/-페] 명 이전부터 내려오는 폐단. ¶~을 일소하다.
구푸리다 동(타) 몸을 앞으로 구부리다. ¶허리를 ~. 작고푸리다. 센꾸푸리다.
구:필(口筆) 명 입으로 붓을 물고 쓰는 글씨. ¶~화(畫).
구-하다¹(求-) 동(타)에 (필요한 것을) 손에 넣으려고 찾거나 청하다. 또는, 그렇게 하여 얻다. ¶일자리를 ~ / 사람을 ~ / 양해를 ~ / 필요한 책을 구했다.
구:-하다²(救-) 동(타)에 (위험이나 어려움에 처한 사람이나 동물을) 도와서 그로부터 벗어나게 하다. ¶목숨을 ~ / 물에 빠진 사람을 ~.
구:-학문(舊學問) [-항-] 명 서양의 신학문에 대한 재래의 한학(漢學). ↔신학문.
구:한-감우(久旱甘雨) 명 오랜 가뭄 끝에 내리는 단비.
구:-한국(舊韓國) 명 =대한 제국.
구:-한말(舊韓末) 명 조선 말기에서 대한 제국까지의 시기.
구현(具現·具顯) 명 (이념·신념·이상 따위를) 구체적으로 느끼고 알 수 있게 뚜렷하게 나타내거나 실현하는 것. 구현-하다 동(타)에 ¶이상을 ~. 구현-되다 동(자) ¶정의가 ~.
구:혈(灸穴) 명 [한] 뜸을 뜰 수 있는 몸의 일정한 자리. =구소(灸所). ▷경락(經絡).
구형¹(求刑) 명 [법] 형사 재판에서, 검사가 피고인에게 어떤 형벌을 과하도록 판사에게 요구하는 것. 구형-하다 동(타)에 ¶징역 1년을 ~. 구형-되다 동(자)에
구형²(球形) 명 공같이 둥근 모양.
구:형³(舊型) 명 구식인 모양. ¶~ 냉장고. ↔신형.
구:호¹(口號) 명 1 대중 집회나 시위 등에서 어떤 주장을 나타내는 간결한 말. =표어. ¶자유 수호의 ~를 외치다[내걸다]. 2 =군호(軍號)².
구:호²(救護) 명 1 재난이나 어려움에 처하여 있는 사람을 도와 보호하는 것. ¶~물자 / 이재민에게 ~의 손길을 뻗다. 2 병자나 부상자를 간호하거나 치료하는 것. 구:호-하다

구:호-반(救護班)[명] 구호하는 임무를 맡은 소규모의 조직.
구:호-책(救護策)[명] 구호할 방책.
구혼(求婚)[명] 1 혼인할 자리를 찾는 것. 2 결혼을 청하는 것. [비]청혼(請婚). ¶~자(者) / ~을 받아들이다. **구혼-하다** [동][자][여] ¶그 녀에게 ~.
구:화(口話)[명] 벙어리가 상대의 말하는 입술 모양을 보고 알아듣고, 자기도 그렇게 소리내어 말하는 일. ▷수화(手話).
구:화-법(口話法)[-뻡][명] 구화로써 말을 주고받는 방법. [비]독순술(讀脣術).
구:황(救荒)[명] 흉년 때 빈민을 도와 굶주림에서 벗어나게 하는 것. **구:황-하다** [동][타][여].
구:황^식물(救荒植物)[-급-][명][농] 흉년 때 곡식 대신으로 먹을 수 있는 야생 식물. 피·아카시아·쑥 따위. =비황 식물(備荒植物).
구:-황실(舊皇室)[명] 대한 제국의 황실을 이르는 말.
구:황^작물(救荒作物)[-장-][명][농] 흉년 때 곡식 대용으로 가꿀 수 있는 농작물. 감자·메밀·피·뚱딴지 따위.
구:회(舊懷)[-회/-훼][명] 지난 일을 생각하며 그리는 마음.
구획(區劃)[-획/-훽][명] (토지 따위를) 경계를 갈라 정하는 것. 또는, 그 구역. ¶토지~ / ~을 짓다. **구획-하다** [동][타][여] ¶신개발 지를 ~. **구획-되다** [동][자].
구획^정:리(區劃整理)[-획쩡니/-훽쩡니][명] 도시 계획 등에서 토지의 구획이나 도로 등을 변경·정리하는 일.
구:휼(救恤)[명] 빈민이나 이재민에게 금품을 주어 구제하는 것. **구:휼-하다** [동][타][여] ¶양곡을 풀어 빈민을 ~.
국에 덴 놈 물 보고도 분다[한 번 혼이 나면 비슷한 것만 보아도 겁을 낸다.
국¹[명] 1 채소나 고기, 생선 등에 물을 많이 부어 끓인 음식. =갱탕(羹湯). ¶콩나물~ / 미역~ / ~을 끓이다 / ~에 밥을 말다. 2 '국물1·2'의 준말.
국²(局)[명] 관청·회사 등에서 사무 분담 단위의 하나. 부(部)의 위임. 우두머리는 국장. ¶총무~ / 관리~ / 사무~ / 편집~.
국³(局)[의존] 바둑이나 장기를 두어 승부를 내는 판을 세는 말. ¶제3~에서 불계패하다.
-국⁴(國)[접미] '나라'의 뜻을 나타내는 말. ¶선진~(후진) / ~독립 / ~공화.
국가¹(國家)[-까][명] 일정한 영토를 보유하며, 거기 사는 국민들로 구성되고, 하나의 통치 조직을 가진 집단. =방가(邦家)·방국. [비]나라. ¶민주~ / ~를 건설하다.
국가²(國歌)[-까][명] 한 나라를 상징하는 국가적 차원의 공식적인 노래. ▶애국가.
국가-고시(國家考試)[-까-][명] 어떤 자격이나 면허(免許)를 주기 위하여 국가에서 시행하는 시험. ▷국가시험.
국가^공무원(國家公務員)[-까-][명] 국가의 공무에 종사하는 직원. 별정직(別定職)과 일반직으로 나뉨. ▷지방 공무원.
국가-관(國家觀)[-까-][명] 통일적인 전체로서의 국가에 대하여 가지는 견해 또는 주장.
국가^권력(國家權力)[-까궐-][명] 국가가 그 정치적 기능을 다하기 위하여 행사하는 권력.

국경 무역●195

국가^기관(國家機關)[-까-][명] 국정을 시행하기 위하여 설치된 입법·사법·행정 기관의 총칭.
국가^보:안법(國家保安法)[-까-뻡][명][법] 국가의 안전을 위태롭게 하는 반국가 활동을 규제함으로써 국가의 안전과 국민의 생존 및 자유를 확보함을 목적으로 하는 법률. [준]보안법.
국가^보:훈처(國家報勳處)[-까-][명] 중앙 행정 기관의 하나. 원호(援護) 대상자에 대한 원호와 군인 보험에 관한 사무를 맡아봄.
국가^비:상사태(國家非常事態)[-까-][명] 나라에 천재·사변·폭동 따위가 일어나 개개의 경찰력으로는 치안을 유지하기 곤란한 상태. =비상사태.
국가-사업(國家事業)[-까-][명] 나라에서 맡아 하는 사업.
국가-시:험(國家試驗)[-까-][명] 국가에서 시행하는 여러 가지 시험. ▷국가고시.
국가^신:인도(國家信認度)[-까-][명][경] 한 나라가 대외적으로 채무를 이행할 능력이 어느 정도인지를 나타낸 수준. ¶외환 위기로 ~가 추락하다.
국가^안전보:장^회:의(國家安全保障會議) [-까-회의/-까-훼이] [명] 대통령 소속하에 설치된 기관의 하나. 국가 안전 보장에 관계되는 정책 수립에 관한 대통령의 자문에 응함.
국가^올림픽^위원회(國家Olympic委員會) [-까-회의/-까-훼] [명] 국제 올림픽 위원회(IOC)가 인정한 각국 또는 지역별 조직. 우리나라의 경우 대한 올림픽 위원회(KOC)라 칭함. =엔오시(NOC).
국가^원수(國家元首)[-까-][명] 한 나라의 최고 통치권을 가지고 있으며, 외국에 대하여 국가를 대표하는 자격을 가지는 사람. 군주국에서는 군주, 공화국에서는 대통령을 이름. [준]원수.
국가^유:공자(國家有功者)[-까-][명][법] 국권 상실 이래 조국의 광복에 공헌하거나 국토방위에 공이 많은 사람, 그 밖에 나라를 위하여 공헌하거나 희생한 사람의 통칭. 순국선열·애국지사·전몰군경·상이군인 등으로 구분함.
국가-적(國家的)[-까-][관][명] 1 국가에 관련되는 (것). ¶~ 이해(利害). 2 국가 전체의 규모나 범위에서 하는 (것).
국가^정보원(國家情報院)[-까-][명] 대통령 소속하에 설치된 기관의 하나. 국가 안전 보장에 관련되는 정보·보안 및 범죄 수사에 관한 업무를 수행함. 구칭은 국가 안전 기획부.
국가-주의(國家主義)[-까-의/-까-이][명] 국가를 인간 사회 최고의 조직체라고 생각하고, 국가 권력이 사회생활의 모든 영역에서 통제력을 발휘하는 것을 인정하는 입장. =내셔널리즘.
국감(國監)[-깜][명][법] '국정 감사'의 준말.
국-거리[-꺼-][명] 1 국을 끓이는 재료. 고기·생선·채소 따위. 2 국물을 끓이는 재료. 쇠고기나 소의 내장 따위.
국경(國境)[-꼉][명] 나라와 나라 사이의 경계. =강역(疆域)·국계(國界)·방경(邦境)·방강(邦疆). ¶~ 지대 / ~을 초월한 사랑 / ~을 봉쇄하다.
국경^무:역(國境貿易)[-꼉-][명][경] 1 국경을 맞대고 있는 이웃 나라 사이의 무역. 2 국경 부근 주민끼리의 필수품의 교환.

국경-선(國境線)[-경-] 명 나라와 나라 사이의 경계선. ¶~을 넘다 / ~을 침범하다.

국경-일(國慶日)[-껑-] 명 국가적인 경사를 축하하기 위하여 국가에서 정하여 놓은 경축일.

국고(國庫)[-꼬] 명[경] 국가 소유의 현금을 출납·보관하는 곳. 넓은 뜻으로는, 재산권의 주체로서의 국가를 가리킴. =중앙 금고. ¶~ 출납 / ~ 수입.

국고-금(國庫金)[-꼬-] 명[경] 국가가 소유하는 현금. =나랏돈.

국-공립(國公立)[-꽁닙] 명 국립과 공립.

국광(國光)[-꽝] 명[식] 사과 품종의 한 가지. 푸른빛을 띤 붉은빛으로, 작고 단단하여 오래 저장하기에 좋음.

국교¹(國交)[-꾜] 명 나라와 나라 사이에 맺는 외교 관계. =방교(邦交). ¶~의 정상화 / ~을 맺다[단절하다].

국교²(國敎) 명 국가가 특별히 지정하여 온 국민에게 믿게 하는 종교.

국구(國舅)[-꾸] 명 임금의 장인. 곧, 왕비의 아버지.

국군(國軍)[-꾼] 명 1 나라의 군대. 2 우리나라의 군대. ¶~ 장병 / ~이 진주하다.

국군-묘지(國軍墓地)[-꾼-] 명 '국립묘지'의 구칭.

국군의 날(國軍-)[-꾼의-/-꾼에-] 국군의 위용과 전투력을 국내외에 과시하고 국군 장병의 사기를 높이기 위해 지정한 기념일. 10월 1일.

국궁¹(國弓)[-꿍] 명[체] 양궁에 대하여, 우리나라의 활 또는 궁술(弓術)을 일컫는 말.

국궁²(鞠躬)[-꿍] 명 몸을 굽혀 존경하는 뜻을 나타내는 것. ¶~ 배례. **국궁-하다** 자여

국권(國權)[-꿘] 명[정] 국가의 권력. 또는, 국가의 통치권. ¶~ 상실 / ~ 회복.

국권^침!탈(國權侵奪)[-꿘-] 명[역] 1910년, 일본이 우리나라의 주권을 강제로 빼앗은 일. ▷국권 피탈.

국권^피!탈(國權被奪)[-꿘-] 명[역] 1910년 8월 29일, 한일 병합 조약에 의해 우리나라가 일본에게 주권을 강제로 빼앗긴 일. 우리나라는 1945년 8월 15일까지 35년간 지배당함. =경술국치. ▷국권 침탈.

국-그릇[-끄륻] 명 국을 담는 그릇.

국극(國劇)[-끅] 명[연] 1 한 나라의 고유한 연극. 2 우리나라의 창극(唱劇)을 일컫는 말.

국금(國禁)[-끔] 명 국법으로 금하는 것. 또는, 그런 일. **국금-하다** 타여

국기¹(國技)[-끼] 명 그 나라의 대표적인 운동 경기. ¶우리나라의 ~는 씨름이다.

국기²(國紀)[-끼] 명 나라의 기강(紀綱). ¶~가 해이해지다.

국기³(國基)[-끼] 명 국가의 기초 또는 근본. =국본(國本)·국초. ¶~가 흔들리다.

국기⁴(國旗)[-끼] 명 국가를 상징하여 특정한 색채와 형상의 도형을 그리거나 인쇄한 기. ¶~에 대한 경례 / ~를 게양하다 / 태극기는 우리나라의 ~이다.

국기-일(國忌日)[-끼-] 명 임금 또는 왕후의 제삿날. =국기(國忌).

국난(國難)[궁-] 명 국가의 존립에 관계되는 위난(危難). ¶~을 극복하다.

국내¹(局內)[궁-] 명 1 묘지(墓地)의 지역 안. 2 관청이나 회사의 부서의 하나인 국(局)의 안.

국내²(國內)[궁-] 명 나라 안. ¶~ 정세. ↔국외(國外).

국내-법(國內法)[궁-뻡] 명[법] 한 나라의 주권이 미치는 범위 안에서 효력을 가지며, 주로 그 나라의 내부 관계를 규제하는 법률. ↔국제법.

국내-산(國內産)[궁-] 명 =국산1.

국내-선(國內線)[궁-] 명 국내의 교통·통신에만 이용되는 철도·항공 노선·전화선 따위.

국내^시!장(國內市場)[궁-] 명[경] 자기 나라 생산품의 판로(販路)로서의 나라 안의 시장. =내국 시장. ↔국제 시장.

국내-외(國內外)[-외/-웨] 명 나라 안과 나라 밖. ¶~ 정세.

국내^총!생산(國內總生産)[궁-] 명[경] 내국인과 외국인을 막론하고 일정한 기간(보통 1년간)에 한 나라 안에서 생산한 최종적인 재화와 용역의 총 합계. =지디피(GDP).

국내^총!소득(國內總所得)[궁-] 명[경] 한 나라에 거주하는 내국인과 외국인이 생산 활동을 수행하여 창출하여 낸 총소득. 국내 총생산[GDP]에 교역 조건 변화를 반영한 실질 무역 손익을 더한 것임. =지디아이(GDI).

국-대부인(國大夫人)[-때-] 명[역] 조선 초기에 왕의 외조모나 왕비의 어머니에게 내리던 작위. 뒤에 부부인(府夫人)으로 개칭됨.

국도¹(國都)[-또] 명 =수도(首都).

국도²(國道)[-또] 명 국가에서 지정하여 관리하는 도로. 구칭은 일등 도로. ↔지방도.

국란(國亂)[궁난] 명 나라 안에서 일어나는 변란. 비내란(內亂).

국량(局量)[궁냥] 명 사람을 포용하는 도량(度量)과 일을 처리하는 능력.

국력(國力)[궁녁] 명 나라의 정치·경제·문화·군사 등 모든 방면의 역량. ¶~ 신장.

국련(國聯)[궁년] 명[정] '국제 연합(國際聯合)'의 준말.

국록(國祿)[궁녹] 명 나라에서 주는 봉록(俸祿). ¶~을 받다.

국론(國論)[궁논] 명 나라 안의 공론(公論). 또는, 국민 일반의 여론. ¶~ 통일 / ~이 비등하다.

국리(國利)[궁니] 명 나라의 이익. 비국익.

국리-민복(國利民福)[궁니-] 명 나라의 이익과 국민의 행복. ¶~의 증진.

국립(國立)[궁닙] 명 국가에서 세워서 관리하고 운영하는 일. 또는, 그렇게 하는 기관이나 시설. ¶~ 도서관. ▷사립(私立).

국립-공원(國立公園)[궁닙꽁-] 명 자연경관이 빼어난 산지나 해양, 유서 깊은 고적지 따위를 국가에서 공원으로 지정하여 관리하는 지역. ¶속리산 ~.

국립-대학(國立大學)[궁닙때-] 명 국가에서 설립하여 관리·운영하는 대학. ▷사립대학.

국립-묘지(國立墓地)[궁닙-] 명 군인·군무원 또는 국가 유공자의 유해(遺骸)를 안장하고, 그 충절과 공훈을 추앙하기 위해 국가에서 설립·관리하는 묘지. 구칭은 국군묘지.

국립^학교(國立學校)[궁니꽈꾜] 명 국가가 설립·경영하는 학교. ▷공립학교·사립학교.

국-말이[궁-] 명 국에 만 밥이나 국수. 또

국면(局面)[궁-][명] **1** 어떤 일의 되어 가는 형세. ¶경제가 차츰 회복 ~으로 접어들고 있다. **2** 바둑이나 장기에서, 반면(盤面)의 형세.

국명¹(國名)[궁-][명] 나라의 이름. 비국호.

국명²(國命)[궁-][명] 나라의 명령.

국모(國母)[궁-][명] 임금의 아내. ↔국부.

국무(國務)[궁-][명] 나라의 정무(政務).

국-무당(國-)[궁-][명][역] 나라의 굿을 하는 무당. =나랏무당.

국무-부(國務部)[궁-][명] 외교 정책을 담당하는, 미국의 연방 행정 기관.

국무^위원(國務委員)[궁-][명] 국무 회의를 구성하는 별정직 공무원. 국정(國政)에 관하여 대통령을 보좌하고 국정을 심의함.

국무^조정실(國務調整室)[궁-][명] 국무총리 소속하에 설치된 기관의 하나. 각 중앙 행정 기관의 행정의 지휘·감독, 정책 조정, 심사 평가와 규제 개혁에 관한 사무를 맡아봄. 1998년 신설되었음.

국무-총리(國務總理)[궁-니][명] 대통령을 보좌하고, 대통령의 명을 받아 행정 각 부를 거느리는 직위에 있는 사람. 또는, 그 직위. 국무 회의의 부의장이 되며, 대통령 유고 시 그 직무를 대행함. 준총리.

국무^회의(國務會議)[궁-회의/궁-훼이][명] 정부의 권한에 속하는 중요 정책을 심의하는, 정부의 최고 정책 심의 회의. 대통령을 의장, 국무총리를 부의장으로 하여 전 국무 위원으로 구성됨.

국문¹(國文)[궁-][명] '나라의 글자' 라는 뜻으로, '한글' 을 달리 이르는 말. ¶~ 소설.

국문²(鞫問)[궁-][명][역] 국청(鞫廳)에서 죄인을 신문하는 것. **국문-하다**[동][타][여]

국-문법(國文法)[궁-뻡][명] '국어 문법' 의 준말.

국문^연!구소(國文研究所)[궁-년-][명][역] 광무 11년(1907)에 학부(學部) 안에 설치하였던 국문 연구 기관.

국-문자(國文字)[궁-짜][명] 우리나라의 글자.

국-문학(國文學)[궁-][명][문] 우리나라의 문학. 또는, 그것을 연구하는 학문.

국문학-사(國文學史)[궁-싸][명] 국문학이 발달하여 온 역사.

국-물[궁-][명] **1** 국이나 찌개 및 건더기가 있는 음식에서, 건더기를 제외한 물. ¶시원한 ~ 맛. **2** 김치·젓갈 등에서처럼 음식물에서 흥건히 배어 나온 물. ¶김치 ~이 흘러나오다. 준국. ×말국·멀국. **3** 어떤 일에서 생기는 얼마간의 이득을 속되게 이르는 말.

국물도 없다 [관] 아무것도 돌아오는 몫이나 이득도 없다.

국민(國民)[궁-][명] 국가를 구성하는 자연인을 통틀어 일컫는 말. 또는, 그 나라 국적을 가진 사람.

　국민의 의무(義務)[관] 국민이 공법상으로 부담해야 할 의무. 곧, 납세·교육·국방·근로의 의무.

국민^건!강^보!험(國民健康保險)[궁-][명] 상해나 질병 등에 대하여 의료의 보장 또는 의료비의 부담을 주목적으로 하는 사회 보험. 보험료는 가입자와 그의 고용주 또는 국가가 분담하며, 가입자와 그 부양가족의 의료비 중 일정액을 보험 회사 또는 조합에서 지원함. 구용어는 의료 보험.

국민 주택 ●197

국민^경제(國民經濟)[궁-][명][경] 한 나라를 단위로 하여 종합적으로 파악한 경제 활동. =사회 경제.

국민^문학(國民文學)[궁-][명][문] **1** 그 나라 국민의 특성이나 문화가 나타나 있는 문학. **2** 국가의 독립·통일 등의 과제를 의식하여, 국민 각 계층에 널리 읽히는 문학.

국민^발안제(國民發案制)[궁-][명][정] 일정수 이상의 국민이 직접 헌법 개정안이나 법률안을 제출하는 제도. 직접 민주제의 한 형태임.

국민^복지^연금(國民福祉年金)[궁-찌-][명] 노령·질병·사망 등에 대하여 연금을 지급함으로써 국민의 생활 안정과 복지 증진에 기여하고자 하는 사회 보장 제도. =복지 연금.

국민-성(國民性)[궁-썽][명] 한 나라 국민이 공통적으로 가지고 있는 가치관·행동 양식·사고방식·기질(氣質) 따위의 특성.

국민^소!득(國民所得)[궁-][명][경] 한 나라에서 일정 기간에 새로이 생산·분배·지출된 재화(財貨) 및 서비스의 총액. ¶~이 높다 [낮다].

국민^소환제(國民召還制)[궁-][명][정] 국가나 지방 공공 단체의 공직자를, 국민 또는 주민의 의사에 따라 파면하는 제도.

국민-신보(國民新報)[궁-][명][역] 국권 침탈 직전에 일진회에서 발간한 친일적(親日的) 신문.

국민-악파(國民樂派)[궁-][명][음] 19세기에 러시아·보헤미아·북유럽 등지에서 국민주의적 음악 운동을 일으킨 유파.

국민^연금(國民年金)[궁-년-][명] 18세 이상 60세 미만의 국민을 가입 대상으로 하되, 가입자가 노령이나 질병 또는 사망으로 소득 능력을 상실했을 경우 국민 생활의 안정을 위해 연금을 지급하도록 정부가 관장·운영하는 제도. 1988년부터 실시됨.

국민-운동(國民運動)[궁-][명] 어떤 목적을 이루기 위하여 온 국민이 참여하는 활동. ¶환경 단체에서는 '맑은 물 살리기' ~을 벌였다.

국민-의례(國民儀禮)[궁-][명] 국가적·사회적 의식이나 그 밖의 행사 등에서 행하는, 국기에 대한 경례, 애국가 제창, 묵념 등의 의례.

국민-장(國民葬)[궁-][명] 국가에 대한 공로가 큰 사람이 죽었을 때, 국민 전체의 이름으로 지내는 장례. **국민장-하다**[동][자][여]

국민-적(國民的)[궁-][관/명] 국민 전체에 관계되는 (것). ¶~ 합의를 도출하다.

국민^정부(國民政府)[궁-][명] 1925년 중국 국민당의 지도하에 광저우(廣州)에 수립된 정부. 정식 명칭은 '중화민국 국민 정부'.

국민-정신(國民精神)[궁-][명] 한 나라의 국민들이 공통적으로 갖고 있는 정신.

국민-주(國民株)[궁-][명][경] 중·하위 계층의 국민에게 재산 형성의 기회를 주기 위해 정부가 매각하는, 공기업의 정부 소유 주식.

국민-주의(國民主義)[궁-의/궁-이][명] 국민의 이익이나 권위를 옹호·확립하려는 입장에서 근대 국가의 형성을 지향하는 사상.

국민^주!택(國民住宅)[궁-][명] 무주택자들에게 싼값으로 임대하거나 분양하는 것을 목적으로, 국민 은행이나 지방 자치 단체 등이 조달하는 기금(국민 주택 기금)으로 짓

국민^총!생산(國民總生産) [궁-] 명[경] 한 나라 국민이 일정한 기간(보통 1년간)에 걸쳐 생산한 재화와 용역의 합계를 화폐 단위로 나타낸 것. =지엔피(GNP).

국민^총!소득(國民總所得) [궁-] 명[경] 한 나라의 국민이 일정 기간(보통 1년간) 동안 국내외에서 벌어들인 총소득. 국내 총소득[GDI]에서 외국에 지급한 소득을 빼고 그 나라 국민이 외국에서 얻은 소득을 더한 것임. =지엔아이(GNI).

국민^투표(國民投票) [궁-] 명[정] 선거 이외에 국정상 중요한 사항에 대하여 국민이 하는 투표. =일반 투표.

국민-학교(國民學校) [궁-꾜] 명 '초등학교'의 구칭.

국민-학생(國民學生) [궁-쌩] 명 '초등학생'의 구칭.

국반-절(菊半截) [-빤] 명[인] 책의 크기를 일컫는 말. 국판(菊判)의 절반 크기임.

국-밥 [-빱] 명 끓인 국에 밥을 만 음식.

국방(國防) [-빵] 명 외국의 침략으로부터 나라를 지키는 일.

국방의 의무(義務) 구 국민의 의무의 하나. 법률에 의하여 모든 국민이 지는 국방에 관한 의무. 병역 의무 외에, 방공·방첩의 의무, 군사 작전에 협력할 의무 등이 있다.

국방-군(國防軍) [-빵-] 명[군] 국방을 위하여 정부가 창설한 군대.

국방-력(國防力) [-빵녁] 명 국가를 외국의 침략으로부터 지킬 수 있는 힘. ¶~ 강화.

국방-부(國防部) [-빵-] 명 행정 각 부의 하나. 국방에 관련된 군정(軍政) 및 군령(軍令)과 기타 군사에 관한 사무를 맡아봄.

국방-비(國防費) [-빵-] 명 국방을 위한 육해공군의 유지비.

국방-색(國防色) [-빵-] 명 [지난날의 육군 군복의 빛깔에서] '카키색'을 달리 이르는 말.

국배-판(菊倍判) [-빼-] 명[인] 책 판형(版型)의 하나. 국판의 2배 크기로, 가로 21.8cm, 세로 30.4cm.

국번(局番) [-뻔] 명 지역별 전화 교환국의 번호. =국번호.

국-번호(局番號) [-뻔-] 명 =국번.

국법(國法) [-뻡] 명[법] 나라의 법률이나 법규. =방헌(邦憲).

국보(國寶) [-뽀] 명 1 ['나라의 보배'의 뜻] 보물급의 문화재 가운데 국가가 법적으로 지정한 유형 문화재. 특히, 제작 연대가 오래이고 그 시대를 대표하며, 제작 기술이 뛰어나고, 형태·품질·용도가 특이하며, 역사적 인물과 관련이 깊거나 그가 만든 것 등을 지정함. ¶~로 지정되다. 2 [역] =국새(國璽)2.

국보-적(國寶的) [-뽀-] 관명 나라의 보배가 될 만한 (것). ¶김 박사는 가히 ~인 존재다.

국부¹(局部) [-뿌] 명 1 전체 가운데의 한 부분. ¶~ 묘사. 2 몸의 한 부분. =국소(局所). ¶~ 절개. 3 '음부(陰部)³'를 완곡하게 이르는 말.

국부²(國父) [-뿌] 명 1 나라의 아버지라는 뜻으로, '임금'을 이르는 말. ↔국모(國母). 2 국민으로부터 아버지처럼 존경을 받는 사람. ¶~로 추앙받다.

국부³(國富) [-뿌] 명 한 나라의 경제력.

국부^마취(局部痲醉) [-뿌-] 명[의] 수술 등을 할 때 신체의 일부에만 하는 마취. =국소 마취. ↔전신 마취.

국부-적(局部的) [-뿌-] 관명 어느 한정된 부분에만 관계가 있는 (것). ¶~ 통증. ↔일반적.

국부^전!류(局部電流) [-뿌절-] 명[물] 전지의 극판(極板)에 불순물이 섞여 있을 때, 그곳을 흐르는 전류.

국비(國費) [-삐] 명 국고(國庫)에서 지출하는 비용. ¶~ 유학생 / ~로 공부하다.

국비-생(國費生) [-삐-] 명 국비로 공부하는 학생.

국빈(國賓) [-삔] 명 국가에서 정식으로 초대한 손님. 주로 외국의 국가 원수가 이 대우를 받음.

국사¹(國史) [-싸] 명 그 나라의 역사. 특별한 한정이 없을 경우, 보통 '한국사'를 가리킴. =국승(國乘).

국사²(國使) [-싸] 명 나라의 명을 받아 외국에 사신으로 가는 사람.

국사³(國事) [-싸] 명 나라에 관한 일. 또는, 한 나라의 정치에 관한 일. =나랏일.

국사⁴(國師) [-싸] 명[역] 1 임금의 스승. 2 조정에서 나라의 스승이 될 만한 고승(高僧)에게 내리는 칭호. ¶~로 삼다.

국사-범(國事犯) [-싸-] 명[법] 국가 또는 국가 권력을 침해하는 범죄. 또는, 그 범인. =정치범.

국산(國産) [-싼] 명 1 자기 나라에서 생산함. =국내산(國內産). ¶~ 차(車). 2 '국산품'의 준말. ↔외국산.

국산-품(國産品) [-싼-] 명 국내에서 생산된 물품. ¶~ 애용. 준 국산. ↔외래품.

국산-화(國産化) [-싼-] 명 (물건이나 부품 따위를) 국내에서 생산되게 하는 것. 또는, (물건이나 부품 따위가) 국내에서 생산되는 상태가 이루어지는 것. ¶자동차 엔진의 ~에 성공하다. **국산화-하다** 동(자)(타)(여) ¶카메라의 렌즈를 ~. **국산화-되다** 동(자)

국상(國喪) [-쌍] 명 국민 전체가 복상(服喪)을 하는 왕실의 초상. 곧, 태상왕(太上王)·상왕·왕·왕세자·왕세손 및 그 비(妃)나 빈(嬪)의 상사(喪事). =국휼(國恤). ¶~이 나다 / ~을 반포하다.

국새(國璽) [-쌔] 명 1 국권의 상징으로서 국가적 문서에 사용하는 인장(印章). ¶외교 문서에 ~를 찍다. 2 [역] 왕의 권위와 정통성을 상징하는 임금의 도장. =국보·대보·어보(御寶)·인새. 비옥새. 준 새(璽).

국색(國色) [-쌕] 명 1 나라 안에서 가장 아름다운 여자. =국향(國香). 2 '모란(牡丹)'의 이칭.

국서(國書) [-써] 명 1 국가 원수가 국가의 이름으로 보내는 외교 문서. 2 한 나라의 역사와 문장 등에 관한 책.

국선¹(國仙) [-썬] 명[역] =화랑(花郞)¹.

국선²(國選) [-썬] 명 나라에서 선발하는 일. 비 관선(官選). ↔사선(私選). **국선-하다** 동(타)(여)

국선-도(國仙徒) [-썬-] 명[역] =화랑도¹.

국선^변!호인(國選辯護人) [-썬-] 명[법] 가난 등의 이유로 변호사를 선임할 수 없는 형사 피고인을 위하여, 법원이 선임하여 붙이는 변호인. 구칭은 관선 변호인. ↔사선 변호인.

국선생-전(麴先生傳)[-썬-] 圀[책] 고려 고종 때 이규보(李奎報)가 지은 가전체(假傳體)의 설화. 술을 의인화하여 당시의 문란한 사회상을 풍자한 것임.

국세¹(國稅) 圀[법] 국가 재정을 충당하기 위해 국민에게 부과·징수하는 세금. 소득세·상속세·법인세 등. ↔지방세.

국세²(國勢) 圀 인구·산업·자원 등의 면에서 본 종합적인 국력.

국세^조사(國勢調査)[-쎄-] 圀 행정의 기초 자료를 얻기 위해 정부가 전국적으로 행하는 인구 동태 및 그것에 부수하는 여러 가지 조사.

국세-청(國稅廳)[-쎄-] 圀[법] 내국세(內國稅)의 부과·감면·징수와 국유 재산의 관리에 관한 사무를 관장하기 위하여 재정 경제부 장관 소속으로 설치한 기관.

국소(局所)[-쏘] 圀 =국부(局部)¹,².

국소^마취(局所痲醉)[-쏘-] 圀[의] =국부 마취.

국수¹[-쑤] 圀 1 밀가루나 메밀가루를 반죽하여 가늘게 썰거나 국수틀로 가늘게 뺀 것. ¶~를 뽑다 / ~를 빼다. 2 1을 삶아 국물에 말거나 비벼서 먹는 음식. 양을 헤아리는 단위는 그릇·사발·접시·사리. =면자(麵子). ¶칼~ / 비빔~.

국수(를) 먹다 굳 결혼식 피로연에서 흔히 국수를 대접하는 데서, 결혼식을 올려 친지가 초대받음을 이르는 말.

국수²(國手)[-쑤] 圀 바둑·장기 따위의 기량이 나라에서 으뜸가는 사람. ¶~전(戰).

국수-사리[-쑤-] 圀 삶은 국수를 적당한 양으로 사려 놓은 묶음.

국수-장국(-醬-)[-쑤-꾹] 圀 =온면(溫麵).

국수-장국밥(-醬-)[-쑤-꾹빱] 圀 국수를 넣은 장국밥. 면장당반(麵醬湯飯).

국수-주의(國粹主義)[-쑤-主-/-쑤-이] 圀[사] 자기 나라의 고유 전통문화만이 우수하다고 믿고 다른 나라의 문물을 지나치게 배척하는 태도나 입장.

국수-틀[-쑤-] 圀 국수를 눌러 빼는 틀. =제면기.

국순-전(麴醇傳)[-쑨-] 圀[책] 고려 시대에 임춘(林椿)이 지은 가전체(假傳體) 작품. 술을 의인화한 것으로, 당시의 정치 현실을 풍자하고 술로 인한 패가망신을 경계했음.

국숫-발[-쑤빨/-쑫빨] 圀 국수의 가락. 비면발(-발).

국숫-집[-쑤찝/-쑫찝] 圀 1 국수를 빼는 집. 2 국수를 파는 집.

국시(國是) 圀 국민이 모두 지지하는 국가의 이념이나 국정상의 큰 방침. ¶우리의 ~는 자유 민주주의다. ▷민시(民是).

국악(國樂) 圀 우리나라의 고유 음악. 서양 음악에 대하여 우리의 전통 음악을 이르는 말. ¶~ 합주.

국악-기(國樂器)[-끼] 圀 국악을 연주하는 전통 악기.

국어(國語) 圀 어느 나라 국민이 공통으로 사용하는 말. 특별한 한정이 없을 경우는 우리나라의 말, 곧 '한국어'를 가리킴. =나라말·방어(邦語).

국어^국문학(國語國文學)[-궁-] 圀 국어학과 국문학의 총칭.

국어^문법(國語文法)[-뻡] 圀[언] 국어의 문법. 준국문법.

국자감●199

국어-사(國語史) 圀[언] 국어의 형성과 발달에 관한 역사. 또는, 그것을 연구하는 학문.

국어-사전(國語辭典) 圀 국어의 단어들을 일정한 순서로 배열하여, 각 단어의 표기·발음·어원·품사·의미 등을 밝힌 사전.

국어^순화(國語醇化) 圀[언] 비속한 말 대신 표준어를 사용하고 외래어나 까다로운 한자어를 되도록 제한하여 국어를 순수하게 하는 일.

국어-학(國語學) 圀[언] 국어를 연구의 대상으로 하는 학문.

국역(國役) 圀 나라의 역사(役事).

국역(國譯) 圀 외국어로 된 것을 자기 나라 말로 옮기는 것. =방역(邦譯). ¶~본(本). **국역-하다** 图团여 ¶불경(佛經)을 ~.

국영(國營) 圀 기업·단체, 사업 등이 국가가 운영하는 상태인 것. ¶~ 기업. ↔민영(民營).

국영^방송(國營放送) 圀 국가의 강력한 관리하에 국가의 예산으로 운영하는 비영리적인 방송. ↔민영 방송. ▷공영 방송·상업 방송.

국왕(國王) 圀 나라의 임금.

국외¹(局外)[-외-/-웨] 圀 그 일에 직접 관계가 없음. 또는, 그런 지위나 입장.

국외²(國外)[-외-/-웨] 圀 나라의 영토 밖. ¶~ 추방. ↔국내.

국외-범(國外犯)[-외-/-웨] 圀[법] 영토 밖에서 행하여진 범죄. 또는, 그 범인.

국외-자(局外者)[-외-/-웨] 圀 그 일에 관계없는 사람. =국외인·방외인. 비아웃사이다.

국외-중립(局外中立)[-외-닙/-웨-닙] 圀[법] 교전국의 어느 쪽에도 편들지 않고 평화적 관계를 유지하는 상태에 있는 일.

국욕(國辱) 圀 나라의 치욕. 특히, 주권을 침해당하는 일을 가리킴. 비국치(國恥).

국운(國運) 圀 나라가 잘되거나 못되거나 흥하거나 망하거나 하는 운명. =국조(國祚). ¶~을 건 전쟁 / ~이 기울다.

국위(國威) 圀 나라의 위력 또는 위신. =방위(邦威). ¶~ 선양 / ~를 손상시키다 / 세계만방에 ~를 떨치다.

국유(國有) 圀 나라의 소유. ▷사유(私有)·민유(民有).

국유-림(國有林) 圀 국가가 소유하는 산림. ▷사유림.

국유^재산(國有財産) 圀[경] 국가가 소유하는 재산. ▷사유 재산.

국유-지(國有地) 圀 국가가 소유하는 토지. ¶~를 매각하다. ▷사유지.

국유^철도(國有鐵道)[-또] 圀 국가가 소유하여 경영하는 철도. 준국철. ▷사유 철도.

국유-화(國有化) 圀 (어떤 대상을) 국가의 소유로 하는 일. **국유화-하다** 图团여 ¶유휴지(遊休地)를 ~. **국유화-되다** 图재

국-으로 图 제 생긴 그대로. 또는, 자기 주제에 맞게 잠자코. ¶"이놈아 ~ 있지 네까짓 놈이 고문 시험을 치러?"(이광수: 흙).

국은(國恩) 圀 국민이 받는 나라의 은혜.

국익(國益) 圀 국가의 이익. 비국리(國利).

국자¹[-짜] 圀 ①[자립] 국을 뜨는 데 쓰는 도구. ②[의존] 국 따위의 액체의 분량을 그것이 담긴 국자의 수로 세는 말. ¶한 ~ / 두 ~.

국자²(國字)[-짜] 圀 1 그 나라의 글자. 2 우리나라의 글자. 곧, 한글. =나라 글자.

국자-감(國子監)[-짜-] 圀[역] 1 고려 시대

에 유학을 가르치던 학교. 2 '성균관'의 다른 이름.

국자감-시(國子監試) [-짜-] 몡[역] 고려 시대에 국자감의 진사(進士)를 뽑던 시험. 조선 시대의 소과(小科)에 해당함. 준감시·국자시.

국자-학(國子學) [-짜-] 몡[역] 고려 시대에 국자감에 두었던 6개 전문 학과의 하나.

국장¹(局長) 몡 관청이나 회사 등의 한 국(局)의 우두머리.

국장²(國章) [-짱] 몡 국가의 권위를 나타내 는 휘장(徽章)의 총칭.

국장³(國葬) [-짱] 몡 1 [역] =인산(因山). 2 나라에 큰 공이 있는 사람이 죽었을 때 국비로 지내는 장례. **국장-하다** 동(자여)

국저(國儲) [-찌] 몡[역] =황태자(皇太子).

국적¹(國賊) [-쩍] 몡 나라를 어지럽히는 역적. 또는, 나라에 해를 끼치는 자.

국적²(國籍) [-쩍] 몡[법] 어떤 사람이 한 나라의 구성원으로서 가지는 법률상의 자격. 때로, 비행기나 선박 등에 대해 그 소속된 국가를 가리키기도 함. ¶ ~ 취득(상실) / ~ 불명의 비행기.

국전(國展) [-쩐] 몡 예전에 '대한민국 미술 전람회'를 이르던 말. 1949~81년까지 실시 되었음.

국정¹(國定) [-쩡] 몡 나라에서 정하는 일. 또는, 그 제정한 것. **국정-하다** 동(타여)

국정²(國政) [-쩡] 몡 나라의 정치. ¶ ~ 쇄신 / ~을 논의하다.

국정³(國情) [-쩡] 몡 나라의 정세 또는 형편. ¶ ~ 시찰.

국정^감사(國政監査) [-쩡-] 몡[법] 국회가 국정 전반에 관하여 행하는 감사. 준국감.

> **혼동어** | **국정 감사 / 국정 조사**
> '국정 감사'가 국정 전반에 대한 일반적·정례적(定例的) 조사라면, '국정 조사'는 특정 사안에 대한 비정례적 조사로서 별도의 의결에 의해 이루어짐.

국정^교`과서(國定敎科書) [-쩡-] 몡[교] =일종 교과서.

국정^조사(國政調査) [-쩡-] 몡[법] 국회가 특정의 국정에 대하여 행하는 조사. ▶국정 감사

국정^홍보처(國政弘報處) [-쩡-] 몡 중앙 행정 기관의 하나. 국정에 대한 국내외 홍보 및 정부 내 홍보 업무의 조정, 국정에 대한 여론 수렴 및 정부 발표에 관한 사무를 맡아 봄. 구청은 공보실.

국제(國際) [-쩨-] 몡 (주로 다른 명사 앞에 관형어적으로 쓰여) 1 나라 사이에 관계되는 것. ¶ ~ 정세 / ~ 경쟁. 2 여러 나라 사이에 통용되는 것. ¶ ~ 언어 / ~ 단위. 3 여러 나라를 포괄하는 것. ¶ ~ 학술 대회 / ~ 무역 박람회.

국제-간(國際間) [-쩨-] 몡 나라와 나라 사이. ¶ ~ 협력을 꾀하다 / ~의 경쟁이 치열 하다.

국제^개발^협회(國際開發協會) [-쩨-혀피 /-혀폐] 몡[경] 개발도상국의 경제 개발을 원조하기 위하여 자금의 대출을 행하는 기관. =아이디에이(IDA).

국제-결혼(國際結婚) [-쩨-] 몡 국적이 다른 남녀 사이에 이뤄지는 결혼.

국제-공항(國際空港) [-쩨-] 몡 국제간을 운항하는 항공기가 이륙·착륙할 수 있도록 정부에서 지정한 공항. ¶인천 ~.

국제^금융^공사(國際金融公社) [-쩨-늉 -/-쩨그뮴-] 몡 개발도상국의 민간 기업에 대한 융자와 주식 투자를 목적으로 하는 국제 부흥 개발 은행의 자매 회사. =아이에 프시(IFC).

국제^금융^시장(國際金融市場) [-쩨-늉 -/-쩨그뮴-] 몡 국제적인 단기 자금에 대한 수요와 공급이 경합하는 시장.

국제-기관(國際機關) [-쩨-] 몡 복수의 국가로서 구성되어, 국제법상 독자의 지위를 가지는 조직체. =국제기구.

국제-기구(國際機構) [-쩨-] 몡 =국제기 관.

국제^기능^올림픽^대회(國際技能Olympic 大會) [-쩨-회/-쩨-훼] 몡 나라 간의 기능 교류와 그 개발을 촉진하고, 국제 친선을 꾀하기 위하여 기능자들의 산업 기능을 겨루는 국제 대회의 하나. =국제 직업 훈련 경기 대회·기능 올림픽.

국제^노동^기구(國際勞動機構) [-쩨-] 몡[사] 국제 연합의 전문 기구의 하나. 세계 노동자의 노동 조건 개선 등을 목적으로 활동함. =아이엘오(ILO).

국제-단위(國際單位) [-쩨-] 몡 사용의 편의를 위하여 여러 나라가 공통으로 국제회의에서 사용하는 단위. =아이유(IU).

국제-단체(國際團體) [-쩨-] 몡 여러 나라가 조약에 의하지 않고 자발적으로 조직한 단체. 엠아르에이(MRA)·국제 올림픽 위원회 따위.

국제-도시(國際都市) [-쩨-] 몡 외국인이 많이 살거나 외국인의 왕래가 잦은 도시.

국제-무대(國際舞臺) [-쩨-] 몡 한 나라의 범위를 벗어나 여러 나라에 관계된 활동을 하는 분야. 비세계무대. ¶ ~에 진출하다.

국제-무`역(國際貿易) [-쩨-] 몡[경] 나라 간에 이루어지는 상품 교역. =외국 무역.

국제^방^송(國際放送) [-쩨-] 몡[방송] 타국에서 수신될 것을 목적으로 하여 행하는 방송. 또는, 나라 사이에 각각 프로그램을 서로 교환 방송하는 일. =해외 방송.

국제^범`죄(國際犯罪) [-쩨-죄/-쩨-줴] 몡[법] 국제 사회의 일반적인 법익(法益)을 침범하는 범죄. 해적 행위·인신매매·마약 거래 따위.

국제-법(國際法) [-쩨뻡] 몡[법] 공존공영의 생활을 도모하기 위하여, 국제간에 권리·의무의 관계를 정한 법률. =국제 공법(國際公法). ↔국내법.

국제^부^흥^개발^은행(國際復興開發銀行) [-쩨-] 몡[경] 제2차 세계 대전 후의 경제 부흥과 개발도상국의 개발을 위하여 장기 자금의 제공을 목적으로 한 국제 은행. =세계 은행·아이비아르디(IBRD).

국제-분쟁(國際紛爭) [-쩨-] 몡[정] 나라들 사이의 분쟁.

국제^사법^재판소(國際司法裁判所) [-쩨-쩨-] 몡[법] 조약의 해석, 의무 위반의 사실 여부, 배상 등 국제적 법률 분쟁의 해결을 도모하는 상설 재판소.

국제^사회(國際社會) [-쩨-회/-쩨-훼] 몡[사] 다수의 국가가 서로 교류하고 의존하면서 국제적 공동생활을 영위하는 사회.

국제^상업^통신^위성^기구(國際商業通信 衛星機構) [-쩨-] 몡 통신 위성의 개발·발사·이용을 목적으로 1964년에 미국이 중심

이 되어 11개국이 조직한 상업 통신 조직. 또는, 이 조직의 통신 위성 이름. =인텔샛(INTELSAT).

국제-색(國際色)[-쩨-] 명 여러 나라 사람들이 뒤섞여서 빚어지는 분위기. ¶홍콩차로 나는 ~이 짙은 도시이다.

국제-선(國際線)[-쩨-] 명 국제간의 교통·통신에 이용되는 각종의 교통 노선이나 통신선. ↔국내선.

국제^수로(國際水路)[-쩨-] 명[지] 모든 국가에 대하여 자유 항행이 인정된, 강·운하·해협 등의 수로. 다뉴브 강·파나마 운하 등.

국제^수지(國際收支)[-쩨-] 명[경] 한 나라가 일정 기간(보통 1년)에 외국과의 여러 가지 거래를 통하여 주고받은 외화의 총액. 또는, 그 차액. ¶~의 불균형 / ~ 적자.

국제^시장(國際市場)[-쩨-] 명[경] 상품의 수요와 공급이 국제적인 규모로 행하여지는 시장. =세계 시장. ↔국내 시장.

국제-어(國際語)[-쩨-] 명[언] **1** 국제적으로 널리 쓰이는 말. 영어·프랑스 어 따위. **2** =세계어(世界語).

국제^연맹(國際聯盟)[-쩨-] 명 제1차 세계 대전 후, 국제 평화의 유지와 협력의 촉진을 목적으로 설립된 주권 국가 간의 연합체. 1946년에 해체됨.

국제^연합(國際聯合)[-쩨-] 명[정] 제2차 세계 대전 후인 1945년에 발족한 국제 평화 기구. 국제 연맹의 정신을 계승하여 국제 평화와 안전의 유지, 경제·사회·문화 면의 국제 협력의 달성 따위를 목적으로 함. 우리나라는 1991년 북한과 함께 동시 가입함. =유엔(UN). 준국련(國聯).

국제^연합^경제^사회^이사회(國際聯合經濟社會理事會)[-쩨-제-회-회/-쩨-제-훼-훼] 명[정] 국제 연합의 상설 기관의 하나. 국제 사회의 경제·사회·문화·교육·식량·통신 등 비정치적 문제를 다루는 기관. 준경제 사회 이사회.

국제^연합^교'육^과학^문화^기구(國際聯合教育科學文化機構)[-쩨-꽈항-] 명 =유네스코(UNESCO).

국제^연합군(國際聯合軍)[-쩨-꾼] 명 평화를 파괴하는 자에 대하여 강제 조치를 취하기 위하여 국제 연합 가맹국이 제공하는 병력으로 조직된 군대. =유엔군. 준국련군.

국제^연합^식량^농업^기구(國際聯合食糧農業機構)[-쩨-싱낭-끼-] 명 국제 연합의 전문 기구의 하나. 세계 각 국민의 생활수준의 향상, 식량 및 농산물의 생산·공급의 개선에 기여할 목적으로 설치됨. =에프에이오(FAO).

국제^연합^신'탁^통'치^이'사회(國際聯合信託統治理事會)[-쩨-회/-쩨-훼] 명 신탁 통치에 관한 문제를 다루는, 국제 연합의 한 기구. 준신탁 통치 이사회.

국제^연합^아동^기금(國際聯合兒童基金)[-쩨-] 명 =유니세프(UNICEF).

국제^연합^안전^보'장^이'사회(國際聯合安全保障理事會)[-쩨-회/-쩨-훼] 명 국제 평화와 안전을 유지하기 위하여 필요한 행동을 취할 책임과 권한을 가진, 국제 연합의 주요 기구. 준안전 보장 이사회·안보 이사회.

국제^연합일(國際聯合日)[-쩨-] 명 1945년 국제 연합을 조직한 날을 기념하기 위한 날. 10월 24일.

국제^연합^총'회(國際聯合總會)[-쩨-회/-쩨-훼] 명 국제 연합의 주요 기관의 하나. 전 가맹국으로 구성되며, 토의·권고의 기관으로 집행할 권한은 없음. =유엔 총회.

국제^영화제(國際映畫祭)[-쩨-] 명 세계 각국에서 출품한 영화를 심사하여 시상하는 행사. 칸 영화제·베를린 영화제 따위.

국제^올림픽^경'기^대'회(國際Olympic競技大會)[-쩨-회/-쩨-훼] 명[체] 4년마다 한 번씩 열리는 국제 경기 대회. 1896년 제1회 대회를 그리스의 아테네에서 개최하였음. =올림픽·올림픽 경기.

국제^올림픽^위원회(國際Olympic委員會)[-쩨-회/-쩨-훼] 명[체] 국제 올림픽 경기 대회를 운영·주관하는 단체. =아이오시(IOC).

국제^우편(國際郵便)[-쩨-] 명 국제간에 왕래하는 우편.

국제^운'하(國際運河)[-쩨-] 명[지] 특정 국의 영역에 속하면서 조약상 자유 항행(航行)이 인정된 운하. 수에즈 운하·파나마 운하 따위.

국제^원자력^기구(國際原子力機構)[-쩨-끼-] 명 원자력의 평화적 이용을 촉진하는 국제 연합의 전문 기구. =아이에이이에이(IAEA).

국제^음성^기호(國際音聲記號)[-쩨-] 명 1888년에 국제 음성학 협회에서 만든 음성 기호.

국제^재판소(國際裁判所)[-쩨-] 명[법] 국제 분쟁을 해결하기 위하여 국가 간의 합의로 설치한 재판소. 국제 사법 재판소·상설 중재 재판소 따위.

국제-적(國際的)[-쩨-] 관 범위가 여러 나라에 미치는 (것). ¶~인 규모.

국제^적십자(國際赤十字)[-쩨-십짜] 명[사] 1864년에 설립된 적십자의 국제적 조직체. 적십자 국제 위원회, 적십자 연맹, 각국 적십자의 총칭. =아이아르시(IRC).

국제^전'화(國際電話)[-쩨-] 명 국제간에 유선 또는 무선으로 통신하는 전화.

국제-주의(國際主義)[-쩨-의/-쩨-이] 명 독립된 주권 국가끼리 협조하여 세계의 평화와 번영을 실현하려는 입장.

국제^지구^물리^관측년(國際地球物理觀測年)[-쩨-층-] 명[지] 지구 물리학 현상에 관한 국제적인 협동 관측이 있었던 1957년 7월부터 1958년 12월까지의 기간. 64개국이 협력하여 지구의 기상, 전리층, 빙하, 우주선 따위를 공동으로 관측하였음. ▷극년.

국제^축구^연맹(國際蹴球聯盟)[-쩨-꾸-] 명 세계 축구의 중심이 되는 국제 조직. =피파(FIFA).

국제^통화(國際通貨)[-쩨-] 명[경] 국제간의 거래의 결제(決濟)에 이용되는 화폐. 미국의 달러, 영국의 파운드 따위.

국제^통화^기금(國際通貨基金)[-쩨-] 명[경] 국제 연합의 전문 기구의 하나. 가맹국의 출자로 설립된 국제 금융 결제 기관. 환(換) 및 단기 금융을 다룸. =아이엠에프(IMF).

국제^펜클럽(國際P.E.N. Club)[-쩨-] 명 세계 각국의 시인·극작가·편집인·평론가·소설가 등 문필가들이 문학을 통하여 국제간의 이해를 깊게 하기 위하여 조직한 문화 단체. =펜클럽.

국제^표준^도서^번호(國際標準圖書番號)

[-제-] 준=아이에스비엔(ISBN).
국제^표준화^기구(國際標準化機構) [-제--]
ⓂⒼ 1947년 공업 규격의 국제적 통일과 조정의 촉진을 목적으로 발족한 국제기관. =아이에스오(ISO).
국제^하천(國際河川) [-제-] ⓂⒼ 국가 간의 국경을 이루거나 또는 여러 나라의 영토를 거쳐 흐르는 하천으로, 조약에 따라 다른 나라의 선박이 자유로이 항행할 수 있는 하천. 다뉴브 강·라인 강 따위.
국제^항(國際港) [-제-] ⓂⒼ 세계 여러 나라 선박들이 드나드는 큰 항구.
국제^해!협(國際海峽) [-제--] ⓂⒼ[지] 공해(公海)와 공해, 또는 공해와 영해(領海)가 연결되어, 선박이나 항공기의 국제적 항행에 이용되는 해협. 브라질 해협·대한 해협 따위.
국제^형사^경!찰^기구(國際刑事警察機構) [-제--] ⓂⒼ 세계 각국의 경찰이 상호 간에 범죄 정보의 교환, 수사의 원조·협력을 하기 위해 설립된 조직. =인터폴(Interpol)·아이시피오(ICPO).
국제-호(國際湖) [-제-] ⓂⒼ[지] 두 나라 이상의 영토로 둘러싸여 있는 호수.
국제-화(國際化) [-제-] ⓂⒼ 국제적인 것이 되는 일. 또는, 국제적인 것이 되게 하는 일.
국제화-하다ⒹⒺ 준**국제화-되다**ⒹⓏ
국제-회의(國際會議) [-제회의/-제훼이]
ⓂⒼ 국제간의 이해가 얽힌 일들을 심의 결정하기 위하여 여러 나라의 대표자들이 개최하는 공식 회의.
국조¹(國祖) [-쪼] ⓂⒼ 나라의 시조(始祖). ¶~ 단군.
국조²(國鳥) [-쪼] ⓂⒼ 나라를 대표한다는 뜻으로 정한 새. 미국의 흰머리독수리, 영국의 울새, 일본의 꿩 따위. ▷국화(國花).
국졸(國卒) [-쫄] ⓂⒼ '국민학교 졸업'을 줄여 이르는 말.
국지(局地) [-찌] ⓂⒼ 한정된 범위의 땅. ¶~전쟁.
국지-적(局地的) [-찌-] ⒶⒹ 일정한 지역에 한정된 (것). ¶~ 전쟁/~으로 비가 오다.
국지-전(局地戰) [-찌-] ⓂⒼ 국가 전체가 아닌, 지역적으로 한정된 범위에서 이루어지는 전쟁. =국지 전쟁. ↔전면전.
국지-풍(局地風) [-찌-] ⓂⒼ[기상] 특수한 지형이나 수륙(水陸) 분포 등의 영향으로 부는, 그 지역만의 특색 있는 바람. 산바람·골바람·해륙풍(海陸風) 따위. =지방풍.
국진(菊-) [-찐] ⓂⒼ 국화가 그려져 있는 화투짝. 9월이나 아홉 끗을 나타냄.
국채(國債) ⓂⒼ[법] 국가가 세입의 부족을 보충하기 위하여 발행하는 채권. ▷지방채.
국채^보:상^운!동(國債報償運動) ⓂⒼ[역] 조선 융희 원년(1907)에 일본으로부터 빌려 쓴 차관을 갚기 위하여 펼쳤던 모금 운동.
국책(國策) ⓂⒼ 나라의 정책이나 시책. ¶~에 위배되는 행위.
국책^회!사(國策會社) [-채쾨-/-채퀘-]
ⓂⒼ 국민 경제의 균형된 발전을 도모하기 위하여 특별법에 따라 설립한 반관반민(半官半民)의 특수 회사. 한국 방송 공사·한국 도로 공사 따위.
국철(國鐵) ⓂⒼ '국유 철도'의 준말. ↔사철(私鐵).
국청(鞫廳) ⓂⒼ[역] 조선 시대에 역적 등 중죄인을 신문하기 위하여 임시로 베푼 곳.
국체(國體) ⓂⒼ 1[법] 주권의 소재에 따라 구별되는 국가의 형태. 군주국·공화국 등으로 나뉨. ▷정체(政體). 2 나라의 체면.
국초¹(國初) ⓂⒼ 건국(建國)의 초기.
국초²(國礎) ⓂⒼ =국기(國基)³.
국치(國恥) ⓂⒼ 나라의 수치. ⒷⒼ국욕(國辱).
국치-민욕(國恥民辱) ⓂⒼ 국가의 수치와 국민의 치욕.
국치-일(國恥日) ⓂⒼ 한일 병합 조약이 조인된 치욕적인 날. 곧, 1910년 8월 29일.
국태-민안(國泰民安) ⓂⒼ 나라가 태평하고 국민 생활이 평안함.
국토(國土) ⓂⒼ 나라의 영토. =방토(邦土). ¶~ 개발.
국토-방위(國土防衛) ⓂⒼ 적의 침략으로부터 나라를 지키는 일.
국토^종합^개발^계!획(國土綜合開發計劃)
[-깨-계획/-깨-/계획] ⓂⒼ 국토 및 천연자원의 종합적이고 합리적인 이용·개발을 위한 계획.
국판(菊判) ⓂⒼ[인] 1 =국판 전지. 2 책 판형의 하나. 세로 21.8cm, 가로 15.2cm의 크기. 국판 인쇄용지를 16접으로 접은 것임.
국판^전지(菊判全紙) ⓂⒼ[인] 세로 93cm, 가로 63cm의 인쇄용지의 크기. =국판.
국폐(國弊) [-폐/-페] ⓂⒼ 나라의 폐해.
국풍(國風) ⓂⒼ 나라의 풍속. =국속(國俗).
국학(國學) [구칵] ⓂⒼ 1 자기 나라의 고유한 역사·언어·풍속·종교·문학·제도·예술 등 민족 문화 전반에 관하여 연구하는 학문. 2 [역] 신라 신문왕 2년(682)에 둔 교육 기관. 3 [역] 고려 시대에 국자감을 고친 이름. 4 [역] '성균관'의 별칭.
국학-자(國學者) [구칵짜] ⓂⒼ 국학을 연구하는 학자.
국한(局限) [구칸] ⓂⒼ (어떤 대상을) 그 범위를 일정한 부분에 한정하는 것. **국한-하다**ⒹⒺ¶입사 응시 자격을 대졸 남자로 ~.
국한-되다ⒹⓏ
국-한문(國漢文) [구칸-] ⓂⒼ 1 국문과 한문. ¶~ 혼용. 2 한글과 한자가 섞인 글. ¶~체(體).
국헌(國憲) [구컨] ⓂⒼ 국가의 근본 법규. 곧, 헌법. =조헌(朝憲).
국호(國號) [구코] ⓂⒼ 나라의 이름. ⒷⒼ국명(國名).
국혼(國婚) [구콘] ⓂⒼ 왕실의 혼인.
국화¹(菊花) [구콰] ⓂⒼ[식] 국화과 국화속(菊花屬)에 속하는 식물의 총칭. 가을에 피는 대표적인 꽃으로, 관상용으로 널리 가꿈. 원예 품종이 매우 많으며, 꽃의 빛깔·모양도 여러 가지임. 꽃의 크기에 따라 대국·중국·소국으로 나뉨. =동리군자·은군자.
국화²(菊花) [구콰] ⓂⒼ 한 나라의 상징으로 그 나라 사람들이 사랑하고 중하게 여기는 꽃. 우리나라의 무궁화, 영국의 장미, 일본의 벚꽃 따위. =나라꽃. ▷국조(國鳥).
국화-빵(菊花-) [구콰-] ⓂⒼ 국화꽃 모양의 판에 구워 낸 밀가루 빵. ▷풀빵.
국화-잠(菊花簪) [구콰-] ⓂⒼ 대가리가 국화 모양으로 꾸며진 비녀.
국화-주(菊花酒) [구콰-] ⓂⒼ 감국(甘菊)의 꽃, 생지황·구기자나무 뿌리의 껍질과 찹쌀을 섞어서 빚은 술. 한방에서 약으로 씀.
국회(國會) [구쾨/구퀘] ⓂⒼ 국민이 선출한 의원으로 조직된 헌법상의 합의체인 입법 기관. ¶정기〔임시〕 ~ / ~가 해산되다.

> **유의어** 국회 / 의회
> '국회'는 헌법이 정하는 국가의 유일한 입법 기관을 뜻하고, '의회(議會)'는 넓게는 국회를 포함하여 지방 의회를 총칭하며, 좁게는 지방 의회만을 가리킴.

국회-법(國會法)[구쾨뻡/구퀘뻡] 몡[법] 국회의 조직·의사 기타 필요한 사항을 규정함으로써 국민의 대의 기관(代議機關)인 국회의 민주적이고 효율적인 운영에 기여함을 목적으로 하는 법률.
국회^의사당(國會議事堂)[구쾨-/구퀘-] 몡 국회의 회의가 열리는 건물.
국회-의원(國會議員)[구쾨-/구퀘-] 몡 국회를 구성하는 의원. 국민의 선거에 의하여 선출됨.
국회^의장(國會議長)[구쾨-/구퀘-] 몡[정] 국회의 질서를 유지하고 회의를 진행하며 국회를 대표하는 사람.
국회^해산(國會解散)[구쾨-/구퀘-] 몡[정] 의원 내각제의 국가에서, 국회가 정부 불신임을 결의하였을 때 정부가 그에 대립하여 국회를 해산시키는 일.
군:-¹ 접투 '쓸데없는', '가외의'의 뜻을 나타내는 말. ¶~말 / ~식구 / ~소리.
-군² 어미 '이다'나 형용사의 어간, 또는 어미 '-시-', '-았/었-', '-겠-'의 아래에 붙어, '해'할 상대에게 쓰이거나 혼잣말에 쓰여 어떤 사물에 대한 느낌을 나타내는 종결 어미. ¶길가 한번 빠르~. / 제가랄, 이제 다 틀렸~. ▷-로군.
군³(君) 몡[역] 조선 시대, 왕의 서자·종친 및 공신(功臣) 등에게 내리던 작위. 왕위에 있다가도 쫓겨나면 군으로 강봉(降封) 되었음. ¶연산~ / 광해~.
군⁴(君) Ⅰ 의존 (가족이나 친척이 아닌 미성년(未成年)의 손아래 남자나 제자·후배와 같은 관계의 남자나, 또는 남자가 편지 등에서 동료 관계인 남자의 성(姓)이나 성명이나 이름 아래에 붙어) 그 사람에 대한 격식을 갖추어 친근하게 또는 대접하여 부르거나 이르는 뜻을 나타내는 말. ¶어이, 김 ~. / 상철 ~, 나 좀 도와주게. / 최우수상은 ○○중학교 1학년인 김영수 ~ 이 받았다.
Ⅱ 대(인칭) 성년이 안 된 상태에 있거나 제자·후배 등의 관계에 있는 손아래 남자에 대한 가벼운 경칭. 주로 문어에 많이 쓰임. 비 자네. ¶모쪼록 ~의 건투를 빌겠네.
군⁵(軍) 몡 1 국가를 적으로부터 방어하기 위해 조직한, 전투 행위를 하는 집단. 비 군대 · 군부. ¶~에 입대하다 / ~을 현대화하다 / ~을 동원하다. 2 [군] 육군의 편성 단위의 하나. 군단(軍團)의 위. ¶제2~ 사령부.
군⁶(郡) 몡 1 도(道)의 관할 구역 안에 두는, 하급 지방 자치 단체의 하나. 읍 또는 면을 관할하는 행정 구역임. ¶경기도 양주~. 2 '군청'의 준말.
-군⁷(軍) 일부 명사에 붙어, 그 명사의 의미를 갖는 '군대' 또는 '군인'임을 나타내는 말. ¶독립~ / 예비~ / 진압~ / 의용~ / 프랑스~.
군가(軍歌) 몡 군대의 사기를 북돋우기 위하여 부르는 노래.
군거(群居) 몡 1 떼를 지어 사는 것. ¶~ 생활. 2 [생] =군서(群棲). **군거-하다** 동자여

군:-것[-걷] 몡 없어도 좋은 것. 또는, 쓸데없는 것.
군:것-질[-걷찔] 몡 끼니 외에 과일·과자 따위 군음식을 먹는 짓. 비 주전부리. **군:것질-하다**
군견(軍犬) 몡 '군용견(軍用犬)'의 준말.
군경(軍警) 몡 군대와 경찰. ¶~ 합동 작전.
군경검(軍警檢) 몡 군대와 경찰과 검찰.
군:계(郡界)[-계/-게] 몡 군(郡)의 지리적 경계.
군계-일학(群鷄一鶴)[-계-/-게-] 몡 ['닭의 무리 가운데서 한 마리의 학'이라는 뜻] 어떤 무리 가운데서 홀로 두드러지게 뛰어난 사람을 이르는 말. =계군일학.
군:-고구마 몡 불에 구워 익힌 고구마.
군관(軍官) 몡[역] =장교2.
군관민(軍官民) 몡 군과 관리와 일반 국민. ¶~ 일체(一體).
군국(軍國) 몡 1 군대와 국가. 또는, 군사(軍事)와 국사(國事). 2 군사(軍事)를 중히 여기는 나라. 3 전쟁을 하고 있는 나라.
군국-기무처(軍國機務處)[-끼-] 몡[역] 조선 말기에 설치되었던 임시 관청. 정치·군사에 관한 일체의 사무를 관장하였음. 준 기무처.
군:국^제:도(郡國制度)[-쩨-] 몡[역] 중국 한나라 고조(高祖)가 실시한 지방 통치 제도. 봉건 제도와 군현 제도를 절충한 것임.
군국-주의(軍國主義)[-주의/-주이] 몡 국가의 힘을 강화하는 수단으로, 오로지 군사력을 키우고 전쟁 준비에 힘을 쏟는 주의.
군기¹(軍紀) 몡 군대의 규율과 풍기(風紀). ¶~ 숙정 / ~를 확립하다.
군기²(軍氣) 몡 군대의 사기(士氣).
군기³(軍旗) 몡 군에서 부대를 상징하는 기.
군기⁴(軍器) 몡 군용의 기구. 비 병기(兵器). ¶~고(庫).
군기⁵(軍機) 몡 군사상의 기밀. ¶~를 누설하다.
군:-기침 몡 버릇이 되어 공연히 하는 기침. 비 군기침. **군:기침-하다** 동자여
군납(軍納) 몡 업자가 군에 필요한 물품을 대는 일. **군납-하다** 동타여
군납-품(軍納品) 몡 군에 납품하는 물품.
군:-내¹ 몡 [김치·젓갈 등의 발효 식품이 제 맛이 변하여 나는 좋지 않은 냄새. ¶김치에서 ~가 나다. ✕군둥내.
군:내²(郡內) 몡 군의 안. 또는, 고을 안.
군:-눈 몡 쓸데없는 일에 정신을 팔거나 주의를 돌리는 눈.
군눈(을) 뜨다 관 외도(外道)에 눈을 뜨다.
군:-다리미질 몡 옷의 후미진 부분이나 끝부분 따위를 다리는 것. **군:다리미질-하다** 동타여
군단(軍團) 몡[군] 두 개 이상의 사단(師團)으로 편성되는 전술 부대. 군(軍)과 사단의 중간임. ¶~장(長).
군단²(群團) 몡 많은 무리의 집단.
군-달 몡 '윤달'의 잘못.
군담(軍談) 몡 전쟁에 관한 이야기. ¶~ 소설.
군대(軍隊) 몡 일정한 규율과 질서 아래 조직된 군인의 집단. 비 군(軍). ¶~ 생활 / ~에 들어가다.
군대-식(軍隊式) 몡 군대에서 하는 것과 같은 방식. 곧, 조직 생활의 엄한 규율과 상급자에 대한 절대복종 등을 요구하는 방식. ¶

부하 직원 통솔을 ~으로 하다.
군:-더더기 쓸데없이 덧붙은 것. ¶~ 없이 잘 다듬어진 문장.
군데 명(의존) 어느 지역 또는 평면이나 입체를 이루는 공간에서, 그 일부를 이루는 곳이나 위치를 세는 말. 비곳·개소(個所). ¶한 ~ / 덫을 여러 ~ 놓다 / 이번 홍수로 서울은 십여 ~가 침수되었다.
군데-군데 I 부 여기저기 여러 군데. ¶몸에 ~ 반점이 생기다.
Ⅱ명 여러 군데. ¶적은 ~에 지뢰를 매설하였다. / 나이가 드니까 ~가 아프고 쑤신다.
군도¹(軍刀) 명 군인이 차는 일정한 형식의 긴 칼. ▷환도(環刀).
군도²(群島) 명 무리 지어 흩어져 있는 크고 작은 섬들. 비덕체(德體).
군도³(群盜) 명 떼를 이룬 도둑. 비떼도둑.
군:-돈 명 안 써도 좋을 데에 쓰는 돈.
군두목 명 한자의 뜻은 생각하지 않고 음과 새김을 따서 물건의 이름을 적는 법. '팽이'를 '廣耳', '콩팥'을 '豆太'로 적는 따위.
군둥-내 명 '군내'의 잘못.
군드러-지다 동(재) '곤드라지다'의 큰말.
군락(群落) [굴-] 명 1 많은 부락(部落). 2 [식] 생육 조건이 같은 식물이 떼를 지어 자라는 일. ¶철쭉이 ~을 이루다.
군란(軍亂) [굴-] 명 군사들이 일으키는 난리. =군요(軍擾). ¶임오(壬午)~.
군략(軍略) [굴-] 명 군대나 무기의 배치·이동 등 군사에 관한 계략. =무략(武略)·병략(兵略). 비전략(戰略). ~가(家).
군량(軍糧) [굴-] 명 군대의 양식. =병량(兵糧). ¶~을 조달하다.
군량-미(軍糧米) [굴-] 명 군대의 양식으로 쓰는 쌀. =군수미(軍需米)·병향미·병량미. ¶~를 비축하다.
군력(軍力) [굴-] 명 =군사력.
군령(軍令) [굴-] 명 1 군의 명령. =군명(軍命). ¶긴급의 ~을 내리다 / ~이 지엄하다. 2 국가 원수가 통수권을 가지고 군에 내리는 명령.
군례(軍禮) [굴-] 명 군대의 예절 또는 예식.
군뢰(軍牢) [굴뢰/굴뤠] 명(역) 군대에서 죄인을 다루는 병졸. =뇌자(牢子).
군뢰-복다기(軍牢-) [굴뢰-다/굴뤠-따-리]명(역) 군뢰가 군장(軍裝)을 할 때에 쓰는 갓. 붉은 전(氈)으로 만드는데, 앞에는 주석으로 '勇(용)' 자를 붙였음. =병테기·전립(氈笠)·주전립.
군림(君臨) [굴-] 명 1 임금으로서 나라를 다스리는 것. 2 어떤 분야나 세계에서 강력한 세력이나 영향력을 가지고 지배적인 위치를 차지하는 것. 비유적인 말임. **군림-하다** 동(재여) ¶그는 막대한 재력으로 재계(財界)에 군림하고 있다.
군마(軍馬) 명 1 군사 목적으로 쓰는 말. 2 군사와 말. ¶~를 거느리고 출전하다.
군막(軍幕) 명 군대에서 쓰는 장막(帳幕).
군:-만두(-饅頭) 명 기름에 지진 만두 또는, 기름을 발라 불에 구운 만두.
군:-말 명 하지 않아도 좋을 쓸데없는 말. 비군소리. ¶힘든 일을 ~ 없이 하다. **군:말-하다** 동(재여)
군명(君命) 명 =어명(御命).
군모(軍帽) 명 군인이 쓰는 모자.
군목(軍牧) 명(군) 군대에 장교로 소속되어 기독교 신자인 장병들의 신앙 생활을 돌보는 목사 또는 신부. ▷군승.
군무¹(軍務) 명 1 군사(軍事)에 관한 사무. 2 군인으로서 군대에 복무하는 일. ¶~에 충실하다.
군무²(群舞) 명 여러 사람이 함께 추는 춤. **군무-하다** 동(재여) 군무를 추다.
군무-원(軍務員) 명 군무에 종사하는, 군인이 아닌 공무원.
군문(軍門) 명 1 군영(軍營)의 입구. =병문(兵門). 2 '군대'를 비유하여 이르는 말.
군문-효수(軍門梟首) 명(역) 죄인의 목을 베어 군문 앞에 매다는 것.
군:-물 1 끼니때 이외에 마시는 물. 2 뜨거운 물에 타는 맹물. 3 죽이나 풀 따위의 위에 따로 떠도는 물.
군물(이) 돌다 구 음식과 한데 섞이지 않고 물기가 위에 따로 돌다.
군민(軍民) 명 군대와 민간. 또는, 군인과 민간인. ¶~ 합동 구조 작업.
군:민²(郡民) 명 그 군에 사는 사람.
군-바리(軍-) 명(속) '군인'을 얕잡아 이르는 말.
군:-박하다(窘迫-) [-바카-] 형(여) 1 몹시 군색하다. 2 일의 형세나 사정이 급하다. 3 적에게 공격을 당하여 몹시 괴로운 처지에 있다. **군:박-히** 부
군:-밤 명 불에 구워 익힌 밤.
군:-발 명 불에 구워 익힌 밤.
군번(軍番) 명(군) 군인으로 복무하게 된 각 장병들에게 부여하는 고유 번호.
군번-줄(軍番-) [-쭐] 명(군) 인식표를 몸에 지니기 위하여, 인식표를 꿰어서 목에 걸도록 되어 있는 줄.
군벌(軍閥) 명 1 출신이나 경력 등에 의한 군인의 파벌. 2 군부(軍部)를 중심으로 한 정치적 세력. ¶~ 정치.
군법(軍法) [-뻡] 명(법) 군대 내부에서 행하여지는 규칙을 어긴 자에 대한 형법.
군^법무관(軍法務官) [-범-] 명 육군·해군·공군의 법무 장교. 준법무관.
군법^회:의(軍法會議) [-뻐쾨의/-뻐퀘이] 명(법) '군사 법원'의 구칭.
군병(軍兵) 명 =군사(軍士)¹.
군복(軍服) 명 군인의 제복(制服).
군복(을) 벗다 구 군에서 제대하다.
군부¹(君父) 명 1 임금과 아버지. 2 =임금¹. ↔신자(臣子).
군부²(軍部) 명 정부나 국민에 대하여, 군인을 중심으로 한 세력. 비군. ¶~가 정치에 개입하다.
군-부대(軍部隊) 명 군인들의 부대. ¶~ 위문 공연.
군:-불 명 밥 따위를 짓기 위해서가 아니라 방만 덥게 하려고 때는 불. ¶~을 때다 / ~을 지피다.
군:불-솥 [-솓] 명 군불을 때는 아궁이에 거는 솥.
군:불-아궁이 명 군불을 때는 아궁이.
군:-붓 [-붇] 명 글이나 그림에 군더더기로 더 써넣거나 그려 넣는 일. 또는, 그 써넣는 붓이나 필기도구. ¶~을 대다.
군비¹(軍備) 명 전쟁을 수행하기 위해 갖춘 무기나 군사 시설. ¶~ 확장.
군비:²(軍費) 명 '군사비(軍事費)'의 준말.
군비^축소(軍備縮小) [-쏘] 명 현재 보유하고 있는 군비를 줄이는 일. 준군축.
군사¹(軍士) 명 옛날에 '군인'을 이르던 말. =군병·군졸·병사(兵士)·병졸·사졸(士卒)

군사²(軍使) 명 전쟁 중에, 어떤 교섭의 임무를 띠고 적진에 파견되는 사람.

군사³(軍事) 명 [군] 군대·군비(軍備)·전쟁 등 군에 관한 일. =병사(兵事). ¶~ 개입 / ~ 기밀.

군사⁴(軍師) 명 옛날에, 사령관 밑에서 군사적 계략이나 작전을 맡던 사람. 凾참모(參謀). ¶유비는 삼고초려 끝에 제갈량을 ~로 삼았다.

군사^기지(軍事基地) 명 [군] 전략상·전술상의 거점(據點)이 되는, 중요한 군사 시설이 있는 곳.

군사^동맹(軍事同盟) 명 두 나라 또는 그 이상의 나라 사이에 맺어지는 군사 행동에 관한 동맹.

군:-사람 명 정원 외의 필요 없는 사람.

군사-력(軍事力) 명 병력·장비(裝備)·경제력 등 모든 요소를 종합한 전쟁 수행 능력. =군력(軍力).

군-사령관(軍司令官) 명 [군] 한 군(軍)을 지휘·통솔하는 장성(將星).

군-사령부(軍司令部) 명 [군] 군사령관이 군을 지휘·통솔하는 본부.

군사-법원(軍事法院) 명 [법] 군사 재판을 관할하기 위한 특별 법원. 구청은 '군법 회의'.

군사부-일체(君師父一體) 명 임금과 스승과 아버지는 같은 존재나 다름없으므로, 똑같이 섬기고 받들어야 함을 이르는 말.

군사^분계선(軍事分界線) [-계-/-게-] 명 협정에 의하여 군사 활동의 한계선. =군사 경계선. ▷휴전선.

군사-비(軍事費) 명 군사에 소요되는 비용. 㐂군비.

군:-사설(-辭說) 명 쓸데없이 길게 늘어놓는 말. **군:사설-하다** 통자여

군사^우편(軍事郵便) 명 군인·군무원이 발송한 우편물이나, 그들에게 가는 우편물의 원활한 취급을 위하여 마련된 특별 우편 제도. 㐂군우.

군사^원조(軍事援助) 명 한 나라의 군사력을 증강시키기 위해 무기를 비롯한 인적·물질적·재정적 원조를 제공하는 일. 㐂군원.

군사^재판(軍事裁判) 명 [법] 1 군사 법원에서 군법에 의하여 행하는 재판. ¶탈영병을 ~에 회부하다. 2 전쟁 범죄인을 심판하기 위하여 행하는 국제적인 재판. 㐂군재.

군사^행동(軍事行動) 명 군대가 병력 또는 무력을 사용하여 행하는 모든 행동.

군사^혁명(軍事革命) [-녕-] 명 군인이 중심이 되어 군사 행동으로써 일으킨 혁명.

군-살 명 1 지나치게 쪄, 불룩 나오거나 늘어지거나 한 군더더기 살. ¶~이 찌다 / ~을 빼다. 2 =굿은살.

군상(群像) 명 1 떼를 이룬 많은 사람. 2 [미] 회화나 조각에서, 다수의 인물을 일정한 주제 아래 형상화한 작품. ¶3·1 독립 운동의 ~ 부조(浮彫).

군:-색(窘塞) → **군:색-하다** [-새카-] [형여] 1 필요한 것이 없거나 모자라 옹색하다. ¶생활이~. 2 일이 떳떳하지 못하여 거북하다. ¶군색한 변명. **군:색-히** 븀

군:색-스럽다(窘塞-) [-쓰-따] 형ㅂ <-스러우니, -스러워> 군색한 데가 있다. **군:색스레** 븀

군서(群棲) 명 [생] 같은 종류의 생물이 어떤 목적으로 인하여 한곳에 떼를 지어서 사는 것. =군생(群生)·군거(群居). ¶~ 생활. **군서-하다** 통자여

군선(軍船) 명 옛날에 해전에서 사용하였던 배. 凾전선(戰船)·병선(兵船).

군선-도(群仙圖) 명 [미] 신선의 무리를 그린 동양화. 凾신선도(神仙圖).

군세(軍勢) 명 1 군대의 위세. 2 군사의 인원 수. ¶막강한 ~를 자랑하다.

군소(群小) 명 (주로, 일부 명사 앞에 쓰여) 규모·세력·중요성 등이 작거나 대단치 않은 여러 대상이나 인물임을 나타내는 말. ¶~ 국가 / ~ 정당 / ~ 작가.

군:-소리 명 1 이러저러하게 쓸데없이 덧붙이는 소리. 凾군말. ¶하라면 했지 웬 ~가 그리 많으냐? 2 잠이 들었을 때나 몹시 앓을 때에 하는 헛소리. **군:소리-하다** 통자여

군속(軍屬) 명 '군무원(軍務員)'으로 순화.

군:-손질 명 1 하지 않아도 좋을 것을 하는 손질. 2 쓸데없이 때리는 짓. **군:손질-하다** 통자여

군:-수¹(-手) 명 바둑·장기 따위에서 쓸데없이 놓는 수. ▷헛수.

군수²(軍需) 명 군사상의 수요(需要). 또는, 그 물자. ¶~ 산업.

군:수³(郡守) 명 1 한 군(郡)의 행정을 맡아 보는 으뜸 관직. 2 [역] 조선 시대, 군의 종4품의 벼슬.

군수^공업(軍需工業) 명 군수품을 생산하는 공업.

군수^물자(軍需物資) [-짜] 명 군사상 필요로 하는 물자.

군수-품(軍需品) 명 군사(軍事)에 필요한 물품.

군승(軍僧) 명 [군] 군대에 장교로 소속되어 불교 신자인 장병들의 신앙 생활을 돌보는 승려. ▷군목.

군시럽다 [-따] [형ㅂ] <군시러우니, 군시러워> 살갗에 벌레 따위가 기어가는 듯한 가려운 느낌이 있다. ¶송충이를 보니 온몸이 ~.

군시렁-거리다 통자 '구시렁거리다'의 잘못.

군:-식구(-食口) [-꾸] 명 집안 식구 외에 덧붙이어 얻어먹고 있는 식구. =잡식구. 凾객식구.

군신¹(君臣) 명 임금과 신하.

군신²(軍神) 명 1 전쟁의 신. 2 군인의 무운(武運)을 지켜 준다는 신. 병가(兵家)에서는 북두칠성을 가리킴. 3 생전에 큰 무공을 세우고 전사한 군인을 신(神)에 비유하여 이르는 말.

군신³(群臣) 명 많은 신하.

군신-유의(君臣有義) [-뉴의/-뉴이] 명 오륜(五倫)의 하나. 임금과 신하 사이의 도리(道理)는 의리(義理)에 있음.

군실-거리다/-대다 통자 군시러운 느낌이 자꾸 나다. ¶뭐가 들어갔는지 등이 **군실거린다**.

군실-군실 븀 군실거리는 모양. **군실군실-하다** 통자여

군악(軍樂) 명 군대에서 사기를 돋우기 위하여 또는 의식이 있을 때 연주하는 음악. 또는, 그 악곡.

군악-기(軍樂器) [-끼] 명 [음] 군악에 쓰이는 악기.

군악-대(軍樂隊) [-때] 명 군악을 연주하기 위하여 편성된 부대.

군역(軍役) 명 1 [역] 군적(軍籍)에 등록된 신역(身役). 2 군대에서 복무하는 일.

군영¹(軍營) 명 군대가 주둔하는 곳.

군영²(群英) 명 1 많은 인재(人材). 2 여러 가지 꽃.
군왕(君王) 명 =임금¹.
군용(軍用) 명 군사상의 목적에 쓰임. 또는, 그 쓰이는 물건이나 돈. ¶~ 도로 /~ 열차.
군용-견(軍用犬) 명 군사상의 목적을 위해 특별히 훈련된 개. 준군견.
군용-기(軍用機) 명 군사상의 목적에 사용되는 비행기. 전투기·폭격기·정찰기 따위. ↔민간기.
군용-선(軍用船) 명 군대에서 쓰는 선박.
군용^어음(軍用-) 명 '군표'의 잘못.
군용-차(軍用車) 명 군대에서 쓰이는 차량. =군용 차량.
군웅(群雄) 명 같은 시대에 활약한 여러 영웅. ¶~이 할거하던 시대.
군웅-할거(群雄割據) 명 여러 영웅이 각지에 자리 잡고 서로 세력을 다툼.
군율(軍律) 명 1 군대의 형법. 2 군대 안의 규율. (비)군기(軍紀).
군:-음식(-飮食) 명 끼니때 이외에 먹는 음식. 떡·과자 따위. (비)간식(間食).
군:읍(郡邑) 명 1 옛 지방 제도인 주(州)·부(府)·군(郡)·현(縣)의 총칭. =군현(郡縣). 2 군과 읍.
군의-관(軍醫官) [-의-/-이-] 명 [군] 군대에서 의료 군무에 종사하는 장교. 준군의.
군인(軍人) 명 군대에 속하여 적의 침입으로부터 나라를 지키는 일을 하는 사람. 육군·해군·공군의 장교·부사관·병사의 총칭임. ¶직업~.
군:-일 [-닐] 명 쓸데없는 일. 군:일-하다 [동](자여)
군:-입 [-닙] 명 1 본식구 외에 덧붙어서 얻어먹는 객식구. 2 →군입(을) 다시다.
군입(을) 다시다 (규) 1 군음식을 먹다. 2 아무것도 먹지 않은 상태에서 헛되이 입을 다시다. ¶옆에서 군입 다시고 있는데 저 혼자서만 먹고 있다.
군:-입정 [-닙쩡-] 명 때 없이 음식으로 입을 다시는 것. 군:입정-하다 [동](자여)
군:입정-질 [-닙쩡-] 명 군음식으로 입을 다시는 짓. 준군입질. 군:입정질-하다 [동](자여)
군:입-질 [-닙찔] 명 '군입정질'의 준말. 군:입질-하다 [동](자여)
군자(君子) 명 1 학식과 덕이 높고 행실이 어진 사람. 유학에서는 이상적인 인간상으로 보았음. ¶현인~ /성인~. 2 지난날, 아내가 자기 남편을 높여 일컫던 말.
군자-금(軍資金) 명 1 군대 운영과 군사 행동에 필요한 모든 자금. =군용금(軍用金). 2 어떤 일을 하기 위한 자금을 비유하여 이르는 말. 준군자.
군자대로행(君子大路行) 군자는 큰길을 택하여 간다는 뜻으로, 덕이 있는 사람은 밝고 바르게 행동한다는 말.
군자-란(君子蘭) 명 [식] 수선화과의 여러해살이풀. 잎은 두껍고 길며 좌우로 남. 1~3월에 긴 꽃대 끝에 깔때기 모양의 주홍색 꽃이 20~30개 달림. 원예 식물임.
군자연-하다(君子然-) [동](자여) 군자인 체하다.
군작(群雀) 명 무리를 이룬 참새.
[군작이 어찌 대붕(大鵬)의 뜻을 알랴] 범인(凡人) 따위가 큰 인물의 뜻을 헤아려 알 리가 없다는 말.

군장¹(君長) 명 1 원시 부족의 우두머리. 2 =군주(君主)¹.
군장²(軍裝) 명 1 군인의 복장. 2 군대의 장비. ¶~ 검열 /~을 꾸리다.
군적(軍籍) 명 1 군인이라는 자격·신분. 2 군인의 주소·성명·경력 등을 적어 군인으로서의 지위·신분을 밝힌 명부. (비)병적(兵籍).
군정¹(軍政) 명 1 [정] 전쟁이나 사변 때에 점령 지역의 군사령관이 임시로 행하는 행정. ↔민정(民政). 2 [정] 군부 세력이 국가의 실권을 장악하고 행하는 정치. ¶~을 펴다. 3 군에 대한 행정 사무. 4 [역] 삼정(三政)의 하나. 본래는 양민 남자를 군역으로 징발하는 병무 행정 제도였으나, 군포(軍布)를 받는 것으로 대체함으로써 수취(收取) 행정으로 변질됨. 18~19세기에는 그 폐단이 극에 달했음.
군:정²(郡政) 명 군의 행정.
군정-관(軍政官) 명 점령 지역에서 군정을 시행하는 군 장교.
군정-청(軍政廳) 명 점령지의 군사령관이 군정을 행하는 기관.
군제(軍制) 명 1 군사상에 관한 제도. ¶~ 개편. 2 군대의 편제·경리에 관한 규칙. (비)병제(兵制).
군졸(軍卒) 명 =군사(軍士)¹.
군종(軍宗) 명[군] 군대 내의 종교에 관한 일.
군주¹(君主) 명 세습적으로 국가를 대표하여 통수하는 최고 지위에 있는 사람. =군장(君長). (비)제왕·천자·황제.
군주²(軍主) 명 [역] 신라 때에 각 주의 군대를 통솔하던 지방 장관.
군주-국(君主國) 명 [정] 국가의 주권이 군주에게 있는 나라. =군국.
군주^정치(君主政治) 명 [정] 세습 군주가 나라를 다스리는 정치. ¶~을 펴다.
군주-제(君主制) 명 [정] '군주 제도'의 준말. =왕제.
군주^제:도(君主制度) 명 [정] 군주에 의하여 통치되는 정치 형태. 준군주제.
군중¹(軍中) 명 1 군대의 안. 2 출정(出征)한 동안.
군중²(群衆) 명 한곳에 무리를 지어 모인 많은 사람. ¶~ 시위 /~의 열렬한 환호성.
군중-대회(群衆大會) [-회/-훼] 명 군중이 모여서 개최하는 대회.
군중^심리(群衆心理) [-니-] 명[심] 많은 사람이 모여 무리를 이루었을 때, 각 개인이 이성적 판단력이나 자제력을 잃고 평상시에는 전혀 하지 않을 행동을 하거나 다른 사람의 행동을 무비판적으로 따라 하는, 일시적이고 충동적인 심리 상태.
군중-집회(群衆集會) [-지푀/-지풰] 명 군중이 같은 목적으로 모여서 벌이는 집회. ¶대규모~를 열다.
군직(軍職) 명[군] 군대에서의 직위나 직무.
군집(群集) 명 1 많은 사람이 한곳에 떼를 지어 모이는 것. 2 [생] 자연계에서 여러 종류의 생물이 같은 지역에 살면서 유기적인 관계를 가지고 생활하는 개체군의 모임. =군취(群聚). 3 [식] 군락(群落)을 종(種)의 조성에 따라 분류할 때의 한 단위. 군집-하다 [동](자여) 떼를 지어 한곳에 모이다.
군:-짓 [-짇] 명 쓸데없는 짓. 군:짓-하다 [동](자여)
군:청(郡廳) 명 군의 행정 사무를 맡아보는

군청-색(群靑色) 〖명〗 광택이 고운 짙은 남빛. =군청(群靑).
군체(群體) 〖명〗〖동〗 같은 종류의 동물 개체가 많이 모여서 공통의 몸을 조직하고 서로 연결되어 생활하는 것. 해면·산호 등. =콜로니. ↔개체(個體).
군축(軍縮) 〖명〗 '군비 축소'의 준말. ¶~ 회담. **군축-하다** 〖동〗〖자〗.
군¹-침 〖명〗 먹음직스러운 음식을 대했을 때 저절로 입 안에 생기는 침.
군침(이) 돌다 ⓖ 1 어떤 음식을 먹고 싶어서 입 안에 침이 많이 생기다. ¶보기만 해도 **군침이 도는** 음식. 2 이익·재물에 욕심이 동하다.
군침(을) 삼키다〔흘리다〕 ⓖ 1 음식 따위를 먹고 싶어서 입맛을 다시다. 2 이익·재물을 보고 몹시 탐을 내다. ¶**군침을 삼킬** 만큼 많은 돈.
군²-턱 〖명〗 살이 쪄서 턱 아래로 축 처진 살.
군^판사(軍判事) 〖명〗〖법〗 군사 법원법에서, 심판관과 함께 군사 법원을 구성하여 재판에 참여하는 재판관. 구청은 법무사.
군포(軍布) 〖명〗〖역〗 조선 시대에 병역을 면제하여 주고 그 대신 받아들이던 삼베나 무명. =군보포.
군표(軍票) 〖명〗〖군〗 전지(戰地)나 점령지에서 군의 작전 행동상 필요에 의해서 쓰이는 긴급 통화(緊急通貨)의 하나. =군용 수표·군용 어음. ×군용 어음.
군함(軍艦) 〖명〗〖군〗 전투에 사용하는 무장된 배의 총칭. 세는 단위는 척. ⓒ함.
군항(軍港) 〖명〗〖군〗 국방상 함대의 근거지로서 특별한 군사적 시설을 해 놓은 항구.
군¹현(郡縣) 〖명〗 =군읍(郡邑)1.
군²현^제¹도(郡縣制度) 〖명〗〖역〗 중앙 집권적 성격을 띤 지방 행정 제도. 봉건 제도.
군호¹(君號) 〖명〗 임금이 적출(嫡出)이 아닌 왕자나 종친·훈신에게 군(君)을 봉할 때 주는 이름.
군호²(軍號) 〖명〗 1〖역〗 도성이나 대궐의 순라군이 자기편의 식별이나 비밀의 보장을 위하여 쓰는 암호나 신호. ¶~를 주고받다. 2 서로 눈짓이나 말로써 슬며시 연락하는 짓. ⇒구호(口號). **군호-하다** 〖동〗〖자여〗.
군혼(群婚) 〖명〗 원시 사회에서, 한 무리의 남자와 한 무리의 여자 사이에 이루어지는 집단적인 혼인. ⇒집단혼.
군화(軍靴) 〖명〗 바짓단을 안으로 접어 넣을 수 있도록 목이 종아리까지 올라오는, 군인이 신는 구두.
군화-발(軍靴―)〔-화빨/-환빨〕 〖명〗 1 차거나 짓밟거나 할 때의, 군화 신은 발. ¶장교는 졸병의 정강이를 ~로 걷어찼다. 2 군부의 폭력이나 억압을 비유적으로 이르는 말. ¶국민들이 독재 정권의 ~ 아래서 신음하는다.
군¹-획(-畫)〔-획/-훽〕 〖명〗 본래 글자에는 없는 군더더기로 붙은 획.
굳건-하다〔-껀-〕 〖형〗 뜻이 굳세고 건실하며 씩씩하다. ¶**굳건한** 의지. **굳건-히** 〖부〗 ¶경제적 토대가 ~하다.
굳기〔-끼〕 〖명〗〖광〗 물체, 특히 광물의 단단한 정도. =경도(硬度).
굳기-계(-計)〔-끼계/-끼게〕 〖명〗〖광〗 광물의 굳기를 재는 계기. =경도계(硬度計).
굳-기름〔-끼-〕 〖명〗 =지방(脂肪)².

굳건●207

굳다〔-따〕 Ⅰ〖자〗 1 (무른 물질이) 단단하게 되다. ¶밀가루 반죽이 딱딱하게 **굳었다**. 2 (근육이나 뼈마디가) 뻣뻣하게 되다. ¶혀가 **굳어** 말이 잘 안 나온다. 3 (표정이) 긴장되어 딱딱하고 심각한 표정이 되다. ¶왜 그렇게 표정이 **굳었어**? 긴장을 풀라고. 4 (돈이) 쓰이거나 없어지지 않고 그대로 남다. ¶내가 내려고 했는데 돈이 **굳었**다.
Ⅱ〖형〗 1 (사물이) 눌러도 들어가지 않을 만큼 딱딱하다. ¶**굳고** 단단한 재질의 나무. 2 (의지나 결심 등이) 흔들림이 없이 강하다. ¶**굳은** 맹세 / **굳게** 다짐하다. 3 (태세·태도 등이) 튼튼하고 단단하다. ¶**굳게** 닫힌 문 / 온 국민이 힘을 합쳐 **굳게** 뭉치다.
[**굳은 땅에 물이 핀다**] ㉠헤프게 쓰지 않고 아끼는 사람이 재산을 모은다. ㉡무슨 일이든 마음을 굳게 먹고 해야 좋은 결과를 얻는다.
굳-비늘〔-삐-〕 〖명〗〖동〗 네모난 판자 모양이고 표면이 단단하며, 광택이 있는 물고기의 비늘. 철갑상어의 비늘 따위. =경린(硬鱗).
굳-뼈 〖생〗 =경골(硬骨)². ↔물렁뼈.
굳-세다〔-쎄-〕 〖형〗 1 (마음이나 뜻이) 흔들림이나 변함이 없이 강하다. ¶마음을 **굳세**게 먹어라. / 부디 험한 세상 **굳세**게 살아 다오. 2 (몸이나 체력이) 힘 있고 튼튼하다. ¶**굳센** 어깨와 팔다리로 그는 씨름판을 휩쓸었다.
굳어-지다 〖동〗〖자〗 굳게 되다. ¶내가 협조를 거절하자 그는 표정이 **굳어졌**다.
굳은-살 〖명〗 오랜 기간 동안의 잦은 마찰이나 압박 등으로 손이나 발, 기타 몸의 어느 부위에 생기는, 두껍고 딱딱한 살. ㉤못. ¶이 환자는 하도 누워만 지내서 등에 ~이 박였다.
굳음-병(-病)〔-빵〕 〖명〗 곤충류·거미류 등에 사상균(絲狀菌)이 기생하여 사체(死體)가 굳어지는 병. 특히, 누에에게 많음. =경화병(硬化病).
굳-이〔구지〕 〖부〗 굳은 마음으로 기어이. 또는, 고집을 부려 구태여. ¶호의를 ~ 사양하다 / ~ 가겠다면, 붙들지 않겠다.
굳히기〔구치-〕 〖명〗〖체〗 유도에서, 상대를 넘어뜨린 후 덮쳐 누르거나 조르고 꺾어 상대를 제압하는 기술. 누르기·조르기·꺾기 등이 있음. ▷메치기.
굳-히다〔구치-〕 〖동〗〖타〗 1 '굳다'의 사동사. ¶콘크리트를 ~ / 진흙을 ~. 2 확고부동하게 하다. ¶결심을 ~ / 세력을 ~. 3 바둑에서, 상대방이 귀에 들어오지 못하도록 지키는 수를 두다.
굴¹ 〖명〗 1〖동〗 연체동물 부족류 굴과에 속하는 동물의 총칭. 갓굴·가시굴·토굴 등이 있음. 2〖동〗 부족류 굴과의 한 종. 껍데기는 달걀 모양이고, 안쪽은 흼. 살은 맛이 좋음. =석화(石花)·석굴. 3 2의 살.
굴¹²(窟) 〖명〗 1 땅이나 바위가 안으로 깊숙하게 패어 들어간 곳. ¶~에서 도를 닦다. 2 산이나 땅 밑을 뚫어서 만든 도로나 철길. ㉤터널. ¶기차가 ~로 들어가다. 3 산이나 땅속에 있는 짐승들이 숨어 사는 구멍. ㉤토끼 ~ / 호랑이 ~. 4'굴窟'의 준말.
굴¹-개(窟-) 〖명〗 괴어 썩은 물속에 가라앉은 개흙.
굴건(屈巾) 〖명〗 상주가 두건 위에 덧쓰는 건. =굴관.

굴건-제복(屈巾祭服) 명 굴건과 제복을 아울러 이르는 말. **굴건제복-하다** 동(자)여 굴건을 쓰고 제복을 입다.

굴곡(屈曲) 명 1 이리저리 굽어 꺾이는 것. ¶~이 심한 해안선. 2 사람이 살아가면서 성하거나 쇠하거나 잘되거나 잘 안되거나 하는 일이 번갈아 나타나는 변동. ¶그는 평생을 ~없이 순탄하게 살았다. 3 [언] =굴절(屈折) 4.

굴관(屈冠) 명 =굴건(屈巾).

굴광-성(屈光性) [-썽] 명 [식] 식물체가 빛의 자극에 대하여 나타내는 굴성. 잎·줄기는 빛의 방향으로, 뿌리는 그 반대 방향으로 구부러짐. ▷굴성·향일성.

굴근(屈筋) 명 [생] 팔다리를 구부리는 운동을 하는 근육의 총칭.

굴기-성(屈氣性) [-썽] 명 [식] 식물체가 공기나 산소에 대해서 보이는 굴성. =향기성(向氣性). ▷굴성.

굴:다¹ (굴고 / 굴어) 동(자) <구니, 구오> '구르다'의 준말. 현대 국어에서 잘 쓰이지 않는 말임. ¶저가 땅에 엎드려 **굴며** 거품을 흘리더라.<신약 마가복음>

굴:다² (굴고 / 굴어) 동(자) <구니, 구오> (어미 '-게'나 '-이/히' 꼴의 부사 다음에 쓰여) 그러하게 행동하거나 대하다. ¶사랑스럽게 ~ / 귀찮게 ~ / 남을 못살게 ~ / 아이가 어른한테 버릇없이 **군다**.

굴:-다리(窟-) [-따-] 명 밑으로 굴을 이루고 위로 다닐 수 있게 만든 다리.

굴:-대 [-때] 명 수레바퀴의 한가운데에 뚫린 구멍에 끼우는, 긴 쇠나 나무. =축(軸).

굴:-도리 [-또-] [건] 둥글게 만든 도리. ¶ -집. ↔납도리.

굴때-장군(-將軍) 명 1 몸이 굵고 키가 크며 살갗이 검은 사람을 농으로 이르는 말. 2 옷이 시커멓게 된 사람을 농으로 이르는 말.

굴뚝 명 불을 땔 때, 연기가 밖으로 빠져나가도록 만든 장치. =연돌(煙突). ¶아니 땐 ~에 연기 날까.(속담)

굴뚝-같다 [-따] 형 무엇을 하고 싶은 마음이 몹시 간절하다. ¶고향에 가고 싶은 마음은 **굴뚝같지만** 이 모양 이 꼴로 어찌 간단 말이냐. **굴뚝같-이** 부

굴뚝^기업(-企業) [-끼-] [경] 전통적 제조 산업을 하는 기업.

굴뚝-목 [-뚱-] 명 방고래와 굴뚝이 잇닿는 곳.

굴뚝^산업(-産業) [-싼-] 명 [공장 굴뚝에서 연기를 피워 올리는 산업이라는 뜻] [경] 전통적 제조 산업을 이르는 말.

굴뚝-새 [-쌔] 명 굴뚝샛과의 새. 몸길이 6~7cm이고, 몸빛은 진한 갈색에 흑갈색의 가로무늬가 있음. 여름에는 산지(山地)에서, 겨울에는 사람이 사는 마을에 옴.

굴:러-가다 동(자) 일이나 모임 따위가 진행되어 나가다. 비유적인 말임.

굴:러-다니다 동(자)여 1 데굴데굴 구르면서 이리저리 왔다 갔다 하다. ¶바닥에 구슬이 ~. 2 정처 없이 여기저기 방랑하다. ¶이리저리 **굴러다니다가** 이제야 겨우 가정을 가졌다.

굴:러-들다 동(자) <-드니, -드오> (이리저리 떠돌던 물건이나 사람 등이) 일정한 곳에 들어오다.

굴:러-먹다 [-따] 동(자) (어느 곳에서) 비천하고 험한 삶을 겪다. 상대를 얕잡는 뜻의 속된 말임. ¶어디서 **굴러먹던** 녀석인데 여기 와서 까불어?

굴렁-대 [-때] 명 손에 쥐고 굴렁쇠를 밀어 굴리는 굵은 철사 도막이나 막대기.

굴렁-쇠 [-쇠/-쉐] 명 어린이 놀이 기구의 하나. 자전거 바퀴처럼 둥근 테 모양의 쇠. 굴렁대로 굴리며 놂. =동그랑쇠.

굴레 명 1 마소를 부리기 위해 머리 부분을 얽어매는 줄 및 코뚜레나 재갈 등의 장치. 고삐는 코뚜레나 재갈에 연결됨. 2 행동의 자유를 얽매는 대상. 비유적인 말임. =기반(羈絆). (비)속박. ¶인습의 ~에서 벗어나야 하다.

[굴레 벗은 말] ㉠거칠게 행동하는 사람을 이르는 말. ㉡구속에서 벗어나 몸이 자유로움을 이르는 말.

굴레(를) 쓰다 굳 일이나 구속에 얽매여 벗어나지 못하게 되다.

굴레(를) 씌우다 굳 일이나 구속으로 얽매어 벗어나지 못하게 하다.

굴:리다 동(타) 1 '구르다'의 사동사. ¶공을 ~ / 바퀴를 ~. 2 (물건을) 소중히 다루지 않고 아무 데나 두다. 3 (나무토막 같은 것을) 모나지 않게 둥글게 깎다. 4 (차를) 운행하다. ¶자가용을 두 대나 **굴린다**. 5 (돈을) 이자 놀이하여 불리다. ¶돈을 ~. 6 (장구채를) 가볍게 자주 치다.

굴:림 [-림] 명 무거운 물건을 옮길 때, 그 밑에 깔아서 굴리는 둥근 나무.

굴먹-굴먹 [-꿀-] 부 그릇마다 모두 굴먹한 모양. 작골막골막. **굴먹굴먹-하다** 형(여)

굴먹-하다 [-머카-] 형(여) 그릇에 조금만 남겨 놓고 거의 다 차다. 작골막하다.

굴복¹(屈伏) 명 1 머리를 숙이고 꿇어 엎드리다. 2 =굴복(屈服). **굴복-하다**¹ 동(자)여

굴복²(屈服) 명 (어떤 세력이나 대상에) 저항하지 못하고 굽히거나 눌리어 좇거나 따르는 것. =굴복(屈伏). **굴복-하다**² 동(자)여 ¶권력에 ~.

굴비 명 소금에 약간 절여서 통째로 말린 조기. 세는 단위는 '두름'. 손(2마리)·두름(20마리). =건석어(乾石魚). ¶영광(靈光) ~.

굴삭-기(掘削機) [-끼] 명 땅을 파거나 깎는 데 쓰이는 중장비. 특히, 포클레인을 이르는 말. 일본에서 '삭(削)'의 '착(鑿)'의 대용한 자인 데서, '굴착기' 대신 생겨난 일본 한자어임. 순화어는 '굴착기'.

굴성(屈性) [-썽] 명 [식] 식물체의 일부가 외부의 자극을 받았을 때, 그 자극 방향에 관계되는 어느 방향으로 굽는 성질. 굴광성(屈光性)·굴수성(屈水性)·굴지성(屈地性)·굴화성(屈化性) 따위. =굽성.

굴:-속(窟-) [-쏙] 명 1 굴의 안. ¶~을 지나가는 열차. 2 굴처럼 어두워서 캄캄한 곳을 비유하여 이르는 말. ¶방 안이 마치 ~ 같다.

굴수-성(屈水性) [-쑤썽] 명 [식] 식물성이 습도에 대해서 나타내는 굴성. =굴습성(屈濕性). ▷굴성·향수성.

굴신¹(屈伸) [-씬] 명 굽힘과 폄. 또는, 굽혔다 펴다 하는 것. **굴신-하다**¹ 동(타)여 ¶너무 얻어맞아서 몸을 **굴신하지** 못하겠다.

굴신²(屈身) [-씬] 명 1 몸을 앞으로 굽히는 것. 2 =겸사(謙辭) 2. **굴신-하다**² 동(자)여

굴썩-하다 [-써카-] 형(여) 그릇에 찬 것이 조금 부족하다. 작골싹하다.

굴왕-신(屈枉神) 명 무덤을 지키는 귀신. 몸치레를 하지 않아 모습이 매우 남루하다고 함.

굴왕신-같다(屈枉神-) [-갇따] 형 낡고 찌들고 몹시 더러워 보기에 흉하다.
굴욕(屈辱) 명 남에게 눌리거나 꺾이거나 함으로써 체면이 깎이거나 자존심이 상하여 부끄러움을 느끼는 상태. (비)치욕. ¶~을 당하다 / ~을 참다.
굴욕-감(屈辱感) [-깜] 명 굴욕을 느끼는 감정. =항욕감.
굴욕-적(屈辱的) [-쩍] 관명 굴욕을 느끼게 하는 상태에 있는 (것). ¶~ 패배.
굴!-우물(窟-) 명 몹시 깊은 우물.
굴절(屈折) [-쩔] 명 1 휘어서 꺾이는 것. 2 (주로, '되다'와 결합하여) (사람의 마음이나 의식이) 바르지 못하고 뒤틀어지거나 비뚤어지는 것. 3 (물) 광파(光波)·음파(音波)·수파(水波)가 한 매질(媒質)에서 다른 매질로 들어갈 때, 경계면에서 그 진행 방향이 꺾이는 현상. 4 (언) 어떤 말이 문장 속에서의 기능이나 관계의 차이에 따라 어형(語形)의 변화를 일으키는 현상. =굴곡. **굴절-하다** 동(자여) ¶빛이 ~. **굴절-되다** 동(자) ¶비행 청소년의 **굴절된** 의식.
굴절-각(屈折角) [-쩔-] 명 (물) 빛이나 소리가 한 매질에서 다른 매질로 들어가면서 굴절할 때, 굴절에 의하여 생긴 파면(波面)의 진행 방향이 경계면의 법선과 이루는 각.
굴절^광선(屈折光線) [-쩔-] 명 (물) 빛이 하나의 매질로부터 다른 매질로 들어갈 때, 입사점에서 굴절로 인하여 방향을 바꾸어 진행하는 광선.
굴절-률(屈折率) [-쩔-] 명 (물)(화) 광파(光波)가 하나의 매질에서 다른 매질로 입사(入射)할 때, 입사각의 사인(sine)과 굴절각의 사인의 비(比). =굴절도.
굴절^망^원경(屈折望遠鏡) [-쩔-] 명 (물) 대물렌즈에 볼록 렌즈를 쓰는 방식의 망원경. ▷반사 망원경.
굴절-어(屈折語) [-쩔-] 명 (언) 언어 분류의 한 가지. 어형(語形)과 어미의 변화로써 단어가 문장 가운데서 여러 관계를 나타내는 성질을 가진 언어. 인도·유럽 어족이나 셈 어족의 대부분이 이에 속함.
굴절-파(屈折波) [-쩔-] 명 (물) 입사파 중에서, 제1매질에서 제2매질로 들어간 파.
굴-젓 [-쩟] 명 생굴로 담근 젓. ¶어리~. ×구젓.
굴종(屈從) [-쫑] 명 (상대에게) 자기 뜻을 굽혀 복종하는 것. **굴종-하다** 동(자여) ¶지배 세력에게 **굴종하고** 아첨하는 무리.
굴지(屈指) [-찌] 명 1 무엇을 셀 때, 손가락을 꼽는 것. 2 (주로 '굴지의'의 꼴로 쓰여) 여럿 가운데에서 손가락을 꼽아 셀 만큼 뛰어난 것. ¶우리나라 ~의 재벌. **굴지-하다** 동(자여)
굴지-성(屈地性) [-찌썽] 명 (식) 식물체가 중력(重力)의 작용에 대해서 일으키는 굴성. ▷굴성·향지성.
굴진(掘進) [-찐] 명 (땅을) 파 들어가는 것. **굴진-하다** 동(타여)
굴진-기(掘進機) [-찐-] 명 굴·갱도 등을 파는 데에 쓰는 기계. 광산·고속도로·지하철 공사 등에 이용함.
굴!-집(窟-) [-찝] 명 굴처럼 파서 만든 집.
굴착(掘鑿) 명 (땅이나 암석 따위를) 파고 뚫는 것. **굴착-하다** 동(타여)
굴착-기(掘鑿機) [-끼] 명 토목 공사에서, 흙이나 바위를 파거나 부수거나 뚫는 데 쓰이는 기계의 총칭.
굴-참나무 명 (식) 참나뭇과의 낙엽 활엽 교목. 높이 25m 정도. 5월에 꽃이 피고, 열매는 10월에 익는데 식용함. 나무껍질은 코르크의 원료로 쓰임.
굴촉-성(屈觸性) [-썽] 명 (식) 식물체가 다른 물체에 접촉하는 자극에 대하여 일으키는 굴성. =향촉성.
굴-통(-筒) 명 바퀴에서, 한가운데는 굴대가 들어가는 쇠고리를 댄 구멍이 있고, 그 둘레에는 바큇살을 꽂을 홈이 패어 있는 부분. =굴통.
굴피(-皮) 명 1 참나무의 두꺼운 껍질. 2 빈 돈주머니.
굴피-나무 명 (식) 가래나뭇과의 낙엽 활엽 소교목. 높이 약 10m. 5~6월에 꽃이 피고, 열매는 9월에 익음. 열매와 뿌리는 약용하며, 나무껍질은 줄 대용으로 씀.
굴피-집 명 참나무·상수리나무·삼나무 등의 두꺼운 나무껍질로 지붕을 인 집. 주로, 화전민들이 이용함.
굴-하다(屈-) 동(자여) (어떤 난관이나 세력에) 애초의 뜻을 굽히거나 포기하다. (비)굴복하다. ¶그는 권력 [역경]에 **굴하지** 않고 맞서 싸웠다.
굴!혈(窟穴) 명 1 =소굴(巢窟). 2 바위나 땅에 팬 굴.
굴화-성(屈化性) [-썽] 명 (식) 식물체가 화학 물질의 자극에 대하여 나타내는 굴성. =향화성(向化性). ▷굴성.
굵다 [국따] 형 1 (긴 물체가) 둘레가 크다. ¶굵은 기둥 / 팔이 ~. 2 (알 모양의 물건이) 부피가 크다. ¶굵은 모래 / 감자가 ~. 3 (목소리가) 우렁우렁 울려 크다. ¶굵은 바리톤 음성. 4 (피륙의 바탕이) 거칠고 투박하다. ¶저 삼베는 올이 너무 ~. (참고) '굵-'은 다음에 오는 어미의 첫소리가 ㄱ일 때에는 [굴로], 그 외의 자음일 경우에는 [국]으로 소리 남. 곧, '굵고'는 [굴꼬], '굵지'는 [국찌]로 소리 남.
굵!-다랗다 [국따라타] 형(ㅎ)<-다라니, -다라오, ~다래> 꽤 또는 퍽 굵다. ¶굵다란 목소리. ↔가느다랗다.
굵!-디-굵다 [국끽따] 형 몹시 굵다. ↔가늘디가늘다.
굵은-베 명 굵은 올로 짠 삼베. ↔가는베.
굵은-소금 명 알이 거칠고 굵은 소금. ↔가는소금.
굵직-굵직 [국찍꾹찍] 부 모두 다 굵은 모양. **굵직굵직-하다** 형(여) ¶밤톨이 ~. **굵직굵직-이** 부
굵직-하다 [국찌카-] 형(여) 대체로 굵다고 여겨지는 상태에 있다. ¶고구마가 ~. **굵직-이** 부
굶-기다 [굼-] 동(타) '굶다'의 사동사. ¶저녁을 ~.
굶다 [굼따] (굶고/굶어) 동(자타) 1 (사람이 끼니를) 거르거나 먹지 않다. 또는, (동물이) 먹이를 오랫동안 먹지 못하다. ¶밥을 ~ / 점심을 ~ / 종일 굶었더니 배고파 견딜 수가 없다. 2 노름·오락 등에서, 자기 차례를 ~ (속) 오랫동안 성교를 거르다. [**굶기를 밥 먹듯 한다**] 자주 굶는다. [**굶어 죽기는 정승 하기보다 어렵다**] 아무리 가난하여도 좀처럼 굶어 죽지는 않는다.
굶!-주리다 [굼-] 동(자) 1 먹을 것이 없어 주리다. ¶굶주린 늑대 / 헐벗고 ~. 2 어떤 것

굶주림
을 흡족하게 누리지 못하여 몹시 모자람을 느끼다. ¶사랑에 ~ / 배움에 ~.
굶:주림[굼-] 圓 먹을 것이 없어 배를 곯는 일. =기황(饑荒). 圓기아(飢餓). ¶~에 시달리다 / 이제 겨우 ~을 면했다.
굶다[굴타] 혭 1 (담긴 것이) 그릇에 가득하지 않고 비어 있다. ¶쌀독에 쌀이 ~. 짝곯다. 2 한 부분이 푹 꺼져 있다.
굶어-지다[굴-] 퇸困 1 한 부분이 우묵하게 들어가다. 2 다 차지 않게 되다.
굼닐-거리다/-대다 困困 자꾸 굼닐다. × 굼일거리다.
굼닐다 퇸困<굼니니, 굼니오> (몸을) 일으켰다 구부렸다 하다.
굼:-뜨다 혭<~뜨니, ~떠> 동작이 몹시 느리다. ¶큰 몸집을 **굼뜨**게 움직이다. ↔날래다.
굼:벵이 圓 1 [동] 매미의 애벌레. 누에 비슷하나 몸이 짧고 뚱뚱함. 2 동작이 몹시 굼뜨고 느린 사람을 얕잡아 이르는 말.
[굼벵이도 구르는[꾸부리는] 재주가 있다] 어떤 사람도 각각 장기가 있으니 업신여기지 말라는 말.
굼:-슬겁다[-따] 혭ㅂ<~슬거우니, ~슬거워> '굼살갑다'의 큰말.
굼실-거리다/-대다 困困 1 (벌레나 뱀 따위가) 느릿느릿 자꾸 움직이다. 짝곰실거리다. 2 (물결이) 굽이치며 넘실거리다. 또는, (어떤 사물이) 물결처럼 넘실거리다. 센꿈실거리다.
굼실-굼실 튄 굼실거리는 모양. ¶송충이가 ~ 기어가다. 짝곰실곰실. 센꿈실꿈실. **굼실굼실-하다** 困困.
굼적 튄 '꿈쩍'의 여린말. '꿈적'의 여린말이기도 함. 짝곰작. **굼적-하다** 困困여¶굼벵이가.
굼적-거리다/-대다[-꺼(때)-] 困困 '꿈쩍거리다'의 여린말. '꿈적거리다'의 여린말이기도 하다. 짝곰작거리다.
굼적-굼적[-꿈-] 튄 '꿈쩍꿈쩍'. '꿈적꿈적'의 여린말이기도 함. ¶그는 늦게서야 이부자리에서 ~ 일어났다. 짝곰작곰작. **굼적굼적-하다** 困困여.
굼지럭 튄 '꿈지럭'의 여린말. 준굼질. 짝곰지락. **굼지럭-하다** 困困여.
굼지럭-거리다/-대다[-꺼(때)-] 困困 '꿈지럭거리다'의 여린말. 준굼질거리다. 짝곰지락거리다.
굼지럭-굼지럭[-꿈-] 튄 '꿈지럭꿈지럭'의 여린말. 준굼질굼질. 짝곰지락곰지락. **굼지럭굼지럭-하다** 困困여.
굼질 튄 '굼지럭'의 준말. 짝곰질. 센꿈질. **굼질-하다** 困困여.
굼질-거리다/-대다 困困 '굼지럭거리다'의 준말. 짝곰질거리다. 센꿈질거리다.
굼질-굼질 튄 '굼지럭굼지럭'의 준말. 짝곰질곰질. 센꿈질꿈질. **굼질굼질-하다** 困困여.
굼틀 튄 '꿈틀'의 여린말. 짝곰틀. **굼틀-하다** 困困여.
굼틀-거리다/-대다 困困 '꿈틀거리다'의 여린말. 짝곰틀거리다.
굼틀-굼틀 튄 '꿈틀꿈틀'의 여린말. 짝곰틀곰틀. **굼틀굼틀-하다** 困困여.
굽 圓 1 말·소·양 따위 짐승의 두껍고 단단한 발톱. ¶말 ~. 2 그릇의 밑바닥에 붙은 나지막한 받침. 3 나막신 바닥에 달린 두 개의

발. 4 구두 밑바닥의 뒤축에 붙어 있는 부분. ¶~이 높은 구두 / ~을 새것으로 갈다.
굽-갈이[-깔-] 圓 닳은 굽을 새것으로 바꾸어 대는 일. **굽갈이-하다** 困困.
굽:다¹[-따] (굽고 / 구워) 困困<구우니, 구워> 1 (날음식이나 말린 음식을) 불 위에 놓고 익히다. ¶고기를 ~ / 김을 ~. 2 (빵을) 오븐으로 익히다. ¶빵을 ~. 3 나무를 태워 숯을 만들다. ¶숯을 ~. 4 (벽돌·도자기·옹기 따위를) 가마에 넣고 불을 때어 굳히다. ¶도자기를 ~ / 벽돌을 ~. 5 사진의 음화(陰畫)를 감광지에 옮겨 인화하다. ¶사진을 ~. 6 (소금을) 바닷물을 증발시켜 만들다. ¶소금을 ~. 7 (시디에[를]) 음악·영상 따위의 정보를 기록하다. ¶시디를 ~ / 음악을 시디에 ~.
굽:다²[-따] Ⅰ혭 한쪽으로 휘어져 있다. ¶굽은 가지 / 허리가 **굽은** 할머니. 짝곱다. Ⅱ困 한쪽으로 휘다. ¶팔이 안으로 **굽지** 밖으로 **굽으랴**.
굽도 젖도 할 수 없다 囗 형편이 막다른 데 처하여 어찌해 볼 방도가 없다. ¶돈이 떨어져 ~.
굽-도리[-또-] 圓 방 안 벽의 아랫도리.
굽도리-지[-紙] [-또-] 圓 방 안 벽의 아랫도리에 바르는 종이. 준굽도리.
굽-바닥[-빠-] 圓 굽의 밑바닥.
굽슬-굽슬[-쓸-쓸] 튄 (털이나 실 따위가) 구불구불한 모양. 짝곱슬곱슬. **굽슬굽슬-하다** 혭여.
굽신-거리다 困困 '굽실거리다'의 잘못.
굽신-굽신 '굽실굽실'의 잘못.
굽실[-씰] 튄 절을 하거나 남의 비위를 맞추느라 머리와 허리를 구부리는 모양. ¶~ 절을 하다. 짝곱실. 센꿉실. **굽실-하다** 困困.
굽실-거리다/-대다[-씰-] 困困 1 몸을 자꾸 굽푸리다. ¶허리를 ~. 2 남의 비위를 맞추느라고 비굴하게 행동하다. ¶상사의 비위를 맞추느라 꽤나 **굽실거린**다. 짝곱실거리다. ×굽신거리다.
굽실-굽실[-씰-씰] 튄 굽실거리는 모양. 짝곱실곱실. 센꿉실꿉실. **굽실굽실-하다** 困困여¶선거철만 되면 입후보자들은 너나없이 유권자들에게 **굽실굽실한**다.
굽어-보다 困困 1 고개나 허리를 굽혀 아래를 내려다다. ¶언덕 위에서 고향 마을을 ~. 2 아랫사람을 도와주려고 사정을 살피다. ¶하느님이 늘 우리를 **굽어보신**다.
굽어보-이다 困困 '굽어보다'의 피동사. ¶남산에서 서울 시내가 ~.
굽어-살피다 困困 아랫사람을 도와주려고 자세히 살펴보다. ¶제발 저희 형편을 **굽어살펴** 주십시오. / 하늘이여, 이 백성을 **굽어살피소서**.
굽-이 圓 ① 困 산길이나 강물 등이 휘어져 구부러진 곳. ¶산~ / 물~ / 대관령을 넘으려면 험하고 가파른 ~를 돌아야 한다. ② 의존 휘어져 구부러진 곳을 세는 단위. ¶아흔아홉 ~ 고갯길.
굽이-감다[-따] 困困 (길이나 강 등의 진행이 어떤 곳을) 끼고 빙 돌다. ¶산모롱이를 **굽이감고** 도로가 나 있다. / 강이 마을을 **굽이감고** 흐른다.
굽이-굽이 튄 1 휘어서 구부러지는 모양. 또는, 휘어서 굽은 곳곳마다. 2 물이 굽이쳐 흐르는 모양. ¶~ 흐르는 강물. 짝고비고비.

굽이-돌다 툉(자)〈~도니, ~도오〉(길이나 물줄기가 굽이진 데를) 굽이쳐 돈다. ¶계곡을 **굽이돌아** 내려오는 시냇물 / 시외버스가 비탈진 산길을 **굽이돌아** 간다.
굽이-지다 툉(자) 한쪽으로 구부러져 들다. ¶**굽이져** 들어간 해안선.
굽이-치다 툉(자) (흐르는 물이) 힘차게 굽이를 이루다. ¶**굽이치는** 강물.
굽일-거리다 툉(자)(타) '굼닐거리다'의 잘못.
굽적[-쩍] 튀 몸을 굽히며 머리를 숙이는 모양. 작곱작. 센꿉적. **굽적-하다** 툉(타)(여)
굽적-거리다/-대다 [-쩍꺼-] 툉(때)-튀 머리를 숙이고 자꾸 몸을 굽힌다. 작곱작거리다. 센꿉적거리다.
굽적-굽적 [-쩍꿉쩍] 튀 굽적거리는 모양. 작곱작곱작. 센꿉적꿉적. **굽적굽적-하다** 툉(타)(여)
굽-죄다 [-쬐-/-쮀-] 툉(타) 떳떳하지 못하여 기를 펴지 못하다.
굽죄-이다 [-쬐-/-쮀-] 툉(자) '굽죄다'의 피동사. ¶선생님 앞에 가면 공연히 **굽죄여** 말이 안 나온다.
굽-지(-紙) [-찌] 몡 '굽도리지'의 준말.
굽-질리다 [-찔-] 툉(자) 일이 꼬여 제대로 안 되다.
굽-창 몡 짚신이나 미투리 바닥의 뒤쪽에 덧대는 가죽 조각.
굽-통 몡 말이나 소의 발굽의 몸통.
굽-히다 [구피-] 툉(타) 1 '굽다²II'의 사동사. ¶허리를 **굽혀** 인사하다 / 팔을 ~. 2 (의지나 주장 등을) 꺾고 남을 따르다. ¶자기주장을 끝까지 **굽히지** 않다.
굿¹[굳] 몡[민] 무당이 음식을 차려 놓고 노래를 부르고 춤을 추면서 신에게 복을 비는 의식. ¶액막이~ / 살풀이~.
[**굿 뒤에 날장구 친다**] 일이 다 끝난 뒤에 쓸데없는 말을 가지고 떠들고 나선다. [**굿이나 보고 떡이나 먹지**] 남의 일에 쓸데없는 간섭을 하지 말고 되어 가는 형편을 보고 있다가 이익이나 얻도록 하라는 말.
굿을 보다 团 남의 일에 참견하지 않고 보기만 하다.
굿²[굳] 몡 1 '구덩이'가 줄어서 변한 말. 2 [광] 광산이나 탄광의 갱. 3 뫼를 쓸 때, 널이 들어갈 만큼 알맞게 파서 다듬어 놓은 구덩이.
굿-거리[굳꺼-] 몡[음] 1 무당이 굿할 때 치는 장단. 2 '굿거리장단'의 잘못.
굿거리-장단 [굳꺼-] 몡[음] 농악에 쓰이는 느린 4박자의 장단. 행진곡에 사용되고 느린 춤의 반주에도 사용됨.
굿-막(-幕) [굳-] 몡[광] 광부들이 쉬거나 연장을 보관하기 위하여 구덩이 밖에 지은 작은 집. =갱사.
굿-문(-門) [굳-] 몡[광] =갱구(坑口).
굿-복(-服) [굳뽁] 몡[광] =굿옷.
굿-옷[굳옫] 몡[광] 광부가 일할 때 입는 옷. =굿복.
굿-일[굳닐] 몡 1 뫼의 구덩이를 파는 일. 2 광산의 구덩이를 파는 일.
굿-중[굳쭝] 몡[불] 절의 경비를 마련하기 위해 집집으로 꽹과리를 치고 돌아다니며 시주를 청하는 중.
굿중-패(-牌) [굳쭝-] 몡 굿중의 무리.
굿-판[굳-] 몡 굿이 벌어진 판.
굿-하다 [구타-] 툉(자) (무당이) 노래와 춤 등으로 의식(儀式)을 행하다.

궁¹(宮) 몡 1 황제나 왕, 왕족이 사는 규모가 큰 집. 비궁가·궁궐·궁전·대궐. ¶경복~ / 덕수~ / 운현~. 2 =장(將)². 3 장기판에서, 장(將)이 그 안에서만 다닐 수 있도록 정해진 자리. 4 [천] 천구(天球)의 구분상의 명칭. ▷황도 십이궁.
궁²(宮) 몡[음] 오음(五音) 중 첫째 음.
궁³(窮) 몡 가난한 상태나, 가난한 기색. ¶~에 빠지다.
궁(이) 끼다 团 궁상이 끼다. ¶얼굴에 **궁이 끼었다**.
궁가(宮家) 몡[역] 대군·왕자군·공주·옹주 등 왕족이 거처하는 집. 비궁(宮).
궁경(窮境) 몡 생활이 몹시 어려운 지경.
궁구(窮究) 몡 (사물의 원리나 현상을) 깊이 파고들어 연구하는 것. **궁구-하다** 툉(타)(여) ¶우주의 철리를 ~.
궁굴리다¹ 툉(타) 1 너그럽게 생각하다. 2 좋은 말로 구슬리다. ¶떼를 쓰는 아이를 잘 ~.
궁굴리다² 툉(타) (어떤 사물을) 이리저리 굴리다. ¶공을 ~ / 눈알을 ~.
궁굴-채 몡[음] 농악 등에서 장구를 칠 때 왼손에 쥐고 장단을 치는 채.
궁궐(宮闕) 몡 [왕·왕족이 사는 집을 뜻하는 '궁(宮)'과 출입문 좌우의 망루를 뜻하는 '궐(闕)'이 합쳐진 말] 임금과 그의 가족 및 그들의 생활을 돌보는 사람들이 사는 집. =궁정(宮廷)·궁금·궐(闕)·금궐·어궁(御宮)·옥문(玉門)·제궐(帝闕). 비궁·궁전·대궐·great. ¶구중(九重).
궁극¹(窮極) 몡 사물의 진행·발전·추구 과정의 마지막이나 끝. =구경(究竟)·구극. ¶학문의 ~의 목표는 진리의 세계로 나아가는 것이다.
궁극²(窮極) → **궁극-하다** [-그카-] 휑(여) 1 더할 나위 없이 간절하다. 2 더할 나위 없이 철저하다. 3 더할 나위 없이 빈궁하다. ¶**궁극한** 생활. **궁극-히** 튀
궁극-스럽다(窮極-) [-쓰-따] 휑(ㅂ)〈-스러우니, -스러워〉 끝장을 보겠다는 듯이 태도가 극성스러운 데가 있다. **궁극스레** 튀
궁극-적(窮極的) [-쩍] 관·몡 궁극에 도달하는 (것). ¶~ 목적.
궁글다 휑〈궁그니, 궁그오〉 1 착 달라붙어야 할 물건이 들떠서 속이 비다. ¶장판이 ~. 2 단단한 물체 속의 한 부분이 텅 비다. ¶고목 밑둥이 ~. 3 소리가 웅숭깊다.
궁금-증(-症) [-쯩] 몡 알고 싶어 답답한 마음. ¶~이 일다 / ~이 풀리다.
궁금-하다 휑(여) 1 무엇이 어찌 되었는지 알고 싶어 마음이 안타깝다. ¶시험 결과가 ~ / 그에게서 몇 달째 소식이 없어 머 ~. 2 속이 출출하여 무엇이 먹고 싶다. ¶입이 **궁금하던** 차에 마침 어머니가 군밤을 가져오셨다. **궁금-히** 튀
궁기(窮氣) [-끼] 몡 궁한 기색. 비궁색. ¶~가 흐르는 차림새 / 얼굴에 ~가 잔뜩 끼었다.
궁내(宮內) 몡 대궐의 안. 비궁중·궐내.
궁녀(宮女) 몡[역] =나인.
궁노-수(弓弩手) 몡[역] 활과 쇠뇌를 쏘는 군사.
궁대(弓袋) 몡 =활집.
궁도(弓道) 몡 1 궁술(弓術)을 닦는 일. 또는, 그 도의. 2 활을 쏘는 무술. ¶~ 대회.
궁둥-방아 몡 '엉덩방아'의 잘못.
궁둥이 몡 1 엉덩이의 아랫부분. 곧, 앉으면

바닥에 닿는 부분. ¶~가 펑퍼짐하다. 2 옷에서 엉덩이 아래가 닿는 부분. ¶바지 ~가 해지다.

[궁둥이에서 비파 소리가 난다] 아주 바쁘게 싸대어 조금도 앉을 겨를이 없는 모양을 이르는 말.

궁둥이가 무겁다 굅 동작이 굼뜨고 아무 데고 한번 앉으면 일어날 줄 모르고 오래 앉아 있다.

궁둥이를 붙이다 굅 1 궁둥이를 바닥에 대고 앉다. 2 앉아서 여유를 갖거나 쉬다. ¶그는 여기저기 수금하러 다니느라 잠시도 **궁둥이를 붙이고** 있을 틈이 없었다. 3 생활할 곳을 정하여 안정하다.

궁둥이-뼈 몡[생] 몸통과 다리를 연결하는 한 쌍의 큰 뼈. 골반을 형성함. =관골(臗骨)·관비·무명골(無名骨).

궁둥잇-바람 [-이빠-/-읻빠-] 몡 신이 나서 궁둥이를 흔드는 기세. ¶~이 나다.

궁둥잇-짓 [-이찓/-읻찓] 몡 걷거나 춤을 출 때 궁둥이를 흔드는 짓. **궁둥잇짓-하다**

궁둥-짝 몡 1 궁둥이의 좌우 두 짝. 2 '궁둥이'의 낮은말.

궁-떨다 (窮-) 통(자) '궁상떨다'의 잘못.

궁륭(穹窿) 몡 활이나 무지개같이 높고 길게 굽은 형상. 또는, 그런 형상으로 만들어진 천장이나 지붕. ▷돔(dome).

궁륭-형(穹窿形) [-늉-] 몡 반달이나 활등 모양의 형상.

궁리(窮理) [-니] 몡 1 사물의 이치를 깊이 연구하는 것. 2 마음속으로 이리저리 따져 깊이 생각하는 것. 또는, 그러한 생각. ¶~가 나다 / 그는 ~ 끝에 기가 막힌 묘안을 생각해 냈다. **궁리-하다** 통(타)여 ¶아무리 **궁리해도** 그 많은 빚을 갚을 길이 없다.

궁리궁리-하다(窮理窮理-) [-니-니-] 통(타)여 여러모로 궁리를 거듭하다.

궁마(弓馬) 몡 1 활과 말. 2 궁술과 마술.

궁문(宮門) 몡 궁전의 문. 삐궐문(闕門).

궁민(窮民) 몡 생활이 어렵고 궁한 백성. 삐난민(難民).

궁박(窮迫) →**궁박-하다** [-바카-] 혱여 몹시 곤궁하다. ¶재정적으로 몹시 ~. **궁박-히** 튀

궁방-전(宮房田) [역] 조선 시대에, 후비·왕자·공주 등의 궁전에서 소요되는 경비를 위해 지급되던 토지.

궁-밭(宮-) [-받] 몡 장기에서, 궁(宮)을 중심으로 한 여덟 개의 밭.

궁벽(窮僻) →**궁벽-하다** [-벼카-] 혱여 후미지고 으슥하다. ¶**궁벽한** 산골. **궁벽-히** 튀

궁사(弓師) 몡 1 활을 만드는 사람. 2 =활잡이 2.

궁상¹(窮狀) 몡 가난으로 얼굴이나 차림새가 꾀죄죄하거나 초라한 상태. ¶얼굴에 ~이 잔뜩 끼다 / ~이 묻어나는 행색.

궁상²(窮相) 몡 궁하게 생긴 상.

궁상각치우(宮商角徵羽) 몡[음] 오음(五音)의 각 명칭.

궁상-떨다(窮狀-) 통(자) <~떠니, ~떠오> 차림새를 꾀죄죄하게 하고 있거나 돈 쓰는 일에 벌벌 떨거나 하여 가난한 티를 내다. ¶옷 꼴이 그게 뭐니? 제발 **궁상떨지** 마라. ×궁떨다.

궁상-맞다(窮狀-) [-맏따] 혱 궁상을 떠는 성질이 있다. ¶**궁상맞은** 옷차림.

궁상-스럽다(窮狀-) [-따] 혱(ㅂ)여 <~스러우니, ~스러워> 궁상을 떠는 데가 있다. **궁상스레** 튀

궁색¹(窮色) 몡 곤궁한 기색. 삐궁기.

궁색²(窮塞) →**궁색-하다** [-새카-] 혱여 1 돈이 부족하여 살아가는 데 어려움을 겪는 상태에 있다. 삐가난하다. ¶**궁색한** 집안 / **궁색하게** 살다. 2 (말이) 이유나 근거가 충분히 제시되지 못하여 억지스럽다. ¶**궁색한** 변명. **궁색-히** 튀

궁색-스럽다(窮塞-) [-쓰-따] 혱(ㅂ)여 <~스러우니, ~스러워> 궁색한 데가 있다. ¶**궁색스러운** 생활 / 대답이 ~.

궁성(宮城) 몡 1 궁궐을 둘러싼 성벽. =궁장(宮牆)·금성(禁城). 2 임금이 거처하는 궁전. 삐궁궐(宮闕).

궁세(窮勢) 몡 곤궁한 형세나 형편.

궁수(弓手) 몡 활을 쏘는 군사.

궁수-자리(弓手-) 몡[천] 황도 십이궁의 아홉째 별자리. 염소자리와 전갈자리 사이에 있으며, 9월 상순 저녁에 자오선을 통과함. =사수궁·사수자리·사수좌·인마궁.

궁술(弓術) 몡 활 쏘는 기술. ¶~ 시합.

궁시(弓矢) 몡 활과 화살. =궁전(弓箭).

궁실(宮室) 몡 궁전 안에 있는 방.

궁싯-거리다/-대다 [-싣꺼(때)-] 통(자) 1 잠이 오지 않아 누워서 이리저리 몸을 뒤척이다. 2 어떻게 할 바를 몰라 이리저리 머뭇거리다. ¶책과 씨름하고 원고지 앞에서 **궁싯거리던** 그 같은 서재에서 개운한 마음으로 이런 생각에 잠기는 것은 참으로 유쾌한 일이다.〈이효석:낙엽을 태우면서〉

궁싯-궁싯 [-싣꿍싣] 튀 궁싯거리는 모양. **궁싯궁싯-하다** 통(자)여

궁여지책(窮餘之策) 몡 궁한 나머지 생각다 못하여 짜낸, 그다지 좋다고 할 수 없는 꾀. ¶그는 빚을 갚을 길이 없어 ~으로 집을 팔기로 했다.

궁인(宮人) [역] = 나인.

궁장(宮牆·宮墻) 몡 =궁성(宮城) 1.

궁전(宮殿) 몡 임금이나 왕족이 사는 크고 으리으리한 건물. 삐궁(宮)·궁궐(宮闕). ¶베르사유 ~.

궁정¹(宮廷) 몡 =궁궐(宮闕).

궁정²(宮庭) 몡 궁궐 안의 마당.

궁정-악(宮廷樂) 몡[음] 궁중에서 연주하는 음악.

궁중(宮中) 몡 대궐 안. 삐궁정·궐내(闕內). ¶~ 음식 / ~ 비화(祕話).

궁중ˆ**무용**(宮中舞踊) 몡 나라의 경사, 궁중의 연회, 외국 사신의 접견 등 왕실을 중심으로 각종 연회에서 베풀어지던 춤.

궁중ˆ**문학**(宮中文學) 몡[문] 궁궐 안의 생활을 소재로 한 작품. 또는, 궁중의 귀인(貴人)이 지은 작품. ¶'한중록'은 우리나라 ~의 대표작이다.

궁중-어(宮中語) 몡[언] 궁궐 안에서만 독특하게 쓰이는 말. '밥'을 '수라', '이불'을 '기수'라 하는 따위. =궁중말.

궁지(窮地) 몡 어려움이나 난처함에서 더 이상 벗어날 수 없는 상태나 처지. ¶~에 몰리다 / ~에 빠지다 / ~에 몰아넣다.

궁체(宮體) 몡 한글 글씨체의 하나. 조선 시대에 궁녀들의 글씨체에서 비롯하였음.

궁촌(窮村) 몡 1 가난한 마을. 삐빈촌(貧村). 2 외따로 떨어져 후미진 마을. ¶~ 벽지.

궁-터(宮-) 圏 궁궐이 있던 자리. =궁지(宮趾).

궁-티(窮-) 圏 궁한 태도나 기색.

궁-팔십(窮八十) 圏 중국 주(周)나라 무왕 때 정승이던 강태공(姜太公)이 벼슬하기 전까지 80년을 가난하게 살았다는 데에서, '가난하게 삶'을 이르는 말. ▷달팔십(達八十).

궁핍(窮乏) ➡궁핍-하다 [-피파-] 혱여 몹시 가난하다. ¶궁핍한 생활. **궁핍-히** 뷔

궁-하다(窮-) 혱여 **1** 경제적으로 넉넉하지 못하다. (비)가난하다. ¶궁한 살림 / 용돈이 ~. **2** (주로 '궁한 소리', '궁한 말'의 꼴로 쓰여) 경제적으로 쪼들리고 있음을 호소하거나, 또는 그 호소를 통해 어떤 도움을 은근히 받고자 하는 태도가 있다. **3** 막다른 처지에 이르러 달리 어찌할 방법이 없다. **4** (대답할 말이) 쉽게 찾을 수 없는 상태에 있다. ¶꼬치꼬치 캐묻는 통에 대답이 **궁했다**.
[궁하면 통한다] 몹시 궁박한 처지에 이르면 도리어 벗어날 길이나 방법이 생긴다.

궁한 소리 丘 사정이 어려움을 하소연하는 소리. ¶하루는 친구가 찾아와서 ~를 하더라.

궁합(宮合) 圏민 음양오행설에 따라, 혼인할 남녀의 사주를 맞추어 보아 배우자로서 적합한지, 또 복되게 잘살게 될지 등의 여부를 점치는 일. 또는, 그 결과로서 나타난 부부의 인연. ¶~을 보다 / ~이 좋다 / ~이

궁형¹(弓形) 圏 **1** 활 모양으로 굽은 꼴. ¶~을 이룬 천장. **2** [수] '활꼴'의 구용어.

궁형²(宮刑) 圏역 옛날 중국의 오형(五刑)의 하나. 생식기를 없애는 형벌.

궁흉(窮凶) ➡궁흉-하다 혱여 성정(性情)이 몹시 음침하고 흉악하다.

굳디다 [굳니-] 동재 **1** '죽다'를 에둘러 이르는 말임. ¶무슨 병환에 그렇게 졸지에 **굳기셨소**. 《홍명희: 임꺽정》 **2** 일에 해살이 들어 잘되지 않다.

굳다 [굳따] 혱 **1** (날씨가) 비가 오거나 눈이 내려 좋지 못하다. ¶**굳은** 날씨 / 날만 **굳으면** 어깨가 쑤신다. **2** (어떤 일이) 언짢고 싫다. ¶그는 내 말을 듣고서도 좋다 ~ 말 한마디 없었다.

궂은-날 圏민 재난이나 부정이 있다고 믿어 꺼리게 되는 날.

궂은-비 圏 오랫동안 끄느름하게 내리는 비. =고우(苦雨).

궂은-살 圏 부스럼 속에 두드러지게 내민 군더더기 살. =노육(努肉)·군살·췌육.

궂은-소리 圏 사람이 죽은 소식.

궂은-일 [-닐] 圏 **1** 쉽잖고 꺼림하여 하기 싫은 일. =진일. ¶~도 마다하지 않고 열심히 일하다. **2** 초상을 치르는 일.

궂히다 [구치-] 동태 **1** (사람을) 죽게 하다. ¶그러다가 사람 **궂히겠다**. **2** (일을) 그르치게 하다. ¶남의 일을 ~.

권¹(勸) 圏 권고하는 말. ¶그는 주위의 ~으로 다시 고시 공부를 시작했다.

권²(卷) 의존 **1** 책을 세는 단위. ¶책 두 ~. **2** 여러 책으로 편찬된 전집 등에서 그 순서를 나타내는 단위. ¶이광수 전집 제2~. **3** 한지(韓紙) 20장을 한 묶음으로 하는 단위. ¶장호지 세 ~. **4** =릴(reel)②. ¶필름 두 ~. **5** 주로 고서(古書)에서, 책을 내용에 따라 구분하는 단위. ¶'삼국유사' ~ 2/3 ~ 1책 목판본.

-권³(券) 젭미 **1** 일정한 자격이나 권리를 증명하는 표임을 나타내는 말. ¶입장~ / 상품~ / 회수~. **2** 지폐나 수표의 단위 액수를 붙여, 얼마짜리임을 나타내는 말. ¶천 원~ 지폐 / 십만 원~ 수표.

-권⁴(圈) 젭미 **1** [지] 지구 상 위도 66도 30분의 지점을 연결하여 그은 모양의 선이나 그 이상의 고위도 지방을 나타내는 말. ¶남극 ~. **2** '범위', '그 테두리의 안'의 뜻을 나타내는 말. ¶수도~ / 합격~.

-권⁵(權) 젭미 명사 끝에 붙어, 그 명사에 따르는 '권리'나 '자격'을 나타내는 말. ¶묵비~ / 사법~ / 선거~ / 저작~.

권가(權家) 圏 '권문세가(權門勢家)'의 준말.

권간(權奸) 圏 권력을 가진 간신.

권고(勸告) 圏 (어떤 일을) 하도록 말하여 권하는 것. ¶주위의 ~를 받아들이다. **권고-하다** 동태여 ¶의사는 환자에게 요양을 권고했다.

권고-사직(勸告辭職) 圏 권고에 의하여 그 직책에서 물러나게 하는 일.

권곡(圈谷) 圏 [지] 빙하의 침식 작용에 의하여 'U'자 모양으로 팬 땅. =카르(Kar).

권곡-호(圈谷湖) [-고코] 圏 [지] 권곡에 형성된 호수. =카르호.

권구(眷口) 圏 한집에 사는 식구. =권식.

권귀(權貴) 圏 벼슬이 높고 권세 있는 사람.

권내(圈內) 圏 일정한 범위 안. ¶성적이 ~에 들다. ↔권외(圈外).

권념(眷念) 圏 보살펴 생각하는 것. **권념-하다** 동태여

권농(勸農) 圏 농사를 장려하는 것. **권농-하다** 동재여

권농-가(勸農歌) 圏 농사짓는 일에 관련된 노래의 총칭.

권능(權能) 圏 **1** 권세와 능력. ¶절대적인 ~을 행사[부여]하다. **2** [법] 권리를 행사할 수 있는 능력 범위.

권도(權道) 圏 목적 달성을 위하여 때에 따라 임기응변으로 일을 처리하는 방도.

권독(勸讀) 圏 독서를 권하는 것. **권독-하다** 동태여

권두(卷頭) 圏 책의 첫머리. =개권(開卷)·권수. ¶~ 화보 / ~에 머리말을 싣다. ↔권말(卷末).

권두-사(卷頭辭) 圏 =권두언.

권두-언(卷頭言) 圏 책의 머리말. =권두사.

권려(勸勵) [-럴] 圏 권하여 장려하는 것. **권려-하다** 동태여

권력(權力) [-럭] 圏 남을 자기 의사에 복종시키거나 지배할 수 있는, 공인된 권리와 힘. 특히, 국가나 정부가 국민에 대하여 갖고 있는 강제력. ¶국가 ~ / ~ 다툼 / ~을 잡다 / 쿠데타로 군부 ~을 장악하다.

권력-가(權力家) [-력까] 圏 권력을 누리는 사람. (비)권력자. ¶전횡을 일삼는 ~.

권력-관계(權力關係) [-력꽌계/-력꽌게] 圏 합법적인 권리의 행사에 의하여 성립되는 지배와 복종의 사회적 관계.

권력^분립(權力分立) [-력뿔-] 圏[정] 국가 권력의 남용을 막고 상호 견제와 균형을 유지할 수 있도록 여러 기관에 분산시키는 일. 삼권 분립이 그 대표적인 예임.

권력-자(權力者) [-력짜] 圏 권력을 가진 사람. (비)권력가. ¶대통령은 국가의 최고 ~이다.

권력-층(權力層) [궐-] [명] 권력을 가진 계층. ¶~ 내부의 암투.
권력^투쟁(權力鬪爭) [궐-] [명][정] 대립하는 개인·단체·정당·국가·계급 등의 사이에서 벌어지는, 정치권력을 잡기 위한 긴장 상태나 투쟁.
권리(權利) [궐-] [명][법] 어떤 일을 자유로이 행하거나 타인에 대하여 당연히 주장하고 요구할 수 있는 힘이나 자격. ¶~를 행사하다 / 인간은 누구나 자유와 행복을 누릴 ~가 있다. ↔의무(義務).
권리-금(權利金) [궐-] [명][법] 부동산 임대차 계약의 체결에서, 임대료 이외에 장소나 영업상의 특수 이익의 대가로 치르는 돈.
권리^능력(權利能力) [궐-넉] [명][법] 권리의 주체가 될 수 있는 법률상의 자격.
권리-락(權利落) [궐-] [명][경] 회사가 증자(增資)를 할 때, 일정한 기일까지의 주주(株主)에 대해서만 새 주를 할당하므로, 그 이후의 새 주주에게는 이 할당을 받을 권리가 없어지는 일. ↔권리부.
권리-부(權利附) [궐-] [명][경] 주식에서 증자(增資)한 새 주를 받을 수 있는 권리를 가지는 일. ↔권리락.
권리^선언(權利宣言) [궐-] [명][역] 1689년 영국의 명예혁명 때, 의회가 제출한 인민 권리의 선언.
권리^장전(權利章典) [궐-] [명][역] 1689년에 제정된 영국의 법률. 권리 선언을 확인하고, 의회의 입법권과 왕위 계승의 순위를 규정하였음.
권리-증(權利證) [궐-쯩] [명][법] =등기필증(登記畢證). ¶부동산 ~.
권리^청원(權利請願) [궐-] [명][역] 1628년 영국 의회가 찰스 1세에게 제출하여 그 승인을 얻은 청원서. 불법적으로 국민을 체포하지 말 것, 국회의 동의 없이 과세하지 말 것 등이 규정되어 있음.
권리^행위(權利行爲) [궐-] [명][법] 권리를 가진 사람이 권리를 행사하는 행위.
권말(卷末) [명] 책의 맨 끝. ¶~ 부록. ↔권두.
권!매(勸賣) [명] 팔기를 권하는 것. **권!매-하다** [동][타][여]
권면[1](券面) [명] **1** 유가 증권의 액수를 기록한 겉면. **2** '권면액'의 준말.
권!면[2](勸勉) [명] 알아듣도록 타일러서 힘쓰게 하는 것. **권!면-하다** [동][타][여] ¶학생들에게 독서를 ~.
권면-액(券面額) [명] 은행권·어음·수표·채권·주권 등 유가 증권의 표면에 기재된 금액. [준]권면.
권모(權謀) [명] 그때그때 형편에 따라 둘러맞추는 모략.
권모-술수(權謀術數) [-쑤] [명] 목적 달성을 위하여 수단과 방법을 가리지 않는 온갖 재주. ¶~에 능한 정객(政客) / ~를 쓰다. [준]권술.
권문(權門) [명] '권문세가'의 준말.
권문-세가(權門勢家) [명] 벼슬이 높고 권세가 있는 집안. ¶그자는 출세를 위해 ~를 뻔질나게 드나들었다. [준]권가·권문.
권문-자제(權門子弟) [명] 권세 있는 집안의 아들.
권번(券番) [명] 일제 강점기에, 기생들이 기적(妓籍)을 두었던 조합.
권!법(拳法) [-뻡] [명] 주먹을 써서 지르고 막아 내고 하는 격투 기술.
권변(權變) [명] 일의 형편에 따라 임기응변으로 일을 처리하는 수단.
권병(權柄) [명] 권력으로 사람을 좌우할 수 있는 신분이나 그 힘.
권부(權府) [명] 권력을 행사하는 관부(官府).
권불십년(權不十年) [-씹-] [명] 아무리 높은 권세라도 10년을 가지 못함. ▷화무십일홍.
권!사(勸士) [명][기] 전도 사업을 맡아보는, 크리스트교의 교직(敎職)의 하나. 또는, 그 사람.
권!선[1](捲線) [명][물] =코일.
권!선[2](勸善) [명] **1** 착한 일을 하도록 권하고 장려하는 것. **2** [불] 불가(佛家)에서 보시(布施)를 청하는 것. **권!선-하다** [동][자][여]
권!선-징악(勸善懲惡) [명] 착한 일을 권장하고 악한 일을 징계함. ¶~을 주제로 한 소설. [준]권징.
권세(權勢) [명] 권력과 세력. 또는, 남을 복종시키는 세력. ¶~를 부리다 / ~를 피우다.
권!속(眷屬) [명] **1** 자기 집안에 딸린 식구. [비]계루(繫累). ¶~을 거느리다. **2** '아내'의 낮춤말.
권!솔(眷率) [명] 한집에서 거느리고 사는 식구. [비]식솔(食率).
권수(卷數) [-쑤] [명] 책의 수효.
권!식(眷食) [명] =권구(眷口).
권신(權臣) [명] 권세를 잡은 신하.
권!양-기(捲揚機·卷揚機) [명] =윈치.
권역(圈域) [명] 어떤 특정한 범위 안의 지역이나 영역.
권외(圈外) [-외/-웨] [명] 일정한 한계나 범위의 밖. ↔권내(圈內).
권운(卷雲) [명][기상] 상층운(上層雲)의 하나. 섬세한 섬유 모양의 흰 구름. =두루마리구름·새털구름·털구름.
권위(權威) [명] **1** 남을 지휘·감독하거나 통솔하여 따르게 하는 힘. ¶아버지의 ~ / ~가 서다 / ~가 실추되다 / ~를 잃다. **2** 일정한 부문에서 사회적으로 인정받고 일정한 영향을 끼칠 수 있는 능력이나 위신. 또는, 그런 사람. ¶~ 있는 논문.
권위-자(權威者) [명] 어떤 부문에 권위가 있는 사람. ¶사계(斯界)의 ~ / 김 교수는 조류 생태학의 ~이다.
권위-적(權威的) [관][명] 권위를 내세우는 (것). ¶~ 태도 / 그는 부하에게 ~으로 대했다.
권위-주의(權威主義) [-의/-이] [명] 어떤 일을 권위에 의지하여 해결하려고 하는 태도. 또는, 권위에 맹목적으로 복종하는 태도.
권!유(勸誘) [명] (어떤 사람에게 좋다고 생각하는 어떤 일을) 하도록 권하는 것. ¶그는 친구의 ~로 서예를 배우는 중이다. **권!유-하다** [동][타][여] ¶의사는 그에게 적당한 운동을 **권유했다**.
권익(權益) [명] 어떤 사람이나 집단 등의 권리와 그에 따르는 이익. ¶~ 옹호 / 여성의 ~을 향상시키다 / 소비자의 ~을 보호하다.
권!장(勸奬) [명] (어떤 대상을 어떤 사람에게) 권하여 장려하는 것. =장권. ¶~ 도서(圖書). **권!장-하다** [동][타][여] ¶저축을 ~. **권!장-되다** [동][자]
권!장^가격(勸奬價格) [-까-] [명][경] 정부가 적당하다고 생각하는 표준을 표시한 가격. =권고 가격.
권-적운(卷積雲) [명][기상] 상층운(上層雲)의 하나. 희고 작은 구름 덩어리가 군집하여 얼록 모양이나 파도 모양을 이루는 구름. =비늘구름·조개구름·털쎈구름.

권점(圈點)[-쩜] 명 1 글의 중요한 부분이나 글 끝에 찍는 둥근 점. 2 한자 옆에 찍어 사성(四聲)의 구별을 표시하는 둥근 점. 3 [역] 조선 시대, 관원 임명의 방법으로 후보자의 성명 밑에 찍던 점. **권점-하다** 동(자)(타)(여) 벼슬아치를 뽑을 때 후보자의 성명 밑에 둥근 점을 찍다.

권좌(權座) 명 권력, 특히 통치권을 가지고 있는 지위. ¶~에 오르다 / ~에서 물러나다.

권!주(勸酒) 명 술을 권하는 것. ¶~가(歌). **권!주-하다** 동(자)(여)

권!찰(勸察) 명 [기] 장로교에서, 신자의 가정 형편을 살피고 심방하는 직책. 또는, 그 사람.

권!총(拳銃) 명 한 손으로 쥔 상태로 다룰 수 있도록 짧고 작게 만든 총. =단총(短銃). ¶~ 강도 / ~ 자살 / 호신용 ~ / ~을 쏘다.

권!축(卷軸) 명 1 글씨나 그림을 표장(表裝)하여 말아 놓은 축(軸). 2 주련(柱聯) 아래에 가로지른 둥글고 긴 나무.

권!취-지(卷取紙)[-찌] 명[인] 윤전기 따위에 쓰는 둥글게 이어 만 종이. 비두루마리.

권-층운(卷層雲)[기상] 상층운(上層雲)의 하나. 엷고 흰 베일 모양으로 하늘 일면에 퍼져 있는 구름. =햇무리구름·면사포구름·털층구름.

권!태(倦怠) 명 어떤 일이나 대상에 흥미나 관심을 잃고 시들해지거나 싫증이나 따분함을 느끼는 상태. ¶도시(직장) 생활에 ~를 느끼다.

권!태-감(倦怠感) 명 어떤 일이나 대상에 권태를 느끼는 상태. 또는, 그 느낌. ¶결혼 생활에 대한 ~.

권!태-기(倦怠期) 명 어떤 일이나 대상에 권태를 느끼는 시기. ¶그들 부부는 ~에 접어들었는지 자주 싸웠다.

권!태-롭다(倦怠-)[-따] 형(ㅂ)<-로우니, -로워> (어떤 일이나 대상이) 권태를 느끼게 하는 상태에 있다. ¶권태로운 나날을 보내다. **권!태로이** 부

권!토-중래(捲土重來)[-내] 명[흙먼지를 말아 일으키며 다시 온다는 뜻으로, 항우가 유방과의 결전에서 패배하여 오강(烏江) 근처에서 자결한 것을 두고 당나라 시인 두목이 탄식한 데서] 1 한 번 패하였다가 세력을 회복하여 다시 쳐들어옴. 2 어떤 일에 실패한 뒤 힘을 쌓아 다시 그 일에 착수함. **권!토중래-하다** 동(자)(여)

권!투(拳鬪)[체] 양 손에 글러브를 끼고 서로 상대방의 벨트 위의 상체를 치고받아 판정이나 케이오로 승패를 결정하는 경기. 체중별 계급으로 나누어서 함. =복싱. ¶~ 시합 / ~ 선수 / 프로 ~.

권폄(權窆) 명 좋은 산소 자리를 구할 때까지 임시로 장사를 지내는 것. =중폄(中窆). **권폄-하다** 동(자)(여)

권!-하다(勸-) 동(타)(여) 1 (누구에게 무엇을 하는 것이 좋겠다는 뜻의 의견을 내다. ¶학생들에게 독서를 ~ / 의사는 환자에게 운동을 할 것을 권하였다. 2 (누구에게 음식이나 담배, 물건 등을) 먹거나 피우거나 이용하도록 말하다. ¶술을 ~ / 자리를 ~.

권커니 잣거니 구 술 따위를 남에게 권하면서 자기도 마시며 계속하여 먹는 모양. ¶오랜만에 만난 친구와 그는 ~ 술을 마시며 시간 가는 줄 몰랐다.

권!학(勸學) 명 학문을 힘써 배울 것을 권하는 것. ¶~가(歌). **권!학-하다** 동(자)(여)

권한(權限) 명 권리와 권력 또는 직권이 미치는 범위. ¶~을 부여하다 / 그것은 내 ~ 밖의 일이다.

권한^대!행(權限代行) 명[법] 공법에서, 어떤 국가 기관이나 국가 기관의 구성원의 권한을 다른 국가 기관이나 국가 기관의 구성원이 대행하는 일. 사법에서도 대리인의 대리 행위에 관하여 사용될 수 있음. ¶대통령~.

권화(權化)[불] 부처나 보살이 중생을 구제하기 위하여 자신의 모양을 바꾸어 사람으로 세상에 나타나는 것. =화신(化身).

궐¹(闕) 명 =궁궐.

궐²(闕) 명 1 해야 할 일을 빠뜨리거나 모임에 빠지는 것. 2 자리가 비는 것. 비결원.

궐기-하다(蹶起-)(어떤 무리의 사람들이)어떤 일에 대한 각오를 다지거나 결심을 굳히면서 기운차게 일어서는 것. **궐기-하다** 동(자)(여) ¶애국 시민 여러분, 반독재 민주화 투쟁을 위해 다 같이 궐기합시다!

궐기^대!회(蹶起大會)[-회/-훼] 명 어떤 문제에 대하여 해결책을 촉구하기 위해 뜻있는 사람들이 궐기하는 모임.

궐내(闕內)[-래] 명 대궐의 안. 비궁내(宮內)·궁중. ↔궐외.

궐녀(厥女)[-려] 대(인칭) '그 여자'를 홀하게 이르는 말. 오늘날에는 잘 쓰이지 않는 말임. ↔궐자.

궐련 잘게 썬 담뱃잎을 얇은 종이에 가늘게 말아 놓은 물건. 오늘날 가장 일반적인 형태의 담배임. 원권연(卷煙). ▷엽궐련.

궐련-갑(-匣)[-깝] 명 1 궐련을 넣어 봉한 종이 갑. 2 궐련을 몸에 지니도록 상자처럼 만든 갑. =초갑(草匣).

궐문(闕門) 명 대궐 문. 비궁문(宮門).

궐사(闕祀)[-싸] 명 제사를 궐하는 것. =궐제·궐향(闕享). **궐사-하다** 동(자)(여)

궐석(闕席)[-썩] 명 =결석(缺席)¹. **궐석-하다** 동(자)(여)

궐식(闕食)[-씩] 명 =결식(缺食). **궐식-하다** 동(자)(여)

궐외(闕外)[-외/-웨] 명 대궐 밖. ↔궐내.

궐원(闕員) 명 =결원(缺員). **궐원-하다** 동(자)(여) **궐원-되다** 동(자)(여)

궐위(闕位) 명 어떤 지위가 비는 것. 또는, 빈 자리. ¶대통령의 ~ 시에는 국무총리가 그 직을 대행한다. **궐위-하다** 동(자)(여)

궐자(厥者)[-짜] 대(인칭) '그 사람'을 홀하게 이르는 말. 오늘날에는 잘 쓰이지 않는 말임. 비그자. ¶~의 흘겨 뜨는 눈은 부리부리하고 혐오굳었으나···.〈염상섭:만세전〉 ↔궐녀.

궐제(闕祭)[-쩨] 명 =궐사(闕祀). **궐제-하다** 동(자)(여)

궐하(闕下) 명 ['대궐 아래', '대궐 전각 아래'라는 뜻] 임금의 앞. ¶신하들이 ~에 엎드려 임금의 하회를 기다렸다.

궐-하다(闕-) 동(여) ① (자) (모임·일 따위에) 참여하지 않고 빠지다. ② (타) 해야 할 일을 하지 않다.

궤!¹(几) 명[역] 1 늙어서 벼슬을 그만두는 신하에게 임금이 내리는 물건. 앉아서 팔을 편히 기대는 도구임. 2 제사에 쓰는 상의 하나.

3 장사 지낼 때 무덤 속에 시체와 함께 묻는, 명기(明器)의 하나.
궤²(櫃) 몡 물건을 넣도록 나무로 네모나게 만든 그릇. ¶돈~ / 쌀~.
궤ː간(軌間) 몡 1 궤도의 너비. 2 철도 레일의 두 쇠줄 사이의 너비.
궤ː계(詭計) [-계/-계] 몡 간사하게 남을 속이는 꾀. =궤모(詭謀)·궤술(詭術).
궤ː도(軌道) 몡 1 행성·혜성·인공위성 등이 중력의 영향을 받아 다른 천체의 둘레를 돌면서 그리는 곡선의 길. ¶타원 ~ / 우주선이 ~에 진입하다. 2 열차나 전차 따위가 다닐 수 있도록 땅 위에 깔아 놓은, 레일·침목 등의 구조물. ¶복선 ~. 3 일의 발전 과정에서, 웬만큼 높은 수준이나 단계. ¶~에 오르다. 4 일을 진행하거나 추구해 나가는 방향. ¶~ 수정 / ~를 바꾸다.
궤ː도-전ː자(軌道電子) 몡 [물] 원자핵의 주위에 배치된 전자. =핵외 전자(核外電子).
궤ː도-차(軌道車) 몡 궤도 위를 다니는 차. 기차나 전차 따위.
궤멸(潰滅) 몡 무너지거나 흩어져서 없어지는 것. 궤멸-하다 재여 궤멸-되다 동재
궤배(跪拜) 몡 무릎을 꿇고 절하는 것. 궤배-하다 재여
궤ː변(詭辯) 몡 1 [논] 거짓된 명제를 외견상 혹은 형식상 타당한 것처럼 보이는 논리로 남을 납득시키고자 하는 변론. ¶~술(術). 2 이치에 맞지 않는 사실을 그럴듯하게 둘러대는 말. ¶~을 늘어놓다.
궤ː변-가(詭辯家) 몡 1 =소피스트. 2 이치에 맞지 않는 것을 그럴듯한 논리로 둘러대기를 잘하는 사람.
궤ː변-론(詭辯論) [-논] 몡 [철] 철학을 개념의 유희로 전환하고 철학적 논의나 논쟁에서 궤변을 주된 수법으로 삼는 철학.
궤ː양(潰瘍) 몡 피부나 점막이 짓무르거나 허는 병. ¶위~ / 십이지장~.
궤ː연(几筵) 몡 1 죽은 사람의 혼백이나 신주를 놓는 의자나 상과 그에 딸린 물건들. 또는, 그것들을 갖추어 차려 놓는 곳. 2 =영좌(靈座)².
궤ː적(軌跡·軌迹) 몡 1 탈것이나 움직이는 물체가 남긴 움직임의 흔적. ¶탄도 미사일의 비행 ~. 2 어떤 일이 이루어진 온 과정이나 자취. ¶삶의 ~ / 한국 회화사의 ~을 한눈에 볼 수 있는 전시회. 3 [수] '자취²'의 구용어.
궤ː조(軌條) 몡 =레일.
궤ː주(潰走) 몡 (싸움·전쟁 등에서 져서) 흩어져 달아나는 것. =분궤(奔潰). 궤ː주-하다 동여
궤ː-짝(櫃-) 몡 '궤(櫃)²'를 속되게 이르는 말. ¶돈~ / 쌀~.
귀¹ 몡 1 사람이나 동물의 머리 양쪽에 있는, 한 쌍의 청각 기관. 사람의 경우, 외이(外耳)·중이(中耳)·내이(內耳)의 세 부분으로 구분됨. ¶~에 들리다 / ~에 쟁쟁하다 / ~를 막다 / ~를 기울이다 / ~를 즐겁게 하는 음악. 2 1 중에서 특히 몸의 겉에 내민 부분. ¶~가 크다 / 안경을 ~에 걸다. 3 '귀때'의 준말. ¶~가 깨진 항아리. 4 모가 난 물건의 모서리. ¶~가 맞지 않다 / 손수건을 ~를 맞추어 접다. 5 두루마기나 저고리의 섶 끝. 또는, 주머니의 양쪽 끝. ¶~가 닳아 빠지다. 6 바늘의 실 꿰는 구멍. ¶바늘~에 실을 꿰다. 7 두루마기의 양쪽 겨드랑이 아래 손을 넣게 만든 구멍. ¶두루마기의 양쪽 ~를 크게 내다. 8 바둑판의 모퉁이 화점(花點) 부분. 9 돈머리에 좀 더 붙은 우수리. ¶~는 떼고 10만 원만 주시오.
[귀가 보배라] ㉠배운 것은 없으나 들어서 아는 것이 많다. ㉡제때에 들을 수 있어 유익하게 된 경우를 이르는 말. [귀에 걸면 귀걸이, 코에 걸면 코걸이] 어떤 원칙이 있는 것이 아니라, 둘러대기에 따라 이렇게도 되고 저렇게도 될 수가 있다는 말.
귀가 가렵다 쥐 남이 제 말을 하는 것 같다.
귀가 뚫리다 쥐 말을 알아듣게 되다.
귀가 번쩍 뜨이다 쥐 들리는 소리에 선뜻 마음이 끌리다. ¶여행 가자니까 귀가 번쩍 뜨이니?
귀가 솔깃하다 쥐 어떤 말이 그럴듯하게 여겨져 마음이 쏠리다. ¶공짜라는 말에 ~.
귀가 절벽이다 쥐 1 귀가 아주 들리지 않다. ¶할머니는 ~. 2 세상 소식에 어둡다.
귀(를) 기울이다 남의 이야기나 의견에 관심을 가지고 주의를 모으다. =귀를 재다. ¶선생님의 말씀에 ~.
귀(가) 따갑다(아프다) 쥐 1 소리가 크거나 날카로워 듣기에 괴롭다. ¶매미 소리가 어찌나 요란한지 귀가 따가울 지경이다. 2 너무 여러 번 들어서 듣기가 싫다. ¶영희는 어머니에게서 시집가라는 소리를 귀가 따갑도록 들었다.
귀를 의심하다 쥐 믿기 어려운 이야기를 들어 잘못 들은 것이 아닌가 생각하다.
귀에 거슬리다 쥐 (어떤 말이) 자기 생각과 맞지 않아 비위가 상하다. ¶형을 좋아하진 않지만, 남이 우리 형 흉보는 것은 귀에 거슬린다.
귀에 들어가다 쥐 누구에게 알려지다. ¶이 소문이 김 씨 귀에 들어가면 아마 그의 딸은 쫓겨나게 될 거야.
귀에 못이 박히다 쥐 같은 말을 여러 번 들어 싫은 느낌이 들다. ¶그 이야기는 귀에 못이 박히도록 들었으니, 이제 그만두게.
귀(가) 여리다 쥐 속는 줄도 모르고 남의 말을 그대로 잘 믿다. 그 사람은 귀가 여려서 남이 하는 말에 혹한다.
귀(가) 울다 쥐 병적으로 귓속에서 윙윙 울리는 소리가 나다.
귀(에) 익다 쥐 1 들은 기억이 있다. ¶귀에 익은 목소리. 2 어떤 말이나 소리를 자주 들어 그것에 버릇이 되다. ¶기적 소리도 이제 귀에 익어 시끄러운 줄 모르겠다.
귀(를) 주다 쥐 1 남의 말을 엿듣다. ¶소년은 공부를 하는 체하면서 안방에서 들려오는 말소리에 귀를 주고 있었다. 2 남에게 살그머니 알려 조심하게 하다.
귀²(貴) 관 상대 단체나 기관 등을 가리켜 말할 때, 높이는 뜻을 나타내는 말. ¶~ 회사 / ~ 학교.
귀-³(貴) 접투 '흔하지 않은', '값비싼', '존귀한'의 뜻. ¶~금속 / ~부인 / ~공자.
귀가(歸家) 몡 집으로 돌아가거나 돌아오는 것. ㉡귀택. ¶~ 시간. 귀ː가-하다 동여 ¶그는 매일 밤늦게 귀가한다.
귀감(龜鑑) 몡 [거북[龜]은 길흉을 점치고, 거울[鑑]은 사물의 모습을 비춘다는 데서] 거울삼아 본받을 만한 모범. ¶~으로 삼다 / 신사임당은 한국 여성의 ~이다. / 그의 효행은 많은 사람들에게 ~이 되었다. ▶산자적.

귀갑(龜甲) 명 1 거북의 등딱지. 약재로 씀. 2 거북의 등딱지 모양과 비슷한 육각형의 무늬나 모양. ¶~선(船).

귀갓-길(歸家−) [−가낄/−갇낄] 명 집으로 돌아가거나 돌아오는 길. ¶~을 재촉하다.

귀-개 명 '귀이개'의 잘못.

귀객(貴客) 명 지위가 높거나 소중한 손님. 비귀빈(貴賓).

귀거래-사(歸去來辭) 명[문] 중국 진(晉)나라의 도연명(陶淵明)이 벼슬을 버리고 고향으로 돌아갈 때 지은 글.

귀-걸이 명 1 =귀마개1. ¶바깥이 추워 ~를 하고 나가다. 2 장식으로 귓불에 다는, 귀금속이나 보석 등으로 만든 물건. 오늘날에는 주로 여자들이 닮. 비귀고리. 3 '귀걸이안경'의 준말.

귀걸이-안경(−眼鏡) 명 안경다리 대신 실로 꿰어서 귀에 걸게 되어 있는 안경. 준귀걸이.

귀결(歸結) 명 1 최후에 다다르는 것. 또는, 그 결론이나 결과. ¶이 문제는 빨리 ~을 짓고 넘어가자. 2 [철][논] 원인이 되는 사태에서 결과로 생기는 사태. 또는, 논리적인 관계에서 전제(前提)로부터 유도되는 결론. ↔이유(理由). **귀결-하다** 통(자예) ¶당연한 결론으로 ~. **귀결-되다** 통(자) ¶여러 달을 끌어오던 문제가 오늘에야 귀결되었다.

귀결-부(歸結符) 명 수의 계산이나 문제를 풀어 귀결된 식을 보일 때 식 앞에 쓰는 부호 '∴'의 이름. =결과표·고로표.

귀결-점(歸結點) [−쩜] 명 결론이나 결말에 이르는 점.

귀:경(歸京) 명 서울로 돌아가거나 돌아오는 것. **귀:경-하다** 통(자예)

귀-고리 명 귓불에 장식으로 다는 고리. =이환(耳環). 비귀걸이. ×귀엣고리.

귀:곡(鬼哭) 명 귀신의 울음.

귀:곡-새(鬼哭−) [−쌔] 명 음산한 날의 밤에 구슬프게 우는 부엉이. =귀곡조(鬼哭鳥).

귀:곡-성(鬼哭聲) [−썽] 명 1 귀신의 울음소리. 2 귀곡새의 울음소리.

귀:골(貴骨) 명 귀한 사람이 될 골상(骨相). 또는, 그런 상을 가진 사람. ↔천골(賤骨).

귀:공(貴公) 대인칭 상대방을 높여 부르는 말. 같은 또래나 손아랫사람에 대하여 쓴다.

귀:공-자(貴公子) 명 1 귀한 집안에 태어난 남자. 2 생김새·몸가짐 등이 의젓하고 고상한 남자.

귀:관(貴官) 대인칭 1 지위가 높은 사람이 지위가 낮은 사람을 높여 부르는 말. 2 상대방이 관리일 때 그를 높여 일컫는 말.

귀:교¹(貴校) 명 상대방을 높여, 그의 학교를 이르는 말. ¶~ 학생을 추천해 주십시오.

귀:교²(歸校) 명 학교로 돌아가거나 돌아오는 것. **귀:교-하다** 통(자예)

귀:국¹(貴國) 명 상대방을 높여, 그의 나라를 이르는 말. =귀방(貴邦). ¶~ 정부.

귀:국²(歸國) 명 외국에 있던 사람이 자기 나라로 돌아가거나 돌아오는 것. =귀조(歸朝)·환국(還國)·회국(回國). ¶ 환영회. **귀:국-하다** 통(자예) ¶그는 4년 만에 미국에서 **귀국했다**.

귀-구(句*−) [°句'의 본음은 '구'] 명[문] 두 마디가 한 덩이씩 짝이 되도록 지은 글. 한문의 시부(詩賦) 따위. ↔줄글. ×구글.

귀:-금속(貴金屬) 명 산출량이 적어 귀중한 금속. 금·은·백금족 금속 등을 말하며, 산(酸)이나 알칼리에 변하지 않고 아름다운 금속광택을 지님. ↔비금속(卑金屬).

귀:기(鬼氣) 명 1 귀신이 나타날 것처럼 무시무시한 느낌. ¶~가 감도는 저택. 2 귀신이 붙은 듯한 느낌. ¶~가 서린 얼굴.

귀꿈-스럽다 [−따] 형(ㅂ) <~스러우니, ~스러워> 궁벽하여 흔하지 않다. **귀꿈스레** 부

귀-나다 자 1 물건의 모서리가 반듯하지 않고, 한쪽으로 실그러지다. ¶헝겊을 **귀나** 게 접다. 2 의논이 서로 빗나가 틀어지다. ¶"…내가 어제 이 판서에게 가서 미리 의론해 두었으니까 남들 듣기엔 말이 **귀날** 리 없지요."《홍명희: 임꺽정》

귀납(歸納) 명[논] 개개의 특수한 사실을 종합하여 거기에서 일반적인 원리를 이끌어 내는 일. ↔연역(演繹). **귀납-하다** 통(타예) **귀납-되다** 통(자예)

귀:납-법(歸納法) [−뻡] 명[논] 귀납 추리에 의한 사상(事象)의 연구법. ↔연역법.

귀:납-적(歸納的) [−쩍] 관명 귀납의 방식에 의한 (것). ¶~ 논리 / ~ 비평. ↔연역적.

귀:납 추:리(歸納推理) 명[논] 귀납에 의해 결론을 이끌어 내는 추리. =귀납 추리.

귀넘어-듣다 [−따] 통(타)(ㄷ) <~들으니, ~들어> 주의를 기울이지 않고 예사로 흘려듣다. ¶어머니가 하시는 말씀을 ~. ↔귀여겨듣다.

귀:녀(鬼女) 명 1 여자 모습의 귀신. 2 귀신처럼 흉하게 생긴 여자.

귀:녕(歸寧) 명 =근친(覲親)¹. **귀:녕-하다** 통(자예)

귀:농(歸農) 명 (다른 일을 하던 사람이) 농사를 지으려고 농사 터로 돌아가는 것. ↔이농(離農). **귀:농-하다** 통(자예)

귀-담다 [−따] 통(타) 마음에 단단히 새겨 두다. ¶그건 귀담아 둘 필요도 없는 이야기야.

귀담아-듣다 [−따] 통(타)(ㄷ) <~들으니, ~들어> (어떤 말을) 주의 깊게 잘 듣다. ¶선생님의 충고를 ~.

귀:대(歸隊) 명 자기 부대로 돌아가거나 돌아오는 것. ¶~병(兵) / ~ 시간. **귀:대-하다** 통(자예)

귀:댁(貴宅) 명 상대방을 높여, 그의 집안을 이르는 말. ¶~에는 이번 장마 때 피해는 없으신지요?

귀-동냥 명 (지식이나 정보를) 체계 있게 배우거나 얻지 못하고 여기저기서 남들이 하는 말을 듣고 단편적으로 알게 되는 것. ¶배우진 못했지만 ~으로 들어 조금 알지요. **귀동냥-하다** 통(타예)

귀:-동자(貴童子) 명 1 귀염을 받는 사내아이. 2 귀하게 자란 사내아이.

귀:두¹(鬼頭) 명[건] 종마루 양 끝에 세운 도깨비 머리 모양의 장식.

귀두²(龜頭) 명 1 =귀부(龜趺)². 2 [생] 반타원체 모양으로 된 음경의 끝 부분.

귀둥-대둥 부 말이나 행동을 가리지 않고 함부로 하는 모양. ¶~ 지껄여 대다. **귀둥대 둥-하다** 통(자예)

귀:-둥이(貴−) 명 특별히 귀염을 받는 아이. =귀동(貴童). ×귀둥이.

귀때 명 액체를 따를 때 다른 곳으로 흐르지 않도록 그릇 아가리에 새의 부리 모양으로 내밀게 만들어 놓은 부분. ¶~동이 / ~항아리. 준귀.

귀때-그릇 [−륻] 명 귀때가 달린 그릇.

귀-때기 명 '귀¹'을 비속하게 이르는 말. ×

귓대기.
귀뚜라미 [명][동] 메뚜기목 귀뚜라밋과의 곤충. 몸빛은 진한 갈색에 복잡한 얼룩점이 있음. 8~10월에 나타나 풀밭이나 뜰 안에 살면서 수컷이 가을을 알리듯이 욺. 울음소리는 '귀뚤귀뚤'. ㉣귀뚜리.
귀뚜리 [명][동] '귀뚜라미'의 준말.
귀뚤-귀뚤 [부] 귀뚜라미의 울음소리.
귀뜀 [명] '귀띔'의 잘못.
귀-띔 [─띰] [명] (어떤 일이나 사실을) 눈치로 알아차릴 수 있도록 미리 슬쩍 말하여 일깨워 주는 것. ¶선뵈는 자리라고 ∼이라도 해 줬어야지, 내 꼴이 이게 뭔가? ×귀뜸·귀뜸. **귀띔-하다** [동][자][타][여].
귀-로(歸路) [명] 제 집이나 제 나라 등을 일시적으로 떠났다가 돌아가거나 돌아오는 길. =귀도(歸途)·귀정(歸程). ¶∼에 오르다.
귀류-법(歸謬法) [─뻡] [명][논][수] 한 명제가 참인 것을 증명하려고 할 때, 그 명제의 부정(否定)은 참이라고 가정(假定)하여 거기에 나타나는 불합리성을 증명함으로써 원래의 명제가 참인 것을 보여 주는 증명법. ㈌배리법(背理法).
귀:리 [명] 1 [식] 볏과의 두해살이 재배 식물. 잎은 가늘고 길며, 꽃은 5∼6월에 핌. 2 1의 열매. 오트밀을 만들거나 술·과자의 원료 및 사료로 씀. =연맥(燕麥).
귀-마개 [명] 1 귀가 시리지 않게 귀에 덮는 물건. 흔히, 털붙이로 만듦. =귀걸이. 2 귓구멍을 막는 물건. ¶수영할 때 ∼를 하다.
귀-머거리 [명] 귀가 먹어 소리를 듣지 못하는 사람을 얕잡아 이르는 말. 완곡하 또는 순화어는 '청각 장애인'. ㈌농자(聾者).
[**귀머거리 삼 년이요 벙어리 삼 년이라**] 여자가 처음 출가해서 시집살이하기가 매우 어려움을 이르는 말. =연쇄(連鎖).
귀-머리 [명] 앞이마의 머리를 귀 뒤로 넘긴 머리. 또는, 귀밑에 난 머리.
귀-먹다 [─따] [동][자] 귀가 전혀 들리지 않거나 잘 들리지 아니하다. ¶그 할머니는 귀먹어서 듣지 못한다.
귀:면(鬼面) [명] 1 가면·기와 등에 그려지거나 조각된 귀신의 얼굴. 2 귀신의 얼굴 모양으로 만든 가면.
귀:면-기와(鬼面─) [명][건] 귀신의 얼굴이 조각된 장식 기와. 잡귀를 물리치고 재앙을 막기 위한 것으로, 지붕의 마루 끝에 붙임.
귀목(櫷木) [명] 느티나무의 재목. ¶∼ 뒤주.
귀:물(貴物) [명] 1 구하기 어려운 물건. 2 귀중한 물건.
귀:물-스럽다(貴物─) [─따] [형][비] <∼스러우니, ∼스러워> 귀중한 물건인 듯하다.
귀-밑 [─믿] [명] 뺨에서 귀에 가까운 부분.
귀밑-때기 [─믿─] [명] '귀밑'을 비속하게 이르는 말.
귀밑-머리 [─민─] [명] 1 이마의 한가운데를 중심으로 하여 좌우로 갈라 귀 뒤로 넘겨 땋은 머리 모양. 2 뺨에서 귀의 가까이에 난 머리털. ×귓머리.
[**귀밑머리(를) 풀다**] ㈀ 처녀 때에 땋았던 귀밑머리를 풀어 쪽을 찌고 시집가다.
귀밑-샘 [─믿쌤] [명][생] 귓바퀴 아래에서 시작되어 입 안으로 열려 있는 침샘. =이하선(耳下腺).
귀밑-털 [─믿─] [명] =살쩍.
귀밝이-술 [명][민] 귀가 밝아진다고 하여 음력 정월 보름날 아침에 마시는 술. =명이주

(明耳酒)·이명주(耳明酒)·총이주(聰耳酒). ㉣귀밝이.
귀법(句法) [명][문] '구법(句法)'의 잘못.
귀:부[1](鬼斧) [명] ['귀신의 도끼'라는 뜻] 신기한 연장이나 훌륭한 세공(細工).
귀부[2](龜趺) [명] 거북 모양으로 만든 비석(碑石)의 받침돌. =귀두(龜頭).
귀:-부인(貴婦人) [명] 신분이 높거나 상류층에 속하는 부인.
귀:비(貴妃) [명][역] 1 고려 시대에 비빈(妃嬪)에게 주던 칭호. 정1품임. 2 중국 당나라 때 후궁에게 주던 칭호. ¶양(楊)∼.
귀:빈(貴賓) [명] 귀한 손님. 특히, 사회적 지위나 신분이 높은 손님. ㈌귀객(貴客). ¶∼용/∼을 영접하다.
귀:빈-석(貴賓席) [명] 귀빈을 위하여 특별히 마련된 자리.
귀:빈-실(貴賓室) [명] 귀빈을 위하여 특별히 마련된 방. ¶정부의 ∼.
귀-빠지다 [동][자] '출생하다'를 속되게 이르는 말.
[**귀빠진 날**] ㈀ '생일'을 입말 투로 이르는 말.
귀-뺨 [명] 뺨의 귀쪽 부분. ¶∼이 벌그레하다.
귀-뿌리 [명] 귀가 뺨에 맞붙은 부분. =이근(耳根).
귀:-사[1](─士) [명] 장기판에서 궁밭의 아래 귀퉁이에 있는 사(士)를 일컫는 말.
귀사[2](貴社) [명] 상대방을 높여, 그의 회사를 이르는 말.
귀살머리-쩍다 [─따] [형] '귀살쩍다'를 속되게 이르는 말.
귀살-스럽다 [─따] [형][비] <∼스러우니, ∼스러워> 귀살쩍은 데가 있다. **귀살스레** [부].
귀살-쩍다 [─따] [형] 1 일이나 물건이 마구 얽혀 정신이 뒤숭숭하여 어수선하다. ¶에제없이 버력은 무더기무더기 쌓였다. 마치 사태 만난 공동 묘지와도 같이 **귀살쩍고** 되우 을씨년스럽다. ⟪김유정·금 따는 콩밭⟫
귀:상(貴相) [명] 귀한 인물이 될 생김새.
귀-상어 [명][동] 귀상엇과의 바닷물고기. 몸길이 4m 정도. 머리 양쪽에 귀와 같이 내민 것이 있는데, 그 끝에 눈이 박혔음. 몸빛은 회청색이며, 성질이 난폭함. 살은 식용함. =당목어(撞木魚)·장목어.
귀:선(歸船) [명] 1 항구에 돌아오는 배. 2 배에서 내린 사람이 다시 그 배로 돌아가는 것. **귀:선-하다** [동][자][여].
귀:성(歸省) [명] 부모를 뵙기 위하여 객지에서 고향으로 돌아가거나 돌아오는 것. **귀:성-하다** [동][자][여] ¶서울역 광장은 명절 때만 되면 **귀성하는** 사람들로 크게 붐빈다.
귀:성-객(歸省客) [명] 명절 같은 때에 귀성하는 여객.
귀:성-열차(歸省列車) [─녈─] [명] 명절이나 방학 무렵에 귀성하는 사람을 위하여 특별히 운행하는 열차.
귀:소^본능(歸巢本能) [명][동] 동물이 자기 서식처나 둥지 혹은 태어난 장소로 되돌아오는 성질 또는 능력. 꿀벌·개미·비둘기·제비 등에서 볼 수 있음. =귀소성. ▷귀소성(回歸性).
귀:소-성(歸巢性) [─썽] [명][동] =귀소 본능.
귀:속(歸屬) [명] 재산이나 권리·영토 따위가 누구 또는 어디에 딸리게 되는 것. 또는, 어떤 사람이 단체의 소속이 되는 것. **귀:속-하다** [동][자][여] **귀:속-되다** [동][자] ¶주인 없는 재산은 국가에 **귀속된다**.

귀:속^재산(歸屬財産)[-쩨-] 圐 1 [법] 법률이나 계약에 의하여 귀속된 재산. 2 [역] =적산(敵産)'2.

귀:속^지위(歸屬地位)[-찌-] 圐 [사] 자신의 의사나 재능과는 관계없이 태어나면서부터 자연적으로 얻게 되는 운명적인 지위.

귀:순(歸順) 圐 (적이나 간첩 등이) 더 이상 맞서거나 대항하지 않고 이쪽 세력에 동조하거나 속하게 되어 복종하는 것. ¶~ 용사. **귀:순-하다** 圐재여 ¶북한 동포 일가족이 우리나라로 귀순해 왔다.

귀:신(鬼神) 圐 1 민간 또는 무속 신앙에서, 일반적으로 눈에 보이지 않으나 때로 사람이나 동물의 모습으로 나타나기도 하는 존재로서, 인간의 능력을 초월하는 기이한 조화를 부리고 사람에게 해를 준다고 믿어지는 두려움의 대상. 불교나 크리스트교에서도 이와 유사한 특성을 가진 존재를 '귀신'이라고 부름. ¶물~/몽달~/~이 붙다/~을 쫓다. (준)신. 2 남보다 뛰어난 재주가 있는 사람의 비유. ¶그는 기계 다루는 데는 ~이다. 3 생김새나 차림새가 몹시 사납거나 흉한 사람의 비유.
[**귀신 씻나락 까먹는 소리**] 분명하지 않게 우물우물 말하는 소리. [**귀신이 곡**(哭)**할 노릇이다**] 하도 기묘하여 그 속내를 알 수가 없다.
귀신도 모르다 판 귀신도 모를 만큼 감쪽같다. ¶귀신도 모르게 물건을 빼내다.

귀:신-같다(鬼神-)[-갇따] 匽 동작이나 추측이 정확하거나 재주가 기막히게 뛰어난 데가 있다. **귀:신같-이** 囝 ¶~ 알아맞히는 점쟁이.

귀-싸대기 圐 귀와 뺨과의 어름을 속되게 이르는 말.
귀싸대기를 올리다 판 귀싸대기를 때리다.

귀:쌈 圐 '귀싸대기'의 잘못.

귀:앓이[-알-] 圐 귀를 앓는 병. =이통(耳痛). ¶~를 앓다.

귀:애(貴愛) 圐 귀엽게 여겨 사랑하는 것. **귀:애-하다** 圐태여 ¶"외숙모께서는 저를 귀애하셔서 머리도 빗겨 주시고 먹을 것도 주시건마는…."(이광수:무정)

귀-약(-藥) 圐 1 귀가 아플 때 쓰는 약. 2 화승총 옆에 채우는 화약.

귀얄 圐 풀·옻 따위를 칠할 때 쓰는 도구.

귀양 [<귀향(歸鄕)] [역] 형벌의 하나. 죄인을 고향이 아닌 먼 시골이나 섬으로 보내어 일정한 기간 동안 제한된 곳에서만 살게 하는 형벌. ¶~을 보내다/~이 풀리다/그는 역적으로 몰려 10여 년 동안 억울하게 ~을 살았다.
귀양(을) 가다 판 높은 지위에서 낮은 지위로 떨어지는 것을 속되게 이르는 말. ¶그 자리는 귀양 가는 자리야.

귀양-살이 圐 1 귀양의 형벌을 받고 정해진 곳에서 부자유스럽게 사는 일. 2 세상과 동떨어져 외롭고 불편하게 지내는 답답한 생활의 비유. ¶그는 산골에 묻혀 꼼짝없이 ~를 하고 있다. **귀양살이-하다** 圐재여

귀에지 圐 '귀지'의 잘못.
귀엣-고리 圐 '귀고리'의 잘못.
귀엣-말[-엔-] 圐 =귓속말. ¶~로 속삭이다. **귀엣말-하다** 圐재여

귀여겨-듣다[-따] 圐태ㄷ <~들으니, ~들어> 정신을 차려 주의 깊게 듣다. ¶특히 이 말은 귀여겨듣고 실천에 옮겨라. ↔귀넘어듣다.

귀여워-하다 圐태여 귀엽게 여기다. ¶아이를 ~.

귀염 圐 귀엽게 여기는 사랑. ¶~을 받다/그는 어려서부터 부모의 ~을 독차지했다.

귀염-둥이 圐 아주 귀여운 아이. 또는, 귀염을 받는 아이. ¶얘는 우리 집 ~ 막내입니다.

귀염-성(-性)[-썽] 圐 귀염을 받을 만한 바탕이나 성질. ¶그놈 참 ~ 있게 생겼군.

귀염성-스럽다(-性-)[-썽-따] 匽ㅂ <~스러우니, ~스러워> 꽤 귀여운 데가 있다. **귀염성스레** 囝

귀엽다[-따] 匽ㅂ <귀여우니, 귀여워> 1 (어떤 대상의 생김새가) 작고 세밀하면서 균형이 갖추어져 보기 좋은 상태에 있다. ¶아기 신발이 ~. 2 (작고 예쁜 사람이나 동물이 하는 행동이) 보기에 좋아 사랑스럽다. 대상이 사람인 경우, 그 범위가 일반적으로 어린아이 자기보다 어린 젊은 여자에 한정됨. ¶아기가 아장아장 걷는 모습이 참 ~./실수가 있더라도 귀엽게 봐 주세요.

귀:와(鬼瓦) 圐 귀신의 얼굴 형상을 한 기와.

귀-울음[-의] 圐 =이명(耳鳴).

귀웅-젖[-젇] 圐 젖꼭지가 내밀지 않고 파묻힌듯 쏙 들어간 여자의 젖.

귀:의(歸依)[-의/-이] 圐 1 돌아가 몸을 의지하는 것. 2 [종] 종교적 절대자나 종교적 진리를 깊이 믿고 의지하는 것. 3 [불] 부처나 불법이나 승(僧)에 마음을 맡겨 믿고 의지하는 것. =의귀(依歸). **귀:의-하다** 圐재여 ¶불교에 ~.

귀-이개 圐 귀지를 파내는 기구. ×귀개·귀후비개.

귀:인(貴人) 圐 1 신분이나 지위가 높은 사람. ↔천인(賤人). 2 [역] 조선 시대, 종1품 내명부의 봉작(封爵).

귀:인-상(貴人相) 圐 신분이나 지위가 고귀하게 될 듯한 얼굴 생김새.

귀:인-성(貴人性)[-썽] 圐 귀인다운 고귀한 바탕이나 성질.

귀:인성-스럽다(貴人性-)[-썽-따] 匽ㅂ <~스러우니, ~스러워> 꽤 귀인다운 데가 있다. **귀:인성스레** 囝

귀:일(歸一) 圐 1 나뉜 것이나 갈린 것이 하나로 합치는 것. 2 여러 가지 현상이 한 가지 결말이나 결과에 이르는 것. **귀:일-하다** 圐재여 **귀:일-되다** 圐재 ¶철학과 종교와 예술이 궁극적으로 추구하는 바는 삶의 문제로 귀일된다.

귀:임(歸任) 圐 근무지로 돌아가거나 돌아오는 것. **귀:임-하다** 圐재여

귀:잠 圐 아주 깊이 든 잠. ¶누가 업어 가도 모를 만큼 ~이 들었다.

귀:재(鬼才) 圐 세상에 드물게 뛰어난 재능. 또는, 그런 재능을 가진 사람. ¶그녀는 바이올린의 ~로 불린다.

귀절 '구절(句節)'의 잘못.
귀점 '구점(句點)'의 잘못.

귀-접이 圐 물건의 귀를 깎아 버리거나 접어서 붙이는 일. **귀접이-하다** 圐태여

귀:정(歸正) 圐 그릇되었던 사물이 바른길로 돌아오는 것. ¶~이 나다/~을 짓다. **귀:정-하다** 圐재여

귀-젖[-젇] 圐 귀나 그 가까이에 젖꼭지 모양으로 볼록 나온 군살.

귀:족(貴族) 圐 신분이나 가문이 좋아 정치적·사회적 특권을 가진 사람. ↔평민.

귀ː족-적(貴族的) [-쩍] 관명 귀족과 같은 (것). ¶-인 풍모.

귀ː족^정치(貴族政治) [-정-] 명정 소수의 특권 계급인 귀족이 권력을 잡고 하는 정치. =아리스토크라시.

귀ː족-주의(貴族主義) [-쭈의/-쭈이] 명 귀족과 같은 의식을 가지는 태도.

귀주^대:첩(龜州大捷) 명역 고려 현종 10년(1019) 거란의 침입 때 강감찬(姜邯贊) 장군이 귀주(龜州)에서 거란 군을 크게 무찌른 싸움.

귀-주머니 명 네모지게 지어 아가리께로 절반을 세 골로 접어 아래의 양쪽에 귀가 나오게 만든 주머니.

귀ː중¹(貴中) 명 편지나 물품을 받을 단체의 이름 다음에 쓰는 경어. ¶학술원 ~. ▷귀하(貴下).

귀ː중²(貴重) 명 →귀ː중-하다 형여 가치나 의의가 커 귀하고 중요하다. ¶귀중한 물건/귀중한 시간을 허비하다. 귀ː중-히 부 ¶책을 ~ 여기다.

귀중중-하다 형여 더럽고 지저분한 느낌이 있다. ¶으로 황토 장벽으로 앞뒤 좌우가 꼭 막힌 좁은 구덩이, 흡사 무덤 속같이 ~. 《김유정: 금 따는 콩밭》 귀중중-히 부

귀ː중-품(貴重品) 명 귀중한 물품. 준귀품.

귀ː지¹ 명 귓구멍의 속에 먼지와 점액이 말라 굳어져 생기는 물질. =이구(耳垢). ¶~를 파내다. ×귀에지.

귀ː지²(貴紙) 명 상대방을 높여, 그가 발간하는 신문을 이르는 말.

귀ː지³(貴誌) 명 상대방을 높여, 그가 발간하는 잡지를 이르는 말.

귀-지개 명 '귀이개'의 잘못.

귀ː착(歸着) 명 1 다른 곳에서 어떤 곳으로 돌아와 닿는 것. 2 어떤 논의나 일이 어떤 결말에 다다르는 것. ¶~점. 귀ː착-하다 자여 ¶그 이야기는 끝에 가서 돈 문제에 귀착했다. 귀ː착-되다 동자 ¶어디서 귀착되든 빨리 결말이 나야지.

귀찮다 [-찬타] 형 1 (어떤 일이) 하기 싫거나 번거롭다. ¶귀찮은 일/세상만사가 ~. 2 (어떤 존재가) 짜증스러움이나 괴로움을 주어 마음에 싫다. ¶웬 사내가 졸졸 따라다니면서 귀찮게 군다. ×귀치않다.

귀찮아-하다 [-찬-] 동타여 귀찮게 여기다.

귀ː책(歸責) 명법 자유의사에 의하여 행한 행위를 그 행위자의 책임에 결부시키는 것.

귀ː책-사유(歸責事由) [-싸-] 명법 법률상의 불이익을 부과하기 위하여 필요로 하는 주관적 요건. 곧, 의사 능력 또는 책임 능력이 있고, 고의의 또는 과실이 있어야 함.

귀ː천¹(貴賤) 명 1 부귀와 빈천. 2 귀함과 천함. ¶~을 가리다/직업에는 ~이 없다.

귀ː천²(歸天) 명 하늘로 돌아간다는 뜻으로, 사람의 죽음을 이르는 말. 귀ː천-하다 자여

귀-청 명생 =고막. ¶~을 울리는 소리.

귀청(이) 떨어지다 관 귀가 아플 정도로 소리가 크다. ¶귀청 떨어지겠다. 좀 조그만 소리로 말해라.

귀ː체(貴體) 명 편지에서 상대방을 높여 건강 상태를 높이어, 그의 몸을 이르는 말.

귀ː촉도(歸蜀道) [-또] 명동 =두견이.

귀ː추(歸趨) 명 사람의 마음이나 사물의 돌아가는 형편. ¶~를 지켜보다/사태의 ~가 주목된다.

귀축축-하다 [-추카-] 형여 1 하는 짓이 조촐한 맛이 없고 던적스럽다. ¶"젊은 여자 앞에 오면 발바닥이라도 핥을 듯이 귀축축한 남자와는 다르단 말이야."《이광수: 흙》 2 구질구질하고 축축하다. ¶"…고래가 물러앉다시피 된 방이라 도배를 못 한 방바닥에는 물이 스며들어 ~.《김유정: 소낙비》 귀축축-히 부

귀ː측(貴側) 명 상대방을 높여 부르는 말.

귀치-않다 형 '귀찮다'의 잘못.

귀ː택(歸宅) 명 집에 돌아가거나 돌아오는 것. 비귀가(歸家). 귀ː택-하다 동자여

귀퉁-머리 명 =귀퉁배기.

귀퉁-배기 명 '귀퉁이'를 홀하게 이르는 말. =귀퉁머리. ¶~를 후려갈기다.

귀퉁이 명 1 귀의 언저리. 2 물건의 모퉁이나 빼죽 내민 부분. ¶창문 ~. 3 마음속이나 사물의 한 구석이나 부분. ¶그가 없으니, 마음 한 ~ 빈 것 같다.

귀틀 [건] 명 1 마루청을 놓기 전에 먼저 굵은 나무로 가로나 세로로 짜 놓은 틀. 2 천장 주변에 있는 천장들. 3 천장의 새막이들 중에서 길게 짠 부분.

귀틀-집 [-찝] 명 [건] 큰 통나무를 '井(정)'자 모양으로 층층이 맞추어 얹고 그 틈을 흙으로 메워 지은 집.

귀ː팀 명 '귀띔'의 잘못.

귀ː-티(貴-) 명 태도나 모습에서, 귀하게 보이는 느낌.

귀-표(標) 명 방목(放牧)하는 가축의 임자를 밝히기 위하여 그 가축의 귀에 다는 표지. =이어마크.

귀ː하(貴下) I 명의존 편지 겉봉에 받을 사람의 성명 아래에 써서 그를 높이는 뜻을 나타내는 말. 상대가 윗사람이거나 동년배일 때 씀. 비좌하. ¶김동수 ~. ▷귀중(貴中). II 대인칭 상대방을 존중하여 그의 이름 대신 부르는 말. 주로 글에서 쓰이는 말임. ¶현 시국에 대한 ~의 의견을 듣고 싶습니다.

[어법] ○○ 주식회사 김영철 사장님 귀하: 김영철 사장님 귀하(×)→김영철 사장님(○)·김영철 귀하(○). ▶편지 봉투에 받을 사람을 쓸 때, '○○○님 귀하'는 높임의 말이 겹치므로 피해야 한다.

귀ː-하다(貴-) 형여 1 (대상이) 보배나 보물로 삼을 만큼 소중하다. ¶재난으로 귀한 생명과 재산을 잃다. 2 드물어 구하기나 얻기가 어렵다. ¶자손이 귀한 집안/산삼은 매우 귀한 약재다. ↔흔하다. 3 (사람이나 집안이) 사회적으로 높은 신분에 속해 있다. ¶귀한 어른이시니 극진히 모셔라. ↔천하다.

귀ː-히 부 ¶가문을 ~ 여기다.

[귀한 자식 매 한 대 더 때리고, 미운 자식 떡 한 개 더 준다] 귀한 자식일수록 버릇을 잘 가르쳐야 하고, 미운 자식일수록 잘 감싸 줘야 한다는 말.

귀ː함(貴函) 명 상대방을 높여, 그의 편지를 이르는 말. =귀서(貴書)·귀찰(貴札).

귀ː함²(歸艦) 명 함정에서 복무하는 군인이 휴가나 외출 등을 마치고 자기 군함으로 다시 돌아가거나 돌아오는 것. 귀ː함-하다 동자여

귀ː항¹(歸航) 명 (선박이나 항공기가) 출발하였던 항구나 공항으로 돌아가거나 돌아오는 것. ¶~선. 귀ː항-하다¹ 동자여

귀ː항²(歸港) 명 배가 출발하였던 항구로

시 돌아가거나 돌아오는 것. 귀:향-하다² 동(자)여
귀:향(歸鄕)명 고향으로 돌아가거나 돌아오는 것. 귀:향-하다 동(자)여 ¶만기 제대로 ~.
귀:향-길(歸鄕-)[-낄] 명 고향으로 돌아가거나 돌아오는 길. ¶~에 오르다.
귀형(貴兄)대(인칭) 주로 편지 글에서, 상대방을 친근하게 높여 이르는 이인칭 대명사.
귀:화(歸化) 명 1 임금이 베푸는 어진 정치에 감화되어 그 백성이 되는 것. =향화(向化). 2 [법] 다른 나라의 국적을 얻어 그 나라의 국민이 되는 것. 3 [생] 원산지로부터 다른 지역으로 운반된 생물이 그곳에 뿌리를 내려 야생 상태로 번식하는 일. 귀:화-하다 동(자)여 ¶미국에 귀화한 한국인.
귀:화^식물(歸化植物)[-9-]/[식] 원생지(原生地)에서 다른 땅으로 옮겨 그곳에 적응하여 야생하는 식물.
귀:화-인(歸化人)명 귀화한 사람. =귀화자.
귀:환(歸還) 명 제자리로 다시 돌아가거나 돌아오는 것. ¶~ 장정. 귀:환-하다 동(자)여 ¶우주선이 무사히 ~.
귀-후비개 명 '귀이개'의 잘못.
귀:휴(歸休) 명 집에 돌아와 쉬는 것. 특히, 근무 중이거나 복역 중인 사람이 일정 기간 휴가를 얻는 일을 말함. 귀:휴-하다 동(자)여
귀:휴-병(歸休兵) [-뼝] 명 [군] 병역을 마치기 전에 귀휴를 허락받은 병사.
귓-가[귀까/귄까] 명 귀의 가장자리. ¶아직도 ~에 쟁쟁한 아버님의 목소리.
귓가로 듣다 관 별로 관심이 없이 듣다. ¶귓가로 듣지 말고 내 얘기 명심해!
귓-것 명 '귀신(鬼神)'의 잘못.
귓-결[귀껼/귄껼] 명 우연히 듣게 된 겨를. ¶~에 그의 소식을 들었다.
귓-구멍[귀꾸-/귄꾸-] 명 귀의 밖에서 고막까지 뚫린 구멍.
귓-달[귀딸/귄딸] 명 연의 네 귀에 'Ⅹ' 모양으로 얼러서 붙이는 가는 댓개비.
귓-대기 명 '귀때기'의 잘못.
귓-돌[귀똘/귄똘] 명 =머릿돌.
귓-등[귀뜽/귄뜽] 명 귓바퀴의 바깥쪽.
귓등으로 듣다 관 듣고도 들은 체만 체하다. ¶남의 충고를 ~.
귓-머리 명 '귀밑머리'의 잘못.
귓-문(-門)[귄-] 명 1 귓구멍의 바깥으로 열린 쪽. =이문. 2 화승총 불귀의 아가리.
귓문이 넓다 관 남의 말을 잘 곧이듣다.
귓-바퀴[귀빠-/귄빠-] 명 겉귀의 드러난 부분. 밖에서 들려오는 소리를 귓구멍으로 들어가기 쉽게 함. =이각(耳殼).
귓-밥[귀빱/귄빱] 명 1 =귓불. ¶~이 두꺼운 걸 보니 부자 되겠다. 2 '귀지'의 잘못.
귓-병(-病)[귀뼝/귄뼝] 명 귀에 생기는 병의 총칭.
귓-볼 명 '귓불'의 잘못.
귓-불[귀뿔/귄뿔] 명 귓바퀴의 아래쪽으로 늘어진 살. =이수(耳垂)·이타(耳朶)·귓밥.
귓-속[귀쏙/귄쏙] 명 귀의 내부.
귓속-말[귀쏭-/귄쏭-] 명 다른 사람이 듣지 못하게 입을 상대방의 귀에 가까이 대고 작은 소리로 하는 말. 흔히, 한 손 또는 두 손으로 입 주위를 감싸는 동작을 취하면서 함. =귀엣말·부이어·이어. ¶두 사람은 뭔가 ~로 소곤소곤한다. 귓속말-하다 동(자)여
귓속-질[귀쏙찔/귄쏙찔] 명 남몰래 고자질하는 짓. 귓속질-하다 동(자)여

귓-전[귀쩐/귄쩐] 명 귓바퀴의 가. ¶~을 스치는 바람 / 그 말이 아직도 ~에 맴돈다.
귓전으로 듣다 관 관심을 기울이지 않고 대강 듣다. ¶선생님 말씀은 귓전으로 듣고 노는 데만 정신을 파니 밤낮 꼴찌지.
규각(圭角) 명 1 모나 귀퉁이의 서로 잘 맞지 않는 곳. 2 사물이 서로 맞지 않음. 3 말·뜻·행동 등이 서로 맞지 않음.
규각-나다(圭角-)[-각-] 동(자) 사물·뜻 등이 서로 잘 들어맞지 않다.
규격(規格) 명 1 일정한 규정에 들어맞는 격식. ¶~에 맞다. 2 [공] 공업 제품이나 재료의 치수·모양·질 따위의 일정한 표준. ¶~을 통일하다.
규격-품(規格品) 명 치수·모양·질 따위를 통일된 규격에 맞추어 만든 물품.
규격-화(規格化)[-겨콰] 명 (공업 제품 따위를) 일정한 규격에 맞도록 통일하는 것. ¶제품의 ~. 규격화-하다 동(타)여 규격화-되다 동(자)
규례(規例) 명 규칙과 정례(定例).
규명(糾明) 명 (일의 원인이나 진실 등을) 따지어 밝히는 것. 규명-하다 동(타)여 ¶원인 ~. 규명-되다 동(자) ¶책임 소재를 ~ / 진상을 ~. 규명-되다 동(자) ¶그 사건의 배후 세력이 아직도 규명되지 않고 있다.

혼동어 규명 / 구명
'규명'은 어떤 사건이나 사태의 진상을 따져서 밝히는 일이고, '구명(究明)'은 사물의 본질을 연구하여 밝히는 학구적 행위임. ¶사건 규명 / 원리 구명.

규모(規模) 명 1 건물이나 시설물, 지역 등의 외형적 크기. ¶~가 큰 대도시 /10만 관중을 수용할 만한 ~의 체육관. 2 일이나 현상이 이루어지거나 벌어지는 범위나 양적인 크기. ¶사업 ~ / ~를 축소[확대]하다. 3 (주로, '있다'와 함께 쓰여) 씀씀이의 계획성 또는 일정한 한도. ¶ ~ 있는 살림. 4 본보기가 될 만한 것. 비규범·모범.
규방(閨房) 명 1 부녀자가 거처하는 방. =규실(閨室). 2 =도장방. 2 =안방. ▷규증.
규방^가사(閨房歌辭) 명 [문] 조선 시대에 내방의 부녀자들이 지은 가사. '계녀가(誡女歌)'·'규중행실가' 따위. =내방 가사.
규방^문학(閨房文學) 명 [문] 조선 시대에 주로 양반 부녀층에서 이루어진 문학. 규방 가사가 대표적임.
규범(規範) 명 1 마땅히 따르고 지켜야 할 본보기나 법칙, 제도. 비규모. ¶행동 ~ / ~에 따르다 / ~을 어기다. 2 [철] 자연법칙이 사실에 대한 법칙임에 대하여, 인간이 행동하거나 판단할 때 마땅히 따라야 할 가치 판단의 기준. ¶도덕 ~ / 법 ~.
규범^문법(規範文法)[-뻡] 명 [언] 언어 현상을 순수한 학문적 관점에서 연구하기보다 학생들이나 일반인들에게 언어를 바르게 사용하도록 일정한 규범을 세우는 것을 주된 임무로 하는 문법. =실용 문법.
규범-적(規範的) 관명 마땅히 따르고 지켜야 할 본보기가 되는 (것). ¶~ 가치 / ~인 행동.
규사(硅沙·硅砂) 명 [광] 석영의 작은 알갱이로 된 모래. 도자기·유리를 만드는 원료가 됨. =석영사(石英沙)·차돌모래.
규산(硅酸·珪酸) 명 [화] 1 이산화규소와 물의 화합물. 규산나트륨 용액에 산(酸)을 가하

여 얻어지는, 흰색의 교상(膠狀) 물질. 2 '이산화규소'의 속칭.

규산-염(硅酸鹽) [-념] 명 [화] 이산화규소와 금속 산화물로 된 염(鹽). 조암 광물의 주성분으로 지각(地殼)의 대부분을 형성함. 융해물을 냉각시키면 유리로 되기 쉬움.

규석(硅石) 명 [광] 도자기·유리·내화재 등의 원료가 되는 규질암(硅質巖)의 총칭. 석영·페그마타이트 따위.

규선-석(硅線石) 명 [광] 변성암 중에 나타나는 가느다란 기둥 또는 섬유 모양의 광물. 갈색·담녹색·흰색으로 유리 광택이 있음. 내화물의 원료로 쓰임.

규성(叫聲) 명 외치는 소리.

규소(硅素·珪素) 명 [화] 탄소족 원소의 하나. 원소 기호 Si, 원소 번호 14, 원자량 28.086. 산화물이나 규산염으로 지각(地殼)에 다량으로 존재함. 반도체 소자, 규소 수지의 원료 등으로 쓰임. =실리콘(silicon).

규소-수지(硅素樹脂) 명 [화] 규소에 탄소·수소 등의 유기물을 결합시킨 물질. 높은 열이나 습기 등에 강하므로 절연체·방수제 등으로 쓰임. =실리콘(silicone).

규수(閨秀) 명 1 남의 집 '처녀'를 정중하게 이르는 말. ¶양갓집 ~ / 재색을 겸비한 ~. 2 학문과 재주가 뛰어난 여자. ¶~ 작가 [화가].

규암(硅巖·硅岩) 명 [광] 주로 석영의 입상 결정(粒狀結晶)으로 이루어진 변성암.

규약(規約) 명 서로 지키도록 정한 규칙. ¶~을 위반 / ~을 지키다.

규율(規律) 명 질서를 유지하기 위하여 정해 놓은, 행위의 준칙이 되는 본보기. ¶엄한 ~ / ~을 바로잡다.

규율-부(規律部) 명 학교나 단체 등에서, 교칙 또는 단체의 규칙을 단속하는 부서.

규장-각(奎章閣) 명 [역] 조선 시대에 역대 임금의 글씨·고명(顧命)·유교(遺敎) 등을 보관하던 기관.

규정¹(規定) 명 ① [자립] 1 규칙으로 정하는 것. 2 법령에서 개개의 조항을 정한 것. 또는, 그 조항. ¶제1조 ~에 의해…. ▶규정(規程). 3 어떤 것의 성격이나 내용을 밝혀 정하는 것. ¶예술을 한마디로 ~을 내리기는 어렵다. ② [의존] [화] = 노르말(Normal). **규정-하다** 동(타여) 1 규칙으로 정하다. ¶불참석자에 대한 벌금을 회칙으로 ~. 2 어떤 것의 성격이나 내용을 밝혀 정하다. =규정짓다. ¶당국은 최근의 소요 사태를 반국가적 행위로 규정하였다. **규정-되다** 동(자)

규정²(規程) 명 1 규칙으로 정한 조목이나 내용. ¶인사 ~. 2 [법] 행정법상 일정한 목적을 위하여 정해진 명령 조항의 총체. ¶공무원 복무 ~ / 교과용 도서에 관한 ~.

[혼동어] **규정(規程) / 규정(規定)**
일반적으로 '규정(規定)'이 법령에서의 개개의 조항을 가리킨다면, '규정(規程)'은 일련의 조항의 총체를 가리킴.

규정-연기(規定演技) [-년-] 명 [체] 체조 경기에서, 동작이나 연기 구성이 미리 정해져 있는 과제(課題). ▷자유연기.

규정²-종:목(規定種目) [-쫑-] 명 [체] 올림픽이나 기타의 경기에서, 스키·피겨 스케이팅·사격·10종 경기·5종 경기 등의 경기자가 하도록 정해진 경기 종목. ▷자유 종목.

규정-짓다(規定-) [-짇따] 동(타ㅅ) <~지으니, ~지어> =규정하다. ¶시를 무엇이라 한마디로 규정짓기는 어렵다.

규제(規制) 명 (어떤 일을) 법이나 규칙으로 제한하거나 금하는 것. **규제-하다** 동(타여) ¶행동을 ~. **규제-되다** 동(자)

규조-강(硅藻綱) 명 [식] 갈조식물의 한 강. 세포막에 규산질 껍질이 생기고, 갈색 색소를 지니는 단세포의 미세한 조류(藻類)로, 민물·바닷물·토양 속에 널리 분포함. 플랑크톤이 그 주요한 것으로, 물고기의 먹이가 됨. =돌말.

규조-석(硅藻石) 명 [광] 규조강의 화석(化石)이 들어 있는 돌.

규조-토(硅藻土) 명 [광] 규조의 유체에 점토 등이 섞인, 바다 밑이나 호수 밑 등의 퇴적물. 흰색 또는 회황색이며, 가볍고 무름. 보온제·여과제·흡착제의 원료 등으로 쓰임.

규준(規準) 명 본보기가 되는 표준. ¶~을 세우다.

규중(閨中) 명 부녀자가 거처하는 곳. =규문(閨門). ▷규방.

규중-처녀(閨中處女) 명 집 안에만 들어앉아 있는 처녀.

규찰(糾察) 명 죄상을 따져 물어 자세히 밝히는 것. **규찰-하다** 동(타여)

규칙(規則) 명 1 지키도록 정해 놓은 질서나 원칙. ¶교통 ~ / 경기 ~을 지키다 / ~을 위반하다. 2 어떤 현상 속에 들어 있는 일정한 질서나 법칙. ¶음운 변화의 ~. 3 [법] 입법·사법·행정의 각 부에서 사무 처리·내부 규율 등에 관해 제정한 규정.

규칙-동:사(規則動詞) [-똥-] 명 [언] 활용의 방법이 규칙적인 동사. =정격 동사·정칙 동사. ↔불규칙 동사.

규칙-용:언(規則用言) [-쫑-] 명 [언] 규칙 활용을 하는 용언. =바른풀이씨·정격 용언·정칙 용언. ↔불규칙 용언.

규칙-적(規則的) [-쩍] 관 규칙에 따라서 하는 (것). ¶~인 생활 [운동].

규칙-형용사(規則形容詞) [-치켱-] 명 [언] 규칙 활용을 하는 형용사. =바른그림씨·정격 형용사·정칙 형용사. ↔불규칙 형용사.

규칙-활용(規則活用) [-치콸-] 명 [언] 용언이 활용할 때에 어간과 어미의 형태가 규칙적인 것. =정격 활용·정칙 활용. ↔불규칙 활용.

규탄(糾彈) 명 (상대의 잘못이나 부정적 행동을) 문제 삼아 많은 사람 앞에서 공개적으로 꾸짖거나 나쁘다고 말하는 것. **규탄-하다** 동(타여) ¶불법 선거를 ~. **규탄-되다** 동(자)

규폐(硅肺) [-페/-폐] 명 [의] 규산이 많이 들어 있는 먼지를 오랫동안 들이마셔서 생기는 폐병. 채석·채광·시멘트 제조 등에 종사하는 사람에게 일어나는 직업병임. =규폐증.

규합(糾合) 명 어떤 목적을 이루기 위해 사람을 끌어 모아 합치는 것. **규합-하다** 동(타여) ¶동지를 ~. **규합-되다** 동(자)

규화-목(硅化木) 명 땅속에 묻혀 규산 물질로 변화한 나무.

규환(叫喚) 명 고통스러워 큰 소리로 울부짖는 것. ¶아비 ~. **규환-하다** 동(자여)

규회-석(硅灰石) [-회/-훼] 명 [광] 칼슘을 함유한 규산염 광물. 섬유상 또는 가는 주상(柱狀) 결정으로 흰색이며 유리 광택이 있음. 도자기·내화재 등의 원료임.

균(菌) 명 1 미세한 단세포의 생물. 동식물에 기생함. ㈜세균. 2 [식] '균류'의 준말.
균등(均等) [명] 1 차별 없이 고르고 가지런한 것. 2 [논] 개념이나 명제의 겉모양은 다르나 실제의 뜻은 똑같은 것. '이순신'과 '거북선을 만든 사람' 따위의 관계를 이르는 말. ↔차등(差等). **균등-하다** [형여] ¶균등한 기회/이익을 균등하게 분배하다. **균등-히** [부] ¶ ~ 적용하다.
균류(菌類) [-뉴] [명] [식] 엽록체가 없고 몸이 균사로 되어 있으며, 주로 포자로 번식하는 하등 식물의 총칭. 기생이나 부생(腐生) 생활을 함. 자낭균류(곰팡이류)·담자균류(버섯류)가 이에 속함. =팡이류.
균배¹(均配) [명] 고르게 나누어 주는 것. **균배-하다**¹ [동](타)여
균배²(均排) [명] 고르게 나누어 배치하는 것. **균배-하다**² [동](타)여
균분(均分) [명] 고르게 나누는 것. **균분-하다** [동](타)여
균사(菌絲) [명] [식] 곰팡이·버섯류의 몸을 이루고 있는 가는 실 모양의 세포. 또는, 그런 세포로 된 열(列). =균사체·팡이실.
균사-체(菌絲體) [명] [식] =균사.
균산(菌傘) [명] [식] 버섯의 줄기 위에 우산 모양으로 덮인 부분. =균개(菌蓋)·균모(菌帽). ㈜삿갓.
균-시차(均時差) [명] [천] 진태양시(眞太陽時)와 평균 태양시의 차이. =시차(時差).
균역-법(均役法) [-뻡] [명] [역] 조선 영조 26년(1750)에 백성의 세금 부담을 줄이기 위하여 만든 납세 제도. 종래의 군포(軍布)를 반으로 줄이고, 그 부족액을 어업세·염세(鹽稅)·선박세 등으로 보충하였음.
균역-청(均役廳) [명] 조선 영조 때 균역법의 실시에 따른 모든 사무를 맡아보던 관아.
균열(龜裂) [명] 1 거북의 등에 있는 무늬처럼 갈라지어 터지는 것. =균탁(龜坼). 2 심한 가뭄으로 논바닥에 ~이 생기다. 3 친한 사이에 틈이 생기는 일. ¶우정에 ~이 생기다. **균열-하다** [동](자)여 **균열-되다** [동](자)
균일(均一) [형여]→**균일-하다** [형여] (여러 대상이) 서로 차이가 없이 한결같이 고르다. 또는, 차이가 없다. ¶물건 값을 **균일**하게 책정하다. **균일-히** [부]
균일-화(均一化) [명] 서로 차이가 없이 한결같이 고르게 되거나 고르게 함. ¶품질의 ~ /분배의 ~. **균일화-하다** [동](자)여
균전(均田) [명] 1 나라에서 토지를 거두어들여 백성에게 고루 나누어 주는 것. 2 [역] 토지의 규모에 맞추어 세금을 고르게 하는 제도.
균점(均霑) [명] 1 이익이나 혜택을 고르게 받는 것. =균첨(均沾). 2 [법] 국제법상 다른 나라와 똑같은 혜택을 받는 것. **균점-하다** [동](타)여
균제(均齊) [명]→**균제-하다** [형여] 균형이 잡혀 고루 가지런하다.
균종(菌腫) [명] [의] 세균이 번식하여 생기는 혹과 같은 종기. 흔히, 소·돼지 따위에 생김.
균질(均質) [명] 1 성질이 같은 것. =균등(均等)質). 2 하나의 물질 중 어느 부분을 취해도 성분이나 성질이 일정한 것. ¶~유(乳).
균형(均衡) [명] 1 무게를 가진 물체가 한쪽으로 기울지 않고 안정을 이루는 상태. ㈜평형(平衡). ¶거센 파도에 배가 ~을 잃고 침몰했다. 2 둘 이상의 일이나 현상이 어느 하나 두드러짐 없이 서로 비슷하거나 맞먹는 상태. ¶수출과 수입이 ~을 이루다. 3 부분이

전체와 이루는 조화. ¶~ 잡힌 몸매.
균형-미(均衡美) [명] 균형이 잘 잡힌 데서 오는 아름다움. ¶~가 뛰어난 건축물.
균형^예^산(均衡豫算) [-녜-] [명] [경] 세입과 세출이 균형을 이루어 적자가 없는 예산.
균형^재정(均衡財政) [명] [경] 세입과 세출의 균형을 이룬 재정 상태.
귤(橘) [명] 귤나무의 열매. 빛깔은 등황색이며, 맛이 새콤달콤함. 껍질은 말려서 약재로 이용하기도 함.
귤-나무(橘-) [-라-] [명] [식] 1 운향과의 상록 활엽 교목. 넓은 뜻으로는 감귤류를 말하나, 보통은 우리나라에서 가장 많이 재배하고 있는 온주귤을 말함. ▷온주귤. 2 =밀감.
귤-밭(橘-) [-받] [명] 귤나무를 심어 가꾸는 밭.
귤색(橘色) [-쌕] [명] 잘 익은 귤의 껍질과 같은 색. ㈜주황색·오렌지색.
그 I [①[인칭] 말하는 사람이 듣는 사람 이외의 사람, 특히 남자를 가리켜 이르는 말. 앞의 이야기 속에 이미 등장했거나 듣는 사람의 의식 속에 들어 있는 인물을 가리킴. 일반적으로 문어체에서 쓰이며, 구어체에서는 '그 사람' 또는 '그 여자' 등으로 표현됨. ¶~는 의지가 굳은 남자이다. /설혹 ~가 기생이 되었다 하더라도 원래 양반의 집 혈속이요,...《이광수:무정》 ▷그녀. 2 [지시] 말하는 사람이, 이미 말한 것이나 듣는 사람이 문맥상 이미 알고 있는 사물을 가리키는 말. 사물이 듣는 상대의 영역에 속했을 때 씀. ¶부모의 사랑, ~보다 더한 사랑이 어디에 있으랴. /잔 잡아 권할 이 없으니 ~를 슬허하노라.《임제:옛시조》 ▷이.
II 1 말하는 사람이 듣는 사람 쪽에 가까이 있는 대상을 가리킬 때 쓰는 말. ¶얘, ~ 책 좀 이리 다오. 2 말하는 사람이, 이미 말한 것이나 듣는 사람이 문맥상 이미 알고 있는 대상을 가리킬 때 쓰는 말. 대상이 듣는 상대의 영역에 속했을 때 씀. ¶김칠규 씨죠? 아하, 며칠 전에 왔던 ~ 사람 말이죠? 3 반어의 의문이나 부정문 등에 쓰이는 일부의 문사 앞에 붙어, 그 뜻을 더욱 강조하는 말. ¶~ 누가 내 마음을 알아줄까? /이것은 내게 ~ 무엇과도 바꿀 수 없는 귀중한 물건이다. ㈜고. ▷이.
그-간(-間) [명] =그사이. ¶~ 별일 없나?
그-같이 [-가치] [부] 그와 같이. ¶그가 ~ 화를 내는 모습은 처음 봅니다.
그-거 [대][인칭][지시] '그것'을 구어적으로 이르는 말. ¶~ 참 좋은데. ㈜거. ㈜고거.
그걸로 '그것으로'가 준 말.
그-것 [-걷] [대] 1 [지시] 1 말하는 사람보다 듣는 사람 쪽에 가까이 있는 사물을 가리키는 말. ¶이것은 내 것이고 ~은 영희의 것이다. 2 말하는 사람이 이미 언급된 것이나 듣는 사람이 문맥상 알고 있는 사물을 가리켜서 하는 말. 사물이 듣는 상대의 영역에 속할 때 씀. ¶"이번에 제가 장학생으로 선발되었어요." "뭐? ~이 사실이냐?" ②[인칭] 말하는 사람도, 듣는 사람도 문맥상 알고 있는, 못마땅하게 행동하는 사람이나 자기의 혈육에 속하는 아랫사람을 낮추어 이르는 말. ¶제 자식놈이랍시고 ~가 아니라 ~이 그래도 제법 효자라니까요. ㈜고것. ▷이것·저것.
그것-참 [-걷-] [감] 사정이 매우 딱하거나 어이가 없을 때, 또는 뜻밖에도 일이 잘되었을 때 내는 소리. ¶허, ~, 희한한 일이로군. /

~, 듣던 중 반가운 소리일세. 준거참.
그-곳[-곧] 대 '거기Ⅰ①'을 문어적으로 이르는 말. ¶~에 잠시만 앉아 계십시오.
그-글피 명 글피의 다음 날.
그길-로 뷔 1 어떤 장소에 도착한 그 걸음으로. ¶택시는 그를 역 앞에 내려놓고 ~가 버렸다. 2 어떤 일이 있은 다음 곧. ¶그는 방으로 들어서자마자 ~ 곯아떨어졌다.
그-까지로 뷔 겨우 그만한 정도로. ¶남자가 ~ 눈물을 흘리다니. 짝고까지로.
그-까짓[-짇] 관 겨우 그만한 정도의. ¶~ 일로 친구와 싸우느냐? / ~ 것쯤은 아무것도 아니다. 준그깟. 짝고까짓.
그-깟[-깐] 관 '그까짓'의 준말. ¶~ 일로 화를 내다니. / ~ 놈은 필요 없다. 짝고깟.
그-끄러께 명 3년 전의 해. =삼작년(三昨年).
그-끄저께 명 그저께의 전날. =삼작일(三昨日). 준그끄제.
그-끄제 명 '그끄저께'의 준말.
그-나마 뷔 그것마저도. 또는, 그것이라도. ¶먹을 것이라고는 이것뿐인데 ~ 오늘 저녁이면 떨어질 형편이다. 짝고나마.
그나-저나 뷔 '그러나저러나'의 준말.
그-날 명 앞에서 이미 이야기한 날. ¶모처럼 영화관에 갔는데 ~ 따라 표가 매진됐다.
그날-그날 명뷔 하루하루. 또는, 날마다. ¶막벌이로 ~ 살아가다.
그-냥 뷔 1 어떠한 작용을 가하지 않고 그 모양대로. ¶이번만은 ~ 넘길 수 없다. 2 그대로 줄곧. ¶아이는 밥도 먹지 않고 울고만 있다. 짝고냥. 3 아무 대가나 조건 없이. ¶내 성의로 ~ 받아 둬.
그냥-저냥 뷔 특별함이 없이 그저 그렇게. 또는, 특별히 따지거나 가리지 않고 대충. ¶하루하루를 ~ 살아가다 / 반찬 투정 말고 ~ 먹어라.
그:네 명 큰 나무의 가로 뻗은 가지나, 두 기둥 위에 가로지른 쇠나 나무에 두 가닥의 동아줄을 매어 늘이고, 줄의 맨 아래에 밑싣개를 걸쳐 놓은 놀이 기구. 또는, 그 기구의 밑싣개에 사람이 발로 딛고 올라서서 몸을 움직여 앞뒤로 왔다 갔다 하는 놀이. =추천(鞦韆). ¶~를 뛰다.
그-네 대(인칭) 그 사람의 무리. 3인칭 복수 대명사임. ¶~와 문호와의 자리의 거리는 연령에 정비례한다.《이광수: 소년의 비애》
그네-들 대 그 무리에 속하는 사람들. ¶우리는 우리네 사정을 전혀 헤아리지 못한다.
그네-뛰기 명 혼자 또는 둘이서 그네에 올라타고 앉거나 서서 몸을 움직여 구르면서 앞뒤로 왔다 갔다 하는 놀이. =유선희.
그!넷-줄[-네쭐/-넫쭐] 명 그네의 늘어뜨린 밧줄.
그-녀(-女) 대(인칭) 3인칭의 여성 대명사. 오늘날 문어체의 표현으로 일반화되었으나, 구어체에서는 보통 '그 여자'로 표현함. ¶갸름한 얼굴에 눈이 반짝 밝은 ~는 키가 날씬하니 큰 게 연분홍 치마가 분명히 예쁘다.《이범선: 갈매기》▷그.
그-년 대(인칭) '그 여자'를 얕잡거나 비하하여 이르는 말. 짝고년. ↔그놈.
그-놈 대 1 ① 대 '그 남자'를 얕잡거나 비하하여 이르는 말. ¶~을 당장 끌고 와! ↔그년. 2 (지시) '그 동물'이나 '그 물건'을 귀엽게, 또는 예사롭게 이르는 말. ¶이놈보다 ~이 더 알이 굵구나. 짝고놈.

그놈이 그놈이다 귀 둘 이상의 사람이나 대상을 비교하여 평가할 때 서로 큰 차이나 우열이 없음을 얕잡아 이르는 말. ¶이번 회장이나 저번 회장이나 ~.
그늘 명 1 햇빛이 물체에 가려져서 생기는, 시원하거나 선선한 어두운 공간. 비음영(陰影). ¶나무 ~에서 쉬다 / 젖은 구두를 ~에서 말리다. 2 빛이 한쪽에서 비칠 때 물체 자체에 생기는 어두운 부분. ¶얼굴의 반쪽이 ~이 진 인물 사진. 3 부모나 어떤 사람이 베풀거나 끼치는 은덕이나 좋은 영향. =음덕. ¶부모님 ~에서 이만큼 컸다. 4 겉으로 드러나지 않는 처지나 환경. ¶그의 재능은 형의 ~에 가려 제대로 인정받지 못했다. 5 비참하거나 불우한 환경. 또는, 그로 인하여 나타나는 심리적 분위기. ¶그의 얼굴에는 ~이 있다.
그늘-지다 동(자) 1 (어떤 곳이) 빛이 가려져 그늘이 생기다. ¶그늘진 곳에서 땀을 식히다. 2 (사람의 표정이나 마음이) 시름이나 불행 때문에 밝지 못한 상태가 되다. 비유적인 말임. ¶그 아이는 불우한 가정환경 때문에 얼굴이 항상 그늘져 있다. 3 (사회의 어느 곳이나 계층이) 최소한의 물질적인 만족이나 생활의 여유를 누리지 못하는 상태가 되다. 비유적인 말임. ¶사회의 그늘진 곳에서 저임금과 과로에 시달리는 노동자들.
그닐-거리다/-대다 동(자) 1 살갗이 근지럽고 자리자리한 느낌이 자꾸 들다. 2 보기에 매우 위태롭거나 단작스러워 마음에 자리자리한 느낌이 들다. 짝가늘거리다.
그닐-그닐 뷔 그닐거리는 모양. 짝가늘가늘.
그닐그닐-하다 동(자)여
그-다음 명 그것에 뒤이어 오는 때나 자리. ¶~ 사람 나오세요. 준그담. 짝고다음.
그-다지 뷔 1 (부정하는 말과 함께 쓰여) 별로 그렇게까지. ¶~ 그리. 날씨가 ~ 춥지는 않다. 2 (놀라움이나 감탄을 나타낼 때 쓰여) 그러한 정도로까지. ¶~ 먼 길인 줄은 미처 몰랐다. 짝고다지.
그-달 명 앞에서 이미 이야기한 달. ¶그는 ~ 말에 고국을 떠났다. ▷이달.
그-담 명 '그다음'의 준말. ¶~은 누가 노래부를 차례지?
그-대 대(인칭) 1 친구나 아랫사람을 높여 점잖게 이르는 말. 예스러운 말로 2인칭임. ¶~들은 장차 이 나라의 일꾼이 될 사람들이다. 2 애인이나 어떤 대상을 친근하게 부르는 말. 2인칭임. 주로, 문어체에 쓰임. ¶사랑하는 ~에게 / 조국이여, 내 ~를 잊지 못하노라.
그-대로 뷔 1 바꾸거나 고치지 않고 본디 모양대로. ¶자, 찍습니다. 움직이지 말고 ~ 계세요. 2 상관하지 않고 그냥. ¶네 잘못을 ~ 둘 수 없다. 3 곧이곧대로 고스란히. ¶네 말을 ~ 믿을 순 없다. 짝고대로.
그-동안 명뷔 어느 때부터 어느 때까지의 동안. 비그사이. ¶~ 안녕하셨습니까?
그득 뷔 그득하게. ¶독에 물을 ~ 부어라. 짝가득. 센끄득.
그득-그득[-끄-] 뷔 여럿이 모두 그득하거나 매우 그득한 모양. ¶술을 잔마다 ~ 부어라. 짝가득가득. 센끄득끄득. **그득그득-하다** 형여 ¶창고마다 쌀가마가 ~. **그득그득-히** 뷔
그득-하다[-드카-] 형여 1 (물건이나 물질 등이 그릇이나 공간 범위 안에) 꽉 차 있다.

¶볏섬이 **그득한** 곳간 / 그 배는 보물로 ~. **2** (빛이나 냄새가 공간에) 빈 데 없이 퍼져 있다. ¶달빛이 뜰에 ~. **3** (어떤 감정·심리·생각 등이) 많거나 강하다. ¶굽은 등을 더욱 움츠리고 지나는 그의 내부엔 파괴자의 본능만이 **그득하였다**. [작]가득하다. [센]그뜩하다. **4** (배 속이) 먹은 것이 삭지 않아 꽉 찬 느낌이 있다. ¶점심때 과식해서인지 속이 **그득한** 게 여간 불편하지 않다. **그득-히** [부] ¶한나절 캔 산나물이 바구니에 ~ 찼다.

그-들 [대][인칭] 그 사람들. 주로, 문어체에서 쓰임. ¶나는 며칠 전 ~을 만났다. / ~ 부부는 아직 신혼이다.

그들먹-그들먹 [-끄-] [부] 매우 그들먹하거나 여럿이 모두 그들먹한 모양. [작]가들막가들막. **그들먹그들먹-하다** [형][여]

그들먹-하다 [-머카-] [형][여] 거의 그득하다. ¶논에 물이 **그들먹하게** 차 있다. [작]가들막하다. **그들먹-이** [부]

그-따위 [대][관] '그런 것들', '그런 부류'의 뜻으로, 얕잡아 이르는 말. ¶~ 물건은 갖다 버려라.

그-딴 [관] '그따위'를 입말 투로 이르는 말. ¶~ 소리는 더 이상 듣기 싫다.

그-때 [명] 앞에서 이미 이야기한 시간상의 어떤 점이나 부분. ¶뒷일은 ~ 가서 다시 의논하자.

그때-그때 Ⅰ [명] 어떤 일이 닥치거나 생길 때. ¶궁금한 사항은 ~마다 질문해라.
Ⅱ [부] 어떤 일이 닥치거나 생길 때마다. ¶주어진 일은 ~ 처리해야 한다.

그뜩 [부] '그득'의 센말. ¶광주리에 사과를 ~ 담다. [작]가뜩.

그뜩-그뜩 [-끄-] [부] '그득그득'의 센말. [작]가뜩가뜩. **그뜩그뜩-하다** [형][여] **그뜩그뜩-이** [부]

그뜩-하다 [-뜨카-] [형][여] '그득하다'의 센말. [작]가뜩하다. **그뜩-이** [부]

그라베 ([이]grave) [명][음] 악곡의 속도를 지시하는 말로, '매우 느리게', '매우 침착하게'의 뜻.

그라비어 (gravure) [명][인] 사진 제판에 의한 오목판 인쇄의 하나. 원화(原畫)의 색의 농담(濃淡)을 오목판의 움푹 들어간 깊이에 따라 매끄럽게 재현하는 인쇄법. 사진이나 미술화의 복제, 필름 등의 대량 인쇄에 적당함. =사진 요판. ¶~인쇄.

그라운드 (ground) [명] **1** [체] 야구·축구 등 야외 경기를 하는 운동장. ¶비가 많이 와서 ~ 사정이 좋지 않다. **2** [미] 오목 판화를 할 때 부식을 방지하기 위해 바르는 파라핀과 아스팔트의 혼합액.

그라운드^볼 (ground ball) [명][체] 야구에서, 방망이에 맞아 땅 위로 굴러 가는 공. =포구(匍球). [비]땅볼.

그라운드^스트로크 (ground stroke) [명][체] 테니스에서, 상대 선수가 친 공이 한 번 땅에 떨어져 튄 다음에 받아치는 일.

그라인더 (grinder) [명] =연삭기(研削機).

그라치오소 ([이]grazioso) [명][음] 악곡의 표현 방법을 나타내는 말로, '우아하게', '잔잔하게'의 뜻.

그랑-프리 ([프]grand prix) [명] 가요제·영화제 등의 경연에서, 최우수자에게 주는 상(賞).

그래[1] [감] **1** '해라' 할 자리에 긍정하는 뜻으로 대답하는 말. ¶"그 말이 사실이니?" "~, 사실이야." **2** '해라'나 '하게'나 '하오' 할 자리에 말을 다잡아 묻거나 강조할 때 쓰는 말. ¶~, 아직도 거짓말을 할 테냐? / 이 바쁜 때에 ~ 놀러 다닐 마음이 나오? **3** '해라' 할 자리에 상대방의 말에 대하여 감탄 또는 가벼운 놀라움을 나타낼 때 쓰는 말. ¶"김 영감 말이야, 건강이 몰라보게 좋아졌데." "~? 그거 참 잘됐구먼."

그래[2] [조] 일부 종결 어미 뒤에 붙어서, 상대방에게 그 말의 뜻을 강조하는 보조사. ¶그것 참 좋군~. / 자네 화났나 보군~.

그래[3] '그리하여'가 준 말. ¶갑자기 복통이 났어요. ~ 결근했지요. [작]고래. ▷이래·저래.

그래-그래 [감] '그래[1]'을 강조하여 이르는 말. ¶~, 네 말이 옳다.

그래-도 '그리하여도'가 준 말. ¶아무리 ~ 소용없다. / 그는 사람들 앞에 증거를 들이댔다. ~ 사람들은 설마 하며 믿질 않았다. [작]고래도. ▷이래도·저래도.

그래서[1] [부] 앞의 사실이 뒤의 사실의 원인·근거·조건이 됨을 나타내는 접속 부사. ¶올여름은 그다지 덥지 않았다. ~ 청량음료 판매도 예상에 훨씬 못 미쳤다.

그래서[2] '그리하여서'가 준 말. ¶형이 ~ 되겠느냐? / ~는 일이 안 풀린다. [작]고래서.

그래야 '그리하여야'가 준 말. ¶네가 ~ 동생도 본을 받지.

그래-저래 [부] 그런저런 이유로. ¶그는 아이를 학교에 보내느라 ~ 돈이 많이 들었다. ▷이래저래.

그래프 (graph) [명] 통계의 결과나 기타 수량의 변화 등을 한눈에 볼 수 있도록 평면 위에 선이나 막대 모양의 도형으로 나타낸 표. [비]도표(圖表). ¶막대~ / ~를 그리다.

그래프-용지 (graph用紙) [명] 그래프를 그리는 데 사용하는 종이. [비]모눈종이·방안지.

그래픽 (graphic) [명] '그림', '도형[2]'로 순화.

그래픽^디자인 (graphic design) [명] 인쇄 기술의 특성을 이용하여 이루어지는 시각(視覺) 디자인. 또는, 그 인쇄물. 신문·잡지의 광고나 포스터 등의 디자인 따위.

그래픽^아트 (graphic art) [명] 평면 위에 도형을 만드는 모든 기술의 총칭. 회화·글씨·판화·인쇄 등.

그랜드-스탠드 (grandstand) [명] 운동장이나 경마장의 정면에 있는 관람석.

그랜드^슬램 (grand slam) [명][체] **1** 테니스·골프 등에서, 한 선수가 그 시즌의 주요 경기를 모두 이겨 제패(制霸)하는 일. **2** 야구에서, 만루 홈런.

그랜드^피아노 (grand piano) [명][음] 현(絃)을 수평으로 쳐 놓은 연주회용의 대형 피아노. ▷업라이트 피아노.

그램 (gram) [명][의존][수] 미터법에 의한 질량의 기본 단위. 1그램은 4℃의 물 $1cm^3$의 질량을 말함. 기호는 g. ¶쇠고기 500~.

그램-당량 (gram當量) [-냥] [명][의존][화] 원소·산·염기·산화제·환원제 등의 양을 나타내는 단위. 1그램당량의 질량은 화학 당량에 그램 단위를 붙인 것과 같음.

그램-분자 (gram分子) [명][의존][화] 분자의 양을 나타내는 단위. 1그램분자는 분자 1몰에 상당하며, 그 질량은 분자량에 그램 단위를 붙인 것과 같음. =몰분자.

그램-원자 (gram原子) [명][의존][화] 원자의 양을 나타내는 단위. 1그램원자는 원자량에 그램 단위를 붙인 것과 같음.

그램-중 (gram重) [명][의존][물] 힘의 크기, 또

226●그랬다저랬다

는 무게의 단위. 1그램중은 질량 1g의 물체에 작용하는 표준 중력의 크기를 말하며, 980.665다인임. 기호는 gw.

그랬다-저랬다[-랜따-랟따] '그리하였다가 저리하였다'가 준 말. ¶춧대 없이 ~ 하다. ▷이랬다저랬다.

그러게 튀 '그러기에'의 준말.

그러고 '그리하고'가 준 말. ¶~ 서 있지 말고 이리 와 좀 거들어라.

그러고-저러고 '그러하고 저러하고'가 준 말. ¶~ 말도 많더니 결국은 직장을 그만두었다.

그러-구러 튀 1 우연히 그러하게 되어. ¶그와 오다가다 몇 번 만나면서 ~ 아는 사이가 되었다. 2 세월이 그럭저럭 지나가는 모양. ¶고향을 떠난 지도 ~ 10년이 지났다. ▷이러구러.

그러그러-하다 형여 별로 두드러지거나 신기할 것이 없이 그러하다. ¶그러그러한 솜씨 / 그러그러한 인물. 잡고러고러하다.

그러기-에 I 튀 '그렇기 때문에'의 뜻으로, 앞에 든 사실을 필연적 결과로 여겨 이르는 말. ¶"아이, 어떡하지? 수첩을 잃어버렸어!" "~ 내 뭐라던. 안주머니에 잘 간수했잖아." 잡그러게.
II 잡 상대의 말에 공감을 나타낼 때 쓰는 말. ¶"초겨울 날씨가 왜 이리 춥지?" "~ 말이야." 잡그러게.

그러께 명 =재작년.

그러나 앞의 말에 맞세워서 반박하거나 상반되는 사실을 진술할 때 쓰이는 접속 부사. ¶형은 수재다. ~ 아우는 둔재다. / 장미는 아름답다. ~ 가시가 많다.

그러나 저러나 튀 1 그리하나 저리하나. ¶이제부터 무엇을 하지. 2 그리하나 저리하나. ¶~ 그것은 우리 책임이다. 잡그나저나.

그러-내다 동타 (안에 들어 있는 것을) 다른 물건으로 그러당겨 밖으로 내다. ¶아궁이의 재를 ~.

그러-넣다[-너타] 동타 (사방에 흩어져 있는 것을) 그러모아 넣다. ¶가방에 책과 공책을 ~.

그러니까 튀 1 '그런 이유로'의 뜻으로, 앞에 오는 말이 뒷말의 근거가 됨을 나타내는 접속 부사. ¶난 당신을 그 누구보다 사랑하고 있소. ~ 부디 내 청혼을 받아 주오. 2 '다시 말해서'의 뜻으로, 앞의 말을 다른 말로 바꾸어 말할 때 쓰이는 접속 부사. ¶1980년, ~ 내가 스무 살 되던 해에 우리는 처음 만났다. 3 상대에게 어떤 일에 대해 이유나 근거를 들어 납득시키거나 설명하고자 할 때, 그 말에 앞서 첫머리에 쓰는 접속 부사. ¶~ 그게 말입니다. 어떻게 된 것인가 하면 이렇게 된 것입니다.

그러니-저러니 튀 그러하다느니 저러하다느니. ¶~ 말이 많다 / ~ 해도 그만한 사람은 드물다. ▷이러니저러니.

그러다 동재 그렇게 하다. 곧, 그렇게 행동하거나 말하거나 생각하다. 주로 구어체에서 쓰임. ¶천천히 먹어. 그러다가 체할라. 잡고러다.

그러거나 말거나 잡 무엇을 하든 관계없이. 또는, 무엇이라고 말을 하거나 관계없이. ¶~ 나는 내 할 일만 하면 된다.

그러-담다[-따] 동타 한데 그러모아 담다. ¶널어놓은 고추를 ~.

그러-당기다 동타 한데 그러모아 당기다. ¶흐트러진 머리카락을 그러당겨 꽉 묶었다.

그러데이션(gradation) 명 1 [미]=바림. 2 [인]=계조(階調).

그러-들이다 동타 그러당겨 들이다. ¶흐트러진 벗짚을 헛간으로 ~.

그러루-하다 형여 별다른 데 없이 대개 그런 정도에 있다. ¶누가 낫고 누가 못하고 할 것 없이 모두 ~. 잡고러루하다.

그러-면 튀 1 앞에 말한 사실이 뒤에 말한 사실의 조건이 됨을 나타내는 접속 부사. ¶구하라 ~ 너희에게 주실 것이오… 문을 두드리라 ~ 너희에게 열릴 것이니.(신약 마태복음) 2 앞의 사실을 받아들이면서 그것을 전제로 새로운 논지를 펼 때 쓰이는 부사. ¶청소년은 미래의 주인공이다. 국가의 장래는 오로지 그들에게 달려 있다. ~ 청소년들이 올바르게 성장하기 위해선 어떻게 해야 하는가? 잡그럼.

그러면 그렇지 잡 자신의 기대나 예상대로 된 것을 마땅히 여겨 하는 말. ¶~, 해서 안 될 리가 있나.

그러-모으다 동타 <~모으니, ~모아> (흩어져 있는 것을) 거두어 한곳에 모으다. ¶가랑잎을 ~ / 그는 악착같이 돈을 그러모았다.

그러-묻다[-따] 동타 (흩어진 것을) 한데 모아 묻다.

그러므로 튀 앞에 말한 내용이 뒤에 말하는 사실의 원인·조건·근거가 됨을 나타내는 접속 부사. 비고로. ¶너는 엄청난 죄를 지었다. ~ 법의 심판을 받아 마땅하다.

그러-안다 동타 두 팔로 싸잡아 껴안다. ¶선수들은 서로 그러안고 승리의 기쁨을 나눴다.

그러자 그렇게 되자. ¶갑자기 비가 쏟아졌다. ~ 사람들은 비를 피하기 위해 뛰기 시작했다.

그러잖아도[-잔-] '그러지 않아도'가 준 말. ¶내가 ~ 막 하려던 참이었소.

그러-잡다[-따] 동타 그러당겨 붙잡다. ¶나무를 그러잡고 산을 기어오르다.

그러저러-하다 형여 여러 가지로 그러하고 저러하다. ¶그러저러한 인연으로 나는 그를 알게 되었다.

그러-쥐다 동타 1 (물건을) 손가락으로 당겨 잡아 쥐다. ¶멱살을 ~ / 진흙을 ~ 2 손가락을 손바닥 안으로 굽혀 주먹을 쥐다. 3 자기의 것으로 틀어쥐거나 지배하에 두다. 비유적 표현임. 비장악하다. ¶권력을 한 손에 ~ / 그는 사업에 성공하여 많은 돈을 손에 그러쥐었다.

그러-하다 형여 '그렇다'의 본딧말. ¶왜 느닷없이 그러한 생각을 하게 되었지? 잡고러하다.

그러한-즉 튀 그러하니. ¶~ 너도 그리 알아라. 잡그런즉.

그럭-저럭[-쩌-] 튀 뚜렷하게 이러하다 할 만한 것 없이 되어 가는 대로. ¶~ 오늘도 다 갔다. / 덥기는 하지만 ~ 견딜 만하다. ▷이럭저럭. **그럭저럭-하다** 동재여.

그럭-하다[-러카-] '그렇게 하다'가 준 말.

그런-고로(-故-) 튀 그러한 까닭으로. ¶서울에는 자동차가 많다. ~ 교통이 복잡하다.

그런-대로 튀 썩 만족스럽지는 않지만 어느 정도로. 비웬만큼. ¶고생은 되지만 ~ 보람은 있어요.

그런데 튀 1 화제를 앞의 내용과 관련시키면서 다른 방향으로 이끌어 나갈 때 쓰이는 접속 부사. ¶그는 혼자서 집을 지키고 있었다. ~ 친구가 찾아왔다. 2 앞의 내용과 상반된 내용을 이끌 때 쓰이는 부사. ¶나는 그에게 화해를 청했다. ~ 그는 냉정하게 거절했다. ㉤건데·근데.
그런-저런 ㉚ 그러하고 저러한. ¶~ 얘기 끝에 외국으로 이민 간 친구의 소식을 들었다.
그런-즉 ㉯ '그런한즉'의 준말.
그럴-듯하다 [-뜨따-] ㉠ 1 제법 그렇다고 여길 만하다. ¶말은 그럴듯한데 알고 보면 말짱 거짓이다. 2 제법 훌륭하다. =그럴싸하다. 그럴듯-이 ㉯. 그럴듯-한데 속은 형편없다.
그럴싸-하다 ㉠ ㉠ =그럴듯하다. ¶한참 만에 차는 주택가의 어느 여염집 앞에 멎었다. 겉보기와는 달리 안은 그럴싸한 요정이었다.《송병수:해후》
그럼[1] '그러면'의 준말. 구어체에서 쓰임. ¶~ 이제 그만 가 볼까. / ~ 그렇게 합시다.
그럼[2] 조금도 의심이 없이 그러하다는 뜻으로 대답할 때 쓰는 말. ¶~, 그렇고말고.
그렁-거리다/-대다 ㉢㉥ '그르렁거리다'의 준말. ㉣가랑거리다.
그렁-그렁[1] 1 액체가 많이 괴어 가장자리까지 찰 듯한 모양. ¶어머니 눈에는 눈물이 ~ 고여 있었다. 2 건더기는 적고 국물이 많은 모양. 3 물을 많이 먹어서 배 속이 그득 찬 듯한 느낌. ㉣가랑가랑. ㉥크렁크렁. **그렁그렁-하다**[1] ㉠㉥.
그렁-그렁[2] '그르렁그르렁'의 준말. **그렁그렁-거리다** ㉢ 목 안에서 ~.
그렁성-저렁성 ㉯ 그러저러하게 대중없이. ▷이렁성저렁성. **그렁성저렁성-하다** ㉢㉥㉠㉥.
그렁-저렁 ㉯ 어찌 되어 가는 셈인지 모르게. ¶한 일도 없이 ~ 나이만 먹었다. **그렁저렁-하다** ㉢㉥㉠.
그렇게[-러케] ㉯ 그러한 정도로까지. ¶내가 타일렀는데도 말을 듣지 않는다.
그렇다[-러타] ㉠㉥〈그러니, 그러오, 그래〉 1 (사물의 상태나 속성이) 그와 같다. ¶그렇게 많은 돈을 어떻게 벌었지? 로움이다. ㉤고렇다. 2 특별한 변화나 새로움이 없다. ¶"요즘 어떻게 지내니?" "늘 그렇지 뭐."
그럼에도 불구(不拘)하고 ㉞ (사실이) 그렇지만 그것과 관계없이.
그렇고 그렇다 대수롭거나 특별하지 않다. ¶그 영화, 선전만 요란했지 막상 가 보니 그렇고 그렇더라.
그렇-듯[-러튿] ㉯ '그렇듯이'의 준말. ㉤고렇듯.
그렇-듯이[-러틋이] ㉯ 그러한 정도로까지 몹시. ¶네가 ~ 나를 괴롭힐 수 있느냐? ㉤그렇듯. ㉤고렇듯이.
그렇지[-러치] ㉣ '해라' 나 '하게' 할 자리에 그와 같이 틀림없다는 뜻으로 하는 말. ¶"이런 식으로 하면 되나요?" "~, 아주 잘했어."
그렇지-마는[-러치-] ㉯ '그렇지만'의 본딧말. ¶남북통일은 꼭 이루어질 것이다. ~ 아직 해결해야 할 문제가 남아 있다.
그렇지-만[-러치-] ㉯ 앞의 말에 대립하는 내용을 서술할 때 쓰이는 접속 부사. ¶우리 집은 가난하다. ~ 행복하다.
그레고리-력(Gregorius曆) ㉠ 로마 교황 그레고리우스 13세가 종래의 율리우스력을 개량하여 만든, 현재의 태양력.
그레나다(Grenada) ㉠㉲ 서인도 제도 남동부에 있는 섬나라. 수도는 세인트조지스.
그레셤의 법칙(Gresham-法則) [-의-/-에-] ㉤ 실질 가치가 서로 다른 화폐가 동일한 화폐 가치로서 유통되는 경우에, 가치가 작은 화폐가 가치가 큰 화폐를 유통으로부터 배제시킨다는 법칙. 영국의 재정가 그레셤이 제창함. '악화(惡貨)는 양화(良貨)를 구축한다.'는 말로 표현됨.
그레이하운드(greyhound) ㉠㉥ 개의 한 품종. 몸이 가늘고 길며 털은 매끈하고 짧음. 주력(走力)과 시력이 발달한 사냥개임.
그레인(grain) ㉠㉲ 야드파운드법의 질량 또는 무게의 단위. 1그레인은 약 0.0648g임. 기호는 gr.
그레코-로만(Greco-Roman) ㉠㉥ 그리스와 로마의 혼합 양식. 특히, 예술에서 그리스 영향이 강한 로마식을 이름.
그레코로만-형(Greco-Roman型) ㉣㉤ 레슬링 종목의 하나. 상대방의 허리 아랫부분을 공격하지 못하게 하는 형식. ▷자유형.
그려 ㉠ '하게' 나 '하오' 할 자리의 종결 어미에 붙어서, 감탄의 느낌 또는 강조의 뜻을 나타내는 보조사. ¶달이 참 밝습니다 ~.
그로기(groggy) ㉠㉥ 권투에서, 심한 타격을 받아 몸을 가누지 못하고 비틀거리는 일. ¶~ 상태에 빠지다.
그로스(gross) ㉠㉲ 1 수량을 헤아리는 단위. 1그로스는 12다스. 곧, 144개. ¶연필 한 ~. 2 ['총계'라는 뜻] ㉥ 골프에서, 핸디캡을 빼면 그 전의 스코어의 총계.
그로테스크(grotesque) →그로테스크-하다 ㉠㉥ 괴상하고 기이하다. ¶그로테스크한 분위기.
그루 ㉠ 1 ㉰㉡ 나무나 곡식 등의 줄기의 아랫부분. ¶나무. 2 ㉲ 1 식물, 특히 나무를 세는 단위. =주(株). ¶텃밭에는 두세 ~의 과일나무가 있다. 2 한 해에 같은 땅에 농사 짓는 횟수. ¶두 ~ 심는 논농사.
그루-갈이[-가리] ㉠㉮ 같은 경작지에서 1년에 두 번 곡물을 수확하는 토지의 이용법. 보통 여름에는 벼, 겨울에는 보리·밀 등을 경작함을 말함. =근경(根耕)·근종(根種)·이모작·양그루·양글·양모작. ▷일모작·다모작. **그루갈이-하다** ㉢㉥㉮.
그루-박다 ㉢㉯ 1 (물건을) 들어 거꾸로 탁 놓다. ¶그는 달려드는 놈을 번쩍 들어 눈구덩이에 그루박아 버렸다. 2 연의 머리를 아래쪽으로 숙여 내려가게 하다. 3 (사람을) 기를 펴지 못하게 억누르다. 4 (말을) 다지거나 힘을 주어 강조하다.
그루-밭[-받] ㉠ 보리를 베어 내고 다른 작물을 심는 밭.
그루-빼기 ㉠ 짚단이나 나뭇단 등의 그루가 맞닿아 이룬 바닥.
그루지야(Gruziya) ㉠㉲ 동유럽 카프카스 산맥의 남쪽에 있는 공화국. 수도는 트빌리시.
그루-터기 ㉠ 초목을 베어 내고 남은 밑동. ¶그는 일손을 놓고 소나무 ~에 걸터앉아 담배를 피워 물었다.
그룹(group) ㉠ 1 함께 행동하는 사람들의 무리. ¶~ 지도 / 선두 ~과 후미 ~ / 학생들을 능력에 따라 두 ~으로 나누다. 2 경제상 하나로 결합되어 있는 여러 기업의 무리. ¶삼성 ~ / 현대 ~.
그룹-사운드(†group sound) ㉠㉮ 여러 명으로 구성되어 악기를 연주하면서 노래도 함께하는 연주 그룹.

그르다 [형][르]〈그르니, 글러〉 **1** (말이나 생각, 행동 따위가) 사리나 도리에 맞지 않다. ¶옳고 그름을 가리다 / 네 생각이 ~. **2** (일이) 그릇되어 잘될 가망이 없다. ¶올 농사는 가뭄으로 **글러** 버렸다. **3** (어떤 상태나 조건이) 제대로 된 상태에 있지 않다. ¶날씨가 **글렀다** / 디자인은 괜찮은데 색깔이 **글렀다**. ▷틀리다.

그르렁-거리다/-대다 [동][자] 목구멍 안에 가래가 생겨 숨 쉬는 대로 소리가 나다. 㽞그렁거리다. 㽟가르랑거리다.

그르렁-그르렁 [부] 그르렁거리는 소리나 모양. 㽞그렁그렁. 㽟가르랑가르랑. **그르렁그르렁-하다** [동][자여] ¶목에 가래 끓는 소리가 ~.

그르치다 [동][타] 잘못하여 일을 그릇되게 하다. ¶시험을 ~ / 너 때문에 이번 작품을 그르쳤다.

그릇¹ [-륻] [명] ① [자립] **1** 먹는 물건이나 물질을 담는 도구의 총칭. 일반적으로, 물이 새지 않는 것으로, 위쪽이 크게 벌어져 있고 안이 우묵하며 바닥이 평평함. 세는 단위는 개·벌·죽(10개). ¶밥 ~ / 물 ~ / 사기 ~ / 유리 ~. **2** 어떤 일을 해 나갈 만한 도량이나 능력. 또는, 그것을 할 사람. ¶~이 큰 사람 / 그 사람은 그 일을 할 만한 ~이 돼. ② [의존] 음식의 분량을 그것이 담긴 그릇의 수로 헤아리는 말. ¶밥 한 ~ / 국수를 세 ~이나 비웠다.

그릇 깨겠다 句 여자가 얌전하지 못하다는 말.

그릇² [-륻] [부] 그르게. 또는, 잘못되게. ¶~ 생각하다.

그릇-그릇 [-륻끄른] Ⅰ[명] 여러 그릇. ¶~에 받아 놓은 물. Ⅱ[부] 그릇마다. ¶음식을 ~ 담다.

그릇-되다 [-륻뙤-] [-륻뛔-] [동][자] 그르게 되다. ¶**그릇된** 일 / 생각 / 아이를 **그릇되게** 기르다.

그릇-붙이 [-륻뿌치] [명] 그릇에 속하는 물건.

그릇-장 (-欌) [-륻짱] [명] 그릇을 넣어 두는 장. ▷찬장.

그리¹ **1** 그렇게. ¶좀 늦을 테니 ~ 알아라. / 뭐가 ~ 좋으냐? 㽟고리. **2** =그다지1. ¶그는 ~ 나쁜 사람이 아니다. ▷이리·저리. **그리-하다** [동][여] **그리-되다** [동][자]

그리² [부] 그곳으로. 또는, 그쪽으로. ¶~ 가지마. / 지금 곧 ~ 갈게. 㽟고리. ▷이리·저리.

그리고 [부] **1** '그에 더하여'의 뜻으로, 둘 이상의 사물이나 사실을 나열함을 나타내는 접속 부사. ¶그대 ~ 나 / 민수는 노래를 잘한다. ~ 그림도 잘 그린다. **2** '그다음에'의 뜻으로, 시간적으로 앞선 행동과 뒤이은 행동을 잇는 구실을 하는 접속 부사. ¶그는 조용히 일어섰다. ~ 문 쪽으로 걸어갔다.

> 어법 손을 씻었다. 그리고 나서 밥을 먹었다.: 그리고 나서(×)→그러고 나서(○). ▶ 부사 '그리고' 다음에는 '나서'가 올 수 없음. '먹고 나서, 자고 나서'의 경우처럼 '나서'는 동사 뒤에 오는 특성이 있으므로, 동사 '그러다'의 활용형 '그러고'와 함께 쓰여야 규범에 맞음.

그리니치-시 (Greenwich時) [명] 영국의 그리니치 천문대를 지나는 자오선을 기준으로 한 시간. 전 세계의 지방시와 표준시의 기준이 됨.

그리다¹ [동][타] (어떤 사람이나 대상을) 사랑하는 마음이나 애틋한 감정을 가지고 간절히 생각하거나 바라거나 보고 싶어 하다. ¶임을 / 고향을 / 당신을 속으로 나무리면 '무척 **그리다가** 잊었노라.〈김소월: 먼 후일〉

그리다² [동][타] **1** (사람이 일정한 면에 연필·붓·펜 등으로 어떤 모습을) 이루어서 나타내다. ¶스케치북에 풍경을 ~ / 솔거는 황룡사의 벽에 소나무를 놀라운 솜씨로 그려 냈다. **2** (사람이 어떤 일에 대한 생각이나 느낌을) 글 따위로 나타내다. ¶인간의 고뇌와 사랑을 **그린** 소설. **3** (사람이나 동물, 물체의 움직임이나 어떤 모습을) 만들어 나타내다. ¶강강술래는 여자들이 손을 잡고 둥글게 원을 **그리며** 추는 춤이다. / 제트기 편대가 창공에 'V' 자를 **그리며** 날아가고 있다. **4** (사람이 어떤 대상을) 마음속에 상상하거나 떠올리다. ¶미래의 신세계를 머릿속에 ~.

그리-도 [부] **1** 그렇게도. ¶이리도 말고 ~ 마라. **2** 그다지도. ¶어쩌면 ~ 예쁠까. ▷이리도·저리도.

그리드 (grid) [명][물] 진공관의 전극(電極)의 하나. 그물 모양 또는 나선형으로 양극과 음극의 사이에 장치하여 그 두 극 사이의 전자류(電子流)를 제어함. =격자(格子).

그리-로 [부] '그리²'를 강조하여 이르는 말. 㽞글로.

그리마 [명][동] 절지동물 그리마과에 속하는 동물 무리. 지네와 비슷한 종류로, 다리가 여러 쌍 있으며, 머리에는 긴 촉각이 있음. 어둡고 습한 곳에서 작은 벌레를 잡아먹음.

그리스¹ (grease) [명] 점도(粘度)가 높은 윤활유. 광유(鑛油)에 금속 비누류를 섞어서 반고체 상태로 만든 것으로, 기계의 베어링 등에 씀.

그리스² (Greece) [명][지] 유럽 남동부에 있는 공화국. 수도는 아테네. ▷희랍.

그리스도 (←Christos) [명] [그리스 어로 '머리에 기름 부음을 받은 자', 곧 '왕'·'구세주'의 뜻. 히브리 어 '메시아'와 같은 뜻] [가][기] 크리스트교의 교조 '예수'의 칭호. 음역어는 기독(基督). ▷메시아.

그리스도-교 (←Christos敎) [명] =크리스트교.

그리스ˆ문자 (Greece文字) [-짜] [명] 그리스어를 표기하는 데 쓰이는 표음 문자. 페니키아 문자에서 유래하며, 보통은 24자로 대문자와 소문자가 있음. =희랍 문자.

대문자	소문자	명칭	대문자	소문자	명칭
A	α	알파	N	ν	뉴
B	β	베타	Ξ	ξ	크시
Γ	γ	감마	O	o	오미크론
Δ	δ	델타	Π	π	파이
E	ε	엡실론	P	ρ	로
Z	ζ	제타	Σ	σ, s	시그마
H	η	에타	T	τ	타우
Θ	θ	세타	Y	υ	입실론
I	ι	요타	Φ	ϕ	피
K	κ	카파	X	χ	키
Λ	λ	람다	Ψ	ψ	프시
M	μ	뮤	Ω	ω	오메가

그리스ˆ신화 (Greece神話) [명] 고대 그리스 민족이 만들어 낸, 신들과 인간과의 이야기.

유럽의 문화에 많은 영향을 끼침.
그리스^어(Greece語) 명[언] 인도·유럽 어족에 속하는 한 언어. =헬라 어·희랍어.
그리스^정!교회(Greece正敎會) [-회/-훼] 명[종] 동로마 제국으로부터의 전통을 잇는 크리스트교의 종파. 비잔틴 제국에서 성립하여 1054년에 서방 교회로부터 분리됨. =동방 교회·비잔틴 교회·정교·정교회·희랍 교회.
그리움 명 어떤 사람이나 대상을 그리워하는 마음. ¶임에 대한 ~이 뼈에 사무치다.
그리워-하다 통(타여)(어떤 사람이나 대상을) 사랑하여 보고 싶어 하거나, 소중한 것으로 여겨 다시 대하고 싶어 하다. ¶어머니를 ~/자유를 ~.
그리-저리[1] 부 뚜렷하게 정함 없이 되어 가는 대로. **그리저리-하다** 통(자)(타여) ¶~ 보니 오늘 하루도 다 갔다.
그리-저리[2] 부 일정한 방향이 없이 이쪽 저쪽으로. ¶~ 가다 보면 길이 나오겠지.
그리-하여 부 앞의 사실이 뒤의 사실의 원인임을 나타내거나 앞의 사실이 발전하여 뒤의 사실이 되었음을 나타내는 접속 부사. 주로 문어체에서 쓰임. ¶우리의 전통 사회에는 오랫동안 남존여비 사상이 지배해 왔다. ~ 여자를 억압하는 뿌리 깊은 풍속을 배태하였다.
그리한-즉 부 그리하니. 비한즉.
그린(green) 명 ['녹색'의 뜻] [체] 골프에서, 홀 주변에 만든, 퍼트를 하기 위한 잔디밭.
그린-라운드(Green Round) 명[경] 오염된 지구 환경을 개선하기 위해, 세계 여러 국가가 환경 문제를 국제 무역 거래와 연계하여 벌이는 다자간 협상. 1991년 미국에서 처음 사용된 말임.
그린-베레(Green Beret) 명 대게릴라전을 목적으로 하는 미국 육군 특수 부대의 별명. 녹색 베레모를 쓴 데서 붙여진 이름임.
그린-벨트(greenbelt) 명[법] =개발 제한 구역(開發制限區域).
그릴(grill) 명 1 가스레인지 등에서, 고기·생선을 굽는 석쇠 모양의 부분. 또는, 전기로 고기·생선을 굽는 요리 기구. 2 주로 호텔에서, 고기나 생선을 굽는 것을 전문으로 하는 음식점.
그림 명 1 연필·물감·크레용·잉크 등으로 사람이나 동물, 물체의 모습, 또는 자연의 경치나 추상적인 형상 등을 그려서 나타낸 것. 세는 단위는 장·점·폭. 비회화(繪畫). ¶밑~/~을 그리다/~을 감상하다. 2 매우 아름다운 경치를 비유하여 이르는 말. ¶온 산을 붉은빛으로 물들이고 있는 단풍은 그대로 한 폭의 ~이었다. 3 〈속〉 젊은 남녀가 정하게 있는 모습을 비아냥거리거나 조롱조로 이르는 말. ¶아, ~ 좋네.
그림의 떡 실제로 이용할 수 없거나 차지할 수 없는 것을 이르는 말. '화중지병(畫中之餠)'과 같은 말.
그!림!문자(-文字) [-짜] 명 =회화 문자.
그!림-물감 [-깜] 명[미] 그림을 그리는 데 쓰는 물감. 색소와 고착제를 섞어 만듦. =물감·회구(繪具). 비채료(彩料).
그!림-본(-本) [-뽄] 명 그림에 어른거리는 것을 그릴 때 본보기로 하거나 대고 그리는 물건.
그!림-씨 명[언] =형용사.
그!림^연!극(-演劇) [-년-] 명 이야기의 내용을 그린 그림을 상자틀 속에 넣고 순서대로 한 장씩 내보이면서 이야기를 들려주는 연극. =극화(劇畫).
그!림-엽서(-葉書) [-녑써] 명 한쪽 면에 사진이나 그림을 인쇄한 우편엽서. 준엽서.
그!림-일기(-日記) 명 그날 있었던 일을 그림으로 표현하는 아동의 일기.
그!림자 명 1 빛이 물체를 통과하지 못하여 생기는, 물체의 검은 형상. =영자(影子). 비음영(陰影). ¶창에 어른거리는 ~ 는 /그들은 석양빛을 등에 진 채 ~를 길게 늘이고 들길을 걸어갔다. 2 물에 비쳐 나타나는 물체의 모습. ¶호수에 산 ~가 비치다. 3 사람의 자취나 흔적. ¶모두 퇴장한 운동장에는 사람의 ~ 하나 없었다. 4 불행이나 근심 등 어두운 내적 심리 상태가 은연중에 나타나는 것. ¶그의 얼굴에는 늘 어두운 ~가 떠나질 않는다. 5 어떤 사람이나 대상에 밀접한 관계를 가지고 항상 따라다니는 것을 비유하여 이르는 말. ¶~같이 따라다니다.
그림자도 없다 관 감쪽같이 자취를 감추어 찾을 수가 없다.
그!림자-놀이 명 사람이나 동물의 모양을 불빛으로 흰 막이나 벽 위에 비치게 하여 움직이는 그림자가 나타나게 하는 놀이.
그!림자-밟기 [-밥끼] 명 술래가 된 사람이 다른 사람의 그림자를 밟는 어린이 놀이.
그!림-쟁이 명 '화가'를 낮추어 이르는 말.
그!림-책(-册) 명 1 그림을 모아 실은 책. 2 그림을 위주로 한 어린이용 책.
그!림-첩(-帖) 명 =도첩(圖牒)[2].
그립(grip) 명[체] 라켓·배트·골프채 등의 손잡이. 또는, 그것을 잡는 방식.
그립다[-따] 형ㅂ〈그리우니, 그리워〉1 (사람이나 어떤 대상이) 사랑하여 보고 싶거나, 소중한 것으로 여겨 다시 대하고 싶다. ¶그리운 부모 형제/그리운 고향 산천/이렇게 사무치게 그리울 줄도 예전엔 미처 몰랐어요.《김소월: 예전엔 미처 몰랐어요》 2 (어떤 것이) 긴요하거나 아쉽다. ¶추위에 몇 시간을 떨었더니 따뜻한 아랫목이 ~.
그마마-하다 형 그 정도만 하다. ¶그래도 부상이 그마마해서 다행이다.
그-만 I 관 그만한. ¶사내자식이 ~ 일에 낙심하다니, 어서 기운을 내. 작고만.
II ¶그 정도까지만 하고. ¶ ~ 놀고 공부 좀 해라./체할라 ~ 먹어라. 2 어떤 행동을 그 정도에서 그치고. ¶수고 많았으니, 이제 ~ 쉬어라. 3 달리 어찌할 도리가 없이. ¶길이 막혀 ~ 늦었습니다. 4 저도 모르는 사이에. ¶갑자기 검은 물체가 눈앞에 나타나자 ~ '으악' 하고 비명을 질렀다. 5 그대로 곧. ¶뜨뜻한 아랫목에 눕자 ~ 잠이 들어 버렸다. 6 (서술격 조사 '이다'와 함께 쓰여) '그것으로 끝이다'의 뜻을 나타내는 말. ¶널 돕는 것도 이번으로 ~이다. 7 (서술격 조사 '이다'와 함께 쓰여) '더할 나위 없이 좋다'의 뜻을 나타내는 말. ¶이 음식점 요리는 맛이 ~이다. 작고만.
III 감 상대의 행동을 제지하거나 중지시키려고 할 때 하는 말. ¶아아, ~! ~! 제발 날 좀 내버려 둬 다오! 작고만.
그만그만-하다 형여 (여러 대상이) 정도나 수준에 있어서 서로 그만하게 비슷하다. ¶형제가 셋인데 사는 것이 다 ~하다. 작고만고만하다.
그만-두다 통(타) 1 (하던 일을) 그치고 하지 않다. ¶직장을 ~. 2 (하려고 하던 것을) 하지 않다. ¶병이 나서 여행을 ~. [준]간두다. [작]고만두다.

그만-저만 [부] 그저 그만한 정도로. ¶웬만하면 이제 ~ 끝냅시다. **그만저만-하다** [형][여] ¶병세가 ~.

그-만치 [부][명] =그만큼. ¶~ 놀았으면 이제 공부를 해라.

그-만큼 Ⅰ[부] 그만한 정도로. =그만치. ¶~ 혼이 났으면 이제 정신 차렸겠지. [작]고만큼. Ⅱ[명] 그만한 정도. =그만치. ¶~이나 먹었다고? [작]고만큼.

그만-하다 [형][여] **1** (수준이나 정도 등이) 그 대상과 비슷한 상태에 있다. ¶이것도 **그만한** 가치가 있다. **2** (어떤 일이나 대상이) 그 수준이나 정도에 있어 웬만하다. ¶상처가 **그만하기** 다행이다. **3** 《주로 '그만한'의 꼴로 쓰여》 (이유 등이) 그럴 만하다. ¶그가 이혼한 데에는 **그만한** 이유가 있다. [작]고만하다.

그맘-때 [명] **1** 그 시간이나 그 시기에 이른 때. 날〔日〕이나 해〔年〕를 주기로 하여 그 시간이나 그 시기에 이른 때를 가리킴. **2** 그만한 정도에 이른 때. 일반적으로 말하는 사람이, 그 자리에 없는 사람을 두고 그 사람의 나이에 이른 때를 가리킬 때 하는 말임. ¶아이들이란 게 ~엔 다 그렇죠. [작]고맘때.

그물 [명] **1** 질긴 실이나 가는 철사 등을 재료로 하여 줄과 줄을 일정한 크기의 구멍이 생기도록 촘촘히 얽어, 물고기나 새, 짐승 등을 사로잡을 수 있게 만든 물건. ¶새~ / 후릿~ / ~을 뜨다 / ~을 치다. **2** 사람이나 어떤 대상을 꾀어서 붙잡거나 해치기 위해 베풀어 놓은 교묘한 수단과 방법. ¶그는 내가 쳐 놓은 ~에 걸려들었다. / 거미가 ~을 쳐 놓고 먹이가 나타나길 기다리고 있다.
[**그물에 든 고기**] 이미 잡힌 몸이 되어 꼼짝할 수 없는 신세를 이르는 말.

그물-거리다/-대다 [동][자] **1** 날이 개었다 흐렸다 하다. **2** (불빛 따위가) 밝아졌다 흐려졌다 하다. ¶촛불이 ~. [센]끄물거리다.

그물-그물 [부] 그물거리는 모양. [센]끄물끄물. **그물그물-하다** [동][자][여] ¶기름이 다 됐는지 등잔불이 ~.

그물-눈[-룬] [명] =그물코.

그물-망(-網) [명] 그물코처럼 구멍이 있는 망. ¶~을 치다.

그물-맥(-脈) [명][식] 쌍떡잎식물에서 잎 속의 맥이 그물 모양을 이루고 있는 것. =망상맥(網狀脈). ▷나란히맥.

그물-코 [명] 그물에 뚫려 있는 구멍. 세는 단위는 코. =그물눈·망목. ¶고기가 ~에 걸리다.

그믐 [명] 음력으로 그달의 마지막 날. =회일(晦日). [비]그믐날. ▷말일.

그믐-께 [명] 그믐날에 가까울 무렵. =회간(晦間).

그믐-날 [명] '그믐'을 좀 더 구어적으로 이르는 말.

그믐-달[-딸] [명] 음력 그믐께에 뜨는 달. ↔ 초승달.

그믐-밤[-빰] [명] 음력 그믐날의 밤.
[**그믐밤에 홍두깨 내밀듯**] 전혀 생각지 않았던 일이 갑자기 일어나거나, 뜻밖의 말을 불쑥 꺼내는 것을 가리키는 말.

그믐-사리 [명] 음력 그믐께에 잡힌 조기.

그믐-초승(-初-) [명] **1** 그믐과 초승. **2** 그믐께부터 다음 달 초승까지의 사이.

그믐-치 [명] 음력 그믐께 비나 눈이 내리는 것. 또는, 그때의 비나 눈. **그믐치-하다** [동][자][여] 그믐치가 내리다.

그믐-칠야(-漆夜) [명] 음력 그믐께의 매우 어두운 밤.

그-분 [대][인칭] '그 사람'을 높여 이르는 3인칭 대명사. ¶어제 왔던 ~은 누구요?

그-사이 [명][부] 어느 때부터 어느 때까지의 동안. =그간·기간(其間). [비]그동안. ¶~를 못 참아 일을 저질렀어? / ~ 별일 없었지? [준]그새. [작]고사이.

그-새 [명][부] '그사이'의 준말. ¶~ 많이 컸구나? / ~ 갔다 왔어? [작]고새.

그슬다 [동][타] 〈그스니, 그스오〉 불에 겉만 조금 태우다.

그슬-리다 [동] [1][타] **1** '그슬다'의 사동사. **2** '그슬다'의 피동사. ¶촛불에 머리카락을 그슬렸다. [2][자] '그슬다'의 피동사. ¶촛불에 머리카락이 ~. ▶그을리다.

그악-스럽다[-쓰-따] [형][ㅂ] 〈~스러우니, ~스러워〉 그악한 데가 있다. ¶어머니의 등에 업혀서 밤새도록 **그악스럽게** 울어 대는 애처로운 어린 환자도 있었다.《정비석:색지풍경》 **그악스레** [부]

그악-하다[-아카-] [형][여] **1** (장난 따위가) 지나치게 심하다. **2** 사납고 모질다. ¶성질이 ~. **3** 끈질기고 억척스럽다. ¶**그악하게** 일하다. **그악-히** [부]

그-야 [부] 그것이야. ¶~ 말할 것도 없지.

그야-말로 [부] 〔'그것이야말로'가 준 말〕 말 그대로. 전달하고자 하는 사실을 강조하는 뜻을 가지는 말임. [비]정말로. ¶그녀의 마음씨는 ~ 천사 같다.

그예 [부] 마지막에 가서 기필코. ¶그토록 노력하더니만 ~ 성공하고 말았어.

그윽-하다[-으카-] [형][여] **1** (어느 곳이) 깊숙하여 아늑하고 고요하다. ¶**그윽한** 산골짜기. **2** (느낌이) 잔잔하고 은근하다. ¶**그윽한** 눈길 / **그윽한** 꽃향기. **3** (뜻이나 생각이) 차분한 상태로 깊다. ¶**그윽한** 상념에 잠기다. **그윽-이** [부] ¶~ 들려오는 피리 소리.

그을다 [동][자] 〈그으니, 그으오〉 (햇볕이나 연기 따위에 오래 쬐어) 빛이 검게 되다. ¶얼굴이 검게 ~ / 굴뚝이 연기에 **그을어** 시커멓다.

> [어법] 햇볕에 그을은 얼굴:그을은(×)→그은(○). ▶▶ 어간의 끝소리가 'ㄹ'인 말이 어미 '-ㄴ'과 결합할 때에는 규칙적으로 'ㄹ'이 탈락됨.

그을-리다 [동] [1][타] '그을다'의 사동사. ¶얼굴을 햇볕에 ~. [2][자] '그을다'의 피동사. ¶연기에 ~ / 햇볕에 **그을려** 피부가 갈색이 되었다.

> [혼동어] **그을리다 / 그슬리다**
> '**그을리다**'는 햇볕을 쬐어 살갗이 검어지거나 불이 탈 때 불완전 연소로 검은 물질이 묻는 것을 가리키는 데 반해, '**그슬리다**'는 주로 사람이나 짐승의 털이 불이나 뜨거운 열에 살짝 닿아 약간 타는 것을 가리킴.

그을음 [명] 어떤 물질이 불에 탈 때 불꽃과 함께 연기에 섞여 나오는 검은 가루. =연매(煙煤)·연재(煙滓). ¶~이 끼다.

그-이 [대][인칭] **1** '그 사람'을 약간 높여 이르는 3인칭 대명사. 주로, 남자에 대해서 씀. **2** 여자가 자기 애인이나 남편을 이르는 말. ¶이 반지는 ~가 생일날 선물한 거야.
그-자(-者) 때인징 '그 사람'을 낮추어 이르는 말. ¶~가 뭘 안다고 그래?
그저 뷔 1별로 신통한 것이나 특별한 것이 없이. ¶"요사이 재미가 어때?" "~ 그래." 2별다른 생각이나 의도가 없이. ¶"무슨 뜻으로 하는 말이야?" "으응. ~ 해 본 말이야." 3그대로 그냥. ¶그는 묻는 말에 대답은 안 하고 ~ 웃고만 있다. 4그대로 아직. ¶벌써 간 줄 알았는데 ~ 그러고 있니? 5제발 아무 조건 없이. ¶~ 한 번만 봐주십시오. 6오로지 줄기차게. ¶너는 낮이나 밤이나 ~ 잠만 자는구나. 7더할 나위 없이 마냥. ¶~ 좋아서 싱글벙글한다.
그저께 몡 어제의 전날. =그제·재작일. ¶나는 ~ 밤에 기차로 서울에 올라왔다.
그-전(-前) 몡 다소 먼 과거를 이르는 말. ¶10년 만에 귀국해 보니 ~과는 많은 것이 달라져 있다.

혼동어	그전 / 그 전

붙여 쓴 '**그전**'은 꽤 먼 과거의 시점을 막연히 이르는 말이고, 띄어 쓴 '**그 전**'은 앞에 오는 말의 시점보다 전이라는 의미를 가지는 말임. ¶그 사람은 **그전에** 한 번만 난 적이 있다. / 네 마음대로 해라. 다만 **그 전**에 할 일이 있다.

그제 몡 =그저께.
그제-야 뷔 그때에 이르러서야 비로소. ¶따끔하게 야단쳤더니 ~ 정신을 차리는 것 같더라.
그-중(-中) 몡 여럿 가운데. 비개중. ¶네가 ~ 예쁘더라. / 그것이 ~ 낫다(좋다).
그-즈음 몡뷔 그때의 즈음. ¶~ая 아들 녀석이 태어났지.
그지-없다[-업따] 혱 1끝이나 한량이 없다. 비끝없다·한량없다. ¶어머니의 **그지없는** 사랑. 2('-기(가) 그지없다'의 꼴로 쓰여) 이루 말할 수 없다. ¶슬프기 ~ / 괴롭기가 ~. **그지없-이** 뷔 ¶넓고 푸른 바다.
그-쪽 때 ①지시 듣는 사람에게 가까운 쪽을 가리켜 이르는 말. ¶~에 서 있지 말고 이쪽으로 오너라. 짝고쪽. ②인칭 말하는 사람이 상대 상대편을 가리켜 이르는 말. 비슷한 나이의 낯선 상대에 대해, 부를 만한 지칭이 마땅치 않을 때 주로 사용한다. =그편. ¶내 생각은 이런데 ~ 생각은 어때요? ▷이쪽·저쪽.
그-쯤 몡뷔 그만한 정도. ¶잡담은 ~에서 그만해. / ~ 서서 공을 던져라. 짝고쯤.
그-치(-) 때인징 '그 사람'을 낮추어 이르는 3인칭 대명사.
그치다 동 ①자 1(계속되던 일이나 움직임, 현상 등이) 끝나거나 없어지다. ¶아이의 울음소리가 ~ / 오늘에야 비가 **그쳤다**. 2더 이상의 진전 없이 어떤 상태에 머무르다. ¶말로만 **그쳐서** 불만이다. ②타 일이나 움직임을 멈추다. ¶울음을 ~ / 하던 일을 ~.
그-토록 뷔 그러한 정도로까지. 또는, 그러하게까지. ¶~ 보살펴 주시니 감사합니다.
그-편(-便) 때 =그쪽. ▷이편·저편.
그-해 몡 과거의 어느 해. ¶~ 여름은 유난히 무더웠다. / ~에 네가 태어났지.
극(極) Ⅰ 몡 1정도가 더 이상 갈 수 없는 상태. ¶슬픔이 ~에 달하다. 2지지축의 양쪽 끝. ¶~지방. 3[물] 전지(電池)에서 전류

극단론자 ● 231

가 드나드는 양쪽 끝. 4자석의 양쪽 끝. 5[수] 구(球)에 그린 큰 원 또는 작은 원의 중심을 지나는 구의 지름의 양쪽 끝.
Ⅱ [수] 십진급수의 하나. 재(載)의 만 배. 항하사(恒河沙)의 만분의 일임. 곧, 10^{48}.
❈ **극과 극은 서로 통한다** [서양 격언에서] 서로 극단적으로 반대되는 두 사물은 역설적으로 뜻밖의 공통점이나 상통하는 점이 있다.
극²(劇) 몡[연][방송] 문학 장르의 하나. 인물의 대화와 행동을 서술자의 개입 없이 직접 제시하는 양식. 비드라마. ¶방송~ / 연속~. ▷연극.
극-³(極) 접두 몇몇 한자어 명사 앞에 붙어, '아주', '극심한', '극히' 따위의 뜻을 나타내는 말. ¶~소수 / ~존대 / ~좌익 / ~비밀.
-극⁴(劇) 접미 일부 명사 아래에 붙어, 그런 일을 벌이는 '소동'이나 '난동'을 뜻하는 말. ¶인질~ / 자살~ / 살인~ / 난투~ / 유혈~.
극간(極諫) [-깐] 몡 (잘못된 일이나 행동을 고치도록) 힘을 다하여 말하는 것. **극간-하다** 동자타여.
극-값(極-) [-깝] 몡[수] 함수의 극댓값과 극솟값의 총칭. 구용어는 극치(極値).
극-거리(極距離) [-꺼-] 몡[천] 천구 상의 한 점에서 북극 또는 남극까지의 각거리(角距離).
극관(極冠) [-꽌] 몡[천] 화성(火星)의 자전축 양극 부근을 덮고 있는 흰 부분. 계절에 따라 변화한다.
극광(極光) [-꽝] 몡[지] =오로라(aurora).
극구(極口) [-꾸] 뷔 (의사 표현을 나타내는 일부 동사 앞에 쓰여) 할 수 있는 온갖 말로. 태도가 매우 완강하거나 열렬함을 나타내는 말임. ¶~ 사양하다 / ~ 반대하다.
극권(極圈) [-꿘] 몡[지] 지구 위의 남북 66°33'의 위선(緯線). 또는, 이 위선으로부터 남극·북극까지의 지역.
극기(克己) [-끼] 몡 자기의 욕심·충동·감정 등을 이성적인 의지(意志)의 힘으로 눌러 이기는 것. ¶~력(力) / ~ 훈련. **극기-하다** 동자여.
극기-심(克己心) [-끼-] 몡 극기하는 의지. ¶~을 기르다.
극난(極難) [긍-] → **극난-하다** [긍-] 혱여 극히 어렵다.
극남(極南) [긍-] 몡 남쪽의 맨 끝. ↔극북.
극년(極年) [긍-] 몡[지] 세계 각국의 지구물리학자들이 50년에 한 번씩 1년에 걸쳐 극지방의 상황을 공동 관측하기로 결정한 해. 제1회는 1882~83년, 제2회는 1932~33년이었고, 제3회는 과학의 진보에 따라 25년 만인 1957~58년으로 정하면서 '국제 지구 물리 관측년'으로 이름이 바뀌었음.
극단¹(極端) [-딴] 몡 1중용을 잃고 한쪽으로 치우치는 것. ¶~의 처사 / 생각이 ~으로 흐르다. 2극도에 이르러 더는 어떻게 할 수 없는 상태.
극단²(劇團) [-딴] 몡[연] 연극을 상연하기 위하여 조직된 단체. =연극단. ¶유랑 ~ / ~ 예술 ~.
극단³(劇壇) [-딴] 몡[연] 1연극의 무대. 2연극에 관계하는 사람들의 사회.
극단-론(極端論) [-딴논] 몡 어느 한쪽으로 지나치게 치우친 이론이나 논리.
극단론-자(極端論者) [-딴논-] 몡 모든 사

물을 극단으로 해석하여 말하거나 따르는 사람.

극단-적(極端的) [-딴-] 관명 극단의 상태인 (것). 또는, 극단의 상태에 이른 (것). ¶~ 사고방식/~인 행동.

극단-주의(極端主義) [-딴-의/-딴-이] 명 생각이나 행동이 어느 한쪽으로 지나치게 치우치는 태도.

극대(極大) [-때] 명 1 더할 수 없이 큰 것. 2 [수] 함수 f(x)가 정의역 안에 있는 점 x_0에서 국소적으로 최댓값을 취할 때를 이르는 말. ↔극소(極小). ▷극댓값. **극대-하다** 형여 더할 수 없이 크다.

극대-량(極大量) [-때-] 명 아주 많은 분량. ↔극소량.

극대-화(極大化) [-때-] 명 더할 나위 없이 크게 되거나 크게 하는 것. ¶기업은 이윤의 ~를 추구한다. ↔극소화. **극대화-하다** 동(자타여) **극대화-되다** 동(자)

극댓-값(極大-) [-때깝/-땓깝] 명[수] 함수가 극대일 경우의 값. 구용어는 극대치(極大値). ↔극솟값. ▷극대.

극도(極度) [-또] 명 더 이상 버티거나 어떻게 할 수 없는 지경. ¶~의 긴장/피로가 ~에 이르다/신경이 ~로 예민해지다.

극동(極東) [-똥] 명 1 동쪽의 맨 끝. ↔극서(極西). 2 유럽에서 새로 이름으로, 유럽에서 비교적 먼 아시아 대륙의 동부와 그 주변의 섬들을 가리키는 말. 곧, 한국·중국·일본 따위. =원동(遠東). ¶~ 지역. ↔근동(近東).

극-동풍(極東風) [-똥-] 명[지] 위도 60°이상의 극지방에서 발생하는 고기압으로부터 나오는 차가운 바람. =극풍·주극풍.

극락(極樂) [궁낙] 명 아미타불이 살고 있다 정도로, 괴로움이 없는 지극히 안락하고 자유로운 세상. =극락세계·극락정토·안락국·안락세계·안락정토·안양정토·연화세계. ▷지옥.

극락-세계(極樂世界) [궁낙쎄게/궁낙쎄게] 명[불] =극락. 준극락계.

극락-왕생(極樂往生) [궁낙-] 명 1 [불] 죽어서 극락세계에 다시 태어남. =정토왕생·왕생극락. 2 편안히 죽음.

극락-전(極樂殿) [궁낙쩐] 명[불] 아미타불을 모신 법당.

극락-정토(極樂淨土) [궁낙쩡-] 명[불] =극락.

극락-조(極樂鳥) [궁낙쪼] 명[동] 조류 참새목 극락조과에 속하는 새의 총칭. 부리와 꽁지가 길며, 수컷은 몸빛이 화려하고 여러 가지 동작으로 구애의 춤을 춤. =풍조(風鳥).

극량(極量) [궁냥] 명 1 규정된 최대한의 분량. 2 [의] 약을 위험 없이 사용할 수 있는 1회분의 최대량.

극력(極力) [궁녁] Ⅰ명 있는 힘을 다하는 것. ¶~도 도와주다. **극력-하다** 동(자)여 Ⅱ부 있는 힘을 다하여. (비)힘껏. ¶근검절약에 ~ 힘쓰다/전쟁을 ~ 반대하다.

극렬(極烈·劇烈) [궁녈] **→극렬-하다** [궁녈-] 형여 매우 열렬하거나 맹렬하다. (비)격렬하다. ¶시위가 몹시 ~. **극렬-히** 부

극렬-분자(極烈分子) [궁녈-] 명 어떠한 단체에 속하여서, 사상·언동 따위에 과격한 경향이 있는 사람.

극류(極流) [궁뉴] 명[지] 남북 양극 지방에서 적도 쪽으로 흐르는 한류.

극률(極律) [궁뉼] 명[법] 사형에 해당한 죄를 정한 법률.

극명(克明) [긍-] 명 속속들이 똑똑하게 밝히는 것. **극명-하다**[1] 동(타)여 ¶차(此)로써 세계만방에 고(告)하야 인류 평등의 대의 (大義)를 극명하며….《기미 독립 선언문》 ▷극명하다[2].

극명-하다[2](克明-) [긍-] 형여 매우 분명하다. ¶그의 소설은 가진 자의 횡포를 극명하게 그리고 있다. **극명-히** 부

극모(棘毛) [긍-] 명[동] 환형동물이나 윤형동물의 몸 표면에 있는 털보다 굵고 억센 가시. =가시털.

극^문학(劇文學) [긍-] 명[문] 연극 예술을 위한 문학. 희곡·각본·시나리오 따위.

극물(劇物) [긍-] 명 극약 정도의 독성이 있는 비의약품(非醫藥品).

극미(極微) [긍-] →**극미-하다**[긍-] 형여 극히 잘고도 작다. ¶바이러스와 같은 극미한 병원체.

극-미량(極微量) [긍-] 명 더할 수 없이 적고 보잘것없는 분량. ¶~의 발암 물질.

극-반지름(極半-) [-빤-] 명[지] 지구의 중심에서 북극 또는 남극을 이은 선. 길이는 약 6,357km임. =극반경.

극복(克服) [-뽁] 명 (어려움이나 곤란 등을) 굴함이 없이 능히 견디거나 잘 조절했나가는 것. **극복-하다**[1] 가난을 ~/온갖 고난을 ~. **극복-되다** 동(자)

극본(劇本) [-뽄] 명[문] =각본(脚本)[1].

극북(極北) [-뿍] 명 북쪽의 맨 끝. ↔극남.

극비(極祕) [-삐] 명 극히 중대한 비밀. =극비밀. ¶~ 사항/~ 문서/이것은 ~에 속하는 기밀이다.

극비리-에(極祕裏-) [-삐-] 부 아무도 모르게 아주 비밀한 가운데. =극비리. ¶그들의 계획은 ~ 추진되어 있다.

극-비칭(極卑稱) [-삐-] 명[언] =아주낮춤.

극빈(極貧) [-삔] →**극빈-하다** [-삔-] 형여 몹시 가난하다. ¶생활이 ~.

극빈-자(極貧者) [-삔-] 명 몹시 가난한 사람.

극-사실주의(極寫實主義) [-싸-의/-싸-이] 명[미] 팝 아트 이후 1970년대에 미국에서 일어난 새로운 미술 경향. 마치 사진과 같은 철저한 사실 묘사를 특징으로 함. =슈퍼리얼리즘·하이퍼리얼리즘.

극상[1](極上) [-쌍] 명 품질이 가장 좋은 상태. 또는, 그러한 물건. =막상(莫上). ¶~의 물질. ↔극하.

극상[2](極相) [-쌍] 명[식] 식물이 외계의 영향을 받아 변화하여, 최후로 그 지점에 있어서의 생태적 조건에 가장 적합한 식물군을 이룬 상태.

극-상등(極上等) [-쌍-] 명 가장 높은 등급.

극-상품(極上品) [-쌍-] 명 제일 좋은 품질. 또는, 그러한 물건. ¶~을 진상하다.

극서(極西) [-써] 명 서쪽의 맨 끝. ↔극동(極東).

극성[1](極性) [-썽] 명 1 [물] 자석의 북극과 남극, 전극의 양극과 음극이 가지고 있는 서로 다른 성질. 2 [생] 생물체의 세포나 조직이 한 방향에 따라 형태적·생리적으로 일정한 특성을 나타내는 일. 식물의 줄기가 위로, 뿌리가 아래로 벋는 것이나, 지렁이의 몸이 잘렸을 때 머리 쪽에서는 머리가, 꼬리 쪽에서는 꼬리가 자라는 것 따위.

극성²(極星)[-썽] 명 [천] 천구의 극 근방에 있어서 그 표시가 되는 항성(恒星). 북극성 따위.

극성³(極盛)[-썽] 명 1 몹시 왕성한 것. 2 성질이나 행동이 몹시 드세거나 지나치게 적극적인 것. ¶그는 엿목판에 ~으로 달라붙는 아이놈의 등줄기를 호되게 내리쳤다.《황석영:돼지꿈》**극성-하다** 형여 **극성-히** 부

극성-기(極盛期)[-썽-] 명 한창 번성하는 시기.

극성-떨다(極盛-)[-썽-] 통자 <~떠니, ~떠오> 과격하거나 억세게 적극적으로 행동하다. =극성부리다. ¶날이 더워지자 모기가 극성떤다.

극성-맞다(極盛-)[-썽맏따] 형 극성을 부리는 성질이 있다. ¶아이가 **극성맞아서** 집안의 물건이 남아나는 게 없다.

극성-부리다(極盛-)[-썽-] 통자 =극성떨다. ¶극성부리지 말고 얌전하게 있거라.

극성-스럽다(極盛-)[-썽-따] 형ㅂ <~스러우니, ~스러워> 극성을 부리는 데가 있다. ¶극성스러운 여자. **극성스레** 부

극소¹(極小)[-쏘] 명 1 아주 작음. 2 [수] 함수 $f(x)$가 정의역 안에 있는 점 x_0에서 국소적으로 최솟값을 취할 때를 이르는 말. ↔극대(極大). **극소-하다**¹ 형여 아주 작다.

극소²(極少)[-쏘] → **극소-하다**² [-쏘-] 형여 아주 적다. ¶극소한 양.

극-소량(極少量)[-쏘-] 명 아주 적은 분량. ¶어떤 극약은 ~이라도 치사량이 될 수 있다. ↔극대량.

극-소수(極少數)[-쏘-] 명 아주 적은 수. ¶인생을 후회 없이 살다 간 사람은 ~에 지나지 않는다.

극소-화(極小化)[-쏘-] 명 몹시 작아지거나 작게 하는 것. ↔극대화. **극소화-하다** 통타여 **극소화-되다** 통자여

극솟-값(極小-)[-쏘깝/-쏟깝] 명 [수] 함수가 극소일 경우의 값. 구용어는 극소치(極小値). ↔극댓값. ▷극소(極小).

극시(劇詩)[-씨] 명 [문] 시의 갈래의 하나. 희곡 형식으로 씌어진 시. →서정시·서사시.

극심(極甚·劇甚)[-씸] → **극심-하다**[-씸-] 형여 극히 심하다. ¶극심한 가뭄 / 병충해가 ~. **극심-히** 부

극악(極惡) → **극악-하다**[-아카-] 형여 몹시 악하다. ¶극악한 범죄 행위.

극악-무도(極惡無道)[-앙-] → **극악무도-하다**[-앙-] 형여 매우 악독하다. ¶극악무도한 만행을 저지르다.

극야(極夜) 명 [지] 고위도 지방에서 오랫동안 해가 뜨지 않고 밤만 계속되는 현상. ↔백야(白夜).

극약(劇藥) 명 1 [의] 독약보다는 약하나, 적은 분량으로도 사람이나 동물에게 위험을 주는 약품. 산토닌·카페인 따위. ▷독약. 2 극단적인 해결 방법을 비유하여 이르는 말. ¶만성적 부동산 투기를 잡기 위해 정부는 ~ 처방도 불사할 태세다.

극언(極言) 명 1 극단적으로 말하는 것. 또는, 그 말. 2 있는 힘을 다해서 간하여 말하는 것. **극언-하다** 통자여 ¶마르크스는 종교를 가리켜 아편이라고 **극언**한 바 있다.

극열(極熱) 명 1 매우 심한 열. 2 몹시 뜨거운 상태. **극열-하다** 형여 몹시 뜨겁다.

극-영화(劇映畫)[긍녕-] 명영 극(劇)의 요소를 갖춘 영화. 배우가 각본에 따라 연기하며 일관된 줄거리가 있음. ▷기록 영화.

극우(極右) 명 극단적인 우익 사상. 또는, 우익파. =극우익. ↔극좌(極左).

극-우익(極右翼) 명 =극우. ↔극좌익.

극-우파(極右派) 명 극우의 성향을 띤 세력. ↔극좌파.

극-음악(劇音樂) 명[음] 오페라처럼, 극 형식으로 연주되는 음악. 또는, 연극을 위한 음악.

극작(劇作)[-짝] 명 연극의 각본을 쓰는 것. **극작-하다** 통자여

극-작가(劇作家)[-짝까-] 명 연극의 각본을 쓰는 것을 직업으로 하는 사람.

극장(劇場)[-짱] 명 1 무대와 객석을 갖추고 연극·무용·음악 등의 무대 예술을 공연하는 건물이나 시설. ¶야외~ / 원형~. 2 '영화관'을 달리 이르는 말. ¶나는 그 여자와 영화를 보러 ~에 갔다. ▶영화관.

극장-가(劇場街)[-짱-] 명 극장이 주로 모여있는 거리.

극장-식당(劇場食堂)[-짱-땅] 명 쇼 등을 보면서 식사를 할 수 있도록 무대가 갖추어져 있는 식당.

극장-장(劇場長)[-짱-] 명 극장의 최고 책임자. ¶국립 ~.

극-저온(極低溫)[-쩌-] 명[물] 절대 온도에 가까운 저온. 보통 액체 수소 온도인 20~14K 이하임.

극-적(劇的)[-쩍] 관·명 1 극(劇)의 특성을 띤 (것). ¶~ 갈등 / ~ 효과. 2 (어떤 사태가) 갑작스럽거나 놀라운 데가 있으면서 감동적이거나 인상적인 (것). ¶우리 팀은 후반전 종료 5분을 남기고 ~인 역전승을 거두었다. / 그들 가족은 서로 생사조차 모르다가 40년 만에 ~으로 상봉하였다.

극점(極點)[-쩜] 명 1 극도에 다다른 점. 2 [지] 위도 90도의 지점. 북극점과 남극점이 있음.

극젱이[-쩽-] 명[농] 땅을 가는 데 쓰는 농기구의 한 가지. 쟁기와 비슷하나 쟁깃술이 곧게 내려가고 보습 끝이 무디며 몸체가 빈약함. =궁정이.

극-존대(極尊待)[-쫀-] 명 극진히 높여 대접하는 것. **극존대-하다** 통타여

극-존칭(極尊稱)[-쫀-] 명[언] =아주높임1. ↔극비칭.

극좌(極左)[-쫘] 명 극단적인 좌익 사상. 또는, 좌익파. =극좌익. ↔극우(極右).

극-좌익(極左翼)[-쫘-] 명 =극좌(極左). ↔극우익.

극-좌파(極左派)[-쫘-] 명 극좌의 성향을 띤 세력. ↔극우파.

극-좌표(極座標)[-쫘-] 명[수] 평면 위의 어느 한 점의 위치를 정점, 곧 극(極)으로부터의 거리와 각도로 나타내는 좌표. =극자료표.

극중(劇中)[-쭝] 명 극의 내용 가운데. ¶~ 인물 / ~ 역할.

극중-극(劇中劇)[-쭝-] 명[연] 연극 속에서 이루어지는 또 하나의 연극.

극지(極地)[-찌] 명 1 맨 끝에 있는 땅. 2 [지] =극지방.

극-지방(極地方)[-찌-] 명[지] 지구의 남극과 북극의 지역. =극지.

극지^식물(極地植物)[-찌씽-] 명[식] 삼림 한계선보다 고위도(高緯度) 지대인 남북 양극 지방에서 자라는 식물. 관목·초본·지의

류 따위.

극진(極盡)[-찐] ➔**극진-하다**[-찐-] 혱여 (마음과 힘쓰는 것이) 더없이 지극하다. ¶**극진한 대접을 받다. 극진-히** 튀¶부모님을 ~ 모시다.

극찬(極讚) 몡 (어떤 일이나 대상을) 매우 칭찬하는 것. 또는, 그 칭찬. ¶외국인들은 한국 경제의 놀라운 성장에 대해 ~을 아끼지 않았다. **극찬-하다** 동타여

극-채색(極彩色) 아주 짙고 치밀한 채색.

극체(極體) 몡동 동물의 난모 세포가 성숙 분열에서 난자가 되는 과정에서 생기는 3개의 작은 세포.

극-초단파(極超短波) 몡물 초단파 중에서, 파장 1m 이하의 전자기파. 레이더·텔레비전 등에 쓰임. =유에이치에프(UHF). ¶~ 방송.

극치(極致) 몡 그 이상 더 나아갈 수 없는 최고의 경지나 극도의 상태. ¶예술의 ~ / 밀로의 비너스 상은 미(美)의 ~.

극친(極親) ➔**극친-하다** 혱여 아주 친하다. 비절친하다. ¶그와는 학창 시절부터 극친한 사이다. **극친-히** 튀

극통(極痛·劇痛) 몡 1 몹시 심한 아픔. ↔둔통. 2 뼈에 사무치게 맺힌 고통. 비지통(至痛).

극판(極板) 몡물 전극에 쓰이는 도체(導體)의 판.

극평(劇評) 몡연 상연된 연극을 비평하는 일. 또는, 그 비평.

극풍(極風) 몡지 =극동풍(極東風).

극피(棘皮) 몡동 석회질의 가시가 돋아 있는 동물의 껍질.

극피-동물(棘皮動物) 몡동 동물 분류상의 한 문(門). 모두 바다에 살며, 몸은 방사 대칭을 이루고, 거죽에 털 같은 석회질의 가시가 있음. 수관계(水管系)가 발달했고, 관족(管足)으로 운동함. 성게·불가사리·해삼·바다나리 등이 이에 딸림.

극하(極下) [그카] 몡 품질이 가장 나쁜 상태. 또는, 그러한 것. ↔극상.

극-하다(極-) [그카-] 재타여 아주 심하여 더할 수 없는 지경에 이르다. ¶슬픔이 ~ / 사치를 극하는 호화 생활.

극한[1](極限) [그칸] 몡 1 상태나 정도가 전혀 더 나아갈 수 없거나 더 심해질 수 없는 지경. ¶~ 투쟁[대립] / 갈등이 ~으로 치닫다. 2 [수] =극한값.

극한[2](極寒·劇寒) [그칸] 몡 몹시 심한 추위. 비혹한(酷寒).

극한-값(極限-) [그칸깝] [수] 어떤 양이 일정한 법칙에 따라 어떤 확정된 값에 한없이 가까워질 때의 값. 구용어는 극한치(極限值). =극한.

극한^상황(極限狀況) [그칸-] 철 =한계 상황.

극한-투쟁(極限鬪爭) [그칸-] 몡 어떤 목적을 관철하고자 싸울 수 있는 데까지 싸우는 것. 또는, 그렇게 하는 일.

극핵(極核) [그캑] 몡식 종자식물의 배낭 속에 있는 8개의 반수성(半數性)의 핵 중에서 중앙부에 있는 2개의 핵.

극형(極刑) 몡 가장 무거운 형벌. 비사형(死刑). ¶~에 처하다.

극화[1](劇化) [그콰] 몡 (소설·사건 등을) 극의 형식으로 각색하는 일. **극화-하다** 동타여 ¶소설을 극화한 연극. **극화-되다** 동재

극화[2](劇畫) [그콰] 몡 1 =그림 연극. 2 작중 인물의 대화를 넣어 비교적 긴 줄거리를 담은 만화.

극-히(極-) [그키] 튀 더할 수 없을 정도로. 또는, 극단적으로. ¶~ 중요한 문제 / ~ 드문 일.

근[1](根) 몡 1 종기 속에 자리 잡고 있는 단단한 망울. 이것이 빠져야 종기가 나음. ¶종기의 ~이 빠질 때까지 고름을 짜내다. 2 (햇수를 나타내는 말 다음에 쓰여) 그 햇수만큼 자란 삼의 뿌리임을 나타내는 말. ¶5년~ 인삼. 3 [수] 방정식을 만족시키는 미지수의 값. 4 [수] =거듭제곱근. 5 [화] =기(基).

근[2](筋) 몡생 =근육.

근[3](斤) 몡의존 척관법에 의한 무게의 단위. 1근은 600g(고기 따위)으로 하는 경우와, 375g(채소·과일·과자 따위)으로 하는 경우가 있음. ¶고기 한 ~.

근[4](近) 관 (수량을 나타내는 말 앞에 쓰여) 그것에 거의 가까움을 나타내는 말. ¶서울에서 부산까지는 ~ 천 리나 된다. / 시 한 편을 완성하는 데 ~ 일 년이 걸렸다.

근간[1](近刊) 몡 (책을) 최근에 간행하거나, 곧 간행하는 것. 또는, 그 간행물. ¶~ 서적. **근간-하다** 동타여

근간[2](近間) 몡 =요사이. ¶~의 경제 동향 / ~에 이상한 소문이 나돌고 있다.

근간[3](根幹) 몡 1 뿌리와 줄기. 2 사물의 바탕이나 중심이 되는 중요한 것. 비근본. ¶한 살인 사건이 그 연극의 ~을 이루고 있다.

근거(根據) 몡 1 근본이 되는 거점. =본거(本據). ¶지리산을 ~로 하여 준동한 빨치산. 2 의견·추측·주장 등에 대해, 그것이 옳음을 뒷받침하는 것이나 이치. ¶~가 확실하다 / ~를 대다 / ~ 없는 소문[낭설]. **근거-하다** 동자여 근거를 두다. ¶그의 학설은 역사적 사실에 **근거하고** 있다.

근!-**거리**(近距離) 몡 가까운 거리. ¶~ 통학. ↔원거리(遠距離).

근!**거리**^**통신망**(近距離通信網) 몡통 한정된 구역 내에 있는 사무실 건물이나 공장·대학·연구소 등의 컴퓨터·워드 프로세서·팩시밀리 등을 통신 회선으로 연결하여 정보를 교환하는 정보 통신망. =랜(LAN).

근거-지(根據地) 몡 활동의 근거로 삼는 곳. =본거지. ¶원양 어업의 ~ / 장보고는 청해진을 ~로 삼아 일대의 해상권을 장악했다.

근!**검**(勤儉) 몡 부지런하고 검소한 것. **근**!**검-하다** 혱여 ¶**근검한** 국민은 나라를 부강하게 한다.

근!**검-절약**(勤儉節約) 몡 부지런하고 알뜰하게 재물을 아낌. ¶~의 정신. **근**!**검절약-하다** 동자여 ¶**근검절약하는** 습관을 기르다.

근경[1](近景) 몡 1 가까이 보이는 경치. 2 사진이나 그림 등에서 가까운 곳에 있는 것으로 찍히거나 그려진 대상. ↔원경(遠景).

근경[2](近境) 몡 1 어떤 곳에서 가까운 부근의 일대. 2 어떤 사실과 비슷한 경우. ¶이번 재해는 전무후무한 일이라 그 ~을 찾아보기 힘들다. 3 요즈음의 사정.

근경[3](根莖) 몡식 =뿌리줄기.

근계(謹啓) 몡 [=계/-게] 관 '삼가 아룁니다'의 뜻으로, 웃어른에게 보내는 편지에서 맨 첫머리에 쓰는 한문 투의 말. ¶~ 시하 계추지절에 존체 만안하심을 송축하나이다.

근!**고**[1](近古) 몡 1 그리 오래 되지 않은 옛날.

2[역] 역사의 시대 구분의 하나. 중고(中古)와 근세의 중간 시기. ¶~사(史). ▷상고(上古)·중고.

근고²(勤苦) 圀 마음과 힘을 다하여 애쓰는 것. 그러한 일. **근고-하다** 困여

근골(筋骨) 圀 **1** 근육과 뼈대. **2** '체력'을 비유하여 이르는 말.

근교(近郊) 圀 도시의 가까운 변두리에 있는 마을이나 들. ¶서울 ~. ↔원교(遠郊)

근교^농업(近郊農業) 圀[농] 도시 주변에서 도시민의 소비에 응하여 채소·꽃·달걀·우유 등을 소규모·집약적으로 생산하는 농업. ↔원교 농업.

근근-이(僅僅-) 凨 어렵사리 겨우. =근근. ¶쥐꼬리만 한 월급으로 ~ 입에 풀칠이나 합니다.

근근자자(勤勤孜孜) ➔**근근자자-하다** 闍여 매우 부지런하고 정성스럽다. **근근자자-히** 凨

근근-하다 闍여 (못이나 우물 등에 괸 물이) 가득하다. ¶저수지에 물이 **근근하여** 모내기에는 지장이 없겠다.

근기¹(近畿) 圀 서울에서 가까운 곳.

근기²(根氣) 圀 **1** 근본이 되는 힘. **2** 참을성 있게 견디는 힘. ¶그가 승낙할 때까지 ~ 있게 버티다.

근년(近年) 圀 요 몇 해 사이. =경년(頃年). ¶올해에는 ~에 보기 드문 풍작을 이루었다.

근념(勤念) 圀 **1** 마음을 써서 힘껏 보살펴 주는 것. **2** 애쓰고 수고하는 것. **근념-하다** 困타여

근농(勤農) 圀 농사에 매우 힘쓰는 것. 또는, 그러한 농민. ↔나농. **근농-하다** 困여

근대¹[식] 명아줏과의 두해살이풀. 높이 1~1.5m. 잎은 두껍고 연하며, 초여름에 황록색의 잔 꽃이 핌. 밭에 재배하며, 줄기와 잎은 식용함. =군달.

근대²(近代) 圀 **1** 지나간 지 얼마 되지 않은 시대. **2**[역] 역사의 시대 구분의 하나. 근세(近世)와 현대의 중간 시대.

근대^국가(近代國家) [-까] 圀 중세 봉건 국가와 근세 절대주의 국가의 붕괴 후에 성립한 국가.

근대^국어(近代國語) 圀[언] 국어의 역사에서 17세기부터 19세기 말기까지의 국어.

근대-극(近代劇) 圀 19세기 후반에 유럽에서 일어난 새로운 연극. 근대 시민의 사상을 바탕으로 한 개인주의와 자연스런 사실성(寫實性) 존중의 입장에서 사회 문제나 인생 문제를 테마로 함.

근대다 困재 몹시 성가시게 굴다. ¶그러나 이번 멀리 아우를 방문함은 생활이 궁하여 근**대려** 왔다거나 혹은 일을 해 보러 온 것은 결코 아니면.《김유정: 만무방》

근대^문학(近代文學) 圀[문] 근대에 성립하여 발전한 문학. 서양에서는 15세기 르네상스 이후, 특히 프랑스 혁명 이후의 문학을, 우리나라에서는 1894년 갑오개혁 이후의 문학을 가리킴.

근대-사(近代史) 圀 근대의 역사. 또는, 그것을 적은 책.

근대^사회(近代社會) [-회/-훼] 圀 봉건적·공동체적 사회의 붕괴에 뒤따라 나타난, 자유로운 여러 개인이 형성하는 개방적인 사회. 圕시민 사회.

근대^산업(近代産業) 圀 산업 혁명 이후 근대적 공장제 대공업으로서 이루어진 산업.

근대-식(近代式) 圀 수준이나 양식에 있어서 근대적인 방식. ¶~ 공장.

근대^오종^경기(近代五種競技) 圀[체] 국제 올림픽 경기 종목의 하나. 한 선수가 승마·펜싱·사격·수영·크로스컨트리의 다섯 종목을 하루에 한 종목씩 겨루어 총점으로 승부를 가리는 경기.

근대-적(近代的) 圀冠 근대의 특징이라 할 성격을 띤 (것). 또는, 새로운 것이라는 느낌을 주는 (것).

근대-주의(近代主義) [-의/-이] 圀 **1** = 모더니즘. **2** 19세기 말부터 20세기 초에 걸쳐서 가톨릭교회 내부에서 일어난 근대화의 사상 운동.

근대-화(近代化) 圀 전근대적인 상태를 벗어나, 인간성·합리성을 존중하는 근대적인 상태로, 또는 후진적인 상태에서 선진적인 상태로 되게 하는 것. ¶산업의 ~. **근대화-하다** 困타 **근대화-되다** 困

근댓-국[-대꾹/-댄꾹] 圀 근대를 넣고 끓인 국.

근데 凨 '그런데'의 준말. 특히, 구어에서 쓰이는 말임. ¶~ 지금 몇 시나 되었을까?

근뎅-거리다/-대다 困재 '간댕거리다'의 큰말.

근뎅-근뎅 凨 '간댕간댕'의 큰말. **근뎅근뎅-하다** 困재여 ¶할머니의 몇 개 안 남은 이가 **근뎅근뎅한다**.

근뎅-이다 困재 '간댕이다'의 큰말.

근동¹(近東) 圀[지] 유럽에 비교적 가까운 동양 여러 나라의 총칭. 이집트·이라크·터키·시리아·이스라엘 등을 가리킴. ↔극동(極東).

근동²(近洞) 圀 가까운 이웃 동네. ¶그는 일을 잘하기로 ~에 이름이 났다.

근두-박질(筋斗撲跌) 圀 '곤두박질'의 잘못.

근드렁-거리다/-대다 困재 가늘게 붙은 물체가 길고 부드럽게 천천히 자꾸 움직이다. 邳간드랑거리다.

근드렁-근드렁 凨 근드렁거리는 모양. 邳간드랑간드랑. **근드렁근드렁-하다** 困재여 ¶등허리에 업힌 어린아이는 어느 틈에 잠이 들어서 고개가 **근드렁근드렁하며** 옆으로 매달린다.《이기영: 고향》

근들-거리다/-대다 困재 따로 선 물체가 이리저리 자꾸 흔들리다. ¶지친이 일자 책상 위에 놓인 꽃병이 **근들거렸다**. 邳간들거리다.

근들-근들 凨 근들거리는 모양. 邳간들간들. **근들근들-하다** 困재여 ¶이가 빠지려고 근들**근들한다**.

근래(近來) [글-] 圀 가까운 과거의 시점에서부터 지금까지의 시간. ¶~에 보기 드문 성과 / ~에 듣지 못한 훌륭한 연설.

근량(斤量) [글-] 圀 저울로 단 무게. ¶보기보다는 ~이 많이 나간다.

근력(筋力) [글-] 圀 **1** 근육의 힘. **2** 일을 능히 감당해 내는 힘. 圕기력. ¶우리 할아버지는 여든 가까운 연세인데도 아직도 ~이 좋으시다.

근로(勤勞) [글-] 圀 부지런히 일하는 것. ¶~ 봉사. **근로-하다** 困여

근로의 의무(義務) 囝 국민의 의무의 하나. 국민이면 누구나 근로를 해야 할 의무.

근로-권(勤勞權) [글-꿘] 圀[법] 근로 능력을 가진 사람이 국가에 대하여 근로 기회의

제공을 요구할 수 있는 권리. =노동권.
근:로^기준법(勤勞基準法) [글-뻡] 몡 [법] 헌법에 의거하여 근로 조건의 기준을 정함으로써 근로자의 기본적 생활을 보장·향상시키기 위하여 제정된 법률.
근:로^소:득(勤勞所得) [글-] 몡 [경] 근로의 보수로 얻는 봉급·급료·연금·상여금 등의 소득. =급여 소득. ▷불로 소득.
근:로^소:득세(勤勞所得稅) [글-쎄] 몡 [법] 근로의 대가로 받는 소득에 부과하는 조세.
근:로-자(勤勞者) [글-] 몡 근로에 의한 소득으로 생활하는 사람. (비)노동자.
근:로자의 날(勤勞者-) [글-의-/글-에-] 근로자의 노고를 위로하고, 근무 의욕을 더욱 높이는 뜻에서 제정한 날. 1994년에 3월 10일에서 5월 1일로 날짜를 변경함. ▷노동절.
근:로^조건(勤勞條件) [글-껀] 몡 근로자가 사용자에게 고용되어 노무를 제공하는 데 따르는 여러 가지 조건. 임금·근로 시간·작업 환경·휴가 등. =노동 조건.
근류(根瘤) [글-] 몡 [식] =뿌리혹.
근류^박테리아(根瘤bacteria) [글-] 몡 [식] =뿌리혹박테리아.
근:린(近隣) [글-] 몡 가까운 이웃.
근:린-공원(近隣公園) [글-] 몡 도심지의 주택가 주변에 있어, 시민들이 쉽게 이용할 수 있는 작은 규모의 공원.
근면(勤勉) 몡 맡은 일에 꾸준히 힘쓰며 부지런한 태도가 있는 것. ¶우리 학교 교훈은 ~, 성실, 봉사다. **근:면-하다** 혱여 ¶김 대리는 성실하고 ~.
근:면-성(勤勉性) [-씽] 몡 꾸준하고 부지런한 성질.
근멸(根滅) 몡 뿌리째 없애 버리는 것. **근멸-하다** 동타여 **근멸-되다** 동자 ¶악습이 ~.
근:무(勤務) 몡 1 직장에 적을 두고) 직무에 종사하는 것. =근사(勤仕). ¶~ 시간/-에 태만하다. 2 (일직·숙직·당번 따위를) 맡아서 집행하는 것. ¶보초 ~/당직 ~. **근:무-하다** 동자여 ¶어디서 **근무하고** 계십니까?
근:무-지(勤務地) 몡 근무하는 곳.
근:무-처(勤務處) 몡 근무하는 일정한 기관이나 부서.
근:묵자흑(近墨者黑) [-짜-] 몡 [먹을 가까이하면 검어진다는 뜻) 좋지 못한 사람과 가까이하면 악(惡)에 물들기 쉬움.
근:방(近方) 몡 어느 곳에서 가까운 데. (비)근처. ¶이 ~엔 쉴 만한 곳이 없다.
근:배(謹拜) 몡 '삼가 절함'의 뜻으로, 편지 글을 마치고 자기 이름 뒤에 쓰는 말.
근본(根本) 몡 1 사물의 본질이나 본바탕. (비)근간(根幹)·근저(根底)·기초. ¶이 제품은 타 회사의 것과는 ~이 다릅니다. 2 사람의 본바탕. 곧, 혈통이나 가문, 자라 온 환경 등을 이르는 말. ¶~이 좋은[확실한] 사람.
근본-적(根本的) 관몡 근본으로 되거나 근본을 이루는 (것). ¶~인 문제.
근부(根部) 몡 1 식물의 뿌리 부분. 2 건축물 등의 땅에 박혀 있는 부분.
근사(勤仕) 몡 1 맡은 일에 힘쓰는 것. 2 =근무(勤務)1. **근사-하다** 동자여
근사(를) 모으다 꾸 (어떤 일에) 오랫동안 힘써 은근히 공을 들이다.
근:사²(近似) ➔**근:사-하다²** 혱여 1 거의 같다. ¶계산이 **근사하게** 맞아떨어지다. 2 (주로 칭찬이나 경탄 등의 뜻을 담아) 그럴싸하게 괜찮다. 속된 말임. ¶**근사한** 옷/그렇게 차리고 나서니까 참 **근사하구나**.
근:사-치(近似值) [-] 몡수 '근삿값'의 구용어.
근:삿-값(近似-) [-사깝/-삳깝] 몡수 어떤 수치에 충분히 가까운 수치. 예를 들면, 원주율 π(=3.14159265…)에 대한 3.14 또는 3.1416 따위. 구용어는 근사치.
근생-엽(根生葉) 몡 [식] 뿌리나 땅속줄기에서 직접 땅 위에 나온 잎. 고사리·봄맞이꽃 등에서 볼 수 있음. =뿌리잎. 쥰근엽. ↔경엽(莖葉).
근-섬유(筋纖維) 몡 [생] 근육 내지 근조직을 구성하는 수축성을 가진 섬유상 세포. =살올실.
근성(根性) 몡 1 어떤 사람의 마음이나 태도 속에 깊이 박혀 있는 좋지 않은 성질. ¶노예 ~/아부 ~. 2 어떤 일을 끝까지 해내려고 하는 끈질긴 정신. ¶그 선수는 승부 ~이 강하다.
근:세(近世) 몡 1 오래 되지 않은 세상. 2 [역] 역사의 시대 구분의 하나. 중세와 현대의 중간 시대. 우리나라에서는 조선 전기, 곧 15~17세기까지의 시대를 가리킴.
근:세-사(近世史) 몡 근세의 역사. 또는, 그를 적은 책.
근:세-조선(近世朝鮮) 몡 [역] '조선²'를 고조선과 대비하여 이르는 말.
근:소(僅少) ➔**근:소-하다** 혱여 아주 적다. ¶**근소한** 승리/**근소한** 표 차이로 낙선하다.
근속(勤續) 몡 어떤 일자리에서 계속해서 근무하는 것. ¶장기 ~/~ 연한. **근속-하다** 동자여
근수¹(斤數) [-쑤] 몡 저울에 달아서 나타난 무게의 수. ¶~가 나가다.
근수²(根數) [-쑤] 몡수 근호(根號)가 붙은 수. ¶$\sqrt{5}$, 3√2 따위.
근-수축(筋收縮) 몡 [생] 근육이 신경의 자극 등에 반응하여 수축하는 일.
근:시(近視) 몡 [생] 눈에 들어온 광선이 망막보다 앞쪽에 초점을 맺어, 먼 데에 있는 물체가 뚜렷이 보이지 않는 눈의 상태. 또는, 그런 눈. 오목 렌즈로 교정함. =바투보기·졸보기. ↔원시(遠視).
근:시-안(近視眼) 몡 1 [생] 근시의 눈. =단시(短視)·바투보기눈·졸보기눈. ↔원시안. 2 눈앞의 일에만 구애되어 먼 앞날의 일을 짐작하는 지혜가 없음을 비유하는 말. =단시(短視).
근:시안-적(近視眼的) 관몡 앞일이나 사물 전체를 파악하지 못하고 눈앞의 부분적인 현상에 사로잡힌 (것). ¶10년 후도 내다보지 못한 ~인 도시 계획.
근:신(謹愼) 몡 1 말이나 행동을 삼가서 조심하는 것. 2 벌로서 일정 기간 동안 출근·등교·집무를 하지 않고 말이나 행동을 삼가는 것. ¶~ 처분. **근:신-하다** 동자여 ¶당분간 **근신하고** 있어라.
근실(勤實) 몡 부지런하고 진실하다. ¶**근실한** 젊은이. **근실-히** 부
근실-거리다/-대다 동자 조금 가려운 느낌이 자꾸 생기다. ¶머리가 ~.
근실-근실 근실거리는 모양. **근실근실-하다** 동자여
근심 몡 해결하기 어려운 문제에 대해 답답하고 괴로워하는 것. 또는, 그 어려운 문제. ¶~이 되다/~ 걱정 없는 사람은 없다. ▶

걱정. **근심-하다** 통(자)여 ¶돈 문제라면 너무 **근심하지** 마십시오. **근심-되다** 통(자)
근심-거리[-꺼-] 몡 근심이 되는 일. 비걱정거리. ¶아들의 병약함이 그의 ~였다.
근심-스럽다[-따] 휑ㅂ<~스러우니, ~스러워> 근심이 되어 마음이 편안하지 않다. ¶**근심스러운** 표정을 짓다. **근심스레** 튀
근압(根壓) 몡[식] 식물의 뿌리가 흙 속에서 흡수한 수분을, 물관을 통하여 줄기나 잎으로 밀어 올리는 압력. =뿌리압.
근ː엄(謹嚴) →**근ː엄-하다** 휑여 (사람이) 표정이나 태도가 점잖고 위엄 있다. ¶**근엄한** 얼굴[표정] / **근엄하게** 꾸짖다. **근ː엄-히** 튀
근ː연(近緣) 몡 가까이하여 인연을 맺는 것. 또는, 가까운 인연. **근ː연-하다** 통(자)여
근ː영(近影) 몡 최근에 찍은 인물 사진.
근ː왕(勤王) 몡 임금을 위하여 충성을 다하는 것. ¶~병(兵). **근ː왕-하다** 통(자)여
근원(根源) 몡 1 물줄기가 나오기 시작하는 곳. ¶낙동강의 ~은 태백산이다. 2 사물이 비롯되는 본바탕. 비원류. ¶분쟁의 ~을 없애다 / 행복의 ~은 자족하는 마음에 있다.
근원-지(根源地) 몡 근원이 되는 곳.
근ː위-대(近衞隊) 몡 1 임금을 가까이에서 호위하는 부대. 2 [역] 대한 제국 때, 황실의 호위와 의장(儀仗)을 맡아보던 군대.
근ː위-병(近衞兵) 몡 근위대에 딸린 군인.
근육(筋肉) 몡[생] 수축·이완에 의해서 사람이나 동물의 몸을 운동시키는 기관. 일반적으로는 살갗 밑에 있는 살로, 뼈와 뼈 사이에 붙어 있는 골격근을 가리킴. =근(筋)·힘살. ¶어깨 ~ / ~이 잘 발달한 운동선수.
근육^주ː사(筋肉注射)[-쭈-] 몡[의] 근육 내에 약액을 주입하는 주사. ▷혈관 주사·피하 주사.
근육-질(筋肉質)[-찔] 몡 1 근육처럼 연하면서도 질긴 성질. 2 필요 없는 살이나 지방이 없고, 단단한 근육을 가진 체질. ¶~의 건장한 청년.
근육-통(筋肉痛) 몡[의] 근육에 느끼는 아픔.
근ː인¹(近因) 몡 근본적인 원인. ↔원인(遠因).
근ː인²(近因) 몡 근본적인 원인.
근ː일(近日) 몡 1 장래의 매우 가까운 때. 또는, 지금부터 수일간. 비일간. ¶~ 상영 / ~중에 발표하다. 2 과거의 매우 가까운 때. 또는, 과거로부터 오늘까지의 수일간.
근ː일-점(近日點)[-쩜] 몡[천] 태양계의 행성·혜성 등 태양의 둘레를 도는 천체가 궤도 위에서 태양에 가장 가까워지는 위치. 준근점. ↔원일점.
근ː자(近者) 몡 요 얼마 되는 동안. ¶~에 들어 경기가 침체 일로를 걷고 있다.
근ː작(近作) 몡 최근의 작품.
근ː저¹(近著) 몡 요즈음 지은 책.
근저²(根柢·根柢) 몡 사물의 밑바탕이 되는 기초. 비근본. ¶~를 이루다.
근-저당(根抵當) 몡[법] 장래에 생길 채권의 담보로서 미리 설정하는 저당권. ¶~ 설정. **근저당-하다** 통(타)여
근절(根絶) 몡 (좋지 않은 현상이나 대상이) 다시 생기지 못하도록 근본적으로 없애는 것. ¶교통사고의 ~ 대책. **근절-하다** 통(타)여 ¶악성 풍조를 ~. **근절-되다** 통(자)
근절-책(根絶策) 몡 좋지 않은 현상이나 대상을 근본적으로 없애기 위한 방책. ¶부동산 투기의 ~을 강구하다.
근ː점(近點)[-쩜] 몡 1 눈으로 똑똑히 볼 수

있는 가장 가까운 점. 성인(成人)의 정상적인 눈으로는 약 10cm임. ▷명시 거리. 2 [천] '근일점'의 준말. 3 [천] '근지점'의 준말.
근ː접(近接) 몡 어떤 기준점이나 경계선 등에 가까이 접하는 것. ¶~ 촬영 / ~ 사격. **근ː접-하다** 통(자)(여) ¶강릉은 동해안에 **근접한** 도시이다. / 종합 주가 지수가 900선에 **근접**해 있다. **근ː접-되다** 통(자)
근ː정(謹呈) 몡 (어떤 물품을) 삼가 드리는 일. ▷봉정(奉呈). **근ː정-하다** 통(타)여
근ː정-전(勤政殿) 몡[역] 경복궁 안에 있는 정전. 조선 시대에 임금의 즉위식이나 대례(大禮) 등을 거행하였음.
근ː조(謹弔) 몡 1 어떤 사람의 죽음에 대해 삼가 애도의 뜻을 나타내는 것. 2 초상집에 조위금을 낼 때 그 봉투나 단자에 쓰는 말. 비부의. **근ː조-하다** 통(자)(여) 어떤 사람의 죽음에 대해 삼가 애도의 뜻을 나타내다.
근-조직(筋組織) 몡[생] 수축성을 가진 근섬유로 이루어진 조직.
근ː족(近族) 몡 가까운 친척. =근척(近戚). 비근친. ↔원족(遠族).
근종¹(根腫) 몡 뿌리 박힌 종기.
근종²(筋腫) 몡 근육에 생기는 양성의 종창.
근지럽다[-따] 휑ㅂ<근지러우니, 근지러워> 1 무엇이 살갗에 슬슬 닿을 때처럼 스멀거리는 느낌이 있다. ¶목욕을 오랫동안 하지 않았더니 몸이 ~. 2 몸의 일부를 놀리거나 움직여서 무엇을 하고 싶어 안타깝다. ¶지껄이고 싶어서 입이 **근지러우냐**? (좌)간지럽다.
근ː지-점(近地點)[-쩜] 몡[천] 지구의 둘레를 도는 달이나 인공위성이 궤도 위에서 지구가 가장 가까워지는 위치. 준근점. ↔원지점.
근질-거리다/-대다 통(자) 자꾸 근지럽다. 몸이 ~ / 말하고 싶어서 입이 ~. (좌)간질거리다.
근질-근질 튀 근질거리는 모양. (좌)간질간질. **근질근질-하다** 통(자)휑여 ¶며칠 동안 싸움질을 안 하니 몸이 **근질근질하지**?
근쭝(斤-) 의준 무게를 근을 단위로 하여 달 때의 단위. ¶열 ~.
근ː착(近着) 몡 (물품이) 최근에 도착하는 것. ¶~ 외서(外書). **근ː착-하다** 통(자)(여) **근ː착-되다** 통(자)
근채(根菜) 몡 =뿌리채소.
근채-류(根菜類) 몡 뿌리를 주로 먹는 채소류.
근ː처(近處) 몡 어느 곳이나 위치로부터 가까운 곳이나 위치. 비근방. ¶학교 ~ / 서울 ~에서 살고 있다. / 그는 배꼽 ~에 점이 하나 있다.
근처에도 못 가다 관 (비교 대상을 나타내는 말 다음에 쓰여) (능력·수준 등이) 비교 대상에 훨씬 못 미치다. 구어체의 말임. ¶네 영어 실력은 철수 **근처에도 못 간다.**
근ː척(近戚) 몡 =근족(近族). ↔원척(遠戚).
근ː천 몡 어렵고 군색한 상태.
근ː청(謹聽) 몡 삼가 듣는 것. **근ː청-하다** 통(타)여
근ː체-시(近體詩) 몡 한시에서 율시(律詩)와 절구(絶句)를 이르는 말. =금체시(今體詩). ↔고체시.
근ː촌(近寸) 몡 가까운 촌수. ↔원촌(遠寸).
근ː축(謹祝) 몡 삼가 축하한다는 뜻으로, 정년퇴직하는 사람에게 축의금을 전할 때 그 봉

투나 단자에 쓰는 말. ⓑ송곳.
근치(根治) 똉 병을 근본적으로 고치는 것. **근치-하다** 툉(타)여 ¶지병을 ~. **근치-되다**
근!친¹(近親) 똉 가까운 일가붙이. 특히, 8촌 이내의 혈족. ⓑ근족(近族). ↔원친(遠親).
근친²(覲親) 똉 1 (시집간 딸이) 친정에 가서 어버이를 뵙는 것. =귀녕(歸寧). 또는 그 일. 2 [불] (출가한 승려가) 속가(俗家)의 어버이를 뵙는 것. **근친-하다** 툉(자)여
근!친-결혼(近親結婚) 똉 가까운 친척끼리 하는 결혼. =근친혼.
근!친-상간(近親相姦) 똉 가까운 혈족인 남녀가 성 관계를 맺는 일.
근!친-혼(近親婚) 똉 =근친결혼.
근!칭^대!명사(近稱代名詞) 똉 [언] 가까이 있는 사람·사물·방향·처소를 가리키는 대명사. 이분·이것·여기 따위. ▷원칭 대명사·중칭 대명사.
근태(勤怠) 똉 1 부지런함과 게으름. =근타(勤惰). 2 출근과 결근.
근!하-신년(謹賀新年) 똉 '삼가 새해를 축하합니다' 라는 뜻의 문구. 주로, 연말연시에 연하장 등에 쓰는 말임. =공하신년. ⓑ하정(賀正).
근!해(近海) 똉 육지에 가까운 바다. ¶~ 어장. ↔원해(遠海)·외해(外海).
근!해^어업(近海漁業) 똉 연안에서 3∼10여 해리의 근해에서 중형 어선으로 하는 어업. ↔원양 어업. ▷연안 어업.
근행(覲行) 똉 어버이를 뵈러 가거나 오는 것. ▷근친(覲親). **근행-하다** 툉(자)여
근호(根號) 똉 [수] 거듭제곱근을 나타내는 기호. ¶3의 √‾, 5의 ³√‾ 따위.
근!황(近況) 똉 최근의 상황이나 형편. ¶선생님의 ~은 어떠신가?
글 똉 1 사람이 그의 생각이나 감정을 글자로 써서 일정한 형식과 길이로 표현한 것. 세는 단위는 줄·편. ¶~을 읽다 / ~을 쓰다 / ~이 어렵다. 2 교양이나 배움의 대상으로서의 책이나 학문. ¶~을 많이 배운 사람 / ~이 짧은 사람. 3 배움의 기초적 수단이 되는 글자. ¶~을 깨치다 / ~을 익히다.
글-감[-깜] 똉 글의 바탕이 되는 소재. ¶가족 간의 사랑을 ~으로 한 수필.
글겅-거리다/-대다 툉(자) '글겅거리다' 의 준말. ¶담이 ~. 쫘강강거리다.
글겅-글겅 틘 '글겅글겅' 의 준말. 쫘갈강갈강. **글겅글겅-하다** 툉(자)여
글겅-이 똉 말이나 소의 털을 빗기는, 쇠로 된 빗 모양의 기구.
글-공부(-工夫)[-꽁-] 똉 글을 배우거나 익히는 것. **글공부-하다** 툉(자)여
글-구 똉 '글귀²' 의 잘못.
글-귀¹[-뀌] 똉 글을 듣고 이해하는 능력.
글귀(가) 어둡다 [판] 글을 배울 때 이해가 더디다.
글-귀²(-句)[-뀌] 똉 글의 구절. ¶아름다운 ~. ×~글.
글그렁-거리다/-대다 툉(자) '갈그랑거리다' 의 큰말.
글그렁-글그렁 틘 '갈그랑갈그랑' 의 큰말. **글그렁글그렁-하다** 툉(자)여
글-꼴 똉 =폰트.
글-눈[-룬] 똉 글자나 글, 특히 한글이나 한문 등을 읽을 수 있거나 읽고 그 뜻을 알 수 있는 능력. ¶아이들이 ~을 뜨다 / ~이 밝다 [어둡다].
글-동무[-똥-] 똉 같은 곳에서 함께 공부하였거나, 공부하고 있는 동무. =글동접. ¶길거리에서 우연히 예전의 ~를 만났다.
글-동접(-同接)[-똥-] 똉 =글동무.
글라디올러스(gladiolus) 똉 [식] 붓꽃과의 여러해살이풀. 높이 80~100cm. 알뿌리에서 잎이 나오며, 여름에 빨강·노랑·흰색 등의 꽃이 한쪽으로 치우쳐 핌. =당창포.
글라스(glass) 똉 물이나 양주·맥주·주스 등을 마시는 데 쓰는, 손잡이 없이 유리로 만든 컵. ⓑ유리잔.
글라이더(glider) 똉 발동기 없이 바람을 타고 날게 되어 있는 항공기. =활공기.
글래머(↑glamour) 똉 [본뜻은 '매력', '매혹'] 여성의 몸매가 가슴과 엉덩이가 커서 성적 매력이 있는 것. 또는, 그 여성. ¶~ 배우 / 그 여자는 보기 드문 ~다.
글러브(glove) 똉 [체] 권투·야구·하키·펜싱 등을 할 때 손에 끼는, 가죽으로 만든 장갑. ¶권투 ~ / 야구 ~. ▷미트(mitt).
글-로 틘 '그리로' 의 준말. ¶~ 오시오.
글로리아(Gloria) 똉 [가][기] 하느님의 영광을 찬미하는 노래.
글로벌리즘(globalism) 똉 [정] 국가라는 단위를 초월하여 세계를 하나의 통합체로서 들려는 경향이나 운동의 총칭.
글로불린(globulin) 똉 [생] 단순 단백질의 하나. 생물체에 널리 분포하며, 혈액·난황 따위에 들어 있음.
글로빈(globin) 똉 [생] 철이 들어 있는 색소인 헴과 화합하여 헤모글로빈을 구성하는 구상(球狀) 단백질.
글로켄슈필(⑤Glockenspiel) 똉 [음] =철금.
글루카곤(glucagon) 똉 [생] 이자의 랑게르한스섬에서 분비되는 호르몬. 간의 글리코겐을 분해하여 혈당량을 증가시킴. ▷인슐린.
글루코오스(glucose) 똉 [화] =포도당.
글루타민(glutamine) 똉 [화] 단백질을 구성하는 아미노산의 하나. 식물체, 특히 생장이 왕성한 조직 중에 많이 함유됨.
글루탐-산(↑glutamic酸) 똉 [화] 아미노산의 하나. 단백질의 구성 성분으로 널리 분포함. 백색 결정이며, 화학조미료의 주성분임.
글루텐(gluten) 똉 [화] 밀가루 등에 함유된 각종 단백질의 혼합물로 회갈색의 찰기가 있는 물질. 밀기울의 주요 성분임.
글리 똉 그르게. ↔옳이.
글리산도(⑩glissando) 똉 [음] 피아노나 현악기 등에서, 비교적 넓은 음역을 빠르고 미끄러지듯이 연주하는 방법. =활주(滑奏).
글리세롤(glycerol) 똉 [화] =글리세린.
글리세린(glycerin) 똉 유지(油脂)의 가수 분해에 의해 만들어지는, 무색투명하고 단맛과 끈기가 있는 액체. 의약품·폭약·화장품의 원료 등으로 쓰임. =글리세롤.
글리신(glycine) 똉 [화] 필수 아미노산의 하나. 백색 결정이며, 많은 동물성 단백질에 다량으로 함유됨. 생체 물질의 생합성 소재로서 중요함.
글리코겐(glycogen) 똉 [화] 동물의 간이나 근육에 들어 있는 탄수화물의 하나. 맛·냄새가 없는 흰 가루이며, 에너지 대사에 중요한 물질임. =당원질(糖原質).
글-말 똉 =문어(文語)². ↔입말.
글-맛[-맏] 똉 글이 가지는 독특한 운치나 글을 읽으면서 느끼는 재미.

글-머리 명 글의 시작 부분. 또는, '서론'을 달리 이르는 말. 비서두(書頭).

글-발[-빨] 명 1 적어 놓은 글. ¶한 장의 ~. 2 글자의 생김이나 형식. ¶~이 고르다. 3 글의 앞뒤 관계. 비문맥. ¶~이 서다.

글-방(-房)[-빵] 명 지난날, 사사로이 한문을 가르치던 곳. =사숙(私塾)·서당·서숙·서재·학당. ¶~에서 천자문을 배우다.

글방-물림(-房-)[-빵-] 명 글방에서 공부만 하다 갓 사회에 나와 세상 물정에 어두운 사람을 얕잡아 일컫는 말.

글-벗[-뻗] 명 글로써 사귄 벗. 비문우.

글-속[-쏙] 명 학문을 이해하는 정도. ¶~이 뒤지다(늦다) / ~이 신통하다.

-글-쇠[-쐬/-쒜] 명 '키(key)3'의 순화어.

글썽 부 눈물이 그득하여 넘칠 듯한 모양. 작 갈쌍. **글썽-하다** 동자타 형여 ¶눈물이 글썽한 눈.

글썽-거리다/-대다 동자타 (눈물이) 자꾸 글썽해지다. 또는, 그렇게 되게 하다. ¶그는 합격했다는 말에 너무도 기뻐서 눈물까지 **글썽거렸다**. 작갈쌍거리다.

글썽-글썽 부 글썽거리는 모양. 작갈쌍갈쌍. **글썽글썽-하다** 동자타형여 ¶그녀는 슬픔에 못 이겨 눈물을 **글썽글썽했다**.

글썽-이다 동자타 눈에 눈물이 그득히 고이다. 또는, 그렇게 되게 하다. 작갈쌍이다.

글쎄 감 1 남의 물음이나 요구에 대하여 분명하지 못한 태도를 나타낼 때 쓰는 말. 상대가 동년배이거나 아랫사람일 때 쓰는 말이다. ¶~, 어떻게 해야 좋을지 모르겠어. / "블랙홀이 뭐예요?" "~ …." 2 상대에게 이미 한 바 있는 물음이나 주장 따위를 되풀이할 때, 짜증을 내거나 다그치는 어감을 담아 쓰는 말. ¶"우리 일은 다 잘될 테니 마음 놓으세요." "그래도 자꾸 걱정이 돼요." "~ 우리 걱정은 말라니까."

글쎄-다 감 '글쎄1'을 '해라' 할 상대에게 쓰는 말. ¶~, 내게 그런 힘이 있을지 원.

글쎄-올시다[-씨-] 감 '글쎄1'을 '합쇼' 할 상대에게 쓰는 말. ¶~, 저는 가고 싶습니다만, 사정이 허락할는지 모르겠습니다.

글쎄-요 감 '글쎄1'을 '해요' 할 상대에게 쓰는 말. ¶~, 잘 모르겠는데요.

글쓴-이 명 글을 쓴 사람. 비저자·필자.

글씨 명 사람이 직접 필기도구를 사용하여 이루는 글자. 또는, 그 글자의 모양이나 체. ¶ ~ 연습 / ~를 쓰다 / ~를 휘갈겨 쓰다.

글씨-본(-本) 명 글자를 보고 쓰며 익힐 수 있도록 만든 책.

글씨-체(-體) 명 =서체(書體)1.

글-월 명 1 글이나 문장. 2 '편지'를 이르는 말. ¶선생님의 ~ 받자오니 벅찬 기쁨을 누를 길이 없습니다.

글-자(-字)[-짜] 명 말 또는 그것의 음소나 음절을 일정한 모양의 선으로 나타낸 기호. 수효를 나타내는 단위는 획·자(字). =자(字). 비글·문자(文字). ¶뜻 / ~ 소리 ~.

글자 그대로 관 조금도 보태서 말하지 않고 사실 그대로. 비문자 그대로.

글자-꼴(-字-)[-짜-] 명 글자의 형태나 모양. =자체(字體)·자형(字形). ¶한글의 아름다운 글자 꼴 갖가지 ~.

글자-체(-字體) 명 글자의 일정한 형태나 스타일.

글자-판(-字板)[-짜-] 명 1 =문자판1. 2 =자판(字板)1.

글-장(-帳)[-짱] 명 1 글이 적힌 종이. 2 [역] 과거(科擧) 때 글을 지어 바친 종이.

글-재주[-째-] 명 글을 잘 깨우치거나 짓는 재주. ¶~가 있는 사람 / 뛰어난 ~.

글-쟁이 명 글을 쓰는 일을 직업으로 하는 사람을 낮추어 이르는 말.

글-제(-題)[-쩨] 명 글의 제목. ¶백일장에서 ~를 내다[내걸다].

글-줄[-쭐] 명 1 여러 글자를 써서 이루어진 줄. 2 (주로 '글줄이나'의 꼴로 쓰여) 쓰거나 읽은 글이나 책의 분량을 짐짓 낮잡거나 비아냥거려 이르는 말. ¶그게 ~이나 읽었다는 사람의 행실인가?

글-짓기[-짇끼] 명 글을 짓는 것. 비작문. **글짓기-하다** 동자여

글-체(-體)[-쎄] 명 =문체(文體)1.

글-투(-套) 명 어떤 글에서 나타나는 특징적인 투. 비문투(文套). ¶~로 보아서 작가가 섬세한 감성의 소유자임을 짐작할 수 있다.

글-피 명 모레의 다음 날. ¶내일 모레 ~ 사흘 동안 쉬기로 했다.

글-하다 동자여 1 글을 짓다. 2 학문을 하다.

긁다[극따] 동타 1 (약간의 날이 섰거나 모서리가 있는 물체로 살갗을) 여러 번 문지르다. ¶등긁이로 등을 ~. 2 (꽤 날이 섰거나 뾰족한 물체로 물체의 겉이나) 벗기거나 자국이 나거나 상처가 날 정도로 꽤 힘을 준 상태로 한 번 또는 여러 번 밀다. ¶감자 껍질을 칼로 ~ / 솥의 누룽지를 숟가락으로 ~. 3 (갈퀴 따위로 여기저기 흩어진 것들을) 한군데로 모으다. ¶낙엽을 **긁어서** 땔감으로 쓰다. 4 (여러 사람의 재물을) 부당하게 거두어 가지다. ¶백성의 재물을 **긁은** 탐관오리. 5 (남을) 가시가 있거나 감정을 건드리거나 비위를 상하게 하다. ¶제발 엄마 속을 **긁지** 마라. 6 (등사지를 줄판에 대고) 철필로 글씨를 쓰다. ¶김 선생은 월말 고사 시험지를 혼자서 다 **긁었다**. 7=갉다. 참고 '긁-'은 다음에 오는 어미의 첫소리가 ㄱ일 때에는 [글로], 그 외의 자음일 경우에는 [극]으로 소리 남. 곧, '긁고'는 [글꼬], '긁지'는 [극찌]로 소리 남.

[긁어 부스럼] 필요 없는 짓을 하여 스스로 재화(災禍)를 끌어들인다는 뜻.

긁어-내다 동타 1 안에 있는 것을 긁어서 꺼내다. 2 꾀를 써서 부당하게 받아 내다. ¶돈을 ~.

긁어-당기다 동타 긁어서 앞으로 끌다. 작갉아당기다.

긁어-먹다[-따] 동타 (남의 재물을) 빼앗아 가지다. 작갉아먹다.

긁어-모으다 동타 (~모으니, ~모아) 1 물건을 긁어서 한데 모이게 하다. ¶낙엽을 ~. 2 재물을 부정한 방법으로 모으다. ¶백성으로부터 재산을 **긁어모은** 관리.

긁적-거리다/-대다[극쩍꺼(때)-] 동타 연이어 긁다. 작갉작거리다.

긁적-긁적[극쩍끅쩍] 부 긁적거리는 모양. 작갉작갉작. **긁적긁적-하다** 동타여 ¶그는 겸연쩍은 듯 머리를 **긁적긁적했다**.

긁적-이다[극쩍-] 동타 이리저리 긁다. 작갉작이다.

긁죽-거리다/-대다[극쭉꺼(때)-] 동타 '갉죽거리다'의 큰말.

긁죽-긁죽[극쭉끅쭉] 부 '갉죽갉죽'의 큰말. **긁죽긁죽-하다** 동타여

긁-히다[글키-] 동자타 '긁다'의 피동사. ¶

가시 철망에 **긁힌** 상처 / 손톱에 얼굴을 ~. [**작**]긁히다.

금¹ [명] 시세나 홍정에 의한 물건의 값. [비]금 새·가격. ¶쌀~ / ~을 매기다.
[**금도 모르면서 싸다 한다**] 내용도 모르면서 아는 체한다.
금(을) 놓다 [구] 물건의 값을 부르다. ¶당신이 금을 놓아 보시오.
금(이) 닿다 [구] 물건 값이 사고팔 수 있는 적당한 점에 미치다.
금(을) 맞추다 [구] 같은 종류의 물건 값을 보아서 그 물건의 값을 맞게 하다. ¶서로 ~.
금(을) 보다 [구] 물건의 값이 얼마나 나가는지 알아보다. ¶곡식 값이 어떤지 금을 보러 장에 가다.
금(을) 치다 [구] 1 물건 값을 어림쳐서 부르다. 2 어떤 사람이나 사물이 장차 어떻게 되리라는 것을 헤아려 판정하다.

금² [명] 1 금거나 접거나 한 자국. ¶옷이 구겨져 ~이 생기다. 2 줄을 그은 자국. ¶땅바닥에 ~을 긋다. 3 갈라지지 않고 터지기만 한 흔적. ¶~이 간 유리.
금(이) 가다 [구] 서로의 사이가 벌어지거나 틀어지다. ¶우정에 ~.
금(을) 긋다 [구] 한도나 한계선을 정하다.

금³(金) [명] 1 [화][광] 누른빛의 광택이 나는, 귀금속의 하나. 금속 가운데 퍼지는 성질과 늘어나는 성질이 큼. 예로부터 최고의 귀금속으로 여겨져 왔으며, 화폐·장식품·공예품 등으로 쓰인다. 원소 기호 Au, 원자 번호 79, 원자량 196.967. 양을 헤아리는 단위는 푼(1/10돈)·돈(쭝)·냥(쭝)(10돈)·쌈(100냥)·그램. [비]황금. 2 수표나 어음, 기타 문서에서의 '돈'임을 나타내는 말. ¶~ 백만 원정. 3 [민] 오행(五行)의 하나. 딱딱한 쇠를 상징하는 것으로, 방위로는 서쪽, 계절로는 가을, 색으로는 백색에 해당함. 4 '금요일'을 줄여 이르는 말. 문장 속에서 자립적으로 쓰이기는 어려우며, 주로 달력이나 문서의 표 등에서 쓰임.
[**금이야 옥이야**] 무엇을 다루는 데 매우 애지중지한다는 뜻.

금⁴(金) [명] [역] 중국, 여진족의 추장 아골타(阿骨打)가 화북 지방에 요(遼)를 멸망시키고 세운 나라(1115~1234). 몽골과 남송의 공격으로 멸망함.

금⁵(琴) [명] [음] 당악(唐樂) 현악기의 하나. 줄이 일곱으로 거문고와 비슷함. [비]칠현금.

-금⁶(金) [접미] '돈'을 나타내는 말. ¶격려~ / 기부~ / 계약~ / 부조~.

금-가락지(金-) [-찌] [명] 금으로 만든 가락지. ▷금지환. ▷금반지.

금-가루(金-) [-까-] [명] 황금의 가루. =금분(金粉)·금사(金沙)·금설.

금-값(金-) [-깝] [명] 1 금의 값. 2 비싼 값. ¶흉년으로 고추 값이 ~.

금강(金剛) [명] 1 매우 단단하여 결코 파괴되지 않음. 또는, 그런 물건. 2 [지] '금강산'의 준말. 3 [불] 대일여래의 지덕(智德)이 견고하여 일체의 번뇌를 깨뜨릴 수 있음을 표현한 말.

금강-경(金剛經) [명] [불] '금강반야바라밀경'의 준말.

금강-계(金剛戒) [-게/-게] [명] [불] 일체의 번뇌를 깨뜨리는 계명.

금강반야-바라밀경(金剛般若波羅蜜經) [명] [불] 불경의 하나. 반야, 곧 지혜의 정체가 금강의 건실함에 비유하여 해설한 경. [준]금강경·금강반야경.

금강-사(金剛沙·金剛砂) [명] [광] 석류석의 가루. 유리·금속 등을 가는 데 쓰임. =찬철(鑽鐵). [비]~ 숫돌.

금강-산(金剛山) [명] [지] 강원도 북부 북한 지역에 있는 명산. [준]금강.

● **금강산의 여러 가지 이름**
봄에는 금강석처럼 빛난다 하여 **금강산**, 여름에는 녹음이 우거진다 하여 **봉래산**(蓬萊山), 가을에는 단풍으로 물든다 하여 **풍악산**(楓嶽山), 겨울에는 바위가 다 드러난다 하여 **개골산**(皆骨山)이라 함.

[**금강산도 식후경**] 아무리 재미있는 일이라도 배가 불러야 홍이 난다는 뜻.

금강-석(金剛石) [명] [광] =다이아몬드.
금강-신(金剛神) [명] [불] 불법을 수호한다는 두 신. 절 문의 양쪽에 세움. =금강역사.
금강-역사(金剛力士) [-녁싸] [명] [불] =금강신.
금계¹(錦鷄) [-게/-게] [명] [동] 꿩과의 새. 꿩과 비슷함. 수컷은 광택 있는 황금색 도가머리와 뒷목에는 황갈색·암녹색의 장식깃이 있어 매우 아름다움. 암컷은 엷은 갈색 바탕에 검은 점이 있음. 관상용으로 기름.
금계²(禁戒) [-게/-게] [명] 1 하지 못하게 막고 경계하는 것. 2 나쁜 일을 못 하게 하는 계율(戒律). [비]계-하(타)(여)
금계-랍(金鷄蠟) [-게-/-게-] [명] [약] '염산키니네'의 속칭.

금고¹(金庫) [명] 1 돈이나 귀중품, 중요한 서류 등의 화재·도난을 방지하기 위해 보관하는, 쇠붙이 따위로 만든 궤. 2 공공 목적을 가지는 특수 금융 기관. ¶상호 신용 ~ / 마~.

금고²(禁錮) [명] 1 [역] 죄과로 인하여 벼슬에 쓰지 않음. 2 [법] 자유형의 하나. 교도소에 감금만 하고 노역(勞役)은 과하지 않는 형벌. =금고형.
금고-형(禁錮刑) [명] [법] =금고(禁錮)².

금과-옥조(金科玉條) [-쪼] [명] 금이나 옥처럼 귀중히 여겨 지키고 받들어야 할 규범이나 교훈. ¶나는 모든 일에 최선을 다하라는 스승의 가르침을 ~로 삼고 있다.

금관(金冠) [명] 1 옛날에 주로 왕이 쓰던, 금으로 만든 관. 2 [역] '금량관(金梁冠)'의 준말. 3 [의] 금으로 씌운 의치(義齒)의 하나.

금관-악기(金管樂器) [-끼] [명] [음] 쇠붙이로 만든 관악기. 트럼펫·트롬본·호른 따위. ▷목관 악기.

금광(金鑛) [명] [광] 1 금을 캐내는 광산. =금산(山)·금점(店). 2 =금광석.
금-광석(金鑛石) [명] [광] 금을 함유하는 광석. [비]금광·금속.
금광-업(金鑛業) [명] 금광을 경영하는 사업.
금괴(金塊) [-괴/-꿰] [명] 1 =금덩이. 2 화(貨)의 바탕이 되는 황금.
금구(金句) [-꾸] [명] 1 아름다운 구절. 2 훌륭한 격언.

금군(禁軍) [명] [역] 고려·조선 시대에 궁중을 지키고 임금을 호위·경비하던 군대.

금권(金券) [-꿘] [명] 1 금화(金貨)와 바꿀 수 있는 지폐. 2 특정한 범위 안에서만 화폐로 통용되는 증권. 3 [법] 증권 자체가 표시된 금액의 가치를 인정받는 증권. 우표·수입인지 따위.
금권²(金權)[-꿘]명 **1** 돈의 위력. **2** 돈의 힘을 바탕으로 한 권력. 비금력.
금권-만능(金權萬能)[-꿘-]명 돈만 있으면 무엇이든 이룰 수 있다는 말. ▷황금만능.
금권^정치(金權政治)[-꿘-]명[정] 이권(利權)과 강하게 결부되어 이루어지는 정치. 특히, 금융 자본·산업 자본이 정치권력과 유착한 경우를 가리킴.
금궤(金櫃)명 **1** 금으로 만들거나 장식한 궤. **2** =철궤(鐵櫃)².
금-귀고리(金-)명 금으로 만든 귀고리.
금귤(金橘)명[식] **1** 운향과 금귤속에 속하는 상록 관목의 총칭. **2** 운향과의 상록 관목. 열매는 겨울에 황금색으로 익는데, 새콤달콤하고 향기가 좋으며 껍질째 먹음. =금감(金柑)·동귤.
금'기(禁忌)명 **1** 꺼려서 싫어하거나 금하는 것. ¶~ 사항. **2**[의] 어떤 약이나 치료법을 쓰면 오히려 그런 환자의 경우에는 나쁜 영향이 있다 하여 사용이 금지되는 일. **3** =터부. ¶그 지방에서는 여자가 설날 아침에 남의 집을 방문하는 것은 ~로 되어 왔다. **금기-하다** 통(타)여
금-나다 통(자) 물건 값이 정해져서 팔고 사고 할 수 있게 되다. =값나다.
금'남(禁男)명 남자의 출입을 금함. ¶~의 집.
금납(金納)명 세금이나 소작료 따위를 돈으로 바치는 것. ↔물납(物納). **금납-하다** 통(타)여
금년(今年)명 현재 맞고 있는 해. 비올해. ¶~농사는 풍년이다.
금년-도(今年度)명 올해의 연도. ¶~ 예산을 짜다.
금년-생(今年生)명 올해에 태어나거나 나온 것. ¶~ 송아지.
금-니¹(金-)명 금으로 만든 이. =금치(金齒).
금니²(金泥)명 금가루를 아교에 갠 물질. 글씨를 쓰거나 그림 그릴 때 쓰임. =이금(泥金). ▷은니.
금니-박이(金-)명 금니를 해 박은 사람.
금'단(禁斷)명 **1** 어떠한 행위를 하지 못하게 금하는 것. **2** 어떠한 구역 내에 드나들지 못하도록 막는 것. **금'단-하다** 통(타)여
금'단의 열매(禁斷-)[-의/-에-][성] 하느님이 아담과 하와에게 따 먹지 말라고 한, 선악과나무의 열매. =금과(禁果). 비선악과(善惡果).
금'단 증세(禁斷症勢)명[의] 알코올·모르핀·니코틴 등의 만성 중독자가 이런 것의 섭취를 끊었을 때 일어나는 정신·신체상의 증세. 두통·불면증·불안·허탈감 등이 나타남. =금단 현상.
금당(金堂)명[불] =대웅전.
금대(金帶)명 **1**[건] =금띠1. **2**[역] 조선 시대에 정2품·종2품의 벼슬아치가 조복(朝服)에 두르던 띠.
금-덩이(金-)[-떵-]명 황금의 덩이. =금괴(金塊). ¶~를 준다 해도 그 일만은 하기 싫다.
금도(襟度)명 남을 용납할 만한 도량.
금-도금(金鍍金)명 금으로 도금하는 것. **금도금-하다** 통(타)여
금-돈(金-)명 =금화(金貨).
[**금돈도 안팎이 있다**] 아무리 좋고 훌륭한 것도 안과 밖의 구별이 있다.
금-돌(金-)[-똘]명[광] =금광석.
금동(金銅)명 금으로 도금하거나 금박을 입힌 구리. 비금상.
금동-불(金銅佛)명 금을 입힌 청동 불상.
금-딱지(金-)[-찌]명 손목시계·회중시계 등에서, 금으로 싸이거나 도금되어 있는 시계 겉부분. 속된 말임. ¶예를~ 시계.
금-띠(金-)명 **1**[건] 주의(柱衣)를 금색으로 두른 띠. =금대. **2**[역] =금대2.
금란지계(金蘭之契)[-난-계/-난-게] 명 =금란지교.
금란지교(金蘭之交)[-난-] 명 친구 사이의 매우 두터운 정의. =금란지계.
금량(金梁)명 =금량관.
금량-관(金梁冠)명[역] 조선 시대에 문무관이 조복(朝服)·제복(祭服)을 입을 때 쓰던 관. =양관(梁冠). 준금관.
금력(金力)[-녁]명 돈의 힘. 일에 영향을 미칠 수 있는 힘. 비금권(金權).
금'렵(禁獵)[-녑]명 사냥을 못 하게 하는 것. ¶~기(期). **금'렵-하다** 통(자)여
금'렵-조(禁獵鳥)[-녑쪼]명 사냥하여 잡지 못하게 하는 새. ↔엽조.
금'령(禁令)[-녕]명 어떠한 행위를 못 하게 막는 법령. =금법(禁法). ¶혼인 ~.
금록-석(金綠石)[-녹-]명 알루미늄과 베릴륨의 산화 광물. 엷은 황록색으로 유리 광택이 있으며, 알렉산드라이트·묘안석 등의 보석의 소재(素材)임. =금록옥.
금리(金利)[-니]명 대출이나 예금 등에 대한 이자 또는 이자율. ¶은행 ~ / ~ 인하 / ~가 낮다[높다].
금리^정책(金利政策)[-니-]명[경] 중앙은행(우리나라에서는 한국은행)이 금리를 변동시킴으로써 간접적으로 통화의 공급량을 조절하여 물가의 안정이나 경기 변동을 조정하는 정책.
금맥(金脈)명 **1**[광] 금이 나는 광맥. =금줄. ¶~을 찾아내다. **2** =돈줄. ¶그는 전국의 ~을 쥐고 있다.
금-메달(金medal)명 금으로 만들거나 금도금한 메달. 흔히, 올림픽·체전·기능 올림픽 등에서 우승자에게 그 증표로 수여함. ¶~을 따다.
금명(今明)명 '금명간'의 준말.
금명-간(今明間)명[부] 오늘이나 내일 사이. ¶~승부가 있을 것이다. / 그 일은 ~에 결판이 날 것이다. 준금명.
금-명년(今明年)명 금년이나 내년 사이.
금명-일(今明日)명 오늘이나 내일.
금-모래(金-)명 **1**[광] =사금(沙金). **2** 금처럼 반짝반짝 빛나는 고운 모래. =금사(金沙).
금-몰(金㉘mogol)명 **1** 금으로 도금한 장식용의 가느다란 줄. 또는, 금실로 꼬아 만든 끈. **2** 금실을 가로로, 견사(絹絲)를 세로로 하여 짠 직물.
금-몸(金-)명[불] =금색신(金色身).
금문(金文)명 **1** 금속제의 유물에 새겨져 있는 문자. **2** =조서(詔書)².
금-물¹(金-)명 금빛을 내는 도료(塗料). ¶동상에 ~을 입히다.
금'물²(禁物)명 **1** 법으로 매매나 사용을 금하는 물건. **2** 해서는 안 되는 일. ¶단체 생활에서 개인행동은 절대 ~이다. / 환자에게 술은 ~이다.
금-물결(金-)[-껼]명 금빛으로 빛나는 물

결. =금파(金波).

금박(金箔) 명 순금을 두드리거나 눌러서 종이처럼 얇게 만든 물질. 또는, 순금 대신 빛깔이 비슷한 구리와 아연의 합금을 종이처럼 얇게 만든 물질. ¶~으로 둘린 앨범/책의 제목에 ~을 입히다.

금-박이(金-) 명 옷감 따위에 금빛 가루로 여러 가지 글자나 무늬를 놓은 것.

금박-지(金箔紙) [-찌] 명 1'금박'을 종이처럼 얇다 하여 이르는 말. 2 한 면에 금박을 붙인 종이.

금-반지(金半指) 명 금으로 만든 반지. =금환(金環). ▷금가락지.

금발(金髮) 명 금빛처럼 누른 머리털.

금방¹(金房) [-빵] 명 '금은방'의 준말.

금방²(今方) 명 1 바로 얼마 전에. 비금금. ¶그가 ~ 떠났으니 멀리 못 갔을 것이다. 2 바로 얼마 후에. 또는, 기준 시점에서 불과 얼마 안 있어. ¶조금만 기다려라. 내 ~ 갈게. ▶지금.

금방-금방(今方今方) 부 잇달아 빨리. ¶일을 ~ 해내다/떡을 ~ 먹어 치운다.

금-방아(金-) 명 [광] 물을 이용하여 석금(石金)을 찧는 방아.

금-방울(金-) 명 금으로 만든 방울.

금배(金杯) 명 금으로 만든 잔.

금-배지(金badge) 명 1 금으로 된 배지. 2 국회의원임을 표시하는 배지.

금번(今番) 명 =이번.

금벌(禁伐) 명 나무를 함부로 베는 것을 금하는 것. ¶~령. **금벌-하다** 동(여)

금법(禁法) [-뻡] 명 =금령(禁令). ¶팔조(八條)~.

금^본위^제:도(金本位制度) 명[경] 금을 본위 화폐로 하는 화폐 제도. 그 특징은 금화의 자유 주조, 자유 용해, 금의 수출입의 자유에 의하여 화폐의 유통 가치를 일정량의 금과 결부시키는 데 있음. 준금 본위.

금봉-채(金鳳釵) 명 봉황(鳳凰)으로 머리를 새긴 금비녀.

금:부(禁府) 명[역] '의금부'의 준말.

금:부-나장(禁府羅將) 명[역] 의금부에서 죄인을 문초할 때 매질을 맡아보는 하급 관원. =나장.

금:부-도사(禁府都事) 명[역] 조선 시대에 의금부에서 관리의 감찰·규탄 등 죄인을 추국(推鞠)하는 일을 맡아보던 종5품 벼슬.

금-부처(金-) 명[불] 황금으로 만들거나 금빛 칠을 한 부처. =금불(金佛)·황금불.

금분¹(金分) 명[광] 광석 속에 함유된 금의 분량. =시금(試金).

금분²(金粉) 명 1 =금가루. 2 금빛이 나는 가루.

금불(金佛) 명[불] =금부처.

금-붕어(金-) 명[동] 잉엇과의 물고기. 붕어의 변종으로 모양과 빛깔이 고와 관상용으로 기름. =금어(金魚).

금-붙이(金-) [-부치] 명 금으로 만든 물건의 총칭. =금속. ¶돈이 궁해서 가지고 있던 ~를 내다 팔았다.

금비(金肥) 명 ['돈으로 사서 쓰는 비료'라는 뜻] '화학 비료'를 이르는 말. ↔퇴비(堆肥).

금-비녀(金-) 명 금으로 만든 비녀. =금잠(金簪)·금전(金鈿)·금채(金釵).

금-빛(金-) [-삧] 명 1 금에서 나는 빛. 2 금의 빛과 같은 사물의 빛깔을 비유하여 이르는 말. ¶~ 모래.

금사¹(金沙) 명 1 =금가루. 2 =금모래2. 3 장식을 하는 데 쓰이는 금박(金箔)의 가루.

금사²(金絲) 명 =금실¹·².

금:사-화(錦賜花) 명 문과에 급제한 사람에게 왕이 내리는 비단으로 된 꽃. ▷어사화.

금산¹(金山) 명[광] =금광(金鑛)1.

금:산²(禁山) 명 나무를 베지 못하도록 나라에서 금지하는 산.

금:삼(錦衫) 명 비단으로 지은 적삼.

금상¹(今上) 명 당시에 왕위에 있는 임금을 이르는 말. ¶~ 폐하. ▷주상(主上).

금:상²(金賞) 명 상(賞)의 등급을 금·은·동으로 이름 지었을 때의 1등 상.

금상³(金像) 명 금으로 만들었거나 금으로 도금한 사람의 형상.

금:상첨화(錦上添花) 명[비단 위에 꽃을 더한다는 뜻] 그렇지 않아도 좋은데 그 위에 더 좋은 것을 보태는 것. ¶어, 이거 술 아냐? 그렇잖아도 목이 컬컬하던 참인데 잘됐구면, 여기에 안주만 있으면 ~이겠는걸. ↔설상가상.

금새 명 물건의 값. 비금. ¶~를 치다.

금색(金色) 명 금의 빛깔처럼 환하고 누르스름한 색깔. ¶~ 실.

금색-신(金色身) [-씬] 명[불] 겉에 금빛을 칠하여 만든 부처의 몸. =금신.

금생(今生) 명[불] =이승¹. ▷전생·내생.

금:서(禁書) 명 출판·판매·독서를 법적으로 금지한 책. ¶~ 목록.

금석¹(今昔) 명 지금과 옛적.

금석²(金石) 명 1 쇠붙이와 돌. 2 매우 굳고 단단한 것을 비유하여 이르는 말. ¶~ 같은 언약. ▷철석(鐵石). 3 '금석 문자'의 준말. 4 [광] =금광석.

금석-맹약(金石盟約) [-성-] 명 금석처럼 굳고 변함없는 약속. =금석지약.

금석-문(金石文) [-성-] 명 '금석 문자'의 준말.

금석^문자(金石文字) [-성-짜] 명 쇠붙이나 돌로 만든 그릇·종·비석(碑石) 등에 새겨진 글자. 준금석·금석문.

금석^병^용기(金石竝用期) [-뼹-] 명[역] 신석기 시대에서 청동기 시대로 이행하는 과도적 단계. 석기와 금속기를 함께 사용하였음.

금석지감(今昔之感) [-찌-] 명 지금을 전과 비교하여 생각할 때, 변한 정도가 심하게 느껴지는 감정. ¶불과 십여 년 전만 해도 논밭이었던 이곳에 빌딩 숲을 이룬 걸 보니 ~을 금할 수 없다.

금석지교(金石之交) [-찌-] 명 금석처럼 굳고 변함없는 사귐. =금석지계(金石之契).

금석지약(金石之約) [-찌-] 명 =금석맹약.

금석-학(金石學) [-서각] 명 1 금석문에 의해 언어·문자를 연구하는 학문. 2 [광] =광물학.

금선(琴線) 명 1 거문고의 줄. 2 예민하게 느낄 수 있는 마음결. ¶그의 따뜻한 말 한마디가 그녀의 ~을 건드렸다.

금성(金星) 명[천] 태양계의 두 번째 행성. 수성과 지구 사이에 있으며, 공전 주기 224.7일. 새벽에 보이는 별은 '개밥바라기', '태백성' 등으로, 새벽에 보이는 별은 '샛별', '계명성' 등으로 부름.

금세 부 빠르게 바로. ¶약을 먹었더니 ~ 나았다./택시가 목적지에 ~ 도착했다. 참고 '금시(今時)+에'가 줄어서 된 말이므로,

금세(今世) 〔명〕 1 〔불〕 =이승¹. ▷전세·내세. 2 현재의 세상. ¶~의 호걸.

금-세공(金細工) 〔명〕 금을 재료로 하여 손으로 작은 물건을 만드는 공예.

금-세기(今世紀) 〔명〕 지금의 이 세기. ¶~ 최고의 지휘자 카라얀.

금속(金屬) 〔명〕 1 열이나 전기를 잘 전도하고, 펴지고 늘어나는 성질이 풍부하며, 특수한 광택을 가진 물질. 수은을 제외하고는 상온에서 고체임. 圓쇠붙이. 2 =금붙이.

금속^결합(金屬結合) [-결-] 〔명〕〔화〕〔물〕 금속 원자를 연결시켜 금속 결정을 형성하는 화학 결합. ▷이온 결합·공유 결합.

금속^공예(金屬工藝) [-꽁-] 〔명〕 금속을 재료로 하는 공예.

금속^공학(金屬工學) [-꽁-] 〔명〕〔공〕 금속의 제련·정제·가공의 이론과 기술을 연구하는 학문.

금속^광물(金屬鑛物) [-꽝-] 〔명〕 금속이 함유되어 그 금속의 광석(鑛石)으로 이용되는 광물. 대개는 불투명하고 금속광택이 남.

금속-광택(金屬光澤) [-꽝-] 〔명〕 금속이 지니고 있는 특수한 광택.

금속-박(金屬箔) [-빡] 〔명〕 금속을 아주 얇게 늘여 펴 놓은 것. 금박·은박·알루미늄박 따위.

금속-성¹(金屬性) [-썽] 〔명〕 1 금속이 지니는 성질. 2 금속과 비슷한 성질. ¶~ 촉감.

금속-성²(金屬聲) [-썽] 〔명〕 쇠붙이에서 나는 소리처럼 쨍쨍 울리는 새된 소리. 圓쇳소리. ¶~을 띤 말소리.

금속^원소(金屬元素) 〔명〕〔화〕 홑원소 물질로서 금속을 이루는 원소의 총칭. 금·은·구리·철 따위. ↔비금속 원소.

금속-음(金屬音) 〔명〕 금속이 부딪치면서 내는 소리. 圓쇳소리.

금속-제(金屬製) [-쩨] 〔명〕 금속으로 만든 물건. ¶~ 컵.

금속-판(金屬板) 〔명〕 금속으로 된 판.

금속^화폐(金屬貨幣) [-소콰폐/-소콰페] 〔명〕 금속으로 만든 화폐. 금화·은화·동전 따위. ↔지폐.

금속^활자(金屬活字) [-소콰짜] 〔명〕〔인〕 금속으로 만든 활자. 활판 인쇄에 쓰임.

금송-화(金松花) 〔명〕〔식〕 =금잔화(金盞花).

금¦수¹(禁輸) 〔명〕 수입이나 수출을 금지함. ¶~ 조치.

금수²(禽獸) 〔명〕 1 날짐승과 길짐승. 곧, 모든 짐승. 2 무례하고 추잡한 행실을 하는 사람의 비유. ¶이런 ~만도 못한 놈!

금¦수-강산(錦繡江山) 〔명〕 비단에 수를 놓은 듯 아름다운 산천. 흔히, 우리나라의 산천을 두고 이르는 말임.

금슬(琴瑟) 〔명〕 1 거문고와 비파. 2 '금실²'의 잘못.

금시(今時) 〔명〕〔부〕 바로 지금. 圓금방·시방. ¶~라도 울 듯한 얼굴이 되었다. / 하늘이 얼마나 푸른지 ~ 파란 물이 뚝뚝 떨어질 듯하다.

금-시계(金時計) [-계/-게] 〔명〕 시계의 껍데기를 금으로 만들거나 금도금을 한 시계.

금시-초문(今時初聞) 〔명〕 이제야 비로소 처음으로 들음. 상대로부터 그동안 전혀 몰랐던 소식이나 소문 등을 전해 들었을 때 하는 말임. ¶그 여자가 결혼했다니 ~인데.

금¦식(禁食) 〔명〕 종교적 계율이나 기타의 이유로 인해 얼마 동안 음식을 먹지 않거나 먹지 못하게 하는 일. ¶~ 기도 / 수술 환자에게 ~을 시키다. ▷단식(斷食). **금¦식-하다** 〔동〕⒬ ¶예수는 40일간 광야에서 **금식하였다**.

금¦실¹(金-) 〔명〕 1 금을 가늘게 뽑아 만든 실. 2 금빛이 나는 실. =금사(金絲). ↔은실. 3 기(旗)의 가장자리에 장식으로 다는 누런빛의 실.

금실²(琴瑟*) 〔명〕 ['瑟'의 본음은 '슬'] 부부 사이의 화목한 즐거움. =금실지락. ¶부부간의 ~ 좋다.

금-싸라기(金-) 〔명〕 1 금의 잔 부스러기. 2 황금으로 된 싸라기란 뜻으로, 귀중하거나 비싼 물건을 가리키는 말. ¶~ 땅 / ~ 같은 시간.

금¦압(禁壓) 〔명〕 억눌러 못 하게 하는 것. **금¦압-하다** 〔동〕⑬ **금¦압-되다** 〔동〕⒬

금액(金額) 〔명〕 돈의 액수. =금원(金員). ¶물건의 값어치를 ~으로 환산하다.

금야(今夜) 〔명〕 오늘 밤.

금어¹(金魚) 〔명〕〔불〕 탱화를 그리거나 단청을 하는 승려.

금¦어²(禁漁) 〔명〕 번식과 보호를 위하여 물고기를 잡지 못하게 하는 것. ¶~기(期). **금¦어-하다** 〔동〕⒬

금언(金言) 〔명〕 1 삶에 대한 깊은 깨달음과 보편적 진리를 담고 있어, 생활의 지침으로 삼을 만한 짤막한 말. ¶~집(集). 2 〔불〕 부처의 입에서 나온 불멸의 범어(法語).

금¦연(禁煙) 〔명〕 1 담배 피우는 것을 금하는 것. ¶~석(席). 2 담배를 끊는 것. **금¦연-하다** 〔동〕⒬⒠ ¶차내(車內)에서는 **금연하게** 되어 있다.

금오-신화(金鰲新話) 〔명〕〔책〕 조선 세조 때 김시습(金時習)이 한문으로 지은 전기 소설(傳奇小說). 우리나라 최초의 소설임.

금옥(金玉) 〔명〕 1 금붙이와 구슬. 2 귀중한 것의 비유. ¶~ 같은 내 아들.

금요(金曜) 〔명〕 (주로, 일부 명사 앞에 쓰여) '금요일'을 줄여 이르는 말. ¶~ 드라마 / ~ 모임.

금-요일(金曜日) 〔명〕 한 주일의 요일의 하나. 목요일의 다음, 토요일의 전에 옴.

금¦욕(禁慾) 〔명〕 육체적인 욕망을 억눌러 금하는 것. ¶~ 생활. **금¦욕-하다** 〔동〕⒬⒠

금¦욕-주의(禁慾主義) [-주의/-주이] 〔명〕 감성적(感性的)인 욕망을 악의 원천이라고 생각하여, 덕을 쌓기 위해서는 그것을 억제할 필요가 있다고 생각하는 도덕상·종교상의 입장. =견인주의·극기주의.

금-운모(金雲母) 〔명〕〔광〕 운모의 하나. 황갈색·적갈색 등의 빛깔을 띠며, 진주 광택이 남. 전기 절연체로 쓰임.

금¦원(禁苑) 〔명〕 대궐 안의 동산. =내원(內苑)·어원(御苑).

금월(今月) 〔명〕 현재 맞고 있는 달.

금¦위-대장(禁衛大將) 〔명〕〔역〕 조선 시대의 금위영의 으뜸 장수.

금¦위-영(禁衛營) 〔명〕〔역〕 조선 시대에 서울을 지키던 군영.

금¦육-재(禁肉齋) [-째] 〔명〕〔가〕 14세 이상의 가톨릭 신자가 사순절 첫 수요일과 사순절 매주 금요일에 육식을 끊고 재계하는 일. 구 용어는 소재(小齋).

금융(金融) [-늉/그늉] 〔명〕〔경〕 신용을 바탕으로 자금을 빌려 주고 빌려 쓰는 거래.

금융-가(金融街) [-늉-/그늉-] 〔명〕 금융이

이루어지는 지역이나 사회.
금융^감독^위원회(金融監督委員會)[-늉-회/그뮴-훼] 금융 산업 및 기업의 구조 조정을 추진하고 금융 감독 업무를 수행하기 위해 둔 국무총리 소속 기관. 금융 감독원을 거느림.
금융-계(金融界)[-늉계/-늉게/그뮴계/그뮴게][경] 1 금융업자들이 활동하는 사회. 2 =금융 시장. ¶~ 소식.
금융-공황(金融恐慌)[-늉-/그뮴-][명][경] 신용 관계의 붕괴에 의한 금융 기관의 파산 및 금융 시장의 혼란을 이르는 말.
금융^기관(金融機關)[-늉-/그뮴-][명][경] 예금 등에 의하여 자금을 조달하고, 기업이나 개인에게 돈을 빌려 주거나 증권 투자 등을 하는 기관의 총칭. 은행·투자 금융 회사·종합 금융 회사·보험 회사 따위.
금융-단(金融團)[-늉-/그뮴-][명] 모든 금융업체의 모임으로 이루어진 단체.
금융^시장(金融市場)[-늉-/그뮴-][명][경] 자금의 수요와 공급이 만나 금리 체계가 결정되고, 자금 거래가 이루어지는 추상적인 시장의 총칭. =금융계. ¶국제~.
금융^실명제(金融實名制)[-늉-/그뮴-][명][경] 금융 거래의 정상화와 합리적 과세 기반을 마련하기 위해 예금이나 증권 투자 따위 금융 거래를 실제 명의로 하도록 하는 제도. =실명제.
금융-업(金融業)[-늉-/그뮴-][명][경] 자금을 융통하는 영업. 은행업·신탁업·증권업·보험업 따위.
금융^자본(金融資本)[-늉-/그뮴-][명][경] 1 은행 자본이 산업 자본과 결합하여 경제를 독점적으로 지배하는 자본 형태. 2 흔히, 은행 자본 또는 대출 자본을 일컫는 말. ↔산업 자본.
금융^정책(金融政策)[-늉-/그뮴-][명] 정부나 중앙은행이 자금의 원활한 수급(需給)과 통화 가치의 안정을 꾀하기 위하여 금융 시장을 통해 행하는 정책. ▷금리 정책.
금융^채권(金融債券)[-늉-꿘/그뮴-꿘][명][경] 자금 조달을 위하여 특정 금융 기관이 발행하는 채권. ▷산업~.
금융^회사(金融會社)[-늉회-/-늉훼-/그뮴회-/그뮴훼-][명] 기업의 설립·확장 등에 필요한 자금을 공급하는 은행 이외의 회사. 단자 회사·증권 회사 따위.
금은(金銀)[명] 금과 은. ¶~ 세공.
금은-방(金銀房)[-빵][명] 금은을 가공 또는 매매하는 가게. =금은포. ⓒ금방.
금은-보화(金銀寶貨)[명] 금·은·옥·진주 따위의 귀한 보물.
금은^복본위^제도(金銀複本位制度)[-뽄-][명][경] 금·은 양쪽을 본위 화폐로 하는 제도.
금의-야행(錦衣夜行)[-의-/-이-][명] [부귀를 갖추고도 고향에 돌아가지 않는 것은 비단옷을 입고 밤길을 가는 것과 같다고 한 항우의 고사에서] 자랑삼아 하지만 생색이 나지 않음을 이르는 말.
금의-옥식(錦衣玉食)[-의-/-이-/-씩][명] [비단옷과 흰 쌀밥'이라는 뜻] 사치스럽고 호강스러운 생활을 이르는 말. ▷호의호식(好衣好食).
금의-환향(錦衣還鄉)[-의-/-이-][명] 벼슬하여 또는 성공하여 고향에 돌아옴. **금의**환향-하다[동](재여)
금-이빨(金-)[-니-][명] '금니"의 낮은말.
금일(今日)[명] 현재 맞고 있는 날. ⓑ오늘. ¶~ 개업/~ 안으로 해 주시오.
금-일봉(金-封)[명] 주로 고위 공직자가 금액을 밝히지 않고 봉해서 주는, 성금·축하금·위로금·격려금 등의 돈. 이와 같은 방식은 대외적으로 액수가 알려지는 것을 원치 않는 데서 생겨난 것임. ¶대통령은 태릉 선수촌을 찾아 ~을 전달하고 선수들을 격려했다.
금자(金字)[명] 금니(金泥:금가루를 아교에 갠 것)로 쓴 글자. ¶~로 쓴 불경. ▷은자.
금자-둥이(金子-)[명] 어린아이를 '금같이 귀하고 보배롭다'는 뜻으로 부르는 말.
금자-탑(金字塔)[명] 후세에 오래 남을 뛰어난 업적을 비유적으로 이르는 말. ¶~을 세우다 / 주시경 선생은 국어학 분야에 찬란한 ~을 쌓았다.
금잔(金盞)[명] 금으로 만든 술잔. ⓑ금배.
금-잔디(金-)[명] 1 잡풀이 없이 탐스럽게 자란 잔디. =금사(金莎). 2[식] 볏과의 여러해살이풀. 뿌리줄기가 옆으로 뻗고, 꽃은 연한 황색으로 1~3cm의 이삭을 이룸.
금잔-옥대(金盞玉臺)[-때][명] ['금으로 만든 잔과 옥으로 만든 잔대'의 뜻] '수선화'의 미칭.
금잔-화(金盞花)[명][식] 국화과의 한해살이풀. 높이 30~50cm. 여름부터 가을까지 황색 꽃이 핌. 관상용으로 심음. =금송화.
금¹-잡인(禁雜人)[명] 관계없는 사람이 함부로 드나드는 것을 금하는 것. **금¹잡인-하다**[동](타여)
금장¹(金裝)[명] 황금으로 장식하는 일. **금장-하다**[동](타여)
금²-장(標章)[명] 군인·경찰관·학생 등의 제복의 옷깃에 붙여서 직업·계급·소속·학년 등을 표시하는 휘장(徽章).
금장-도(金粧刀)[명] 1 노리개로 차는, 금으로 꾸민 작은 칼. 2[역] 의장(儀仗)의 한 가지. 나무로 칼 모양을 만들고 금칠을 하였음.
금전(金錢)[명] 1 채권·채무, 금융 거래, 부기 등에서 '돈'을 이르는 말. ¶~ 거래 /~ 관계로 그와 사이가 나빠지다. 2 =금화(金貨).
금전^등록기(金錢登錄器)[-녹끼][명] 돈의 출납을 자동적으로 기록하고, 돈을 보관하는 기계.
금전-지(金箋紙)[명] 보자기의 네 귀나 끈에 다는, 금종이로 만든 장식품. 길례(古禮)에 씀. =방승(方勝).
금전^출납부(金錢出納簿)[-랍뿌][명] 돈이 나가고 들어오는 것을 적는 장부. =금전 출납장.
금점(金店)[명][광] =금광(金鑛)1.
금점-꾼(金店-)[명] 금광에서 일하는 사람.
금정-틀(金井-)[명] 무덤을 팔 때, 구덩이의 길이와 너비를 정하는 데 쓰는 나무틀. =금정.금정틀.
금제¹(金製)[명] 금으로 만드는 일. 또는, 그 물건. ¶~ 불상.
금²-제(禁制)[명] 어떤 일이나 행위를 금하는 것. 또는, 그 법규나 법도. **금²제-하다**[동](타여) **금²제-되다**[동](자)
금²-제품(禁制品)[명][법] 법령에 의하여 그 소유나 거래가 금지되어 있는 물건. 아편·위조지폐·외설 서적이나 그림 따위. =금지품.

금¦조(禁鳥) 명 =보호조(保護鳥).
금-조개(金-) 명 1 껍데기가 금빛이 나는 조개. 2 전복의 껍데기. =전복갑(全鰒甲).
금¦족(禁足) 명 어떤 장소에서 나가지 못하게 하거나 어떤 장소에 드나들지 못하게 금하는 일.
금¦족-령(禁足令)[-종녕] 명 어떤 장소에서 나가지 못하거나 어떤 장소에 드나들지 못하게 하는 명령. ¶~을 내리다.
금-종이(金-) 명 금박을 하거나 이금(泥金)을 바른 종이. =금지(金紙).
금주¹(今週) 명 현재 맞고 있는 이 주일. ¶~ 안으로 일을 끝내라.
금¦주²(禁酒) 명 1 술을 마시지 못하게 금하는 것. ¶~령(令). 2 술을 끊는 것. 금¦주-하다(자여)
금-준비(金準備) 명[경] 은행권을 정화(正貨)와 교환하기 위하여 각국의 발권 은행이 보유하는 금지금(金地金) 또는 금화. 금 본위 제도하에서의 정화 준비를 말함. =금화 준비.
금-줄¹(金-) 명 1 금실로 꼬아 만든 줄. ¶~을 두른 모자. 2 금으로 만든 줄. 3 금빛 물감이나 재료로 그은 선.
금-줄²(金-)[-쭐] 명[광] =금맥(金脈)1.
금¦-줄³(禁-)[-쭐] 명 부정(不淨)한 사람이 드나들지 못하게 하는 표시로 문이나 길 어귀에 건너질러 매는 줄. =인줄. ¶~을 치다.
금¦중(禁中) 명 대궐의 안. 비궁중(宮中).
금지¹(金紙) 명 =금종이.
금¦지²(禁止) 명 (어떤 일을) 법이나 규정이나 지시 등으로 하지 못하도록 하는 일. ¶~구역 / 입산 ~. 금¦지-하다 동(타여)잡상인의 출입을 금¦지-하다. 금¦지-되다 동(자)그 책은 판매가 금지되어 있다.
금¦지³(禁地) 명 드나들지 못하게 하는 지역.
금¦지-곡(禁止曲) 명 검열 또는 심의에 의해 방송이나 공연이 금지된 곡.
금-지금(金地金) 명[경] 화폐의 바탕이 되는 금. 곧, 지금(地金)을 금으로 정하였을 때의 금덩이.
금¦지-령(禁止令) 명 금지하는 명령. 또는, 그러한 법령.
금지-옥엽(金枝玉葉) 명 '금으로 된 가지와 옥으로 된 잎'이라는 뜻] 1 '임금의 가족'을 높여 이르는 말. 2 '귀여운 자손'을 이르는 말. ¶그는 손이 귀한 집안에서 태어나 ~으로 자랐다.
금-지환(金指環) 명 =금가락지.
금쪽-같다(金-)[-깓따] 형 매우 귀하고 소중하다. ¶금쪽같은 시간을 허비하다.
금차(今次) 명 =이번.
금채(金彩) 명 채색(彩色)에 쓰이는 금가루.
금¦-치산(禁治産)[법] 심신 상실자에게 자기 재산을 관리·처분할 수 없도록 법률적으로 금하는 일.
금¦치산-자(禁治産者)[법] 자기 행위의 결과를 합리적으로 판단할 수 없다고 인정되어, 가정 법원으로부터 금치산의 선고를 받은 자.
금칠(金漆) 명 금가루나 금빛이 나는 가루를 바르는 일. 또는, 그렇게 한 것. ¶~이 벗겨지다. 금칠-하다 (타여)
금침(衾枕) 명 이부자리와 베개. 비침구(寢具). ¶원앙~.
금침-장(衾枕欌)[-짱] 명 =자렁장.
금-테(金-) 명 금으로 만들거나 금도금하거나 금빛이 나는 테. ¶~ 안경 / 모자에 ~를 두르다.
금-테두리(金-) 명 금으로 만들거나 금도금하거나 금빛이 나는 테두리. ¶~를 두른 접시.
금파(金波) 명 =금물결.
금-팔찌(金-) 명 금으로 만든 팔찌.
금¦패(錦貝)[광] 호박(琥珀)의 한 가지. 빛깔이 누르고 말갛게 투명함.
금-패물(金佩物) 명 1 금으로 만든 패물. 2 옥을 끈에 꿴 것.
금품(金品) 명 돈과 물품. ¶~을 수수(授受)하다 / ~을 요구하다.
금풍(金風) 명 '가을바람'을 달리 이르는 말. 오행(五行)에서 가을은 금(金)에 해당함.
금¦-하다(禁-) 동(타여) 1 (어떤 일을) 하지 못하게 하다. ¶외출을 ~ / 통행을 ~. 2 ('웃음', '슬픔' 따위의 감정 표현의 말을 목적어로 하여 '못하다', '없다' 등과 함께 쓰여) 그만두거나 참다. ¶웃음[눈물]을 금치 못하다 / 그의 죽음에 슬픔을 금할 수가 없다.
금형(金型) 명 금속제의 거푸집.
금¦혼(禁婚) 명 1 혼인을 하지 못하게 금하는 것. 2 [역] 세자·세손의 빈(嬪)을 간택하는 동안에 일반 백성들의 혼인을 금하던 일. ¶~령(令). 금¦혼-하다 동(자여)
금혼-식(金婚式) 명 서양 풍습에서, 결혼 50주년을 축하하는 의식.
금화(金貨) 명 금으로 만든 돈. =금돈·금전(金錢). ▷金貨.
금화^본위^제¦도(金貨本位制度) 명[경] 금화를 본위 화폐로 하는 화폐 제도. 은행권은 금화와 교환이 가능하며 되고 금의 자유 주조, 자유 용해, 자유로운 수출입에 의하여 화폐 공급이 자동적으로 조정되는 제도임. ▷금 본위 제도.
금환(金環) 명 1 금으로 만든 고리. 2 =금반지.
금¦환^본위^제¦도(金換本位制度) 명[경] 금 본위 제도를 채용하고 있는 다른 나라의 통화를 태환(兌換) 준비로 보유함으로써 자국 통화의 안정을 꾀하는 제도.
금환-식(金環蝕) 명[천] 일식(日蝕)의 하나. 달이 태양을 다 가리지 못하여, 태양의 가장자리 부분이 고리 모양으로 보이는 현상.
금회(今回)[-회/-훼] 명 이번 차례.
금후(今後) Ⅰ명 지금 이후. ¶~의 계획.
Ⅱ부 지금 이후에. ¶~ 이런 일이 없도록 조심하겠습니다.
급¹(級) 명 1[자립] 1 '계급', '등급' 등을 이르는 말. ¶이 물건은 그것과는 ~이 다르다. 2 주산·유도·바둑 등의 등급. 단(段)보다 아래 단위임. 2[의존] 1 주산·유도·바둑 등의 등급을 단위로 이르는 말. ¶바둑 삼 ~. 2 전산 조판이나 사진 식자에서, 자체(字體)의 크기를 나타내는 단위. 1급은 1/4mm임. 3 지난날, 전쟁에서 칼로 벤 적군의 머리 수를 세던 단위. ¶수십 ~의 머리를 베다.
급-²(急) 접두 1 어떤 명사 앞에 붙어, '갑자기' 또는 '매우 빠르거나 급한'의 뜻을 나타내는 말. ¶~상승 / ~정거. 2 어떤 명사 앞에 붙어, '몹시 심한'의 뜻을 나타내는 말. ¶~경사.
-급³(級) 접미 일부 명사 아래 붙어, 그 등급에 준하는 수준임을 나타내는 데 쓰이는 말. ¶국보~ 유물 / 과장~ 대우.
급-가속(急加速)[-까-] 명 자동차·배 등의

속력을 갑자기 높이는 일. ¶~ 주행.

급감(急減)[-깜] 몡 (어떤 대상이) 그 수량이 갑자기 크게 줄어드는 것. ↔급증(急增). **급감-하다** 동(자여) ¶가격 상승으로 고객이 ~. **급감-되다** 동(자)

급-강하(急降下)[-깡-] 몡 1 (비행 물체 따위가) 갑자기 아래쪽으로 빠르게 내려오는 것. 2 (온도 따위가) 급격하게 낮아지는 것. ↔급상승. **급강하-하다** 동(자여) ¶기관 고장으로 비행기가 ~ / 기온이 **급강하하자** 한강이 얼어붙었다.

급거(急遽)[-꺼] 튀 갑작스럽게 급히 서둘러. ¶~ 귀국하다 / 범죄 신고를 받고 경찰이 ~ 출동하다. **급거-히** 튀

급격(急激)[-껵] → **급격-하다** [-껵카-] 혱여 (변화의 움직임 따위가) 빠르고 세차다. ¶금주를 고비로 하여 기온의 **급격**한 변화가 예상된다. **급격-히** 튀 ¶개혁이 ~ 이루어지다.

급-경사(急傾斜)[-껑-] 몡 몹시 가파른 기울기. =급사. ¶산길이 ~를 이루고 있다.

급경사-면(急傾斜面)[-껑-] 몡 급경사를 이룬 면. =급사면.

급고(急告)[-꼬] 몡 급히 알리는 일. 비급보. **급고-하다** 동(타여) ¶학생 제군에게 **급고**함.

급구(急求)[-꾸] 몡 (사람이나 물건을) 급히 구하는 것. ¶사원 ~. **급구-하다** 동(타여)

급급¹(汲汲)[-끕] → **급급-하다**¹[-끄파-] 혱여 (한 가지 일에만) 골몰하여 마음의 여유가 없다. =접접하다. ¶먹고살기에 ~ / 출세에 **급급하여** 의리고 뭐고 팽개친 지 오래다.

급급²(急急)[-끕] → **급급-하다**²[-끄파-] 혱여 매우 급하다. ¶**급급한** 성미. **급급-히** 튀

급기야(及其也)[-끼-] 튀 일의 숨 가쁜 진행이 필연적으로 마지막에 가서는. 비마침내. ¶먹구름이 시커멓게 몰려오는가 싶더니 ~ 굵은 빗방울이 떨어지기 시작했다.

급난(急難)[-끔] 몡 갑자기 일어난 재난.

급등(急騰)[-뜽] 몡 (물가나 시세 따위가) 갑자기 껑충 오르는 것. ↔급락(急落). **급등-하다** 동(자여) ¶환율이 ~.

급등-세(急騰勢)[-뜽-] 몡 물가나 시세 따위가 급등하는 기세. ¶주가(株價)가 ~를 보이다. ↔급락세.

급락¹(及落)[금낙] 몡 급제(及第)와 낙방(落榜).

급락²(急落)[금낙] 몡 (물가나 시세 따위가) 갑자기 뚝 떨어지는 것. ↔급등(急騰). **급락-하다** 동(자여) ¶주가(株價)가 ~.

급락-세(急落勢)[금낙쎄] 몡 물가나 시세 따위가 급락하는 기세. ↔급등세.

급랭(急冷)[금냉] 몡 급히 식거나 식히는 일. ↔급열. **급랭-하다** 동(자타여)

급료(給料)[금뇨] 몡 고용주가 근로자에게 일한 대가로 주는 일정한 돈. 월급이나 일급 따위가 있음. 비봉삯·급여·임금(賃金). ¶~를 지불하다 / ~를 받다.

급류(急流)[금뉴] 몡 강물이나 냇물 등이 물살이 빠르고 세게 흐르는 상태. 또는, 그 물살. 비격류(激流). ¶~에 휩쓸리다. ↔완류(緩流). **급류-하다** 동(자여)

급매(急賣)[금-] 몡 물품을 급히 파는 것. ¶~ 공고. **급매-하다** 동(타여) ¶재고품을 ~.

급-매물(急賣物)[금-] 몡 급히 팔아야 하는 물건. ¶아파트 ~이 쏟아져 나오다.

급모(急募)[금-] 몡 급히 모집하는 것. ¶회원 ~. **급모-하다** 동(타여)

급무(急務)[금-] 몡 급히 처리해야 할 중요한 일.

급박(急迫)[-빠] → **급박-하다**[-빠카-] 혱여 (사태가) 조금의 여유도 없이 닥쳐 급하다. 비급박하다. ¶**급박하게** 돌아가는 국제정세. **급박-히** 튀

급변(急變)[-뼌] 몡 1 상태가 갑자기 달라지는 것. 2 갑자기 일어난 변고. **급변-하다** 동(자여) ¶상태가 갑자기 달라지다. ¶**급변하**는 세계정세 / 병세가 ~. **급변-되다** 동(자여)

급병(急病)[-뼝] 몡 1 갑자기 앓는 병. 2 급한 병. 비급환(急患).

급보(急報)[-뽀] 몡 급히 알리는 것. 또는, 그 소식. 비급고. ¶그는 아버님이 위독하시다는 ~를 받고 급히 시골로 내려갔다. **급보-하다** 동(타여)

급부(給付)[-뿌] 몡 1 (재물 따위를) 상대에게 주는 것. 2 [법] 채권의 목적이 되는, 채무자가 해야 할 행위. **급부-하다** 동(타여) 금품을 주다.

급-부상(急浮上)[-뿌-] 몡 (어떤 대상이나 현상이) 사회적으로 매우 빠르게 등장하거나 주목을 끄는 상태가 되는 것. **급부상-하다** 동(자여) ¶권력 투쟁을 통해 새로운 인물이 ~.

급-브레이크(急brake) 몡 급히 거는 브레이크. ¶행인이 갑자기 차도로 뛰어드는 바람에 버스 운전사는 ~를 밟았다.

급사¹(急死)[-싸] 몡 갑자기 죽는 것. 높급서. **급사-하다** 동(자여) ¶교통사고로 ~.

급사²(急使)[-싸] 몡 급한 용무를 주어 보내는 사람. =주사(走使).

급사³(給仕)[-싸] 몡 학교 등에 고용되어 잔심부름을 하는 사람. 현재는 거의 사용되지 않는 말임. 비사환(使喚).

급사-면(急斜面)[-싸-] 몡 =급경사면. ¶이 산은 동쪽으로 ~을 이루고 있다.

급살(急煞)[-쌀] 몡 1 [민] 보게 되면 운수가 아주 나빠진다고 하는 별. 2 갑자기 닥치는 재액.

급살(을) 맞다 굳 갑자기 죽다. ¶이 **급살** 맞을 놈아.

급살-탕(急煞湯)[-쌀-] 몡 갑자기 닥치는 ~.

급-상승(急上昇)[-쌍-] 몡 1 (비행 물체 따위가) 갑자기 높이 올라가는 것. 2 (온도·인기·시세·신분 따위가) 급격하게 높아지는 것. ↔급강하. **급상승-하다** 동(자여) ¶인기가 ~ / 기온이 ~. **급상승-되다** 동(자여)

급서¹(急書)[-써] 몡 급히 보내는 편지. 또는, 급한 일을 알리는 편지.

급서²(急逝)[-써] 몡 '급사(急死)¹'의 높임말. **급서-하다** 동(자여) ¶내내 건강하시던 선생님이 **급서하셨다**는 비보에 접하였다.

급-선무(急先務)[-썬-] 몡 무엇보다도 먼저 급히 서둘러 해야 할 일. ¶교통난 해결이 서울 시정(市政)의 ~이다.

급-선봉(急先鋒)[-썬-] 몡 뜻을 같이하는 사람들의 앞에 서서 가장 과격한 행동이나 주장을 하는 일. 또는, 그 사람. ¶그는 혁신파의 ~에 섰다.

급-선회(急旋回)[-썬회/-썬훼] 몡 1 (비행기나 새 따위가) 급히 원을 그리며 방향을 바꾸어 도는 것. 2 정책이나 방침 등을 갑자

스럽게 전혀 다른 방향으로 바꾸는 것. **급선회-하다** 동재여 ¶비행기가 ~ / 유화 자세에서 강경 대응으로 ~.

급성(急性) [-썽] 명 병이 갑자기 증세를 나타내어 빠르게 진행하는 성질. ¶~ 폐렴. ↔만성(慢性).

급-성장(急成長) [-썽-] 명 사물의 규모가 갑자기 커지는 것. **급성장-하다** 동재 ¶정보 통신의 발달로 그 회사는 **급성장하였다**.

급성^전염병(急性傳染病) [-썽-뼝] 명[의] 세균·바이러스 등의 감염에 의해 급속히 전염·유행하는 병. 장티푸스·콜레라 등.

급소(急所) [-쏘] 명 1 세게 맞거나 했을 때 이내 생명을 잃을 수 있는, 몸의 부분. =명자리. ¶~를 맞고 쓰러지다. 2 어떤 대상의 치명적인 약점이 되는 부분. ¶~를 찌르는 질문. 3 시험에 꼭 출제될 법한 중요한 내용이나 핵심적 부분. ¶~ 총정리(참고서 선전 문구).

급속(急速) [-쏙] →**급속-하다** [-쏘카-] 형여 (사물의 발전이나 진행 등이) 몹시 빠르다. ¶공업의 **급속한** 발전. **급속-히** 부 ¶기온이 ~ 상승하다 / 통신 시설의 발달로 전화 가설량이 ~ 증가하다.

급-속도(急速度) [-쏙또] 명 매우 빠른 속도. ¶국력이 ~로 신장되다 / 산업이 ~로 발전하다.

급송(急送) [-쏭] 명 급히 보내는 일. **급송-하다** 동타여 **급송-되다** 동재

급수¹(級數) [-쑤] 명 1 [수] 일정한 법칙에 따라 증감하는 수를 일정한 차례로 늘어놓은 수열(數列)의 합. ¶기하(幾何) ~. 2 기술의 높고 낮음에 따른 등급. ¶바둑의 ~. 3 전산 조판이나 사진 식자에서, 문자의 크기를 급(級)으로 나타낼 때의 숫자.

급수²(給水) [-쑤] 명 물, 특히 식수를 공급하는 것. 또는, 그 물. ¶~ 시간 / ~를 단절하다. **급수-하다** 동타여 **급수-되다** 동재

급수-관(給水管) [-쑤-] 명 가정이나 업무용 건물 등으로 수돗물을 보내는 관.

급수-전(給水栓) [-쑤-] 명 급수관 끝에 수돗물이 나오게 장치하여 놓은 고동. 비수도꼭지.

급수-차(給水車) [-쑤-] 명 수도가 단수되거나 화재가 났을 때에 물을 공급하는, 물탱크를 실은 자동차. =물자동차·물차.

급수-탑(給水塔) [-쑤-] 명 물탱크를 장치한 탑. 위에 물을 올려서 급수에 필요한 수압을 얻음.

급습(急襲) [-씁] 명 (어느 곳이나 어떤 대상을) 갑자기 습격하는 것. **급습-하다** 동타여 **급습-되다** 동재

급식(給食) [-씩] 명 학교나 회사 등에서 학생이나 종업원에게 식사를 제공하는 것. ¶~제(制) / 학교 ~. **급식-하다** 동재

급식-비(給食費) [-씩삐] 명 주로 학교에서 급식을 실시할 때 학생 개개인에게 다달이 부담시키는 돈.

급-신장(急伸張) [-씬-] 명 (세력이나 역량이나 규모 따위가) 매우 빠르게 늘거나 커지는 것. **급신장-하다** 동재여 ¶수출 규모가 ~. **급신장-되다** 동재

급여(給與) [-여] 명 물품이나 돈을 지급하는 일. 또는, 그 물품이나 돈. **급여-하다** 동타여 ¶상여금을 ~. **급여-되다** 동재

급여-액(給與額) 명 지급하는 돈의 액수.

급열(急熱) 명 급히 가열하는 것. ↔급랭(急冷). **급열-하다** 동타여

급우(級友) 명 같은 학급의 친구. =클래스메이트.

급유(給油) 명 1 (항공기·배·자동차 등에) 가솔린 따위의 액체 연료를 보급하는 것. 2 기계가 닳지 않도록 하고 과열을 막기 위하여 기름을 치는 것. **급유-하다** 동재여

급자기 [-짜-] 부 생각할 사이 없이 뜻밖에. ¶~ 생긴 일. 잡낱말.

급작-스럽다 [-짝쓰-따] 형ㅂ <-스러우니, ~스러워> (어떤 일이) 갑자기 일어난 듯한 느낌이 있다. ¶**급작스러운** 사고 / **급작** 스럽게 묻다. 잡갑작스럽다. **급작스레** 부

급장(級長) [-짱] 명[교] 예전에, 학급의 장(班長)을 이르던 말.

급전¹(急傳) [-쩐] 명 급히 전하는 일. 또는, 급한 전달. **급전-하다**¹ 동타여

급전²(急電) [-쩐] 명 급한 일을 알리는 전보나 전화. ¶~으로 알리다 / ~을 치다.

급전³(急錢) [-쩐] 명 급한 데에 쓰이는 돈.

급전⁴(急轉) [-쩐] 명 상황이 갑자기 바뀌는 것. 비급전환. **급전-하다**² 동재여 **급전-되다**¹ 동재 ¶정세가 ~.

급전⁵(給電) [-쩐] 명 (수요자에게) 전기를 공급하는 것. **급전-하다**³ 동재여 **급전-되다**² 동재

급전-직하(急轉直下) [-쩐지카] 명 일의 형편이나 상황이 갑작스럽게 바뀌어 걷잡을 수 없이 좋지 않은 상태로 전개되는 것. ¶상승하던 주가가 돌출 변수의 의하여 ~로 떨어지다 / 주인공의 운명이 ~의 위기에 처하다.

급-전환(急轉換) [-쩐-] 명 방향이나 상황이 갑자기 바뀌는 것. 또는, 방향이나 태도를 갑자기 바꾸는 것. 비급전. **급전환-하다** 동재타여 ¶정세가 ~ / 그는 태도를 냉랭하게 **급전환하였다**.

급-정거(急停車) [-쩡-] 명 차가 급히 서는 것. 또는, 차를 급히 세우는 것. =급정차. **급정거-하다** 동재여 ¶차가 **급정거하는** 바람에 모두들 앞으로 고꾸라졌다.

급-정지(急停止) [-쩡-] 명 갑자기 멈추는 일. **급정지-하다** 동재여

급-정차(急停車) [-쩡-] 명 =급정거. **급정차-하다** 동재여

급제(及第) [-쩨] 명 1 시험에 합격하는 것. ↔낙제. 2 [역] 과거(科擧)에 합격하는 것. ¶장원 ~ / 알성 ~. ↔낙방. **급제-하다** 동재여 ¶문과(文科)에 ~.

급-제동(急制動) [-쩨-] 명 갑자기 제동을 거는 것. **급제동-하다** 동재타여 ¶차가 ~.

급조(急造) [-쪼] 명 (어떤 물건이나 대상을) 서둘러 급히 만드는 것. **급조-하다** 동타여

급족(急足) [-쪽] 명 급한 소식을 전하는 심부름꾼.

급증(急增) [-쯩] 명 (어떤 대상이) 그 수량이 갑자기 크게 늘어나는 것. ¶실업자의 ~으로 사회 불안이 야기되다 / 급감. **급증-하다** 동재여 ¶인구가 ~ / 교통량이 ~.

급진(急進) [-찐] 명 1 급히 나아가는 것. 2 어떤 이념이나 정책, 사회적 운동 등을 매우 빠르게 실현하려고 하는 상태. ¶~ 사상. ↔점진(漸進). **급진-하다** 동재여

급진-적(急進的) [-찐-] 관명 변화나 발전의 속도가 매우 급하게 이루어지는 (것). ¶~ 정책 / 경제가 ~으로 발전하다.

급·진전(急進展)[-쩐-] 圓 국면(局面)이 빠르게 전개되는 것. ¶회담이 ~을 보이다. **급진전-하다** 图 困에 ¶사태가 ~. **급진전-되다** 图 困

급진-주의(急進主義)[-쩐의/-쩐이] 圓 정치·사회 등의 체제를 격렬히 비판하고, 과격한 주장이나 행동에 의하여 변혁을 서두르는 주의. ↔점진주의.

급진-파(急進派)[-쩐-] 圓 급진주의를 신봉하는 파.

급창(及唱) 圓[역] 군아(郡衙)에서 부리는 사내종. 원의 명령을 받아 큰 소리로 전달하는 일을 맡아봄.

급체(急滯) 圓 증세가 매우 다급한 체증. ¶~를 내리다. **급체-하다** 图困에

급-출발(急出發) 圓 자동차·열차 등이 갑자기 출발하는 것. 또는, 자동차·기차 등을 갑자기 출발하게 하는 것. **급출발-하다** 图困에 ¶버스가 급출발하는 바람에 넘어졌다.

급-커브(急curve) 圓 굽은 정도가 심한 커브. ¶~길.

급탕(給湯) 圓 뜨거운 물을 공급하는 것. 급탕-하다 图困에

급-템포(急®tempo) 圓 (일이) 빠르게 진전하는 것. ¶세상이 ~로 변해 가고 있다.

급파(急派) 圓 (사람을 어느 곳에) 급히 파견하는 일. **급파-하다** 图[타]에 ¶현지(現地)에 구조대를 ~. **급파-되다** 图困

급-팽창(急膨脹) 圓 (사물이) 매우 빠르게 팽창하는 것. **급팽창-하다** 图困에 ¶인구가 ~.

급-피치(急pitch) 圓 동작이나 작업 진행 등을 빨리 함. ¶복구 공사가 ~로 진행되다.

급-하다(急-)[그파-] 쥉 1행동이 시간의 여유가 없어 서두르는 상태에 있다. ¶밥을 급하게 먹다. 2 (어떤 일이나 형편이) 빨리 처리되거나 해결되어야 할 상태에 있다. ¶급한 용무 / 용변이 ~. 3 (성미가) 느긋함이 없어 서둘러 하려 하거나 마구 덤비는 태도가 있다. ¶아이고, 성미도 **급하시지**. 우물에 가서 숭늉 달라겠소. 4 (마음이) 참고 기다릴 수 없을 만큼 안타깝거나 조바심을 치는 상태에 있다. ¶마음은 급한데 몸이 따라 줘야 말이지. 5 (비탈 따위의 기울기가) 그 정도가 크거나 심하다. ¶경사가 급한 언덕. 6 (물의 흐름이) 빠른 상태에 있다. ¶물살이 **급한** 여울목. **급-히** 튀 ¶~ 서두르다 / 차를 ~ 몰다.

[**급하기는 우물에 가서 숭늉 달라겠다**] 일의 순서를 생각지 못하고 서두르기만 한다.
[**급하면 바늘허리에 실 매어 쓸까**] 아무리 급한 일이라도 순서는 밟아야 한다. [**급히 먹는 밥이 목이 멘다**] 너무 급하게 서두르면 오히려 실패하기가 쉽다.

급한 불을 끄다 囸 우선 앞에 닥친 문제부터 처리하다. ¶네가 준 돈으로 급한 불은 껐는데 더 큰 빚이 남아 있다.

급행(急行)[그팽] 圓 '급행열차'의 준말. ¶~을 타다 / ~으로 가다. ↔완행(緩行).

급행-료(急行料)[그팽뇨] 圓 '급행요금'의 준말.

급행-열차(急行列車)[그팽녈-] 圓 주로 장거리를 운행하는 데, 보통 열차보다 속도가 빠르고 주요한 역에만 정거하는 열차. 중급행·급행차. ↔완행열차.

급행-요금(急行料金)[그팽뇨] 圓 1급행열차를 타기 위하여 일반 요금 외에 따로 더 내는 돈. 2 <속> 어떠한 일을 속히 처리하여 달라는 뜻에서 비공식으로 건네주는 돈. 중급행료.

급행-차(急行車)[그팽-] 圓 '급행열차'의 준말.

급혈(給血)[그펼] 圓 수혈용(輸血用) 혈액을 공급하는 것. **급혈-하다** 图困에

급환(急患)[그푠] 圓 1위급한 병환. 비급병. 2급병에 걸린 환자.

급-회전(急回轉)[그퐈-/그풰-] 圓 아주 빨리 도는 일. **급회전-하다** 图困[타]에

급훈(級訓)[그푼] 圓 어떤 학급에서 학생들이 지켜야 할 규범이나 명심해야 할 교훈 등을 몇 개의 단어나 짧은 구로 나타낸 것. ▷ 교훈·가훈.

굿:다¹[귿따] (굿:고 / 그어) 图[ㅅ]<그으니, 그어> 1 困 비가 그치다. ¶비가 긋기를 기다리다. 2 타 비를 잠시 피하여 그치기를 기다리다. ¶원두막에서 비를 ~.

굿:다²[귿따] (굿:고 / 그어) 图 타<그으니, 그어> 1 필기도구나 그 밖의 끝이 비교적 날카로운 물건으로 평면에 대고 직선에 가까운 줄이나 금, 흔적 따위를 나타나게 하다. ¶줄을 ~ / 빗금을 ~ / 중요한 구절에 밑줄을 ~. 2 (성냥을) 불을 일으키기 위해 마찰하는 면에 대고 약간 힘을 주어 움직이다. ¶그가 성냥을 굿자 불꽃이 확 타오르면서 일순간에 방 안의 어둠을 몰아냈다. 3 가게에서 음식이나 술 따위를 먹고 장부에 표시하여 외상이 되게 하다. 구어체의 말임. ¶월말에 계산할 테니 그어 놓으세요. 4 시험 채점에서, 색연필 따위로 답에 빗금 모양의 선을 표시하여 틀리는 것으로 처리하다. ¶글씨가 불분명한 답은 그어 버렸다. 5 (손이나 손가락으로 몸이나 허공에 어떤 선을) 그리는 동작을 하다. ¶성호를 ~.

긍:긍(兢兢) →긍긍-하다 图困에 두려워 삼가거나 쩔쩔매다. ¶전전(戰戰) ~.

긍:련(矜憐)[-년] →긍:련-하다[-년-] 쥉에 불쌍하고 가엾다. =긍측하다. **긍:련-히** 튀

긍:정(肯定) 圓 1 그러하다고 생각하여 인정하는 일. 또는, 적극적으로 의의(意義)를 인정하는 일. ¶그는 그 말에 대하여 ~도 부정도 하지 않았다. 2 [논] 전통적 논리학에서, 어떤 명제 즉 's는 p이다'라는 형태의 판단을 승인하는 일. 명제를 참이라고 하는 것. ↔부정(否定). **긍:정-하다** 图[타]에 **긍:정-되다** 图困

긍:정^개:념(肯定概念) 圓[논] 어떤 성질의 존재를 긍정적 표현으로 나타내는 개념. '무지(無知)'에 대하여 '지식', '불행'에 대하여 '행복' 따위. =적극 개념. ↔부정 개념.

긍:정^명:제(肯定命題) 圓[논] 전통적 논리학에서, 주개념과 빈개념의 관계를 긍정으로 나타내는 명제. =적극 명제. ↔부정 명제.

긍:정-문(肯定文) 圓[언] '아니'나 '안', '못'과 같은 부정어를 가지지 않은 문장.

긍:정-적(肯定的) 圓 1 좋은 면이 있거나 바람직한 특성이 있는 (것). ¶~ 측면 / 독서는 청소년에게 ~인 영향을 준다. 2 호감을 가지고 좋게 받아들이는 태도를 보이는 (것). 또는, 판단·평가 등이 어떤 것을 찬성하거나 긍정하는 상태에 있는 (것). ¶~인 자세 / 평가 / ~으로 생각하다 / 그는 매사에 ~이다. ↔부정적.

긍:정^판단(肯定判斷) 圓[논] 주개념(主槪

긍)과 빈개념(實槪念)의 일치 관계를 승인하는 판단. '꿀은 달다', '소금은 짜다' 따위. =적극적 판단. ↔부정 판단.

긍지(矜持) 명 자신의 능력을 믿음으로써 가지는 자랑. ¶세계 어딜 가든지 한국인으로서의 자부심과 ~를 잃지 마라.

긍측(矜惻) → **긍측-하다**[-츠카-] 형여 = 긍련(矜憐). **긍측-히** 부

긍-하다(亘-) 동자여 시간적으로 일정한 동안에 걸치다.

긍휼(矜恤) 명 가엾게 여기어 돕는 것. **긍휼-하다** 타여 **긍휼-히** 부 ¶여기는 자는 복이 있나니 저희가 ~여김을 받을 것임이요. 《신약 마태복음》

-기¹ 접미 흔히 ㄴ·ㅁ·ㅅ·ㅈ·ㅊ·ㅌ·ㄲ 등의 받침으로 끝나는 동사의 어간에 붙어, 1 동사에 사동의 기능을 갖게 만드는 어간 형성 접미사. ¶굶~다 / 맡~다 / 숨~다 / 웃~다. 2 동사가 피동의 기능을 갖게 만드는 어간 형성 접미사. ¶안~다 / 쫓~다 / 찢~다.

-기² 접미 용언의 어근에 붙어서, 용언을 명사로 만드는 말. ¶달리~ / 굶~ / 크~.

-기³ 어미 명사형을 만드는 전성 어미. ¶좋은 사람이~를 바란다. ¶하~가 쉽다. ▷-ㅁ·-음.

기⁴(己) 명 천간(天干)의 여섯째.

기⁵(紀) 명 1[지] 지질 시대 구분 단위의 하나. 대(代)의 아래, 세(世)의 위임. 캄브리아기·쥐라기 따위. 2 기전체(紀傳體) 역사에서, 제왕의 사적(事蹟)을 기록한 글.

기⁶(氣) 명 1 사람이 활동하고 살아가는 데 필요한 육체적·정신적인 힘. 원기(元氣)·정기·기력(氣力) 따위. 한의학에서는, 오장 육부의 활동력을 가리킴. ¶~가 부족하다 / ~가 쇠하다 / ~가 넘치다 / ~를 기르다 / 적의 대군을 보자 아군의 군사들은 ~가 질려서 싸우려고 나아가려 하지 않았다. 2 숨 쉴 때의 숨. '차다', '막히다' 등과 함께 쓰여, 어처구니가 없다는 뜻의 비유가 됨. ¶~가 막히다. 3 사람이 주위 분위기나 상대에 대해 마지는 떳떳함이나 자신감. ¶~가 죽이다 / ~가 살다. 4 [철] 중국 철학이나 우리나라의 전통 철학에서, 천지에 가득 차 있으며, 모든 생명의 근원이라고 생각되는 기운. = 우주 원기(宇宙元氣). ▷(理).

기(를) 쓰다 관 있는 힘을 다하다. ¶그는 나를 이기려고 기를 썼다.

기(가) 차다 관 하도 어이가 없어 말이 나오지 않다. ¶방금 전에 여기 있던 물건이 어디로 갔지? 참 기가 찰 노릇이군.

기(를) 펴다 관 억눌림이나 어려운 형편에서 벗어나 마음을 자유롭게 가지다. ¶내 집도 가졌고 이제는 기를 펴고 살게 되었다.

기⁷(記) 명문 한문 문체(文體)의 하나. 사적(事跡)이나 경치를 적은 글.

기⁸(基) 명 화학 반응 때, 화학 변화를 받지 않고 하나의 원자처럼 반응하는 원자단(原子團). =근(根)·라디칼.

기⁹(基) 의존 탑·무덤·비석 또는 큰 기계 따위를 세는 단위. ¶무덤 2~ / 미사일 60~.

기¹⁰(旗) 명 형겊이나 종이 따위에 그려서 어떤 뜻을 나타내거나, 국가·단체 등을 상징하는 것. 국기·군기·우승기 따위. ¶~를 앞세우고 행진하다. ¶를 꽂다.

기¹¹(期) 의존 〈한자어 수사 아래에 쓰여〉 1 일정 기간마다 베풀어지는 훈련·연수·교육 등의 과정을 이수한 순서를 구분 짓는 말. ¶육사 15~ / 제4~ 수습기자. 2 연속성이 있거나 동질적인 일이 이뤄지는 비교적 긴 기간을 어떤 기준이나 단계에 따라 구분 짓는 말. ¶제1~ 지하철 / 혁명 제2~.

기¹²(騎) 명[의존] 말 탄 사람의 수효를 세는 말. ¶수십 ~의 군사.

-기¹³(氣) 접미 '기운', '성분', '느낌'의 뜻을 나타내는 말. ¶물~ / 기름~ / 소금~ / 시장~.

-기¹⁴(記) 접미 '기록'의 뜻을 나타내는 말. ¶체험~ / 유럽 방문~.

-기¹⁵(期) 접미 '시절', '기간', '시기'의 뜻을 나타내는 말. ¶청년~ / 회복~ / 환절~.

-기¹⁶(器) 접미 1 '기구', '도구', '그릇'의 뜻을 나타내는 말. ¶녹음~ / 각도~ / 세면~. 2 '생물체의 기관'의 뜻을 나타내는 말. ¶소화~ / 호흡~.

-기¹⁷(機) 접미 1 '기계'의 뜻을 나타내는 말. ¶기중~ / 경운~ / 발동~. 2 '비행기'의 뜻을 나타내는 말. ¶여객~ / 정찰~.

기가(giga) 의존 [컴] '기가바이트'의 준말.

기가바이트(gigabyte) 명[의존][컴] 데이터의 양을 나타내는 단위의 하나. 1메가바이트의 약 1000배를 나타내는 단위로, 2³⁰인 1,073,741,824바이트를 말함. 기호는 GB. 준기.

기각(棄却) 명 1 내버리는 일. 2 [법] 소송을 수리한 법원이, 이유가 없는 것으로 또는 부적법(不適法)한 것으로 판단하여 무효를 선고하는 것. ~ 처분. **기각-하다** 동타여 ¶항소를 ~. **기각-되다** 동자

기간¹(其間) 명 그사이.

기간²(基幹) 명 일정한 부문에서 으뜸이 되거나 중심이 되는 것.

기간³(旣刊) 명 책 따위를 이미 간행함. 또는, 그 간행물. ¶~물(物). ↔미간(未刊).

기간⁴(期間) 명 어느 시기부터 다른 어느 시기까지의 사이. 최소한 시간 단위가 아닌, 날[日] 이상의 동안을 가리킴. ¶유효 ~ / 접수 ~는 10월 1일부터 10일까지임.

기간-급(期間給) 명 일의 능률이나 성과에 관계없이 일한 기간에 대해서 지급되는 급료. 시간급·일급·주급·월급·연봉 따위. ↔ 성과급.

기간-산업(基幹産業) 명[경] 그 나라 산업의 기초를 이루는 산업. 주로 중요 생산재를 생산하는 산업을 이르는데, 전력·철강·가스·석유 산업 등이 있음. =기초 산업.

기간-요원(基幹要員) 명[-뇨-] 어떤 단체에서 중심적인 구실을 하는 중요한 사람.

기간제 ˙교사(期間制教師) 명[교] 초중고 학교에서, 일정 기간 (보통 1개월 이상) 동안 임시로 고용하는 교사.

기간-지(旣墾地) 명 이미 개간한 땅. ↔미간지(未墾地).

기갈(飢渴) 명 배고픔과 목마름.

기갈(이) 들다 관 몹시 굶주려서 간절히 음식을 탐내다.

기갑(機甲) 명 전차·장갑차 등 기계력을 이용한 병기로 무장하는 일. ¶~ 사단.

기갑-병(機甲兵) [-뼝] 명[군] 기갑 부대에 소속되어 기갑 장비를 다루는 병사.

기갑 ˙부대(機甲部隊) [-뿌-] 명[군] 기계화 부대와 장갑(裝甲) 부대의 총칭.

기강(紀綱) 명 기율과 법강(法綱). ¶~ 확립.

기개(氣槪) 명 씩씩한 기상과 꿋꿋한 절개. ¶장부의 대쪽 같은 ~.

기거[1](起居) 명 (일정한 곳에서) 자고 먹고 하는 등의 일상생활을 하는 것. **기거-하다** 통(자)(여) ¶요즘 어디에서 *기거하십니까*?

기거[2](寄居) 명 덧붙어서 사는 것. **기거-하다** 통(자)(여)

기거-동작(起居動作) 사람이 살아가는 데 있어서의 기초적인 몸의 움직임. ㉮기동.

기걸(奇傑) 명 모습이나 행동이 기이한 호걸.

기걸-스럽다(奇傑-)[-따] (휑)(ㅂ)〈-스러우니, -스러워〉 (모습이나 행동이) 기이하고 호걸다운 데가 있다. **기걸스레** 튀

기겁(氣怯) 명 뜻밖의 일에 몹시 놀라 겁에 질리거나 '헉' 하고 잠시 숨을 멈추는 상태가 되는 것. ×기급(氣急). **기겁-하다** 통(자)(여) ¶갑자기 맹견이 달려드는 바람에 도둑은 *기겁하여* 달아났다.

기결[1](起結) 명 1 시작과 마침. ㉯두미(頭尾). 2 한시(漢詩)에서의 기구(起句)와 결구(結句).

기결[2](旣決) 명 이미 결정된 것. =이결(已決). ¶~ 서류. ↔미결. **기결-하다** 통(타)(여) **기결-되다** 통(자)

기결-감(旣決監) 명 [법] 수형자(受刑者)를 가두어 두는 곳. ↔미결감.

기결-수(旣決囚)[-쑤] 명 [법] =수형자(受刑者). ↔미결수.

기결-안(旣決案) 명 이미 결정된 안건.

기경[1](起耕) 명 묵힌 땅이나 생땅을 갈아 일구어 논밭을 만드는 것. **기경-하다**[1] 통(타)(여) **기경-되다** 통(자)

기경[2](機警) **기경-하다**[2] (휑)(여) 재빠르고 재치가 있다.

기계[1](棋界)[-계/-게] 명 바둑이나 장기를 두는 사람들의 사회. =기단(棋壇).

기계[2](器械)[-계/-게] 명 1 도구와 기물(器物). 2 동력 장치를 지니지 않는 기구(器具). ¶의료 ~.

기계[3](機械)[-계/-게] 명 여러 가지 부품으로 조립되어, 동력에 의해 일정한 일을 하는 도구. 보통, 나사·키·핀·축·베어링·기어 등과 같은 부품들이 공통적으로 쓰이며, 주로 쇠붙이로 만들어짐. 세는 단위는 대(臺)·조(組)·틀. ¶공작 ~ / 건설 ~ / ~를 고치다 / ~를 조립하다.

기계^공업(機械工業)[-계/-게] 명 1 기계를 써서 물품을 생산하는 공업. 2 공작 기계나 단압(鍛壓) 기계를 사용하여 각종 기계 및 부분품을 만드는 공업. ↔수공업.

기계^공학(機械工學)[-계/-게] 명[공] 공학의 한 분야. 기계의 기구·성능 및 그 이용에 관하여 이론적·실험적으로 연구하는 학문.

기계-론(機械論)[-계/-게] 명[철] 모든 현실을 기계처럼, 물질적 요인과 그 인과 관계에 의하여 설명하려는 사상. =기계론(機制論). ↔목적론.

기계^문명(機械文明)[-계/-게] 명 18세기 후반의 산업 혁명 이후 기계의 발달에 의하여 대량 생산이 이루어짐으로써 진보 발전한 근대 문명의 일면(一面)을 일컫는 말.

기계^수뢰(機械水雷)[-계/-뢰/-게/-뤠] 명[군] =기뢰.

기계-어(機械語)[-계/-게] 명[컴] 컴퓨터가 직접 판독하고 실행할 수 있는 언어. 0과 1의 조합으로 구성됨. =인공어(人工語)·인공 언어.

기계-유(機械油)[-계/-/-게/-] 명 윤활유의 한 가지. 기계의 마찰과 마찰열을 덜기 위하여 마찰 부분에 치는 기름. =기계기름.

기계-적(機械的)[-계/-/-게/-] 관명 1 기계로 하는 것. 2 ~ 처리에 의한 대량 생산. 2 기계와 같이 행하는 (것). 곧, 인간적인 감정이나 창의성·자주성이 없는 (것). ¶~인 동작 / ~인 주입식 교육 / ~으로 암기하다.

기계적 에너지(機械的energy)[-계/-/-게/-] 명 =역학적 에너지.

기계^제조(器械體操)[-계/-/-게/-] 명[체] 철봉·뜀틀·평행봉·링·평균대 등의 운동 기구를 써서 하는 체조. ↔맨손 체조. ▷기구 체조.

기계-총(機械-)[-계/-/-게/-] 명 '두부 백선(頭部白癬)'의 속칭.

기계-톱(機械-)[-계/-/-게/-] 명[공] 동력을 이용하여 톱날을 움직여서 물체를 절단하는 톱.

기계-화(機械化)[-계/-/-게/-] 명 1 인간 또는 동물의 노동력을 대신하여, 기계에 의하여 작업을 하도록 하는 것. ¶~ 농업. 2 탱크나 자동차 등의 기계를 도입하여 군대의 기동력을 높이는 것. 3 사람의 언행이 자주성을 잃고 기계처럼 되는 것. **기계화-하다** 통(자)(타)(여) **기계화-되다** 통(자)

기계화 부대(機械化部隊)[-계/-/-게/-] 명[군] 전차·장갑차·자주포(自走砲) 등 기계의 힘을 최대한도로 이용한 근대적 부대.

기고[1](忌故) 명 기제(忌祭)를 지내는 일. 또는, 그 제사. ¶~를 들다.

기고[2](起稿) 명 원고를 쓰기 시작하는 것. ↔탈고. **기고-하다** 통(자)(타)(여) ¶*기고한* 지 1년 만에 탈고.

기고[3](寄稿) 명 (유명 인사나 전문가 등이 어떤 내용의 글을) 신문사나 잡지사 등의 부탁을 받아 원고로 써서 보내는 것. 때로, 대상이 되는 원고가 사진·만화·그림 등을 포함하기도 함. =기서(寄書). **기고-하다** 통(타)(여) ¶이 교수는 최근 모 일간지에 남북통일에 관하여 *기고한* 바 있다.

기고-가(寄稿家) 명 기고하는 사람.

기고-만장(氣高萬丈) 명 펄펄 뛸 만큼 대단히 성이 남. **기고만장-하다**[1] 통(자)(여)

기고만장-하다[2](氣高萬丈-) (휑)(여) 우쭐하여 기세가 대단하다. ¶연전연승을 거둔 적병들은 *기고만장해* 있었다.

기고-문(寄稿文) 명 신문·잡지 등에 기고한 글.

기골(氣骨) 명 1 신념이 강하고 남에게 쉽게 꺾이지 않는 마음. 2 호락호락하게 보이지 않는 튼튼한 체격. ¶~이 장대한 거한이 씨름판에 들어섰다.

기공[1](技工) 명 손으로 가공하는 기술. 또는, 그 기술을 직업으로 하는 사람.

기공[2](起工) 명 공사를 시작하는 것. ↔준공. **기공-하다** 통(타)(여) **기공-되다** 통(자)

기공[3](氣孔) 명 1 [식] 잎이나 줄기의 표면에 있는 작은 구멍. 공기 속의 이산화탄소를 빨아들이고 산소와 수분을 내보내는 구멍. =숨구멍. 2 [동] =기문(氣門)[2].

기공[4](氣功) 명 중국 고유의, 기(氣)를 기르기 위한 수련 방법.

기공-비(紀功碑) 명 공적(功績)을 기념하여 세우는 비.

기공-식(起工式) 명 토목이나 건축 등의 공사를 시작할 때에 하는 의식. =착공식.

기관¹(汽罐) 명 강제(鋼製)의 밀폐된 용기 안에서 압력이 높은 증기를 발생시켜, 이를 동력원(動力源)으로 하는 장치. =증기관.

기관²(氣管) 명 [동] 1 척추동물의 목에서 폐에 이르는, 숨 쉴 때 공기가 흐르는 관. =숨통·숨줄. 2 육지에 사는 절지동물의 호흡 기관. 기문(氣門)을 통하여 외계와 연락함.

기관³(器官) 명 [생] 생물체를 구성하고, 일정한 형태를 이루며, 특정의 생리 기능을 영위하는 부분. ¶소화 ~ / 호흡 ~.

기관⁴(機關) 명 1 화력·수력·전력 등의 에너지를 기계적인 힘으로 바꾸는 장치. ㈀엔진·원동기. ¶증기 ~ / 내연(內燃) ~. 2 사회 생활의 여러 영역에서 어떤 역할을 위해 베푼 조직이나 단체. ¶보도 ~ / 금융 ~ ~ 조직이나 단체의 의사 결정 또는 실행에 참여하는 지위에 있고 그 행위가 법인 행위로 간주되는 개인이나 집단. ¶의결 ~ / 집행 ~. 4 국가의 정보기관을 통속적으로 이르는 말.

기관-계(器官系) [-계/-게] 명 [동] 동물체에서, 어떤 특정의 생리 기능을 담당하고 있는 기관의 집단. 신경계·호흡기계 따위.

기관-고(機關庫) 명 기관차를 넣어 두는 차고.

기관^단총(機關短銃) 명 [군] 어깨나 허리에 받치고 쏠 수 있도록 만든 가벼운 자동식 또는 반자동식 단총.

기관-사(機關士) 명 열차나 전동차 등을 운전하는 일을 직업으로 하는 사람. =기관수.

기관-수(機關手) 명 =기관사(機關士).

기관-실(機關室) 명 1 공장 등에서 주요 원동기를 설치해 놓은 방. 2 기관차·선박·항공기 등에서 추진기가 설치되어 있는 방. 3 발전·난방·냉방·환기·급수(給水) 등을 위한 기관을 설치해 놓은 방.

기관-원(機關員) 명 정보기관의 종사자를 통속적으로 이르는 말. ¶~을 사칭하다.

기관-장(機關長) 명 1 선박의 기관실을 맡은 사람들의 우두머리. 2 어떤 기관, 특히 정부의 기관이나 단체의 우두머리.

기관-지¹(氣管支) [-찌] 명 [생] 기관에서 좌우로 갈라져 폐에 이르는 기도(氣道)의 한 부분. 심장의 위쪽 부위에서 두 갈래로 갈라지며, 그 끝이 나뭇가지처럼 되어 폐포로 이어짐.

기관-지²(機關紙) 명 어떤 단체나 조직이 자기의 주의·주장 등을 세상에 널리 알리기 위해 발행하는 신문.

기관-지³(機關誌) 명 어떤 단체나 조직이 자기의 주의·주장 등을 세상에 널리 알리기 위해 발행하는 잡지.

기관지-염(氣管支炎) [-찌-] 명 [의] 기관지의 점막에 생기는 염증. =기관지 카타르.

기관-차(機關車) 명 동력 장비를 갖추고 객차나 화차를 끌고 선로를 달리는 데 쓰는 차량. 증기 기관차·디젤 기관차·전기 기관차 등이 있음.

기관-총(機關銃) 명 [군] 방아쇠를 당기고 있으면 탄환이 자동적으로 재어지면서 연속적으로 발사되는 총. 세는 단위는 자루(挺)·문(門). 쥰 기총.

기관^투자가(機關投資家) 명 [경] 유가 증권에의 투자에서 발생되는 이익을 주수입원으로 하여 운용되는 법인 형태의 투자가. ▷개인 투자가.

기관-포(機關砲) 명 [군] 기관총 중에서 구경이 20mm 이상인 것. 주로 항공기용·고사용(高射用)임.

기괴(奇怪) [-괴/-궤] →기괴-하다 [-괴/-궤-] 형여 괴이하고 이상하다. ¶기괴한 사건 / 기괴한 내용의 모험 소설.

기괴망측(奇怪罔測) [-괴/-궤-] →기괴망측-하다 [-괴-츠카-/-궤-츠카-] 형여 기괴하기가 이루 말할 수 없다. ¶기괴망측한 옷차림 / 기괴망측한 짓.

기교(技巧) 명 손·발이나 몸을 움직여 어떤 일을 섬세하게 해내는 재주나 기술. 또는, 예술에서, 어떤 소재를 섬세하고 훌륭하게 표현해 내는 기술. ¶기교를 부리다 / 힘보다 ~가 우세한 권투 선수 / 이 소설은 언어를 다루는 ~는 뛰어나지만, 주제를 형상화하는 힘이 부족하다.

기교-파(技巧派) 명 예술 등에서 특히 표현상의 기교에 중점을 두는 유파(流派).

기구¹(祈求) 명 (어떤 일이 이루어지기를 신에게) 기도하여 구하는 것. **기구-하다**¹ 동타 ¶가난과 질병에서 해방되기를 신에게 간절히 ~.

기구²(起句) [-꾸] 명 [문] 시문(詩文)의 최초의 구. 특히, 한시(漢詩)에서 절구(絶句)의 제1구. ▷기승전결.

기구³(氣球) 명 공중에 높이 올리기 위하여 수소나 헬륨 등 공기보다 가벼운 기체를 넣어서 밀폐한, 큰 공 모양의 물건. 또는, 그것에 타는 장치를 달아 사람이 타고 하늘을 날 수 있게 만든 것. =경기구(輕氣球)·풍선(風船). ¶~를 타고 바다를 건너다.

기구⁴(器具) 명 1 세간·그릇·연장 등의 총칭. ¶생활 ~. 2 =기구(機具).

기구⁵(機具) 명 비교적 구조가 간단하고 조작이 쉬운, 생활의 편리함을 위해 사용되는 기계나 기기. =기구(器具). ¶난방 ~.

기구⁶(機構) 명 1 일정한 조직이나 기관의 구성 체계. =기제(機制). ¶정부 ~ / 경제 ~ / ~를 개편(축소)하다. 2 기계 장치 등의 내부적 구성.

기구(崎嶇) →기구-하다² 형여 [산이 가파르고 험하다는 뜻] (삶이) 순조롭지 못하고 온갖 어려움을 겪는 상태에 있다. ㈀기험하다. ¶자식과 남편을 모두 저세상으로 보내 이 기구한 팔자. **기구-히** 투

기구망측(崎嶇罔測) →기구망측-하다 [-츠카-] 형여 운수가 사납기 짝이 없다. ¶기구망측한 팔자.

기구^위성(氣球衛星) 명 발사 때는 작게 접혀 있지만, 궤도에 오르면 가스로 팽창시켜 텔레비전이나 전화 회선용의 중계 위성 또는 측지(測地) 위성으로 쓰는 인공 위성.

기구^체조(器具體操) 명 [체] 아령·곤봉 등의 기구를 써서 하는 체조. ▷기계 체조.

기국(棋局·碁局·棊局) 명 1 바둑판 또는 장기판. 2 바둑이나 장기의 국면(局面).

기권¹(氣圈) [-꿘] 명 [지] 지구의 대기(大氣)가 존재하는 범위. 높이 1000km 정도까지를 말함. =대기권(大氣圈).

기권²(棄權) [-꿘] 명 투표하거나 참가하거나 의사를 표시하거나 하는 권리를 포기하는 것. ~자. **기권-하다** 동자타 여 ¶투표에서 ~ / 부상으로 시합을 ~.

기권-승(棄權勝) [-꿘-] 명 [체] 운동 경기에서, 한 선수가 부상이나 다른 이유로 경기를 포기함으로써 상대편이 이기게 되는 일.

기근(飢饉·饑饉) 명 1 흉년으로 식량이 모자

기금(基金) 〖명〗 어떤 사업이나 계획을 위하여 적립하여 두는 자금. (비)밑돈. ¶~을 마련하다. 2 재단 법인·특수 법인 등의 기초가 되는 자금. ¶재단 ~.

기급(氣急) '기겁'의 잘못.

기급절사(氣急絶死) [-절싸] 〖명〗 몹시 놀라 까무러침. **기급절사-하다** 〖동〗〖자여〗

기기(機器·器機) 〖명〗 기구(器具)·기계(器械)·기계(機械)의 총칭.

기기괴괴(奇奇怪怪) [-괴괴/-꿰괘] →기기 괴괴-하다 [-괴괴/-꿰괘] 〖형여〗 몹시 기괴하다. ¶기기괴괴한 사건.

기기묘묘(奇奇妙妙) →기기묘묘-하다 〖형여〗 몹시 기묘하다. ¶기기묘묘한 방법/기기묘 묘한 재주.

기기-창(機器廠) 〖명〗〖역〗 조선 고종 24년 (1887)에 신식 기계를 만들기 위해 설치한 관청.

기꺼워-하다 〖동〗〖타여〗 기껍게 여기다. (준)기꺼 하다.

기꺼-하다 〖동〗〖타여〗 '기꺼워하다'의 준말. ¶일본이 물러가고 독립이 되었으니, …제 땅에 뼈를 묻게 된다고 **기꺼하시던** 어머니—.《채용 묵: 별을 헨다》

기껍다[-따] 〖형〗〈기꺼우니, 기꺼워〉 마음 속으로 은근히 기쁘다. ¶손님을 **기껍게** 맞이하다. **기꺼이** 〖부〗 승낙하다/내 의견에 그는 ~ 찬성해 주었다.

기:-껏[-껀] 〖부〗 1 (말하는 이의 행동을 나타내는 동사를 꾸며) 일부러 힘을 들이거나 애써서. ¶말할 때는 뭘 듣고 이제 와 딴소리냐? 2 (듣는 사람이나 제삼자의 행동을 나타내는 동사를 꾸며) 제 깐에 최선을 다하여. (비)-꼇. ·고작. ¶이제 와서 ~ 한다는 말이 고거냐?

기:껏-해야[-꺼태-] 〖부〗 기껏 한다고 하여도. ¶여기서 시청까지는 버스로 ~ 30분밖에 안 걸린다./전부 산다고 해도 ~ 돈 만 원도 안 돼.

기-꼭지(旗-)[-찌] 〖명〗 깃대의 꼭대기의 꾸밈새. 장목·창인(槍刃)·연봉 등이 있음. × 기대강이.

기:나-긴 〖관〗 아주 긴. ¶~ 세월.

기낭(氣囊) 〖명〗 1 〖생〗 새나 곤충의 가슴 속에 있어 체중을 가볍게 해 잘 날도록 돕는 얇은 막의 주머니. =공기주머니. 2 기구(氣球) 등에 딸린 가스를 넣는 주머니.

기내¹(畿內) 〖명〗 서울을 중심으로 가까이 뻗어 있는 행정 구역의 안. (비)경기(京畿).

기내²(機內) 〖명〗 항공기의 안. ¶~ 방송.

기내-식(機內食) 〖명〗 비행하는 여객기 내에서 승객에게 제공되는 간단한 식사와 음료수.

기네스-북(Guinness Book) 〖명〗 세계 곳곳에서 세워진 갖가지 이색적이고 진기한 기록을 모아 놓은 책. 영국의 맥주 회사 기네스에서 매년 발행함. ¶~ 기록에 도전하다/몸 무게가 세계에서 가장 무거운 사람으로 ~에 오르다.

기:녀(妓女) 〖명〗 1 =기생(妓生)¹. 2 〖역〗 춤·노래·의술·바느질 등을 배우고 익히는 관비(官婢)의 총칭. =여기(女妓).

기년¹(紀年) 〖명〗 기원(紀元)으로부터 차례로 센 햇수.

기년²(朞年·期年) 〖명〗 1 한 돌이 되는 해. 2 기한이 되는 해. ¶부채 상환(償還) ~.

기년-법(紀年法) [-뻡] 〖명〗 나라나 민족이 지나온 역사적 연륜을 알기 위하여 과거의 특정 연도를 기원 원년으로 하여 햇수를 세는 방법.

기년-복(朞年服) 〖명〗 누가 죽었을 때 일 년 동안 입는 복(服).

기년-제(朞年祭) 〖명〗 =소상(小祥)¹.

기년-체(紀年體) 〖명〗〖역〗 =편년체.

기념(記念·紀念) 〖명〗 1 뜻 깊은 일을 맞아 어떤 상징물이나 자취를 남김으로써 뒤에 오래도록 잊히지 않게 하는 일. ¶설악산에 온 ~으로 사진을 찍다. 2 (과거의 뜻 깊은 일을) 해마다 그 일이 있었던 날에 즈음하여 잊지 않고 마음에 세기는 것. ¶결혼 ~/출판 ~. **기념-하다** 〖동〗〖타여〗 ¶개교 60주년을 **기념하는** 축전(祝典). **기념-되다** 〖동〗〖자〗 ¶그의 거룩한 희생은 해마다 그날이 되면 모든 사람들에 의해 뜻 깊게 **기념되고** 있다.

기념-관(記念館) 〖명〗 어떤 뜻 깊은 사적이나 위인 등을 기념하기 위하여 지은 집. 여러 가지 자료나 유품 따위를 진열하여 둠. ¶독립 ~ / 유관순 ~.

기념-물(記念物) 〖명〗 1 기념하기 위하여 보존하는 물건. ¶천연 ~. 2 =기념품.

기념-비(記念碑) 〖명〗 어떤 일을 기념하기 위하여 세운 비석. ¶유엔군 참전 ~.

기념비-적(記念碑的) 〖관·명〗 기념할 만큼 중요한 가치가 있는 (것). ¶~ 사건/~ 업적.

기념-사(記念辭) 〖명〗 기념의 뜻을 나타내는 말이나 글. ¶광복절 ~.

기념-사업(記念事業) 〖명〗 어떤 뜻 깊은 일이나 특출한 인물 등을 기념하기 위하여 벌이는 사업.

기념-사진(記念寫眞) 〖명〗 어떤 일을 기념하기 위하여 찍는 사진. ¶결혼 ~/백일 ~.

기념-식(記念式) 〖명〗 어떤 일을 기념하기 위하여 행하는 의식. ¶광복절 ~.

기념-식수(記念植樹) [-쑤] 〖명〗 무엇을 기념하기 위하여 나무를 심는 일.

기념-엽서(記念葉書) [-녑써] 〖명〗 뜻 깊은 일을 기념하기 위해 발행하는 엽서.

기념-우표(記念郵票) 〖명〗 국가적으로 뜻 깊은 일을 기념하기 위해 발행하는 우표.

기념-일(記念日) 〖명〗 어떤 일을 기념하는 날. ¶개교[창립] ~/결혼 ~.

기념-장(記念章) 〖명〗 어떤 일을 기념하기 위하여 그 일에 관계한 사람에게 주는 휘장(徽章). ¶올림픽 참가 ~/월남전 참전 ~. (준)기장.

기념-제(記念祭) 〖명〗 어떤 일을 기념하기 위한 축제나 추도제.

기념-탑(記念塔) 〖명〗 어떤 일을 기념하기 위하여 세운 탑. ¶무명용사 ~.

기념-품(記念品) 〖명〗 기념으로 주고받는 물품. =기념물. ¶졸업 ~/~ 증정.

기념-행사(記念行事) 〖명〗 어떤 일을 기념하기 위하여 벌이는 행사. ¶3·1절 ~.

기념-호(記念號) 〖명〗 신문이나 잡지가 어떤 일을 기념하기 위하여 특별히 발행하는 특집호. ¶창간 ~.

기뇰(guignol) 〖명〗〖연〗 손가락 인형의 하나. 또는, 그 인형을 사용한 인형극. 인형의 자루 모양의 몸통에 손을 넣어, 손가락을 머리와 양팔 부분에 끼워 넣고 조종함.

기는-줄기 〖명〗〖식〗 땅 위로 뻗는 줄기. 고구

기능¹(技能) 몡 도구나 기계 등을 다루어 어떤 작업을 하는 기술적인 능력. ¶~이 뛰어난 사람 / ~을 연마하다.

기능²(機能) 몡 1 사물이 가지는 일정한 구실. ¶화폐의 ~. 2 생물체의 조직·기관 등이나 기계의 각 부분이 가지고 있는 일정한 능력이나 작용. ¶심장 ~ / 머리를 심하게 다쳐 뇌의 ~이 마비되다.

기능-공(技能工) 몡 특정한 기능이 요구되는 작업에 종사하는 사람. ¶~을 양성하다.

기능-사(技能士) 몡 기술 자격 검정에 합격한 사람에게 주는 기능계 기술 자격 등급의 하나.

기능^올림픽(技能Olympic) 몡 =국제 기능 올림픽 대회.

기능-적(機能的) 관몡 기능이 있거나 기능을 필요로 하는 (것).

기능-주의(機能主義) [-의/-이] 몡 1 [철] 사물의 본질·실체·원인 등에 대한 인식은 불가능하며, 현상·속성·기능·결과 등에 대한 인식만이 가능하다고 보는 입장. 2 [건] 건축의 형태는 오직 그 목적과 기능의 충족을 위하여 설계되어야 한다는 주장. 3 [심] 의식 또는 심적 활동을, 오직 환경에 대한 적응의 기능으로서 연구해야 한다는 생각.

기능-직(技能職) 몡 도구나 기계 등을 다루어 어떤 작업을 하는 기술적인 능력을 필요로 하는 직무. 또는, 그 사람.

기능-키(機能key) 몡 타자기·전자계산기에서, 숫자나 문자를 누르는 장치가 아닌 동작 지시에 쓰이는 키.

기니(Guinea) 몡 아프리카 서해안에 있는 공화국. 수도는 코나크리.

기니비사우(Guinea-Bissau) 몡[지] 아프리카 서해안에 있는 공화국. 수도는 비사우.

기니-피그(guinea pig) 몡[동] 포유류 쥐목(目) 쥣과의 한 종. 쥐와 비슷하며 몸길이 25cm 정도임. 털빛은 검은색·흰색·황갈색·적갈색 등 여러 가지이며, 꼬리가 없음. 생물학의 의학의 실험동물로 쓰임. 속칭은 모르모트.

기다¹ 동(자) 1 (뱀·구렁이·지렁이 등이) 바닥에 몸을 붙인 상태로 움직여 나아가다. ¶뱀이 풀밭을 ~ / 지렁이가 꿈틀꿈틀 ~. 2 (사람이) 가슴과 배를 바닥에 붙인 상태로 움직여 나아가다. 또는, 가슴과 배를 바닥에서 떨어뜨려 엎드린 채로 팔과 다리를 움직여 나아가다. 비포복하다. ¶아기가 엉금엉금 ~ / 동굴 속으로 기어서 들어가다. 3 (게·가재·벌레 등이) 다리를 놀려 나아가거나 움직이다. ¶개미가 ~ / 게가 모래밭 위를 재빠르게 기어가다. 4 (자동차 따위가) 아주 느린 속도로 움직이다. ¶눈길 위에서 자동차들이 기고 있다. 5 (사람이) 어떤 사람의 위세에 눌려 기를 펴지 못하는 태도를 보이다. ¶김 과장은 사장 앞에서는 설설 긴다.

[기는 놈 위에 나는 놈이 있다] 아무리 재주가 있어도 그보다 나은 사람이 있으니, 너무 자랑하지 말라는 말. [기도 못하고 뛰려 한다] 자기 실력 이상의 행동을 하려는 사람을 비웃는 말.

기:다² (기고 / 기어) 동(타) '기이다'의 준말. ¶그는 어렸을 적에 집안 어른의 눈을 기어 닥치는 대로 소설을 읽었다.

기다³ 혱 ['그[其]이다'가 준 말] 〈방〉 (주로 '아니다'와 대비적으로 쓰어) 어떤 사실에 대한 긍정이나 수긍을 나타내는 말(전라·충청). ¶기냐 아니냐, 분명히 대답해라.

기:-다랗다[-라타] 혱ㅎ〈-다라니, -다라오, -다래〉 꽤 또는 매우 길다. ¶기다란 몽둥이 / 머리를 기다랗게 늘어뜨리다. 준기닿다. ↔짤따랗다. ×길다랗다.

기다리다 동(타) (사람·사물·때 등이) 오기를 바라면서 시간이 지나가다. ¶봄을 기다리는 마음 / 임을 손꼽아 ~ / 비가 그치기를 ~ / 자기 차례를 ~.

기:다마-하다 혱여 꽤 길다. ¶기다마한 장대를 휘둘러 밤을 땄다. 준기다맣다·기닿다.

기:다맣다[-마타] 혱ㅎ〈기다마니, 기다마오, 기다매〉'기다마하다'의 준말.

기단¹(氣團) 몡[기상] 대기권에 넓은 범위에 걸쳐 퍼져 있는, 온도·습도 등이 균일한 공기의 덩어리.

기단²(基壇) 몡[건] 탑·비석 등의 건축물의 맨 아래에 쌓아 만든 단.

기단³(棋壇·碁壇) 몡 =기계(棋界).

기단-석(基壇石) 몡[건] 기단을 쌓는 돌.

기담(奇談·奇譚) 몡 이상야릇하고 재미있는 이야기. =기화(奇話).

기담-괴설(奇談怪說) [-괴/-궤-] 몡 기이하고 괴상한 이야기.

기:닿다[-다타] 혱〈기다니, 기다오, 기대〉 1 '기다랗다'의 준말. 2 '기다마하다'의 준말.

기:대¹ 몡[민] 1 무동(舞童)을 따라다니는 여자. 2 무당이 굿을 할 때 음악을 맡는 사람.

기대²(期待·企待) 몡 (어떠한 일이 이루어지기를) 바라고 기다리는 것. ¶~에 어긋나다 (못 미치다) / 마지막에 그에게 ~을 걸었는데 그마저 패했다. **기대-하다** 동(타)여 ¶부모님은 내가 일류 대학에 들어가기를 기대하고 있다. **기대-되다** 동(자) ¶그는 앞날이 기대되는 젊은이다.

기대-감(期待感) 몡 어떤 일을 바라고 기다리는 마음.

기-대강이(旗-) 몡 '깃꼭지'의 잘못.

기:대다¹ 동(타) 1 (몸이나 물체를 수직 상태의 다른 대상에) 무게가 실리도록 비스듬히 닿게 하다. ¶난간에 몸을 ~ / 사다리를 벽에 ~. 2 (누구를) 의지할 대상으로 하다. ¶여생을 자식을 기대고 살다. ② 동(자) (누구에게) 몸과 마음을 의지하다. ¶그는 서른이 되도록 부모에게 기대고 산다.

기:대-서다 동(자) 몸을 수직 상태의 다른 대상에 무게가 실리도록 비스듬히 닿게 하여 서다. ¶창가에 기대서서 생각에 잠기다.

기:대-앉다[-안따] 동(자) 수직 상태의 다른 대상에 무게가 실리도록 비스듬히 닿게 하여 앉다. ¶벽에 기대앉아 텔레비전을 보다.

기대-주(期待株) 몡 1 [경] 앞으로 성장 가능성이 높은 주식. 2 어떤 일에 있어서 밝은 장래가 기대되는 사람. 비유적인 말임. ¶스포츠계의 새로운 ~.

기대-치(期待値) 몡 1 어떤 일의 달성에 대해 기대하는 수준. ¶메달 획득이 ~에 못 미치다. 2 '기댓값'의 구용어.

기댓-값(期待-) [-대깝/-댇깝] 몡[수] 확률 변수 x가 값 $x_1, x_2, \cdots, x_n$을 확률 $p_1, p_2, \cdots, p_n$으로 취할 때, $x_1p_1 + x_2p_2 + \cdots + x_np_n$을 말함. 구용어는 기대치.

기도¹(企圖) 몡 (해서는 안 되는 위험하거나

무모한 일용) 이루려고 꾀하는 것. =계도(計圖). ¶테러범들의 항공기 납치 ~는 범행 일보 직전에 좌절되었다. **기도-하다**¹ 동(타여) ¶자살을 ~ / 탈출을 ~. **기도-되다**

기도²(祈禱) 명 (사람이) 신이나 부처 등에게 어떤 일이 이루어지게 해 달라고 비는 것. 또는, 그 의식. ¶백일~ / 부처님께 아이를 갖게 해 달라고 ~를 올리다. **기도-하다**² 동(자·타여) ¶당신의 건강을 위해 **기도하겠습니다**.

기도³(氣道) 명 [생] 호흡할 때에 공기가 지나가는 통로.

기도⁴(棋道·碁道) 명 1 바둑·장기를 둘 때의 예절. 2 바둑·장기의 기예.

기도-드리다(祈禱─) 동(자) '기도하다'의 객체 높임말. ¶당신의 행복을 위해 날마다 주님께 **기도드리겠어요**.

기도-문(祈禱文) 명 기도의 내용을 적은 글. 구용어는 경문(經文).

기도-원(祈禱院) 명 [기] 교회나 교단에서 신자의 신앙심을 향상시키거나 개인적으로 기도를 하면서 머물 수 있도록 조용한 곳에 세운 집.

기도-회(祈禱會) [─회/─훼] 명 [종] 기도를 하기 위한 모임. ¶철야~.

기독(基督) 명 [기] '그리스도'의 음역어.

기독-교(基督敎) [─꾜] 명 1 [종] =크리스트교. 2 [기] 우리나라에서 특히 '개신교'를 이르는 말.

기독교-도(基督敎徒) [─꾜─] 명 =기독교인.

기독교^여자^청년회(基督敎女子靑年會) [─꾜─회/─훼] 크리스트교의 사상을 중심으로 하는 국제적인 여성 운동 단체. =와이더블유시에이(YWCA).

기독교-인(基督敎人) 명 =기독교를 믿는 사람. =기독교도·크리스천.

기독교^청년회(基督敎靑年會) [─꾜─회/─훼] 크리스트교의 신앙에 기초하고, 인격 향상과 사회 정신에 의한 사회 활동을 목적으로 하는 국제적인 단체. =와이엠시에이(YMCA).

기동(起動) 명 1 몸을 일으켜 움직이는 것. ¶허리를 다쳐 ~을 못 한다. 2 '기조동작'의 준말. 3 =시동(始動)². **기동-하다** 동(자)(타여)

기동²(機動) 명 상황에 맞추어 조직적이며 신속하게 대처하는 일.

기동-대(機動隊) 명[군] '기동 부대'의 준말.

기동-력(機動力) [─녁] 명 1 기동성 있게 활동할 수 있는 힘. 2 [군] 전술적으로 상황에 따라 재빨리 행동할 수 있는 능력. ¶적의 ~을 마비시키다.

기동^부대(機動部隊) 명[군] 기동력이 뛰어난 부대. 육군의 기계화 부대나 해군의 기동함대 따위. ⓒ기동대.

기동-성(機動性) [─썽] 명 유기적인 연계 속에서 상황에 따라 재빠르게 행동하는 특성. ¶돌발적 상황에 대처하는 ~ 훈련.

기동-차(汽動車) 명 전기나 석유 또는 휘발유를 쓰는 동력 기관을 장치한 객차 및 화물차. =동차(動車).

기둥 명 1 건축물에서, 주춧돌 위에 세워 지붕이나 보, 도리 등의 무게를 지탱하는 구조물. ¶모~/돌~/~을 세우다. 2 어떤 물건을 밑에서 위로 곧게 받치거나 버티는 긴 물건. 3 집안·단체·나라의 의지가 될 만한 사람을 비유하여 이르는 말. ¶장차 나라의 ~이 될 청소년들.

기둥-감 [─깜] 명 1 집의 기둥을 만드는 재료. 2 한 집안이나 한 단체 또는 나라의 의지가 될 만한 사람을 비유하여 이르는 말. ¶애는 우리 집의 ~이다.

기둥-머리 [─건] 명 기둥의 맨 위. ↔기둥뿌리.

기둥-목(─木) 명 기둥감이 될 만한 크고 굵은 나무.

기둥-뿌리 [─건] 명 1 기둥의 맨 밑. =주각(柱脚). ↔기둥머리. 2 사물을 지탱하는 기반을 비유하여 이르는 말. ¶~를 빼다 / ~가 뽑히다 / 애들을 셋씩이나 학교에 보내려니 ~가 빠질 지경이다.

기둥-서방(─書房) 명 기생이나 창녀를 데리고 살면서 이들에게 술장사, 매음 등을 시키고 놀고먹는 사내. =기부(妓夫)·포주(抱主).

기득(旣得) 명 이미 얻거나 취득한 상태가 되는 것. **기득-하다** 동(타여)

기득-권(旣得權) [─꿘] 명 [법] 특정한 자연인 또는 법인이나 국가가 정당한 절차를 밟아 이미 차지한 권리. ¶중동 전쟁은 아랍 제국과 이스라엘이 팔레스타인 지역에 대한 ~을 서로 주장하면서 발발하였다.

기똥-차다 형〈속〉기막히다². ¶기똥차게 멋있다.

기라-성(綺羅星) 명 ('밤하늘에 반짝이는 수많은 별'이라는 뜻의 일본 한자 조어) (주로 '기라성 같은', '기라성처럼'의 꼴로, 어떤 존재를 형용하는 말로 쓰여) 그 존재들이 어떤 영역이나 분야에서 쟁쟁하거나 명성 있는 사람들임을 뜻하는 말. ¶~ 같은 정계 인사 / 인기 스타들이 ~처럼 늘어서 있다.

기략(機略) 명 임기응변의 계략. ¶~이 뛰어나다.

기량¹(技倆·伎倆) 명 기술적인 재간이나 솜씨. ¶힘과 ~을 모두 갖춘 선수 / ~이 뛰어나다.

기량²(器量) 명 사람의 도량과 재간. ¶한 나라의 재상이 될 만한 ~을 갖춘 인물.

기러기 명[동] 조류 오릿과 기러기속(屬)의 물새의 총칭. 몸은 오리와 비슷하나, 목이 길고 다리가 짧음. 강·바다·늪에서 살며, 가을에 우리나라에 와서 봄에 북쪽으로 가는 철새임. 울음소리는 '기럭기럭', '끼루룩끼루룩', '끼룩끼룩'. =신금(信禽).

기러기-발 [음] 거문고나 가야금 등 현악기의 줄을 고르는 기구. 단단한 나무로 기러기의 발처럼 만들어서 줄 밑에 굄. =금휘(琴徽)·안족(雁足)·안주(雁柱).

기러기-아빠〈속〉자녀를 외국에서 공부시키기 위해 아내와 자녀를 외국에 보내 놓고 국내에서 혼자 생활하는 남자.

기럭-기럭 [─끼─] 부 기러기의 우는 소리.

기럭-아비 명[민] 전통 혼례에서, 전안(奠雁)할 때 기러기를 들고 신랑 앞에 서서 가는 사람. =안부(雁夫).

기려(羈旅·羇旅) 명 여행 중이거나 또는 객지에 머물러 있는 나그네.

기력(氣力) 명 1 사람이 몸을 움직여 활동할 수 있는 힘. 삐근력(筋力). ¶~이 왕성하다 / 할아버지는 아직 ~이 좋으시다. 2 [물] 압착한 공기의 힘.

-기로¹ [어미] 1 까닭이나 조건을 나타내는 연결 어미. ¶품행이 방정하고 학업이 우수하

~ 이에 상장을 줌. 2 '아무리 …다 하더라도'의 뜻을 나타내는 연결 어미. ¶아무리 좋은 옷이 ~ 그렇게 비쌀까.
기로²(岐路) 몡 =갈림길2. ¶인생(生死)의 ~에 서다.
기:로³(耆老) 몡 육십 세 이상의 노인.
-기로서 어미 '-기로서니'의 준말. ¶내가 아무리 망국민이 ~ 이 조그만 몸 하나 누일 데가 없겠나.
-기로서니 어미 '-기로'을 강조해서 말하는 연결 어미. ¶힘이 장사 ~ 저걸 들 수 있을까 / 내가 홧김에 그랬~ 뭘 그리 고깝게 생각해. 쥰-기로서.
-기로선들 어미 '-기로서니'를 강조해서 말하는 연결 어미. ¶형이 ~ 동생에게 함부로 해서야 되겠느냐? / 아무리 권세가 있~ 사람을 너무 얕보지 마시오.
기:로-소(耆老所) 몡[역] 조선 시대에, 나이가 많은 정2품 이상의 문신을 예우하기 위해 설치한 기구.
기록(記錄) 몡 1 (어떤 사실이나 내용을 필기 도구로) 글자를 이루어 나타내는 것. 또는, 그 글. =서록(書錄). 2 (소리·영상·글 등의 자료를) 뒷날 다시 보거나 들을 수 있도록 어떤 매체에 담는 것. 또는, 그 담은 자료. ¶당시의 ~를 들춰 보다. 3 성적이나 성과를 수치로 나타내는 경기나 묘기 등에서, (어떤 수치의 성적이나 성과를) 이루어 내는 것. 특히, (최고 수준의 성적이나 성과를) 이루어 내는 것. 또, 그 성적이나 성과. ¶신 / 세계 ~ / 올림픽 공식 ~ / ~이 저조하다 / ~을 경신하다 / ~을 깨뜨리다. **기록-하다** 동(타)어 ¶회의 내용을 ~ / 100m 달리기에서 9.9초를 ~. **기록-되다** 동(자) ¶역사에 **기록될** 만한 장거(壯擧).
기록-경기(記錄競技) [-경-] 몡[체] 기록으로 성적을 평가하는 경기.
기록-계(記錄計器) [-계-/-께-] 몡 습도·압력·진동 등의 측정량을 테이프나 화면에 기록하는 계기. =기록계(記錄計).
기록^문학(記錄文學) [-롱-] 몡[문] 어떤 일을 상상력에 의하지 않고 사실 그대로 객관적으로 기록한 문학. =보고 문학.
기록^영화(記錄映畫) [-롱녕-] 몡[영] 실제의 사건이나 상황을 필름에 담은 영화. 다큐멘터리 영화·실사 영화. ¶6·25 전쟁의 ~. ▷극영화(劇映畫).
기록-적(記錄的) [-쩍] 괸몡 기록되어 후세에 전해질 만한 (것). ¶~인 점수 차로 상대 팀을 이기다.
기롱¹(欺弄) 몡 속이거나 조소하여 놀리는 것. 비조롱(嘲弄). **기롱-하다¹** 동(타)어
기롱²(譏弄) 몡 빗대어 놓고 실없는 말로 농락하는 것. **기롱-하다²** 동(타)어
기롱-지거리(譏弄-) 몡 '농지거리'의 잘못.
기뢰(機雷) 몡 적의 함선을 파괴하기 위하여 물속이나 물 위에 설치한 폭탄. =기계 수뢰·부설 수뢰. ¶~를 부설하다.
기뢰-정(機雷艇) [-뢰-/-뤠-] 몡[군] 기뢰를 부설하거나 소해(掃海)하는 함정.
기:루(妓樓) 몡 창기(娼妓)를 두고 영업하는 집. =창루(娼樓)·홍규(紅閨).
기류¹(氣流) 몡[기상] 온도나 지형의 차이에 의해 일어나는 공기의 흐름. 특히, 고공(高空)에서의 공기의 흐름을 가리킴. ¶상승[하강] ~.

기름기름하다 ● 255

유의어 | **기류 / 바람**
둘 다 공기의 흐름을 가리키나 '**기류**'가 주로 고공에서 상하 또는 수평으로 일어나는 공기의 흐름을 가리키는 데 반해, '**바람**'은 주로 지면에서 수평으로 일어나는 공기의 흐름을 가리킴.

기류²(寄留) 몡 1 남의 집이나 다른 곳에 머물러 사는 것. 2[법] 본적지 이외의 일정한 곳에 주소 또는 거소(居所)를 가지는 일. ¶~지(地) / ~ 신고. **기류-하다** 동(자)어
기르다 동(타)어 〈기르니, 길러〉 1 (어린 사람이나 동물·식물 등을) 보살펴 자라게 하다. 비키우다. ¶새를 ~ / 난(蘭)을 ~ / 아이를 ~. 2 (사람을) 가르쳐 우수한 능력이나 자질을 가지게 하다. 비키우다·양성하다. ¶인재를 ~. 3 육체나 정신을 단련하여 더 강하게 하다. ¶강인한 체력을 ~ / 실력을 ~. 4 (버릇·기술 등을) 익히다. ¶인사하는 버릇을 **길러라**. 5 (머리털·수염 등을) 자라게 하다. ¶머리를 기른 소녀 / 콧수염을 ~.
-기를 어미 동사나 '있다'의 어간, 또는 어미 '-시-' 아래에 붙어, 다음에 오는 말이나 내용이 누구에 의해 이루어진 것인지 또는 출처가 무엇인지를 보이는 연결 어미. ¶예수께서 말씀하시~ 이웃을 사랑하라고 하셨다. / 헌법 제1조에 씌어 있~ 대한민국은 민주공화국이라 했다.
기름 몡 1 짐승의 고기에서 살코기가 아닌 부분. 또는, 짐승이나 물고기의 고기를 끓이어 낸 짐승의 뼈를 골 때 거기에서 나오는 미끈미끈하고 끈적끈적한 물질. 사람의 살에 대해서 쓸 때에는 비하하는 뜻을 가짐. 비지방·지방층. ¶설렁탕 ~ 빼고 한 그릇 주시오. / 운동을 안 하니까 뱃가죽에 ~이 끼지. 2 깨·콩·땅콩·피마자 등의 식물의 열매·씨에서 짜낸, 미끈미끈하고 끈적끈적한 물질. 물과 섞이지 않고 불을 쉽게 타기 쉬운 성질이 있음. ¶참 ~ / 프라이팬에 ~을 두르고 전을 부치다. 3 태워서 불을 밝히거나 열·동력을 얻는, 땅속에서 뽑아 올린 액체상의 광물질. 비석유. ¶자동차에 ~을 넣다. 4 기계나 도구의 움직임이 부드럽게 되도록 그 움직이는 부분에 치는 미끈미끈한 액체 물질. 비윤활유. ¶자전거 페달에 ~을 치다. 5 사람의 살갗, 특히 얼굴에 분비되는 끈끈한 물질. ¶얼굴에 ~이 흐르는 중년의 사내. 6 쌀알 등에 도는 윤기. ¶~이 자르르 흐르는 흰 쌀밥. **기름을 치다** 귄 일이 원활하게 처리되도록 뇌물을 쓰다. 속된 말임.
기름(을) 짜다 귄 1 착취하다. 속된 말임. ¶고을 수령이 백성의 **기름을 짜** 제 뱃속을 채웠다. 2 자리가 매우 비좁다. 속된 말임. ¶버스 안에 사람이 어찌나 많은지 **기름을** 잘 정도다.
기름-걸레 몡 기름기를 닦아 내는 걸레. 또는, 기름을 묻혀서 물건을 닦는 걸레. ¶~로 가구를 닦다.
기름-기(-氣) [-끼] 몡 1 음식이나 고기에 짐승의 기름이 섞여 있거나 붙어 있는 상태. ¶~ 있는 음식 / 이 고기는 ~가 너무 많다. 2 물건에 묻거나 남아 있는, 동물이나 식물의 기름. =유분. 3 기 잘 닦은 세체. 3 사람의 얼굴에 번지르르하게 흐르는 기름의 기운. ¶얼굴에 ~가 도는 걸 보니 돈깨나 모았나 보다.
기름기름-하다 혱어 여럿이 다 기름하다.

㉘갸름갸름하다.
기름-때 몡 기름이 묻고 그 위에 먼지가 앉아 낀 때. ¶~ 묻은 옷.
기름-불[-뿔] 몡 1 기름을 태우는 불. 2 기름으로 켜는 등불.
기름-종이 몡 기름을 먹인 종이. =유지(油紙).
기름-지다 혱 1 (음식물 따위가) 기름기가 많다. ¶기름진 쌀밥 / 기름진 음식만 먹었더니 느끼하다. 2 (사람·동물 따위가) 살지고 기름기가 많다. ¶기름진 말과 여윈 말. 3 (땅이) 매우 걸다. ¶기름진 밭.
기름-집[-찝] 몡 기름을 짜거나 파는 가게.
기름-칠(-漆) 몡 1 기계나 기구 따위에 잘 돌아가거나 움직이도록 기름을 치는 것. 2 〈속〉 어떤 일이 잘 이뤄지도록 그 일을 맡은 사람에게 금품을 주거나 음식 따위를 대접하는 일. **기름칠-하다** 图⒜㉭
기름-틀 몡 참깨·들깨·콩 등의 식물로 기름을 짜는 틀.
기름-하다 혱㉭ 조금 긴 듯하다. ¶기름한 얼굴. ㉘갸름하다.
기리다 图㉭ (어떤 사람의 훌륭한 업적이나 덕이나 정신 등을) 세상에 드러내어 사모하고 높이 받들다. ⓑ칭송하다·찬양하다. ¶한글을 창제하신 세종 대왕의 업적을 가리는 뜻에서 10월 9일을 한글날로 제정했다.
기린¹(麒麟) 몡 하루에 천 리를 달린다는 말. ⓑ준마(駿馬).
기린²(麒麟) 몡 1 [동] 포유류 기린과의 동물. 키는 6m가량으로 포유류 중 가장 크며, 몸빛은 황색에 갈색의 얼룩점이 있음. 목과 다리가 특히 길며, 이마 양쪽에 짧은 뿔이 있음. 아프리카 특산으로 초원에 떼 지어 삶. 2 [민] 성군(聖君)이 이 세상에 나올 징조로 나타난다고 하는 상상의 상서로운 동물.
기린-아(麒麟兒) 몡 어떤 분야에서 재주와 능력이 뛰어나 앞날이 촉망되는 젊은이. ¶그는 발군의 실력을 보여 야구계의 ~로 떠오르고 있다.
기린-자리(麒麟-) 몡[천] 북쪽 하늘에 보이는 유가 별자리. 눈에 잘 띄지 않음.
기린-초(麒麟草) 몡[식] 돌나물과의 여러해살이풀. 높이 5~30cm. 산과 들의 바위 위에 나며, 여름에 노란 꽃이 꼭대기에 많이 핌. 어린싹은 먹음.
기립(起立) Ⅰ 몡 (주로 다수의 사람이) 격식이나 예를 갖추어야 할 상황에서 자리에서 일어서는 일. ¶~ 박수. **기립-하다** 图⒜㉭ ¶국기에 대한 경례가 있겠으니 모두 기립해 주시기 바랍니다.
Ⅱ 閻 일어서라는 구령. ¶일동 ~!
기마(騎馬) 몡 말을 타는 것. 또는 타는 말. ¶~ 민족. **기마-하다** 图⒜㉭
기마-경찰대(騎馬警察隊)[-때] 몡 말을 타고 직무를 수행하는 경찰대. ⓒ기마대.
기마-대(騎馬隊) 몡 말을 타는 군인이나 경관 등으로 편성된 대(隊). 2 '기마경찰대'의 준말.
기마-병(騎馬兵) 몡 =기병(騎兵)³.
기마-전(騎馬戰) 몡 1 말을 타고 하는 전투. =기전(騎戰). 2 말을 타고 하는 전투를 모방한 놀이. 보통 네 사람이 한 팀이 되어, 세 사람은 말이 되고 한 사람은 그 위에 올라타 상대편을 쓰러뜨리거나 그의 모자를 빼앗아 승부를 가림.
기-막히다(氣-)[-마키-] 혱 1 (어떤 일이) 너무 놀랍거나 뜻밖이어서 어이없다. ¶별 기막힌 소리를 다 듣겠네. / 하도 **기막혀서** 말을 못 하겠다. 2 (대상의 어떤 상태가) 무어라고 말할 수 없을 만큼 대단하다. ¶기막히게 아름다운 여자 / 음식 맛이 ~.
기만(欺瞞) 몡 (남을) 우롱하고 속이는 일. =기망(欺罔)·무망(誣罔). ¶~ 행위 / 친구에게 ~을 당하다. **기만-하다** 图㉭㉭ ¶국민을 이 통하다?
기만(幾萬) ㊛ 몇 만. ¶~ 원 / ~의 군사.
기말(期末) 몡 어떤 기간의 끝. ¶~ 시험. ↔기초(期初).
기망(旣望) 몡 음력으로 매달 열엿샛날. =생백(生魄).
기망²(欺罔) 몡 =기만(欺瞞)¹. **기망-하다**¹ 图㉭㉭
기망³(冀望) 몡 =희망. **기망-하다**² 图㉭㉭
기맥(氣脈) 몡 1 [한] 기혈(氣血)과 맥락. 2 서로 통하는 낌새나 분위기. ¶이제 그들이 ~이 통하나?
기맥-상통(氣脈相通)[-쌍-] 몡 마음과 뜻이 서로 통함. **기맥상통-하다** 图⒜㉭ ¶기맥상통하는 사람끼리 어울리다.
기:명¹(妓名) 몡 기생으로서 가지는 이름.
기명(記名) 몡 문서에 자기 이름을 필기도구나 고무도장·타이프 등으로 기재하는 일. ⓑ녹명(錄名). ↔ 공책. ▶무기명. ▶서명. **기명-하다** 图⒜㉭ **기명-되다** 图⒜㉭
기명(器皿) 몡 살림살이에 쓰는 온갖 그릇. ⓑ그릇붙이.
기명-날인(記名捺印) 몡 문서에 자기의 성명을 쓰고 도장을 찍는 일. ⓑ서명 날인. ¶계약서에 쌍방이 ~을 하다.
기명-식(記名式) 몡 1 선거할 때, 투표용지에 선거자의 성명을 적어서 투표하는 방식. 2 [경] 증권 등을 발행할 때, 권리자의 성명이나 상호를 적어서 발행하는 방식. ↔무기명식.
기명-증권(記名證券)[-꿘] 몡[경] 증권면(證券面)에 특정인이 권리자로서 기재되어 있는 유가 증권. ↔무기명 증권.
기명-투표(記名投票) 몡[법] 투표용지에 투표하는 사람의 성명을 밝혀 적는 투표. ↔무기명 투표.
기모(起毛) 몡 직물 표면의 섬유를 긁어 보풀이 일게 하는 일. **기모-하다** 图㉭㉭
기모-기(起毛機) 몡 직물의 표면이나 뒷면의 털을 일으키는 기계.
기모노(⒥着物/きもの) 몡 일본의 전통 의상의 하나. 주로 여성의 옷을 가리키는데, 헐렁하고 소매가 넓으며 폭이 넓은 허리띠를 두름.
기묘¹(己卯) 몡 60갑자의 열여섯째.
기묘²(奇妙) →**기묘-하다** 혱㉭ (대상이) 이상야릇하면서 색달라 묘하다. ¶기묘한 방법. **기묘-히** 閻
기묘-사화(己卯士禍) 몡[역] 조선 중종 14년(1519)에 남곤(南袞)·심정(沈貞) 등의 훈구파가 이상 정치(理想政治)를 주장하던 조광조(趙光祖)·김정(金淨) 등의 신진 사류를 죽이거나 유배시킨 사건.
기무(機務) 몡 비밀을 지켜야 할 중요한 일.
기문¹(奇聞) 몡 기이한 소문.
기문²(氣門) 몡[동] 곤충 등, 기관(氣管)으로 호흡하는 무척추동물의 몸 옆에 있는 작은 호흡공(呼吸孔). =기공(氣孔)·숨구멍.
기물(器物) 몡 생활의 도구가 되는 온갖

건. ¶~을 파괴하다.
기미¹ 정신적 스트레스나 임신·월경 불순 등으로 인하여 얼굴 부위에 생기는 갈색의 자디잔 얼룩점. ¶~ 낀 얼굴.
기미²(己未) 몡 60갑자의 쉰여섯째. ¶~년 / ~운동.
기미³(幾微·機微) 몡 앞일에 대한 다소 막연한 예상이나 짐작이 들게 하는 어떤 현상이나 상태. 町낌새·조짐. ¶논바닥은 말라 들어가는데 좀처럼 비가 올 ~가 보이질 않는다. / 병세가 회복의 ~를 보이기 시작하다.
기미⁴(機尾) 몡 비행기의 뒷부분. ↔기수(機首).
기미-채다(幾微-) 동(자)(타) = 낌새채다.
기민(飢民·饑民) 몡 굶주린 백성.
　기민(을) 먹이다 囝 흉년에 굶는 사람에게 국가나 단체·개인이 곡식을 나누어 주다.
기민(機敏) →기민-하다 형(여) 동작이 날쌔고 눈치가 빠르다. ¶기민한 몸놀림 / 눈치가 ~. 기민-히 튀
기밀¹(氣密) 몡 기체가 새거나 드나들 수 없는 상태.
기밀²(機密) 몡 함부로 드러내서는 안 되는 국가 기관이나 조직체의 비밀. ¶~을 누설하다. 기밀-하다 형(여) 아주 중요하고 비밀하다.
기밀-문서(機密文書) 몡 함부로 드러내서는 안 되는, 국가 기관이나 조직체의 비밀에 속하는 문서. ¶~이 유출되다.
기밀-비(機密費) 몡 지출 내용을 명시하지 않고 기밀한 일에 쓰는 비용.
기밀-실(機密室) 몡 중요하고 비밀한 일을 취급하는, 아무나 함부로 드나들지 못하게 하는 방.
기박(奇薄) →기박-하다[-바카-] 형(여) 팔자가 사납고 복이 없다. ¶팔자가 ~ / **기박한** 운명을 타고나다.
기반¹(基盤) 몡 사물의 발전에 기초가 되는 바탕. ¶사업 ~ / 경제적 ~을 튼튼히 하다 / 서울에 온 지 10년이 넘었건만 아직 ~을 잡지 못했다.
기반²(羈絆) 몡 1 = 굴레. 2. 굴레를 씌운다는 뜻으로, 자유를 속박함을 이르는 말.
기발(奇拔) →기발-하다 형(여) 〈생각이〉 특이하고 비상하여 놀라울 줄 만큼 뛰어나다. ¶**기발한** 생각 [아이디어].
기!방(妓房) 몡 지난날, 기생을 둔 술집을 이르던 말. = 기생방. 全 술입이 잦다.
기백(氣魄) 몡 씩씩하고 굳센 기상과 진취적인 정신. ¶남아다운 호쾌한 ~을 보이다.
기백(幾百) 주관 몇 백.
기범-선(機帆船) 몡 기관과 돛이 갖추어져 있는 작은 배.
기법(技法)[-뻡] 몡 예술 등에서, 표현하는 기술상의 방법. ¶창작 ~ / ~을 익히다.
기벽¹(奇癖) 몡 남달리 이상야릇한 버릇. ¶그 여자는 화가 나면 마구 먹어 대는 ~이 있다.
기벽²(氣癖) 몡 남에게 조금도 굽히지 않으려는 성질.
기별(奇別) 몡 〈개인 간의 소식이나 안부나 뜻 등을〉 편지나 전화 오거나 가는 사람 등을 통해 알리는 것. ¶~을 보내다 / 그는 시골에서 급히 올라는 ~을 받고 내려갔다. **기별-하다** 동(타)(자) ¶큰댁에는 오시라고 **기별했느냐?**
기병¹(奇兵) 몡[군] 적을 기습하는 군대.
기병²(起兵) 몡 군사를 일으키는 것. = 흥사

(興師). **기병-하다** 동(자)(여)
기병³(騎兵) 몡 말을 타고 싸우는 군사. =기졸(騎卒)·기마병·마군(馬軍).
기병-대(騎兵隊) 몡[군] 기병으로 편성된 부대.
기보¹(記譜) 몡 악보를 기록하는 것. **기보-하다** 동(자)(여)
기보²(棋譜·碁譜) 몡 1 바둑 두는 법을 적은 책. 2 바둑을 두어 나간 기록.
기복(起伏) 몡 1 지세(地勢)가 높았다 낮았다 하는 것. ¶~이 심한 산길. 2 세력이 성하였다 쇠하였다 하는 것. 町성쇠(盛衰). ¶~이 많은 역사 / 일생 동안 숱한 ~이 있었다.
기복-하다 동(자)(여)
기본(基本) 몡 사물의 기초를 이루어 중심이 되거나 일차적으로 중요한 것. =기근(基根). ¶~ 조건 / 외국에 나가려면 영어 회화는 ~이다.
기본-권(基本權)[-꿘] 몡[법] 인간이 태어날 때부터 가지고 있는 기본적인 권리. 자유권·참정권·사회권 등으로서, 국가가 헌법으로 보장하고 있음. =기본적 인권.
기본-급(基本給) 몡 임금(賃金)을 구성하는 것 중에서, 여러 가지 수당을 제외한 급료. =본급(本給)·본봉(本俸). ▷수당.
기본-기(基本技) 몡 악기 등을 다룰 때나 어떤 운동을 할 때 가장 기초가 되는 기술. ¶~가 탄탄하다 / ~를 익히다.
기본^단위(基本單位) 몡[물] 비교의 기준이 되는 물리적 단위 중에서 특히 기본이 되는 것으로 선정된 단위. 보통은 길이·질량·시간에 대하여 국제 기본 단위로 미터(m)·킬로그램(kg)·초(s)를 사용하고, 전류·물질량·광도·온도에 대하여는 암페어(A)·몰(mol)·칸델라(cd)·켈빈(kelvin)을 사용한다. ▷보조 단위.
기본-법(基本法)[-뻡] 몡 어떤 분야에서 다른 여러 법의 기본이 되는 법.
기본^어:휘(基本語彙) 몡 한 언어에 있어서, 일상생활에서 보편적으로 사용되고, 사용도가 높으며, 정상적인 사회생활을 유지하기 위하여 필요한 단어의 총칭.
기본-요금(基本料金)[-뇨-] 몡 어떤 설비나 서비스 따위를 이용하는 데에 기본적으로 내야 하는 돈. 전기·수도·택시의 기본 요금 따위.
기본-음(基本音) 몡 1[물] 어떤 물체가 진동에 의해 소리가 날 때, 진동수가 가장 적은 소리. =기음(基音)·원음. 2[음] =원음(原音)¹².
기본-자세(基本姿勢) 몡 어떤 일이나 운동을 하기 위하여 기본적으로 반드시 갖추어야 할 태도나 습관.
기본-적(基本的) 관(몡) 기본이 되는 (것). ¶다음 사항은 이번 회담의 성과에 대한 ~인 골자이다. / 최저 생계비의 보장은 ~으로 해결되어야 할 문제이다.
기본-형(基本形) 몡 1 기본이 되는 형이나 형식. 2[언] 문법에서의 단어에서, 활용형의 기본이 되는 형태. 우리말에서는 어간에 어미 '-다'를 붙여 나타냄. =원형(原形)·으뜸꼴.
기봉^소:설(奇逢小說) 몡[문] 이야기의 전개가 우연과 요행 등에 의하여 이루어지는 경향이 강한 소설. 특히, 그런 경향의 고대 소설.
기부¹(肌膚) 몡 사람이나 동물의 몸을 싸고 있는 살가죽 또는 살. ¶반백(半百)이 넘은 부인 의상이 단정하고 ~가 풍염하여 복이

많은지라.《심청전》
기!부²(妓夫) 圀 =기둥서방.
기부³(寄附) 圀 (돈이나 재산을 단체에) 사회적으로 유익한 일에 사용될 수 있도록 내어놓는 것. ▷기증. **기부-하다** 图(타)여 ¶학교에 장학금을 ~.
기부⁴(基部) 圀 기초가 되는 부분.
기부-금(寄附金) 圀 기부하는 돈. ¶자선 사업을 위해 ~을 걷다.
기분(氣分) 圀 사람이 어떤 상황에서 느끼는 감정이나 분위기. ¶유쾌한 ~ / ~이 상하다 / ~이 좋다[나쁘다] / ~을 잡치다 / 바깥바람을 쐬니 우울했던 ~이 풀렸다. / 이상하게 올해는 통 명절 ~이 안 난다.
기분(을) 내다 囝 기쁘거나 즐거워 한턱을 내다. 또는, 흥겹게 즐기다. ¶모처럼 **기분** 좀 내려고 했더니 다들 선약이 있다.
기분-파(氣分派) 圀 순간적이고 충동적인 기분에 따라서 행동하는 사람.
기불(旣拂) 圀 이미 끝난 지불. ¶~금(金). **기불-하다** 图(타)여 이미 지불하다.
기브-업(give up) 圀(체) 골프·레슬링 등에서, 시합을 기권하거나 졌음을 인정하는 것.
기뻐-하다 图(자)여 기쁘게 여기다. ¶아이들은 선물을 한 아름씩 안고 **기뻐하였다**. ↔슬퍼하다.
기쁘다 휑<기쁘니, 기뻐> 좋은 일이 생기거나 바라던 일이 이뤄지거나 어려운 문제가 해결되어 기분이 좋거나 흡족하다. ¶너와 다시 만나게 되어 ~. / 합격 통지서를 받고서 너무 **기뻤다**. ↔슬프다. ▶즐겁다.
기쁨 圀 기쁜 마음이나 느낌. ¶사랑의 ~ / ~의 눈물 / ~을 감추지 못하다. ↔슬픔.
기쁨-조(-組) 圀 북한 권력층의 향락적인 비밀 파티에 동원되어 춤과 노래 등을 공연하는 여성들의 조직. 또는, 그 조직원. 북한의 속어임.
기사¹(己巳) 圀 60갑자의 여섯째.
기사²(技士) 圀 1 [법] 기술계 기술 자격 등급의 하나. 1급과 2급의 두 등급이 있음. 2 =운전기사.
기사³(技師) 圀 관청이나 회사에서 전문 지식을 요하는 특별한 기술 업무를 맡아보는 사람. ¶건축~.
기사⁴(記事) 圀 1 사실을 적는 것. 또는, 그 글. 2 신문·잡지 등에 어떤 소식이나 사실을 알리는 글. ¶보도 ~ / ~를 쓰다 / ~를 싣다. **기사-하다** 图(타)여¹
기사⁵(棋士·碁士) 圀 바둑이나 장기를 잘 두거나 직업적으로 두는 사람. ¶전문 ~.
기사⁶(幾死) 圀 거의 다 죽게 되는 것. ¶~ 상태에 이르다. **기사-하다²** 图(자)여
기사⁷(騎士) 圀 1 말을 탄 무사(武士). 2 [역] 중세 유럽의 무사 계급. =나이트(knight).
기사⁸(飢死·饑死) 圀 굶어 죽는 것. 비아사(餓死). **기사-하다³** 图(자)여
기사-광고(記事廣告) 圀 물건의 용도·효능 등을 기사로 써서 소개하는 광고.
기사-도(騎士道) 圀 중세 유럽의 기사 계급의 정신적 규범. 경신(敬神)·충성·무용(武勇)·예절·명예 및 약자 보호 등의 덕을 이상으로 삼음. ¶~ 정신을 발휘하다. ~ 무사도.
기사-문(記事文) 圀[문] 사실의 성질·형상·효용 등을 보고 들은 그대로 적은 글.
기사˚본말체(紀事本末體) 圀[역] 전통적 역사 기술의 한 형식. 사건에 중점을 두어 사건의 원인과 발단, 전개 과정 등을 일관되고 체계적으로 서술하는 방식임. 중국 남송 때의 '통감기사본말'에서 비롯됨. ▷기전체·편년체.

기사지경(幾死之境) 圀 거의 죽게 된 지경. ¶~에서 극적으로 살아나다.
기사-체(記事體) 圀[문] 기사문의 글체.
기사-화(記事化) 圀 (어떤 사건이나 소재를) 기사로 만들어 싣는 것. **기사-화-하다** 图(타)여 ¶정치인의 비리를 ~. **기사화-되다** 图(자)
기사회생(起死回生) [-회-/-훼-] 圀 거의 죽을 뻔하다가 다시 살아남. **기사회생-하다** 图(자)여
기산(起算) 圀 일정한 시간이나 장소를 기준으로 하여 셈이나 계산을 시작하는 것. **기산-하다** 图(자)여
기산-일(起算日) 圀 기일(期日)을 정해서 날수를 따질 때 기준이 되는 그 첫날.
기산-점(起算點) [-쩜] 圀 기산의 시점. 또는, 그 지점.
기삿-거리(記事-) [-사꺼-/-삳꺼-] 圀 신문이나 잡지 등에 실릴 만한 소재. ¶굉장한 ~.
기상¹(奇想) 圀 1 남이 상상도 못 할 기발한 생각. 2 [문] 이질적인 두 개의 사물이나 의미를 당돌하고 충격적으로 결부시키는 비유적 표현.
기상²(起牀·起床) 圀 잠자리에서 일어나는 것. =기침(起寢). ¶~ 시간. ↔취침. **기상-하다** 图(자)여
기상³(氣相) 圀[화] =기체상(氣體相).
기상⁴(氣象) 圀[기상] 바람·비·구름·눈 등 대기에서 일어나는 모든 현상. ¶~ 예보.
기상⁵(氣像) 圀 사람의 타고난 기개나 마음씨. 또는, 그것이 겉으로 드러난 모양. =의기(意氣). ¶진취적인 ~ / 늠름한 ~.
기상˚경¹보(氣象警報) 圀[기상] 기상 현상으로 인하여 커다란 재해가 예상될 때 이를 알리기 위하여 발하는 경보. 폭풍 경보·호우 경보 등.
기상-곡(綺想曲·奇想曲) 圀[음] =카프리치오(capriccio).
기상˚관측(氣象觀測) 圀[기상] 대기(大氣)의 상태를 알기 위하여 기압·기온·습도 등 각종 현상을 관측하는 일.
기상-나팔(起牀喇叭) 圀 군대 등에서, 아침에 일어날 시각을 알리기 위하여 부는 나팔. ¶~을 불다 / ~ 소리에 모두 침대를 박차고 일어났다.
기상-대(氣象臺) 圀 관할 지역에 대한 기상 관측, 기상 예보, 기후 자료 통계, 기상에 관한 증명 및 상담 업무를 분장하는 기관. 1992년 '측후소'가 개칭된 것임.
기상-도(氣象圖) 圀 기상 상태를 표시하는 놓은 지도. 일기도 따위.
기상˚위성(氣象衛星) 圀[기상] 대기권 밖에서 지구의 기상 상태를 관측하여 지상에 알리는 인공위성.
기상-재해(氣象災害) 圀 기상이 원인이 되어 일어나는 재해. 풍해(風害)·홍수·눈사태·가뭄 따위.
기상˚주¹의보(氣象注意報) [-의-/-이-] 圀[기상] 기상 현상에 의하여 다소의 피해가 있으리라고 예상될 때 주의시키기 위하여 발하는 예보.
기상-천외(奇想天外) [-외/-웨] 圀 (착상이나 생각이) 보통 사람이 쉽게 짐작할 수

기상천외-하다(奇想天外-)〔형〕¶기상천외한 생각.

기상-청(氣象廳)〔명〕우리나라의 기상 상태를 관측하고 예보하는 중앙 행정 기관. 1990년에 '중앙 기상대'가 승격된 것임. 구청은 관상대.

기상-통보(氣象通報)〔명〕〔기상〕기상의 대체적인 상황이나 각 지방의 날씨·해상 기상 예보 등을 매일 신문·방송을 통하여 일반에게 알리는 보도.

기상-특보(氣象特報)[-뽀]〔명〕〔기상〕기상에 갑작스러운 변화가 생겼을 때 특별히 하는 보도.

기상-학(氣象學)〔명〕〔기상〕구름이나 비·바람과 같은 대기 중의 일기 현상과, 그것에 관련되는 여러 현상을 연구하는 학문.

기색[1](氣色)〔명〕 1 어떤 감정을 나타내는, 사람의 얼굴빛. ¶싫어하는 ~ / ~을 살피다 / 놀라는 ~이 역력하다. 2 사람이 어떤 행동을 하려고 하는 낌새나 눈치. ¶여차하면 달아날 ~이다.

기색[2](氣塞)〔명〕〔한〕과격한 정신 작용으로 호흡이 잠시 맞는 것, 또는, 그 병. =중기(中氣). **기색-하다**〔동〕〔자여〕

기색-혼절(氣塞昏絶)[-새콘-]〔명〕숨이 막혀 까무러침. **기색혼절-하다**〔동〕〔자여〕

기:생[1](妓生)〔명〕 1 지난날, 잔치나 술자리에서 노래나 춤, 또는 풍류로 흥을 돋우는 일을 업으로 하던 여자. =기녀(妓女). 2 요정의 접대부를 얕잡아 이르는 말.

기생[2](寄生)〔명〕〔생〕이종의 생물이 함께 생활하며, 한쪽이 이익을 얻고 다른 쪽이 해를 입고 있는 생활 형태. 2 스스로 생활하지 못하고 다른 사람을 의지하여 생활하는 것. ¶~ 생활. **기생-하다**〔동〕〔자여〕¶회충은 사람 몸에 **기생하여** 산다.

기생-동:물(寄生動物)〔명〕〔동〕다른 동물의 몸에 붙어서 양분을 섭취하며 사는 동물.

기생-목(寄生木)〔명〕〔식〕=겨우살이[2].

기:생-방(妓生房)〔명〕=기방.

기생-뿌리(寄生-)〔명〕〔식〕다른 식물에 붙어서 양분을 빨아들이는, 기생 식물의 뿌리. 새삼·겨우살이의 뿌리 따위. =기생근.

기생^식물(寄生植物)[-싱-]〔명〕〔식〕기생 생활을 하는 고등 식물의 총칭. 겨우살이·새삼 따위.

기:생-오라비(妓生-)〔명〕외모가 지나칠 만큼 말쑥하고 바람기가 있어 보이는 남자를 얕잡아 이르는 말.

기:생-집(妓生-)[-찝]〔명〕기생을 두고 술을 파는 집. =청루(靑樓).

기생-충(寄生蟲)〔명〕 1 사람이나 가축에 기생하여 병해를 일으키는 생물. 회충·조충·이·벼룩 따위. 2 스스로 노력하지 않고 남에게 의지하여 사는 사람을 야유하여 이르는 말. ¶~ 같은 존재 / 사회의 ~.

기:생-퇴물(妓生退物)[-퇴-/-퉤-]〔명〕기생 노릇을 하다가 나이가 들거나 하여 그만 둔 여자를 낮추어 이르는 말. (비)퇴기(退妓).

기생^화:산(寄生火山)〔명〕〔지〕한 화산의 중턱이나 기슭에 새로 용암이 분출하여 생긴 작은 화산. =측화산(側火山).

기서(奇書)〔명〕내용이 기이한 책.

기석(奇石)〔명〕모양이 기묘하게 생긴 돌. (비)괴석(怪石)·수석(壽石).

기선[1](汽船)〔명〕증기 기관의 힘으로 움직이는 배. 특히, 19세기에 만들어진 대형 선박으로 가리킴. =증기선(蒸氣船). ¶클러몬트호는 1807년에 미국의 풀턴이 제작한 ~이다.

기선[2](基線)〔명〕 1〔지〕〔수〕삼각 측량 및 제도(製圖) 등에서 기준이 되는 선분. 2〔수〕투영도에서 입화면과 평화면이 만나서 생기는 직선. =계선(界線). 3 =간선(幹線)[2].

기선[3](機先)〔명〕둘 이상의 사람이나 세력이 서로 대립되거나 경쟁 상태에서 어떤 일을 하려고 할 때, 그 일의 시초에 해당하는 기회. ¶먼저 한 점을 올려 ~을 제압하다[제하다] / 서로 ~을 잡으려고 암투를 벌이다.

기설(旣設)〔명〕이미 베풀거나 만들어 놓은 일.

기성[1](奇聲)〔명〕기묘한 소리. ¶~을 지르다.

기성[2](旣成)〔명〕(일부 명사 앞에 쓰여) 이미 이루어 성립되어 있는 것. ¶~ 작가 / ~세력.

기성[3](棋聖·碁聖)〔명〕바둑이나 장기에 뛰어난 재주가 있는 사람.

기성-도덕(旣成道德)〔명〕현실적으로 사회에 널리 통용되고 있는 도덕적 관습이나 판단.

기-성명(記姓名)〔명〕 1 성과 이름을 적는 것. 2 학식이 자기 이름이나 겨우 쓸 정도에 이르는 것. **기성명-하다**〔동〕〔자여〕

기성-복(旣成服)〔명〕일일이 주문을 받지 않고 일정한 기준 치수에 맞추어 미리 대량으로 만들어 놓은 옷.

기성-세:대(旣成世代)〔명〕이미 사회에서 활동하고 있는 나이 든 세대. ¶현실 안주를 바라는 ~와 현실 개혁을 꿈꾸는 젊은 세대 사이의 갈등은 어제오늘의 문제는 아니다.

기성-품(旣成品)〔명〕이미 만들어진 물건, 또는, 미리 일정한 규격대로 만들어 놓고 파는 물건.

기성-화(旣成靴)〔명〕주문을 받지 않고 일정한 기준 치수에 맞추어 미리 만들어 놓고 파는 구두.

기성-회(期成會)[-회/-훼]〔명〕 1 어떤 일을 이루기 위하여 뜻을 같이하는 사람들이 조직한 단체. 2〔교〕'육성회'의 전신.

기세[1](氣勢)〔명〕남이 두려워할 만큼 세차게 뻗치는 힘. =세염(勢焰). ¶맹렬한 ~ / ~가 꺾이다 / ~를 떨치다 / ~가 누그러지다.

기세[2](氣勢)〔명〕〔경〕증권 시장에서 매매 거래 계약이 입회 종료 시까지 성립되지 않은 경우의 호가(呼價).

기세[3](棄世)〔명〕 1 [세상을 버린다는 뜻] 웃어른의 '죽음'을 완곡하게 이르는 말. =하세(下世). (비)별세. 2 세상과의 관계를 끊고 나서지 않는 것. **기세-하다**〔동〕〔자여〕

기세등등(氣勢騰騰) →기세등등-하다〔형여〕기세가 매우 높고 힘차다.

기세-부리다(氣勢-)〔동〕남에게 위엄을 보이기 위하여 자기의 기세를 드러내서 행동하다. =기세피우다.

기세-피우다(氣勢-)〔동〕=기세부리다.

기소(起訴)〔명〕〔법〕검사가 특정한 형사 사건에 대하여 법원에 공소(公訴)를 제기하는 것. =기송(起訟). **기소-하다**〔동〕〔타여〕**기소-되다**〔동〕〔자여〕철도 철도의 ~.

기소-유예(起訴猶豫)〔명〕〔법〕검사가 범인의 성격·연령·환경, 범죄의 경중(輕重)·정상(情狀) 및 범행 후의 정황 등을 참작하여 소추할 필요가 없다고 판단될 때, 공소를 제기하지 않는 것. ¶~로 풀려나다.

기소^편의주의(起訴便宜主義)[-의-의/-이-이]〔명〕〔법〕기소 제기의 조건이 충족되어 있을 때라도 범인의 성격이나 범죄의 경중 등을 고려하여 검사의 재량에 따라 불기소 등을 인정하는 원칙.
기속-력(羈束力)[―쏭녁] 몡[법] 법원이, 법원에서 한 재판을 존중하여 자유로이 취소·변경할 수 없다고 하는 재판의 효력. ¶―을 가진 판결.
기수¹ 몡〈궁〉이불.
기수²(汽水)[지] 바닷물과 민물이 섞여 염분이 적은 물. 곧, 강어귀에 있는 바닷물.
기수³(忌數) 몡 마음에 꺼려 싫어하는 숫자. 동양에서의 4, 서양에서의 13 따위.
기수⁴(奇數) 몡[수] =홀수. ↔우수(偶數).
기수⁵(氣數) 몡[민] 저절로 오고 가고 한다는 길흉화복(吉凶禍福)의 운수. ¶―가 쇠하다.
기수⁶(基數) 몡[수] 수를 나타내는 기초가 되는 수. 십진법에서는 1에서 9까지의 정수(整數)를 말함. =기본수.
기수⁷(旣遂) 몡 1 이미 끝낸 일. 2[법] 어떠한 행위가 일정한 범죄의 구성 요건으로 완전히 성립된 것. ¶―범. ↔미수(未遂). **기수-하다** 目예
기수⁸(期數)[―쑤] 몡 훈련·연수·교육 등의 과정을 이수한 것이 몇 번째인가를 나타낸 수. ¶―가 앞선 선배 검사.
기수⁹(旗手) 몡 1 군대에서나 일반 행사 때, 대열의 앞에 서서 기를 드는 일을 맡은 사람. ¶―를 앞세우고 선수들이 입장하다. 2 기를 들고 신호하는 일을 맡은 사람. 3 사회적인 활동 등에서, 앞장서서 이끌고 나가는 사람. ¶평화의 ~ / 신문학 운동의 ~.
기수¹⁰(機首) 몡 비행기의 앞부분. ¶―를 남쪽으로 돌리다 / ―를 낮추다. ↔기미(機尾).
기수¹¹(騎手) 몡 경마 등에서 말을 타는 사람.
기수-법(記數法)[―뻡] 몡[수] 숫자를 사용하여 수를 적는 방법.
기수-사(基數詞)[―싸] 몡 =양수사.
기수-채다(幾數―) 몡困目 껌새채다.
기숙(寄宿) 몡 자기 집이 아닌 남의 집이나 학교, 회사 등에 딸린 집에서 거처하는 것. **기숙-하다** 困예 ¶친척 집에서 ~.
기숙-사(寄宿舍)[―싸] 몡 학교·회사 등에서, 학생이나 근로자가 집에서 다니지 않고 단체로 숙식을 하면서 지낼 수 있게 마련한 건물. ¶―가 딸린 학교. / ~.
기숙-생(寄宿生)[―쌩] 몡 기숙사에서 지내고 있는 학생. ↔통학생.
기술¹(技術) 몡 1 어떤 것을 잘 만들거나 고치거나 다루는 뛰어난 능력. 특히, 그것을 얻기 위해서는 오랜 수련·학습·연구 등이 필요한 것을 가리킴. 넓게는 어떤 일을 전문적으로 할 수 있는 능력을 포괄하기도 함. ¶첨단 ~ / ~ 혁신 / ~을 연마하다 / 해저 터널 공사는 고도의 ~을 요한다. 2 어떤 일을 솜씨 있게 할 수 있는 재간이나 능력. ¶그는 사람 다루는 ~이 좋다.
기술²(記述) 몡 사물의 내용을 기록하여 서술하는 것. 또는, 그 기록. **기술-하다**¹ 目예 ¶인간과 언어와의 관계를 100자 이내로 **기술하여라**. **기술-되다** 困예
기술³(旣述) 몡 이미 기술(記述)한 일. ⓑ전술(前述). **기술-하다**² 目예
기술^문법(記述文法)[―뻡] 몡[언] 특정한 시기의 한 언어 상태를 있는 그대로 기술하는 문법. ▷규범 문법.
기술^원:조(技術援助) 몡 선진국의 정부나 민간 기업 등이 주로 개발도상국에 대하여 하는, 기술 제공에 의한 원조와 거기에 따르는 자금 제공.
기술-자(技術者)[―짜] 몡 어떤 분야의 전문적 기술을 가진 사람. ¶~ 양성 / 전기 ~.
기술-적(技術的)[―쩍] 몡 1 기술에 관계가 있는 (것). 또는, 사물의 본질이나 이론보다도 그 실제 응용이나 운영의 방면에 관한 (것). ¶이 문제ㆍ이론으로는 가능하지만 ~으로 불가능하다. 2 재치나 요령 있게 일을 처리하는 (것). ¶여러 명의 수비를 ~으로 제치고 슛을 날리다.
기술^제휴(技術提携) 몡 특정 상품의 제조법·건축 공법 등의 기술의 특허권, 노하우의 사용 허가, 기술 지도·원조 등에 의한 기업 상호 간의 제휴. ¶독일의 한 회사와의 ~로 만들어진 상품.
기술-직(技術職) 몡 기술 분야의 직무. 또는, 그 사람.
기술-진(技術陣)[―찐] 몡 기술에 관한 일에 참여한 인적(人的) 구성. ¶~을 파견하다.
기술^혁신(技術革新)[―씬] 몡[경] 1 기술을 근본적으로 새롭게 하는 일. 2 새로운 기술의 도입에 의한 경제상의 변혁. 특히, 제2차 세계 대전 후의 경제 발전을 초래한 원자력·석유 화학·전자 공학 등의 새로운 기술 개발을 이름. =이노베이션.
기술^협력(技術協力)[―혐녁] 몡 기술에 의한 경제 협력, 주로 선진국의 정부나 민간 기업이 개발도상국에 기술을 제공하는 것을 말함.
기스(←꼬傷/きず) 몡 '흠', '흠집'으로 순화.
기슭[―슥] 몡 1 산이나 처마 등의 비탈진 곳의 아랫부분. ¶산~ / 처마~. 2 바다나 강 등의 물과 맞닿아 있는 땅의 부분. ¶강~.
기습¹(奇習) 몡 이상한 버릇이나 습관.
기습²(奇襲) 몡 (적이나 상대를) 갑자기 공격하거나 습격하는 일. ¶작전 / 새벽에 ~을 당하다. **기습-하다** 目예 ¶밤을 틈타 적을 ~.
기승(氣勝) 몡 성미가 굳세고 억척스러워 좀처럼 남에게 굽히지 않는 것.
기승-떨다(氣勝―) 困困 ¶~떠니, ~떠오) =기승부리다.
기승-부리다(氣勝―) 困困 짐짓 기승스럽게 굴다. =기승떨다.
기승-스럽다(氣勝―)[―따] 휑回 ¶~스러우니, ~스러워) 남에게 지지 않으려는 성미가 굳세고 억척스럽다. **기승스레** 冑
기승전결(起承轉結) 몡[문] 한시(漢詩) 구성법의 하나. 기(起)는 시(詩)를 시작하는 부분, 승(承)은 그것을 이어받아 전개시키는 부분, 전(轉)은 거기서 일전(一轉)하여 다른 경지를 여는 부분, 결(結)은 그 시의 전체를 마무리하는 부분임. =기승전략.
기시-감(旣視感) 몡[심] 한 번도 경험한 일이 없는데도 언제, 어디에선가 이미 경험한 일인 것처럼 느껴지는 것. ↔미시감(未視感).
기식¹(氣息) 몡 호흡의 기운.
기식²(寄食) 몡 (남의 집에) 묵으면서 지내는 것. **기식-하다** 困예 ¶친구 집에서 **기식하**며 학교에 다녔다.
기식-자(寄食者)[―짜] 몡 남의 집에 붙어서 밥을 얻어먹고 지내는 사람.
기신¹(起身) 몡 1 몸을 움직여 일어나는 것. ¶그 노인은 중병이 들어 ~을 못 하고 누워 있다. 2 몸을 빼쳐 관계를 끊는 것. **기신-하**

다 동(자여)
기신²(氣神) 명 기력과 정신.
기신-거리다/-대다 재 기운이 없거나 게을러서 힘없이 움직이다. 작개신거리다.
기신-기신 부 기신거리는 모양. 작개신개신.
기신기신-하다 동(자여)
기신-없다(氣神-) [-업따] 형 기력과 정신이 온전하지 못하다. **기신없-이** 부
기-신호(旗信號) 명 기를 사용하여 통신하는 신호.
기실¹(其實) I 명 실제의 사정. ¶겉으로 보기엔 쉬울 듯하지만 ~은 어렵다.
Ⅱ 부 실제에 있어서. ¶나쁜 것은 ~ 그 사람이 아니다.
기실²(氣室) 명 1 [식] 잎의 기공 아래에 있는 세포 사이의 공실(空室). 2 수압 장치 속에 있는, 액체의 유출을 고르게 하기 위한 공기가 들어 있는 공간.
기십(幾十) 주관 몇 십. ¶~ 대의 자동차.
기아¹(棄兒) 명 기를 의무가 있는 사람이 아이를 남몰래 내다 버리는 것. 또는, 그 아이.
기아-하다 동(자여)
기아²(飢餓·饑餓) 명 사람이 먹을 것이 없어 오랫동안 거의 또는 제대로 먹지 못하고 지내는 상태. 비굶주림. ¶~에 허덕이는 난민.
기아선-상(飢餓線上) 명 먹을 것이 없어 굶주리는 지경이나 상태. ¶~에서 허덕이는 빈민.
기아^수출(飢餓輸出) 명[경] 외화를 획득하기 위해 국민 생활을 희생하면서까지 국내 소비를 절약하여 최대한으로 하는 수출. =기근 수출.
기악(器樂) 명[음] 악기를 써서 연주하는 음악. ↔성악(聲樂).
기악-곡(器樂曲) [-꼭] 명[음] 기악을 위하여 작곡한 곡.
기안(起案) 명 (어떤 문서를) 안을 세워 일정한 내용으로 만드는 것. ¶~자. **기안-하다** 동(타여) ¶공문을 ~ / 회칙을 ~.
기암(奇巖) 명 기이하게 생긴 바위.
기암-괴석(奇巖怪石) [-과-/-궤-] 명 기이하고 괴상하게 생긴 바위와 돌.
기암-절벽(奇巖絕壁) 명 기이하게 생긴 바위와 깎아지른 듯한 낭떠러지.
기압(氣壓) 명[기상] 1 [자립] 대기의 무게로 인해 지구의 표면에 생기는 압력. =대기압. 2 [의존] 1의 단위. 1기압은 약 1013.25 헥토파스칼이며, 수은주 760mm 높이의 압력과 거의 같음. 기호 atm.
기압-계(氣壓計) [-계/-께] 명 대기의 압력을 측정하는 계기. =접압기·바로미터.
기압-골(氣壓-) [-꼴] 명[기상] 일기도상에서, 저기압의 중심에서 길게 'V' 자 또는 'U' 자 모양으로 뻗은 저압부(低壓部). 그 동쪽은 일반적으로 날씨가 좋지 않음.
기압^배치(氣壓配置) [-빼-] 명[기상] 기압의 분포 상태. 겨울형인 서고동저(西高東低), 여름형인 남고북저(南高北低) 따위.
기약¹(旣約) 명 1 이미 해 놓은 약속. 2 [수] 분수 또는 분수식이 약분된 것.
기약²(期約) 명 (어떤 일을 하는 것을) 언제라고 때를 정하여 약속하는 것. ¶~ 없이 떠나가는 임. **기약-하다** 동(타여) ¶재회를 ~ / 성공하여 돌아올 날을 **기약할** 수 없다.
기약^분수(旣約分數) [-쑤] 명[수] 분모와 분자 사이의 공약수가 1뿐이어서 더 이상 약분되지 않는 분수.

기업 결합●261

기어¹(綺語) 명 1 교묘하게 꾸며 대는 말. 2 소설이나 시 등에서 묘하게 수식하여 표현한 말.
기어²(gear) 명 1 =톱니바퀴. 2 속도나 운동의 방향을 바꾸는 데 쓰이는, 여러 개의 톱니바퀴로 조합된 장치. ¶변속 ~ / 후진 ~ / ~를 넣다.
기어-가다 [-어-/-여-] 동(자)(거리)(~가거라) (사람이나 동물이나 자동차 등이) 기면서 가다. ¶지렁이가 ~ / 사람이 땅바닥을 ~ / 자동차가 눈길을 ~.
기어-들다 [-어-/-여-] 동(자)(~드니, -드오) 1 몰래 들어가거나 들어오다. 2 위축되어 움츠러져 들어가다. ¶기어들어 가는 목소리로 말하다 / 목이 자라목처럼 ~.
기어-오르다 [-어-/-여-] 동(자)(~오르니, -올라) 1 상대에게 마땅히 공손해야 함에도 예의를 저버리고 버릇없이 굴다. 속된 말임. ¶오냐오냐하니까 머리 꼭대기까지 **기어오른다**. 2 타 (높은 곳을) 기어서 올라가다. ¶암벽을 ~ / 나무를 ~.
기어-이(期於-) 부 1 어떠한 일이 있더라도 반드시. ¶이번에는 ~ 우승을 하고야 말겠다. 2 결국에 가서는. =기어코. 비마침내. ¶그렇게 말렸는데도 듣지 않더니 ~ 일을 저지르고야 말았구나.
기어-코(期於-) 부 =기어이. ¶그토록 두려워하던 운명의 날이 ~ 오고야 말았다.
기억(記憶) 명 1 (어떤 대상이나 일, 지식 등을) 머릿속에 잊지 않고 새기어 보존하는 일. 또는, (그 대상·일·지식 등을) 되살려 생각해 내는 일. ¶~이 떠오르다 / ~을 불러일으키다 / 학창 생활 가운데 ~에 남을 만한 일. 2 [컴] 컴퓨터에 어떤 자료나 정보를 저장하는 일. ¶자료를 ~시키다. **기억-하다** 동(타여) ¶오래전에 한 번 만났을 뿐인데 그는 용케 내 얼굴을 **기억하고** 있었다. **기억-되다** 동(자여) ¶오래도록 **기억될** 만한 일.
기억-나다(記憶-) [-엉-] 동(자여) 이전의 인상이나 경험이 의식 속에서 재생되다. ¶그 어릴 때 얼굴이 **기억난다**.
기억-력(記憶力) [-엉녁] 명 기억하는 능력. ¶~이 좋다 (나쁘다).
기억^상실(記憶喪失) [-쌍-] 명 머리 부분의 타박상 따위의 외상(外傷)이나 약물 중독 따위로 인하여 그 이전의 어느 기간 동안의 기억이 사라져 버리는 일.
기억^용량(記憶容量) [-용냥] 명[컴] 컴퓨터의 기억 장치가 얼마만큼 기억할 수 있는지를 나타내는 수치. 보통 워드·바이트·비트 따위의 단위로 나타냄. =메모리.
기억^장치(記憶裝置) [-짱-] 명[컴] 입력 장치를 통하여 읽어 들인 데이터나 명령을 비롯하여 컴퓨터 내부에서 계산 처리된 결과를 기억하는 장치. =메모리.
기엄-기엄 부 천천히 기어가는 모양. ¶암벽을 ~ 기어오르다. **기엄기엄-하다** 동(자여)
기업¹(企業) 명[경] 영리(營利)를 목적으로 물품이나 서비스의 생산·판매 등의 활동을 계속적으로 행하는 조직체. ¶대~ / 중소 ~ / ~을 경영하다.
기업²(基業) 명 1 기초가 되는 사업. 2 대대로 물려 내려오는 사업과 재산.
기업-가(企業家) [-까] 명 기업을 세워 경영하는 사람.
기업^결합(企業結合) [-껼-] 명[경] 둘 이상의 기업이 경쟁의 제한, 시장의 독점, 경

영의 합리화, 단순한 금융, 기술적 협조 등을 목적으로 결합한 형태. 카르텔·트러스트·콘체른 따위. =기업 합병. ▷기업 집중.

기업^공개(企業公開) [-꽁-] [명][경] 기업이 주식을 증권 거래소에 상장(上場)하여 그 주식을 산 사람은 누구나 주주(株主)가 될 수 있게 하는 일.

기업^연합(企業聯合) [-엄년-] [명][경] =카르텔.

기업^은행(企業銀行) [명] 특수 은행의 하나. 중소기업자에 대한 효율적인 신용 제도의 확립을 목적으로 하여 1961년에 설립됨. =중소기업 은행.

기업-주(企業主) [-쭈] [명] 어떠한 기업을 소유하고 있는 사람. =오너.

기업^집단(企業集團) [-찝딴] [명][경] 산업의 종류가 다른 여러 기업이 한 특수 회사(모회사)의 지배 아래 통일적으로 경영되는 기업 형태. =기업 그룹.

기업^집중(企業集中) [-찝쭝] [명][경] 어떤 산업 분야에서 한 기업이 큰 비중을 차지하는 일. 동일 산업 내에서 기업 결합이 생기면 발생함. ▷기업 결합.

기업-체(企業體) [명] 기업의 주체. 또는, 사업을 하는 조직체.

기업-화(企業化) [-어퐈] [명] 기업의 형태를 갖추어 조직하는 일. **기업화-하다** [동][자][타][여] **기업화-되다** [동][자]

-기에 [어미] 원인·이유를 나타내는 연결 어미. ¶물이 좋아 보이~ 생선 한 마리 사 왔다. / 네가 무엇이~ 간섭이냐? ×-길래.

기여(寄與) [명] (사회나 단체에, 또는 거기서 이뤄지는 어떤 일에) 도움이 되는 구실을 하는 것. [비]이바지·공헌. **기여-하다** [동][자][여] ¶그는 교육에 **기여한** 공로로 훈장을 받았다. **기여-되다** [동][자]

기역 [명][언] 한글 자음 'ㄱ'의 이름(2117쪽 '한글 자모' 참고).

기역니은-순/ㄱㄴ순(-順) [-영-] [명] =가나다순.

기역-자/ㄱ자(-字) [-짜] [명] 한글 자음 'ㄱ'을 글자로서 이르는 말. ¶낫 놓고 ~도 모른다.(속담)

[**기역자 왼 다리도 못 그린다**] 아주 무식하다.

기역자-집/ㄱ자집(-字-) [-짜-] [명] 'ㄱ'자 모양으로 지은 집.

기연[1](奇緣) [명] 이상한 인연.

기연[2](機緣) [명] 어떤 일이 일어나고 또 그것이 어떤 상태로 되는 인연.

기연가미연가-하다(其然-未然-) [형][여] '긴가민가하다'의 본딧말.

기연-미연(其然未然) ➡**기연미연-하다** [형][여] =긴가민가하다.

기염(氣焰) [명] 《주로 '기염을 토하다'의 꼴로 쓰여》 한껏 높아져 있는 당당하고 자신만만한 기세. ¶우승을 향해 연전연승, 승승장구하며 ~을 토하다.

기예(技藝) [명] 기술상의 재주. ¶~를 익히다.

기온(氣溫) [명] 대기(大氣)의 온도. 보통 땅 위 1.5m 높이의 백엽상 속에 놓인 온도계로 잰 것을 말함. ¶연평균 ~ / ~이 높다.

기와 [명] 점토를 틀에 넣어 일정한 모양으로 만든 다음, 가마에서 높은 온도로 구워 낸, 지붕을 이는 물건. 세는 단위는 장·우리(2000장). ¶~를 이다. ×개와(蓋瓦).

기와-장이 [명] 지붕에 기와 이는 일을 직업으로 하는 사람. =와장(瓦匠)·개와장.

기와-지붕 [명] 기와를 이은 지붕.

기와-집 [명] 지붕을 기와로 인 집. =와가(瓦家)·와옥(瓦屋).

기왓-고랑 [-와꼬-/-왇꼬-] [명][건] 기와집 지붕에서 빗물이 잘 흘러내리도록 암키와를 이어 골이 진 부분. =와구(瓦溝). [준]기왓골.

기왓-골 [-와꼴/-왇꼴] [명][건] '기왓고랑'의 준말.

기왓-등 [-와뜽/-왇뜽] [명][건] 처마에서부터 마루에 이르는 수키와 줄기의 등.

기왓-장(-張) [-와짱/-왇짱] [명] 낱장의 기와.

기왕(旣往) Ⅰ[명] 지금보다 이전. ¶~의 일들은 잊어버리자.

Ⅱ[부] =기왕에. ¶~ 이렇게 되었으니 잘해 봅시다.

기왕-에(旣往-) [부] 이미 그렇게 된 바에. =기왕. [비]이왕에. ¶~ 늦었으니 좀 더 있다 가자.

기왕-이면(旣往-) [부] 어차피 그럴 바에는. [비]이왕이면. ¶~ 다홍치마 / ~ 이것이 좋겠다.

기왕지사(旣往之事) Ⅰ[명] 이미 지나간 일.

Ⅱ[부] 이미 그렇게 된 일인 바에. [비]이왕지사. ¶~ 틀린 일을 따진들 무엇하나.

기외(其外) [-외/-웨] [명] 그 밖.

기요틴([프]guillotine) [명] 무겁고 날카로운 칼이 위에서 떨어지면서 수형자(受刑者)의 목을 베게 되어 있는 장치. 프랑스 혁명 때 만들어졌음.

기용(起用) [명] (어떤 사람을 중요한 직위로) 뽑아 쓰는 것. ¶인재의 ~. **기용-하다** [동][타][여] ¶대학교수를 장관으로 ~. **기용-되다** [동][자] ¶그는 국무총리에 다시 **기용되었다**.

기우[1](杞憂) [명] 〔옛날 중국 기(杞)나라의 한 사람이 하늘이 무너지지 않을까 걱정했다는 고사에서〕 쓸데없는 걱정. ¶암이 아닐까 걱정했었는데 검사 결과 ~에 불과했다.

기우[2](奇遇) [명] 기이한 인연으로 만나는 것. **기우-하다**[1] [동][자][타][여]

기우[3](祈雨) [명] 날이 가물 때에 비 오기를 비는 것. **기우-하다**[2] [동][자][여]

기우[4](氣宇) [명] 기개(氣槪)와 도량(度量).

기우[5](寄寓) [명] 한때 다른 곳에 몸을 의지하고 지내는 것. **기우-하다**[3] [동][자][여]

기우듬-하다 [형][여] 조금 기운 듯하다. ¶모자를 **기우듬하게** 쓰다. [작]갸우듬하다. [센]끼우듬하다. **기우듬-히** [부] ¶~ 걸린 사진틀.

기우뚱-거리다/-대다 [동][자][타] 물체가 이쪽 저쪽으로 기울어지게 자꾸 흔들리다. 또는, 그리되게 하다. ¶파도에 배가 ~ / 사공이 목청을 드높여 어깨를 좌우로 **기우뚱대며** 소리 한 자락을 뽑았다.《황석영:장길산》 [작]갸우뚱거리다. [센]끼우뚱거리다.

기우뚱-기우뚱 [부] 기우뚱거리는 모양. ¶오리가 ~ 걸어가다. [작]갸우뚱갸우뚱. [센]끼우뚱끼우뚱. **기우뚱기우뚱-하다** [동][자][타][여]

기우뚱-하다 Ⅰ[동][자][타][여] 한쪽으로 기우듬하게 기울어지거나 기울이다. [작]갸우뚱하다. [센]끼우뚱하다.

Ⅱ[형][여] 한쪽으로 기우듬히 기울어져 있다. [작]갸우뚱하다. [센]끼우뚱하다.

기우-제(祈雨祭) [명][역] 하지(夏至)가 지나도록 가물 때에 비 오기를 비는 제사. =무우제(舞雩祭). ¶~를 지내다. ▷기청제.

기운¹ 명 1 하늘과 땅 사이에 가득 찬, 만물이 나고 자라는 힘의 근원. 2 사람이나 동물이 활동하거나 일을 하는 데 필요한 힘. ¶~이 없다 / ~이 세다 / ~을 차리다 / ~이 빠지다 / ~이 나다 / ~을 내다. 3 몸으로 느끼는 온도·냄새 따위의 감각. ¶찬 ~ / 봄~이 완연하다. 4 일이나 병 따위의 초기에 나타나는 기미나 징후. ¶감기 ~ / 몸살 ~.

기운²(氣運) 명 바야흐로 어떤 일이 벌어지려고 하는 분위기. ¶동서 양 진영에 화해의 ~이 고조되다.

기운³(機運) 명 기회와 운수.

기운-차다 형 기세가 힘차다. ¶조국 근대화를 향한 **기운찬** 걸음을 내딛다.

기울 명 밀이나 귀리 등의 가루를 쳐 내고 남은 속껍질. ¶밀~.

기울-기 명[수] 경사면의 수평에 대한 기울어진 정도.

기울다 자〈기우니, 기우오〉 1 (물체가) 땅 위나 평면에 대해 수직이나 수평을 이루지 못하고 한쪽으로 비스듬해지거나 한쪽이 낮아진 상태를 이루다. ¶탑이 한쪽으로 **기울었다**. 작갸울다. 2 (물체가) 땅 위나 평면에 대해 한쪽으로 쏠리거나 쓰러져 가는 상태를 이루다. ¶배가 중심을 잃고 한쪽으로 **기울기** 시작했다. 3 (어떤 일이나 세력이) 이전보다 약해지거나 쇠퇴하다. ¶~ 사업이 ~ / 세도를 부리던 그 집안도 정변을 겪은 뒤로 **기울기** 시작했다. 4 (해나 달, 별 따위가) 가장 높은 위치를 지나 어떤 위치로 움직이다. ¶해가 서산으로 ~. 5 (사람이나 어떤 운동·작품 등이) 어떤 경향을 짙게 띤 상태를 이루다. ¶그 작가는 말년에 탐미주의로 **기울었다**. 6 (어떤 것을 다른 것과 견주어 어떤 것이 다른 것보다) 못하거나 부족한 상태를 보이다. ¶신랑 쪽이 **기우는** 편이다. 센끼울다.

기울어-뜨리다/-트리다 타 기울어지게 하다. ¶병을 **기울어뜨려** 잔에 술을 따르다. 작갸울어뜨리다. 센끼울어뜨리다.

기울어-지다 자 기울게 되다. ¶배가 ~ / 집안이 ~ / 그는 어깨가 왼쪽으로 **기울어졌다**. 작갸울어지다. 센끼울어지다.

기울-이다 타 1 '기울다·2'의 사동사. ¶몸을 앞으로 ~. 작갸울이다. 센끼울이다. 2 (정성이나 주의 따위를) 한군데로 집중하다. ¶심혈을 **기울여** 만든 작품.

기움-질 명 옷 따위의 해어진 곳에 조각을 대어 깁는 일. **기움질-하다** 타 ¶**기움질한** 양말.

기웃 [-욷] 부 무엇을 보려고 고개를 기울이는 모양. 작갸웃. 센끼웃. **기웃-하다** 동(타)예 ¶그녀는 고개를 **기웃하고** 방 안을 들여다보았다.

기웃-거리다/-대다 [-욷거(때)-] [동] 1 무엇을 보려고 자꾸 고개를 기울이다. ¶누군가 대문 안을 **기웃거리고** 있다. 2 (남의 것을) 바라거나 탐내는 마음으로 은근히 자꾸 엿보다. ¶남의 재물을 ~. 작갸웃거리다. 센끼웃거리다.

기웃-기웃 [-욷끼욷] 부 기웃거리는 모양. 작갸웃갸웃. 센끼웃끼웃. **기웃기웃-하다** 동(타)예 ¶뭘 보려고 자꾸 **기웃기웃하고** 있니?

기웃-하다² [-우타-] 형여 조금 기운 상태이다. ¶고개가 ~. **기웃-이** 부

기원¹(紀元) 명 1 국가나 종교를 세운 첫해. 2 역사 연대를 계산하는 데 기준이 되는 최초의 해. 서력기원이나 단군기원 따위. 3 새로운 출발이 되는 시대 또는 시기. ¶신~ / 유전 공학은 인류 생활에 새로운 ~을 이룩하였다.

기원²(祈願) 명 바라는 일이 이루어지기를 비는 것. **기원-하다** 동(타)여 ¶가내(家內) 평안하기를 **기원합니다**.

기원³(起源·起原) 명 1 사물이 생긴 근원. 비발상(發祥). ¶인류의 ~ / 언어의 ~. 2 사물의 근원이 생기는 것. **기원-하다**² 자여 사물의 근원이 생기다.

기원⁴(棋院·碁院·棊院) 명 1 바둑을 두는 사람에게 장소와 시설을 빌려 주고 돈을 받는 곳. 2 바둑을 즐기는 사람들이 조직하는 단체.

기원-전(紀元前) 명 예수 그리스도가 태어난 해를 기원으로 했을 때, 그 이전의 해나 때를 이르는 말. =비시(B.C.)·서력기원전. ¶~ 5세기 / 고조선은 ~ 108년에 멸망하였다. ↔기원후.

기원-후(紀元後) 명 예수 그리스도가 태어난 해를 기원으로 했을 때, 그 이후의 해나 때를 이르는 말. =에이디(A.D.). ¶~ 25년에 후한이 건국되었다. ↔기원전.

기위(旣爲) 부 =이미.

기유(己酉) 명 60갑자의 마흔여섯째.

기율(紀律) 명 도덕상으로 여러 사람에게 행위의 모범이 될 만한 질서.

기음(氣音) 명 =거센소리.

기음²(基音) 명 =기본음1.

기음³ 명 '김²'의 잘못.

기이(奇異) →기이-하다 형여 기묘하고 이상하다. ~하다. ¶**기이한** 풍속 / **기이한** 옷차림. **기이-히** 부

기이다 동(타) (어떤 사실을) 바른대로 말하지 않고 숨기다. 또는, (어떤 사람을) 사실대로 말하지 않고 속이다. 비기만하다. ¶"영문에서까지 알고 잡으러 온 터인데 나 하나만 **기이면** 무엇하오?"《이인직:은세계》 / …조금이라도 **기일** 것 같으면 다리뼈를 분질러 놓을 테니 바른 말 해라.《홍명희:임꺽정》준기다.

기인¹(奇人) 명 성격이나 말·행동이 별난 사람.

기인²(起因) 명 (어떤 일이 다른 일이나 현상에) 그 원인이 있어 생기거나 일어나는 것. **기인-하다** 자여 ¶그의 병은 전적으로 피로에 **기인한** 것이다. **기인-되다** 자

기일¹(忌日) 명 1 사람이 죽은 날. =명일(命日). 비제삿날. 2 꺼려야 할 불길한 날.

기일²(奇日) 명 홀수의 날. 1일·3일 따위. ↔우일(偶日).

기일³(期日) 명 1 정한 날짜. ¶~을 지키다 [어기다] / 세금을 ~ 내에 납부하다. 2 [법] 법원이나 소송 당사자 또는 그 소송에 관계되는 사람이 모여서 소송 행위를 하는 특정한 날짜.

기입(記入) 명 (장부나 문서 등의 칸이나 난에 필요한 내용을) 적어 넣는 것. **기입-하다** 동(타)여 ¶장부에 지출 내용을 ~. **기입-되다** 자

기입-란(記入欄) [-임난] 명 적어 넣는 난.

기입-장(記入帳) [-짱] 명 적어 넣는 책 또는 공책.

기자¹(奇字) 명 육서(六書)의 하나. 글자의 체가 소전(小篆) 비슷하나 조금 다름.

기자²(記者) 명 1 신문·잡지·방송 등의 기사를 취재하여 쓰거나 편집하는 사람. ¶신문~ / 취재 ~. 2 (드물게 제약적으로 쓰여) 어떤 글을 기초하거나 기록한 사람. ¶성서

기자³(箕子) 명 전설상의 기자 조선의 시조. 은나라 말기의 현인임.

기자-단(記者團) 명 출입하는 부처(部處)나 기관이 같은, 각 사(社)의 기자들로 이루어진 단체.

기자-력(起磁力) 명 [물] 자기(磁氣)를 생기게 하는 힘.

기자-실(記者室) 명 관공서 등에 마련되어 있는 취재 기자들의 대기실.

기-자재(機資材·器資材) 명 기계·기구·재료 등의 총칭. ¶연구 ~ / 실험 ~.

기자 조선(箕子朝鮮) 명[역] 은(殷) 나라의 기자(箕子)가 조선에 와서 세웠다고 하는 나라. 현재 학계에서는 그 실재를 부정하고 있음.

기자 회견(記者會見) [-회-/-훼-] 명 어떤 사람이 공식적으로 기자와 만나 사회적 관심사가 될 만하거나 여론을 불러일으킬 만한 내용에 대해 자기의 소신이나 의견을 펴거나 드러내어 말하는 일. 또는, 그런 모임. ¶장관이 ~을 요청하다.

기장¹ 명 옷 따위의 긴 정도이. ¶~이 길다.

기장² 명 1 [식] 벼과의 한해살이풀. 높이 50~120cm. 수수와 비슷한 곡류로, 이삭은 가을에 익음. 2 1의 열매. 밥·떡·술 등을 만들거나 사료로 씀.

기장³(記章·紀章) 명 '기념장'의 준말.

기장⁴(記帳) 명 장부에 적는 일. 또는, 그 장부. **기장-하다** 타예

기장⁵(旗章) 명 국기·군기·교기 등과 같은, 어떤 대상의 표장(標章)으로서의 기.

기장⁶(機長) 명 민간 항공기에서 승무원 중 최고 책임자. 보통 정조종사가 이를 맡음.

기재¹(奇才) 명 매우 뛰어난 재주. 또는, 그런 재주를 가진 사람.

기재²(記載) 명 문서 따위에 적어 싣는 것. ¶~ 사항 / 부실(不實) ~. **기재-하다** 타예 ¶이번에 들어온 물품 수량을 빠짐없이 **기재했느냐**? **기재-되다** 통여

기재³(器才) 명 기구와 재료.

기재⁴(器材) 명 =기자재.

기저(基底) 명 1 기초가 되는 밑바닥. ¶댐의 ~ 부분. 2 기초로 되어 있는 사상. 메기본·근저. ¶작품의 ~에 깔려 있는 사상.

기저귀 명 어린아이의 똥오줌을 받아 내기 위하여 샅에 채우는 헝겊. ¶~를 찬 아기 / ~를 갈다 / ~를 채우다.

기적¹(汽笛) 명 기관차 등에서, 주의나 경계 등의 신호로서 소리를 내는 장치. ¶~ 소리 / 기차가 ~을 울리며 떠난다.

기적²(妓籍) 명 기생으로 소속되어 있음을 기록한 공식 문서.

기적³(奇蹟·奇跡) 명 1 자연의 법칙이나 현상으로는 이루어질 수 없는 일이 세상에 이루어지거나 나타나는 일. 또는, 상식이나 보통의 생각으로는 도저히 일어나기 어려운 일이 실제로 일어나 놀랍게 느껴지는 일. ¶폭풍우 속에서 그가 살아 있는 것은 ~이다. 2 주로, 크리스트교에서 신(神)에 의하여 행해졌다고 믿어지는 불가사의한 현상. 부활, 병자의 치유 따위. 메이적(異蹟).

기적-극(奇蹟劇) [-끅] 명[연] 12~14세기 경에 영국·프랑스 등지에서 유행한 종교극. 그리스도 및 사도(使徒)·성자(聖者)들이 행한 기적이나 사적(事跡)을 주제로 하였음.

기적-적(奇蹟的) [-쩍] 관명 기적이라고 할 만한 (것). ¶삼엄한 경비를 뚫고 ~으로 탈출하다.

기전(紀傳) 명 본기(本紀)와 열전(列傳).

기전(棋戰·碁戰) 명 바둑이나 장기의 승부를 겨루는 일.

기전-기(起電機) 명 마찰이나 정전기(靜電氣) 유도를 이용하여 전기를 일으키는 장치.

기-전력(起電力) [-녁] 명[물] 전류를 흐르게 하는 원동력. 단위는 볼트(V). =동전력(動電力)·전동력(電動力).

기전-체(紀傳體) 명[역] 전통적 역사 기술의 한 형식. 중국의 사기(史記)에서 비롯된 것으로, 역사적 인물의 개인 전기(傳記)를 이어 감으로써 한 시대의 역사를 구성하는 것. 본기(本紀)·열전(列傳)·표(表)·지(志) 등으로 나뉨. ▷기사 본말체·편년체.

기절¹(氣絕) 명 (두려움·놀람·충격 등으로) 한동안 정신을 잃는 것. 메실신. **기절-하다¹** 통재예 ¶아들의 교통사고 소식을 들은 어머니는 **기절하고** 말았다.

기절²(奇絕) → **기절-하다²** 형여 매우 신기하다.

기절-초풍(氣絕-風) 명 숨이 막히고 경기를 일으킬 정도로 놀라는 것. ¶맹견이 확 달려들자 그 여자는 ~을 하여 달아났다. **기절초풍-하다** 통재예

기점(起點) [-쩜] 명 처음으로 시작되는 곳. ¶이번 마라톤 대회는 여의도를 ~으로 한다. ↔종점.

기점(基點) [-쩜] 명 기본이 되는 곳이나 점. =밑점.

기정(既定) 명 이미 결정된 것. ↔미정(未定). **기정-되다** 통재 ¶누구도 부인할 수 없는 **기정된** 사실.

기정-사실(既定事實) 명 이미 이루어졌거나 정해져 있어, 이전의 상태로 돌이킬 수 없게 된 사실. ¶네가 후회하고 있을지라도 그 사람과 약혼한 것은 ~이다.

기제¹(忌祭) 명 =기제사(忌祭祀).

기제²(機制) 명 1 사물 현상 속에 작용하는 원리나 규칙. 또는, 어떤 일을 이루기 위한 수단·방법으로서의 체제나 장치. ¶자본주의의 ~ / 국가의 통치 ~ / 선거는 사회 여러 세력의 정치적 욕구를 수렴하는 사회적 ~다. 2 [심] 인간의 행동 속에 작용하는 심리적 원리. =메커니즘. ¶방어 ~란 두려움이나 불쾌함 등에 직면했을 때 스스로를 방어하기 위해 취하는 적응 행위를 가리킨다.

기-제사(忌祭祀) 명 탈상 뒤에 해마다 죽은 날에 지내는 제사. =기제(忌祭).

기조(基調) 명 1 작품·행동·사상 등의 근저를 일관하여 흐르는 기본적인 사고방식. ¶작품의 ~를 이루는 것은 작가의 휴머니즘이다.

기조(鰭條) 명[동] 물고기의 지느러미를 지탱하는 각질이나 골질의 선상(線狀) 구조물.

기조-력(起潮力) 명[지] 조석(潮汐)을 일으키는 힘. 달·태양의 인력과 관계가 있음.

기조-연설(基調演說) 명 국회·전당 대회·학회 등에서 정당의 간부나 학회의 중요 인물이 정책이나 학회의 기본 방침에 대하여 설명하는 연설.

기존(既存) 명 (주로, 일부 명사 앞에 쓰이어)

이미 존재하거나 전부터 있어 온 것. ¶~제도 / ~학설 / ~설비. **기존-하다** 통(자여)
기종(機種) 명 1 항공기의 종류. 2 컴퓨터나 전자 제품 따위의 모델 종류. ¶최신 ~ / ~이 다르다.
기주(寄主) 명 [생] =숙주(宿主)².
기-죽다(氣-) [-따] 통(자) 어떤 사람 앞에서 기세가 꺾여 기를 펴지 못하다. ¶가난하다고 해서 **기죽지** 마라.
기죽-이다(氣-) 통(타) (어떤 사람을) 기세를 꺾어 기를 펴지 못하게 하다. ¶애를 너무 **기죽이지** 마세요.
기준(基準) I 명 어떤 일을 판단하거나 무엇을 구별하기 위해 본보기로 삼아야 할 일정한 원칙이나 수준이나 대상. ¶~ 임금 / 평가 ~ / ~을 잡다 / 행동의 ~을 세우다.
II 감 제식 훈련 시 구령의 하나. 대오(隊伍)를 정렬함에 있어 맞추어야 할 대상으로서의 사람이나 ья을 대원들에게 알리는 말.
기준-선(基準線) 명 무엇을 재거나 그리거나 할 때 기준으로 삼는 선.
기준-시가(基準時價) [-까] 명 [경] 아파트·연립 주택 등의 공동 주택이나 아파트 회원권 등을 팔거나 상속 또는 증여할 때 과세의 기준이 되는 가격. ▷공시 지가.
기준-치(基準値) 명 어떤 상태를 판정하는 기준이 되는 수치. ¶물에서 ~ 이상의 중금속이 검출되다.
기중¹(忌中) 명 '상중(喪中)'으로 순화.
기중²(其中) 명 그 가운데.
기중-기(起重機) 명 무거운 물건을 동력으로 끌어 올려 상하·좌우·전후로 이동시키는 기계. ¶대형 ~.
기증(寄贈) 명 1 (어떤 물품을 기관이나 단체에) 유용하게 쓰라고 돈을 받지 않고 주는 것. 비증여. ¶~자(者). ▷기부. 2 (자신의 신체 장기를 남에게) 이식할 수 있도록 떼어서 주는 것. ¶장기(臟器) ~. **기증-하다** 통(타)여 ¶책을 도서관에 ~ / 그 사형수는 안구와 신장을 기증하기로 서약했다. **기증-되다** 통(자)여
기증-본(寄贈本) 명 단체 등에 기증하는 책.
기지¹(基地) 명 1 군사·탐험·등반 등의 활동을 계획하고 통제하고 지원하는 근거지. ¶보급 ~ / 군사 ~ / 공군 ~ / 미사일 ~. 2 =터전.
기지²(既知) 명 이미 아는 일. ¶~의 사실. ↔미지(未知). **기지-하다** 통(타)여
기지³(機智) 명 1 뜻밖의 상황에 재빨리 요령 있게 대처하는 지혜. ¶큰 봉변을 당할 뻔했는데 ~를 발휘하여 겨우 위기를 넘겼다. 2 [문] 익살스러우면서도 의표를 찔러 놀라움을 주도록 만들어진, 짧고 지적인 표현. 비위트(wit).
기:지개 명 피곤할 때 몸을 쭉 펴고 팔다리를 뻗는 짓. ¶하품하며 ~를 켜다. **기:지개-하다** 통(자)여
기지-국(基地局) 명 [통] 이동 전화가 가능하도록 일정 범위의 지역마다 설치되, 안테나·송수신기·컴퓨터 등으로 구성된 통신 중계탑. 이동 전화와 전화 교환국을 연결해 주는 역할을 한다.
기지랑-물 명 '지지랑물'의 잘못.
기지-사경(幾至死境) 명 거의 죽을 지경에 이름. **기지사경-하다** 통(자)여
기지-수(既知數) [수] 방정식에서 이미 값이 알려진 수. 또는, 그 값이 주어졌다고 가정한 수. ↔미지수.

기체 ●265

기지-창(基地廠) 명 [군] 보급품의 조달·비축·분배 등을 맡은 부대. ¶병참 ~.
기지-촌(基地村) 명 외국군 기지의 주변에 형성된 촌락.
기직 명 왕골 껍질이나 부들 잎으로 짚을 싸서 엮은 자리. =기직자리.
기직-자리 [-짜-] 명 =기직.
기진(氣盡) 명 기운이 다하여 힘이 없는 것. 비탈진. **기진-하다** 통(자)여 ¶기진하여 몸을 가누지 못하다.
기진-맥진(氣盡脈盡) [-찐] 명 기운과 의지력이 다하여 스스로 가누지 못할 지경이 됨. **기진맥진-하다** 통(자)여 ¶장시간의 행군으로 ~.
기질¹(氣質) 명 1 어떤 사람의 행동에 나타나는 특유한 성질. ¶말솜씨를 보니 장사꾼 ~이 다분하구나. 2 [심] 사람의 행동 양식의 바탕이 되는 유전적·생물학적·감정적 성질.
기질²(基質) 명 1 [화] 효소가 작용하는 상대 물질. 아밀라아제에 대한 녹말 등. 2 [생] 동물의 결합 조직의 세포 사이에 있는 물질.
기집-애 명 '계집애'의 잘못.
기차(汽車) 명 1 증기 기관을 원동력으로 하여 궤도 위를 운행하는 차량. =철륜(鐵輪)·화차(火車). 2 기관차에 객차나 화물차를 연결하여 궤도 위를 운행하는 차량을 통속적으로 이르는 말. 시내를 주행하는 전철은 포함되지 않음. 비열차. ¶~ 여행 / 서울발 부산행 ~.
기차-간(汽車間) [-깐] 명 기차의 찻간.
기차-놀이(汽車-) 명 아이들 놀이의 하나. 여럿이 적당한 간격으로 한 줄로 서서 앞사람의 어깨나 허리를 잡거나 또는 끝을 이은 새끼줄 속에 들어가기도 하여, 연결한 기차의 흉내를 내며 노는 일. 또는, 그 놀이.
기-차다(氣-) 형(속) 기막히다 2.
기차-역(汽車驛) 명 기차가 도착하거나 떠나는 역.
기차-표(汽車票) 명 기차를 탈 때 그 요금으로 표값 대신 내는 표.
기착(寄着) 명 (비행기·배 따위가) 목적지로 가는 도중 어떤 곳에 잠시 머무르는 것. **기착-하다** 통(자)여
기착-지(寄着地) [-찌] 명 목적지로 가는 도중 잠시 머무르는 곳.
기찰(譏察) 명 (행동 따위를) 넌지시 살피는 것. ¶~포고. **기찰-하다** 통(타)여
기찻-길(汽車-) [-차낄/-찯낄] 명 기차가 다닐 수 있도록 레일을 놓은, 일정한 너비의 긴 공간.
기창(旗槍) 명 [역] 1 고려 시대 의장(儀仗)의 하나. 2 누른빛이나 붉은빛의 작은 기를 단 창. 3 십팔기(十八技)의 하나. 기(旗)를 단 창을 다루는 무예.
기채(起債) 명 1 빚을 얻는 것. 2 [경] 국가나 공공 단체가 공채를 모집하는 것. ¶~ 시장. **기채-하다** 통(자)여
기척 명 누가 있다는 줄을 알 만한 소리나 기색. ¶~을 내다 / 방문을 열 땐 ~을 해라. / 외출을 했는지 방 안에 아무런 ~이 없다.
기천(幾千) [수] 몇 천.
기청-제(祈晴祭) 명 [역] 입추(立秋) 후까지 장마가 계속될 때, 나라에서 날이 개기를 비는 제사. ▷기우제.
기체¹(氣體) 명 웃어른께 올리는 편지에서 문안 때, 그를 높여 그의 정신과 건강 상태

를 이르는 말. =기체후·기후(氣候).
기체²(氣體) 명 [물][화] 물질의 세 가지 상태 중 하나. 일정한 형태가 없으며 온도나 압력에 따라 부피가 달라지는 물질. 공기·가스 따위. ▷고체·액체.
기체³(機體) 명 비행기의 몸체. ¶비행기가 추락하여 ~가 산산조각이 났다.
기체의 반:응의 법칙(氣體反應-法則)[-의-/-에-][화] 기체가 관여하는 화학 반응에서 그들 기체의 부피는 같은 온도와 같은 압력하에서는 간단한 정수비(整數比)를 이룬다는 법칙.
기체-상(氣體相) 명 [화] 기체의 어느 부분을 취하여도 물리적·화학적으로 균일한 성질을 가지는 상태. →기상(氣相).
기체^상수(氣體常數) 명 [물] 이상 기체에 있어서, 그 기체의 부피와 압력의 곱이 절대 온도의 변화에 비례하여 변화하는 정도를 나타내는 비례 상수. =보편 기체 상수.
기체^연료(氣體燃料)[-열-] 명 [공] 가스난로나 가스 기관 따위에 쓰이는 기체 상태의 연료. =가스 연료.
기체-화(氣體化) 명 [화] =기화(氣化)². **기체화-하다** 동[자][타][여] **기체화-되다** 동[자][여]
기체-후(氣體候) 명 =기체(氣體)¹. ¶~ 일향 일결이신지요?
기초¹(起草) 명 글의 초안(草案)을 잡는 것. 준초(草). **기초-하다**¹ 타[여] ¶법안을 ~.
기초²(基礎) 명 1 사물의 기본이 되는 토대. 비바탕·근본. ¶~ 지식/학습에서는 ~가 중요하다. 2 건물이나 구축물 등의 무게를 받치기 위하여 만든 밑받침. ¶~ 공사/~가 튼튼한 건물. **기초-하다**² 동[자][여] 토대나 바탕을 두다.
기초³(期初) 명 어느 기간의 처음. ↔기말.
기초^공제(基礎控除) 명 과세 소득 금액을 산정할 때, 총소득 금액에서 최저 생활비에 상당하는 일정한 금액을 빼는 일.
기초^대사(基礎代謝) 명 [생] 동물체가 생명을 유지하는 데 필요한 최소한의 에너지 대사. ¶~량.
기초-식품(基礎食品) 명 식생활에서 기초가 되는 식품. 탄수화물·단백질·지방질·무기질·비타민 C·카로틴 등 매일 필요로 하는 영양소를 각각 함유하는 여섯 부류의 식품군.
기초^어휘(基礎語彙)[-어] 명 [언] 한 언어에서, 기본적인 의사소통에 필요하다고 인정되는 어휘. ▷기본 어휘.
기초^자치^단체(基礎自治團體) 명 시(市)·군(郡)·구(區)의 하급 지방 자치 단체. ▷광역 자치 단체.
기초^체온(基礎體溫) 명 [생] 체온에 영향을 줄 만한 여러 조건을 피하여 측정한 체온. 즉, 심신이 안정되었을 때의 체온.
기초-화장(基礎化粧) 명 피부를 건강하고 탄력 있게 하기 위해 화장수·로션·크림 등을 바르는 정도의 기본적인 화장. ▷메이크업.
기총(機銃) 명 [군] '기관총'의 준말. ¶~ 사격.
기총^소사(機銃掃射) 명 [군] 항공기에서 땅 위의 표적을 비로 쓸어 내듯이 기관총으로 쏘는 일.
기축¹(己丑) 명 60갑자의 스물여섯째.
기축²(祈祝) 명 빌고 축원하는 것. **기축-하다** 동[타][여]
기축³(機軸) 명 1 기관이나 바퀴 등의 굴대. 2 조직·단체 등의 활동의 중심이 되는 긴요한 부분.
기축^통화(基軸通貨) 명 [경] 국제간의 거래에서, 결제 수단으로 사용되는 특정국의 화폐. 미국의 달러 따위.
기층¹(氣層) 명 [물] 대기의 층.
기층²(基層) 명 1 어떤 사물의 기초를 이루는 밑바탕. ¶~ 문화/사회의 ~을 이루고 있는 서민의 생활을 조사하다. 2 여러 층으로 된 것의 밑바탕이 되는 층. ▷기저·기단(基壇).
기치(旗幟) 명 1 옛날 군중(軍中)에서 쓰이던 갓발. 2 어떤 목적을 위하여 내세우는 태도나 주장. ¶구국의 ~를 내걸다. 3 기의 표지(標識).
기침¹ 명 1 기도(氣道)가 어떤 자극을 받아 갑작스럽게 거친 숨과 함께 목구멍에서 연속적으로 터져 나오는 소리. 또는, 그런 생리적·병적 현상. =해수(咳嗽). ¶콜록콜록 ~이 나오다. 2 주의를 끌기 위하여, 또는 인기척의 수단으로 일부러 내는 다소 큰 목소리. ¶헛~/할아버지는 긴 수염을 쓰다듬으며 '어험' 하고 ~ 소리를 냈다. **기침-하다**¹
기침²(起枕) 명 (윗사람이) 잠을 깨어 일어나는 것. **기침-하다**² 자[여] ¶애야, 할아버지께서 기침하셨는지 알아보고 오너라.
기침³(起寢) 명 =기상(起牀)². ↔취침(就寢). **기침-하다**³ 동[자][여]
기침-감기(-感氣) 명 기침이 나오는 증상의 감기.
기침-약(-藥)[-냑] 명 [약] 기침을 멎게 하는 데 쓰는 약. =진해제.
기타¹(其他) 명 (어떤 종류의 예를 모두 들 수 없을 때 몇 이상의 예만을 들거나, 어떤 내용을 속속들이 말할 수 없을 때 대강 말한 다음에 쓰이어) '그 밖(의)'의 뜻을 나타내는 말. ¶서울, 부산, ~ 또는 대도시/~ 자세한 사항은 전화로 문의하시기 바랍니다.
기타²(guitar) 명 [음] 앞뒤가 편평한 표주박 모양의 공명 상자에 자루를 달아 여섯 줄을 나란히 매어, 손가락 끝이나 픽으로 줄을 타서 연주하게 되어 있는 악기. ¶~ 줄/통/~/전기 ~/~를 치다.
기타리스트(guitarist) 명 기타 연주가.
기탁(寄託) 명 1 부탁하여 맡겨 두는 일. 2 [법] =임치(任置)². **기탁-하다** 동[타][여] ¶성금을 신문사에 ~.
기탁-금(寄託金)[-끔] 명 부탁하여 맡겨 둔 돈.
기탄(忌憚) 명 어렵게 여겨 꺼리는 것. **기탄-하다** 동[여]
기탄-없다(忌憚-)[-업따] 형 어렵게 여기는 것이나 거리낌이 없다. **기탄없-이** 부 ¶여러분의 의견을 듣고자 마련한 자리이니 ~ 말씀을 해 주십시오.
기태(奇態) 명 기이하고 괴상한 모양.
기통(氣筒·汽筒·汽箇) 명 [공] =실린더. ¶6~ 엔진.
기특(奇特) → **기특-하다**[-트카-] 형[여] (사람이 하는 짓이나 말이, 또는, 그 사람이) 착하거나 신통하여 칭찬할 만하다. 주로, 아랫사람(아이, 어린 사람)에 대해 쓰는 말임. ¶부모님 말씀도 잘 듣고 공부도 열심히 한다니 참으로 **기특하구나**. **기특-히** 부
기틀 명 어떤 일을 이루는 데 중요한 기능이나 구실을 하는 바탕. 비기초·기반·터전·기판. ¶성공의 ~을 다지다/도약의 ~을 마

련하다.
기틀(이) 잡히다 귀 어떤 일의 가장 중요한 부분이 자기 기능을 발휘할 수 있게 되다. ¶얼마 전까지만 해도 그토록 고생하더니만 이즈막엔 제법 기틀이 잡힌 모양이더라.
기판(基板) 몡[컴] 집적 회로에 해당 부품이 납땜 되어 있는 실리콘 판.
기포(氣泡) 몡 고체나 액체의 내부에 기체가 들어가 거품처럼 둥그렇게 부풀어 있는 것.
기포ˆ상자(氣泡箱子) 몡[물][화] 방사선 검출 장치의 하나. 전기를 띤 입자가 수소나 프로판의 과열 액체 속으로 통과할 때, 이온화 작용에 의해 거품이 생기는 것을 이용하여 방사선의 경로를 검출함.
기폭(起爆) 몡 화약이 압력·열 따위의 충동을 받아서 폭발을 일으키는 현상. ¶~ 장치.
기폭²(旗幅) 몡 1 기를 이루는 천. 비깃발. ¶바람에 ~이 펄럭이다. 2 깃발의 나비.
기폭-약(起爆藥) [-퐁냑] 몡 폭발을 일으키는 데 쓰이는, 아주 예민한 화약. 작은 충격에도 쉽게 폭발함. 뇌홍 따위. =기폭제·점화약.
기폭-제(起爆劑) [-쩨] 몡 1 [화] =기폭약. 2 비유적으로 쓰여, 어떠한 사건을 일으키는 결정적 계기. ¶윌슨 대통령의 민족 자결주의 제창은 삼일 운동의 ~가 되었다.
기표(記票) 몡 투표용지에 써넣거나 표를 하는 것. **기표-하다** 통[자예]
기표-소(記票所) 몡 투표장 안에 기표할 수 있도록 마련한 곳.
기품¹(氣品) 몡 인격이나 작품 등의 고상하게 보이는 품격. ¶한복을 입은 맵시가 우아하고 ~이 있다.
기품²(氣稟) 몡 기질과 품성. ¶늠름한 ~.
기풍(氣風) 몡 어떠한 집단이나 지역 사람들의 공통적인 기질. ¶모교의 ~을 되살리자.
기피(忌避) 몡 1 어떤 일이나 대상을] 꺼리거나 싫어하여 피하는 것. 비회피(忌諱). ¶~자(者). 2 [법] 법관·법원 직원 등이 소송 관계인과 특수한 관계가 있거나 불공평한 재판을 할 염려가 있을 때 소송 당사자가 그 법관 등의 직무 집행을 거부하는 것. ▷제척(除斥). **기피-하다** 통[타예]¶병역을 ~ / 여자를 ~.
기필(期必) 몡 꼭 이루어지기를 기약하는 것. **기필-하다** 통[타예]
기필-코(期必-) 튀 기어이 꼭. 비반드시. ¶무슨 일이 있어도 ~ 일류 대학에 갈 테다.
기하(幾何) 몡 1 (한문 투의 의문문에 쓰여) 어느 만큼. =기허(幾許). ¶얼마. ¶아(我) 생존권의 박상(剝喪)됨이 무릇 ~ㅣ며, …. 『기미 독립 선언문』 2 [수] '기하학'의 준말.
기하-급수(幾何級數) [-쑤] 몡[수] =등비급수(等比級數).
기하급수-적(幾何級數的) [-쑤-] 관몡[수] 수의 증가가 거듭될 때마다 일정한 수가 곱해져 이뤄지는 (것). 곧, 수량의 증가가 급격히 이뤄지는 (것). ¶인구가 ~으로 증가하다. ▷산술급수적.
기-하다¹(基-) 통[자예] 기초를 두다.
기-하다²(忌-) 통[타예] 꺼리고 싫어하다.
기-하다³(期-) 통[타예] 1 기일을 정하여 어떠한 행동이나 일의 계기로 삼다. ¶3월 1일을 **기하여** 업무를 시작하다. 2 이루어지도록 기약하다. ¶시험 준비에 만전을 ~.
기하ˆ평균(幾何平均) 몡[수] n개의 양의 수에 대하여 이들 전부의 곱의 n제곱근. =상

승 평균(相乘平均). ↔산술 평균.
기하-학(幾何學) 몡[수] 도형 및 그것이 차지하는 공간의 성질에 대하여 연구하는 수학의 한 부문. 준기하.
기하학-무늬(幾何學-) [-항-니] 몡 직선이나 곡선의 교차에 의하여 이루어지는 추상적인 무늬.
기하학-적(幾何學的) [-쩍] 관몡 1 기하학에 관한 (것). 2 기하학 특유의 (것).
기한¹(飢寒·饑寒) 몡 먹을 것, 입을 것이 없어 배고프고 추운 상태. 곧 헐벗고 굶주리는 상태. ¶땅뙈기를 부쳐 겨우 ~이나 면하고 삽니다.
기한²(期限) 몡 1 미리 기약하여 한정한 시기. ¶납부 ~ / ~을 잡다 / ~을 넘기다 / ~이 촉박하다. 2 [법] 법률 행위의 효력의 발생 및 소멸, 채무 이행을 장래에 발생할 것이 확실한 사실에 의존시키는 일. **기한-하다** 통[타예] ¶한 달을 **기한하고** 돈을 꾸다.
기한-부(期限附) 몡 어느 때까지 어떠한 일을 실행한다는, 기한이 붙어 있는 것. ¶~ 채권.
기한부ˆ어음(期限附-) 몡[경] 지급 기간이 정해진 어음. =유전스.
기함(氣陷) 몡 1 기력이 쇠하여 가라앉는 것. 2 갑자기 매우 놀라거나 아파서 소리를 지르면서 정신을 잃고 기겁하는 것. **기함-하다** 통[자예]
기함²(旗艦) 몡[군] 함대의 군함 중 사령관이 타고 있는 배. =사령선(司令船).
기-함수(奇函數) [-쑤] 몡[수] x의 함수 $f(x)$ $f(-x)=-f(x)$라는 관계를 만족시킬 때, $f(x)$를 이르는 말. ↔우함수.
기합(氣合) 몡 1 비상한 힘을 내기 위한 정신과 힘의 집중. 또는, 그 집중을 위하여 내는 소리. ¶~을 넣다 / '얏' 하는 ~ 소리와 함께 기왓장을 손바닥으로 격파하다. 2 군대나 학교 등 단체 생활을 하는 곳에서 윗사람이 잘못한 사람을 단련한다는 뜻에서 정신적·육체적 고통을 가하는 것. 비얼차려. ¶단체 ~을 받다.
기합-술(氣合術) [-쑬] 몡 기합을 응용하여 다른 힘을 나타내는 정신적 술법.
기항¹(寄航) 몡 비행 중인 항공기가 목적지가 아닌 공항에 잠시 들르는 것. **기항-하다**¹ 통[자예]
기항²(寄港) 몡 항해 중인 배가 목적지가 아닌 항구에 잠시 들르는 것. ¶~지(地). **기항-하다**² 통[자예] ¶외국 상선이 급유를 위해 인천항에 **기항하고** 있다.
기해(己亥) 몡 60갑자의 서른여섯째. ¶~년.
기해-박해(己亥迫害) [-빠캐] 몡[역] 조선 헌종 5년(1839)에 천주교도를 학살한 사건. 프랑스 신부 모방·샤스탕·앵베르를 비롯하여 270여 명의 교도가 죽음을 당함. =기해교난·기해사옥.
기행¹(奇行) 몡 기이한 행동.
기행²(紀行) 몡 여행하며 보고 듣고 느낀 것의 기록.
기행-문(紀行文) 몡[문] 여행하며 보고 듣고 느낀 것을 수필·일기·편지 등의 형식으로 쓴 글. 비여행기.
기험(崎險) → **기험-하다** 형[예] 1 (산이) 오르거나 타기가 어렵게 험하다. 비기구(崎嶇)하다. 2 (성질이) 사납고 막되다.
기-현상(奇現象) 몡 기이한 현상.
기혈(氣血) 몡[한] '기'와 '혈'을 아울러 이르

는 말. ¶~ 순환 / ~의 흐름이 원활하지 못하다.
기형¹(奇形) 圀 이상하고 별난 모양.
기형²(畸形) 圀 1 [생] 동식물에서, 정상의 형태와는 다른 것. 2 보통과는 다른 모양. 또는, 기묘한 모양.
기형-아(畸形兒) 圀 신체의 발육이나 기능에 장애가 있어 보통과는 다른 형체로 태어난 아이.
기호¹(記號) 圀 자연적으로 또는 사회 관습에 따라 어떤 뜻을 나타내기 위하여 쓰이는 부호·문자·도형(圖像) 따위의 총칭. 넓게는 언어를 포함하여 비가 올 징조로서의 검은 구름, 평화의 상징으로서의 비둘기 등을 가리키기도 함. ≒심벌.
기호²(嗜好) 圀 어떤 물질, 특히 먹거나 마시거나 피우거나 하는 물질을 즐기고 좋아함. ¶~ 식품 / 요즘 사람들의 ~에 맞춘 새로운 상품을 개발하다. **기호-하다** 동여.
기호³(旗號) 圀 1 깃발로 하는 신호. 2 기의 부호나 휘장.
기호⁴(畿湖) 圀 [지] 서울을 중심으로 한 경기도 일대와 황해도 남부 및 충청남도 북부를 포함한 지역.
기호^논리학(記號論理學) [-놀-] 圀 [논] 수학적 연산을 할 수 있도록 논리적 형식을 기호화하여 다루는 논리학. ≒수리 논리학.
기호-론(記號論) 圀 간단한 신호에서 복잡한 언어에 이르는 모든 기호에 대한 일반적 이론과 그 응용을 연구하는 과학의 총칭. ▷기호학.
기호^문자(記號文字) [-짜] 圀 한글·알파벳·한자 등의 글자가 아닌, 수학 기호·문장 부호·약학 기호·악보 기호 등의 문자.
기호지세(騎虎之勢) 圀 ['범을 타고 달리는 형세'라는 뜻] 호랑이를 타고 가다 도중에 내리면 잡혀 먹히듯이 중도에서 그만둘 수 없는 절박한 형세.
기호-품(嗜好品) 圀 1 영양을 얻기 위해서가 아니라 단지 미각·후각 등에 유쾌한 자극과 쾌감을 주기 위해 먹거나 들이마시거나 하는 물질이나 물품. 술·담배·커피 따위. 2 가지고 즐기거나 좋아하는 물품.
기호-학(記號學) 圀 1 기호와 기호로서의 언어를 연구 대상으로 하는 학문. 2 문화 전체를 기호 체계로 보고 그 발생을 연구하는 학문. ▷기호론.
기혼(旣婚) 圀 이미 혼인한 상태가 되는 것. ¶~ 여성[남성]. ↔미혼. **기혼-하다** 동자여.
기혼-자(旣婚者) 圀 이미 혼인을 한 사람. ↔미혼자(未婚者).
기화¹(奇貨) 圀 1 진기한 보배. 2 ('-을/를 기화로'의 꼴로 쓰여) 나쁘게 이용하는 어떤 기회. ¶상대의 약점을 ~로 돈을 뜯어내다.
기화²(氣化) 圀 [물] 액체가 기체로 바뀌는 현상. =기체화. ¶승화·액화. **기화-하다** 동 자여 **기화-되다** 동
기화-기(氣化器) 圀 가솔린 기관에 공급하는 연료와 공기의 혼합기를 만드는 장치. =카뷰레터.
기화-열(氣化熱) 圀 [물] 일정 온도나 1기압 하에서 액체를 기체로 바꾸기 위하여 필요한 열량. =증발열.
기화-요초(琪花瑤草) 圀 옥같이 고운 꽃과 풀.
기회(機會) 圀 [-회-/-훼-] 어떠한 일이나 행동을 하기에 알맞거나 효과적인 때. ¶절호의 ~ / ~를 놓치다 / ~를 노리다 / 출세의 ~를 잡다 / ~는 이때다! 2 어떤 일을 할 겨를이나 짬. ¶만날 ~가 없다.
기회-감염(機會感染) [-회-/-훼-] 圀[의] 통상적으로는 병원성이 없으나 면역 반응 장애와 같은 특별한 환경에서만 병원성을 가지는 미생물에 의한 감염이나 질환. =자가 전염. ¶에이즈에 걸리면 면역 기능이 떨어져 정상인에게는 질병을 일으키지 않는 바이러스나 세균에 의해서도 ~을 일으킨다.
기회-균등(機會均等) [-회-/-훼-] 圀 1 누구에게나 고루 기회를 주는 일. 2 국제간의 통상이나 경제 활동에 있어서, 특정 국가에 준 대우를 다른 국가에도 주는 일.
기회-비용(機會費用) [-회-/-훼-] 圀[경] 여러 가지 가운데 하나를 선택해야 할 때, 그 선택으로 인해 포기해야 하는 차선의 선택을 비용이나 값어치로 나타낸 것. 가령, ㄱ, ㄴ, ㄷ 세 회사에 취업할 수 있을 때, 임금 수준이 각각 200만 원, 150만 원, 100만 원인 경우, ㄱ 회사를 선택함으로써 발생하는 기회비용은 ㄴ 회사를 선택했을 때 얻을 수 있었던 150만 원임.
기회-주의(機會主義) [-회-의/-훼-이] 圀 확고한 입장을 지니지 못하고 그때그때의 상황이나 세력에 따라 행동하는 주의. ¶~자(者).
기획(企劃·企畫) [-획/-훽] 圀 (어떤 일을) 꾸며 계획하는 것. ¶~실(室) / ~ 상품. **기획-하다** 동타여 ¶새로운 사업을 ~. **기획-되다** 동자
기획-사(企劃社) [-획싸/-훽싸] 圀 연예인을 발굴·양성하거나, 광고·음반·영화 등을 제작하거나, 공연 등을 기획·연출하는 회사. =프로덕션.
기획^예산처(企劃豫算處) [-횡녜-/-훵녜-] 圀 중앙 행정 기관의 하나. 국가의 예산 정책, 예산의 편성 및 집행의 관리와 재정 개혁 및 행정 개혁에 관한 사무를 맡아봄. 1999년 기획 예산 위원회와 예산청이 통합되어 신설된 것임.
기후¹(其後) 圀 그 뒤.
기후²(氣候) 圀 1 [지] 일정한 지역의 여러 해에 걸친 기온·비·눈 등의 평균 상태. =천후(天候). ¶따뜻한 ~ / 고온 다습한 ~. 2 1년의 24절기와 72후를 통틀어 이르는 말. '기(氣)'는 15일, '후(候)'는 5일을 뜻함. =기절(氣節).
기후³(氣候) 圀 =기체(氣體)¹.
기후-대(氣候帶) 圀[지] 공통의 기후 특성에 따라 지구를 구분한 지대. 일반적으로 기온에 따라 열대·아열대·온대·아한대·한대 등으로 나뉨.
기후^요소(氣候要素) 圀[기상] 기후를 구성하고 있는 여러 가지 요소. 기온·강수량·습도·바람 따위. =기상 요소.
기후^인자(氣候因子) 圀[기상] 기후에 영향을 미쳐서 기후를 결정하는 여러 요소. 위도·묘고(標高)·수륙 분포·해류·지형 따위. =기상 인자.
기후-형(氣候型) 圀[기상] 세계의 기후를 일정한 기준에 따라 분류한 것. 열대 기후·온대 기후·한대 기후 등.
기휘(忌諱) 圀 1 꺼리고 싫어하는 일. 2 꺼려 피하거나 숨기는 일. 비기피(忌避). **기휘-하다** 동타여.
기흉(氣胸) 圀[의] 흉막강(胸膜腔) 안에 공기

또는 가스가 찬 상태. 폐가 수축하여 호흡 곤란을 일으킴.

긴: 명 윷놀이에서, 자기 말로 남의 말을 쫓아 잡을 수 있는 거리. ¶길 ~/ ~이 닿다.

긴가민가-하다 형 그런지 그렇지 않은지 확실하지 않다. =기연미연하다. ¶그의 이름이 '윤종철'인지 '윤중철'인지 기억이 어슴푸레하여 ~. 본기연가미연가하다.

긴급(緊急) 명 긴요하고도 급한 것. ¶~ 뉴스/ ~회의. **긴급-하다** 형여 ¶긴급한 용무. **긴급-히** 부 ¶~ 대책을 세우다.

긴급^구속(緊急拘束) [-꾸-] 명[법] 중죄를 범한 혐의가 충분하고 증거 인멸·도망의 염려가 있는 경우, 또 법관의 구속 영장을 발부받을 수 없는 경우에 영장 없이 피의자를 구속하는 일.

긴급^동의(緊急動議) [-똥의/-똥이] 명 회의에서 긴급을 요하는 안건이 있을 때, 그것을 예정된 의제(議題)에 추가하도록 제안하는 일.

긴급^명령(緊急命令) [-금-녕] 명[법] 국가가 비상사태에 처한 경우에 국가 원수가 긴급한 조치를 취하기 위하여 발하는 명령.

긴급^사태(緊急事態) [-싸-] 명[법] 대규모의 재해 또는 소란 등과 같은, 그 수습에 계엄령 등을 선포함.

긴급^자동차(緊急自動車) [-짜-] 명 구급차·소방차·경찰차 등 긴급한 임무에 운행되는 자동차. 다른 차량에 대하여 우선 통행이 인정됨.

긴급^조치(緊急措置) [-쪼-] 명[법] 유신(維新) 헌법에서, 나라가 위급할 때 대통령이 국정 전반에 걸쳐서 내리는 특별한 조치.

긴급^체포(緊急逮捕) 명[법] 중대한 죄를 범했다고 의심할 만한 상당한 이유가 있고 긴급할 때 체포 영장 없이 하는 체포.

긴:-긴 관 길고 긴. ¶~ 세월/ ~ 겨울밤.
긴:긴-날 명 길고 긴 날.
긴:긴-낮 [-낟] 명 길고 긴 낮.
긴:긴-밤 명 길고 긴 밤.
긴:긴-해 명 길고 긴 해. 또는, 길고 긴 낮.

긴:꼬리-닭 [-닥] 명 닭의 한 품종. 꽁지가 매우 길고 아름다워서 완상용(玩賞用)으로 기름. 장미계(長尾鷄).

긴:꼬리-원숭이 명 긴꼬리원숭잇과의 원숭이의 총칭. 몸길이 40~70cm, 꼬리 길이 60~100cm. 삼림이나 초원에서 떼를 지어 삶. 꼬리는 잡는 구실이 없고 그냥 늘어뜨려 끌고 다님.

긴:-대답(-對答) 명 '예' 소리를 '예이' 하고 길게 빼어 하는 대답. **긴:대답-하다** 자여

긴:-말 명 쓸데없이 길게 늘어놓는 말. =긴소리. ¶~ 듣고 싶지 않다. **긴:말-하다** 동자여 ¶긴말할 것 없이 이러쿵저러쿵 길게 여러 말을 늘어놓을 것 없다.

긴:-맛 [-맏] 명[동] =맛조개.

긴밀(緊密) → **긴밀-하다** 형여 (서로의 관계가) 매우 가까이 빈틈이 없다. ¶한국과 미국은 반세기 가까이 **긴밀한** 우호 관계를 유지해 왔다. **긴밀-히** 부 ¶~ 연락을 취하다.

긴:-바늘 명 '분침(分針)'을 입말로 이르는 말. ▷짧은바늘.

긴박(緊迫) → **긴박-하다** [-바카-] 형여 (사태가) 긴장되고 여유가 없이 급하다. ¶**긴박하게** 돌아가는 국제 정세.

긴박-감(緊迫感) [-깜] 명 긴장되고 여유가 없이 급하게 되어 가는 느낌.

긴:-반지름(-半-) 명[수] 타원의 중심에서 그 둘레에 이르는 가장 긴 거리. 구용어는 장반경(長半徑). ↔짧은반지름.

긴:-병(-病) 명 오래도록 낫지 않는 병. 비장병(長病).
[긴병에 효자 없다] 무슨 일이나 너무 오래 끌면 그 일에 대한 성의가 없어진다.

긴:-사설(-辭說) 명 수다스럽게 길게 늘어놓는 말. ¶~을 늘어놓다.

긴:-소리 명 [언] 길게 내는 소리. =장음. ↔짧은소리. **2** =긴말.

긴:-소매 명 어깨에서 팔목 부분까지 오는 소매. ▷반소매.

긴요(緊要) → **긴요-하다** 형여 절실하게 필요하고 중요하다. =요긴하다. ¶**긴요한** 용건/ **긴요한** 물건. **긴요-히** 부 ¶~ 쓰겠다.

긴장(緊張) 명 **1** 마음을 늦추지 않고 정신을 바짝 차리는 일. 또는, 그러한 심리 상태. ¶~을 풀다/ 숨 막히는 ~의 연속. **2** 서로의 관계가 악화되어 자칫 분쟁이 일어날 듯한 상태. ¶양국 사이에 ~이 고조되다. **3** [생] 근육이나 신경 중추의 지속적인 수축·흥분 상태. **긴장-하다** 동자여 ¶잔뜩 **긴장한** 얼굴/ 너무 **긴장하지** 말고 편안한 마음으로 시험에 임해라. **긴장-되다** 동자여 ¶**긴장된** 순간.

긴장-감(緊張感) 명 **1** 긴장할 때의 마음 상태. **2** 긴장되어 있는 분위기나 기운. ¶~이 감도는 전선.

긴절-하다 형여 아주 절실하다. =긴착하다·절긴하다. **긴절-히** 부

긴:-지름 명[수] 타원 안의 가장 긴 지름. 구용어는 장경(長徑). =장축(長軸). ↔짧은지름.

긴:-짐승 명 뱀·구렁이 따위와 같이 몸이 긴 동물의 총칭.

긴축(緊縮) 명 **1** 바짝 줄이는 일. **2** 재정(財政)의 기초를 다지기 위하여 지출을 줄이는 일. ¶~ 재정. **긴축-하다** 동타여 **긴축-되다** 동자여

긴축^예산(緊縮豫算) [-충녜-] 명[경] 경비를 절약하여 규모를 될 수 있는 한 줄이는 예산.

긴:-치마 명 **1** 발목까지 내려오는 치마. =롱스커트. **2** 옛날에 여자들이 맨 겉에 입던 치마.

긴:-팔 명 긴 옷소매. 또는, 그런 옷.

긴:팔-원숭이 명[동] 포유류 영장목 긴팔원숭잇과에 속하는 유인원류의 총칭. 팔이 몹시 길어 나무 위에서 생활하기에 알맞음. 걸을 때에는 두 팔을 위로 올려 몸의 균형을 잡음. 동남아시아 특산종임.

긴-하다(緊-) 형여 **1** 꼭 필요하다. ¶**긴한** 물건. **2** 매우 간절하다. ¶**긴한** 부탁. **긴-히** 부 ¶나에게 ~ 할 말이 있다.

긷:다 [-따] (긷고/ 길어) 동타디⟨-ᄉ-⟩ ¶길으니, 길어⟩ 우물·샘·내 같은데서 물을 퍼서 그릇에 담다. ¶물을 ~.

길: 명 **1** 어떤 곳에서 다른 곳으로 사람이나 차, 수레 등이 다닐 수 있도록 땅 위에 나 있거나 낸, 너비가 있는 긴 공간. 거리의 단위는 리·마일·킬로미터·마일 등이 있음. ¶골목/ ~오솔/ ~넓은 ~을 닦다/ ~을 넓히다/ ~을 건너다/ 차가 많아 ~이 혼잡하다. **2** 배나 비행기 등이 어떤 지역에서 다른 지역에까지 안전하고 가깝게 다닐 수 있는 일정한 통로. 비항로. ¶뱃~/ 비행기가

다니는 ~. 3 사람이 걷거나 탈것을 타고 어느 곳을 가는 일. ¶~을 떠나다. 4 ('-는 길에'의 꼴로 쓰여) 사람이 가거나 오는 가운데. 回도중. ¶시내에 나가는 ~에 책 한 권 사다 줄래? 5 어떤 일을 하는 방법이나 도리. ¶살아갈 ~이 막막하다. 6 살아가는 과정이나 방면. ¶배움의 ~에 들어서다 / 친구를 잘못 사귀어 나쁜 ~로 빠졌다. 7 어떤 자격으로서의 도리나 임무. ¶스승의 ~ / 아내의 ~. 8 시간의 흐름을 통해 전개되는 과정. 또는, 사회·역사적인 발전의 방향. ¶근대화의 ~로 들어서다. 9 ('… 길로'의 꼴로 쓰여) '즉시'의 뜻을 나타내는 말. ¶소식을 듣자 그 ~로 달려가다 / 편지를 받는 ~로 답장해라.

[길 닦아 놓으니까 미친년이 먼저 지나간다] ㉠정성껏 공들여 이루어 놓은 일이 그만 보람 없이 되었음을 이르는 말. ㉡애써 이룬 성과를 달갑게도 반갑지 않은 사람이 먼저 이용할 때 쓰는 말. [길이 아니거든 가지 말고 말이 아니거든 듣지 말라] 언행을 소홀히 하지 말고, 정도(正道)에 벗어나는 일이거든 아예 처음부터 하지 말라는 말.
길을 막고 물어보아라 ㉠ 길을 가는 아무라도 세워 놓고 물어보더라도 자신이 옳다는 뜻으로, 자신이 옳음을 força시킬 때 쓰는 말.
길을 재촉하다 ㉠ 길을 갈 때에 빨리 서둘러 가다. ¶날이 저물기 전에 마을에 당도해야 한다며 어머니는 길을 재촉하셨다.

길² 1 짐승을 잘 훈련하여 부리기 좋게 된 상태. 사람에게 쓸 때에는 비하하는 어감을 줌. ¶개는 인간이 최초로 ~을 들인 가축이다. 2 물건을 오래 쓰거나 자주 손질하여서 다루기가 좋게 된 상태. ¶새 책상이라서 ~이 안 들어 서랍이 뻑뻑하다. 3 솜씨가 익숙해진 상태. ¶운전에 ~이 안 들어 눈길 운행에 겁이 난다.

길³ 圀 물건의 품질의 좋고 나쁜 등급. ¶윗~ / 아랫~.

길⁴ 圀 '질(帙)'의 변한말.

길!⁵ 圀 저고리·두루마기 따위의 웃옷의 섶과 무 사이에 있는 넓고 큰 폭.

길!⁶ 圀(의존) 1 길이의 단위의 하나. 한 길은 사람의 키 정도의 길이임. ¶열 ~ 물속은 알아도 한 ~ 사람의 속은 모른다.(속담) 2 길이의 단위의 하나. 한 길은 여덟 자 또는 열 자임.

길-가 [-까] 圀 길의 양쪽 옆. =노방(路傍)·노변(路邊). ¶~의 가로수.

길갓-집 [-까찝] [-갇찝] 圀 길가에 있는 집.

길-거리 [-꺼-] 圀 사람이 많이 다니는 번화한 길. ~는 = 가구(街衢). 回거리. ¶~에 나서서 / 이러다간 집 식구가 쪽쪽 차고 ~에 나앉겠다.

길괘 (吉卦) 圀 길한 점괘. ↔흉괘(凶卦).

길-군악 (-軍樂) [-꾼-] 圀 1 [음] 옛 취타곡 (吹打曲)의 하나. 임금의 거둥 때나 군대의 행진 때 연주되었음. =절화(折花). 2 [문] 십이가사(十二歌詞)의 하나. 민요적인 색채를 띠고 있음. =행군악(行軍樂).

길!길-이 [-]¹ 用 1 성이 나서 펄펄 뛰는 모양. ¶내가 도둑놈이라 했더니 그는 ~ 뛰었다. 2 여러 길이나 매우 높이. ¶불길이 ~ 치솟다 ¶잡초가 ~ 자라다.

길-나다 [-라-] 图(자) 1 버릇처럼 되어 익숙해지다. ¶구살하는 데에 길났다. 2 (물건이) 다루기가 좋게 되다. ¶내 손에 길난 연장.

길년 (吉年) [-련] 圀 결혼하기에 좋다고 하는 해.

길-녘 [-력] 圀 길 옆이나 길 부근. ¶~에 있는 집.

길-눈 [-룬] 圀 (주로 '밝다', '어둡다'와 함께 쓰여) 한두 번 가 본 길을 잘 기억하여 다시 찾아갈 수 있는 슬기. ¶저번에 한 번 와 봤는데도 ~이 어두워 어디가 어딘지 잘 모르겠다.

길!다 (길:고 / 길어) 阫〈기니, 기오〉 1 (물체가) 한 끝에서 다른 끝까지의 거리가 보통의 정도 또는 비교 대상보다 멀다. ¶스커트의 길이가 ~. 2 (시간 또는 시간적 길이를 가지는 일이) 한 시점에서 다른 시점까지의 동안이 보통의 정도 또는 비교 대상보다 크다. ¶긴 밤 / 여름에는 낮이 ~. ↔짧다.
[길고 짧은 것은 대어 보아야 안다] 잘하고 못하는 것은 실지로 겨루어 보아야 안다.

길-다랗다 阫 '기다랗다'의 잘못.

길-닦이 圀 무너진 길을 고쳐 닦는 일. =치도(治道).

길'-동그랗다 [-라타] 阫ㅎ〈~동그라니, ~동그러오, ~동그래〉 기름하고 동그랗다. 倲길둥그렇다.

길'-동글다 阫〈~동그니, ~동그오〉 '길동글다'의 작은말.

길-동무 [-똥-] 圀 비교적 먼 길을 갈 때, 함께 가게 되어 일시적으로 벗을 삼게 된 사람. =길벗. ¶~가 되다. 길동무-하다 图(자)(타) (어떤 사람과) 길동무로 함께 가다. 또는, (어떤 사람을) 길동무로 삼다.

길'-둥그렇다 [-러타] 阫ㅎ〈~둥그러니, ~둥그러오, ~둥그래〉 기름하고 둥그렇다. 倲길동그랗다.

길'-둥글다 阫〈~둥그니, ~둥그오〉 기름하고 둥글다. ¶길둥근 달걀. 倲길동글다.

길드 (guild) 圀 중세 유럽의 도시에서 발달된, 상인·수공업자의 특권적 동업자 조합.

길'-들다 图(자)〈~드니, ~드오〉 1 (물건이) 오래 사용되거나 손질이 잘되어 다루기가 좋게 되다. ¶반들반들 길든 문갑. 2 (짐승이) 잘 훈련되어 부리기 좋게 되거나 잘 따르게 되다. ¶길든 비둘기. 3 서투르던 솜씨가 익숙하게 되다.

길'-들이다 图(타) '길들다'의 사동사. ¶잘 길들인 연장 / 야생마를 ~.

길:다-길다 阫〈~기니, ~기오〉 매우 길다.

길라-잡이 圀 길잡이.

길래 用 오래도록 길게. ¶"계양산에 가서 ~ 계실 터인가요?"(홍명희:임꺽정)

-길래² 어미 '-기에'의 잘못.

길레 (吉禮) 圀 1 관례나 혼례 등의 경사스러운 예식. 2 [역] 나라 제사의 모든 예절.

길마 圀 소에게 짐을 지게 하기 위해 등에 얹는, 말굽쇠 모양으로 구부러진 나무 두 개를 앞뒤로 나란히 놓고 그 양편에 막대를 가로질러 만든 물건. ¶~를 지우다.

길-모퉁이 圀 길이 구부러지거나 꺾어져 돌아선 자리. ¶~를 돌아가면 약국이 있다.

길-목 圀 1 큰길에서 좁은 길로 들어가는 어귀. 2 길의 중요한 통로가 되는 곳. ¶~을 지키다.

길몽 (吉夢) 圀 좋은 일이 생길 징조의 꿈. 回상몽(祥夢). ↔흉몽(凶夢).

길미 圀 '이자(利子)²'를 예스럽게 이르는 고유어.

길-바닥 [-빠-] 圀 길의 바닥. 回노면·노상.

(路上).¶눈이 얼어 ~이 미끄럽다.
길-바로 뿐 길을 제대로 잡아들어서.¶길을 물으려고 들어간 집이 ~ 우리가 찾는 집이었다.
길-벌레[-뻘-] 몡 기어 다니는 벌레. ▷날벌레.
길-뱀[-뺌] 몡 =길동무.
길보(吉報) 몡 좋은 소식. ↔흉보(凶報).
길복(吉服) 몡 **1** 혼인 때에 신랑 신부가 입는 옷. **2** 삼년상을 치른 뒤에 입는 보통 옷.
길-봇짐(-褓-)[-보찜·-본찜] 몡 먼 길을 떠날 때에 꾸리는 봇짐.
길사(吉事)[-싸] 몡 경사스러운 일. ↔흉사.
길상¹(吉相)[-쌍] 몡 복을 많이 받을 관상. ↔흉상.
길상²(吉祥)[-쌍] 몡 경사스러운 일이 일어날 조짐. =길서(吉瑞). (비)상서(祥瑞).
길성(吉星)[-썽] 몡[민] 길하고 상서로운 별. ↔흉성(凶星).
길-섶[-썹] 몡 길의 가장자리.¶~에 핀 꽃.
길-속[-쏙] 몡 전문적으로 익숙해진 일의 속내. ~을 모른다.
길-손[-쏜] 몡 집을 떠나 먼 길을 가는 사람. 옛 생활에서의 '여행자'를 가리키는 말로, 오늘날에는 문학적 표현에서 주로 쓰임.¶그네. /¶~는 주모에게 하룻밤 묵기를 청하였다. / 빈 들녘을 바라보는 ~의 마음이 수수롭기 그지없다.
길시(吉時)[-씨] 몡 길한 시각.
길쌈 몡 섬유를 가공하여 피륙을 짜 내기까지의 모든 수공(手工)의 일. **길쌈-하다** 동자예 피륙을 짜는 일을 하다.
길-앞잡이¹(-압잽-) 몡[동] 딱정벌레목 길앞잡잇과의 곤충. 몸은 원통형이며, 몸빛은 광택이 나고 금록색 또는 금적색 무늬가 있어 매우 고움. 여름에 흔히 사람의 앞길을 뛰어 날아다니므로 이런 이름이 붙었음.
길-앞잡이² '길잡이'의 잘못.
길어-지다 동자 길게 되다. ↔짧아지다.
길-옆[-렵] 몡 길의 가장자리. (비)길가·노방(路傍).
길운(吉運) 몡 좋은 운수. ↔액운(厄運).
길-이¹ 몡 **1** 어떤 물체나 선분에서, 어느 위치나 점에서 다른 위치나 점까지의 거리. 재는 단위는 cm, m, km, 푼, 치, 자, 리 따위. =장(長).¶강의 ~/~를 재다. **2** 한 시점에서 다른 시점까지의 동안.¶동지가 지나면서 낮의 ~가 점점 길어진다.
길이² 뿐 오랜 세월이 지나도록.¶~ 빛내다/~ 보전하다.
길이-길이 뿐 '길이'를 강조하여 이르는 말.¶이 땅은 우리 후손이 ~ 살아갈 곳이다.
길일(吉日) 몡 **1** 길한 날. =길신(吉辰).¶~을 택하여 이사하다. **2** 음력으로 매달 초하룻날을 달리 이르는 말.
길잡-이 몡 **1** 길을 인도하는 사람. =길라잡이. **2** 방향을 바로잡아 나아가는 데 도움이 되는 사물.¶북극성을 ~로 삼다. **3** 어떠한 목적을 실현하도록 이끌어 주는 지침을 비유적으로 이르는 말.¶성공의 ~/그의 충고는 방황하던 내 삶의 ~가 되었다. ×길앞잡이.
길조¹(吉兆)[-쪼] 몡 좋은 일이 있을 조짐. ↔흉조(凶兆).
길조²(吉鳥)[-쪼] 몡 사람에게 길한 일이 생길 것을 미리 알려 준다고 믿어지는 새.¶황새가 마을에 날아들자 사람들은 ~가 나타

났다고 좋아했다. ↔흉조(凶鳥).
길지(吉地)[-찌] 몡[민] 좋은 집터나 묏자리.
길-짐승[-찜-] 몡 기어 다니는 짐승. =주수(走獸). ↔날짐승.
길쭉-길쭉[-낄-] 뿐 여럿이 모두가 길쭉한 모양. 쨔갈쭉갈쭉. **길쭉길쭉-하다** 혱여¶무를 길쭉길쭉하게 썰다.
길쭉스름-하다[-쓰-] 혱여 조금 길쭉하다. 쨔갈쭉스름하다.
길쭉-하다[-쭈카-] 혱여 조금 길다.¶얼굴이 ~. 쨔갈쭉하다. **길쭉-이** 뿐
길쯤-하다 혱여 꽤 기름하다. 쨔갈쯤하다. **길쯤-이** 뿐
길찍-길찍[-낄-] 뿐 여럿이 모두가 길찍한 모양. 쨔갈찍갈찍. **길찍길찍-하다** 혱여
길찍-하다[-찌카-] 혱여 대체로 길다고 여겨지는 상태에 있다. 쨔갈찍하다. **길찍-이** 뿐
길-차다 혱 **1** 아주 미끈하게 길다.¶대나무가 길차게 자랐다. **2** 나무가 우거져 깊숙하다.
길-채비 몡 길을 떠날 채비. **길채비-하다** 동자예
길-처 몡 가는 길의 근처 지방.¶그 ~에는 낚시터가 많다.
길체 몡 한쪽으로 치우친 구석 자리.¶저 ~에 가서 기다려라.
길-품 몡 남의 갈 길을 대신 가고 삯을 받는 일.
길품(을) 팔다 꾼 **1** 남이 갈 길을 대신 가 주고 삯을 받다. **2** 아무 보람이 없이 헛길을
길품-삯[-싹] 몡 남이 갈 길을 대신 가 주고 받는 삯. =보행전(步行錢). ×보행삯.
길-하(吉-) 혱 미래에 복된 일이나 행운이 생길 조짐을 보이는 상태에 있다. (비)상서롭다.¶길한 징조/운수가 ~.
길항(拮抗) 몡 (둘 이상의 세력이나 대상이) 같은 힘으로 버티고 맞서는 것.¶그의 사상은 현실과 이상의 ~ 속에서 이루어졌다. **길항-하다** 동자예¶그의 작품 속에는 늘 동양과 서양이 길항하고 있다.
길항-근(拮抗筋)[-끈] 몡[생] 서로 반대되는 작용을 동시에 하는 한 쌍의 근육.
길항^작용(拮抗作用) 몡[생][의] 생물체의 어떤 현상에, 2개의 요인이 동시에 작용하여 서로 그 효과를 상쇄시키는 작용. 약물을 병용한 경우에 서로 약효를 약화시키는 작용 따위.
길흉(吉凶) 몡 사람이 살아가면서 겪는 기쁘고 즐거운 일과 슬프고 흉한 일.¶~을 점치다.
길흉-화복(吉凶禍福) 몡 사람이 살아가면서 겪는 기쁘고 행복한 일과 슬프고 불행한 일.
김¹ 몡 **1** 뜨거운 물이나 음식 등에서 연기처럼 하얗게 피어오르는 기체 상태의 물질.¶~이 모락모락 나는 흰 쌀밥. **2** 더운 곳에서 얼음 주위에 피어오르거나, 추운 곳에서 숨 쉴 때 입에서 나오는 하얀 기체 상태의 물질. 또는, 그것이 찬 표면에 붙어서 엉긴 작은 물방울.¶입~/유리창에 ~이 뿌옇게 서렸다. **3** 음식의 냄새나 맛.¶~이 나가다.
김¹² 몡 논밭에 난 잡풀. ×기음.
김¹³ 몡[식] **1** 홍조류 보라털과의 바다 식물. 바다 속 바위에 이끼처럼 붙어 남. 몸빛은 자줏빛 또는 적자색임. 겨울철에 봄철에 걸

쳐 번식하며, 식용으로 널리 양식됨. 2 1을 말려서 가공한 식품. 보통은 반반하게 네모진 모양으로 공책만 하게 만듦. 구워서 밥을 싸 먹거나 자반·부각 등을 만들어 먹기도 함. 세는 단위는 장·톳(100장). =김태(甘苔)·청태(靑苔)·해의(海衣)·해태(海苔).

김⁴ 명 〔의존〕 '-ㄴ', '-는', '-던' 다음에 '김에', '김이라'의 꼴로 쓰여〕 '어떤 기회나 계기'의 뜻을 나타내는 말. ¶이왕 온 ~에 하룻밤 자고 가거라. / 떡 본 ~에 제사 지낸다. (속담)

김-내기 몡 〔식〕=증산(蒸散)¹.
김-매기 몡 논밭의 잡초를 뽑는 일. 비제초(除草).
김-매다 타 논밭에 나는 잡풀을 뽑아 없애다. 비제초하다.
김-발 [-빨] 몡 김 양식(養殖)에서, 김의 포자(胞子)가 붙어 잘 자라도록 설치하는 발.
김-밥 몡 김 위에 흰밥을 펴 놓고 여러 가지 반찬으로 소를 박아 둘둘 말아서 먹기 좋게 썬 음식. ¶~을 싸다.
김-빠지다 통재 1 음식의 본래의 맛이나 냄새가 없어지다. ¶김빠진 맥주. 2 재미나 의욕이 없어지다. ¶월급도 오르지 않고 김빠져서 일을 못 하겠다.
김-새다 통재 흥이 깨지거나 맥이 빠져 싱겁게 되다. 속된 말임. ¶김새는 소리 작작 해라.
김-쌈 몡 구워서 네모지게 자른 김에 밥을 한 술 정도 얹어서 싼 음식. 또는, 밥을 그렇게 김에 싸서 먹는 일.
김장 몡 겨우내 먹기 위하여 늦가을이나 초겨울에 김치·깍두기·동치미 등을 한꺼번에 많이 담그는 일. 또는, 그 담근 것. ¶~ 김치. 김장-하다 통재예
김장-감 [-깜] 몡 김장에 쓰이는 채소. 배추·무 따위. 비김장거리.
김장-값 [-깝] 몡 김장하는 데 드는 비용.
김장-거리 [-꺼-] 몡 김장하는 데 쓰는 재료. 비김장감.
김장-독 [-똑] 몡 김장을 해서 담아 두는 독. ¶뒤뜰에 ~을 묻다.
김장-철 몡 김장을 담그는 철. 곧, 늦가을과 초겨울.
김장-파 몡 뿌리를 심어서 기른 파. 씨로 심은 파보다 매우며 김장에 씀. =자총(慈葱).
김이지이 명 성명이 분명하지 않은 여러 사람을 두루 이르는 말. ¶마을 어귀에~ 모여서 있다. 웬김적이적(金의李의).
김-초밥 (-醋-) 명 식초·설탕·소금으로 맛을 낸 흰밥을 김으로 둥글게 말아 먹기 좋게 썬 일본 요리.
김치 명 〔<침채(沈菜)〕 배추나 무나 오이 등의 채소를 소금에 절여서 고춧가루·파·마늘·생강 등의 양념으로 버무려 반찬으로 먹는, 우리나라 고유의 음식. 담그는 재료나 방법에 따라 많은 종류가 있음. ¶날(생) ~ / 배추 ~ / 열무 ~ / 총각 ~ / ~가 익다 / ~를 담그다.
김치-말이 명 김칫국에 만 밥이나 국수 따위의 총칭.
김치-주저리 명 청이 달린 채로 소금에 절여 담근 배추김치나 무김치의 잎.
김치-찌개 명 김치를 넣고 끓인 찌개.
김치-거리 [-꺼-/-찓꺼-] 명 김치를 담글 재료. 배추·무 따위.
김칫-국 [-꾹/-꾿꾹] 명 1 김치의 국물. 2 김치를 넣고 끓인 국.
[김칫국부터 마신다] 상대편의 속도 모르고 지레짐작으로 그렇게 될 것으로 믿고 행동한다.
김칫-독 [-똑/-톧똑] 명 김치를 담아 두는 독.
깁 명 명주실로 바탕을 조금 거칠게 짠 비단.
깁다 [-따] 〔깁고 / 기워〕〈ㅂ불〔기우니, 기워〕 1 (옷이나 양말 따위를) 떨어지거나 해어진 곳에 다른 조각을 대거나 또는 그대로 꿰매다. ¶구멍 난 양말을 ~ / 터진 데를 ~. 2 (글이나 책을) 잘못되거나 부족한 점을 고치거나 보태다. 비유적인 말임. ¶초판을 깁고 다듬어 개정판을 내놓다.
깁-바탕 [-빠-] 명 서화(書畫)나 수예의 바탕으로 쓰는 깁.
깁스 (독Gips) 명 〔석고(石膏)〕라는 뜻〕 〔의〕 '깁스붕대'의 준말. 깁스-하다 통재예 깁스붕대로 싸매다. ¶부러진 팔에 ~.
깁스-붕대 (독Gips繃帶) 명〔의〕석고 가루를 굳혀서 만든 붕대. 골절이나 인대(靭帶) 손상 등의 경우 환부를 안정시키거나 고정시키기 위하여 씀. =석고 붕대. 준깁스.
깃¹ [긷] 명 외양간, 마구간, 닭의 둥우리 등에 깔아 주는 짚이나 마른풀.
깃² [긷] 명 1 조류의 표면을 덮고 있는 털. =깃털·우모(羽毛). 2 날 때에 중요한 구실을 하는 '날개깃'을 줄여 이르는 말. ¶~을 접다 / 새가 ~을 치며 날아오르다. 3 화살에서 세 갈래로 붙인 새 날개의 털.
깃³ [긷] 명 1 '옷깃'의 준말. ¶외투 ~ / ~을 세우다. 2 이불 거죽의 위쪽에 가로 대는 딴동. =이불깃.
깃⁴ [긷] 명 '부싯깃'의 준말.
깃⁵ [긷] 명 무엇을 나눌 때에 각기 앞으로 돌아오는 몫. ¶한 ~을 남에게 주다.
깃-갈이 [긷까-] 명 날짐승의 묵은 깃이 빠진 뒤 새 깃이 나는 일.
깃-고대 [긷꼬-] 명 옷깃의 뒷부분. 깃을 달 때에 목덜미로 돌아가는 부분임. 준고대.
깃-대 [긷때] 명 깃털의 굵은 관 모양의 줄기. 속이 빈 각질로 되어 있음.
깃-대² (旗-) [기때/긷때] 명 기를 달아매는 장대. =기간(旗竿). ¶~ 끝에 나부끼는 깃발 / ~를 세우다.
깃-들다 [긷뜰-] 통재 〈~드니, ~드오〉 1 (어둠이나 고요함 등이) 아늑히 어리거나 생기다. ¶땅거미가 ~ / 적막이 깃든 밤. 2 (마음, 또는 마음의 여러 현상이) 담기거나 스미거나 자리 잡다. ¶정성이 깃든 선물 / 건전한 신체에 건전한 정신이 깃든다.
깃들-이다 [긷뜰-] 통재 〈짐승이〉 보금자리를 만들어 그 속에 들어 살다. ¶까치가 미루나무에 ~.
깃-발 (旗-) [기빨/긷빨] 명 1 깃대에 달린, 천이나 종이로 된 부분. =기엽(旗葉). 비기폭(旗幅). ¶~이 바람에 펄럭이다 / ~이 나부끼다. 2 깃대의 반대쪽 기폭의 위아래 두 끝에 불꽃처럼 붙인 두 오리. =기각(旗脚).
깃발(을) 날리다 관 떵떵거리며 행세하다. 속된 말임. ¶지금은 요 모양 요 꼴이지만 언젠가는 깃발 날리고 살 때가 올 것이다.
깃-봉 (旗-) [기뽕/긷뽕] 명 깃대의 위쪽 끝에 달린, 연꽃 봉오리 모양의 물건.
깃-옷 [긷온] 명 1 졸곡(卒哭) 때까지 상제가 입는 생무명 옷. 2 =우의(羽衣)¹.
깃-저고리 [긷쩌-] 명 깃과 섶을 달지 않은,

갓난아이의 저고리. =배내옷·배냇저고리.
깃-털[긷-] 명 =깃¹. ¶가을이 되자 새의 ~이 빠지기 시작한다.
깊다[깁따] 형 1 위 또는 수면이나 지면에서 밑에 이르는 거리가 보통의 정도 또는 비교 대상보다 멀다. ¶우물이 ~ / 땅속 깊은 곳에서 지하수를 끌어 올렸다. 2 바깥이나 가에서 속에 이르는 거리가 보통의 정도 또는 비교 대상보다 멀다. ¶깊은 숲 속 / 물건이 소파 밑으로 깊게 들어가 손이 안 닿는다. 3 (생각이나 마음 쓰는 것이) 골똘하거나 진지한 상태에 있다. ¶속아 ~ / 그는 생각이 깊은 사람이다. 4 (정이나 사귐이) 강하거나 지극하다. ¶그와 그 여자는 깊은 관계이다. 5 (잠이나 밤, 또는 병 따위가) 시간의 흐름에 따라 더 진행되거나 더 심해진 상태에 있다. ¶깊은 밤 / 병이 이미 깊어서 치료하기엔 너무 늦었다. 6 (호흡이) 가슴의 속에서부터, 또는 가슴의 속에까지 이뤄지는 상태에 있다. ¶깊은 한숨을 내쉬다 / 숨을 깊게 들이마시다. 7 (학문이나 지식 등이) 사물의 핵심이나 근본에 이를 만한 상태에 있다. ㈀ 심오하다·도저하다. ¶학문이 ~ / 음악에 조예가 ~. 8 (안개나 그늘 따위가) 많이 끼거나 어두운 상태에 있다. ¶깊은 안개 속을 헤매다. ↔얕다.
깊-다랗다[깁따라타] 형ㅎ〈~다라니, ~다라오, ~다래〉꽤 또는 퍽 깊다.
깊디-깊다[깁띠깁따] 형 아주 깊다.
깊숙-하다[깁쑤카-] 형 깊고 으슥하다. ¶깊숙한 굴 / 깊숙한 골짜기. 깊숙-이 부 ¶장 속 ~ 패물을 넣어 두다.
깊-이¹ 명 1 물이나 땅 등의, 수면이나 지면으로부터 밑바닥이나 속위치까지의 수직 거리. ¶바다의 ~ / 땅을 5m의 ~로 파다. 2 어떤 말이나 글, 예술 등이 그 내용에 있어서 사물의 핵심에 깊이 이르러 있는 상태. ¶~ 있는 논의 / ~ 있는 작품. 3 어떤 사람의 생각이나 태도가 진지하고 신중하여 믿음직한 상태. ¶그 사람은 경박하여 ~가 없다.
깊-이² 부 깊게. ¶~ 뉘우치다 / 땅을 ~ 파다 / ~ 잠들다.
깊이-같이[-가치] 명[농] 땅을 깊이 가는 것. =심경(深耕). 깊이갈이-하다 동 타 여
깊이-깊이 부 아주 깊게. ¶~ 사랑하다 / 보물을 ~ 파묻다.
깊-이다 동 타 '깊다'의 사동사.

ㄲ

까까 명〈유아〉과자.
까까-머리 명 중처럼 빡빡 깎은 머리. 또는, 그렇게 깎은 사람. =빡빡머리.
까까-중 명 1 까까머리를 한 중. 2 까까머리를 한 사람을 놀림조로 이르는 말.
까까중-머리 명 '까까머리'를 놀리는 말.
까꾸러-뜨리다/-트리다 동 타 '가꾸러뜨리다'의 센말. ㈀꺼꾸러뜨리다.
까꾸러-지다 동 자 '가꾸러지다'의 센말. ㈀꺼꾸러지다.
까꾸로 부 '가꾸로'의 센말.
까꿍 감 어린아이를 귀여워하며 어르는 소리.
까:뀌 명 나무를 찍어 깎는 연장의 하나. 자귀와 비슷하나 크기가 작음. ▷자귀.
까:뀌-질 명 나무를 까뀌로 찍어서 깎아 내는 짓. 까:뀌질-하다 동 자 여
까끄라기 명 벼·보리 등의 낟알 겉껍질에 붙은 수염. 또는, 그 동강. ¶보리타작을 했더니 ~가 옷에 붙어 따끔거린다. ㈜까라기·까락. ㈀꺼끄러기.
까끌-까끌 부 (표면이) 거칠어 깔끄러운 모양. ㈀꺼끌꺼끌. 까끌까끌-하다 형 여
까나리 명[동] 까나릿과의 바닷물고기. 몸이 가늘고 길며 배지느러미가 없음. 등은 녹갈색, 배는 은백색을 띰. 모래 속에 숨어 삶. 말려서 먹음.
까-놓다[-노타] 동 타 마음속의 생각이나 비밀을 숨김없이 털어놓다. ¶까놓고 말해서 나는 네가 싫다.
까다¹ 동 1 자 (몸의 살이나 재물이) 줄다. 2 타 1 (재물을) 축내다. 2 (일정한 양을) 셈에서 빼다. ¶봉급에서 세금을 ~.
까다² 동 타 1 (열매나 기타 먹을 수 있는 물건을) 속의 알맹이가 드러나도록 껍질을 벗기다. ¶귤을 ~ / 사탕 껍질을 ~. 2 (물체를) 겉을 덮고 있는 것을 벗겨 속의 것이 나타나게 하다. 속된 말임. ¶엉덩이를 까고 주사를 맞았다. 3 (새·닭·오리 따위의 동물이, 또는 온도·습도를 맞춘 인공 조건으로 알을) 품거나 따뜻하게 하여 새끼가 되게 하다. ¶알을 ~ / 암탉이 병아리를 ~. 4 (동물이 새끼를) 낳다. 낮추어 이르는 말임. ¶개가 새끼를 ~. 5 (사람 몸의 단단한 부분을) 세게 때리거나 상처를 내다. 속된 말임. ¶정강이를 구둣발로 ~. 6 부딪치거나 넘어지거나 하여 신체 부분의 껍질을 벗겨지게 하다. ¶산 수 넘어지면서 팔꿈치를 깠다. 7 (다른 사람의 행동이나 이론 등을) 잘못된 점을 들추어 나쁘게 말하다. 속된 말임. ¶언론에서 정부의 정책을 마구 깠다. 8 (주로, '입', '주둥아리'와 함께 쓰여) 앞뒤 생각 없이 놀려 말하다. 속된 말임. ¶저 녀석은 주둥아리만 깠지 제대로 하는 일이 없다. 9 술병 따위를 마개를 따고서 마시다. 속된 말임. ¶친구와 둘이서 소주 세 병을 깠다.
까:다-롭다[-따] 형 ㅂ〈~로우니, ~로워〉1 (성미나 취향이) 별스럽게 까탈이 많다. ¶까다로운 성격 / 그는 식성이 ~. 2 (어떠한 일이) 복잡하거나 엄격하여 다루기가 어렵다. ¶문제가 ~ / 까다로운 절차. ✕가탈스럽다·까닭스럽다·까탈스럽다. 까:다로이 부 ¶~ 굴다.
까닥 부 '까딱'의 여린말. ㈀끄덕. 까닥-하다 동 타 여
까닥-거리다/-대다[-꺼(때)-] 동 타 '까딱거리다'의 여린말. ㈀끄덕거리다.
까닥-까닥¹ 부 '까딱까딱'의 여린말. ㈀끄덕끄덕. 까닥까닥-하다 동 타 여
까닥-까닥² 부 '가닥가닥'의 센말. ㈀꺼덕꺼덕. 까닥까닥-하다 형 여
까닥-이다 동 타 '까딱이다'의 여린말. ㈀끄덕이다.
까닭[-닥] 명 어떤 일이 일어나게 되거나 어떤 일을 하게 된 사정이나 내용. =소이(所以). 타닭이. ¶무슨 ~으로 이리 늦었니? / 그가 실패한 데에는 그만한 ~이 있다.
까닭-수(-數)[-쑤] 명 까닭으로 삼을 만한 근거. ¶이렇다 할 ~를 찾지 못하다.
까닭-스럽다 형 ㅂ '까다롭다'의 잘못.
까대기 명 건물이나 담 따위에 임시로 덧붙여

서 만든 허술한 건조물.
까댁 튀 '까닥'의 잘못.
까댁-까댁 튀 '까닥까닥'의 잘못.
까-뒤집다 [-따] 동(타) **1** (물체를) 속에 들어 있는 부분을 밖으로 드러나도록 뒤집다. ¶호주머니를 ~ / 의사가 실신한 사람의 눈을 ~. **2** (눈을) 아주 크게 뜨거나 부릅뜨다. 속된 말임. ¶화가 나서 눈을 **까뒤집고** 대들다. **3** (눈을) 거의 흰자위만을 드러내게 뜨다. ¶간질 환자가 발작을 하면서 눈을 ~.
까뒤집-히다 [-지피-] 동(자) '까뒤집다'의 피동사. ¶돈을 잃은 것을 알자, 그는 눈이 **까뒤집혔다**.
까딱 튀 **1** (고개를) 아래로 가볍게 숙였다 드는 모양. **2** 조금 움직이는 모양. **3** 잘못 변동할지도 모르는 모양. 비유칭. ¶~ 잘못하면 기차를 놓치겠다. **까딱-하다** 동(타)여
까딱-거리다/-대다 [-꺼(때)-] 동(타) (고개를) 위아래로 가볍게 자꾸 움직이다. ¶머리를 **까딱거리면서** 졸다. ⓛ끄떡거리다. 예까닥거리다.
까딱-까딱 튀 까딱거리는 모양. ¶그는 대답 대신 고개를 ~ 흔들었다. ⓛ끄떡끄떡. 예까닥까닥. **까딱까딱-하다** 동(타)여 ¶그는 지나가며 사람들에게 고개를 **까딱까딱했다**.
까딱-수 [-手] [-쑤] 바둑이나 장기 등에서, 요행을 바라는 얕은수.
까딱-없다 [-업따] 형 아무런 변동이나 탈이 없이 온전하다. ¶이 건물은 강한 지진에도 ~. ⓛ끄떡없다. **까딱없-이** 튀 ¶~ 버티다.
까딱-이다 동(타) (고개를) 위아래로 가볍게 움직이다. ¶고개를 ~. ⓛ끄떡이다. 예까닥이다.
까딱-하면 [-따카-] 튀 **1** 조금이라도 실수하면. ¶~ 큰일 날 뻔했다. / 벼랑 아래로 굴러 떨어진다. **2** 걸핏하면. ¶그는 요즘 ~ 화를 낸다. ×까딱하면.
까떡-하면 튀 '까딱하면'의 잘못.
까라기-벼 명 까끄라기가 유달리 긴 벼.
까라-지다 동(자) 기운이 빠져서 축 늘어지다. ¶몇 끼 굶었더니 몸이 **까라진다**.
까르르 튀 여자나 아이들이 한바탕 자지러지게 웃는 소리. ¶아이들이 ~ 웃음을 터뜨렸다. **까르르-하다** 동(자)여
까르륵 튀 젖먹이가 자지러지게 우는 소리. **까르륵-하다** 동(자)여
까르륵-거리다/-대다 [-꺼(때)-] 동(자) (젖먹이가) 자꾸 자지러지게 울다.
까르륵-까르륵 튀 (젖먹이가) 자꾸 자지러지게 우는 소리. **까르륵까르륵-하다** 동(자)여
까마귀 동 까마귓과의 새. 몸빛은 광택 있는 검은색임. 인가 부근에 살며 곡식을 해치나 해충을 잡아먹기도 함. 울음소리가 흉하여 우리나라에서는 흉조(凶鳥)로 침. 울음소리는 '까옥까옥', '깍각'. =자오(慈烏)·한아(寒鴉).
[**까마귀 겉 검다고 속조차 검은 줄 아느냐**] ㉠겉모양이 아무리 더럽고 누추해도 마음까지 악할 리 없다는 말. ㉡사람을 평할 때는 겉모양만 보고 할 것이 아니라는 말. [**까마귀 고기를 먹었나**] 잘 잊어버리는 사람을 놀리는 말. [**까마귀 날자 배 떨어진다**] 아무 관계없이 한 일이 우연히 다른 일과 때가 같아, 둘 사이에 무슨 관계라도 있는 것처럼 의심을 받게 되다. '오비이락(烏飛梨落)'과 같은 말. [**까마귀 밥이 되다**] 주인 없는 시체가 되어 버려지다.
까마귀-밭 명 '때가 잔뜩 낀 더러운 밭'을 비유적으로 이르는 말.
까마귀-사촌 [-四寸] 명 '때가 끼어서 매우 더러운 사람'을 놀림조로 이르는 말.
까마귀-손 명 '때가 잔뜩 낀 더러운 손'을 놀림조로 이르는 말.
까마득-하다 [-드카-] 형여 **1** 아주 멀어서 아득하다. ¶갈 길이 ~. **2** 아주 오래 되어 아득하다. ¶**까마득한** 옛날. (본)까마아득하다. **까마득-히** 튀
까마말쑥-하다 [-쑤카-] 형여 까맣고 말쑥하다. ⓛ꺼머멀쑥하다. 예가마말쑥하다. **까마말쑥-이** 튀
까마반드르-하다 형여 까맣고 반드르하다. ⓛ꺼머번드르하다. 예가마반드르하다.
까마반지르-하다 형여 까맣고 반지르하다. ⓛ꺼머번지르하다. 예가마반지르하다.
까마아득-하다 [-드카-] 형여 '까마득하다'의 본딧말. ⓐ가마아득하다. **까마아득-히** 튀 ¶~ 먼 옛날.
까마-중 명(식) 가짓과의 한해살이풀. 높이 20~90cm. 5~7월에 긴 꽃대 끝에 흰 꽃이 핌. 열매는 검게 익으며 단맛이 있고, 줄기·잎과 함께 약으로 씀. =까마종이.
까막-거리다/-대다 [-꺼(때)-] 동 **1**(자) (등불 같은 것이) 가볍게 꺼질 듯 말 듯하다. **2**(타) (눈을) 가볍게 감았다 떴다 하다. ⓛ끄먹거리다.
까막-과부 [-寡婦] [-꽈-] 명 =망문과부.
까막-까막 튀 까막거리는 모양. ¶눈을 ~ 뜨다. ⓛ끄먹끄먹. **까막까막-하다** 동(자)(타)여
까막-까치 명 까마귀와 까치.
까막-눈 [-눈] 명 글을 깨치지 못한, 무식한 사람의 눈. ¶그 어려운 책을 ~으로 봐야 뭐 아나요? ×맹눈.
까막눈-이 [-누-] 명 글을 깨치지 못한 무식한 사람. (비)문맹(文盲)·문맹자(文盲者) ¶그는 제 이름 석 자도 깨치지 못한 ~다.
까만-빛 [-빋] 명 까만 빛깔.
까만-색 [-쌕] 명 까만 색깔.
까망 명 '깜장'의 잘못.
까:맣다[-마타] 형여 〈까마니, 까마오, 까매〉 밝고 짙게 감다. ¶까만 눈동자. ⓛ꺼멓다. ⓐ가맣다.
까:맣다²[-마타] 형여 〈까마니, 까마오, 까매〉 **1** 너무 멀어서 아득하다. ¶날은 어두워지는데 돌아갈 길이 ~. **2** 기억이 아득하다. ¶**까맣게** 잊다 / 세상 돌아가는 사정을 **까맣게** 모르다. ⓐ가맣다.
까:매-지다 동(자) 까맣게 되다. ¶살갗이 ~. ⓛ꺼메지다. ⓐ가매지다.
까-먹다 [-따] 동(타) **1** 껍데기나 껍질을 벗기고 속의 알맹이나 살을 발라내어 먹다. ¶땅콩을 ~/꼬막을 ~. **2** (밑천을) 헛되이 다 쓰다. ¶장사 밑천을 다 ~. **3** (주로, 아이가 돈을) 군것질하는 데 쓰다. ¶매일 **까먹을** 돈이 어디 있니? **4** (어떤 사실을) 기억 속에서 떠올리지 못하다. 구어체의 말임. ¶약속을 ~ / 동생의 생일을 ~.
까무끄름-하다 형여 어둡게 까무스름하다. ⓐ가무끄름하다.
까-무느다 동(타) '까뭉개다'의 잘못.
까무대대-하다 형여 '가무대대하다'의 센말. ⓛ꺼무데데하다.
까무댕댕-하다 형여 격에 어울리지 않게 가무스름하다. ⓛ꺼무댕댕하다. ⓐ가무댕댕

하다.
까무러-뜨리다/-트리다 통타 까무러치게 하다. ¶주먹 한 방에 그를 **까무러뜨렸다**.
까무러-지다 통자 1 (정신이) 가물가물해지다. 2 (등잔불·촛불 등이) 약해져서 꺼질 듯 말 듯 하게 되다. ¶바람에 촛불이 ~. 예가무러지다.
까무러-치다 통자 얼마 동안 넋을 잃고, 죽은 사람처럼 되다. ¶어머니는 아들이 전사했다는 소식을 듣고 **까무러쳤다**. 예가무러치다.
까무레-하다 형여 엷게 까무스름하다. ¶**까무레한** 속눈썹. 셈꺼무레하다. 예가무레하다.
까무룩 부 정신이 순간적으로 흐려지는 모양. ¶책을 읽다가 ~ 잠이 들었다.
까무스레-하다 형여 =까무스름하다.
까무스름-하다 형여 '가무스름하다'의 센말. =까뭇하다. 셈꺼무스름하다. **까무스름-히** 부
까무잡잡-하다[-짜파-] 형여 '가무잠잠하다'의 센말. ¶얼굴이 ~. 셈꺼무접접하다.
까무족족-하다[-조카-] 형여 (빛깔이) 맑지 못하고 까무스름하다. 셈꺼무죽죽하다. 예가무족족하다.
까무총총-하다 형여 '꺼무충충하다'의 작은 말.
까무칙칙-하다[-치카-] 형여 검은빛이 산뜻하지 않게 짙다. ¶**까무칙칙한** 옷감. 셈꺼무칙칙하다. 예가무칙칙하다.
까무퇴퇴-하다[-퇴퇴-/-퉤퉤-] 형여 '가무퇴퇴하다'의 센말.
까물-거리다/-대다 통자 '가물거리다'의 센말. 셈꺼물거리다.
까물-까물 부 '가물가물'의 센말. 셈꺼물꺼물. **까물까물-하다** 형여
까뭇-까뭇[-묻-묻] 부 '가뭇가뭇'의 센말. 셈꺼뭇꺼뭇. **까뭇까뭇-하다** 형여 ¶수염이 턱에 **까뭇까뭇하게** 나다.
까뭇-하다[-무타-] 형여 '까무스하다'의 준말. 셈꺼뭇하다.
까-뭉개다 통타 높은 데를 파서 깎아 내리다. ¶집을 짓느라고 언덕을 ~. ×까뭉기다.
까-바치다 통타 비밀을 속속들이 들추어내어 일러바치다.
까-발기다 통타 '까발리다'의 잘못.
까-발리다 통타 1 껍데기를 벌려 젖히고, 속에 든 것을 드러내다. ¶조개를 ~. 2 (비밀 따위를) 속속들이 들추어내다. ¶그는 전에 우리가 한 일을 경찰에게 다 **까발렸다**.
까부라-뜨리다 통타 까부라지게 하다. 셈꺼부러뜨리다.
까부라-지다¹ 통자 1 (작은 물건의 운두 따위가) 점점 줄어들다. 2 기운이 매우 빠져서 고부라지거나 나른해지다. ¶몸이 착 ~. 3 썩거나 삭아서 부피가 점점 줄어지다. ¶두엄 더미가 ~. 셈꺼부러지다.
까부라-지다² 형여 (성격이) 바르지 않게 되다. ¶모나고 **까부라진** 성격.
까부르다 통타여 <까부르니, 까불러>1 키 끝을 위아래로 흔들어 안에 든 곡식의 티나 검불 따위를 날려 보내다. ¶타작한 깨를 ~. 2 키질을 하듯이 위아래로 흔들다. ¶우는 아이를 달래려고 ~. 준까불다.
까-부수다 통타 치거나 때리거나 하여 부수다.

까불-거리다/-대다 통자타 1 경솔하게 자꾸 까불다. 2 가볍게 자꾸 흔들려 움직이다. 또는, 흔들어 움직이게 하다. ¶파도에 배가 **까불거린다**. 셈꺼불거리다.
까불-까불 부 까불거리는 모양. 셈꺼불꺼불. 예가불가불. **까불까불-하다** 형자여
까불다 통 <까부니, 까부오> 1 자 1 위아래로 흔들리다. ¶촛불이 간들간들 **까불거리다**. 2 경망하게 행동하다. ¶그렇게 **까불다간** 혼날 줄 알아. 3 건방지고 주제넘게 굴다. ¶이제 어디서 **까불고** 있어. 2 타 1 위아래로 흔들다. 준꺼불다. 2 '까부르다'의 준말.
까불리다¹ 통타 1 (가진 재물을) 함부로 써서 없애 버리다. 2 (어떤 유리한 상황을) 경솔하게 행동하여 그르치게 하다.
까불리다² 1 자 '까부르다'의 피동사. ¶**까불린** 볍씨. 2 타 '까부르다'의 사동사. ¶탈곡한 곡식을 풍구에 ~.
까불-이 명 몹시 방정맞게 출랑거리며 까부는 사람을 놀리어 이르는 말.
까붐-질 명 키로 곡식 따위를 까부르는 일. 비키질. **까붐질-하다** 자여
까스라기 명 '가시랭이¹'의 잘못.
까슬-까슬 1 (살결이나 물건의 거죽이) 보드랍지 못하여 거칠고 빳빳한 모양. 2 (성질이) 너그럽지 못하고 까다로운 모양. 셈꺼슬꺼슬. 예가슬가슬. **까슬까슬-하다** 형여 ¶물일을 많이 했더니 손등이 **까슬까슬해졌다**. ¶여름 옷감은 피부에 닿는 촉감이 **까슬까슬해야** 좋다.
까실-까실 명 '까슬까슬'의 잘못.
까옥 부 까마귀가 우는 소리.
까옥-거리다/-대다[-꺼(때)-] 통자 까마귀가 까옥 소리를 자꾸 낸다.
까옥-까옥 부 까옥거리는 소리.
까지 조 1 시간적·공간적으로, 또는 일의 범위에 있어서 다다르거나 미칠 수 있는 마지막 한계점을 나타내는 보조사. ¶이 열차는 서울에서부터 부산~ 간다. / 회의는 9시부터 11~ 진행된다. / 가는 데 ~ 가 보자. ↔부터. 2 어떤 대상이나 행동·상태가 예상을 넘어선 범위에 포함되거나 해당함을 나타내는 보조사. ¶가득이나 바쁜데 차~ 고장이 났다. / 그는 집에서~ 회사 일을 한다.

유의어	까지 / 조차 / 마저
'**까지**'는 어떤 대상을 포함한다는 점에서 '**조차**', '**마저**'와 비슷하나 기대하지 않는 일에도 쓰이는 점에서 '**조차**'와 다르고, 결과가 화자에게 불리하지 않은 일에도 쓰인다는 점에서 '**마저**'와 다름.

까-지다¹ 통자 1 껍데기나 옷이 벗겨지다. ¶넘어져서 팔꿈치가 ~. 2 재물이 줄어지다.
까-지다² 형 '되바라지다'의 속된 말. ¶사람이 도시에서 살더니 **까질** 대로 **까졌더라**.
까-지르다 통자 <~지르니, ~질러> 주책없이 쏘다니다. ¶다 큰 계집애가 어딜 그리 **까질러** 다니느냐.
까짓¹[-짇] Ⅰ관 별것 아닌. 또는, 하찮은. ¶~ 고생쯤 문제가 아니에요. Ⅱ감 별것 아니라는 뜻으로, 무엇을 포기하거나 대수롭지 않게 여길 때 하는 말. =까짓 것. ¶~, 돈이야 또 벌면 되지 뭐.
-까짓²[-짇] 접미 일부 대명사에 붙어, 업신여기는 투로 '-만한 정도쯤이야'의 뜻을 나타내는 말. ¶저~ 건물이 뭐가 커?
까짓-것[-진껃] Ⅰ명 별것 아닌 것.

Ⅱ[감] =까짓Ⅱ. ¶~, 오늘 못 가면 내일 가지 뭐.
까ː치 [명] 까마귓과의 새. 머리에서 등까지는 검고 윤이 나며, 어깨와 배는 흼. 인가 근처에 살며, 해충을 잡아먹는 유익한 새임. 동양에서는 이 새가 울면 반가운 손님이 온다 하여 길조(吉鳥)로 여김. 울음소리는 '까악까악', '깍깍', '깟깟'. =희작(喜鵲).
[까치 배 바닥 같다] 실속 없이 흰소리하는 것을 조롱하는 말.
까ː치-걸음 [명] 조촘거리며 두 발을 모아서 뛰는 종종걸음. **까ː치걸음-하다** [동][자여]
까ː치-놀 [명] 석양을 받아, 멀리 바다의 수평선에서 벌겋게 번득거리는 노을.
까ː치-다리 [건] '까치발'의 잘못.
까ː치-발¹ [명] 두 발의 뒤꿈치를 들어 키를 돋운 상태. ¶그는 ~을 하고 사람들 어깨너머로 구경거리를 넘어다보았다.
까ː치-발² [건] 선반·탁자 등의 널빤지를 받치는 직각 삼각형으로 된 나무나 쇠. ×까치다리.
까ː치-밥 [명] 늦가을에 감을 수확할 때, 까치와 같은 날짐승이 먹을 수 있도록 다 따지 않고 나무 높은 곳에 몇 개 남겨 놓은 감.
까ː치-설day [-썰-] [명] <유아> 설날의 전날. =섣달 그믐날.
까ː치-설빔 [명] 까치설날에 아이들이 입는 설빔. **까ː치설빔-하다** [동][자여] 까치설날을 맞는 옷차림을 하다.
까ː치-저고리 [명] 까치설빔으로 입는, 어린아이의 색동저고리.
까ː치-집 [명] 1 까치가 주로 나무의 가지 위에 마른 나뭇가지들을 물어다 둥그렇게 얽어 만든 둥지. 2 자고 일어나거나 하여 머리털이 부스스하게 된 상태나 그 부분을 우스갯소리나 놀림조로 이르는 말. ¶머리에 ~을 짓다.
까칠-까칠 [부] '가칠가칠'의 센말. ⓒ꺼칠꺼칠. **까칠까칠-하다** [형여] ¶얼굴이 ~.
까칠-하다 [형여] '가칠하다'의 센말. ¶앓고 났더니 얼굴이 ~. ⓒ꺼칠하다.
까칫-거리다/-대다 [-칟꺼(때)-] [동][자] '가칫거리다'의 센말. ⓒ꺼칫거리다.
까칫-까칫 [-칟-칟] [부] '가칫가칫'의 센말. ⓒ꺼칫꺼칫. **까칫까칫-하다** [동][자여]
까칫-하다 [-치타-] [형여] '가칫하다'의 센말.
까탈 [명] 1 일이 순조롭지 않게 방해하는 어떤 조건. ¶이 일에는 유난히 ~이 많이 끼어든다. 2 이러쿵저러쿵 트집을 잡아 까다롭게 구는 일. ¶아무것도 아닌 것을 가지고 안 될 다며 ~을 부린다. ⓗ가탈.
까탈-스럽다 [형비] '까다롭다'의 잘못.
까탈-지다 [동][자] 까다로운 조건이 생기다. ⓗ가탈지다.
까투리 [명] =암꿩. ↔장끼.
까풀 [명] ①(자립) 여러 겹으로 된 껍질이나 껍데기의 층. ¶눈 ~/~이 얇다/~이 지다. ②(의존) 그 층을 세는 단위로 이르는 말. ¶한 ~. ⓒ꺼풀.
까풀-지다 [동][자] 까풀을 이루다. ⓒ꺼풀지다.
깍 [명] 까마귀나 까치 따위가 우는 소리.
깍-깍 [부] 까마귀나 까치 따위가 자꾸 우는 소리. ¶까마귀가 ~ 울며 날아가다.
깍깍-거리다/-대다 [-꺽(때)-] [동][자] 까마귀나 까치가 자꾸 심하게 울다.
깍두기 [-뚜-] [명] 무를 잘고 모나게 썰어서 소금에 절인 후, 붉은 날고추를 이긴 것이나 고춧가루와 함께 양념을 하여 버무린 김치.
깍둑-거리다/-대다 [-뚝꺼(때)-] [동][타] 조금 단단한 물건을 고르지 않게 대중없이 마구 썰다. ⓒ꺽둑거리다.
깍둑-깍둑 [-뚝-뚝] [부] 깍둑거리는 모양. ⓒ꺽둑꺽둑. **깍둑깍둑-하다** [동][타여]
깍듯-하다 [-뜨다-] [형여] 예의범절을 갖추는 태도가 빈틈없이 극진하다. ¶그는 어른에게는 항상 ~. **깍듯-이** [부] ¶~ 인사하다.
깍쟁이 [-쨍-] [명] 1 몹시 인색하고 제 이익만 차리는 사람. 2 쌀쌀맞고 새침한 여자를 가볍게 비난하여 이르는 말. ¶어유, 저 ~. 말 좀 예쁘게 하면 안 되냐? ×깍정이.
깍정이¹ [-쩡-] [명][식] 밤나무·떡갈나무 등의 열매를 싸고 있는, 술잔 모양의 받침. =각두(殼斗).
깍정이² [-쩡-] [명][역] 포도청에서 심부름을 하며 도둑 잡는 것을 거드는 어린아이.
깍정이³ [명] '깍쟁이'의 잘못.
깍지¹ [-찌] [명] 콩 따위의 꼬투리에서 알맹이를 까낸 껍질. ¶콩 ~.
깍지² [-찌] [명] (주로 '깍지(를) 끼다'의 꼴로 쓰여) 양손의 손가락을 맞물리게 끼워서 잡은 상태. ¶~ 낀 손을 베고 눕다.
깍지³ [-찌] [명][체] 활을 쏠 때, 시위를 잡아당기기 위하여 엄지손가락의 아랫마디에 끼는 뿔로 만든 기구. =각지(角指).
깍지(를) 떼다 화살을 쏠 때, 팽팽하게 당긴 시위를 놓다. =깍짓손(을) 떼다.
깍지-걸이 [-찌-] [명] 깍지를 끼는 짓. **깍지걸이-하다** [동][자타여] ¶소녀는 두 손을 **깍지걸이하여** 무릎 위에 올려놓고 다소곳이 앉아 있었다.
깍지-벌레 [-찌-] [명][동] 깍지벌렛과에 속하는 곤충의 총칭. 몸길이 2~9mm. 감나무·배나무·사과나무 등의 식물체에 떼 지어 붙어서 액즙을 빨아 먹음. 대개는 식물의 해충임.
깍지-동 [-찌동/-찓똥] [명] 1 콩 따위를 밀어낸 뒤, 그 깍지를 줄기가 달린 채로 묶은 큰 단. 2 몹시 뚱뚱한 사람의 몸집. 비유적인 말임. ¶백 킬로그램이 넘는 ~ 김 감독은 등산가보다 싫어한다.
깍짓-손 [-찌쏜/-찓쏜] [명] 깍지를 낀 손. ¶뒤로 힘껏 시위를 당긴 채 잔뜩 긴장된 ~.
깍짓손(을) 떼다 [구] =깍지(를) 떼다. →깍지³.
깎기-접 [깍끼-] [명][농] 접목법의 하나. 접가지와 접밑동의 옆을 각각 깎아서 붙이는 접. =절접(切椄).
깎다 [깍따] [동][타] 1 (칼과 같이 날이 있는 도구로 물체의 일부나 거죽을) 떼거나 베다. 또는, 그렇게 하여 모양을 만들다. ¶과도로 사과를 ~/연필을 ~. 2 (날을 가진 도구로 손톱·발톱, 머리털이나 수염, 잔디 따위의 풀 등을) 끝 부분을 자르다. ¶손톱깎이로 손톱을 ~/정원의 잔디를 ~. 3 (주로 남자가 자기의 머리털을) 다른 사람으로 하여금 자르게 함으로써 단정한 상태가 되게 하다. 드물게 여자가 주어일 경우에는 까까머리의 상태가 되는 경우를 가리킴. ⓗ이발하다. ¶나는 한 달에 한 번 머리를 **깎는다**. 4 (값이나 주어진 금액을) 낮추게 줄이다. ¶물건 값을 ~/예산을 대폭 ~. 5 (체면이나 명예 등을) 제대로 지키지 못하는 상태가 되게 하다. ¶국가의 위신을 ~/부모님의 체면을 깎는 행동. 6 구기 종목에서, 공을 한 옆으로 치거나 차서 돌게 하다. ¶공을 **깎아** 치다.
깎아-내리다 동(타) 헐뜯거나 격이나 가치를 떨어지게 하다. ¶김 씨의 소설을 졸작으로 ~.
깎아-지르다 동(자)여〈~지르니, ~질러〉(주로 '깎아지른 (듯하다)'의 꼴로 쓰여) (벼랑이나 절벽이) 마치 칼로 깎은 것과 같이 가파른 상태이다. ¶아이의 몸은 밖에서 오고 있던 ~으로 따뜻했다.《박완서:울음소리》 ②(의존) '딴'의 잘못.
깐-이다 동 ①(자) '깎다'의 피동사. ¶연필이 잘 ~. ②(타) '깎다'의 사동사. ¶아들에게 잔디를 ~.
깐 명 ①(자립) 1 '짚이는 바, 미치는 생각, 짐작'의 뜻을 나타내는 말. ¶…접순에게 보내려는 돈은 부인이 —에도 김 승지더러 달라 할 엄두가 나지 아니한다.《이인직:귀의 성》 2 (주로, '깐으로(는)'의 꼴로 쓰여) '…한 것치고는'의 뜻으로, 짐작한 것과 사실이 다름을 나타내는 말. ¶아이의 몸은 밖에서 오고 있던 —으로 따뜻했다.《박완서:울음소리》 ②(의존) '딴'의 잘못.
깐-오월(—五月) 명 해가 길어서 일하기 지루한 달이라는 뜻으로, '음력 5월'을 이르는 말.
깐깐-이 명 성질이 깐깐한 사람.
깐깐-하다 1 끈기있고 차지다. 2 (행동이나 성격이) 까다로울 정도로 빈틈없고 알뜰하다. **깐깐-히** 부 대강 넘어가지 않고 어지간히도 ~. 캐묻는다.
깐닥-거리다/-대다 [-꺼(때)-] 동(자)(타) 전체가 가로로 조금씩 움직이다. 또는, 그리되게 하다. ¶나뭇가지가 바람에 ~. 큰끈덕거리다. 센깐딱거리다.
깐닥-깐닥 부 깐닥거리는 모양. ¶시계추가 ~ 움직이다. 큰끈덕끈덕. 여간닥간닥. 센깐딱깐딱. **깐닥깐닥-하다** 동(자)(타)
깐닥-이다 동(자)(타) 작은 것이 좀 순하게 흔들리다. 또는, 작은 것을 순하게 흔들다. 큰끈덕이다. 여간닥이다. 센깐딱이다.
깐!-보다[1] 동 어떤 형편이나 기회에 대하여 마음속으로 가늠을 보다.
깐-보다[2] 동(타) '깔보다'의 잘못.
깐족-거리다/-대다 [-꺼(때)-] 동(자)(타) 쓸데없는 말을 밉살스럽고 짓궂게 자꾸 재깔이다. 큰깐죽거리다.
깐족-깐족 부 깐족거리는 모양. 작깐족깐족. **깐족깐족-하다** 동(자)여
깐족-이다 동(자)(타) 쓸데없는 말을 밉살스럽고 짓궂게 재깔이다. 큰깐죽이다.
깐죽-거리다/-대다 [-꺼(때)-] 동(자)(타) 쓸데없는 말을 밉살스럽고 짓궂게 자꾸 지껄이다. 작깐족거리다.
깐죽-깐죽 부 깐죽거리는 모양. 작깐족깐족. **깐죽깐죽-하다** 동(자)여
깐죽-이다 동(자)(타) 쓸데없는 말을 밉살스럽고 짓궂게 지껄이다. 작깐족이다.
깐-지다 형 (성질이) 깐깐하고 다라지다. 큰끈지다.
깐-질기다 형 깐깐하고 질기다. ¶깐질기게 조르다. 큰끈질기다.
깐질-깐질 부 매우 깐질긴 모양. 큰끈질끈질. **깐질깐질-하다** 형여
깐풍기(←干烹鷄) 명 중국 요리의 하나. 토막 친 닭고기에 녹말을 묻혀 튀긴 다음, 양념 초간장에 살짝 조린 음식.
-깔 접미 바탕이나 성질의 상태를 나타내는 말. ¶성~ / 맛~ / 태~ / 빛~.

깔-개 명 눕거나 앉을 곳에 까는 물건. ¶~말다.
깔기다 동(타) 1 (오줌이나 똥을) 아무 데나 함부로 누다. 2 (알 따위를) 아무 데나 함부로 낳다.
깔깔 부 여자나 아이가 몹시 우스워 거침없이 시원스럽게 웃는 소리. ¶~ 웃다. 큰껄껄.
깔깔-거리다/-대다 동(자) 되바라진 목소리로 참지 못하고 자꾸 웃다. ¶그녀는 내 말에 한 동안 **깔깔거렸다**. 큰껄껄거리다.
깔깔-이 명 '조젯(Georgette)'을 그 질감이 깔깔하다 하여 달리 이르는 말.
깔깔-하다 형여 1 감촉이 부드럽지 못하고 까슬까슬하다. ¶깔깔한 옷감. 2 혓바닥이 깔끄럽고 입맛이 없다. ¶입안이 **깔깔해서** 아침을 걸렀다. 3 성품이 부드럽지 못하고 거칠다. 큰껄껄하다.
깔끄럽다 [-마] 형여〈깔끄러우니, 깔끄러워〉1 (까끄라기 같은 것이) 살에 닿아서 자꾸 따끔거리다. 2 매끈하게 반드럽지 못하고 깔깔하다. ¶손등이 터서 ~. 3 무난하거나 원만하지 못하다. ¶그에게는 그런 부탁을 하기가 ~. 큰껄그럽다.
깔끔-거리다/-대다 동(자) 감촉이 깔끄럽고 따끔거리다. ¶혀끝이 ~. 큰껄끔거리다.
깔끔-깔끔 부 깔끔거리는 모양. 큰껄끔껄끔. **깔끔깔끔-하다** 동(자)여
깔끔-이 명 모양새나 솜씨가 매끈하고 깨끗한 사람.
깔끔-하다 형여 모양새나 솜씨가 매끈하고 깨끗하다. ¶깔끔한 음식 솜씨 / 차림새가 ~. 큰끌끔하다. **깔끔-히** 부 옷을 ~ 입다.
깔다 [-마] 동(타)〈까니, 까오〉1 (넓이를 가진 물건이나 작은 알갱이 상태의 물질을 바닥에) 평평하게 펴 놓다. ¶요를 ~ / 돗자리를 ~ / 운동장에 모래를 ~. 2 (무엇을) 밑에 두고 그 위를 누르고 앉다. ¶방석을 **깔고** 앉다. 3 (어떤 의도나 생각, 또는 현상을) 바탕이 되게 하다. ¶은은한 배경 음악을 ~. 4 (돈·물건을) 여러 군데에 빌려 주거나, 물건을 내놓다. ¶이자로 돈을 여기저기 ~. 5 (눈을) 아래로 내리뜨다. ¶그 여자는 눈을 아래로 **깔고** 다소곳이 앉아 있었다. 6 남을 꼼짝 못하게 억누르다. ¶그는 아랫사람을 **깔고** 앉으려 든다.
깔딱[1] 부 1 물 따위의 액체를 조금씩 삼키는 소리. 2 약한 숨이 끊어질 듯 말 듯 하는 모양. 3 얇고 빳빳한 물체의 바닥이 뒤집힐 때 나는 소리. 큰껄떡. **깔딱-하다**[1] 동(자)여
깔딱[2] 명 '딸꾹'의 잘못.
깔딱-거리다/-대다 [-꺼(때)-] 동 ①(자) 얇고 빳빳한 물체의 바닥이 되풀이하여 뒤집히는 소리가 자꾸 나다. ②(타) 1 기운 없이 액체를 조금씩 삼켜 자꾸 깔딱 소리를 내다. 2 약한 숨을 끊어질 듯 말 듯 하게 겨우 이어가다. 큰껄떡거리다.
깔딱-깔딱[1] 부 깔딱거리는 소리나 모양. 큰껄떡껄떡. **깔딱깔딱-하다**[1] 동(자)(타)여
깔딱-깔딱[2] 부 '딸꾹딸꾹'의 잘못.
깔딱-이다 동 ①(자) 얇고 빳빳한 물체의 바닥이 뒤집히는 소리가 나다. ②(타) 1 기운 없이 액체를 조금씩 삼켜 깔딱 소리를 내다. 2 약한 숨을 끊어질 듯 말 듯 하게 겨우 이어가다. 큰껄떡이다.
깔딱-하다[2] [-따카-] 형여 1 약간 얼이 빠져 있다. 2 피로하거나 배가 고파 눈꺼풀이 위로 올라붙고 눈알이 푹 들어가 있다. 큰껄

떡하다.
깔때기 圕 액체를 병이나 아가리가 좁은 통 따위에 넣을 때 쓰는, 나팔꽃처럼 생긴 기구. =누두(漏斗).
깔-리다 圄(짜) 1 '깔다'의 피동사. ¶보도블록이 깔린 길 / 아이가 흙더미에 깔려 다쳤다. 2 (물건이 바닥에) 넓게 흩어져 있다. ¶길거리에 낙엽이 깔려 있다. 3 어떤 현상이 사방에 퍼지다. ¶침묵이 ~ / 소문이 착 ~.
깔밋-하다 [-미타-] 혱여 1 (모양이나 차림새가) 아담하고 깨끗하다. ¶상차림은 간소하나 정결하고 깔밋했다.《윤오영:소년》 🔁 끌밋하다. 2 손끝이 여물다.
깔-방석(-方席) 圕 바닥에 까는 방석.
깔-보다 圄(타) (남을) 호락호락하게 얕잡아 보다. ¶가진 것이 없다고 깔보지 마라. × 깐보다.
깔보-이다 圄(짜) '깔보다'의 피동사. ¶사람들에게 깔보이지 않으려고 애쓰다.
깔아-뭉개다 圄(타) 1 무엇을 깔고 눌러 뭉개다. ¶이불을 ~. 2 (어떠한 사실이나 일을) 숨기고 알리지 않거나, 처리하지 않고 질질 끌다. 3 아주 억눌러 버리거나 억제하여 없애다. ¶남의 자존심을 ~.
깔-유리 (-琉璃) [-류-] 圕 [물] =슬라이드글라스.
깔짝-거리다/-대다¹ [-꺼(때)-] 圄(짜) 매우 얇고 빳빳한 물체가 가볍게 되풀이하여 뒤집히는 소리가 자꾸 나다.
깔짝-거리다/-대다² [-꺼(때)-] 圄(타) 갉아서 따짝거리다. 🔁 끌쩍거리다.
깔짝-깔짝¹ 튕 매우 얇고 빳빳한 물체가 가볍게 되풀이하여 뒤집히면서 나는 소리. **깔짝-하다¹** 圄(짜여)
깔짝-깔짝² 튕 갉아서 따짝거리는 모양. 🔁 끌쩍끌쩍. **깔짝깔짝-하다²** 圄(짜여)
깔쭉-이 圕 둘레가 톱니처럼 깔쭉깔쭉하게 생긴 은전(銀錢)을 속되게 이르는 말. × 깔쭈기.
깔-창 圕 신의 안쪽 바닥에 까는 창. ¶구두 ~을 갈아 끼우다.
깔축-없다 [-업따] 혱 조금도 축나거나 버릴 것이 없다. **깔축없-이** 튕
깔치 圕〈은〉여자 · 처녀 · 여자 애인(우범자의 말).
깔-판 (-板) 圕 바닥에 까는 판.
깜깜 튕 '감감'의 센말.
깜깜-나라 圕 1 깜깜하여 아무것도 보이지 않는 어둠. 또는, 그런 곳. 2 깜깜하게 전혀 아무 일도 모르는 상태. =깜깜밤중. 🔁 껌껌나라.
깜깜-무소식(-無消息) 圕 '감감무소식'의 센말.
깜깜-밤중(-中) [-쭝] 圕 1 깜깜한 밤중. 2 =깜깜나라2. ¶그 친구 제 마누라가 어디서 무얼 하는지 ~이더라.
깜깜-부지(-不知) 圕 깜깜하게 아무것도 모름.
깜깜-소식(-消息) 圕 '감감소식'의 센말.
깜깜-절벽(-絶壁) 圕 전혀 아무것도 알지 못하거나 느끼지 못하는 상태.
깜깜-하다 혱여 1 까맣게 보일 정도로 매우 어둡다. ¶깜깜한 밤 / 굴속이 ~. 🔁 껌껌하다. 2 그 분야에 대하여 전혀 지식이 없다. ¶나는 정치에 대해서는 ~. ㉿ 감감하다.
깜냥 圕 1 가지고 있는 제 나름의 능력. ¶내 ~으로는 최선을 다했지만 역부족이었다. /

일을 해 본 ~이 있어 제법 솜씨가 있다. 2 일을 헤아릴 수 있는 능력. ¶대관절 이 남자에게 마음을 두는 자기가 ~이 없는 것일까?《염상섭:광분》
깜냥-깜냥 튕 자신의 힘을 다하여. =깜냥깜냥이.
깜:다 [-따] 혱 밝고 짙게 감다. 🔁 껌다.
깜둥-개 圕 털빛이 까만 개. 🔁 껌둥개.
깜둥-이 圕 1 살빛이 까만 사람. 2 '흑인'을 얕잡아 이르는 말. 3 깜둥개를 귀엽게 이르는 말. 🔁 껌둥이.
깜박 튕 1 등불이나 별빛 따위가 잠깐 어두워졌다 밝아지는 모양. 2 눈을 잠깐 감았다가 뜨는 모양. 🔁 껌벅. 3 정신이나 기억 따위가 순간적으로 흐려지는 모양. ¶~ 잊고 그냥 왔다. / ~ 졸다가 정류장을 지나쳤다. 🕂 깜빡. **깜박-하다** 圄(짜)(타)(여) ¶눈 깜박할 사이에 그가 없어졌다.
깜박-거리다/-대다 [-꺼(때)-] 圄(짜)(타) 자꾸 깜박이다. ¶눈을 깜박거리며 쳐다보다. 🔁 껌벅거리다. 🕂 깜빡거리다.
깜박-깜박 튕 깜박거리는 모양. 🔁 껌벅껌벅. 🕂 깜빡깜빡. **깜박깜박-하다** 圄(짜)(타)(여) ¶촛불이 꺼지려고 ~.
깜박-이다 圄 ①(짜) 등불이나 별빛 따위가 잠깐 어두워졌다 밝아지며 바뀌다. ¶네온사인이 깜박이는 거리. ②(타) 눈을 잠깐 감았다 떴다 하다. 🔁 껌벅이다. 🕂 깜빡이다.
깜부기 圕 1 깜부깃병에 걸려 까맣게 된 곡식의 이삭. =흑수. 2 얼굴빛이 까만 사람. 3 '깜부기숯'의 준말.
깜부기-불 圕 깜부기숯 따위에 불꽃 없이 붙어서 거의 꺼져 가는 불.
깜부기-숯 [-순] 圕 줄거리 나무를 때고 난 뒤에 꺼서 만든 뜬숯. 🕂 깜부기.
깜부깃-병(-病) (-기뼝/-긷뼝) 圕 [농] 보리 · 옥수수 따위의 이삭이 깜부기균의 기생으로 까맣게 되는 병. =흑수병(黑穗病).
깜빡 튕 '깜박'의 센말. 🔁 껌뻑. **깜빡-하다** 圄(짜)(타)(여)
깜빡-거리다/-대다 [-꺼(때)-] 圄(짜)(타) '깜박거리다'의 센말. 🔁 껌뻑거리다.
깜빡-깜빡 튕 '깜박깜박'의 센말. 🔁 껌뻑껌뻑. **깜빡깜빡-하다** 圄(짜)(타)(여)
깜빡-이 圕 1 자동차의 방향 지시기를 속되게 이르는 말. =깜빡이등. 2 [컴] '커서(cursor)'를 순화한 말.
깜빡-이다 圄(짜)(타) '깜박이다'의 센말. 🔁 껌뻑이다.
깜빡이-등(-燈) 圕 =깜빡이1.
깜작 튕 눈을 잠깐 감았다가 뜨는 모양. 🔁 끔적. 🕂 깜짝. **깜작-하다** 圄(짜)(타)(여) ¶그는 그 정도로는 눈도 깜작하지 않는다.
깜작-거리다/-대다 [-꺼(때)-] 圄(타) 눈을 잇달아 깜작이다. ¶그에게는 눈을 자꾸 깜작거리는 버릇이 있다. 🔁 끔적거리다. 🕂 깜짝거리다.
깜작-깜작¹ 튕 깜작거리는 모양. 🔁 끔적끔적. 🕂 깜짝깜짝. **깜작깜작-하다¹** 圄(짜)(타)(여)
깜작-깜작² 튕 '감작감작'의 센말. 🔁 껌적껌적. **깜작깜작-하다²** 혱여
깜작-이다 圄(짜)(타) 눈을 잠깐씩 감았다가 뜨다. 🕂 깜짝이다.
깜장 圕 깜은 빛깔. 또는, 그런 색을 내는 물감 같은 물질. × 까망. 🔁 껌정.
깜장-이 圕 '감장이'의 센말. 🔁 껌정이.
깜짝¹ 튕 갑자기 놀라는 모양. ¶~ 놀라 깨 보

니 꿈이었다. [큰]끔찍. **깜짝-하다**[1] [동][자][여]
깜짝[2] [부] '깜작'의 센말. [큰]끔찍. **깜짝-하다**[2] [동][타][여] ¶눈 하나 **깜짝하지** 않는다.
깜짝-거리다/-대다[1] [-꺼(때)-] [동][자] 자꾸 갑자기 놀라다. [큰]끔쩍거리다.
깜짝-거리다/-대다[2] [-꺼(때)-] [동][타] '깜작거리다'의 센말. [큰]끔쩍거리다.
깜짝-깜짝[1] [부] 깜짝거리는(깜짝거리다[1]) 모양. ¶아기가 자면서 ~ 놀라다. **깜짝깜짝-하다**[1] [동][자][여]
깜짝-깜짝[2] [부] '깜작깜작[1]'의 센말. [큰]끔쩍끔쩍. **깜짝깜짝-하다**[2] [동][타][여]
깜짝-이 [명] '눈깜짝이'의 준말.
깜짝-이다 [동][타] '깜작이다'의 센말. [큰]끔쩍이다.
깜짝-이야 [감] 깜짝 놀랐을 때에 나오는 소리. ¶아유, ~!
깜찍-스럽다 [-쓰-따] [형][ㅂ] 〈~스러우니, ~스러워〉 깜찍한 데가 있다. ¶제가 하고서도 **깜찍스럽게** 시치미를 뗀다. **깜찍스레** [부]
깜찍-이[1] [명] 깜찍하게 생긴 사람을 귀엽게 이르는 말.
깜찍-하다 [-찌카-] [형][여] **1** 몸집이나 생김새가 작고 귀엽다. ¶**깜찍한** 아이. **2** 아주 영악하거나 시치미 떼는 태도가 천연스럽다. ¶요 **깜찍한** 계집 같으니라고, 어디서 거짓말을 해! **깜찍-이**[2] [부]
깝대기 [-때-] [명] '껍데기'의 작은말.
깝대기(를) 벗기다 [구] **1** 입은 옷을 강제로 벗겨 빼앗다. **2** 가진 것을 모두 빼앗다. ¶오늘 그 친구 **깝대기를 벗겨** 먹세.
깝살리다 [-쌀-] [동][타] **1** (찾아온 사람을) 따돌려 보내다. **2** (재물을) 흐지부지 다 없애다. ¶다만 그 아버지 남규가 주색과 투기사업으로 돈을 다 **깝살리고**, 마침내는 파산을 당하고 말았다.《이광수:흙》
깝신-거리다/-대다 [-씬-] [동][타] (머리나 몸의 일부를) 경망스럽게 위아래로 자꾸 움직이다. ¶참새가 꽁지를 **깝신거리며** 나뭇가지 사이를 옮겨 다니고 있다. [큰]껍신거리다.
깝신-깝신 [-씬-씬] [부] 깝신거리는 모양. [큰]껍신껍신. **깝신깝신-하다** [동][타][여]
깝작-거리다/-대다 [-짝꺼(때)-] [동][자] 방정맞게 까불거리다. [큰]껍적거리다.
깝작-깝작 [-짝-짝] [부] 깝작거리는 모양. [큰]껍적껍적. **깝작깝작-하다** [동][자][여]
깝죽-거리다/-대다 [-쭉꺼(때)-] [동][자][타] **1** 신이 나서 방정맞게 까불거리다. **2** 잘난 체하다. [큰]껍죽거리다.
깝죽-깝죽 [-쭉-쭉] [부] 깝죽거리는 모양. [큰]껍죽껍죽. **깝죽깝죽-하다** [동][자][타][여]
깝질 [-찔] [명] '껍질'의 작은말.
깟-깟 [깓깓] [부] 까치가 우는 소리.
깡[1] [명][광] '뇌관(雷管)'의 속칭.
깡[2] [명]〈속〉'깡다구'의 준말.
깡그리 [부] 하나도 남김없이. ¶~ 다 가져가다 / ~ 잊어버리다.
깡그리다 [동][타] 일을 수습하여 뒤끝을 맺다.
깡깡-이 [명][음] '해금(奚琴)[1]'의 속칭. ¶~를 켜다.
깡-다구 [명]〈속〉 악착같이 버티어 내는 오기. ¶~가 세다 / ~를 부리다. [준]깡.
깡동 [부] '깡똥'보다 어감이 약한 말. '강동'의 센말이기도 함. [큰]껑둥.
깡동-거리다/-대다 [동][자] '깡똥거리다'보다 어감이 약한 말. '강동거리다'의 센말이기도 함. [큰]껑둥거리다.
깡동-깡동 [부] '깡똥깡똥'보다 어감이 약한 말. '강동강동'의 센말이기도 함. [큰]껑둥껑둥. **깡동깡동-하다** [동][자][여]
깡동-치마 [명] 지난날, 여자들이 입던 짧은 치마.
깡동-하다 [형][여] '깡똥하다'보다 어감이 약한 말. '강동하다'의 센말이기도 함. [큰]껑둥하다.
깡똥 [부] 짜름한 다리로 가볍게 뛰는 모양. '강동', '깡동'의 센말임. ¶냇물을 ~ 뛰어넘다. [큰]껑뚱.
깡똥-거리다/-대다 [동][자] **1** 짜름한 다리로 자꾸 가볍게 뛰다. ¶아이들이 **깡똥거리며** 뛰놀고 있다. **2** 침착하지 못하고 체신없이 경솔하게 행동하다. '강동거리다', '깡동거리다'의 센말임. [큰]껑뚱거리다.
깡똥-깡똥 [부] 깡똥거리는 모양. '강동강동', '깡동깡동'의 센말임. ¶아이들은 ~ 뛰며 좋아했다. [큰]껑뚱껑뚱. **깡똥깡똥-하다** [동][자][여]
깡똥-하다 [형][여] 아랫도리가 너무 드러날 정도로 입은 옷이 짧다. '강동하다', '깡동하다'의 센말임. ¶바짓가랑이를 **깡똥하게** 동여매다. [큰]껑뚱하다.
깡-마르다 [형][르]〈~마르니, ~말라〉'강마르다'의 센말. ¶**깡마른** 체구.
깡-보리밥 [명] '꽁보리밥'의 잘못.
깡-소주(-燒酒) [명] '강소주'의 잘못.
깡-술 [명] '강술[1]'의 잘못.
깡짱 [부] 짧은 다리로 힘차게 내뛰는 모양. [큰]껑쩡. [거]깡창.
깡짱-거리다/-대다 [동][자] '강장거리다'의 센말. [큰]껑쩡거리다. [거]깡창거리다.
깡짱-깡짱 [부] '강장강장'의 센말. [큰]껑쩡껑쩡. [거]깡창깡창. **깡짱깡짱-하다** [동][자][여]
깡쭝 [부] '강중'의 센말. [큰]껑쭝. [거]깡충.
깡쭝-거리다/-대다 [동][자] '강중거리다'의 센말. [큰]껑쭝거리다. [거]깡충거리다.
깡쭝-깡쭝 [부] '강중강중'의 센말. [큰]껑쭝껑쭝. [거]깡충깡충. **깡쭝깡쭝-하다** [동][자][여]
깡총-깡총 [부] '깡충깡충'의 잘못.
깡총-하다 [형][여] 키가 작은 데 비하여 다리가 조금 길다. [큰]껑충하다. ×깡충하다.
깡충 [부] '깡쭝'의 거센말. [큰]껑충.
깡충-거리다/-대다 [동][자] '깡쭝거리다'의 거센말. [큰]껑충거리다.
깡충-깡충 [부] '깡쭝깡쭝'의 거센말. ¶토끼가 ~ 뛰다 / 아이들이 ~ 뛰다. [큰]껑충껑충. ×깡총깡총. **깡충깡충-하다** [동][자][여]
깡충-하다 [형][여] '깡총하다'의 잘못.
깡통(-筒) [명] **1** 양철로 만든 통조림통 따위의 빈 통. ¶맥주 ~ / 꼬락서니가 ~만 들면 딱 거지다. **2** 아는 것이 없이 머리가 텅 빈 사람을 속되게 이르는 말.
깡통(을) 차다 [구] 빌어먹는 신세가 되다. ¶**깡통을 차고** 길거리에 나서다.
깡패(-牌) [명] 폭력을 쓰면서 못된 짓을 하는 무리.
깨 [명] **1** [식] 참깨·들깨·검은깨의 통칭. 특히, '참깨'를 가리킴. **2** 1의 씨. ¶~를 볶다 / ~가 고소하다.
깨가 쏟아지다 [구] 아기자기하여 몹시 재미가 나다. ¶**깨가 쏟아지는** 신혼 생활.
깨-강정 [명] **1** 깨를 볶아서 묻힌 강정. **2** 깨를 조청에 버무려 만든 재래식 과자.
깨개갱 [부] 개 따위가 갑자기 맞거나 공격을 당했을 때 몹시 아픔을 느끼거나 공포에 질려 내는 소리.
깨갱 用 개가 얻어맞거나 하여 아파서 지르는 소리. 團끼깅.
깨갱-거리다/-대다 통(자) (개가) 자꾸 깨갱 상태의 것이 되게 하다. ¶분위기를 ~ / 총 소리가 밤의 정적을 깼다. 4 (어떤 장벽을) 넘어서거나 허물다. ¶세계 기록을 ~ / 인종 차별의 벽을 ~. 5 (신체 부위를 부딪치거나 하여) 상처를 내다. ¶넘어져서 무릎을 ~.
깨갱-깨갱 用 깨갱거리는 소리. 團끼깅끼깅.
깨-고물 閱 깨로 만든 고물. ×깨보숭이.
깨고소-하다 閱 깨가 쏟아지듯 고소하다.
깨금-발 閱 '앙감질'의 잘못.
깨깨¹ 用 몹시 여위어 마른 모양. ¶~ 마르다.
깨깨² 用 어린아이가 시끄럽게 우는 소리.
깨-꽃 [-꼳] 閱[식] 꿀풀과의 한해살이풀. 높 이 60〜90cm. 5〜10월에 홍색의 꽃이 핌. 관 상용으로 많이 심음. =샐비어.
깨끔-스럽다[-따] 閱因〈-스러우니, -스 러워〉 깨끔한 데가 있다. ¶깨끔스런 정원.
깨끔스레 用
깨끔-하다 閱여 깨끗하고 아담하다. ¶깨끔 한 집. 깨끔-히 用
깨끗-하다 [-끄타-] 閱여 1 (몸이나 물체, 장소 등이) 때나 얼룩·흠·쓰레기·군더더기 따위가 없다. 闾말끔하다. ¶깨끗한 옷 / 방 을 깨끗하게 청소하다. 2 (액체나 기체가) 더러운 것이나 불순물이 섞이지 않 고 맑다. ¶깨끗한 물 / 깨끗한 공기. 3 음식 을 다 먹거나 조금도 남김이 없다. ¶밥 한 그릇 을 순식간에 깨끗하게 비웠다. 4 어떤 일에 대한 미련이나 불만, 아쉬움이 없다. ¶결 과에 깨끗하게 승복하다. 5 뒤탈이 없이 말 끔하다. ¶상처가 깨끗하게 나았다. / 이 같 은 땐 뒤에도 뒤끝이 ~. 6 (마음씨나 행동 이) 올바르거나 허물이 없다. ¶마음이 ~ / 깨끗한 선거. 7 비뚤비뚤하거나 울퉁불퉁하 거나 거친 데가 없이 고르다. ¶글씨를 깨끗 하게 쓰다. 깨끗-이 用 ¶과일을 ~ 씻어서 먹다. / ~ 포기하다.

> **어법** 깨끗치 않은 옷: 깨끗치(×) → 깨끗 지(○), 깨끗하지(○). ▶ 어간의 끝 음절 '하'가 아주 줄 적에는 준 대로 적을 수 있 음(맞40).

깨끼 閱 1 안팎 솔기를 사(紗)붙이의 곱솔로 박아 옷을 짓는 일. 2 '깨끼옷'의 준말.
깨끼-발 閱 한 발을 들고 한 발로 선 자세.
깨끼-옷 [-온] 閱 안팎 솔기를 곱솔로 박아 지은 겹옷. 춘개끼.
깨끼-저고리 閱 깨끼로 만든 저고리.
깨끼-춤 閱 난봉꾼의 멋스러운 춤의 한 가지.
깨나 조 어느 정도 이상의 뜻을 나타내는 보 조사. ¶힘~ 쓴다고 재지 마라.
깨:-나다 통(자) '깨어나다'의 준말.
깨나른-하다 閱여 일하기 싫을 정도로 기운 이 없다. 團께느른하다.
깨:다¹ 〈깨고 / 깨어〉 통 ① 자 1 (잠이나, 자 면서 꾸는 꿈이) 그치어 본래의 의식 상태를 다시 가지다. ¶잠이 ~ / 커다란 바위에 짓 눌리는 순간 꿈이 **깼다**. 2 술이 취한 상태나 마취의 작용에서 벗어나 정상적인 의식 상 태가 되다. ¶술이 ~ / 마취가 ~. 3 (이성이 나 지능이) 사리를 깨달을 수 있게 열리다. ¶의식이 깬 사람. ② 타 1 (자던 잠이나 꾸던 꿈을) 그치고 본래의 의식 상태를 다시 가지 다. ¶떠드는 소리에 잠을 ~. 2 '깨우다'의 잘못.
깨다² 통타 1 (유리·사기와 같이 꽤 단단한 물체를) 무엇으로 때리거나 부딪치거나 하 여 여러 조각이 되게 하다. ¶얼음을 ~ / 유 리창을 ~ / 접시를 ~. 2 (약속이나 계약, 규율 등을) 지키거나 따르지 않고 어기다. ¶ 약속을 ~ / 상대 회사가 일방적으로 계약을 **깼다**. 3 (지속되던 분위기를) 바꾸어 다른

깨:다³ 〈깨고 / 깨어〉 통(자) '까다'의 피동사.
깨:다⁴ 〈깨고 / 깨어〉 통 ① 자 '까다³'의 피동 사. ② 타 '까다³'의 사동 사. ¶어미닭[어미새]에 알을 ~. ×깨이다.
깨닫다 [-따] 통타(ㄷ) 〈깨달으니, 깨달아〉 1 (사물의 이치나 숨겨진 뜻을) 생각하거나 궁리하여 알게 되다. ¶진리를 ~ / 잘못을 ~. 2 (어떤 사실을) 느껴 알다. ¶위기가 닥 쳐오고 있음을 ~.
깨달음 閱 깨달아 아는 것.
깨-두드리다 통타 두드려 깨뜨리다. 셈깨뚜 드리다.
깨뜨러-지다 통(자) '깨지다'의 힘줌말. =깨 트러지다. ¶돌에 맞아 유리창이 **깨뜨러졌** 다.
깨-뜨리다/-트리다 통타 '깨다'의 힘줌말. ¶화분을 ~ / 거울을 ~ / 침묵을 ~.
깨-물다 통타〈-무니, -무오〉 (물건을 아 랫니와 윗니로) 깨어서 물다. 또는, (신체 부위를) 그 정도로 세게 물다. ¶사탕을 깨물 어 먹다 / 혀를 깨물고 죽다.

> [깨물어서 아프지 않은 손가락 없다] 자식 이 아무리 많아도 부모에게는 모두 소중하 다.

깨물-리다 통(자)(타) '깨물다'의 피동사.
깨-보숭이 閱 1 들깨 꽃송이에 찹쌀가루를 묻혀 기름에 튀긴 반찬. 2 '깨소금'의 잘못. 3 '깨고물'의 잘못.
깨:-부수다 타 1 깨어서 부수다. 2 무슨 일 이 이루어지지 않도록 방해하다.
깨-새 [동] '박새'의 잘못.
깨-소금 閱 참깨를 볶아 소금을 넣고 빻은 양 념. ×깨보숭이.
깨소금 맛이다 句 남의 불행을 보고 몹시 통 쾌하다는 뜻으로 쓰는 말. ¶그놈이 선거에 서 떨어졌다니 참 ~.
깨-알 閱 깨의 낱알.
깨알 같다 句 깨알처럼 매우 잘다. ¶글씨가 **깨알 같아** 알아보기 힘들다.
깨어-나다 통(자) 1 (잠이나 꿈을 꾸는 상태 에서) 벗어나 본래의 의식 상태를 가지다. ¶깊 은 잠에서 ~. 2 (마취나 기절 등으로 정신을 잃은 상태에서) 벗어나 본래의 의식을 되찾 다. ¶전신 마취에서 ~ / 혼수상태에서 ~. 3 변했던 빛이 본래의 제빛을 나타내다. ¶이 제야 네 혈색이 **깨어나는구나**. 4 (무지하거 나 미개한 상태에서) 벗어나 지혜가 열린 상 태가 되다. ¶무지에서 ~. 춘깨나다.
깨어-지다 통(자) 1 (유리·사기와 같이 꽤 단 단한 물건이 무엇에) 맞거나 부딪치거나 하 여 여러 조각이 나다. ¶접시가 ~ / 창유 리가 ~. 2 (약속이나 규율·회담·계획 등이) 지켜지지 않거나 어그러지거나 무효가 되 다. ¶계약이 ~ / 혼담이 ~. 3 (지속되던 분 위기가 바뀌어) 새로운 상태가 되다. ¶요

한 초인종 소리에 오후의 고요하고 나른한 분위기가 **깨어졌다**. 4 (어떤 장벽이) 극복되거나 허물어지다. ¶오랜 관료주의의 벽이 서서히 **깨어지고** 있다. 5 (신체 부위가) 부딪히거나 넘어지거나 맞아서 상처가 나다. ¶머리가 ~ / 무릎이 ~. ㈜깨지다.

깨어진 그릇 ㉠ 돌이킬 수 없는 상태를 이르는 말. ¶이미 엎질러진 물이요, ~이다.

깨-엿[-엳] 몡 볶은 깨를 거죽에 묻힌 엿.

깨-우다 통(타) '깨다①'의 사동사. ¶잠을 ~ / 곤하게 자는 사람을 ~. ×깨다.

깨우치다 통 깨닫게 하다. ¶친구에게 잘못을 **깨우쳐** 주다.

[어법] 영수는 5세 때 한글을 깨우쳤다 : 깨우쳤다(×)→깨쳤다(○), 자신의 한계를 깨우치다 : 깨우치다(×)→깨닫다(○). ▶ '깨우치다'는 깨달아 알게 하는 것을 가리키고, '깨치다'는 깨달아 알게 되는 것을 가리킴.

깨-이다¹ 통(자) '깨다①'의 피동사. ¶잠에서 갓 ~.

깨-이다² 통(자)(타) '깨다'의 잘못.

깨작-거리다/-대다¹[-꺼(때)-] 통(타) (글씨를) 정성을 들이지 않고 자꾸 아무렇게나 쓰다. ㈜끼적거리다.

깨작-거리다/-대다²[-꺼(때)-] 통(자) '깨지락거리다'의 준말. ㈜께적거리다.

깨작-깨작¹ 면 (글씨를) 아무렇게나 갈겨쓰는 모양. ¶글씨를 ~ 쓰다. ㈜끼적끼적. **깨작깨작-하다** 통(타)(여)

깨작-깨작² 면 '깨지락깨지락'의 준말. ㈜께적께적. **깨작깨작-하다²** 통(자)(타)(여)

깨작-이다¹ 통(타) (글씨를) 아무렇게나 쓰다. ㈜끼적이다.

깨작-이다² 통(자) 먹는 모양이나 하는 짓이 마음에 탐탁하지 않은 듯이 게으르게 하다. ㈜께적이다.

깨-죽(-粥) 몡 껍질을 벗긴 참깨에 찹쌀을 섞고 함께 갈아서 쑨 죽.

깨죽-거리다/-대다[-꺼(때)-] 통 ①(타) 불평스러운 말로 자꾸 되씹어 종알거리다. ②(타) 음식을 먹기 싫은 태도로 자꾸 되씹다. ¶그렇게 **깨죽거리지** 말고 얼른 먹어라. ㈜죽거리다.

깨죽-깨죽 면 깨죽거리는 모양. ㈜께죽께죽. **깨죽깨죽-하다** 통(자)(타)

깨:-지다 통(자) 1 '깨어지다'의 준말. ¶유리창이 ~ / 비가 오는 바람에 여행 계획이 **깨졌다**. 2 (경기 따위에서) 패하다. 속된 말임. ¶약팀이라고 말봤다가 크게 **깨졌다**. 3 (윗사람에게) 꾸지람을 당하다. 속된 말임. ¶김 과장은 회의 시간에 사장한테 **깨졌다**.

깨지락-거리다/-대다[-꺼(때)-] 통(자)(타) (먹는 일이나 하는 일을) 마음에 탐탁하지 않은 듯이 게으르게 하다. ¶아이가 반찬 투정을 하면서 밥을 **깨지락거린다**. ㈜깨작거리다·깨질거리다. ㈜께지럭거리다.

깨지락-깨지락 면 깨지락거리는 모양. ㈜깨작깨작·깨질깨질. ㈜께지럭께지럭. **깨지락-하다** 통(자)(타)(여)

깨질-거리다/-대다 통(자)(타) '깨지락거리다'의 준말. ㈜께질거리다.

깨질-깨질 면 '깨지락깨지락'의 준말. ¶무슨 밥을 그렇게 ~ 오래 먹고 있니? ㈜께질께질. **깨질깨질-하다** 통(자)(타)

깨-치다 통(타) 1 (글, 특히 한글이나 한자를) 읽고 쓸 수 있게 되다. ¶그 할머니는 아직도 글을 **깨치지** 못했다. 2 (사물의 이치나 진리를) 깨달아 알게 되다. ¶달마 대사는 굴속에서 9년 동안 면벽한 끝에 도를 **깨쳤다**.

깨트러-지다 통 =깨뜨려지다.

깩 면 충격을 받아 갑자기 되게 지르는 소리. ¶느닷없이 소리를 ~ 지르다. ㈜끽.

깩-깩 면 깩깩거리는 소리. ㈜끽끽.

깩깩-거리다/-대다 통(자) 깩 소리를 자꾸 내다. ㈜끽끽거리다.

깩-소리[-쏘-] 몡 (반드시 부정하거나 금지하는 말 앞에서) 대소리로 반항하는 소리나 태도. ¶~ 마라. / 김 과장은 사장 앞에서는 ~도 못하면서 말단 직원들 앞에서는 호랑이 노릇을 한다. ㈜끽소리. ▷쨱소리.

깰깩-거리다/-대다[-껴(때)-] 통(자) 숨이 막혔다가 터져 깰깩 소리를 자꾸 내다. ㈜낄낄거리다.

깰깰-깰깰 면 깰깰거리는 모양. 또는, 그 소리. ㈜낄낄낄낄. **깰깰깰깰-하다**.

깰깰 '낄낄'의 작은말. ㈜캘캘. **깰깰-하다** 통(자)(여)

깰깰-거리다/-대다 통(자) '낄낄거리다'의 작은말. ㈜캘캘거리다.

깻-묵[깬-] 몡 기름을 짜고 남은 깨의 찌꺼기. 영양분이 많아 가축 사료나 거름 등으로 쓰임. =유박(油粕).

깻-잎[깬닙] 몡 깨의 잎.

깽 면 개 따위가 맞거나 다쳤을 때 아파서 내는 외마디 소리.

깽-깽 면 개 따위가 아파서 애달프게 자꾸 내는 소리.

깽깽-거리다/-대다 통(자) 자꾸 깽깽 소리를 내다.

깽깽-이 몡 해금이나 바이올린을 낮추어 이르는 말. ¶~를 켜다.

깽비리 몡 어린아이나 같은 동아리 중의 작은 사람을 얕잡아 이르는 말.

깽-판 몡 〈속〉 소란을 피우면서 남의 일을 방해하거나 망치는 짓. ¶불량배들이 남의 잔치에 몰려가 ~을 부렸다.

까우듬-하다 형(여) '갸우듬하다'의 센말. ㈜끼우듬하다. **까우듬-히** 면 ¶모자를 ~ 쓰다.

까우뚱-거리다/-대다 통(자)(타) '갸우뚱거리다'의 센말. ¶이상하다는 듯이 고개를 ~. ㈜끼우뚱거리다.

까우뚱-까우뚱 면 '갸우뚱갸우뚱'의 센말. ㈜끼우뚱끼우뚱. **까우뚱까우뚱-하다** 통(자)(타)(여)

까우뚱-하다 I 통(자)(타)(여) '갸우뚱하다'의 센말. ㈜끼우뚱하다. II 형(여) '갸우뚱하다'의 센말. ㈜끼우뚱하다.

까웃[-욷] 면 '갸웃'의 센말. ㈜끼웃. **까웃-하다** 통(자)(여)

까웃-거리다/-대다[-욷꺼(때)-] 통(자)(타) '갸웃거리다'의 센말. ㈜끼웃거리다.

까웃-까웃[-욷-욷] 면 '갸웃갸웃'의 센말. ㈜끼웃끼웃. **까웃까웃-하다** 통(자)(타)(여) ¶사람의 틈을 비집고 고개를 ~.

까웃-하다²[-우타-] 형(여) '갸웃하다²'의 센말. ㈜끼웃하다. **까웃-이** 면

깍 면 위급할 때 놀라서 부르짖는 소리.

깍-깍 면 짐승 같은 것이 죽게 될 때 잇달아 지르는 소리.

깍깍-거리다/-대다[-꺼(때)-] 통(자) 깍깍

소리를 자꾸 내다.
꺅-차다 〖재〗 (먹은 음식이) 목까지 꽉 차다.
깔깔 〖부〗 '갈갈'의 센말.
꺼꾸러-뜨리다/-트리다 〖동〗〖타〗 '거꾸러뜨리다'의 센말. 〖작〗까꾸러뜨리다.
꺼꾸러-지다 〖동〗〖자〗 '거꾸러지다'의 센말. 〖작〗까꾸러지다.
꺼꾸로 〖부〗 '거꾸로'의 센말.
꺼끄러기 〖명〗 벼나 보리 등의 수염. 또는, 그 동강. 〖준〗꺼러기·꺼럭. 〖작〗까끄라기.
꺼끌-꺼끌 〖부〗 (표면이) 거칠어 껄끄러운 모양. 〖작〗까끌까끌. **꺼끌꺼끌-하다** 〖형〗〖여〗
꺼!-내다 〖동〗〖타〗 1 (물건을 안이나 속에서 밖으로) 손이나 도구를 이용하여 나오게 하다. ¶가방에서 책을 ~ / 서랍에서 수첩을 ~. 2 (말 따위를) 상대에게 화제로 내다. ¶이야기를 ~ / 말을 꺼내자니 차마 입이 안 떨어진다.
꺼!-내리다 〖동〗〖타〗 당겨서 아래로 내리다. ¶다락에 있는 짐을 ~.
꺼덕-꺼덕 〖부〗 '거덕거덕'의 센말. 〖작〗까닥까닥. **꺼덕꺼덕-하다** 〖형〗〖여〗 ¶풀 먹인 옷이 말라 ~.
꺼!-두르다 〖동〗〖타〗〖르〗 <~두르니, ~둘러> 움켜쥐고 휘두르다. ¶머리채를 ~. 〖준〗꺼둘다.
꺼-둘리다 〖동〗〖자〗 '꺼두르다'의 피동사.
꺼드럭-거리다/-대다 [-덕-] 〖동〗〖자〗 '거드럭거리다'의 센말. ¶꺼드럭거리며 다니다. 〖준〗꺼들거리다. 〖작〗까드락거리다.
꺼드럭-꺼드럭 〖부〗 '거드럭거드럭'의 센말. 〖준〗꺼들꺼들. 〖작〗까드락까드락. **꺼드럭꺼드럭-하다** 〖자〗〖여〗
꺼들-거리다/-대다 〖동〗〖자〗 '거들거리다'의 센말.
꺼들-꺼들 〖부〗 '거들거들'의 센말. 〖작〗까들까들. **꺼들꺼들-하다** 〖자〗〖여〗 ¶사내애들이 꺼들꺼들하고 다니며 계집애들과 시시덕거린
꺼!-들다 〖동〗〖타〗 <~드니, ~드오> 당겨서 추켜들다. ¶발로 차도 그 보람이 없는 걸 보자 남편은 아내의 머리맡으로 달려들어 그야말로 까치집 같은 환자의 머리를 꺼들어 흔들었다.〈현진건∶운수 좋은 날〉
꺼!들-리다 〖동〗〖자〗〖타〗 '꺼들다'의 피동사. ¶멱살을 ~.
꺼들먹-거리다/-대다 [-꺼(때)-] 〖동〗〖자〗 '거들먹거리다'의 센말. 〖작〗까들막거리다.
꺼들먹-꺼들먹 〖부〗 '거들먹거들먹'의 센말. 〖작〗까들막까들막. **꺼들먹꺼들먹-하다** 〖자〗〖여〗
꺼들먹-이다 〖동〗〖자〗 '거들먹이다'의 센말. 〖작〗까들막이다.
꺼!-들이다 〖동〗〖타〗 당겨서 안으로 들이다.
꺼-뜨리다/-트리다 〖동〗〖타〗 잘못하여 불을 꺼지게 하다. ¶연탄불을 ~.
꺼!리다 〖동〗〖타〗 1 (어떤 일이나 행동, 대상을) 두려워 피하거나 싫어하다. ¶그는 사람 만나기를 꺼린다. 2 〖자〗 (마음에) 개운치 않거나 언짢은 데가 있게 걸리다. ¶양심에 꺼리는 행동은 하지 마라.
꺼림칙-스럽다 [-쓰-따] 〖형〗〖ㅂ〗 <~스러우니, ~스러워> 꺼림칙한 데가 있다.
꺼림칙-하다 [-치카-] 〖형〗〖여〗 매우 꺼림하다. =께름칙하다. ¶밥이 쉰 듯해서 먹기가 ~.
꺼림-하다 〖형〗〖여〗 (어떤 일이) 내키지 않거나 개운치 않은 데가 있어 마음에 걸리는 상태에 있다. =께름하다. ¶애를 집에 혼자 두고

나온 게 ~.
꺼멍 〖명〗 '껌정'의 잘못.
꺼멍-이 〖명〗 '껌정이'의 잘못.
꺼:멓다 [-머타] 〖형〗〖ㅎ〗 <꺼머니, 꺼머오, 꺼메> 어둡고 짙게 검다. ¶꺼먼 연기 / 냄비에 그을음이 꺼멓게 앉다. 〖작〗까맣다.
꺼!-메지다 〖동〗〖자〗 '거메지다'의 센말. ¶피부가 볕에 타 ~. 〖작〗까매지다.
꺼무끄름-하다 〖형〗〖여〗 약간 짙게 거무스름하다. 〖작〗까무끄름하다. 〖여〗거무끄름하다.
꺼무데데-하다 〖형〗〖여〗 '거무데데하다'의 센말. 〖작〗까무대대하다.
꺼무레-하다 〖형〗〖여〗 '까무레하다'의 큰말. 〖여〗거무레하다.
꺼무스레-하다 〖형〗〖여〗 =꺼무스름하다.
꺼무스름-하다 〖형〗〖여〗 '거무스름하다'의 센말. =꺼무스레하다. 〖준〗꺼뭇하다. 〖작〗까무스름하다. **꺼무스름-히** 〖부〗
꺼무접접-하다 [-쩌퍼-] 〖형〗〖여〗 '거무접접하다'의 센말. 〖작〗까무잡잡하다.
꺼무죽죽-하다 [-쭈카-] 〖형〗〖여〗 '거무죽죽하다'의 센말. 〖작〗까무족족하다.
꺼무충충-하다 〖형〗〖여〗 빛이 껌고 충충하다. 〖작〗까무총총하다.
꺼무칙칙-하다 [-치카-] 〖형〗〖여〗 '거무칙칙하다'의 센말. 〖작〗까무칙칙하다.
꺼무테테-하다 〖형〗〖여〗 '꺼무튀튀하다'의 잘못.
꺼무튀튀-하다 〖형〗〖여〗 '거무튀튀하다'의 센말. 〖작〗까무튀튀하다.
꺼뭇-꺼뭇 [-묻-묻] 〖부〗 '거뭇거뭇'의 센말. 〖작〗까뭇까뭇. **꺼뭇꺼뭇-하다** 〖형〗〖여〗 ¶얼굴에 주근깨가 ~.
꺼뭇-하다 [-무타-] 〖형〗〖여〗 '꺼무스름하다'의 준말. 〖작〗까뭇하다.
꺼:벙-이 〖명〗 성격이 야무지지 못하고 조금 모자란 한 사람.
꺼:벙-하다 〖형〗〖여〗 1 (차림새가) 거칠고 터부룩하다. 2 야무지지 못하고 투미하다.
꺼:병이 〖명〗 1 꿩의 어린 새끼. 2 외모가 잘 어울리지 않고 거칠게 생긴 사람.
꺼부러-지다 〖동〗〖자〗 1 부피가 점점 줄어들다. 2 (몸이) 생기가 빠져서 구부러지다. ¶두 끼를 굶었더니 배가 푹 꺼부러져서 걸어갈 기운도 없다. 〖작〗까부러지다.
꺼불-거리다/-대다 〖동〗〖자〗〖타〗 '까불거리다'의 큰말.
꺼불-꺼불 〖부〗 '까불까불'의 큰말. **꺼불꺼불-하다** 〖부〗
꺼불다 <꺼부니, 꺼부오> 1 〖자〗 위아래로 느릿느릿 흔들리다. 2 멋없이 경솔하게 굴다. 2 〖타〗 위아래로 느릿느릿 흔들다. 〖작〗까불다.
꺼슬-꺼슬 〖부〗 1 (살결이나 물건의 거죽이) 부드럽지 못하여 거칠고 뻣뻣한 모양. 2 (성질이) 부드럽지 못하고 거친 모양. 〖작〗까슬까슬. 〖여〗거슬거슬. **꺼슬꺼슬-하다** 〖형〗
꺼!-오다 〖동〗〖타〗 앞으로 끌어서 오게 하다.
꺼이-꺼이 〖부〗 큰 소리로 목이 메일 만큼 요란하게 우는 모양. ~ 목을 놓아 울다.
꺼지다[1] 〖동〗〖자〗 1 (불 따위가) 사라져 없어지다. ¶불 꺼진 창(窓) / 연탄불이 ~. 2 (거품 따위가) 스러지거나 가라앉다. ¶거품이 ~. 3 (노여움이나 분 따위가) 가라앉다. ¶분이 ~. 4 (목숨이) 끊어지다. 비유적인 말임. ¶꺼져 가는 생명의 불씨. 5 (주로 명령형으로 쓰여) 눈앞에서 없어지다. 비속한 말임. ¶썩

꺼져 버려!
꺼지다² 툉(자) 1 우묵하게 들어가다. ¶푹 꺼진 눈/배가 ~. 2 내려앉아 빠지다. ¶방바닥이 ~/몸이 땅속으로 꺼져 드는 것 같다.
꺼칠-꺼칠 뷔 '거칠거칠'의 센말. 짝까칠까칠. 꺼칠꺼칠-하다 형(여) ¶피부가 ~.
꺼칠-하다 형(여) '거칠하다'의 센말. ¶앓고 나더니 얼굴이 몹시 꺼칠해졌다. 짝까칠하다.
꺼칫-거리다/-대다 [-칟꺼(때)-] 툉(자) '거칫거리다'의 센말. 짝까칫거리다.
꺼칫-꺼칫 [-칟-칟] 뷔 '거칫거칫'의 센말. 짝까칫까칫. 꺼칫꺼칫-하다 형(여)
꺼칫-하다 [-치타] 형(여) '거칫하다'의 센말. 짝까칫하다.
꺼풀 몡 ①(자연) 여러 겹으로 된 껍질이나 껍데기의 층. ¶쌍~/겉[속]~/~을 벗기다. ②(의존) ①을 세는 단위로 이르는 말. ¶양배추 를 한 ~ 벗기다. 짝까풀. ×꺼풀.
꺼풀-지다 툉(자) (껍질이나 껍데기 등이 뭉쳐) 꺼풀을 이루다. 짝까풀지다.
꺽 뷔 트림하는 소리.
꺽-꺽 뷔 장끼가 우는 소리.
꺽꺽-푸드덕 뷔 장끼가 울며 홰치는 소리. ×걱걱푸드득. 꺽꺽푸드덕-하다 툉(자)(여)
꺽꺽-푸드득 뷔 '꺽꺽푸드덕'의 잘못.
꺽꺽-하다 [-꺼카-] 형(여) (품질이나 성질이) 억세어서 부드러운 맛이 없다. ¶사람이 꺽꺽하여 대하기가 힘들다.
꺽다리 [-따-] 몡 키가 큰 사람을 별명 삼아 이르는 말. 비키다리.
꺽둑-거리다/-대다 [-뚝꺼(때)-] 툉(타) (단단한 물건을) 고르지 않게 마구 썰다. 짝깍둑거리다.
꺽둑-꺽둑 [-뚝-뚝] 뷔 꺽둑거리는 모양. ¶무를 ~ 썰다. 짝깍둑깍둑. 꺽둑꺽둑-하다 툉(여)
꺽저기 [-쩌-] 몡(동) 농엇과의 민물고기. 쏘가리와 비슷하나 다소 작고, 몸빛은 갈색 바탕에 붉은 가로줄이 있음. 맑은 물에 삶. 준꺽적.
꺽죽-거리다/-대다 [-쭉꺼(때)-] 툉(자) 혼자 잘난 듯이 몸을 흔들며 떠들다.
꺽죽-꺽죽 [-쭉-쭉] 뷔 꺽죽거리는 모양. 꺽죽꺽죽-하다 툉(자)(여)
꺽지 [-찌] 몡(동) 1 농엇과의 민물고기. 쏘가리와 비슷하나 작고 몸빛은 회갈색임. 하천의 중류에 떼 지어 삶. 맛이 좋아 식용함. 2 '꺽저기'의 준말.
꺽지다 [-찌-] 형 (성격이) 억세고 꿋꿋하다.
꺽짓-손 [-찓쏜/-찓쏜] 몡 억세어서 호락호락하지 않은 수단.
꺽짓손(이) 세다 쿈 사람을 휘어잡고 어려운 일을 해낼 만한 수단이 있다.
꺾-기 [꺽끼] 몡 1 (체) 유도에서 굳히기의 한 가지. 상대의 팔을 다리 사이에 끼워 꺾거나 팔꿈치 관절을 비틀어 꺾는 기술. 2 '양전 예금'의 속칭.
꺾-꽂이 [꺽-] 몡(농) 식물의 가지나 잎·눈을 잘라 흙에 꽂아서 완전한 개체로 생육시키는 일. =삽목(揷木). 비삽지(揷枝). 꺾꽂이-하다 툉(타)(여)
꺾꽂이-모 [꺽-] 몡 꺾꽂이를 하기 위해 잘라 낸 식물의 싹. =삽수(揷穗).
꺾다 [꺽따] 툉(타) 1 (길고 탄력성이 있는 단단한 물체를) 크게 구부려 다시 펴지지 않게

만들거나 끊어지게 하다. ¶나뭇가지를 ~. 2 (팔 따위를) 크게 구부려 꼼짝할 수 없게 만들다. ¶형사는 범인의 팔을 뒤로 꺾고 수갑을 채웠다. 3 (허리 따위를) 크게 굽히다. ¶백화점 점원들이 허리를 90도로 꺾고 절을 한다. 4 (자동차나 그 핸들을) 좌우의 어느 방향으로 가도록 다루다. ¶자동차 핸들을 왼쪽으로 ~. 5 (사람의 기세나 고집 등을) 제대로 펴지 못하게 누르다. ¶기를 ~/아무도 재 고집을 꺾지 못해요. 6 (경기 등에서 상대를) 이기거나 물리치다. ¶우리 선수들이 일본을 4강에 진출했다. 7 〈속〉 술을 마시다. ¶포장마차에서 한잔 꺾고 가지.
꺾-쇠 [꺽쇠/꺽쉐] 몡 'ㄷ' 자 모양의 쇠토막. 잇댄 두 개의 나무 따위를 벌어지지 못하게 하는 데 씀. ¶~를 박다[지르다].
꺾쇠-괄호 (-括弧) [꺽쇠-/꺽쉐-] 몡 =대괄호.
꺾쇠-표 (-標) [꺽쇠-/꺽쉐-] 몡 문장 부호의 하나. '[ ]'의 이름.
꺾어-지다 툉(자) 1 휘어 부러지다. ¶나무가 태풍에 ~. 2 (종이 따위가) 모가 지게 접히다.
꺾은-선 (-線) 몡(수) 여러 가지 길이와 방향을 가진 선분을 차례로 이은 선. 구용어는 절선(折線).
꺾은선^그래프 (-線graph) 몡(수) 수량의 크기를 나타내는 위치를 선으로 순서대로 연결하여 이루는 그래프. 시간의 경과에 따라 변화하는 양의 추이를 보는 데에 편리함. 구용어는 절선 그래프.
꺾-이다 툉(자) '꺾다'의 피동사. ¶꺾인 가지/사기가 ~.
꺾임-새 몡 꺾인 생김새.
꺾-자 (-字) [꺽짜] 몡 1 문서의 여백에 '이상 (以上)'의 뜻으로 위에서 아래까지 내리긋는 'ㄱ' 자 모양의 부호. 2 글귀나 글자를 지워 버리기 위하여 내리긋는 줄.
꺾자(를) 치다 쿈 1 문서의 여백에 꺾자를 그리다. 2 글귀나 글자를 지워 버리기 위하여 꺾자를 긋다. =꺾자 놓다.
껄껄 뷔 남자 어른이 몹시 우스워 거침없이 시원스럽게 웃는 소리. 짝깔깔.
껄껄-거리다/-대다 툉(자) 시원스럽고 우렁차게 자꾸 웃다. 짝깔깔거리다.
껄껄-하다 형(여) 1 (촉감이) 부드럽지 못하고 꺼칠꺼칠하다. ¶농부의 껄껄한 손. 2 (성미가) 거세어서 부드럽지 못하다. 짝깔깔하다.
껄끄럽다 [-따] 형(여) 〈껄끄러우니, 껄끄러워〉 1 (까끄러기 따위가) 살에 닿아서 자꾸 뜨끔거리다. 2 미끄럽지 못하고 껄껄하다. ¶옷감이 ~. 3 관계가 친숙하지 못하고 서먹하다. ¶껄끄러운 사이. 짝깔끄럽다.
껄끔-거리다/-대다 툉(자) 껄끄럽고 뜨끔거리다.
껄끔-껄끔 뷔 껄끔거리는 모양. 짝깔끔깔끔. 껄끔껄끔-하다 툉(자)(여)
껄떡 뷔 1 물 따위의 액체를 기운 없이 삼키는 소리. 2 숨이 끊어질 듯 말 듯 하는 모양. 3 얇고 뻣뻣한 물체의 바닥이 뒤집히는 소리. 짝깔딱. 껄떡-하다 툉(자)(타)(여)
껄떡-거리다/-대다 [-꺼(때)-] 툉 ①(자) 얇고 뻣뻣한 물체의 바닥이 되풀이하여 뒤집히는 소리가 자꾸 나다. 2 음식을 밝히면서 자꾸 먹고 싶어 하다. 또는, 색을 밝히면서 자꾸 탐하다. 비난조의 말임. ¶부침개를 집어 먹으면서 껄떡거린다./저 녀석은 여

자만 보면 껄떡거린다니까. ②[타] 1 기운 없이 액체를 삼켜 자꾸 껄떡 소리를 내다. 2 약한 숨을 끊어질 듯 말 듯 하게 겨우 이어 가다. ¶숨을 ~. 짝깔딱거리다.
껄떡-껄떡 [부] 껄떡거리는 소리. 또는, 그 모양. 짝깔딱깔딱. **껄떡껄떡-하다** [동][자][타][여]
껄떡-쇠 [-쐬/-쒜] [명] 먹을 것을 몹시 탐하는 사람을 얕잡아 이르는 말.
껄떡-이 [명] 음식이나 재물을 욕심내는 사람.
껄떡-이다 [동] ①[자] 얇고 빳빳한 물체의 바닥이 뒤집히는 소리가 나다. ②[타] 1 기운 없이 액체를 삼켜 껄떡 소리를 내다. 2 약한 숨을 끊어질 듯 말 듯 하게 겨우 이어 가다. 짝깔딱이다.
껄떡-하다² [-떠카-] [형][여] 1 얼이 빠져 있다. 2 기운이 없거나 병이 나서 눈꺼풀이 힘없이 열려 있고 눈알이 푹 들어가 있다. 짝깔딱하다.
껄렁껄렁-하다 [형][여] (말이나 행동이) 들뜨고 미덥지 않다. ¶껄렁껄렁한 사람. [준]껄렁하다.
껄렁-이 [명] 됨됨이나 하는 짓이 껄렁껄렁한 사람.
껄렁-패 (-牌) [명] 껄렁껄렁한 사람의 무리.
껄렁-하다 [형][여] '껄렁껄렁하다'의 준말.
껌 (-gum) [명] 치클에 당분·박하·향료 등을 넣어 만든 과자. 삼키지는 않고 씹기만 함. =추잉검. ¶풍선~ / ~을 뱉다 / ~을 질겅질겅 씹다.
껌껌-나라 [명] 1 껌껌하여 아무것도 보이지 않는 어둠. 또는, 그런 곳. 2 껌껌하게 아무 일도 전혀 모르는 상태. 짝깜깜나라.
껌껌-하다 [형][여] 1 아주 어둡다. ¶창고 안이 ~. 2 (마음이) 결백하지 못하다. [큰]컴컴하다.
껌!다 [따] (껌!고 / 껌어) [형] 어둡고 짙게 검다. 짝깜다.
껌둥-개 [명] 털빛이 꺼먼 개. 짝깜둥개.
껌둥-이 [명] '검둥이'의 센말. 짝깜둥이.
껌벅 [부] 1 등불이나 별빛 따위가 잠깐 어두워졌다 밝아지는 모양. 2 큰 눈을 잠깐 감았다가 뜨는 모양. 짝깜박. [센]껌뻑. **껌벅-하다** [동][자][타][여]
껌벅거리다·대다 [-꺼(때)-] [동][자][타] 자꾸 껌벅이다. 짝깜박거리다. [센]껌뻑거리다.
껌벅-껌벅 [부] 껌벅거리는 모양. 짝깜박깜박. [센]껌뻑껌뻑. **껌벅껌벅-하다** [동][자][타][여]
껌벅-이다 [동] ①[자] 1 등불이나 별빛 따위가 잠깐 어두워졌다 밝아졌다 하다. ②[타] 큰 눈을 잠깐 감았다 떴다 하다. 짝깜박이다. [센]껌뻑이다.
껌뻑 [부] '껌벅'의 센말. 짝깜빡. **껌뻑-하다** [동][자][타][여]
껌뻑-거리다·대다 [-꺼(때)-] [동][자][타] '껌벅거리다'의 센말. 짝깜빡거리다.
껌뻑-껌뻑 [부] '껌벅껌벅'의 센말. 짝깜빡깜빡. **껌뻑껌뻑-하다** [동][자][타][여]
껌뻑-이다 [동][자][타] '껌벅이다'의 센말. 짝깜빡이다.
껌적-껌적 [부] '검적검적'의 센말. 짝깜작깜작. **껌적껌적-하다** [형][여]
껌정 [명] 껌은 빛깔. 또는, 그런 색을 내는 감과 같은 물질. 짝깜장. ×꺼멍.
껌정-이 [명] '검정이'의 센말. 짝깜장이.
껌-팔이 (←gum-) [명] 돌아다니면서 껌을 파는 사람.
껍데기 [-떼-] [명] 1 알맹이나 내용물을 담고 나 그것의 겉을 싸고 있으며 비교적 쉽게 떼어 낼 수 있는 물건. 갑·튜브·캡슐·포장지 등을 모두 포함하는 말. ¶요 ~ / 과자 ~. 2 생물체의 껍질 중 비교적 단단한 것을 이르는 말. =각(殼). ¶달걀 ~ / 조개 ~. ▷껍질. 3 화투에서, 끗수가 없는 것. =껍질·피(皮). ¶~만 잔뜩 몰아다 놓다. 4 실질적인 내용이 없이 헛된 것을 비유적으로 이르는 말. ¶그가 쓴 자투는 허울 좋은 ~일 뿐이다. 짝갑대기.
껍신-거리다·대다 [동][타] (머리나 몸의 일부를) 경망스럽게 위아래로 자꾸 움직이다. 짝갑신거리다.
껍신-껍신 [-씬-씬] [부] 껍신거리는 모양. 짝갑신갑신. **껍신껍신-하다** [동][자][타][여]
껍적-거리다·대다 [-쩌거(때)-] [동][자] 방정맞게 함부로 까불거리다. ¶아무 데서나 껍적거리지 말고 가만히 있어! 짝갑작거리다.
껍적-껍적 [-쩍-쩍] [부] 껍적거리는 모양. 짝갑작갑작. **껍적껍적-하다** [동][자][타][여]
껍죽-거리다·대다 [-쭉거(때)-] [동][자] 1 신이 나서 방정맞게 함부로 껄불거리다. 2 잘난 체하다. ¶쥐뿔도 모르는 주제에 껍죽거리기는. 짝갑죽거리다.
껍죽-껍죽 [-쭉-쭉] [부] 껍죽거리는 모양. ¶모르면 가만히 있지 왜 ~ 나서고 야단이냐? 짝갑죽갑죽. **껍죽껍죽-하다** [동][자][타][여]
껍질 [-찔] [명] 1 사람 또는 동물의 몸이나 알, 식물의 줄기나 열매 등의 겉을 싸거나 덮고 있는 물질. ¶나무 ~ / 사과 ~ / 뱀이 벗어 놓은 ~ / 살갗이 타서 ~이 벗어진다. 짝갑질. ▷껍데기3.
-껏 [껃] [접미] 1 일부 명사에 붙어, '힘 자라는 한', '있는 대로 다하여'의 뜻을 나타내는 말. ¶힘~ / 마음~ / 정성~. 2 때를 나타내는 일부 부사어에 붙어, '까지'의 뜻을 나타내는 말. ¶여태~ / 지금~.
껑 [부] ⟨속⟩ 거짓말.
껑-까다 [동] ⟨속⟩ 거짓말하다.
껑둥 [부] '껑둥'보다 어감이 약한 말. '경둥'의 센말이기도 함. 짝깡동.
껑둥-거리다·대다 [동][자] '껑둥거리다' 보다 어감이 약한 말. '경둥거리다'의 센말이기도 함. 짝깡동거리다.
껑둥-껑둥 [부] '껑둥껑둥'보다 어감이 약한 말. '경둥경둥'의 센말이기도 함. **껑둥껑둥-하다** [동][자][여]
껑둥-하다 [형][여] '껑둥하다'보다 어감이 약한 말. '경둥하다'의 센말이기도 함. 짝깡동하다.
껑뚱 [부] '깡뚱'의 큰말. '경둥', '껑둥'의 센말임.
껑뚱-거리다·대다 [동][자] '깡뚱거리다'의 큰말. '경둥거리다', '껑둥거리다'의 센말임.
껑뚱-껑뚱 [부] '깡뚱깡뚱'의 큰말. '경둥경둥', '껑둥껑둥'의 센말임. **껑뚱껑뚱-하다** [동][자][여]
껑뚱-하다 [형][여] '깡뚱하다'의 큰말. '경둥하다', '껑둥하다'의 센말임.
껑쩡 [부] 긴 다리로 힘있게 내어 뛰는 모양. 짝깡쭝. [큰]겅청.
껑쩡-거리다·대다 [동][자] '경정거리다'의 센말. 짝깡쭝거리다. [큰]겅청거리다.
껑쩡-껑쩡 [부] '경정경정'의 센말. 짝깡쭝깡쭝. [큰]겅청겅청. **껑쩡껑쩡-하다** [동][자][여]
껑쭝 [부] '경중'의 센말. 짝깡쭝. [큰]겅충.

껑쭝-거리다/-대다 재 '경중거리다'의 센말. 좽깡쭝거리다. 게겅충거리다.
껑쭝-껑쭝 뷔 '경중경중'의 센말. 좽깡쭝깡쭝. 게겅충겅충. **껑쭝껑쭝-하다** 통재여
껑청 뷔 '겅청'의 거센말. 좽깡청.
껑청-거리다/-대다 통재 '겅정거리다', '껑청거리다'의 거센말. 좽깡청거리다.
껑청-껑청 뷔 '겅정겅정', '껑청껑청'의 거센말. 좽깡청깡청. **껑청껑청-하다** 통재여
껑충 뷔 1 '겅중', '껑쭝'의 거센말. ¶뜀틀을 ~ 뛰어넘다. 좽깡충. 2 어떠한 단계나 순서를 단번에 건너뛰는 모양. ¶학교 성적이 ~ 뛰다.
껑충-거리다/-대다 통재 '겅중거리다'의 거센말.
껑충-껑충 뷔 '경중경중'의 거센말. ¶기뻐서 ~ 뛰다. 좽깡충깡충. **껑충껑충-하다** 통재여
껑충-이 명 1 키가 껑충하게 큰 사람. 2 키가 크고 싱거운 사람.
껑충-하다 형 키가 멋없이 크고 다리가 길다. ¶키가 껑충한 소나무들이 총총한 숲을 이룬 봉 고개 마루턱.《황석영:장길산》 좽깡충하다.
께 조 '에게'의 높임말. ¶선생님~ 편지를 올리다.
-께² 접미 시간이나 공간을 나타내는 일부 명사 아래에 쓰여, '그 가까운 범위'를 뜻하는 말. ¶이달 말~나 보자. / 남문~ 산다.
께끄름-하다 형 께끄름지근하고 께림하다. 준께끔하다. **께끄름-히** 뷔
께끔-하다 형 '께끄름하다'의 준말. **께끔-히** 뷔
께끼다 태 1 (절구질을 할 때, 확의 가장자리로 올라오는 것을) 안으로 밀어 넣다. 2 (노래나 말을) 옆에서 거들어 잘 어울리게 하다.
께느른-하다 형여 몸을 움직이고 싶지 않을 만큼 느른하다. ¶께느른한 오후. 좽깨나른하다.
께름칙-하다 [-치카-] 형여 =꺼림칙하다.
께름-하다 형여 =꺼림하다. ¶음식이 정갈하지 않아 먹기가 ~.
께서 조 윗사람이나 존귀한 대상을 나타내는 체언에 붙어, 그 대상을 높임과 동시에 그 대상이 문장의 주어가 되도록 하는 조사. 주격 조사 '가/이'의 높임말임. 서술어에는 높임을 나타내는 선어말 어미 '-시-'를 붙임. ¶아버님~ 오셨다. / 주(主)~ 말씀하시되.
께옵서 [-쎄] 조 주격 조사 '가/이'의 높임말인 '께서'를 더욱 높인 말. 현대어에서는 편지 글과 같은 문어에서 드물게 쓰임. ¶상감~ 듭십니다.
께저분-하다 형여 '계저분하다'의 센말. **께저분-히** 뷔
께적-거리다/-대다 [-꺼 (때)-] 통재태 '께지럭거리다'의 준말. ¶께적거리지 말고 빨리 먹어라. 좽깨작거리다.
께적-께적 뷔 '께지럭께지럭'의 준말. 좽깨작깨작. **께적께적-하다** 통재태여 ¶입맛이 없어 께적께적하다 말다.
께적-이다 통재여 먹는 모양이나 하는 짓이 마음에 탐탁하지 않은 듯이 게으르다. 좽깨작이다.
께적지근-하다 [-찌-] 형여 '계적지근하다'의 센말. **께적지근-히** 뷔
께죽-거리다/-대다 [-꺼 (때)-] 통 1 재 못

마땅하게 여겨 자꾸 중얼거리다. 2 태 (음식을) 먹기 싫은 태도로 자꾸 되씹다. 좽깨죽거리다.
께죽-께죽 뷔 께죽거리는 모양. 좽깨죽깨죽. **께죽께죽-하다** 통재태여
께지럭-거리다/-대다 [-꺼 (때)-] 통재태 하는 짓이나 먹는 모양이 탐탁하지 않고 굼뜨게 하다. 준께적거리다·께질거리다. 좽깨지락거리다.
께지럭-께지럭 뷔 께지럭거리는 모양. 준께적께적·께질께질. 좽깨지락깨지락. **께지럭께지럭-하다** 통재태여
께질-거리다/-대다 통재태 '께지럭거리다'의 준말. 좽깨질거리다.
께질-께질 뷔 '께지럭께지럭'의 준말. ¶무슨 밥을 그렇게 ~ 먹고 있니? 좽깨질깨질. **께질께질-하다** 통재태여
껙-껙 뷔 '꿱꿱'의 잘못.
껜¹ '께는'이 준 말. ¶선생님~ 이걸 드렸으면 좋겠다.
-껜² '-께는'이 준 말. ¶중순~ 비가 오겠지.
껴-들다 통태 (~드니, ~드오) 1 두 팔로 끼어서 들다. 2 두 물건을 한데 겹쳐서 들다.
껴-묻다 [-따] 통재 (주로 '껴묻어'의 꼴로 쓰여) 다른 물건에 같이 끼이다. ¶내 짐이 당신 짐에 껴묻어 갔는지 살펴보세요.
껴-안다 [-따] 통태 1 (대상을) 두 팔로 두르거나 감아서 안다. ¶그 남자는 여자를 힘껏 껴안았다. 2 혼자서 여러 가지 일을 떠맡다. ¶감당 못할 일을 혼자 껴안고 고 절절맨다.
껴-입다 [-따] 통태 옷을 입은 위에 덧입다. ¶옷을 잔뜩 껴입었더니 덥다.
껴입-히다 [-이피-] 통태 '껴입다'의 사동.
꼬기-꼬기 '꼬깃꼬깃'의 잘못.
꼬기작-거리다/-대다 [-꺼 (때)-] 통태 구김살이 지게 자꾸 구기다. 큰꾸기적거리다. 여고기작거리다.
꼬기작-꼬기작 뷔 꼬기작거리는 모양. ¶편지를 ~ 구겨서 버리다. 큰꾸기적꾸기적. 여고기작고기작. **꼬기작꼬기작-하다** 통태
꼬깃-거리다/-대다 [-긴꺼 (때)-] 통태 구김살이 지게 마구 구기다. 큰꾸깃거리다. 여고깃거리다.
꼬깃-꼬깃 [-긴-긴] 뷔 꼬깃거리는 모양. ¶원고지를 ~ 구기다. 큰꾸깃꾸깃. 여고깃고깃. **꼬깃꼬깃-하다** 통태형여 ¶꼬깃꼬깃한 돈.
꼬까 명 <유아> 알록달록 곱게 만든, 아이의 옷이나 신발. =고까·때때. ¶얘야 ~ 입고 어딜 가니?
꼬까-신 명 <유아> 알록달록하고 고운, 아이의 신. =고까신·때때신.
꼬까-옷 [-옫] 명 <유아> 알록달록 곱고 고운, 아이의 옷. =때때옷·고까옷.
꼬꼬 Ⅰ 명 <유아> 닭. ¶저기 ~ 온다. Ⅱ 뷔 암탉 우는 소리.
꼬꼬-닭 [-닥] 명 <유아> '닭'을 '꼬꼬'운다 하여 일컫는 말.
꼬꼬댁 뷔 암탉이 놀랐거나 알을 낳은 뒤에 우는 소리. ×꼬꼬댁.
꼬꼬댁-거리다/-대다 [-꺼 (때)-] 통재 암탉이 놀랐거나 알을 낳은 뒤에 자꾸 꼬꼬댁 하다.
꼬꼬댁-꼬꼬댁 뷔 꼬꼬댁거리는 소리.
꼬꼬 뷔 '꼬끼오'의 준말.

꼬꾸라-뜨리다/-트리다 動(他) '고꾸라뜨리다'의 센말.
꼬꾸라-지다 動(자) '고꾸라지다'의 센말. ¶총을 맞고 ~.
꼬끼댁 副 '꼬꼬댁'의 잘못.
꼬끼오 副 수탉 우는 소리. 준꼬꼬.
꼬나-물다 動(他) ⟨~무니, ~무오⟩ (담배나 물부리 등을) 입에 물다. 얕잡는 말임. ¶담배를 ~.
꼬나-보다 動(他) (대상을) 눈을 모로 뜨고 못마땅한 듯이 노려보다. ¶사내는 이맛살을 찌푸리고 이족을 꼬나보고 있다.
꼬느다 動(他) ⟨꼬느니, 꼬나⟩ 1 무거운 물건의 한쪽 끝을 쥐고 번쩍 치켜들어 내뻗치다. ¶창을 꼬나 쥐고 내닫다. 2 잔뜩 차려 다지고 벼르다. ¶연필을 꼬느고 시험지가 배부되기만을 기다렸다. 3 =꼽다. ¶상반기의 실적을 꼬나 보다.
꼬다 (꼬;고/꼬아) 動(他) 1 (길이를 가진 물체의 둘 이상의 가닥을) 축을 중심으로 돌려 가닥과 가닥이 서로 다른 가닥을 감아 한 줄이 되게 하다. ¶짚으로 새끼를 ~. 2 (길이를 가진 물체를) 한쪽 끝과 다른 쪽 끝을 하나의 축을 중심으로 반대 방향으로 돌려서 물체가 비틀어지게 하다. ¶전공(電工)이 철사를 펜치로 꼬아서 끊다. 3 (몸통을) 한쪽 방향으로 틀어서 돌리다. 또는, (두 팔을) 양손을 맞잡은 상태에서 한쪽 방향으로 돌리다. ¶영희는 부끄러워 몸을 자꾸 비비 꼬았다. 4 (다리를) 한쪽 다리를 다른 쪽 다리 무릎과 허벅지 위에 둔 자세가 되게 하다. ¶여자가 다리를 꼬고 앉아 있다. 5 (말을) 빙 돌려서 하여 기분을 상하게 하다. 비꼬다.
꼬독-꼬독 副 물기 있는 물건이 거의 말라서 단단한 모양. 콘꾸둑꾸둑. 예고독고독. 꼬독꼬독-하다 形(여)
꼬드기다 動(他) 1 (어떤 사람을) 무슨 일을 하도록 꾀어 부추기다. ¶동생을 꼬드겨서 못된 짓을 시키다. 2 연이 높이 오르도록 연줄을 잡아 잦히다.
꼬드러-지다 動(자) '고드러지다'의 센말. ¶말라 꼬드러진 인절미. 콘꾸드러지다.
꼬들-꼬들 副 (밥알이) 물기가 적어서 오돌오돌한 모양. 콘꾸들꾸들. 예고들고들. 꼬들꼬들-하다 形(여) ¶꼬들꼬들한 밥.
꼬라-박다 [-따] 動(他) 1 (사물을) 거꾸로 내리 박다. ¶운전 부주의로 차를 고랑창에 꼬라박았다. 2 (밑천을) 헛되이 날리다. 속된 말임. ¶섣불리 장사를 시작했다가 돈만 꼬라박았다.
꼬라박-히다 [-바키-] 動(자) '꼬라박다¹'의 피동사.
꼬라비 名 '꼴찌'의 잘못.
꼬라지 '꼬락서니'의 잘못.
꼬락서니 [-써-] 名 '꼴'을 더욱 낮추어 이르는 말. ¶네 ~가 그게 뭐냐? ×꼬라지.
꼬랑이 名 1 '꼬리'를 속되게 이르는 말. 2 배추나 무 따위의 뿌리 끝 부분.
꼬랑지 名 '꽁지'를 속되게 이르는 말.
꼬르륵 副 1 배가 고플 때 배 속에서 나는 소리. 또는, 배 속이 좋지 않을 때 나는 부글거리는 소리. ¶맛있는 냄새를 맡으니 배 속에서 ~ 소리를 낸다. 2 물속에서 기체의 작은 방울이 물 위로 떠오를 때 나는 소리. ¶~ 소리를 내며 맥주병이 물속으로 가라앉다. 3 물이 관의 작은 구멍으로 한꺼번에 빠져나가면서 내는 소리. 4 대통 속의 담뱃진 따위가 끓어오를 때 나는 소리. 5 닭이 놀라거나 했을 때 목에서 내는 소리. 콘꾸르륵. 꼬르륵-하다 動(자여)
꼬르륵-거리다/-대다 [-꺼(때)-] 動(자) 연이어 꼬르륵하다. ¶배가 고픈지 배 속에서 꼬르륵거린다. 콘꾸르륵거리다.
꼬르륵-꼬르륵 副 꼬르륵거리는 소리. 콘꾸르륵꾸르륵. 꼬르륵꼬르륵-하다 動(자여)
꼬리 名 1 동물의 꽁무니에 가늘고 길게 내민 부분. 물고기의 경우에는 넓적하게 펼쳐짐. ¶돼지의 ~ / 강아지가 ~를 치다. 2 사물의 아래쪽에 길게 내민 부분을 비유하여 이르는 말. ¶배추 ~ / 혜성의 ~ / ~를 길게 단 가오리연. 3 [음] 음표의 대 끝에 달린 낚싯바늘 모양의 부분. 4 사람을 찾아내거나 쫓아갈 수 있을 만한 흔적이나 자취. ¶~를 감추다 / ~를 밟히다.

유의어	꼬리/꽁지
'꼬리'는 길짐승의 꽁무니에 길게 내민 것을 가리키고, '꽁지'는 날짐승의 꽁무니에 붙은 것을 가리킴.	

[꼬리가 길면 밟힌다] 나쁜 짓을 계속하면 끝내는 들키고야 만다.
꼬리(를) 감추다 句 자취를 감추다. ¶경찰이 들이닥쳤을 때는 이미 범인은 꼬리를 감춘 뒤였다.
꼬리(가) 길다 句 문을 꼭 닫지 않고 드나드는 사람을 나무라는 말. ¶웬 꼬리가 그리 길어.
꼬리(를) 달다 句 1 앞뒤로 서로 이어지다. 2 어떠한 것에 더 보태어 말하다.
꼬리(를) 물다 句 계속 이어지다. ¶그에 관한 소문이 꼬리를 물고 퍼졌다. / 자동차의 행렬이 꼬리를 물고 이어졌다.
꼬리(를) 밟히다 句 행적을 들키다. ¶한 번만 더 한번만 더 하고 만나다가 꼬리를 밟히고 말았다.
꼬리(를) 사리다 句 두려워 경계하며 피하거나 움츠러들다.
꼬리(를) 잇다 句 계속 이어지다. ¶대형 사고가 ~.
꼬리(를) 잡다 句 감추고 있는 것을 알아내다. ¶그렇지 않아도 수상쩍다 했는데 마침내 꼬리를 잡았다.
꼬리(를) 치다 句 (여자가 남자에게) 이성으로서의 관심을 가지고 유혹하는 행동을 하다. 얕잡는 말임. 비꼬리(를) 흔들다. ¶여자가 먼저 ~.
꼬리(를) 흔들다 句 (여자가 남자에게) 아양을 떨거나 하면서 유혹하는 행동을 하다. 얕잡는 말임. 비꼬리(를) 치다.
꼬리-곰탕 名 소의 꼬리를 푹 곤 음식.
꼬리-깃 名 '꽁지깃'의 잘못.
꼬리^날개 名 비행기의 뒤쪽에 장치한 수직 및 수평의 날개. =뒷날개·미익(尾翼).
꼬리-별 名[천] =혜성(彗星)1.
꼬리-뼈 名[생] 척추의 가장 아랫부분에 있고, 아래가 뾰족한 뼈. 사람의 경우, 3~5개의 꽁무니뼈가 유합(癒合)한 것임. =미골(尾骨).
꼬리-잡기 [-끼] 名 어린이들이 두 편으로 나뉘어, 각 편이 앞사람의 허리를 잡고 일렬을 이루어, 맨 앞사람이 상대편의 맨 뒷사람을 잡는 놀이.
꼬리-지느러미 名[동] 물고기의 꼬리를 이루고 있는 지느러미. 방향을 조종함. =미기

(尾鰭).
꼬리-털 [명] 짐승의 꼬리에 난 털. =미모(尾毛).
꼬리-표(-票) [명] **1** 화물을 운송 수단이나 우편으로 부칠 때, 보내는 사람과 받을 사람의 주소·성명을 적어 그 물건에 달아매는 쪽지. =표(票). **2** 어떤 사람에게 늘 따라 붙는 좋지 않은 평가나 평판. ¶사기꾼이라는 ~가 붙다.
꼬마 [명] **1** 어린아이를 귀엽게 이르는 말. =꼬마둥이. ¶~야, 말 좀 묻자. **2** '키가 작은 사람'을 놀림조로 이르는 말. **3** 조그마한 사물을 귀엽게 이르는 말. ¶~전구.
꼬마-둥이 [명] =꼬마1.
꼬마-전구(-電球) [명] 작은 전구. 특히, 손전등이나 크리스마스트리에 쓰이는 전구를 이름.
꼬막 [명][동] 연체동물 부족류 돌조갯과의 한 종. 껍데기에는 부챗살 모양의 방사륵(放射肋)이 있음. 모래 진흙 속에 살며, 요리에 많이 씀. =강요주·살조개·안다미조개.
꼬맹이 [명] '꼬마'를 홀하게 이르는 말.
꼬무락-거리다/-대다[-꺼(때)-] [동][자][타] (몸을) 조금씩 느리게 자꾸 움직이다. ¶발가락을 ~. [큰]꾸무럭거리다. [여]고무락거리다.
꼬무락-꼬무락 [부] 꼬무락거리는 모양. [큰]꾸무럭꾸무럭. [여]고무락고무락. **꼬무락꼬무락-하다** [동][자][타][여]
꼬물-거리다/-대다 [동][자][타] **1** 몸을 조금씩 느리게 자꾸 움직이다. **2** 굼뜨게 행동하다. ¶**꼬물거리지** 말고 빨리 나와. [큰]꾸물거리다. [여]고물거리다.
꼬물-꼬물 [부] 꼬물거리는 모양. [큰]꾸물꾸물. [여]고물고물. **꼬물꼬물-하다** [동][자][타][여]
꼬박[1] [부] 일정한 상태를 그대로 계속하는 모양. =꼬박이. ¶밤을 ~ 새우다 / ~ 나흘이 걸렸다. [센]꼬빡.
꼬박[2] [부] **1** 졸거나 절할 때에 머리를 조금 숙였다가 드는 모양. **2** 순간적으로 잠이 드는 모양. ¶나도 모르게 ~ 잠이 들었다. [큰]꾸벅. [센]꼬빡. **꼬박-하다** [동][자][타][여]
꼬박-거리다/-대다[-꺼(때)-] [동][타] 졸거나 절할 때 조금씩 머리를 자꾸 숙였다가 들다. [큰]꾸벅거리다. [센]꼬빡거리다.
꼬박-꼬박[1] [부] 꼬박거리는 모양. ¶~ 졸다. [큰]꾸벅꾸벅. [센]꼬빡꼬빡. **꼬박꼬박-하다** [동][타][여]
꼬박-꼬박[2] [부] 어기지 않고 고대로 계속하는 모양. ¶~ 제 날짜에 이자를 치르다.
꼬박-이 [부] =꼬박[1]. ¶이틀 동안 너를 ~ 기다렸다. / 어젯밤을 ~ 새웠다.
꼬박-이다 [동][타] 졸거나 절을 할 때에 머리를 조금 앞으로 숙였다가 들다. [큰]꾸벅이다. [센]꼬빡이다.
꼬부라-들다 [동][자] 〈~드니, ~드오〉 '고부라들다'의 센말. [큰]꾸부러들다.
꼬부라-뜨리다/-트리다 [동][타] '고부라뜨리다'의 센말. [큰]꾸부러뜨리다.
꼬부라-지다[1] [동][자] '고부라지다'의 센말. ¶등이 **꼬부라진** 할머니. [큰]꾸부러지다.
꼬부라-지다[2] [형] 성미나 마음이 바르지 않고 비틀어져 있다.
꼬부랑 [명] 《일부 명사 앞에 쓰여》 그 대상의 외형이 꼬부라져 있음을 나타내는 말. ¶~글자 / ~길 / ~ 할머니〔노인〕.
꼬부랑-글씨 [명] =꼬부랑글자.
꼬부랑-글자(-字)[-짜] [명] **1** 모양 없이 서투르게 쓴 글씨. **2** 서양 글자를 속되게 이르는 말. =꼬부랑글씨. ¶~라 알 수가 있나.
꼬부랑-길[-낄] [명] 꼬부라진 길. [큰]꾸부렁길. [여]고부랑길.
꼬부랑-꼬부랑 [부] 여러 군데가 꼬부랑한 모양. [큰]꾸부렁꾸부렁. [여]고부랑고부랑. **꼬부랑꼬부랑-하다** [형][여] ¶**꼬부랑꼬부랑한** 산길.
꼬부랑-말 [명] 영어·프랑스 어 등의 서양 말을 낮추어 이르는 말.
꼬부랑-이 [명] 꼬부라진 물건. [큰]꾸부렁이. [여]고부랑이.
꼬부랑-하다 [형][여] 한쪽으로 휘어서 굽다. [큰]꾸부렁하다. [여]고부랑하다.
꼬부리다 [동][타] 한쪽으로 휘어 굽게 하다. ¶허리를 ~. [큰]꾸부리다.
꼬부스름-하다 [형][여] '고부스름하다'의 센말. [준]꼬부슴하다. [큰]꾸부스름하다. **꼬부스름-히** [부]
꼬부슴-하다 [형][여] '꼬부스름하다'의 준말. [큰]꾸부슴하다. **꼬부슴-히** [부]
꼬부장-꼬부장 [부] '고부장고부장'의 센말. [큰]꾸부정꾸부정. **꼬부장꼬부장-하다** [형][여] ¶허리가 **꼬부장꼬부장한** 할머니들이 모였다.
꼬부장-하다 [형][여] '고부장하다'의 센말. [큰]꾸부정하다. **꼬부장-히** [부]
꼬불-거리다/-대다 [동][자] 이리저리 꼬부라지다. [큰]꾸불거리다. [여]고불거리다.
꼬불-꼬불 [부] 꼬불거리는 모양. [큰]꾸불꾸불. [여]고불고불. **꼬불꼬불-하다** [형][여] ¶**꼬불꼬불한** 골목 / 산길이 ~.
꼬불-치다 [동][타] 〈속〉 (돈이나 물건을) 남몰래 제 것으로 가지다. ¶왕초 몰래 돈을 ~.
꼬불탕-꼬불탕 [부] 여러 군데가 꼬불탕한 모양. ¶~ 꼬부라진 고갯길. [큰]꾸불텅꾸불텅. [여]고불탕고불탕. **꼬불탕꼬불탕-하다** [형][여]
꼬불탕-하다 [형][여] 굽이가 나슨하게 꼬부라지다. [큰]꾸불텅하다. [여]고불탕하다.
꼬붓-꼬붓[-붇-붇] [부] '고붓고붓'의 센말. [큰]꾸붓꾸붓. **꼬붓꼬붓-하다** [형][여] **꼬붓꼬붓-이** [부]
꼬붓-하다[-부타-] [형][여] '고붓하다'의 센말. ¶허리가 **꼬붓한** 할머니. [큰]꾸붓하다. **꼬붓-이** [부]
꼬빡[1] [부] '꼬박[1]'의 센말. ¶그 일을 하는 데 ~ 하루가 걸렸다.
꼬빡[2] [부] '꼬박[2]'의 센말. [큰]꾸뻑. **꼬빡-하다** [동][자][타][여]
꼬빡-거리다/-대다[-꺼(때)-] [동][타] '꼬박거리다'의 센말. [큰]꾸뻑거리다.
꼬빡-꼬빡 [부] '꼬박꼬박[1]'의 센말. [큰]꾸뻑꾸뻑. **꼬빡꼬빡-하다** [동][타][여]
꼬빡-이다 [동][타] '꼬박이다'의 센말. [큰]꾸뻑이다.
꼬시다 [동][타] '꾀다[3]'의 잘못.
꼬시래기 [명][식] 홍조류 꼬시래깃과의 해조(海藻). 몸은 깃꼴로 나누어지고 연하며, 몸빛은 흑자색 또는 암갈색임. 한천 제조에 우뭇가사리와 섞어 사용함. =강리(江籬).
꼬이다[1] [동][자] =꾀다[1].
꼬-이다[2] [동][자] **1** '꼬다'의 피동사. ¶줄이 배배 ~. **2** (일이) 순순히 되지 않고 뒤틀리다. ¶하는 일마다 **꼬여** 돌아간다. **3** 비위가 거슬려 마음이 뒤틀리다. [준]꾀다.
꼬이다[3] [동][타] =꾀다[3].

꼬임 '꾐'의 본딧말.
꼬장-꼬장 閉 1 (가늘고 긴 물건이) 빳빳하거나 곧은 모양. 2 (사람의 성질이나 마음이) 곧고 꼿꼿한 모양. 3 (늙은이의 몸이) 곧고 탄탄한 모양. 큰꾸정꾸정. **꼬장꼬장-하다** 匣

꼬질-꼬질 閉 1 몹시 뒤틀리고 꼬불꼬불한 모양. 2 옷이나 몸에 때가 많은 모양. ¶때가 ~. **꼬질꼬질-하다** 匣

꼬집다[-따] 匣曰 1 (손가락과 손가락, 손톱과 손톱으로) 살을 집어 뜯거나 비틀다. ¶허벅지를 손으로 ~. 2 (남의 비밀·감정 따위를) 찌르듯이 건드려 말하거나 지적하다. ¶남의 약점을 ~.
  꼬집어 말하다 句 분명하게 꼭 집어서 말하다. ¶그것은 뭐라고 **꼬집어 말하기** 어려운 묘한 감정이야.

꼬집-히다[-지피-] 匣困 '꼬집다'의 피동사. ¶여자한테 팔을 ~.

꼬창-모 [農] 강모의 한 가지. 논에 물이 없어 꼬챙이로 구멍을 뚫어 심는 모. ×말뚝모.

꼬창이 '꼬챙이'의 잘못.

꼬챙이 웹 가늘고 길쭉한 나무나 대·쇠 등으로 된, 끝이 뾰족한 물건. 준꼬치. ×꼬창이.

꼬치[1] 웹 [1][자립] 1 꼬챙이에 꿴 음식물. ¶안주. 2 '꼬챙이'의 준말. [2][의존] 꼬챙이에 꿰어 있는 물건을 세는 단위. ¶곶감 세 ~.

꼬치[2] 웹 [食] '고추'의 잘못.

꼬치[3] 웹 '고치'의 잘못.

꼬치-구이 웹 고기나 해물 등을 꼬챙이에 꿰어 구운 음식. ¶쇠고기 ~ / 닭 ~.

꼬치-꼬치 閉 1 몸이 여위어 꼬챙이같이 마른 모양. 2 샅샅이 따지고 캐어묻는 모양. ¶지각한 이유를 ~ 캐물다. / 네가 그걸 따져서 어쩌겠다는 거야?

꼬치-안주(-按酒) 웹 꼬치로 된 술안주.

꼬투리 웹 [1][植] 콩과 식물의 열매를 싸고 있는 껍질. 2 '담배꼬투리'의 준말. 3 일을 풀어 가는 실마리. ¶"정학을 몇 번 당하긴 했지만 결정적 ~를 잡을 수 없으니까 제적을 못 시키는 거지요."(전상국:우상의 눈물) 4 남을 해코지하거나 헐뜯을 만한 거리. ¶저 녀석은 내가 하는 일이라면 사사건건 ~를 잡으려 든다.

꼬푸리다 匣曰 '고푸리다'의 센말. 큰꾸푸리다.

꼭[1] 閉 단단히 힘을 주거나 세게 누르거나 잡거나 죄는 모양. ¶눈을 ~ 감다 / 넘어지지 않도록 나를 ~ 잡아라. 큰꾹.

꼭[2] 閉 1 어떤 물건이 다른 물건이나 사람의 몸에 빈틈없이 맞는 모양. ¶문이 창틀에 ~ 맞는다. / 신발이 발에 ~ 맞는다. 2 시간이나 수치 따위가 정확하게 맞는 모양. ¶약속 시각에 ~ 맞게 왔다. / 숫자 계산이 ~ 맞았다. 3 어떤 일을 어김없이 행하거나 어떤 일이 예외 없이 일어나는 모양. 비반드시. ¶약속은 ~ 지켜라. / 저 녀석은 일요일만 되면 ~ 늦잠을 잔다.

꼭-꼭[1] 閉 1 잇달아 힘을 주어 누르거나 죄는 모양. ¶밥을 ~ 씹어 먹다. 2 자꾸 힘을 주어 군이 참거나 견디는 모양. 큰꾹꾹.

꼭-꼭[2] 閉 '꼭[3]'을 더 강조하는 말. ¶그 여자는 일 주일에 한 번씩 ~ 가게를 쓴다.

꼭-꼭[3] 閉 매우 단단히 숨거나 들어박힌 모양. ¶~ 숨어라, 머리카락 보인다.

꼭꼭[4] 閉 암탉이 알을 안는 소리.

꼭꼭-거리다/-대다[-꺼(때)-] 匣困 꼭꼭 소리를 자꾸 내다.

꼭대기[-때-] 웹 1 높이가 있는 사물의 맨 윗부분. ¶산~ / 나무~. 2 단체나 기관 따위의 맨 윗자리. 또는, 그 자리에 있는 사람을 속되게 이르는 말. ¶꼭두머리.

꼭두-각시[-뚜-씨] 웹 1 꼭두각시놀음에 나오는 여러 가지 인형. 2 남의 조종에 따라 주체성 없이 움직이는 사람의 비유. =괴뢰. 비로봇. ¶남의 ~ 노릇 작작 하고 숫대 있게 처신해라. ×꼭둑각시.

꼭두각시-놀음[-뚜-씨-] 웹 1 [연] 민속 인형극의 한 가지. 남녀의 여러 인형을 무대 위에 번갈아 내세우며 무대 뒤에서 조종하고 그 인형의 동작에 맞추어 말을 하는 연극. =박첨지놀음. 2 앞잡이를 내세우고 뒤에서 조종하는 일의 비유. ×꼭둑각시놀음. **꼭두각시놀음-하다** 匣困

꼭두-머리[-뚜-] 웹 1 시간적으로 일의 가장 처음. 2 '꼭대기'의 잘못.

꼭두-새벽[-뚜-] 웹 아주 이른 새벽.

꼭두서니[-뚜-] 웹 1 [植] 꼭두서닛과의 여러해살이 덩굴풀. 줄기는 모가 지고 속이 비었으며, 가시가 있음. 가을에 노란 꽃이 많이 핌. 뿌리는 물감의 원료와 진통제로 쓰이며, 어린잎은 먹음. 2 1의 뿌리를 원료로 하여 만든 빨간 물감. 또는, 그 빛깔.

꼭둑-각시 웹 '꼭두각시'의 잘못.

꼭둑각시-놀음 웹 '꼭두각시놀음'의 잘못.

꼭뒤[-뛰] 웹 1 뒤통수의 한복판. ¶머리를 툭툭 치다. 2 활에서, 도고지가 붙은 뒤.
  꼭뒤(를) 누르다 句 (어떠한 세력이나 힘이) 위에서 누르다.
  꼭뒤(를) 눌리다 句 꼭뒤 누름을 당하다.

꼭뒤-잡이[-뛰-] 웹 뒤통수를 중심으로 머리나 깃고대를 잡아채는 짓. **꼭뒤잡이-하다** 匣困

꼭지[-찌] 웹 [1][자립] 1 [植] 잎사귀나 열매를 가지에 달려 있게 하는 짧은 줄기. ¶~를 따다. 2 그릇 뚜껑의 손잡이. ¶냄비 ~. 3 수도관의 끝 부분에 달아 물이 나오거나 나오지 않도록 조작하는 장치. ¶수도~. 4 연 머리의 가운데에 붙인 표. 5 도리깨의 자루 머리에 꿰어, 열을 걸어 돌게 하는 나무 비녀못. 6 [역] 거지나 딴꾼의 우두머리. [2][의존] 모숨을 지어 잡아맨, 긴 물건을 세는 단위. ¶미역 네 ~.
  꼭지가 무르다 句 기회가 무르익다.

꼭지(를) 따다 句 처음으로 시작하다.

꼭지-각(-角)[-찌-] 웹 [수] 이등변 삼각형에서 두 등변 사이의 각. 구용어 정각(頂角).

꼭지-미역[-찌-] 웹 한 손에 쥘 만한 분량을 모아서 잡아맨 미역. ×총각미역.

꼭지-쇠[-찌쇠/-찌쉐] 웹 [물] 전구의 소켓에 끼워 넣는 금속 부분. =구금(口金).

꼭짓-점[-찌쩜/-찓쩜] 웹 [수] 각(角)을 이루고 있는 두 변이 만나는 점이나, 다면체(多面體)의 셋 이상의 면이 만나는 점. 또는, 뿔의 각 능선이 만나는 점. 구용어는 정점(頂點).

꼭!-하다[꼬카-] 匣曰 차분하고 정직하며 고지식하다. ≒똑하다.

꼰대 웹 [속] 1 아버지. 2 선생.

꼲다[꼰타] 匣曰 잘잘못을 살펴 실적을 평가하다. =꼬느다.

꼴[1] 웹 1 사람의 모습이나 행색이나 처지 등을 낮추거나 얕잡거나 비웃어 이르는 말. ¶~

이 흉하다[사납다] / ~이 말이 아니다 / ~도 보기 싫으니 썩 물러가라. / 큰소리 땅땅 치더니 ~ 참 좋다. / 학생이 옷 입은 ~이 그게 뭐냐. 2 사물의 모양이나 됨됨이. 囲형태. ¶세모 ~ / 반달 ~ / 으뜸 ~.

꼴² 몡 마소에게 먹이는 풀. 囲목초(牧草). ¶~을 먹이다 / ~을 베다.
[꼴을 베어 신을 삼겠다] 은혜를 잊지 않고 갚겠다.

-꼴³ 젭미 물건 값을 나타내는 말에 붙어, 그 물건의 낱개에 쳐진 값을 나타내는 말. ¶100개에 만원이면 개당 100원~이다.

꼴-값[-깝] 몡 못생긴 꼬락서니에 좋지 않거나 못된 행동을 하는 상태를 경멸조로 이르는 말. 꼴값-하다 통자여 ¶주제도 모르고 꼴값한다.

꼴-같잖다[-갇짠타] 톙 꼴이 격에 맞지 거나 하는 짓이 같잖다. ¶제 잘못은 모르고 남의 흉만 보는 것이 ~.

꼴까닥 뛰 '꼴깍'의 본딧말. 囹꿀꺼덕.

꼴깍 뛰 1 적은 양의 액체 따위가 목구멍이나 좁은 구멍으로 넘어갈 때 나는 소리. ¶~ 침을 삼키다. 2 꿀꺽. 2 분함을 간신히 참는 모양. 囹꿀꺽. 3 숨을 거두는 것을 속되게 이르는 말. ¶~ 숨이 넘어가다. 본꼴까닥. 4 =꼴 딱. 2. **꼴깍-하다** 통자여

꼴깍-거리다/-대다[-꺼(때)-] 통자타 자꾸 꼴깍하다. 囹꿀꺽거리다. 겐꼴칵거리다.

꼴깍-꼴깍 뛰 꼴깍거리는 소리. 또는, 그 모양. 囹꿀깍꿀깍. 겐꼴칵꼴칵. **꼴깍꼴깍-하다** 통자타여

꼴꼴 뛰 '꿀꿀'의 작은말.

꼴-거리다/-대다 통자 '꿀꿀거리다'의 작은말.

꼴-답잖다[-짠타] 톙 꼴이 보기에 흉하다.

꼴-등(-等) [-뜽] 몡 등수의 맨 끝. ▷꼴찌.

꼴딱 뛰 1 (적은 양의 음식물 따위를) 목구멍으로 한꺼번에 삼키는 소리. 또는, 그 모양. ¶약을 ~ 삼키다. 囷꿀떡. 2 해가 완전히 지는 모양. =꼴깍. ¶해가 서산으로 ~ 넘어가다. 3 내리 굶는 모양. ¶하루를 ~ 굶었다. 4 밤새 자지 못하고 완전히 새우는 모양. ¶밤을 ~ 새우며 일하다. **꼴딱-하다** 통자타여

꼴딱-거리다/-대다[-꺼(때)-] 통타 1 자꾸 꼴딱하다. 2 그릇의 물이 조금씩 자꾸 넘치다. 囹꿀떡거리다.

꼴딱-꼴딱 뛰 꼴딱거리는 소리. 또는, 그 모양. 囹꿀떡꿀떡.

꼴뚜기 몡 연체동물 화살오징엇과의 한 종. 8개의 다리가 있는데, 그 길이는 몸통의 2배가량임. 근해에서 나며, 꼴뚜기젓을 담가 먹음. =반초(飯鮹).

꼴뚜기-젓[-젇] 몡 꼴뚜기로 담근 젓.

꼴뚜기-질 몡 남을 욕할 때 가운뎃손가락만을 펴고 다른 손가락은 꼬부려 그의 앞에 내미는 짓. **꼴뚜기질-하다** 통자여

꼴랑 뛰 1 병이나 통에 거의 찬 액체가 흔들릴 때 나는 소리. 2 착 달라붙지 않고 들떠서 부푼 모양. 囹꿀렁. 겐콜랑. **꼴랑-하다** 통자여

꼴랑-거리다/-대다 통자 자꾸 꼴랑하다. 囹꿀렁거리다. 겐콜랑거리다.

꼴랑-꼴랑 뛰 꼴랑거리는 소리. 또는, 그 모양. 囹꿀렁꿀렁. 겐콜랑콜랑. **꼴랑꼴랑-하다** 통자여

꼴-리다 통자 1 (남자의 음경이) 성적(性的)인 흥분으로 인해 뻣뻣해지면서 커지다. 비속한 말임. 囲발기(勃起)하다·서다. 2 배알이 꼴리다 ➡배알¹.

꼴-망태 몡 꼴을 베어 담는 망태기.

꼴-머슴 몡 땔감이나 꼴을 베어 오는 나이 어린 머슴.

꼴-불견(-不見) 몡 겉모양이나 하는 짓이 비위에 거슬리고 우스워서 차마 볼 수 없다는 말. ¶쥐뿔도 없는 주제에 비싼 옷만 입고 다니다니 참 ~이다.

꼴-사납다[-따] 톙囹<~사나우니, ~사나워> 모양새나 하는 짓이 흉하다. ¶꼴사납게 잖옷 바람으로 나다니니!

꼴-좋다[-조타] 톙 어떤 사람의 꼬락서니가 비웃음을 살 만큼 한심하거나 어처구니없다. 반어적인 말임. ¶자신 있다고 큰소리 뻥뻥 치더니 ~!

꼴찌락 뛰 1 질거나 끈기 있는 물건을 주무르거나 누를 때 나는 소리. 2 눈물을 조금씩 짜내는 모양. 囹꿀찍. **꼴찌-하다** 통자타여

꼴찌-거리다/-대다[-꺼(때)-] 통자타 자꾸 꼴찌하다. 囹꿀찍거리다.

꼴찍-꼴찍 뛰 꼴찍거리는 소리. 또는, 그 모양. 囹꿀찍꿀찍.

꼴찌 몡 차례나 순위의 맨 마지막. ¶달리기에서 ~를 하다 / 약속 장소에 철수가 ~로 도착했다.

꼴찌락 뛰 질고 물기가 많은 물건을 주무르거나 누를 때 나는 소리나 모양. 囹꿀찌럭. **꼴찌락-하다** 통자타여

꼴찌락-거리다/-대다[-꺼(때)-] 통자타 자꾸 꼴찌락하다. 囹꿀찌럭거리다.

꼴찌락-꼴찌락 뛰 꼴찌락거리는 소리. 또는, 그 모양. 囹꿀찌럭꿀찌럭. **꼴찌락꼴찌락-하다** 통자타여

꼴칵 '꼴깍¹'의 거센말. 囹꿀컥. **꼴칵-하다** 통타여

꼴칵-거리다/-대다 통타 '꼴깍거리다'의 거센말. 囹꿀컥거리다.

꼴칵-꼴칵 '꼴깍꼴깍'의 거센말. 囹꿀컥꿀컥. **꼴칵꼴칵-하다** 통타여

꼴통 몡 <속> 머리가 나쁜 사람.

꼼꼼-쟁이 몡 꼼꼼한 사람.

꼼꼼-하다 톙여 (행동이나 성미가) 찬찬하여 빈틈이 없다. **꼼꼼-히** 뛰 ¶일을 ~ 해라.

꼼:-바르다 톙囹<~바르니, ~발라> 도량이 좁고 인색하다.

꼼:바리 몡 꼼바른 사람.

꼼-수 몡 쩨쩨한 수단이나 방법. ¶~를 쓰다.

꼼실-거리다/-대다 통자 '곰실거리다'의 센말. 囹꿈실거리다.

꼼실-꼼실 '곰실곰실'의 센말. 囹꿈실꿈실. **꼼실꼼실-하다** 통자여

꼼작 '꼼짝'보다 어감이 약한 말. '곰작'의 센말이기도 함. 囹꿈적. **꼼작-하다** 통자타여

꼼작-거리다/-대다[-꺼(때)-] 통자타 '꼼짝거리다'보다 어감이 약한 말. '곰작거리다'의 센말이기도 함. ¶발가락을 ~. 囹꿈적거리다.

꼼작-꼼작 '꼼짝꼼짝'보다 어감이 약한 말. '곰작곰작'의 센말이기도 함. 囹꿈적꿈적. **꼼작꼼작-하다** 통자타여 ¶조그만 벌레가 건드릴 때마다 ~.

꼼작-이다 통자타 '꼼짝이다'보다 어감이 약한 말. ¶손가락 하나 꼼작이기도 싫다. 囹꿈적이다.

꼼지락 뛰 가볍게 천천히 움직이는 모양. 囹

꼼질.⊜꿈지럭. ㈎곰지락. 꼼지락-하다 图

꼼지락-거리다/-대다 [-꺼(때)-] 图㉿㉿ 자꾸 꼼지락하다. ¶빨리 오지 않고 왜 그리 **꼼지락거리니?** ⊜꿈지럭거리다. ⊜꿈지럭거리다.

꼼지락-꼼지락 閉 꼼지락거리는 모양. ㉣꼼질질질. ⊜꿈지럭꿈지럭. ㈎곰지락곰지락. **꼼지락꼼지락-하다** 图㉿㉿

꼼질 閉 '꼼지락'의 준말. ⊜꿈질. **꼼질-하다** 图㉿㉿

꼼질-거리다/-대다 图㉿㉿ '꼼지락거리다'의 준말. ¶꼼질거리지 말고 얌전하게 가만 좀 있어라. ⊜꿈질거리다.

꼼질-꼼질 閉 '꼼지락꼼지락'의 준말. ⊜꿈질꿈질. **꼼질꼼질-하다** 图㉿㉿

꼼짝 閉 (주로 '못하다', '말다', '않다'와 같은 부정어와 함께 쓰여) 약간 움직이는 모양. '곰작', '꼼작'의 센말임. ¶여기서 ~ 말고 기다려라. ⊜꿈쩍. **꼼짝-하다** 图㉿㉿ (주로 '못하다', '않다'와 같은 부정어와 함께 쓰여) 약간 움직이다.

꼼짝 못하다 권세나 힘에 눌려 기를 펴지 못하다. ¶꼼짝 못하고 당하다.

꼼짝-거리다/-대다 [-꺼(때)-] 图㉿㉿ 자꾸 꼼짝하다. '곰작거리다', '꼼작거리다'의 센말임. ⊜꿈쩍거리다.

꼼짝-꼼짝 閉 꼼짝거리는 모양. '곰작곰작', '꼼작꼼작'의 센말임. ⊜꿈쩍꿈쩍. **꼼짝꼼짝-하다** 图㉿㉿

꼼짝-달싹 [-딸-] 閉 (주로, '못하다', '없다'와 함께 쓰여) 몸을 아주 조금 움직이는 모양. ㈖움쩍달싹. **꼼짝달싹-하다** 图㉿㉿ ¶사방이 막혀 꼼짝달싹할 수도 없다.

꼼짝-없다 [-업따] 휑 1 조금도 움직이는 기색이 없다. ⊜꿈쩍없다. 2 꼼짝할 방법이 없다. **꼼짝없-이** 閉 ¶이러다간 ~ 붙잡히겠다.

꼼짝-이다 图㉿㉿ 약간 움직이다. '곰작이다'의 센말임. ⊜꿈쩍이다.

꼼틀 閉 몸을 이리저리 꼬부려 움직이는 모양. ⊜꿈틀. ㈎곰틀. **꼼틀-하다** 图㉿㉿

꼼틀-거리다/-대다 图㉿㉿ 자꾸 꼼틀하다. ⊜꿈틀거리다. ㈎곰틀거리다.

꼼틀-꼼틀 閉 꼼틀거리는 모양. ⊜꿈틀꿈틀. ㈎곰틀곰틀. **꼼틀꼼틀-하다** 图㉿㉿

꼽꼽-하다¹ [-꼬파-] 휑㉿ 약간 촉촉하다. ⊜꿉꿉하다.

꼽꼽-하다² 閉⟨방⟩ 인색하다(전남).

꼽다 [-따] 图㉿ 1 수를 세려고 손가락을 하나씩 차례로 꼬부리다. ¶영수는 양 손가락을 꼽아 가며 셈을 했다. 2 (대상을) 첫째 또는 거의 첫머리에 드는 존재로 치다. ¶조선 시대의 풍속화가로는 김홍도를 첫째로 꼽을 수 있다.

꼽-사리 [-싸-] 명⟨속⟩ 남의 판에 거저 끼어드는 일. ¶~를 끼다.

꼽슬-꼽슬 [-쓸-쓸] 閉 '곱슬곱슬'의 센말. **꼽슬꼽슬-하다** 图㉿㉿

꼽슬-머리 명 '곱슬머리'의 잘못.

꼽실 [-씰] 閉 '곱실'의 센말. ⊜꿉실. **꼽실-하다** 图㉿㉿

꼽실-거리다/-대다 [-씰-] 图㉿㉿ '곱실거리다'의 센말. ⊜꿉실거리다.

꼽실-꼽실 [-씰-씰] 閉 '곱실곱실'의 센말. ⊜꿉실꿉실. **꼽실꼽실-하다** 图㉿㉿

꼽장-선 (-扇) [-짱-] 명 겉살의 사북 근처에 굽은 뼈나 검은 나무쪽을 붙여 만든 쥘부채의 하나. =곡두선(曲頭扇).

꼽재기 [-제-] 명 1 때나 먼지 같은 작고 더러운 물질. 2 하찮고 작은 사물을 이르는 말.

꼽추 명 등뼈가 거부러져 굽은 사람을 얕잡아 이르는 말. ㈖곱사등이.

꼽치다 图 '곱치다'의 센말.

꼽-히다 [꼬피-] 图㉿ '꼽다'의 피동사. ¶첫 손가락에 ~.

꼿꼿-하다 [꼳꼳따-] 휑㉿ 1 (사물이) 기울거나 휘거나 굽은 데가 없이 곧고 바르다. ¶70세 할머니인데도 허리가 ~. 2 (태도가) 다른 것의 영향을 받음이 없이 굳세다. ¶성미가 대쪽같이 ~. ⊜꿋꿋하다. **꼿꼿-이** 閉 ¶고개를 ~ 세우다 / ~ 선 채로 있다.

꽁¹ 閉 1 물체가 단단하게 언 모양. ¶~ 얼어붙은 강물 / 손발이 ~ 얼다. 2 아주 단단하게 묶거나 꾸리는 모양. ¶짐을 ~ 묶다 / 이놈을 도망가지 못하게 ~ 묶어라. 3 보이지 않게 숨는 모양. ㈖꼭꼭.

꽁² 閉 몹시 아프거나 괴로울 때 내는 소리. ⊜꿍꿍. **꽁꽁-하다** 图㉿㉿

꽁꽁-거리다/-대다 图㉿㉿ 자꾸 꽁꽁 앓는 소리를 내다. ¶밤새도록 **꽁꽁거리며** 앓다. ⊜꿍꿍거리다.

꽁다리 명⟨속⟩ 짤막하게 남은 동강이나 끄트머리. ¶배추 ~ / 연필 ~.

꽁무니 명 1 [동] 짐승이나 새의 등마루뼈의 끝이 되는 부분. 2 엉덩이를 중심으로 한, 몸의 뒷부분. 3 사물의 맨 뒤나 맨 끝. =뒤꽁무니. ¶~에 서다 / 성적이 ~에서 맴돌다.

꽁무니를 따라다니다 困 이곳을 위하여 부지런히 따라다니다. ¶여자의 ~.

꽁무니(를) 빼다 困 슬그머니 도망치거나 물러나다. ¶정세가 불리해지자 **꽁무니를** 빼기 시작한다.

꽁무니-뼈 명⟨생⟩ =미추(尾椎)¹.

꽁보리-밥 명 보리쌀로만 지은 밥. =곱삶이. ×깡보리밥.

꽁-생원 (-生員) 명 성질이 꽁한 남자를 조롱하는 말.

꽁숫-구멍 [-수꾸-~순꾸-] 명 연의 가운데 구멍 아래쪽의 꽁숫달 양쪽에 바싹 뚫어서 연줄을 꿰게 만든 작은 구멍.

꽁숫-달 [-수딸/-숟딸] 명 연을 만들 때 가운데에 길이로 붙이는 작은 대.

꽁알-거리다/-대다 图㉿ 꽁해서 종알거리다. ⊜꿍얼거리다.

꽁알-꽁알 閉 꽁알거리는 소리나 모양. ⊜꿍얼꿍얼. **꽁알꽁알-하다** 图㉿㉿

꽁지 명 새의 꽁무니에 붙은 기다란 깃. =꽁지깃·미우(尾羽). ㈖꼬리.

[꽁지 빠진 새 같다] 차림새가 볼품없거나 초라하다.

꽁지-깃 [-긷] 명 =꽁지.

꽁짓-점 (-點) [-지쩜/-짇쩜] 명⟨언⟩ =반점(半點)³.

꽁초 (-草) 명 피우다 남은 담배 도막.

꽁치 명 [동] 꽁치과의 바닷물고기. 몸길이 40cm가량. 몸은 옆으로 납작하며 턱이 부리처럼 나왔음. 몸빛은 등이 흑청색, 배가 은백색임. 맛이 좋아 통조림 원료로 많이 사용됨. =추도어(秋刀魚).

꽁:-하다 Ⅰ图㉿ 마음을 드러내지 않고 속으로만 언짢고 서운하게 여기다. ¶사내 녀석이 그만한 일로 **꽁해서** 그래. ⊜꿍하다.
Ⅱ휑㉿ 마음이 너그럽지 못하고 소견이

다. ¶꽁한 성미. 囙꿍하다.
꽂-다[꼳따] 国 1 (길이를 가진 물체를) 끝 부분이 다른 물체의 속이나 공간으로 들어가게 하다. ¶기를 ~ / 꽃병에 꽃을 ~. 2 (대상을) 들어서 아래쪽으로 힘 있게 던지다. ¶씨름꾼이 상대를 번쩍 들어 모래판에다가 냅다 꽂았다.
꽂-히다[꼬치一] 国困 '꽂다'의 피동사. ¶표적에 꽂힌 화살 / 책빛꽂이에 꽂힌 책.

꽃[꼳] 囼 1[식] 식물의 가지나 줄기 끝에 반구형(半球形) 또는 나팔 모양으로 피는, 생식을 위한 기관. 모양과 빛깔이 여러 가지이며, 꽃받침 꽃잎·암술·수술로 이루어짐. 세는 단위는 포기·송이·떨기·다발·묶음. ¶~이 피다[지다] / ~이 시들다. 2 가지나 줄기에 생식 기관을 피우는 화초나 관목. 또는, 이 달린 그 가지나 줄기. ¶~을 가꾸다 / ~을 심다. 3 '젊은 여자'를 비유적으로 이르는 말. ¶마음 고운 우리 회사의 ~이다. 4 중요하고 핵심적인 존재를 비유하여 이르는 말. ¶사회부는 신문사의 ~이다. 5 홍역 등을 앓을 때, 살갗에 좁쌀처럼 발긋발긋 돋는 것. ¶~이 돋다. 6 재래식 간장이나 된장이나 고추장에 하얗게 피는 곰팡이. ¶된장에 ~이 피다.

[꽃이 좋아야 나비가 모인다] ㉠상품이 좋아야 손님이 많다. ㉡자신이 완전해야 좋은 상대를 구할 수 있다.

꽃-가루[꼳까一] 囼[식] =화분(花粉)².
꽃가루-주머니[꼳까一] 囼[식] =화분낭.
꽃-가마[꼳까一] 囼 꽃으로 장식한 가마.
꽃-가지[꼳까一] 囼 꽃나무의 가지. 또는, 이 달린 가지. ¶~ 꺾어 머리에 꽂다.
꽃-게[꼳께] 囼 절지동물 갑각강 꽃겟과의 한 종. 등딱지는 마름모꼴이고 집게발이 크고 길며, 몸빛은 흑자색에 푸른 무늬가 있음. 얕은 바다의 모래땅에 떼 지어 살며, 밤에 활동함. 식용 게로 즐긴.
꽃-구경[꼳꾸一] 囼 만발한 꽃을 보며 즐기는 일. 꽃구경-하다 国困연
꽃-구름[꼳꾸一] 囼 여러 가지 빛깔로 아롱진 아름다운 구름. ㉢채운(彩雲).
꽃-길[꼳낄] 囼 꽃이 아름답게 피어 있는 길. ¶큰길에서 학교로 가는 길은 코스모스가 핀 ~이었다.
꽃-꼭지[꼳一찌] 囼[식] =꽃자루.
꽃-꽂이[꼳一] 囼 화초나 나뭇가지를 꽃병이나 수반에 아름답게 꽂는 일. 또는, 그 기술. ¶~ 강습. 꽃꽂이-하다 国困연
꽃-나무[꼳나一] 囼 1 꽃이 피는 나무. =화목(花木)·화수(花樹). 2 =화초(花草)1.
꽃-놀이[꼳노一] 囼 꽃을 구경하며 즐기는 놀이. ¶~를 가다. 꽃놀이-하다 国困연
꽃놀이-패(一霸)[꼳노一] 囼 바둑에서, 한 편은 패가 나면 큰 손실을 입으나 상대편은 패가 나도 별 상관이 없는 패.
꽃-눈[꼳一] 囼[식] 자라서 꽃이 될 눈. =화아(花芽). ▷잎눈·혼합눈.
꽃-다발[꼳一] 囼 여러 개의 꽃을 한데 묶어 만든 다발. ¶가슴에 ~을 안겨 주다.
꽃-다지¹[꼳따一] 囼[식] 오이·가지·호박 등의 맨 처음에 열린 열매.
꽃-다지²[꼳따一] 囼[식] 십자화과의 두해살이풀. 잎과 줄기에 짧은 털이 빽빽하게 나 있고, 봄에 노란 꽃이 핌. 어린잎은 식용함. 들이나 밭에 남.
꽃-달임[꼳따一] 囼 진달래꽃이나 국화꽃을 따서 전을 부치거나 떡에 넣어 여럿이 모여 먹는 놀이. 꽃달임-하다 国困연
꽃-답다[꼳땁따] 囼ㅂ<一다우니, 一다워> 1 (어떤 것이) 꽃으로서의 아름다움이나 가치를 가진 상태에 있다. ¶정원의 크기는 한데 꽃다운 꽃이 하나도 없다. 2 (사람의 나이나 시절이) 피어나는 꽃처럼 얼굴이나 몸이 아름다움이나 성숙함을 나타내거나 혈기가 한창인 상태에 있다. ¶꽃다운 청춘 / 꽃다운 나이.
꽃-당혜(一唐鞋)[꼳땅헤/꼳땅혜] 囼 여러 가지 빛깔을 넣어 곱게 꾸민, 어린아이의 마른신.
꽃-대[꼳때] 囼[식] 식물의 꽃자루가 붙은 줄기. =화축(花軸).
꽃-덮이[꼳떠一] 囼[식] 꽃부리와 꽃받침의 총칭. =화피(花被).
꽃-돗자리[꼳똗짜一] 囼 =화문석(花紋席). ㉢꽃자리.
꽃-동산[꼳똥一] 囼 아름다운 꽃이 많이 핀 동산. ㉢화원(花園).
꽃-등(一燈)[꼳뜽] 囼 꽃무늬가 있는 종이로 만든 등.
꽃-뚜껑[꼳一] 囼[식] 꽃받침과 꽃부리의 외관상의 총칭. =화개(花蓋).
꽃-띠[꼳一] 囼 한창 젊은 여자의 나이를 이르는 말.
꽃-마차(一馬車)[꼳一] 囼 꽃이나 여러 가지 장식으로 예쁘게 꾸민 마차.
꽃-말[꼳一] 囼 꽃의 특질에 따라 상징적 의미를 부여한 말. 백합은 순결, 클로버는 행운을 나타내는 것 따위. =화사(花詞).
꽃-망울[꼳一] 囼 아직 피지 않은 어린 꽃봉오리. =몽우리. ¶~을 맺다 / ~이 터지기 시작하다. ㉢망울.
꽃-무늬[꼳一니] 囼 꽃 모양의 무늬. =화문(花紋). ¶~를 수놓다 / ~가 있는 옷감.
꽃-물¹[꼳一] 囼 곰국·설렁탕 등의 맹물을 타지 않은 진한 국물.
꽃-물²[꼳一] 囼 1 꽃을 물감으로 하여 들이는 물. ¶손톱에 ~을 들이다. 2 불그레한 혈색(血色). ¶부끄러워 귓불에 ~이 들다.
꽃-미남(一美男)[꼳一] 囼<속> 여자처럼 예쁜 젊은 남자.
꽃-바구니[꼳一] 囼 주로 실내 장식을 위해, 꽃을 꽂아 아름답게 모양을 낸 바구니.
꽃-바람[꼳빠一] 囼 꽃이 필 무렵에 부는 봄바람.
꽃-반지(一半指)[꼳빤一] 囼 토끼풀 따위의 풀꽃으로 반지처럼 만든 물건.
꽃-받기[꼳一] 囼 '꽃받침'의 잘못.
꽃-받침[꼳一] 囼[식] 꽃잎을 받쳐 꽃을 보호하는 기관. 보통 녹색이나 갈색임. =악(萼)·화상. ×꽃받기·꽃턱.
꽃-밥[꼳빱] 囼[식] 종자식물의 수술에 있는 화분(花粉)과 그것을 싸고 있는 화분낭(花粉囊)의 총칭. 흔히, 화분낭과 같은 뜻으로 쓰임. =약(葯)·약포(葯胞). ▷화분낭.
꽃-방석(一方席)[꼳빵一] 囼 꽃무늬를 놓아 짜거나, 꽃을 수놓은 방석.
꽃-밭[꼳빧] 囼 1 꽃을 심어 가꾸는 밭. 또는, 꽃이 많이 피어 있는 곳. ㉢화단(花壇). 2 여자들이 많이 모인 곳을 비유하여 이르는 말. ¶이 친구 ~에서 사는구먼.
꽃-뱀[꼳뺌] 囼<속> 남자에게 짐짓 접근하여 몸을 맡기고 금품을 우려내는 여자.
꽃-병(一甁)[꼳뼝] 囼 꽃을 꽂아 두기 위하여

만든 병. =화병(花瓶).
꽃-봉오리[꼳뽕—][명]1[식] 망울만 맺혀 아직 피지 않은 꽃. =화뢰(花蕾)·화봉(花峯). ¶~가 맺히다. ㈜꽃봉·봉오리. 2장래가 기대되는 젊은 세대를 비유한 말. ¶청소년은 이 나라를 이끌어 갈 ~다.
꽃-부리[꼳뿌—][명][식] 꽃 한 송이의 꽃잎 전체를 이르는 말. 꽃받침과 함께 꽃술을 보호함. =화관(花冠).
꽃-분홍(—粉紅)[꼳뿐—][명] 진한 분홍색. ¶~ 저고리.
꽃-불[꼳뿔][명]1 이글이글 타오르는 불. 2 흑색 화약에 철분(鐵粉) 등을 섞어 통에 넣고 불을 붙여 공중으로 쏘아 올리면 아름다운 불꽃과 폭음을 내며 터지는 화포.
꽃-사슴[꼳싸—][명][동] 누런색의 털에 흰 점이 고루 나 있는 작은 사슴. 수컷에 두 개의 가지를 친 긴 뿔이 있음.
꽃-삽[꼳쌉][명] 화초나 꽃나무 따위를 옮기거나 매만져 가꾸는 데 쓰이는 작은 삽. ▷모종삽.
꽃-상여(—喪輿)[꼳쌍—][명] 꽃으로 치장한 상여.
꽃-샘[꼳쌤][명] [날씨가 꽃이 피는 것을 시샘한다는 뜻] 이른 봄 꽃이 필 무렵에, 따뜻하던 날씨가 변덕스럽게 추워지는 일. 또는, 그 추위. 꽃샘-하다[재여]
꽃샘-바람[꼳쌤—][명] 이른 봄, 꽃이 필 무렵에 부는 쌀쌀한 바람.
꽃샘-잎샘[꼳쌤닙쌤][명] 봄에 꽃과 잎이 피기 시작할 즈음의 추위. 꽃샘잎샘-하다[재여]
꽃샘-추위[꼳쌤—][명] 이른 봄, 꽃이 필 무렵의 추위.
꽃-소금[꼳쏘—][명] 천일염을 물에 녹여 끓인 뒤, 불순물을 제거하여 만든 소금. 입자가 균일하고 고우며, 흔히 음식 조리 시 간을 맞출 때 씀.
꽃-송이[꼳쏭—][명][식] 꽃자루 위의 꽃 전부를 이르는 말.
꽃-술[꼳쑬][명][식] 꽃의 수술과 암술. =화수(花鬚)·화예(花蕊).
꽃-시계(—時計)[꼳씨계/꼳씨게][명] 공원이나 광장 등의 지면에, 문자반에 해당하는 곳에 꽃을 심고 시곗바늘을 달아 시간을 알 수 있도록 만든 큰 시계.
꽃-식물(—植物)[꼳씽—][명][식] =종자식물.
꽃-신[꼳씬][명] 신울에 꽃을 수놓은 마른신. 어린이나 여자가 신음.
꽃-싸움[꼳—][명][민]1 여러 가지 꽃을 꺾어 가지고, 그 수효의 많고 적음을 겨루는 장난. 2 꽃잎이나 꽃술을 가지고 맞걸어 당겨, 끊어지고 안 끊어짐을 내기하는 장난. =화전(花戰). ㈜꽃쌈. 꽃싸움-하다[동여]
꽃-쌈[꼳—][명][민] '꽃싸움'의 준말. 꽃쌈-하다[동여]
꽃-씨[꼳—][명] 화초의 씨앗.
꽃-양배추(—洋—)[꼳냥—][명][식] 십자과의 두해살이풀 또는 두해살이풀. 양배추와 비슷하나 완전한 결구(結球)가 되지 않고 꽃 같은 빛깔로 되어 아름다움. 관상용이며 식용도 함. =모란채(牡丹菜)·콜리플라워.
꽃-잎[꼳닙][명][식] 꽃부리를 이루고 있는 낱낱의 조각. =판(瓣)·화순(花脣)·화판(花瓣).
꽃-자동차(—自動車)[꼳—][명] 꽃·그림·전등 따위로 예쁘게 꾸민 자동차. ㈔꽃차.

꽃-자루[꼳짜—][명][식] 꽃이 달리는 짧은 가지. =꽃꼭지·화경(花梗)·화병(花柄).
꽃-자리[꼳짜—][명]1'꽃돗자리'의 준말. 2나무의 꽃이 떨어진 자리.
꽃-자주색(—紫朱色)[꼳짜—][명] 밝은 자주색.
꽃-전(—煎)[꼳쩐][명]1 여러 빛깔로 물들인 찹쌀가루를 반죽하여 꽃 모양으로 지진 부꾸미. 2 부꾸미에 진달래·개나리·국화 꽃이나 대추 등을 붙인 떡. =화전(花煎).
꽃-전차(—電車)[꼳쩐—][명] 경축의 뜻을 보이기 위하여 꽃이나 그림·전등 따위로 예쁘게 꾸민 전차.
꽃-줄기[꼳쭐—][명][식] 땅속줄기나 비늘줄기에서 직접 갈라져 나와 잎을 달지 않고 꽃이나 꽃대만에 피우는 줄기. =화경(花莖).
꽃-집[꼳찝][명] 꽃을 파는 가게. =화방(花房)·화원(花園)·화초집.
꽃-차(—車)[꼳—][명] 꽃이나 그림·전등 따위로 예쁘게 꾸민 차. ㈑꽃자동차.
꽃-차례(—次例)[꼳—][명][식] 꽃이 줄기나 가지에 배열되는 모양 또는 자리 관계. 꽃대가 갈라진 모양에 따라 나뉨. =화서(花序).
꽃-창포(—菖蒲)[꼳—][명][식] 붓꽃과의 여러해살이풀. 높이 60~120cm. 잎은 칼 모양이며, 여름에 적자색의 꽃이 핌. 들에 저절로 나며, 관상용으로도 심음. =타래붓꽃.
꽃-철[꼳—][명] 꽃이 한창 피는 철.
꽃-턱[꼳—][명][식] '꽃받침'의 잘못.
꽃-피다[꼳—][동](자) (어떤 현상이나 일이) 한창 무르익거나 발전되는 상태가 되다. ¶불교문화가 찬란하게 ~.
꽃-피우다[꼳—][동](타) (어떤 현상이나 일이) 한창 무르익게 하거나 발전되게 하다. ¶전통문화를 ~.
꽃-향기(—香氣)[꼳향—][명] 꽃에서 나는 향기. ¶방 안에는 장미의 ~가 가득하다.
꽝당[명] 단단하지만 울림이 있는 바닥에 사람이 넘어지거나 자빠지거나, 무거운 물체가 떨어질 때 나는 소리. ¶동수는 달려가다가 미끄러져 마룻바닥에 ~하고 넘어졌다.
꽈르르[부] 많은 액체가 좁은 구멍으로 급히 쏟아지는 소리. ㈗과르르. 꽈르르-하다[동](자여)
꽈르릉[부] 폭발물이나 천둥소리가 요란스럽게 울리는 소리. ㈗과르릉. 꽈르릉-하다[동](자여)
꽈르릉-거리다/-대다[동](자) 계속하여 꽈르릉 소리가 나다. ㈗과르릉거리다.
꽈르릉-꽈르릉[부] 꽈르릉거리는 소리. ㈗과르릉과르릉. 꽈르릉꽈르릉-하다[동](자여)
꽈 l리[명][식] 가짓과의 여러해살이풀. 높이 40~90cm. 여름에 황백색의 꽃이 피며, 둥근 열매가 빨갛게 익음. 어린잎은 식용, 뿌리는 '산장(酸漿)'이라 하여 약용함. 2 l의 열매. 날로 먹거나 정과를 만들어 먹거나, 안에 든 씨를 빼고 아이들이 입에 넣고 부는 놀잇감으로 쓰기도 함.
꽈 l배기[명]1 밀가루·찹쌀가루 등을 반죽하여, 가늘게 뽑은 가닥을 두 가닥으로 꼬아서 기름에 튀겨 낸 과자. 2 비꼬아서 말하기 좋아하는 사람을 놀림조 또는 비난조로 이르는 말.
꽉[부]1 힘을 주어 누르거나 잡거나 죄는 모양. ¶주먹을 ~ 쥐다 / 나사를 ~ 죄어라. 2 물건이나 물질이 가득 차거나 막힌 모양. ¶목이 ~ 메다 / 방 안에 연기가 ~ 찼다.

꽉-꽉 ⌈부⌋ 1 여러 번 힘을 주어 누르거나 잡거나 쥐는 모양. ¶밥을 ~ 눌러 담다. 2 물건이나 물질이 여럿이 또는 몹시 가득 차거나 막힌 모양. ¶버스마다 사람들이 ~ 찼다.

꽐꽐 ⌈부⌋ 액체가 좁은 구멍으로 급히 쏟아져 나오는 소리. ¶드럼통에서 가솔린이 ~ 쏟아지다. ⌈큰⌋ 꿜꿜. ⌈거⌋ 콸콸.

꽐꽐-거리다/-대다 ⌈자⌋ 자꾸 꽐꽐 소리를 내며 흐르다. ⌈큰⌋꿜꿜거리다.

꽝 Ⅰ ⌈부⌋ 1 무겁고 단단한 물건이 바닥에 떨어지거나 부딪칠 때 울리는 소리. ¶문을 ~ 닫다. 2 총이나 대포를 쏘거나 폭발물이 터질 때에 울리는 소리. ⌈큰⌋ 꿍. ⌈거⌋ 쾅.
Ⅱ ⌈명⌋ 추첨 등에서 뽑히지 못하여 배당이 없는 것을 속되게 이르는 말. ¶주택 복권이 ~ 이다.

꽝-꽝 ⌈부⌋ 계속하여 꽝 하는 소리. ⌈큰⌋ 꿍꿍. ⌈거⌋ 쾅쾅.

꽝꽝-거리다/-대다 ⌈자⌋ 잇달아 꽝꽝 소리가 나다. 또는, 그 소리를 내다. ¶대문을 **꽝꽝거리며** 두드리다. ⌈큰⌋ 꿍꿍거리다. ⌈거⌋ 쾅쾅거리다.

꽤 ⌈부⌋ 보통보다 조금 더한 정도로. ⌈비⌋ 어지간히·상당히·제법. ¶~ 멀다 / 공부를 ~ 잘한다. / 수박이 ~ 크다. ▶제법.

꽤-나 ⌈부⌋ '꽤'의 힘줌말. ¶밤알이 ~ 굵다.

꽥 ⌈부⌋ 남을 놀라게 하거나 성이 났을 때, 목청을 높여 지르는 소리. ¶갑자기 소리를 ~ 지르다. ⌈큰⌋ 꿱.

꽥-꽥 ⌈부⌋ 꽥 소리를 계속 지르는 모양. ¶~ 고함을 지르다. ⌈큰⌋ 꿱꿱.

꽥꽥-거리다/-대다 [-꺼(때)-] ⌈자⌋ 꽥 소리를 자꾸 내다. ¶거위가 ~. ⌈큰⌋ 꿱꿱거리다.

꽹 ⌈부⌋ 꽹과리나 징 등을 치는 소리.

꽹과리 ⌈명⌋ ⌈음⌋ 놋쇠로 만든 농악기. =동고(銅鼓)·소금(小金)·쟁(錚). ¶~를 치다.

꽹그랑 ⌈부⌋ 꽹과리나 징 등을 칠 때 나는 소리.

꽹그랑-꽹그랑 ⌈부⌋ 잇달아 꽹그랑 하는 소리.

꽹-꽹 ⌈부⌋ 꽹과리를 연이어 치는 소리.

꽹꽹-거리다/-대다 ⌈자⌋⌈타⌋ 자꾸 꽹꽹 소리가 나다. 또는, 그 소리를 내다.

꾀 [꾀/꿰] ⌈명⌋ 일을 교묘하게 잘 꾸미는 생각이나 수단. ⌈비⌋ 계책·계교(計巧). ¶~가 많다 / 일하기 싫으니까 살살 ~를 부린다.

꾀가 나다 어떤 일이 싫증이 나서 늑장을 부리거나 게으름을 피우고 싶은 마음이 들다. ¶일이 끝나려면 아직 멀었는데 벌써 **꾀가 나니?**

꾀-까다롭다 [꾀-따/꿰-따] ⌈형ㅂ⌋ ⟨~까다로우니, ~까다로워⟩ 괴상하고 다루기가 쉽지 않다. ¶성미가 **꾀까다로운** 사람. ⌈예⌋ 괴까다롭다. ×꾀까닭스럽다. **꾀까다로이** ⌈부⌋ ~ 굴다.

꾀-까닭스럽다 ⌈형⌋ '꾀까다롭다'의 잘못.

꾀꼬리 [꾀-/꿰-] ⌈명⌋ 1 꾀꼬릿과의 새. 몸길이 약 25cm. 몸빛은 노랗고 눈에서 뒷머리에 걸쳐 검은 띠가 있으며, 꽁지와 날개 끝은 검음. 숲 속에서 벌레를 잡아먹고 삶. 울음소리는 '꾀꼴꾀꼴'. =황작(黃雀)·황조(黃鳥). 2 사람, 특히 여자 목소리가 고운 상태의 비유.

꾀꼴 [꾀-/꿰-] ⌈부⌋ 꾀꼬리가 외마디로 우는 소리.

꾀꼴-꾀꼴 [꾀-꾀-/꿰-꿰-] ⌈부⌋ 꾀꼬리가 잇달아 우는 소리.

꾀:꾀 [꾀꾀/꿰꿰] ⌈부⌋ (얼굴이) 바싹 마른 모양. ¶장작개비처럼 ~ 마르다. **꾀:꾀-하다** ⌈형여⌋.

꾀꾀-로 [꾀꾀-/꿰꿰-] ⌈부⌋ 가끔가끔 틈을 타서 은밀하게. ¶…우복이는 그 어머니 몰래 조그마큼직한 댓칼들을 만들어 두고 ~ 틈을 가져서 물건에 던져 맞히기를 공부하였다.《홍명희:임꺽정》

꾀:다[꾀-/꿰-] (꾀고 / 꾀어) ⌈동⌋⌈자⌋ (사람이나 벌레 따위가) 한곳에 많이 모여들다. =꼬이다. ¶음식물에 파리가 ~.

꾀:다²[꾀-/꿰-] (꾀고 / 꾀어) ⌈동⌋⌈자⌋ '꼬이다²'의 준말.

꾀:다³[꾀-/꿰-] (꾀고 / 꾀어) ⌈동⌋⌈타⌋ (사람을) 그럴듯하게 속이거나 부추겨 자기 생각대로 끌다. =꼬이다. ¶돈을 벌러 가자고 ~. ×꼬시다.

꾀-돌이[꾀-/꿰-] ⌈명⌋ 꾀가 많은 아이를 귀엽게 이르는 말.

꾀-바르다[꾀-/꿰-] ⌈형여⌋ ⟨~바르니, ~발라⟩ 어려운 일이나 난처한 경우를 잘 피하거나 하여 처리하는 꾀가 많다.

꾀-배[꾀-/꿰-] ⌈명⌋ 거짓으로 앓는 체하는 배앓이.

꾀-병(-病)[꾀-/꿰-] ⌈명⌋ 거짓으로 앓는 체하는 일. ¶~을 앓다. **꾀병-하다** ⌈동자⌋.

꾀-보[꾀-/꿰-] ⌈명⌋ 꾀가 많은 사람. 또는, 꾀만 피우는 사람. ⌈비⌋ 꾀쟁이.

꾀-부리다[꾀-/꿰-] ⌈동⌋⌈자⌋ 일의 어려운 부분이나 책임을 살살 피하여 자기에게 이롭게만 하다. =꾀쓰다. ⌈비⌋ 꾀피우다. ¶그 애가 **꾀부리느라** 그러지, 하려고만 들면 잘한다.

꾀-쓰다[꾀-/꿰-] (~쓰니, ~써) 1 일이 잘되도록 지혜를 내다. 2 =꾀부리다.

꾀어-내다[꾀어-/꿰여-] ⌈동⌋⌈타⌋ 꾀를 쓰거나 유혹하여 남을 어느 곳으로 나오게 하다. ¶공원으로 친구를 ~.

꾀어-들다[꾀어-/꿰여-] ⌈동⌋⌈자⌋ ⟨~드니, ~드오⟩ 여러 군데에서 모여들다. ¶사람들이 잔칫집에 ~.

꾀-이다[꾀-/꿰-] ⌈동⌋⌈자⌋ '꾀다³'의 피동사. ¶그의 달변에 **꾀어** 넘어갔다.

꾀-잠[꾀-/꿰-] ⌈명⌋ 거짓으로 자는 체하는 잠. ¶~을 자다.

꾀-장이[꾀-/꿰-] ⌈명⌋ '꾀쟁이'의 잘못.

꾀-쟁이[꾀-/꿰-] ⌈명⌋ 잔꾀가 많은 사람. =꾀자기. ⌈비⌋ 꾀보. ×꾀장이.

꾀죄죄-하다[꾀죄죄-/꿰줴줴-] ⌈형여⌋ (모습이) 몹시 지저분하고 궁상스럽다. ¶**꾀죄죄한** 옷 / 얼굴.

꾀죄-하다[꾀죄-/꿰줴-] ⌈형여⌋ 1 (옷차림이나 모양새가) 지저분하고 궁상스럽다. ¶**꾀죄한** 얼굴. 2 하는 짓이 다랍고 옹졸하다.

꾀-피우다[꾀-/꿰-] ⌈동⌋⌈자⌋ 제게만 이롭도록 잔재주를 부리다. ⌈비⌋ 꾀부리다.

꾀:-하다[꾀-/꿰-] ⌈동⌋⌈타여⌋ 어떠한 일을 이루려고 뜻을 두거나 힘을 쓰다. ⌈비⌋ 도모하다. ¶나라 발전을 ~ / 인류 구원을 ~.

꾐 [꾐/꿰임] ⌈명⌋ 어떠한 일을 할 기분이 생기도록 남을 꾀어 속이거나 충동하는 일. ¶친구의 ~에 빠지다 [넘어가다]. ⌈본⌋ 꼬임.

꾐:-수 [꾐쑤/꿰임쑤] ⌈명⌋ 남을 꾀어 넘기는 수단.

꾸겨-지다 ⌈동⌋⌈자⌋ '구겨지다'의 센말.

꾸기다 ⌈동⌋⌈자⌋⌈타⌋ '구기다'의 센말. ¶옷을 ~ / 종이를 ~. ⌈작⌋ 꼬기다.

꾸기적-거리다/-대다 [-꺼(때)-] ⌈동⌋⌈타⌋ 꾸김살이 지게 자꾸 꾸기다. ⌈작⌋ 꼬기작거리다. ⌈여⌋ 구기적거리다.

꾸기적-꾸기적 〖부〗 꾸기적거리는 모양. 〖작〗꼬기작꼬기작. 〖여〗구기적구기적. **꾸기적꾸기적-하다** 〖동〗〖타〗〖여〗구기적구기적. **꾸기적꾸기적-하다** 〖동〗〖타〗
꾸김 〖명〗'구김'의 센말. ¶옷의 ~을 펴다.
꾸김-살[-쌀] 〖명〗'구김살'의 센말. 〖작〗꼬김살.
꾸깃-거리다/-대다[-낀껃(때)-] 〖동〗〖타〗'구깃거리다'의 센말. 〖작〗꼬깃거리다.
꾸깃-꾸깃[-긴-긷] 〖부〗'구깃구깃'의 센말. ¶종이들 ~ 꾸기다. 꾸깃꼬깃꼬깃. **꾸깃꾸깃-하다** 〖동〗〖타〗〖형〗〖여〗
꾸꾸 〖부〗〖감〗'구구'의 센말.
꾸다¹ 〖타〗('꿈' 또는 '꿈'이 뒤에 오는 합성어나 '몽(夢)'이 끝에 오는 한자어와 함께 쓰여) 1 잠을 자면서 꿈을 의식 속에 가지다. ¶꿈을 ~ /용꿈을 ~ /태몽을 ~. 2 미래의 일이나 공상 따위를 머릿속에 그리다. ¶터무니없는 꿈을 ~ /백일몽을 ~.
꾸다² 〖타〗 (돈이나 곡식 따위를 남이나 다른 곳에서) 뒤에 도로 갚기로 하고 가져오다. ¶돈을 은행에서 ~ /양식을 이웃집에서 ~.
[꾸어다 놓은 보릿자루] 여럿이 모여 웃고 떠드는 가운데 혼자 묵묵히 앉아 있는 사람을 이르는 말.
꾸다³ 〖타〗 '꿔다'의 잘못.
꾸덕-꾸덕 〖부〗'구덕구덕'의 센말. **꾸덕꾸덕-하다** 〖형〗〖여〗 ¶쑤어 놓은 풀이 말라 꾸덕꾸덕해졌다.
꾸둑-꾸둑 〖부〗 물기 있는 물건이 거의 말라서 단단한 모양. 〖작〗꼬독꼬독. 〖여〗구둑구둑. **꾸둑꾸둑-하다** 〖형〗〖여〗
꾸드러-지다 〖동〗〖자〗 '구드러지다'의 센말. ¶빨래가 꽁꽁 얼어 ~. 〖작〗꼬드러지다.
꾸들-꾸들 (밥알이) 물기가 적어서 오돌오돌한 모양. 〖여〗구들구들. **꾸들꾸들-하다** 〖형〗〖여〗
-꾸러기 〖접미〗 일부 명사 밑에 붙어, 어떤 버릇이 심하거나 심하지 않은 일을 잘 일으키는 사람(특히, 어린아이)을 뜻하는 말. ¶잠~ /장난~ /엄살~ /말썽~ /심술~ /욕심~.
꾸러미 〖명〗 ① 〖자립〗 1 낱낱의 물건을 흩어지지 않게 잘 배열하여 묶거나 싼 것. ¶짐~ /동전~ /열쇠~ /선물~. 2 10개의 달걀을 한 줄이 되게 짚으로 꾸리어 싼 것. 오늘날에는 풍습의 변화로 거의 사라짐. ¶달걀~. ② 〖의존〗 1·2를 세는 단위로 이르는 말. ¶달걀 네 ~.
꾸르륵 〖부〗'꼬르륵'의 큰말. '꼬르륵'에 비해 무겁고 둔하고 큰 어감의 말임. ¶배가 살살 아프면서 ~ 소리가 난다. 〖작〗꼬르륵. **꾸르륵-하다** 〖동〗〖자〗
꾸르륵-거리다/-대다[-꺼(때)-] 〖동〗〖자〗 연이어 꾸르륵하다. 〖작〗꼬르륵거리다.
꾸르륵-꾸르륵 〖부〗 꾸르륵거리는 소리. 〖작〗꼬르륵꼬르륵. **꾸르륵꾸르륵-하다** 〖동〗〖자〗 ¶배에서 ~.
꾸리 〖명〗 ① 〖자립〗 1 실을 감은 뭉치. ¶실~. 2 베틀에서, 북 안에 들어 있는 실. ② 〖의존〗 실 따위를 감은 뭉치를 세는 단위. ¶실 두 ~.
꾸리다 〖동〗〖타〗 1 (짐 따위를) 싸서 묶다. ¶이삿짐을 ~. 2 일을 알뜰하고 규모 있게 처리하다. ¶그럭저럭 살림을 꾸려 나간다. 3 (집이나 자리 따위를) 손질하여 모양이 나게 만들다.
꾸무럭-거리다/-대다[-꺼(때)-] 〖동〗〖자〗〖타〗 몸을 느릿느릿 자꾸 움직이다. ¶바쁘다더니 꾸무럭거리고 있다. 〖작〗꼬무락거리다. 〖여〗구무럭거리다.
꾸무럭-꾸무럭 〖부〗 꾸무럭거리는 모양. 〖작〗꼬무락꼬무락. 〖여〗구무럭구무럭. **꾸무럭꾸무럭-하다** 〖동〗〖자〗〖타〗〖여〗 ¶꾸무럭꾸무럭하지 말고 빨리 나와라.
꾸물-거리다/-대다 〖동〗〖자〗〖타〗 1 몸을 느리게 자꾸 움직이다. 2 굼뜨게 행동하다. ¶꾸물거리지 말고 빨리 떠나라. 〖작〗꼬물거리다. 〖여〗구물거리다.
꾸물-꾸물 〖부〗 꾸물거리는 모양. 〖작〗꼬물꼬물. 〖여〗구물구물. **꾸물꾸물-하다** 〖동〗〖여〗
꾸미 〖명〗 국·찌개 같은 데에 넣는 고기붙이.
꾸미-개 옷·돗자리·맨것 등의 가장자리를 꾸미는 헝겊 오리.
꾸미기^체조(-體操) 〖명〗〖체〗 두 사람 이상이 협동하여 통일된 아름다운 자세를 나타내는 운동.
꾸미다 〖동〗〖타〗 1 (어떤 대상을) 어떤 것을 덧붙이거나 색을 칠하거나 하여 보기 좋게 만들다. ¶집을 아담하게 ~ /얼굴을 예쁘게 ~. 2 본래 있지 않거나 그렇지 않은 것을 실제로 있거나 그런 것처럼 만들거나 나타내다. ¶꾸며 낸 이야기. 3 (어떤 일을) 머릿속에서 생각하여 꾀하다. ¶흉계를 ~ /음모를 ~. 4 어떤 재료를 가지고 어떤 물건을 만들다. 또는, 어떤 자료나 경험을 살리거나 기타의 형식으로 만들다. ¶솜으로 이불을 ~ /현장 조사에서 얻은 자료로 보고서를 ~. 5 (일정한 공간을) 고치거나 손질하여 다른 목적의 공간으로 만들다. ¶창고를 뜯어서 사무실로 ~. 6 어떤 곳에 살 곳과 살림을 갖추어 가정을 이루다. ¶그들은 한적한 교외에 새 가정을 꾸몄다. 7 구나 문장에서, (어떤 성분이) 다른 성분의 성질·상태·정도를 자세하거나 분명하게 하다. ¶부사는 동사나 형용사를 꾸민다.
꾸밈-새 〖명〗 꾸민 모양새.
꾸밈-없다[-업따] 〖형〗 가식이 없이 참되고 자연스럽다. ¶꾸밈없는 아기의 미소. **꾸밈없-이** 〖부〗 ¶인간 본연의 순수한 감정을 ~ 노래한 시.
꾸밈-음(-音) 〖명〗〖음〗 악곡(樂曲)에 여러 가지 변화를 주기 위하여 꾸미는 음. 작은 음표나 특별한 기호로 표시됨. =장식음(裝飾音).
꾸벅 〖부〗 졸거나 절할 때에 머리와 몸을 앞으로 숙였다가 드는 모양. ¶~ 인사를 하다. 〖작〗꼬박. 〖센〗꾸뻑. **꾸벅-하다** 〖동〗〖자〗〖타〗〖여〗
꾸벅-거리다/-대다[-꺼(때)-] 〖동〗〖타〗 졸거나 절할 때에 머리와 몸을 자꾸 숙였다가 들다. ¶꾸벅거리다.
꾸벅-꾸벅¹ 〖부〗 꾸벅거리는 모양. ¶~ 졸다. 〖작〗꼬박꼬박. 〖센〗꾸뻑꾸뻑. **꾸벅꾸벅-하다** 〖동〗〖타〗〖여〗
꾸벅-꾸벅² 〖부〗 1 시키는 대로 따르는 모양. ¶불평 한마디 없이 ~ 일을 잘한다. 2 몹시 기다리는 모양. 〖작〗꼬박꼬박. 〖센〗꾸뻑꾸뻑.
꾸벅-이다 〖동〗〖자〗 졸거나 절할 때에 머리와 몸을 수그렸다가 들다. ¶머리를 ~. 〖작〗꼬박이다. 〖센〗꾸뻑이다.
꾸부러-들다 〖동〗〖자〗<-ㄷ니, ~ㄷ오> '구부러들다'의 센말. 〖작〗꼬부라들다.
꾸부러-뜨리다/-트리다 〖동〗〖타〗 '구부러뜨리다'의 센말. 〖작〗꼬부라뜨리다.
꾸부러-지다 〖동〗〖자〗 '구부러지다'의 센말. 〖작〗꼬부라지다.

꾸부렁-길[-낄] 몡 '꼬부랑길'의 큰말.
꾸부렁-꾸부렁 뛰 '꼬부랑꼬부랑'의 큰말. **꾸부렁꾸부렁-하다** 형여
꾸부렁-이 몡 '꼬부랑이'의 큰말.
꾸부렁-하다 형여 '꼬부랑하다'의 큰말.
꾸부리다 통타 '꼬부리다'의 큰말.
꾸부스름-하다 형여 '구부스름하다'의 센말. 짝꾸부슴하다. 짝꼬부스름하다. **꾸부스름-히** 뛰
꾸부슴-하다 형여 '꾸부스름하다'의 준말. 짝꼬부슴하다. **꾸부슴-히** 뛰
꾸부장-꾸부장 뛰 '구부정구부정'의 센말. 짝꼬부장꼬부장. **꾸부정꾸부정-하다** 형여
꾸부정-하다 형여 '구부정하다'의 센말. ¶키가 크고 등이 **꾸부정한** 청년. 짝꼬부장하다.
꾸부정-히 뛰
꾸불-거리다/-대다 통재 이리저리 자꾸 꾸부러지다. 짝꼬불거리다. 여구불거리다.
꾸불-꾸불 뛰 꾸불거리는 모양. ¶산에 길이 ~ 나 있다. 짝꼬불꼬불. 여구불구불. **꾸불꾸불-하다** 형여
꾸불텅-꾸불텅 뛰 여러 군데가 꾸불텅한 모양. 짝꼬불탕꼬불탕. **꾸불텅꾸불텅-하다** 형여 ¶꾸불텅꾸불텅한 길.
꾸불텅-하다 형여 느슨하게 굽다. ¶길이 ~. 짝꼬불탕하다. 여구불텅하다.
꾸붓-꾸붓[-붇-붇] 뛰 '구붓구붓'의 센말. 짝꼬붓꼬붓. **꾸붓꾸붓-하다** 형여 **꾸붓꾸붓-이** 뛰
꾸붓-하다[-붇-] 형여 '구붓하다'의 센말. 짝꼬붓하다. **꾸붓-이** 뛰
꾸뻑 뛰 '꾸벅'의 센말. 짝꼬빡. **꾸뻑-하다** 통재여 ¶고개를 ~.
꾸뻑-거리다/-대다[-꺼-때-] 통 '꾸벅거리다'의 센말. 짝꼬빡거리다.
꾸뻑-꾸뻑¹ 뛰 '꾸벅꾸벅'의 센말. 짝꼬빡꼬빡. **꾸뻑꾸뻑-하다** 통
꾸뻑-꾸뻑² 뛰 '꾸벅꾸벅²'의 센말. 짝꼬빡꼬빡.
꾸뻑-이다 통타 '꾸벅이다'의 센말. 짝꼬빡이다.
꾸역-꾸역 뛰 1 어떤 장소에 많은 사람들이 비교적 느린 걸음으로 모이는 모양. 또는, 많은 사람들이 좁은 입구나 출구로 느리게 들어가거나 나오는 모양. ¶운동장에 구경꾼들이 ~ 모여든다. 2 밥이나 음식을 입 안에 한꺼번에 많이 넣고 먹는 모양. ¶불이 미어지게 밥을 처넣고 - 먹는 꼴이란!
꾸-이다¹ 통재 꿈에 나타나다. 준꾸다.
꾸-이다² 통타 (남에게) 다음에 돌려받기로 하고 빌려 주다. 준꾸다.
꾸정-꾸정 뛰 1 가늘고 긴 물건이 쭉 곧은 모양. 2 곧고 결백하여 남의 말을 좀처럼 듣지 않는 모양. 3 늙은이의 허리가 굽지 않고 꼿꼿하며 건강한 모양. 짝꼬장꼬장. **꾸정꾸정-하다** 형여
꾸준-하다 형여 1 (일을 하는 태도가) 한결 같고 끈기 있다. ¶그는 도장을 3년 동안 **꾸준하게** 다니고 있다. 2 (일의 진행이나 발전 상태가) 큰 변화나 굴곡 없이 일정하다. ¶이 책은 베스트셀러는 아니지만 **꾸준하게** 팔리고 있다. **꾸준-히** 뛰 ¶~ 노력하다 / 성적이 ~ 향상되다.
꾸중 몡 =꾸지람. ¶선생님한테 ~을 듣다. **꾸중-하다** 통타여
꾸지람 아랫사람의 잘못을 꾸짖는 것. 또는, 그 말. =꾸중. ¶~을 내리다 / ~이 심하다. **꾸지람-하다** 통여
꾸짖다[-짇따] 통타 (아랫사람의 잘못에 대하여) 엄격하게 나무라다. 비질책하다. 책망하다ㆍ힐책하다. ¶아버지는 아들의 잘못을 호되게 **꾸짖었다**.
꾸푸리다 통타 '구푸리다'의 센말. 짝꼬푸리다.
꾹 뛰 1 힘주어 누르거나 죄는 모양. ¶모자를 ~ 눌러쓰다 / 방구리를 ~ 찌르다. 2 굳이 참고 견디는 모양. ¶아픔을 ~ 참다.
꾹-꾹¹ 뛰 1 잇달아 힘주어 누르거나 죄는 모양. ¶밥을 ~ 눌러 담다. 2 자꾸 끈기 있게 참거나 견디는 모양. ¶욕이 나오는 걸 ~ 눌러 참았다. 짝꼭꼭.
꾹-꾹² 뛰 비둘기가 우는 소리.
꾼¹ 몡 (속) 어떤 일, 특히 즐기는 방면의 일에 능숙한 사람. ¶2, 3월은 ~들이 기다리는 바다낚시의 시즌이다.
-꾼² 접미 1 부정적인 뜻을 갖거나 그것으로 부정적 결과가 빚어지는 명사에 붙어, 그런 일이나 그와 관련된 행동을 습관적으로 자주 하는 사람임을 홀하게 나타내는 말. ¶노름 ~ / 술 ~. 2 주로 몸으로 직접 하는 일을 벌이 수단으로 하거나 주된 일로 삼는 사람임을 나타내는 말. ¶나무 ~ / 짐 ~ / 장사 ~. 3 남몰래 부정적인 일을 하는 사람임을 홀하게 나타내는 말. ¶염탐 ~ / 도망 ~. 4 어떤 일을 능숙하게 잘하거나 즐거움으로 삼는 사람임을 나타내는 말. ¶익살 ~ / 살림 ~ / 씨름 ~. 5 어떤 행동을 하는 사람의 무리임을 나타내는 말. ¶구경 ~ / 세배 ~.
꿀 몡 꿀벌이 꽃의 꿀샘에서 빨아들여 먹이로 저장해 두는, 달고 끈끈하고 누르스름한 액체. 흔히, 사람이 식용하거나 약용하며, 감미료로도 이용함. =벌꿀ㆍ봉밀(蜂蜜)ㆍ청밀(淸蜜).
[**꿀도 약이라면 쓰다**] 좋은 말이라도 충고라면 듣기 싫어한다. [**꿀 먹은 벙어리**] 속에 있는 생각을 겉으로 나타내지 못하는 사람.
꿀꺼덕 뛰 '꿀꺽'의 본딧말. 짝꼴까닥.
꿀꺽 뛰 1 액체 따위가 목구멍이나 좁은 구멍으로 한꺼번에 넘어가는 소리. ¶침을 ~ 삼키다. 예꿀꺽. 2 격심한 화나 흥분을 억지로 참는 모양. ¶하고 싶은 말을 ~ 참다. 짝꼴깍. 3 남의 재산을 옳지 못한 방법으로 제 것으로 만드는 것. 본꿀꺼덕. **꿀꺽-하다** 통타여
꿀꺽-거리다/-대다[-꺼-때-] 통타 자꾸 꿀꺽거리다. 짝꼴깍거리다. 예꿀컥거리다.
꿀꺽-꿀꺽 뛰 꿀꺽거리는 소리. 또는, 그 모양. ¶물을 ~ 마시다. 짝꼴깍꼴깍. 예꿀컥꿀컥. **꿀꺽꿀꺽-하다** 통타여
꿀꿀¹ 뛰 액체가 꽤 굵은 줄기로 몰려 흐르는 소리. 짝꼴꼴. 예쿨쿨.
꿀꿀² 뛰 돼지가 내는 소리. 짝꼴꼴.
꿀꿀-거리다/-대다¹ 통재 액체가 꽤 굵은 줄기로 몰려 꿀꿀 소리를 내며 흐르다. 짝꼴꼴거리다. 예쿨쿨거리다.
꿀꿀-거리다/-대다² 통재 돼지가 자꾸 꿀꿀 소리를 내다. 짝꼴꼴거리다.
꿀꿀-돼지 몡 1 꿀꿀거리는 돼지. 2 =꿀꿀이2.
꿀꿀-이 몡 1 돼지같이 욕심이 많은 사람의 비유. =꿀돼지. 2 (유아) 돼지. =꿀꿀돼지.
꿀꿀이-죽(-粥) 몡 ['돼지가 먹는 죽'이라는 뜻] 전후 1950~60년대에 미군 부대에서 나온 음식 찌꺼기를 가져다가 한데 넣어 죽

처럼 끓여서 팔던 싸구려 음식.
꿀-단지[-딴-] 몡 꿀을 넣어 두는 단지.
꿀-돼지[-뙈-] 몡 =꿀꿀이¹.
꿀-떡¹ 몡 1 떡가루에 꿀물을 내려서 밤·대추·잣 등을 켜마다 넣고 찐 떡. 2 꿀이나 설탕을 섞어 만든 떡의 총칭.
꿀떡² 円 (음식물 따위를) 목구멍으로 한꺼번에 삼키는 모양. 또는, 그 소리. ¶떡을 ~ 삼키다.
꿀떡-거리다/-대다[-꺼(때)-] 통(자타) 자꾸 꿀떡하다. 좍꼴딱거리다.
꿀떡-꿀떡 円 꿀떡꿀떡하는 소리. 또는, 그 모양. 좍꼴딱꼴딱. 꿀떡꿀떡-하다 통(자타)예
꿀렁 円 1 병이나 통 속에 다 차지 않은 액체가 제법 세게 흔들릴 때에 나는 소리. 2 척 들러붙지 않고 제법 많이 부푼 모양. 좍꼴랑. 꿔쿨렁. 꿀렁-하다 통(자)예
꿀렁-거리다/-대다 통(자타) 1 통 속에 다 차지 않은 액체가 흔들려 꿀렁 소리가 자꾸 나다. 2 척 들러붙지 않고 부풀어서 들썩들썩하다. 좍꼴랑거리다. 꿔쿨렁거리다.
꿀렁-꿀렁 円 꿀렁거리는 소리. 또는, 그 모양. 좍꼴랑꼴랑. 꿔쿨렁쿨렁. 꿀렁꿀렁-하다 통(자)예 ¶통 속의 술이 움직일 때마다 ~.
꿀리다 통(자) 1 구김살이 생기다. 2 경제 형편이 옹색하게 되다. ¶살림이 ~. 3 마음속으로 좀 켕기다. ¶내 눈치를 살피는 것이, 뭔가 꿀리는 데가 있는 모양이다. 4 (힘이나 능력이) 남에게 눌리다. ¶아무래도 그에게 힘이 꿀린다.
꿀-맛[-맏] 몡 1 꿀의 단맛. 2 음식의 썩 단맛이나 아주 좋은 맛을 비유적으로 이르는 말. ¶저 참외는 정말 ~이다. / 시장한 끝이라 밥맛이 ~이다.
꿀-물 몡 꿀을 탄 물. =밀수(蜜水).
꿀-밤 몡 '알밤²'을 달리 이르는 말. ¶~을 먹다 / ~을 맞다.
꿀-벌[동] 벌목 꿀벌과의 곤충. 몸빛은 어두운 갈색이며, 날개는 희고 투명함. 한 마리의 여왕벌을 중심으로 집단생활을 함. =참벌·밀봉(蜜蜂). 준벌.
꿀-샘[식] 꽃이나 잎 등에서 단물을 내는 조직이나 기관. =밀선(蜜腺).
꿀-주머니 몡 꽃받침이나 꽃잎 밑 부분에 있는 자루 모양의 돌기. 가운데에 가늘고 긴 꿀샘이 있음. =거(距).
꿀쩍 円 1 질거나 끈기 있는 물건을 주무르거나 밟을 때에 나는 소리. 2 눈물을 짜내는 것처럼 조금 흘리는 모양. 좍꼴짝. 꿀쩍-하다 통(자타)예
꿀쩍-거리다/-대다[-꺼(때)-] 통(자타) 자꾸 꿀쩍하다. 좍꼴짝거리다.
꿀쩍-꿀쩍 円 꿀쩍거리는 소리나 모양. 좍꼴짝꼴짝. 꿀쩍꿀쩍-하다 통(자타)예
꿀쩍 円 1 적은 물에 많은 물건을 넣고 세게 주무를 때에 나는 소리. 2 통 같은 데에 든 액체가 세게 흔들릴 때에 나는 소리. 좍꼴짝. 꿀쩍-하다 통(자타)예
꿀쩍-거리다/-대다[-꺼(때)-] 통(자타) 자꾸 꿀쩍하다. 좍꼴짝거리다.
꿀쩍-꿀쩍 円 꿀쩍거리는 소리. 또는, 그 모양. 좍꼴짝꼴짝. 꿀쩍꿀쩍-하다 통(자타)예
꿀-참외[-외/-웨] 몡 맛이 아주 단 참외.
꿀컥 円 '꿀걱¹'의 거센말. 좍꼴칵. 꿀컥-하다 통(자타)예

꿀컥-거리다/-대다[-꺼(때)-] 통(자타) '꿀걱거리다'의 거센말. 좍꼴칵거리다.
꿀컥-꿀컥 円 '꿀걱꿀걱'의 거센말. 좍꼴칵꼴칵. 꿀컥꿀컥-하다 통(자타)예
꿇다¹[꿀타] 통(타) (무릎을) 구부려 바닥에 대다. ¶무릎을 ~.
꿇다²[꿀타] 통(타) (주로 '1년, 2년, …'이나 '한 학년, 두 학년, …' 등을 목적어로 하여) 성적이 미달되거나 그러한 사유로 학년을 올라가지 못하고 그 학년에 그대로 머무르다. 구어적인 말임. 비유급하다·낙제하다. ¶영호는 몸이 약해 1년을 꿇었다.
꿇-리다[꿀-] 통 1(자) '꿇다'의 피동사. 2(타) '꿇다'의 사동사.
꿇-앉다[꿀안따] 통(자) '꿇어앉다'의 준말.
꿇어-앉다[꿀-안따] 통(자) 무릎을 꿇고 앉다. 준꿇앉다.
꿈 몡 1 잠자는 동안에 두뇌의 활동에 의해 깨어 있을 때와 같이 어떤 영상이나 소리를 보거나 듣는 현상. ¶돼지 ~ / ~을 꾸다 / ~에 보이다 / ~을 실현시키고 싶은 희망이나 이상(理想). 2 ~ 많은 소녀 시절. 3 실현 가능성이 거의 없는 공상적인 소망. ¶허황된 ~은 버려라.
[꿈보다 해몽이 좋다] 실지로 일어난 일보다 유리하게 둘러대어 해석하다.
꿈도 못 꾸다 귀 전혀 생각도 하지 못하다.
꿈에도 생각지 못하다 귀 전혀 생각하지 못하다.
꿈에도 없다 귀 생각조차 해 본 일이 없다.
꿈-같다[-갇따] 혱 1 일이 하도 이상야릇하여 현실이 아닌 것 같다. ¶꿈같은 이야기다. 2 (세월이) 덧없이 빠르다. ¶꿈같은 세월. 꿈같-이 円
꿈-결[-껼] 몡 1 ('꿈결에'로 쓰이어) 꿈을 꾸는 어렴풋한 동안. ¶~에 들은 이야기 / ~에 본 것 같다. 2 덧없이 빠른 사이. ¶어느새 학창 시절이 ~같이 지나갔다.
꿈-길[-낄] 몡 꿈속의 공간. 주로, 문학적인 표현에서 쓰이는 말임. ¶마치 ~에서 ~로 흘러 다니는 것 같아요. 인생도 그냥 이런 것일 텐데…. 《서영은:꿈길로 꿈길로》
꿈-꾸다 통 (어떠한 일을) 이루려고 꾀하거나 희망을 걸고 생각하다. ¶우승을 ~ / 유학을 ~.
꿈-나라 몡 '잠' 또는 '꿈속'을 비유적으로 이르는 말. ¶~를 여행하다 / ~에 빠져 들다.
꿈-나무 몡 '어린이'나 '청소년'을 무한한 가능성을 가진 존재라는 뜻에서 비유적으로 이르는 말. ¶축구 ~ / ~를 육성하다 / 제5회 ~ 사생 대회.
꿈-땜 몡 꿈자리가 사나웠을 때에 그 꿈을 때우려고 언짢은 일을 당하는 일. 꿈땜-하다
꿈만-하다 혱예 어찌해야 할지 몰라 막막하다. ¶노름으로 가산을 다 날렸으니 앞으로 살아갈 일이 ~.
꿈-밖[-박] 몡 꿈에도 생각지 못한 것. ¶언제이든 갈 줄은 알았던 게나 이다지도 급자기 서둘 줄은 ~이었다. 《김유정:솥》
꿈-속[-쏙] 몡 1 꿈을 꾸는 동안. =몽리(夢裏)·몽중(夢中). ¶~에서 돌아가신 아버님을 뵈었다. 2 어떠한 일에 열중하여 다른 일을 까맣게 잊은 채 멍하게 있는 상태. ¶아직도 너 ~을 헤매고 있구나. 정신 차려라.

꿈실-거리다/-대다 통(자) '굼실거리다'의 센말. 困꼼실거리다.
꿈실-꿈실 튀 '굼실굼실'의 센말. ¶벌레가 ~ 기어가고 있다. 困꼼실꼼실. 꿈실꿈실-하다 통(자)여
꿈-자리 명 꿈이 어떤 일을 미리 알려 주는 징조라는 관념에서, 어떤 꿈을 꾼 잠자리, 또는 꿈속에서 본 어떤 장면이나 내용을 이르는 말. 비몽조(夢兆). ¶~가 뒤숭숭하다 / ~가 사납다 / ~가 나쁘다
[꿈자리가 사납더니] 무엇이 뜻대로 되지 않고 일마다 방해되는 것이 끼어들 때 쓰는 말.
꿈적 튀 '꿈쩍'보다 어감이 약한 말. '굼적'의 센말이기도 함. 困꼼작. 꿈적-하다 통(자)(타)여 ¶눈을 ~.
꿈적-거리다/-대다 [-꺼(때)-] 통(자)(타) '꿈쩍거리다'보다 어감이 약한 말. '굼적거리다'의 센말이기도 함. ¶몸이 나른하여 꿈적거리기도 싫다. 困꼼작거리다.
꿈적-꿈적 튀 '꿈쩍꿈쩍'보다 어감이 약한 말. '굼적굼적'의 센말이기도 함. 困꼼작꼼작. 꿈적꿈적-하다 통(자)(타)여
꿈적-이다 통(자)(타) '꿈쩍이다'보다 어감이 약한 말. ¶피곤해서 몸을 꿈적이기도 싫다. 困꼼작이다.
꿈지럭 튀 몸을 무디고 느릿하게 움직이는 모양. 困꿈질. 꿈지락. 여굼지럭. 꿈지럭-하다 통(자)(타)여
꿈지럭-거리다/-대다 [-꺼(때)-] 통(자)(타) 무디고도 느릿하게 자꾸 움직이다. ¶발가락을 ~ / 그렇게 꿈지럭거리다가는 늦겠다. 困꿈질거리다. 困꼼지락거리다. 여굼지럭거리다.
꿈지럭-꿈지럭 튀 꿈지럭거리는 모양. ¶~ 늑장을 피우다. 困꿈질꿈질. 困꼼지락꼼지락. 여굼지럭굼지럭. 꿈지럭꿈지럭-하다 통(자)(타)여
꿈질 튀 '꿈지럭'의 준말. 困꼼질. 꿈질-하다 통(자)(타)여
꿈질-거리다/-대다 통(자)(타) '꿈지럭거리다'의 준말. 困꼼질거리다.
꿈질-꿈질 튀 '꿈지럭꿈지럭'의 준말. 困꼼질꼼질. 꿈질꿈질-하다 통(자)(타)여
꿈쩍 튀 (주로 '못하다', '말다', '않다'와 같은 부정어와 함께 쓰여) 무겁고 느리게 움직이는 모양. '굼적', '꿈적'의 센말임. 困꼼짝. 꿈쩍-하다 통(자)(타)여 (주로 '못하다', '않다'와 같은 부정어와 함께 쓰여) 무겁고 느리게 움직이다.
꿈쩍 못하다 관 남의 힘이나 위엄에 눌려 기를 펴지 못하다.
꿈쩍-거리다/-대다 [-꺼(때)-] 통(자)(타) 자꾸 꿈쩍하다. '굼적거리다', '꿈적거리다'의 센말이다. 困꼼짝거리다.
꿈쩍-꿈쩍 튀 꿈쩍거리는 모양. '굼적굼적', '꿈적꿈적'의 센말임. 困꼼짝꼼짝. 꿈쩍꿈쩍-하다 통(자)(타)여
꿈쩍-없다 [-업따] 형 조금도 움직이는 기색이 없다. 困꼼짝없다. 꿈쩍없이 튀
꿈쩍-이다 통(자)(타) 무겁고 느리게 움직이다. '꿈적이다'의 센말임. 困꼼짝이다.
꿈틀 튀 몸을 이리저리 꾸부려 움직이는 모양. 困꼼틀. 꿈틀-하다 통(자)(타)여 지렁이도 밟으면 꿈틀한다. (속담)
꿈틀-거리다/-대다 통(자)(타) (몸을) 이리저리 꾸부리거나 비틀며 자꾸 움직이다. 여굼틀거리다.

꿈틀-꿈틀 튀 꿈틀거리는 모양. ¶지렁이가 ~ 기어가다. 困꼼틀꼼틀. 여굼틀굼틀. 꿈틀꿈틀-하다 통(자)(타)여
꿉꿉-하다 [꿉꾸-] 형 조금 축축하다. ¶빨래가 조금 덜 말라서 ~. 困꼽꼽하다.
꿉실 [-씰] 튀 '굽실'의 센말. 困꼽실. 꿉실-하다 통(자)(타)여
꿉실-거리다/-대다 [-씰-] 통(자)(타) '굽실거리다'의 센말. 困꼽실거리다.
꿉실-꿉실 [-씰-씰] 튀 '굽실굽실'의 센말. 困꼽실꼽실. 꿉실꿉실-하다 통(자)(타)여
꿉적 [-쩍] 튀 '굽적'의 센말. 困꼽작. 꿉적-하다 통(자)(타)여
꿉적-거리다/-대다 [-쩍(때)-] 통(자)(타) '굽적거리다'의 센말. 困꼽작거리다.
꿉적-꿉적 [-쩍-쩍] 튀 '굽적굽적'의 센말. 困꼽작꼽작. 꿉적꿉적-하다 통(자)(타)여 ¶"언제까지 꿉적꿉적하며 천대받는 소리만 들으려오?"(염상섭: 만세전)
꿋꿋-하다 [꾿꾸타-] 형 1 (태도가) 어떤 어려움도 능히 견딜 만큼 굳세다. ¶그는 온갖 역경에도 굴하지 않고 꿋꿋하게 한평생을 살아왔다. 2 (말랑말랑하던 물건이) 마르거나 얼어서 다소 딱딱하다. ¶꿋꿋하게 굳은 인절미. 꿋꿋-이 튀 ¶~ 살다 (견디다).
꿍 튀 1 무거운 물건이 바닥에 떨어져 크게 울리는 소리. 2 큰북 따위를 울리는 소리. 3 멀리서 포탄 따위가 터져 울리는 소리. 困쿵.
꿍-꽝 튀 1 대포나 북소리 따위가 크고 작게 섞바뀌어 나는 소리. 2 발로 마룻바닥 따위를 구르며 구를 매우 요란스럽게 울리는 소리. 3 단단하고 큰 물건이 서로 부딪칠 때 요란스럽게 나는 소리. 困쿵쾅. 꿍꽝-하다 통(자)(타)여
꿍꽝-거리다/-대다 통(자)(타) 자꾸 꿍꽝 소리가 나다. ¶공사장에서 하루 종일 꿍꽝거린다. 困쿵쾅거리다.
꿍꽝-꿍꽝 튀 꿍꽝거리는 소리. 困쿵쾅쿵쾅. 꿍꽝꿍꽝-하다 통(자)(타)여 ¶아이들이 마루에서 꿍꽝꿍꽝하며 뛰어다닌다.
꿍-꿍¹ 튀 자꾸 꿍 하는 소리. 困쿵쿵. 꿍꿍-하다 통(자)(타)여
꿍꿍² 튀 몹시 아프거나 괴로울 때에 내는 소리. ¶~ 앓다. 困꽁꽁. 꿍꿍-하다² 통(자)(타)여
꿍꿍-거리다/-대다 통(자) 자꾸 꿍꿍 앓는 소리를 내다. 困꽁꽁거리다.
꿍꿍-이 명 '꿍꿍이셈'의 준말.
꿍꿍이-셈 명 속으로만 우물쭈물하는 속셈. =꿍꿍이수. ¶~을 하다. 준꿍꿍이.
꿍꿍이-속 명 도무지 모를 수작. ¶돈을 줘도 안 받으니 무슨 ~인지 모르겠다.
꿍꿍이-수 명 =꿍꿍이셈. ¶틀림없이 무슨 ~가 있는 게 분명하다.
꿍꿍이-수작(-酬酢) 명 속을 알 수 없는 엉큼한 수작.
꿍꿍이-짓 [-찓] 명 남에게 드러내 보이지 않고 속으로만 꾸며 일을 꾸미는 짓. ¶속에서 무슨 ~을 꾸미는 게 틀림없다. 꿍꿍이짓-하다 통(자)(타)여
꿍얼-거리다/-대다 통(자) 꿍해서 중얼거리다. 困꽁알거리다.
꿍얼-꿍얼 튀 꿍얼거리는 소리. 또는, 그 모양. 困꽁알꽁알. 꿍얼꿍얼-하다 통(자)(타)여
꿍-하다 Ⅰ 통(자)(타)여 마음을 드러내지 않고 속으로만 언짢고 서운하게 여기다. ¶그는 조

금방 서운한 소리를 들어도 곧잘 **꿩한다**. ㉗꽁하다.
Ⅱ[형][어] 성격이 활달하지 못하고 덤덤하다. ㉗꽁하다.
꿜꿜[부] 많은 양의 액체가 좁은 구멍으로 한꺼번에 세차게 쏟아지는 소리. ㉗꽐꽐. ㉚퀄퀄.
꿜꿜-거리다/-대다[동][자] 자꾸 꿜꿜 소리를 내며 흐르다. ㉗꽐꽐거리다. ㉚퀄퀄거리다.
꿩[명][동] 꿩과의 새. 닭과 비슷하며, 몸에 알락달락한 검은 점이 많다. 수컷은 '수꿩' 또는 '장끼' 라 하는데, 목에 흰 줄이 있고 푸르며, 꽁지가 길고 아름다움. 암컷은 '암꿩' 또는 '까투리' 라 하는데, 수컷보다 작고 갈색에 검은색 얼룩무늬가 있으며 492(원문 불명). 어린 것은 '꺼병이' 라고 부름. 우리나라 특산종으로, 맛이 좋음. =산계(山鷄).
[꿩 구워 먹은 소식] 소식이 아주 없다는 말. **[꿩 대신 닭]** 적당한 것이 없을 때 그와 비슷한 것으로 대신한다는 말. **[꿩 먹고 알 먹는다]** 한 가지 일로 두 가지 이상의 이익을 보다.
꿰:다[꿰고/꿰어] [동][타] 1 (실이나 끈을) 물건에 난 구멍이나 틈의 한쪽에 넣어 다른 쪽으로 나가게 하다. ¶바늘에 실을 ~/엽전을 끈으로 ~. 2 (물건을) 가늘고 긴 물건으로 맞뚫리게 찔러서 꽂다. ¶송사리 코에 코뚜레를 ~ /꼬챙이에 곶감을 ~. 3 팔·손·다리·발을 뻗거나 넣어 옷을 입거나 신을 신다. 낮잡는 말임. ¶바지를 ~. 4 (일의 사정이나 내용을) 처음부터 끝까지 자세하게 알다. 구어체의 말임. ¶그 사람은 부동산에 관한 일이라면 환히 꿰고 있다.
꿰:-뚫다[-뚤타] [동][타] 1 이쪽에서 저쪽까지 꿰어지게 뚫다. ¶총알이 심장을 ~. 2 환히 내다보거나 들여다보다. ¶미래를 ~ /내가 네 마음속을 환히 꿰뚫고 있으니, 거짓말하지 마. 3 일을 속속들이 잘 알다. ¶낚시에 관한 일이라면 꿰뚫고 있다. 4 길 따위가 통하여 나다. ¶마을을 꿰뚫은 신작로.
꿰:-맞추다[-맏-] [동][타] 서로 맞지 않는 것을 적당히 갖다 맞추다. ¶말을 ~.
꿰:-매다[동][타] 1 해지거나 뚫어진 데를 집거나 얽어서 꿰다. ¶양말을 ~. 2 (거두기 힘든 일을 매만져) 탈이 없게 하다.
꿰:맴-질[명] 옷 따위의 해지거나 뚫어진 데를 바늘로 집는 짓. **꿰:맴질-하다**[동][자].
꿰:미[명] 1 무엇을 꿰는 데 쓰는 노끈이나 꼬챙이 따위. 또는, 거기에 무엇을 꿴 것. 2[의존] 노끈 따위로 꿰어 놓은 물건을 세는 단위. ¶엽전 다섯 ~/낙지 열 ~.
꿰:-신다[-따] [동][타] (신 등을) 발에 꿰어서 신다.
꿰:-이다[동][자] '꿰다'의 피동사. ¶실에 꿰인 바늘.
꿰:-지다[동][자] 1 (내미는 힘으로) 터지거나 미어져 찢어지다. ¶쌀 포대가 ~. 2 (둘러싼 것이) 터져서 속의 것이 드러나다. 3 (일이) 틀어지거나 그르쳐지다.
꿰:-지르다[동][타][르]〈~지르니, ~질러〉=꿰다3.
꿰:-찌르다[동][타][르] ~찌르니, ~찔러〉 있는 힘을 다하여 속으로 밀어 찌르다.
꿰:-차다[동][타] 자기 것으로 만들다. 속된 말임. ¶계집을 꿰차고 도망가다.
꿱[부] 갑자기 목청을 높여 지르는 소리. ㉗꽥.
꿱-꿱[부] 1 계속 꿱 소리를 지르는 모양. 또는, 그 소리. ㉗꽥꽥. 2 구역이 나서 무엇을 자꾸 토하는 소리. 또는, 그 모양. **꿱꿱-하다**[동][자][어].
꿱꿱-거리다/-대다[-꺼(깨)-] [동][자] 꿱꿱 소리를 자꾸 내다. ㉗꽥꽥거리다.
뀌:다[동][자] '꾸이다'의 준말.
뀌:다[동][타] '꾸이다²'의 준말.
뀌:다[동][타] (방귀를) 내어 보내다. ¶방귀를 ~. ×꾸다.
뀌어-주다[-어-/-여-] [동][타] (돈 등을) 나중에 받기로 하고 빌려 주다. ¶친구에게 돈을 ~.
끄나불[명] '끄나풀'의 잘못.
끄나풀[명] 1 길지 않은 끈의 나부랭이. ¶~로 동여매다. 2 남의 앞잡이 노릇을 하는 사람을 욕으로 이르는 말. ¶사장의 ~/그는 경찰의 ~이다. ×끄나불.
끄느름-하다[형][여] 1 (날이) 흐려 어둠침침하다. ¶날이 **끄느름해지다**. 2 아궁이의 장작불이 약하다. **끄느름-히**[부].
끄다¹[동][타]〈끄니, 꺼〉 1 (타고 있는 불을) 타지 못하게 만들다. ¶촛불을 ~/담뱃불을 ~. 2 (전기를 이용하는 물건을) 제 기능을 하지 않도록 전기나 동력의 흐름을 끊어지게 스위치를 움직이다. ¶전등을 ~/텔레비전을 ~/자동차의 시동을 ~/켜다. 3 (일이나 아주 급한 일 따위를) 해결하거나 처리하다. ¶빚을 조금씩 꺼 나가다/급한 일부터 끄고 보자.
끄다²[동][타]〈끄니, 꺼〉 1 (단단하고 평평한 물질을) 깨뜨려 움푹 패게 하다. ¶낚시꾼이 얼음을 **끄고** 낚시를 드리웠다. 2 (덩어리져 있는 것을) 깨뜨려 잘게 부수다. ¶흙덩어리를 쇠스랑으로 ~.
끄덕[부] (고개를) 아래로 숙였다 드는 모양. ㉗까닥. ㉚끄떡. **끄덕-하다**[동][타][어].
끄덕-거리다/-대다[-꺼(깨)-] [동][타] (고개를) 위아래로 자꾸 움직이다. ¶승낙의 표시로 고개를 ~. ㉗까닥거리다. ㉚끄떡거리다.
끄덕-끄덕[부] 세차게 자꾸 끄덕거리는 모양. ¶~ 졸다. ㉗까닥까닥. ㉚끄떡끄떡. **끄덕끄덕-하다**[동][타][어].
끄덕-이다[동][타] (고개를) 위아래로 움직이다. ¶그는 대답 대신 고개를 **끄덕였다**. ㉗까닥이다. ㉚끄떡이다.
끄덩이[명] 1 머리털이나 실 따위의 뭉친 끝. ¶머리 ~. 2 일의 실마리.
끄떡[부] 1 '끄덕'의 센말. 2 조금 움직이는 모양. ¶힘이 어찌나 센지 밀어도 ~도 않는다. ㉗까딱. **끄떡-하다**[동][자][어].
끄떡-거리다/-대다[-꺼(깨)-] [동][타] '끄덕거리다'의 센말. ㉗까딱거리다.
끄떡-끄떡[부] '끄덕끄덕'의 센말. ㉗까딱까딱.
끄떡-없다[-업따] [형] (아무런 변동이나 탈 없이) 온전하다. ¶배가 워낙 커서 웬만한 파도에는 ~. ㉗까딱없다. **끄떡없-이**[부] ¶집 한 입 갑절이나 지고도 ~ 산을 넘는다.
끄떡-이다[동][타] '끄덕이다'의 센말. ㉗까딱이다.
끄르다[동][타][르]〈끄르니, 끌러〉 (매거나 조이거나 채우거나 잠근 것 등을) 손이나 도구 따위로 열어지는 상태가 되게 하다. [비]풀다. ¶보따리를 ~/단추를 ~/자물쇠를 ~.
끄르륵[부] 트림을 심하게 하는 소리. **끄르륵-하다**[동][자][어].

끄르륵-거리다/-대다[-꺼(때)-] 동(자) 자꾸 끄르륵 소리를 내며 트림을 하다.

끄르륵-끄르륵 부 잇달아 끄르륵거리는 소리. 준끌끌. **끄르륵끄르륵-하다** 동(자여)

끄리 명 잉엇과의 민물고기. 입은 위로 치켜 붙고, 배는 은빛이며 등은 검푸름. 성질이 포악하며, 맑은 물을 좋아함. 맛이 좋음.

끄먹-거리다/-대다[-꺼(때)-] 동 [1](자)(등불 따위가) 꺼질 듯 말 듯 하다. ¶기름이 다 됐는지 등잔불이 **끄먹거린다**. [2](타)(눈을) 가볍게 감았다 떴다 하다. ¶두 눈을 **끄먹거리며** 쳐다보다. 종까박거리다.

끄먹-끄먹 부 끄먹거리는 모양. 종까막까막. **끄먹끄먹-하다** 동(자)(타)(여) ¶졸려서 눈을 ~.

끄무러-지다 동(자) 1 구름이 끼어 날이 점점 흐려지다. 2 (마음이) 침울하게 되다.

끄무레-하다 형 날이 흐리고 어둠침침하다. ¶비가 오려는지 날씨가 ~.

끄물-거리다/-대다 동(자) '그물거리다'의 센말. ¶하늘이 ~.

끄물-끄물 부 '그물그물'의 센말. **끄물끄물-하다** 동(자여)

끄적-거리다 동(타) '끼적거리다'의 잘못.

끄!-집다[-따] 타 집어서 끌다.

끄!집어-내다 타 1 (속에 든 것을) 끄집어서 밖으로 내다. ¶가방에서 책을 ~. 2 (약점이나 잘못을) 들추어내다. ¶남의 약점을 ~. 3 (말거리를) 일부러 꺼내다. ¶괜한 이야기를 **끄집어냈나** 보군. 4 (판단이나 결과를) 찾아내다. ¶자료를 종합하여 결론을 ~.

끄!집어-들이다 타 끄집어서 안으로 들이다. ¶집에 아무나 **끄집어들여?**

끄트러기 명 1 쓰고 남은 나머지. ¶먹고 남은 ~를 날 주어다 준다. 2 깎아 내거나 끊어 내고 남은 자질구레한 나뭇조각.

끄트머리 명 1 맨 끝 부분. ¶나무 ~를 꼭 잡아라. 2 일의 실마리. 비단서(端緒).

끅 부 트림을 짧게 할 때 나는 소리.

끅-끅 부 트림을 짧게 자꾸 할 때 나는 소리.

끅끅-거리다/-대다[-꺼(때)-] 동(자) 짧게 트림하는 소리가 잇달아 나다.

끈 명 1 물건을 묶는 데에 주로 사용하는, 종이·천·가죽·비닐 따위로 만든 가늘고 긴 물건. 치수의 단위는 발·오리·타래. ¶소포를 ~으로 묶다 / ~을 풀다. 2 가방이나 신발이나 옷 따위에 붙어서 손잡이로 쓰이거나 조이거나 잡아매는 데 쓰이는, 가늘고 긴 물건. ¶구두(가방)의 ~. 3 의지할 만한 연줄이나 이줄.
[끈 떨어진 뒤웅박] 의지할 데가 없어진 처지를 이르는 말.

끈-기(-氣) 명 1 물건의 차진 기운. ¶밀가루 반죽이 ~가 있다. 2 쉽게 단념하지 않고 끈질기게 견뎌 나가는 기운. ¶~ 있는 사람.

끈끈-이 명 파리 따위를 잡는 데 쓰는 매우 끈끈한 물건.

끈끈이-주걱 명[식] 끈끈이귀갯과의 여러해살이풀. 벌레잡이 식물로, 잎은 주걱 모양인데, 홍자색의 긴 선모(腺毛)가 있어 끈끈한 액을 분비하여 벌레를 잡음. 여름에 흰 꽃이 핌. 산이나 들의 습지에 남. =모드라기풀.

끈끈-하다 형(여) 1 (액체나 물기 있는 물질이) 달라붙는 성질이 있다. ¶**끈끈한** 풀. 2 (정이나 인간관계가) 강하게 맺어진 상태에 있다. ¶**끈끈한** 정 / 선후배의 유대 관계가 ~. 3 (공기가) 높은 습도 때문에 살갗에 닿는 느낌이 유쾌하지 않다. ¶**끈끈한** 바닷바람. 4 (주로 이성에게 보내는 시선이) 정을 듬뿍 담은 상태에 있다. 때로, 부정적인 뜻으로 쓰이는 경우도 있음. ¶그는 이웃집 처녀를 **끈끈한** 시선으로 바라보았다. **끈끈-히** 부

끈덕-지다[-찌-] 형 꾸준하고 끈기가 있다. ¶그는 **끈덕지게** 내 동의를 요구했다.

끈-목 명 여러 올의 실로 짠 끈의 총칭. 대님·허리띠 따위.

끈적-거리다/-대다[-꺼(때)-] 동(자) 1 (액체나 물기 있는 물질이) 만질 때마다 자꾸 달라붙다. ¶땀에 젖은 몸이 ~. 2 바람이나 공기에 습기가 많아 살갗에 불쾌하게 느껴지다. ¶열대야의 밤공기가 ~. 3 (시선이) 음욕을 품고 있어 불쾌한 느낌을 주다. ¶**끈적거리는** 시선.

끈적-끈적 부 자꾸 끈적거리는 모양. **끈적끈적-하다** 형(여) 1 (액체나 물기 있는 물질이) 만졌을 때 기분 나쁘게 자꾸 달라붙는 성질이 있다. ¶송진이 손에 묻어 ~. 2 (시선이) 음욕을 품은 상태에 있다. ¶여자를 바라보는 사내의 **끈적끈적한** 시선.

끈적-이다 동(자) 만졌을 때 기분 나쁘게 달라붙다.

끈적-하다[-저카-] 형(여) 1 (액체나 물기 있는 물질이) 끈끈하여 들러붙는 성질이 있다. ¶**끈적한** 가래. 2 바람이나 공기에 습기가 많아 살갗에 닿는 느낌이 불쾌하다. ¶무덥고 **끈적한** 장마철 날씨.

끈-지다 형 단념하지 않고 버텨 나가는 힘이 있다. 종깐지다.

끈-질기다 형 끈기 있게 질기다. ¶**끈질기게** 도전하다. 종깐질기다.

끈질-끈질 부 매우 끈질긴 모양. 종깐질깐질. **끈질끈질-하다** 형(여)

끈-팬티(-←panties) 명 성기만 가릴 뿐 엉덩이는 거의 가리지 않는, 끈 모양의 팬티.

끈-허리 명 여자 한복에서, 치마 위쪽에 띠 모양으로 대어 치마가 흘러내리지 않도록 몸통에 둘러서 매는 부분. ▷어깨허리·치마허리.

끈!-히 부 끈질기게.

끊-기다[끈키-] 동(자) '끊다'의 피동사. ¶차가 ~ / 숨이 ~ / 연락이 ~.

끊다[끈타] 동(타) 1 (전체가 하나로 된, 실·끈·줄 따위의 물건을) 손이나 날이 있는 도구로 부분과 부분이 따로 떨어지게 자르다. ¶실을 ~ / 가위로 기념 테이프를 ~. ↔잇다. 2 (길·다리 따위의 통로를) 사람이나 차가 다니지 못하게 파괴하거나 무너뜨리다. ¶보급로를 ~. 3 (계속되어 오던 교제나 관계를) 더 이어지지 않도록 그치다. ¶교제를 ~ / 부자간의 인연을 ~. 4 (일상적으로 버릇이 되다시피 한 일을) 더 이상 하기를 그만두다. 또는, (기호품이나 중독성 약물 등을) 더 이상 먹거나 피우거나 복용하기를 그만두다. ¶노름을 ~ / 술을 ~ / 담배를 ~. 5 (계속적으로 공급돼 오던 것을) 더 공급하지 말고 중단하다. ¶전기를 ~ / 수도를 ~. 6 (계속적으로 배달되어 오던 물품을) 더 이상 배달하지 못하게 중지시키다. ¶신문을 ~ / 우유를 ~. 7 (자신의 목숨을) 더 이어지지 않게 만들다. ¶그는 삶을 비관한 나머지 약을 먹고 목숨을 **끊었다**. 8 (말을) 음절과 음절의 경계가 분명하도록 딱딱 떨어지게 하다. ¶영어를 처음 배우는 사람한

테는 문장을 천천히 끊어서 읽어 주는 게 좋다. 9 (하던 말을) 도중에 그만두다. ¶노인은 그 부분에서 잠시 말을 **끊고** 눈을 지그시 감았다. 10 (전화를) 통화를 하던 상태에서 송수신이 이루어지지 않게 만들다. ¶그럼 전화 **끊을**게요. 11 (표 따위를) 묶음에서 떼어 내어 발행하다. 또는, 그 발행한 것을 사서 가지다. ¶출금 전표를 ~ / 너, 차표 **끊었**니? 12 (셈 따위를) 가리어 끝내다. ¶외상값은 이달 말까지 **끊어** 드리겠소. 13 (옷감이나 천을) 옷이나 어떤 것을 만들 수 있을 만한 크기로 잘라서 사다. ¶두루마기를 한 벌 도중에 전화가 **끊어졌**다.

끊어-뜨리다/-트리다[끈-] 图타 1 이어진 것을 동강 내어 떨어지게 하다. ¶빨랫줄을 ~. 2 잇대어 있는 것을 떨어져게 하다.

끊어-지다[끈-] 图짜 끊은 상태로 되다. ¶연락이 ~ / 고무줄이 ~ / 숨이 ~ / 이야기 도중에 전화가 **끊어졌**다.

끊음-표(-標)[끈-] 图음 =스타카토.

끊-이다[끈-] 图짜 (주로 '않다', '없다' 와 같은 부정적인 말과 함께 쓰이어) (어떤 일이나 현상이) 계속되지 않고 그치다. ¶주문이 **끊이지** 않는다. / 걱정이 **끊일** 날이 없다.

끊임-없다[끈-업따] 웽 (어떤 일이나 현상이) 이어져 그침이 없다. ¶**끊임없는** 노력 [투쟁]. **끊임없이**-이 [튀비가 ~ 내리다.

끌 몡 나무에 구멍을 파거나 또는 깎고 다듬는 데에 쓰이는 연장.

끌-그물 몡[수산] 물속에 넣고 배 따위로 끌어서 고기를 잡는 그물. =예인망(曳引網).

끌꺽끌꺽-하다[-꺼카-] 图짜여 먹은 것이 잘 내리지 않아 자주 트림이 나다. ¶너무 많이 먹어서 ~.

끌끌[1] 뷔 마음에 마땅찮아 혀를 차는 소리. ¶그 노인은 버릇없는 젊은이의 짓이 못마땅해서 **끌끌** ~ 찼다.

끌!끌[2] 뷔 '끄르륵끄르륵'의 준말. **끌!끌-하다** 图짜여

끌끔-하다 웽여 '깔끔하다'의 큰말. **끌끔-히** 뷔

끌!다 图타 〈끄니, 끄오〉 1 (바닥에 닿아 있는 물체를) 손으로 잡거나 줄 따위로 묶어서 잡고 자기 쪽으로 힘을 주어 바닥에 닿은 상태로 움직이게 하다. ¶수레를 앞에서 ~. ↔밀다. 2 (사람을) 억지로 또는 강제로 자기 쪽으로 당겨 움직이게 하다. ¶경찰이 피의자를 **끌고** 갔다. 3 (마소나 차를) 부리어 자기를 따르게 하거나, 운전하여 움직이게 하다. ¶우시장으로 소를 **끌고** 가다 / 동차를 **끌고** 다니다. 4 (입거나 신은 것 또는 신체의 일부를) 바닥에 늘어뜨리거나 닿게 한 상태로 걷거나 움직이면서 쓸리게 하다. ¶슬리퍼를 질질 ~ / 바지를 땅바닥에 **끌고** 다닌다. 5 (물체를) 인력(引力)·자력·전기력 등의 작용으로 자기 쪽으로 움직이게 하다. ¶자석이 쇠를 ~. 6 (사람을) 가까이하고 싶거나 친해지고 싶은 마음이 들게 만들다. ¶인기를 ~ / 그는 사람을 **끄는** 매력이 있다. 7 (관심이나 흥미를) 쏠리게 만들다. ¶관심을 **끄는** 소식 / 그 여자의 옷차림은 못사람의 시선을 **끌었다**. 8 (물·전기·자금·글 따위를) 본디 있는 데에서 자기 쪽으로 오거나 옮기다. ¶강물을 **끌어다** 농업용수로 쓰다 / 명언을 **끌어다** 인용하다. 9 (어떤 일에 시간을) 불필요하게 또는 헛되이 많이 끌게 하다. ¶시간을 ~ / 약속 날짜를 ~.

끌러-지다 图짜 매어 놓은 것이 풀어지다. ¶단추가 ~ / 옷고름이 ~.

끌려-가다 图짜 남이 시키는 대로 억지로 딸려 가다. ¶도살장에 **끌려가는** 소.

끌려-들다 图짜 〈-드니, -드오〉 안으로 끌려가다. ¶속임수에 ~.

끌려-오다 图짜 남이 시키는 대로 억지로 딸려 오다. ¶그는 친구에 의해 이곳으로 **끌려왔다**.

끌!-리다 图짜 '끌다'의 피동사. ¶억센 힘에 ~ / 인품에 ~.

끌밋-하다[-미타-] 웽여 (인물이) 깨끗하고 헌칠하다. ¶**끌밋하게** 잘생긴 청년. 짬깔밋하다.

끌-방망이 몡 끌의 머리를 치는 나무 방망이.

끌어-내다 图타 당겨 밖으로 내다. ¶죄인을 법정에서 ~.

끌어-내리다 图타 직위 따위를 박탈하거나 낮은 지위로 오게 하다. ↔끌어올리다.

끌어-넣다[-너타] 图타 어떠한 일에 개입시키다. ¶친구를 음모에 ~.

끌어-당기다 图타 끌어서 앞으로 당기다. ¶팔을 ~ / 자석이 쇠를 ~.

끌어-대다 图타 1 끌다가 맞추어 대다. ¶변명을 ~. 2 (돈 따위를) 여기저기서 끌어다가 뒤를 대다. ¶자금을 ~.

끌어-들이다 图타 꾀어서 자기편이 되게 하다. ¶그 여자를 모임에 ~.

끌어-안다[-따] 图타 두 팔로 가슴에 당겨 껴안다. ¶어머니가 아이를 ~ / 보따리를 ~.

끌어-올리다 图타 높은 지위로 올려 주다. ¶학생들의 성적을 ~. ↔끌어내리다.

끌!-영창(-映窓)[-령-] 몡[건] 한 짝을 밀면 다른 한 짝도 함께 열리게 된 창.

끌!-줄[-쭐] 몡 물에 잠긴 그물을 끌어당기는 줄. =예망(曳網).

끌-질 몡 끌로 나무에 구멍을 파는 일. **끌질-하다** 图짜여

끌쩍-거리다/-대다[-쩌(때)-] 图타 긁어 뜯적거리다. 짬깔짝거리다.

끌쩍-끌쩍 뷔 끌쩍거리는 모양. 짬깔짝깔짝. **끌쩍끌쩍-하다** 图타여

끌탕 몡 걱정거리로 속을 끓이거나 애를 태우는 것. ¶그는 자식 때문에 노상 ~이었다. **끌탕-하다** 图짜여

끎!-음(-音)[끔-] 몡[음] 화음의 진행에 있어서 베이스(base)가 같은 음을 길게 지속하는 것. =보속음(保續音).

끓는-점(-點)[끌른-] 몡[화] 액체 물질의 증기압이 외부 압력과 같아져 끓기 시작하는 온도. 물의 경우는 100℃. =비등점(沸騰點)·비점(沸點).

끓다[끌타] 图짜 1 (액체가) 열을 받아 일정한 온도에 이르러 부글거리면서 김을 내다. ¶**끓는** 물 ~. 2 (몸 전체나 머리 부분이) 병으로 인해 아주 높은 열이 나다. ¶급성 폐렴으로 온몸이 **끓고** 혼수상태를 보이다. 3 감정이 격하게 솟거나 애타는 상태를 보이다. ¶젊음의 피가 ~ / 그는 분노와 증오로 가슴속이 **끓었다**. 4 (온돌방의 바닥이) 불이 잘 들어 몹시 뜨거운 상태를 보이다. ¶방이 설설 **끓는다**. 5 (배가) 탈이 나서 끄르륵거리는 소리를 내다. ¶배 속이 부글부글 **끓는다**. 6 (가래가) 목구멍에 붙어서 숨 쉬거나 말할 때 갈그랑거리는 소리를 내다. ¶그는 말할 때마다 가래 **끓는** 소리를 낸다. 7 (사람이나 벌레 등이) 많이 모이거나

끓어-오르다[끌-] 동(자르)〈~오르니, ~올라〉1 그릇의 물이 끓어서 넘으려고 올라오다. 2 어떠한 감정이 강하게 솟구치다. ¶끓어오르는 분노를 참지 못하고 그만 주먹을 휘둘렀다.

끓-이다[끌-] 동(타) 1 '끓다'의 사동사. ¶물을 ~ /속을 ~. 2 (음식을) 익혀 만들다. ¶죽을 ~.

끔벅 부 1 별빛이나 등불 등이 잠깐 어두워졌다 밝아지는 모양. 2 큰 눈을 감았다 뜨는 모양. 센끔뻑. **끔벅-하다** 동(자타)

끔벅-거리다/-대다[-꺼(때)-] 동(자타) 자꾸 끔벅이다. 센끔뻑거리다.

끔벅-끔벅 부 끔벅거리는 모양. 센끔뻑끔뻑. **끔벅끔벅-하다** 동(자타)여

끔벅-이다 동 1 (자) (별빛이나 등불 등이) 잠깐 어두워졌다 밝아졌다 하다. 2 (타) (큰 눈을) 잠깐 감았다 뜨다. 센끔뻑이다.

끔뻑 부 '끔벅'의 센말. **끔뻑-하다** 동(자타)여

끔뻑-거리다/-대다[-꺼(때)-] 동(자타) '끔벅거리다'의 센말.

끔뻑-끔뻑 부 '끔벅끔벅'의 센말. **끔뻑끔뻑-하다** 동(자타)여

끔뻑-이다 동 '끔벅이다'의 센말.

끔적 부 큰 눈을 잠깐 감았다가 뜨는 모양. 작감작. 센끔쩍. **끔적-하다** 동(타)여 ¶그녀는 나에게 눈을 끔적했다.

끔적-거리다/-대다[-꺼(때)-] 동(자타) 자꾸 끔적이다. 작감작거리다. 센끔쩍거리다.

끔적-끔적 부 끔적거리는 모양. 작감작감작. 센끔쩍끔쩍. **끔적끔적-하다** 동(자타)여

끔적-이다 동(자타) 큰 눈을 잠깐 감았다 뜨다. 작감작이다. 센끔쩍이다.

끔쩍¹ 부 갑자기 놀라는 모양. 작감짝. **끔쩍-하다**¹ 동(자)여

끔쩍² 부 '끔적'의 센말. 작감짝. **끔쩍-하다**² 동(자타)여

끔쩍-거리다/-대다¹[-꺼(때)-] 동(자) 자꾸 갑자기 놀라다. 작감짝거리다.

끔쩍-거리다/-대다²[-꺼(때)-] 동(타) '끔적거리다'의 센말. 작감짝거리다.

끔쩍-끔쩍¹ 부 끔쩍거리는(끔쩍거리다) 모양. 작감짝감짝.

끔쩍-끔쩍² 부 '끔적끔적'의 센말. 작감짝감짝. **끔쩍끔쩍-하다**² 동(자타)여

끔쩍-이다 동(타) '끔적이다'의 센말. 작감짝이다.

끔찍끔찍-하다[-찌카-] 형여 몹시 참혹함을 느껴 소름이 끼칠 정도로 놀랄 만하다. ¶6·25 때를 생각하면 ~.

끔찍-스럽다[-쓰-따] 형(비)〈-스러우니, -스러워〉끔찍한 데가 있다. ¶끔찍스러운 살인 사건 / 어찌나 뱃멀미를 했는지 이젠 바다라는 말만 들어도 ~. **끔찍스레** 부

끔찍-하다[-찌카-] 형여 1 지독하게 크거나 많아서 놀랍다. ¶고래가 끔찍하게 크다. 2 진저리가 날 정도로 몹시 참혹하다. ¶그 일은 생각만 해도 ~. 3 정성이나 성의가 매우 극진하다. ¶그는 부모를 끔찍하게 위한다. **끔찍-이** 부 ¶그는 아내를 ~ 아끼고 사랑한다.

끗[끋] 의존 1 접쳐서 파는 피륙의 접힌 것을 세는 단위. ¶비단 두 ~. 2 화투·투전 등의 노름에서 셈의 단위로 매겨진 수. ¶끗 셋 ~.

끗!다[끋따] 동(타)(ㅅ)〈끄으니, 끄어〉자리를 다른 곳으로 옮기도록 힘을 가하다. ¶끄어서라도 그를 데려오너라.

끗-발[끋빨] 명 노름 따위에서, 좋은 끗수가 잇달아 나오는 기세.

끗발(이) 세다[좋다] 구 1 노름 등에서, 재수가 좋아 좋은 끗수가 잇달아 나오다. 2 세도나 기세가 당당하다.

끗-수(-數)[끋쑤] 명 끗의 수. =점수(點數). ¶~가 많다.

끙 부 몹시 앓을 때 신음으로 내는 소리.

끙-끙 부 몹시 앓거나 심각하게 고민할 때 신음으로 자꾸 내는 소리. ¶몸살을 ~ 앓다 / 몇 날 며칠을 ~ 고민하다. **끙끙-하다** 동여

끙끙-거리다/-대다 동(자) 자꾸 끙끙 소리를 내다. ¶아이가 수학 문제를 가지고 끙끙거리고 있다. / 무슨 말 못할 고민이 있는지 혼자서 끙끙거린다.

끙짜-놓다[-노타] 동(자) 1 불쾌하게 생각하다. 2 즐겨서 듣지 않다.

끝[끝] 명 [1](자립) 1 공간적인 크기나 길이를 가지는 사물의 가장자리나 맨 바깥. 길이를 가진 물건의 경우에는 보통 가느다래지거나 좁아지는 쪽을 가리킴. ¶혀 ~ / 바늘 ~ / 바다 ~ / 나뭇가지 ~에 달린 열매. 2 시간적으로 마지막이 되는 부분이나 때. 또는, 그때에 도달하는 결과. ¶~ 시간 / 일의 ~을 보다 / 영화가 5시에 ~이 났다. 3 차례에서 마지막이 되는 부분. ¶맨 ~에서 맴돈다. 4 어떤 일이나 행동, 현상이 있은 다음. ¶망설이던 ~에 결심을 하다 / 오랜 장마 ~에 눈부신 햇살이 비치다. 5 글이나 영화와 같이 시간적 길이를 가진 일에서, 마지막에 이르러 더 계속되는 것이 없음을 나타낼 때 쓰는 말. ¶이상 위와 같이 보고합니다. ~. 5 [언] =어미(語尾)². [2](의존) 천을 세는 단위. ¶명주 한 ~ / 광목 두 ~.

[끝 부러진 송곳] 가장 중요한 부분이 손상되어 쓸모가 없어진 것을 이르는 말.

끝 간 데 없다 구 끝이 보이지 않을 만큼 까마득하다. ¶끝 간 데 없이 펼쳐진 사막.

끝-구(-句)[끋꾸] 명 1 시조(時調) 끝 장(章)의 마지막 구절. 2 귀글의 맨 마지막 구. =낙구(落句). 비결구(結句). ×끝귀.

끝-귀 명 '끝구'의 잘못.

끝끝-내[끋끈-] 부 '끝내'의 힘줌말. =종내(終乃). ¶심중에 남아 있는 말 한마디는 마저 하지 못하였구나. 〈김소월: 초혼〉

끝-나다[끋-] 동(자) 1 (일이) 다 이루어지다. ¶연극이 ~. 2 (시간적·공간적으로) 이어져 있던 것이 다 없어지다. ¶여름이 ~.

끝-내[끋-] 부 1 끝까지 내내. ¶눈이 빠지게 기다렸으나 그 사람은 ~ 오지 않았다. 2 끝에 가서 드디어. =종시. ¶종내. ¶그토록 고생하더니만 소망을 ~ 이루었구먼.

끝내-기[끋-] 명 1 어떠한 일의 끝을 맺는 일. ▷끝마감. 2 바둑에서, 싸움이 종반에 들어 마무리를 짓는 일. ¶이제 ~만 남았다. **끝내기-하다** 동(자타)여

끝내다[끋-] 동(타) '끝나다'의 사동사. ¶작업을 ~ / 식사를 ~.

끝내-주다[끋-] 동(자)〈속〉대단히 좋거나 훌륭하여 감탄이 나오다. ¶야, 경치 한번 끝내주는군. / 개는 운동을 끝내주게 잘해.

끝-눈[끋-] 명(식) 줄기의 끝에 생기는 눈.

끝-닿다[끋따타] 동(자) 맨 끝까지 다다르다.

¶저 하늘이 끝닿는 곳.
끝-돈[끋똔] 圕 물건 값의 나머지를 마저 치르는 돈. =끝전. ¶~을 치르다.
끝-동[끋똥] 圕 옷소매의 끝에 색이 다른 천으로 이어서 댄 옷. ¶~을 댄 저고리.
끝-마감[끋-] 圕 (일을) 마감하여 끝맺는 일. ¶오늘 일은 이것으로 ~을 하자. **끝마감-하다** 國(타)여
끝-마무리[끋-] 圕 일을 수습하여 끝맺는 일. ¶~를 잘하다. **끝마무리-하다** 國(타)여
끝-마치다[끋-] 國(타) (일을) 끝내어 마치다. ¶오늘 안으로 끝마치자.
끝-막다[끋-따] 國(타) 일의 끝을 짓다.
끝-막음[끋-] 圕 일의 끝을 내어 완전히 맺는 것. 圓종결(終結). **끝막음-하다** 國(타)여
끝-말[끋-] 圕 말이나 글의 마지막 부분이 되는 말.
끝말-잇기[끋-읻끼] 圕 말놀이의 하나. 한 사람이 먼저 한 낱말을 말하면 다음 사람이 그 말의 끝 음절을 첫소리로 하는 낱말을 말하는 식으로 계속 이어 가는 놀이.
끝-매듭[끋-] 圕 끝 부분의 매듭. ¶~을 짓다 / ~을 풀다.
끝-맺다[끋맫따] 國(타) 일을 마무리하여 맺다. ¶선생은 강연의 마지막을 다음과 같이 끝맺었다.
끝-머리[끋-] 圕 맨 끝. ↔첫머리.
끝-물[끋-] 圕 과일·채소·곡식·해산물 등이 산출되는 시기가 끝나 갈 무렵. 또는, 그 무렵의 과일·채소·곡식·해산물. ¶시장에 갔더니 딸기가 ~이라 좋은 게 없다. ↔맏물.
끝-소리[끋쏘-] 圕[언] 1 한 음절의 끝에 나는 자음 또는 그 자음을 나타내는 글자. '감', '공' 등에서 'ㅁ', 'ㅇ' 따위. 圓종성(終聲). 圓받침. 2 어떤 음절이나 말의 끝에 나는 소리. '바다'에서 'ㅏ', '강'에서 'ㅇ'하는 말. =말음(末音).
끝-손질[끋쏜-] 圕 일의 마지막 손질. **끝손질-하다** 國(타)여
끝-수(-數)[끋쑤] 圕[수] 끝자리에 있는 수. 구용어는 단수(端數).
끝-없다[끋업따] 圕 끝나는 데가 없거나 제한이 없다. 圓그지없다. ¶끝없는 어머님의 사랑. **끝없-이** 児 ¶~ 넓은 바다.
끝-일[끋닐] 圕 1 일의 나중의 일. 2 어떠한 일을 하고 나서 정리하는 일.
끝-자리[끋짜-] 圕 1 맨 밑의 지위. 2 맨 끝의 좌석. 3 [수] 수치의 마지막 자리.
끝-장[끋짱] 圕 일의 마지막. 圓결말(結末).
끝장(을) 보다 冊 끝장이 나는 것을 보다.
끝장-나다[끋짱-] 國(자) 1 (하는 일이) 끝에 이르는 상태가 되다. ¶오늘은 하루 더 해도 끝장날 일이 아니다. 2 파탄이 되어 본래의 상태가 무너지다. ¶그 사람도 이제는 끝장났어.
끝장내다[끋짱-] 國(타) '끝장나다'의 사동사.
끝-전(-錢)[끋쩐] 圕 =끝돈.
끝-지다[끋찌-] 國(자) 끝에 이르다.
끝-판[끋-] 圕 1 일의 마지막 판. =막국(末局). 圓종국(終局). ¶잘돼 가다 ~에 가서 엉뚱한 일이 생겼다. 2 바둑·경기 등에서, 결판이 나는 마지막 판. ¶농구 경기는 ~에 가서 열기를 띠었다.
끝-항(-項)[끋탕] 圕[수] 유한 수열에서 최후의 항. 구용어는 말항(末項). ▷첫째 항.
끼[1] [<기(氣)] <속> 1 이성(異性)과 함부로 사귀거나 관계를 맺는 경향이나 태도. 圓바람기. ¶~ 있는 여자. 2 연예에 대한 타고난 재능. 또는, 그 재능을 발휘하고자 하는 강한 욕구.
끼[2] [의] 끼니를 셀 때 쓰는 말. ¶밥 한 ~.
끼고-돌다 國(타) 〈-도니, -도오〉 상대편을 무조건 감싸고 변호하다. ¶부모가 자식을 끼고돌아서 버릇이 없다.
끼깅 児 강아지가 얻어맞거나 아파서 지르는 소리. 图깨갱.
끼깅-거리다/-대다 國(자) 자꾸 끼깅 소리를 내다. 图깨갱거리다.
끼깅-끼깅 児 끼깅거리는 소리. 图깨갱깨갱.
끼끗-하다[-끄타-] 圕 1 생기가 있고 깨끗하다. 2 싱싱하고 길차다. **끼끗-이** 児
끼니 圕 아침·점심·저녁과 같이 일정한 시간에 먹는 밥. 또는, 그것을 먹는 일. 헤아리는 단위는 끼·때. ¶~를 거르다 / ~를 잇다 / 빵으로 ~을 때우다.
끼니-때 圕 끼니를 먹을 때. ¶~가 다가오다 [지나다].
끼닛-거리[-니꺼-/-닏꺼-] 圕 끼니로 할 것. ¶~가 없다 [떨어지다].
끼:다[1] (끼고 / 끼어) 國(자) 1 '끼이다'의 준말. ¶옷이 문틈에 ~. 2 (어떤 사람이 여러 사람이 어울린 곳에) 들어가 함께 어울리다. ¶여럿이 화투치는 데 ~. 3 (옷·신·반지 등이) 너무 딱 맞거나 다소 작아 몸이나 발이나 손가락 등에 불편할 정도로 달라붙거나 죄다. ¶끼는 옷을 입다.
끼:다[2] (끼고 / 끼어) 國(자) 1 (안개나 연기 따위가) 퍼져서 서리다. ¶안개가 자욱이 낀 밤 / 구름이 ~. 2 (때나 먼지 따위가) 엉겨 붙다. ¶때가 낀 옷 / 눈곱이 ~. 3 (이끼나 녹 따위가) 물체를 덮다. ¶이끼 낀 바위 / 녹이 잔뜩 낀 쇠붙이. 4 (어떠한 감정이 얼굴이나 마음속에) 어리어 돌다. ¶수심 낀 얼굴.
끼다[3] 國(타) 1 (물체를) 끌어당기어 자기 몸의 벌어진 사이에 넣고 죄어서 빠지지 않게 하다. ¶손가락에 연필을 ~ / 팔짱을 끼고 걸어가다. 2 (물건을) 무엇에 걸려 있도록 꿰거나 꽂다. ¶반지 낀 손 / 장갑을 ~. ↔벗다·빼다. 3 (대상을) 곁에 가까이 두거나 더불어 있게 하다. ¶난로를 끼고 앉다 / 계곡을 끼고 올라가다. 4 (다른 것을) 덧붙이거나 겹치다. ¶옷을 끼어 입다. 5 (어떠한 일을 하는 데 남의 힘을) 빌려 이용하다. ¶권력을 끼고 행세하다.
끼:다[4] 國(타) '끼우다'의 준말. ¶앨범에 사진을 ~.
끼-뜨리다/-트리다 國(타) 1 흩어지게 내어 던져 버리다. 2 사방으로 퍼뜨리다.
끼루룩 児 기러기 등이 우는 소리. 图끼룩.
끼루룩-거리다/-대다[-꺼(때)-] 國(자) (기러기 따위가) 자꾸 끼루룩 소리를 내다. 图끼룩거리다.
끼루룩-끼루룩 児 끼루룩거리는 소리. 图끼룩끼룩.
끼룩[1] 圕 '끼루룩'의 준말.
끼룩[2] 児 무엇을 내다보거나 삼키려 할 때 목을 길게 빼어 앞으로 쑥 내미는 모양. 图꺄룩. ×끼룩. **끼룩-하다** 國(타)여
끼룩-거리다/-대다[1][-꺼(때)-] 國(자) '끼룩거리다'의 준말.
끼룩-거리다/-대다[2][-꺼(때)-] 國(타) 무엇을 내다보거나 삼키려 할 때 목을 길게 빼어 앞으로 자꾸 쑥쑥 내밀다. 图꺄룩거리다.

끼룩-끼룩¹ 튀 '끼루룩끼루룩'의 준말. ¶기러기가 ~ 울며 날아가다.
끼룩-끼룩² 튀 목을 앞으로 자꾸 쑥쑥 내미는 모양. 잘까룩까룩. **끼룩끼룩-하다** 동자
-끼리 접미 그 부류만이 함께 패를 지음을 나타내는 말. ¶우리~ / 자기들~ / 식구~ 놀러 가다.
끼리-끼리 튀 패를 지어 따로따로. ¶아이들이 ~ 어울려 놀다.
끼무릇[-른] 명[식]=반하(半夏).
끼어들-기[-어-] 명 차가 옆 차선에 무리하게 비집고 들어서는 일.
끼어-들다[-어-/-여-] 동자〈-드니, -드오〉 1 (좁은 틈에) 비집고 들어가거나 들어오다. ¶승용차가 갑자기 남의 차 앞으로 ~. 2 (어떤 사람이 다른 사람이 어울린 자리에) 어울리기 위해 들어가거나 들어오다. ¶남이 얘기하는 자리에 불쑥 ~.
끼-얹다[-언-] 동(타) 1 (액체나 가루 따위를 다른 것 위에) 흩어지게 뿌리다. ¶물을 온몸에 ~. 2 (욕설이나 모욕 따위를) 던져 ~.
끼우다 동(타) 1 (어떤 물건을 좁은 틈이나 일정한 틀에) 빠지지 않도록 들어가게 하다. ¶신문을 문틈에 ~ / 책갈피에 은행 잎을 / 평쨍을 갈아 ~. 준끼다. 2 (어떤 대상을 여럿 사이에) 들어 있게 하거나 더 있게 하다. ¶다른 물건을 **끼워** 팔다 / 그 애도 우리 모임에 **끼워** 줄까?
끼우듬-하다 형 '기우듬하다'의 센말. 잘 까우듬하다. **끼우듬-히** 튀
끼우뚱-거리다/-대다 동(자)(타) '기우뚱거리다'의 센말. 잘까우뚱거리다.
끼우뚱-끼우뚱 튀 '기우뚱기우뚱'의 센말. 잘까우뚱까우뚱. **끼우뚱끼우뚱-하다** 동(자)(타)(여)
끼우뚱-하다 Ⅰ 동(자)(타)(여) '기우뚱하다'의 센말. 잘까우뚱하다.
Ⅱ 형(여) '기우뚱하다'의 센말. 잘까우뚱하다.
끼울다 동〈끼우니, 끼우오〉'기울다'의 센말. 잘까울다.
끼울어-뜨리다/-트리다 동(타) '기울어뜨리다'의 센말. 잘까울어뜨리다.
끼울어-지다 동(자) '기울어지다'의 센말. 잘까울어지다.
끼울-이다 동(타) '기울이다'의 센말. 잘까울이다.
끼움-표(-標) 명[언] 이미 적어 놓은 글에 다른 말을 끼워 넣을 때 사용하는 부호. 가로쓰기에서는 '∧', 세로쓰기에서는 '＜'를 사용함. =삽입부·삽입표.
끼웃[-욷] 튀 '기웃'의 센말. 잘까웃. **끼웃-하다**¹ (타)(여)
끼웃-거리다/-대다[-욷꺼(때)-] 동(타) '기웃거리다'의 센말. 잘까웃거리다.
끼웃-끼웃[-욷-욷] 튀 '기웃기웃'의 센말. 잘까웃까웃. **끼웃끼웃-하다** 동(자)(여)
끼웃-하다²[-우타-] 형(여) '기웃하다'의 센말. 잘까웃하다. **끼웃-이** 튀
끼-이다 동(자) 1 '끼다'¹·²의 피동사. ¶옆구리에 **끼인** 책가방 / 안경 손가락에 잘 **끼이지** 않는다. 2 (물체가) 틈에 들어 있는 상태가 되다. ¶이에 음식물이 ~. 3 (사람이 다른 사람들 속에) 들어 있는 상태가 되다. ¶여자가 남자들 틈에 ~. 준끼다.

끼익 튀 달리던 차량이 멈출 때 나는 소리. ¶승용차가 ~ 소리를 내면서 급정거를 했다.
끼인-각(-角) 명[수] 두 직선 사이에 끼어 있는 각. 구용어는 협각(夾角). 二끼긴각.
끼적-거리다/-대다[-꺼(때)-] 동(타) (글씨를) 정성을 들이지 않고 자꾸 아무렇게나 쓰다. ¶**끼적거리지** 말고 잘 써라. 잘 깨작거리다. ×끄적거리다.
끼적-끼적 튀 끼적거리는 모양. 잘깨작깨작. **끼적끼적-하다** 동(타)(여) ¶글씨를 ~.
끼적-이다 동(타) (글씨를) 정성을 들이지 않고 아무렇게나 쓰다. 잘깨작이다.
끼치다¹ 동(자) 1 (살가죽에 소름이) 돋아서 생기다. ¶소름이 ~. 2 (어떠한 기운이) 덮치는 듯이 확 밀려들다. ¶목욕탕 문을 여니 더운 김이 확 **끼쳤다**.
끼치다² 동(타) 1 (남에게 은혜나 괴로움을) 주다. ¶폐를 ~ / 걱정을 ~. 2 (어떠한 일을) 뒷날에 남기다. ¶후세에 공적을 ~.
끽 튀 충격을 받아 외마디로 지르는 소리. 잘깩.
끽-끽 튀 끽끽거리는 소리. 잘깩깩.
끽끽-거리다/-대다[-꺼(때)-] 동(자) 자꾸 끽 소리를 지르다. 잘깩깩거리다.
끽다-점(喫茶店) [-따-] 명=다방(茶房).
끽-소리[-쏘-] 명 (부정이나 금지하는 말과 함께 쓰여) 조금이라도 반항하려는 태도를 이르는 말. ¶~도 못하고 따라가다 / ~ 말고 시키는 대로 해. 잘깩소리. ▷찍소리.
끽연(喫煙) 명 담배를 피우는 것. 비흡연. ¶ ~가(家). **끽연-하다** 자
끽연-실(喫煙室) 명=흡연실.
끽-하다[끼카-] 동(자)(타)(여) (주로 '끽해야'의 꼴로 쓰여) 할 수 있는 만큼 최대한으로 하다. 또는, 최대한으로 하여 모자라지 않다. ¶내가 가진 돈은 **끽해야** 만 원이다. / 그 책은 3천 원이면 **끽할** 거야.
끽끽-거리다/-대다[-꺼(때)-] 동(자) 숨이 막힐 때 목구멍이 벅찼다가 터져 나오는 소리를 자꾸 내다. 잘깩깩거리다.
끽끽-끽끽 튀 끽끽거리는 소리. 또는, 그 모양. 잘깩깩깩깩. **끽끽끽끽-하다** 동(자)(여)
낄낄 튀 웃음을 억지로 참으면서 입속으로 웃는 소리. 또는, 그 모양. ¶남은 속이 상한데 ~ 웃고만 있다. 잘깰깰. 거킬킬. **낄낄-하다** 동(자)(여)
낄낄-거리다/-대다 동(자) 자꾸 낄낄 웃다. ¶무엇이 우스운지 혼자서 **낄낄거리고** 있다. 잘깰깰거리다. 거킬킬거리다.
낄룩 튀 '끼룩'의 잘못.
낌 명 '낌새'의 잘못.
낌새 명 어떠한 일을 알아차릴 수 있는 눈치. 비기미(幾微). ¶주위의 ~가 이상하다. / 정세가 달라질 ~가 보인다. / ~를 보니 그가 이번에 그만둘 눈치다. ×낌.
낌새-채다 동(자)(타) 낌새를 살펴서 알다. =기미채다·기수채다.
낑낑 튀 '금귤'로 순화.
낑낑 튀 1 힘에 겹거나 괴로워 자꾸 내는 소리. ¶무거운 짐을 ~ 짊어지고 가다. 2 개가 용변을 보고 싶거나 어떤 욕구를 나타내기 위해 자꾸 내는 소리. 3 어린아이가 자꾸 조르거나 보채는 소리. 거킹킹.
낑낑-거리다/-대다 동(자) 자꾸 낑낑 소리를 내다. ¶강아지가 ~ / 아이가 과자를 사 달라고 ~. 거킹킹거리다.

ㄴ

- **ㄴ¹** →니은.
- **ㄴ²** 조 '는'의 준 꼴. 주로, 구어에서 쓰임. ¶나~ 반대요.
- **-ㄴ³** 어미 1 모음이나 'ㄹ' 받침으로 끝나는 동사의 어간, 또는 어미 '-시-' 아래에 붙어, 과거의 사실을 나타내거나 과거에 일어난 것이 현재까지 지속되고 있음을 나타내는 관형사형 전성 어미. 어간 끝 음절의 'ㄹ' 받침은 탈락됨. ¶사라지~ 꿈. 2 '이다' 또는 모음이나 'ㄹ' 받침으로 끝나는 형용사의 어간, 또는 어미 '-시-' 아래에 붙어, 현재의 사실을 나타내는 관형사형 전성 어미. 어간 끝 음절의 'ㄹ' 받침은 탈락됨. ¶학생이~ 너의 처지 / 부지런하~ 사람. ▷-는, -은.
- **-ㄴ⁴** 어미 '오다'의 어간에 붙어, 친근감을 나타내는 명령형 종결 어미. ¶이리 오~.
- **-ㄴ-⁵** 어미 (선어말) 모음이나 'ㄹ' 받침으로 끝나는 동사의 어간, 또는 어미 '-시-' 아래에 붙어, 현재 시제를 나타내는 선어말 어미. 어간 끝 음절의 'ㄹ' 받침은 탈락됨. ¶빨리 달리~다.
- **-ㄴ가** 어미 '이다' 또는 모음이나 'ㄹ' 받침으로 끝나는 형용사의 어간, 또는 어미 '-시-' 아래에 붙어, 스스로 묻거나 '하게' 할 상대에게 현재의 사실에 대한 물음을 나타내는 종결 어미. 어간 끝 음절의 'ㄹ' 받침은 탈락됨. ¶이게 꿈이~ 생시(이) ~? / 자네 지금 바쁘~? ▷-는가. -은가.
- **-ㄴ감** 어미 '이다' 또는 모음이나 'ㄹ' 받침으로 끝나는 형용사의 어간, 또는 어미 '-시-' 아래에 붙어, 상대의 말이나 의견을 가볍게 반박하면서 혼잣말에 가깝게 반문하는 뜻을 나타내는 반말 투의 종결 어미. 어간 끝 음절의 'ㄹ' 받침은 탈락됨. ¶피, 그 얼굴이 뭐 그리 예쁘~. ▷-는감. -은감.
- **-ㄴ걸** 어미 모음이나 'ㄹ' 받침으로 끝나는 어간, 또는 어미 '-시-' 아래에 붙어, '해' 할 상대에게 쓰이거나 혼잣말에 쓰여 어떠한 사실을 스스로 감탄하거나 상대방에게 인식·회상시키는 종결 어미. 어간 끝 음절의 'ㄹ' 받침은 탈락됨. ¶이미 끝나~. / 지난 일이 ~. ▷-는걸. -은걸.
- **-ㄴ고** 어미 '-ㄴ가'의 옛 말투 또는 점잖은 말투. ¶자네가 누구(이) ~? / 이것과 저것이 어떻게 다르~? ▷-는고. -은고.
- **-ㄴ과니** '-ㄴ고 하니'가 준 말. ¶누구 차례이~ 바로 자네 차례야. ▷-는과니. -은과니.
- **-ㄴ다** 어미 모음이나 'ㄹ' 받침으로 끝나는 동사의 어간, 또는 어미 '-시-' 아래에 붙는 평서형 종결 어미. 1 '해라' 할 상대에게 불특정 다수에게 현재의 사실을 나타내거나 이미 예정되어 있는 사실을 나타낼 때 쓰임. ¶나 먼저 가~. / 내일 틀림없이 비가 오~. 2 주로 불특정 다수를 상대로 한 글에서, 일반적·보편적·관습적 사실을 말할 때 쓰임. ¶해는 동쪽에서 뜨~. ▷-는.
- **-ㄴ다고¹** 어미 모음이나 'ㄹ' 받침으로 끝나는 동사의 어간, 또는 어미 '-시-' 아래에 붙는 종결 어미. 어간 끝 음절의 'ㄹ' 받침은 탈락됨. 1 '해' 할 상대에게 반문할 경우에 쓰임. ¶뭐, 누가 오~? 2 잘못 인식하였음을 깨달았을 때 쓰임. ¶난 또 될 하~. ▷-는다고. -다고.
- **-ㄴ다고²** 어미 모음이나 'ㄹ' 받침으로 끝나는 동사의 어간, 또는 어미 '-시-' 아래에 붙어, 앞의 말이 뒤에 오는 말의 원인이나 근거가 됨을 나타내는 연결 어미. 어간 끝 음절의 'ㄹ' 받침은 탈락됨. ¶네가 그러~ 뭐가 달라지니? ▷-는다고. -다고.
- **-ㄴ다고³** 종결 어미 '-ㄴ다'와 부사격 조사 '고'가 결합한 말. ¶떠나~ 한다. ▷-는다고. -다고.
- **-ㄴ다나** 어미 모음이나 'ㄹ' 받침으로 끝나는 동사의 어간, 또는 어미 '-시-' 아래에 붙어, 어떤 사실을 무관심하거나 조금 빈정거리는 태도로 이르는 종결 어미. 어간 끝 음절의 'ㄹ' 받침은 탈락됨. ¶흥, 자기는 뭐 그림을 잘 그리~. ▷-는다나. -다나. -라나.
- **-ㄴ다네** 어미 모음이나 'ㄹ' 받침으로 끝나는 동사의 어간, 또는 어미 '-시-' 아래에 붙는 종결 어미. 어간 끝 음절의 'ㄹ' 받침은 탈락됨. 1 어떤 사실을 가볍게 감탄하여 이를 때 쓰임. ¶봄이 오면 산천에 꽃이 피~. 2 '하게' 할 상대에게 화자(話者)가 알고 있는 사실을 가볍게 주장할 때 쓰임. ¶이 마을은 비가 왔다 하면 물난리가 나~. ▷-는다네. -다네. -라네.
- **-ㄴ다네²** '-ㄴ다고 하네'가 준 말. ¶영철이가 오늘 미국으로 떠나~. ▷-는다네. -다네.
- **-ㄴ다느냐** '-ㄴ다고 하느냐'가 준 말. ¶무엇하러 거기에 가~? ▷-는다느냐. -다느냐.
- **-ㄴ다느니** 어미 모음이나 'ㄹ' 받침으로 끝나는 동사의 어간, 또는 어미 '-시-' 아래에 붙어, 이렇게 한다 하기도 하고, 저렇게 한다 하기도 함을 나타내는 연결 어미. 어간 끝 음절의 'ㄹ' 받침은 탈락됨. ¶집으로 가~ 도서관으로 가~ 걱정을 내리지 못하고 있다. ▷-는다느니. -다느니.
- **-ㄴ다는** '-ㄴ다고 하는'이 준 말. ¶출발하~ 신호. ▷-는다는. -다는.
- **-ㄴ다니¹** 어미 모음이나 'ㄹ' 받침으로 끝나는 동사의 어간, 또는 어미 '-시-' 아래에 붙어, '해라' 할 상대에게 어떤 사실에 대해 의문을 나타내는 종결 어미. 어간 끝 음절의 'ㄹ' 받침은 탈락됨. ¶쟤가 왜 자꾸 저러~? ▷-는다니. -다니.
- **-ㄴ다니²** 1 '-ㄴ다고 하니'가 준 말. ¶잘 지내~ 참으로 다행이다. 2 '-ㄴ다고 했니'가 준 말. ¶언제 오~? ▷-는다니. -다니.
- **-ㄴ다니까** 어미 모음이나 'ㄹ' 받침으로 끝나는 동사의 어간, 또는 어미 '-시-' 아래에 붙어, '해' 할 상대에게 쓰이거나 혼잣말에 쓰여 어떠한 사실을 올바로 인식하고 있지 못하거나 미심쩍어하거나 하는 상대방에게, 다그쳐서 깨우쳐 주는 뜻을 나타내는 종결 어미. 어간 끝 음절의 'ㄹ' 받침은 탈락됨. ¶

내일 꼭 돌려보내~. / 반드시 하~. ▷-는다니까.·-다니까.
-**ㄴ다니까**² '-ㄴ다고 하니까'가 준 말. ¶정말 가~ 잡을 수 없네라. ▷-는다니까.·-다니까.
-**ㄴ다마는** 어미 '-ㄴ다'와 보조사 '마는'이 결합한 말. 어떠한 동작을 말하면서 뒤에 오는 말이 앞에 오는 말과 상반되는 내용을 나타냄. ¶하라니까 하~ 자신이 없다. ㈜-ㄴ다만. ▷-는다마는.·-다마는.
-**ㄴ다만** '-ㄴ다마는'의 준말. ▷-는다만.·-다만.
-**ㄴ다며**¹ 어미 '-ㄴ다면서'의 준말. ▷-는다며.·-다며.
-**ㄴ다며**² '-ㄴ다고 하며'가 준 말. ¶먼저 가~ 꾸벅 인사를 했다. ▷-는다며.·-다며.
-**ㄴ다면**¹ 어미 모음이나 'ㄹ' 받침으로 끝나는 동사의 어간, 또는 어미 '-시-' 아래에 붙어, 어떠한 사실을 가정하여 조건으로 삼는 뜻을 나타내는 연결 어미. 어간 끝 음절의 'ㄹ' 받침은 탈락됨. ¶내일은 함박눈이 내리~ 좋겠어. ▷-는다면.·-다면.
-**ㄴ다면**² '-ㄴ다고 하면'이 준 말. ¶네가 가~ 나도 가겠다. ▷-는다면.·-다면.
-**ㄴ다면서**¹ 어미 모음이나 'ㄹ' 받침으로 끝나는 동사의 어간, 또는 어미 '-시-' 아래에 붙어, '해' 할 상대에게 직접 간접으로 들은 사실을 다짐하거나, 빈정거려 묻는 데 쓰이는 종결 어미. 어간 끝 음절의 'ㄹ' 받침은 탈락됨. ¶마구 때를 쓰~? ㈜-ㄴ다며. ▷-는다면서.·-다면서.
-**ㄴ다면서**² '-ㄴ다고 하면서'가 준 말. ¶공부하~ 놀기만 한다. ▷-는다면서.·-다면서.
-**ㄴ다손** 어미 모음이나 'ㄹ' 받침으로 끝나는 동사의 어간, 또는 어미 '-시-' 아래에 붙어, 가정하는 뜻을 나타내는 연결 어미. 어간 끝 음절의 'ㄹ' 받침은 탈락됨. 주로 '치다'와 함께 쓰임. ¶아무리 하~ 치더라도. ▷-는다손.·-다손.·-더라손.
-**ㄴ다오** 어미 모음이나 'ㄹ' 받침으로 끝나는 동사의 어간, 또는 어미 '-시-' 아래에 붙어, '하오' 할 상대에게 어떤 사실을 친근하게 설명하는 종결 어미. 어간 끝 음절의 'ㄹ' 받침은 탈락됨. ¶해마다 이맘때면 꽃이 피~. ▷-는다오.·-다오.
-**ㄴ다지**¹ 어미 모음이나 'ㄹ' 받침으로 끝나는 동사의 어간, 또는 어미 '-시-' 아래에 붙어, '해' 할 상대에게 어떤 사실을 확인하여 묻는 뜻을 나타내는 반말 투의 종결 어미. 어간 끝 음절의 'ㄹ' 받침은 탈락됨. ¶은영이도 가~? / 내주부터는 본격적으로 추워지~? ▷-는다지.·-다지.·-라지.
-**ㄴ다지**² '-ㄴ다고 하지'가 준 말. ¶전에는 오~ 않았나? ▷-는다지.·-다지.·-라지.
-**ㄴ단** ¹ '-ㄴ다는'이 준 말. ¶이 밤중에 어딜 가~ 난리냐. 2 '-ㄴ다고 한'이 준 말. ¶가~ 사람이 왜 안 갔어. ▷-는단.·-단.
-**ㄴ단다**¹ 어미 모음이나 'ㄹ' 받침으로 끝나는 동사의 어간, 또는 어미 '-시-' 아래에 붙어, '해라' 할 상대에게 가볍게 타이르거나 사실을 친근하게 서술하는 종결 어미. 어간 끝 음절의 'ㄹ' 받침은 탈락됨. ¶우린 낼 떠나~. / 그러던 못쓰~. ▷-는단다.·-단다.
-**ㄴ단다**² '-ㄴ다고 한다'가 준 말. ¶그는 내일 떠나~. ▷-는단다.·-단다.
-**ㄴ달** '-ㄴ다고 할'이 준 말. ¶저렇게 사정하니 안 되~ 수가 없구나. ▷-는달.·-달.
-**ㄴ담** 어미 모음이나 'ㄹ' 받침으로 끝나는 동사의 어간, 또는 어미 '-시-' 아래에 붙어, '-ㄴ단 말인가'의 뜻으로 혼잣말로 못마땅함을 나타내는 의문형 종결 어미. 어간 끝 음절의 'ㄹ' 받침은 탈락됨. ¶무슨 일을 그따위로 하~. ▷-는담.·-담.
-**ㄴ답니까** [-담-] '-ㄴ다고 합니까'가 준 말. ¶왜 가~? ▷-는답니까.·-답니까.
-**ㄴ답니다**¹[-담-] 어미 모음이나 'ㄹ' 받침으로 끝나는 동사의 어간, 또는 어미 '-시-' 아래에 붙어, '합쇼' 할 상대에게 화자가 이미 알고 있는 것을 객관화하여 친근하게 일러 줌을 나타내는 종결 어미. 어간 끝 음절의 'ㄹ' 받침은 탈락됨. ¶우리 아이는 노래를 잘 부르~. ▷-는답니다.·-답니다.
-**ㄴ답니다**²[-담-] '-ㄴ다고 합니다'가 준 말. ¶밤차로 떠나~. ▷-는답니다.·-답니다.
-**ㄴ답디까**[-띠-] '-ㄴ다고 합디까'가 준 말. ¶그 나이에 영어를 배우~? ▷-는답디까.·-답디까.
-**ㄴ답디다**[-띠-] '-ㄴ다고 합디다'가 준 말. ¶뒷집 아이는 일 잘만 하~. ▷-는답디다.·-답디다.
-**ㄴ답시고** [-씨-] 어미 모음이나 'ㄹ' 받침으로 끝나는 동사의 어간, 또는 어미 '-시-' 아래에 붙어, '-ㄴ다고', '-ㄴ다고 하여'의 뜻으로 어쭙잖은 행동을 빈정거리는 투로 말할 때에 쓰이는 연결 어미. 어간 끝 음절의 'ㄹ' 받침은 탈락됨. ¶잘하~ 까불더니, 꼴 좋다. ▷-는답시고.·-답시고.
-**ㄴ대**¹ 어미 모음이나 'ㄹ' 받침으로 끝나는 동사의 어간, 또는 어미 '-시-' 아래에 붙어, '해' 할 상대에게 어떤 사실에 대해 놀라워하거나 못마땅하게 여기는 뜻을 나타내는 의문형 종결 어미. 어간 끝 음절의 'ㄹ' 받침은 탈락됨. ¶오늘따라 왜 저러~? ▷-는대.·-대.
-**ㄴ대**² '-ㄴ다고 해'가 준 말. ¶급한 볼일이 있어서 꼭 가야 하~. ▷-는대.·-대.
-**ㄴ대도** '-ㄴ다고 해도'가 준 말. ¶네 말은 콩으로 메주를 쑤~ 안 믿겠다. ▷-는대도.·-대도.·-래도.
-**ㄴ대서** '-ㄴ다고 해서'가 준 말. ¶네가 하~ 믿고 있었는데. ▷-는대서.·-대서.
-**ㄴ대서야** '-ㄴ다고 해서야'가 준 말. ¶그것도 모르~ 말이 되나. ▷-는대서야.·-대서야.
-**ㄴ대야** '-ㄴ다고 해야'가 준 말. ¶제가 하~ 얼마나 잘 알겠나. ▷-는대야.·-대야.
-**ㄴ대요** 어미 모음이나 'ㄹ' 받침으로 끝나는 동사의 어간, 또는 어미 '-시-' 아래에 붙어, '해요' 할 상대에게 듣거나 겪은 사실을 근거로 설명하여 말하거나 묻는 뜻을 나타내는 종결 어미. 어간 끝 음절의 'ㄹ' 받침은 탈락됨. ¶기차가 30분 후에 출발한~. / 몇 명이나 오~? ▷-는대요.·-대요.
-**ㄴ댔자** '-ㄴ다고 했자'가 준 말. ¶네가 가 보~ 그 녀석은 별로 반기지도 않을걸, 뭐. ▷-는댔자.·-댔자.
-**ㄴ데** '이다' 또는 모음이나 'ㄹ' 받침으로 끝나는 형용사의 어간, 또는 어미 '-시-', '-사오-'의 아래에 붙는 어미. 어간 끝 음절의 'ㄹ' 받침은 탈락됨. **1** 다음의 말을 끌어내기 위하여, 관련될 만한 사실을 먼저 베풀 때 쓰이는 연결 어미. ¶네가 무엇이~ 그런 소릴 하니. / 기장은 어지간하~ 품이 솔다. **2** '해' 할 상대에게 쓰여, 어떤 사실이 의외이거나 새삼스럽게 느껴질 때 감탄하는 뜻을 나타내는 종결 어미. ¶야, 정말 예쁜 꽃

이~./모자가 아주 멋지~. 3 '해' 할 상대에게 쓰여, 설명을 요구하는 물음을 나타내는 종결 어미. ¶뒤에 감추고 있는 게 뭐~? / 도대체 그 사람 키가 얼마나 크~? ▷-는데.

ㄴ들¹ 조 모음으로 끝나는 체언에 붙어, 양보와 반문을 겸하여 '라 할지라도 어찌'의 뜻을 나타내는 보조사. ¶자네~ 그만 못하랴. ▷인들.

-ㄴ들² 어미 모음이나 'ㄹ' 받침으로 끝나는 어간, 또는 어미 '-시-' 아래에 붙어, 양보와 반문을 겸하여 '-라 할지라도', '-다고 할지라도'의 뜻을 나타내는 연결 어미. 어간 끝 음절의 'ㄹ' 받침은 탈락됨. ¶네가 장사(이)~ 그를 당하겠나. / 내가 나서 보~ 별수 있겠나. / 좋아서 택한 길인데, 험하~ 어떠리. ▷-은들.

-ㄴ바 어미 '이다' 또는 모음이나 'ㄹ' 받침으로 끝나는 형용사의 어간, 또는 어미 '-시-' 아래에 붙어, 할 말을 하기 전에 또는 어떤 사실을 말하면서 거기에 관계되는 현재의 사실을 말할 때에 쓰이는 연결 어미. 어간 끝 음절의 'ㄹ' 받침은 탈락됨. ¶아버님 생신이~, 부디 오셔서… / 금년 성적이 작년보다 우수하~ 그것은 열심히 노력한 성과이다. 2 모음이나 'ㄹ' 받침으로 끝나는 동사의 어간, 또는 어미 '-시-' 아래에 붙어, 무엇을 말하기 전에 또는 어떤 사실을 말하면서 거기에 관계되는 과거의 사실을 나타낼 때에 쓰이는 연결 어미. 어간 끝 음절의 'ㄹ' 받침은 탈락됨. ¶소문만 듣고 가 보~ 과연 종터. ▷-는바·은바.

ㄴ즉 조 모음으로 끝나는 체언에 붙어, '로 말하면'의 뜻을 나타내는 보조사. ¶애기~ 그게 옳다. ▷인즉.

-ㄴ즉² 어미 모음이나 'ㄹ' 받침으로 끝나는 어간, 또는 어미 '-시-' 아래에 붙어, 원인이나 근거가 되는 가정이나 조건을 나타내는 연결 어미. 어간 끝 음절의 'ㄹ' 받침은 탈락됨. ¶그도 사람이~ 이 일을 모르는 체야 하겠나. / 듣고 보~ 그의 주장이 옳더라. ▷-은즉.

ㄴ즉슨¹ [-쓴] 조 'ㄴ즉¹'의 힘줌말. ▷인즉슨.

-ㄴ즉슨² [-쓴] 어미 '-ㄴ즉²'의 힘줌말. ▷-은즉슨.

-ㄴ지 어미 '이다' 또는 모음이나 'ㄹ' 받침으로 끝나는 형용사의 어간, 또는 어미 '-시-' 아래에 붙어, 막연한 의문이나 감탄을 나타내는 연결 또는 종결 어미. 어간 끝 음절의 'ㄹ' 받침은 탈락됨. ¶그가 어떤 사람이~ 알 수 없다. / 얼마나 착한~ 몰라. ▷-는지·-은지.

-ㄴ지고 어미 '이다' 또는 모음이나 'ㄹ' 받침으로 끝나는 형용사의 어간, 또는 어미 '-시-' 아래에 붙어, '해라' 할 상대에게 느낌을 강조하는 종결 어미. 어간 끝 음절의 'ㄹ' 받침은 탈락됨. ¶몸을 사람이~. / 참으로 거룩하~. ▷-는지고.

-ㄴ지라 어미 1 '이다' 또는 모음이나 'ㄹ' 받침으로 끝나는 형용사의 어간, 또는 어미 '-시-' 아래에 붙어, 이유나 근거가 되는 현재 사실을 나타내는 연결 어미. 어간 끝 음절의 'ㄹ' 받침은 탈락됨. ¶잡고 보니 새미 집 승이~ 놓아주었다. / 방이 어두우~ 불을 켰다. 2 모음이나 'ㄹ' 받침으로 끝나는 동사의 어간, 또는 어미 '-시-' 아래에 붙어, 이 유나 근거가 되는 과거 사실을 나타내는 연결 어미. 어간 끝 음절의 'ㄹ' 받침은 탈락됨. ¶말도 없이 떠나~ 아무도 간 곳을 모른다. ▷-는지라·-은지라.

나¹ 명 [음] 서양 음악의 7음 음계에서 일곱째 음이름. 영어로는 비(B), 이탈리아 어로는 시(si).

나¹² '나이'의 준말. ¶~ 어린 자매.

나³ Ⅰ대(인칭) 말하는 사람이, 듣는 상대가 같은 또래이거나 아랫사람일 때 자기 자신을 가리키는 일인칭 대명사. 특별히 상대가 없을 때에도. 주격 조사 '가' 뒤에 올 때는 '내가'가 되고, 관형격 조사 '의'가 뒤에 올 때는 '내'로 줄거나 그냥 '나의'로 씀. 또, '에게'가 뒤에 올 때는 '나에게'가 됨. ¶~는 널 사랑한다. / 병사들이여, ~를 따르라! 옷저·소인·소생. ↔너.
Ⅱ 명 자기 자신. 또는, 자아. ¶대의(大義) 앞에서는 ~를 버릴 줄 알아야 한다. ~~.

[나는 바람 풍(風) 해도 너는 바람 풍 해라] 자기는 그르게 행동하면서 남보고는 옳게 행동하라고 요구한다는 뜻. **[나 먹자니 싫고 개 주자니 아깝다]** 자기에게 소용이 없으면서도 남 주기는 싫다.

나 몰라라 하다 귀 어떤 일에 무관심한 태도로 상관하지 않거나 간섭하지 않는다. ¶옆에서 사람이 죽어 가는데 **나 몰라라** 할 수 있나?

나⁴ 조 모음으로 끝나는 체언이나 부사, 또는 용언의 어미 아래에 붙는 보조사. 1 둘 이상의 사물 가운데 어느 것을 선택함을 나타냄. ¶오늘 점심은 국수~ 빵을 먹자. 2 앞에 오는 대상이나 일 이외에 다른 것을 선택해 의지가 없음을 나타냄. 또는, 다른 대상을 배제하면서 앞의 대상을 선택하되, 그 선택이 최소한의 일이거나 덜 바람직한 일임을 나타냄. ¶1년 어서 숙제~ 해. 3 최소한의 조건이나 사실과 다른 경우를 가정하는 뜻을 나타냄. ¶어떻게 된 게 만날 책만 사 달라니? 공부~ 잘하면서 그러면 또 몰라. 4 ('…~나'의 꼴로 쓰이거나, 대상을 특별히 지정하지 않는 뜻을 나타내는 말 아래에 쓰여) 대상이 개별적인 차이가 없이 모두 공통성을 가짐을 나타냄. ¶너~ 나~ 힘들기는 마찬가지다. 5 수량이 예상되는 정도를 넘어서거나 한도에 이름을 나타냄. 또는, 예상하거나 짐작하건데 어느 정도에 이름을 나타냄. ¶창수는 공을 열 개~ 샀다. 6 (일부 사물 이름 뒤에 그것을 세는 단위성 의존 명사가 오고 그 말 아래에 쓰여) 그 사물이 많지는 않으나 일정한 있음을 나타냄. 실제에 있어서는, 꽤 많은 사물이 있음을 반어적(反語的)으로 가리킬 때 사용됨. ¶땅마지기~ 가진 농부. 7 일부 부사에 붙어, 그 부사의 뜻을 강조하는 보조사. ¶꽤~ / 너무~ / 행여~. ▷이나.

-나⁵ 어미 1 모음이나 'ㄹ' 받침으로 끝나는 어간, 또는 어미 '-시-' 아래에 붙어, 뒷말의 내용이 앞말의 내용에 따르지 않음을 나타내는 연결 어미. 어간 끝 음절의 'ㄹ' 받침은 탈락됨. ¶그는 내 친구이~ 그의 말을 믿을 수는 없다. / 날씨는 흐리~ 춥지는 않다. 2 모음이나 'ㄹ' 받침으로 끝나는 용언의 어간, 또는 어미 '-시-' 아래에 붙어 주로 '-나…-나'의 꼴로 쓰여, 어떤 동작이나 상태를 특별히 구별하지 않음을 나타낼 때 쓰이는 연결 어미. 어간 끝 음절의 'ㄹ' 받침은 탈락

됨. ¶이렇게 하~ 저렇게 하~ 마찬가지다. **3** 모음이나 'ㄹ' 받침으로 끝나는 일부 형용사의 어간에 붙어 '-나-ㄴ'의 꼴로 쓰여 그 형용사의 뜻을 강조할 때 쓰이는 연결 어미. 어간 끝 음절의 'ㄹ' 받침은 탈락됨. ¶머~먼 길 / 기~긴 밤. ▷-으나.

-나[6] (어미) 동사나 '있다', '없다'의 어간, 또는 어미 '-시-', '-었-', '-겠-'의 아래에 붙는 어미. **1** '하게' 할 상대에게 묻는 뜻을 나타내는 종결 어미. ¶어딜 갔다 이제 오~? **2** 자기 스스로에게 묻는 뜻을 나타내는 종결 어미. ¶이 일을 어쩌~? **3** 주로 '-나 하다', '-나 싶다', '-나 보다'의 꼴로 쓰여 자기 스스로에게 묻는 물음이나 추측을 나타내는 연결 어미. ¶병들었나 ~ 보다.

나[7](羅) (명) 명주실로 짠 피륙의 하나. 가볍고 부드러우며, 사(紗)와 비슷함. ▷나사(羅紗).

나[8](鑼) (명)(음) 국악기의 하나. 놋쇠로 둥글넓적하고 배가 나오게 만든 타악기. 징보다 조금 작음. =금라(金鑼). ▷소금(小金).

나-가다 (동)(자라)〈~가거라〉[1](자) **1** (어떤 곳에서 밖으로) 말하는 사람 쪽에서 멀리 가다. ¶방에만 있지 말고 **나가서** 놀아라. **2** (살던 집이나 직장 등에서) 그 성원(成員)으로서 함께 지내기를 그만두고 떠나서 가다. ¶집 **나간** 지 몇 해가 되도록 소식이 없다. **3** (군대·교도소·학교 등에서 일반 사회로) 생활이나 활동의 터전을 옮겨 가다. ¶첫값을 치르고 사회에 **나가면** 새사람이 되겠다. **4** (일정한 곳에) 맡은 일을 하러 가다. ¶회사에 ~. **5** (대회·경기·경쟁·전쟁 따위에) 싸우거나 참가하기 위해 참가하다. ¶국제 올림픽 경기에 ~. **6** (앞쪽 또는 기준 방향이 되는 쪽으로) 움직여 옮기거나 벗어나다. **7** 데모대가 구호를 외치면서 앞으로 **나갔다**. **7** (말하는 사람이나 말하는 사람과 같은 영역에 속하는 사람이 어떤 태도로) 상대에게 행동하다. ¶우리 측은 협상에서 강경하게 **나갔다**. **8** (기계 따위 등이) 다루는 대로 움직이다. ¶대패가 잘 ~. **9** (말이나 소문이) 바깥으로 알려지게 되다. ¶여기서 한 말이 밖으로 **나가지** 않도록 각별히 조심해라. **10** (가지고 있던 돈이나 비용이) 쓰이게 되다. ¶경비가 50만 원이 ~. **11** (거래하거나 팔려고 하는 물건이) 거래가 이루어지거나 팔려 없어지다. ¶신상품이 날개 돋친 듯이 ~. **12** (정신·의식 등이) 희미해지거나 없어지다. ¶넋이 ~ / 너 지금 정신 **나갔니**? 오밤중에 어딜 간다는 거야? **13** (전기가) 일시적으로 들어오지 않아 전등이나 전기 제품이 제 기능대로 사용되지 못하게 되다. ¶전기가 **나가** 텔레비전을 볼 수가 없다. **14** (감기가) 나아서 몸에서 사라지다. ¶독감이라서 그런지 약을 먹어도 쉽게 **나가지** 않는다. **15** (온전하던 물건이) 부서지거나 끊어지거나 찢어지거나 하여 못 쓰는 상태가 되다. ¶모터가 ~ / 스타킹이 ~. **16** (뼈 이 등이) 얻어맞거나 하여 부러지거나 빠지다. 속된 말임. ¶교통사고로 갈비뼈 두 대가 ~. **17** (제품 따위가) 만든 쪽으로부터 세상에 보내어 가게 되다. ¶우리 회사의 신제품은 내년 초에 시장에 **나간다**. **18** (어떤 일이) 그 과정에 있어서 어느 선에 이르다. ¶진도가 ~ / 국어가 오늘 제10과까지 **나갔다**. **19** (값이나 무게 따위가) 어느 정도이거나 많이 나가다. ¶체중이 100kg이나 **나간다**. / 값이 많이 **나가는** 물건이니 조심해서 다루어라. [2](타) **1** (어떤 곳을) 벗어나 말하는 사람 쪽에서 멀리 가다. ¶집을 **나가서** 밤늦게까지 돌아오지 않는다. **2** (살던 집이나 직장 등을) 그 성원으로서 함께 지내기를 그만두고 떠나서 가다. ¶그 여자는 남편과 자식을 버리고 집을 **나갔다**. **3** (일정한 곳을) 맡은 일을 하러 가다. ¶직장을 **나가는** 근로 여성. **4** (어떤 행위를 나타내는 일부 명사를 목적어로 하여) (명사가 나타내는 행위를) 하기 위해 말하는 사람 쪽으로부터 목적지로 가다. ¶구경을 ~ / 산책을 ~. **5** (어떤 일의 과정을) 해내어 이르다. ¶진도를 ~ / 영어를 5과까지 ~. [3](보조) 어떤 일을 계속 진행함을 나타내는 말. ¶벽돌을 하나씩 쌓아 ~.

나가-동그라지다 (동)(자) 뒤로 물러나면서 넘어져 구르다. ¶뒷걸음질치다가 돌에 걸려 **나가동그라지다**. (준)나가동그러지다.

나가-둥그러지다 (동)(자) 뒤로 물러나면서 넘어져 구르다. ¶육중한 몸이 ~. (준)나둥그러지다. (작)나가동그라지다.

나가-떨어지다 (동)(자) **1** 강한 힘의 작용을 받아 뒤로 저만큼 넘어져 떨어지다. ¶업어 치기에 걸려 ~. **2** 어떤 어려움이나 힘든 상태를 더 이상 견디거나 배겨 내지 못하는 상태가 되다. 속된 말임. ¶혹독한 훈련에 ~.

나가리 ←⑧流れ/ながれ (명) '허사', '헛일', '무효'로 순화.

나가-쓰러지다 (동)(자) **1** 뒤로 물러나면서 쓰러지다. **2** 바닥에 걷잡을 수 없이 쓰러지다.

나가-자빠지다 (동)(자) **1** 뒤로 물러나면서 자빠지다. ¶빙판 길에 미끄러져 ~. **2** 마땅히 해야 할 일을 제 책임이 아니라고 하면서 내버려 두거나 내팽개치다. 속된 말임. ¶중도에서 나 몰라라 하고 **나가자빠지면** 어떻게 해?

나가-하다 (동)(자) 나자빠하다.

나각(螺角) (명)(음) 소라의 껍데기로 만든 국악기의 하나. 대취타에 편성되어 있음. =바라·법라.

나귀 (명)(동) '당나귀'의 준말.

나-**균**(癩菌) (명)(의) 나병의 병원균.

나그네 (명) 자기 집을 떠나 낯선 곳에서 묵으면서 꽤 먼 길을 가거나 이곳저곳을 방랑하는 사람. 오늘날 구어로서는 거의 쓰이지 않으며, 주로 글에서 '여행자'를 멋스럽게 이를 때 쓰임. =행객(行客). (비)길손. ¶아름다운 풍광이 ~의 발길을 붙잡는다.

[나그네 주인 쫓는 격] 주객이 전도된 경우를 이르는 말.

나그네 세상 (구) 덧없는 이 세상.

나그네-새 (명)(동) 번식지로부터 남쪽 월동지로 이동하는 도중, 봄·가을 두 차례 한 지방을 지나는 철새. 물도요새·떼새 따위.

나그넷-길 [-낄/-넫낄] (명) 여행을 하는 길. ¶~에 오르다.

나근-거리다/-대다 (동)(자) (길고 가느다란 물건이) 탄력 있게 자꾸 움직이다. ¶버들가지가 바람에. (큰)느근거리다.

나근-나근 (부) 나근거리는 모양. (큰)느근느근. **나근나근-하다** (동)(자)(여)

나긋-나긋-하다 [-근-그타-] (형)(여) **1** 감촉이 몹시 연하고 부드럽다. **2** (말이나 글이) 부드러워 감칠맛이 있다. ¶**나긋나긋한** 말씨. **3** 사람을 대하는 태도가 친절하고 부드럽다. ¶그 여자는 누구에게나 **나긋나긋한** 태도로 웃으며 말한다. (준)낫낫하다. 나긋나

-나기 [접미] '-내기'의 잘못.
나깨 [명] 메밀의 가루를 체에 쳐 낸 속껍질. ¶겉~(~) / ~만두 / ~수제비.
나나니 [명][동] 벌목 구멍벌과의 곤충. 몸빛은 검으며, 허리가 가늘고 두 마디로 됨. 여름에 모래땅을 파서 집을 짓고, 벌레를 잡아 애벌레의 먹이로 함.
나-날 [명] 계속되는 하루하루의 날. ¶바쁜 ~ / 즐거운 ~을 보내다.
나날-이 [부] 하루하루가 새롭게. ¶~ 커 가는 아기의 모습 / ~ 발전해 가는 우리 고장.
나노(←nanometer) [명] 《일부 명사 앞에 쓰여》 나노미터 크기의 초극미(超極微) 상태. ¶~ 소재 공학 / ~ 튜브 반도체.
나노-미터(nanometer) [명][의존][물] 빛의 파장을 나타내는 단위. 1나노미터는 1미터의 10억분의 1임. 기호는 nm.
나노-테크놀로지(nanotechnology) [명][물] 원자나 분자를 조합하고 변형함으로써 새로운 소재나 장치를 만들어 내는 신기술. ¶~가 실현되면 숯을 구성하고 있는 탄소 원자를 재구성하여 다이아몬드를 만드는 일도 가능해진다고 한다.
나:농(懶農) [명] 농사일을 게을리 하는 것. ↔근농(勤農). 나:농-하다 [동][자][여]
나누-기 [명][수] 나눗셈을 하는 일. ↔곱하기. 나누기-하다 [동][타][여] ¶45를 3으로 ~.
나누다 [타] 1 (본래 하나이거나 한군데에 속했던 물건이나 재산·이익 등을) 둘 이상이 되게 가르다. ¶사과 한 개를 둘로 ~. 2 (어떤 대상을) 일정한 기준에 따라 둘 이상의 갈래가 되게 하다. ¶생물은 크게 동물과 식물로 나눌 수 있다. 3 (둘 이상의 사람이 음식 등을) 함께 먹다. ¶우리는 저녁을 함께 나누면서 쌓인 회포를 풀었다. 4 (둘 이상의 사람이 말이나 이야기를) 서로 주고받다. ¶대화를 ~ / 인사를 ~. 5 (정이나 기쁨·슬픔 등을) 함께 느끼다. ¶이웃의 고통을 함께 ~. 6 (핏줄을) 한 계통으로 하여 태어나다. ¶피를 나눈 형제. 7 [수] (어떤 수를 다른 수로) 똑같은 몫이 되게 쪼개다. 비제(除)하다. ¶6을 2로 나누면 3이다.
나누어-떨어지다 [자][수] 나눗셈에서, 나머지가 없이 딱 맞게 나누어지다. ¶6은 2로 나누어떨어진다. 춘나뉘떨어지다.
나누어떨어짐 [명][수] 나눗셈에서, 나머지가 없이 딱 맞게 나누어지는 일. 구용어는 정제(整除).
나누어-지다 [자] 1 서로 갈라지거나 떨어지다. 2 이것과 저것으로 구별되다. ¶하루는 오전과 오후로 나누어진다. 3 [수] (어떤 수가) 몇 개의 똑같은 몫으로 갈라지다.
나누-이다 [동] '나뉘다'의 본딧말.
나눗-셈 [-눋쎔] [명][수] 어떠한 수를 다른 수로 나누는 셈. 구용어는 제법(除法)·제산(除算). ↔곱셈. 나눗셈-하다 [자][타][여]
나눗셈-표(-標) [-눋쎔-] [명] 나눗셈의 기호 '÷'의 이름. 구용어는 제표(除標)·제호(除號). ↔곱셈표.
나눗-수(-數) [-눋쑤] [명][수] =제수(除數).
나눠-떨어지다 [동][자][수] '나누어떨어지다'의 준말.
나뉘다 [동][자] '나누다'의 피동사. ¶세계는 여러 진영으로 나뉘어 있다. 본나누이다.
나뉨-수(-數) [-쑤] [명][수] =피제수.

-나니 [어미] 용언의 어간이나 어미 '-시-', '-았/었-', '-겠-', '-사옵-', '-옵-' 등의 아래에 붙어, 원인·근거의 뜻을 나타내는 연결 어미. ¶심령이 가난한 자는 복이 있~ 천국이 저희 것임이요. (신약 마태복음)
나-닐다 [동][자] 〈~나니, ~나오〉 날며 오락가락하다. ¶갈매기들이 나니는 바닷가.
나다¹ [동] ⑴[자] 1 (사물이) 속에서 겉이나 밖으로 나와 모습을 나타내거나 존재를 이루다. ¶이가 ~ / 싹이 ~ / 땀이 ~ / 수염이 ~. 2 (없던 것이) 어떤 형태나 흔적을 이루어 생기다. ¶눈 위에 커다란 발자국이 나 있다. 3 (사람이나 동물이 어느 곳에) 생기거나 나타나다. ¶서울에서 ~ / 난 지 한 달 된 강아지. 4 (초본 식물이나 키가 작은 나무 따위가) 저절로 자라다. ¶냉이는 봄이 되면 길가나 밭에 철로 난다. 5 (농산물이나 광물 따위가) 생산되어 얻어지다. ¶쌀이 많이 나는 곡창 지대. 6 (사물이 변형된 모양이) 생기어 이루어지다. ¶칼이 부러져 동강이 ~. 7 (없던 물건이) 거저 생기거나 얻어지다. ¶너 돈이 어디서 나서 그렇게 물 쓰듯 쓰니? 8 (사람의 정신 작용이나 심리·욕구 현상이) 생기어 일어나다. ¶생각이 ~ / 화가 ~ / 질투가 ~. 9 (사람의 지각이) 깨어 성숙한 상태가 되다. ¶철이 ~. 10 (사물에서 소리·열·빛·냄새·맛 등이) 나타나다. ¶비린내가 ~ / 복도에서 발소리가 ~. 11 (범상하지 않거나 비정상적인 일이나 상태가) 일어나거나 생기다. ¶병이 ~ / 고장이 ~. 12 (시간이나 공간이) 여유가 생기다. ¶시간이 ~ / 저기 자리가 났으니 가서 앉아라. 13 널리 알려지거나 드러난 상태가 되다. ¶소문이 ~ / 탄로가 ~. 14 (인쇄물·방송 따위에 어떤 내용이) 실리거나 다루어지다. ¶그 기사는 신문에 대문짝만하게 났다. 15 (일의 어떤 상태나 결과가) 이루어지거나 나타나다. ¶능률이 ~ / 끝장이 ~. 16 (어떤 나이에) 이른 상태가 되다. 주로 성년이 안 된 나이에 대해 사용함. ¶세 살 난 아이. 17 (사람이) 다른 사람보다 뛰어난 상태를 보이다. ¶난 사람. 18 (어떤 모양이) 풍기어 나타나다. ¶촌티가 ~. ⑵[타] 1 (철이나 해를) 지내어 넘기다. ¶겨울을 ~. 2 (살림을) 따로 차려 갈라져 나오다. ¶살림을 ~. ⑶[보조] 1 《동사의 어미 '-아/어' 아래에 쓰여》 그 동작이 계속되어 나아감을 나타내거나 완료됨을 나타내는 말. ¶살아 ~ / 피어 ~. 2 《동사의 어미 '고' 아래에 쓰여》 그 동작의 완료를 나타내는 말. ¶잠을 자고 나니 정신이 맑아졌다.
-나다² [접미] 일부 명사나 자립성이 약한 명사성 어근의 밑에 붙어, 앞에 오는 말의 특성을 가진 형용사를 만드는 말. ¶엄청~ / 유~.
나-다니다 [동][자][타] 밖으로 나가 여기저기 돌아다니다. ¶쓸데없이 나다니지 말고 공부 좀 해라.
나다분-하다 [형][여] 1 어수선하여 갈피를 잡을 수 없다. ¶나다분한 방 안. 2 (자질구레하고 쓸데없는 말들이) 듣기 싫고 수다스럽다. ¶나다분하게 말하다. 큰너더분하다. 나다분-히 [부]
나닥-나닥 [-닥-] [부] 여러 군데를 자그마하고 지저분하게 깁거나 덧붙인 모양. ¶~ 기운 버선. 나닥나닥-하다 [형][여]
나-단조(-短調) [-쪼] [명][음] 으뜸음이 '나' 인 단조.

나달 [명] 나흘이나 닷새쯤. ¶그 일은 한 ~이면 끝난다.
나달-거리다/-대다 [동][자] **1** (여러 가닥이) 어지럽게 늘어져 흔들리다. ¶치맛자락이 ~. **2** 주제넘은 말과 짓을 야단스럽게 하다. [큰]너덜거리다. [거]나탈거리다.
나달-나달[-라-] [부] 나달거리는 모양. [큰]너덜너덜. [거]나탈나탈. **나달나달-하다** [동][자][형][여]
나-대다 [동][자] **1** 깝신거리며 나다니다. ¶**나대지** 말고 집에 좀 있어라. **2** =나부대다. ¶얌전히 앉아 있지 못하고 왜 그렇게 **나대느냐**?
나-대지(裸垈地) [명] 건물을 짓지 않고 비워 둔 집터.
나도-밤나무 [명][식] 나도밤나뭇과의 낙엽 활엽 교목. 골짜기에 나는데, 여름에 황백색의 꽃이 피고, 가을에 둥근 열매가 붉게 익음.
나-돌다 [동][자] 〈~도니, ~도오〉 **1** 밖으로 나가서 이리저리 움직이거나 활동하다. ¶그는 집을 나와 외지로만 **나돌고** 있다. **2** (소문이나 어떤 물건 등이) 여기저기 퍼지거나 나타나다. ¶헛소문이 ~.
나-동그라지다 [동][자] '나가동그라지다'의 준말. ¶차가 길 옆에 **나동그라져** 있다. [큰]나둥그러지다.
나-둥그러지다 [동][자] '나가둥그러지다'의 준말. ¶계단에서 ~. [작]나동그라지다.
나-뒹굴다 [동][자] 〈~뒹구니, ~뒹구오〉 **1** (사람이) 이리저리 마구 뒹굴다. ¶갑자기 배를 움켜잡고는 땅바닥에 **나뒹굴었다**. **2** (물건이) 여기저기 어지럽게 널리거나 버려진 채 굴러다니다. ¶요즘은 산에 가도 **나뒹구는** 깡통이나 병들을 구경하기 힘들다.
나-들다 [동][타] 〈~드니, ~드오〉 (어느 곳을) 계속 나가고 들어가고 하다. [비]드나들다. ¶그는 이 방 저 방을 **나들면서** 잔심부름을 하였다.
나들-목 [명] 두 개의 고속도로가 교차할 수 있도록 하거나, 또는 고속도로로 접어들거나 고속도로에서 빠져나올 수 있도록 도로를 입체적으로 만든 곳. ¶신갈 ~ / 판교 ~.
나들-이 [명] 바람을 쐬거나 구경을 하거나 놀거나 그 밖의 사사로운 일을 보기 위해, 그리 멀지 않은 곳을 다녀올 생각으로 제 집 밖으로 나가는 일. =바깥나들이. ¶봄 ~ / 친정 ~ / ~를 가다. ▶외출. **나들이-하다** [동][자][여]
나들이-옷[-옫] [명] 나들이할 때에 입는 옷. [비]외출복.
나들잇-벌[-이뻘/-읻뻘] [명] 나들이할 때에만 쓰는 좋은 옷과 신 따위의 총칭. [비]난벌.
나-뜨다 [동][자] 〈~뜨니, ~떠〉 **1** (물체가) 물 위나 공중에 뜨다. **2** (어떤 상태나 현상이) 겉으로 나타나다. ¶그네의 눈에 **나뜨는** 웃음은 그네의 마음의 즐거움을 말하였다.《이광수:무정》
나라 [명] **1** 사람들이 모여 주권을 가지고 삶을 영위해 가는 일정한 범위의 땅. 또는, 그것을 다스리는 통치 기구. [비]국가. ¶우리 ~ / ~를 세우다 / ~를 다스리다. **2**《일부 명사와 결합되어》 그 단어가 나타내는 사물의 '세상', '세계'의 뜻. ¶꿈~ / 별[달]~ / 하늘~.
나라^글자(-字)[-짜] [명] =국자(國字)[2].
나라-꽃[-꼳] [명] =국화(國花)[2].
나라-님 [명] '임금[1]'을 나라의 임자라는 뜻으로 이르는 말.
나라-말 [명] =국어(國語).
나라-지다 [동][자] '늘어지다'의 작은말.
나락[1](奈落·那落) [명] [<[범]Naraka] **1** [불] =지옥1. **2** 벗어나기 어려운 절망적 상황을 비유하여 이르는 말. ¶절망의 ~에 빠지다.
나락[2] [명][식] '벼'의 잘못.
나란-하다 [형][여] **1** (여럿의 사물이) 줄지어 있는 모양이 들쭉날쭉하지 않고 가지런하다. ¶댓돌 위에 신발이 ~. **2** (길이가 있는 둘 이상의 사물이) 서로 같은 거리만큼 떨어진 상태에 있다. [비]평행하다. ¶두 개의 직선이 ~. **나란-히** [부] ¶아이들이 ~ 서 있다.
나란한-조(-調) [명][음] 관계조의 하나. 같은 조표를 쓰는 장조와 단조. =병행조(竝行調).
나란히-맥(-脈) [명][식] 식물의 잎자루로부터 잎몸의 끝까지 줄줄이 서로 나란히 있는 잎맥. 대나 벼와 같은 외떡잎식물에서 볼 수 있음. =병행맥·평행맥. ▷그물맥.
나랏-돈[-라똔/-랃똔] [명] =국고금.
나랏-무당[-란-] [명][역] =국무당.
나랏-일[-란닐] [명] =국사(國事)[3].
나래[1] [명][농] 논밭을 골라서 반반하게 하는 농구. 써레와 비슷하나 아래에 발 대신 널빤지를 가로 대었음. ¶~질.
나래[2] [명] 배를 젓는 도구. 노와 비슷하나 길이가 짧고, 두 개로 양편에서 젓게 되어 있음.
나레이션 [명][연][영] '내레이션(narration)'의 잘못.
나례(儺禮) [명][역] 음력 섣달 그믐날 밤에 궁중이나 민가에서 악귀를 쫓기 위하여 베푸는 의식. =나의(儺儀).
나로드니키([러]Narodniki) [명] ['인민주의자' 또는 '인민파'의 뜻][사] 19세기 후반 러시아에서 자본주의를 비판하고, 농본주의적 급진 사상을 가지고 농민을 주체로 한 혁명적 계급. ▷브나로드 운동.
나루 [명] **1** 강이나 내 또는 좁은 바닷목에서 배가 건너다니는 일정한 곳. =강구(江口)·도구(渡口)·도두(渡頭)·도진(渡津)·진도(津渡)·진두(津頭). ¶강~ / ~를 건너다. **2** '나룻배'의 잘못.
나루-지기 [명] =나루터지기.
나루-질 [명] 나룻배를 부리는 일. **나루질-하다** [동][자][여]
나루-터 [명] 나룻배로 건너다니는 일정한 곳. =도선장(渡船場).
나루터-지기 [명] 나루터를 지키는 사람. =나루지기.
나루-턱 [명] 나루터에서 나룻배를 대는 일정한 곳.
나룻[-룯] [명] '수염(鬚髥)'의 고유어. 오늘날, 자립적으로는 거의 쓰이지 않음. ¶구레~ / 텁석~.
[**나룻이 석 자라도 먹어야 샌님**] 제아무리 점잖은 체하여도 배가 고파서는 아무 일도 못 한다는 말.
나룻-가[-루까/-룯까] [명] 나루터의 근처.
나룻-목[-룬-] [명] 나룻배가 늘 건너다니는 물목.
나룻-배[-루빼/-룯빼] [명] 나루터에서 사람이나 짐 등을 건네주는 배. =도선(渡船)·진선(津船). ×나루.
나르다 [동][타][르] 〈나르니, 날라〉 (어느 정도 부피가 있거나 양이 좀 많은 물건을 한 곳에서 어느 정도 떨어져 있는 다른 곳으로) 옮기다. [비]운반하다. ¶이삿짐을 ~ / 이 책들을 저 방으로 **날라** 주렴. ×날르다.
나르시스(㊌Narcisse) 몡[신화] =나르키소스.
나르시시즘(narcissism) 몡 자신의 외모나 능력을 훌륭하다고 여겨 지나치게 자기를 사랑하고 스스로에게 도취되는 심리 상태. 凷자기애(自己愛). ¶거울을 보면서 ~에 빠지다.
나르키소스(Narcissos) 몡[신화] 그리스 신화에 나오는 미소년. 에코의 사랑에 응하지 않은 벌로 물에 비친 자기 모습을 연모하다가 물에 빠져 죽어 수선화가 되었다고 함. =나르시스.
나른-하다 혱여 1 (몸이) 고단하여 기운이 없다. 凷날연(茶然)하다. ¶봄이 되니 몸이 ~. 2 풀기가 없이 보드랍다. 凷느른하다. **나른-히** 튄
나름 의존 1 (동사의 어미 '-ㄹ'이나 명사형 전성 어미 '-기' 또는 명사 다음에 쓰이어) 어떤 일이 확정적·불변적이 아니고 대상이나 상황에 따라 다르거나 달라질 수 있음을 나타내는 말. ¶귀염을 받고 못 받기는 제가 할 ~이다. / 중요하고 안 하고의 문제는 생각하기 ~이다. 2 ('제', '네', '내', '그' 등의 다음에 쓰이어) 각기 가지고 있는 방식이나 깜냥을 이르는 말. ¶사람이란 누구나 제 ~의 생각이 있는 법이나.
나리¹ 몡[식] =참나리.
나리² 몡 1 [역] 아랫사람이 당하관(堂下官)을 높여 부르는 말. ¶사또 ~. 2 [역] 왕자를 높여 부르는 말. 3 지체 높거나 권세 있는 사람을 높여 부르는 말. ¶군수 ~. ×나으리.
나리-꽃 [-꼳] 몡 나리의 꽃.
나릿-나릿 [-릳-릳] 튄 '느릿느릿'의 작은말. **나릿나릿-하다** 혱여
나마¹ 조 모음으로 끝나는 체언에 붙어, 불만스럽지만 아쉬운 대로 양보함을 나타내는 보조사. ¶자주 오지는 못해도 편지~ 가끔하려무나. ▷이나마.
-나마² 엄 모음이나 'ㄹ' 받침으로 끝나는 어간, 또는 어미 '-시-' 아래에 붙어, 앞에 오는 사실이 불만스럽거나 못마땅하나 그것을 용납하거나 긍정하는 뜻을 나타내는 연결 어미. 어간 끝 음절의 'ㄹ' 받침은 탈락됨. ¶누추한 집이~ 편히 쉬십시오. / 도와주지는 못하~ 방해는 하지 마오. ▷-으나마.
나막-신 [-씬] 몡 지난날, 주로 비나 눈이 오는 날 진 땅에서 신던, 나무를 파서 만든 신. 대개 앞뒤에 높은 굽이 있으며, 굽이 없는 것도 있음. =목리(木履)·목혜(木鞋).
나머지 몡 1 전체 가운데서, 무엇에 쓰이거나 해당하는 것을 빼고 남은 부분. 또는, 이루거나 마치지 못한 부분. =여분. ¶월급에서 생활비만 떼고 ~를 저축하다. 2 ('-ㄴ/은 나머지'의 꼴로 쓰이어) 어떠한 일의 결과. 凷끝. ¶감격한 ~ 눈물을 흘리다. 3 [수] 나누어떨어지지 않고 남는 수. 구용어는 잉여(剩餘).
나머지^정:리 (-定理) [-니] 몡[수] x의 정식(整式) $f(x)$를 $x-a$로 나누었을 때의 나머지는 $f(a)$와 같다는 정리.
나무¹ 몡 1 [식] 줄기와 가지와 뿌리가 있고 가지에 잎이 달리며 때가 되면 꽃이 피는 여러해살이 식물. 세는 단위는 그루·주. 凷본(木本). ¶~를 심다 / ~를 베다. 2 건축·가구 등의 재료로 쓰기 위해 수목을 잘라낸

손질한 물건. 또는, 재료로서의 수목. 凷목재(木材). ¶~ 기둥 / ~ 걸상. 3 '땔나무'의 준말. 세는 단위는 단·동(50단)·바리. **나무-하다** 巫여 산에 가서 땔나무를 베거나 주워 모으거나 하다.
[나무에 오르라 하고 흔드는 격] 좋은 낯으로 사람을 꾀어, 위험한 곳이나 불행한 처지에 몰아넣는 것을 이르는 말.
※ 나무만 보고 숲을 보지 못한다 [서양 격언에서] 사물의 지엽적이고 부차적인 면에 얽매여 보다 핵심적이고 중요한 면을 보지 못하는. 사람의 좁은 안목을 경계하는 말임.
나무² (南無) 몡 [<㉿Namas] [불] 부처에게 돌아가 의지한다는 뜻으로, 부처나 보살 또는 경문(經文)의 이름 앞에 붙여 절대적인 믿음을 나타내는 말. ¶~아미타불 / ~ 관세음보살.
나무-귀신 (-鬼神) 몡[민] 나무에 붙어 있다고 하는 귀신. =목신(木神).
나무-깽이 몡 부러진 나뭇가지의 짤막한 토막.
나무-껍질 [-껍-] 몡 나무의 줄기나 가지를 덮고 있는 딱딱한 거죽. =목피(木皮)·수피(樹皮).
나무-꾼 몡 땔나무를 하는 사람. =초군(樵軍).
나무-눈 몡 봄철에 나뭇가지에 싹이 나는 보풀보풀한 부분.
나무-늘보 몡 포유류 빈치목 나무늘봇과에 속하는 동물의 총칭. 발가락에는 갈고리 발톱이 있으며, 나무에 매달려 나뭇잎·열매를 따 먹음. 털은 길고 거칠며, 동작은 매우 굼뜸.
나무-다리¹ 몡 나무로 놓은 다리. =목교(木橋).
나무-다리² 몡 나무로 만든 의족(義足). =목다리.
나무-때기 몡 그다지 쓸모가 없는 나무의 조각이나 토막을 속되게 이르는 말.
나무라다 巫(타) 1 (주로 윗사람이 아랫사람을) 잘못에 대해 비교적 가볍게 지적하여 행동을 고치거나 조심하도록 말하다. '꾸짖다'보다 덜 엄격하고 달래는 상태를 가리킴. ¶어머니가 아이를 **나무랐다**. 2 (어떤 일이나 물건을) 흠이나 결함을 지적하여 말하다. 凷탓하다. ¶**나무랄** 데 없는 솜씨 / 집안이 너무 누추해서 송구스럽습니다만 너무 **나무라진** 마십시오. ×나무래다.
나무람 몡 나무라는 말. 또는, 나무라는 일. ¶~을 듣다.
나무람(을) 타다 쿤 나무람을 받아 언짢아하다.
나무래다 巫(타) '나무라다'의 잘못.
나무-망치 몡 나무로 만든 망치.
나무-모 몡 =묘목(苗木).
나무-못 [-몯] 몡 나무로 만든 못. =목정(木釘).
나무-배 몡 나무로 만든 배. =목선(木船).
나무-부처 몡 나무로 만든 부처. =목불(木佛).
나무-뿌리 몡 나무의 뿌리. =목근(木根).
나무-새 몡 여러 가지 땔나무의 총칭.
나무-속 몡 나무줄기의 중심부에 있는 연한 부분.
나무-숲 [-숩-] 몡 나무가 우거진 숲. =나무새.

나무-아미타불(南無阿彌陀佛)〖명〗〖불〗 **1** 아미타불에게 귀의(歸依)한다는 뜻으로, 승려가 염불할 때 외는 소리. **2** 십년공부 나무아미타불. ➡십년공부.
나무-장수〖명〗 땔나무를 파는 것을 직업으로 하는 사람.
나무-젓가락[-저까-/-젇까-]〖명〗 나무로 만든 젓가락.
나무-줄기〖명〗 나무의 줄기.
나무-쪽〖명〗 나무의 조각.
나무-칼〖명〗 나무로 만든 칼.
나무-타르(-tar)〖명〗〖화〗 목재를 건류하여 얻는 흑갈색의 끈끈한 물질. 용제(溶劑)·연료·방부제 등으로 쓰임. =목타르.
나무-토막〖명〗 나무의 토막.
나무-통(-桶)〖명〗 나무로 만든 통.
나:문(拿問)〖명〗 죄인을 잡아다가 신문하는 것. **나:문-하다**〖동〗〖타〗〖여〗
나문-재〖식〗 명아줏과의 한해살이풀. 바닷가에서 자람. 좁고 긴 잎이 빽빽이 나며, 여름에 녹황색의 꽃이 핌. 어린잎은 식용함.
나물〖명〗 사람이 먹을 수 있는, 야생하거나 재배한 풀과 같은 식물. 또는, 그것을 볶거나 데치거나 날것으로 무친 반찬. 양을 헤아리는 단위는 두름·무더기·자밤. ¶산~/호박~/~을 무치다/~을 캐다. **나물-하다**〖자〗〖여〗 나물을 볶거나 무치거나 하여 반찬으로 먹을 수 있게 하다.
나물-국[-꾹]〖명〗 나물을 넣고 끓인 국.
나물-밥〖명〗 나물을 섞어서 지은 밥.
나뭇-가지[-무까-/-묻까-]〖명〗 나무의 가지. =수지(樹枝). ¶~를 꺾다.
나뭇-간(-間)[-무깐/-묻깐]〖명〗 땔나무를 쌓아 두는 곳간.
나뭇-갓[-무깐/-묻깐]〖명〗 나무를 가꾸는 말림갓. =시장(柴場). ×시장갓.
나뭇-개비[-무깨-/-묻깨-]〖명〗 나무의 가늘고 길게 쪼개진 조각.
나뭇-결[-무껼/-묻껼]〖명〗 세로로 자른 나무의 표면에, 나이테로 말미암아 나타나는 무늬. =목리(木理). ¶~이 고르다.
나뭇-고갱이[-무꼬-/-묻꼬-]〖명〗 나무줄기 속에 박힌 심. =목심(木心).
나뭇-광[-무꽝/-묻꽝]〖명〗 땔나무를 쌓아 두는 광.
나뭇-길[-무낄/-묻낄]〖명〗 나무꾼들이 다녀서 난 산길. =초경(樵逕)·초로(樵路).
나뭇-단[-무딴/-묻딴]〖명〗 단으로 묶어 놓은 땔나무.
나뭇-동[-무똥/-묻똥]〖명〗 나무를 큼직하게 묶어 놓은 덩이.
나뭇-등걸[-무뜽-/-묻뜽-]〖명〗 나무를 베어 낸 밑동. ¶~에 걸터앉다.
나뭇-잎[-문닙]〖명〗 나무의 잎. =목엽(木葉)·수엽(樹葉). ¶~이 떨어지다.
나뭇-재[-무째/-묻째]〖명〗 나무를 태운 재. =목회(木灰).
나뭇-조각[-무쪼-/-묻쪼-]〖명〗 나무를 작게 쪼갠 조각. =목편(木片).
나뭇-짐[-무찜/-묻찜]〖명〗 나무를 짊어진 짐.
나미비아(Namibia)〖지〗 아프리카 남서부에 있는 나라. 수도는 빈트후크.
나박-김치[-낌-]〖명〗 무를 얄팍하고 네모지게 썰어 절인 다음, 고추·파·마늘·미나리 등을 넣고 국물을 부어 담근 김치.
나발¹(喇叭*)〖명〗 ['叭'의 본음은 '팔'] **1** 〖음〗 우리나라의 전통 관악기의 하나. 놋쇠로 긴 대롱같이 만드는데, 부는 쪽은 가늘고, 다른 쪽으로 갈수록 굵어지면서 끝이 퍼짐. 금속성의 우렁찬 音을 냄. ×나팔. **2** '지껄이거나 떠들어 대는 입'을 비속하게 이르는 말. ¶제발 그놈의 ~ 좀 닥치고 있어! **3** (주로, '…(이)고 나발이고'의 꼴로 쓰여) 앞의 체언을 하찮은 것으로 비하하면서 뒤에 오는 서술어의 부정적 요소를 한층 강하게 만드는, 비속한 어감의 말. ¶그따위로 하려면 공부고 ~이고 다 때려치우라!
나발(을) 불다〖구〗 **1** 상대의 말이 터무니없거나 당찮은 것이라고 여겨, 그의 말하는 행위를 비하하여 이르는 말. 공격적 어투의 말임. ¶나발 불지 말고 잠자코 있어. **2** (어린아이가) 소리 내어 시끄럽게 울다. 속된 말임. **3** 어떤 사실을 자백하다. 속된 말임. ¶감춰 봐야 소용없으니 어서 **나발을 부시지! 4** 술이나 음료수 따위를 컵이나 그릇에 따르지 않고 병에 입을 대고 마시다. 속된 말임. =나팔(을) 불다. ¶그는 소주병을 이빨로 까고는 선 병째 나발을 불었다.
나발²(螺髮)〖명〗〖불〗 소라 껍데기처럼 빙빙 틀린 형상을 한 부처의 머리털.
나발-꽃(喇叭*-)〖명〗〖식〗'나팔꽃'의 잘못.
나발-수(喇叭*手)〖명〗〖역〗 군중(軍中)에서 나발을 부는 사람.
나방〖명〗〖동〗 나비목(目)에 속하는 곤충 가운데 주로 밤에 활동하는 무리의 총칭. 나비와 비슷하나 몸이 더 통통하고 날개를 편 채 쉼. 농작물이나 삼림 등에 해를 줌. =나방이.
나방-이〖명〗 =나방.
나배(羅拜)〖명〗 여럿이 죽 늘어서서 함께 절하는 것. **나배-하다**〖자〗〖여〗
나:-배기〖명〗'나이배기'의 준말.
나뱃뱃-하다[-뺃뺴타-]〖형〗〖여〗 얼굴이 나부죽하고 덕성스럽다. 〈큰〉너벳벳하다. **나뱃뱃-이**〖부〗
나번득-이다〖동〗〖자〗 젠체하고 함부로 덤비다.
나:변(那邊)〖명〗 어느 곳 또는 어디.
나볏-하다[-벼타-]〖형〗〖여〗 아주 번듯하고 의젓하다. 〈큰〉너볏하다. **나볏-이**〖부〗
나:병(癩病)〖명〗〖의〗 나균으로 말미암아 생기는 만성 전염병. 피부에 결절 따위가 생기고 눈썹이 빠지며, 수족·안면이 변형됨. 속된 말로는 문둥병, 한의학 용어는 대풍창(大風瘡).
나:-병원(癩病院)〖명〗 나병 환자를 위한 의료 시설.
나:부(裸婦)〖명〗 벌거벗은 여자. ¶~상(像).
나부끼다〖동〗 **①**〖자〗(천이나 종이 따위가) 바람을 받아 가볍게 흔들리다. ¶깃발이 ~. **②**〖타〗(천이나 머리카락 따위를) 바람을 받아 흔들리게 하다. ¶머리카락을 ~/지금 우리 선수들이 태극기를 **나부끼며** 경기장에 입장하고 있습니다.
나부-대다〖동〗〖자〗 얌전히 있지 못하고 철없이 출랑거리다. =나대다. ¶**나부대지** 말고 가만히 좀 있어라.
나부대대-하다〖형〗〖여〗 (얼굴이) 동그스름하고 나부죽하다. ¶**나부대대한** 얼굴에 커다란 눈. 〈큰〉너부데데하다. 〈센〉나뿌때때하다.
나부라기〖명〗'나부랭이'의 잘못.
나부라-지다〖동〗〖자〗 나부죽이 바닥에 까부라져 늘어지다. 〈큰〉너부러지다.
나부랭이〖명〗 **1** 종이·헝겊 등의 자질구레한 오라기. ¶헝겊 ~. **2** 어떤 부류의 사람·물건을 하찮게 여기는 말. ¶형사 ~ / 가진 짐이 래야 이불과 책 ~ 몇 권이 전부다. ⓒ너부렁이. ×나부라기.

나부시 囝 1 작은 사람이 매우 공손하게 머리를 숙이거나 앉거나 엎드려 절하는 모양. ¶~ 절을 하다. 2 작은 사람이나 물체가 천천히 땅 쪽으로 내리거나 차분하게 앉는 모양.

나부죽-이¹ 囝 좀 작은 것이 천천히 엎드리는 모양. ¶여자 아이가 ~ 엎드려 큰절을 올리다. ⓒ너부죽이.

나부죽-하다 [-주카-] 혱여 〈작은 물건이〉 약간 넓고 평평한 듯하다. ¶얼굴이 ~. ⓒ너부죽하다. **나부죽-이²** 囝

나불-거리다/-대다 [-불꺼-] 图재 1 가볍게 나붓거리다. ¶촛불이 바람에 ~. ⓒ나풀거리다. 2 〈혀나 입을〉 경망하게 놀려 자꾸 말하다. ¶제발 좀 그만 **나불거려라**. ⓒ너불거리다.

나불-나불 [-라-] 囝 1 나불거리는 모양. ⓒ너불너불. ⓒ나풀나풀. **나불나불-하다** 图 (타)여

나붓-거리다/-대다 [-붇꺼-] 图재 자꾸 나부껴 흔들리다. ¶만국기가 **나붓거리는** 가을 운동회. ⓒ너붓거리다.

나붓-나붓 [-붇-붇] 囝 나붓거리는 모양. ⓒ너붓너붓. **나붓나붓-하다** 图(재)여 **나붓-이** 囝

나붓-하다 [-부타-] 혱여 조금 나부죽하다. **나붓-이** 囝

나-붙다 [-붇따-] 图재 밖으로 눈에 띄는 곳에 붙다. ¶여기저기 벽보가 ~.

나비¹ 阌 '너비'의 작은말. '너비'와 개념은 같으나 상대적으로 작은 데에 쓰임. ¶한복 깃의 ~ / ~ 1cm짜리 오색 테이프 / 길이 10cm, ~ 3cm 크기의 잎.

나비² 阌 나비목에 속하는 곤충 가운데 낮에 활동하는 무리의 총칭. 머리에 한 쌍의 촉각과 두 개의 겹눈이 있고, 가슴에 큰 잎 모양의 두 쌍의 날개가 있음. 긴 대롱처럼 생긴 입으로 꽃의 꿀을 빨아 먹음. =협접·호접(胡蝶).

나비³ 阌 고양이를 부를 때에 쓰는 말. ¶~야, 이리 온!

나비-꽃부리 [-꼳뿌-] 阌[식] 5개의 꽃잎으로 이루어지고, 모양이 나비와 비슷한 좌우 상칭의 꽃부리. 콩과 식물에서 볼 수 있음. =접형 화관(蝶形花冠).

나비-넥타이 (-necktie) 阌 날개를 편 나비 모양으로 고를 내어 접은 넥타이. ⓒ보타이.

나비-매듭 阌 나비 모양으로 맺은 매듭.

나비-수염 (-鬚髥) 阌 양쪽으로 갈라 위로 좀 꼬부리지게 한 코밑수염.

나비-잠¹ 阌 갓난아이가 두 팔을 머리 위로 벌리고 자는 잠.

나비-잠² (-簪) 阌 전통 혼례에서, 새색시가 예장(禮裝)으로 머리에 덧꽂는, 나비 모양으로 만든 비녀. =접잠(蝶簪).

나비-장 [건] 제목을 서로 이을 때 쓰는, 나비 모양의 나뭇조각. =은장.

나비-질 阌[농] 곡식에 섞인 쭉정이나 검부러기, 먼지 등을 날리기 위하여, 키로 나비가 날개 치듯 부쳐 바람을 일으키는 일. **나비질-하다** 图 (타)여

나비-춤 阌 1 나비가 나는 모양을 흉내 낸 춤. 2 승무(僧舞)의 하나. 소매가 긴 흰옷을 입고 나비처럼 추는 춤.

나빠-지다 图재 나쁘게 되다. ¶건강이 ~ /

성적이 ~. ↔좋아지다.

나쁘다 혱〈나쁘니, 나빠〉 1 〈대상의 질이나 가치, 내용 등이〉 보통의 것보다 떨어지는 상태에 있다. ¶머리가 ~ / 품질이 **나쁜** 제품. 2 〈기분이〉 상하거나 거슬린 데가 있어 언짢다. ¶월요일 아침부터 윗사람에게 야단을 맞으니 기분이 ~. 3 〈어떤 대상이〉 괴로움이나 불쾌감을 주는 상태에 있다. ¶냄새가 ~ / 분위기가 ~. 4 〈어떤 대상이 다른 대상에〉 해로운 영향을 미치는 상태에 있다. ⓒ해롭다. ¶흡연은 건강에 ~. 5 〈행동이나 성품이〉 도덕적으로 옳지 않거나 악하다. ¶**나쁜** 친구를 사귀다. 6 〈사이나 관계가〉 대립되어 있거나 미워하는 상태에 있다. ¶두 사람은 사이가 ~. 7 〈어떤 대상이 무슨 일을 하기에〉 적당하지 않거나 쉽지 않은 상태에 있다. ¶이 길은 너무 협하여 산책하기에 ~. 8 〈먹은 것이〉 양이 덜 차 미흡하다.

나삐 囝 나쁘게. ¶~ 보다 / 호의를 ~ 생각하다.

나사¹ (羅紗) 阌 [<(포)raxa] 양털 또는 거기에 무명·명주·인견 견사 등을 섞어서 짠 모직물. 양복감·코트감으로 쓰임.

나사² (螺絲) 阌 1 물건을 죄어서 고정시키기 위한 기계 부품. 원기둥의 옆면에 나선상으로 홈을 판 수나사와, 여기에 꼭 맞도록 원기둥의 안쪽에 홈을 판 암나사가 있음. ¶오른~ / 왼~. 2 '나사못'의 준말. ¶~를 박다.

나사가 풀어지다 귾 정신 상태가 해이해지다.

나사³ (NASA) 阌 [National Aeronautics and Space Administration] 1958년에 설립된, 미국의 우주 개발 계획을 추진하는 정부 기관. =미국 항공 우주국.

나사-골 (螺絲-) 阌 나사의 고랑이 진 부분. ↔나사산.

나사-돌리개 (螺絲-) 阌 나사못을 돌려서 박거나 빼는 기구. =드라이버·스크루드라이버.

나사-못 (螺絲-) [-몯] 阌 몸의 겉에 나선상 (螺旋狀)으로 고랑이 지고, 대가리에 홈이 있는 못. ¶~을 죄다. ⓒ나사.

나사-산 (螺絲山) 阌 나사의 솟아 나온 부분. ↔나사골.

나사-송곳 (螺絲-) [-곧] 阌 끝이 나사못처럼 생긴 송곳. =도래송곳.

나삼 (羅衫) 阌 1 얇고 가벼운 비단으로 만든 적삼. 2 전통 혼례 때 신부가 입는 예복의 하나. 활옷을 벗었을 때 입는 옷으로, 길은 연둣빛, 깃은 자줏빛으로 달고, 소매는 색동으로 만들었음.

나!상 (裸像) 阌[미] '나체상'의 준말. ¶아름다운 여인의 ~.

나색 阌 '내색'의 잘못.

나-서다 图 ① (재) 1 〈어떤 곳의 밖이나 앞으로〉 옮기어 서다. ¶나를 따를 자는 앞으로 **나서라**. 2 〈구하거나 찾던 대상이〉 생기어 나타나다. ¶일자리가 ~ / 혼처가 ~ / 집을 내놓았는데 영 작자가 ~. 3 〈어떤 직업이나 방면으로〉 활동하기 시작하다. ¶장삿길로 ~ / 국회의원 후보로 ~. 4 〈어떠한 일에〉 간여하거나 앞장서다. ¶네가 **나설** 일이 아니다. ② (타) 〈어디를 가기 위하여 있던 곳을〉 나오거나 떠나다. ¶집을 ~.

나!선¹ (裸線) 阌 겉에 아무것도 싸지 않은 전선. =알줄.

나선² (螺旋) 阌 소라의 껍데기처럼 빙빙 비틀

린 모양.
나선³(螺線)〖명〗[수][물] **1** 어떤 점의 둘레를 계속 돌면서 멀어지는 평면 곡선. **2** 소라 껍데기의 선처럼 소용돌이 꼴을 이룬 공간 곡선. =나사선(螺絲線).

나선-계단(螺旋階段)[-게-/-게-]〖명〗[건] 중심축의 주위에 나선상으로 붙은 계단. =나계(螺階)·나사 층층대.

나선-균(螺旋菌)〖명〗[의] 나선상의 커다란 세균. 매독·재귀열 등의 병원균 따위.

나선-상(螺旋狀)〖명〗 나사 모양으로 빙빙 비틀려 돌아간 형상. =나상(螺狀)·나선형.

나선-형(螺旋形)〖명〗 =나선상.

나성(羅城)〖명〗 **1** 성의 외곽. **2** =외성(外城).

나!수(拿囚)〖명〗 죄인을 잡아 가두는 것. **나!수-하다**〖동〗[타]

나스닥(NASDAQ)〖명〗[National Association of Securities Dealers Automated Quotations][경] 첨단 벤처 기업들이 상장되어 있는 미국의 주식 장외 시장. 1971년에 설립됨. ▷코스닥

나슨-하다〖형〗[여] '느슨하다'의 작은말. **나슨-히**〖부〗

나슬-나슬[-라-]〖부〗 가늘고 짧은 털이나 풀 따위가 보드랍고 성긴 모양. ⓒ너슬너슬. **나슬나슬-하다**〖형〗[여] **나슬나슬-히**〖부〗

나!신(裸身)〖명〗 벌거벗은 사람의 몸. 문어적인 말. ⓑ나체·알몸. ¶~-상(像).

나-싸대다〖동〗[자] 나가서 여기저기 마구 돌아다니다. ¶내 그렇게 나싸대니?

나쎄〖명〗 (주로 대명사나 관형어적인 말 다음에 쓰여) 그 사람 정도의 나이. 또는, 그런 정도의 나이. ¶그 ~에 그런 일을 할 수 있을까?

나아-가다〖동〗[자] **1** 앞쪽으로 가다. 또는, (존귀한 대상 앞으로) 향해 가다. ¶한 걸음 앞으로 ~ / 다섯 걸음을 더 ~ / 주님 앞으로 ~ / 신하가 임금님 앞으로 **나아갔다**. **2** 일이 진행되거나 발전되다. 또는, 그 범위나 수준이 더 넓어지거나 높아지다. ¶그의 이론은 기존의 학설에서 한발도 **나아가지** 못했다. / 우리는 국가에 헌신함과 동시에 더 **나아가** 세계 평화에 이바지해야 한다. **3** 보다 크거나 넓은 세계로 들어가 활동하다. ⓑ진출하다. ¶사회로 / 관직에 ~. **4** 일을 바람직한 쪽으로 진행하거나 추구하다. ¶한국 영화 산업이 **나아가야** 할 방향.

나아-지다〖동〗[자] 낫게 되다. ¶형편이 ~ / 성적이 점차 ~.

나!안-시!력(裸眼視力)〖명〗 안경이나 렌즈를 끼지 않고 맨눈의 상태에서 측정한 시력.

나앉다[-안따]〖동〗[자] **1** 앞은 자리를 물러 앉다. ¶나한테 붙어 있지 말고 저만큼 **나앉아라**. **2** 생활 터전을 잃고 한데에 나와서 살다. ¶월세마저 내지 못해 거리로 **나앉게** 되었다. **3** 하던 일을 포기하거나 권리를 잃고 물러나다. ¶이제 와서 난 모릅네 하고 **나앉으면** 어떡하란 말이냐?

나!약(儒弱·懦弱) →**나!약-하다**[-야카-]〖형〗[여] 의지가 굳세지 못하여 마음이 쉽게 흔들리는 상태에 있다. =타약하다. ¶**나약한** 마음 / 그는 **나약해서** 어려움을 견디지 못한다. **나!약-히**〖부〗

나-엎어지다〖동〗[자] **1** 갑자기 엎어지다. **2** 냅다 엎어지다.

나열(羅列)〖명〗 **1** (여러 물건들을) 평면 위에 죽 벌여 놓는 것. **2** (여러 사실이나 내용을) 글이나 말에서 죽 늘어놓는 것. ¶자료의 ~에 그친 논문. **나열-하다**〖동〗[타] ¶미사여구를 ~. **나열-되다**〖동〗[자] ¶그 문서에는 그의 죄상이 하나하나 **나열되어** 있다.

나-오다〖동〗[너라]〈~오너라〉①〖자〗 **1** (어떤 곳에서 밖으로) 말하는 사람 쪽으로 가까이 오다. ¶내가 거실에 앉아 있는데, 그가 방에서 **나왔다**. **2** (살던 집이나 직장 등에서) 그 성원(成員)으로서 지내기를 그만두고 나와서 오다. ¶그는 집에서 **나와** 이곳저곳을 전전했다. **3** (군대·교도소·학교 등에서) 일반 사회에서의 생활이나 활동의 터전을 옮겨 오다. ¶갓 사회에 **나온** 신입 사원. **4** (일정한 곳에) 맡은 일을 하러 오다. ¶일요일인데도 업무가 밀려 회사에 **나왔다**. **5** (대회·경기 등에) 싸우거나 겨루기 위해 와서 있다. ¶미인 대회에 **나오게** 된 동기는 무엇입니까? **6** (앞쪽 또는 기준 방향이 되는 쪽으로) 움직여서 옮겨 오다. ¶제자리에서 3보 앞으로 **나와** 주세요. **7** (사람이 어떤 태도로) 말하는 사람 또는 말하는 사람과 같은 영역에 있는 사람에게 행동을 보이다. ¶네가 나한테 그렇게 뻣뻣하게 **나올** 수 있니? **8** (어떤 대상이 속에서 밖으로) 드러나거나 보이다. ¶싹이 ~. **9** (사람이나 동물의 몸에서 생리적 작용에 의한 물질이) 몸 밖에 있는 상태가 되다. ¶콧물이 ~. **10** (사람의 심리적·감정적·언어적인 작용에 의한 현상이) 일어나 나타나다. ¶웃음이 ~ / 기가 막혀서 말이 안 **나온다**. **11** (받도록 되어 있는 돈이나 물건 따위가) 주는 곳으로부터 이루어지다. ¶월급이 ~. **12** (세금·공과금·벌금, 또는 그것을 요구하거나 어떤 일을 알리거나 명령하는 서류가) 물러지거나 전해지다. ¶과태료가 ~. **13** (어떤 사실이나 행동이 근원이 되는 어떤 것에서) 이루어져 생기다. ¶욕심에서 **나온** 추악한 유산 싸움. **14** (제품·물품 따위가) 세상에 모습이 처음 보이게 오게 되다. ¶신형 자동차가 ~. **15** (물건이) 팔거나 세를 놓게 하려고 내놓아지다. ¶방이 싸게 ~. **16** (소설·영화·드라마 등에 어떤 인물이나 배역이) 등장하다. ¶이광수의 '무정'에는 이형식과 박영채가 주인공으로 **나온다**. **17** (어떠한 분야나 방면에) 나타나 활동하다. ¶연예계에 **나온** 지 10년이 됐다. **18** (어떤 대상이 밖으로) 내밀어 두두룩한 상태를 이루다. ¶아랫배가 ~. **19** (어떤 결과가) 이루어져 나타나다. ¶성적이 나쁘게 ~ / 검사 결과가 ~. ②〖타〗 **1** (어떤 곳에서) 벗어나 말하는 사람 쪽으로 가까이 오다. ¶집을 막 **나오는데** 비가 오기 시작했다. **2** (살던 집이나 직장 등을) 그 성원으로서 지내기를 그만두고 떠나서 오다. ¶상사와 다투고 회사를 **나왔다**. **3** (일정한 학업 과정을) 마치다. ¶대학을 우수한 성적으로 ~. **4** (어떤 행위를 나타내는 일부 명사를 목적어로 하여) (명사가 나타내는 행동을) 하기 위해 목적으로 오다. ¶산책을 ~ / 취재를 ~.

나왕(羅雙)〖명〗 [<라완(lauan)〖식〗 용뇌수과에 속하는 상록 교목의 총칭. 높이 40m가량. 필리핀·보르네오·자바·인도 등지에서 나며, 재목은 빛깔이 아름답고 가공하기 쉬워 가구재·건축재로 널리 쓰임.

나!-요양소(癩療養所)〖명〗 나환자를 수용하여 치료하는 시설.

나우〖부〗 조금 많이. 또는, 약간 낫게. ¶월급을 지난달보다 ~ 받았다.

나우루(Nauru) 명[지] 태평양 중부의 나우루섬을 국토로 하는, 세계에서 가장 작은 공화국. 수도는 야렌.

나울-거리다/-대다 통 ①(자) 〔물결이나 늘어진 피륙 등이〕 보드랍게 굽이져 움직이다. ¶바다 물결이 ~. ②(타) 〔팔이나 날개 등을〕 보드랍게 굽이지도록 움직이다. ¶나비가 날개를 **나울거리며** 날아간다. ⓑ너울거리다.

나울-나울 [-라-] 부] 가볍게 움직이는 모양. ⓑ너울너울. **나울나울-하다** 통(자)(타)ⓑ

나위 명(의존) (주로 '-ㄹ 나위(가, 도) 없다'의 꼴로 쓰여) 여지(餘地) 또는 필요. ¶더할 ~ 없이 훌륭한 작품 / 그가 결백하다는 것은 말할 ~도 없다.

나:유타(那由他) 주 십진급수의 하나. 아승기(阿僧祗)의 만 배. 불가사의의 만분의 일. 곧, 10⁶⁰.

나으리 명 '나리²'의 잘못.

나이 명 사람이나 짐승, 때로 나무가 세상에 태어나거나 생겨나서 현재 또는 기준이 되는 때까지 살아온 햇수. 사람의 나이는 '연령'이라고도 하는데, 높여서는 '연세', '춘추', '연치(年齒)', 낮추어서는 '나잇살'이라고 함. 세는 단위는 돌·살·세(歲). ¶~가 많다[어리다] / ~가 지긋하다 / ~를 먹다 / 그는 이마가 벗어져서인지 ~가 들어 보인다.

나이(가) 아깝다 관 1 하는 짓이나 말이, 먹은 나이에 어울리지 않게 유치해 한심하다. ¶그것도 모르다니 ~. 2 일찍 죽거나 불행을 당하여 안타깝다. ¶새파랗게 젊은 처녀가 암으로 죽다니 정말 ~.

2세	주세(周歲)			환갑(還甲)
15세	지학(志學)		61세	회갑(回甲)
16세	이팔(二八)			망칠(望七)
20세(男)	약관(弱冠)		62세	진갑(進甲)
	정년(丁年)			고희(古稀)
21세	삼칠(三七)		70세	희수(稀壽)
30세	이립(而立)			종심(從心)
32세	이모(二毛)		71세	망팔(望八)
40세	불혹(不惑)		77세	희수(喜壽)
48세	상년(桑年)		80세	중수(中壽)
	지명(知命)		81세	망구(望九)
50세	애년(艾年)		88세	미수(米壽)
	반백(半百)		91세	망백(望百)
51세	망륙(望六)		99세	백수(白壽)
60세	이순(耳順)		100세	상수(上壽)
	하수(下壽)			기이(期頤)

-나이까 어미 동사 및 '있다', '없다'의 어간, 또는 어미 '-시-', '-았/었-', '-겠-', '-사옵-'의 아래에 붙어, '합쇼' 할 상대에게 의문을 나타내는 종결 어미. 현대어에서는 편지 글이나 기도 등에서 극히 제한적으로 쓰임. ¶주여, 어디로 가시~?

-나이다 어미 동사 및 '있다', '없다'의 어간, 또는 어미 '-시-', '-았/었-', '-사옵-'의 아래에 붙어, '합쇼' 할 상대에게 동작이나 상태, 사실을 설명하는 종결 어미. 현대어에서는 편지 글이나 기도 등에서 극히 제한적으로 쓰임. ¶새해에는 부디 소원 성취하시기를 기원하~.

나이-대접(-待接) 명 나이 많은 이에게 그 나이에 걸맞은 체면을 세워 주거나 받들어 주는 것. ⓑ나대접. **나이대접-하다** 통(자)(타)여

나이롱 명 '나일론(nylon)'의 잘못.

나이-배기 명 보기보다 나이가 많은 사람을 얕잡아 이르는 말. ⓑ나배기. ⓛ나꾸러기.

나이브(naive) 형 →나이브-하다 형 세상 물정을 모를 정도로 순진하고 단순하다. ¶나이브한 생각 [발상].

나이지리아(Nigeria) 명[지] 아프리카 서부, 기니 만에 면한 연방 공화국. 수도는 아부자.

나이키(Nike) 명[신화] '니케'의 영어명.

나이-테 명[식] 나무의 줄기나 가지나 뿌리를 가로로 잘랐을 때 그 면에 나타나는 동심원. 1년을 단위로 하여 생김. =목리(木理)·연륜(年輪).

나이트(knight) 명 1 =기사(騎士)². 2 영국에서, 왕실이나 유공자(有功者)에게 주는 작위. 서(Sir)라는 칭호가 수여됨.

나이트-가운(nightgown) 명 길고 헐거운, 여성의 잠옷.

나이트^게임(night game) 명 =야간 경기.

나이트-클럽(nightclub) 명 밤에 술을 마시고 춤을 추고 쇼를 보면서 즐길 수 있도록 시설을 갖춘 고급 술집. ⓑ호텔~.

나이-티 명 나이가 풍기는 분위기. ¶아무리 화장을 해도 어쩔 수 없이 ~가 난다.

나이팅게일(nightingale) 명[동] 딱샛과의 작은 새. 등은 갈색, 가슴·배는 담갈색이고, 모양과 습성은 꾀꼬리와 비슷함. 봄·여름의 이른 아침이나 저녁 또는 달밤에 잘 우는데, 우는 소리가 매우 아름다움. =밤꾀꼬리.

나이팅게일-상(Nightingale賞) 명 국제 적십자사가 훌륭한 간호사에게 주는 상. 크림 전쟁 때 종군 간호사로 활약한 나이팅게일의 업적을 기념하기 위하여 제정되었음.

나이프(knife) 명 흔히 양식(洋食)을 먹을 때 사용하는 작은 칼.

나:인 명[역] 고려·조선 시대에, 궁궐 안에서 왕과 왕비를 가까이 모시는 내명부(內命婦)의 총칭. =궁녀·궁빈·궁인(宮人)·여시(女侍). ⓑ내인(內人).

나일론(nylon) 명 폴리아미드계 합성 섬유의 총칭. 가볍고 부드럽고 탄력성이 강하나, 습기를 빨아들이는 힘이 적음. 양말·옷감·어망 등을 만드는 데 쓰임. ¶~ 양말.

나일-악어(Nile鰐魚) 명[동] 파충류 악어과의 한 종. 몸길이 3.7m가량. 머리는 삼각형이며, 몸은 비늘만으로 덮이고 몸빛은 짙은 올리브색임. 껍질은 벗겨 장식용으로 씀.

나잇-값 [-이깝/-일깝] 명 (주로 '하다', '못하다'와 함께 쓰여) 나이에 어울리는 바람직한 행동. ¶~ 좀 해라. / ~도 못한다.

나잇-살 [-이쌀/-일쌀] 명 (주로, '나잇살이나'의 꼴로 쓰여) 지긋하게 먹은 나이를 짐짓 얕잡거나 자조적으로 이르는 말. ¶~이나 먹어 가지고 애들 앞에서 부끄럽지도 않아요? ⓑ낫살.

나자(儺者) 명[역] 나례(儺禮)를 거행하는 사람들의 총칭. 초라니·방상시·아이 초라니 등이 있음.

나-자빠지다 통(자) '나가자빠지다'의 준말. ¶뒤로 벌렁 ~ / 못 하겠다고 중도에 **나자빠지면** 어떻게 하나?

나장(羅將) 명 1 =금부나장. 2 조선 시대에 군아(郡衙)의 사령(使令)의 하나.

나-장조(-長調) [-쪼] 명[음] 으뜸음이 '나'인 장조.

나전¹(螺鈿) 명[미] 광채가 나는 자개 조각

여러 가지 무늬대로 잘라 칠면(漆面)이나 목심(心)에 박아서 장식하는 공예 기법. ¶~ 칠기.
나전²(羅甸) 명[지] '라틴(Latin)'의 음역어. ¶~어(語).
나절 명[의존] 1 (주로, '한', '반' 다음에 쓰여) 하루 중 해가 떠 있는 시간의 절반의 동안. ¶한~/반~. 2 (주로, '아침', '점심', '저녁' 다음에 쓰여) 그 무렵의 한동안. ¶아침~/저녁~.
나절-가웃 [-욷] 명 1 한나절보다 다소 더 긴 동안. 2 '반나절'의 잘못.
나조기 '라조기'의 잘못.
나졸¹(羅卒) 명[역] 조선 시대에 지방 관아에 속하였던 사령·군뢰(軍牢)의 총칭. 죄인을 문초할 때 곤장을 치는 일을 맡았음.
나졸²(邏卒) 명[역] 조선 시대에 포도청에 속하여 관할 구역의 순찰과 죄인을 잡아들이는 일을 맡았던 하급 병졸. ¶~을 풀다.
나·중 명 1 일의 과정이나 차례에서, 기준이 되는 일이나 시점의 뒤. ¶이걸 먼저 하고 그것은 ~에 해라. 2 일의 단계에서, 마지막 부분이나 후반. ¶그 문제는 ~으로 돌립시다. 3 다소 오랜 시간이 지난 뒤. 말하는 사람이 머무르고 있는 시간이나 장면과 단절된 이후의 시간을 막연히 가리킴. ¶오늘은 바쁘니까 ~에 보자. 원내종(乃終). ↔먼저.
[**나중에 보자는 양반 무섭지 않다**] ㉠그 당장에서 화풀이를 하지 못하고 나중에 두고 보자는 사람은 두려울 것이 없다. ㉡나중에 어떻게 하겠다고 말로만 하는 것은 아무 소용 없다. [**나중에야 삼수갑산**(三水甲山)**을 갈지라도**] 나중에 일이 최악의 경우에 이를지라도 하고 싶은 대로 하겠다는 뜻.
나·지(裸地) 명 1 = 맨땅. 2 = 알땅 2.
나지리 뷔 (주로 '보다', '여기다'와 함께 쓰여) 상대를 인격적으로, 또는 능력에 있어서 자기보다 못하거나 낮게. ¶그는 우리를 ~ 여기고 말을 함부로 하였다.
나지막-하다 [-마카-] [형여] '나직하다'의 힘줌말. ¶나지막한 언덕/나지막한 목소리. **나지막-이** 뷔 ¶문틈으로 ~ 들려오는 말소리.
나직-나직 [-징-] 뷔 여럿이 다 나직한 모양. ¶~ 속삭이다. **나직나직-하다** [형여] ¶말소리가 ~. **나직나직-이** 뷔 ¶~ 얘기하다.
나직-하다 [-지카-] [형여] (위치나 소리 따위가) 대체로 낮다고 여겨지는 상태에 있다. ¶나직한 담/나직한 목소리. **나직-이** 뷔 ¶이름을 ~ 부르다.
나찰(羅利) 명 [<(梵)Rākṣasa] [불] 1 악귀의 하나. 신통력으로 사람을 매료시키며 잡아먹기도 함. 나중에는 불교의 수호신이 되었음. 2 지옥의 옥졸.
나!체(裸體) 명 사람이 아무 옷도 입지 않고 몸의 살을 다 드러내고 있는 상태. 비알몸. ¶~가 되다.
나!체-상(裸體像) 명[미] 나체를 표현한 형상. 비나상.
나!체-쇼(裸體show) 명 = 누드쇼.
나!체-화(裸體畵) 명[미] 나체를 그린 그림.
나치(㈜Nazi) 명 1 = 나치스. 2 = 나치스트 2.
나치스(㈜Nazis) 명 히틀러를 당수로 한, 독일의 파시스트당. 1919년에 결성되어 정권을 잡고 제2차 세계 대전을 일으켰으나, 패전과 함께 몰락함. = 국민 사회주의 독일 노동당·나치.

나팔관 임신 ● 315

나치스트(㈜Nazist) 명 1 나치즘의 신봉자. 2 나치스의 당원. = 나치.
나치즘(Nazism) 명 나치스의 정치 사상과 체제. 반민주주의·반자유주의·전체주의, 아리아인 인종의 우월성을 주장함.
나침-반(羅針盤) 명[물] 선박이나 항공기 등에서 방향이나 위치를 측정하기 위한 장치. = 나침의·나침판·자석반·컴퍼스.
나타-나다 [재] 1 (어떤 대상이) 눈으로 볼 수 있게 그 모습을 드러내게 되다. 대상이 주로 좀 뜻밖의 것, 또는 특이하거나 특별한 것이거나 기다리던 것을 가리킴. ¶피부에 반점이 ~/수평선 저 멀리에 가물가물 섬이 **나타났다**. 2 (속의 내용이) 겉으로 알 수 있게 드러나다. ¶슬픈 표정이 얼굴에 ~/피로한 기색이 ~. 3 (일의 결과나 징조 등이) 밖으로 드러나다. ¶경기가 회복될 징조가 ~. 4 (문헌 등에 특기할 만한 내용이) 실리어 눈에 뜨이다. ¶'그'라는 3인칭 대명사는 이광수의 소설에 처음 **나타난다**.
나타-내다 [타] '나타나다'의 사동사. ¶언짢은 기색을 ~/자기의 생각을 글로 ~.
나타냄-표(一標) 명[음] 악곡의 표정·표현법을 악보에 지시하는 기호. 포르테·피아노·악센트 따위. = 발상 기호. 비셈여림표. ▷빠르기표.
나털-거리다/-대다 [동자] '나달거리다'의 거센말. 비너털거리다.
나털-나털 [-라-] 뷔 '나달나달'의 거센말. 비너털너털. **나털나털-하다** [형여]
나·태(懶怠) 명 (사람이) 일하거나 활동하여 아무것도 하지 않고 지내려고 하는 상태에 있는 것. = 나타(懶惰). 비게으름. ¶~심(心)/~와 안일에 빠지다. **나태-하다** [형여] ¶**나태한** 사람/**나태한** 생활.
나토(NATO) 명 [North Atlantic Treaty Organization] = 북대서양 조약 기구.
나트륨(㈜Natrium) 명[화] 알칼리 금속 원소의 하나. 원소 기호 Na, 원자 번호 11, 원자량 22.9898. 은백색의 연한 금속으로 지구상에 다량으로 존재함. 원자로의 냉각재 및 환원제 등에 사용됨. = 소듐.
나트륨-램프(†㈜Natrium+lamp) 명 원통형 유리관 속에 희유기체와 나트륨 증기를 넣은 램프. 방전시키면 강한 황색 빛을 내므로 도로나 터널 등의 조명과 광학 실험에 이용됨. = 나트륨등.
나티 명 짐승의 모양을 한 일종의 귀신.
나티-상(一相) 명 귀신같이 망측하고 무시무시한 얼굴.
나팔(喇叭) 명[음] 1 한쪽 끝이 나팔꽃처럼 바깥쪽으로 벌어진 금관 악기의 총칭. ¶~을 불다/~ 소리가 울려 퍼지다. 2 군대에서 신호용으로 쓰는, 몸통을 구부려 감아 짧게 만든 악기. ¶기상~. 3 '나발¹'의 잘못.
나팔(을) **불다** [관] = 나발(을) 불다.
나팔-거리다/-대다 [동자] 빠르고 탄력성 있게 나붓거리다. 큰너풀거리다.
나팔-관(喇叭管) 명[생] 1 중이(中耳)의 고실(鼓室)과 인두(咽頭)를 연결하는 나팔처럼 생긴 관. 2 난소에서 생긴 난자를 자궁으로 보내는, 자궁 아래 좌우 양쪽에 있는 나팔 모양의 관. = 수란관·알관.
나팔관^임신(喇叭管妊娠) 명[의] 수정란이 나팔관에 착상(着床)하여 발육하는 임신. 자궁 외 임신 중에서 가장 빈도가 높음. = 난관 임신.

나팔-꽃(喇叭-)[-꼳][명][식] 메꽃과의 한해살이풀. 줄기는 덩굴지고 왼쪽으로 2~3m쯤 감아 올라감. 여름에 보라색·붉은색·흰색 등의 나팔 모양의 꽃이 아침 일찍 피었다가 낮에는 오므라듦. 씨는 '견우자'라 하여 약재로 씀. =견우(牽牛)·견우화. ×나발꽃.

나팔-나팔[-라-][부] 나팔거리는 모양. (큰)너펄너펄. **나팔나팔-하다**[동][자][여]

나팔-바지(喇叭-)[명] 아래로 내려가면서 가랑이가 나팔 모양으로 넓어진 바지.

나팔-수(喇叭手)[명] 나팔 부는 일을 맡은 사람.

나:포(拿捕)[명] 1 죄인을 붙잡는 것. 2 [법] 전시(戰時)에 적 또는 중립국의 선박 및 그 화물을 해상에서 잡아 자기의 지배하에 두는 행위. **나:포-하다**[동][타][여] ¶간첩선을 ~. **나:포-되다**[동][자][여]

나폴리-악파(Napoli樂派)[명][음] 17세기 말부터 18세기에 걸쳐 이탈리아의 나폴리를 중심으로 작곡하여 오페라에 새로운 양식을 창안해 낸 작곡가들. 또는, 그들의 직접적인 영향을 받은 작곡가들. 스카를라티가 대표적임.

나푼-거리다/-대다[동][자] 가볍게 흔들리며 날리다. (큰)너푼거리다.

나푼-나푼[부] 나푼거리는 모양. (큰)너푼너푼. **나푼나푼-하다**[동][자][여]

나풀-거리다/-대다[동][자][타] '나불거리다'의 거센말. ¶단발머리를 **나풀거리며** 걷는 소녀. (큰)너풀거리다.

나풀-나풀[-라-][부] '나불나불'의 거센말. (큰)너풀너풀. **나풀나풀-하다**[동][자][타][여]

나프타(naphtha)[명][화] 원유를 증류할 때 생기는, 경질(輕質)의 석유 유분. 석유 화학 공업의 원료 등으로 쓰임. =석정(石精).

나프탈렌(naphthalene)[명][화] 방향족 탄화수소의 하나. 콜타르에서 얻어지는, 비늘 모양의 무색 결정. 휘발성이 있으며 특유한 냄새를 가짐. 유기 화학 공업의 중요한 재료이며, 방부제·방충제로도 쓰임.

나한(羅漢)[명][불] '아라한(阿羅漢)'의 준말.

나:-환자(癩患者)[명] 나병에 걸린 사람. ¶음성~.

나훔-서(Nahum書)[명][성] 구약 성서 중의 한 권.

나흘-날[-흔-][명] (초(初)가 붙거나 단독으로 쓰여, 또는 열·스무 다음에 쓰여) 각각 어느 달의 4일·14일·24일임을 나타내는 말. ▷ 날은 달빛도 교교하다.

나흘[명] 1 하루가 네 번 있는 시간의 길이. 곧, 네 날. ¶~을 말미를 얻다/~이면 충분하다. 2 (초(初)·열·스무 다음에 쓰여) 각각 어느 달의 4일·14일·24일임을 고유어로 나타내는 말. ¶내달 초~에 도착한다고 알려 왔다.

낙(絡)[한] 경락 중에 가로로 정기가 흐르는 길. ▷경(經).

낙[2](樂)[명] 1 삶이나 생활의 즐거움과 재미. ¶새 기르기를 ~으로 삼다 / 고생 끝에 ~이 온다.(속담) 2 [불] 심신의 즐거움. ↔고(苦).

낙가(落價)[-까][명] 1 값이 떨어지는 것. 2 값을 깎는 것. **낙가-하다**[동][자][여]

낙각(落角)[-깍][명] 다 자란 각질화된 뒤 저절로 떨어진 사슴 뿔. 약재로서의 효능은 '녹용'이나 '녹각'보다 훨씬 떨어짐.

낙과(落果)[-꽈][명] =도사리1. **낙과-하다**[동][자][여]

낙관[1](落款)[-꽌][명] 글씨나 그림에 작가가 자신의 이름이나 아호(雅號)를 쓰고 도장을 찍는 일. 또는, 그렇게 찍힌 도장. =관지(款識). ▷명(銘). **낙관-하다**[동][타][여]

낙관[2](樂觀)[-꽌][명] 1 인생과 세상을 좋고 즐거운 것으로 보는 것. 2 앞으로의 일이 잘 되어 갈 것으로 여기는 것. (비)비관(悲觀). **낙관-하다**[동][타][여] ¶인생을 ~ / 사태를 ~.

낙관-론(樂觀論)[-꽌논][명] 인생이나 사물을 낙관하는 견해. ↔비관론.

낙관-적(樂觀的)[-꽌-][관][명] 미래를 밝고 희망적으로 보는 (것). ¶~인 인생관 / 매사를 ~으로 보다. ↔비관적.

낙관-주의(樂觀主義)[-꽌-의/-꽌-이][명][철] 밝고 좋은 면을 보아 희망을 가지고 사물을 대하거나 살아가는 입장이나 경향. ↔비관주의.

낙구[1](落句)[-꾸][명] =끝구2.

낙구[2](落球)[-꾸][명][체] 야구에서, 받은 공을 떨어뜨리는 것. **낙구-하다**[동][자][여]

낙길(落-)[-낄][명] '낙질(落帙)'의 변한말.

낙낙-하다[낭나카-][형][여] (신이나 옷 따위가) 신거나 입거나 하기에 조금 커서 여유가 있다. ¶품이 ~ / 크는 애들이니까 내년에도 입을 수 있게 **낙낙한** 걸로 주세요. (큰)넉넉하다. **낙낙-히**[부]

낙농(酪農)[낭-][명][농] =낙농업.

낙농-업(酪農業)[낭-][명][농] 젖소나 염소를 길러 젖을 짜거나, 그 젖을 가공하여 유제품(乳製品)을 만드는 농업. =낙농.

낙농-품(酪農品)[낭-][명] 우유나 양젖으로 만든 식품. 곧, 우유·버터·치즈·연유·분유 따위. =낙제품.

낙담(落膽)[-땀][명] 1 일이 뜻대로 되지 않아 맥이 풀리는 것. 2 너무 놀라서 간이 떨어지는 듯하는 것. **낙담-하다**[동][자][여] ¶시험에 떨어졌다고 너무 **낙담하지** 마라.

낙담-상혼(落膽喪魂)[-땀-][명] 몹시 놀라서 넋을 잃음. =상혼낙담. **낙담상혼-하다**[동][자][여]

낙도(落島)[-또][명] 육지에서 멀리 떨어진 외딴섬. ¶~에 있는 학교와 자매결연을 맺다.

낙동-강(洛東江)[-똥-][명][지] 우리나라의 남부를 흐르는 강.

낙동강 오리알 (귀) 어떤 무리에서 혼자 떨어지거나 뒤처져 처량하게 남게 된 신세를 비유하여 이르는 말.

낙락(落落)[낭낙] → **낙락-하다**[낭나카-][형][여] 1 (주로 노송의 가지가) 축축 늘어진 상태에 있다. 2 (사이가) 여기저기 떨어져 있다. 3 뜻이 크고 도량이 넓어, 작은 일에 얽매이지 않는 상태에 있다. **낙락-히**[부]

낙락-장송(落落長松)[낭낙짱-][명] 가지가 축축 늘어져 있으며, 키가 큰 소나무.

낙뢰(落雷)[낭뇌/낭눼][명] (어느 곳이나 물체에) 벼락이 떨어지는 것. 또는, 그 벼락. ¶~로 전깃불이 나갔다. **낙뢰-하다**[동][자][여]

낙루(落淚)[낭누][명] 눈물을 흘리는 것. 또는, 그 눈물. **낙루-하다**[동][자][여]

낙마(落馬)[낭-][명] 말에서 떨어지는 것. **낙마-하다**[동][자][여] ¶**낙마하여** 허리를 다쳤다.

낙망(落望)[낭-][명] 실패나 패배 등으로 삶의 희망을 잃는 것. (비)낙심·실망. **낙망-하다**[동][자][여] ¶**낙망하지** 말고 다시 시도하여 보아라.

낙맥(絡脈)[낙-][명][한] 경맥에서 갈라져 나와 온몸 각 부위를 그물처럼 얽은, 기와 혈이 순환하는 통로. ▷경맥.

낙명¹(落名)[낭-][명] 명성이나 명예가 떨어지는 것. ↔양명(揚名). **낙명-하다**

낙명²(落命)[낭-][명] 목숨을 잃는 것. **낙명-하다**²[동][자][여]

낙반(落磐·落盤)[-빤][명] 광산 따위의 갱내(坑內)에서, 천장이나 벽의 암반이 무너져 떨어지는 것. 또는, 그 떨어진 암반. ¶~ 사고. **낙반-하다**[동][자][여] **낙반-되다**[동][자]

낙발(落髮)[-빨][명] 머리를 깎는 것. **낙발-하다**[동][자][여]

낙방(落榜)[-빵][명] [합격자의 성명을 적은 방(榜)에 자기 이름이 오르지 않았다는 뜻] 1 과거 시험에 떨어지는 것. =낙제(落第). ↔급제(及第). 2 시험·모집·선거 등에 응하였다가 떨어지는 것. **낙방-하다**[동][자][여] ¶사법 시험에서 ~.

낙방-거자(落榜擧子)[-빵-][명] 1 [역] 과거에 떨어진 선비. 2 어떤 일에 한몫 끼려다 제외된 사람을 비유하는 말.

낙백(落魄)[-빽][명] 넋을 잃는 것. **낙백-하다**[동][자][여]

낙법(落法)[-뻡][명][체] 유도에서, 메치기 등을 당했을 때, 몸을 바닥에 안전하게 떨어지게 하는 기술이나 방법.

낙부(諾否)[-뿌][명] 승낙함과 승낙하지 않음. ¶~를 묻다.

낙산(酪酸)[-싼][명][화] =부티르산.

낙산-균(酪酸菌)[-싼-][명][화] =부티르산균.

낙상(落傷)[-쌍][명] (사람이 어느 곳에서) 떨어지거나 넘어져서 몸을 다치는 것, 그 상처. **낙상-하다**[동][자][여] ¶빙판 길에서 낙상하여 머리를 다치다.

낙서(落書)[-써][명] 1 글을 베낄 때 잘못하여 글자를 빠뜨리고 쓰는 것. 2 벽이나 여백이 있는 공간에, 상스럽거나 익살스럽거나 장난스럽거나 한 내용의 짤막한 글이나 간단한 형태의 것을 아무렇게나 마구 쓰거나 그리는 것. 또는, 그 글이나 그림. ¶~ 금지. **낙서-하다**[동][자][여] ¶벽에 ~.

낙석(落石)[-썩][명] 산 위나 벼랑 등에서 돌이 떨어지는 것. 또는, 그 돌. ¶~ 주의.

낙선(落選)[-썬][명] 선거나 심사 등에서 뽑히지 못하고 떨어지는 것. ¶~ 작품. ↔입선·당선. **낙선-하다**[동][자][여] ¶의원 선거에서 ~. **낙선-되다**[동][자]

낙설(落屑)[-썰][명][의] 표피의 각질층이 조각이 되어 떨어지는 현상. 또는, 그 조각. 비듬 따위.

낙성¹(落成)[-썽][명] 건축물의 공사를 완성하는 것. ¶~연(宴). **낙성-하다**¹[동][타][여] **낙성-되다**[동][자] ¶이 건물은 내달 10월에 낙성된다.

낙성²(落城)[-썽][명] 성이 함락되는 것. **낙성-하다**²[동][자][여]

낙성-식(落成式)[-썽-][명] 건축물의 완공을 축하하는 의식.

낙수(落水)[-쑤][명] =낙숫물.

낙수²(落穗)[-쑤][명] 1 추수 후 땅에 떨어져 있는 이삭. 2 일을 치르고 난 뒷이야기.

낙수-받이(落水-)[-쑤바지][명] =물받이.

낙숫-물(落水-)[-쑨-][명] 처마에서 떨어지는 빗물이나 눈 또는 고드름이 녹은 물. =낙수(落水). ¶~ 떨어지는 소리.

[낙숫물이 댓돌을 뚫는다] 작은 힘이지만 끈기 있게 계속하면 큰일을 이룰 수 있다.

낙승(樂勝)[-씅][명] 경기 등에서, 힘들이지 않고 쉽게 이기는 것. ¶축구 결승에서 5 대 0으로 ~을 거두다. ↔신승(辛勝). **낙승-하다**[동][자][여]

낙심(落心)[-씸][명] 일이 바라던 대로 되지 않아 마음이 우울해지고 풀이 죽은 상태가 되는 것. ¶계속된 실패로 ~이 되다. **낙심-하다**[동][자][여] ¶시합에 지더라도 낙심하지 말고 다시 도전해봐라. **낙심-되다**[동][자]

낙심-천만(落心千萬)[-씸-][명] 몹시 낙심함. **낙심천만-하다**[동][자][여]

낙양(洛陽)[낙-][지] 중국 허난 성에 있는 도시인 '뤄양'을 우리 한자음으로 읽은 이름.

낙양의 지가(紙價)를 올리다 [진(晉)나라의 좌사(左思)가 '삼도부(三都賦)'를 지었을 때 낙양 사람이 다투어 이것을 베낀 까닭에 종이값이 올랐다는 고사에서] 어떤 책이 매우 잘 팔리는 것을 이르는 말.

낙엽(落葉)[명] 1 나무의 잎이 말라서 떨어지는 현상. ¶~이 지다. 2 말라서 떨어진 나뭇잎. ¶~을 밟으며 걷다 / 바람에 ~이 이리저리 뒹굴고 있다.

낙엽^관^목(落葉灌木)[-꽌-][명][식] 가을에 잎이 떨어져서 겨울을 나는 관목. 진달래·철쭉 따위. =갈잎떨기나무·갈잎관목.

낙엽^교목(落葉喬木)[-꾜-][명][식] 가을에 잎이 떨어져서 겨울을 나는 교목. 참나무·밤나무 따위. =갈잎큰키나무.

낙엽-색(落葉色)[-쌕][명] 낙엽과 같은 빛깔. 곧, 흙빛에 황적색을 띤 빛깔.

낙엽-송(落葉松)[-쏭][명][식] =일본잎갈나무.

낙엽-수(落葉樹)[-쑤][명][식] 가을에 잎이 떨어졌다가 봄에 새잎이 나는 나무. 참나무·밤나무 따위. =갈잎나무. ↔상록수.

낙오(落伍)[명] 1 여럿이 줄을 지어 가는 무리에서 함께 가지 못하고 뒤로 처지는 것. 2 어떤 집단이나 사회 속에서 경쟁에 이기지 못하거나 변화의 흐름을 따라가지 못하고 뒤떨어지는 것. **낙오-하다**[동][자][여] ¶선두 경쟁에서 한번 낙오하면 다시 앞으로 나서기 쉽지 않다. **낙오-되다**[동][자]

낙오-병(落伍兵)[명] 낙오된 병사.

낙오-자(落伍者)[명] 낙오된 사람. ¶행군에서 많은 ~가 생기다.

낙원(樂園)[명] 아무런 걱정이나 부족함이 없이 살 수 있는 즐거운 곳. 비낙토·파라다이스. ¶지상 ~.

낙인(烙印)[명] 1 쇠붙이로 만들어 불에 달구어 찍는 도장. =불도장·화인(火印). ¶말의 엉덩이에 ~을 찍다. 2 지우기 어려운 부정적 평가를 비유하여 이르는 말. ¶배신자라는 ~이 찍히다.

낙인-찍-히다(烙印-)[-찍키-][동][자] '낙인찍다'의 피동사. ¶그는 친구들에게 배신자로 낙인찍혔다.

낙인찍-히다(烙印-)[-찍키-][동][자] '낙인찍다'의 피동사. ¶그는 친구들에게 배신자로 낙인찍혔다. ×낙치다·낙하다.

낙일(落日)[명] 지는 해. ¶서산(西山) ~.

낙자(落字)[낙-][명] 빠진 글자, 떨어진 글자.

낙장(落張)[-짱][명] 1 책의 빠진 책장. ¶~이 있는 책을 교환하다. 2 화투나 투전 따위에서, 이미 판에 내놓은 패. ¶~불입(不入).

낙장-거리[-짱-][명] 네 활개를 벌리고 뒤로

발딱 나자빠지는 것. 큰넉장거리. **낙장거리-하다** 통(자여)

낙장-본(落張本) [-짱-] 명 면이나 장이 빠진 책.

낙적(落籍) [-쩍] 명 1 호적부·학적부 등에서 빠지는 것. 2 기적(妓籍)에서 이름을 빼는 것. **낙적-하다** 통(자여) **낙적-되다** 통(자)

낙점(落點) [-쩜] 명 [역] 조선 시대의 관원을 선임할 때, 임금이 세 명의 후보자 가운데 마땅한 사람의 이름 위에 점을 찍어서 뽑던 일. **낙점-하다** 통(타여) **낙점-되다** 통(자)

낙제(落第) [-쩨] 명 1 성적이 나빠 상급 학년에 진급하지 못하는 것. 2 성적이 나빠 학점을 인정받지 못하거나 시험에 통과하지 못하는 것. ¶~ 점수 / 과목 ~ 3 어떤 대상이 일정한 수준이나 기준에 미치지 못해 인정해 줄 수 없는 상태. 비유적으로 말임. ¶그 여자는 얼굴은 예쁘지만 신붓감으로는 ~야. 4 [역] =낙방(落榜)1. ↔급제. **낙제-하다** 통(자여) **낙제-되다** 통(자)

낙제-생(落第生) [-쩨-] 명 낙제한 학생.

낙제-점(落第點) [-쩨쩜] 명 1 학점을 인정받을 수 없거나 시험에 통과할 수 없는 낮은 점수. ¶~을 받다. 2 대상의 수준이나 능력 등이 최저의 기준에도 미치지 못한 상태를 비유적으로 이르는 말. ¶하는 행동을 보면 그는 가장으로서나 남편으로서나 ~을 면키 어렵다.

낙조¹(落照) [-쪼] 명 지평선이나 수평선 너머로 지는 해의 붉은빛. =석휘(夕暉)·잔조(殘照). 비석양. ¶~에 물든 바다.

낙조²(落潮) [-쪼] 명 [지] =썰물. ↔창조(漲潮)

낙종¹(落種) [-쫑] 명 논밭에 씨앗을 떨어뜨려 심는 것. ▷파종(播種). **낙종-하다**¹ 통(자여)

낙종²(落種) [-쫑] 명 다른 신문이나 방송에 보도된 기사를 다루지 못하고 놓친 상태.

낙종³(樂從) [-쫑] 명 즐거이 좇는 것. 비열복(悅服). **낙종-하다**² 통(타여)

낙죽(烙竹) [-쭉] 명 달군 쇠로 지져서 무늬를 놓거나 그림을 그린 대.

낙지¹ [-찌] 명[동] 연체동물 두족강 낙짓과의 한 종. 몸은 길둥글며, 머리에는 여덟 개의 발이 있고 거기에 수많은 빨판이 있음. 몸빛은 회색이나 주위의 빛에 따라 색이 바뀌며, 위험이 있으면 먹물을 뿜고 도망침. 살이 연하고 맛이 좋음.

낙지² [-찌] 명 [땅에 떨어진다는 뜻] (사람이) 세상에 태어나는 것. ¶~ 이후 처음 겪는 일. **낙지-하다** 통(자여)

낙진(落塵) [-찐] 명 핵폭발이나 핵 실험으로 대기 중에 흩어지거나 떨어지는 방사성 물질. =방사능진·방사성 낙진·방사진·죽음의 재.

낙질(落帙) [-찔] 명 여러 권으로 이루어진 한 질의 책에서 빠진 책이 있는 것. 비낙길. **낙질-되다** 통(자)

낙질-본(落帙本) [-찔-] 명 낙질이 된 책.

낙차(落差) [-찰-] 명 1 [물] 떨어지거나 흐르는 물의 높낮이의 차. 여기서 생기는 위치 에너지의 차를 수력 발전 등에 이용함. =자연낙차. 2 높낮이의 차. ¶투수의 ~ 큰 커브 볼.

낙착(落着) 명 (일이 어떤 상태로) 결정되거나 결말이 나는 것. ¶해수욕을 하느냐 등산을 하느냐로 논의가 분분하다가 결국 등산으로 ~을 보았다. **낙착-하다** 통(자여) **낙착-되다** 통(자) ¶그 사건은 단순 강도에 의한 살인으로 **낙착되었다**.

낙찰(落札) 명 [경] 경쟁 입찰 따위에서, 입찰의 목적인 물품 매매나 공사 청부의 권리를 얻는 일. **낙찰-하다** 통(자여) **낙찰-되다** 통(자) ¶그 공사는 우리 회사에 **낙찰되었다**.

낙찰-가(落札價) [-까] 명 경쟁 입찰 따위에서, 경쟁하는 일이 어떤 사람에게 돌아가도록 결정된 가격.

낙찰-계(落札契) [-계/-게] 명 경쟁 입찰의 형식을 취하는 계의 방법의 하나. 낙찰자가 곗돈을 타고, 남은 액수는 앞으로 탈 사람에게 분배됨.

낙척(落拓) 명 불우한 환경에 빠지는 것. **낙척-하다** 통(자여)

낙천¹(落薦) 명 천거나 추천에 들지 못하는 것. **낙천-하다** 통(자여) **낙천-되다** 통(자)

낙천²(樂天) 명 세상과 인생을 즐겁게 여기고 좋아하는 생각. ↔염세. ▷낙관.

낙천-가(樂天家) 명 인생을 즐겁게 여기는 사람. ↔염세가.

낙천-적(樂天的) 관명 세상과 인생을 즐겁고 밝게 보는 (것). ¶~인 인생관. ↔염세적.

낙천-주의(樂天主義) [-의/-이] 명 [철] 세상과 인생의 의의 및 가치에 관하여, 악(惡)이나 반가치(反價値)의 존재를 인정하면서도, 궁극적으로는 현실의 세계와 인생을 최선의 것이라고 보는 주의. =낙천관·옵티미즘. ↔염세주의.

낙천주의-자(樂天主義者) [-의-/-이-] 명 낙천주의를 신봉하거나 낙천적인 태도를 가진 사람. =옵티미스트. ↔염세주의자.

낙첨(落籤) 명 제비뽑기에 뽑히지 않은 것. **낙첨-하다** 통(자여)

낙체(落體) 명 [물] 중력(重力)의 작용으로 땅에 떨어지는 물체.

낙치(落齒) 명 늙어서 이가 빠지는 것. **낙치-하다** 통(자여)

낙-치다(烙-) 통(타) '낙인찍다'의 잘못.

낙타(駱駝·駱駞) 명[동] 포유류 낙타과 낙타속(屬)의 짐승의 총칭. 등에 지방을 저장하는 혹 모양의 육봉(肉峯)이 있고, 위(胃)에는 물을 많이 넣을 수 있으며, 다리가 길고 발바닥의 살이 두꺼워 사막을 걷기에 적당함. 단봉낙타와 쌍봉낙타의 두 종류가 있음. =약대.

낙타-지(駱駝地) 명 흔히 외투감으로 사용되는 고급 모직물의 하나. 본디는 낙타의 털로 만든 직물임.

낙탁(落魄) 명 =영락(零落)¹². **낙탁-하다** 통

낙태(落胎) 명 1 태아가 달이 차지 않은 상태에서 죽어서 나오는 것. =반산. 비유산. 2 태아를 인위적으로 모체에서 떨어져 나오게 하는 것. ¶~ 수술. **낙태-하다** 통(자여)

낙태-죄(落胎罪) [-쬐/-쮀] 명 [법] 법적으로 허용되는 경우 이외에, 태아를 인위적으로 모체 내에서 죽이거나 조산시킴으로써 성립되는 죄.

낙토(樂土) 명 살기 좋은 땅. 또는, 즐겁게 살 수 있는 곳. 비낙원(樂園). ¶가난하던 마을이 부락민의 노력으로 ~이 되었다.

낙폭(落幅) 명 주가·환시세·금리 등의 떨어진 폭. ¶주가 지수가 사상 최대의 ~을 기록했다.

낙하(落下) [나카] 명 (물체가) 공중에서 아

낙래로 떨어져 내리는 것. ¶ ~ 훈련 / 공의 ~ 지점에서 기다리고 있는 선수. **낙하-하다** 통짜여 ¶비행기에서 ~.

낙-하다(烙-)[나카-] 통태여 1 달군 쇠붙이로 지져 그림을 그리거나 글씨를 쓰다. ¶편액(扁額)에 낙초를 ~. 2 '낙인찍다'의 잘못.

낙하-산(落下傘)[나카-] 명 비행 중인 항공기나 높은 공중에서 사람이나 물건이 떨어질 때 안전하게 착륙할 수 있도록 해 주는 기구. 공중에서 펼쳐지면 우산 모양을 이루어 느리게 내려옴.

낙하산 인사 ㉠〈속〉권력을 배경으로 하여 기업체에 외부 사람을 인사 발령하는 일.

낙하산^부대(落下傘部隊)[나카-] 명 군 =공수 부대2.

낙하^운:동(落下運動)[나카-] 명 물 중력 (重力)에 의하여 물체가 지구의 중심을 향하여 떨어지는 운동.

낙향(落鄕)[나캉] 명 (서울에 살던 사람이) 시골이나 고향으로 내려가 사는 것. **낙향-하다** 통짜여 ¶벼슬을 그만두고 ~.

낙형(烙刑)[나켱] 명 =단근질. **낙형-하다** 통태여

낙혼(落婚)[나콘] 명 =강혼(降婚). **낙혼-하다** 통짜여

낙화¹(烙畫)[나콰] 명 미 인두로 목재·죽재 (竹材)·상아 등의 표면을 지져서 그림이나 무늬를 그리는 공예 기법. 또는, 그 그림.

낙화²(落花)[나콰] 명 꽃이 떨어지는 것. 또는, 떨어진 꽃. =낙영(落英). ¶~기(期). **낙화-하다** 통짜여

낙화-생(落花生)[나콰-] 명 식 =땅콩.

낙화-유수(落花流水)[나콰-] 명 1 떨어지는 꽃과 흐르는 물. 곧, 가는 봄의 정경을 나타내는 말. 2 살림이나 세력이 약해져 아주 보잘것없이 된 물을 비유하여 이르는 말. 3 〈꽃이 흐르는 물에 떨어지면 물도 이것을 받아들여 띄우며 흘러간다는 뜻〉 남녀 사이에 서로 그리워하는 정이 있음을 비유하는 말.

낙후(落後)[나쿠] 명 (문화나 기술 또는 생활 등의 수준이) 뒤떨어지는 것. **낙후-하다** 통짜여 **낙후-되다** 통짜 ¶아직 전기 시설조차 되어 있지 않은 **낙후된** 마을.

낚다[낙따] 통태여 1 〈물고기〉 물속에 드리운 낚싯줄 끝의 낚싯바늘에 걸리게 하여 잡다. ¶붕어를 ~ / 월척을 ~. 2 (사람이나 어떤 대상을 꾀나 수단을 부려) 제 차지가 되게 하거나 제 영역에 들게 하다. ¶사은품을 내걸고 손님을 ~. 3 〈이성을〉 친구나 애인으로 만들다. 속된 말임. ¶지난여름에 해수욕장에서 여자를 하나 **낚았다**.

낚시[낙씨] 명 1 미끼를 꿰어 물고기를 낚는 작은 갈고랑이. =낚싯바늘·조구(釣鉤)·조침(釣鍼). ¶~에 고기가 걸리다. 2 낚시를 낚는 일. ¶밤~/ 바다~. 3 남을 꾀는 수단을 비유적으로 이르는 말. **낚시-하다** 통짜여 낚시 도구로 물고기를 낚다. ¶강으로 **낚시하러** 가다.

[낚시 미늘에 걸린 생선] 죽을 수를 당하여 어쩔 수 없이 된 경우를 이르는 말.

낚시(를) 던지다 ㉠ 어떤 간교한 목적을 이루기 위하여 수단을 쓰다.

낚시-걸이[낙씨-] 명 1 남에게 무엇을 조금 주고 나중에 많은 이익을 얻으려고 꾀하는 짓. 2 [체] 씨름에서, 상대편의 다리 사이에 자기 다리를 넣어서 걸어 당기는 기술.

낚시-꾼[낙씨-] 명 낚시질하는 사람.
낚시-질[낙씨-] 명 낚시하는 일이나 행위. ¶오늘따라 ~이 잘 안 된다. **낚시질-하다** 통짜여

낚시-찌[낙씨-] 명 물고기가 낚시를 물면 곧 알 수 있도록 낚싯줄에 매달아 물에 뜨게 한 물건. 준찌.

낚시-터[낙씨-] 명 낚시질하는 곳. =조대 (釣臺)

낚시-거루[낙씨꺼-/낙씬꺼-] 명 낚시질하는 데 쓰는 작은 배. 준낚거루.

낚싯-대[낙씨때/낙씬때] 명 낚싯줄을 매는 가늘고 긴 대. =조간(釣竿). 준낙대.

낚싯-바늘[낙씨빠-/낙씬빠-] 명 =낚시1.

낚싯-밥[낙씨빱/낙씬빱] 명 1 낚시 끝에 꿰어 단 미끼. =조이(釣餌). 2 남을 꾀기 위해 이용하는 물건이나 수단을 비유적으로 이르는 말.

낚싯-배[낙씨빼/낙씬빼] 명 낚시질에 쓰이는 배. =어선(漁船)·조선(釣船)·조정(釣艇).

낚싯-봉[낙씨뽕/낙씬뽕] 명 =봉돌.
낚싯-줄[낙씨쭐/낙씬쭐] 명 낚싯대에 낚시를 매는 아주 질기며 가늘고 긴 줄. =조사 (釣絲).

낚아-채다 통태 갑자기 힘을 주면서 세게 잡아당기다. ¶범인의 뒷덜미를 ~.

낚-이다 통짜 '낚다'의 피동사. ¶고기가 많이 ~.

난¹ '나는'의 준말. ¶~ 가기 싫다.
난²(卵) 명 1 〈생〉 암컷의 생식 세포. 수정 후 발달하여 배(胚)를 형성함. 단어의 어말에 놓일 때에는 '란'으로 적음. 비알. 2 반지·비녀·노리개 등 장식품의 거미발에 물려 박는 보석의 통칭.

난³(亂) 명 전쟁이나 반란 등으로 나라 안이 혼란에 빠져 있는 상태. 비난리. ¶~이 일어나다.

난⁴(蘭) 명 식 '난초(蘭草)1'의 준말. ¶~을 기르다 / ~을 치다.

난⁵(欄) 명 1 책·잡지 등의 편집에서, 지면 (紙面)을 기사나 내용의 종류에 따라 나눈 부분. 흔히, 괘선으로 둘러침. 단어의 어말에 놓일 때에는 '란'으로 적음. ¶광고란 / 사설란 / 독자의 의견을 싣는 ~. 2 문서나 서류 등에서, 어떤 내용의 글이나 문자를 적을 수 있도록 선을 네모지게 친 칸. 단어의 어말에 놓일 때에는 '란'으로 적음. ¶비고란 / 생년월일을 적는 ~.

난-⁶(難) 접두 어떤 명사 앞에 붙어서, '어려운'의 뜻을 나타내는 말. ¶~공사 / ~문장.

-난⁷(難) 접미 어떤 명사 아래에 붙어, '어려운 형편이나 처지'의 뜻을 나타내는 말. ¶교통~ / 주택~.

난:가(亂家) 명 화목하지 못하고 어수선한 집안.

난:각(卵殼) 명 =알껍데기. ¶~막(膜).

난간(欄干·欄杆) 명 건 층계·베란다·다리 따위의 가장자리에 나무나 쇠로 가로세로 건너 세워 놓은 구조물. ¶쇠~ / ~에 기대어 서다.

난:감(難堪) **난:감-하다** 형여 감당하기 어렵다. ¶주위가 컴컴해지자 하산(下山)할 일이 **난감했다**. **난:감-히** 튀

난:-개발(亂開發) 명 주위의 환경에 미치는 영향을 고려하지 않은 채 마구 개발하는 일. 교통 영향을 무시한 채 대규모 아파트나 고

층 빌딩을 짓거나, 녹지를 훼손하면서 골프장을 조성하는 따위의 개발을 가리킴.

난거지-든부자(－富者) [명] 겉으로는 가난한 것같이 보이나 실상은 부자인 사람. 또는, 그 형편. (준)난거지. ↔난부자든거지.

난건(難件)[－껀] [명] 해내기 어려운 일. 또는, 처리하기 어려운 사건.

난경(難境) [명] 곤란한 경우나 처지. (비)곤경(困境).

난곡(難曲) [명] 부르거나 연주하기 어려운 곡.

난공(難攻) [명] 공격하기 어려움.

난공불락(難攻不落) [명] 공격하기가 어려워 좀처럼 함락되지 않음. ¶~의 요새.

난-공사(難工事) [명] 하기 어려운 공사.

난ː관[1](卵管) [명][생] ＝나팔관2.

난관[2](難關) [명] 〔'어려운 관문' 이라는 뜻〕 일의 진행이나 발전을 가로막는 어려운 고비. ¶~에 부딪히다 / ~을 극복하다 / 우리 회사는 창사 이래 최대의 ~에 봉착했다.

난구[1](難句)[－꾸] [명] 풀이하기 어려운 문구. ×난귀.

난구[2](難球) [명][체] 야구·테니스·탁구 등에서, 잡기 어렵거나 되받아 치기 어려운 공.

난ː국[1](亂局) [명] 어지러운 판국. ¶~을 수습하다.

난ː국[2](亂國) [명] 어지럽고 질서가 문란한 나라.

난국[3](難局) [명] 어려운 판국. ¶~을 타개하다 / ~에 처하다.

난ː군(亂軍) [명] **1** 규율이 잡히지 않은 군대. **2** ＝반란군.

난귀 [명] '난구(難句)[1]'의 잘못.

난ː기(暖氣·煖氣) [명] 따뜻한 기운. (비)온기(溫氣).

난-기교(難技巧) [명] 매우 해내기 어려운 기교. ¶그는 이번 연주회에서 첼로의 ~를 선보인다.

난ː-기류(亂氣流) [명][기상] 방향과 속도가 불규칙하게 바뀌면서 흐르는 기류.

난달 [명] 길이 여러 갈래로 통한 곳.

난ː당[1](亂黨) [명] 반란을 일으키거나 소란을 피우는 무리.

난당[2](難當) ➜**난당-하다** [형](여) 당해 내기 어렵다.

난ː대(暖帶) [명][지] ＝아열대.

난ː대-림(暖帶林) [명][지] 아열대 지방에 분포하는 상록 활엽수의 삼림. ＝아열대림.

난ː데-없다[－업따] [형] 갑자기 불쑥 나와 어디서 나왔는지 알 수 없다. **난ː데없-이** [부] ¶골목길에서 ~ 강도가 나타났다.

난도(難度) [명] **1** 어려운 정도. **2** [체] 체조 경기에서, 기술의 어려운 정도.

난ː도-질(亂刀－) [명] 칼로 마구 베거나 치거나 잘게 다지는 짓. **난ː도질-하다** [동](타)(여) ¶고기를 ~.

난ː독(亂讀) [명] 아무 책이나 마구 읽는 것. (비)남독(濫讀). ▷정독(精讀). **난ː독-하다** [동](타)(여)

난ː동[1](暖冬) [명] 예년보다 기온이 높은 따뜻한 겨울. ¶이상(異常) ~.

난ː동[2](亂動) [명] 질서를 어지럽히며 마구 행동하는 것. 또는, 그런 행동. ¶~을 부리다 / ~을 피우다 / ~을 일으키다. **난ː동-하다** [동](자)(여)

난든-집 [명] 손에 익은 재주.

난등 [명][불] 연꽃이나 모란꽃 같은 것을 만들어, 불상의 머리 위나 영단(靈壇) 위에 둘러 장식하는 꽃 뭉치.

난딱 [부] 가볍게 냉큼. ¶~ 일어서다. (큰)넌떡.

난ː로(暖爐·煖爐)[날－] [명] 석탄이나 석유·가스 따위의 연료를 때거나 전기를 이용하여 방 안을 덥게 하는 기구. ＝스토브. ¶석유〔전기〕~ / ~를 피우다.

난ː롯-가(暖爐－)[날로까/날롣까] [명] 난로를 중심으로 한 가까운 주위. ¶우리는 ~에 모여 앉아 이야기꽃을 피웠다.

난ː롯-불(暖爐－)[날로뿔/날롣뿔] [명] 난로에서 타고 있는 불.

난ː류[1](暖流)[날－] [명][지] 적도 부근의 저위도 지역에서 고위도 지역으로 흐르는 해류. 온도가 높고 소금기가 많음. ↔한류.

난ː류[2](亂流)[날－] [명] **1** [기상] 지면을 따라 바람이 불 때, 지형의 영향과 공기의 마찰 따위로 생기는 무수한 작은 소용돌이. **2** [물] 유체(流體)의 각 부분이 시간적·공간적으로 불규칙한 운동을 하면서 흐르는 흐름. ↔층류(層流).

난ː리(亂離)[날－] [명] **1** 전쟁·재해 등으로 세상이 소란하고 질서가 어지러워진 상태. 또는, 그런 전쟁이나 재해. ¶물~ / ~가 나다 / ~가 터지다. **2** 시끄럽게 소란을 피우는 행동이나 왁자하게 소란이 일어나는 상태를 낮잡아 야유조로 이르는 말. ¶한바탕 ~를 피우다.

난ː리-굿(亂離－)[날－굳] [명] 난리가 일어난 판을 비유하여 이르는 말. ¶~을 치다.

난ː리-판(亂離－)[날－] [명] 몹시 소란하고 어지러운 자리. 또는, 그런 판국. ¶~이 벌어지다.

난ː립(亂立)[날－] [명] 질서 없이 여기저기서 마구 나서는 것. **난ː립-하다** [동](자)(여) ¶후보자가 ~ / 무허가 건물이 ~.

난ː마(亂麻) [명] 〔'뒤얽힌 삼 가닥' 이라는 뜻〕 사건이나 세태가 어지럽게 뒤얽힌 상태. ¶쾌도(快刀) ~ / ~같이 얽힌 사건.

난ː막(卵膜) [명][생] 동물의 난세포를 싸고 있는 막.

난ː만(爛漫) ➜**난ː만-하다** [형](여) **1** (꽃이) 만발하여 한창 흐드러지다. ¶백화가 ~. **2** (의견을 나누는 것이) 부족함 없이 충분하다. **난ː만-히** [부]

난망(難忘) [명] 잊기 어렵거나 잊지 못함. ¶백골~ / 각골~.

난ː맥(亂脈) [명] **1** 이리저리 흩어져서 질서나 체계가 서지 않는 일. ¶지휘 체계의 ~을 드러내다. **2** [한] 어지럽게 뛰는 맥.

난ː맥-상(亂脈相)[－쌍] [명] 어떤 일이 원칙이 없이 혼돈과 무질서로 어지러운 상태. ¶국정 운영이 ~을 드러내다.

난ː명(亂命) [명] 운명할 때, 정신이 흐려져서 두서없이 하는 유언. ↔치명(治命).

난ː목(－木) [명] ＝외올베.

난ː무(亂舞) [명] **1** 어지럽게 춤을 추는 것. 또는, 그러한 춤. **2** 함부로 나서서 마구 날뛰는 것. **난ː무-하다** [동](자)(여) ¶폭력배들이 **난무하는** 세상.

난문[1](難文) [명] 이해하기 어려운 문장. ＝난문장.

난문[2](難問) [명] **1** 대답하기 어려운 질문. ¶~쾌답(快答). **2** '난문제' 의 준말.

난-문제(難問題) [명] 해결하기 어려운 문제. (준)난문(難問).

난물(難物) [명] 처치하거나 다루기 어려운 물건. 또는, 그러한 사람.

난ː민¹(亂民) 圀 무리를 지어 사회의 질서를 어지럽히는 백성.
난민²(難民) 圀 1 재난을 당하여 곤경에 빠진 백성. ⓑ이재민. ¶~ 구호. 2 전화(戰禍) 따위를 피하여 다른 나라나 다른 지방으로 가는 피난민 또는 망명자. ¶~ 수용소. 3 생활이 어려운 백성. ⓑ궁민(窮民).
난민-촌(難民村) 圀 내전이나 기아 등으로 생긴 난민들이 모여 사는 곳.
난-바다 圀 육지에서 멀리 떨어진 바다.
난ː-반사(亂反射) 圀[물] 파동이나 입자가 요철이 있는 경계면에 부딪쳐서 사방으로 불규칙하게 반사되는 현상. ↔정반사. **난ː반사-하다** 國재여 **난ː반사-되다** 國재
난ː발¹(亂發) 圀 1=난사(亂射). ¶1, 2 =남발(濫發). 1. **난ː발-하다** 國재여
난ː발²(亂髮) 圀 마구 헝클어진 머리털. ¶봉두(蓬頭)~.
난ː발³(爛發) 圀 (꽃이) 한창 흐드러지게 피는 것. **난ː발-하다**² 國재 ¶백화가 ~.
난ː방(暖房·煖房) 圀 방 또는 방처럼 칸을 이룬 공간에 열을 공급하여 따뜻하게 하는 일. ¶~이 들어오다 / ~이 잘되는 아파트. ↔냉방(冷房).
난ː방 장치(暖房裝置) 圀 방 안을 따뜻하게 하기 위해 설치한 ↔냉방 장치.
난ː백(卵白) 圀[생] 알의 흰자위. 난황과 난각막 사이를 메우는, 겔 모양의 물질임. =단백(蛋白). ↔난황.
난-번(-番) 圀 당직 따위를 마치고 나오는 번. ↔든번.
난-벌 圀 나들이할 때에 입는 옷이나 신는 신 따위의 총칭. ⓑ나들잇벌. ↔든벌.
난병(難病) 圀 낫기 어려운 병. ⓑ난치병.
난봉 圀 허랑방탕한 짓. 또는, 그런 사람. ¶~을 부리다 / ~을 피우다. ×봉.
난봉-꾼 圀 허랑방탕한 짓을 하는 사람. =난봉쟁이·놀량패. ×난봉장이.
난봉-나다 國재 허랑방탕한 짓을 하게 되다.
난봉-장이 圀 '난봉쟁이'의 잘못.
난봉-쟁이 圀 =난봉꾼.
난부자-든거지(-富者-) 圀 겉으로는 부자 같으나 실속은 거지나 다름없는 사람. 또는, 그 형편. ⓒ난든거지. ↔든부자난거지.
난ː분분(亂紛紛) →**난ː분분-하다** 圈여 (눈이나 꽃잎 따위가) 공중에 날려 흩어지다. ¶백설이 ~. **난ː분분-히** 閏
난ː비(亂飛) 圀 어지럽게 날아다니는 것. **난ː비-하다** 國재여
난ː사¹(亂射) 圀 1 (총·활 따위를) 함부로 쏘는 것. =난발(亂發). 2 (광선 따위가) 마구 어지럽게 비치는 것. 또는, (광선 따위를) 마구 어지럽게 비추는 것. **난ː사-하다** 國타여 ¶기관총을 ~.
난사²(難事) 圀 해결하기 어려운 일.
난-사람 圀 능력이나 재주 등이 뛰어난 사람. ¶그걸 해내다니 역시 그는 ~이야.
난산(難産) 圀 1 순조롭지 않게 해산(解産)하는 것. 또는, 그러한 해산. ↔순산(順産). 2 어떤 일이 매우 어렵게 이루어지는 것을 비유하여 이르는 말. ¶팀 구성에 ~을 겪다. **난산-하다** 國재
난삼(襴衫) 圀[역] 조선 시대에 유생·생원·진사 등이 입던 예복.
난삽(難澁) →**난삽-하다**[-사파-] 圈여 (말이나 글 따위가) 이해하기 어렵고 까다롭다. ¶난삽한 문장.

난ː상¹(卵狀) 圀 =달걀꼴.
난ː상²(爛商) 圀 충분히 의논하는 것. =숙의(熟議). **난ː상-하다** 國타여
난ː상-공론(爛商公論) [-논] 圀 여러 사람이 모여 충분히 의논함. **난ː상공론-하다** 國타여
난ː상-토의(爛商討議) [-의/-이] 圀 충분히 의견을 나누어 토의함. ⓒ난의. **난ː상토의-하다** 國타여
난ː색(暖色) 圀[미] 따뜻한 느낌을 주는 색. 빨강·노랑·주황 따위. =온색(溫色). ↔한색(寒色).
난ː색(難色) 圀 어떤 요구나 부탁 등에 대해 곤란해 하는 기색. ¶돈 좀 빌려 달랬더니 ~을 보이더라.
난ː생(卵生) 圀[생] 알이 모체 밖으로 배출되어 알 속의 영양만으로 발육하여 새로운 개체가 되는 것. 단공류를 제외한 포유류 이외의 동물에서 볼 수 있음. ↔태생(胎生). **난ː생-하다** 國재여
난ː생-동물(卵生動物) 圀[동] 알에서 깨어나 자라는 동물. ↔태생 동물.
난ː생-처음(-生-) 圀 태어난 후 처음. ¶~ 당한 수모 / 저런 절경은 ~이다.
난선(難船) 圀 배가 풍파를 만나 파손되거나 뒤집히는 일. 또는, 그 배. **난선-하다** 國재
난ː세(亂世) 圀 어지러운 세상. ¶~의 영웅 / ~를 사는 지혜. ↔치세(治世).
난ː-세포(卵細胞) 圀[생] =난¹ㄴ2. ↔정세포.
난센스(nonsense) 圀 어떤 일이나 말이 터무니없거나 당치 않거나 무의미한 상태. ¶~ 퀴즈. ⓧ넌센스.
난소(卵巢) 圀[생] 동물의 암컷의 생식 기관. 알을 만들고 여성 호르몬을 분비함. =알집. ↔정소(精巢).
난ː수-표(亂數表) 圀 0에서 9까지의 숫자를 무질서하게 늘어놓은 표. 통계 조사에서 표본을 무작위로 가려낼 때, 또는 암호의 작성·해독 따위에 이용함.
난ː숙(爛熟) 圀 1 무르녹도록 익는 것. 2 더할 수 없이 충분히 발달하거나 성숙하는 것. **난ː숙-하다** 國재여 ¶난숙한 과일 / 난숙한 연기(演技).
난ː시¹(亂時) 圀 세상이 어지러울 때.
난ː시²(亂視) 圀[의] 눈의 각막이나 수정체 등의 굴절면이 고르지 않아 밖에서 들어오는 광선이 망막 위의 한 점에 모이지 않으므로 물체를 명확하게 볼 수 없는 시력. 또는, 그러한 눈. =어릿보기.
난ː시-안(亂視眼) 圀 난시인 눈. =어릿보기눈.
난-시청(難視聽) 圀 산이나 골짜기, 낙도(落島), 또는 고층 빌딩 등 여러 가지 장애물로 인하여 텔레비전의 수상 상태가 양호하지 않은 일. ¶~ 지역.
난ː신(亂臣) 圀 1 나라를 어지럽히는 신하. ¶~적자(賊子). 2 난세(亂世)의 충신.
난역(難役) 圀 어려운 역할이나 일. ¶이번 연극에서 ~을 잘 소화해 내다.
난외(欄外) [-외/-웨] 圀 책이나 신문 또는 문서 따위의 본문을 둘러쓴 줄의 바깥 여백. ¶~에 주석을 달다.
난ː용-종(卵用種) 圀 가금(家禽) 중에서 알의 생산을 목적으로 하는 품종. 닭에 있어서는 레그혼종·미노르카종 따위가 이에 속함. ▷육용종.

난:운(亂雲) 명 1 [기상] =난층운. 2 어지러이 떠도는 구름.
난:원-창(卵圓窓) 명 [생] 중이(中耳)와 내이(內耳) 사이에 있는 달걀 모양의 구멍.
난의¹(暖衣·煖衣) [-의/-이] 명 따뜻한 옷. 또는, 따뜻한 옷을 입는 것. ¶~포식(飽食). 난:의-하다 동(자)여
난의²(難義) [-의/-이] 명 이해하기 어려운 뜻.
난이(難易) 명 어려움과 쉬움.
난이-도(難易度) 명 사물의 내용이나 기술의 어렵거나 쉬운 정도. ¶시험 문제의 ~.
난:입¹(亂入) 명 어지럽게 함부로 들어가는 것. 난:입-하다¹ 동(자)여 ¶폭력배들이 사무실에 ~.
난:입²(闌入) 명 (출입을 통제하는 구역에) 함부로 뛰어드는 것. 난:입-하다² 동(자)여
난:자¹(卵子) 명[생] =알①2. =정자.
난:자²(亂刺) 명 (칼이나 창 등으로) 마구 찌르는 것. ¶칼로 ~당한 시체. 난:자-하다 동(타)여
난자³(難字) 명 이해하기 어려운 글자.
난자-완쓰 명 '난젠완쯔'의 잘못.
난작-거리다/-대다 [-꺼(때)-] 동(자) 썩거나 삭아서 힘없이 축 처지다. (큰)는적거리다.
난작-난작 [-장-] 부 난작거리는 모양. (큰)는적는적. 난작난작-하다 동(형)여
난:잡(亂雜) →난:잡-하다 [-자파-] 형여 1 (어느 곳이) 어지럽고 어수선하다. ¶난잡한 시장 바닥. 2 (사람의 행동이나 생활이) 이성과의 관계가 많아 어지럽다. ¶난잡한 생활. 난:잡-히 부
난:잡-스럽다(亂雜-) [-쓰-따] 형(ㅂ)여 <~스러우니, ~스러워> 난잡한 데가 있다. 난:잡스레 부
난장¹(광) 굴이나 구덩이 속에 들어가서 하는 허드렛일.
난-장²(-場) 명 일정한 장날 외에 특별히 터놓는 장. ¶~이 서다.
난장을 트다 관 난장을 열다.
난장³(亂杖) 명 1 [역] 조선 시대의 고문(拷問)의 하나. 신체의 부위를 가리지 않고 마구 치는 매. 2 마구 때리는 매.
난장(을) 맞다 관 1 마구 얻어맞다. 2 (주로 '난장(을) 맞을'의 꼴로 쓰여) 난장을 맞을 만하다는 뜻으로, 몹시 못마땅하여 저주하는 말. ¶난장 맞을, 더럽게 찌는군!
난장(을) 치다 관 1 함부로 마구 때리다. 2 (주로 '난장(을) 칠'의 꼴로 쓰여) 난장을 칠 만하다는 뜻으로, 몹시 못마땅하여 저주하는 말. ¶나한테 사기를 치다니, 난장을 칠 놈 같으니.
난:장⁴(亂場) 명 1 [역] 과거를 볼 때 선비들이 질서 없이 들끓어 뒤죽박죽이 된 곳. 2 =난장판.
난장을 치다 관 함부로 떠들다.
난장이 명 '난쟁이'의 잘못.
난:장-질(亂杖-) 명 아무 데나 마구 때리는 짓. 난:장질-하다 동(자)여
난:장-판(亂場-) 명 여러 사람이 함부로 떠들거나 덤벼 뒤죽박죽이 된 판. =난장. ¶판중이 뛰어들어 경기장이 ~이 되었다.
난쟁이 명 기형적으로 키가 작고 팔과 다리가 짧은 사람. 얕잡아 이르는 말임. =왜인(矮人)·왜자. ↔키다리. ×난장이.
난:적¹(亂賊) 명 세상을 어지럽히는 무리 또는 도둑.

난:적²(難敵) 명 맞서 싸우기에 까다로운 적수. ¶~을 만나다.
난:전¹(亂戰) 명 운동 경기나 전쟁 등에서, 마구 뒤섞여 어지럽게 싸우는 것. 또는, 그런 싸움. ¶일대 ~이 벌어지다. 난:전-하다 동(자)여
난:전²(亂廛) 명 1 [역] 조선 시대에 육의전(六矣廛)에서 파는 물건을 몰래 팔던 가게. 2 허가 없이 길에 함부로 벌여 놓은 전.
난점(難點) [-쩜] 명 어떤 일을 함에 있어서 해결하거나 처리하기 어려운 점. ¶기술상에 ~에 부딪히다.
난:정(亂政) 명 어지러운 정치.
난:제(難題) 명 해결하기 어려운 문제. (비)난문제. ¶외교상의 ~를 하나하나 풀어 나가다.
난젠완쯔(⑧南煎丸子) 명 중국 완자 볶음 요리의 하나. 곱게 다진 돼지고기를 둥글게 빚어 튀기듯 지진 다음, 파·마늘·고기를 썰어 넣어 익히고 녹말을 풀어 위에 끼얹음. ×난자완쓰.
난:조(亂調) 명 정상에서 벗어나 동요나 혼란을 일으킨 상태. ¶퍼팅 ~ / 투수가 제구력에 ~를 보이다.
난죽(蘭竹) 명 1 난초와 대나무. 2 [미] 난초의 곡선에 대나무의 직선을 조화시킨 그림. 동양화의 화제(畫題)로서 묵화에 많음.
난중¹(亂中) 명 난리가 한창 벌어지는 동안.
난:중²(難重) →난:중-하다 형여 매우 어렵고 도중하다. 난:중-히 부
난:지(暖地) 명 따뜻한 곳. 또는, 따뜻한 지방. ↔한지(寒地).
난지락-거리다/-대다 [-꺼(때)-] 동(자) 심하게 물크러질 듯이 힘없이 축 처지다. (큰)는지럭거리다.
난지락-난지락 [-랑-] 부 난지락거리는 모양. (큰)는지럭는지럭. 난지락난지락-하다 동(자)형여
난-질 명 (여자가) 정을 통한 남자와 도망하는 짓. 또는, 제 남편이 아닌 남자와 정을 통하는 짓. 난질-하다 동(자)여
난질-거리다/-대다 동(자) 물크러져 하늘거리다. (큰)는질거리다.
난질-난질 [-질-] 부 난질거리는 모양. (큰)는질는질. 난질난질-하다 동(자)형여
난:처(難處) →난:처-하다 형여 (어떤 사람의 입장이) 어찌해야 할지 모르거나, 이럴 수도 없고 저럴 수도 없어 처신하기 어렵다. ¶난처한 입장 / 그의 부탁을 들어줄 수도 안 들어줄 수도 없어 난처했다.
난청(難聽) 명 1 귀에 이상이 있어 소리가 잘 들리지 않는 상태. 2 라디오 따위의 방송이 잘 들리지 않음. ¶~ 지역.
난초(蘭草) 명 1 [식] 난초과에 속하는 식물의 총칭. 여러해살이풀로 관상용으로 재배하며 향기가 진함. (준)난. 2 ①이 그려져 있는 화투짝. 5월이나 다섯 끗을 나타냄. =초(草).
난측(難測) →난측-하다 [-츠카-] 형여 헤아리기 어렵다.
난:층-운(亂層雲) 명 [기상] 중층운(中層雲)의 하나. 뚜렷한 모양 없이 하늘을 온통 뒤덮는 먹구름. =비구름·비층구름·난운.
난치(難治) 명 병 등이 고치기 어려운 것. ¶~의 병.
난치-병(難治病) [-뼝] 명 고치기 어려운 병. (비)난병.

난:타(亂打) 圀 1 (사람이나 동물, 물건 등을) 마구 치거나 때리는 것. ¶그 복서는 상대 선수에게 ~를 당했다. 2 [체] 야구에서, 타자들이 상대 투수의 공을 쉽게 공략하여 안타나 홈런을 많이 날리는 것. 3 [체] 테니스·탁구·배구 따위에서, 카운트나 서브 없이 연습하는 일. **난:타-하다** 图(타)(여) ¶총을 ~ / 주먹으로 얼굴을 ~ / 요란한 기관총 소리가 그의 고막을 **난타했다**.

난:-태생(卵胎生) 圀 [생] 난생 동물 중, 새 개체가 알이 아니고 유생(幼生)의 형태로 태어나는 일. 살무사·우렁이 따위에서 볼 수 있음.

난:투(亂鬪) 圀 한데 엉켜 치고받으며 어지러이 싸우는 것. 또는, 그런 싸움. **난:투-하다** 图(자)(여)

난:투-극(亂鬪劇) 圀 난투를 벌이는 소동. ¶길거리에서 ~이 벌어지다.

난파(難破) 圀 배가 항행 중에 폭풍우 등을 만나 부서지는 것. **난파-하다** 图(자)(여) ¶태풍으로 배가 ~. **난파-되다** 图(자)

난파-선(難破船) 圀 항해 중 폭풍우나 그 밖의 장애로 파괴된 배.

난:포(卵胞) 圀[생] =여포(濾胞)2.

난:포^자^극^호르몬(卵胞刺戟hormone) 圀[생] =여포 자극 호르몬.

난:폭(亂暴) 圀 행동이 몹시 거칠고 사나움. ¶~ 운전. **난:폭-하다** 圀(여) ¶사람을 **난폭하**게 다루다. **난:폭-히** 图

난:필(亂筆) 圀 1 마구 갈겨쓴 글씨. ¶~이라 알아보기 어렵다. 2 자기가 쓴 글씨의 겸칭.

난:-하다(亂—) 圀(여) 1 질서가 없고 난잡하다. 2 (빛깔·무늬 등이) 지나치게 어지럽고 야단스럽다. ¶옷의 무늬가 ~.

난:할(卵割) 圀[생] 단세포의 수정란이 다세포가 되기 위해 연속하여 일어나는 세포 분열의 과정. ¶~난분열.

난항(難航) 圀 1 폭풍우나 기타의 나쁜 조건으로 말미암은 어려운 항행. 2 일이 순조롭지 못하게 진행되는 것을 비유적으로 이르는 말. ¶자금난으로 다리 건설은 ~을 거듭했다.

난해(難解)→**난해-하다** 圀(여) 이해하기 어렵다. ¶**난해한** 문장.

난:핵(卵核) 圀[생] 난세포의 핵.

난:행(亂行) 圀 1 난폭한 행동. 2 난잡하고 음란한 행동. **난:행-하다** 图(자)(여)

난행²(難行) 圀 1 행하기 어려운 것. 2 [불] 고된 수행.

난향(蘭香) 圀 난초의 향기.

난:형(卵形) 圀 =달걀꼴.

난형난제(難兄難弟) 圀 [누구를 형이라 하고 누구를 아우라 할지 분간하기 어렵다는 뜻] 둘 사이의 우열이나 정도의 차이를 판단하기 어려움의 비유. ¶그 재주.

난혼(亂婚) 圀[사] 원시 사회에서 일정한 부부 관계가 없이 아무하고나 무질서하게 맺는 성적 결합. =잡혼(雜婚).

난:황(卵黃) 圀 알의 노른자위. 알의 세포질 내에 존재하는 저장 물질임. =단황(蛋黃). ↔난백(卵白).

난:후(亂後) 圀 난리를 치른 뒤.

낟 圀 곡식의 알.

낟:-가리[-까-] 圀 1 낟알이 붙은 곡식을 그대로 쌓은 더미. ¶~를 가리다. 2 나무·풀·짚 따위를 쌓은 것의 총칭. ¶나무 ~.

낟:가릿-대[-까릿때/-까릿때] 圀 [민] 농가에서 음력 정월 열사흗날에 풍년이 들기를 비는 뜻으로, 마당에 세우는 긴 장대나 나무. 그 끝에 벼·조·피·기장 등의 이삭을 꽂음. 3, 4일 후, 또는 다음 달 초하룻날에 태워서 없앰.

낟:-알 圀 이삭에 달린 곡식의 알. 또는, 껍질을 벗기지 않은 곡식의 알. ¶벼 ~ / ~을 털다 / 일조량이 부족해 이삭당 ~의 수가 줄었다. ⇒낟알.

낟:알-기[-끼] 圀 (주로 '못 하다', '끊다'와 함께 쓰여) 끼니로서 먹어야 할 최소한의 음식. ¶~마저 끊다 / 총일 ~라고는 구경조차 못 했다.

날¹ 圀 ① (자립) 1 시간의 단위로서의 하루. 24시간으로 이루어짐. ¶~이 가고 달이 가다. 2 특정한 때로서의 하루. 다소 막연한 시점의 때나 시절을 가리키기도 함. ¶초하룻~ / 젊은 ~의 추억. 3 하루 중 해가 떠서 질 때까지의 환한 동안. ¶~이 밝다 / ~이 저물다. 4 맑거나 흐리거나 눈·비가 오거나, 덥거나 춥거나 따뜻하거나 시원하거나 하는 기상의 상태. 비날씨. ¶~이 개다 / 겨울인데도 ~이 포근하다. ⓛ 1 시간의 단위로서의 하루하루를 세는 단위. 숫자를 나타내는 한자어와 어울릴 때에는 '날' 대신 '일(日)'을 씀. ¶사흘 ~ / 삼백예순 ~. 2 ('-는 날에는', '-는 날이면'의 꼴로 쓰여) 달갑지 않은 경우나 극단적인 상황이 벌어질 시간상의 시점을 이르는 말. ¶핵전쟁이 일어나는 ~에는 인류는 멸망하고 말 것이다.

날(이) 들다 旬 비나 눈이 그치고 날이 개다. ¶오후쯤에는 **날이** 들 것이라 한다.

날(을) 받다 [잡다] 旬 1 결혼 날짜를 정하다. ¶혼약은 **날을 받아** 놓지는 않았다. 2 [민] 혼인·장례·이사 따위를 할 때에 길일(吉日)을 가려 정하다.

날(이) 새다 旬 일을 이룰 때가 지나다.

날이면 날마다 旬 '날마다'를 매우 강조하여 이르는 말.

날² 圀 1 물건을 베거나 자를 수 있도록, 칼·가위·도끼·톱 따위 연장의 가장 날카롭게 만든 부분. ¶칼~ / ~이 무디다. 2 =면도날2. ¶면도기에 ~을 갈아 끼우다.

날(이) 서다 旬 1 연장의 날이 날카롭게 되다. ¶시퍼렇게 **날이** 선 칼. 2 글 위의 표현이 날카롭고 공격적인 상태를 나타내다.

날(을) 세우다 旬 연장의 날을 날카롭게 하다. ¶무뎌진 칼의 ~.

날³ '나를'이 준 말. ¶~ 보아라.

〔어법〕 **날더러 어떡하란 말이냐**:**날더러**(×)→**나더러**(○). ▶ '더러'는 '에게'를 뜻하는 조사로, '날'(←나를)이 아닌 '나'와 결합함.

[**날 잡아 잡수 하다**] 상대가 자기에게 하고 싶은 대로 하도록 저항하거나 피하거나 하지 않고 상대의 공격이나 괴롭힘에 제 몸을 맡기다.

날-⁴ (접두)(일부 명사에 붙어) 1 그 물건이 익히거나 말리거나 가공하지 않은 것임을 나타내는 말. ¶~계란 / ~고기 / ~가죽. 2 '지독하고 악랄한'의 뜻을 나타내는 말. ¶~강도. 3 '맨 그대로의'의 뜻을 나타내는 말. ¶~바늘 / ~바닥. 4 '부질없이'의 뜻을 나타내는 말. ¶~밤을 새우다. 5 '상례나 장례를 아직 다 치르지 않은'의 뜻을 나타내는 말.

¶~상가루 / ~상태.
날-가루 익히지 않은 곡식을 빻은 가루.
날-감 명 익지 않았거나 떫은맛을 없애지 않은 감. =생감. ▷땡감.
날-감자 명 익히지 않은 감자. =생감자.
날-강도(-強盜) 명 아주 악독한 강도.
날-개 명 1[생] 새나 곤충 등의 가슴 양옆에 달려 공중을 날 때 크게 펼쳐서 움직이는 기관. ¶~를 펴다 / 새가 ~를 퍼덕이다. 2 공중에 잘 뜨게 하기 위하여 비행기의 양쪽 옆에 길고 넓적하게 만들어 단 부분. 3 선풍기·환풍기·프로펠러 등에서 공기의 흐름을 일으키는 둥글넓적한 부분. ¶선풍기 ~.

어법 상상의 나래를 펴다:나래(×)→날개(○). ▶시적인 표현으로 '나래'를 쓰는 경우가 있으나, 이는 비표준어임.

[**날개 부러진 매**] 위세를 부리다가 심한 타격을 받아 힘을 못 쓰게 된 신세의 비유.
날개(가) 돋치다 귀 1 상품이 시세를 만나 빠른 속도로 팔려 나가다. ¶신제발 상품이 **날개 돋친 듯 팔린다**. 2 의기가 치솟다.
날개-벽(-壁) 명 [건] 흙이 무너지지 않도록 다리를 받치는 기둥에 붙여 놓은 벽체.
날개-옷(-온) 명 신선이나 선녀가 입는다고 하는, 날개가 달린 상상의 옷.
날개-죽지 [-개쭉찌·-갣쭉찌] 명 1 날개가 몸에 붙어 있는 부분. 2 '날개'를 속되게 이르는 말.
날갯-짓 [-개찟/-갣찓] 명 (새가) 날개를 퍼덕이는 짓. **날갯짓-하다** 동자 ¶백조가 힘차게 ~.
날-것 [-건] 명 고기·채소 따위의, 말리거나 익히거나 가공하지 않은 것. 비생것. ¶고기를 ~으로 먹지 말고 익혀서 먹어라.
날-계란(-鷄卵) [-계-/-게-] 명 =날달걀.
날-고구마 명 익히지 않은 고구마.
날-고기 명 말리거나 익히거나 가공하지 않은 고기. =생고기·생육(生肉).
날고-뛰다 동자 (사람이) 갖은 재주를 다 부릴 수 있는 능력을 가지다. ¶제아무리 날고 뛰는 장수도 장비의 괴력 앞에서는 혀를 내둘렀다.
날-궂이 명 궂은 날, 할 일이 없어 시간을 때우느라 잡담·잡기를 하거나 음식을 해 먹거나 하는 일. ¶비 오는 날이면 집에 죽치고 앉아 ~나 하곤 했다.
날-김치 명 익지 않은 김치. =생김치.
날다¹ 동 〈나니, 나오〉 ① 자 1 (새나 곤충 등이) 날개를 저어 공중에 떠서 움직이다. 비비상(飛翔)하다. ¶새 ~ / 나비가 훨훨 ~. 2 (비행기나 그와 비슷한 물체가) 날개의 양력(揚力)과 프로펠러 또는 엔진의 힘 등으로 공중에 떠서 가다. 비비행하다. ¶굉음을 내며 **나는** 전투기 / 글라이더가 멀리 ~. 3 (쏘거나 던지거나 치거나 한 물체가) 공중을 통해 빠르게 이동하다. ¶시위를 벗어난 화살이 허공으로 **날았다**. / 공이 날아서 펜스를 넘어갔다. 4 (작은 가루 같은 것이) 바람에 떠서 움직이다. ¶버스가 지나가자 흙먼지가 **날았다**. 5 (자동차·기차 따위가) 아주 빠른 속도로 움직이다. ¶이 자동차는 달리는 게 아니라 **나는구나**, **날아**! 6 (사람이) 재빨리 도망치거나 어떤 장소에서 벗어나 사라지다. 다소 속된 느낌을 주는 말임. ¶경찰이 오기 전에 빨리 **날아라**! ② 타 (새·곤충·비행기 등이 공중을) 떠서 움직이다. ¶하늘을 **나는** 새.

어법 날으는 원더우먼:날으는(×)→나는(○). ▶어간의 끝소리가 'ㄹ'인 말이 어미 '-는'과 결합할 때에는 규칙적으로 'ㄹ'이 탈락됨.

[**나는 새도 떨어뜨린다**] 권세가 당당하다.
[**날면 기는 것이 능하지 못하다**] 모든 일에 다 능하기는 어렵다.
난다 긴다 하다 관 재주나 능력이 남보다 뛰어나다.
날다² 동자 〈나니, 나오〉 1 (빛깔이) 바래어 옅어지다. ¶물이 ~. 2 (냄새가) 없어지다. ¶향내가 ~. 3 (액체가) 기체로 화하여 줄어 들다. ¶알코올이 ~.
날다³ 동타 〈나니, 나오〉 1 솜으로 실을 만들다. 2 (베나 돗자리 등을 짜려고) 베틀에 날을 감다. ¶날을 ~.
날-다람쥐 [-따-] 명 [동] 포유류 다람쥣과의 한 종. 몸길이가 15~20cm. 몸빛은 등이 회색 또는 갈색, 배는 흼. 야행성이고, 옆구리에 비막(飛膜)이 있어서 나무에서 나무로 날아다니며 곤충이나 나무 열매 등을 먹음.
날-달걀 명 익히지 않은 달걀. =날계란.
날-도둑 명 몹시 악독한 도둑.
날-뛰다 동자 1 (사람이나 짐승이) 몹시 흥분하거나 감정이 고조되어 그런 심리 상태를 극단적으로 나타내는 동작을 하거나 행동을 보이다. ¶좋아 ~ / 미쳐 ~. 2 (사람이) 꺼리낌 없이 함부로 행동하거나 활동하다. 부정적 어감을 갖는 말임. ¶유흥가에 폭력배가 ~.
날라리¹ 명 〈속〉 1 믿음성이나 착실함이 없이 건들거리거나 빈둥거리는 사람. 2 일을 아무렇게나 날림으로 하는 상태.
날라리² 명 [음] '태평소'의 잘못.
날락-들락 부 '들락날락'의 잘못.
날래다 형 (사람이나 동물이, 또는 그 동작이) 나는 듯이 빠르다. ¶날랜 솜씨 / 날랜 장수. ↔굼뜨다.
날렵-하다 [-려파-] 형여 (동작이) 익숙하게 빠르다. ¶동작이 ~ / 날렵한 솜씨. **날렵-히** 부
날-로¹ 부 날이 갈수록 더욱. 비나날이. ¶~ 늘어나는 도시 인구 / 기술 산업이 ~ 발전하다.
날-로² 부 날것 그대로. 비생으로. ¶쇠간을 ~ 먹다.
날르다 동타 '나르다'의 잘못.
날름 부 1 혀가 밖으로 빨리 나왔다가 들어가는 모양. ¶혀를 ~ 내밀다. 2 손을 빨리 내밀어 날쌔게 놀리는 모양. ¶~ 집어먹다. 비널름·늘름. **날름-하다** 동타여
날름-거리다/-대다 동타 1 (혀나 손 따위를) 날쌔게 내었다 들였다 하다. ¶뱀이 혀를 ~. 2 남의 것을 탐내어 자꾸 고개를 내밀고 노리다. 큰널름거리다·늘름거리다.
날름-날름 부 날름거리는 모양. ¶주는 대로 ~ 받아먹다. 큰널름널름·늘름늘름. **날름날름-하다** 동타여
날름-쇠 [-쇠/-쉐] 명 1 총의 방아쇠를 걸었다가 떨어뜨리는 쇠. 2 물건을 퉁겨지게 하려고 장치한 쇠. 3 무자위의 아래위 부분에 있는 뱀브.
날-리다 동 ① 타 1 '날다'¹·2·3·4의 사동사. ¶새를 ~ / 모형 비행기를 ~ / 공을 멀리

/ 버스가 먼지를 **날리며** 지나간다. **2** (연을) 공중에 띄워 움직이게 하다. ¶방패연을 하늘 높이 ~. **3** (깃발 따위를) 들어올려 바람에 나부끼게 하다. ¶군사들이 깃발을 **날리며** 개선하다. **4** (지녔던 것을) 헛되이 잃어버리거나 없애다. ¶사기를 당하여 집을 ~. **5** (일을) 대강대강 아무렇게나 하다. ¶글씨를 날려 쓰다 / 일을 **날려** 하다. **6** (이름을) 세상에 널리 알려지게 하다. (비)떨치다. ¶그는 젊은 시절에 축구 선수로서 이름을 **날렸다**. ②(자) '날다'의 피동사. ¶꽃가루가 바람에 ~.

날림 명 아무렇게나 날려서 하는 일. 또는, 그 물건. ¶~ 공사 / ~으로 지은 집.
날림-치 명 날림으로 만든 물건.
날-목(-木) 명 마르지 않은 나무. (비)생나무.
날-물 명 **1** 나가는 물. **2** '썰물'의 잘못.
날-바늘 명 실을 꿰지 않은 바늘.
날-바닥 명 아무것도 깔지 않은 바닥. (비)맨바닥. ¶~에 앉다.
날-바람 명 '날파람'의 잘못.
날-반죽 명 찬물로 하는 떡 반죽. **날반죽-하다** 동(타여)
날-밤[^1] 명 부질없이 새우는 밤.
　날밤(을) 새우다[관] 뜬눈으로 밤을 새우다. ¶쓸데없는 걱정으로 ~.
날-밤[^2] 명 날것 그대로의 밤. =생밤·생률(生栗). ¶~을 오독오독 씹어 먹다.
날밤-집[-찝] 명 밤새도록 영업하는 선술집.
날-벌레[-뻘-] 명 날아다니는 벌레. =비충(飛蟲). ▷길벌레.
날-벼락 명 **1** 맑은 날씨에 치는 벼락. **2** 아무 잘못도 없이 뜻밖에 당하는 재앙. =생벼락. ¶~을 맞다 / ~이 떨어지다.
날-변(-邊)[-뼌] 명 날수로 셈하는 이자. (비)일변(日邊). ¶~으로 돈을 얻다. ▷달변.
날-보리 명 갓 베어 내어 마르지 않은 보리.
날-불한당(-不汗黨) 명 남의 재물을 함부로 빼앗아 먹는 무리.
날-붙이[-부치] 명 칼·낫·도끼 따위의, 날이 서 있는 연장의 총칭.
날-빛[-삗] 명 **1** 햇빛을 받아서 나는 온 세상의 빛. **2** '햇빛[^1]'의 잘못.
날-사이[-싸-] 명 지난 며칠 동안. ¶~ 별고 없으셨습니까? ②날새.
날-삯[-싹] 명 날로 쳐주는 품삯.
날삯-꾼[-싹-] 명 날삯을 받는 일꾼.
날-상가(-喪家) 명 아직 장사를 치르지 않은 초상집.
날-상제(-喪制) 명 아직 초상을 다 치르기 전의 상제.
날-새[-쌔] 명부 '날사이'의 준말.
날-수(-數)[-쑤] 명 날의 수. (비)일수(日數). ¶~가 모자라다.
날-숨[-쑴] 명 내쉬는 숨. (비)호기. ↔들숨.
날-실 명 피륙 등의 세로로 놓인 실. =경사(經絲). ↔씨실.
날-쌀 명 익히지 않은 쌀. (비)생쌀.
날쌔다 형 (손이나 발, 몸의 움직임이) 시간을 끌거나 머뭇거림이 없이 가볍고 빠르다. ¶**날쌘** 동작 / **날쌔게** 도망치다.
날쌘-돌이 명 동작이 아주 날래고 재빠른 사람.
날씨 명 일정한 지역에서, 그날그날의 비·구름·바람·기온·습도 등 대기의 상태. (비)날·일기(日氣). ¶맑은[흐린] ~ / 무더운 ~ / ~가 좋다 / ~가 춥다.

유의어	**날씨 / 일기 / 기후**
'**날씨**'와 '**일기**(日氣)'는 둘 다 매일의 기상 상태를 가리키나, 전자가 구체적인 상태를 가리킬 수 있는 반면, 후자는 막연한 상태만을 가리킴. 곧, '맑은 날씨'를 '맑은 일기'라고 바꾸어 표현하기 어려우며, 단지 '일기가 불순하다'와 같이 덜 구체적인 상태만을 나타낼 수 있음. 한편, '**기후**(氣候)'는 그날그날의 기상 상태를 가리키지 못하며, 수년 동안의 날씨 변화를 토대로 한 거시적인 기상 상태를 나타냄.

날씬-날씬 부 매우 날씬한 모양. 또는, 여럿이 다 날씬한 모양. (E)늘씬늘씬. **날씬날씬-하다** 형여 ¶앞에 가는 아가씨들 몸매가 ~.
날씬-하다 형여 (키·몸매 따위가) 군살이 없이 가늘고 길어서 맵시가 있다. (비)미끈하다·호리호리하다. ¶**날씬한** 몸매 / 다리가 ~. (E)늘씬하다. **날씬-히** 부
날아-가다 동 ①(자) **1** (새·곤충·비행기 등이) 공중에 떠서 가다. ¶비행기가 ~ / 달밤에 기러기가 ~. **2** (물체가) 공중을 통해 가다. ¶바람에 모자가 ~. **3** (한데 붙어 있던 것이나 가지고 있던 것이) 함부로 떨어져 나가거나 허망하게 없어지다. 속된 말임. ¶싸움터에서 팔 하나가 ~. ②(타) (새·곤충·비행기·물체 등이 공중을) 통해 가다. ¶허공을 **날아가는** 새.
날아-다니다 동(자) (새·곤충·비행기 등이) 날면서 이리저리 다니다. ¶나비가 꽃밭을 ~ / 잠자리가 하늘을 ~.
날아-들다 동(자) <~드니, ~드오> **1** (새·곤충 등이) 날아서 안으로 들다. ¶새가 둥지에 ~. **2** (뜻하지 않은 것이) 난데없이 들이닥치다. ¶독촉장이 ~.
날아-오다 동 ①(자) **1** (새·곤충·비행기 등이) 공중에 떠서 오다. **2** (물체가) 공중을 통해 오다. ¶관중석에서 야유와 함께 돌이 **날아왔다**. ②(타) (새·곤충·비행기 등이 공중을) 통해서 오다. ¶따뜻한 곳을 찾아 먼 길을 **날아온** 제비.
날아-오르다 동(자)(타)(르) <~오르니, ~올라> (새·곤충·비행기 등이) 날개를 움직이거나 어떤 힘에 의해 공중으로 높이 오르다. ¶새 떼가 ~ / 활주로를 벗어난 비행기는 서서히 위로 **날아올랐다**.
날연(茶然) ➡**날연-하다** 형여 피곤하여 기운이 없다. (비)나른하다. **날연-히** 부
날염(捺染) 명 피륙에 무늬를 새긴 본을 대고 풀을 섞은 물감을 발라서 물들이는 것. 또는, 그 방법. (비)捺染. **날염-하다** 동(타여)
날-음식(-飮食) 명 익히지 않은 음식.
날인(捺印) 명 도장을 찍는 것. ¶서명 ~. **날인-하다** 동(자여) ¶영수증에 ~.
날-일[-릴] 명 날삯을 받고 하는 일.
날-장구[-짱-] 명 부질없이 공연히 치는 장구.
날조(捏造)[-쪼] 명 사실이 아닌 것을 사실인 것처럼 거짓으로 꾸미는 것. **날조-하다** 동(타여) ¶기록을 ~. **날조-되다** 동(자) ¶**날조**된 기록.
날조-극(捏造劇)[-쪼-] 명 어떤 목적으로 하여 거짓으로 꾸민 일.
날-줄[-쭐] 명(지) =경선(經線). ↔씨줄.
날지니[-찌-] 명 길들이지 않은 야생의 매. =날진.

날-짐승[-찜-] 명 공중을 날아다니는 짐승. 곧, '새' 종류를 가리킴. =비금. ↔길짐승.

날-짜¹ 명 1 하루를 단위로 하는 날의 수효. ¶~를 계산하다 / ~가 모자라다. 2 몇 년 몇 월 며칠로서의 특정한 날. 때로, 어느 해 또는 어느 달을 못 박지 않을 수도 있음. =일자(日字). ¶원고 마감 ~ / 약속 ~ / 결혼 ~를 정하다.

날-짜² 명 1 익히거나 말리거나 가공하거나 하지 않은 그대로의 것. 비날것. ¶~로 먹다. 2 일에 익숙지 못한 사람을 얕잡아 이르는 말.

날짜^변:경선(-變更線) 명 [지] =날짜선.

날짜-선(-線) 명 [지] 경도 180°의 자오선을 기준으로, 동서에서 쓰는 날짜를 일치시키려고 정하여 놓은 선. 이 선에서 동쪽에 있는 지점은 서쪽에 비하여 하루가 늦음. =날짜변경선·일부 변경선.

날짝지근-하다 [-찌-] 형여 몹시 나른하다. 큰늘쩍지근하다.

날짱-거리다/-대다 동재 '늘쩡거리다'의 작은말.

날짱-날짱¹ 부 '늘쩡늘쩡'의 작은말. **날짱날짱-하다**¹ 동재

날짱-날짱² 부 '늘쩡늘쩡'의 작은말. **날짱날짱-하다**² 형여

날치¹ 명 1 날아가는 새를 쏘아 잡는 일. 2 날쌘 것의 비유.

날치² 명동 날칫과의 바닷물고기. 가슴지느러미가 날개 모양을 이루어 바다 위를 2~3m 날아오름. 난류성 물고기로, 식용함.

날-치기 명 남의 물건을 재빨리 채뜨려 가는 짓. 또는, 그런 짓을 하는 사람. ¶핸드백을 ~당하다. ▷소매치기·들치기. **날치기-하다** 동타여

날치-꾼 명 날아가는 새를 쏘아 떨어뜨리는 재주가 있는 사냥꾼.

날치다 자 날뛰어 짐짓 기세를 떨치다.

날카롭다[-따] 형비 <날카로우니, 날카로워> 1 (물체의 모서리나 끝이) 베이거나 찔리기 쉬울 만큼 뾰족하거나 가늘게 서 있다. 비예리하다. ¶날카로운 송곳 / 날카로운 면도날. ↔무디다. 2 (눈매나 시선 따위가) 쏘아보는 듯하게 매섭다. ¶날카로운 시선 / 날카로운 눈매의 소유자. 3 (사람의 인상이나 성품이) 온화한 데가 없이 신경질적이고 괄한 데가 있다. ¶그는 외모상으로 날카롭게 보인다. 4 (신경이) 자극을 받기 쉬운 상태에 있다. 곧, 아무것도 아닌 일에 쉽게 화내거나 짜증 내거나 속을 끓이는 심리 상태에 있다. 비예민하다. ¶그는 경제적 불화로 신경이 극도로 ~. 5 (대립의 관계가) 화해나 타협의 여지 없이 팽팽하게 켕긴 상태에 있다. 비첨예하다. ¶두 학설이 **날카롭게** 대립되다. 6 (사람의 사물에 대한 통찰·판단·질문 등이) 미처 생각하기 어려운 것을 꼬집거나 제시하는 데가 있어 놀랍거나 두렵게 하는 상태에 있다. 비예리하다. ¶날카로운 질문 공세 / **날카로운** 판찰력. 7 (소리가) 신경을 거스를 만큼 높고 가늘게 강하다. ¶여자의 날카로운 비명이 들리다. **날카로이** 부

날캉-거리다/-대다 동재 '늘컹거리다'의 작은말.

날캉-날캉 부 '늘컹늘컹'의 작은말. **날캉날캉-하다** 동재형여

날캉-하다 Ⅰ 동재여 '늘컹하다Ⅰ'의 작은말.

Ⅱ 형여 '늘컹하다Ⅱ'의 작은말.

날-콩 명 익히지 않은 콩.

날탕 명 1 무슨 일을 하는 데에 아무런 기술이나 기구 없이 마구잡이로 함. 또는, 그런 사람. 2 허풍을 치거나 듣기 좋은 말로 남을 속임. 또는, 그렇게 하는 사람.

날-틀 명 길쌈할 때 필요한 실을 뽑아 날아 내는 기구. 열 개의 구멍에 각각 가락을 꿰어 열 올의 실을 한 줄로 뽑아냄.

날-파람 명 1 빠르게 지나가는 서슬에 나는 바람. 2 재빠르고 날카로운 기세의 비유. ¶~같이 덤벼들다.

날-포 명 하루 이상이 걸친 동안. ▷달포·해포.

날-품 명 날삯을 받고 하는 일. =일고(日雇)·일용(日傭). ▷달품.

날품(을) 팔다 관 날삯을 받고 날일을 하다. ¶날품을 팔아서 생계를 이어 나가다.

날품-팔이 명 1 날품을 파는 일. 2 '날품팔이꾼'의 준말. ¶~로 나서다. **날품팔이-하다** 동재여

날품팔이-꾼 명 날삯을 받고 일하는 사람. =일공쟁이. 준날품팔이.

낡다[낙따] 형 1 (물건이) 오래되어 헐고 너절하다. ¶낡은 의자 / 집이 ~. 2 (대상이) 시대에 뒤떨어져 새롭지 못하다. ¶~사고방식. 참고 '낡-'은 다음에 오는 어미의 첫소리가 ㄱ일 때에는 [날]로, 그 외의 자음일 경우에는 [낙]으로 소리 남. 곧, '낡고'는 [날꼬], '낡지'는 [낙찌]로 소리 남.

남¹ 명 1 나 또는 자기 아닌 다른 사람. 또는, 당사자가 아닌 사람. ¶~이 하는 대로 따라하다 / ~은 앞에 나서기를 꺼린다. ↔나. 2 가족·친척·연인과 아주 가까운 관계가 아닌 다른 사람. 비타인. ¶먼 사촌보다 가까운 ~이 낫다.(속담) 3 나나 우리의 동아리에 속하지 않은 다른 사람. 비제삼자. ¶~의 나라 / 남의 일에 ~이 끼어들게 하지 마라.

[남의 눈에 눈물 내면 제 눈에는 피눈물이 난다] 남에게 모질고 악한 짓을 하면 반드시 저는 그보다 더한 죄를 받게 된다. [남의 다리 긁는다] ㉠남의 일을 제 일로 잘못 알고 수고한다. ㉡자기 한 일이 남을 위한 일이 되었다. ㉢해야 할 일을 하지 않고 엉뚱한 다른 일을 한다. [남의 떡에 설 쇤다] 남의 힘을 입어서 쉽게 제 일을 이룬다. [남의 밥에 든 콩이 굵어 보인다] 자기 것보다 남의 것이 더 좋아 보인다. [남의 제사에 감 놓아라 배 놓아라 한다] 자기와는 상관도 없는 일에 부당한 간섭을 한다. [남의 흉이 한 가지면 제 흉은 열 가지] 자기는 더 많은 결점을 가졌으면서도 남의 흉을 봄을 이르는 말. [남이야 전봇대로 이를 쑤시건 말건] 남의 일에 상관할 것 없다는 말.

남 좋은 일을 하다 관 일을 한 결과가 자기에게는 아무 이득도 없고 남에게만 이롭게 하다.

-남² 어미 동사의 어간이나 어미 '-시-', '-았/었-', '-겠-'의 아래에 붙어, '해'할 상대에게 쓰이거나 혼잣말에 쓰여 '-나 뭐'의 뜻으로 어떤 상황이나 사실에 대해 가볍게 반박하거나 마땅치 않게 여김을 나타내는 의문형 종결 어미. ¶그런 말을 누가 곧이듣~? / 누군 처음부터 돈이 많았~?

남³(南) 명 =남쪽. ¶1·4 후퇴 때 그들은 남부여대하고 ~으로 ~으로 내려왔다. ↔북.

남-⁴(男) [접두] 일부 명사 앞에 쓰여, '남자'의 뜻을 나타내는 말. ¶~학생 / ~동생.

남가-일몽(南柯一夢) [명] [당나라의 순우분(淳于棼)이 술에 취하여 홰나무의 남쪽으로 뻗은 가지 밑에서 잠이 들었는데, 대괴안국으로 영접을 받아 20년 동안 영화를 누리는 꿈을 꾸었다는 고사에서] 꿈과 같이 헛된 한 때의 부귀영화.

남경(南京) [역] 고려 시대의 사경(四京)의 하나. 지금의 서울.

남계(男系) [-계/-게] [명] 남자 쪽의 혈연 계통. ↔여계. ↔부계.

남국(南國) [명] 우리나라의 남쪽에 있는 나라. 특히, 태평양에 있는 더운 지방의 나라. ¶~의 정취. ↔북국.

남군(南軍) [명] 1 남쪽의 군대. 2 [역] 미국의 남북 전쟁 때 남부의 군대. ↔북군.

남극(南極) [명] 1 [물] 자석이 가리키는 남쪽. =에스 극. 2 [지] 지축(地軸)이 지구 남쪽에서 지표를 꿰뚫는 점. 또는, 지구의 남쪽 끝. 3 [천] 천구 상에서 지축을 남쪽으로 연장한 선이 천구를 꿰뚫는 점. ↔북극(北極).

남극-광(南極光) [-꽝] [명] [지] 남극에 나타나는 극광. ↔북극광.

남극-권(南極圈) [-꿘] [명] [지] 지구 상에서 남위 66°33' 이남의 지역. 반 년 동안은 낮, 반 년 동안은 밤이 계속됨. ↔북극권.

남극^대륙(南極大陸) [-때-] [명] [지] 남극점을 중심으로 펼쳐져 있는 대륙. 지표의 대부분이 두꺼운 빙설로 뒤덮여 있으며, 바다 표범과 펭귄 등의 동물이 살고 있음.

남극-점(南極點) [-쩜] [명] [지] 지구의 자전축의 슴단. 남위 90° 지점. ↔북극점.

남극^지방(南極地方) [-찌-] [명] [지] 남극 대륙과 그 부근의 섬들. 곧, 남극을 둘러싼 지역의 일대. ↔북극 지방.

남극-해(南極海) [명] [지] 오대양의 하나. 남극 대륙을 둘러싼, 남위 55° 부근까지의 해역. 태평양·대서양·인도양의 최남단에 해당함. =남빙양.

남근(男根) [명] =음경(陰莖). ↔여근(女根).

남-기다 [동](타) '남다'의 사동사. ¶음식을 ~ / 이익을 ~ / 여운을 ~ / 어린 자식을 **남기고** 떠나다.

남김-없이 [-업씨] [부] 하나도 빠짐이 없이 모두. [비]모조리·죄다. ¶~ 먹다 / ~ 가져가다.

남-남 [명] 서로 아무 관계 없는 남과 남. ¶~끼리 만나 부부가 되다 / 부부란 헤어지면 ~이다.

남남북녀(南男北女) [-붕-] [명] 우리나라에서, 남쪽 지방은 남자가 잘나고 북쪽 지방은 여자가 아름답다는 말.

남-남서(南南西) [명] 남쪽과 남서쪽 사이의 방위.

남녀(男女) [명] 남자와 여자를 동시에 아울러 이르는 말. ¶청춘 ~ / ~ 관계.

남녀-간(男女間) [명] 남자와 여자 사이.

남녀^공:학(男女共學) [교] 남자와 여자를 같은 학교에서 교육시키는 일.

남녀-노소(男女老少) [명] 남자와 여자, 늙은 이와 젊은이. 곧, 성별과 나이를 막론한 모든 사람들. ¶~를 막론하고 즐기는 운동.

남녀-동등(男女同等) [명] =남녀평등.

남녀상열지사(男女相悅之詞) [명] [문] 조선 시대의 학자들이 남녀의 애정을 주제로 한 고려 가요를 업신여겨 부르던 말.

남녀-유별(男女有別) [명] 남녀의 사이에 분별이 있음. ¶~인데 어찌 함께 앉으리오?

남녀-추니(男女─) [명] 남자와 여자의 생식기를 둘 다 가지고 있는 사람. =반음양(半陰陽). ▷어지자지.

남녀칠세부동석(男女七歲不同席) [-쎄-] [명] 유교의 도덕에서, 일곱 살이 되면 자리를 따로 할 만큼 남녀의 구별을 엄격하게 한 일.

남녀-평등(男女平等) [명] 남자와 여자의 법률적 권리나 사회적 대우가 성별(性別)에 의한 차별이 없이 같음. =남녀동등.

남-녘(南─) [-녁] [명] '남쪽'을 시적·문어적으로 이르는 말. ¶~ 땅 / ~ 하늘을 바라보다. ↔북녘.

남노(男奴) [명] =사내종. ↔여비(女婢).

남:다 [-따] (남고 / 남아) [동](자) 1 (주어진 물건의 수나 양, 또는 공간 등이) 다 쓰이지 않고 그 일부는 그대로 있는 상태이다. ¶밥이 ~ / 통장에 돈이 얼마 남아 있니? 2 (시간·거리, 또는 어떤 일이) 정해진 수준이나 정도에 이르기 위해서는 아직 더 있는 상태가 되다. ¶그가 귀국하려면 아직 5개월은 **남았다**. / 우리에게는 아직 해야 할 일은 **남아** 있다. 3 (사람이) 다른 사람과 함께 떠나지 않고 있던 곳에 그대로 머무르다. ¶방과 후에 **남아** 청소를 하다. 4 (사람의 이름이나 흔적, 어떤 일 등이) 잊혀지지 않거나 뒤에까지 전하다. ¶기억에 ~ / 이름이 ~. 5 (물건을 팔아 얼마의 돈이) 이익으로 생기다. ¶이 물건은 개당 500원이 **남는다**. 6 나눗셈에서, (얼마의 수가) 나누어떨어지지 않고 그대로 있는 상태가 되다. ¶10을 3으로 나누면 1이 **남는다**. 7 ('-고도 남다'의 꼴로 쓰여) 충분히 그럴 가능성을 가지다. ¶개는 그런 짓을 하고도 남을 애다.

남-다르다(ㄹ](<~다르니, ~달라) 다른 사람과는 유난히 다르다. ¶**남다른** 노력을 기울이다 / 그는 어딘가 **남다른** 데가 있다.

남단(南端) [명] 남쪽 끝. ↔북단.

남-달리 [부] 다른 사람과는 아주 다르게. ¶저 친구는 ~ 추위를 탄다.

남-대문(南大門) [명] 서울에 있는 '숭례문(崇禮門)'의 별칭.

남대문(이) 열리다 (속) 남자 바지 앞쪽의 지퍼나 단추가 채워지지 않아 열리다. 주로, 웃갯소리로 하는 말임. ¶야, 너 남대문 열렸어.

남대문-입납(南大門入納) [-임-] [명] 주소 불명의 편지나 이름도 모르고 집을 찾는 일을 조롱하여 이르는 말.

남도(南道) [명] 1 경기도 남쪽에 있는 도. 곧, 충청도·전라도·경상도. 근래에는 전라도만을 가리키는 뜻으로 쓰는 경우가 많음. ¶~ 민요. 2 남 쪽으로 되어 있는 도에서 남쪽의 도. ¶충청 ~. ↔북도(北道).

남:독(濫讀) [명] 많은 책을 닥치는 대로 읽는 것. [비]난독(亂讀). **남:독-하다** [타](여) ¶이 책 저 책.

남동(南東) [명] 남쪽을 기준으로 하여 남쪽과 동쪽 사이의 방위. ↔북서. ▷동남.

남-동생(男同生) [명] 남자 동생. ↔여동생.

남동-쪽(南東─) [명] 남동의 방위가 되는 쪽. ↔북서쪽. ▷동남쪽.

남동-풍(南東風) [명] 남동쪽에서 불어오는 바람. ↔북서풍. ▷동남풍.

남록(南麓) 圀 산의 남쪽 기슭.
남:루(襤褸) [-누] 圀 낡아 해진 옷. 町누더기. **남:루-하다** 혱예 옷 따위가 낡고 해져서 너절하다. ¶남루한 옷차림. **남:루-히** 男

남만(南蠻) 圀 사이(四夷)의 하나. 중국에서 자기 나라의 남쪽 지방에 사는 여러 민족들을 얕잡아 이르던 말.

남만-북적(南蠻北狄) [-쩍] 圀 중국에서 자기 나라의 남쪽과 북쪽에 사는 여러 민족들을 얕잡아 이르던 말.

남매(男妹) 圀 ①(작법) 오빠와 누이동생, 또는 누나와 남동생을 아울러 이르는 말. 町남女이. ¶정다운 ~ / 두 사람은 ~ 사이다. ②(의존) 남女로 구성된 동기(同氣)의 수효를 세는 말. ¶몇 ~입니까? / 오 ~입니다.

남매-간(男妹間) 圀 오빠와 누이동생 사이. 또는, 누나와 남동생 사이.

남면(南面) 圀 1 남쪽에 있는 면. 2 남쪽으로 향하는 것. **남면-하다** 통자예 남쪽으로 향하다.

남-모르다 통자예〈-모르니,-몰라〉어떤 일이나 사실을 아무도 모르고 자기만 알다. ¶남모르는 설움을 겪다 / **남모르게** 간직해 온 사연.

남-몰래 뵈 자기 이외에 아무도 알지 못하게. ¶~ 눈물을 흘리다.

남문(南門) 圀 성곽이나 궁 등의 남쪽으로 난 문. ¶~ 밖에 산다. ↔북문(北門).

남미(南美) 圀[지] =남아메리카. ↔북미.

남바위 圀 [<含腦皮] 추울 때 머리에 쓰는 방한구의 하나. 앞은 이마를 덮고, 뒤는 목과 등을 내리덮음. ▷아얌·조바위·풍뎅이.

남반(南班) 圀[역] 고려 시대의 액정국과 내시부의 관원. 동서 양반(兩班)에 다음가는 반열임.

남-반구(南半球) 圀[지] 지구의 적도에서 남쪽 부분. ↔북반구.

남:발(濫發) 圀 1 (법령·지폐·증서 따위를) 마구 공포하거나 발행하는 것. =난발(亂發). 2 (말·행동 따위를) 마구 함부로 하는 것. **남:발-하다** 통타예 ¶어음을 ~ / 선거 공약을 ~. **남:발-되다** 통자예

남방(南方) 圀 1 남쪽 방향이나 지역. ↔북방. 2 '남방셔츠'의 준말. ¶~을 입다.

남방-불교(南方佛敎) 圀[불] 인도의 아소카왕 이후 남인도·스리랑카·미얀마·타이·인도네시아 등지에 전파된 불교. 소승 불교가 중심임. ▷북방불교.

남방-셔츠(南方<shirt) 圀 1 와이셔츠와 기본 형태는 같으나 색상이나 디자인을 좀 더 캐주얼하게 만든 셔츠. ¶체크무늬 ~. 2 =알로하셔츠. 준남방.

남-배우(男俳優) 圀 남자 배우. 준남우. ↔여배우(女俳優).

남:벌(濫伐) 圀 (나무를) 함부로 베어 내는 것. **남:벌-하다** 통타예

남-보라(藍-) 圀 =남보라색.

남보라-색(藍-色) 圀 남빛을 띤 보라색. =남보라.

남보랏-빛(藍-) [-라삔/-랃삗] 圀 남보라색을 띤 사물의 빛깔.

남복(男服) 圀 남자 옷. ¶~ 차림의 여자. ↔여복. **남복-하다** 통자예 女자가 남자의 옷을 입다.

남-볼썽 圀 남을 대하여 볼 면목. 町체면. ¶이 모양이 꼴로는 ~ 사납다.

남부(南部) 圀 1 어떤 지역의 남쪽 부분. ¶~ 지방. ↔북부. 2 [역] 고려·조선 시대에 5부 가운데 남쪽의 행정 구역. 또는, 그 구역을 관할하던 관청.

남-부끄럽다 [-따] 혱너〈-부끄러우니,-부끄러워〉창피해서 남을 대하기가 부끄럽다. ¶세 번이나 대학에 낙방을 하고 나니 남부끄러워 다닐 수가 없다. **남부끄러이** 男

남-부럽다 [-따] 혱너〈-부러우니,-부러워〉남의 좋은 점이나 우월한 점이 부럽다. ¶남부럽지 않게 살다.

남부럽잖다 [-짠타] 혱 남부럽지 않다. ¶남부럽잖은 살림 [재산] / 남부럽잖게 살다.

남부-여대(男負女戴) 圀 [남자는 지고 女자는 인다는 뜻] 가난한 사람들이 살 곳을 찾아 이리저리 떠돌아다님. **남부여대-하다** 통자예

남북(南北) 圀 남쪽과 북쪽. ¶~ 대화 / ~ 이산가족.

남북-문제(南北問題) [-붕-] 圀 1 주로 북반구에 속하는 선진 공업국과 남반구의 개발도상국 사이의 경제적 격차에서 생기는 정치적·경제적 문제의 총칭. 2 한반도의 남한과 북한 사이에 생기는 정치적·사회적 문제의 총칭.

남북조-시대(南北朝時代) [-쪼-] 圀[역] 중국에서, 진(晉)나라 전, 수(隋)나라 후까지의, 5~6세기에 걸친 시대. 남조는 동진(東晉)의 뒤를 이어 송(宋)·제(齊)·양(梁)·진(陳)으로 이어지고, 북조는 북위(北魏)가 동위·서위로 분열되고, 다시 북제·북주(北周)로 이어짐.

남북-통일(南北統一) 圀 남한과 북한으로 갈려 있는 우리 국토와 우리 겨레가 하나로 되는 일.

남비 圀 '냄비'의 잘못.

남빙-양(南氷洋) 圀[지] =남극해.

남-빛(藍-) [-삗] 圀 남빛을 띤 사물의 빛깔. ¶~쪽빛. ¶노랑 저고리에 ~ 치마.

남-사당(男-) 圀[민] 지난날, 무리를 이루어 이곳저곳 떠돌아다니면서 춤·노래·곡예 따위의 굿판을 벌이며 생계를 잇던 남자. ▷사당.

남사당-놀이(男-) 圀[민] 길놀이를 하며 굿판에 도착하여 풍물·버나·살판·어름·덧뵈기(탈놀음)·덜미(꼭두각시놀음)의 순으로 진행하는 남사당패의 공연.

남사당-패(男-牌) 圀[민] 남사당의 무리.

남사-스럽다 혱 '남세스럽다'의 잘못.

남산(南山) 圀 도성(都城)의 남쪽에 있는 산.

남산골-샌님(南山-) [-꼴-] 圀 가난하면서도 오기(傲氣)만 남은 선비를 비웃는 말.

남산-수(南山壽) 圀 남산과 같이 오래 사는 수명. 장수를 축원할 때 쓰는 말임. ¶부디 ~를 누리시옵소서.

남산-종(南山宗) 圀[불] 중국 당나라의 도선율사가 창시한 종파. 우리나라에는 신라 선덕 여왕 때 자장 율사가 개종(開宗)했음. =계율종·율종.

남상(男相) 圀 남자의 얼굴처럼 생긴 女자의 얼굴. ↔女상(女相).

남:상²(濫觴) 圀 [양쯔 강 같은 큰 강물도 잔이 넘칠 정도의 적은 양의 물에서 비롯되었다는 데서] 사물의 시초. 町효시. ¶사기(史記)는 중국 정사의 ~이라 일컬어진다.

남상-거리다/-대다 통태 '남성거리다'의 작은말.

남상-남상 뵈 '넘성넘성'의 작은말. **남상남**

상-하다 톰[타여]
남새 명 '채소(菜蔬)'의 고유어. 현재는 잘 쓰이지 않음.
남새-밭[-받] 명 =채소밭.
남색¹(男色) 명 =비역.
남색²(藍色) 명 청색에 검정이 섞인 색. 청색과 보라색의 중간 색깔임.
남생-이 명 파충류 거북목 남생잇과의 한 종. 냇가나 연못에 사는데, 거북과 비슷하나 작음. 등은 진한 갈색의 딱지로 되어 있으며, 발가락 사이에 물갈퀴가 있음.
남서(南西) 명 남쪽을 기준으로 하여 남쪽과 서쪽 사이의 방위. ↔북동. ▷서남.
남서-쪽(南西-) 명 남서의 방위가 되는 쪽. ↔북동쪽. ▷서남쪽.
남서-풍(南西風) 명 남서쪽에서 불어오는 바람. ↔북동풍. ▷서남풍.
남선북마(南船北馬)[-붕-] 명 [중국에서, 남쪽은 강이 많아 배를 이용하고, 북쪽은 산야가 많아 말을 이용한다는 뜻] 사방으로 바쁘게 돌아다님. =북마남선.
남-선생(男先生) 명 남자 선생. ↔여선생.
남성¹(男性) 명 1 아기를 직접 낳을 수 없는 성(性)에 속하는 사람. 고환·음경 등의 생식 기관을 가지며, 일정한 나이에 이르면 정자(精子)를 만들어 냄. 일반적으로 성년(成年)의 사람만을 가리킴. ▷남자. 2 인도유럽 어 등에서 명사·대명사 등의 성(性)의 구별의 하나. 여성·중성에 대립함. ↔여성.
남성²(男聲) 명 남자의 목소리. 2[음] 성악의 남자의 성부(聲部). 곧, 테너·바리톤·베이스. ¶~ 합창. ↔여성(女聲).
남성-미(男性美) 명 성질이나 체격 등에 있어서 남성 특유의 미(美). ¶~가 넘치는 우람한 체구. ↔여성미.
남성-복(男性服) 명 남성들이 입는 옷. ↔여성복.
남성-적(男性的) 관 남성다운 성질을 지니는 (것). ↔여성적.
남성^호르몬(男性hormone) 명[생] 남성의 청소(精巢)에서 분비되어 제2차 성징을 나타내고, 남성 성기의 발육을 촉진시키는 호르몬. =웅성 호르몬. ↔여성 호르몬.
남세 명 '남우세'의 준말. 남세-하다 톰[자여]
남세-스럽다[-따] 형ㅂ <~스러우니, ~스러워> '남우세스럽다'의 준말. 남세스레
남송(南宋) 명[역] 중국의 송나라가 금나라에 밀려 도읍을 남으로 내려가 임안(臨安)으로 천도(遷都)한 때부터 원나라에 망할 때까지의 송나라를 이르는 말.
남-스란치마(藍-) 명 남빛의 비단으로 만든 스란치마.
남승(男僧) 명[불] 남자 승려. ↔여승.
남실-거리다/-대다 톰 1[자] (물결이) 넘칠 듯이 자꾸 움직이다. ¶파도가 ~. 2[타] 탑이나 서 목을 쑥 빼어 들고 슬그머니 자꾸 넘겨다보다. ¶무얼 보려고 남의 집 뜰 안을 남실거리느냐? 圉남실거리다.
남실-남실[-람-] 명 남실거리는 모양. ¶넘실넘실 남실남실. 남실남실-하다 톰[자타여]
남실-바람[기상] 초속 1.6~3.3m로 부는 바람. 바람을 얼굴에 느껴지고 나뭇잎이 살랑임. =경풍(輕風).
남십자-성(南十字星)[-짜-] 명[천] 남십자자리에서, 대각선을 그으면 '十(십)' 자 모양을 이루는 네 개의 밝은 별. 북쪽 별과 남쪽 별을 직선으로 이으면 그 방향이 천구의 남극을 가리키므로, 남반구의 바다를 항해하는 사람에게 중요한 이정표 구실을 하였음. ▷북십자성.
남십자-자리(南十字-)[-짜자-] 명[천] 봄철에 남반구 하늘에 나타나는, 켄타우루스자리의 남쪽에 보이는 별자리. '남십자성'을 포함하고 있음. 우리나라에서는 보이지 않음. =십자좌.
남아(男兒) 명 1 성별이 남자인 아이. 旧사내아이. ↔여아(女兒). 2 남자다운 남자를 이르는 말. 旧대장부. ¶대한의 ~.
남아-나다 톰 (물건이) 부서지거나 없어지거나 하지 않고 제대로 성하게 남다. ¶우리 아이 손에 갔다 하면 남아나는 물건이 없다니까.
남아-돌다 톰 <~도니, ~도오> 남는 것이 많이 있게 되다. =남아돌아가다. ¶농사가 풍년이라서 쌀이 ~.
남아돌아-가다 톰[자] =남아돌다. ¶물자가 ~.
남-아메리카(南America) 명[지] 육대주의 하나. 아메리카 대륙의 남반부와 주변의 섬들로 이루어지는데, 파나마 지협에 의하여 북아메리카와 구분됨. 아르헨티나·브라질·칠레·콜롬비아 등이 이에 속함. =남미.
남아수독오거서(男兒須讀五車書) 남자는 모름지기 다섯 수레에 실을 만한 많은 책을 읽어야 한다는 뜻.
남아일언중천금(男兒一言重千金) 남자의 말 한마디는 천금과 같은 것이라는 뜻.
남아프리카^공!화국(南Africa共和國) 명[지] 아프리카의 남단에 있는 공화국. 수도는 프리토리아.
남안(南岸) 명 강이나 바다의 남쪽 기슭.
남양(南洋) 명[지] 태평양의 적도를 경계로 하여 그 남북에 걸친 지역의 총칭.
남여(籃輿) 명 의자 비슷하고 뚜껑이 없는, 작은 가마의 하나.
남!용(濫用) 명 1 (재물이나 약 따위를) 아끼지 않거나 규정을 벗어나 마구 쓰는 것. 2 (권리나 권력 등을) 일정한 기준이나 한도를 넘어서 마구 행사하는 것. ↔절용. 남!용-하다 톰[타여] ¶약을 ~ / 직권을 ~. 남!용-되다 톰[자여]
남우(男優) 명 '남배우'의 준말. ¶~ 주연상. ↔여우(女優).
남-우세 명 남에게 비웃음과 조롱을 받는 것. 또는, 그 비웃음이나 조롱. ¶~을 면하기도 하다. 圉남세·우세. 남우세-하다 톰[자여]
남우세-스럽다[-따] 형ㅂ <~스러우니, ~스러워> 남에게 조롱과 비웃음을 받을 만한 데가 있다. ¶자식이 하는 일이 남우세스러워서 얼굴을 들고 다닐 수가 없다. 圉남세스럽다·우세스럽다. ×남사스럽다. 남우세스레
남위(南緯) 명[지] 적도 이남의 위도. ↔북위(北緯).
남위-선(南緯線) 명[지] 적도 이남의 위선. ↔북위선.
남-유럽(南Europe) 명[지] 유럽 남부의 지역. 곧, 에스파냐·포르투갈·이탈리아·그리스 등의 지역을 가리킴. ↔북유럽.
남의-나이[-의-/-에-] 명 환갑이 지난 뒤의 나이를 이르는 말.
남의-눈[-의-/-에-] 명 여러 사람의 시선. ¶~을 피하다 / ~을 의식하다.
남의집살-이[-의-쌀-/-에-쌀-] 명 남의집살이●329

의 집의 일을 돌보아 주면서 그 집에서 사는 생활. 또는, 그 사람. **남의집살이-하다** 동 (자)여

남인(南人) 명 [역] 조선 시대, 사색당파의 하나. 북인(北人)에 대하여 우성전(禹性傳)·유성룡(柳成龍)을 중심으로 한 당파. ↔북인.

남자(男子) 명 1 아기를 직접 낳을 수 없는 성(性)을 가진 사람을 두루 이르는 말. '남성'보다 훨씬 일반적으로 쓰이는 말로, 모든 연령층의 사람을 포함할 수 있으나, 특별히 성(性)의 측면이 강조될 때에는 너무 어리거나 늙은 사람에 대해서는 쓰지 않음. ¶~ 직원. ▷남성. 2 한 여자의 남편이나 애인을 이르는 말. ¶결혼할 나이가 지났는데 아직 ~가 없다.

남자-관계(男子關係)[-계/-게] 명 이성으로서 남자와 맺는 관계. ¶그 여자는 ~가 복잡하다. ▷여자관계.

남작¹(男爵) 명 1 [역] 오등작(五等爵)의 다섯째 작위. 자작의 아래임. ¶~ 부인. 2 유럽에서, 중세 이후의 귀족 계급 중 다섯째 작위. 자작의 아래임.

남:작²(濫作) 명 (글이나 시 따위를) 함부로 많이 지어 내는 것. **남:작-하다** 동 (타)여

남장(男裝) 명 (여자가) 남자처럼 차리는 것. 또는, 그 차림. ¶~하다. ↔여장. **남장-하다** 동 (자)여 ¶남장한 여자.

남적도^해:류(南赤道海流)[-또-] 명 [지] 태평양·인도양·대서양 상의 남위 10° 부근을 동쪽에서 서쪽으로 흐르는 해류. ↔북적도 해류.

남전북답(南田北畓)[-땁] 명 소유한 논밭이 여기저기 흩어져 있음을 이르는 말.

남정(男丁) 명 장정이 된 남자. 오늘날에는 자립적으로 쓰이는 일이 거의 없으며, 주로 '남정네'의 꼴로 쓰임.

남정-네(男丁-) 명 여자들이 '젊은 남자들'을 가리켜 일컫는 말. ¶힘든 일일랑 ~에게 맡깁시다.

남조¹(南朝) 명 [역] 중국 남북조 시대의 송(宋)·제(齊)·양(梁)·진(陳)의 네 나라의 총칭. ↔북조.

남:조²(濫造) 명 품질 따위를 생각지 않고 마구 만들어 내는 것. =남제(濫製). **남:조-하다** 동 (타)여

남조-류(藍藻類) 명 [식] 하등 조류(藻類)의 한 무리. 세포 내에 핵이 없으며, 남색을 가지고 있어 청록색 또는 남색을 띰. 못이나 습지에 남. =남조·남조식물.

남-조선(南朝鮮) 명 1 해방 후 미군정(美軍政) 때 중부 이남의 남한을 이르던 말. ¶~ 과도 정부. 2 북한에서 남한을 호칭하는 말.

남조-소(藍藻素) 명 [식] 홍조류와 남조류에 함유된 청색의 색소 단백질.

남조-식물(藍藻植物)[-씽-] 명 [식] =남조류(藍藻類).

남존-여비(男尊女卑)[-녀-] 명 남자는 높고 귀하며, 여자는 낮고 천하다고 여기는 일. 봉건 시대(특히, 조선 시대)에 널리 받아들여졌던 생각임. ¶~ 사상. ↔여존남비.

남종(南宗) 명 1 [미] 중국 당나라의 왕유(王維)를 원조로 하는 화가의 일파. 2 [불] 중국 선종(禪宗)의 한 파. 혜능(慧能)을 개조(開祖)로 함. ↔북종.

남종-화(南宗畫) 명 [미] 중국 회화의 2대 유파의 하나. 흔히, 수묵과 담채(淡彩)로써 시정(詩情)이 넘치는 산수화를 그렸음. 준남화. ↔북종화.

남좌여우(男左女右) 명 음양설에서, 남자는 왼쪽, 여자는 오른쪽을 중하게 여긴다는 말. 이러한 뜻에서 맥·손금·자리 같은 것도 남자는 왼쪽, 여자는 오른쪽을 취함.

남중(南中) 명 [천] 천체가 자오선의 남쪽을 통과하는 일. 천체의 높이는 이때가 가장 높으며, 태양의 남중은 정오(正午)에 해당됨. =자오선 통과. **남중-하다** 동 (자)여

남중^고도(南中高度) 명 [천] 천체가 남중할 때의 고도. =자오선 고도.

남진(南進) 명 (어떤 세력이) 남쪽으로 진출하는 것. 비남하(南下). ¶~ 정책. ↔북진. **남진-하다** 동 (자)여

남짓[-짇] 명 (의존) 수량을 나타내는 말 다음에 쓰여, 무게·분량·수효 따위가 앞에 든 수량보다 조금 남거나 넘는 듯한 상태에 있음을 나타내는 말. ¶한 달 ~ 걸리다/몸무게가 70kg ~ 나가다.

남짓-하다[-짇-] 형여 (무게·분량·수효 따위가) 앞에 든 수량보다 조금 남거나 넘는 듯한 상태에 있다. ¶쌀이 닷 말 ~/마흔 살 남짓한 중년 부인. **남짓-이** 부 ¶일할 날이 한 달 ~ 남았다.

남:징(濫徵) 명 (돈이나 물건·곡식 따위를) 함부로 징수하는 것. **남:징-하다** 동 (타)여

남-쪽(南-) 명 1 해가 떠오르는 쪽을 바라보고 섰을 때, 그 방향에 대해 오른쪽으로 90도가 되는 방향. 2 남쪽에 있는 지역. 특히, 북한(北韓)의 지역에 상대하여, 남한의 지역을 이르는 말. =남. 비남녘·남측. ¶~과 북쪽의 언어 이질화 현상이 심각하다. ↔북쪽.

남창¹(男唱) 명 1 [음] 여자가 남자 목소리로 노래 부르는 일. 또는, 그 노래. ↔여창. 2 남자가 부르는 노래.

남창²(男娼) 명 여자에게 몸을 파는 남자.

남창(南窓) 명 남쪽으로 난 창. ↔북창.

남천(南天) 명 1 남쪽 하늘. 2 [천] 황도대(黃道帶) 남쪽의 하늘. ↔북천(北天).

남청(藍靑) 명 짙은 푸른빛. ¶~색.

남초(南草) 명 ['남방(南方)에서 온 풀'이라는 뜻] '담배'를 달리 이르던 말.

남촌(南村) 명 1 남쪽에 있는 마을. 2 예전에, 서울 안의 남쪽에 있는 마을들을 이르던 말. ↔북촌.

남측(南側) 명 남쪽 또는 남한의 지역이나 편. ↔북측.

남-치마(藍-) 명 1 남빛 치마의 통칭. 2 [역] 여자 예복의 한 가지로, 남빛의 치마.

남천(男親) 명 [속] 남자 친구. 인터넷상에서 쓰이는 통신 언어임. ↔여친.

남침(南侵) 명 1 북쪽에 있는 나라가 남쪽에 있는 나라를 침략하는 것. 2 북한이 남한을 침략하는 것. ¶6·25 ~. ↔북침. **남침-하다** 동 (자)여

남탕(男湯) 명 대중목욕탕에서, 남자만이 사용할 수 있도록 구분한 곳. ↔여탕.

남파(南派) 명 남쪽으로 임무를 주어 보내는 것. 특히, 북한에서 남한으로 간첩 따위를 보내는 일. ¶~ 공작선. **남파-하다** 동 (타)여 ¶간첩을 ~.

남파-되다 동 (자)

남편(男便) 명 결혼하여 여자의 짝이 된 남자를 그 여자에 대하여 이르는 말. ¶~을 얻다 (잃다). 높부군(夫君). ↔아내.

[**남편 덕을 못 보면 자식 덕도 못 본다**] 시

집을 잘못 가면 평생 고생한다.
남편에 대한 호칭어, 지칭어

호칭어	신혼 초	여보, ○○ 씨, 여봐요[허용]
	자녀가 있을 때	여보, ○○ 아버지, ○○ 아빠
	장·노년	여보, 영감, ○○ 할아버지, ○○ 아버지
지칭어	남편에게	당신, ○○ 씨[신혼 초], 영감[장·노년]
	시부모에게	아비, 아범, 그이(이이, 저이)
	친정 부모에게	○ 서방, 그 사람
	남편 동기에게	형(님), 동생, 오빠
	남편 동기의 배우자에게	그이, ○○ 아버지, ○○ 아빠
	친정 동기에게	매부, 매형, 자형, 형부, ○ 서방, 그이, 형, 아버지, ○○ 아빠
	자녀에게	아버지, 아빠
	며느리에게	아버님
	사위에게	장인, 장인어른, 아버님
	친구에게	그이, 우리 남편, 애아버지, 애아빠
	남편 친구에게	그이, 애아버지, 애아빠, 바깥양반, 바깥사람
	남편 회사에 전화를 걸 때	○○○ 씨, [직함 또는 성이나 성명과 직함을 부른다]
	아는 타인에게	○○ 아버지, ○○ 아빠, 바깥양반, 바깥사람
	모르는 타인에게	우리 남편, 저희 남편
	남편의 회사 사람에게	그이

남편-감(男便-)[-깜] 몡 남편으로 삼을 만한 사람.
남포¹ 몡 도화선 장치를 하여 폭발시킬 수 있게 된 다이너마이트. ¶~를 터뜨리다.
남포² 몡 〔<lamp〕 =남포등.
남포-등(-燈) 몡 석유를 넣은 그릇의 심지에 불을 붙이고 유리로 만든 등피를 끼운 등. =남포·양등(洋燈). ▷램프.
남포-불[-뿔/-폴뿔] 몡 남포등에 켠 불.
남풍(南風) 몡 남쪽에서 불어오는 바람. ↔북풍. ▷마파람.
남하(南下) 몡 (어떤 세력이나 현상 등이) 남쪽을 향하여 내려가거나 내려오는 것. ¶~ 정책. ↔북상(北上). **남하-하다** 동자여
남-학생(男學生)[-쌩] 몡 남자 학생. ↔여학생.
남한(南韓) 몡 1 해방 후부터 6·25 전쟁 전까지 북위 38도선 이남의 한국을 이르던 말. 2 6·25 전쟁 후 휴전선 이남의 한국. ↔북한.
남-한대(南寒帶)[-지] 지구의 남위 66°5′ 이남의 지대. 반 년씩 낮과 밤이 계속되며, 몹시 추움. ↔북한대.
남해(南海) 몡 1 남쪽에 있는 바다. 2 [지] 우리나라 남쪽의 바다.
남해-안(南海岸) 몡 남해의 해안.
남행(南行)[남냉] 몡 남쪽으로 향하여 가는 것. ¶~ 열차. ↔북행. **남행-하다** 동자여
남향(南向) 몡 남쪽을 향하는 것. 또는, 그 방향. **남향-하다** 동자여
남향-집(南向-)[-찝] 몡 대청이 남쪽 향하여 있는 집. ↔북향집.
남향-판(南向-) 몡 집터나 묏자리 등이 남쪽으로 된 터전. ↔북향판.
남ː형(濫刑) 몡 함부로 형벌을 가하는 것. 또

는, 그런 형벌. **남ː형-하다** 타여
남화(南畫) 몡 [미] '남종화'의 준말. ↔북화.
남-회귀선(南回歸線)[-회/-훼-] 몡 [지] 남위 23°27′의 위선. 동지에 태양이 이 선을 통과함. =동지선(冬至線). ↔북회귀선.
남ː획(濫獲)[-획/-훽] 몡 (짐승·물고기 따위를) 마구 잡는 것. **남ː획-하다** 동타여 ¶어린 물고기를 ~.
납¹ (鉛) 몡 [화] 무르고 잘 늘어나며 무거운, 푸른 빛이 도는 잿빛 고체 금속. 원소 기호 Pb, 원자 번호 82, 원자량 207.19. 방연석 등으로 산출함. =연(鉛).
납² (蠟) 몡 고급 지방산과 고급 1가 알코올과의 에스테르. 동식물체의 표면에 존재하며, 화장품·의약품 등에 쓰임.
납³ (鑞) 몡 '땜납'의 준말.
납골(納骨)[-꼴] 몡 시체를 화장하여 그 유골을 그릇이나 납골당에 모시는 것. **납골-하다** 자여
납골-당(納骨堂)[-꼴땅] 몡 화장한 유골을 모셔 두는 집 형태의 구조물.
납골-묘(納骨墓)[-꼴-] 몡 시체를 화장하여 그 유골을 모셔 둔 묘. ▷가족-.
납금(納金)[-끔] 몡 세금·공과금·사용료 등의 돈을 바치는 것. 또는, 그 돈. **납금-하다** 동자여 **납금-되다** 동자여
납기(納期)[-끼] 몡 세금·공과금 등을 내는 시기나 기한. ¶~일 / 세금을 ~ 내에 납부하다.
납길(納吉)[-낄] 몡 신랑 집에서 혼인날을 받아 신부 집에 알리는 것. **납길-하다** 동자여
납대대-하다[-때때-] 혱 '나부대대하다'의 준말. ¶얼굴이 ~. ▣넙데데하다.
납-덩이[-떵-] 몡 납으로 된 덩어리.
납덩이-같다[-떵-갇따] 혱 1 얼굴에 핏기가 **납덩이같이** 창백해졌다. 2 몸이 몹시 피곤하여 아주 나른하다. ¶몸이 ~. 3 분위기가 어둡고 밝지 못하다.
납-도리[-또-] 몡 [건] 모가 나게 만든 도리. ↔굴도리. ×민도리.
납-독(-毒)[-똑] 몡 =연독(鉛毒).
납득(納得)[-뜩] 몡 (남의 말이나 행동, 또는 어떤 일 등을) 헤아려 그것이 그럴 만하거나 그럴 수밖에 없겠다고 생각하여 긍정하는 것. 間이해(理解). ¶~이 가도록 자세히 설명하다. **납득-하다** 동타여 ¶너의 그런 행동을 도저히 **납득할** 수 없다. **납득-되다** 동자
납-땜(鑞-)[-땜] 몡 땜납으로 쇠붙이를 때우는 것. **납땜-하다** 타여 ¶깨어진 솥을 ~.
납땜-인두(鑞-) 몡 납땜할 때 쓰는, 인두 모양의 도구. 좀땜인두·인두.
납땜-질(鑞-) 몡 땜납으로 쇠붙이를 때우는 일. **납땜질-하다** 자여
납량(納涼)[남냥] 몡 여름철에 더위를 피하여 서늘함을 맛보는 것. ¶~물(物) / ~ 특집극. **납량-하다** 동자여
납본(納本)[-뽄] 몡 출판사가 초판 또는 개정판에 해당하는 출판물을 간행했을 때, 2부나 4부 또는 6부의 책을 관계 당국(문화 관광부 장관·국립 도서관·국회 도서관)에 제출하는 것. **납본-하다** 동타여 **납본-되다** 동자
납봉(鑞封)[-뽕] 몡 틈이나 구멍을 납으로 메우는 것. 또는, 그 납. **납봉-하다** 동타여

납부(納付·納附) [-뿌] 명 세금·공과금·등록금 등을 관계 기관이나 은행 등에 내는 것. 비납입(納入). ¶~ 기한. **납부-하다** 통타 ¶세금을 국가에 ~ / 공과금을 기한 내에 납부하지 않으면 연체료를 물어야 한다. **납부-되다** 통자

납부-금(納付金) [-뿌-] 명 납부하는 돈. =납입금. ¶~을 내다.

납북(拉北) [-뿍] 명 북한으로 납치해 가는 것. ¶~자 / ~ 인사(人士). **납북-하다** 통타여 **납북-되다** 통자 ¶그는 6·25 때 납북되었다.

납-빛 [-삗] 명 1 푸르스름한 잿빛. 2 창백하게 질린 안색을 비유적으로 이르는 말. ¶심한 충격으로 얼굴이 ~이 되었다.

납석(蠟石) [-썩] 명 광 기름 같은 광택이 있고 만지면 매끈매끈한 암석 및 광물의 총칭. =곱돌.

납세(納稅) [-쎄] 명 국가 또는 지방 자치 단체 등에 세금을 내는 것. ¶~자 / ~액 / ~ 고지서. ▷정세. **납세-하다** 통자여

납세의 의무(義務) 명 국민의 의무의 하나. 개인이나 법인이 국가나 지방 공공 단체에 세금을 내어야 하는 의무.

납세필-증(納稅畢證) [-쎄-쯩] 명 세금을 냈음을 증명하는 증서. ¶~을 받다.

납속(納贖) [-쏙] 명 죄를 면하고자 금전을 바치는 것. **납속-하다** 통자여

납시다 [-씨-] 통자 (궁) '나가시다', '나오시다'의 뜻으로, 임금의 거둥 때 쓰던 말. ¶상감마마 납시오!

납신 [-씬] 부 윗몸을 가볍게 재빠르게 구부리는 모양. **납신-하다** 통자타여

납신-거리다/-대다 [-씬-] 통타 1 입을 빠르고 경망스럽게 놀려 말하다. 2 굽실거리느라 윗몸을 빠르고 가볍게 자꾸 구부리다.

납신-납신 [-씬-씬] 부 납신거리는 모양. **납신납신-하다** 통자타여

납염(鑞染) 명 금속 물체에 땜납을 올리는 것. =납의. **납염-하다** 통타여

납입(納入) 명 세금·공과금·등록금 등을 정해진 곳에 내는 것. 비납부(納付). ¶등록금 ~ 영수증. **납입-하다** 통타여 ¶전기 요금을 은행 창구에 ~. **납입-되다** 통자여

납입-금(納入金) [-끔] 명 =납부금.

납작 [-짝] 부 1 말대답하거나 무엇을 받아먹느라 입을 재빨리 딱 벌렸다가 닫는 모양. 2 몸을 바닥에 바짝 대고 냉큼 엎드리는 모양. ¶개가 꼬리를 흔들며 주인의 발밑에 ~ 엎드렸다. 큰넙적.

납작-감 [-짝깜] 명 둥글납작한 감. =반시(盤枾).

납작-거리다/-대다 [-짝꺼(때)-] 통자타 1 말대답하거나 무엇을 받아먹을 때, 입을 냉큼냉큼 벌렸다 닫았다 하다. 2 몸을 바닥에 바짝 대고 냉큼냉큼 엎드리다. 큰넙적거리다.

납작-납작[1] [-짱-짝] 부 납작거리는 모양. ¶공금정보가 나면 일을 하던 손을 놓고 모두 굴 바닥에 ~ 엎드려 있어야 했다.《하근찬:수난 이대》 큰넙적넙적. **납작납작-하다**[1] 통자타여

납작-납작[2] [-짱-짝] 부 여럿이 다 납작한 모양. 큰넙적넙적. **납작납작-하다**[2] 형여

납작-보리 [-짝뽀-] 명 가공하여 납작하게 누른 보리쌀. =압맥(壓麥).

납작스름-하다 [-짝쓰-] 형여 조금 납작하다. ¶얼굴이 ~. 큰넙적스름하다. **납작스름-히** 부

납작-이[1] [-짜-] 명 납작하게 생긴 사람의 별명. 큰넙적이.

납작-코 [-짝-] 명 콧날이 서지 않고 납작하게 가로퍼진 코. 또는, 그런 코를 가진 사람. 큰넙적코. ×빈대코.

납작-하다 [-짜카-] 형여 (물체가) 두께가 얇으면서 판판하다. ¶납작한 돌 / 뒤통수가 ~. 큰넙적하다. **납작-이**[2] 부

납죽 [-쭉] 부 1 말대답하거나 무엇을 받아먹느라 입을 냉큼 벌렸다가 닫는 모양. ¶눈치도 없이 ~ 받아먹다. 2 몸을 냉큼 바닥에 대고 엎드리는 모양. ¶~ 엎드려 빌다.

납죽-거리다/-대다 [-쭉꺼(때)-] 통타 1 말대답하거나 무엇을 받아먹느라 입을 납죽하게 냉큼냉큼 벌렸다 닫았다 하다. 2 몸을 바닥에 바짝 대고 냉큼냉큼 엎드리다. 큰넙죽거리다.

납죽-납죽[1] [-쭝-쭉] 부 납죽거리는 모양. ¶떠 넣어 주는 밥을 ~ 잘 받아먹다. 큰넙죽넙죽. **납죽납죽-하다**[1] 통타여

납죽-납죽[2] [-쭝-쭉] 부 여럿이 모두 납죽한 모양. 큰넙죽넙죽. **납죽납죽-하다**[2] 형여

납죽-이[1] [-쭉-] 명 얼굴이나 머리가 납죽하게 생긴 사람의 별명. 큰넙죽이.

납죽-하다 [-쭈카-] 형여 갈쭉하게 넓다. 큰넙죽하다. **납죽-이**[2] 부

납^중독(-中毒) [-쫑-] 명 의 납 및 납 화합물에 의한 중독. 빈혈·복통·두통·언어 장애 등의 증상을 나타냄. =연 중독(鉛中毒).

납지(蠟紙) [-찌] 명 밀랍·파라핀 따위를 먹인 종이.

납채(納采) 명 민 전통 혼례에서, 신랑 측 혼주가 서식에 따라 정식으로 신부 집에 청혼편지를 내는 일. ▷납폐. **납채-하다** 통자여

납청-장(納淸場) 명 평북 정주군(定州郡) 납청 시장에서 만드는 놋그릇은 불로 달구어 가면서 두들겼다는 데서) 몹시 얻어맞거나 눌려 납작해진 사람이나 물건의 비유.

납촉(蠟燭) 명 =밀초.

납-축전지(-蓄電池) [-전-] 명 물 양극에 이산화납, 음극에 납, 전해액에 묽은 황산을 사용한 축전지. 충전이 가능하며, 내연 기관의 점화용으로 쓰임. =연축전지.

납치(拉致) 명 어떤 목적을 이루기 위한 불법 수단으로 사람을 강제로 끌고 가거나 꾀어서 데리고 가는 것. 또는, 사람을 태운 탈 것을 강제로 장악하여 끌고 다니는 것. **납치-하다** 통타여 ¶항공기를 ~ / 어린이를 ~. **납치-되다** 통자여

납치-범(拉致犯) 명 어떤 사람이나 탈것 등을 납치한 사람.

납폐(納幣/-幣) 명 민 전통 혼례에서, 신랑 집에서 신부 집으로 혼서와 폐백을 함에 담아 보내는 일. **납폐-하다** 통자여

납품(納品) 명 (주문받은 물건을 주문한 곳에) 가져다 주는 것. ¶~ 일자. **납품-하다** 통자타여 ¶공장에 피혁을 ~. **납품-되다** 통자

납함(吶喊) [나팜] 명 여러 사람이 함께 소리를 지르는 것. **납함-하다** 통자여

납향(臘享) [나퍙] 명 역 납일(臘日:동지 뒤의 셋째 미일)에 한 해 동안의 농사 형편과 그 밖의 일을 여러 신에게 고하는 제사. =납평제.

납형(蠟型)[나평] 명 밀랍으로 원형을 만들어 그 안팎에 고운 주형토를 이겨 발라 말린 후, 불 속에 넣어 밀랍을 녹여 없애고 만든 주형.

납회(納會)[나푀/나풰] 명 1 그해의 마지막 모임. 2 [경] 거래소에서 실시하는 매월의 최종 입회일. ↔발회(發會).

낫[낟] 명 풀·곡식을 베거나 나뭇가지를 치는 데 쓰는, 'ㄱ' 자 모양의 농기구. 세는 단위는 자루.
[낫 놓고 기역 자도 모른다] 아주 무식하다.

낫ː다¹[낟따] (낫ː고 / 나아) 통[A]〈나으니, 나아〉(병이나 상처가) 없어져 원래의 상태 또는 그에 가까운 상태가 되다. ¶병이 다 **나았**다.

낫ː다²[낟따] (낫ː고 / 나아) 형[A]〈나으니, 나아〉(질·수준 등의 정도가) 견주는 대상보다 더 좋거나 앞서 있다. ¶보다 **나은** 대우 / 매도 먼저 맞는 것이 ~.

낫ː-살[나쌀/낟쌀] 명 '나잇살'의 준말. ¶~이나 먹은 사람이 점잖지 못하게 웬 추태요?

낫우다[나수다] '고치다'의 잘못.

낫ː-잡다[낟짭따] 통(타) 계산할 때 조금 넉넉하게 치다. ¶여비를 ~.

낫-질[낟찔] 명 낫으로 풀이나 나무 등을 베는 일. **낫질-하다** 통(자여)

낫-표(-標)[낟-] 명 세로쓰기에 사용되는 따옴표의 하나. 「」의 이름. 그 기능은 작은따옴표와 같음.

낭 '낭떠러지'의 잘못.

낭군(郞君) 명 전날에, 아내가 '남편'을 일컫던 말. 오늘날에는 '남편'을 예스럽게 또는 정답게 이를 때 쓰임.

낭도(郞徒) 명 '화랑도(花郞徒)' 의 준말.

낭ː독(朗讀) 명 (어떤 글을) 크고 또렷한 목소리로 읽는 것. ¶시 ~. 북독. **낭ː독-하다** 통(타여) ¶연설문을 ~. **낭ː독-되다** 통(자)

낭-떠러지 명 산이나 언덕 등의 지형이 수직에 가깝게 급경사를 이룬 상태. 또는, 그런 곳. ≒현애(懸崖). ¶벼랑·절벽. ¶천야만야한 ~ / 발밑은 천 길 ~다. ×낭.

낭랑(琅琅)[-낭] →**낭랑-하다**¹[-낭-] 형(여) 옥이 서로 부딪치는 것처럼 울리는 소리가 썩 맑다. ¶**낭랑한** 목소리. **낭랑-히** 부

낭ː랑(朗朗)[-낭] →**낭ː랑-하다**²[-낭-] 형(여) 1 소리가 맑고 또랑또랑하다. ¶**낭랑한** 웃음. 2 빛이 밝기 매우 밝다. **낭ː랑-히** 부

낭ː만(浪漫) 명 현실에 만족하기보다 이상을 추구하고, 이성보다는 감정을 중시하며, 엄격함 대신에 사랑과 정겨움을 귀하게 여기는 심리 상태나 분위기. ¶꿈과 ~이 있던 학창 시절.

낭ː만-적(浪漫的) 관·명 현실과 이성보다는 이상과 감정의 사랑을 중시하는 특성이 있는 (것). ¶~인 분위기.

낭ː만-주의(浪漫主義)[-의/-이] 명(예) 18세기 말에서 19세기에 걸쳐 유럽을 중심으로 융성하던 예술상의 사조(思潮). 정서(情緒)나 자연의 중시, 초이성적(超理性的)인 것이나 영원을 향하는 경향, 창조적 개성의 존중 등을 특징으로 함. ≒로맨티시즘. ▷고전주의.

낭ː만-파(浪漫派) 명 낭만주의를 신봉하는 일파. ▷고전파.

낭배(囊胚) 명(생) 원생동물을 제외한 모든 동물군에서, 포배(胞胚)에 이어서 나타나는 배(胚).

낭ː보(朗報) 명 반가운 소식. ⓑ희보. ¶우리 선수들이 세계 대회에서 우승하였다는 ~가 전파를 타고 온 나라에 전해졌다.

낭ː비(浪費) 명 (재물·시간 따위를) 헛되이 헤프게 쓰는 것. ≒남비(濫費). ¶자원 ~ / 물자 ~. **낭ː비-하다** 통(타여) ¶시간을 ~ / 돈을 ~. **낭ː비-되다** 통(자)

낭ː비-벽(浪費癖) 명 낭비하는 버릇. ¶그 여자는 ~이 심하다.

낭ː설(浪說) 명 터무니없는 헛소문. ¶허무맹랑한 ~이 떠돌다.

낭-세포(娘細胞) 명(생) =딸세포. ▶모세포.

낭속(廊屬) 명 하인배(下人輩)의 총칭.

낭ː송(朗誦) 명 (문장이나 글 따위를) 소리 내어 읽거나 외는 것. 2 (시를) 음률적으로 감정을 넣어 유창하게 읽거나 외는 것. **낭ː송-하다** 통(타여) ¶시를 ~.

낭ː인(浪人) 명 1 일정한 직업이 없이 허랑하게 돌아다니며 날을 보내는 사람. 2 지난날, 일본의 떠돌이 무사를 이르던 말.

낭자¹ 명 1 여자의 예장(禮裝)에 쓰는 딴머리의 하나. 쪽 찐 머리 위에 덧대어 얹고 긴 비녀를 꽂음. 2 =쪽¹. **낭자-하다** 통(자여)

낭자²(郞子) 명 예전에, 남의 집 총각을 점잖게 이르던 말.

낭자³(娘子) 명 예전에, 처녀를 대접하여 이르던 말.

낭ː자⁴(狼藉) →**낭ː자-하다**² 형(여) 1 (피 따위의 물질이) 여기저기 얼룩지거나 흩어져 어지럽다. ¶유혈이 **낭자한** 얼굴. 2 (소리가) 왁자하고 시끄럽다. 또는, (소문 따위가) 요란하게 알려지다. ⓑ파다하다. ¶**낭자한** 웃음소리.

낭자-군(娘子軍) 명 여자로 조직된 군대나 선수단이나 기타의 단체. ¶우리의 ~이 올림픽에서 우승의 쾌거를 이룩했다.

낭자-머리(娘子-) 명 쪽 찐 머리. ¶~를 틀다.

낭재(郞材) 명 =신랑감.

낭종(囊腫) 명(의) 속에 액체나 반고형 물질이 들어 있는, 주머니 모양의 혹.

낭중(囊中) 명 주머니 속.

낭중지추(囊中之錐) 명 ['주머니 속의 송곳'이라는 뜻] 재능이 뛰어난 사람은 숨어 있어도 남의 눈에 띄게 됨을 이르는 말.

낭창-거리다/-대다 통(자) 가는 막대기나 줄 따위가 탄력성 있게 휘어 자주 흔들리다. ⓑ능청거리다.

낭창-낭창 부 낭창거리는 모양. ⓑ능청능청. **낭창낭창-하다** 통(자여) ¶**낭창낭창한** 버들가지.

낭탁(囊橐) 명 ['주머니와 전대'의 뜻] (물건을) 제 차지로 만드는 것. 또는, 그렇게 만든 물건. **낭탁-하다** 통(타여)

낭ː패(狼狽) 명 [낭(狼)은 앞다리가 길고 패(狽)는 뒷다리가 길어서 두 짐승이 서로 떨어지면 절룩거리고 넘어진다는 데서] 일이 실패로 돌아가거나 기대에 어긋나 딱하게 되는 것. ¶갈 길은 먼데 날은 어두워지고 근처에 인가도 없으니 이거 참 ~인걸. **낭ː패-하다** 통(자여) **낭ː패-되다** 통(자)

낭패(-를) **보다** 관 낭패를 당하다. ¶곡식을 심었으나 가뭄 때문에 **낭패를 보았다**.

낭하(廊下) 명 1 =행랑2. 2 =복도1.

낭화(浪花) 명 열매를 맺지 못하는 꽃.

낮[낟] 명 1 해가 떠서 질 때까지의 동안. ¶~이 길다[짧다]. ↔밤. 2 해가 꽤 높이 떠 있

는 동안. 곧, 아침과 저녁의 사이. [비]백주(白晝). ¶그는 연일 겹친 피로로 아침을 훨씬 지나 ~이 되어서야 잠자리에서 일어났다.

[**낮 말은 새가 듣고 밤 말은 쥐가 듣는다**] 아무리 비밀히 한 말도 반드시 남의 귀에 들어가게 된다는 뜻으로, 항상 말조심해야 한다는 말.

낮-거리[낟꺼-] [명] 낮에 하는 성교(性交). **낮거리-하다** [동][자][여]

낮-교대(-交代)[낟꾜-] [명] 밤과 낮으로 조를 나누어 일하는 경우의 낮 당번. ↔밤교대.

낮다[낟따] [형] **1** (사물이) 아래 또는 바닥에서 위까지의 길이가 기준 대상 또는 보통의 정도보다 짧다. ¶**낮은** 산 / 천장이 ~ / 이 마을은 지대가 **낮아** 큰비가 오면 침수되곤 한다. **2** (온도·습도·압력 등이) 기준 대상 또는 보통 정도에 미치지 못하는 상태에 있다. ¶기온이 ~ / 혈압이 ~. **3** (품질·품위·성적·능력 등이) 기준 대상 또는 보통 정도보다 나쁘거나 좋지 못한 상태에 있다. ¶질이 **낮은** 옷감 / **낮고** 천박한 말. **4** (지위·계급 등이) 기준 대상 또는 보통 정도보다 아래에 있다. ¶직위가 ~. **5** (값이나 비율 등이) 기준 대상 또는 보통 정도보다 적은 상태에 있다. ¶합격률이 ~. **6** (소리가) 음계상(音階上) 아래 단계에 있거나 진동수가 적은 상태에 있다. ¶**낮은** 목소리. ↔높다.

낮-도깨비[낟또-] [명] **1** 낮에 나타난 도깨비. **2** 체면 없이 마구 행동하는 사람을 비난하여 이르는 말.

낮-도둑[낟또-] [명] **1** 낮에 물건을 훔치는 도둑. ↔밤도둑. **2** 염치없이 욕심 부리는 사람을 욕으로 이르는 말.

낮-때[낟-] [명] 한낮을 중심으로 한 한동안.

낮-번(-番)[낟뻔] [명] 낮과 밤으로 번갈아 하는 교대 근무에서, 낮에 서는 근무. ↔밤번.

낮-보다[낟뽀-] [동][타] '낮추보다'의 준말.

낮-술[낟쑬] [명] 낮에 마시는 술.

낮은-말 [명] 천한 말.

낮은음자리-표(-音-標) [명][음] 낮은음을 적기 위한 보표(譜表)의 자리표. '𝄢'로 나타냄. =바음자리표·저음부 기호. ↔높은음자리표.

낮-일[난닐] [명] 낮에 하는 일. ↔밤일. **낮일-하다** [동][자][여]

낮-잠[낟짬] [명] 낮에 자는 잠. =오수(午睡)·오침(午寢)·주침(晝寢). ↔밤잠.

낮잠(을) 자다 [구] **1** 마땅히 서둘러서 해야 할 일을 하지 않고 한가하게 게으름을 피우다. ¶범죄가 극성을 부리는 데도 경찰은 **낮잠만 자고** 있다. **2** (물건 따위가) 제대로 쓰이지 않고 방치되어 있다. ¶많은 자료들이 먼지를 뒤집어쓴 채 서고에서 **낮잠을 자고** 있다.

낮-잡다[낟짭따] [동][타] **1** 제값보다 낮게 치다. **2** (사람을) 함부로 낮추어 대하다.

낮-참[낟-] [명] 일을 하다가 점심 전후의 잠시 쉬는 동안. 또는, 그때에 먹는 음식. ▷사이참.

낮추[낟-] [부] 낮게. ¶비행기가 마을 위로 ~ 날아가다. ↔도두.

낮-추다[낟-] [동][타] **1** '낮다'의 사동사. ¶소리를 ~ / 수준을 ~ / 값을 ~. **2** (말을) 아랫사람에게 하는 말투로 하다. 곧, 해라체 또는 하게체 등으로 말하다. ¶어르신, 말씀 **낮추십시오.** **3** (남에게 자기 또는 자기에게 딸린 사람이나 사물을) 겸손한 처지에 있게 하다. ¶자기 작품을 **낮추어** '졸작'이라고 표현한다. ↔높이다.

낮추-보다[낟-] [동][타] 남을 자기보다 낮게 보아 업신여기다. [준]낮보다. ↔돋보다.

낮추-잡다[낟-따] [동][타] 일정한 기준보다 낮게 잡다. ¶성적을 조금 **낮추잡아** 대학에 지원하다.

낮춤-말[낟-] [명][언] 상대를 높이는 뜻에서 자기와 자기에 관계되는 것을 낮추어 이름으로써 겸손한 뜻이 담긴 말. '저', '소생(小生)', '졸고(拙稿)' 등. ↔높임말.

낯[낟] [명] **1** 사람의 눈·코·입을 중심으로 한, 머리의 앞면 전체를 좀 낮추거나 예사롭게 이르는 말. ¶~을 깨끗이 씻어라. / 그는 낮술에 ~이 발그레했다. **2** 사람의 감정이나 체면 등을 나타내는 부분으로서의 머리의 앞면. [비]면목(面目). ¶~이 깎이다 / ~을 세우다 / ~을 들지 못하다. ▶얼굴.

낯(이) 두껍다 [구] 염치가 없고 뻔뻔하여 부끄러운 줄 모르다.

낯(이) 뜨겁다 [구] 남 보기가 부끄럽다. ¶**낯 뜨거운** 장면이 많은 영화.

낯을 붉히다 [구] 부끄럽거나 성이 나서 얼굴빛이 붉어지다. ¶좋게 얘기해도 될 문제를 **낯을 붉혀** 가면서 언성 높일 필요는 없잖아?

낯-가리다[낟까-] [동][자] (어린아이가) 낯선 사람을 대했을 때 두려움을 느끼거나 싫어하여 울거나 그 사람을 피하려고 하다. ¶아기가 **낯가리느라** 운다.

낯가림[낟까-] [명] 어린아이가 낯선 사람을 대했을 때 두려움을 느끼거나 싫어하여 울거나 그 사람을 피하려고 하는 것. **낯가림-하다** [동][자][여]

낯-가죽[낟까-] [명] **1** 얼굴 껍질을 이루는 살가죽. **2** 염치없는 사람을 욕할 때 그의 얼굴을 이르는 말. =면피(面皮).

낯가죽(이) 두껍다 [구] 염치가 없고 뻔뻔하여 부끄러운 줄을 모르다.

낯-간지럽다[낟깐-따] [형][ㅂ] <~간지러우니, ~간지러워> 너무 보잘것없어 부끄럽거나 염치없는 짓이 되어 남 보기에 면구스럽다. ¶**낯간지럽게** 이걸 어느 코앞에다 내놔.

낯-나다[난-] [동][자] =생색나다.

낯-내다[난-] [동][자] =생색내다.

낯-모르다[난-] [동][자][르] <~모르니, ~몰라> 누구인 줄 모르다. ¶**낯모르는** 사람.

낯-바닥[낟빠-] [명] '낯1'을 비속하게 이르는 말. ¶그러고도 ~을 들고 다니느냐?

낯-바대기[낟빠-] [명] '낯1'을 비속하게 이르는 말.

낯-부끄럽다[낟뿌-따] [형][ㅂ] <~부끄러우니, ~부끄러워> 체면이 없어 얼굴 보이기가 부끄럽다. ¶**낯부끄러워** 어떻게 얼굴을 들고 다녀?

낯-빛[낟삗] [명] 낯의 빛깔이나 기색. [비]안색(顔色). ¶그 여자는 내 말을 듣더니 금세 ~이 달라졌다.

낯-설다[낟썰-] [형] <~서니, ~서오> **1** (어떤 사람이) 처음 보거나 만난 적이 없어 얼굴을 잘 알지 못하는 상태에 있다. ¶**낯선** 사람. **2** (어떤 곳이) 처음 와 보거나 와 본 지가 아주 오래 되어 어디가 어딘지 잘 모르는 상태에 있다. ¶**낯선** 고장. **3** (어떤 일이나 대상이) 처음 겪거나 대하여 서툴고 서먹서먹하다. ¶먼 이국 땅에 당도하니 모든 게 **낯설**

기만 하다. ↔낯익다.

[어법] 낯설은 사람 : 낯설은(×)→낯선(◎). ▶어간의 끝소리가 'ㄹ'인 말이 어미 '-ㄴ'과 결합할 때에는 규칙적으로 'ㄹ'이 탈락됨.

낯-없다[나덥따] [형] 너무 미안하고 부끄러워 대할 면목이 없다. **낯없-이** [부]

낯-익다[난닉따] [형] **1** (어떤 사람이) 자주 보거나 만나거나 하여 눈에 익다. 또는, (사람의 목소리가) 자주 들어 귀에 익다. ¶**낯익은** 얼굴[음성]. **2** (어느 곳이나 대상이) 자주 가거나 접하거나 대하여 눈에 익다. ¶**낯익은** 거리[외투]. ↔낯설다.

낯익-히다[난니키-] [동][타] (어떤 사람을) 자주 만나거나 접하여 아는 사이가 되게 하거나 친분 관계를 맺다.

낯-짝[낟-] [명] '낯'을 비속하게 이르는 말. ¶무슨 ~으로 이 자리에 나타나니?

낱[낟] [명] 셀 수 있는 물건의 하나하나. ¶~으로 팔고 산다.

낱-개(-個)[낟깨] [명] 따로따로인 한 개 한 개. ¶~로 팔다.

낱-개비[낟깨-] [명] 따로따로인 한 개비 한 개비. ¶~의 성냥.

낱-권(-卷)[낟꿘] [명] 따로따로인 한 권 한 권. ¶문학 전집을 ~으로 팔다.

낱-낱[난낟] [명] =개개(個個).

낱낱-이[난나치] [부] 하나하나 빠짐없이. ¶잘못을 ~ 밝히다. ×개개이.

낱-뜨기[낟-] [명] 낱개로 파는 물건.

낱-말[난-] [명][언] =단어(單語).

낱-알[낟-] [명] 따로따로인 한 알 한 알. ¶약은 ~ 판매가 금지되어 있다. / 이 벼 품종은 ~이 굵고 크다. ▷낟알.

낱-자(-字)[낟짜] [명][언] =자모(字母)1.

낱-잔(-盞)[낟짠] [명] 따로따로인 한 잔 한 잔. ¶술을 ~으로 팔다.

낱-장(-張)[낟짱] [명] 종이 따위의 한 장 한 장.

낳다1[나타] (낳고 / 낳아) [동][타] **1** (어미가 되는 사람이나 동물이 일정 기간 배 속에 가지고 있던 아이·새끼·알을) 몸 밖으로 내놓다. ¶딸을 ~ / 알을 ~ / 돼지가 새끼를 열 마리 **낳았다**. **2** (어떤 일이 어떤 결과를) 만들어 내거나 가져오다. ¶전쟁이 **낳은** 비극. **3** (사회적·역사적 상황이나 환경이 어떤 인물이나 사실을) 나타나거나 이루어지게 하다. ¶그녀는 한국이 **낳은** 천재 바이올리니스트다.

낳다2[나타] [동][타] **1** (솜·삼 껍질·털 따위로) 실을 만들다. **2** 실로 피륙을 짜다.

낳이[나-] [명] **1** 피륙이나 실을 짜는 일. ¶실~. **2** 땅 이름 밑에 붙여 피륙의 출산지를 나타내는 말. ¶한산~. **낳이-하다** [동][자][여] 피륙이나 실을 짜다.

내1 [명] 물건이 탈 때에 일어나는 부옇고 매운 기운. ▷연기.

내2 [명] 어떤 물질이나 물건에서 풍기어 코로 느낄 수 있는, 대체로 강하고 역한 기운. '냄새'에 비해 문장에서 자유롭게 쓰이지 못하며, 합성어의 꼴을 이루는 경우가 많음. ¶땀~ / 비린~ / 밥 타는 ~가 난다. ▷냄새.

내3 [명] 시내보다는 크고 강보다는 작은, 평지를 흐르는 물줄기. =개천. ¶~가 흐르다.
내 천(川) 자 [구] 양미간의 찌푸린 주름살을 '川(천)' 자에 빗대어 나타낸 말. ¶이마에 ~를 그리다.

내4 Ⅰ [대][인칭] 1인칭 대명사인 '나'가 주격 조사 '가'와 결합할 때 그 형태가 변한 말. ¶그러기에 ~가 뭐랬니?
Ⅱ '나의'가 준 말. ¶~ 동생 / ~ 집.
[**내 밑 들어 남 보이기**] 제 스스로 제 약점을 드러냄. [**내 손에 장을 지지겠다**], [**내 손톱에 장을 지져라**] 손톱 위에 장(醬)을 놓고 열을 가해 끓이라는 뜻으로, 말하는 사람이 어떤 사실을 절대적으로 확신하여 장담할 때 하는 말. [**내 코가 석 자**] 자기 사정이 어려워 남의 사정을 돌볼 겨를이 없다는 말. '오비삼척(吾鼻三尺)'과 같은 말. [**내 할 말을 사돈이 한다**] 자기가 하려던 말이나 해야 할 말을 도리어 남이 한다.

-내5 [접미] 기간을 나타내는 일부 명사에 붙어, 그 기간 동안 처음부터 끝까지 계속됨을 나타내는 말. ¶겨우~ / 여름~.

내6(內) [명][의존] 얼마의 시간, 또는 어느 공간이나 내용의 범위를 넘거나 벗어나지 않는 상태임을 나타내는 말. ¶범위 ~ / 이 구역 ~에 들어오지 마시오.

내-7(內) [접두] '안'의 뜻. ¶~분비 / ~출혈. ↔외-.

내-가다 [동][타][거라] 〈~가거라〉 안에서 밖으로 가져가다. ¶밥상을 ~.

내각1(內角) [명] **1** [수] 다각형에서 인접한 두 변이 안쪽에 만드는 모든 각. **2** [수] 한 직선이 두 직선과 각각 다른 점에서 만날 때 두 직선의 안쪽에 생기는 각. **3** [체] =인코너. ↔외각(外角).

내각2(內閣) [명][정] 국가의 행정권을 집행하는 합의제 기관. ¶연립 ~ / ~을 개편하다.

내각^책임제(內閣責任制) [명][정] =의원 내각제.

내간(內簡) [명] 부녀자끼리 주고받는 편지. =내서(內書)·내찰(內札).

내간-체(內簡體) [명] **1** 부녀자들 사이에서 오가는 편지의 글씨체. **2** [문] 조선 시대에 부녀자들이 일상어를 바탕으로 하여 써 나간 편지·일기·수필 등의 문체.

내-갈기다 [동][타] **1** 힘껏 갈기다. ¶말 엉덩이를 ~. **2** 글씨를 공들이지 않고 마구 쓰다. ¶글씨를 ~.

내객(來客) [명] 찾아온 손님.

내-걷다[-따] [동][자][ㄷ] 〈~걸으니, ~걸어〉 앞을 향하여 걷다.

내-걸다 [동][타] 〈~거니, ~거오〉 **1** 밖이나 앞쪽으로 내어 걸다. ¶간판을 ~. **2** (어떤 문제나 목표·조건 따위를) 앞세우거나 내세우다. ¶부대조건을 ~. **3** (목숨·명예 따위를) 희생할 각오를 하다. ¶그들은 독립을 위해 목숨을 **내걸고** 싸웠다.

내걸-리다 [동][자] '내걸다'의 피동사. ¶선거 공고문이 ~.

내경(內徑) [명] **1** [수] =안지름. ↔외경(外徑). **2** 총신이나 포신의 구경(口徑). ¶~ 105mm의 곡사포.

내계(內界)[-계/-게] [명] 의식 내부의 세계. [비]내면세계. ↔외계(外界).

내-골격(內骨格) [명][생] 몸의 속 부분을 이루고, 근육을 부착하게 하는 뼈의 조직. ↔외골격.

내-곱다[-따] [동][자] 바깥쪽으로 굽어 꺾이다. [큰]내굽다. ↔들이곱다.

내공1(內功) [명] 무술·기공 등에서, 오랜 수련에 의해 몸 안에 쌓인다고 하는 불가사의 한 힘.
내:공²(內攻) 명 1 [의] 병이나 병균이 몸 겉에 나타나지 않고 내장의 기관을 침범하는 것. 2 [심] 정신적 결함이나 타격이 표면에 나타나지 않고 속으로만 퍼지는 것. 내:공-하다¹ 통 재여
내:공³(內空) 명 속이 비어 있음.
내공⁴(來貢) 명 다른 나라 정부나 개인이 공물(貢物)을 바치는 것. 내:공-하다² 재여
내:공⁵(耐空) 명 (항공기나 새 따위가) 땅에 내리지 않고 오랫동안 계속 나는 것. 내:공-하다³ 재여
내:공-목(內供木) 명 옷의 안감으로 쓰는, 품질이 낮은 무명. =왜난목. 준내공.
내:과(內科) 명 내장의 기관에 생긴 병을 외과적 수술에 의하지 않고 치료하는 의학의 한 분과. ↔외과(外科).
내:과-의(內科醫) [-꽈의/-꽈이] 명 내과적 치료를 전문으로 하는 의사. ↔외과의.
내:-과피(內果皮) 명 [식] =속 열매껍질. ↔외과피.
내:관¹(內官) 명 [역] =환관(宦官).
내:관²(內觀) 명 1 [불] 마음을 고요히 하여 자기 자신을 자세히 관찰하는 것. 2 [심] =자기 관찰. 내:관-하다 통 재여
내:괘 명 '내 그럴 줄 알았다'는 뜻으로 쓰이는 말.
내구(來寇) 명 도적이 침범해 오는 것. 또는, 그 도적. 내구-하다¹ 통 재여
내:구²(耐久) 명 오래 견디는 것. 내:구-하다² 통 재여
내:구-력(耐久力) 명 오래 견딜 수 있는 힘.
내:구-성(耐久性) [-썽] 명 오래 견디는 성질. ¶이 가구에 사용된 목재는 ~이 매우 강하다.
내:구^소비재(耐久消費財) 명 소비재 중 오래도록 쓸 수 있는 물품. 가구·텔레비전·냉장고·라디오 따위.
내:구-재(耐久財) 명 [경] 오래도록 쓸 수 있는 재화(財貨).
내:국(內國) 명 1 외국에 상대하여 말하는, 자기 나라. ↔외국. 2 나라 안. ¶~ 항로.
내:국^공채(內國公債) [-꽁-] 명 [경] 자기 나라 안에서 발행·모집되는 공채. 준내채.
내:국-민(內國民) [-궁-] 명 =내국인.
내:국-법(內國法) [-뻡] 명 [법] 자기 나라 법률을 외국의 법률에 상대하여 일컫는 말. ↔국내법.
내:국-세(內國稅) [-쎄] 명 관세와 톤세(ton稅)를 제외한, 국세의 총칭.
내:국-인(內國人) 명 자기 나라 사람. =내국민. ↔외국인.
내:국-환(內國換) [-꽌] 명 [경] 1 한 나라의 원격지(遠隔地) 사이에서 채권·채무를 어음·수표 등으로 지급 위탁하거나 수입 위임함으로써 결제하는 방식. ↔외국환. 2 '내국환 어음'의 준말.
내:국환^어음(內國換-) [-꽌-] 명 [경] 국내에서 결제 수단으로 쓰이고, 발행지와 지급지가 모두 국내인 환어음. 준내국환. ↔외국환 어음.
내:-굴리다 통 태 함부로 내돌려서 마구 다루다.
내:-굽다 [-따] 통 재 바깥쪽으로 굽어 꺾이다. ¶팔이 들이굽지 내굽어? 짝내곱다. ↔들이굽다.
내:규(內規) 명 어떠한 기관이나 단체가 그 실정에 따라서 따로 정하여 그 내부에서만 시행하는 규정. =내칙(內則). ¶회사 근무 조건을 ~로 정하다.
내:근¹(內勤) 명 회사·관청 따위의 직장 안에서만 일하는 것. ↔외근. 내:근-하다¹ 통 재여
내:근²(內近) →내:근-하다² 형 여 부녀자의 방과 가깝다.
내:-금위(內禁衛) 명 [역] 조선 시대에 임금을 호위하던 군대. ▷금군(禁軍).
내:기¹ 명 일정한 조건 밑에서 승부를 다투어 이기는 편이, 건 물품이나 돈을 차지하는 일. ¶~ 바둑 / ~ 술. 내:기-하다 통 태여 ¶나는 친구와 누가 더 빨리 달리나 내기했다.
-내기² 접미 1 '지역을 나타내는 일부 명사에 붙어, 그곳 태생이거나 그곳에서 자란 사람임을 다소 낮추어 이르는 말. ¶서울~ / 시골~. 2 어떠한 말에 붙어서, 그 말이 뜻하는 사람임을 얕잡아 이르는 말. ¶풋~ / 보통~ / 여간~ / 신출~. ×-나기.
내:-깔기다 통 태 바깥쪽으로 힘차게 깔기다.
내:나 부 1 아무 차이 없이 결국은. ¶이렇게 하나 저렇게 하나 ~ 한가지다. 2 '일껏'의 잘못.
내남-없이 [-업씨] 부 나와 다른 사람 모두 마찬가지로. ¶당신만 아쁜 게 아니오. 여기 있는 사람 모두 ~ 바쁜 사람이오.
내:-내 부 어느 기간 동안 처음부터 끝까지. 비줄곧. ¶아버님, 다시 만나 뵈올 때까지 ~ 건강하십시오.
내-내년(來來年) 명 내년의 다음 해. 비후년.
내-내월(來來月) 명 내월의 다음 달.
내년(來年) 명 올해의 다음 해. =명년.
내년-도(來年度) 명 다가올 연도. 또는, 내년의 연도. =명년도. ▷작년도.
내:-놓다 [-노타] 통 태 1 (물건을) 밖으로 꺼내 놓다. ¶이삿짐을 마당에 ~. 2 (신체 부위를) 바깥으로 노출하다. ¶허연 다리를 내놓고 다니다. 3 가지고 있던 것을 내주거나 차지하던 것에서 물러서다. ¶기부금 조로 100만 원을 ~ / 가진 거 다 내놔. 4 팔려고 하는 물건임을 알도록 드러내다. ¶방(집)을 부동산 중개업소에 ~. 5 (가둔 짐승을) 자유롭게 놓도록 ~. ¶닭과 양을 내놓고 키우다. 6 (주로 '내놓고'의 꼴로 쓰여) (어떤 사실을) 공개적으로 드러내다. ¶금품을 내놓고 요구하다. 7 (의견이나 문제를) 제시하다. ¶좋은 아이디어를 ~. 8 (작품이나 상품을) 발표하거나 선보이다. ¶신개발품을 ~. 9 일정한 범위에서 제외하거나 버리다. ¶내놓은 자식.
내:다¹ (내고 / 내어) 통 재 연기나 불길이 아궁이로 되나오다. 비내키다. ¶바람이 불어 불이 ~.
내:다² (내고 / 내어) 통 1 태 1 '나다'의 사동사. ¶길을 ~ / 소문을 ~ / 결말을 ~. 2 밖으로나 한쪽으로 나오게 하다. ¶옷장을 조금 이쪽으로 내다. 3 (돈이나 물건을) 주거나 바치다. ¶회비를 ~ / 세금을 ~. 4 (거름 따위를) 논밭에 가져가거나 주다. ¶밭에 거름을 ~. 5 (모나 모종을) 옮겨서 심다. ¶내일은 고추 모를 내야지. 6 (의견 따위를) 제시하다. ¶안건을 ~. 7 (서류나 문서를) 제출하다. ¶사표를 ~. 8 (편지나 통지 등을) 보내다. ¶편지를 ~. 9 (출판물을) 발행하다. ¶잡지를 ~. 10 (답이나 해석 따위를) 구하거나 밝히다. ¶답을 ~. 11 (가게 따위

를) 새로 열거나, (따로 살림을) 차리게 하다. ¶옷 가게를 ~ / 살림을 ~. **12** (빚을) 얻다. ¶빚을 ~. **13** (배를) 물 위에 띄우다. ¶곧 배를 **낼** 테니 조금만 기다리시오. **14** (곡식을) 두어 두지 않고 팔다. ¶묵은 곡식을 ~. **15** ('한턱' 또는 음식 따위를) 특별히 대접하다. ¶한턱~. [2][보조]《동사의 어미 '-아/어'의 아래에 쓰여》 그 동작을 제힘으로 능히 끝냄을 보이는 말. ¶고통을 참아 ~ / 슬픔을 이겨 ~.

내ː다-보다 [동][타] **1** (밖을) 목을 빼거나 고개를 내밀거나 밖이 잘 보이는 위치에 가거나 하여 보다. ¶창밖을 ~. ↔들여다보다. **2** (장차의 일을) 미리 어찌 될 것인가를 헤아리다. ¶미래를 **내다보는** 눈.

내ː다보-이다 [동][자] '내다보다'의 피동사. ¶창밖으로 강이 **내다보이는** 별장. ↔들여다보이다.

내ː-닫다[-따] [동][자][타][ㄷ] 〈~달으니, ~달아〉 갑자기 밖으로나 앞으로 힘차게 뛰어나가다. [비]내달리다. ¶그는 너른 벌판을 힘차게 **내달았다**.

내ː-달(來-) [명] 이달의 바로 다음 달. =내월·훗달. [비]새달·익월.

내ː-달다 [동][타] 〈~다니, ~다오〉 **1** 바깥에 달다. ¶이사하자마자 그는 제 이름 석 자가 적힌 문패를 얼른 **내달았다**. **2** 한쪽으로 더 이어 붙이다. ¶방 셋을 더 드려 **내단** 행랑채.

내ː-달리다 [동][자][타] 밖이나 앞으로 힘차게 달리다. [비]내닫다. ¶적진을 향하여 ~ / 말을 타고 넓은 벌판을 ~.

내ː당(內堂) [명] =내실(內室)[1]1. ¶~ 마님.

내ː-대각(內對角) [명][수] **1** 삼각형의 한 외각에 대하여 이웃하지 않는 내각. **2** 다각형의 한 외각에 대하여 그 꼭짓점과 마주 보는 꼭짓점에서의 내각.

내ː-대다 [동][타] **1** 밖이나 앞으로 내밀어서 무엇에 가까이 대거나 닿게 하다. ¶나는 얼른 영수증을 꺼내 점원의 코앞에 **내대었다**. **2** (조건이나 의견 따위를) 상대자 앞에 내놓거나 들이대다. ¶사장에게 요구 사항을 ~. **3** 함부로 말하거나 고집을 부려 물리치다. ¶마구 **내대지**만 말고 내 말도 좀 들어 보렴.

내ː-던지다 [동][타] **1** (물건을) 밖으로 던지다. ¶공을 담 밖으로 ~. **2** (물건을) 아무렇게나 냅다 던지다. ¶그는 화를 참지 못해 보던 책을 **내던졌다**. **3** (어떤 대상을) 관계를 끊고 돌아보지 않다. ¶지위와 명예를 ~. **4** (말을) 아무렇게나 한마디 뱉듯이 하다. ¶퉁명스럽게 한마디 툭 ~.

내ː도(來到) [명] **1** (때·기회가) 오는 것. **2** (어떤 지점에) 와서 닿는 것. ¶다음 달 ~ 예정. **내ː도-하다** [동][자][여]

내ː-돋다[-따] [동][자] 겉이나 밖으로 돋아 나오다. ¶이마에 땀방울이 ~.

내ː-돌리다 [동][타] 함부로 내놓아 남의 손에 가게 하다. ¶귀중품을 아무렇게나 ~.

내ː-동댕이치다 [동][타] 힘껏 마구 내던지다. ¶홧김에 술잔을 ~.

내두(來頭) [명] 이제부터 닥쳐오게 될 앞. =전두(前頭). ¶~사(事).

내ː-두다 [동][타] 앞이나 바깥쪽으로 내어다 두다. ¶이 책은 저기다 **내두게**.

내ː-두르다 [동][타][르] 〈~두르니, ~둘러〉 **1** 이리저리 함부로 휘두르다. ¶혀를 ~ / 팔을 ~. **2** 다른 사람 또는 권력 따위를 제 마음대로 다루다. ¶형이라고 동생을 너무 **내두르는구나**.

내ː-둘리다[1] [동][자] 정신이 아찔하여 어지러워지다. ¶맴을 돌고 나니 머리가 **내둘린다**.

내ː둘리다[2] [동][자] '내두르다'의 피동사.

내ː-드리다 [동][타] **1** (물건을) 윗사람에게 꺼내어 주다. ¶할머니께 장롱에서 베개를 ~. **2** (차지하거나 가졌던 것을) 윗사람에게 넘겨주다. ¶노인에게 자리를 ~.

내ː-들다 [동][타] 〈~드니, ~드오〉 **1** 앞이나 바깥쪽으로 내어서 들다. **2** (사실이나 예(例)를) 들어 말하다.

내ː-디디다 [동][타] **1** (발을) 앞이나 바깥쪽으로 디디다. ¶징검다리를 건너가다가 발을 잘못 **내디뎌** 물에 빠졌다. **2** (걸음을) 내걷다. ¶그는 몹시 지쳤지만 힘을 내어 걸음을 다시 **내디뎠다**. [준]내딛다.

내ː-딛다[-따] [동][타] '내디디다'의 준말.

내ː-떨다 [동][타] 〈~떠니, ~떠오〉 **1** 붙은 것이 떨어지도록 밖으로 내어 힘차게 떨다. ¶담요를 ~. **2** 남이 붙잡거나 따르지 못하도록 힘차게 뿌리치다.

내ː-뛰다 [동][자] **1** 힘껏 밖이나 앞으로 뛰다. **2** 냅다 도망치다. ¶붙들릴세라 기를 쓰고 ~.

내ː-뜨리다/-트리다 [동][타] (물건을) 들어 힘껏 던져 버리다.

내ː락(內諾*) [명] ['諾'의 본음은 '낙'] **1** 사전에 남몰래 승낙하는 것. **2** 정식으로가 아닌, 우선 하는 승낙. ¶~은 받아 놓았다. **내ː락-하다** [동][타][여]

내ː란(內亂) [명] 어떤 세력이 정부를 뒤집어엎고 정권을 장악하기 위해 나라 안에서 무력으로 투쟁하는 일.

내ː란-죄(內亂罪)[-쬐/-쮀] [명][법] 정부의 전복을 기도하거나 헌법을 문란하게 하는 등의 목적으로, 폭동을 일으킴으로써 성립되는 죄.

내러티브(narrative) [명] 소설·영화·연극 등에서, 인과 관계가 있는 사건의 서술. 곧, 줄거리를 가진 이야기.

내레이션(narration) [명] 영화·방송극·연극 등에서 장면의 진행에 따라 줄거리나 장면 등을 해설하는 장외(場外)의 소리. 또는, 그 해설. ×나레이션.

내레이터(narrator) [명] 영화·방송극·연극 등에서 자기 얼굴은 내비치지 않으면서 줄거리나 장면 등을 해설하는 사람.

내레이터-모델(†narrator model) [명] =도우미.

내려-가다 [동][거라] 〈~가거라〉 [1][자] **1** 높은 곳에서 낮은 곳으로 향하여 가다. ¶계단을 통해 아래로 ~. **2** 서울에서 시골로 떠나가다. ¶시골 고향으로 ~. **3** 중앙 부서에서 지방 부서로, 위 기관에서 아래 기관으로 가다. ¶이번에 해남의 지방 법원 지원으로 **내려가게** 됐다. **4** (수치나 물가, 온도 따위가) 낮아지거나 떨어지다. ¶물가가 ~ / 기온이 ~. **5** 뒷날이나 아래 세대로 전하여 가다. ¶이 일은 대를 거듭하여 **내려갈수록** 더욱 빛날 것이다. **6** 음식이 소화되다. ¶먹은 밥이나 **내려가면** 공부해라. [2][타] (어떤 곳을) 낮은 쪽이나 아래쪽을 향하여 가다. ¶언덕을 ~. ↔올라가다.

내려-놓다[-노타] [동][타] 위에 있는 것이나 들고 있는 것을 아래로 놓다. ¶짐을 땅에 **내려놓고** 쉬다.

내려다-보다 [동][타] **1** 위에서 아래로 향하여 보다. ¶비행기에서 지상을 **내려다보니** 아찔했다. 2 자기보다 한층 낮추어 보다. ¶그는 남을 턱없이 **내려다보는** 습성이 있다. ↔올려다보다.
내려다보-이다 통(자) '내려다보다'의 피동사. ¶바다가 **내려다보이는** 언덕.
내려-디디다 통(타) 발을 아래로 내디뎌 밟다. ¶달 표면에 발을 ~. ㈜내려딛다.
내려-뜨리다/-트리다 통(타) 위에 놓인 것이나 손에 쥔 것을 아래로 내려 떨어뜨리다. ¶두레박을 우물 속으로 ~.
내려-받다[-따] 통(타) 인터넷이나 컴퓨터 통신을 통하여 파일이나 데이터를 전송받다. ¶인터넷에서 음악 파일을 ~. ↔올리다.
내려본-각(-角) 명(수) 높은 곳에서 낮은 곳에 있는 지점을 내려다볼 때, 시선과 수평면이 이루는 각. =부각(俯角). ↔올려본각.
내려-서다 통 ①(자) 높은 곳에서 낮은 곳으로 내려와 서다. ¶단 아래로 ~. ②(타) (층계 따위를) 낮은 쪽을 향하여 옮겨 서다. ¶장독대에서 계단을 **내려서다가** 발을 삐었다.
내려-쓰다 통(타) 〈~쓰니, ~써〉 아래로 낮게 자리를 잡아서 글을 쓰다. ¶제목 밑에 본문을 한줄 ~.
내려-앉다[-안따] 통(자) 1 (지반·건물·다리 따위가) 본래의 구조를 지탱하지 못하고 주저앉거나 무너지다. ¶천장이 ~. 2 (새나 날벌레나 비행기 등이) 공중에서 날기를 그치고 땅 위나 물체 위로 몸이나 몸체를 두다. ¶비행기가 활주로에. ~. 3 (낮은 지위나 직책으로) 내려간 상태가 되다. ¶부장에서 과장으로 ~. 4 (어둠이나 안개 또는 어떤 분위기 따위가) 깔리거나 끼다. ¶짙은 안개가 자욱이 ~. 5 (가슴이나 심장이) 몹시 놀라서 충격을 받다. ¶그 말을 듣는 순간 내 가슴은 덜컥 **내려앉았다**.
내려-오다 통(너라) 〈~오너라〉 ①(자) 1 높은 곳에서 낮은 곳으로 향하여 오다. ¶등산객들이 산에서 ~. 2 과거부터 지금까지 전해오다. ¶조상 대대로 **내려온** 가보(家寶). 3 중앙 부서에서 지방 부서로, 위 기관에서 아래 기관으로 옮겨 오다. ¶본점에서 **내려오신** 분입니다. 4 차례나 계통을 따라서 전해오다. ¶옛날부터 **내려온** 명령. ②(타) 1 (무엇을) 높은 데서 낮은 데로 옮겨 오다. ¶위에서 짐을 좀 **내려오너라**. 2 (어떤 곳을) 낮은 곳이나 아래쪽으로 향하여 오다. ¶산을 ~ / 비탈을 ~
내려-지다 통(자) 1 위에서 아래로 떨어지다. 2 명령이나 지시가 계통을 따라 아래로 전해지다. ¶계엄령이 ~.
내려-찍다[-따] 통(타) 위에서 아래로 찍다. ¶도끼로 장작을 ~.
내려-치다 통(타) 1 (어떤 물건을, 또는 어떤 물건으로 어느 것을) 아래로 세게 치다. ¶사범은 벽돌을 주먹으로 **내려쳤다**. 2 (어떤 물체가) 아래로 떨어져 (어떤 대상을) 치다. ¶선반 위에 있던 약병이 떨어지면서 그의 머리를 **내려쳤다**.
내'력¹(內力) 명(물) 1 =변형력(變形力). 2 물체 내에서 서로 작용하는 힘.
내력(來歷) 명 1 어떤 사물이 지나 온 유래. ¶저 집이 폐가로 된 데에는 ~이 있다. 2 =내림¹.
내로라 →**내로라-하다** 통(자)(여) 자기가 제일 잘났다고 뽐내거나 큰소리치다. ¶**내로라하**는 재계(財界)의 인사들이 한곳에 모였다.

내ː륙(內陸) 명(지) 바다에서 멀리 떨어진 육지. ¶~ 지방.
내ː륙-국(內陸國)[-꾹] 명(지) 정치 지리학상, 영토가 바다에 닿지 않고 육지 안에만 들어 있는 나라. 스위스·몽골 따위.
내ː륙-하천(內陸河川)[-류카-] 명(지) 내륙부에 있으나 물이 흐르는 도중에 증발하거나 땅속으로 흡수되어 바다에까지 이르지 않는 하천.
내ː륙-호(內陸湖)[-류코] 명(지) 내륙 지역에 있어, 강이 되어 바다로 흐르지 않는, 염분이 많은 호수. 사해·카스피 해 따위.
내ː륜-산(內輪山) 명(지) 이중 화산의 중앙 화구를 직접 둘러싸고 있는 고리 모양의 산릉. =주상산.
내리 뷔 1 위에서 아래로 향하여. ¶공을 ~ 던지다. 2 처음부터 끝까지. ㈜줄곧. ¶~ 세 시간을 잤다. 3 사정없이 마구. ¶~ 짓누르다.
내리-갈기다 통(타) 위에서 아래쪽으로 힘차게 후려치다. ¶채찍으로 말 등을 ~.
내리-감다[-따] 통(타) 1 (눈을) 아래로 감다. ¶눈을 지그시 ~. 2 (아랫사람의 잘못을) 윗사람이 못 본 체하다.
내리-글씨 명 =세로글씨.
내리-굿다[-귿따] 통(타)(ㅅ) 〈~그으니, ~그어〉 위에서 아래로 줄을 곧게 긋다. ¶줄을 ~. ↔치긋다.
내리-깔기다 통(타) (오줌 따위를) 낮은 곳으로 내쏘다. ¶담벼락에 오줌을 ~.
내리-깔다 통(타) 〈~까니, ~까오〉 1 윗눈시울로 눈알을 반쯤 덮고 시선을 아래로 보내다. ¶소녀는 볼에 홍조를 띤 채 눈을 다소곳이 **내리깔고** 있었다. 2 (자리 따위를) 아래쪽으로 깔다. ¶아랫목으로 이불을 ~.
내리-꽂다[-꼳따] 통(타) (물체를) 위에서 아래로 힘차게 꽂다. 또는, 세차게 던지거나 치거나 하여 꽂듯이 떨어지게 하다. ¶창을 바닥에 ~ / 공을 빈 자리에 강스파이크로 ~.
내리꽂-히다[-꼬치-] 통(타) '내리꽂다'의 피동사.
내리-꿰다 통(타) 1 위에서 아래로 꿰다. 2 (무엇의 내용이나 사정 따위를) 속속들이 다 알고 있다. ¶저 애는 TV 앞에 붙어살아, 연예인이라면 **내리꿴답니다**.
내리-내리 뷔 연달아 내리. ¶~ 딸만 일곱을 낳다.
내리-누르다 통(타)(ㄹ) 〈~누르니, ~눌러〉 1 위에서 아래로 힘을 주어 누르다. 2 꼼짝 못하도록 강제로 억압하다. ¶독재 정권은 막강한 권력으로 힘없는 백성들을 **내리눌렀다**.
내리다 통 ①(자) 1 (사물이) 높은 곳에서 아래로 움직여 땅이나 바닥에 있는 상태가 되다. ¶눈이 ~ / 연극이 끝나자 막이 ~. 2 (사람이 탈것에서) 나와 땅 위에 있는 상태가 되다. ¶차에서 ~. ↔오르다. 3 (값·온도·습도 등의 수치가) 낮은 수준이나 정도에 있게 되다. ¶물가가 ~ / 몸의 열이 ~. 4 무속에서, (신이) 사람의 몸에 드는 상태가 되다. ¶그의 딸은 신이 **내려** 무당이 되었다. 5 (먹어 얹힌 것이) 소화가 되어 위에서 창자로 내려가게 되다. ¶침을 맞혔더니 체한 게 **내렸다**. 6 (살이) 빠지는 상태가 되다. ¶그는 병치레로 살이 **내려** 아주 수척해졌다. 7 (부었던 살이) 가라앉아 본래의 상태가 되다. ¶얼음찜질을 했더니 부기가 **내렸다**. 8 (뿌리가) 제대로 생겨 흙 속에 자리를 잡다. ¶옮겨 심은 묘목이 뿌리가 ~. **9** (어둠이) 해가 지면서 땅 위에 생기다. ¶산 마을에는 일찍 어둠이 **내린다.** [2][타] **1** (물건을) 높은 곳에서 아래로 움직여 낮은 곳에 있는 상태가 되게 하다. ¶짐을 선반에서 ~. **2** (사람이 탈것을) 나와 땅 위에 있는 상태가 되다. ¶택시를 ~. **3** (값 따위의 수치를) 낮은 수준에 있게 만들다. ¶물건 값을 10% ~. **4** (아주 높은 존재나 사람이 상·선물·복·벼슬·벌 따위를) 베풀거나 주다. ¶임금이 신하에게 벼슬을 ~. **5** (윗사람이 아랫사람에게 명령·분부 따위를) 주어서 받아들이게 하다. ¶소대장은 병사들에게 돌격 명령을 **내렸다.** **6** (결정·판단·평가 등을) 짓거나 이루는 상태가 되다. ¶결론을 ~. **7** (먹어서 얹힌 것을) 소화가 되는 상태로 만들다. ¶체증을 ~. **8** (발이나 블라인드 따위를) 아래로 늘어진 상태가 되게 하다. ¶막을 ~. **9** (뿌리를) 제대로 뻗어서 흙 속에 자리를 잡다. ¶나무가 뿌리를 ~.

내리-닫다[-따] [동][자][ㄷ]〈~달으니, ~달아〉 **1** 아래로 향하여 달리다. ¶언덕길을 ~. ↔치닫다. **2** 힘차게 마구 달리다.

내리-닫이[1][-다지] [명] 바지와 저고리를 한데 붙이고, 뒤를 터서 똥오줌을 누기에 편리하게 만든 어린아이의 옷.

내리-닫이[2][-다지] [명][건] 두 짝의 창이 위아래로 오르내려서 여닫게 된 창. ↔가로닫이.

내리-덮다[-덥따] [동][타] 위에서 아래를 향해 덮다. ¶두 눈을 반쯤 **내리덮은** 눈꺼풀.

내리-뛰다 [동][자] **1** 위에서 아래로 뛰어내리다. ¶담장에서 마당으로 ~. **2** 위에서 아래쪽을 향하여 뛰다. ¶언덕 아래로 ~.

내리-뜨다 [동][타]〈~뜨니, ~떠〉 눈을 아래로 향하여 뜨다. ¶눈을 ~. ↔치뜨다.

내리-막 [명] **1** 길이나 지형이 아래쪽으로 경사를 이룬 상태. 또는, 그런 길이나 지형. [비]내리받이. ¶~ 차로. **2** 형편이나 형세가 퇴보하거나 쇠퇴하는 상태인 것. ¶그들의 운명도 이제는 ~이다. ↔오르막.

내리막-길[-낄] [명] **1** 길이나 지형이 아래쪽으로 경사를 이룬 길. **2** 형편이나 형세가 퇴보하거나 쇠퇴하는 상태. ¶인생의 ~에 들어서다. ↔오르막길.

내리-몰다 [동][타]〈~모니, ~몰아〉 **1** 위에서 아래로 몰다. ¶목동은 양 떼를 냇가로 **내리몰았다.** **2** 사정없이 마구 몰다. ¶차를 급하게 ~.

내리-밀다 [동][타]〈~미니, ~미오〉 아래쪽으로 밀다. ¶바위를 절벽 밑으로 ~. ↔치밀다.

내리-받다[-따] [동][타] (물체를) 아래를 향하여 받다. ¶소가 머리로 땅바닥을 ~. ↔치받다.

내리받-이[-바지] [명] 비탈진 곳의 내려가는 방향. 또는, 그런 부분. [비]내리막. ↔치받이.

내리-붓다[-붇따] [동][ㅅ]〈~부으니, ~부어〉 [1][타] 위에서 아래로 붓다. ¶너무 더워 바가지로 머리 위에서부터 물을 **내리부었다.** [2][자] (비나 눈 따위가) 많이 퍼붓다. ¶함박눈이 갑자기 ~.

내리-비추다 [동][타] 위에서 아래로 비추다. ¶조명이 무대를 ~.

내리-비치다 [동][자] 위에서 아래로 비치다. ¶백사장에 햇빛이 ~.

내리-뻗다[-따] [동][자][타] 높은 곳에서 낮은 곳으로 곧게 뻗다. ¶능선은 해안으로 **내리뻗어** 있다.

내리-사랑 [명] 손윗사람의, 손아랫사람에 대한 사랑. ↔치사랑.

[**내리사랑은 있어도 치사랑은 없다**] ㉠윗사람이 아랫사람을 사랑할 수는 있어도 아랫사람이 윗사람을 사랑하기는 어렵다. ㉡윗사람은 아랫사람의 작은 허물쯤은 너그럽게 보아주어야 한다.

내리-쉬다 [동][타] (숨을) 크게 내쉬다. ¶한숨을 ~. ↔치쉬다.

내리-쏟다[-딴] [동][타] (액체나 낱으로 된 물건을) 높은 곳에서 낮은 곳으로 한꺼번에 나오게 하다.

내리쏟아-지다 [동][자] 위에서 아래로 한꺼번에 떨어지거나 몰려나오다. ¶갑자기 소나기가 ~.

내리쓰-기 [명] =세로쓰기.

내리-쓰다 [동][타]〈~쓰니, ~써〉 (글씨를) 위에서 아래쪽으로 쓰다.

내리-쓸다 [동][타]〈~쓰니, ~쓰오〉 위에서 아래로 쓸다. ↔치쓸다.

내리-읽다[-익따] [동][타] **1** (글이나 글씨 등을) 위에서 아래쪽으로 읽다. **2** (책이나 글을) 쉬지 않고 처음부터 끝까지 다 읽다.

내리-지르다 [동][르]〈~지르니, ~질러〉 [1][자] (물이나 바람 따위가) 아래쪽으로 세차게 흐르거나 불다. [2][타] 위에서 아래로 힘껏 지르다. ¶주먹으로 벽돌을 ~.

내리-쬐다[-쬐-/-쮀-] [동][자] (볕이) 세차게 내리비치다. ¶햇볕이 ~.

내리-찍다[-따] [동][타] 위에서 아래로 찍다. ¶도끼로 나무를 ~.

내리-치다 [동][타] (어떤 물건을 또는 어떤 물건으로 어느 것을) 사정없이 아래로 움직여 치다. ¶그는 적의 뒤통수를 개머리판으로 **내리쳤다.**

내리-키다 [동][타] **1** (위에 있는 것을) 아래로 내려지게 하다. **2** 낮은 데로 옮기다.

내리-패다 [동][타] 함부로 마구 때리다.

내리-퍼붓다[-붇따] [동][ㅅ]〈~퍼부으니, ~퍼부어〉 [1][자] (비·눈 따위가) 계속하여 마구 오다. ¶며칠째 비가 **내리퍼부어** 강물이 많이 불었다. [2][타] (물 같은 것을) 위에서 아래로 마구 쏟다.

내리-훑다[-훌따] [동][타] **1** 위에서 아래쪽으로 훑다. ¶벼훑이로 벼 이삭을 ~. ↔치훑다. **2** 위에서 아래까지 죽 살펴보다. ¶사내는 눈을 크게 떠 부라리며 길산을 쓱 **내리훑고**는 얼버무린다.《황석영: 장길산》

내릴-톱 [명] 나무를 세로 켜는 톱. ▷동가리톱.

내림[1] [명] 혈통적으로 유전되어 내려오는 특성. =내력(來歷). [비]유전. ¶키가 작은 것은 그 집 ~이다.

내림[2](來臨) [명] =왕림(枉臨). **내림-하다** [동][자][여]

내림-굿[-꿋] [명][민] 신병을 앓는 사람이 무당이 되기 위해 다른 무당의 도움을 받아 몸에 내린 신을 맞아들이는 굿. =몸굿. **내림굿-하다** [동][자][여]

내림-대[-때] [명][민] 굿할 때나 경문을 읽을 때, 무당이 신을 내리게 하는 데 쓰는 소나무나 대나무의 가지.

내림-새 [명][건] 한 끝에 반달 모양의 혀가 붙은 암키와. ↔막새.

내림-세(-勢) [명] 시세가 떨어지는 형세. [비]하락세. ¶소 값이 ~를 보이다 / 주가가 ~

로 돌아서다. ↔오름세.
내림-음(-音) 圀[음] 내림표를 붙여서 반음 내린 음. ↔올림음.
내림-조(-調)[-쪼] 圀[음] 내림표로만 나타내는 조. ↔올림조.
내림차-순(-次順) 圀[수] 다항식에서 각 항을 차수(次數)가 높은 것부터 차례로 쓰는 일. ↔오름차순.
내림-폭(-幅) 圀 주가 따위의 시세가 내린 폭. ↔오름폭.
내림-표(-標) 圀[음] 음의 높이를 반음(半音) 내리게 하는 표. 기호는 ♭. =플랫. ↔올림표.
내림떠-보다 통 눈을 아래로 뜨고 노려보다. ↔치뜨보다.
내:막(內幕) 圀 외부에 드러나지 않은 채 감춰져 있는 일의 내용. 閉셈속·속내평. ¶그가 왜 갑작스레 사표를 냈는지 아무도 그 ~을 모른다.
내:-맡기다[-맏끼-] 통(타) 남이 마음대로 하도록 맡기다. 閉일임하다. ¶경영권을 ~/몸을 ~.
내:-먹다[-따] 통(타) (속에 들어 있는 것을) 끄집어내어서 먹다.
내:면(內面) 圀 1 물건의 안쪽. =안면. 2 겉모습이나 행동으로 드러나지 않는, 인간의 마음의 작용과 사고(思考)가 이뤄지는 영역. ¶~의 심리를 묘사한 소설. ↔외면(外面).
내:면^묘사(內面描寫) 圀[문] 문학 작품 등에서 인물의 심리·감정·기분 따위와 같은 심적 상태를 묘사하는 일.
내:면-세계(內面世界)[-계/-게] 圀 의식 내부의 세계. 閉내계(內界).
내:면-적(內面的) 관 내부에 관한 (것). 또는, 내용이나 정신에 관한 (것). ¶~ 세계. ↔외면적.
내:명¹(內命) 圀 남몰래 비공식적으로 내린 명령.
내:명²(內明) → **내:명-하다** 형(여) 겉보기에는 어수룩하나 속셈이 아주 밝다.
내:-명년(來明年) 圀 =후년(後年)1.
내:-명부(內命婦) 圀[역] 궁중에서 품계를 받은 여자의 총칭. 빈(嬪)·귀인(貴人)·소의(昭儀)·상궁(尙宮) 따위. ↔외명부.
내:-몰다 통(타) <~모니, ~모오> 1 밖으로 몰아내어 쫓다. ¶소를 우리 밖으로 ~. ↔들이몰다. 2 앞으로 급히 달리도록 몰다. ¶차를 ~.
내:-몰리다 통(자) '내몰다'의 피동사.
내:무(內務) 圀 나라 안의 행정에 관한 업무. ↔외무(外務).
내:무^검사(內務檢査) 圀[군] 사병들의 내무 생활을 검열하는 일. 내무반의 청결 상태나 정리 정돈, 개인 위생 등을 점검함. =내무 사열.
내:무-반(內務班) 圀[군] 병영 안에서 사병들이 내무 생활을 하는 조직의 단위. 또는, 그 기거하는 방.
내:무주장(內無主張) 圀 살림을 맡아 할 안주인이 없음. ↔외무주장. **내:무주장-하다** 형(여)
내:밀¹(內密) 圀 감추고 숨긴 비밀.
내:밀²(內密) → **내:밀-하다** 형(여) 남몰래 넌지시 하여 겉으로 드러나지 않다. ¶내밀한 부탁. **내:밀-히** 튀 ¶~ 조사하다.
내:-밀다 통(타) <~미니, ~미오> 1 (신체나

물체의 일부분을) 앞이나 밖으로 나가게 하다. ¶혀를 ~/그는 나에게 손을 내밀어 악수를 청했다. 2 (어떤 대상을) 힘껏 밀어서 어떤 곳의 밖으로 나가게 하다. ¶몰려드는 사람들을 문밖으로 ~. 3 (상대에게 돈이나 물건을) 받으라고 주다. ¶그는 나에게 돈 봉투를 내밀었지만 나는 끝내 받지 않았다. 4 **빼짱**(을) **내밀다** 빼짱.
내:-밀리다 통(자) '내밀다'의 피동사.
내:-박치다 통(타) 힘 있게 집어 내던지다.
내:-받다[-받따] 통(타) (뿔이나 머리로) 힘차게 받다. ¶황소가 담벼락을 내받아 담이 무너졌다. 2 남에게 맞서서 버티다.
내:-발리다 통 ① (자) 겉으로 환히 드러나 보이다. ② (타) (생각이나 태도를) 겉으로 드러내게 하다.
내:-밟다[-밥따] 통(타) 앞쪽으로 옮겨 디디다.
내:방¹(內房) 圀 =안방. ¶~ 마님.
내:방²(來訪) 圀 만나러 찾아오는 것. ¶목사의 ~을 받다. **내:방-하다** 통(자여) ¶고위 관리가 신문사를 ~.
내:방-객(來訪客) 圀 찾아온 손님.
내:-배다 통(자) 액체가 속에서 겉으로 나와 젖다. ¶겉옷에 땀이 ~.
내:-배엽(內胚葉) 圀[생] 후생동물의 발생 도중에 생기는 배엽 중 가장 안쪽의 세포층. 뒤에, 소화기·호흡기 등을 형성함. ▷외배엽·중배엽.
내:-뱉다[-밷따] 통(타) 1 (입 안의 물질을) 입 밖으로 '퉤' 하고 내보내다. ¶침을 ~. 2 (비교적 짧은 말을) 퉁명스럽게 또는 못마땅한 어조로 입 밖으로 나가게 하다. ¶잠자코 있던 그가 불쑥 한마디 내뱉었다.
내:-버리다 통(타) (못 쓰게 된 물건 따위를) 아주 버리다. ¶휴지를 아무 데나 내버리지 마시오.
내버려 두다 귀 (어떤 일이나 대상을) 상관하거나 보살피지 않고 그냥 두다. ¶아이가 길에서 놀도록 ~/혼자 있고 싶으니 날 좀 내버려 두세요.
내:벽(內壁) 圀 =안벽¹. ↔외벽(外壁).
내:병-성(耐病性)[-썽] 圀[농] 농작물이나 가축의 병에 대한 저항성.
내:-보내다 통(타) 1 안에서 밖으로 나가게 하다. ¶아이를 밖으로 ~. 2 일하던 곳이나 살던 곳에서 아주 나가게 하다. ¶가정부를 ~.
내보-이다 통(타) 1 (물건을 다른 사람에게) 꺼내어 보이다. ¶운전면허증을 교통순경에게 ~. 2 (속마음을 다른 사람에게) 드러내어 보이다. ¶그는 여간해서는 남들에게 속마음을 내보이지 않는다.
내:복¹(內服) 圀 겉으로 보이지 않게 속에 입는 옷. 특히, 겨울에 입는 소매가 긴 상의나 가랑이가 긴 하의. 閉내의.
내:복²(內服) 圀 (약을) 먹는 것. =내용(內用). ↔외용(外用). **내:복-하다** 통(타여)
내:복-약(內服藥)[-뽕냑] 圀 먹는 약. =내용약. ↔외용약.
내:부¹(乃父) Ⅰ 圀 그이의 아버지. Ⅱ 대(인칭) '네 아비', '이 아비'의 뜻으로 아버지가 아들에게 자기를 이르는 말.
내:부²(內附) 圀 은밀하게 적에게 들러붙음. 閉내응(內應).
내:부³(內部) 圀 1 물체·몸·장치·구조물 등의 안쪽 부분. ¶~ 수리. 2 어떤 조직이나 집단의 범위 안. ¶이건 ~ 사정을 잘 아는 자의

내:-부딪다[-딛따] 통(자)(타) 앞쪽 또는 바깥쪽으로 향하여 세게 부딪다.

내:부딪-뜨리다/-트리다[-딛-] 통(타) 앞쪽 또는 바깥쪽으로 세게 부딪게 하다.

내:부딪-치다[-딛-] 통(자)(타) '내부딪다'의 힘줌말. 준내부치다.

내:부딪-히다[-디치-] 통(자) '내부딪다'의 피동사.

내:부^에너지(內部energy) 명(물) 물체 내부의 상태에 의해 결정되는 에너지. 물체를 구성하는 분자나 원자의 위치 에너지와 운동 에너지의 총합을 말함.

내:부자^거:래(內部者去來) 명(경) 증권 회사의 임직원 또는 주요 주주가 자사(自社)의 기밀 정보를 이용하여 주식을 매매하는 일.

내:부^저:항(內部抵抗) 명(물) 전지·전압계·전류계 등의 내부 회로에서 단자(端子) 사이에 존재하는 전기 저항. =내저항.

내:부-적(內部的) 관(명) 내부에 관계되거나 한정된 (것). ¶조직의 ~ 갈등 / 문제를 ~으로 해결하다.

내:-부치다 통(타) (부채로 불 따위를) 바깥쪽으로 힘 있게 부치다.

내:분¹(內分) 명(수) 한 선분을 그 위의 임의의 한 점을 경계로 하여 두 부분으로 나누는 일. ↔외분(外分). **내:분-하다** 통(타)(여)

내:분²(內紛) 명 내부에서 저희끼리 일으키는 분쟁. ¶당내 ~이 일어나다.

내:-분비(內分泌) 명(생) 몸 안에서 생긴 호르몬을, 도관(導管)을 거치지 않고 직접 혈액이나 체액 속에 보내는 작용. ↔외분비(外分泌).

내:분비-물(內分泌物) 명(생) =호르몬.

내:분비-선(內分泌腺) 명(생) 내분비 작용을 하는 선. 사람에게는 부신·뇌하수체·갑상선·부갑상선·정소·난소 따위. =내분비샘·호르몬선. ↔외분비선.

내:분-점(內分點) [-쩜] 명(수) 한 선분을 내분하는 점. ↔외분점.

내:-불다 통(타) 〈-부니, -부오〉 바깥쪽으로 향하여 불다. ¶입김을 ~.

내:-붙이다[-부치-] 통(타) '나붙다'의 사동사. ¶벽보를 ~.

내:-비치다 통 ①(자) 1 (빛이) 앞이나 밖으로 향하여 비치다. ¶불빛이 창밖으로 ~. 2 (속의 것이) 겉으로 드러나 보이다. ¶옷이 얇아 속살이 **내비친다**. ②(타) (마음속의 생각이나 상대가 모르는 사실 등을) 말하여 밖으로 나타내다. ¶사임할 뜻을 ~ / 그 사실은 입 밖에도 **내비치지** 마.

내:빈(來賓) 명 모임에 공식적으로 초대를 받고 온 손님. ¶여러 ~을 모시고 이 자리를 함께하게 되어 기쁩니다.

내:빈-석(來賓席) 명 내빈이 앉도록 마련해 놓은 자리.

내:-빼다 통(자) (사람이) 붙잡히지 않으려고 있던 곳에서 벗어나 다른 곳으로 빠르게 가다. '달아나다', '도망하다'보다 속된 말임. 비빼다. ¶사고를 내고 번개같이 ~.

내:-뻗다[-따] 통 ①(자) 1 뻗어 나가다. 2 한 김에 끝까지 힘껏 버티다. ②(타) 바깥쪽으로 힘차게 뻗다. ¶팔을 ~.

내:뻗-치다 통(자)(타) 힘차게 내뻗다.

내:-뽑다[-따] 통(타) 1 (팔이나 목 따위를) 길게 뻗어 내다. ¶목을 **내뽑고** 사방을 두리

내세우다 ●341

번거리다. 2 힘을 들여 소리를 길고 높게 내다. 3 밖으로 뽑아내다. 4 한층 더 속력을 내다.

내:-뿌리다 통(타) (물이나 가루, 알갱이, 종이 등을) 힘껏 뿌리다. ¶그는 내 얼굴에 흙을 **내뿌리고** 달아났다.

내:-뿜다[-따] 통(타) 밖으로 세게 뿜다. ¶담배 연기를 ~ / 분수에서 물줄기를 ~.

내:사¹(內舍) 명 집의 안채. 흔히, 부녀자가 거처하는 집채.

내:사²(內査) 명 1 은밀히 조사하는 것. ㉑뒷조사. 2 조직체가 자체적으로 내부를 조사하는 것. **내:사-하다**¹ 통(타)(여) **내:사-되다** 통(자)(여)

내:사³(內賜) 명(역) 임금이 신하에게 물건을 내리는 것. **내:사-하다**² 통(타)(여)

내:사⁴(來社) 명 회사나 신문사 등에 찾아오는 것. **내:사-하다**³ 통(자)(여)

내:산(耐酸) 명 산(酸)에 잘 침식되지 않고 견디 냄. ~-성(性) ↔합산.

내:색(-色) 명 마음속에 있는 어떤 감정을 얼굴 표정이나 행동으로 드러내는 것. 또는, 그 얼굴 표정이나 행동. ¶그는 내가 괘씸하 자 났을 ~ 을 하였다. ×나색. **내:색-하다** 통(타)(여) ¶그는 언짢은 일이 있었으나 그것을 사람들 앞에서 조금도 **내색하지** 않았다.

내:생(來生) 명(불) 삼생(三生)의 하나. 죽은 후에 다시 태어남. 또는, 그 생애. =후생(後生). ▷전생·금생.

내:선(內線) 명 1 내부의 선. 2 관청이나 회사처럼 일정한 구내에서만 통하는 전화선. ↔외선.

내:성¹(內省) 명 1 깊이 자기 자신을 돌이켜 보는 것. 2 (심) =자기 관찰. **내:성-하다** 통(자)(여)

내:성²(內城) 명 이중으로 쌓은 성에서, 안에 있는 성. ↔외성(外城).

내:성³(耐性) 명 1 (생) 환경 조건의 변화에 견딜 수 있는 생물의 성질. 2 (의) 약물의 반복 복용에 의해 약효가 저하하는 현상. 또는, 세균 등의 병원체가 화학 요법제나 항생 물질의 계속적인 사용에 대해 나타내는 저항성.

내:-성기(內性器) 명(생) 몸 안에 있어서 밖에서는 보이지 않는 성기. 남성의 경우는 고환·부고환·정관·정낭·전립선, 여성의 경우는 난소·나팔관·자궁 따위. ↔외음부.

내:성-적(內省的) 관(명) 사람의 성격이 남들과 잘 어울리지 않고 신중하여 생각이 많으며 자기감정이나 속마음을 겉으로 드러내지 않는 특성을 가진 (것). ¶~인 성격.

내:세(來世) 명(불) 삼세(三世)의 하나. 죽은 뒤에 다시 태어나 산다는 미래의 세상. =미래·후세(後世)·미래세. ㉑당래(當來)·관(觀).

내:-세우다 통(타) 1 (대상을) 밖이나 앞에 나와 서게 하다. ¶키가 작은 사람을 맨 앞에 ~. 2 (사람을 어떤 일에) 나서게 하거나 나서서 행동하게 하다. ¶K를 협상 대표로 ~. 3 (ج은) 눈에 잘 뜨이게 세우다. ¶간판을 문 앞에 ~. 4 (무엇을) 자랑거리나 높이 평가할 만한 것으로 내놓다. ¶**내세울** 것 없는 집안. 5 (어떤 이념이나 주의 등을) 어떤 일을 이루거나 실천하는 데 지침이나 바탕이 되게 하다. ¶경제 우선 정책을 ~. 6 (의견이나 주장 등을) 조금도 양보하거나 굽힘이 없이 고집하는 태도를 보이다. ¶너무 네 입장만 **내세우지** 말고 남의 의견도 귀담아들어

보아라.
내셔널리스트(nationalist) 명 내셔널리즘을 신봉하거나 그런 태도를 가진 사람. =민족주의자·국가주의자.
내셔널리즘(nationalism) 명 1 =국가주의. 2 =민족주의1.
내:-소박(內疏薄) 명 아내가 남편을 소박하는 것. ↔소박. 내:소박-하다 동(자여)
내:손(來孫) 명 현손(玄孫)의 아들. 곧, 오대손.
내:-솟다[-솓따] 동(자) 1 밖이나 위로 솟아 나오다. ¶샘물이 ~. 2 (어떤 느낌이나 기운이) 세차게 생겨 나오다.
내:수¹(內水) 명 1 한 나라의 영토 안에 있는, 바다천·호수 따위. ¶~선(船). 2 수문(水門)이 막혀 괴어 있거나, 낮은 지대의 늪 따위에 비가 와서 괸 물.
내:수²(內需) 명 국내에서의 수요. ¶~ 산업. ↔외수(外需).
내:수³(耐水) 명 물이 묻어도 젖거나 배지 않는 것. ¶~지(紙). 내:수-하다 동(자여)
내:수-성(耐水性)[-썽] 명 외부로부터 침입하는 수분이나 습기를 막아 견디내는 성질.
내:숭 명 엉큼한 마음을 짐짓 감추면서 겉으로 점잖거나 얌전한 체 꾸미는 일. 또는, 기분이 좋거나 기쁘거나 어떤 일을 몹시 하고 싶거나 한 진짜 속마음을 감추면서 겉으로 전혀 안 그런 체하는 일. ¶~ 떨지 말고 네 뜻을 솔직히 털어놓아라. ×내융. 내:숭-하다 형여
내:숭-스럽다[-따] 형(ㅂ)<-스러우니, -스러워> (말이나 행동이) 내숭을 떠는 데가 있다. ¶어른들의 비밀을 그처럼 내숭스럽게 감추고 시치미를 떼고 있었다.<전상국: 길>×내흉스럽다. 내:숭스레 부
내:-쉬다 동(타) (숨을) 밖으로 내보내다. ¶가쁜 숨을 ~.↔들이쉬다.
내:습¹(來襲) 명 (적이) 습격해 오는 것. =습래. ¶적의 ~에 대비하여 경계를 강화하다. 내:습-하다 동(자타여) ¶밤에 적군이 내습해 오다.
내:습²(耐濕) 명 습기에 잘 견딤. ¶~성(性).
내:시(內侍) 명 1 [역] 고려 시대에 근시(近侍) 및 숙위(宿衛)의 일을 맡아보던 관원. 2 [역] 조선 시대의 '환관'의 별칭. 3 거세(去勢)당한 남자.
내:시-경(內視鏡) 명(의) 내장이나 체강의 내부를 관찰하는 기계(器械)의 총칭. 기관지경·위경 따위.
내:식(耐蝕) 명 부식(腐蝕)에 잘 견디는 것. ¶~성(性). 내:식-하다 동(자여)
내:신(內申) 명 1 인사 문제나 어떤 사업 내용 등을 공개하지 않고 상신(上申)하는 것. 2 상급 학교 진학이나 취직에 있어, 선발(選拔)의 자료가 될 수 있도록 지원자의 출신 학교에서 학업 성적·품행 등을 적어 보내는 일. ¶~ 성적. 내:신-하다 동(타여) ¶고과 성적을 ~.
내:신²(內信) 명 나라 안의 소식. ↔외신.
내:실¹(內室) 명 1 부녀자가 거처하는 안방. =내당(內堂). 2 남의 아내를 높여 이르는 말. 3 대중을 상대로 영업을 하는 곳에서 주인이 거처하는 방.
내:실²(內實) 명 1 내부의 실정. 2 내적인 충실. ¶~을 기하다.
내:실-화(內實化) 명 내적인 충실을 다지는 것. ¶학교 교육의 ~를 꾀하다. 내:실화-하다 동(자타여) 내:실화-되다 동(자)
내:심¹(內心) Ⅰ 명 드러나지 않거나 감추고 있는 실제의 속마음. ¶말은 그렇게 하지만 ~으로는 좋아하는 것 같더라.
Ⅱ 부 실제의 속마음으로. ¶그는 ~ 무척 가빴지만 겉으로는 담담한 체했다.
내:심²(內心) 명(수) 다각형의 각 각(角)의 이등분선이 만나는 점. ↔외심(外心).
내:-쌓다[-싸타] 동(타) 밖에 쌓다. ¶짐을 마당에 ~.
내:-쏘다[-따] 동(타) 1 거리낌 없이 남의 감정을 찌르듯 말로 쏘아붙이다. ¶"흥! 네까짓 게 뭔데?" 하고 그녀는 톡 내쏘았다. 2 (화살이나 총알 따위를) 안에서 밖으로 향하여 쏘다. 3 마구 쏘다.
내:-쏟다[-따] 동(타) 1 앞이나 밖으로 마구 쏟다. ¶눈물을 ~. 2 속으로 생각하거나 알고 있던 것을 다 털어놓다. ¶마음속에 담아 두었던 말을 엉겁결에 ~.
내:-씹다[-따] 동(타) 1 음식을 삼키지는 않고 계속 씹기만 하다. 2 마음에 내키지 않는 말투로 되는대로 말하다.
내:-앉다[-안따] 동(자) 앞으로 나와 앉다.
내:앉-히다[-안치-] 동(타) '내앉다'의 사동사. ¶키가 작은 아이들을 앞줄에 ~.
내:알(來謁) 명 (지체 높은 사람에게) 와서 뵈는 것. 내:알-하다 동(자여)
내:압(耐壓) 명 압력에 견딤. ¶~성(性).
내:야(內野) 명(체) 1 야구장에서, 본루·일루·이루·삼루를 연결한 선의 구역 안. =인필드. 2 '내야수'의 준말. 3 '내야석'의 준말.↔외야(外野).
내:야-석(內野席) 명(체) 야구장에서, 본루·일루·삼루에 가까운 쪽의 관람석. 준내야. ↔외야석.
내:야-수(內野手) 명(체) 야구에서, 내야를 맡아 지키는 선수의 총칭. 일루수·이루수·삼루수·유격수를 말함. =인필더. 준내야. ↔외야수.
내:약(內約) 명 드러내지 않고, 은근히 하는 약속. 내:약-하다 동(타여)
내:역(內譯) 명 어떤 일에 따른 수량이나 액수 따위의 자세한 내용. 비명세(明細). ¶거래~.
내:역-서(內譯書)[-써] 명 어떤 일에 따른 수량이나 액수 등을 항목별로 자세히 기록한 글이나 문서.
내:연¹(內緣) 명(법) 법적인 혼인 신고는 하지 않았으나 실질적으로는 부부 생활을 하고 있는 관계. ¶~ 관계 / ~의 처.
내:연²(內燃) 명 연료가 기관의 내부에서 폭발하여 연소하는 일. 내:연-하다 동(자여)
내:연³(來演) 명 그곳에 와서 공연하는 것. 내:연-하다² 동(자여)
내:연^기관(內燃機關) 명(물) 연료의 연소에 의해서 생긴 고온·고압 가스를 직접 이용하여 작동하는 기관. ↔외연 기관.
내:열(耐熱) 명 높은 열에 견딤. ¶~성(性)
내:열-강(耐熱鋼) 명 높은 온도에서도 강도 유지와 산화 방지가 가능한 특수 합금 강철.
내:열^유리(耐熱琉璃)[-류-] 명 열팽창률이 작고 온도의 급변에도 잘 견디는 유리. 석영 유리·파이렉스 유리 따위.
내:염(內焰) 명(화) =속불꽃. ↔외염(外焰).
내:-오다 동(타너라)<-오너라> 안에서 밖으로 가져오다. ¶손님이 오셨는데 차 좀 내오너라.

내:왕(來往) 명 1 오고 가고 하는 것. 비왕래(往來). 2 서로 사귀며 상종하는 것. ¶그들 두 집안의 ~이 끊어진 지 오래다. **내:왕-하다** 동(자)(여) ¶친척도 별로 없는데 너라도 자주 내왕해라.

내:왕-꾼(來往-) 명[불] 절에서 심부름하는 속인(俗人). ×냉꾼.

내:외¹(內外) [-외/-웨] 명 ['안과 밖'의 뜻] 1 나라 안과 나라 밖. ¶~ 기자(記者) / ~의 정세. 2 (수량을 나타내는 말 다음에 쓰여) 그 수량을 약간 넘거나 못 미치는 상태로, 그에 거의 가까움을 나타내는 말. ¶원고지 20매 ~의 수필. 3 (주로, 한정하는 말 다음에 쓰여) 아내와 남편을 아울러 지칭하는 말. ¶아들 / 주인 / 김 씨 ~.

내:외²(內外) [-외/-웨-] 명 1 지난 시대에 유교적 관념에서, (부녀자가) 외간 남자의 얼굴을 대하기를 피하는 일. 2 (어떤 사람이) 이성(異性) 대하기를 쑥스럽고 부끄러워하는 것. **내:외-하다** 동(자)(여)

내:외-간(內外間) [-외-/-웨-] 명 부부 사이. =내외지간. 비부부간. ¶~에 금실이 아주 좋다.
[내외간 싸움은 칼로 물 베기라] 부부간의 싸움은 곧 다시 화합된다.

내:외-분(內外-) 명 '부부²'를 높여 이르는 말. ¶선생님 ~를 모시고 오늘 조촐한 잔치를 베풀고자 합니다.

내:외-술집(內外-) [-외-찝/-웨-찝] 명 접대부가 술자리에 나오지 않고 술을 순배(巡杯)로 파는 술집. =내외주점.

내:외-신(內外信) [-외-/-웨-] 명 내신과 외신을 아울러 이르는 말. ¶기자 회견장에 ~ 기자가 모두 모이다.

내:외-지간(內外之間) [-외-/-웨-] 명 =내외간.

내:외-척(內外戚) [-외-/-웨-] 명 성이 같은 집으로 시집가 이루어지는 '내척'과 성이 다른 집으로 장가들어 이루어지는 '외척'을 동시에 이르는 말.

내:용(內容) 명 1 겉을 싼 용기 속에 들어 있는 물건이나 물질. ¶소포의 ~. 2 어떤 일의 전후의 사정이나 과정. ¶사건의 ~. 3 말이나 글로 표현되는 대상이 담고 있는, 말하거나 표현하려는 줄거리나 중심 되는 의미. ¶책 ~. 4 어떤 대상이 가지는, 의의 있는 의미. ¶~ 없는 강의. 5 [철] 사물·현상의 기초를 형성하는 본질이나 ~. ↔형식.

내:용-물(內容物) 명 용기 속에 든 물건. 비알맹이. ¶상자 속의 ~을 확인하다.

내:용-증명(內容證明) 명[법] =내용 증명 우편.

내:용-증명^우편(內容證明郵便) 명[법] 우편물의 내용 및 그 발송 사실에 대하여 우체국장이 증명하는 제도, 또는, 그 우편물. =내용 증명.

내:우(內憂) 명 나라 안의 온갖 걱정. 비내환(內患). ↔외환(外患).

내:우-외환(內憂外患) [-외-/-웨-] 명 나라 안팎의 여러 가지 근심과 걱정.

내원(來援) 명 와서 원조하는 것. **내원-하다** 동(자)(여)

내:월(來月) 명 =내달.

내음 <방> 냄새(경상).

내:응(內應) 명 (밖에 있는 사람이) 안에 있는 사람과 몰래 통하는 것. 비내부(內附)·내통(內通). ↔외응. **내:응-하다** 동(자)(여)

내:의¹(內衣) [-의/-이] 명 겉으로 보이지 않게 속에 입는 옷. 비속옷·속내의. ↔외의(外衣).

내:의²(內意) [-의/-이] 명 마음속에 품은 뜻. 비속뜻.

내:-의원(內醫院) 명[역] 조선 시대에 궁중의 의약을 맡아보던 곳. 전의감을 고친 이름임. =내국(內局)·상약(尙藥).

내:이(內耳) 명[생] 귀의 가장 안쪽, 중이(中耳)의 안쪽에 있고 단단한 뼈로 둘러싸인 부분. 달팽이관·전정(前庭)·반고리관으로 이루어짐. =속귀. ↔외이(外耳).

내:인(內人) 명[역] '나인'의 원말.

내:인(內因) 명 내부에 있는 원인. ↔외인(外因).

내일(來日) Ⅰ 명 1 오늘의 바로 다음 날. =명일(明日). 비이튿날. 2 다가올 미래, 또는 그에 대한 기대나 희망을 비유적으로 이르는 말. ¶한국의 ~을 짊어지고 나아갈 새싹. 준낼.
Ⅱ 부 오늘의 바로 다음 날에. ¶~ 만납시다! 준낼.

내일-모레(來日-) 명 1 어떤 때가 아주 가까이 닥쳐 옴을 이르는 말. ¶대학 입시가 ~인데 공부는 안 하고 뭘 하느냐? 2 내일의 다음 날인 모레. ¶~ 만나자. 준낼모레.

내:자¹(內子) 명 남에게 자기 아내를 일컫는 말. 비실인(室人).

내:자²(內資) 명 국내에서 조달되는 자본. ¶~ 조달. ↔외자(外資).

내:장¹(內粧) 명[건] 집 안을 꾸미는 것, 또는, 그 일. ¶~ 공사. **내:장-하다**¹ 동(타)(여)

내:장²(內裝) 명 건물 등의 내부를 어떤 시설로 꾸며 갖추는 것. ¶~ 공사. ↔외장. **내:장-하다**² 동(타)(여) ¶실내를 단열재로 ~. **내:장-되다**¹ 동(자)

내:장³(內藏) 명 (어떤 장치를) 물건의 내부에 설치하는 것, 또는, 그렇게 설치한 상태. **내:장-하다**³ 동(타)(여) ¶플래시와 노출계를 내장한 카메라. **내:장-되다**² 동(자) ¶시디플레이어가 본체에 ~.

내:장⁴(內臟) 명[생] 사람이나 동물의 가슴과 배 안에 있는, 소화기·호흡기·비뇨 생식기·내분비선 등의 기관.

내:장-근(內臟筋) 명[생] 척추동물의 내장 여러 기관의 벽, 혈관·림프관 등의 벽을 형성하고 있는 근육. 불수의근임.

내:장-전(內莊田·內庄田) 명[역] 고려 시대, 왕실의 비용을 마련하기 위해 왕실에서 관리하던 토지.

내:장-형(內藏型) 명 어떤 장치가 밖으로 드러나지 않고 물건 내부에 설치되어 있는 유형. ¶~ 모뎀. ↔외장형.

내:재(內在) 명 1 (어떤 사물·성질 등이) 그 것 자체의 내부에 본래적으로 갖추어져 있는 것. ↔외재. 2 [철] 신(神)이 세계의 본질로서 세계 안에 존재한다는 것. 3 [철] 스콜라 철학의 용어의 하나. 정신 작용의 원인·결과는 모두 그 작용의 안에 있다는 것. 4 [철] 칸트의 인식론에서, 경험의 한계 안에 있는 것. **내:재-하다** 동(자)(여) ¶그의 문학에는 절망과 불안 의식이 **내재해** 있다. **내:재-되다** 동(자) ¶사고 위험이 ~.

내:재-비평(內在批評) 명[문] 낱낱의 문학 작품을 그 사회적·역사적 의의에 대해 고려하지 않고 다만 그 형식이나 기교 또는 내용의 설명이나 감상에 그치는 비평. ↔외재

비평.
내:재-율(內在律) 명[문] 자유시나 산문시 등에서 문장 안에 잠재적으로 깃들어 있는 운율. ↔외형률.
내:재-인(內在因) 명[철] 운동하고 변화하는 사물 그 자체 속에 그 원인이 존재하는 것. ▷초월인.
내:재-적(內在的) 관 어떠한 현상 안에 존재하는 (것). ¶~ 원인.
내:-적(內的) [-쩍] 관명 1 사물 내부의 모양이나 상태에 관한 (것). ¶ ~ 구조. 2 정신이나 마음의 작용에 관한 (것). ⨀내면적. ¶ ~ 자유. ↔외적(外的).
내:적²(內賊) 명 나라나 사회 안에 있는 도둑이나 역적. ↔외적(外賊).
내:적 영역(內的領力) [-쩍-] [지] 지구의 내부에서 발원하여 땅의 거죽 형태를 변화시키는 힘. =내부 영력.
내:전¹(內殿) 명 1 [역] =중궁전. 2 =안전².
내:전²(內戰) 명 국내에서의 전쟁, 특히 내란 등을 이르는 말.
내:점(來店) 명 가게에 오는 것. **내:점-하다** 동(자)여
내:접(內接) 명[수] 어떤 도형이 다른 도형의 안쪽에서 접하는 일. ↔외접. **내:접-하다** 동(자)여
내:접^다각형(內接多角形) [-따가켱] 명[수] 1 각 꼭짓점이 한 다각형의 안에서 그것의 각 변에 닿는 다각형. 2 원에 내접하는 다각형. =원내접 다각형.
내:접-원(內接圓) 명[수] 1 한 원 안에 있어서 그 원둘레의 한 점에서 만나는 원. 2 다각형의 안에서 그 원둘레가 각 변에 닿는 원. ↔외접원.
내:-젓다[-젇따] 동(타)ㅅ〈~저으니, ~저어〉 1 손이나 손에 든 물건을 밖으로 내어 휘두르다. ¶깃발을 ~ / 말도 꺼내지 말라는 듯이 손을 홰홰 ~. 2 물 따위를 뒤집히게 세게 휘젓다. ¶막걸리를 ~. 3 앞이나 물 가운데를 향하여 노를 젓다.
내:정¹(內定) 명 공식 발표에 앞서 단체나 회사나 기관의 내부에서 어떤 사람을 어느 직책에 임명하기로 미리 정하는 것. ¶~자(者). **내:정-하다** 동(타)여 **내:정-되다** 동(자)여 ¶사장 후임으로 김 씨가 내정되어 있다.
내:정²(內政) 명 나라 안의 정치.
내:정³(內庭) 명 =안뜰.
내:정⁴(內情) 명 내부의 형편. ¶~을 살피다. ↔외정(外情).
내:정^간섭(內政干涉) 명[정] 다른 나라의 정치에 간섭하거나 그 주권을 속박·침해하는 일.
내:제(內題) 명 책의 이름을 속표지나 본문의 첫머리에 쓰는 것. 또는, 그 제목. **내:제-하다** 동(타)여
내:조(內助) 명 남편이 사회 활동이나 성취하고자 하는 일을 잘할 수 있도록 아내가 곁에서 돕는 것. =내보(內輔). ¶그가 학자로서 성공하기까지는 ~의 힘이 컸다. ↔외조(外助). **내:조-하다** 동(타)여
내:종(內從) 명 '고종(姑從)'을 외종에 상대하여 이르는 말.
내:종-제(內從弟) 명 '고종제'를 외종제에 상대하여 이르는 말.
내:종-형(內從兄) 명 '고종형'을 외종형에 상대하여 이르는 말.
내:주(來週) 명 이 주의 바로 다음 주.

내:-주다 동(타) 1 속에서 꺼내어 주다. ¶서랍에서 도장을 ~. 2 차지하거나 가졌던 것을 남에게 넘겨주다. ¶선수권을 ~. 3 차지한 자리를 비워서 남에게 넘기다. ¶안방을 아들 내외에게 ~.
내:-주장(內主張) 명 집안일에 관하여 아내가 자신의 뜻을 내세우는 것. ¶~이 강한 집안. **내:주장-하다** 동(자)여 ¶여자가 남편에게 순종하던 시절에는 내주장하는 일이 드물었다.
내:지¹(內地) 명 1 해안이나 변두리에서 멀리 들어간 안쪽 지방. 2 식민지에서 본국을 일컫는 말. 3 한 나라의 영토 안. ↔외지.
내:지²(乃至) 부 1 (수량을 나타내는 두 말 사이에 쓰여) 수량의 범위가 그 사이에 있음을 나타내는 말. ¶그 일은 하루 ~ 이틀이면 끝난다. / 비가 올 확률은 70~80%이다. 2 (공간적·의미적으로 이웃해 있는 두 말 사이에 쓰여) 사물의 범위가 두 영역에 걸쳐 있음을 나타내는 말. ¶중학교 ~ 고등학교 수준의 영어.
내:-지르다 동(타)르〈~지르니, ~질러〉 1 밖이나 앞으로 힘껏 지르다. ¶공을 ~. 2 (소리 따위를) 냅다 지르다. ¶소리를 ~. 3 '누다'를 비속하게 이르는 말. 4 '낳다¹'을 비속하게 이르는 말.
내:직¹(內職) 명 1 부녀자의 직업. 2 본직 이외에 가지는 생업(生業). ↔본직. 3 집에서 하는 직업.
내:직²(內職) 명 1 어떤 기관의 중앙 부서에 있는 직책. 2 [역] =경관직. ↔외직.
내:진¹(內診) 명[의] 질이나 항문 안에 손가락을 넣어 자궁·난소·전립선 등의 내성기나 대장을 검진하는 일. ↔외진. **내:진-하다** 동(타)여
내:진²(來診) 명 의사가 환자의 집에 와서 진료하는 것. ▷왕진. **내:진-하다** 동(자)여
내:진³(耐震) 명 지진을 견디는 것. ¶~ 구조 / ~ 가옥.
내:-집단(內集團) [-딴] 명[사] 개인이 동지 의식을 느껴 애착·충성의 태도로 임하며, 다른 집단에 대해 배타적인 성격을 띤 심리적인 집단. ↔외집단.
내:쫓-기다[-쫃끼-] 동(자) '내쫓다'의 피동사. ¶잡상인이 회사 밖으로 ~.
내:-쫓다[-쫃따] 동(타) 1 경계 밖으로 나가도록 쫓다. ¶거지를 ~. 2 있던 자리에서 강제로 나가게 하다. ¶사원을 ~.
내:-찌르다 동(타)르〈~찌르니, ~찔러〉 앞이나 밖으로 세게 찌르다.
내:-차다 동(타) 1 앞이나 밖을 향하여 차다. 2 발길로 냅다 차다. ¶축구공을 ~.
내:채(內債) 명[경] '내국 공채'의 준말. ↔외채(外債).
내:처 부 하는 김에 잇달아 끝까지. ¶일을 시작한 김에 ~ 끝내 버려라.
내:척(內戚) 명 본집에서 다른 성의 집으로 시집가서 이루어지는, 친척 관계를 본집을 기준으로 하여 이르는 말. 내종(內從) 따위. ↔외척.
내:-출혈(內出血) 명[의] 혈액이나 혈관의 질환, 타박상 등의 외상(外傷)에 의해 체내의 여러 장기나 조직에 일어나는 출혈. ¶피하 출혈. ↔외출혈.
내:측(內側) 명 =안쪽. ↔외측.
내:층(內層) 명 안쪽의 층. ↔외층.
내:치(內治) 명 1 나라 안을 다스리는 것. 2

먹는 약으로 병을 고치는 것. ↔외치. **내:치-하다** 통(타여)
내:-치다 통(타) 1 내쫓거나 물리치다. ¶저 자를 당장 **내쳐라**. 2 물체를 들어서 내던져 버리다. 3 냅다 뿌리치다. ¶그는 잡은 손을 **내치고** 말았다.
내:치락-들이치락[-뜰-] 부 1 성질이 변덕스러운 모양. 2 병세가 더했다 덜했다 하는 모양. **내:치락들이치락-하다** 통(자여)
내:칙(內則) 명 =내규(內規).
내:천-걸음 명 이왕 나선 걸음. 또는, 이왕 시작한 일. ¶~이니 거기나 다녀올까?
내:천김-에 부 어떤 일을 시작한 김에. ¶~ 밀린 일을 다 해치웠다.
내침(來侵) 명 침략하여 들어오는 것. 또는, 그 일. **내침-하다** 통(자여)
내:키다 통 ①(자) 1 (뭔가 하고 싶은 마음이) 솟구쳐 일어나다. ¶언제든지 마음 **내키면** 날 찾아오너라. 2 (불길이) 방고래로 들지 않고 거꾸로 아궁이로 나오다. ②(타) 바깥쪽으로 향하여 내어 놓다. ⇒들이키다.
내:탐(內探) 명 남모르게 살펴보는 것. **내:탐-하다** 통(타여)
내:통(內通) 명 1 남몰래 적과 통하는 것. 내응(內應). 2 몰래 알리는 것. 3 남녀가 몰래 정을 통하는 것. 비사통(私通). **내:통-하다** 통(자여) ¶적과 **내통한** 사실이 발각되다. **내:통-되다** 통(자여)
내:-팽개치다 통(타여) 1 냅다 동댕이치다. ¶그는 화가 나는 대로 닥치는 대로 집어 **내팽개쳤다**. 2 보살피거나 돌보지 않다. ¶하던 일을 **내팽개치고** 놀러 나가다.
내:-퍼붓다[-붇따] 통(타ㅅ) <~퍼부으니, ~퍼부어> 냅다 퍼붓다. ¶길바닥에 물을 ~.
내:포¹(內包) 명 식용하는 짐승의 내장. =내보. ¶~탕(湯).
내:포²(內包) 명 1 (어떤 속성이나 뜻을) 속에 포함하고 있는 것. 2 어떤 개념이 포함하고 있는 성질의 전체. 또는, 개념 속에 들어 있는 속성. ↔외연(外延). **내:포-하다** 통(타여) ¶그 말은 여러 가지 뜻을 **내포하고** 있다. **내:포-되다** 통(자여)
내:폭-제(耐爆劑)[-쩨] 명[화] 내연 기관에서 연료의 노킹을 방지하기 위해 가솔린 등에 첨가하는 약제. ⇒앤티노크제.
내:피(內皮) 명 1 =속껍질. ↔외피. 2 옷·장갑·신 따위의 안쪽에 부착되어 있는 털가죽. ¶~가 달린 두툼한 방한복. 3 [동] 동물의 혈관이나 심장 등의 안쪽을 싸고 있는 조직.
내:핍(耐乏) 명 궁핍을 견디는 것. ¶~ 생활. **내:핍-하다** 통(자여)
내:-학기(來學期)[-끼] 명 다음 학기.
내:한¹(來韓) 명 (외국인이) 한국에 오는 것. ¶세계적인 오케스트라의 ~ 공연. **내:한-하다**¹ 통(자여) ¶미국 대통령이 ~.
내:한²(耐寒) 명 추위를 견디는 것. ¶~ 훈련. **내:한-하다**² 통(자여)
내:합(內合) 명[천] 내행성이 태양과 지구 사이에 오면서, 세 천체가 일직선 위에 놓이는 상태. ↔외합.
내:항¹(內港) 명[지] 항만의 안쪽 깊숙이 있는 항구. ↔외항.
내:항²(內項) 명[수] 비례식의 안쪽에 있는 두 항. $a:b=c:d$의 b와 c. ↔외항.
내:항-동물(內肛動物) 명[동] 동물 분류상의 한 문(門). 주로 바다에 사는, 몸길이 수mm의 작은 동물. 촉수가 고리 모양으로 나 있고, 그 안쪽에 입·항문 등이 있음.

내:해(內海) 명[지] 1 거의 육지로 둘러싸이고 해협으로써 겨우 대양과 통하는 바다. 황해·지중해 따위. =내양. ↔외해. 2 둘 이상의 해협에 의해 공해(公海)로부터 폐쇄되어 있는 바다.
내:핵(內核) 명[지] 지구의 핵에서, 지하 약 5100km부터 중심부까지의 부분. 철을 주성분으로 하며, 고체 상태로 되어 있다고 생각됨. ▷외핵.
내:행(內行) 명 부녀자가 여행길에 오름. 또는, 그 부녀자.
내:-행성(內行星)[-썽] 명[천] 태양계의 행성 중, 지구 궤도의 안쪽에서 도는 행성. 수성·금성 따위. ↔외행성.
내:향(內向) 명 안쪽으로 향하는 것. **내:향-하다** 통(자여)
내:향-성(內向性)[-썽] 명[심] 성격 유형의 하나. 내성적·소극적이고 사려심이 깊지만 실행력이 부족하며, 자기 내면에 관심을 갖는 성격. ↔외향성.
내:향-적(內向的) 관·명 성격이 내성적이고 비사교적인 것. ¶~ 기질. ↔외향적.
내:-호흡(內呼吸) 명[생] 동물체 안에서 혈액과 세포 사이에 행해지는 가스 교환. =속숨. ↔외호흡.
내:화(耐火) 명 불에 타지 않고 잘 견디는 것. ¶~ 구조. **내:화-하다** 통(자여)
내:화-물(耐火物)(공) 1 고온에서 견디는 비금속 재료의 총칭. 2 고온에서 사용되는 산화물이나 탄소질 등의 요업 제품.
내:화-벽돌(耐火甓-)[-똘] 명[건] 내화 점토로 구워 만든 벽돌. 빛깔이 희며 높은 열에 잘 견딤.
내:환(內患) 명 1 아내의 병. 2 나라 안의 걱정. 비내우. ¶외우(外憂) ~. ↔외환.
내-후년(來後年) 명 후년의 다음 해. =명후년·후후년.
내:훈(內訓) 명 1 밖으로 드러나지 않도록 은밀하게 하는 훈시. 또는, 내부에 대한 훈령이나 훈시. 2 집안의 부녀자들에게 하는 훈시나 교훈.
내:-휘두르다 통(타여) <~휘두르니, ~휘둘러> 1 냅다 이리저리 마구 휘두르다. ¶칼을 ~. 2 사람이나 일을 제 마음대로 함부로 다루다. ¶권력을 ~.
내:흉(內凶) 명 '내숭'의 잘못.
내:흉-스럽다(內凶-) 형 '내숭스럽다'의 잘못.
내:-흔들다 통(타) <~흔드니, ~흔드오> 이리저리 마구 흔들다. ¶손수건을 ~.
낼 부 '내일'의 준말. '내일'보다 구어적인 말임. ¶~ 만나!
낼-모레 명 '내일모레'의 준말.
냄비 명 [<일鍋/なべ] 편편한 바닥에 아가리가 약간 벌어지고 운두가 낮으며 뚜껑과 손잡이가 있는, 음식을 끓이는 데 쓰는 그릇. ×남비.
냄비-국수(-鄕) 명 냄비에 끓인 가락국수.
냄비-근성(-根性) 명 [냄비가 쉽게 달궈지고 쉽게 식는다고 하는 데에서] 어떤 일에 대한 열기나 열정이 불같이 빠르게 일어나지만 오래가지 못하고 금방 식어 버리는 기질. 우리나라 국민성을 자조적으로 이르는 말임.
냄새 명 사람이나 동물의 코를 자극하여 어떤 감각을 일으키는, 물질의 독특한 성질. ¶

땀 / 구수한 ~/ ~를 피우다 / ~를 풍기는 냉매(冷媒)를 이름.
땀. ▷내.

어법 꽃 내음, 풀 내음:내음(×)→냄새(○). ▶시나 문학적인 글에서 어감을 부드럽게 하기 위해 '내음'이라는 말을 쓰는 경우가 있으나, 이 말은 비표준어임.

냄새(를) 맡다 団 1 이쪽에서 감추고 있는 사실이나 은밀히 하고 있는 일을 알아채다. ¶그는 경찰이 무슨 **냄새**를 맡고 왔는지 불안했다.
냄새-나다 困 1 냄새가 코로 느껴지다. ¶**냄새나는** 양말. 2 신선하지 않은 맛이 있다. ¶이 생선은 오래되어 **냄새난다**. 3 매우 싫증이 나다. 4 기미가 보이다.
냄새-피우다 집짓 어떤 티를 내다.
냅다¹ [―따] 勢圓 <내우니, 내위> (연기가) 눈이나 목구멍을 쓰라리게 하는 기운이 있다.
냅다² (冷―) 團 있는 힘을 다해 마구. ¶주먹으로 ~ 치다 / ~ 소리를 지르다.
냅-뜨다 图困 <~뜨니, ~떠> 어떤 일에 망설임 없이 기운차게 앞질러 나서다. ¶**냅뜰** 힘이 많은 젊은이.
냅킨(napkin) 團 주로 양식을 먹을 때, 옷을 더럽히지 않도록 무릎 위에 펴 놓거나, 손 또는 입을 닦는 데 쓰는 수건이나 종이.
냇-**가**[내까/냇까] 團 냇물의 가장자리. 國 천변(川邊). ¶~에서 빨래하는 아낙네.
냇-**내**[낸―] 團 연기의 냄새. 또는, 음식에 밴 연기의 냄새. ¶음식에서 ~가 나다.
냇-**둑**[내뚝/냇뚝] 團 냇가에 쌓은 둑.
냇-**물**[낸―] 團 내에 흐르는 물.
냇-**바닥**[내빠―/냇빠―] 團 내의 바닥. ¶오랜 가뭄으로 ~이 다 드러났다.
냉¹(冷) 團[한] 1 아랫배가 늘 싸늘한 병. 2 몸, 특히 아랫도리를 차게 함으로써 생기는 병. 3 =대하증(帶下症). ¶~이 심하다.
냉-²(冷) 接團 일부 물질 명사 앞에 붙어, 그 물질을 차게 하였음을 나타내는 말. ¶~국 / ~커피.
냉-**가슴**(冷―) 團 1[한] 몸을 차게 하여 생기는 가슴앓이. 2 겉으로 드러내지 않고 속으로 혼자만 끙끙거리고 걱정하는 것. ¶벙어리 ~ 앓듯 혼자 끙끙거리지 말고 얘길 해봐.
냉.**각**¹(冷却) 團 1 차게 하는 것. 또는, 식히는 것. ¶~ 장치. 2 애정·정열·흥분 등의 기분을 가라앉히는 것. **냉**.**각**-**하다** 图困얘.
냉.**각**-**되다** 图困.
냉.**각**²(冷覺) 團생 피부 감각의 하나. 피부 및 점막(粘膜)에 있는 냉점이 자극을 받아 온도가 하강한 것을 느낌. ↔온각(溫覺).
냉.**각**-**기**¹(冷却期) [―끼] 團 '냉각기간'의 준말. ¶~를 두다 / ~를 가지다.
냉.**각**-**기**²(冷却器) [―끼] 團 물체를 냉각하는 기기(器機)의 총칭.
냉.**각**-**기간**(冷却期間) [―끼―] 團 감정의 대립을 일단 멈추고 사태를 진정시키기 위한 기간. ¶정치적 ~을 갖다. ↔흥분기.
냉.**각**-**수**(冷却水) [―쑤] 團 과열된 기계를 차게 식히는 물.
냉.**각**-**재**(冷却材) [―째] 團[물] 원자로의 노심(爐心)을 냉각하여, 열을 바깥으로 내가는 동력원으로 이용하기 위하여 쓰이는 물질. 공기·이산화탄소·물·나트륨 따위.
냉.**각**-**제**(冷却劑) [―째] 團 냉각하기 위해 사용하는 물질. 특히, 냉방기·냉동기에 쓰이

냉.**갈령** 團 매정하고 쌀쌀한 태도.
냉-**골**(冷―) 團 온돌방의 바닥이 불을 넣지 않아 차갑게 느껴지는 상태. 또는, 그런 방바닥. ¶연탄불이 꺼져서 방이 ~이다.
냉-**광**(冷光) 團[물] 물질이 에너지를 흡수하여 들뜬 뒤, 바닥상태로 되돌아갈 때 빛을 내는 현상. 또는, 그 빛.
냉-**국**(冷―) [―꾹] 團 =찬국. ¶오이~.
냉-**기**(冷氣) 團 1 찬 기운. ¶~가 감돌다 / 방에 ~가 가시다. 2 찬 공기. ↔온기(溫氣).
냉-**기류**(冷氣流) 團 1 차가운 공기의 흐름. 2 대립하는 세력들 간의 적대적인 분위기를 비유하여 이르는 말. ¶정치권에 ~가 형성되다.
냉-**꾼**(冷―) 團[불] '내왕꾼'의 잘못.
냉-**난방**(冷暖房) 團 냉방과 난방. ¶~ 시설.
냉-**담**(冷淡) →**냉**-**담**-**하다** 勢얘 (어떤 사람이 다른 사람이나 대상에 대해) 관심이나 애정을 보이지 않고 차갑고 시큰둥한 태도가 있다. ¶**냉담한** 어조 / **냉담한** 반응을 보이다.
냉-**담**-**히** 團.
냉.**대**¹(冷待) 團 (어떤 사람을) 쌀쌀하게 대하거나, 그의 자격이나 능력에 미치지 못하게 형편없이 대접하는 것. 國푸대접. ¶~를 받다. **냉**.**대**-**하다** 图때에.
냉.**대**²(冷帶) 團[지] =아한대(亞寒帶).
냉.**대**-**림**(冷帶林) 團[지] =아한대림.
냉-**돌**(冷埃) 團 불기 없는 찬 온돌방. 國 냉방. ¶~에서 새우잠을 자다.
냉-**동**(冷凍) 團 (생선이나 육류 등의 식품을) 신선한 상태에서 오래 보관하기 위하여 인공적으로 얼리는 것. ¶생선을 ~시키다. **냉**-**동**-**하다** 图困, **냉**-**동**-**되다** 图困.
냉-**동**-**고**(冷凍庫) 團 육류나 생선, 그 밖의 식품을 냉동 보존하기 위한, 상자 모양의 장치.
냉-**동**-**선**(冷凍船) 團 냉동 시설을 갖춘 배.
냉-**동**-**식품**(冷凍食品) 團 신선한 상태로 오래 보존할 수 있도록 얼린 저장 식품.
냉-**동**-**실**(冷凍室) 團 식품을 장기간 보존하기 위하여 냉동시키는, 냉장고의 한 부분.
냉-**동**-**육**(冷凍肉) [―뉵] 團 냉동시킨 쇠고기·돼지고기 따위의 고기.
냉-**동**-**차**(冷凍車) 團 냉동식품 등의 운반용으로 냉동기를 장비한 트럭이나 화물차.
냉.**랭**(冷冷) [―냉] →**냉**.**랭**-**하다** [―냉―] 勢얘 1 (물체가) 온도가 아주 차갑고 싸늘하다. ¶방바닥이 ~. 2 (태도나 분위기, 사람의 관계 등이) 다정함이나 따뜻함이 없이 차갑다. ¶**냉랭한** 어투. **냉**.**랭**-**히** 團.
냉-**매**(冷媒) 團[물] 냉동기 등의 속을 순환하면서 기화열로 온도를 낮추는 유체(流體). 암모니아·프레온 등이 쓰임.
냉-**면**(冷麵) 團 주로 메밀로 만든 국수를 차게 식힌 육수 또는 동치미 국물 등에 말거나, 고추장으로 양념하여 비빈 음식. 물냉면·비빔냉면·회냉면 따위가 있음. ¶평양~ / 함흥~. ↔온면.
냉-**방**(冷房) 團 1 불을 때지 않아 차게 된 방. 國냉돌. ¶~에서 잤더니 몸이 찌뿌드드하다. 2 방 또는 방처럼 칸을 이룬 공간의 기온을 에어컨디셔너 등으로 낮추는 것. ¶~장(車) / 이 방은 ~이 잘되어 시원하다. ↔난방(暖房).
냉-**방**-**기**(冷房機) 團 실내의 온도를 차게 하는 장치.

냉ː방-병(冷房病) [-뼝] [명][의] 냉방 장치를 한 방에서 생활함으로써 일어나는 병증. 가벼운 감기·몸살·권태·두통·식욕 부진 등을 나타냄.

냉ː방^장치(冷房裝置) [명] 방 안의 기온을 낮추어 시원하게 하는 장치. ↔난방 장치.

냉ː-배(冷-) [-빼] [명][한] 냉병으로 일어나는 배앓이. =냉복통.

냉ː병(冷病) [-뼝] [명][한] 하체를 차게 하여 생기는 병의 총칭. =냉증(冷症).

냉ː상(冷床) [명] 인공적으로 특별히 열을 공급하지 않고 태양열을 이용하여 어느 정도의 온도를 유지하게 만든 묘상(苗床). ↔온상.

냉ː소(冷笑) [명] 쌀쌀한 태도로 비웃는 것. 또는, 그러한 웃음. ¶입가에 ~를 띠다. **냉ː소-하다** [동][자][타][여]

냉ː소-적(冷笑的) [관][명] 쌀쌀한 태도로 비웃는 (것). ¶~ 말투 / ~인 반응을 보이다.

냉ː소-주의(冷笑主義) [-의/-이] [명] 문제를 애정을 가지고 이해하고 해결하려 하기보다는 멀찌감치 서서 세상을 비웃고 야유하려고만 하는 태도나 입장. [비]시니시즘.

냉ː수(冷水) [명] 데우지 않은 차가운 물. 일부 복합어의 경우를 제외하고는, 대체로 먹기 위해 그릇에 뜬 찬물을 가리킴. ¶~를 들이켜다. ↔온수. ▷찬물.
[**냉수 먹고 속 차려라**] 냉수를 마시면 정신이 들 거라는 생각에서, 분수에 넘치는 행동을 하려 하거나 지나친 욕심을 부리려 할 때, 자기 주제를 알라거나 정신 차리라는 뜻으로 이르는 말. [**냉수 먹고 이 쑤시기**] 실속은 없으면서 있는 체함을 비유한 말.

냉ː수-마찰(冷水摩擦) [명] 찬물에 적신 수건으로 온몸을 문질러 혈액 순환을 좋게 하는 건강법. ▷건포마찰.

냉ː습(冷濕) ➜**냉ː습-하다** [-스파-] [형][여] 차고 누지다. ¶**냉습한** 공기.

냉ː시(冷視) [명] 차가운 눈초리로 보는 것. **냉ː시-하다** [동][타][여]

냉ː안-시(冷眼視) [명] 차가운 눈초리로 보는 것. **냉ː안시-하다** [동][타][여]

냉ː엄(冷嚴) ➜**냉ː엄-하다** [형][여] 냉혹하고 엄하다. ¶**냉엄하게** 꾸짖다 / **냉엄한** 현실을 직시하라. **냉ː엄-히** [부]

냉ː연(冷然) ➜**냉ː연-하다** [형][여] (태도가) 차갑고 쌀쌀하다. **냉ː연-히** [부] ¶~ 돌아서다.

냉ː온(冷溫) [명] **1** 찬 기운과 따뜻한 기운. **2** 찬 온도. ¶~에서도 잘 견디는 품종.

냉ː-온대(冷溫帶) [명][지] =아한대(亞寒帶).

냉이 [명][식] 십자화과의 두해살이풀. 길가나 밭에 남. 봄에 흰 꽃이 피며 열매는 삼각형임. 어린잎과 뿌리로 국을 끓여 먹음.

냉잇-국 [-이꾹/-읻꾹] [명] 냉이를 고추장이나 토장국에 넣고 끓인 국.

냉ː장(冷藏) [명] (식품이나 약품 따위를 신선하게 보관하기 위해) 냉각 설비가 되어 있는 기구에 저장하는 것. **냉ː장-하다** [동][타][여] ¶식품을 ~.

냉ː장-고(冷藏庫) [명] 음식물을 얼리거나 저온에서 저장하기 위한, 상자 모양의 장치.

냉ː장-실(冷藏室) [명] 식품 따위를 저온에서 저장하는, 냉장고의 한 부분.

냉ː장-차(冷藏車) [명] 유제품 등을 운반하기 위하여 냉장 시설을 갖춘 차.

냉ː전(冷戰) [명] **1** 무력을 사용하여 싸우고 있지는 않으나 그런 위기를 안은 채 국가 간에 서로 대립·갈등하고 있는 상태. 특히, 제2차 대전 이후의 미국과 소련의 대립이나 6·25 이후의 남한과 북한의 대립 등을 가리킴. ¶동서 ~ 시대. ↔열전. **2** 부부나 애인, 친구 등의 사이에 관계가 나빠져 서로 멀리하고 있는 상태. ¶그는 요즘 아내와 ~ 중에 있다.

냉ː점(冷點) [-쩜] [명][생] 피부에 분포되어 찬 것을 느끼는 감각점. ↔온점(溫點).

냉ː정[1](冷靜) [명] (생각이나 판단이) 들뜨거나 흥분하지 않고 이성적이고 차분한 것. ¶~을 잃다 / ~을 되찾다. **냉ː정-하다**[1] [형][여] ¶흥분을 가라앉히고 **냉정하게** 생각해 보세요. **냉ː정-히**[1] [부]

냉ː정[2](冷情) ➜**냉ː정-하다**[2] [형][여] (사람이) 다정하거나 친절하지 않고 차갑고 쌀쌀하다. [비]매정하다. ¶그는 나의 간곡한 부탁을 일언지하에 **냉정하게** 뿌리쳤다. **냉ː정-히**[2] [부]

냉ː정-스럽다(冷情-) [-따] [형][ㅂ] <~스러우니, ~스러워> 냉정한 데가 있다. **냉ː정스레** [부]

냉ː증(冷症) [-쯩] [명][한] =냉병(冷病).

냉ː-찜질(冷-) [명] 찬물에 적신 수건이나 차가운 성질의 약품 따위를 써서 하는 찜질. =찬찜질. ↔온찜질. **냉ː찜질-하다** [동][자][타][여]

냉ː차(冷茶) [명] 얼음을 넣어 차게 만든 찻물.

냉ː채(冷菜) [명] 해파리나 전복이나 오징어나 닭고기 등과 오이·배추 등을 채 썰어 섞고 차게 해서 먹는 음식. ¶해파리~ / 전복 ~ / 닭 ~.

냉ː천(冷泉) [명] **1** 물이 찬 샘. **2** 온천보다 온도가 낮은 광천(鑛泉). ↔온천.

냉ː철(冷徹) ➜**냉ː철-하다** [형][여] (생각이나 판단이) 감정에 치우치지 않고 이성적으로 철저하다. ¶**냉철한** 두뇌 / **냉철하게** 판단하다 / 사물을 보는 눈이 ~. **냉ː철-히** [부]

냉ː-커피(冷coffee) [명] 얼음을 넣거나 하여 차게 만든 커피. [비]아이스커피.

냉큼 [부] ⦅어떤 사람이 다른 사람에게 어떤 일을 하게 하는 상황에 쓰여⦆ 머뭇거리지 않고 단번에 빨리. ¶~ 다녀오너라. / ~ 대답하지 못하겠니? [큰]닁큼.

냉큼-냉큼 [부] 머뭇거리지 않고 잇달아 빨리. ¶주는 대로 ~ 받아먹다. [큰]닁큼닁큼.

냉ː탕(冷湯) [명] 대중목욕탕 등에서, 탕에 채워 놓은 차가운 물. 또는, 그 탕. ↔온탕.

냉ː풍(冷風) [명] 늦가을이나 초봄에 부는 싸늘한 바람.

냉ː-하다(冷-) [형][여] **1** 찬 기운이 있다. ¶**냉한** 기후. **2** [한] (몸이) 병이나 체질 등의 원인으로 차다. ¶수족이 ~ / 아랫배가 ~ / 자궁이 ~. **3** [한] 약재의 성질이 차다. ↔온하다.

냉ː해(冷害) [명] 여름철의 이상 저온이나 일조량 부족으로 농작물이 입는 피해.

냉ː혈(冷血) [명] **1** [한] 찬 기운으로 말미암아 배 속에 뭉친 피. **2** [동] 동물의 체온이 외부의 온도보다 낮은 상태. =찬피. ↔온혈.

냉ː혈^동ː물(冷血動物) [명] **1** [동] =변온 동물. ↔온혈 동물. **2** 인정이 없고 냉혹한 사람의 비유. ¶그 사람은 피도 눈물도 없는 ~이다.

냉ː혈-한(冷血漢) [명] 인정 없고 냉혹한 남자.

냉ː혹(冷酷) ➜**냉ː혹-하다** [-호카-] [형][여] 인정이 없이 가혹하다. ¶**냉혹한** 사나이 / 부탁을 **냉혹하게** 거절하다. **냉ː혹-히** [부]

냉ː훈-법(冷燻法) [-뻡] [명] 식품을 낮은 온도에서 연기를 쐬어 오래 저장할 수 있게 하

-냐 [어미] '이다' 또는 모음이나 'ㄹ' 받침으로 끝나는 형용사의 어간에 붙어, '해라' 할 상대에게 묻는 뜻을 나타내는 종결 어미. 어간 끝 음절의 'ㄹ' 받침은 탈락됨. '-니'에 비해 더 딱딱하고 낮추는 어감을 가짐. ¶그토록 슬프~? / 네가 누구(이)~? ▷-으냐·-느냐.

> [어법] 밥 먹었냐: 먹었냐(×)→먹었느냐(○), 물이 깊냐: 깊냐(×)→깊으냐(○).

-냐고¹ [어미] '이다' 또는 모음이나 'ㄹ' 받침으로 끝나는 형용사의 어간에 붙어, '해' 할 상대에게 묻는 뜻을 나타냄. 어간 끝 음절의 'ㄹ' 받침은 탈락됨. 1 끝을 올리는 억양으로 쓰여, 상대가 앞서 질문한 내용에 대해 되묻는 뜻을 나타냄. ¶나보고 바쁘~? 지금 보고도 모르니? 2 끝을 내리는 억양으로 쓰여, 상대에게 거듭해서 묻는 뜻을 나타냄. ¶그게 정말이야? 정말이~? ▷-으냐고·-느냐고.

-냐고² [어미] '-냐'와 인용을 나타내는 부사격 조사 '고'가 결합한 말. ¶값이 얼마(이)~ 묻다 / 어디가 아프~ 물어도 통 대답이 없다. ▷-으냐고·-느냐고.

-냐는 '-냐고 하는'이 준 말. ¶배가 고프~ 말에 고개를 끄덕이다. ⓒ-냔. ▷-으냐는·-느냐는.

-냔¹ '-냐고 한'이 준 말. 2 '-냐는'의 준말. ¶왜 그리 낭비가 심하~ 말을 들었다. ▷-느냔·-으냔.

-냘 '-냐고 할'이 준 말. ▷-느냘·-으냘.

냠 [부] <유아> 어린아이가 맛있게 먹으면서 내는 소리. ×얌냠.

냠냠-거리다/-대다 [동](자) 1 어린아이 등이 음식을 맛있게 먹는 소리를 자꾸 내다. 2 먹고 나서 자꾸 더 먹고 싶어 하다. ×얌냠거리다.

냠냠-이 [명] <유아> 먹고 싶어 하는 음식. ×얌냠이.

냠냠-하다 [동](타)(여) 1 맛있게 먹다. 2 남의 것을 가져다가. 속된 말임. ×얌냠하다.

냥(兩) [의존] 1 금·은이나 한약재 등의 무게를 나타내는 단위의 하나. '돈'의 10배에 해당함. 2 조선 시대, 보조적 화폐 단위의 하나. 전(錢)의 10배에 해당함.

> [어법] 금 세 냥, 엽전 네 냥: 세(×)→석(○), 네(×)→냥(○). ▶ '~냥, ~돈, ~섬, ~자'의 경우에는 '석'과 '넉'만 인정함(표17).

냥쭝(兩-) [의존] 금·은이나 한약재 등의, 냥으로 헤아릴 수 있는 무게. ¶금 열 ~.

-내 '-냐고 해'가 준 말로, 남의 묻는 말을 인용하는 말. ¶저녁이나 같이 하자고 했더니 그 친구 하는 말이 오늘이 무슨 날이~.

너¹ [대](인칭) 말하는 사람이, 듣는 상대가 같은 또래이거나 아랫사람인 특히 '해라' 같은 또는 '해' 할 자리에 그를 가리키는 이인칭 대명사. 주격 조사 '가'가 뒤에 올 때는 '네가'가 되고, 관형격 조사 '의'가 뒤에 올 때는 '네'로 줄이거나 그냥 '너의'로 씀. 또, '에게'가 오면 '네게' 또는 '너에게'가 됨. ¶~는 도대체 누구냐? (높)자네·당신·어르신·댁·귀하. ⓒ-느.

[너하고 말하느니 개하고 말하겠다] 말이 잘 통하지 않는 상대에게 핀잔 투로 하는 말.

너 죽고 나 죽자 [주] 사생결단하고 맞서 싸울 때 하는 말.

너² [관] ('돈, 말, 발, 푼, …' 등의 단위성 의존 명사 앞에 쓰여) 수량이 '넷'임을 나타내는 말. ¶금 ~ 돈 / 쌀 ~ 말 / 새끼 ~ 발 / 두 돈 ~ 푼. ⓒ-넉·네.

너겁 [명] 괴어 있는 물에 떠서 한데 몰려 있는 검불이나 물가에 흙이 패어 드러난 풀·나무 뿌리.

너구리 [명] 1 [동] 포유류 갯과의 한 종. 몸길이가 52∼66cm. 다리가 짧고 주둥이가 뾰족하며, 꼬리가 넓고 둥굶. 털빛은 누런 갈색 또는 검은빛에 가까움. 모피는 방한용 또는 필로(筆毛)로 쓰임. =산달(山獺). 2 매우 능청스럽고 음흉한 사람을 비유하여 이르는 말. ¶~ 같은 녀석!

너그럽다 [-따] [형](ㅂ) <너그러우니, 너그러워> (어떤 사람이 다른 사람이나 그의 행동, 한 일에 대해) 옳고 그름, 잘잘못을 세세하게 따짐이 없이 넓게 이해하고 받아들이는 태도가 있다. [반]각박하다. ¶마음이 ~ / 부족한 점이 있더라도 너그럽게 봐주십시오.

너그러이 [부] ¶~ 용서하다.

너글너글-하다 [-러-] [형](여) (사람이, 또는 그의 마음이) 속이 트여 썩 너그럽다. ¶성미가 ~.

너끈-하다 [형](여) 모자람이 없이 넉넉하다. ¶고기 한 근이면 우리 둘이 먹기에는 ~. 너끈-히 [부] ¶너끈하게 해낼 수 있다.

너나-들이 [명] 너니 나니 하면서 터놓고 지내는 사이. 너나들이-하다 [동](자)(여) ¶사내는 매월이와 트고 지내는 사이인 듯 너나들이하였다. <김주영: 객주>

너나-없이 [-업씨] [부] 너나 나나 가릴 것 없이 모두. ¶사람은 ~ 평등하다.

너부룩-하다 [-루카-] [형](여) 1 (떠들썩하던 것이) 잠시 조용하다. 2 (심하던 병세가) 잠시 가라앉은 상태에 있다. ¶병세가 ~. 3 (마음이) 초조하거나 불안하거나 들뜨지 않고 차분하다. ¶걱정이 스러지고 마음이 너부룩해지다. ⓒ너북하다. 너부룩-이 [부]

너-댓 [수] '네댓'의 잘못.

너댓-새 [-댄쌔] [명] =너더댓새.

너더-댓 [-댇] Ⅰ [수] 넷이나 댓. Ⅱ [관] ¶~ 시간 / ~ 개.

너더댓-새 [-댇쌔] [명] 나흘이나 댓새가량. =너댓새.

너더분-하다 [형](여) 1 여럿이 뒤섞여 갈피를 잡을 수 없이 어지럽다. 2 말이 번거롭고 쓸데없이 길다. 너더분-히 [부]

너덕-너덕 [-덩-] [부] 군데군데 고르지 않게 깁거나 덧붙인 모양. ¶~ 기운 옷. ⓐ나닥나닥. 너덕너덕-하다 [형](여)

너덜 '너덜겅'의 준말.

너덜-거리다/-대다 [동](자) 1 여러 가닥이 늘어져 자꾸 흔들리다. ¶플래카드가 찢어져 바람에 ~. 2 생각 없이 함부로 말을 지껄이다. ⓐ나달거리다. (거)너털거리다.

너덜-겅 [명] 돌이 많이 흩어져 덮인 비탈. ⓒ너덜.

너덜-나다 [-라-] [동](자) 여러 가닥으로 어지럽게 찢어지다.

너덜-너덜 [-러-] [부] 너덜거리는 모양. ⓐ나달나달. ⓒ너털너덜. 너덜너덜-하다 [동](형)(여) ¶찢어진 바짓가랑이가 ~.

너덧 [-덛] Ⅰ [수] 넷가량. Ⅱ [관] ¶~ 명 / ~ 마리.

너덧-째 [-덛째] [수] 넷째가량.

너도-나도 图 서로서로 뒤지거나 빠지지 않으려는 모양. ¶값이 싼다 싶자 여기저기서서 ~ 사겠다고 아우성을 쳤다.

너도-밤나무 명[식] 참나뭇과의 낙엽 활엽 교목. 높이 20m 정도. 꽃은 6월에 피며, 열매는 10월에 익음. 건축재·가구재·신탄재로 쓰임.

-너라 어미 동사 '오다' 또는 '-오다'로 끝나는 말의 어간에 붙어, '해라' 상대에게 명령의 뜻을 나타내는 종결 어미. ¶오~/나오~.

너라^변^칙^활용(-變則活用)[-치콸-] 명[언] =너라 불규칙 활용.

너라^불규칙^용^언(-不規則用言)[-칭농-] 명[언] 너라 불규칙 활용을 하는 용언.

너라^불규칙^활용(-不規則活用)[-치콸-] 명[언] 동사의 명령형 어미 '-아라/어라'가 '-너라'로 바뀌는 활용 형식. '오다'가 '오너라'로 바뀌는 따위. =너라 변칙 활용.

너럭-바위[-빠-] 명 넓고 평평한 바위. 비 반석(盤石).

너르다[르] 형〈너르니, 널러〉평면적인 크기나 폭에 있어서 보통 정도보다 큰 상태에 있다. ¶너른 대청마루 / 너른 벌판 / 치마폭이 ~.

너르디-너르다 형어〈~너르니, ~널러〉그 이상 더 할 수 없을 만큼 매우 너르다.

너름-새 명 1 떠벌려 주선하는 솜씨. ¶~가 좋다. 2[음]'발림'의 잘못.

너머 의(가로막은 사물을 나타내는 명사 다음에 쓰여) 그 사물의 저쪽 건너편. ¶고개 ~ / 서산 ~로 해가 지다 / 창 ~로 푸른 바다가 펼쳐지는 해변의 호텔.

너무 图 보통의 정도나 일정한 기준에서 지나칠 만큼 넘거나 나머지. ¶문제가 ~ 어렵다.

[어법] 아기가 너무 예쁘다:너무(×)→무척(○), 아주(○). ➡ '너무'는 정도가 지나친 상태에 대한 부정적인 어감을 담고 있는 말임. 위의 문장이 예쁜 것을 못마땅히 여기는 경우라면 별 문제가 없지만, 칭찬하는 뜻이라면 규범적으로 옳지 않음.

너무-나 图 '너무'의 힘줌말. ¶시간이 ~ 짧다 / 내게 그런 혐의를 씌우다니 ~ 억울하다.

너무-너무 图 '너무'를 강조하는 말. ¶입학 시험 문제가 ~ 어렵다.

너무-하다 Ⅰ 동(자타) 말이나 행동을 도에 지나치게 하다. ¶정말 해도 해도 **너무하는군**. Ⅱ 형어 도에 지나치게 심하다. ¶죽마고우인 나를 그런 식으로 박대하다니 정말 ~ 싶더군.

너벅-선(-船)[-썬] 명 너비가 넓은 배.

너벅지 명 '자배기'의 잘못.

너벳벳-하다[-벧뼤타-] 형어 (큰 얼굴이) 너부죽하고 복성스럽다. 잭나뱃뱃하다. **너벳벳-이** 图.

너볏-하다[-벼타-] 형어 아주 번듯하고 의젓하다. 잭나볏하다. **너볏-이** 图.

너부데데-하다 형어 (얼굴이) 둥글번번하고 너부죽하다. ¶얼굴이 살이 찌고 ~. 图늡데데하다. 잭나부대대하다.

너부러-지다 동(자) (바닥에) 너부죽이 까부라져 늘어지다.

너부렁이 명 1 종이·헝겊 따위의 자질구레한 오라기. 헝겊 ~. 2 어떤 부류의 사람이나 물건을 하찮게 여기는 말. ¶매일같이 식탁에는 채소 ~만 오른다. 잭나부랭이.

너부시 图 1 큰 사람이 매우 공손하게 머리를 숙이거나 앉거나 엎드려 절하는 모양. 2 큰 사람이나 물체가 천천히 땅 쪽으로 내리거나 차분하게 앉는 모양. 잭나부시.

너부죽-이¹ 图 천천히 넓적하게 엎드리는 모양. ¶~ 엎드려 큰절을 올리다. 잭나부죽이.

너부죽-하다[-주카-] 형어 넓고 평평한 듯하다. ¶너부죽한 얼굴. 잭나부죽하다. **너부죽-이**² 图.

너불-거리다/-대다 동(자타) 잇달아서 부드럽게 나부끼다. ⑦너풀거리다. 2 (혀나 입을) 실없이 놀려 자꾸 말하다. 잭나불거리다.

너불-너불[-러-] 图 너불거리는 모양. ¶오랜 가뭄 끝에 비를 맞은 벼 포기가 ~ 바람에 일렁인다. 잭나불나불. ⑦너풀너풀. **너불너불-하다** 동(자타).

너붓-거리다/-대다[-붇꺼(때)-] 동(자) 자꾸 나부껴 흔들리다. 잭나붓거리다.

너붓-너붓[-붇-붇] 图 너붓거리는 모양. 잭나붓나붓. **너붓너붓-하다** 동(자타) **너붓-이** 图.

너붓-하다[-부타-] 형어 조금 너부죽하다. 잭나붓하다. **너붓-이** 图 ¶조신은 오체투지로 대사의 앞에 ~ 엎드려 이마를 조아린다.《이광수:꿈》

너비 명 네모진 긴 도형이나 물체의 짧은 쪽 길이. 또는, 길이가 있는 대상물에 있어서, 직각으로 가로지른 길이. 비폭(幅). ¶널빤지 ~ / 강 ~ / 도로의 ~ / 자동차의 길이와 ~. 잭나비.

너비아니 명 얄팍하게 저며 양념을 하여 구운 쇠고기.

너새 명[건] 1 지붕의 합각머리 양쪽에 마루가 지게 기와를 덮은 부분. =당마루. 2 지붕을 일 때 기와처럼 쓰는 얇은 돌 조각. =너와·돌기와.

너새-집 명 너새로 지붕을 인 집. =너와집·돌기와집.

너설 명 험한 돌이나 바위가 삐쭉삐쭉 내민 곳.

너스래미 명 물건에 쓸데없이 너슬너슬 붙어 있는 거스러미나 털 따위.

너스레 명 1 떠벌려 늘어놓는 말이나 짓. ¶~를 떨다. 2 흙구덩이나 그릇의 아가리 또는 바닥에 걸쳐 놓는 막대기. 그 위에 놓는 물건이 빠지거나 바닥에 닿지 않게 하기 위하여 쓰임. ¶~를 치다.

너스레-웃음 명 너스레를 떨며 웃는 웃음.

너슬-너슬[-러-] 图 굵고 긴 털이나 풀이 부드럽고 성긴 모양. 잭나슬나슬. **너슬너슬-히** 图.

너와 명[건] 1 지붕을 이는 데 쓰는, 기와 모양의 작은 널빤지. 보통, 적송이나 전나무 등의 나무줄기를 토막 내서 만듦. ▷너와집. 2 =너새1.

너와-집 명 1 너와로 지붕을 인 집. 2 =너새집.

너울¹ 명 1 예전에 여자들이 얼굴을 가리기 위해 머리에 쓰던 물건. 검은빛의 얇은 깁으로 만듦. =개두. ¶~을 벗다[쓰다]. 2 '면사포'의 잘못.

너울² 명 바다의 사나운 큰 물결. =놀.

너울가지 명 남과 사귀는 솜씨. 붙임성이나 포용성 따위. ¶~가 좋다.

너울-거리다/-대다 동 1(자) (물결이나 늘어진 피륙 따위가) 부드럽고 느릿하게 굽이져 움직이다. ¶너울거리는 파도 / 수양버들이 바람에 ~. ②(타) (팔이나 날개 따위를) 부드럽게 굽이져 움직이다. ¶학 한 마리가 날개를 너울거리며 날아왔다. ⑤나올거리다.
너울-너울[-러-] 閉 너울거리는 모양. ¶~ 춤을 추다. ⑤나올나올. **너울너울-하다** 居 ⑤⑥⑥¶치맛자락이 바람에 ~.
너울-지다 居⑥ (멀리 보이는 바다의 물결이) 사납게 넘실거리다. =놀지다.
너이 몡閉 '넷이'의 잘못.
너저분-하다 劉⑥ (물건이) 여기저기 널려 있어 너절하고 지저분하다. ¶행객들이 버리고 간 쓰레기들이 여기저기 **너저분하게** 널려 있다. **너저분-히** 閉
너절-너절[-러-] 閉 죽축 늘어진 물건이 너저분하게 흔들리는 모양. **너절너절-하다** 劉⑥
너절-하다 劉⑥ 1 (어떤 물건이나 장소가) 더럽고 흐트러진 상태에 있다. ¶**너절한** 뒷골목 / **너절한** 옷을 걸치고 다니다. 2 (사람이나 언행이) 하찮고 구질구질하다. ¶너절한 변명. **너절-히** 閉
너주레-하다 劉⑥ 조금 너절하다.
너즈러-지다 居㉠ (물건이) 여기저기 많이 흩어지다. ¶방 안에 원고며 책 나부랭이가 **너즈러져** 있다.
너클^볼(knuckle ball) 몡[체] 1 야구에서, 손가락을 공의 겉면에 세워서 던지는 변화구. 공이 거의 회전을 하지 않으며, 타자 앞에서 급히 낙하한다. 2 탁구에서, 서브할 때 공을 우그리거나 홈을 내 불규칙하게 튀도록 하여 상대방이 실수하도록 하는 방법.
너털-거리다 居㉠ 1 '너덜거리다'의 거센말. ⑤나탈거리다. 2 너털웃음을 자꾸 웃다. ¶자네는 뭐가 그리 유쾌해서 **너털거리고** 있나?
너털-너털[-러-] 閉 '너덜너덜'의 거센말. ⑤나탈나탈. **너털너털-하다** 居㉠劉⑥
너털-웃음 몡 주로, 성인 남자가 큰 소리로 유쾌하고 시원스럽게 웃는 웃음. ¶~을 치다.
너테 몡 얼음 위에 덧얼어붙은 얼음.
너트(nut) 몡 볼트에 끼워 돌려서 물건을 움직이지 않도록 죄는, 쇠붙이로 만든 공구.
너펄-거리다/-대다 居㉠ 거칠고 크게 바람에 자꾸 나부끼다. ⑤나팔거리다.
너펄-너펄[-러-] 閉 너펄거리는 모양. ⑤나팔나팔. **너펄너펄-하다** 居㉠劉⑥¶바람에 옷자락이 ~.
너푼-거리다/-대다 居㉠ 가볍게 흔들려 나부끼다. ⑤나푼거리다.
너푼-너푼 閉 너푼거리는 모양. ⑤나푼나푼. **너푼너푼-하다** 居㉠劉⑥
너풀-거리다/-대다 居㉠㉡ '너울거리다'의 거센말. ¶치맛자락이 ~.
너풀-너풀[-러-] 閉 '너불너불'의 거센말. ⑤나풀나풀. **너풀너풀-하다** 居㉠㉡劉⑥
너희[-히] 떼(인칭) 말하는 사람이, 둘 이상의 듣는 상대가 같은 또래이거나 아랫사람일 때 그들을 가리켜 이르는 이인칭 복수 대명사. '너희들'보다 가리키는 대상이 더 추상적이고 막연하면 전체로서의 의미가 강함. ~집 /~끼리 놀아라.
너희-들[-히-] 떼(인칭) 이인칭 복수 대명사 '너희'에 다시 복수 접미사 '-들'이 붙은 말. '너희'보다 가리키는 대상이 더 구체적이고 개별적인 의미가 강함. ¶~은 각자 집으로 돌아가거라.

넉 괸 ('냥, 되, 섬, 자, 달, 대, 잔, 장, …' 등의 단위성 의존 명사 앞에 쓰여) 수량이 '넷'임을 나타내는 말. ¶엽전 ~ 냥 / ~ 쌀 ~ 되 / 벼 ~ 섬 / ~ 자 다섯 치 / ~ 달 / ~ 매 / ~ 대 / 술 ~ 잔 / 종이 ~ 장. ▷너·네.
넉-가래[-까-] 몡 곡식·눈 따위를 한곳에 밀어 모으는 데에 쓰는 기구. 넓적한 나무판에 자루를 닮. =목험.
넉가래-질[-까-] 몡 곡식을 넉가래로 떠서 공중에 치뿌려 티끌이나 쭉정이를 바람에 날아가도록 하는 일. **넉가래질-하다** 居㉠
넉넉-잡다[넝-짭따] 居㉠ 넉넉할 만큼 여유를 두다. ¶그 일은 **넉넉잡아** 하루면 충분히 끝낼 수 있다.
넉넉-하다[넝너카-] 劉⑥ 1 (크기·수효·부피·물량 따위가) 기준에 차고도 남음이 있다. 回족하다. ¶자금이 ~ / 시간을 **넉넉하게** 잡다. 2 (사람됨이나 바람 쓰는 태도가) 여유가 있고 도량이 넓다. ¶넉넉한 마음. **넉넉-히** 閉 ¶손님이 올지 모르니 밥을 ~ 지어라.

> **어법** 넉넉치 않은 살림 : 넉넉치(×)→넉넉지(○), 넉넉하다(○). ▶어간의 끝 음절 '하'가 아주 적게는 준 대로 적을 수 있음(맞40).

넉-살[-쌀] 몡 부끄러운 기색 없이 비위 좋게 구는 짓. ¶~을 부리다 / ~을 피우다 / ~ 좋게 낯을 받아넘기다 / 미안하니까 와서 ~을 떨고 있다.
넉살-스럽다[-쌀-따] 劉⑥〈-스러우니, -스러워〉부끄러움이 없이 비위 좋고 검질긴 데가 있다. **넉살스레** 閉
넉!새-베[-쌔-] 몡 '넉새삼베'의 준말.
넉!새-삼베[-쌔-] 몡 320올의 날실로 짠, 석새삼베보다 품질이 약간 더 나은 베. =사승포(四升布). ㉤넉새베.
넉!장-거리[-짱-] 몡 네 활개를 벌리고 뒤로 벌렁 자빠지는 일. ⑤낙장거리. **넉!장거리-하다** 居㉠
넋[넉] 몡 1 사람의 몸에 있으면서 그것을 거느리고 목숨을 붙어 있게 하며, 죽어도 영원히 사라지지 않는다는 비물질적 존재. 回혼(魂)·혼백(魂魄). ¶~을 달래다(위로하다) / 고인의 ~을 기리다. 2 (주로, 관용구 속에 쓰여) '정신'이나 '의식(意識)'을 뜻하는 말. ¶~이 파립다 / ~ 빠진 소리.
넋(이) 나가다 권 정신이 나가거나 아무 생각이 없다.
넋(을) 놓다[잃다] 권 제정신을 잃고 멍한 상태가 되다. ¶공중 곡예에 **넋 놓고** 구경하다.
넋이야 신이야 한다 권 마음속에 잔뜩 벌렸던 것을 거침없이 마구 털어놓는다. =신이야 넋이야 한다.
넋-두리[넉뚜-] 몡 1 [민] 굿을 할 때 무당이 죽은 사람의 넋을 불러낸 뒤, 죽은 이의 하소연을 그대로 풀어 말하는 것. 또는, 그 말. 2 불평이나 불만을 길게 늘어놓아 하소연하는 말. ¶홍천댁은 눈물을 찔끔거리며 ~를 늘어놓는다. **넋두리-하다** 居㉠
넌 '너는'이 준 말. ¶~ 어떻게 할 거니?
넌더리 몡 어떤 일이나 대상에 물리거나 질려 몹시 싫어하거나 지긋지긋하게 여기는 상태. 回진저리. ¶이제 그 일에는 ~가 난다.

/그는 어려서 수제비를 얼마나 먹었던지 지금도 ~를 낸다. [준]넌덜.

넌더리(를) 대다 [구] 넌더리가 나게 굴다.

넌덕 [명] 너털웃음을 치며 재치 있게 말을 늘어놓는 짓. ¶~을 부리다.

넌덕-스럽다[-쓰-따] [형][ㅂ]〈~스러우니, ~스러워〉 너털웃음을 치며 재치 있게 말을 늘어놓는 재주가 있다. **넌덕스레** [부]

넌덜 [명] '넌더리'의 준말. ¶~이 나다/날마다 똑같은 반찬에 ~을 내다.

넌덜-머리 [명] '넌더리'를 속되게 이르는 말. ¶그 이야기라면 하도 들어서 ~가 난다.

넌떡 [부] 넝큼. 또는, 썩. [작]난딱.

넌센스 [명] '난센스(nonsense)'의 잘못.

넌지시 [부] 드러나지 않게 가만히. ¶~ 물어보다.

넌출 [명] 길게 뻗어 나가 늘어진 식물의 줄기. ¶호박 ~.

넌출-지다 [동][자] 넌출이 길게 치렁치렁 늘어지다.

널[1] [명] **1** 넓게 켠 나무판자. ¶~을 깔다. **2** 널뛰기할 때 쓰이는 널빤지. =널판. ¶~을 뛰다. **3** 관(棺)이나 곽(槨)의 총칭.

널[2] '너를'이 준 말. ¶나는 ~ 믿는다.

널-길[-낄] [명][고고] 고분(古墳)의 입구에서부터 시체를 안치할 방에까지 이르는 길. =연도(羨道).

널널-하다 [형][여] 시간이 많거나 공간이 넓어서 여유가 있다. ¶여기 **널널하니까** 이리 와서 앉아./시간 **널널하니까** 천천히 해라.

널다 (널고/널어) [동][타]〈너니, 너오〉 (물건을) 볕을 쬐거나 바람을 쐬기 위하여 넓게 펼쳐 놓다. ¶빨래를 ~/멍석에 고추를 ~.

널-다리 [명] 널빤지로 깔아 놓은 다리.

널-따랗다[-라타] [형][ㅎ]〈~따라니, ~따라오, ~따래〉 꽤 또는 퍽 넓다. ¶**널따란** 운동장/방이 ~. ↔좁다랗다.

널-뛰기 [명] 긴 널빤지의 중간에 밑을 괴고 양쪽 끝에 한 사람씩 올라서서 번갈아 뛰며 몸을 솟구어 올라갔다 내려왔다 하는, 여자들의 놀이. **널뛰기-하다** [동][자][여]

널-뛰다 [동][자] 널뛰기를 하다.

널름 [부] '날름'의 큰말. **널름-하다** [동][타][여]

널름-거리다/-대다 [동][타] '날름거리다'의 큰말.

널름-널름 [부] '날름날름'의 큰말. **널름널름-하다** [동][타][여]

널리 [부] **1** 지역적으로 넓게. ¶~ 알려진 인물. **2** 너그러운 마음으로. ¶본의 아니게 불편을 끼친 점 ~ 양해해 주시기 바랍니다.

널-리다 [동][자] **1** '널다'의 피동사. ¶빨랫줄에 **널린** 빨래. **2** (물건이) 여기저기 흩어져 퍼지다. ¶길바닥에 휴지가 마구 **널려** 있다.

널-마루 [명] 널빤지로 깐 마루.

널-무덤 [명][고고] 선사 시대 또는 철기 시대에, 땅속에 구덩이를 파고 직접 유해를 넣던 분묘의 형태. =토광묘(土壙墓).

널-문(-門) [명] 널빤지로 만든 문.

널-밥[-빱] [명] 널뛰기를 할 때, 몸무게에 따라 중간의 굄으로부터 양쪽으로 각기 차지하는 널의 길이.

널-방(-房) [명][고고] 횡혈식 돌방의 일부에 있으며, 유해를 넣은 관을 안치하는 방. =현실(玄室).

널브러-뜨리다/-트리다 [동][타] 널브러지게 하다.

널브러-지다 [동][자] **1** (물건들이) 여기저기 어지럽게 놓이다. ¶책 나부랭이가 방 안에 **널브러져** 있다. **2** (사람들이) 지치거나 정신을 잃거나 죽거나 하여 여기저기 쓰러진 상태가 되다. ¶전쟁터에 시체들이 ~.

널-빈지 [명] 가게 영업을 시작하거나 끝낼 때, 한 짝씩 끼웠다 떼었다 할 수 있게 널빤지로 만든 문. =빈지. ▷빈지문.

널-빤지 [명] 판판하고 넓게 켠 나뭇조각. 세는 단위는 장, 크기의 단위는 평(사방 6자). =널판·널판자·판자. [비]판(板). ×널판지.

널어-놓다[-노타] [동][타] 죽 널어서 벌여 놓다. ¶고추를 멍석에 ~.

널-조각[-쪼-] [명] 널빤지의 조각. =널쪽·목판(木板).

널-쪽 [명] =널조각.

널찍-널찍[-찡-] [부] 여럿이 다 널찍하거나 매우 널찍한 모양. ¶~ 앉아라. **널찍널찍-하다** [형][여] ¶이사 갈 집은 방이 **널찍널찍해서** 마음에 들었다. **널찍널찍-이** [부]

널찍-하다[-찌카-] [형][여] **1** (자리·집·마당·길·운동장 등의 공간이) 여유 있게 넓다. ¶뒷자리가 **널찍한** 승용차/방이 **널찍해서** 좋다. **2** (이마·어깨·가슴·엉덩이 등의 신체 부위가) 시원스레 넓다. ¶그는 **널찍한** 이마와 부리부리한 눈이 인상적이다. **널찍-이** [부] ¶~ 자리를 잡고 앉다.

널-판(-板) [명] **1** =널빤지. **2** =널[1]**2**.

널판-때기(-板-) [명] '널판'을 속되게 이르는 말.

널-판자(-板子) [명] =널빤지.

널-판장(-板牆) [명] 널빤지로 둘러친 울타리. =판장.

널-판지 [명] '널빤지'의 잘못.

넓다[널따] [형] **1** (어떤 사물이) 평면의 넓이에 있어서 보통의 정도 또는 기준 대상보다 큰 상태에 있다. ¶운동장이 ~. **2** (길이를 가진 물체가) 폭에 있어서 보통의 정도 또는 기준 대상보다 큰 상태에 있다. ¶**넓은** 도로. **3** (대상의 범위나 내용이) 크고 많은 상태에 있다. ¶식견이 ~/교제가 ~. **4** (마음 쓰는 것이) 대범하고 너그럽다. ¶도량이 ~. ↔좁다. [참고] '넓-'은 자음으로 시작하는 어미 앞에서는 [널]로 소리 남. 곧, '넓고/넓지'는 [널꼬/널찌]로 소리 남.

넓-다랗다 [형][ㅎ] '널따랗다'의 잘못.

넓-둥글다[넙뚱-] [형]〈~둥그니, ~둥그오〉 넓죽하고 둥글다.

넓디-넓다[널띠널따] [형] 더할 수 없을 만큼 넓다. ¶**넓디넓은** 벌판.

넓은잎-나무[-님-] [명][식] =활엽수.

넓-이 [명][수] 평면이나 곡면을 이루는 물체나 도형의 크기. 단위는 cm^2, m^2, km^2, a(아르), ha(헥타르), 평 따위. =광(廣)·면적.

넓이-뛰기 [명][체] '멀리뛰기'의 구용어.

넓적-넓적[넙쩡넙쩍] [부] 여럿이 다 넓적한 모양. [작]납작납작. ¶무를 ~ 썰다. **넓적넓적-하다** [형][여] ¶**넓적넓적한** 접시. **넓적넓적-이** [부]

넓적-다리[넙쩍따-] [명][생] 사람의 다리나 네발짐승의 뒷다리에서, 무릎과 오금의 위쪽 부분. =대퇴(大腿)·대퇴부. ▷허벅다리.

넓적다리-뼈[넙쩍따-] [명][생] =대퇴골.

넓적스름-하다[넙쩍쓰-] [형][여] 조금 넓적하다. [작]납작스름하다. ¶그 사람은 얼굴이 둥글고 ~. **넓적스름-히** [부]

넓적-이[1][넙쩍-] [명] 얼굴이 넓적한 사람을 놀림조로 이르는 말. [작]납작이.

넓적-코[넙쩍-] 몡 콧날이 서지 않고 넓적하게 생긴 코. 또는, 그런 코를 가진 사람. 㕍납작코.
넓적-하다[넙쩌카-] 톙예 (물체가) 면이 편편하면서 넓다. ¶넓적한 바위 / 넓적한 손 [얼굴]. 㕍납작하다. 넓적-이²뷔
넓죽 뷔 '넙죽'의 잘못.
넓죽-넓죽[넙쭉넙쭉] 뷔 여럿이 다 넓죽한 모양. 㕍납죽납죽. 넓죽넓죽-하다 톙예
넓죽-이¹[넙쭉-] 몡 얼굴이 넓죽한 사람을 놀림조로 이르는 말. 㕍납죽이.
넓죽-하다[넙쭈카-] 톙예 길쭉하게 넓다. ¶메기처럼 넓죽한 입. 㕍납죽하다. 넓죽-이²뷔
넓-히다[널피-] 동타 '넓다'의 사동사. ¶식견을 ~ / 도로를 4차선으로 ~.
넘겨다-보다 동타 1 (남의 것을) 욕심내어 마음을 그리로 돌리다. =넘보다. ¶남의 재산을 ~. 2 =넘어다보다. ¶담을 ~.
넘겨-듣다[-따] 동타(ㄷ) 〈~들으니, ~들어〉 =지내듣다. ¶넘겨들어서 무슨 말을 했었는지 생각나지 않는다.
넘겨-받다[-따] 동타 (물건이나 권리·책임·일 등을 남으로부터) 받아서 떠맡다. ¶바통을 ~ / 선임자로부터 사무를 ~. ↔넘겨주다.
넘겨-잡다[-따] 동타 앞질러서 짐작하다.
넘겨-주다 동타 (물건이나 권리·책임·일 등을 남에게) 건네주거나 맡기다. ¶아파트 입주권을 ~. ↔넘겨받다.
넘겨-짚다[-집따] 동타 (상대방의 생각을) 지레짐작으로 판단하다. ¶남의 속도 모르고 공연히 넘겨짚지 마라.
넘고-처지다[-꼬-] 동자 이 표준에는 지나치고 저 표준에는 못 미치다. ¶넘고처지는 혼처.
넘-기다 동타 1 '넘다'의 사동사. ¶고비를 ~. 2 (물체를) 장애물 위로 넘어가게 하다. ¶공을 네트 위로 ~. 3 (서 있는 것을) 쓰러지게 하다. ¶다리를 걸어 ~. 4 (종이나 책장 따위를) 뒤집어서 잦히다. ¶책장을 ~. 5 (음식물을) 목으로 넘어가게 하다. ¶목이 부어 밥을 넘기지 못하겠다. 6 (남에게 권리나 책임 따위를) 주어 가지게 하다. ¶소유권을 ~. 7 (어떤 문제나 안건·사건 따위를 해당 부서에) 맡게 하다. ¶범인을 경찰에 ~. 8 (어떤 시기나 기한을) 지나가게 하다. ¶출원기한을 ~.
넘!-나다 동자 (말이나 행동 등이) 분수에 지나치거나 분별없이 하는 상태가 되다. ¶염려되는 맘에 말이 넘난 데까지 미쳤사와다. 〈홍명희·임꺽정〉
넘!-나-들다 동자(ㄹ) 〈~드니, ~드오〉 1 (어떤 한계나 경계를) 넘어갔다 넘어왔다 하다. ¶국경을 넘나들며 장사를 하다. 2 (서로) 왔다 갔다 하며 드나들다. ¶이웃집과 서로 넘나들며 지내다.
넘!-놀다 동자 〈~노니, ~노오〉 1 넘나들며 놀다. 2 (나비나 새 따위가) 오르락내리락하며 날다.
넘!다[-따] (넘:고 / 넘어) 동 ①자 1 (수량·시간·시각 따위가) 범위나 한계에서 벗어난 상태가 되다. ¶쉰 살이 ~, 그 일을 하는 데 사흘이 넘게 걸렸다. 2 (액체가) 일정한 데 가득 차고 나머지가 그 밖으로 벗어나다. ¶항아리에 물이 ~. 3 (칼날 따위를 지나치게 갈아 날이) 한쪽으로 쏠리게 되다. ②

타 1 (움직이는 대상이 높은 데를) 타고 낮은 데로 이동하다. ¶산을 ~. 2 (움직이는 대상이 어떤 경계를) 지나 한쪽에서 다른 쪽으로 이동하다. ¶자동차로 국경선을 ~. 3 (움직이는 대상이 어떤 장애물을) 몸 또는 몸체를 공중에 솟구쳐 뛰어서 건너다. ¶오토바이로 장애물을 넘는 경기. 4 (어려운 고비를) 이겨 벗어나다. ¶고비를 슬기롭게 ~. 5 (일정한 범위나 기준, 한계를) 벗어나거나 지난 상태가 되다. ¶서울의 인구가 천만 명을 넘은 지 이미 오래다.
넘버(number) 몡 사물을 구별하기 위한 숫자. 또는, 차례를 나타내는 번호. ¶백~ / 자동차-판 / 카드에 ~를 매기다.
넘버링(numbering) 몡 =넘버링머신.
넘버링-머신(numbering machine) 몡 문서 등에 대고 한 번 누를 때마다 일련번호가 차례로 찍히게 되어 있는 사무용 기구. =넘버링·번호기.
넘버-원(number one) 몡 어떤 대상이 으뜸이거나 최고인 상태. 또는, 그 대상. ¶야, 우리 아빠 ~!
넘!-보다 동타 1 (남을) 얕잡아 깔보다. 2 =넘겨다보다1. ¶남의 여자를 ~ / 남의 물건을 ~.
넘성-거리다/-대다 동타 남의 것이 탐이 나서 목을 길게 빼고 자꾸 넘어다보다. ¶무슨 흑심으로 남의 집을 넘성거리느냐? 㕍남상거리다.
넘성-넘성 뷔 넘성거리는 모양. 㕍남상남상. 넘성넘성-하다 동타예
넘실-거리다/-대다 동 ①자 (물결이) 넘칠 듯이 움직이다. ¶넘실거리는 파도. ②타 남의 것이 탐이 나서 목을 빼고 슬그머니 넘어다보다. 㕍남실거리다.
넘실-넘실[-럼-] 뷔 넘실거리는 모양. 㕍남실남실. 넘실넘실-하다 동타예
넘어-가다 동 ①자 1 (서 있는 물체가) 저쪽으로 기울어지거나 쓰러지다. ¶태풍으로 전봇대가 ~. 2 (제한된 때가) 지나가다. ¶기한이 ~. 3 (해나 달이) 지평선이나 수평선 너머로 지다. ¶해가 서산으로 ~. 4 (권리·책임 따위가) 이쪽에서 저쪽으로 옮겨 가다. ¶집이 이웃에게로 ~. 5 (꾐이나 속임수에) 빠져 올바른 판단을 하지 못하게 되다. ¶친구의 꾐에 ~. 6 (다음 차례나 시대, 또는 다른 경우로) 나아가거나 옮아가다. ¶서론은 그쯤 하고 본론으로 넘어갑시다. 7 (음식물이 목구멍을) 지나서 식도 쪽으로 내려가다. ¶목에 가시가 걸려 넘어가지 않는다. 8 (노래의 어렵거나 흥미 있는 대목이) 막힘없이 잘 불려지다. ¶얼씨구, 잘도 넘어간다. ②타 (움직이는 대상이 높은 곳이나 물건 위 또는 경계를) 지나가다. ¶산을 ~ / 국경을 ~.
넘어다-보다 동타 (고개를 들어 가려진 것의 위를) 지나서 보다. =넘겨다보다. ¶담 밖을 ~.
넘어-뜨리다/-트리다 동타 1 (바로 선 것을) 힘차게 쓰러뜨리다. ¶상대를 밀어 ~. 2 (남이 차지한 지위나 권세를) 꺾다. ¶민주화 투쟁으로 독재의 아성을 ~.
넘어-서다 동타 (어떤 한계나 경계를) 넘어서 가거나 오다. ¶역경을 ~ / 병이 고비를 ~.
넘어-오다 동 ①자 1 (서 있는 물체가) 이쪽으로 기울어지거나 쓰러지다. ¶쌓아 놓은 벽돌이 넘어오는 바람에 발목을 다쳤다. 2

(책임·권리 따위가) 저쪽에서 이쪽으로 옮겨 오다. ¶소유권이 ~. 3 (먹은 음식물이) 식도를 타고 목구멍으로 거슬러 나오다. ¶신물이 ~. 4 (다음 차례나 시대로) 바뀌어 옮아오다. ¶차례가 나한테 ~ / 근대에서 현대로 **넘어오는** 과도기. ②타 (움직이는 대상이 높은 곳이나 물건 위 또는 경계를) 지나오다. ¶산을 ~ / 삼팔선을 ~.

넘어-지다 困 1 (사람이나 물체가) 서 있거나 세워진 상태에서 균형을 잃고 한쪽으로 기울어지면서 지면이나 바닥에 몸 또는 몸체가 닿는 상태가 되다. ¶돌부리에 걸려 ~. 2 (단체나 기관, 조직체 등이) 망하거나 도산하다. ¶거액의 부채로 회사가 ~. ▶쓰러지다.

넘쳐-흐르다[-처-] 동困르〈~흐르니, ~흘러〉 1 (액체가) 가득 차서 흘러내리다. ¶수돗물이 철철 ~. 2 (어떤 느낌이나 힘이) 가득 차서 넘치다. =흘러넘치다. ¶남성미가 ~.

넘:-치다 동困 1 (주로 액체가) 그릇이나 움푹 팬 곳에 가득 차서 밖으로 흘러나오다. 때로, 분말이나 자잘한 알갱이 상태의 물질에 대해서도 쓰임. ¶강물이 ~. 2 (사물의 양이) 일정한 기준보다 많은 상태가 되다. ¶주문이 ~. 3 (어떤 일이나 태도가 일정한 기준에) 벗어나 지나친 상태가 되다. ¶분수에 **넘치는** 생활. 4 (어떤 심리 상태가) 정도에 넘도록 강렬하게 일어나다. ¶활기가 ~ / 기쁨이 **넘치는** 생활.

넙데데-하다[-떼데-] 형여 '너부데데하다'의 준말. ¶얼굴이 ~. 짝납대대하다.

넙적[-쩍] 부 1 무엇을 받아먹거나 말대답할 때, 입을 냉큼 벌렸다가 닫는 모양. 2 몸을 냉큼 엎드려 바닥에 대는 모양. ¶~ 큰절을 하다. 짝납작.

넙적-거리다/-대다[-쩍꺼(때)-] 동타 1 무엇을 받아먹거나 말대답할 때, 입을 자주 크게 냉큼 벌렸다 닫았다 하다. 2 몸을 냉큼 냉큼 엎드려 바닥에 대다. 짝납작거리다.

넙적-넙적[-쩡-쩡] 부 1 넙적거리는 모양. 짝납작납작. **넙적넙적-하다** 동타여

넙죽[-쭉] 부 1 무엇을 받아먹거나 말대답할 때, 입을 냉큼 벌렸다가 닫는 모양. ¶고기 한 점을 던져 주자 개는 ~ 받아먹었다. 2 냉큼 엎드려 몸을 바닥에 대는 모양. =넙죽이. ¶~ 엎드려 용서를 빌다. 짝납죽. ×넙죽.

넙죽-거리다/-대다[-쭉꺼(때)-] 동타 1 무엇을 받아먹거나 말대답할 때, 입을 냉큼 냉큼 벌렸다 닫았다. 2 냉큼냉큼 엎드려 바닥에 대다. 짝납죽거리다.

넙죽-넙죽[-쭝-쭉] 부 1 넙죽거리는 모양. ¶누구 앞에서 ~ 말대답이냐? 짝납죽납죽. **넙죽넙죽-하다** 동타여

넙죽-이[-쭉-] 부 =넙죽. ¶무릎을 꿇고 ~ 절을 하다.

넙치 명동 넙칫과의 바닷물고기. 몸길이 60cm 정도, 몸은 위아래로 넓적한 긴 타원형이며, 두 눈은 몸 왼쪽에 있음. =광어(廣魚)·비목어.

넝마 명 낡고 해어져서 입지 못하게 된 옷 따위. ¶~를 걸치다.

넝마-장수 명 돌아다니면서 넝마를 거두어 사다가 파는 사람.

넝마-전(-廛) 명 넝마를 파는 가게. =고전(古廛).

넝마-주이 명 넝마나 헌 종이 등을 줍는 사람.

넝쿨 명[식] =덩굴.

넣:다[너타] 〈넣고 / 넣어〉 동타 1 (어떤 물체나 물질을 공간이 이룬 곳이나 물체 속에) 들어 있게 하거나 들어가게 하다. ¶가방에 책을 ~ / 고무풍선에 바람을 ~. 2 (액체 상태의 물질에 다른 물질이나 물체를) 들어 있게 하다. ¶커피에 설탕을 ~. 3 (어떤 것에 다른 것을 같이) 있게 하다. ¶밥에 콩을 **넣어서** 먹다. 4 (사람이 어떤 사람을 단체나 조직 등에) 구성원으로 속하게 하다. ¶부모가 아이를 학교에 ~. 5 (어떤 사물을 어떤 범위 안에) 들어 있게 하다. ¶학급 신문에 학교 소식도 **넣었다**. 6 (물건이나 에너지 따위를 어느 곳에) 들어가게 하다. ¶배달원이 각 가정에 신문을 ~. 7 (사람을 일정한 공간에) 들어가 있게 하다. 삐수용하다. ¶그 극장에 천 명은 **넣을** 수 있다. 8 (돈을) 은행에 맡기거나 통장에 들어 있게 하다. ¶돈을 통장에 ~. 9 (힘을) 안쪽에 쏟다. ¶아랫배에 힘을 ~ / 관청에 압력을 **넣어** 일을 성사시키다. 10 (스위치를) 켜지는 상태가 되게 하다. ¶전기 스위치를 ~.

네¹ 대(인칭) 2인칭 대명사인 '너'가 주격 조사 '가'와 결합할 때 그 형태가 변한 말. ¶~가 누구냐?

II '네'가 준 말. ¶~ 집은 ~.

네!² 관 ('너'나 '넉'이 어울리는 단위성 의존 명사 이외의 것과 폭넓게 어울려) 수량이 '넷'임을 나타내는 말. ¶~ 개 / ~ 명 / ~ 권 / ~ 가지 / ~ 마리 / ~ 번 / ~ 송이 / ~ 자루 / ~ 켤레. ▷너·넉.

네 활개(를) 치다 구 1 크게 팔다리를 휘저으며 걷다. 2 의기양양하게 다니거나 행동하다.

네³ 감 1 말을 높여야 할 상대가 묻거나 청하는 말에 긍정하여 대답하는 말. ¶"이 물건 좀 전해 주세요." "~, 알았습니다." 2 말을 높여야 할 상대에게, 상대의 말이 뜻밖이거나 잘 알아듣지 못했을 때 되묻는 뜻으로 문장 첫머리에 하는 말. ¶~? 저더러 그 일을 하라고요? 3 말을 높여야 할 상대에게 조르거나 떼를 쓸 때, 재촉하는 뜻으로 문장 끝에 하는 말. ¶제 부탁을 꼭 들어주세요, ~. ▷예.

-네⁴ 접미 1 사람의 한 무리를 나타내는 말. ¶우리~ / 아낙~ / 여인~. 2 '집안'이나 '가족 전체'의 뜻을 나타내는 말. ¶철이~ / 아저씨~ / 집~.

-네⁵ 어미 1 '해' 할 상대에게 쓰이거나 혼잣말에 쓰여, 감탄의 뜻을 나타내는 종결 어미. ¶나 바쁘다니까 그려~, / 산에는 꽃 피~ 꽃이 피~ 〈김소월: 산유화〉 2 '하게' 상대에게 단순한 서술의 뜻을 나타내는 종결 어미. ¶나 먼저 가~.

네:-거리 명 길이 한 지점에서 네 방향으로 갈라진 곳. =사거리. 삐십자로(十字路). ¶~에 신호등을 달다.

네거티브(negative) 명 1 사진의 원판. 삐음화(陰畵). 2 [의] =음성 반응. ↔포지티브. 3 (일부 명사 앞에 쓰여) '부정적'의 뜻을 나타내는 말. ¶~ 방식 / ~ 전략. **네거티브-하다** 형여 '부정적이다. ¶네거티브한 내용.

네글리제(néglige) 명 얇은 천으로 헐렁하게 원피스처럼 만든 여성용 잠옷.

네:기 감 몹시 못마땅하여 욕으로 하는 말.

네-까짓[-찓] 관 (경멸하는 투로 쓰이어) 겨

우 네 따위 정도의. ¶~ 녀석〔놈〕. 준네깟.
네-깟 [-깓] 관 '네까짓'의 준말. ¶~ 놈.
네-네 감 '네¹'를 거듭하는 말. 비예예.
네-년 대(인칭) 여자를 맞대하여 욕으로 이르는 말. ↔네놈.
네-놈 대(인칭) 남자를 맞대하여 욕으로 이르는 말. ↔네년.
네:눈-박이 명 양쪽 눈 위에 흰 점이 있어 언뜻 보기에 눈이 넷으로 보이는 개. 준네눈이.
네:눈-이 명 '네눈박이'의 준말.
네:-다리 명 주로 잠잘 때나 뻗고 누웠을 때, 사람의 '팔다리'를 속되게 이르는 말. ¶지은 죄 때문에 ~를 뻗고 잘 수가 없다.
네다바이(←일ねたばい) 명 〔일본의 은어로, 범죄에 사용하는 도구를 준비하는 것을 뜻함〕 남을 교묘하게 유인하여 가짜로 꾸민 돈뭉치나 귀중품을 맡기면서 그 대신 남의 금품을 가지고 달아나는 사기 행위.
네:-다섯 [-섣] I 수 넷이나 다섯.
Ⅱ 관 ¶열무 ~ 단.
네:-댓 [-댇] I 수 넷이나 다섯가량. ×너덧.
Ⅱ 관 ¶~ 개 / ~ 명 / ~ 살 먹은 아이. ×너덧.
네:댓-새 [-댇쌔] 명 나흘이나 닷새가량.
네덜란드(Netherlands) 명 (지) 서유럽에 있는 입헌 군주국. 수도는 암스테르담. 음역어는 화란(和蘭).
네-뚜리 명 사람이나 물건을 업신여겨 대수롭지 않게 보는 일. ¶~로 여기다.
네:-모 명 '사각형'을 일상적으로 이르는 말. =사방(四方).
네:모-꼴 명 '사각형'을 일상적으로 이르는 말.
네:모-나다 형 형태가 네모로 된 상태에 있다. 비네모지다. ¶네모난 종이.
네:모반듯-하다 [-드타-] 형(여) 〔물체가〕 외래의 형태가 직사각형이나 정사각형처럼 반듯하다. ¶방이 ~ / 종이가 ~.
네:모-뿔 수 =사각뿔.
네:모-지다 형 형태가 네모를 이룬 상태에 있다. 비네모나다. ¶얼굴이 ~ / 네모진 벽돌.
네미 감 남을 욕할 때 쓰는 말.
네:-발 명 짐승의 네 개의 발. ¶~ 가진 짐승.
네발(을) 들다 관 두 손을 다 속된 말임.
네:발-걸음 명 두 손을 바닥에 짚고 엎드려 기듯이 걷는 일.
네:발-짐승 명 네 개의 발을 가진 짐승.
네슬러-시:약(Nessler試藥) 명 (화) 암모니아 및 암모늄 이온의 검출과 정량(定量)에 쓰이는 시약.
네안데르탈-인(Neanderthal 人) 명 (고고) 1856년에 독일의 뒤셀도르프 근교의 네안데르탈에서 발견된 화석 인류. 매우 진보된 구석기를 사용함. ▷구인(舊人).
네오-(neo-) 접두 '새로운', '현대의'의 뜻을 나타내는 말. ¶~리얼리즘 / ~로맨티시즘.
네오디뮴(neodymium) 명 (화) 희토류 원소의 하나. 원소 기호 Nd, 원자 번호 60, 원자량 144.240. 은백색의 금속으로 퍼지고 늘어나는 성질이 있으며, 유리의 착색제 등으로 쓰임.
네오-리얼리즘(neo-realism) 명 (영) =신사실주의3.
네온(neon) 명 (화) 희유기체 원소의 하나. 원소 기호 Ne, 원자 번호 10, 원자량 20.183. 무색무취의 기체인데, 방전(放電)하면 등적색으로 빛나므로 네온사인 등에 이용됨.
네온-사인(neon sign) 명 네온관을 사용한 전기 사인. 광고용·장식용으로 쓰임. ¶~이 휘황찬란한 거리.
네임-밸류(↑name value) 명 '지명도(知名度)'로 순화. ¶~가 없는 가수.
네잎-꽃[-입꼳] 명 (식) 꽃잎이 넉 장인 꽃. 무窒·배추꽃 따위. =사판화(四瓣花).
네:-제곱 명 (수) 같은 수를 네 번 곱하는 일. 또는, 그렇게 하여 얻어진 수. =사승(四乘). 네:제곱-하다 통(타)(여)
네:제곱-근(-根) [-끈] 명 (수) 어떤 수의 네제곱이 다른 수와 같을 때, 그 다른 수에 대한 어떤 수. =사승근.
네-째 주 관 '넷째'의 잘못.
네커치프(neckerchief) 명 장식·보온용으로 목에 두르는 작은 천.
네크-라인(neckline) 명 =목둘레선.
네트(net) 명 〔'그물'이라는 뜻〕 [체] 1 배구·테니스·탁구·배드민턴 등에서, 코트 중앙에 수직으로 설치하는 그물. ¶서브 미스로 ~에 걸리는 볼. 2 축구·핸드볼·아이스하키 등에서, 골문 뒤쪽에 치는 그물. ¶원발로 숫한 볼이 정확하게 ~에 꽂혔다.
네트^볼(net ball) 명 [체] 배구·테니스·탁구 등에서, 서브한 공이 네트에 닿고 상대편 코트로 넘어간 것.
네트워크(network) 명 1 =방송망. ¶전국에 걸친 ~. 2 복수의 컴퓨터를 유선·무선의 통신 매체로 연결하여 데이터를 주고받을 수 있게 한 통신망.
네트^인(↑net in) 명 [체] 탁구·테니스·배구 따위의 경기에서, 네트에 닿은 공이 상대편 코트로 넘어가는 일.
네트^터치(net touch) 명 [체] 배구·테니스·탁구 경기에서, 라켓이나 몸이 네트에 닿는 일.
네트^플레이(net play) 명 [체] 1 테니스에서, 네트 가까이 전진해서 발리·스매시 등으로 결정타를 시도하는 일. 2 배구에서, 네트 앞에서 펼치는 플레이. 3 9인제 배구에서, 세 번째 몸에 닿은 공이 네트에 걸렸을 때 그 공을 쳐서 상대 쪽으로 넘기는 플레이.
네티즌(netizen) 명 [network+citizen] 네트워크로 이뤄진 가상 사회의 시민이라는 뜻에서] 컴퓨터 통신이나 인터넷을 통해 정보를 얻기도 하고 자기 의견을 표현하기도 하는 사람.
네티켓(netiquette) 명 [network+etiquette] 컴퓨터 통신에 참여할 때에 지켜야 할 예절.
네팔(Nepal) 명 (지) 히말라야 산맥 남쪽에 있는 입헌 군주국. 수도는 카트만두.
네프론(nephron) 명 (생) 신장의 구조·기능상의 최소 단위. 신소체와 세뇨관으로 이루어짐. =신단위(腎單位).
넥타(nectar) 명 과일을 으깨어 만든 진한 주스. ¶복숭아 ~ / 사과 ~.
넥타이(necktie) 명 와이셔츠 깃 밑으로 둘러서 매듭을 지어 앞으로 늘어뜨리는 기다란 천. 주로 남자들이 서양식 정장을 할 때 장식으로 맴. ¶~를 매다〔풀다〕. 준타이.
넥타이-핀(↑necktie pin) 명 넥타이가 움직이지 않도록 하거나 모양을 내기 위해 넥타이에 꽂는 핀.
넨:장 감 1 '넨장맞을'의 준말. 2 '넨장칠'의 준말.

넨!장-맞을 [감][관] ['네 난장(亂杖)을 맞을' 의 뜻] 못마땅할 때 욕으로 이르는 말. ¶~ 놈의 것. [준]넨장.
넨!장-칠 [감][관] ['네 난장을 칠' 의 뜻] 못마땅할 때 욕으로 이르는 말. ¶~ 것. [준]넨장.
넬슨(nelson) [명][체] 레슬링에서, 상대편의 뒤에서 겨드랑이 밑으로 팔을 넣고, 뒤통수에 팔을 돌려 목을 누르는 기술. =목 조르기.
넵투누스(Neptunus) [명][신화] 로마 신화에 나오는 해신(海神). 그리스 신화의 포세이돈에 해당함. 영어명은 넵튠.
넵투늄(neptunium) [명][화] 인공 방사성 원소의 하나. 원소 기호 Np, 원자 번호 93, 원자량 237. 은백색의 고체 금속으로 화학적 성질은 우라늄과 비슷함.
넷![넫] [수] **1** 셋에 하나를 더한 수. 고유어 계통의 수사임. ▷사(四). **2** 사람이나 사물의 수량을 셀 때, 셋 다음에 해당하는 수효. ¶~씩 한 조로 묶어라.
넷-맹(←*internet*盲) [명] 어떤 사람이 인터넷을 전혀 이용할 줄 모르는 상태. 또는, 그 사람.
넷!-이 Ⅰ [명] '네 사람' 을 이르는 말. ×너이. Ⅱ [부] 네 사람이 함께. ×너이.
넷!-째[넫-] [수][관] 차례를 매길 때, 셋째의 다음에 오는 수. ×네째.
-녀(女) [접미] 일부 명사의 뒤에 붙어, '여자' 의 뜻을 나타내는 말. ¶약혼~ / 유부~ / 이혼~.
녀석 [명][의존] **1** 남자인 사람을 다소 낮추어 이르는 말. '놈' 보다는 덜 낮추는 어감을 가짐. ¶나쁜 ~. **2** 윗사람이 사내아이를 귀엽게 여겨 이르는 말. ¶고 ~ 귀엽게도 생겼군.
녁 [명][의존] '녘' 의 잘못.
년[1] [명][의존] **1** 여자인 사람을 낮추거나 멸시하여 이르는 말. 여자가 자신을 극히 낮추기 위해 사용하는 경우가 아닌 한, 일반적으로 욕이 됨. ¶망할 ~. **2** 윗사람이 계집아이를 귀엽게 여겨 이르는 말. '놈' 에 비해 쓰임이 제약됨. ¶고~ 참 예쁘기도 하지. ↔놈.
년[2](年) [명][의존] **1** 해를 수량으로 헤아리는 단위. 1년은 약 365.25일임. ¶결혼한 지 10~이 지난 부부. **2** 일정하게 순서가 정해진 해를 이르는 말. ¶서기 2000~ / 세종 24~.
-년[3](年) [접미] 일부 명사의 뒤에 붙어, '해' 의 뜻을 나타내는 말. ¶안식~ / 회귀~.
년놈 [명] '연놈' 의 잘못.
년대(年代) [명][의존] 일반적으로, 10, 100, 1000의 단위로 끝나는 서력기원의 해에 붙어, …0년, …00년, 000년부터 …9, …99, …999년까지의 10년, 100년, 1000년 동안의 기간임을 나타내는 말. 가령, 1990년대는 1990년부터 1999년까지의 기간을 가리킴. ¶1950~ 작품.
년도(年度) [명][의존] 일정한 기간 단위로서의 어느 한 해를 이르는 말. ¶1970~ 졸업생 / 2003~ 결산.
년래(年來)[녈-] [명][의존] 지난 몇 년 전부터 지금까지 쭉. ¶한국 사회는 최근 10~ 변화의 소용돌이를 지나왔다. ▷연래.
년차(年次) [명][의존] 어떤 사람이 조직이나 단체의 성원(成員)이 되거나 어떤 직급에 오르게 된 햇수를 나타내는 말. ¶ROTC 1~ / 입사 5~ / 부장 3~. ▷연차.
녘[녁] [명][의존] **1** 《'-는' 아래 또는 방향을 나타내는 '동·서·남·북·위·아래' 등의 명사 아래에 쓰여》 어떤 방향이나 그 방향에 있는 지역을 이르는 말. '쪽' 과 비슷한 말이나 그 쓰임이 매우 제약되어 있음. [비]쪽. ¶북~. **2** 《'-ㄹ' 아래 또는 때를 나타내는 일부 명사 아래에 쓰여》 어떤 때의 무렵을 나타내는 말. 주로, 조사 '에' 와 결합함. ¶새벽~ / 아침~ / 해 뜰 ~. ×녁.
녜 [감] '네[3]' 의 잘못.
노[1] [명] 실·삼·종이 따위를 가늘게 비비거나 꼬아 가늘고 길게 이어지게 만든 물건. ¶~를 꼬다.
노![2] [부] '노상[1]' 의 준말.
-노[3] [어미] 〈방〉 용언의 어간이나 어미 '-았/었-', '-겠-' 의 아래에 붙어, '해라' 할 상대에게 의문을 나타내는 종결 어미(경상). ¶니 어디 가~?
노[4](魯) [명][역] 중국 주(周)나라 때의 제후국의 하나(1055~249 B.C.). 주나라 무왕(武王)의 아우 주공(周公)을 시조로 함. 경공(頃公) 때에 초(楚)나라에게 멸망함.
노[5](櫓) [명] 물을 헤쳐 배를 나아가게 하는 기구. 나무로 만들며, 납작함. ¶~를 젓다.
노[6](爐) [명] **1** 기관(汽罐) 같은 가마에서 연료를 태우는 부분. **2** 가공하기 위하여 원료를 넣고 열을 가하는 시설. 용광로·원자로 따위.
노!-[7](老) [접두] '늙은', '나이 많은' 의 뜻을 나타내는 말. ¶~부부 / ~처녀 / ~총각.
노가다(←[일]土方/どかた) [명] **1** '막일꾼' 으로 순화. ¶~판. **2** 성질과 행동이 난폭하고 불량한 사람.
노가리[1] [명] 명태의 새끼. ▶명태.
노가리[2] [명] 〈속〉 허황된 거짓말. ¶~를 풀다[까다].
노가리[3] [명][농] =흩어뿌림. **노가리-하다** [동][타][여]
노!각(老-) [명] 늙어 빛이 누렇게 된 오이.
노간주-나무 [명][식] 측백나뭇과의 상록 침엽 교목. 봄에 녹갈색 꽃이 피며, 검은 자줏빛의 동그란 열매는 '두송실(杜松實)' 이라 하여 이뇨제 등으로 약용하거나 향료로 씀. =노가주나무.
노!갑이을(怒甲移乙)[-감니-] [명] 어떠한 사람에게서 당한 노여움을 애꿎게 다른 사람에게 화풀이함. **노!갑이을-하다** [동][자][여]
노^게임(†no game) [명][체] 야구에서, 5회가 끝나기 전에 중지됨으로써 무효가 된 경기. ¶폭우가 쏟아지자 주심은 ~을 선언하였다.
노!견(路肩) [명] '갓길' 로 순화.
노!경(老境) [명] 나이에 있어서 노인의 시기. [비]늙바탕. ¶그는 ~에 접어들면서 한층 더 원숙한 작품 세계를 추구했다.
노고(勞苦) [명] 수고스럽게 힘들이고 애쓰는 것. ¶선생님의 ~에 보답하다. **노고-하다** [동][자][여]
노곤(勞困) ➔**노곤-하다** [형][여] (몸이) 피로하여 힘들고 늘어지는 상태에 있다. [비]고단하다·나른하다. ¶어제 등산을 했더니 몸이 몹시 ~. **노곤-히** [부]
노^골(no goal) [명][체] 농구·축구 등에서, 슛을 하였으나 골인되지 않은 것. 또는, 슛하기 전의 반칙으로 골인이 무효가 되는 일.
노골-적(露骨的)[-쩍] [관][명] 사회 관습이나 윤리·도덕적 이유 등으로 쉽게 하기 어려운 표현이나 행동을 주저함이 없이 드러내 놓고 하는 (것). ¶~인 성(性) 표현 / ~으로 돈을 요구하다.

노골-화(露骨化) 명 노골적이 되는 것. 노골화-하다 동(자)(타)(어) 노골화-되다 동(자) ¶경제 침략이 ~.
노광(露光) 명 늙은 몸. 비노체(老體). ¶칠
노:구¹(老軀) 명 늙은 몸. 비노체(老體). ¶칠십 ~를 이끌고 독립 운동에 앞장서다.
노구²(爐口) 명 1 돌과 흙으로 쌓은 부뚜막의 아궁이. 2 용광로 따위의 아가리.
노구-메 (민) 산천의 신령에게 제사하기 위하여 노구솥에 지은 메밥.
노구-솥[-솓] 명 놋쇠나 구리쇠로 만든 작은 솥. 자유로이 옮겨 가며 따로 걸고 사용함. 준노구.
노국(露國) 명 =노서아(露西亞).
노긋[-귿] 명 콩이나 팥 등의 꽃.
노긋이 일다 관 콩이나 팥 등의 꽃이 피다.
노그라-지다 동(자) 1 몹시 피곤하여 나른해지다. ¶제아무리 장사라도 이틀 동안에 거의 샘백 리 길이나 줄기차게 걸어왔으니 노그라지지 않을 수가 없었다.《심훈:상록수》 2 마음이 한곳에 쏠려 정신을 못 차리게 되다.
노글노글-하다[-로-] 형(여) 1 약간 무르게 노긋노긋하다. 2 (마음이나 성질이) 퍽 유순하다. 큰누글누글하다. 노글노글-히 부
노긋노긋-하다[-귿그타-] 형(여) 매우 노긋하다. 또는, 여럿이 다 노긋하다. 큰누긋누긋하다. 노긋노긋-이 부
노긋-하다[-그타-] 형(여) 1 (물체가) 약간 무르고 녹녹하다. 2 (성질이) 보드랍고 순하다. 큰누긋하다. 노긋-이 부
노:기¹(老妓) 명 늙은 기생. ↔동기(童妓)
노:기²(怒氣) 명 노한 얼굴빛. 또는, 노한 기세. 비노색(怒色). ¶~ 띤 얼굴. ↔화기(和氣)
노:기등등(怒氣騰騰) →노:기등등-하다 형(여) 몹시 성이 나서 노기가 얼굴에 가득하다.
노기스(←ノギス)[<영Nonius][공] →버니어 캘리퍼스.
노:기충천(怒氣沖天) →노:기충천-하다 형(여) 성이 머리끝까지 나 있다.
노-끈 명 노로 된 끈. ¶짐을 ~으로 묶다.
노:년(老年) 명 나이가 들어 늙은 때. =모년(暮年). 비노령(老齡)·만년(晩年)
노:년-기(老年期) 명 1 노인의 단계에 있는 인생의 시기. 생리적인 모든 기능이 감쇠함. ¶~에 접어들다. 2 (지) 지형 윤회의 최종 시기. 경사가 완만하고 평평한 구릉과 평원이 이루어진다. ¶~ 지형. ↔장년기·유년기.
노농(勞農) 명 노동자와 농부.
노느다 동(타) <노느니, 노나> (물건이나 대상을) 둘 이상의 사람의 몫이 되도록 가르거나 쪼개다. ¶나누다. ¶여럿이 노나 가지다/재산을 똑같이 ~.
노느-매기 명 (물건 따위를) 노느는 일. 또는, 노느는 몫. 비분배·할당. 노느매기-하다 동(타)(어)
노느-이다 동(자) '노느다'의 피동사. 준노니다.
노는-계집[-계-/-게-] 명 기생·갈보·색주가 등의 총칭. =유녀(遊女). 비논다니.
노늬다[-니-] 동(자) '노느이다'의 준말.
-노니 어미 모음의 어간이나 어미 '-시-', '-았/었-', '-겠-', '-옵-' 의 아래에 붙어, 원인·근거의 뜻을 나타내는 연결 어미. '-나니'보다 정중한 표현임. ¶너희에게 이르~, ···. ▷-나니.
노:-닐다 동(자) <~니니, ~니오> (사람이나 일부의 짐승이) 한가롭게 놀면서 왔다 갔다 하거나 거닐다. 주로, 시적인 표현에 쓰임. ¶오리 때가 연못에서 한가롭게 ~.
노다지¹ 명 1 (광) 목적하는 광물이 많이 묻혀 있는 광맥. ¶금 / ~를 캐다. 2 필요한 물건이나 이익이 많이 나오는 곳. 또는, 그 물건이나 그 일.
노다지² 부 '언제나'의 잘못.
노닥-거리다/-대다[-꺼(때)-] 동(자) 자꾸 노닥이다. ¶일은 안 하고 노닥거리고만 있다.
노닥-노닥¹[-당-] 부 노닥거리는 모양. ¶ ~ 이야기를 나누며 밤을 새우다. 노닥노닥-하다¹ 동(자)(어)
노닥-노닥²[-당-] 부 '누덕누덕' 의 작은말. 노닥노닥-하다² 형(여)
노:-닥다리(老-) 명 '늙다리²' 의 잘못.
노닥-이다 동(자) 수다스럽고 재미있게 잔말을 늘어놓다. ¶지금 자네와 한가하게 노닥이고 있을 때가 아니다.
노대(露臺) 명 1 (건) =발코니1. 2 공연을 하기 위하여 지붕이 없이 판자만 깔아서 만든 무대.
노:-대가(老大家) 명 나이와 경험이 많은, 그 방면에 능숙한 사람. ¶유학의 ~.
노:-대국(老大國) 명 옛날에는 강성하였으나 지금은 형세가 기울어진 큰 나라.
노대-바람 명 (기상) 초속 24.5∼28.4m로 부는 바람. 나무가 뽑히고, 건물의 피해가 발생함. =전강풍(全強風).
노:도¹(怒濤) 명 무섭게 밀려오는 큰 파도. ¶질풍~ / ~와 같은 함성.
노:도²(路鼗) 명 국악기의 하나. 몸통이진 작은북 2개를 십자형으로 장대에 꿴 것으로, 각 북의 허리 양쪽에 가죽 끈을 매달아 장대를 돌릴 때마다 끈이 북을 쳐 소리를 냄.
노:독(路毒) 명 먼 길에 시달려 생긴 피로나 병. ¶~이 쌓이다 / ~을 풀다.
노동(勞動) 명 1 사람이 생활에 필요한 물자를 얻고 삶의 가치를 실현하기 위해 정신적·육체적인 활동을 행하는 것. ¶~의 대가. ▷자본·토지. 2 특히, 생업으로서 육체의 힘을 이용하여 거칠고 힘든 일을 하는 것. ¶막~ / 그는 ~을 해서 하루하루 살아간다. 노동-하다 동(자)(어)
노동-권(勞動權)[-꿘] 명 (법) =근로권.
노동-력(勞動力)[-녁] 명 (경) 재화나 서비스를 생산하는 데에 소요되는, 인간의 정신적·육체적인 모든 능력.
노동력^인구(勞動力人口)[-녁-] 명 (사) 노동을 할 의지와 능력을 가진 15세 이상의 인구. =노동 인구. ↔비노동력 인구.
노동-법(勞動法)[-뻡] 명 근로자들의 근로 관계를 규정하고, 근로자들의 생존 확보를 가능하게 하는 법규의 총칭.
노동-복(勞動服) 명 1 노동할 때 입도록 만든 옷. 2 =작업복.
노동-부(勞動部) 명 행정 각 부의 하나. 노동에 관한 사무를 맡아봄.
노동^삼권(勞動三權)[-꿘] 명 (법) 헌법에 명시된 근로자의 세 가지 기본 권리. 곧, 단결권·단체 교섭권·단체 행동권.
노동^생산성(勞動生産性)[-썽] 명 (경) 단위 시간에 투입된 노동량과 그것에 의하여 얻어진 생산량의 비율. ¶~의 향상에 힘쓰다.
노동^시:장(勞動市場) 명 (사) 자본주의 사회

에서, 노동력이 임금·노동 시간 등의 노동 조건에서 거래되는 추상적 장소나 영역.
노동-요(勞動謠)圓[문][음] 일을 능률적으로 하거나 즐겁게 하기 위하여 부르는 노래.
노동^운:동(勞動運動)圓[사] 임금 노동자 계급이 자신들의 경제적·사회적 생활 조건을 개선하기 위하여 전개하는, 일체의 조직적인 활동.
노동^인구(勞動人口)圓[사] =노동력 인구.
노동-자(勞動者)圓 1 노동력을 제공하고 얻은 임금으로 생활을 유지하는 사람. 回근로자. 2 특히, '막일꾼'을 이르는 말.
노동^쟁의(勞動爭議)[-의/-이]圓[사] 노동자 조직과 사용자 사이에 근로 조건에 관한 의견의 대립으로 일어나는 분쟁 상태.
노동-절(勞動節)圓 노동자를 위한 국제적인 명절. 5월 1일. 우리나라에서는 '근로자의 날'이라 부름. ⇒메이데이.
노동-조합(勞動組合)圓[사] 임금 노동자 스스로 근로 조건을 유지·개선하고, 경제적·사회적 지위를 향상시킬 목적으로 조직하는 단체. 㐀노조.
노동-판(勞動-)圓 육체노동자들이 일하는 곳.
노두¹(蘆頭)圓 인삼·도라지 따위의 뿌리에서 싹이 나오는 바로 그 부분.
노두²(露頭)圓[광] 광맥, 암석이나 지층, 석탄층 등이 지표에 노출되어 있는 부분.
노둔(駑鈍·魯鈍) →**노둔-하다**[형][어] 어리석고 둔하다. 回노두.
노-드리듯[-든]囝 빗발이 노끈을 드리운 것처럼 죽죽 쏟아지는 모양.
노:땅(老-)圓〈속〉늙은이. 또는, 한물간 사람.
-노라[어미] 동사나 '있다'의 어간, 또는 어미 '-시-', '-았/었-', '-겠-'의 아래에 붙어, '해라' 할 상대에게 자신의 행동을 위엄있게, 또는 감동적으로 서술할 때 쓰이는 문어체의 종결 어미. ¶우리는 싸워 이겼~./떨여져 나간 산 위에서 나는 그대의 이름을 부르~.《김소월:초혼》▷-로라.
-노라고[어미] 동사의 어간이나 어미 '-시-', '-았/었-', '-겠-'의 아래에 붙어, '자기 나름으로는 한다고'의 뜻을 나타내는 연결 어미. ¶하~ 했는데 영 신통치 않다. ×-느라고.
-노라니[어미] 동사나 '있다'의 어간에 붙어, '-하고 있자니까'의 뜻을 나타내는 연결 어미. ¶가고 있~ 옛 생각이 난다.
-노라니까[어미] '-노라니'의 힘줌말.
노라리圓 건들건들 놀며 세월을 보내는 짓.
-노라면[어미] 동사나 '있다'의 어간에 붙어, '계속 한다면'의 뜻을 나타내는 연결 어미. ¶사~ 잊혀질 날 있으리라.《김소월:못 잊어》
노란-묵圓 '노랑묵'의 잘못.
노란-빛[-빋]圓 노란 빛깔.
노란-색(-色)圓 노란 색깔. 황색 가운데서 가장 밝고 선명한 색을 가리킴.
노랑圓 노란 빛깔. 또는, 그런 색을 내는 물감과 같은 물질. 回노랑이.
노랑-나비圓[동] 나비목 흰나빗과의 곤충. 편 날개 길이 5cm 내외. 날개의 빛깔은 수컷은 노랑, 암컷은 회색, 날개의 바깥 가두리에 넓고 검은 부분이 있음. 애벌레는 콩과 식물의 잎을 먹고 자람.
노랑-돈圓 1 노란빛의 엽전. 2 많지 않은 돈. ¶~ 한 닢 없다.
노랑-머리圓 빛이 노란 머리카락. 또는, 머리카락이 노란 사람.
노랑-묵圓 치잣물을 타서 쑨 녹말묵. ×노란묵.
노랑-이圓 1 노란색의 물건. 2 털빛이 노란 개. 3 누렁이. 4 생각이 좁고 몹시 인색한 사람의 비유. ¶그는 지독한 ~다. ×노랭이.
노랑이-짓[-진]圓 생각이 좁고 인색하게 구는 짓. **노랑이짓-하다**[재][여]
노랑-태圓 '황태(黃太)'의 잘못.
노랑-회장저고리(-回裝-)[-회-/-훼-]圓 노란 바탕에 자줏빛 회장을 댄 저고리.
노:랗다[-라타][형][ㅎ]〈노라니, 노라오, 노래〉1 (어떤 물체나 물질이) 활짝 핀 개나리꽃이나 유채꽃의 색깔을 가진 상태에 있다. ¶노란 병아리. 2 (얼굴이나 피부가) 영양 부족이나 병 따위로 핏기가 없는 노르께한 상태에 있다. ¶먹질 못해서 얼굴이 ~. 回누렇다. 3 싹수가 노랗다. →싹수.
노래¹圓 1 가사에 곡조를 붙여 사람의 목소리로 부를 수 있게 만든 형식의 음악. 또는, 그런 형식의 음악을 사람이 목소리로 부르는 일. 세는 단위는 가락·곡·마디·수·절. ¶즐거운(슬픈)~/~를 부른다. 2 어떤 요구를 귀찮을 정도로 되풀이하여 말하는 일. ¶딸애가 피아노를 사 달라고 하루에도 몇 번씩 ~를 부르고 있다. **노래-하다**[재][여] 1 노래를 부르다. ¶율동에 맞추어 **노래하는** 어린이들. 2 어떠한 사상이나 감정을 운율적인 언어로 나타내다. ¶사랑의 기쁨을 **노래한**다.
노:래²(老來)圓 '늘그막'을 점잖게 이르는 말. ¶…선생두 ~에 몸담으실 곳이 있어야죠.《염상섭:어머니》
노래기圓[동] 절지동물 배각류(倍脚類)의 총칭. 몸은 원통형으로 길며, 발이 많음. 건드리면 둥글게 말리고, 몸의 측면에서 고약한 노린내를 냄. 주로 습기가 많은 곳에 모여 삶. =백족충(百足蟲)·향랑각시.
노래-방(-房)圓 방음이 된 조그만 방에서, 가사가 문자로 나타나는 비디오 화면을 보면서 음악 반주에 맞추어 노래를 부를 수 있도록 꾸며 놓은 업소.
노래-자랑圓 여러 사람이 서로 노래 솜씨를 겨루기 위해 많은 사람 앞에서 차례로 노래를 부르는 일. 또는, 그런 행사.
노래-지다[동][자] 노랗게 되다. ¶황달이 걸려서 얼굴이 ~. 回누래지다.
노랫-가락[-래까-/-랟까-]圓 1 노래의 곡조. ¶구성진 ~. 2 [음] 경기(京畿) 민요의 하나. 원래는 무당이 굿을 하면서 불렸던 노래임. 시조창을 얹어 부름.
노랫-말[-랜말]圓 노래의 내용이 되는 글. 回가사(歌詞). ¶~을 짓다.
노랫-소리[-래쏘-/-랟쏘-]圓 노래를 부르는 소리.
노랭이圓 '노랑이'의 잘못.
노략(擄掠)圓 떼를 지어 돌아다니며 사람과 재물을 빼앗는 것. **노략-하다**[동][타][여]
노략-질(擄掠-)[-찔]圓 노략을 하는 짓. **노략질-하다**[동][타][여] ¶양민의 재물을 ~.
노:량-으로囝 어정어정 놀아 가면서. 또는, 느릿느릿한 행동으로. 回느릿느릿. ¶…한동안 쉬다가 일어나서 ~ 걸음을 걸었다.《홍명희:임꺽정》
노-런(†no run)圓[체] 야구에서, 주자(走者)가 나가지 못하거나, 나가더라도 득점에 연결되지 못하는 일. ▷노히트 노런 게임.

노려-보다 〖타〗 **1** (사람이 상대를) 미워하거나 싫어하는 눈빛으로 매섭게 보다. ¶매서운 눈으로 ~. **2** (동물이 적이나 먹이가 되는 동물을) 해치거나 잡아먹기 위해 독기 있는 눈빛으로 보다. **3** (대상을) 강렬한 눈빛으로 뚫어지게 보다. 〖비〗응시하다.

노력¹(努力) 〖명〗 어떤 일을 이루기 위해 어려움이나 괴로움 등을 이겨 내면서 애쓰거나 힘쓰는 것. ¶끊임없는 ~ / ~을 기울이다 / 너는 재능은 있는데 ~이 부족하다. **노력-하다¹** 〖동〗〖자여〗 ¶꾸준히 ~ / 그의 성공은 땀 흘려 노력한 결과다.

노력²(努力) 〖명〗 **1** 힘을 들여 일하는 것. **2** [경] 물건을 생산하기 위한 육체적·정신적 활동. ¶~ 동원. **노력-하다²** 〖동〗〖자여〗

노력-파(努力派) 〖명〗 열심히 노력하는 부류의 사람. ¶그는 주어진 일에 최선을 다하는 ~다.

노:련(老鍊) → **노:련-하다** 〖형여〗 어떤 일에 대해 오랫동안 경험을 쌓아 익숙하고 능란하다. 〖비〗노숙(老熟)하다. ¶노련한 기술자 / 솜씨가 ~.

노:련-미(老鍊味) 〖명〗 (어떤 사람의) 오랜 경험을 쌓아 익숙하고 능란한 멋이나 자질. ¶노장답게 그에게서는 ~가 풍긴다.

노:령(老齡) 〖명〗 늙은 나이. 〖비〗노년(老年).

노:령-사회(老齡社會) [-회/-훼] 〖명〗[사] 65세 이상의 노인 인구가 총인구의 14% 이상을 차지하는 사회. ▷노령화 사회.

노:령-화(老齡化) 〖명〗 노인 인구의 비율이 높아지는 것. **노:령화-하다** 〖동〗〖자여〗 **노:령화-되다** 〖동〗〖자〗

노:령화 사회(老齡化社會) [-회/-훼] 〖명〗[사] 노령 인구가 차지하는 비율이 상당한 정도로 높아져 가는 사회. 특히, 65세 이상의 인구가 총인구의 7~13%를 차지하는 사회를 말함. =고령화 사회. ▷노령 사회.

노:령화 지수(老齡化指數) 〖명〗 14세 이하의 어린이 인구에 대한 65세 이상의 노인 인구의 비율.

노:론(老論) 〖명〗[역] 조선 시대, 사색당파의 하나. 숙종 때 송시열(宋時烈)·김만중(金萬重) 등을 중심으로 서인(西人)에서 갈려 나온 당파. ↔소론.

노루 〖명〗 포유류 사슴과의 한 종. 사슴과 비슷하며 어깨 높이 65~75cm임. 뿔은 수컷만 있으며 가지가 셋인데, 겨울에 빠지고 봄에 새로 남. 삼림 지대에 삶.
[노루가 제 방귀에 놀라듯] 겁이 많고 침착하지 못한 사람이 조그만 일에도 잘 놀람을 비유하는 말. [노루 천 막대기 삼 년 우린다] 한 번 써먹은 것을 되풀이하여 여러 번 쓴다는 말.

노루-목 〖명〗 노루가 지나다니는 길목. ¶~에 덫을 놓다.

노루-발¹ 〖명〗 재봉틀에서, 바늘이 오르내리기 편하도록 바느질감을 눌러 주는 부속품.

노루-발² 〖명〗[식] 노루발과의 여러해살이풀. 여름에 흰색 꽃이 핌. 잎·줄기는 이뇨제로 쓰고, 즙액은 독벌레에 쐬었을 때 바름. =노루발풀.

노루발-장도리 〖명〗 생긴 모양이 마치 노루발처럼 되어 한쪽 끝은 못을 박고, 한쪽 끝은 못을 빼도록 된 장도리.

노루-잠 〖명〗 깊이 들지 못하고 자주 깨는 잠. 〖비〗괭이잠.

노:류-장화(路柳墻花) 〖명〗 '누구든지 꺾을 수 있는 길가의 버들과 담 밑의 꽃'이라는 뜻〗 창녀를 가리키는 말.

노르께-하다 〖형여〗 곱지도 짙지도 않게 노르다. =노르끄레하다·노르끼리하다. ¶노르께하게 변색한 사진. 〖큰〗누르께하다.

노르끄레-하다 〖형여〗 =노르께하다.

노르다 〖형여〗〈노르니, 노르러〉 (물체가) 달걀의 난황과 같은 색깔을 가진 상태에 있다. 현대 국어에서는 잘 쓰이지 않음. 〖큰〗누르다.

노르딕^종:목(Nordic種目) 〖명〗[체] 스키 경기에서, 거리 경기·점프 경기·복합 경기의 세 종목의 총칭. =노르딕 경기. ▷알파인 종목.

노르마(norma) 〖명〗 개인·공장에 할당된 노동이나 생산의 최저 기준량. 또는, 각 개인에게 부과된 노동량. ¶자기의 ~를 다하다.

노르만^족(Norman族) 〖명〗 덴마크·스칸디나비아 지방을 원주지로 하는 북방 게르만 족.

노르말(독Normal) 〖명〗〖의존〗[화] 용량 분석에서 용액의 농도를 나타내는 단위의 하나. 1 노르말은 용액 1ℓ 속에 녹아 있는 용질의 1 그램당량을 포함하는 농도임. 기호는 N. =규정(規定)농도.

노르말^농도(⑧Normal濃度) 〖명〗[화] 용액 1ℓ 속에 녹아 있는 용질의 그램당량수로 나타낸 농도. =규정 농도·당량 농도.

노르말-액(⑧Normal液) 〖명〗[화] 농도가 몇 노르말인가 정확하게 알려져 있는 시약 용액. 용량 분석에 쓰임. =규정액·표준액.

노르무레-하다 〖형여〗 산뜻하지 않고 옅게 노르다. 〖큰〗누르무레하다.

노르스레-하다 〖형여〗 =노르스름하다.

노르스름-하다 〖형여〗 (빛깔이) 다소 밝고 산뜻하게 노른 편이다. =노르스레하다. 〖큰〗누르스름하다. **노르스름-히** 〖부〗

노르웨이(Norway) 〖명〗[지] 북유럽, 스칸디나비아 반도의 서부에 있는 입헌 군주국. 수도는 오슬로.

노른-자 〖명〗 '노른자위'의 준말.

노른-자위 〖명〗 **1** 알의 흰자위에 둘러싸인 동글고 노란 부분. ¶달걀 ~. ↔흰자위. **2** 어떤 사물의 가장 중요한 부분. ¶그 부서는 우리 회사에서도 ~에 속한다. 〖준〗노른자.

노름 〖명〗 돈이나 물건을 걸고 화투·마작·골패·투전·트럼프 등의 놀이로 승부를 겨루어 따먹기를 하는 일. =도기(賭技)·돈내기. 〖비〗도박(賭博). ¶~으로 가산을 탕진하다. **노름-하다** 〖동〗〖자여〗

노름-꾼 〖명〗 노름을 일삼는 사람. =도박꾼.

노름-빚 [-삗] 〖명〗 노름을 하여 진 빚.

노름-질 〖명〗 노름을 하는 짓. **노름질-하다** 〖동〗〖자여〗

노름-판 〖명〗 노름을 벌이는 자리. =도박판. ¶~을 벌이다.

노름-패(-牌) 〖명〗 노름을 하는 무리.

노릇 [-륻] 〖명〗 **1** 어떤 자격이나 직책에 대한 '구실'을 낮게 또는 부정적인 어감을 가지고 이르는 말. ¶평생 아비 ~도 제대로 하지 못해 부끄럽기 이를 데 없다. **2** 바람직하지 못하거나 뜻밖에 벌어진 '일'을 '현상'을 이르는 말. ¶그에 일을 저질렀으니 이 ~을 어쩐담? / 방금 있던 물건이 없어졌으니 기가 ~.

노릇-노릇 [-른-른] 〖부〗 군데군데가 노르스름한 모양. ¶들판의 곡식이 ~ 익어 가다. 〖큰〗누릇누릇. **노릇노릇-하다** 〖형여〗 ¶빵을 노릇노릇하게 굽다. **노릇노릇-이** 〖부〗

노릇-하다 [-르타-] 〖형여〗 =노르스름하다.

노리-개 ① 여성의 몸치장으로 한복 저고리의 고름이나 치마허리 등에 차는 물건. 띠돈·주체(主體)·매듭·술 등으로 구성됨. ② 취미로 가지고 노는 물건.

노리개-첩(-妾) 젊고 아름다워서 노리개같이 데리고 노는 첩. =화초첩(花草妾).

노리갯-감[-개깜/-갣깜] 노리개가 될 만한 물건. 또는, 노리개처럼 데리고 놀 수 있는 대상. ¶여자를 ~으로 삼다.

노리끼리-하다 형여 노르께하다. 큰누리끼리하다.

노리다¹ 타 ① (짐승이 먹잇감이나 기타의 대상을) 자기 것으로 만들기 위해 벼르면서 보다. ¶매가 병아리를 ~. ② (사람이 어떤 대상을) 눈에 독기를 품고 보다. ¶잔뜩 노리고 있는 강렬한 시선. ③ (어떤 물건이나 상황, 기회 따위를) 주의를 늦추지 않고 얻거나 이용하거나 해치려고 하다. ¶허점을 ~ / 생명을 ~ / 기회를 ~.

노리다² 형 ① (냄새가) 털이 탈 때 나는 것과 같다. ② (맛이) 양이나 염소 고기를 먹을 때 느끼는 것과 같다. ¶냄새는 **노리지만** 맛은 좋다. 큰누리다.

노리-쇠[-쇠/-쉐] 소총의 중요한 부속품의 하나. 탄알을 약실에 넣고 탄피를 약실에서 빼내는 구실을 함.

노리착지근-하다[-찌-] 형 노린내가 나는 듯하다. ¶어디서 양고기를 굽는지 ~. 준노리치근하다·노착지근하다. 큰누리척지근하다. **노리착지근-히** 부

노리치근-하다 형 '노리착지근하다'의 준말. 큰누리치근하다. **노리치근-히** 부

노린-내 명 노래기·양·여우 따위에서 나는 냄새와 같은 냄새. 큰누린내.

노린-동전(-銅錢) 아주 적은 액수의 돈. 비피천.

노린재 명 매미목 노린재 아목(亞目)에 속하는 곤충의 총칭. 무·배추·콩 따위의 재배 식물의 즙액을 빨아 먹는 해충이 많음. 몸에서 고약한 냄새가 남.

노린재-나무 명[식] 노린재나뭇과의 낙엽 관목 또는 소교목. 봄에 흰 꽃이 피고 가을에 청람색 열매를 맺음. 목재는 연장의 자루나 자·지팡이 등의 재료로 씀.

노릿-하다[-리타-] 형 (냄새나 맛이) 약간 노리다. ¶토끼 고기는 좀 **노릿하지만** 소한 맛이 있다. 큰누릿하다.

노:-마님(老-) 명 나이 많고 지체 높은 부인의 이르던 말.

노^마크(↑no mark) 명 축구·농구 등에서, 공격할 때 수비 선수로부터 방어를 받고 있지 않는 상태. ¶~ 찬스.

노:망(老妄) 명 늙어서 정신이 흐려지고 말과 행동이 비정상적인 상태가 되는 것. 비망령. ¶옆집 할머니는 이 들어 하는 행동이 꼭 어린애 같다. **노:망-하다** 재

노:망-기(老妄氣)[-끼] 명 노망이 든 기미. ¶~가 드시다.

노:망-나다(老妄-) 재 노망한 증세가 나타나다. ¶**노망난** 늙은이.

노:망-들다(老妄-) 재(-드니, -드오) 노망이 생기다. ¶**노망든** 할머니.

노:면(路面) 명 도로의 표면. 비길바닥. ¶눈이 와서 ~이 미끄럽다.

노모(老母) 명 늙은 어머니. ¶팔순 ~.

노모그램(nomogram) 명[수] 수치의 계산을 간단하게 능률적으로 하기 위하여 사용되는 도표. =계산 도표·노모그래프.

노:목¹(老木) 명 늙은 나무. 비고목(古木).

노목²(蘆木) 명[식] 고생대 후기의 대륙에 번성하였던 거대한 목본 양치식물. 그 유해(遺骸)가 석탄이 됨.

노무(勞務) 명 ① 급료를 받으려고 육체적 노력을 들여 하는 일. ¶~를 제공하고 보수를 받다. ② 노동에 관한 사무.

노무^관리(勞務管理)[-괄-] 명[경] 노동자의 관리를 합리화하고 경영 목적에 가장 적합한 상태로 유지하기 위하여 경영자가 행하는 관리.

노무-자(勞務者) 명 노무에 종사하는 사람.

노:문(路文) 명[역] 관원이 공무로 지방에 여행할 때, 관리가 이를 곳에 일정표와 규모 등을 미리 알리는 문서.

노문(을) 놓다 관 ① 노문을 보내다. ② 미리 알리다.

노:물(老物) 명 늙어서 쓸모없는 사람을 낮게 이르는 관리.

노박-덩굴[-떵-] 명[식] 노박덩굴과의 낙엽 활엽 덩굴나무. 숲 속에서 자라는데, 봄에 녹황색 꽃이 핌. 어린잎은 나물로 먹으며, 열매는 기름을 짜고 나무껍질은 섬유를 뽑음.

노박이-로 부 한곳에서 옮기지 않고 같은 상태로 줄곧. ¶그는 그 마을에서 ~ 20년을 살았다.

노-박히다[-바키-] 재 ① 계속해서 한곳에만 붙박여 지내다. ② 한 가지 일에만 줄곧 매달리다.

노:반(路盤) 명[건] 도로나 철도 선로의 기반이 되는 지반. ¶~ 공사 / ~을 다지다.

노:발-대발(怒發大發) 명 (어떤 사람, 특히 윗사람이) 몹시 화를 내면서 큰소리를 치거나 하는 것. **노:발대발-하다** 동재여

노:방(路傍) 명 =길가. ¶~의 잡초.

노:방-주(-紬) 명 중국에서 나오던 명주의 하나.

노:방-초(路傍草) 명 길가에 난 풀.

노벨륨(nobelium) 명[화] 초우라늄 원소의 하나. 원소 기호 No, 원자 번호 102, 원자량 255. 탄소 이온으로 퀴륨을 파괴하여 발견된 인공 방사성 원소임.

노벨-상(Nobel賞) 명 1896년에 스웨덴의 화학자인 노벨의 유언에 따라 인류를 위해 크게 공헌한 사람이나 단체에 주는 국제적인 상. 물리학, 화학, 생리학·의학, 문학, 경제학, 평화의 6개 부문이 있음.

노:변¹(路邊) 명 =길가. ¶~에 잡상인들이 진(陣)을 치고 있다.

노:변²(爐邊) 명 =화롯가.

노변-담(爐邊談) 명 화롯가에 둘러앉아서 주고받는 이야기. =노변담화·노변정담.

노변-정담(爐邊情談) 명 =노변담.

노:병¹(老兵) 명 ① 늙은 병사. ② 군대에 오래 있어서 경험이 많고 노숙한 병사. ¶~은 죽지 않고, 사라질 뿐이다.

노:병²(老病) 명 노쇠하여 생기는 병. =노질(老疾). ¶~으로 세상을 뜨다. 준노환(老患).

노복(奴僕) 명 =사내종.

노:부(老父) 명 늙은 아버지.

노:-부모(老父母) 명 늙은 부모.

노:-부부(老夫婦) 명 늙은 부부.

노-브라(no bra) 명 가슴에 브래지어를 하지 않은 상태. 또는, 그런 상태로 겉옷을 입은 차림새.

노블레스 오블리주(㉠noblesse oblige) '지도층의 의무'로 순화.

노비¹(奴婢) 圐 지난날 신분 제도 사회에서, 국가 기관이나 양반·귀족 등의 소유물로 예속되어 행동의 자유를 잃고 살아가던, 최하층 신분의 사람. ㉤종. ¶~ 문서.

노비²(勞費) 圐 노동자를 부린 비용. ㉤노임.

노:비³(路費) 圐 =노자(路資).

노비-안검법(奴婢按檢法)[-뻡] 圐[역] 고려 광종 7년(956)에 본래 양민이었던 노비를 해방시켜 주기 위해 만든 법.

노:사¹(老死) 圐 늙어서 죽는 것. **노:사-하다**

노사²(勞使) 圐 노동자와 사용자. ¶~ 협조 / ~ 문제 / ~ 분규.

노사정(勞使政) 圐 '노동자'와 '사용자'와 '정부'를 아울러 일컫는 말. ¶경제 현안에 대해 ~이 대타협에 이르다.

노:산(老産) 圐 나이 많아서 아이를 낳는 것. **노:산-하다** 圐젠

노상¹ 用 한 모양으로 늘. ㉤항상. ¶~ 불만이다 / 그 친구 가 ~ 입버릇처럼 하는 이야기다. ㉤노.

노:상²(路上) 圐 길 위. 특히, 사람들이 다니게 되어 있어, 어떤 행동이나 상황이 눈에 띌 수 있는 곳으로서의 길. ¶~ 방뇨.

노:상-강도(路上强盜) 圐 으슥한 길에서 흉기로 위협하거나 폭행을 가하거나 하여 남의 금품을 빼앗는 일. 또는, 그런 일을 한 도둑.

노새 圐[동] 말과(科)의 잡종. 암말과 수나귀 사이에서 이루어진 중간 잡종. 크기는 말만 하나, 귀·꼬리·울음소리는 나귀를 닮았음. 몸이 튼튼하고 힘이 세어 무거운 짐과 먼 길에 능히 견딤. 생식력이 없음. ▷버새.

노:색¹(老色) 圐 늙은이가 입기에 알맞은 옷의 빛깔. 회색 등. ¶이 옷은 너무 ~이다.

노:색²(怒色) 圐 성난 표정. ㉤노기(怒氣). ¶얼굴에 ~을 띠다.

노:생(老生) 데(인칭) 노인이 자기를 낮추어 이르는 말.

노서아(露西亞) 圐 '러시아(Russia)'의 음역어. =노국(露國).

노:선(路線) 圐 1 발착지와 도착지가 일정하게 정해진 교통선. ¶~ 변경 / 항공~. 2 일정한 목표를 향하여 나아가는 길. ¶정치 ~ / 온건 ~.

노:선-버스(路線bus) 圐 일정한 노선을 따라 운행하는 버스.

노:성¹(怒聲) 圐 성난 목소리.

노:성²(老成) ➡**노:성-하다** 圐젠 1 숙성하여 의젓하다. 2 노련하고 익숙하다.

노:소(老少) 圐 늙은이와 젊은이를 동시에 아울러 이르는 말. ¶남녀 ~.

노:소-동락(老少同樂)[-낙] 圐 늙은이와 젊은이가 함께 즐김. **노:소동락-하다** 圐젠

노:송(老松) 圐 1 늙은 소나무. ¶~이 즐비한 숲 속. 2[식] '노송나무'의 준말.

노:송-나무(老松-) 圐[식] =편백. ㉤노송.

노:쇠(老衰) 圐 늙고 쇠약한 것. **노:쇠-하다** 휑 ¶노쇠해서 죽다.

노:쇠-기(老衰期)[-쇠-/-쉐-] 圐 1 사람의 일생기의 후기로, 늙어서 기운이 쇠약해지는 시기. 보통 65~75세의 시기를 말함. 2 사물이 낡거나 오래되어 쇠약해지는 시기. ↔성장기.

노:수(路需) 圐 =노자(路資).

노:숙(露宿) 圐 비바람 등을 가릴 수 없는 집 밖의 장소에서 잠을 자는 것. ㉤한뎃잠. **노:숙-하다** 圐젠

노:숙²(老熟) ➡**노:숙-하다**²[-수카-] 휑젠 (태도가) 경험이 많아 익숙하면서도 점잖고 침착하다. ㉤노련하다. ¶사람 다루는 품이 ~. **노:숙-히** 用

노숙-자(露宿者) 圐 한뎃잠을 자며 생활하는 사람.

노:-스님(老-) 圐[불] 1 승려의 스승이 되는 스님. 2 조행(祖行)이 되는 스님.

노스탤지어(nostalgia) 圐 지난 시절이나 떠나온 고향에 대한 그리움. ㉤향수(鄕愁).

노:승(老僧) 圐 늙은 승려. ↔소승(少僧).

노:신(老臣) ⅠⅠ 圐 늙은 신하.
Ⅱ 데 늙은 신하가 임금을 상대하여 자기를 낮추어 이르는 말.

노:-신사(老紳士) 圐 노년의 신사. ¶60대 초반의 멋쟁이 ~.

노심(勞心) 圐 불안한 마음으로 근심하는 것. **노심-하다** 圐젠 ¶그것 하나만 보더라도 그가 이 일 때문에 얼마나 **노심하였는지** 알 만하다.

노심²(爐心) 圐[물] 원자로에서, 연료가 되는 핵분열성 물질과 감속재가 있는 부분.

노심-초사(勞心焦思) 圐 근심하면서 속을 태우는 것. **노심초사-하다** 圐젠 ¶하나밖에 없는 자식이 잘못되지 않을까 ~.

노'아웃(no out) 圐[체] 야구에서, 공격 측에 아웃이 없는 것. ㉤무사(無死).

노아의 방주(Noah-方舟)[-의-/-에-] [성] 노아가 신의 계시로 만든 배. 대홍수가 일어났을 때, 노아가 그의 가족과 여러 동물을 배에 태워 재앙을 면하였음.

노:안¹(老眼) 圐 수정체의 노화 현상에 의한 시력 장애. 또는, 그런 눈. 가까운 곳이 잘 보이지 않음.

노:안²(老顔) 圐 노쇠한 얼굴. 또는, 노인의 얼굴.

노:약(老弱) ➡**노:약-하다**[-야카-] 휑젠 늙고 약하다.

노:약-자(老弱者)[-짜] 圐 늙은이와 약한 사람. ¶~ 보호석.

노어(露語) 圐[언] =러시아 어.

노:여움 圐 노여워하는 마음의 상태. ¶제발 이제 그만 ~을 푸시지요. ㉤노염.
노여움(을) 사다 匹 남을 노엽게 하여 자기가 그 영향을 받다. ¶그의 **노여움을 사는** 한이 있어도 그 일은 꼭 하고야 말겠다.

노:여워-하다 圐젠 노엽게 여기다. ¶제가 드리는 말씀이 섭섭하게 들리더라도 너무 **노여워하지는** 마세요.

노:역(老役) 圐 영화나 연극에서, 노인의 역할을 하는 일.

노역²(勞役) 圐 1 몹시 힘든 노동. ¶강제 ~. 2 노무에 종사하는 것. **노역-하다** 圐젠

노:염¹(老炎) 圐 '노여움'의 준말. ¶할아버지도 늙으셔서 그러는지 ~을 잘 타신다.

노:염²(老炎) 圐 =늦더위.

노:엽다[-따] 휑(노여우니, 노여워) 마음이 언짢고 화가 나는 상태에 있다. ¶자네를 **노엽게** 했다면 용서하게.

노예(奴隸) 圐 1 지난날, 다른 사람의 소유물로 속박되어 물건이나 가축처럼 매매의 대상이 되며, 자유를 박탈당한 채 시키는 대로 일을 해야 했던 신분의 사람. ▷자유민. 2 (주로 '…의 노예'의 꼴로 쓰여) 어떤 일이

노예-근성(奴隷根性) 명 자주적 태도 없이 노예처럼 복종하거나 굽실거리는 근성. ¶~을 버리지 못하다.

노예^제:도(奴隷制度) 명[사] 노예에 대한 집단적·계급적 지배로써 성립된 사회 조직.

노예^해:방(奴隷解放) 명[사] 노예 제도를 철폐하고 자유인으로서의 권리와 능력을 주는 일.

노:옹(老翁) 명 늙은 남자. =노수(老叟). ¶백발의 ~. ↔노파(老婆).

노:욕(老慾) 명 늙은이의 욕심.

노:유(老幼) 명 늙은이와 어린이.

노을 명 해가 뜨거나 질 무렵에, 수평선이나 지평선 가까이의 하늘이 햇빛을 받아 붉게 보이는 것. ¶저녁~ / ~이 붉게 물든 바다. 준놀.

노을-빛[-삧] 명 노을이 띠고 있는 빛. 노을이 내고 있는 빛. ¶~에 물든 붉은 하늘. 준놀빛.

노이로제(⑤Neurose) 명[의] 불안·과로·갈등·억압 등의 감정 체험이 원인이 되어 일어나는 신체적 병증의 총칭. 히스테리·신경 쇠약 따위. 町신경증(神經症). ¶~에 걸리다.

노이즈(noise) 명 ['소음'이라는 뜻] [컴] 필요한 신호에 섞여 신호를 바꾸어 버리는 전기적인 장애 또는 잘못된 부호.

노:-익장(老益壯) [-짱] 명 나이가 들면서 기력이 더 좋아짐. 또는, 그런 사람. =노당익장. ¶육순 노인이 마라톤에 참가하여 ~을 과시했다.

노:인(老人) 명 늙은 사람. 뚜렷한 기준은 없으나 일반적으로 60세 이상의 사람으로, 특히 육체적으로 노쇠한 사람을 가리킴. ¶백발~. ⌝늙은이.

노:인-네(老人-) 명 '노인' 또는 '노인들'을 예사롭게 이르는 말.

노:인성^치매(老人性癡呆) [-썽-] 명 뇌의 노화로 말미암아 지능이 떨어지고 기억력·이해력이 감퇴하여 일어나는 정신병.

노:인-장(老人丈) 명 노인을 높여서 이르는 말.

노:인-정(老人亭) 명 =경로당.

노임(勞賃) 명[경] 노동에 대한 보수. 町품삯. ¶체불(滯拂)~.

노:자(路資) 명 집을 떠나 여러 날 먼 길을 갈 때 드는 돈. 예스러운 말임. =노비(路費)·노수(路需)·노전. ¶~가 떨어지다.

노작(勞作) 명 1 힘들여 만든 작품. 町역작(力作). ¶오랜 침묵 끝에 내놓은 회심의 ~. 2 애써 만드는 일. 또는, 힘써 일하는 것. 노작-하다

노작^교:육(勞作教育) [-꾜-] 명[교] 공작·원예·요리 등 신체적 활동에 의한 작업을 통하여 아동의 자발적·능동적인 정신 및 신체의 조화적 도야(陶冶)를 꾀하는 교육.

노작지근-하다 [-찌-] 형(여) 몹시 노곤하다. ¶봄이 되니 온몸이 ~. 준노자근하다.

노-잡이(櫓-) 명[체] 노를 젓는 사람.

노:잣-돈(路資-) [-자똔-잗똔] 명 1 먼 길을 오가는 데 드는 돈. 2 죽은 사람이 저승길에 편히 가라고 상여 등에 꽂아 주는 돈.

노:장¹(老壯) 명 노년(老年)과 장년(壯年).

노:장²(老長) 명[불] '노장중'의 준말.

노:장³(老莊) 명 중국의 사상가 노자(老子)와 장자(莊子)를 아울러 일컫는 말.

노:장⁴(老將) 명 1 늙은 장수. 2 싸움에 경험이 많은 노련한 장수. ¶백전~. 3 많은 경험을 가져 노련한 사람. ¶~ 선수.

노:장^사:상(老莊思想) 명[철] 중국의 사상가 노자(老子)와 장자(莊子)의 사상. 무위자연(無爲自然)을 도덕의 표준으로 하고, 허무를 우주의 근원으로 삼음.

노:장-중(老長-) 명[불] 나이 많고 덕행이 높은 승려. 준노장.

노:장-파(老壯派) 명 노년과 장년층으로 무리 지어진 파. 대개 온건하고 보수적임. ↔소장파.

노:적(露積) 명 한데에 곡식 따위의 물건을 쌓아 두는 것. 또, 그 물건. 町야적(野積). ¶~장(場). 노:적-하다 동(타여) 노:적-되다 동(자)

노:적-가리(露積-) [-까-] 명 한데에 쌓아 둔 곡식 더미.

노점¹(露店) 명 길가에서 리어카나 좌판에 물건을 벌여 놓고 파는 소규모 점포. 町난전(亂廛). ¶~상인.

노:점²(露點) [-쩜] 명[물] =이슬점.

노점-상(露店商) 명 길가에서 리어카나 좌판에 물건을 벌여 놓고 파는 장사. 또는, 그런 장사를 하는 사람.

노:정¹(路程) 명 1 길의 이수(里數). 町이정(里程). 2 거쳐 가는 길이나 과정. =역정(驛程). 町도정(道程).

노:정²(露呈) 명 (예상치 못하거나 원치 않은 사실을) 드러내어 알게 하는 것. 노정-하다 동(타여) ¶자동차가 주행 중에 결함을 ~. 노정-되다 동(자) ¶검토하는 과정에서 많은 문제점이 ~.

노:제(路祭) 명[민] =거리제2.

노조(勞組) 명 '노동조합'의 준말. ¶~원(員) / ~를 결성하다 / ~에 가입하다.

노주(奴主) 명 1 종과 주인. 2 종의 주인.

노:중(路中) 명 1 길 가운데. 2 길을 오거나 가거나 하는 동안.

노즐(nozzle) 명 끝의 작은 구멍으로부터 유체를 분출시키는, 통 모양의 장치.

노:지(露地) 명 지붕이 덮여 있지 않은 땅. ¶~재배.

노-질(櫓-) 명 노를 저어서 배를 나아가게 하는 일. 町배질. 노질-하다 동(자여)

노착지근-하다 [-찌-] 형(여) '노리착지근하다'의 준말. 큰누척지근하다. 노착지근-히

노:처(老妻) 명 늙은 아내.

노:-처녀(老處女) 명 결혼할 나이가 지난 처녀. =올드미스. ↔노총각.

노천(露天) 명 건물 밖이어서 비나 햇빛 따위를 피하거나 가릴 수 없는 상태. 또는, 그런 곳. 町한데. ¶~극장 / ~ 수업.

노천-광(露天鑛) 명[광] 지표에서 바로 광물을 캐내는 광산.

노천-굴(露天掘) 명[광] 표토(表土) 등을 제거하고 지표에서 직접 석탄이나 철 등의 광석을 채굴하는 방법. =노천 채굴.

노천-극장(露天劇場) [-짱] 명 야외에 임시로 무대를 설치하여 창극·연극 등을 공연하거나 영화를 상영하는 곳.

노천-탕(露天湯) 명 자연경관을 즐기며 온천욕을 할 수 있도록 실외의 자연 공간에 꾸며 놓은 탕.

노:체(老體) 늙은 몸. ⓑ노구(老軀).
노:-총각(老總角) 몡 결혼할 나이가 지난 총각. ↔노처녀.
노:-축(老-) 몡 늙은 축 또는 늙은 패.
노출(露出) 몡 1 (감추어지거나 가려져 있는 대상이나 사실이) 보이거나 알 수 있도록 드러내는 것. ¶~이 심한 옷. 2 (어떤 대상을 좋지 않은 환경이나 상황에) 놓여 있게 하는 것. 3 [사진] 카메라에서, 렌즈로 들어오는 빛을 셔터와 조리개가 열려 있는 정도와 시간만큼 필름이나 건판에 비추는 일. =노광(露光). ¶~ 부족. 노출-하다 동타여 ¶사람들 앞에서 알몸을 ~ / 신분을 ~. 노출-되다 동자 ¶유해 환경에 노출된 청소년.
노출-계(露出計) [-계/-계] 몡 [사진] 사진 촬영 때, 피사체(被寫體)의 밝기를 측정하여 노출 시간을 정하는 기기.
노출-증(露出症) [-쯩] 몡 [의] 자기의 육체, 특히 성기(性器)를 이성에게 보임으로써 성적·심리적 만족을 느끼는 이상 성욕의 한 가지.
노:친(老親) 몡 늙은 부모. 또는, 늙은 아버지나 어머니. ¶~ 봉양 / 어느 날 갑자기 ~께서 환후가 위중하여 좋다는 약을 다 써도나 효험이 없었다.
노:친-네(老親-) 몡 1 늙은 부모, 또는 늙은 아버지나 어머니를 다소 낮추거나 허물없이 이르는 말. ¶~가 웬 고집이 그리 세신지 몰라. 2 늙은 사람을 다소 낮추어 이르는 말.
노-카운트(no count) 몡 [체] 경기에서, 득점 실점으로 치지 않는 일.
노-코멘트(no comment) 몡 의견이나 논평 또는 설명을 요구하는 물음에 답변하지 않는 일. ¶장관은 회담 내용에 대한 기자들의 질문에 ~로 일관하였다.
노크(knock) 몡 1 방에 들어가기 전에, 안에 있는 사람에게 들어가도 좋은지를 묻는 뜻으로, 또는 안에 사람이 있는지 없는지를 확인하기 위해, 손가락을 구부린 상태에서 그 관절 부분으로 문을 가볍게 두드리는 일. ¶화장실에 들어가기 전에 똑똑 똑 ~ / 남의 방에 ~도 없이 불쑥 들어오면 어떡하니? 2 [체] 야구에서, 수비 연습을 하기 위하여 공을 치는 것. 노크-하다 동자타여
노킹(knocking) 몡 내연 기관의 실린더 안에서 연료가 비정상적으로 연소되면서 금속을 두드리는 것과 같은 소리를 내는 현상. =이상 폭발.
노-타이(†no tie) 몡 와이셔츠에 넥타이를 매지 않은 차림.
노-타임(†no time) 몡 [체] 야구 등에서, 일시적으로 중단되었던 경기가 재개될 때 심판이 선언하는 말.
노-터치(no touch) 몡 [체] 야구에서, 수비 선수가 주자(走者)나 베이스를 터치하지 못하는 것. 또는, 주자가 베이스를 밟지 않고 다음 베이스로 달리는 것.
노트¹(note) 몡 1 어떤 내용을 기억해 두기 위해서 적는 일. '노트북'의 준말. 세는 단위는 권(卷). ¶대학 ~. 노트-하다 동타여 (어떤 내용을) 기억해 두기 위하여 필기하다. ¶강의 내용을 ~.
노트²(knot) 몡 배의 속도를 나타내는 단위. 1노트는 1시간에 1해리, 곧 1852m를 달리는 속도임. 기호는 kn·Kt.
노트-북(notebook) 몡 1 =공책. ⓒ노트. 2 =노트북 컴퓨터.

노트북^컴퓨터(notebook computer) 몡 [컴] 공책 크기의 휴대용 경량 컴퓨터. =노트북.
노틀(←중老頭兒) 몡 <속> 늙은 남자.
노-티(老-) 몡 늙어 보이는 모양. 또는, 늙은 티. ¶옷의 빛깔이 우중충해서 ~가 난다.
노:파(老婆) 몡 늙은 여자. =노구(老軀). ⓑ할머니. ¶칠십 ~. ↔노옹(老翁).
노:파-심(老婆心) 몡 남의 일에 대하여 지나치게 염려하는 마음. ¶군소리 같지만 ~에서 하는 말이니 부디 명심 또 명심해라.
노-팬티(←no panties) 몡 팬티를 입지 않은 상태. 또는, 그런 상태로 겉옷을 입은 차림새.
노:폐-물(老廢物) [-폐-/-폐-] 몡 [생] 생체내에서 생성된 대사 산물로 생체에 불필요한 것. 호기(呼氣)·오줌·땀·대변 등에 섞여 배출됨.
노:폭(路幅) 몡 도로의 너비.
노^플레이(†no play) 몡 [체] 야구에서, 시합이 정지된 상태에서 행해진 플레이.
노:-하다(怒--) 자여 노여움을 일으키다. 일반적으로 윗사람에 대해 쓰는 말로, '성내다', '화내다'보다 정중한 어감을 가짐. ¶할아버지께서 크게 노하셨다.
노-하우(know-how) 몡 1 제품 개발·제조 등에 필요한, 핵심적 기술이나 지식 등의 비밀 정보. 2 어떤 분야에 오래 종사함으로써 얻어지는 유용한 경험이나 기술. ⓑ미랑·비결. ¶출판의 ~ / ~가 쌓이다.
노:형(老兄) 몡 (인칭) 그다지 가깝지 않은, 동년배의 남자나 연하는 살 더 먹은 남자에 대하여 대접하는 뜻으로 부르거나 이르는 말. ¶~은 은퇴 후 무얼로 소일하시오?
노:호(怒號) 몡 1 성내어 소리 지르는 것. 또는, 그 소리. 2 바람이나 파도가 세찬 소리를 내는 것. 노:호-하다 동자여
노:화(老化) 몡 1 생물 또는 물질의 기능이나 성질이 시간이 경과함에 따라 쇠약해지는 현상. ¶~ 현상. 2 콜로이드 따위가 시간이 경과함에 따라 성질이 변화하는 현상. 노:화-하다 동자여 노:화-되다 동자 ¶피부가 ~.
노:환(老患) 몡 '노병(老病)²'의 높임말.
노:회(老獪) [-회/-훼] →노:회-하다 [-회-/-훼-] 몡 (사람이) 어떤 일에 경험이 많아 의뭉하고 능란하다. ¶승부의 세계에서 잔뼈가 굵은 노회한 인물.
노획(鹵獲) [-획/-훽] 몡 싸워서 적의 군용품을 빼앗는 것. ¶~ 물자. 노획-하다¹ 동타여 ¶적의 무기를 ~. 노획-되다¹ 동자
노획(虜獲) [-획/-훽] 몡 적을 사로잡거나 목을 베는 것. 노획-하다² 동타여 노획-되다² 동자
노획-물(鹵獲物) [-획-/-훽-] 몡 노획한 물건.
노:후¹(老後) 몡 사람이 늙게 된 이후. ¶~의 생활 보장 / ~ 대책을 세우다.
노:후²(老朽) →노:후-하다 형여 (어떤 물체나 시설 등이) 오래되고 낡아 사용하기 어려운 상태에 있다. ¶노후한 시설.
노히트^노런^게임(†no-hit no-run game) 몡 [체] 야구에서, 투수가 상대 팀을 무안타 (無安打)·무득점(無得點)으로 누른 게임.
녹¹(祿) 몡 [역] 나라에서 벼슬아치에게 주기적으로 주는 보수. ⓑ녹봉.
녹(을) 먹다 관 벼슬아치로서 나라에서 주는 봉급을 받다.

녹²(綠) 명 1 쇠붙이가 오랫동안 물에 젖어 있거나 습기의 작용을 받아 붉은빛을 띠면서 삭게 되는 현상. 또는, 그 붉은빛을 띤 물질. ¶~을 샌드페이퍼로 닦아 내다. 2 '동록(銅綠)'의 준말.

녹각(鹿角) [-깍] 명 [한] 다 자라 단단하게 각질화된, 수사슴의 뿔. 또는, 그것을 채취하여 가공한 한약재. ▶녹용(鹿茸).

녹-갈색(綠褐色) [-깔쌕] 명 녹색을 띤 갈색.

녹과-전(祿科田) [-꽈-] 명 [역] 고려 시대에 백관(百官)에게 녹으로 준 논밭.

녹-나무 [농-] 명 [식] 녹나뭇과의 상록 활엽 교목. 봄에 백황색 꽃이 피며 10월에 열매가 익음. 재목은 건축재·가구재·장뇌의 원료로 쓰임. 산기슭의 양지바른 곳에 남. =장뇌(樟木)·장수(樟樹).

녹-내(綠-) [농-] 명 쇠붙이에 슨 녹의 냄새.

녹-내장(綠內障) [농-] 명 [의] 안구(眼球)의 압력이 상승하여 시각(視覺) 기능에 이상을 초래하는 병. 두통·구토를 수반하고 심하면 실명함.

녹녹-하다¹ [농노카-] 형여 습기나 기름기가 있어 딱딱하지 않고 말랑말랑하다. ¶반죽을 **녹녹하게** 하다. 큰눅눅하다. **녹녹-히** 부

녹녹-하다² 형여 '녹록하다'의 잘못.

녹는-점(-點) [농-] 명 [물] [화] 고체가 녹아 액체가 되기 시작하는 온도. 곧, 고체와 액체가 공존하는 온도. =용융점·용점(鎔點)·융해점.

녹니(綠泥) [농-] 명 대륙 사면이나 그 이상의 깊은 바다 밑에 퇴적되어 있는 녹색의 진흙.

녹니-석(綠泥石) [농-] 명 [광] 점토 광물의 하나. 흑운모·각섬석·휘석(輝石) 등이 변질하여 생성된 녹색의 광물. 편상(片狀)이며, 유리 또는 진주 광택이 남.

녹다 [-따] 자재 1 (굳은 물건이) 높은 온도에서 물러지거나 물같이 되다. 비용해되다. ¶아이스크림이 입 안에서 ~. 2 (고체나 가루 상태의 물질이) 액체 속에서 액체가 되어 그 속에 퍼진 상태가 되다. 비용해되다. ¶소금[설탕]이 물에 ~. 3 (추위서 굳어진 몸이) 따뜻하게 되다. ¶몸이나 좀 **녹거든** 시작하자. 4 (화가 나거나 언짢은 마음이) 풀리어 없어지다. ¶다정한 말 한마디에 얼음장 같던 마음이 스르르 **녹아** 버렸다. 5 (어떤 사람이 무엇에) 반하거나 홀려 정신을 못 차릴 지경이 되다. ¶그 여자의 요염한 자태에 뭇 사내가 **녹는다**. 6 (어떤 사물이 다른 사물이나 현상 속에) 요소로서 흡수되거나 동화되다. ¶우리 문화에는 온갖 외래문화가 **녹아** 있다.

녹-다운(knockdown) 명 1 [체] 권투에서, 선수가 시합 중 링 밖으로 나가거나, 시합을 할 의사가 없이 로프에 기대거나, 또는 매트 위에 앉거나 쓰러지는 일. 2 [경] '녹다운 수출'의 준말.

녹다운^수출(knockdown輸出) 명 [경] 자동차나 기계 등을 부품이나 반제품의 형태로 수출하여 현지에서 조립하여 완성품을 만들어 판매하는 방식. 준녹다운.

녹두(綠豆) [-뚜] 명 1 [식] 콩과의 한해살이 재배 식물. 여름에 노란 꽃이 피며, 열매는 꼬투리로 열리는데, 그 안의 씨는 팥보다 작고 녹색임. 2 1의 열매. 묵·빈대떡·죽 등을 만드는 데 쓰임.

녹두-묵(綠豆-) [-뚜-] 명 녹두로 쑨 묵의 총칭. 녹말묵·제물묵 따위. =청포묵.

녹두-밭(綠豆-) [-뚜받] 명 녹두를 심어 가꾸는 밭.

녹두-전(綠豆煎) [-뚜-] 명 =빈대떡.

녹두-죽(綠豆粥) [-뚜-] 명 녹두를 푹 삶아 으깨서 걸러 낸 국물에 쌀을 넣고 쑨 죽.

녹로(轆轤) [농노] 명 1 [공] =돌림판2. 2 높은 곳이나 먼 곳으로 무엇을 달아 올리거나 끌어당길 때 쓰는 도르래. 3 우산의 꼭대기에 있으면서 우산을 펴고 오므리는 데 쓰는 것.

녹록(碌碌·錄錄) [농노] →**녹록-하다** [농노카-] 형여 1 평범하고 하잘것없다. ¶**녹록한** 재물. 2 만만하고 호락호락하다. ¶**녹록하게** 봤다간 큰코다친다. ×녹녹하다. **녹록-히** 부

녹림(綠林) [농님] 명 1 푸른 숲. 2 도적의 소굴.

녹림-당(綠林黨) [농님-] 명 도적의 무리.

녹말(綠末) [농-] 명 1 감자나 녹두를 물에 불려 갈아서 그 앙금을 말린 가루. 2 [화] 녹색 식물의 엽록체 안에서 광합성으로 만들어져 뿌리·줄기·종자에 저장되는 탄수화물. 백색 분말로 물에 녹지 않음. =녹말가루·전분(澱粉).

녹말-가루(綠末-) [농-까-] 명 =녹말.

녹말-묵(綠末-) [농-] 명 녹두의 녹말로 쑨 묵. =청포.

녹말-풀(綠末-) [농-] 명 녹말을 재료로 하여 쑨 투명한 풀.

녹명(錄名) [농-] 명 이름을 적는 것. 비기명(記名). **녹명-하다** 자여 **녹명-되다** 동여 ¶역사에 **녹명된** 위인.

녹-물(綠-) [농-] 명 쇠의 녹이 섞여 있는, 붉은빛을 띤 물. ¶수도에서 ~이 나오다.

녹변(綠便) [-뼌] 명 젖먹이가 소화 불량으로 눈 녹색 똥. =푸른똥.

녹병(綠病) [-뼝] 명[농] 식물에 녹병균이 기생하여 잎이나 줄기에 녹는 것처럼 갈색의 가루가 덩어리로 생기는 병. =수병(銹病)·엽삽병.

녹봉(祿俸) [-뽕] 명 [역] 벼슬아치에게 봉급으로 주는 쌀·보리·명주·돈 따위의 총칭. =봉록·식록(食祿). 비녹(祿).

녹비¹ [-삐] 명 사슴의 가죽. 원녹피(鹿皮).

녹비²(綠肥) [-삐] 명 풀이나 나뭇잎 따위로 만드는 거름.

녹비^작물(綠肥作物) [-삐짱-] 명 [농] 녹비로 쓰기 위하여 가꾸는 작물.

녹-사료(綠飼料) [-싸-] 명 생풀이나 생나무 잎 등으로 하는 가축의 먹이.

녹사-의(綠蓑衣) [-싸의/-싸이] 명 =도롱이.

녹색(綠色) [-쌕] 명 청색과 황색의 중간색.

녹색^식물(綠色植物) [-쌕씽-] 명 [식] 엽록소를 지니고 있어 녹색을 띠는 식물.

녹색-신고(綠色申告) [-쌕씬-] 명 [경] 납세자 스스로 세액을 결정하여 신고하고 납세하는 제도. 신고 용지가 녹색인 데서 생긴 이름임.

녹색^조류(綠色藻類) [-쌕쪼-] 명 [식] =녹조류.

녹색^혁명(綠色革命) [-쌔켱-] 명 [농] 품종 개량으로 수확을 크게 늘리는 농업상의 혁명.

녹수(綠水)[-쑤] 명 푸른빛이 나는 깊은 물. ⓑ벽수.

녹-슬다(綠-)[-쓸-] 동(자) ⟨~스니, ~스오⟩ 1 쇠붙이가 산화하여 빛이 변하다. ¶갈이 ~. 2 (체력이나 기술 또는 지적 능력 등이) 약해지거나 무디어지다. ¶이젠 머리가 **녹슬어서** 책을 들여다봐도 통 머리에 들어오질 않는다. ×녹쓸다.

> **어법** 녹슬은 철로:녹슬은(×)→녹슨(○). ¶어간의 끝소리가 'ㄹ'인 말이 어미 '-ㄴ'과 결합할 때에는 규칙적으로 'ㄹ'이 탈락됨.

녹신-녹신[-씬-씬] 부 매우 녹신한 모양. ⓗ눅신눅신. **녹신-녹신-하다** 형여 ¶봄날이라서 그런지 온몸이 **녹신녹신하고** 일할 의욕이 나질 않는다.

녹신-하다[-씬-] 형여 1 보드랍고 말랑말랑하다. ⓗ눅신하다. 2 맥이 풀려 나른하다.
  녹신-히 부

녹실-녹실[-씰록씰] 부 매우 녹실한 모양. ⓗ눅실눅실. **녹실녹실-하다** 형여

녹실-하다[-씰-] 형여 약간 무르녹게 녹신하다. ⓗ눅실하다.

녹-십자(綠十字)[-씹짜] 명 십자(十字) 모양의 녹색 표지(標識). 재해로부터의 안전을 상징함.

녹-쌀 명 녹두·메밀·수수 따위를 맷돌에 갈아서 쌀알처럼 만든 것.

녹-쓸다(綠-) 동(자) '녹슬다'의 잘못.

녹아-나다 동(자) 기운을 차리지 못할 만큼 힘이 들거나 타격을 받다. ¶연일 계속되는 철야 근무에 **녹아난다.**

녹아-내리다 동(자) 1 녹아서 밑으로 처지다. ¶얼음이 ~. 2 감정 따위가 누그러지다. ¶그의 따뜻한 위로에 슬픔이 **녹아내리는** 듯했다.

녹아-들다 동(자) ⟨~드니, ~드오⟩ 1 다른 물질에 스며들거나 녹아 들어가다. 2 사상·문화 등이 융화되다.

녹아-떨어지다 동(자) 너무 피곤하여 잠에 곯아떨어지다. ¶그는 눕자마자 **녹아떨어져** 코를 골았다.

녹-아웃(knockout) 명[체] 1 권투에서, 선수가 다운되어 10초 이내에 경기를 재개할 수 없는 상태. =케이오(KO). 2 야구에서, 투수가 상대 팀 타자들에게 계속 안타나 강타를 맞고 마운드에서 물러나는 일.

녹옥(綠玉) 명 1 녹색의 구슬. 2 [광] =에메랄드.

녹용(鹿茸) 명[한] 새로 돋기 시작한, 수사슴의 연한 뿔. 또는, 그것을 채취하여 가공한 한약재. 성질이 온(溫)하며 심장을 강하게 하는 힘이 있어 크게 정력을 도움. ⓒ용(茸).

> **혼동어** │ **녹용 / 녹각**
> 둘 다 수사슴의 뿔을 가리키나, '녹용'은 자라기 시작한 지 약 2개월 이내의, 아직 각질화되지 않아 물렁한 것을 뜻하고, '녹각(鹿角)'은 성장을 멈추고 각질화되어 단단하게 된 것을 뜻함. '녹용'에 비해 '녹각'은 약재로서의 효능이 훨씬 떨어짐.

녹우(綠雨) 명 풀과 나무가 초록빛을 띨 무렵인 늦봄과 여름 사이에 내리는 비.
녹원(鹿苑) 명 사슴을 기르는 뜰.
녹음¹(綠陰) 명 푸른 잎이 무성하게 수풀. 또는, 수풀의 짙푸른 빛. ¶~이 우거지다 / ~이 짙은 한여름.

녹음²(錄音) 명 (영화 필름·레코드·테이프 등에) 소리를 기록하여 넣은 것. 또는, 그렇게 한 소리. ¶가두~ / 동시~. **녹음-하다** 동(타) ¶강의 내용을 ~. **녹음-되다** 동(자) ¶한국 가곡이 **녹음된** 테이프.

녹음-기(錄音器) 명 녹음하는 기계.
녹음^방송(錄音放送) 명 녹음한 것을 재생시켜 하는 방송. ↔생방송.
녹음-방초(綠陰芳草) 명 우거진 나무 그늘과 아름다운 풀. 여름철의 자연 경치를 가리키는 말.
녹음-실(錄音室) 명 녹음하기 위한 시설을 갖추어 놓은 방.
녹음-테이프(錄音tape) 명 소리를 기록하는 자기(磁氣) 테이프.
녹읍(祿邑) 명[역] 신라 때 모든 벼슬아치에게 직전(職田)으로 주던 논밭.
녹의-홍상(綠衣紅裳)[-의-/-이-] 명 '연두저고리에 다홍치마'라는 뜻] 젊은 여자의 고운 옷차장을 이르는 말.
녹-이다 동(타) '녹다'의 사동사. ¶쇠를 ~ / 언 손을 ~ / 여자의 마음을 ~.
녹작지근-하다[-짝끈-] 형여 온몸에 힘이 없고 맥이 풀려 몹시 나른하다. ¶술 몇 잔에 사지가 ~. ⓒ녹지근하다. **녹작지근-히** 부
녹조-류(綠藻類)[-쪼-] 명[식] 엽록소를 가지고 있어 녹색을 띤 해조(海藻). 볼복스·청각·파래 등이 이에 속함. =녹색 조류·녹조식물.
녹조-식물(綠藻植物)[-쪼싱-] 명[식] =녹조류.
녹-주석(綠柱石)[-쭈-] 명[광] 베릴륨과 알루미늄의 규산염 광물. 녹색의 육각 주상 결정이며 유리 광택이 있음. 진한 녹색의 투명한 것은 에메랄드, 남청색의 투명한 것은 아콰마린으로서 진귀함.
녹즙(綠汁)[-쯥] 명 녹색 채소의 잎이나 열매 또는 뿌리를 갈아 받은 즙. 비타민 K와 칼슘이 많아 건강식품으로 침.
녹즙-기(綠汁機)[-쯥끼] 명 채소를 갈아 즙을 내는 기계.
녹지(綠地)[-찌] 명 풀과 나무가 많아 푸른 땅. 특히, 도시 계획 구역 안에 도시의 자연 환경을 보전하거나 개선하고 공해나 재해를 방지하기 위해 조성하는 잔디밭·화단·숲 등을 가리킴.
녹지근-하다[-찌-] 형여 '녹작지근하다'의 준말.
녹지-대(綠地帶)[-찌-] 명 녹지로 되어 있는 지역. =녹지 지역.
녹지^지역(綠地地域)[-찌지-] 명 =녹지대.
녹진-녹진[-찐-찐] 부 몹시 녹진한 모양. ⓗ눅진눅진. **녹진녹진-하다** 형여 ¶녹진한 엿.
녹진-하다[-찐-] 형여 물건이나 성질이 부드럽고 끈끈하다. ⓗ눅진하다. **녹진-히** 부
녹차(綠茶) 명 차나무의 잎을 발효시키지 않고 푸른빛이 나게 그대로 말린 것. 또는, 그것을 우린 물. ▷홍차.
녹청(綠靑) 명 구리의 표면에 생기는 녹색의 녹. 또는, 그 빛깔. 녹색의 안료로도 쓰임.
녹-청색(綠靑色) 명 녹색을 띤 청색.
녹초 명 사람이 몹시 지치거나 기운을 잃거나 취하여 몸을 가눌 수 없을 정도가 된 상태. ¶술을 너무 많이 마셔서 ~가 되다.

녹취(錄取) 圐 (어떤 내용의 말이나 소리를) 녹음하여 채록하는 것. **녹취-하다** 圐(타)여

녹태(綠苔) 圐 푸른 이끼.

녹턴(nocturne) 圐[음] 조용한 밤의 기분을 나타낸 서정적인 피아노곡. =몽환곡·야상곡.

녹토비전(noctovision) 圐[물] 어둠이나 안개 등으로 잘 보이지 않는 물체를 적외선을 이용하여 수상관(受像管)에 나타내는 장치. =적외선 암시 장치.

녹패(祿牌) 圐[역] 녹봉을 받는 사람에게 증거로 주는, 종이로 만든 표.

녹피(鹿皮) 圐 '녹비'의 원말.

녹화(綠化) [노콰] 圐 산이나 들에 나무를 심어 푸르게 하는 것. ¶산림~. **녹화-하다**[1] 圐(타)여 **녹화-되다**[1] 圐(자)

녹화(錄畫) [노콰] 圐 재생을 목적으로 비디오테이프에 텔레비전의 상(像)을 기록하는 것, 또는, 그 상. **녹화-하다**[2] 圐(타)여 **녹화-되다**[2] 圐(자)

녹화^방^송(錄畫放送) [노콰-] 圐 녹화한 프로그램을 시간에 맞추어 내보내는 방송. ↔생방송.

녹-황색(綠黃色) [노쾅-] 圐 녹색을 띤 황색.

녹-회색(綠灰色) [노쾨-/노퀘-] 圐 녹색을 띤 회색.

논[1] 圐 물을 가두어 벼를 심어 가꾸는 땅. 헤아리는 단위는 두둑·자락·배미·뙈기·평·되지기(1/10마지기)·마지기·섬지기(20마지기)·필 (다섯 배미). =답(畓). ¶~을 매다 / ~을 갈다 / ~에 물을 대다. ▷밭.

논[2](論) 圐 1 한문체의 하나. 사리의 옳고 그름을 논의·단정하는 문체. 2 [불] 부처의 가르침에 대한 주석. 불제자가 논술한 것임.

논-갈이 圐 논을 가는 일. **논갈이-하다** 圐(자)여

논객(論客) 圐 변론에 능숙한 사람.

논거(論據) 圐 어떤 주장이나 이론의 논리적 근거. ¶그의 학설은 실증적 자료에 ~를 두고 있다.

논고[1](論考·論攷) 圐 여러 문헌을 고증하여 논술하는 것. ¶한국사 ~. **논고-하다**[1] 圐(타)여

논고[2](論告) 圐[법] 법정에서 검사가 피고의 범죄 사실을 밝히고 형벌을 요구하는 것. **논고-하다**[2] 圐(타)여 **논고-되다** 圐(자)

논-고랑 [-꼬-] 圐 논의 이랑 사이에 골이 진 곳. ↔밭고랑.

논-곡식(-穀食) [-씩] 圐 논에 심어서 난 온갖 곡식. =답곡. ↔밭곡식.

논공(論功) 圐 공적의 유무·대소를 논의하여 정하는 것. **논공-하다** 圐(타)여

논공-행상(論功行賞) 圐 공적의 유무나 대소를 논하여 그에 합당한 상을 줌. **논공행상-하다** 圐(타)여

논과(論過) 圐 1 잘못을 논하는 것. =논오(論誤). 2 무의식 중에 논리상의 잘못을 범하는 것, 또는, 그러한 잘못. **논과-하다** 圐(자)여

논구(論究) 圐 사물의 이치를 깊이 따져서 논하는 것. **논구-하다** 圐(타)여 **논구-되다** 圐(자)

논급(論及) 圐 어떠한 데까지 미치게 논하는 것. **논급-하다** 圐(타)여 ¶그들이 주장하는 것은 너무나도 비현실적이어서 **논급할** 가치도 없다. **논급-되다** 圐(자)

논-길 [-낄] 圐 논 사이에 난 길.

논-꼬 圐 논의 물꼬.

논-농사(-農事) 圐 논에 짓는 농사. =답농(畓農). ↔밭농사. **논농사-하다** 圐(자)여

논:다니 圐 웃음과 몸을 파는 여자를 속되게 이르는 말.

논단[1](論壇) 圐 1 토론을 할 때 올라서는 단. 2 논객들의 사회. ¶이념 논쟁이 작금(昨今)의 ~을 떠들썩하게 하고 있다.

논단[2](論斷) 圐 논하여 판단이나 결론을 내리는 것. **논단-하다** 圐(타)여 **논단-되다** 圐(자)

논담(論談) 圐 (사물의 시비를) 논하여 말하는 것. **논담-하다** 圐(타)여

논-도랑 [-또-] 圐 논에 물을 대기 위하여 논의 가장자리에 낸 작은 도랑.

논-두렁 [-뚜-] 圐 논에 물이 괴도록 논 가에 흙으로 둘러막은 두둑. ▷밭두렁. **논두렁-하다** 圐(자)여 모내기 전에 논두렁 안쪽을 잘 다듬고 흙을 붙여 바르다.

논두렁-길 [-뚜-낄] 圐 논두렁으로 된 길.

논-둑 [-뚝] 圐 논의 가장자리에 쌓아 올린 둑.

논둑-길 [-뚝낄] 圐 논둑 위에 난 길.

논-뙈기 圐 얼마 안 되는 논을 얕잡아 이르는 말.

논란(論難*) [놀-] 圐 ['難'의 본음은 '난'] (어떤 문제에 대해서, 또는 어떤 문제를) 이러니저러니 옳으니 그르니 하며 시비를 따져 논하는 것. ¶이 안은 ~의 여지가 많다. **논란-하다** 圐(타)여 ¶이 문제라면 더 이상 **논란할** 필요가 없다. **논란-되다** 圐(자)

논란-거리(論難*-) [놀-꺼-] 圐 논란이 될 만한 대상이나 이야깃거리. ¶안락사의 인정 여부가 사회의 ~로 등장했다.

논리(論理) [놀-] 圐 1 생각하거나 말하거나 글을 씀에 있어서, 내용을 이치에 맞게 이끌어 가는 과정이나 원리. ¶~의 비약 / ~ 정연한 문장. 2 사물의 이치나 법칙성. ¶적자생존의 ~.

논리-곱(論理-) [놀-] 圐 1 [수] [논] 명제와 명제를 '그리고' 나 '및'으로 연결하는 합성 명제. 기호는 ∧. =논리적(論理積). 2 [컴] 변수 x와 변수 y가 주어졌을 때, x와 y가 동시에 참인 경우에만 출력이 참이 되는 논리 연산.

논리-성(論理性) [놀-썽] 圐 논리적인 요소나 특성. ¶~이 결여된 문장.

논리-적(論理的) [놀-쩍] 圐[관] 1 (말·글·생각 등이) 전체적으로 짜임새 있고 이치에 맞는 (것). ¶~인 판단. 2 논리학에 속하는 (것).

논리-학(論理學) [놀-] 圐[논] 논의(論議)를 이치에 맞게 펴 나가는 방법과 원리를 연구하는 학문.

논리-합(論理合) [놀-] 圐 1 [수] [논] 명제와 명제를 '또는'으로 연결하는 합성 명제. 기호는 ∨. 2 [컴] 변수 x와 변수 y가 주어졌을 때, x와 y 중 적어도 하나가 참인 경우에 출력이 참이 되는 논리 연산.

논-마지기 圐 얼마 되지 않는 논.

논-매기 圐 논의 김을 매는 일. **논매기-하다** 圐(타)여

논-머리 圐 논배미의 한쪽 머리.

논문(論文) 圐 학술적 연구를 통한 자신의 주장이나 견해를, 흔히 서론·본론·결론의 짜임새를 갖추어, 여러 가지 근거 자료를 제시해 가면서 논리적·체계적으로 전개한 글. ¶학위 ~ / 박사 ~ / 졸업 ~.

논-문서(-文書) 圐 논의 소유권을 증명하는

문서. =답권(畓券).
논문-집(論文集) [명] 논문을 모아 엮은 책. [준] 논집.
논-물 [명] 논에 대거나 괴어 있는 물.
논-바닥[-빠-] [명] 논의 바닥.
논박(論駁) [명] (어떤 주장이나 견해를) 논하여 잘못을 말하는 것. **논박-하다** [동][타][여] ¶K 교수는 소장 학자들의 새 학설을 **논박하고** 나섰다. **논박-되다** [동][자]
논-밭[-받] [명] 논과 밭. =전답·전지·전토.
논밭-전지(-田地)[-받쩐-] [명] 가지고 있는 모든 논과 밭. ¶~를 모두 없애다.
논-배미[-빼-] [명] 논두렁으로 둘러싸인 논 하나하나의 구역. [준]배미.
논법(論法)[-뻡] [명] 말이나 생각을 논리적으로 전개해 나가는 방법. ¶삼단 ~.
논-벼[-뼈] [명] 논에 심은 벼. =수도(水稻). ↔밭벼.
논변(論辯·論辨) [명] (사물을) 논하여 사리의 옳고 그름을 밝히는 것. [비]변론. **논변-하다** [동][타][여]
논-보리[-뽀-] [명] 논에 심은 보리. ↔밭보리.
논봉(論鋒) [명] **1** 논박할 때의 세찬 말씨. **2** 논박할 때의 공격의 목표·방향·방식.
논설(論說) [명] 어떤 문제에 대해 글을 통해 자기의 의견과 주장을 조리에 맞게 논하는 일. 또는, 그 글. **논설-하다** [동][타][여]
논설-문(論說文) [명] 정치·경제·사회·문화 등 전반의 문제에 대해 자기의 의견과 주장을 조리에 맞게 논하여 다른 사람의 이해와 동의를 구하는 글. 신문의 사설(社說)이 대표적인 예임.
논설-위원(論說委員) [명] 보도 기관에서 시사 문제를 논하거나 또 그 기관의 입장에 선 해설 등을 담당하는 사람.
논설-체(論說體) [명] 논설에 쓰이는 문체.
논술(論述) [명] 어떤 주장을 내세우거나 의견을 말함에 있어서, 논리적인 근거를 제시하면서 글을 전개하는 것. ¶~ 고사. **논술-하다** [동][타][여] ¶환경 보호의 필요성을 1000자 이내로 **논술하라**. **논술-되다** [동][자]
논술-문(論述文) [명] 어떤 주장이나 의견을 논리적인 근거를 제시하면서 서술한 글.
논-스톱(nonstop) [명] **1** 자동차·기차·비행기 따위가 어느 곳을 경유하거나 멈추지 않고 계속 가는 것. ¶서울에서 부산까지 ~으로 달리다. **2** 어떤 행위나 동작을 멈추지 않고 계속하는 것. ¶상대 진영 깊숙이 드리블해 들어가다 ~으로 슈팅하다.
논어(論語) [명][책] 사서(四書)의 하나. 공자와 그의 제자들의 언행을 적은 유교 경전.
논외(論外)[-외/-웨] [명] 어떤 대상을 논의의 범위에서 제외하는 것. ¶그것은 우리들의 힘이 못 미치는 일이니까 ~로 합시다.
논의[1](論意)[-의/-이] [명] 논하는 말이나 글의 의미.
논의[2](論議)[-의/-이] [명] 서로 의견을 내어 토의하는 것. 또는, 그 토의. ¶~가 분분하다. **논의-하다** [동][타][여] **논의-되다** [동][자]
논-일[-닐] [명] 논에서 하는 일. ↔밭일. **논일-하다** [동][자][여]
논자(論者) [명] 이론이나 의견을 내세워 말하는 사람.
논장(論藏) [명][불] 삼장(三藏)의 하나. 부처의 가르침을 주석한 '논(論)'을 모은 경전. ▷경장·율장.
논쟁(論爭) [명] 사리를 따져서 말이나 글로 다투는 것. =논전·논판. ¶찬반(贊反)에 대해 열띤 ~을 벌이다. **논쟁-하다** [동][자][여] ¶나는 너하고 **논쟁하고** 싶지 않다.
논저(論著) [명] (일정한 문제에 관한 사실이나 견해를) 논하여 저술하는 것. 또는, 그 논한 저술. **논저-하다** [동][자][여]
논전(論戰) [명] =논쟁(論爭). **논전-하다** [동][자][여]
논점(論點)[-쩜] [명] 논하고 있거나 논하고자 하는 주제나 문제나 사항. ¶~을 흐리다 / ~에서 벗어나다.
논제(論題) [명] 토론·논의·논문 등의 제목이나 주제. ¶회의의 ~를 정하다.
논조(論調) [명] 논설이나 평론 등에서, 어떤 문제를 논하는 어조. ¶정부를 비난하는 ~의 글.
논죄(論罪)[-죄/-줴] [명] 죄의 성립이나 경중(輕重)을 밝히는 것. **논죄-하다** [동][타][여]
논증(論證) [명] 사물의 이치를 증거를 들어 증명 또는 설명하는 것. 또는, 주어진 판단의 진리성을 이유를 들어서 증명하는 것. =입증. **논증-하다** [동][타][여] **논증-되다** [동][자]
논지[1](論之) [명] 따져 말하는 것. **논지-하다** [동][타][여]
논지[2](論旨) [명] 말이나 글에서, 논하고자 하는 내용. ¶~가 분명치 않은 글.
논집(論集) [명] '논문집'의 준말.
논책[1](論責) [명] 잘못을 논란하여 꾸짖는 것. **논책-하다** [동][타][여]
논책[2](論策) [명] 시사(時事)나 시세(時勢) 등에 관하여 논한 글.
논총(論叢) [명] 여러 사람의 논문을 모아 엮은 책. [비]논문집. ¶철학 ~.
논타이틀^매치(nontitle match) [명][체] 권투·레슬링 등에서, 챔피언이 타이틀을 걸지 않고 벌이는 경기. =논타이틀전. ↔타이틀 매치.
논^트로포([이]non troppo) [명][음] 악곡의 속도를 지시하는 말로, '지나치지 않게'의 뜻.
논-틀 [명] '논틀길'의 준말.
논틀-길[-낄] [명] 논두렁 위로 난 꼬불꼬불한 길. [준]논틀.
논틀-밭틀[-받-] [명] 논두렁이나 밭두렁을 따라 난 꼬불꼬불한 좁은 길. ¶동혁은 입술을 꽉 깨물고 원재의 뒤를 따라 묵묵히 ~을 걸었다.《심훈:상록수》
논파(論破) [명] (다른 사람의 설을) 논하여 깨뜨리거나 뒤집는 것. [비]설파. **논파-하다** [동][타][여] ¶기존 학설을 ~. **논파-되다** [동][자]
논평(論評) [명] 어떤 사건이나 문제에 대해 논하여 판단하거나 평가하는 것. ¶야당은 정부의 조처에 대하여 원칙적으로 찬성한다는 ~을 발표했다. **논평-하다** [동][타][여] ¶주한 미대사는 이번 사태에 대해 **논평하기**를 거부했다.
논-픽션(nonfiction) [명] 상상적 허구(虛構)가 아니라 사실에 근거하여 쓰여진 산문. 르포르타주·다큐멘터리·전기(傳記) 따위. ↔픽션.
논-하다(論-) [동][타][여] (어떤 사실이나 문제 등을) 이론적으로 이치를 따져 말하다. ¶그 문제에 대해선 더 이상 **논하지** 맙시다.
논핵(論劾) [명] 허물을 논하여 탄핵하는 것. **논핵-하다** [동][타][여] **논핵-되다** [동][자]
논-흙[-흑] [명] 논바닥의 질고 고운 흙.
놀![1] [명] '노을'의 준말. ¶저녁~ / ~이 지다 /

~이 붉게 타오르다.
놀¹² 몡 =너울².
놀고-먹다[-따] 동(자) 일하지 않고 놀면서 지내다. 비유식(遊食)하다. ¶직업도 없이 ~.
놀-금[-끔] 몡 물건을 팔 때 꼭 받아야 할 최저의 값.
놀놀-하다[-롤-] 혱여 (털이나 싹 등의 빛깔이) 노르스름하다. 큰눌눌하다.
놀:다¹ [놀고/놀아] 통〈노니, 노오〉 ①(자) 1 (사람이) 직업이나 업무와 관련이 없는, 어떤 일이나 행동을 재미있고 즐겁게 하다. ¶아이들이 소꿉장난하며 ~. 2 (사람이) 공부나 업무 등의 일을 하지 않고 휴식을 가지다. ¶노는 날[시간]. 3 (사람이) 공부나 업무 등을 제쳐 놓거나 알차게 하지 않고 게으름을 피우다. ¶사원들이 근무 시간에 놀고 있다. 4 (사람이) 직업이 없는 상태가 되다. ¶김씨는 회사가 문을 닫는 바람에 몇 달째 놀고 있다. 5 (어떤 대상이) 본래의 목적에 쓰이지 않다. ¶놀고 있는 땅[기계]. 6 (어떤 대상이) 한 자리에 고정되지 않고 이리저리 움직이다. ¶나사못이 ~. 7 (태아가 배 속에서) 몸을 움직이다. ¶아기가 배 속에서 ~. 8 (사람이나 동물이 일정한 장소에서) 살거나 활동하다. ¶사람은 모름지기 큰 데서 **놀아야** 한다. 9 (물고기 따위가 물속에서) 이리저리 돌아다니다. ¶연못에서 잉어가 놀고 있다. 10 (사람이) 주책없이 들떠서 마구 행동하다. ¶남의 장단에 놀고 있다. 11 (사람이) 방탕하거나 타락한 상태로 지내다. ¶주먹 세계에서 ~ / **놀던** 계집. ②(타) (윷 따위를 던지거나 굴려) 승부를 겨루다. ¶윷을 ~.
[노는 입에 염불하기] 하는 일 없이 노는 것보다는 무엇이라도 하는 것이 낫다는 말.
놀:다² [놀고/놀아] 혱〈노니, 노오〉 드물어서 귀하다. ¶대장이에 식량이 ~.(속담)
놀라다 통(자) 1 (뜻밖의 일을 당하여) 가슴이 두근거리거나 무서움을 느끼다. ¶'쾅' 하는 소리에 땀짝 ~. 2 어처구니가 없거나 기이함을 느끼다. ¶대학까지 나온 사람이 그 정도의 상식도 없다니 **놀랄** 일이다. 3 훌륭함에 감탄하다. ¶세 살배기가 천자문을 줄줄 외자 모두들 **놀라** 눈이 휘둥그레졌다.
놀란 가슴 句 전에 놀란 적이 있어, 툭하면 두근거리는 가슴.
놀란 토끼 눈 句 놀라서 아주 크게 뜬 눈. ¶뜻밖의 방문에 그는 ~을 하고 날 바라보았다.

어법 사람들이 깜짝 놀랄 만한 사건:놀랠(×)→놀랄(○). ▶'놀래다'는 '놀라게 하다'를 뜻하는 사동사임.

놀:라움 몡 놀라운 느낌. ¶충격적인 소식에 모두들 ~을 감추지 못했다. 준놀람.
놀:라워-하다 통(타) 놀랍게 여기다. ¶세계는 한국의 비약적 발전을 **놀라워했다**.
놀란-흙[-흑] 몡 한 번 파서 손댄 흙.
놀람 몡 '놀라움'의 준말.
놀:랍다[-따] 혱〈놀라우니, 놀라워〉(대단히 훌륭하거나 신기하거나 뜻밖의 일이어서) 놀랄 만하다. ¶**놀라운** 경제 성장 / 그가 1등을 했다니 참으로 ~.
놀:래다 통(타) '놀라다'의 사동사. ¶나는 살금살금 다가가 그 애를 **놀래** 주었다. ×놀래키다.
놀래키다 통(타) '놀래다'의 잘못.

놀량 몡[음] 1 경기 산타령 중 첫째 곡. 입타령으로 시작하며, 높은 소리와 가성(假聲)을 많이 씀. 2 서도 산타령 중 첫째 곡. 경기 산타령에서 부르는 입타령을 생략하고 그 후반부부터 시작함.
놀량-목 몡 목청을 떨어 속되게 내는 소리.
놀량-패(-牌) 몡 =난봉꾼.
놀-리다¹ 통(타) '놀다'①1·2·5'의 사동사. ¶아이들에게 장난감을 주어 ~ / 일꾼을 ~. 2 (신체 부위를) 이리저리 움직이다. ¶발을 ~ / 사지를 ~. 3 (물체를) 다루어 움직이다. ¶공을 자유자재로 ~.
놀리다² 통(타) 1 (사람이 다른 사람을) 짓궂게 굴거나 흠을 보거나 웃음거리로 만들다. ¶아이들은 철수를 오줌싸개라고 마구 **놀려댔다**. 2 (사람이 동물이나 꼭두각시 따위를) 구경거리의 재주를 부리게 하다. ¶원숭이를 ~.
놀림 몡 조롱하는 짓. ¶친구들한테 ~을 당하다.
놀림-가마리[-까-] 몡 '놀림감'을 속되게 이르는 말.
놀림-감[-깜] 몡 놀림의 대상이 되는 사람. ¶그는 언제나 남의 ~이 된다.
놀림-거리[-꺼-] 몡 놀림의 대상이 되는 존재나 일이나 사실. ¶남의 ~가 되다.
놀림-조(-調)[-쪼] 몡 놀리는 말투. 비농조(弄調).
놀부 몡 1 '흥부전(興夫傳)'에 나오는 주인공의 한 사람. 흥부의 형으로 마음씨가 나쁘고 심술궂음. 2 심술궂은 사람의 비유.
놀부 심사 句 인색하고 심술궂은 마음씨의 비유. ¶무슨 ~인지 남 잘되는 꼴을 못 본.
놀부^타:령 몡[음] 타령의 한 가지. 놀부가 그 아우 흥부를 학대하다가 천벌을 받은 것을 주제로 한 노래.
놀:-빛[-삗] 몡 '노을빛'의 준말.
놀-소리[-쏘-] 몡 갓난아이가 혼자 누워 놀면서 내는 군소리. ×새소리. **놀소리-하다** 통(자)
놀아-나다 통(자) 1 (어떤 사람이) 이성(異性)과 난잡한 관계를 가지다. ¶젊은 총각이 유부녀와 ~. 2 (사람이 남의 의도나 꾐에) 말려들어 이용당하거나 실속 없는 행동을 하다. ¶남의 농간에 ~.
놀아-먹다[-따] 통(자) 함부로 방탕한 행동을 하다. ¶어디서 **놀아먹던** 건달이 여기 와서 함부로 굴어?
놀음 몡 '놀음놀이'의 준말. **놀음-하다** 통(자여)
놀음-놀이 몡 1 여럿이 모여 즐겁게 노는 일. 2 농악·굿·가면극·인형극 등의 우리나라 전통적인 연희(演戱)를 두루 이르는 말. 준놀음·놀이. **놀음놀이-하다** 통(자여)
놀음놀이-판 몡 놀음놀이를 하고 있는 자리. 준놀음판·놀이판.
놀음-차 몡 1 놀아 준 데 대한 대가로 기생이나 악공에게 주는 돈 또는 물건. =화대(花代). 2 =해웃값.
놀음-판 몡 '놀음놀이판'의 준말.
놀-이 몡 1 사람이 생계나 의무로서가 아니라 순전히 즐거움을 얻기 위해 일정한 도구나 물건을 가지고 자적하게 행하는 활동. 또는, 그렇게 활동할 수 있도록 일정한 규칙으로 짜인 일. ¶소꿉~ / 카드~. 2 '놀음놀이'의 준말. **놀이-하다** 통(자여)

놀이-공원(-公園) 圀 =놀이동산.
놀이-꾼 圀 놀음놀이를 하는 사람.
놀이-동산 圀 대규모 공원이나 유원지 등에 신기하고 재미있는 놀이 시설을 갖추어 놓은 곳. =놀이공원.
놀이-마당 圀 주로 건물 밖에서 판소리·춤·탈춤놀이 등을 공연하는 자리.
놀이-방(-房) 圀 보호자가 돌볼 수 없는 6세 미만의 어린이를 그 보호자의 위탁을 받아 보육할 수 있도록 개인이 가정 또는 그에 준하는 곳에 설치·운영하는 시설.
놀이-터 圀 아이들이 놀 수 있도록 건물 바깥에 여러 가지 놀이 기구를 갖추어 놓은 곳. ¶어린이 ~.
놀이-판 圀 '놀음놀이판'의 준말.
놀이-패 圀 풍물·탈춤·굿·인형극 등의 우리나라 전통 연희를 전문적으로 하는 사람들의 무리.
놀잇-감[-이깜/-일깜] 圀 1 아이들이 조작하면서 가지고 노는 물건. ¶~이 풍부한 학습 교재. 2 '장난감'의 잘못.
놀잇-배[-이빼/-일빼] 圀 놀음놀이를 하는 배.
놀-지다 동(자) =너울지다.
놈 圀 ①의 1 남자인 사람을 낮추거나 멸시하여 이르는 말. ↔종 / 건방진 ~. 2 윗사람이 사내아이를 귀엽게 여겨 이르는 말. ¶그~ 참 제 아비를 쏙 뺐군. ↔년. 3 동물이나 물건을 홀하게 이르는 말. ¶암~ / 참외 큰 ~로 5개만 주세요. 4 (주로 일부 관형어 뒤에 '놈의 …'의 꼴로 쓰여) 다음에 오는 대상을 못마땅하게 여기는 뜻을 나타내는 말. ¶예끼, 망할 ~의 돈 / 웬 ~의 비가 이리도 온담? ②[자탁] 주로 나쁜 짓을 일삼는 흉악한 남자를 낮추어 이르는 말. ¶~들이 우리를 추격해오고 있다.
놈-팡이 圀 1 '사내' 또는 직업 없이 빈둥빈둥 노는 남자를 조롱하여 이르는 말. 2 젊은 여자의 상대가 되는 남자를 얕잡아 이르는 말. ×놈팽이.
놈-팽이 圀 '놈팡이'의 잘못.
놉 圀 식사를 제공하고 날삯으로 일을 시키는 품팔이꾼. ¶~을 사다.
놉-겪이[-껴기] 圀 놉에게 음식을 내는 일 등을 치르는 것. **놉겪이-하다** 동(자여)
놋[녿] 圀 '놋쇠'의 준말. ¶~그릇 / ~대야.
놋-그릇[녿끄륻] 圀 놋쇠로 만든 그릇. =놋기명(-器皿)·유기(鍮器)·유기그릇.
놋다리-밟기[녿따-밥끼] 圀민 음력 정월 대보름날 밤에 경북 안동 지방에서 행해지는 부녀자들의 민속놀이. 수십 명의 부녀자들이 한 줄로 늘어서서 앞사람의 허리를 잡고 몸을 굽히고 있으면, 공주로 뽑힌 여자가 부축을 받으면서 늘어선 사람들의 등을 밟고 지나감.
놋-대야[녿때-] 圀 놋쇠로 만든 대야.
놋-대접[녿때-] 圀 놋쇠로 만든 대접.
놋-쇠[녿쇠/녿쒜] 圀 구리에 아연을 10~45% 정도 가해 만든 합금. 가공하기 쉽고 녹슬지 않기 때문에 공업 재료 등으로 널리 쓰임. =황동(黃銅). 준놋.
놋-수저[녿쑤-] 圀 놋쇠로 만든 수저.
놋-숟가락[녿쑫까-] 圀 놋쇠로 만든 숟가락. 준놋숟갈.
놋-젓가락[녿쩌까-/녿쩓까-] 圀 놋쇠로 만든 젓가락. 준놋젓갈.
농[1](弄) 圀 우스갯소리를 하거나 장난스럽게 놀리는 일. 비농담. ¶~이 심하다 / 여자에게 ~을 걸다.
농[2](膿) 圀 =고름[1]. ¶~이 흐르다.
농[3](籠) 圀 1 나무로 직육면체의 꼴로 짜서 만들되, 몸체가 한 층 한 층이 따로 된 상태로 2층 또는 3층으로 포개어 놓는 전통 수납 가구. ▷장(欌). 2 버들이나 싸리의 채 따위로 함같이 만든 큰 상자. 옷이나 물건 등을 넣는 데 씀. 3 =농장(籠欌)[3].
농[4](濃) 접투 1 '진한', '농후한'의 뜻을 나타내는 말. ¶~질산. 2 '짙은'의 뜻을 나타내는 말. ¶~갈색. ↔담(淡)-.
농가(農家) 圀 농업으로 생계를 꾸려 가는 가정. 또는 그러한 집.
농-가성진(弄假成眞) 圀 장난삼아 한 것이 진심으로 된 것같이 됨.
농-간(弄奸) 圀 나쁜 꾀로 남을 어르고 속이는 것. ¶~을 부리다 / 사기꾼의 ~에 속아 넘어가다. **농간-하다** 동(자타여)
농간-질(弄奸-) 圀 '농간'을 속되게 이르는 말. **농간질-하다** 동(자여)
농감(農監) 圀 [농] 지주를 대신하여 소작인을 지도·감독하고 소작료를 받아들이는 등의 일을 하는 사람. ▷마름.
농경(農耕) 圀 논밭을 갈아 농사를 짓는 것. ¶~생활. **농경-하다** 동(자타여)
농경^시대(農耕時代) 圀[경] 인류의 진화 과정에서, 농경을 주업으로 하고 사냥이나 고기잡이를 부업으로 하던 시대. =농업 시대.
농경-지(農耕地) 圀 농작물을 경작하는 토지. =농지.
농고(農高) 圀[교] '농업 고등학교'의 준말.
농공(農工) 圀 농업과 공업. ¶~병진(竝進).
농과(農科) 圀[교] 농업을 가르치는 고등학교·대학 등의 한 과.
농과^대학(農科大學) [-꽈-] 圀[교] 농업에 관한 학술과 기예를 연구·교수하는 단과 대학. 준농대.
농구[1](農具) 圀 농업에 사용되는 기구. =농기(農器)·농기구.
농구[2](籠球) 圀[체] 5명씩으로 이루어진 양 팀이 공을 손으로 패스하거나 드리블하여 상대방의 바스켓에 던져 넣어 그 득점을 겨루는 경기. =바스켓 볼.
농구-공(籠球-) 圀 농구에 쓰이는 공. 적갈색 바탕에 까만 줄무늬가 있음.
농구-대(籠球臺) 圀 농구를 할 때, 공을 던져 넣을 수 있도록 백보드와 바스켓이 달려 있음. 일정한 높이에 백보드와 바스켓이 달려 있음.
농구-화(籠球靴) 圀 농구를 할 때에 신는 운동화.
농군(農軍) 圀 =농민.
농기[1](弄氣) [-끼] 圀 말이나 행동에서 엿보이는 실없고 장난스러운 기미. ¶~ 어린 목소리.
농기[2](農期) 圀 =농사철.
농기[3](農旗) 圀민 농촌에서 부락 단위로 두는 기. '農者天下之大本(농자천하지대본)' 따위를 쓰고, 두렛일을 할 때 풍악을 울리며 이 기를 앞세우고 나옴.
농기[4](農器) 圀 =농구(農具)[1].
농기[5](農機) 圀 농사에 쓰이는 기계.
농-기계(農機械) [-게/-계] 圀 농사짓는 데 쓰는 기계. 경운기·탈곡기 따위.
농-기구(農器具) 圀 =농구(農具)[1].
농노(農奴) 圀[역] 유럽의 봉건 사회에서 영주에게 예속되어 자유를 제한당한 농민.

농!단(壟斷·隴斷) 명 [시장의 높은 곳에 올라가 사방을 둘러보고 자기 물건을 팔기에 적당한 곳으로 가서 시리(市利)를 독점한다는 뜻] 〔어떤 일이나 대상을〕 제 이익을 위해 간교한 수단으로 좌지우지하는 것. **농!단-하다** 통 타 여 ¶권력자의 친인척이 국정을 ~.

농!담¹ (弄談) 명 남을 웃기려고 우스갯소리를 하거나, 가볍게 놀리는 말을 하는 것. 또는, 그 말. 비농(弄). ¶~ 반 진담 반 / ~이 지나치다. ↔진담. **농!담-하다** 통 자 여

농담² (濃淡) 명 색채·명암 기타의 정도 등의 짙음과 엷음.

농!담-조 (弄談調) [-쪼] 명 가볍게 놀리거나 장난으로 하는 말투. ¶~로 말을 건네다.

농대 (農大) 명 '농과 대학'의 준말.

농도 (濃度) 명 1 [화] 혼합물, 특히 액체에 혼합되어 있는 구성 성분의 양의 비율. ¶알코올 ~ / ~가 짙다[옅다]. 2 색의 짙은 정도.

농땡이 명 〈속〉해야 할 일을 하지 않고 꾀를 피우며 놀거나 게으름을 피우는 것. ¶~를 피우다[부리다].

농락 (籠絡) 명 〔사람을〕 교묘한 꾀로 휘어잡아 제 마음대로 이용하거나 다루는 것. =뇌롱(牢籠). ¶사기꾼에게 ~ 당하다. **농락-하다** 통 타 여 ¶여자를 **농락한** 파렴치한. **농락-되다** 통 자

농량 (農糧) [-냥] 명 농사를 짓는 동안 먹을 양식.

농로¹ (農老) [-노] 명 농사에 경험이 많은 사람. ▷촌로(村老).

농로² (農路) [-노] 명 농사에 이용되는 길.

농림-부 (農林部) [-님-] 명 행정 각 부의 하나. 식량, 농촌 개발, 농산물 유통 및 축산 등에 관한 사무를 맡아봄.

농림-업 (農林業) [-님-] 명 농업과 임업을 아울러 이르는 말.

농림-지 (農林地) [-님-] 명 농업과 임업의 대상이 되는 땅.

농립-모 (農笠帽) [-님-] 명 여름에 농사일을 할 때 쓰는, 밀·보릿짚 따위로 만든 모자. 비맥고모자.

농막 (農幕) 명 농사에 편리하도록, 논밭 근처에 임시 거처로 간단히 지은 집. =밭집.

농목 (農牧) 명 1 농업과 목축업. ¶~민(民). 2 목축을 겸한 농업. ¶~장.

농무 (濃霧) 명 짙은 안개. ↔박무(薄霧).

농민 (農民) 명 농사를 짓고 사는 사람. 집합체를 가리키는 말이고, 특정 개인을 가리키기는 어려움. =농군·농인·전민(田民). 비농부.

농민^운!동 (農民運動) 명 사 농민이 그 생활 조건 또는 사회적 환경의 개선을 도모하는 운동.

농밀 (濃密) → **농밀-하다** 형 여 〔색깔·농도·안개·어둠 따위가〕 진하거나 같다. ¶**농밀한** 색채 / **농밀한** 안개가 시야를 가리다.

농번-기 (農繁期) 명 농사일이 바쁜 시기. ↔농한기.

농법 (農法) [-뻡] 명 농사를 짓는 법. ¶유기(有機) ~.

농본-주의 (農本主義) [-의/-이] 명 국가 산업의 기본을 농업에 두고 농민을 사회 조직의 기초로 하려는 주의·사상.

농부¹ (農夫) 명 농사를 짓는 사람. 비농민.

농부² (農婦) 명 농사일을 하는 여자. 또는, 농촌의 아낙네.

농부-가 (農夫歌) 명 농부들이 모를 심거나 김을 매거나 할 때 부르는 노래. 준농가.

농사 (農事) 명 1 논밭을 갈아 농작물을 심고 가꾸는 일. ¶~를 짓다. 2 자식을 기르는 일을 비유적으로 이르는 말. ¶자식 ~ / 자넨 아들 ~ 한번 잘 지었네. **농사-하다** 통 자 여

농사-꾼 (農事-) 명 '농부'를 농사짓는 일꾼이란 뜻으로 이르는 말.

농사-일 (農事-) 명 농사짓는 일. =가사(稼事)·농공(農功)·농무(農務). **농사일-하다** 통 자 여

농사-짓다 (農事-) [-짇따] 〈~지으니, ~지어〉 농사로 업을 삼아 일을 하다.

농사-철 (農事-) 명 농사짓는 시기. =농기(農期)·농시·농절. 준농철.

농산-물 (農産物) 명 농업에 의하여 생산된 물품. 준농산.

농삼-장 [-쌈-] 명 상자를 넣으려고 삼노를 엮어 만든 망태. 준삼장.

농색 (濃色) 명 짙은 빛깔. ↔담색(淡色).

농성 (籠城) 명 1 성문을 굳게 닫고 성을 지키는 것. 2 데모대들이 시위의 수단으로 한자리를 떠나지 않고 지키는 것을 비유하는 말. ¶집단 ~ / ~을 벌이다. **농성-하다** 통 자 여 ¶학생들이 강당에서 ~.

농수산-물 (農水産物) 명 농산물과 수산물.

농-수산업 (農水産業) 명 농업과 수산업을 아울러 이르는 말.

농심 (農心) 명 농부의 마음. ¶옛말에 ~은 천심이라 했고 농자는 천하지대본이라 했다.

농아 (聾啞) 명 귀로 듣지 못하고 입으로 말하지 못하는 것. 또는, 그러한 사람.

농아^학교 (聾啞學校) [-꾜] 명 [교] 수화법(手話法)·구화법(口話法)·보청기 등을 써서 농아에게 지식·기술 등을 가르치는 특수 교육 기관.

농악 (農樂) 명 [음] 농촌에서 집단 노동을 하거나 의식(儀式)을 가질 때, 농부들이 꽹과리·징·북·소고·태평소·나팔 등으로 연주하는 음악. 또는, 그 음악을 주축으로 한 민속 놀이. =풍물놀이. ×풍물.

농악-대 (農樂隊) [-때] 명 농악을 하는 사람들의 한 집단.

농악-무 (農樂舞) [-앙-] 명 농악에 맞추어 추는 춤.

농약 (農藥) 명 병충해를 예방하거나 없애기 위해 농작물에 뿌리는 약품. ¶~을 살포하다.

농양 (膿瘍) 명 [의] 신체 내부의 한정된 곳에 생기는 화농성 염증. 고름이 조직 안에 고임. ▷종양.

농어 (農-) 명 [동] 농엇과의 바닷물고기. 몸은 옆으로 납작하며 주둥이가 크고, 몸빛은 회색을 띤 청록색임. 횟감으로 널리 쓰임. 어린 것은 '껄떼기'라고 부름. =노어(鱸魚).

농-어민 (農漁民) 명 농민과 어민.

농-어촌 (農漁村) 명 농촌과 어촌.

농업 (農業) 명 농산물을 재배하거나 가축을 사육하여 인간에게 유용한 물질을 합리적·경제적으로 생산하는 산업.

농업^고등학교 (農業高等學校) [-꼬-꾜] 명 [교] 농업에 관한 지식과 기술을 교육하는 실업 고등학교.

농업-국 (農業國) [-꾹] 명 농업을 위주로 하는 나라. ▷공업국.

농업-용수 (農業用水) [-엄농-] 명 인공적으로 공급하는, 농작물의 생육에 필요한 물. 비관개용수.

농업^혁명(農業革命) [―어평―] 명 봉건적 농업 경영에서 근대적 농업 경영으로의 이행을 총체적으로 이르는 말. 18세기 후반에서 19세기에 걸쳐 유럽에서, 공업상의 혁명에 병행하여 토지 제도와 농업 기술에서도 현저한 변혁을 보였음.

농업^협동조합(農業協同組合) [―어펍똥―] 명 농업 생산력의 증진과 농민의 경제적·사회적 지위 향상을 위하여 설립된 조합. 신용·공동 판매·구매·공제(共濟) 등의 사업을 함. 준농협.

농염(濃艶) →농염―하다 형여 (주로, 여자의 모습이) 관능적으로 무르익어 요염하다. ¶농염한 여인의 자태.

농와지경(弄瓦之慶) 명 딸을 낳은 즐거움. ↔농장지경.

농요(農謠) 명 농부들이 농사일을 하며 부르는, 주로 농사에 관계된 내용의 속요.

농용(農用) 명 농사에 씀. ¶~ 기계.
농우(農牛) 명 농사일에 부리는 소.
농원(農園) 명 주로 원예 작물을 심어 가꾸는 농장.

농―익다(濃―) [―닉따] 동(자) (감·복숭아·자두 등의 과실이) 즙이 많고 살이 흐물흐물할 만큼 푹 익다. =농란하다. 비무르익다. ¶농익은 연시(자두).

농자[1](農資) 명 농사일에 드는 비용이나 자본. ¶~금 /~ 조달.

농자[2](聾者) 명 귀가 먹어 소리를 못 듣는 사람. 비귀머거리.

농작(農作) 명 농사를 짓는 것. **농작―하다** 동(타)여.

농작―물(農作物) [―장―] 명 논밭에 심어 가꾸는 곡식·채소류의 총칭. 준작물.

농장[1](農莊·農庄) 명 농장(農場)을 관리하거나 농사짓는 편리를 위하여, 농장 근처에 모든 설비를 갖추어 놓은 집.

농장[2](農場) 명 집·농기구·가축·노동력 등을 갖추고 농업을 경영하는 일정한 농지. ¶대(大)~ / 집단~.

농장[3](籠欌) 명 ―짱 명 자그마하게 만든, 옷 넣는 장. =농(籠).

농장지경(弄璋之慶) 명 아들을 낳은 즐거움. ↔농와지경.

농절(農節) 명 =농사철.
농정(農政) 명 농업에 관한 정책이나 행정.
농―조(弄調) [―쪼] 명 농담하는 투. ¶~로 말하다.

농주(農酒) 명 농가에서 빚은 술. ▷농탁.
농중―조(籠中鳥) 명 1 새장 속의 새. 2 속박을 당하여 자유가 없는 몸의 비유.
농즙(膿汁) 명 =고름[1].

농지(農地) 명 농사를 짓는 데 쓰이는 땅. 비농경지·농토. ¶~ 개량 / ~ 정리.

농지^개^혁(農地改革) 명 실제 경작자가 농지를 가질 수 있도록 농지 소유 제도를 고치는 일.

농―지거리(弄―) [―찌―] 명 농을 하는 짓을 얕잡아 이르는 말. ¶밀밀거리며 잡스러운 ―를 주고받다. ×기롱지거리. **농지거리―하다** 동(자)여.

농지―세(農地稅) [―쎄―] 명 [법] 농지를 대상으로 하여 매기는 지방세의 하나.
농―짝(籠―) 명 농의 한 짝.
농촌(農村) 명 주민의 대부분이 농업에 종사하는 지역이나 마을.

농촌^진^흥청(農村振興廳) 명 농림부 장관 소속하에 설치된 기관의 하나. 농촌 진흥에 관한 사무를 맡아봄.

농촌^활동(農村活動) [―똥] 명 =농활.

농축(濃縮) 명 (용액 등을) 졸이거나 기계적 처리를 하여 부피를 줄이고 농도를 높이는 것. ¶~ 과즙 / ~ 우라늄. **농축―하다** 동(타)여. ¶홍삼의 진액을 농축하여 만든 약제.

농축―되다(濃縮―) 동(자)여 1 부피가 줄고 농도가 높아지다. ¶농축된 주스. 2 어떤 성분이 사람이나 동물의 몸속에 쌓이다.

농―축산물(農畜産物) [―싼―] 명 농산물과 축산물을 아울러 이르는 말. ¶~ 직거래 장터.

농축―액(濃縮液) 명 어떤 물질의 부피를 줄이고 농도를 높인 액체. 비진액. ¶인삼~ / 사골~.

농축^우라늄(濃縮uranium) 명 [화] 핵연료가 되는 우라늄 235의 농도를, 천연 우라늄의 농도보다 높인 우라늄. ▷천연 우라늄.

농치다[1] 동(타) 상대를 언짢지 않게 하거나 상대의 언짢은 마음을 풀기 위해, 좋은 말이나 태도로 말하거나 행동하다. ¶갑진은 소침한 기운을 억지로 회복하여 농치는 웃음을 웃으며 숭을 정면으로 바라보았다.《이광수:흙》 본능치다.

농―치다[2](弄―) 동(자)타 '농하다'의 힘줌말.

농탁(農濁) 명 농가에서 빚은 막걸리. ▷농주.

농탕(弄蕩) 명 남녀가 음탕한 소리와 행동으로 난잡하게 놀아나는 짓.

농탕―치다(弄蕩―) 동(자) (남녀가, 또는 어떤 사람이 이성의 사람과) 음탕한 소리와 행동으로 난잡하게 놀아나다.

농토(農土) 명 농사짓는 땅. 비농지. ¶척박한 ~를 옥토로 일구다.

농―투성이(農―) 명 '농부'를 낮추어 이르는 말.

농―트다(弄―) 동(자) <~트니, ~터> 스스럼없는 사이가 되어 서로 농을 주고받게 되다. ¶그 사람하고는 나이도 비슷하고 해서, 서로 농트고 지내는 사이다.

농―판(弄―) 명 장난이나 농이 벌어진 자리.
농―하다[1](弄―) 동(자)(타)여 (쓸데없는 말이나 장난을) 일삼아 하다.
농―하다[2](濃―) 형여 '짙다'의 잘못.

농학(農學) 명 농업상의 생산 기술과 경제와의 원리 및 응용을 연구하는 학문.

농한―기(農閑期·農間期) 명 농사일이 그리 바쁘지 않아 쉴 틈이 있는 시기. ↔농번기.

농협(農協) 명 '농업 협동조합'의 준말.
농형(農形) 명 농사가 되어 가는 형편. 비농황.

농활(農活) 명 대학생들이 방학 기간에 농촌에서 일을 거들면서 노동의 의미와 농촌의 실정을 체험하는 봉사 활동. =농촌 활동.

농황(農況) 명 농작물이 되어 가는 상황. 비농형. ¶~이 기대에 못 미치다.

농후(濃厚) →농후―하다 형여 1 (맛·빛깔·성분 등이) 매우 진하거나 짙다. ¶단백질이 농후한 사료. 2 (어떤 경향이나 성질, 상태 등이) 강하거나 크다. ¶지방색이 ~ / 전쟁이 일어날 가능성이 ~. **농후―히** 부.

농후^사료(濃厚飼料) 명 단백질·지방·탄수화물이 많이 들어 있는, 콩깻묵·옥수수·쌀겨·보리 따위의 사료. ↔조사료(粗飼料).

높―낮이[놉―] 명 높음과 낮음. 또는, 그 정도. =고저(高低). ¶~가 고르지 않다.

높다[놉따] 형 1 (사물이) 아래 또는 바다에서 위까지의 길이가 기준 대상 또는 보통 정도보다 길다. ¶높은 하늘 / 백두산은 한라산보다 ~. 2 (온도·습도·압력 등이) 기준 대상 또는 보통 정도보다 위인 상태에 있다. ¶혈압이 ~. 3 (품질·품위·성적·능력 등이) 기준 대상 또는 보통 정도보다 좋거나 훌륭한 상태에 있다. ¶높은 점수를 받다 / 안목이 ~. 4 (지위·계급 등이) 기준 대상 또는 보통 정도보다 위인 상태에 있다. ¶대위는 중위보다 계급이 ~. 5 (값이나 비율 등이) 기준 대상 또는 보통 정도보다 많은 상태에 있다. ¶높은 합격률을 자랑하는 명문 학원. 6 (명성·이름 따위가) 널리 알려진 상태에 있다. ¶명성이 높은 학자 / 한석봉은 붓글씨로 이름이 높았다. 7 (기세 따위가) 힘차거나 대단한 상태에 있다. ¶높은 기상 / 군사들의 사기가 ~. 8 (소리가) 음계상의 (音階上) 위 단계에 있거나 진동수가 많은 상태에 있다. ¶음성이 높은 소프라노 가수. ↔낮다.

높-다랗다[놉따라타] 형ㅎ <~다라니, ~다라오, ~다래> 꽤 또는 퍽 높다. ¶높다란 첨탑.

높다래-지다[놉따래-] 통(자) 높다랗게 되다.

높-드리[놉뜨-] 명 1 골짜기의 높은 부분. 2 높고 메말라서 물기가 적은 곳에 있는 논밭.

높디-높다[놉띠놉따] 형 더할 수 없을 정도로 높다. ¶높디높은 산.

높-바람[놉빠-] 명 =된바람1.

높새[놉쌔] 명 =높새바람.

높새-바람[놉쌔-] 명 뱃사람이 '북동풍'을 이르는 말. =녹새풍·높새. ↔늦하늬바람.

높-쎈구름[놉-] 명 [기상] =고적운.

높으락-낮으락[-랑-] 뛰 높았다 낮았다 하여 높낮이가 고르지 않은 모양. **높으락낮으락-하다** 형여

높은-밥 명 '고봉밥'의 잘못.

높은음자리-표[-흡-票] [음] 5선의 제2선이 '사' 음이 됨을 나타내는 기호. '𝄞'로 표시함. =고음부 기호·사음자리표. ↔낮은음자리표.

높-이¹ 명 1 땅 위에 세워지거나 솟아 있거나, 또는 공중에 떠 있는 어떤 물체에 대해, 지면으로부터 그 물체의 맨 꼭대기나 어느 일정한 위치, 또는 그 물체가 있는 위치까지의 수직 거리. ¶산의 ~ / ~가 높다 [낮다]. 2 [수] 삼각형의 꼭짓점에서 밑변에 그은 수선의 길이.

높-이² 뛰 높게. ¶~ 솟다 / ~ 올라가다 / 그의 희생정신을 ~ 사다.

높이-높이 뛰 '높이²'의 힘줌말. ¶새가 ~ 날아 오르다 / 연을 ~ 올리다.

높-이다 통(타) 1 '높다'의 사동사. ¶목청을 ~ / 품질을 ~. 2 (말을) 윗사람에게 하는 말투로 하다. 곧, 합쇼체나 해요체 등으로 말하다. ¶말을 ~. 3 (어떤 사람을) 인격적으로 존중하거나 받드는 상태가 되다. ¶나를 낮추고 남을 ~. ↔낮추다.

높이-뛰기[-뜀] 체 일정한 거리를 달려와 한 발로 굴러서 공중에 가로로 걸쳐 있는 바 (bar)를 뛰어넘어 그 높이를 겨루는 육상 경기. =도움닫기 높이뛰기.

높임-말[-임] 언 남을 높이는 뜻을 나타내는 특수한 단어. '아버님', '선생님', '귀교 (貴校)'와 같은 직접 높임말, '진지', '댁', '따님'과 같은 간접 높임말, '드리다', '뵙다'와 같이 객체를 높이는 말 등으로 분류됨. =존댓말·존칭어. ↔낮춤말.

높지거니[놉찌-] 뛰 높직하게. ¶연을 띄우기 위해 ~ 자리를 잡다.

높지막-하다[놉찌마카-] 형여 '높직하다'를 좀 더 힘주어 이르는 말. **높지막-이** 뛰

높직-높직[놉찡놉찍] 뛰 여럿이 다 높직한 모양. **높직높직-하다** 형여 **높직높직-이** 뛰

높직-하다[놉찌카-] 형여 (높이가) 대체로 높다고 여겨지는 상태에 있다. **높직-이** 뛰 ¶~ 걸려 있는 액자.

높층-구름[-層-] [높-] 명 [기상] =고층운.

높-푸르다[놉-] 형러 <~푸르니, ~푸르러> (하늘이) 높고 푸르다. ¶높푸른 가을 하늘.

높하늬-바람[노파니-] 명 뱃사람이 '북서풍'을 이르는 말.

놓다[노타] 동 ①타 1 (손으로 들고 있거나 잡고 있던 물체를 어떤 장소에) 옮기어 있게 하다. ¶책상 위에 시계를 ~. 2 (손으로 잡고 있던 대상을) 손을 펴거나 손에 힘을 주지 않아 손 밖으로 벗어나게 하다. ¶이 줄을 놓으면 안 돼. 3 (어느 곳에 기계나 장치·구조물 등을) 설치하거나 만들거나 세우다. ¶강에 다리를 ~. 4 (물고기·새·짐승 등을 사로잡는 도구를 일정한 곳에) 잡을 목적으로 장치하다. ¶숲 속에 덫을 ~. 5 (무늬나 수 따위를) 꾸미어 만들다. ¶금실로 수를 ~. 6 (계속해 오던 일을) 하지 않는 상태가 되다. ¶일손을 ~. 7 (걱정이나 시름 따위를) 잊거나 없애는 상태가 되다. ¶한시름 ~ / 제 일은 제가 알아서 할 테니 염려 놓으십시오. 8 (정신이나 기운, 긴장을) 차리고 있지 않거나 풀다. ¶넋을 놓고 앉아 있다. 9 (가두거나 통제하고 있던 것을) 자유롭게 하거나 내버려 두다. ¶포로를 놓아 보내다. 10 (주되는 음식에 다른 곡식이나 과일을) 섞어 한 음식이 되게 하다. ¶밥에 콩을 ~. 11 (이불이나 옷 등에 솜이나 털을) 부속하는 물건으로 넣다. ¶목화솜을 놓아 이불을 만들다. 12 생산을 목적으로 심어 가꾸거나 기르다. ¶누에를 ~. 13 (불을) 붙여 일으키다. ¶모깃불을 ~. 14 (주사나 침 따위를) 병을 고칠 목적으로 몸의 일정한 곳에 들어가게 하다. ¶침을 ~ / 엉덩이에 주사를 ~. 15 (총이나 포를) 폭발의 힘으로 탄알이 나가게 하다. ¶총을 한 방 ~. 16 빠리 가도록 힘을 더하다. ¶줄달음을 ~. 17 (어떤 행동을 상대에게) 하거나 나타내다. ¶훼방을 ~ / 으름장을 ~. 18 (무엇의 내용을) 보내거나 알리거나 하다. ¶노문(路文)을 ~. 19 (사람을) 어떤 목적을 위해 보내다. ¶거간을 ~ / 매파를 놓아 혼사를 추진하다. 20 (길들인 매나 개를) 어떤 임무를 주어 보내다. ¶매를 사냥하기 위해 매를 ~. 21 (집·돈 등을) 세나 이자를 받기 위하여 빌려 주다. ¶집을 전세 ~. 22 (값을) 셈하여 매기다. ¶금을 ~. 23 (수판·산가지 따위를) 사용하여 셈을 하다. ¶수판을 ~. 24 (어떤 수를) 보태거나 더하다. ¶둘에 셋을 더 놓으면 다섯이 된다. 25 바둑·장기·고누 따위에서, (어떤 바둑알이나 말을) 밭에 두다. ¶백[흑] ~ / 석 점을 놓고 두어야 맞수가 된다. 26 노름이나 내기에서, (돈을) 태우거나 걸다. ¶돈 놓고 돈 먹기. 27 (말을) 존대하지 않고 낮추다. ¶말씀 놓으십시오. 28 ('놓고'의 꼴로 쓰여) (무엇을) 문제의 대상으로 삼다. ¶그 제안을 놓고 열띤 토론을 벌였다. ②보 1 (동사의 어미 '-아/어/여' 아래에 쓰여) 어떤 행동의 완료 후, 다른 작용

을 가하지 않은 채 그 상태를 지속함을 나타내는 말. ¶문을 열어 ~ / 빨래를 쌓아 ~. ▷두다. **2** (용언의 어미 '-아/어/여', '-라' 아래에 쓰여) 앞의 말이 뜻하는 동작이나 상태를 강조하는 말. ¶워낙 날이 더워 **놓아서** 음식이 하루를 못 간다.

> [어법] 세(貰)를 놈:놈(×)→놓음(○). ▶▶ 단, '놔·놔라·놨다' 는 '놓아·놓아라·놓았다' 가 준 말로 인정함(맞35).

놓아-기르다[노-] [동][타][르] <~기르니, ~길러> 일정한 곳에 가두거나 통제하지 않고 방임한 상태로 기르다. [비]놓아먹이다. ¶목장에서는 소를 **놓아기른다**.

놓아-두다[노-] [동][타] **1** (손에 들었던 것을) 내려서 어디에 두다. ¶짐은 어디에 **놓아둘까요**? **2** (짐이나 물건 따위를) 건드리지 않고 그 상태로 두다. ¶완전히 마르기 전에는 만지지 말고 그냥 **놓아두도록** 해라. **3** (사람이나 어떤 일에서 발견되는 잘못이나 문제를) 다스리지 않고 그냥 내버려 두다. ¶더 이상 그대로 **놓아두어선** 안 돼. [준]놔두다.

놓아-먹이다[노-] [동][타] (가축을) 우리에 가두지 않고 한데에 내놓아 먹이다. [비]놓아기르다. ¶소를 ~.

놓아-주다[노-] [동][타] (잡히거나 얽매이거나 또는 갇힌 것을) 풀어 주다. ¶잡았던 잠자리를 ~. [준]놔주다.

놓여-나다[노-] [동][자] 잡히거나 갇혔던 상태에서 벗어나다. ¶악마의 손아귀에서 ~.

놓-이다[노-] [동][자] '놓다' 의 피동사. ¶여기 **놓였던** 책 못 보았어? / 그가 어려운 지경에 **놓인** 것 같다. [준]놰다.

놓-치다[놀-] [동][타] **1** (손으로 잡고 있던 대상을) 잘못하여 손에서 벗어나게 하다. ¶그는 밧줄을 **놓치는** 바람에 벼랑 아래로 굴러 떨어졌다. **2** (잡거나 얻거나 가지고 있던 사물, 또는 잡거나 얻거나 가질 수 있었던 사물을) 세력 범위나 지배 영역 밖으로 벗어나게 하다. ¶범인을 ~ / 기회를 ~. **3** (상대의 말이나 글 등에서, 어떤 내용이나 부분을) 제대로 깨달아 알지 못하거나 흘려서 지나치다. ¶학생들은 선생님의 말씀을 한 마디도 **놓치지** 않으려고 귀를 기울였다.

놔¦ '놓아' 가 준 말. ¶이 손 ~!

놔¦-두다 [동][타] '놓아두다' 의 준말. ¶제발 날 좀 가만 **놔둬**.

놔¦-주다 [동][타] '놓아주다' 의 준말.

뇌(腦) [뇌/눼] [명][생] 동물의 머리 속에 들어 있는 기관으로, 온몸의 신경을 지배하는 중추적인 기관. 척추동물의 경우, 대뇌·간뇌·중뇌·소뇌·연수로 구분됨. =뇌수(腦髓)·머릿골·수뇌(髓腦). [비]두뇌.

뇌간(腦幹) [뇌-/눼-] [명][생] 대뇌 반구와 소뇌를 제외한, 뇌수의 근간을 이루는 부분.

뇌격(雷擊) [뇌-/눼-] [명][군] 어뢰로 적의 군함을 공격하는 것. **뇌격-하다** [동][타][여] **뇌격-되다** [동][자]

뇌-경색(腦梗塞) [뇌-/눼-] [명][의] 뇌의 혈관이 막혀 그 앞쪽의 뇌 조직이 괴사(壞死)하는 병. 뇌졸중 발작과 운동 마비·지각 마비·실어증 등이 일어남. =뇌연화증.

뇌고(雷鼓) [뇌-/눼-] [명][음] 국악기의 하나. 넷이나 여섯 개의 작은북을 한 묶음으로 해서 북틀에 수평으로 매단 것으로, 천제(天祭)를 지낼 때에 썼음.

뇌관(雷管) [뇌-/눼-] [명] 포탄·탄환 등 폭발물의 화약을 점화시키기 위하여 사용하는, 금속으로 만든 관.

뇌까리다[뇌-/눼-] [동][자][타] (어떤 말을) 혼잣말로 나직하게 말하다. 다소 속된 어감을 가진 말임. ¶"허 참, 되는 일이 없구먼." 그는 이마를 찌푸리며 그렇게 **뇌까렸다**.

뇌¦꼴-스럽다[뇌-따/눼-따] [형][ㅂ] <~스러우니, ~스러워> 보기에 아니꼽고 못마땅하다. ¶뻐기는 꼴이 ~. **뇌¦꼴스레** [부]

뇌¦다[1] (뇌¦고 / 뇌어) [뇌-/눼-] [동][타] (어떤 말을) 혼잣말로 반복하여 말하다. ¶나는 그녀의 이름을 가만히 **뇌어** 보았다.

뇌¦다[2] (뇌¦고 / 뇌어) [뇌-/눼-] [동][자] '놓이다' 의 준말.

뇌동(雷同) [뇌-/눼-] [명] =부화뇌동. **뇌동-하다** [동][자][여]

뇌동-부화(雷同附和) [뇌-/눼-] [명] =부화뇌동. **뇌동부화-하다** [동][자][여]

뇌락(磊落) [뇌-/눼-] ➔**뇌락-하다**[뇌라카-/눼라카-] [형][여] 마음이 활달하여 작은 일에 거리낌 없다.

뇌¦랗다[뇌라타/눼라타] [형][ㅎ] <뇌라니, 뇌라오, 뇌래> 생기가 없이 몹시 노랗다. ¶얼굴이 ~. [큰]뉘렇다.

뇌¦래-지다[뇌-/눼-] [동][자] 뇌랗게 되다. [큰]뉘레지다.

뇌리(腦裏) [뇌-/눼-] [명] 사람의 의식이나 기억, 사고(思考) 등이 작용하거나 이루어지는 영역. =뇌중(腦中). [비]머릿속. ¶~를 스치는 생각.

뇌막(腦膜) [뇌-/눼-] [명][생] 뇌를 싸고 있는 피막.

뇌막-염(腦膜炎) [뇌망념/눼망념] [명][의] =뇌척수막염.

뇌문(雷紋) [뇌-/눼-] [명] =번개무늬.

뇌물(賂物) [뇌-/눼-] [명] 일정한 직무를 맡고 있는 자의 직위를 사사로운 일에 이용하기 위하여 넌지시 주는 부정한 돈이나 물건. [비]회뢰(賄賂). ¶~ 수수죄 / ~을 바치다 / ~을 먹다.

뇌-병원(腦病院) [뇌-/눼-] [명][의] =정신병원.

뇌사(腦死) [뇌-/눼-] [명][의] 뇌의 모든 기능이 영구히 상실되어, 깊은 혼수상태 속에서 인공적으로 호흡과 심장 박동을 유지하고 있는 상태. 장기 이식과 관련하여 중요한 의미를 가짐. ¶~ 상태에 빠지다. ▷심장사·심폐사.

> [혼동어] **뇌사 / 식물인간 상태**
>
> 둘 다 뇌가 기능을 상실하여 혼수상태에 있는 것을 가리키나, **'뇌사'** 는 뇌의 모든 기능이 상실되어 심폐 소생술에 의지하지 않는 한 곧 죽음에 이르게 되는 상태를 뜻하는 데 반해, **'식물인간 상태'** 는 대뇌의 기능은 상실되었으나 뇌간의 기능은 유지되고 있어 인공 장치 없이도 자발적 호흡을 할 수 있는 상태를 뜻함.

뇌살 [명] '뇌쇄(惱殺)' 의 잘못.

뇌성(雷聲) [뇌-/눼-] [명] =천둥소리. ¶~이 울리다.

뇌성^마비(腦性痲痺) [뇌-/눼-] [명][의] 뇌가 손상되어 운동 기능이 마비된 상태. 태아기의 감염, 발육 장애, 출생 시의 뇌 손상, 신생아의 중증 황달, 수막염 따위가 원인임. =뇌성 소아마비.

뇌성-벽력(雷聲霹靂) [뇌-병녁/눼-병녁]

뇌쇄(惱殺)[뇌-/눼-] 명 (여자가 남자를) 성적인 매력으로 매혹하거나 호리는 것. ¶그는 그녀를 보는 순간 아름다움에 ~당하고 말았다. ×뇌살. **뇌쇄-하다** 동태여 ¶못 사내를 뇌쇄하는 고혹적인 눈빛. **뇌쇄-되다** 동자

뇌쇄-적(惱殺的)[뇌-/눼-] 관명 여자의 아름다움이나 성적 매력이 남자를 매혹하거나 호리는 데가 있는 (것). ¶~인 몸매 / ~ 관능미.

뇌수(腦髓)[뇌-/눼-] 명생 =뇌(腦).

뇌-신경(腦神經)[뇌-/눼-] 명생 척추동물의 뇌에서 나오는 12쌍의 말초 신경. 운동이나 감각을 맡고 있음. =골신경.

뇌실(腦室)[뇌-/눼-] 명 뇌의 내부에 있는 빈 곳. 수액(髓液)으로 채워져 있음.

뇌압(腦壓)[뇌-/눼-] 명 두개골 안의 압력. 보통, 수액(髓液)의 압력을 말함.

뇌염(腦炎)[뇌-/눼-] 명의 뇌의 염증이 생겨 발생하는 병의 총칭.

뇌염-모기(腦炎-)[뇌-/눼-] 명동 일본 뇌염을 매개하는 모깃과의 곤충. 집모기의 하나로 다리의 각 관절부와 주둥이에 흰색 띠가 있음. 한국·일본 등지에 분포함. 정식 이름은 작은빨간집모기.

뇌옥(牢獄)[뇌-/눼-] 명 죄인을 가두는 옥. 비감옥.

뇌우(雷雨)[뇌-/눼-] 명 적란운이나 적운(積雲)에 의하여 발생하는, 천둥·번개·돌풍 등을 동반한 강우(降雨).

뇌-일혈(腦溢血)[뇌-/눼-] 명의 =뇌출혈(腦出血).

뇌전-도(腦電圖)[뇌-/눼-] 명 뇌신경 세포의 전기 활동을 그래프로 기록한 도면.

뇌조(雷鳥)[뇌-/눼-] 명동 닭목 들꿩과에 속하는 새의 총칭. 날개 길이는 17~19cm이며 꽁지는 짧음. 몸빛은 여름에는 흑갈색 바탕에 황갈색의 반점이 산재하나, 겨울에는 흰색으로 바뀜.

뇌-졸중(腦卒中)[뇌-쫑/눼-쫑] 명의 뇌의 혈관 장애에 의하여 갑자기 의식을 잃고 쓰러져, 수족 등에 마비를 초래하는 질환. 뇌경색·뇌출혈·뇌전색 등에서 볼 수 있음. 한의학에서는 졸중풍.

뇌-종양(腦腫瘍)[뇌-/눼-] 명 뇌·뇌막·뇌혈관·뇌하수체·뇌신경 등에서 발생하는 종양의 총칭. 뇌압이 올라가고, 두통·구토 등의 증상이 나타남.

뇌-진탕(腦震蕩)[뇌-/눼-] 명의 머리에 강한 충격이 있은 후에 일시적으로 의식을 잃는 가벼운 뇌 장애.

뇌-척수(腦脊髓)[뇌-쑤/눼-쑤] 명생 중추 신경계를 구성하는 기관에서, 뇌와 척수의 총칭.

뇌척수막-염(腦脊髓膜炎)[뇌-쑤망념/눼-쑤망념] 명의 수막(髓膜)에 생기는 염증. 열이 나며, 심한 두통·구역질·목이 뻣뻣해지는 증상이 나타남. =뇌막염·수막염.

뇌천(腦天)[뇌-/눼-] 명 =정수리.

뇌-출혈(腦出血)[뇌-/눼-] 명의 고혈압·동맥 경화증 등으로 뇌의 혈관이 파괴되어 출혈한 상태. 반신 마비나 언어 장애 등을 일으킴. =뇌일혈.

뇌파(腦波)[뇌-/눼-] 명생 끊임없이 활동하는 뇌의 신경 세포에서 생성되는 전기적 파동. 또는, 그것을 전극으로 끌어 내어 측정·기록한 것. 알파파(a波:명상할 때 생기는 파), 베타파(β波:평상시의 파), 세타파(θ波:졸릴 때 생기는 파), 델타파(δ波:수면 시의 파) 등이 있음. 뇌질환 진단에 이용됨.

뇌-하수체(腦下垂體)[뇌-/눼-] 명생 간뇌 밑에 있는, 돌기 모양의 내분비선. 전엽·중엽·후엽의 세 부분으로 되어 있고, 생식과 발육에 밀접한 관계가 있음. =골밑샘.

뇌홍(雷汞)[뇌-/눼-] 명화 수은을 진한 질산에 녹이고 알코올을 작용시켜 얻은, 백색의 결정. 쉽게 폭발하므로 기폭제로 사용되어 왔지만, 현재는 거의 쓰이지 않음.

-뇨 어미 '이다' 또는 모음이나 'ㄹ' 받침으로 끝나는 형용사의 어간, 또는 어미 '-시-' 아래에 붙어, '해라' 할 상대에게 묻는 뜻을 나타내는 종결 어미. 어간 끝 음절의 'ㄹ' 받침은 탈락됨. '-냐'에 비해 예스러운 느낌을 주며 시와 같은 문학 작품에 주로 쓰임. ¶절세가인이 몇몇이~. / 어찌 꽃이 이다지 희~. ▷-으뇨·-느뇨.

누[1] 대(인칭) (주격 조사 '가' 앞에서만 쓰여) '누구'의 뜻을 나타내는 말. ¶밖에 ~가 왔소?

-누[2] 어미 용언의 어간이나 '-았/었-', '-겠-' 아래에 붙어, 자문하거나 '해' 할 상대에게 가볍게 묻는 뜻을 나타내는 종결 어미. ¶아이고 저걸 어쩌~. / 거기서 뭘 하~?

누[3](累) 명 남의 잘못으로 인하여 받는 정신적인 괴로움이나 물질적인 손해. ¶부모에게~가 미치다 / 남에게 ~를 끼치다 [입히다].

누[4](壘) 명체 야구에서, 내야의 네 귀퉁이가 되는 자리. 또는, 거기에 있는 방석 모양의 물건. =베이스(base).

누!가[1](累加) 명 1 거듭하여 보태는 것. 2 [수] 같은 수를 차례로 더하는 것. ↔누감(累減). **누!가-하다** 동태여 **누!가-되다** 동자 ¶세율이~.

누가(@nougat) 명 백색의 무른 캔디의 하나. 흔히 땅콩 등을 섞어 만듦.

누가-복음(←Luke福音) 명성 신약 성서 중의 한 권.

누각(樓閣) 명 궁궐·관아·성각·사찰·서원 등에 행사나 놀이를 위해 사방이 탁 트인 상태로 높다랗게 지은 집. 정자와 형태가 비슷하나 규모가 큼. =누(樓). 비다락집.

누!감(累減) 명 1 거듭하여 덜어 내는 것. 2 [수] 어떤 수에서 같은 수를 차례로 빼는 것. ↔누가(累加). **누!감-하다** 동태여 **누!감-되다** 동자

누!감-세(累減稅)[-쎄] 명법 =역진세.

누!-거만(累巨萬) 명 매우 많음을 나타내는 말. ¶~금(金) / ~년(年).

누!계(累計)[-계/-게] 명 소계(小計)를 계속하여 덧붙여 계산하는 것. 또는, 그 합계. =누산(累算)·적산(積算). ¶~를 내다. **누!계-하다** 동태여 **누!계-되다** 동자

누!관(淚管) 명생 =눈물길.

누구 대(인칭) (주격 조사 '가'와 결합할 때에는 '누'의 꼴로 바뀌어) 1 말하는 사람이 모르는 사람을 가리켜 그의 정체를 묻는 의문 대명사. ¶어디서 오신 ~십니까? 2 특정의 사람이 아닌 사람임을 가리켜 가리킬 때 쓰이는 부정칭 대명사. 비수하(誰何). ¶~를 막론하고 규칙을 어기면 처벌을 받는다. 3 가리키려고 하는 사람이 어떤 사람인지 잘 모르거나, 또는 알더라도 굳이 밝히지 않으려

할 때 쓰이는 부정칭 대명사. ¶밖에 누가 왔어요. / ~를 좀 만나느라고 늦었다.

누구 코에 바르겠는가 〖구〗 여러 사람에게 나누어 주어야 할 물건이 너무 적을 때 이르는 말.

누구-누구 (代)〖인칭〗 어떤 일을 하거나 어떤 상황에 있는 사람이 둘 이상일 때, 그들의 이름이나 정체를 묻거나, 또는 그들의 이름이나 정체를 밝히지 않고 가리킬 때 쓰는 말. ¶이번 여행은 ~ 가니?

누그러-들다 〖동〗〖자〗 〈~드니, ~드오〉 =누그러지다.

누그러-뜨리다/-트리다 〖동〗〖타〗 누그러지게 하다. ¶격했던 마음을 ~.

누그러-지다 〖동〗〖자〗 정도가 심하던 것이 부드러워지거나 또는 덜하여지다. =누그러들다. ¶병이 ~ / 화가 ~ / 추위가 많이 누그러졌다.

누글누글-하다 [-루-] 〖형〗〖여〗 **1** 좀 무르게 굿누굿하다. ¶엿이 녹아서 ~. **2** (마음이나 성질이) 퍽 유순하다. 〖작〗노글노글하다. **누글누글-히** 〖부〗

누굿누굿-하다 [-근-그다-] 〖형〗〖여〗 매우 굿누굿하다. 또는, 여럿이 다 누굿하다. 〖작〗노 긋노굿하다. **누굿누굿-이** 〖부〗

누굿-하다 [-그다-] 〖형〗〖여〗 **1** (물체가) 메마르지 않고 좀 눅눅하다. **2** (성질이) 늘어지고 유순하다. ¶그는 **누굿하게** 참고 기다렸다. 〖작〗노굿하다. **3** (추위가) 약간 풀리다. ¶날씨가 누굿해졌다. **누굿-이** 〖부〗

누:기 (漏氣)〖명〗 눅눅하고 축축한 기운. ¶장마철이라 방 안에 ~가 찬다.

누꿈-하다 〖형〗〖여〗 (전염병·해충 따위의 퍼지는 기세가) 매우 심하던 것이 조금 누그러지다. ¶온 마을을 휩쓸던 돌림병이 **누꿈해졌다**. **누꿈-히** 〖부〗

누:나 〖명〗 **1** 같은 부모한테서 태어난 사람 사이에서, 남자가 자기보다 나이가 위인 여자를 이르거나 부르는 말. ¶우리 ~는 마음씨가 곱다. **2** 남자가 일가친척 가운데 항렬이 같으면서 나이가 위인 여자를 이르거나 부르는 말. ¶사촌 ~. ↔동생. **3** 나이가 약간 차이 나는 남남끼리의 관계에서, 나이가 적은 남자가 나이가 위인 여자를 가리켜 정다움을 나타내어 이르거나 부르는 말. ¶아랫집 ~. 〖높〗누님. ↔오빠.

-누나² 〖어미〗 동사의 어간이나 어미 '-시-' 아래에 붙어, '-는구나'와 비슷한 의미로 쓰여, 감탄의 뜻을 나타내는 종결 어미. 주로, 시어(詩語)와 같은 문학어에 쓰임. ¶비가 온다 오 ~.《김소월:왕십리》

누:년 (累年·屢年) 〖명〗〖부〗 여러 해. 〖비〗누세(累歲).

누:누-이 (累累-·屢屢-) 〖부〗 어떤 말을 여러 번 반복하여 하는 상태를 이르는 말. ¶~ 타이르다.

누:님 '누나'를 높여 일컫는 말.

누다 〖동〗〖타〗 (똥·오줌을) 성기나 항문을 통해 몸 밖으로 내보내다. ¶오줌을 ~ / 똥을 ~.

누:대 (累代·屢代) 〖명〗 여러 대. 〖비〗누세(累世). ¶~에 걸쳐 전해 오는 보물.

누:대-봉사 (累代奉祀) 〖명〗 여러 대의 조상의 제사를 받드는 일. **누:대봉사-하다**

누더기 〖명〗 누덕누덕 기운 헌 옷. 〖비〗남루(襤褸). ¶~를 걸치다.

누덕-누덕 [-덩-] 〖부〗 해어지고 꿰진 곳을 여러 번 덧붙여 기운 모양. ¶~ 깁다. 〖작〗노닥노닥. **누덕누덕-하다** 〖형〗〖여〗

누:도 (淚道) 〖명〗〖생〗 =눈물길.
누:두 (漏斗) 〖명〗 깔때기.
누드 (nude) 〖명〗 회화·조각·사진·쇼 등에서, 사람의 벌거벗은 모습. ¶~ 사진 / ~모델.
누드-쇼 (nude show) 〖명〗 나체로 춤추는 모습 따위를 보여 주는 쇼. =나체쇼.
누드-촌 (nude村) 〖명〗 누디스트들이 무리를 지어 사는 곳.
누드-화 (nude畫) 〖명〗 사람의 벌거벗은 모습을 그린 그림.
누디스트 (nudist) 〖명〗 알몸으로 사는 것이 가장 자연스럽고 아름답다는 주의를 지니고 그것을 실천하는 사람. =나체주의자.
누:락 (漏落) 〖명〗 (마땅히 기입되어야 할 것을) 기록에서 빠뜨리는 것. =낙루(落漏). **누:락-하다** 〖동〗〖타〗〖여〗 **누:락-되다** 〖동〗〖자〗 ¶글자가 ~.
누:란 (累卵) 〖명〗 '쌓거나 포개 놓은 알'이라는 뜻〗 매우 위태로운 형편. ¶~의 위기.
누:란지세 (累卵之勢) 〖명〗 [알을 쌓아 놓은 형세라는 뜻] 몹시 위태로운 형세.
누:란지위 (累卵之危) 〖명〗 [알을 쌓아 놓은 듯이 위태롭다는 뜻] 몹시 아슬아슬한 위기.
누런-빛 [-빋] 〖명〗 누런 빛깔.
누렁 〖명〗 누런 빛깔. 또는, 그런 색을 내는 물감과 같은 물질. 〖작〗노랑.
누렁-개 〖명〗 =누렁이2.
누렁-누렁 〖부〗 누른빛이 조금씩 도는 모양. ¶벼가 ~ 익다. **누렁누렁-하다** 〖형〗〖여〗
누렁-물 〖명〗 **1** 빛깔이 누런 물. **2** 썩은 흙에서 나오거나 흙이 섞여서 누렇고 더러운 물.
누렁-이 〖명〗 **1** 누런 빛깔의 물건. **2** 털빛이 누런 개. =누렁개. **3** '황금(黃金)1'을 속되게 이르는 말.
누:렇다 [-러타] 〖형〗〖ㅎ〗〈누러니, 누러오, 누래〉 **1** (어떤 물체나 물질이) 황금과 익은 벼의 색깔을 가진 상태에 있다. ¶누렇게 익은 벼이삭. **2** (얼굴이나 피부가) 영양 부족이나 병 따위로 핏기가 없고 누르께한 상태에 있다. ¶황달에 걸려 얼굴이 **누렇게** 되었다. 〖작〗노랗다.
누렇게 뜨다 〖구〗 **1** 오래 앓거나 굶주려서, 안색이 누렇게 변하다. **2** 매우 난처한 일을 당해 어쩔 줄 몰라 안색이 누렇게 변하다.
누:레-지다 〖동〗〖자〗 누렇게 되다. ¶흰옷이 ~. 〖작〗노래지다.
누룩 〖명〗 주로 밀을 굵게 갈아 반죽하여 덩이를 지어 띄운, 술을 빚는 데 쓰는 발효제. =국얼·주매(酒媒).
누룩-곰팡이 [-꼼-] 〖명〗〖식〗 자낭균류 누룩곰팡잇과의 하나. 균사는 무색으로 솜처럼 퍼짐. 아밀라아제·말타아제 등의 효소를 갖고 있어 녹말을 포도당으로 변화시키기 때문에 누룩 제조에 사용됨. =곡균(麴菌).
누룩-밀 [-룽밀] 〖명〗 홍국(紅麴)을 만드는 재료. 찹쌀밥을 물에 버무려 독에 넣어 익힌 뒤에, 갈아서 풀같이 만든 것. =국모(麴母).
누룩-뱀 [-뺌] 〖명〗 뱀과 파충류 뱀목 뱀과의 한 종. 몸길이 90cm 정도. 등은 황갈색을 띤 감람색에 흑갈색의 가로무늬가 있고, 배의 각 비늘에는 검은 무늬가 있음. =먹구렁이·오사(烏蛇).
누룽지 〖명〗 **1** 솥 바닥에 눌어붙은 밥. **2** '눌은밥'의 잘못.
누르-기 〖명〗〖체〗 유도에서, 상대방의 상체 등이 자리에 닿도록 하여 제압하는 기술.

누르께-하다 [형여] 곱지도 짙지도 않게 누르다. =누리끼리하다. ¶책이 오래되어 ~. ㈜노르께하다.

누르다¹ [동]〈누르니, 눌러〉 ①[자] ('있다', '앉다'와 함께 쓰여) '계속 머무르다'의 뜻을 나타내는 말. ¶고향에 눌러 있기로 했다. ② [타] 1 물체의 면을 향하여 힘을 가하다. ¶비상 단추를 ~. 2 상대방의 자유스러운 행동을 제한하기 위하여 강제로 억압하다. ¶권력으로 사람을 ~. 3 기분 따위의 심리 작용이 일어나지 못하게 막다. ¶욕망을 ~. 4 (국수틀에 힘을 가하여) 국수를 뽑다. ¶잔치에 쓸 국수를 눌러 오다.

누르다² [형러]〈누르니, 누르러〉(물체가) 황금이나 놋쇠의 색깔을 가진 상태에 있다. 현대 국어에서는 쓰임이 많지 않음. ¶누른 잎. ㈜노르다.

누르뎅뎅-하다 [형여] 격에 어울리지 않게 누르스름하다.

누르디-누르다 [형러]〈~누르니, ~누르러〉 아주 누르다.

누르락-붉으락 [-붉-] [부] 몹시 화가 나서 얼굴빛이 누렇게 혹은 붉게 변하는 모양. **누르락붉으락-하다** [동(자여)] ¶화를 못 이겨 ~.

누르락-푸르락 [부] 몹시 화가 나서 얼굴빛이 누렇게 혹은 푸르게 변하는 모양. **누르락푸르락-하다** [동(자여)] ¶그만한 일로 누르락푸르락할 게 뭐요?

누르무레-하다 [형여] 탁하게 누르다. ㈜노르무레하다.

누르미 [명] '화양누르미'의 준말.

누르스레-하다 [형여] =누르스름하다.

누르스름-하다 [형여] (빛깔이) 다소 어둡고 충충하게 누른 데가 있다. ¶누르스레하다. ㈜노르스름하다. **누르스름-히** [부]

누르죽죽-하다 [-쭉카-] [형여] 칙칙하고 고르지 않게 누르스름하다. ¶누르죽죽하게 변색된 벽지.

누르퉁퉁-하다 [형여] 1 윤기가 없어 산뜻하지 않게 누르다. 2 부은 살이 핏기가 없이 누르다. ¶누르퉁퉁하게 부은 얼굴.

누른-빛 [-빋] [명] 누른 빛깔.

누름-단추 [명] 눌러서 신호·전령(電鈴) 등을 울리게 하는 여러 모양의 장치. ㈜버튼. ㈜단추.

누름-돌 [-똘] [명] 물건을 꾹 눌러 두는 데에 쓰는 돌. 김칫돌 따위.

누름-적 (-炙) [명] 고기와 채소를 꼬챙이에 꿰어 번철에 지진 음식. =황적(黃炙).

누릇-누릇 [-른-륻] [부] 군데군데 누르스름한 모양. ¶벼가 ~ 익어 가고 있다. ㈜노릇노릇. **누릇누릇-하다** [형여] **누릇누릇-이** [부]

누리¹ [명] '우박(雨雹)'의 순 우리말. 예스러운 말로 현재는 잘 쓰이지 않음. ¶황혼에 ~가 소란히 쌓이기도 하고….《정지용:구성동》

누리² [명] '세상(世上)'¹¹을 문어적으로 또는 예스럽게 이르는 말. ¶백설에 뒤덮여 온 ~가 새하얗다.

누리끼리-하다 [형여] =누르께하다. ㈜노리끼리하다.

누리다¹ [타] (복된 상태나 상황을 나타내는 일부 명사와 함께 쓰여) (그것을) 생활 속에서 흡족하게 맛보거나 즐기다. ¶천수를 ~ / 영화(榮華)를 ~.

누리다² [형] 1 짐승의 고기에서 나는 기름기 냄새나, 고기 또는 털 등의 단백질이 타는 것처럼 맛이 역겹다. ¶양고기 굽는 냄새가 ~. 2 고기에 기름기가 많아 맛이 메스껍고 비위에 거슬리는 상태에 있다. ㈜노리다.

누리척지근-하다 [-찌-] [형여] 누린 냄새가 조금 나는 듯하다. =누케하다. ㈜누리치근하다. ㈜노리척지근하다. **누리척지근-히** [부]

누린-내 [명] 동물의 고기나 털 같은 단백질이 타는 냄새. =조취. ¶양고기는 ~가 나지 않게 요리를 잘해야 한다. ㈜노린내.

누릿-하다 [-리타-] [형여] 냄새나 맛이 좀 누리다. ㈜노릿하다.

누-마루 (樓-) [명] [건] 상류층의 한옥에서, 사랑채의 가장자리에 누각처럼 만든 마루. =다락마루.

누-만 (累萬) [관] ['여러 만'이라는 뜻] 아주 많은 수를 나타내는 말.

누-만금 (累萬金) [명] 굉장히 많은 액수의 돈. ¶~을 준다 해도 싫다.

-누먼 [어미] 동사의 어간이나 어미 '-시-' 아래에 붙어, '-는구먼'의 의미로 쓰여, 감탄의 뜻을 나타내는 종결 어미. ¶밤이 깊어 가~.

누:명 (陋名) [명] 이름을 더럽힐 만한 억울한 평판. ¶억울하게 도둑이란 ~을 썼다.

누:범 (累犯) [명][법] 금고(禁錮) 이상의 형을 받아, 그 집행이 끝났거나 면제를 받은 후 3년 이내에 또다시 금고 이상에 해당하는 죄를 범하는 일.

누벨-바그 (프 nouvelle vague) [명][영] 1950년대 후반부터 프랑스 영화계의 젊은 영화인들을 중심으로 일어난 운동. 즉흥 연출, 장면의 비약적 전개, 영상의 감각적 표현 등 새로운 시도를 추구함.

누보^레알리슴 (프 nouveau realisme) [명][미] =신사실주의2.

누보-로망 (프 nouveau roman) [명][문] =앙티로망 (anti-roman).

누비 [명] 1 두 겹의 피륙 사이에 솜을 넣고 줄이 홑질하거나 박는 바느질. 2 누벼 만든 물건. ¶~옷 / ~이불.

누비다 [타] 1 (이불·옷 따위를) 두 겹의 천으로 겉감과 안감을 만들고 그 사이에 솜을 넣어 줄이 지게 호거나 박다. ¶이불을 ~. 2 (어느 곳을) 이리저리 거리낌 없이 다니다. ¶전국을 누비고 다니다. 3 (얼굴을) 찌푸리거나 찡그리다. 과장되게 비유할 말임. ¶얼굴을 잔뜩 누비고 있다.

누비-바지 [명] 누벼서 만든 바지.

누비-옷 [-옫] [명] 누벼서 지은 옷.

누비-이불 [명] 솜을 두고 누벼서 만든 이불.

누비-저고리 [명] 누벼서 만든 저고리.

누비-질 [명] 누비는 일. **누비질-하다** [동(자여)]

누:삭 (累朔·屢朔) [명] 여러 달. =누월(累月).

누:산 (累算) [명] =누계(累計).

누:산-기 (累算器) [명][컴] 컴퓨터에서, 연산(演算)이나 데이터 전송(傳送) 등을 쉽게 하기 위해 연산 결과를 일시적으로 기억해 두는 장치.

누상¹ (樓上) [명] 다락집의 위.

누상² (壘上) [명][체] 야구에서, 일루·이루·삼루 등의 누의 위. ¶~에 나가 있는 주자를 견제하다.

누:선 (淚腺) [명][생] =눈물샘. ¶~을 자극하는 멜로드라마.

누:설 (漏泄·漏洩) [명] (비밀을) 밖으로 새어 나가게 하는 것. **누:설-하다** [동(타여)] ¶기밀을 ~. **누:설-되다** [동(자)] ¶시험 문제가 ~.

누:세¹(累世) 명 여러 세대. 비누대(累代).
누:세²(累歲) 명 여러 해. 비누년(累年).
누:수(漏水) 명 1 물이 물체의 틈으로 새는 것. 또는, 그 물. 2 물시계에서 떨어지는 물.
누:습¹(陋習) 명 나쁜 관습. ¶구래(舊來)의 ~을 타파하다.
누:습²(漏濕) →누:습-하다[-스파-] 형여 습기가 스며들어 눅눅하다.
누:실(漏失) 명 빠뜨려 잃어버리는 것. 누:실-하다 동타여 누:실-되다 동자
누심(壘審) 명[체] 야구에서, 각 누의 옆에서 심판을 맡아보며, 구심(球審)을 보좌하는 사람. ▷구심.
누:액(淚液) 명 =눈물¹.
누에 명 누에나방의 애벌레. 몸은 원통형이고 몸빛은 젖빛을 띠며 검은 무늬가 있음. 뽕잎을 먹고 살며, 4회의 잠을 자는 동안 탈피를 하고, 다 자란 다음 고치를 지음. ¶~를 치다.
누에-고치 명 =고치¹.
누에-나방 명 나비목 누에나방과의 곤충. 날개 길이는 약 4cm이며 몸빛은 회백색임. 교미하여 알을 낳은 뒤에 죽음. 애벌레는 '누에'라고 하며 익충임. =잠아(蠶蛾).
누에^농사(-農事) 명 누에를 치는 일. =잠농(蠶農).
누에-똥 명 누에의 똥. 농작물의 거름으로 쓰거나 한방에서 잠사(蠶砂)라 하여 약재로 씀. =잠분.
누에-섶(-섭) 명 짚이나 잎나무 따위로 만든, 누에가 올라가 고치를 짓도록 마련한 물건. =섶·잠족.
누에^시렁 명 누에 채반을 얹는 시렁. =잠가(蠶架).
누에-씨 명 씨를 받으려는 누에의 알. =잠종(蠶種).
누에-알 명 누에의 알. =잠란(蠶卵).
누에-잠 명 누에가 다 자랄 때까지 자는 잠.
누에^채반(-盤) 명 누에를 치는 데 쓰는 채반. =잠박(蠶箔).
누:옥(陋屋) 명 1 누추한 집. 2 자기 집을 겸손하게 이르는 말. =모사.
누운-변(-邊) 명 다달이 갚지 않고 원금과 함께 한꺼번에 갚는 변리. =장변(長邊). ↔선변.
누운-잣나무[-잗-] 명[식] 소나뭇과의 상록 침엽 교목. 여름에 꽃이 피고, 이듬해 가을에 구과(毬果)가 녹색으로 익음. 관상용이며 땔감으로 쓰임. =만년송·왜송(倭松).
누:월(累月·屢月) 명 =누삭(累朔).
누이 명 1 같은 부모한테서 태어난 사람 사이에서, 남자가 자기보다 나이가 아래이거나 위인 여자를 이르는 말. 보통은 손아래 여자를 가리킴. ¶김 선생한테는 얼굴이 예쁜 ~가 하나 있다. 2 남자가 일가친척 가운데 항렬이 같으면서 나이가 아래이거나 위인 여자를 이르는 말. 보통은 손아래 여자를 가리킴. ¶사촌 ~. 준뉘.
[누이 좋고 매부 좋다] 서로에게 다 이롭고 좋다.
누이다¹ 동타 '눕다¹'의 사동사. =눕히다. ¶때려 ~ / 잠이 든 아기를 자리에 ~. 준뉘다.
누-이다²[-이-] 동타 '누다'의 사동사. ¶오줌을 ~. 준뉘다.
누이다³ ①자 (무명·모시·명주·삼 등이) 잿물에 삶기어 희고 부드럽게 되다. ②타 (무명·모시·명주·삼 등을) 잿물에 삶아 희고 부드럽게 하다. =눕다. 준뉘다.
누이다⁴ 동타 '눕다'의 사동사. 준뉘다.
누이-동생(-同生) 명 나이 어린 누이. =여제(女弟).
누:일(累日·屢日) 명 여러 날. 비연일(連日).
누:적(累積) 명 (어떤 일이나 상태를) 되풀이하거나 지속하여 더 많아지거나 심해지게 하는 것. 누:적-하다 동타여 누:적-되다 동자 ¶불만이 ~ / 피로가 ~ / 누적된 적자.
누:적²(漏籍) 명 호적·병적·학적 따위에서 빠뜨리는 것. ¶~자(者). 누:적-하다² 동타여 누:적-되다² 동자
누:전(漏電) 명 절연(絕緣)이 불완전하거나 시설이 손상되어 전기가 전깃줄 밖으로 새어 흐르는 것. 또는, 그 전류. ¶~으로 인한 화재. 누:전-하다 동자여 누:전-되다 동자
누:증(累增) 명 1 거듭하여 더하는 것. 2 차차 더하거나 더해지는 것. 누:증-하다 동자타여 누:증-되다 동자
누:지(陋地) 명 1 누추한 곳. 또는, 그런 땅. 2 자기가 사는 곳을 겸손히 이르는 말.
누지근-하다 형여 좀 누지다. 누지근-히 부
누:지다 형 눅눅한 기운이 스며들어 축축한 상태에 있다. ¶불을 때지 않아 방바닥이 ~.
누:진(累進) 명 1 (지위·등급 등이) 차차 올라가는 것. 2 가격이나 수량 따위가 더하여 감에 따라 그에 대한 비율이 점점 높아지는 것. 누:진-하다 동자여
누:진-세(累進稅)[-쎄] 명[법] 과세 물건의 수량 또는 금액이 커지는 데 따라 점점 높은 세율로 부과하는 조세. 소득세·상속세 따위. ↔역진세. ▷비례세.
누:진-율(累進率)[-뉼] 명 가격 또는 수량이 증가함에 따라 갈수록 점점 높아지는 비율.
누:차(累次·屢次) Ⅰ명 여러 차례. =누회(累回)·수차(數次).
Ⅱ부 여러 차례에 걸쳐. =누회·수차. ¶~ 타이르다 / ~ 독촉하다 / ~ 말하다.
누척지근-하다[-찌-] 형여 '누리척지근하다'의 준말. 작노착지근하다. 누척지근-히 부
누:천(累千) 명 여러 천.
누:천-년(累千年) 명 이어져 내려온 역사.
누:추(陋醜) →누:추-하다 형여 (춥고 추하다는 뜻) (살고 있는 집이나 방 따위가) 보잘것없이 초라하다. 보통, 자기 거처의 상태를 겸손하게 이를 때 쓰는 말임. ¶방이 누추하지만 좀 앉으시지요.
누:출(漏出) 명 1 (액체·기체 등을) 밖으로 새어 나오게 하는 것. 또는, 그렇게 되는 것. ¶가스 ~에 의한 사고. 2 (비밀·정보 등을) 밖으로 새어 나가게 하는 것. 또는, 그렇게 되는 것. ¶개인 정보의 ~. 누:출-하다 동타여 누:출-되다 동자 ¶배에서 기름이 누출되어 바다가 오염되다.
누치 명[동] 잉엇과의 민물고기. 몸길이 20~50cm. 입가에 한 쌍의 수염이 있으며, 등은 회색에 배는 은백색.
누:항(陋巷) 명 1 좁고 지저분하며 더러운 거리. 2 자기가 사는 곳을 겸손하게 이르는 말.
누:회(累回·屢回)[-외/-훼] 명부 =누차.
누:흔(淚痕) 명 눈물 자국.
눅눅-하다[눙누카-] 형여 1 물기나 기름기가 있어 딱딱하지 않고 물렁물렁하다. ¶과자가 ~. 작녹녹하다. 2 축축한 기운이 약간 있다. ¶눅눅한 바람 / 옷이 ~. 눅눅-히 부

눅다[-따] 형 1 (반죽 따위가) 물기가 많아 무르다. ¶반죽을 좀 눅게 하다. 2 (딱딱하거나 바삭바삭한 음식물이) 오랫동안 공기 중에 내놓아져서 습기를 받아 물렁하다. ¶튀김이 바삭바삭하지 않고 눅었다. 3 (성질이) 누긋하고 너그럽다. ¶성미가 ~. 4 (춥던 날씨가) 풀려서 푹하다. ¶추위가 한결 눅어서 낮 기온이 영상의 온도를 나타냈다. 5 (값이나 이자가) 헐하거나 싸다. ¶눅은 변.

눅신-눅신[-씬-씬] 부 여럿이 모두 눅신한 모양. 또는, 매우 눅신한 모양. 잘녹신녹신. **눅신눅신-하다** 형여

눅신-하다[-씬-] 형여 (질기거나 차진 성질의 것이) 무르고 부드럽다. ¶점토를 눅신하게 ~. 잘녹신하다. **눅신-히** 부

눅실-눅실[-씰룩씰] 부 '녹실녹실'의 큰말. **눅실눅실-하다** 형여

눅실-하다[-씰-] 형여 '녹실하다'의 큰말.

눅어-지다 재 조용한 음악을 들으니 흥분된 마음이 **눅어졌다**.

눅-이다 동(타) 1 (굳은 물건을) 부드럽게 하다. 2 (마음을) 풀리게 하다. ¶노여움을 ~. 3 목소리를 부드럽게 하다. ¶목소리를 ~.

눅지근-하다[-찌-] 형여 성격이 느긋하고 너그러운 듯하다.

눅-지다[-찌-] 동(자) 추운 날씨가 누그러지다.

눅진-눅진[-찐-찐] 부 매우 눅진한 모양. 잘녹진녹진. **눅진눅진-하다** 형여

눅진-하다[-찐-] 형여 (물체나 성질이) 누긋하고 끈끈하다. ¶성격이 ~. 잘녹진하다. **눅진-히** 부

눈¹ 명 1 사람이나 동물의 몸에서, 빛의 자극을 받아 물체를 볼 수 있는 기관. 일반적으로, 머리 부분에 2개가 있음. ¶수정처럼 맑은 ~/샛별처럼 빛나는 ~/~이 초롱초롱하다/~을 부라리다/~을 흘기다. 2 물체의 형상을 분간하는 눈의 능력. 비시력. ¶~이 나쁘다. 3 사물을 보고 판단하는 힘. ¶그가 사람을 보는 ~은 정확하다. 4 ('눈으로'의 꼴로만 쓰여') 무엇을 바라보면서 짓는 표정. ¶슬픈 ~으로 바라보다. 5 바라보는 눈길. 비시선(視線). ¶사람들의 ~이 무섭지도 않으냐?/다른 사람의 ~을 너무 의식하지 마라. 6 바둑판의 가로줄과 세로줄이 만나는 점. 곧, 바둑돌을 놓는 자리. 7 태풍의 중심을 이루는 부분. ¶태풍의 ~.

[눈 가리고 아웅] 얕은수로 남을 속이려 한다는 말. [눈 감으면 코 베어 먹을 세상] 세상인심이 몹시 험악하고 각박하다는 말. [눈 뜨고 도둑맞는다] 번연히 알면서도 손해를 본다. [눈 뜨고 코 베어 갈 세상] 빤히 알면서도 속고 손해를 입는 험악한 세상. [눈이 보배다] 눈썰미가 있어서 한 번 본 것은 잊지 않음을 이르는 말.

❋ **눈에는 눈, 이에는 이** [구약 성서에서] 해를 입은 만큼 앙갚음하는 것을 이르는 말.

눈(이) 가다 구 보는 눈이 향하여지다. ¶나도 모르게 그녀에게 **눈이 갔다**.

눈 깜짝할 사이 구 매우 짧은 순간을 이르는 말. ¶그 많은 걸 ~에 먹어 치웠구나.

눈(이) 꺼지다 구 눈이 우묵하게 들어가다.

눈(이) 높다 구 1 정도 이상의 좋은 것만 찾는 버릇이 있다. ¶**눈이 높아** 웬만한 남자는 거들떠보지도 않는다. 2 안목이 높다.

눈도 깜짝 안 하다 구 조금도 놀라지 않고 태연하다.

눈(을) 돌리다 구 어떤 대상에 관심을 돌리다. ¶공해 문제에 ~.

눈(이) 뒤집히다 구 충격적인 일을 당하거나 어떤 일에 집착하여 이성을 잃다. ¶돈에 ~.

눈 딱 감다 구 1 더 이상 다른 것을 생각하지 않다. ¶이번 기회에 **눈 딱 감고** 자동차를 한 대 샀다. 2 남의 허물 따위를 보고도 못 본 체하다.

눈 뜨고 볼 수 없다 구 눈앞의 광경이 참혹하거나 민망할 정도로 아니꼬워 차마 볼 수 없다. ¶**눈 뜨고 볼 수 없는** 광경[장면].

눈(에) 띄다 구 두드러지게 드러나다. ¶**눈에 띄게** 발전하다.

눈(이) 맞다 구 두 사람의 마음이나 눈치가 서로 통하다.

눈(을) 맞추다 구 서로 눈을 마주 보다.

눈 밖에 나다 구 신임을 잃고 미움을 받게 되다. ¶아버지의 명을 거역해 **눈 밖에 난** 자식.

눈(을) 붙이다 구 잠을 자다.

눈(이) 삐다 구 눈이 정상적으로 박히지 않다. 흔히, 상대가 눈으로 어떤 대상의 가치나 아름다움과 추함을 제대로 가리지 못하거나, 또는 한눈을 팔다가 못마땅한 일을 저지르거나 했을 때 핀잔조로 이르는 말임. ¶**눈이 삐었지.** 그 여자가 어디 예쁘다고 졸졸 따라다녀?

눈(을) 속이다 구 잠시 수단을 써서 보는 사람이 속아 넘어가게 하다. ¶남의 ~.

눈(에) 어리다 구 어떤 모습이 잊혀지지 않고 머릿속에 뚜렷하게 떠오르다. ¶어머니의 모습이 ~.

눈에 거슬리다 구 보기에 마땅하지 않아 불쾌한 느낌이 있다. ¶**눈에 거슬리는** 짓.

눈에 넣어도 아프지 않다 구 매우 귀여움을 나타내는 말. ¶늘그막에 얻은 아들이라 ~.

눈에 밟히다 구 잊혀지지 않고 자꾸 생각나다. ¶고향을 떠나올 때 눈물을 삼키며 손을 꼭 잡아 주시던 어머니의 모습이 **눈에 밟힌다**.

눈에 불을 켜다 구 1 탐을 내어 눈을 빛내다. ¶먹을 거라면 **눈에 불을 켜고** 덤벼든다. 2 화가 나서 눈을 부릅뜨다. ¶그는 **눈에 불을 켜고** 날 노려봤다.

눈에 불이 나다 구 뜻밖에 몹시 화가 나는 일을 당하여 감정이 격렬해지다. ¶그의 욕설을 듣는 순간 **눈에 불이 나는** 듯했다.

눈에서 번개가 번쩍 나다 구 뺨이나 머리 등을 강하게 맞았을 때, 눈앞이 갑자기 캄캄해지며 일순간 빛이 떠올랐다 사라지는 일을 일컬음. ¶뺨을 맞는 순간 **눈에서 번개가 번쩍 났다**.

눈에 선하다 구 지난 일이나 물건의 모양이 눈앞에 보이는 듯 기억에 생생하다. ¶돌아가신 어머님의 모습이 ~.

눈에 쌍심지를 켜다 구 몹시 화가 나서 눈을 부릅뜨다.

눈에 익다 구 자주 보아서 눈에 익숙하다. ¶**눈에 익은** 거리.

눈에 차다 구 흡족하게 마음에 들다. ¶**눈에** ~.

눈에 헛거미가 잡히다 구 1 굶어서 기운이 빠져 눈앞이 아물거리다. 2 욕심에 눈이 어두워 사물을 바로 보지 못하다.

눈에 흙이 들어가다 구 죽어 땅에 묻히다.

¶내 **눈에 흙이 들어가기** 전에는 너희 결혼을 허락할 수 없다.

눈이 등잔만 하다 [구] 놀라거나 두려워 눈이 휘둥그레지다.

눈이 빠지게〔빠지도록〕 기다리다 [구] 몹시 애타게 오래 기다리다. ¶집을 나간 아들로부터 소식이 오기를 ~.

눈(을) 주다 [구] 가만히 약속의 뜻을 보여 눈짓하다.

눈[2] [명][식] 식물의 가지나 줄기에 생겨 장차 잎이 되거나 꽃으로 필, 아직 덜 발달된 부분. ¶나뭇가지에 ~이 트다.

눈[3] [명] =눈금1. ¶저울의 ~을 속이다.

눈[4] [명] 그물 따위의 구멍.

눈ː[5] [명] 주로, 겨울에 대기 중의 수증기가 찬 기운을 만나 얼어서 하늘에서 땅 위로 지는 벚꽃의 꽃잎처럼 떨어지는 흰빛의 얼음의 결정. ¶첫~ / 함박~ / 싸라기~ / ~이 녹다 / ~이 펄펄〔펑펑〕 내리다 / ~이 소복소복 쌓이다.

눈이 오나 비가 오나 [구] =비가 오나 눈이 오나. ➜비[1].

눈-가[-까] [명] 눈의 가장자리. ¶~의 주름 / ~에 이슬이 맺히다.

눈-가늠[-까-] [명] 눈대중으로 가늠하는 일. ¶~이 잘못되다. **눈가늠-하다** [동][타][여]

눈ː-가루[-까-] [명] 눈송이의 부서진 가루.

눈-가리개 [명] 앞이 보이지 않도록 눈을 가리는 물건. ¶술래가 ~를 하다.

눈-가림 [명] 겉만 꾸며 남의 눈을 속이는 짓. ¶~으로 일을 한다. **눈가림-하다** [동][자][여]

눈-가죽[-까-] [명] 눈두덩의 가죽.

눈-감다[-따] [동] [1][자] 목숨이 끊어지다. [2][타] (남의 허물 등을) 알고도 모르는 체하다. ¶부정행위를 **눈감아** 주다.

눈-겨룸 [명] =눈싸움[1]. **눈겨룸-하다** [동][자][여]

눈결-에[-껼-] [부] 눈에 슬쩍 띄는 잠깐 동안에. ¶행인들 사이로 그의 모습이 ~ 언뜻 나타났다 사라졌다.

눈-곱[-꼽] [명] **1** 눈에서 나오는 진득진득한 즙액. 또는, 그것이 말라붙은 것. ¶~이 끼다 / ~을 떼다. **2** 아주 작은 것을 비유하여 이르는 말. ¶~만큼도 잘못이 없다. ×눈꼽.

눈곱만-하다[-꼼-] [형][여] 아주 보잘것없을 만큼 썩 적거나 작다. ¶마음씀이 ~.

눈ː-구덩이[-꾸-] [명] 사람이나 동물의 몸이 빠지거나 묻히는, 많이 쌓인 눈 속. =눈구멍. ¶~에 빠지다.

눈ː-구름 [명] **1** 눈과 구름. **2** 눈을 내리거나 머금은 구름.

눈-구멍[-꾸-] [명] **1** '눈[1]1'을 속되게 또는 낮추어 이르는 말. ¶~이 있으면 똑똑히 봐! **2** 눈알이 들어 있는 움푹한 공간. =안공(眼孔)·안과(眼窠)·안와(眼窩)·안확.

눈-구석[-꾸-] [명] 코 쪽으로 향한 눈의 안쪽 구석.

눈-금[-끔] [명] **1** 자·저울·온도계 따위에 표시한, 길이·무게·도수 따위를 나타내는 금. =눈. ¶저울 ~을 보다. **2** 눈으로 짐작하여 긋는 금.

눈금-자[-끔-] [명] 눈금을 매긴 자.

눈-길[1][-낄] [명] **1** 눈 가는 곳. 또는, 눈으로 보는 방향. [비]시선(視線). ¶~을 피하다 / ~이 쏠리다. **2** 주의나 관심을 비유하여 이르는 말. ¶~을 모으다 / ~을 끄는 용모.

눈ː-길[2][-낄] [명] 눈이 덮인 길.

눈-까풀 [명] =눈꺼풀.

눈-깔 [명] '눈[1]1'을 비속하게 이르는 말.

눈깔-사탕(-沙糖*) [명] 엿이나 설탕을 끓여 크고 둥글게 만든 사탕.

눈-깜짝이 [명] 눈을 자주 깜짝거리는 사람. [준]깜짝이. [큰]눈끔쩍이. [여]눈깜작이.

눈-꺼풀 [명] 눈을 감을 때 눈알을 덮는 얇은 살갗. =눈까풀.

눈-꼬리 [명] 눈에서, 귀 쪽으로 가늘게 좁혀진 부분. =눈초리. ¶~가 위로 올라가다 / ~가 길게 찢어지다.

눈-꼴 [명] 눈의 생김새나 움직이는 모양을 얕잡아 이르는 말. ¶~이 험하다.

눈꼴-사납다[-따] [형][ㅂ] 〈~사나우니, ~사나워〉 보기에 아니꼬워 비위에 거슬리게 밉다. ¶쥐뿔도 없는 주제에 있는 체하는 꼴이 정말 ~.

눈꼴-시다 [형] 하는 짓이 비위에 거슬려 보기에 아니꼽다. =눈꼴틀리다.

눈꼴-틀리다 [형] =눈꼴시다.

눈-꼽 [명] '눈곱'의 잘못.

눈ː-꽃[-꼳] [명] 나뭇가지 따위에 꽃처럼 얹힌 눈이나 서리. ¶겨울나무의 앙상한 가지에 ~이 탐스럽게 피었다.

눈-끔쩍이 [명] 눈을 자주 끔쩍거리는 사람. [작]눈깜짝이. [여]눈끔적이.

눈-높이 [명] 어떤 사람의, 사물을 이해하거나 파악하는 수준. ¶어린이의 ~를 맞춘 학습 교재.

눈눈-이 [부] 사람의 눈마다 다.

눈-대중[-때-] [명] 눈으로 보아 어림잡아 헤아리는 것. =눈어림·눈짐작·목측(目測). ¶~으로도 이게 가벼울 것 같다. **눈대중-하다** [동][타][여]

눈ː-덩이[-떵-] [명] 눈을 둥글게 뭉친 덩어리. ¶~를 던지며 눈싸움을 벌이다.

눈덩이처럼 불어나다〔커지다 / 늘어나다〕 [구] (빚·이자·적자 등이) 갈수록 더 많아지다. ¶카드 빚이 ~.

눈-도장(-圖章)[-또-] [명] 《주로, '눈도장을 찍다'(드물게 '눈도장을 받다')의 꼴로 쓰여》 모임이나 경조사 등이 있을 때 그 자리에 참석하여 인사를 건네거나 함으로써 그 일을 베풀거나 치르는 사람의 눈에 띄게 하는 일. 또는, 모임을 베풀거나 경조사를 치르는 사람이 그 자리에 참석한 사람과 인사를 나누거나 하면서 그에게 눈길을 주는 일. 상대의 눈 밖에 나지 않거나 상대에게 잘 보이기 위한 행동으로서의 어감을 가짐. ¶김 대리는 회식 자리에서 상관에게 ~만 찍고 슬그머니 자리를 떴다.

눈-독(-毒)[-똑] [명] 욕심을 내어 보는 눈길.

눈독(을) 들이다 [구] 욕심을 내어 눈여겨보다. ¶그는 그 여자의 재산에 **눈독 들이고** 있다.

눈-동자(-瞳子)[-똥-] [명] 눈알의 한가운데에 홍채로 둘러싸여 있는, 광선이 들어가는 작은 구멍. 빛의 양이나 초점 심도를 조절함. =동공(瞳孔)·동자(瞳子)·안정(眼睛). ¶까만 ~ / 빛나는 ~.

눈-두덩[-뚜-] [명] 눈언저리의 두두룩한 곳. ¶~이 퍼렇게 멍이 들다.

눈-딱부리[-뿌-] [명] 툭 불거진 큰 눈. 또는, 그런 눈을 가진 사람. [준]딱부리.

눈-뜨다 [동][자] 〈~뜨니, ~떠〉 **1** 잠을 깨다. ¶**눈뜨자마자** 먹을 것부터 찾는다. **2** (어떤 사실이나 현상에) 삶의 과정에서, 또는 성숙의 결과로 비로소 깨달음이나 앎을 얻게 되다.

¶현실에 ~ / 이성에 **눈뜨**는 사춘기.

눈뜬-장님 명 **1** 눈을 뜨고는 있으나 보지 못하는 사람. **2** 실물을 보고도 알아보지 못하는 사람. ◀보물을 눈앞에 두고도 모르는 ~. **3** 글을 모르는 사람. 비까막눈이·문맹자. ¶그 사람은 편지도 못 읽는 ~이다.

눈-망울 명 [생] 눈알의 앞쪽의 두두룩한 곳. 또는, 눈동자가 있는 곳. =안주(眼珠). ¶맑은 ~. 준망울.

눈-매 명 어떤 형태를 가진 눈의 생김새. 곧, 눈초리가 올라갔다든가, 눈이 찢어졌다든가, 눈이 가늘고 길다든가 하는 따위의 외형적 모양새. ¶~가 곱다 / ~가 매섭다.

눈-맵시[-씨] 명 눈의 모양새.

눈-멀다 동(자)〈~머니, ~머오〉**1** 시력을 잃다. **2** 어떤 일에 마음을 빼앗겨 이성을 잃다. ¶사랑에 ~ / 나는 향기로운 님의 말소리에 귀먹고 꽃다운 님의 얼굴에 **눈멀었습니다**. 〈한용운:님의 침묵〉

[**눈멀어 삼 년, 귀먹어 삼 년, 벙어리 삼 년**] 새색시가 곱게 시집살이를 하자면 온갖 어려운 과정을 겪어야 한다는 말.

눈먼 돈 丁 뜻하지 않게 생기는 돈.

눈-물¹ 명 사람이나 짐승의 눈을 맑은 상태로 젖어 있게 하거나, 사람이 슬픔이나 감격 등을 느끼거나 할 때 많아져 밖으로 흘러나오는 맑은 액체 상태의 물질. 눈물샘에서 늘 조금씩 나와 먼지나 이물질을 없애는 구실을 함. 세는 단위는 방울·줄기. =누수(淚水)·누액. ¶~을 흘리다 / ~을 닦다 / ~을 글썽이다 / ~을 거두다 / ~나는 이야기 / ~ 어린 눈.

눈물이 앞을 가리다 丁 슬픔이나 다른 감정으로 눈물이 자꾸 나와서 앞을 볼 수 없게 되다.

눈물(을) 짜다 丁 **1** 눈물을 질금질금 흘리며 울다. ¶왜 또 **눈물을 짜고** 있어? **2** 억지로 울다.

눈-물² 명 눈이 녹아서 된 물. 비설수(雪水).

눈물-겹다[-따] 톙〈~겨우니, ~겨워〉눈물이 날 만큼 슬프거나 가엾다. ¶기구한 생애를 보내 온 한 여인의 **눈물겨운** 이야기.

눈물^기관(-器官) 명[생] 눈물을 생산하고, 이것을 눈에서 콧속까지 운반하는 기관의 총칭. 눈물샘·눈물길·눈물주머니 따위.

눈물-길[-낄] 명[생] 눈물이 눈에서 코로 흐르는 길. =누관(淚管)·누도·누로.

눈물-바다 명[-빠-] 한자리에 있는 많은 사람이 한꺼번에 우는 일을 비유하여 이르는 말. ¶~를 이루다 / 추모사를 듣는 동안 장례식장은 ~가 되었다.

눈물-방울[-빵-] 명 방울방울 맺히는 눈물. ¶~이 뚝뚝 떨어지다.

눈물-샘[-쌤] 명[생] 눈물을 내보내는 선(腺). 눈알이 박혀 움쑥 들어간 곳의 바깥 위쪽 구석에 위아래로 둘이 있음. =누선(淚腺). ¶~을 자극하는 멜로드라마.

눈물-주머니[-쭈-] 명[생] 누소관(淚小管)에서 흘러온 눈물을 모으는 주머니. 콧날 위쪽 양편에 있음. =누낭(淚囊).

눈물-지다 동(자) 눈물이 흐르다. ¶떠나온 고향 생각에 ~.

눈물-짓다[-짇따] 동(자)〈~지으니, ~지어〉눈물을 흘리다. ¶어머니는 멀리 떠나보낸 자식 걱정에 어느 하루 **눈물짓지** 않는 날이 없었다.

눈:-바람 명 눈과 함께, 또는 눈 위로 불어오

는 찬 바람. 비설풍(雪風)·설한풍(雪寒風).

눈:-발[-빨] 명 눈이 내릴 때에 줄이 죽죽 서 보이는 상태. 또는, 그 눈. ¶~이 휘날리다 / ~이 굵어지다.

눈발(이) 서다 丁 눈이 곧 내릴 듯하다.

눈:-방울[-빵-] 명 정기가 있어 보이는 눈알. ¶~이 초롱초롱하다.

눈:-밭[-받] 명 **1** 온통 눈이 덮인 땅. ¶~에서 뒹굴다. **2**[지] 높은 산의 마루나 중턱에 눈이 녹지 않고 쌓여 있는 곳. ▷설원(雪原).

눈:-병(-病)[-뼝] 명 눈에 생긴 병. 비안질.

눈:-보라 명 바람에 불려 몰아쳐 휘날리는 눈. 비설풍(雪風). ¶~ 치는 겨울날 / ~가 몰아치는 들판.

눈:-부시다 톙 **1** 빛이 강하여 바로 보기 어렵다. ¶햇빛에 **눈부셔서** 앞을 볼 수가 없다. **2**(모습이) 강렬하거나 황홀하다. ¶웨딩드레스를 입은 신부가 **눈부시게** 아름답다. **3** 활약이 뛰어나 대채롭다. ¶**눈부신** 업적.

눈:-부처 명 눈동자에 비쳐 나타난 사람의 형상. =동자부처.

눈:-비 명 **1** 눈이나 비. 또는, 눈과 비. **2** '진눈깨비'의 잘못.

눈:-비음 명 남의 눈에 좋게 보이도록 겉으로만 꾸미는 일. **눈비음-하다** 동(자여)

눈:-빛¹[-삗] 명 **1** 눈에 나타나는 기색. ¶초조한 ~. **2** 눈에서 내쏘는 빛 또는 기운. 비안광(眼光). ¶호수처럼 맑은 ~.

눈:-빛²[-삗] 명 하늘에서 내려오는 눈의 빛깔. 또는 눈빛(雪光). 비설색(雪色). ¶~처럼 희디흰 피부.

눈:-사람[-싸-] 명 눈을 뭉쳐 사람 모양으로 만든 것.

눈:-사태(-沙汰) 명 산비탈에 쌓였던 눈이 갑자기 대량으로 무너지면서 미끄러져 내리는 일. ¶~가 나다.

눈:-살[-쌀] 명 **1** 두 눈썹 사이에 잡힌 주름. ¶~을 펴다. **2** =눈총. ×눈쌀.

눈살(을) 찌푸리다 丁 마음에 못마땅하여 양미간을 찡그리다. ¶**눈살을 찌푸리게** 하는 추태.

눈:-서리 명 눈과 서리.

눈:-석이 명 '눈석임'의 잘못.

눈:-석임 명 눈이 속으로 녹아 스러지는 것. ×눈석이. **눈:석임-하다** 동(자여)

눈:석임-물 명 쌓였던 눈이 녹아서 된 물.

눈:-세계(-世界)[-계/-게] 명 눈이 많이 와 산과 들이 온통 눈으로 덮인 광경.

눈-속임 명 눈을 속이는 짓. ¶마술이란 ~에 불과하다. **눈속임-하다** 동(자타여) ¶그 장사꾼은 저울을 **눈속임해서** 부당한 이익을 챙겼다.

눈:-송이[-쏭-] 명 하늘에서 땅으로 꽃송이처럼 떨어지는 낱낱의 눈. =설편(雪片)·설화(雪花). ¶하늘에서 탐스러운 ~가 날리기 시작했다.

눈:-시울[-씨-] 명 눈을 뜨거나 감을 때 벌어지거나 맞닿는 눈의 위아래 부분. 이곳에 속눈썹이 남. =목광(目眶). ¶~을 적시다 / ~이 뜨거워지다.

눈:-싸움¹ 명 마주 보며 오랫동안 눈을 깜작이지 않기를 겨루는 ~=눈겨룸. ¶~을 벌이다. 준눈쌈. **눈싸움-하다**¹

눈:-싸움² 명 눈을 뭉쳐 서로 상대방에게 던져 맞히는 장난. =설전(雪戰). 준눈쌈. **눈:싸움-하다**² 동(자여)

눈:-쌀 명 '눈살'의 잘못.

눈-쌈¹ 명 '눈싸움'의 준말. 눈쌈-하다¹ 통(자여)
눈:-쌈² 명 '눈싸움'의 준말. 눈:쌈-하다² 통(자여)
눈:-썰매 명 눈 위에서 타는 썰매. 특히, 눈썰매장에서 탈 수 있게 플라스틱으로 만든 물건.
눈:썰매-장(-場) 명 눈 위에서 썰매 타는 놀이를 즐길 수 있도록 산이나 언덕의 비탈에 시설을 조성해 놓은 곳.
눈-썰미 명 한 번 본 것이라도 곧 그대로 따라 할 수 있는 재주. =목교(目巧). ¶~가 있어 곧 익힐 것이다.
눈-썹 명 1 두 눈두덩 위에 가로로 난 짧은 털. =미모(眉毛). ㈀겉눈썹. ¶짙은 ~/반달 같은 ~. 2 (다소 제한된 문맥에 쓰여) '속눈썹'을 달리 이르는 말. ¶~이 길다/가짜 ~을 붙이다.
눈썹도 까딱하지 않다 관 놀라기는커녕 아주 태연하다. ¶그는 목에 칼을 들이대도 눈썹도 까딱하지 않을 사람이다.
눈썹 싸움(씨름)을 하다 관 졸음이 오는데 자지 않으려고 애쓰다.
눈썹-연필(-鉛筆)[-썸년-] 명 눈썹을 그리는, 연필 모양의 화장품.
눈썹-차양(-遮陽) 명 처마 끝에 다는 폭이 좁은 차양.
눈-씨 명 쏘아보는 시선에서 느껴지는 힘. ¶~가 맵다.
눈-알 명 사람이나 동물의 눈의 주요 부분을 이루는 공 모양의 기관. 다소 속된 어감을 가짐. ㈁안구(眼球). ¶~을 부라리다/~을 굴리다.
눈알(이) 나오다 관 놀라서 눈을 크게 뜨고 봄의 비유.
눈-앞[-압] 명 1 눈에 보이는 앞. 또는, 눈으로 볼 수 있는 앞. =안전(眼前)·현전(現前). ¶~에 펼쳐진 광활한 대지/~에 두고도 못 찾다. 2 가까이 닥쳐 있는 장래. ¶~에 다가온 대학 입시. 3 자기 앞에 주어진 당장의 것. ㈁목전. ¶~의 이익에 급급하다.
눈앞이 캄캄하다 관 (몹시 어렵거나 뜻밖의 경우를 당하여) 어찌할 바를 모르다. ¶아버지가 쓰러지셨다는 소식에 눈앞이 캄캄해졌다.
눈-약(-藥)[-냑] 명[약] =안약(眼藥).
눈-어림 명 =눈대중. ¶~으로 헤아려도 만 명은 넘을 듯하다. 눈어림-하다 통(타여) ¶어느 물건이 좋은가 눈어림해 보다.
눈-언저리 명 눈의 가장자리. ㈁눈가.
눈엣-가시[-에까-/-엣까-] 명 몹시 미워 항상 눈에 거슬리는 사람.
눈여겨-보다[-녀-] 통(타) 잘 주의하여 보다. ㈁여겨보다. ¶동작 하나하나를 ~.
눈-요구 명 〈방〉눈요기(경남).
눈-요기(-療飢)[-뇨-] 명 어떤 대상을 먹거나 만지거나 가지거나 하지 못하고 눈으로 보기만 하면서 즐기는 일을 비겨 이르는 말. ¶잔칫상을 앞에 두고도 나가 아파 ~하다 말았다. 눈요기-하다 통(타여)
눈요깃-감(-療飢-)[-뇨긷깜/-뇨긷깜] 명 눈으로 보기만 하면서 즐기는 대상. ¶해변에서 반라의 여체를 ~으로 삼다.
눈-웃음 명 소리 없이 눈으로만 살짝 웃는 웃음. ¶그는 인사 대신 ~을 짓고 그냥 지나쳤다.
눈웃음-치다 통(자) 소리 없이 눈을 가늘게 뜨고 교태가 느껴지게, 또는 매혹하는 데가 있게 웃음을 짓다. ¶그 여자는 나를 볼 때마다 눈웃음친다.
눈-인사(-人事) 명 허리를 굽히거나 하지 않고 말없이 눈길을 마주치면서 눈짓으로 가볍게 하는 인사. ㈁목례(目禮). ¶~를 나누다[보내다] / 우리는 서로 바빠서 ~만 하고 지나갔다. 눈인사-하다 통(자여)
눈-자위[-짜-] 명 눈알의 언저리.
눈자위(가) 꺼지다 관 (사람이) 죽다.
눈-접(-椄) 명[농] 접목법의 하나. 나뭇가지의 중앙부에 있는 눈을 도려내어, 접본의 절개한 곳에 끼우고 묶는 일. =아접. 눈접-하다 통(타여)
눈-정기(-精氣)[-쩡-] 명 눈의 광채.
눈-정신(-精神)[-쩡-] 명 1 눈에 재주가 드러나 보이는 기운. 2 =눈총기.
눈-조리개 명[생] =홍채(虹彩).
눈-주름[-쭈-] 명 눈가에 잡힌 주름. ¶웃을 때마다 ~이 잡히다.
눈-진물이 '눈짓물이'의 잘못.
눈-짐작(-斟酌)[-쩜-] 명 =눈대중. ¶그 사람은 ~에 마른 살름 되어 보인다. 눈짐작-하다 통(타여)
눈-짓[-찓] 명 눈을 움직여 어떤 뜻을 나타내는 것. ¶서로 의미 있는 ~을 주고받다. 눈짓-하다 통(자여) ¶어서 먹으라고 ~.
눈-짓물이[-진-] 명 눈이 짓무른 사람을 홀하게 이르는 말. ×눈진물이.
눈짓-콧짓[-찓코찓/-찓콛찓] 명 온갖 눈짓을 강조하여 이르는 말.
눈-초리 명 1 어떤 대상을 바라볼 때 눈에 나타나는 표정. ㈁목자(目眥)·시선(視線). ¶사나운 ~ / 날카로운 ~ / 경멸에 찬 ~ / 매서운 ~로 쏘아보다. 2 =눈꼬리. ¶소곳한 얼굴, 금시 감으려는 듯한 갸름한 눈과 살폿 아래로 처진 ~, …〈채만식·병조와 영복이〉
눈-총 명 눈에 독기를 올려 쏘아보는 기운. =눈살. ¶따가운 ~을 받다 / 짓궂게 굴기에 ~을 주었더니 슬며시 나가 버리더군.
눈총(을) 맞다 관 남의 미움을 받다. ¶눈총 맞을 짓을 했구먼.
눈-총기(-聰氣) 명 본 것을 잊지 않고 잘 기억하는 능력. =눈정신. ¶~가 좋다.
눈-치 명 1 남의 마음이나 뜻을 그때그때의 상황으로 미루어 얼른 알아차리는 힘. ¶~가 빠르다 / ~가 없다 / 그자들이 우리 계획을 ~ 챈 것 같다. 2 미루어 짐작할 만하게 사람의 행동에 은근히 드러나는 어떤 태도나 뜻. ¶그 사람이 널 은근히 좋아하는 ~더라. 눈치-하다 통(여) 사람을 귀찮게 여겨 싫어하다.
[눈치가 빠르면 절에 가도 젓갈을 얻어먹는다] 눈치가 빠르면 어디를 가도 큰 어려움 없이 지낼 수 있다.
눈치(를) 보다 관 남의 마음과 태도를 살피다. ¶눈치 보지 말고 당당히 얘기해라.
눈치(가) 보이다 관 주위 시선이나 분위기 때문에 눈치를 보게 되다. ¶친구네 집에서 며칠 밥숟이나 얻어먹자니 눈치가 보여서 할 수 없다.
눈치-껏[-껀] 閉 남의 눈치를 적당히 살펴서. ¶귀찮은 모임은 ~ 둘러대고 빠져나왔다.
눈치-꾸러기 명 남의 눈치를 지나치게 잘 살피는 사람.

눈-치레 [명] 실속은 없고 겉만 번지르르한 치레. [비]겉치레. ¶~로만 꾸미다. **눈치레-하다** [동][자][여]

눈치-작전(-作戰) [-쩐] [명] 미리 낌새를 보아 자기에게 유리하도록 여러 가지 조치를 취하는 것. ¶이번 입시에서 수험생들은 치열한 ~을 벌였다.

눈치-코치 [명] '눈치'를 강조하여 다소 속되게 이르는, 구어체의 말. ¶형이 데이트하러 가는데 동생이 ~도 없이 따라나선다.

눈치코치도 모르다 [구] 남이 어떻게 하는지 도무지 짐작도 못 하다. ¶나라고 **눈치코치도 모를까**.

눈칫-밥 [-치빱/-칟빱] [명] 눈치를 보아 가면서 얻어먹는 밥. ¶계모 밑에서 ~을 먹고 자라다.

눈-코 [명] 눈과 코.

눈코 뜰 사이 없다 [구] 정신 못 차리게 바쁘다. ¶어찌나 일이 많은지 ~.

눈-퉁이 [명] '눈두덩'을 속되게 이르는 말. ¶~가 퉁퉁 붓도록 울다.

눈-트다 [동][자] 〈~트니, ~터〉 초목의 새싹이 나오다.

눈-표[1](-標) [명] 눈에 얼른 띄도록 한 표.

눈¦-표[2](-標) [명] =별표[1]2.

눈-허리 [명] '코허리'의 잘못.

눋¦-내 [눈-] [명] 밥 따위가 눌어서 나는 냄새. ▷단내.

눋¦다 [-따] (눋¦고/눌어) [동][자][ㄷ] 〈눌으니, 눌어〉 누른빛이 나도록 조금 타다. ¶밥이 ~.

눌 '누구를'이 준 말. ¶~ 탓하고 ~ 원망하랴.

눌눌-하다 [-룰-] [형][여] (털·풀 따위가) 누르스름하다. [작]놀놀하다. **눌눌-히** [부]

눌¦러-듣다 [-따] [동][타][ㄷ] 〈~들으니, ~들어〉 **1** 탓하지 않고 너그럽게 듣다. **2** 그대로 계속해서 듣다.

눌¦러-보다 [동][타] **1** 탓하지 않고 너그럽게 보다. **2** 그대로 계속해서 보다.

눌¦러-쓰다 [동][타] 〈~쓰니, ~써〉 (모자 따위를) 깊숙이 내려 쓰다.

눌¦러-앉다 [-안따] [동][자] **1** 일어날 생각을 하지 않고 앉았던 자리에 오래도록 계속 앉다. ¶그 사람은 우리 집에 오기만 하면 몇 시간이고 **눌러앉아** 있다. **2** (어느 곳에) 머무르고자 했다가 아예 자리 잡아 살다. ¶그는 여기저기 떠돌아다니다가 우연한 계기로 어느 마을에 **눌러앉게** 되었다. **3** (어느 직장이나 직책에) 떠나거나 그만두지 않고 그대로 계속 있게 되다. ¶딴 데 갈 생각 말고 그 직장에 그냥 **눌러앉아** 있어라.

눌¦러앉-히다 [-안치-] [동][타] '눌러앉다'의 사동사. ¶가겠다는 사람을 억지로 ~.

눌¦리다[1] [동][자] '누르다'[1]'의 피동사. ¶형에게 **눌려** 기를 펴지 못하다.

눌리다[2] [동][타] '눋다'의 사동사. ¶밥을 ~.

눌면-하다 [형][여] 보기 좋을 만큼 약간 누르다. [작]놀면하다. **눌면-히** [부]

눌변(訥辯) [명] 더듬거리는 말솜씨. ↔능변.

눌삽(訥澁) ➔**눌삽-하다** [-사파-] [형][여] 말을 더듬어 듣기에 힘들고 답답하다.

눌어-붙다 [-붇따] [동][자] **1** 뜨거운 바닥에 조금 타서 붙다. ¶누룽지가 솥 바닥에 ~. **2** 한 곳에 오래 있으면서 떠나지 않다. ¶내처 거기 **눌어붙어** 있을 작정인가?

눌은-밥 [명] 솥 바닥에 눌어붙은 밥에 물을 부어 불려서 긁은 밥. ¶구수한 ~. ×강밥·누룽지.

눌-하다(訥-) [형][여] (말이) 분명하지 못하고 더듬는 상태에 있다. ¶말이 **눌한** 데다가 동작까지 굼뜨다.

눕¦다[1] [-따] (눕¦고/누워) [동][자][ㅂ] 〈누우니, 누워〉 **1** (사람이나 짐승이) 등과 엉덩이를 바닥에 대어 몸이 수평 상태가 되게 하다. 또는, 몸통과 엉덩이와 한쪽 다리의 옆면을 바닥에 대어 몸이 수평 상태가 되게 하다. ¶똑바로 ~/옆으로 ~/풀밭에 **누워** 하늘을 바라본다. **2** (사람이) 병이 들어 거의 기동하지 못하고 병석에 있는 상태가 되다. ¶자리에 ~.

[**누울 자리 봐 가며 발을 뻗어라**] 상황과 여건을 잘 살펴서 그에 맞게 행동하라는 말. [**누워서 떡 먹기**] 매우 간단하고 쉬운 일이라는 말. [**누워서 침 뱉기**] 남을 해하려고 한 짓이 오히려 자기에게 미침을 이르는 말.

눕¦다[2] [-따] (눕¦고/누워) [동][자][ㅂ] 〈누우니, 누워〉 이자는 치르고 원금은 그대로 빚으로 두다.

눕¦다[3] [-따] (눕¦고/누워) [동][타][ㅂ] 〈누우니, 누워〉 =누이다[3]2.

눕-히다 [누피-] [동][타] '눕다[1]1'의 사동사. =누이다. ¶때려~/아이를 침대에 ~.

눙치다 [동][타] **1** 상대의 언짢은 마음이나 무거운 분위기 등을 반죽 좋은 말로 풀어서 누그러지게 하다. ¶웃는 낯으로 농담을 해 가며 상대방을 ~. [작]농치다. **2** 어떤 행동이나 말을 문제 삼지 않고 넘기다. ¶막봉이가 잠깐 동안 뿌루퉁하다가 곧 다시 **눙치어서** 싱글싱글 웃으면서….《홍명희:임꺽정》

뉘[1] [명] 쓿은 쌀에 섞인 벼 알갱이. ¶쌀에서 ~와 돌을 골라내다.

뉘[2] [명] 자손에게 받는 덕.

뉘(를) 보다 [구] 자손의 덕을 보다. ¶**뉘를 보려고** 자식 기르는 사람은 없을 것이다.

뉘[3] **1** '누구이('누구'+서술격 조사의 어간 '이')'가 준 말. ¶당신은 ~시오? **2** '누구의('누구'+관형격 조사 '의')'가 준 말. ¶~댁 자제인고?

[**뉘 집 개가 짖어 대는 소리냐**] 자기와는 전혀 관계없는 일이니, 멋대로 지껄이라는 말. [**뉘 집에 죽이 끓는지 밥이 끓는지 아나**] 여러 사람의 사정을 다 살피기는 어렵다는 말.

뉘¦다[1] (뉘¦고/뉘어) [동][타] '누이다[1]'의 준말. ¶어린애를 자리에 ~.

뉘¦다[2] (뉘¦고/뉘어) [동][타] '누이다[2]'의 준말. ¶오줌을 ~.

뉘¦다[3] (뉘¦고/뉘어) [동][자][타] '누이다[3]'의 준말.

뉘¦다[4] (뉘¦고/뉘어) [동][타] '누이다[4]'의 준말.

뉘¦렇다 [-러타] [형][ㅎ] 〈뉘러니, 뉘러오, 뉘레〉 생기가 없이 누렇다. ¶먹지 못해서 얼굴이 **뉘렇게** 떴다. [작]뇌랗다.

뉘¦레-지다 [동][자] 뉘렇게 되다. [작]뇌래지다.

뉘르끄레-하다 [형][여] 생기가 없이 누르스름하다. [작]뇌르끄레하다.

뉘앙스([프]nuance) [명] 어떤 말의 표면적 의미 이외에 느껴지는 미묘한 의미. ¶말의 ~를 잘 살린 표현.

뉘연-히 [부] '버젓이'의 잘못.

뉘엿-거리다/-대다 [-엳꺼(때)-] [동][자] **1** (해가 산이나 지평선 너머로) 차츰차츰 넘어가다. ¶해가 서산마루에 ~. **2** (속이) 메스꺼워 자꾸 게울 듯한 상태가 되다. ¶차멀미가 나 속이 ~.
뉘엿-뉘엿[-연-옏] 男 뉘엿거리는 모양. ¶그곳에 닿았을 때는 해가 ~ 지고 있었다. 뉘엿뉘엿이 男
뉘우치다 동(타) 바르지 못한 행동을 한 것에 대하여 스스로 잘못을 깨닫고 다시는 그러지 말아야지 하고 느끼다. 비회개하다·후회하다·반성하다. ¶잘못을 ~ / 정호는 선생님한테 꾸중을 듣고도 제 행동을 **뉘우치는** 기색이 없다. 준뉘욷다.

> **유의어 뉘우치다 / 후회하다**
>
> 둘 다 자신의 행동에 잘못이 있었음을 느끼는 것을 가리키나, '**뉘우치다**'가 그 잘못이 주로 도덕적·윤리적인 것에 한정되는 데 반해, '**후회하다**'는 도덕적·윤리적인 것에만 한정되지 않음. 또한, '**뉘우치다**'가 다시는 그러지 말아야겠다는 도덕적 결심에 강조점이 있는 데 반해, '**후회하다**'는 그때 그러지 말았어야 했다는 과거의 반성에 강조점이 있음. ¶그는 그동안 부모님에게 저지른 불효를 뼈저리게 **뉘우쳤다.** / 버스 떠난 뒤에 **후회해** 보아야 아무 소용 없다.

뉘우침 몜 뉘우치는 일. 또는, 그 마음. ¶~이 크다.
뉘척지근-하다[-찌-] 형여 누린내나 누린 맛이 나다. 뉘척지근-히 男
뉴딜^정책(New Deal政策) 명[정] 1933년 미국의 루스벨트 대통령이 실시한 대공황(大恐慌) 극복 정책.
뉴!똥 명 명주실로 짠 옷감의 하나. 빛깔이 곱고 보드라우며 잘 구겨지지 않음.
뉴런(neuron) 명[생] 신경계를 구성하는 구조적 및 기능적 단위. 신경 세포와 거기에서 나온 돌기를 합친 것으로, 자극을 수용하고 전달하는 기능을 함. =신경 단위·신경원.
뉴^모드(†new mode) 명 =뉴 패션.
뉴^미디어(new media) 명 신문·라디오·텔레비전 등의 기존의 미디어에 대해 전자 공학 기술이나 통신 기술이 발달하면서 등장한 새로운 미디어. 문자 다중 방송·쌍방향 케이블티브이·아이엔에스(INS) 따위.
뉴^세라믹스(new ceramics) 명 고도의 기능을 지니는 새로운 요업 제품의 총칭. 내열성이 높고 단단하며, 녹슬지 않음. 유전(誘電)·자성(磁性) 재료, 로켓 부품 등에 쓰임.
뉴스(news) 명 신문이나 방송에서 얻어 주는 나라 안팎의 최신 소식. 또는, 그런 소식을 전해 주는 방송의 프로그램. ¶톱~ / 해외 [국내] ~.
뉴스-거리(news-) 명 새롭거나 사람들의 흥미를 끌 만한 요소. ¶~를 찾다.
뉴스-그룹(newsgroup) 명[통] 유즈넷에서, 각 주제별로 정보·뉴스·의견 등을 올리거나 토론할 수 있도록 만든 게시판.
뉴스-캐스터(newscaster) 명[방송] 취재·편집된 뉴스를 단순히 보도하는 일을 하는 사람. 앵커맨.
뉴^에이지^뮤직(new age music) 명[음] 클래식·민속 음악·재즈 등 여러 음악의 장르를 종합한 음악. 1980년대에 등장한 것으로, 신비주의적 요소가 깃든 듣기 편한 음악임.
뉴질랜드(New Zealand) 명[지] 오세아니아 주 오스트레일리아 남동쪽에 있는 입헌 군주국. 수도는 웰링턴.
뉴클레오티드(nucleotide) 명[화][생] 핵산의 주요 성분의 하나. 염기와 오탄당·인산이 결합된 물질로 생체 내의 에너지 대사 등에 관여함.
뉴턴(newton) 명[의존][물] 힘의 단위의 하나. 질량 1kg의 물체에 작용하여 $1m/s^2$의 가속도를 만드는 힘. 기호는 N.
뉴턴^역학(Newton力學) 명[물] 물체의 운동 상태의 시간적 변화와 작용하는 힘의 관계를 뉴턴의 운동의 법칙에 의하여 기술하는 역학 체계. =고전 역학.
뉴^패션(new fashion) 명 새로운 유행, 또는, 그것을 도입한 의상. =뉴 모드.
뉴^프런티어(New Frontier) 명[정] 1960년에 미국의 케네디 대통령이 내세운 신개혁 정책.
뉴햄프셔-종(New Hampshire種) 명[동] 닭의 한 품종. 체질이 강건하고, 난육(卵肉) 겸용임. 알이 크고, 껍질은 갈색임.
느근-거리다/-대다 동(자) '나근거리다'의 큰말.
느근-느근 男 '나근나근'의 큰말. **느근느근-하다** 동(자)형여
느글-거리다/-대다 동(자) (속이) 메스꺼워 곧 게울 듯하다. ¶멀미가 나서 속이 **느글거린다**.
느글-느글[-르-] 男 느글거리는 모양. **느글-하다** 동(자)형여
느긋-거리다/-대다[-끄때-] 동(자) 먹은 것이 내리지 않고 자꾸 괴는 듯하다.
느긋-느긋[-근-글] 男 느긋거리는 모양. **느긋느긋-하다** 동(자)형여 ¶체했는지 속이 ~.
느긋-하다[-그타-] 형여 마음에 여유가 있고 넉넉하다. ¶모처럼의 휴가를 얻어 느긋한 시간을 보내다. 준늑하다. **느긋-이** 男
느껍다[-따] 형비〈느꺼우니, 느꺼워〉(가슴이나 마음이) 어떤 느낌이 사무치거나 복받쳐 벅찬 상태에 있다. ¶나는 그의 따뜻한 말 한마디가 얼마나 **느껍고** 고마운지 몰랐다. **느꺼이** 男
느끼다¹ 동(자) 울음이 터지거나 복받쳐 흑흑 숨이 막히는 듯한 소리를 내다. ¶설움에 복받쳐 흑흑 **느껴** 울다.
느끼다² 동(타) 1 (사람이나 동물이 몸 밖이나 몸 안에서 일어나는 어떤 현상을) 피부나 혀·코, 또는 기타 몸의 기관이나 온몸을 통해 아는 상태가 되다. ¶더위[추위]를 ~ / 통증을 ~. 2 (사람이 마음속에서 일어나는 심리적 현상을) 의식하는 상태가 되다. ¶기쁨[슬픔]을 ~ / 그는 삶에 대해 회의를 **느꼈다**. 3 (사람이 자기와 관련되는 어떤 일이나 사실을) 깨닫는 상태가 되다. ¶돈의 필요성을 ~.
느끼-하다 형여 1 (음식이) 기름기가 많아 비위에 거슬리는 상태에 있다. ¶중국 요리는 너무 **느끼해서** 싫다. 2 (사람이) 느물거리거나 능글맞아 비위에 거슬리는 상태에 있다. ¶시선이 왠지 음흉하고 **느끼한** 중년 사내.
느낌 명 몸이나 마음으로 느끼는 일. 비감(感). ¶산뜻한 ~ / 집 안이 너무 조용하니까 절간 같은 ~이 든다.
느낌-씨 명[언] =감탄사(感歎詞).
느낌-표(-標) 명[언] 마침표의 하나. 감탄이나 놀람·부르짖음·명령 등 강한 느낌을 나타낼 때 사용하는 '!'의 이름. =감탄부·감탄부호.
-느냐 어미 동사나 '있다', '없다'의 어간, 또

느즈러지다●383

는 어미 '-시-', '-았/었-', '-겠-'의 아래에 붙어, '해라' 할 상대에게 묻는 뜻을 나타내는 종결 어미. 오늘날에는, 구어에서는 거의 쓰이지 않고 편지와 같은 문어에서 더러 쓰이고 있음. ¶그동안 몸 성히 잘 있었〜.(부모의 편지에서) / 사〜 죽〜으로 가르서다. ▷-냐·-으냐.

-느냐¹ [어미] 동사나 '있다', '없다'의 어간, 또는 어미 '-시-', '-았/었-', '-겠-'의 아래에 붙어, '해' 할 상대에게 묻는 뜻을 나타내는 종결 어미. 1 끝을 올리는 억양으로 쓰여, 상대가 앞서 질문한 내용에 대해 되묻는 뜻을 나타냄. ¶뭘 하〜? 보면 몰라? 2 끝을 내리는 억양으로 쓰여, 상대에게 거듭해서 묻는 뜻을 나타냄. ¶이거 안 가져가? 안 가져가〜? ▷-냐고·-으냐고.

-느냐² 어미 '-느냐'와 인용을 나타내는 부사격 조사 '고'가 결합한 말. ¶그에게 무슨 상을 받았〜 물어보았다. ▷-냐고·-으냐고.

-느냐는 '-느냐고 하는'이 준 말. ¶여태 무엇하고 이제야 청소를 하〜 말에 어이가 없었다. ▷-냐는·-으냐는.

-느냔 1 '-느냐고 한'이 준 말. ¶왜 이제야 오〜 내 말에 그는 대꾸도 하지 않았다. 2 '-느냐는'이 준 말. ¶아버지 무얼 하시고 어린 네가 이런 일을 하〜 말이다. ▷-냔·-으냔.

-느냘 '-느냐고 할'이 준 말. ▷-냘·-으냘.

-느뇨 [어미] 동사나 '있다', '없다'의 어간, 또는 어미 '-시-', '-았/었-', '-겠-'의 아래에 붙어, '해라' 할 상대에게 묻는 뜻을 나타내는 종결 어미. '-느냐'에 비해 예스러운 느낌을 주며 시와 같은 문학 작품에 주로 쓰임. ¶그대, 어디로 떠나려 하〜? ▷-뇨·-으뇨.

-느니 [어미] 동사나 '있다', '없다'의 어간, 또는 어미 '-시-', '-았/었-', '-겠-'의 아래에 붙어, '하게' 할 상대에게 명백한 사실이나 이치가 으레 그러함을 나타내어 말할 때 쓰이는 종결 어미. 옛 말투임. ¶그 여편네도 제 아비가 고리백정이었〜. ▷-니·-으니.

-느니² [어미] 1 동사나 '있다', '없다'의 어간, 또는 어미 '-시-', '-았/었-', '-겠-'의 아래에 붙어, 이렇게 하기도 하고 저렇게 하기도 함을 나타내는 연결 어미. ¶날씨는 자꾸 가는데 하〜 마〜 말들이 많다. ▷-니·-으니. 2 동사나 '있다'의 어간, 또는 어미 '-시-'의 아래에 붙어, 차라리 뒤에 오는 행동이 낫다고 함을 나타내는 연결 어미. ¶배부른 돼지가 되〜 차라리 배고픈 소크라테스가 되겠다.

-느니라 [어미] 동사나 '있다', '없다'의 어간, 또는 어미 '-시-', '-았/었-', '-겠-'의 아래에 붙어, '해라' 할 상대에게 명백한 사실이나 이치가 으레 그러함을 나타내어 말할 때 쓰이는 종결 어미. ¶꼬리가 길면 밟히〜. ▷-니라·-으니라.

-느니만치 [어미] =-느니만큼.

-느니만큼 [어미] 동사나 '있다', '없다'의 어간, 또는 어미 '-시-' 아래에 붙어, 원인이나 근거가 됨을 나타내는 연결 어미. =-느니만치. ¶그는 열심히 공부를 하〜 틀림없이 대학에 합격할 것이다. ▷-니만큼·-으니만큼.

느닷-없다[-닫업따] [형] 무엇이 나타남이 전연 뜻밖이고 갑작스럽다. 뜻뜬금없다. ¶무슨 느닷없는 소리다냐? 느닷없-이 [부] ¶죽었다던 사람이 〜 나타났다.

-느라 [어미] '-느라고'의 준말. ¶급히 서두〜 지갑을 빠뜨리고 왔다.

-느라고 [어미] 1 동사의 어간이나 어미 '-시-' 아래에 붙어, '하는 일로 말미암아'의 뜻을 나타내는 연결 어미. ¶소설을 읽〜 밤을 꼬박 새웠다. ㈜-느라. 2 '-노라고'의 잘못.

느럭-느럭[-렁-] [부] 말이나 행동이 느릴 모양. ¶소가 〜 걸어도 천 리를 간다. 느럭 럭-하다 [형어]

느런-히 [부] 죽 벌여 있는 모양.

느렁이 [명] '암노루', '암사슴'을 이르는 말.

느루 [부] 1 한꺼번에 몰아치지 않고 길게 늘여서. 2 '늘'의 잘못.
느루 먹다 [구] (양식을) 절약하여 예정보다 더 오랫동안 먹다.
느루 잡다 [구] 1 (손에 잡은 것을) 느슨하게 가지다. ¶가랫줄을 느루 잡고 당기다. 2 (시일이나 날짜를) 느직하게 예정하다. ¶출발 날짜를 두 달 뒤로 〜.

느른-하다 [형어] 1 (몸이) 고단하여 힘이 없다. ¶종일 일을 했더니 온몸이〜. 2 힘이 없이 부드럽다. 느른-히 [부]

느릅-나무[-름-] [명][식] 느릅나뭇과의 낙엽 활엽 교목. 높이 20m 정도. 봄에 종 모양의 녹자색 꽃이 피고, 열매는 5〜6월에 익음. 나무는 건축재·뗄감 등으로 쓰고, 어린잎은 식용, 나무껍질은 약용·식용함.

느리-광이 [명] 행동이 느린 사람을 얕잡아 이르는 말. 뜻느림뱅이·느림보·늘보.

느리다 [형] 1 물체가 움직이거나 사람·동물이 행동하는 데 걸리는 시간이 보통의 정도나 비교 대상보다 길다. ¶행동이 〜 / 걸음이 〜. 2 (일의 진행이) 보통의 정도보다 시간적으로 더 걸리는 상태에 있다. ¶진도가 〜. ↔빠르다. 3 (꼬임새나 짜임새가) 성글다. ¶새끼를 느리게 꼬다. 4 (성질이) 누그러져서 아무지지 못하다. ¶사람이 느려 터졌다. 5 (경사가) 완만하며 길다. ¶느린 경사.

느림 [명] 장막 같은 데 장식으로 늘어뜨리는 좁은 헝겊이나 줄 따위.

느림-뱅이 [명] 행동이 느린 사람을 비난조로 이르는 말. 뜻느리광이·느림보.

느림-보 [명] 행동이 느린 사람이나 동물을 놀림조로 이르는 말. 뜻느리광이·느림뱅이·늘보. ¶〜 거북이.

느릿-느릿[-린-린] [부] 1 긴장한 태도가 없이 더디게. 뜻노릿노릿. 2 걷다. 2 짜임새가 성긴 모양. ¶〜 짠 가마니. ㈜나릿나릿. 느릿느릿-하다 [형어] ¶말이 〜.

느릿-하다[-리타-] [형어] 느린 듯하다.

느물-거리다/-대다 [형어] 호락호락한 데가 없이 자꾸 능청을 떨면서 상대를 우롱하듯이 말하거나 행동을 하다. ¶난 빙글빙글 웃으면서 느물거리는 남자는 정말 질색이다.

느물-느물[-르-] [부] 느물거리는 모양. ¶〜 웃다. 느물느물-하다 [동어]

느물다 [동자]〈느무니, 느무오〉 1 말이나 행동을 흉물스럽게 하다. 2 '뽐내다'의 잘못.

느슨-하다 [형어] 1 (끈·줄·나사 따위를 묶거나 조인 상태가) 늘어나거나 풀어져 헐렁하거나 헐겁다. ¶허리띠를 느슨하게 매다 / 나사가 〜. 느슨해졌다. 2 (마음이) 탁 풀려 긴장됨이 없다. ¶느슨해진 마음을 다잡다. ㈜나슨하다. 느슨-히 [부] ¶구두끈을 〜 매다.

느시 [명] 느싯과의 대형 새. 수컷 1m, 암컷 76cm 정도. 등은 적갈색에 흑색의 가로무늬가 있고, 몸 아랫면은 백색임. 천연기념물로 지정된 보호새임. =능에.

느즈러-지다 [동자] 1 졸린 것이 느슨하게 되

다. ¶옷고름이 ~. **2**(기한이) 밀려 나가다. **3** 마음이 풀어지다.
느지감치 图 꽤 늦게. ¶~ 점심을 먹다. ↔일찌감치.
느지거니 图 꽤 느직하게. ¶날씨도 추운데 ~ 떠나랴.
느지막-하다[-마카-] 혱어 '느직하다'을 좀 더 힘주어 이르는 말. **느지막하게** 잠자리에 들다. **느지막-이** 图 ¶기한을 ~ 잡다.
느직-하다[-지카-] 혱어 **1** 시간적으로 대체로 늦다고 여겨지는 상태에 있다. ¶아침을 먹고 **느직하게** 떠나다. **2** 좀 느슨하다. **느직-이** 图 ¶~ 출발하다.
느타리 똉[식] 담자균류 느타릿과의 버섯. 모양은 반원 또는 부채꼴이며, 빛깔은 회갈색·회백색임. 가을에 활엽수의 마른 가지나 그루터기에 남. 식용됨. =느타리버섯.
느타리-버섯[-섣] 똉[식] =느타리.
느티-나무 똉[식] 느릅나뭇과의 낙엽 활엽 교목. 5월에 꽃이 피고, 열매는 10월에 익음. 촌락 부근의 산기슭이나 골짜기에 나는데, 그늘이 넓어 정자나무로 많이 심음. 목재는 건축재·가구재·선박용으로 쓰임.
느헤미야-기(Nehemiah記) 똉[성] 구약 성서 중의 한 권.
늑간(肋間)[-깐] 똉[생] 늑골과 늑골의 사이. ▷-관절.
늑골(肋骨)[-꼴] 똉 **1**[생] 등뼈와 가슴뼈에 붙어 흉곽(胸廓)을 형성하는, 활 모양의 뼈. 좌우 12쌍이 있음. **2** 선체 전체의 외형을 이루는, 흉곽을 형성하는 뼈 모양의 뼈대.
늑대[-때] 똉 **1**[동] 포유류 갯과의 한 종. 개와 비슷하나 코가 길고 뾰족하며 귀는 빳빳이 서 있고, 꼬리를 항상 밑으로 늘어뜨리고 있음. 몸빛은 황갈색임. 성질이 사나와서 마을에 내려와 가축이나 사람을 해치기도 함. **2** '남자'를, 여자를 탐하는 존재라는 뜻으로 비유하여 이르는 말. ¶세상 남자들이란 하나같이 ~야. ~! 여우.
늑막(肋膜)[능-] 똉[생] 흉곽의 내면과 폐의 표면 및 횡격막의 윗면을 덮고 있는 얇은 막. =흉막(胸膜).
늑막-염(肋膜炎)[능망념] 똉[의] 외상이나 결핵균의 감염으로 늑막에 생기는 염증. 가슴에 심한 통증을 느끼고 호흡이 어려워짐.
늑목(肋木)[능-] 똉[체] 체조에 쓰는 기구의 하나. 기둥이 되는 나무 사이에 많은 가로대를 고정시킨 것으로, 몸을 바르게 하는 운동에 씀.
늑장¹[-짱] 똉 느릿느릿 꾸물거리는 짓. =늦장. ¶~을 피우다 / 빨리 나오지 않고 왜 이리 ~ 부리느냐?
늑장²(勒葬)[-짱] 똉 남의 땅에 억지로 장사를 지내는 것.
늑징(勒徵)[-찡] 똉 (백성의 재물을) 강제로 징수하는 일. **늑징-하다** 동[타여]
늑탈(勒奪) 똉 폭력이나 위력을 써서 강제로 빼앗는 것. 비강탈. **늑탈-하다** 동[타여]
는¹ 图 모음으로 끝나는 체언이나 부사, 또는 부사적 성분에 붙는 보조사. **1** 앞에 오는 성분이 다음에 오는 말의 주제가 됨을 나타냄. 주로, 문두(文頭)에서 주어의 자리에 쓰이되, 대조를 이루는 절이 없을 때 이 뜻이 강함. ¶지구~ 둥글다. **2** 앞에 오는 성분이 다른 사실과 대조가 됨을 나타냄. ¶철수는 빵은 안 먹지만 국수~ 먹는다. **3** 앞에 오는 성분이나 사실을 더욱 강조하는 뜻을 나타냄.

¶때로~ 그가 보고 싶을 때가 있다. ▷은. **4** '-기', '-아/어', '-게', '-지', '-고' 등의 어미 뒤에 붙어, 주어진 문장이 관념적으로 전제되는 다른 문장과 '부정(否定)', '상대(相對)', '반의(反意)'의 뜻으로 대조됨을 나타냄. ¶그는 인사를 하기~ 한다. / 책을 읽고~ 있다. **5** '-아서/어서', '-다가' 등의 어미 뒤에 붙어, 조건·가정의 뜻을 나타냄. ¶상대를 결코 가볍게 보아서~ 안 된다. ▷ㄴ.

> 유의어 **는**[은] / **가**[이]
> '는[은]'이 주제의 의미로 주어의 자리에 쓰이면 '가[이]'와 비슷한 기능을 가짐. 그러나 '는'이 관심의 초점이 서술어에 있는 반면, '가'는 주어에 있음. 가령, "창수는 중학생이다."와 "창수가 중학생이다."는 각각 "창수가 중학생이냐, 고등학생이냐?"와 "누가 중학생이냐?"의 물음에 대한 답변임. 그리고 "새는 하늘을 나는 동물이다.", "어떤 남자가 밖에 왔다."에서와 같이 '는'은 이미 알고 있는 사실을 설명할 때 쓰이고, '가'는 새로운 사실을 말할 때 쓰임. 또한, 안은문장의 주어 자리에서는 "딸기가 나는 계절이 왔다."와 같이 보내 '가'만 쓰임.

-는² [어미] 동사나 '있다', '없다'의 어간, 또는 어미 '-시-', '-겠-'의 아래에 붙는 관형사형 전성 어미. **1** 현재의 사실을 나타냄. 또는, 이미 예정되어 있는 사실이나 가정된 사실을 나타내는 말. ¶저 앞에 가~ 사람이 누구냐? / 내일 상을 받~ 학생은 5명이다. / 법을 어기~ 자는 처벌을 받을 것이다. **2** 구체적 시간과 상관없이, 일반적·보편적·관습적 사실을 나타냄. ¶이 약수는 먹~ 물로서 적합하다. / 치마는 여자가 입~ 옷이다. ▷-ㄴ.-은.

-는³ [어미](선어말) **1** 'ㄹ' 이외의 자음으로 끝나는 동사나 '있다', '없다'의 어간, 또는 어미 '-시-' 아래에 붙어, 현재를 나타내는 선어말 어미. ¶잡~다 / 밥을 먹~다. ▷-ㄴ-. **2** 동사의 어간이나 어미 '-시-' 아래에 붙되, '-구나', '-구려', '-구먼', '-군' 등의 어미와 결합하여 현재의 사실에 대해 감탄의 뜻을 나타내는 선어말 어미. ¶먹~구나.

-는 [어미] 동사나 '있다', '없다'의 어간, 또는 어미 '-시-', '-았/었-', '-겠-'의 아래에 붙어, 스스로 묻거나 '하게'할 상대에게 물음을 나타내는 종결 어미. ¶꽃이 피었~? ▷-ㄴ가.·-은가.

-는감 [어미] 동사나 '있다', '없다'의 어간, 또는 어미 '-시-', '-았/었-', '-겠-'의 아래에 붙어, 상대의 말이나 의견을 가볍게 반박하면서 혼잣말에 가깝게 반문하는 뜻을 나타내는 반말 투의 종결 어미. ¶아니, 누가 그걸 모르~.

는개 똉 안개보다는 조금 굵고 이슬비보다는 가는 비. ¶빗발이 가늘어져 ~로 변한다.

-는걸 [어미] 동사나 '있다', '없다'의 어간, 또는 어미 '-시-', '-았/었-', '-겠-'의 아래에 붙어, '해'할 상대에게 쓰이거나 혼잣말에 쓰여 어떠한 사실에 대한 느낌을 나타내는 종결 어미. ¶나는 그 자리에 없었~. ▷-ㄴ걸.·-은걸.

-는고 [어미] '-는가'의 예스러운 말투. ¶집의 말을 따르겠~? ▷-ㄴ고.·-은고.

-는과니 '-는고 하니'가 준 말. ¶왜 먹~ 살아야 하기 때문이다. ▷-ㄴ과니.·-은과니.

-**는구나** [어미] 동사의 어간이나 어미 '-시-' 아래에 붙어, '해라' 할 상대에게 쓰이거나 혼잣말에 쓰여, 어떤 사실을 느끼거나 깨닫고 가볍게 감탄하는 뜻을 나타내는 종결 어미. ¶참 잘 어울리~. ▷-구나.

-**는구려** [어미] 동사의 어간이나 어미 '-시-' 아래에 붙어, '하오' 할 상대에게 새삼스런 감탄의 뜻으로 쓰이는 종결 어미. ¶늦게까지 일하시~. ▷-구려.

-**는구료** [어미] '-는구려'의 잘못.

-**는구먼** [어미] 동사의 어간이나 어미 '-시-' 아래에 붙어, '해' 할 상대를 의식하면서 혼잣말처럼 어떤 사실에 대한 느낌을 말하거나 어떤 사실을 확인 또는 환기하는 뜻을 나타내는 종결 어미. ¶벌써 꽃이 피~. / 눈이 오~. ▷-구먼.

-**는구면** [어미] '-는구먼'의 잘못.

-**는군** [어미] 동사의 어간이나 어미 '-시-' 아래에 붙어, 어떤 사물에 대한 느낌을 혼잣말로 나타내는 종결 어미. ¶잘도 먹~.

-**는다** [어미] 'ㄹ' 이외의 자음으로 끝나는 동사의 어간에 붙는 평서형 종결 어미. **1** '해라' 할 상대에게 불특정 다수에게 현재의 사실을 나타내거나 이미 예정되어 있는 사실을 나타낼 때 쓰임. ¶나 지금 옷 입~. / 내일 창수가 상을 받~. **2** 주로 불특정 다수를 상대로 한 글에서, 일반적·보편적·관습적 사실을 말할 때 쓰임. ¶이 나무는 가을에 열매를 맺~. ▷-ㄴ다.

-**는다고**¹ [어미] 'ㄹ' 이외의 자음으로 끝나는 동사의 어간에 붙는 종결 어미. **1** '해' 할 상대에게 반문할 경우에 쓰임. ¶무얼 먹~? / 누구를 찾~? **2** 잘못 인식하였음을 깨달았을 때에 쓰임. ¶난 또 왜 웃~. ▷-ㄴ다고·-다고.

-**는다고**² [어미] 'ㄹ' 이외의 자음으로 끝나는 동사의 어간에 붙어, 앞의 말이 뒤에 오는 말의 원인이나 근거가 됨을 나타내는 연결 어미. ¶손을 씻~ 비누를 가져오랬다. ▷-ㄴ다고·-다고.

-**는다고**³ 종결 어미 '-는다'와 부사격 조사 '고'가 결합한 말. ¶그는 상을 받~ 자랑했다. ▷-ㄴ다고·-다고.

-**는다나** [어미] 'ㄹ' 이외의 자음으로 끝나는 동사의 어간에 붙어, 어떤 사실을 무관심하거나 조금 빈정거리는 태도로 전달하면서 반말 투로 이르는 종결 어미. ¶그 여자는 아주 비싼 옷만 입~. ▷-ㄴ다나·-다나·-라나.

-**는다네**¹ [어미] 'ㄹ' 이외의 자음으로 끝나는 동사의 어간에 붙는 종결 어미. **1** 어떤 사실을 가볍게 감탄하여 이를 때 쓰임. ¶어둠이 내리면 풀벌레 울음이 온 누리를 덮~. **2** '하게' 할 상대에게 화자가 알고 있는 사실을 가볍게 주장할 때 쓰임. ¶서양 사람들은 장례식 때 검은 옷을 입~. ▷-ㄴ다네·-다네·-라네.

-**는다네**² '-는다고 하네'가 준 말. ¶의사가 그러는데 상처를 그냥 두면 곪~. ▷-ㄴ다네·-다네.

-**는다느냐** '-는다고 하느냐'가 준 말. ¶돈을 언제 갚~. ▷-ㄴ다느냐·-다느냐.

-**는다느니** [어미] 'ㄹ' 이외의 자음으로 끝나는 동사의 어간에 붙어, 이렇게 한다 하기도 하고, 저렇게 한다 하기도 함을 나타내는 연결 어미. ¶밥을 먹~ 먹지 말라느니 티격태격 야단이다. ▷-ㄴ다느니·-다느니.

-**는다는** '-는다고 하는'이 준 말. ¶공부를 하지 않~ 이유로 매를 맞았다. ㈜-는단. ▷-ㄴ다는·-다는.

-**는다니**¹ [어미] 'ㄹ' 이외의 자음으로 끝나는 동사의 어간에 붙어, '해라' 할 상대에게 어떤 사실에 대해 의문을 나타내는 어미. ¶이 많은 책을 언제 읽~? ▷-ㄴ다니·-다니.

-**는다니**² **1** '-는다고 하니'가 준 말. ¶이 약이 설사에 잘 듣~ 식후에 꼭 복용해라. **2** '-는다고 했니'가 준 말. ¶산속의 동물은 겨울에 무얼 먹~. ▷-ㄴ다니·-다니.

-**는다니까**¹ [어미] 'ㄹ' 이외의 자음으로 끝나는 동사의 어간에 붙어, '해' 할 상대에게 쓰이거나 혼잣말에 쓰여 어떤 사실을 올바로 인식하고 있지 못하거나 미심쩍어하거나 하는 상대방에게, 다그쳐 깨우쳐 주는 뜻을 나타내는 종결 어미. ¶그런 짓을 하면 아버지한테 매를 맞~. ▷-ㄴ다니까·-다니까.

-**는다니까**² '-는다고 하니까'가 준 말. ¶내가 원서를 줄줄 읽~ 사람들이 놀라더라. ▷-ㄴ다니까·-다니까.

-**는다마는** 어미 '-는다'와 보조사 '마는'이 결합한 말. 어떠한 동작을 나타내면서 뒤에 오는 말이 앞에 오는 말과 상반되는 내용을 나타냄. ¶읽긴 읽~ 무슨 뜻인지 모르겠다. ㈜-는다만. ▷-ㄴ다마는·-다마는.

-**는다만** '-는다마는'의 준말. ▷-ㄴ다만·-다만.

-**는다며**¹ [어미] '-는다면서'의 준말. ▷-ㄴ다며·-다며.

-**는다며**² '-는다고 하며'가 준 말. ▷-ㄴ다며·-다며.

-**는다면**¹ [어미] 'ㄹ' 이외의 자음으로 끝나는 동사의 어간에 붙어, 어떠한 사실을 가정하여 조건으로 삼는 뜻을 나타내는 연결 어미. ¶날 믿~ 내 대로로 해. ▷-ㄴ다면·-다면.

-**는다면**² '-는다고 하면'이 준 말. ¶네가 책을 읽~ 누가 믿을까? ▷-ㄴ다면·-다면.

-**는다면서**¹ [어미] 'ㄹ' 이외의 자음으로 끝나는 동사의 어간에 붙어, '해' 할 상대에게 직접·간접으로 들은 사실을 다짐하거나 빈정거려 묻는 데 쓰이는 종결 어미. ¶그 여자는 매일 새 옷을 입~? ㈜-는다며. ▷-ㄴ다면서·-다면서.

-**는다면서**² '-는다고 하면서'가 준 말. ▷-ㄴ다면서·-다면서.

-**는다손** [어미] 'ㄹ' 이외의 자음으로 끝나는 동사의 어간에 붙어, 가정하는 뜻을 나타내는 연결 어미. 주로 '치다'와 함께 쓰임. ¶아무리 네가 잘 먹~ 치더라도 그걸 어떻게 다 먹니? ▷-ㄴ다손·-다손·-더라손.

-**는다오** [어미] 'ㄹ' 이외의 자음으로 끝나는 동사의 어간에 붙어, '하오' 할 상대에게 어떤 사실을 설명하는 종결 어미. 상대를 조금 대접하거나 친근감을 나타냄. ¶순이네 집에서는 사위가 왔다고 닭을 잡~. ▷-ㄴ다오·-다오.

-**는다지**¹ [어미] 'ㄹ' 이외의 자음으로 끝나는 동사의 어간에 붙어, '해' 할 상대에게 어떤 사실을 확인하여 묻는 뜻을 나타내는 반말 투의 종결 어미. ¶일요일엔 문을 늘 닫~? ▷-ㄴ다지·-다지·-라지.

-**는다지**² '-는다고 하지'가 준 말. ¶너도 입~ 그랬니? ▷-ㄴ다지·-다지·-라지.

-**는단 1** '-는다는'의 준말. ¶자네가 술을 잘 먹~ 말을 들었네. **2** '-는다고 한'이 준 말.

¶빚을 갚~ 약속은 어찌 되었느냐. ▷-ㄴ단 다.-다.
-는단다¹ [어미] 'ㄹ' 이외의 자음으로 끝나는 동사의 어간에 붙어, '해라' 할 상대에게 가볍게 타이르거나 사실을 친근하게 서술하는 종결 어미. ¶애야, 꽃을 손으로 자꾸 만지면 죽~. ▷-ㄴ단다.-단다.
-는단다² '-는다고 한다'가 준 말. ¶이 빈 터에 집을 짓~. ▷-ㄴ단다.-단다.
-는달 '-는다고 할'이 준 말. ¶빚쟁이의 성화에 빚을 갚~ 수밖에. ▷-ㄴ달.-달.
-는담 [어미] 'ㄹ' 이외의 자음으로 끝나는 동사의 어간에 붙어, '-는단 말인가'의 뜻으로 혼잣말로 못마땅함을 나타내는 의문형 종결 어미. ¶왜 이리 늦~. ▷-ㄴ담.-담.
-는답니까 [-니-] '-는다고 합니까'가 준 말. ▷-ㄴ답니까.-답니까.
-는답니다¹ [-담-] [어미] 'ㄹ' 이외의 자음으로 끝나는 동사의 어간에 붙어, '합쇼' 할 상대에게 화자가 이미 알고 있는 것을 객관화하여 친근하게 일러 줌을 나타내는 종결 어미. ¶우리 가족은 주말마다 고기를 먹~. ▷-ㄴ답니다.-답니다.
-는답니다² [-담-] '-는다고 합니다'가 준 말. ¶봄에 신입 사원을 뽑~. ▷-ㄴ답니다.-답니다.
-는답디까 [-띠-] '-는다고 합디까'가 준 말. ¶어디에 집을 짓~? ▷-ㄴ답디까.-답디까.
-는답디다 [-띠-] '-는다고 합디다'가 준 말. ¶요즘은 책을 잘 안 읽~. ▷-ㄴ답디다.-답디다.
-는답시고 [-씨-] [어미] 'ㄹ' 이외의 자음으로 끝나는 동사의 어간에 붙어, 어쭙잖은 행동을 빈정거리는 투로 말할 때 쓰이는 연결 어미. ¶담배를 끊~ 책상머리에 '금연'이라고 크게 써 붙였다. ▷-ㄴ답시고.-답시고.
-는대¹ [어미] 'ㄹ' 이외의 자음으로 끝나는 동사의 어간에 붙어, '해' 할 상대에게 어떤 사실에 대해 놀라워하거나 못마땅하게 여기는 뜻을 나타내는 의문형 종결 어미. ¶이 많은 음식을 누가 다 먹~? ▷-ㄴ대.-대.
-는대² '-는다고 해'가 준 말. ¶상처를 그냥 두면 곪~. ▷-ㄴ대.-대.
-는대도 '-는다고 해도'가 준 말. ¶내가 죽~ 눈 하나 깜짝 안 할 사람이다. ▷-ㄴ대도.-대도.-래도.
-는대서 '-는다고 해서'가 준 말. ¶나를 찾~ 왔다. ▷-ㄴ대서.-대서.
-는대서야 '-는다고 해서야'가 준 말. ¶은혜를 원수로 갚~ 말이 되나. ▷-ㄴ대서야.-대서야.
-는대야 '-는다고 해야'가 준 말. ¶밥을 먹~ 한 공기도 못 먹는다. ▷-ㄴ대야.-대야.
-는대요 [어미] 'ㄹ' 이외의 자음으로 끝나는 동사의 어간에 붙어, '해요' 할 상대에게 듣거나 겪은 사실을 근거로 설명하여 말하거나 묻는 뜻을 나타내는 종결 어미. ¶오늘은 화단에 꽃을 심~. ▷-ㄴ대요.-대요.
-는댔자 [-댇짜] '-는다고 했자'가 준 말. ▷-ㄴ댔자.-댔자.
-는데 [어미] 동사나 '있다', '없다'의 어간, 또는 어미 '-시-', '-았/었-', '-겠-'의 아래에 붙는 어미. 1 다음의 말을 끌어내기 위해 관련될 만한 사실을 먼저 베풀 때 쓰이는 연결 어미. ¶여기 있었~ 어디 갔지? 2 '해' 할 상대에게 쓰여, 어떤 사실이 의외이거나 새삼스럽게 느껴지거나 만족스럽지 않게 여겨질 때 쓰이는 종결 어미. ¶이게 누구야? 영 몰라보~. / 올해는 너무 비가 많이 오~. 3 '해' 할 상대에게 쓰여, 설명을 요구하는 물음을 나타내는 종결 어미. ¶이 밤중에 어딜 가~? ▷-ㄴ데.-은데.
-는바 [어미] 동사나 '있다', '없다'의 어간, 또는 어미 '-시-', '-았/었-', '-겠-'의 아래에 붙어, 할 말을 하기 전에 또는 어떤 사실을 말하면서 그에 관계되는 말을 할 때 쓰이는 연결 어미. ¶오늘 일과 후에 회식이 있~ 전원 참석 바람. ▷-ㄴ바.-은바.
는실-난실 [-란-] [부] (남녀간의 행동이나 수작이) 야릇하고 잡스러운 모양. 는실난실-하다
는적-거리다/-대다 [-꺼(때)-] [동](자) 썩거나 삭아서 힘없이 축 처지거나 흐물흐물하다. [작]난작거리다.
는적-는적 [-정-] [부] 는적거리는 모양. [작] 난작난작. 는적는적-하다 [동](자)[형여]
-는지 [어미] 동사나 '있다', '없다'의 어간, 또는 어미 '-시-', '-았/었-', '-겠-'의 아래에 붙어, 막연한 의문이나 감탄을 나타내는 연결 어미 또는 종결 어미. ¶밤이 깊었~ 사방이 고요하다. ▷-ㄴ지.-은지.
-는지고 [어미] 동사나 '있다', '없다'의 어간, 또는 어미 '-시-', '-았/었-', '-겠-'의 아래에 붙어, '해라' 할 상대에게 느낌을 강조하거나 감탄을 나타내는 종결 어미. 예스러운 말투임. ¶피리 소리가 남의 애를 끊~. ▷-ㄴ지고.-은지고.
-는지라 [어미] 동사나 '있다', '없다'의 어간, 또는 어미 '-시-', '-았/었-', '-겠-'의 아래에 붙어, 이유나 근거를 나타내는 연결 어미. ¶그 사람이 하도 늑장을 부리~ 저 먼저 왔습니다. ▷-ㄴ지라.-은지라.
는질-거리다/-대다 [동](자) 물크러져 흐늘거리다. [작]난질거리다.
는질-는질 [-른-] [부] 는질거리는 모양. [작] 난질난질. 는질는질-하다 [동](자)[형여]
는침-맞다 [-맏-] [형] 말이나 행동이 매우 능청스럽고 능글맞다.
는-커녕 [조] 모음으로 끝나는 말에 붙어, '커녕'을 강조하는 뜻을 나타내는 보조사. ¶만원짜리~ 동전 한 닢 없다. / 건강하기~ 다 죽게 생겼다. ▷커녕·은커녕.
늘 [부] 평상시에 언제나. =매상(每常). [비]밤낮·항상·항시. ¶~ 자식 걱정만 하시는 어머니. ×느루·늘상.
늘그막 [명] 늙어 가는 무렵. ¶~에 자식을 얻다. [준]늙마.
늘다 [동]〈느니, 느으〉 1 (사물의 수효나 분량이) 본디의 것보다 많은 상태가 되다. ¶몸무게가 ~ / 소득이 ~. 2 (힘이나 기운이) 이전보다 더 세어지다. ¶근육의 힘이 ~. 3 (재주·능력 따위가) 이전보다 나은 상태가 되다. ¶실력이 ~ / 작년보다 영어 회화가 많이 늘었다. ↔줄다.
늘름 [부] '날름'의 큰말. **늘름-하다** [동](타)[여]
늘름-거리다/-대다 [동](타) '날름거리다'의 큰말.
늘름-늘름 [부] '날름날름'의 큰말. **늘름늘름-하다** [동](타)[여]
늘-리다 [동](타) 1 '늘다'의 사동사. ¶인원을 ~. 2 (물체의 길이를) 다른 것을 대거나 이어서 더 길게 하다. ¶바지를 ~. 3 (구조물이나 물건의 부피 등을) 이전보다 더 크게 하

다. ¶가게를 ~.

혼동어 늘리다 / 늘이다
'늘리다'는 사물의 길이나 크기나 부피, 또는 수·양 등이 더 크게 하거나 많아지게 하는 것을 가리킴. 단, 길이에 있어서 덧대어 길어지게 하는 것은 '늘리다'이지만, 잡아당겨 길어지게 하는 것은 '늘이다'임. ¶사무실을 늘리다 / 수출을 늘리다 / 옷소매를 늘이다 / 용수철을 늘이다.

늘-보 명 행동이 느린 사람을 놀림조로 이르는 말. ㈘느림보·느리광이.
늘비-하다 형여 1 죽 늘어놓여 있다. ¶도로가에 늘비한 집들. 2 죽 늘어서 있다. ¶주차장에 자동차가 늘비하게 서 있다.
늘-상(-常) 부 늘. '늘'의 잘못.
늘씬 부 몸을 가누지 못할 정도로 심하게. ¶~ 두들겨 패다. **늘씬-하다**¹ 형여 ('늘씬하게 맞다', '늘씬하게 때리다'의 꼴로 쓰여) ¶깡패한테 늘씬하게 얻어맞다.
늘씬-늘씬 부 매우 늘씬한 모양. 또는, 여럿이 모두 늘씬한 모양. ㈜날씬날씬. **늘씬늘씬-하다** 형여 ¶수영복 차림의 늘씬늘씬한 미인.
늘씬-하다² 형여 (키·몸매 따위가) 가늘고 길어서 맵시가 있다. ¶허리가 ~ / 다리가 늘씬한 미녀. **늘씬-히** 부
늘어-나다 재 본디보다 커지거나 길어지거나 많아지다. ¶고무줄이 ~ / 이익이 ~ / 식구가 ~ / 주름살이 ~. ↔줄어들다.
늘어-놓다[-노타] 타 1 줄을 지어서 벌여 놓다. ¶진열대에 상품을 가지런히 ~. 2 여기저기에 어수선하게 두다. ¶공부한답시고 책만 잔뜩 늘어놓았다. 3 (여러 가지 일을) 한꺼번에 여기저기 벌여 놓다. ¶사업을 사방에 ~. 4 말을 수다스럽게 많이 하다. ¶푸념[불평]을 ~.
늘어-뜨리다/-트리다 타 물건의 한쪽 끝을 아래로 처지게 하다. ¶머리를 길게 ~.
늘어-서다 재 길게 줄을 지어 서다. ¶매표소 앞에는 표를 사느라 사람들이 한 줄로 늘어서 있었다.
늘어-앉다[-안따] 재 줄지어 벌여 앉다.
늘어-지다 동 재 1 (몸이) 기운이 풀려 가누기 힘든 상태가 되다. ¶날이 더워 몸이 축 늘어졌다. ㈜나라지다. 2 (물체가) 탄력성을 잃고 본디보다 길어지다. ¶용수철이 ~. 3 물건의 끝이 아래로 처지다. ¶축 늘어진 수양버들. 4 근심 걱정이 없이 편하게 되다. ¶팔자가 ~.
늘-이다 동 타 1 (물체를) 당기는 힘을 가하여 본디의 길이보다 길어지게 하다. ¶고무줄을 잡아당겨 ~. ▶늘리다. 2 (길이나 넓이를 가진 물체를) 아래로 길게 처지게 하다. ¶머리채를 땋아 ~.
늘-봉(-棒) 명 손으로 잡고 오르내리는 운동을 할 수 있도록 장대처럼 세로로 길게 세운 여러 개의 쇠막대.
늘임-새 명 말을 길게 늘이는 태도.
늘임-표(-標) 명 악보에서 음표나 쉼표의 위나 아래에 붙여, 본래의 박자보다 2~3배 늘여 연주하라는 기호. '⌒'로 나타냄.
늘-잡다[-따] 동 타 (기한 같은 것을) 늘리어 잡다.
늘쩍지근-하다[-찌-] 형여 매우 느른하다. ㈜날짝지근하다.
늘쩡-거리다/-대다 동 재 맥없이 느릿느릿 행동하다. ¶지금 몇 시인 줄이나 알아? 왜 그리 늘쩡거려.
늘쩡-늘쩡¹ 부 늘쩡거리는 모양. ¶~ 황소걸음을 걷다. ㈜날짱날짱. **늘쩡늘쩡-하다**¹ 동 재
늘쩡-늘쩡² 부 성질이나 됨됨이가 느리고 야무지지 못한 모양. ㈜날짱날짱. **늘쩡늘쩡-하다**² 형여
늘컹-거리다/-대다 재 너무 물러서 자꾸 늘어지게 되다. ㈜날캉거리다.
늘컹-늘컹 부 늘컹거리는 모양. ㈜날캉날캉. **늘컹늘컹-하다** 동 재여 ¶참외를 먹다 보고 와 더워 늘컹늘컹하다.
늘컹-하다 I 동 재여 너무 물러서 늘어지게 되다. ㈜날캉하다.
II 형여 너무 물러서 늘어질 듯하다. ㈜날캉하다.
늘큰-하다 I 동 재 너무 물러서 축축 늘어지게 되다. ㈜날큰하다.
II 형여 너무 물러서 축축 늘어질 듯하다. ㈜날큰하다. **늘큰-히** 부
늘키다 동 재 시원하게 울지 못하고 꿀꺽꿀꺽 참으면서 울다.
늘푸른-나무 명[-] =상록수.
늘-품(-品) 명 사물이 앞으로 좋게 될 성질이나 요소.
늙다[늑-] 동 재 1 (사람이) 중년의 나이를 넘긴 상태가 되다. 연령상 뚜렷한 경계는 없으나, 보통 60세 이상의 나이가 된 상태를 가리킴. ¶늙은 사람. 2 (몸이) 나이가 들면서 생리적으로 왕성한 활동을 하지 못하고 쇠약한 상태가 되다. ¶몸이 이제 늙어서 말을 안 듣는다. 3 (사람이) 어떤 신분이나 자격으로서 알맞은 때나 한창인 시기를 넘기다. ¶늙은 총각. 4 (동물이) 평균 수명의 반을 훨씬 넘긴 상태가 되다. ¶늙고 병든 개. 5 (나무가) 오래 살아 생장 활동이 활발치 않은 상태가 되다. ¶늙은 소나무. 6 (식물의 열매 등이) 지나치게 익은 상태가 되다. ¶늙은 호박. [참고] '늙-'은 다음에 오는 어미의 첫소리가 ㄱ일 때에는 [늘]로, 그 외의 자음일 경우에는 [능]으로 소리 남. 곧, '늙고'는 [늘꼬], '늙지'는 [늑찌]로 소리 남.
[늙으면 아이 된다] 늙으면 모든 행동이 어린애 같아진다는 말. **[늙은 말이 콩 마다할까]** 어떤 것을 거절하지 않고 오히려 더 좋아한다.
늙-다리[늑따-] 명 1 늙은 짐승. 2 '늙은이'를 속되게 이르는 말. ¶이 다방엔 ~들이 많이 온다. ×노다다리.
늙마[능-] 명 '늘그막'의 준말.
늙-바탕[늑빠-] 명 나이가 들어 늙게 된 판. ㈘만경(晩境)·모경(暮境). ㈙노경(老境).
늙수그레-하다[늑쑤-] 형여 어지간히 늙은 듯하다.
늙숙-하다[늑쑤카-] 형여 약간 늙고 점잖은 태가 있다. **늙숙-이** 부
늙으신-네 명 '늙은이'의 높임말.
늙은-이 명 늙은 사람을 좀 얕잡아 이르는 말. ㈘망령이 난 ~. ㈙늙으신네. ▷노인.
[늙은이 뱃가죽 같다] 구 물건이 쭈글쭈글하다. ¶피부가 ~.
늙정이[늑쩡-] 명 '늙은이'를 속되게 이르는 말.
늙직-하다[늑찌카-] 형여 어지간히 늙은 듯하다.
늙-히다[늘키-] 동 타 '늙다'의 사동사. ¶아

니, 애를 시집도 안 보내고 처녀로 **늙힐** 작정이오?
늠름(凜凜)[-늠] →**늠름-하다**[-늠-] 【형여】 의젓하고 당당하다. ¶늠름한 기상 / 늠름하게 걸어가다. **늠름-히** 【부】
늠름-스럽다(凜凜-)[-늠-따] 【형ㅂ】〈~스러우니, ~스러워〉 늠름한 데가 있다. **늠름스레** 【부】
늠실-거리다/**-대다** 【동】(자)(타) 1 속에 딴마음이 있어 슬몃슬몃 자꾸 넘보다. 2 물결이 부드럽게 너울거리다.
늠실-늠실[-름-] 【부】 늠실거리는 모양. **늠실-하다** 【동】(자)(여)
늠연(凜然) →**늠연-하다** 【형여】 위엄이 있고 당당하다. **늠연-히** 【부】
늡늡-하다[늠느파-] 【형여】 너그럽고 활달하다.
능¹(陵) 【명】 임금·왕후의 무덤. =능묘·능상·능침. ▷원(園).
능²(綾) 【명】 얇은 비단의 하나.
능가(凌駕) 【명】 (능력이나 수준 등이 비교 대상이) 훨씬 넘어서는 것. **능가-하다** 【동】(타)(여) ¶기술과 스피드에서 상대팀을 ~.
능갈-맞다[-맏따] 【형】 얄밉도록 능청을 떠는 성질이 있다. ¶능갈맞은 녀석.
능갈-치다 【형】 (사람을 대하거나 다루는 재주가) 교활하면서 엉큼하면서 능란하다. ¶개루는 여전히 **능갈치게** 소리 없는 웃음을 웃으며 내려다본다.《박종화:아랑의 정조》
능-구렁이 【명】 1 【동】 파충류 뱀과의 한 종. 몸은 적갈색, 배는 광택색이며, 온몸에 굵고 검은 띠가 있음. 동작이 느리고 독이 없음. 인가 근처나 논두렁에 흔히 나타남. =구렁이·구리. 2 음흉한 사람을 비유하여 이르는 말. =구렁이. ¶이 친구, 세파에 시달리더니 ~가 다 되었군.
능글-능글[-릉-] 【부】 엉큼하고 뻔뻔스럽게 능청을 떨면서 검질기게 구는 모양. ¶묻는 말에 대답은 하지 않고 ~ 웃기만 한다. **능글-하다** 【형여】
능글-맞다[-맏따] 【형】 엉큼하고 뻔뻔스럽게 능청을 떠는 성질이 있다. **능글맞아** 징그럽다.
능금 【명】 능금나무의 열매. =임금(林檎).
능금² 【명】 '사과'의 잘못.
능금-나무 【명】[식] 장미과의 낙엽 교목. 봄에 연한 홍색 꽃이 피며, 여름에 홍색 또는 황색의 열매가 익는데, 사과보다 작음. 우리나라 특산임.
능동(能動) 【명】 1 어떤 행동이나 작용이 제 힘이나 뜻에 의해 이뤄지는 상태. 2 【언】 주어가 동작을 제 힘으로 행함을 나타냄. 동사의 문법적 기능. ↔피동(被動)·수동(受動).
능동-문(能動文) 【명】【언】 능동사가 서술어로 쓰인 문장. 예를 들어, "언니가 동생을 업다.", "순희가 철수를 떼밀다." 따위. ↔피동문.
능-동사(能動詞) 【명】【언】 문장의 주어가 제 힘으로 동작을 행함을 나타내는 동사. =제힘움직씨. ↔피동사.
능동-성(能動性)[-썽] 【명】 능동적인 성질. ¶~을 결한 태도. ↔수동성.
능동-적(能動的) 【관】 어떤 행동을 제 힘으로 나서 이루고 있는 상태에 있는 (것). ¶모든 일에 ~으로 솔선수범하다. ↔수동적·피동적.
능동-태(能動態) 【명】【언】 어떤 동작·작용에 대하여 말하는 경우에서, 그 동작·작용의 주체인 것을 주어로 하였을 때의 술어가 취하는 형식. ↔수동태.
능라(綾羅)[-나] 【명】 무늬가 있는 두꺼운 비단과 얇은 비단. =능단.
능라-금수(綾羅錦繡)[-나-] 【명】 명주실로 짠 피륙. ¶…~를 몸에 감고 뻐젓하게 나와 다니는 사람이 얼마나 많으냐 말야.《채만식:이런 남매》
능란(能爛)[-난] →**능란-하다**[-난-] 【형여】 (사람이) 어떤 일을 막힘이나 거리낌이 없이 썩 뛰어나게 잘하는 상태에 있다. (비)능숙하다. ¶그 여자의 빼어난 미모와 **능란한** 말솜씨는 뭇 남자의 시선을 끌기에 충분했다. **능란-히** 【부】
능력(能力)[-녁] 【명】 1 어떤 일을 제대로 할 수 있는 힘. (비)깜냥·역량·재능. ¶생활 ~ / ~이 있다(없다) / ~을 발휘하다. 2 【법】 민법에서, 유효한 법률 행위를 할 수 있는 자격. ~ 상실자.
능력-급(能力給)[-녁끕] 【명】 개인의 일에 대한 능력에 따라 지급되는 임금 형태. 경력·학력·기능·연령 등이 결정 기준이 됨. ▷능률급.
능력^상실자(能力喪失者)[-녁쌍-짜] 【명】 【법】 행위 능력자로서 금치산(禁治産) 또는 한정 치산의 선고를 받아 행위 능력을 잃은 사람.
능률(能率)[-뉼] 【명】 일정한 시간 내에 할 수 있는 일의 비율. 또는, 일이 진척되는 상태. (비)효율. ¶~이 오르다 / ~이 나다.
능률-급(能率給)[-뉼-] 【명】 일의 능률에 따라 지급되는 임금 형태. ▷능력급·고정급.
능률-적(能率的)[-뉼쩍] 【관】 능률을 많이 내거나 능률이 많이 나는 (것). ¶~으로 일하다.
능멸(凌蔑·陵蔑) 【명】 (사람을) 업신여겨 깔보는 것. =능모. (비)경멸. ¶~을 당하다. **능멸-하다** 【동】(타)(여) ¶남을 ~.
능묘(陵墓) 【명】 1 능과 묘. 2 =능(陵).
능변(能辯) 【명】 말을 능숙하게 잘하는 것. 또는, 그 말. =능언(能言). ↔눌변(訥辯). **능변-하다** 【동】(자)(여)
능변-가(能辯家) 【명】 말을 능란하게 잘하는 사람. (비)달변가·웅변가.
능사(能事) 【명】 어떤 상황에서 최선 또는 최상이라고 여기고 하는 일이나 행동. 흔히, 말하는 사람이 다른 사람의 행동을 부정적·비판적으로 바라볼 때 쓰는 말임. ¶그 여자는 걸핏하면 우는 걸 ~로 삼는다. / 돈 버는 것만이 ~가 아니다.
능상(陵上) 【명】 =능(陵).
능선(稜線) 【명】 산등성이를 따라 죽 이어진 선. ¶~을 타고 산을 내려가다.
능소능대(能小能大) 【명】 모든 일에 두루 능함. **능소능대-하다** 【형여】
능소-화(凌霄花) 【명】【식】 능소화과의 낙엽 덩굴나무. 여름에 깔때기 모양의 황적색 꽃이 피며, 열매는 둘로 갈라짐. 관상용임. =능소화나무.
능수(能手) 【명】 일에 능란한 솜씨. 또는, 그 사람. ¶협상의 ~.
능수-꾼(能手-) 【명】 일솜씨가 능한 사람. ©능꾼.
능수능란-하다(能手能爛-)[-난-] 【형여】 어떤 일에 능숙하고 썩 뛰어나게 잘하는 상태에 있다. ¶**능수능란한** 말솜씨 / 사업의

능수-버들 [명][식] 버드나뭇과의 낙엽 교목. 개울가나 들에 나며, 가지가 길게 늘어짐. 우리나라 특산임. =수사류(垂絲柳).

능숙(能熟) →능숙-하다 [-수카-] [형][여] (어떤 일을 하는 솜씨나 기술이) 막히거나 어려 위하는 것이 없이 잘하는 상태에 있다. 비능란하다. ¶능숙한 솜씨 / 영어에 ~. **능숙-히** [부] ¶그는 운전을 ~ 잘한다.

능욕(凌辱·陵辱) [명] 1 (남을) 업신여겨 욕보이는 것. 2 (여자를) 강간하여 욕보이는 것. ¶불량배에게 ~을 당하다. **능욕-하다** [동][타여]

능원(陵園) [명] 왕이나 왕비의 무덤인 능(陵)과 왕세자나 왕세자빈 같은 왕족의 무덤인 원(園)의 총칭.

능이(能栮) [명][식] 버섯의 하나. 박달나무 등에 나며, 식용함. 갓은 크고 넓죽하며, 겉은 시커멓고 안은 잘게 갈라져 분홍빛이 남. =능이버섯.

능이-버섯(能栮-) [-섣] [명][식] =능이.

능장(稜杖) [명][역] 1 잡인의 출입을 금지하기 위하여 대궐 문에서 어긋맞게 지르는 둥근 나무. 2 밤에 순찰을 돌 때에 쓰는 기구.

능준-하다 [형][여] (역량·수량 따위가) 표준에 차고도 남아서 넉넉하다. **능준-히** [부] ¶오륙백 명을 ~ 당할 수 있더라도 이런 때야말로 삼십육계가 주위상책일세.《홍명희:임꺽정》

능지(陵遲) [명][역] '능지처참'의 준말. **능지-하다** [동][타여]

능-지기(陵-) [명] 능을 지키는 사람.

능지-처참(陵遲處斬) [명][역] 대역죄를 범한 죄인에게 형벌을 내릴 때, 머리·몸·팔·다리를 토막 쳐서 죽이는 극형. 준능지. **능지처참-하다** [동][타여]

능직(綾織) [명] 날실 또는 씨실이 두 올이나 그 이상 건너뛰어서 교차되어, 비스듬한 방향으로 무늬가 나타나게 짜는 방법. ¶물~. ▷평직.

능-참봉(陵參奉) [명][역] 조선 시대에, 능(陵)을 맡아보던 종9품 벼슬.

능철(菱鐵·菱鐵) [명] =마름쇠.

능철-광(菱鐵鑛) [명][광] '능철석'의 구용어.

능철-석(菱鐵石) [-썩] [명][광] 탄산철을 주성분으로 하는 광물. 삼방 정계에 속하며 유리 광택이 있고, 담갈색이지만 쉽게 변질하여 적갈색으로 됨. 구용어는 능철광. =탄산철.

능청 [명] 엉큼한 속마음을 감추고 겉으로 아닌 척 또는 안 그런 척 천연스레 꾸며서 말하거나 행동하는 짓. ¶~을 떨다 / ~을 부리다 / ~을 피우다.

능청-거리다/-대다 [동][자] (막대기나 줄 같은 것이) 탄력성 있게 자꾸 흔들리다. 작낭창거리다.

능청-능청 [부] 능청거리는 모양. 작낭창낭창. **능청능청-하다** [동][자여]

능청-맞다 [-맏따] [형] 능청을 떠는 성질이 있다. **능청맞게** [부]

능청-스럽다 [-따] [형][ㅂ] <~스러우니, ~스러워> 능청을 떠는 데가 있다. **능청스레** [부]

능청-이 [명] 능청맞은 사람.

능침(陵寢) [명] =능(陵).

능통(能通) →능통-하다 [형][여] (사물에) 환히 알아 능하다. ¶영어 회화에 ~.

능필(能筆) [명] 잘 쓴 글씨. 또는, 글씨를 잘 쓰는 사람. =능서.

능-하다(能-) [형][여] (어떤 일에) 익숙하여 잘 해내는 상태에 있다. ¶처세에 ~. **능-히** [부] ¶그 일은 어린이라도 ~ 할 수 있는 일이다.

능행(陵幸) [명] 임금이 능에 거동하는 것. **능행-하다** [동][자여]

능활(能猾) →능활-하다 [형][여] 능갈치고 교활하다. ¶능활한 수법. **능활-히** [부]

늦- [접두] 1명사나 동사의 앞에 붙어, '일정한 시간이나 제철에 뒤진'의 뜻을 나타내는 말. ¶~감자 / ~추위. ↔올~. 2명사나 동사의 앞에 붙어, '늙어서나 늘그막에 생긴'의 뜻을 나타내는 말. ¶~둥이 / ~복.

늦-가을 [늗까-] [명] 가을이 끝나 가는 시기. 11월경으로 나뭇잎이 지고 날이 서늘해짐. =계추·만추(晩秋)·모추(暮秋). ↔초가을.

늦-갈이 [늗깔-] [농] 철 늦게 경작하는 일. **늦갈이-하다** [동][타여]

늦-감자 [늗깜-] [명] 제철에 뒤져서 늦게 되는 감자. ↔올감자.

늦-거름 [늗꺼-] [명] 1 늦게 주는 거름. 2 거름주기를 하고 나서 오래 된 후에 효력이 나타나는 거름. 퇴비·인분 따위.

늦-겨울 [늗껴-] [명] 겨울이 끝나 가는 시기. 2월경으로 추위가 한풀 꺾임. =계동·만동(晩冬)·모동(暮冬). ↔초겨울.

늦-김치 [늗낌-] [명] 봄철까지 먹을 수 있도록 젓갈을 넣지 않고 담근 김치.

늦-깎이 [늗-] [명] 1 나이 들어서 승려가 된 사람. 2 보통 사람들보다 훨씬 늦게 배움이나 수련의 길에 들어선 사람. 3 대학생. 사리를 남보다 늦게 깨닫는 사람. 4 과실·채소 따위가 늦게 익은 것.

늦다 [늗따] Ⅰ [형] 1 (어떤 일이) 시간적 순서에 있어서 어떤 기준이나 비교 대상보다 뒤진 상태에 있다. ¶창수가 나보다 1시간 늦게 왔다. ↔빠르다. 2 시간이나 시기가 알맞을 때나 한창인 때를 지난 상태에 있다. ¶늦은 봄 / 이 아이는 말 배우는 것이 ~. ↔이르다. 3 (어떤 일이) 시간이 많이 드는 상태에 있다. ¶그는 다른 사람보다 일이 ~. 4 (줄이나 멜빵 등의 죄는 정도가) 느슨한 상태에 있다. ¶안전벨트를 늦게 매다.
Ⅱ [동][자] 정해진 시점을 넘긴 상태가 되다. ¶길이 막혀 회사에 ~.
[늦게 배운 도둑이 날 새는 줄 모른다] 뒤늦게 시작한 일에 재미를 알게 되어 더욱 열중하다.

늦-더위 [늗떠-] [명] 가을철이 되어도 가시지 않는 더위. =노염(老炎). ↔늦더위.

늦-동지(-冬至) [늗똥-] [명] 음력 11월 20일 이후에 드는 동지. ↔애동지.

늦-되다 [늗뙤-/-뛔-] [동][자] 1 (곡식·열매 따위가) 늦게 익다. ¶벼가 ~. 2 (아이가) 나이에 비해 발육이 느린 상태가 되다. ¶늦된 아이. ↔일되다·일되다.

늦-둥이 [늗뚱-] [명] 1 늘그막에 낳은 아이. 2 총기가 없고 똑똑하지 못한 사람.

늦-모 [늗-] [명] 제철보다 늦게 내는 모. =마냥모·만앙(晩秧).

늦-모내기 [늗-] [명][농] 하지가 지난 뒤 늦게 내는 모내기. =마냥·만이앙(晩移秧). × 만양.

늦-바람 [늗빠-] [명] 1 저녁 늦게 부는 바람. 2 느리게 슬슬 부는 바람을 뱃사람이 이르는 말. 3 나이 들어서 뒤늦게 난 난봉이나 호기(豪氣). ¶~을 피우다 / ~이 나다.

늦-밤[늗빰] 圕 철 늦게 익는 밤. ↔올밤.
늦-배[늗빼] 圕 동물의, 늦게 알을 까거나 낳은 새끼.
늦-벼[늗뼈] 圕 늦게 익는 벼. =만도(晚稻). ↔올벼.
늦-보리[늗뽀-] 圕 제철보다 늦게 익는 보리.
늦-복(-福)[늗뽁] 圕 1 늘그막에 누리는 복. 2 뒤늦게 돌아오는 복.
늦-봄[늗뽐] 圕 봄이 끝나 가는 시기. 5월경으로 날이 약간 더워짐. =계춘·만춘(晚春)·모춘(暮春). ↔초봄.
늦-부지런[늗뿌-] 圕 1 늘그막에 부리는 부지런. 2 뒤늦게 서두르는 부지런.
늦-사리[늗싸-] 圕 철 늦게 농작물을 거두어들이는 일. 또는, 그 농작물. ↔오사리. **늦사리-하다** 图(타)图
늦-새끼[늗쌔-] 圕 1 늙은 어미에게서 난 짐승의 새끼. 2 여러 배 치는 짐승의, 늦배의 새끼.
늦-서리[늗써-] 圕 제철보다 늦게 내리는 서리. ↔올서리.
늦-심기[늗씸끼] 圕 제철보다 늦게 곡식이나 식물을 심는 일. =만식(晚植).
늦-여름[는녀-] 圕 여름이 끝나 가는 시기. 8월경으로 더위가 한풀 꺾임. =계하(季夏)·만하(晚夏)·모하(暮夏). ↔초여름.
늦-자식(-子息)[늗짜-] 圕 나이가 들어 늦게 낳은 자식.
늦-작물(-作物)[늗짱-] 圕 1 늦게 가꾸는 작물. 2 다른 종류보다 늦게 익는 작물. ↔올작물.
늦-잠[늗짬] 圕 아침 늦게까지 자는 잠.
늦잠-꾸러기[늗짬-] 圕 아침에 늘 늦잠을 자는 사람을 얕잡아 이르는 말. =늦잠쟁이.
늦잠-쟁이[늗짬-] 圕 =늦잠꾸러기.
늦-잡다[늗짭따] 图(타) 어떤 때를 여유 있게 늦추어 정하다. ¶떠날 시간을 2시간 정도 늦잡았다.
늦-장¹[늗짱] 圕 =늑장.
늦-장²(-場)[늗짱] 圕 느직하게 보러 가는 장.
늦-장가[늗짱-] 圕 보통 나이보다 늦게 드는 장가.
늦-장마[늗짱-] 圕 제철이 지난 뒤에 오는 장마. ¶-가 지다. ㈜늦마.
늦-저녁[늗쩌-] 圕 늦은 저녁.
늦-추[늗-] 튀 1 때가 늦게. ¶출발 시간을 ~ 잡다. 2 켕기지 않고 느슨하게. ¶넥타이를 ~ 매다.
늦-추다[늗-] 图(타) '늦다'의 사동사. ¶속도를 ~ / 시험 날짜를 ~.
늦-추위 圕 제철보다 늦게 드는 추위.
늦하늬-바람[느타니-] 圕 뱃사람이 '남서풍'을 이르는 말. =갈바람. ↔높새바람.
늪[늡] 圕 앞으로 어찌 될 것 같은 일의 근원. 또는, 먼저 보이는 빌미. ¶가난 구제는 지옥 ~이라. (속담)
늪[늡] 圕 1 호수보다 작고 못보다 큰, 수심이 그리 깊지 않고 개흙이 많으며 수중 식물이 무성한 물웅덩이. =소(沼). ¶~에 빠지다. ▷웅덩이. 2 (주로 '~의 늪'의 꼴로 쓰여) 그 상황에서 벗어나기 어려운 상태임을 비유적으로 이르는 말. ¶경기가 침체의 ~에 빠지다 / 절망의 ~에서 허우적거리다.
늪-지대(-地帶)[늡찌-] 圕 늪이 많은 지대.
늴리리[닐-] 튀 퉁소·나발·저 따위 관악기의 음을 입으로 흉내 낸 소리. ×닐리리.
늴리리야[닐-] 圕[음] 경기 민요의 하나. 본래 창부 타령에서 전화(轉化)된 것으로, 굿거리장단으로 부름. =늴리리타령.
닁큼[닝-] 튀 머뭇거리지 않고 단번에 빨리. ¶-대답 못 하겠니? ㈜냉큼.
닁큼-닁큼[닁-닁-] 튀 머뭇거리지 않고 잇달아 빨리. ¶주는 대로 ~ 받아먹는다. ㈜냉큼냉큼.
니¹ 떼(인칭) '네'의 잘못.
니² 조 모음으로 끝나는 체언에 붙어, 사물을 열거할 때에 쓰이는 접속 조사. ¶곳간에 옥수수~ 조~ 수수~ 곡식이 가득하다. =이니.
-니³ 어미 모음이나 'ㄹ' 받침으로 끝나는 어간, 또는 어미 '-시-', '-오-'의 아래에 붙는 연결 어미. 어간 끝 음절의 'ㄹ' 받침은 탈락됨. 1 뒤에 오는 말의 원인이나 근거를 나타냄. (비)-니까. ¶너는 학생이~ 공부만 열심히 하여라. 2 앞의 사실과 관련하여 다음 사실로 나아가게 함. ¶그 산은 가장 빼어난 산이~ 이름하여 금강산이라. ▷-더니·-으니.
-니⁴ 어미 '이다'나 용언의 어간, 또는 어미 '-시-', '-았/었-', '-겠-'의 아래에 붙어, '해라' 할 상대에게 묻는 뜻을 나타내는 종결 어미. '-냐'에 비해 좀 더 부드럽고 덜 낮추는 어감을 가짐. ¶네 친구(이)~? / 학교에 가~? ▷-으니.
-니⁵ 어미 '이다' 또는 모음이나 'ㄹ' 받침으로 끝나는 형용사의 어간, 또는 어미 '-시-' 아래에 붙어, '하게' 할 상대에게 명백한 사실이나 이치가 으레 그러함을 나타내어 말할 때 쓰이는 종결 어미. 어간 끝 음절의 'ㄹ' 받침은 탈락됨. ¶성실이야말로 우리가 지켜야 할 덕목이~. ▷-느니·-으니.
-니⁶ 어미 '이다' 또는 모음이나 'ㄹ' 받침으로 끝나는 형용사의 어간에 붙어, '이러하기도 하고 저러하기도 하다'의 뜻을 나타내는 연결 어미. 어간 끝 음절의 'ㄹ' 받침은 탈락됨. '…니 …니'의 꼴로 쓰임. ¶음식이 짜~ 투정을 부린다. ▷-느니·-으니.
니그로(Negro) 圕 아프리카에 사는 검은 피부의 토착민. 또는, 여타의 지역에서 사는 그들의 후예. 입술이 두툼하고 코가 편평하며 곱슬머리임. (비)흑인.
니그로-인종(Negro人種) 圕 =흑인종.
니글거리다/-대다 图(자) (속) 자꾸 메스꺼워 토할 것 같은 느낌이 들다. ¶너무 기름진 음식을 먹었더니 속이 니글거린다.
니글-니글[-리-] 튀 니글거리는 모양. **니글니글-하다** 图(자)어
-니까 어미 1 모음이나 'ㄹ' 받침으로 끝나는 어간, 또는 어미 '-시-', '-오-'의 아래에 붙는 연결 어미. 어간 끝 음절의 'ㄹ' 받침은 탈락됨. 뒤에 오는 말의 원인이나 근거를 나타냄. '-니'¹과 같은 뜻이나 좀 더 구어적임. '-니'와는 달리 때로 종결 어미로 쓰일 때도 있음. ¶어려울 때(이) ~ 참아라. / 날이 따뜻하~ 졸린다. 2 모음이나 'ㄹ' 받침으로 끝나는 동사의 어간, 또는 어미 '-시-' 아래에 붙어, 앞에 오는 행위의 결과로 뒤에 오는 일을 경험하거나 발견함을 나타내는 연결 어미. ¶아침에 일어나 보~ 눈이 내렸어요. ▷-으니까. ×-니까니.
니나노 Ⅰ 圕 1 흔히 술집에서 젓가락 장단을 치면서 부르는 노랫가락이나 대중가요. 2 술집에서 시중드는 여자를 속되게 이르는 말.

Ⅱ[감] 경기 민요 늴리리야와 태평가 등의 후렴구에 나오는 소리.

니나놋-집 [-노찝/-놑찝] [명] 접대부의 시중을 받으면서 젓가락 장단에 맞춰 노래를 부르며 술을 마실 수 있는 집.

-니라 [어미] '이다' 또는 모음이나 'ㄹ' 받침으로 끝나는 형용사의 어간, 또는 어미 '-시-' 아래에 붙어, '해라' 할 상대에게 명백한 사실이나 이치가 으레 그러함을 나타내어 말할 때 쓰이는 종결 어미. 어간 끝 음절의 'ㄹ' 받침은 탈락됨. ¶참는 게 이기는 것이~. / 꼭지가 마르지 않은 과일이 싱싱하~. ▷-느니라·-으니라.

니르바나 ([범]nirvāna) [명][불] =열반(涅槃)1.

-니만치 [어미] =-니만큼.

-니만큼 [어미] '이다' 또는 모음이나 'ㄹ' 받침으로 끝나는 형용사의 어간, 또는 어미 '-시-', '-오-'의 아래에 붙어, 원인이나 근거가 됨을 나타내는 연결 어미. 어간 끝 음절의 'ㄹ' 받침은 탈락됨. =-니만치. ¶배가 고프~ 먹고 시작하자. ▷-느니만큼·-으니만큼.

니스 ([일]ニス) [명] 〔<varnish〕[화] =바니시(varnish).

니오브 ([독]Niob) [명][화] 회백색의 금속 원소. 원소 기호 Nb, 원자 번호 41, 원자량 92.906. 잘 늘어나고 펴지며, 내열 합금이나 초전도(超傳導) 재료 등에 씀. =니오븀·콜럼븀.

니은 [명][언] 한글 자음 'ㄴ'의 이름(2117쪽 '한글 자모' 참고).

니제르 (Niger) [명][지] 아프리카 서부의 사하라 사막 남부에 있는 공화국. 수도는 니아메.

니치 (niche) [명][건] =벽감(壁龕).

니카라과 (Nicaragua) [명][지] 중앙아메리카 중부에 있는 공화국. 수도는 마나과.

니커보커스 (knickerbockers) [명] 무릎 근처에서 졸라매게 되어 있고 품이 넉넉한 활동적인 바지. [준]니커스.

니케 (Nice) [명][신화] 그리스 신화에 나오는 승리의 여신. 날개가 있고 종려나무의 가지와 방패, 월계관을 가짐. 로마 신화의 '빅토리아'에 해당함. 영어명으로는 나이키.

니켈 (nickel) [명][화] 은백색의 광택이 있는 금속 원소. 원소 기호 Ni, 원자 번호 28, 원자량 58.69. 강자성(強磁性)을 나타내며, 합금·도금·촉매 등으로 쓰임.

니켈-강 (nickel鋼) [명] 니켈을 함유하는 강철. 차량·교량·내연 기관 등에 쓰임.

니켈크롬-강 (nickel-chrome鋼) [명] 니켈과 크롬을 함유하는 강철. 충돌에 강하여 구조용 특수강으로서 기계 부품에 쓰임.

니코틴 (nicotine) [명][화] 담뱃잎에 들어 있는 알칼로이드의 하나. 무색 또는 담황색의 유상(油狀) 액체. 독성이 강하고 자극적인 냄새와 맛이 있음. 농업용 살충제로 쓰임.

니코틴-산 (nicotine酸) [명][화] 수용성 비타민 B 복합체의 하나. 간·고기·밀 따위에 들어 있으며, 펠라그라병의 예방과 치료에 쓰임. =니아신(niacin).

니콜^프리즘 (Nicol prism) [명][물] 방해석의 복굴절을 이용하여 만든 편광 프리즘.

니크롬 (Nichrome) [명][화] 니켈과 크롬을 주성분으로 하는 합금. 전기 저항이 크며, 잘 산화되지 않기 때문에 전열선·저항기 등에 쓰임. =니켈크롬 합금.

니크롬-선 (Nichrome線) [명][물] 니켈과 크롬의 합금으로 만든 금속선. 전열기용 저항선으로 쓰임.

니트 (knit) [명] 뜨개질하여 만들거나 뜨개질과 같은 방식으로 기계로 짠 옷이나 천. [비]편물.

니트로-글리세린 (nitroglycerin) [명][화] 글리세린의 질산에스테르. 무색의 기름 모양의 액체이며, 폭발성이 강하여 다이너마이트의 원료로 쓰임.

니트로-화 (nitro化) [명][화] 유기 화합물에 니트로기를 도입하는 반응. 염료·의약·농약·폭약의 제조에 중요한 반응임. =니트로 치환(置換).

니트-웨어 (knitwear) [명] 뜨개질하여 만들거나 뜨개질과 같은 방식으로 기계로 짠 옷. 신축성과 보온성이 좋고 구김이 가지 않음.

니퍼 (nipper) [명] 전선을 자를 때 쓰는, 펜치 비슷하게 생긴 공구.

니힐리스트 (nihilist) [명] =허무주의자.

니힐리즘 (nihilism) [명] =허무주의.

닉네임 (nickname) [명] '별명(別名)[1]'로 순화. ¶우리 선생님의 ~은 호랑이다.

닐리리 [부] '늴리리'의 잘못.

님[1] [명] '임[1]'의 잘못.

님[2] [명][의존] 《사람의 성명 다음에 붙여》 그 사람을 높이는 뜻을 나타내는 말. 비교적 최근에 생긴 용법으로, '씨(氏)'와 비슷한 뜻을 가지나 아직 그 쓰임이 매우 제약되어 있음. ¶주시경 ~.

님[3] [명][의존] 바느질에 쓰는 토막 친 실을 세는 단위. ¶한 ~ / 세 ~.

-님[4] [접미] **1** 사람의 직책이나 직위, 또는 친족 관계를 나타내거나 초월적 존재를 나타내는 명사 뒤에 붙어, 그를 직접 부르거나 문장 속에서 언급할 때 높이는 뜻을 나타내는 말. 순 우리말 친족어와 결합할 때는 어말의 음절이 축약되는 경우도 있음. ¶임금~ / 사장~ / 부모~ / 선생~ / 누~ / 하느~. **2** 동물이나 사물 등을 나타내는 명사 뒤에 붙어, 그 대상을 인격화하여 높이는 뜻을 나타내는 말. 주로 동화 속이나 동화적 분위기가 있는 상황에서 쓰임. ¶별~ / 달~ / 해~ / 사자~.

님비 (NIMBY) [명] 〔not in my backyard(내 뒷마당에서는 안 된다는 뜻)〕 쓰레기장이나 핵폐기물, 원자력 발전소 등을 자기가 사는 지역에는 세울 수 없다고 주장하는 이기적이고 자기중심적인 태도.

님프 (nymph) [명][신화] 그리스 신화에 나오는 자연계의 정령(精靈). 산·강·나무 등에 살며, 젊고 아름다운 여자의 모습으로 나타남.

닢 [닙] [명][의존] **1** 동전·엽전 등의 낱개를 세는 말. ¶동전 한 ~ / 엽전 두 ~. **2** 가마니·멍석 등의 낱개를 세는 말. ¶가마니 한 ~.

ㄷ ➡디귿.
ㄷ^불규칙^용^언(-不規則用言) 몡[언] ➡디귿 불규칙 용언.
ㄷ^불규칙^활용(-不規則活用) 몡[언] ➡디귿 불규칙 활용.
ㄷ자-집(-字-) 몡[건] ➡디귿자집.
다¹ 몡[음] 서양 음악의 7음 음계에서 첫째 음이름. 영어로는 시(C), 이탈리아 어로는 도(do). ¶~장조.
다² Ⅰ 뷔 1 일정한 범위나 영역 안에 있는 대상을 모두 포함함을 이르는 말. ¶당신이 제시한 조건을 ~ 들어주겠소. 2 일의 진행이나 과정이 마지막 단계나 상태에 이르렀음을 가리키는 말. ¶키가 ~ 자라다. 3 언짢거나 놀랍거나 의외적인 상황을 나타내는 문맥에 쓰여, 그 서술어를 더욱 강조하는 말. ¶뭐 이런 게 ~ 있어? / 원, 별 말씀을 ~ 하십니다. 4 과거형의 동사 앞에 쓰여, 실현될 수 없게 된 미래의 사실을 반어적(反語的)으로 강조하는 말. ¶주전 선수가 부상을 당했으니 경기는 ~ 이겠다.
Ⅱ 몡 1 일정한 범위나 영역 안에 있는 대상의 전체. ¶내가 가진 건 이게 ~다. 2 더할 나위 없는 최고·최상의 것. ¶얼굴만 예쁘면 ~냐?
[다 된 죽에 코 풀기] ㉠거의 다 된 일을 망쳐 버리는 주책없는 행동을 이르는 말. ㉡남의 다 된 일을 악랄한 방법으로 망침을 이르는 말.
다³ 죠 '다가' 의 준말. ¶거기 ~ 놓으시오.
다⁴ 죠 모음으로 끝나는 체언에 붙어, 사물을 열거할 때 쓰는 접속 조사. ¶사과~ 배~ 잔뜩 사 왔다.
-다⁵ 어미 1 활용어의 기본형을 나타내는 어미. ¶좋~ / 읽~. 2 형용사 '이다', '있다' 의 어간, 또는 어미 '-시-', '-았/었-', '-겠-' 의 아래에 붙어, '해라' 할 상대에게 사건이나 사실을 서술하는 뜻을 나타내는 종결 어미. ¶하늘이 맑~. / 오늘은 점심을 늦게 먹었~. 3 주로 동사의 어간이나 어미 '-시-' 아래에 붙어, 일기문이나 신문 기사의 제목 따위에서 과거의 행위를 간략하게 진술하는 데 쓰는 종결 어미. ¶한국 축구, 월드컵 티켓을 따~. / 오늘 새벽 북한산에 오르~. 4 '-다가' 의 준말. ¶일하~ 쓰러지다. 5 ➡-아다.--어다.
다-⁶ 접투 일부 명사 앞에 붙어, '여러', '많은' 의 뜻을 나타내는 말. ¶~용도 / ~수확 / ~방면.
다가¹ 죠 부사격 조사 '에', '에게', '한테', '로/으로' 뒤에 붙어, 그 뜻을 뚜렷하게 하는 보조사. '에' 는 때로 생략되기도 함. ¶저기(에) ~ 놓아라. / 누구한테 ~ 하소연할꼬? ㉣-다.
-다가² 어미 1 계속되던 상태나 동작이 그치고 다른 것으로 넘어감을 나타내는 연결 어미. ¶울~ 잠이 들었다. 2 어떤 동작이 다른 일의 근거가 됨을 나타내는 연결 어미. ¶연필을 깎~ 손을 베었다. 3 '~ …~' 의 꼴로 어간에 붙어, 두 가지 이상의 사실이 번갈아 일어남을 나타내는 연결 어미. ¶하늘이 맑았~ 흐렸~ 한다. ㉣-다. 4 ➡-아다가·-어다가.
다가-가다 图(재)[거라]<~-가거라> (어떤 대상이 있는 쪽으로) 가깝게 접근하다. ¶나비가 꽃에 내려앉자 아이는 살금살금 그쪽으로 다가갔다.
다가구^주¦택(多家口住宅) 몡 4층 이하의 동당(棟當) 건축 연면적이 660㎡ 이하인 건물 안에 여러 가구가 독립적인 공간을 차지할 수 있되, 소유권은 분할되지 않는 주택. ▷세대 주택.
다가-들다 图(재)<~-드니, ~-드오> 1 (어떤 대상이 있는 쪽으로) 더 가까이 접근하다. 2 맞서서 덤벼들다.
다가-붙다[-붇따] 图(재) (어떤 대상이 있는 쪽으로) 더 가까이 붙다. ¶미행자가 바싹 ~.
다가-서다 图(재) (어떤 대상이 있는 쪽으로) 더 가까이 옮겨 서다. ¶그의 곁으로 한 걸음 ~.
다가-앉다[-안따] 图(재) (어떤 대상이 있는 쪽으로) 더 가까이 옮겨 앉다. ¶내 곁으로 바싹 다가앉아라.
다가-오다 图(재)[너라]<~-오너라> 1 (어떤 대상이 있는 쪽으로) 더 가까이 옮겨 오다. ¶그는 내게로 다가오며 말을 걸었다. 2 (시일이) 가까이 닥쳐오다. ¶시험 날짜가 하루 앞으로 다가왔다.
다각(多角) 몡 1[수] 여러 개의 각. ¶~ 기둥. 2 여러 방면이나 부문.
다각도-로(多角度-)[-또-] 뷔 여러 가지 관점이나 방법으로. ㉑여러모로. ¶문학 작품을 ~으로 분석하다.
다각^무¦역(多角貿易)[-강-] 몡[경] 3개국 이상 사이에서 다각적으로 행해지는 무역. 각국의 수출입 균형을 위하여, 다각적인 무역을 행하고서 전체로서 채권·채무를 상계(相計) 하는 방식임. ▷삼각 무역.
다각-적(多角的)[-쩍] 관·몡 여러 방면이나 부문에 걸친 (것). ¶~ 고찰 / 해결 방도를 ~으로 강구하다.
다각-형(多角形)[-까형] 몡[수] 셋 이상의 선분으로 둘러싸인 평면 도형. =다변형.
다각-화(多角化)[-가콰] 몡 여러 방면이나 분야에 걸치도록 하는 것. 또는, 여러 방면이나 분야에 걸치게 되는 것. ¶경영의 ~를 도모하다. 다각화-하다 图(재)(타)(어) ¶해외 시장을 ~. 다각화-되다 图(재)
-다간 '-다가' 에 보조사 '-는' 이 줄어서 합한 말. ¶그렇게 급히 먹~ 배탈 나지. ㉣-단.
다-갈색(茶褐色)[-쌕] 몡 검은빛을 띤 갈색.
다감(多感) ➡다감-하다 혱(어) 감정이 풍부하여 사물에 대한 느낌이 많거나 어떤 일에 감동하기 쉽다. ¶다감한 심성을 가지다.

다감다정(多感多情) →다감다정-하다 [형][어] =다정다감하다.

-다고[1] [어미] 형용사나 '있다'의 어간, 또는 어미 '-시-', '-았/었-', '-겠-'의 아래에 붙는 종결 어미. 1 '해' 할 상대에게 반문하는 경우에 쓰임. ¶이것보다 그게 좋~? / 벌써 떠났~? 2 잘못 인식하였음을 깨달았을 때 쓰임. ¶난 또 네가 했~. ▷-ㄴ다고·-는다고.

-다고[2] [어미] 형용사나 '있다'의 어간, 또는 어미 '-시-', '-았/었-', '-겠-'의 아래에 붙어, 앞의 말이 뒤에 오는 말의 원인이나 근거가 됨을 나타내는 연결 어미. ¶날 어리~ 얕보지 마세요. / 일류 대학을 가겠~ 열심히 공부하고 있다. ▷-ㄴ다고·-는다고.

-다고[3] '-다'와 부사격 조사 '-고'가 결합한 말. ¶동생이 아프~ 그랬지? ▷-ㄴ다고·-는다고.

다공(多孔) [명] 구멍이 많음. ¶~관(管).
다공-질(多孔質) [명] 다수의 미세한 구멍을 갖는 물질.
다과[1](多寡) [명] 수효의 많고 적은 것. [비]다소(多少). ¶금액의 ~를 불문하고 기부금을 받습니다.
다과[2](茶菓) [명] 차(茶)와 과자. ¶손님에게 ~를 대접하다.
다과-회(茶菓會) [-회/-훼] [명] 차와 과자 등을 베푸는 간단한 모임.
다관(茶罐) [명] 1 [역] 차를 끓여 담는 그릇. 2 =차관(茶罐)[3]. ▷찻주전자.
다구(茶具) [명] =차제구(茶諸具).
다국적-군(多國籍軍) [-쩍-] [명] 여러 나라의 국적을 가진 군인들로 이뤄진 군대.
다국적^기업(多國籍企業) [-쩍끼-] [명] 여러 나라에 걸쳐, 현지 국적을 얻은 제조 공장과 판매 회사를 거느리는 대기업. =세계 기업.
다그다 [동][타] <다그니, 다가> 1 (물건 따위를) 어떤 방향으로 가까이 옮기다. ¶의자를 창 가에 다가 놓다. 2 (시간이나 날짜를) 예정보다 앞당기다. ¶공사 완료 날짜를 ~. 3 (어떤 일을) 서둘러 하다.
다그-치다 [동][타] 1 (일이나 행동을) 빨리 끝내려고 몰아치다. ¶일손을 ~. 2 상대방에게 여유를 주지 않고 계속 몰아쳐서 작용을 가하다. [비]다그쳐 묻다.
다극(多極) [명] 1 극이 여러 개임. ¶~ 진공관. 2 중심 세력이 하나나 둘이 아니고, 여럿으로 분산되어 대립되어 있는 상태.
다극화 시대(多極化時代) [-그콰-] [정] 일본, 서유럽, 제삼 세계의 등장으로 미국·소련 중심의 양극 체제에서 벗어나 중심 세력이 다원화된 시대.
다급-스럽다(多急-) [-쓰-따] [형][ㅂ] <~스러우니, ~스러워> 다급한 데가 있다. **다급스레** [부]
다급-하다(多急-) [-그파-] [형][어] (해야 할 일이) 바로 앞에 닥쳐 있어 몹시 급하다. [비]긴급하다·절박하다. ¶다급한 용무. **다급-히** [부] ¶그는 누구에게 쫓기듯 ~ 연회장을 빠져나갔다.
다기(茶器) [명] =차제구(茶諸具).
다-기능(多技能) [명] 기능이 많은 것. ¶~ 컴퓨터.
다기-망양(多岐亡羊) [명] [달아난 양을 찾다가 갈림길이 많아 결국 양을 잃고 말았다는 뜻] 1 학문의 길이 여러 갈래이므로 진리를 찾기 어려움. [비]망양지탄. 2 방침이 너무 많

다능 ● 393

아 도리어 갈 바를 모름.
다기-있다(多氣-) [-읻따] [형] =다기지다.
다기-지다(多氣-) [형] 보기보다 마음이 굳고 야무지다. =다기있다·다기차다. ¶그는 키가 작은 데다 매우 ~.
다기-차다(多氣-) [형] =다기지다.
다꾸앙 (←日澤庵/たくあん) [명] '단무지'로 순화.
-다나 [어미] 형용사나 '있다'의 어간, 또는 어미 '-시-', '-았/었-', '-겠-'의 아래에 붙어, 어떤 사실을 무관심하거나 조금 빈정거리는 태도로 전달할 때 반말 투로 이르는 종결 어미. ▷-ㄴ다나·-는다나·-라나.
다나에(Danae) [명][신] 그리스 신화에 나오는 여신. 아르고스 왕 아크리시오스의 딸로, 제우스와의 사이에 페르세우스를 낳음.
다난(多難) →다난-하다 [형][어] 시련과 고난이 많다.
다남(多男) [명] 아들이 많은 것. 또는, 많은 아들. =다남자. ¶박쥐 문양은 예부터 ~의 상징으로 많이 쓰여 왔다. **다남-하다** [형][어]
다냥-하다 [형][어] '당양(當陽)하다'의 잘못.
-다네[1] [어미] 형용사나 '있다'의 어간, 또는 어미 '-시-', '-았/었-', '-겠-'의 아래에 붙는 종결 어미. 1 어떤 사실을 가볍게 감탄하여 이를 때 쓰임. ¶시골에는 봄의 숨촉이 젖어서는 늘 어젰~. <김소월·왕십리> 2 '하게' 할 상대에게 화자가 알고 있는 사실을 가볍게 주장할 때 쓰임. ¶이 약은 관절염에 효험이 있~. ▷-ㄴ다네·-는다네·-라네.
-다네[2] '-다고 하네'가 준 말. ¶그곳이 그리도 좋~. ▷-ㄴ다네·-는다네·-라네.
다녀-가다 [동][자] <다녀거라> <~가거나> (사람이 어느 곳에, 또는 어느 곳을) 왔다가 돌아가다. ¶방금 네 친구가 다녀갔다.
다녀-오다 [동][자][타] <너라> <~오너라> (사람이 어느 곳에, 또는 어느 곳을) 갔다가 돌아오다. ¶어머니, 학교에 다녀오겠습니다. / 올 적에 고모 집에 다녀오너라.
다년(多年) Ⅰ [명] 여러 해. ¶~에 걸친 공사.
Ⅱ [부] '다년간'의 준말.
다년-간(多年間) Ⅰ [명] 여러 해 동안. ¶~의 노력으로 결실을 보다.
Ⅱ [부] 여러 해 동안에. ¶~ 심혈을 기울인 작품. [준]다년.
다년-생(多年生) [명][식] =여러해살이. ↔일년생.
다년생^식물(多年生植物) [-씽-] [명][식] =여러해살이풀.
다년-초(多年草) [명][식] =여러해살이풀.
다뉴(大*年號) [『大』의 본음은 '대'] [역] =연호(年號)[1]. [원]대년호.
다뇨-증(多尿症) [-쯩] [명][의] 오줌의 분비와 배설이 비정상적으로 많은 증세.
-다느냐 '-다고 하느냐'가 준 말. ¶벌써 오셨~. ▷-ㄴ다느냐·-는다느냐.
-다느니 [어미] 형용사나 '있다'의 어간, 또는 어미 '-시-', '-았/었-', '-겠-'의 아래에 붙어, 이러하다 하고 저러하다 하고 하기도 함을 나타내는 연결 어미. ¶좋~ 나쁘~ 야단들이다. / 주었~ 안 받았~ 실랑이를 벌이고 있다. ▷-ㄴ다느니·-는다느니.
-다는 '-다고 하는'이 준 말. ¶이것이 네가 읽었~ 책이냐? [준]-단. ▷-ㄴ다는·-는다는.
다능(多能) →다능-하다 [형][어] 여러 가지 일에 능하다. 재주가 많다.

-다니[1] [어미] 용언의 어간이나 어미 '-시-', '-았/었-', '-겠-'의 아래에 붙어, '해'할 상대에게 쓰이거나 혼잣말에 쓰여, 어떤 사실을 깨달으면서 놀람, 감탄, 분개 따위의 감정을 나타내는 종결 어미. ¶그런 녀석을 친구라고 믿~. / 내가 어리석었지.

-다니[2] [어미] 형용사나 '있다'의 어간, 또는 어미 '-시-', '-았/었-', '-겠-'의 아래에 붙어, '해라' 할 상대에게 어떤 사실에 대해 의문을 나타내는 종결 어미. ¶개는 떠날 시간인데 아직도 방에 있~? ▷-ㄴ다니·-는다니.

-다니[3] 1 '-다고 하니'가 준 말. ¶네가 떠난다니 섭섭하구. 2 '-다고 했니'가 준 말. ¶바깥 날씨가 춥~? ▷-ㄴ다니·-는다니.

-다니까[1] [어미] 형용사나 '있다'의 어간, 또는 어미 '-시-', '-았/었-', '-겠-'의 아래에 붙어, '해' 할 상대에게 쓰이거나 혼잣말에 쓰여, 어떠한 사실을 모르거나 의심하는 상대방을 다그쳐 깨우쳐 주는 뜻을 나타내는 종결 어미. ¶내가 한 말이 맞~. / 어제 그 여자를 분명히 보았~. ▷-ㄴ다니까·-는다니까.

-다니까[2] '-다고 하니까'가 준 말. ¶입~ 점점 더 심한다. ▷-ㄴ다니까·-는다니까.

다니다 [동] ①[자] 1 (사람이나 동물, 자동차 등이) 지나가고 지나오고 하다. ¶차가 다니는 큰길. 2 (비행기·배·기차·버스 등이) 노선에 따라 통행하다. ¶이 구간에는 다니는 버스가 없다. 3 (사람이 어떤 곳에) 볼일을 보거나 직업상 늘 또는 일정 기간 갔다 오다. ¶회사에 ~ / 학교에 ~. 4 (사람이 어떤 곳에) 곧 돌아올 생각으로 가다. ¶시골에 다니러 가다. ②[타] (사람이나 동물, 자동차 등이 어떤 곳을) 지나가고 지나오고 하다. ¶사람이 어찌나 다니는지 길을 다닐 수가 없다. ¶(탈것이 어떤 곳을) 노선에 따라 통행하다. ¶구파발에서 양재동 사이를 다니는 전철. 3 (사람이 어떤 곳을) 볼일을 보거나 직업상 늘 또는 일정 기간 갔다 오다. ¶병원을 ~ / 직장을 ~. 4 (동작성을 나타내는 일부 명사를 목적어로 하여) (사람이 그 명사가 나타내는 동작을) 하기 위하여 어느 곳에 갔다 오는 행동을 되풀이하다. ¶등산을 ~ / 구경을 ~.

다니엘-서(Daniel書) [명][성] 구약 성서 중의 한 권.

다님 '달'의 아어(雅語).

다다[1] [부] 아무쪼록 힘이 미치는 데까지. 또는, 될 수 있는 대로. ¶~ 일찍 서둘러서 떠나도록 해라.

다다[2] (ⓔdada) [명] 1 [예] '다다이즘'의 준말. 2 '다다이스트'의 준말.

다다귀-다다귀 [부] '다닥다닥'의 본딧말. ¶앵두가 가지마다 ~ 열렸다. 셴더더귀더더귀. **다다귀다다귀-하다** [형여]

다다기-오이 [명][식] 눈마다 열리는 오이. 준다다기외.

다다르다 [동][자] <다다르니, 다다라> 1 (사람이나 탈것이 목적한 곳에) 가서 닿다. 비이르다·도착하다·당도하다. ¶우리 일행은 밤늦게야 목적지에 다다랐다 / 열차가 부산역에 다다랐을 때는 이미 날이 어두워져 있었다. 2 (어떤 일이 목표나 마지막 상태에) 진행되어 가 닿다. 비이도달하다. ¶이야기가 결론에 ~ / 수출이 목표량에 ~. ×다닫다.

다다미(←ⓙ疊/たたみ) [명] 마루방에 까는 일본식 돗자리.

다다미-방(←ⓙ疊/たたみ 房) [명] 다다미를 깐 방.

다다이스트(dadaist) [명] 다다이즘을 신봉하는 사람. 준다다.

다다이즘(dadaism) [명][예] 제1차 세계 대전 중, 스위스의 취리히에서 일어나, 1920년대 유럽 및 미국에서 성행한 미술·문예 운동. 모든 사회적·예술적 전통을 부정하고 반이성(反理性)·반도덕·반예술을 표방하였음.

다다-익선(多多益善) [-썬] [명] [중국 한(漢)나라의 장수 한신이 고조(高祖)와 장수의 역량에 대하여 얘기할 때, 고조는 10만 정도의 병사를 지휘할 수 있는 그릇이지만, 자신은 병사의 수가 많을수록 잘 지휘할 수 있다고 한 고사에서] 많을수록 더욱 좋음.

다닥-다닥 [-따~] [부] 1 여러 물체가 여유가 없이 아주 가까이 붙어 있는 모양. ¶판잣집이 ~ 붙어 있는 달동네. 본다다귀다다귀. 2 여기저기 흉하게 기운 모양. ¶~ 기운 바지. 셴더덕더덕. 센따닥따닥. **다닥다닥-하다** [형여]

다닥-뜨리다/-트리다 [동][자] 서로 닿아서 마주치다. 또는, 마주쳐 닥뜨리다. ¶좁은 골목에서 ~.

다닥-치다 [동][자] 1 서로 마주쳐 부닥치다. 2 (일이나 사건 따위가) 바싹 가까이 닥치다.

다단(多段) [명] 여러 단.

다-단계(多段階) [-게/-계] [명] 여러 단계. ¶유럽 국가들의 ~ 통합안.

다단계^판매(多段階販賣) [-게/-계-] [명][경] 소비자를 판매원으로 가입시키고 그 판매원이 다시 다른 소비자를 판매원으로 가입시킴으로써 판매 유통망을 확대해 가되, 판매가 이뤄졌을 때 판매원에게 일정한 이익을 주는 방식의 판매. =멀티 상법.

다단-식(多段式) [명] 여러 단계나 부분으로 나누어 하는 방식. ¶~ 펌프 / ~ 로켓.

다-단조(-短調) [-쪼] [음] 으뜸음이 '다'인 단조.

다닫다 [동][자][타] '다다르다'의 잘못.

다달-이 [부] 매달·매월. ¶~ 관리비를 내다. ×달달이.

다담(茶啖) [명][불] 손님 대접을 위하여 내놓은 다과(茶菓) 따위. =차담(茶啖).

다담-상(-床) [-쌍] [명] 손님 대접으로 음식을 차린 상.

다당-류(多糖類) [-뉴] [명][화] 가수 분해에 의하여 몇 분자 이상의 단당류(單糖類)를 생성하는 당류. 녹말·셀룰로오스 따위.

다대(多大) →다대-하다 [형여] 많고도 크다. ¶교육 발전에 대대한 공헌을 하다.

다대기 [←ⓙ叩き/たたき] [명] 얼큰한 맛을 내는 양념의 하나. 끓는 간장이나 소금물에 마늘·생강 따위를 다져 넣고 고춧가루를 뿌려 끓인 다음, 기름을 쳐서 볶아 만든 것임. '다진 양념'으로 순화.

다도(茶道) [명] 차를 달여 손님에게 권하거나 마실 때의 예의범절.

다독(多讀) [명] (글이나 책을) 많이 읽는 것. ▷남독·숙독·정독. **다독-하다** [동][타][여]

다독-거리다/-대다 [-꺼(때)-] [동][타] 1 (흩어지기 쉬운 물건을) 가볍게 자꾸 두드려서 누르다. ¶화로의 재를 부손으로 ~. 2 어린아이의 몸을 가볍게 계속 두드리다. ¶아이를 다독거려 잠을 재우다. 3 남의 연약한 점을 감싸거나 용기 따위를 자주 북돋워 주다. ¶대학에 떨어진 아들을 다독거리는 아버지.

다루가치●395

(셈)따독거리다.
다독-다독[-따-] 튀 다독거리는 모양. ¶아이를 ~ 두드리며 달래다. (셈)따독따독. **다독다독-하다** 통(타)여 ¶우는 애를 좀 **다독다독**해 줘.
다독-이다 통(타) 1 (흩어지기 쉬운 물건을) 가볍게 두드려 누르다. 2 아기를 재우거나 귀여워할 때 아기의 몸을 가볍게 두드리다. 3 남의 약점을 감싸주거나 용기 따위를 북돋아 주다.
다-되다[-되/-뒈-] 혱 (어떤 대상이) 그 기능·역할·활력 등이 다 끝난 상태가 되다. ¶**다된** 집안 / 건전지의 수명은 ~ / 사람이 사람을 믿지 못하니 이건 **다된** 세상이야.
다듬-거리다/-대다 통(타) '더듬거리다'의 작은말. (셈)따듬거리다.
다듬다[-따-] 통(타) 1 (사람이 울퉁불퉁하거나 삐죽삐죽하거나 거칠거칠한 상태의 물체나 물건을) 손이나 도구로 매만져서 맵시가 나게 하거나 고른 상태가 되게 하다. (비)매만지다. ¶손톱을 ~ / 미용사가 머리를 ~ / 재목을 대패질하여 ~. 2 (새나 짐승이 깃이나 털을) 주둥이나 혀로 고르게 하다. ¶부리로 깃을 **다듬는** 백로 / 고양이가 혀로 털을 ~. 3 (사람의 얼굴이나 외모를) 아름답게 꾸미다. ¶썩 미인은 아니지만 **다듬으면** 쓸 만한 얼굴은 되겠는걸. 4 (푸성귀 따위를) 필요 없거나 상한 부분을 떼어 없애 먹기에 알맞은 상태로 만들다. ¶파를 ~ / 배추를 ~. 5 (이미 쓴 글을) 더 좋은 글이 되도록 덧붙여 쓰거나 짜임새 있게 바로잡아 고치다. ¶원고를 ~. 6 (옷감 따위를) 구김살이 펴지도록 방망이로 두드려 반드럽게 하다. ¶모시를 ~.
다듬-다듬 튀 '더듬더듬'의 작은말. (셈)따듬따듬. **다듬다듬-하다** 통(타)여
다듬-이 몡 1 =다듬잇감. 2 '다듬이질'의 준말. ¶~ 소리.
다듬이-질 몡 옷감 따위를 반드럽게 하기 위하여 다듬잇방망이로 두드리는 일. (준)다듬이·다듬질. **다듬이질-하다** 통(타)여
다듬잇-감[-이깜/-읻깜] 몡 다듬이질할 감. =다듬이.
다듬잇-돌[-이똘/-읻똘] 몡 다듬이질 할 때 밑에 받치는 돌. =침석(砧石).
다듬잇-방망이[-이빵-/-읻빵-] 몡 다듬이질할 때 쓰는 나무 방망이. 세는 단위 켤레. =침저(砧杵).
다듬잇-살[-이쌀/-읻쌀] 몡 다듬이질이 알맞게 되었을 때 다듬잇감에 생기는 윤기나 풀기. ¶~이 잘 잡히다 / 잘 ~이 선 빨래.
다듬-질 몡 1 새기거나 만든 물건을 마지막으로 매만져 다듬는 일. 2 '다듬이질'의 준말. **다듬질-하다** 통(타)여
다디-달다 혱 (~다니, ~다오) 1 매우 달다. 2 배푸는 정 같은 것이 매우 두텁다. ×달디달다.
다따가 튀 난데없이 갑자기. ¶그동안 술을 입에 대지도 않던 사람이 ~ 웬 술타령이오?
다라니(陀羅尼) 몡 [<(범)dhāraṇī] [불] [선법(善法)을 갖추어 악법(惡法)을 막는다는 뜻] 범문(梵文)을 번역하지 않고 음 그대로 외는 일. 이를 외는 사람은 한없는 기억력을 얻고, 모든 재액에서 벗어나는 등 많은 공덕을 얻는다고 함. =진언(眞言).
다라이(@監/たらい) 몡 금속·경질(硬質)

비닐·나무 등으로 만든, 둥글넓적하고 아가리가 넓게 벌어진 그릇.
다:라지다 혱 (사람됨이) 접이 없고 야무지다. ¶안차고 ~.
다락 몡 [건] 1 한옥에서, 부엌 천장과 지붕 사이에 물건을 보관할 수 있게 꾸며 놓은 공간. 2 =다락집.
다락-같다[-깓따] 혱 1 (물건 값이) 매우 비싸다. 2 덩치나 크기가 당당하게 크다. **다락-같이** 튀 ¶~ 치솟는 물가.
다락-다락[-따-] 튀 자꾸 대들어 귀찮게 조르는 모양. (큰)더럭더럭.
다락-문(-門)[-랑-] 몡 다락으로 오르내리는 문. =누문(樓門).
다락-방(-房)[-빵] 몡 1 다락처럼 만들어 꾸민 방. 2 다락 위에 만들어 꾸민 방.
다락-집[-찝] 몡 [건] 마룻바닥이 지면보다 높게 되거나, 2층으로 지은 집. =다락. (비)누각.
다람-쥐 몡 [동] 포유류 다람쥣과의 한 종. 모양이 쥐와 비슷하나 털이 적갈색이며, 등에 5개의 검은 줄이 있음. 도토리·밤 따위를 먹는데, 땅속의 굴에 저장하기도 함. 나무를 잘 탐.
[**다람쥐 쳇바퀴 돌듯**] 변화나 발전이 없이 항상 똑같은 일만 계속하는 것을 이르는 말.
다:랍다[-따] 혱<ㅂ불>(다라우니, 다라워) 1 '더럽다¹'의 작은말. 2 아니꼽게 느낄 정도로 인색하다. ¶아니, 다랍게 요게 뭐야?
다랑-귀 몡 두 손으로 붙잡고 매달리는 짓.
다랑귀(를) 뛰다 (관) 1 두 손으로 붙잡고 매달리다. 2 들러붙어서 몹시 졸라 대다.
다랑-논 몡 다랑이로 된 논. =다랑전.
다랑-거리(다) 통(동)
다랑-이 몡 1 (자립) 비탈진 산골짜기에 있는 층층으로 된 좁고 작은 논배미. 2 (의존) 1을 세는 단위.
-다랗다[-라타] 접미 주로 크기와 관계가 있는 형용사의 어간에 붙어, 그 상태나 정도가 꽤 또는 퍽 크거나 심함을 나타내는 말. 어간 끝 음절의 받침이 'ㄹ'일 때에는 탈락되나 'ㄷ'으로 바뀌며, 'ㄹ'일 때에는 ㅂ이 탈락되면 '-다랗다'가 '-따랗다'가 됨. ¶높~ / 기~ / 널**따랗다**. (준)-닿다.
다래¹ 몡 1 다래나무의 열매. 2 아직 피지 않은 목화(木花)의 열매.
다래끼¹ 몡 1 (자립) 아가리가 좁고 바닥이 넓은 작은 바구니. 대·싸리·칡덩굴 따위로 만듦. 주로 잡은 물고기를 ~에 담는다. 2 (의존) 물건의 분량을 그것이 담긴 다래끼의 수로 헤아리는 말. ¶붕어 한 ~.
다래끼² 몡 (의) 눈시울에 나는 작은 부스럼. =맥립종(麥粒腫)·안검염(眼瞼炎). ¶~가 나다.
다래-나무 몡 [식] 다래나뭇과의 낙엽 활엽덩굴나무. 초여름에 흰 꽃이 피고, 열매는 가을에 황록색으로 익으며 식용·약용함. 깊은 산에 자람. =등리(藤梨).
다래-다래 튀 작은 물건이 많이 달려 있거나 늘어져 있는 모양. ¶머루가 ~ 열려 있다. (큰)드레드레. **다래다래-하다** 혱(여)
다량(多量) 몡 많은 분량. ¶물품을 ~으로 구입하다 / 시금치에는 비타민이 ~ 함유되어 있다. ↔소량(少量).
다례(茶禮) 몡 =차례(茶禮)².
다루가치(@darughachi) 몡 [역] 중국 원나라의 벼슬 이름. 점령 지역의 백성들을 직접 다

다루다 동(타) 1 (기계나 기구를) 용도에 따라 움직이거나 부리다. ¶악기를 ~. 2 (사람이나 부서·단체·업체 등이 어떤 일을) 맡아 처리하다. ¶외환 업무를 다루는 부서. 3 (어떤 일이나 문제를) 작품이나 기사, 연구 등의 소재나 대상으로 삼다. ¶경제 문제를 특집 기사로 ~/하층민의 소외된 삶을 깊이 있게 다룬 소설. 4 (사람을) 거느려 부리거나 상대하다. ¶그는 아랫사람을 잘 다룬다. 5 (가죽 따위를) 매만져서 부드럽게 만들다. ¶사슴 가죽을 ~.

다르다 형 〈다르니, 달라〉 1 같지 않다. ¶방법이 서로 ~/형제간이지만 생김새가 전혀 ~. ↔같다. 2 보통의 것보다 표 나는 데가 있다. ¶교육자는 역시 ~.

다름(이) 아니라 굿 '다른 까닭이 있는 게 아니라'의 뜻으로 쓰이는 말. ¶너를 부른 건 ~ 진학 문제로 상의할 것이 있기 때문이야.

다름 아닌 굿 다른 어떤 것이 아니라 바로. ¶우리 민족이 해결해야 할 급선무는 ~ 통일 그것이다.

다르랑 부 '드르렁'의 작은말.

다르랑-거리다/-대다 동(자)(타) '드르렁거리다'의 작은말.

다르랑-다르랑 부 '드르렁드르렁'의 작은말. **다르랑다르랑-하다** 동(자)(타)

다르르¹ 부 '드르르'의 작은말. 센따르르.

다르르² 부 '따르르'의 여린말. 큰드르르. **다르르-하다** 형(여)

다른 관 어떤 것 이외의. 어떤 것의 존재가 문맥에 명시적으로 나타나기도 하고 암시적으로 나타나기도 함. ~딴. ¶그는 (경희 말고는) ~ 여자는 거들떠보지도 않는다.

다름-없다[-업따] 형 (어떤 대상이 다른 것과) 비교해 보아 다른 점이 없다. ¶이 물건은 진짜와 ~. **다름없-이** 부 ¶그들은 형제나 ~ 지낸다.

다릅-나무[-름-] 명 [식] 콩과의 낙엽 활엽 교목. 높이 15m. 한여름에 흰 나비 모양의 꽃이 피고, 가을에 열매가 익음. 목재는 기구·농업 용구재로 쓰이며, 껍질은 물감의 원료 및 섬유용으로 쓰임.

다리¹ 명 1 사람의 몸통 아래인 배와 엉덩이에 두 가닥으로 길게 이어져 서거나 걷거나 달리는 일을 하는 기관. 좁게는 허벅다리에서 발목까지의 부분을 가리키나 넓게는 발을 포함하기도 함. =각(脚)·하지(下肢). ¶~ 운동/~가 길다/~를 뻗다[구부리다]/~가 늘씬한 팔등신 미인. 2 짐승·새·곤충 및 기타 벌레의 몸 아래에 비교적 가늘고 길게 이어서 몸을 지탱하거나 땅 위를 다니는 등의 일을 하는 기관. 보통, 짐승은 넷, 새는 둘, 곤충은 여섯 개임. 비발. 3 오징어나 문어와 같은 동물의 머리에 여러 개 달려 있어, 헤엄을 치거나 먹이를 잡거나 촉각을 가지는 기관. 비발. 4 물건의 아래에 붙어 그것을 받쳐는. ¶책상 ~/~가 부러진 탁자. 5 안경테와 연결되어 귀에 걸게 된 가란 부분. ¶안경~.

다리가 길다 굿 음식 먹는 자리에 우연히 가게 되어 먹을 복이 있다.

다리(를) 뻗고 자다 굿 마음의 큰 걱정을 덜거나 죄의식을 씻거나 하여, 마음 편하게 잠을 자다. 또는, 그렇게 편한 마음으로 지낼 수 있게 되다.

다리² 명 1 강이나 내, 또는 어떤 공간의 위로 건너다닐 수 있도록 만든 시설물. 비교량. ¶돌~/징검~/외나무~/~를 건너다. 2 중간에 거쳐야 할 단계 또는 과정. ¶몇 ~ 거쳐서 겨우 일이 이루어진다. 3 어떤 사람이 두 대상 사이에 인연이나 관계를 맺도록 해 주는 일.

다리(를) 건너다 굿 (말이나 물건이) 중간 단계를 거치다. ¶그 물건은 몇 다리 건너서 내 손에 들어왔다.

다리(를) 놓다 굿 상대방과 관련을 짓기 위하여 중간에 다른 사람을 넣다. ¶중매쟁이가 두 사람 사이에 ~.

다리³ 명 예전에, 여자들이 머리숱을 많아 보이게 하기 위하여 덧넣었던 딴머리. =월자(月子). ¶~꼭지/~를 드린 머리.

-다리⁴ 접미 어떤 속성의 사람·사물 등을 홀하게 나타내는 말. ¶늙~/키~/구닥~.

다리다 동(타) (옷이나 천 등을 다리미로) 눌러 문지름으로써 구김살을 퍼지게 하다. ¶바지를 ~.

다리-몽둥이 명 '다리'을 비속하게 이르는 말. ¶다시 그곳에 가는 날엔 ~가 부러질 줄 알아라.

다리미 명 옷이나 천 등의 구김살을 문질러서 퍼지게 하는 데 쓰는, 바닥을 쇠붙이 등으로 판판하게 만들어 전기나 숯불로 뜨겁게 달굴 수 있게 만든 도구. ¶전기~/~로 옷을 다리다.

다리미-질 명 다리미로 옷이나 천을 다리는 일. 준다림질. **다리미질-하다** 동(타)(여)

다리미-판(-板) 명 다림질할 때 밑에 받치거나 까는 판.

다리-밟기[-밥끼] 명[민] 지난날, 민간에서 정월 대보름 밤에 다리[橋]를 밟으면 다리[脚]에 병이 생기지 않고 그해에 재앙을 면할 수 있다 하여 다리 위를 걸어 다니던 풍습. =다리밟이·답교놀이. **다리밟기-하다** 동(자)(여)

다리-밟이 명[민] =다리밟기. **다리밟이-하다** 동(자)(여)

다리-뼈 명[생] 다리를 이루는 뼈. 대퇴골과 정강이뼈 및 종아리뼈로 이루어짐.

다리-살(-살) 명[생] 넓적다리의 안쪽.

다리-샅바(-샅빠) 명[체] 씨름에서, 넓적다리에 맨 샅바.

다리-속곳[-꼳] 명 조선 시대, 치마의 가장 안에 입던 여자용 속옷. 옷감을 일자로 길게 하여 말기를 달아 입었음.

다리-쇠[-쇠/-쉐] 명 주전자나 냄비 같은 그릇을 올려놓기 위하여 화로 위에 걸치는 기구. 준삼발이.

다리-씨름 명 두 사람이 마주 앉아서 같은 쪽 다리의 정강이 안쪽을 서로 걸어 대고 옆으로 넘기는 놀이. =발씨름. **다리씨름-하다** 동(자)(여)

다리아랫-소리[-래쏘-/-랟쏘-] 명 남에게 동정이나 도움을 받으려고 하는 아쉬운 소리. =각하성(脚下聲).

다리-운동(-運動) 명[체] 맨손 체조의 하나. 다리를 굽혔다 폈다 하여 다리를 움직이는 운동.

다리-통 명 다리의 둘레. ¶~이 굵다.

다리-품 명 사람이 비교적 먼 거리를 가거나 올 때 다리로 걷는 데 들이는 노력이나 수고.

다리품(을) 팔다 굿 1 비교적 먼 거리를 걷는 수고를 하다. 2 남의 심부름으로 보수를 받고 먼 길을 다녀오다.
다림 뗑 수평이나 수직을 헤아려 보는 일.
　다림(을) 보다 귀 1 수평으로 반듯한가, 수직으로 바로 섰는가를 살펴보다. 2 이해관계를 노려 살펴보다.
다림-방(-房) 뗑 '푸줏간'의 잘못.
다림-질 뗑 '다리미질'의 준말. **다림질-하다** 통태여
다릿-골[-리꼴/-릳꼴] 뗑 다리뼈 속의 골.
　다릿골(이) 빠지다 귀 길을 많이 걸어 다리가 몹시 피로해지다.
다릿-골독[-리꼴똑/-릳꼴똑] 뗑 썩 크고 중배가 훨씬 부르게 만든 독. ×대릿골독.
다릿-돌[-리똘/-릳똘] 뗑 개울물을 건너다니기 위하여 디딤돌로 띄엄띄엄 놓은 돌.
다릿-마디[-린-] 뗑 다리의 뼈마디.
다릿-목[-린-] 뗑 다리가 놓여 있는 길목.
다릿-심[-리씸/-릳씸] 뗑 다리의 힘. =각력(脚力). ¶~이 세다 / ~이 없다[빠지다].
다릿-짓[-리찓/-릳찓] 뗑 다리를 움직이는 동작. **다릿짓-하다** 통재여
다마(⑨玉·球/たま) 뗑 1 '구슬'로 순화. 2 '전구(電球)'로 순화.
다마네기(⑨玉葱/たまねぎ) 뗑[식] '양파'로 순화.
-다마는 어미 '-다'와 보조사 '마는'이 결합한 말. 어떠한 사실을 인정하면서 뒤에 오는 말이 앞에 오는 말과 상반되는 내용을 나타냄. ¶반찬은 많~ 먹을 게 없다. 준 -다만. ▷-ㄴ다마는·-는다마는.
-다마다 어미 →-고말고.
다만[1] 뛔 1 범위가 여러 사실 가운데, 특별히 뒤에 서술한 사실에만 국한됨을 나타내는 말. '단지', '따름', '만' 등과 함께 쓰이는 경우가 많음. 삐단지. ¶그는 정치가도 학자도 아니고 ~ 군인일 따름이다. 2 앞에 서술된 일반적인 원칙이나 사실에 대하여, 예외적인 사항이나 조건을 덧붙일 때 문두(文頭)에 쓰는 말. ¶네 소원이라면 뭐든 들어주겠다. ~ 공부만은 열심히 해 다오.
-다만[2] '-다마는'의 준말. ¶같이 가고는 싶~ 여비가 없다. ▷-ㄴ다만.
다망(多忙) →**다망-하다** 형여 매우 바쁘다. ¶공사다망하신 중에도 이렇게 찾아 주셔서 감사합니다.
다매(多賣) 뗑 많이 파는 것. ¶박리(薄利) ~. **다매-하다** 통태여
다-매체(多媒體) 뗑 여러 가지의 전달 매체. ¶~ 시대.
-다며[1] 어미 '-다면서'의 준말. ▷-ㄴ다며·-는다며.
-다며[2] '-다고 하며'가 준 말. ▷-ㄴ다며·-는다며.
-다면[1] 어미 형용사나 '있다'의 어간, 또는 어미 '-시-', '-았/었-', '-겠-'의 아래에 붙어, 어떠한 사실을 가정하여 조건으로 삼는 뜻을 나타내는 연결 어미. ¶내가 너만큼 예쁘~ 좋겠다. ▷-ㄴ다면·-는다면.
-다면[2] '-다고 하면'이 준 말. ¶네가 좋~ 나도 찬성이다.
다면[3] (多面) 뗑 1 면이 많음. 2 여러 방면. 삐다방면.
다면-각(多面角) 뗑[수] 입체각(立體角)의 하나. 같은 평면 위에 없는 몇 개의 각이 꼭짓점을 공유하여 이루어진 뿔모양의 형상.
다면-기(多面棋) 뗑 한 명의 고수(高手)가 여러 명의 하수(下手)를 상대하여 동시에

여러 대국을 두는 일. ¶이창호 9단 초청 ~.
-다면서[1] 어미 형용사나 '있다'의 어간, 또는 어미 '-시-', '-았/었-', '-겠-'의 아래에 붙어, '해' 할 상대에게 들어서 아는 사실을 다짐하거나 빈정거려 물을 때에 쓰이는 종결 어미. ¶요즘 재미가 좋~? 준 -다며. ▷-ㄴ다면서·-는다면서.
-다면서[2] '-다고 하면서'가 준 말. ¶곧 돌아오겠~ 떠났다. ▷-ㄴ다면서·-는다면서.
다면-성(多面性) [-썽] 뗑 다면적인 특성.
다면-적(多面的) 관뗑 '다방면적'의 준말. ¶~ 외교 활동.
다면-체(多面體) 뗑[수] 네 개 이상의 평면다각형으로 둘러싸인 입체. 면의 수에 따라 4면체, 5면체 따위로 불림.
다모(茶母) 뗑[역] 조선 시대에 관아에서 차를 끓이는 일을 하던 여자 종. 또는, 의금부·포도청 등에 속하여 범죄 수사에 참여하던 여자 종.
다모-작(多毛作) 뗑[농] 한 경작지에서 한 해에 세 번 이상 종류가 다른 작물을 경작·수확하는 일. ▷일모작·그루갈이. **다모작-하다** 통재여
다모-증(多毛症) [-쯩] 뗑[의] 몸에 털이 지나치게 나는 증세. 대개, 얼굴·가슴·팔·다리·음부 등에 많이 나는 경우를 가리키나, 온몸에 털이 나는 경우를 가리키기도 함.
다모토리 뗑 소주를 큰 잔으로 마시는 일. 또는, 소주를 큰 잔으로 파는 집. ▷선술집.
다-목적(多目的) [-쩍] 뗑 여러 가지 목적.
다목적^댐(多目的dam) [-쩍-] 뗑 홍수의 조절, 수력 발전, 관개(灌漑) 및 상수·공업 용수의 공급 등 여러 가지 목적을 가진 댐.
다묵-장어(-長魚) [-짱-] 뗑[동] 칠성장어과의 민물고기. 몸길이 10~15cm. 모양은 뱀장어 비슷하며, 몸빛은 청흑색임. 변태 후 먹지 않아 성장이 둔화되고 소화 기관은 퇴화하며, 산란 후에 곧 죽음. 식용하지 못함.
다문(多聞) →**다문-하다** 형여 들은 것이 많다.
다문-다문 뛰 1 시간이 잦지 않게. 삐이따금. 2 공간적으로 배지 않게. 삐띄엄띄엄. 판드문드문. **다문다문-하다** 형여
다문-박식(多聞博識) [-씩] →**다문박식-하다**[-씨카-] 형여 견문이 많고 학식이 넓다. ¶다문박식한 학자.
다물다 통태〈다무니, 다무오〉 1 〈입을〉 위아래 입술을 마주 붙여서 닫다. ¶입을 꼭 ~. 2 입을 다물다 ⇒입.
다물-리다 통재 '다물다'의 피동사. ¶하도 기가 막혀서 입이 다물리지가 않는다.
다-민족(多民族) 뗑 여러 민족.
다박-나룻[-방-룯] 뗑 다보록하게 난 짧은 수염. =다박수염.
다박-머리 뗑 어린아이의 다보록하고도 짧은 머리털. 또는, 그러한 아이. 판더벅머리.
다박-수염(-鬚髥) [-쑤-] 뗑 =다박나룻.
다반(茶盤) 뗑 찻그릇을 담는 조그만 쟁반. =차반.
다반-사(茶飯事) 뗑 ['차를 마시고 밥을 먹는 일'이라는 뜻] 예사롭게 자주 있거나 하는 일. 삐항다반사. ¶그는 거짓말을 ~로 한다.
다발[1] 뗑 [1]자립 꽃·푸성귀·지폐 따위의 묶음. ¶꽃~ / 백만 원씩 묶은 돈~ / ~을 묶다. [2]의존 꽃·푸성귀·지폐 따위의 묶음을 세는

말.¶장미꽃 한 ~ / 배추 두 ~.
다발²(多發)[명]**1**(어떤 일이) 많이 발생함. ¶이 지점은 교통사고 ~ 지역이다. **2** 발동기의 수가 많음. ¶~ 비행기. **다발-하다**[동](재)(어)(어떤 일이) 많이 발생하다.
다발-기(多發機)[명] 엔진을 둘 이상 장비한 항공기. ▷단발기·쌍발기.
다발-성(多發性)[-씽][명] **1** 여러 가지 일이 함께 일어나는 성질. **2**[의] 두 곳 이상의 신체 부분에 동시에 병이 발생하는 성질. ¶~ 신경염. ↔단발성.
다발-식(多發式)[명] 항공기에서 세 개 이상의 발동기를 가지는 구조. ▷단발식.
다방(茶房)[명] 실내에 탁자와 의자를 갖추고 커피·차·우유·청량음료 등을 파는 곳. 주로, 사람들이 만나 이야기를 나누는 곳으로 이용됨. ≒끽다점·다실·다점. (비)찻집.
다-방면(多方面)[명] 여러 방면이나 분야. ¶~으로 진출하다 / 그는 ~에 재주가 있다. / 이 모임에는 ~의 사람이 모였다.
다방면-적(多方面的)[관][명] 여러 방면에 걸친 (것). ¶~으로 실험하다. (준)다면적.
다변¹(多辯) →**다변-하다**[형](어) 말이 많다. ¶그는 지나치게 **다변해서** 진중하지 못하다.
다변²(多變) →**다변-하다**²[형](어) 변화가 많다.
다변-가(多辯家)[명] 입담 좋게 말을 많이 하는 사람.
다변-화(多邊化)[명] 방법이나 양상이 단순하지 않고 다원적으로 복잡해지는 것. 또는, 복잡하게 만드는 것. **다변화-하다**[동](자)(타)(어) ¶**다변화하는** 국제 정세. **다변화-되다**[동](자)
다병(多病) →**다병-하다**[형](어) 병이 많다, 병이 잦다.
다보록-하다[-로카-][형](어) **1** (풀이나 작은 나무 따위가) 탐스럽게 소복하다. (비)다복하다. ¶**다보록한** 잔솔포기. **2** (짧고 배게 난 수염이나 머리털이) 소담하게 많다. ¶수염이 **다보록하게** 자라다. (큰)더부룩하다. **다보록-이**[부] ¶쑥이 ~ 나 있다.
다보-탑(多寶塔)[명][불] 다보여래의 사리를 모신 탑. 또는, 이를 근원으로 후세에 세워진 탑.
다복(多福)[명] 복이 많은 것. 또는, 그 복. **다복-하다**¹[형](어) ¶**다복한** 가정[노인].
다복-다복[-따-][부] 풀·나무 따위가 여기저기 다보록하게 있는 모양. (큰)더북더북. **다복다복-하다**[형](어)
다복-솔[-쏠][명][식] 가지가 다보록하게 많이 퍼진 어린 소나무.
다복-스럽다(多福-)[-쓰-따][형](비) <-스러우니, -스러워> 다복한 데가 있다. **다복스레**[부]
다복-하다²[-보카-][형](어) (풀이나 나무 따위가) 아주 탐스럽게 소복하다. (비)다보록하다. (큰)더북하다. **다복-이**[부]
다부지다[형] **1** (사람의 생김새가) 튼튼하고 강한 힘이 느껴지는 상태에 있다. ¶청년은 딱 바라진 어깨에 **다부진** 몸을 가지고 있었다. **2** (일하는 태도나 솜씨가) 군세거나 자신감 있게 빈틈없이 해내는 상태에 있다. ¶그는 배운 건 없지만 일 하나는 **다부지게** 잘한다.
다분(多分) →**다분-하다**[형](어) (대상에 어떤 속성이나 내용이) 상당한 정도로 많다. ¶그에게는 그림에 대한 소질이 ~. **다분-히**[부] ¶이 글은 ~ 정치성을 띠고 있다.
다-분야(多分野)[명] 여러 분야.

다붓-다붓[-붇따붇][부] 여럿이 다 다붓한 모양. **다붓다붓-하다**[형](어)
다붓-하다[-부타-][형](어) (둘 이상의 사물의 사이가) 매우 가까워 거의 붙은 상태에 있다. ¶둘이서 **다붓하게** 앉아 정답게 얘기를 하고 있다. **다붓-이**[부]
다-붙다[-붇따][동](자) 사이가 뜨지 않게 바싹 다가붙다. ¶이마가 **다붙고** 입술이 두툼한 오오모리라는 사내…. (박경리:토지)
다붙-이다[-부치-][동](타) '다붙다'의 사동사.
다비(茶毘)[명] [<범 jhāpita] [불] 시신을 화장(火葬)하는 일. **다비-하다**[동](타)(어)
다비-농업(多肥農業)[명][농] 다량의 비료를 주어 생산력을 증가시키려는 농업 방법.
다-빨[부] 아무 생각 없이 덮치듯이 행동하는 모양. ¶일껏 골라낸 것을 ~ 섞어 버린단 말이냐? (큰)더뻑.
다빡-거리다/-대다[-꺼(때)-][동](자) 앞뒤를 헤아리지 않고 경솔히 덮치듯이 자꾸 행동하다. (큰)더뻑거리다.
다빡-다빡[-따-][부] 다빡거리는 모양. (큰)더뻑더뻑. **다빡다빡-하다**[형](자)
다뿍[부] 분량이 다소 범위를 넘치는 모양. ¶밥을 ~ 담다. (큰)더뿍.
다뿍-다뿍[-따-][부] 여럿이 모두 다뿍 넘치는 모양. (큰)드뿍드뿍. **다뿍다뿍-하다**[형](어)
다사¹(多謝)[명] **1** 깊이 감사하는 것. **2** 깊이 사과하는 것. **다사-하다**¹[동](타)(어)
다사²(多事) →**다사-하다**²[형](어) **1** 일이 많다. **2** '다사스럽다'의 잘못.
다사-다난(多事多難) →**다사다난-하다**[형](어) 여러 가지로 일이나 어려움이 많다. ¶**다사다난했던** 한 해.
다사-다단(多事多端) →**다사다단-하다**[형](어) 여러 가지로 일이 많고 이유도 많아 복잡하다. ¶**다사다단한** 생애 / 내외 정세가 ~.
다사-다망(多事多忙) →**다사다망-하다**[형](어) 일이 많아 몹시 바쁘다. ¶연말이라 ~.
다사-롭다[-따-][형](비) <-로우니, -로워> '따사롭다'의 여린말. **다사로이**[부]
다사-스럽다(多事-)[-쓰-따][형](비) <-스러우니, -스러워> 남의 일에 참견하기를 좋아하여 공연히 바쁘다. ¶그는 오지랖이 넓어 얻는 것 없이 ~. **다사스레**[부]
다산(多産)[명] **1** 아이 또는 새끼를 많이 낳는 것. ¶~모(母). **2** 물품을 많이 생산하는 것. **다산-하다**[동](타)(어)
다산-성(多産性)[-씽][명] 동물이 새끼나 알을 평균보다 많이 낳는 성질. ¶~ 동물.
다산-형(多産型)[명] 아이 또는 새끼를 많이 낳게 생긴 체격.
다색(茶色)[명] **1** = 갈색. **2** 차(茶)의 종류.
다색-성(多色性)[-씽][명][물] 편광(偏光)이 결정체를 통과할 때, 빛의 진동 방향에 따라 빛깔을 달리하는 현상.
다색-판(多色版)[명][인] 여러 가지 색으로 인쇄하는 판. ↔단색판.
다선(多選)[명] 선거를 통해 어떤 직위(특히, 국회의원)에 세 번 이상 선출됨. ¶~ 의원.
다섯[-섣] Ⅰ[주] **1** 넷에 하나를 더한 수. 고유어 계통의 수사임. ¶~에서 셋을 빼면 둘이다. ≒오(五). **2** 아이 또는 사물의 수효를 셀 때, 넷 다음에 해당하는 수효. ¶신입 회원은 모두 ~이나 된다.
Ⅱ[관] ¶~ 개 / ~ 사람.
다섯-째[-섣-][주](관) 차례를 매길 때, 넷째의 다음. ¶~ 정류장에서 내려라.
다성^음악(多聲音樂) 몡[음] 독립된 가락을 가지는 둘 이상의 성부(聲部)로 이루어지는 음악. =다성부 음악·복음악·폴리포니. ↔단성 음악.
다-세대(多世帶) 몡 여러 세대.
다세대^주택(多世帶住宅) 몡 공동 주택의 하나. 4층 이하로 동당(棟當) 건축 연면적이 660m² 이하인 건물로 여러 가구가 각기 독립적인 공간과 소유권을 가지는 주택. ▷다가구 주택.
다-세포(多細胞) 몡[생] 한 생물체가 여러 개의 세포로 이루어진 것. =복세포(複細胞). ¶~ 동물. ↔단세포.
다세포^생물(多細胞生物) 몡[생] 분화된 많은 세포가 모여 한 개체를 이루는 생물의 총칭. =복세포 생물. ↔단세포 생물.
다소(多少) Ⅰ 몡 1 분량이나 정도의 많음과 적음. ¶~고 여러분의 성금을 접수합니다. 2 조금이긴 하지만 어느 정도. ¶이 돈이 네게 ~나마 도움이 되었으면 한다.
Ⅱ 및 조금이긴 하지만 어느 정도로. ¶~ 희망이 있다.
다소-간(多少間) 몡튀 많든 적든 간. 또는, 얼마쯤. ¶~의 차이 / ~ 어려움이 있더라도 꾹 참고 견뎌라.
다소곳-하다[-고타-] 혱 1 고개를 좀 숙이고 말이 없다. ¶다소곳한 자세로 앉아 있다. 2 온순한 태도가 있다. ¶어른의 말씀을 다소곳하게 듣다. **다소곳-이** 튀 ¶~ 앉아 바느질을 하다.
-다손 어미 형용사나 '있다'의 어간, 또는 어미 '-시-', '-았/었-', '-겠-'의 아래에 붙어, 가정하는 뜻을 나타내는 연결 어미. 주로 '치다'와 함께 쓰임. ¶그런 일이 없었오~ 치자. =-다손-는-다손--더라손--라손.
다솔(多率) 몡 딸린 식구나 사람을 많이 거느리는 것. ¶~식구. **다솔-하다** 동 타이.
다수(多數) 몡 많은 수. =과수(夥數). ¶절대~/~의 의견을 따르다/ 가능한 최대 반복. ↔소수(少數). **다수-하다** 혱 ¶수효가 많다. **다수-히** 튀
다수-결(多數決) 몡 회의에서 절반이 넘는 사람이 찬성한 쪽으로 결정을 내리는 일. ¶~의 원칙.
다수-당(多數黨) 몡[정] 의회에서 의석이 많은 정당. ↔소수당.
다수^대^표제(多數代表制) 몡[정] 소수의 의사는 채택에서 제외하고 다수인의 지지를 받은 사람만이 곧 전체의 의사를 대표한다고 보아 아닌 당선자로 결정하는 선거 방법. ↔소수 대표제.
다수-자(多數者) 몡 많은 수의 사람. ↔소수자(少數者).
다수-파(多數派) 몡 속해 있는 사람의 수가 많은 쪽의 파. ↔소수파.
다-수확(多收穫) 몡 많은 수확. ¶~ 품종.
다수확^작물(多收穫作物) 몡[-짱-] 일정한 면적에서 다른 작물에 비하여 더 많은 수확을 얻을 수 있는 농작물.
다스(←일 ダース) 몡[의존] [<dozen] 물품 12개를 한 묶음으로 세는 말. 비타(打). ¶연필 한 ~.
다스리다 동[타] 1 (권력자나 일정한 자격을 가진 사람이) 국가나 집안, 사회 등의 일을 보살피고 그 구성원을 이끌어 나가다. ¶나

라를 ~ / 집안을 잘 ~. 2 (죄를 지은 사람을 법으로) 다루어 벌을 주다. ¶가정 파괴범을 중형으로 엄하게 ~. 3 (내란이나 소요 사태를) 무력을 사용하여 질서를 바로잡다. ¶군사를 보내 민란을 ~. 4 (자연을) 일정한 목적과 의도에 따라 인간의 생활에 도움이 되는 상태로 만들다. ¶예로부터 물을 잘 **다스리는** 임금은 명군으로 추앙되었다. 5 (사람의 병을) 약을 먹거나 기타의 치료 수단으로 낫게 하다. ¶병을 ~.
다스-하다 혱어 '따스하다'의 여린말. 를드스하다.
다슬기 몡[동] 연체동물 복족강 다슬깃과의 한 종. 하천·연못에 살며, 껍데기는 황갈색이나 흑갈색임. 폐디스토마의 제1중간 숙주임. 삶아서 살을 빼어 먹음. =대사리.
다습(多濕) →**다습-하다**[-스파-] 혱어 습기가 많다. ¶고온 **다습한** 기후.
다습다[-따] 혱어 <다스우니, 다스워> '따습다'의 여린말. 를드습다.
다승(多勝) 몡[체] 야구에서, 어떤 투수가 한 시즌에서 승리를 가장 많이 함. ¶~왕/올 시즌 ~ 1위.
다시 튀 1 이전에 한 행동을 되풀이함을 나타내는 말. ¶왔던 길을 ~ 가다 / 꺼진 불도 ~ 보자. 2 하다가 중단된 행동을 이어서 계속하거나 이전과 달라졌던 상태가 예전의 상태대로 됨을 나타내는 말. ¶잠시 쉬다가 ~ 일을 시작하다.
다시²(일 だし) 몡 '맛국물'로 순화.
다시-금 튀 '다시'의 힘줌말. ¶부모의 은혜를 ~ 느끼다.
다시다 동[타] 1 (주로, '입', '입맛' 등을 목적어로 하여) (입을) 아무것도 먹지 않으면서 음식을 먹을 때처럼 쩝쩝 소리를 내며 벌렸다 닫았다 하다. ¶남이 먹는 걸 보고 입맛만 ~. 2 (주로, '무엇', '아무것' 등을 목적어로 하여) 약간이나마 먹다. ¶뭘 좀 **다실** 것이라도 다오.
다시마 몡[식] 갈조류 다시맛과의 한 속(屬). 몸은 황갈색이나 흑갈색의 띠 모양이며, 바탕이 두껍고 쭈글쭈글한 주름이 있음. 식용하며, 요오드의 원료가 됨. =곤포(昆布).
다시마-부각 몡 다시마에 찹쌀 풀을 발라 말린 뒤 기름에 튀긴 반찬. ×다시마자반.
다시마-자반 몡 '다시마부각'의 잘못.
다시-없다[-업따] 혱 그 이상 더 나은 것이 없다. ¶**다시없는** 영광 / 이런 기회는 ~. **다시없-이** 튀 ¶그 사람은 ~ 착하다.
-다시피 어미 동사나 '있다', '없다'의 어간, 또는 어미 '-시-', '-았/었-'의 아래에 붙어, 1 상대가 어떤 사실을 주지하고 있음을 뒤에 하려는 말의 전제로 삼고자 할 때 쓰는 연결 어미. '-하는 바와 같이'의 뜻. ¶너도 알~ 가난뱅이인 내가 무슨 돈이 있겠니. 2 어떤 사실에 거의 가까움을 뜻하는 연결 어미. ¶그는 도서관에서 살~ 한다.
다식¹(茶食) 몡 우리나라 고유 과자의 하나. 밤·깨·송홧가루·콩가루·녹말가루 등을 엿이나 꿀에 반죽하여 다식판에 박아 냄.
다식²(多識) →**다식-하다**[-시카-] 혱어 많이 앎.
다식-판(茶食板) 몡 다식을 박아 내는 틀.
다신-교(多神敎) 몡[종] 다수의 신의 존재를 인정하고 숭배하는 종교 체계. ↔일신교.
다실(茶室) 몡 =다방(茶房).
다심(多心) →**다심-하다** 혱어 지나치게 걱정

하고 생각하는 것이 많다.
다심-스럽다(多心-) [-따] [형][ㅂ] <~스러우니, ~스러워> 다심한 데가 있다. **다심스레**[부]
다알리아 [명][식] '달리아(dahlia)'의 잘못.
다액(多額) [명] 많은 액수. ↔과소·소액.
다양(多樣) →다양-하다 [형여] (사물의 특성이나 내용·형식 등이) 여러 가지로 많다. ¶**다양한** 색상 / 취미가 ~.
다양-성(多樣性) [-썽] [명] 다양한 특성. ¶소재의 ~을 살리다.
다양-화(多樣化) [명] 형태나 방법 등을 여러 가지로 많아지게 하는 것. 또는, 형태나 방법이 여러 가지로 많아지는 것. **다양화-하다**[동][여] ¶의상의 색상과 디자인을 ~. **다양화-되다**[동][자]
다오¹ [동여] →달다⁴.
-다오² [어미] 형용사나 '있다'의 어간, 또는 어미 '-시-', '-았/었-', '-겠-'의 아래에 붙어, '하오' 할 상대에게 어떤 사실을 설명하는 종결 어미. 상대를 조금 대접하거나 친근함을 나타냄. ¶이곳 설악에 단풍이 들면 정말 아름답다오. / ~느다오. / ~다오.
다-용도(多用途) [명] 여러 가지 용도.
다용도-실(多用途室) [명] 아파트 등에서, 여러 가지 용도로 사용할 수 있도록 만든 방. 주로 세탁실·건조실·창고 등으로 씀.
다우(多雨) [명] 많은 비. ¶~지(地). ↔과우(寡雨). **다우-하다**[형여] 비가 많다.
다우존스^주가^평균(Dow-Jones株價平均) [-까-] [경] 1884년부터 미국의 다우존스 회사가 발표하는 주가 평균. 공업주 30종목 평균, 철도주 20종목 평균, 공익 사업주 15종목의 평균과 65종목 종합 주가 평균이 있음.
다운(down) [명] 1 (값이나 수량 등을) 내리거나 줄이는 것. ¶생산비를 ~시키다. 2 [체] 권투에서, 경기자가 상대방의 주먹을 맞고 쓰러지는 것. ¶~을 당하다. 3 지치거나 의식을 잃어 몸을 가누지 못하는 상태가 되는 것. 속된 말임. 4 [컴] (주로 '되다'와 결합 쓰여) 컴퓨터 시스템에 오류가 생겨 정상적으로 작동하지 않는 상태. 5 [통] '다운로드'의 준말. ¶인터넷에서 파일을 ~ 받다. **다운-하다**[동][자][여] ¶출하 가격을 ~. **다운-되다**[동][자] ¶강펀치를 복부에 맞고 ~ / 컴퓨터 시스템이 ~.
다운로드(download) [명][통] 인터넷이나 컴퓨터 통신을 통하여 정보를 제공하는 컴퓨터로부터 파일이나 프로그램을 전송받는 일. [준]다운. ↔업로드.
다운사이징(downsizing) [명] 1 기업의 업무나 조직의 규모를 축소하는 일. 2 [컴] 대형 컴퓨터에 의한 중앙 집중식 전산 시스템에서 워크스테이션이나 개인용 컴퓨터 등을 하나의 통신망으로 묶는 분산식 전산 시스템으로 전환하는 일.
다운^증후군(down症候群) [명][의] 염색체의 이상(異常)으로 생기는 선천성 질환. 머리·손가락 등이 작고, 얼굴이 평평하며 정신박약 등의 특징이 나타남.
다운타운(downtown) [명] '중심가'·'번화가'로 순화. ¶엘에이 ~.
다원(多元) [명] 1 사물의 근원적 원리가 여럿 있음. 또는, 여러 개의 근원. ↔일원(一元). 2 [수] 방정식의 미지수가 여러 개 있는 것. ¶~ 방정식.

다원²(茶園) [명] 차를 재배하는 밭.
다원-론(多元論) [-논] [명][철] 두 종류 이상의 근본 존재·실재 또는 원리를 인정하고, 그것으로써 세계 현상을 설명하려는 입장. ▷일원론.
다원^방송(多元放送) [명][방송] 두 지점 이상을 연결하여 중앙 방송국 등에서 하나로 묶어 방송하는 방식. 개표 실황 등에 쓰임.
다원뿔^도법(多圓-圖法) [-뻘] [명][지] 지도 투영법의 하나. 위선마다 지구에 접하는 원뿔을 씌워서 투영하고, 이들 원뿔을 공통의 경선을 따라 전개하여 접속시키는 방법. =다원추 도법.
다원-적(多元的) [관][명] 사물을 형성하는 근원이 많은 것.
다원-주의(多元主義) [-의/-이] [명] 개인이나 집단이 기본으로 삼는 원칙이나 목적이 서로 다를 수 있음을 인정하는 태도.
다원화(多元化) [명] 사물을 형성하는 근원이 많아지는 일. **다원화-하다**[동][타여] ¶판매 제품을 연령층에 따라 ~. **다원화-되다**[동][자] ¶사회가 ~.
다위니즘(Darwinism) [명][생] 영국의 생물학자 다윈이 제창한 진화의 학설. 생물 진화의 요인이 자연선택과 적자생존에 있다고 하는 자연선택설의 입장을 취함. =다윈설.
다윈-설(Darwin說) [명][생] =다위니즘.
다육(多肉) [명] 1 몸에 살이 많은 것. 2 식물의 잎이나 줄기, 과일 등에 살이 많은 것. ¶~식물.
다육-질(多肉質) [-찔] [명] 살이 많은 성질이나 품질. ¶~의 잎.
다음 [명] 1 시간적·공간적 차례에서, 기준의 바로 뒤. ¶내 ~은 네 차례다. / 영등포의 ~ 역은 어디입니까? 2 (동사의 '-ㄴ(은)' 어미 뒤에 쓰여) 앞에 서술된 일의 이후(以後)를 이르는 말. ¶밥을 먹은 ~ 커피를 마신다. 3 말하고 있는 시점에서, 미래의 어느 시점을 막연하게 이르는 말. ¶~에 또 만나자. 4 글이나 말에서, 이후의 문장이나 서술을 가리키는 말. ¶사용 방법은 ~과 같습니다. 5 (주로, '-ㄴ(은) 다음에(야)'의 꼴로 쓰여) 한계를 넘어선 상태나 전제적 조건을 가리키는 말. 어떤 사실을 일방적으로 전제로 하고, 다른 일의 필연성을 강조할 때 쓰임. ¶짐승이 아닌 ~에야 어찌 그런 흉악한 짓을 할 수 있을까? [준]담.
다음-가다 [동][자] 표준 삼는 것의 바로 다음 자리를 차지하다. [비]버금가다. ¶부산은 서울 **다음가는** 도시다.
다음-날 [명] 정해지지 않은 미래의 어느 날. [비]뒷날·후일·훗날. ▷담날.
다음-다음 [명] 다음의 다음. ¶~ 차례. [준]담담.
다음-번(-番) [-뻔] [명] 다음에 오는 차례. 또는, 다른 기회. =차회(次回). ¶~에는 반드시 성공하겠다.
다음자리-표(-音標) [명][음] =가온음자리표.
다음절-어(多音節語) [명][언] 세 음절 이상으로 된 말.
다의(多義) [-의/-이] [명] 어떤 말이 가지는 여러 가지 뜻.
다의-성(多義性) [-의썽/-이썽] [명][언] 한 단어가 두 가지 이상의 뜻을 가지는 현상. 또는, 그러한 말의 특성.
다의-어(多義語) [-의-/-이-] [명] 여러 가

지 뜻을 가진 단어.

다이(die) 명 암나사의 일부를 날로 삼아 수나사를 내는 공구.

다이내믹(dynamic) →**다이내믹-하다** 형여 동적(動的)이며 힘이 있다. ¶**다이내믹한** 사운드.

다이너마이트(dynamite) 명[화] 니트로글리세린을 7% 이상 함유하는 폭파약.

다이버(diver) 명 1 다이빙하는 사람. 2 =잠수사(潛水士).

다이빙(diving) 명 1 [체] 높은 곳에서 뛰어내려 머리를 먼저 물속으로 하는 일. 또는, 그런 일을 겨루는 경기. ¶~ 선수. 2 비행기의 급강하. **다이빙-하다** 동(재)여 ¶공중에서 세 번 회전하면서 ~.

다이빙-대(diving臺) 명 다이빙을 할 수 있도록 나무 따위로 만든 대.

다이스(dice) 명 ['주사위'의 뜻] 주사위를 사용해서 하는 놀이 또는 노름.

다이아(←diamond) 명 '다이아몬드 1·2'의 준말.

다이아몬드(diamond) 명 1 [광] 탄소의 동소체(同素體)의 하나. 보통은 팔면체를 이루는 광물. 순수한 것은 무색투명하고, 아름다운 광택이 나므로 보석으로서 귀하게 다룸. 천연으로 존재하는 물질 중에서 가장 단단하며, 연마재·절삭 공구 등으로 쓰임. =금강석·찬석. 2 [체] 야구장의 내야(內野). 준 다이아. 3 트럼프 패의 하나. 붉은빛의 마름모꼴 무늬가 인쇄되어 있음.

다이아몬드^게임(diamond game) 명 실내에서 하는 놀이의 하나. 다이아몬드형의 말판에서 자기 말밭에 있는 말을 건너뛰어 자기 말밭에 먼저 이동시킨 사람이 이김. 주로 세 사람이 함.

다이아몬드혼-식(diamond婚式) 명 서양 풍습에서, 결혼 60주년 또는 75주년을 축하하는 의식.

다이애나(Diana) 명 [신화] 로마 신화에 나오는 달과 사냥의 여신. '디아나'의 영어명.

다이어그램(diagram) 명 관계나 수량 등을 나타낸 도표.

다이어리(diary) 명 1 한 장 한 장 넘기면서 날짜별로 간단한 메모를 할 수 있도록 종이를 묶어 놓은 것. 흔히, 사무용으로 이용함. 2 그날그날 겪은 일이나 감상을 적는 장부.

다이어트(diet) 명 체중을 줄이거나 건강을 증진하기 위해 제한된 식사를 하는 것. ¶나는 살을 빼느라 요즘 ~ 중이다.

다이얼(dial) 명 1 라디오의 주파수를 맞추는 회전식 손잡이. ¶~을 돌리다 / ~을 주파수 89.1MHz에 맞추다. 2 전화기에 달린 동그란 숫자판. 상대방의 전화번호에 맞추어 돌리게 되어 있음.

다이얼로그(dialogue) 명 연극이나 영화에서, 인물들 사이에 이루어지는 대화. ▷모놀로그.

다이오드(diode) 명 [물] 1 =이극 진공관. 2 단자(端子)가 둘 있는 반도체 소자의 총칭.

다이옥신(dioxin) 명 [화] 2개의 벤젠 핵을 산소로 결합시킨 유기 화합물. 유독한 물질로 고엽제(枯葉劑) 등에 쓰임.

다이제스트(digest) 명 어떤 글이나 책의 내용을 읽기 쉽게 요점만 간추리는 일. 또는, 그 글이나 책. **다이제스트-하다** 동(타)여

다인(dyne) 명[의존][물] 힘의 CGS 단위. 질량 1g의 물체에 작용하여 1cm/s의 가속도가 생기게 하는 힘. 기호는 dyn.

다자(多者) 명 일정한 관계가 있는, 셋 이상의 국가나 단체나 사람. ¶~간 협정 / 시장이 ~ 구도로 재편되다.

다자엽-식물(多子葉植物) [-씽-] 명 [식] 하나의 배(胚)에 떡잎을 세 개 이상 가진 식물.

다작(多作) 명 1 쓰는 작품의 수가 비교적 많은 것. 또는, 많은 작품. ¶~가(家). ↔과작(寡作). 2 농산물이나 물품을 많이 만드는 것. **다작-하다** 동(타)여

다잡다 [-따] 동(타) 1 다그쳐 붙들어 잡다. 2 엄하거나 단속을 하거나 통제하다. ¶감독은 일꾼들을 **다잡아** 일을 시켰다. 3 (들뜨거나 어지러운 마음을) 가라앉혀 바로잡다. ¶그는 나태했던 지난날을 반성하고 마음을 **다잡아** 새 출발을 다짐했다.

다잡-이 명 늦추어진 것을 바싹 잡아 죄는 것. 다잡이-하다 동(타)여

다-장조(-長調) [-쪼] 명 [음] 으뜸음이 '다'인 장조. =시장조(C長調).

다재(多才) →**다재-하다** 형여 재주가 많다.

다재다능-하다(多才多能-) 형여 재주와 능력이 많다. ¶여러 분야에 걸쳐 **다재다능한** 사람.

다재-다병(多才多病) 명 재주가 많은 사람이 흔히 약하고 병이 많다는 데.

다저녁-때 명 저녁이 다 된 때. ¶아이가 하루 종일 밖에서 놀다가 ~가 돼서야 집에 돌아왔다.

다점(茶店) 명 =다방.

다정[1](多情) 명 정감(情感)이 많은 상태. ¶~도 병인 양하여 잠 못 들어 하노라. (이조년: 옛시조)

다정[2](多情) →**다정-하다** 형여 1 (어떤 사람이) 다른 사람에게 친절하고 따뜻하게 대하는 마음이 있다. ¶**다정한** 선생님. ↔박정하다. 2 (두 사람이) 사귄 정이 깊어 정답다. ¶**다정한** 친구. **다정-히** 부 ¶~ 속삭이다.

다정다감(多情多感) →**다정다감-하다** 형여 정이 많고 감정이 풍부하다. =다감다정하다. ¶**다정다감한** 사람.

다정-다한(多情多恨) →**다정다한-하다** 형여 애틋한 정도 많고 한스러운 일도 많다.

다정-불심(多情佛心) [-씸] 명 정이 많고 자비로운 마음.

다정-스럽다(多情-) [-따] 형비 ⟨~스러우니, ~스러워⟩ 다정한 데가 있다. ¶한 쌍의 연인이 벤치에 **다정스럽게** 앉아 있다. 다정스레 부

다조지다 동(타) 일이나 말을 다급하게 재촉하다.

다족(多足) 명 발이 많음. 또는, 많은 발.

다족-류(多足類) [-종뉴] 명[동] =다지류.

다종[1](多種) 명 여러 종류.

다종[2](茶種) 명 찻종.

다종-다양(多種多樣) →**다종다양-하다** 형여 종류나 모양이 여러 가지로 많다. ¶상품이 ~.

다좆-치다 [-졷-] 동(타) '다조지다'의 힘줌말. ¶일을 ~.

다-죄다 [-죄-/-줴-] 동(타) 다져 죄다. ¶나사를 ~.

다중(多衆) 명 많은 사람.

다중^방송(多重放送) 명 라디오나 텔레비전 방송의 한 채널분의 주파수 대역(帶域) 범위 안에서, 복수의 채널 또는 별개의 음성 따위를 송신하는 것.

다중^작업(多重作業)[명][컴] 하나의 컴퓨터에서 동시에 여러 개의 일을 처리할 수 있게 하는 운영 체제의 작업 방식. =멀티태스킹.

다중^통신(多重通信)[명][통] 한 회선으로 복수의 신호를 보내는 통신 방식. =멀티채널.

-다지¹[어미] 형용사나 '있다'의 어간, 또는 어미 '-시-', '-았/었-', '-겠-'의 아래에 붙어, '해'할 상대에게 어떤 사실을 물어하여 묻는 뜻을 나타내는 반말 투의 종결 어미. ¶왠 날씨가 이리도 덥~? ▷-ㄴ다지·-는다지·-라지.

-다지² '-다고 하지'가 준 말. ¶돈이 없~ 그랬니? ▷-ㄴ다지·-는다지·-라지.

다지-기[명] 1 고기나 야채 등을 여러 번 칼질하여 잘게 만드는 일. 2 파·고추·마늘 등을 함께 섞어 다진 양념. 3 흙이나 눈, 그 밖의 가루 상태의 물질을 꾹꾹 누르거나 밟거나 하여 굳고 단단하게 만드는 일.

다지다[통] 1 (흙이나 눈, 그 밖의 가루 상태의 물질을) 꾹꾹 누르거나 밟거나 하여 굳고 단단한 상태로 만들다. ¶집터를 ~. 2 (마음이나 뜻을) 흔들림이 없도록 굳게 가지다. ¶결의를 ~ / 마음을 다져 먹다. 3 (일의 바탕을) 굳고 튼튼하게 하다. ¶실력을 ~ / 사업 기반을 착실히 ~. 4 (고기나 야채 따위를) 도마 위에 놓고 아주 단단한 곳에 놓고 칼 따위로 잇달아 쳐서 잘게 만들다. ¶다진 마늘. 5 (어떤 사람이 다른 사람에게) 어떤 일이 틀림이 없도록 강조하거나 주의를 주거나 확인하다. ¶그는 나에게 약속을 꼭 지키라고 몇 번씩 다졌다. [준]닫다.

다지-류(多肢類)[명][동] 절지동물 중 배각류·순각류·결합류·소각류의 총칭. 대개 한 쌍의 촉각이 있는 머리와 여러 체절로 된 몸통으로 구분되며, 체절마다 한두 쌍의 발이 붙어 있음. 지네·노래기 따위. =다족류.

다지르다[동][타]〈다지르니, 다질러〉 다짐받기 위하여 다지다. ¶빚을 이달 안에 갚겠다고 ~.

다지-증(多指症)[-쯩][명][생] 손가락이나 발가락의 수효가 정상인이 다섯 개보다 많은 기형증. 육손이 따위.

다직-하다[-지카-][형][어] (주로 '다직하면, 다직해서, 다직해야' 따위로 쓰여) '기껏 한다고 하면', '기껏 많이 잡아서', '기껏 많다고 해야'의 뜻으로 쓰이는 말. ¶그 약값이 밭에, 다직하면 하루갈이, 그나마 어려운 것 같소.

다짐[명] 1 이미 한 일이 틀림없거나 또는 앞으로 할 일을 틀림없이 할 것을 단단히 강조하거나 확인하는 것. ¶다시는 오지 않겠다는 ~을 받다. 2 마음이나 뜻을 굳게 가져 정하는 것. 다짐-하다[동][자][타][어] ¶선수들은 굳게 손을 잡고 우승을 다짐했다.

다짐[ ] 두다 틀림없도록 다짐을 하다.

다짜-고짜[부] =다짜고짜로. ¶~ 욕을 하다.

다짜고짜-로[부] 옳고 그름을 가리지 않고 단박에 들이덤벼서. 불문곡직하고. =다짜고짜. ¶~ 사람을 쥐어 박다.

다채(多彩) →다채-하다[형][어] 여러 가지 색채나 형태, 종류 등이 어울려 호화스럽다. [비]다채하다.

다채-롭다(多彩-)[-따][형][ㅂ]〈~로우니, ~로워〉 여러 가지 색채나 형태·종류 등이 한데 어울려 호화스럽다. [비]다채하다. ¶다채로운 행사 / 프로그램이 ~. 다채로이[부]

다층(多層)[명] 여러 층. ¶~ 건물. ↔단층.

다치다[동] 1 [타] 1 (몸의 어떤 부분을) 물체에 부딪치거나 얻어맞거나 기타 물리적 충격을 받거나 하여 상처를 입게 되다. ¶넘어져서 무릎을 ~. 2 (몸의 관절이 있는 부위를) 일을 하거나 운동을 하다가 잘못하여 뼈를 삐게 되다. ¶이삿짐을 나르다가 허리를 ~. 3 (사람 또는 사람이 움직이는 물체가 닿아서는 안 될 대상을) 몸 또는 몸체의 일부를 닿게 하여 좋지 않은 영향을 주다. ¶맹세코 나는 그 여자의 털끝 하나 다치지 않았습니다. 4 (남의 마음이나 감정을) 자극하여 상하게 하다. ¶그 소녀는 마음이 아주 여리니까 마음을 다치지 않도록 조심하세요. 5 (돈이나 재물 등을) 손을 대어 축내다. ¶처음 사업을 했는ս 1년 동안 원금은 다치지 않았다. ② [자] 1 (몸의 어떤 부분이나 관절 부위가) 물리적 충격으로 상처가 나거나, 잘못 움직여 삔 상태가 되다. ¶그는 산에 오르다가 실족하여 크게 다쳤다. 2 (사람이) 불온한 행동을 하여 권력 기관에 의해 혼이 나거나 곤욕을 치르다. 완곡한 말임. ¶공연히 노동 운동에 잘못 뛰어들었다간 다치는 수가 있으니 조심해라.

다^카포(⑥da capo)[명][음] 악곡을 처음부터 되풀이하여 연주하라는 뜻. 약호는 D.C..

다^카포^알^피네(⑥da capo al fine)[명][음] 곡 처음부터 끝 표시까지 하이라는 뜻.

다쿠앙(⑧澤庵/たくあん)[명] '단무지'로 순화.

다큐멘터리(documentary)[명] 역사적 사건이나 특별한 사회적 현상이나 동물의 생태 등을 현장에서 찍어서 편집한 영화나 영상물. 또는, 역사적 사건을 사실에 가깝게 그려 낸 방송 드라마. ¶곤충의 세계를 그린 자연 ~ / 전쟁의 잔학상을 생생하게 그린 드라마.

다큐멘터리^영화(documentary映畵)[명][영] =기록 영화.

다크^오픈(dark open)[명][연] 조명이나 불이 꺼져 있는 채로 막을 여는 일. 약호는 D.O.. ▶라이트 오픈.

다크-호스(dark horse)[명] 1 경마(競馬)에서 의외의 결과를 가져올지도 모를, 실력이 확인되지 않은 말. 2 정가가 감추어져 경기나 선거 등에서 뜻밖의 변수로 작용할 가능성이 있는 선수나 후보자.

다탁(茶卓)[명] 차를 마실 때 사용하는 탁자.

다탄두^미사일(多彈頭missile)[군] 1개의 전략 미사일에 여러 개의 탄두가 적재되어 각각 별개의 목표물 또는 동일 목표물을 다른 방향에서 유도 공격하는 무기. =다탄두 각개 유도 미사일.

다탕(茶湯)[명] 뜨거운 차.

다태^동물(多胎動物)[명][동] 한배에 여러 마리의 새끼를 낳는 동물. 개·돼지 따위.

다태^임신(多胎妊娠)[명][생] 둘 이상의 태아를 동시에 가지는 일.

다투다[동] 1 [자] (사람이 다른 사람과) 의견이나 이해가 대립되어 언짢은 감정 상태에서 말로 상대를 눌러 이기려고 하다. 또는, 그렇게 하면서 서로의 감정을 언짢게 하다. [비]싸우다·옥신각신하다. ¶매일아, 다투지 말고 사이좋게 지내라. ▶싸우다. 2 [자] 1 (사람이나 세력 등이 가장 앞서는 위치나 지위를) 차지하거나 도달하기 위해 다른 사람이나 세력과 팽팽한 상태로 겨루다. ¶우승을 ~ / 창수는 늘 철호와 반에서 1, 2등을 다툰다. 2 (어떤 일에 있어서 아주 작은 수치를) 큰 차이로 문제 삼을 만큼 치열한 상태가 되다. ¶한 치를 ~ / 시각을 **다투는** 문제.
다툼 뎡 다투는 일. ¶말− / 권력 ~. **다툼−하다** 통(자)(타)(여)
다툼−질 뎡 다투는 짓. ¶형제간에 웬 ~이냐? **다툼질−하다** 통(자)(타)(여) ¶여야가 주도권 ~.
다트¹(dart) 뎡 양재(洋裁)에서, 평면적인 옷감을 입체적인 체형에 맞추기 위하여 허리나 어깨 등 일정한 부분을 긴 삼각형으로 주름을 잡아 꿰매는 일. 또는, 그 줄인 부분.
다트²(←darts) 뎡[체] 벽에 건 둥근 과녁에 작은 화살을 손으로 던져 득점을 겨루는 실내 놀이.
다팔−거리다/−대다 통(자) 1 (다보록한 물건이) 조금 길게 늘어져 자꾸 날려 흔들리다. ¶머리털이 바람에 ~. 2 신중하지 못하고 들떠서 경솔하게 행동하다. ② 더펄거리다.
다팔−다팔 뮈 다팔거리는 모양. ② 더펄더펄. **다팔다팔−하다** 통(자)(여)
다팔−머리 뎡 다팔다팔 흔들리는 머리털. 또는, 그런 머리털을 가진 사람. ② 더펄머리.
다품종^소!량^생산(多品種少量生産) 뎡[경] 다양한 종류의 제품을 조금씩 생산하는 일. 주문 방식에 적합한 방식으로, 소비자의 선택의 폭은 넓어지나, 생산비가 더 들고 재고 부담이 커질 우려가 있음.
다프네(Daphne) 뎡[신화] 그리스 신화에 나오는 님프. 아폴론의 사랑을 거절하고 도망하여 월계수로 변하였다 함.
다!−하다 통(여) ①(자) 1 (사람이나 어떤 대상이 가지고 있거나 부여받은 것이) 더 이상 나 더 기능을 하지 못하고 모두 없어진 상태가 되다. ¶운(運)이 ~ / 힘이 ~. 2 (어떤 일이나 현상이) 더 계속되지 않고 끝이 나다. ¶추운 겨울이 **다하고** 따뜻한 봄이 시작되었다. ②(타) (사람이 어떤 일을 위하여 정성이나 책임을) 있는 대로 다 들이거나 이행하다. ¶전력을 ~ / 책임을 ~.
다!함−없다 [−업따] 혱 그지없이 크거나 많다. ¶**다함없는** 부모의 사랑. **다!함없−이** 뮈
다항^선!택법(多項選擇法) [−뻡] 뎡[교] 한 문제에 정답을 포함한 3개 이상의 항목을 제시하고, 그중에서 정답을 고르게 하는 시험 방식. =다지선택법.
다항−식(多項式) 뎡[수] 2개 이상의 단항식을 '+', '−'로 결합한 식. ↔단항식.
다핵^도시(多核都市) [−또−] 뎡[지] 발전의 핵(核)인 중심지가 하나가 아니라 여럿으로 이루어진 도시.
다핵−화(多核化) [−해콰] 뎡 사물이나 활동의 중심이 되는 핵심을 다양하게 구성하는 것. **다핵화−하다** 통(자)(여) **다핵화−되다**
다행(多幸) 뎡 1 어떠한 일이 잘 안 될까 봐 걱정했거나 잘 안 될 것으로 여겼던 일이 뜻밖에 잘 풀려) 흡족하거나 마음이 놓이는 상태. ¶가뭄이 심했는데 비가 와서 ~다. 2 (좋지 않은 일을 당한 것이 아주 심하거나 심각한 정도는 아니어서) 그나마 달가운 상태. ¶크게 다치지 않았으니 그만하길 ~이다. 3 매우 기쁘거나 행복한 것. 부사형 '다행(히)'. **다행−하다** 혱(여) ¶네가 무사하다니 **다행한** 일이다. **다행−히** 뮈 ¶교통사고를 당했 덕에서 굴렀어도 다치지 않은 것이 참 **다행스러운** 일이다. **다행스레** 뮈
다혈−질(多血質) [−찔] 뎡[심] 기질(氣質)의 한 유형. 자극에 민감하여 흥분하기 쉬우며 인내력이 부족한 기질.
다홍(−紅) 뎡 =다홍색.
다홍−빛(−−) [−삗] 뎡 다홍색을 띤 사물의 빛깔.
다홍−색(−色) 뎡 빨강에 노랑이 약간 섞인, 산뜻하면서도 짙은 붉은색. =다홍. ⓗ진홍색.
다홍−치마 뎡 1 다홍빛 치마. 2 위의 반은 희고 아래의 반은 붉게 칠한 연. ② 홍치마.
닥¹ 뎡[식] '닥나무'의 준말.
닥² 뮈 1 금이나 줄을 힘 있게 긋는 모양. 또는, 그 소리. 2 적은 액체가 갑자기 바짝 어는 모양. 3 작고 단단한 물체가 거칠게 긁히는 모양. 또는, 그 소리. ② 득.
닥−나무 [당−] 뎡[식] 뽕나뭇과의 낙엽 활엽 관목. 봄에 꽃이 피고 9월에 뱀딸기와 비슷한 붉은 열매가 익음. 나무껍질은 한지의 원료로 쓰이고, 열매는 '저실(楮實)'이라 하여 한약재로 쓰임. 산기슭의 양지바른 곳이나 밭둑에 자람. ② 닥.
닥다그르르 [−따−] 뮈 1 작고 단단한 물건이 다른 단단한 물체에 부딪히며 굴러 가는 소리. 또는, 그 모양. ¶유리구슬이 마룻바닥을 ~ 굴러 간다. 2 천둥이 가까운 데에서 갑자기 울리는 소리. ② 덕더그르르. ⓢ 딱따그르르.
닥다글−거리다/−대다 [−따−] 통(자) 1 작고 단단한 물건이 바닥에 잇달아 부딪히며 굴러 가는 소리가 계속 나다. 2 천둥이 가까운 데서 갑자기 잇달아 울리는 소리가 계속 나다. ② 덕더글거리다. ⓢ 딱따글거리다.
닥다글−닥다글 [−따−따−] 뮈 닥다글거리는 소리. ② 덕더글덕더글. ⓢ 딱따글딱따글. **닥다글닥다글−하다**
닥−닥 [−딱] 뮈 1 금이나 줄을 계속 힘 있게 긋는 모양. 또는, 그 소리. 2 적은 액체가 모두 바짝 어는 모양. 3 작고 단단한 물체가 거칠게 계속 긁히는 모양. 또는, 그 소리. ¶숟가락으로 누룽지를 ~ 긁다. ② 득득.
닥−뜨리다/−트리다 통 ①(자) (가까이 닥쳐오는 일이나 사물에) 마주 대서거나 부딪다. ¶그는 어려운 일에 **닥뜨려도** 용기를 잃지 않는다. ②(타) 함부로 다조지다.
닥스훈트(⑤Dachshund) 뎡[동] 개의 한 품종. 몸통이 길고 다리가 짧은, 독일 원산의 사냥개. 영리하여 애완용으로 기름.
닥작−닥작 [−짝딱짝] 뮈 먼지·때 따위가 두껍게 끼어 있는 모양. ② 덕적덕적. **닥작닥작−하다** 혱(여)
닥지−닥지 [−찌−찌] 뮈 먼지·때 따위가 많이 끼거나 묻어 있는 모양. ② 덕지덕지. **닥지닥지−하다** 혱(여)
닥쳐−오다 [−처−] 통(자) 1 (사람에게 좋지 않은 일이) 일어나기 직전의 상태가 되어 오다. ¶온갖 시련이 ~. 2 (어떤 일을 해야 할 때나 시간이) 더 이상 여유 있는 상태가 아닐 만큼 가까이 다다라 오다. ⓗ내도(來到)하다·도래하다. ¶시험이 사흘 앞으로 **닥쳐왔다**.
닥치다¹ 통(자) 1 (사람에게 좋지 않은 일이) 일어나기 직전의 상태가 되다. 또는, (그런 일이) 일어나 그에 직면한 상태가 되다. ¶눈앞에 위험이 ~ / 그 어떤 어려움이 너에게 **닥치더라도** 슬기롭게 풀어 나가야 한다. 2

404●닥치다

(어떤 일을 해야 할 때나 시간이) 더 이상 여유 있는 상태가 아닐 만큼 가까이 다다르다. ¶시험 날짜가 코앞에—.
닥치는 대로 〖부〗이것저것 가릴 것 없이 눈에 보이는 대로. ¶~ 먹어 치우다.
닥치다² 〖동〗㉠ (주로, 명령문에서 공격적인 어투로 쓰여) 입을 닫아 말을 그치다. ¶입 닥쳐!
닥터(doctor) 〖명〗 **1** =의사(醫師)⁵. **2** =박사(博士)¹².
닥터^스톱(doctor stop) 〖명〗〖체〗 권투·레슬링 경기 등에서, 선수의 부상이 시합을 계속하기 어려울 만큼 심하다고 의사가 인정했을 경우 심판이 시합을 중단시키는 일.
닥-풀 〖명〗〖식〗 아욱과의 한해살이풀. 높이 약 1m. 전체에 털이 있으며, 여름에 황색 꽃이 핌. 뿌리는 종이를 뜨는 데 사용됨. =황촉규(黃蜀葵).
닦다[닥따] 〖동〗㉠ **1** (물체를) 더러운 것을 없애거나 윤기를 내기 위해 그 거죽을 걸레나 수건, 솔, 휴지 따위로 문지르다. ¶이를 ~ / 구두를 ~ / 방바닥을 걸레로 ~. **2** (물체의 거죽에 있는 물기를) 수건이나 걸레 따위로 물체에 대고 움직여 없어지게 하다. ㉑홈치다. ¶흐르는 땀을 수건으로 ~. **3** (터나 길 따위를) 만들기 위해 땅을 평평하게 고르고 다지다. ¶길을 ~ / 집터를 ~. **4** (일의 기초나 바탕을) 튼튼한 상태가 되게 하다. ¶사업의 기반을 ~. **5** (수련을 요하는 일을) 배우고 익혀 높은 단계가 되도록 힘쓰다. ¶도(道)를 ~ / 학문을 ~. **6** (상대를) 그의 잘못을 따져 꼼짝 못하는 상태가 되게 하다. ㉑볶다. ¶그는 날 보자 고양이 쥐 잡듯 닦아 댔다. **7** (셈을) 맞추어서 밝히다.
닦달[닥딸] 〖명〗 몰아대서 나무라거나 으르대는 것. ¶뭐가 뭘 잘못했다고 ~이냐? 닦달-하다 〖동〗㉠
닦달-질[닥딸-] 〖명〗 **1** 남을 몹시 윽박질러서 다루는 것. **2** 갈아서 다듬는 것. 닦달질-하다 〖동〗㉠㉠
닦아-세우다 〖동〗㉠ 홀닦아 꼼짝 못하게 하다. ¶돈을 갚으라고 어찌나 닦아세우는지 혼이 났다.
닦음-질 〖명〗 깨끗하게 닦는 일. 닦음질-하다 〖동〗㉠㉠
닦-이다 〖동〗 ① 〖자〗'닦다'의 피동사. ¶유리가 깨끗이 ~. ② 〖타〗'닦다'의 사동사. ¶아이에게 구두를 ~.
닦이-질 〖명〗 (낡은 집이나 헌 재목 따위를) 닦아서 깨끗이 하는 일. 닦이질-하다 〖동〗㉠㉠
단¹ 〖명〗 짚·댑싸리·푸성귀·채소 따위의 묶음. ¶볏 ~ / ~으로 묶다. ② 〖의존〗 짚이나 채소 따위의 묶음을 세는 말. ㉑못. ¶열무 한 ~.
단² 〖명〗 '옷단'의 준말. ¶치마의 터진 ~을 공그르다.
-단³ **1** '-다는'의 준말. ¶내 말을 거역하겠단 말이냐. / 아무도 없단 말이지? **2** '-다고 한' 이 준말. ¶어제 오겠~ 사람이 이제야 나타나는군. ▷-ㄴ다+-은단.
-단⁴ '-다간'의 준말. ¶내 손에 잡히기만 했단 봐라.
단⁵(段) 〖명〗 ① 〖자립〗 **1** 인쇄물의 지면을 가로 또는 세로로 나눈 구획. ¶~을 가르다. **2** 바둑·유도·검도 등의, 잘하는 정도의 등급. ¶~ 기사. **3** 계단의 턱을 이룬 그 낱개. ② 〖의존〗 **1** 지면의 구획을 나타내는 단위. ¶신문의 1~ 기사. **2** 바둑·검도·태권도 등의 등

급을 나타내는 단위. ¶바둑 3~ / 태권도 5~. **3** 계단의 낱개를 나타내는 단위. ¶계단을 세 ~씩 뛰어오르다. **4** 토지 면적의 단위의 하나. 곧, 300평으로, 정(町)의 1/10임. 미터법으로는 991.74m²임. ▷단보(段步). **5** 자동차 기어의 변속 단계. ¶3~ 기어.
단¹⁶(短) 〖명〗 화투에서, 정해진 띠를 석 장 갖추어 이루어지는 약. 곧, 청단·홍단 따위.
단⁷(壇) 〖명〗 **1** 제사를 지내기 위해 흙이나 돌을 쌓아 만든 터. **2** 높게 만들어 놓은 자리. 연단이나 교단 따위. ¶그가 ~에 오르자 우레 같은 박수 소리가 터져 나왔다.
단⁸(單) 〖관〗 '오직 하나뿐인'의 뜻을 나타내는 말. ¶~ 한 번 / ~ 하나밖에 없는 혈육.
단⁹(但) 〖부〗 예외나 조건이 되는 말을 인도할 때 문장 앞에서 쓰이는 접속 부사. ㉑다만. ¶내일 졸업식은 운동장에서 합니다. ~, 비가 오면 강당에서 합니다.
단-¹⁰(單) 〖접두〗 '하나', '홑'의 뜻을 나타내는 말. ¶~벌 / ~모음 / ~세포. ↔복(複)-.
-단¹¹(團) 〖접미〗 '단체'의 뜻을 나타내는 말. ¶회장 ~ / 고향 방문 ~.
단-가¹(短歌) 〖명〗 **1** 〖문〗〖음〗 고려 가요·가사(歌辭) 등에 대하여 '시조(時調)'를 일컫는 말. ↔장가(長歌). **2** 〖음〗 판소리를 부르기 전에 목을 풀기 위해 부르는 짤막한 노래.
단-가(單價) [-까] 〖명〗 물건의 각 단위마다의 값. ¶~를 매기다 / 생산 ~를 낮추다.
단-가(團歌) 〖명〗 어떤 단체의 정신을 나타내고 기풍을 진작시키기 위해 부르는 노래.
단가-표(單價標) [-까-] 〖명〗 부기나 계산서 등에서 단가를 표시할 때 쓰는 부호. 숫자 앞에 쓰는 @를 가리킴.
단간-방(單間房) 〖명〗 '단칸방'의 잘못.
단-감 〖명〗 단감나무의 열매.
단감-나무 〖명〗〖식〗 감나무의 개량 품종의 하나. 단감이 열림.
단-거리¹(單-) 〖명〗 **1** 오직 그것 하나뿐인 재료. **2** =단벌.
단-거리²(短距離) 〖명〗 짧은 거리. ¶~ 주자(走者). ↔장거리.
단거리-달리기(短距離-) 〖명〗〖체〗 육상 경기에서, 짧은 거리를 달리는 경기. 보통 100m·200m·400m의 종목이 있음. =단거리 경주. ↔장거리 달리기.
단거리-이착륙기(短距離離着陸機) [-창뉴끼] 〖명〗 상승 성능을 좋게 하여, 500m 이하의 짧은 활주로에서 이착륙할 수 있게 한 비행기. =에스톨기(STOL機).
단거리-탄도^유도탄(短距離彈道誘導彈) 〖명〗〖군〗 사정거리 80~800km 되는 지대지 탄도 유도탄. =에스아르비엠(SRBM).
단걸음-에(單-) 〖부〗 도중에 쉬지 않고 내쳐 걷는 걸음으로 곧장. ㉑단숨에. ¶십여 리 길을 ~ 달려가다.
단-검(短劍) 〖명〗 양쪽에 날이 있는 짧은 칼. ↔장검. ▷단도(短刀).
단-것[-껃] 〖명〗 설탕·과자류 등 맛이 단 음식물. ¶~을 많이 먹어 충치가 생겼다.
단-견(短見) 〖명〗 **1** 얕은 식견이나 소견. **2** 자신의 견해를 겸손하게 이르는 말.
단-결(團結) 〖명〗 (여러 사람이) 어떤 목표를 이루기 위해 한마음 한뜻으로 뭉치는 것. ㉑단합. ¶일치 ~ / 3학년 3반 학생들은 ~이 아주 잘됐다. 단결-하다 〖동〗㉠㉠ ¶국민이 모두 굳게 ~. 단결-되다 〖동〗㉠
단결-권(團結權) [-꿘] 〖명〗〖법〗 노동 삼권의

하나. 노동자가 노동 조건의 유지·개선, 기타 경제적 지위의 향상을 도모하고 사용자와 대등한 입장에 서기 위해 단체를 결성하여 이에 가입하는 권리. ▷단체 교섭권·단체 행동권.

단결-력(團結力) 명 단결하는 힘.

단:결-에 뛰 1 열기가 채 식지 않았을 적에. 2 좋은 기회가 지나기 전에. =단김에. ¶~ 일을 끝내다.

단:경¹(短徑) 명 [수] '짧은지름'의 구용어. ↔장경.

단:경²(斷經) 명 [한] 여자가 나이가 들어 월경이 아주 끊어지는 것. **단:경-하다** 자여

단계(段階) [-계/-게] 명 일이 진행되는 데 있어서, 그 차례나 수준에 따라 여럿으로 구분되는 각각의 과정. ¶마무리 ~/실험 ~/준비 ~/최고 ~/~를 밟다/몇 ~를 거치다.

단계-적(段階的) [-계-/-게-] 관·명 일정한 단계로 나누거나 단계를 거치는(것). ¶사건을 ~으로 해결해 나가다.

단골¹ 명 1 사람이 물건을 사거나 기타의 거래를 하기 위해, 장사하는 집을 특별히 정해 놓고 자주 다니는 상태. ¶그 음식점은 내가 ~로 다니는 곳이다. 2 '단골집'의 준말. 3 '단골손님'의 준말.

단골²(短骨) 명 [생] 길이·넓이·두께 등이 거의 같은, 작은 뼈. 손·발의 작은 뼈 따위. ↔장골.

단골-손님 명 단골로 오는 손님. 비상객(常客). 준단골. ↔뜨내기손님.

단골-집 [-찝] 명 단골로 거래하는 집. 준단골.

단과^대:학(單科大學) [-꽈-] 명 [교] 한 계통의 학부(學部)로만 구성된 대학. 공과 대학·상과 대학·의과 대학 따위. ↔종합 대학.

단:교(斷交) 명 1 교제를 끊는 것. 비절교(絶交). 2 국가 간의 외교를 끊는 것. **단:교-하다** 동자여

단구¹(段丘) 명 [지] 침식·융기·침강 등의 작용으로 강·호수·바다의 연안에 생기는 계단 모양의 지형. 하안 단구·해안 단구 따위.

단구²(單鉤) 명 붓을 잡는 법의 하나. 엄지와 집게손가락으로 잡고 가운뎃손가락으로 가볍게 받쳐 잡음. =단구법. ↔쌍구(雙鉤).

단:구³(短句) [-꾸] 명 사륙문이나 장편시의 글자 수가 적은 글귀. ↔장구(長句). ×단귀.

단:구⁴(短軀) 명 키가 작은 몸. 비단신(短身). ¶5척 ~.

단군(檀君) 명 [신화] 우리 겨레의 시조로 받들어지는 태초의 임금. 기원전 2333년 아사달에 도읍하여 고조선을 세워 약 2000년 동안 나라를 다스렸다고 함. =단군왕검.

단군-교(檀君敎) 명 [종] 단군을 교조(敎祖)로 받드는 종교. 대종교 따위.

단군-기원(檀君紀元) 명 단군이 즉위한 해를 원년으로 삼는 우리나라의 기원. 서력기원 전 2333년에 해당함.

단군^신화(檀君神話) 명 [신화] 단군에 관한 신화. 천제(天帝)의 아들 환웅(桓雄)과, 쑥과 마늘을 먹고 여자로 변한 웅녀(熊女) 사이에서 태어난 아들이 단군이라는 이야기임.

단군-왕검(檀君王儉) 명 [신화] =단군.

단-굴절(單屈折) [-쩔] 명 [물] 입사광에 대하여 굴절 광선이 하나밖에 없는 굴절 현상. ↔복굴절.

단권(單卷) 명 '단권책'의 준말.

단권-책(單卷册) 명 한 권으로 이루어진 책. 준단권.

단궤(單軌) 명 '단선 궤도'의 준말. ↔복궤.

단궤^철도(單軌鐵道) [-또] 명 단선 궤도에 의해 차량을 운행하는 철도. ↔복궤 철도.

단귀 명 '단구(短句)³'의 잘못.

단:근-질 명 예전에, 달군 쇠로 몸을 지지던 형벌. =낙형(烙刑). ▶담금질. **단:근질-하다** 동타여

단:금¹(斷金) 명 [쇠를 끊는다는 뜻] 두 사람의 교분(交分)의 정이 쇠붙이라도 끊을 만큼 두터운 것. **단:금-하다** 형여

단금²(鍛金) 명 쇠를 불에 달군 다음, 망치로 두드려 원하는 형태를 만드는 일.

단:금지교(斷金之契) [-계/-게] 명 ['쇠붙이도 끊을 만한 약속'이라는 뜻] 친구 사이의 매우 두터운 친분.

단:금지교(斷金之交) 명 ['쇠붙이도 끊을 만한 교제'라는 뜻] 친구 사이의 정의(情誼)가 매우 두터운 교분.

단기¹(單記) 명 1 낱낱이 따로 기입하는 것. ↔연기(連記). 2 그것 하나만을 기입하는 것. **단기-하다** 타여

단기²(單機) 명 한 대의 비행기.

단기³(單騎) 명 혼자서 말을 타고 감. 또는, 그 사람.

단:기⁴(短期) 명 (주로 일부 명사 앞에 관형어적으로 쓰여) 기간이 짧은 상태. ¶~ 강습/~ 융자. ↔장기(長期).

단기⁵(團旗) 명 '단(團)'의 명칭이 붙은 단체의 표지가 되는 기.

단기⁶(檀紀) 명 (주로, 어느 해를 나타낸 숫자 앞에 쓰여) 그해가 단군이 즉위한 해를 기원으로 한 것임을 나타내는 말. 기원전 2333년을 단기 1년으로 함. ¶서기 2000년은 ~ 4333년이다.

단:-기간(短期間) 명 짧은 기간. ¶공사를 ~에 끝내다. ↔장기간.

단:기^금융(短期金融) [-늉/-그늉] 명 [경] 금융 기관이 대출하는 자금 중 상환 기간이 1년 이내인 융자. 대체로 어음에 의한 융자임. ↔장기 금융.

단:기^예:보(短期豫報) 명 [기상] 오늘·내일·모레쯤까지의 일기 예보. ↔장기 예보.

단:기-적(短期的) 관·명 기간이 단기간인 (것). ↔장기적.

단:기-전(短期戰) 명 단기간에 치러지는 전쟁이나 경쟁이나 대결. ↔장기전.

단:기지계(斷機之戒) [-계/-게] 명 [맹자(孟子)가 수학(修學) 도중에 집에 돌아온 자, 그의 어머니가 짜던 베를 끊어 그를 훈계했다는 고사에서] 학문을 중도에서 그만두면 아무 쓸모 없음을 경계한 말.

단기^투표(單記投票) 명 선거인이 한 후보자만 지정하는 투표. ↔연기 투표.

단:김-에 뛰 =단결에.

단-꿈 명 1 잠을 자면서 꾸는, 행복한 느낌을 주는 꿈. 2 생활 속에서 느끼는 달콤한 행복감. 비유적인 말임. ¶그들 부부는 지금 신혼의 ~에 젖어 있다.

단:-내 명 1 높은 열에 눋거나 달아서 나는 냄새. ▷눋내. 2 몸의 열이 높을 때 입이나 코 안에서 나는 냄새.

단:념(斷念) 명 1 (사람이 하고자 했던 일을) 제 의지로 그만두는 것. 2 (남자가 여자를, 또는 여자가 남자를) 사랑하기를 그만두는

것. 또는, 사랑하는 관계를 끊는 것. **단념-하다** 동(타여) ¶진학을 ~ / 나는 그 여자를 **단념**할 수없다.

-단다¹ [어미] 형용사나 '있다'의 어간, 또는 어미 '-시-', '-았/었-', '-겠-'의 아래에 붙어, '해라'할 상대에게 가볍게 타이르거나 사실을 친근하게 서술하는 종결 어미. ¶거짓말을 하면 나빠-. ¶느단다·-는단다.

-단다² '-다고 한다'가 준 말. ¶같이 가겠-. ▷ ㄴ단다·-는단다.

단단-하다 형여 1 (물체가) 외부의 힘을 받았을 때 쉽게 그 모양이 바뀌거나 부서지지 않는 성질을 띤 상태에 있다. 비딱딱하다·견고하다. ¶쇠는 돌보다 ~. 2 (어떤 대상이) 속에 든 것이 촘촘하거나 알찬 상태에 있다. ¶배추가 속이 ~. 3 (사람의 몸이) 크게 지치거나 앓거나 하지 않을 만큼 튼튼하다. ¶그는 평소에 운동을 많이 하여 몸이 ~. 4 (묶거나 죄거나 한 것이) 헐겁거나 느슨하지 않다. ¶끈을 **단단하게** 묶다. 5 (결심·약속·버릇·경고·주의 등이) 쉽게 풀리거나 바뀌지 않을 만큼 굳은 상태에 있다. ¶**단단하게** 주의를 주다. 센딴딴하다. **단단-히** 부 ¶다짐을 ~ 받다 / 문단속을 ~ 하다.
[**단단한 땅에 물이 괸다**] 아끼고 쓰지 않는 사람에게 재물이 모인다.

단당-류(單糖類) [-뉴] 명 [화] 당류 중에서, 가수 분해에 의해서 그 이상 간단한 당류로 분해되지 않는 것. 포도당·과당 따위.

단-대목(單-) 명 1 명절이나 큰일이 바싹 다가온 때. ¶섣달 ~. 2 일의 가장 긴요하거나 고비가 되는 대목. 준단목.

단:도(短刀) 명 한쪽에만 날이 있는 짧은 칼. 보통 길이가 한 자 이내임. ↔장도. ▷단검.

단도-직입(單刀直入) 명 [혼자서 한 자루의 칼을 휘두르며 적진으로 곧장 쳐들어간다는 뜻] 쓸데없는 말을 늘어놓지 않고 곧바로 하고자 하는 말을 함. **단도직입-하다** 동자여

단도직입-적(單刀直入的) [-쩍] 관명 말을 에두르지 않고 곧바로 하는 (것). ¶~으로 묻겠다.

단독¹(丹毒) 명 [한] 피부의 헌데나 다친 곳으로 세균이 들어가 생기는 급성 전염병. 딱딱한 붉은 반점이 점점 확대되고 높은 열과 마비를 수반함.

단독²(單獨) 명 (주로, 일부 명사 앞에서 관형어적으로 쓰이거나, '단독으로'의 꼴로 쓰여) 어떤 대상이 여럿이 아니고 하나인 상태. ¶~ 기자 회견 / ~으로 결정하다.

단독-개!념(單獨槪念) [-깨-] 명 [논] 하나의 개체만을 지시하는 개념. 고유 명사 또는 보통 명사에 한정(限定)을 주어 '서울', '이 책상' 등으로 나타냄. ↔일반 개념.

단독-기관(單獨機關) [-끼-] 명 [법] 단독제로 조직된 기관. 행정 각 부의 장관이나 도지사 따위. ↔합의제 기관.

단독-내!각(單獨內閣) [-동-] 명 [정] 한 정당에 의해서만 구성되는 내각. ↔연립 내각.

단독-범(單獨犯) [-뻠] 명 [법] 혼자서 범죄 구성 요건에 해당하는 행위를 한 사람. 또는, 그 행위. ¶~에 의한 범죄. ▷공범.

단독-제(單獨制) [-쩨-] 명 [법] 1 의사 결정이나 집행 기능을 1인이 맡는 제도. 2 공소(公訴)가 제기된 사건의 재판을 1인의 법관이 담당하는 제도. ↔합의제.

단독^주!택(單獨住宅) [-쭈-] 명 한 채씩 따로따로 지은 집. ↔공동 주택.

단독^해!손(單獨海損) [-도해-] 명 [법] 항해 중의 사고에 의한 손해와 그 비용을 선주(船主)나 화주(貨主)가 단독으로 부담하는 일. ↔공동 해손.

단-돈 명 (적은 돈의 액수를 나타내는 말 앞에 쓰여) '아주 적은 돈'임을 강조하는 말. ¶~ 100원도 없다.

단!두(短頭) 명 [생] 두형(頭形)의 하나. 두지수(頭指數)가 81 이상인 머리. 한국인·일본인·몽골 인 등이 이에 속함. ▷장두·중두.

단!두-대(斷頭臺) 명 사형수의 목을 자르는 형구(刑具)를 설치한 대. ▷기요틴.
[**단두대의 이슬로 사라지다**] 구 (특히, 혁명가나 역사적 인물 등이) 사형대에서 처형되어 죽다.

단-둘 명 다른 사람이 딸리거나 같이 있지 않은 상태로 오로지 둘. 두 사람 이외에 다른 사람이 없음을 강조하는 말임. ¶~만의 오붓한 시간.

단-둘이 I 관 다른 사람이 딸리거나 같이 있지 않은 상태의 오로지 두 사람. ¶~서 만나다.
II 부 오로지 두 사람만으로. ¶~ 놀러 가다.

단락(段落) [달-] 명 1 일이 다 된 끝. ¶일의 ~을 짓다. 2 [언] =문단(文段)¹.

단!락²(短絡) [달-] 명 [물] 전기 회로의 두 점 이상의 사이를 전기 저항이 작은 도선(導線)으로 접속하는 일. =쇼트. **단!락-하다**

단란(團欒) [달-] → **단란-하다** [달-] 형여 1 (가정이) 식구들끼리 서로 이해하고 사랑하여 좋은 분위기에 있다. 비화목하다. ¶**단란**한 가정. 2 식구들이 함께 어울려 있는 상태가 행복하고 즐겁다. ¶가족과 **단란**한 한때를 보내다.

단란-주점(團欒酒店) [달-] 명 가라오케 반주에 맞추어 술과 노래를 즐길 수 있는 주점.

단려(端麗) [달-] → **단려-하다** [달-] 형여 품행이 단정하고 겉모양이 아름답다.

단련(鍛鍊) [달-] 명 1 (쇠붙이를) 불에 달구어 두드려서 단단하게 하는 것. 2 (몸을) 운동을 하거나 힘을 길러서 튼튼한 상태로 만드는 것. ¶체력 ~. 3 (마음이나 정신을) 강한 의지를 갖도록 수련하는 것. 4 어떤 일을 여러 번 반복함으로써, 견딜 수 있게 되거나 익숙하게 되는 것. =연단(鍊鍛). ¶공사판에서 모래 나르는 일쯤은 이제 ~이 되어 힘들지 않다. **단련-하다** 동(타여) ¶심신을 ~. **단련-되다** 동자

단령(團領) [달-] 명 [역] 조선 시대에 관원이 입던, 것을 둥글게 만든 옷. 공복(公服)·상복(常服)·시복(時服) 따위.

단리(單利) [달-] 명 [경] 원금에만 붙이는 이자. ↔복리(複利).

단리-법(單利法) [달-뻡] 명 [경] 앞 기간의 이자를 원금에 가산하지 않고, 원금에 대해서만 이자를 계산하는 방법. ↔복리법.

단-마디(單-) 명 짤막한 한 마디의 말. ¶"자네 요새편에 어떻게 됐나?" "응." 놈이 ~ 이렇게 대답하고는…. 〈김유정:가을〉

단막(單幕) 명 [연] 연극이나 희곡의 구성이 1막인 것.

단막-극(單幕劇) [-끅] 명 [연] 1막으로 구성된 연극. =일막극. ↔장막극.

단말-기(端末機) 명 [컴] 중앙에 있는 컴퓨터와 통신망으로 연결되어 데이터를 입력하거나 처리 결과를 출력하는 장치. =터미널.

단!-말마(斷末摩·斷末魔) 명 〔조금만 세게 닿아도 목숨을 잃는 급소를 끊는다는 뜻〕 [불] 폭력이나 흉기 등에 의해 목숨을 잃는 순간의 고통. 또는, 고통스럽게 숨이 끊어지는 순간. 단!~의 비명.

단!말마-적(斷末摩的) 관명 숨이 끊어질 때처럼 몹시 고통스러운 (것). ¶~인 경련을 일으ki다.

단-맛[-맏] 명 꿀이나 설탕 등을 먹을 때 느끼는 것과 같은 맛. =감미(甘味).
[단맛 쓴맛 다 보았다] 세상의 온갖 일을 다 겪었다.

단망(斷望) 명 희망이 끊어지는 것. 또는, 희망을 끊어 버리는 것. 단!망-하다 통(자)(여)

단-매(單-) 명 =대매.

단!면(斷面) 명 1 물체를 잘랐을 때, 그 잘린 면. 또는, 그 면의 모양. =단구(斷口). 비 단면(切斷面). ¶나무줄기를 잘라서 그 ~을 판별하여 보면 나이테가 있음을 알 수 있다. 2 사물 현상 가운데 부분적인 어떤 모습. ¶이 사건은 사회의 어두운 ~을 여실히 보여 주었다.

단!-면도(斷面圖) 명 제도(製圖)에서, 물체를 하나의 평면으로 절단하였다고 가정하여 그 내부 구조를 보인 투영도.

단!-면적(斷面積) 명 물체를 하나의 평면으로 잘랐을 때 생기는 면의 면적.

단!면-적²(斷面的) 관명 사물에 대한 판단이나 이해가 전체가 아닌 부분에 국한되는 (것). ¶~지식 / ~ 축면. 으로 평가된다.

단!명(短命) 명 명이 짧은 것. ¶~ 내각. 단!명-하다 형(여) ¶그의 생애는 나이 40을 넘기지 못한 채 단명하게 끝나고 말았다.

단!명-구(短命句)[-꾸] 명 글쓴이의 목숨이 짧으리라는 징조가 드러나 보이는 글귀. × 단명귀.

단명-귀 명 '단명구(短命句)' 의 잘못.

단!모(短毛) 명 짧은 털. 비잔털. ↔장모.

단-모금-에(單-) 부 단 한 모금에. ¶그는 독하디 독한 마가를 오른쪽 소매로 짝죽 닦았다.

단-모리 명[음] '단모리장단' 의 잘못.

단모리-장단 명[음] =휘모리장단.

단-모음(單母音) 명[언] 그 음을 길게 발음하더라도 입술이나 혀가 변하지 않는 모음. 'ㅏ·ㅐ·ㅓ·ㅔ·ㅗ·ㅚ·ㅜ·ㅟ·ㅡ·ㅣ·ㅐ·ㅔ·ㅚ·ㅟ' 따위. 이 가운데 'ㅚ·ㅟ'는 이중 모음으로 발음할 수도 있음. =홑홀소리. ↔이중 모음. ▷단자음.

단-무지 명 무로 담근 일본식 짠지.

단!문¹(單文)[-] 명[언] =홀문장. ↔복문(複文).

단!문²(短文) 명 짧막한 글. ↔장문(長文).

단!문³(短文) → 단!문-하다 형(여) 글을 아는 것이 넉넉하지 못하다.

단문-친(袒免親) 명 상례에서, 복을 입지는 않고, 두루마기를 오른쪽 소매를 꿰지 않은 상태로 입고, 사각건을 쓰게 되는 범위의 친척. 종고조부·고대고(高大姑)·재종 중조부·재종 증대고·삼종 조부·삼종 대고·삼종 백숙부·삼종고(三從姑)·사종 형제자매의 총칭. =무복친.

단-물 명 1 단맛이 나는 물. 2 =민물. ↔짠물. 3 알맹이 실속이 있는 부분. ¶~만 빨아먹다. [화] 칼슘·마그네슘 등 광물질을 많이 함유하지 않아 부드러운 물. =연수(軟水). ¶~에서는 비누가 잘 풀린다. ↔센물.

단물-나다[-라-] 자(여) 옷 따위가 낡아서 물이 빠지고 바탕이 해지게 되다. ¶한 벌뿐인 양복이 ~.

단박 '단박에' 의 준말. ¶그는 내 제안을 듣더니 ~ 찬성했다.

단박-에 부 그 자리에서 바로. ¶~ 승부를 내다 / 그는 20년 만에 만난 나를 ~ 알아봤다. 준단박.

단!-반경(短半徑) 명[수] '짧은반지름' 의 구용어. ↔장반경.

단발¹(單發) 명 1 총알이나 포탄의 한 발. 또는, 단 한 번의 발사. 2 '단발총' 의 준말. 3 엔진이 하나인 것. ↔쌍발. 4 [체] 야구에서, 단 하나의 안타.

단!발²(斷髮) 명 1 상투를 튼 머리나 길게 땋은 머리를 풀어서 짧게 자르는 것. 지난 시대에 쓰이던 말임. ¶~령(令). 2 앞머리는 내리 빗은 상태에서 일자로 자르거나 옆으로 빗어 넘기고, 뒷머리는 목덜미가 훤히 드러날 만큼 짧게 자르되 끝 부분은 일자로 가지런하게 손질한 여자의 머리. 지난날, 여학생들이 주로 하던 머리 모양임. 또는, 그런 머리 모양을 하는 것. 3 목덜미를 덮는 정도의 길이로 자르되 끝 부분을 가지런하게 손질한 여자의 머리 모양. 끝 부분에 웨이브를 주기도 함. 또는, 그런 머리 모양을 하는 것. ▷쇼트커트. 단!발-하다 통(자)(여)

단발-기(單發機) 명 엔진을 하나만 장비한 비행기. ↔다발기·쌍발기.

단!발-령(斷髮令) 명[역] 조선 고종 32년(1895)에 종래의 상투의 풍속을 폐하고 머리를 짧게 깎도록 한 명령.

단!발-머리(斷髮-) 명 단발한 머리. ¶~ 소녀.

단발-성(單發性)[-씽] 명 1 어떤 일이 단 한 번만으로 그치는 성질. 2 [의] 병이 한때 한 곳에만 발생하는 성질. ¶~ 신경염. ↔다발성(多發性).

단발-식(單發式) 명 항공기에서 발동기를 하나만 가지는 구조. ▷다발식.

단발-총(單發銃) 명 한 발씩 장전하여 쏘도록 되어 있는 총. 준단발. ↔연발총.

단-밤 명 단 맛이 나는 밤. =감률(甘栗).

단방¹(單放) 명 1 단 한 방만의 발사. ¶~에 명중시키다. 2 뜸을 단 한 번 뜨는 일. 3 =단번.

단!방²(斷房) 명 방사(房事)를 끊는 것. 단!방-하다 통(자)(여)

단방-약(單方藥)[-냑] 명[한] 여러 가지 약재를 조합하지 않고, 한 가지 약재만으로 처방된 약. 준단방.

단-배¹ 명 (주로, '곯다', '곯리다', '주리다' 와 함께 쓰여) 입맛이 좋아 음식을 달게 많이 먹을 수 있는 사람의 배. ¶양식이 없어 아이들의 ~를 곯리는 부모의 마음이 오죽하랴.

단배²(單拜) 명 한 번 절하는 것. 또는, 그 절. 단배-하다 통(자)(여)

단배-식(團拜式) 명 단체에서 새해 첫날에 여럿이 모여 한꺼번에 절을 하며 새해 인사를 하는 의식. ¶신년 ~.

단!백-뇨(蛋白尿)[-뇨] 명[의] 병적으로 일정량 이상의 단백질이 섞여 나오는 오줌.

단!백-석(蛋白石)[-썩] 명[광] 결정(結晶)이 아닌 덩어리로 되어 있으며 약간의 함수 규산염 광물. 보통은 백색 또는 무색이나, 색을 띤 것은 보석으로 귀하게 여김. =오팔.

단!백-질(蛋白質)[-찔] 명[생] 아미노산으

로 구성된 고분자 화합물. 생물 세포의 원형질을 구성하는 주요 물질이며, 생명 현상과 밀접한 관련을 가짐. =흰자질.
단-번(單番)〖명〗단 한 번. =단방(單放).
단번-에(單番-)〖부〗단 한 번에. 또는, 즉시로. ¶시험에 ~ 합격하다.
단-벌(單-)〖명〗 1 오직 단 한 벌. =단거리. ¶~ 신사. 2 오직 하나뿐인 것. ×홑벌.
단벌-가다(單-)〖자〗오직 그것 하나뿐으로, 그보다 나은 것이 없을 만한 상태에 이르다. ¶고고학계에서 **단벌가는** 학자.
단벌-옷(單-)[-옫]〖명〗단 한 벌밖에 없는 옷.
단보(段步)〖의존〗논밭의 면적을 나타내는 단위의 하나. 1단보는 300평임. '단(段)'으로 끝나고 우수리가 없을 때 씀. ¶10~. ▷단(段).
단복(團服)〖명〗같은 단체에 소속된 사람들끼리 정해진 규격에 따라 입는 옷.
단본위-제(單本位制)〖명〗〖경〗단일 금속을 본위 화폐로 하는 화폐 제도. ↔복본위제.
단-봇짐(單褓-)[-보찜/-본찜]〖명〗아주 간단하게 꾸린 봇짐.
단봉-낙타(單峯駱駝)〖명〗〖동〗포유류 낙타의 한 종. 키는 약 2m. 등에 육봉이 하나 있고 발이 길며 털이 짧음. =단봉낙대. ▷쌍봉낙타.
단-분수(單分數)[-쑤]〖명〗〖수〗분모·분자가 모두 정수의 형태로 된 분수. ↔번분수.
단-비(-)〖명〗식물이 자라거나 가뭄이 해소되는 데 꼭 필요한, 달가운 비. 비감우(甘雨). ¶가뭄 끝에 ~가 촉촉이 내리다.
단비[2](單比)〖명〗〖수〗하나의 수 사이의 비. 2:3, 5:7 따위. ↔복비(複比).
단-비례(單比例)〖명〗〖수〗하나의 식으로 표시되는 비례. ↔복비례.
단사-자리(丹絲-)〖명〗오라로 묶였던 자국.
단사^정계(單斜晶系)[-/-게]〖명〗〖광〗결정계(結晶系)의 하나. 길이가 다른 세 결정축 중에서 두 축은 경사지게 만나고, 다른 한 축은 각각에 직각으로 만나는 결정계.
단사-표음(簞食瓢飮)〖명〗('도시락에 담은 밥과 표주박 물'이라는 뜻) 청빈하고 소박한 생활을 비유하여 이르는 말. ㉔단표.
단ː산(斷產)〖명〗여자가 아이 낳는 일을 끊는 것. 또는, 못 낳게 되는 것. **단ː산-하다**〖자〗여〗 ¶하나만 낳고 ~. **단ː산-되다**〖자〗
단상[1](壇上)〖명〗교단·강단 등의 단의 위. ¶~에 오르다 / ~에 앉아 있는 귀빈들. ↔단하.
단ː상(斷想)〖명〗사물에 접하여 떠오르는 이런저런 단편적인 생각. 또는, 그런 생각을 옮긴 수필류의 글. ¶여름의 ~.
단색(丹色)〖명〗=붉은색.
단색[2](單色)〖명〗한 가지 색. 또는, 단조로운 채색. ¶옷을 ~으로 입다.
단색-광(單色光)[-꽝]〖명〗〖물〗단일 파장의 광선. 스펙트럼으로 분해되지 않는 광선으로, 나트륨 전등의 노란빛, 레이저 광선 따위가 이에 속함.
단색-판(單色版)〖명〗〖인〗한 가지 색으로만 인쇄한 판. ↔다색판.
단색-화(單色畫)[-새화]〖미〗한 가지 색으로만 그린 그림. 연필화·목판화·콩테화 따위. =모노크롬.
단ː서(但書)〖명〗법률 조문이나 문서 등에서, 본문 다음에 그에 대한 어떤 조건·예외 따위를 덧붙여 놓은 글. '단(但)' 자를 붙임. ¶~ 조항.
단서[2](端緒)〖명〗어떤 일의 실마리. ¶범죄 수사의 ~를 잡다.
단ː서-법(斷敍法)[-뻡]〖문〗수사법의 하나. 접속어를 생략하여 구와 구의 관계를 짧음으로써 문장을 강조하고 상상의 여지를 많게 하는 방법. "왔노라, 보았노라, 이겼노라." 따위.
단석(旦夕)〖명〗 1 아침과 저녁. 비조석(朝夕). 2 어떤 상황이 매우 위급하고 절박한 상태.
단선[1](單線)〖명〗 1 =외줄. 2 '단선 궤도'의 준말. ↔복선(複線).
단ː선(斷線)〖명〗 1 줄이 끊어지는 것. 또는, 줄을 끊는 것. 2 전선이나 선로가 통하지 못하게 되는 것. **단ː선-하다**〖동〗자〗타〗여〗**단ː선-되다**〖자〗
단선^궤ː도(單線軌道)〖명〗하나의 궤도를 상하행 열차가 공용하는 철도선. =단선 철도. ㉔단궤·단선. ↔복선 궤도.
단선^철도(單線鐵道)[-또]〖명〗=단선 궤도. ㉔단철.
단성[1](丹誠)〖명〗참된 정성. 또는, 진심 어린 뜨거운 정성. =단성(丹誠).
단성[2](單性)〖명〗〖생〗생물이 암수 어느 한쪽의 생식 기관만을 가지고 있는 일. ↔양성(兩性).
단성[3](單聲)〖명〗〖음〗남성이나 여성 어느 한쪽의 목소리. ↔혼성(混聲).
단성^음악(單聲音樂)〖명〗〖음〗하나의 성부로 이루어지는 음악. =단성부 음악·단음악·모노포니. ↔다성 음악.
단성-화(單性花)〖명〗〖식〗수술이나 암술의 어느 한쪽만 있는 꽃. 곧, 수꽃이나 암꽃. ↔양성화.
단-세포(單細胞)〖명〗〖생〗한 생물체가 단 하나의 세포로 이루어진 것. ¶~ 동물. ↔다세포.
단세포^생물(單細胞生物)〖명〗〖생〗생활사(生活史)를 통하여 한 개체가 단 한 세포로 살아가는 생물. ↔다세포 생물.
단세포-적(單細胞的)〖관〗생각이나 의식이 지극히 단순하여 차원이 낮거나 하나밖에 모르는 (것). ¶~ 인간 / ~인 논리.
단ː소(短簫)〖명〗〖음〗우리나라 관악기의 하나. 대로 만들며, 통소보다 가늘고 짧음. 앞에 넷, 뒤에 하나의 구멍이 있었으며 음색이 맑고 깨끗함.
단ː소[2](短小) →**단ː소-하다**〖형〗여〗짧고 작다. ↔장대하다.
단속[1](團束)〖명〗 1 (사람이 다른 사람이나 사물을) 주의를 기울여 다잡거나 보살피는 것. ¶문~ / 애들 ~ 좀 잘해 주십시오. 2 [법](법을 집행하는 기관이 법을 위반 행위를) 규제하거나 바로잡아 이끄는 일. ¶불법 주차 ~ / ~을 강화하다. **단속-하다**[1]〖동〗타〗여〗¶음주 운전을 ~. **단속-되다**〖자〗
단ː속[2](斷續)〖명〗끊어졌다 이어졌다 하는 것. 또는, 그리게 하는 것. **단ː속-하다**[2]〖동〗타〗여〗
단-속곳(單-)[-꼳]〖명〗한복에서, 속바지 위에 입는 여자용 속옷. 양 가랑이가 넓고 밑이 막혔으며, 이 위에 치마를 입음.
단ː속-기(斷續器)〖명〗〖물〗전자석·유도 코일 등에 의하여 회로의 통전(通電)이 있었다 없었다 하는 장치. 초인종 따위에 응용됨.
단ː속-적(斷續的)[-쩍]〖관〗끊어졌다 이어졌다 하는 (것). ¶포성이 밀려서 ~으로

단어●409

단-손(單—) 명 1 ('단손에', '단손으로'의 꼴로 쓰여) 단지 한 번 쓰는 손. 2 =혼잣손.

단:-솥[-솓] 명 불에 달아 뜨거운 솥.

단수¹(段數)[-쑤] 명 1 바둑·유도 등 단으로 등급을 매기는 경우의 단의 수. 2 수단이나 술수를 쓰는 재간의 정도. ¶~가 보통이 아니다 / 사람을 부리는 ~가 높다.

단수²(單手) 명 바둑·장기에서, 승패를 결정짓는 단 한 수.

단수³(單數) 명 1 단일한 수. 2 홑셈·홑수. 2 [언] 주로 인도·유럽 어에서 하나의 사람이나 사물만을 나타내는 명사·대명사 및 그것을 받는 동사·형용사·관형사 등의 형식. 국어에서는 명사·대명사의 경우에 적용할 수 있는 개념으로, '나/우리', '사람/사람들'의 경우 '나', '사람'이 이에 해당함. ↔복수(複數).

단:수⁴(短壽) 명 수명이 짧은 것. 비단명(短命). 단:수-하다 형여

단:수⁵(斷水) 명 1 물길이 막히는 것. 또는, 물길을 막는 것. 2 (수도 등의) 급수가 중단되는 것. 또는, 급수를 중단하는 것. ¶~ 조치. 단:수-하다² 명자타 단:수-되다 동 ¶내일 단수되는 지역은 다음과 같다.

단수^여권(單數旅券)[-꿘] 명 한 번만 사용할 수 있는 일반 여권. ↔복수 여권.

단순(單純) 명 (일부 명사 앞에 쓰여) 복잡하지 않고 간단하거나 단일한 것. ¶~ 작업 / 절도.

단순^개념(單純概念) 명 [철] 개념과 내포(內包)가 일치하여, 더 이상 분석할 수 없는 개념. '산', '강', '높다' 따위. ↔복합적 개념.

단순^노동(單純勞動) 명 특별한 기술 훈련을 거치지 않고서도 할 수 있는 육체노동.

단순^단백질(單純蛋白質)[-찔] 명 [화] α-아미노산과 그 유도체만으로 이루어진 단백질. ↔복합 단백질.

단순^사회(單純社會)[-회/-훼] 명 [사] 여러 가지 생산이 발달하지 않아 아직 사회적 분업이나 사회적 분화가 생기지 않은 사회. ↔복합 사회.

단순^지질(單純脂質) 명 [화] 지방질 가운데서 지방산과 각종 알코올과의 에스테르의 총칭. 탄소·수소·산소만으로 구성된 것으로 중성 지방질이 그 대표임. ↔복합 지질.

단순-하다(單純—) 형여 1 (어떤 일이나 사물이) 복잡하지 않고 간단하거나 단일하다. ¶기계 구조가 ~ / 민주 개혁은 결코 단순한 문제가 아니다. 2 (사람이) 사물의 한 면만 보고 전부인 것으로 생각하거나 인생의 여러 가능성이나 부정적인 면을 생각한 상태이다. ¶어린애는 아주 단순해서 울다가도 맛있는 과자를 주면 헤 웃는다. 3 (사람의 행동이) 뒤에 불순한 의도나 목적을 감추지 않은 상태이다. ¶그가 베푸는 친절은 단순한 호의가 아니다. 단순-히 부

단순-호치(丹脣皓齒) 명 〔붉은 입술과 하얀 이〕라는 뜻〕 '아름다운 여자의 얼굴'을 가리키는 말. =주순호치·호치단순. ¶~에 엷은 미소가 떠돌다.

단순-화(單純化) 명 단순하게 되거나 단순하게 하는 것. ¶~ 작업. 단순화-하다 타여 ¶작업 공정을 ~. 단순화-되다 자

단-술 명 엿기름과 밥을 식혜처럼 삭혀 끓인 음식. =감주(甘酒).

단숨-에(單—) 부 쉬거나 멈추지 않고 곧장. =한숨에. 비단걸음에. ¶막걸리를 ~ 들이켜다 / 책 한 권을 ~ 읽다.

단:승(單勝) 명 '단승식'의 준말.

단:승-식(單勝式) 명 경마·경륜(競輪) 등에서 1등을 알아맞히는 방식. 또는, 그 투표권. 준단승·단식. ↔복승식.

단:-시(短詩) 명 [문] 짧은 형식으로 쓰인 시. ↔장시(長詩).

단:-시간(短時間) 명 짧은 시간. ¶~ 내에 일을 끝내다. ↔장시간.

단:-시일(短時日) 명 짧은 시일. ¶~ 완성.

단:-시조(短時調) 명 [문] =평시조.

단:식¹(單式) 명 1 단순한 방식이나 형식. 2 [경] '단식 부기'의 준말. 3 [체] '단식 경기'의 준말. 4 '단승식'의 준말. ↔복식(複式).

단:식²(斷食) 명 식사를 일정 기간 의식적으로 중단하는 일. 치료나 종교적 수행, 또는 투쟁의 수단 등으로 이용됨. ¶~ 기도. ▷금식. 단:식-하다 자여

단식^경기(單式競技)[-꼉-] 명 [체] 테니스·탁구·배드민턴 등에서, 1 대 1로 행하는 시합. =싱글. 준단식. ↔복식 경기.

단식^부기(單式簿記)[-뿌-] 명 [경] 부기의 하나. 일정한 기록 대상에 대하여 다른 각 계정과 관련 없이 기록·계산하는 것. 용돈 기록부나 가계부 따위. 준단식. ↔복식 부기.

단:식^요법(斷食療法)[-싱뇨뻡] 명 [의] 일정 기간 단식하여 병을 치료하거나 체질 개선·정신 수양 등을 목적으로 행하는 민간요법. =기아 요법·단식법·절식 요법.

단:식^투쟁(斷食鬪爭) 명 [사] 상대가 자신의 요구를 받아들일 것을 강력하게 촉구하기 위해 단식하며 버티는 것.

단:신¹(單身) 명 가족이 없거나 다른 사람과 함께 있지 않은 혼자의 몸. 비홀몸. ¶혈혈~/~으로 적진에 뛰어들다.

단:신²(短身) 명 키가 작은 몸. 비단구(短軀). ↔장신(長身).

단:신³(短信) 명 1 간략하게 쓴 편지. 비단찰. 2 짤막하게 전해지는 뉴스. ¶해외 ~.

단심(丹心) 명 〔'붉은 마음'이라는 뜻〕 참되고 정성 어린 마음. 비적심(赤心). ¶일편~.

단심-가(丹心歌) 명 정몽주가 지은 시조. 임금에 대한 충성심을 읊은 것임. ▷하여가.

단아(端雅) =단아-하다 형여 단정하고 우아하다. 한복을 곱게 입은 단아한 자태.

단:안(單眼) 명 1 '외눈'으로 순화. ↔양안(兩眼). 2 [동] =홑눈. 복안(複眼).

단:안(斷案) 명 1 어떤 사항에 대한 생각을 결정하는 것. 또는, 그 결정된 생각. ¶~을 내리다. 2 [논] 삼단 논법에서, 앞의 기지(既知)·가정(假定)의 두 전제로부터 미루어 얻은 결론. 단:안-하다 동타여 어떤 사항에 대한 생각을 결정하다.

단-안경(單眼鏡) 명 1 한쪽 눈에 쓰이게 되어 있는, 렌즈가 하나이는 안경. =모노클. 2 한쪽 눈으로만 볼 수 있게 만들어진 망원경. ↔쌍안경.

단:애(斷崖) 명 깎아지른 듯한 낭떠러지.

단:야(短夜) 명 짧은 여름밤. ↔장야(長夜).

단어(單語) 명 [언] 자립하여 쓰일 수 있거나, 따로 떨어져서 문법적인 기능을 가지는, 언어의 최소 기본 단위. "꽃이 피다."에서 '꽃'과 '피다'와 같은 자립어는 물론이고, '이' 같은 조사도 따로 떨어질 수 있다는 점에서 단어

임. =낱말. ¶기본 ~/중요 ~.

혼동어 단어/어휘
'단어'가 낱말 하나하나를 가리키는 반면, '어휘(語彙)'는 일정 범위의 단어의 집합을 가리킴.

단어^문자(單語文字)[-짜][명][언] 한 문자가 하나의 단어가 되는 문자. 한자(漢字)와 같은 표의 문자를 말한다.

단어-장(單語帳)[-짱][명] 1 단어와 그 뜻을 적게 되어 있는 공책. 2 =단어집.

단어-집(單語集)[명] 단어를 차례로 엮어 풀이한 책. =단어장.

단:언(斷言)[명] (어떤 사실을) 확실하다고 믿고 단정하여 말하는 것. **단:언-하다**[동][타][여] ¶암살사가 과연 정당한 것인가 하는 것은 누구도 쉽게 **단언**할 수 없다.

단역(端役)[명][연][영] 아주 짧은 대사만을 구사하거나 대사 없이 줄거리에 관계된 단순 동작만을 표현하는, 그리 중요하지 않은 역할. 또는, 그런 역할의 연기자. ¶~ 배우. ↔주역(主役). ▷엑스트라.

단:연(斷然)[부] 확실히 단정할 만하게. =단연히. ¶영어 실력이라면 경서가 그의 학급에서 ~ 앞선다.

단:연-코(斷然-)[부] '단연(斷然)'의 힘줌말. ¶남북통일은 ~ 이루어져야 한다.

단:연-하다(斷然-)[형][여] (태도가) 잘라 끊은 듯이 결단을 보이는 상태에 있다. **단:연-히**[부]

단:연-히²(斷然-)[부] =단연(斷然). ¶~ 뛰어나다.

단열(斷熱)[명][물] 열이 다른 곳으로 전달되거나 새어 나가지 않도록 막는 것. ¶~ 효과. **단:열-하다**[동][자][여]

단:열-재(斷熱材)[-째][명] 보온을 하거나 열을 차단하기 위해 쓰이는 재료. 유리 섬유・펠트・발포 플라스틱 따위.

단:열^팽창(斷熱膨脹)[명][물] 기체가 외부와 열을 주고받음이 없이 부피가 팽창하는 일. 이때, 기체의 온도는 낮아짐.

단엽(單葉)[명] 1[식] =홑잎1. 2 비행기의 주익(主翼)이 하나로 되어 있는 것. ↔복엽(複葉).

단엽-기(單葉機)[-끼][명] '단엽 비행기'의 준말. ↔복엽기.

단엽^비행기(單葉飛行機)[-삐-][명] 주익(主翼)이 하나로 되어 있는 비행기. 歚단엽기. ↔복엽 비행기.

단오(端午)[명] 명절의 하나. 음력 5월 5일로, 그네뛰기・씨름・활쏘기 등의 놀이를 즐기며, 여자들은 창포에 머리를 감는 풍습이 있음. =수릿날・중오절(重五節)・천중절(天中節). ⓑ단옷날.

단오-절(端午節)[명] '단오'를 명절로 이르는 말.

단옷-날(端午-)[-온-][명] '단오'를 좀 더 구어적으로 이르는 말.

단원¹(單元)[명] 1[철] 단일한 근원 또는 실체. 2[철] =모나드. 3[교] 통일성을 가지는 교육 내용의 한 단위.

단원²(團員)[명] 어떤 단체를 구성하는 사람.

단원-론(單元論)[명] 1[철] =일원론. 2[생] 모든 생물은 전부 동일한 조상으로부터 나왔다고 하는 학설. =단원설.

단원-제(單院制)[명][법] 의회를 단일한 합의체로 구성하는 제도. =단원 제도・일원 제도. ↔양원제.

단위(單位)[명] 1 길이・질량・시간 등 어떤 양을 수치로 나타낼 때, 비교 기준이 되도록 크기를 정한 양. 미터・그램・초 따위. 2 하나의 집단・조직 등을 구성하는 기본적인 한 덩어리. ¶학급 ~로 행동하다. 3 학습의 양을 계산하는 기준이 되는 것. 흔히, 학습 시간으로 나타냄.

단위^결실(單爲結實)[-씰][명][식] 속씨식물에서 수정이 되지 않았는데도 씨방만이 발달하여 씨가 없는 열매가 생기는 현상. =단성 결실・단위 결과.

단위-계(單位系)[-계/-게][명][물] 기본 단위와 유도 단위와 보조 단위로 이루어지는 일련의 단위 집단. SI 단위계, MKS 단위계, CGS 단위계 등이 쓰이고 있음.

단위^넓이(單位-)[명][수] 어떤 단위계에 있어서의 넓이의 단위. =단위 면적.

단위-생식(單爲生殖)[명][생] 유성 생식의 한 변형. 배우자(난자와 정자)가 수정이라는 과정을 거치지 않고 단독으로 새로운 개체를 만드는 생식법. =단성 생식・처녀 생식. ↔양성 생식.

단위성^의존^명사(單位性依存名詞)[-썽-][명][언] 수효나 분량 등의 단위를 나타내는 의존 명사. '명', '마리', '근', '미터' 따위. =명수사.

단위-체(單位體)[명][화] 중합체를 구성하는 기본 단위 물질. 폴리에틸렌에서의 에틸렌 따위. =단량체・모노머. ↔중합체.

단:음¹(短音)[명] =짧은소리. ↔장음.

단음²(單音)[명] 1[언] 음성의 최소 단위. 곧, ㅏ・ㅓ・ㅗ・ㅜ・ㅡ・ㅣ・ㅐ・ㅔ・ㅚ・ㅟ・ㄱ・ㄴ・ㄷ 등의 소리. 2[음] 단일한 선율만을 내는 소리. ↔복음(複音).

단:음³(斷音)[명] 1 음을 끊는 것. 2[언] 숨이 발음과 동시에 끊어지는 자음. 파열음・촉음 따위. **단:음-하다**[동][자][여] 음을 끊다.

단:-음계(短音階)[-계/-게][명][음] 서양 음악에서 쓰이는 두 종류의 7음 음계의 하나. 계명음으로 '라' 음을 주음(主音)으로 함. ↔장음계.

단음^문자(單音文字)[-짜][명][언] =음소 문자.

단-음악(單音樂)[명][음] =단성 음악. ↔복음악.

단음절-어(單音節語)[명][언] 한 음절로 된 단어. '산', '강', '들' 따위.

단:-음정(短音程)[명][음] 장음정을 반음 낮게 한 음정. ↔장음정.

단일(單一)[명] (사물이) 구성이나 내용이 단하나로 되어 있는 것. ¶~ 후보/~ 품목. **단일-하다**[형][여] ¶우리는 **단일한** 언어를 사용하고 있다.

단일^결합(單一結合)[명][화] 두 원자 사이에 한 개의 공유 전자쌍으로 이루어지는 결합. =단결합(單結合).

단일^경작(單一耕作)[명][농] 한 땅에 한 종류의 작물만 심어 농사짓는 일. =단작・홑노루・홑짓기.

단일^국가(單一國家)[-까][명][법] 단일한 주권으로 자립하고 있는 국가. =단일국. ↔복합 국가.

단일^민족(單一民族)[명] 단일한 인종으로 구성되어 있는 민족.

단:일^식물(短日植物)[-씽-][명][식] 일조

시간이 일정 시간 이하가 되면 개화가 촉진되는 식물. 담배·코스모스·메밀·국화·나팔꽃 따위. ↔장일 식물.

단일신-교(單一神敎) [-씬-] 명 [종] 여러 신의 존재를 인정하면서 그중 한 신만을 가장 높이 숭배하는 종교. ▷다신교(多神敎)·일신교.

단일-어(單一語) 명 [언] 하나의 형태소, 특히 하나의 어근(語根) 형태소로 이루어진 단어. '책', '하늘', '먹다' 따위. =단순어. ↔복합어.

단일-화(單一化) 명 하나가 되는 것. 또는, 하나로 만드는 것. **단일화-하다** 동(자타)여 ¶야권 후보를 ~. **단일화-되다** 동(자)

단자¹(單子) 명 1 부조(扶助)·선물 등 남에게 보내는 물건의 품목과 수량을 적은 종이. 2 사주 또는 후보자의 명단 등을 적은 종이. ¶사주~.

단자²(單子) 명 [철] =모나드.

단자³(短資) 명 [경] 금융 기관이나 증권 회사 상호 간의 단기성 자금.

단자⁴(端子) 명 [물] 전기 회로의 끝에 붙어, 다른 회로나 소자와 접속하기 위한 기구. =터미널.

단자⁵(團子·團䬣) 명 찹쌀가루를 반죽하여 삶아 치댄 뒤에, 밤·팥·대추 등의 소를 넣고 둥글게 빚어 꿀을 발라 고물을 묻힌 떡.

단-자음(單子音) 명 [언] 홀로 소리나는 자음. 곧, ㄱ·ㄴ·ㄷ·ㄹ·ㅁ·ㅂ·ㅅ·ㅇ·ㅈ·ㅊ·ㅌ·ㅍ·ㅎ·ㄲ·ㅆ의 열다섯 자음. =홑당소리. ↔복자음. ▷단모음.

단ː자회ː사(短資會社) [-회-/-훼-] 명 [경] 재정 경제부 장관의 인가를 얻어 단기 금융업을 영위하는 주식회사. =단기 금융 회사.

단작(單作) 명 [농] 1 =단일 경작. 2 =일모작(一毛作). **단작-하다** 동(타)여

단ː작-스럽다[-따] 형 (ㅂ)<-스러우니, ~스러워> 하는 짓이 보기에 매우 치사스럽고 다라운 데가 있다. ¶돈 몇 푼 빌려 주면서 **단작스럽게** 딴서가 그리 많노? 〔큰〕던적스럽다. **단ː작스레** 부

단잔(單盞) 명 1 술을 마실 때의 단 한 잔. ¶~에 취하다. 2 제사 때, 단헌(單獻)으로 드리는 것.

단-잠 명 달게 자는 잠. ¶~이 들다 / ~을 깨우다.

단장¹(丹粧) 명 1 얼굴·머리·옷차림 따위를 곱게 꾸미는 것. ¶신부가 곱게 ~을 하다. 2 건물·거리 따위를 깨끗하고 곱게 꾸미는 것. **단장-하다** 동(타)여 ¶집을 새로 ~. **단장-되다** 동 ¶산뜻하게 **단장된** 거리.

단장²(短杖) 명 짧은 지팡이. 허리 높이까지 오며 손잡이가 꼬부라졌음. ¶~을 짚은 노신사. ▷개화장(開化杖).

단ː장³(團長) 명 '단(團)' 자가 붙은 단체의 우두머리.

단ː장⁴(斷章) 명 1 토막토막의 생각을 한 체계로 뭉뚱그리지 않고 몇 줄씩의 산문체로 적은 글. 2 [음] =바가텔.

단ː장⁵(斷腸) 명 (주로 '단장의'의 꼴로 쓰여) 몹시 슬퍼 창자가 끊어지는 듯함. ¶~의 슬픔.

단-적(端的) [-쩍] 관명 어떤 사실이 명백하게 드러나는 상태에 있는 (것). ¶~인 예 / 그가 매일 술독에 빠져 지낸다는 사실 하나만으로도 그의 무절제한 생활을 ~으로 알 수 있다.

단전¹(丹田) 명 1 배꼽 아래로 한 치 다섯 푼 되는 곳. 2 '삼단전'의 준말.

단ː전²(斷電) 명 전기 기기의 수리나 전기 요금 미납 등의 이유로 전기의 공급을 끊는 것. **단ː전-하다** 동(자)여 **단ː전-되다** 동(자)

단전-호흡(丹田呼吸) 명 단전에 기를 모으는 호흡. 또는, 그 호흡을 통해 건강을 증진하고 심신을 단련하는 수련법.

단ː절¹(斷切·斷截) 명 =절단(切斷). **단ː절-하다** 동(자타)여 **단ː절-되다** 동(자)

단ː절²(斷絶) 명 (유대나 관계나 사물 현상 등을) 더 지속되지 않도록 끊는 것. ¶외교 ~. **단ː절-하다**² 동(타)여 ¶국교를 ~. **단ː절-되다**² 동(자) ¶왕조가 ~.

단ː점(短點) [-쩜] 명 사람이나 사물의 부정적 요소로 작용하거나 허물이 되는 점. =단소(短所)·단처(短處). 〔반〕결점. ¶너는 게으른 게 ~이다. / 전력 소비가 많은 것이 이 냉장고의 ~이다. ↔장점.

유의어	단점 / 결점 / 약점

모두 사람이나 사물의 좋지 않은 점을 가리키나, '**단점**'은 완성도와 상관없이 부정적이어서 허물이 되는 것을 가리키고, '**결점**(缺點)'은 완성도에 비추어 부족한 것을 가리킨다. 따라서, "**결점**을 찾을 수 없는 완벽한 미술 작품"에서 '**결점**' 대신 '**단점**'을 쓰기 어려움. 한편, '**약점**(弱點)'은 주로 사람의 경우에 사용하며, 능력이 부족하거나 도덕적으로 떳떳하지 못한 점을 가리킴.

단접(鍛接) 명 [공] 금속의 접합할 부분을 달구어 망치로 두드리거나 압력을 가하여 접합시키는 방법. **단접-하다** 동(타)여

단ː정¹(斷定) 명 (어떤 사실을) 틀림없는 것이라고 판단하여 그러하다고 결론을 내리는 것. 또는, (어떤 대상을 이러이러한 존재로) 딱 잘라 판단하여 결론을 내리는 것. ¶~을 내리다. **단ː정-하다**¹ 동(타)여 ¶증거가 불충분하여 그를 진범으로 **단정하기**는 어렵다. **단ː정-되다** 동(자)

단ː정²(端正) →**단정-하다**² 형여 1 (사람의 몸의 자세나 용모가) 흐트러진 데가 없이 정돈되고 똑바른 상태에 있다. ¶옷을 **단정하게** 입다 / 두 손을 무릎 위에 놓고 **단정하게** 앉다. 2 (사람의 행실이) 얌전하고 바르다. ¶품행이 ~. **단정-히** 부

단ː정³(端整) →**단정-하다**³ 형여 깨끗이 정리되어 가지런하다. ¶방을 **단정하게** 정리하다.

단ː정-적(斷定的) 관명 단정하는 (것). ¶~으로 말할 수는 없지만 그렇게 될 가능성은 있다.

단ː정-코(斷定-) 부 딱 잘라 말할 수 있게. ¶내 ~ 말하지만 이번 일은 그의 소행임이 분명하다.

단ː조¹(短調) [-쪼] 명 [음] 단음계로 된 곡조. =마이너. ↔장조(長調). ▷단음계.

단조²(鍛造) 명 [공] 금속을 두들기거나 가압하여 필요한 형체로 만드는 것. ¶~공(工).

단조³(單調) →**단조-하다** 형여 단순하고 변화가 없어 새로운 맛이 없다.

단조-롭다(單調-) [-따] 형(ㅂ)<-로우니, ~로워> 단순하고 변화가 없어 지루한 느낌이 있다. ¶**단조로운** 생활 / 멜로디가 ~. **단조로이** 부

단:종(斷種) 명 1 [생] 동물에서 정소나 난소를, 식물에서 수술이나 암술을 제거하여 생식 능력을 없애는 일. 2 (주로 '되다'와 결합하여) 컴퓨터·자동차·항공기, 기타 전자 제품 등의 기종이 더 이상 생산되지 않게 되는 것. 단:종-하다 동(타여) 단:종-되다 동(자여) ¶486급 컴퓨터가 ~.

단좌¹(單坐) 명 혼자 앉는 것. 단좌-하다¹ 동(자여) ¶선방(禪房)에 단좌하여 명상에 잠기다.

단좌²(單座) 명 항공기 따위에서, 단 하나의 좌석. ¶~ 전투기. ¶복좌(複座).

단좌³(端坐) 명 단정하게 앉는 것. (비)정좌(正坐). 단좌-하다² 동(자여) ¶일동이 단좌하여 미동도 하지 않고 있다.

단:죄(斷罪) [-죄/-쮀] 명 (어떠한 행위, 또는 그 행위를 한 사람을) 범죄 행위 또는 죄인으로 판단하거나 판결하여 처벌하는 것. =과죄(科罪). ¶엄중한 ~를 받다. 단:죄-하다 동(타여) ¶쿠데타를 역사의 이름으로 ~. 단:죄-되다 동(자여)

단주¹(丹朱) 명 1 붉은 빛깔. 또는, 붉은 빛깔의 그림물감. 2 [광] =진사(辰砂)'.

단주²(單株) 명 [경] 증권 거래에서, 일정 단위에 미달하는 수의 주(株). 보통 10주 미만을 말함.

단:주³(斷酒) 명 술을 끊는 것. (비)금주(禁酒). 단:주-하다 동(자여)

단중(端重) → 단중-하다 형여 단정하고 정중하다. 단중-히 부

단지¹ 명 목이 짧고 배가 부른 작은 항아리. ¶꿀~/고추장~.

단지²(團地) 명 주택·공장·작물 재배지 등을 집단적으로 형성한 곳. ¶공업 ~/아파트 ~/~를 조성하다.

단:지³(斷指) 명 자기 손가락을 자르는 일. 또는, 깨물어 피가 나오게 하는 일. 단:지-하다 동(자여)

단:지⁴(但只) 부 어떤 대상이나 사실이 적거나 대단찮은 범위에 국한됨을 나타내는 말. (비)다만·오직·겨우. ¶그것은 ~ 소문에 불과하다.

단:지럽다 [-따] 형ㅂ <단지러우니, 단지러워> 말이나 행동이 다랍다. (큰)던지럽다.

단:지-증(短指症) [-쯩] 명[의] 손가락 또는 발가락이 병적으로 짧은 증세.

단-진동(單振動) 명[물] 입자 또는 물체가 행하는 일직선 상의 왕복 운동으로, 위치 변화를 시간의 사인 함수로 나타낼 수 있는 것. =단일 현운동·단진동 운동·단현운동.

단-진자(單振子) 명[물] 아주 가볍고 늘어나지 않는 실에 추를 매달아 하나의 연직면(鉛直面) 안에서 움직이게 만든 장치. =단일 진자.

단-짝(單-) 명 서로 뜻이 맞고 아주 친하여 늘 함께 어울리는 사람. =단짝패. ¶창호와 영수는 ~이다.

단:찰(短札) 명 1 짧게 쓴 편지. (비)단신. 2 자기가 쓴 편지의 검칭.

단참-에(單-) 부 중도에 쉬지 않고 단숨에 계속. =단참으로. ¶기쁜 소식을 전하려고 ~ 집으로 내달았다.

단참-으로(單-) 부 =단참에.

단:창(單窓) 명 겉창이 없는 외겹 창. ▷겹창.

단:창²(短槍) 명 짧은 창.

단:처(短處) 명 부족하거나 모자라는 점. (비)단점. ↔장처.

단청(丹靑) 명 1 [건] 절이나 궁의 건물, 또는 누각 등의 벽·기둥·천장 같은 데에 여러 가지 빛깔로 그림과 무늬를 아름답고 장엄하게 그리는 것. 또는, 그 그림이나 무늬. 2 =채색(彩色)1. 단청-하다 동(타여) ¶새로 단청한 고궁(古宮).

단체¹(單體) 명[화] =홑원소 물질.

단체²(團體) 명 같은 목적을 위해 결합한 사람의 무리. ¶~ 여행/예술~/~를 결성하다.

단체^경기(團體競技) 명[체] 단체를 이루어 승부를 가리는 경기. 농구·축구 따위. ↔개인 경기.

단체^교섭(團體交涉) 명[사] 노동조합과 사용자 사이에서 근로 조건 등을 둘러싸고 이루어지는 교섭.

단체^교섭권(團體交涉權) [-꿘] 명[법] 노동 삼권의 하나. 노동조합 대표자가 단체 교섭을 할 수 있는 권리. ▷단결권·단체 행동권.

단체-복(團體服) 명 일정한 격식에 맞게 모양이 같게 만들어 단체 성원이 입는 옷.

단체-상(團體賞) 명 단체에게 주는 상. ↔개인상.

단체-장(團體長) 명 지방 자치 단체나 사회단체 등의 장(長). ¶기초 ~/광역 ~/경제 ~.

단체-전(團體戰) 명 단체 간에 행해지는 경기. ↔개인전.

단체^행동권(團體行動權) [-꿘] 명[법] 노동 삼권의 하나. 노동자가 사용자에 대하여 단결해서 여러 가지 쟁의 행위를 할 수 있는 권리. ▷단결권·단체 교섭권.

단체^협약(團體協約) 명[사] 노동조합과 사용자 또는 사용자 단체 사이에 체결되는, 근로 조건에 관한 자치적 노동 법규. =노동협약. 2 단체와 단체 또는 단체와 개인 사이에서 맺어지는 계약.

단초(端初) 명 =실마리2. ¶문제 해결의 ~를 발견하다.

단:촉(短促) → 단:촉-하다 [-초카-] 형여 1 시일이 촉박하다. 2 호흡이 짧고 빠르다. ¶단촉한 호흡.

단출-하다 형여 '단출하다'의 잘못.

단:총(短銃) 명[군] 1 길이가 짤막한 총. ¶관~. ↔장총(長銃). 2 =권총.

단추 명 1 입기 편하게 벌어져 있거나 떨어져 있는 옷의 부분을 다시 맞대어 여미기 위해, 한쪽 부분에 달아서 다른 쪽에 낸 구멍에 끼우도록 된 물건. 때로 호주머니에 달거나 장식으로 달기도 함. ¶양복 ~/~를 끼우다 [끄르다]/~를 달다. 2 '똑딱단추'의 준말. 3 '누름단추'의 준말. ¶~ 하나만 누르면 세탁에서 탈수까지 해 주는 전자동 세탁기.

단:축(短軸) 명[수] =짧은지름. ↔장축.

단:축(短縮) 명 (시간이나 거리 등을) 짧게 줄이는 일. ¶조업 ~/~ 수업. ↔연장(延長). 단:축-하다 동(타여) ¶근무 시간을 ~. 단:축-되다 동(자여)

단:축^마라톤(短縮marathon) 명[체] 정규 마라톤보다 짧은 장거리 도로 경주.

단:축-키(短縮key) 명[컴] 컴퓨터의 자판에서, 특정 기능을 수행하도록 지정한 키. 작업을 하기 위해 여러 단계를 거치는 번거로움을 피하기 위해 지정한 키임.

단출-하다 형여 1 식구나 구성원이 적어 홀가분하다. ¶단출한 살림/식구가 ~. 2 (일

이나 차림차림이) 간편하다. ×단출하다. 단출-히 튀

단춧-구멍[-추꾸-/-춘꾸-] 명 1 단추를 끼울 수 있도록 옷에 뚫어 놓은 구멍. 2 단추를 달 때 실을 꿰기 위해 단추에 뚫은 구멍.

단취(團聚) 명 집안 식구나 친한 사람들끼리 화목하게 한데 모이는 것. **단취-하다** 통 (자여)

단:층¹(單層) 명 1 단 하나의 층. ¶~ 건물. ↔다층(多層). 2 '단층집'의 준말.

단:층²(斷層) 명 [지] 지각 변동의 하나. 하나로 이어진 암체(巖體)나 지층이 끊어져서 어긋난 면이 생기는 현상. 또는, 이에 의해 생긴 균열.

단:층-곡(斷層谷) 명 [지] 지표에 드러난 단층면이 침식되어 이루어진 골짜기.

단:층-면(斷層面) 명 [지] 단층의 운동으로 말미암아 어긋난 두 지반의 경계를 이루는 면.

단:층-산맥(斷層山脈) 명 [지] 단층으로 말미암아 단층 절벽이 형성된 산맥. =지괴 산맥.

단:층-절벽(斷層絶壁) 명 [지] 단층에 의하여 상대적으로 높아진 부분과 낮아진 부분 사이의 낭떠러지. =단층애.

단:층-집(單層-)[-찝] 명 하나의 층으로 지은 집. 준단층.

단:층-촬영(斷層撮影) 명 [의] 검사하고자 하는 곳의 단면만을 사진으로 찍는 엑스선 검사 방법. 폐 질환이나 각종 장기(臟器)의 진단에 쓰임.

단:침(短針) 명 1 짧은 바늘. 2 =시침(時針)⁵. ↔장침(長針).

단칭(單稱) 명 [논] 판단에 있어서 주어가 특정한 한 대상만을 가리키는 것. ↔복칭.

단칭^판단(單稱判斷) 명 [논] 정언적 판단의 하나. 단독 개념을 주사(主辭)로 하는 판단. '세종 대왕은 성군(聖君)이다' 따위.

단-칸(單-) 명 방 따위의, 단 한 칸.

단칸-방(單-房)[-빵] 명 집에 딴 칸밖에 없는 상태. 또는, 그 방. ¶~에 세 들어 살다. ×단간방.

단칸-살림(單-) 명 단칸방에서 사는 살림. =단칸살이. **단칸살림-하다** 통 (자여)

단칸-집(單-)[-찝] 명 방이 단 한 칸인, 작은 집.

단칼-로(單-) 튀 =단칼에.

단칼-에(單-) 튀 칼을 꼭 한 번 써서. =단칼로. ¶~ 베다 / ~ 자르다.

단타¹(單打) 명 [체] '일루타'를 달리 이르는 말.

단:타²(短打) 명 [체] 야구에서, 2루타 이상의 장타를 목적하지 않고 진루를 위해 배트를 짧게 잡고 정확하게 치는 타법. ↔장타.

단-통(單-) 튀 그때의 곧장. =단통에 · 단통으로. ¶그 말을 듣자 그는 ~ 화를 냈다.

단통-에(單-) 튀 =단통.

단통-으로(單-) 튀 =단통.

단:파(短波) 명 [물] 파장이 10~100m인 전파. 전리층(電離層)에서 반사하므로 원거리 통신용으로 쓰임.

단:파^방:송(短波放送) 명 단파를 사용하는 방송. 주로 원격지를 위한 국내 방송이나 해외 방송 등에 쓰임.

단:-파장(短波長) 명 [물] 단파의 파장. ↔장파장.

단판(單-) 명 단 한 번에 승부를 정하는 판. ¶~으로 승부를 내다.

단판-걸이(單-) 명 단판으로 승부를 겨루는 것. **단판걸이-하다** 통 (타여)

단판-씨름(單-) 명 1 단 한 번에 승부를 내는 씨름. 2 일의 성패를 가르는 결정적인 순간에 힘을 모아 마지막으로 해 보는 일. 비유적인 말임.

단-팥묵(-판-) 명 엿에 설탕·팥 앙금·한천을 넣고 끓인 후 식혀 굳힌 과자. =양갱.

단-팥죽(-粥)[-팓쭉] 명 팥을 삶아 으깨어 설탕을 넣고 달게 만든 음식. 그 속에 찹쌀 새알심을 넣기도 함.

단:편¹(短篇) 명 소설·만화·영화 등이 길이가 짧은 상태. 또는, 그 소설이나 만화나 영화. ↔장편(長篇).

단:편²(斷片) 명 1 끊어지거나 쪼개진 조각. 2 전반에 걸치지 않은 토막진 일부분.

단:편³(短編·斷篇) 명 내용이 연결되지 못하고 조각조각 따로 떨어진 짧은 글.

단:편^소:설(短篇小說) 명 [문] 단일한 구성으로 인생의 한 단면을 압축하여 제시하는, 길이가 짧은 소설. 분량이 200자 원고지 100매 정도임. ↔장편 소설.

단:편-적(斷片的) 관명 전반에 걸치지 못하고 한 부분에 국한된 (것). ¶~ 지식 / ~으로 입수된 정보를 종합하여 사태를 파악하다.

단:편-집(短篇集) 명 [문] 단편 소설을 모아 엮은 책.

단:평(短評) 명 짧고 간단한 비평. (비)촌평(寸評). ¶시사(時事) ~ / 문예 ~.

단표-누항(簞瓢陋巷) 명 〔'도시락과 표주박과 누추한 거리'라는 뜻〕 소박한 시골 살림을 비유하여 이르는 말. =누항단표.

단품(單品) 명 단일 종류의 상품. 특히, 다른 종류의 상품과 세트를 이뤄야만 완전해지는 상품. ¶디브이디(DVD) ~으로 구입하다 / 최근 정장 세트보다 ~류의 판매가 늘고 있다.

단풍(丹楓) 명 1 [식] '단풍나무'의 준말. 2 기후의 변화로 식물의 잎이 적색·황색·갈색으로 변하는 현상. 또는, 그 잎. ¶~철 / ~이 지다 / 곱게 ~ 든 가을 산. 3 =풍(楓)¹.

단풍-나무(丹楓-) 명 [식] 단풍나뭇과의 낙엽 활엽 교목. 잎은 대개 손바닥 모양으로 깊이 갈라져 있고, 5월에 꽃이 핌. 가을에 아름답게 단풍이 듦. 관상용으로 널리 가꿈. 준단풍.

단풍-놀이(丹楓-) 명 단풍이 든 아름다운 경치를 즐기며 노는 것. **단풍놀이-하다** 통 (자여)

단풍-잎(丹楓-)[-닢] 명 1 단풍이 든 잎. 특히, 붉은 단풍나무의 잎. 2 단풍나무의 잎.

단하(壇下) 명 교단이나 강단 등의 단 아래. ↔단상.

단학-흉배(單鶴胸背)[-하뱅-] 명 [역] 당하관의 문관의 공복(公服)에 붙이는, 한 마리의 학을 수놓은 흉배. ↔쌍학흉배.

단합(團合) 명 (집단의 구성원이) 마음을 하나로 모아 뭉치는 것. (비)단결. ¶~ 대회. **단합-하다** 통 (자여) ¶온 국민이 ~. **단합-되다** 통 (자)

단항-식(單項式) 명 [수] 숫자와 몇 개의 문자의 곱으로만 이루어진 정식. $3ab$ 또는 $2x^3y^2$ 따위. ↔다항식.

단:행(斷行) 명 (어떤 일을) 결단하여 실행하는 것. **단:행-하다** 통 (타여) ¶인사이동을 ~. **단:행-되다** 통 (자) ¶제도 개편이 단행되어야 한다.

414 ●단행본

단행-본(單行本) 명 총서·전집·잡지 등이 아닌, 독립된 한 권으로 간행된 책. ▷전집.
단!현(斷絃) 명 1 현악기의 줄이 끊어지는 것. 또는, 끊어진 줄. 2 '아내의 죽음'을 비유. ▷속현(續絃). **단!현-하다** 자재
단!호(斷乎) →단!호-하다
단!호-하다(斷乎-) 형예 (태도나 입장이) 매우 과단성 있고 엄하다. ¶책모기 개발을 **단호하게** 반대하다. **단!호-히** 부 ¶요구를 ~ 거절하다.
단호-흉배(單虎胸背) 명[역] 당하관의 무관의 공복(公服)에 붙이는, 한 마리의 호랑이를 수놓은 흉배. ▷쌍호흉배.
단혼(單婚) 명 일부일처의 결혼. ↔복혼.
단!화(短靴) 명 목이 짧아 복사뼈를 덮지 않고 발등을 덮으며 굽이 낮은 구두. 가장 일반적인 형태의 구두로, 하이힐·부츠·샌들 등과 구별됨.
단-황란(端黃卵) [-난] 명[생] 난황이 알의 한쪽 가에 치우쳐 있는 알. 양서류·조류(鳥類)에서 볼 수 있음. ▷등황란·중황란.
닫다¹[-따] 동[자타]ⓓ <닫으니, 닫아> (사람이나 네발짐승이) 다리를 빨리 움직여 이동하다. '달리다'와 같은 뜻이나 현대 국어에서는 그 쓰임이 매우 제약되어 있음. ¶말께 높이 올라앉아서 발로 배를 한 번 찰 때에 말은 땅을 차면서 **닫기** 시작하였다.《김동인: 대수양》
[**닫는 말에 채찍질한다**] 잘되어 가는 일을 더 잘되도록 북돋워 준다. '주마가편(走馬加鞭)'과 같은 말.
닫다²[-따] 동[타]ⓓ 1 (문을) 드나들거나 바람이 통하거나 하지 못하도록 막힌 상태가 되게 움직이다. ¶창문을 ~. 2 (뚜껑이나 마개, 서랍 등을) 그릇이나 병의 안이 바깥과 통하지 않게, 또는 서랍의 안이 나타나지 않게 덮거나 막거나 밀어 넣다. ¶병마개를 ~ / 책상 서랍을 ~. 3 (가게나 공장 등을) 그 영업이나 업무를 하지 않거나 마치다. ¶그날은 일찍 가게를 **닫고** 집에 들어갔다. 4 (말하는 입을) 다물어 말하지 않는 상태를 이루다. ¶그는 나의 집요한 추궁에 말문을 **닫아** 버렸다. ↔열다.
닫아-걸다 동[타] <~거니, ~거오> (문·창 등을) 닫고 잠그다. ¶문을 **닫아걸고** 두문불출하다.
닫-집 [-찝] 명[건] 궁전 안의 옥좌 위나 법당 안의 불상 위에 집 모양으로 만들어 설치한 장식. =당가(唐家).
닫-치다ⓓ '닫다¹·²'의 힘줌말. ¶문을 꼭 **닫치고** 들어오시오.
닫-히다 [다치-] 동[자] '닫다²'의 피동사. ¶방문이 바람에 ~ / 문이 잘 **닫히지** 않는다.
닫힌-회로(-回路) [다친회-/다친훼-] 명[물] 전기 회로에서, 전류가 계속 흐를 수 있는 회로. =페로(閉路). ↔열린회로.
달¹ [] 1 [천] 지구의 둘레를 약 28일에 한 번씩 도는, 지구의 유일한 위성. 밤에 하늘에 떠서 햇빛을 반사하여 밝은 빛을 냄. 지구와 해의 위치에 따라 초승달·반달·보름달·그믐달 등의 모양을 나타냄. =월구(月球). ¶둥근 ~ / 밝은 ~ / ~이 뜨다[지다] / ~이 이지러지다[차다]. 2 한 해를 12로 나눈 것의 하나. ¶작은~과 큰~. 2[의존] 한 해를 12로 나눈 것의 하나를 세는 단위. ¶두 ~ 동안 휴양을 하다.
[**달도 차면 기운다**] 세상 만물에는 홍망성쇠가 있다. [**달 보고 짖는 개**] 남의 일에 대하여 잘 알지도 못하고 떠들어 대는 어리석은 사람의 비유.
달(이) **차다** 군 아이를 배어 낳을 달이 되다.
달!² 연을 만드는 데에 쓰는 가는 대오리. =연달·연살.
-다³ '-다고 할'이 준 말. ¶성가시게 구니 싫~밖에 없다. ▷-ㄴ다·-는다.
달가닥 부 단단하고 작은 물건이 가볍게 부딪칠 때에 맞닿아서 나는 소리. ¶부엌에서 ~ 소리가 나다. 준달각. 큰덜거덕. 센달까닥·딸가닥·딸까닥. 거달카닥. **달가닥-하다** 자타
달가닥-거리다/-대다 [-꺼(때)-] 동[자타] 잇달아 달가닥 소리가 나다. 또는, 그리되게 하다. ¶한밤중에 쥐들이 부엌에서 ~ 달각거리다. 큰덜거덕거리다. 센달까닥거리다·딸가닥거리다·딸까닥거리다. 거달카닥거리다.
달가닥-달가닥 [-딸-] 부 달가닥거리는 소리. 준달각달각. 큰덜거덕덜거덕. 센달까닥달까닥·딸가닥딸가닥·딸까닥딸까닥. 거달카닥달카닥. **달가닥달가닥-하다** 자타
달가당 부 단단하고 작은 물건이 가볍게 부딪칠 때에 울려 나는 소리. 큰덜거덩. 센달까당·딸가당·딸까당. 거달카당. **달가당-하다** 자타
달가당-거리다/-대다 동[자타] 잇달아 달가당 소리가 나다. 또는, 그리되게 하다. ¶바람에 창문이 ~. 큰덜거덩거리다. 센달까당거리다·딸가당거리다·딸까당거리다. 거달카당거리다.
달가당-달가당 부 달가당거리는 소리. ¶문이 ~ 흔들리다. 큰덜거덩덜거덩. 센달까당달까당·딸가당딸가당·딸까당딸까당. 거달카당달카당. **달가당달가당-하다** 자타
달가워-하다 동[타]예 달갑게 여기다.
달각 '달가닥'의 준말. 큰덜걱. 센달깍·딸각·딸깍. 거달칵. **달각-하다** 자타
달각-거리다/-대다 [-까(때)-] 동[자타] '달가닥거리다'의 준말. 큰덜걱거리다. 센달깍거리다·딸각거리다·딸깍거리다.
달각-달각 [-딸-] 부 '달가닥달가닥'의 준말. 큰덜걱덜걱. 센달깍달깍·딸각딸각·딸깍딸깍. 거달칵달칵. **달각달각-하다** 자타예
달갑다 [-따] 형[비]<달가우니, 달가워> (어떤 대상이나 일이) 마음에 맞거나 들어 좋게 여겨지거나 기꺼이 받아들일 만한 상태에 있다. ¶**달갑지** 않은 손님이 찾아오다 / 어떤 비난도 **달갑게** 받겠다.
달강-달강 감 시장질할 때 부르는 노래의 끝 부분에 되풀이되는 후렴 소리.
달강어(達江魚) 명[동] 성댓과의 바닷물고기. 몸길이 약 30cm. 몸은 가늘고 길며 눈이 큼. 몸빛은 배는 백색, 등은 적색이며, 비늘은 빗비늘임. 맛이 좋음. =달궁이.
달개비 [식] =닭의장풀.
달걀 명 닭이 낳은 알. 세는 단위는 알·개·꾸러미(10개)·판(30개). =계란.
[**달걀로 바위**[백운대] **치기**] 대항하여도 도저히 이길 수 없다. '이란격석(以卵擊石)'과 같은 말. [**달걀로 치면 노른자다**] 가장 중요한 부분이다.
달걀-가루 [-까-] 명 달걀의 알맹이를 말려서 만든 가루. =난분(卵粉).

달걀-귀신(-鬼神) 명[민] 달걀 모양으로 생겼다는 귀신.
달걀-꼴 명 달걀의 모양. =난상(卵狀)·난형(卵形)·알꼴. 비계란형.
달걀-노른자[-로-] 명 1 달걀 속의 노란 부분. 2 사물의 가장 중요한 부분을 비유적으로 이르는 말.
달걀-말이 명 =계란말이.
달걀-형(-形) 명 =계란형. ¶~ 얼굴.
달걀-흰자[-힌-] 명 달걀 속의 흰 부분.
달-거리 명 1 한 달에 한 번씩 앓는 전염성 열병. 2 [생] =월경(月經)¹. 3 [문] 한 해 열두 달의 순서에 따라 노래한 시가의 형식. = 월령체. **달거리-하다** 동[자][여] =월경하다¹.
달견(達見) 명 사리에 밝은 뛰어난 식견이나 의견. =달식.
달-고기 명[동] 달고깃과의 바닷물고기. 몸길이 약 50cm. 몸은 납작하고 작은 비늘로 싸여 있음. 몸빛은 회갈색으로 옆구리에 검은 반점이 있음. =점도미.
달곰새큼-하다 형[여] '달콤새큼하다'의 여린말.
달곰씁쓸-하다 형[여] 조금 달면서 씁쓸한 맛이 있다.
달곰-하다 형[여] '달콤하다'의 여린말. 큰달금하다. **달곰-히** 부
달관(達觀) 명 사소한 일에 얽매이지 않고 사물의 진실을 꿰뚫어 봄으로써 세속을 벗어나 높은 경지에 이르는 것. 또는, 그러한 경지. ¶~의 경지. **달관-하다** 동[자][타][여] ¶인생을 ~.
달구 명 집터의 땅을 단단히 다지는 데 쓰이는 기구. 보통, 나무나 쇠로 만드는데 각각 목달구·쇠달구라 부름.
달-구경 명 달을 보고 즐기는 일.
달구다 동[타] 1 (쇠나 돌을) 불에 대어 뜨겁게 하다. ¶쇠를 ~. 2 (방 따위를) 불을 때어 몹시 덥게 하다. 3 (어느 곳이나 그곳의 분위기를) 흥분이나 열기 등으로 뜨겁게 하다. ¶열띤 토론이 회의장을 ~ / 힘찬 구호와 삼엄한 분위기를 한껏 **달구었**다.
달구지 명 ① [자립] 소나 말이 끄는 짐수레. 비우마차. ¶소~ / ~를 몰다. ② [의존] 달구지의 수로써 거기에 실린 물건을 세는 단위. ¶짐 세~.
달구지-풀 명[식] 콩과의 여러해살이풀. 높이 약 30cm. 5개의 작은 잎이 달구지의 바퀴살처럼 퍼져 나며, 6~9월에 홍색 꽃이 핌.
달구-질 명 달구로 땅을 단단히 다지는 일. **달구질-하다** 동[타][여]
달구-치다 동[타] 꼼짝 못하게 몰아치다.
달굿-대[-구때-굳때] 명 땅을 다지는 데 쓰는 몽둥이.
달그락 부 작고 단단한 덩이가 맞부딪치거나 스쳐서 나는 소리. 큰덜그럭. 센딸그락. **달그락-하다** 동[자][타][여]
달그락-거리다/-대다[-꺼(때)-] 동[자][타] 계속 달그락 소리가 나다. 또는, 그런 소리를 내다. ¶달그락거리며 설거지하다. 큰덜그럭거리다. 센딸그락거리다.
달그락-달그락[-딸-] 부 달그락거리는 소리. 큰덜그럭덜그럭. 센딸그락딸그락. **달그락달그락-하다** 동[자][타][여] ¶쥐가 천장에서 ~.
달그랑 부 얇고 작은 쇠붙이 따위가 가볍게 맞닿을 때 울려 나오는 소리. 큰덜그렁. 센딸그랑. **달그랑-하다** 동[자][타][여]

달다 ● 415

달그랑-거리다/-대다 동[자][타] 계속 달그랑 소리가 나다. 또는, 그런 소리를 내다. 큰덜그렁거리다. 센딸그랑거리다.
달그랑-달그랑 부 달그랑거리는 소리. 큰덜그렁덜그렁. 센딸그랑딸그랑. **달그랑달그랑-하다** 동[자][타][여]
달-그림자 명 1 어떤 물체가 달빛에 비쳐 생기는 그림자. 2 물이나 거울 따위에 비친 달의 그림자. ¶호수에 ~가 비치다.
달금-하다 형[여] '달큼하다'의 여린말. 작달곰하다. **달금-히** 부
달까닥 부 '달가닥'의 센말. 큰덜꺼덕. 센딸까닥. **달까닥-하다** 동[자][타][여]
달까닥-거리다/-대다[-꺼(때)-] 동[자][타] '달가닥거리다'의 센말. 준달깍거리다. 큰덜꺼덕거리다. 센딸까닥거리다.
달까닥-달까닥[-딸-] 부 '달가닥가닥'의 센말. 준달깍달깍. 큰덜꺼덕덜꺼덕. 센딸까딸까닥. **달까닥달까닥-하다** 동[자][타][여]
달까당 부 '달가당'의 센말. 큰덜꺼덩. 센딸까당. **달까당-하다** 동[자][타][여]
달까당-거리다/-대다 동[자][타] '달가당거리다'의 센말. 큰덜꺼덩거리다. 센딸까당거리다.
달까당-달까당 부 '달가당달가당'의 센말. 큰덜꺼덩덜꺼덩. 센딸까당딸까당. **달까당달까당-하다** 동[자][타][여]
달깍 부 '달까닥'의 준말. 큰덜꺽. 센딸깍. **달깍-하다** 동[자][타][여]
달깍-거리다/-대다[-꺼(때)-] 동[자][타] '달까닥거리다'의 준말. 큰덜꺽거리다. 센딸깍거리다.
달깍-달깍[-딸-] 부 '달까닥달까닥'의 준말. 큰덜꺽덜꺽. 센딸깍딸깍. **달깍달깍-하다** 동[자][타][여]
달-나라[-라-] 명 '달[月]'을 인간에게 친화감이 있는 세계로서 이르는 말. 비월세계.
달-님[-림] 명 '달[月]'을 인격화하여 다정하게 이르는 말. ▷해님.
달¹다 (달고 / 달아) 동[자] <다니, 다오> 1 (쇠나 돌, 또는 불이 붙은 연탄이나 석탄 등이) 열을 받거나 불기운이 세어져 뜨거워지거나 벌겋게 되다. ¶난로가 빨갛게 **달아** 방안이 후끈거리다. 2 (사람의 얼굴이) 부끄럽거나 화가 나거나 흥분하거나 하여 뜨거워지거나 벌겋게 되다. ¶부끄러워 얼굴이 빨갛게 ~. 3 (몸이나 마음이) 조바심으로 안절부절못하다. ¶몸이 후끈 ~ / 애가 **달아** 발을 동동 구르다.
달²다 동[타] <다니, 다오> 1 (어떤 물건을 보다 큰 물체에) 끈이나 줄 따위로 매거나 물건의 일부를 붙여서 떨어지지 않게 하다. ¶옷에 단추를 ~ / 대문에 국기를 ~ / 열차 뒤에 화물칸을 ~. 2 (건물이나 구조물에 어떤 장치를) 갖추어 그것을 쓸 수 있는 상태가 되게 하다. ¶주방에 환풍기를 ~. 3 (가슴을) 오거나 가져갈 때 곁에 두거나 따르게 하다. 대상이 되는 사람을 종속적인 존재로 보고 이르는 말임. 비데리다. ¶그 여자는 외출할 때면 늘 아이를 **달고** 다닌다. 4 (글이나 말에 토나 주석, 또는 한자음 따위를) 덧붙이거나 보태다. ¶한문에 토를 ~ / 남의 말에 토를 ~. 5 (장부 따위에) 적어서 올리다. ¶술값은 내 앞으로 **달아** 놓으시오. 6 (이름·제목 따위를) 정하여 붙이다. ¶제목부터 **달아라**. 7 (윷 등의 놀이판에서) 처음으로 말을 놓다. 8 (신랑을) 거꾸로 매달아 발바

닥을 때리며 곤욕을 주다.

달다[3] [동][타] 〈다니, 다오〉 (저울 따위로 물건의 무게를) 얼마인지 알아보다. ¶쇠고기로 두 근만 **달아** 주시오.

달!다[4] [동] (‘달라’, ‘다오’의 꼴로만 쓰여) [1] [불타] 남이 나에게 무엇을 주기를 청하다. ¶그 책을 나에게 **다오**. / 자유가 아니면 죽음을 **달라**. [2] [불보조] (동사의 어미 ‘-아’, ‘-어’ 다음에 쓰여) 남이 나에게 어떤 행동을 해 줄 것을 청하다. ¶제발 나를 좀 도와 **다오**.

달다[5] [형] 〈다니, 다오〉 **1** (먹거나 마시는 대상이) 혀로 느끼기에 꿀이나 설탕의 맛과 같다. [비]달콤하다. ¶수박이 ~. ↔쓰다. **2** (음식이) 입맛이 당기도록 맛이 있다. ¶밥을 **달게** 먹다. **3** (잠이) 깊어 깨고 싶지 않은 상태에 있다. 또는, (잠이) 깊고 충분하여 만족스럽다. ¶**단**잠 / 잠을 **달게** 자다. **4** (주로 ‘달게’의 꼴로 쓰여) 마땅하여 기껍다. ¶상대의 비난을 **달게** 여기다.

[**달면 삼키고 쓰면 뱉는다**] 옳고 그름이나 신의를 돌보지 않고 자기의 이익만 꾀한다.

달다 쓰다 말이 없다 [구] 아무런 반응도 나타내지 않다. ¶자네 생각은 도대체 뭔가? **달다 쓰다 말이 없으니** 그 속을 알 수가 있어야지.

달달[1] [부] **1** 무섭거나 추워서 몸을 몹시 떠는 모양. ¶겁이 나서 ~ 떨다. **2** 작은 바퀴 따위가 단단한 바닥을 구를 때 나는 소리. [큰]덜덜. [센]딸딸.

달달[2] [부] **1** 콩·깨 따위를 휘저으며 볶거나, 맷돌에 가는 모양. **2** 사람을 못 견디게 들볶는 모양. ¶돈을 내라고 ~ 볶다. **3** 물건을 이리저리 들쑤시며 뒤지는 모양. [큰]들들. **4** ‘줄줄4’의 잘못.

달달-거리다/-대다 [동][자][타] **1** 계속 달달 떨다. ¶추워서 온몸을 ~. **2** 잇달아 달달 소리가 나다. 또는, 그런 소리를 내다. ¶경운기가 **달달거리며** 가다. [큰]덜덜거리다. [센]딸딸거리다.

달달-이 [부] ‘다달이’의 잘못.

달대[-때] [명][건] 수평을 유지하려고 천장을 보꾹에 달아 낸 나무쪽. =달목.

달-덩어리[-떵-] [명] **1** 크고 둥근 달. **2** 둥글둥글하고 환하게 생긴 사람의 얼굴을 비유하여 이르는 말. [비]달덩이.

달-덩이[-떵-] [명] **1** 둥근 달. **2** 둥글고 환하게 생긴 사람의 얼굴을 비유하여 이르는 말. [비]달덩어리.

달-동네[-똥-] [명] 도시 주변의 고지대에 영세민들이 밀집해 사는 동네.

달디-달다 [형] ‘다디달다’의 잘못.

달-떡 [명] 달 모양으로 둥글게 만든 흰떡. =월병.

달!-뜨다 [동][자] 〈~뜨니, ~떠〉 (마음이) 가라앉지 않고 들썽거리다. [큰]들뜨다.

달!라 [동] ➡달다[4].

달!라다 ‘달라고 하다’가 준 말.

달라-붙다[-붇따] [동][자] **1** (물건이나 일부 연체동물의 몸이 무엇에) 끈기 있게 찰싹 붙다. ¶젖은 옷이 몸에 ~ / 껌이 옷에 **달라붙어** 안 떨어진다. **2** (사람이 다른 사람에게) 친근감을 강하게 느끼고 가까이 있으려고 하다. ¶아이가 찰거머리처럼 **달라붙어** 떨어지려 하지 않는다. **3** (사람이 어떤 일에) 집중하여 끈기 있게 하다. ¶그는 언제나 책에 **달라붙어** 있다. [큰]들러붙다.

달라이^라마(Dalai Lama) [명] [‘달라이’는 몽골 어로 ‘바다’, ‘라마’는 티베트 어로 ‘스승’의 뜻][종] 티베트의 종교·정치상의 최고 지배자의 칭호.

달라-지다 [동][자] (대상이) 전과 다른 상태가 되다. [비]변하다. ¶얼굴빛이 ~ / 사람이 ~ / 가구를 바꾸니까 방의 분위기가 **달라졌다**. ↔같아지다.

달랑 [부] **1** 작은 방울 따위가 한 번 흔들려 나는 소리. **2** 하나가 매달려 있거나 남아 있는 모양. **3** 앞뒤를 헤아리지 못하고 경솔하게 행동하는 모양. **4** 지니거나 딸린 것이 적어 홀가분한 모양. ¶가방 하나만 ~ 들고 상경했다. **5** 여럿 중에서 하나만 남아 있는 모양. ¶혼자 ~ 남다. **6** 갑자기 놀라 가슴이 따끔하게 울리는 모양. [큰]덜렁. [센]딸랑.

달랑-거리다/-대다 [동][자][타] **1** 물체가 매달려 자꾸 흔들리다. 또는, 그렇게 흔들리며 소리를 내다. **2** 침착하지 못하고 계속 까불다. [큰]덜렁거리다. [센]딸랑거리다.

달랑-게 [명][동] 갑각강 달랑겟과의 한 종. 갑각은 모가 뚜렷한 사각형임. 집게발은 한쪽이 크고 안쪽에 있는 띠 모양의 부분을 마찰시켜 소리를 냄.

달랑-달랑 [부] 달랑거리는 모양. 또는, 그 소리. [큰]덜렁덜렁. [센]딸랑딸랑. **달랑달랑-하다**[1] [동][자][타][여]

달랑달랑-하다[2] [형][여] (돈·양식 등이) 거의 다 쓰여 곧 없어지게 될 상태에 있다. ¶주머니에 돈이 ~.

달랑-이 [명] ‘덜렁이’의 작은말.

달랑-이다 [동][자][타] **1** 작은 방울 따위가 흔들려 소리가 나다. **2** 침착하지 못하고 까불다. [큰]덜렁이다. [센]딸랑이다.

달래 [명][식] 백합과의 여러해살이풀. 땅속에 둥글고 흰 비늘줄기가 있으며, 잎은 긴 대롱 모양임. 4월에 흰색 또는 붉은색 꽃이 핌. 매운맛이 있으며 식용함. 들에 자람.

달래다 [동][타] **1** (기분이 좋지 않거나 불만이 있거나 말을 잘 듣지 않는 사람을) 기분이 좋아지게 구슬리거나 좋은 말로 타이르다. ¶우는 아이를 ~. **2** (사람이 자신의 그리움·외로움·우울증·불만 등의 감정을 어떤 행동으로) 풀어서 가라앉히다. ¶술로 울분을 ~ / 노래로 외로움을 ~.

달러(dollar) [명] [1] [의존] **1** 미국의 화폐 단위. 1달러는 100센트. 기호는 $. =불(弗). **2** 오스트레일리아·캐나다·뉴질랜드·말레이시아·싱가포르 등의 화폐 단위. [2] [자립] **1** ‘달러화(dollar貨)’를 뜻하는 말. ¶~ 가치가 하락하다. **2** ‘외화(外貨)1’을 비유적으로 이르는 말. ¶~를 벌어들이다.

달러-돈(dollar-) [명] **1** =달러화. **2** 달러이자를 무는 돈.

달러^박스(dollar box) [명] 외화를 많이 벌어들이는 품목이나 존재. ¶마운드의 ~ 박찬호 선수 / 한때 섬유 수출은 한국의 ~였다.

달러^블록(dollar bloc) [명][경] 통화 준비를 달러로 보유하고, 거래를 주로 달러를 표준으로 하는 등 금융·경제상 미국의 달러를 중심으로 결합한 일군의 국가.

달러-이자(dollar利子) [명] 한 달 단위가 아니라 하루 단위로 이자가 붙는 방식의 높은 이자.

달러^지역(dollar地域) [명][경] 자국 통화를 미국 달러에 연결시켜 통화 가치를 안정시키고 대외적인 모든 거래에서 미국 달러를 쓰는 지역.

달러-화(dollar貨) 〔명〕 달러를 화폐 단위로 하는 돈. =달러돈.
달려-가다 〔동〕〔자〕〔거〕〈~가거라〉 달음질하여 빨리 가다. ¶손살같이 ~ / 경찰은 범죄 신고를 받고 현장으로 급히 **달려갔**다.
달려-들다 〔동〕〔자〕〈~드니, ~드오〉 1 (사람이나 동물이 다른 사람이나 동물에게) 빠른 동작으로 다가들다. ¶강도가 칼을 들고 ~ / 개가 갑자기 나한테 **달려들었**다. 2 (사람이) 적극적인 태도로 일에 임하다. ¶모두들 **달려들어** 일을 끝냅시다.
달려-오다 〔동〕〔자〕〔너라〕〈~오너라〉 달음질하여 빨리 오다. ¶아이들은 멀리서 우리를 알아보고 단숨에 **달려왔**다.
달력(-曆) 〔명〕 1년 중의 월(月)·일(日)·24절기·요일·행사일 등의 사항을 날짜를 따라 적어 놓은 것. =월력·캘린더.
달리 〔부〕 다르게. ¶~ 좋은 수가 없을까?
달리-기 〔명〕 일정한 거리를 두 다리로 얼마나 빨리 달리는지를 겨루는 일. 또는, 건강을 위해 빨리 달리는 일. (비)경주. ¶~ 선수 / 100m ~ / 그는 아침마다 인근 학교 운동장에서 ~를 한다. ▷육상 경기. **달리기-하다** 〔동〕〔자〕

달리다[1] 〔동〕〔자〕 1 '달다'의 피동사. ¶대문에 문패가 **달려** 있다. 2 (큰 물체에 작은 물체가) 그 일부를 이루거나 자연적으로 생겨 붙어 있는 상태가 되다. ¶나무에 감이 ~. 3 (어떤 사람에게 가족이나 식구가) 속해 있는 상태가 되다. ¶김 과장은 **달린** 식구가 많다. 4 (어떤 일이나 상태가 어떤 것에) 의존하거나 영향을 받는 상태가 되다. ¶이번 사업의 성패는 네게 **달렸**다.
달리다[2] 〔동〕〔자〕 (재물·기술·힘 따위가) 뒤를 잇대지 못하여 모자라다. ¶체력이 ~ / 일손이 ~. ×딸리다.
달리다[3] 〔동〕[1]〔타〕 1 '달다'의 사동사. (말이나 자동차·배 등을) 빠른 속도로 움직여 한 곳에서 다른 곳으로 가게 하다. ¶화랑 관창은 말을 **달려** 적진에 뛰어들었다. 2 (사람이나 네발짐승, 차·배 등이 어느 곳을) 빠른 속도로 이동하다. ¶고속도로를 쌩쌩 **달리는** 자동차. [2]〔자〕 1 (사람 또는 동물이) 두 다리나 네 다리를 번갈아 움직이면서 한 걸음을 내딛는 동안 두 발 또는 네 발이 땅에서 떨어져 있는 상태로 빠르게 나아가다. (비)뛰다. ¶치타가 먹이를 좇아 ~ / 육상 선수가 전력을 다해 **달린**다. 2 (자동차·열차·배 등이) 그것이 낼 수 있는 보통 이상의 빠른 속도로 한 곳에서 다른 곳으로 가다. ¶푸른 파도를 가르면서 **달리는** 쾌속정.

유의어 **달리다 / 뛰다**
둘 다 사람이나 동물이 지면에서 몸을 솟구면서 가는 것을 가리키나, '달리다'가 빠른 속도에 의미의 초점을 두는 데 반해, '뛰다'는 공중으로 솟구는 상태에 의미의 초점을 둠도, '달리다'는 탈것을 주어로 할 수 있는 데 반해, '뛰다'는 탈것이 얼마의 거리를 이동함을 나타낼 때(¶이 차는 10만km를 **뛰었**다.)를 제외하고는 그렇게 말할 수 없음. 한편, '뛰다'가 수평적 이동이 없는 수직적 상승 동작만을 가리킬 수 있는 반면, '달리다'는 그런 동작을 가리킬 수 없음.

[**달리는 말에 채찍질**] 잘하거나 잘되어 가는 일을 더 잘하거나 잘되도록 몰아침을 이르는 말. '주마가편(走馬加鞭)'과 같은 말.
달리아(dahlia) 〔명〕 국화과의 여러해살이풀. 알뿌리로 번식하며, 7월부터 늦가을까지 흰색·붉은색·자주색 등의 꽃이 핌. =양국(洋菊). ×다알리아.
달리-하다 〔동〕〔여〕 (사정이나 조건 따위를) 서로 달리 가지다. ¶의견을 ~ / 유명을 ~. ↔같이하다.
달마(達磨) 〔명〕 [<〔범〕dharma] [불] 법·진리·본체·궤범(軌範)·교법·이법(理法) 등의 뜻으로 이르는 말.
달마티안(Dalmatian) 〔명〕〔동〕 개의 한 품종. 털이 짧고, 흰 바탕에 검은 얼룩점이 흩어져 있음. 발이 빠르고 튼튼하며, 애완용으로 기름.
달막-거리다/-대다[-꺼(때)-] 〔동〕〔자〕 '들먹거리다'의 작은말. (센)딸막거리다.
달막-달막[-막-] 〔부〕 '들먹들먹'의 작은말. (센)딸막딸막. **달막달막-하다** 〔자〕〔타〕〔여〕
달-맞이 〔명〕 [민] 음력 정월 보름날, 산이나 들에 나가 달이 뜨기를 기다려 달을 맞는 일. 이날 달을 보고 소원을 빌기도 하고, 달빛에 따라 그해의 풍흉을 점쳤음. =영월(迎月). **달맞이-하다** 〔자〕
달맞이-꽃[-꼳] 〔명〕[식] 바늘꽃과의 두해살이풀. 높이 1m 정도. 7월에 노란 꽃이 밤에만 핌.
달-무리 〔명〕 달 언저리에 둥그렇게 생기는 구름 같은 허연 테. =월훈(月暈). ¶~가 서다 [지다]. ▷햇무리.
달문(達文) 〔명〕 1 익숙한 솜씨로 잘 지은 글. 2 조리가 있고 세련된 문장.
달-밤[-빰] 〔명〕 달이 떠서 밝은 밤. =월야(月夜).
달밤에 체조하다 〔구〕 격에 맞지 않는 짓을 하다. 빈정거리는 투의 속된 말임.
달-변[1](-邊)[-뼌] 〔명〕 달로 계산하는 변리. =월리(月利)·월변(月邊). ▷날변.
달변[2](達辯) 〔명〕 매우 능란한 말솜씨. (비)능변. ¶그는 ~으로 상대방을 휘어잡았다.
달변-가(達辯家) 〔명〕 말을 능란하게 잘하는 사람. (비)능변가.
달보드레-하다 〔형〕〔여〕 약간 달큼하다. ¶입에 대기는 **달보드레해도** 독하게 취하는 술이었다. 〈오유권: 철도〉 ↔들부드레하다.
달-빛[-삗] 〔명〕 달에서 비쳐 오는 빛. =월광(月光)·월색(月色). ¶~이 어리다.
달-삯[-싹] 〔명〕 한 달을 단위로 계산하여 받는 품삯. ▷월급.
달성(達成) 〔명〕 (뜻한 바를) 노력하여 이루는 것. **달성-하다** 〔동〕〔타〕〔여〕 ¶목적을 ~. **달성-되다** 〔동〕〔자〕〔여〕 ¶백억 불 수출 목표가 ~.
달^세뇨(⑩dal segno) 〔명〕[음] 도돌이표의 하나. 이곳에서 '§' 표까지 돌아와 Fine 또는 '⌢' 에서 끝마침. 기호는 D.S.
달-소수 〔명〕 한 달이 좀 지나는 동안.
달-수(-數)[-쑤] 〔명〕 달의 수효. ¶~를 채우지 못하고 출산하다.
달싹-거리다/-대다[-꺼(때)-] 〔동〕〔자〕〔타〕 자꾸 달싹이다. ¶물이 끓기 시작하자 주전자 뚜껑이 **달싹거렸**다. (큰)들썩거리다. (센)딸싹거리다.
달싹-달싹[-딸-] 〔부〕 달싹거리는 모양. (큰)들썩들썩. (센)딸싹딸싹. **달싹달싹-하다** 〔자〕〔타〕〔여〕
달싹-이다 〔동〕[1]〔자〕 1 (좀 가벼운 물건이) 들렸다 가라앉았다 하다. ¶밥이 끓어 솥뚜껑이 ~. 2 (어깨·궁둥이가) 가볍게 위아래로 움직이다. ②태 ❶(좀 가벼운 물건을) 들었다 놓았다 하다. 2 (어깨·궁둥이를) 가볍게 위아래로 움직이다. ¶가만히 앉아 있지 못하고 궤와 궁둥이를 **달싹이고** 있어? 큰들썩이다. 센딸싹이다.

달싹-하다[-싸카-] I 동(자)(여) ❶(좀 가벼운 물건이) 한 번 들렸다가 가라앉다. 또는, (좀 가벼운 물건을) 한 번 들렸다가 가라앉게 하다. 2 (어깨·궁둥이가[를]) 무겁게 한 번 위아래로 움직이다. 큰들썩하다.
II 형(여) 약간 떠들려 있다. 큰들썩하다.

달아-나다 동(자) ❶(사람이나 동물이) 피하거나 쫓겨 어떤 대상으로부터 멀어지도록 빨리 뛰거나 이동하다. 비도망하다. ¶남의 물건을 훔쳐 ~. 2 (달려 있거나 붙어 있던 것이) 떨어져 나가다. ¶양복 단추가 어디로 달아나고 없다. 3 (일의 의욕이나 생리적 욕구나 어떤 느낌이) 어떤 일로 인하여 대번에 사라지다. ¶졸음이 ~ / 처참한 사고 현장을 보니 입맛이 싹 **달아났다**.

달아-매다 동(타) ❶ 아래로 처지게 잡아매다. ¶나무에 그네를 ~. 2 떠나지 못하게 고정된 곳에 묶다.

달아-보다 동(타) 사람의 됨됨이와 능력 등을 시험해 보다.

달아-오르다 동(자)(르)<~오르니, ~올라> ❶(쇠붙이 따위가) 열을 받아 뜨거워지다. ¶쇠가 빨갛게 ~. 2 (얼굴이나 몸이) 부끄러움을 느끼거나 열이 나서 뜨거워지다. ¶감기 몸살로 몸이 뜨겁게 ~ / 그의 호소하는 듯한 눈길과 마주치는 순간, 그녀는 얼굴이 화끈 **달아올랐다**. 3 (군중들이 이루는 분위기가) 기쁨이나 흥분 등으로 들뜨고 설레는 상태가 되다. ¶팬들의 환호성으로 공연장 안은 뜨겁게 **달아올랐다**.

달음 명 ❶('그 달음으로'의 꼴로 쓰여) 어떤 행동의 여세를 몰아 계속함을 나타내는 말. ¶송진을 생채기에다 문질러 바르고는 그 ~으로 짚덤불 있는 데로 데려가, 꽃이 많이 달린 멍 줄기를 이렇게 꺾어 가지고 올라온다. 《황순원: 소나기》 2 ➜ 한달음에.

달음박-질[-찔] 명 두 다리로 급하게 빨리 달리는 일. 또는, 빨리 달리는 것을 겨루는 일. 비구보(驅步)·달음질·뜀박질. ¶그는 막 출발하는 버스를 ~로 쫓아갔다. / 할아버지는 손자 녀석이 ~을 잘한다고 자랑을 늘어놓으셨다. 준담박질. **달음박질-하다** 동(자) ¶아이들은 **달음박질하며** 놀다.

달음박질-치다[-찔-] 동(자) 힘차게 달음박질하다.

달음-질 명 ❶빠르게 뛰어가는 일. 비달음질. ¶수박을 서리하다 들킨 아이들은 죽어라 하고 ~을 했다. 2 추상적 대상을 향해 빠르게 가는 것을 비유적으로 이르는 말. **달음질-하다** 동(자) ¶최시의 목표를 향해 ~.

달음질-치다 동(자) 힘차게 달음질하다. ¶나의 상념은 20년 전의 추억 속으로 **달음질쳐** 갔다. / 엉덩이를 맞아 노한 황소는 울퉁불퉁한 내리막길을 미친 듯이 **달음질쳤다**.《서기원: 조선 백자 마리아상》

달이다 동(타) ❶(액체 따위를) 끓여서 진하게 만들다. ¶장을 ~. 2 (한약 따위를) 물에 넣고 끓여서 우러나오게 하다. ¶보약을 **달여** 먹다.

달인(達人) 명 어떤 기술이나 재능이 아주 뛰어난 수준에 이른 사람. ¶~의 경지.

달-장근(-將近) [-짱-] 명 지나간 기간이 거의 한 달이 됨.

달-집[-찝] 명[민] 음력 정월 보름날 달맞이를 할 때, 불을 질러 밝게 하기 위하여 생솔가지 따위를 묶어 집채처럼 쌓은 무더기.

달짝지근-하다[-찌-] 형(여) 약간 달콤한 맛이 있다. 큰들쩍지근하다. 거달착지근하다.

달차근-하다 형(여) '달짝지근하다'의 준말.

달착지근-하다[-찌-] 형(여) '달짝지근하다'의 거센말. ¶감기약 시럽이 ~. 준달차근하다. 큰들척지근하다.

달:치다 동 ① 자 지나칠 정도로 뜨겁게 달다. ② 타 졸아들도록 바싹 끓이다.

달카닥 부 '달가닥'의 거센말. ¶문이 ~ 닫히다. 준달칵. 큰덜커덕. **달카닥-하다** 동(자)(타)(여)

달카닥-거리다/-대다[-꺼(때)-] 동(자)(타) '달가닥거리다'의 거센말. 준달칵거리다. 큰덜커덕거리다.

달카닥-달카닥[-딸-] 부 '달가닥달가닥'의 거센말. 준달칵달칵. 큰덜커덕덜커덕. **달카닥달카닥-하다** 동(자)(타)(여) ¶쥐가 천장에서 ~.

달카당 부 '달가당'의 거센말. 준달캉. 큰덜커덩. **달카당-하다** 동(자)(타)(여)

달카당-거리다/-대다 동(자)(타) '달가당거리다'의 거센말. ¶창문이 바람에 ~. 준달캉거리다. 큰덜커덩거리다.

달카당-달카당 부 '달가당달가당'의 거센말. ¶우둘투둘한 산길을 달구지가 ~ 굴러 간다. 준달캉달캉. 큰덜커덩덜커덩. **달카당달카당-하다** 동(자)(타)(여)

달칵 부 '달카닥'의 준말. 큰덜컥. 여달각. **달칵-하다** 동(자)(타)(여)

달칵-거리다/-대다[-꺼(때)-] 동(자)(타) '달카닥거리다'의 준말. 큰덜컥거리다. 여달각거리다.

달칵-달칵[-딸-] 부 '달카닥달카닥'의 준말. 큰덜컥덜컥. 여달각달각. **달칵달칵-하다** 동(자)(타)(여)

달캉 부 '달카당'의 준말. 큰덜컹. **달캉-하다** 동(자)(타)(여)

달캉-거리다/-대다 동(자)(타) '달카당거리다'의 준말. 큰덜컹거리다.

달캉-달캉 부 '달카당달카당'의 준말. 큰덜컹덜컹. **달캉달캉-하다** 동(자)(타)(여)

달콤새콤-하다 형(여) 조금 달면서 새큼한 맛이 있다. ¶미역을 **달콤새콤하게** 무치다. 달곰새곰하다.

달콤-하다 형(여) ❶(어떤 음식이나 먹는 물질이) 맛있게 끌리게 달다. ¶부드럽고 **달콤한** 아이스크림. 달곰하다. 여달곰하다. 2 (남녀간의 사랑과 관련된 일이) 관능적으로 즐거운 상태에 있다. ¶**달콤한** 키스 / **달콤한** 신혼 생활을 보내다. 3 (사람의 말이) 얼른 듣기에 혹하게 하는 상태에 있다. ¶그는 여자를 **달콤한** 말로 유혹했다. 4 (잠이) 흡족하여 기분이 좋은 상태에 있다. ¶**달콤한** 잠을 자다. **달콤-히** 부

달큼-하다 형(여) (음식이나 물질이) 조금 단맛이 있다. 큰들큼하다. 작달곰하다. 여달금하다. **달큼-히** 부

달통(達通) 명 사물의 이치에 깨우침이 있어 막힘이 없게 되는 것. 비통달. **달통-하다** 동(자)(여) ¶천문·지리에 ~.

달-팔십(達八十) [-씹] 명 [중국의 강태공이

80세에 정승이 된 후 80년을 호화롭게 살았다는 데서) 호화롭게 삶을 이르는 말. ▷궁팔십.

달팽이 [명][동] 연체동물 복족강 달팽잇과의 한 종. 보통 4개의 가로무늬가 있고 등에는 나선상의 껍데기가 있으며, 머리에는 2쌍의 촉각이 있음. 자웅 동체이며, 주로 야간에 이끼류나 잎을 먹음. ≒와우(蝸牛).

달팽이-관 (-管) [명][생] 포유류·조류의 내이(內耳)에 있는, 달팽이 껍데기처럼 생긴 기관. 청각을 담당함. ≒와우각(蝸牛殼).

달-포 [명] 한 달 이상이 되는 동안. ¶그 사람, 한 ~ 전에 만난 뒤로 통 못 보았다. ▷날포·해포.

달-품 [명] 한 달에 얼마씩의 품삯을 받기로 하고 파는 품. ▷날품.

달필 (達筆) [명] 익숙하게 잘 쓰는 글씨. 또는, 글씨를 잘 쓰는 사람.

달-하다 (達-) [동][여] ①[1] 1 (사물이 꽤 많은 수량이나 비교적 높은 정도에) 미치거나 이르다. ¶수천만에 **달하는** 인구 / 축제의 분위기가 절정에 **달하다**. 2 (사물이 어느 곳이나 대상에) 이르러 닿거나 미치다. ¶이스라엘 자손의 부르짖음이 내게 **달하고**….《구약 출애굽기》[2][타] (어떤 목적을) 뜻대로 이루다. 2 (복)(남에 영화를 보고) 얻어서 누리다.

닭 [닥] [명][동] 온몸이 깃털로 덮여 있고 머리와 부리 밑에 볏이 달려 있으며, 날개는 퇴화하여 잘 날지 못하는 두발짐승. 꿩과에 속하는 가축으로, 고기나 알을 먹을 목적으로 기름. 암컷은 암탉, 수컷은 수탉, 어린 것은 병아리라고 부름. 울음소리는 '꺌꺌', '꼴꼴', '꺌꺌', '꼬꼬', '꼬꼬댁', '꼬끼오', '꼭꼭'. 수효를 세는 단위는 마리·수(首).
[닭 소 보듯, 소 닭 보듯] 서로 아무 관심도 두지 않음의 비유. **[닭 잡아먹고 오리발 내놓기]** 자신이 저지른 일을 드러내게 된 사람이 엉뚱한 수단으로 남을 속이려 한다. **[닭 쫓던 개 지붕 쳐다보듯]** 애써 하던 일이 실패로 돌아가거나 남보다 뒤떨어져 어찌할 수 없게 되어 맥빠진 모양을 이르는 말.

닭-고기 [닥꼬-] [명] 사람이 식용 대상으로 삼는 닭의 살. 특히, 굽거나 삶거나 튀기거나 한 것을 이른다.

닭-고집 (-固執) [닥꼬-] [명] 공연히 부리는 고집이나 그런 고집을 부리는 사람을 조롱하여 이르는 말.

닭곰-탕 (-湯) [닥꼼-] [명] 닭을 푹 고아 맛이 국물에 우러났을 때 살을 뜯어 양념한 뒤 다시 닭 국물을 넣고 끓인 음식.

닭-대가리 [닥때-] [명] 기억력이 좋지 못하고 어리석은 사람을 조롱하여 이르는 말.

닭도리-탕 (←일鳥/とり 湯) [닥-] [명] '닭볶음탕'으로 순화.

닭-둥우리 [닥-] [명] 둥우리처럼 만든 닭의 어리나 보금자리.

닭-똥 [닥-] [명] 닭이 배설한 똥. ≒계분(鷄糞)·닭의똥.
닭똥 같은 눈물 [구] '매우 방울이 굵은 눈물'을 비유적으로 이르는 말. ¶철수는 선생님의 꾸중에 고개를 푹 숙이고 ~만 뚝뚝 떨어뜨렸다.

닭-똥집 [닥-찝] [명] 닭의 모래주머니를 속되게 이르는 말.

닭-띠 [닥-] [명][민] 닭해에 난 사람의 띠.

닭볶음-탕 (-湯) [닥뽁-] [명] 닭고기를 토막 쳐서 양념과 물을 넣고 끓인 음식.

닭-살 [닥쌀] [명] 1 털 뽑은 닭의 살가죽처럼 자잘한 돌기가 도톨도톨 돋아 있는 살갗. 2 '소름'을 속되게 이르는 말. ¶~이 돋다.

닭-서리 [닥써-] [명] 주로 농촌에서, 장난삼아 몇 사람이 함께 남의 집에 몰래 들어가 그 집에서 기르는 닭을 훔쳐다 잡아먹는 일.
닭서리-하다 [동][자][여]

닭-싸움 [닥-] [명] 1 닭끼리 싸움을 붙여 이를 보고 즐기거나 내기를 거는 놀이. ≒투계(鬪鷄). 2 한쪽 다리를 손으로 잡고 외다리로 뛰면서 상대를 밀어 넘어뜨리는 놀이. 3 '시답지 않은 싸움'을 조롱하여 이르는 말. ⓒ닭쌈. **닭싸움-하다** [동][자][여]

닭-쌈 [닥-] [명] '닭싸움'의 준말. **닭쌈-하다** [동][자][여]

닭의-똥 [-의-/-에-] [명] =닭똥.

닭의-어리 [-의-/-에-] [명] 닭을 넣어 두는 물건. 싸리 등으로 엮음.

닭의장-풀 (-欌) [-의-/-에-] [명][식] 닭의장풀과의 한해살이풀. 여름에 하늘색 꽃이 피고 줄기는 마디가 큼. 어린잎과 줄기는 식용, 잎은 즙을 내어 약용하며, 꽃은 염료용임. 들이나 길가에 흔히 남. =달개비.

닭의-홰 [-의-/-에-] [명] 닭의장이나 닭의 어리 속에 닭이 올라앉도록 가로지른 나무.

닭-장 (-欌) [닥짱] [명] 닭을 가두어 두는 장. =계사(鷄舍)·닭의장.

닭장-차 (-欌車) [닥짱-] [명] 죄수 등을 태우기 위하여 철망을 둘러친 차를 속되게 이르는 말.

닭-죽 (-粥) [닥쭉] [명] 닭고기를 넣고 쑨 죽.

닭-짓 [닥찓] [명]⟨속⟩ 어리석은 행동.

닭-찜 [닥-] [명] 닭을 잘게 토막 쳐서 갖은 양념을 하여 국물이 바특하게 푹 삶은 음식.

닭-해 [다캐] [명][민] =유년(酉年)².

닮다 [담따] [닮다/담:다/닮다/] [동][타][여] 1 (사람이나 그 밖의 대상이 다른 사람이나 대상과 [을]) 생김새나 됨됨이에 있어서 자연적으로 또는 우연히 비슷한 상태를 보이다. ¶그는 부부란 함께 살면서 서로 **닮는** 법이다. 2 (어떤 사람이 다른 사람을) 본을 삼아 그대로 좇아 행동하다. ¶온종일 공부는 안 하고 어딜 갔다 오는 거냐? 제발 형을 **닮아라**.

닮은-꼴 [수] 크기만 다르고 모양이 같은 둘 이상의 도형. 구용어는 상사형(相似形).

닮-음 [명] 하나의 도형을 고르게 확대 또는 축소하면 다른 도형과 완전히 겹칠 수 있는 일. 구용어는 상사(相似).

닮음-비 (-比) [명][수] 닮은꼴의 관계에 있는 도형의 대응하는 두 선분의 비. 구용어는 상사비.

닳다 [달타] [동] 1 (어떤 물체가) 다른 물체에 자꾸 스치거나 문질러져 그 닿는 면이 조금씩 깎이거나 없어지는 상태이다. ¶구두 뒷굽이 ~ / 옷소매가 다 **닳았다**. 2 (액체가) 끓어서 그 부피가 줄어들다. ¶찌개가 너무 **닳아서** 짜다. 3 (사람이) 세상의 온갖 일을 많이 겪어 약아지거나 교활해지다. ¶물장사 10년에 **닳고 닳은** 여자. 4 (주로, '닳도록'의 꼴로 쓰여) 어떤 행동을 수없이 되풀이하여 그 행동을 하기가 깎이거나 없어질 지경이 되다. 행동의 반복성을 강조한 구어체의 말임. ¶손이 **닳도록** 빌다 / 발이 **닳도록** 드나들다.

닳-리다 [달-] [동][타] '닳다1·2'의 사동사.

닳아-빠지다[달-] 혱 세파에 시달리거나 어려운 일을 많이 겪어 몹시 약다.
담¹ 몡 집의 둘레나 일정한 공간을 막기 위해 흙·돌·벽돌 등으로 쌓아 올린 것. =담장.
[담을 쌓고 벽을 친다] 의좋던 관계를 끊고 서로 싸우다.
담¹² 몡 '다음'의 준말. 구어에서 쓰는 말임. ¶~에는 네가 해라.
-담³ 어미 형용사나 '있다'의 어간 또는 어미 '-시-', '-았/었-', '-겠-'의 아래에 붙어, '-단 말인가'의 뜻으로 혼잣말로 못마땅함이나 감탄을 나타내는 의문형 종결 어미. ¶물이 어쩜 이렇게 맑~/무엇이 그리 좋~.
▷-ㄴ담·는담.
담¹⁴(痰) 몡 1 [생] =가래⁴. 2 [한] 등이나 어깨나 가슴 등이 결려 숨을 쉬거나 움직일 때 뜨끔거리는 증세. 또는, 그런 통증을 일으키는 몸속의 불순물. 몸 안의 진액이 특정 부위에 몰려서 걸쭉하고 탁하게 된 것임. ¶~이 들다/~이 걸리다/~이 붙다.
담¹⁵(膽) 몡 1 [생] =쓸개. 2 '담력'의 준말.
담(이) 크다 관 대범하거나 용기가 있다. ¶그는 한밤중에 혼자서 산길을 갈 수 있을 만큼 ~. ▷간(이) 크다. →간(肝)⁴.
담-⁶(淡) 접투 색깔의 농도가 엷음을 나타냄. ¶~청색/~황색. ↔농.
-담⁷(談) 접미 '이야기'의 뜻을 나타내는 말. ¶무용(武勇)~/경험~/성공~.
담-갈색(淡褐色)[-쌕] 몡 엷은 갈색.
담그다 탄〈담그니, 담가〉 1 (물이나 물건의 일부나 전부를 어떤 성질을 띤 액체 속에) 넣어 들어 있게 하다. ¶목욕물에 몸을 ~/빨래를 물에 담가 헹구다/개울에 발을 담그고 더위를 식히다. 2 (김치·술·장·젓갈 따위를) 여러 가지 재료를 가지고 만들어 발효될 수 있도록 일정한 용기(容器)에 넣다. 또는, (그런 음식을) 일정한 방법으로 만들다. ¶김치를 ~/간장을 ~.

어법 그릇을 물에 담궈 두다 : 담궈(×)→담가(○). ▶ 어간이 '-'로 끝나는 말은 어미 '-아'와 결합할 때 '-'가 탈락됨.

담금-질 몡 1 쇠를 단단하게 만들기 위해 불에 달구었다가 찬물에 담그는 일. 2 (사람을) 도독하게 훈련하여 강하게 만드는 일. 비유적인 말임. 담금질-하다 탄어 ¶쇠를 ~/선수들을 혹독하게 ~.

혼동어 담금질 / 단근질
'담금질'은 불에 달군 금속을 급속히 냉각시키는 일을 가리키는 데 반해, '단근질'은 불에 달군 쇠로 죄인의 몸을 지지던 지난날의 형벌을 가리킴.

담-기다 동자 '담다'의 피동사. ¶물이 담긴 그릇/정성이 담긴 선물.
담¹-날 몡 '다음날'의 준말.
담¹-낭(膽囊) 몡[생] =쓸개.
담¹-녹색(淡綠色)[-쌕] 몡 엷은 녹색. =담록(淡綠).
담¹다[-따] (담고, 담아) 동탄 1 (물건이나 물질을 그릇 안에) 넣어 그 속에 있게 하다. ¶반찬을 접시에 ~. 2 (그림·글·노래 등의 속에 어떤 내용을) 들어 있게 하다. ¶농촌 풍경을 화폭에 ~/조국애를 담은 소설. 3 (얼굴이나 표정 속에 어떤 감정이) 들어 있게 하다. ¶기쁨을 가득 담은 얼굴. 4 (어떤 생각이나 감정을 마음속에) 잊거나 풀어 버

리지 않고 지니다. ¶내 말을 마음에 담지 마라. 5 입에 담다 →입.
담¹-다¹ 몡 '다음다음'의 준말.
담¹담²(淡淡)[담담-하다 혱] 1 물이나 빛이 묽고, 2 아무 맛이 없이 싱겁다. 3 (음식이) 느끼하지 않다. 비담백하다. 4 (마음이) 차분하고 평온하다. ¶담담한 어조/담담한 심정. 담담-히 틘
담당(擔當) 몡 (사람이 어떤 일을) 책임을 지고 맡는 것. 또는, 맡은 사람. ¶~ 의사/제가 그 일을 담당하지요. ¶국어를 담당하는 교사.
담당-자(擔當者) 몡 어떠한 일을 담당하는 사람.
담¹대(膽大) →담¹대-하다 혱어 (사람이) 두려워함이 없고 뱃심과 용기가 있다. 비대담하다. ¶온갖 역경과 담대하게 맞서 싸우다. 담¹대-히 틘
담¹략(膽略)[-냑] 몡 담력과 꾀. ¶지략과 ~을 겸비한 장수. 담¹략-하다 혱어 대담하고 꾀가 많다.
담¹력(膽力)[-녁] 몡 겁이 없고 용감스러운 기운. =담기. ¶~을 키우다. 준담.
담론(談論)[-논] 몡 1 어떤 문제나 주제에 대하여 어떤 논리나 이론을 가지고 펴는 주장이나 논의. ¶여성에 대한 ~/어느 사회든 기존 체제를 옹호하는 지배적 ~과 새로운 변화를 추구하는 대항 ~이 있기 마련이다. 2 [언] 하나의 문장보다 큰 일련의 문장. =담화. 3 [문] 서사문 또는 텍스트에 드러난 서술 그 자체. 또는, 그 서술 전체. 담론-하다 동자어 ¶시국에 대해 ~.
담¹박(淡泊·澹泊) →담¹박-하다[-바카-] 혱어 1 욕심이 없고 마음이 깨끗하다. ¶담박한 사람. 2 (음식의 맛이) 느끼하지 않고 개운하다. 비담백하다. 3 (빛깔이) 칙칙함이 없이 깨끗하고 산뜻하다. ¶담박하고 소박한 고상함을 풍기는 백자.
담박-질[-찔] 몡 '달음박질'의 준말. 담박질-하다 동자어
담방 틘 '덤벙'의 여린말. 큰덤벙. 담방-하다 동자어
담방-거리다/-대다 동자탄 '탐방거리다'의 여린말. 큰덤벙거리다.
담방-담방 틘 '탐방탐방'의 여린말. 큰덤벙덤벙. 담방담방-하다 동자탄어
담¹배 몡 1 [식] 가짓과의 한해살이풀 또는 여러해살이풀. 높이 1.5~2m. 잎은 길이 50cm가량으로 매우 크고, 여름에 담홍색 꽃이 핌. 잎은 니코틴을 함유하며, 말려서 피우는 물건을 만듦. =연초(煙草). 2 담뱃잎을 말려서 가공하여 피우는 물건의 총칭. 살담배·잎담배·엽궐련·지궐련 등의 형태가 있는데, 오늘날에는 거의 지궐련의 형태로 쓰이게 됨. 세는 단위는 개비·대·갑·보루(10갑)·쌈지, 수량을 나타내는 단위는 모습. =남초. ¶~를 피우다{끊다}/~가 순하다{독하다}. 준꼬투리. 2 '담배풀초'의 잘못.
담¹배-꼬투리 몡 1 담뱃잎의 단단한 줄기. 준꼬투리. 2 '담배풀초'의 잘못.
담¹배-꽁초 몡 담배를 피우다 남은 도막. × 담배꼬투리·담배꽁추·담배꽁치.
담배-꽁추 몡 '담배꽁초'의 잘못.
담배-꽁치 몡 '담배꽁초'의 잘못.
담¹배-물부리[-뿌-] 몡 담뱃대로 담배를 피울 때, 입에 물고 빠는 자리에 끼우는 물건.
담¹배-설대[-때] 몡 담배통과 물부리 사이

에 끼워 맞추는 가는 대. =간죽(竿竹). [준] 설대. ×대설대.
담:배-쌈지 [명] 살담배나 잎담배를 넣고 다니는 주머니. =초갑(草匣).
담:배-질 [명] 일삼아 자꾸 담배만 피우는 짓. **담:배질-하다** [동][자][여]
담:배-통(-桶) [명] **1** 담배설대 아래에 맞추어 담배를 담는 통. **2** 살담배를 넣어 두는 통.
담:백(淡白) ➜**담:백-하다**[-배카-] [형][여] **1** (음식 맛이) 느끼하지 않고 산뜻하다. ¶**담백한** 멸치 국물. **2** (사람됨이) 욕심이나 집착이 없이 담담하고 깨끗하다. [비]담박하다. ¶솔직 **담백한** 태도.
담:뱃-갑(-匣)[-배깝/-밷깝] [명] 담배를 넣는 갑.
담:뱃-값[-배깝/-밷깝] [명] **1** 담배의 가격. ¶~이 오르다. **2** 담배를 살 돈. ¶~이 떨어지다. **3** 많지 않은 돈. ¶~밖에 안 되는 용돈. **4** 약간의 사례금을 속되게 이르는 말. ¶~이라도 집어 줘야 군소리가 없지.
담:뱃-대[-배때/-밷때] [명] 담배를 피우는 데 쓰는 기구. 대통·설대·물부리로 이루어짐. =연관(煙管)·연대(煙臺)·연죽(煙竹).
담:뱃-불[-배뿔/-밷뿔] [명] **1** 담배에 붙이는 불. ¶~ 좀 빌립시다. **2** 담배에 붙은 불. ¶~을 끄다.
담:뱃-잎[-밴닙] [명] 담배의 잎. 담배를 만드는 원료가 됨.
담:뱃-재[-배째/-밷째] [명] 담배가 탄 재. ¶~를 떨다.
담:뱃-진(-津)[-배찐/-밷찐] [명] 담배에서 우러난 진.
담-벼락[-뻐-] [명] **1** 담이나 벽의 표면. ¶~에 포스터를 붙이다. **2** 사물을 전혀 이해하지 못하는 사람의 비유. ×담벽.
[**담벼락하고 말하는 셈이다**] 도무지 알아듣지 못하거나 고집불통인 사람과 이야기하는 경우를 이르는 말.
담-벽(-壁) [명] '담벼락'의 잘못.
담보(擔保) [명] 채무 불이행 때에 채무의 변제를 확보하는 수단으로서 미리 채권자에게 제공하는 것. ¶집을 ~로 잡다 / 부동산을 ~로 하여 돈을 빌리다. **담보-하다** [동][타][여]
담보^대:출(擔保貸出) [명][법] =담보부 대출.
담보-물(擔保物) [명][법] 담보로 제공하는 물건. 저당물 따위. =담보품.
담보^물권(擔保物權)[-꿘] [명][법] 일정한 물건을 채권 담보로 제공하는 것을 목적으로 하는 물권.
담보부^대:출(擔保付貸出) [명][법] 은행이 담보물을 잡고 하는 대출. =담보 대출. ↔무담보 대출.
담북-장(-醬)[-짱] [명] **1** 메줏가루에 쌀가루·고춧가루·생강·소금 등을 넣고 익힌 된장. **2** =청국장.
담불 [명] [1][자립] 높이 쌓은 곡식 무더기. [2][의존] 벼 백 섬을 세는 단위.
담비 [명][동] 포유류 족제빗과의 한 종. 몸빛은 황갈색이나 겨울에는 빛깔이 엷어짐. 모피는 빛깔이 고와 귀하고 아주 비쌈. =산달(山獺).
담빡 [부] 아무런 생각 없이 가볍게 행동하는 모양. ¶어른한테 ~ 대들다. [큰]덤뻑.
담뿍 [부] 작은 범위 안에 넘칠 정도로 가득히. =담뿍이. [비]소복이. ¶웃음을 ~ 띠다 / 붓에 먹을 ~ 묻히다. [큰]듬뿍.
담뿍-담뿍[-땀-] [부] 모두 담뿍한 모양. ¶밥을 ~ 푸다. [큰]듬뿍듬뿍. **담뿍담뿍-하다** [형][여]
담뿍-하다[-뿌카-] [형][여] 작은 범위 안에 넘칠 정도로 가득 차 있거나 매우 소복하다. [큰]듬뿍하다. **담뿍-이** [부] ¶밥을 ~ 담다.
담상-담상 [부] '듬성듬성'의 작은말. **담상담상-하다** [형][여]
담:색(淡色) [명] 엷은 빛깔. ↔농색(濃色).
담:석(膽石) [명][의] 쓸개 및 담도(膽道) 안에서 생기는 결석(結石). =담결석.
담:석-증(膽石症)[-쯩] [명][의] 쓸개 및 담도(膽道) 안에 결석(結石)이 있는 상태.
담세(擔稅) [명] 세를 부담하는 것. ¶~자(者). **담세-하다** [동][자][여]
담소(談笑) [명] (어떤 사람이 다른 사람과) 좋은 분위기에서 웃으면서 이야기를 주고받는 것. =언소(言笑). ¶손님과 ~를 나누다. **담소-하다** [동][자][여]
담:수(淡水) [명] =민물. ↔함수(鹹水).
담:수-어(淡水魚) [명][동] =민물고기. ↔함수어(鹹水魚).
담:수-호(淡水湖) [명][지] 호수의 총염분 함유량이 1리터 중에 500mg 이하인 호수. =담호. ↔함수호.
담시(譚詩) [명][문] =발라드1.
담-쌓다[-싸타] [동][자] (사람이 다른 사람과) 거리감을 두어 관계를 맺지 않다. ¶도시인들은 이웃과 **담쌓고** 지낸다.
담쏙 [부] '듬쑥'의 작은말. ×담쑥.
담쏙-담쏙[-땀-] [부] '듬쑥듬쑥'의 작은말.
담쑥 [부] '담쏙'의 잘못.
담아-내다 [동][타] **1** (용기나 그릇 따위에 물건을) 담아서 내놓다. ¶접시에 과일을 ~. **2** (글 속에 어떤 내용을) 나타내다. ¶문학은 그 시대의 사회상을 **담아낸다**.
담:약(膽弱) ➜**담:약-하다**[-야카-] [형][여] 겁이 많고 담력이 약하다. ¶그는 **담약해서** 남 앞에 나서질 못한다.
담:-요(毯-)[-뇨] [명] 털로 짜서 요처럼 네모지게 만든 보온용 침구. 흔히, 요 위에 깔기도 하고 이불처럼 덮기도 함. =모포. ¶밍크 ~.
담임(擔任) [명] (학급이나 교회 등을) 책임을 지고 맡아보는 것. 또는, 그 사람. ¶~을 맡다. **담임-하다** [동][타][여] ¶고등학교 졸업반을 ~.
담임-교사(擔任敎師) [명] 초등학교·중학교·고등학교 등에서, 한 반의 학생을 전적으로 책임지고 맡아 지도하는 교사. =담임선생.
담임-선생(擔任先生) [명] =담임교사.
담자균-류(擔子菌類)[-뉴] [명][식] 균류에 속하는 한 강(綱). 몸이 균사로 이루어져 있고, 유성 생식 때 포자낭을 형성하는 것이 특징임. 대개는 자실체를 형성하는데, 대형의 자실체를 가진 것을 버섯이라고 함.
담:-자색(淡紫色) [명] 엷은 자줏빛.
담-장(-牆) [명] =담1.
담장이-덩굴 [명][식] '담쟁이덩굴'의 잘못.
담-쟁이 [명][식] '담쟁이덩굴'의 준말.
담쟁이-덩굴 [명][식] 포도과의 낙엽 활엽 덩굴나무. 덩굴손으로 담이나 수목에 달라붙어 올라감. 잎은 끝이 뾰족한 달걀꼴이고 여름에 담녹색 꽃이 핌. 가을에 단풍이 아름다워 관상용으로 심음. =아이비(ivy). [준]담쟁이. ×담장이덩굴.
담:즙(膽汁) [명][생] =쓸개즙.

담:즙-질(膽汁質) [-찔] [명][심] 기질(氣質)의 한 유형. 행동·동작·정서의 움직임이 세고 활발하며 진취력이 강한 반면, 고집이 세고 거만함.
담지(擔持) [명] (어떤 대상이나 요소를) 안에 지니는 것. **담지-하다** [동][타][여] ¶민족 유산을 **담지하고** 있는 전통문화.
담:-차다(膽-) [형] (사람이) 담이 크고 용기가 있다. ¶화랑 관창의 **담찬** 기백.
담:채(淡彩) [명] **1** 엷은 채색. **2** [미] =담채화.
담:채-화(淡彩畫) [명][미] 채색을 엷게 하여 밑그림이 보이도록 그린 그림. =담채.
담:천(曇天) [명] **1** 흐린 날씨. **2** [기상] 구름이 하늘 면적의 80% 이상 낀 날씨. ↔청천(晴天).
담:-청색(淡靑色) [명] 엷은 청색.
담타기 [명] '덤터기'의 작은말.
담판(談判) [명] (어떤 사람이 맞서 있는 사람과 어떤 문제를) 해결하고자 서로의 주장과 의견을 절충하여 결판을 내리는 것. ¶이권 배분을 어떻게 할 것인지 이 자리에서 ~을 짓자. **담판-하다** [동][타][여]
담합(談合) [명] **1** [법] 경쟁 입찰 때에 복수의 입찰 참가자가 미리 의논하여 입찰 가격이나 낙찰자 등을 협정해 두는 것. ¶업자 간의 ~ 행위. **2** [법] 업자가 다른 업자와 짜고 가격을 결정하거나 거래 대상을 제한함으로써 공정한 경쟁을 해치는 일. ¶가격 ~. **3** 부당하게도 미리 짜고 어떻게 하기로 정하는 것. **담합-하다** [동][자][여]
담:-홍색(淡紅色) [명] 엷은 홍색.
담화(談話) [명] **1** 서로 이야기를 주고받는 것. ¶~를 나누다. **2** 공적인 자리에 있는 사람이 어떤 문제에 대한 견해나 태도, 정책 등을 공식적으로 밝히는 말. ¶대통령이 현 시국에 대한 ~를 발표하다. **3** [언] =담론(談論)**2**. **담화-하다** [동][자][여]
담화-문(談話文) [명] 공직자가 자신의 입장이나 정책 등을 밝히기 위하여 공식적으로 발표하는 글. ¶대통령 ~.
담화-체(談話體) [명][문] 일상어나 평소에 쓰는 담화에 가까운 말투로 쓰는 문장의 양식.
담:-황색(淡黃色) [명] 엷은 황색.
답(答) [명] **1** 물음이나 요구에 응하여 어떤 말을 하거나 태도를 보이는 것. [비]대답. ¶뭘 물어도 입을 꾹 다물고 아무 ~이 없다. **2** 특히, 시험 문제에 대한 풀이. ¶~이 맞다[틀리다] / ~을 맞추어 보다. ↔문(問).
답교-놀이(踏橋-) [-꾜-] [명][민] =다리밟기.
-답니까[담-] '-다고 합니까'가 준 말. ¶집으로 돌아왔~? ▷-ㄴ답니까·-는답니까·-랍니까.
-답니다¹[담-] [어미] 형용사나 '있다'의 어간, 또는 어미 '-시-', '-았/었-', '-겠-'의 아래에 붙어, '합쇼' 할 상대에게 화자가 이미 알고 있는 것을 객관화하여 친근하게 일러 줌을 나타내는 종결 어미. ¶저는 아주 건강하~. ▷-ㄴ답니다·-는답니다.
-답니다²[담-] '-다고 합니다'가 준 말. ¶그 애는 키가 아주 크~. / 어제는 문을 닫았~. ▷-ㄴ답니다·-는답니다.
-답다[-따] [접미] 대상이 바로 앞에 오는 체언의 긍정적인 특성이나 속성을 갖추고 있음을 나타내는 말. **1** 체언에 붙어, 형용사를 파생하는 말. ¶여자~ / 신사~ / 꽃**다운** 청춘. **2** 긍정적 가치를 나타내는 일부 추상 명사나 자립성 없는 어근적 명사에 붙어, 형용사를 파생하는 말. ¶참~ / 아름~ / 정**다운** 사람. **3** 구나 절을 이끄는 체언 뒤에 붙어, 형용사구나 서술절을 이루는 말. ¶그의 주먹은 세계 챔피언을 지낸 선수~.
답답-이[-땁-] [명] 사리를 분별할 줄 모르거나 행동이 약삭빠르지 못하여 보기에 갑갑한 사람.
답답-증(-症) [-땁쯩] [명] 가슴속이 갑갑하거나 안타깝거나 하여 죄어드는 듯한 느낌. ¶~이 나다 / ~이 풀리다.
답답-하다[-따파-] [형][여] **1** (가슴이) 체하거나 무거운 것에 눌리거나 숨 쉬기가 어렵거나 하여 꽉 막힌 듯하거나 숨이 가쁜 상태에 있다. ¶먹은 게 체하여 가슴이 ~. **2** (사람의 마음이) 일이 속 시원히 풀리거나 이뤄지지 않아 조바심이 나거나 안타까운 상태에 있다. ¶한 번 간 뒤로 종무소식이니 **답답해** 죽을 지경이다. **3** (사람의 행동이) 굼뜨거나 우물쭈물하거나 어리석은 데가 있거나 융통성이 없거나 하여 짜증 나게 하거나 울화가 치밀게 하는 상태에 있다. ¶아이고 **답답해**. 뭘 그리 꾸물거리고 있어! **4** (공간에 대한 느낌이) 트이지 않고 붙어 있거나 꽉 막혀 있어 시원스럽지 못한 상태에 있다. ¶가구가 창문을 가리니까 ~. ▷갑갑하다. **답답-히** [부]
-답디까[-띠-] '-다고 합디까'가 준 말. ¶길이 멀~? / 그도 내일 모임에 참석한~? ▷-ㄴ답디까·-는답디까.
-답디다[-띠-] '-다고 합디다'가 준 말. ¶경치가 아주 좋~. ▷-ㄴ답디다·-는답디다.
답례(答禮) [담녜] [명] (말·동작·물건으로) 남에게서 받은 예(禮)를 도로 갚는 일. 또는, 그 예. **답례-하다** [동][자][여] ¶미소로 ~ / 박수에 손을 들어 ~.
답례-품(答禮品) [담녜-] [명] 답례하는 뜻에서 주는 물건.
답방(答訪) [-빵] [명] 다른 사람의 방문에 대한 답례로 방문하는 것. 또는, 그 방문. **답방-하다** [동][자][타][여]
답배¹(答杯) [-빼] [명] 받은 술잔에 대해 술잔으로 답하는 것. 또는, 그 술잔. **답배-하다**¹ [동][자][여]
답배²(答拜) [-빼] [명] 절을 받고 그 답으로 절을 하는 것. 또는, 그 절. **답배-하다**² [동][자][여]
답변(答辯) [-뻔] [명] 물음에 대하여 밝혀 대답하는 것. 또는, 그 대답. ¶~을 요구하다 / ~을 회피하다. **답변-하다** [동][자][여] ¶질의에 ~.
답변-서(答辯書) [-뻔-] [명] **1** 답변의 내용을 적은 글. **2** [법] 민사 소송에서, 피고가 구두 변론에서 답변하려는 사항을 기재하여 제출하는 문서.
답보(踏步) [-뽀] [명] =제자리걸음**2**. ¶팽팽한 의견 대립으로 회담이 ~ 상태에 있다. **답보-하다** [동][자][여]
답사¹(答辭) [-싸] [명] **1** 회답의 말. **2** 식장에서 환영사·환송사 따위에 답하는 말. ¶졸업생 대표의 ~. **답사-하다**¹ [동][자][여]
답사²(踏査) [-싸] [명] (유적지나 명승지, 또는 어떤 조사의 대상이 되는 장소를) 직접 가서 실제의 모습이나 상태를 둘러보거나 살펴보는 것. ¶현지~. **답사-하다**² [동][타][여] ¶유적지를 ~.
답삭[-싹] [부] '덥석'의 작은말. [거]탑삭.

답삭-거리다/-대다[-싹꺼(때)-] 톤(타) '덥석거리다'의 작은말. 귀탐삭거리다.
답삭-답삭[-싹땁싹] 부 '덥석덥석'의 작은말. 귀탐삭탐삭. **답삭답삭-하다** 톤(타)어
답서(答書)[-써] 몡 =답장. ¶~를 보내다. **답서-하다** 재어
답습(踏襲)[-씁] 몡 (어떤 일을) 옛것이나 지금까지의 방식을 좇아 그대로 하는 것. =습답. **답습-하다** 톤(타) ¶지난날의 관제(官制)를 ~.
-답시고[-씨-] 어미 형용사나 '있다'의 어간, 또는 어미 '-시-', '-았/었-', '-겠-'의 아래에 붙어, 어쭙잖은 행동이나 상태를 빈정거리는 투로 말할 때 쓰이는 연결 어미. ¶재산이 있~ 거들먹거린다. ▷-ㄴ답시고·-는답시고.
답신[1](答申)[-씬] 몡 질문이나 자문(諮問)에 대한 대답으로 상부에 신고하는 것. 또는, 그 신고. **답신-하다**[1] 톤(자)어
답신[2](答信)[-씬] 몡 회답으로 보내는 통신이나 서신. 비회신(回信). **답신-하다**[2] 톤(자)어
답-쌓이다[-싸-] 톤(자) 1 한군데로 들이덮쳐서 쌓이다. 2 (사람·사물 등이) 한꺼번에 몰리다.
답안(答案) 몡 문제의 해답. ¶시험 ~ / ~을 작성하다.
답안-지(答案紙) 몡 시험 문제의 해답을 쓰는 종이. =답지(答紙).
답작-거리다/-대다[-짝꺼(때)-] 톤(자) 1 남의 일에 참견하기를 좋아하다. 2 스스럼없이 대하거나 붙임성 있게 굴다. 큰덥적거리다.
답작-답작[-짝땁짝] 부 답작거리는 모양. 큰덥적덥적. **답작답작-하다** 톤(자)어
답작-이다[-짝-] 톤(자) 답작거리는 짓을 하다. 큰덥적이다.
답장(答狀)[-짱] 몡 편지를 받고 그에 대한 답으로 보내는 편지. 또는, 답으로 편지를 보내는 것. =답서·답찰·반한·회서(回書)·회한(回翰). ¶~을 쓰다 / ~이 없다. **답장-하다** 톤(자)어
답전(答電)[-쩐] 몡 전보로 회답하는 것. 또는, 그 전보. 비회전(回電). **답전-하다** 톤(자)어
답지[1](答紙)[-찌] 몡 =답안지.
답지[2](遝至)[-찌] 몡 (어느 곳에 돈이나 물건, 편지 등이) 여러 곳에서 많이 오는 상태가 되는 것. 비쇄도(殺到). **답지-하다** 톤(자)어 ¶신문사에 성금이 ~.
답청(踏靑) 몡 1 봄에 파릇파릇한 풀을 밟으면서 거니는 것. 2 중국에서, 청명절에 교외를 거닐며 자연을 즐기는 것. **답청-하다** 톤(자)어
답파(踏破) 몡 험한 길이나 먼 길을 걸어서 돌파하는 것. **답파-하다** 톤(자)어
답-하다(答-)[다파-] 톤(자)어 (질문이나 문제 등에) 응하여 어떤 말을 하거나 풀이를 내놓는 것. 비대답하다. ¶다음 물음을 읽고 답하시오.
닷[닫] 관 '다섯'이 준 말('냥, 돈, 되, 말, 섬, 집, …' 등의 단위성 의존 명사 앞에 쓰여) 수량이 '다섯'임을 나타내는 말. ¶업진 ~ 냥 / 금 ~ 돈 / 보리 ~ 되 / 쌀 ~ 말 / 벼 ~ 섬 / 나무 ~ 짐.
닷곱[닫꼽] 몡 다섯 홉.
닷새[닫쌔] 몡 1 하루가 다섯 번 있는 시간의

길이. 곧, 다섯 날. ¶그 일을 마치는 데 ~ 걸렸다. 2 (초(初)·열·스무 다음에 쓰이어) 각각 어느 달의 5일·15일·25일임을 고유어로 나타내는 말. ¶초~ 까진 결판이 나겠지.
닷샛-날[닫쎈-] 몡 (초(初)가 붙거나 단독으로 쓰여, 또는 열·스무 다음에 쓰여) 각각 어느 달의 5일·15일·25일임을 나타내는 말. ¶시월 스무 ~은 아버님 생신이다.
닷컴(dot com / .com) 몡 인터넷 사업을 주로 하는 기업. 인터넷 주소의 끝에 .com이 붙는다 하여 생긴 이름임. =닷컴 기업.
닷컴^기업(dot com企業) 몡 =닷컴.
당[1](唐)[역] 중국의 이연(李淵)이 수(隋)나라 공제(恭帝)의 선양(禪讓)을 받아 세운 통일 왕조(618~907).
당[2](堂) 몡 '당집'의 준말.
당[3](幢) 몡 1 [역] 조선 순조 때 비롯한 향악무인 헌천화무(獻天花舞)에 쓰이는 기(旗)의 하나. 청룡당·현무당·주작당·백호당이 있음. 2 [역] 신라 때 군(軍)의 단위의 하나. 대당·귀당·구서당 등이 있음. 3 [불] 불전이나 불당 앞에 세워 부처와 보살의 위엄과 공덕을 나타내는 물건.
당[4](糖)[화] '당류(糖類)'의 준말.
당[5](黨)[정] =정당(政黨)[2]. ¶~ 간부.
당[6](當) 관 1 '그', '바로 그', '이', '지금의' 등의 뜻을 나타내는 말. ¶열차는 11시에 서울역을 출발합니다. 2 당시의 나이를 나타내는 말. ¶~ 55세.
당-[7](堂) 접두 사촌이나 오촌의 친척 관계임을 나타내는 말. ¶~숙모 / ~고모 / ~형제. ▷종(從)-.
당-[8](唐) 접두 '중국에서 들어온', '중국에 관계된'의 뜻을 나타내는 말. ¶~악기 / ~피리 / ~모시.
-당[9](堂) 접미 1 여러 사람이 회합하는 건물을 나타내는 말. ¶공회~ / 예배~ / 경로~. 2 점포의 이름 다음에 붙여 쓰는 말. ¶고려~ / 태고~. 3 승려의 법명 다음에 붙여 존칭의 뜻을 나타내는 말. ¶법운(法雲)~.
-당[10](當) 접미 어떤 말 뒤에 붙어서, '앞에', '마다'의 뜻을 나타내는 말. ¶시간~ 생산량 / 일인~ 천 원씩 돌아가다.
당간(幢竿)[불] 당(幢)을 달아 세우는, 나무나 쇠 등으로 된 긴 막대 모양의 물체. =짐대.
당겨-쓰다 톤(타) 〈-쓰니, ~써〉 돈·물건 따위를 원래 쓰기로 한 때보다 미리 쓰다.
당-고모(堂姑-)[한] =이틀거리.
당-고모(堂姑母) 몡 =종고모(從姑母).
당고모-부(堂姑母夫) 몡 =종고모부.
당구(撞球) 몡 우단을 깐 대(臺) 위에서 상로 된 몇 개의 붉은 공과 흰 공을 큐로 쳐서 승부를 가리는 실내 오락. ¶~를 치다.
당구-공(撞球-) 몡 당구에 쓰이는 둥근 공. 전에는 상아(象牙)로 만들었는데, 현재는 대부분 플라스틱으로 만듦.
당구-대(撞球臺) 몡 당구를 칠 수 있도록 둘레에 고무 쿠션을 붙이고 바닥에 우단을 깐, 사각형의 대.
당구-봉(撞球棒) 몡 =큐(cue)[1].
당구-장(撞球場) 몡 당구대를 벌여 놓고, 요금을 받고 당구를 치게 하는 업소.
당국(當局) 몡 1 공공의 일에 대한 책임이나 임무를 맡고 있는 기관. ¶대학 ~ / 정부 ~. 2 특히, '행정을 집행하는 정부의 기관'을 포괄적으로 이르는 말. ¶~은 물가를 5% 이내

로 안정시키겠다고 공언했다.

당국²(當國) 뗭 1 이 나라. 또는, 그 나라. 2 나라의 정무(政務)를 맡는 것. 3 =당사국.
당국-하다 통(재여) 나라의 정무를 맡다.
당국-자(當局者) [-짜] 뗭 그 일을 직접 맡아 처리하는 자리에 있는 사람. ¶~의 말에 의하면.
당권(黨權) [-꿘] 뗭 당의 주도권. ¶~을 장악하다.
당귀(當歸) 뗭[한] 승검초의 뿌리. 보혈·강장제·진정제로 쓰임.
당규(黨規) 뗭 정당의 규칙이나 규약. =당칙(黨則).
당근 뗭 1 [식] 미나릿과의 한해살이풀 또는 두해살이풀. 높이 약 1m. 여름에 흰 꽃이 핌. 밭에 재배하는데, 긴 원추형의 불그레한 뿌리를 식용함. 2 1의 뿌리. 맛이 달콤하고 향기가 있어, 찬거리로 쓰임. =홍당무.
당글-당글 閏 작고 둥근 것이 단단하고 탄력이 있는 모양. ▷뎅글뎅글. **당글당글-하다** 혱여
당금(當今) 뗭閏 =이제.
당기¹(當期) 뗭 1 이 시기. 또는, 그 기간. 2 [법] 어떤 법을 관계를 여러 기(期)로 구분한 경우에 현재 경과 중에 있는 기간.
당기(黨旗) 뗭 당을 상징하는, 당의 표지(標識)로 정해진 기.
당기다¹ 통 ① (타) 1 (물건이나 그것에 달린 줄이나 손잡이 따위를) 손이나 몸의 일부로 잡고 힘을 주어 자기 쪽이나 기준이 되는 사람 쪽으로 가까이 오게 하다. (비끌다. ¶방아쇠 [활시위]를 ~ / 의자를 책상 앞으로 바싹 당겨 앉다. ↔밀다. 2 (정한 때를) 예정했던 것보다 이전의 시점이 되게 하다. (비앞당기다. ¶약속 날짜를 ~. ↔미루다. 3 (어떤 음식이 입맛을) 생기게 하다. ¶햇나물이 입맛을 당긴다. ② (자) (입맛이) 음식을 먹고 싶게 생기다. ¶기름진 쌀밥을 보니 절로 입맛이 당긴다.
당기다² 통(자)타) '댕기다'의 잘못.
당기다³ 통(자) '땅기다'의 잘못.
당길-심(-心) [-씸] 뗭 자기편으로만 끌어당기려는 욕심.
당김-음(-音) 뗭[음] 가락이 진행되는 동안 센박이 여린박으로 바뀌거나 여린박이 센박으로 되어 셈여림의 위치가 바뀌는 것. 리듬에 긴장감을 주기 위한 방법으로 쓰임. =싱커페이션.
당-나귀(唐-) 뗭[동] 포유류 말과의 한 종. 말과 비슷하나 몸이 작고 앞머리의 긴 털이 없음. 털빛은 황갈색·회흑색이 많으며, 병에 강하고 인내심이 뛰어나 부리기에 알맞음. ㈜나귀.
[**당나귀 귀 치레**] 쓸데없고 어울리지 않는 치레. [**당나귀 하품한다고 한다**] 당나귀가 소리 내서 우는 것을 하품한다고 한다는 뜻으로, 귀가 먹었거나 어두워서 잘 듣지 못하는 사람이 잘못 알아듣고 엉뚱한 소리를 할 때 사람을 조롱하여 이르는 말.
당-나무(堂-) 뗭 =당산나무.
당내¹(堂內) 뗭 1 팔촌 이내의 일가. 2 불당·사당 등의 안.
당내²(黨內) 뗭 당의 안.
당내-간(堂內間) 뗭 같은 성(姓)을 가진 팔촌 안에 드는 일가 사이.
당년(當年) 뗭 1 일이 있는 바로 그해. 2 그해의 나이. ¶~ 16세.

당뇨(糖尿) 뗭 당이 임상 검사법에서 양성(陽性)을 띨 정도로 나타나는 오줌.
당뇨-병(糖尿病) [-뼝] 뗭[의] 당뇨가 오래 계속되는 병. 인슐린 부족에 의한 대사 장애로, 유전적 소인에 비만·감염·임신 따위의 유인이 겹쳐 일어남.
당달-봉사(-奉事) 뗭 =청맹과니.
당-닭(唐-) [-딱] 뗭 1 닭의 한 품종. 몸이 작고 다리는 짧으며 몸빛은 흰데, 날개·꽁지만 검음. 볏이 크고 꽁지가 길며, 날개도 길어 땅에 끌림. 애완용으로 기름. 2 키가 작고 똥똥한 사람을 농으로 이르는 말.
당당(堂堂) →**당당-하다** 혱여 1 (사람의 태도가) 굴리거나 거리낌이 없이 버젓하다. 2 자기 권리를 당당하게 주장하다. 2 (사람의 외모나 사물의 겉모습이) 우람하거나 거대하여 위엄이 있거나 대단한 느낌을 주는 상태에 있다. ¶풍채가 ~. 3 (위세나 세도 등이) 남들을 제압할 만큼 강한 상태에 있다. ¶위세가 ~. **당당-히** 閏 ¶적과 ~ 맞서 싸우다.
당대(當代) 뗭 그 대(代) 또는 그 시대. 앞에 서술된 문맥에서, 과거의 그때를 가리킬 수도, 지금의 이때를 가리킬 수도 있음. ¶한석봉은 ~ 최고의 명필이었다. ▷당세(當世).
당도¹(當到) 뗭 (어떠한 곳에) 걷거나 탈것으로 이동하여 이르는 것. (비도착. **당도-하다** 통(재여) ¶목적지에 ~.
당도²(糖度) 뗭 과실이나 통조림 따위에 포함된 당분의 양을 백분율로 나타낸 것. ¶~가 높다(낮다).
당돌(唐突) →**당돌-하다** 혱여 (어떤 사람이) 윗사람 앞에서 어려워하거나 삼가지 않고 제 주장이나 의견을 주제넘게 내세우는 태도가 있다. ¶어른한테 당돌하게 따지고 든다. **당돌-히** 閏
당두(當頭) 뗭 가까이 닥치는 것. (비박두. **당두-하다** 통(재여)
당락(當落) [-낙] 뗭 당선(當選)과 낙선(落選). ¶~이 결정되다.
당랑-거철(螳螂拒轍) [-낭-] 뗭 [사마귀가 수레를 막는다는 뜻] 자기 분수도 모르고 무모하게 덤빔.
당래(當來) [-내] 뗭[불] 마땅히 닥쳐온다는 뜻으로, '미래'를 이르는 말. **당래-하다** 통(자여)
당략(黨略) [-냑] 뗭 한 정당의 정략. ¶당리(黨利)~.
당량(當量) [-냥] 뗭[화] 일반적으로 두 물질이 과부족 없이 반응할 때의 물질량. 특히 '화학 당량' 또는 '전기 화학 당량'을 이름.
당력(黨力) [-녁] 뗭 당원들의 협동과 단결로 이루어지는 당의 힘. ¶여야는 선거 기간 동안 접전 지역에 ~을 집중하였다.
당론(黨論) [-논] 뗭 1 정당의 의견이나 논의. 2 [역] 조선 시대에 동인·서인, 남인·북인, 노론·소론 등으로 갈려 서로 헐뜯고 배척하던 일.
당료(黨僚) [-뇨] 뗭 정당의 사무처에서 당무를 맡아보는 상근 직원.
당류(糖類) [-뉴] 뗭[화] 물에 잘 녹고 단맛이 있는 탄수화물. 단당류·이당류·다당류로 나뉨. ㈜당.
당리(黨利) [-니] 뗭 한 정당의 이익.
당리-당략(黨利黨略) [-니-냑] 뗭 한 정당의 이익과 계략. ¶~에 빠지다 / ~을 일삼다.

당면¹(唐麵) 圀 감자나 고구마 등의 녹말로 만든 마른국수. =분탕(粉湯)·호면(胡麵).

당면²(當面) 圀 (문제가 되거나 중대한 일에) 바로 눈앞에 맞닥뜨리는 것. ¶~ 과제. **당면-하다** 통재여 ¶학교 교육이 **당면하**고 있는 문제.

당명¹(黨名) 圀 정당·당파의 명칭.

당명²(黨命) 圀 정당에서 내리는 명령.

당목(唐木) 圀 중국에서 들여온 무명. 고운 무명실로 폭이 넓고 바닥을 곱게 짠 피륙임. =서양목·생목·당목면·양목.

당무(黨務) 圀 당의 사무.

당밀(糖蜜) 圀 1 설탕을 녹여 꿀처럼 만든 즙 액. 2 사탕무나 사탕수수에서 설탕을 뽑아내고 남은 검은빛의 즙액. =사탕밀.

당백-전(當百錢) [-쩐] 圀 [역] 조선 시대의 화폐. 고종 3년(1866)에 대원군이 경복궁 중건으로 인한 재정적 궁핍에서 벗어나기 위하여 발행함.

당번(當番) 圀 구성원이 어떤 일을 돌아가면서 하도록 정해져 있는 경우에, 그 일을 할 차례가 된 사람. 또는, 그 돌아온 차례. ¶청소/식사 ~/~을 서다. ↔비번. **당번-하다** 통재여

당벌(黨閥) 圀 같은 당파의 사람들이 단결하여 다른 당파를 배척하는 일. 또는, 그런 목적으로 결합된 당파.

당부¹(當付) 圀 (어찌어찌할 것을) 말로써 단단히 부탁하는 것. 또는, 그 부탁. ¶신신-/- 말씀. **당부-하다** 통재타여 ¶빨리 돌아올 것을 ~.

당부²(當否) 圀 옳고 그름. 또는, 마땅함과 마땅하지 않음.

당분(糖分) 圀 당류(糖類)의 성분. ¶~을 섭취하다.

당분-간(當分間) 閏 앞으로 얼마 동안. 또는, 잠시 좀 지나겠습니다./이 약을 먹으면 ~은 통증이 가실 것이다.

당비(黨費) 圀 1 당의 유지에 드는 비용. 2 당원이 당의 경비로 내는 돈.

당-비파(唐琵琶) [음] 비파의 하나. 오동나무로 짠 타원형의 몸에 네 줄과 열두 개의 주(柱)가 있음.

당사¹(當社) 圀 이 회사. 비본사(本社). ¶합격자는 내일 12시까지 ~ 총무부로 오십시오.

당사²(黨舍) 圀 정당의 사무소로 쓰는 건물.

당사-국(當事國) 圀 [법] 국제간의 분쟁, 기타 사건에 직접 관계가 있거나 관계가 되는 나라. =당국(當國). ¶교전 ~.

당사-자(當事者) 圀 1 어떤 일에 직접 관계가 있거나 관계가 된 사람. =당자(當者). ¶끼리끼리 얘기해 보시오. 2 [법] 어떤 법률 행위에 직접 관여하는 사람. ¶소송 ~. ▷제삼자.

당-사주(唐四柱) [-싸-] 圀[민] 중국에서 들어온, 그림으로 보는 사주.

당산(堂山) 圀[민] 토지나 부락의 수호신이 있다는 마을 근처의 산이나 언덕.

당산-나무(堂山-) 圀[민] 마을을 지키는 신으로 여겨 제사를 지내 주는 나무. =당나무.

당산-제(堂山祭) 圀[민] 당산에서 산신(山神)에게 지내는 제사.

당-삼채(唐三彩) 圀[미] 중국 당나라 때의 도자기의 하나. 잿물에 백색·황색·녹색 또는 녹색·황색·남색의 세 가지 빛깔로 된 도자기. 명기(明器) 등에 많이 쓰임.

당상(堂上) 圀 1 대청 위. 2 [역] 조선 시대 정3품인 명선대부·봉숭대부·통정대부·절충장군 이상의 벼슬. ↔당하(堂下). 3 [역] 서리(胥吏)가 상관을 이르는 말.

당상-관(堂上官) 圀 [역] 당상의 벼슬아치. ↔당하관.

당선(當選) 圀 1 (후보자가) 선거에서 어떤 지위나 자격을 가진 사람으로 뽑히는 것. 2 (문예 작품이) 작품 공모에서 가장 우수하여 합당한 작품으로 뽑히는 것. 비입선(入選). ¶~ 소감. ↔낙선. **당선-하다** 통재여 ¶백일장에서 1등에 ~. **당선-되다** 통재 ¶국회의원으로 ~.

당선-권(當選圈) [-꿘] 圀 당선될 가능성이 있는 범위. ¶6만 표면 ~에 들 수 있다.

당선-사례(當選謝禮) 圀 당선자가 선거인에게 감사의 뜻을 나타내는 것.

당선-자(當選者) 圀 선거나 심사 등에서 뽑힌 사람. ¶대통령 ~.

당선-작(當選作) 圀 모집에 응하여 당선된 작품. ¶신춘문예 ~/~을 발표하다.

당성(黨性) [-썽] 圀 소속 정당에 대한 충실성.

당세¹(當世) 圀 그 시대의 세상.

당세²(黨勢) 圀 정당이나 당파의 세력. ¶~를 확장하다.

당송^팔대가(唐宋八大家) [-때一] 圀 중국 당(唐代)·송 대(宋代)의 뛰어난 8명의 문장가. 곧, 한유(韓愈)·유종원(柳宗元)·구양수(歐陽脩)·왕안석(王安石)·증공(曾鞏)·소순(蘇洵)·소식(蘇軾)·소철(蘇轍). 준팔대가.

당수¹(唐手) 圀 '가라테'를 우리 한자음으로 읽은 이름.

당수²(黨首) 圀 당의 우두머리.

당숙(堂叔) 圀 =종숙(從叔).

당-숙모(堂叔母) [-숭-] 圀 =종숙모.

당시¹(唐詩) 圀 중국 당나라의 시인들이 지은 한시(漢詩).

당시²(當時) 圀 (앞의 서술 내용을 받아서) 그러한 일이나 상황이 있던 때. ¶전차가 다니던 ~에는 서울시 교통이 그다지 혼잡하지 않았다.

당시³(黨是) 圀 당의 기본 방침.

당신(當身) 떼[인칭] 1 부부 사이에서 서로를 지칭하는 말. 2인칭임. ¶여보, 올해는 건강을 위해 담배 좀 그만 피우세요. 2 다정한 사이(특히, 남녀)에서 서로를 지칭하는 말. 2인칭으로 주로 글에서 씀. ¶난 ~을 한시도 잊은 적이 없소. 3 그리 가깝지 않은 사이에서 상대를 지칭하는 말. '하오' 할 자리에 씀. 2인칭임. ¶~은 여기 남아 작업하는 ~은 날 따라오시오. 4 상대와 좋은 관계에 있지 못한 상황에서, 퉁명스런 말투로 상대를 지칭하는 말. '하오' 할 자리에 씀. 2인칭임. ¶~이 뭔데 이래라저래라 하는 거요? 5 글에서, 불특정 다수를 상대로 하여 지칭하는 말. 2인칭임. ¶○○정(錠)은 ~의 건강을 지켜 줄 것입니다.(광고문) 6 윗사람을 높여 '그분'자신'의 뜻으로 지칭하는 말. 3인칭 재귀 대명사임. ¶할아버지께서는 팔십 고령인데도 모든 일을 ~이 손수 하신다.

당실-거리다/-대다 통재타 '덩실거리다'의 작은말.

당실-당실 閏 '덩실덩실'의 작은말. **당실당실-하다** 통재타여

당실-하다 혱여 (건물 따위가) 우뚝 드러나서 높다. 큰덩실하다.

당싯-거리다/-대다[-싣꺼(때)-] 통(자) '덩싯거리다'의 작은말.
당싯-당싯[-싣당싣] 부 '덩싯덩싯'의 작은말. **당싯당싯-하다** 통(자)여
당악(唐樂) 명 1 당나라 때의 음악. 2 우리나라의 궁중 음악 중에서 중국에서 들어온 당송의 속악(俗樂). 향악(鄕樂)에 상대하여 이르는 말임. =당부악(唐部樂). ▷아악. 향악.
당-악기(唐樂器)[-끼] 명 1 당나라 때의 악기. 2 당악을 연주하는 악기.
당야(當夜) 명 그날 밤.
당양(當陽) →**당양-하다** 형여 햇볕이 잘 들어 밝고 따뜻하다.
당양지지(當陽之地) 명 볕이 잘 드는 땅.
당연(當然) →**당연-하다** 형여 (어떤 일이나 사실이) 이치로 보아 그렇게 될 수밖에 없거나 그렇게 해야만 하는 상태에 있다. =응연하다. ¶공부를 게을리 했으니 시험에 떨어진 건 ~. =당작 대부. **당연-히** 부 ¶네가 형이니 ~ 양보해야지.
당연-시(當然視) 명 당연한 것으로 여기는 것. **당연시-하다** 통(타)여 ¶그는 어딜 가나 자기가 윗사람 대접 받는 것을 **당연시한다**.
당연시-되다 통(자)여 ¶미국 남부에서는 아직도 인종 차별이 **당연시되고** 있다.
당연지사(當然之事) 명 당연한 일. ¶어려울 때 서로 돕는 것은 ~ 아닌가?
당오-전(當五錢) 명[역] 조선 고종 20년(1883)에 만든 돈. 법정 가치는 상평통보의 5배로 함.
당원(黨員) 명 당파를 이룬 사람. 또는, 당적(黨籍)을 가진 사람. =당인(黨人).
당위(當爲) 명[철] 마땅히 그래야 하거나, 또는 마땅히 그렇게 행하여야 하는 것으로 요구되는 것. =졸렌. ▷존재.
당위-성(當爲性)[-썽] 명 마땅히 해야 할, 또는 마땅히 있어야 할 성질.
당의(唐衣)[-의/-이] 명 조선 시대, 여자 예복의 하나. 저고리 위에 덧입는 것으로, 길이가 무릎 근처까지 내려오고 옆은 트였음. 빛깔은 연두·자주·노랑·흰색 등이 있음. =당저고리.
당의-정(糖衣錠)[-의/-이-] 명[약] 먹기 좋게 겉에 당분이 있는 물질을 얇게 입힌 알약.
당일(當日) 명 일이 있었거나 있는 바로 그 날. 비즉일. ¶사건 ~ 당신은 어디에 있었소?
당일-치기(當日-) 명 일이 있는 바로 그날 하루에 해 버리는 것. ¶~ 시험공부. **당일치기-하다** 통(타)여
당자(當者) 명 1 바로 그 사람. 2 =당사자.
당장(當場) Ⅰ 명 지금 바로 이 자리. 또는, 닥쳐있는 현재. ¶그 이익에 급급하다.
Ⅱ 부 지금 바로 이 자리에서. =당장에. ¶꼴도 보기 싫으니 ~ 나가라.
당장-에(當場-) 부 =당장Ⅱ. ¶내 이 녀석을 ~ 요절을 내고 말리라.
당쟁(黨爭) 명[역] '붕당 정치'를 분쟁의 측면만을 강조하여 일컫는 말.
당적[1](唐笛) 명[음] '소금(小笒)[2]'의 잘못.
당적[2] 명 정당의 성명을 비롯한 인적 사항이 등록되어 있는 문서. 또는, 그 문서에 올라 있는 당원으로서의 지위나 소속. ¶~을 옮기다 / ~을 박탈하다.
당정(黨政) 명 정당, 특히 여당과 정부. ¶~ 협의회.
당정[2](黨情) 명 정당 안의 돌아가는 사정.
당조짐 명 정신을 차리도록 단단히 조지는 것. ¶허튼짓을 못 하도록 ~을 놓다. **당조짐-하다** 통(타)여
당좌(當座)[경] '당좌 예금'의 준말.
당좌^계:정(當座計定)[-계-/-게-] 명[경] 부기에서, 당좌 예금의 예입·인출·차월·대월의 발생과 소멸을 기록·정리하기 위한 계정.
당좌^대:월(當座貸越)[경] 당좌 예금의 거래자가 일정한 기간과 금액 한도 내에서 당좌 예금의 잔액 이상 수표를 발행했을 때 은행이 그것을 지급하는 일. 또는, 그 초과분. =대월.
당좌^대:출(當座貸出)[경] 미리 기한을 정하지 않고 은행에서 요구할 때, 또는 돈을 빌린 사람의 뜻에 따라 갚기로 하고 돈을 빌리는 일. =당좌 대부.
당좌^수표(當座手票)[경] 당좌 예금자가 그 예금을 기초로 하여 거래 은행 앞으로 발행하는 수표.
당좌^예:금(當座預金)[경] 수표나 어음 지급을 위하여 넣어 두는 예금. 준당좌.
당좌^차:월(當座借越)[경] 기업이 금융 기관에 실제로 예금한 잔액보다 더 큰 액수의 수표를 발행하는 형식으로 단기 자금을 대출받는 일. =차월.
당-지기(堂-) 명 서당이나 당집을 맡아 보살피는 사람. =당직(堂直).
당-지질(糖脂質) 명[화] 널리 동식물 조직 속에 들어 있는, 당(糖)을 포함하는 복합 지질.
당직[1](當直) 명 숙직·일직 등의 당번이 되는 것. 또는, 그 차례가 된 사람. =상직(上直). ¶~ 근무 / ~ 일지. **당직-하다** 통(자)여
당직[2](黨職) 명 정당의 직책.
당직-의(當直醫)[-의/-이] 명 병원에서 비상 상황에 대비하여 야간 당직 근무를 하는 의사.
당직-자(黨職者)[-짜] 명 정당에서 중요한 직책을 맡은 사람. 최고 위원·원내 총무·사무총장·지구당 위원장 따위. ¶핵심 ~ / 고위 ~.
당질(堂姪) 명 =종질(從姪)[2].
당-질녀(堂姪女)[-려] 명 =종질녀.
당-질부(堂姪婦) 명 =종질부.
당-질서(堂姪壻)[-써] 명 =종질서.
당-집(堂-)[-찝] 명[민] 신을 모셔 놓고 위하는 집. 서낭당 따위. 준당(堂).
당차다 형 (사람이 나이나 몸집 등에 비하여) 마음가짐이나 하는 말이나 행동이 야무지다. ¶당차고 다기진 소년.
당착(撞着) 명 말이나 행동 등의 앞뒤가 맞지 않는 것. ¶자가(自家) ~. **당착-하다** 통(자)여
당찮다(當-)[-찬타] 형 (어떤 말이나 행동이) 사리에 맞지 않다. '당하지 아니하다'가 줄어서 된 말임. ¶**당찮은** 요구 / 소리.
당-철(當-) 명 꼭 알맞은 시절. =당절. 비제철.
당첨(當籤) 명 제비뽑기나 추첨에서 뽑히는 것. **당첨-되다** 통(자)여 ¶복권이 ~.
당첨-금(當籤金) 명 복권·행운권 등의 추첨에서 뽑혔을 때 주는 돈.
당체(唐體) 명 1 한자(漢字) 글씨체의 하나. 가로 그은 획은 가늘고 내리그은 획은 굵음. 2[인] =명조체.

당초¹(唐草) 명 [미] '당초문'의 준말.
당초²(唐椒) 명 [식] =고추1.
당초³(當初) 명 일의 맨 처음. 일의 진행이나 결과가 처음의 의도나 계획과 달라졌을 때 처음의 시점을 이르는 말임. 비애초. ¶~의 계획을 바꾸다.
당초-무늬(唐草-) [-니] 명 [미] =덩굴무늬.
당초-문(唐草紋) 명 [미] =덩굴무늬. 준당초(唐草).
당최[-최/-췌] 무 부정적인 서술어와 함께 쓰여, 그 서술어의 부정적 의미를 강조하는 말. '당초(當初)에'가 줄어서 된 말임. 비도무지·도대체. ¶네가 하는 말은 ~ 이해할 수가 없다.
당추 명 <방> 고추1(경기·평남·황해).
당칙(黨則) 명 =당규(黨規).
당파(黨派) 명 1 [역] 붕당의 나뉜 갈래. 2 주의·주장과 목적을 같이하는 사람들이 뭉쳐 이룬 단체. =파당.
당파-창(鐺鈀槍) 명 군기(軍器)의 하나. 끝이 세 갈래로 갈라진 창. 비삼지창. 준당파.
당폐[-폐/-페] (黨弊) 명 당쟁으로 말미암아 생기는 폐단.
당포(唐布) 명 중국에서 들어온 목면포.
당풍(黨風) 명 당의 기풍. ¶~을 쇄신하다.
당-피리(唐-) 명 [음] 당악기의 하나. 목관 악기로 구멍은 여덟 개이며, 소리가 굵고 다소 거친 느낌을 줌.
당하¹(堂下) 명 1 대청 아래. 2 [역] 조선 시대, 정3품인 창선대부·정순대부·통훈대부·어모장군 이하의 벼슬. ↔당상(堂上).
당하²(當下) 명 일을 당한 그때. 또는, 그 자리. ¶~의 급선무.
당하-관(堂下官) 명 [역] 당하의 벼슬아치. ↔당상관.
당-하다¹(當-) Ⅰ 동여 ①태 1 (사람이 예측하지 못했거나 뜻하지 않은 일을) 맞거나 겪게 되다. ¶상(喪)을 ~ / 수해를 ~. 2 (사람이 상대에게) 좋지 않은 일이나 해를 받는 상태가 되다. ¶창피를 ~ / 망신을 ~. 3 (상대를) 맞서 능히 대항하거나 이기다. ¶힘으로 그를 **당할** 사람은 없다. 4 (어떤 일이나 비용을) 능히 처리하거나 감당하다. ¶많은 학비를 **당할** 수 없어 학업을 중단했다. ②자 1 (어떤 때나 형편에) 이르러 처하다. 비당면하다. ¶… 그 부모 (백 소저를) 극히 사랑하여 아름다운 사위를 구하더니 나이 십팔에 **당하여**….《홍길동전》 2 (누구에게) 피해나 놀림 따위를 받다. ¶아이고, 이 녀석한테는 **당했구나!**
Ⅱ 형여 (주로, 부정하거나 의문형으로 쓰여) 사리에 맞다. ¶**당치** 않은 말 / 제 처지에 그렇게 비싼 옷이 어디 **당키나** 합니까?
-당하다²(當-) 접미 타동사 한자어 어근에 붙어, 원치 않거나 이롭지 않은 일을 피동적으로 겪게 됨을 나타내는 말. ¶체포~ / 처벌~ / 거절~.
당학(唐學) 명 예전에, 중국의 학문을 이르던 말.
당해(當該) 관 (명사 앞에 붙어) 바로 그 사물에 해당됨을 나타내는 말. ¶~ 기관 / ~ 법규.
당헌(黨憲) 명 정당의 강령이나 기본 방침.
당-형제(堂兄弟) 명 =종형제.
당혜(唐鞋) [-헤/-헤] 명 가죽신의 하나. 울이 깊고 코가 작으며, 앞코와 뒤꿈치 부분에 덩굴무늬를 새겼음.
당호¹(堂號) 명 1 사랑채 등의 별채에 붙이는 이름. ¶'수졸당(守拙堂)'은 겸손하게 자신의 낮음을 지킨다는 뜻으로 사랑채에 자주 붙이던 ~이다. 2 1에서 따온 그 주인의 호. ¶정약용은 세상을 조심조심 살아간다는 뜻으로 ~를 '여유당(與猶堂)'이라 했다. 3 [불] 도를 훌륭하게 닦은 승려에게 법사가 지어 주는 별호.
당호²(幢號) 명 [불] 교학과 수행력이 뛰어나 다른 사람의 사표(師表)가 될 만하여, 스승에게 법맥을 이어받을 때에 받는 법호.
당혹(當惑) 명 뜻하지 않게 난처하거나 곤란한 입장에 놓여 어떻게 해야 할지 모르는 것. ¶사람들이 자신을 몰라세우자 그는 ~의 빛을 감추지 못했다. **당혹-하다** 동자여
당혹-감(當惑感) [-감] 뜻하지 않게 난처한 일을 당하여 어찌할 바를 모르는 감정. ¶허(虛)를 찔리는 순간 그는 ~을 감추지 못했다.
당혼(當婚) 명 혼인할 나이가 되는 것. **당혼-하다** 동자여
당화¹(糖化) 명 [화] 녹말 따위의 다당류를 효소나 산의 작용으로 가수 분해 하여 단당류나 이당류로 바꾸는 반응. 또는, 그리되는 일. **당화-하다** 동자타여 **당화-되다** 동자
당화²(黨禍) 명 당쟁으로 말미암아 생기는 재앙이나 피해.
당황(唐慌·唐惶·惝怳) 명 =당황-하다 동자여 (사람이) 뜻밖의 상황에 마주쳐 놀라거나 다급하여 어찌할 바를 모르다. ¶예상 밖의 문제가 나오더라도 **당황하지** 말고 침착하게 풀어라.
닻[닫] 명 비교적 큰 배가 항구나 일정한 곳에 머물 때, 그 자리에 멈추어 있게 하기 위하여 밧줄이나 쇠사슬에 매어 물 밑바닥에 박히게 하는, 갈고리 모양의 물건. ¶~을 내리다(올리다).
닻-돌[닫똘] 명 나무 등으로 만든 가벼운 닻을 물속에 가라앉게 하기 위하여 매다는 돌.
닻-줄[닫쭐] 명 닻을 매다는 줄.
닿ː다¹[다타] (닿고 / 닿아) 동자 1 (두 물체가, 또는 어떤 물체가 다른 물체에) 힘이 약한 상태로 부딪거나 사이에 빈틈이 없게 되다. 비접하다·접촉하다. ¶무심결에 내 손이 혜영의 손에 살짝 **닿자** 그녀는 얼굴을 붉혔다. 2 어떤 물체가 공간적으로 떨어져 있는 다른 물체를 향해진 뻗쳐진 상태에서, (어떤 물체의 향해진 끝이 다른 물체에) 이르거나 미치다. ¶머리가 천장에 ~. 3 (탈것이, 또는 탈것을 탄 사람이 목적한 곳에) 이르거나 미치다. 비도착하다. ¶배가 항구에 ~ / 형사들이 사건 현장에 **닿았을** 때에는 이미 범인이 도주한 뒤였다. 4 (어떤 힘·작용·영향·소식 등이 어떤 대상에) 미치거나 전해지다. ¶권력에 줄이 ~ / 제 힘이 **닿는** 데까지 도와 드리겠습니다. 5 (말이나 이야기가) 논리에 어긋남이 없이 이어져 통하다. ¶이치에 **닿지 않는** 소리.
-닿다²[다타] 접미 '-다랗다'의 준말. ¶기~ / 커~.
닿-소리[다쏘-] 명 [언] =자음(子音)¹. ↔홀소리.
대¹ 명 ① 자립 1 초본 식물의 줄기. ¶수숫~. 2 가늘고 긴 막대의 총칭. ¶낚싯~. 3 마음가짐이나 의지. ¶~가 세다(약하다) / ~가 곧은 학자. ② 의존 1 담뱃대에 담배를 담는 분

량을 세는 말. 또는, 그 담배를 피우는 횟수를 세는 말. 뜻이 조금 바뀌어, 궐련의 낱개를 세는 말로도 쓰임. ¶그는 연달아 담배를 석 ~ 피우고 났다. 2 때리는 횟수를 세는 말. ¶회초리로 열 ~ 를 맞다 / 주먹으로 한 ~ 때리다. 3 주사를 놓는 횟수를 세는 말. ¶주사를 한 ~ 맞다.

대² [식] 볏과의 상록 교목의 총칭. 볏과 식물 중 가장 큼. 줄기가 꼿꼿하고 속이 비었으며 마디가 있음. 드물게 황록색의 꽃이 피며, 꽃이 핀 다음에는 말라 죽음. 건축재·가구재·낚싯대 등으로 이용되며, 죽순은 먹음. =대나무.

대³ [관] 단위성 의존 명사 '자' 앞에 붙어 '다섯'의 뜻을 나타내는 말. ¶길이가 ~ 자는 되겠다.

-대⁴ [어미] 형용사나 '있다'의 어간, 또는 어미 '-시-', '-았/었-', '-겠-'의 아래에 붙어, '해' 할 상대에게 어떤 사실에 대해 놀라워하거나 못마땅하게 여기는 뜻을 나타내는 의문형 종결 어미. ¶왜 이렇게 일이 많~? ▷-ㄴ대·-데.

-대⁵ '-다고 해'가 준 말. ¶그가 오늘 떠났~. ▷-ㄴ대·-는대.

대¹⁶ (大) [명] ①[자립] 사물의 크기를 대·중·소로 나눌 때, 가장 큰 것을 가리키는 말. ¶나는 몸이 커서 ~를 입어야 한다. ↔소(小). ②[의존] (한자어 수사 다음에 쓰여) 어떤 대상이 그 수나 순위 안에 들 만큼 크고 중요한 것임을 나타내는 말. ¶한국 100~ 기업 / 비밀의 3~ 원인.

※ 대를 살리고 소(小)를 죽이다 [일본 속담에서] 어쩔 수 없는 경우에 더 중요한 것을 위하여 덜 중요한 것을 희생시키다.

대¹⁷ (代) [명] ①[자립] 1 이어 내려오는 집안의 계통. ¶~를 잇다 / ~가 끊기다. 2 어느 왕이 다스리는 동안이나 어느 왕조(특히, 중국)가 이어지는 동안을 이르는 말. ¶명(明)~ / 영조 ~. 3 이어 내려오는 종족의 한 단계. 가령, 부모와 자식은 1대, 조부모와 손자는 2대의 차가 있음. ¶그의 사업은 손자의 ~에 가서야 결실을 보았다. 4 [지] 지질 시대의 구분 단위 중 가장 넓은 단위. 고생대·중생대·신생대 따위. ②[의존] 1 10, 20, 30, ... 등의 아래에 쓰여, 10~19세, 20~29세, 30~39세까지의 연령층에 있음을 나타내는 말. ¶10~ 소녀. 2 이어 내려오는 종족이나 지위의 차례를 나타내는 단위. ¶4~ 조(고조부) / 조선 제4~ 임금 / 이 도자기는 3~째 가보로 내려오고 있다.

대⁸ (隊) [명] ①[자립] 1 [군] 군사들로 편제(編制)된 무리. 소대·중대·대대 따위. 2 '대오(隊伍)²'의 준말. ②[의존] 편제된 무리를 세는 말. ¶제1~.

대⁹ (對) [명] ①[자립] 1 같은 종류로 이루어진 짝이나 상대. 2 상대되는 뜻을 나타내는 말. ¶~를 이루다 / 이 둘은 서로 ~가 된다. ②[의존] 1 사물과 사물의 대비나 대립을 나타낼 때 쓰는 말. ¶청군 ~ 백군 / 3 ~ 2의 비율. 2 두 짝이 합하여 한 벌이 되는 물건을 세는 단위. ¶주련 한 ~.

대¹⁰ (臺) [명] 1 사방을 멀리까지 볼 수 있도록 흙이나 돌 등으로 높이 쌓은 시설물. ¶전망~ / 첨성~ / ~를 쌓다. 2 물건을 받치거나 올려놓는 물건의 총칭. ¶받침~ / 촛~.

대¹¹ (臺) [명][의존] 차·기계 따위를 셀 때 쓰는 말. ¶자전거 한 ~ / 버스 두 ~.

대:-¹² (大) [접두] '큰', '위대한' 등의 뜻을 나타내는 말. ¶~가족 / ~학자 / ~선배. ↔소(小)-.

대:-¹³ (對) [접두] 고유 명사를 포함하는 대다수 명사 앞에 붙어, '…에 대한', '…에 대항하는'의 뜻을 나타내는 말. ¶~미(美) / ~일(日) 관계 / ~북한 전략.

-대¹⁴ (代) [접미] '대금(代金)'의 뜻을 나타내는 말. ¶신문~ / 책~.

-대¹⁵ (帶) [접미] 띠 모양의 부분이나 지역의 뜻을 나타내는 말. ¶시간~ / 주파수~ / 화산~.

-대¹⁶ (臺) [접미] 어떤 숫자로 나타낸 수치나 액수에 붙어, 수치나 액수가 대략 그 숫자의 범위에 있음을 나타내는 말. ¶5만 원~의 상품 / 수억~의 재산 / 평균 80점~의 성적.

대:가¹ (大加) [명][역] 고구려의 각 부(部)의 최고 직위. 곧, 각 지방의 족장(族長)을 가리킴.

대:가² (大家) [명] 1 학문·예술 등의 전문 분야에서 큰 업적을 이루거나 높은 경지에 이른 사람. ⓗ대가. ¶음악의 ~. 2 대대로 부귀를 누리며 번창하는 집안. ⓗ거가대족.

대:가³ (代價) [-까] [명] 1 일을 실현하기 위해 들인 노력이나 희생. ¶피와 땀의 ~.

대:가⁴ (對價) [-까] [명][법] 자기의 노무·재산 등을 남에게 제공하거나 이용시킨 보수로서 얻은 재산상의 이익. 집세·임금 따위.

대:-가다 [동](자) 시간에 맞게 목적지에 이르다. ¶약속 시간에 ~.

대:-가람 (大伽藍) [명] 큰 절.

대가리¹ [명] 1 사람의 '머리'를 비속하게 이르는 말. ⓗ대갈통. ¶~가 터지도록 싸우다. 2 동물의 '머리'를 예사롭게 이르는 말. ¶돼지~ / 생선~. 3 길쭉하게 생긴 물건의 앞부분이나 꼭대기 부분을 이르는 말. ¶못~ / 콩나물 ~.

※ 대가리에 피도 안 마르다 [구] 아직 어리다. 속된 말임.

-대가리² [접미] 어떤 대상을 비하(卑下)하는 뜻을 나타내는 말. ¶맛~ / 멋~.

대:-가족 (大家族) [명] 1 [사] 3대 이상의 가족이 한집에서 함께 생활하는 형태의 가족. 2 식구가 많은 가족. ↔소가족.

대:각¹ (大角) [명][음] 우리나라 전통 관악기의 하나. 나발의 일종으로, 군중(軍中)에서 호령할 때나 아악을 연주할 때 쓰였음.

대:각² (大覺) [명] 1 도(道)를 닦아 크게 깨닫는 것. 또는, 그런 사람. ¶고행 수도 끝에 ~을 이루다. 2 [불] '부처'를 달리 이르는 말.

대:각-하다 [동](자여) 도를 닦아 크게 깨닫다.

대:각³ (對角) [명][수] 1 사각형에서, 한 각에 대해 마주 보는 각. 2 삼각형에서, 한 변에 대해 마주 대하는 각. ⓗ맞각·맞모.

대각⁴ (臺閣) [명][역] 사헌부와 사간원의 총칭.

대:각-선 (對角線) [-썬] [명][수] 다각형에서 이웃하지 않는 두 꼭짓점을 잇는 선분. 또는, 다면체에서 같은 면 위에 있지 않는 꼭짓점을 잇는 선분. ⓗ맞모금.

대간 (臺諫) [명][역] 대관(臺官)과 간관(諫官). 곧, 사헌부와 사간원의 벼슬의 총칭.

대:갈 [명][역] 큰 소리로 꾸짖는 것. 대:갈-하다 [동](자여).

대갈-마치 [명] 1 대갈을 박는 작은 마치. 2 온갖 어려운 일을 겪어서 아주 야무진 사람의 비유.

대갈-머리 [명] '머리¹·²'를 비속하게 이르는

말.
대갈-못[-몯] 명 대가리가 큰 쇠못.
대갈-빡 명 '머리¹·²'를 비속하게 이르는 말.
대갈-빼기 명 '머리¹·²'를 비속하게 이르는 말.
대갈-일성(大喝一聲)[-썽] 명 크게 외치는 한마디의 소리. ¶"이 믿지 않는 놈이로고! 의심을 버려라." 하고 대사는 ~에 주장을 들어 조신의 머리를 딱 때린다.《이광수:꿈》
대갈-통 명 '머리통'을 비속하게 이르는 말.
대:감(大監) 명 [역] 조선 시대에 정2품 이상의 관원에 대한 존칭. 2 [민] 무당이 집·터·돌·나무 따위에 접한 여러 신을 높여 부르는 말.
대:감-굿(大監-)[-굳] 명 [민] 무당이 터주 앞에서 하는 굿. =대감놀이. **대:감굿-하다** 통자여
대:감-마님(大監-) 명 높은 지위에 있는 벼슬아치를 높여 이르는 말.
대:갓-집(大家-)[-가찝/-갇찝] 명 세력과 살림이 큰 집안.
대:강¹(大綱) Ⅰ 명 세밀하지 않은, 기본적이고 중심이 되는 일의 내용. 비대개(大概). ¶계획의 ~을 정하다.
Ⅱ 부 1 세밀하지 않으나 기본적인 정도로. ¶그 일은 저도 들어서 ~ 알고 있습니다. 2 태도가 진지하지 않거나 본격적이지 못하거나 심화되지 않은 상태로. =건성. 비대충. ¶제대로 하려면 한이 없으니 ~ 해 둬라. / 따지지 말고 ~ 넘어가자.
대:강²(代講) 명 남을 대신하여 강의나 강연을 하는 것. **대:강-하다** 통타여
대:-강당(大講堂) 명 큰 강당.
대:강-대강(大綱大綱) 부 여러 가지를 다 대강. 또는, 매우 심한 정도로 대강. 비대충대충. ¶일을 무성의하게 ~ 처리하다.
대강이 명 '머리¹'을 속되게 이르는 말. ¶이걸 (수탉이 볏을 조이는 걸) 가만히 내려다보자니 내 ~가 터져서 피가 흐르는 것같이 두 눈에서 불이 번쩍 난다.《김유정:동백꽃》 2 물체, 특히 열매의 윗부분을 속되게 이르는 말. ¶무 ~ / 파 ~ / 먼저 ~를 한입 베어 물어 낸 다음, 손톱으로 한 돌이 껍질을 벗겨 먹곤 했다.《황순원:소나기》
대:-갚음(對-) 명 자기가 입은 은혜나 원한을 그만큼 갚는 일. **대:갚음-하다** 통자여
대:개¹(大槪) Ⅰ 명 1 대체의 줄거리. 비대강(大綱). 2 어떤 일이나 대상의 거의 전부. 비대부분. ¶오늘날 우리의 결혼식은 ~의 경우 서양식으로 치러진다.
Ⅱ 부 거의 모든 경우에. 비대부분. ¶나는 ~ 6시면 일어난다.
대:-개념(大槪念) 명[논] 정언적 삼단 논법에서, 대전제에 포함되고 결론의 술어가 되는 개념. ↔소개념.
대:객¹(待客) 명 손님을 대접하는 것. **대:객-하다** 통자타여
대:객²(對客) 명 손님을 마주 대하는 것. **대:객-하다²** 통자여
대:거(大擧) Ⅰ 명 많은 무리들이 한꺼번에 들고일어나는 것. **대:거-하다** 통자여
Ⅱ 부 한꺼번에 ¶기업들이 해외에 ~ 진출하다 / 8회 말에 ~ 득점하다.
대:-거리¹(代-) 명 일을 서로 번갈아 가면서 하는 것. 비교대(交代). ¶둘이서 ~로 톱질을 하다. **대:거리-하다** 통자여
대:-거리²(對-) 명 상대방에 맞서서 대드는 것. 또는, 그러한 언행. ¶상대의 억센 주먹에 그는 ~ 한 번 못 해 보고 일격에 쓰러졌다. **대:거리-하다²** 통자여
대-걸레 명 긴 막대 끝에 걸레를 달아서 바닥을 닦는 데 쓰는 청소 도구.
대:검¹(大劍) 명 큰 칼. 비장검(長劍).
대:검²(大檢) 명 '대검찰청'의 준말.
대:검³(帶劍) 명 1 칼을 차는 것. 비패검(佩劍). 2 [군] 소총의 총신 끝에 꽂는 칼. =총검(銃劍). **대:검-하다** 통자여 칼을 차다.
대:-검찰청(大檢察廳) 명 대법원에 대응하는 검찰청. 지방 검찰청·고등 검찰청을 지휘 감독함. ⓒ대검.
대:-게 명[동] 갑각강 십각목 물맞이겟과의 한 종. 갑각의 가장자리에는 작은 가시가 있고 등 면에는 돌기들이 있음. 한국산 게류 중 가장 크며, '영덕 게'로 알려져 있음. =바다참게.
대견-스럽다[-따] 형 비<-스러우니, ~스러워> 대견한 데가 있다. **대견스레** 부
대견-하다 형 (아랫사람이, 또는 그 사람이 하는 행동이) 의젓하면서 믿음직하여 자랑스럽다. 주로, 부모가 자식에 대하여, 또는 스승이 제자에 대하여 쓰는 말임. ¶아버지는 혼자 힘으로 대학까지 마친 막내아들이 여간 대견하지 않았다. **대견-히** 부
대:결(對決) 명 (두 사람이나 양편이) 맞서 싸워서 우열이나 승패 등을 가리는 것. ¶실력으로 ~을 벌이다. **대:결-하다** 통자여
대:경(大驚) 명 크게 놀라는 것. **대:경-하다** 통자여
대:경-실색(大驚失色)[-쌕] 명 몹시 놀라 얼굴빛이 변함. **대:경실색-하다** 통자여
대:계¹(大系)[-계/-게] 명 1 대략적인 체계. ¶~를 세우다. 2 (어떤 분야를 전체적으로 다루기 위하여 여러 권으로 만든 책명의 일부로 쓰여) 방대한 체계를 세워 엮은 책임을 나타내는 말. ¶한국사 ~.
대:계²(大計)[-계/-게] 명 큰 계획. ¶백년 ~를 세우다.
대:고(大鼓) 명 1 큰 북. 2 [음] 국악기의 하나. 나무나 금속으로 된 테에 가죽을 메우고 방망이로 쳐 소리를 내는 타악기.
대:-고모(大姑母) 명 =고모할머니.
대:-고모부(大姑母夫) 명 =고모할아버지.
대:곡(大哭) 명 큰 소리를 내어 곡하는 것. ▷통곡. **대:곡-하다** 통자여
대:공¹(大公) 명 1 유럽에서, 왕가(王家)의 황태자 또는 여왕의 부군(夫君)을 이르는 말. ¶영국의 필립 ~. 2 유럽에서, 작은 공국(公國)의 군주의 호칭.
대:공²(對共) 명 (일부 명사 앞에서 관형어적으로 쓰여) 공산주의·공산주의자에 맞서거나 상대하는 것.
대:공³(對空) 명 (일부 명사 앞에서 관형어적으로 쓰여) 공격이 지상에서 공중으로 향하는 것이거나, 공중에서 이루어지는 공격에 대응하는 것. ¶~ 사격 / ~ 포화를 받다. ↔대지(對地).
대:공-미사일(對空missile) 명[군] 공중 목표에 대하여 지상에서 발사하는 미사일.
대:공-포(對空砲) 명[군] 지상·함정에서 공중 목표물을 사격하도록 설치된 포.
대:과(大科) 명[역] 문관(文官)을 뽑는 과거(科擧)의 속칭. ¶~에 오르다. **대:과-하다** 통자여 문관을 뽑는 과거에 급제하다.

대:과²(大過) 명 큰 허물.
대:-과거(大過去) 명[언] 과거의 한 시점을 기준으로 하여 그것보다도 먼저 완료한, 혹은 그 시점까지 계속되고 있는 동작·상태를 나타내는 시제. 영어 등의 과거 완료형이 이에 해당하며, 우리말에서는 어미 '-었었/었'으로 표현되나, 현행 학교 문법에서는 과거 시제에 포함됨.
대:관¹(大官) 명[역] 1 =대신(大臣)². 2 높은 벼슬. 또는, 그 벼슬에 있는 사람.
대:관²(貸館) 명 행사나 행사를 치를 수 있도록 공연장·체육관·영화관 등을 빌려 주는 것. ¶~료(料). 대:관-하다 통(타)(여) ¶전시장을 ~.
대:관-식(戴冠式) 명 유럽 제국에서 왕관을 머리에 얹어서 왕위에 올랐음을 공표하는 의식.
대:-관절(大關節) 부 (의문문에 쓰여) 이러고저러고 간에 도대체. ¶그 시간에 ~ 어디 갔었니?
대:-괄호(大括弧) 명 묶음표의 하나. [ ]의 이름. 1 수학의 식의 맨 바깥 말이 다를 때에 씀. '해[年] ' 따위. 2 묶음표 안에 또 묶음표가 있을 때에 씀. '불확실[모호(模糊)함]' 따위. 3 [수] 소괄호·중괄호를 포함한 식의 앞뒤를 묶어 한 단위를 나타낼 때 씀. =꺾쇠괄호·각괄호. ▷소괄호·중괄호.
대:구¹(大口) 명(동) 대구과의 한대성 바닷물고기. 몸은 길쭉하며 입이 크고, 몸빛은 엷은 회갈색에 배 부분이 흼. 고기는 식용하며, 간은 간유(肝油)의 원료로 씀.
대:구²(對句) [-꾸] 명[문] 대(對)를 맞춘 시의 글귀.
대구루루 부 작고 단단한 물건이 단단한 바닥에서 구르는 소리. 또는, 그 모양. ¶사과가 땅바닥에 ~ 구른다. 큰데구루루. 센때구루루.
대:구-법(對句法) [-꾸뻡] 명[문] 수사법의 하나. 한 문장 안에서 같은 구조의 구절을 짝을 이루도록 배치하여 표현의 효과를 높이는 방법. 흔히, 같은 어미·조사·용언 등을 반복적으로 사용함. "콩 심은 데 콩 나고, 팥 심은 데 팥 난다." 따위. ×대귀법.
대:-구치(大臼齒) 명(생) =뒤어금니. ↔소구치(小臼齒).
대:구-탕(大口湯) 명 대구를 넣고 끓인 음식.
대:구-포(大口脯) 명 대구를 얇게 저며서 말린 포.
대:국¹(大局) 명 대체의 판국. ¶무릇 큰일을 하려면 ~을 바로 볼 줄 알아야 한다.
대:국²(大國) 명 1 국력이 강하거나 국토가 넓은 나라. ↔소국(小國). 2 전에 우리나라에서 중국을 부르던 말.
대:국³(對局) 명 1 마주 앉아 바둑이나 장기를 두는 것. 2 어떤 형편이나 시국(時局)에 당면하여 대하는 것. 대:국-하다 통(자)(여)
대:국-적¹(大局的) [-쩍] 관(명) 큰 판국이나 전체적인 판국에 따르는 (것). 비대승적. ¶~ 견지에서 판단하다.
대:국-적²(大國的) [-쩍] 관(명) 큰 나라의 특징이 있는 (것). ¶~ 기질 /~ 인 면모를 보이다.
대:군¹(大君) 명[역] 1 고려 시대, 종친(宗親)의 정1품 봉작. 2 조선 시대, 임금의 적자(嫡子). ¶수양(首陽) ~. 3 '군주'의 존칭.
대:군²(大軍) 명 병사가 많은 군대. =대병(大兵). ¶백만 ~ / ~을 이끌고 출진하다.

대굴-대굴 부 작은 물건이 잇달아 자꾸 굴러가는 모양. ¶공이 ~ 구른다. 큰데굴데굴. 센때굴때굴. 대굴대굴-하다 통(자)(여)
대:궁 명 먹다가 그릇에 남긴 밥. =대궁밥·잔반(殘飯). ¶먹던 ~을 춧어 모아 짝지족하고 갖다 주니 감지덕지 받는다.《김유정:산골 나그네》
대:궁-밥 [-빱] 명 =대궁.
대:권¹(大圈) [-꿘] 명 1 [수] =대원(大圓)². 2 [지] 지구의 중심을 지나는 평면과 지구의 표면이 만나서 생기는 원.
대:권²(大權) [-꿘] 명[법] 국가 원수가 국토와 국민을 통치하는 헌법상의 권한.
대:권^항:로(大圈航路) [-꿘-노] 명 대권 코스를 따라 설정한 항로. 출발점과 종착점을 연결하는 최단 거리임.
대:궐(大闕) 명 임금이 사는 큰 집. 비궁궐.
대:귀 [문] '대구(對句)'의 잘못.
대:귀-법 [문] '대구법(對句法)'의 잘못.
대:-규모(大規模) 명 일의 규모나 범위가 넓고 큼. ¶~ 공사 /~ 행사. ↔소규모.
대그락 부 단단하고 작은 물건이 서로 맞닿아서 나는 소리. 큰데그럭. 센때그락. 대그락-하다 통(자)(타)(여)
대그락-거리다/-대다 [-꺼(때)-] 통(자)(타) 계속 대그락 소리가 나다. 또는, 자꾸 그런 소리를 내다. 큰데그럭거리다. 센때그락거리다.
대그락-대그락 [-때-] 부 대그락거리는 소리. 큰데그럭데그럭. 센때그락때그락. 대그락대그락-하다 통(자)(타)(여)
대:극(大戟) 명 1 [식] 대극과의 여러해살이풀. 뿌리줄기는 비대하고, 줄기는 곧게 서며 가는 털이 있음. 여름에 녹황색의 잔 꽃이 핌. 어린잎은 식용, 뿌리는 약용함. 산과 들에 자생함. =뎌우옷. 2 [한] 1의 뿌리. 맛이 단 극약으로, 대소변을 잘 통하게 함.
대근-하다 형(여) 1 견디기가 힘들고 만만하지 않다. ¶둔덕은 험하고 입을 벌리기도 대근하여 이야기는 한동안 끊어졌다. 《이효석:메밀꽃 필 무렵》 2 '고단하다'의 잘못.
대글대글-하다 형(여) (여러 개의 가늘거나 작은 물건 가운데서 몇 개가) 좀 굵다. 큰디글디글하다. 센때글때글하다.
대:금¹(大金) 명 많은 돈.
대:금²(大笭) 명[음] 국악에서 사용하는 관악기의 하나. 삼금(三笭) 중 가장 크며, 구멍이 13개 뚫려 있음. 원대금(大笭).
대:금³(代金) 명 물건의 값으로 치르는 돈. ¶물품 ~을 선불하다.
대:금⁴(貸金) 명 돈을 꾸어줌. 또는, 꾸어준 돈. ¶고리 ~.
대:기¹(大忌) 명 몹시 꺼리는 것. 대:기-하다¹ 통(타)(여)
대:기²(大氣) 명 1 지구를 둘러싸고 있는 기체. 질소·산소를 주성분으로 하고, 아르곤·이산화탄소·수소·오존 등이 소량 함유됨. 2 [천] 천체의 표면을 둘러싸고 있는 기체.
대:기³(大器) 명 1 큰 그릇. 2 큰일을 할만한 인재. 3 =신기(神器)².
대:기⁴(待機) 명 1 기회를 기다리는 것. ¶~소(所). 2 [군] 전투 준비를 마치고 명령을 기다리는 것. 대:기-하다² 통(자)(여) ¶곧 나갈 테니 차를 대 놓고 대기하고 있어.
대:기-권(大氣圈) [-꿘] 명[지] =기권(氣圈)¹. ¶인공위성이 ~을 벗어나다.
대:-기록(大記錄) 명 대단히 세우기 어려운

대:기-만성(大器晩成)[명] 크게 될 사람은 오랫동안 공적을 쌓아 늦게 이루어짐.
대:기^명:령(待機命令)[-녕][명]1[군] 대기하라는 명령. ¶출동 ~. 2[법] 공무원으로 무보직(無補職) 상태에 두는 인사 발령. ≒대명(待命). ¶과실로 인하여 ~을 받다.
대:기^발령(待機發令)[명] 근로자가 직무 수행 능력이 부족하거나 근무 태도가 불량하거나 할 경우에, 일시적으로 직위를 부여하지 않고 직무에 종사하지 못하게 하는 조치.
대:기-실(待機室)[명] 대기하는 사람이 기다리도록 마련한 방. ¶신부 ~.
대:기-압(大氣壓)[명][기상]=기압(氣壓)①.
대:-기업(大企業)[명] 자본금이나 종업원의 수가 많고, 사회적 영향력이 큰 기업. ▷중소기업.
대:기^오:염(大氣汚染)[명] 공장·자동차·가정에서 배출되는 매연·먼지·가스 등에 의해 공기가 더러워지는 현상.
대:-기후(大氣候)[명][기상] 한반도나 아시아, 더 나아가서는 북반구의 기후 등과 같이 넓은 지역의 기후. ▷소기후.
대:길(大吉)[명] 운세가 썩 길한 것. ¶입춘(立春)~. 대:길-하다[형여]
대깍[부] 작고 단단한 물체가 가볍게 부딪쳐 나는 소리. 큰데격. 센때깍. 대깍-하다[자][타]
대깍-거리다/-대다[-꺼(때)-][자][타] 계속 대깍 소리가 나다. 또는, 자꾸 그런 소리를 내다. 큰데꺽거리다. 센때깍거리다.
대깍-대깍[-때-][부] 대깍거리는 소리. 큰데격데격. 센때깍때깍. 대깍대깍-하다[자][타]
대:꾸[명] 상대가 부르거나 묻거나 할 때, 그에 응하여 '응', '예', 또는 그렇다거나 아니라거나 하는 식으로 비교적 짧게 대답하는 것. =대척. 비말대꾸. ¶무슨 말을 해도 ~조차 않는다. 대:꾸-하다[동][자여]
대꾼-하다[형여] 기운이 빠져 눈이 쏙 들어가고 정기가 없다. ¶독감을 앓더니 눈이 ~. 큰데꾼하다. 센때꾼하다.
대끼다¹[동][자] 여러 일에 부대껴 단련되다. ¶건설반 책임자로서의 문책으로 상상하기 이상으로 대 대:졌는지도 모른다.《전광용:태백산맥》
대끼다²[동][타] (애벌 찧은 보리나 수수 따위를) 물을 조금씩 쳐 가면서 마지막으로 깨끗이 찧다. ¶시방 찧어야 옆쇠서 넣었다가 대끼기가 좋지.《채만식:보리방아》
대-나무[명] '대'를 목본(木本)으로 일컫는 말.
대-나물[명][식] 석죽과의 여러해살이풀. 산과 들에서 나며, 초여름에 흰 꽃이 핌. 어린잎은 식용, 뿌리는 약용함.
대-낚시[-낙씨][명] 낚싯대를 써서 하는 낚시질. 준대낚. ▷줄낚시.
대:남(對南)[명] (주로 일부 명사 앞에서 관형어적으로 쓰여) 그 명사가 나타내는 일이 남한을 상대로 한다는 말. ¶~ 간첩 활동 / ~ 방송. ↔대북(對北).
대:납(代納)[명]1 남을 대신하여 바치는 것. 2 다른 물건으로 대신 바치는 것. 대:납-하다[동][타][여] ¶입원비를 ~.
대:납회(大納會)[-나푀/-나풰][명][경] 거래소에서 실시하는 연말의 최종 입회(立會). ↔대발회(大發會). ▷납회.
대:-낮[-낟][명] 환히 밝은 낮. =백일(白日)·백주.
[대낮에 도깨비에 홀렸나] 도무지 이해가 되지 않는 일을 당했을 때 하는 말.
대:내(對內)[명] (주로, 명사 앞에서 관형어적으로 쓰이거나 접미사와 결합한 꼴로 쓰여) 단체나 국가 등의 내부에 관계되는 것. ¶~ 문제 / ~ 정책. ↔대외(對外).
대:내외-적(對內外的)[-외-/-웨-][관][명] 나라나 사회 따위의 안팎에 두루 관련되는 (것). ¶정부의 정통성을 ~으로 알리다.
대:내-적(對內的)[관][명] 어떤 일이 나라나 단체 등의 내부에 관계된 상태에 있는 (것). ¶~ 활동. ↔대외적.
대:농(大農)[명]1 큰 규모로 짓는 농사. 또는, 그러한 농가나 농민. ▷중농·소농. 2=호농(豪農).
대:-농가(大農家)[명] 농사를 크게 짓는 집. ↔소농가.
대:-놓고[-노코][부] 사람을 앞에 놓고 거리낌 없이. ¶~ 폭언을 하다.
대:뇌(大腦)[-뇌/-뉘][명][생] 척추동물의 뇌의 주요 부분. 좌우의 반구(半球)로 이루어지며, 표면에 많은 주름이 있음. 신경계 전체의 중추적 작용을 함. ≒큰골.
대:뇌^반:구(大腦半球)[-뇌/-뉘-][명][생] 뇌의 일부. 둥근 반구 모양으로 정중선(正中線)에 따라 다시 좌우 쪽으로 나뉨. 최고의 정신 기능이 이루어지는 곳임.
대님[명] 한복 바지를 입은 상태에서, 가랑이 맨 아래쪽을 발목 부분에서 오므려 접은 뒤에 그 둘레에 돌려 매는 끈. ¶~을 매다 / ~을 풀다.
대:다¹(대:고 / 대어)[동]①[타]1(물체를 다른 물체에) 가깝게 하여 둘 사이에 빈틈이 없게 하다. ¶문에 귀를 대고 엿듣다. 2(어떤 도구를) 사용하여 일을 하다. ¶밑그림에 붓을 ~. 3(어떤 곳에 물을) 끌어 들이다. ¶논에 물을 ~. 4(돈이나 물자를) 마련하여 주다. ¶공사에 필요한 자재를 ~. 5(노름·내기 등에서 돈을) 걸다. ¶판돈으로 천 원을 ~. 6 전화상으로 연결이 되게 하다. ¶여보세요, 김 선생 좀 대 주세요. 7(사람을) 구하여 뒤를 보아주게 하다. ¶피고인에게 국선 변호인을 ~. 8(차·배 등의 탈것을 일정한 장소에) 세우거나 정박시키다. ¶집 앞에 차를 ~. 9 서로 견주다. ¶이 수박은 그것에 대면 아주 큰 편이다. 10 (이유나 구실을) 들어 보이다. ¶이러쿵저러쿵 핑계를 ~. 11 (어떤 사실을) 드러내어 말하다. ¶놈이 숨어 있는 곳을 대라! 12 (무엇을) 덧대거나 뒤에 받치다. ¶벽에 베니어판을 ~ / 공책에 책받침을 대고 쓰다. 13 (어떤 행동을) 마구 하다. ¶등쌀을 ~ / 성화를 ~. ②[자]1 (정해진 시간에) 가 닿거나 맞추다. ¶비행기 시간에 대느라 진땀 뺐다. 2 (주로 '대:고'의 꼴로 쓰여) 어느 쪽을 목표로 삼아 향하거나 무엇을 대상으로 하다. ¶하늘에 대고 침 뱉기 / 누구한테 대고 함부로 반말이냐? ③[보조] (동사의 어미 '-아/-어'의 아래에 쓰여) 같은 행동을 심하거나 되풀이함을 나타내는 말. ¶들들어 ~ / 먹어 ~.
-대다²[접미]=-거리다. ¶출렁~ / 바스락~.
대:-다수(大多數)[명]1 거의 모두. ¶~가 찬성하다. 2 대단히 많은 수.
대:-단원¹(大單元)[명][교] 단원 학습에서, 장시간을 요하는 단원. ↔소단원.
대:-단원²(大團圓)[명] 연극이나 소설 등에서

사건의 엉킨 실마리를 풀어 결말을 짓는 마지막 장면.
대단원의 막을 내리다 〔판〕 오래 계속되던 일이 마침내 끝이 나다. ¶월드컵 경기가 화려한 폐막식을 끝으로 **대단원의 막을 내렸다**.

대:-단위(大單位) 명 아주 큰 규모. ¶~ 아파트/~ 물류 단지.

대단찮다[-찬타] 형 대단하지 않다. ¶대단찮은 상처.

대:단-하다 [형여] 1 (어떤 일이나 대상이) 중요성이나 가치가 높다. ¶이번 한미 정상 회담은 대단한 의미를 가지고 있다. 2 (일·현상의 상태나 정도가) 심하거나 격렬하다. ¶추위가 ~. 3 (규모나 정도가) 보통의 경우를 넘어서서 경이로운 상태에 있다. ¶정성이 ~/인기가 ~. 4 (사람이나 대상이) 능력·자질·질 등에 있어서 뛰어나거나 우수한 상태에 있다. ¶대단한 인물/대단한 작품.

대:단-히 閂 ¶~ 감사합니다./~ 유감스러운 일이다.

대단치도 않다 〔판〕 '아주 대단하다'를 반어적으로 이르는 말. ¶빚쟁이들이 몰려와서 난리를 피우는데 **대단치도 않더라고**.

대:담¹(對談) 명 서로 마주 대하고 이야기하는 일. 또는, 그 이야기. ¶~ 프로/~을 나누다. **대:담-하다** 동자여

대:담²(大膽) → 대:담-하다 [형여] (사람이) 무섭거나 두렵거나 부끄러운 일을 함에 있어 겁을 내지 않는 상태에 있다. 비담대하다·용감하다. ¶대담하게 맞서다 / 대담한 옷차림. ×대버리크다. **대:담-히** 閂 ¶일을 ~ 처리하다.

대:담-스럽다(大膽-)[-따] [형ㅂ] ‹~스러우니, ~스러워› 대담한 데가 있다. **대:담스레** 閂

대:답(對答) 명 1 (사람이 상대의 물음·요구, 또는 부르는 말에) 곧응하여 어떤 말을 하는 것. 또는, 그 말. 비담(答)·응답. ¶불러도 아무 ~이 없다. 2 (사람이 상대가 제기하거나 요구한 문제에 대해) 해답을 내놓거나 결정을 하여 말하는 것. 또는, 그 말. 비답변. ¶뭔가 확실한 ~을 듣기 전에는 이 자리에서 한 발짝도 움직일 수 없습니다. **대:답-하다** 동자여 ¶질문에 ~.

대:대¹(大隊) 명 1 [군] 군대 편제상의 한 단위. 4개 중대로 편성됨. 연대의 아래, 중대의 위임. ¶보병 ~/1개 ~ 병력. 2 [군] 공군 부대 편성의 단위. 4~5편대로 구성됨. 편대(編隊)의 위, 전대(戰隊)의 아래임.

대:대²(代代) 명 거듭되는 여러 대. =세세(世世).

대:-대로¹(大對盧) 명 [역] 고구려 최고위(最高位)의 관등명. 국사(國事)를 총리함.

대:대-로²(代代-) 閂 여러 대를 계속하여. ¶~ 농사를 지어 온 집안/~ 전해 내려오는 가보.

대:대손손(代代孫孫) 명 오래도록 내려오는 여러 대. =세세손손·자손만대. ¶~ 번영을 누리다.

대:대-장(大隊長) 명 대대를 지휘하고 통솔하는 최고 지휘관. 주로, 영관 급 장교로 임명함.

대:대-적(大大的) 관명 일의 범위나 규모가 매우 큰 (것). ¶~인 환영.

대:대표^전:화(大代表電話) 명 가입 전화 회선이 10회선 이상인 대표 전화.

대:덕(大德) 명 1 넓고 큰 인덕(仁德). 또는, 그러한 덕을 가진 사람. 2 [불] 덕이 높은 승려. 비고승·명승(名僧).

-대:도¹ -다고 해도'가 준 말. ¶아무리 얼굴이 예뻐 ~ 나는 그 여자가 싫다. ▷ -ㄴ대도·-는대도·-래도.

대:도²(大盜) 명 큰 도둑.

대:도³(大道) 명 1 넓고 큰 길. 비큰길. 2 사람이 마땅히 지켜야 할 큰 도리. ¶충효는 인륜의 ~이다.

대:-도시(大都市) 명 지역이 넓고 인구가 많아 여러모로 중심이 되는 도시.

대:도시-권(大都市圈)[-꿘] 명 대도시를 포함하여 그와 밀접한 관계가 있는 주변 지역.

대:-도호부(大都護府) 명 [역] 고려·조선 시대의 지방 행정 기관.

대:-독(代讀) 명 (축사·식사 등을) 대신 읽는 것. **대:독-하다** 동타여 ¶대통령의 3·1절 기념사를 국무총리가 ~.

대:동¹(大同) 명 (주로 관형어적으로 쓰여) 크게 하나로 뭉쳐 화평을 이룬 상태. ¶~ 화합/~ 사회/~ 사상.

대:동²(帶同) 명 (어떤 사람이 다른 사람을) 함께 데리고 가는 것. **대:동-하다** 동타여 ¶파티에 아내를 대동하고 가다.

대:동-단결(大同團結) 명 (많은 사람이나 여러 집단이) 같은 목표를 위하여 한 덩어리로 뭉침. **대:동단결-하다** 동자여 ¶온 국민이 대동단결하여 일로매진하자.

대:-동맥(大動脈) 명 1 [생] 심장으로부터 온몸에 혈액을 보내기 위하여 순환의 본줄기, 곧 큰동맥. ↔대정맥. 2 교통의 간선로를 비유하여 이르는 말. ¶경부선은 우리나라의 ~이다.

대:동-법(大同法)[-뻡] 명 [역] 조선 중엽에 여러 가지 공물(貢物)을 쌀로 통일하여 바치게 하던 납세 제도. =대동(大同).

대:동-보(大同譜) 명 같은 성씨의 모든 계보를 기록한 족보.

대:-동사(代動詞) 명 [언] 동일한 동사의 반복을 피하기 위하여 대신 쓰는 동사. 영어의 'do' 따위.

대:동-소이(大同小異) → 대:동소이-하다 [형여] 큰 차이가 없이 거의 같고 조금만 다르다. ¶나도 네 의견과 ~.

대:동-제(大同祭) 명 지역민이 화합을 다지기 위해 한데 모여 크게 벌이는 축제. 또는, 대학 등에서 해마다 정기적으로 벌이는 축제. ¶풍물 ~/서울대 ~.

대:두¹(大斗) 명 열 되들이 말. ¶쌀 ~ 한 말. ▷ 소두(小斗).

대:두²(大豆) 명 [식] '콩'으로 순화.

대:두³(擡頭) 명 1 (어떠한 현상이나 세력이) 사회적으로 일어나 나타나는 것. ¶혁신 세력의 ~. 2 글을 쓸 때에 경의를 표하는 글귀는 한 줄을 잡아 쓰되, 한 줄보다 몇 자 올리거나 비우고 쓰는 일. **대:두-하다** 동자여 ¶예술에 실험적 경향이 ~. **대:두-되다** 동자

대:두-박(大豆粕) 명 =콩깻묵.

대:두-병(大斗甁)[-뼝] 명 한 되들이 병. 비됫병.

대:둔-근(大臀筋) 명[생] 엉덩이를 둥글게 만들고 있는 커다란 근육, 넓적다리를 뒤쪽으로 잡아당기는 근육이며, 보행이나 직립에 중요함.

대:-들다 동자 ‹~드니, ~드오› (윗사람에게) 고분고분 따르지 않고 맞서서 싸우려 하거나 버릇없는 태도로 말하거나 행동하다.

¶아버지한테 ~ / 동생이 형에게 **대들어서**야 되겠니?

대-들보(大-) [-뽀] 명 1 [건] 큰 들보. 흔히, 일반 한옥에서는 대청의 기둥 사이에 걸며, 대체로 자연목을 거의 다듬지 않고 사용함. =대량(大樑). 2 한 나라나 집안의 중심이 되는 중요한 사람을 비유하는 말. ¶넌 우리 집안의 ~다.

대:등(對等) →**대:등-하다** 형여 어느 한쪽이 낫거나 못하지 않고 서로 비슷하다. ¶실력면에서 **대등한** 경기를 펼치다.

대:등-문(對等文) 명[언] =중문(重文)².

대:등적 연결^어:미(對等的連結語尾) [언] 문장을 대등하게 이어 주는 어말 어미. '-고', '-면서', '-지만' 따위.

대:등-절(對等節) 명[언] 한 문장 안에서 대등한 자격을 가지고 결합하여 있는 절. '꽃은 피고, 새는 운다.'에서 '꽃은 피고'와 '새는 운다'는 각각 대등절.

대딩(大-) 명 (속) 대학생. 인터넷상에서 쓰이는 통신 언어임.

대-뜰 명 댓돌 위쪽에 있는 좁고 긴 뜰.

대뜸 명 그 자리에서 곧. 주로, 상대의 어떤 행동에 대해 즉각적으로 반응을 보이는 상태를 나타내는 말임. ¶말을 꺼내자마자 그는 ~ 화부터 낸다.

대:란(大亂) 명 나라나 사회에 일어난 큰 혼란이나 난리. ¶교통 ~ / 취업 ~ / 식량 ~. **대:란-하다** 형여 크게 어지럽다.

대:략(大略) 명 1 어떤 내용을 요점만 줄여서 간추린 것. 비대강·대요. ¶~의 줄거리 / 사건의 ~은 다음과 같다. 2 크기나 수량 따위의 어림잡은 것. ¶~의 크기 / 그의 나이를 ~이라고 알 수 있나요?
Ⅱ 부 1 요점만 간추리면. 또는, 세세하지 않으나 중요한 내용에 있어서. 비대강. ¶사건의 전말은 ~ 이렇게 정리할 수 있다. / 내막을 ~ 알고 있다. 2 어림잡아서. ¶버스로 ~ 2시간 정도 걸린다.

대:략-적(大略的) [-쩍] 관 중요한 내용만 간추린 (것). 또는, 어림잡은 (것). ¶회사에 대한 ~인 소개 / 참석자의 ~인 숫자.

대:량(大量) 명 많은 분량이나 수량. ¶~ 구입 / 상품 ~으로 주문하다.

대:량^생산(大量生産) 명[경] 동일한 제품을 기계력에 의하여 대량으로 만들어 내는 일. ¶~ 체제에 돌입하다.

대:련(對鍊) 명[체] 태권도·유도 등에서, 기본형을 익힌 후 공격·방어의 기술이 실기(實技)에 부합되도록 두 사람이 상대하여 수련하는 일. **대:련-하다** 동재여.

대:련²(對聯) 명 1 [문] 대(對)가 되는 연(聯). 2 문이나 기둥 같은 곳에 써 붙이는 대구(對句).

대:렴(大殮) 명 소렴한 다음 날, 시체에 옷을 거듭 입히고 이불로 싸서 베로 묶는 일. **대:렴-하다** 동타여.

대:령¹(大領) 명[군] 국군 계급의 하나. 영관의 맨 위 계급으로, 중령의 위, 준장의 아래임.

대:령²(待令) 명 1 명령을 기다리는 것. 2 등대(等待). **대:령-하다** 동재여타여 ¶소인 여기 **대령하였사옵니다**.

대:례(大禮) 명 1 규모가 큰 중대한 의식(儀式). 2 전통 혼례에서, 신랑이 신부 집에 가서 행하는 모든 의례. ¶~를 올리다.

대:례-복(大禮服) 명[역] 나라의 중요한 큰 의식에 벼슬아치가 입는 예복.

대로¹ Ⅰ 의존 1 (어미 '-ㄴ', '-는', '-ㄹ' 아래에 쓰이어) '그 모양과 같이'의 뜻을 나타내는 말. ¶느낀 ~ 말하다 / 될 ~ 되어라. 2 (어미 '-는' 아래에 쓰이어) '어떤 상태나 행동이 나타나는 그 즉시'의 뜻을 나타내는 말. ¶도착하는 ~ 편지해라. 3 ('대로'를 사이에 두고 동일한 동사가 반복되어, '-ㄹ대로 -ㄴ' 또는 '-ㄹ 대로 -아(어)' 등의 꼴로 쓰여) 매우 어떠하다는 뜻을 나타내는 말. ¶낡을 ~ 낡은 외투. 4 ('-ㄹ 수 있는 대로'의 꼴로 쓰여) '할 수 있는 만큼 최대한'의 뜻을 나타내는 말. ¶이 일은 될 수 있는 ~ 빨리 끝내 주세요.
Ⅱ조 1 앞에 오는 말에 준거하거나 달라짐이 없음을 나타내는 말. ¶규칙 ~ 처벌하여라. 2 따로따로 구별됨을 나타내는 말. ¶큰 것은 큰 것 ~ 작은 것은 작은 것 ~ 갈라놓으세요.

대:로²(大怒*) 명 [怒의 본음은 '노'] 크게 성내는 것. **대:로-하다** 동자여 ¶**대로하여** 고함을 지르다.

대:로³(大路) 명 사람들이나 차들이 빈번하게 다니는, 폭이 넓은 길. 비큰길. ¶~를 활보하다. ↔소로.

대:로-변(大路邊) 명 큰길 옆. 또는, 큰길 가. ¶~에 집을 세우다.

대롱 명 가느다란 통대의 토막. ▷관(管).

대롱-거리다/-대다 동재 매달린 물건이 가볍게 흔들리다. ¶감 하나가 가지 끝에 매달려 ~. 큰디룽거리다.

대롱-대롱 부 대롱거리는 모양. ¶아이들이 철봉에 ~ 매달리다. 큰디룽디룽. **대롱대롱-하다** 형여.

대롱-옥(-玉) 명[고고] 구멍을 뚫은 짧은 대롱 모양의 구슬. 주로 목걸이에 쓰임. =관옥(管玉). ▷곱은옥.

대:류(對流) 명[물] 열 때문에 기체 또는 액체가 상하로 뒤바뀌면서 움직이는 현상.

대:류-권(對流圈) [-꿘] 명[지] 지표로부터 14.5km 안팎의 대기의 범위. 일사·복사 냉각에 의하여 대류가 일어나며, 구름 생성이나 강우 등의 기상 현상이 생김. ▷대기권.

대:류권^계:면(對流圈界面) [-꿘계-] [-꿘게-] 명[지] 대류권과 그 바깥쪽의 성층권과의 경계면. 온도 감소율이 심함. 준권계면.

대:륙(大陸) 명 지구 상의 커다란 육지. 유라시아·아프리카·남아메리카·북아메리카·오스트레일리아·남극 대륙을 지칭하는 것이 보통임. 비대주(大洲). ¶아시아 ~ / ~을 횡단하다.

대:륙^간^탄:도^유:도탄(大陸間彈道誘導彈) [-깐-] [-군] 명[군] 8000km 이상의 사정거리를 가진, 열핵탄두를 운반하는 탄도 유도탄. =대륙 간 탄도 미사일·아이시비엠(ICBM).

대:륙-도(大陸島) 명[지] 대륙의 일부가 단층·수식(水蝕)으로 말미암아 대륙에서 떨어져 나갔거나, 바다 밑의 융기로 말미암아 이루어진 섬. ⇔육도(陸島). ↔대양도.

대:륙-법(大陸法) 명[법] 독일·프랑스를 중심으로 하는 유럽 대륙의 법. 로마법의 영향이 강하고 성문법을 중심으로 함. ↔영미법.

대:륙-붕(大陸棚) [-뿡] 명[지] 대륙 주위의, 평균 깊이 약 200m까지의 경사가 완만한 해저 지역. =연안 해저 지역·육붕. ¶~ 탐사.

대:륙^빙하(大陸氷河) [-뼁-] 명[지] 대륙의 넓은 면적을 덮는 아주 두꺼운 얼음 집합

체. =내륙 빙하. ↔산악 빙하.

대:륙^사면(大陸斜面) [-싸-] 圕[지] 대륙붕과 대양저 사이에 있는 조금 경사가 급한 사면.

대:륙-성(大陸性) [-썽] 圕 대륙적인 성질. 곧, 민족성으로는 인내력이 강하고 끈기가 있으며, 기후로는 기온의 차가 심함. ↔해양성.

대:륙성^고기압(大陸性高氣壓) [-썽-] 圕 [기상] 겨울철에 대륙 위에 형성되는 고기압. 주로, 지표면이 장기간 냉각되어 생김. 시베리아 고기압 따위.

대:륙성^기후(大陸性氣候) [-썽-] 圕[지] 해양에서 멀리 떨어진 대륙 내부의 특유한 기후. 기온의 연교차(年較差)와 일교차가 크며, 강우량이 적고 건조함. =내륙성 기후 ·대륙 기후. ↔해양성 기후.

대:륙^이동설(大陸移動說) 圕[지] 지구 상의 대륙은, 예전에는 하나의 둘이었는데, 지질 시대에 분열되어 현재와 같은 모습으로 되었다는 학설.

대:륙-적(大陸的) [-쩍] 관圕 1 대륙에만 특유한 (것). 2 도량·기백이 웅대한 (것). ¶~가질.

대리¹ 圕〈방〉다리¹(황해).

대리²(代理) 圕 1 남을 대신하여 일을 처리하는 것. 또는, 그 사람. ¶~ 출석 / ~ 투표. 2 회사에서 보통 사원보다는 높고 과장보다는 낮은 직위. 또는, 그 사람. ¶과장 ~. **대리-하다** 国他여 남을 대신하여 일을 처리하다.

대리-모(代理母) 圕[사] 불임 부부 또는 자식 키우기를 원하는 독신자를 위하여, 대신 아이를 낳아 주는 여자.

대리-상(代理商) 圕 일정한 회사 등의 위탁을 받고 그 거래를 대리하거나 중개하는 일을 하는 독립된 상인. 보험 대리상 따위.

대:리-석(大理石) 圕[광] =대리암.

대:리-암(大理巖·大理岩) 圕[광] 석회암이 높은 열과 압력을 받아 변질된 암석. 보통은 흰빛을 띠며, 조각·건축 따위에 쓰임. =대리석.

대:리-인(代理人) 圕[법] 대리권을 가지고 본인을 대신하여 의사 표시를 하거나 의사 표시를 받을 권한이 있는 사람.

대:리-점(代理店) 圕 일정한 회사 등의 위탁을 받아 거래를 대리하거나 중개하는 일을 하는 점포.

대립(對立) 圕 (어떤 사람·집단·사물이 다른 사람·집단·사물과, 또는 사람과 사람, 집단과 집단, 사물과 사물이) 의견이나 속성 등에 있어서 맞서거나 반대되는 상태가 되는 것. ¶감정 ~ / 의견 ~ / 노사간의 ~. **대립-하다** 国他여 ¶개헌 문제를 놓고 여야가 **대립하고** 있다. **대:립-되다** 国자 ¶이해가 ~.

대립-각(對立角) [-깍] 圕 (주로 '세우다'와 함께 쓰여) 둘 이상의 사람이나 집단이 서로 맞서거나 팽팽하게 버티는 상태. ¶여야가 국정 현안을 놓고 ~을 세우고 있다.

대:립^유전자(對立遺傳子) [-립뉴-] 圕[생] 대립 형질과 관계가 있는 한 쌍의 유전자.

대:립-적(對立的) [-쩍] 관圕 서로 대립을 이루는 (것). ¶~ 관계.

대:립^형질(對立形質) [-리평-] 圕[생] 멘델 법칙에 따라 유전하는, 한 쌍의 대립하는 우성 형질과 열성 형질.

대릿골-독 圕 '다릿골독'의 잘못.

대:마(大馬) 圕 바둑에서, 넓은 자리를 차지한 상태로 서로 이어져 있는 많은 돌. ¶~를 잡다 / ~가 죽다.

대마²(大麻) 圕[식] =삼³.

대마루-판 圕 일의 되고 안 됨이 이기고 짐이 결정되는 마지막 판. 준대마루.

대:마-불사(大馬不死) [-싸] 圕 바둑에서, 대마는 쉽게 죽지 않는다는 말.

대:마-유(大麻油) 圕 삼씨로 짠 기름.

대:마-초(大麻草) 圕 환각제로 쓰이는 대마의 이삭이나 잎. ¶~를 흡연하다.

대만(臺灣) 圕[지] 동아시아의 타이완 섬과 그 주위의 섬으로 이루어진 공화국. 수도는 타이베이. ☞臺北). =중화민국·자유 중국.

대:-만원(大滿員) 圕 꽉 찬 정도가 심한 상태의 만원. '만원'을 강조한 말임. ¶~을 이룬 극장.

대:망¹(大望) 圕 큰 일을 이루겠다는 꿈. ¶소년들이여, ~을 품어라. ▷야망.

대:망²(待望) 圕 기다리고 바라는 일. ¶~의 그날이 오다. **대:망-하다** 国他여.

대:-매 圕 단 한 번 때리는 매. =단매.

대:-매출(大賣出) 圕 기한을 정하여 많은 물건을 대대적인 선전과 함께 싸게 파는 일. ¶여름 ~. **대:매출-하다** 国他여.

대:-맥(大麥) 圕[식] '보리'로 순화.

대:-머리 圕 머리털이 많이 빠져서 이마나 정수리나 뒤통수 등이 벗어진 머리. 또는, 그런 머리를 한 사람.

대:면(對面) 圕 서로 얼굴을 마주 보고 대하는 것. ¶첫 ~. **대:면-하다** 国他여 ¶이름은 익히 듣어 알고 있었지만 직접 **대면하기**는 이번이 처음이다.

대:명(待命) 圕 1 관원이 과실이 있을 때, 상부의 처분 명령을 기다리는 것. 2 [법] =대기 명령. **대:명-하다** 国他여.

대:-명사¹(大名辭) 圕[논] 대개념(大槪念)을 나타낸 명사. ↔소명사.

대:-명사²(代名詞) 圕 1 [언] 품사의 하나. 사람이나 사물의 이름을 대신하여 나타내는 단어. 인칭 대명사와 지시 대명사로 나뉨. '나', '너', '이', '그' 따위. =대이름씨. 2 어떤 속성을 대표적으로 나타내는 사물임을 비유적으로 이르는 말. ¶월 스트리트(Wall Street)는 미국 금융 시장의 ~이다.

대:명-천지(大明天地) 圕 아주 밝아서 공정한 세상. ¶~에 이런 억울한 일이 어디에 또 있겠는가.

대:모¹(代母) 圕[가] 세례 성사·견진 성사를 받는 여자가 세우는 종교상의 여자 후견인. ▷대부(代父).

대:모²(玳瑁·瑇瑁) 圕[동] 파충류 바다거북과의 한 종. 등딱지는 황색 바탕에 구름 모양의 암갈색 무늬가 있고, 길이는 보통 60cm 가량임. 네 다리는 지느러미 모양으로 편평함.

대:모한 관 대체의 줄거리가 되는 중요한.

대:목¹ 圕 1 설이나 추석과 같은 명절을 즈음하여 경기(景氣)가 활발하는 시기. ¶추석 ~. 2 이야기나 글 등의 어느 특정한 부분. ¶이도령과 춘향이가 재회하는 ~. 3 일의 긴요한 고비나 부분. ¶지금은 가장 어려운 ~이다. 4 글의 한 도막이 난 단락.

대:목²(大木) 圕 1 규모가 큰 건축 일을 주로 하는 목수. ↔소목(小木). 2 =목수(木手).

대목(臺木) 圕[농] =접본(椄本).

대:목-장(-場) [-짱] 圕 큰 명절을 바로 앞두

대-못(大-)[-몯] 몡[건] =큰못.
대:문¹(大文) 몡 1 =문단(文段)¹. 2 주해(註解)가 붙은 책의 본문.
대:문²(大門) 몡 뜰과 담이 있는 집에서, 사람이 집 밖으로 나가거나 집 안으로 들어갈 때 가장 많이 이용하는 제일 큰 문. ¶손님을 ~ 밖까지 배웅하다. ▷정문(正門).
대:문-간(大門間)[-깐] 몡 대문이 있는 곳. ¶~에 나와 인사하다.
대:-문자(大文字)[-짜] 몡 서양 글자의 큰 체로 된 글자. 곧, A, B, C 등을 이름. ↔소문자.
대:문-짝(大門-) 몡 대문의 문짝.
대:문짝-만하다(大門-)[-짱-] 휑여 (사진·글자 등이) 매우 커서 눈에 잘 뜨이는 상태에 있다. ¶사진이 신문에 대문짝만하게 났다.
대:문-채(大門-) 몡 대문이 있는 집채.
대:문-턱(大門-) 몡 대문의 문턱.
대:문호(大文豪) 몡 세상에 널리 알려진 매우 뛰어난 작가. ¶'햄릿'은 영국의 ~ 셰익스피어의 작품이다.
대:물(對物) 몡 (일부 명사 앞에서 관형어적으로 쓰여) 그 명사가 나타내는 것이 물건을 대상으로 한 것임을 뜻하는 말. ¶~ 담보. ↔대인.
대:물-렌즈(對物lens) 몡[물] 현미경 따위의 광학 기기에서, 물체에 가까운 쪽에 있는 렌즈. =대물경. ↔접안렌즈.
대:-물리다(代-) 冟 (사물을) 후대의 자손에게 남겨 주어 잇다. ¶사업을 ~.
대:-물림(代-) 몡 (사물·사업 등을) 다음 자손에게 물려주어 계속 간직하게 하거나 이어 가게 하는 것. 또는, 그 사물. ¶이 보검은 우리 문중의 ~이다. 대:물림-하다 冟태여 ¶사업을 자식에게 ~. 대:물림-되다 冟자
대:물-변제(代物辨濟) 몡[법] 본래의 채무 대신 다른 물건으로 채무를 소멸하는 일.
대:미¹(大尾) 몡 마지막의 맨 끝. ¶영화가 주인공의 화려한 재기로 ~를 장식한다.
대:미²(對美) 몡 (주로 일부 명사 앞에서 관형어적으로 쓰여) 그 명사가 나타내는 일이 미국을 상대로 한 것임을 뜻하는 말. ¶~ 수출. ¶~ 관계.
대:민(對民) 몡 (주로 일부 명사 앞에서 관형어적으로 쓰여) 민간인을 상대로 한 것임을 뜻하는 말. ¶~ 활동. ¶~ 봉사.
대-바구니 몡 대로 결어 만든 바구니.
대-바늘 몡 대로 만든, 끝이 곧고 뾰족한 뜨개질바늘.
대-박(-) 몡<속> 엄청난 돈을 따거나 벌게 되는 행운이나 복. ¶경마에서 ~이 터져 수천만 원을 거머쥐었다.
대:-반석(大盤石) 몡 1 큰 바위. 2 사물이 아주 견고하여 흔들림이 없음의 비유.
대:-반야바라밀다-경(大般若波羅蜜多經)[-따-] 몡[불] 반야를 설명한 여러 경전을 모아 이룬 책. 당나라의 현장(玄奘)이 번역한 것으로, 모두 600권임. =대반야경.
대:-받다[-따] 冟태 남의 말에 반항하여 이대다. ¶대받아 말하다.
대-발 몡 대를 엮어 만든 발. =죽렴(竹簾).
대:-발회(大發會)[-회/-훼] 몡[경] 거래소에서 신년 최초로 가지는 입회(立會). ↔대납회(大納會). ▷발회.
대-밭[-받] 몡 대를 심은 밭. 또는, 대가 자라고 있는 곳. =죽전(竹田).

대:-백(大白) 몡 큰 술잔. =대배(大杯).
대:번 冟 '대번에'의 준말. ¶몇십 년 만에 만났는데도 그는 ~ 나를 알아보았다.
대:번-에 冟 서슴지 않고 단숨에. 또는, 그 자리에서 당장. ¶많은 음식을 ~ 먹어 치우다. 囷대번.
대:범(大汎·大泛) →대범-하다 휑여 (성격이나 태도가) 사소한 것에 얽매이지 않고, 너그럽거나 예사롭다. ¶한 번의 실패가 곧 인생의 실패는 아니니 대범하게 딛고 일어서라. ↔소심하다. 대:범-히 冟
대:범-스럽다(大汎-)[-따] 휑ㅂ <-스러우니, -스러워> 대범한 데가 있다. 대:범스레 冟
대:법(大法) 몡[법] '대법원'의 준말.
대:법관(大法官)[-판] 몡 대법원을 구성하는 법관. 대법원장의 제청으로 국회의 동의를 얻어 대통령이 임명한다. 구칭은 '대법원판사'.
대:법원(大法院) 몡[법] 우리나라의 최고 법원. 상고 사건, 재항고 사건, 기타 법률에 의하여 그 권한에 속하는 사건을 중심(終審)으로 재판함. 囷대법.
대:법원-장(大法院長) 몡 대법원의 장. 대통령이 국회의 동의를 얻어 임명하며, 임기는 6년이고 중임(重任)할 수 없음.
대:법정(大法廷)[-쩡] 몡[법] 대법원의 재판 기관으로서 대법관 3분의 2 이상으로 구성되는 합의체. ↔소법정.
대:변¹(大便) 몡 사람의 '똥'을 완곡하게 이르는 말. '똥'이 '누다', '싸다'와 어울리는 데 대해, '대변'은 '보다'와 어울림. ¶~ 검사. ↔소변(小便).
대:변²(代辨) 몡 1 남을 대신하여 물어 주는 것. ⋓대상(代償). 2 남을 대신하여 사무를 처리하는 것. 대:변-하다 冟태여
대:변³(代辯) 몡 어떤 사람이나 단체를 대신하여 그의 의견이나 태도를 발표하는 것. 대:변-하다² 冟태여 ¶그 범죄 사건은 당시 부패된 사회상을 대변해 주고 있다.
대:변⁴(貸邊) 몡[경] 복식 부기에서, 장부의 계정계좌의 오른쪽 부분. 자산의 감소, 부채나 자본의 증가 등을 기입함. ↔차변.
대:변⁵(對邊)[-수] 몡 한 변이나 한 각과 마주 대하고 있는 변. =맞변.
대:변-보다(大便-) 冟자 '똥 누다'를 점잖게 이르는 말. =뒤보다.
대:변-인(代辯人) 몡 대변하는 일을 맡은 사람. ⋓대변자. ¶정부 ~.
대:변-자(代辯者) 몡 대변하는 사람. ⋓대변인.
대:변-지(代辯紙) 몡 어떤 기관의 의견이나 태도를 대변하는 신문. ¶정부 ~.
대:별(大別) 몡 (어떤 대상을) 크게 갈라 구별하거나 나누는 것. 대:별-하다 冟태여 ¶주제를 둘로 ~. 대:별-되다 冟자 ¶생물은 동물과 식물과 미생물로 대별된다.
대:병(大兵) 몡 '대군(大軍)²'.
대:-보다 冟태 서로 견주어 보다.
대:-보름(大-) 몡[민] 우리나라 명절의 하나인 음력 정월 보름. 새벽에 귀밝이술을 마시고 부럼으로 호두·땅콩·잣 등을 먹으며, 약밥·오곡밥 등을 먹음. ⋓대보름날·상원.
대:보름-날(大-) 몡[민] '대보름'을 좀 더 구어적으로 이르는 말.
대:복(大福) 몡 큰 복.

대ː본[1](大本) [명] 크고 중요한 근본.
대본[2](臺本) [명][문] **1** 연극·영화의 바탕이 되는 극본이나 시나리오. ¶방송 ~ / ~을 읽다. **2** 번역을 하거나 사전을 편찬하거나 주석본·영인본 등을 만들 때, 토대가 되는 책.
대ː부[1](大夫) [명][역] 벼슬의 품계에 붙이는 칭호. ¶숭정(崇政)~.
대ː부[2](大父) [명] 할아버지와 항렬이 같은 유복지친 외의 남자 친척.
대ː부[3](大富) [명] 큰 부자. [비]거부(巨富).
대ː부[4](代父) [명][가] 세례 성사·견진 성사를 받는 남자가 세우는 종교상의 남자 후견인. ▷대모(代母).
대ː부[5](貸付) [명] =대출2. **대ː부-하다** [동][타][여] ¶돈을 ~. **대ː부-되다** [동][자]
대ː부-금(貸付金) [명] =대출금.
대ː부등(大不等) [명] 아름드리의 아주 굵은 나무. 또는, 그런 재목.
대ː-부분(大部分) Ⅰ [명] 전체량에 거의 가까운 수효나 분량. [비]대개. ¶그는 재산의 ~을 사회에 헌납했다. ↔일부분.
Ⅱ [부] 거의 모두. [비]대개. ¶연회 참석자들은 ~ 사회 저명인사들이었다.
대ː-부인(大夫人) [명] 남의 어머니를 높여 이르는 말. =모당(母堂). [비]자당(慈堂).
대ː북[1](大北) [명][역] 조선 시대의 당파의 하나. 선조 32년(1599)에 홍여순(洪汝諄)을 중심으로 북인(北人)에서 갈린 당파. ↔소북(小北).
대ː북[2](對北) [명] 《주로 일부 명사 앞에서 관형어적으로 쓰여》 그 명사가 나타내는 일이 북한을 상대로 한 것임을 뜻하는 말. ¶~ 방송. ↔대남(對南).
대-분수(帶分數) [-쑤] [명][수] 정수(整數)와 진분수로 이루어진 수. 2⅓ 따위.
대ː붕(大鵬) [명] 하루에 9만 리를 날아간다는, 아주 큰 상상의 새. =붕새.
대-비[1] [명] 가는 댓가지나 잘게 쪼갠 대오리를 엮어 만든 비.
대ː-비[2](大-) [명] 마당 따위를 쓰는 큰 비.
대ː비[3](大妃) [명][역] 선왕(先王)의 후비(后妃). ¶인목(仁穆)~.
대ː비[4](大悲) [명][불] **1** =관세음보살. **2** 중생의 고통을 가엾게 여겨 구제하려는 부처의 큰 자비. 또는, 자비가 큼. ¶대자(大慈)~. **대ː비-하다**[1] [형][여]
대ː비[5](對比) [명] **1** (사물과 사물을, 또는 어떤 사물을 다른 사물에) 견주어 서로 비교하는 것. **2** [미] 회화(繪畫) 등에서, 어떤 요소의 특질을 강조하기 위해 그와 상반되는 형태·색채·톤(tone) 등을 나란히 배치시키는 일. =콘트라스트. ¶색채 ~. **3** [심] 서로 대립되는 감각·감정 따위의 심적 현상이 시간적·공간적으로 접근하여 나타날 때, 그 대립된 특성이 서로 강하게 되어 차이가 현저하게 나타나는 현상. =대비 현상. **대ː비-하다**[2] [동][타][여] ¶도시 근로자와 농가의 소득을 **대비해** 보면 그 격차를 확인할 수 있다. **대ː비-되다** [동][자]
대ː비[6](對備) [명] (앞으로 닥칠 어떤 일에) 어려움을 겪거나 문제가 생기지 않도록 미리 준비하는 것. 또는, 그런 준비. **대ː비-하다**[3] [동][자][타][여] ¶위험에 ~ / 노후를 ~.
대ː비-원(大悲院) [명][역] 고려 시대에 가난한 백성의 질병 치료를 맡아보던 관아.
대ː비-책(對備策) [명] 어떤 일에 대비하기 위한 방책. ¶~을 세우다.
대빵 Ⅰ [명] 〈속〉 우두머리. ¶우리 집 ~(아버지) / 우리 회사 ~(사장).
Ⅱ [부] 〈속〉 엄청나게. ¶야, 키 한번 ~ 크네.
대ː-삐리(大-) [명] 〈속〉 '대학생'을 얕잡아 이르는 말.
대ː사[1](大事) [명] 인생에 큰 의미를 가지는 중요한 일이나 행사. [비]큰일. ¶인륜~ / ~를 치르다. ↔소사(小事). ▷대례.
대ː사[2](大使) [명][법] 국가의 원수로부터 다른 국가의 원수에게 파견되어 주재국(駐在國)에 대하여 국가의 의사를 표시하는 제1급의 외교 사절. =전권 대사·특명 전권 대사. ¶주미 ~.
대ː사[3](大師) [명][불] **1** '불보살'의 존칭. **2** 나라에서 덕이 높은 승려에게 내리던 칭호. ¶서산(西山) ~. **3** '승려'의 높임말. ¶~께서는 어느 절에 계시오?
대ː사[4](代謝) [명][생] =물질대사.
대사[5](臺詞·臺辭) [명] 배우가 극중(劇中)의 등장인물로서 하는 말. ¶~를 외다.
대ː-사간(大司諫) [명][역] 조선 시대, 사간원(司諫院)의 으뜸 벼슬. 정3품임.
대ː사-관(大使館) [명] 대사가 주재국에서 사무를 집행하는 관사.
대사리 [명][동] =다슬기.
대ː-사성(大司成) [명][역] 고려·조선 시대, 성균관의 으뜸 벼슬. 정3품임.
대ː-사전(大辭典) [명] 어휘 수가 많아 부피가 큰 사전. ▷중사전·소사전.
대ː-사헌(大司憲) [명][역] 조선 시대, 사헌부의 으뜸 벼슬. 종2품임. [준]대헌.
대살-지다 [형] (몸이) 살이 없이 깡마르다. [비]강파르다. ¶원 씨는 **대살지고** 약하여…. 《홍명희: 임꺽정》
대ː삼작-노리개(大三作-) [-장-] [명] 부인이 차는 노리개의 하나. 크고 화려하게 꾸민 삼작노리개임. [준]대삼작.
대ː상[1](大祥) [명] 죽은 지 두 돌 만에 지내는 제사. =대기(大朞)·상사(祥事). ▷소상(小祥).
대ː상[2](大商) [명] 큰 상인. [비]거상(巨商).
대ː상[3](大賞) [명] 콘테스트·콩쿠르 등에서, 최우수 작품이나 최우수자에게 주는 상. [비]그랑프리. ¶칸 영화제에서 ~을 받다.
대ː상[4](代償) [명] **1** (손해 끼친 것을) 다른 물건으로 대신 물어 주는 것. **2** 남을 대신하여 갚아 주는 것. **대ː상-하다** [동][타][여]
대상[5](帶狀) [명] 띠같이 좁고 길게 생긴 모양.
대상[6](隊商) [명] 낙타나 말 등을 타고 무리를 지어 사막을 여행하는 상인. =카라반.
대ː상[7](對象) [명] 사람이 어떤 행위를 할 때, 그 목적이 되는 사물이나 상대가 되는 사람. ¶조사 ~ / 결혼 ~ / 선망의 ~.
대ː상-물(對象物) [명] 대상이 되는 물건. ¶공격 ~.
대ː상-애(對象愛) [명][심] 리비도(libido)가 자기 이외의 대상을 향해 작용할 때의 사랑. ↔자기애(自己愛).
대ː상-자(對象者) [명] 대상이 되는 사람.
대ː생(對生) [명][식] =마주나기. **대ː생-하다** [동][자][여]
대ː생-치(代生齒) [명][생] '간니'를 전문적으로 이르는 말.
-대서[1] '-다고 해서'가 준 말. ¶키가 크~ 키다리. ▷-ㄴ대서·-는대서.
대ː서[2](大書) [명] 드러나게 크게 쓰는 것. 또

는, 크게 쓴 글씨. 대!서-하다¹ [동][타][여]
대!서³(大暑) [명] 1 몹시 심한 더위. [비]혹서(酷暑). 2 24절기의 하나. 7월 23일경으로, 소서(小暑)와 입추(立秋) 사이에 있음.
대!서⁴(代書) [명] 1 남을 대신하여 관공서나 법원, 검찰 등에 제출할 서류를 작성하는 것. 2 =대필(代筆)². 대!서-하다 [동][타][여]
대!-서다 [동][자] 1 뒤를 이어서 서거나, 따라나서다. ¶"어디です? 좋은 데면 나두 대서 볼까?" 하고 병화가 웃으려니…《염상섭;삼대》 2 바짝 가까이 서다. 3 대들어 맞서다.
대!서-방(代書房) [-빵] [명] =대서소.
대!서-사(代書士) [명] 남의 부탁을 받아 관공서나 법원·검찰 등에 제출할 서류를 작성하는 일을 직업으로 하는 사람. 법무사·행정사 따위. ▷대서인.
대!서-소(代書所) [명] 남을 대신하여 관공서나 법원·검찰 등에 제출할 서류를 작성하는 일을 하는 사무소.
-대서야 '-다고 해서야'가 준 말. ¶겨우 이 정도 가지고 일이 많~ 되겠느냐? ▷-ㄴ대서야·-는대서야.
대!서-양(大西洋) [명][지] 오대양의 하나. 유럽·아프리카와 남북아메리카·남극의 다섯 대륙에 둘러싸인 세계 제2의 대양.
대!서-인(代書人) [명] 남을 대신하여 공문서를 작성하는 사람. ▷대서사.
대!서-특필(大書特筆) [명] 특별히 드러나 보이게 큰 글자로 쓰는 일. 특히, 신문 기사를 큰 비중을 두어 다루는 것을 뜻함. =특필대서. 대!서특필-하다 [동][타][여] ¶정부 살인 사건을 ~.
대석¹(臺石) [명] =받침돌1.
대!석²(對席) [명] (사람과 사람이, 또는 어떤 사람이 다른 사람과) 자리를 마주하여 앉는 것. 대!석-하다 [동][자][여] ¶양측 대표가 ~.
대!선(大選) [명] 대통령을 뽑는 선거. ¶그는 ~에서 아슬아슬한 표 차로 당선되었다.
대!-선거구(大選擧區) [명][정] 두 사람 이상의 의원을 선출하는 선거구. ↔소선거구.
대!-선배(大先輩) [명] 일정한 분야에 먼저 들어서서 활동한, 경험이 많고 이름이 있는 사람. ¶직장 ~. 2 자신의 출신 학교를 오래 전에 나온 사람. ¶그분은 제 고등학교 ~이십니다.
대!설(大雪) [명] 1 많이 오는 눈. 2 24절기의 하나. 12월 7일경으로, 소설(小雪)과 동지 사이에 있음. ↔소설(小雪).
대!설^경!보(大雪警報) [기상] 기상 경보의 하나. 대도시에는 24시간 적설이 20cm 이상 예상될 때, 일반 지역에서는 24시간 적설이 30cm 이상 예상될 때에 발표함.
대-설대 [명] '담배설대'의 잘못.
대!설^주!의보(大雪注意報) [-의-/-이-] [명][기상] 기상 주의보의 하나. 대도시에는 24시간 적설이 5cm 이상 예상될 때, 일반 지역에서는 24시간 적설이 10cm 이상 예상될 때에 발표함.
대!성¹(大成) [명] (어떤 사람이) 크게 성공하는 것. 대!성-하다 [동][자][여] ¶그 선수는 경험만 더 쌓으면 대성할 재목이다.
대!성²(大聖) [명] 큰 성인.
대!-성공(大成功) [명] 크게 성공하는 것. 또는 큰 성공. ¶~을 거두다. 대!성공-하다 [동][자][여]
대!성-악(大晟樂) [명][음] 중국 송나라 때의 음악. 고려 예종 때 전래되어 궁중 음악으로

발전하였으며, 조선 세종 때 박연이 이를 새로 정리했음.
대!성-일갈(大聲一喝) [명] 큰 소리로 꾸짖음. 대!성일갈-하다 [동][자][여] ¶선생님은 학생들을 향해 대성일갈했다.
대!성-전(大成殿) [명] 문묘(文廟) 안에 공자의 위패를 모신 전각.
대!성-통곡(大聲痛哭) [명] 큰 목소리로 몹시 슬프게 욺. =방성대곡·방성통곡. 대!성통곡-하다 [동][자][여]
대!성황(大盛況) [명] 큰 성황. ¶공연은 예상외로 ~을 이루었다.
대!세(大勢) [명] 1 일이 진행되는 결정적인 형세. ¶~에 따르다 / ~가 기울다. 2 병세가 위급한 상태.
대!소¹(大小) [명] 사물의 큼과 작음.
대!소²(大笑) [명] 크게 웃는 것. ¶박장(拍掌)~. 대!소-하다 [동][자][여]
대!-소가(大小家) [명] 1 집안의 큰집과 작은집을 아울러 이르는 말. ¶~의 경조사. 2 본처의 집과 첩의 집. 또는, 본처와 첩.
대!-소동(大騷動) [명] 큰 소동.
대!-소변(大小便) [명] 사람의 '똥과 오줌'을 완곡하게 이르는 말. =대소피. ¶아이가 ~을 가릴 나이가 되었다.
대!-소사(大小事) [명] 크고 작은 모든 일. ¶집안의 ~.
대!-소상(大小祥) [명] 대상(大祥)과 소상(小祥). =대소기.
대-소수(帶小數) [수] 정수(整數) 부분을 가지는 소수. 3.75 따위.
대-소쿠리 [명] 대로 결어 만든 소쿠리.
대!속(代贖) [명] 1 [가][기] 예수가 십자가에 못 박혀 죽음으로써 그 보혈(寶血)로 만민의 죄를 대신 씻어 구원한 일. 2 남의 죄를 대신하여 당하거나 속죄하는 것. 대!속-하다 [동][타][여] ¶예수 그리스도는 인류의 죄를 대속하기 위해 이 땅에 오셨다.
대!손¹(貸損) [명][경] 외상 매출금·대출금 등을 돌려받지 못해 손실이 되는 일.
대!손²(代孫) [명][의존] =세손(世孫).
대!손^충당금(貸損充當金) [명][경] 대차 대조표의 자산으로 표기되는 받을어음·외상 매출금·대출금 등 채권에 대한 공제의 형식으로 부채의 부(部)에 기재하는 회수 불능 추산액.
대!수¹ [<대사(大事)] (주로, 앞에 든 사실이나 사물에 대단치 않음을 강조하거나 반어 의문문에 쓰여) 대단하거나 중요한 일. ¶손해를 좀 보았기로 ~나? / 소리만 지르면 ~인가?
대!수²(大數) [명] 1 큰 수. 또는, 큰 수효. 2 =대운(大運). 3 1보다 큰 수를 소수(小數)에 상대하여 이르는 말.
대!수³(代數) [명][수] '대수학'의 준말.
대!수⁴(對數) [명][수] '로그(log)'의 구용어.
대수⁵(臺數) [-쑤] [명] 차·기계 등의 수.
대!수-롭다 [-따] [형][ㅂ]<~로우니, ~로워> (부정하는 말을 수반하거나 수의문에 쓰여) 대단하거나 중요하게 여길 만하다. ¶그게 뭐 대수로운 일이냐? / 상처를 대수롭지 않게 여기다. 대!수로이 [부]
대!수^방정식(代數方程式) [명][수] 미지수에 관한 대수식만으로 되어 있는 방정식.
대!-수술(大手術) [명][의] 뇌수술과 같이 규모가 크고 시간이 많이 걸리는 수술.
대!수-식(代數式) [명][수] 유한 개의 수와 문

자가 +, −, ×, ÷, √의 다섯 개의 연산 기호에 의하여 연결된 식.

대-수풀 [명] '대숲'의 잘못.

대ː수-학(代數學) [명][수] 개개의 숫자 대신에 문자를 써서 일반적인 수를 대표시켜 수의 관계, 성질, 계산 법칙 등을 연구하는 수학. [준]대수.

대ː-순환(大循環) [명][생] =체순환(體循環). ↔소순환.

대-숲[-숩] [명] 대나무로 이루어진 숲. =죽림(竹林). ×대수풀.

대ː승¹(大乘) [명][불] 후기 불교의 2대 유파의 하나. 모든 중생을 제도하는 것을 이상으로 함. ↔소승(小乘).

대ː승²(大勝) [명] 전쟁·경기·경쟁 등에서 크게 이기는 것. [비]대승리·대첩. ¶선거전에서 집권당이 ~을 거두다. **대ː승-하다** [동][자][여]

대ː-승리(大勝利) [-니] [명] 큰 승리. **대ː승리-하다** [동][자][여]

대ː승^불교(大乘佛敎) [명][불] 대승을 주지(主旨)로 하는 교파의 통칭. 중국·한국·일본 등 주로 동북아시아로 전파됨. ↔소승 불교.

대ː승-적(大乘的) [관][명] 사사로운 이익이나 일에 얽매이지 않고 전체적인 관점에서 판단·행동하는 (것). [비]대국적. ¶~ 견지에서 사물을 보다. ↔소승적.

대시(dash) [명] **1** 스포츠·게임 등에서, 거칠게 밀어붙이면서 공격해 들어가는 것. **2** 어떤 일을 이루기 위해 강하게 밀어붙이는 것. **3** [언] =줄표. **4** †'프라임'의 잘못. **대시-하다** [동][자][여] 거칠게 공격하거나 강하게 밀어붙이다. ¶단독으로 **대시하여** 슈팅을 날리다 / 남자가 여자에게 ~ / 천재일우의 기회인데 망설이지 말고 **대시해** 봐.

대ː식(大食) [명] 많이 먹는 것. ↔소식(小食). **대ː식-하다** [동][타][여]

대ː식-가(大食家) [-까] [명] 음식을 많이 먹는 사람. ↔소식가.

대ː-식구(大食口) [-꾸] [명] 식구가 많은 상태. 또는, 많은 식구. ¶명절이면 큰집에 ~가 모인다.

대ː신¹(大臣) [명] **1** [역] '의정(議政)1'의 통칭. =정승(政丞). **2** [역] 조선 고종 31년(1894) 이후의 내각(內閣) 각 부의 으뜸 벼슬. =대관(大官). **3** 군주국의 장관의 칭호.

대ː신²(代身) Ⅰ[명] **1** 남을 대리하는 것. ¶친구 ~으로 내가 왔다. **2** (어떤 것을) 딴 것으로 바꾸는 것. ¶꿩 ~ 닭 / 나는 아침에 밥 ~에 빵을 먹는다. **3** 어떠한 행위나 현상에 상응하는 것이거나 그의 대가임을 나타내는 말. ¶달동네에 불량 주택을 허무는 ~에 새 아파트를 지을 예정이다. **대ː신-하다** [동][자][타][여] ¶자식을 **대신해서** 제가 사과드리겠습니다. / 짧으나마 이것으로 인사말을 **대신할까** 합니다.

Ⅱ[부] 남을 대리하거나 어떤 것을 대용하여. ¶네가 ~ 가거라. / 이 옷을 ~ 입어라.

대ː실(貸室) [명] 세를 받고 방을 빌려 주는 것. 또는, 그런 방. ¶~료(料).

대-싸리 [명][식] '댑싸리'의 잘못.

대ː아(大我) [명] **1** [철] 인도 철학에서, 우주의 유일 절대의 본체. **2** [불] 우주의 본체. 참된 나, 곧 사견(私見)·집착을 떠난 자유자재의 경지. ↔소아(小我).

대ː악-무도(大惡無道) [-앙-] ➡**대ː악무도-하다**[-앙-] [형][여] 심히 악독하고 사람의 도리에 어긋나서 막되다.

대ː안¹(代案) [명] 어떤 안(案)을 대신할 만한 더 좋은 안. ¶~을 내놓다 / ~을 마련하다.

대ː안²(對岸) [명] 바다·강 등의 건너편에 있는 언덕이나 기슭.

대ː안³(對案) [명] 어떠한 일에 대처할 안.

대ː안-렌즈(對眼lens) [명][물] =접안렌즈.

대야¹ [명] 물을 담아 손·발·얼굴 등을 씻을 때 쓰는, 양은·놋쇠·플라스틱 등으로 둥글넓적하게 만든 물건. ¶세숫~.

-대야² '-다고 해야'가 준 말. ¶제까짓 게 돈이 많~ 얼마나 많겠느냐? ▷-ㄴ대야·-는대야.

대ː양(大洋) [명][지] 면적이 넓고 독립된 해류계(海流系)를 가진 큰 바다. [비]대해(大海).

대ː양-도(大洋島) [명][지] 대륙이나 대륙붕으로부터 심해(深海)로 분리되어 있는 섬. [준]양도. ↔대륙도.

대ː양-저(大洋底) [명][지] 대륙 사면에 이어지는 비교적 평탄하고 광대한 해저 지형. =해양저.

대ː어¹(大魚) [명] 큰 물고기. ¶1m가 넘는 ~.

대어를 낚다 [구] 아주 어려운 일을 이루어 큰 성과를 얻다. 또는, 어떤 일을 훌륭히 해낼 수 있는 대단한 인재를 얻다. ¶김 기자는 동물적 후각으로 특종이라는 **대어를 낚아** 올렸다.

대ː어²(對語) [명] **1** 상대하여 하는 말. **2** [언] 의미상 서로 대응하는 말. 상하(上下)·빈부(貧富)·남녀(男女) 따위.

대ː언-장담(大言壯談) [명] 제 분수에 맞지 않는 말을 희떱게 지껄임. 또는, 그러한 말. **대ː언장담-하다** [동][자][여]

대ː업(大業) [명] **1** 큰 사업. **2** =홍업(洪業). ¶건국의 ~을 이룩한 왕건(王建).

대ː여(貸與) [명] 빌려 주는 것. ¶~금. **대ː여-하다** [동][타][여] ¶양곡을 ~ / 책을 ~.

대ː여-료(貸與料) [명] 물건을 빌려 쓰는 데 대해 무는 요금. ¶비디오 ~.

대ː-여섯[-섣] Ⅰ[수] 다섯이나 여섯. ¶장정 ~만 구하여 보내라. [준]대엿.

Ⅱ[관] ¶~ 개 / ~ 사람. [준]대엿.

대ː여섯-째[-섣-] [수][관] 다섯째나 여섯째.

대ː여-점(貸與店) [명] 돈을 받고 물건을 일정 기간 대여하는 가게. ¶도서 ~ / 비디오 ~.

대ː역¹(大役) [명] **1** 책임이 큰 일. ¶~을 맡다. **2** 나라의 큰 역사(役事).

대ː역²(大逆) [명][역] 종묘(宗廟)·산릉(山陵)·궁궐을 범하여 임금과 나라에 큰 죄가 되는 짓. ¶~ 죄인.

대ː역³(代役) [명] 연극·영화 따위에서, 어떤 역을 대신 맡아 하는 일. 또는, 그 사람. **대ː역-하다**¹ [동][타][여]

대역⁴(帶域) [명] 주파수의 폭이나 범위. ¶가청 주파수 ~.

대ː역⁵(對譯) [명] 원문의 단어·구절 등과 맞대어서 번역하는 것. 또는, 그 번역. **대ː역-하다**² [동][타][여]

대ː역-무도(大逆無道) [-영-] [명] 임금이나 나라에 큰 죄를 지어 도리에 크게 어긋남. 또는, 그런 행위.

대ː역-사전(對譯辭典) [-싸-] [명] 어떤 언어의 단어에 그 단어와 뜻이 같은 다른 언어의 단어를 대응하여 만든 사건. ¶영한 ~.

대ː역-죄(大逆罪) [-쬐/-쮀] [명][역] 대역을 범한 죄.

대열(隊列) [명] **1** 대를 지어 죽 늘어선 행렬. ¶행군 중 ~에서 이탈하다. **2** 어떤 목적을 위해 뭉쳐진 집단. ¶민주화 운동의 ~에서 평생을 보냈다.
대ː-엿[-엳] [수][관] '대여섯'의 준말.
대ː엿-새[-엳쌔] [명] 닷새나 엿새가량.
대ː엿샛-날[-엳쌘-] [명] 닷새나 엿새째의 날.
대ː영(對英) [명] 《주로, 일부 명사 앞에서 관형어적으로 쓰여》 그 명사가 나타내는 일이 영국을 상대로 한 것임을 뜻하는 말. ¶~ 무역 / ~ 외교.
대ː오[1](大悟) [명] **1** [불] 번뇌에서 벗어나 진리를 깨닫는 것. **2** 크게 깨닫는 것. ¶~ 각성. **대ː오-하다** [동][자][여]
대오[2](隊伍) [명] 편성된 대열. ¶~를 짓다 / ~를 맞추다. [준]대(隊).
대-오리 [명] 가늘게 쪼갠 댓개비.
대ː-오방기(大五方旗) [명][역] 진중(陣中)에서 방위를 나타내는, 청룡기(靑龍旗)·백호기(白虎旗)·주작기(朱雀旗)·등사기(螣蛇旗)·현무기(玄武旗)의 다섯 가지로 된 큰 군기. [준]대기.
대ː옥(大獄) [명] 큰 옥사(獄事).
대ː왕(大王) [명] **1** [역] '선왕(先王)'을 높여 이르는 말. **2** '훌륭하고 뛰어난 임금'을 높여 이르는 말. ¶세종 ~.
대ː왕-대ː비(大王大妃) [명][역] 살아 있는, 전전 임금의 비(妃).
대ː외(對外) [-외/-웨] [명] 《주로, 명사 앞에서 관형어적으로 쓰이거나 접미사와 결합한 꼴로 쓰여》 단체나 국가 등의 외부에 관계되는 것. ¶~ 무역 / ~ 원조. ↔대내(對內).
대ː외-비(對外祕) [-외-/-웨-] [명] 어떤 정보나 자료가 외부에 흘러 나가거나 알려져서는 안 되는 상태.
대ː외-적(對外的) [-외-/-웨-] [관][명] 어떤 일이 나라나 단체 등의 외부에 관계된 상태에 있는 (것). ↔대내적.
-대요[1] [어미] 형용사나 '있다'의 어간, 또는 어미 '-시-', '-았/었-', '-겠-'의 아래에 붙어, '해요' 할 상대에게 듣거나 겪은 사실을 근거로 설명하여 말하거나 묻는 뜻을 나타내는 종결 어미. ¶남편이 너무 바빠서 얼굴 보기도 힘들~. / 잘못도 없으면서 왜 도망갔~? ▷-ㄴ대요·-는대요.
대ː요[2](大要) [명] 중요한 내용만을 추린 큰 줄거리. [비]대략. ¶사건의 ~를 밝히다.
대ː용(代用) [명] 대신하여 다른 것을 쓰는 것. 또는, 그 물건. ¶~ 연료 / 이 병을 꽃병 ~으로 쓰자. / 이 방은 서재 ~이다. **대ː용-하다** [동][타][여] ¶설탕을 쓰지 않고 사카린을 ~. **대ː용-되다** [동][자]
대ː용-식(代用食) [명] 주식(主食) 대신으로 먹는 음식.
대ː용-품(代用品) [명] 대신으로 쓰는 물품. =대품(代品).
대ː우[1](待遇) [명] **1** 예의를 갖추어 대하는 것. [비]대접. ¶정중한 ~를 받다. **2** 고용자가 피고용자에게 베푸는 조건. 급여나 노동 조건 따위. [비]처우(處遇). ¶~ 개선 / ~가 좋다[나쁘다]. **3** 직명을 나타내는 말에 붙어, 그것에 준하는 취급을 받는 직임을 나타내는 말. ¶이사(理事) ~. **대ː우-하다** [동][타][여]
대ː우[2](對偶) [명][논] 하나의 명제 'p이면 q이다.'에서 결론을 부정한 것을 가정하여 가정의 부정을 결론으로 한 명제. 즉, 'q가 아니면 p가 아니다.'인 형식임. 어떤 명제가 참이면 그 대우도 반드시 참임.
대ː우-법(對偶法) [-뻡] [명][문] 수사학(修辭學)에서, 두 개의 사물을 상대시켜 대립의 미(美)를 나타내는 기법.
대ː-우주(大宇宙) [명][철] 자아(自我)를 소우주(小宇宙)라 부르는 데 대한 실제의 우주를 일컫는 말. =마크로코스모스. ↔소우주.
대ː운(大運) [명] 큰 운수. =대수(大數). ¶~이 트이다.
대-울타리 [명] 굵은 대를 결어 만들거나 대를 심어서 된 울타리. =죽리(竹籬).
대ː웅-전(大雄殿) [명][불] 절의 가장 중심이 되는, 본존불이 있는 법당. =금당(金堂). ¶불국사 ~.
대ː원[1](大圓) [명] **1** 큰 원. **2** [수] 구(球)를 그 중심을 지나는 평면으로 자를 때에 생기는 단면의 원. =대권(大圈). ↔소원(小圓).
대ː원[2](大願) [명] 큰 소원.
대원[3](隊員) [명] 대(隊)를 이루고 있는 사람. ¶우리 봉사대는 ~들 사이에 협동이 잘 이루어진다.
대ː원-군(大院君) [명][역] 방계(傍系)로서 왕위를 이은 임금의 친아버지에게 주는 작위(爵位). ¶흥선(興宣) ~.
대ː-원수(大元帥) [명][군] 일부 나라에서, 전군(全軍)을 통솔하는 사람으로서의 '원수(元帥)'를 더 높여 이르는 말. 세계적으로도 그 예가 흔치 않은 칭호로, 미국의 그랜트 장군, 소련의 스탈린, 2차 대전 당시의 일본 국왕 등이 이 칭호를 받았음.
대ː-원칙(大原則) [명] 중요한 큰 원칙.
대ː월(貸越) [명][경] =당좌 대월.
대ː위[1](大尉) [명][군] 국군 계급의 하나. 위관의 맨 위 계급으로, 중위의 위, 소령의 아래임.
대ː위[2](代位) [명][법] 타인을 대신하여 그 법률상의 지위에 앉는 일. 채권자가 채무자의 권리를 취득하여 행사하는 경우 따위. **대ː위-하다** [동][자][여] **대ː위-되다** [동][자]
대ː위-법(對位法) [-뻡] [명][음] 둘 이상의 독립된 선율이나 성부(聲部)를 짜 맞추어 곡을 만드는 복음악의 작곡 기술. =카운터포인트. ↔화성법.
대ː위^변ː제(代位辨濟) [명][법] 제삼자가 채무를 변제함으로써 채권자의 채권이 그 제삼자에게로 넘어가는 일. =대위 판제.
대ː유-법(代喩法) [-뻡] [명][문] **1** '환유법(換喩法)'과 '제유법(提喩法)'의 총칭. **2** =환유법.
대ː-유행(大流行) [명] 어떤 풍속이나 사조 따위가 한때 사회에 널리 유행하는 일.
대ː은(大恩) [명] 넓고 큰 은혜.
대ː-음순(大陰脣) [명][생] 여성의 외음부(外陰部)의 한 부분. 치구(恥丘)에서 회음(會陰)에 이르는 좌우 피부의 두드러진 부분.
대ː읍(大邑) [명] 주민과 산물이 많고 땅이 넓은 고을. ↔소읍.
대ː응(對應) [명] **1** 맞서서 서로 응하는 것. **2** 어떤 일이나 사태에 맞추어 태도·행동을 취하는 것. ¶~ 조치. **3** [수] 두 집합 X, Y가 있을 때, 어떤 주어진 관계에 의하여 두 집합의 원소끼리 짝을 이루는 일. **대ː응-하다** [동][자][여] **대ː응-되다** [동][자]
대ː응-각(對應角) [명][수] 합동(合同) 또는 닮은꼴인 다각형 등에서 대응하는 각.
대ː응-변(對應邊) [명][수] 합동 또는 닮은꼴인 다각형 등에서 대응하는 변.
대ː응-점(對應點) [-쩜] [명][수] 합동 또는 닮

은꼴인 다각형 등에서 대응하는 두 점.
대:응-책(對應策)[명] 어떤 일 또는 사태에 맞서서 취하는 방법이나 꾀. ¶~을 마련하다/~을 강구하다. ▷대책.
대:의(大意)[-의/-이][명] 글이나 말의 대략적인 뜻. =대지(大旨). 비대의(大義). ¶~를 파악하다.
대:의(大義)[-의/-이][명] 1 사람으로서 마땅히 행하거나 지켜야 할 큰 의리. ¶~를 망각한 처사. 2 대강의 뜻. 비대의(大意).
대:의(代議)[-의/-이][명] 1 다른 사람을 대신하여 의논함. 2 [정] 공선(公選)된 의원이 국민을 대표하여 정치를 의논함.
대:의-명분(大義名分)[-의-/-이-][명] 사람으로서 당연히 지켜야 할 도리와 본분. ¶~에 어긋나는 일/~을 내세우다.
대:의-원(代議員)[-의-/-이-][명] 정당이나 어떤 단체의 대표로 선출되어, 회의에 참석하여 토의·의결 등을 행하는 사람.
대:의^정치(代議政治)[-의-/-이-][명][정] 대의 제도에 따라서 행하는 정치.
대:의^제도(代議制度)[-의-/-이-][명][정] 국민이 자기 의사를 반영하는 대표자를 선출하여 그 대표자에게 정치의 운영을 맡기는 제도. =대의제.
대:-이동(大移動)[명] 많은 사람들이 한꺼번에 다른 곳으로 이동하는 것. ¶게르만 족의 ~/우리나라는 명절만 되면 민족의 ~이 벌어지곤 한다.
대:-이름씨(代-)[명][언] =대명사¶.
대:인(大人)[명] 1 =성인(成人)¶. ~ 요금. ↔소인. 2 =거인(巨人)¶. 3 '대인군자'의 준말. 4 높은 신분·관직에 있는 사람.
대:인(對人)[명] (주로 일부 명사 앞에서 관형어적으로 쓰여) 그 명사가 나타내는 것이 사람을 대상으로 한 것임을 뜻하는 말. ¶~ 담보. ↔대물.
대:인^공:포증(對人恐怖症)[-쯩][명][심] 다른 사람의 행동이나 몸짓을 자신과 관련지어 강한 불안을 느끼고, 다른 사람을 대하는 데 두려움을 느끼는 증세.
대:인-군자(大人君子)[명] 말과 행실이 바르고 점잖으며, 덕이 높은 사람. 준대인.
대:-인기(大人氣)[-끼][명] 굉장한 인기. ¶새 노래로 ~를 얻다.
대:-인물(大人物)[명] 뛰어난 사람. 비위인(偉人)·큰사람. ↔소인물.
대:인^방어(對人防禦)[명][체] 농구·축구·핸드볼 등에서, 한 선수가 상대편의 어느 한 선수를 맡아서 방어하는 방법. =맨투맨 디펜스. ↔지역 방어.
대:일(對日)[명] (주로 일부 명사 앞에서 관형어적으로 쓰여) 그 명사가 나타내는 일이 일본을 상대로 한 것임을 뜻하는 말. ¶~ 무역/~ 외교.
대:임(大任)[명] 중대한 임무. ¶~을 맡다.
대:입¹(大入)[명] '대학 입학'을 줄여 이르는 말. ¶~ 준비.
대:입²(代入)[명] 1 대신 다른 것을 넣는 것. 2 [수] 대수식(代數式)에서, 문자 대신 특정한 수나 문자로 바꾸어 넣는 일. **대:입-하다**[동](타여) **대:입-되다**[동](자)
대:입-법(代入法)[-뻡][명][수] 연립 방정식에서, 하나의 미지수를 다른 미지수로 나타내어 그것을 다른 식에 대입하여 푸는 방법. ▷가감법·등치법.

대:자¹[명] 대로 만든 자. =죽척(竹尺).
대:자²(大字)[명] 큰 글자. ↔소자(小字).
대:자³(對自)[명][철] 1 헤겔의 변증법 중, 즉자(卽自)의 직접 상태에서 발전한 제2의 단계를 이르는 말. 타자(他者)에 관계하는 것이 아니고, 자기가 일정한 한계를 가지면서 자기 자신에 관계하고 있는 단계. 2 사르트르의 존재론에서, 의식(意識)을 가진 인간의 존재. ↔즉자.
대:자-대비(大慈大悲)[명][불] 넓고 커서 끝이 없는 자비. 특히, 관세음보살의, 중생을 사랑하고 불쌍히 여기는 마음을 이름.
대-자리 대오리를 결어 만든 자리. =죽석(竹席).
대:-자보(大字報)[명] 중국 인민이 자기 견해를 주장하기 위하여 붙이는 대형의 벽보. 우리나라의 대학가에 나붙는 벽보를 가리키기도 함.
대:-자연(大自然)[명] 산·강·바다·초원 등이 펼쳐진 크고 드넓은 곳. 또는, 거대한 우주의 질서나 현상. ¶~의 섭리/~의 품에 안기다.
대:작¹(大作)[명] 1 뛰어난 작품. 비걸작. 2 규모나 내용이 방대한 작품. 비필생의 ~.
대:작²(代作)[명] 1 남을 대신하여 작품을 만드는 것. 또는, 그 작품. ¶~자(者). 2 [농] =대파(代播)³. **대:작-하다**[동](타여) ¶논문을 ~.
대:작³(對酌)[명] 서로 마주하여 술을 마시는 것. =대음(對飮). ▷독작. **대:작-하다**²[동](자)(여) 몇 년 만에 모처럼 고향 친구와 술을 대작하면서 회포를 풀었다.
대:장¹(大將)[명] 1 [군] 국군 계급의 하나. 장관에 속하는 계급으로, 중장의 위, 원수의 아래임. 우리나라에서는 아직 없었으므로 실질적으로는 장관의 맨 위 계급이라 할 수 있음. 비사성장군. ¶육군 ~. 2 한 무리의 우두머리. 비골목 ~. 3 (어떤 명사 다음에 쓰이어) 그 명사가 뜻하는 일을 잘하거나 즐겨 하는 사람을 놀림조로 이르는 말. ¶싸움 ~/욕 ~. 4 [역] 도성을 지키는 각 영(營)의 장수.
대:장²(大腸)[명][생] 소장에 이어 항문에서 끝나는 소화관. 수분을 흡수하며 똥을 만듦. =큰창자.
대장³(隊長)[명] 이름이 '-대(隊)'로 끝나는 동아리의 우두머리. ¶소방대 ~/등반대 ~.
대장⁴(臺長)[명] 기상대·천문대의 장.
대장⁵(臺帳)[명] 1 어떤 사항을 기록하는 토대가 되는 장부. 비원부(原簿). ¶토지 ~. 2 상업상의 모든 계산을 기록한 원본. ¶출납 ~.
대:장-간(-間)[-깐][명] 풀무를 차려 놓고 쇠를 달구어 여러 가지 연장을 만드는 곳. =단철장(鍛鐵場)·야장간(冶場間). [대장간에 식칼이 놀다] 어떤 물건이 있을 만한 곳에 오히려 없는 경우가 많다.
대:-장경(大藏經)[명][불] 불교 경전의 총칭. 곧, 경장(經藏)·율장(律藏)·논장(論藏)을 망라한 것. ¶일체경. ¶팔만 ~. 준대장경.
대:-장군(大將軍)[명][역] 고려 시대, 종3품의 무관 벼슬. 상장군의 아래, 장군의 위임.
대:장-균(大腸菌)[명][생] 사람을 포함하여 포유류의 장(腸) 속에 살고 있는 세균의 하나. 보통 병원성(病原性)이 없으나 때로는 방광염의 원인이 되기도 함.
대:-장부(大丈夫)[명] 건장하고 씩씩한 사내라는 뜻으로, '남자'를 이르는 말. ¶사내

대:장-암(大腸癌) 몡[의] 대장에 발생하는 암.

대:장-인(大將印) 몡[역] 장수(將帥)가 가지는 도장.

대:장-일[-닐] 몡 쇠를 달구어 연장 따위를 만드는 일. ×성냥일. 대:장일-하다 통(자여)

대:장-장이 몡 대장일을 직업으로 하는 사람. =야공(冶工)·야장(冶匠). 준대장.

대:-장정(大長程) 몡 1 매우 길고 먼 여행길. ¶국토 순례~. 2 목표를 이루기까지의 매우 길고 힘든 과정. '장정(長程)'을 더욱 강조하는 말임. ¶우주 개발의 ~이 시작되다.

대:재(大才) 몡 뛰어난 재주. 또는, 그런 재주를 지닌 사람. ↔소재(小才).

대:쟁(大箏) 몡[음] 당악기(唐樂器)에 속하는 15현의 현악기. 가야금과 모양은 비슷하나 조금 크며, 음색은 더 무겁고 웅장함.

대:저¹(大著) 몡 내용이 방대하고 규모가 큰 저서.

대:저²(大抵) 뮈 대체로 보아서. =대컨. (비)무릇. ¶~ 효는 인륜의 근본이다.

대-저울 몡 대에 눈금이 새겨져 있고, 추가 매달려 있는 저울. 접시나 고리에 물건을 얹고, 추를 좌우로 이동시켜 무게를 닮.

대:적¹(大賊) 몡 1 큰 도둑. 대도(大盜). 2 무리가 많은 도둑. 3 매우 나쁜 사람.

대:적²(大敵) 몡 수가 많고 세력이 강한 적. (비)강적(强敵).

대:적³(對敵) 몡 1 적과 맞서는 것. 2 (적이나 힘, 세력 등이) 서로 맞서서 겨루는 것. 대:적-하다 통(자타여) ¶그와 대적할 사람이 없다.

대:전¹(大全) 몡 1 일정한 분야에 관한 사항을 빠짐없이 모아 편찬한 책. ¶철학 ~. 2 책 이름 뒤에 쓰여, 언해(諺解)로 된 책의 원본임을 나타내는 말. ¶논어 ~.

대:전²(大典) 몡 1 나라의 큰 의식(儀式). 2 중요한 법전(法典). ¶경국(經國)~.

대:전³(大殿) 몡 1 임금이 거처하는 궁전. 2 '대전마마'의 준말.

대:전⁴(大篆) 몡 팔서체(八書體)의 하나. 중국 주나라 선왕 때 태사(太史) 주(籒)가 만든 한자 서체. ▷소전(小篆).

대:전⁵(大戰) 몡 여러 나라가 참가하여 넓은 지역에 걸쳐 벌이는 큰 전쟁. ¶제1차 세계 ~. 대:전-하다¹ 통(자여)

대전⁶(帶電) 몡[물] 어떤 물체가 전기를 띠는 일. =하전. 대:전-하다² 통(자타여)

대:전⁷(對戰) 몡 서로 맞서서 싸우는 것. ¶~표. 대:전-하다³ 통(자여) ¶결승에서 일본 팀과 ~.

대:전-료(對戰料) [-뇨] 몡 프로 권투나 프로 레슬링 등에서 시합을 하는 대가로 선수가 받는 돈.

대:전-마마(大殿媽媽) 몡 '임금'의 높임말. 준대전.

대:전-제(大前提) 몡[논] 삼단 논법에서, 대개념을 갖는 전제. 결론을 이끌어 내기 위한 추론의 근본이 되는 조건임. ↔소전제.

대:전차-포(對戰車砲) 몡[군] 전차를 쏘아부수는 데 쓰는 작은 포.

대전-체(帶電體) 몡[물] 양 또는 음의 전기를 띠고 있는 물체.

대:-전환(大轉換) 몡 방식·정책·사고 흐름 등의 커다란 전환. ¶제도의 ~/발상의 ~/문명사적 ~.

대:절(貸切) 몡 '전세(專貰)'로 순화.

대:접¹ 몡 1(자립) 위가 넓적하고 운두가 낮은, 국이나 숭늉을 담는 그릇. 2(의존) 액체의 분량을 그것이 담긴 대접의 수로 헤아리는 말. ¶물 한 ~.

대:접²(待接) 몡 1 마땅한 예로써 대하는 것. (비)대우. ¶사람~을 못 받다. 2 음식을 차려 손님을 모시는 것. (비)접대(接待). ¶술 ~/식사 ~/~을 받다. 대:접-하다 통(타여) ¶손님을 ~.

대:접-무늬 [-점-니] 몡 대접만큼 크고 둥글게 놓은 비단의 무늬. ×대접문.

대접-문(-紋) 몡 '대접무늬'의 잘못.

대:접-받침 [-빧-] 몡[건] 기둥머리에 처리로 끼우는 넓적하게 네모진 나무. =주두(柱科).

대-젓가락 [-저까-/-젇까-] 몡 대나무로 만든 젓가락. =죽저.

대:-정맥(大靜脈) 몡[생] 모세 혈관이나 작은 정맥에 있는 혈액을 모아 심장의 우심방으로 보내 주는 두 개의 큰 정맥. ↔대동맥(大動脈).

대:-정자(大正字) 몡[인] 서양 글자의 활자체의 하나. 정자로 된 인쇄체의 대문자. ↔소정자.

대:제(大帝) 몡 '황제(皇帝)'을 높여 일컫는 말. ¶카를(Karl) ~.

대:-제사장(大祭司長) 몡[성] 1 제사장의 우두머리이며 근원인 예수 그리스도. 2 유대교에서 하느님에게 제사 지내는 일을 맡아보던 성직자. =대사제.

대:-제학(大提學) 몡[역] 조선 태종 1년(1401)에 대학사(大學士)를 고친 이름. 홍문관과 예문관에 둔 정2품 벼슬임. =문형(文衡).

대:조¹(大潮) 몡 =한사리. ↔소조(小潮).

대:조²(對照) 몡 1 둘 이상의 사물을 같음이 다른지 비교하는 것. ¶장부~/필적 ~. 2 서로 뚜렷한 차이가 있어 비교되는 상태. =비준(比準). ¶두 회사는 경영 방식에 있어서 좋은 ~를 보이고 있다. 대:조-하다 통(타여) (둘 이상의 사물을) 맞대어 같은지 다른지 비교하다. ¶사진과 실물을 ~. 대:조-되다 통(자여)

대:조³(代祖) 몡(의존) 어떤 조상이 자기로부터 몇 대 위인지를 헤아리는 단위. 곧, 아버지는 1대조이고, 할아버지는 2대조임. =세조(世祖). ¶5~/7~ 할아버지. ▷세손.

대:조-법(對照法) [-뺍] 몡[문] 수사법의 하나. 서로 반대되는 내용을 맞세워 강조하거나 인상을 선명하게 하는 방법. "인생은 짧고 예술은 길다" 따위.

대:조-적(對照的) 관 서로 뚜렷한 차이가 있어 비교되는 (것). ¶~인 모습/그들 둘은 성격이 ~이다.

대:조-표(對照表) 몡 비교하기 쉽게 대조하여 놓은 일람표. ¶연령 ~/대차(貸借) ~.

대:족(大族) 몡 자손이 많고 세력 있는 집안. ¶거가(巨家)~. =대족(巨族).

대:졸(大卒) 몡 '대학 졸업'을 줄여 이르는 말. ¶~자(者)/~ 학력.

대:종(大宗) 몡 1 대종가의 계통. 2 사물의 주류. ¶쌀이 농산물의 ~을 이루다.

대:-종가(大宗家) 몡 여러 종가 가운데 시조의 제사를 받드는, 제일 큰 종가.

대:종-교(大倧敎) 몡[종] 단군 숭배 사상을 기초로 한, 우리나라 고유의 민족 종교.

1909년에 나철(羅喆)이 엶. ▷단군교.
대!-종손(大宗孫) 圀 대종가의 맏아들.
대!-종중(大宗中) 圀 5대 이상의 선조에서 갈린 자손들의 집안.
대!-좌(對坐) 圀 마주 대하여 앉는 것. 대!좌-하다 图[재연] ¶양국 대표가 협상 테이블에 ~.
대좌²(臺座) 圀 1 [불] 불상을 안치하는 대(臺). 2 비석을 받치는 대(臺).
대!죄¹(大罪) [-죄/-쉐] 圀 큰 죄. =거죄(巨罪).
대!죄²(待罪) [-죄/-쉐] 圀 죄인이 처벌을 기다리는 것. ¶석고(席藁) ~. 대!죄-하다 图[재연].
대!주¹(大主) 圀[민] 무당이 단골집 바깥주인을 이르는 말.
대!주²(大洲·大州) 圀 아주 넓은 육지. 비대륙. ¶오대양 육~.
대!주³(代走) 圀[체] 야구에서, 본래의 주자를 대신하여 다른 선수가 주자가 되는 것. 대!주-하다 图[재연].
대!주⁴(貸主) 圀 돈이나 물건을 빌려 준 사람. ↔차주(借主).
대!주⁵(貸株) 圀[경] 주식의 신용 거래에서, 증권 회사에서 빌려 주는 주식. =스톡 론. ▷대주(借株).
대!-주교(大主教) 圀[가] 대교구의 장(長)인 주교.
대!주-자(代走者) 圀[체] 야구에서, 출루한 주자를 대신하여 달리는 사람. =핀치 러너.
대!-주주(大株主) 圀 한 회사의 발행 주식 중 많은 몫을 소유하고 있는 주주. ↔소주주.
대중¹ 圀 1 겉으로 대강 어림하는 것. ¶손~/눈~. 2 어떠한 표준. 대중-하다 图[타연] 겉으로 대강 어림하다.
대중(을) 삼다 园 어림짐작의 표준으로 삼다.
대중(을) 잡다 园 어림으로 헤아려 짐작하다. ¶그 일을 언제쯤 끝낼 수 있을지 대중 잡을 수가 없다.
대!중²(大衆) 圀 1 수많은 여러 사람. 2 [사] 대량 생산·대량 전달 등을 특징으로 하는 현대 사회를 구성하는 대다수의 사람. 3 [불] 다수의 승려. 또는, 비구·비구니·우바새·우바이의 총칭.
대!중-가요(大衆歌謠) 圀[음] 일반 대중이 즐겨 부르는, 특히 방송이나 음반 등을 통해 널리 유행하는 노래.
대!중-교통(大衆交通) 圀 여러 사람이 이용하는 교통. 버스·지하철 따위. ¶폭설이 내리자 많은 시민들은 ~을 이용하여 귀가했다.
대!중^매체(大衆媒體) 圀 =매스 미디어.
대!중-목욕탕(大衆沐浴湯) 圀 요금을 받고 사람들이 목욕할 수 있게 설비를 갖춘 곳. 준대중탕.
대!중^문학(大衆文學) 圀[문] 대중의 흥미나 이해력에 중점을 두고 씌어진 문학. 오락성이 강한 통속 문학과 같은 뜻으로 쓰이기도 함.
대!중-문화(大衆文化) 圀 대중이 누리는 문화. 대량 생산·대량 소비를 전제로 하므로 문화의 상품화·획일화·저속화 경향이 뒤따르는 경우가 많음. ↔고급문화.
대!중^사회(大衆社會) [-회/-훼] 圀[사] 과학 기술의 발달에 따른 대량 생산·대량 소비·대량 전달의 양상과 관료 조직의 비대화 등으로 생활 의식과 양식이 획일화되고 인간 소외와 정치적 무관심이 두드러지는 사회. =매스 소사이어티.

대!중-성(大衆性) [-썽] 圀 1 일반 대중에게 공통적으로 갖추어져 있는 성질. 2 일반 대중이 친숙하게 느끼며 동감할 수 있는 성질. ¶~이 없는 전문 서적.
대!중^소!설(大衆小說) 圀[문] 일반 대중을 독자층으로 하는, 흥미 위주의 소설.
대중-없다 [-업따] 톙 1 짐작을 할 수가 없다. ¶그가 집에 돌아오는 시간은 ~. 2 어떠한 표준을 잡을 수가 없다. 대중없-이 튀.
대!중-오락(大衆娛樂) 圀 일반 대중이 즐길 수 있는 오락. 또는, 일반 대중의 흥미를 위주로 하는 오락.
대!중-운!동(大衆運動) 圀[사] 가지가지 계급이나 계층에 속한 사람들이 특정 목표를 위하여 결집하여 행하는 집단적 운동.
대!중-음악(大衆音樂) 圀 일반 대중을 대상으로 하는 음악.
대!중-적(大衆的) 관圀 대중을 대상으로 하거나, 대중에 의한 (것). ¶~ 인기 / ~인 소설.
대!중^전달(大衆傳達) 圀 =매스컴.
대!중-탕(大衆湯) 圀 '대중목욕탕'의 준말.
대!중-화(大衆化) 圀 대중 사이에 널리 퍼져 친숙해지는 것. 또는, 그렇게 하는 것. 대!중화-하다 图[재타연] 대!중화-되다 图[재].
대!증^요법(對症療法) [-뇨뻡] 圀[의] 질병의 표면에 나타난 증상에 대하여 적절한 처치를 하여 환자의 고통을 없애는 요법. ↔원인 요법.
대!지¹(大地) 圀 대자연의 넓고 큰 땅. ¶광활한 ~ / 봄비가 ~를 촉촉이 적시다.
대!지²(大志) 圀 마음에 품은 큰 뜻. =홍지.
대!지³(垈地) 圀 집터로서의 땅. 준대(垈).
대!지⁴(貸地) 圀 세를 받고 빌려 주는 땅. ↔차지(借地).
대!지⁵(臺地) 圀[지] 표면이 비교적 평탄하고 주위보다 한 단 높은 지형. 거의 수평한 지층으로 이루어짐.
대!지⁶(臺紙) 圀 그림이나 사진 따위의 뒤에 붙여 그 바탕이 되게 하는 두꺼운 종이.
대!지⁷(對地) 圀 공격이 공중에서 지상을 향해 이뤄지는 것이거나, 어떤 현상이 지면에 대하여 이뤄지는 것. ↔대공(對空).
대-지르다 图[재타연] <~지르니, ~질러> 찌를 듯이 맞서거나 달려들다. ¶"너 이 새끼, 까불면 가만 안 둘 거야." 왕초가 눈을 부라리며 대지르자 상대는 기세가 꺾여서 꼬리를 내렸다.
대!-지진(大地震) 圀 큰 지진. =대진(大震).
대-지팡이(對地-) 圀 대로 만든 지팡이. =죽장(竹杖).
대!진¹(代診) 圀 담당 의사 또는 주치의(主治醫)를 대신하여 다른 의사가 환자를 진찰하는 것. 또는, 그 사람. 대!진-하다¹ 图[타연].
대!진²(對陣) 圀 1 [군] 적군과 서로 마주하여 진을 치는 것. 2 시합이나 경기에서, 적수(敵手)로 서로 겨루는 것. 대!진-하다² 图[재연].
대!진-표(對陣表) 圀 운동 경기에서, 싸우게 될 상대와 순서를 정하여 나타낸 표.
대!질(對質) 圀[법] 서로 어긋나 말썽이 된 소송 사건 관계자 쌍방을 대면시켜 질문·응답하게 하는 것. =면질(面質). 대!질-하다 图[재연] ¶검찰에서 두 사람을 대질하여 신문하다.
대!질^신!문(對質訊問) 圀[법] 말이 서로 어

굿나는 소송 관계자 쌍방을 대면시켜 신문하는 일.
대:질^심문(對質審問) 명[법] 원고·피고·증인 들을 대면시켜 그들에게 서면이나 말로 진술할 기회를 주는 일.
대-짜(大-) 명 큰 것. ¶옷을 ~로 고르다.
대짜-배기(大-) 명 대짜인 물건.
대-쪽 명 1 대를 쪼갠 조각. 2 성미·절개 등의 곧은 것의 비유. ¶~ 같은 절개.
대:차¹(大差) 명 큰 차이. ¶두 사람의 의견은 ~가 났다.
대:차²(貸借) 명 1 꾸어주거나 꾸어 오는 것. =차대(借貸). 2 [경] 부기(簿記)에서, 계정 계좌의 대변(貸邊)과 차변(借邊). ¶~를 결산하다. **대:차-하다** 통(타여) 꾸어주거나 꾸어 오다.
대-차다 형 (성미가) 곧고 꿋꿋하며 세차다. ¶올곧고 **대찬** 젊은이.
대:차^조표(貸借對照表) 명[경] 결산 때 자산과 부채를 양쪽으로 갈라 대조하여 얻은 표.
대:-찬성(大贊成) 명 큰 찬성. ¶내일 가족 소풍을 가자는 말에 모두 ~이었다.
대:찰(大刹) 명[불] 큰 절. 또는, 이름난 절. (비)거찰(巨刹).
대-창(-槍) 명 대를 깎아 만든 창. (비)죽창.
대:책(對策) 명 중요하거나 문제가 되는 일에 대해 잘 처리하거나 올바로 해결할 방도나 방책. ¶수해 ~ / ~을 세우다 / ~을 강구하다 / ~이 없다.
대:처¹(大處) 명 시골에 사는 사람이 '도회지'를 큰 곳이라는 뜻으로 이르는 말. ¶~에 나가 살다.
대:처²(帶妻) 명[불] 승려가 아내를 두는 것. **대:처-하다** 통(자여)
대:처³(對處) 명 (문제가 되거나 어려움이 있는 일에) 나서서 알맞은 태도를 취하거나 적절한 처리를 하는 것. **대:처-하다²** 통(자여) ¶급변하는 국제 정세에 능동적으로 ~.
대:처-승(帶妻僧) 명[불] 살림을 차리고 아내와 자녀를 거느린 승려. =화택승. (준)대처. ↔비구승.
대:척 명 =대꾸. ¶계집은 그 말에는 ~도 않고 울음소리가 점점 높아 간다.《현진건: 적도》**대:척-하다** 통(자여)
대:척-점(對蹠點)[-쩜] 명 1 [지] 지구 위의 한 지점에 대해, 정확히 지구의 반대쪽에 있는 지점. 곧, 지구의 중심을 직선으로 통과시켜 도달한 곳임. ¶서울의 ~은 우루과이 남동 해상으로서 계절도 반대이고 낮과 밤도 반대이다. 2 어떤 사물에 대해 그 특징이나 성격이 정반대되는 자리. 비유적인 말임. ¶제삼 세계 영화는 할리우드 영화의 ~에 서 있다.
대:천(大川) 명 큰 내. 또는, 이름난 내.
대:-천문(大泉門) 명[생] 머리의 한가운데에서 전두골(前頭骨)과 두정골(頭頂骨) 사이에 있는 천문. 천문 중 가장 크며, 신생아와 젖먹이에게서만 볼 수 있음.
대:천지원수(戴天之怨讎) 명 '불공대천지원수'의 준말.
대:첩(大捷) 명 전쟁 등에서 크게 이기는 것. (비)대승(大勝). ¶행주(幸州) ~. **대:첩-하다** 통(자여)
대:청(大廳) 명[건] 한옥에서, 안방과 건넌방이나 사랑방과 건넌방 사이에 있는, 마루를 놓은 공간. (준)청.
대:청-마루(大廳-) 명[건] 대청에 깐 마루.
대:청소(大淸掃) 명 대규모로 청소하는 일. **대:청소-하다** 통(타여)
대:체(大體) Ⅰ 명 사물의 기본적인 큰 줄거리. ¶논문에 들어 있는 ~의 내용. Ⅱ 부 (의문문에 쓰여) 도무지 이해하기 어려운데, 어떤 행동이나 일이나 대상을 납득하기 어려울 때 쓰는 말임. (비)도대체·대관절. ¶~ 이게 무슨 짓인가?
대:체²(代替) 명 (어떤 물건이나 대상을) 없애고 다른 것으로 바꾸거나 대신 있게 하는 것. **대:체-하다¹** 통(타여) ¶낡은 것을 새것으로 ~. **대:체-되다** 통(자)
대:체³(對替) 명[경] 어떤 계정(計定)의 금액을 다른 계정으로 옮겨 적는 일. ¶~ 계좌. **대:체-하다²**
대:체-로(大體-) 부 전체의 큰 줄거리로 보아. 또는, 전체적으로. ¶그들 모두 ~ 잘사는 편이다. / ~ 성격이 괜찮다.
대:체-물(代替物) 명[법] 일반 거래에서, 동종(同種)·동량(同量)의 다른 물건으로 바꿀 수 있는 물건. 화폐·쌀·술 따위.
대:체^식량(代替食糧) [-냥] 명 쌀의 대체물로서의 식량. 잡곡이나 감자·고구마 따위.
대:체^에너지(代替energy) 명 석유를 대신하는 원자력·석탄·태양열 등의 에너지.
대:체^의학(代替醫學) 명[의] 제도적으로 인정된 의약품이나 정통 의료 기술을 사용하지 않고, 약초·향기·마사지·음식 조절·요가·운동 등의 자연적 방법을 사용하는 치료법.
대:체-재(代替財) 명[경] 서로 대신 쓸 수 있는 관계에 있는 두 가지의 재화(財貨). 쌀과 빵, 만년필과 연필 따위.
대:체-적(大體的) 명 전체의 큰 줄거리나 대강의 범위에 미친 상태에 있는 (것). ¶쌍방간에 ~인 합의를 보았다.
대:추 명 대추나무의 열매. 타원형이며, 익으면 빛깔이 붉고 맛이 달며, 속에 단단한 씨가 들어 있음. 식용·약용함. =목밀(木蜜)·대조.
대:추-나무 명[식] 갈매나뭇과의 낙엽 활엽 교목. 초여름에 황록색 꽃이 피고, 열매인 대추가 가을에 붉게 익음. 가지에는 무딘 가시가 나며, 목질이 단단함. 열매는 식용·약용함. =조목(棗木).
[대추나무에 연 걸리듯] 여기저기 빚이 많음의 비유.
대:추-씨 명 1 대추의 씨. 2 키는 작으나 야무지고 단단한 사람의 비유.
대:출(貸出) 명 1 (도서관에서 책을) 빌려 주는 것. ¶도서 ~. 2 (금융 기관이 돈을) 이자를 받기로 하고 일정 기간 동안 빌려 주는 것. =대부(貸付). ¶운전 자금 ~ / 은행에서 ~을 받다. **대:출-하다** 통(타여)
대:출-금(貸出金) 명 대출하는 돈. =대부금.
대:출^초과(貸出超過) 명[경] =오버론.
대충 부 범위나 정도가 대강 미치거나 이뤄지는 정도로. (비)대강. ¶일이 ~ 끝나다 / 알 것 같다. (원)대충(大充).
대충-대충 부 어떤 행위가 기본적인 정도에 겨우 그치게 건성으로. (비)대강대강. ¶~ 끝내라.
대:취(大醉) 명 술에 몹시 취하는 것. (비)만취(漫醉). **대:취-하다** 통(자여)
대:-취타(大吹打) 명[음] 임금의 거둥, 군대의 행진, 고관의 행차 때 징·자바라·장구·용고 등의 타악기와 소라·나발·태평소 등의

관악기로 연주하던 행진곡풍의 군악.
대ː층(代層)〖명〗〖지〗지질 시대 단위의 하나인 대(代)에 형성된 지층. =계(界).
대ː치¹(代置)〖명〗(어떤 대상을 다른 대상으로) 바꾸어 놓는 것. **대ː치-하다**〖동〗〖타여〗¶보석을 모조품으로 ~. **대ː치-되다**〖동〗〖자〗
대ː치²(對峙)〖명〗(적대적·대립적 관계의 두 세력이나 집단 등이) 서로 맞서서 버티는 것. **대ː치-하다**²〖동〗〖자여〗¶아군과 적군이 강을 사이에 두고 ~. **대ː치-되다**²〖동〗〖자〗
대ː침¹(大針)〖명〗1 큰 바늘. 2 =분침(分針).↔소침(小針).
대ː침²(大鍼)〖명〗끝이 약간 둥글고 긴 침.
대ː칭(對稱)〖명〗1〖수〗점·선·면 또는 그것들의 모임이 한 점·직선·평면을 사이에 두고 같은 거리에 마주 놓여 있는 일. ≒이동. 2〖물〗결정(結晶)에서 어떤 직선 상의 한 점 또는 한 평면을 사이에 두고 회전·반사·역전·회전 반사 따위의 조작을 해도 먼저와 같은 면·꼭짓점·모서리 등과 일치하는 일. =상칭. 3〖미〗좌우 또는 상하로 동일하거나 비슷한 형상이 짝을 이루어 미적으로 조화나 균형을 보이는 상태. =좌우 상칭. ↔비대칭. 4〖언〗=제1인칭.
대ː칭^도형(對稱圖形)〖수〗하나의 점이나 직선을 중심으로 하여 양편이 같은 모양의 도형. =대칭형·맞선꼴.
대ː칭-면(對稱面)〖수〗두 도형이 한 평면을 사이에 두고 대칭일 때, 대칭의 중심이 되는 일정한 평면.
대ː칭-식(對稱式)〖수〗어떤 수식 중에 나오는 두 문자를 바꾸어 놓아도 그 값이 조금도 변하지 않는 대수식(代數式).
대ː칭의 중심(對稱-中心)〖-의/-에-〗〖수〗도형이나 구조가 어떤 점에서 점대칭이 될 때의 그 점. =대칭점.
대ː칭-점(對稱點)〖-쩜〗〖수〗=대칭의 중심.
대ː칭-축(對稱軸)〖수〗선대칭(線對稱)에서, 대칭의 중심이 되는 직선.
대ː칭-형(對稱形)〖수〗=대칭 도형.
대-칼〖명〗대로 만든 칼. =죽도(竹刀).
대-타(代打)〖명〗1〖체〗=대타자. 2 어떤 일을 하기로 정해진 사람을 대신하여 그 일을 하게 된 사람. 비유적인 말임. ¶친구가 갑자기 일이 생겨 내가 ~로 미팅에 나갔다.
대ː타-자(代打者)〖체〗야구에서, 경기의 중요한 고비에 애초에 순번이 정해졌던 타자를 대신하는 타자. =대타·핀치 히터.
대ː토(代土)〖명〗1 팔고 대신 장만한 땅. 2 남의 땅을 쓰고 대신 주는 땅. 3 지주가 소작인 이 부치던 땅을 떼고 대신 주는 땅.
대-톱(大-)〖명〗1 큰 동가리톱. 2 =큰톱.
대-통¹(-桶)〖명〗담뱃대의 담배를 담는 부분. 비담배통.
대-통²(-筒)〖명〗쪼개지 않고 짧게 자른 대나무의 토막.
대ː통³(大通)〖명〗(일이나 운수 따위가) 크게 트이는 것. ¶만사가 ~이다. **대ː통-하다**〖동〗〖자여〗¶운수가 ~.
대ː통⁴(大統)〖명〗임금의 계통. ¶세자가 ~을 잇다.
대ː통-령(大統領)〖-녕〗〖명〗공화국에서, 외국에 대하여 국가를 대표하고 행정부의 우두머리로서 최고의 통치권을 가지는 사람. 또는, 그 직위.
대ː통령-령(大統領令)〖-녕녕〗〖법〗대통령이, 법률에서 위임받은 사항 및 법률 집행을 위하여 필요한 사항에 관하여 발하는 명령. 법률과 동일한 효력을 가짐.
대ː통령-제(大統領制)〖-녕〗〖정〗현대 민주주의 정부 형태의 하나. 입법부와 행정부를 엄격히 분립시켜 상호 간에 대등한 관계를 유지하고, 대통령이 독립하여 행정권을 행사하는 정부 형태. =대통령 책임제. ↔의원 내각제.
대ː퇴(大腿)〖-퇴/-퉤〗〖명〗〖생〗=넓적다리.
대ː퇴-골(大腿骨)〖-퇴-/-퉤-〗〖명〗〖생〗넓적다리를 이루는 뼈. =넓적다리뼈.
대ː퇴-부(大腿部)〖-퇴-/-퉤-〗〖명〗〖생〗=넓적다리.
대ː-파¹〖명〗'파'를 '실파'나 '쪽파'와 구별하여 '굵고 큰 파'라는 뜻으로 이르는 말.
대ː파²(大破)〖명〗1 (물체가) 크게 부서지거나 깨어지는 것. 2 (전쟁·경기 등에서 적이나 상대를) 크게 이기는 것. **대ː파-하다**〖동〗〖타여〗¶상대 팀을 큰 점수 차로 ~. **대ː파-되다**〖동〗¶풍랑으로 배가 ~.
대ː파³(代播)〖명〗모를 내지 못한 논에 다른 곡식을 대신 심는 일. =대용작·대작(代作). **대ː파-하다**²〖동〗〖타여〗
대ː판(大-)〖명〗1 '대판거리'의 준말. ¶~로 차리다. 2 큰 도량.
Ⅱ〖부〗크게 한바탕. ¶~ 싸우다.
대ː판-거리(大-)〖명〗크게 차리거나 벌어진 판국. 준대판.
대ː패¹〖명〗나무의 표면을 반반하고 곱게 깎는 연장. 직육면체의 단단한 나무토막의 가운데를 파고서 납작한 쇠로 된 날을 비스듬하게 박음. ¶~로 밀다.
대ː패²(大敗)〖명〗1 큰 실패. 2 싸움 또는 경기에서 크게 지는 것. **대ː패-하다**〖동〗〖자여〗¶결승전에서 큰 스코어 차로 ~.
대ː패-질〖명〗대패로 나무를 깎는 일. **대ː패 질-하다**〖동〗〖자타여〗
대ː팻-밥〖-패빱/-팯빱〗〖명〗대패질할 때 깎여 나오는 얇은 나무오리. =포설(鉋屑).
대ː평-소(大平簫)〖명〗1〖역〗군중(軍中)에서 나발을 부는 군사. =대평수(大平手). 2〖음〗'태평소(太平簫)'의 잘못.
대ː-평원(大平原)〖명〗넓고 큰 평평한 들. ¶~을 달리는 기차.
대ː포¹〖명〗1 술을 별다른 안주 없이 큰 그릇에 따라 마시는 일. 2 '대폿술'의 준말. ¶~나 한잔합시다.
대ː포²(大砲)〖명〗1〖군〗화약의 힘으로 포탄을 멀리 내쏘는 무기. 세는 단위는 문(門). ¶~를 쏘다. 2 '허풍'이나 '거짓말'의 곁말. ¶~가 세다.
대포(를) 놓다〖구〗허풍 치거나 터무니없는 거짓말을 하다. ¶갑부 집 아들이라고 ~.
대ː포-알(大砲-)〖명〗대포의 탄알. =포탄.
대ː포-차(-車)〖명〗〈속〉매매할 때 명의 이전 절차를 제대로 밟지 않아 자동차 등록 원부상의 소유자와 실제 소유자가 다른 불법 차량.
대ː폭¹(大幅)Ⅰ〖명〗큰 규모나 폭. ¶대학 정원을 ~으로 늘리다. ↔소폭.
Ⅱ〖부〗규모에 있어서 썩 많거나 크게. ¶요금을 ~ 올리다 / 내용을 ~ 수정하다. ↔소폭.
대ː폭²(對幅)〖명〗한 쌍의 서폭(書幅)이나 화폭(畵幅). =대축(對軸).
대ː폭-적(大幅的)〖-쩍〗〖관〗〖명〗금액·수·범위

대:폿-술[-포쑬·-폳쑬] 명 큰 술잔으로 마시는 술. 준대포.

대:폿-잔(-盞)[-포짠·-폳짠] 명 대폿술을 마실 때 쓰는 큼직한 잔.

대:폿-집[-포찝·-폳찝] 명 대폿술을 파는 집.

대:표(代表) 명 1 전체의 상태나 성질을 어느 하나로 잘 나타내는 일. 또는, 나타낸 그것. ¶낭만주의 미술의 ~가 될 만한 작가는 들라크루아다. 2 어떤 일을 집단을 대신하여 하는 것. 또는, 그 사람. ¶국가 ~ 선수. 3 [법] 법인·단체를 대신하여 의사를 표시하여 그것을 법인·단체 자체의 행위로서 법률상의 효과를 발생시키는 것. 또는, 그것을 하는 사람이나 기관. 대:표-하다 동(타여) ¶소월의 '진달래꽃'은 한국 서정 문학을 대표하는 시이다.

대:표-권(代表權)[-꿘] 명 대표하는 권한.

대:표-단(代表團) 명 대표하는 사람들로 이뤄진 집단.

대:표^번호(代表番號) 명 대표 전화의 번호.

대:표-부(代表部) 명 정식으로 국교를 맺지 않은 나라 국제기구 등에 설치하는 재외 공관. 공관장은 대사 또는 공사가 맡음.

대:표-음(代表音)[-][언] 어떤 자음이 받침으로 쓰일 때 그와 유사한 자음으로 실현되는 음. 가령, '밖'과 '부엌'의 받침 'ㄲ', 'ㅋ'이 모두 'ㄱ'으로 소리 나는데, 이때의 'ㄱ'을 가리킴. =대표 소리.

대:표^이사(代表理事) 명 이사회나 주주 총회에서 선임되어 회사를 대표하는 이사. 일반적으로 사장이 그 직을 맡으나, 인원수의 제한이 없어 회장·부사장 등이 공동으로 맡기도 함.

대:표-자(代表者) 명 여러 사람을 대표하는 사람. ¶~ 회의 / ~로 참석하다.

대:표-작(代表作) 명 한 작가나 한 시기를 대표할 만한 전형적인 작품. ¶'무정(無情)'은 이광수(李光洙)의 ~이다.

대:표-적(代表的) 관 어떤 범위의 대상들 가운데 그것을 대표할 만하게 전형적이거나 특징적인 (것). ¶김홍도는 조선 시대의 ~인 풍속 화가이다.

대:표^전화(代表電話) 명 일련의 번호로 가입된 두 대 이상의 전화 가운데 대표로 지정된 대의 전화. 그 전화가 통화 중일 때에는 다른 번호의 전화에 자동으로 연결되도록 되어 있음.

대:푯-값(代表-)[-표깝·-푣깝][수] 자료의 특징이나 경향을 나타내는 객관적인 척도가 되는 수치. 평균값·중앙값 따위. 구용어는 대표치.

대:-푼 명 아주 적은 돈.

대:풍¹(大風) 명 몹시 센 바람.

대:풍²(大豊) 명 큰 풍년. ¶~이 들다. ↔대흉(大凶).

대:-풍류(-風流)[-뉴] 명[음] 피리·대금과 같은 대나무로 만든 악기를 중심으로 하는 풍류. 향피리 2, 대금 1, 해금 1, 장구 1, 북 1 편성됨. ▷줄풍류.

대:피(待避) 명 위험이나 난을 일시적으로 피하는 것. ¶~ 훈련. 대:피-하다 동(자여) ¶공습경보가 울리자 사람들은 재빨리 방공호로 대피했다.

대:피-소(待避所) 명 비상시에 대피할 수 있도록 만들어 놓은 곳. ¶긴급 ~.

대:필¹(大筆) 명 1 큰 붓. 2 크게 쓰는 글씨. 3 썩 잘 쓴 글씨.

대:필²(代筆) 명 (어떤 글을) 글씨를 잘 못 쓰거나 쓸 줄 모르거나 그 밖에 쓰지 못할 입장에 있는 사람을 위해 대신 적는 것. 또는, 그 글씨. =대서(代書). ↔자필(自筆). 대:필-하다 동(타여) ¶편지를 ~.

대:하¹(大河) 명 1 큰 강. 2 중국에서 흔히 '황허(黃河)'를 이르는 말.

대:하²(大蝦) 명[동] 갑각강 보리새웃과의 한 종. 몸이 크고 감각은 털이 없으며, 빛깔은 연한 회색인데 머리와 가슴 밑 부분, 다리는 황색을 띰. 맛이 좋음. =왕새우.

대:하³(帶下) 명[의] =대하증. ¶백~.

대:-하다¹(-) 동(자여) '대신하여'를 격식체로 이르는 말. ¶간단하나마 이것으로 인사말에 대하고자 합니다.

대:-하다²(對-) 동(타여) 1 1 (사람이 다른 사람과 얼굴을) 마주하여 보다. ¶나는 그 사람과 얼굴을 대하고 앉았다. 2 (사람이 어떤 대상을) 앞에 마주하여 상대하다. 또는, (대상을) 상대하여 어떤 태도로 말하거나 행동하다. ¶윗사람은 너그러운 마음으로 아랫사람을 대해야 한다. 2 자 (사람이 다른 사람에게) 어떤 태도로 상대하여 말하거나 행동하다. ¶그는 내게 늘 친절하게 대했다. 3 〔불자〕('…에 대하여', '…에 대한'의 꼴로 쓰여) (어떤 사물에) 관계되거나 관련을 두다. ㈜관하다. ¶소득에 대한 세금 / 환경 보호에 대하여 토론을 벌이다.

대:하-드라마(大河drama) 명[방송] 내용의 전개 과정이나 길이가 길고 규모가 매우 큰 방송 드라마.

대:하-소설(大河小說) 명[문] 여러 대에 걸친 장구한 세월 속에서 이뤄지는 많은 인물들의 복잡한 삶의 양상과 사회의 변화 양상 등을 거대한 시야로 그리는 방대한 분량의 소설.

대:하-증(帶下症)[-쯩] 명[의] 여자의 생식기에서 흰빛 또는 누런빛 등의 분비액이 흘러나오는 병. =냉(冷)·대하.

대:학¹(大學) 명[교] 1 고등 교육 기관의 하나. 학술에 관한 심오한 이론과 그 응용 방법을 교수(敎授)·연구함을 목적으로 하는 최고 교육 기관. 보통, 고등학교를 마친 뒤 진학하는 곳으로, 수업 연한은 2년 내지 4년임. 2 좁은 뜻으로, 단과 대학만을 지칭하는 말. ▷대학교.

대:학²(大學) 명[책] 중국의 사서(四書)의 하나. 몸을 닦아 천하를 다스리는 원칙을 기술했음. 공자의 유서(遺書)라는 설과, 자사(子思) 또는 증자(曾子)의 저서라는 설이 있음.

대:학-가(大學街)[-까] 명 1 대학을 끼고 이뤄져 있는 거리. 2 추상적 공간으로서의 대학 사회. ¶~에서 유행하는 말.

대:-학교(大學校)[-꾜] 명 4년제 종합 대학을 이르는 말. ¶서울 ~ / 음악 대학.

대:학-교수(大學敎授)[-꾜-] 명 대학에서 학문을 연구하고 학생을 가르치는 사람.

대:학병원(大學病院)[-뼝-] 명 의과 대학에 딸려 있어, 의학의 연구와 환자의 치료라는 두 가지 목적을 아울러 가진 병원.

대:학-살(大虐殺)[-쌀] 명 대규모의 학살. ¶유대 인 ~ / ~이 자행되다.

대:학-생(大學生)[-쌩] 명 대학 또는 대학교에 다니는 학생.

대'학^수학^능력^시험(大學修學能力試驗)[-쑤항-녁씨-] 〖교〗 대학에서 수학할 수 있는 적격자를 가리기 위하여 교육 인적 자원부에서 매년 실시하는 시험. 시험 과목은 언어·수리·탐구·외국어·제2 외국어 영역으로 나뉘며, 통합 교과서적으로 출제됨. 1994년부터 실시됨. ㉲수능.
대'학-원(大學院) 〖명〗 대학 교육의 기초 위에, 한층 심오한 연구와 교육을 통해 독창적인 전문인을 양성하는 교육 기관.
대'학원-생(大學院生) 〖명〗 대학원에 다니는 학생.
대'-학자(大學者)[-짜] 〖명〗 학식이 아주 뛰어난 학자. 〖비〗석학(碩學).
대'한¹(大旱) 〖명〗 큰 가뭄.
대'한²(大寒) 〖명〗 1아주 심한 추위. 2 24절기의 하나. 1월 21일경으로, 소한(小寒)과 입춘(立春) 사이에 있음. 추위가 가장 심하다는 뜻이지만, 실제로는 소한 때부터 1월 15일경까지가 가장 추움. ▷소한.
[대한이 소한(小寒) 집에 가 얼어 죽는다] 대한 때보다 소한 때가 더 춥다.
대'한³(大韓) 〖명〗 1'대한 제국'의 준말. 2 '대한민국'의 준말. ¶~의 건아(健兒).
대'한-민국(大韓民國) 〖지〗 아시아 대륙 동북부의 한반도에 위치하고 있는 민주 공화국. 수도는 서울특별시. ㉲아르오케이(ROK). ㉲대한·한국.
대'한민국^임시^정부(大韓民國臨時政府) 〖명〗 3·1 운동 직후인 1919년 4월에 조국의 광복을 위하여 임시로 중국 상하이(上海)에서 조직하여 선포한 정부. 광복 때까지 항일 민족 운동의 중심 기관이 됨. =상하이 임시 정부·임시 정부.
대'한^제'국(大韓帝國) 〖명〗〖역〗 조선 말기의 우리나라 국호(1897~1910). =구한국. ㉲대한·한국.
대'합(大蛤) 〖명〗〖동〗 연체동물 부족류 백합과의 조개. 껍데기는 회백색에 흑갈색 반문(斑紋)이 있고 매끄러우며, 속살은 흼. 바닷가 진흙 모래 속에 사는데, 봄에 잡히는 것이 특히 맛이 좋음. =대합조개·무명조개·백합(白蛤).
대'합-실(待合室)[-씰] 〖명〗 역·터미널 등에 의자 따위를 놓아 손님이 기다릴 수 있도록 마련해 놓은 곳.
대'합-조개(大蛤-)[-쪼-] 〖명〗〖동〗 =대합.
대'항(對抗) 〖명〗〖동〗 1 맞서서 겨루거나 싸우는 것. ¶직장 ~ 테니스 대회. 대'항-하다〖동〗㉨㉧ ¶힘과 기량에 있어 그에게 대항할 선수가 없다.
대'항-전(對抗戰) 〖명〗 운동 경기 등에서 서로 대항하여 승부를 겨루는 일.
대'해(大海) 〖명〗 넓은 바다. ¶망망(茫茫) ~.
대'행¹(大行) 〖명〗〖역〗 죽은 뒤 시호(諡號)를 받기 전의 왕이나 왕비의 칭호. ㉲대왕.
대'행²(代行) 〖명〗 1(어떤 일을) 남을 대신하여 행하는 것. 〖비〗섭행(攝行). ¶~ 회사. 2 어떤 권리나 직무를 대행하는 사람. ¶회장 ~. 대'행-하다〖동〗㉧ ¶국무총리는 대통령 유고 시 그 권한을 대행한다.
대'-행성(大行星) 〖천〗 태양계 가운데서 수성·금성·지구·화성·목성·토성·천왕성·해왕성·명왕성의 9개의 행성을 이르는 말. =대혹성. ▷소행성.
대'행-업(代行業) 〖명〗 어떤 일을 대신해 주는 직업.

대'행-업체(代行業體) 〖명〗 어떤 일을 대신해 주는 업체. ¶이사 ~.
대'-행진(大行進) 〖명〗 큰 규모의 행진.
대'혁명(大革命) 〖명〗 큰 혁명.
대'형¹(大形) 〖명〗 사물의 큰 형체. ↔소형(小形).
대'형²(大型) 〖명〗 같은 종류의 사물 중에서, 큰 규격이나 규모. ¶~ 냉장고 / ~ 자동차. ↔소형(小型).
대'형³(隊形) 〖명〗 여러 사람이 줄지어 정렬한 형태. ¶체조 ~ / ~을 갖추다 / ~이 흐트러지다.
대'형-주(大型株) 〖명〗〖경〗 자본금의 규모가 큰 회사의 주식. ↔소형주.
대'형-차(大型車) 〖명〗 크기나 배기량이 큰 자동차.
대'형-화(大型化) 〖명〗 사물의 형체나 규모가 크게 되는 것. 또는, 크게 하는 것. 대'형화-하다〖동〗㉨㉧ 대'형화-되다〖동〗㉧.
대'호(大虎) 〖명〗 큰 호랑이.
대'-혼란(大混亂)[-홀-] 〖명〗 큰 혼란. ¶각 역마다 귀성 인파로 ~을 이루었다.
대'화¹(大禍) 〖명〗 큰 재앙이나 불행.
대'화²(對話) 〖명〗 (어떤 사람이[과]) 다른 사람과[이]) 마주 대하여 서로 의견을 주고받으며 이야기하는 것. 또는, 그 이야기. ¶~의 광장 / ~를 나누다. 대'화-하다〖동〗㉨㉧ ¶나는 그와 대화하는 동안에 그가 좋은 사람이라는 인상을 받았다.
대'화-문(對話文) 〖명〗 두 사람 이상이 대화하는 것을 그대로 인용한 글.
대'화-방(對話房) 〖명〗〖통〗 인터넷·컴퓨터 통신에서, 둘 이상의 사람이 서로 모니터 화면에 글을 올리면서 대화를 나눌 수 있게 마련한 가상공간.
대'화-법(對話法)[-뻡] 〖명〗 1 대화하는 방법. 2〖철〗소크라테스의 진리 탐구 방법. 상대방에게 질문을 던져 스스로 무지(無知)를 자각하게 함으로써 사물에 대한 올바른 개념에 도달하게 함. =문답법·산파법(産婆法)·산파술.
대'화-자(對話者) 〖명〗 1 대화하는 사람. 2〖법〗상대방이 의사 표시를 하면 곧 알 수 있는 상태에 있는 사람. ↔격지자(隔地者).
대'화-체(對話體) 〖문〗 대화하는 형식으로 쓴 문체. ¶~로 씌어진 수필.
대'화-편(對話篇) 〖명〗 대화 형식으로 씌어진 철학적 저술. 특히, 소크라테스가 그의 제자들과 나눈 대화를 내용으로 한, 플라톤의 여러 저서를 가리킴.
대'-환영(大歡迎) 〖명〗 크게 환영하는 것. 또는, 그러한 환영. 대'환영-하다〖동〗㉨㉧.
대'-활약(大活躍) 〖명〗 매우 큰 활약. ¶신인 선수의 ~으로 우승하다.
대'황(大黃) 〖식〗 마디풀과의 여러해살이풀. 높이 1m가량. 뿌리는 굵고 황색이며, 7~8월에 황백색 꽃이 핌. 뿌리는 소화 불량·화상(火傷)에 약으로 쓰임.
대'회(大會)[-회/-훼] 〖명〗 1 어떤 단체가 단합이나 정책 수립 등을 위해 공식적으로 가지거나, 많은 사람이 어떤 결의를 다지거나 주장을 내세우기 위해 임시적으로 가지는, 큰 규모의 집회. ¶전당 ~ / 궐기 ~. 2 많은 사람이 일정한 곳에 모여 글짓기·그리기·웅변·운동 등의 재능이나 기량을 겨루는 일. ¶웅변 ~ / 체육 ~.
대'회-장(大會場)[-회-/-훼-] 〖명〗 대회를

대¹회전^경기(大回轉競技)[-회-/-훼-] 똉[체] 스키 경기의 알파인 종목의 하나. 활강 경기와 회전 경기의 중간 성격을 가진 경기.

대:흉(大凶) 똉 큰 흉년. ¶~이 들다. ↔대풍(大豊).

대:-흉근(大胸筋) 똉[생] 척추동물의 가슴에 있는 삼각형의 큰 근육. 조류(鳥類)에 특히 발달함.

댁¹(宅) Ⅰ똉 1 남을 높여, 그 사람이 사는 '집'이나 그 사람의 '집안'을 이르는 말. ¶~으로 찾아뵐까요?/저기 저 도령은 뉘 ~ 자손이신가? 2 남을 높여 그의 '아내'를 이르는 말. 3 전날에, 양반이 하인에게 자기 집을 일컫던 말.
Ⅱ때(인칭) 상대를 높여, 직접 부르지 않고 완곡하게 이르는 말. ¶~은 뉘시오?

-댁²(宅) [접미] 1 남편의 성과 직함, 또는 일부 친족 호칭 뒤에 붙여, 그의 아내를 이르는 말. ¶박 서방~/처남~. 2 친정 동네 이름 밑에 붙여, 거기서 출가한 여자임을 나타내는 말. ¶안성~.

댁-내(宅內)[댁-] 똉 남의 '집안'을 높여 이르는 말. ¶~ 두루 평안하신지요?

댁-네(宅-)[댕-] 똉 친한 사이나 손아랫사람의 아내를 이르는 말.

댁대구루루[-때-] 튀 작고 단단한 물건이 다른 물건에 부딪치면서 자꾸 빨리 굴러 가는 소리. ¶구슬이 ~ 굴러 가다. 🔒댁대구루루. 쎈땍때구루루.

댁대굴-댁대굴[-때-때-] 튀 작고 단단한 물건이 다른 물건에 부딪치면서 자꾸 굴러 가는 소리. 또는, 그 모양. ¶돌멩이가 비탈진 자갈밭 위로 ~ 굴러 내리다. 🔒댁데굴댁데굴. 쎈땍때굴땍때굴. **댁대굴댁대굴-하다** 동(자)여

댄디즘(dandyism) 똉 ['걸치레', '허세'의 뜻] 세련된 복장과 몸가짐으로 일반 사람에 대한 정신적 우월을 과시하려는 경향.

댄서(dancer) 똉 서양식 사교춤이나 대중적인 춤을 직업적으로 추는 사람. 비무용수. ¶재즈~/포크~/백~.

댄스(dance) 똉 서양식의 사교춤이나 대중적인 춤. ¶사교~/~파티.

댄스-홀(dance hall) 똉 사교춤을 출 수 있게 꾸민 유료의 유회장. 비무도장(舞蹈場).

댐(dam) 똉 발전(發電)·수리(水利) 등의 목적으로 강이나 바닷물을 막아 두기 위하여 만든 구조물. =언제(堰堤)·제언(堤堰).

댑-싸리[식] 명아줏과의 한해살이풀. 가지가 많고 잎의 피침형이며, 한여름에 담녹색 꽃이 핌. 씨는 '지부자(地膚子)'라 하여 약으로 쓰며, 줄기로는 비를 만듦. ✕대싸리.

댑싸리-비 똉 댑싸리로 만든 비.

댓¹[댇] Ⅰ쥐 다섯가량. ¶장정 ~이 이 정도 바위 하나를 못 든단 말이오?
Ⅱ판 ¶귤 ~ 개/마흔 ~ 살가량 돼 보인다.

댓-가지[대까-/댇까-] 똉 1 대의 가지. 2 '댓개비'의 잘못.

댓-개비[대깨-/댇깨-] 똉 대를 쪼개어 가늘게 깎은 개비.

댓-돌(臺-)[대똘/댇똘] 똉 1 집채의 낙숫물이 떨어지는 안쪽으로 돌려 가며 놓은 돌. =첨계(檐階)·툇돌. 2 =섬돌.

댓-바람[대빠-] 똉 1 ('댓바람에, 댓바람부터'의 꼴로 쓰여) 아주 이른 시각에. 또는, 아주 이른 시점부터. ¶새벽 ~부터 떠들어 대다/첫 번에 삼십 전, 둘째 번에 오십 전— 아침 ~에 그리 흔치 않은 일이었다. 《현진건:운수 좋은 날》2 ('댓바람에, 댓바람으로'의 꼴로 쓰여) 지체 없이 곧. 또는, 단번에. ¶소식을 듣자마자 ~에 달려왔다.

댓-살[대쌀/댇쌀] 똉 대나무를 가늘게 쪼갠 오리.

댓!-새[댇쌔] 똉 닷새가량.

댓-잎[댄닙] 똉 대의 잎. =죽엽.

댓-줄기[대쭐-/댇쭐-] 똉 대나무의 줄기.

댓-진(-津) [대찐/댇찐] 똉 담뱃대 속에 낀 진.

댓!-째[댇-] 쥐관 다섯째가량. ¶~ 줄.

-댔자[댇짜] '-다고 했자'가 준 말. ¶그 어린 것이 먹었~ 얼마나 먹었겠니? ▷-ㄴ댔자·-랬자.

댕 튀 작은 쇠붙이의 그릇이나 종을 칠 때 나는 소리. ¶~ 하고 시계가 한 시를 알렸다. 🔒뎅. 쎈땡.

댕강 튀 1 작은 쇠붙이 따위가 부러지거나 부딪치면서 나는 소리. ¶칼이 ~ 부러지다. 2 물방울이 쇠붙이 따위에 떨어지면서 나는 소리. 🔒뎅겅. 쎈땡강. **댕강-하다** 재타여

댕강-거리다/-대다 재타여 자꾸 댕강 소리가 나다. 또는, 그런 소리를 내다. 🔒뎅겅거리다.

댕강-댕강 튀 댕강거리는 소리. 🔒뎅겅뎅겅. 쎈땡강땡강. **댕강댕강-하다** 동(자)타여

댕견(-犬) 똉[동] =동경이.

댕그랑 튀 작은 쇠붙이·방울·풍경 등이 흔들리거나 부딪쳐 나는 소리. ¶풍경이 ~ 울리다. 🔒뎅그렁. 쎈땡그랑.

댕그랑-거리다/-대다 재타여 자꾸 댕그랑 소리가 나다. 또는, 그런 소리를 내다. 🔒뎅그렁거리다. 쎈땡그랑거리다.

댕그랑-댕그랑 튀 댕그랑거리는 소리. ¶두부 장수가 ~ 종을 울리다. 🔒뎅그렁뎅그렁. 쎈땡그랑땡그랑. **댕그랑댕그랑-하다** 동(자)여

댕기 똉 뒤로 길게 땋아 내린 머리의 끝이나 쪽을 찐 머리 등에 장식으로 묶어 다는 천. 지난 시대에는 성인이 되지 않은 남녀가 모두 드렸으나, 오늘날에는 뒤로 머리를 길게 땋은 한복 차림의 젊은 여자들이 치장으로 드림. ¶말뚝~.

댕기(를) 드리다 관 댕기를 머리끝에 땋아 달다.

댕기다 동 Ⅰ타 (불을 물체에) 본래 불이 있던 데로부터 옮겨져 붙게 하다. ¶심지에 불을~ /땔나무에 불을 ~. Ⅱ재 (불이) 본래 불이 있던 데서 옮겨져 붙다. ¶나무가 바싹 말라 불이 잘 댕긴다.

댕기-물떼새 똉[동] 물떼샛과의 새. 머리에 5~7cm의 긴 도가머리가 있으며, 등은 금록색, 몸 아랫면은 백색임. 50여 마리씩 떼를 지어 다님. 금렵조(禁獵鳥)임. ↔푸른도요.

댕기-풀이 똉 [관례(冠禮)를 치르면 댕기를 풀던 관습에서 생긴 말] 관례를 치른 사람이 친구들에게 한턱내는 일. **댕기풀이-하다** 동(자)여

댕-댕 튀 놋그릇이나 징 따위의 쇠붙이를 자꾸 두드릴 때 나는 소리. 🔒뎅뎅. 쎈땡땡.

댕댕-거리다/-대다 동(자)타여 자꾸 댕댕 소리가 나다. 또는, 자꾸 댕댕 소리를 나게 하다. ¶징을 ~. 🔒뎅뎅거리다. 쎈땡땡거리다.

댕댕이-덩굴 똉[식] 새모래덩굴과의 낙엽 활

엽 덩굴풀. 줄기는 목질에 가까우며, 초여름에 황백색의 꽃이 피고, 구형의 검푸른 열매가 한가을에 익음. 뿌리는 약용함. 산기슭의 양지바른 곳이나 밭둑에 남. [준]댕댕이.

댕돌-같다[-간따] [형] (물체나 몸이) 돌과 같이 매우 야무지고 단단하다. **댕돌같-이** [부] ¶~ 다부진 몸.

더[1] [부] 수량이나 질, 정도에 있어서, 그보다 많이, 심하게 또는 그 이상. ¶밥을 ~ 먹어라. / 배가 점점 ~ 아프다. ↔덜.

-더-[2] [어미](선어말) 주로 '-라', '-냐', '-니', '-구나' 등의 어미와 결합하여, 직접 체험한 사실을 객관적으로 회상하여 나타낼 때 쓰이는 선어말 어미. ¶신부가 참 예쁘~라. / 아까 보니까 너 달리기를 아주 잘하~구나.

더구나[1] [부] 이미 있는 사실에 한층 더. 또는, 앞의 사실도 그러한데 하물며. =더군다나. ¶학벌 좋것다, 인물 훤하것다, ~ 재산도 남 부럽잖으니 그만한 신랑감이 어디 쉽겠어?

-더구나[2] [어미] '해라' 할 상대에게 지난 일을 알리거나 회상하는 느낌을 나타낼 때 쓰이는 종결 어미. ¶아까 널 찾으러 사람이 왔~. [준]-더군.

-더구려 [어미] '하오' 할 상대에게 지난 일을 알리거나 회상하는 느낌을 나타낼 때 쓰이는 종결 어미. ¶이사한 집이 크~. ×-더구료.

-더구료 [어미] '-더구려'의 잘못.

-더구먼 [어미] 혼잣말이나 반말로 쓰여, 지난 일을 회상하여 느낌을 나타낼 때 쓰이는 종결 어미. ¶그가 바로 사장이~. / 굉장히 멀~. [준]-더군. ×-더구면.

-더구면 [어미] '-더구먼'의 잘못.

-더군 [어미] **1** '-더구나[2]'의 준말. ¶그가 성공했다니 무척 기쁘~. **2** '-더구먼'의 준말. ¶이미 끝났~.

더군다나 [부] =더구나[1]. ¶힘센 장정들도 쩔쩔매는 일을 ~ 연약한 여자가 어찌 할 수 있단 말이냐?

더그레 [명] **1** [역] 조선 시대에 각 영문의 군사, 마상재꾼, 의금부의 나장, 사간원의 갈도 들이 입던 세 자락의 웃옷. =호의(號衣). **2** 단령(團領)의 안에 받치는 감.

더그아웃(dugout) [명][체] 야구장의 선수 대기석. 1루와 3루 쪽에 평지를 파서 만듦.

더금-더금 [부] 더한 위에 조금씩 자꾸 더하는 모양. [센]더끔더끔.

더껑이 [명] **1** 걸쭉한 액체의 거죽에 엉겨 굳거나 말라서 생긴 꺼풀. ¶팥죽에 ~가 앉은 것을 걷어 내다. **2** '더께'의 잘못.

더께 [명] 물건이나 물체에 눌어붙거나 엉겨 붙은 때나 이물질. ¶굴 껍데기로 하얗게 ~가 앉은 바위. ×더껑이.

더끔-더끔 [부] '더금더금'의 센말.

-더냐 [어미] '해라' 할 상대에게 지난 일을 회상하여 물을 때 쓰이는 종결 어미. ¶그 말이 참말이~? / 일이 다 끝났더~?

-더뇨 [어미] '해라' 할 상대에게 지난 일을 회상하여 묻는 뜻을 나타내는 종결 어미. '-더냐'에 비해 예스러운 느낌을 주며 시와 같은 문학 작품에 주로 쓰임. ¶설악의 단풍은 왜 그다지도 붉~? ▷-더냐·-더니·-디.

더늠 [명][음] 판소리에서, 명창이 독특하게 만들거나 다듬은 판소리의 한 대목. ▷바디.

-더니[1] [어미] **1** 앞서 겪었거나 있었던 바가 뒤의 어떤 사실의 원인·조건이 됨을 뜻하는 연결 어미. ¶날이 흐리~ 비가 내린다. / 운동을 하였~ 땀이 난다. **2** 앞서 겪었거나 있었던 바가 어떤 사실과 대립 관계에 있음을 뜻하는 연결 어미. ¶전에는 밭이~ 지금은 주택지가 되었다. / 어제는 덥~ 오늘은 시원하다. **3** 어떤 사실에 더하여 또 다른 사실이 있음을 뜻하는 연결 어미. ¶얼굴이 예쁘~ 마음까지 곱다. ▷-니.

-더니[2] [어미] 주로 혼잣말에 쓰여 지난 일을 회상하여 일러 주거나 감상을 나타낼 때 쓰이는 종결 어미. ¶전에는 참 살결이 곱~. / 옛날에는 그토록 근면한 사람이~.

-더니라 [어미] '해라' 할 상대에게 과거에 실제로 겪었거나 있었던 일을 회상하여 일러 줄 때 예스럽게 또는 격식 투로 쓰이는 종결 어미. ¶네 5대조 할아버지께서는 참판 벼슬을 지내셨~.

-더니마는 [어미] '-더니[1]'의 힘줌말. [준]-더니만.

-더니만 [어미] '-더니마는'의 준말.

-더니이까 [어미] '-더이까'의 예스런 말.

-더니이다 [어미] '-더이다'의 예스런 말.

더-더구나 [부] '더구나[1]'의 힘줌말. [비]더더군다나. ¶당일로 다녀온대도 허락할까 말까 한데 ~ 2박 3일이라고?

더-더군다나 [부] '더군다나'의 힘줌말. [비]더더구나.

더더귀-더더귀 [부] '더덕더덕1'의 본딧말. ¶소의 볼기짝에 똥 딱지가 ~ 붙어 있다. [작]다다귀다다귀.

더-더욱 [부] '더욱'의 힘줌말.

더덕 [명][식] 초롱꽃과의 여러해살이 덩굴식물. 깊은 산에서 자람. 8~9월에 자주색 꽃이 종 모양으로 핌. 뿌리는 독특한 냄새가 나는데, 먹거나 약으로 씀. =사삼(沙參).

더덕-더덕[-떠-] [부] **1** 여러 물체가 지저분할 만큼 한곳에 많이 붙어 있는 모양. ¶광고지가 벽에 ~ 붙어 있다. [본]더더귀더더귀. **2** 여기저기 흉하게 기운 모양. ¶~ 기운 적삼. [작]다닥다닥. **더덕더덕-하다** [형][여]

더덕-북어(-北魚)[-뿌-] [명] =황태.

더덩실 [부] 가볍게 위로 떠오르는 모양. ¶~ 춤을 추다. [큰]두둥실.

더뎅이 [명] 부스럼 딱지나 때 따위가 거듭 붙어서 된 조각. =더데. ¶~가 앉다.

더듬-거리다/-대다 [동][타] **1** (손이나 지팡이 따위로) 자꾸 더듬다. ¶어둠 속에서 초를 찾느라 사방을 ~. **2** (똑똑히 모르는 길을) 자꾸 더듬어 찾아가다. **3** (말을) 자꾸 더듬다. ¶뜻밖의 질문에 그는 대답할 말을 얼른 찾지 못하고 **더듬거렸다**. [작]다듬거리다. [센]떠듬거리다.

더듬다[-따] [동][타] **1** (물체의 표면을 손이나 지팡이 따위로) 물건이 잘 보이지 않는 상태에서 그것이 어디 있는지 찾거나 그것의 상태를 알기 위해 여기저기 댔다 뗐다 하다. ¶소경이 지팡이로 길을 ~ / 아기가 엄마의 젖가슴을 손으로 ~. **2** (잘 모르는 길이나 자취를) 이리저리 살피어 찾다. ¶산길을 **더듬어** 암자에 이르다 / 역사의 발자취를 **더듬어** 보다. **3** (희미한 기억을) 이리저리 생각하여 떠올리거나 되살리다. ¶추억을 ~ / 기억을 ~. **4** (말을) 술술 하지 못하고 자꾸 막히거나 같은 음절을 여러 번 되풀이하다. 가령, '간다'를 '가, 가, 간…다' 식으로 발음하는 따위. ¶그는 긴장하면 말을 **더듬는** 버릇이 있다.

더듬-더듬 [부] 더듬거리는 모양. ¶책을 ~ 읽다. [작]다듬다듬. [센]떠듬떠듬. **더듬더듬-하다** [동][타][여] ¶어두운 방에서 성냥을 찾느라 ~.
더듬-이[1] [명] '말더듬이'의 준말.
더듬-이[2] [명][동] =촉각(觸角)[1].
더듬이-질 [명] 자꾸 더듬는 짓. [준]더듬질. **더듬이질-하다** [동][타][여]
더듬적-거리다/-대다[-꺼(때)-] [동][타] 느릿느릿하게 자꾸 더듬거리다. ¶그는 주머니에 손을 넣어 **더듬적거리더니** 천 원짜리 한 장을 꺼내어 아이에게 주었다. [작]다듬작거리다. [센]떠듬적거리다.
더듬적-더듬적[-떠-] [부] 더듬적거리는 모양. [작]다듬작다듬작. [센]떠듬적떠듬적. **더듬적더듬적-하다** [동][타][여]
더듬-질 [명] '더듬이질'의 준말. **더듬질-하다** [동][타][여]
더디 [부] 느리게. ¶국이 ~ 끓다.
더디다 [형] (동작·운동·과정 등이) 정상보다 퍽 느리다. ¶일손이 ~ / 발전이 ~ / 시간이 **더디게** 가다.
더디-더디 [부] 몹시 느리게.
-더라 [어미] **1** '해라' 할 상대에게 겪거나 있었던 바를 회상하여 말할 때 쓰이는 서술형 또는 의문형 종결 어미. ¶너 노래 잘 부르~. **2** 지난 사실을 감탄조로 이르는 종결 어미. 글체에 속하는 말임. ¶새벽마다 베개는 내 눈물에 젖었~.《장만영:귀거래》 **3** 기억을 더듬으면서 자문(自問)하는 종결 어미. ¶그러니까 그게 언제~?
-더라니 [어미] '해' 할 상대에게 쓰이거나 혼잣말에 쓰여, 어떤 결과에 대하여 생각했던 대로라는 뜻을 나타낼 때 쓰이는 종결 어미.
-더라니까 [어미] '해' 할 상대에게 쓰이거나 혼잣말에 쓰여, 지난 사실을 확인시키거나 주장할 때 쓰이는 종결 어미.
-더라도 [어미] '-어도/아도'보다도 더 강한 가정(假定)의 뜻을 나타내는 연결 어미. ¶그가 실수를 했~ 용서하겠다.
-더라면 [어미] 주로 '-았/었-', '-였-' 따위와 함께 쓰여, 과거의 사실을 그와 달리 가정하거나 희망을 나타낼 때에 쓰이는 연결 어미. ¶일찍 왔~ 좋았을걸.
-더라손 [어미] '치다'와 함께 쓰여, 과거의 일이나 사실을 양보하여 인정하면서도 뒤에 양보하기 어려운 일이나 사실을 말할 때 쓰이는 연결 어미. ¶아무리 그가 밉~ 치더라도 사람을 때리면 안 돼. ▷-라손.
-더람 [어미] '해라' 할 상대에게 쓰이거나 혼잣말에 쓰여, '-더란 말이야'의 뜻으로, 의문을 나타내는 종결 어미. 주로 반어적으로 쓰임. ¶미치지 않았으면 길거리에서 그게 무슨 짓이~.
더러[1] [부] 어쩌다 드물게. 또는, 전체로 보아 일부. ¶개중에는 ~ 똑똑한 사람도 있다.
더러[2] [조] '에게', '보고'의 뜻을 가지는 부사격 조사. 반드시 사람을 나타내는 체언 뒤에 쓰임. ¶나~ 거기를 가라고?
더러-더러 [부] '더러[1]'의 힘줌말. ¶~ 좋은 일도 있어야지. / ~ 쉬어 가면서 하렴.
더:러움 [명] 더러워지는 일. [준]더럼.
더:러워-지다 [동][자] **1** (어떤 물체나 물질이) 더럽게 되다. ¶양말이 ~ / 물이 ~. **2** (마음이) 도덕적으로 그릇되거나 막된 상태가 되다. ¶세파에 시달리다 보니 성질이 **더러워졌다.** **3** (몸이) 성적 순결을 잃은 상태가 되다. ¶남자에게 몸을 빼앗겨 ~. **4** (명예나 이름이) 깎이거나 손상되다. [비]훼손되다. ¶이름이 ~.
더럭 [부] 겁이나 의심이나 화 등이 갑자기 생기거나 나는 상태를 이르는 말. ¶~ 의심이 들다 / 커다란 집에 혼자뿐이라는 생각이 들자 ~ 겁이 났다.
더럭-더럭[-떠-] [부] 자꾸 조르거나 억지를 부리는 모양. ¶~ 우기다 / ~ 떼를 쓰다. [작]다락다락.
더:럼 [명] '더러움'의 준말. ¶이 옷은 ~을 잘 탄다.
더:럽다[-따] [형][ㅂ] 〈더러우니, 더러워〉 **1** (어떤 물체나 물질이) 때나 흙이 묻거나, 또는 깨끗하지 못한 물질이 섞이거나 널려 있거나 그런 물질로 되어 있어 흉하거나 불쾌하다. [비]지저분하다·불결하다. ¶흙장난을 하여 손이 ~ / 강물이 오염되어 ~. [작]다랍다. ↔깨끗하다. **2** (행동이나 말이) 도덕적으로 그릇되거나 막되거나 성적(性的)으로 난잡하거나 하여 불쾌하다. [비]추잡하다. ¶**더러운** 계집 / 저 녀석은 성질이 ~. **3** (어떤 일이) 마음에 아니꼽거나 역겹다. 어떤 일이 뜻대로 되지 않거나 못마땅하거나 할 때, 불평조로 이르는 말임. ¶에이, 이놈의 세상 **더러워서** 못 살겠다. **4** 《'더럽게'의 꼴로 쓰여》 (어떤 행동이나 상태가) 아주 심한 상태에 있다. 대상을 달갑지 않게 여기거나 시기심이 나거나 할 때 사용하는 공격적 어투의 말임. ¶날씨 한번 **더럽게** 춥구먼.
더:럽-히다[-러피-] [동][타] **1** '더럽다1'의 사동사. ¶옷을 ~. **2** 명예나 위신 등을 더러워지게 하다. ¶명예를 ~ / 몸을 ~. [준]더레다.
더미 [명] 많은 물건이 한데 모여 쌓인 큰 덩어리. ¶잿~ / 흙~ / 쓰레기 ~ / 빚~에 올라앉다.
더미-씌우다[-씨-] [동][타] 자기의 책임·허물 등을 남에게 넘겨 지우다. ¶사고 책임을 모두 그에게 ~. [작]다미씌우다.
더버기 [명] 한군데에 무더기로 쌓이거나 덕지덕지 붙은 상태. 또는, 그 물건. ¶흙~ / 옷이 먼지 ~가 되다.
더벅-머리[-벙-] [명] **1** 더부룩하게 난 머리털. **2** 머리털이 더부룩한 아이. 또는, 아직 상투를 틀지 않은 미성년 남자. =수자(豎子). ¶~ 총각. [작]다박머리.
더부룩-하다[-루카-] [형][여] **1** (풀이나 나무 따위가 우거져) 거칠게 수북하다. [비]더북하다. **2** (길고 배게 난 수염이나 머리털이) 어지럽게 많다. ¶머리가 자라 ~. [작]다보록하다. [거]터부룩하다. **3** (배가) 소화가 안 되어 음식물이 그득한 듯한 불유쾌한 느낌이 있다. ×더뿌룩하다·듬뿌룩하다. **더부룩-이** [부] ¶쑥이 ~ 자라나다.
더부-살이 [명] **1** 남의 집에 거처하면서 일을 해 주고 삯을 받는 것. 또는, 그런 사람. **2** 나무나 풀에 기생하는 식물. **더부살이-하다** [동][자][여] 남의 집에 거처하면서 일을 해 주고 삯을 받다.
더북-더북[-떠-] [부] **1** 풀·나무 따위가 여기저기 더부룩하게 있는 모양. ¶잡초가 ~ 나다. **2** 먼지 따위가 여기저기 일어나서 자욱한 모양. ¶먼지가 ~ 일다. [작]다복다복. **더북더북-하다** [형][여]
더북-하다[-부카-] [형][여] (풀이나 나무 따위가 우거져) 아주 거칠게 수북하다. [비]더부룩하다. [작]다복하다. **더북-이** [부]
더불다 [동][불자] 《주로 '…와/과 더불어' (예전에는 '…로/으로 더불어')의 꼴로 쓰여〕(다른 대상과) 함께하다. ¶벗과 **더불어** 술을 마시다 / 자연과 **더불어** 지내다.

더불어 통 →더불다.

더블(double) 명 '갑절', '이중'의 뜻) **1** 입장권이나 차표 등이 동일한 좌석에 대해 이중으로 발매되는 것. **2** 위스키 등의 60㎖ 정도의 양. ¶위스키를 ~로 마시다. **3** '더블브레스트'의 준말. **더블-되다** 통(재) 입장권이나 차표 등이 동일한 좌석에 대해 이중으로 발매되다. ¶차표가 ~.

더블-데이트(double date) 명 한 남자가 두 여자와, 또는 한 여자가 두 남자와 번갈아 가면서 하는 데이트. 또는, 두 쌍의 남녀가 동시에 하는 데이트.

더블^드리블(double dribble) 명[체] 농구에서, 한 번 드리블한 선수가 패스나 슛을 하지 않고 다시 드리블하는 것. 반칙에 해당함.

더블^바순(double bassoon) 명[음] 목관 악기의 하나. 음색에 무거운 느낌이 있고 관현악의 가장 낮은 음부를 맡음. =콘트라파고토.

더블-베드(double bed) 명 두 사람이 함께 잘 수 있도록 크게 만든 침대. ↔싱글베드.

더블^베이스(double bass) 명[음] =콘트라베이스.

더블-보기(double bogey) 명[체] 골프에서, 한 홀의 기준 타수보다 2타수 많은 기록으로 공을 홀에 넣는 일.

더블-브레스트(←double-breasted) 명 재킷이나 코트의 여미는 부분이 좌측이나 우측에 있으면서 옷섶의 겹치는 부분이 넓고 두 줄 단추로 된 형식. 또는, 그런 형식의 옷. ㉤싱글브레스트.

더블^스코어(double score) 명[체] 구기 등의 운동 경기에서 한 팀의 점수가 다른 팀의 점수의 배인 것. ¶~ 차로 압승을 거두다.

더블^스틸(double steal) 명[체] 야구에서, 두 사람의 주자가 동시에 도루하는 일. =이중 도루(二重盜壘)·중도(重盜).

더블유비시(WBC) 명 〔World Boxing Council〕 1963년에 WBA의 자문 기관으로 발족하였다가 1966년에 분리하여 독립한, 프로 권투의 통할 기구. =세계 권투 평의회.

더블유비에이(WBA) 명 〔World Boxing Association〕 1962년에 발족된, 프로 권투계 최초의 통할 기구. =세계 권투 협회.

더블유에이치오(WHO) 명 〔World Health Organization〕 =세계 보건 기구.

더블유티오(WTO) 명 〔World Trade Organization〕 =세계 무역 기구.

더블^클릭(double click) 명[컴] 마우스의 버튼을 두 번 연속하여 눌렀다 떼는 것.

더블^파울(double foul) 명[체] 농구에서, 양 팀의 두 선수가 거의 동시에 반칙을 범하는 일.

더블^펀치(†double punch) 명[체] 권투에서, 한쪽 주먹만으로 두 번 연달아 치는 펀치. ¶~를 날리다.

더블^폴트(double fault) 명[체] 테니스에서, 서브를 두 번 다 실패하는 일.

더블^플레이(double play) 명[체] =병살.

더블헤더(doubleheader) 명 어떤 팀이 하루에 같은 상대 팀과 계속해서 두 번 경기를 하는 일.

더빙(dubbing) 명[방송][영] **1** 대사(臺辭)만이 녹음된 테이프에 필요한 효과음을 첨가 녹음하여 완성된 프로그램을 만드는 작업. **2** 외국 영화의 대사를 우리말로 갈아 넣는 일. **더빙-하다** 통(타)(여)

더뻑 튀 앞뒤를 헤아리지 않고 마구 행동하는 모양. ¶문을 ~ 열다 / 일을 ~ 저지르다. ㉤다빡.

더뻑-거리다/-대다[-꺼때-] 통(재) 앞뒤를 헤아리지 않고 마구 자꾸 행동하다. ¶그는 늘 **더뻑거려** 실수투성이다. ㉤다빡거리다.

더뻑-더뻑[-떠-] 튀 더뻑거리는 모양. ㉤다빡다빡. **더뻑더뻑-하다** 통(재)(여)

더뿌룩-하다 형(여) '더부룩하다³'의 잘못.

더-아니 튀 〔설의형(設疑形) 문장 속에 쓰여〕 얼마나 더. ¶자손들이 다 잘되었으니 ~ 기쁜가?

더-없다[-업따] 형 더할 나위가 없다. ¶기념식에 참석해 주신다면 **더없는** 영광이겠습니다. **더없-이** 튀 ~ 좋은 사람.

더우기 튀 '더욱이'의 잘못.

더욱 튀 정도나 수준 등이 한층 심하게 또는 높게. ¶건강이 ~ 나빠지다.

더욱-더[-떠] 튀 한층 더. ¶~ 노력해라.

더욱-더욱[-떠-] 튀 갈수록 더욱. ¶형편이 ~ 어려워지다.

더욱-이 튀 그러한 위에다가 또한. ¶영수는 공부도 잘하지만 운동은 ~ 잘한다. ×더우기.

더운-물 명 덥게 데운 물. =온수. ↔찬물.

더운-밥 명 갓 지어 따뜻한 밥. ㉥온반(溫飯). ↔찬밥.

더운-점심(-點心) 명 새로 지은 점심.

더운-찜질 명 =온찜질. ↔찬찜질.

더운피-동:물(-動物) 명[동] =정온 동물. ↔찬피 동물.

더워-하다 통(재)(여) 덥게 여기다. ¶그는 여름만 되면 유난히 **더워한다**. ↔추워하다.

더위 명 여름철의 몹시 더운 기운. ㉥서기(暑氣). ¶삼복 ~ / 찌는 듯한 ~ / ~가 기승을 부리다 / ~가 한풀 꺾이다. ↔추위.
 〔더위 먹은 소 달만 보아도 헐떡인다〕 어떤 일에 몹시 혼을 보게 되면, 그와 비슷한 것만 보아도 의심하며 두려워한다.

더위(가) 들다 끝 =더위(를) 먹다.

더위(를) 먹다 끝 여름철에 더위 때문에 병에 걸리다. =더위(가) 들다. ¶맹볕에 오래 있으면 **더위 먹는다**.

더위(를) 타다 끝 더위를 견디기 어려워하다. ¶그는 유난히 **더위를 탄다**.

더위-잡다[-따] 통(타) **1** (어떤 물체나 신체 부위를) 손으로 힘있게 움켜잡다. ¶굵은 나뭇가지를 **더위잡고** 절벽을 오른다. **2** (일의 기반을) 든든하게 잡다. ¶생활의 기반을 ~.

-더이까 어미 '합쇼' 할 상대에게 지난 일에 대해 회상하여 물을 때 쓰이는 종결 어미. 예스러운 표현임. ¶그 사람이 그렇게 말하~ / 그게 귀신이~, 사람이~? ▷-리이까.

-더이다 어미 '합쇼' 할 상대에게 지난 일에 대해 회상하여 말할 때 쓰이는 종결 어미. 예스러운 표현임. ¶그분이 소녀에게 말씀하~. ▷-리이다.

더치다 통 [1](재) 나아 가던 병세가 다시 더해지다. ¶찬 바람을 쐬어 감기가 **더쳤다**. [2](타) =덧들이다.

더치-페이(†Dutch pay) 명 비용을 각자 부담하는 일.

더킹(ducking) 명[체] 권투에서, 상대의 공격

더퍼리 명 '더펄이'의 잘못.
더펄-거리다/-대다 동작 1 (더부룩한 물건이) 조금 길게 늘어져 자꾸 날려 흔들리다. ¶머리털이 바람에 ~. 2 신중하지 못하고 들떠서 경솔하게 행동하다. 쫜다팔거리다.
더펄-더펄 閉 더펄거리는 모양. 쫜다팔다팔. **더펄더펄-하다** 동작여
더펄-머리 명 더펄더펄 흔들리는 머리털. 또는, 그런 머리를 가진 사람. ¶~ 총각. 쫜다팔머리.
더펄-이 명 성미가 침착하지 못하고 더펄거리는 사람. ×더퍼리.
더플-코트 (duffle coat) 명 모자가 달려 있고, 큰 주머니가 바깥으로 붙어 있으며, 대개 나무로 만든 긴 단추가 달린 코트.
더하-기 명수 더하는 일. =보태기. ↔빼기. **더하기-하다** 동태여
더-하다 Ⅰ동태여 1 (어떤 수나 분량에 다른 수나 분량을) 더 있게 하다. 비가(加)하다·보태다·합하다. ¶하나에 둘을 ~. ↔빼다. 2 (어떤 대상에 어떤 상태를) 더 있게 하다. ¶연속극에 재미를 **더하는** 요소.
Ⅱ휑여 (어떤 일의 정도나 상태가 이전이나 다른 경우보다) 더 크거나 심하다. ¶병세가 예전보다 ~. ↔덜하다.
더할 나위 없다 팬 아주 좋거나 완전하여 그 이상 더 말할 것이 없다. ¶**더할 나위 없이** 좋은 신랑감.
더-한층 (-層) 閉 이전보다 상태나 정도가 더 심하게. ¶~ 열심히 공부하다.
덕¹ 명 1 널·막대기 따위를 나뭇가지나 기둥 사이에 얹어 만든 시렁이나 선반. 2 =좌대(坐臺)¹.
덕² (德) 명 1 도덕적·윤리적 이상을 실현해 나가는 인격적 능력. 또는, 그 인격으로써 남에게 영향·감화를 미치는 일. ¶~을 쌓다/~을 베풀다. 2 일이 좋은 결과를 얻게 된 원인이라는 뜻으로, 남의 도움이나 은혜, 또는 연유를 이름. 비덕분. ¶염려해 주신 ~에 잘 지내고 있습니다.
덕(이) 되다 팬 이익이나 도움이 되다.
덕(을) 보다 팬 남에게 이익이나 도움을 입다.
덕기 (德器) [-끼] 명 어질고 너그러운 도량과 재능. 또는, 그것을 지닌 사람.
덕-낚시 [덩낙씨] 명 좌대(坐臺:수면 위에 붙박이로 설치한 구조물) 위에서 하는 낚시.
덕담 (德談) [-땀] 명 새해를 맞아 가족·친척·친지 등에게 복을 빌어 주거나 소원이 이뤄지기를 기원하는 뜻으로 하는 말. 때로, 새해 인사가 아니더라도 상대가 잘되기를 기원하여 해 주는 좋은 말을 이르기도 함. ↔악담. **덕담-하다** 동태여
덕대 [-때] 명광 남의 광산의 일부를 채굴권을 얻어 채광하는 사람.
덕더그르르 [-떠-] 閉 1 제법 크고 단단한 물건이 딱딱한 다른 물건에 부딪히며 굴러 가는 소리. 또는, 그 모양. ¶공사장에서 돌들이 ~ 굴러 내려오다. 2 우레가 좀 먼 곳에서 갑자기 일어나는 소리. 쫜닥다그르르. 쎈떡떠그르르.
덕더글-거리다/-대다 [-떠-] 동작 제법 크고 단단한 물건이 딱딱한 다른 물건에 계속하여 부딪히며 굴러 가는 소리가 나다. 쫜닥다글거리다. 쎈떡떠글거리다.

덕더글-덕더글 [-떠-떠-] 閉 덕더글거리는 소리. 쫜닥다글닥다글. 쎈떡떠글떡떠글. **덕더글덕더글-하다** 동작여
덕망 (德望) [덩-] 명 덕행으로 얻은 명망. ¶~이 높다/~을 쌓다.
덕목 (德目) [덩-] 명 충(忠)·효(孝)·인(仁)·의(義)·극기(克己)·정직 등 덕을 분류하는 명목.
덕분 (德分) [-뿐] 명 남이 베풀어 준 은혜나 도움이나 배려. 비덕(德)·덕택. ¶성원해 주신 ~에 성공리에 공연을 마쳤습니다.
덕석 [-썩] 명 추울 때 소의 등을 덮어 주는, 멍석처럼 만든 것. =우의(牛衣).
덕성 (德性) [-썽] 명 어질고 너그러운 성질.
덕성-스럽다 (德性-) [-썽-따] 휑ㅂ ⟨~스러우니, ~스러워⟩ 어질고 너그러운 성질이 있다. **덕성스레** 閉
덕-스럽다 (德-) [-쓰-따] 휑ㅂ ⟨~스러우니, ~스러워⟩ (외모나 언행이) 덕을 갖춘 데가 있다. ¶덕스러운 얼굴. **덕스레** 閉
덕업 (德業) 명 어질고 착한 업적이나 사업.
덕육 (德育) 명 도덕의식을 높이고 정서를 풍부히 길러 주기 위한 교육. ↔지육·체육.
덕의 (德義) [-의/-이] 명 1 사람으로서 마땅히 지켜야 할 도덕상의 의무. 2 덕성과 신의(信義).
덕의-심 (德義心) [-의-/-이-] 명 덕의를 소중히 여기고, 그대로 행하려는 마음.
덕인 (德人) 명 남에게 착하고 의로운 일을 베푸는 사람.
덕-장 [-짱] 명 물고기 따위를 말리려고 덕을 매어 놓은 곳. 또는, 그렇게 맨 덕.
덕적-덕적 [-쩍떡쩍] 閉 먼지·때 따위가 두껍게 붙어 있는 모양. 쫜닥작닥작.
덕정 (德政) [-쩡] 명 덕으로 다스리는, 어질고 바른 정치.
덕지-덕지 [-찌-찌] 閉 때나 먼지가 많이 끼어 더러운 모양. ¶때가 ~ 끼다. 쫜닥지닥지. **덕지덕지-하다** 휑여
덕치-주의 (德治主義) [-의/-이] 명 덕망이 있는 사람이 도덕적으로 어두운 사람을 지도·교화함을 정치의 요체로 삼는, 중국의 옛 정치 사상.
덕택 (德澤) 명 남이 염려해 주거나 도와주거나 한 영향이나 결과. 비덕분(德分). ¶제가 오늘날 이만큼 성공하게 된 것은 모두 선생님의 ~입니다.
덕트 (duct) 명 공기와 같은 유체가 흐르는 통로나 설비.
덕행 (德行) [더캥] 명 어질고 너그러운 행실.
덕화 (德化) [더콰] 명 덕행으로써 감화시키는 것. 또는, 그런 감화. **덕화-되다** 동태여 **덕화-하다** 동태여
덖다 [덕따] 동태 (물기가 약간 있는 고기나 찻잎·약재 따위를) 물을 더하지 않고 볶아서 익히다. ¶찻잎을 가마솥에 ~.
-던¹ 어미 지난 일을 회상하거나, 과거의 동작이 완결되지 못함을 나타내는 관형사형 전성 어미. ¶삼단같이 곱~ 머리/전에 가니~ 길. ×-든.
-던² 어미 '-더냐'의 의미로 친근하게 물을 때 쓰이는 종결 어미. ¶그가 언제 왔~?
-던가 어미 1 '하게' 할 상대에게 스스로 지난 일을 회상하여 감탄조로 물을 때 쓰이는 종결 어미. ¶갓 시집왔을 때만 해도 얼마나 고왔~? 2 '하게' 할 상대에게 실제로 겪어 본 일에 대하여 물을 때 쓰이는 종결 어

미. ¶그쪽에도 눈이 많이 왔~? ×-든가.
-던감 [어미] 주로 혼잣말에 쓰여 '-라고 하던가'의 뜻으로, 의문을 나타내는 종결 어미. 주로 반어적으로 쓰임. ¶누가 약주를 그렇게 많이 마시라고 했~.
-던걸 [어미] '해' 할 상대에게 쓰이거나 혼잣말에 쓰여, 어떤 사실을 과거에 경험하여 알게 되었음을 시인 수긍하는 뜻을 나타내는 종결 어미. 가벼운 반박이나 감탄의 뜻을 띰. 여자는 꽤 미인이~./아버님은 집에 계시~. ×-든걸.
-던고 [어미] '-던가'의 예스러운 말투. ¶눈물로 지새운 밤이 그 얼마~? ×-든고.
-던데 [어미] 1 다음 말을 끌어내기 위하여 관련될 만한 지난 사실을 먼저 회상하여 말할 때 쓰이는 연결 어미. ¶뜰에 꽃이 탐스럽게 피었~ 아직 못 보았니? 2 남의 의견을 듣고자 하는 태도로 스스로 감탄하여 보일 때 쓰이는 종결 어미. ¶대단한 미남이~./그 사람 체격이 아주 좋~. ×-든데.
-던들 [어미] 선어말 어미 '-았/었-' 뒤에 붙어, 현재의 결과와 반대되는 어떤 사실을 가정하여 이럴 것을 희망할 때 쓰이는 연결 어미. ¶조금만 더 노력했~ 실패의 쓴잔을 마시진 않았을 텐데.
-던바 [어미] 과거에 있었던 어떤 사실을 앞에 말하면서, 그로 말미암은 사실을 뒤에 말할 때 쓰이는 연결 어미. ¶예기치 못한 돌발 사태가 있었~ 적절한 대응 조치가 어려웠음.
던:적-스럽다[-쓰-따][형][ㅂ]〈-스러우니, -스러워〉(하는 짓이) 아주 치사하고 더러운 데가 있다. ¶돈 가지고 너무 던적스럽게 굴지 마라. [잘]단작스럽다. 던:적스레[부]
던져-두다[-저-][동][타] 1 돌아보지 않고 그대로 내버려 두다. ¶수업만 마치면 책가방은 던저두고 놀기에만 바쁘다. 2 (하던 일을) 중단하고 그대로 내버려 두다. ¶제 일을 던저둔 채 남의 일에만 정성이다.
-던지 [어미] 1 지난 일을 회상하여 막연하게 의문을 나타낼 때 쓰이는 연결 어미. ¶그날 저녁 누가 왔~ 생각이 납니까? 2 지난 일을 회상하면서 감탄조로 이르는 종결 어미. 또는, 그 지난 일이 다른 어떤 사실을 일으키는 원인이 됨을 나타내는 연결 어미. ¶그날 따라 날씨는 왜 그리 춥~. ×-든지.
던지-기 [명][체] 씨름에서, 상대를 들어 앞으로 던지는 기술.
던지다 [동][타] (손에 든 물체를 일정한 방향으로, 또는 그 방향에 있는 대상에) 팔을 움직이다가 손에서 놓아 공중을 통해 나아가게 하다. ¶공을 ~. 2 (자기의 몸을 어느 곳에) 내밀어 뛰어들다. ¶삼천 궁녀들은 백마강에 몸을 던졌다. 3 (자기의 몸을 어느 곳에) 맥없이 쓰러지듯 앉거나 눕는 상태가 되게 하다. ¶그는 소파에 지친 몸을 던졌다. 4 (목숨이나 재산 등을 어떤 일을 위해) 아낌없이 내놓다. ¶조국을 위해 몸을 던진 열사. 5 (시선이나 웃음, 말 등을) 어떤 대상에게) 향하여 보내거나 주다. 대상이 사람이 아닌 데에는 쓰기 어려운 말임. ¶추파를 ~ / 선생님이 학생들에게 질문을 ~. 6 (물체가 빛이나 그림자를 어느 곳에) 퍼지게 하거나 나타나게 하다. 활유적인 표현으로 문학적인 글에 주로 쓰임. ¶가로등이 밤거리에 흐릿한 빛을 던지고 있다. 7 (어떤 일이나 사실이 희망·암시·충격·영향 등의 상태를 어떤 대상에) 생기게 하거나 이르게 하다. ¶교육계에 커다란 충격을 던진 사건. 8 (일감을) 일시적으로 일하지 않기 위해 내버려 둔 상태가 되게 하다. ¶소설가 박 씨는 던져 놓았던 원고를 다시 꺼내 읽어 보았다. 9 선거에서, (표를 어떤 후보에게) 지지하는 뜻을 나타내다. 비투표하다. ¶나는 K 후보에게 한 표를 던졌다. 10 붓을 던지다 → 붓. 11 돌을 던지다 → 돌².

던:지럽다[-따][형][ㅂ]〈던지러우니, 던지러워〉말이나 행실이 더럽다. [잘]단지럽다.

덜 [부] 한도에 미치지 차지 못하거나 어떤 비교 대상이나 기준보다 못함을 뜻하는 말. ¶~ 익은 옥수수 / 잠이 ~ 깨다 / 밥이 아직 ~ 되었다. ↔더.

덜거덕 [부] 크고 단단한 물건이 맞닿아서 나는 소리. [준]덜걱. [잘]달가닥. [센]덜꺼덕·떨거덕·떨거덕. [거]덜커덕. 덜거덕-하다 [동][자][타][여]

덜거덕-거리다/-대다[-꺼(때)-][동][자][타] 덜거덕 소리가 잇달아 나다. 또는, 그런 소리를 내다. ¶창문이 바람에 ~. [준]덜걱거리다. [잘]달가닥거리다. [센]덜꺼덕거리다·떨거덕거리다·떨꺼덕거리다. [거]덜커덕거리다.

덜거덕-덜거덕 [-덜-] [부] 덜거덕거리는 소리. ¶~ 대문 흔드는 소리가 나다. [준]덜걱덜걱. [잘]달가닥달가닥. [센]덜꺼덕덜꺼덕·떨거덕떨거덕·떨꺼덕떨꺼덕. [거]덜커덕덜커덕. 덜거덕덜거덕-하다 [동][자][타][여]

덜거덩 [부] 단단하고 큰 물건이 부딪칠 때에 둔하게 울려 나는 소리. [잘]달가당. [센]덜꺼덩·떨거덩·떨꺼덩. [거]덜커덩. 덜거덩-하다 [동][자][타][여]

덜거덩-거리다/-대다 [동][자][타] 덜거덩 소리가 잇달아 나다. 또는, 그런 소리를 내다. ¶버스가 비포장도로에 들어서자 심하게 덜거덩거렸다. [잘]달가당거리다. [센]덜꺼덩거리다·떨거덩거리다·떨꺼덩거리다. [거]덜커덩거리다.

덜거덩-덜거덩 [부] 덜거덩거리는 소리. [잘]달가당달가당. [센]덜꺼덩덜꺼덩·떨거덩떨거덩·떨꺼덩떨꺼덩. [거]덜커덩덜커덩. 덜거덩덜거덩-하다 [동][자][타][여]

덜걱 [부] '덜거덕'의 준말. [잘]달각. [센]덜꺽·떨걱·떨꺽. [거]덜컥. 덜걱-하다 [동][자][타][여]

덜걱-거리다/-대다 [-꺼(때)-][동][자][타] '덜거덕거리다'의 준말. [잘]달각거리다. [센]덜꺽거리다·떨걱거리다·떨꺽거리다. [거]덜컥거리다.

덜걱-덜걱 [-떨-] [부] '덜거덕덜거덕'의 준말. [잘]달각달각. [센]덜꺽덜꺽·떨걱떨걱·떨꺽떨꺽. [거]덜컥덜컥. 덜걱덜걱-하다 [동][자][타][여]

덜그럭 [부] 단단하고 큰 물건이 부딪치거나 서로 스쳐 나는 소리. [잘]달그락. [센]떨그럭. 덜그럭-하다 [동][자][타][여]

덜그럭-거리다/-대다 [-꺼(때)-][동][자][타] 잇달아 덜그럭 소리가 나다. 또는, 그런 소리를 내다. [잘]달그락거리다. [센]떨그럭거리다.

덜그럭-덜그럭 [-떨-] [부] 덜그럭거리는 소리. [잘]달그락달그락. [센]떨그럭떨그럭. 덜그럭덜그럭-하다 [동][자][타][여]

덜그렁 [부] 얇고 크며 단단한 쇠붙이 따위가 맞부딪거나 서로 스쳐서 울려 나는 소리. [잘]달그랑. [센]떨그렁. 덜그렁-하다 [동][자][타][여]

덜그렁-거리다/-대다 [동][자][타] 잇달아 덜그렁 소리가 나다. 또는, 그런 소리를 내다. ¶철거운 창문이 바람에 ~. [잘]달그랑거리다.

덜그렁거리다.
덜그렁-덜그렁 〖부〗 덜그렁거리는 소리. 〈작〉달그랑달그랑. 〈센〉떨그렁떨그렁. **덜그렁덜그렁-하다** 〖동〗〈자〉〈타〉〈여〉
덜꺼덕 〖부〗 '덜거덕'의 센말. 〈준〉덜꺽. 〈작〉달까닥. 〈센〉떨꺼덕. **덜꺼덕-하다** 〖동〗〈자〉〈타〉〈여〉
덜꺼덕-거리다/-대다 [-꺼(때)-] 〖동〗〈자〉〈타〉 '덜거덕거리다'의 센말. 〈준〉덜꺽거리다. 〈작〉달까닥거리다. 〈센〉떨꺼덕거리다.
덜꺼덕-덜꺼덕 [-떨-] 〖부〗 '덜거덕덜거덕'의 센말. 〈준〉덜꺽덜꺽. 〈작〉달까닥달까닥. 〈센〉떨꺼덕떨꺼덕. **덜꺼덕덜꺼덕-하다** 〖동〗〈자〉〈타〉〈여〉
덜꺼덩 〖부〗 '덜거덩'의 센말. 〈작〉달까당. 〈센〉떨꺼덩. **덜꺼덩-하다** 〖동〗〈자〉〈타〉〈여〉
덜꺼덩-거리다/-대다 〖동〗〈자〉〈타〉 '덜거덩거리다'의 센말. 〈작〉달까당거리다. 〈센〉떨꺼덩거리다.
덜꺼덩-덜꺼덩 〖부〗 '덜거덩덜거덩'의 센말. 〈작〉달까당달까당. 〈센〉떨꺼덩떨꺼덩. **덜꺼덩덜꺼덩-하다** 〖동〗〈자〉〈타〉〈여〉
덜꺽 〖부〗 '덜꺼덕'의 준말. 〈작〉달깍. 〈센〉떨꺽. **덜꺽-하다** 〖동〗〈자〉〈타〉〈여〉
덜꺽-거리다/-대다 [-꺼(때)-] 〖동〗〈자〉〈타〉 '덜꺼덕거리다'의 준말. 〈작〉달깍거리다. 〈센〉떨꺽거리다.
덜꺽-덜꺽 [-떨-] 〖부〗 '덜꺼덕덜꺼덕'의 준말. 〈작〉달깍달깍. 〈센〉떨꺽떨꺽. **덜꺽덜꺽-하다** 〖동〗〈자〉〈타〉〈여〉
덜:다 (덜고 / 덜어) 〖타〗〈더니, 더요〉 1 (그릇 등에 담긴 물질을) 일부를 퍼내거나 하여 다른 데에 옮기거나 양이 줄게 하다. ¶밥이 너무 많으니까 **덜게요**. / 찌개를 접시에 **덜어서** 먹다. 2 (어려움·걱정·일손 등을) 여럿이 나누어서 일이 해결되거나 하여 줄게 하다. ¶일손을 ~ / 밀린 일을 끝내 한시름 **덜었다**.
덜덜 〖부〗 1 (무섭거나 추위서) 몸을 몹시 떠는 모양. ¶비에 옷이 흠뻑 젖어서 ~ 떨고 있다. 2 수레바퀴 따위가 단단한 바닥에서 구르는 소리. 〈작〉달달. 〈센〉떨떨.
덜덜-거리다/-대다 〖동〗〈자〉〈타〉 1 계속 덜덜 떨다. 2 잇달아 덜덜 소리가 나다. 또는, 그런 소리를 내다. 〈작〉달달거리다. 〈센〉떨떨거리다.
덜:-되다 [-되/-웨-] 〖동〗〈자〉 (사람의 됨됨이가) 인격적으로 성숙되지 않은 상태에 있다. ¶거들먹거리는 걸 보니 **덜된** 놈 같다.
덜:-떨어지다 〖동〗 [쇠딱지가 덜 떨어졌다는 뜻] (사람이, 또는 그의 언행이) 어리석어 바보스럽다. ¶**덜떨어진** 녀석 / 그놈의 **덜떨어진** 소리랑 작작 해라.
덜렁 〖부〗 1 큰 방울이 한 번 흔들려 나는 소리. 2 하나가 매달려 있거나 남아 있는 모양. 3 침착하지 못하고 덤비는 모양. 4 갑자기 겁나는 일을 당하였을 때 가슴이 뜨끔하게 울리는 모양. 〈작〉달랑. 〈센〉떨렁.
덜렁-거리다/-대다 〖동〗〈자〉〈타〉 1 물체가 매달려 자꾸 흔들리다. 또는, 그렇게 흔들리며 소리를 내다. 2 침착하거나 차분함이 없이 자꾸 경망하게 굴다. ¶계집애가 차분하지 못하고 **덜렁건다**. 〈작〉달랑거리다. 〈센〉떨렁거리다.
덜렁-덜렁 〖부〗 덜렁거리는 소리나 모양. 〈작〉달랑달랑. 〈센〉떨렁떨렁. **덜렁덜렁-하다** 〖동〗〈자〉〈타〉〈여〉
덜렁-쇠 [-쇠/-쉐] 〖명〗 =덜렁이. 〈작〉달랑쇠.
덜렁-이 〖명〗 성질이 침착하지 못하고 덤벙거리는 사람을 얕잡거나 놀림조로 이르는 말.

=덜렁쇠. ¶그런 ~에게 무슨 일을 맡기겠어? 〈작〉달랑이.
덜렁-이다 〖동〗〈자〉〈타〉 1 큰 방울 따위가 흔들려 소리가 나다. 또는, 그것이 흔들리며 소리를 내다. 2 침착하지 못하고 덤벙거리다. ¶다 큰 계집애가 왜 이리 **덜렁이느냐**. 〈작〉달랑이다. 〈센〉떨렁이다.
덜름-하다 〖형〗〈여〉 1 아랫도리가 드러나도록 옷의 길이가 짧다. 2 어울리지 않게 홀로 우뚝하다.
덜-리다 〖동〗 '덜다'의 피동사.
덜미 〖명〗 목의 뒷부분. 오늘날, 신체 부위의 뜻으로는 주로 '목덜미'와 같은 합성어의 꼴로 쓰이며, '덜미'는 '잡다', '잡히다' 등의 동사와 어울려 비유적인 뜻으로 많이 쓰임.
덜미를 잡다 〖관〗 못된 일 따위를 하는 것을 알아채거나 그 증거를 잡다.
덜미(를) 잡히다 〖관〗 못된 일 따위를 꾸미다가 발각되다. ¶흉계를 꾸미다가 **덜미를 잡혔다**.
덜커덕 〖부〗 '덜거덕'의 거센말. 〈준〉덜컥. 〈작〉달카닥. **덜커덕-하다** 〖동〗〈자〉〈타〉〈여〉
덜커덕-거리다/-대다 [-꺼(때)-] 〖동〗〈자〉〈타〉 '덜거덕거리다'의 거센말. ¶시골길을 달구지가 **덜커덕거리며** 간다. 〈준〉덜컥거리다. 〈작〉달카닥거리다.
덜커덕-덜커덕 [-떨-] 〖부〗 '덜거덕덜거덕'의 거센말. 〈준〉덜컥덜컥. 〈작〉달카닥달카닥. **덜커덕덜커덕-하다** 〖동〗〈자〉〈타〉〈여〉
덜커덩 〖부〗 '덜거덩'의 거센말. ¶기차가 ~ 서다. 〈준〉덜컹. 〈작〉달카당. **덜커덩-하다** 〖동〗〈자〉〈타〉〈여〉
덜커덩-거리다/-대다 〖동〗〈자〉〈타〉 '덜거덩거리다'의 거센말. ¶빈 드럼통을 실은 용달차가 **덜커덩거리며** 지나간다. 〈준〉덜컹거리다. 〈작〉달카당거리다.
덜커덩-덜커덩 〖부〗 '덜거덩덜거덩'의 거센말. 〈준〉덜컹덜컹. 〈작〉달카당달카당. **덜커덩덜커덩-하다** 〖동〗〈자〉〈타〉〈여〉
덜컥¹ 〖부〗 '덜커덕'의 준말. 〈작〉달칵. 〈여〉덜걱. **덜컥-하다** 〖동〗〈자〉〈타〉〈여〉
덜컥² 〖부〗 1 갑작스레 놀라거나 겁에 질려 가슴이 내려앉는 모양. 〈비〉덜컹. ¶겁이 ~ 나다. 2 어떤 사태가 매우 갑작스레 진행되는 모양. ¶수습도 못 할 일을 ~ 저질러 놓았으니 어쩜 좋아? **덜컥-하다²** 〖동〗〈여〉 갑작스레 놀라거나 겁에 질려 가슴이 내려앉다.
덜컥-거리다/-대다 [-꺼(때)-] 〖동〗〈자〉〈타〉 1 '덜커덕거리다'의 준말. ¶문이 바람에 ~. 2 별안간 겁에 질리거나 놀랐을 때에 가슴이 몹시 두근거리다. 〈작〉달칵거리다. 〈여〉덜걱거리다.
덜컥-덜컥 [-떨-] 〖부〗 '덜커덕덜커덕'의 준말. 〈작〉달칵달칵. 〈여〉덜걱덜걱. **덜컥덜컥-하다** 〖동〗〈자〉〈타〉〈여〉
덜컹 〖부〗 1 '덜커덩'의 준말. 〈작〉달캉. 2 갑자기 놀라서 가슴이 내려앉듯 충격을 느끼는 모양. 〈비〉덜컥. ¶갑작스러운 비보에 가슴이 ~ 내려앉다. **덜컹-하다** 〖동〗〈자〉〈타〉〈여〉 ¶전화벨 소리만 울려도 가슴이 **덜컹한다**.
덜컹-거리다/-대다 〖동〗〈자〉〈타〉 '덜커덩거리다'의 준말. 〈작〉달캉거리다.
덜컹-덜컹 〖부〗 '덜커덩덜커덩'의 준말. 〈작〉달캉달캉. **덜컹덜컹-하다** 〖동〗〈자〉〈타〉〈여〉
덜퍼덕 〖부〗 힘없이 주저앉거나 눕는 모양. ¶땅바닥에 ~ 주저앉다.
덜퍽-지다 [-찌-] 〖형〗 1 푸지고 탐스럽다. ¶

눈이 **덜떡지게** 오다. 2 부피가 어림없이 크고 굉장하다. ¶**덜떡지게** 큰 수박. 3 (큰 몸이) 튼튼하고 위엄이 있다. ¶심장은 **덜떡진** 몸에 우렁우렁한 목소리를 내지르는 사람이었다.

덜¹-하다 [형여] (어떤 일의 정도나 상태가 이전이나 다른 경우보다) 적거나 낮다. ¶이 수박은 단맛이 **덜한** 것 같다. ↔더하다.

덤¹ [명] 1 제 값어치의 물건 외에 조금 더 얹어 주거나 받는 일. 또는, 그런 물건. ¶오이 한 접을 사니까 ~으로 다섯 개를 더 주더라. 2 바둑에서, 맞바둑의 경우 흑이 백에게 집을 더 주는 일. =공제(控除). ¶~을 치르고도 넉 집 반을 이겼다.

덤덤-하다 [형여] 1 마땅히 말할 만한 자리에서 아무 말 없이 조용하다. ¶**덤덤하게** 앉아 있지 말고, 각자 의견을 내놓으시오. 2 특별한 감정이 없이 그저 예사롭다. ¶오랜만에 만났는데 **덤덤하게** 대하더라. 3 제 맛이 나지 않고 아주 싱겁다. ¶이 배 맛이 왜 이리 **덤덤한가**. **덤덤-히** [부] ~ 대하다.

덤벙 [부] '텀벙'의 여린말. [작]담방. **덤벙-하다** [동][형여]

덤벙-거리다/-대다¹ [동](자) 침착하지 않은 행동으로 마구 서두르다. ¶공연히 **덤벙거리지** 말고 차근차근히 풀어라. [작]담방거리다.

덤벙-거리다/-대다² [동](자)(타) '텀벙거리다'의 여린말. [작]담방거리다.

덤벙-덤벙¹ [부] 덤벙거리는(덤벙거리다¹) 모양. [작]담방담방. **덤벙덤벙-하다¹** [동](자)(여)

덤벙-덤벙² [부] '텀벙텀벙'의 여린말. [작]담방담방. **덤벙덤벙-하다²** [동](자)(타)(여)

덤벙-이 [명] 침착하지 못하고 마구 서두르는 사람.

덤벙-이다 [동](자) 침착하지 않은 행동으로 함부로 서둘다. [작]담방이다.

덤벨(dumbbell) [명][체] =아령(啞鈴).

덤벼-들다 [동](자) <-드니, -드오> 함부로 대들거나 달려들다. ¶형한테 ~.

덤부렁-듬쑥 [부] 수풀이 우거져 그윽한 모양. **덤부렁듬쑥-하다** [형여]

덤불 [명] 어수선하게 엉클어진 수풀. ¶가시~.

덤불-숲 [-숩] [명] 덤불이 들어찬 수풀.

덤불-지다 [동](자) 덤불이 생기다. ¶저 **덤불진** 곳에는 밤에 도깨비라도 나올 듯하다.

덤비다 [동](자) 1 (어떤 사람이나 동물이 다른 사람이나 동물에게) 대들거나 달려들다. ¶**덤빌** 테면 **덤벼** 봐. 2 (사람이) 어떤 일에 침착하지 못하고 서둘러 행동하는 태도를 가지다. ¶가만있어, **덤빈다고** 될 일이 아냐.

덤뻑 [부] 앞뒤를 헤아리지 않고 무턱대고 하는 모양. **덤뻑-덤뻑**.

덤터기 [명] 억울한 누명이나 터무니없는 곤경이나 공연한 걱정거리. ¶빚 보증을 섰다가 남의 빚을 ~로 떠안게 되었다. [작]담타기. ×덤태기.

덤터기(를) 쓰다 [관] 억울한 누명을 쓰거나 터무니없이 곤경에 처하거나 공연한 걱정거리를 가지게 되다.

덤터기(를) 씌우다 [관] 남에게 억울한 누명이나 터무니없는 곤경이나 공연한 걱정거리를 덮어씌우다. ¶약빠른 업자는 상대에게 **덤터기를** 씌우고 종적을 감추었다.

덤턱-스럽다 [-쓰-따] [형ㅂ] <-스러우니, -스러워> 매우 크고 푸지다. **덤턱스레** [부]

덤테기 [명] '덤터기'의 잘못.

덤프-차(dump車) [명] =덤프트럭.

덤프-트럭(dump truck) [명] 짐받이를 옆 또는 뒤쪽으로 기울여 짐을 한꺼번에 부릴 수 있도록 장치된 차. =덤프차. [비]트럭. ¶~에 모래를 싣다.

덤핑(dumping) [명][경] 1 채산이 맞지 않는 싼 가격으로 상품을 파는 일. 2 국제 경쟁에서 이기기 위하여 국내 판매 가격이나 생산비보다 싼 가격으로 상품을 수출하는 일.

덥!-다 [-따] [덥고 / 더워] [형ㅂ] <더우니, 더워> 1 (날씨나 어떤 공간이) 몸에 땀이 날 만큼 기온이 높다. 또는, (사람이나 동물이) 몸에 땀이 날 만큼 높은 온도를 느끼는 상태에 있다. ¶30도를 웃도는 **더운** 여름 날씨/옷을 잔뜩 껴입었더니 **더워서** 땀이 난다. ↔춥다. 2 (물체나 물질이) 온도가 보통의 정도보다 높다. ¶**더운물 / 더운** 음식. 3 [한] 약제가 사람의 몸을 따뜻하게 해 주는 성질이 있다. ¶**더운** 약초. ↔차다.

> [유의어] **덥다 / 따뜻하다 / 뜨겁다**
> 모두 기온이나 몸에 느끼는 온도가 높은 상태를 가리키나, '덥다'는 땀이 날 정도의 불쾌한 상태를 나타내는 반면, '따뜻하다'는 땀이 나지 않을 정도의 기분 좋은 상태를 가리키고, '뜨겁다'는 오래있으면 덴 만큼 견디기 어려운 상태를 가리킴. 그 온도는 '따뜻하다<덥다<뜨겁다'의 순으로 높아진다고 할 수 있음.

덥석 [-썩] [부] 왈칵 달려들어 움켜쥐거나 입에 무는 모양. ¶반가워서 손을 ~ 잡다. [작]답삭. [거]텁석.

덥석-거리다/-대다 [-썩꺼(때)-] [동](타) 연하여 덥석 움켜쥐거나 입에 물다. [작]답삭거리다. [거]텁석거리다.

덥석-덥석 [-썩떱썩] [부] 덥석거리는 모양. ¶~ 집어먹다. [작]답삭답삭. [거]텁석텁석. **덥석덥석-하다** [동](타)(여)

덥수룩-하다 [-쑤루카-] [형여] 더부룩하게 많이 난 수염이나 머리털이 어수선하게 덮여 있다. ¶**덥수룩한** 수염. [거]텁수룩하다. **덥수룩-이** [부]

덥적-거리다/-대다 [-쩍꺼(때)-] [동](자) 무슨 일에나 자꾸 간섭하다. ¶남의 일에 너무 **덥적거리지** 마라. 2 남에게 붙임성 있게 굴다. [작]답작거리다.

덥적-덥적 [-쩍떱쩍] [부] 덥적거리는 모양. ¶그는 무슨 일에나 ~ 나서길 좋아한다. [작]답작답작. **덥적덥적-하다** [동](자)(여)

덥적-이다 [-쩍-] [동](자) 1 무슨 일에나 간섭을 잘하다. 2 남에게 붙임성 있게 굴다. [작]답작이다.

덥-히다 [더피다] [동](타) 1 (고체나 액체나 기체 상태의 물체나 물질을) 열을 가하여 보통의 정도보다 높은 온도를 가지게 하다. ¶방을 ~ / 물을 가스 불에 ~ / 난로가 방 안의 공기를 ~. 2 (몸을) 불을 쬐거나 운동을 하거나 무엇을 덮거나 마찰을 하거나 하여 체온이 올라가게 하다. ¶난로에 몸을 ~. ▷데우다.

덧¹ [덛] [명] 고어(古語)에서는 '덛'의 꼴로 쓰여 자립성을 가졌으나, 현대어에서는 '어느덧', '햇덧' 등에서만 화석화된 형태로 남아 있는 말. 짧은 동안을 나타냄.

덧-² [덛] [접두] 일부 명사나 동사 앞에 붙어, 사물·동작·작용 등이 거듭되거나 다시 하거나 더한 상태임을 나타내는 말. ¶~문/~니/~나다/~대다/~붙이다.

덧-가지[덛까-] 몡 하나가 날 자리에 하나가 더 난 가지.
덧-개비 몡 '덧게비'의 잘못.
덧-거름 몡 농작물에 대하여 첫 번에 거름을 준 뒤에 또다시 추가하여 주는 비료. =추비(追肥).
덧-거리[덛꺼-] 몡 1 일정한 수량 외에 더 얹은 물건. 2 없는 사실을 보태어 말하는 일. **덧거리-하다** 튠예 없는 사실을 보태어 말하다.
덧거리-질[덛꺼-] 몡 덧거리하는 짓. **덧거리질-하다**
덧-걸다[덛껄-] 튠타 〈~거니, ~거오〉 걸어 놓은 것 위에 다시 또 걸다. ¶옷 위에 옷을 ~.
덧걸-리다[덛껄-] 튠재 1 '덧걸다'의 피동사. ¶못 하나에 여러 옷이 **덧걸려** 있다. 2 한 가지 일에 다른 일이 겹쳐 걸리다.
덧-걸이[덛거-] 몡[체] 씨름에서, 상대가 배지기 공격을 할 때, 또는 왼쪽 다리를 앞으로 세울 때, 오른쪽 다리로 상대의 왼쪽 다리를 밖으로 걸어 양손으로 샅바를 당겨 상대를 밀어 넘어뜨리는 기술.
덧-걸치다[덛껄-] 튠타 걸친 위에 겹쳐 걸치다. ¶외투 위에 망토를 ~.
덧-게비 몡 다른 것 위에 다시 덧엎어 대는 일. ×덧개비.
덧-구두 몡 '덧신'의 잘못.
덧-그림[덛끄-] 몡 그림 위에 얇은 종이를 덮어 대고 본떠 그린 그림.
덧-깔다[덛-] 튠타 〈~까니, ~까오〉 깐 위에 겹쳐 깔다. ¶보료 위에 담요를 **덧깔고** 눕다.
덧-나다¹[덛-] 튠재 1 (병이나 상처, 또는 부스럼 등이) 잘못 다루어 더 악화하다. ¶공연히 긁어서 부스럼이 **덧났다**. 2 노염이 일어나다. 3 (입맛 따위가) 없어지다. ¶입맛이 ~.
덧-나다²[덛-] 튠재 이미 나 있는 위에 덧붙어 나다. ¶이가 ~.
덧-날[덛-] 몡 나무의 면에 거스러미가 일어나지 않도록 대팻날 위에 덧얹어 끼우는 날.
덧내다[덛-] 튠타 '덧나다'의 사동사. ¶종기를 ~ / 상처를 괜히 건드려 **덧내지** 마라.
덧-널[덛-] 몡 관(棺)을 담는 궤. =곽·외곽·외관.
덧널-무덤[덛-] 몡[고고] 관을 넣어 두는 묘실을 목곽으로 만든 무덤. =목곽묘(木槨墓).
덧-니[덛-] 몡 제 위치에 나지 못하고 바깥쪽으로 나오거나 안쪽으로 들어간 상태로 난 이. 특히, 그런 송곳니. ¶웃을 때 살짝 드러나는 ~가 매력적이다.
덧니-박이[덛-] 몡 덧니가 난 사람.
덧-달다[덛딸-] 튠타 〈~다니, ~다오〉 겹쳐 덧붙여 달다. ¶창문을 겹으로 ~.
덧-대다[덛때-] 튠타 댄 위에 다시 또 대다. ¶바지의 무릎 부분에 가죽을 **덧대어** 깁다.
덧-덮다[덛떱따] 튠타 덮은 위에 다시 또 덮다. ¶추워서 이불을 ~.
덧-돈[덛똔] 몡 더 드는 돈. 剄웃돈.
덧-두리[덛뚜-] 몡 1 물건을 교환할 때, 그 값을 쳐서 서로 셈하고 모자라는 액수를 채워 내는 돈. 2 본래 정해 놓은 액수 외에 얼마만큼 더 보태는 돈. 剄웃돈.
덧-들다[덛뜰-] 튠재 〈~드니, ~드오〉 선잠이 깨어 다시 잠이 쉬 들지 않다. ¶시름으로 잠이 **덧들어서** 뒤척거리다.

덧-들이다[덛뜰-] 튠타 남을 건드려서 노하게 하다. =더치다.
덧-문(-門)[덛-] 몡 문짝 바깥쪽에 덧다는 문.
덧-물[덛-] 몡 1 강이나 호수 등의 얼음 위에 괸 물. 2 이미 있거나 둔 물 위에 더하는 물.
덧-바르다[덛빠-] 튠타 〈~바르니, ~발라〉 바른 위에 겹쳐 바르다. ¶벽지를 ~.
덧-바지[덛빠-] 몡 속바지 위에 덧입는 큰 바지.
덧-방(-枋)[덛빵] 몡 이미 있는 것에 다른 것을 덧대는 일. 또는, 그 덧댄 물건. ¶~을 붙이다.
덧-버선[덛뻐-] 몡 1 버선 위에 덧신는 큰 버선. 2 실내에서 발바닥에서 발등까지만 가려지게 신는, 천으로 만든 물건.
덧-보태다[덛뽀-] 튠타 보탠 위에 겹쳐 보태다. 剄추가하다. ¶시집간 딸이건만 하나라도 **덧보태** 주시려 애쓰는 어머니.
덧-붙다[덛뿥따] 튠재 1 겹쳐 붙다. 2 군더더기로 붙다. ¶남에게 **덧붙어** 살다.
덧-붙이다[덛뿥치-] 튠타 '덧붙다'의 사동사. 剄첨가하다. ¶**덧붙여** 한 말씀 드리겠습니다.
덧-뿌리다[덛-] 튠타 (씨앗을) 뿌린 뒤에 다시 더 뿌리다.
덧-세우다[덛쎄-] 튠타 본디 있는 위에 겹쳐 세우다.
덧-셈[덛쎔] 몡[수] 더하는 셈. 구용어는 가법(加法). =가산. ↔뺄셈. **덧셈-하다** 튠재
덧셈-표(-標)[덛쎔-] 몡[수] 덧셈의 부호인 '+'의 이름. 구용어는 가표(加標). 剄플러스. ↔뺄셈표.
덧-소금[덛쏘-] 몡 소금으로 절일 때 맨 위에 소복이 얹어 놓는 소금.
덧-손질[덛손-] 몡 손질한 것을 다시 손질함. **덧손질-하다** 튠타예
덧-신[덛씬] 몡 신 위에 덧신는 신. ×덧구두.
덧-신다[덛씬따] 튠타 신은 위에 겹쳐 신다. ¶양말을 ~.
덧-쓰다[덛-] 튠타 〈~쓰니, ~써〉 (무엇을) 쓴 위에 겹처 쓰다.
덧-씌우다[덛씨-] 튠타 씌운 위에 겹쳐 씌우다. ¶업은 아기가 추울 것 같아서 포대기를 **덧씌웠다**.
덧-양말(-洋襪)[덛냥-] 몡 양말을 신은 위에 덧신는, 목이 짧은 양말.
덧-없다[덛업따] 톀 1 (세월이나 인생이) 빠르게 흘러가 허무하다. ¶**덧없는** 세월 / 인생은 **덧없는** 한바탕의 꿈이런가. 2 보람이나 쓸모가 없이 헛되다. ¶**덧없는** 상념이 머릿속을 어지럽히다. **덧없-이** 튠 ¶행복했던 시절이 ~ 흘러가다.
덧-옷[덛옫] 몡 의복이 더러워지지 않도록 작업할 때 덧입는 옷.
덧-입다[덛닙따] 튠타 옷을 입은 위에 더 껴입다.
덧입-히다[덛니피-] 튠타 1 '덧입다'의 사동사. 2 긋거나 바르거나 칠한 위에 더 긋거나 바르거나 칠하다.
덧-저고리[덛쩌-] 몡 저고리 위에 덧입는 저고리.
덧-정(-情)[덛쩡] 몡 (주로 '없다'와 함께 쓰여) 더 끌리는 정. 또는, 어떤 일을 더 하

고 싶은 마음. ¶그 여자는 남편에 대해 ~이 없다. / 다리가 아파 밤길 걸을 ~이 없는 판이라….《홍명희:임꺽정》

덧-줄[덛쭐] 명 [음] 보표에서, 오선의 아래위에 필요에 따라 더 긋는 짧은 선. =가선(加線).

덧-창(-窓)[덛-] 명 =겉창.

덧-칠(-漆)[덛-] 명 칠한 위에 겹쳐 더하는 칠. (加漆). ¶~을 하다 오히려 그림을 버려 놓았다. **덧칠-하다** 동(타여)

덩 명 [역] 예전에, 공주나 옹주가 타던 가마.

덩굴 명 [식] 땅바닥으로 길게 벋거나 다른 것을 감아 오르는 식물의 줄기. ¶칡~ / 포도~ / ~이 벋다. ×덩쿨.

덩굴-나무[-라-] 명 [식] 덩굴이 벋는 나무. =만목(蔓木).

덩굴-무늬[-니] 명 [미] 여러 가지 덩굴풀이 꼬이며 뻗어 나가는 모양을 그린 무늬. =당초무늬·당초문.

덩굴-성(-性)[-썽] 명 [식] 식물의 줄기가 덩굴지는 성질. =만성(蔓性).

덩굴성^식물(-性植物)[-썽싱-] 명 [식] 줄기가 길쭉하여 곧게 서지 않고 다른 것을 받침으로 하여 그것을 감거나 붙어서 자라는 식물. 고구마·나팔꽃·담쟁이덩굴 따위. =덩굴 식물·만성 식물.

덩굴-손 명 가지나 잎이 실같이 변하여, 다른 물체를 감아 줄기를 지탱하는 가는 덩굴. =권수(卷鬚).

덩굴-장미(-薔薇) 명 [식] 장미과의 덩굴성 낙엽 관목. 줄기에 가시가 있고, 6~7월에 주로 붉은색의 꽃이 핌. 흔히, 가정에서 심어 울타리로 뻗어 올라가게 함.

덩굴-줄기 명 [식] 덩굴로 된 줄기. =만경(蔓莖)·만연경(蔓延莖).

덩굴-지다 동(자)(식물의 줄기가) 덩굴이 되어 가로 벋다. ¶시렁에 올린 포도가 **덩굴쳐** 벋다.

덩굴-풀 명 [식] 덩굴 뻗는 풀. =만초(蔓草).

덩그렇다[-러타] 형여 <덩그러니, 덩그러오, 덩그래> 1 우뚝 솟아 높다. 때로, 키가 크다는 뜻으로도 쓰임. ¶키만 **덩그렇지** 아직 철이 없어요. 2 (공간이) 휑뎅그렁하게 넓거나 크다. ¶**덩그렇게** 큰 집을 혼자 지키고 있자니 공연히 무섬증이 일어났다.

덩-달다 동(불자)(주로 '덩달아', '덩달아서'의 꼴로 쓰여) 속내도 모르고 남이 하는 대로 따라 하다. ¶큰애가 우니 작은애도 **덩달아** 운다.

덩-달아 동 →덩달다.

덩더꿍 부 북을 칠 때 나는 흥겨운 소리.

덩더꿍-덩더꿍 부 잇달아 '덩더꿍' 하고 나는 소리.

덩더꿍-이 명[음] '덩더꿍이장단'의 준말.

덩더꿍이-장단 명[음] 농악 장단의 하나로, 자진모리장단과 같은 장단. ㈜덩더꿍이.

덩-더럭 부 장구를 쳐서 울리는 소리.

덩덕새-머리[-쌔-] 명 빗지 않아 더부룩한 머리.

덩덩 부 북이나 장구 따위를 칠 때 나는 소리. ¶~ 덩더꿍.

덩두렷-하다[-러타-] 형여 아주 뚜렷하다. **덩두렷-이** 부 ¶산봉우리가 안개 속에 ~ 솟아 있다.

덩둘-하다 형여 1 매우 둔하고 어리석다. ¶장효범이가 위인이 **덩둘해서** 그런 우스운 꾀에두 넘어갑니다.《홍명희:임꺽정》 2 어리둥절하여 멍하다.

덩실-거리다/-대다(재)(타) 신이 나서 팔다리를 계속 너울거리며 춤추다. ¶신이 나 어깨는 ~. ㈜당실거리다.

덩실-덩실 부 덩실거리는 모양. ¶기뻐서 ~ 춤을 추다. ㈜당실당실. **덩실덩실-하다** (재)(타)

덩실-하다 형여 (건물 따위가) 웅장하게 높다. ㈜당실하다.

덩싯-거리다/-대다[-싣꺼-(때)-] 동(재) 편히 누워서 팔다리를 계속하여 가볍게 놀리다. ㈜당싯거리다.

덩싯-덩싯[-싣떵싣] 부 덩싯거리는 모양. ㈜당싯당싯. **덩싯덩싯-하다** (재)(타)

덩어리 명 ① 1 뭉쳐서 둥근 형태를 이룬 물체나 물질. ¶흙~ / 불~ / 비곗~ / 설탕~. 2 여럿이 모여 뭉친 큰 집단. ¶온 겨레가 한 ~가 되어 난국을 극복하다. 3 (일부 명사 뒤에 붙어) 그 명사가 나타내는 성질을 많이 가진 사람이나 사물을 가리키는 말. ¶골칫~ / 복~ / 의심~. ② (의존) 뭉쳐서 둥근 형태를 이룬 물체나 그에 준하는 물체를 세는 단위. ¶주먹밥 한 ~ / 수박 한 ~.

덩어리-지다 동(재)(물체나 물질이) 뭉쳐져서 덩어리를 이루다. ¶**덩어리진** 설탕.

덩이 ① (자립) 작은 덩어리. ¶눈~ / 돌~ / 흙~ / 핏~. ② (의존) 1 을 세는 단위로 이르는 말. ¶메주 한 ~.

덩이-덩이 명 여러 덩이. ¶흙을 이겨 ~ 만들어 놓다.

덩이-뿌리 명 [식] 고구마·무 따위와 같이 덩이 모양으로 생긴 저장뿌리. =괴근(塊根).

덩이-줄기 명 땅줄기의 하나. 땅속에 있는 줄기의 일부가 녹말 등의 양분을 저장하여 덩어리 모양으로 비대해진 것. 감자·돼지감자 따위. =괴경(塊莖).

덩이-지다 동(재) 덩이가 이루어지다.

덩저리 명 1 뭉쳐서 쌓인 물건의 부피. 2 '몸집'을 속되이 이르는 말.

덩지 명 좀 작게 뭉쳐서 쌓인 물건의 부피.

덩지² 명 '덩치'의 잘못.

덩치 명 (주로 '크다', '작다', '좋다' 등과 함께 쓰여) 사람이나 동물의 몸의 크기. (비)허우대·몸집. ¶우리 집 아이는 ~만 컸지 아직 철부지예요. ×덩지.

덩칫-값[-치깝/-칟깝] 명 (주로 '하다', '못하다'와 함께 쓰여) 커다란 덩치에 걸맞은 바람직한 행동. ¶제발 부모 속 그만 썩이고 ~ 좀 해라.

덩쿨 명 [식] '덩굴'의 잘못.

덩크^슛(dunk shoot) 명[체] 농구에서, 주로 장신(長身)의 선수들이 큰 키를 이용하여 링 바로 위에서 내리꽂는 슛.

덫 명 1 짐승을 꾀어 잡는 기구. 여기에 짐승의 몸의 일부가 닿으면 치이게 되어 있음. ¶쥐~ / ~에 걸리다 / ~을 놓다. 2 남을 헐뜯고 모함하기 위한 간교한 계략. 또는, 상대를 은근히 제압하기 위해 꾸미는 꾀를 비유하는 말.

덮-개[덥깨] 명 1 이불·처네 등 잘 때 덮는 것. 2 =뚜껑1.

덮개-돌 명 [고고] 고인돌에서 굄돌이나 받침돌 위에 올려진 큰 돌. =상석(上石).

덮개^유리(-琉璃)[덥깨-] 명[물] =커버글라스.

덮다[덥따] 통(타) 1 (어떤 물체 위에 넓이를 가진 물체를) 올려놓아 가려지거나 막히게 하다. 또는, (어떤 물체의 위를 어떤 물질이나 넓이를 가진 물체로) 가려지게 하거나 막히게 하다. ¶창호에 무명을 ~ / 밥상을 상보로 ~. 2 (어떤 물질이 물체 위나 공간을) 일정한 두께나 범위로 가리거나 가득 채우다. ¶눈이 산과 들을 하얗게 ~ / 안개가 마을을 덮고 있다. 3 (펴진 책 따위를) 안의 내용이 보이지 않도록 모든 페이지가 겹쳐지게 하다. ¶읽던 책을 ~. 4 (잘못이나 허물, 비밀 등을) 드러내지 않고 가리거나 감추다. ¶선생님은 나의 잘못을 덮어 주셨다. 5 (어떤 대상이 다른 대상을) 질이나 양, 또는 능력 등에서 앞서거나 넘어서다. (비)누르다·능가하다·압도하다. ¶항우장사의 역발산기개세를 덮을 자 누구인가?
덮-밥[덥빱] 몡 더운밥 위에 볶거나 튀기거나 부치거나 끓인 음식을 덮거나 얹은 요리의 총칭. ¶계란~ / 쇠고기~ / 오징어~.
덮어-놓고 [-노코] 뷘 옳고 그름이나 형편을 헤아리지 않고. ¶~ 울지만 말고 이유를 말해 보아라.
덮어-놓다 [-노타] 통(타) 1 (하던 일을) 그만두거나 제쳐 놓다. ¶그 일은 잠시 덮어놓고 내 얘기 좀 들어 보렴. 2 (어떤 일을) 드러내지 않고 감추거나 따지지 않다. ¶지난 일은 덮어놓기로 하자.
덮어-쓰다 [타] <~쓰니, ~써> 1 머리 위까지 덮다. 또는, 머리가 땅에 닿도록 쓰다. ¶이불을 덮어쓰고 자다. 2 (먼지·액체 따위를) 온몸에 뒤집어쓰다. 3 (부당한 책임을) 감당하게 되다. ¶억울하게 남의 죄를 덮어썼다.
덮어-씌우기 [-씨-] 몡 [컴] =겹쳐쓰기. 덮어씌우기-하다 통(타여)
덮어씌우다 [-씨-] 통(타) '덮어쓰다'의 사동사. ¶사고의 책임을 남에게 ~.
덮-이다 통(자) '덮다'의 피동사. ¶눈에 덮인 산야 / 뚜껑이 덮여 있지 않아 국이 다 식었다. ×덮히다.
덮-치다 [덥-] 통(자타) 1 (사람이나 동물이) 사람이나 동물의 몸을 덮어 누르면서 해치거나 공격하다. 또는, (사람이 어느 장소를) 그곳에 있는 사람을 잡거나 공격하기 위해 들이닥치다. ¶솔개가 병아리를 ~ / 형사대가 범인의 은신처를 ~. 2 (어떤 물체가 다른 물체를) 뜻하지 않게 강한 힘으로 위에서 덮어 누르게 되다. ¶해일(海溢)이 부두를 ~. 3 (좋지 않은 일이) 겹쳐서 닥치다. ¶엎친 데 덮친 격 / 감당하기 어려운 재난이 ~.
덮-히다 통(자) '덮이다'의 잘못.
데¹ [의존] 1 '곳'이나 '장소'를 이르는 말. ¶휴일인데도 마땅히 갈 ~가 없다. / 물은 높은 ~에서 낮은 ~로 흐른다. 2 '경우'나 '상황'이나 '일' 등을 뜻하는 말. ¶다친 ~에 바르는 약 / 그는 먹는 ~에는 안 빠진다. 3 '점(點)'이나 '요소' 등을 나타내는 말. ¶그의 작품은 조금도 나무랄 ~가 없다.
데-² [접두] 불완전함을 나타내는 말. ¶~생기다 / ~익다. ▷설-.
-데³ [어미] 1 어떤 일이나 대상을 이미 경험했거나 미리 알고 있는 사람이 '해' 할 상대에게 그에 대한 사실을 기억하여 일러 주거나 그에 대한 자기 느낌을 얘기해 주는 뜻을 나타내는 종결 어미. ¶아까 그 영화배우가 앞으로 지나가~. / 그 영화 참 재미있겠~.

2 '-디²'의 잘못.

혼동어	-데 / -대
'-데'는 화자가 직접 경험했거나 알고 있는 사실을 토대로 하여 일러 줄 때 쓰는 말이고, '-대'는 남이 말한 내용을 간접적으로 전달하거나 놀라움이나 못마땅함을 수사 의문문으로 나타낼 때 쓰는 말임. ¶어제 보니까 네 동생 키가 아주 크데. / 창수가 그러는데 학교가 아주 크대. / 원, 무슨 날이 이렇게 덥대?

데구루루 뷘 약간 크고 단단한 물건이 딱딱한 바닥을 구르는 모양. 또는, 그 소리. (작)대구루루. (센)떼구루루.
데굴-데굴 뷘 크고 단단한 물건이 계속하여 굴러 가는 모양. ¶바위가 산 아래로 ~ 굴러내리다. (작)대굴대굴. (센)떼굴떼굴. 데굴데굴-하다 통(자여)
데그럭 뷘 단단하고 큰 물건이 서로 부딪쳐 나는 소리. (작)대그락. (센)떼그럭. 데그럭-하다 통(자타여)
데그럭-거리다/-대다 [-꺼(때)-] 통(자타) 계속 데그럭 소리가 나다. 또는, 자꾸 그런 소리를 내다. (작)대그락거리다. (센)떼그럭거리다.
데그럭-데그럭 [-떼-] 뷘 데그럭거리는 소리. (작)대그락대그락. (센)떼그럭떼그럭. 데그럭데그럭-하다 통(자타여)
-데기 [접미] 일부 명사 뒤에 붙어, 그 명사와 관련된 처지에 있거나 그런 성질을 가진 사람을 낮추어 이르는 말. 특히, 여자를 가리키는 말임. ¶부엌~ / 소박~.
데꺽 뷘 1 크고 단단한 물체가 가볍게 부딪쳐 나는 소리. 2 서슴지 않고 곧. ¶그 자리에서 ~ 승낙하다. (센)떼꺽. 데꺽-하다 통(자타여)
데꺽-거리다/-대다 [-꺼(때)-] 통(자타) 계속 데꺽 소리가 나다. 또는, 자꾸 그런 소리를 내다. (작)대깍거리다. (센)떼꺽거리다.
데꺽-데꺽 [-떼-] 뷘 데꺽거리는 소리. (작)대깍대깍. (센)떼꺽떼꺽. 데꺽데꺽-하다 통(자타여)
데꾼-하다 형(여) (눈이) 몹시 피로하거나 지치거나 하여 쑥 들어가 보이고 총기가 없이 흐릿한 상태에 있다. (비)퀭하다. ¶얼굴이 수척하고 눈이 데꾼한 걸 보니 되게 앓은 것 같다. (작)대꾼하다. (센)떼꾼하다.
데니어(denier) 몡 생사(生絲)·인조 견사·나일론사 등의 굵기를 나타내는 단위. 길이 450m의 실이 0.05g일 때 1데니어라고 하며, 숫자가 클수록 실은 굵어짐. 기호는 D. ▷번수(番手).
데님(denim) 몡 능직(綾織)의 두꺼운 면직물. 질기고 세탁을 해도 잘 해지지 않아, 가구의 커버나 작업복으로 쓰임.
데:다¹ (데:고 / 데어) 통 ①(자) 1 (불 또는 뜨거운 물체나 기운에 살이) 실수로 닿거나 하여 화끈거리거나 따끔거릴 만큼 익거나 타다. ¶입술 물에 발등이 ~. 2 (사람이 쓰라린 경험이나 심한 고통이나 큰 피해 등을 준 대상에) 혼이 나 질리다. ¶술에 덴 모양이군. 입에도 안 대는 걸 보니. ②(타) (불 또는 뜨거운 물체나 기운에 살을) 실수로 닿게 하여 화끈거리거나 따끔거릴 만큼 익거나 타게 하다. ¶얼굴을 ~.
데다² 통 '데우다'의 잘못.
데데-하다 형(여) 시시하여 보잘것없다. ¶데

데한 물건.
데-되다[-되-/-뒈-] [동][자] 됨됨이가 제대로 이루어지지 못하다. ¶행실이 **데된** 인물.
데드라인(deadline) [명] 어떤 일을 마감하는 시각이나 날짜. 특히, 신문사의 원고 마감 시각. ¶~을 넘기다.
데드^볼[1](dead ball) [명][체] 배구·럭비·농구 등에서 경기가 잠시 중지된 상태.
데드^볼[2](†dead ball) [명][체] 야구에서, 투수가 던진 공이 타자의 몸에 닿는 일. 타자는 자동적으로 1루에 진출함. =사구(死球).
데려-가다 [동][타][거라] 〈~가거라〉 (아랫사람이나 동료나 동물을 어느 곳에〔으로〕) 데리고 가다. ¶아이를 병원에 ~. ↔데려오다.
데려-오다 [동][타][너라] 〈~오너라〉 (아랫사람이나 동료나 동물을 어느 곳에〔으로〕) 데리고 오다. ¶친구를 집에 ~. ↔데려가다.
데리다 [동][불타] 《주로 '데리고', '데려', '데리러'의 꼴로 쓰여》 (어떤 사람이 아랫사람이나 제 또래의 사람이나 동물을) 그의 영향력 아래에서 곁에 있게 하거나 따르게 하다. [비]거느리다. ¶형이 동생을 **데리고** 놀다 / 창수가 친구를 **데리러** 나갔다. ▷모시다.
데리스(derris) [명][식] 콩과의 소관목. 덩굴져 뻗으며 꽃은 홍색임. 뿌리는 독성이 있어 살충제의 원료로 씀.
데릭^기중기(derrick起重機) [명] 기중기의 하나. 나무나 쇠로 된 높은 기둥과 거기에 비스듬히 달린 막대로 이루어짐. 흔히, 뱃짐을 싣고 내리는 데 쓰임. =부앙기중기.
데릴-사위[-싸-] [명] 지난날, 처가에서 같이 살기로 하고 삼은 사위. =초서(招壻).
데림-추(-錘) [명] 주장이나 줏대가 없이 남에게 딸려 다니는 사람.
데마고그(demagogue) [명] 권력을 잡기 위하여 과장되고 거짓된 선전으로 대중을 선동하는 정치가.
데마고기(demagogy) [명] 대중을 선동하기 위한 정치적인 허위 선전 행위.
데메테르(Demeter) [명][신화] 그리스 신화에 나오는 곡물 또는 대지의 여신. 로마 신화의 케레스(Ceres)에 해당함.
데면-데면 [부] **1** 대하는 태도가 친밀성이 없고 사무적이거나 무뚝뚝한 모양. **2** 성질이 꼼꼼하지 않아 행동에 조심성이 없는 모양. **데면데면-하다** [형][여] ¶그는 나와 다툰 뒤로 **데면데면하게** 군다. **데면데면-히** [부]
데모(demo) [명] **1** 많은 사람이 공개된 장소에 모여 어깨띠나 머리띠를 두르거나 플래카드를 내걸거나 구호를 외치거나 하면서 어떤 일을 주장하거나 요구하는 일. [비]시위·시위운동. ¶학생들이 격렬한 구호를 외치며 ~를 벌이다. **2** [컴] =데모 프로그램. **데모-하다** [동][자][여]
데모-대(demo隊) [명] 시위를 벌이는 군중.
데모^테이프(demo tape) [명] **1** 견본용으로 만든 비디오테이프. **2** 가수 지망자가 음반 제작자나 기획자 등에게 자신의 노래 실력을 보여 주기 위해 만든 녹음 테이프나 녹화 테이프.
데모^프로그램(demo program) [명][컴] 어떤 소프트웨어 제품의 기능과 가치를 사용자에게 설명하고 홍보하기 위해, 그 제품의 일부 기능만 맛보기로 실어서 만든 무료 프로그램. =데모.
데!-밀다 [동][타] 〈~미니, ~미오〉 밖에서 안으로 들어가게 밀다.
데본-기(Devon紀) [명][지] 고생대 중에서 실루리아기의 뒤, 석탄기 앞의 기. 양서류·육생 식물이 나타났음.
데뷔([프]début) [명] (사교계·연예계·문단 등에) 처음 나오는 것. ¶~ 연도. **데뷔-하다** [동][자][여] ¶은막에 ~ / 문단에 ~.
데뷔-작([프]début作) [명] 누군가가 어떤 분야에 처음 등장하게 된 첫 작품.
데뷔-전([프]début戰) [명] 어떤 선수나 감독이 스포츠의 활동 무대에 처음으로 나아가 치르는 경기.
데살로니가-서(←Thessalonica書) [명][성] 신약 성서 중의 한 권. 전서와 후서로 되어 있음.
데-삶다[-삼따] [동][타] 푹 삶지 않고 살짝 익도록 약간 삶다.
데생([프]dessin) [명][미] =소묘(素描).
데설-궂다[-굳따] [형] (성질이나 태도가) 자상하거나 다정하지 못하고 말·행동을 함부로 하거나 퉁명스럽다. ¶그 애가 **데설궂어서** 제 아낙한테도 마구 굴까 봐 걱정이란 말이야.《이기영:고향》
데스-마스크(death mask) [명] 사람이 죽은 직후에 그 얼굴을 직접 본떠서 만든 안면상(顔面像).
데스크(desk) [명] 〔'책상'이라는 뜻〕 신문사·방송국·잡지사·출판사 등의 편집국·보도국 등에서 기사의 취재와 편집을 지휘하는 직위나 사람.
데스크톱^컴퓨터(desktop computer) [명][컴] 책상 위에 설치할 수 있는 소형 컴퓨터. 사무자동화(OA)의 주력 기종임. ▷랩톱 컴퓨터.
데시-그램(decigram) [명][의존] 질량의 단위. 1그램의 1/10. 기호는 dg.
데시기다 [동][타] (먹고 싶지 않은 음식을) 억지로 먹다. ¶아침 상이 나와서 박유복이 하나만 밥을 **데시기고**….《홍명희:임꺽정》
데시-리터(deciliter) [명][의존] 용량의 단위. 1리터의 1/10. 기호는 d*l*.
데시-미터(decimeter) [명][의존] 길이의 단위. 1미터의 1/10. 기호는 dm.
데시-벨(decibel) [명][의존][물] **1** 음압(音壓) 또는 소리의 세기의 표준 단위. 기호는 dB. **2** 전력의 감쇠 또는 이득을 나타내는 단위. 기호는 dB.
데억-지다[-찌-] [형] 정도에 지나치게 크거나 많다.
데우다 [동][타] (식은 음식이나 액체 상태의 물질 등을) 열을 가하여 보통의 정도보다 다소 높은 온도를 가지게 하다. ¶찬밥을 ~ / 국을 **데워** 먹다. ▷덥히다. ×데다.
데이비스-컵(Davis Cup) [명][체] 1900년에 시작한, 국제 론 테니스 선수권 대회. 또는, 그 우승컵.
데이지(daisy) [명][식] 국화과의 여러해살이풀. 봄부터 가을까지 백색·홍색·홍자색 등의 꽃이 핌. 화단이나 분(盆)에 심어 가꿈.
데이터(data) [명] **1** 이론을 세우는 데 기초가 되는 사실·자료. ¶수출 실적에 관한 ~. **2** [컴] 프로그램을 운용할 수 있는 형태로 기호화·숫자화한 자료.
데이터^뱅크(data bank) [명][컴] 컴퓨터로 처리할 수 있는 형태로 만든 각종 정보를 대량으로 수집·보관했다가, 필요에 따라 검색·이용할 수 있도록 한 기관. =정보은행.
데이터-베이스(database) [명][컴] 한 조직 내에서 필요로 하는 데이터를 공동으로 사용

데이터^통신(data通信) 명[통] 컴퓨터와 원거리에 있는 다른 컴퓨터 또는 단말기를 연결하여 정보를 서로 전달하는 통신.

데이트(date) 명 (남녀가, 또는 어떤 사람이 이성의 상대와) 교제하기 위해 만나는 것. ¶~ 신청 / ~ 상대 / ~ 장소. **데이트-하다** 통(자)여 ¶걸프렌드와 ~.

데이^트레이딩(day trading) 명[경] 주식의 단기 차익을 얻기 위한 초단기 매매. 흔히, 움직임이 빠르고 등락 폭이 큰 종목을 대상으로 이루어짐.

데:치다 통(타) 끓는 물에 슬쩍 익히다. ¶시금치를 ~.

데카-그램(decagram) 명(의존) 1그램의 10배가 되는 질량의 단위. 기호는 dag.

데카당(㉙décadent) 명[문] =퇴폐파.

데카당스(㉙décadence) 명[문] =퇴폐주의2.

데카르(decare) 명(의존) 1아르의 10배가 되는 면적의 단위.

데카-리터(decaliter) 명(의존) 1리터의 10배가 되는 부피의 단위. 기호는 daℓ.

데카-미터(decameter) 명(의존) 1미터의 10배가 되는 길이의 단위. 기호는 dam.

데카브리스트(⑦dekabrist) 명 1825년 12월 페테르부르크에서 농노제(農奴制)의 폐지와 입헌 정치의 실현을 요구하며 무장 봉기한, 러시아의 자유주의자들. =십이월당(十二月黨)

데칼코마니(㉙décalcomanie) 명[미] 초현실주의 회화 기법의 하나. 흡수성이 적은 종이 위에 물감을 두껍게 칠하고 반으로 접었다 펴거나, 물감 위에 종이를 깔고 전사(轉寫)하거나 하여 환상적인 무늬의 독특한 효과를 노림.

데코레이션-케이크(†decoration cake) 명 스펀지케이크 위에 크림·초콜릿 등으로 보기 좋게 꾸민 양과자.

데크레셴도(㉙decrescendo) 명[음] 악곡의 표현 방법을 나타내는 말로, '점점 여리게'의 뜻. 기호는 >. ↔크레센도.

데탕트(㉙détente) 명 대립 관계에 있는 두 나라 사이의 긴장이 완화되어 화해의 분위기가 조성되는 상태. 또는, 그것을 지향하는 정책.

데퉁-맞다[-맏따] 형 (말이나 행동이) 매우 조심성 없고 미련하며 거칠다.

데퉁-바리 명 말이나 행동이 조심성 없고 미련하며 거친 사람.

데퉁-스럽다[-따] 형(ㅂ)<~스러우니, ~스러워> (말이나 행동이) 매우 조심성 없고 미련하며 거친 데가 있다. ¶한 마디 **데퉁스럽게** 쏘아붙이다. **데퉁스레** 부

데퉁-하다 형 성질이나 언동이 조심성이 없고 미련하며 거칠다.

데포-제(depot劑) 명[약] 약효를 오랫동안 지속시키기 위한 주사제.

덱(deck) 명[정] 특정 목적을 위해 구멍이 뚫린 일련의 카드.

덱데구루루[-떼-] 부 크고 단단한 물건이 다른 물건에 부딪히면서 자꾸 빨리 굴러 가는 소리. ¶구슬들이 ~ 굴러 가다. 짝대구르루. 센떽떼구루루.

덱데굴-덱데굴[-떼-떼-] 부 크고 단단한 물건이 다른 물건에 부딪히면서 자꾸 굴러 가는 소리. 또는, 그 모양. ¶돌이 비탈길로 ~ 굴러 내리다. 짝대굴대굴대굴. 센떽떼굴떽떼굴. **덱데굴덱데굴-하다** 통(자)여

덱스트린(dextrin) 명[화] 녹말을 효소·산 등으로 분해하여 얻어지는 여러 가지 중간 생성물의 총칭. 흰색 또는 엷은 황색 가루로 조금 단맛이 있음. =호정(糊精)

덴겁-하다(-㥘-)[-거파-] 통(자)여 뜻밖의 일로 놀라서 허둥지둥하다.

덴:-둥이 명 1 불에 덴 사람. 2 미운 사람을 욕으로 이르는 말.

덴마크(Denmark) 명[지] 북유럽의 유틀란트 반도와 그 부속 도서로 이루어진 입헌 군주국. 수도는 코펜하겐.

덴싱(←㉙伝線/でんせん) →덴싱(이) 가다 ('스타킹'의) 올이 풀리다'로 순화.

덴푸라(←㉙天麩羅/てんぷら) [<㉘tempero] '튀김'으로 순화.

델리카토(㉙delicato) 명[음] 악곡의 표현 방법을 나타내는 말로, '우아한', '섬세한'의 뜻.

델리킷(delicate) →델리킷-하다 형여 1 '미묘하다'로 순화. ¶매우 **델리킷한 문제**. 2 '섬세하다'로 순화. ¶**델리킷한 심성**의 소녀.

델린저-현:상(Dellinger現象) 명[물] 태양 표면의 폭발로 전리층에서의 단파(短波)의 흡수가 증대되어 낮 동안에 몇 분에서 수십 분 동안 무선 통신이 안 되는 현상.

델타(㉘delta) 명[지] =삼각주(三角洲).

델타-선/δ선(㉘delta線) 명[물] 전기를 띤 입자가 빠른 속도로 물질을 통과하면서 이온화 작용을 할 때 만들어지는 2차 전자선 중에서 운동 에너지가 큰 전자선.

뎅 부 큰 쇠붙이 따위를 쳐서 나는 소리. 짝댕. 센뗑.

뎅겅 부 1 큰 쇠붙이 따위가 부러지거나 부딪치면서 나는 소리. 2 물방울이 쇠붙이 따위에 떨어서 나는 소리. 짝댕강. 센뗑겅.

뎅겅-거리다/-대다 통(자)(타) 자꾸 뎅겅 소리가 나다. 또는, 그런 소리를 내다. 짝댕강거리다. 센뗑겅거리다.

뎅겅-뎅겅 부 뎅겅거리는 소리. 짝댕강댕강. 센뗑겅뗑겅. **뎅겅뎅겅-하다** 통(자)(타)여

뎅그렁 부 큰 방울·풍경 등이 흔들리거나 부딪쳐 나는 소리. 짝댕그랑. 센뗑그렁.

뎅그렁-거리다/-대다 통(자)(타) 자꾸 뎅그렁 소리가 나다. 또는, 그런 소리를 내다. 짝댕그랑거리다. 센뗑그렁거리다.

뎅그렁-뎅그렁 부 뎅그렁거리는 소리. 짝댕그랑댕그랑. 센뗑그렁뗑그렁. **뎅그렁뎅그렁-하다** 통(자)(타)여

뎅-뎅 부 큰 쇠붙이 따위를 계속 두드릴 때 나는 소리. 짝댕댕. 센뗑뗑.

뎅뎅-거리다/-대다 통(자)(타) 자꾸 뎅뎅 소리가 나다. 또는, 그런 소리를 내다. 짝댕댕거리다. 센뗑뗑거리다.

도¹ 명 윷놀이에서, 윷이 셋이 엎어지고 하나가 잦혀진 상태. 말이 한 밭을 가게 됨.

도² 조 동류(同類)의 것이 더 존재함을 나타내는 보조사. 보통 체언 끝에 붙거나 어미·부사의 뒤에 붙는데, '하다'가 붙어 형용사를 이루는 '조용', '깨끗'과 같은 어근에 붙기도 함. 1 이미 있는 어떤 사실이나 사례에 그것이 포함됨을 나타냄. ¶나~ 가야 한다. 2 첨가의 뜻을 나타냄. ¶표창에다 상금~ 받았다. 3 양보와 허용의 뜻을 나타냄. ¶싼 것~ 좋습니다. 4 어떤 사실을 재확인하거나 강조하는 의미를 나타냄. ¶정말 달빛이 밝기~ 하

다. **5**(부정하는 말과 함께 쓰여) 그 부정을 극단화함. ¶나는 한 번~ 거짓말을 한 적이 없다. **6**예상 밖으로 많거나 적음을 나타냄. ¶억 원~ 넘는다. **7**둘 이상의 사실이나 개념을 한꺼번에 열거할 때 쓰임. ¶하늘~ 바다~ 푸르다. **8**('…도 …(이)려니와', '…도 …(이)지만'의 꼴로 쓰여) '…도 문제이지만'의 뜻으로, 후술(後述)할 내용도 당자의 대상에 포함되거나 또는 그 이상의 문제가 된다는 말. ¶돈~ 중요하지만 건강이 제일.

-도³ [어미] 'ㅏ/ㅓ'로 끝나는 어간 아래에서, '-아도/어도'의 '아/어'가 탈락된 꼴. ¶가~ 좋다. / 서~ 괜찮다. ▷-아도.-어도.

도⁴(度) **Ⅰ** **①**[자립](주로, '도가 지나치다', '도를 넘어서다'의 꼴로 쓰여) 어떤 행동의 알맞은 정도. ¶~가 지나친 농담 / 비판이 ~를 넘어서서 인신공격이 되고 말았다. **②**[의존] **1**[수] 각도의 단위. 원둘레를 360등분하여 그 하나에 해당하는 중심각의 크기를 1도로 함. ¶직각은 90~이다. **2**[지] 경도·위도의 단위. ¶동경 127~ 북위 38~. **3**[음] 음정을 측정하는 단위. 보표(譜表) 상에서 같은 선이나 같은 칸을 1도라고 함. **4**술의 알코올 함유도를 나타내는 단위. ¶40~가 넘는 독한 술. **5**온도를 나타내는 단위. ¶섭씨 영하 10~의 추운 날씨. **6**안경의 굴절도를 나타내는 단위. **7**[인] 인쇄의 횟수를 나타내는 말. ¶4~ 인쇄. **8**[물][화] 경도(硬度)·비중 따위의 단위. **9**지난날, 형벌로 매를 치는 횟수를 세던 말. ¶태장(笞杖) 40~를 치다.

도⁵(道) [명] **1**사람으로서 지켜야 할 도리. ¶인륜의 ~를 어기다. **2**천지 만물이 생겨나는 근원. 또는, 우주의 원리. **3**종교상 깊이 통하여 깨달은 이치. ¶~를 닦다. **4**무술·기예 등을 행하는 방법.

도⁶(道) [명] 정부가 직접 관할하는 상급 지방 자치 단체의 하나. 시·군 등을 관할하는 행정 구역임. ¶경기~ / ~지사.

도-⁷ [접두] '우두머리'의 뜻. ¶~승지 / ~원수.

-도⁸(度) [접미] **1**해를 나타내는 말에 붙어, 그 해의 연도를 나타내는 말. ¶작년~ / 내년~. **2**일부 명사에 붙어, 그 정도나 한도를 나타내는 말. ¶안전~ / 위험~ / 친밀~.

-도⁹(島) [접미] 한자어에 붙어, '섬'을 뜻하는 지명임을 나타내는 말. ¶울릉~ / 무인~.

-도¹⁰(徒) [접미] 일부 명사에 붙어, 그 명사가 뜻하는 일을 하는 사람들이거나 그중의 한 사람임을 나타내는 말. ¶문학~ / 과학~.

-도¹¹(渡) [접미] 한자어에 붙어, '나루'를 뜻하는 지명임을 나타내는 말. ¶양화~ / 벽란~.

-도¹²(圖) [접미] 일부 명사에 붙어, '그림', '도형'의 뜻을 나타내는 말. ¶해부~ / 설계~ / 풍속~.

도¹³(⑩do) [명][음] 음이름 '다'의 이탈리아어. 7음 음계에서 첫째 음.

도가¹(都家) [명] **1**동업자들이 모여서 계(契)나 장사에 대한 의논을 하는 집. **2**=세물전(貰物廛). **3**=도매상. ¶~. **4**계나 굿과 같은 일을 도맡아 하는 집. ¶계~.

도가²(道家) [명] 중국 제자백가(諸子百家)의 하나. 노자(老子)를 시조로 하는 학파로서 장자(莊子) 등이 계승하여 발전시켰음. 우주 원리로서 도(道)를 구하고 무위자연(無爲自然)의 설을 따름.

도:가³(道歌) [명] **1**[문] 도덕과 훈계의 뜻을 담은 교훈적인 단가(短歌). **2**[종] 시천교(侍天敎)의 의식 때 부르는 노래.

도가니¹ [명] **1**'무릎도가니'의 준말. ¶~탕. **2**소의 볼기에 붙은 고기.

도가니² [명] **1**[공] 쇠붙이를 녹이는 그릇. 단단한 흙이나 흑연으로 오목하게 만듦. 감과(坩堝). **2**(주로, '…의 도가니'의 꼴로 쓰여) 감정이 격하게 끓어오르는 상태를 비유하여 이르는 말. ¶광란의 ~ / 열광의 ~ / 관중석은 흥분의 ~가 되었다.

도가니-탕(-湯) [명] 소의 무릎뼈를 양지머리와 함께 곤 음식.

도가-머리 [명] **1**[동] 새의 머리에 길고 더부룩하게 난 털. 또는, 그러한 새. =관모(冠毛). **2**부스스하게 일어선 머리털을 놀림조로 이르는 말.

도감(都監) [명][역] 고려·조선 시대, 국장(國葬)·국혼(國婚) 등 큰 국사(國事)가 있을 때 임시로 설치하던 관청.

도감(圖鑑) [명] 동류(同類)의 차이를 식별할 수 있도록 색·그림을 모아서 설명한 책. =도보(圖譜). ¶식물~ / 곤충~.

도갓-집(都家-) [-가찝/-갇찝] [명] 도가(都家)로 삼은 집.

도강¹(渡江) [명] 강을 건너는 것. ⓑ도하(渡河). **도강-하다¹** [동][자][여].

도강²(盜講) [명] 정식으로 수강 신청을 하지 않고 몰래 강의를 듣는 일. **도강-하다²** [동][타][여].

도개-교(跳開橋) [명] 큰 배를 통과시키기 위하여 위로 열리는 구조로 된 다리.

도-거리 [명] 따로따로 나누지 않고 한데 합쳐서 몰아치는 일. ¶일을 ~로 맡다.

도검(刀劍) [명] 칼이나 검의 총칭.

도경(圖經) [명] 산수(山水)의 지세(地勢)를 그린 책.

도:계(道界) [-계/-게] [명] 도(道)의 지리적 경계.

도고(都賈·都庫) [명] 물건을 도거리로 맡아 파는 개인이나 조직. **도고-하다** [동][타][여] 물건을 도거리로 혼자 맡아서 판다.

도공¹(刀工) [명] 칼을 만드는 사람.

도공²(陶工) [명] =옹기장이.

도관(陶棺) [명] 고대에 쓰던, 점토를 구워서 만든 관. =옹관(甕棺)·와관(瓦棺).

도:관²(導管) [명] **1**[식] =물관. **2**물·수증기 따위가 통하라고 만든 관. ⓑ파이프.

도괴(倒壞) [-괴/-궤] [명] 무너지는 일. 또는, 무너뜨리는 일. =도궤(倒潰). **도괴-하다** [동][자][여] **도괴-되다** [동][자] ¶건물이~.

도:교(道敎) [명][종] 신선 사상을 기반으로 하여, 노장 사상(老莊思想)·불교·유교 등이 결합하여 이루어진 중국 고유의 종교. 도학(道學)·현문(玄門)·황로학(黃老學).

도:구(道具) [명] **1**사람이 무엇을 만들거나 어떤 일을 할 때, 직접 손이나 몸으로 하는 것보다 쉽고 능률적으로 하기 위해 주로 손으로 잡고 사용하는 물건. ¶가재~ / 청소~. **2**어떤 목적을 이루기 위한 수단이나 방법. ¶언어는 사람의 사상과 감정을 표현하는 ~.

도:구-주의(道具主義) [-의/-이] [명][철] 개념은 행동을 위한 도구이고, 그 의의는 현실에 적용되었을 때의 유효성에 따라 정해진다고 하는, 듀이(J. Dewey)의 학설. =기구

도굴(盜掘) 圈 1 [광] 광업권이나 광주(鑛主)의 승낙 없이 광물을 몰래 채굴하는 일. 2 무덤 따위를 남이 몰래 파내는 일. ▷사굴(私掘). **도굴-하다** 图印어

도굴-꾼(盜掘-) 圈 고분을 도굴하여 매장물(埋藏物)을 파내는 것을 직업으로 하는 사람.

도굴-범(盜掘犯) 圈 고분을 도굴하여 매장물을 파내는 범죄. 또는, 그 사람.

도규-계(刀圭界) [-게/-게] 圈 의사(醫師)의 사회.

도그마(dogma) 圈 1 독단적인 신념이나 학설. 비독단. ¶~에 빠진 이론. 2 [종] 이성(理性)으로 비판·증명이 허용되지 않는 교리(敎理)·교의(敎義).

도근-거리다/-대다 图재태 '두근거리다'의 작은말.

도근-도근 뛰 '두근두근'의 작은말. **도근근-하다** 图재태어

도금(鍍金) 圈 금속 또는 비금속의 고체 표면에 금속의 얇은 막을 단단히 밀착시키는 것. 또는, 그렇게 한 것. 장식·부식 방지·표면 경화를 위하여 함. ¶금(金)~/~ 반지. **도금-하다** 图타어 은으로 **도금한** 수저.

도금-액(鍍金液) 圈 전기 도금을 할 때에 사용하는 금속 염류(鹽類)의 수용액.

도급(都給) 圈 [법] 어떤 일을 할 기간과 비용을 미리 정하고 그 일을 도거리로 맡기는 일. =청부(請負). ¶~을 주다/~을 맡다.

도급-금(都給金) [-끔] 圈 도급인이 수급인에게 보수로 주는 돈. =청부금.

도급-업(都給業) 圈 도급을 전문으로 하는 영업. 또는, 그 직업. =청부업.

도기(陶器) 圈 =오지그릇.

도기-그릇 [-륻] 圈 독·항아리·중두리·바탱이 따위의 총칭. 튐독그릇.

도깨비 圈 동물이나 사람의 형상을 하고 있다는 잡된 귀신의 하나. 다른 귀신과는 달리 악한 일만 하는 게 아니라 짓궂은 장난도 하고 신통력으로 금은보화를 가져다주기도 한다고 함. =괴귀(怪鬼)·망량(魍魎). ¶~에게 홀리다.

[**도깨비도 수풀이 있어야 모인다**] 무슨 일이든 의지할 것이 있어야 이루어진다. [**도깨비를 사귀었나**] 까닭을 모르게 재산이 부쩍부쩍 늘어 감을 이르는 말. [**도깨비 사귄 셈이라**] 귀찮은 사람이 늘 따라다니며 성화를 부리는 경우를 이르는 말.

도깨비 살림 ⓕ 있다가도 별안간 없어지는 불안정한 살림.

도깨비에게 홀린 것 같다 ⓕ 일의 내막을 도무지 모르고 어떤 영문인지 정신을 차릴 수 없다.

도깨비-감투 圈 구전 설화에서, 머리에 쓰면 자기 몸이 남의 눈에 보이지 않는다고 하는 상상의 감투.

도깨비-놀음 圈 갈피를 잡을 수 없게 되어 가는 일.

도깨비-바늘 圈 [식] 국화과의 한해살이풀. 8~10월에 노란 꽃이 피며, 열매에 거꾸로 된 가시가 있어 다른 물체에 잘 붙음. 줄기와 잎은 약으로 쓰거나 먹음.

도깨비-방망이 圈 구전 설화에서, 두드리면 무엇이든 원하는 물건이 나온다는 상상의 방망이.

도깨비-불 圈 1 캄캄한 밤에 묘지나 습기 찬 곳, 고목이나 폐가 등에서 번쩍이는 푸른 불빛. 인(燐)이 산화되어 빛을 내는 것임. =귀린(鬼燐)·귀화(鬼火)·인화(燐火). 2 까닭 없이 저절로 일어난 불. =신화(神火). ×갑화.

도깨비-장난 圈 1 도깨비가 사람을 호리는 못된 장난. 2 터무니없거나 도무지 까닭을 알 수 없는 일.

도꼬마리 圈 [식] 국화과의 한해살이풀. 높이 1.5m 정도. 여름에 노란 꽃이 피며, 열매는 갈고리 같은 가시가 있어 옷에 잘 달라붙음. =창이(蒼耳).

도.끼 圈 나무를 찍거나 패는 연장의 하나. 쐐기 모양의 쇠날의 머리 부분에 구멍을 뚫고 나무 자루를 박아 만듦. 세는 단위는 자루.
[**도끼로 제 발등 찍는다**] 남을 칠 요량으로 한 짓이 결국은 자기를 친 결과가 되었다.

도.끼-눈 圈 분하거나 미워서 매섭게 쏘아 노려보는 눈. ¶~을 뜨고 바라보다.

도끼다시(←日硏出/とぎだし) 圈 [건] '갈기', '윤내기'로 순화.

도.끼-질 圈 도끼로 나무 따위를 찍거나 패는 일. **도.끼질-하다** 图재태

도.낏-자루 [-끼짜-/-낃짜-] 圈 도끼의 자루.

도낏자루를 쥐다 ⓕ 어떤 일에 실제적인 권한을 가지다.

도나-캐나 뛰 되는대로 아무렇게나. 또는, 가리지 않고 함부로 아무 대상이나. ¶그림을 ~.

도난(盜難) 圈 물건을 도둑맞는 재난. ¶~ 경보기/~ 사고/~ 신고.

도남(圖南) 圈 [붕새가 날개를 펴고 머나먼 남명(南冥)으로 날아가려 한다는 뜻] 큰 사업을 계획하고 있음을 이르는 말.

도남의 날개 ⓕ 어느 곳에 가서 큰 사업을 해보겠다는 계획.

도.내(道內) 圈 도(道)의 안. ¶~ 체육 대회.

도넛(doughnut) 圈 1 밀가루에 베이킹파우더·설탕·버터·달걀 등을 섞어 반죽하여 고리 모양으로 만들어 기름에 튀긴 빵. 2 †밀가루 반죽에 팥을 넣어 둥글넓적하게 빚거나, 찹쌀 반죽에 팥을 넣어 공처럼 둥글게 빚어 기름에 튀긴 음식. ¶단팥 ~/찹쌀 ~.

도넛-판(doughnut板) 圈 =이피반(EP盤).

도넛^현^상(doughnut現象) 圈 비싼 땅값, 심한 공해 등의 원인으로 주거지가 도시 외곽으로 옮겨짐에 따라, 밤이 되면 도심이 텅 비고 외곽으로 인구가 몰려 인구 배치가 도넛 같은 형태를 이루는 현상.

-도다 어미 '해라' 할 상대에게 어떤 사실을 감탄조로 예스럽게 서술하는 종결 어미. ¶장하도다, 우리 학생들.

도.다녀-가다 图재태 왔다가 지체 없이 빨리 돌아가다.

도.다녀-오다 图재태 갔다가 지체 없이 빨리 돌아오다.

도다리 圈[동] 붕넙칫과의 바닷물고기. 몸길이 30cm 정도. 두 눈은 몸의 오른쪽에 있으며 입이 작음. 몸빛은 황갈색 바탕에 암갈색 반점이 있고 눈이 없는 쪽은 백색임.

도.달(到達) 圈 1 (사람이 목적하는 곳에) 이르러 닿는 것. 2 (실력이나 기술 등이 목표나 한계나 어느 수준 등에) 미치어 다다르는 것. **도.달-하다** 图재태어 ¶정상에 ~/목표에 ~. **도.달-되다** 图재태어

도.달-점(到達點) [-쩜] 圈 도착한 곳이나

도달한 결과.
도담-도담 튀 어린아이가 탈 없이 잘 자라는 모양.
도담-스럽다[-따] 휑ㅂ〈~스러우니, ~스러워〉 도담한 데가 있다. 도담스레 튀
도담-하다 휑여 (어린아이가) 야무지고 탐스럽다.
도당(徒黨) 명 사람들의 무리. 주로, 불순한 무리를 이르는 말임. ¶괴뢰 ~.
도-대체(都大體) 튀 1 '대체¹'의 힘줌말. ¶이래도 싫고 저래도 싫으면 ~ 나더러 어쩌란 말이냐? 2(주로 부정적이거나 부정형인 술어를 꾸며) 유감스럽게도 전혀. ¶뭐가 뭔지 ~ 모르겠다.
도:덕(道德) 명 1 어떤 사회에서 사람들이 그것에 의하여 선과 악, 옳고 그름을 판단하여 올바르게 행동하기 위한 규범의 총체. =인의(仁義). ¶공중~/~을 지키다. 2 주로, 도(道)와 덕(德)을 설파하는 데서, 노자(老子)의 가르침을 이르는 말.
도:덕-관(道德觀)[-꽌] 명 도덕에 관한 관점이나 입장.
도:덕-관념(道德觀念)[-꽌-] 명 도덕에 관한 관념.
도:덕-군자(道德君子)[-꾼-] 명 =도학군자.
도:덕-률(道德律)[-뉼] 명[윤] 도덕적 행위의 규준이 되는, 보편타당한 법칙. =도덕법.
도:덕-성(道德性)[-썽] 명 도덕적인 품성. ¶우리 사회의 ~ 회복이 절실히 필요하다. / 공직자에게는 특별히 높은 ~이 요구된다.
도:덕-의식(道德意識) 명[윤] 선과 악, 정의와 불의 따위를 판단하고 그에 따라 실행하려고 하는 의식.
도:덕재:무장 운:동(道德再武裝運動)[-째-] 명[사] 정신적으로 퇴폐해진 도덕을 재무장하려는 운동. =엠아르에이 운동.
도:덕-적(道德的)[-쩍] 관명 1 도덕에 관한 (것). ¶~ 관점. 2 도덕의 규범에 합당한 (것). ¶~ 행위.
도:덕적 해:이(道德的解弛)[-쩍-] 금융 기관이 경영 부실을 만회하기 위해 마구잡이로 대출하거나 예금자가 높은 이자율만 믿고 부실한 금융 기관에 예금하는 등의 무절제하고 불건전한 양태. 또는, 책임 의식도 없고 최선을 다하지 않고 자기 이익에만 급급하는 사회적 풍토. =모럴 해저드. ¶엄청난 공적 자금을 지원받으면서도 ~에 빠져 있는 부실 금융 기관 / 황금만능주의와 ~가 사회 곳곳에서 판을 치고 있다.
도도¹(陶陶) →**도도-하다¹** 휑여 매우 화평하고 즐겁다. ¶취흥이 ~. 도도-히³ 튀
도도²(滔滔) 튀 1 물이 그득 퍼져 흘러가는 모양이 막힘이 없고 기운차다. ¶도도하게 흐르는 강물. 2 말하는 모양이 거침없다. 3 감흥 따위가 북받쳐 누를 길이 없다. ¶시흥이 ~. 4 (사조·유행·세력 등이) 걷잡을 수 없이 성하다. 도도-히² 튀
도도록-도도록[-또도-] 튀 여러 개가 모두 도도록한 모양. ㈜도독도독. 튜두두룩두두룩.
도도록도도록-하다 휑여
도도록-하다[-로카-] 휑여 가운데가 조금 솟아 모양이 볼록하다. ㈜도독하다. 튜두두룩하다. 도도록-이 튀 ¶모기에 물린 자리가 ~ 돋아났다.

도:도-하다³ 휑여 혼자 잘난 체하여 거만하다. ¶도도하고 콧대가 높은 여자. 도:도-히³ 튀 ¶~ 굴다.
도독(都督) 명[역] 통일 신라 원성왕 원년 (785) 때 '총관(摠管)'을 고친 이름.
도독-도독[-또-] 튀 '도도록도도록'의 준말. ¶온몸에 ~ 두드러기가 솟다. 튜두두둑.
도독-하다[-도카-] 휑여 1 조금 두껍다. ¶도독한 봉투. 2 '도도록하다'의 준말. ¶노국 공주의 갸름하고 도독한 뺨은 홍조를 끼었어 붉그럼했다.《박종화:다정불심》튜두둑하다. 도독-이 튀
도돌-도돌 튀 물체 따위의 겉면에 작은 것들이 도돌하게 나오거나 붙어 있어 고르지 못한 모양. 튜두둘두둘. ㉠도돌도돌. **도돌도돌-하다** 휑여
도돌이-표(-標) 명[음] 악곡을 되풀이하여 연주하거나 노래 부르도록 표시한 기호. '｜:', ':｜', 'D.C.', 'D.S.' 따위. =반복 기호·반시기호.
도두 튀 위로 돋아나서 높게. ¶둑을 ~ 쌓다. ↔낮추.
도두-뛰다 동자 힘껏 높이 뛰다. ¶도두뛰어 담을 넘다.
도-두령(都頭領) 명 두령 가운데 우두머리.
도두-보다 동타 =돋보다.
도두보-이다 동자 =돋보이다.
도둑 명 남의 물건을 몰래 훔치는 짓을 하는 사람. =적도. 비도적(盜賊). ¶~을 잡다 / ~으로 몰리다 / ~이 들다.
[도둑을 맞으려면 개도 안 짖는다] 운수가 나쁘면 모든 것이 제대로 되지 않는다. [도둑의 씨가 따로 없다] 본래부터의 도둑은 없다. [도둑이 제 발 저리다] 죄를 지으면 불안하여 스스로 그것을 감추려고 애쓴다.
도둑-고양이[-꼬-] 명 주인 없이 여기저기 나돌아 다니며 음식을 훔쳐 먹는 고양이. ㈜도둑괭이.
도둑-괭이[-꽹-] 명 '도둑고양이'의 준말.
도둑-글[-끌] 명 남이 배우는 옆에서 몰래 듣고 배우는 글.
도둑-년[-뇬-] 명 도둑질한 여자를 욕하여 이르는 말.
도둑-놈[-놈-] 명 도둑질한 남자를 욕하여 이르는 말.
도둑놈의-갈고리[-농-의-/-농-에-] 명[식] 콩과의 여러해살이풀. 높이 60~90cm. 7~8월에 연분홍색 꽃이 피며, 열매 꼬투리에는 겉에 갈고리 같은 잔털이 있어서 옷에 잘 달라붙는다. 산이나 들에 나며, 사료로 씀.
도둑-눈[-눈-] 명 사람이 모르게 밤 사이에 내린 눈.
도둑-맞다[-둥맏따] 동타 (물건을) 도둑이 훔쳐 가 더 이상 가지지 못하게 되다. 또는, 어느 곳에 도둑이 들어 물건이 없어지게 되다. ¶패물을 ~.
도둑-잠[-짬] 명 자야 할 시간이 아닌 때에 남의 눈에 띄지 않게 몰래 자는 잠.
도둑-장가[-짱-] 명 주위 사람들에게 알리지 않고 몰래 드는 장가.
도둑-질[-찔] 명 (남의 물건을) 몰래 훔치는 짓. **도둑질-하다** 동타여
[도둑질을 해도 손발이 맞아야 한다] 무슨 일이든 서로 뜻이 맞아야 이루기 쉽다.
도드라-지다 Ⅰ 휑 쏙 내밀어서 도도록하다.

도드라진 코. ㉢두드러지다.
Ⅱ⟨동⟩⟨자⟩ 도도록하게 내밀다. ¶산봉우리가 푸른 하늘을 배경으로 선명하게 **도드라져** 있다. ㉢두드리다.

도드리-장단⟨-長短⟩ 명⟨음⟩ 보통 빠르기의 6박 1장단으로 구성된 국악 장단의 하나.

도드-밟다⟨-밟따⟩ 통⟨타⟩ 오르막길 등을 오를 때 발끝에 힘을 주어 밟다.

도:등⟨導燈⟩ 명 항구나 좁은 수로에서 안전 항로를 표시하는 등대.

도떼기-시장⟨-市場⟩ 명 정상적 시장이 아닌 일정한 곳에서, 상품·중고품·고물 등의 도산매⟨投賣⟩·비밀 거래로 벅적거리는 시장.

도라지 명 1 ⟨식⟩ 초롱꽃과의 여러해살이풀. 높이 40~100cm. 7~8월에 종 모양의 흰색이나 보라색 또는 하늘색 꽃이 핌. 2 1의 뿌리. 찬거리로 널리 쓰이며 약용하기도 함. ㉢도랒.

도라지^타:령 명⟨음⟩ 1 경기⟨京畿⟩ 선소리의 마지막 토막. 관동 팔경의 경치를 엮어 부름. 2 경기 민요의 하나.

도:락⟨道樂⟩ 명 1 도⟨道⟩를 깨달아 스스로 즐기는 일. 2 본 직업 외에 재미나 취미로 하는 일. 3 술·도박 따위의 못된 유흥에 취하여 빠지는 일. 4 진귀한 것을 좋아하여 찾는 일. ¶식⟨食⟩-.

도란-거리다/-대다 통⟨자⟩ 나직한 목소리로 정답게 이야기하다. ¶여자 아이들의 **도란거리는** 소리가 뒤에서 들렸다. ㉢두런거리다.

도란-도란 부 도란거리는 소리. 또는, 그 모양. ¶~ 이야기를 주고받다. ㉢두런두런. 도란도란-하다⟨형⟩⟨여⟩

도란스⟨←일トランス⟩ 명 ⟨<transformer⟩ ⟨물⟩ '변압기'로 순화.

도:란-형⟨倒卵形⟩ 명 달걀을 거꾸로 세운 형상. =거꾸달걀꼴.

도랑 명 폭이 좁은 작은 개울. ¶~을 건너다 / ~을 치다.

[도랑 치고 가재 잡는다] ㉠일의 순서가 뒤바뀌다. ㉡한 가지 일로 두 가지 이익을 본다는 말.

도랑-물 명 도랑에 흘러내리는 물.

도랑-창 명 지저분하고 불결한 도랑. ¶~에 빠지다. ㉢돌창.

도랑¹ 명 둥근 물건의 둘레.

도랑-² 접두 '둥근'의 뜻을 나타내는 말. ¶~떡. ~방석.

도:래³⟨到來⟩ 명 (어떤 시기나 기회가) 닥쳐오는 것. **도:래-하다** 통⟨자⟩⟨여⟩ ¶새로운 시대가 ~.

도래⁴⟨渡來⟩ 명 1 물을 건너오는 것. 2 외국에서 바다를 건너오는 일. ¶~지⟨地⟩. **도:래-하다²** 통⟨자⟩⟨여⟩ ¶철새가 낙동강 하류에 ~.

도래-도래 '오래오래'의 잘못.

도래-떡 명 초례상⟨醮禮床⟩에 놓는 둥글고 큼직한 흰떡.

도래-방석⟨-方席⟩ 명 주로 곡식을 널어 말리는 데 쓰는, 짚으로 둥글게 짠 방석.

도래-송곳 ⟨-곧⟩ 명 1 자루가 길고 끝이 반달 모양으로 생긴 송곳. 2 =나사송곳.

도:량¹⟨度量⟩ 명 1 너그러운 마음과 깊은 생각. ⟨비⟩금도⟨襟度⟩. ¶~이 넓다 / ~이 크다. 2 도⟨度⟩와 양⟨量⟩. 곧, 길이와 들이. 3 재거나 되거나 하여 사물의 양을 따지는 것. 4 길이를 재는 자와 양을 재는 되. **도:량-하다** 통⟨타⟩⟨여⟩ (사람이) 재거나 되거나 하여

따지다. **도:량-되다** ⟨자⟩

도:량²⟨道場*⟩ 명 ['場'의 본음은 '장'] ⟨불⟩ 불도⟨佛道⟩를 닦는 장소. 또는, 부처나 보살이 성도⟨成道⟩를 얻은 곳. 일반적으로는 절의 경내를 가리킴.

도:량-형⟨度量衡⟩ 명 길이·양·무게 따위를 재는 단위법 및 기구의 총칭.

도:량형-기⟨度量衡器⟩ 명 길이·양·무게를 재는 자·되·저울 등의 기구.

도:량형^원기⟨度量衡原器⟩ 명 도량형의 통일과 정확을 기하기 위해, 그 기본 단위의 기준으로서 제작·보존되는 기구.

도려-내다 통⟨타⟩ 빙 돌려서 베거나 파내다. ¶사과의 썩은 부분을 ~.

도려-빠지다 ⟨자⟩ 한 곳을 중심으로 그 부근이 몽땅 빠지다. ¶정수리 부근의 머리털이 ~. ㉢두려빠지다.

도:력⟨道力⟩ 명 도를 닦아서 얻은 힘.

도:련¹ 명 두루마기·저고리의 자락의 끝 둘레.

도:련⟨刀錬⟩ 명 종이의 가장자리를 가지런하게 베는 일. ¶~을 치다. **도:련-하다** 통⟨타⟩⟨여⟩

도련-님 명 1 '도령'의 높임말. 2 결혼하지 않은 시동생을 높여 이르는 말. ▷서방님.

도:령 명 총각을 대접하여 일컫는 말. ['道令'은 속음] ⟨예⟩도령.

도:령-귀신⟨-鬼神⟩ 명⟨민⟩ =몽달귀신.

도로¹ 꾸미는 동사의 행위·작용이 앞서 이뤄진 행위·작용과 반대되거나, 본래대로 된 것임을 나타내는 말. ⟨비⟩다시. ¶가다가 ~ 오다 / 주었다가 ~ 뺏다.

도로 아미타불 ㈜ 애쓴 일이 소용없이 되어 처음과 같음을 일컫는 말. ¶십 년 공부 ~.

도:로²⟨徒勞⟩ 명 헛된 수고. ⟨비⟩헛수고. ¶모든 노력이 ~에 그치다.

도:로⟨道路⟩ 명 사람·차 등이 다닐 수 있도록 만든 비교적 넓은 길. ¶포장⟨鋪裝⟩- / 고속- / ~를 넓히다 / ~를 내다.

도:로^경:주⟨道路競走⟩ 명⟨체⟩ 도로 상에서 벌이는 자전거 경주.

도:로-망⟨道路網⟩ 명 그물처럼 여러 갈래로 복잡하게 얽힌 도로의 체계. ¶거미줄처럼 뻗은 ~.

도:로-변⟨道路邊⟩ 명 도로의 가장자리. ¶~에 차를 세우다.

도:로-율⟨道路率⟩ 명 도시나 일정한 지역 전체 면적에 대하여 도로가 차지하는 비율.

도:로^표지⟨道路標識⟩ 명 =교통안전 표지.

-도록¹ 어미 1 용언의 어간이나 어미 '-시-' 아래에 붙어, 어떠한 상태에까지 이름을 나타내거나, 의식적으로 끌어가는 방향 또는 목표를 나타내는 연결 어미. ¶밤이 깊어 애기를 나누다. 2 동사의 어간에 붙어, '해라' 할 상대에게 명령의 뜻을 나타내는 종결 어미. 주로 군대나 학교 등에서 명령을 하달하는 집단에서 쓰임. ¶내일 아침 8시에 이 자리에 다시 모이~.

도:록²⟨圖錄⟩ 명 기록으로 보존해 놓을 가치가 있는 자료들을 모아 사진으로 찍어 엮은 책. ¶조선 왕조 유물 ~.

도롱뇽 명⟨동⟩ 양서류 도롱뇽과의 한 종. 몸 길이 15cm가량. 몸빛은 갈색 바탕에 둥근 무늬가 있고, 피부는 매끈함. 몸통은 길고 옆구리에 13줄의 홈이 있으며, 머리가 납작함. 개울·못·습지 등에서 살며, 우리나라의 특산종임.

도롱이 명 짚·띠 따위로 엮어 허리나 어깨에

걸쳐 두르는 우장(雨裝). =녹사의·사의.
도료(塗料) 명 물건의 겉에 발라 썩지 않게 하거나 아름답게 하는 재료. 바니시·페인트 등. ¶~를 입히다 / ~를 칠하다.
도루(盜壘) 명체 야구에서, 주자가 수비의 허술한 틈을 타서 다음 누로 가는 일. =스틸(steal). ¶~에 성공하다. **도루-하다** 동(자)(여) ¶2루로 ~.
도루-묵 명[동] 양도루묵과의 바닷물고기. 몸길이 25cm 내외. 몸에 비늘이 없으며, 몸빛은 등은 황갈색이고 배는 은백색임. 식용함. =목어(木魚)·은어(銀魚).
도륙(屠戮) 명 (사람을) 무참하게 마구 죽이는 것. =도살(屠殺). ¶전쟁으로 많은 양민들이 ~을 당하다. ¶살려 있으면 그 놈 한 놈만 죽여서 원수를 갚을 테지만 그 놈이 죽고 없으면 그 놈의 집안을 ~ 낼 작정이요.《홍명희:임꺽정》 **도륙-하다** 동(타)(여) **도륙-되다** 동(자)
도르르¹ 동(타)(르)〈도르니, 돌라〉 먹은 것을 게우다.
도르르² 동(타)(르)〈도르니, 돌라〉 몫을 갈라서 따로따로 나누어 주다. ¶돌떡을 이웃에 ~.
도르르³ 동(타)(르)〈도르니, 돌라〉1 (돈·물건·일 따위를) 이리저리 변통하다. ¶돈을 ~. 2 그럴듯한 말로 남을 속이다. ¶이리저리 돌라서 얘기하다. ¶두르다.
도르르⁴ 동(타)(르)〈도르니, 돌라〉 싸서 가리거나 휘감아 싸다. ¶병풍을 돌라 치다. (큰)두르다.
도르래 명[물] 바퀴에 홈을 파고 이에 줄을 걸어서 돌려 물건을 움직이는 장치. 두레박·기중기 따위에 쓰임. =활차(滑車).
도르르 부 1 폭이 좁은 종이 같은 것이 탄력 있게 말리는 모양. ¶대뱃이가 ~ 말리다. 2 작고 동그스름한 것이 가볍게 구르는 모양. 또는, 그 소리. ¶물방울이 나뭇잎에서 ~ 흘러내리다. (큰)두르르. (센)또르르.
도르리 명 1 여러 사람이 음식을 돌려 가며 내어 함께 먹는 일. ¶한 집에 가서 보니 동네 사람 내댓이 모여서 쇠머리 ~을 하는데 정작 술이 없데 그려.《홍명희:임꺽정》 2 똑같이 나누어 주거나 고루 돌라 주는 일. **도르리-하다** 동(타)(여)
도리¹ 명[건] 집·다리 등을 세울 때, 기둥 위에 건너질러 위의 물체를 받치는 나무. =형(桁).
도리²(道理) 명 1 사람이 어떤 입장이나 처지에서 마땅히 베풀거나 행해야 할 바르고 참된 행동이나 일. ¶부모의 ~ / ~에 어긋나다 / 자식 된 ~를 다하다. 2 (주로 얹히'와 같은 부정적인 말과 함께 쓰이) 달리 어떻게 할 수 있는 방법. ¶어찌할 ~가 없다 / 이젠 ~ 없이 포기해야겠다.
도리기 명 여러 사람이 추렴한 돈으로 음식을 마련하여 나누어 먹는 일. ¶술 ~. **도리기-하다** 동(타)(여) ¶돼지를 잡아 ~.
도리깨 명 1 (농) 곡식의 낟알을 떠는 데 쓰는 농구의 하나. 긴 작대기 끝에 서너 개의 휘추리를 달아 휘두르며 침. =연가(連枷). 2 (역) '쇠도리깨'의 준말.
도리깨-질 명 (농) 도리깨로 곡식 이삭을 후려쳐 낟알을 떠는 일. **도리깨질-하다** 동(타)(여) ¶콩을 ~.
도리깨-채 명 (농) =도리깻장부.
도리깻-열 [-깬녈-] 명 (농) 도리깻장부에 달려 곡식 이삭을 후려치는, 서너 개로 된 휘추리. =자편(子鞭).
도리깻-장부 [-깨짱-/-깻짱-] 명 (농) 도리깨의 자루인 긴 막대기. =도리깨채.
도리다 동(타) 1 둥글게 돌려서 베어 내거나 파다. ¶사과의 썩은 부분을 칼로 ~. 2 글이나 장부의 어떤 부분을 꺾자를 쳐서 지워 없애다.
도리-도리 I (감) 어린아이에게 도리질을 하라는 뜻으로 내는 소리. ¶~ 짝짜꿍.
II 명 어린아이가 머리를 좌우로 흔드는 동작.
도리-머리 명 머리를 좌우로 흔들어 거절이나 싫다는 뜻을 나타내는 짓. =도리질. ¶싫다고 ~를 흔들다. **도리머리-하다** 동(자)(여)
도리스-식(Doris式) 명[건] 고대 그리스의 건축 양식의 하나. 기둥이 굵고 주춧돌이 없으며, 대접받침은 얇은 사발 모양임. 간소하나 장중미가 있음. ▷이오니아식·코린트식.
도리어 부 예상이나 기대, 또는 일반적인 생각과는 반대로. ¶잘못한 놈이 ~ 더 큰소리를 친다. (준)되레.
도리-옥(-玉) 명(역) 조선 시대에 정1품과 종1품 벼슬아치가 관모에 붙이던 옥관자. =환옥(環玉).
도리-질 명 1 말귀를 겨우 알아듣는 어린아이가 어른이 시키는 대로 머리를 좌우로 흔드는 재롱. 2 =도리머리. **도리질-하다** 동(자)(여)
도리-천(忉利天) 명[불] 수미산 꼭대기에 있으며, 제석천(帝釋天)이 다스리는 하늘나라. 중앙에 제석천이 있어, 사방에 8개씩의 성이 있어 천인(天人)들이 거처한다고 함.
도림-질 명 실톱으로 널빤지를 오리거나 새겨 여러 가지 모양을 만드는 일. **도림질-하다** 동(타)(여)
도립¹(倒立) 명 (사람·물체가) 거꾸로 서는 것. (비)물구나무서기. **도립-하다** 동(자)(여)
도립²(道立) 명 도(道)에서 세움. ¶~ 병원.
도립-상(倒立像) [-쌍] 명(물) 볼록 렌즈의 초점의 바깥에 있는 물체의 상처럼 상하 좌우가 반대로 된 상. ▷정립상.
도마 명 식칼로 요리 재료를 썰거나 다질 때에 받치는 판. 나무·플라스틱 따위로 만듦.
[도마에 오른 고기] 어찌할 수가 없게 된 막다른 처지를 비유하는 말.
도마 위에 오르다 (관) 어떤 대상이 비판이나 논란의 대상이 되다. ¶그의 병역 문제가 ~.
도마²(跳馬) 명[체] 안마(鞍馬)에서 손잡이를 없앤 기계 체조 용구. 또는, 그 용구를 이용해서 하는 체조 경기 종목. ▷안마.
도마-뱀 명[동] 파충류 도마뱀과의 한 종. 온몸이 비늘로 덮이고, 짧은 네 발이 있음. 몸빛은 황갈색이며, 눈에서 꼬리에 이르는 암갈색 띠가 있음. 적에게 잡히면 스스로 꼬리를 끊고 달아나는데, 잘린 꼬리는 다시 자람. 산속의 풀숲이나 돌 사이에 삶. =석룡자·석척.
도마-질 명 도마 위에 물건을 놓고 식칼로 다지는 일. **도마질-하다** 동(자)(여)
도막 명 1 (자립) 짧고 작은 동강. ¶철사 ~ / ~을 내다. 2 (의) '짧고 작은 동강'을 세는 단위의 하나. ¶생선 ~.
도막-도막 [-또-] 부 여러 도막으로 끊는 모양. ¶나무를 톱으로 ~ 자르다.
도말(塗抹) 명 1 (어떤 것을) 지워 없애거나, 위에 덧발라 가리는 것. ¶정정 시에는 약물을 사용하거나 ~ 또는 개서할 수 없다. **2** (어떤 대상을) 없애거나 사라지게 하는 것. **3** [의] 슬라이드 글라스 위에 재료를 펼쳐서 만든 현미경 검사용 표본. =도말 표본. **도말-하다** 통(타여) ¶내가 아말렉을 **도말하여** 천하에서 기억함이 없게 하리라.《구약 출애굽기》

도맛-밥 [-마빱/-맏빱] 명 도마질할 때에 생기는 부스러기.

도망(逃亡) 명 (사람이나 동물이) 자기를 잡으려는 것을 피하여 다른 곳으로 가는 것. 또는, (사람이) 감시나 통제가 있는 곳을 허락없이 벗어나는 것. 비도주(逃走). ¶~을 다니다. **도망-하다** 통(자여) ¶죄를 짓고 ~.

도망-가다 통(자)(거리)〈~가거라〉=도망하다.

도망-꾼(逃亡-) 명 몰래 도망질치는 사람.
도망-자(逃亡者) 명 도망한 사람.
도망-질(逃亡-) 명 도망하는 짓. **도망질-하다** 통(자여)

도망질-치다(逃亡-) 통 '도망치다'를 흘하게 이르는 말. ¶연놈이 눈이 맞아 야음을 틈타 마을에서 **도망질쳤다**.

도망-치다(逃亡-) 통(자) (사람이나 동물이 어느 곳으로) 도망을 가다. =도망가다. ¶도둑이 주인한테 들켜서 ~. (속)토끼다.

도-맡다 [-맏따] 통(타) 도거리로 몰아서 맡다. ¶일을 **도맡아** 하다.

도매(都賣) 명 물건을 모개로 파는 일. ¶~시장. ↔소매(小賣). **도매-하다** 통(타여) **도매-되다** 통(자)

도매-가(都賣價) [-까] 명 =도매가격. ↔소매가.

도매-가격(都賣價格) [-까-] 명 도매로 파는 가격. =도매가·도맷값·도맷금. ↔소매가격.

도매-상(都賣商) 명 도매를 하는 장사. 또는, 그 장수. =도가(都家). ↔소매상.

도매-업(都賣業) 명 도매를 하는 영업. ↔소매업.

도매-점(都賣店) 명 도매를 하는 상점. =도매점.

도맷-값(都賣-) [-매깝/-맫깝] 명 =도매가격. ↔소맷값.

도맷-금(都賣-) [-매끔/-맫끔] 명 **1** =도매가격. **2** 대상을 함부로 얕잡아 하는 평가. ¶사람을 ~으로 싸잡아 비난하다.

도메인(domain) 명 로마자로 나타낸 인터넷 사이트 주소. 숫자로만 구성된 아이피(IP) 주소의 단점을 보완하기 위하여 사용함. 예를 들어, 청와대의 도메인 이름은 'www. bluehouse.go.kr'임. ▷아이피 주소.

도면(圖面) 명 토목·건축·기계 등의 구조나 설계, 또는 토지·임야 등을 제도기를 써서 기하학적으로 그린 그림. =도본(圖本). ¶설계 ~.

도모(圖謀) 명 (어떤 일을) 이루어지도록 꾀하는 것. **도모-하다** 통(타여) ¶사원들 간에 친목을 ~. **도모-되다** 통(자)

도-목수(都木手) [-쑤] 명 목수의 우두머리.
도무지 부 아무리 애를 써 보아야 전혀. 또는, 이러니저러니 할 것 없이 아주. 비유적인 말임. =도시(都是)·도통(都統). ¶왜 그 사람이 그런 짓을 했는지 ~ 영문을 모르겠다.

도:미[1] [동] 감성돔과의 여러 참돔·감성돔·붉돔 등의 총칭. 일반적으로는 참돔을 말함. 몸은 타원형이며 납작하고, 대부분 붉은빛을 띰. 식용함. 준돔.

도미[2](渡美) 명 미국으로 건너가는 것. ¶~유학. **도미-하다** 통(자여) ¶시장 조사를 위하여 ~.

도미노(domino) 명 표면에 여러 가지 수효의 검은 점이 찍힌 28개의 골패를 가지고 하는 서양의 놀이. 또는, 그 골패.

도미노^이:론(domino理論) 명 [도미노의 골패를 한 줄로 세워 놓고 밀면 모두 쓰러진다는 데서][정] 어떤 지역이 공산화되면 그 영향이 차례로 인접 지역으로 파급되어 간다는 이론.

도미니카(Dominica) 명[지] 카리브 해 소앤틸리스 제도 동부의, 화산섬으로 이루어진 공화국. 수도는 로조.

도미니카^공화국(Dominica共和國) 명[지] 카리브 해 히스파니올라 섬의 동쪽 반을 차지하는 공화국. 수도는 산토도밍고.

도민[1](島民) 명 섬에서 사는 사람. 비섬사람.
도:민[2](道民) 명 그 도(道) 안에서 사는 사람. ¶~ 체육 대회.

도박(賭博) 명 **1** 화투·카드놀이·시합 등과 같이 그 승부가 불확실한 일에 요행을 바라고 내기를 하는 일. 비노름. **2** 요행수를 바라 불가능하거나 위험한 일에 손을 대는 일. **도박-하다** 통(자여)

도박-꾼(賭博-) 명 도박을 일삼는 사람. 비노름꾼. ¶상습 ~.

도박-사(賭博師) [-싸] 명 도박을 직업으로 하는 사람.

도박-장(賭博場) [-짱] 명 도박을 하는 곳.
도박-판(賭博-) 명 =노름판. ¶~을 벌이다.
도:반(道伴) 명[불] 함께 불도(佛道)를 수행하는 벗. 특히, 행자 생활을 같이 했거나 수행이나 공부를 같이 한 승려들끼리 하는 말임. ▷반= 伴.

도발(挑發) 명 **1** (전쟁·분쟁 등을) 상대를 자극함으로써 일으키는 것. ¶무력 ~. **2** (욕정 등을) 부추겨 불러일으키는 것. **도발-하다** 통(타여) ¶전쟁을 ~/색욕을 **도발하는** 음란 비디오. **도발-되다** 통(자)

도발-적(挑發的) [-쩍] 관·명 **1** 상대의 감정을 언짢게 만드는 상태에 있는 (것). ¶~인 언동. **2** 욕정 등을 부추겨 불러일으키는 상태에 있는 (것). ¶~인 복장.

도방(都房) 명[역] 고려 무신 집권 시대에 경대승(慶大升)이 신변 보호를 위하여 설치한 사병(私兵) 집단. ▷정방(政房).

도배[1](徒輩) 명 (주로 나쁜 짓을) 함께 어울려 하는 무리.

도배[2](塗褙) 명 **1** 방의 벽과 천장에 색깔과 무늬가 있는 종이를 붙여 곱게 꾸미는 것. **2** 어느 곳에 어떤 것을 지나칠 정도로 잔뜩 붙이는 것. 비유적인 말임. **3**〈속〉인터넷에서, 게시판이나 대화방 등에 한 사람이 어떤 내용의 글이나 파일을 뒤덮다시피 올리는 것. 통신 언어임. **도배-하다** 통(타여) ¶밝은 색 벽지로 방을 새로 ~ / 거리의 전봇대나 벽을 집회 포스터로 온통 **도배했다**.

도배-장이(塗褙-) 명 도배하는 일을 직업으로 하는 사람.

도배-지(塗褙紙) 명 도배에 쓰이는 종이.
도벌(盜伐) 명 허가 없이 산의 나무를 몰래 베는 것. **도벌-하다** 통(타여) **도벌-되다** 통(자)

도벌-꾼(盜伐-) 명 상습적으로 산의 나무를 몰래 베어 가는 사람.

도법(圖法) [-뻡] 명 '작도법'의 준말. ¶다면체 ~.

도벽(盜癖) [명] 물건을 훔치는 버릇. ¶~이 있다.

도-병마사(都兵馬使) [명][역] 고려 시대, 국가의 군기(軍機) 및 국방상 중요한 일을 의정(議政)하던 합의 기관.

도보(徒步) [명] 탈것을 타지 않고 걸어가는 것. ¶~ 여행. **도보-하다** [동][자][여]

도ː복(道服) [명] 무도(武道)를 수련할 때 입는 운동복. ¶태권도 ~.

도ː부(到付) [명] **1** 공문(公文)이 이르는 것. **2** 이리저리 떠돌아다니며 물건을 파는 것. **도ː부-하다** [동][자][여]

도ː부-꾼(到付—) [명] '도붓장수'를 홀하게 이르는 말.

도ː붓-장사(到付—) [—부짱—/—붇짱—] [명] 이리저리 떠돌아다니며 물건을 파는 장사. =여상(旅商)·행고(行賈)·행상(行商). ↔앉은장사. **도ː붓장사-하다** [동][자][여]

도ː붓-장수(到付—) [—부짱—/—붇짱—] [명] 이리저리 떠돌아다니며 물건을 파는 사람. =행상(行商)·행상인. ↔앉은장수.

도ː사(道士) [명] **1** 도를 많이 닦은 사람. =도인(道人). **2** 무슨 일에 도가 트여 썩 잘하는 사람을 속되게 이르는 말. ¶시계 고치는 일이라면 그가 ~다.

도사-견(←[일]土佐/とさ 犬) [명][동] 일본 시코쿠 섬 도사(지금의 고치) 지방 원산의 개. 몸이 크고 살이 많으며, 성질이 포악하여 투견용으로 기름.

도ː사리 [명] **1** 자라는 도중에 떨어진 과실. =낙과(落果). **2** 못자리에 난 어린 잡풀.

도사리다 [동][자][타] **1** 두 다리를 꼬부려 각각 한쪽 발을 다른 한쪽 무릎 아래 괴고 앉다. **2** 긴장된 심리 상태로 몸을 웅크리다. ¶먹이를 노리면서 잔뜩 **도사리고** 있는 표범 / 숲속에 복병이 **도사리고** 있다. **3** 마음을 죄어 다잡다. [비]도스르다. ¶마음을 **도사려** 먹다. **4** (부정적 심리 상태가) 자리 잡다. ¶마음에 증오심이 ~. **5** (일이나 말의 뒤끝을) 조심하여 감추다. ¶말꼬리를 ~.

도산[1](逃散) [명] 뿔뿔이 도망쳐 흩어지는 것. **도산-하다**[1] [동][자][여]

도ː산[2](倒産) [명] (기업이) 재산을 잃고 망하는 것. **도ː산-하다**[2] [동][자][여] ¶K 기업은 재정난으로 **도산하였다**. **도ː산-되다** [동][자]

도ː산[3](倒産) [명][의] 해산할 때 아이의 발이 먼저 나오는 것. 또는, 그러한 해산. =역산. **도ː산-하다**[3] [동][타][여]

도-산매(都散賣) [명] 도매와 산매. **도산매-하다** [동][타][여]

도산-십이곡(陶山十二曲) [명][문] 조선 명종 때 이황(李滉)이 지은 12수의 연시조. 사물을 대할 때 일어나는 감흥과 수양의 경지를 읊은 것임.

도살[1](屠殺) [명] **1** =도륙(屠戮). **2** 식용하려고 육축(六畜)을 잡아 죽이는 것. **도살-하다**[1] [동][타][여] **도살-되다**[1] [동][자]

도살[2](盜殺) [명] **1** =암살(暗殺)[2]. **2** 가축을 몰래 잡는 것. [비]밀도살(密屠殺). **도살-하다**[2] [동][타][여] **도살-되다**[2] [동][자]

도살-장(屠殺場) [—짱] [명] 소나 돼지 같은 것을 도살하는 곳. =도축장.

도ː상[1](道上·途上) [명] **1** 길 위. **2** 일이 진행되는 과정이나 도중. ¶발전 ~에 있다.

도ː상[2](道床) [명][건] 철도 선로에서 침목과 노반 사이에 있는, 자갈·쇄석·콘크리트 등으로 된 층.

도상[3](圖上) [명] 지도나 도면(圖面)의 위.

도색[1](桃色) [명] **1** (책·영화·행위 등이) 내용이나 성질이 음란하고 색정적인 상태. ¶~ 영화 / ~ 잡지. **2** 익은 복숭아와 같은 빛깔. 곧, 연분홍빛.

도색[2](塗色) [명] 물체에 어떤 색을 칠하여 입히는 것. [비]색칠. ¶~ 작업. **도색-하다** [동][타][여] ¶건물 벽을 청색 페인트로 ~.

도서[1](島嶼) [명] 크고 작은 섬들. ¶~ 지방.

도서[2](圖書) [명] **1** 글씨·그림·책 등의 총칭. **2** 특히, '책[1][1]1'을 이르는 말. 문어적인 말임. ¶~ 목록 / ~ 전시회.

도서-관(圖書館) [명] 온갖 종류의 책과 간행물 등을 모아 두고 사람들이 열람하거나 빌려 볼 수 있도록 시설을 한 곳. ¶공공 ~ / 국립 ~.

도ː-서다 [동][자] **1** (오가던 길에서) 돌아서다. **2** (바람이) 방향을 바꾸다. ¶남풍이 북서쪽으로 ~. **3** (해산할 때 태아가) 자리를 바꾸어 돌다. **4** 해산 뒤에 젖이 나기 시작하다.

도서-대(圖書代) [명] =책값.

도서-명(圖書名) [명] 책의 이름.

도서-실(圖書室) [명] 도서를 보관하거나 열람시키는 방.

도ː석-화(道釋畫) [—서콰] [명][미] 동양화에서, 신선이나 부처, 고승을 그린 그림.

도선[1](渡船) [명] =나룻배.

도ː선[2](導船) [명] 항구나 연해(沿海) 구역을 출입·통과하는 배에 타서 그 배를 안전한 수로로 안내하는 일. **도ː선-하다** [동][자][여]

도ː선[3](導線) [명] 전기의 양극(兩極)을 이어 전류를 통하게 하는 쇠붙이 줄.

도ː선-사(導船士) [명][법] 면허를 얻어 일정한 구역에서 배들을 안전하게 수로로 인도하는 일을 하는 사람. [비]파일럿.

도-선생(盜先生) [명] '도둑'을 익살스럽게 이르는 말.

도선-장(渡船場) [명] =나루터.

도설(圖說) [명] 어떤 내용을 알기 쉽게 그림을 넣어 설명하는 것. 또는, 그러한 책. ¶~ 한국사. **도설-하다** [동][타][여]

도ː섭[1] [명] 능청맞게 변덕을 부리는 짓. ¶~을 떨다 / ~을 부리다 / 평일에 저런 적이 없더니 오늘은 웬 곡절로 사색이 천변 ~을 하누. 《이해조:구의산》

도섭[2](徒涉) [명] 걸어서 물을 건너는 일. **도섭-하다** [동][타][여]

도ː섭-스럽다 [—쓰—따] [형][ㅂ] <~스러우니, ~스러워> 도섭을 부리는 태도가 있다. **도ː섭스레** [부]

도성(都城) [명][역] **1** 도읍을 에워싸고 있는 성. ¶적의 ~을 함락시키다. ▷읍성. **2** =도읍.

도솔-가(兜率歌) [명] **1** [음] 신라 유리왕 때 지어진 노래. 가악(歌樂)의 시초라 함. **2** [문] 신라 경덕왕 때 월명사가 지은 사구체의 향가.

도솔-천(兜率天) [명][불] 미륵보살이 살고 있는 하늘나라. 석가모니도 세상에 태어나기 전에 이곳에 머물렀다고 함.

도ː수[1](度數) [—쑤] [명] **1** 어떤 행위나 작용이 거듭 이뤄지는 횟수. [비]빈도. ¶늦게 귀가하는 ~가 잦다. **2** 도(度)를 단위로 하는 것의, 수치의 크기나 정도. 특히, 알코올 농도나 렌즈 굴절도. ¶~가 높은 안경. **3** [수] 통계 자료의 각 계급에 해당하는 수량(數量).

도수²(徒手) 명 싸우거나 일하거나 운동할 때, 무기나 도구를 들지 않은 상태에 있는 손. 비맨손. ¶~ 체조 / ~ 무술 / ~ 치료.

도:수³(導水) 명 물을 일정한 방향으로 흐르도록 이끄는 것. ¶~관(管). **도:수-하다** 동(타여)

도:수-로(導水路) 명 물을 끌어 들이는 길.

도:수^분포(度數分布) [-쑤-] 명 측정값을 몇 개의 계급으로 나누고, 각 계급에 속한 도수를 조사하여 나타낸 것.

도:술(道術) 명 도를 닦아 여러 가지 조화를 부리는 술법. ¶~을 부리다.

도스(DOS) 명 [disk operating system] [컴] 자기 디스크를 외부 기억 장치로 하여 개인용 컴퓨터를 작동할 수 있게 해 주는 프로그램 체계.

도스르다 동(타)〈도스르니, 도슬러〉〈마음을〉 무슨 일을 하려고 다잡마 가지다. ¶잔뜩 벼르고 있던 흥선은 명복 아기의 사 없는 얼굴을 바로 보자 **도슬러** 먹었던 마음이 봄눈 슬듯 슬어졌다.《박종화:전야》

도:승(道僧) 명[불] 도를 깨친 승려.

도-승지(都承旨) 명[역] 조선 시대에 승정원에 있던 6승지 중의 으뜸인 정3품 벼슬.

도시¹(都市) 명 사람이 많이 살고 집과 건물이 많으며, 정부의 기관과 사업체가 많고 학교·병원·오락 시설 등의 문화 시설이 집중되어 있는 지역. ¶대- / 항구-.

도시²(圖示) 명 (어떤 내용을 그림·도표 따위로) 그려 보이는 것. **도시-하다** 동(타여) ¶작업 공정을 ~. **도시-되다** 동(자)

도시³(都是) 부 =도무지. ¶그가 왜 화를 내는지 ~ 알 수 없는 일이다.

도시-가스(都市gas) 명 도시의 가정이나 공장 등에 관을 통해 공급하는 연료 가스.

도시^계:획(都市計劃) [-계획/-게획] 명 도시 생활에 필요한 교통·구획·주택·보안 따위의 환경을 문화적·기능적·효과적으로 공간에 배치하는 계획.

도시^국가(都市國家) [-까] [역] 주로, 고대 그리스·로마 등에서, 도시가 정치적으로 독립하여 이룬 작은 형태의 국가. 고대 그리스의 폴리스가 대표적임.

도시락 명 1 도시락밥을 담는, 고리버들이나 대오리로 길고 둥글게 결은 작은 그릇. 2 플라스틱이나 얇은 나무판자·알루미늄 등으로 상자처럼 만든, 밥을 담는 그릇. 또는, 거기에 반찬을 곁들인 밥. 3 도시락밥을 먹다.

도시-인(都市人) 명 도시에서 사는 사람.

도시-화(都市化) 명 (시골이) 도시의 형태를 갖추게 되는 것. 또는, 그렇게 되게 하는 것. **도시화-하다** 동(자타여) **도시화-되다** 동(자)

도식¹(塗飾) 명 1 (어떤 물체를) 칠 등을 발라서 꾸미는 것. 2 거짓으로 꾸미는 것. **도식-하다** 동(타여)

도식²(圖式) 명 사물의 구조·관계·변화 상태 등을 일정한 양식으로 나타낸 그림. 또는, 그 양식. ¶~으로 나타내다.

도식-적(圖式的) [-쩍] 관명 1 도식에 따른 (것). ¶천체의 운동을 ~으로 설명해 보자. 2 실제의 경험이나 현상과는 동떨어지게 일정한 형식이나 틀에 기계적으로 맞춘 (것). ¶~ 사고방식 / 외국의 이론을 한국 문학에 ~으로 대입하려는 태도.

도식-화(圖式化) [-시콰] 명 일정한 도식, 관계, 변화 상태 등을 일정한 그림이나 양식으로 만드는 것. **도식화-하다** 동(타여) **도식**

도요새 ●467

화-되다 동(자)

도심¹(都心) 명 도시의 중심부. ¶~ 지대.

도:심²(道心) 명 1 도덕적 의식에서 나오는 마음. 2 [불] 불도를 믿는 마음.

도심-지(都心地) 명 도시의 중심부를 이루는 지역. ¶교통이 혼잡한 ~.

도안(圖案) 명 미술 공예품의 모양·색채 등을 그림으로 나타내는 것. 또는, 그 무늬와 모양. ¶상표 ~. **도안-하다** 동(타여) ¶포스터를 ~.

도안-가(圖案家) 명 도안을 그리는 일을 직업으로 하는 사람. 비디자이너.

도야(陶冶) 명 [질그릇을 굽고 풀무질을 한다는 뜻에서] 몸과 마음을 닦아 기르는 것. ¶인격 ~. **도야-하다** 동(자타여) **도야-되다** 동(자)

도약(跳躍) 명 1 몸을 위로 솟구쳐 뛰는 것. 2 (어떤 사람이나 단체가) 능력이나 수준 등에 있어서 더 높은 단계로 발전하는 것. **도약-하다** 동(자여) ¶개발도상국에서 선진국으로 ~.

도약^경:기(跳躍競技) [-껭-] 명 [체] 육상 경기의 하나. 멀리뛰기·높이뛰기·장대높이뛰기·삼단뛰기 등의 총칭.

도약-대(跳躍臺) [-때] 명 1 도약의 발판이 되는 대. 2 도약하는 기회.

도약^운:동(跳躍運動) 명 [체] 사지(四肢)와 구간(軀幹)의 근육의 발달, 심장과 폐의 단련, 신진대사와 혈행(血行)의 왕성을 목적으로 하는 운동. =뜀뛰기 운동.

도약-판(跳躍板) 명 [체] 1 수영할 때 뛰어내리는 발판. =스프링보드. 2 =구름판.

도:어(倒語) 명 [언] 어법상의 말의 순서를 바꾸어 놓은 말. '간다, 나는.' 따위. =도문.

도어맨(doorman) 명 호텔의 출입문 밖에서 손님을 제일 먼저 맞아 안내하는 사람. ▷벨보이

도어-체크(door check) 명 문을 자동적으로 천천히 닫히게 하는 장치.

도연(陶然) →도연-하다 형(여) 1 술이 취하여 거나하다. ¶술이 네댓 잔 돌아 얼굴에 **도연한** 빛이 감돌다. 2 흥이 북받쳐 누를 길이 없다. **도연-히** 부

도열(堵列) 명 (많은 사람이) 죽 늘어서는 것. 또는, 그 늘어선 대열. **도열-하다** 동(자여) ¶연병장에 **도열한** 장병들.

도열-병(稻熱病) [-뼁-] 명 [식] 벼에 생기는 병의 하나. 보통, 잎에 갈색의 방추형 병반이 생기고 중심부로부터 백화(白化)하여 점차 줄기나 이삭에 퍼짐.

도예(陶藝) 명 도자기를 만드는 예술. ¶~전(展) / ~가(家).

도와-주다 동(타) 남을 위해 애써 주다. ¶가난한 사람을 ~.

도:외(度外) 명 어떤 한도나 범위의 밖. ¶그의 실수는 ~로 치고 이야기하세.

도:외-시(度外視) [-외-/-웨-] 명 (어떤 대상을) 중요하지 않은 것으로 여겨 소홀히 하거나 무시하는 것. **도:외시-하다** 동(타여) ¶기업은 그 목적이 이윤 추구에 있다 하더라도 사회적 책임을 **도외시해서는** 안 된다. **도:외시-되다** 동(자)

도요(陶窯) 명 도기를 굽는 가마. ¶~지(址).

도요-새 명 [동] 도욧과의 새의 총칭. 몸빛은 담갈색에 흑갈색 무늬가 있으며, 다리·부리가 길고 꽁지는 짧음. 바닷가·냇가의 습지에 삶.

도용(盜用) 명 (남의 명의나 물건·권리 등을) 허락 없이 몰래 쓰는 것. ¶명의 ~. **도용-하다** 동(타)어 ¶상호를 ~. **도용-되다** 동(자)어

도우미 각종 행사장에서 참관인들을 안내하거나 행사 내용의 설명 등을 전문적으로 하는 직업인. =내레이터모델.

도움 명 1 어떤 사람이 다른 사람을 돕는 일. ¶~을 받다(주다)/~을 청하다. 2 어떤 대상이 어떤 사람에게 좋은 효과나 이로움을 주는 상태. ¶사전이 외국어 학습에 큰 ~이 되었다.

도움-그림씨 명 =보조 형용사.

도움-달기 [-끼] 명(체) 높이뛰기·창던지기 등을 할 때에 달려나가 던지는 힘을 높이기 위해 일정한 선까지 달리는 일. =조주(助走).

도움-말 명 도움이 되도록 가르쳐 주거나 일깨워 주는 말. (비)조언(助言). ¶~을 주다.

도움-움직씨 명(언) =보조 동사.

도움-토씨 명(언) =보조사(補助詞).

도원-결의(桃園結義) [-의/-이] 명 [중국 촉(蜀) 나라의 유비·관우·장비가 도원(복숭아나무가 많은 정원)에서 의형제를 맺은 고사에서] 의형제를 맺음. **도원결의-하다** 동(자)어

도원-경(桃源境) 명 1 무릉도원처럼 아름다운 곳. 2 =이상향.

도-원수(都元帥) 명 [역] 고려·조선 시대에, 전쟁이 났을 때 군무를 통괄하던 임시 무관직의 장수.

도읍(都邑) 명 군주 시대에, 국가 행정의 가장 중심이 되는, 왕궁이 있는 행정 구역을 이르던 말. =도성. ¶백제의 ~. **도읍-하다** 동(자)어 도읍으로 정하다. ¶조선을 개창하고 한양에 ~.

도읍-지(都邑地) [-찌] 명 한 나라의 도읍으로 삼은 곳.

도'의(道義) [-의/-이] 명 사람이 마땅히 행해야 할 도덕적 의리. ¶~를 저버리다. (준)의(義).

도'의-심(道義心) [-의-/-이-] 명 도의를 중히 여기는 마음.

도'-의원 명 '도의회 의원'의 준말.

도'의-적(道義的) 명(관) 사람이 마땅히 행해야 할 도덕적 의리가 있는 (것). ¶~인 책임을 지다.

도'-의회(道議會) [-회/-훼] 명 지방 자치 단체인 도(道)의 의결 기관.

도'의회^의원(道議會議員) [-회-/-훼-] 명 도의회의 구성원. 임기는 4년. (준)도의원.

도이장-가(悼二將歌) 명 고려 예종아 이두식 표기에 향가 형식으로 지은 노래. 개국 공신 김낙(金樂)과 신숭겸을 추도하여 지었음.

도이칠란트(Deutschland) 명(지) =독일.

도'인(道人) 명 1 =도사(道士)1. 2 천도교를 믿는 사람.

도일(渡日) 명 일본으로 건너가는 것. **도일-하다** 동(자)어 ¶산업 시찰차 ~.

도'임(到任) 명 지방의 관리가 근무지에 도착하는 것. **도'임-하다** 동(자)어

도'입(導入) 명 1 (기술·방법·물자 등을 외부에서 내부에) 끌어들이는 것. ¶기술 ~. 2 문예 작품에서, 처음 시작할 때 스토리나 곡의 흐름 등을 어떤 내용으로부터 끌어 오는 것. 3 [교] 본격적인 수업에 들어가기 전에 학생들이 학습 내용에 대해 흥미를 가질 수 있도록 끌어들이는 일. 또는, 그 단계. **도'입-하다** 동(타)어 ¶국내에 차관(借款)을 ~. **도'입-되다** 동(자)어

도'입-부(導入部) [-뿌] 명(음) =서주부.

도자-기(陶瓷器) 명 점토를 가지고 어떤 형태로 만들어 불에 구워 낸 그릇. 넓은 뜻의 도기·자기·석기(拓器)·토기의 총칭임.

도작¹(盜作) 명 남의 작품을 자기가 지은 듯이 대강 고쳐서 자기 글로 만드는 일. 또는, 그 만든 작품. ¶~ 행위. **도작-하다**¹ 동(타)어

도작²(稻作) 명(농) =벼농사. **도작-하다**²

도'장¹(道場) 명 1 무예를 익히는 곳. ¶권투~/태권~. 2 [불] '도량(道場)³'의 잘못.

도장²(塗裝) 명 도료를 발라 곱게 모양을 내는 것. **도장-하다** 동(타)어 ¶페인트로 벽을 ~.

도장³(圖章) 명 개인이나 단체가 어떤 사실을 확인하거나 어떤 일을 책임짐을 공적으로 증명할 때 문서에 찍기 위해, 그의 이름을 나무·뿔·돌 등에 새겨서 만든 물건. =인장. (비)인(印). ¶목~/인감~/~을 찍다/~을 새기다.

도장(을) 찍다 관 1 도장을 눌러 약조를 맺다. (비)계약하다. 2 이혼하다. '이혼 서류에 도장을 찍다'의 꼴로도 쓰임. ¶살기 싫으면 당장이라도 **도장을 찍자**. 3 남자가 여자를 자기의 것으로 삼으려고 육체관계를 맺다. 비속한 말임.

도장-밥(圖章-) [-빱] 명 '인주(印朱)'를 구어체로 이르는 말.

도장-방(-房) 명 여자가 거처하는 방. (비)규방(閨房).

도장-주머니(圖章-) [-쭈-] 명 도장을 넣어 두는 주머니. =인주머니.

도장-집(圖章-) [-찝] 명 1 =도장포. 2 도장을 넣어 두는 작은 주머니.

도장-포(圖章鋪) 명 도장을 새기는 집. =도장집.

도'저(到底) →도'저-하다 형(여) 1 (학식이나 생각이) 아주 깊다. ¶선생의 학문은 **도저한** 경지에 이르러 있다. 2 (행동이나 몸가짐이) 흐트러짐이 없이 바르다. ¶걸음새가 당당하고 ~.

도'저-히(到底-) 부 (부정하는 말과 함께 쓰여) 아무리 하여도. ¶그 일은 오늘 안으로 ~ 마칠 수 없다.

도적(盜賊) 명 남의 재물을 몰래 훔치거나 위협하여 빼앗는 사람. 오늘날에는 잘 쓰이지 않고 역사 소설 등에 잔존해 있는 낱말임. (비)도둑. ¶~산~. **도적-하다** 동(타)어 (재물을) 훔치거나 빼앗다. ¶설매가 옥지환을 **도적하여** 동정을 주매.《김만중:사씨남정기》

도전(挑戰) 명 1 (서열이나 지위 등이 낮은 자가 높은 자에게) 겨루어 승부나 우위를 가리고자 하는 것. ¶~에 응하다. 2 (제 뜻을 이루거나 정복하기 어려운 일이나 대상에) 어려움을 무릅쓰고 그 일을 이루거나 정복하고자 맞닥뜨리는 것. ¶~과 응전의 법칙. **도전-하다** 동(자)어 ¶신기록에~/에베레스트 산에~/자연에게~.

도전-자(挑戰者) 명 도전하는 사람.

도전-장(挑戰狀) [-짱] 명 도전하는 글을 써서 상대에게 보내는 서장(書狀). ¶~을 내다.

도전-적(挑戰的) 관명 1 태도가 싸움을 거는 것과 같은 (것). ¶~인 행동. 2 태도가 어려

움을 무릅쓰고 뜻을 이루려고 하는 상태에 있는 (것). ¶~이고 진취적인 자세.

도ː정[1](道程) [명] **1** 길의 이수(里數). [비]이정(里程). **2** 어떤 곳이나 상태에 이르기까지의 과정. [비]노정(路程). ¶한국은 지금 선진국으로 가는 ~에 놓여 있다.

도정[2](搗精) [명] 난알을 찧거나 쓿는 일. ¶~기(機). **도정-하다** [동][타][여]

도제[1](徒弟) [명] 어려서부터 스승에게서 직업에 필요한 지식·기능을 배우는 직공.

도제[2](陶製) [명] 도자기 등과 같이 흙을 구워서 만든 것. ¶~ 기마 인물상.

도조(賭租) [명] 남의 논밭을 빌려서 부치고 그 대가로 해마다 내는 벼. =도지(賭地). ¶지주에게 ~를 바치다.

도죄(盜罪) [-죄/-쥄] [명] 절도죄 및 강도죄의 총칭.

도주(逃走) [명] (죄지은 사람이) 잡히지 않으려고 달아나는 것. [비]도망. ¶야반~. **도주-하다** [동][자][여]

도주-로(逃走路) [명] 포위를 뚫고 달아날 길. ¶범인의 ~를 차단하다.

도ː중(途中) [명] 어떤 행동이나 일이 끝나지 않고 계속되거나 진행되고 있는 동안. [비]중(中)·중도·중간. ¶식사 ~ / 집에 오는 ~에 친구를 만났다.

도ː중-하차(途中下車) [명] **1** 목적지에 닿기 전에 차에서 내리는 것. **2** 목적을 이루지 않고 도중에서 뜻을 버림을 비유하는 말. **도ː중하차-하다** [동][자][여] ¶셋이서 사업을 시작했으나 두 사람은 **도중하차하고** 지금은 나 혼자 하고 있다.

도지(賭地) [명] **1** 일정한 도조를 주고 빌려 쓰는 논밭이나 집터. **2** =도조(賭租).

도ː지개 [명] 틈이 나거나 뒤틀린 활을 바로잡는 틀.

도지개를 틀다 [구] 가만히 있지 못하고 몸을 비비 꼬며 움직이다. ¶지루한 강의에 학생들이 ~.

도지기 [명] 논다니와 세 번째로 관계를 맺는 일. 또는, 그러한 사람.

도ː지다[1] [동][자] **1** (병이나 상처가) 나아 가거나 나았다가 재발하다. ¶병이 ~. **2** (없어졌던 습관·감정 따위가) 되살아나거나 다시 생기다.

도지다[2] [형] **1** 매우 심하고 호되다. **2** 몸이 야무지고 단단하다.

도지^볼(dodge ball) [명][체] =피구(避球).

도ː-지사(道知事) [명] 한 도(道)의 행정 사무를 총괄하는 최고 책임자. [준]지사.

도짓-논(賭地-) [-진-] [명] 도조를 내고 짓는 논.

도짓-소(賭地-) [-지쏘/-짇쏘] [명] 도조를 내고 빌려 부리는 소.

도ː착[1](到着) [명] **1** (사람이나 탈것 등이 일정한 곳에) 움직여 다다르는 것. ¶~ 예정 / ~ 지점. ↔출발. **2** (우편물 등이 어느 곳에, 또는 어떤 사람에게) 옮겨져 전달되는 것. **도ː착-하다**[1] [동][자][여] ¶편지가 제 날짜에 ~ / 우리 일행은 무사히 목적지에 **도착했다**. **도ː착-되다**[1] [동][자]

도ː착[2](倒錯) [명] **1** 뒤바뀌어 거꾸로 되는 것. **2** [심] 본능이나 감정 또는 덕성의 이상(異常)으로 사회나 도덕에 어그러진 행동을 나타내는 일. ¶성(性)~. **도ː착-하다**[2] [동][자][여] **도ː착-되다**[2] [동][자]

도ː착-순(到着順) [-쑨] [명] 도착한 순서. [비]선착순. ¶원고는 ~으로 게재하였음.

도ː착-역(到着驛) [-창녁] [명] 기차 등을 타서 목적지에 이르러 닿는 역. ↔출발역.

도찰(塗擦) [명] 바르고 문지르는 것. ¶~ 요법. **도찰-하다** [동][타][여]

도찰-제(塗擦劑) [-쩨] [명][약] 살갗에 발라 문질러서 스며들게 하는 약. =찰제(擦劑).

도참(圖讖) [명] 앞날의 길흉을 예언하는 술법. 또는, 그러한 내용을 적은 책. '정감록(鄭鑑錄)' 따위. ¶~사상.

도ː처(到處) [명] 가는 곳마다의 여러 곳. 또는, 여기저기 많은 곳. ¶갑작스런 폭우로 ~에서 물난리를 겪고 있다.

도ː첩[1](度牒) [명][역] 고려·조선 시대에 나라에서 승려에게 내주던 신분증명서.

도첩[2](圖牒·圖帖) [명] 그림을 한데 묶은 책. =그림첩.

도ː첩-제(度牒制) [-쩨] [명][역] 고려·조선 시대에, 승려의 수를 줄이기 위해 승려가 되려는 자에게 일정한 대가를 받고 허가증인 도첩을 발급하던 제도.

도청[1](盜聽) [명] 타인의 대화나 회의의 내용, 특히 전화 통화 등을 몰래 엿듣는 것. ¶~ 장치. **도청-하다** [동][타][여] ¶남의 전화를 ~.

도ː청[2](道廳) [명] 도의 행정을 맡아 처리하는 지방 관청. ¶~ 소재지.

도ː청도설(道聽塗說) [명] 길거리에 퍼져 떠돌아다니는 뜬소문.

도ː체(導體) [명][물] 열이나 전기를 잘 전하는 물질. =양도체(良導體). ↔부도체.

도축(屠畜) [명] 가축을 도살하는 일. **도축-하다** [동][자][타][여]

도축-장(屠畜場) [-짱] [명] =도살장.

도ː출(導出) [명] (어떤 사실이나 일에서 판단이나 결론 등을) 이끌어 내는 것. **도ː출-하다** [동][타][여] ¶우주 현상에서 신의 섭리를 ~. **도ː출-되다** [동][자]

도취(陶醉) [명] (어떤 일이나 대상에) 사로잡혀 객관적인 판단을 하지 못할 만큼 깊이 빠지는 것. **도취-하다** [동][자][여] ¶승리에 ~. **도취-되다** [동][자]

도취-경(陶醉境) [명] 자연이나 예술미에 취하여 자기를 잃어버리는 경지. ¶~에 빠지다 / ~을 맛보다.

도ː치(倒置) [명] (차례나 위치 등을) 뒤바꾸는 것. **도ː치-하다** [동][타][여] **도ː치-되다** [동][자] ¶**도치된** 구문(構文).

도ː치-법(倒置法) [-뻡] [명][언] 수사법의 하나. 어떠한 뜻을 강조하기 위하여 말의 차례를 뒤바꾸어 쓰는 방법. "가자, 바다로!" 따위. =도어법(倒語法).

도킹(docking) [명] 인공위성·우주선 등이 우주 공간에서 서로 결합하는 일. **도킹-하다** [동][자][여] ¶제미니 8호가 무인 위성과 ~.

도탄(塗炭) [명] ['진구렁과 숯불'의 뜻] 백성의 생활이 몹시 쪼들려 비참하고 고통스러운 상태. ¶민생이 ~에 빠지다.

도탑다 [-따] [형][ㅂ] 〈도타우니, 도타워〉 어떠한 관계 등에 있어서, 사랑이나 인정이 많고 깊다. ¶**도타운** 우정. [큰]두텁다. **도타이** [부]

도태(淘汰) [명] **1** 여럿 중에서 불필요하거나 부적당한 것을 줄여 없애는 것. 또는, 줄어 없어지는 것. **2** [생] 생물 집단에서 환경이나 조건에 적응하지 못하는 개체군이 사라져 없어지는 일. **도태-하다** [동][자][타][여] **도태-되다** [동][자] ¶치열한 생존 경쟁의 사회에서 무능력자는 **도태될** 수밖에 없다.

도토(陶土) [명] 도자기의 원료로 쓰는 진흙. =자토(瓷土).

도토리 [명] 떡갈나무·갈참나무·졸참나무·물참나무 등의 열매. 도토리묵의 원료임. 세는 단위는 톨·알. =곡실(槲實).
※**도토리 키 재기** [일본 속담에서] 여러 대상이 모두 보잘것없어 비교할 만한 상태가 아닌데도 굳이 낫고 못함을 따져서 가리려 한다는 말. [비]오십보백보.

도토리-나무 [명][식] **1** '상수리나무'의 별칭. **2** =떡갈나무.

도토리-묵 [명] 도토리로 만든 묵.

도토마리 [명] '도투마리'의 잘못.

도톨-도톨 [부] '도돌도돌'의 거센말. ¶얼굴에 여드름 같은 것이 ~ 생기다. [큰]두툴두툴.
도톨도톨-하다 [형][여]

도톰-하다 [형][여] 조금 두껍다. ¶**도톰한** 입술 / 귓밥이 ~. [큰]두툼하다. **도톰-히** [부]

도통[1](都統) Ⅰ[명] =도합(都合) Ⅰ.
Ⅱ[부] **1** 모두 한통쳐서. [비]통틀어. ¶…옜네 ~ 이십오 전이네.《채만식:태평천하》 **2** =도무지. ¶~ 바깥출입을 하지 않는다.

도ː통[2](道通) [명] 어떠한 사물의 깊은 이치를 깨달아 통하는 것. **도ː통-하다** [동][자][여] ¶그는 4개 국어를 모국어처럼 구사할 만큼 외국어에 **도통해** 있다.

도투락-댕기[-땡-] [명] 어린 계집아이가 드리는 자줏빛 댕기. [준]도투락.

도투마리 [명] 베를 짤 때 날을 감는 틀. ×도토마리.

도틀어 [부] =도파니. ¶"시비하려는 사람처럼 그럴 것 무엇 있소. 지난 일은 ~ 내가 잘못이니까…."《염상섭:삼대》

도ː파-관(導波管) [명][물] 마이크로파를 전하는 데에 쓰이는, 가운데가 빈 금속관.

도파니 [부] 이러니저러니 할 것 없이 죄다. =도틀어. [비]통틀어. ¶예 있는 것 ~ 얼마요?

도판(圖版) [명][인] 인쇄물에 들어가는 그림.

도-편수(都-) [명] 목수의 우두머리.

도편^추방제(陶片追放制) [명][역] 고대 도시 국가인 아테네에서 시민 투표에 의하여 장차 참주(僭主)가 될 염려가 있는 사람을 가려 나라 밖으로 10년간 추방하던 제도. =오스트라시즘.

도평의-사사(都評議使司) [-의-/-이-] [명][역] **1** 고려 충렬왕 5년(1279)에 도병마사(都兵馬使)를 고친 이름. **2** 조선 태조 때에 둔 국정 최고 의결 기관.

도포[1](塗布) [명] (약 따위를) 겉에 바르는 것.
도포-하다 [동][타][여]

도ː포[2](道袍) [명] 예전에 선비들이 평상시에 입던, 소매가 넓고 길이가 긴 겉옷.

도포-제(塗布劑) [명][약] 피부에 바르는 외용약.

도ː표[1](道標) [명] 도로의 뻗어 나간 방향이나 이정(里程) 등을 표시하여 길가에 세운, 돌이나 나무로 된 표지물. =노표(路標). [비]이정표.

도표[2](圖表) [명] 여러 가지 자료를 분석하여 그 관계를 일정한 양식의 그림으로 나타낸 표. ¶연간 쌀 생산량을 ~로 나타내다.

도플러^효ː과(Doppler效果) [명][물] 음파 등의 파원(波源)과 관측자의 한쪽 또는 쌍방이 매질(媒質)에 대하여 운동하고 있을 때, 관측자에 의해 측정되는 파동의 진동수가 정지한 경우와 다른 현상.

도피(逃避) [명] **1** (어느 곳으로) 도망하여 몸을 피하는 것. ¶~ 행각. **2** (주어진 현실을) 받아들이지 않고 피하는 것. 또는, (괴롭거나 어려운 현실에서) 도망쳐 벗어나는 것. **3** (돈이나 재산 등을 외국으로) 옮겨 숨기는 것. ¶거액의 비자금을 해외 은행에 ~시키다. **도피-하다** [동][자][타][여] ¶그는 비리를 저지르고 해외로 **도피했다**. / 사람은 누구나 현실로부터 **도피하고** 싶을 때가 있다.

도피-구(逃避口) [명] 괴롭거나 어려운 현실을 피하여 벗어나는 수단. ¶아내를 잃은 뒤 술은 그의 유일한 ~였다.

도피-주의(逃避主義) [-의/-이] [명] 현실에 직면하는 것을 꺼리고 방관하거나 공상·관념의 세계로 도피하려는 태도.

도피-처(逃避處) [명] **1** 도망하여 몸을 피할 곳. ¶그는 범인에게 ~를 제공한 혐의를 받고 있다. **2** 괴롭거나 어려운 현실에서 도망쳐 그 현실을 잊어버릴 수 있는 곳. ¶그에게 산은 때로 삶의 위안처이자 ~였다.

도피-행(逃避行) [명] 남의 눈총을 받을 일을 하였거나 현실 문제가 귀찮아진 사람이 도망하여 피해 가는 것. 또는, 그 길. ¶사랑의 ~.

도핑(doping) [명] 운동선수가 운동 능력을 증진시키기 위해 약물(주로 흥분제 계통)을 복용하는 일. 부정행위로서 금지되고 있음.

도핑^테스트(doping test) [명][체] 운동선수가 좋은 성적을 올리기 위해 흥분제 따위의 약물을 사용했는지의 여부를 소변으로 검사하는 것. =약물 검사.

도하[1](都下) [명] 서울 지방. 또는, 서울 안. ¶~의 각 신문에서 일제히 대서특필하다.

도하[2](渡河) [명] 강이나 내를 건너는 것. [비]도강(渡江). ¶~ 작전. **도하-하다** [동][자][타][여]

도ː학(道學) [명] **1** 유교 도덕에 관한 학문. **2** [철] =성리학. **3** [종] =도교(道敎).

도ː학-군자(道學君子) [-꾼-] [명] **1** 도학을 닦아 덕이 높은 사람. =도덕군자. **2** =도학선생.

도ː학-선생(道學先生) [-썬-] [명] 도덕의 이론에만 밝고 실제의 세상일에는 어두운 사람을 조롱하여 이르는 말. =도학군자.

도ː학-자(道學者) [-짜] [명] 도학을 연구하는 학자.

도ː-함수(導函數) [-쑤] [명][수] 함수 $f(x)$를 미분하여 얻은 함수 $f'(x)$를 본래의 함수에 대해 일컫는 말. =유도 함수.

도합(都合) Ⅰ[명] 모두 합한 것. =도총·도통(都統).
Ⅱ[부] 모두 합해서. ¶~ 열이다.

도항(渡航) [명] 배로 바다를 건너가는 것. **도항-하다** [동][타][여]

도해(圖解) [명] (글의 내용을) 그림으로 풀이하는 것. ¶인체 ~. **도해-하다** [동][타][여]

도형[1](徒刑) [명][역] 조선 시대의 오형(五刑)의 하나. 곤장 10대와 복역 반 년을 한 등급으로 하여, 5등급까지 있었음.

도형[2](圖形) [명] **1** 그림의 모양이나 형태. **2** [수] 점·선·면·체(體) 또는 그것들이 모여 이루어진 것. 곧, 사각형·원·구 따위. ¶입체 ~ / 평면 ~.

도호-부(都護府) [명][역] **1** 고려 시대부터 있던 지방 관아의 하나. 목(牧)의 아래, 군(郡)의 위임. **2** 중국 당나라 초기에 속령(屬領)에 설치하였던 관청.

도호부-사(都護府使) [명][역] 도호부의 으뜸 벼슬.

도홍-색(桃紅色) 명 복숭아꽃 같은 엷은 분홍빛. 준도홍.
도화¹(桃花) 명 =복숭아꽃.
도화²(圖畫) 명 1 그림과 도안. 2 그림 그리기. 또는, 그린 그림.
도화-서(圖畫署) 명[역] 조선 시대에 그림에 관한 일을 맡아보던 관청.
도!화-선(導火線) 명 1 폭약이 터지도록 불을 붙이는 심지. ¶~에 불을 댕기다. 2 어떠한 사건 발생의 직접적인 원인. ¶오스트리아 황태자의 암살 사건은 제1차 세계 대전의 ~이 되었다.
도화-지(圖畫紙) 명 그림을 그리는 데 쓰는, 약간 두꺼운 흰 종이.
도회(都會) [-회/-훼] 명 =도회지.
도회-병(都會病) [-회뼝/-훼뼝] 명 1 도회지 특유의 생활환경으로 도회지 사람에게 생기기 쉬운 병. 또는, 병적인 경향. 2 시골 사람이 도회지를 동경하는 병통. ¶시골 청소년들의 무단가출은 대부분 ~에 그 원인이 있다.
도회-지(都會地) [-회-/-훼-] 명 사람이 많이 살고 있는 번화한 곳. =도회.
도회-풍(都會風) [-회-/-훼-] 명 도회지의 생활 풍습을 풍기는 맛. 또는, 그런 양식. ¶~의 건물 / ~의 젊은 여자.
독¹ 명 곡물이나 간장·된장·김치·술·물 따위를 담아 두는 데 쓰는, 크고 배가 부르거나, 배가 그리 부르지 않고 밋밋한 상태의 오지그릇이나 질그릇. 배가 나온 것을 '항아리'라고도 하나, 작은 항아리를 '독'이라 부르지는 않음. ¶김장~ / ~쌀 / ~장~.
[독 안에 든 쥐] 아무리 애를 써도 벗어날 수 없는 처지의 비유.
독²(毒) 명 1 몸속에 들어오거나 몸에 닿거나 했을 때, 생명에 위협을 주거나 몸에 이상을 일으키는 물질이나 성분. ¶~이 오르다 / ~이 몸에 퍼지다 / ~을 탄 음료. 2 표정이나 태도 속에 나타나는, 남을 해치고자 하는 모진 기운. 비유적인 말임. 비독기. ¶~을 품다.
독(이) 오르다 관 1 독에 감염되다. ¶옻나무를 만져 **독이 올랐다**. 2 독살이 치밀다. ¶**독이 오른 눈**.
독(을) 올리다 관 독이 오르게 하다.
독³(獨) 명[지] '독일'을 줄여 이르는 말.
독-⁴(獨) 접두 '혼자', '홀로'의 뜻을 나타내는 말. ¶~무대 / ~사진 / ~차지.
독⁵(dock) 명[건] =선거(船渠)¹.
독-가스(毒gas) 명[화] 인체 또는 동식물에 대하여 독성을 가지며 전쟁 수단으로 쓰이는 기체 물질.
독가스-탄(毒gas彈) 명[군] 독가스를 넣어 만든 폭탄. 준가스탄.
독감(毒感) [-깜] 명 1 지독한 감기. ¶~에 걸리다. 2 [의] =유행성 감기.
독-개미(毒-) [-깨-] 명 독을 가진 개미.
독거(獨居) [-꺼] 명 혼자 사는 것. ↔잡거. **독거-하다** 자여
독-거미(毒-) [-꺼-] 명 독을 가진 거미.
독경(讀經) [-꼉] 명[불] 경문(經文)을 소리내어 읽거나 외는 것. ¶~ 소리. **독경-하다** 자
독공(獨功) [-꽁] 명 판소리 가객(歌客)들이 득음(得音)하기 위하여 토굴 또는 폭포 앞에서 하는 발성 훈련.
독-과점(獨寡占) [-꽈-] 명[경] 독점과 과

점. 곧, 어떤 상품이나 용역을 시장에 공급하는 기업이 단 하나이거나 몇 곳뿐이어서 경쟁자가 없는 상태. ¶~ 시장 / ~ 기업 / ~을 규제하다.
독-극물(毒劇物) [-끙-] 명[법] 사람이나 동물의 생명을 잃게 하거나 위태롭게 하는 물질. 독물과 극물을 아울러 이르는 말.
독기(毒氣) [-끼] 명 1 독의 기운. ¶~가 온 몸에 퍼지다. 2 사납고 모진 기운이나 기색. 비독. ¶마음속에 ~를 품다.
독-나방(毒-) [동-] 명[동] 독나방과의 곤충. 몸빛은 누렇고 앞날개 중앙에 넓은 갈색 띠가 있음. 날개에 독이 있는 털이 섞여 있어 피부에 닿으면 염증이 생김. 애벌레는 밤나무·참나무 등의 활엽수 및 과수의 해충임.
독녀(獨女) [동-] 명 =외딸. ¶무남~. =독자(獨子).
독-니(毒-) [동-] 명[생] 뱀같이, 물 때에 독을 내뿜는 이. 비독아(毒牙).
독단(獨斷) [-딴] 명 1 혼자서 판단하거나 결정하는 것. 비전단(專斷). ¶그 사람은 늘 주위 사람들과 상의 없이 ~으로 일을 처리한다. 2 [철] 근본적인 회의(懷疑) 없이 무비판적 신념에 의해 판단하는 일. **독단-하다** 동타여
독단-론(獨斷論) [-딴논] 명[철] 1 특정 교리·교설 등을 근본적인 회의나 반성 없이 절대적 진리로 주장하는 태도나 논리. ↔회의론. 2 칸트 철학에서, 인간의 인식 능력에 대한 검토나 비판 없이 인식의 완전한 타당성을 신뢰하는 처지의 이론. =독단주의. ↔비판철학.
독단-적(獨斷的) [-딴-] 관[명] 독단으로 하는 (것). ¶주요 안건을 ~으로 처리하다.
독담(獨擔) [-땀] 명 혼자서 담당하는 것. **독담-하다** 동타여
독대¹(獨對) [-때] 명[역] 벼슬아치가 제삼자를 배석시키지 않고 단독으로 임금을 만나 정치에 관한 의견을 아뢰는 것. **독대-하다** 동타여
독대² 명 '반두'의 잘못.
독도-법(讀圖法) [-또뻡] 명 지도를 보고 표시되어 있는 내용을 해독하는 법.
독려(督勵) [동녀] 명 (주로 사람들의) 일을 잘 하도록 살펴서 북돋워 주는 것. 또는, (누구에게 무엇을) 하도록 살펴서 북돋워 주는 것. **독려-하다** 동타여 ¶기한 내에 마치도록 인부를 ~.
독력(獨力) [동녁] 명 혼자의 힘.
독립(獨立) [동닙] 명 1 남의 도움이나 속박을 받지 않고 혼자의 힘으로 일을 해 나가는 상태가 되는 것. 비자립(自立). 2 한 나라가 다른 나라의 간섭이나 속박을 받지 않고 주권을 온전히 행사하는 상태가 되는 것. ¶~국가. 3 어떤 사람이 성년이 되거나 결혼하거나 하여 부모의 도움을 받지 않고 따로 나와 사는 것. 4 사물이 독자적으로 존재하는 것. ¶~ 주택. **독립-하다** 자여 ¶경제적으로 ~. **독립-되다** 자 ¶조국이 **독립되는** 그날까지 싸우자.
독립-가옥(獨立家屋) [동닙까-] 명 1 외따로 떨어져 있는 집. 비외딴집. 2 딴채로 된 살림집.
독립-국(獨立國) [동닙꾹] 명[정] 독립된 주권을 가진 나라.
독립-군(獨立軍) [동닙꾼] 명 나라의 독립을 이루기 위해 싸우는 군대. ¶대한 ~.

독립^변!수(獨立變數)[동닙뼌수][명][수] 함수 관계에서, 다른 변수의 변화와는 관계없이 독립적으로 변화할 수 있는 변수. ↔종속 변수.

독립^사:건(獨立事件)[동닙싸껀][명][수] 확률론에서, 두 사건 중 한 사건이 일어날 확률이 다른 사건이 일어날 확률에 영향을 주지 않을 경우에 두 사건의 관계를 이르는 말. ↔종속 사건.

독립-성(獨立性)[동닙썽][명] 자립하려고 하는 성질이나 성향. ¶~이 강하다.

독립^성분(獨立成分)[동닙썽-][명][언] 문장의 골격을 이루는 주성분이나 이를 꾸미는 부속 성분과는 직접적인 관계가 없이, 문장과 따로 떨어져 문장 전체에 작용하는 성분. 독립어가 이에 속함.

독립-신문(獨立新聞)[동닙씬-][명][역] 건양 1년(1896)에 독립 협회의 서재필·유치호가 창간한, 우리나라 최초의 민간 신문. 순한글 신문임.

독립-심(獨立心)[동닙씸][명] 남에게 의지하지 않고 살아가려는 마음. ¶~을 기르다.

독립-어(獨立語)[동닙-][명][언] 감탄사, 호격 조사가 붙은 명사, 문장 접속 부사 따위와 같이 문장의 다른 성분과 분리되어 독립적으로 쓰이는 말.

독립-적(獨立的)[동닙쩍][관] 남에게 의존하지 않고 제 힘으로 해 나가는 (것).

독립^채!산제(獨立採算制)[동닙-][명][경] 동일한 기업이나 조직의 한 부문이 다른 부문과는 독자적인 자기 수지(收支)로 경영되는 일.

독립-투사(獨立鬪士)[동닙-][명] 나라의 독립을 이루려는 뜻을 품고 싸우는 지사.

독립-협회(獨立協會)[동니펴회/동니펴훼][명][역] 건양 1년(1896)에 우리나라의 자주독립과 내정 개혁을 위하여 조직된 정치·사회 단체.

독말-풀(毒-)[동-][명][식] 가짓과의 한해살이풀. 6~7월에 자줏빛의 꽃이 깔때기 모양으로 핌. 씨와 잎은 진통제·최면제 따위의 약재로 쓰임. 촌락 부근에 절로 나며, 가꾸기도 함.

독-무대(獨舞臺)[동-][명] 어떤 사람이 혼자서 두드러지게 활약하거나 활동하여 주목을 받고 있는 상태. 凶독판. ¶김갑동 선수는 그날 축구 경기에서 세 골을 혼자 넣는 등 그야말로 그의 ~를 이루었다.

독물(毒物)[동-][명] 1 독이 들어 있는 물질. ¶~ 검사. 2 성미가 악독한 사람이나 짐승.

독-바늘(毒-)[-빠-][명] =독침1.

독방(獨房)[-빵][명] 1 혼자서 쓰는 방. =독실(獨室). ¶언니가 시집간 뒤로 ~을 쓰고 있다. 2 [법] 교도소·구치소 등에서, 죄수나 피의자 한 사람만을 격리하여 가둔 방. ¶죄수를 ~에 가두다.

독배(毒杯)[-빼][명] 독약이나 독이 든 액체를 담은 잔. ¶~를 들다.

독백(獨白)[-빽][명] 1 혼자서 중얼거리는 것. 2 [연] 배우가 마음속의 생각을 관객에게 알려고 상대자 없이 혼자 말하도록 된 대사(臺詞). =모놀로그. **독백-하다**[동][자][여]

독백-체(獨白體)[-빽-][명] 독백하는 식으로 쓴 문체.

독-버섯(毒-)[-뻐선][명][식] 독이 있는 버섯. 아름다운 빛깔이 아름답다. =독이(毒栮).

독-벌(毒-)[-뻘][동] 독을 가진 벌. =독봉(毒蜂).

독-벌레(毒-)[-뻘-][명] 독을 가진 벌레. 凶독충(毒蟲).

독법(讀法)[-뻡] [명] 글이나 책을 읽는 법.

독별-나다(獨別-)[-뼐라-][형] 혼자만 특별하게 드러난 상태에 있다. ¶독별난 짓을 하다.

독보[1](獨步)[-뽀][명] [혼자 걷는다는 뜻] 어느 분야에서 남이 따를 수 없을 만큼 홀로 뛰어난 상태. ¶~의 경지에 이르다.

독보[2](櫝褓)[-뽀][명] 신주를 모시는 궤를 덮는 보. =신주보(神主褓).

독보-적(獨步的)[-뽀-][관][명] 어느 분야에서 남이 따를 수 없을 만큼 홀로 뛰어난 (것). ¶학계의 ~인 존재.

독본(讀本)[-뽄][명] 1 글을 읽어서 익히기 위한 책. ¶국어 ~. 2 주로 일반인을 위하여 어떤 전문 분야에 대한 기초적인 지식을 주기 위한 책. ¶음악 ~/문장 ~.

독부(毒婦)[-뿌][명] 몹시 악독한 여자.

독불-장군(獨不將軍)[-뿔-][명] [혼자서 장군이 될 수 없다는 뜻] 1 남과 의논하거나 협조하지 않고 혼자서 어떤 일을 이루기란 매우 어려움을 이르는 말. 2 자기주장이 강하여 남의 의견을 무시하고 제 고집대로만 일을 처리하는 경향이 강한 사람을 비난조로 이르는 말. ¶그는 ~이라 주위에 친구가 없다.

독사(毒蛇)[-싸][동] 이빨로 물 때 독액(毒液)을 분비하는 뱀의 총칭. 살무사·코브라 등이 있음. ¶~에 물리다.

독사-눈(毒蛇-)[-싸-][명] '매섭게 쏘아보는 사람의 눈'에 눈에 비유하여 이르는 말. ¶계집애가 성말 한번 사납구먼. 저 ~ 뜨고 있는 것 좀 봐.

독-사진(獨寫眞)[-싸-][명] 한 사람만을 찍은 사진.

독산(禿山)[-싼][명] 나무가 없어 헐벗은 산. 凶민둥산.

독살[1](毒殺)[-쌀][명] (사람이나 동물을) 독약을 먹이거나 써서 죽이는 것. ¶정적(政敵)에게 ~ 당하다. **독살-하다**[동][타][여] **독살-되다**[동][자]

독살[2](毒煞)[-쌀][명] 독한 마음을 품은, 모질고 사나운 기운. 凶독. ¶~을 피우다 / 의붓자식에게 ~을 부리다.

독-살림(獨-)[-쌀-][명] 1 부모나 다른 사람에게 의지하지 않고 따로 차리고 사는 살림. ¶부모를 떠나 ~을 차리다. 2 [불] 작은 절에서 본사(本寺)에 의존하지 않고 따로 사는 살림. **독살림-하다**[동][자][여]

독살-스럽다(毒煞-)[-쌀-따][형][ㅂ]<~스러우니, ~스러워>(성미가) 모질고 사나운 데가 있다. ¶독살스러운 계집. **독살스레**[부]

독상(獨床)[-쌍][명] 혼자 먹게 차린 음식상. 凶외상. ¶~을 내다 / ~을 받다. ↔겸상.

독-샘(毒-)[-쌤][명][생] 유독한 작용을 가진 물질을 분비하는 샘. =독선.

독생-자(獨生子)[-쌩-][명][가] 하느님의 외아들. 곧, 예수.

독서(讀書)[-써][명] 책을 그 내용과 뜻을 헤아리거나 이해하면서 읽는 것. ¶가을은 ~의 계절. **독서-하다**[동][자][여] ¶매일 독서하는 습관을 들이다.

독-서당[1](獨書堂)[-써-][명] 한 집안 전용으로 차린 글방.

독서-당[2](讀書堂)[-써-][명][역] 조선 시대

에 젊은 문관 중 뛰어난 사람을 뽑아 휴가를 주어 오로지 학업을 닦게 하던 서재(書齋).
독서-대(讀書臺) [-써-] 명 책을 비스듬히 세워서 읽을 수 있도록 받쳐 주는, 나무나 플라스틱으로 만든 물건.
독서-량(讀書量) [-써-] 명 일정 기간 동안에 책을 읽는 분량이나 권수. ¶~이 부족하다 / 그의 월평균 ~은 5권이다.
독서-삼도(讀書三到) [-써-] 명 책을 읽어서 그 참뜻을 알기 위해서는 눈으로 잘 보는 안도(眼到)와, 입으로 낭독하는 구도(口到)와, 마음속에 깊이 새기는 심도(心到)의 세 가지가 있어야 한다는 것. 주자(朱子)의 독서훈(讀書訓)에서 나온 말임.
독서-삼매(讀書三昧) [-써-] 명 잡념이 없이 오직 책을 읽는 데에만 열중해 있는 상태. ¶~에 빠지다.
독서-삼품과(讀書三品科) [-써-] 명[역] 신라 때의 관리 등용법. 원성왕 때 설치된 일종의 과거 제도로, 성적을 상·중·하의 3품으로 구별하여 관리를 등용하였음. 귀족의 자제 = 독서출신과.
독서-실(讀書室) [-써-] 명 주로 학생이나 시험을 준비하는 사람이 공부할 수 있도록 실내에 책걸상을 갖추어 놓고 그 이용료를 받는 업소.
독서-열(讀書熱) [-써-] 명 책을 읽고자 하는 열성.
독서-회(讀書會) [-써회/-써훼] 명 책을 읽고 그 느낌과 생각을 서로 말하는 모임.
독선(獨善) [-썬] 명 자기의 생각과 행동만이 옳다고 여기거나 주장하는 심리 상태나 태도. ¶~에 빠지다. ▷독단(獨斷).
독선-가(獨善家) [-썬-] 명 자기 혼자만이 옳다고 믿고 행동하는 사람.
독-선생(獨先生) [-썬-] 명 한 집 아이만을 맡아서 가르치는 선생. ¶~을 두다.
독선-적(獨善的) [-썬-] 명[관] 자기의 생각과 행동만이 옳다고 여기는 (것). ¶~ 성격 / ~인 행동.
독선-주의(獨善主義) [-썬-의/-썬-이] 명[유] 객관적 입장에 서지 않고 자기의 생각과 행동만이 옳다고 여기는 주의.
독설(毒舌) [-썰] 명 남을 비방하거나 해치는 몹쓸 말. ¶~을 퍼붓다.
독설-가(毒舌家) [-썰-] 명 남을 비방하거나 해치는 몹쓸 말을 잘하는 사람.
독성(毒性) [-썽] 명 독이 있는 성분. ¶~이 강한 물질.
독소(毒素) [-쏘] 명 1[생] 강한 독성을 가진, 특히 생물에서 생기는 물질. 2 어떤 일에 해롭거나 나쁜 영향을 주는 요소. ¶~ 조항.
독송(讀誦) [-쏭] 명 1 소리 내어 읽거나 외는 것. 비송독. 2[불] 소리 내어 경을 읽는 것. **독송-하다** 동[타여] ¶시경(詩經)을 ~ / 불경을 ~.
독수(毒手) [-쑤] 명 남을 해치려는 악독한 수단. 비유적인 말임. 비독아(毒牙).
독수-공방(獨守空房) [-쑤-] 명 혼자서 빈방을 지킨다는 뜻] 결혼한 여자가 남편 없이 혼자 외롭게 밤을 지내는 일. =독숙공방.
독-수리(禿-) [-쑤-] 명[동] 독수릿과의 큰 새. 온몸은 어두운 갈색이고, 부리와 발톱이 날카롭고 큼. 뒷목 부분은 벗어져 살이 드러나 보임. 죽은 동물이나 새·물고기·뱀 따위를 잡아먹음.
독수리-자리(禿--) [-쑤-] 명[천] 9월경에 남중(南中)하는 별자리. 밝은 별이 날개를 펼친 독수리 모양으로 배열되어 있음. 알파성은 알타이르로 견우성이라고 함.
독수리-타법(禿-打法) [-쑤-뻡] 명 컴퓨터의 자판을 두 손가락만 가지고 치는 일. 또는, 자판을 느리고 어설프게 치는 일.
독숙-공방(獨宿空房) [-쑥꽁-] 명 =독수공방. ¶ ~ 긴긴밤에 전전반측 어이 하리. 쉬나니 한숨이요 뿌리나니 눈물이라.《열녀춘향수절가》
독순-술(讀脣術) [-쑨-] 명[교] 상대방의 입술이 움직이는 모양을 보고 말하는 내용을 아는 기술. =독순법. 비구화법(口話法).
독습(獨習) [-씁] 명 스승 없이 혼자 배워서 익히는 것. **독습-하다** 동[타여]
독식(獨食) [-씩] 명 [혼자서 먹는다는 뜻] (이익을) 혼자서 차지하는 것. 비독차지. **독식-하다** 동[타여] ¶동업자를 제쳐 놓고 이권을 ~.
독신¹(獨身) [-씬] 명 성년으로서 배우자가 없이 지내는 사람. 비홀몸. ¶그녀는 마흔이 넘도록 ~으로 지내고 있다.
독신²(瀆神) [-씬] 명 신을 모독하는 것. **독신-하다** 자[여]
독신-녀(獨身女) [-씬-] 명 배우자가 없이 혼자 지내는 여자.
독신-자¹(獨身者) [-씬-] 명 배우자가 없이 혼자 지내는 사람.
독신-자²(篤信者) [-씬-] 명 어떤 종교를 깊이 믿는 사람.
독신-주의(獨身主義) [-씬-의/-씬-이] 명 평생을 독신으로 지내려는 주의.
독실¹(獨室) [-씰] 명 =독방(獨房)1.
독실²(篤實) [-씰] → **독실-하다** [형][여] 믿음이 깊고 성실하다. ¶독실한 기독교 신자.
독심(毒心) [-씸] 명 독살스러운 마음.
독심-술(讀心術) [-씸-] 명 상대의 몸가짐이나 표정 따위로 그의 속마음을 알아내는 기술.
독아(毒牙) 명 1 독액을 분비하는 이. 비독니. 2 남을 해치려는 악랄한 수단. 비독수(毒手).
독액(毒液) 명 독기가 들어 있는 액체.
독야청청(獨也靑靑) **독야청청-하다** [형][여] [모든 초목이 가을 서리에 누렇게 시든 속에서 홀로 푸르다는 뜻] 남들이 모두 절개를 버린 속에서 자기 홀로 높은 절개를 드러내고 있다. ¶백설이 만건곤할 제 **독야청청하리라.**(성삼문: 옛시조)
독약(毒藥) 명 적은 양으로써 맹렬한 작용이 있어 사람의 생명을 위험하는 독성을 가진 약제. =독제(毒劑). 비독(毒).
독어(獨語) 명[언] '독일어'의 준말.
독음(讀音) 명 1 글을 읽는 소리. 2 한자(漢字)의 음.
독일(獨逸) 명[지] 중부 유럽의 게르만 족을 중심으로 이루어진 나라. 수도는 베를린. =도이칠란트.
독일-어(獨逸語) 명[언] 독일·오스트리아·스위스 등지에서 쓰이는 언어. 인도·유럽 어족 게르만 어파 서게르만 어군에 속함. 준독어.
독자¹(獨子) 명 [대를 잇는 하나뿐인 아들. 또는, ('2대, 3대, 4대, …' 등의 다음에 쓰여) …대째 이어 온 유일한 남자 자손임을 가리키는 말. 비외아들. ¶4대 ~. ↔독녀.
독자²(獨自) [-짜] 명 남에게 의존하지 않은 혼자. ¶~의 노력으로 성공하다.

독자³(讀者) [-짜] 명 책·신문·잡지 등의 출판물을 읽는 사람. ¶여성~/고정~.

독자-란(讀者欄) [-짜-] 명 신문·잡지 등에서 독자의 글을 싣는 난. ¶~에 투고하다.

독자-적(獨自的) [-짜-] 관명 1 남에게 의존하지 않고 혼자 하는 (것). ¶제품을 ~으로 개발하다. 2 혼자만의 독특한 (것). ¶~인 견해.

독자-층(讀者層) [-짜-] 명 특정 간행물의 독자가 속한 사회적 계층. ¶20대 여성 ~을 겨냥한 잡지.

독작(獨酌) [-짝] 명 혼자서 술을 따라 마시는 것. ▷대작. 독작-하다 자타여

독-장수 [-짱-] 명 독을 파는 것을 직업으로 하는 사람.

독장수-셈 [-짱-] 명 실현성이 전혀 없는 허황된 셈이나 헛수고만 하는 일을 비유하여 일컫는 말. ~옹산(甕算).

독장-치다(獨場-) [-짱-] 동자 판을 혼자서 휩쓸다. 비독판치다. 준장치다.

독재(獨裁) [-째] 명 1 (특정한 개인·단체·계급 등이) 모든 권력을 쥐고 독단으로 사물을 지배하는 것. 또는, 그리되는 일. ¶일당(一黨) ~. 2 [정] '독재 정치'의 준말. ¶~국가. 독재-하다 동자여

독재-자(獨裁者) [-째-] 명 1 독단으로 사물을 재결(裁決)하는 사람. 2 절대 권력을 가지고 독재 정치를 하는 사람.

독재^정치(獨裁政治) [-째-] [정] 민주적인 절차를 부정하고 통치자의 독단으로 행하는 정치. 준독재.

독재-주의(獨裁主義) [-째-의/-째-이] 명 1 독단으로 사물을 판단하고 결정하려는 주의. 2 독재를 주장하는 주의.

독전(督戰) [-전] 명 싸움을 감독하고 격려하는 것. 독전-하다 동자여

독점(獨占) [-쩜] 명 1 (어떤 물건이나 권리나 이익 등을) 혼자서 모두 가지거나 누리는 것. 비독차지. 2 [경] 하나의 기업이 생산·유통·판매·용역 등에 있어서 다른 경쟁자를 배제하고 혼자 시장을 지배하는 일. ▷과점(寡占). 독점-하다 동타여 ¶인기를 ~/이윤을 ~. 독점-되다 동자

독점^기업(獨占企業) [-쩜-] [경] 시장의 독점 또는 조절이나 경영의 합리화 및 금융 연계 등을 목적으로 기업 간의 결합과 조직이 이루는 것의 총칭. 카르텔·신디케이트·트러스트·콘체른의 네 가지로 나뉨.

독점-욕(獨占慾) [-쩜뇩] 명 독점하려는 욕심.

독점^자본(獨占資本) [-쩜-] [경] 자본의 집적이나 집중으로 이루어진 거대한 자본으로서, 독점 산업을 이루는 자본.

독점^자본주의(獨占資本主義) [-쩜-의/-쩜-이] [경] 거대한 소수의 독점 기업이 지배적인 힘을 가지게 되는 단계. 자본주의가 최고로 발달한 단계임.

독점-적(獨占的) [-쩜-] 관명 독점하는 경향이 있는 (것).

독종(毒種) [-쫑] 명 1 성질이 몹시 독한 짐승의 종자(種子). 2 성질이 매우 독한 사람.

독좌(獨坐) [-쫘] 명 홀로 앉아 있는 것. 독좌-하다 동자여

독좌-상(獨坐床) [-쫘-] 명 혼인날 신랑·신부가 서로 절을 할 때에 차려 놓는 음식상. 또는, 그 음식을 차려 놓는 붉은 상.

독주¹(毒酒) [-쭈] 명 1 매우 독한 술. 2 독약을 탄 술.

독주²(獨走) [-쭈] 명 1 경주 상대를 뒤로 떼어 놓고 혼자 뛰는 것. 2 남을 아랑곳하지 않고 독자적으로 행동하는 것. ¶국회는 행정부의 ~를 견제하는 기능을 갖고 있다. 독주-하다¹ 동자여

독주³(獨奏) [-쭈] [음] 한 사람이 주체(主體)가 되어 악기를 연주하는 것. 비솔로. ¶피아노[바이올린] ~. ↔중주·합주. 독주-하다² 동타여

독주-회(獨奏會) [-쭈회/-쭈훼] 명 어느 연주가가 독주하는 음악회. ¶피아노 ~.

독지-가(篤志家) [-찌-] 명 1 마음이 독실한 사람. 2 사회사업 등에 특히 마음을 쓰고 협력·원조하는 사람.

독직(瀆職) [-찍] 명 직책을 더럽히는 것. 특히, 공무원이 지위·직권을 남용하여 부정한 행위를 저지르는 것. ~오직(汚職). ¶~공무원. 독직-하다 동자여

독-차지(獨-) 명 (어떤 대상을) 혼자서 모두 가지는 것. 비독점(獨占). 독차지-하다 타여 ¶부모의 사랑을 ~.

독창¹(獨唱) 명[음] 사람들 앞에서 혼자서 노래를 부르는 것. 또는, 그 노래. 비솔로. ¶~곡. ▷제창(齊唱)·합창. 독창-하다¹ 동타여

독창²(獨創) [-] 명 혼자의 힘으로 새롭고 독특한 것을 처음으로 만들어 내거나 고안해 내는 것. 또는, 그 고안. 독창-하다² 동타여

독창-력(獨創力) [-녁] 명 혼자의 힘으로 독특하게 만들어 내거나 생각해 내는 재주나 능력. ¶~을 발휘하다.

독창-성(獨創性) [-썽] 명 혼자의 힘으로 독특하게 만들거나 이루는 성질.

독창-적(獨創的) 관명 혼자의 힘으로 창안하거나 창조하는 (것). ¶~ 사업/~인 작품.

독창-회(獨唱會) [-회/-훼] 명[음] 한 성악가가 독창을 하는 음악회. 비리사이틀.

독-채(獨-) 명 독립되어 따로 떨어진 집채.

독초(毒草) 명 1 =독풀. 2 몹시 쓰고 독한 담배.

독촉(督促) 명 빨리 처리하도록 재촉하는 것. ¶~을 받다/빚~이 성화같다. 독촉-하다 타여 독촉-되다 동자

독촉-장(督促狀) [-짱] 명 채무나 약속의 이행을 독촉하는 서장(書狀).

독충(毒蟲) 명 몸이나 침 등에 독을 가진 벌레. 비독벌레.

독침(毒針) 명 1 [동] 벌·개미 따위의 암컷의 복부 끝에 있는, 독물을 내는 바늘 같은 기관. ~독바늘. ¶~에 쏘이다. 2 독을 묻힌 바늘이나 침. ¶~을 찌르다.

독탕(獨湯) 명 혼자 쓰도록 된 목욕탕. 독탕-하다 자여 독탕을 하다.

독트린(doctrine) 명 ['교리(敎理)', '주의(主義)' 등의 뜻] 국제 사회에서 자기 나라의 정책상의 원칙을 공식적으로 표명한 것. ¶닉슨 ~.

독특(獨特) →독특-하다 [-트카-] 형여 (사물이) 다른 것과 견줄 것이 없을 만큼 특별하게 다르다. ¶독특한 문화/독특한 말씨. 독특-히 부

독파(讀破) 명 (많은 양의 책이나 글을) 끝까지 다 읽는 것. 독파-하다 타여 ¶톨스토이의 '전쟁과 평화'를 사흘 만에 ~.

독-판(獨-) 명 어떤 사람이 혼자서 맘대로

활동하거나 주도적으로 이끄는 판. =독장. [비]독무대.
독판-치다(獨—) [동][자] (어떤 사람이 어느 자리에서) 혼자서 맘대로 활동하거나 주도적으로 이끌다. [비]독장치다.
독-풀(毒—) [명] 독이 있는 풀. =독초.
독-하다(毒—)[도카—] [형][여] **1** 맛·냄새 따위의 정도가 지나치게 심하다. ¶**독한** 술. **2** 마음이 앙칼지고 모질다. ¶**독한** 성미. **3** (의지나 마음이) 크고 강하다. ¶마음을 **독하게** 먹다.
독학(獨學)[도칵] [명] 스승이 없이 혹은 학교에 다니지 않고 혼자 공부하는 것. ¶~으로 고시에 합격하다. **독학-하다** [동][자][타][여]
독학-사(獨學士)[도칵싸] [명] 정규 대학에 진학하지 않고 독학으로 대학 과정을 이수하여 학위를 받은 학사. 우리나라에서는 국민 평생 교육 진흥 방안으로 1990년 이 제도를 처음 도입했음.
독학-생(獨學生)[도칵쌩] [명] 독학하는 학생.
독해[1](毒害)[도캐] [명] 독약으로 죽이는 것. [비]독살. **독해-하다**[1] [동][타][여]
독해[2](讀解)[도캐] [명] 글을 읽어서 이해하는 것. **독해-하다**[2] [동][타][여]
독해-력(讀解力)[도캐—] [명] 글을 읽어서 이해하는 능력.
독-화살(毒—)[도콰—] [명] 촉에 독을 바른 화살. =독시(毒矢)·독전(毒箭).
독후-감(讀後感)[도쿠—] [명] 책을 읽고 난 뒤의 느낌. 또는, 그것을 적은 글. ¶~을 쓰다.
돈! [명] [1][자립] **1** 물건을 사고팔 때 그 값으로 주고받거나, 노동에 대한 대가로 주고받거나 하는, 일정한 가치를 나타내도록 모양을 규격화한 물건. =전문(錢文)·전폐(錢幣)·전화(錢貨). [비]화폐·금전(金錢). ¶~을 벌다 / ~을 빌리다[갚다] / ~을 쓰다 / ~을 세다. **2** 재물이나 재산. ¶~이 많은 부자. [2][의존] **1** 금·은이나 한약재 등의 무게를 나타내는 단위의 하나. '냥' 의 1/10에 해당함. ¶두 ~짜리 금반지. **2** 옛날 화폐 단위의 하나. '푼' 의 10배에 해당함. [비]전(錢).

> **[어법]** 금이 석 돈이냐 넉 돈이냐: 석(×)→서(○). 넉(×)→너(○). ▶▶ '~ 돈, ~ 말, ~ 발, ~ 푼' 의 경우에는 '서' 와 '너' 만 인정함(표17).

> **[유의어]** **돈 / 화폐**
> **'돈'** 은 거래나 교환이 이뤄지는 일상생활의 구체적 장면에서 빈도 높게 쓰이나, **'화폐(貨幣)'** 는 경제 현상의 추상적 장면에서 주로 쓰임(¶**돈**을 벌다 / **돈**을 내다 / **돈**을 세다 // **화폐**의 공급 / **화폐**의 양이 늘다). 한편, 물질로서의 지폐나 주화를 가리킬 때에는 양자가 함께 쓰이기도 함(¶일본 **돈** // 일본 **화폐**).

[**돈만 있으면 개도 멍첨지라**] 천한 사람도 돈이 있으면 남들이 귀하게 대접하여 준다는 말. [**돈 모아 줄 생각 말고 자식 글 가르쳐라**] 재산은 지식이나 덕만 못하다는 것을 이르는 말. [**돈이 돈을 번다**] 돈이 많을수록 이익을 많이 남길 수 있다.
돈(을) 굴리다 [구] 돈을 여기저기 빌려 주어 이자를 늘리다.
돈을 만지다 [구] 돈을 가지고 다루다. ¶그는 **돈을 만지는** 부서에서 일한다.
돈을 먹다 [구] 뇌물을 받다. 속된 말임.
돈을 물 쓰듯 하다 [구] 돈을 흥청망청 마음껏 쓰다.
돈을 뿌리다 [구] 돈을 아무렇게나 허투루 쓰다. ¶김 의원은 이번 선거에 **돈을** 꽤 **뿌렸다지**.
돈!-가뭄 [명] 기업이나 가계가 돈이 궁하여 어려움을 겪는 상태. 비유적인 말임. ¶기업이 극심한 ~을 겪다.
돈!-가방[—까—] [명] 돈이 들어 있는, 보관 또는 운반용 가방.
돈-가스(←[일]豚カツ) [명] 얇고 넓적하게 썬 돼지고기를 밀가루와 빵가루를 입혀서 기름에 튀긴 음식. =포크커틀릿.
돈!-거래(—去來) [명] 돈을 주고받는 거래.
돈!-구멍[—꾸—] [명] **1** 주전(鑄錢)에 뚫린 구멍. **2** 돈이 생겨 나올 길. ¶~이 뚫리다.
돈!-궤(—櫃)[—꿰] [명] 돈이나 그 밖의 중요한 물건을 넣어 두는 궤. [비]금고(金庫).
돈!-길[—낄] [명] 돈이 융통되는 길. ¶신용을 잃으면 ~이 막힌다.
돈!-꾸밈음(—音) [명][음] 꾸밈음의 하나. 주요음 2도 위의 음에서 시작하여 주요음 2도 아래 음을 거쳐 다시 주요음으로 돌아오는 것. =턴(turn).
돈!-꿰미 [명] 엽전을 꿰는 꿰미. 또는, 엽전을 꿰어 놓은 꿰미. ¶~를 차다.
돈-나물 [명][식] '돌나물' 의 잘못.
돈!-내기 [명] **1** 돈을 걸고 하는 내기. ¶~ 화투. **2** =노름. **돈!내기-하다** [동][자][여]
돈!-냥(—兩) [명] 《주로, '돈냥이나' 의 꼴로 쓰여》 얼마간의 돈. 또는, 꽤 많은 돈. 상대가 가진 돈의 규모를 짐짓 얕잡아 하는 말임. =쇳냥·전냥(錢兩). [비]돈푼. ¶~이나 있다고 거들먹거린다.
돈!-놀이 [명] 남에게 돈을 빌려 주고 이자 받는 것을 업으로 하는 것. 또는, 그 일. =변놀이. **돈!놀이-하다** [동][자][여]
돈!놀이-꾼 [명] 돈놀이를 업으로 하는 사람.
돈!-다발[—따—] [명] 여러 장의 지폐를 묶은 것.
돈대(墩臺) [명] 조금 높직한 평지.
돈!-더미[—떠—] [‘돈을 쌓아 놓은 더미’ 라는 뜻] ➡**돈더미에 올라앉다** [구] 갑자기 많은 돈을 벌어 부자가 되다. ¶부동산 투기로 ~.
돈!-독[1](—毒)[—똑] [명] 돈에 대해 지나치게 욕심을 내거나 집착을 보이는 태도를 비난조로 이르는 말. ¶~이 오르다.
돈독[2](敦篤) ➡**돈독-하다**[—도카—] [형][여] (정이) 깊고 두텁다. [비]돈후하다. ¶우애가 ~. **돈독-히** [부] ¶우정을 ~ 하다.
돈령-부(敦寧*府)[돌—] [명] [‘寧’ 의 본음은 ‘녕’][역] 조선 시대에 왕실 친척 사이의 친선을 도모하는 일을 맡아보던 관아.
돈!-만(—萬) [명] 예전에, ‘만(萬)으로 헤아릴 만한 많은 돈’ 을 이르던 말. ▷돈냥.
돈!-맛[—맏] [명] 돈을 쓰거나 벌거나 모으는 재미. ¶장사하더니 ~을 알아 다랍게 군다.
돈!-머리 [명] 얼마라고 이름을 붙인 돈의 액수. ¶~를 맞추어 놓게. [준]머리.
돈!-뭉치 [명] 많은 돈을 말아 묶어 놓은 뭉치.
돈!-방석(—方席)[—빵—] ➡**돈방석에 앉다** [구] [돈을 방석처럼 깔고 앉는다는 뜻] 갑자기 큰돈을 벌거나 큰돈이 생겨 부자가 되다. ¶복권 당첨으로 ~.
돈!-백(—百)[—빽] [명] 백으로 헤아릴 만한 적잖은 돈.

돈:-벌레[-뻘-] 명 돈을 지나치게 밝히는 사람을 경멸조로 이르는 말.
돈:-벌이[-뻘-] 명 돈을 버는 일. ¶~가 시원찮다. 돈:벌이-하다 동자여
돈-벼락 명 →돈벼락(을) 맞다 구 갑자기 많은 돈이 생기다.
돈-복(-福)[-뽁] 명 돈을 별로 애쓰지 않고 벌거나 모으게 되는 복. ¶~을 타고났다.
돈사(豚舍) 명 =돼지우리. ¶~ 관리.
돈-세탁(-洗濯) 명 기업의 비자금이나 탈세 자금 등의 검은돈을 다른 계좌에 여러 차례 넣었다 빼다 하는 등의 수법으로 자금 출처의 추적을 어렵게 하는 일. 돈:세탁-하다 동자여
돈:수(頓首) 명 이마를 땅에 대고 절하는 것. 돈:수-하다 동자여
돈:수-백배(頓首百拜)[-빼] 명 머리가 땅에 닿도록 수없이 계속 절함. 돈:수백배-하다 동자여
돈:수-재배(頓首再拜) 명 머리가 땅에 닿도록 두 번 절하는 것. '경의를 표함'의 뜻으로 편지 머리나 끝에 쓰는 말. 돈:수재배-하다 동자여
돈:연(頓然) →돈:연-하다 형여 돌아봄이 없다. 또는, 소식이 감감하다. 돈:연-히 부
돈:오(頓悟) 명 1 별안간 깨닫는 것. 2 [불] 불교의 참뜻을 문득 깨닫는 것. ↔점오(漸悟). 돈:오-하다 타여
돈육(豚肉) 명 '돼지고기'로 순화.
돈-저냐 명 쇠고기·돼지고기·생선 따위의 살을 잘게 다지고, 두부·나물 같은 것을 섞어 주물러 동전만큼씩 동글납작하게 만들어 밀가루와 달걀을 씌워 지진 저냐.
돈:절(頓絕) 명 (편지나 소식이) 딱 끊어지는 것. 돈:절-하다 동자여 ¶정초에 다녀간 뒤로 몇 달째 소식이 돈절하니 답답해 견딜 수가 없다.
돈:-점(-占) 명[민] 동전 등을 던져서 그 나타나는 면에 따라 길흉을 점치는 일. =척전.
돈:-주머니[-쭈-] 명 돈을 넣는 주머니.
돈:-줄[-쭐] 명 돈을 융통하여 쓸 수 있는 연줄. =금맥(金脈)·자금줄. ¶~이 끊기다.
돈:-지갑(-紙匣)[-찌-] 명 =지갑.
돈:-지랄[-찌-] 명 분수에 맞지 않게 돈을 마구 쓰는 것. 또는, 돈을 가지고 야비하게 구는 짓. 속된 말임. 돈:지랄-하다 동자여
돈:-짝 명 1 엽전 둘레의 크기. 2 사물의 크기를 1에 비유하여 이르는 말. ¶~콘크리트 바닥에 영신의 눈물이 방울방울 떨어져서 ~만큼씩 번졌다. 《심훈:상록수》
돈:-쭝 명[의존] 금·은이나 한약재 등의, 돈으로 헤아릴 수 있는 무게. ¶금서 ~.
돈:-천(-千) 명 천(千)으로 헤아릴 만한 적지 않은 돈.
돈:치-기 명 쇠붙이로 만든 돈을 땅바닥에 던져 놓고 그것을 맞히면서 내기를 하는 놀이. =투전(投錢). 돈:치기-하다 동자여
돈키호테(Don Quixote) 명 [세르반테스의 소설 '돈키호테'에 나오는 주인공 이름에서] 무모할 정도로 저돌적인 성격을 가진 사람. 비유적인 말임. ¶저 사람은 앞뒤 생각 없이 밀어붙이는 ~라니까.
돈키호테-형(Don Quixote型) 명 현실을 무시하고 자기 나름의 정의감에 따라 저돌적으로 행동하는 인간형. ▷햄릿형.
돈:-타령 명 돈이 없다고 푸념하거나, 돈 쓸 일을 늘어놓는 사설. ¶저 여편네는 허구한 날 ~이다. 돈:타령-하다 동자여

돈:-표(-票) 명 현금으로 바꿀 수 있는 표. 비전표(錢票).
돈:-푼 (주로, '돈푼이나'의 꼴로 쓰여) 얼마간의 돈. 또는, 제법 많은 돈. 돈의 규모를 짐짓 낮잡거나 별것 아닌 것으로 비아냥거리는 말임. 비돈냥. ¶~이나 있다고 으스대다.
돈:호-법(頓呼法)[-뺍] 명[문] 수사법의 하나. 도중에 사람이나 사물의 이름을 부름으로써 주의를 불러일으키는 방법. 가령, 연설 도중에 '여러분!', '친애하는 국민 여러분' 하고 부르는 따위.
돈후(敦厚) →돈후-하다 형여 인정이 두텁다. 비돈독하다. ¶그분은 성품이 돈후하고 자상한 어른이셨다. 돈후-히 부
돈 후안(Don Juan) [호색 행각으로 유명한 중세 에스파냐의 귀족 이름에서] 바람을 잘 피우는 남자. 비유적인 말임. 비바람둥이·오입쟁이.
돋-구다[-꾸-] 동타 (안경의 도수 따위를) 더 높게 하다.
돋다[-따] 동자 1 (무엇이 어떤 물체에) 생겨서 물체의 겉이나 밖으로 나오거나 나타나다. 비움트다. ¶씨앗에 싹 ~ / 이마에 땀방울이 ~ / 온몸에 소름이 ~ / 날개야 다시 돋아라. 날자. 날자. 날자. 한 번만 더 날자꾸나. 〈이상:날개〉 2 (해·달·별이) 수평선이나 지평선 위로 나타나거나 하늘에 보이는 상태가 되다. 비솟다·뜨다. ¶바다 위로 해가 돋는 광경. 3 (어떤 감정이나 기색이 얼굴에) 생겨 나타나다. ¶얼굴에 생기가 ~. 4 (입맛이) 생겨 당기다. ¶입맛이 ~.
돋다[2] 동타 '돋우다'의 잘못.
돋보-기[-뽀-] 명 1 눈이 노화하여 가까이 있는 작은 물체가 잘 보이지 않을 때 또렷이 보이게 하기 위해 쓰는, 볼록 렌즈를 끼운 안경. =노안경·노인경·돋보기안경. ¶할아버지께서 ~를 쓰고 신문을 읽으신다. 2 =확대경.
돋보기-안경(-眼鏡)[-뽀-] 명 =돋보기.
돋-보다[-뽀-] 동타 (어떤 대상을) 실제보다 더 좋게 보다. =도두보다. ↔낮추보다.
돋보-이다[-뽀-] 동자 (어떤 대상이) 어떤 조건이나 상황 아래에서 실제보다 더욱 돋보이다. =도두보이다. ¶요즘 같은 메마른 세태에서 그의 선행은 참으로 돋보인다. 준돋뵈다.
돋-뵈다[-뾔-/-뻬-] 동자 '돋보이다'의 준말. ¶사람들에게 돋뵈려 애쓰다.
돋아-나다 동자 1 싹이 밖으로 또렷이 나오다. ¶새싹이 ~. 2 피부에 도톨도톨한 종기 같은 것이 생기다. ¶얼굴에 여드름이 ~.
돋-우다 동타 1 (낮은 상태에 있는 대상을) 공간적으로 위로 높아지게 하다. ¶남폿불의 심지를 ~ / 발끝을 들어 키를 ~. 2 (의욕이나 흥미 따위를) 더 크게 하거나 더 나게 하다. ¶용기를 ~ / 입맛을 돋우는 약. 3 (화나 신경을) 더 격해지게 하거나 더욱 날카로워지게 하다. ¶화를 ~ / 신경을 ~. 4 (일의 상태나 정도를) 높아지게 하다. ¶목청을 ~. 5 (가래를) 목구멍에서 떨어져 나오게 하다. ¶그는 크흑 가래를 돋우어 땅바닥에 뱉었다. ×돋다.
돋움 명 높아지도록 괴는 물건. ¶장롱 밑에 ~을 놓다.
돋을-무늬[-니] 명 도드라지게 나타낸 무

늬.
돌을-새김 [미] =양각(陽刻).
돌-치다 图(却 '돋다'의 힘줌말. ¶뿔이 ~ / 날개 돋친 듯 물건이 팔려 나가다.
돌¹ 图 [1](자립) 아기가 태어난 날로부터 한 해가 되는 날. (비)첫돌. ¶~ 떡 / ~ 반지. [2](의존) 1 뜻 깊은 날이 해마다 되풀이하여 돌아올 때, 그 되풀이되는 횟수를 세는 말. ¶이 회사는 올해로 창립 열 ~을 맞았다. 2 어린아이가 태어난 날이 해마다 돌아올 때, 그 되풀이되는 햇수를 세는 말. 주로, 두세 살의 아이에게 씀. ¶두 ~을 넘긴 아이. ×돐.
돌¹² 图 1 암석에서 떨어져 나온, 사람이 한 손 또는 두 손으로 들 수 있을 정도의 크기를 가진 광물질의 덩어리. 바위의 조각으로 모래보다 큰 것을 이름. ¶모난 ~. 2 '재료로서의 암석'을 이르는 말. ¶~기둥 / ~로 만든 다리. 3 '바둑돌'의 준말. ¶대국 두 시간 만에 ~을 던지다. 4 '라이터돌'의 준말. 5 '돌대가리'의 준말.
돌(을) 던지다 田 1 (어떤 사람에게) 잘못을 저질렀다고 비난하거나 욕하다. ¶그에게 돌을 던질 수 있을 만큼 떳떳한 사람이 있으면 나와 보세요. 2 바둑에서, 두는 도중에 자기가 졌음을 인정하고 바둑 두기를 포기하다.
돌-³ 접투 동식물에 있어 품질이 낮거나 저절로 난 야생물임을 나타내는 말. ¶~미나리 / ~배.
돌-가루 [-까-] 图 돌이 아주 잘게 부스러진 가루.
돌-가시나무 图[식] 장미과의 낙엽 활엽 반관목. 여름에 흰 꽃이 피고 가을에 둥근 과실이 붉게 익음. 바닷가에 자라며, 관상용으로도 가꿈.
돌-개-바람 图[기상] =회오리바람.
돌-검(-劍) 图[고고] 청동기 시대에 사용한 돌로 만든 검. =석검(石劍).
돌격(突擊) 图 1 갑자기 냅다 치는 것. 2 [군] 적진으로 돌진하여 공격하는 것. ¶~ 앞으로! **돌격-하다** 图(타여) 적진을 향해 ~.
돌격-대(突擊隊) [-때-] 图 육상(陸上) 전투에서, 날래게 적진에 쳐들어가는 군대.
돌격-전(突擊戰) [-쩐] 图 돌격하여 싸우는 전투.
돌-결 [-껼] 图 돌의 결. 비석리(石理).
돌-계단(-階段) [-계-/-게-] 图 돌덩이나 다듬은 돌을 쌓아서 만든 계단. 비돌층계.
돌-계집 [-계-/-게-] 图 아이를 못 낳는 여자. 비석녀(石女).
돌-고드름 [-꼬-] 图=종유석(鍾乳石).
돌-고래 图[동] 포유류 고래목에 속하는, 몸길이 5m 이하인 고래의 총칭. 양 턱에 많은 이가 있고, 주둥이가 뾰족함. 지능이 높아 재주를 부리도록 조련할 수 있음. =돌묘.
돌-공이 图 돌로 된 공이. 길쭉한 돌의 한쪽 끝 부분에 나무 자루를 가로 박아 만듦.
돌궐(突厥) 图[역] 6세기 중엽부터 2세기 동안 몽골 고원에서 중앙아시아에 걸쳐 살았던 터키계 유목 민족. 또는, 그 국가.
돌기(突起) 图 1 (어떤 현상이) 갑자기 발생하는 것. 2 볼록하게 내밀어 도드라지는 것. 또는, 그렇게 된 것. ¶명게의 몸 거죽에는 많은 ~가 내밀어 있다. **돌기-하다** 图(재)(여)
돌¹-**기둥** 图 돌로 된 기둥. 비석주(石柱).
돌¹-**기와** 图=너새.
돌¹-**기와-집** 图=너새집.
돌¹-**길** [-낄] 图 자갈이 많거나 돌을 깐 길.
돌¹-**김** 图[식] 바닷물 속의 돌에 붙어 자란 김. =석태(石苔).
돌¹-**껫** [-껟] 图[농] 실을 감고 풀고 하는 데 쓰는 기구. 굴대의 꼭대기에 '+' 자로 짠 나무를 돌 수 있게 대고 그 끝에 짧은 기둥을 박았음.
돌-나물 [-라-] 图[식] 돌나물과의 여러해살이풀. 기는줄기의 마디마다 뿌리가 나며, 5~6월에 노란 꽃이 핌. 어린잎과 줄기는 식용하며 엽액(葉液)은 해독제로 쓰임. ×돗나물.
돌-난간(-欄干) [-란-] 图 돌로 만든 난간. =석란(石欄).
돌-날 [-랄] 图 첫돌이 되는 날. ¶오늘은 우리 아기 ~이다.
돌-널 [-럴] 图 석재(石材)로 만든 관(棺). =석관(石棺).
돌다 {돌고 / 돌아} 图 [1](재) <도니, 도오> 1 (물체가) 축을 중심으로 원을 그리는 방향으로 움직이다. ¶팽이가 ~ / 모터가 ~. 2 (물건이 일정한 범위 안에) 차례로 넘겨지다. ¶술잔이 한 순배 ~. 3 (어떤 대상이) 제 기능을 제대로 나타내며 움직이거나 작용하다. ¶기계가 ~ / 저 친구는 머리가 잘 돈다. 4 (돈이나 물자가) 거래 관계에 의해 오가는 상태가 되다. ¶불경기라 돈이 돌지 않는다. 5 (어떤 기운이나 빛이 어디에) 어느 정도 나타나다. ¶얼굴에 생기가 ~ / 검은빛이 도는 붉은색 옷감. 6 (술이나 약의 기운이) 몸속에 퍼지다. ¶술기운이 돌자 그는 점점 말수가 많아졌다. 7 (눈물이나 침 따위가 눈이나 입 안에) 생겨 나타나다. ¶눈물이 핑 ~ / 음식을 보자 입 안에 군침이 돌았다. 8 (기억이나 말이 머리나 입 안에서) 떠오를 듯하면서도 얼른 떠오르지 않다. ¶영수는 그 새의 이름이 혀끝에서 뱅뱅 돌 뿐 여간해서 떠오르지 않았다. 9 (사람이) 가던 방향이나 향하고 있던 방향을 바꾸다. ¶뒤로 돌아! 10 (사람이 어떤 사상이나 입장에서 다른 사상이나 입장으로) 태도를 바꾸다. ¶그는 민족주의를 버리고 좌익으로 돌았다. 11 (말이나 소문이) 이리저리 전하여지다. ¶온 마을에 곧 전쟁이 터질 것이라는 소문이 돌았다. 12 (유행병이나 전염병이 어느 곳에) 영향의 범위를 넓히면서 생기다. 비퍼지다. ¶아랫ب방에 감기가 돌고 있다. 13 (사람이) 정상적으로 생각할 수 있는 상태에서 벗어나다. 비미치다·실성하다. ¶김 씨 마누라는 자식을 생으로 잃어버린 뒤 끝내는 돌아 버렸다. [2](타) 1 (물체가 어떤 대상의 둘레를) 원을 그리면서 움직이다. ¶달이 지구의 둘레를 ~. 2 (길을) 멀리 에돌다. ¶빚쟁이를 피해 길을 돌아서 가다. 3 (길을) 막고 방향으로 바꾸다. ¶모퉁이를 돌아 첫째 번 집이 우리 집이다. 4 일정한 범위 안을 이리저리 다니다. ¶순찰을 ~.
돌¹-**다리**¹ [-따-] 图 도랑에 놓은 조그마한 다리.
돌¹-**다리**² 图 돌로 놓은 다리. =석교(石橋).
[**돌다리도 두들겨 보고 건너다**] 잘 아는 일이라도 세심한 주의를 기울여 하라.
돌¹-**담** 图 돌로 쌓은 담. ¶덕수궁 ~ 길.
돌¹-**대가리** 图 머리가 둔하거나 어리석은 사람을 얕잡아 이르는 말. =석두(石頭). ¶~

돌덧널-무덤[-덛-] 몡 [고고] 자연 괴석이나 자갈돌 등의 석재(石材)로 곽실(槨室)을 만든 묘. =석곽묘(石槨墓).

돌:-덩어리[-떵-] 몡 비교적 큰 돌덩이.

돌:-덩이[-떵-] 몡 1 돌멩이보다 크고 바위보다 작은 돌. =석괴(石塊). 2 아주 단단한 물건의 비유. ¶떡이 굳어서 ~가 됐다.

돌:-도끼 몡 돌로 만든 도끼. =석부(石斧).

돌돌 튀 1 여러 겹으로 동글게 말리는 모양. ¶종이를 ~ 말다. 2 둥근 물건이 가볍고 빨리 구르는 소리. ¶유리구슬이 마루 위를 ~ 굴러 간다. ⓑ둘둘. ⓒ똘똘. 3 많지 않은 도랑물이나 시냇물이 좁은 목으로 부딪치며 흐르는 모양. 또는, 그 소리.

돌돌-하다 형여 '똘똘하다'의 여린말. **돌돌-히** 튀

돌-떡 몡 돌날에 만들어 먹는 떡.

돌라-가다 동타 (남의 물건을) 슬쩍 빼돌려 가져가다.

돌라-내다 동타 (남의 것을) 슬쩍 빼돌려 내다. ¶창고의 쌀을 ~. ▷돌려내다.

돌라-놓다[-노타] 동타 1 각기의 몫으로 동글게 벌여 놓다. 2 =돌려놓다. ⓔ둘러놓다.

돌라-대다 동타 1 (돈이나 물건 따위를) 문제가 없도록 빌리거나 가져다가 대다. ¶돈을 돌라대어 어음을 막다. 2 그럴듯한 말로 꾸며 대다. ⓔ둘러대다.

돌라-막다[-따] 동타 (가장자리를) 돌아가며 가려 막다. ¶공사장 둘레를 합판으로 ~. ⓔ둘러막다.

돌라-맞추다[-맏-] 동타 1 다른 물건으로 대신하여 그 자리에 맞추다. 2 돌라대어 맞추다. ⓔ둘러맞추다.

돌라-매다 동타 1 (두 끝을) 한 바퀴 돌려서 마주 매다. ⓔ둘러매다. 2 (변리를) 본전(本錢)에 합쳐서 새 본전으로 삼다.

돌라-보다 동타 이모저모 골고루 살펴보다. ⓔ둘러보다.

돌라-붙다[-붇따] 동자 기회를 보아서 이로운 쪽으로 돌아서 붙좇다. ⓔ둘러붙다.

돌라-서다 동자 여럿이 둥글게 서다. ⓔ둘러서다.

돌라-싸다 동타 안에 넣고 언저리를 둥글게 싸다. 또는, 둥글게 포위하다. ¶아이를 포대기로 돌라싸서 안다. ⓔ둘러싸다.

돌라-쌓다[-싸타] 동타 둘레를 무엇으로 둥글게 쌓다. ⓔ둘러쌓다.

돌라-앉다[-안따] 동자 여럿이 둥글게 앉다. ¶식탁에 ~. ⓔ둘러앉다.

돌려-나기 몡[식] 마디 하나에 세 개 이상의 잎이나 눈이 바퀴 모양으로 나는 일. =윤생(輪生).

돌려-내다 동타 1 남을 꾀고 있는 곳에서 빼돌려 내다. 2 한동아리에 넣지 않고 따돌리다. ⓔ돌라내다.

돌려-놓다[-노타] 동타 방향을 다른 쪽으로 바꿔 놓다. =돌라놓다. ¶책상을 창문 쪽으로 ~.

돌려-받다[-따] 동타 (주었거나 빌려 주었거나 빼앗기거나 했던 물건을 그것을 가진 사람에게서) 받아서 다시 자기가 가지게 되다. ¶빌려 준 돈을 ~. ↔돌려주다.

돌려-보내다 동타 (사람이나 물건을) 본래 있던 곳으로 도로 보내다. ¶가출한 소녀를 집으로 ~.

돌려-쓰다 동타 〈~쓰니, ~써〉 1 돈이나 물건을 변통하여 쓰다. ¶돈을 ~. 2 이리저리 또는 여러 가지로 용도를 바꾸어 가며 쓰다.

돌려-주다 동타 1 (받았거나 빌렸거나 빼앗았거나 한 물건을 본래 가졌던 사람에게) 다시 가지게 하다. ¶책을 다 본 뒤에 주인에게 ~. ↔돌려받다. 2 (돈을) 융통하여 주다.

돌려-짓기[-진끼] 몡[농] 한 경작지에 여러 가지의 다른 농작물을 해마다 바꾸어 가며 재배하는 일. =윤작(輪作). ↔이어짓기. **돌려짓기-하다** 동타여

돌려-차기 몡[체] 태권도에서, 대각선상에 있는 상대방을, 발을 들어 벌리면서 안쪽으로 반원을 그려 발꿈치로 차는 발 기술.

돌리 (dolly) 몡[영] =이동차.

돌리네 (⑨Doline) 몡[지] 카르스트 지형의 하나. 침식에 의하여 석회암 대지의 지표에 이루어진 원형 또는 타원형의 움푹 팬 땅. =석회정.

돌리다[1] 동타 1 병의 위험한 고비를 면하게 되거나 면하게 하다. ¶빨리 열이 내려 병세를 돌려야 할 텐데. 2 노여움이 풀리거나 풀게 하다. ¶틀어진 마음을 ~. 3 없던 물건이 변통되거나, 그런 물건을 변통하다. ¶자금을 ~.

돌리다[2] 동타 1 한동아리에 들지 못하게 하다. ⓑ따돌리다. ¶그 사람은 돌려 놓고 우리만 갑시다. 2 소홀히 대접하다.

돌리다[3] 동타 1 '돌다'의 사동사. ¶팽이를 ~. 2 방향을 바꾸다. ¶발길을 ~. 3 여기저기 도르다. ¶돌빛을 ~. 4 마음을 달리 먹다. ¶마음을 돌려 협조하기로 했다. 5 가동하거나 운영하다. ¶자금이 없어 공장을 돌리지 못한다. 6 남에게 책임이나 공(功)을 넘기다. ¶부하에게 공을 ~. 7 뒤로 미루다. ¶결재를 내일로 ~. 8 (말을) 모나거나 노골적이지 않도록 부드럽게 하다. ⓑ에두르다. ¶빙 돌려서 말하다. 9 차례로 다른 곳에 알리다. ¶돌림으로 ~. 10 (영화나 환등 등을) 보이게 하다. ¶필름을 ~. 11 어떤 것으로 여기거나 대하다. ¶없었던 일로 ~. 12 (관심이나 시선 등을) 다른 대로 돌리다. ¶화제를 ~.

돌림 몡 [1][자련] 1 차례대로 돌아가는 일. 2 '돌림병'의 준말. 3 =항렬(行列). [2][의존] 한 번씩 돌아가는 횟수.

돌림-감기(-感氣)[-깜-] 몡 전염성이 있는 감기. =시감(時感).

돌림^노래 몡[음] 같은 노래를 일정한 소절의 사이를 두고 뒤따라 부르는 합창. =윤창(輪唱).

돌림-병(-病)[-뼝] 몡 =유행병. 준돌림.

돌림-자(-字)[-짜] 몡 항렬을 나타내기 위하여 이름자 속에 넣어서 쓰는 글자. =항렬자. ¶형제 이름이 철수·철호면 ~가 '철'인 게로군.

돌림-판(-板) 몡 1 여러 사람에게 알리기 위하여 어떤 내용을 적어 돌리는 판. ⓑ회람판. 2 자동식 전화기의 다이얼 따위의 판. 3 [공] 도자기를 만들 때, 흙을 빚거나 무늬를 넣는 데 사용하는 기구. 축의 아래와 위에 넓고 둥근 널빤지를 대어 만드는데, 아래 판을 발로 돌리면 위 판도 함께 돌아 그 회전력을 이용하여 작업하다. =녹로(轆轤)·물레·배차(坏車)·선륜차·윤대(輪臺).

돌림-편지(-便紙) 몡 돌려 가며 보도록 여러 사람 앞으로 온 편지.

돌-맞이 몡 돌을 맞아 잔치나 행사를 벌이는 일. **돌맞이-하다** 동자여

돌멘(dolmen) [명][고고] =고인돌.
돌¦-멩이 [명] 돌덩이보다 좀 작은 돌. =괴석(塊石).
돌¦멩이-질 [명] 돌멩이를 던지는 짓. [준]돌질. **돌¦멩이질-하다** [동][자][여]
돌¦-무늬[-니] [명] 돌에 새긴 무늬. 또는 돌에 난 무늬. =석문(石紋).
돌¦-무더기 [명] 돌덩이가 쌓인 무더기.
돌¦-무덤 [명][고고] =석총(石塚).
돌¦-무지 [명][고고] 선사 시대에 고인돌이나 돌널무덤을 보호하기 위해 둘레에 돌을 쌓아 둔 것.
돌¦무지-무덤 [명][고고] 구덩이를 파거나 구덩이 없이 시체를 놓고 그 위에 흙 대신 돌을 덮는, 고분(古墳)의 한 형식. =적석총(積石塚).
돌-미나리 [명][식] 논이나 개천 등의 습지에 저절로 나는 미나리.
돌¦-미륵(-彌勒) [명] 돌로 만든 미륵불.
돌발(突發) [명] (뜻밖의 일이) 갑자기 일어나는 것. ¶~ 사건. **돌발-하다** [동][자][여]
돌발-적(突發的)[-쩍] [관][명] 별안간 일어나는 (것). ¶~인 사고.
돌¦-방(-房) [명][고고] 돌로 된 방. 천장과 네 벽에 그 방위를 상징하는 그림을 채색으로 그림. =석실(石室).
돌¦방-무덤(-房-) [명][고고] 돌로 널방을 만들고 널길을 두는, 고분(古墳)의 한 형식. =석실분.
돌-배 [명] 돌배나무의 열매.
돌배-나무 [명][식] 장미과의 낙엽 활엽 소교목. 봄에 흰 꽃이 피고 가을에 누런 열매가 익음. 목재로 많이 쓰며, 열매는 식용함. =산리(山梨).
돌변(突變) [명] (사람의 태도나 사물의 현상 등이) 갑작스럽게 변하는 것. **돌변-하다** [동][자][여] ¶하룻밤 자고 나더니 그의 태도가 싹 **돌변하였다**.
돌¦-보다 [동][타] **1** (어린아이나 환자 등을) 관심을 가지고 곁에서 시중을 들거나 혼자 하기 어려운 일을 제대로 하도록 돕다. ¶환자를 ~/아기를 **돌봐** 줄 사람이 없다. **2** (어떤 일을) 잘되어 가는지, 또는 잘못되어 가는지 관심을 가지고 살피다. 또는, (어떤 일을) 관심을 가지고 더 좋은 상태가 되도록 만들다. =돌아보다. ¶살림을 ~.
돌¦-부리[-뿌-] [명] 땅에 박혀 있는 돌멩이의 뾰족하게 내민 부분. ¶~에 걸려 넘어지다.
돌¦-부처 [명] **1** 돌로 만든 불상(佛像). =석불. **2** 감각이 둔하고 고집이 센 사람의 비유. **3** 지나칠 정도로 무던하고 착한 사람.
돌¦-비(-碑) [명] 돌로 만든 비. =석비(石碑).
돌¦-비늘[-삐-] [명][광] =운모(雲母).
돌비^시스템(Dolby system) [명] 테이프에 나타나는 잡음을 줄이기 위해 잡음 성분이 많은 고음역(高音域)의 약한 신호를 강하게 녹음한 뒤, 신호를 강하게 한 만큼 되돌려 재생하는 방식.
돌¦-사닥다리[-따-] [명] 돌이 많아 아주 험한 산길. [비]석경(石徑).
돌¦-사막(-沙漠) [명][지] 바위·돌·자갈로 이루어진 사막. =암석 사막. ▷모래사막.
돌¦-산(-山) [명] 바위나 돌이 많은 산. [비]석산(石山).
돌¦-살촉(-鏃) [명][고고] 석기 시대에 사용한, 돌로 만든 화살촉. =석촉(石鏃).
돌-상(-床)[-쌍] [명] 돌날에 돌잡힐 때 차려 놓는 상. =백완반(百玩盤).
돌-상어 [명][동] 돌상엇과의 민물고기. 몸길이 6~12cm. 머리는 편평하고 몸빛은 적색 또는 황갈색에 많은 가로띠가 있음. 우리나라의 특산종임.
돌¦-세포(-細胞) [명][식] 배나 매실 등의 과육 속에 들어 있는, 세포막이 딱딱하게 굳어서 생긴 세포. =석세포(石細胞).
돌¦-소금 [명][광] =암염(巖鹽).
돌¦-솥[-솓] [명] 돌로 만든 솥. =석정.
돌¦-싸움 [명][민] =석전놀이. [준]돌쌈. **돌¦싸움-하다** [동][자][여]
돌¦-쌈 [명] '돌싸움'의 준말. **돌¦쌈-하다** [동][자][여]
돌아-가다 [동][거라] <~가거라> [1][자] **1** (물체가) 축을 중심으로 하여 둥글게 움직여 가다. ¶선풍기를 세게 **돌아가게** 해라. **2** (본디 있던 자리로) 다시 가다. ¶집으로 ~. **3** (먼 길로) 둘러서 가다. ¶지름길은 험하니 다른 길로 **돌아가자**. **4** (한쪽으로) 틀어지다. ¶입이 왼쪽으로 ~. **5** 차례를 옮겨 가다. ¶**돌아가며** 점심을 내다. **6** (몫이) 차례로 배당되다. ¶사과가 세 개씩 ~. **7** (어떤 결말로) 끝나다. ¶모든 일이 수포로 ~/승리는 상대편에게 **돌아갔다**. **8** (일이나 세상 형편이) 어떠한 상태로 되어 가다. ¶일이 어떻게 **돌아가는** 거야? **9** (기계·공장 따위가) 제대로 움직이다. ¶계속되는 파업으로 공장이 **돌아가지** 않는다. **10** '죽다[1]1'을 완곡하게 이르는 말. 일반적으로 선어말 어미 '-시-'가 결합된 '돌아가시다'의 형태로 쓰여, '죽다'의 높임말이 됨. ¶우리 할아버지께서는 수년 전에 **돌아가셨다**. **11** 기능이 제대로 작용되어 가다. ¶머리가 잘 ~. **12** (돈이나 물자가) 유통되어 가다. ¶자금이 ~. [2][타] 방향을 바꾸어 가다. ¶모퉁이를 ~.
돌아-내리다 [동][자][타] **1** 빙빙 돌아서 아래로 내리다. ¶연이 ~/산을 ~. **2** 마음이 있으면서 사양하는 체하다. [비]비쌔다.
돌아-눕다[-따] [동][자][ㅂ] <~누우니, ~누워> 반대 방향으로 바꾸어 눕다. ¶이리 뒤척 저리 뒤척 몇 번씩 **돌아누웠지만** 도무지 잠이 오지 않았다.
돌아-다니다 [동][자][타] **1** 여기저기 쏘다니다. ¶어디를 그렇게 밤늦게 **돌아다니니**? **2** 널리 퍼지다. ¶유행성 감기가 ~.
돌아다-보다 [동][타] '돌아보다1'의 힘줌말.
돌아-들다 [동][자][타] <~드니, ~드오> **1** 이리저리 돌다가 일정한 곳으로 들어가거나 들어오다. ¶오백 년 도읍지를 필마로 **돌아드니**. (길재: 옛시조) **2** 굽이를 돌아서 들어가거나 들어오다. ¶산모롱이를 ~.
돌아-보다 [동][타] **1** 고개를 돌려 보다. ¶뒤를 ~. **2** (지난 일을) 다시 생각하여 보다. ¶초등학교 시절을 ~. **3** (일정한 범위를) 돌아다니며 살피다. ¶각 교실을 ~. **4** =돌보다. ¶가족을 **돌아보지** 않다.
돌아-서다 [동][자] **1** (사람이 다른 쪽으로) 방향을 바꾸어 서다. ¶가다가 **돌아서서** 손을 흔들다. **2** 어떤 사람과 등지다. ¶그들은 결혼한 지 1년도 안 되어 남남으로 **돌아섰다**. **3** (견해나 태도가) 다른 입장으로 바뀌다. ¶애국자연하던 그가 하루아침에 친일파로 **돌아섰다**. **4** (병 따위가) 나아 가다. ¶병세가 차차 ~.
돌아-앉다[-안따] [동][자] 앉은 자리에서 반대

돌아오다

방향으로 바꾸어 앉다. ¶**돌아앉아** 눈물을 훔치다. ㈜돌앉다.

돌아-오다 동(자)[너라]〈~-오너라〉 1 (떠났던 곳이나 갔던 길을) 도로 오다. ¶집에 ~. 2 (곧장 오지 않고) 돌아서 오다. ¶지름길을 두고 **돌아오는** 까닭이 뭐냐? 3 (차례가) 닥치다. ¶노래할 차례가 ~. 4 (몫이) 배당되다. ¶내게 **돌아올** 몫이 있나? 5 (잃었던 것이) 회복되다. ¶이제야 정신이 **돌아온** 모양이군. 6 시간이 경과하여 일정한 때가 되다. ¶**돌아오는** 일요일엔 등산을 가자.

돌-앉다[-안따] 동(자) '돌아앉다'의 준말.

돌연(突然) 부 매우 돌발적으로. ㈂갑자기·돌연히. ¶~ 방문하다.

돌-연모[-런-] 명 돌로 만든 연모. ㈂석기.

돌연-변이(突然變異) 명 [생] 생물의 형질에 어버이와 다른 형질이 생겨 이것이 유전하게 된 드 브리스가 처음 제창함.

돌연변이-설(突然變異說) 명 [생] 돌연변이에 의하여 생물의 신종(新種)이 형성되고, 그것이 진화의 주요인이 된다는 설. 네델란드 드 브리스가 처음 제창함.

돌연-사(突然死) 명 [의] 특별한 병적 징후가 없던 사람이 뚜렷한 이유 없이 갑작스럽게 죽는 것.

돌연-하다(突然-) 형(여) (어떤 일이) 돌발적인 데가 있다. =갑작스럽다. ¶나는 그의 **돌연한** 질문에 적이 당황했다. **돌연-히** 부 ¶달리던 차가 ~ 정지했다.

돌올(突兀) →**돌올-하다** 형(여) 1 (산·바위 따위가) 높이 솟아 우뚝하다. ¶**돌올한** 산봉우리. 2 두드러지게 뛰어나다.

돌-옷[-온] 명 돌에 난 이끼.

돌이키다 동(타) 1 (고개를) 반대 방향으로 돌리다. ¶고개를 ~. 2 (지난 일을) 되돌아보다. ¶**돌이켜** 생각하면 부끄럽기 짝이 없다. 3 (대상을) 본디의 상태로 바꾸다. ¶**돌이킬** 수 없는 과오. 4 마음을 고쳐 달리 생각하다. ¶생각을 **돌이켜** 용서하기로 했다.

돌입(突入) 명 (어떤 곳이나 상태에) 기세 있게 뛰어드는 것. **돌입-하다** 동(자)(여) ¶우주선이 대기권에 ~ / 선진국 대열에 ~.

돌-잔치 명 돌날에 베푸는 잔치.

돌-잡이 명 첫돌에 돌상을 차리고 아이로 하여금 마음대로 잡게 하는 일. **돌잡이-하다** 동(타)여

돌-잡히다[-자피-] 동(타) 첫돌에 돌상에 여러 가지 음식과 연필·책·돈·실·쌀 등을 차려 놓고 아이에게 마음대로 잡게 하다.

돌-쟁이 명 첫돌이 된 아이. 또는, 그 또래의 아이. ¶~ 옷.

돌¹-절구 명 돌을 파서 만든 절구. =석구(石臼).

[돌절구도 밑 빠질 때가 있다] ㉠아무리 튼튼한 것이라 할지라도 오래 쓰면 결판날 때가 있다. ㉡명문거족(名門巨族)이라고 영원히 몰락하지 않는 법은 없다.

돌진(突進)[-찐] 명 (어느 곳에 [으로]) 거침없는 기세로 나아가는 것. **돌진-하다** 동(자)여 ¶적을 향하여 ~.

돌¹-질 명 '돌맹이질'의 준말. **돌¹질-하다** 동(자)여

돌¹-짐승 명 =석수(石獸)³.

돌¹-집 명 돌을 재료로 하여 지은 집.

돌¹-쩌귀 명 문짝을 여닫게 하기 위하여 암짝은 문설주에, 수짝은 문짝에 박아 맞추어 꽂게 된 쇠붙이. ▷경첩·문지도리.

돌체(이dolce) 명 [음] 악곡의 표현 방법을 나타내는 말로, '부드럽게, 아름답게'의 뜻.

돌출(突出) 명 1 (물체가) 쑥 내밀거나 불거지는 것. 2 (어떤 일이) 뜻하지 않게 갑자기 생겨나는 것. ¶~ 변수. **돌출-하다** 동(자)여 ¶지중해에 장화 모양으로 **돌출해** 있는 반도국 이탈리아. **돌출-되다** 동(자)

돌¹-층계(-層階)[-계/-게] 명 돌로 쌓아 만든 층계. ㈂돌계단.

돌-칼 명 [고고] 석기 시대의 유물인, 돌로 만든 칼. =석도(石刀).

돌¹-탑(-塔) 명 돌로 쌓은 탑. ㈂석탑.

돌파(突破) 명 1 (막고 있는 대상을) 제치거나 뚫고 나아가는 것. 2 (어려움을) 헤치고 이겨 내는 것. 3 (목표가 되는 수준이나 기록 등을) 넘어서거나 깨뜨림으로써 달성하는 것. **돌파-하다** 동(타)여 ¶적진을 ~ / 수출 목표 1000억을 ~. **돌파-되다** 동(자)

돌파-구(突破口) 명 1 돌파하는 통로나 목. 2 곤란한 문제 따위를 해결하는 실마리. ¶루스벨트 대통령은 뉴딜 정책에서 불황 타개의 ~를 찾았다.

돌파-력(突破力) 명 돌파하는 힘. ¶문전 ~이 뛰어난 축구 선수.

돌¹-팔매 명 무엇을 맞히기 위해 멀리 던지는 돌멩이.

돌¹-팔매-질 명 무엇을 맞히기 위해 돌멩이를 멀리 던지는 짓. **돌¹팔매질-하다** 동(자)여

돌¹-팔이 명 1 떠돌아다니며 점이나 기술 또는 물건을 팔아 가며 사는 사람. ¶~ 무당. 2 엉터리 실력을 가지고 전문직(專門職)에 종사하는 사람을 놀리어 이르는 말. ¶~ 의사.

돌풍(突風) 명 1 갑자기 세게 부는 바람. ¶~으로 기왓장이 날아가다. 2 어떤 일이 어느 사회에 갑작스럽게 강한 영향을 미치거나 많은 관심을 한 몸에 받는 현상을 비유적으로 이르는 말. ¶그 드라마는 사상 초유의 시청률을 기록하면서 전국의 안방에 ~을 일으키고 있다.

돌¹-하르방 ['돌로 만든 할아버지'라는 뜻] [민] 제주도 도민들이 안녕과 질서를 수호하여 준다고 믿는 석신(石神).

돌¹-함(-函) 명 돌로 만든 함. =석함.

돌¹-확 명 곡식·고추·마늘 등을 으깨거나 가는 데 쓰는, 돌을 우묵하게 파거나 오지로 빚되 안쪽 면을 우툴두툴하게 하여 구워 낸, 자배기와 비슷한 모양의 연장. 손에 쥘 만한 돌이 딸려 있어서 이것으로 갊.

돐 명 '돌'의 잘못.

돔¹ 명 '도미'의 준말.

돔²(dome) 명 반구형(半球形)으로 된 지붕.

돕¹-다[-따][돕고/도와] 동(타)비〈도우니·도와〉 1 (남이 하는 일을) 거들어 힘이 덜 들게 하거나 그 일이 잘 이뤄지게 하다. (남을) 거들어 그가 하는 일이 힘이 덜 들게 하거나 잘 이뤄지게 하다. ¶오늘의 영광이 있기까지 많은 사람들이 뒤에서 **도와주셨습**니다. 2 (재난을 당하거나 물질적으로 어려운 처지에 있는 사람을) 보살펴 주거나 필요한 물건이나 돈을 주어 어려움을 어느 정도 덜 노력하다. ¶이재민을 ~. 3 (어떤 일이 어떤 작용이나 효과를) 낫거나 좋게 하다. ¶입맛을 ~ / 기운을 **돕는** 보약. 4 (어떤 감정을) 돋우어 일으키다. 5 (주로, '밤을 도와'의 꼴로 쓰여) '밤을 이용하여, 밤을 세워'의 뜻. ¶밤을 **도와** 먼 길을 달려오다.

6(주로, '길을 도와'의 꼴로 쓰여) '길을 재촉하여'의 뜻. ¶몇 날 며칠을 잠시도 쉬지 않고 길을 **도와** 예까지 왔소이다.

돗 명 '돗자리'의 잘못.

돗-바늘[돋빠-] 명 돗자리 등을 꿰매는 데에 쓰는 굵고 큰 바늘.

돗-자리[돋짜-] 명 왕골이나 골풀의 줄기를 잘게 쪼개서 친 자리. 세는 단위는 닢. =석자(席子). ×doc.

동¹ 명 ①자립 굵게 묶어서 한 덩이를 만든 묶음. ¶나무를 ~으로 지어 지게에 지다. ②의존 '묶음'을 세는 말. 먹 10장, 붓 10자루, 생강 10접, 무명·베 등의 50필, 백지 100권, 곶감 100접, 볏짚 100단, 조기 1000마리, 비웃 2000마리 따위를 일컬음. **2** 윷놀이에서, 말이 첫 밭으로부터 끝 밭을 거쳐 나가는 한 차례. ¶한 ~이 나다.

동² **1** 사물과 사물을 잇는 마디. 또는, 사물의 조리(條理). ¶나에 말은 ~이 닿지 않네. **2** 언제부터 언제까지의 동안. ¶그들의 말소리가 잠시 ~이 떴다. **3** 저고리 소매에 이어대는 동강의 조각. ¶소맷~/끝~.

동(을) 대다 句 **1** 도중에 떨어지지 않게 계속 잇대다. **2** 조리가 맞게 하다.

동³ 명 상추 따위의 꽃이 피는 줄기.

동⁴ 명 작은북을 한 번 칠 때 나는 소리. 큰둥.

동⁵(東) 명 =동쪽. ↔서(西).
[**동에 번쩍 서에 번쩍**] 정처가 없고 종적을 걷잡을 수 없을 만큼 이곳저곳에 출몰함.

동⁶(垌) 명 크게 쌓은 둑. ¶~을 막다.

동⁷(洞) 명 시(市)나 구(區)에 두는 읍(邑)의 아래에 두는 말단 행정 구역. ¶무교~.

동⁸(童) 명 족보에서 미혼 남자를 가리키는 말. ↔관(冠).

동⁹(銅) 명 [화]=구리. ¶~ 파이프.

동¹⁰(棟) 명 의존 집채의 수나 차례를 세는 말. ¶석 ~의 연립 주택을 짓다/내 친구는 이 아파트 9~에 산다.

동¹¹(同) 관 (한자어 명사 앞에 쓰여) '같은'의 뜻을 나타내는 말. ¶~ 회사/~ 학년.

-동¹²(洞) 접미 일부 명사 아래에 붙어, '동굴', '굴'의 뜻을 나타내는 말. ¶석회~/종유~.

동가(同價)[-까] 명 같은 값. 또는, 같은 값어치. ¶'노인'과 '늙은이'는 개념적으로는 ~이나, 어감의 차이를 가지고 있다.

동가리-톱 명 나무를 가로로만 자르는 톱. =끈킬톱. 준 내릴톱.

동가식서가숙(東家食西家宿)[-써-] 명 동쪽 집에서 밥 먹고 서쪽 집에서 잠잔다는 뜻 떠돌아다니며 얻어먹고 지냄. 또는, 그 사람. **동가식서가숙-하다** 자연

동가-홍상(同價紅裳)[-까-] 명 값이 같거나 같은 노력을 한다면 품질이 좋은 것을 택함을 이르는 말. '같은 값이면 다홍치마'와 같은 말.

동감(同感) 명 (어떤 의견에 대해) 다른 사람과 생각을 같이하는 것. ¶사업 계획에 문제점이 있다는 점에 대해선 나도 ~이다. ▷ 공감. **동감-하다** 자연

동²감(動感) 명 그림·조각·사진 등에서, 대상이 실제로 움직이는 듯한 느낌. ¶~을 잘 살린 조각 작품.

동갑(同甲) 명 [육십갑자(六十甲子)가 같다는 뜻] 같은 해에 태어나 서로 같은 나이. 또는, 나이가 같은 사람. =동경(同庚). 비한동갑. ¶그 집 애가 원숭이면 우리 애하고

~이구먼.

동갑-내기(同甲-)[-감-] 명 나이가 같은 사람. ¶~ 친구.

동갑-네(同甲-)[-감-] 명 동갑끼리의 무리.

동강 Ⅰ 명 ①자립 긴 물건이 짤막하게 잘라지거나 쓰다 남아 작게 된 토막. =동강이. ¶양초 ~/연필이 ~ 나다/생선을 ~ 내다. ② 의존 짤막하게 잘라진 것을 세는 단위. ¶세~. Ⅱ 부 긴 물건이 작은 도막으로 잘라지는 모양. ¶연필이 ~ 부러졌다.

동강(을) 치다 句 동강 나게 자르다. ¶무를 세 **동강을 쳐서** 다시 잘게 썰다.

동강-동강 부 한 물건을 여러 동강으로 자르는 모양. ¶~ 부러진 성냥개비.

동강-이 명 =동강 Ⅰ①.

동개 명 활과 화살을 꽂아 넣어 등에 지도록 만든 물건.

동거(同居) 명 **1** (한집이나 한방에서) 같이 사는 것. ↔별거(別居). **2** 법적으로 부부가 아닌 남녀가 부부 관계를 가지면서 한집에서 같이 사는 것. ¶철호는 식도 올리지 않고 그 여자와 ~ 생활을 시작했다. **동거-하다** 자연

동거-인(同居人) 명 한집에서 같이 사는 사람.

동격(同格)[-껵-] 명 같은 자격이나 지위. ¶부부는 ~이다.

동²결(凍結) 명 **1** 얼어붙는 것. 비빙결(氷結). **2**[경] 자산·자금 등의 사용이나 이동을 금하는 일. 또는, 그 상태. ¶사채(私債) ~. **동²결-하다** 자타여 ¶자금을 ~/공공요금을 ~. **동²결-되다** 자

동경¹(東京) 명 [역] 고려 시대의 삼경(三京)이자 사경(四京)의 하나. 지금의 경주(慶州).

동경²(東經) 명 [지] 본초 자오선을 0°로 하여 동쪽으로 180°까지의 경선. ↔서경(西經).

동경³(動徑) 명 [수] 점의 위치를 표시할 때, 기준점에서 그 점까지 그은 직선을 벡터로써 사용한 것.

동경⁴(銅鏡) 명 구리로 만든 거울.

동경⁵(憧憬) 명 (어떤 대상이나 세계·사회 등을) 누리거나 속하고 싶어 그리며 꿈꾸는 것. 또는, (어떤 사람을) 자기가 되고 싶어 하는 희망의 대상으로 삼아 우러르는 것. ¶~의 대상. **동경-하다** 타여 ¶화려한 무대의 세계를 ~.

동경-심(憧憬心) 명 동경하는 마음. ¶도시 생활에 대한 ~이 일다.

동경-이(東京-) 명동 꼬리가 없거나 있어도 매우 짧은 형태를 띤 우리나라 토종 개. 고려 시대에 동경(東京:경주의 옛 지명)에서 많이 길렀다고 전해지는데, 현재는 희귀종으로 남아 있음. =댕견.

동¦계¹(冬季) 명 (주로, 일이나 행사를 나타내는 일부 명사 앞에서 관형어적으로 쓰여) 그 일이 이루어지는 것이 '겨울철'임을 나타내는 말. 비동기(冬期). ¶~ 훈련/~ 올림픽 경기.

동¦계²(同系)[-계/-게] 명 같은 계통. ¶~ 회사.

동¦계³(洞契)[-계/-게] 명 동네의 일을 위하여 만든 계.

동¦계^올림픽^경기(冬季Olympic競技)[-계/-게/-] 명 동계 경기의 올림픽 대회. 올림픽 대회가 열리는 해의 연초에 개최됨.

스키·스케이트·아이스하키·바이애슬론 등이 행해짐.

동고-동락(同苦同樂) [-낙] [명] 괴로움도 즐거움도 함께함. **동고동락-하다** [동][자][여] ¶**동고동락해** 온 친구.

동곳 [-곧] [명] 상투가 풀어지지 않게 꽂는 물건. ¶파리목~ / ~을 꽂다.

동곳(을) 빼다 [구] 〔지난날, 남에게 굴복할 때 동곳을 빼어 상투를 풀고 엎드렸다는 데서〕 제 잘못을 인정하고 굴복하다. ¶곧 죽어 감서도 **동곳 빼기**는 싫은 모양이지.《박경리:토지》

동ː공(瞳孔) [명][생] =눈동자.

동관(銅管) [명] 구리로 만든 관(管).

동광(銅鑛) [명][광] **1** 구리를 캐내는 광산. =동산(銅山). **2** 구리를 함유한 광석.

동구[1](東矩) [명][천] 외행성이 태양의 동쪽에 있어, 황경(黃經)의 차가 90° 일 때. 또는, 그 자리. =상구(上矩). ↔서구(西矩).

동구[2](東歐) [명][지] =동유럽. ¶~권(圈). ↔서구(西歐).

동ː구[3](洞口) [명] **1** 동네 어귀. ¶마을 사람들은 ~ 밖까지 나와 우리를 배웅해 주었다. **2** 절로 들어가는 산문(山門)의 어귀.

동국(東國) [명] **1** 동쪽의 나라. [비]동방. **2** 전에, 중국에 대하여 우리나라를 일컫던 말.

동국-중보(東國重寶) [-쭝-] [명][역] 고려 숙종 때 만든 엽전의 한 가지.

동국-통보(東國通寶) [명][역] 고려 숙종 때 만든 엽전의 한 가지.

동ː굴(洞窟) [명] 자연적으로 생긴, 깊고 넓은 굴. [비]동혈(洞穴). ¶~ 유적 / ~ 벽화.

동궁(東宮) [명][역] **1** '황태자' 나 '왕세자' 를 달리 이르는 말. ¶~마마. **2** '태자궁' 이나 '세자궁' 을 달리 이르는 말. =춘궁(春宮).

동권(同權) [-꿘] [명] 같은 권리. [비]평등권. ¶남녀 ~.

동그라미 [명] **1** 동그랗게 그려진 형태나 도형. [비]원(圓). ¶맞는 답에 ~를 치다. [큰]둥그러미. **2** 〔동전이나 엽전이 동그란 데서〕 '돈' 을 속되게 이르는 말. **3**《제한된 문맥에 쓰여》 아라비아 숫자 '0' 을 이르는 말. ¶가격표에 ~를 하나 더 그려 넣다. [센]똥그라미.

동그라미-표(-標) [명] 맞거나 옳은 것 따위에 그 표시로 그리는 동그란 표. =공표(空標). ↔가위표.

동그라-지다 [동][자] 넘어지면서 구르다. ¶눈길에 미끄러져 ~. [큰]둥그러지다.

동그랑-땡 [명] '돈저냐' 를 속되게 이르는 말.

동그랑-쇠 [-쇠/-쉐] [명] **1** =굴렁쇠. **2** =삼발이1.

동그랗다 [-라타] [형][ㅎ] 〈동그라니, 동그라오, 동그래〉 (선이나 평면적인 대상이) 상대적으로 작은 원에 가까운 형태에 있다. ¶동그란 엽전 / 입을 **동그랗게** 벌리다. [큰]둥그렇다. [센]똥그랗다.

동그래-지다 [동][자] 동그랗게 되다. ¶깜짝 놀라 눈이 ~. [큰]둥그레지다. [센]똥그래지다.

동그맣다 [-마타] [형][ㅎ] 〈동그마니, 동그마오, 동그매〉 외따로 오뚝하다. ¶대청 한복판에 **동그맣게** 앉아 있다.

동그스름-하다 [형][여] 모나지 않고 조금 동글다. ¶**동그스름한** 얼굴. [큰]둥그스름하다. [센]똥그스름하다. **동그스름-히** [부]

동글납작-하다 [-랍짜카-] [형][여] 생김새가 동글고 면(面)이 납작하다. ¶얼굴이 ~. [큰]둥글넓적하다.

동글다 [형] 〈동그니, 동그오〉 (평면적 또는 입체적 대상이) 상대적으로 작은 공과 모양이 같거나 그에 가까운 상태에 있다. ¶송편을 **동글게** 빚다. [큰]둥글다.

동글-동글 [부] 여럿이 모두 동글거나 매우 동근 모양. [큰]둥글둥글. [센]똥글똥글. **동글동글-하다** [형][여] ¶새알심을 **동글동글하게** 빚다.

동글-리다 [동][타] '동글다' 의 사동사. ¶송편 반죽을 조금 떼어서 손바닥으로 ~. [큰]둥글리다.

동급(同級) [명] **1** 같은 등급. [비]동등(同等). **2** 같은 학급.

동급-생(同級生) [-쌩] [명] **1** 같은 학년의 학생. **2** 같은 학급의 학생.

동ː기[1](冬期) [명]《주로, 관형어적으로 쓰여》 겨울의 시기. [비]동계. ¶~ 휴가. ↔하기.

동기[2](同氣) [명] 한 부모 밑에 태어난 둘 이상의 사람의 관계가 서로 형·누나·오빠·언니·동생인 상태. 또는, 그런 관계에 있는 사람. [비]형제. ¶손위 ~.

동기[3](同期) [명] **1** 같은 시기. **2** 훈련·수련·교육 등의 과정을 함께 받거나 마친 기(期). 또는, 그 사람. ¶육사 ~ / ~ 동창.

동ː기[4](動機) [명] **1** 사람이 어떤 일을 하게 된 이유. 또는, 어떤 자극이나 영향을 받아 어떤 일을 하고 싶어 하게 되는 마음의 작용. [비]계기. ¶~ 부여 / 작가를 지망하게 된 ~가 무엇입니까? ↔결과. **2** [음] 어떤 표현성을 갖춘 선율의 단편. 또는, 악곡을 구성하는 최소 단위. =모티브·모티프.

동ː기[5](童妓) [명] 기생 수업을 하고 있는 어린 기생. ↔노기(老妓).

동기[6](銅器) [명] 구리로 만든 그릇.

동기-간(同氣間) [명] 형제자매 사이. ¶~에 우애 있게 지내다.

동기-생(同期生) [명] 같은 기(期)에 학교 교육이나 강습 등을 함께 받은 사람.

동-나다 [동][자] (물건이나 재료·소재 따위가) 더 남아 있지 않고 다 없어지거나 떨어지다. ¶쌀이 ~ / 이야깃거리가 ~.

동남(東南) [명] 동쪽을 기준으로 하여 동쪽과 남쪽 사이의 방위. '남동' 과 같은 뜻이나, '남동' 이 남북을 기준으로 한 서양식 방위로 오늘날 널리 쓰이는 데 반해, '동남' 은 동서를 기준으로 한 동양식 방위로 전통적으로 쓰여 오고 있음. ¶~쪽 / ~아시아. ↔서북. ▷남동.

동ː남-동ː녀(童男童女) [명] 남자 아이와 여자 아이.

동남-아(東南亞) [명][지] =동남아시아.

동남-아시아(東南Asia) [명][지] 아시아 동남부, 인도차이나 반도와 말레이 군도로 이루어진 지역의 총칭. =동남아.

동남아시아^조약^기구(東南Asia條約機構) [-끼-] [명][정] 동남아시아에 있어서의 반공(反共) 방위 조약 기구. 1954년에 결성, 77년에 해체됨. =시토(SEATO).

동남-쪽(東南-) [명] '남동쪽' 을 전통적 동양식 방위로 이르는 말. ¶독도는 울릉도 ~에 위치하고 있다. ↔서북쪽. ▷남동쪽.

동남-풍(東南風) [명] '남동풍' 을 전통적 동양식 방위로 이르는 말. ¶제갈공명은 ~의 힘을 빌려 조조의 백만 대군을 물리쳤다. ↔서북풍. ▷남동풍.

동ː내(洞內) [명] 동네 안. [비]방내(坊內).

동ː냥 [명] 〔<동령(動鈴)〕 **1** [불] 승려가 시주

를 얻으려고 돌아다니는 일. ¶~을 다니다. **2** 거지 등이 돌아다니며 구걸하는 것. 또는, 그렇게 구걸한 돈이나 물건. ¶~을 얻다/ ~을 주다. **동냥-하다** 邳邿

[**동냥은 안 주고 쪽박만 깬다**] 요구를 들어주기는커녕 오히려 해롭게 한다.
동ː냥-아치 몡 동냥하러 다니는 사람. 쥰동냥치.
동ː냥-자루[-짜-] 몡 동냥아치가 가지고 다니는 자루.
동ː냥-젖[-젇] 몡 남의 젖을 얻어먹는 일. 또는, 그 젖. ¶…눈 어두운 나의 부친 ~ 얻어먹여 겨우 살았으니….《심청전》
동ː냥-중[-쭝] 몡 동냥을 다니는 중. =자미승·자미중·재미중. 凹탁발승.
동ː냥-질 몡 동냥하는 짓. **동ː냥질-하다** 邳邿
동ː냥-치 몡 '동냥아치'의 준말.
동ː네 몡 자기가 살고 있는 집의 근처가 되는, 다른 여러 집의 사람과 공동의 생활을 이루는 지역. ¶~ 어른/~ 사람/우리 ~.

<유의어> **동네 / 마을**
둘 다 여러 집이 모여 있는 생활 공동체를 가리키며, '동네'는 공간적으로 어디서부터 어디까지라고 못 박아 말하기 어려운 반면, '마을'은 다른 촌락과 거리상으로 얼마간 떨어진 촌락을 가리키므로 비교적 공간적인 한정이 가능함. 또한, '동네'는 도시 지역에 대해서도 사용할 수 있으나, '마을'은 오로지 시골의 지역에 대해서만 사용할 수 있음.

동ː네-방네 몡 온 동네. 또는, 이 동네 저 동네. ¶~ 소문이 나다.
동ː네-북 몡 아무나 함부로 때리거나 분풀이의 대상으로 삼을 수 있는, 만만한 사람이나 대상.
동ː네-조리 몡 동네에서 죄진 사람을 조리돌리는 일.
동년(同年) 몡 **1** 같은 해. **2** 같은 나이.
동년-배(同年輩) 몡 나이가 같거나 비슷한 사람의 무리. 또는, 그 무리에 속하는 사람.
동녕-부(東寧府) 몡[역] 원(元)나라가 고려의 자비령(慈悲嶺) 이북의 영토를 병합하고, 그것을 다스리기 위해 서경(西京)에 설치했던 관청.
동ː녘(東-)[-녁] 몡 '동쪽'을 시적·문어적으로 이르는 말. ¶~이 밝아 오다. ↔서녘.
동단(東端) 몡 동쪽 끝. =서단.
동당(同黨) 몡 같은 당.
동당-거리다/-대다 邳邿 작은북·장구 등을 쳐서 잇달아 동당동당 소리를 내다. 즅동당거리다.
동당-동당 븬 동당거리는 소리. 즅둥덩둥덩.
동당이-하다 邳邿
동댕이-치다 邳邿 '동댕이치다'의 잘못.
동댕이-치다 邳邿 **1** (물건을) 들어서 힘차게 내던지다. ¶소년은 방에 들어서자마자 책가방을 **동댕이쳤다**. **2** 하던 일을 그만두어 버리다. ✕동당이치다.
동독(東獨) 몡[역] 제2차 세계 대전 후 소련군에서 점령된 동부 독일 지역에, 1949년 수립되었던 공산주의 국가. 수도는 동베를린. 1990년 서독과 통합되어 독일 연방 공화국이 됨. =독일 민주 공화국.
동ː동[1] 븬 작은 북을 잇달아 칠 때 나는 소리. 즅둥둥.

동동[2] 븬 춥거나 안타깝거나 급해서 발을 빠르게 자꾸 구르는 모양. ¶차 시간에 대지 못할까 봐 발을 ~ 구르다.
동동[3] 븬 비교적 작고 가벼운 물체가 물 위에 떠서 상하로 약간 움직이는 모양. ¶수정과에 실백 두어 알을 ~ 띄우다. 즅둥둥.
동ː동[4] (動童) 몡[문] 전 13절로 구성된, 달거리 형식의 고려 가요.
동동-거리다/-대다[1] 邳邿 잇달아 동동 소리가 나다. 또는, 동동 소리를 내다. 즅둥둥거리다.
동동-거리다/-대다[2] 邳邿 몹시 춥거나 안타깝거나 급해서 발을 자꾸 가볍게 구르다. ¶학부모들은 입시장 밖을 서성거리며 추위반 초조함 반으로 발을 **동동거렸다**.
동동-걸음 몡 동동거리며 걷는 걸음. 凹종종걸음.
동동-주(-酒) 몡 걸러 내지 않아 밥알이 동동 뜨는 막걸리. =특주(特酒).
동등[1](同等) 몡 같은 등급. 凹동급(同級).
동등[2](同等) →**동등-하다** 웨 (자격이나 권리 등이) 꼭 같다. ¶남녀 구별 없이 **동등한** 대우를 하다.
동등-권(同等權)[-꿘] 몡 동등한 권리. ¶투표에 남녀 ~이 보장되다.
동-떨어지다 웨 **1** 거리가 서로 떨어져 멀다. ¶마을에서 **동떨어진** 외딴집. **2** 둘 사이에 관련성이 거의 없다. ¶그것은 현실과는 **동떨어진** 이상론에 불과하다.
동떨어진 소리 ❨ **1** 경우도 반말도 아닌 어리뻥뻥한 말씨. **2** 조리가 닿지 않는 말.
동-뜨다 웨 〈-뜨니, -떠〉 **1** 보통보다 훨씬 뛰어나다. **2** =동안(이) 뜨다[1]. →동뜰[1]. ¶밤이 늦어 버스가 ~.
동ː란(動亂)[-난] 몡 폭동·반란·전쟁 따위가 나서 세상이 몹시 어지러워지는 일. 凹난리. ¶~을 겪다.
동래ː상인(東萊商人)[-내-] 몡[역] 조선 후기에 동래(東萊)를 중심으로 왜관(倭館) 무역을 주로 담당한 상인.
동량(棟梁·棟樑)[-냥] 몡 **1** 기둥과 들보. **2** '동량지재'의 준말. ¶장차 나라의 ~이 될 새 세대.
동량지재(棟梁之材)[-냥-] 몡 한 집안이나 나라를 맡아 다스릴 만한 인재. 쥰동량.
동ː력(動力)[-녁] 몡 **1**[물] 전력·수력·풍력 등 에너지를 원동기에 의하여 기계적 에너지로 변환·발생시킨 힘. ¶~을 공급하다. **2** 어떤 일을 발전시키고 밀고 나가는 힘. 凹원동력(原動力). ¶민주화의 물결이 독재 정권을 무너뜨리는 ~이 되었다.
동ː력-계(動力計)[-녁께/-녁케] 몡 원동기·발동기 등의 동력을 재는 기계.
동ː력-삽(動力-)[-녁쌉] 몡 팔처럼 길게 뻗은 부분의 끝에 달린 삽(버킷)을 동력으로 움직여 흙을 깎아 내는 토목 기계.
동ː력-선(動力線)[-녁썬] 몡 배전선 중 일반 전동기에 전력을 공급하는 전선.
동ː력-원(動力源)[-녁꿘] 몡 동력의 근원이 되는 수력·전력·화력 등의 에너지.
동ː력ː자원(動力資源)[-녁짜-] 몡 동력을 일으키는, 석유·석탄·수력·원자력 등의 자원.
동렬(同列)[-녈] 몡 **1** 같은 줄. **2** 같은 수준이나 위치. ¶그는 역사상의 위인과 ~에 설 만한 인물이다. **3**[역] 같은 반열(班列).
동ː령(動令)[-녕] 몡 실제 동작을 하게 하

는, 구령의 끝 부분. '뒤로돌아'에서 '돌아'와 같은 것. ↔예령(豫令).
동록(銅綠)[-녹] 명 구리 거죽에 생기는 푸른빛의 물질. 독이 있음. 준녹.
동료(同僚)[-뇨] 명 같은 직장이나 부서에서 함께 일하는 사람. ¶직장 ~.
동료-애(同僚愛)[-뇨-] 명 동료를 아끼고 사랑하는 마음. 비동지애.
동류¹(同流)[-뉴] 명 1 같은 유파. ¶~에 속하는 작품. 2 나이나 신분 등이 서로 비슷한 사람. 비동배(同輩).
동류²(同類)[-뉴] 명 같은 종류. 또는, 같은 무리. 비동종(同種).
동류-의식(同類意識)[-뉴-] 명 타인 또는 어떤 계층이나 집단과 내가 동류라고 생각하는 의식.
동류-항(同類項)[-뉴-] 명 [수] 다항식에서, 계수(係數)는 다르나 문자 인수가 같은 두 개 이상의 항.
동률(同率)[-뉼] 명 같은 비율. 또는, 같은 비례. ¶저 선수는 타율에 있어서 상대 팀 4번 타자와 ~을 기록하고 있다.
동-리(洞里)[-니] 명 1 =마을1. 2 동(洞)과 이(里).
동맥(動脈) 명 1 [생] 심장에서 밀어 낸 혈액을 신체 각 부분에 운반하는 혈관. ↔정맥. 2 주요한 교통로를 비유적으로 이르는 말. ¶경부선은 우리나라를 종단하는 ~이다.
동맥^경화(動脈硬化)[-경-] 명 [의] 동맥 벽이 두꺼워지고 굳어져서 탄력을 잃은 상태. 고혈압증·비만증·당뇨병 따위가 이를 촉진함. =동맥 경화증.
동맥^경화증(動脈硬化症)[-경-쯩] 명 [의] =동맥 경화.
동맥^주^사(動脈注射)[-쭈-] 명 [의] 치료 또는 진단을 목적으로, 동맥에 약액을 놓는 주사. ▷정맥 주사.
동맹¹(同盟) 명 개인이나 단체 또는 국가들이 서로 공동 목적을 이루기 위하여 동일한 행동을 취하기로 맹세하는 약속. ¶군사 ~ / ~을 맺다. **동맹-하다** 자어 ¶신라는 당나라와 동맹하여 백제를 멸망시켰다.
동맹²(東盟)[역] 고구려 때 해마다 10월에 지내던 제천(祭天) 의식. 온 백성이 모여 하수에 대한 감사로 하늘에 제사 지내고 춤과 노래로 즐겼음. ▷무천(舞天)·영고(迎鼓).
동맹-국(同盟國) 명 서로 동맹 관계에 있는 국가. 동맹 조약의 당사국.
동맹-군(同盟軍) 명 공동의 적을 무찌르기 위하여 서로 동맹을 맺고 결성한 군대.
동맹^조약(同盟條約) 명 [정] 둘 이상의 국가가 제삼국에 대항하기 위하여 상호 간에 원조를 약속하여 맺는 조약.
동맹^파^업(同盟罷業) 명 [사] 노동자가 그들의 요구를 관철하기 위하여 집단적으로 생산 또는 업무를 정지하는 일. 또는, 그러한 투쟁. =동맹 휴업·스트라이크. 준파업.
동맹^휴업(同盟休業) 명 1 같은 업종의 사업주가 서로 단결하여 영업을 정지하는 일. 2 [사] =동맹 파업. 준맹휴.
동맹^휴학(同盟休學) 명 [교] 어떤 주장의 관철 또는 항의의 표시로 학생들이 집단적으로 수업을 거부하고 등교하지 않는 일. =동맹 휴교·스트라이크. 준맹휴.
동-메달(銅medal) 명 구리로 만든 메달. 흔히, 올림픽·체전·기능 올림픽 등에서 3위 입상자에게 그 증표로 수여함.

동!면(冬眠) 명 1 [동] 일부의 동물이 겨울 동안 활동을 중지하고 땅속이나 물속 등에서 잠을 자듯이 의식이 없는 상태로 지내는 일. =겨울잠. ¶~에서 깨어나다 / ~하면 (眠). 2 어떤 활동이 일시적인 휴지(休止) 상태에 있는 것을 비유하여 이르는 말. **동!면-하다** 동자어
동명(同名) 명 이름이 같음. 또는, 같은 이름.
동!명²(洞名) 명 동(洞)이나 동네의 이름.
동-명사(動名詞) 명 [언] 영문법 등에서 문법적으로 동사와 명사의 기능을 겸한 품사. 동사의 명사형으로 된 말임.
동명-이인(同名異人) 명 같은 이름의 다른 사람. ¶전화번호부에는 ~이 많이 실려 있다.
동!모(冬毛) 명 =겨울털. ↔하모(夏毛).
동무 명 늘 친하게 어울리거나 함께 노는 사람. 분단 이후, 독립적으로는 잘 쓰이지 않게 됨. 비벗. ¶~가 없어 혼자 놀다. ▶친구.
[**동무 따라 강남 간다**] 하고 싶지 않은데 남에게 끌려서 덩달아 하게 된다.
동문¹(同文) 명 같은 글자 또는 글. ¶이하 ~.
동문²(同門) 명 1 같은 학교에서 공부한 관계에 있는 사람. 비동창(同窓). ¶~ 선배. 2 같은 문중(門中). ¶이 지방 최씨 ~의 육영회.
동문³(東門) 명 성곽이나 궁 등의 동쪽으로 난 문. ↔서문.
동문서답(東問西答) 명 물음과는 딴판인 엉뚱한 대답. **동문서답-하다** 동자어
동문-수학(同門受學·同門修學) 명 한 스승 밑에서 함께 학문을 닦고 배우는 일. =동문동학. **동문수학-하다** 동자어 ¶그와는 대학에서 동문수학하였다.
동문-회(同門會)[-회/-훼] 명 =동창회.
동!물(動物) 명 주로 유기물을 영양분으로 섭취하며 운동·감각·신경 등의 기능이 발달하고 세포에 세포벽이 없는, 생물의 하나. 소화·배설·호흡·순환·생식 등의 기관이 분화됨. ↔식물.
동!물-계(動物界)[-계/-게] 명 [동] 자연계 가운데 동물이 생존하는 범위나 세계. ↔식물계.
동!물-극(動物極) 명 [생] 다세포 동물의 난세포에서 극체(極體)가 생기는 부분. 난황이 적고 세포질이 많음. ↔식물극.
동!물-도감(動物圖鑑) 명 어떤 범위의 동물들에 대해 그림이나 사진으로 형상을 나타내고 해설을 붙인 책.
동!물-병원(動物病院) 명 =가축병원.
동!물-성(動物性)[-썽] 명 1 동물에게 특유한 성질. 2 (어떤 물질의 바탕이) 동물에서 뽑아내 이루어진 성질. ¶~ 기름 / ~ 섬유. ▷식물성·광물성.
동!물성^유지(動物性油脂)[-썽뉴-] 명 동물의 지방 조직에서 채취한 기름. 어유(魚油)·경유(鯨油)·쇠기름·돼지기름 따위. =동물성 유. ↔식물성 유지.
동!물-숭배(動物崇拜) 명 자연 숭배의 하나. 어떤 동물을 신 또는 신의 화신(化身)이나 사자(使者)로 섬기는 신앙. ▷토테미즘.
동!물-원(動物園) 명 주위에서 보기 어려운 온갖 동물을 일정한 공간 안에 가두어 기르면서 사람들이 구경하고 관찰할 수 있도록 꾸며 놓은 곳. ▷식물원.
동!물-적(動物的)[-쩍] 관명 1 동물의 본성

동ː물^지리구(動物地理區) [지] 지구 상의 각지의 동물상을 비교하여 각각 특징이 있는 동물종(動物種)에 따라 생물 지리학적으로 구획한 단위. ▷식물구계.
동ː물-질(動物質) [-찔] [명] 동물의 몸을 이루는 물질.
동ː물-체(動物體) [명] 동물의 몸. ▷식물체.
동ː물-학(動物學) [명] 동물의 분류·해부·발생·생태·생리·지리·유전 등에 관하여 연구하는 생물학의 한 분야. =식물학.
동-민(洞民) [명] 어느 동에 사는 사람.
동-바 [명] 지게에 짐을 얹고 눌러 매는 줄.
동-바리 [명] 1 [건] 뒷마루나 좌판 밑에 받치대는 짧은 기둥. 2 [광] =갱목. 준동발.
동박-새 [-쌔] [명][동] 동박샛과의 작은 새. 등은 녹색, 날개와 꽁지는 녹갈색, 배는 흰색임. 눈 둘레가 은백색이며, 울음소리가 아름다움. 텃새로, 산기슭이나 잡목림에 삶.
동반(同伴) [명] 1 (어떤 사람을) 데리고 함께 가는 것. 또는, (짝이나 가족을 이루는 사람이) 어디를 함께 가거나, 어떤 일을 함께하는 것. ¶가족~ / 부부~ / 자살. 2 (어떤 대상이 다른 대상을) 전개 또는 진행 과정에서 함께 지니거나 가지는 것. **동반-하다** (자)(여) ¶만찬회에 부인을 ~/비구름을 동반한 태풍. **동반-되다** (자) ¶아픔과 희생이 동반되지 않는 사랑은 참사랑이 아니다.
동반(東班) [명] =문반(文班). ↔서반.
동-반구(東半球) [지] 지구를 경도 0°·180°에서 동과 서로 나눈 경우의 동쪽 부분. 유라시아·아프리카·오스트레일리아가 포함됨. ↔서반구.
동반-성(同伴星) [천] 쌍성 가운데 밝기가 주성(主星)보다 어두운 별. ↔주성.
동반-자(同伴者) [명] 1 어떤 일을 서로 협력해서 해 나가는, 짝이 되는 사람이나 존재. 또는, '배우자'를 달리 이르는 말. ¶여야는 국정 운영의 ~로서 화합하고 협조해야 하 된다. / 어머니는 아버지를 평생의 ~로서 늘 사랑하고 존경하셨다. 2 어느 곳을 짝을 이루어 함께 가는 사람. 문어적인 말임. ¶여행의 ~.
동반자^작가(同伴者作家) [-까] [명][문] 공산주의 운동에 직접 참가하지는 않으면서도 그에 동조하는 경향의 작품을 쓰는 작가. =동반 작가.
동-발¹ [명] 1 =지겟다리. 2 [건][광] '동바리'의 준말.
동발²(銅鈸) [명][음] 자바라·제금·향발 등의 총칭.
동방(東方) [명] 동쪽 방향이나 지역. ↔서방.
동방²(東邦) [명] 1 동쪽에 있는 나라. 비동국(東國). 2 우리나라를 일컫는 말.
동-방구리 [명] 동이보다 작고 배가 더 부른 질그릇.
동방^박사(東方博士) [-싸] [명][성] 예수가 베들레헴에서 탄생하였을 때, 별을 보고 동쪽에서 찾아와 아기 예수에게 경배하였다는 세 명의 점성술사.
동방예의지국(東方禮儀之國) [-녜의/-\[네]이-] [명] ['예의를 잘 지키는 동쪽의 나라'라는 뜻] 예전에, 중국에서 우리나라를 가리키던 말.
동ː방-화촉(洞房華燭) [명] 신랑이 첫날밤에 신부 방에서 자는 일.

동배(同輩) [명] 나이·신분이 서로 같은 사람. =제배(儕輩). 비동류(同流).
동백(冬柏) [명] 1 동백나무의 열매. 2 [식] =동백나무.
동백-기름(冬柏-) [-끼-] [명] 동백의 씨로 짠 기름. 머릿기름·등잔기름 등으로 쓰임.
동백-꽃(冬柏-) [-꼳] [명] 동백나무에 피는 붉은 꽃. =산다화.
동백-나무(冬柏-) [-뱅-] [명][식] 차나뭇과의 상록 활엽 교목. 잎은 윤이 나고 긴 타원형이며, 봄에 붉은 꽃이 핌. 씨는 기름을 짬. 따뜻한 지방의 해안에서 자람. =동백.
동병-상련(同病相憐) [-년] [명] [같은 병을 앓는 사람끼리 서로 가엾게 여긴다는 뜻] 어려운 처지에 있는 사람끼리 서로 딱하게 여기며 도움. **동병상련-하다** (자)(여) ¶그들은 어려운 가운데에서도 동병상련하면서 온정을 잃지 않고 살아왔다.
동ː복¹(冬服) [명] 겨울철에 입는 옷. 비겨울옷. ↔하복(夏服).
동복²(同腹) [명] 한 어머니의 배에서 남. 또는, 그 사람. ¶~동생/~형/~형제. ↔이복.
동본(同本) [명] 같은 본관(本貫). 비동성~.
동봉(同封) [명] (어떤 물건을) 봉투 등에 같이 넣거나 싸서 봉하는 것. ¶~ 서류. **동봉-하다** (타)(여) ¶편지에 사진을 ~.
동부¹ [명] 1 [식] 콩과의 한해살이 덩굴식물. 자주색·흰색 등의 나비 모양의 꽃이 핌. 종자는 팥과 비슷하나 약간 긺. 2 1의 열매. 흔히 밥에 두어 먹음. =광저기.
동부²(東部) [명] 1 어떤 지역의 동쪽 부분. ¶~ 전선 / ~ 지방. ↔서부. 2 [역] 고려·조선 시대에 5부 가운데 동쪽 행정 구역. 또는, 그 구역을 관할하던 관청.
동부³(胴部) [명] 사람이나 동물의 몸에서 가슴과 배를 합한 부분. =동(胴). 비몸통.
동-부인(同夫人) [명] 남편이 부인과 함께 동행하는 것. **동부인-하다** (자)(여) ¶동부인하여 여행을 떠나다.
동북(東北) [명] 동쪽을 기준으로 하여 동쪽과 북쪽 사이의 방위. '북동'과 같은 뜻이나, '북동'이 남북을 기준으로 한 서양식 방위로 오늘날 널리 쓰이는 데 반해, '동북'은 동서를 기준으로 한 동양식 방위로 전통적으로 쓰여 오고 있음. ≒서남. ▷북동.
동북-아시아(東北Asia) [명][지] 아시아의 동북부 지역.
동북-쪽(東北-) '북동쪽'을 전통적 동양식 방위로 이르는 말. ↔서남쪽. ▷북동쪽.
동북-풍(東北風) [명] '북동풍'을 전통적 동양식 방위로 이르는 말. ↔서남풍. ▷북동풍.
동-분모(同分母) [명][수] 둘 이상의 분수에서, 서로 같은 분모. ↔이분모.
동분서주(東奔西走) [명] 이곳저곳을 바쁘게 돌아다님. =동서분주. **동분서주-하다** (자)(여) ¶회사 일로 ~.
동ː빙-한설(凍氷寒雪) [명] 얼어붙은 얼음과 차가운 눈. 곧, 심한 추위.
동사¹(東史) [명] ['동쪽에 있는 나라의 역사'라는 뜻] 예전에, 중국에서 우리나라의 역사를 이르던 말.
동ː사²(凍死) [명] (사람이나 생물이) 영하의 추위를 피하지 못하여 얼어 죽는 것. ¶~자(者) / 그 겨울에 그런 옷차림으로 산에 올랐다가는 ~를 면치 못할 것이다. **동ː사-하다** (자)(여) ¶눈 속에서 ~.
동ː사³(動詞) [명][언] 품사의 하나. 사물의 동작이나 작용률 나타내되, 활용을 하는 단어. 분류 기준에 따라, 본동사·보조 동사, 자동사·타동사, 규칙 동사·불규칙 동사로 나뉨. '가다', '말다', '가로다' 따위. =움직씨.

동:사-구(動詞句)[명][언] 동사의 구실을 하는 구. 가령, "그 후 그는 열심히 공부하였다." 에서 '열심히 공부하였다'가 그것임.

동:-사무소(洞事務所)[명] 동의 행정 사무를 맡아보는 곳. 구청은 동회.

동산¹[명] 1 마을 부근에 있는 낮은 언덕이나 산. ¶마을 뒷~ / ~에 오르다. 2 규모가 큰 집의 울 안에 만들어 놓은 숲이나 작은 산. ¶꽃~

동:산²(動産)[명] 모양·성질을 바꾸지 않고 움직일 수 있는 재산. 곧, 토지 및 그 위에 고착된 건물을 제외한 재산. ↔부동산.

동-살[-쌀][명] 새벽에 동이 트면서 훤히 비치는 햇살. ¶~이 들다.

동살(이) 잡히다 【관】 동이 터서 훤한 햇살이 비치기 시작하다. ¶동살이 잡히면서 짙게 끼었던 안개가 물러가기 시작했다.

동:삼(童蔘)[명] '동자삼(童子蔘)'의 준말.

동상¹(同上)[명] =상동(上同).

동:상²(凍傷)[명][의] 심한 추위에 발가락·손가락·귀 등의 살이 얼어서 썩거나 이상이 생기는 일. =동렬(凍裂). ¶~에 걸리다 / ~을 입다.

동상³(銅賞)[명] 금·은·동으로 상의 등급을 이름 지었을 때의 3등상.

동상⁴(銅像)[명] 구리로 만들거나 구릿빛을 입혀서 사람·동물의 형상을 만들어 놓은 기념물. ¶세종 대왕의 ~을 건립하다〔세우다〕.

동상-이몽(同床異夢)[명] 【같은 자리에서 자면서 꿈을 다르게 꾼다는 뜻】 겉으로는 같이 행동하면서도, 속으로는 각각 딴생각을 함.

동색¹(同色)[명] 1 같은 빛깔. 2 같은 색목(色目). 3 같은, 한 당파.

동색²(銅色)[명] =적갈색.

동생(同生)[명] 1 같은 부모한테서 태어난 사람 사이에서, 나이가 많은 쪽 사람에 대해 나이가 적은 쪽 사람을 이르는 말. ↔형제. ¶남(男)~ / 누이~ / 막냇~. 2 일가친척 가운데 항렬이 같은 사람 사이에서, 나이가 많은 쪽 사람에 대해 나이가 적은 쪽 사람을 이르는 말. ↔사촌~ / ~형~·동생·언니·누나.

동서(同壻)[명] 자매의 남편끼리 또는 형제의 아내끼리의 호칭. ¶맏~.

동서(東西)[명] 1 동쪽과 서쪽. 2 동쪽에서 서쪽으로 향하는 방향. ¶산맥이 ~로 달리다. 3 동양과 서양. 4 공산권과 자유 진영. ¶~ 양 진영.

동서-고금(東西古今)[명] 동양과 서양, 옛날과 지금을 통틀어 일컫는 말. =고금동서. ¶~을 통하여 전무후무한 대사건.

동서남북(東西南北)[명] 동쪽·서쪽·남쪽·북쪽. 사방.

동-서양(東西洋)[명] 동양과 서양. 곧, 온 세계.

동석¹(同席)[명] 자리를 같이하는 것. 또는, 같은 자리. ¶~을 꺼리다. **동석-하다** [동][자][여] ¶나는 귀향하는 열차에서 그녀와 우연히 동석하게 되었다.

동:석²(凍石)[명][광] 질이 썩 좋고 모양이 고운 활석(滑石)의 하나. 도장·조각의 재료 및 내화재·절연재로 쓰임.

동선¹(同船)[명] 배를 같이 타는 것. **동선-하다** [동][자][여]

동:선²(動線)[명][건] 주택이나 건물 등의 어느 공간에서 어떤 일을 하기 위해 사람이나 탈것 등이 움직이는 거리. 또는, 그 움직이는 자취를 나타내는 가상의 선. ¶~을 줄이는 가구 배치.

동선³(銅線)[명] =구리줄.

동성¹(同性)[명] 1 물건 등의 같은 성질. 2 성별이 같음. ↔합창. ↔이성(異性).

동성²(同姓)[명] 같은 성(姓). ↔이성(異姓).

동성-동명(同姓同名)[명] 성과 이름이 같음.

동성-동본(同姓同本)[명] 성과 본관(本貫)이 같음.

동성불혼(同姓不婚)[명] 같은 부계(父系) 혈족 간의 혼인을 피하는 일.

동성-아주머니(同姓-)[명] '고모'를 이모와 구별하는 뜻에서 속되게 이르는 말.

동성-애(同性愛)[명] 남자가 남자에게, 또는 여자가 여자에게 성적 욕구를 동반한 사랑을 느끼는 상태. ⓑ동성연애. ↔이성애.

동성애-자(同性愛者)[명] 동성애를 느끼는 사람.

동성-연애(同性戀愛)[-년-][명] 남자가 남자와, 또는 여자가 여자와 성적인 관계를 가지면서 사랑을 맺는 일. ⓑ동성애. ¶~에 빠지다.

동성연애-자(同性戀愛者)[-년-][명] 동성연애를 하는 사람.

동:세(動勢)[미][명] 조각이나 회화 작품에서 볼 수 있는 운동감. =무브망. ¶~와 균형을 잘 살린 조소 작품.

동소-체(同素體)[명][화] 같은 원소로 되어 있으나 분자 구조나 물리적·화학적 성질을 서로 달리하는 두 가지 이상의 홑원소 물질. 다이아몬드와 흑연 따위.

동수(同數)[명] 같은 수효. ¶남녀 ~의 학급.

동숙(同宿)[명] 〔어떤 사람과〕 다른 사람과 [이] 한방에서 함께 자는 것. **동숙-하다** [동][자][여] ¶낯선 사람과 한방에서.

동승¹(同乘)[명] 〔어떤 사람과〕 다른 사람과 [이] 탈것에[을] 같이 타는 것. **동승-하다** [동][자][여] ¶마침 가는 방향이 같아서 그 친구와 차에 동승했다.

동:승²(童僧)[명][불] =동자승.

동시(同時)[명] 1 둘 이상의 일이 일어나는 시점이나 시간이 같은 상태. ¶~ 진행 / ~ 상영 / 두 사람이 거의 ~에 결승점에 들어왔다. 2 (주로 '동시에'의 꼴로 쓰여) 어떤 사실을 겸함. ¶니체는 철학자인 ~에 시인이다.

동:시²(童詩)[명][문] 1 어린이가 가질 수 있는 순수하고 천진한 생각과 감정을 바탕으로 하여 어른이 어린이를 위해 쓴 시. 2 =아동시.

동시^녹음(同時錄音)[영] 어떤 장면을 촬영하면서 동시에 배우의 대사나 물체의 소리 등을 녹음하는 일. =싱크로나이즈. ▷프리 리코딩·후시 녹음.

동-시대(同時代)[명] 같은 시대.

동시^대:비(同時對比)[미][명] 두 색을 동시에 놓고 보았을 때 일어나는 색의 대비. 가령, 회색을 흰 바탕에 놓으면 검게 보이고 검은 바탕에 놓으면 희게 보이는 현상 따위. ↔계시대비.

동시대-인(同時代人)[명] 같은 시대를 사는 사람.

동시-통역(同時通譯)[명] 국제회의 등에서 상대가 이야기를 하기 시작함과 동시에 하는

통역. 동시통역-하다 [동](타)(여)
동:-식물(動植物)[-싱-] [명] 동물과 식물.
동:신-제(洞神祭) [명](민) 부락의 수호신에게 무병·평온 무사·풍년을 빌던 제사.
동실 [부] '둥실'의 작은말.
동실-동실 [부] '둥실둥실'의 작은말.
동심¹(同心) [명] 1 마음을 같이하는 것. 또는, 같은 마음. ¶[수] 몇 개의 도형이 모두 같은 중심을 가지는 일. 동심-하다 [동](자)(여) 마음을 같이하다.
동:심²(童心) [명] 1 순진하고 꾸밈없는 어린아이의 마음. ¶이 그림에는 어린이의 ~의 세계가 꾸밈없이 잘 나타나 있다. 2 (어른들에게 사용하여) 아이들이 걱정 근심 없이 즐겁게 노는 것과 같은 마음. 또는, 순진하고 꾸밈없는 마음. ¶~으로 돌아가 하루를 즐기다.
동심-결(同心結) [명] 두 고를 내고 맞죄어 매는 매듭.
동심-원(同心圓) [명](수) 같은 중심을 가지고, 반지름이 다른 두 개 이상의 원.
동-아 [명](식) 박과의 한해살이 덩굴식물. 줄기가 굵으며 갈색 털이 있고, 여름에 노란 꽃이 핌. 긴 타원형의 호박 비슷한 열매가 가을에 익는데 맛이 좋으며, 과육(果肉)·종자는 약용함. =동과(冬瓜).
동아리¹ [명] 긴 물건의 한 부분. ¶가운데 ~.
동아리² [명] 목적이 같은 사람들이 한패를 이룬 무리. ¶한~ / ~에 가입하다.
동-아시아(東Asia) [명](지) 아시아의 동부. 중국·한국·일본 등을 포함하는 지역임. =동아세아.
동아-줄 [명] 굵고 튼튼하게 꼰 줄.
동안¹ [명] 1 [자립] 어떤 일이 있을 때로부터 다시 이루어질 때까지의 시간적 길이나 간격. ¶~이 길다. 2 [의존] 1 (얼마의) 시간이 흐르는 사이. ¶한참 ~ 생각하다 / 1분 ~ 묵념하다. 2 어떤 일이나 현상이 진행되거나 계속되는 시간의 흐름. 또는 그 어느 시점이나 사이. ¶방학 ~에 시골에 다녀오다 / 석붕이 글씨를 쓰는 ~ 어머니는 떡을 썰었다.
동안(이) 뜨다 [귀] 1 동안이 오래다. =동뜨다. 2 거리가 멀다.
동안²(東岸) [명] 동쪽 연안. ¶대서양 ~. ↔서안(西岸).
동:안³(童顔) [명] 1 어린아이의 얼굴. 2 제 나이보다 훨씬 어려 보이는, 또는 그러면서도 어린애처럼 천진스럽게 보이는, 장년 이상이 된 어른의 얼굴. ¶그는 육십 가까운 나이인데도 ~이라 40대 초반으로 보인다.
동:안거(冬安居) [명](불) 승려들이 겨울 석 달 동안 한곳에 모여 참선 수행하는 일. 기간은 음력 10월 15일부터 이듬해 1월 15일까지임. ▷하안거·안거. 동:안거-하다 [동](자)(여)
동압(動壓) [명](물) 유체(流體)의 운동을 막았을 때 생기는 압력. ↔정압(靜壓).
동액(同額) [명] 같은 액수.
동양(東洋) [명] 유라시아 대륙의 동부 지역. 아시아 지방, 특히 아시아의 동부 및 남부, 즉 중국·한국·일본·인도·미얀마·타이·인도네시아 등의 지역을 말함. ¶~ 사람. ↔서양.
동양-란(東洋蘭)[-난] [명](식) 춘란·한란 등, 예로부터 한국·중국·일본 등 동양에서 재배되어 온 난초. ▷양란(洋蘭).
동양-미(東洋美) [명] 동양적인 특색을 지닌 아름다움.
동양-사(東洋史) [명] 동양 여러 나라의 역사. ↔서양사.
동양-식(東洋式) [명] 동양의 양식이나 격식. ↔서양식.
동양-인(東洋人) [명] 동양 여러 나라의 사람. ↔서양인.
동양-적(東洋的) [관][명] 동양의 특징을 지니고 있는 (것). ↔서양적.
동양-풍(東洋風) [명] 동양에서 하는 양식을 본뜬 모양. ¶~의 정원. ↔서양풍.
동양-학(東洋學) [명] 동양의 언어·문학·역사·종교·미술 등을 연구하는 학문의 총칭.
동양-화(東洋畫) [명] 1 [미] 중국에서 비롯하여 한국·일본 등 동양 여러 나라에서 발달해 온 회화. 비단이나 화선지에 붓과 먹, 안료로 그림. 1920년대에 '서양화'와 구분하기 위하여 붙여져 쓰여 왔으나, 70년대부터 우리나라의 것에 대해서는 '한국화'로 그 명칭이 바뀌어 쓰이고 있음. ↔서양화. ▷한국화. 2 <동>화투.
동양화-가(東洋畫家) [명] 동양화 그리는 일을 직업으로 하는 사람. ↔서양화가.
동어^반복(同語反覆) [명](논) 1 주사(主辭)와 빈사(賓辭)가 동일한 개념으로 되어 있는 판단. '말에서 떨어지는 것은 낙마이다.' 따위. 2 요소 명제가 참이든 거짓이든 언제나 참인 명제. 'A는 A이든가 A가 아니든가이다.' 따위.
동업(同業) [명] 1 같은 종류의 직업이나 영업. 2 사업을 같이하는 것. 또는, 그 사업. 동업-하다 [동](자)(여) ¶친구와 ~.
동업-자(同業者)[-짜] [명] 1 사업을 함께하는 사람. 2 같은 종류의 영업을 하는 사람.
동여-매다 [동](타) (물건을 끈이나 새끼·실 따위로) 감거나 두르거나 하여 매다. ¶상자를 끈으로 ~.
동:-역학(動力學)[-녀칵] [명](물) 주로 물체의 운동과 힘과의 관계를 다루는 역학의 한 부문. ↔정역학.
동:-영상(動映像)[-녕-] [명](컴) 컴퓨터 화면에 영화처럼 연속적으로 움직이는 상태로 나타나는 영상.
동예(東濊) [명](역) 1세기 초 지금의 함경남도 남부와 강원도 북부 지역에 있던 부족 국가. 광개토 대왕 때 고구려에 병합됨.
동:요(動搖) [명] 1 (물체가) 흔들리거나 움직이는 것. 2 (생각이나 입장이) 확고하지 못하고 흔들리는 것. ¶돈의 유혹에 마음의 ~를 일으키다. 3 (상태가) 혼란스러워져 술렁이는 것. ¶그의 폭탄선언은 정계의 ~를 가져왔다. 동:요-하다 [동](자)(여) ¶민심이 ~. 동:요-되다 [동](자)
동:요²(童謠) [명](문) (1) 어린이들의 생활 감정이나 꿈 등을 표현하여, 어린이들이 부르도록 만든 노래. 또는, 그 노랫말을 이루는 정형시.
동우-회(同友會)[-회/-훼] [명] 어떤 목적을 위하여 뜻과 취미가 같은 사람끼리 모여서 만든 모임. ¶사진 ~.
동:원(動員) [명] 1 [군] 군대를 전쟁 등 비상사태에 대처할 수 있는 태세로 전환시키는 것. 또는, 그 일. ↔복원(復員). 2 전쟁 등 비상사태에 대처하기 위하여 나라 안의 물적·인적 자원을 동일한 관리 아래 통제·운용하는 것. 또는, 그 일. ▷징발(徵發). 3 (사람·물자·수단 등을) 어떤 일을 해내기 위해 모으는 것. ¶인력 ~. 동:원-하다 [동](타)(여) ¶군수 물자를 ~ / 온갖 수단과 방법을 ~. 동:원-

되다 [동](자) ¶매스 게임에 많은 학생이 ~.
동:원-령(動員令) [-녕] [명][군] 군대를 동원하는 명령. ¶전시 ~.
동위(同位) [명] 1 같은 위치나 지위. 2 같은 등급.
동위-각(同位角) [명][수] 두 직선이 다른 한 직선과 교차하여 생기는 각 가운데 한 직선에서 보아 같은 위치에 있는 두 개의 각. =동위각.
동위^원소(同位元素) [명][화] 원자 번호는 같으나 질량수가 다른 원소. 또는, 그와 같은 원자의 원자핵. ³He와 ⁴He 따위. =동위체·아이소토프.
동위-체(同位體) [명][화] =동위 원소.
동-유럽(東Europe) [명][지] 유럽 동부의 지역. 곧, 폴란드·체코·슬로바키아·헝가리·루마니아·불가리아·알바니아 등의 지역을 가리킴. =동구(東歐)·동구라파. ↔서유럽.
동음(同音) [명] 같은 소리. 또는, 동일한 음.
동음-어(同音語) [명][언] =동음이의어.
동음이의-어(同音異義語) [-이의/-이이-] [명][언] 소리는 같으나 뜻이 다른 낱말. =동음어.
동의¹(同義) [-의/-이] [명] 같은 뜻. ↔이의(異義).
동의²(同意) [-의/-이] [명] 1 같은 의미. 2 의견을 같이하는 것. 또는, 같은 의견. ¶~를 얻다 / ~를 구하다. ↔반의(反意). 3 [법] 타인의 행위에 인허(認許) 또는 시인의 의사 표시를 하는 것. **동의-하다¹** [동](자)(여) ¶의견에 ~ / 결혼에 ~.
동의³(同議) [-의/-이] [명] 같은 의견이나 논의. ↔이의(異議).
동'의(動議) [-의/-이] [명] 회의 중에 토의할 안건을 제기하는 것. 또는, 그 안건. ¶긴급~/ ~를 제출하다. **동'의-하다²** [동](타)(여)
동의-서(同意書) [-의/-이-] [명] 어떤 일에 동의함을 나타내는 문서.
동의-어(同義語·同意語) [-의/-이-] [명] 뜻이 같은 말. '책'과 '서적', '태양'과 '해' 따위.
동이¹ [명] 배가 부르고 아가리가 넓으며 키가 작고 양옆에 손잡이가 달린, 질그릇의 한 가지. ¶물~/ 질~/ ~를 머리에 이다.
동이² [명] ['동쪽의 오랑캐'라는 뜻] [역] 사이(四夷)의 하나. 중국 사람이 자기들 동쪽에 있는 한국·일본·만주 등의 나라나 종족을 멸시하여 일컫던 말.
-동이³(童-) [접미] '동이'의 잘못.
동이다 [동](타) (끈이나 새끼·실 따위로) 감기거나 두르거나 하여 묶다. ¶머리를 수건으로 질끈 ~.
동인¹(同人) [명] 1 뜻을 같이하는 사람. 특히, 한동아리를 이루어 문학을 같이하는 사람. ¶문학 ~. 2 같은 사람. 또는, 딴 사람이 아닌 바로 그 사람.
동인²(東人) [명][역] 사색당파의 하나. 김효원(金孝元)·유성룡(柳成龍) 등을 중심으로 한 당파. 또는, 그 당파에 속한 사람. ↔서인(西人).
동'인³(動因) [명] 어떤 변화나 발생의 직접적인 원인. ¶임오군란의 ~은 민씨 세력의 구식 군대에 대한 차별 대우에 있었다.
동인도^회'사(東印度會社) [-회-/-훼-] [명] 17세기부터 19세기에 걸쳐 인도·동남아시아와의 무역 및 식민지 경영을 위해 설립한, 서유럽 각국의 회사.

동인-지(同人誌) [명] 주로 문학을 같이하는 한동아리 사람들이 자신이 쓴 문학 작품을 모아 부정기적으로 엮어 내는 책. =동인잡지. ¶문학 ~.
동일¹(同一) [명] 1 (이 대상이)(과) 저 대상이)(이)] 서로 다르지 않고 같은 하나의 대상인 상태에 있는 것. ¶~ 인물. 2 (이 사물이)(과) 저 사물이)(이)] 형태·내용·성질 등에 있어서 같은 상태에 있는 것. ¶~ 수법. **동일-하다** [형](여) ¶지킬 박사와 하이드 씨는 동일한 사람이다.
동일²(同日) [명] 같은 날.
동일-성(同一性) [-썽] [명] 둘 이상의 대상이나 사물이 지니는 동일한 성질.
동일-시(同一視) [-씨] [명] 1 (둘 이상의 대상을) 차별을 두지 않고 같은 것으로 보는 것. 2 [심] 다른 인물과 자기를 의식·무의식적으로 동일한 존재로 여김으로써 만족과 안도감을 느끼는 심리 현상. 아들이 아버지를 닮으려고 하거나, 소설 속의 주인공과 자기를 동일한 존재로 느끼는 현상 따위. **동일시-하다** [동](타)(여) **동일시-되다** [동](자)
동일-인(同一人) [명] 같은 사람. ¶두 사건은 범행 수법으로 보아 ~에 의한 것임에 틀림없다.
동일-체(同一體) [명] 1 같은 몸. 2 질이나 모양이 같은 물체.
동자¹ [명] 부엌에서 밥 짓고 반찬을 만드는 일. ¶새벽 ~ / 부엌 ~. **동자-하다** [동](자)(여)
동자²(同字) [명] 1 같은 글자. 2 어떤 한자에 대하여, 자획은 다르나 같은 뜻의 한자.
동'자³(童子) [명] 1 =사내아이. ¶삼척 ~. 2 [불] 승려가 될 뜻을 가지고 절에 와서 머리를 깎고 불도를 배우면서도 아직 출가하지 않은 사내아이.
동'자⁴(瞳子) [명][생] =눈동자.
동자개 [명] 동자갯과의 민물고기. 몸은 메기와 비슷하며, 몸빛은 회갈색 바탕에 반점이 있음. 가슴지느러미·등지느러미에 가시가 있고, 입가에 4쌍의 수염이 있음.
동'자-기둥(童子-) [명][건] 들보 위에 세우는 짧은 기둥. =동자주·쪼구미.
동'자-보살(童子菩薩) [명][민] 1 사내아이의 죽은 귀신. 2 사람의 두 어깨에 있다는 귀신. =동자부처.
동'자-부처¹(童子-) [명][민] =동자보살2.
동'자-부처²(瞳子-) [명] =눈부처.
동'자-삼(童子蔘) [명] 어린아이의 모양과 비슷하게 생긴 산삼. ⑤동삼(童蔘).
동'자-승(童子僧) [명][불] '동자(童子)²'를 아직 승려가 아니지만 대접하는 뜻으로 이르는 말. =동승(童僧).
동자-아치 [명] 밥 짓는 일을 하는 여자 하인. ⓒ동자치.
동'작(動作) [명] 사람이나 동물이 어떤 일을 하려고 몸이나 손발을 움직이는 일. ⓑ몸놀림·몸짓·자세. ¶몸 ~ / ~이 빠르다 / ~이 굼뜨다. **동'작-하다** [동](자)(여)
동'작-상(動作相) [명][언] 동사가 가지는 동작의 양태·특질 등을 나타내는 문법 범주의 하나. 완료상·진행상·예정상 등이 있음. =상(相).
동'장(洞長) [명] 행정 구역의 단위인 동사무소의 우두머리.
동'-장군(冬將軍) [명] ['겨울 장군'이라는 뜻] 겨울철의 매서운 추위를 의인화하여 이르는 말. ¶~이 기승을 부리다.

동재(東齋) [명][역] 성균관이나 향교의 명륜당 앞 동쪽에 있는, 유생이 거처하며 글을 읽는 집.
동-저고리 [명] 한복에서, 조끼를 받쳐 입지 않은 상태의 남자 저고리. ¶병식은 ~ 바람으로 부지깽이 같은 단장을 짚고서 앞장서고, ….《심훈:영원의 미소》
동ː-적(動的) [-쩍] [관][명] 움직이고 있는 (것). 또는, 힘이 작용하고 있는 (것). ¶~ 형상 / ~인 표현. ↔정적(靜的).
동ː적 램(動的RAM) [-쩍-] [컴] =디램.
동전(銅錢) [명] 구리나 구리의 합금으로 동그랗게 만든 돈. 세는 단위는 닢.
동ː-전기(動電氣) [명][물] 유동하고 있는 전기. ↔정전기.
동ː절(冬節) [명] =겨울철. ¶~기(期).
동점[1](同點) [-쩜] [명] 같은 점수나 득점. ¶~타(打) / ~을 기록하다.
동점[2](東漸) [명] (어떤 세력이나 영향 등이) 점점 동쪽으로 옮겨 가는 것. ¶서세(西勢) ~. ↔서점(西漸). **동점-하다** [동][자][여] ¶불교 문화는 **동점하여** 중국을 거쳐 한반도에 전파되었다.
동접(同接) [명] 같은 곳에서 함께 공부하는 것. 또는, 그러한 사람이나 관계. =동연(同硯). **동접-하다** [동][자][여]
동정[1] [명] 한복의 저고리나 두루마기의 깃에 덧붙여 다는, 흰색의 가늘고 긴 천. 길이가 깃보다 조금 짧고 너비도 깃보다 좁음. ¶~을 달다.
동정[2](同情) [명] (불행을 겪고 있는 사람을, 또는 그런 사람의 어려운 사정을) 알아주고 마음 아파하는 것. 또는, 그런 마음으로 도와주는 것. ¶값싼 ~ / ~을 베풀다 / ~ 어린 눈으로 바라보다. **동정-하다** [동][타][여] ¶마을 사람들은 그의 불행을 **동정했다**.
동ː정[3](動靜) [명] 어느 곳이나 집단에서 어떤 일이 벌어지고 있는 낌새나 형편. [비]동태·동향. ¶학계의 ~ / ~을 살피다.
동ː정[4](童貞) [명] 어떤 사람이 한 번도 이성(異性)과의 성교를 경험하지 않은 상태. 주로, 남자의 경우에 많이 쓰는 말임. ¶첫사랑의 여자에게 ~을 바치다. ▷순결.
동ː정-남(童貞男) [명] 동정을 지키고 있는 남자. [비]숫총각. ↔동정녀.
동ː정-녀(童貞女) [명] **1** 남자와 성교한 경험이 없는 여자. [비]숫처녀. ↔동정남. **2** [가][기] 성모 마리아를 가리키는 말. ¶~ 마리아.
동정-론(同情論) [-논] [명] 어떤 사람을 동정하는 의견이나 주장.
동정서벌(東征西伐) [명] 이리저리로 여러 나라를 정벌함. **동정서벌-하다** [동][자][여]
동정-심(同情心) [명] 동정하는 마음.
동정-표(同情票) [명] 선거에서, 유권자가 후보를 동정하여 주는 표.
동제(銅製) [명] 구리로 만듦. 또는, 그 물건. ¶~품(品) / ~ 거울.
동조(同調) [명] **1** [음] 같은 가락. **2** [문] 시 따위의 음률이 같은 것. **3** (어떤 사람의 주장이나 태도에) 뜻을 같이하여 따르는 것. **4** [물] 기계적 진동체 또는 전기적 진동 회로가 외부에서 오는 진동에 공진(共振)하도록 그 고유의 진동수·주파수를 조절하는 일. **동조-하다** [동][자][여] ¶나는 그의 의견에 **동조할** 수 없다.
동조-기(同調器) [명][물] 수신기에서 선국(選局)이나 동조(同調) 조작을 하는 부분. FM 수신기보다 텔레비전 수신기를 말하는 경우가 많음. =튜너.
동조-자(同調者) [명] 어떤 사람의 주장이나 태도에 동조하는 사람. ¶~를 규합하다.
동조^회로(同調回路) [-회-/-훼-] [명][물] 수신기 등에서 외부의 전기 진동과 같은 진동수에 맞추어 이것과 공진(共振)하는 회로.
동족(同族) [명] **1** 같은 겨레. ↔이족(異族). **2** =동종(同宗)[1]1. **3** [화] 주기율표에서, 원소(元素)가 동일한 족(族)에 속하여 있는 것.
동족^계ː열(同族系列) [-께-/-께-] [명] [화] 분자 구조 중에서 메틸렌기(—CH_2—)의 수만을 달리하는 유기 화합물의 한 군(群). 메탄계 탄화수소·에틸렌계 탄화수소 따위.
동ː족-방뇨(凍足放尿) [-빵-] [명] 효력이 잠시 있을 뿐 곧 없어짐. '언 발에 오줌누기'와 같은 말.
동족-상잔(同族相殘) [-쌍-] [명] 동족끼리 싸우고 해침. ¶6·25 전쟁은 ~의 비극이었다. **동족상잔-하다** [동][자][여]
동족-상쟁(同族相爭) [-쌍-] [명] 동족끼리 서로 다툼. **동족상쟁-하다** [동][자][여]
동족-애(同族愛) [명] 동족으로서의 사랑. 또는, 동족끼리의 사랑. [비]동포애.
동족-체(同族體) [명][화] 동족 계열에 속하는 유기 화합물. 메탄올·에탄올 따위.
동존(同存) [명] 함께 생존하는 것. [비]공존. **동존-하다** [동][자][여] ¶양심이 아와 **동존하며** 진리가 아와 병진하는도다.《기미 독립 선언문》
동종[1](同宗) [명] **1** 한 조상에서 내려온 동성동본의 일가. =동족(同族). **2** 같은 종파.
동종[2](同種) [명] 같은 종류. [비]동류.
동중-원소(同重元素) [명][화] 질량수가 같고 원자 번호, 곧 양성자수가 다른 원소. =동중체.
동지[1](冬至) [명] 24절기의 하나. 12월 22일경으로, 대설(大雪)과 소한(小寒) 사이에 있음. 북반구에서는 태양의 남중 고도가 가장 낮고 밤의 길이가 가장 길. [비]동짓날. ↔하지(夏至).
동지[2](同志) [명] **1** 뜻이 서로 같음. 또는, 그런 사람. ¶~애(愛) / ~가 되다. **2** 지난날, 어려운 과업을 이루기 위해 위험을 무릅쓰고 함께 싸워 나가는 사람을 이르던 말. 부르는 말로도 쓰였음. ¶김 ~, 독립 운동을 위해서라면 이 한목숨 초개와 같이 버리리다.
동지-사(冬至使) [명][역] 조선 시대에 매년 동짓달에 중국으로 보내던 사신. ▷정조사.
동지-상사(冬至上使) [명][역] '동지사'의 우두머리.
동지-섣달(冬至-) [-딸] [명] **1** 동짓달과 섣달을 아울러 이르는 말. **2** 한겨울을 가리키는 말. ¶~ 긴긴밤.
동지-애(同志愛) [명] 뜻이나 이념을 같이하는 사람들끼리 느끼는, 서로 아끼고 사랑하는 마음. [비]동료애. ¶뜨거운 ~ / ~로 뭉치다.
동지-점(冬至點) [-쩜] [명][천] 황도(黃道) 상에서 천구의 남극에 가장 가까이 있는 점. 춘분점의 서쪽 90°에 해당함. 태양이 이 점에 이르면 동지가 됨. ↔하지점.
동지^팥죽(冬至-粥) [-팓쭉] [명][민] 동짓날에 쑤어 먹는 팥죽. 사당에 올리고 귀신을 쫓아낸다는 뜻으로 대문짝에도 뿌림. =동지시식(冬至時食).

동진(東進) 圀 동쪽으로 나아가는 것. ↔서진(西進). 동진-하다 잔

동질(同質) 圀 같은 물질. 또는, 같은 성질. ¶~의 성분을 구하다. ↔이질.

동질-감(同質感) 圀 서로 성질이 같아서 쉽게 동화하거나 어울릴 수 있다고 여기는 느낌. ¶비슷한 사람끼리 만나 ~과 위안을 얻다. ↔이질감.

동질-성(同質性) [-썽] 圀 사람이나 사물의 바탕이 같은 성질이나 특성. ¶민족적 ~을 회복하다. ↔이질성.

동질^이상(同質異像) 圀[광] 동일한 화학 조성 물질이 압력이나 온도의 변화에 의해 다른 결정(結晶) 구조를 갖는 일. 예를 들면, 탄소인 흑연과 다이아몬드 따위.

동질-적(同質的) [-쩍] 괜 성질이 같은 (것). ↔이질적.

동짓-날(冬至-) [-진-] 圀 '동지'를 좀더 구어적으로 이르는 말.

동짓-달(冬至-) [-지딸/-짇딸] 圀 음력 11월을 동지가 든 달이라 하여 이르는 말. =지월(至月).

동-쪽(東-) 圀 해가 뜨는 쪽의 방향. 또는, 그 지역. =동. 비동녘·동방(東方). ¶해가 ~에서 뜨다. ↔서쪽.

동차-식(同次式) 圀[수] 각 항의 차수(次數)가 같은 다항식.

동참(同參) 圀 1 (여러 사람이 어떤 일이나 행사에) 함께 참가하거나 참여하는 것. ¶이번 대회에 여러분의 많은 ~을 바랍니다. 2 [불] 승려와 신도가 한 법회에서 같이 정업(淨業)을 닦는 일. 동참-하다 잔 ¶불우 이웃 돕기 행사에 많은 시민들이 ~.

동창¹(同窓) 圀 같은 학교를 졸업한 관계에 있는 사람. 특히, 같은 해에 졸업한 사람을 가리킴. '동창생'에 비해 구어적인 말임. 비동문(同門)·동창생. ¶동기 ~ / ~ 모임 / 고등학교 ~ / 두 사람은 ~ 사이다.

동창²(東窓) 圀 동쪽으로 난 창. ¶~이 밝았느냐 노고지리 우지진다.(남구만:옛시조) ↔서창.

동창-생(同窓生) 圀 같은 학교를 졸업한 사람. '동창'에 비해 문어적인 말임. 비동창.

동창-회(同窓會) [-회/-훼] 圀 학교의 출신자가 서로의 친목 또는 모교(母校)와의 연락 등을 위하여 조직한 단체. 또는, 그 회합. =동문회. 비교우회.

동-천¹(冬天) 圀 1 겨울 하늘. 2 =겨울날.

동-천²(東天) 圀 동쪽 하늘. ↔서천(西天).

동-천³(動天) 圀 하늘을 움직일 만큼 세력이 성한 것. ¶~의 경지(驚地). 동-천-하다 잔

동체¹(同體) 圀 1 한 몸. ¶일심(一心) ~. 2 같은 물체. 비동일체.

동체²(胴體) 圀 물체의 중심을 이루는 부분. 특히, 비행기의 날개와 꼬리를 제외한 몸체 부분.

동체³(動體) 圀 1 움직이는 물체. ¶~ 촬영. 2 [물] =유체(流體).

동초(動哨) 圀[군] 일정한 구역을 돌아다니면서 지키는 보초. ↔부동초·입초(立哨).

동촌(東村) 圀 1 동쪽 마을. 2 예전에, 서울 안에서 동쪽에 있는 동네를 일컫던 말. ↔서촌.

동축^케이블(同軸cable) 圀[통] 전송 용량이 크고 광대역성(廣帶域性)과 쌍방향성을 지닌 고주파 전송용 케이블. 텔레비전·FM 수신기 등과 안테나를 연결하는 데 쓰임.

동충하초(冬蟲夏草) 圀[식] 겨울에는 벌레 상태로 있으나 여름에는 풀로 변한다는 뜻에서, 균류가 살아 있는 곤충의 몸에 들어가 발육·증식하다가 곤충이 죽은 뒤 곤충의 몸 속에 균사가 가득 메워져서 된 버섯. 약재로 많이 쓰임.

동치(同値) 圀[논] 두 개의 명제가 동일한 결과를 가져오는 일. 기호는 ≡. $p \equiv q$일 때, p가 참이면 q도 참, p가 거짓이면 q도 거짓임. =등치(等値).

동치미(冬-) 圀 소금에 절인 통무와 베로 싸서 묶은 마늘·생강·배 등을 항아리 바닥에 넣고 갓·실파·고추 등을 얹은 다음, 소금물을 가득히 붓고 봉하여 익힌 김치.

동치밋-국[-미꾹/-믿꾹] 圀 동치미의 국물.

동침(同寢) 圀 (남녀가) 한 이부자리에서 잠을 같이 자는 것. 또는, 그렇게 자면서 성적(性的)인 관계를 가지는 것. =동금(同衾). 동침-하다 잔 ¶처용은 아내가 역신과 동침하는 것을 보고 노래를 불러 역신을 물리쳤다.

동타(同打) 圀[체] 골프에서, 같은 타수. ¶박세리는 2라운드에서 소렌스탐과 ~를 이루었다.

동탕(動蕩) → **동-탕-하다** 형여 얼굴이 토실토실하고 잘생기다. ¶그것은 이 의사가 얼굴에 동탕하고 젊은 때문이었다.《이광수:사랑》

동-태¹(凍太) 圀 얼린 명태. 세는 단위는 마리·코(20마리). =동명태. ▶명태.

동태²(動態) 圀 감시·조사의 대상이 되는 사람이나 집단이나 현상 등의 행동이나 움직임, 또는 변해 가는 상태. 비동향. ¶인구 ~ / 적의 ~를 살피다.

동태-눈(凍太-) 圀 생기가 없이 흐릿한, 사람의 눈을 얕잡는 뜻으로 속되게 이르는 말.

동탯-국(凍太-) [-태꾹/-탣꾹] 圀 동태를 넣어 끓인 국.

동-토¹(凍土) 圀 얼어붙은 땅.

동-토²(動土) 圀[민] =동티1.

동-통(疼痛) 圀 신체 부위에 느끼는 아픔. 주로, 의학 분야에서 많이 쓰이는 말임. 비통증. ¶옆구리에 ~을 느끼다.

동-트다(東-) 잔 <-트니, -터> 새벽에 동쪽 하늘이 훤하게 밝아 오다. ¶동트는 새벽/동틀 때 집을 나서다.

동-티 [<동토(動土)] 1 [민] 귀신이 살고 있는 공간이나 귀신을 상징하는 물체나 귀신이 다스리는 자연물이나 인공물 등을 훼손하거나 침범했을 때 귀신을 노하게 함으로써 받게 된다는 재앙. =동토(動土). ¶~가 나다 / ~를 내다. 2 공연히 건드려서 스스로 걱정이나 해를 입음을 비유하여 이르는 말. ¶오지랖 넓게 남의 일에 참견했던 것이 뒤에 ~가 났다.

동-파¹(凍破) 圀 (물체가) 얼어서 터지거나 파손되는 것. 동-파-하다 잔 ¶수도관이 ~. 동-파-되다 잔

동-파²(冬-) 圀 '움파'의 잘못.

동판(銅版) 圀 구리 조각의 평면에 그림을 새기거나 부식시켜서 만든 인쇄 원판. ¶~ 인쇄 / ~을 뜨다. ▷연판(鉛版).

동판-화(銅版畫) 圀 동판에 새긴 그림. 또는, 동판으로 인쇄한 그림.

동편(東便) 圀 동쪽 편. ↔서편.

동편-제(東便制) [명][음] 판소리에서, 조선 영조 때의 명창 송흥록(宋興祿)의 법제(法制)를 이어받은 유파. 우조(羽調)를 많이 사용하여, 소리가 씩씩하고 웅장한 것이 특징임. 전라도의 동북 지역인 운봉·구례·순창·흥덕 등에서 성함. ▷서편제·중고제.

동포(同胞) [명] ['같은 배 속에서 난 한 핏줄'이라는 뜻] 같은 민족에 속하는 사람. (비)겨레. ¶해외 ~.

동포-애(同胞愛) [명] 동포로서의 사랑. (비)동족애. ¶따뜻한 ~를 발휘하여 수재민을 돕다. ▷민족애.

동풍(東風) [명] 동쪽에서 불어오는 바람. =곡풍(谷風). ↔서풍.

동:-하다(動一) [자여] 1 어떤 의욕이나 욕망 등이] 마음속에서 일어나다. ¶구미(口味)가 ~. 2 (어떤 병증이) 다시 나타나다. (비)도지다.

동:-하중(動荷重) [명][물] 움직이는 물체가 구조물에 주는 힘. 예를 들면, 다리 위를 통과하는 차의 무게 따위. ↔정하중(靜荷重).

동학¹(同學) [명] 한곳에서 같이 공부하는 것. 또는, 그런 벗. ¶동문(同門) ~. **동학-하다** [자여]

동학²(東學) [명][종] 조선 철종 때, 최제우(崔濟愚)가 제세 구민(濟世救民)의 뜻을 가지고 창건한 민족 종교. 유교·불교·도교는 물론, 천주교의 교리까지 흡수하여 인내천(人乃天) 사상을 전개했음. 뒤에 천도교와 시천교로 분열됨.

동학-군(東學軍) [-꾼] [명][역] 동학당의 군사. 전봉준이 조직하여 관군(官軍)과 싸운 농민군이 대부분이었음.

동학^농민^운^동(東學農民運動) [-항-] [명][역] 조선 고종 31년(1894)에 전봉준(全琫準)을 비롯한 동학 교도와 농민들이 일으킨 농민 운동. 안으로는 갑오개혁의 정치적 혁신을, 밖으로는 청일 전쟁을 유발하는 계기가 되었음. 구용어는 동학란. =동학 혁명.

동학-당(東學黨) [-땅] [명][역] 조선 말기, 최제우를 교조로 하는 동학교 신자들의 집단.

동한^해!류(東韓海流) [지] 우리나라의 남해안 일부와 동해안을 북상하는 해류.

동:항(凍港) [명] 겨울에 바닷물이 얼어 선박이 출입할 수 없는 항구. ↔부동항.

동해(東海) [명] 1 동쪽에 있는 바다. 2 [지] 우리나라 동쪽의 바다. 우리나라와 러시아, 일본 열도 및 사할린 섬으로 둘러싸임. ↔서해.

동:해²(凍害) [명] 농작물 따위에 추위로 생기는 피해나 손해. ¶~ 방지 / ~를 입다.

동해-안(東海岸) [명] 동해의 해안.

동행(同行) [명] 1 (어떤 사람과 어느 곳에) 함께 가거나 오거나 하는 것. ¶임의(任意) ~. 2 같은 목적지를 함께 가는 사람. (비)동행인. ¶우연히 그 사람을 만나 ~이 되었다. 3 부역(賦役)에 함께 나가는 것. =반행(伴行). 4 [불] 신앙이나 수행을 같이하는 것. 또는, 그 사람. **동행-하다** [자여] ¶친구와 밤길을 ~.

동행-인(同行人) [명] 동행하는 사람. (비)동행.

동향¹(同鄕) [명] 같은 고향.

동향²(東向) [명] 동쪽을 향하는 것. 또는, 그 방향. ↔서향. **동향-하다** [자여]

동:향³(動向) [명] 어떤 사회 집단이나 현상이 어떤 방향으로 움직여 가는 상태. 또는, 어떤 사람이 어떤 경향을 띠고 활동하는 상태. (비)동태. ¶학계의 ~ / 여론의 ~.

동향-집(東向-) [-찝] [명] 대청이 동쪽을 향하고 있는 집. ↔서향집.

동헌(東軒) [명][역] 감사·병사·수사 등 고을의 수령이 공사(公事)를 처리하는 집.

동:혈(洞穴) [명] 깊고 넓은 굴의 구멍.

동형¹(同形) [명] 1 사물의 성질·모양 등이 같음. 2 [화] 화학 조성이 비슷한 물질이 같은 결정 구조와 결정형을 나타내는 것.

동형²(同型) [명] 1 [생] =호모(homo)1. 2 [수] 완전히 같은 구조를 가진 두 개의 대수계(代數系)

동형^배!우자(同型配偶子) [명][생] 유성 생식에서, 모양과 크기가 같은 배우자. ↔이형배우자.

동호(同好) [명] 같은 취미를 가지고 함께 즐기는 것. **동호-하다** [자여]

동호-인(同好人) [명] 같은 취미를 가지고 어떤 것을 함께 즐기는 사람. ¶낚시 ~.

동호-회(同好會) [-회/-훼] [명] 동호인의 모임. ¶축구 ~.

동화¹(同化) [명] 1 성질·양태·사상(思想) 등의 다르던 것이 같아지게 되는 것. 또는, 같게 만드는 것. 2 밖으로부터 얻어 들인 지식 등을 완전히 자기 것으로 만드는 것. 3 [광][생] '동화 작용'의 준말. 4 [심] 어떤 의식의 요소가 다른 요소를 자기의 것과 같이 만드는 것. 5 [언] 음운이 서로 이어질 때, 어느 한쪽 또는 양쪽이 영향을 받아 비슷하거나 같은 소리로 바뀌는 음운의 변화. ↔이화(異化). **동화-하다**¹ [자여] **동화-되다** [자] ¶외국 풍습에 ~.

동화²(同和) [명] 같이 화합하는 것. **동화-하다**² [자여]

동:화³(動畫) [명] 일반 만화와 구별하여 만화 영화의 한 장면인 한 장면의 그림을 이르는 말.

동:화⁴(童話) [명][문] 아동 문학의 한 부문. 동심(童心)을 기초로 하여 지은 이야기로, 공상적·서정적·교훈적인 것이 많음. ¶전래(傳來) ~.

동화-교(東華敎) [명][종] 강일순(姜一淳)이 일으킨 흠치교 계통의 우리나라 재래 종교의 하나.

동화^녹말(同化綠末) [-농-] [명][식] 광합성에 의하여 엽록체에 형성되는 녹말. ↔저장녹말.

동화-력(同化力) [명] 동화하거나 동화시키는 힘.

동:-화상(動畫像) [명][컴] 영화나 애니메이션 등과 같이 연속적인 움직임을 나타내는 화상.

동화^작용(同化作用) [명] 1 [광] 마그마가 바깥 암석을 녹여 흡수하는 일. 또는, 외부 암석과 화학 반응하여 성분이 바뀌는 일. 2 [생] 생물이 외계에서 섭취한 영양물을 자체 고유의 성분으로 변화시키는 일. 준동화. ↔이화 작용.

동화^정책(同化政策) [명][정] 식민국이 식민지 원주민의 고유한 언어·문화·생활양식 등을 말살하고 자국의 것에 동화시키려 하는 정책.

동:화-집(童話集) [명] 여러 동화를 모아서 한 데 엮은 책. ¶안데르센 ~ / 그림 ~.

동:화-책(童話冊) [명] 동화가 실린 책.

동-활자(銅活字) [-짜] [명] 구리로 만든 활자.

동:회(洞會) [-회/-훼] [명] '동사무소'의 구칭.

돛[돋] 圀 돛대에 다는 넓은 천. 바람을 받아 배를 가게 함. ¶~을 달다 / ~을 올리다.
돛단-배[돋딴-] 圀 돛을 단 배. =돛배·범선(帆船).
돛-대[돋때] 圀 돛을 다는, 배 바닥에 세운 기둥. =마스트·범장(帆檣)·선장(船檣)·장간(檣竿). ×짐대.
돛-배[돋빼] 圀 =돛단배.
돼[돼] '되어'가 준 말. ¶그런 짓을 하면 안 ~!
돼-먹다[-따] 图자 (주로, '않다', '못하다'와 함께 쓰여) (사람이나 그의 언행이) 사리에 어긋남이 없이 마땅하다. 속된 말임. ¶저런, 천하에 돼먹지 못한 놈 같으니.
돼:지 圀 1 [동] 몸이 뚱뚱하고 다리가 짧으며, 뾰족한 주둥이에 넓적한 코를 가지고 있고, 짧고 가는 꼬리가 말려 있는 네발짐승. 포유류 멧돼짓과에 속하는 가축임. 고기 맛이 좋아 여러 가지로 가공됨. 울음소리는 '꿀꿀'. 수효를 나타내는 단위는 마리·두(頭). 2 욕심이 많고 미련한 사람을 비유하여 이르는 말. 3 몹시 살이 찐 사람을 놀림조로 이르는 말.
돼지 멱따는 소리 ㉠ 아주 듣기 싫도록 꽥꽥 지르는 소리.
돼:지-가죽 圀 돼지의 가죽. =돈피(豚皮).
돼:지-감자 圀의 =뚱딴지.
돼:지-고기 圀 사람이 식용 대상으로 삼는 돼지의 살. ⓑ제육.
돼:지-기름 圀 1 =돼지비계. 2 돼지의 지방 조직에서 짠, 백색의 반고체의 기름. 비누의 원료로 쓰임. =라드.
돼:지-꿈 圀 돼지가 나타나는 꿈. 흔히, 재물이 생기는 길몽으로 여김. ¶어제 ~을 꾸어서 그런지 재수가 좋다.
돼:지-띠 圀[민] 돼지해에 난 사람의 띠.
돼:지-비계[-게/-게] 圀 돼지의 가죽과 살 사이에 있는 기름기로 된 층. =돼지기름.
돼:지-우리 圀 돼지를 가두어 키우는 곳. =돈사(豚舍).
돼:지^콜레라(-cholera) 圀[의] 돼지의 급성 전염병. 전염성이 강하며 사망률이 높음.
돼:지-해[민] 圀 =해년(亥年).
되¹[되/뒈] 圀 ①[자립] 곡식·액체 등의 분량을 되는 데에 쓰는 그릇. ②[의존] 곡식·액체 등의 분량을 헤아리는 단위. =승(升). ¶쌀 한 ~.

[어법] 쌀 세 되, 보리 네 되: 세(×)→석(○), 네(×)→넉(○). ▶'~ 냥, ~ 되, ~ 섬, ~ 자'의 경우에는 '석'과 '넉'만 인정함.(표17)

[되로 주고 말로 받는다] ㉠남을 조금 건드렸다가 큰 되갚음을 당한다. ㉡조금 주고 그 대가를 많이 받는다.
되-²[되/뒈] 접두 '도리어', '다시', '도로'의 뜻을 나타내는 말. ¶~새기다 / ~돌아오다 / ~받다 / ~묻다.
-되³[되/뒈] 어미 1 대립되는 내용을 접속할 때 쓰이는 연결 어미. ¶눈은 오~ 바람은 불지 않는다. 2 앞말의 내용을 인정하거나 허락하면서 뒤에 단서를 붙이거나 부연할 때 쓰는 연결 어미. ¶외출을 하~ 저녁 먹기 전에 돌아오너라. 3 대화를 인용할 때 그에 앞서서 쓰는 연결 어미. ¶예수께서 이르시~, "애들아, 너희에게 고기가 있느냐?"《신약 요한복음》 ▷-으되.
되-가웃[되-옫/뒈-옫] 圀 한 되 반 정도의 분량. ▷말가웃.
되-갈다[되-/뒈-] 图타 〈~가니, ~가오〉 1 논밭을 다시 갈다. ¶되갈아 엎다. 2 가루 등을 다시 갈다.
되-감기다[되-/뒈-] 图자 '되감다'의 피동사. ¶필름이 자동으로 되감기는 카메라.
되-감다[되-따/뒈-따] 图타 도로 감거나 다시 감다. ¶필름을 ~.
되-걸리다[되-/뒈-] 图자 (병이 나았다가) 다시 걸리다. ¶찬 바람을 쐬었더니 감기에 되걸렸다.
되:-게[되-/뒈-] 閉 정도가 아주 심한 상태로. ⓑ되우·된통. ¶병을 ~ 앓다 / 그 녀석 ~ 까부네.
되-넘기다[되-/뒈-] 图타 물건을 사서 즉시 넘겨 팔다. ¶집을 ~.
되넘기-장사[되-/뒈-] 圀 물건 따위를 사서 곧바로 넘겨 파는 장사.
되-놈[되-/뒈-] 圀 '중국 사람'을 얕잡아 이르는 말. ¶재주는 곰이 넘고 돈은 ~이 번다.(속담) ×떼놈.
되-놓다[되노타/뒈노타] 图타 도로 놓다.
되-뇌다[되뇌-/뒈뇌-] 图타 (같은 말을) 혼잣말로 여러 번 되풀이하여 말하다. ¶같은 말을 몇 번이고 ~.
되는-대로[되-/뒈-] 閉 아무렇게나 함부로. ¶하루하루 ~ 살다 / 터진 입으로 ~ 지껄이다.
되다¹[되-/뒈-] 图 ①자 1 (물건이) 제 형태를 갖추어 만들어지다. ¶요리가 ~ / 이달 말까지는 책이 되어야 한다. 2 (일이) 제대로 또는 어떤 상태로 이루어지다. ¶요즘 공부가 잘 안 된다. 3 (물건이 어떤 재료나 성분으로) 만들어지거나 이루어지다. ¶밀가루로 된 음식. 4 (사물이) 어떤 성질이나 자격을 갖춘 대상으로서 성립하다. ¶하고 싶은 말을 속에 담아 두면 병이 된다. 5 (사람이나 사물이) 이전과 다른 존재나 사물로 바뀌거나 변하다. ¶얼음이 녹아 물이 ~ / 나는 하늘을 나는 새가 되고 싶다. 6 (사람이) 사람으로서의 인격을 갖추다. ¶병든 노모에 극진히 효도하는 걸 보면 사람이 됐다. 7 (사람이 다른 사람과, 또는 다른 사람에게) 어떤 친척 관계에 있는 사람에 놓이다. ¶사람은 저와 먼 친척뻘 됩니다. 8 (어떤 사람이나 사물이 다른 대상에) 어떤 특별한 뜻을 가지는 상태에 놓이다. ¶너는 나에게 짐만 될 뿐이다. 9 (어떤 작용이나 행위·현상 등이) 펼쳐지거나 이루어지다. ¶전화가 연결이 ~. 10 (어떤 때나 시점이) 닥쳐서 오다. ¶겨울이 ~ / 새벽 한 시가 ~. 11 (시간이나 수량 또는 나이 등이) 어느 정도에 이르다. ¶몇백 년 된 고목 / 장가갈 나이가 ~. 12 ('다 되다'의 꼴로 쓰여) (사람의 목숨이나 물건의 수명이) 더 살게 될 수 없는 상태에 이르다. ¶그 사람의 명(命)이 다 ~ / 배터리의 수명이 다 ~. 13 (작물 따위가) 잘 자라다. ¶곡식이 알차게 ~. 14 (일정한 액수의 돈이나 자금이) 갖추어지거나 이루어지다. ⓑ마련되다. ¶돈이 되는 대로 꼭 갚겠습니다. 15 (어떤 일이) 가능하거나 허용되는 상태에 놓이다. ¶쓸 수 있는 대로 많이 오너라. / 이제 가도 됩니까? 16 문제나 지장을 일으키지 않는 상태에 놓이다. ⓑ괜찮다. ¶"식사 더 하시겠어요?" "아니요, 됐습니다." 17 (일정한 자격이나 신분을 나타내는 명사 뒤에 '된'의 꼴로 쓰여) '그런 자격이나 신분을 가진 자로서의'의 뜻을 나타내는 말. ¶**자식 된** 도리. ②(보조) (용언의 어미 '-게' 아래에 쓰여) 어떤 대상이 이전의 상태와는 다르게 변하거나, 어떤 일이 가능한 상태에 놓이는 뜻을 나타내는 말. ¶종이가 변색하여 누렇게 **되었다**.

어법 이제 가도 되?:되(✕)→돼(○). 마침 잘 됬다:됬다(✕)→됐다(○). ▶ '돼'와 '됐다'는 '되어'와 '되었다'가 준 말임.

되지도 않는 소리 ⓚ 1 전혀 이치에 닿지 않는 말. ¶~ 그만 하고 일이나 열심히 해라. 2 전혀 실현 가능성이 없는 의견. ¶하루 동안에 미국에 다녀올 수 있다니, ~ 하지도 마.

될 대로 되어라 ⓚ 아무렇게나 되어라. 자포자기할 때 하는 말임. ¶에라, 모르겠다.

되:다²[되-/뒈-] (되:고 | 되어) 타 (곡식이나 가루, 액체 등을 말·되·홉 등으로) 분량을 헤아리다. ¶쌀을 말로 **되어** 팔다.

되:다³[되-/뒈-] (되:고 | 되어) 형 1 (어떤 물질이) 물기가 적어서 빡빡하거나 단단한 느낌이 있다. ¶**된**밥 / **된** 반죽. ↔질다·묽다. 2 (줄이나 매듭 따위가) 몹시 켕겨 팽팽하다. ¶빨랫줄을 **되게** 매다. 3 (일이) 힘에 부쳐 몸이 견디기 어렵다. ¶마음을 ~. 4→되게. (비)입술이 부르튼 걸 보니 일이 **된** 게로구나. 4→되게.

-되다⁴[되-/뒈-] 접미 1 서술적 의미가 진 명사에 붙어, 동작이나 작용이 저절로, 또는 남에 의해 이루어짐을 나타내는 말. 자동사를 파생시킴. ¶사건이 해결~ / 사지가 마비~. 2 어떤 상태나 성질을 나타내는 추상적 명사나 부사, 또는 비자립적 어근이나 접두사 등에 붙어, 그런 상태나 성질을 띠고 있음을 나타내는 형용사를 파생시키는 말. ¶참~ / 헛~ / 막~ / 거짓~.

되-도록[되-/뒈-] 된 수 있는 대로. ¶~ 일찍 오너라.

되-돌다[되-/뒈-] 동자타 〈~도니, ~도오〉 1 (대상이) 돌던 방향으로 거꾸로 다시 돌다. 2 (대상이) 향하던 방향을 반대쪽 방향으로 바꾸다. ¶창수는 대문 앞에까지 가다가 무엇을 생각한 것인지 **되돌아서** 갔다.

되-돌리다[되-/뒈-] 동타 1 '되돌다'의 사동사. ¶길이 너무 막혀 차를 **되돌려** 돌아오고 말았다. 2 (어떤 대상이나 현상을) 다시 본래의 상태가 되게 하다. ¶마음을 ~.

되-돌아가다[되-/뒈-] 동자 1 (오던 길을) 다시 돌아가다. ¶왔던 길을 ~. 2 원래의 상태로 다시 되다.

되-돌아들다[되-/뒈-] 동자 〈~돌아드니, ~돌아드오〉 떠났던 곳으로 되짚어서 다시 돌아들다.

되-돌아보다[되-/뒈-] 동타 다시 돌아보다. ¶아들은 눈물을 글썽이고 있는 어머니를 몇 번이나 **되돌아보면서** 무거운 발걸음을 옮겼다.

되-돌아서다[되-/뒈-] 동자 먼젓번에 서 있던 방향으로 돌아서다.

되-돌아오다[되-/뒈-] 동자타 되짚어서 다시 오다. ¶가던 길을 ~ / 편지가 주소 불명으로 ~.

되-들다¹[되-/뒈-] 동자 〈~드니, ~드오〉 다시 들거나 도로 들다.

되-들다²[되-/뒈-] 동타 〈~드니, ~드오〉 얼굴을 얄밉게 쳐들다.

되:디-되다[되-/뒈-뒈-] 형 몹시 되다. ↔묽디묽다.

되똑-거리다/-대다[되-꺼(때)-/뒈-꺼(때)-] 동자타 작은 물체가 쓰러질 듯이 자꾸 흔들려 기우뚱거리다. 또는, 기우뚱거리게 하다. (큰)뒤뚝거리다.

되똑-되똑[되-뙤-/뒈-뙈-] 부 되똑거리는 모양. (큰)뒤뚝뒤뚝. **되똑되똑-하다** 동(자)(타)

되똑-이다[되-/뒈-] 동자타 작은 물체가 쓰러질 듯이 흔들려 기우뚱거리다. 또는, 기우뚱거리게 하다. (큰)뒤뚝이다.

되뚱-거리다/-대다[되-/뒈-] 동자타 작고 묵직한 물체가 쓰러질 듯이 가볍게 기울어지며 자꾸 흔들리다. 또는, 흔들리게 하다. ¶되뚱거리며 걷다. (큰)뒤뚱거리다.

되뚱-되뚱[되-/뒈-] 부 되뚱거리는 모양. (큰)뒤뚱뒤뚱. **되뚱되뚱-하다** 동(자)(타)

되뚱-이다[되-/뒈-] 동(자)(타) 작고 목직한 물체가 쓰러질 듯이 가볍게 기울어지며 흔들리다. 또는, 흔들리게 하다. (큰)뒤뚱이다.

되뚱-하다[되-/뒈-] 동(자)(타) 작고 목직한 물체가 쓰러질 듯이 가볍게 기울어지며 한 번 흔들리다. 또는, 흔들리게 하다. (큰)뒤뚱하다.

되:레[되-/뒈-] 부 '도리어'의 준말. ¶잘못한 게 누군데 네가 ~ 화를 내?

되록-거리다/-대다[되-꺼(때)-/뒈-꺼(때)-] 동자타 1 (눈알을) 힘을 주어 자꾸 이리저리 굴리다. 2 똥똥한 몸집을 둔하게 움직이다. 3 성낸 빛을 행동에 나타내다. (큰)뒤룩거리다. (센)뙤록거리다.

되록-되록[되-뙤-/뒈-뙈-] 부 1 눈알을 힘을 주어 이리저리 굴리는 모양. 2 군살이 처지도록 살이 쪄서 똥똥한 모양. ¶살이 ~ 찌다. (큰)뒤룩뒤룩. (센)뙤록뙤록. **되록되록-하다** 동(자)(타)형

되-먹다[되-따/뒈-따] 동타 먹지 않다가 다시 먹다.

되먹임[되-/뒈-] 명(물) 입력과 출력이 있는 시스템에서, 출력에 따라 입력을 변화시키는 일. 증폭기나 자동 제어 등의 전기 회로 등에 응용됨. =피드백.

되-먹히다[되먹키-/뒈먹키-] 동자 도리어 해를 입다. ¶그쪽도 만만한 상대가 아니니 **되먹히지** 않도록 만반의 대비를 해야 한다.

되-묻다[되-/뒈-] 동타 〈~물으니, ~물어〉 1 다시 묻다. 2 물음에 대답하지 않고 도리어 묻다. (비)반문하다.

되-밀다[되-/뒈-] 동타 〈~미니, ~미오〉 다시 밀거나 도로 밀다.

되-밀리다[되-/뒈-] 동자 '되밀다'의 피동사.

되-바라지다[되-/뒈-] 형 1 (그릇이) 운두가 낮고 위가 벌어진 상태에 있다. 2 포용성이 적다. 3 알밉도록 지나치게 똑똑하다. (비)바라지다. ¶**되바라진** 도시 아이들.

되-박다[되-/뒈-] 동타 1 다시 박다. ¶빠진 못을 ~. 2 다시 찍다. ¶**되박은** 책.

되-받다[되-따/뒈-따] 동타 1 도로 받다. ¶공을 **되받아** 던지다. 2 잘못을 지적받거나 꾸중을 들을 때 도리어 말대답을 하며 반항하다. ¶**되받아** 소리치다. (큰)뒤받다.

되-받아넘기다[되-/뒈-] 동타 1 남의 말이나 노래를 도로 받아서 처리하다. ¶그는 농담을 재치 있게 **되받아넘겼다**. 2 공을 사용

하는 운동 경기에서 자기에게 넘어온 공을 다시 쳐서 넘어온 대로 도로 상대편 쪽으로 넘어가게 하다. 3 물건이나 일, 지시 등을 받은 그대로 다른 사람에게 전해 주다.

되-받아치다 [되─/뒈─] 图囹 남의 말이나 행동에 엇서며 대들다.

되-부르다 [되─/뒈─] 图囮르 〈~부르니, ~불러〉 다시 부르다. ¶사직한 사람을 ~.

되-살다 [되─/뒈─] 图㈆ 〈~사니, ~사오〉 1 (거의 죽을 듯한 것이) 다시 살아나다. ¶가뭄으로 거의 죽게 된 농작물이 비를 맞고 **되살아** 생기다. 2 (감정·기분·기억 따위가) 다시 생기다. ¶그의 얼굴을 보는 순간 그때의 기억이 **되살아** 왔다.

되-살리다 [되─/뒈─] 图囮 '되살다'의 사동사. ¶전통문화를 ~.

되-살아나다 [되─/뒈─] 图㈆ 1 죽었거나 없어졌거나 멸망한 것, 또는 죽을 듯하던 것이 다시 살아나거나 생겨나다. ¶사경을 헤매다 ~. 2 (감정·기분·기억 등이) 다시 생기거나 일어나다. ¶기억이 ~.

되-새 [되─/뒈─] 图㋱ 되샛과의 새. 몸길이 14cm. 등은 흑색, 허리는 백색, 배와 아래는 누른빛을 띤 적갈색임. 가을과 겨울에는 떼 지어 날아와 농작물에 큰 해를 줌.

되-새기다 [되─/뒈─] 图囮 1 (음식을) 자꾸 내씹다. 2 골똘하게 자꾸 생각하다. 回되씹다. ¶지난 일을 ~.

되새김 [되─/뒈─] 图㋱ =반추(反芻)1. **되새김하다** 图㈆囮

되새김-질 [되─/뒈─] 图 되새김을 하는 짓. ¶소가 ~을 하다. **되새김질-하다** 图㈆囮

되-세우다 [되─/뒈─] 图囮 무너진 것을 다시 세우다. ¶태풍으로 쓰러진 전봇대를 ~.

되술래-잡다 [되─따/뒈─따] 图囮 잘못을 빌어야 할 사람이 도리어 남을 나무라다.

되-쏘다 [되─/뒈─] 图囮 1〔㉮〕(거울·유리·수면 등이 빛을) 받아 다른 곳으로 비추다. 回반사하다. ¶잔잔한 호수가 달빛을 **되쏘았다**. 2 (총·활 등을) 쏘고 있는 상대쪽을 향해 쏘다. ¶적을 향해 총을 ~. 2〔㉯〕(공격적으로 말하는 상대방에게) 맞받아 공격적으로 말하다. ¶그는 내 말에 버럭 화를 내면서 야멸치게 **되쏘았다**.

되-씌우다 [되씨─/뒈씨─] 图囮 1 자기가 마땅히 당할 일을 도리어 남에게 넘기다. ¶네 잘못을 내게 **되씌우려** 하지 마라. 2 도로 씌운다. 다시 씌우다.

되-씹다 [되─따/뒈─따] 图囮 1 (한번 씹었던 것을) 나중에 다시 씹다. 2 (자기가 이미 한 말을) 되풀이하다. ¶같은 말을 몇 번씩 ~. 3 (지난 일을) 다시 떠올려 생각하다. ¶아픈 추억을 ~ / 나는 그가 했던 얘기를 가만히 **되씹어** 보았다. ▷곱씹다.

되알-지다 [되─/뒈─] ㉮ 1 다부지고 아귀찬 데가 있다. ¶아내는 샘과 분을 못 이기어 무슨 **되알진** 소리가 터질 듯 질 듯하면서도 그냥 꾹 참는 모양이었다.《김유정: 솥》 2 힘에 겨워 벅차다.

되-올라가다 [되─/뒈─] 图㈆囮 내려오다가 도로 올라가다.

되-우 [되─/뒈─] 图 아주 몹시. 回되게·된통. ¶~ 혼이 나다.

되작-거리다/-대다 [되─꺼(때)─/뒈─꺼(때)─] 图囮 '뒤적거리다'의 작은말. ㉮되착거리다.

되작-되작 [되─쩌/뒈─쩌─] 图 '뒤적뒤적'의 작은말. ㉮되착되착. **되작되작-하다** 图㈆囮여

되작-이다 [되─/뒈─] 图囮 '되적이다'의 작은말. ㉮되착이다.

되-잡다 [되잔따/뒈잔타] ㉮ 이치에 닿지 않거나 올바르지 않다. ¶되잖은 짓 / **되잖은** 녀석.

되-잡다 [되─따/뒈─따] 图囮 1 도로 잡다. ¶놓았던 펜을 **되잡고** 편지를 내려가다. 2 (남이 잡으려는 것을 잡히지 않고 그를) 도리어 이쪽에서 잡다.

되지-못하다 [되─모타─/뒈─모타─] ㉮여 언행이 옳지 못하다. ¶**되지못하게** 얻다 대고 반말이냐?

되직-하다 [되지카─/뒈지카─] ㉮여 대체로 되다고 여겨지는 상태에 있다. ¶**되직한** 죽. **되직-이** 图 ¶풀을 ~ 쑤다.

되-질 [되─/뒈─] 图 곡식을 되로 되는 일. **되질-하다** 图囮여

되-짚다 [되집따/뒈집따] 图囮 1 다시 짚다. 2 (주로 '되짚어'의 꼴로 쓰여) '곧 되돌아서' 또는 '곧 되돌려'의 뜻을 나타내는 말. ¶**되짚어** 생각하다.

되짚어-가다 [되─/뒈─] 图囮 1 오던 길로 다시 가거나 도로 가다. 2 지난 일을 다시 살펴거나 생각하다.

되-찾다 [되찬따/뒈찬타] 图囮 다시 찾다. ¶웃음을 ~ / 기억을 ~ / 나라를 ~.

되-채다 [되─/뒈─] 图囮 혀를 제대로 놀려서 말을 똑똑하게 하다.

되처 [되─/뒈─] 图 거듭하여 다시. 回또다시. ¶~ 묻다.

되-치기 [되─/뒈─] 图㋱ 유도에서, 상대가 기술을 걸어 오거나 기술을 걸었던 본래 자세로 되돌아가거나 그 움직임을 그대로 되받아 메치는 기술.

되통-스럽다 [되─따/뒈─따] ㉮ㅂ 〈~스러우니, ~스러워〉 미련하거나 찬찬하지 못하여 일을 잘 저지르는 상태에 있다. 回뒤퉁스럽다. **되통스레** 图

되-팔다 [되─/뒈─] 图囮 〈~파니, ~파오〉 샀던 물건을 도로 팔다. 回전매(轉賣)하다.

되풀-이 [되─/뒈─] 图 (같은 말이나 행동을) 연속적으로 두 번 이상 다시 하는 것. 回반복. **되풀이-하다** 图囮 ¶같은 말을 몇 번이나 **되풀이해야** 알아듣겠니? **되풀이-다** 图㈆

된:-똥 [된─/뒌─] 图 되게 나오는 똥. 回경똥·마른똥.

된:-맛 [된맏/뒌맏] 图 겪거나 당하는 일이 몹시 호되고 고통스러움을 이르는 말. ¶~을 봐야 정신을 차릴 테냐.

된:-바람 [된─/뒌─] 图 1'북풍(北風)'을 되게 부는 바람이라는 뜻으로 이르는 말. =덴바람·높바람. 2 몹시 빠르고 세차게 부는 바람. 3〔기상〕초속 10.8〜13.8m로 부는 바람. 큰 나뭇가지가 흔들리고, 전깃줄에서 휭 소리가 나며, 우산을 쓰기가 힘듦.

된:-밥 [된─/뒌─] 图 1 고들고들하게 지은 밥. ↔진밥. 2 국이나 물에 말지 않은 밥.

된:-불 [된─/뒌─] 图 1 급소를 맞히는 총알. ↔선불. 2 심한 타격. ¶~을 안기다.

된:-서리 [된─/뒌─] 图 1 늦가을에 아주 되게 내리는 서리. =숙상(肅霜)·엄상(嚴霜). ¶~가 내리다. ↔무서리. 2 모진 재앙이나 타격을 비유적으로 이르는 말. ¶부정을 일삼던 관리들에게 ~가 내렸다.

된서리를 맞다 ㈆ 1 되게 내리는 서리를 맞

다. ¶배추가 **된서리를** 맞아 삶아 놓은 것처럼 풀이 죽었다. 2 모진 재앙이나 억압을 당하다. ¶겁 없이 까불다가 ~.

된!-서방(-書房)[된-/뒌-] 몡 몹시 까다롭고 가혹한 남편.
  된서방(을) 맞다 관 몹시 어렵고 까다로운 일을 당하다.
된!-소리[된-/뒌-] 몡 [언] 되게 발음되는 자음. 곧, 'ㄲ, 'ㄸ, 'ㅃ, 'ㅆ, 'ㅉ' 따위의 소리. =경음(硬音). ▷예사소리·거센소리.
된!소리-되기[된-되-/뒌-뒈-] 몡 [언] 예사소리가 된소리로 바뀌는 현상. '꽂이'꽃' 으로, '길가'가 '길까'로 되는 따위. =경음화(硬音化).
된!-장(-醬)[된-/뒌-] 몡 메주로 간장을 담가서 장물을 떠내고 남은 건더기. 또는, 메주에 소금물을 알맞게 부어 장물을 떠내지 않고 그냥 먹는 장. 국·찌개를 끓이거나 쌈을 싸거나 할 때, 풀거나 넣어서 간을 맞추고 맛을 내는 식품임. =토장(土醬).
된!장-국(-醬-)[된-꾹/뒌-꾹] 몡 된장을 풀어서 끓인 국. =토장국.
된!장-찌개(-醬-)[된-/뒌-] 몡 찌개 거리에다 된장을 풀어 끓인 찌개.
된!-침(-鍼)[된-/뒌-] 몡 1 몹시 아프게 놓는 침. 2 정신을 차리거나 긴장하라는 뜻으로 상대가 뜨끔하게 느끼도록 하는 자극. ¶정신 좀 차리라고 ~을 놓았다.
된!-통[된-/뒌-] 閉 아주 호되게. 또는, 헤어나기 어려운 지경으로. 비되게·되우. ¶~ 걸리다 / ~ 혼이 나다.
된!-풀[된-/뒌-] 몡 물을 타지 않은, 쑨 그대로의 풀.
될-성부르다[될썽-/뒐썽-] 혭 <~성부르니, ~성불러> 잘될 가망이 있다. ¶하는 행동을 보니 **될성부른** 아이임에 틀림없다.
[**될성부른 나무는 떡잎부터 알아본다**] 크게 될 사람은 어릴 적부터 다르다. 또는, 결과가 좋을 것은 시초부터 잘된다.
됨됨-이[됨됨-/뒘뒘-] 몡 사람의 품행이나 인격. ¶그 사람 뒤로가는 괜찮아 보이는데 ~가 어떨지 모르겠군.
됫-박[되빡/될빡/뒈빡/뒐빡] 몡 1 '되'를 속되게 이르는 말. 2 되 대신으로 쓰는 바가지. ¶쌀 ~.
됫박-이마[되빡니/될빡니/뒈빡니/뒐빡니] 몡 됫박을 엎어 놓은 것처럼 생긴 이마.
됫박-질[되빡찔/될빡찔/뒈빡찔/뒐빡찔] 몡 1 됫박으로 되는 일. 2 먹을 양식을 낱되로 조금씩 사는 일. **됫박질-하다** 통[자][타][여]
됫-병(-瓶)[되뼝/될뼝/뒈뼝/뒐뼝] 몡 한 되를 담을 수 있는 병. 비대두병.
됫-술[되쑬/될쑬/뒈쑬/뒐쑬] 몡 1 한 되 정도의 술. 2 되로 되어서 파는 술.
두¹ 관 '둘'의 뜻. ¶ ~ 집 살림 / ~ 사람.
  두 다리 쭉 뻗다 관 걱정 없이 편하게 지내다. ¶이젠 **두 다리** 죽 뻗고 잘 수 있겠다.
  두 손(을) 들다 관 1 항복하거나 굴복하였다. ¶네 고집에 **두 손** 들었으니, 네 마음대로 해라. 2 전적으로 환영하거나 찬성하다. ¶네가 다시 학교에 돌아온다면, **두 손을 들어** 환영할 일이지.
  두 손 털고 나서다 관 가지고 있던 것을 잃어 남은 것이 없게 되다.
  두 주머니(를) 차다 관 1 배우자 이외의 사람과 딴살림을 하느라 따로 돈을 관리하다. 2 =딴 주머니를 차다. →딴².

두² 깜 돼지 따위의 짐승을 몰아 쫓는 소리.
두³(頭) 몡 (지극히 제한된 문맥에서만 쓰여) 골치 아픈 상태의 머리를 이르는 말. ¶아이고 ~야. 그래, 그렇게도 내 말을 못 알아듣니?
두⁴(頭) 몡[의존] 소나 돼지 같은 네 발 가진 짐승의 수효를 세는 단위. ¶소 다섯 ~.
두⁵(斗) 몡 곡식이나 액체의 분량을 되는 단위. 비말.
두각(頭角) 몡 1 짐승의 머리에 있는 뿔. 2 (주로 '두각을 나타내다'의 꼴로 쓰여) 뛰어난 능력을 비유하여 이르는 말. ¶그는 글짓기에 ~을 나타냈다.
두개(頭蓋) 몡[생] 척추동물의 머리 부분의 골격.
두개-골(頭蓋骨) 몡[생] 사람이나 짐승의 머리를 이루고 있는 뼈.
두건(頭巾) 몡 남자 상제(喪制)가 상중에 쓰는, 베로 만든 쓰개. ¶~을 쓰다. 준건(巾).
두껍 몡 가늘고 긴 물건의 끝에 씌우는 물건. 변투껍.
두견(杜鵑) 몡 1 [동] =두견이. 2 [식] =진달래.
두견-새(杜鵑-) 몡[동] =두견이.
두견-이(杜鵑-) 몡[동] 두견과의 새. 뻐꾸기와 비슷하나, 훨씬 작음. 몸빛은 등이 회색을 띤 청갈색, 배는 백색에 검은 가로줄 무늬가 있음. 숲 속에서 사는 여름새로, 다른 새의 둥지에 알을 낳아 생육을 떠맡김. 옛시가에서는 흔히 '소쩍새'를 가리키는 말로 쓰였음. =귀촉도·두견·두견새·두우(杜字)·망제(望帝)·불여귀·자규(子規)·촉혼(蜀魂). 비망제조.
두견-화(杜鵑花) 몡 1 [식] =진달래. 2 =진달래꽃.
두고-두고 閉 오랜 시간을 두고 여러 번에 걸쳐서. ¶그는 자신의 한 행동을 ~ 후회했다.
두골(頭骨) 몡[생] =머리뼈.
두괄-식(頭括式) 몡[문] 산문 구성 방식의 하나. 글의 중심 내용이 글의 첫머리에 오는 형태임. 비미괄식·양괄식.
두근-거리다/-대다 통[자][타] 몹시 놀라거나 겁이 나서 가슴 속이 자꾸 뛰다. 또는, 그렇게 하다. ¶가슴이 ~. 좍도근거리다.
두근-두근 閉 두근거리는 모양. 좍도근도근.
두근두근-하다 통[자][타][여] ¶그는 자기가 한 일이 들통이 날까 봐 가슴이 **두근두근했다**.
두꺼비 몡[동] 양서류 두꺼빗과의 한 종. 개구리와 비슷하나 더 크며, 몸빛은 흑갈색 또는 황갈색 바탕에 짙은 얼룩무늬가 있음. 등에는 많은 융기가 있으며, 적을 만나면 흰빛의 독액을 분비함. =섬여(蟾蜍).
[**두꺼비 파리 잡아먹듯**] 아무거나 닥치는 대로 받아먹는 모양.
두꺼비-집 몡 [농] 보습의 빈 속. 쟁기의 술 바닥이 그 속에 들어가 박히게 됨. 2 [물] '안전기'의 속칭. ¶~을 열다.
두껍 →두꺼비. ¶~아, ~아! 헌 집 줄게 새 집 다오.
두껍다[-따] 혭[ㅂ] <두꺼우니, 두꺼워> 1 어느 정도 부피를 가진 넓적한 물체의 두께가 보통의 정도, 또는 기준의 것보다 넘는 상태이다. ¶두꺼운 책. 2 층의 상태를 이루는 사물의 높이나 집단의 규모가 보통 정도를 넘는 상태에 있다. ¶모래층이 ~ / 개혁 지지층이 ~. ↔얇다. 3 낯(가죽)이 두껍다·얼굴이 두껍다 →낯·낯가죽·얼굴.

> **혼동어** 두껍다 / 두텁다
> '두껍다'가 주로 물체의 두께에 대해 쓰는 말인 데 반해, '두텁다'는 우정이나 인정이나 사랑과 같은 감정의 깊이에 대해 쓰는 말임. 또한, 바둑에서 세력 기반이 튼튼함을 나타낼 때는 '두텁다'를 씀. 최근 들어 '선수층이 두텁다'와 같이 쓰는 경우가 늘고 있으나, 아직까지는 '선수층이 두껍다'가 규범적인 말임.

두껍-다랗다[─따라타] 형ⓗ<~다라니, ~다라오, ~다래> 꽤 또는 퍽 두껍다. ↔얇다랗다.

두껍-닫이[─따지] 명[건] 미닫이를 열 때, 문짝이 들어가 가리게 된 벽 조. ×두겁창.

두껍디-두껍다[─띠─따] 형ⓗ<~두꺼우니, ~두꺼워> 매우 두껍다. ¶두껍디두꺼운 옷.↔얇디얇다.

두껍-창(─窓) 명[건] '두껍닫이'의 잘못.

두께 명 넓적한 물체에서, 넓적한 한쪽 면과 반대쪽 면 사이의 길이. ¶철판의 ~/─를 재다.

두남-두다 동(타) 1 (어떤 사람을) 감싸서 돌보아 주거나 두둔해 주다. ¶시아버지가 며느리를 ~. 2 애착을 가지고 살피다.

두뇌(頭腦) [─뇌/─눼] 명 1 사람의 머리 속에 있는 뇌. 특히, 고도의 정신 작용을 맡고 있는 대뇌. 또는, 그 대뇌의 지적 능력. ¶명석한 ~/~가 좋다/~ 회전이 빠르다. 2 '학문적 지식을 많이 쌓은 사람'을 비유적으로 이르는 말. ¶우수한 ~를 양성하다.

두:눈-박이 명 두 눈이 박혀 있는 것. 또는, 두 눈이 정상인 사람이나 동물.

두다 동 [1](타) 1 (어떤 물건을 어느 곳에) 있게 놓다. (비)보관하다. ¶전축을 응접실에 ~. 2 (사람을) 데리고 가거나 함께 살지 않고 (어느 곳에) 남기거나 따로 살게 하다. ¶나를 두고 가시는 임은 십 리도 못 가서 발병 난다.《민요 아리랑》 3 (자손이나 손아랫사람, 또는 평교간의 사람을) 거느리거나 가지다. ¶슬하에 삼 남매를 ~/훌륭한 친구를 ~. 4 (사람이 어떤 사람을) 어떤 일을 하도록 일정한 자리에 있게 하다. ¶가정부를 ~. 5 (상위의 조직이나 기구 등의 아래에 하위의 조직이나 기구 등을) 만들어 있게 하다. (비)설치하다. ¶사장 밑에 비서실을 ~. 6 (대상을) 변화시키거나 간섭하거나 하지 않고 어떤 상태대로 있게 하다. ¶앞머리는 두고 뒷머리만 잘라 주십시오./심사가 편치 않을 테니 혼자 있게 두어라. 7 (밥·떡 등의 음식의 기본 재료에만 딴 재료를) 섞어 넣다. ¶밥에 콩[팥]을 ~. 8 (옷이나 이부자리, 방석 등에 솜이나 깃털 따위를) 넣어 일정한 부피를 이루게 하다. ¶이불에 솜을 두듬이 ~. 9 (무엇에 기초·근거나 어떤 상태를) 삼거나 있게 하다. ¶우승에 목표를 ~. 10 (시간적·공간적인 사이를) 떨어지게 하거나 있게 하다. ¶일정한 간격을 두고 나무를 심다/시간을 두고 생각해 봅시다. 11 (몸이나 시선 등을 어디 또는 어느 방향에) 있게 하거나 향한 상태가 되게 하다. ¶그는 여자 앞에서 시선을 어디다 두어야 할지 몰라 쩔쩔맸다. 12 (어떤 대상에 생각이나 뜻을) 미치게 하거나 가지다. ¶이웃집 처녀에게 마음을 ~. 13 (바둑·장기·고누 따위를) 놀이로 행하다. 또는, 그 놀이에서, 말을 어느 자리에 놓다. ¶바둑을 ~. 14 (주로 '두고'의 꼴로 쓰여) (무엇을) 대상으로 하다. ¶천체란 바로 그를 두고 하는 말이다. 15 (주로 '두고'의 꼴로 쓰여) (어느 기간을) 내내 계속하다. ¶이번 기회에 가지 않는다면 평생을 두고 후회할 것이다. 16 (주로 '두고'의 꼴로 쓰여) (어떤 대상을) 어떤 일의 영역 밖에 따로 있게 하다. (비)제외하다. ¶제 것은 옆에 두고 남의 물건을 쓴다. 17 (수결을 문서에) 써서 나타내다. ¶직함 밑에 붓으로 수결을 ~. [2](보조) (동사의 어미 '-아/어/여' 아래에 쓰여) 어떤 행동의 완료 후 그 상태를 의도적으로 변화시키지 않고 보존함을 나타내는 말. ¶내 말을 허투루 듣지 말고 꼭 명심해 두어라./이따가 배가 고플 테니 많이 먹어 두어라. ▷ 둘다.

두고 보다 관 (주로 '두고 보자', '두고 봐라'의 꼴로 쓰여) 상대에게 패하거나 업신여김을 받았을 때, 다음에 설욕하거나 앙갚음하겠다는 뜻으로 다짐할 때 하는 말.

두:대-박이 명 돛대를 두 개 세운 큰 배.

두더지 명[동] 포유류 두더짓과의 한 종. 몸은 쥐와 비슷한데 좀 크고 몸빛은 암갈색 또는 흑갈색임. 눈은 거의 퇴화하였으며, 뾰족한 주둥이와 삽 모양의 다리로 땅을 잘 팜.

두덜-거리다·-대다 동(자) '투덜거리다'의 여린말.

두덜-두덜 부 '투덜투덜'의 여린말. (센)뚜덜뚜덜. 두덜두덜-하다 동(자)여

두덩 명 우묵하게 빠진 땅의 가장자리의 약간 두두룩한 곳.

두:도막-형식(─形式) [─마켱─] 명[음] 한 곡이 두 개의 큰악절로 이루어지는 형식.

두두 갑 돼지 따위의 짐승을 계속 몰아서 쫓는 소리.

두두룩-두두룩[─뚜두─] 부 여럿이 모두 두두룩한 모양. (큰)두둑두둑. (작)도도록도도록. 두두룩두두룩-하다 형여

두두룩-하다[─루카─] 형여 가운데가 솟아서 불룩하거나 수북하다. (큰)두둑하다. (작)도도록하다.

두둑 명 1 밭과 밭 사이의 경계를 이루는 두두룩한 언덕. ¶밭~/~에 난 잡초. 2 논이나 밭을 갈아 골을 타서 만든 두두룩한 바닥.

두둑-두둑 부 '두두룩두두룩'의 준말. (작)도도독도독. 두둑두둑-하다 형여

두둑-하다[─두카─] 형여 1 매우 두껍다. ¶서류 뭉치가 ~. 2 넉넉하다. 또는, 풍부하다. ¶자본이 ~/배짱이 ~. 3 '두두룩하다'의 준말. (작)도도독하다. 두둑-이 부 ¶사례는 ~ 하겠소.

두둔 명 (어떤 사람을) 편들어 그의 허물 따위를 감싸 주는 것. 원두돈(斗頓). 두둔-하다 동(타)여 ¶아이를 자꾸 두둔해 주면 버릇만 나빠진다.

두둘-두둘 부 물체의 겉면에 두두룩한 것들이 내밀거나 붙어 있어 고르지 않은 모양. (작)도돌도돌. (큰)두둘두둘. 두둘두둘-하다 형여

두-둥둥 부 북·장구 등을 계속 칠 때 나는 소리.

두둥실 부 물 위나 공중으로 빈둥거리나 떠오르는 모양. ¶하늘에 구름이 ~ 떠간다./호수에 배가 ~ 떠 있다. (작)더둥실.

두둥실-두둥실 부 잇달아 두둥실 떠오르거나 떠가는 모양.

두드러기 명 음식·약물·온도의 변화 등으로

인하여 생기는, 피부병의 하나. 피부가 부르트며 몹시 가려움. 한의학 용어는 은진(癮疹). ¶~가 나다〔돋다〕.

두드러-지다 Ⅰ〔동〕**1** 쑥 내밀어 두두룩하다. 〔자〕도드라지다. **2** (어떤 특성이나 일면이) 표가 나게 뚜렷하다. ¶두드러진 업적.
Ⅱ〔동〕두두룩하게 내밀다. ¶종기가 ~. 〔자〕도드라지다.

두드리다〔동〕〔타〕**1** (사람이 주로 손이나 어떤 물체로 다른 물체를) 여러 번 약간 힘을 주어 치다. 특히, 손을 사용하는 경우에는 손을 펴서 손바닥이나 손가락으로 부딪거나, 가볍게 주먹을 쥐고 손가락 관절 부위나 새끼손가락 쪽의 주먹 아랫부분을 부딪는 것이 일반적임. ¶문을 ~ / 피아노 건반을 ~. **2** ('두드려'의 꼴로, 주로 '패다', '맞다', '부수다'와 같은 단어와 함께 쓰여) (사람이 손이나 물체로 다른 사람을) 때려서. 또는 다른 사람에게) 아픔을 느낄 만큼 타격을 가하거나 맞다. 또는, (사람이 손이나 물체로 다른 물체를) 상당한 타격을 주다. ¶세간을 두드려 부수다 / 동생을 주먹으로 **두드려 패다** / 깡패한테 흠씬 **두드려** 맞다. 〔센〕뚜드리다. ▷두들기다.

두들기다〔동〕〔타〕(사람이 손이나 물체로 다른 물체나 사람·동물을) 여러 번 힘을 많이 주어 치다. '두드리다'보다 힘의 강도가 센 상태를 가리키며, 손을 사용하는 경우에는 손을 편 상태이기보다 주먹을 쥔 상태인 적이라 할 수 있음. ¶두들겨 부수다 / 그들은 고래고래 소리를 지르며 대문을 마구 두들겼다. 〔센〕뚜들기다. ▷두드리다.

두락(斗落)〔명〕〔의존〕=마지기. ¶논 세 ~.
두랄루민(duralumin)〔명〕〔화〕알루미늄에 구리·망간·마그네슘을 가하여 만든 가벼운 합금. 항공기·자동차 등의 구조재로 쓰임.
두량(斗量)〔명〕**1** 되나 말로 곡식을 되어서 세는 것. 또는, 그 분량. **2** (어떤 일을) 두루 헤아려 처리하는 것. **두량-하다**〔동〕〔타〕〔여〕¶살림을 잘 ~.
두런-거리다/-대다〔동〕〔자〕여럿이 나직한 목소리로 서로 조용히 이야기하다. ¶어둠 속에서 **두런거리는** 소리가 나다. 〔작〕도란거리다.
두런-두런〔부〕두런거리는 소리. 또는, 그 모양. ¶남정네들이 모여 ~ 이야기하다. 〔작〕도란도란. **두런두런-하다**〔자〕〔여〕
두렁〔명〕논이나 밭의 가장자리로 작게 쌓은 둑이나 언덕. ¶논 ~ / 밭 ~.
두렁-이〔명〕어린아이의 배와 아랫도리를 둘러서 가리는, 치마같이 만든 옷.
두레¹〔명〕〔농〕농촌에서 농사일을 공동으로 하기 위하여 마을·부락 단위로 둔 조직.
두레²〔명〕낮은 곳에 있는 물을 높은 곳의 논으로 퍼 올리는, 나무로 만든 기구.
두레³〔명〕①〔자립〕시루떡과 같이 둥글게 켜로 되어 있는 것에서 한 켜인 덩어리. ②〔의존〕둥글고 하나의 켜로 되어 있는 덩어리를 세는 단위. ¶시루떡 한 ~.
두레-꾼〔명〕두레에 참여한 농군.
두레-박〔명〕줄을 길게 달아 우물물을 퍼 올리는 데쓰는 기구.
두레박-줄〔-쭐〕〔명〕두레박에 매는 줄.
두레박-질〔-찔〕〔명〕두레박으로 물을 긷는 일. **두레박질-하다**〔자〕〔여〕
두레-상(-床)〔명〕여러 사람이 둘러앉아 먹을 수 있게 만든 큰 상.

두레-우물〔명〕두레박으로 물을 긷는 깊은 우물. ↔박우물.
두레-질〔명〕두레로 물을 푸는 일. **두레질-하다**〔자〕〔여〕¶논에 ~.
두레-패(-牌)〔명〕**1** 농사일을 서로 협력하고 공동 작업을 하기 위해 만든 조직체. 또는, 그 조직원. **2** =걸립패.
두렛-일〔-렌닐〕〔명〕〔농〕여러 사람이 두레를 짜서 협력하여 하는 농사일. =두레 농사.
두려-빠지다〔동〕〔자〕한곳을 중심으로 그 부근이 뭉떵 빠져나가다. ¶머리털이 ~. 〔자〕도려빠지다.
두려-빼다〔동〕〔타〕어느 한 부분을 뭉떵 빼다.
두려움〔명〕두려운 느낌. ¶ ~을 느끼다.
두려워-하다〔동〕〔여〕(어떤 일이나 대상을) 두렵게 여기다. ⓑ무서워하다. ¶선생님을 ~ / 널 해치진 않을 테니 조금도 **두려워하지** 마라.
두렵다〔-따〕〔형〕〔ㅂ〕〈두려우니, 두려워〉(어떤 일이나 대상이) 행하거나 대하거나 맞닥뜨리거나 하는 것이 위험하거나 좋지 않은 결과를 가져올 것 같아 불안하다. 또는, (어떤 좋지 않은 일이 생기지 않을까) 걱정되는 상태에 있다. ¶죽음이 ~ / 나는 그의 주먹이 ~ / 지금도 나에게 아버진 **두려운** 존재이다. ▶무섭다.
두령(頭領)〔명〕여러 사람을 거느린 우두머리. ¶도적의 ~.
두루〔부〕빠짐없이 골고루. ¶그는 세계 각처를 ~ 여행했다.
두루-낮춤〔-남-〕〔명〕〔언〕상대 높임법에서 '해라체'와 '하게체'에 대신할 수 있는 낮춤. "나 아직 점심 먹지 않았어."에서 '않았어'와 같은 표현이 이에 해당함.
두루-높임〔명〕〔언〕상대 높임법에서 '하오체'와 '합쇼체'에 대신할 수 있는 높임. 보통, 두루낮춤에 조사 '요'를 붙이면 두루높임이 됨. ▷두루낮춤.
두루-두루〔부〕**1** '두루'의 힘줌말. ¶ ~을 살피다 / ~ 안부 전해 주시오. **2** 사람들을 대할 때 모두에게 모나지 않고 좋게.
두루마기〔명〕예의를 갖추는 자리나 외출할 때 저고리나 마고자 위에 입는 걸옷으로, 옷자락이 무릎 아래에까지 오고 아래로 갈수록 폭이 넓어지는 한복. =주의(周衣).
두루마리〔명〕일정한 폭의 긴 종이를 축에 둥글게 말아 놓은 상태. 또는, 그 물건. 세는 단위는 축(軸). =주지(周紙). ¶ ~ 화장지 / ~ 편지. ×두루말이.
두루마리-구름〔명〕〔기상〕=권운.
두루-말이〔명〕'두루마리'의 잘못.
두루-뭉수리〔명〕**1** 말이나 행동이 이것도 저것도 아니어서 분명하지 못한 상태. ¶문제를 해결하지 않고 ~로 넘어가 버리다. **2** 말이나 행동이 변변하지 못한 사람을 조롱하는 말. ¶당신 같은 ~가 뭘 하겠나? 〔준〕뭉수리.
두루뭉술-하다〔형〕〔여〕**1** 말이나 행동이 이것도 저것도 아니어서 분명하지 못하다. ¶일 처리를 그렇게 **두루뭉술하게** 하면 안 된다. **2** 모나지도 않고 아주 둥글지도 않으며 둥그스름하다. ×두리뭉실하다·두루뭉실하다.
두루뭉실-하다〔형〕〔여〕'두루뭉술하다'의 잘못.
두루미¹〔명〕〔동〕두루밋과의 새. 대형의 겨울새로, 목·다리·부리가 매우 긺. 온몸이 희며, 이마·목·다리와 날개 끝은 검고 부리는 녹색임. 머리 꼭대기에는 살이 붉게 드러나 있음. 천연기념물로서 보호조임. =단정학·백두루미·백학(白鶴)·선금(仙禽)·선학(仙鶴)·야학(野鶴)·학.

두루미² 圀 목과 아가리는 좁고 길며, 배는 단지처럼 둥글게 부른 모양의 큰 병.

두루-주머니 圀 아가리에 잔주름을 잡고 두 개를 좌우로 꿰어서 여닫게 된 작은 주머니. 끈을 훑치면 거의 둥근 모양이 됨. =염낭.

두루-춘풍(-春風) 圀 〔두루두루 봄바람이 분다는 말〕누구에게나 좋은 얼굴로 대하는 일. 또는, 그런 사람. =사면춘풍.

두루-치기¹ 圀 1 한 가지 물건을 여기저기 두루 쓰는 짓. 또는, 그런 물건. 2 한 사람이 여러 방면에 능통한 일. 또는, 그런 사람.

두루-치기² 圀 쇠고기나 돼지고기에 파·배추 같은 여러 가지 채소를 썰어 넣고 뒤섞어 가며 볶은 음식.

두루-치기³ 圀 예전에, 하층민 여성들이 입던, 폭이 좁고 길이가 짧은 치마.

두류¹(豆類) 圀 〔식〕 1 콩에 속하는 식물의 부류. 2 =두숙류(豆菽類).

두류²(逗留·逗遛) 圀 객지에 머물러 있는 것. ⓑ체류. **두류-하다** 图圀

두르다 图囘 〈두르니, 둘러〉 1 (일정한 넓이를 가진 긴 물체를 다른 물체에) 그 둘레에 걸쳐 빙 돌려서 대다. ¶앞치마를 ~ /챔피언 벨트를 허리에 ~. 困도르다. 2 (울타리 따위를) 사방에 돌려서 쌓거나 막다. ¶개나리로 울타리를 두른 집. 3 (물건을) 원을 그리듯이 돌리다. ¶신호를 하기 위해 횃불을 휘휘 ~. 4 (돈이나 물자를) 이리저리 변통하다. ¶돈 좀 급히 두를 데 없나. 5 (사람을) 마음대로 다루다. 6 (남을) 그럴듯하게 속이다. 困도르다. 7 (프라이팬·냄비 등에 기름을) 고르게 바르다. ¶프라이팬에 식용유를 ~. 8 바로 가지 않고 멀리 피하여 돌다. ¶둘러말하지 말고 솔직하게 얘기해.

두르르 囘 1 폭이 넓은 종이 같은 것이 탄력 있게 말리는 모양. ¶달력을 ~ 말다. 2 크고 둥그름한 것이 구르며 울리는 소리. 또는, 그 모양. ¶재봉틀을 ~ 돌리다. 困도르르. 匓뚜르르.

두름 圀 ① ㉠ 물고기나 나물을 짚 따위로 길게 엮은 것. ¶조기 ~ /두릅 ~. ② ㉡ 1 물고기를 두 줄로 10마리씩 엮은, 20마리를 세는 단위. ¶굴비 두 ~. 2 산나물 따위를 열 모숨 정도로 엮은 것을 세는 단위. ¶고사리 ~.

두름-성(-性) [-썽] 圀 주변성이 좋아서 일을 잘 변통하는 재주.

두릅 圀 두릅나무의 애순. 데쳐서 초고추장에 찍어 먹거나 무쳐 먹음.

두릅-나무 [-름-] 圀 〔식〕 두릅나뭇과의 낙엽 활엽 관목. 줄기에는 가시가 많고, 8~9월에 흰 꽃이 핌. 어린잎은 먹으며, 나무껍질과 뿌리는 약으로 씀. 산기슭이나 골짜기에 자람.

두리-기둥 圀〔건〕 둥글게 깎은 기둥. =등근기둥·원주(圓柱). ↔네모기둥.

두리기-상(-床) 圀 여럿이 둘러앉아 먹을 수 있게 한데 차린 음식상.

두리넓적-하다 [-넙쩌카-] 囝囘 모양이 둥그스름하고 넓적하다. ¶얼굴이 ~. **두리넓적-히** 囝

두리두리-하다 囝囘 (얼굴이나 눈 등이) 크고 둥글다. ¶얼굴이 두리두리하고 곱살한 시골 처녀.

두리-둥실 囝 물이나 공중에 떠올라 둥실둥실 움직이는 모양. ¶구름이 ~ 흘러간다.

두리뭉실-하다 囝囘 '두루뭉술하다'의 잘못.

두리-반(-盤) 圀 약간 크고 둥근 소반.

두리번-거리다/-대다 图㈀囘 어리둥절하여 눈을 멀뚱멀뚱 뜨고 이쪽저쪽을 휘둘러보다. ¶놀란 눈으로 주위를 ~. 困도리반거리다.

두리번-두리번 囝 두리번거리는 모양. 困도리반도리반. **두리번두리번-하다** 图㈀囘 ¶시골 영감이 길을 찾는 듯 두리번두리번하고 있다.

두릿-그물 [-리끄-/-릳끄-] 圀 〔수산〕 어군(魚群)을 둘러싸서 잡는, 직사각형의 그물. =선망(旋網).

두:-말 圀 이러니저러니 하는 말. ¶자네 탓이니 ~ 말고 잠자코 있게. **두:말-하다** 图囘 ¶한 입으로 두말할 테냐?

두말하면 잔소리 ㄸ '너무나 당연한 말'이란 것을 강조하는 말.

두말할 나위(가) 없다 ㄸ 너무나 자명하여, 군말을 더 보탤 여지가 없다. ¶우리 산업에 있어서 첨단 기술의 개발이 시급하다는 건 **두말할 나위 없는** 사실이다.

두:말-없다 [-업따] 囘 1 이러니저러니 불평하거나 딴말이 없다. ¶처음 계약을 맺을 때 확실히 해 두어야 **두말없는** 법이다. 2 이러니저러니 말할 필요도 없이 확실하다. ¶열심히 노력한 그가 성공할 것은 **두말없는** 일이다. **두:말없-이** 囝 ¶딱한 사정을 말했더니 ~ 들어주더라.

두멍 圀 물을 길어 붓고 쓰는 큰 가마나 독.

두메 圀 도회에서 멀리 떨어져 사람이 많이 살지 않는 곳. =변방·산협.

두메-산골(-山-) [-꼴] 圀 도시에서 멀리 떨어진 궁벽한 산골.

두멧-구석 [-메꾸-/-멛꾸-] 圀 두메의 아주 궁벽한 곳.

두멧-길 [-메낄/-멛낄] 圀 두메산골의 길.

두목(頭目) 圀 범죄 집단·폭력 집단 등의 우두머리. =산적·갱.

두문불출(杜門不出) 圀 〔이성계가 조선을 건국하자 고려의 충신들이 두문동(杜門洞;경기도 개풍군 광덕산 서쪽의 옛 지명)에 모여 살면서 일절 밖으로 나오지 않았다는 고사에서〕집 안에만 틀어박혀 밖에 나가지 않는 것. **두문불출-하다** 图㈀囘 ¶그는 요즘 **두문불출**하고 책만 읽고 있다.

두-문자(頭文字) [-짜] 圀 첫머리에 오는 글자. ▷머리글자.

두미(頭尾) 圀 1 머리와 꼬리. 2 처음과 끝. ⓑ기결(起結)·수미(首尾).

두미-없다(頭尾-) [-업따] 囘 앞뒤의 동이 닿지 않고 조리가 없다. **두미없-이** 囝

두바이-유(Dubai油) 圀 중동의 아랍 에미리트 연방에서 생산되는 원유.

두발(頭髮) 圀 '머리털'을 문어체로 이르는 말.

두:발-당성 圀 두 발로 차는 발길질.

두:발-제기 圀 두 발로 번갈아 가며 차는 제기. =외발제기.

두:발-짐승 圀 닭·오리 등의 두 발을 가진 짐승.

두:발방망이-질 圀 가슴이 몹시 크게 두근거

림. ¶가슴을 ~을 친다.
두:-벌 圀 초벌 다음에 두 번째로 하는 일.
두:벌-갈이 [-리][농] 논이나 밭을 두 번째로 가는 일. =앞뒤갈이·재경(再耕). **두:벌갈이-하다** 图(자)여.
두:벌-묻기 [-끼][고고] 시체를 일정 기간 보존한 뒤에 뼈를 깨끗이 씻어 다시 장사 지내는 장법(葬法). =세골장(洗骨葬).
두:벌-주검 圀 1 해부(解剖)나 검시(檢屍) 또는 화장을 당한 송장을 일컫는 말. 2 [역] 이미 죽은 사람에게 참형을 가하는 일.
두부¹(豆腐) 圀 물에 불린 콩을 갈아 자루에 넣고 짜낸 콩물을 끓여 여기에 간수를 넣어 엉기게 하여 만든 식품. 세는 단위는 모.
두부²(頭部) 圀 1 머리가 되는 부분. 2 물건의 윗부분. ↔미부(尾部).
두부^백선(頭部白癬) [-썬] 圀[의] 머리에 생기는 백선. 머리털이 군데군데 빠짐. 속칭은 기계충. =기계독. ㉠백선.
두부-살(豆腐-) 圀 사람의 살이 허옇고 살집이 많으며 탄력이 없이 물렁물렁한 상태. 또는, 그 살. 얕잡거나 놀리는 조의 말임. ▷무살.
[**두부살에 바늘뼈**] 아주 허약하여 조금만 아파도 몹시 엄살을 부리는 사람을 놀리는 말.
두상¹(頭上) 圀 1 머리 위. 2 '머리¹'의 존칭.
두상²(頭狀) 圀 사람의 머리와 같은 형상.
두상³(頭相) 圀 머리의 모양 또는 생김새.
두상⁴(頭像) 圀[미] 머리 부분만을 나타낸 조각 작품.
두상-화(頭狀花) 圀[식] 꽃대 끝에 많은 꽃이 모여 하나의 머리 모양을 이룬 꽃. 국화·민들레·해바라기 따위.
두색-동물(頭索動物) [-똥-] 圀[동] 척색동물 가운데 등에 등뼈와 비슷한 척색이 있는 무척추동물의 총칭. 몸은 좌우 상칭으로 체절(體節) 구조가 보이며, 활유어 따위가 이에 속함.
두서¹(頭書) 圀 1 = 머리말¹. 2 문서나 상장 등에서, 첫머리에 쓴 글. ¶이 사람은 ~와 같이 입상하였기에 이에 상장을 줌.
두서²(頭緖) 圀 일의 차례나 갈피.
두서너 ㊄ 둘 혹은 셋이나 넷. ¶~ 권의 책.
두서넛 [-넏] ㊄ 둘 혹은 셋이나 넷.
두서-없다(頭緖-) [-업따] 圂 말이나 글이 조리가 없다. ¶두서없는 말을 지껄이다. **두서없-이** 囝 ¶그는 갑작스러운 질문에 ~ 대답했다.
두성¹(斗星) 圀[천] '북두칠성'의 별칭.
두성²(頭聲) 圀[음] 성악에서, 머리 위쪽을 울려서 내는 높은 소리.
두-세 ㊄ 둘이나 셋. ¶참새 ~ 마리 / 학생 ~ 명.
두세-째 ㊄ 둘째나 셋째.
두-셋 [-섿] ㊄ 둘이나 셋. ¶그 집도 애들이 ~은 될걸.
두:-수¹ 圀 (주로 '있다', '없다'와 함께 쓰여) 다른 방도나 대책. ¶뒤미처 비상경보의 소동이 일어나서 씨동이는 ~ 없이 붙잡히고 말았다.《이기영: 두만강》
두수²(頭數) [-쑤] 圀 소·말·돼지 따위의 마릿수. ¶사육 ~.
두숙-류(豆菽類) [-쑹뉴] 圀[식] 씨를 식용으로 하는 콩과 식물의 총칭. 낙화생·완두·콩·팥 따위. =두류(豆類).
두시-언해(杜詩諺解) 圀[책] 조선 성종 때, 유윤겸(柳允謙) 등이 두보(杜甫)의 시를 우리말로 번역한 책. 원명은 '분류두공부시언해'.
두어 圀 둘가량. ¶~ 달 / ~ 마리.
두어-두다 图(타) 건드리지 않고 있는 그대로 두다. ㉠뒤두다.
두어-째 ㊄ 둘째가량. ¶앞에서 ~에 서다.
두억시니 [-씨-] 圀[민] 모질고 악한 귀신의 하나. 비야차(夜叉).
두엄 圀[농] 짚, 풀, 가축의 분뇨 따위를 섞어 썩힌 거름. =퇴비. ¶밭에 ~을 내다.
두엄-간(一間) [-깐] 圀 두엄을 쌓아 놓는 헛간.
두엄-자리 [-짜-] 圀 두엄을 쌓아 모으는 자리. =두엄터.
두엇 [-얻] ㊄ 둘가량. ¶일꾼 ~만 구해 주세요.
두역(痘疫) 圀[한] '천연두'를 한의학에서 이르는 말.
두옥(斗屋) 圀 1 아주 작은 집. ¶일간(一間) ~. 2 썩 작은 방.
두우(杜宇) 圀 = 두견이.
두운(頭韻) 圀[문] 시구(詩句)의 첫머리에 같거나 비슷한 음(音)의 글자를 되풀이해서 쓰는 음위율(音位律)의 하나. ▷각운·요운.
두유¹(豆油) 圀 = 콩기름1.
두유²(豆乳) 圀 물에 담근 콩을 으깨고 물을 부어 끓여서 거른, 우유 빛깔의 액체.
두음(頭音) 圀[언] 단어의 첫소리로서의 자음이나 모음. 곧, '사랑'의 'ㅅ', '오늘'의 'ㅗ' 따위. =머리소리. ↔말음(末音).
두음^경화(頭音硬化) 圀[언] 두음이 된소리로 변하는 발음 경향의 현상. '가마귀'가 '까마귀'로, '자르다'가 '짜르다'로 바뀌는 따위.
두음^법칙(頭音法則) 圀[언] 어떤 소리가 단어의 첫머리에 쓰이는 것이 꺼려지는 현상. 곧, 'ㅣ, ㅑ, ㅕ, ㅛ, ㅠ' 앞에서의 'ㄹ'과 'ㄴ'이 'ㅇ'이 되고, 'ㅏ', 'ㅓ', 'ㅗ', 'ㅜ', 'ㅡ', 'ㅐ', 'ㅔ' 앞에서의 'ㄹ'은 'ㄴ'으로 변하는 일. 리치(理致)→이치, 녀자(女子)→여자, 락원(樂園)→낙원, 래일(來日)→내일 따위.
두:-이레 圀 아이가 태어난 지 14일이 되는 날. =이칠일(二七日).
두장고-지수(頭長高指數) 圀[생] 두형(頭型)을 분류하는 지수의 하나. 머리 길이에 대한, 귓구멍에서부터 머리 꼭대기까지 높이의 백분율로 나타냄. ▷두장폭지수·두폭고지수.
두장폭-지수(頭長幅指數) [-찌-] 圀[생] 두형(頭型)을 분류하는 지수의 하나. 머리 길이에 대한 폭의 백분율로 나타냄. ▷두장고지수·두폭고지수.
두절(杜絶) 圀 (교통·통신·연락 등이) 끊어지거나 막혀서 다닐 수 없게 되거나 통하지 않게 되는 것. **두절-하다** 图(자)여. **두절-되다** 图(자) ¶폭설로 교통이 ~ / 통신이 ~.
두정-골(頭頂骨) 圀[생] 머리뼈 중 대뇌의 뒤쪽을 덮은 한 쌍의 편평하고 모가 난 뼈.
두족-강(頭足綱) [-깡] 圀[동] 연체동물의 한 강(綱). 발이 머리 부분에 달린 것이 특징이며, 머리의 입 주위에 8~10개의 발이 있음. 꼴뚜기·오징어·낙지·앵무조개 따위가 이에 속함.
두주¹(斗酒) 圀 = 말술.
두주²(頭註) 圀 본문 위쪽에 적은 주석(註

釋). ↔각주(脚註).

두주불사(斗酒不辭)[-싸] [명] 말술도 사양하지 않음. 곧, 주량이 매우 셈. **두주불사-하다** [동][자][여]

두지 [명] '뒤주' 의 잘못.

두-지수(頭指數) [명][생] 인류학에서, 두형(頭型)을 분류하는 지수. 두장고지수·두장폭지수·두폭고지수 등이 있음.

두-째 [수] **1** 열·스물·백·천 등의 일부 수사와 어울려 열째·스무째·백째·천째 등의 다음다음 차례를 이르는 말. **2** '둘째' 의 잘못.

두창(痘瘡) [명][한] '천연두' 를 한의학에서 이르는 말.

두태(豆太) [명] 콩과 팥.

두텁다[-따] [형][ㅂ] <두터우니, 두터워> **1** (인정이나 사랑이나 아끼는 마음이) 보통의 정도보다 깊다. ¶**두터운** 우정 / 사장의 신임이 ~. [작]도탑다. **2** 바둑에서, (어떤 수나 형세가) 기반이 튼튼하다. ¶흑이 ~. ↔엷다. ▶두껍다. **두터이** [부] ¶우정을 ~ 하다.

두텁-단자(-團子) [명] '두텁떡' 의 잘못.

두텁-떡 [명] 밑에 팥을 깔고 그 위에 찹쌀가루를 드문드문 떠 놓은 뒤, 대추·밤·잣 등을 섞은 소를 박고 그 위에 팥고물을 덮어 쪄 낸 떡. ×두텁단자.

두ː톨-박이 [명] 밤알이 두 톨만 생겨 여문 밤송이. ▷외톨박이.

두통(頭痛) [명] 머리의 속이 쑤시거나 지끈거리거나 띵하거나 하면서 아픈 증세. ¶~이 심하다 / ~이 나다.

두통-거리(頭痛-)[-꺼-] [명] 머리가 아프도록 처리하기에 복잡하고 귀찮게 된 일이나 사람.

두통-약(頭痛藥)[-냑] [명][약] 머리가 아플 때 먹는 약.

두툴-두툴 [부] '두둘두둘' 의 거센말. [작]도톨도톨. **두툴두툴-하다** [형][여] ¶호두 껍데기가 ~.

두툼-하다 [형][여] **1** 좀 두껍다. ¶**두툼한** 편지 / 입술이 ~. **2** 어지간히 넉넉하다. ¶월급을 받아 주머니가 ~. [작]도톰하다. **두툼-히** [부]

두폭고-지수(頭幅高指數)[-꼬-] [명][생] 두형(頭型)을 분류하는 지수의 하나. 머리의 폭에 대한, 귓구멍에서부터 머리 꼭대기까지의 길이의 백분율로 나타냄. ▷두장고지수·두장폭지수.

두피(頭皮) [명] 머리를 덮고 있는 피부.

두한-족열(頭寒足熱)[-종녈] [명] 머리는 차게 두고 발은 덥게 하는 일.

두ː해-살이 [명][식] 그 해에 싹이 터서 자라다가 이듬해에 열매를 맺고 죽는 일. 또는, 그러한 식물. =월년생(越年生)·이년생(二年生).

두ː해살이-풀 [명][식] 그 해에 싹이 터서 자라다가 이듬해에 열매를 맺고 죽는 풀. 보리·무·유채·완두 따위. =월년초(越年草)·이년생 식물·이년생 초본.

두호(斗護) [명] (남을) 두둔하여 감싸는 것. **두호-하다** [동][타][여] ¶선생은 왜 그런 사람을 두호하세요?

두-흉부(頭胸部) [명] **1** 머리와 가슴 부분. **2** [동] 머리와 가슴 부분이 들러붙어 하나로 된 부분. 절지동물의 갑각강과 거미류에서 볼 수 있음. =머리가슴.

둑 [명] **1** =제방(堤防). ¶저수지 ~ / ~을 쌓다. **2** 높은 길을 내려고 쌓은 언덕. =방강(防江). ¶논~ / 밭~ / 철롯~.

둑-길[-낄] [명] 둑 위로 난 길.

둑-막이[둥-] [명] 둑을 쌓아 물이 넘치지 못하게 막는 일. **둑막이-하다** [동][자][여]

둔ː각(鈍角) [명][수] 90°보다 크고 180°보다 작은 각. ↔예각(銳角).

둔ː각^삼각형(鈍角三角形)[-쌈가켱] [명][수] 내각의 세 각 중 하나가 둔각인 삼각형.

둔ː감(鈍感) ➡**둔ː감-하다** [형][여] (사람·동물이 어떤 일·자극·현상 등에) 별 반응이나 감각이 없이 둔하다. [비]무디다. ¶그 여자는 유행에 ~.

둔ː갑(遁甲) [명] **1** 주로, 민간 신앙·설화 등에서, (사람이나 동물이 다른 사람·동물·물체로) 알 수 없는 신비한 방법으로 제 몸을 바뀌게 하는 것. 또는, (어떤 술법을 부리는 자에 의해 어떤 존재가 다른 존재로) 몸이 바뀌는 것. ¶요정이 호박을 마차로 ~시키다. **2** (어떤 사물이 다른 사물로) 그 모습이나 내용이 엉뚱하게 또는 납득하기 어렵게 바뀌는 것. **둔ː갑-하다** [동][자][여] ¶백 년 묵은 구미호가 사람으로 ~ / 계획이 원래와는 전혀 다른 것으로 ~. **둔ː갑-되다** [동][자]

둔ː갑-술(遁甲術)[-쑬] [명][민] 둔갑을 하는 술법. =둔갑법.

둔ː갑-장신(遁甲藏身)[-짱-] [명][민] 둔갑하는 술법으로 남에게 보이지 않게 몸을 숨김. **둔ː갑장신-하다** [동][자][여]

둔ː기(鈍器) [명] **1** 무딘 날붙이. **2** 날이 없는 도구를 흉기로 썼을 때의 바로 그것을 이르는 말. ¶~를 휘두르다 / ~로 내리치다 / ~로 얻어맞은 흔적.

둔덕 [명] 두두룩하게 언덕진 곳.

둔덕-지다[-찌-] [형] 두두룩하게 언덕이 되어 있다.

둔병(屯兵) [명][군] 군사가 주둔하는 것. 또는, 주둔한 군사. **둔병-하다** [동][자][여]

둔부(臀部) [명] 등의 아래, 다리 위쪽에 반구형으로 내민, 한 쌍의 신체 부분. [비]엉덩이.

둔ː세(遁世·遯世) [명] 세상을 피해 사는 것. **둔ː세-하다** [동][자][여]

둔영(屯營) [명][군] 군사가 주둔하고 있는 군영.

둔ː재(鈍才) [명] 둔한 재주. 또는, 그런 사람.

둔전(屯田) [명][역] **1** 주둔병의 군량을 자급하기 위하여 마련된 밭. **2** 각 궁과 관아에 딸린 밭.

둔ː절(遁絕) [명] 소식 따위가 아주 끊어지는 것. **둔ː절-하다** [동][자][여] **둔ː절-되다** [동][자]

둔ː중(鈍重) ➡**둔ː중-하다** [형][여] **1** 부피가 크고 육중하다. **2** 성질·동작이 둔하고 느리다. ¶**둔중한** 걸음걸이. **3** 소리가 둔하고 무겁다. ¶멀리서 들려오는 **둔중한** 포성(砲聲). **4** 주위의 상태가 께느른하고 활발하지 못하다.

둔취(屯聚) [명] 여러 사람이 한곳에 모여 있는 것. **둔취-하다** [동][자][여]

둔치 [명] **1** 물가의 언덕. 또는, 강·호수 따위의 물이 있는 곳의 가장자리. **2** 큰물이 날 때에만 잠기는 강변의 평평한 땅.

둔-치다(屯-) [동][자] **1** 여러 사람이 한곳에 떼지어 머무르다. **2** 많은 군대가 한데 모여 진을 치다.

둔ː탁(鈍濁) ➡**둔ː탁-하다**[-타카-] [형][여] **1** 성질이 굼뜨고 흐리터분하다. **2** 소리 따위가 둔중하고 탁하다. ¶건축 공사장은 철야 작업을 하는지 **둔탁한** 망치 소리가 들려오고 있다.

둔ː통(鈍痛) [명] 둔하고 무지근하게 느끼는 아품. ↔극통(極痛).
둔:팍-하다(鈍-)[-파카-] **형여** 1 미련하고 투미하다. 2 동작이나 소리 따위가 둔하고 매우 느리다.
둔:필(鈍筆) **명** 1 서투른 글씨. 또는, 자기의 필적의 겸칭. 2 필적이 서투른 사람. ▷졸필.
둔:-하다(鈍-) **형여** 1 깨우침이 늦고 재주가 없다. ¶공부에서 공부를 못하다. 2 언행이 느리고 미련하다. ¶동작이 ~/살이 쪄서 몸이 ~. 3 감수성이 무디다. ¶감각이 ~. 4 기구·날붙이 따위가 육중하고 무디다. ¶칼날이 날카롭지 못하고 ~. 5 소리가 무겁고 무디다.
둔:화(鈍化) **명** (감각·움직임·변화 등이) 둔해지는 것. **둔:화-하다** **동재여** **둔:화-되다** **동재여** ¶수출 신장이 ~.
둘¹ ㈜ 1 하나에 하나를 더한 수. 고유어 계통의 수사임. ¶~에 ~을 더하면 넷이다. ▷이(二). 2 사람이나 사물의 수량을 셀 때, 하나 다음에 해당하는 수효. ¶~씩 짝을 지어 앉아라.
[둘이 먹다가 하나가 죽어도 모르겠다] 음식의 맛이 대단히 좋다.
둘도 없다 ㈜ 1 오직 하나뿐이고 더 이상 없다. ¶너처럼 고집이 센 녀석은 이 세상에 **둘도 없을** 거야. 2 그 이상 더 없을 정도로 아주 소중하다. ¶**둘도 없는** 친구.
둘-² **접두** 새끼나 알을 배지 못하는 짐승의 암컷을 나타낼 때, 그 짐승의 이름 앞에 붙이는 말. ¶~암캐/~소/~암탉.
둘-되다[-뒤-/-뤠-] **형** 상냥하지 못하고 둔곽하게 생기다.
둘둘 **튀** 1 물건을 여러 겹으로 마는 모양. ¶멍석을 ~ 말다. 2 물건이 가볍고도 빨리 구르거나 도는 소리. ¶재봉틀이 ~ 돌아가다. **재** 돌돌. **쎈** 뚤뚤.
둘러-놓다[-노타] **타** 1 여럿을 둥글게 벌여 놓다. ¶방석을 연회석에 빙 ~. 2 방향을 바꾸어 놓다. **재** 돌라놓다.
둘러-대다 **타** 1 (돈·물건 따위를) 변통하여 대다. ¶돈을 ~. 2 그럴듯하게 꾸며 대다. ¶말로 이리저리 **둘러대어** 위기를 모면했다. **재** 돌라대다.
둘러-막다[-따] **타** (가장자리를) 돌아가며 가려 막다. **재** 돌라막다.
둘러-말하다 **재여** 에둘러서 간접적으로 말하다. ¶빙빙 **둘러말하지** 말고 요점만 간단히 말해라.
둘러-맞추다[-만-] **타** 1 다른 물건으로 대신하여 그 자리에 맞추다. 2 둘러대어 맞추다. ¶이 돈 저 돈 끌어다 ~. **재** 돌라맞추다.
둘러-매다 **타** 한 바퀴 둘러서 양 끝을 마주 매다. **재** 돌라매다.
둘러-메다 **타** 좀 가벼운 물건을 번쩍 들어 어깨에 메다. ¶짐짝을 어깨에 ~. ×들쳐메다.
둘러-메치다 **타** 둘러메어 세게 넘어뜨리다.
둘러-보다 **타** 주위를 두루 살펴보다. ¶사장은 공장을 구석구석 **둘러보았다**. **재** 돌라보다.
둘러-붙다[-붇따] **재** 유리한 쪽으로 돌아서 붙좇다. **재** 돌라붙다.
둘러-서다 **재** 여러 사람이 둥글게 서다. ¶우리는 선생님을 중심으로 빙 **둘러섰다**. **재** 돌라서다.

둘러-싸다 **타** 1 빙 둘러서 에워싸다. ¶그가 공항에 모습을 드러내자 기자들이 순식간에 그를 **둘러쌌다**. 2 ('둘러싸고'의 꼴로 쓰여) 어떤 것을 중심 대상으로 하다. ¶그 사건을 **둘러싸고** 많은 의혹이 꼬리를 물고 있다. **재** 돌라싸다.
둘러싸-이다 **재** '둘러싸다'의 피동사. ¶우리나라는 삼면이 바다로 **둘러싸여** 있다.
둘러-쌓다[-싸타] **타** 빙 둘러서 쌓다. ¶담을 ~. **재** 돌라쌓다.
둘러-쓰다 **타** <-쓰니, ~써> ⇒뒤집어쓰다.
둘러-앉다[-안따] **재** 여러 사람이 둥글게 앉다. ¶온 식구가 식탁에 **둘러앉아** 식사를 하다. **재** 돌라앉다.
둘러앉-히다[-안치-] **타** '둘러앉다'의 사동사. ¶아이들을 **둘러앉히고** 옛날이야기를 들려주다.
둘러-업다[-따] **타** 들어 올려서 업다. ×들쳐업다.
둘러-엎다[-업따] **타** 들이부숴서 엎어 버리다. ¶밥상을 ~.
둘러-차다 **타** 몸에 둘러 매달려 있게 하다. ¶허리에 칼을 ~.
둘러-치다 **타** 1 휘둘러 세차게 내던지다. 2 메·몽둥이 등을 휘둘러 세게 내리치다. 3 병풍·그물 등을 둘러놓다. ¶울타리를 ~.
[둘러치나 메어치나 매한가지(매일반)] 이렇게 하나 저렇게 하나 결과는 마찬가지라는 말.
둘레 **명** 1 사물의 가의 테두리나, 바깥 언저리. ¶모자의 ~에 금테를 두르다/운동장 ~에 플라타너스를 심다. 2 사물의 가를 한 바퀴 돈 길이. =주회(周回). ¶원~/가슴~/지구의 ~.
둘레-돌 **명** 능묘의 봉토(封土) 주위를 둘러 쌓은 돌. =호석(護石).
둘레-둘레 **튀** 1 사방을 살피는 모양. ¶누가 없는지 ~ 살피다. 2 여러 사람이 빙 둘러앉은 모양. **둘레둘레-하다** **동여** 사방을 살펴보다.
둘리다¹ **재** 그럴듯한 꾀에 속다. **재** 돌리다.
둘리다² **재** '두르다'의 피동사. ¶어깨에 띠가 ~/우리 마을은 산으로 **둘려** 있다.
둘-소[-쏘] **명** 새끼를 낳지 못하는 암소. =둘암소.
둘:-이 Ⅰ **명** '두 사람'을 이르는 말. ¶~는 단짝 친구다. / 그 일은 우리 ~의 차지다. **Ⅱ 튀** 두 사람이 함께. ¶~ 산에 가다.
둘-잇단음표[-音標][-임딴-] **명** 동일한 음표 두 개를 그 음표 셋의 길이와 같게 연주하라는 기호. 두 음 사이에 연결표와 숫자를 기입해 표시함. ▷셋잇단음표.
둘:-째 ㈜ 차례를 매길 때, 첫째의 다음에 오는 수. ×두째.
둘:째-가다 **재** 최고에 버금가다.
[둘째가라면 서럽다] ㈜ 자타가 공인하는 첫째다.
둘:째-아버지 **명** 결혼을 한, 아버지의 형제 가운데 둘째 되는 이. 아버지의 형제가 여럿인 경우에 아버지가 셋째나 그 아래이면 둘째 큰아버지를, 아버지가 맏이거나 둘째이면 첫째 작은아버지를 이름. =중부(仲父).
둘:째-어머니 **명** 1 둘째아버지의 아내. =중모(仲母). 2 아버지의 후처.
둘:쨋-집[-째찝/-쨋찝] **명** 둘째 동생이나 둘째 아들의 집.

둘-하다 [형여] 둔하고 미련하다. ¶봉학이의 아내는 얼굴이 면추도 못 되고 사람이 둘하여서 당초에 봉학이 마음에 들지 아니하였었다.(홍명희:임꺽정)

둥¹ [명][음] 한국 고유 음악의 음계의 하나로, 제2음.

둥² [명][의존] 무슨 일을 하는 듯도 하고 하지 않는 듯도 함을 나타내는 말. '-둥 -둥'의 꼴로 쓰이되, 앞의 것은 어미 '-ㄴ/은/는', '-ㄹ/을' 따위의 뒤에 쓰이고 뒤의 것은 '마는', '만', '말' 다음에만 쓰임. ¶비가 올 ~ 말 ~ 하다 / 본 ~ 만 ~ 하다 / 밥을 먹은 ~ 만 ~ 하다.

둥³ [명][의존] '-다는/라는/냐는 둥 -다는/라는/냐는 둥'의 꼴로 잇달아 두 번 쓰여, '이렇다거니 저렇다거니' 따위로 말이 많음을 나타내는 말. ¶국이 짜다는 ~ 싱겁다는 ~ 말이 많다.

둥⁴ [부] 북·가야금 따위의 소리. [작]동.

둥개다 [동][자] 일을 감당하지 못하고 쩔쩔매다.

둥개-둥개 [감] '둥둥'을 더 재미나게 내는 소리. ¶우리 아기 ~!

둥구-나무 [명] 크고 오래된 정자나무.

둥굴-대 [-때] [명] 둥글게 만든 평미레.

둥굴레 [명][식] 백합과의 여러해살이풀. 6~7월에 단지 모양의 백록색 꽃이 피고, 열매는 9~10월에 검게 익음. 땅속줄기는 약용·식용하며, 어린잎은 먹음.

둥그러미 [명] 원 모양의 둥근 형상. [작]동그라미.

둥그러-지다 [동][자] 넘어지면서 구르다. ¶돌부리에 걸려 ~. [작]동그라지다.

둥그렇다 [-러타] [형][ㅎ] <둥그러니, 둥그러오, 둥그래> (선이나 평면적인 대상이) 원에 가까운 형태에 있다. ¶보름달처럼 둥그런 얼굴. [작]동그랗다. [센]뚱그렇다.

둥그레-지다 [동][자] 둥그렇게 되다. ¶눈이 ~. [작]동그래지다. [센]뚱그레지다.

둥그스름-하다 [형여] 약간 둥글다. ¶얼굴이 ~. [작]동그스름하다. [센]뚱그스름하다. **둥그스름-히** [부]

둥근-달 [명] 음력 보름을 전후하여 둥그렇게 된 달.

둥근-톱 [명] 모양이 둥근 기계톱.

둥근-파 [명][식] '양파'의 잘못.

둥글넓적-하다 [-럽쩌카-] [형여] 생김새가 둥글면서 넓적하다. ¶둥글넓적한 접시 / 얼굴이 ~. [작]동글납작하다. **둥글넓적-이** [부]

둥글다 I [형] <둥그니, 둥그오> 1 (선이나 평면적 또는 입체적인 대상이) 보름달이나 공과 모양이 같거나 그에 가까운 상태에 있다. 또는, 특별히 모가 난 부분이 없는 상태에 있다. ¶목재의 옆면을 둥글게 깎다. [작]동글다. 2 (사람의 성격이나 세상 사는 태도가) 모가 없이 원만하다. ¶성격이 ~ / 한세상 둥글게 살아갑시다.
II [동][자] <둥그니, 둥그오> 둥그렇게 되다. ¶보름이면 달이 둥근다.

둥글-둥글 [부] 1 여럿이 모두 둥글거나 매우 둥근 모양. [작]동글동글. [센]뚱글뚱글. 2 모가 없이 원만한 모양. ¶~ 삽시다. **둥글둥글-하다** [형여]

둥글-리다 [동][타] '둥글다 I¹'의 사동사. ¶각진 모서리를 ~. [작]동글리다.

둥글-부채 [명] 반원 또는 원에 가까운 형태로 만든 부채. =단선(團扇).

둥굿-하다 [-그타-] [형여] 둥근 듯하다. [작]동긋하다. **둥긋-이** [부]

둥덩-거리다/-대다 [동][자타] 북·장구·가야금 등을 쳐서 잇달아 둥덩 소리를 내다. ¶북을 ~. [작]동당거리다.

둥덩-둥덩 [부] 둥덩거리는 소리. ¶…가얏고, 퉁소 소리 띠루띠루, 해적 소리 고깨고깨….(흥부전) [작]동당동당. **둥덩둥덩-하다** [동][자타]

둥덩산-같다 (-山-) [-갇따] [형] 1 물건이 많이 쌓여 수북하다. ¶둥덩산같은 솜바지. 2 배가 불룩하게 나온 형상을 비유하여 이르는 말. **둥덩산같-이** [부]

둥-둥¹ [부] 큰 북이 잇달아 칠 때 나는 소리. ¶북을 ~ 울리다. [작]동동.

둥둥² [부] 비교적 크고 무거운 물체가 물 위에 떠서 상하로 약간 움직이는 모양. ¶물 위에 ~ 떠내려가다. [작]동동. ▷둥실둥실.

둥둥³ [감] 아기를 어를 때에 하는 소리. ¶우리 아기 ~ 금자둥아 옥자둥아.

둥둥-거리다/-대다 [동][자타] 잇달아 둥둥 소리가 나다. 또는, 둥둥 소리를 내다. [작]동동거리다.

둥실 [부] 물체가 가볍게 떠 있는 모양. ¶보름달이 ~ 떠 있다. [작]동실.

둥실-둥실 [부] 물체가 가볍게 떠서 움직이는 모양. ¶~ 떠가는 구름. [작]동실동실.

둥싯-거리다/-대다 [-싣꺼(때)-] [동][자] 굼뜨게 자꾸 움직이다.

둥싯-둥싯 [-싣둥싣] [부] 둥싯거리는 모양. [센]둥씻둥씻. **둥싯둥싯-하다** [동][자타]

둥우리 [명] 짚이나 싸리로 바구니 비슷하게 엮어 만든 그릇.

-둥이 [접미] 명사 아래에 붙어, 어떤 특징을 가지는 사람을 귀엽게 또는 홀하게 이르는 말. ¶귀염~ / 바람~ / 막내~ / 해방~. ×-동이.

둥주리 [명] 짚으로 크고 두껍게 엮은 둥우리.

둥주리-감 [명] 모양이 둥근 감.

둥지 [명] 새가 알을 낳아 새끼를 기르기 위해 나뭇가지·풀잎·지푸라기·털 등을 모아 만든 구조물. [비]새집. ¶~까지 ~ 놓다. ~를 낳다.

둥지(를) 틀다 [치다] [구] 새가 둥지를 만들다. ¶제비가 처마 밑에 ~.

둥치 [명] 큰 나무의 밑동.

뒈!-두다 [동][타] '두어두다'의 준말. ¶그 문제는 좀 뒤두고 생각해 봅시다.

뒈뒈 [감] =드레드레.

뒈!지다 [동][자] '죽다'를 비속하게 이르는 말.

뒝-박 [명] '뒤웅박'의 잘못.

뒤¹ [명] 1 사람이나 기타의 대상이 향하고 있는 쪽과 반대되는 방향. 또는, 그 방향에 있는 곳. ¶~로 물러서다 / ~를 돌아다보다. 2 방향을 가진 물체에서, 향하고 있는 쪽의 반대되는 쪽에 있는 부분. ¶모자 ~에 달린 상표. ~앞. 3 다음이나 나중. ¶일을 ~로 미루다. 4 보이지 않는 곳. [비]배후(背後). ¶사건 ~에 숨은 비밀 / 그의 ~를 캐 보아라. 5 끝이나 마지막이 되는 부분. ¶~로 갈수록 소설이 재미있다. 6 계통성을 띤 현상이나 선행한 것의 다음을 잇는 것. ¶자손이 없어 ~가 끊기다 / 아버지의 ~를 잇다. 7 대 주거나 도와주는 힘. ¶~를 대다 / ~가 든든하다. 8 어떤 일의 자취·흔적 또는 결과. ¶술 ~가 나쁘다. 9 좋지 않은 감정이나 노기 등의 계속적인 작용. ¶그는 ~가 없어 좋다. 10 (주로, '보다', '마렵다' 등과 쓰여) 사람의 '똥'을 완곡하게 일컫는 말. ¶~가 급하다 / ~를 보러 가다. 11 '뒷밭'의 준말.
[뒤로 호박씨 깐다] 겉으로는 얌전한 체하나 남이 보지 않는 데서는 딴 짓을 한다.
뒤가 구리다 囝 숨겨 둔 약점이나 잘못이 있다. ¶나를 보고 피하는 걸 보니 **뒤가 구린** 모양이다.
뒤가 꿀리다 囝 약점 때문에 떳떳하지 못하고 마음이 켕기다. ¶그에게 **뒤가 꿀릴** 일이라도 있소?
뒤가 달리다 囝 뒤를 댈 힘이 없어지다.
뒤가 땅기다 囝 자신의 약점이나 잘못 때문에 좋지 못한 일이 있을 것 같아 걱정이 나다.
뒤를 캐다 囝 은밀히 뒷조사를 하다.
뒤-² [접두] 1 주로 동사 앞에 붙어, '함부로', '몹시', '온통'의 뜻을 나타내는 말. ¶~흔들다 / ~끓다 / ~섞다 / ~얽히다. 2 주로 동사 앞에 붙어, '뒤집어', '반대로'의 뜻을 나타내는 말. ¶~엎다 / ~바꾸다.
뒤-까불다 图<~까부니, ~까부오> 몸을 뒤흔들면서 방정맞게 행동하다.
뒤-껼[-껼] 몡 집 뒤에 있는 마당이나 뜰. =후정(後庭). ×뒷안.
뒤꼬-이다 图 일 따위가 순순히 풀리지 않고 마구 뒤틀리다.
뒤꼭지-치다 图 '뒤통수치다'의 잘못.
뒤-꽁무니 몡 =꽁무니3.
뒤-꽂이 몡 쪽 찐 머리 위에 덧꽂는 비녀 이외의 장식물.
뒤-꾸머리 몡 =발뒤꿈치.
뒤-꿈치 몡 =발뒤꿈치.
뒤끓다[-끌타] 图 1 한데 뒤섞여 마구 끓다. 2 많은 수효가 같은 곳에서 움직이다. ¶구더기가 ~.
뒤-끝[-끝] 몡 1 일의 맨 나중이나 끝. ¶~이 개운하지 않다. 2 어떤 일이 있은 바로 뒤. ¶장마 ~이라 과일 값이 비싸다.
뒤끝(을) 보다 囝 참고 기다려서 일의 결과를 보다. ¶일을 시작했으면 **뒤끝을 봐야** 할 게 아닌가.
뒤끝이 흐리다 囝 일 따위의 마무리를 확실하지 않게 하는 태도가 있다.
뒤-내다 图 함께 일을 하다가 중도에서 싫증을 내다.
뒤넘기-치다 图 1 뒤로 넘어뜨리다. 2 엎치락뒤치락하면서 서로 넘어뜨리다.
뒤-놀다 图<~노니, ~노오> 1 이리저리 몹시 흔들리다. ¶상다리가 ~ / 물결에 배가 ~. 2 정처 없이 마음대로 돌아다니다.
뒤-놓다[-노타] 图 뒤집어 놓다.
뒤-늦다[-늗따] 혱 제때가 지나 퍽 늦다. ¶회의가 다 끝나 가는데 **뒤늦게야** 그가 허겁지겁 달려왔다.
뒤다 图 '뒤지다'의 준말.
뒤-대다¹ 图 1 빈정거리는 태도로 비뚜로 말하다. 2 거꾸로 가르치다.
뒤-대다² 图 뒤를 돌보아 주다.
뒤-대패 몡 굽은 재목의 안쪽을 깎아 내는 대패. =흑대패.
뒤-덮다[-덥따] 图 1 빈 데가 없이 죄다 덮다. ¶먹구름이 하늘을 ~.
뒤덮-이다 图 '뒤덮다'의 피동사.
뒤-돌아보다 图 1 뒤쪽을 돌아보다. ¶미행자가 없는지 ~. 2 지난 일을 뒤이켜 생각하여 보다. ¶어린 시절을 ~.
뒤-돌아서다 图 뒤로 돌아서다. ¶그는 잘 있으라는 한마디 말만 남겨 놓고 **뒤돌아서서** 내 곁을 떠났다.

뒤-둥그러지다 图 1 뒤틀려서 우그러지다. ¶입술이 ~. 2 (태도·성질이) 비뚤어지거나 비꼬이다. 3 아주 세게 넘어지면서 구르다.
뒤-따라가다 图<거라><~따라가거라> 뒤를 따라가다. ¶먼저 가십시오. 곧 **뒤따라가 겠습니다.**
뒤-따라오다 图<너라><~따라오너라> 뒤를 따라오다. ¶오토바이가 승용차를 바짝 ~.
뒤-따르다 图<~따르니, ~따라> 1 뒤를 따르다. 2 어떤 일의 과정에 부수되거나 결과로서 생기다. ¶많은 어려움이 **뒤따르는** 일 / 죄에 **뒤따른** 형벌.
뒤-딱지[-찌] 몡 시계 따위의 뒤에 붙은 뚜껑.
뒤-떠들다 图<~떠드니, ~떠드오> 왁자하게 마구 떠들다.
뒤-떨다 图<~떠니, ~떠오> 몸을 몹시 흔들며 떨다. ¶오한으로 몸을 ~.
뒤-떨어지다 图 1 뒤에 처지다. ¶남들보다 조금 **뒤떨어져** 걷다. 2 뒤에 처져 남아 있다. ¶한 사람만 **뒤떨어지고**, 나머지는 다 왔다. 3 발전 속도가 느려 어떤 기준·수준에 이르지 못하다. ¶외국에 비해 **뒤떨어진** 기술. 4 (시대나 사회 조류 따위에) 맞지 않게 뒤지다. ¶유행에 ~.
뒤뚝-거리다/-대다[-꺼(때)-] 图 크고 묵직한 물건이 쓰러질 듯이 이리저리 잇달아 흔들려 기우뚱거리다. 또는, 기우뚱거리게 하다. 倒되뚝거리다.
뒤뚝-뒤뚝[-뚜-] 用 뒤뚝거리는 모양. 倒되뚝되뚝. **뒤뚝뒤뚝-하다** 图
뒤뚝-이다 图 큰 물건이 중심을 잃고 이리저리 기울어지다. 또는, 큰 물건을 이리저리 기울이다. 倒되뚝이다.
뒤뚱-거리다/-대다 图 크고 묵직한 물건이 쓰러질 듯이 이리저리 잇달아 기울어지며 흔들리다. 또는, 흔들리게 하다. 倒되뚱거리다.
뒤뚱-뒤뚱 用 뒤뚱거리는 모양. ¶~ 걷다. 倒되뚱되뚱. **뒤뚱뒤뚱-하다** 图
뒤뚱-발이 몡 뒤뚱거리며 걷는 사람.
뒤뚱-이다 图 크고 묵직한 물건이 쓰러질 듯이 이리저리 기울어지다. 또는, 크고 묵직한 물건을 한쪽으로 기울이다. 倒되뚱이다.
뒤뚱-하다 图 크고 묵직한 물건이 한쪽으로 한 번 기울어지다. 또는, 크고 묵직한 물건을 한쪽으로 한 번 기울이다. 倒되뚱하다.
뒤-뜨다 图<~뜨니, ~떠> 1 뒤틀려서 들뜨다. ¶문살이 ~. 2 뒤받아서 대들다. ¶버릇장머리 없이 누구 말을 **뒤뜨는** 게냐?
뒤-뜰 몡 집채의 뒤에 있는 뜰. =뒷마당. ↔앞뜰.
뒤-란 몡 집 뒤의 울안. ¶~은 작은 동산같이 생겼고 딸기 줄기로 뒤덮여 있었다.《박완서:엄마의 말뚝》
뒤로-돌아 김 제식 훈련 시 구령의 하나. 그 위치에서 뒤로 도는 것과 같은 자세로 서라는 말. 서 있는 자세에서 오른발을 왼발로 붙이고 오른쪽으로 180도 돌아서.
뒤로-하다 图 1 뒤에 두다. ¶탑을 **뒤로 하고** 기념사진을 찍다. 2 뒤에 남겨 놓고 떠나다. ¶고향집을 **뒤로하고** 아쉬운 발걸음을 내딛다.
뒤룩-거리다/-대다[-꺼(때)-] 图 1

(눈알을) 힘을 주어 자꾸 이리저리 굴리다. ¶서로 얼굴을 마주 보면서 어색한 표정으로 눈만 뒤룩거릴 뿐이었다.《최인욱:전봉준》 2 몸이 뚱뚱하여 둔하게 움직이다. ¶그는 뚱뚱한 몸뚱이를 뒤룩거리며 이리로 걸어왔다. 3 성난 빛을 크게 행동에 나타내다. 图되록거리다. 個뛰룩거리다.

뒤룩-뒤룩 [-뤀-] 튀 1 눈알을 힘을 주어 이리저리 굴리는 모양. ¶눈알을 ~ 굴리다. 2 군살이 처지도록 살이 쪄서 뚱뚱한 모양. 图되룩되룩. 個뛰룩뛰룩. ×디룩디룩. **뒤룩뒤룩-하다**

뒤:-미처 튀 그 뒤에 곧이어. ¶~ 생각이 나다.

뒤:-미치다 통(자) 뒤이어 곧 정하여 둔 곳에 이르다.

뒤-바꾸다 통(타) (차례·위치·상황 등을) 전혀 다르게 또는 엉뚱하게 바꾸다. ¶자리를 ~ / 출연 순서를 ~ / 그 만남이 그의 운명을 뒤바꾸어 놓았다.

뒤바뀌다 통(자) '뒤바꾸다'의 피동사. ¶차례가 ~ / 신발이 뒤바뀌었다.

뒤-바르다 통(타)(르) <~바르니, ~발라> 아무 데나 함부로 마구 바르다. ¶아이가 방바닥에 풀을 뒤발라 놓았다.

뒤:-받다 [-따] 꾸중을 들을 때에 말대답을 하며 반항하다. 图되받다.

뒤발리다 통(자) '뒤바르다'의 피동사. ¶흙에 뒤발린 꺼멓게 탄 얼굴, 진흙이 뒤발린 군화...《염상섭:취우》

뒤발-하다 통(타)(여) 온몸에 뒤집어써서 바르다.

뒤:-밟다 [-밥따] 통(타) 남의 행동을 살피기 위해 몰래 따라가다.

뒤-버무리다 통(타) 뒤섞어 마구 버무리다.

뒤-범벅 마구 뒤섞여서 서로 구별이 되지 않는 상태. ¶일을 순서 없이 ~을 만들어 놓다. **뒤범벅-되다** 통(자) ¶눈물 콧물로 뒤범벅된 얼굴.

뒤변덕-스럽다 (-變德-) [-쓰-](비) <~스러우니, ~스러워> 아주 변덕스러운 데가 있다. **뒤변덕스레** 튀

뒤:-보다 통(자) =대변보다.

뒤:-보아주다 통(타) 남을 뒤에서 돌보아 주다. 图뒤보다.

뒤:뿔치-기 남의 밑에서 시중을 드는 일. **뒤:뿔치기-하다** 통(자)(여)

뒤:-서다 통(자) 1 뒤에 서다. 2 =뒤지다¹.

뒤-섞다 [-석따] 통(타) 한데 마구 섞다. (비)혼합하다. ¶시멘트와 모래를 ~.

뒤섞-이다 통(자) '뒤섞다'의 피동사. ¶동정과 경멸이 뒤섞인 야릇한 시선 / 내 책과 내 책이 뒤섞였다.

뒤-설레다 통(자) 몹시 설레다. ¶앞날에 대한 복잡한 생각으로 마음이 ~.

뒤:-세우다 통(타) 뒤에 서게 하거나, 뒤따르게 하다.

뒤숭숭-하다 형(여) 1 (마음이) 어수선하여 안정되지 못하고 갈팡질팡하다. ¶왠지 마음이 뒤숭숭해서 일이 손에 안 잡힌다. 2 (상황이나 꿈자리 등이) 어수선하고 종잡을 수 없어 불안하다. ¶연일 터지는 대형 사건으로 온 나라가 ~ / 어젯밤 꿈자리가 ~.

뒤-안 '뒤꼍'의 잘못.

뒤안-길 [-낄] 1 늘어선 집들의 뒤쪽으로 난 길. 2 관심을 받지 못하는 초라하고 쓸쓸한 생활 또는 처지. ¶인생의 ~.

뒤-어금니 명(생) 앞어금니의 안쪽에 있는 이. 상하 좌우 모두 12개임. =대구치(大臼齒). ↔앞어금니.

뒤어-내다 통(타) '뒤져내다'의 잘못.

뒤어-쓰다 통(타) <~쓰니, ~써> 1 눈알이 위쪽으로 쏠려서 흰자위만 나타나게 뜨다. 2 =들쓰다. ¶이불을 머리 위로 뒤어쓰고 자다.

뒤-얽다 [-억따] 통(타) 마구 얽다.

뒤얽-히다 [-얼키-] 통(자) 마구 얽히다. ¶두 집단 사이에 이해와 갈등이 뒤얽혀 분쟁이 끊이지 않는다.

뒤-엉기다 통(자) 마구 엉기다. ¶피와 땀이 얼굴에 ~.

뒤엉키다 통(자) 마구 엉키다. ¶실이 ~.

뒤-엎다 [-업따] 통(타) =뒤집어엎다. ¶밥상을 ~ / 이번에 그가 발표한 것은 기존 학설을 뒤엎는 새로운 것이었다.

뒤웅-박 박을 쪼개지 않고 꼭지 근처에 구멍만 뚫어 속을 파낸 바가지. ×뒝박.

뒤:-잇다 [-읻따] 통(자)(ㅅ)<~이으니, ~이어> 뒤가 끊어지지 않도록 잇대다.

뒤적-거리다/-대다 [-쩍-](때) 통(타) 자꾸 뒤적이다. ¶책을 ~ / 장롱 속을 ~. 图되작거리다. 图뒤척거리다.

뒤적-뒤적 [-뚜-] [뒤] 뒤적거리는 모양. 图되작되작. 图뒤척뒤척. **뒤적뒤적-하다** (타)(여)

뒤적-이다 통(타) 무엇을 이리저리 들추며 뒤지다. ¶그는 주머니를 뒤적이더니 성냥을 꺼냈다. 图되작이다. 图뒤척이다.

뒤적-질 [-찔] 어떤 물건을 자꾸 뒤적이는 짓. **뒤적질-하다** 통(타)(여)

뒤-젓다 [-젇따] 통(타)(ㅅ)<~저으니, ~저어> 마구 젓다.

뒤져-내다 [-저-] 통(타) 샅샅이 뒤져 찾아내다. ×뒤어내다.

뒤:-좇다 [-졷따] 통(타) 뒤를 따라 좇다.

뒤주 곡식을 담아 두는, 나무로 만든 궤(櫃). ¶쌀~. ×두지.

뒤죽-박죽 [-빡쭉] 튀 여럿이 함부로 섞이어 엉망이 된 모양. ¶일을 ~으로 만들다. **뒤죽박죽-되다** 통(자) ¶너 때문에 계획이 뒤죽박죽되고 말았다.

뒤:-지 (-紙) 밑씻개로 쓰는 종이.

뒤:-지다¹ 통(자) 1 (능력이나 수준이) 남보다 못한 상태가 되다. =뒤서다. ¶진수는 수학이라면 누구한테도 뒤지지 않는다. 2 (어떤 기준에) 미치지 못하다. (비)뒤떨어지다. ¶시대에 뒤진 발상 / 유행에 뒤진 옷.

뒤지다² 통(타) 1 샅샅이 들추어 찾다. ¶주머니를 ~ / 보따리를 ~. 2 책·서류 따위를 한 장 들추어 넘기다. 图뒤다.

뒤집-개 [-깨] 프라이팬으로 요리할 때, 음식을 뒤집는 기구.

뒤집개-질 [-깨-] 이리저리 뒤집는 짓. **뒤집개질-하다** 통(타)(여)

뒤집-기 [-끼] 명(체) 씨름에서, 몸을 젖혀 상대자를 자기 뒤로 넘기는 기술의 한 가지.

뒤-집다 [-따] 통(타) 1 안과 겉을 뒤바꾸다. ¶옷을 뒤집어 입다. 2 위가 밑으로, 밑이 위로 되게 하다. ¶손바닥을 ~ / 책을 뒤집어 꽂아 놓다. 3 일의 차례를 바꾸다. ¶순서를 ~ / 승부를 ~. 4 일을 아주 둘러 들어가게 하다. 5 조용하던 것을 법석거리고 소란스럽게 만들다. ¶집안을 발칵 뒤집어 놓다. 6 (생각이나 견해, 학설 등을) 본래의 것과 다른

으로 바꾸다. ¶김 교수는 종래의 자기 이론을 **뒤집었다**. 7 (제도나 정권 등을) 강압적으로 바꾸다. 8 (눈을) 거의 흰자위만 보이도록 뜨다. 또는, (눈을) 흰자위가 많이 보이도록 크게 뜨다. ¶눈을 **뒤집고** 찾아봐도 아무 데에도 없다.

뒤집어-쓰다[-쓰니, -써] 1 (이불 따위를) 얼굴과 몸이 가려지게 내리덮다. ¶이불을 **뒤집어쓰고** 울다. 2 (모자·수건·머플러 따위를) 머리나 얼굴이 많이 가려지게 쓰거나 두르다. 또는, 속된 구어체의 말임. ¶털모자를 ~. 3 (가루·액체 따위를) 온몸에 받다. ¶물을 ~. 4 (남의 허물이나 책임을) 넘겨 맡다. ¶죄를 ~. 5 그대로 닮다. =둘러쓰다.

뒤집어씌우다[-씨-] 통타 '뒤집어쓰다'의 사동사. ¶누명을 ~ / 온몸에 밀가루를 ~.

뒤집어-엎다[-업따] 통타 1 위와 밑이 뒤집히게 하다. ¶쟁기로 흙을 ~. 2 물건을 뒤집어서 속에 담긴 것을 엎지르다. ¶찌개 냄비를 ~. 3 일이나 상태를 틀어지게 하거나 만 것을 바꾸어 놓다. ¶계획을 ~. 4 (체제·제도·학설 따위를) 없애거나 새로이 바꾸다. =뒤엎다. ¶독재 정권을 ~.

뒤집-히다[-지피-] 통 '뒤집다'의 피동사. ¶차례가 ~ / 눈이 ~ / 이상한 소문으로 온 동네가 벌컥 **뒤집혔다**.

뒤:-짱구 명 뒤통수가 유달리 튀어나온 머리통. 또는, 그런 머리통을 가진 사람. ▷앞짱구.

뒤:-쪽 명 향하고 있는 방향의 반대되는 쪽. =후방(後方)·후편(後便). ↔앞쪽.

뒤:쫓-기다[-쫃끼-] 통자 '뒤쫓다'의 피동사. ¶도둑이 경찰에게 ~.

뒤:-쫓다[-쫃따] 통타 뒤를 따라 쫓다. ¶경찰이 도둑을 ~ / 고양이가 쥐를 ~.

뒤:-차(-車) 명 1 다음번에 오는 차. 2 뒤쪽에서 오는 차. ↔앞차.

뒤:`차기 명[체] 태권도에서, 뒤에 있는 상대 방을 발의 측면이나 뒤꿈치로 차는 발 기술.

뒤:-창[1] 명 신·구두의 뒤쪽에 대는 창. ¶구두 ~ / ~을 갈다. ↔앞창.

뒤:-창[2] (-窓) 명 뒤쪽으로 난 창.

뒤:-채[1] 명 한 울안의 뒤편에 있는 집채. ¶~에 살다. ↔앞채.

뒤:-채[2] 명 가마·상여 등의 뒤에서 메는 채. ↔앞채.

뒤:-처리(-處理) 명 일이 벌어진 뒤나 끝난 뒤끝의 처리. ¶~도 못 하면서 자꾸 일만 벌인다. **뒤:처리-하다** 통타여 **뒤:처리-되다**

뒤:-처지다 통자 (어떤 동아리나 대열에서) 끼지 못하고 뒤로 처지거나 남게 되다. ¶그 마라톤 선수는 30km 지점에서부터 선두 그룹에서 **뒤처졌다**.

뒤척-거리다/-대다[1] [-꺼때] 통타 '뒤적거리다'의 거센말. 작되착거리다.

뒤척-거리다/-대다[2] [-꺼때-] 통자타 자꾸 이리저리 몸을 이루고 밤새 ~.

뒤척-뒤척[1] [-뛰-] 튀 '뒤적뒤적'의 거센말. 작되착되착. **뒤척뒤척-하다**[1] 통타여

뒤척-뒤척[2] [-뛰-] 튀 뒤척거리는(뒤척거리다) 모양. **뒤척뒤척-하다**[2] 통자여

뒤척-이다[1] 통타 '뒤적이다'의 거센말. 작되착이다.

뒤척-이다[2] 통자타 (몸을) 누운 상태에서 잠이 안 오거나 자세가 불편하여 이렇게 저렇게 자세를 바꾸다. 또는, 그러면서 움직이는 소리를 내다. ¶남편의 **뒤척이는** 소리에 잠이 깨다.

뒤쳐-지다[-처-] 통자 물건이 뒤집혀서 젖혀지다. ¶화투짝이 ~. ▷뒤쳐지다.

뒤:-축 명 1 신이나 버선 등의 발뒤축이 닿는 부분. ¶구두 ~ / ~이 닳다. 2 '발뒤축'의 준말. ¶~을 들고 걷다.

뒤치다 통타 엎어진 것을 젖히거나, 젖혀진 것을 엎어 놓다. ¶잠이 안 와 몸을 **뒤치다가** 새벽녘에서야 잠이 들었다.

뒤:-치다꺼리 명 1 뒤에서 일을 수습하며 보살펴 주는 일. 2 =뒷수쇄. **뒤:치다꺼리-하다** 통타여

뒤치락-거리다/-대다[-꺼때-] 통타 (몸을) 누운 상태에서 자꾸 이리저리 방향을 바꾸다. ¶잠을 이루지 못하고 밤새 몸을 ~.

뒤치락-엎치락[-업-] 튀 =엎치락뒤치락. **뒤치락엎치락-하다** 통자여

뒤:-치배(-輩) 명[음] 농악에서, 악기의 리듬에 맞추어 춤과 재주를 보이며 흥을 돋우는 사람. 잡색이 이에 해당함. ▷앞치배.

뒤:-탈(-頉) 명 어떤 일의 뒤에 생기는 탈. =후탈(後頉). ¶~이 없도록 조심해라. / 성급하게 일을 추진하다가 ~이 생겼다.

뒤:-태(-態) 명 뒤쪽에서 본 몸매나 모양. ¶~가 고운 처녀. ↔앞태.

뒤:-통수 명 머리의 뒤쪽. =뇌후(腦後)·뒷머리·뒷골. ¶~를 긁다 / ~를 치다.

뒤통수(를) 얻어맞다 관용 어떤 사람에게 뜻밖에 충격적인 일을 당하다.

뒤:통수-치다 통자 상대가 방심하거나 안심하고 있는 상태에서 느닷없이 해를 주는 짓을 하다. ¶사탕발림으로 꾀더니 이제 와서 **뒤통수치고** 달아나? ×뒤꼭지치다.

뒤퉁-스럽다[-따] 형비 <-스러우니, -스러워> 미련하거나 찬찬하지 못하여 일을 잘 저지르는 상태에 있다. 작되퉁스럽다. **뒤퉁스레** 튀

뒤:-트임 명 옷자락의 뒤를 트는 것. 또는, 그 튼 부분. ↔앞트임.

뒤:틀다 통타 <-트니, -트오> 1 꼬아서 비틀다. ¶몸을 ~. 2 일이 안 되도록 이리저리 반대하다. ¶다 된 흥정을 ~.

뒤틀-리다 통자 1 '뒤틀다'의 피동사. ¶일이 중간에서 ~. 2 감정이나 심리의 움직임이 사납고 험하게 비틀어지다. ¶비위가 ~ / 심사가 ~.

뒤틀림 명 물건이 꼬이거나 틀어지는 것. ¶~이 심한 문짝.

뒤틀어-지다 통자 1 휘거나 비뚤어지다. 2 일이나 계획 등이 잘 안된다. ¶계획이 ~ / 친선 관계가 ~. 3 마음이 꼬이거나 비뚤어지다. ¶심사가 ~.

뒤틈-바리 명 미련하거나 찬찬하지 못하여 일을 잘 저지르는 사람을 얕잡아 이르는 말.

뒤:-편(-便) 명 1 =뒤편짝. 2 =후편(後便)[2].

뒤:편-짝(-便-) 명 뒤로 있는 쪽. =뒤편. ↔앞편짝.

뒤:-폭(-幅) 명 1 옷의 뒤쪽에 대는 천. 2 나무로 짜는 세간의 뒤쪽에 대는 널조각. 3 물건의 뒤의 너비. =후폭(後幅). ↔앞폭.

뒤:-표지(-表紙) 명 책의 뒤쪽 표지. ↔앞표지.

뒤:-풀이[1] 명 어떤 말이나 글 아래에, 그 뜻의 풀이를 노래 조로 잇대어 지어 붙인 말. ¶천

자.
뒷:-풀이² 명 어떤 일이나 모임을 끝낸 뒤에 서로 모여 여흥을 즐기는 일.
뒤:-품 명 윗옷의 뒤편 조각의 너비. =후폭(後幅). ▷앞품.
뒤-헝클다 동(타) ‹~헝크니, ~헝클오› 마구 헝클다. ¶아이가 실을 뒤헝클어 놓았다.
뒤-흔들다 동(타) ‹~흔드니, ~흔드오› 1 함부로 마구 흔들다. ¶바람이 나뭇가지를 ~. 2 큰 파문을 일으키다. ¶유괴 사건이 세상을 ~.
뒤흔들-리다 동(자) '뒤흔들다'의 피동사.
뒨장-질 명 무엇을 뒤져내는 짓. 뒨장질-하다 동(타)(여)
뒷:-가르마 [뒤까-/뒫까-] 명 뒷머리 한가운데로 반듯하게 탄 가르마. ▷앞가르마·옆가르마.
뒷:-가슴 [뒤까-/뒫까-] 명(동) 곤충의 가슴을 세 부분으로 나누었을 때, 뒤의 부분. =후흉(後胸). ↔앞가슴.
뒷:-가지 [뒤까-/뒫까-] 명(언) =접미사.
뒷:-간 (-間) [뒤깐/뒫깐] 명 '변소(便所)'를 완곡하게 이르는 말. ¶~에 가다. ▶화장실.
[뒷간과 사돈집은 멀어야 한다] 뒷간이 가까우면 냄새가 나듯이, 사돈집이 가까우면 말썽이 일기 쉬우므로 그것을 경계하는 말.
[뒷간에 갈 적 마음 다르고 올 적 마음 다르다] 제게 필요할 때는 다급하게 굴다가, 제 할 일을 다 하고 나면 마음이 달라진다.
뒷:-갈망 [뒤깔-/뒫깔-] 명 뒷감당. ¶~을 어떻게 하려고 일만 자꾸 벌이느냐? 뒷:갈망-하다 동(타)(여)
뒷:-갈이 [뒤깔-/뒫깔-] 명(동) 1 벼를 베고 난 뒤에 보리나 채소 등을 심는 일. =이작(裏作). 2 농작물을 베거나 뽑은 뒤에 논밭을 가는 일. 뒷:갈이-하다 동(자)(여)
뒷:-감당 (-堪當) [뒤깜-/뒫깜-] 명 일의 뒤끝을 맡아 감당하는 것. =뒷갈망. ¶~도 못하면서 일만 저지른다. 뒷:감당-하다 동(타)(여)
뒷-개 명 '설거지'의 잘못.
뒷:-거래 (-去來) [뒤꺼-/뒫꺼-] 명 뒷구멍으로 하는, 정당하지 않은 거래. 뒷:거래-하다 동(타)(여) ¶밀수품을 ~. 뒷:거래-되다 동(자)
뒷:-거리 [뒤꺼-/뒫꺼-] 명 도심지의 뒤쪽 길거리. ↔앞거리.
뒷:-걱정 [뒤꺽쩡/뒫꺽쩡] 명 뒤에 벌어질 일이나 뒤로 미루어 둔 일에 대한 걱정. 뒷:걱정-하다 동(자)(타)(여)
뒷:-걸음 [뒤껄-/뒫껄-] 명 1 발을 뒤로 떼어 놓으며 걷는 걸음. 2 본디보다 못하거나 뒤떨어지는 일. (비)퇴보(退步).
뒷:걸음-질 [뒤껄-/뒫껄-] 명 뒷걸음을 치는 일. 뒷:걸음질-하다 동(자)(여) ¶겁에 질려 ~.
뒷:걸음질-치다 [뒤껄-/뒫껄-] 동(자) = 뒷걸음치다.
뒷:걸음-치다 [뒤껄-/뒫껄-] 동(자) 1 뒤로 걷거나 물러서다. ¶그는 나를 보자 깜짝 놀라며 뒷걸음쳤다. 2 (일이) 퇴보하다. =뒷걸음질치다. ¶수출 산업이 ~.
뒷:-겨드랑이 [뒤껴-/뒫껴-] 명 겨드랑이의 뒷쪽부분.
뒷:-결박 (-結縛) [뒤껼-/뒫껼-] 명 =뒷짐 결박. 뒷:결박-하다 동(타)(여) 뒷:결박-되다 동(자)

뒷:-경과 (-經過) [뒤껑-/뒫껑-] 명 일이 벌어진 뒤의 경과. ¶수술의 ~가 좋지 않다.
뒷:-고대 [뒤꼬-/뒫꼬-] 명 깃고대의 뒷부분. 또는, 깃고대의 뒷부분이 닿는 목의 뒤쪽.
뒷:-골 [뒤꼴/뒫꼴] 명 뒤쪽 부분의 머릿골. =뒤통수. ¶~이 무겁다 / ~이 쑤시다.
뒷:-골목 [뒤꼴-/뒫꼴-] 명 한길 뒤에 있는 좁은 골목. ¶으슥한 ~.
뒷:-공론 (-公論) [뒤꽁논/뒫꽁논] 명 어떤 일이 있은 뒤, 뒤에서 이러쿵저러쿵 말하는 일. ¶전격 개각이 이뤄진 뒤 정가에는 ~이 무성하다. 뒷:공론-하다 동(자)(타)(여)
뒷:-구멍 [뒤꾸-/뒫꾸-] 명 1 뒤에 있는 구멍. 2 드러내지 않고 넌지시 행동할 만한 수단·방법. ¶~으로 입학하다 / ~으로 돈을 빼돌리다.
[뒷구멍으로 호박씨 깐다] 겉으로는 얌전한 체하면서 뒤에서는 온갖 궁리 짓을 다 한다.
뒷:-그루 [뒤꾸-/뒫꾸-] 명(동) 이모작에서 나중 그루의 농사. =후작(後作). ↔앞그루.
뒷:-길¹ [뒤낄/뒫낄] 명 1 뒤에 있는 길. ¶영수네 집은 ~로 가면 금방이다. 2 앞으로 있을 과정. ¶자식의 ~을 걱정하다. 3 정상적이 아닌 수단이나 방법.
뒷:-길² [뒤낄/뒫낄] 명 저고리나 두루마기 등의 뒤쪽에 대는 길. ↔앞길.
뒷:-날 [뒨-] 명 뒤에 맞게 될 날. (비)후일·훗날. ¶그 문제는 ~로 미뤄 둡시다. ▶앞날.
뒷:-날개 [뒨-] 명 1 곤충의 뒷가슴마다 등에 달린 날개. 2 =꼬리 날개. ↔앞날개.
뒷:-눈-질 [뒨-] 명 뒤쪽으로 눈을 흘깃흘깃하는 짓. 뒷:눈질-하다 동(자)(여)
뒷:-다리 [뒤따-/뒫따-] 명 1 네발짐승의 몸 뒤쪽에 있는 다리. =후지(後肢). ¶곰이 ~로 서서 재주를 부린다. 2 두 다리를 앞뒤로 벌렸을 때의 뒤쪽에 놓인 다리. 3 책상·의자 따위의 뒤쪽의 다리. ↔앞다리.
뒷:-단속 (-團束) [뒤딴-/뒫딴-] 명 일의 뒤끝을 단단히 준비하거나 대책을 세우는 것.
뒷:-담 [뒤땀/뒫땀] 명 집채의 뒤쪽에 있는 담.
뒷:-담당 (-擔當) [뒤땀-/뒫땀-] 명 뒷일을 맡아 처리하는 일. (비)뒷감당. 뒷:담당-하다 동(타)(여)
뒷:-대문 (-大門) [뒤때-/뒫때-] 명 집 뒤에 따로 있는 대문. =후대문. ↔앞대문.
뒷-대야 명 '뒷물대야'의 잘못.
뒷:-덜미 [뒤떨-/뒫떨-] 명 목덜미 아래 어깻죽지 사이. ¶~를 잡힌 채 끌려가다.
뒷:-돈¹ [뒤똔/뒫똔] 명 장사판·노름판 등의 뒤를 대는 돈. ¶~을 대다 / ~이 달리다.
뒷:-돈² [뒤똔/뒫똔] 명 은밀히 주고받는 돈.
뒷:-동네 [뒤똥-/뒫똥-] 명 뒤쪽에 있는 동네. ↔앞동네.
뒷:-동산 [뒤똥-/뒫똥-] 명 집이나 마을의 뒤에 있는 동산. ↔앞동산.
뒷:-들 [뒤뜰/뒫뜰] 명 집이나 마을의 뒤에 있는 들. ↔앞들.
뒷:-등 [뒤뜽/뒫뜽] 명 '등'의 힘줌말.
뒷:-마당 [뒨-] 명 =뒤뜰. ↔앞마당.
뒷:-마루 [뒨-] 명 집 뒤쪽에 붙어 있는 마루.
뒷:-마무리 [뒨-] 명 일의 뒤끝을 마무리는 것. ¶공사의 ~만 남았다. 뒷:마무리-하다 동(타)(여)
뒷:-마을 [뒨-] 명 뒤쪽에 있는 마을. ↔앞

뒷-말[뒨-] 명 1 계속되는 이야기의 뒤를 잇는 말. ¶~을 재촉하다. ↔앞말. 2 일이 끝난 뒤에 이러쿵저러쿵하는 말. =뒷소리. ¶이번 행사에는 ~이 많다. **뒷!말-하다** 통(자여)

뒷!-맛[뒨맏] 명 1 음식을 먹은 뒤에 입에서 느끼는 맛. =뒷입맛·후미(後味). ¶~이 개운하다. 2 일이 끝난 다음에 남는 느낌. ¶모처럼 좋은 일을 하고도 ~이 개운치 않다.

뒷!-맵시[뒨-씨] 명 =뒷모양1.

뒷!-머리[뒨-] 명 1 어떤 일이나 물건의 뒤쪽. 2 =뒤통수. 3 머리의 뒤쪽에 난 머리털. ↔앞머리.

뒷!-머리-뼈[뒨-] 명(생) 머리뼈의 뒤쪽을 차지하는 큰 뼈. =후두골.

뒷!-면(-面)[뒨-] 명 뒤쪽의 면. 비후면(後面). ↔앞면.

뒷!-모습[뒨-] 명 뒤에서 본 모습. ¶~을 바라보다. ↔앞모습.

뒷!-모양(-貌樣)[뒨-] 명 1 뒤로 본 모양. =뒷맵시. 2 일이 끝난 뒤의 꼴. ¶~을 그르치지 않도록 잘 마무리해라.

뒷!-몸[뒨-] 명 네발짐승의 몸의 뒷부분. 곧, 허리에서 뒷다리에 이르는 부분. ↔앞몸.

뒷무릎^치기[뒨-릅-] 명(체) 씨름에서, 상대방의 윗몸을 완쪽으로 밀면서 오른손을 상대방의 왼쪽 오금에 대고 당기며 넘어뜨리는 기술.

뒷!-문(-門)[뒨-] 명 1 집의 뒤로 난 문. =후문. ↔앞문. 2 정당하지 못한 방법이나 수단. ¶대학을 ~으로 입학하다.

뒷!-물[뒨-] 명 사람의 국부나 항문을 씻는 물. 또는, 그 일. **뒷!물-하다** 통(자여)

뒷!물-대야[뒨-] 명 뒷물할 때 쓰는 대야. ×뒷대야.

뒷!-바닥[뒤빠-/뒨빠-] 명 신 바닥의 뒤쪽 부분. ↔앞바닥.

뒷!-바라지[뒤빠-/뒨빠-] 명 뒤에서 보살피며 도와주는 일. **뒷!바라지-하다** 통(타여)

뒷!-바퀴[뒤빠-/뒨빠-] 명 수레나 차 따위의 뒤에 달린 바퀴. ↔앞바퀴.

뒷!-받침[뒤빧/뒨빧] 명 뒤에서 지지하고 도와주는 일. 또는, 그 사람이나 물건. **뒷!받침-하다** 통(타여) **뒷!받침-되다** 통(자여) ¶사업이 성공하려면 자본과 경영이 **뒷받침되어**야 한다.

뒷!-발[뒤빨/뒨빨] 명 1 네발짐승의 뒤에 달린 두 발. ¶당나귀 ~에 걸어채다. 2 두 발을 앞뒤로 벌렸을 때 뒤쪽에 놓인 발. ↔앞발.

뒷!-발굽[뒤빨꿉/뒨빨꿉] 명 마소 따위의 뒷발의 굽. ↔앞발굽.

뒷!-발길[뒤빨낄/뒨빨낄] 명 뒷발로 걷어차는 기운.

뒷!-발길질[뒤빨낄-/뒨빨낄-] 명 =뒷발질. **뒷!발길질-하다** 통(자여)

뒷!-발질[뒤빨-/뒨빨-] 명 네발짐승이 뒷발로 뒤로 걷어차는 짓. =뒷발길질. ¶말이 ~을 하다. ↔앞발질. **뒷!발질-하다** 통(자여)

뒷!-발톱[-] 명 '며느리발톱'의 잘못.

뒷!-방(-房)[뒤빵/뒨빵] 명(건) 1 몸채의 뒤쪽에 있는 방. =후방(後房). 2 집의 큰방 뒤에 딸려 있는 방.

뒷!방-마누라(-房-)[뒤빵-/뒨빵-] 명 첩에게 권리를 빼앗기고 뒷방에 쫓겨나 있는 본처.

뒷!방-살이(-房-)[뒤빵-/뒨빵-] 명 첩에게 본처의 권리를 빼앗기고 뒷방에 쫓겨나 사는 생활.

뒷!-밭[뒤빧/뒨빧] 명 집 뒤에 있는 밭. (준)뒤. ↔앞밭.

뒷!-배[뒤뻬/뒨뻬] 명 겉으로 나서지 않고 뒤에서 보살피어 주는 일. ¶~를 보다.

뒷!-벽(-壁)[뒤뼉/뒨뼉] 명 뒤쪽에 있는 벽. =후벽.

뒷!-보증(-保證)[뒤뽀-/뒨뽀-] 명 1(법) =배서(背書) 2. 2 정보증인(正保證人)이 의무를 이행하지 못할 경우, 뒤에서 대신 보증인 의무를 이행하는 일. **뒷!보증-하다** 통

뒷!-볼[뒤뽈/뒨뽈] 명 버선을 기울 때 뒤축에 덧대는 헝겊. ¶~을 대다. ↔앞볼.

뒷!-부분(-部分)[뒤뿌-/뒨뿌-] 명 1 물체의 뒤쪽에 있는 부분. ¶차 ~을 들이받다. 2 어떤 일이나 형식, 상황 등의 뒤를 이루는 부분. ¶그 이야기의 ~이 잘 생각나지 않는다.

뒷!-북-치다[뒤뿍-/뒨뿍-] 통(자) 이미 좋은 시기가 지나 버린 일에 뒤늦게 뛰어들거나 손을 대다. ¶연일 상한가를 기록하는 건설주를 매입했는데 결과는 **뒷북치는** 꼴이 되고 말았다.

뒷!-불[뒤뿔/뒨뿔] 명 산불이 꺼진 뒤에, 타 남은 불이 다시 붙어 일어난 불.

뒷!-사람[뒤싸-/뒨싸-] 명 1 뒤에 있는 사람. 또는, 나중 사람. ¶~의 시험지를 훔쳐보다 / ~을 위해서 화장실을 깨끗이 사용하자. 2 뒤 세대의 사람. 비후인(後人)·훗사람. ↔앞사람.

뒷!-산(-山)[뒤싼/뒨싼] 명 마을이나 집의 뒤쪽에 있는 산. ↔앞산.

뒷!-생각[뒤쌩-/뒨쌩-] 명 뒷일에 대한 생각. ¶~ 없이 덜컥 일을 저지르다. **뒷!생각-하다** 통(자여)

뒷!-설거지[뒤썰-/뒨썰-] 명 1 =설거지1. 2 큰일을 마친 다음에 하는 뒤처리. **뒷!설거지-하다** 통(자여)

뒷!-셈[뒤쎔/뒨쎔] 명 어떤 일이 끝난 다음에 하는 셈. 또는, 그러한 일. **뒷!셈-하다** 통(자여)

뒷!-소리[뒤쏘-/뒨쏘-] 명 1 =뒷말2. ¶~가 많은 사람. 2 뒤에서 응원하는 소리. ¶~를 치다. **뒷!소리-하다** 통(자여)

뒷!-소문(-所聞)[뒤쏘-/뒨쏘-] 명 1 일이 끝난 뒤에 그 일에 관하여 들리는 소문. 비후문(後聞). ¶네 당선에 대한 ~이 좋지 않더라. 2 뒤에서 이러쿵저러쿵 하는 소문.

뒷!-손[뒤쏜/뒨쏜] 명 1 뒤로 내미는 손. 2 사양하는 체하면서 뒤로 슬그머니 벌려서 받는 손. ¶~을 내밀다 / ~을 벌리다. 3 일을 끝낸 뒤에 부족한 점이 뒤늦게 발견되어 다시 마무리하는 일. 또는, 그 일손. ¶~이 없다 / ~이 안 가도록 일처리를 제대로 하여라. 4 일을 떳떳하지 못하게 은밀하게 수습하는 일. ¶~을 쓰다.

뒷!-손가락-질[뒤쏜까-찔/뒨쏜까-찔] 명 맞대 놓고는 못 하고 안 보는 데서 비난하거나 흉보는 짓. **뒷!손가락질-하다** 통(자여)

뒷!-손-질[뒤쏜-/뒨쏜-] 명 1 남몰래 뒤로 손을 쓰는 짓. 2 뒷수쇄하는 잔손질. ¶~이 많이 가는 일. **뒷!손질-하다** 통(자여)

뒷!-수발[뒤쑤-/뒨쑤-] 명 뒤에서 표 나지 않게 보살펴 돕는 일.

뒷!-수쇄(-收刷)[뒤쑤-/뒨쑤-] 명 일이 끝

난 뒤에 그 남은 일을 정돈하는 일. =뒤다 꺼리. 뒷!수쇄-하다 동(타)여
뒷!-수습(-收拾)[뒤쑤-/뒫쑤-] 명 일의 뒤끝을 수습하는 일. ¶~은 어찌하려고 일을 자꾸 벌여 놓기만 하느냐? 뒷!수습-하다 동(타)여
뒷!-시중[뒤씨-/뒫씨-] 명 뒤를 돌보아 주며 시중드는 일. ¶할아버지의 ~을 들다. 뒷!시중-하다 동(타)여
뒷!-심[뒤씸/뒫씸] 명 1 남이 뒤에서 도와주는 힘. ¶~이 든든하다. 2 끝판에 가서 회복하는 힘. ¶그 장사는 ~이 좋다.
뒷!-얘기[뒨내-] 명 '뒷이야기'의 준말.
뒷!-이야기[뒨니-] 명 1 계속되는 이야기의 뒷부분. 2 어떤 일이 있은 뒤에 나오는 이야기. ¶장기 공연을 성황리에 마치고 ~가 무성하다. 준뒷얘기.
뒷!-일[뒨닐] 명 뒷날에 생길 일. =후사(後事).훗일. ¶아이들의 ~을 부탁하오.
뒷!-입맛[뒨님맏] 명 뒷맛1.
뒷!-자락[뒤짜-/뒫짜-] 명 옷의 뒤에 늘어진 자락.
뒷!-자리[뒤짜-/뒫짜-] 명 뒤에 있는 자리. ¶~잡이다.
뒷!-장¹(-張)[뒤짱/뒫짱] 명 종이의 뒷면이나 다음 장.
뒷!-장²(-場)[뒤짱/뒫짱] 명 1 다음 장날에 설 장. 2 한낮이 지난 뒤의 장. 또는, 한창때가 지난 뒤의 장.
뒷!-전[뒤쩐/뒫쩐] 명 1 뒤쪽이 되는 부근. 2 차례로 보아 나중의 위치. ¶사업 때문에 가정은 ~이다. 3 겉으로 드러나지 않은 배후나 이면. 4 뱃전의 뒷부분. 5 (민) 무당굿의 열두 거리 가운데 맨 마지막 거리.
뒷!-전-보다[뒤쩐-/뒫쩐-] 동(자) 〈~노니, ~노오〉 뒤로 슬며시 딴 짓을 하다. =뒷전보다.
뒷!-전-보다[뒤쩐-/뒫쩐-] 동(자) 뒷전놀다.
뒷!-정리(-整理)[뒤쩡니/뒫쩡니] 명 일의 뒷끝을 바로잡는 일. 뒷!정리-하다 동(타)여
뒷!-조사(-調査)[뒤쪼-/뒫쪼-] 명 은밀히 조사하는 것. 또는, 그런 조사. 비내사(內查). ¶~를 받다 / 흥신소에 그 인물에 관한 ~를 의뢰하다. 뒷!조사-하다 동(타)여
뒷!-주머니[뒤쭈-/뒫쭈-] 명 1 바지의 뒤쪽에 있는 주머니. ↔앞주머니. 2 남모르게 따로 마련해 둔 것. ¶~를 차다.
뒷!-줄[뒤쭐/뒫쭐] 명 1 뒤쪽의 줄. 비후열(後列). ↔앞줄. 2 뒤를 돌보아 주거나 받쳐 주는 연줄. 비셋줄. ¶저 친구는 ~이 든든하다.
뒷!-지느러미[뒤찌-/뒫찌-] 명(동) 항문과 꼬리지느러미 사이의 배 가운데를 지나는 선에 있는 지느러미. =볼기지느러미.
뒷!-짐[뒤찜/뒫찜] 명 (주로, 동사 '지다'와 함께 쓰여) 두 손을 허리 뒤쪽이나 엉덩이 위에 겹쳐서 올리거나, 그 상태에서 어느 한 손으로 다른 손을 가볍게 쥔 상태. 때로, 한 손만을 허리나 엉덩이에 올려놓은 상태를 가리키기도 함. ¶노인이 ~을 지고 산책을 하다.
뒷짐(을) 지다 구 어떤 일에 자신은 전혀 상관없는 것처럼 구경만 하다.
뒷짐(을) 지우다 구 두 손을 뒤로 잦히고 묶다. ¶뒷짐 지우고 끌고 가다.
뒷!-짐-결박(-結縛)[뒤찜-/뒫찜-] 명 두 손을 뒤쪽으로 잦히고 묶는 일. =뒷짐결박.

꼼짝 못하게 ~을 당하다. 뒷!짐결박-하다 동(타)여 뒷!짐결박-되다 동(자)
뒷!-짐-질[뒤찜-/뒫찜-] 명 두 손을 등 뒤로 젖혀 마주 잡는 일. 뒷!짐질-하다 동(자)여
뒷!-집[뒤찝/뒫찝] 명 뒤쪽에 이웃하여 있는 집. ↔앞집.
뒹굴다 동(자)여 〈뒹구니, 뒹구오〉 1 (사람이나 동물이 어느 곳에서) 누워서 몸을 이리저리 구르다. 마찬가지 풀밭에서 ~. 2 (사람이) 하는 일 없이 빈둥빈둥 놀다. ¶종일 방 안에서 뒹굴고 있다. 3 (물건이) 여기저기 아무렇게나 널린 상태가 되다. ¶유원지에 쓰레기가 뒹굴고 있다. 4 (낙엽 따위가) 바람에 이리저리 구르다. 문학적인 표현임. ¶거리에 낙엽이 뒹군다.
뒹굴-뒹굴 부 누워서 이리저리 구르는 모양. 뒹굴뒹굴-하다 동(자)여 ¶젊은 녀석이 허구한 날 방구석에서 뒹굴뒹굴하는 게냐?
듀스(deuce) 명(체) 테니스·배구·탁구 등에서, 마지막 한 점을 남기고 동점을 이루는 일. 테니스는 40 대 40, 배구는 24 대 24, 탁구는 10 대 10인 경우를 말함. 두 점을 연달아 득점하여 이김.
듀스^어게인(deuce again) 명(체) 듀스 뒤에 양편이 다시 한 점씩 얻어 같은 점수가 된 경우.
듀엣(duet) 명(음) 이중창(二重唱) 또는 이중주(二重奏). ¶~으로 노래를 부르다.
듀크-족(DEWKS族) 명 [DEWKS:dual-employed with kids] 아이를 낳아 기르며 맞벌이를 하는 부류의 사람. ▷딩크족.
드- 접튀 일부 용언에 붙어, 정도가 심하거나 높음을 나타내는 말. ¶~높다 / ~세다 / ~날리다.
드나-나나 부 들어가거나 나오거나. ¶쟤는 ~ 말썽이다.
드나-들다 동(자)(타) 〈~드니, ~드오〉 1 (어떤 곳에) 들어갔다 나왔다 하다. 또는, 왔다 갔다 하다. 비나들다. ¶드나드는 문 / 사람이 많이 드나드는 길목. 2 어떤 곳을 정해 놓고 왔다 갔다 하다. 3 고르지 못하고 들쭉날쭉하다. ¶드나듦이 심한 해안선.
드난 명 임시로 남의 집 행랑에 붙어 지내며 그 집의 부엌일을 도와주는 일. 드난-하다 동(자)(타) ¶그게 무슨 소린가! 복단이가 평양집 드난하는 것이지, 서방님 드난하는 것이지. 〈이해조: 빈상설〉
드난-꾼 명 드난살이하는 사람.
드난-살이 명 남의 집에서 드난으로 사는 생활. 드난살이-하다 동(자)여
드-날리다¹ 동(타) (깃발·연 등을) 바람에 높이 날리다.
드-날리다² 동(자)(타) (세력이나 명성 따위가) 드러나 크게 떨치다. 또는, 그리되게 하다. =들날리다. ¶명성을 ~.
드-넓다[-널따] 형 (벌판·바다 등이) 활짝 틔어서 아주 넓다. ¶드넓은 평야.
드-높다[-놉따] 형 1 (대상물이 솟거나 날거나 떠 있거나 한 상태가, 또는 하늘이) 매우 높다. ¶드높은 가을 하늘. 2 (사기나 기세 등이) 매우 높다. ¶사기가 ~. 3 (명성 등이) 매우 높다. ¶드높은 명성을 떨치다. 드높-이 부 ¶새가 ~ 날아오르다.
드높-이다 동(타) '드높다'의 사동사.
드-던지다 동(타) 마구 들어 내던지다.
드디어 부 오래 바라거나 기다린 끝에. ¶내일이면 ~ 방학이다. ▶마침내.

드라마(drama) 명 1 [연][방송] 연출가의 총괄적 감독하에 배우·탤런트·성우 등이 극본에 따라 연기하고 제작진이 보조적 역할을 하여, 극장 무대에서 공연하거나 텔레비전·라디오에서 방송하는 예술. =극(劇). ¶텔레비전 ~. 2 [문] =희곡(戱曲). ¶~를 한 편 쓰다. 3 극적인 사건이나 상황을 비유적으로 이르는 말. ¶숨 가쁘게 돌아가는 역사 ~.

드라마틱(dramatic) → 드라마틱-하다 형예 '극적이다'로 순화. ¶드라마틱한 인생 역전.

드라비다^족(Dravida族) 명 남인도와 스리랑카 북동쪽에 사는 민족. 선사 시대부터 인도에서 살며 아리아 인의 침입으로 정복됨.

드라이(dry) 명 1 (건조기 따위로) 머리털을 말리거나 다듬는 것. 2 '드라이클리닝'의 준말. 드라이-하다¹ 동태예 ¶양복을 ~. ▷드라이하다².

드라이-기(dry機) 명 뜨거운 바람을 내어 젖은 머리털을 말리거나 어떤 머리 모양을 만들어 내는 전기 기기. =드라이어·헤어드라이어.

드라이버(driver) 명 1 =나사돌리개. 2 [체] 골프에서, 장거리용 클럽.

드라이브(drive) 명 1 경치를 구경하거나 기분 전환을 위해, 또는 운전 자체의 즐거움을 위해, 자동차를 타고 달리는 것. ¶한적한 ~ 코스. 2 [체] 테니스·탁구·배드민턴·골프 등에서, 공을 깎아서 세게 치는 것. ¶백핸드 ~. 3 어떤 일을 강력히 추진하는 것. ¶수출 ~ 정책 / 개혁에 ~를 걸다. 4 [컴] =디스크 드라이브. 드라이브-하다 동재태예 ¶강변을 ~.

드라이-아이스(dry ice) 명[화] 기체 이산화탄소를 압축하여 만든 고체 이산화탄소. 식료품을 비롯하여 여러 가지 물건을 냉각시키는 데에 쓰임. =고체 탄산.

드라이어(drier) 명 1 =건조기(乾燥器)². 2 =드라이기.

드라이-진(dry gin) 명 쌉쌀한 맛이 나는 진(gin).

드라이-클리닝(dry cleaning) 명 물 대신 유기 용제(有機溶劑)로 때를 빼는 세탁. 준드라이.

드라이^포인트(dry point) 명 동판화(銅版畫) 기법의 하나. 부식(腐蝕)에 의하지 않고 날카로운 강철 바늘로 판면에 직접 새겨서 만듦. 세밀한 묘사가 특징임.

드라이-플라워(dry flower) 명 장식용으로 오래 보존하기 위해, 피어 있는 상태 그대로 말리거나 약품을 이용하여 말린 꽃.

드라이-하다²(dry-) '무미건조하다'로 순화. ¶드라이한 문체 / 사람의 ~.

드라큘라(Dracula) 명 긴 송곳니로 사람의 목을 찌르고 피를 빨아 먹는 상상의 귀신. 영국 작가 스토커(B. Stoker)의 동명의 소설에서 유래됨.

드래그(drag) 명[컴] 마우스의 버튼을 누른 채 화면 위의 커서를 어떤 점에서 다른 점까지 옮긴 후 버튼을 떼는 동작. 데이터를 블록 지정하는 데에 많이 쓰임.

드래프트(draft) 명[체] 신인 선수를 선발하는 일. ¶그 선수는 ~를 통해 고액의 연봉을 받고 입단하였다.

드러-나다 동재 1 속에 가려져 있거나 잘 보이지 않던 것이 뚜렷이 나타나다. ¶어깨가 드러나는 옷. 2 감추거나 알려지지 않은 것이 밝혀지다. ¶범행 사실이 백일하에 ~.

드러-내다 동태 '드러나다'의 사동사. ¶본색을 ~.

드러냄-표(-標) 명[언] 문장 중에서 주의가 미쳐야 할 곳이나 중요한 부분을 특별히 드러내 보일 때 쓰는 ' ̇', ' ̊'의 이름. 가로쓰기에는 글자 위에, 세로쓰기에는 글자 오른쪽에 씀. '한글의 본 이름은 훈민정음이다.' 따위.

드러-눕다[-누-] 동재ㅂ〈~누우니, ~누워〉1 편하게 눕다. ¶풀밭에 ~ / 사지를 펴고 ~. 2 앓아서 자리에 눕다. ¶아버지가 병으로 드러누우셨다.

드러눕-히다[-누피-] 동태 '드러눕다'의 사동사.

드러머(drummer) 명 드럼 연주자.

드러-쌓이다[-싸-] 동재 아주 많이 쌓이다. ¶간밤에 눈이 마당에 **드러쌓였다.**

드럼(drum) 명 1 [음] 서양 음악에서, 북의 총칭. ¶~을 치다. 2 =드럼통1.

드럼-통(drum桶) 명 1 두께운 철판으로 만든, 원기둥 모양의 큰 통. 기름 등의 액체를 담음. =드럼. 2 키가 작고 뚱뚱한 사람을 놀림조로 이르는 말.

드렁 (의존) 예전에, 장사치들이 물건을 사라고 외칠 때 그 물건 이름 뒤에 붙이던 군말. ¶배추 ~.

드렁-거리다/-대다 동재태 1 우렁차게 울리는 소리를 계속 내다. 2 짧게 코를 고는 소리가 계속 나다. 또는, 그런 소리를 계속 내다. 큰드릉거리다.

드렁-드렁 부 드렁거리는 소리. ¶~ 코를 골며 자다. 큰드릉드릉. 드렁드렁-하다 동재

드레 명 사람의 됨됨이에서 느껴지는, 침착하고 점잖은 상태. ¶사람이 ~가 있어 보인다.

드레-드레¹ 부 물건이 많이 매달리거나 늘어져 있는 모양. ¶열매 맺은 포도 덩굴. 잡다래다래. 드레드레-하다 형예

드레-드레² 감 분봉(分蜂)할 때 수봉기(受蜂器)를 대고 벌을 부르는 소리. =뒤뒈.

드레스(dress) 명 옷의 길이가 어깨에서 무릎 아래 또는 그 이하까지 내려오는, 원피스형의 여성용 서양식 의복. 특히, 예복을 가리킴. 준웨딩~.

드레스-룸(dress room) 명 일반 주택에서, 옷을 따로 보관하기 위해 마련한 방. ¶~이 갖춰진 60평형 아파트.

드레시-하다(dressy) → 드레시-하다 형예 (여성의 옷이나 옷맵시가) 선이나 모양이 우아하고 아름답다. ¶드레시한 야회복.

드레싱(dressing) 명 식품에 치는 찬 소스의 한 가지.

드레-지다 형 사람의 됨됨이가 침착하고 점잖다.

드레-질 명 사람의 됨됨이를 헤아리는 일. 드레질-하다 동태예

드로어즈(drawers) 명 무릎 길이의 여자용 속바지.

드로잉(drawing) 명 1 =제도(製圖)². 2 [미] 연필·펜·크레용 등으로 대상물의 윤곽만을 그리는 그림. 그 자체로서 독립된 그림임. 3 [체] 경기 참가 팀의 대전(對戰) 편성을 위한 추첨.

드롭(drop) 명[체] '드롭 커브'의 준말.

드롭^샷(drop shot) 명[체] 테니스에서, 볼에 역회전(逆回轉)을 주어 상대편 코트의 네트

가까이 짧게 떨어뜨리는 타구(打球).
드롭스(drops) 명 설탕에 과일즙이나 향료를 넣고 졸여 여러 가지 모양과 빛깔로 굳혀 만든 사탕의 하나.
드롭^커브(↑drop curve) 명[체] 야구에서, 투수가 던진 공이 타자 가까이에 와서 갑자기 뚝 떨어지는 일. 준드롭.
드롭-킥(dropkick) 명[체] 1 럭비에서, 공이 땅에 떨어졌다가 다시 튀어 오르는 순간에 차는 일. 2 프로 레슬링에서, 몸을 공중으로 날리면서 두 발로 상대를 가격하는 기술. **드롭킥-하다** 통(타)여
드르렁 부 코를 고는 소리. =드르릉. 작다르랑.
드르렁-거리다/-대다 통(자) 자꾸 드르렁 소리가 나다. 또는, 그런 소리를 내다. ¶그는 코를 **드르렁거리면서** 잔다. 작다르랑거리다.
드르렁-드르렁 부 드르렁거리는 소리. ¶코를 ~ 골다. 작다르랑다르랑. **드르렁드르렁-하다** 통(자)(타)여
드르르¹ 부 1 큰 물건이 가볍게 구를 때 나는 소리. ¶바퀴 달린 의자를 ~ 끌다. 2 큰 물건이 가볍게 떠는 모양. 또는, 그 소리. ¶~ 떠는 문풍지 소리. 작다르르. 센뜨르르.
드르르² 부 '뜨르르²'의 여린말. 작다르르. **드르르-하다** 형여
드르륵 부 1 큰 물건이 일정하게 구르다가 딱 멎는 소리. 2 큰 물건이 미끄러져 나갈 때 세게 나는 소리. ¶방문이 ~ 열리다. 3 총 따위를 계속 쏠 때에 나는 소리. 또는, 그 모양. ¶기관총을 ~ 쏘다. 센뜨르륵.
드르륵-거리다/-대다[-꺼(때)-] 통(자)(타) 자꾸 드르륵 소리가 나다. 또는, 그런 소리를 내다. ¶문을 ~. 센뜨르륵거리다.
드르륵-드르륵[-뜨-] 부 드르륵거리는 소리. 센뜨르륵뜨르륵. **드르륵드르륵-하다** 통(자)(타)여
드르릉 부 1 =드르렁. 2 심하게 울리는 소리.
드르릉-거리다/-대다 통(자)(타) 자꾸 드르릉 소리가 나다. 또는, 그런 소리를 내다.
드르릉-드르릉 부 드르릉거리는 소리. **드르릉드르릉-하다** 통(자)(타)여
드릉-거리다/-대다 통(자)(타) '드렁거리다'의 큰말.
드릉-드릉 부 '드렁드렁'의 큰말. **드릉드릉-하다** 통(자)(타)여
드리다¹ 통(타) 1 (밧줄이나 동아줄 등을) 짚이나 삼 등으로 꼬아서 만들다. ¶동아줄을 ~. 2 (어떤 실·줄 등에 다른 실이나 줄 등을) 섞어서 함께 꼬다. ¶볏짚에 삼을 ~. 3 (땋은 머리 끝에 댕기를) 달려 있도록 묶거나 매다. ¶길게 땋은 머리 끝에 빨간 댕기를 **드린** 처녀.
드리다² 통 ①(타) 1 '주다①'의 겸양어. 문장 주어의 행위가 미치는 대상을 높여서 이르는 말임. ¶아버지께 **드리려고** 양말을 샀다. 2 (윗사람에게 말이나 인사 등을) 들거나 받을 수 있게 올리다. ¶문안을 ~ / 선생님의 은혜에 감사를 **드린다**. 3 (사람이 신적인 존재에게 어떤 의식을) 삼가 행하다. ¶주님께 기도를 ~. ②(보조) (동사의 어미 '-아/어/여' 아래에 쓰여) '주다②'의 겸양어. ¶병든 노인을 보살펴 ~.
드리다³ 통(타) (집에 문·마루·벽장 등의 구조를) 만들다. ¶식구가 늘었으니 방을 한 칸 더 **드려야겠다**.

드리다⁴ 통(타) 물건 팔기를 그만두고 가게 문
-드리다⁵ 접미 일부 명사 아래에 붙어, '공손한 행위'의 뜻을 나타내는 말. ¶말씀~ / 공양~ / 불공~.
드리블(dribble) 명[체] 1 축구·럭비에서, 공을 발로 몰면서 나가는 일. 2 배구에서, 한 사람의 몸에 계속하여 두 번 이상 공이 닿는 반칙. 단, 블로킹할 때만은 2번 접촉이 허용됨. 3 농구에서, 공을 손으로 바닥에 튀기어 나가는 일. **드리블-하다** 통(타)여
드리-없다[-업따] 형 경우에 따라 변하여 일정하지 않다. ¶시세가 ~ / 물건이 크고 작고 ~. **드리없-이** 부
드리우다 통(자)(타) 1 (물체를) 한쪽이 위에 달리거나 붙은 상태에서 다른 쪽이 아래로 길게 늘어지게 하다. ¶창문에 발을 ~. 2 (어떤 존재가 어떤 대상에 그림자나 그늘 등을) 생기게 하다. ¶나무가 석양을 받아 땅 위에 긴 그림자를 **드리우고** 있다. 3 (이름이나 명예, 공적 등을 후세에) 전해 자취를 남기다. ¶고귀한 이름을 천추에 ~. 4 (존귀한 이가 가르침을) 베풀어 가지게 하다. ×드리다.
드리워-지다 통(자) 1 (물체가) 한쪽이 위에 달리거나 붙은 상태에서 다른 쪽이 아래로 길게 늘어지다. ¶커튼이 ~. 2 (어둠·그늘·그림자·구름 따위가 어느 곳에) 뒤덮이거나 깃들거나 끼는 상태가 되다. ¶검은 구름이 낮게 ~. 3 (사람의 마음이나 얼굴에, 또는 사람의 창작물 위에 어두운 심리적 상태가) 바탕으로 깔리거나 자리 잡다. ¶얼굴에 우수의 그림자가 ~.
드릴(drill) 명 목재나 금속판에 구멍을 뚫는 공구.
드릴링^머신(drilling machine) 명 공작 기계의 하나. 수직 회전축의 끝에 단 드릴로 공작물에 구멍을 뚫음.
드림 명 주로 사회적인 관계를 맺고 있는 사람에게 편지 등을 보낼 때, 그것을 드린다는 뜻으로 편지의 끝이나 겉봉에 보내는 사람의 이름 다음에 쓰는 말. ¶이현우 ~. ▶ 올림.
드림-줄[-쭐] 명 마루에 오르내릴 때 붙잡을 수 있도록 늘어뜨린 줄.
드림-추(-錘) 명[건] 벽·기둥 따위의 수직 여부를 알아보는 기구.
드링크-제(drink劑) 명 피로를 해소하기 위해 마시는, 카페인·과당·비타민 등이 소량 들어 있는 음료.
드-맑다[-막따] 형 아주 맑다.
드문-드문 부 1 시간적으로 잦지 않게. 비이따금. ¶이런 일이 ~ 일어난다. 2 공간적으로 배지 않게. 비띄엄띄엄. ¶거리에 가로등이 ~ 서 있다. 작다문다문. 센뜨문뜨문. **드문드문-하다** 형여
드물다 형 (드무니, 드무오) (어떤 대상이나 일이) 보통의 정도를 넘게 가끔 있거나 생기거나 대할 수 있는 상태에 있다. ¶보기 드문 미인 / 그가 실수하는 경우는 ~. ↔잦다·흔하다.
드뿍 부 분량이 다소 범위에 넘치는 모양. ¶쌀을 ~ 퍼 주다. 작다뿍.
드뿍-드뿍[-뜨-] 부 여럿이 모두 드뿍 넘치는 모양. ¶밥을 ~ 담다. 작다뿍다뿍. **드뿍드뿍-하다** 형여
드-새다 통(타) 길을 가다가 집이나 쉴 만한 곳에 들어가 밤을 지내다. ¶산막에서 하룻밤

을 ~.

드-세다 [형] 1 몹시 세다. ¶고집이 ~ / 기운이 ~. 2 (일 따위가) 견디기에 힘들게 세차다. ¶팔자가 ~. 3 집터를 지키는 귀신이 사납다. ¶집터가 ~.

드-솟다 [-솓따] [동][자] 1 기운차게 높이 솟다. 2 (어떤 기운이나 감정이) 강하게 일어나다.

드스-하다 [형][여] '뜨스하다'의 여린말. [잔]다스하다.

드습다 [-따] [형][ㅂ] 〈드스우니, 드스워〉'뜨습다'의 여린말. [잔]다습다.

드잡이 [명] 1 서로 머리나 멱살을 움켜잡고 싸우는 짓. 2 빚을 못 갚아 솥·그릇 따위를 가져가는 일. **드잡이-하다** [동][자][여]

드티다 [동][자][여] 1 (물체가) 비켜나거나 밀려 약간 틈이 생기다. 또는, (물체를) 비켜나게 하거나 밀어 틈을 내다. ¶자리를 드티면 한 사람 더 앉을 수 있겠다. 2 (짜인 것이나 맞춘 것이) 비어져 어긋나다. ¶사개가 ~. 3 (약속하거나 예정했던 것이) 미루어지거나 어그러지다. 또는, (약속하거나 예정했던 것을) 미루거나 어그러지게 하다. ¶날짜를 ~. 4 약속하거나 예정했던 것이 어그러져 연기되다. 또는, 연기하다.

드팀-전 (-廛) [명] 예전에, 온갖 피륙을 팔던 가게.

득¹ [부] 1 금이나 줄을 세게 긋는 모양이나 소리. ¶자를 대고 줄을 ~ 긋다. 2 액체가 갑자기 단단하게 어는 모양. 3 크고 단단한 물건을 세차게 긁는 모양이나 소리. ¶칼로 담배락을 ~ 긁다. [잔]닥.

득² (得) [명] 소득이나 이득. ¶남을 모함해서 될 게 뭐야? ↔실(失).

득남 (得男) [등-] [명] 아들을 낳는 것. [비]생남(生男). ¶~ 턱을 내다 / ~을 축하합니다. **득남-하다** [동][자][여]

득녀 (得女) [등-] [명] 딸을 낳는 것. [비]생녀(生女). **득녀-하다** [동][자][여]

득달 (得達) [-딸] [명] 목적한 곳에 도달하는 것. 또는, 목적을 이루는 것. **득달-하다** [동][자][타][여] ¶그와 같이 장산 속에 있는 본거지까지 그들은 아무 일 없이 득달하였다.《이기영:두만강》

득달-같다 [-딸갇따] [형] 잠시도 지체하지 않고 당장 같다. **득달같-이** [부] ¶소식을 듣자마자 ~ 달려오다 / 일을 시작하자마자 ~ 해치웠다.

득도¹ (得度) [-또] [명][불] 1 미혹의 세계에서 깨달음의 피안으로 건너가는 것. 2 출가하여 승려가 되는 것. **득도-하다¹** [동][자][여]

득도² (得道) [-또] [명] 1 도를 깨닫는 것. 2 오묘한 이치를 깨닫는 것. **득도-하다²** [동][자][여]

득돌-같다 [-똘갇따] [형] 시키는 대로 하여 조금도 어김이 없다. **득돌같-이** [부]

득-득 [-뜩] [부] 1 금이나 줄을 자꾸 세차게 긋는 모양이나 소리. ¶땅 위에 금을 ~ 긋다. 2 많은 액체가 모두 갑자기 어는 모양. 3 크고 단단한 물건을 여러 번 세차게 긁는 모양이나 소리. ¶누룽지를 ~ 긁다. [잔]닥닥.

득명 (得名) [등-] [명] 이름이 널리 알려지는 것. **득명-하다** [동][자][여]

득병 (得病) [-뼝] [명] 병을 얻는 것. **득병-하다** [동][자][여]

득세 (得勢) [-쎄] [명] 1 세력을 얻는 것. ↔실세(失勢). 2 형세가 좋게 되는 것. 또는, 유리해진 형세. **득세-하다** [동][자][여] ¶문신들의 세력을 꺾고 무신들이 ~.

득송 (得訟) [-쏭] [명] 송사(訟事)에 이기는 것. [비]승소(勝訴). **득송-하다** [동][자][여]

득시글-거리다/-대다 [-씨-] [동][자] (사람·동물 따위가) 떼를 지어 움직여 들끓다. ¶헛간에 벌레가 ~. [잔]득실거리다.

득시글-득시글 [-씨-씨-] [부] 득시글거리는 모양. [잔]득실득실. **득시글득시글-하다** [동][자][여] ¶옷에 이가 ~.

득실 (得失) [-씰] [명] 1 얻음과 잃음. ¶골 ~ 차(差). 2 이익과 손해. [비]이해(利害). ¶~을 따지자면 오히려 내 쪽이 손해 보는 일이 아니겠소? 3 성공과 실패.

득실-거리다/-대다 [-씰-] [동][자] '득시글거리다'의 준말.

득실-득실 [-씰-씰] [부] '득시글득시글'의 준말. **득실득실-하다** [동][자][여]

득음 (得音) [명] 음악가의 노래나 연주 소리가 썩 아름다운 지경에 이른 것. ¶옛 명창들은 ~의 경지를 향해 피를 토하면서 수련을 쌓았다. **득음-하다** [동][자][여]

득의 (得意) [-의/-이] [명] 뜻한 바가 이루어져 만족해하는 것. 또는, 이를 뽐내는 것. ¶~에 찬 미소를 보이다. **득의-하다** [동][자][여]

득의-만면 (得意滿面) [-의/-이-] [명] →득의만면-하다. **득의만면-하다** [-의/-이-] [형][여] 뜻한 바를 이루어 기쁜 표정이 얼굴에 가득하다.

득의-양양 (得意揚揚) [-의/-이-] [명] →득의양양-하다. **득의양양-하다** [-의/-이-] [형][여] 뜻한 바를 이루어 우쭐거리며 뽐내는 태도가 있다. ¶득의양양하여 돌아다니다.

득인심 (得人心) [명] 인심을 얻는 것. ↔실인심(失人心). **득인심-하다** [동][자][여]

득점 (得點) [-쩜] [명] (시험·경기 등에서) 점수를 얻는 것. 또는, 그 점수. ¶~자 / 최고 ~ / ~을 올리다. ↔실점. **득점-하다** [동][자][타][여] ¶우리 선수들이 **득점**할 때마다 관중이 함성을 질렀다.

득점-력 (得點力) [-쩜녁] [명] 어떤 선수가 운동 경기에서 득점할 수 있는 능력. ¶이 돈 보이는 공격수 / A팀이 B팀보다 ~이 높다.

득점-타 (得點打) [-쩜-] [명][체] 야구에서, 득점을 올린 안타.

득정 (得情) [-쩡] [명] 죄를 저지른 실정을 알아내는 것. **득정-하다** [동][자][여]

득책 (得策) [명] 좋은 계책을 얻게 되는 것. 또는, 그 계책. **득책-하다** [동][자][여]

득표 (得票) [명] 투표에 의한 선거나 선발에서, 얼마의 지지하는 표를 얻는 것. ¶최다 ~ / 후보자별 ~ 현황. ↔실표. **득표-하다** [동][자][타][여] ¶반수를 **득표**한 후보가 당선되다.

득표-율 (得票率) [명] 선거·선발에서, 전체 투표수 가운데 지지표를 얻은 비율. ¶총선에서 전국 최고 ~로 당선되다.

든¹ [조] '든지'의 준말. ¶사과~ 배~ 어느 것이나 먹겠다.

든² [어미] 1 '-든지¹'의 준말. ¶네가 무엇을 ~ 나는 상관없다. 2 '-던'의 잘못.

-든가 [어미] 1 =-든지¹. 2 '-던가'의 잘못.

든거지-난부자 (-富者) [명] 실상은 가난하면서도 겉으로는 부자같이 보이는 사람. [준]든거지. ↔든부자난거지.

-든걸 [어미] '-던걸'의 잘못.

-든고 [어미] '-던고'의 잘못.

-든데 [어미] '-던데'의 잘못.

든든-하다 [형][여] 1 (마음이) 어떤 대상에 대한 믿음성 때문에 허전하거나 두렵거나 하지 않고 안정감을 가진 상태에 있다. ¶훌륭한 아드님을 두셨으니 **든든하**시겠습니다. 2

(사물이) 알차거나 충실하여 미덥거나 믿음직하다. ¶백이 ~. 3 (배가) 먹은 음식이 차서 쉬이 배고파지지 않을 만한 상태에 있다. ¶먼 길을 가야 하니 든든하게 먹어라. 4 (옷 입은 상태가) 두껍거나 여러 겹이어서 추위를 막기에 충분하다. ¶오늘 기온이 영하 10도라니까 옷을 든든하게 입고 가거라. 쎈튼튼하다. 든든-히 튀 ¶밥을 먹다.

든-번(-番) 명 쉬었다가 차례가 되어 다시 들어가는 번. ↔난번.

든-벌 명 집 안에서만 입는 옷이나 신발 따위의 총칭. ↔난벌.

든부자-난거지(-富者-) 명 실상은 부자면서도 겉으로는 거지같이 보이는 사람. 준든부자. ↔든거지난부자.

든-손 Ⅰ 명 일을 시작한 손. 또는, 일하는 김. ¶~에 다 끝내자.
Ⅱ 튀 망설이지 않고 얼른.

든지¹ 조 무엇이나 가리지 않음을 나타내는 보조사. ¶비행기~ 기차~ 아무거나 타라. 준든.

-든지² 어미 1 무엇이나 가리지 않음을 나타내는 연결 어미. =-든가. ¶네가 어딜 가~ 상관하지 않겠다. ¶하~ 말~ 맘대로 해. 준-든. 2. '-던지'의 잘못.

든직-하다 [-지카-] 형여 1 사람됨이 경솔하지 않고 무게가 있다. 비듬직하다. ¶의젓하고 든직한 사내. 2 물건이 제법 번듯하고 그럴듯하다. 든직-히 튀

듣그럽다 [-끄-따] 형ㅂ <듣그러우니, 듣그러워> (소리가) 요란하여 듣기 싫다. 비시끄럽다. ¶새들이 듣그럽게 지저귀다.

듣기 [-끼] 명 (교) 언어 학습에서, 남의 말을 올바르게 듣고 이해하는 일. ↔말하기.

듣다¹ [-따] 통짜ㄷ <들으니, 들어> (눈물·빗물 따위의 액체가) 방울방울 떨어지다. ¶후드득후드득 빗방울이 ~.

듣다² [-따] 통ㄷ <들으니, 들어> ① 타 1 (사람이나 동물이 소리를) 귀로 자연적으로 느껴서 알다. ¶가만, 무슨 소리 못 들었니? 2 (사람이 다른 사람의 말이나 어떤 소리를) 그 내용을 알기 위해 귀 기울여 느끼다. 비경청하다. ¶음악을 ~ / 강연을 ~. 3 (명령이나 충고와 같은 말을) 받아들여 그대로 하다. ¶어머니 말씀 잘 들어라. 4 (주로, 보조 동사 '주다', '달다'와 함께 쓰여) (요구나 청을) 받아들여 그렇게 하기로 하다. 비허락하다. ¶제발 내 부탁을 들어 주게. 5 (청찬이나 꾸람을) 주로 윗사람에게 받거나 맞다. ¶아버지한테 꾸중을 들었다. 6 (주로 '말' 따위를 목적어로 하여) (기계나 장치가) 제 기능대로 움직이거나 작용하다. ¶건전지가 다 되어 리모컨이 말을 듣질 않는다. ② 짜 (약이 어떤 병에) 효과를 나타내다. ¶변비에 듣는 약.

[듣기 좋은 이야기도 늘 들으면 싫다] 아무리 좋은 일이라도 여러 번 되풀이하면 싫어진다. [들으면 병이요 안 들으면 약이다] 들어서 걱정될 일이라면 차라리 듣지 않는 것이 낫다.

듣도 보도 못하다 쿠 전혀 알지 못하다.

듣다-못해 [-따모태] 튀 어떠한 말을 듣고 있다가 더 이상 참을 수가 없어서. ¶나는 아내의 잔소리를 ~ 그 자리를 박차고 나왔다.

듣-잡다 [-잡따] 통타ㅂ <-자오니, -자와> '듣다①'의 겸양어.

들¹ 명 1 사람이 살지는 않으나 마을에서 그리 멀리 떨어져 있지 않은, 평평하고 넓게 트인 땅. ¶산과 ~에 흰 눈이 덮여 있다. ▷벌·벌판. 2 논이나 밭으로 되어 있는, 넓고 평평한 땅. ¶벼가 익어 황금물결을 이루고 있는 ~.

들² Ⅰ 명(의존) 두 개 이상의 사물을 벌여 말할 때 맨 끝에 쓰여, 그 열거한 사물 모두를 가리키거나 그 밖에 같은 종류의 사물이 더 있음을 나타내는 말. ¶배·감·포도 ~이 많다. Ⅱ 조 주어 이외의 자리에 쓰여, 주어가 복수임을 나타내는 조사. 셀 수 없는 명사나 어미 뒤에도 붙을 수 있을 뿐만 아니라 부사나 어미 뒤에도 나타남. ¶그럼, 말씀~ 나누세요. / 어서 밥~ 먹어라. / 여기~ 기다리고 있어요. / 이제 보니 저기~ 가고~ 있구먼.

들-³ 접두 '무리하게 힘을 들여', '굉장히', '마구', '몹시'의 뜻. ¶~놓다 / ~끓다 / ~볶다.

들-⁴ 접두 일부 동식물명 앞에 붙어, 야생(野生)을 뜻하거나 품질이 낮음을 나타내는 말. ¶~쥐 / ~국화.

-들⁵ 접미 셀 수 있는 명사나 대명사 아래에 붙어, 그것이 복수(複數)임을 나타내는 말. ¶학생~ / 그~ / 우리~ / 서울에는 차~이 많다.

들-개 [-깨] 명 1 주인 없이 마음대로 돌아다니며 자라는 개. =야견(野犬). 2 맥없이 나다니는 사람을 속되게 이르는 말.

들-것 [-껏] 명 환자나 물건을 실어 나르는 기구. =담가(擔架).

들고-나다 통짜 1 남의 일에 참견하여 나서다. ¶공연히 남의 일에 들고나지 마라. 2 집 안의 물건을 팔려고 가지고 나가다.

들고-뛰다 통짜 '달아나다'를 속되게 이르는 말.

들고-빼다 통짜 '달아나다'를 속되게 이르는 말.

들고-일어나다 통짜 1 세차게 일어나다. ¶불인 벽보들이 바람에 들고일어났다. 2 어떤 일에 항의·반대하여 궐기하고 나서다. ¶부당한 해고 조처에 근로자들이 ~.

들고-튀다 통짜 '달아나다'를 속되게 이르는 말. ¶형사들이 왔을 때는 범인이 이미 들고튄 뒤였다.

들고-파다 통타 열심히 공부하거나 연구하다. ¶그는 고시에 뜻을 두고 육법 전서를 들고판다.

들-국화(-菊花) [-구콰] 명 [식] 산과 들에 저절로 나서 자라는 야생종의 국화. 감국(甘菊)·산국(山菊) 따위. =야국(野菊).

들-기름 명 들깨에서 짜낸 기름. =법유(法油).

들-기술(-技術) 명 [체] 씨름에서, 상대편을 끌어당겨 위로 들어 올린 뒤, 무릎이나 허벅다리를 걸어 넘기거나 허리를 이용하여 돌린 뒤 넘어뜨리는 기술.

들-길 [-낄] 명 들에 난 길.

들-까부르다 통타르 <~까부르니, ~까불러> 위아래로 심하게 흔들다. ¶죽정이를 ~. 준들까불다.

들까불-거리다 / -대다 통타 자꾸 위아래로 심하게 흔들다. ¶상모를 돌리느라 머리를 ~.

들-까불다 통 <~까부니, ~까부오> ① 짜 몹시 까불다. ② 타 '들까부르다'의 준말.

들까불-들까불 튀 들까불거리는 모양. 들불들까불-하다 통타여

들-깨 [명] 1 [식] 꿀풀과의 한해살이풀. 높이 60~90cm. 줄기에 긴 털이 있으며, 여름에 흰 꽃이 핌. 잎은 식용하고 씨는 기름을 짜냄. 2 1의 씨. 흔히, 기름을 짜서 먹거나 등잔불을 켤 때 씀.

들깻-잎 [-깬닙] [명] 들깨의 잎. 식용함.

들:-꽃 [-꼳] [명] 들에 피는 꽃. [비]야화(野花)

들-꾀다 [-꾀-/-꿰-] [동][자] 여럿이 많이 모여들다. ¶음식에 파리가 ~.

들-끓다 [-끌타] [동][자] 1 한곳에 여럿이 많이 모여서 물 끓듯이 움직이다. ¶해수욕장이 수많은 피서 인파로 ~. 2 어떤 심리 현상이 강한 흥분 상태로 되다. ¶분한 마음이 ~.

들:-나물 [-라-] [명] 들에서 나는 나물.

들:-날리다 [-랄-] [동][자] =들날리다².

들:-녘 [-력] [명] 들이 넓게 펼쳐 있는 곳. ¶황금물결이 출렁이는 가을 ~. ×들녁.

들-놀다 [-롤-] [동][자] <~노니, ~노오> 들썩거리며 이리저리 흔들리다.

들:-놀이 [-로리] [명] 들에서 노는 놀이. =야유(野遊). 들:놀이-하다 [동][자여]

들다¹ [동]<드니, 드오> 1 [자] 1 (사람이나 대상이 어떤 구조물이나 공간의 밖에서 안이나 속으로) 그 위치를 옮기다. 또는, (구조물이나 공간의 안이나 속에) 있는 상태가 되다. ¶잠자리에 ~ / 자, 안으로 드시지요. 2 (어떤 방이나 집 등에) 거처를 정하고 머물러 있게 되다. ¶호텔에 ~. 3 (주로, 햇빛이나 햇볕이 어떤 공간 안에) 미치어 비치다. ¶볕이 잘 드는 방. 4 (사람이나 대상이 어떤 범위 안에) 속하거나 포함되다. ¶합격자 명단 속에 내 이름이 들어 있다. 5 (사람이 어떤 조직에) 구성원이 되다. ¶가입하다. [비]반에 ~. 6 (어떤 물체나 물질이나 성분이 다른 물체나 물질 속에) 섞이거나 일부를 이루다. ¶이 버섯에는 독이 들어 있다. 7 (대상에 어떤 내용이나 사실이) 담기어서 일부를 이루다. ¶책 속에 진리가 들어 있다. 8 (물감이나 소금기 따위가 물체 속에) 스미거나 배다. ¶옷에 물이 ~. 9 (과일이나 음식의 맛이) 익어서 알맞게 되다. ¶포도가 맛이 들었다. 10 (어떤 일이나 활동에 돈·시간·물자·노력 등이) 쓰이거나 소비되다. ¶비용이 ~ / 공이 ~. 11 (어떤 병이 몸에) 생겨서 앓게 되다. ¶감기가 ~. 12 (어떤 병적인 증세나 상태가 몸의 어느 부위에) 생겨서 자리잡다. ¶옆구리에 담이 ~. 13 (정신이나 의식이) 되돌아와 정상적인 상태가 되다. ¶정신이 ~. 14 (사람이) 사리를 깨닫게 되거나 지적(知的)으로 깬 상태가 되다. ¶철이 ~ / 지각이 ~. 15 (어떤 생각이나 느낌이) 생기거나 느껴지다. ¶잡념이 ~ / 이웃과 정이 ~. 16 (버릇이나 습관이) 몸에 배다. ¶못된 버릇이 ~. 17 (어떤 물건이나 사람이 기분이나 마음에) 좋게 받아들여지다. ¶눈에 ~ / 마음에 드는 여자. 18 (잠이) 생기어 몸과 의식의 활동에 작용하다. ¶아기가 울다 지쳐 잠이 들다. 19 (나이가) 많아지는 상태가 되다. 또는, (나이가) 꽤 많은 상태가 되다. ¶화장을 지우자 훨씬 나이가 들어 보인다. 20 (어떤 때에) 이루게 되다. [비]접어들다. ¶이달도 부쩍 감기 환자가 늘었다. 21 (어떤 일이나 기상 현상이) 이루어지거나 생기다. ¶풍년이 ~ / 장마가 ~. 22 (어느 해나 달이나 주에 어떤 달이나 날이) 속에 있게 되거나 끼인 상태가 되다. ¶10월에 연휴가 한 번 들어 있다. 23 (식물의 뿌리나 열매가) 속이 차서 굵어지거나 단단해지다. ¶무가 속이 ~. 24 (움직임이나 이동, 작용을 나타내는 동사의 어미 '-아/어' 아래에 쓰여) 그러한 동작이나 작용이 대상의 안쪽으로 행해지거나 미침을 나타내는 말. ¶달려~ / 돌아~. 25 바람이 들다 →바람¹. [2][타] 1 (길을) 택하여 가거나 오다. ¶길을 잘못 들어 한참을 헤매다. 2 (다달이 일정액의 돈을 내는, 금융 관련의 일을) 신청하여 행하다. ¶적금을 ~. 3 (다른 사람을 위해 하는 일이나 다른 사람 편에 서는 일을) 하는 상태에 자기 몸을 두다. ¶편을 ~ / 편을 ~. [3][보조] 1 (동사의 어미 '-려(고)'나 명사형 어미 '-기'에 조사 '로'가 붙은 '-기로', 또는 '-자 하고'가 준 꼴인 '-자고' 아래에 쓰여) 짐짓 애쓰거나 적극적으로 하거나 어떤 일을 쉽사리 하는 경향이 있음을 나타내는 말. ¶그는 툭하면 주먹질부터 하려 든다. / 돈을 벌자고 들면 얼마든지 벌 수 있다. 2 (동사의 어미 '-고' 아래에 쓰여) 어떤 행동을 거칠게, 또는 다그치듯 함을 나타내는 말. ¶그는 험악한 표정을 지으며 따지고 들었다.

[드는 정은 몰라도 나는 정은 안다] 정이 들 때는 드는 줄 모르게 들지만 정이 떨어져 싫어지면 역력히 나타난다.

들다² [동][자] <드니, 드오> 1 (날이) 눈·비 따위가 그쳐서 좋아지다. ¶날이 들면 떠나자. 2 (땀이) 흐르지 않고 그치거나 없어지다. ¶찬물에 발을 담그니 땀이 금세 들었다.

들다³ [동][자] <드니, 드오> (날이 있는 도구가) 날이 날카로워 물건이 잘 베어지다. ¶칼이 잘 ~.

들다⁴ [동][타] <드니, 드오> 1 (아래에 있는 물체에) 힘을 주거나 가하여 위로 옮기다. [비]올리다. ¶역도 선수가 역기를 ~. 2 (몸의 한 부분을) 위쪽으로 향하여 움직이다. ¶고개를 들어 하늘을 우러러본다. 3 (사람이 물건을) 땅이나 바닥에 놓지 않고 얼마큼의 높이에서 손에 쥐거나 잡다. ¶가방을 들고 있는 학생. 4 (어떤 사실이나 문제나 예를) 내보이거나 제시하거나 끌어 오다. ¶예를 들어 설명하다. 5 '먹다'를 점잖게, 또는 완곡하게 이르는 말. 선어말 어미 '-시-'가 결합된 '드시다'는 '먹다'의 높임말로 널리 쓰이고 있음. ¶찬은 없지만 많이 드십시오.

들-두들기다 [동][타] 함부로 마구 두들기다.

들들 [부] 1 (콩·깨 따위를) 갈거나 휘저으며 볶는 모양. ¶녹두를 맷돌에 ~ 갈다. 2 사람을 마구 들볶는 모양. ¶사람을 ~ 못살게 한다. 3 물건을 이리저리 들쑤셔 가며 뒤지는 모양. [비]달달.

들떼-놓고 [-노코] [부] 사물을 꼭 집어내어 바로 말하지 않고. ¶상대의 약점을 ~ 말하다.

들-뛰다 [동][자] '들이뛰다'의 준말.

들-뜨다 [동][자] <~뜨니, ~떠> 1 (단단한 데에 붙은 얇은 것이 속으로 떨어져) 틈이 벌어지며 일어나다. ¶풀칠을 잘 먹질 않아 도배지가 들떴다. 2 마음이 들썽거리다. ¶마음을 가라앉히다. [자]달뜨다. 3 살빛이 누르고 부석부석하게 되다. ¶병으로 얼굴이 ~.

들-뜨리다 [동][타] '들이뜨리다'의 준말.

들뜨-이다 [동][자] '들뜨다'의 피동사. [준]들띄다.

들뜬-상태 (-狀態) [명] [물] [화] 원자나 분자의 가장 바깥쪽에 있는 전자가 자극에 의해서 보

들띄다 [-띠-] 통자 '들뜨이다'의 준말.
들락-거리다/-대다 [-꺼(때)-] 통자타 =들랑거리다. ¶추운데 왜 자리 들락거려?
들락-날락 [-랑-] 튀 자꾸 들어왔다 나갔다 하는 모양. =들랑날랑. **들락날락-하다** 통자타여 ¶배탈이 나 화장실에 ~.
들랑-거리다/-대다 통자타 자꾸 들어왔다 나갔다 하다. =들락거리다. ¶이 방 저 방을 ~.
들랑-날랑 튀 =들락날락. **들랑날랑-하다** 통자타여
들러리 명 1 결혼식에서 신랑이나 신부를 식장으로 인도하고, 옆에서 보살펴 거들어 주는 인물. ¶친구 결혼식에 ~를 서다. 2 주된 인물 주변에서 실속은 없이 그를 잘되게 하는 역할을 하는 사람을 얕잡아 이르는 말.
들러-붙다 [-붇따] 통자 1 (물건이나 일부 연체동물의 몸이 무엇에) 끈기 있게 철썩 붙다. ¶정전기가 일어 옷이 몸에 ~. 2 (사람이 다른 사람에게) 끈덕지게 가까이 있으려 하거나 짐짓 가까이서 얼찐거리는 행동을 하다. ¶아이가 엄마한테 **들러붙어서** 떨어지려고 하지 않는다. 3 (사람이 어떤 일에) 악착스럽게 열중하다. ¶한 가지 일에 **들러붙어** 세월 가는 줄 모르다. 작달라붙다. 원들어붙다.
들레다 통자 야단스럽게 떠들다.
들려-오다 통자 소리나 소문 등이 들리다. ¶노랫소리가 ~.
들려-주다 통타 (소리나 말을) 듣게 하여 주다. ¶무용담을 ~ / 음악을 ~.
들르다 통자타 〈들르니, 들러〉 지나가는 길에 잠깐 거치다. ¶나는 집에 가는 길에 서점에 들러 잡지를 샀다.

> **어법** 사무실에 들려 : 들려(×) → 들러(○). ➡ '들려'는 '들리다'의 활용형임.

들리다¹ 통자 (못된 귀신 따위가) 덮치거나 들러붙다. ¶신이 ~ / 귀신 들린 사람.
들리다² 통 ①자 '듣다²'의 피동사. ¶새소리가 ~. ②타 (주로 '들려주다'의 꼴로 쓰여) '듣다²①·²'의 사동사. ▷들려주다.
들리다³ 통 ①자 '들다⁴·¹·²·³'의 피동사. ¶몸이 번쩍 ~. ②타 '들다⁴·¹·²·³'의 사동사. ¶무거운 것을 들리지 마라.
들리다⁴ 통자 '들다¹¹'의 피동사. ¶감기가 [에] ~.
들-마루 명 방문 앞에 잇달아 드린 쪽마루.
들-망(-網) 명 [수산] 1 해저나 중층(中層)에 그물을 깔아 두고 물고기를 그물 위로 유인하여, 일제히 들어 올려서 잡는 그물. =들그물·부망(敷網). 2 '후릿그물'의 잘못.
들-머리 명 1 어느 곳으로 막 접어드는 곳. =들목. 비어귀·초입. ¶장승은 흔히 마을에 서 있다. 2 어떤 일이 처음 시작되는 무렵. 비첫머리. ¶벌써 12월 초순이 거의 지나간 겨울 ~였다. 〈윤정규 : 장렬한 화염〉
들머리-판 명 있는 것을 모조리 들어먹고 끝장나는 판. 준들판.
들먹-거리다/-대다 [-꺼(때)-] 통자타 자꾸 들먹이다. ¶어깨를 **들먹이며** 울다. 작달막거리다. 쎈들먹거리다.
들먹-들먹 [-뜰-] 튀 들먹거리는 모양. 작달막달막. 쎈들먹뜰먹. **들먹들먹-하다** 통자타여

들먹-이다 통 ①자 1 (묵직한 물건의 전체나 일부가) 들렸다 내려앉았다 하다. ¶지진으로 건물 전체가 ~. 2 마음이 흔들리다. ¶공연히 가슴이 ~. 3 (어깨·궁둥이 등 몸의 일부가) 아래위로 움직이다. ¶흥거워서 절로 어깨가 ~. ②타 1 (묵직한 물건을) 올렸다 내렸다 하다. 2 남의 마음을 흔들리게 하다. 3 (어깨나 궁둥이를) 아래위로 움직이다. ¶어깨를 들먹이며 울다. 4 들추어 입에 올리다. ¶왜 가만있는 사람을 **들먹이고** 그래? 작달막이다. 쎈들먹이다.
들메 명 신이 벗어지지 않도록 끈으로 발에 동여매는 일. **들메-하다** 통타여
들메-끈 명 신이 벗어지지 않도록 발에 동여매는 끈.
들-바람 [-빠-] 명 들에서 불어오는 바람.
들-배지기 명[체] 씨름에서, 상대의 배를 껴안고 몸을 돌리면서 넘어뜨리는 기술.
들병-장수(-甁-) [-뼝-] 명 병에 술을 담아 가지고 다니면서 파는 장수. =들병이.
들-보 [-뽀] 명 [건] 칸과 칸 사이의 두 기둥을 건너질러, 도리와는 'ㄴ'자, 마룻대와는 '+'자 모양을 이루는 나무. ¶~를 얹다 / ~를 올리다. 준보.
들-볶다 [-복따] 통타 잔소리나 까다로운 요구 등으로 남을 못살게 굴다. ¶며느리를 ~.
들볶-이다 통자 '들볶다'의 피동사. ¶아이들에게 ~.
들-부수다 통타 '들이부수다'의 준말.
들-붓다 [-붇따] 통타(ㅅ)〈~부으니, ~부어〉'들이붓다'의 준말.
들-비둘기 [-삐-] 명 야생의 비둘기. ↔집비둘기.
들-새 [-쌔] 명[동] 야생의 새. 비야금(野禽)·야조(野鳥).
들-소 [-쏘] 명[동] 1 야생하는 소의 총칭. =야우(野牛). 2 포유류 솟과 들소속(屬)의 동물. 대형의 야생 소로, 아메리카들소·유럽들소가 있음.
들-손 [-쏜] 명 그릇 따위의 옆에 달린, 반달 모양의 손잡이.
들-숨 [-쑴] 명 들이쉬는 숨. 비흡기(吸氣). ↔날숨.
들숨 날숨 없다 쿠 꼼짝달싹할 수 없다.
들썩-거리다/-대다 [-꺼(때)-] 통자타 자꾸 들썩이다. ¶이불을 ~ / 흥이 나 어깨를 **들썩거리며** 춤을 추다. 작달싹거리다. 쎈들썩거리다.
들썩-들썩 [-뜰-] 튀 들썩거리는 모양. 작달싹달싹. 쎈들썩뜰썩. **들썩들썩-하다** 통자타여
들썩-이다 통 ①자 1 (묵직한 물건이) 들렸다 가라앉았다 하다. ¶물이 끓어 주전자 뚜껑이 ~. 2 마음이 흔들려 움직이다. 3 (어깨·궁둥이가) 위아래로 움직이다. ¶흥이 나 여기저기서 절로 어깨가 **들썩였다**. 4 요란하고 부산하게 떠들다. ¶회의장은 사람들로 몹시 **들썩였다**. ②타 1 (묵직한 물건을) 들었다 놓았다 하다. 2 남의 마음을 흔들리게 하다. 3 (어깨·궁둥이를) 위아래로 움직이다. ¶흥거운 농악이 시작되자 마을 사람들은 어깨를 **들썩이기** 시작했다. 작달싹이다.
들썩-하다 [-써카-] Ⅰ통자타여 1 (좀 가벼운 물건이) 한 번 들렸다가 가라앉다. 또는, (좀 가벼운 물건을) 한 번 들렸다가 가라앉게 하다. 2 (어깨·궁둥이가[를]) 무겁게 한

번 위아래로 움직이다. ㉧달싹하다.
Ⅱ[형][여] 1 사이가 조금 떠들려 있다. ㉧달싹하다. 2 부산하고 시끄럽다. 3 하는 말이 이치에 맞아 그럴듯하다.

들썽-거리다/-대다 [동][자] 마음이 가라앉지 않고 계속 들떠서 움직이다.

들썽-들썽 [부] 들썽거리는 모양. **들썽들썽-하다** [동][자]

들-쑤시다 [동][자][타] '들이쑤시다'의 준말. ¶방고래를 ~.

들쑥-날쑥 [-쑥-] [부] 들어가고 나오고 하여 고르지 않은 모양. =들쭉날쭉. **들쑥날쑥-하다** [형][여]

들-쓰다 [동][타] <~쓰니, ~써> 1 (이불·외투 등을) 위에서부터 아래까지 덮어쓰다. 2 (모자 등을) 되는대로 얹거나 쓰다. 3 (물·먼지 등을) 온몸에 받다. 4 (허물·책임 등을) 억지로 넘겨 맡다. =뒤어쓰다.

들-씌우다 [-씨-] [동][타] '들쓰다'의 사동사. ¶자기 책임을 남에게 ~.

들-앉다 [-안따] [동][자] '들어앉다'의 준말.

들앉-히다 [-안치-] [동][타] '들어앉히다'의 준말.

들어-가다 [동][자][거라] <~가거라> 1 안이나 속으로 가다. ¶건물 안으로 ~. 2 어떤 단체·기관·조직의 구성원이 되다. ¶회사에 ~/일류 대학을 ~. 3 어떤 범위 안에 속하거나 포함되다. 4 (비용·물자·노력 등이) 어떤 필요에 쓰이다. ¶생산비가 많이 **들어간다**. 5 말·글의 내용이 이해되어 기억되다. ¶내용이 머리에 쏙 **들어가게** 요약해 주었다. 6 (새로운 상태나 시기가) 시작되다. ¶내일부터 대학 생활에 **들어가게** 된다. 7 물체의 표면이 우묵하게 되다. ¶눈이 쑥 **들어갔다**. 8 (어떤 것에) 끼이다. ¶화보가 많이 들어간 잡지.

들어-내다 [동][타] 1 물건을 들어서 밖으로 내놓다. ¶이삿짐을 ~. 2 있던 곳에서 쫓아내다. ¶저놈을 밖으로 **들어내라**.

들어-맞다 [-맏따] [동][자] 정확히 맞다. ¶옷이 몸에 꼭 ~/예상대로 ~.

들어-맞히다 [-마치-] [동][타] '들어맞다'의 사동사. ¶그 점쟁이는 내 운세를 딱 **들어맞혔다**.

들어-먹다 [-따] [동][타] 1 있는 재물이나 밑천을 헛되이 다 없애다. ¶유산을 유흥비로 다 ~. 2 남의 것을 자기 차지로 만들다. ¶회사 돈을 **들어먹고** 도망치다.

들어-박히다 [-바키-] [동][자] 1 드러나지 않게 속에 박히다. 2 빈틈없이 촘촘히 박히다. ¶옥수수 알이 촘촘히 ~. 3 한군데만 꼭 붙어 있다. ¶형은 도서관에 **들어박혀** 공부만 한다.

들어-붓다 [-붇따] [동][자][ㅅ] <~부으니, ~부어> 1 들어 올려서 붓다. ¶물통의 물을 장독에 ~. 2 비가 퍼붓듯이 쏟아지다. 3 술을 퍼붓듯이 들이마시다.

들어-붙다 [-붇따] [동][자] '들러붙다'의 원말.

들어-서다 [동][자][이] 1 안쪽으로 옮겨 서거나 가다. ¶회의장으로 ~. 2 (어떤 곳에) 자리 잡고 서다. ¶소나무가 울창하게 **들어선** 숲. 3 (가아가) 뱃속에서 버티어 서다. 4 (어떤 상태나 시기 등이) 시작되다. ¶계절은 바야흐로 여름철에 **들어서고** 있다. 5 계통을 잇다. ¶새 정부가 ~.

들어-앉다 [-안따] [동][자] 1 안쪽으로 다가앉다. ¶아랫목으로 더 **들어앉아라**. 2 일정한 곳에 자리를 잡다. ¶산골짜기에 **들어앉은** 마을. 3 어떤 지위를 차지하다. ¶안주인으로 ~. 4 바깥 활동이나 직장을 그만두고 집에만 수그러박혀 지내다. ¶집 안에 **들어앉아** 뭘 하니? ㉧들앉다.

들어앉-히다 [-안치-] [동][타] '들어앉다'의 사동사. ¶그는 아내를 직장을 그만두게 하고 집안에 **들어앉혔다**.

들어-오다 [동][자][너라] <~오너라> 1 밖에서 안으로 오다. ¶방문을 열고 ~. 2 어떤 조직·기관 등의 구성원이 되다. ¶새로 **들어온** 사람. 3 수입 등이 생기다. ¶집세로 매달 수입만 원씩 **들어온다**. 4 (사물의 내용이) 이해되거나 파악되다. ¶선생님의 설명이 귀에 쏙쏙 **들어온다**. ㉧들오다.

들어-주다 [동][타] 부탁이나 요구 등을 받아들이다. ¶소원을 ~.

들어-차다 [동][자] 안이나 속에 가득 차다. ¶속이 들어찬 배추 / 극장 안에 사람들로 꽉 ~.

들어^치기 [명][체] 씨름에서, 상대편을 들어 배 위까지 끌어 올린 다음 오른쪽으로 돌리며 넘어뜨리는 기술.

들-엉기다 [동][자] 착 들러붙어서 엉기다.

들-엎드리다 [-업뜨-] [동][자] 바깥 활동은 하지 않고 집에만 가만히 있다.

들여-가다 [동][타][거라] <~가거라> 1 밖에서 안으로 가져가다. ¶빨래를 걷어 ~ / 밥상을 방에 ~. 2 가게에서 물건을 사서 집으로 가져가다. ¶쌀을 ~.

들여-놓다 [-노타] [동][타] 1 밖에서 안으로 가져다 놓다. ¶날씨가 추워 화분을 ~. 2 밖에서 안으로 들어오게 하다. ¶다시는 내 집에 발도 **들여놓지** 마라. 3 물건을 사서 집에 가져다 놓다. ¶책을 월부로 ~. 4 관계를 맺다. ㉥진출하다. ¶정계에 발을 ~.

들여다-보다 [동][타] 1 밖에서 안을 보다. ¶왜 남의 방 안을 **들여다보느냐**? ↔내다보다. 2 가까이서 자세히 보다. ¶시험지를 ~. 3 세밀하게 살펴 속을 알다. ¶속셈을 빤히 ~. 4 관심을 가지고 살피기 위해 어디에 들르다. ¶겁은 마음이 ~. ㉧들여다뵈다. ↔내다보다.

들여다보-이다 [동][자] '들여다보다'의 피동사. ¶겁은 마음이 ~. ㉧들여다뵈다. ↔내다보이다.

들여다뵈다 [-뵈-/-베-] [동][자] '들여다보이다'의 준말. ¶속이 **들여다뵈는** 짓을 하다.

들여-디디다 [동][타] 안으로 발을 옮겨 디디다.

들여-보내다 [동][타] 1 안이나 속으로 들어가게 하다. ¶밥상을 방으로 ~. 2 어떤 조직의 구성원이 되게 하다. ¶학교를 ~.

들여-세우다 [동][타] 비어 있는 자리에 뒤를 잇기 위해 후보자를 골라 들어서게 하다.

들여앉-히다 [-안치-] [동][타] '들어앉다'의 사동사. ¶첩을 ~. ㉧들앉히다.

들여-오다 [동][타][너라] <~오너라> 밖에서 안으로 가져오다. ¶음식을 ~ / 날씨가 추워져 베란다의 화분을 거실로 **들여왔다**.

들-오다 [동][자][너라] <~오너라> '들어오다'의 준말.

들-오리 [명] 야생하는 오리. ↔집오리.

들은-귀 [명] 1 들은 경험. ¶~가 있다. 2 자기에게 이로운 말을 듣고 그 기회를 놓치지 않으려 함을 이르는 말. ¶~가 밝다.

들은-풍월 (-風月) [명] 남에게서 얻어들어 알게 된 얕은 지식. ¶~은 있어 전문어를 주워 섬기며 아는 체한다.

들음-들음 [부] (비용이나 물자 등이) 조금씩 자꾸 드는 모양. ¶살림 비용이 ~ 꽤 든다.

들이¹ 圓 어떤 그릇에 물질을 최대한 담을 수 있는 공간의 크기. 재는 단위는 cc, dl, l, 홉, 되, 말 따위. =용적(容積).
들이² 冊 '들입다'의 준말.
들이-³ 接頭 1 '들입다', '함부로', '몹시'의 뜻. ¶~덤비다 / ~받다. 2 '별안간'의 뜻. ¶~닥치다. 3 '안으로'의 뜻. ¶~비추다.
-들이⁴ 接尾 그릇의 용량을 나타내는 말. ¶2홉~ 소주병.
들이-곱다[-따] 動(자) 안쪽으로 꼬부라지다. 昌들이굽다. ↔내곱다.
들이-굽다[-따] 動(자) 안쪽으로 꾸부러지다. ¶팔이 들이굽지 내굽나? 准들이곱다. ↔내굽다.
들-이다¹ 動(타) '들다'의 사동사. ¶정성을 ~ / 습관을 ~ / 옷에 물감을 ~.
들-이다² 動(타) '들다'의 사동사. ¶땀 좀 들이고 나서 하자.
들-이다³ 動(자) (연기나 불길이) 아궁이에서 방고래로 잘 들어가다.
들이-닥치다 動(자) 갑자기 닥치다. ¶경찰관이 ~ / 액운이 ~.
들이-대다 動 1(자) 마구 대들다. 2(타) 1 바싹 가져다 대다. ¶증거물을 ~. 2 돈이나 물건으로 남의 뒤를 잇대어 주다.
들이-덤비다 動(자) 함부로 마구 덤비다.
들이-뛰다 動(자) 들입다 뛰다. 准들뛰다.
들이-뜨리다/-트리다 動(타) 안을 향하여 집어던지다. 准들뜨리다.
들이-마시다 動(타) 1 (액체나 기체를) 빨아들여 목구멍으로 넘기다. ¶맑은 공기를 ~ / 물을 ~. 2 마구 마시다.
들이-몰다 動(타) 1 안으로 향하여 몰다. ¶가축을 우리에 ~. ↔내몰다. 2 아주 심하게 몰다. ¶말을 채찍으로 ~.
들이몰-리다 動(자) '들이몰다'의 피동사.
들이-밀다 動(타) 1 안으로, 또는 한쪽으로 밀거나 들여보내다. 2 함부로 마구 밀다. 3 어떤 일에 돈이나 물건 따위를 분별없이 함부로 제공하다. 4 어떤 문제를 해당 기관에 억지로 제기하다. 准디밀다.
들이밀-리다 動(자) '들이밀다'의 피동사.
들이-박다[-따] 動(타) 1 속으로 깊이 들어가게 박다. ¶말뚝을 ~. 2 함부로 마구 박다. 3 안쪽으로 옮겨서 박다.
들이-받다[-따] 動(타) 1 머리를 들이대고 받다. 2 함부로 받거나 부딪다. ¶버스가 가로수를 ~.
들이-부수다 動(타) 마구 두들겨 부수다. ¶살림살이를 ~. 准들부수다.
들이-불다 動(자) 1 바람이 안으로 불다. 2 바람이 몹시 세게 불다. ¶간밤에는 바람이 들이불었다.
들이-붓다[-붇따] 動(타)(ㅅ)<~부으니, ~부어> 1 자루나 그릇 속으로 쏟아 넣다. ¶쌀통에 쌀을 ~. 2 마구 붓다. 准들붓다.
들이-비추다 動(타) 밖에서 안으로 비추다.
들이-비치다 動(자) 1 밖에서 안으로 비치다. ¶방 안 깊숙이 햇빛이 ~. 2 잇달아 세차게 비치다.
들이-빨다 動(타)<~빠니, ~빠오> 1 몹시 빨다. 또는, 힘차게 빨다. 2 안으로 빨아들이다.
들이-세우다 動(타) 1 안으로 들여서 세우다. 2 빈자리나 새로운 자리에 들여보내어 그 일을 맡게 하다.
들이-쉬다 動(타) (숨을) 들이켜 쉬다. ¶숨을 ~. ↔내쉬다.
들이-쌓다[-싸타] 動(타) 1 안에 쌓다. =들여쌓다. ¶물건을 창고에 ~. 2 마구 쌓다. ¶길가에 쓰레기를 함부로 **들이쌓아** 놓았다.
들이쌓-이다[-싸-] 動(자) '들이쌓다'의 피동사. ¶산골짜기에 눈이 ~.
들이-쏘다 動(타) 1 안으로 쏘다. 2 잇달아 마구 쏘다. ¶총을 ~.
들이-쑤시다 動 1(자) 마구 쑤시다. 또는, 마구 쑤시듯이 아프다. ¶골이 ~. 2(타) 1 남을 가만히 있지 못하게 들쑤시다. 2 무엇을 찾으려고 샅샅이 헤치다. 准들쑤시다.
들이-지르다 動(타)<~지르니, ~질러> 1 들이닥치며 세게 지르다. 2 큰 소리를 마구 지르다.
들이-치다¹ 動(자) (비나 눈 등이) 안을 향하여 세게 뿌리다. ¶비가 **들이칠지** 모르니 창문은 다 닫으렴.
들이-치다² 動(타) 마구 들어가면서 세차게 치다.
들이-켜다 動(타) (그릇이나 잔 속에 든 물·술 따위의 액체를) 단숨에 또는 단 번에 마시다. ¶막걸리를 사발로 ~.
들이-키다 動(타) 안쪽으로 다그다. ↔내키다.
들이-파다 動(타) 1 밖에서 안쪽으로, 또는 밑으로 내려 파다. 2 깊이 몰두하여 연구하거나 궁리하다. ¶방학 동안 수학을 ~.
들이-퍼붓다[-붇따] 動(ㅅ)<~퍼부으니, ~퍼부어> 1(자) 비·눈 따위가 퍼서 붓듯이 마구 쏟아지거나 몹시 내리다. ¶비가 ~. 2(타) 마구 퍼붓다. ¶물을 ~ / 욕을 ~.
들:-일[-릴] 圓 들에서 하는 일. 들!일-하다 動(자)
들입다[-따] 冊 막무가내로 세차게. ¶공을 ~ 차다. 准들이:딥다.
들:-장미(-薔薇)[-짱-] 圓[식] '찔레나무'의 속칭.
들:-쥐[-쮜] 圓[동] 들에 사는 쥐의 총칭. 농작물이나 묘목 등에 해를 끼침. 갈밭쥐·맷밭쥐·대륙밭쥐 등이 있음. =야서(野鼠).
들:-짐승[-찜-] 圓 들에 사는 짐승. 貶야수(野獸). ▷물짐승·산짐승.
들쩍지근-하다[-찌-] 昭여 조금 들큼한 맛이 있다. 准달짝지근하다. 큰들척지근하다.
들쭉-나무[-쭝-] 圓[식] 진달랫과의 낙엽활엽 관목. 한여름에 단지 모양의 녹백색 꽃이 피며, 열매는 검은 장과(漿果)로 식용함. 높은 산에 남. =수둥화(水紅花).
들쭉-날쭉[-쭝-] 冊 =들쑥날쑥. 들쭉날쭉-하다 動여
들쭉-술[-쭝-] 圓[건] 들쭉 열매로 담근 해안술.
들-창(-窓) 圓[건] 벽의 위쪽에 자그맣게 만든 창. =들장문.
들창-문(-窓門) 圓[건] 들창.
들창-코(-窓-) 圓 코끝이 위로 들려서 콧구멍이 드러난 코. 또는, 그런 사람.
들척-거리다/-대다[-꺼(때)-] 動(타) (무엇을) 찾으려고 이리저리 쑤시어 뒤지다. ¶장롱의 옷을 ~.
들척-들척[-쯕-] 冊 들척거리는 모양. 들척-하다 動(타)
들척-이다 動(타) 이리저리 들추어 올리다.
들척지근-하다[-찌-] 昭여 '들쩍지근하다'의 거센말. 准들치근하다. 작달착지근하다.
들쳐-메다 動(타) '둘러메다'의 잘못.
들쳐-업다 動(타) '둘러업다'의 잘못.

들추다 통타 1 속이 드러나게 들어 올리다. ¶장막을 ~. 2 지난 일이나 숨은 일 등을 드러나게 하다. ¶남의 사생활을 ~. 3 무엇을 찾으려고 자꾸 뒤지다. ¶책을 들추어 보다. × 들치다.

들추어-내다 통타 들추어 나오게 하다. ¶남의 결점을 ~. 준 들춰내다·추어내다.

들춰-내다 통타 '들추어내다'의 준말. ¶과거를 ~.

들치근-하다 형여 '들척지근하다'의 준말.

들-치기 몡 날쌔게 물건을 훔쳐서 들어내는 가는 좀도둑. 또는, 그런 짓. ▷날치기. **들치기-하다** 타여

들치다 통 1 물건의 한쪽 머리를 쳐들다. ¶이불을 ~. 2 '들추다'의 잘못.

들큼-하다 형여 (음식이나 물질이) 입맛에 맞지 않게 조금 달다. 쥑달큼하다. **들큼-히** 冟

들키다 통자 (사람이 어떤 사람에게) 몰래 어떤 일을 하다가 그 장면을 보이게 되다. 비발각되다. ¶남의 물건을 훔치다가 ~.

들통¹ 몡 숨긴 일이 드러난 판국. ¶너 때문에 다 ~ 났다.

들-통²(-桶) 몡 손잡이가 달려서 들고 다닐 수 있게 만든, 금속제의 커다란 통.

들-판¹ 몡 '들머리판'의 준말. ¶~을 내다.

들:-판² 몡 들을 이룬 지역. ¶~에는 곡식이 누렇게 익어 가고 있다. ▷벌판.

들-풀 몡 들에 저절로 나는 풀.

들피-지다 통자 굶주려서 몸이 여위고 기운이 쇠약해지다. ¶허리가 구붓하고 들피진 얼굴에 좀 병신스러운 촌띠기.《김유정:금》

듬뿌룩-하다[―루카―] 형여 '더부룩하다'의 잘못.

듬뿍 몀 큰 범위 안에 넘칠 정도로 가득히. =듬뿍이. 비수북이. ¶~ 집어 주다. 쥑담뿍.

듬뿍-듬뿍[―뜸―] 몀 그릇마다 듬뿍하게. ≒담뿍. 쥑담뿍담뿍.

듬뿍-하다[―뿌카―] 형여 더앞이 가득 차 있거나 매우 수북하다. 쥑담뿍하다. **듬뿍-이** 몀

듬성-듬성 몀 촘촘하지 않고 드물고 성긴 모양. ¶흰머리가 ~ 나다. 쥑담상담상. **듬성-듬성-하다** 형여

듬쏙 몀 손으로 탐스럽게 쥐거나 팔로 정답게 안는 모양. 쥑담쏙.

듬쑥-듬쑥[―뜸―] 몀 여러 번 듬쑥 쥐거나 안는 모양. 쥑담쏙담쏙.

듬쑥-하다[―쑤카―] 형여 사람의 됨됨이가 가볍지 않고 속이 깊고 차 있다.

듬직-하다[―지카―] 형여 1 (사람이) 행동이 침착하고 믿음성이 있다. 비든직하다. 2 (사물이) 크고 묵직하여 굳건한 데가 있다. ¶듬직한 바위. 3 (나이가) 지긋하게 많다. ¶듬직한 중년 남자. **듬직-이** 몀

듯¹[듣] 몡의존 (어미 '-ㄴ', '-는', '-ㄹ' 아래에 쓰여) 추측의 뜻을 나타내는 말. ¶어디서 본 ~도 하다. / 내일 비가 올 ~은 싶은데 어떨지 모르겠다. 2 ('-ㄴ 듯 만 듯', '-는 듯 마는 듯', '-ㄹ 듯 말 듯'의 꼴로 쓰여) 그런 것 같기도 하고 그렇지 않은 것 같기도 한 상태를 나타내는 말. ¶눈이 내릴 ~ 말 ~ 하늘이 흐려 있다. 3 '듯이'의 준말. ¶때릴 ~ 달려들다 / 그는 모든 걸 체념한 ~ 눈을 지그시 감았다.

-듯²[듣] 어미 '-듯이'의 준말. ¶이잡 ~ 뒤지다 / 땀이 비 오 ~ 쏟아지다.

듯-싶다[듣씹따] 형보조 ≒듯하다. ¶뭔가 일이 심상치 않은 ~.

듯이¹ 몡의존 (어미 '-ㄴ', '-는', '-ㄹ'의 아래에 쓰여) '~ 것처럼'의 뜻으로, 추측이나 유사성, 거짓 꾸밈 등의 의미를 나타내는 말. ¶금방 비가 쏟아질 ~ 날이 잔뜩 흐려 있다. / 빈털터리 주제에 부자인 ~ 행세한다. 준듯.

-듯이² 어미 뒤 절의 내용이 앞 절의 내용과 거의 같음을 나타내는 연결 어미. ¶네가 사람이~ 그도 사람이다. / 사람마다 생김새가 다르~ 생각도 다르다. 준 -듯.

듯-하다[듣―] 형보조 (어미 '-ㄴ', '-는', '-ㄹ'의 아래에 쓰여) '~ 것 같다'의 뜻으로, 추측의 의미를 나타내는 말. ≒듯싶다. ¶배가 고픈 ~ / 밖에 비가 오는 ~ / 곧 눈이 올 ~.

등¹ 몡 1 사람이나 동물의 몸에서 가슴과 배의 반대쪽에 있는 일정한 넓이를 이루는 부분. ¶~이 굽다 / 젖먹이를 ~에 업다 / 배낭을 ~에 지다. 2 (주로, 물체나 신체 부위를 나타내는 말과 합성어를 이루어) 물체의 바깥쪽이나 위쪽에 도드록히 내민 부분을 가리키는 말. =배부(背部). ¶칼~ / 손~ / 콧~. ×잔등. 3 [인] =책등.

[등이 따스우면 배부르다] 옷을 잘 입고 있으면 먹지 않아도 배고픈 줄 모른다는 말.

등(이) 달다 굄 마음대로 되지 않아 안타까워지다. ¶빨리 집에 가려는 생각에 **등이 달아서** 남은 야채를 밑지고 팔아넘겼다.

등(이) 닿다 굄 뒤로 힘 있는 곳에 의지하게 되다. ¶권력층에 ~.

등(을) 대다 굄 남의 세력에 의지하다. 비등(에) 업다. ¶정계의 사람에게 ~.

등(을) 돌리다 굄 배반하거나 관계를 끊다.

등(에) 업다 굄 어떤 세력을 의지하다. 비등(을) 대다. ¶권력을 ~.

등¹²(等) 몡 1 [하랍] 등급1. 2 의존 등급이나 석차를 세는 말. ¶1~ / 2~.

등³(燈) 몡 불을 켜서 어두운 곳을 밝히는 기구. 곧, 전등·석유등·가스등 따위의 총칭. ¶~을 밝히다 / ~을 달다.

등⁴(藤) 몡 1 [식] 콩과의 낙엽 활엽 덩굴나무. 줄기는 오른쪽으로 감아 올라감. 5월에 연보랏빛 또는 흰 꽃이 피며, 꼬투리는 9월에 익음. 관상용임. ≒등나무·참등. ×등칡. 2 1의 줄기. 수공예품의 재료로 쓰임.

등⁵(藤) 몡 1 [식] 야자나뭇과 등속(藤屬)의 총칭. 대나무와 비슷한데, 줄기는 200m까지 벋기도 하며 마디가 있음. 잎의 길이는 1.5m나 되고 끝에 덩굴손이 있어 다른 것을 감음. 여름에 황록색의 잔 꽃이 핌. 줄기는 윤이 나고 질기며 잘 휘어져 의자·가구 등을 만드는 데 쓰임. ≒등나무. 2 1의 줄기.

등:⁶(等) 몡의존 1 둘 이상의 대상이나 사실을 나열한 뒤 그와 같은 대상이나 사실을 포함하여 그 외에 더 있거나 있을 수 있음을 나타내는 말. 일반적으로, 둘 이상의 체언을 나열한 다음이나, 용언의 관형형 어미 '-ㄴ', '-는' 다음에 쓰이나, 때로 한 개의 체언 뒤에 쓰이기도 함. ¶과일에는 사과·배·딸기·토마토 ~이 있다. / 그는 휴일이면 등산도 하고 낚시도 하는 ~ 다양한 취미 생활을 즐기고 있다. / 그는 문구점에서 필기구 ~을 샀다. 2 범위에 드는 둘 이상의 대상을 모두 나열한 뒤, 그것이 복수(複數)임을 나타내는 말. ¶우수상을 타는 사람은 창수·영호·지혜 ~ 모두 세 명이다. ▷들·따위.

등가(登歌)[명] 대례나 대제 때 궁궐의 섬돌 위에서 아악을 연주하는 일. 또는, 그때의 악기 편성. ▷헌가(軒架).
등가²(等價)[-까][명] 1 같은 가격. 또는, 같은 가치. 2[경] 유가 증권의 매매에서 매매 가격과 액면 가격이 같은 일.
등-가구(藤家具)[명] 등(藤)으로 만든 가구.
등-가속도^운동(等加速度運動)[-똥-][명][물] 가속도가 항상 일정한 운동. 중력에 의한 자유 낙하 운동 따위.
등-가죽[-까-][명] 등의 살가죽. =등피.
등:-각(等角)[명] 서로 같은 각.
등-갓(燈-)[-갇][명] 1 전등이나 남포등 따위에 씌운 물건. 불빛의 반사를 조절하여 조명의 효과를 높임. 2 등불이나 촛불 위를 가려서 그을음을 받아 내는 물건.
등-거리¹[명] 조끼처럼 등에 걸쳐 입는 홑옷.
등:-거리²(等距離)[명] 1 같은 거리. ¶~ 사격. 2 여러 사물에 같은 비중을 두는 일.
등:-거리^외:교(等距離外交)[-외-/-웨-][명] 한 나라에 치우치지 않고 각 나라에 같은 비중을 두면서 중립을 지향하는 외교. ¶나무
등걸[명] 줄기를 잘라 낸 나무의 밑동.
등걸-불[-뿔][명] 1 나뭇등걸을 태우는 불. 2 타다가 남은 불.
등걸-잠[명] 덮개 없이 옷을 입은 채 아무 데나 쓰러져 자는 잠.
등-겨[명] 1 =쌀겨. ¶간밤의 숙취에 아직도 골이 쑤셨지 입 안은 ―라도 삼긴 듯 텁텁했다.《김원일:불의 제전》 2 =왕겨.
등경-걸이(燈檠-)[명] '등잔걸이'의 잘못.
등:고-선(等高線)[명][지] 지형의 높낮이나 경사의 완급을 지도에 나타내기 위하여 표고가 같은 지점을 이어서 나타낸 곡선. =동고선·등고 곡선·수평 곡선.
등-골¹[-꼴][명] 1 =등골뼈. 2 =척수.
등골(이) 빠지다 관 견디기 어려울 정도로 몹시 힘이 들다. ¶그는 종일 등골이 빠지게 일을 했다.
등골(을) 뽑다 관 남의 재물을 억압적인 수단으로 뜯어내거나 빼앗다.
등-골²[-꼴][명] 등 한가운데로 길게 고랑이 진 곳.
등골이 오싹하다[서늘하다] 관 두려움이나 무서움으로 섬뜩하고 으스스하다.
등골-뼈[-꼴-][명][생] 척추동물의 척추를 형성하는 뼈. =등골·등뼈·척골(脊骨)·척량골(脊梁骨).
등-공예(藤工藝)[명] 등의 줄기로 물건을 만드는 일 또는 기예(技藝). ¶~품(品).
등과(登科)[명][역] 과거에 급제하는 것. =등제(登第). **등과-하다**[자여]
등교(登校)[명] 학생이 학교에 가는 것. ¶~생(生). ↔하교.
등굣-길(登校-)[-교낄/-꾿낄][명] 학생이 학교로 가는 길. ↔하굣길.
등귀(騰貴)[명] 물건 값이 뛰어오르는 것. =상귀(翔貴). (비)앙등. ↔하락(下落). **등귀-하다**[자여] ¶물가가 ~.
등극(登極)[명] 임금의 자리에 오르는 것. =등조. (비)즉위. **등극-하다**[자여] ¶새 임금이 ~.
등:-근(等根)[명][수] 2차 이상의 대수 방정식의 근으로, 값이 같은 것이 둘 이상 있을 때의 근. =중근(重根).
등긁-이[명] 등을 긁는 데 쓰는 물건.

등:-급(等級)[명] 1 신분·품질 등의 상하·우열 등을 나타내는 단계·구분. =등(等)·등위. ¶~을 매기다. 2[천] 천체의 광도(光度)를 나타내는 계급.
등기(登記)[명][법] 1 (권리·재산·신분 기타의 어떤 사실이나 관계를) 공식 문서에 올려 적는 것. 권리 내용을 명백히 공시하여 거래의 안전을 도모하기 위한 제도임. ¶미~/가옥~/이전 ~. ▶등록. 2 '등기 우편'의 준말. ¶~로 보내다. **등기-하다**[타여] ¶부동산을 ~.
등기-부(登記簿)[명][법] 등기 사항을 적어 두는 장부. ¶~ 열람 / ~ 등본.
등기-소(登記所)[명] 등기 사무를 보는 관청.
등기^우편(登記郵便)[명] 우편물 특수 취급의 하나. 우체국에서 우편 취급을 확실히 하기 위하여 우편물의 인수·배달까지의 기록을 하는 특별 제도. (준)등기.
등기필-증(登記畢證)[-쯩][명][법] 등기가 완료된 것을 증명하는 서류. =권리증.
등-꽃(藤-)[-꼳][명] 등의 꽃.
등-나무(藤-)[명][식] =등(藤)¹.
등-나무(藤-)[명][식] =등(藤)¹.
등단(登壇)[명] 1 연단(演壇)·교단(教壇) 등에 오르는 것. ↔하단(下壇). 2 (어떠한 사회적 분야에) 나서는 것. **등단-하다**[자여] ¶연사가 ~ / 신춘문예를 통해 소설계에 ~.
등:-대¹(等待)[명] 미리 준비하고 기다리는 것. =대령(待令)·등후(等候). **등:대-하다**[동자여] ¶가마를 ~.
등대²(燈臺)[명] 1 항로 표지의 하나. 밤중에 배가 안전하게 다닐 수 있도록 불빛을 비추어 주는. 탑 모양의 구조물. 해변·섬·방파제 같은 곳에 세워 둠. 등탑(光塔). 2 나아가야 할 길을 밝혀 줌을 비유하여 이르는 말.
등대-지기(燈臺-)[명] 등대를 지키는 사람. =등대수.
등댓-불(燈臺-)[-대뿔/-댄뿔][명] 등대에서 비추는 불빛.
등-덜미[-덜-][명] 뒷등의 윗부분.
등등¹(等等)[명](의존) 둘 이상의 대상을 나열한 뒤, 예(例)가 앞에 든 것 외에도 더 있음을 강조하여 이르는 말. '등(等)'에 비해 제약적으로 쓰임. 즉, '기타(其他)' 다음에는 '등'은 쓰일 수 없고, '등등'만 쓰임. ¶가축에는 소·돼지·닭 ~이 있다. / 오늘 파티에는 갈비찜, 생선회, 전골, 튀김, 기타 많은 음식을 준비했습니다.
등등²(騰騰) →등등-하다 [형여] (어떠한 기세가) 상대의 기를 누를 만큼 높다. ¶노기[살기]가 ~ / 기세가 ~.
등-딱지[-찌][명] 게나 거북 따위의 등을 이룬 단단한 딱지. =배갑(背甲). ▷갑각.
등-때기[명] '등'¹을 격을 낮추어 이르는 말. ×등떠리.
등-떠리[명] '등때기'의 잘못.
등락¹(登落)[-낙][명] 급제와 낙제.
등락²(騰落)[-낙][명] (물가 따위가) 오르고 내리는 것. ¶물가의 ~이 심하다. **등락-하다**[동여]
등:-량(等量)[-냥][명] 같은 양.
등록(登錄)[-녹][명] 1 문서에 올리는 것. 2[법] 일정한 법률 사실이나 법률 관계를 공중(公證)하기 위해 행정 관서나 소정 기관 등에 비치된 법정의 공부(公簿)에 기재하는 일. ¶~필 / 주민 ~. **등록-하다**[자타여] ¶상표를 특허청에 ~ / 이번 학기 등록했니?

등록-되다 둥(자)

[혼동어] 등록 / 등기
둘 다 일정한 사실이나 법률 관계를 공중(公衆)에게 나타내고 증명한다는 점에서 같으나, '등기(登記)'가 등기소에 비치된 등기부에 기재하는 것이라면 '등록'은 일반 행정청에 비치된 장부에 기재하는 것을 가리킴. 또한, '등기'는 권리의 보호나 거래의 안전 등을 위한 효력 발생 요건, 또는 제삼자에 대한 대항(對抗) 요건인 데 대해, '등록'은 권리의 종류에 따라 그 효력이 각각 다름.

등록-금(登錄金) [-꿈] 명 학교·학원 등에 등록할 때 내는 돈. ¶~을 내다.
등록^상표(登錄商標) [-녹쌍-] 명 [법] 특허청의 등록 절차를 마친 상표. 등록에 의해 상표의 전용권(專用權)이 생김.
등록-세(登錄稅) [-녹쎄] 명 [법] 재산권의 취득·이전·변경·소멸 등에 관하여, 또는 법률상 정한 일정한 자격에 관하여 관계 관청에 등록·등기할 때 매기는 세금.
등록-증(登錄證) [-녹쯩] 명 등록을 증명하는 문서. ¶사업자 ~ / 자동차 ~
등롱(燈籠) [-농] 명 쇠나 나무로 뼈대를 만들고 겉에 종이나 깁을 발라 그 안에 등잔을 넣은, 우리나라 고유의 등. 손잡이가 있어 들고 다니거나 걸어 두었음.
등-마루 명[생] 척추가 있는, 등의 두두룩한 자리. ¶~가 시리다.
등메 명 헝겊으로 가선을 두르고 뒤에 부들자리를 대서 만든 돗자리.
등-물 명 '목물²'의 잘못.
등-바대 [-빠-] 명 홑옷의 깃고대 안쪽에 길고 넓게 덧붙여 등까지 대는 헝겊.
등반(登攀) 명 (산, 특히 암벽이나 빙벽 등을) 기어오르는 것. =반등. ¶암벽 ~. **등반-하다** 동(타여)
등반-대(登攀隊) 명 험한 산이나 높은 곳에 올라갈 목표를 세우고 그것을 이루기 위하여 조직한 무리.
등-받이 [-바지] 명 의자의 등 닿는 부분.
등!방-성(等方性) [-썽] 명[물] 물질의 물리적 성질이 방향에 따라 달라지지 않는 일. ↔이방성.
등배^운동(-運動) 명[체] 맨손 체조의 하나. 다리를 벌리고 서서 허리를 앞으로 구부렸다 뒤로 젖혔다 함으로써 등과 배를 단련하는 운동.
등-번호(-番號) 명 =백넘버.
등!변(等邊) [명][수] 다변형에서 각 변의 길이가 같음. 또는, 길이가 같은 변.
등!변^사다리꼴(等邊-) [명][수] 평행하지 않은 두 변의 길이가 같은 사다리꼴. =등각 사다리꼴.
등본(謄本) 명[법] 원본의 내용 전부를 베낀 서류. ¶호적 ~ / 주민 등록 ~.
등!분(等分) 명 1 (2 이상의 한자어 수사 바로 뒤에 붙거나 고유어 수사와 함께하여) 어떤 물건이나 몫을 주어진 수효만큼 똑같은 크기로 나누는 것. ¶이~. 2 등급의 구분.
등!분-하다 동(타여) 몫이나 분량을 똑같이 여럿으로. **등!분-되다** 동(자)
등-불(燈-) [-뿔] 명 1 등이나 등잔에 켠 불. 또는, 켜거나 끄는 대상으로서의 등. =등화(燈火). ¶~을 켜다 / 밝 밝다 / 흐릿한 ~ 밑에서 책을 읽다. 2 희망이나 비전을

등수 ●519

주는 사람이나 존재를 비유적으로 이르는 말. ¶백범은 어둠의 시대에 거레의 ~이었다.
등!비(等比) 명[수] 두 개의 비가 서로 같음. 또는, 그 비.
등!비-급수(等比級數) [-쑤] 명[수] 서로 이웃하는 항의 비가 일정한 급수. =기하급수. ↔등차급수.
등!비-수열(等比數列) 명[수] 첫째 항부터 차례로 일정한 수를 곱하여 이루어진 수열. ↔등차수열.
등!비-중항(等比中項) 명[수] 세 수 a, b, c가 등비수열을 이룰 때, b를 a, c에 대하여 일컫는 말. $b^2 = ac$가 성립함. ↔등차중항.
등-뼈 명[생] =등골뼈.
등뼈-동물(-動物) 명[생] =척추동물. ↔민등뼈동물.
등사(謄寫) 명 등사기로 박는 것. ¶~ 잉크.
등사-하다 동(타여) ¶시험 문제지를 ~. **등사-되다** 동(자)
등사-기(謄寫機) 명[인] 공판인쇄기의 하나. 밀랍을 먹인 원지(原紙)에 문자 등을 철필로 긁은 것을 원판으로 하고, 이 원판을 실크 스크린에 밀착시켜 위에서 잉크를 바른 롤러로 밀어서 인쇄함. =등사판.
등사^원지(謄寫原紙) 명 등사할 원고를 쓰는 기름종이. =등사지·스텐실 페이퍼.
등사-판(謄寫版) 명[인] =등사기.
등산(登山) 명 취미 또는 스포츠로서 산에 오르거나 올라갔다 내려오는 것. ¶~을 가다.
등산-하다 동(자여) (고유 명사로서의 산이나 관형어의 꾸밈을 받는 산을 목적으로 하여) ¶나는 일요일이면 **등산하고** 한다. / 그는 설악산을 **등산하다가** 다리를 다쳤다.
등산-가(登山家) 명 등산을 잘하거나 등산하는 일에 일가를 이룬 사람. =알피니스트.
등산-객(登山客) 명 취미나 운동을 위해 산에 오르는 사람.
등산-로(登山路) [-노] 명 산에 오르는 길.
등산-모(登山帽) 명 등산할 때 쓰는 모자.
등산-복(登山服) 명 등산하기에 알맞게 만든 옷.
등산-화(登山靴) 명 창이 두껍고 바닥이 울퉁불퉁하며 발이 편하도록 만든 등산용 신.
등-살 명 등에 있는 근육.
등색(橙色) 명 귤 껍질의 빛깔. =등자색·오렌지색·울금색(鬱金色).
등선(登仙) 명 1 신선이 되어 하늘로 올라가는 것. ¶우화(羽化) ~. 2 귀한 사람의 죽음을 일컫는 말. 뎨선화(仙化). **등선-하다** 동(자여)
등성-마루 명[생] 등마루의 거죽 쪽. =척량.
등성이 명 1 등성마루의 위. 2 '산등성이'의 준말.
등!속(等速) 명 속도가 같음. 또는, 같은 속도.
등!속²(等屬) 명(의존) (둘 이상(때로, 하나)의 사물이 나열된 다음에 쓰이어) '그것을 포함한 여러 대상'의 뜻을 나타내는 말. ¶과자, 음료 ~을 파는 가게.
등!속^운동(等速運動) 명[물] 속도와 운동 방향이 일정한 운동. ↔부등속 운동.
등솔 명 '등솔기'의 준말.
등-솔기 [-쏠-] 명 옷의 등 부분을 맞붙여 꿰맨 가운데의 솔기. ¶저고리의 ~가 터지다. 준등솔.
등!수(等數) [-쑤] 명 1 순위나 석차 등을 정

하여 나타낸 수. 또는, 수로 나타낸 순위나 석차. ¶~를 매기다. 2 (제한된 문맥에 쓰여) 최상위의 순위나 석차를 가리키는 말. ¶~ 안에 들다.

등식(等式) [명] [수] 양쪽 변에 있는 식이나 수가 서로 같음을 등호 '='을 써서 나타낸 식. ↔부등식.

등신(等神) [명] 1 나무·돌·쇠·흙 등으로 만든 사람의 형상. 2 어리석은 사람을 경멸적으로 이르는 말. ¶이 ~아, 그렇게 쉬운 것도 몰라?

등신-대(等身大) [명] 사람의 크기와 같은 크기. ¶~의 불상.

등신-불(等身佛) [명] [불] 사람의 키만 한 정도로 만든 불상.

등신-상(等身像) [명] 사람의 본 모양과 같은 크기로 만든 조각 작품이나 그림.

등심¹ [명] 소의 등골뼈에 붙은 고기. 연하고 기름기가 많음. =심육(心肉).

등심²(燈心) [명] =심지¹.

등심-선(等深線) [명] [지] 지도에서 바다·호수 등의 깊이가 같은 지점을 이은 선. =동심선.

등쌀 [명] 몹시 귀찮게 구는 짓. ¶모기 ~에 한숨도 못 잤다.
　등쌀(을) 대다 [구] 남에게 몹시 귀찮게 굴다.

등압-선(等壓線) [-썬] [명] [지] 지도나 일기도에서, 기압이 같은 지점을 이은 선.

등에 [명] [동] =쇠등에.

등온(等溫) [명] [물] 온도가 같은 것. 또는, 같은 온도.

등온^변^화(等溫變化) [명] [물] 기체의 온도를 일정하게 유지하면서 그 압력이나 부피를 변화시키는 일.

등온-선(等溫線) [명] 1 [지] 일기도에서 온도가 같은 지점을 이은 선. 2 [물] 물체가 일정한 온도에서 압력의 변화를 받았을 때 압력과 부피의 관계를 보인 곡선.

등외(等外) [-외/-웨] [명] 우수한, 또는 일정한 기준의 등수나 등급의 범위 밖. ¶~ 작품 / ~로 밀려나다.

등용(登用·登庸) [명] (인재를) 어떤 관직에 뽑아서 쓰는 것. (비)기용. **등용-하다** [동](타)(여) ¶인재를 ~. **등용-되다** [동](자)

등-용문(登龍門) [명] [용문(龍門)은 중국 황허(黃河) 상류의 급류를 이루는 곳으로, 고기가 이곳을 오르면 용이 된다는 고사에서] 입신출세를 위해 통과해야 하는 어려운 관문이나 시험에 비유하여 이르는 말. ¶신춘문예는 문단의 ~이다. **등용문-하다** [동](자)(여) 사람이 영달하게 되다.

등원(登院) [명] (국회의원이) 국회에 출석하는 것. ¶~ 일정. **등원-하다** [동](자)(여) ¶의원들이 ~.

등위(等位) [명] 1 =등급1. 2 같은 위치.

등유(燈油) [명] 1 등불용의 기름. 2 원유 증류 때 150∼280℃ 사이에서 얻어지는 기름. 등불·난로의 연료, 농업 발동기 연료, 용제 등에 쓰임.

등자(鐙子) [명] 말을 타고 앉아서 두 발로 디디게 되어 있는 물건. 안장에 달아 말의 양쪽 옆구리로 늘어뜨림.

등자-뼈(鐙子-) [명] [생] 가운데귀의 청소골(聽小骨) 중 세 번째의 뼈. 귓구멍을 통해 들어온 음파를 난원창에 전달함. =등골(鐙骨).

등잔(燈盞) [명] 어둠을 밝히기 위해 기름을 연료로 하여 불을 켜는, 사기·놋쇠·나무 등으로 그릇 모양으로 만들어 심지를 달거나 댄 도구. ▷호롱.
　[등잔 밑이 어둡다] 가까운 곳에서 생긴 일을 도리어 잘 모른다. '등하불명(燈下不明)'과 같은 말.

등잔-걸이(燈盞-) [명] 등잔을 걸어 놓는 기구. =등가(燈架)·등경(燈檠). ×등경걸이.

등잔-불(燈盞-) [-뿔] [명] 등잔에 켠 불. =등화. 미미하다.

등장¹(登場) [명] 1 (배우나 기타의 공연자가) 주어진 연기나 공연을 하기 위해 무대에 나오는 것. ↔퇴장. 2 (어떤 인물이 연극·영화·소설 등에) 나와 스토리를 구성하는 구실을 하는 것. 3 (어떤 대상이) 세상에 주목을 받는 상태로 나타나는 것. **등장-하다**¹ [동](자)(여) ¶신무기가 ~ / 그 인물은 소설 중반에 등장한다.

등장²(等狀) [-짱] [명] 지난날, 여러 사람이 연명(連名)하여 관아에 무엇을 호소하던 일. =등소(等訴). **등장-하다**² [동](자)(타)(여)

등장-액(等張液) [명] [생] 삼투압이 서로 같은 두 용액. ▷고장액·저장액.

등장-인물(登場人物) [명] 무대나 영화·소설·희곡 또는 역사 등 어떤 장면에 나타나는 인물. ¶방대한 ~을 가진 대하소설.

등재(登載) [명] (책이나 신문이나 장부 등에 어떤 내용이나 사실을) 올려 기록하는 것. **등재-하다** [동](타)(여) ¶40만 어휘를 등재한 대사전. **등재-되다** [동](자) ¶출생·사망 등의 변동 사항이 호적에 ~.

등적-색(橙赤色) [-쌕] [명] 등색을 띤 붉은 색깔.

등정¹(登頂) [명] 산의 정상에 오르는 것. ¶에베레스트 산의 ~에 성공하다. **등정-하다**¹ [동](자)(여)

등정²(登程) [명] 길을 떠나는 것. **등정-하다**² [동](자)(여)

등-줄기 [-쭐-] [명] [생] 사람의 등 한가운데 척추를 따라 수직으로 길게 줄이 진 부분. ¶~에 식은땀이 흐르다.

등지(等地) [명] (의존) (둘 이상(때로, 하나)의 지명이 나열된 다음에 쓰여) '그곳을 포함한 여러 곳'의 뜻을 나타내는 말. ¶경주·부산 ~로 여행을 다녀왔다.

등-지느러미 [명] [동] 물고기의 등에 있는 지느러미.

등-지다 1 [자] (두 사람이, 또는 사람이[과] 사람과[이]) 서로 미워하는 마음을 가지고 만나지 않거나 관계를 가지지 않다. ¶형제가 서로 등지고 산다. 2 [타] 1 (어떤 대상을) 몸의 앞쪽에 두지 않고 등 쪽에 두다. ¶벽을 등지고 서다 / 배우가 관객을 등지고 서다. 2 (어떤 대상을) 관계를 끊고 멀리하거나 외면하다. ¶가정을 ~ / 조국을 ~ / 세상을 등진 사람.

등질(等質) [명] =균질(均質)1.

등-짐 [-찜] [명] 등에 진 짐. ▷봇짐.

등짐-장수 [-찜-] [명] 물건을 등에 지고 팔러 다니는 사람. ▷부상(負商). ▷봇짐장수.

등-짝 [명] '등¹'을 속되게 이르는 말. ¶~을 후려갈기다.

등차(等差) [명] 1 일정한 기준에 의한 등급의 차이. ¶품질에 따라 ~를 두다. 2 [수] 차가 같은 것.

등차-급수(等差級數) [-쑤] [명] [수] 서로 이웃하는 항의 차(差)가 일정한 급수. =산술급수. ↔등비급수.

등차-수열(等差數列) 圐[수] 첫째 항부터 차례대로 일정한 수를 더하여 이루어진 수열. ↔등비수열.

등차-중항(等差中項) 圐[수] 세 수 a, b, c가 등차수열을 이룰 때, b를 a, c에 대하여 일컫는 말. $2b=a+c$가 성립함. ↔등비중항.

등-창(-瘡) 圐[한] 등에 나는 큰 부스럼. =배종(背腫)·배창(背瘡).

등척(登陟) 圐 높은 곳에 오르는 것. **등척-하다** 통(자)여

등천(登天) 圐 하늘에 오르는 것. 비승천(昇天). **등천-하다** 통(자)여

등청(登廳) 圐 관청에 출근하는 것. ↔퇴청. **등청-하다** 통(자)여

등촉(燈燭) 圐 등불과 촛불. ¶~을 밝히다.

등축^정계(等軸晶系) [-쩡-/-쩡-] [광] 결정계(結晶系)의 하나. 길이가 같은 세 결정축이 서로 직각으로 만나는 결정계. 다이아몬드·황철석·방연석·암염 따위.

등-치다 통(타) (어떤 사람을) 그의 재물을 가로채기 위해 악독하고 교활한 방법으로 속이거나 농락하다. ¶선량한 사람을 **등치는** 족속.

[**등치고 간 내먹다**] 겉으로 위하는 체하면서 속으로는 해를 끼치며 자기 잇속을 채우다. [**등치고 배 문지른다**] 남에게 해를 끼쳐 놓고 교활하게 그를 위하여 달래는 체하다.

등치-법(等値法) [-뻡] 圐[수] 연립 방정식의 해법(解法)의 하나. 각 방정식에서 어떤 미지수를 다른 미지수로 보인 관계식을 만들어 그 두 개의 식을 같게 놓고 품. ▷대입법·가감법.

등-칡(藤-) 圐[식] '등(藤)¹'의 잘못.

등-태(藤-) 圐 짐을 질 때 등이 배기지 않도록 짚으로 엮어 등에 걸치는 물건.

등-토시(藤-) 圐 등나무의 줄기를 가늘게 쪼개서 엮어 만든 토시. 여름에 땀이 옷에 배지 않도록 함.

등-판¹ 圐 등을 이룬 넓적한 부분.

등판²(登板) 圐[체] 야구에서, 투수가 마운드에 서는 일. ¶팀의 에이스를 선발 투수로 ~시키다. (↔강판(降板). **등판-하다** 통(자)여 ¶구원 투수가 ~.

등표(燈標) 圐 암초나 얕은 곳의 위치를 표시하는 등불.

등피(燈皮) 圐 등불이 바람에 꺼지지 않게 하거나 전구를 보호하기 위하여 덧씌우는, 유리나 플라스틱으로 된 투명 또는 반투명의 물건.

등하불명(燈下不明) 圐 가까이에서 생긴 일을 오히려 잘 모름. '등잔 밑이 어둡다'와 같은 말.

등-한(等閑·等閒) →**등한-하다** 톙(여) (어떤 일에) 관심이 없거나 소홀함. ¶가정 일에 ~. **등한-히** 몸 ¶스포츠도 좋고 여행도 좋지만, 한시도 공부를 ~ 해서는 안 된다.

등-한시(等閑視) 圐 (어떤 일을) 소홀하게 보아 넘기는 것. **등한시-하다** 통(타)여 ¶젊은 시절에는 자칫 건강을 **등한시하기** 쉽다. **등한시-되다** 통(자)여

등-할(等割) 圐[생] 크기가 같은 할구(割球)로 분열되는 난할(卵割). 성게·활유어 같은 등황란(等黃卵)에서 볼 수 있음. ↔부등할.

등-허리 圐 1 등과 허리. 2 허리의 등 쪽.

등-헤엄 圐[체] =배영(背泳).

등호(等號) 圐[수] 두 식 또는 두 수가 같음을 나타내는 부호. '='로 나타냄. =같음표

·등표. ▷부등호.

등화(燈火) 圐 1 =등불1, 2 =등잔불.

등화-가친(燈火可親) 서늘한 가을밤은 등불을 가까이하여 글 읽기에 좋다는 말.

등화-관제(燈火管制) 圐 적의 야간 공습에 대비하여 일정 지역의 등불을 일정 시간 동안 가리거나 끄게 하는 일.

등화-앉다(燈花-) [-안따] 통(자) 심지에 등화가 생기다. 비불통앉다.

등화-지다(燈花-) 통(자) =등화앉다.

등-황란(等黃卵) [-난] 圐[동] 난황이 매우 적어 세포질에 거의 고르게 퍼져 있는 알. 성게·창고기·포유류의 알 따위. ▷단황란·중황란.

등-황색(橙黃色) 圐 등색보다 붉은빛을 조금 띤 누른 색깔.

-디¹ [어미] 1 형용사의 뜻을 강조하기 위하여 어간을 두 번 겹쳐 쓸 때, 앞 어간에 붙이는 연결 어미. ¶쓰~쓴 약 / 차~찬 물. 2 '해라' 할 상대에게 상대가 앞서서 경험한 일에 대해 확인하여 묻는 뜻을 나타내는 종결 어미. ¶상품이 무엇이~?/뭣이라 하~?/재미있~?

디²(D) 圐[음] 음이름의 하나. '라'로.

디귿 圐[언] 한글 자음 'ㄷ'의 이름(2117쪽 '한글 자모' 참고).

> 어법 디귿이, 디귿을:[디그디], [디그들](×)→[디그시], [디그슬](○). ➠ 원칙적인 발음 대신 현실 발음을 인정하여 표준 발음법에 규정화한 것임(발16).

디귿^불규칙^용언/ㄷ 불규칙 용언(-不規則用言) [-뿔-칭농-] 圐[언] 디귿 불규칙 활용을 하는 용언.

디귿^불규칙^활용/ㄷ 불규칙 활용(-不規則活用) [-뿔-치괄-] 圐[언] 어간의 말음인 'ㄷ'이 모음으로 시작되는 어미 앞에서 'ㄹ'로 변하는 활용 형식. '듣다'가 '들으니', '들어'로 활용하는 따위. 디귿 불규칙 활용은 동사에만 해당됨. =디귿 변칙 활용.

디귿자-집/ㄷ자집(-字-) [-짜-] 圐[건] 종마루가 'ㄷ' 자로 된 집.

디글디글-하다 톙여 '대글대글하다'의 큰말. (센)띠글띠글하다.

디-데이(D-day) 圐 1 [군] 작전 계획에서, 공격 개시 예정일. 2 미리 계획된, 중대한 일이 벌어지거나 실행되는 날. ¶~가 며칠 앞으로 다가오자, 수험생들은 초조함을 느꼈다.

디도-서(←Titus書) 圐[성] 신약 성서 중의 한권.

디디다 통(타) 1 (사람이나 동물이 땅이나 물체를 발로) 몸무게를 실어 밟다. 또는, (사람이나 동물이 발을) 땅이나 물체 위에 몸무게를 실어 올려놓다. ¶우주인이 달나라에 발을 ~ / 나면서부터 네 다리로 **디디고** 서는 송아지 / 극장 안에 사람이 많아 발 **디딜** 틈이 없다. 2 누룩이나 메주 등의 반죽을 보에 싸서 고지에 넣고 발로 밟아서 덩어리를 짓다. ¶누룩을 ~. 준딛다.

디디티(DDT) 圐 [dichloro-diphenyl-trichloroethane] [약] 유기 염소 화합물의 살충제의 하나. 인체에 해로우므로 현재는 사용이 금지되었음.

디딜-방아[-빵-] 圐 발로 디디어 곡식을 찧거나 빻게 된 방아. =답구.

디딤-대(-臺) 圐 무엇을 탈 때 발로 디디는 대. ¶~를 밟고 버스에 오르다.

디딤-돌[-똘] 몡 **1** 마루 아래나 뜰에 놓아 디디고 오르내리게 된 돌. **2** 디디고 다닐 수 있도록 보폭만큼 띄엄띄엄 놓은 평평한 돌. ¶잔디밭 ~. **3** 어떤 일을 이루기 위해 바탕이 되는 수단. ¶그의 역투가 팀 승리의 ~이 되었다.

디딤-판(-板) 몡 발로 딛게 되어 있는 판. ¶에스컬레이터의 ~.

디-램(DRAM) 몡 [dynamic RAM] [컴] 전원을 끄지 않아도 일정한 시간이 지나면 방전되어 기억된 내용이 사라지는 램. =동적 램. ↔에스램.

디렉터리 몡 [컴] =목록2.

디렉트^메일(direct mail) 명 상품이나 서비스를 구입할 가망이 있는 사람에게 우편으로 직접 보내는 광고. =디엠(DM).

디룩-디룩 뮈 '뒤룩뒤룩'의 잘못.

디룽-거리다/-대다 통재 '대롱거리다'의 큰말.

디룽-디룽 뮈 '대롱대롱'의 큰말. **디룽디룽-하다** 통재여

디모데-서(←Timotheos書) 몡 [성] 신약 성서 중의 하나. 전서와 후서로 되어 있음.

디미누엔도(⑩diminuendo) 몡 [음] 악곡의 표현 방법을 나타내는 말로, '점점 여리게'의 뜻. 기호는 dim. 부호는 '>'.

디:-밀다 통태 〈~미니, ~미오〉'들이밀다'의 준말. ¶문을 열고 고개를 불쑥 ~.

디바이더(divider) 몡 양각(兩脚) 끝이 모두 바늘로 되어 있는, 컴퍼스 모양의 제도 용구. 치수를 도면에 옮기거나 선분(線分)을 분할·등분하는 데 사용함. ▷컴퍼스.

디버깅(debugging) 몡 [컴] =오류 수정.

디베르티멘토(⑩divertimento) 몡 [음] 18세기 중엽에 나타난 기악 모음곡. 형식은 모음곡보다 자유로우며, 비교적 짧은 악장으로 이루어짐. =희유곡(嬉遊曲).

디브이디(DVD) 몡 [digital video disk] [컴] 시디롬과 겉모양은 같으나 기능과 용량을 대폭 확장한 영상 기록 매체.

디스인플레이션(disinflation) 몡 [경] 통화량의 증가를 억제하고 물가 안정을 도모하여 서서히 인플레이션을 억누르는 경제 정책.

디스카운트(discount) 몡 물건 값의 얼마 또는 몇 퍼센트를 할인하는 것. **디스카운트-하다** 통태여 ¶구두 값을 20% **디스카운트해** 주다.

디스켓(diskette) 몡 =플로피 디스크.

디스코(disco) 몡 레코드음악의 리듬에 맞추어 분위기를 즐기면서 자유롭게 추는 춤. ¶~를 추다.

디스코텍(discotheque) 몡 레코드음악에 맞추어 손님이 춤을 즐길 수 있는 클럽이나 술집.

디스크(disk) 몡 [원반처럼 생긴 고대 그리스의 운동 용구인 diskos에서 유래된 말] **1** = 음반(音盤). **2** [의] '추간판 헤르니아'를 통속적으로 이르는 말. ¶~ 환자/~에 걸리다. **3** [컴] 보조 기억 장치로 사용되는 원형의 판.

디스크^드라이브 몡 [컴] 하드 디스크·플로피 디스크 등과 같은 기록 매체를 작동시키는 장치. =드라이브.

디스크-자키(disk jockey) 몡 라디오 프로그램이나 유흥업소 등에서 가벼운 이야깃거리와 함께 레코드나 시디로 대중음악을 들려 주는 일을 하는 사람. 오늘날에는, 다방·술집 같은 유흥업소의 디스크자키는 거의 사라지고 없음. =디제이.

디스크^팩(disk pack) 몡 [컴] 자기 디스크를 여러 장 겹쳐 같은 축에 고정시켜 놓은 것. =팩.

디스토마(distoma) 몡 [동] 편형동물 흡충류에 속하는 기생충의 총칭. 몸길이 3~10mm. 몸은 잎사귀·원통·원반 모양임. 포유류의 간과 폐에 기생하여 병을 일으킴.

디스토피아(dystopia) 몡 현대 사회의 부정적인 측면들이 극단화되어 초래할지도 모르는 암울한 미래상. =역유토피아.

디스프로슘(dysprosium) 몡 [화] 희토류 원소의 하나. 원소 기호 Dy, 원자 번호 66, 원자량 162.500. 자성(磁性)이 세고 이온은 황색, 산화물은 무색임.

디스플레이(display) 몡 쇼윈도나 미술관 등에 전시물을 조형적으로 진열하는 일이나 그 기술.

디스플레이^장치(display裝置) 몡 [컴] 컴퓨터의 처리 결과를 직접 눈으로 볼 수 있게 텔레비전과 같은 화면에 문자나 도형을 표시하는 장치.

디아나(Diana) 몡 [신화] 로마 신화에 나오는 달과 수렵의 여신. 그리스 신화의 아르테미스에 해당함. 영어명은 다이애나.

디아스타아제(⑤Diastase) 몡 [화] 엿기름이나 누룩곰팡이로 조제한 효소제. 소화제로 쓰임. =아밀라아제.

디아이와이(DIY) 몡 [do-it-yourself] 기성품을 사는 대신 재료만 사다가 물건을 자기 손으로 직접 만들거나, 직업인을 시키지 않고 자신이 직접 수리하거나 작업하는 활동. 또는, 어떤 상품이 그렇게 쓰일 수 있도록 생산된 상태인 것. ¶~ 가구/~ 페인트.

디엔에이(DNA) 몡 [deoxyribonucleic acid] [생] 유전자의 본체로 디옥시리보오스를 함유하는 핵산. 바이러스의 일부 및 모든 생체 세포 속에 존재하며, 진핵(眞核) 생물에서는 주로 핵 속에 있음. =디옥시리보 핵산. ▷아르엔에이.

디엠(DM) 몡 =디렉트 메일(direct mail).

디엠제트(DMZ) 몡 [demilitarized zone] [군] =비무장 지대.

디오니소스(Dionysos) 몡 [신화] 그리스 신화에 나오는 포도주·연극·다산(多産)의 신. 로마 신화의 바쿠스(Bacchus)에 해당함.

디오니소스-형(Dionysos型) 몡 [문] 니체가 그의 저작 '비극의 탄생'에서 말한 예술 유형의 하나. 도취적·격정적·군집적 특색을 지님. ↔아폴론형.

디오라마(㉢diorama) 몡 [미] 배경을 그린 막 앞에 여러 가지 물건을 배치하고, 그것을 잘 조명하여 실물처럼 보이게 한 장치.

디옥시리보^핵산(deoxyribo核酸) [-싼] [생] 몡 =디엔에이(DNA).

디옵터(diopter) 몡 [의준][물] 렌즈의 굴절률을 나타내는 단위. 곧, 렌즈의 초점 거리를 미터로 나타낸 값의 역수(逆數)로, 흔히 안경의 도수를 나타낼 때 쓰임. 기호는 D.

디자이너(designer) 몡 디자인하는 일을 직업으로 하는 사람. ¶의상 ~.

디자인(design) 몡 만들거나 짓거나 꾸미고자 하는 옷이나 제품이나 건축이나 평면 또는 입체적 공간 등의 모양을 구상하여, 조형적 아름다움과 실용적 목적을 살려서 그리거나

설계하는 것. 디자인-하다 통(타여 ¶드레스를 ~. 디자인-되다 통(자) ¶작업하기에 편리하게 디자인된 옷.

디지라티(digerati) [digital+literati(지식계급)] 정보 기술과 결합된 지식을 바탕으로 디지털 시대를 앞장서서 이끄는 지식인.

디저트(dessert) 명 양식에서, 식사 끝에 나오는 과일·과자·아이스크림 등의 후식. ¶~로 사과를 들다.

디제이(DJ) 명 =디스크자키(disk jockey).

디젤^기관(Diesel機關) 명 내연 기관의 하나. 실린더 내의 고압·고온으로 압축된 공기 속에, 연료로서 중유나 경유를 분사하여 폭발시키는 것. =디젤 엔진·중유 기관.

디젤^엔진(Diesel engine) 명 =디젤 기관.

디젤-차(Diesel車) 명 디젤 엔진을 사용하는 자동차나 열차.

디지털(digital) 명 물질·시스템 등의 상태를 이산적(離散的)인 숫자·문자 등의 신호로 표현하는 일. ▷아날로그.

디지털-시계(digital時計) [-계/-게] 명 바늘을 사용하지 않고 숫자로 시간을 나타내는 시계. ▷아날로그시계.

디지털^카메라(digital camera) 명 [사진] 촬영된 장면을 디지털 신호로 저장했다가 컴퓨터와 연결하여 사진을 재생해 내는 카메라. 필름을 쓰지 않으므로 현상 작업이 필요 없음.

디지털^컴퓨터(digital computer) 명[컴] 데이터를 수치화하여 처리하는 컴퓨터. 보통 컴퓨터라고 하면 이것을 가리킴. ▷아날로그 컴퓨터.

디테일(detail) 명 1 어떤 일의 세부적인 사실. 2 특히, 미술에서 작품 전체에 대한 부분. ¶이 그림은 ~ 묘사가 섬세하고 치밀하다. 디테일-하다 형여

디펜스(defence) 명[체] 구기(球技) 종목에서, 상대 공격을 방어하는 일. ↔오펜스.

디폴트(default) 명[경] 공사채나 은행 융자 등에 대한 이자 지불이나 원금 상환이 불가능해진 상태. 순화어는 '채무 불이행'.

디프테리아(diphtheria) 명[의] 디프테리아균의 감염으로 일어나는, 법정 전염병의 하나. 열이 나고 목이 아프며, 호흡 곤란을 일으킴. 주로 어린이들이 많이 걸림.

디플레(deflation) 명[경] '디플레이션'의 준말. ↔인플레.

디플레이션(deflation) 명[경] 통화량의 축소에 의해 물가가 하락하고 경제 활동이 침체되는 현상. 또는, 경기 과열이나 인플레이션의 억제를 위해 정책적으로 실시되는 금융긴축이나 재정 긴축. =통화 수축. 준디플레. ↔인플레이션.

디피이(†D.P.E.) [developing+printing+enlarging] 필름의 현상·인화·확대. 흔히, 그러한 일을 하는 가게의 간판에 붙이는 이름임.

디피-점(D.P.店) 명 [D.P.:D.P.E.를 줄여 이르는 말] 필름의 현상·인화·확대를 하거나 그런 일을 중개하는 가게.

디피티(DPT) 명 [diphtheria, pertussis, tetanus][약] 디프테리아·백일해·파상풍의 예방 혼합 백신.

딕시랜드^재즈(Dixieland jazz) 명[음] 19세기 말에서 20세기 초에 뉴올리언스에서 일어난, 가장 초기의 재즈. 행진곡의 리듬을 타고 피아노·드럼 등을 배경으로 하여 트럼펫 등의 관악기로 즉흥적으로 연주됨.

딛다 통(타) '디디다'의 준말. ¶발판을 딛고 올라서다.

어법 발을 땅에 딛었다:딛었다(×)→디뎠다(○). ▶ 모음 어미가 연결될 때에는 준말의 활용형을 인정하지 않음(표16).

딜러(dealer) 명 1 유통 단계에서 상품의 매입과 재판매를 직업으로 하는 사람의 총칭. 도·소매업자나 특약점·브로커 따위. 2 자기의 계산과 위험 부담 아래 증권을 사고파는 증권 회사. 또는, 그런 일을 하는 사람. 3 카드 도박에서, 카드를 도르는 사람.

딜럭스(deluxe) →딜럭스-하다 형여 '화려하다'로 순화. ¶딜럭스한 이태리 가구.

딜레마(dilemma) 명 선택해야 하는 길은 2개뿐인데 그 어느 쪽도 바람직하지 못한 결과를 초래하는 상황. ¶~에 빠지다.

딜레탕트(④dilettante) 명 예술이나 학문을 체계적인 지식이 도락(道樂)으로 즐기는 사람을 야유조로 이르는 말.

딜레탕티슴(④dilettantisme) 명 예술·학문 등을 취미로 즐기는 태도나 경향.

딥다[-따] 부 '들입다'의 준말. ¶~ 먹어 대더니 결국 배탈이 났다.

딩고(dingo) 명[동] 포유류 갯과의 한 종. 늑대보다 약간 작음. 귀는 쫑긋하고 꼬리는 크며, 몸빛은 갈색 계통임. 오스트레일리아에 서식하는 유일한 식육 동물임.

딩크-족(DINK族) 명 [DINK:double income no kids] 맞벌이로 많은 돈을 벌면서도 의도적으로 자식을 낳지 않고 결혼 생활을 하는 사람.

ㄸ

따가워-하다 통(타여) 따갑게 느끼다.

따갑다[-따] 형(ㅂ)<따가우니, 따가워> 1 (뜨거운 기운이) 살갗을 날카로운 것으로 찌르는 듯한 느낌을 주는 상태에 있다. ¶여름 햇살이 따갑게 내리쬔다. 준뜨겁다. 2 (살갗이) 가시나 바늘로 찌르는 것같이 다소 아픔을 느끼는 상태에 있다. ¶가시에 찔려 ~. 3 (눈길이나 충고 따위가) 날카로운 비난이나 비판을 담은 상태에 있다. ¶주위 사람의 따가운 눈총.

따-개 명 병이나 깡통 등을 따는 물건. =오프너. ¶병~.

따개비 명[동] 절지동물 따개빗과에 속하는 동물의 총칭.

따:귀 명 때리거나 맞는 대상으로서의 '뺨'을 이르는 말. 비뺨따귀. ¶~를 맞다[때리다] / ~를 한 대 올려붙이다.

따끈-따끈 부 계속 따끈한 모양. 또는, 매우 따끈한 모양. 준뜨끈뜨끈. 따끈따끈-하다 형여 ¶따끈따끈한 호떡.

따끈-하다 형여 제법 따뜻한 느낌이 있다. ¶아랫목이 ~. 준뜨끈하다. 따끈-히 부 ¶찌개를 ~ 데우다.

따끔-거리다/-대다 통(자) (살갗이) 가시나 바늘로 자꾸 찌르는 것 같아 약간 아픈 느낌을 가지다. ¶벌에 쏘인 자리가 따끔거린다. 준뜨끔거리다.

따끔-나리 명 옛날에, '순검(巡檢)'을 조롱

하여 일컫던 말.
따끔-따끔 튀 따끔거리는 모양. ㈜뜨끔뜨끔.
따끔따끔-하다 동(자)형어
따끔-하다 형여 1 찔리거나 살이 꼬집히는 듯한 아픈 느낌이 있다. ¶유리 조각을 밟았는지 발바닥이 **따끔했다**. 2 정신적으로 자극되어 따가운 듯한 느낌이 있다. ¶**따끔한** 맛을 보아야 정신을 차릴 테냐? ㈜뜨끔하다.
따끔-히 부
따-님 명 남을 높여 그의 '딸'을 이르는 말. ㈜영애(令愛). ¶훌륭한 ~을 두셨습니다. ↔아드님.
따다¹ 타 1 (다른 것에 붙어 있거나 달려 있는 물건을) 얻거나 가지기 위해 손이나 도구로 떨어지게 하다. ¶사과를 손으로 똑 ~. 2 (막거나 닫게 하는 장치나 물건을) 열거나 떼어 내다. ¶열쇠로 문을 ~. 3 (봉해진 통이나 캔 등을) 날카로운 도구로 일부에 구멍이나 틈이 생기게 하다. ¶통조림을 ~. 4 (종기나 물집이나 살 등을) 바늘이나 칼 등으로 쑤시거나 베어 일부에 틈이 생기게 하다. ¶종기를 바늘로 ~. 5 (사람이 어떤 결과나 이득을) 얻거나 가지게 되다. ㈜획득하다·취득하다. ¶박사 학위를 ~. 6 (남의 말이나 글에서 필요한 부분을) 뽑아서 취하다. 또는, (사람이나 사물의 이름을) 가져와 다른 이름의 일부가 되게 하다. ㈜인용하다. ¶'논어'에서 **따** 온 경구 / 고향의 지명을 **따서** 상호를 짓다.
[**따 놓은 당상**(堂上)] '떼어 놓은 당상'과 같은 말. →떼다.
따다² 타 1 찾아온 손님을 핑계를 대어 만나지 않는다. ¶문전에서 손님을 **따** 버리다. 2 믿거나 싫은 사람을 돌려내어 일에 관계하지 않게 하다. ▷따돌리다.
따닥-따닥 부 '다닥다닥'의 센말. ¶바위에 굴 껍데기가 ~ 붙어 있다.
따독-거리다·-대다 [-꺼(때)-] 동 '다독거리다'의 센말.
따독-따독 부 '다독다독'의 센말. **따독따독-하다** 동(타)형어
따-돌리다 타 무슨 일을 할 때에 믿거나 싫은 사람을 돌려내어 관계를 못 하게 하다. ¶아이들이 순이를 **따돌리고** 저희끼리만 놀고 있다. ▷따다.
따돌림 명 따돌리는 일. ¶~을 당하다(받다).
따듬싹-하다 [-싸카-] 형여 잘 덮이거나 가려지지 않아 밑이 조금 떠들려 있다. ¶장판지의 귀퉁이가 ~. ㈜떠들썩하다.
따듬-거리다·-대다 동 '다듬거리다'의 센말. ㈜떠듬거리다.
따듬-따듬 부 따듬거리는 모양. ㈜떠듬떠듬. **따듬따듬-하다** 동(타)형어
따듯-하다 [-드타-] 형여 '따뜻하다'의 여린말. **따듯-이** 부
따따따 부 나팔을 부는 소리.
따따부따 부 딱딱한 말씨로 시비(是非)하는 모양. 또는, 그 소리. ¶왜 남의 집안싸움에 ~ 끼어드느냐? **따따부따-하다** 동(자)형어
따뜻-하다 [-뜨타-] 형여 1 (기온이나 물질·물체의 온도가) 알맞게 높아 몸에 좋은 느낌을 주는 상태에 있다. ¶날씨가 ~. ¶**따뜻한** 아랫목. ㈜덥다. 2 (입거나 신거나 끼거나 덮거나 하는 물건이) 추위를 막아 알맞게 높은 온도를 유지하는 특성이 있다. ¶이 가죽점퍼는 참 ~. ㈜뜨뜻하다. 3 (사람의 말·행동이나 감정, 또는 그 분위기 등이) 사랑과

아끼는 마음이 담긴 상태에 있다. ¶**따뜻한** 마음씨 / 선생님은 늘 나에게 **따뜻하게** 대해 주셨다. ㈜따듯하다. **따뜻-이** 부 ¶누구에게나 ~하다.
따라 조 《주로, 날[日]을 나타내는 체언에 붙어》'여느 경우와 달리 그 경우에만 공교롭게'의 뜻을 나타내는 보조사. ¶오늘~ 왜 이리 춥지?
따라-가다 동(타)(거라)〈~가거라〉1 (길 따위를) 그대로 좇아가다. ¶철길을 ~. 2 (남의 뒤를) 좇아가다. ¶엄마 뒤를 졸졸 ~. 3 (남의 행동 또는 명령을) 좇아 하다. ¶다수의 의견이라 해서 무조건 **따라갈** 수야 있나. 4 앞선 것의 수준이나 정도에 이를 만큼 좇아가다. ¶운전에 한해선 그를 **따라갈** 사람이 없다.
따라-나서다 동(타) (남의 뒤를) 좇아 나서다.
따라-다니다 동(자)(타) 1 (남의 뒤를) 좇아 다니다. ¶여자 꽁무니를 ~. 2 (어떤 현상이) 부수되다. ¶평생을 전과자라는 낙인이 ~.
따라-먹다 동(타) '앞지르다'의 잘못.
따라-붙다 [-붇따] 동(자) 1 앞지른 것을 따라가서 뒤에 바싹 붙다. ¶선두 선수를 ~. 2 (어떤 것에 다른 것이) 딸리거나 덧붙여지다. ¶그에게는 전과자라는 꼬리표가 늘 **따라붙어** 다닌다. / 부동산을 사고팔 때 세금이 **따라붙는다**.
따라서 부 '그러므로', '그러하기에'의 뜻의 접속 부사. ¶죄를 지었으니 ~ 벌을 받는 것이 당연하다.
따라-오다 동(자)(타)(너라)〈~오너라〉1 (남의 뒤를) 좇아오다. ¶네 뒤에 **따라오는** 사람이 누구냐? 2 남이 하는 대로 좇아오다. ¶윗사람이 잘하면 아랫사람은 저절로 **따라오게** 마련이다. 3 앞선 것의 수준이나 정도에 이를 만큼 좇아오다. ¶힘으로 하는 일이라면 날 **따라올** 자는 없다.
따라-잡다 [-따] 동(타) 앞지른 것을 따라가서 가까이 이르거나 앞서다. ¶앞서 가는 선수를 ~ / 선진국의 기술 수준을 ~.
따라잡-히다 [-자피-] 동(자) '따라잡다'의 피동사. ¶뒤따라오던 선수에게 ~.
따라지 명 1 =삼팔따라지. ¶~를 잡다. 2 보잘것없거나 하찮은 사람이나 물건을 이르는 말. ¶~ 인생 / 이 선물은 여전히 때가 꾀죄죄하게 번들거리는 ~ 옷을 입고 있었다.《안회남:농민의 비애》
따라지-신세 명 노름에서 삼팔따라지를 잡은 신세라는 뜻으로, 하찮고 따분한 처지를 이르는 말.
따로 부 한데 섞이거나 함께하지 않고 별도로. ¶~ 두다 / ~ 놀다 / ~ 살다.
따로-국밥 [-빱] 명 밥을 국에 말지 않고 국과 밥을 서로 다른 그릇에 담아내는 국밥.
따로-나다 동(자) 가족의 일부가 딴살림을 차리고 나가다. ¶결혼하면 살림을 **따로날** 계획이다.
따로내다 동(타) '따로나다'의 사동사.
따로-따로¹ 부 제각기 따로. ¶~ 넣어 두다 / ~ 행동하다.
따로-따로² 부 ㈜따로섬마.
따로따로-따로 부 =섬마섬마.
따로-서다 동(자) 어린아이가 딴것에 의지하지 않고 혼자서 서다.
따르다¹ 〈따르니, 따라〉[1] 타 1 (어떤 사람이나 동물이 앞서서 가는 사람이나 동물을) 자기가 갈 곳을 제시하는 대상으로 삼아 뒤

에서 같이 가다. (비)좇다. ¶병아리들이 어미 닭을 ~. 2 (남이 한 행동이나 말을) 그대로 되풀이하다. ¶아이들은 무심코 부모의 행동을 **따라서** 하게 마련이다. 3 (어린 사람이나 동물이 윗사람이나 사람을) 좋아하며 잘 좇거나 그 사람의 말을 잘 듣다. ¶개는 사람을 잘 **따르는** 습성이 있다. 4 (남의 명령이나 지시를) 받아들여 그대로 하다. ¶부모님의 말씀을 ~. 5 (관습·법이나 어떻게 하기로 정해진 것을) 어기지 않고 지키다. ¶풍습을 ~. 6 (어떤 대상이 길이나 통로를) 통하여 움직이거나 가다. ¶강을 **따라** 거슬러 올라가다. 7 (어떤 대상이 앞선 것을) 좇아 같은 정도나 수준에 이르다. (비)따라잡다. ¶그의 솜씨는 아무도 **따를** 수가 없다. [2](자) 1 (남의 명령이나 지시, 의견 등에) 이의나 이견이 없이 그대로 하다. ¶사장의 지시에 ~. 2 (관습·법, 이미 정해진 것에) 벗어남이 없이 그대로 하다. ¶법에 **따른** 조처. 3 (개별적이거나 특별한 대상에) 영향을 받거나 좌우되다. ¶사람에 **따라** 의견이 다를 수 있다. 4 (어떤 일이 다른 일의 다음에) 생기거나 이뤄지다. ¶내각 개편에 이어 후속 인사가 ~. 5 (어떤 것이 어떤 일에) 함께 있거나 나타나게 되다. (비)동반되다·수반되다. ¶일하다 보면 여러 가지 희생과 어려움이 **따르기** 마련이다.

따르다² 통(타) ⟨따르니, 따라⟩ (액체를) 그것이 들어 있는 그릇을 천천히 기울이면서 비교적 가는 줄기를 이루게 하여 다른 데에 흐르게 하다. ¶우유를 컵에 ~.

> **유의어** **따르다 / 붓다 / 쏟다**
> 모두 액체를 한 곳에서 다른 곳으로 흐르게 하여 옮기는 것을 가리키나, '**따르다**'가 천천히 가는 줄기를 이루게 하는 것인 데 반해, '**붓다**'는 빠르게 굵은 줄기를 이루게 하는 것이며, '**쏟다**'는 급격하게 한꺼번에 나오게 하는 것임. 또한, '**따르다**'가 액체만을 목적어로 취할 수 있는 반면, '**붓다**'는 그 외에도 가루나 무더기를 이룬 작은 알갱이도 목적어로 취할 수 있으며, '**쏟다**'는 '**붓다**'가 취할 수 있는 것 외에도 무더기를 이룬 비교적 큰 덩어리의 물질도 목적 대상으로 취할 수 있음. 한편, '**쏟다**'는 '**따르다**'나 '**붓다**'와는 달리 물질을 실수로 나오게 하는 뜻으로 사용할 수 있음.

따르르¹ 뷔 '다르르'의 센말. (큰)뜨르르.
따르르² 뷔 일정한 길이의 문장이나 구절들을 막힘없이 외우는 모양. ¶독립 선언문을 ~ 외다. (큰)뜨르르. (여)다르르. **따르르-하다** 혱(여)

따르릉 뷔 전화기나 자전거의 벨이 울리는 소리. ¶전화벨이 ~.
따름 의('-ㄹ 따름이다'의 꼴로 쓰여) 동작이나 상태 그것뿐으로 다른 것은 배제하는 뜻을 나타내는 말. ¶나는 너만 믿을 ~이다. ▷뿐.

따!리 명 아침. 또는, 아첨하는 말.
따리(를) 붙이다 관 아첨하거나 살살 꾀다. ¶돈 냄새를 맡았는지 그가 갑자기 **따리를** 붙이려고 든다.

따-먹다 [-따] 동(타) 1 장기·바둑 등에서, 상대방의 말·돌을 잡아 들여다다. ¶상(象)으로 졸(卒)을 ~. 2 (남자가 여자를) 성적(性)으로 관계하여 정복하다. 된 말.

따발-총(-銃) 명 소련제 경기관총을 속되게 이르는 말.

따분-하다 혱여 1 (어떤 일이나 대상이) 싫증이 나서 지루한 상태에 있다. ¶**따분한** 이야기 / 할 일도 없이 하루를 보내려니 참 ~. 2 척 까부라져서 기운이 없다. **따분-히** 뷔
따비 명(농) 풀뿌리를 뽑거나 밭을 가는 농구. 쟁기보다 좀 작고 보습이 좁음.
따사-롭다 [-따] 혱(ㅂ) ⟨~로우니, ~로워⟩ 따사한 느낌이 있다. ¶아침 햇살이 ~. (여)다사롭다. **따사로이** 뷔
따사-하다 혱여 조금 따뜻하다. ¶**따사한** 봄볕. (여)다사하다.
따스-하다 혱여 조금 따습다. ¶**따스한** 봄바람. (큰)뜨스하다. (여)다스하다.
따습다 [-따] 혱(ㅂ) ⟨따스우니, 따스워⟩ 알맞게 따뜻하다. ¶방이 ~. (큰)뜨습다. (여)다습다.

따오기 명(동) 따오깃과의 새. 해오라기와 비슷한데, 몸빛이 희고 검은 부리는 밑으로 구붓함. 산간의 무논이나 연못에 살며, 천연기념물임. =주로(朱鷺).
따-오다 통(타) 남의 말이나 글 가운데서 필요한 부분을 뽑아 오다. =인용하다.
따옥-따옥 뷔 따오기의 우는 소리.
따옴-말 명(어) =인용어(引用語).
따옴-표(-標) 명(언) 대화·인용·특별 어구 등을 나타낼 때 그 말의 앞뒤에 갈라서 쓰는 문장 부호의 총칭. 큰따옴표·겹낫표·작은따옴표·낫표는=인용부(引用符).
따위 명(의존) 1 (어떤 종류의 사물이나 동물을 나타내는 체언 다음에 쓰여) 그런 부류에 드는 대상이 열거되었음을 나타내는 말. ¶말·소·돼지 ~의 가축. 2 (명사·대명사나 어미 '-는' 다음에 쓰여) 어떤 부류의 사람이나 동물 또는 사물을 비하하거나 부정적인 어감을 담아 이르는 말. ¶이 ~ 물건 / 너 ~가 알기는 뭘 알아?

따지다 동 [1](타) 1 (셈의 대상이 되는 것을) 밝히기 위해 하나하나 헤아리다. ¶이자를 ~ / 햇수 백일이 언제인지 날짜를 **따져** 보다. 2 (분명치 않거나 밝혀지지 않은 일이나 현상을) 확실하게 알기 위해 이리저리 꼼꼼하게 생각하거나 판단하다. (비)가리다. ¶이제 와서 잘잘못을 **따진들** 무슨 소용이 있나? 3 (어떤 사람이 상대에게 잘못이나 책임 등을) 고치게 하거나 사과하게 하거나 묻거나 하기 위해 다그치다. (비)혼구다. ¶그래서 네가 거방지게 나한테 잘못을 **따지는** 거냐? [2](자) (어떤 사람이 상대에게) 잘못을 고치게 하거나 사과하게 하기 위해, 또는 책임을 묻거나 하기 위해서 다그치다. ¶내가 뭘 잘못했다고 그렇게 자꾸 **따지는** 거야?

따짝-거리다/-대다 [-꺼(때)-] 통(타) 손톱이나 칼 끝 따위로 조금씩 뜯거나 진집을 만들다. (큰)뜯적거리다.
따짝-따짝 뷔 따짝거리는 모양. ¶부스럼 딱지를 ~ 뜯어내다. (큰)뜯적뜯적. **따짝따짝-하다** 혱여

딱¹ 뷔 단단한 물건이 마주치거나 부러질 때 나는 소리. ¶나뭇가지가 ~ 부러지다. (큰)뚝.
딱² 뷔 1 계속되던 것이 그치거나 멎는 모양. ¶소음이 ~ 그치다. 2 말이나 행동을 과단성 있게 하거나 나타내는 모양. ¶시치미를 ~ 떼다 / 담배를 ~ 끊다. (큰)뚝.
딱 부러지게 뷔 아주 단호하게.
딱³ 뷔 1 활짝 바라진 모양. ¶어깨가 ~ 바라지다. 2 빈틈없이 맞닿거나 들어맞는 모양.

¶네 말이 ~ 맞다. 3 굳세게 버티는 모양. ¶앞을 ~ 가로막다. 4 태도가 매우 야무지거나 의젓한 모양. ¶입을 ~ 다물다. 5 물건이 단단히 들러붙는 모양. ¶엿이 입천장에 ~ 붙다. 6 몹시 싫거나 언짢은 모양. ¶정나미가 ~ 떨어지다. 큰떡.

딱따구리 몡(동) 딱따구릿과에 속하는 새의 총칭. 삼림에 살며, 날카롭고 단단한 부리로 나무에 구멍을 내어 그 속의 벌레를 잡아먹음. =탁목조(啄木鳥).

딱따그르르 면 '닥다그르르'의 센말. 큰떡떠그르르.

딱따-기 몡 1 예전에, 밤에 야경(夜警)을 돌 때 서로 맞두드려서 '딱딱' 소리를 내게 만든 두 쪽의 나무토막. ¶야경꾼이 ~를 치며 지나간다. 2 예전에, 극장에서 막을 올릴 때 신호로 치던 나무토막. ×딱짜기.

딱-¹ 면 단단한 물건이 자꾸 마주치거나 부러지는 소리. 또는, 그 모양. ¶손뼉을 ~ 치다 / 성냥개비를 ~ 부러뜨리다. 큰떡떡.

딱-딱² 면 1 여럿이 다 또는 잇달아 활짝 바라진 모양. ¶서커스를 보는 사람들의 입이 ~ 벌어졌다. 2 여럿이 다 또는 잇달아 단단히 들러붙는 모양. ¶못이 자석에 ~ 달라붙다. 큰떡떡. 3 여럿이 다 빈틈없이 맞닿거나 들어맞는 모양. ¶줄을 ~ 맞추다. 4 여럿이 다 또는 잇달아 굳세게 버티는 모양. ¶가는 길마다 ~ 가로막다. 5 여럿이 다 태도가 매우 야무지거나 의젓한 모양.

딱딱-거리다/-대다 [-꺼(때)-] 동(자) 딱딱한 말씨로 자꾸 을러대다. ¶어디다 대고 딱딱거리며 대드느냐?

딱딱-이 '딱닥이'의 잘못.

딱딱-하다 [-따카-] 혱여 1 (물체나 고체 물질이) 만지거나 씹거나 살에 닿거나 했을 때 부드럽거나 물렁하지 않고 굳어서 단단하다. ¶딱딱한 의자 / 빵이 딱딱해졌다. 2 (태도·말씨·분위기 등이) 부드러운 맛이 없이 엄격하다. ¶딱딱한 문장 / 분위기가 ~.

딱부리 뗑 '눈딱부리'의 준말.

딱-새 [-쌔] 몡 딱샛과의 새. 참새보다 좀 크며, 검은 날개 중앙에 흰 얼룩무늬 점이 있음. 인가 근처에 살면서 벌레를 잡아먹는 익조임.

딱-새² [-쌔] 몡〈은〉구두닦이.

딱-성냥 [-썽-] 몡 단단한 곳이면 아무 데나 그어도 불이 일어나도록 만든 성냥.

딱정-벌레 [-쩡-] 몡(동) 딱정벌레목에 속하는 곤충의 총칭. 피부는 딱딱하고 앞날개는 두껍고 딱딱하며, 보통 중앙선에서 좌우로 서로 접하여 두 면을 덮고, 뒷날개는 그 밑에 접혀 가려짐. 풍뎅이·하늘소·사슴벌레 따위. =갑충·개충·초시류(鞘翅類).

딱지¹ [-찌] 몡 1 헌데나 상처에서 피나 진물이 나와 말라붙어 생기는 껍질. ¶부스럼 / ~가 앉다. 2 게·소라·거북 등의 몸을 싸고 있는 단단한 껍데기. ¶게 / 등 ~. 3 몸시계·손목시계 등의 겉껍데기. ¶금~.

딱지가 덜 떨어지다 귀 아직 머리의 쇠딱지가 다 떨어지지 못했다는 뜻으로, 치기(稚氣)를 벗어나지 못한 상태를 일컫는 말.

딱지² [-찌] 몡 '퇴짜'의 속되게 이르는 말. ¶너 그 여자에게 ~ 맞았구나?

-딱지³ [-찌] 접미 일부 명사에 붙어, 그 명사가 나타내는 사물이나 대상을 속되거나 얕잡는 뜻을 가지게 하는 말. ¶심술~ / 고물~ / 화~.

딱지⁴ (-紙) [-찌] 몡 1 우표·증지(證紙)·상표 따위와 같이, 무엇의 표로 쓰는 종잇조각의 통칭. ¶우표~. 2 손에 쥘 정도 크기의 두꺼운 종이에 그림·문자 등을 인쇄한 아이들 놀이 도구. 또는, 직사각형의 두꺼운 종이를 십자형으로 겹친 뒤 네모지게 접어 만든 아이들 놀이 도구. ¶~를 치다. 3 종지 않은 평가나 인정. ¶그에게는 전과자라는 ~가 붙었다. 4 교통순경이 교통 법규를 위반한 운전자에게 현장에서 벌금 액수나 처벌 사실을 적어서 주는 서류. =빨간딱지. ¶교통순경이 과속한 운전자에게 ~를 뗐다. 5 〈속〉도시 재개발 지역의 세입자에게 주는 아파트 입주권.

딱지-놀이 (-紙-) [-찌-] 몡 딱지를 가지고 노는 놀이.

딱지-어음 [-찌-] 몡〈속〉사기를 목적으로 발행되거나 유통되는 불법 어음.

딱지-치기 (-紙-) [-찌-] 몡 1 그림이 인쇄된 딱지를 가지고 여러 가지 방법으로 겨루면서 노는 일. 흔히, 별이 많거나 무기가 많거나 숫자가 높은 딱지가 이김. 2 네모나게 접은 딱지를 가지고 겨루면서 노는 일. 흔히, 바닥에 놓여 있는 상대방의 딱지를 자기 딱지로 쳐서 뒤집어지면 이김. 딱지치기-하다 동(자) ¶~ 하다.

딱-총 (-銃) 몡 1 화약을 종이로 싸서 세게 부딪거나 누르면 터지도록 만든, 아이들의 장난감 총. ¶~을 쏘다. ×지딱총. 2 장난감 제구의 하나. 화약을 종이로 여러 겹 싸서 말고 심지에 불을 댕겨서 터지게 만들었음.

딱-하다 [따카-] 혱여 1 (사정이나 처지가) 애처롭고 가엾다. ¶가정 형편이 끼니를 잇기 어려울 만큼 ~. 2 (일이) 원만하게 처리하기 어려운 상태에 있다. 비난처하다. ¶중간에서 이럴 수도 없고 저럴 수도 없으니 참 딱한 일이다. 동(자) ¶~ 여기다.

딱-히² [따키] 면 똑똑하게 뚜렷이. ¶그 느낌을 ~ 뭐라 표현하기가 어렵다.

딴¹ [판] 관 1 ('딴은', '딴에는'의 꼴로만 쓰여) '나름의 생각이나 기준'의 뜻을 나타내는 말. ¶내 ~에는 잘하노라고 했소. / 제 ~은 열심히 하는 모양이에요. 2 → 딴은.

딴² 관 1 아무 관계가 없는. 또는, 전혀 달라 엉뚱한. ¶하라는 일은 안 하고 ~ 짓만 한다. / 철석같이 약속을 해놓고 이제 와 ~ 소리를 한다. 2 →다른. ¶이 못 보고 ~ 옷 입어요?

딴 [두] **주머니를 차다** 귀 상대(특히 배우자) 몰래 쓰기 위해 돈을 감추어 두다.

딴-것 [-껀] 몡 다른 것.

딴기-적다 (-氣-) [-따] 혱 기력이 약하여 뽐내는 기운이 없다.

딴:-꾼 [딴-] 몡 1 [역] 포도청에서 포교의 심부름을 하며 도둑 잡는 일을 거드는 사람. ×딴끈. 2 언행이 도리에 어긋나고 사나운 사람.

딴따라 몡 '연예인'을 얕잡아 이르는 말.

딴따라-패 (-牌) 몡 '연예인의 무리'를 얕잡아 이르는 말.

딴딴-하다 혱여 '단단하다'의 센말. ¶운동을 많이 하여 근육이 ~. **딴딴-히** 면

딴-마음 몡 처음에 마음먹은 것과 다르거나 상대방을 배반하는 마음. =외심·이심. ¶~을 품다 / ~이 생기다 / 괜히 ~ 먹지 마라.

딴-말 몡 1 아무 관계가 없는 말. ¶묻는 말에는 대꾸도 않고 ~만 늘어놓고 있다. 2 미리 정한 것과 어긋나는 말. =딴소리. ¶그리하기로 약조해 놓고 이제 와 ~이냐? **딴말-하**

다 图⟨자⟩⟨여⟩
딴-맛[-맏] 图 1 색다른 맛. ¶시장한 속에 먹으니 아주 ~이다. 2 본디의 맛과 달라진 맛. ¶~으로 변하다.
딴-머리 图 여자의 밑머리에 덧대어 얹는 머리털. ¶~를 얹다. ↔본머리.
딴-사람 图 전과 달라진 사람.
딴-살림 图 따로 사는 살림. ¶결혼을 하여 ~을 차리다. **딴살림-하다** 图⟨자⟩⟨여⟩
딴-생각 图 1 엉뚱한 생각. 2 다른 데로 쓰는 생각. **딴생각-하다** 图⟨자⟩⟨여⟩ ¶공부 시간에 딴생각하면 안 돼.
딴-소리 图 =딴말. **딴소리-하다** 图⟨자⟩⟨여⟩ ¶나중에 딴소리하면 안 돼.
딴은 图 남의 말을 긍정하여, 그럴듯도 하다는 뜻을 나타내는 말. ¶듣고 보니 ~ 그렇군.
딴-전 图 앞에 놓인 일과는 전혀 관계없는 일이나 짓. =딴청. ¶~을 보다 / ~을 피우다 / 일을 저질러 놓고 ~ 부리다.
딴-죽 图⟨체⟩ 태견·씨름에서, 발로 상대방의 다리를 옆으로 치거나 끌어당겨서 넘어뜨리는 일.
딴죽(을) 치다 珦 동의하였던 일을 딴전을 부려 어기다.
딴-채 图 본채와 별도로 떼어서 지은 집채. =별동(別棟)·별채. ¶~에 기거하다.
딴-청 图 =딴전. ¶~을 부리다.
딴-판 图 1 아주 다른 모양. ¶그들 형제는 얼굴이 ~으로 생겼다. 2 아주 다른 판국. ¶~으로 변하다.
딸 图 1 성(性)이 여자인 자식. 回여식. ¶큰[작은] ~ / 맏[막내] ~ / 외동 ~ / 고명 ~. 2 어떤 공동체에서 태어나거나 길러진 여자(주로, 젊은이)인 사람을 비유적으로 이르는 친밀감을 가지고 이르는 말. ¶장하다, 대한의 ~들이여! ↔아들.
딸가닥 图 '달가닥'의 센말. ㉠딸깍. ㉡떨거덕. ㉢딸까닥. **딸가닥-하다** 图⟨자⟩⟨여⟩
딸가닥-거리다/-대다[-껴(때)-] 图⟨자⟩⟨타⟩ '달가닥거리다'의 센말. ㉠딸깍거리다. ㉡떨거덕거리다. ㉢딸까닥거리다.
딸가닥-딸가닥 图 '달가닥달가닥'의 센말. ㉠딸깍딸깍. ㉡떨거덕떨거덕. ㉢딸까닥딸까닥.
딸가당 图 '달가당'의 센말. ㉡떨거덩. ㉢딸까당. **딸가당-하다** 图⟨자⟩⟨여⟩
딸가당-거리다/-대다 图⟨자⟩⟨타⟩ '달가당거리다'의 센말. ㉡떨거덩거리다. ㉢딸까당거리다.
딸가당-딸가당 图 '달가당달가당'의 센말. ㉡떨거덩떨거덩. ㉢딸까당딸까당. **딸가당-하다** 图⟨자⟩⟨여⟩
딸각 图 '딸가닥'의 준말. ㉡떨걱. **딸각-하다** 图⟨자⟩⟨타⟩⟨여⟩
딸각-거리다/-대다[-껴(때)-] 图⟨자⟩⟨타⟩ '딸가닥거리다'의 준말. ㉡떨걱거리다.
딸각-딸각 图 '딸가닥딸가닥'의 준말. ㉡떨걱떨걱. **딸각딸각-하다** 图⟨자⟩⟨타⟩⟨여⟩
딸각-발이 图 '딸깍발이'의 잘못.
딸그락 图 '달그락'의 센말. ㉡떨그럭. **딸그락-하다** 图⟨자⟩⟨타⟩⟨여⟩
딸그락-거리다/-대다[-껴(때)-] 图⟨자⟩⟨타⟩ '달그락거리다'의 센말. ㉡떨그럭거리다.
딸그락-딸그락 图 '달그락달그락'의 센말. ㉡떨그럭떨그럭. **딸그락딸그락-하다** 图⟨자⟩⟨타⟩⟨여⟩
딸그랑 图 '달그랑'의 센말. ㉡떨그렁. **딸그

딸랑-하다 图⟨자⟩⟨타⟩⟨여⟩
딸그랑-거리다/-대다 图⟨자⟩⟨타⟩ '달그랑거리다'의 센말. ㉡떨그렁거리다.
딸그랑-딸그랑 图 '달그랑달그랑'의 센말. ㉡떨그렁떨그렁. **딸그랑딸그랑-하다** 图⟨타⟩⟨여⟩
딸:기 图 1 ⟨식⟩ 장미과의 여러해살이풀. 5~6월에 흰 꽃이 피고, 꽃턱이 발달한 열매는 빨갛게 익는데, 비타민 C가 풍부하며 식용함. =양딸기. 2 1의 열매.
딸:기-밭[-받] 图 딸기를 심어 가꾸는 밭.
딸:기-코 图 코끝이 빨갛게 된 코를 딸기에 빗대어 익살스럽게 이르는 말. ¶노상 술독에 빠져 지내는 ~ 아저씨.
딸까닥 图 '달가닥', '달가닥', '딸가닥'의 센말. ㉠딸깍. ㉡떨꺼덕. **딸까닥-하다** 图⟨자⟩⟨타⟩⟨여⟩
딸까닥-거리다/-대다[-껴(때)-] 图⟨자⟩⟨타⟩ '달가닥거리다', '달가닥거리다', '딸가닥거리다'의 센말. ㉠딸깍거리다. ㉡떨꺼덕거리다.
딸까닥-딸까닥 图 '달가닥달가닥', '달가닥달가닥', '딸가닥딸가닥'의 센말. ㉠딸깍딸깍. ㉡떨꺼덕떨꺼덕. **딸까닥딸까닥-하다** 图⟨자⟩⟨타⟩⟨여⟩
딸까당 图 '달가당', '달가당', '딸가당'의 센말. ㉡떨꺼덩. **딸까당-하다** 图⟨자⟩⟨타⟩⟨여⟩
딸까당-거리다/-대다 图⟨자⟩⟨타⟩ '달가당거리다', '달가당거리다', '딸가당거리다'의 센말. ㉡떨꺼덩거리다.
딸까당-딸까당 图 '달가당달가당', '달가당달가당', '딸가당딸가당'의 센말. ㉡떨꺼덩떨꺼덩. **딸까당딸까당-하다** 图⟨자⟩⟨타⟩⟨여⟩
딸깍 图 '딸까닥'의 준말. ㉡떨꺽. **딸깍-하다** 图⟨자⟩⟨타⟩⟨여⟩
딸깍-거리다/-대다[-껴(때)-] 图⟨자⟩⟨타⟩ '딸까닥거리다'의 준말. ㉡떨꺽거리다.
딸깍-딸깍 图 '딸까닥딸까닥'의 준말. ㉡떨꺽떨꺽. **딸깍딸깍-하다** 图⟨자⟩⟨타⟩⟨여⟩
딸깍-발이[-빠-] 图 1 신이 없어서 마른날에도 나막신만 신는다는 뜻에서, 가난한 선비를 가리키는 말. 2 일본 사람을 얕잡아 이르는 말. ✕딸각발이.
딸꼭-단추 图 '똑딱단추'의 잘못.
딸꾹 图 딸꾹질하는 소리. ✕깔딱.
딸꾹-거리다/-대다[-껴(때)-] 图⟨자⟩ 자꾸 딸꾹 소리를 내다. ✕깔딱거리다.
딸꾹-딸꾹 图 딸꾹거리는 소리. ✕깔딱깔딱. **딸꾹딸꾹-하다** 图⟨자⟩⟨여⟩
딸꾹-질[-찔] 图 숨이 갑작스럽게 멈춰짐과 동시에 가슴이 들먹여지면서 목구멍으로 딸꾹딸꾹하는 소리가 나는 현상. 흔히, 물이나 음식을 급히 삼켰을 때 나타남. =폐기(閉氣). **딸꾹질-하다** 图⟨자⟩⟨여⟩
딸-내미 图 딸을 귀엽게 또는 정겹게 이르는 말. 구어적인 말로, 남의 딸에 대해서는 격의 없는 사이일 때 쓰임. ↔아들내미.
딸-년[-런] 图 1 남에게 '딸자식'을 겸손하게 일컫는 말. 2 '딸'을 막되게 일컫는 말. ↔아들놈.
딸딸 图 '달달'의 센말. ㉡떨떨.
딸딸-거리다/-대다 图⟨자⟩⟨타⟩ '달달거리다'의 센말. ㉡떨떨거리다.
딸딸-이 图 1 자명종이나 전령(電鈴) 등에서 종을 때려 소리를 내는 작은 쇠방울. 2 '삼륜차(三輪車)'를 속되게 이르는 말.
딸랑 图 '달랑'의 센말. ㉡떨렁.

딸랑-거리다/-대다 困자타 '달랑거리다'의 센말. 큰떨렁거리다.
딸랑-딸랑 뷔 '달랑달랑'의 센말. ¶두부 장수가 ~ 종을 흔들며 지나간다. 큰떨렁떨렁. **딸랑딸랑-하다** 困자타여
딸랑-이 명 흔들면 딸랑딸랑 소리가 나는, 젖먹이 아이의 장난감.
딸랑-이다 困자타 '달랑이다'의 센말. 큰떨렁이다.
딸리다¹ 困자 1 (어떤 사물이 주되는 것에) 덧붙다. ¶화장실이 딸린 방. 2 (어떤 사람에게 거느리거나 돌볼 식구가) 있다. ¶김 씨는 딸린 식구가 많다. 3 (어떤 사물이 어떤 종류에) 속하다. ¶과꽃은 국화과에 딸린 한해살이풀이다.
딸리다² 태 (어떤 사람에게 안내하거나 보살피거나 할 사람을) 따르게 하다. ¶길눈이 어두운 할머니에게 애를 딸려 보냈다.
딸리다³ '달리다'의 잘못.
딸림-음(-音) 명[음] 장음계·단음계의 다섯째 음. 으뜸음보다 완전 5도 위이거나 완전 4도 아래의 음. =도미넌트·속음(屬音). ▷으뜸음·버금딸림음.
딸림-화음(-和音) 명[음] 각 음계의 딸림음 위에 구성된 삼화음. =속화음(屬和音).
딸-부자(-富者) 명 딸을 많이 둔 사람을 놀림조로 이르는 말.
딸-세포(-細胞) 명[생] 세포 분열에 의하여 생긴 두 개의 세포. =낭세포(娘細胞).
딸싹-거리다/-대다[-꺼/-때-] 困자타 '달싹거리다'의 센말. 큰들썩거리다.
딸싹-딸싹 뷔 '달싹달싹'의 센말. 큰들썩들썩. **딸싹딸싹-하다** 困자타여
딸-아이 명 남에게 자기 딸을 일컫는 말. 비딸자식. 준딸애. ↔아들아이.
딸-애 명 '딸아이'의 준말. ↔아들애.
딸-자식(-子息) 명 남에게 자기 딸을 일컫는 말. 비딸아이. ↔아들자식.
땀¹ 명 1 날씨가 덥거나 운동을 하거나 긴장을 하거나 병으로 몸에서 열이 나거나 할 때, 사람이나 동물의 피부 밖으로 나오는 맑고 찝찔한 액체. ¶비지~/식은~/진~/~이 나다/~을 내다/~을 흘리다. 2 어떤 일을 성취하기 위하여 열심히 애쓰고 노력하는 것을 비유적으로 이르는 말. ¶피와 ~의 대가.
땀(을) **빼다** 囝 몹시 힘들거나 어려운 고비를 당하여 크게 혼이 나다. ¶변명하느라고 ~.
땀으로 미역을 감다 囝 땀을 매우 많이 흘려 몸 전체가 젖다.
땀을 들이다 囝 1 몸을 시원하게 하여 땀을 없애다. ¶잠시 땀을 들이고 가세. 2 잠시 휴식하다.
땀이 비 오듯 하다 囝 땀이 몹시 흐르다.
땀² 명 [1](적량) 바느질에서, 실을 꿴 바늘이 바느질감에 들어갔다 나오면서 겉에 흔적으로 남아 있는 실의 배열 상태. 비바늘땀. ¶~이 곱다. [2](의존) 바느질에서, 실을 꿴 바늘이 바느질감에 들어갔다 나온 횟수를 세는 단위. ¶한 ~ 한 ~ 정성 들여 바느질하다.
땀-구멍[-꾸-] 명 땀이 몸 밖으로 나오도록 살갗에 난 구멍.
땀-국[-꾹] 명 때가 낀 옷·몸 따위에 흠뻑 젖은 땀. ¶곁에 누운 손자 놈은 ~에 족 젖어 있다. 《김정한:사하촌》

땀-기(-氣)[-끼] 명 땀이 약간 나는 기운.
땀-나다 困자 몹시 힘들거나 애가 쓰이다.
땀-내 명 땀에 젖은 옷이나 몸에서 나는 불유쾌한 냄새. ¶~가 밴 속옷.
땀땀-이 뷔 바늘로 뜬 한 땀마다. ¶~ 어머니의 정성이 깃든 옷.
땀-띠 명[의] 땀으로 피부가 자극되어 생기는 발진(發疹). 좁쌀 모양으로 돋고 붉은빛을 띠며 따끔따끔함. ¶~가 나다.
땀-받이[-바지] 명 1 땀을 받아 내려고 껴입는 속옷. =한의(汗衣). 2 땀을 받아 내려고 적삼 뒷길 안에 받친 헝겊.
땀-방울[-빵-] 명 물방울처럼 맺힌 땀. ¶이마에 ~이 돋다.
땀-범벅 명 얼굴이나 몸, 옷이 땀으로 한데 뒤섞여 어지럽게 된 상태. ¶오랜 행군으로 ~이 된 병사들.
땀-복(-服) 명 운동할 때 땀을 내기 위해 입는 옷. 공기가 잘 통하지 않게 만듦.
땀-샘(-) 명[생] 땀을 만들어 몸 밖으로 내보내는 외분비선. =한선(汗腺).
땀-수건(-手巾)[-쑤-] 명 땀을 닦는 수건.
땀직근-하다 혱여 (말이나 행동이) 좀 느리고 무게가 있다. 큰뜸직근하다.
땀직-땀직 뷔 (말이나 행동이) 한결같이 몹시 땀직한 모양. 큰뜸직뜸직. **땀직땀직-하다** 혱여
땀직-하다[-지카-] 혱여 (말이나 행동이) 속이 깊고 무게가 있다. 큰뜸직하다. **땀직-이** 뷔
땀-투성이 명 얼굴이나 몸에 땀이 많이 나 있는 상태.

땅¹ 명 1 바다·강·호수·내와 같은 물이 차 있거나 흐르지 않는 지구의 표면. 비물·육지. ¶~에 떨어져 뒹구는 낙엽. 2 작물을 심어 가꾸는 지구 표면의 부분. 또는, 그곳의 흙. ¶기름진 [메마른] ~을 갈다. 3 통치권이나 행정이 미치는 일정한 지리적 범위. 비영토. ¶독도는 우리 ~이다. 4 부동산으로서의 토지나 택지. ¶~을 사다.
[땅 짚고 헤엄치기] 아주 쉽다는 말.
땅(이) **꺼지게** 囝 (한숨을 쉴 때에) 몹시 깊고도 크게.
땅에 떨어지다 囝 (권위·명성 따위가) 회복하기 힘들 정도로 나빠지다. ¶신용이 ~.
땅(을) **파먹다** 囝 농사를 지으며 살아가다.
속된 말임.
땅² 뷔 '탕'보다 어감이 약한 말.
땅³ 뷔 작은 쇠붙이나 딴딴한 물건이 세게 부딪칠 때 나는 소리. 큰띵. 거탕.
땅-값[-깝] 명 땅의 값. 비지가(地價). ¶~이 폭등하다. =~이 싸다.
땅-강아지[-깡-] 명[동] 메뚜기목 땅강아짓과의 곤충. 땅속에 사는데, 몸빛은 다갈색·흑갈색이고 잔털이 많음. 날개는 짧으나 잘 날며, 앞다리는 땅파기에 알맞음. 농작물의 뿌리를 갉아 먹는 해충임. ×하늘밥도둑.
땅-개[-깨] 명 1 키가 몹시 작은 개. 2 키가 작고 똥똥하며 잘 싸다니는 사람을 속되게 이르는 말.
땅거미¹ 명 해가 진 뒤의 어스름. =박모(薄暮). ¶~가 내리다/~가 지다. ▶황혼.
땅-거미²[-꺼-] 명[동] 거미목 땅거미과에 속하는 거미의 총칭. 땅속에 집을 짓고 삶.
땅-고르기 명 1 땅을 반반하고 고르게 하는 일. 2 [농] 곡식을 심기 전에 땅을 갈아 흙을 부드럽게 하는 일. =정지(整地). **땅고르기-**

땅-고집(-固執)[-꼬-] 명 융통성이 없는 심한 고집. 비외고집. ¶~을 쓰다 / ~을 부리다.
땅-광[-꽝] 명 뜰이나 집채 아래에 땅을 파서 만든 광. =지하실.
땅-굴(-窟)[-꿀] 명 1 땅속으로 뚫은 굴. 2 땅을 깊숙이 파서 만든 구덩이. =토굴(土窟).
땅기다 동(자) 몹시 캥겨지다. ¶장딴지가 ~. ×당기다·땡기다.
땅-기운[-끼-] 명 땅에서 나오는 기운.
땅-까불 명 암탉이 혼자서 땅바닥에 대고 몸을 비비적거리는 짓. **땅까불-하다** 동(자)여.
땅-꼬마 명 키가 몹시 작은 사람을 놀리는 말.
땅-꾼 명 1 뱀을 잡아 파는 사람. 2 [역] '딴꾼'의 잘못.
땅-내 명 땅에서 나는 흙냄새.
땅내(를) 맡다 구 1 옮겨 심은 식물이 새로운 땅에 뿌리를 내려 생기 있는 상태가 되다. 2 동물이 그 땅에서 삶을 얻다.
땅-덩어리[-떵-] 명 =땅덩이.
땅-덩이[-떵-] 명 땅의 큰 덩이. 흔히 대륙·국토·지구 따위의 뜻으로 쓰임. =땅덩어리·지괴. ¶~가 큰 나라.
땅-따먹기[-끼] 명 어린이 놀이의 하나. 땅바닥에 큰 원을 그리고, 제각기 말을 튀겨 말이 나아간 만큼 금을 그어 땅을 빼앗아 나가는 놀이. =땅뺏기·땅재먹기.
땅딸막-하다[-마카-] 형여 키가 작고 옆으로 딱 바라지다. =땅딸하다. ¶작은 키에 **땅딸막한** 몸매.
땅딸-보 명 키가 땅딸막한 사람. =땅딸이.
땅딸-이 명 =땅딸보.
땅딸-하다 형여 =땅딸막하다.
땅-땅¹ 부 1 기세 좋게 거드럭거리는 모양. ¶큰소리를 ~ 치다. ⓒ땡땡.
땅-땅² 부 '탕탕'보다 어감이 약한 말. **땅땅-하다**² 동(자타)여.
땅-땅³ 부 쇠붙이나 딴딴한 물건이 잇달아 세게 부딪칠 때 나는 소리. ⓒ떵떵. ㈜탕탕. **땅땅-하다**² 동(자타)여.
땅땅-거리다/-대다¹ 동(자타) 잇달아 땅땅 소리가 나다. 또는, 그런 소리를 내다. ⓒ떵떵거리다. ㈜탕탕거리다.
땅땅-거리다/-대다² 동(자) 권세와 재산이 넉넉하여 기를 펴고 호화롭게 지내다. ¶**땅땅거리며** 산다. ⓒ떵떵거리다.
땅-뙈기 명 얼마 안 되는 논밭.
땅-뜀[-띰] 명 무거운 것을 들어 땅에서 뜨게 하는 일.
땅뜀(도) 못하다 구 1 조금도 알아내지 못하다. 2 생각조차 못 하다.
땅-마지기 명 몇 마지기가의 논밭.
땅-문서(-文書) 명 땅의 소유권을 증명하는 문서. ¶~를 잡히고 빚을 얻다.
땅-바닥[-빠-] 명 1 땅의 겉 부분. 비지면. ¶~이 갈라지다. 2 땅의 맨바닥. ¶~에 주저앉다.
땅-버들[-뻐-] 명[식] =갯버들.
땅-벌[-뻘] 명 땅속에 집을 짓고 사는 벌의 총칭. =토봉(土蜂).
땅-볼(-ball)[-체] 야구·축구 따위에서, 땅위를 굴러 가도록 치거나 찬 공. ¶~로 이어주다.
땅-뺏기[-뺄끼] 명 =땅따먹기.

땅-속[-쏙] 명 땅 밑.
땅속-뿌리[-쏙-] 명[식] 땅속에 묻혀 있는 식물의 뿌리. =지하근(地下根).
땅속-줄기[-쏙-] 명 땅속에 있는 식물의 줄기. =지하경. ↔땅위줄기.
땅-울림 명 1 무거운 물건이 떨어지거나 지나갈 때 지면이 울려서 소리가 나는 일. 2 땅이 흔들리는 일. **땅울림-하다** 동(자).
땅위-줄기[식] 땅 위로 나온, 고등 식물의 줄기. =기경(氣莖)·지상경. ↔땅속줄기.
땅-임자[-님-] 명 =지주(地主)¹.
땅-장사 명 이익을 얻기 위하여 땅을 사서 파는 일.
땅-재주[-째-] 명 광대 등이 땅 위에서 뛰어넘으며 부리는 재주.
땅-줄기[-쭐-] 명 땅으로 뻗어 나간 줄기.
땅-콩 명[식] 1 콩과의 한해살이풀. 높이 60cm 정도. 7~9월에 황색 꽃이 피고, 열매는 씨방 밑 부분이 길게 자라 땅속으로 들어가 익음. 주로 모래땅에서 자람. 2 1의 열매. 흔히, 그대로 볶아서 까먹거나 기름으로 짜서 씀. =낙화생(落花生)·호콩.
땅콩-기름 명 땅콩으로 짠 기름. 식품이나 비누의 원료로 쓰임. =낙화생유.
땅-파기 명 1 땅을 파는 일. 2 어리석어 사리를 분간할 줄 모르는 사람이나 그런 사람과의 시비를 이르는 말.
땋:다[따타] 동(타) (머리털이나 실 등을) 셋 이상의 가닥으로 갈라서 서로 엇걸어 짜 엮다. ¶머리를 ~.
때¹ ⓘ[자립] 1 시간상의 어떤 점이나 부분. ¶~를 알리는 자명종 소리. 2 일정한 일이나 현상이 일어나는 시간. ¶장마 ~. 3 좋은 기회나 운수. ¶~를 기다리다 / ~를 놓치다 / ~를 만나다. 4 끼니, 또는 끼니를 먹는 시간. ¶점심 ~ / ~를 거르다. 5 일정한 시기나 시대 또는 연대. ¶한창 시절 ~ / 신라 ~. 2 (의존) 끼니를 셀 때 쓰는 말. ¶하루 삼시 세 ~도 못 찾아 먹다.
때² 명 1 옷이나 물건에 흙·먼지·얼룩 등이 묻어서 된 더러운 것. ¶~가 묻은 옷 / ~가 빠지다. 2 땀·기름기 등의 피부의 분비물과 먼지 등이 섞이어 된 더러운 것. ¶~가 끼다 / ~를 밀다. 3 속되고 순수하지 못한 요소. ¶~ 묻지 않은 사람. 4 시골티나 어린 티. ¶서울에 가 살더니 ~를 벗어 말끔해졌다. 5 더러운 이름.
때가 타다 구 때가 묻거나 앉다.
때:-가다 동(자) (죄지은 사람이) 잡혀가다. 속된 말임.
때구루루 '대구루루'의 센말. ¶구슬이 ~ 구르다. ⓒ떼구루루.
때굴-때굴 '대굴대굴'의 센말. ¶배를 움켜쥐고 ~ 구르다. ⓒ떼굴떼굴. **때굴때굴-하다** 동(자타)여.
때그락 부 '대그락'의 센말. ⓒ떼그럭. **때그락-하다** 동(자타)여.
때그락-거리다/-대다[-꺼(때)-] 동(자타) '대그락거리다'의 센말. ⓒ떼그럭거리다.
때그락-때그락 부 '대그락대그락'의 센말. ⓒ떼그럭떼그럭. **때그락때그락-하다** 동(자타)여.
때글때글-하다 형여 '대글대글하다'의 센말. ⓒ띠글띠글하다.
-때기 접미 신체 부위를 나타내는 일부 명사에 붙어, 그 명사를 비속한 말로 만드는 말. ¶배~ / 뺨~ / 귀~ / 등~.

때까-중 圏 '중대가리'의 잘못.
때-까치 圏[동] 때까칫과의 새. 까치보다 좀 작으나 성질이 사나움. 몸빛은 암수가 다른데, 수컷은 머리는 적갈색, 등은 회색, 날개는 흑색이며, 머리와 배 부분은 흼. =산작(山鵲).
때깍 囝 '대각'의 센말. 囶떼깍. **때깍-하다**
때깍-거리다/-대다 [-꺼(때)-] 困(자타) '대깍거리다'의 센말. 囶떼꺽거리다.
때깍-때깍 囝 '대각대각'의 센말. 囶떼꺽떼꺽. **때깍때깍-하다**囨(자타)
때깔 囝 피륙 등이 눈에 선뜻 드러나 비치는 맵시와 빛깔. ¶~이 좋은 비단 / ~이 아주 곱다.
때깨중이 囝 '중대가리'의 잘못.
때꼭 邗 술래잡기에서, 잡히지 않은 아이가 제자리에 돌아오면서 술래를 놀리는 소리.
때-꼽 圏 =때꼽재기.
때-꼽재기[-째-] 圏 엉겨 붙은 때의 조각이나 부스러기. =때꼽. ¶~가 끼다.
때꾼-하다 閺(여) '대꾼하다'의 센말. ¶몹시 앓더니 눈이 ~. 囶떼꾼하다.
때-늦다[-는따] 閺 1 어떤 시간보다 늦다. ¶**때늦은** 후회. 2 제철보다 늦다. ¶**때늦게** 비가 ~.
때:다¹ (때고 / 때어) 困(타) 아궁이에 불을 넣다. ¶군불을 ~.
때:다² (때고 / 때어) 困(타) '때우다¹'의 준말. ¶냄비를 ~.
때다³ 困(타) '때우다²'의 잘못.
때때 圏 <유아> =꼬까.
때때-로 囝 때에 따라 가끔. =시시로·절시로. ¶~ 그가 생각난다.
때때-신 圏 <유아> =꼬까신.
때때-옷[-옫] 圏 <유아> =꼬까옷.
때때-중 圏 나이가 어린 중.
때려-누이다 困(타) =때려눕히다.
때려-눕히다[-누피-] 困(타) (사람이나 동물을) 때려서 의식을 잃고 쓰러지게 만들다. =때려누이다. ¶상대 선수를 한주먹에 ~.
때려-잡다[-따] 困(타) 1 (벌레나 짐승 따위를) 때려서 죽이다. ¶모기를 손바닥으로 ~. 2 (사람을 주먹이나 몽둥이 따위로) 때려서 도망치지 못하게 붙들다. ¶도둑을 몽둥이로 ~. 3 (어떤 무리나 세력을) 폭력적으로 없애거나 무찌르다. 공격적 어투의 말임. ¶도둑을 ~.
때려-죽이다 困(타) (주먹이나 몽둥이 같은 것으로) 때려서 죽이다. 빈박살(撲殺)하다·타살(打殺)하다.
때려-치우다 困(타) 하던 일을 중단하고 결판내다. ¶사업을 ~.
때-로 囝 경우에 따라서. ¶~ 늦기도 한다.
때리다 困(타) 1 (사람이 주로 손이나 손에 든 물건으로 다른 사람이나 동물을) 아프플을 느낄 만큼 세게 치다. ¶손바닥으로 뺨을 ~ / 쇠초리로 종아리를 ~. 2 (움직이는 물질이나 물체, 또는 어떤 힘이 다른 물체를) 세차게 부딪다. ¶굵은 빗줄기가 유리창을 ~. 3 (신문이나 방송 등이, 또는 신문·방송 등을 통해서 상대를) 잘못이나 문제점을 찾아내어 비판하다. 구어체의 말임. ¶신문이 공무원의 부정을 신랄하게 ~. 4 (물건 값이나 세금, 형량 따위를) 정하여 부르다. 속된 말임. ¶세금을 무겁게 ~ / 형량을 높이게 ~. 5 (어떤 일이나 이야기가 사람의 마음을) 충격을 느끼게 하거나 감동을 가지게 하다. ¶가슴을 **때리는** 슬프고 아름다운 이야기.
[**때리는 시어미보다 말리는 시누이가 더 밉다**] 겉으로는 위하는 체하면서 속으로는 해하거나 헐뜯는 사람이 더 밉다.
때-마침 囝 그때에 알맞게. ¶그렇지 않아도 너하테 가려던 참이었는데 ~ 잘 왔다.
때-맞다[-맏따] 閺 시기가 꼭 알맞다. ¶**때맞게** 그의 집에 닿았다.
때-맞추다[-맏-] 困(자) 알맞은 때를 우연히 맞추다. ¶그를 찾고 있었는데 **때맞추어** 나타났다.
때문 圏(의존) (명사나 어미 '-기', '-ㄴ', '-던' 다음에 쓰여) 앞에 오는 말이 까닭이나 원인이 됨을 나타내는 말. ¶가뭄 때문에 농작물이 말라 죽어 가고 있다. / 그 책은 내용이 어렵기 ~에 천천히 정독을 해야 한다. 囶땜.
때-물 圏 툭 트이거나 미끈하지 못한 때깔.
때-밀이 圏 목욕탕에서 목욕하는 사람의 때를 밀어서 씻어 주는 사람. 순화어는 '목욕관리사'.
때-수건(-手巾) 圏 깔깔한 천 따위로 만들어 때가 잘 밀리도록 한 수건.
때우다 困(타) 1 뚫어지거나 깨지거나 해어진 자리에 딴 조각을 대어 깁다. ¶금이 간 솥을 ~. 囶땜다. 2 (끼니를) 간단한 음식으로 해결하다. ¶라면으로 저녁을 ~. ×때다. 3 (일을) 알차게 하지 않고 대충 하다. ¶ㄱ 교수는 강의 시간을 잡담으로 적당히 **때웠다**. 4 작은 고생이나 괴로움으로 큰 액운을 대신하다. ¶액운을 ~.
때죽-나무[-중-] 圏[식] 때죽나뭇과의 낙엽 활엽 교목. 늦봄에 흰 꽃이 늘어져 피고, 열매는 9월경에 익음. 씨로는 기름을 짜고, 목재는 기구 제작 등에 쓰임.
땍때구루루 囝 '댁대구루루'의 센말. 囶뗵떼구루루.
땍때굴-땍때굴 囝 '댁대굴댁대굴'의 센말. 囶뗵때굴떽때굴. **땍때굴땍때굴-하다**困(자)
땔:-감[-깜] 圏 불 때는 데 쓰는 온갖 물건. =땔거리. ¶~이 떨어지다.
땔:-거리[-꺼-] 圏 =땔감.
땔:-나무 圏 불 땔 때에 쓰는 나무붙이. 세는 단위는 단·못·가리·짐·묶음. =시목(柴木)·시신(柴薪)·화목(火木). ¶~를 해오다. 囶나무.
땔:나무-꾼[-라-] 圏 1 땔나무를 베거나 주워 모으는 사람. 2 아주 순박하고 꾸밀 줄 모르는 사람을 농으로 이르는 말.
땜:¹ 圏 '땜질'의 준말. **땜:-하다**¹困(타여)
땜:² 圏 어떤 액운을 넘기거나 다른 고생으로 대신하는 일. ¶액~ / 팔자~. **땜:-하다**²困(자여)
땜³ 圏(의존) '때문'의 준말. 구어체의 말임. ¶너 ~에 지각할 뻔했잖아.
땜:-납(-鑞) 圏[화] 납과 주석의 합금(合金). 녹이기 쉬우므로 땜질에 씀. =백랍(白鑞). 囶납.
땜:-장이 圏 땜질을 직업으로 하는 사람.
땜:-질 1 금이 가거나 뚫어진 것을 때우는 일. 2 떨어진 옷을 깁는 일. 3 잘못된 일을 임시로 고치는 일. (본)때움질. 囶땜. **땜:질-하다**困(타여) ¶구멍을 ~ / 서류상의 미비점을 ~.
땜:-통 圏 머리의 흠집을 속되게 이르는 말.
땟-거리[때꺼-/땓꺼-] 圏 끼니때를 때울

먹을거리.

땟-국[때꾹/땓꾹] 명 때가 섞인 물기. ¶~이 줄줄 흐르는 얼굴.

땟-물[땐-] 명 1 때를 씻어 낸 물. 2 겉으로 나타나는 맵시.

땟-자국[때짜-/땓짜-] 명 때가 섞인 물기가 마른 흔적.

땡¹ 명 1 '땡땡구리'의 준말. 2 뜻밖에 생긴 좋은 수나 우연히 걸려든 복을 속되게 이르는 말.

땡² 튀 '댕'의 센말. ¶종을 ~ 치다. 큰뗑.

땡-감 명 덜 익어 떫은맛이 가시지 않은 감.

땡강 튀 '댕강'의 센말. 큰땡경. **땡강-하다** 동(자)타

땡강-거리다/-대다 동(자)타 '댕강거리다'의 센말.

땡강-땡강 튀 '댕강댕강'의 센말. 큰땡경땡경. **땡강땡강-하다** 동(자)타(여)

땡그랑 튀 '댕그랑'의 센말.

땡그랑-거리다/-대다 동(자)타 '댕그랑거리다'의 센말. 큰땡그렁거리다.

땡그랑-땡그랑 튀 '댕그랑댕그랑'의 센말. 큰땡그렁땡그렁. **땡그랑땡그랑-하다** 동(자)(타)(여)

땡글-땡글 튀 땡글하고 둥글둥글한 모양. **땡글땡글-하다** 형(여) ¶땡글땡글한 탱자.

땡기다 동 [1](타) '당기다'의 잘못. [2](자) '땅기다'의 잘못.

땡-땡¹ 튀 '댕댕'의 센말. ¶종을 ~ 치다. 큰뗑뗑.

땡-땡² 튀 몸이나 어느 부위가 팽팽하게 부은 모양. ¶벌에 쏘여 손이 ~ 부었다. **땡땡-하다** 형(여)

땡땡-거리다/-대다 동(자)타 '댕댕거리다'의 센말.

땡땡-구리 명 골패·투전·섰다 등의 노름에서, 같은 짝을 짝을 잡는 일. ⓒ땡.

땡땡-이¹ 명 1 자루가 달린 둥근 대틀에 종이를 바르고 양쪽에 구슬을 단 실을 달아 흔들면 땡땡 소리가 나는, 아이들의 장난감. 2 '종(鐘)'을 속되게 이르는 말.

땡땡-이² 〈속〉 감독자의 눈을 피하여 게으름을 피우거나 노는 일. ¶작업 시간에 왜 여기 와서 ~를 부리고 그래?

땡땡-이³ [-⊕땡點/てんてん-] 명 '물방울 무늬'로 순화.

땡땡이-중 명(불) =땡추.

땡땡이-치다 동(자)타 〈속〉 꾀를 부려 일을 열심히 하지 않다.

땡땡-하다² 형(여) 근육이 발달하여 무르지 않고 단단한 느낌이 있다. ¶아랫배가 **땡땡하여** 누르면 아프다.

땡-볕[-뼏] 명 따갑게 내리쬐는 뙤약볕.

땡-잡다[-따] 동(자) 뜻밖에 행운을 잡다. 다소 속된 구어임. ¶복권에 당첨되었다고? 이 사람 **땡잡았구먼**.

땡전 명 〈←동전(銅錢)〉 (주로 '땡전 한 푼 없다'의 꼴로 쓰여) '동전' 또는 '아주 적은 돈'을 이름. ¶지금 주머니에 ~ 한 푼 없다. / 주식 투자를 했다가 ~ 한 푼도 못 건졌다.

땡-처리(-處理) 명〈속〉자금 압박을 받는 회사가 쌓인 재고품을 헐값에 팔아넘기는 일.

땡초 명(불) '땡추'의 잘못.

땡추 명(불) 걸핏하면 계율을 어기는, 승려답지 못한 승려. 얕잡는 말임. =땡땡이중·땡추중. ×땡초.

땡추-중 명(불) =땡추.

떠-가다 동(자)타 하늘이나 물 위를 떠서 가다. ¶저 멀리 **떠가는** 구름. ↔떠오다.

떠꺼-머리 명 혼인할 나이가 지난 총각이나 처녀의 길게 땋아 늘인 머리. 또는, 그런 머리를 한 사람.

떠꺼머리-총각(-總角) 명 장가들 나이가 지나도록 머리를 땋아 늘인 총각.

떠나-가다 동(자)타 1 본디의 자리를 떠서 옮겨 가다. ¶수송선 멀리 **떠나가는** 배. 2 (주로, '떠나가게', '떠나가라 하고', '떠나갈 듯이'의 꼴로 쓰여) (어떤 장소가) 요란한 소리로 움직거릴 상태가 되다. 비유적인 말임. ¶교실이 **떠나가라** 하고 소리를 지르다.

떠나다 동 [1](타) 1 (어떤 대상이 어느 곳을) 벗어나 먼 곳으로 옮겨 가다. ¶고향을 ~. 2 (어떤 단체나 기관, 또는 어떤 분야의 사회 등을) 인연이나 관계를 끊고 나가다. ¶공직을 ~. 3 (사람이 어떤 사람을) 관계나 인연을 끊는 상태에 두다. ¶그 여자는 나를[내 곁을] **떠난** 지 오래다. 4 (어떤 대상을) 관계·관련이나 관계·관련을 끊은 상태에 두다. ¶물고기는 물을 **떠나서는** 살 수 없다. 5 (어떤 문제를) 고려 대상 밖에 두다. ¶이해관계를 **떠난** 사심. 6 (이 세상을) 다 살고 저세상으로 가다. '죽다'를 완곡히 이르는 말임. ¶그는 70세를 일기로 세상을 **떠났다**. [2](자) 1 (어떤 대상이 먼 어느 곳으로) 움직여 옮겨 가다. ¶나는 내일 미국으로 **떠난다**. 2 (사람이 어떤 사람에게서) 관계나 인연을 끊고 헤어지거나 멀어지다. ¶친구와 가족조차 모두 그에게서 **떠나고** 말았다. 3 (어떤 생각이나 근심·걱정 따위가) 사람이나 어떤 대상에게서 사라지거나 없어지다. ¶집안에 우환이 **떠날** 날이 없다.

떠나-보내다 동(타) (가족이나 사랑하는 사람 등을) 먼 곳으로 떠나가게 하다. ¶사랑하는 임을 ~.

떠나-오다 동(자)타 있던 데서 일정한 곳으로 옮겨 오다. ¶고향을 **떠나온** 지 어언 10년이 지났다.

떠-내다 동(타) 1 액체를 퍼내다. ¶솥에서 국을 **떠내어** 그릇에 담다. 2 초목 등을 흙과 함께 파내다. ¶뗏장을 ~. 3 살이나 고체의 어떤 부분을 도려내다. ¶갈비에 붙은 살을 ~.

떠-내려가다 동(자) 물 위에 둥둥 떠서 내려가다. ¶홍수로 집이 ~.

떠-넘기다 동(타) 스스로의 일이나 책임을 억지로 남에게 넘기다. 町떠맡기다. ¶책임을 남에게 ~.

떠-다니다 동(자)타 1 공중이나 물 위에 떠서 오가다. ¶먼지가 둥둥 ~. 2 =떠돌다1. ¶객지를 **떠다니는** 신세.

떠-밀다 동(~미니, ~미오) =떠밀다.

떠다-박지르다[-찌-] 동(타)〈~박지르니, ~박질러〉 떠다밀어 넘어뜨리다. ¶하인들이 중놈을 **떠다박지르는** 모양이나 중놈은 끄떡 아니하고 선 자리에 서 있었다.《홍명희·임꺽정》

떠-돌다 동(자)타〈~도니, ~도오〉1 정처 없이 돌아다니다. =떠다니다. ¶객지를 **떠도는** 신세. 2 이리저리 움직이다. ¶우주에 **떠도는** 수많은 별들. 3 소문 따위가 퍼지다. ¶이상한 소문이 ~. 4 (어떤 기운이나 기미가) 겉으로 드러나 보이다. ¶얼굴에 안도의 빛이 ~.

떠돌아-다니다 图 정처 없이 이리저리 다니다. ¶낯선 마을을 ~.

떠돌-이 圀 정처 없이 떠돌아다니는 사람. 비 방랑자.

떠돌이-별 圀[천]=행성(行星). ↔붙박이별.

떠돌이-새 圀[동] 가까운 지역을 이리저리 철 따라 옮겨 다니는 새. 꾀꼬리·제주직박구리 따위.

떠둥그-뜨리다/-트리다 图 물체의 한 부분을 쳐들고 밀어 엎어지게 하거나 쓰러뜨리다.

떠둥그리다 图 '떠둥그뜨리다'의 준말.

떠-들다¹ 图困 〈떠드니, 떠드오〉 1 시끄럽게 큰 소리로 말하다. ¶수업 시간에 **떠들면** 안 된다. 2 크게 문제 삼아 떠벌리다. ¶신문들이 **떠드는** 바람에 세상 사람들이 다 알게 되었다.

떠-들다² 图国 〈~드니, ~드오〉 덮인 것이나 가린 것을 조금 걷어 쳐들다. ¶거적을 ~.

떠들-리다 图 '떠들다'의 피동사.

떠들썩-거리다/-대다 [-꺼(때)-] 图困 자꾸 시끄럽게 지껄이다.

떠들썩-하다¹ [-써카-] 혭옌 1 여럿이 큰 소리로 떠들어 몹시 시끄럽다. ¶방 안이 ~. 2 소문이 퍼져 자자하다. ¶세상이 ~. 좐따들썩하다.

떠들썩-하다² [-써카-] 혭옌 잘 덮이거나 붙어 있지 않아 조금 떠들려 있다. ¶이불이 ~. 좐따들썩하다.

떠-들추다 图 남의 비밀을 들추어내다. ¶남의 약점을 ~.

떠-들치다 图 물건의 한 부분을 쳐들거나 쳐들어 올리다. ¶시체를 덮은 거적때기를 ~.

떠듬-거리다/-대다 图 '더듬거리다'의 센말. ¶말을 ~. 좐따듬거리다.

떠듬-떠듬 图 '더듬더듬'의 센말. 좐따듬따듬. **떠듬떠듬-하다** 图옌

떠듬적-거리다/-대다 [-꺼(때)-] 图 '더듬적거리다'의 센말. 좐따듬작거리다.

떠듬적-떠듬적 图 '더듬적더듬적'의 센말. 좐따듬작따듬작. **떠듬적떠듬적-하다** 图옌

떠름-하다 혭옌 1 (맛이) 좀 떫은 데가 있다. ¶**떠름한** 감. 2 마음이 내키지 않거나 달갑지 않다. ¶민물고기를 회로 먹기가 ~. 3 좀 얼떨떨한 느낌이 있다. ¶산에서 내려오는 마름과 맞닥뜨렸다. 정신이 **떠름하여 한참이나 벙벙하 서었다.**〈김유정:금 따는 콩밭〉 **떠름-히** 图

떠맡-기다 [-맏끼-] 图 '떠맡다'의 사동사. ¶떠넘기다. ¶책임을 친구에게 ~.

떠-맡다 [-맏따] 图国 (어떤 일이나 책임을) 온통 맡다. ¶남의 사업을 ~ / 빚을 ~.

떠-먹다 [-따] 图国 (음식을 숟가락 따위로) 떠서 먹다. ¶**떠먹는** 요구르트 / 밥을 몇 술 ~.

떠먹-이다 图 '떠먹다'의 사동사. ¶환자에게 일을 남에게 ~.

떠밀-리다 图 '떠밀다'의 피동사. ¶사람들에게 **떠밀려** 차에 타다.

떠-받다 [-따] 图国 머리나 뿔로 세게 받아서 치밀다. ¶소가 사람을 ~.

떠-받들다 [-뜰-] 图国 〈~받드니, ~받드오〉 1 밑을 받쳐 쳐들다. 2 공경하여 섬기거나 잘 위하다. ¶부모를 ~. 3 소중하게 위하다. ¶아이들을 **떠받들어** 키우면 버릇이 없어진다.

떠-받치다 图国 (떨어지거나 쓰러지지 않게) 밑에서 위로 받쳐 버티다. ¶기둥이 지붕을 **떠받치고** 있다.

떠버리 圀 늘 시끄럽게 떠드는 사람을 낮추어 이르는 말.

떠-벌리다 图国 과장하여 이야기를 늘어놓다. ¶무용담을 ~.

떠-벌이다 图国 크게 벌이다. ¶일을 잔뜩 **떠벌여** 놓고 어딜 갔지?

떠-보다 图国 1 저울로 물건을 달아 보다. 2 남의 속뜻이나 됨됨이를 넌지시 알아보다. ¶속을 ~.

떠세 圀 돈이나 세력 따위를 믿고 젠체하고 억지를 쓰는 짓. =의세(倚勢). ¶세도 좋은 젊은 서방을 믿고 그 ~루 남의 돈을 무죽갚이 떼먹으며 드나 부리다마는….〈염상섭:두 파산〉 **떠세-하다** 图国옌

떠안-기다 图 '떠안다'의 사동사.

떠-안다 [-따] 图国 (어떤 일이나 책임을) 도맡아 지다.

떠-오다 图国 물 위나 공중에 떠서 오다. ↔떠가다.

떠-오르다 图国 〈~오르니, ~올라〉 1 (물체가) 물에서 물 위쪽으로, 또는 땅 위에서 공중으로 움직이다. ¶해가 ~. 2 (기억이나 생각이 머릿속에) 나타나는 상태가 되다. ¶좋은 생각이 ~. 3 (어떤 사람이 어떤 대상으로) 존재를 나타내다. ¶오랫동안 민주화 투쟁을 해 온 그가 최근 대통령 후보로 **떠오르고** 있다.

떠오르는 달 邱 인물이 훤하고 아름다움을 이르는 말.

떠오르는 별 邱 새로이 나타나서 두각을 나타내는 사람을 이르는 말.

떠올리다 图 '떠오르다²'의 사동사.

떠죽-거리다/-대다 [-꺼(때)-] 图国 1 젠체하고 되지못한 소리로 지껄이다. 2 싫은 체하고 자꾸 사양하다.

떠죽-떠죽 图 떠죽거리는 모양. **떠죽떠죽-하다** 图国옌

떡¹ 圀 1 곡식 가루를 시루에 찌거나, 찐 것을 안반이나 절구에 놓고 치거나, 번철에 지지거나, 반죽하여 삶거나 한 음식의 총칭. ¶찰 ~ / 시루 ~ / 돌 ~. 2 (주로 '되다'와 함께 쓰여) 흠씬 두들겨 맞아 몸이 늘어진 상태. ¶불량배들에게 ~이 되게 맞다.

[**떡 본 김에 제사 지낸다**] 우연히 온 좋은 기회에 하려던 일을 해치운다. [**떡 줄 사람은 꿈도 안 꾸는데 김칫국부터 마신다**] 해 줄 사람은 생각도 하지 않는데, 일이 다 된 것처럼 여기고 미리 기대한다. [**떡 해 먹을 집안**] 귀신에게 떡을 하여 고사를 지내야 할 집안이라는 뜻으로, 화합하지 못하고 궂은 일만 계속 일어나는 집안을 이르는 말.

떡 주무르듯 하다 邱 저 하고 싶은 대로 다루다.

떡을 치다 邱 1 어떤 일을 제대로 다루지 못

하고 쩔쩔매거나 망치다. ¶오늘 시험은 떡을 쳤어. 2 '방사(房事)하다'를 속되게 이르는 말. 3 어떤 일을 하는 데 양적으로 충분한 정도가 되다. ¶우리 셋이 5만 원이면 떡을 칠 텐데, 궁상떨지 말고 술 한잔 사!

떡² [부] 1 크게 벌어진 모양. ¶아가리를 ~ 벌리다 / ~ 벌어지게 차린 잔칫상. 2 빈틈없이 맞닿거나 맞닿는 모양. ¶짐작이 ~ 들어맞다. 3 굳세게 버티는 모양. ¶~ 버티고 서다. 4 태도가 매우 의젓하거나 여유 있는 모양. ¶아랫목에 ~ 앉다. 5 단단히 들러붙은 모양. ¶입이 입천장에 ~ 들러붙어 안 떨어진다. [작] 딱.

떡-가래 [-까-] [명] 가래떡의 낱개. ¶~가 굵다 [가늘다] / ~를 빼다.

떡-가루 [명] 떡을 만들려고 빻은 곡식의 가루. ¶~를 곱게 치다.

떡갈-나무 [-깔라-] [명] [식] 참나뭇과의 낙엽 활엽 교목. 마른 잎은 겨우내 붙어 있다가 새싹이 나올 때 떨어지며, 늦봄에 황갈색의 꽃이 피고, 가을에 열매인 도토리가 갈색으로 익음. 재목은 침목·선박재·기구재 및 숯 만드는 데 쓰임. ≒갈잎나무·도토리나무. [준] 갈·갈나무.

떡-갈비 [-깔-] [명] 갈빗살을 다져서 양념한 후 갈빗뼈에 얹어 구운 음식.

떡갈-잎 [-깔립] [명] 떡갈나무의 잎. [준] 갈잎.

떡-값 [-깝] [명] <속> 1 설이나 추석 때 회사나 조직체 등에서 사원이나 소속원에게 봉급 외에 특별히 주는 돈. 2 주로 업자들이 명절 때 공무원이나 관리나 정치인 등에게 뇌물조로 바치는 돈. ¶고위 공무원이 ~을 받아 챙기다. 3 공사 입찰에서 담합하여 낙찰된 업자가 다른 업자들에게 나누어 주는 담합 이익금.

떡-고물 [-꼬-] [명] 1 떡의 겉에 묻히는 고물. 2 어떤 일을 부정하게 보아주고 얻은 금품을 속되게 이르는 말. ¶~이 생기다.

떡-국 [-꾹] [명] 가래떡을 얇게 썰어 맑은장국에 넣고 끓인 음식. ≒병탕(餠湯).

떡-대 [-때] [명] <속> 1 덩치가 큰 사람. ¶소란한 일자 어디선가 ~들이 나타났다. 2 (주로 '좋다'와 함께 쓰여) 덩치. ¶~ 좋은 청년.

떡-두꺼비 [-뚜-] [명] (주로 '떡두꺼비 같은'의 꼴로 쓰여) 탐스럽고 옴차고 실팍하게 생긴 갓 난 남자 아이를 비유하여 이르는 말. ¶~ 같은 아들 하나만 낳아라.

떡떠그르르 [부] '떡더그르르'의 센말. [작] 딱따그르르.

떡떠글-거리다/-대다 [동] (자) '떡더글거리다'의 센말. [작] 딱따글거리다.

떡떠글-떡떠글 [부] '떡더글떡더글'의 센말. [작] 딱따글딱따글. **떡떠글떡떠글-하다** [동] (자여)

떡-떡 [부] 1 잇달아 크게 벌어지거나 벌리는 모양. ¶사람들이 놀라 입을 ~ 벌리다. 2 잇달아 단단히 들러붙는 모양. ¶자석에 쇠붙이가 ~ 들러붙는다. 3 단단한 것이 마주치거나 부러질 때 나는 소리. 또는, 그 모양. ¶어찌나 추운지 아래윗니가 ~ 마주친다. [작] 딱딱.

떡-메 [-떼] [명] 떡을 치는 메. 흰떡이나 인절미를 칠 때 쓰임.

떡-밥 [-빱] [명] 낚시 미끼의 한 가지. 쌀가루·콩가루·번데기 가루 등을 섞어 반죽하여 조그마하게 뭉쳐서 만듦. ¶~을 만들다.

떡-방아 [-빵-] [명] 떡쌀을 빻는 방아. ¶~를 찧다.

떡-보 [-뽀] [명] 떡을 즐겨서 많이 먹는 사람. × 떡충이.

떡-볶이 [-뽀-] [명] 가래떡을 적당한 길이로 잘라서 쇠고기와 여러 가지 채소를 넣고 양념하여 볶은 음식.

떡-살 [-쌀] [명] 떡을 눌러 갖가지 무늬를 찍어 내는, 나무 따위로 만든 판. 또는, 그것으로 찍어 나타나는 무늬. ¶~을 박다 / ~이 곱다.

떡-심 [-씸] [명] 1 억세고 질긴 근육. 2 사람의 검질긴 성질을 비유하여 이르는 말. ¶~이 좋다.

떡심(이) 풀리다 [구] 낙망하여 맥이 풀리다.

떡-쌀 [명] 떡을 만들 쌀. ¶~을 담그다.

떡-쑥 [명] [식] 국화과의 두해살이풀. 높이 15~40cm. 전체가 흰 솜털로 덮여 있으며, 5~7월에 황색꽃이 핌. 잎과 어린싹은 떡을 해 먹음.

떡-암죽 (-粥) [명] 말린 흰무리를 빻아서 쑨 암죽. × 병암죽.

떡-할 [관감] [떡을 해서 고사를 지내야 하겠다는 뜻] 못마땅함을 나타내거나 아무 생각이 없이 하는 말.

떡-잎 [명닙] [명] [식] 종자가 발아하면 최초로 나오는 잎. ≒자엽(子葉).

떡-집 [-찝] [명] 떡을 만들어 파는 집.

떡-충이 [명] '떡보'의 잘못.

떡-칠 (-漆) [명] 화장품·풀·페인트·물감 등을 덕지덕지 바르는 일. ¶그림에 ~을 해 놓다. **떡칠-하다** [동] (자타여) ¶화장품으로 얼굴을 ~.

떡-판 (-板) [명] 1 기름틀의 한 부분으로, 기름떡을 올려놓는 판. 2 여자의 엉덩이를 속되게 이르는 말. 3 =안반. 4 넓적하고 못생긴 얼굴을 놀려 이르는 말.

떡-하니 [떠카-] [부] 보란 듯이 의젓하거나 여유가 있게. ¶일을 ~ 저지르다.

떤¹-꾸밈음 (-音) [명] =트릴(trill).

떨꺼덕 [부] '덜거덕'의 센말. [준] 떨컥. [작] 딸가닥. [센] 떨꺼덕. **떨거덕-하다** [동] (자타여)

떨거덕-거리다/-대다 [-거-꺼(때)-] [동] (자타) '덜거덕거리다'의 센말. [준] 떨컥거리다. [작] 딸가닥거리다. [센] 떨꺼덕거리다.

떨거덕-떨거덕 [부] '덜거덕덜거덕'의 센말. ¶~ 그릇 부딪치는 소리가 나다. [준] 떨컥떨컥. [작] 딸가닥딸가닥. [센] 떨꺼덕떨꺼덕. **떨거덕떨거덕-하다** [동] (자타여)

떨거덩 [부] '덜거덩'의 센말. [작] 딸가덩. [센] 떨꺼덩. **떨거덩-하다** [동] (자타여)

떨거덩-거리다/-대다 [동] (자타) '덜거덩거리다'의 센말. [작] 딸가덩거리다. [센] 떨꺼덩거리다.

떨거덩-떨거덩 [부] '덜거덩덜거덩'의 센말. [작] 딸가덩딸가덩. [센] 떨꺼덩떨꺼덩. **떨거덩떨거덩-하다** [동] (자타여)

떨거지 [명] 어떤 사람의 일가붙이나 한통속으로 어울리는 무리를 낮추어 이르는 말. ¶처가 ~ / 곽오주 생각에는 서림이의 ~를 얼른 다 보내어…. (홍명희·임꺽정)

떨걱 [부] '떨거덕'의 준말. [작] 딸각. **떨걱-하다** [동] (자타여)

떨걱-거리다/-대다 [-꺼(때)-] [동] (자타) '떨거덕거리다'의 준말. [작] 딸각거리다.

떨걱-떨걱 [부] '떨거덕떨거덕'의 준말. [작] 딸각딸각. **떨걱떨걱-하다** [동] (자타여)

떨구다 [동] (타) '떨어뜨리다'의 잘못.

떨그럭 [부] '덜그럭'의 센말. [작] 딸그락. **떨그**

럭-하다 통(자)(타)

떨그럭-거리다/-대다[-꺼-] 통(자)(타) '덜그럭거리다'의 센말. 쫙말그락거리다.

떨그럭-떨그럭 튀 '덜그럭덜그럭'의 센말. 쫙말그락딸그락. 떨그럭떨그럭-하다 통(자)(타)(여)

떨그렁 튀 '덜그렁'의 센말. 쫙딸그랑. 떨그렁-하다 통(자)(여)

떨그렁-거리다/-대다 통(자)(타) '덜그렁거리다'의 센말. 쫙말그랑거리다.

떨그렁-떨그렁 튀 '덜그렁덜그렁'의 센말. 쫙말그랑딸그랑. 떨그렁떨그렁-하다 통(자)(타)(여)

떨기 명 [1](자립) 풀이나 꽃·나무의 더부룩하게 난 무더기. [2](의존) 무더기진 꽃이나 풀 따위를 세는 단위. ¶한 ~의 장미.

떨기-나무 명[식] =관목(灌木). ×좀나무.

떨꺼덕 튀 '덜거덕', '덜꺼덕', '떨거덕'의 센말. 준떨꺽. 쫙딸까닥. 떨꺼덕-하다 통(자)(타)(여)

떨꺼덕-거리다/-대다[-꺼(떼)-] 통(자)(타) '덜거덕거리다', '덜꺼덕거리다', '떨거덕거리다'의 센말. 준떨꺽거리다. 쫙딸까닥거리다.

떨꺼덕-떨꺼덕 튀 '덜거덕덜거덕', '덜꺼덕덜꺼덕', '떨거덕떨거덕'의 센말. 준떨꺽떨꺽. 쫙딸까닥딸까닥. 떨꺼덕떨꺼덕-하다 통(자)(타)(여)

떨꺼덩 튀 '덜거덩', '덜꺼덩', '떨거덩'의 센말. 쫙딸까당. 떨꺼덩-하다 통(자)(여)

떨꺼덩-거리다/-대다 통(자)(타) '덜거덩거리다', '덜꺼덩거리다', '떨거덩거리다'의 센말. 쫙딸까당거리다.

떨꺼덩-떨꺼덩 튀 '덜거덩덜거덩', '덜꺼덩덜꺼덩', '떨거덩떨거덩'의 센말. 쫙딸까당딸까당. 떨꺼덩떨꺼덩-하다 통(자)(타)(여)

떨꺽 튀 '떨꺼덕'의 준말. 쫙딸깍. 떨꺽-하다 통(자)(여)

떨꺽-거리다/-대다[-꺼(떼)-] 통(자)(타) '떨꺼덕거리다'의 준말. 쫙딸깍거리다.

떨꺽-떨꺽 튀 '떨꺼덕떨꺼덕'의 준말. 쫙딸깍딸깍. 떨꺽떨꺽-하다 통(자)(타)(여)

떨:다¹ (떨고/떨어) 통〈떠니, 떠오〉[1](자) 1 (두께가 얇은 물체가) 공기의 흐름이나 어떤 충격을 받아 작은 폭으로 빠르게 거듭하여 흔들려 움직이다. ¶바람에 나뭇잎이 ~. 2 (추위나 두려움이나 흥분 등으로) 온몸이나 몸의 한 부분을 빠르고 잦게 자꾸 흔들다. ¶그는 극도의 공포로 사시나무 떨듯 떨고 있다. 3 (사람이 돈에) 몹시 인색하여 좀스럽게 굴다. ¶단돈 100원에도 벌벌 떤다. 4 (사람이) 어떤 일에 대해 겁내거나 두려워하다. ¶어려운 문제일수록 떨지 말고 침착하게 잘 풀어라. [2](타) 1 (추위나 두려움이나 흥분이나 병 등으로 온몸이나 몸의 한 부분을) 빠르고 잦게 자꾸 흔들다. ¶눈썹을 파르르 ~. 2 (사람이나 동물이 목청을) 진동이 일어나게 하다. 또는, (사람이 목소리를) 목청의 진동을 강하게 하여 변화 있게 하다. ¶그 가수는 목소리를 심하게 떠는 것이 특징이다. 3 (동작이나 성질을 나타내는 명사 뒤에 쓰여) 그런 행동을 경망스럽게 또는 요란스럽게 하거나 그런 성질을 나타내다. ¶방정을 ~ / 아양을 ~ / 재롱을 ~.

떨:다² (떨고/떨어) 통(타)〈떠니, 떠오〉 1 (달리거나 붙은 것을) 흔들거나 충격을 가하여 떨어지게 하다. ¶먼지를 ~ / 담뱃재를

~ / 밤을 ~. ▷털다. 2 (전체 중에서 얼마를) 덜어 내다. ¶그 돈에서 외상값은 떨고 주시오. 3 (팔다 남은 것을) 몽땅 팔거나 사다. ¶이것 몽땅 떨어서 2000원만 내십시오. 4 (어떤 생각이나 시름 따위를) 잊거나 없애다. ¶근심 걱정을 떨어 버리다.

떨떠름-하다 혱(여) 1 (맛이) 어지간히 떫은 상태에 있다. ¶감 맛이 ~. 2 어떤 대상이나 일이 마음에 들지 않아 유쾌하지 않다. =떨떨하다. ¶떨떠름한 표정. 떨떠름-히 튀 ¶~ 생각하다.

떨떨 튀 '덜덜'의 센말. 쫙딸딸.

떨떨-거리다/-대다 통(자)(타) '덜덜거리다'의 센말. 쫙딸딸거리다.

떨떨-하다 혱(여) 1 (어울리지 않아) 좀 천하다. 2 =떨떠름하다. ¶시킨 대로 하기는 했지만 좀 ~. 3 =얼떨떨하다. ¶어떻게 하는 일인지 ~. 4 (말이나 행동이) 똑똑하지 못하고 모자라는 듯하다. 떨떨-히 튀

떨:-뜨리다/-트리다 통(타) 거만하게 뽐내다.

떨렁 튀 '덜렁'의 센말. 쫙딸랑.

떨렁-거리다/-대다 통(자)(타) '덜렁거리다'의 센말. 쫙딸랑거리다.

떨렁-떨렁 튀 '덜렁덜렁'의 센말. 쫙딸랑딸랑. 떨렁떨렁-하다 통(자)(타)(여)

떨렁-이다 통(자)(타) '덜렁이다'의 센말. 쫙딸랑이다.

떨-리다¹ 통(자) '떨다¹'의 피동사. ¶흥분하여 몸이 부르르 ~.

떨-리다² 통(자) '떨다²'의 피동사. ¶먼지가 깨끗이 떨리지 않는다.

떨어-내다 통(타) 떨어져 나오게 하다. ¶옷에서 먼지를 ~.

떨어-뜨리다/-트리다 통(타) 1 떨어지게 하다. ¶나는 새도 떨어뜨리는 세도 / 돈을 길에 ~ / 값을 ~. 2 (고개를) 아래로 숙이다. ¶부끄러워 고개를 ~. ×떨구다.

떨어-먹다 통(타) '털어먹다'의 잘못.

떨어-지다 통(자) 1 (물체가) 위에서 아래로 내려지다. ¶빗방울이 ~. 2 (물체나 어떤 대상이) 잘못되어 높은 데서 갑자기 아래로 내려지다. ¶비행기가 ~. 3 (달렸거나 붙었던 것이) 따로의 상태가 되다. ¶단추가 ~ / 꽃이 ~. 4 (해가) 지평선이나 수평선 너머로 넘어가다. (비)지다 / 떨다. ¶해 떨어지기 전에 돌아오너라. 5 (사물의 질·수준·상태 따위가) 전보다 낮아지거나 못해지다. ¶값이 ~ / 위신이 ~. 6 (사물의 질·수준·상태 따위가) 다른 것보다 낮거나 못한 상태를 보이다. ¶품질이 타사 제품보다 ~. 7 (어떤 대상이) 다른 대상으로부터 일정한 거리에 위치하다. ¶우리 집은 학교에서 멀리 떨어져 있다. 8 (사람이 다른 사람과) 함께 지내지 않고 따로 있는 상태가 되다. ¶그는 가족과 떨어져 산다. 9 (사람이) 다른 사람과 함께 가거나 따라 있지 못하고 뒤에 처지다. ¶그는 일행을 먼저 보내고 뒤에 떨어져 한동안 휴식을 취했다. 10 (시험·선거·선발 등에) 붙거나 당선되지 아니하고 뽑히지 못하다. ¶입학시험에 ~. 11 (좋지 못한 상태나 처지에) 놓이게 되다. ¶철망의 나락에 ~. 12 (잠이나 술에) 깊이 빠져 들거나 정신을 잃은 상태가 되다. ¶그는 잠자리에 눕자마자 곤한 잠에 떨어였다. 13 (성이나 군진 따위가) 적의 손에 넘어가다. (비)함락되다. ¶마지막 요새가 적의 손에 ~. 14 (얼마의 이익이) 생겨서 얻거나 남다. ¶이렇게 팔면 겨우 1000원 떨어진다. 15

(어떤 일이나 책임 따위가 누구에게) 하여 지도록 맡겨지다. ¶중대한 임무가 결국 나에게 **떨어졌다**. 16 (명령·호령·지시 따위가) 어떤 사람에게 내려지다. ¶진격 명령이 ~ / 불호령이 ~. 17 (병이) 나아서 몸에 없는 상태가 되다. ¶독감이 약을 먹어도 안 ~. 18 (어떤 대상을 가까이하고 싶은 마음이나 욕구가) 더 이상 생기지 않게 되다. ¶입맛이 뚝 ~ / 정나미가 ~. 19 (어떤 일이나 물건이) 남아 있는 것이 없게 되다. ¶일거리가 ~ / 식량이 ~. 20 (옷·신 따위가) 낡아서 해어지다. ¶다 **떨어진** 누더기 / 구두가 ~. 21 (숨이) 멈춰진 상태가 되다. 圓끊어지다. ¶숨이 ~. 22 (일이 손에서) 벗어나 끝나다. ¶그 일은 언제쯤 손에서 **떨어지겠니**? 23 (배 속의 아기가) 심한 충격 등으로 죽어서 자궁에서 벗어나 몸 밖으로 나오다. 圓유산(流産)되다. ¶애가 ~. 24 셈에서, 다 치르지 못하고 얼마가 남게 되다. ¶지난번에 **떨어진** 돈이 얼마지? 25 →나누어떨어지다. 26 입이 떨어지다 →입. 27 발이 떨어지지 않다 →**발**¹.

떨-이 圓 물건을 떼어다가 파는 장사에서, 거의 다 팔고 얼마 남지 않은 물건을 다 떨어서 싸게 파는 일. 또는, 그 물건. 주로, 길거리에서 과일이나 생선이나 떡 따위를 파는 장사꾼들이 쓰는 말임. ¶~라 싸게 드리겠습니다. **떨이-하다** 동타여

떨-치다¹ 동 ①재 (명성이나 위세가) 널리 알려지다. ¶기세가 ~. ②타 (위세·명성 등을) 널리 또는 높이 드날리다. ¶용맹을 ~ / 이름을 ~.

떨-치다² 동타 세게 흔들어 떨어지게 하다. ¶매달리는 아이를 **떨쳐** 버리고 가다.

떨-켜 圓[식] 낙엽이 질 무렵, 잎자루와 가지가 붙은 곳에 생기는 특수한 세포층.

떫다[떨따] 圖 1 (맛이) 덜 익은 감을 먹을 때와 같은 느낌이 있다. ¶**떫은** 감. 2 (하는 짓이) 덜되고 떨떨하다. ¶**떫은** 수작을 부리다. 3 (어떤 일이나 행동 등이) 못마땅하거나 마뜩찮은 상태에 있다. 속된 어감을 가진 구어임. ¶왜, 내 말이 **떫으냐**? 참고 '떫-'은 자음으로 시작하는 어미 앞에서는 [떨]로 소리 남. 곧, '떫고/떫지'는 [떨꼬/떨찌]로 소리 남.

떫디-떫다[떨띠떨따] 圖 몹시 떫다.

떫은-맛[-맏] 圓 덜 익은 감의 맛처럼 텁텁하고 깔깔한 맛. =삽미(澁味).

떳떳-하다[떧떠타-] 圖여 정당하여 굽힐 것이 없고 어그러짐이 없다. ¶소신을 **떳떳하게** 밝히다. **떳떳-이** 甲 ¶가난하지만 ~ 살아가다.

떴다-방(-房)[떧따-] 圓〈속〉 주로 아파트 분양 현장 등에 일시적으로 자리를 잡고 분양 과열을 부추기는 부동산 중개업자. 또는, 그들이 차린 임시 중개업소.

떵 甲 두꺼운 쇠붙이나 딴딴한 물건이 세게 부딪칠 때 울려 나는 소리. 곱떵. 귀텅.

떵-떵¹ 甲 두꺼운 쇠붙이나 딴딴한 물건이 잇달아 세게 부딪칠 때 울려 나는 소리. 곱땅땅. 귀텅텅. **떵떵-하다** 동자타여

떵떵² 甲 헛된 장담을 예사롭게 하거나, 기세 좋게 으르대는 모양. ¶큰소리만 ~ 치고 다닌다. 곱땅땅.

떵떵-거리다/-대다¹ 동자타여 잇달아 떵떵 소리가 나다. 또는, 그런 소리를 내다. 곱땅땅거리다. 귀텅텅거리다.

떵떵-거리다/-대다² 동자 권세와 재산이 넉넉하여 기세를 떨치며 호화롭게 지내다. ¶내 얼굴만 못한 혜순이도 훌륭한 남편을 얻어, **떵떵거리고** 살지 않느냐.《박노갑: 순안》곱땅땅거리다.

떼¹ 圓 사람 또는 동물이 함께 행동하거나 한데 어울리는나 많이 모여 있는 상태. 또는, 그 군집. 사람에 대해서 쓸 때에는 주로 부정적인 문맥에서 사용됨. ¶~강도 / 개미 ~ / 도둑 ~. ▷무리.

떼² 圓 뿌리째 떠낸 잔디. ¶~를 뜨다 / 무덤에 ~를 입히다. ▷뗏장.

떼³ 圓 부당한 요구를 들어 달라고 고집하는 짓. ¶~를 부리다.

떼-강도(-強盜) 圓 떼를 지어 범행을 하는 강도.

떼-거리¹ 圓 '떼¹'을 속되게 이르는 말.
떼-거리² 圓 '떼³'을 속되게 이르는 말. ¶~를 쓰다.

떼-거지 圓 1 떼를 지어 다니는 거지. 2 천재지변으로 말미암아 졸지에 거지가 된 많은 사람.

떼-과부(-寡婦) 圓 전쟁이나 재난으로 말미암아 한꺼번에 떼로 생기는 과부.

떼구루루 甲 '데구루루'의 센말. ¶드럼통이 ~ 구르다. 곱때구루루.

떼굴-떼굴 甲 '데굴데굴'의 센말. ¶공이 ~ 굴러 가다. 곱때굴때굴. **떼굴떼굴-하다** 동자

떼그럭 甲 '데그럭'의 센말. 곱때그럭. **떼그럭-하다** 동자타여

떼그럭-거리다/-대다[-꺼(때)-] 동자타 '데그럭거리다'의 센말. 곱때그럭거리다.

떼그럭-떼그럭 甲 '데그럭데그럭'의 센말. 곱때그럭때그럭. **떼그럭떼그럭-하다** 동자

떼꺽 甲 '데격'의 센말. 곱때깍. **떼꺽-하다** 동자타여

떼꺽-거리다/-대다[-꺼(때)-] 동자타 '데격거리다'의 센말. 곱때깍거리다.

떼꺽-떼꺽 甲 '데격데격'의 센말. 곱때깍때깍. **떼꺽떼꺽-하다** 동자타여

떼-꾸러기 圓 늘 떼를 쓰는 버릇이 있는 사람. 圓떼쟁이.

떼꾼-하다 圖여 '때꾼하다'의 센말. ¶굶어서 눈이 ~. 곱때꾼하다.

떼-놈 圓 '되놈'의 잘못.

떼¹다¹ (떼:고 / 떼어) 동타 1 (붙었거나 잇닿은 것을) 따로 떨어지게 하다. ¶문짝을 ~ / 벽보를 ~. 2 (사람이 함께 있거나 데리고 있던 사람이나 동물을) 떨어져 지내게 하다. ¶강아지를 어미 개한테서 ~. 3 (사람이 어떤 사람들의 관계를) 멀어지게 하다. ¶김 여사는 두 사람의 사이를 **떼려고** 갖은 수를 다 썼다. 4 (사람이 정을) 더 이상 가지거나 두지 않는 상태가 되게 하다. ¶어찌 부자간의 정을 인력으로 **뗄** 수 있으랴? 5 (전체에서 한 부분을) 덜어 내거나 따로 있게 하다. ¶봉급에서 가불금을 ~. 6 (어떤 증서나 문건을) 일정한 절차나 격식에 의해 만들다. 圓발행하다. ¶수표를 ~ / 동사무소에서 주민 등록 등본을 ~. 7 (배우는 책이나 일정한 교육 과정을) 다 익히거나 끝내다. ¶천자문을 ~. 8 (배 속의 아이를) 인공적으로 더 자랄 수 없게 하여 몸 밖으로 나오게 하다. 圓지우다. ¶아이를 ~. 9 (고약한 병이나 버릇을) 몸에서 떨어지게 하다. ¶악질을 ~. 10 (발이나

걸음을) 옮겨서 가다. ¶아기가 첫 걸음을 ~. 11 (입을) 열어서 어떤 말을 하게 되다. ¶서두를 ~. 12 (눈길을) 돌려 다른 곳에 미치게 하다. ¶시선을 ~. 13 (물건을) 장사 목적으로 산지나 도매상에 사다. ¶청과물을 산지에서 차로 떼어 오다. 14 손을 떼다 →손¹. 15 젖을 떼다 →젖.

> **어법** 운전자가 과속하여 교통순경에게 딱지를 떼다: →떼이다(×)→떼다(○). ▶ '떼다'는 "교통순경이 운전자에게 딱지를 뗐다."와 같이 딱지를 발행하는 것을 뜻함.

[**떼어 놓은 당상**(堂上)] 바라는 것을 얻거나 차지하는 것이 의심할 바 없이 확실하다는 말. '따 놓은 당상'과 같은 말.

떼²다 [떼고, 떼어] 圄타 (남에게서 빌려 오거나 꾸어 온 것을) 돌려주지 않다.

떼-도둑 圄 떼를 지어 도둑질을 하는 도둑. 町군도(群盜).

떼-도망(-逃亡) 圄 한집안이나 집단이 모두 도망하는 것. 떼도망-하다 圄재

떼-돈 圄 (주로 '벌다·생기다'와 함께 쓰여) 엄청나게 많은 돈. ¶~을 벌다. ▷푼돈.

떼:-먹다[-따] 圄타 '떼어먹다'의 준말. ¶남의 돈을 떼먹고 달아나다.

떼:-밀다 圄타 <-미니, ~미오> =떠밀다1. ¶지하철역에서 사람들이 떼밀어 넘어졌다.

떼-부자(-富者) 圄 떼돈을 번 부자. 구어적인 말임. 町벼락부자. ¶주식 투자를 하려면 ~가 되고 싶다는 환상부터 버려야 한다.

떼-송장 圄 갑자기 한꺼번에 많이 죽어서 생긴 송장.

떼-쓰다 圄재 <-쓰니, ~써> 부당한 일을 억지로 요구하거나 고집하다.

떼어-먹다[-따] 圄타 1 남에게 갚을 것을 갚지 않다. ¶외상값을 ~. 2 남에게 가는 것을 중간에서 자기의 것으로 만들다. ¶사원의 이익금을 ~. 圈떼먹다.

떼-이다 圄타 '떼다'의 피동사. ¶빌려 준 돈을 ~.

떼-쟁이 圄 떼를 잘 쓰는 사람. ▷떼꾸러기.

떼-죽음 圄 한꺼번에 떼로 죽는 일. ¶강물의 오염으로 물고기들이 ~을 당했다.

떼:-치다 圄타 1 떼어 물리치다. ¶그중에도 건배의 아낙은 눈물을 흘려 가며 붙잡아서 차마 떼치고 일어설 수가 없었다.<심훈:상록수> 2 (요구나 부탁 등을) 딱 잘라 거절하다. ¶친구의 요청을 ~. 3 (어떤 감정이나 생각을) 딱 끊어 없애다.

떽떼구루루 閉 '덱데구루루'의 센말. ¶구슬이 마루에서 ~ 굴러가다.

떽떽굴-떽떽굴 閉 '덱떽굴덱떽굴'의 센말. 图땍때굴땍때굴. 떽떽굴떽떽굴-하다 圄재

뗀:-석기(-石器)[-끼] 圄[고고] 구석기 시대에 인류가 돌을 깨서 만든 도끼·칼 등의 도구. =타제 석기(打製石器). ▷간석기.

뗏-목(-木)[뗀-] 圄 육상 교통이 불편한 지역에서, 벌목한 나무를 강물에 띄워서 수송하기 위해, 여러 개씩 옆으로 이어 붙여 묶은 통나무 상태의 목재. 보통, 위에 사람이 타고 목적지까지 조종을 함. 町유벌(流筏).

뗏-장[뗴짱/뗃짱] 圄 잔디를 흙이 붙은 뿌리째 떠낸 조각. ¶~을 뜨다.

뗑 閉 '뎅'의 센말. 图땡.

뗑겅 閉 '뎅겅'의 센말. 图땡강.

뗑겅-거리다/-대다 圄재타 '뎅겅거리다'의 센말. 图땡강거리다.

뗑겅-뗑겅 閉 '뎅겅뎅겅'의 센말. 图땡강땡강. 뗑겅뗑겅-하다 圄재

뗑그렁 閉 '뎅그렁'의 센말. 图땡그랑.

뗑그렁-거리다/-대다 圄재타 '뎅그렁거리다'의 센말. 图땡그랑거리다.

뗑그렁-뗑그렁 閉 '뎅그렁뎅그렁'의 센말. 图땡그랑땡그랑. 뗑그렁뗑그렁-하다 圄재

뗑-뗑 閉 '뎅뎅'의 센말. 图땡땡.

뗑뗑-거리다/-대다 圄재타 '뎅뎅거리다'의 센말.

또 閉 1 어떠한 행동을 거듭하여. ¶~ 말썽이냐. / 내일 ~ 봐. 2 그뿐 아니라 다시 더. ¶그 밖에 ~ 무엇이 필요한가? 3 그래도 혹시. ¶누가 ~ 알아? 복권이라도 당첨이 될지.

또그르르 閉 작고 무거운 물건이 대번에 구르는 모양. ¶구슬이 ~ 구르다. 圈뚜그르르. 圉도그르르.

또글-또글 閉 작고 무거운 물건이 자꾸 굴러 가는 모양. 圈뚜글뚜글. 圉도글도글.

또는 閉 그렇지 않으면. 町혹은. ¶사물의 이름을 나타내는 품사를 명사 ~ 이름씨라 부른다.

또-다시 閉 거듭하여 다시. 町되처·재차. ¶~ 그런 짓을 하면 용서하지 않겠다.

또닥-거리다/-대다[-꺼-] 圄타 딱딱한 물건으로 단단한 물건을 자꾸 두드리다. ¶옆집에서 못을 박는지 또닥거리는 소리가 들린다. 圈뚜덕거리다. 圉도닥거리다.

또닥-또닥 閉 또닥거리는 모양. ¶~ 다듬이질을 하는 소리가 멀리서 들려왔다. 圈뚜덕뚜덕. 圉도닥도닥. 또닥또닥-하다 圄재

또닥-이다 圄타 딱딱한 것으로 단단한 물건을 두드리다. 圈뚜덕이다. 圉도닥이다.

또드락-거리다/-대다[-꺼(떼)-] 圄재타 작고 단단한 물건을 가락 있게 자꾸 가볍게 두드리는 소리를 내다. 圈뚜드럭거리다.

또드락-또드락 閉 또드락거리는 소리. 圈뚜드럭뚜드럭. 또드락또드락-하다 圄재

또랑-또랑 閉 조금도 흐린 점이 없이 아주 똑똑한 모양. 또랑또랑-하다 톟 ¶또랑또랑한 목소리.

또래 圄 나이나 정도가 서로 비슷한 무리. ¶같은 ~끼리 어울린다. / 같은 ~의 친구.

또렷-또렷[-렫-렫] 閉 1 여럿이 모두 또렷한 모양. 2 매우 또렷한 모양. ¶~ 빛나는 아이들의 눈동자. 圉도렷도렷. 또렷또렷-하다 톟 또렷또렷-이 閉

또렷-하다[-려타-] 톟 1 (사물이) 형태나 윤곽이 잘 보이는 상태에 있다. ¶비행 물체가 가까이 다가와서 또렷하게 보였다. 2 (소리가) 무슨 또는 어떤 소리인지 잘 구별될 수 있는 상태에 있다. ¶또렷한 발음. 3 (정신이나 생각 등이) 맑거나 분명하다. ¶오래전 일인데도 기억이 ~. 圈뚜렷하다. 圉도렷하다. 또렷-이 閉 ¶보청기를 끼자 소리가 ~ 들린다.

또르르 閉 '도르르'의 센말. ¶앞이마에 흐트러져 내렸던 철호의 머리카락이 등잔불에 타며 ~ 말려 올랐다.<이범선:오발탄> 圈뚜르르.

또바기 閉 언제나 한결같이 꼭 그렇게. ¶만날 때마다 ~ 인사를 잘한다.

또박-거리다/-대다[-꺼(떼)-] 圄재 발소리를 또렷이 내며 걷는 소리가 잇달아 나다. 圈뚜벅거리다.

또박-또박¹ 閉 또박거리는 소리. 또는, 그 모

양. ¶~ 걸어가다. [큰]뚜벅뚜벅. **또박또박-하다**[1] [동][자][여]
또박-또박[2] [부] **1** 흐리터분하지 않고 똑똑히. ¶글씨를 ~ 쓰다. **2** (일정한 차례나 규정을) 어기거나 거르지 않고 그대로 하는 모양. ¶세금을 제 날짜에 ~ 내다. **또박또박-하다**[2] [형][여]
또-순이 [명] 야무지고 억척스러운 여자를 별명 삼아 이르는 말.
또아리 [명] '똬리'의 잘못.
또한 [부] **1** 마찬가지로. ¶모두 가기로 했으니 너 ~ 가야 한다. **2** 거기에다가 또. [비]역시. ¶바느질도 잘하고 ~ 음식도 잘 만든다.
똑[1] [부] **1** 작은 물건이 부러지거나 그것을 부러뜨리는 소리. 또는, 그 모양. ¶연필심이 ~ 부러지다. **2** 작은 물체가 갑자기 떨어지는 소리. 또는, 그 모양. ¶빗방울이 이마에 ~ 떨어졌다. **3** 물건이 다 소모되어 바닥이 난 모양. ¶쌀이 ~ 떨어지다. **4** 거침없이 떼거나 자르는 모양. ¶꽃잎을 ~ 따다. **5** 단단한 물건을 가볍게 한 번 두드릴 때 나는 소리. [큰]뚝.
똑[2] [부] 아주 비슷하게. ¶엄마를 ~ 닮다.
똑-같다[-깓따] [형] 조금도 틀림이 없이 같다. ¶내 생각도 너와 ~. **똑같-이** [부] ¶~ 나누어 먹다.
똑딱 [부] 단단한 물건을 가볍게 두드릴 때 나는 소리. [큰]뚝딱. [거]톡탁.
똑딱-거리다/-대다[-꺼(때)-] [동][자][타] **1** 단단한 물건을 계속 가볍게 두드릴 때와 같은 소리가 나다. 또는, 그런 소리를 내다. [큰]뚝딱거리다. [거]톡탁거리다. **2** 벽시계나 발동기 따위가 돌아갈 때와 같은 소리가 나다. 또는, 그런 소리를 내다.
똑딱-단추[-딴-] [명] 옷이 벌어진 곳의 양쪽에 달아 여밀 수 있도록 하는, 가운데가 볼록 내민 것과 쏙 들어간 것이 한 쌍을 이루어 맞대어 누르면 끼워지는 물건. 끼우거나 뺄 때 똑딱 소리가 남. =스냅(snap). [준]단추. ×딸꼭단추.
똑딱-똑딱 [부] 똑딱거리는 소리. ¶~ 시계 소리가 나다. [큰]뚝딱뚝딱. [거]톡탁톡탁. **똑딱똑딱-하다** [동][자][타][여]
똑딱-선(-船)[-썬] [명] 발동기(發動機)로 움직이는 작은 배.
똑-떨어지다 [동][자] **1** 꼭 일치하다. ¶계산이 ~. **2** 말이나 행동이 분명하게 되다. ¶일을 **똑떨어지게** 하다.
똑-똑 [부] **1** 작은 물건이 잇달아 부러지거나 그것을 잇달아 부러뜨리는 소리. 또는, 그 모양. ¶샤프심이 ~ 부러지다. **2** 작은 물체가 잇달아 떨어지는 소리. 또는, 그 모양. ¶처마 끝의 낙숫물이 ~ 떨어지다. **3** 거침없이 잇달아 떼거나 자르는 소리. 또는, 그 모양. ¶뽕잎을 ~ 따다. **4** 단단한 물건을 가볍게 잇달아 두드릴 때 나는 소리. ¶문을 ~ 두드리다. [큰]뚝뚝.
똑똑-하다[-또카-] [형][여] **1** (보이는 모양이나 들리는 소리가) 또렷하고 분명하다. ¶안경을 쓰니까 **똑똑하게** 잘 보인다. ↔희미하다. **2** (사람이) 사리를 분명하게 가릴 줄 알거나, 사물을 확실하게 이해하고 처리할 줄 아는 슬기를 가진 상태에 있다. 또는, (사람이) 그런 슬기를 가지고 있으면서 말과 행동으로 자기의 생각이나 뜻을 분명하고 자신 있게 나타낼 줄 아는 상태에 있다. ¶착하고 **똑똑한** 어린이. **3** (생각이나 셈 따위가) 틀림이 없이 바르거나 정확하다. ¶사람이란 셈이 **똑똑해야** 하는 법이야. **똑똑-히** [부] ¶~ 보다 / ~ 듣다.
똑-바로[-빠-] [부] **1** 굽거나 숙은 데가 없이 바르게. ¶~ 서라. **2** 조금도 틀림없이 바른 대로. ¶~ 말하면 용서해 주겠다.
똑-바르다[-빠-] [형][르] <~바르니, ~발라> **1** 어느 쪽으로도 기울지 않고 아주 바르다. ¶가르마를 **똑바르게** 타다. **2** 도리나 사리에 맞다. [비]올바르다. ¶**똑바르게** 살다.
똑-소리[-쏘-] **→똑소리(가) 나다** [구] 행동이나 일하는 솜씨 등이 야무지거나 뛰어난 상태를 보이다. 구어체의 말임. ¶그는 일 하나는 **똑소리 나게** 한다.
똑-하다 [형][여] '꼭하다'의 잘못.
똘똘 [부] '돌돌1·2'의 센말. ¶달력을 ~ 말다 / 구슬이 ~ 굴러 가다. [큰]뚤뚤.
똘똘-이 [명] '똘똘한 아이'를 귀엽게 이르는 말.
똘똘-하다 [형][여] (아이가) 머리가 좋고 판단력이 있다. ¶형보다 동생이 ~ / 허, 고 녀석 **똘똘하기**는! [여]돌돌하다. **똘똘-히** [부]
똘마니 [명] 주로, 범죄 집단에서, '부하'를 속되게 이르는 말.
똘망-똘망 [부] 어린애의 눈이 맑고 총기가 있는 모양. 또는, 그런 눈빛 때문에 똑똑하고 영리하게 보이는 모양. ¶눈망울을 ~ 굴리다 / 아기가 눈을 ~ 뜨고 주위를 둘러보다. **똘망똘망-하다** [형][여] ¶애가 정말 **똘망똘망하고** 귀엽네요.
똥 [명] **1** 사람이나 동물이 먹은 음식물이 소화되고 남은 찌꺼기가 항문을 통해 밖으로 나오는 것. 사람의 것을 가리키는 말로는 점잖은 자리에서 잘 쓰지 않으며, 흔히 '대변(大便)'이라는 말을 씀. [비]대변. ¶~을 누다 / ~을 싸다 / ~이 마렵다. ▷오줌. **2** '먹똥'의 준말. **3** 쇠붙이가 녹았을 때 나오는 찌꺼기. ¶납~ / 구리 ~.
[**똥 누고 밑 아니 씻은 것 같다**] 뒤처리를 깨끗이 하지 않아 마음에 꺼림칙하다. [**똥 누러 갈 적 마음 다르고 올 적 마음 다르다**] 자기 일이 아주 급한 때는 애써 다니다가도 그 일을 무사히 다 마치고 나면 모른 체하고 지낸다. [**똥 묻은 개가 겨 묻은 개 나무란다**] 자기는 더 큰 흉이 있으면서 도리어 남의 작은 흉을 본다. [**똥이 무서워 피하나, 더러워 피하지**] 악하거나 같잖은 사람을 피하는 것은 그가 무서워서가 아니라 상대할 만한 가치가 없으므로 피하는 것이다. [**똥 친 막대기**] 천하게 되어 아무짝에도 못 쓰게 된 물건. 또는, 버림받은 사람.
똥(이) 되다 [구] 면목이나 체면이 형편없이 되다. ¶너 때문에 내 얼굴이 **똥이 되고** 말았다.
똥(을) 싸다 [구] 몹시 힘들다. 속된 말임.
똥-간(-間)[-깐] [명] '변소'를 비속하게 이르는 말.
똥-갈보[-깔-] [명] '갈보'를 속되게 부르는 말.
똥-감태기 [명] **1** 온몸에 똥을 흠뻑 뒤집어쓴 상태. **2** 나쁜 평판을 받은 사람의 비유.
똥-값[-깝] [명] 아주 싼 값. =똥금. [비]갯값. ¶시세 폭락으로 ~에 팔았다.
똥-개[-깨] [명] 이름 없는 잡종의 개. 흔히, 똥을 잘 먹는다 하여 붙여진 이름임.
똥-고집[-꼬-] [명] 쓸데없는 고집, 또는 지나친 고집을 속되게 이르는 말. ¶~을 부리다.
똥-구멍[-꾸-] 명 '항문(肛門)'을 속되게 이르는 말.
[**똥구멍으로 호박씨 깐다**] 겉으로는 얌전한 체하면서 속으로는 의뭉스러운 짓을 한다.
[**똥구멍이 찢어지게 가난하다**] 매우 가난하다.
똥그라미 명 '동그라미'의 센말.
똥그랗-다[-라타] 형여 〈똥그라니, 똥그라오, 똥그래〉'동그랗다'의 센말. ¶달이 ~ / 얼굴이 ~. 큰뚱그렇다.
똥그래-지다 자여 '동그래지다'의 센말. ¶눈이 ~. 큰뚱그레지다.
똥그스름-하다 형여 '동그스름하다'의 센말. 큰뚱그스름하다. **똥그스름-히** 부
똥글-똥글 부 '동글동글'의 센말. 큰뚱글뚱글. **똥글똥글-하다** 형여 ¶똥글똥글한 알사탕.
똥-금[-끔] 명 =똥값.
똥기다 타여 (모르는 사실을) 살며시 일러주어 깨닫게 하다. ¶몇 마디 **똥겨** 주니 알아차린다. 큰뚱기다.
똥-꼬 〈유아〉 항문.
똥-끝[-끋] 명 항문에서 먼저 나온 똥자루의 첫끝.
똥끝(이) 타다 관 1 애가 타서 똥자루가 굳어지고 빛이 검다. 2 마음을 몹시 졸이다. =똥줄(이) 타다. ¶입학금을 마련하지 못해 **똥끝이 타서** 돌아다닌다.
똥-독(-毒)[-똑] 명 똥 속에 있는 독기.
똥똥-하다 형여 1 (사람이) 길이보다는 부피나 너비가 크다. ¶**똥똥한** 항아리. 2 키는 작은데 살이 너무 쪄, 옆으로 퍼지고 바라지다. ¶**똥똥한** 사람. **똥똥-히** 부
똥-물 명 1 똥이 섞인 물. 2 심하게 토할 때 나오는 누르스름한 물. ¶~까지 올라오다.
똥물에 튀할 놈 관 지지리 못나서 아무짝에도 쓸모없는 사람을 욕하여 이르는 말.
똥-배[-빼] 명 똥똥하게 불러서 내민 배. ¶운동이 부족하여 자꾸 ~가 나온다.
똥-배짱[-빼-] 명 무모한 배짱을 속되게 이르는 말. ¶~을 부리다.
똥-싸개 명 1 똥을 가리지 못하는 아이. 2 똥을 가릴 줄 알면서도 실수로 싼 아이를 조롱하여 이르는 말.
똥-오줌 명 똥과 오줌. 비대소변. ¶아이가 ~을 가리다.
똥-자루[-짜-] 명 1 굵고 긴 똥덩이. 2 키가 작고 똥똥하여 볼품없는 사람을 이르는 말.
똥-줄[-쭐] 명 급하게 내갈기는 똥의 줄기.
똥줄(이) 당기다 관 몹시 두려워 겁을 내다.
똥줄(이) 빠지게[나게] 관 혼이 나서 달아날 때, '매우 급하게'의 뜻으로 쓰이는 말. ¶~ 달아나다.
똥줄(이) 타다 관 =똥끝(이) 타다.
똥-집[-찝] 명 1 '대장(大腸)'을 속되게 이르는 말. 2 '체중'을 속되게 이르는 말. 3 '위(胃)'를 속되게 이르는 말.
똥-차(-車) 명 1 똥을 실어 운반하는 차. 2 아주 낡은 차를 비웃어 이르는 말. ¶~를 몰고 다니다. 3 결혼의 차례를 기다리는 손아래 동기에 대해 아직 결혼하지 않은 손위 동기를 속되게 이르는 말. ¶~가 밀리다.
똥-창 명 소의 창자 중, 새창의 한 부분. 국거리로 쓰임.
똥창(이) 맞다 관 뜻이 서로 맞다. 속된 말임. ¶둘이서 **똥창이 맞아** 일을 꾸몄다.

똥-칠(-漆) 명 1 똥을 묻히는 짓. 2 망신당하는 것을 비유하여 일컫는 말. ¶아비 얼굴에 ~을 해도 분수가 있지. **똥칠-하다** 자여
똥-침(-鍼) 명 〈속〉 남의 항문을 마주 댄 두 손의 으뜸으로 느닷없이 찌르는 장난. ¶~을 찌르다[날리다].
똥-탈 명 '배탈'을 속되게 이르는 말.
똥탈(이) 나다 관 급한 탈이 생기다.
똥-통(-桶) 명 1 똥을 받으려고 뒷간에 마련한 통. 또는, 똥을 쳐내는 통. 2 '삼류 학교'를 속되게 이르는 말.
똥-파리 명 1 [동] 파리목 똥파릿과의 곤충. 몸길이 약 19mm. 몸빛은 황갈색이며 황색 털이 많음. 똥오줌에 많이 모임. 2 아무 일에나 함부로 간섭하려고 덤벼드는 사람을 속되게 이르는 말.
따:리 명 1 물건을 일 때에 머리 위에 얹어서 짐을 괴는 고리 모양의 물건. 짚이나 헝겊을 틀어서 만듦. ¶~를 받치고 물동이를 이다. 2 둥글게 빙빙 틀어 놓은 것. 또는, 그런 모양. ¶~를 틀듯이 나무를 휘감고 있는 구렁이. ×또아리.
때:기 자여 1 ①일정하게 경계를 지은 논밭의 구획. ②의존 ①을 세는 단위로 이르는 말. ¶논 한 ~.
뙤다[뙤-/뛔-] 자 1 그물코나 바느질한 자리의 올이 터지거나 끊어지다. 2 물건의 한 귀퉁이가 약간 깨어져서 떨어지다.
뙤록-거리다/-대다[뙤-꺼(때)-/뛔-꺼(때)-] 자타 '되록거리다'의 센말. 큰뛰룩거리다.
뙤록-뙤록[뙤-뙤-/뛔-뛔-] 부 '되록되록'의 센말. 큰뛰룩뛰룩. **뙤록뙤록-하다** 타여 ¶눈이 ~.
뙤약-볕[-뺻/뛔-뻗] 명 되게 내리쬐는 뜨거운 볕. 비폭양. ¶~이 내리쬐다.
뚜[1] 명 〈속〉 '뚜쟁이'의 준말. ¶마담 ~.
뚜[2] 부 기적·나팔 등에서 나는 소리.
뚜껑 명 1 그릇의 아가리 위에 덮는 물건. =덮개. ¶솥 ~ / 장독 ~ / 병 ~ / ~을 열다 / ~을 덮다. 2 어떤 물건을 보호하기 위해 그 물건의 겉에 꽉 끼게 씌우는 물건. ¶만년필 ~ / 사인펜 ~. 3 '모자(帽子)'를 속되게 이르는 말.
뚜껑(을) 열다 관 사물의 내용이나 결과 따위를 보다. ¶막상 **뚜껑을 열고** 보니 예상과는 다르다.
뚜껑-돌 [고고] 돌방 위에 덮는 돌. =개석(蓋石).
뚜덕-이다 타 '또닥이다'의 큰말. 여두덕이다.
뚜덜-거리다/-대다 자여 '두덜거리다'의 센말. 거투덜거리다.
뚜덜-뚜덜 부 '두덜두덜'의 센말. 거투덜투덜. **뚜덜뚜덜-하다** 자여
뚜두두둑 부 1 소나기나 우박 등 작은 물체가 계속 떨어지는 소리. 2 나뭇가지 따위가 천천히 부러지는 소리.
뚜드럭-거리다/-대다[-꺼(때)-] 타 망치 따위로 크고 굳은 물건을 가락이 있게 계속 두드리는 소리를 내다. 작또드락거리다.
뚜드럭-뚜드럭 부 뚜드럭거리는 소리, 또는, 그 모양. 작또드락또드락. **뚜드럭뚜드럭-하다** 타여
뚜드리다 타 '두드리다'의 센말. ¶창문을 ~.
뚜들기다 타 '두들기다'의 센말. ¶북어를

방망이로 ~.
뚝-뚜 🖉 기적·나팔 등을 계속 부는 소리.
뚜렷-뚜렷[-런-련] 🖉 **1** 여럿이 모두 뚜렷한 모양. **2** 매우 뚜렷한 모양. ㉠또렷또렷. ㉰두릿두릿. **뚜렷뚜렷-하다** 혱여
뚜렷-하다[-려타-] 혱여 (사물·현상이) 흐릿하거나 모호하지 않고 분명하다. ¶뚜렷하게 보이다〔들리다〕/ 목표가 ~. ㉠또렷하다. ㉰두릿하다. **뚜렷-이** 🖉 ¶얼굴에 어렸을 때의 모습이 ~ 남아 있다.
뚜르르 🖉 '두르르'의 센말. ㉠또르르.
뚜거리다/-대다[-꺼(때)-] 재 발소리를 뚜렷이 내며 걷는 소리가 잇달아 나다. ㉠또박거리다.
뚜벅-뚜벅 🖉 뚜벅거리는 소리. ¶복도에서 누군가 ~ 걷는 소리가 난다. ㉠또박또박. **뚜벅뚜벅-하다** 동재여
뚜-쟁이 몡〈속〉**1** 매춘을 알선하는 일을 하는 사람. =펨프. **2** 혼인 중매를 하는 사람을 얕잡아 이르는 말. ⓒ뚠.
뚝 🖉 **1** 큰 물건이 부러지거나 그것을 부러뜨리는 소리. 또는, 그 모양. ¶나뭇가지가 ~ 부러지다. **2** 큰 물체가 갑자기 떨어지는 소리. 또는, 그 모양. ¶처마 끝에서 빗방울이 ~ 떨어졌다. **3** 계속되던 것이 갑자기 그치는 모양. ¶울음을 ~ 그치다. **4** 거침없이 떼거나 자르는 모양. ¶말허리를 ~ 자르다/ 떡을 ~ 떼어서 주다. **5** 단단한 물건을 한 번 두드리는 소리. **6** 순위·성적·시세·거리 따위가 많이 떨어진 모양. ¶성적이 ~ 떨어지다. ㉠딱. 똑.
뚝-딱[1] 🖉 든든한 물건을 이리저리 함부로 두드릴 때 나는 소리. ㉠똑딱. ㉰툭탁.
뚝-딱[2] 🖉 일을 거침없이 시원스럽게 해치우는 모양. ¶방 청소를 ~ 해치우다/ 국밥 한 그릇을 ~ 비우고 나서 다시 일을 시작했다.
뚝딱-거리다/-대다[-꺼(때)-] 동재타 **1** 단단한 물건을 계속 또는 자꾸 울려서 소리가 나다. 또는, 그런 소리를 내다. ¶무엇을 만드는지 밖에서 **뚝딱거리는** 소리가 난다. ㉠똑딱거리다. ㉰툭탁거리다. **2** 갑자기 놀라거나 겁이 나서 가슴이 뛰다.
뚝딱-뚝딱 🖉 뚝딱거리는 소리. 또는, 그 모양. ¶얼마나 놀랐는지 지금도 가슴이 ~ 뛴다. ㉠똑딱똑딱. ㉰툭탁툭탁. **뚝딱뚝딱-하다** 동재여
뚝-뚝 🖉 **1** 큰 물건이 잇달아 부러지거나 그것을 잇달아 부러뜨리는 소리. 또는, 그 모양. ¶태풍에 가로수의 나뭇가지가 ~ 부러지다. **2** 큰 물체가 잇달아 떨어지는 소리. 또는, 그 모양. ¶밤송이에서 알밤이 ~ 떨어지다. **3** 거침없이 잇달아 떼거나 자르는 소리. 또는, 그 모양. ¶나뭇잎을 ~ 따다. **4** 단단한 물건을 잇달아 두드리는 소리. **5** 성적·순위·시세·거리 따위가 잇달아 많이 떨어지는 모양. ¶영어 성적이 ~ 떨어지다 / 책상들을 ~ 떼어 놓다. ㉠똑똑.
뚝뚝-하다[-투카-] 혱여 **1** 나긋나긋하지 않고 거칠고 단단하다. ¶너무 **뚝뚝해**서 자루나 만들어 광에 두고 쓰자. **2** 말씨나 성품(이) 부드러운 맛이 없이 굳기만 하다. ㉫무뚝뚝하다. ¶성격이 **뚝뚝하여** 붙임성이 없다. **뚝뚝-이** 🖉
뚝배기[-빼-] 몡 찌개·지짐이 등을 끓이거나 설렁탕 따위를 담을 때 쓰는 오지그릇. [**뚝배기 깨지는 소리**] 음성이 곱지 못하고 탁한 것을 이르는 말. 잘 못하는 노래나 말의 비유. [**뚝배기보다 장맛이 좋다**] 겉모양에 비하여 내용이 훌륭하다.
뚝별-나다[-뼐라-] 혱 걸핏하면 불뚝불뚝 화를 내는 별난 성질이 있다. ¶**뚝별난** 사람.
뚝-심[-씸] 몡 힘든 일을 우직스럽게 해내거나 어려운 등을 굳세게 버텨 내는 강한 힘이나 끈기. ¶~이 세다 / ~으로 이기다.
뚝지[-찌] 몡 도칫과의 바닷물고기. 몸길이는 25cm 정도. 몸빛은 갈색이고 잔점이 많음. 몸은 통통하고 가슴지느러미가 크며, 배에 빨판이 있어 바위 등에 붙음. =멍텅구리.
뚝-하다[뚜카-] 혱여 '뚝뚝하다'의 준말.
뚤뚤 🖉 '둘둘'의 센말. ㉠똘똘.
뚫다[뚤타] 동타 **1** (사람이 어떤 물체를) 손이나 도구로 구멍을 내어 한쪽과 다른 쪽이 통하게 하다. 또는, (움직이는 물체가 어떤 물체를) 구멍을 내어 한쪽과 다른 쪽이 통하게 하다. ¶송곳으로 서류철에 구멍을 ~ / 산에 굴을 ~. **2** (막힌 구멍이나 관 등을) 쑤시거나 속에 낀 것을 파내거나 하여 통하게 하다. ¶하수도를 ~. **3** (가지 못하도록 막거나 가는 데 장애를 주는 대상을) 나아가기 위해 비집거나 헤치거나 무릅쓰다. ¶포위망을 ~. **4** (길을) 만들어 다른 곳과 이어지게 하다. ¶고속도로를 ~. **5** (사람이 어려움을) 잘 해결하거나 이겨 내다. ¶난관을 ~ / 치열한 경쟁을 **뚫고** 합격의 영광을 누리다. **6** (어려운 일을 부탁하거나 해결할 길을) 찾아내거나 알아내다. ¶돈줄을 ~.
뚫-리다[뚤-] 동재 '뚫다'의 피동사. ¶산길이 ~ / 터널이 ~.
뚫린-골[뚤-] 몡 막히지 않고 통하여 있는 좁은 골짜기.
뚫어-뜨리다/-트리다[뚤-] 동타 힘을 들여 뚫리게 하다.
뚫어-지다[뚤-] 동재 뚫려 구멍이 나다. ¶뚫어진 문구멍 / 양말이 ~.
뚫어지게 보다 🖉 시선을 모아 한군데만 똑바로 보다. ¶무엇을 그렇게 **뚫어지게** 보고 있어?
뚱그렇다[-러타-] 혱ㅎ〈뚱그러니, 뚱그러오, 뚱그레〉 '둥그렇다'의 센말. ¶**뚱그런** 수박. ㉠똥그랗다.
뚱그레-지다 🖉 '뚱그레지다'의 센말. ¶뚱그레진 눈. ㉠똥그래지다.
뚱그스름-하다 혱여 '둥그스름하다'의 센말. ¶**뚱그스름한** 보름달. ㉠똥그스름하다. **뚱그스름-히** 🖉
뚱글-뚱글 🖉 '둥글둥글'의 센말. ㉠똥글똥글. **뚱글뚱글-하다** 혱여
뚱기다 동타 **1** 튀기는 힘으로 퉁겨지게 하다. **2** (모르는 사실을) 슬며시 일러 주어 깨닫게 하다. ㉠똥기다.
뚱기-치다 동타 세차게 뚱기다.
뚱딴지[1] 몡 **1** 우둔하고 무뚝뚝한 사람을 비웃어 이르는 말. **2** =애자(礙子)[2].
뚱딴지[2] 몡[식] 국화과의 여러해살이풀. 높이 1.5~3m. 땅속줄기는 감자 모양이고, 줄기에는 잔털이 있으며, 9~10월에 노란 꽃이 핌. 덩이줄기는 사료나 알코올의 원료로 쓰임. =돼지감자.
뚱딴지-같다[-갇따] 혱 너무나 엉뚱하다. ¶**뚱딴지같은** 소리.
뚱땅-거리다/-대다 동재타 (여러 악기나 물건을) 계속 불거나 두드려 소리를 내다. 또는, 그러면서 흥겹게 놀다.

뚱땅-뚱땅 튀 뚱땅거리는 소리. 또는, 그 모양. **뚱땅뚱땅-하다** 타재어
뚱땅-보 몡 =뚱보.
뚱땅-이 몡 =뚱보.
뚱뚱-하다 혱 1 살이 쪄서 몸이 옆으로 퍼지다. 2 (물체의 한 부분이) 팽창되어 부피가 크다. ¶상처가 부어 ~. 잘뚱뚱하다. 뚱 **뚱-히** 튀
뚱-보 몡 1 심술이 난 것처럼 뚱한 사람. 2 살이 쪄서 뚱뚱한 사람. =뚱뚱보·뚱뚱이. ↔홀쭉이.
뚱싯-뚱싯 [-싣-싣] 튀 '둥싯둥싯'의 센말.
뚱-하다 혱 1 말수가 적고 묵직하여 붙임성이 있다. 2 못마땅하여 시무룩하다. ¶무중을 들었는지 뚱한 얼굴을 하고 있다.
뛰 튀 기적(汽笛)이 울리는 소리.
뛰-놀다 타재 <~노니, ~노오> 1 이리저리 뛰어다니며 놀다. =뛰어놀다. ¶운동장에서 뛰놀고 있는 아이들. 2 (맥박 따위가) 세게 뛰다.
뛰다 통 [1]재 1 (사람이나 동물이) 순간적으로 바닥으로부터 몸을 공중으로 솟구어 뜨다. 비도약하다. ¶골키퍼가 멍충 뛰면서 날아오는 공을 잡다 / 개구리가 팔짝팔짝 ~. 2 (작은 물질이나 물체가) 공중으로 날아 흩어지다. 비튀다. ¶불티이 ~. 3 (사람이나 네발짐승이) 몸을 지면에서 어느 정도 떨어지게 솟구면서 발을 번갈아 내밀어 딛다. 또는, 그렇게 하면서 가다. ¶걷지 말고 뛰어라. ▶달리다. 4 (사람이) 여기저기 왔다 갔다 하면서 바쁘게 움직이다. 그는 그동안 회사를 위해 열심히 뛰었다. 5 단계나 차례를 순서대로 밟지 않고 중간 과정을 넘은 상태가 되다. ¶책을 반쯤 읽다가 끝 부분을 읽었다. 그는 다리에서 과장으로 뛰었다. 6 (물건의 값 등이) 갑자기 오르다. ¶기름 값이 하루아침에 멍충 ~. 7 (심장이나 맥박 등이) 펄떡펄떡 움직이다. ¶맥박이 빠르게 ~ / 놀란 가슴이 마구 뛴다. 8 펄펄 뛰다 →펄펄. 9 펄쩍 뛰다 →펄쩍. [2]타 1 (사람이나 동물이 얼마의 높이를) 몸을 공중으로 솟구어 뜨다. ¶높이뛰기에서 2m을 ~. 2 (사람이 그네를) 타고 발로 굴러 반원을 그리는 상태로 앞뒤로 왔다 갔다 하게 하다. ¶그네를 ~. 3 (두 사람이 널을) 양 끝에 딛고 올라서서 서로 번갈아 발로 굴러 솟구었다가 떨어졌다 하다. ¶널을 ~. 4 (사람이나 네발짐승이 어떤 공간이나 얼마의 거리를) 몸을 지면에서 솟구면서 발을 내디어 가다. ¶운동장을 한 바퀴 ~. 5 (탈것이 얼마의 거리를) 이동한 상태가 되다. ¶내 차는 지금까지 5만 km를 뛰었다. 6 (몇 군데를, 또는 몇 탕을) 다니며 일하다. ¶두 탕 ~ / 그는 밤업소를 서너 군데를 뛴다.
[뛰는 놈 위에 나는 놈 있다] 잘난 사람이 있으면 그보다 더 잘난 사람이 있다. **[뛰어야 벼룩]** 도망쳐 보았자 별수 없다는 말.
뛰뛰-빵빵 Ⅰ 튀 자동차가 잇달아 경적을 울리는 소리. Ⅱ 몡 <유아> 자동차.
뛰룩-거리다/-대다 [-꺼(때)-] 통재타 '뒤룩거리다'의 센말. 잘뙤룩거리다.
뛰룩-뛰룩 [-] 튀 '뒤룩뒤룩'의 센말. 잘뙤룩뙤룩. **뛰룩뛰룩-하다** 혱어 ¶뛰룩뛰룩하게 살찐 허리.
뛰어-가다 [-어-/-여-] 통재타거리 <~가거라> 빨리 달려서 가다. ¶그는 십 리 길을 단숨에 뛰어갔다. ↔뛰어오다.
뛰어-나가다 [-어-/-여-] 통재타 (어느 곳에서, 또는 어느 곳을) 빨리 뛰어서 밖으로 나가다. ¶맨발로 뛰어나가 손님을 반기다.
뛰어-나다 [-어-/-여-] 혱 여럿 중에서 훨씬 낫다. ¶뛰어난 솜씨 / 형제 중 그가 ~.
뛰어-나오다 [-어-/-여-] 통재타 (어느 곳에서, 또는 어느 곳을) 빨리 뛰어서 밖으로 나오다. ¶불길 속에서 ~ / 불길 속을 ~.
뛰어-내리다 [-어-/-여-] 통재타 몸을 솟구처 높은 데서 아래로 내리다. ¶절벽 위에서 ~.
뛰어-넘다 [-어-따/-여-따] 통타 1 (높이가 있는 물건이나 너비가 있는 곳을) 몸을 솟구처 넘다. ¶장애물을 ~ / 도랑을 ~. 2 차례를 걸러서 나아가다. ¶한 계급 뛰어넘어 승진하다. 3 극복하고 초월하다.
뛰어-놀다 [-어-/-여-] 통재 <~노니, ~노오> =뛰놀다1. ¶아이들이 밖에서 뛰어놀고 있다.
뛰어-다니다 [-어-/-여-] 통재타 1 경중경중 뛰면서 여기저기 돌아다니다. ¶아이들이 운동장을 ~. 2 이리저리 바쁘게 돌아다니다. ¶직장을 얻기 위하여 ~.
뛰어-들다 [-어-/-여-] 통재 <~드니, ~드오> 1 물속으로 몸을 던지다. ¶강물에 ~. 2 위험한 곳에 몸을 던지다. ¶적진으로 뛰어들어 가다. 3 갑자기 들어가거나 들어오다. ¶어린아이가 차도(車道)로 ~. 4 스스로 어떤 일에 관련을 가지다. ¶정계에 ~.
뛰어-오다 [-어-/-여-] 통재타 너라 <~오너라> 빨리 달려서 오다. ¶십 리 길을 단숨에 ~.
뛰어-오르다 [-어-/-여-] 통재르 <~오르니, ~올라> 1 몸을 솟구처 높은 곳으로 오르다. ¶계단을 ~. 2 (가격·지위 따위가) 갑자기 오르다. ¶이사철이 되자 집값이 멍충 뛰어올랐다.
뛰쳐-나가다 [-처-] 통재타 1 (어느 곳에서, 또는 어느 곳을) 매우 급하게 뛰어서 나가다. ¶불이 나자 사람들은 집 밖으로 뛰쳐나갔다. 2 (자기가 속한 조직이나 집에서, 또는 그런 조직이나 집을) 관계를 끊거나 다시 돌아가지 않을 작정으로 나가다. ¶회사에서 ~ / 남편과 싸우고 집을 ~.
뛰쳐-나오다 [-처-] 통재타 1 (어느 곳에서, 또는 어느 곳을) 급하게 뛰어서 나오다. ¶화재가 나 집 안에 있던 사람이 밖으로 ~. 2 (자기가 속한 조직이나 집에서, 또는 그런 조직이나 집을) 관계를 끊거나 다시 돌아가지 않을 작정으로 나오다. ¶직장에서 상사와 싸우고 ~ / 집을 뛰쳐나온 비행 청소년.
뜀 몡 1 두 발을 모으고 몸을 솟처 앞으로 나아가는 일. 2 몸을 솟처 높은 곳으로 오르거나 넘는 일.
뜀뛰기-운동 (-運動) [몡체] =도약 운동.
뜀-뛰다 통재 몸을 솟구처 앞으로 나아가거나, 높은 곳으로 오르다.
뜀박-질 [-찔] 몡 1 뛰어서 달리는 일. 비달음박질. 2 빠른 상승을 비유적으로 이르는 말. 준뜀질. **뜀박질-하다** 통재 ¶그는 매일 출근 시간에 쫓겨 뜀박질한다. ¶아파트 평당 분양가가 한 해동안에 큰 폭으로 뜀박질했다.
뜀-질 [-] '뜀박질'의 준말. **뜀질-하다** 통재

뜀-틀 〖명〗〖체〗 1 기계 체조 용구의 하나. 직사각형의 나무 상자를 겹쳐 쌓은 윗부분에 헝겊으로 씌운 대(臺)를 놓은 것. 2 =뜀틀운동.

뜀틀-운'동 (-運動) 〖명〗〖체〗 1 두 손으로 뜀틀을 짚고 뛰어넘는 운동. 2 체조 경기에서, 도움닫기 후에 뜀틀을 짚고 뛰어넘는 종목. =뜀틀.

뜨개-바늘 〖명〗 '뜨개질바늘'의 준말.

뜨개-실 〖명〗 뜨개질에 쓰는 실. =편사(編絲).

뜨개-질¹ 〖명〗 털실·실 따위로 옷·장갑·양말 등을 뜨는 일. **뜨개질-하다**¹ 〖동〗〈자여〉

뜨개-질² 〖명〗 남의 마음속을 떠보는 짓. **뜨개질-하다**² 〖동〗〈타여〉

뜨개질-바늘 〖명〗 뜨개질에 쓰이는, 대·쇠·플라스틱으로 만든 바늘. ㉠뜨개바늘.

뜨갯-것 [-개껃/-갣껃] 〖명〗 뜨개질하여 만든 물건.

뜨거워-지다 〖동〗〈자여〉 뜨겁게 되다. ¶물이 ~.

뜨거워-하다 〖동〗〈타여〉 뜨거움을 느끼다.

뜨겁다 [-따] 〖형〗〈뜨거우니, 뜨거워〉 1 (물체나 물질, 또는 기운이) 손이나 몸에 닿게 하기가 어려울 만큼 온도가 높다. ¶뜨거운 여름 햇살 / 펄펄 끓는 뜨거운 물. ㉠따갑다. ▶덥다. 2 (사람의 몸이) 정상적인 경우보다 높은 열을 나타내는 상태에 있다. ¶온몸이 불덩이처럼 ~. 3 (낯이나 얼굴이) 무안하거나 부끄러워 달아오른 상태에 있다. ¶낯이 뜨거워 밖에 나갈 수가 없다. 4 (사랑이나 열정, 흥분 등이) 강하거나 세차다. ㉠열렬하다. ¶뜨거운 사랑 / 경기장은 관중들의 함성으로 뜨겁게 달아올랐다.

뜨거운 감자 〖구〗 ['hot potato'의 번역어] 함부로 다루기 어려운 미묘한 문제. 주로, 정치적인 문제나 사회 문제에 쓰임.

뜨거운 맛을 보다 〖구〗 뜨거운 것이 살갗에 닿았을 때와 같은 호된 고통을 당하다.

뜨겁디-뜨겁다 [-따-따] 〖형〗〈~뜨거우니, ~뜨거워〉 몹시 뜨겁다.

-뜨기 〖접미〗 명사 뒤에 붙어, 그 사람을 조롱하여 이르는 말. ¶촌~ / 시골~ / 사팔~.

뜨끈-뜨끈 〖부〗 계속 뜨끈한 모양. 또는, 매우 뜨끈한 모양. ㉣따끈따끈. **뜨끈뜨끈-하다** 〖형여〗 ¶방바닥이 ~.

뜨끈-하다 〖형여〗 제법 뜨겁고도 더운 느낌이 있다. ¶뜨끈한 보리차. ㉣따끈하다. **뜨끈-히** 〖부〗 ¶국을 ~ 데우다.

뜨끔-거리다/-대다 〖동〗〈자여〉 찔리거나 맞는 듯하게 자꾸 아프다. 2 정신적으로 자극되어 뜨거운 듯한 느낌이 자꾸 있다. ㉣따끔거리다.

뜨끔-따끔 〖부〗 뜨끔거리고 따끔거리는 모양. **뜨끔따끔-하다** 〖동〗〈자여〉

뜨끔-뜨끔 〖부〗 뜨끔거리는 모양. ㉣따끔따끔. **뜨끔뜨끔-하다** 〖동〗〈자여〉〖형여〗 ¶상처가 ~.

뜨끔-하다 〖형여〗 1 (상처 따위가) 찔리거나 맞는 듯이 아픈 느낌이 있다. ¶주삿바늘이 들어가자 뜨끔하고 아팠다. 2 정신적으로 자극되어 뜨거운 듯한 느낌이 있다. ¶비상벨 소리에 가슴이 뜨끔했다. ㉣따끔하다. **뜨끔-히** 〖부〗

뜨내기 〖명〗 1 일정한 거처가 없이 떠돌아다니는 사람. 2 어쩌다 한두 번 간혹 하는 일.

뜨내기-손님 〖명〗 어쩌다 한두 번 찾아오는 손님. ↔단골손님.

뜨내기-장사 〖명〗 1 늘 하지 않고 어쩌다 한 번 하는 장사. 2 일정한 곳에 자리 잡고 하는 장사가 아니라 돈벌이가 될 만한 물건을 구해서 이리저리 돌며 떠는 대로 하는 장사. **뜨내기장사-하다** 〖동〗〈자여〉

뜨다¹ 〖동〗〈자〉〈뜨니, 떠〉 1 (물체나 물질이) 액체의 밑에 가라앉지 않고 그 위나 속에 머무르다. ㉑부유(浮遊)하다. ¶배가 물 위에 ~ / 더러운 물질이 물속에 떠 있다. ↔가라앉다. 2 (물체나 물질, 날짐승 등이) 공중에 머무르거나 공중으로 오르다. ¶비행기가 ~ / 하늘에 뜬 흰 구름 / 솔개 한 마리가 허공에 떠 있다. 3 (해·달·별, 또는 무지개 등이) 하늘에 솟거나 나타나다. ㉑돋다. ¶해가 동산에 ~ / 쌍무지개 뜬 언덕. ↔지다. 4 〈속〉 (두려운 인물이) 어느 곳에 모습을 나타내다. ¶짭새('경찰'의 은어)가 떴다. 5 (한 물체와 다른 물체 사이가) 서 달라붙지 않아 틈이 생기다. ¶습기가 차서 도배지가 ~. 6 (연이) 연줄이 끊어져 제멋대로 날아가다. 7 (마음이) 너무 설레어 안정을 잃다. ¶수학여행을 앞두고 마음이 붕 떠 있다. 8 (주로 연예인이나 그의 작품 등이) 인기를 얻거나 유명하게 되다. 속된 말임. ¶무명 가수가 10년 만에 노래 한 곡으로 떴다. 9 공중에 뜨다 ⇒공중(空中)².

뜨다² 〖동〗〈자〉〈뜨니, 떠〉 1 (물기 있는 물체가) 쌓여 있는 상태에서 제 훈김으로 썩다. ㉑부패하다. ¶퇴비가 ~. 2 (메주가) 마르면서 곰팡이가 하얗게 생기는 상태가 되다. ㉑발효하다. ¶메주는 더운 방에서 잘 뜬다. 3 (병이나 굶주림 등으로 사람의 얼굴이) 누른빛을 띠면서 부은 듯한 상태가 되다. ¶병으로 누렇게 뜬 얼굴.

뜨다³ 〖동〗〈뜨니, 떠〉 ① 〖타〗 1 (사람이 있던 곳이나 자리를) 벗어나 다른 곳으로 가다. ㉑떠나다. ¶자리를 ~ / 고향을 ~. 2 (어느 곳을) 몰래 벗어나 달아나다. 속된 말임. ¶그는 야밤에 서울을 떴다. 3 (세상을) 더 살지 못하고 저세상으로 가다. '죽다'를 완곡하게 이르는 말. ¶그는 꽃다운 나이에 세상을 떴다. ② 〖자〗 1 (사람이 있던 곳이나 자리에서) 다른 곳으로 가다. ¶대회가 끝날 때까지 아무도 자리에서 뜨는 사람이 없다. 2 (어느 곳으로) 몰래 달아나다. 속된 말임. ¶그는 돈을 챙겨 가지고 외국으로 떴다.

뜨다⁴ 〖동〗〈타〉〈뜨니, 떠〉 1 (어떤 물질을 그 물질이 많이 있는 데에서) 일부를 다른 데에 담기게 하여 퍼내거나 들어내다. ¶숟가락으로 밥을 ~. 2 (일정한 두께와 넓이를 가진 물체를) 전체에서 일부 떼어 내다. ¶얼음장을 ~. 3 (옷감을 피륙점에서) 옷을 짓기 위해 일정한 양만큼 잘라 내어 마련하다. ㉑끊다. ¶피륙점에서 양복감을 떠다가 옷을 한 벌 맞추다. 4 (물 위나 물속에 있는 것을) 걷어 내거나 건져 내다. ¶반두로 새우를 ~. 5 (종이나 김 등을) 틀에 퍼서 낱장으로 만들어 내다. ¶한지(韓紙)를 ~ / 김을 ~. 6 ('각(脚)'과 함께 쓰여) 죽거나 죽은 짐승을 일정한 크기로 갈라놓다. ¶노루의 각을 ~. 7 ('포(脯)'와 함께 쓰여) 짐승의 고기를 일정한 크기로 얇게 퍼내다. ¶생선의 포를 ~.

뜨다⁵ 〖동〗〈타〉〈뜨니, 떠〉 1 (감았던 눈을) 위아래 눈꺼풀이 떨어지게 하여 열리게 하다. ¶옷 갈아입을 동안은 눈 뜨지 마! ↔감다. 2 (아직 보이거나 들리지 않는 상태의 눈이나 귀를) 열어 처음 보이거나 들리게 되다. ¶눈 뜬 심 봉사 / 아직 귀도 뜨지 않은 어린 새끼. 3 ➡눈뜨다.

뜨다[6] 〔동〕〈타〉〈뜨니, 떠〉1 (어떤 물건을 실 따위로) 뜨개바늘 등을 가지고 얽거나 짜서 만들다. ¶털실로 장갑을 ~. 2 (일정한 형태의 땀이나 코를) 바느질하여 이루어지게 하다. ¶코바늘로 꽃무늬를 ~. 3 (공간적으로 떨어져 있을 부분을) 이어지거나 붙어 있도록 바늘로 꿰매다. ¶옷단을 ~. 4 (어떤 무늬·그림·문자 등을) 살갗에 먹실을 꿰어 그려 넣다.

뜨다[7] 〔동〕〈타〉〈뜨니, 떠〉1 (무거운 물건을) 위로 쳐들어 올리다. ¶지렛대로 바위를 **떠** 올리다. 2 씨름에서, 상대를 번쩍 쳐들다. 3 뿔로 세게 들이받거나 밀치다.

뜨다[8] 〔동〕〈타〉〈뜨니, 떠〉1 흉내 내어 그와 똑같게 하다. ¶본을 ~. 2 도면·지형(紙型)·연판(鉛版) 등을 만들다. ¶지형을 ~.

뜨다[9] 〔동〕〈타〉〈뜨니, 떠〉 저울로 무게를 헤아리다. ⓑ달다. ¶고기를 저울에 ~. 2 → **떠**보다.

뜨다[10] 〔동〕〈타〉〈뜨니, 떠〉 한방에서, 약쑥을 뜸자리에 놓고 불을 붙여 태우다. ¶뜸을 ~.

뜨다[11] 〔형〕〈뜨니, 떠〉1 행동이나 발육 상태가 느리고 더디다. ¶그렇게 동작이 **떠서** 어디에다 써먹겠니? 2 감수성이 둔하다. ¶눈치가 ~. 3 말수가 적다. ¶원래 말이 **뜬** 사람이다. 4 날이 무디다. ¶작두가 **떠서** 잘리지 않는다. 5 (쇠붙이가) 불에 달구어지는 성질이 둔하다. ¶이 인두는 쇠가 너무 ~. 6 비탈진 정도가 둔하다. ¶물매가 ~. 7 공간적으로 거리가 있다. ¶사이가 ~. 8 시간적으로 동안이 오래다. ¶동안이 ~.

뜨더귀 〔명〕 조각조각 뜯어내거나 가리가리 찢는 짓. 또는, 그 물건. **뜨더귀-하다** 〔동〕〈타〉〈여〉

뜨덤-뜨덤 〔부〕1 글이 서툴러, 간신히 읽는 모양. ¶동화책을 ~ 읽는 아이. 2 말을 자꾸 더듬는 모양. ¶~ 말하다. **뜨덤뜨덤-하다** 〔동〕〈자〉〈여〉

뜨듯-하다[-드타-] 〔형〕〈여〉 '뜨뜻하다'의 어련말. ⓐ따듯하다. **뜨듯-이** 〔부〕

뜨뜻미지근-하다[-뜬-] 〔형〕〈여〉1 온도가 뜨뜻한 듯하면서 미지근하다. ¶욕탕의 물이 ~. 2 태도에 결단성과 적극성이 없다. ¶물에 물 탄 듯 술에 술 탄 듯 언제나 ~.

뜨뜻-하다[-뜨타-] 〔형〕〈여〉1 (물질·물체의 온도가) 따뜻할 정도로 약간 높은 상태에 있다. ¶아랫목이 ~. 2 (입거나 신거나 쓰거나 덮거나 하는 물건이) 추위를 막아 어느 정도 높은 온도를 유지하는 특성이 있다. ¶**뜨뜻한** 외투. ⓐ따뜻하다. 〈여〉뜨듯하다. **뜨뜻-이** 〔부〕 ¶방을 ~ 하다.

뜨락 〔명〕 '뜰'의 잘못.

뜨르르[1] 〔부〕 '드르르'의 센말. ⓐ따르르.

뜨르르[2] 〔부〕 '따르르[2]'의 큰말. 〈여〉드르르. **뜨르르-하다** 〔형〕〈여〉 ¶젊은 시절에도 광주목의 한 판관이라면 술 잘 먹고 돈 잘 쓰고 인물 훤칠한 외입장이로 기방에서 **뜨르르한** 사람이었다.《황석영:장길산》

뜨르륵 〔부〕 '드르륵'의 센말.

뜨르륵-거리다/-대다[-꺼(때)-] 〔동〕〈자〉〈타〉 '드르륵거리다'의 센말.

뜨르륵-뜨르륵 〔부〕 '드르륵드르륵'의 센말. **뜨르륵뜨르륵-하다** 〔동〕〈자〉〈타〉〈여〉

-뜨리다 〔접미〕 동사의 어미 '-아/-어' 나 동사의 어간·어근에 붙어, 그 동사의 동작을 일으키거나 하게 함을 강조하는 말. =-트리다. ¶터~ / 넘어~ / 부러~.

뜨막-하다[-마카-] 〔형〕〈여〉 오랫동안 뜸하다. ¶가게에 손님이 ~.

뜨문-뜨문 〔부〕 '드문드문'의 센말. **뜨문뜨문-하다** 〔형〕〈여〉

뜨물 〔명〕 쌀이나 보리쌀을 씻어 낸 부연 물. ¶쌀~.
[뜨물 먹고 주정한다] ㉠공연히 취한 체하며 주정한다. ㉡뻔히 알면서도 억지를 부리거나 거짓말을 몹시 한다.

뜨스-하다 〔형〕〈여〉 조금 뜨습다. ⓐ따스하다. 〈여〉드스하다.

뜨습다[-따] 〔형〕〈ㅂ〉〈뜨스우니, 뜨스워〉 알맞게 따뜻하다. ¶**뜨스운** 아랫목에서 언 몸을 녹이다. ⓐ따습다. 〈여〉드습다.

뜨악-하다[-아카-] 〔형〕〈여〉 (마음이) 꺼림칙하거나 싫거나 언짢거나 하여 선뜻 내키지 않은 상태에 있다. ¶엄마는 성이 나 있지 않으면서도 매사에 **뜨악해** 보였다.《박완서:엄마의 말뚝》

뜨음-하다 〔형〕〈여〉 '뜸하다'의 본딧말.

뜨-이다[1] 〔동〕〈자〉 '뜨다'의 피동사. ¶뗏장이 잘 **뜨인다**.

뜨-이다[2] 〔동〕〈자〉1 '뜨다[6]'의 피동사. ¶자고 있다가 비명 소리에 눈이 **뜨였다**. 2 눈에 보이다. ¶낯익은 얼굴들이 눈에 **뜨인다**. 3 (귀가) 예민해지다. 또는, 솔깃해지다. ¶귀가 번쩍 **뜨이는** 이야기. 4 두드러지게 드러나다. ¶유난히 예쁜 얼굴. ⓕ띄다.

뜨임 〔명〕 강철을 담금질하면 더욱 굳어지나 메지게 되기 쉬우므로, 담금질한 강철을 알맞은 온도로 다시 가열하였다가 공기 속에서 식혀 조직을 무르게 하여 내부 응력을 없애는 조작. =템퍼링.

뜬-것[-걷] 〔명〕〔민〕 떠돌아다니는 못된 귀신. =뜬귀신·부행신(浮行神).

뜬-계집[-계/-게-] 〔명〕 어쩌다 우연하게 관계를 맺게 된 여자.

뜬-공 〔명〕〔체〕 야구에서, 타자가 쳐서 하늘 높이 솟은 상태의 공. =비구(飛球)·플라이 볼(fly ball).

뜬-구름 〔명〕1 일정한 방향 없이 하늘을 떠다니는 구름. =부운(浮雲). 2 (주로 '같다'와 함께 쓰여) 덧없고 헛된 것을 비유하여 이르는 말. ¶~ 같은 인생 / ~ 같은 부귀영화.

뜬구름(을) 잡다 〔구〕 막연하고 허황한 것을 좇다. ¶감언이설에 현혹되어 **뜬구름 잡는** 일에 시간을 탕진하다.

뜬-귀신[-鬼神] 〔명〕〔민〕 =뜬것.

뜬-없다[-업-] 〔형〕 (어떤 행동이나 말이) 너무 갑작스럽고 엉뚱하다. ⓑ느닷없다. ¶그는 밥 먹다 말고 **뜬금없는** 질문을 했다. **뜬금없-이** 〔부〕 그동안 종적을 감추었던 그가 어느 날 ~ 나타났다.

뜬-눈 〔명〕 (주로, '뜬눈으로 (밤을) 새우다'의 꼴로 쓰여) (잠들지 못하여서 뜨고 있는 상태의 눈이라는 뜻) 밤이 다 지나도록 잠을 이루지 못한 상태. ¶걱정 때문에 ~으로 밤을 새웠다.

뜬뜬-하다 〔형〕〈여〉 '든든하다'의 센말. **뜬뜬-히** 〔부〕

뜬-벌이 〔명〕 일정한 벌이가 아닌, 어쩌다 생긴 일자리에서 닥치는 대로 하는 벌이. **뜬벌이-하다** 〔동〕〈자〉〈여〉

뜬-소문[-所聞] 〔명〕 이 사람 저 사람 옮겨서 떠돌아다니는 소문.

뜬-쇠[-쇠/-쉐] 〔명〕〔민〕 남사당패에서, 각 놀이 분야의 우두머리.

뜬-숯[-숟] 圀 장작을 때고 난 뒤에 피던 참숯을 꺼서 만든 숯.
뜯게[-께] 圀 해지고 낡아서 입지 못하게 된 옷.
뜯게-질[-께-] 圀 뜯게옷의 솔기를 뜯는 일. 뜯게질-하다 图(타여)
뜯-기다[-끼-] 图 ① 자 '뜯다'의 피동사. ¶밤새 모기에게 ~ /개한테 물려 살점이 ~. ② 타 1 '뜯다'의 사동사. ¶소에게 풀을 ~. 2 '뜯다'의 피동사. ¶불한당한테 돈을 ~.
뜯-다[-따] 图(타) 1 (어떤 물체를) 손이나 입으로 잡거나 물고 당겨 그 일부가 따로 떨어져 나오게 하다. ¶북어를 두드려 잘게 ~ /쑥을 뜯어 바구니에 담다. 2 (사람이 갈비와 같이 비교적 질기게 붙어 있는 살을) 입에 물고 당겨서 떼어서 먹다. ¶모처럼 갈비를 실컷 뜯었다. 3 (짐승이 풀 따위를) 입에 물고 당겨서 떼어서 먹다. ¶소가 풀을 ~. 4 (붙여 놓은 물건을) 손이나 도구로 힘을 주어서 떨어지게 하다. ¶편지 봉투를 ~. 5 (구조물을) 그 일부나 각각의 요소를 따로 떨어지게 하다. ¶기계를 뜯어서 부품을 깨끗이 닦다. 6 (남의 재물을) 그 일부를 졸라서 얻거나 억지로 내놓게 하다. ¶개평을 ~. 7 (벌레가 사람의 피를) 빨아내어 먹다. ¶모기가 뜯는 통에 밤새 잠을 설쳤다. 8 (현악기를) 줄을 퉁겨서 소리를 내다. ¶가야금을 ~.
뜯어-고치다 图(타) 잘못되거나 나쁜 점을 고치다. ¶집을 ~ /버릇을 ~.
뜯어-내다 图(타) 1 붙어 있는 것을 떼어 내다. ¶벽지를 ~. 2 전체에서 일부분을 조각조각 떼어 내다. 3 남의 재물을 조르거나 위협하여 얻어 내다. ¶돈을 ~.
뜯어-말리다 图(타) 마주 붙어 싸우는 것을 떼어 못 하게 말리다. ¶싸움을 ~.
뜯어-먹다[-따] 图(타) (어떤 사람을) 졸라서 억지로 재물을 얻어 가지다. 또는, (남의 재물을) 졸라서 억지로 얻어 가지다. ¶유부녀를 뜯어먹고 사는 제비족.
뜯어-보다 图(타) 1 (이모저모로) 자세히 살피다. ¶관상쟁이는 내 얼굴을 찬찬히 뜯어보았다. 2 (글을) 서툴러서 간신히 읽어 겨우 이해하다. ¶편지 내용을 이모저모로 ~.
뜯적-거리다/-대다[-쩍-(때)-] 图(타) (손톱·칼끝 등으로 무엇을) 자꾸 뜯거나 진집을 내다. ¶손톱으로 상처의 딱지를 ~. 图따짝거리다.
뜯적-뜯적[-쩍-쩍] 图 뜯적거리는 모양. 图따짝따짝. 뜯적뜯적-하다 图(타여)
뜰 圀 주로 단독 주택에서, 집 안에 딸려 있어 나무나 꽃을 심기도 하는 빈 땅. ¶앞(뒤)~ /~에 꽃을 심다. ▷마당·정원. ×뜨락.
뜰방 〈방〉 토방(강원)
뜰썩-거리다/-대다[-꺼(때)-] 图(자타) '들썩이다'의 센말.
뜰썩-뜰썩 图 '들썩들썩'의 센말. 图딸싹딸싹. 뜰썩뜰썩-하다 图(자타여)
뜰썩-이다 图(자타) '들썩이다'의 센말. 图딸싹이다.
뜰아래-채 圀 한집 안에 있는 몸채 밖의 집채. 圇아래채.
뜰앞-방(-房) [-래빵/-랟빵] 圀 안뜰을 사이에 두고 몸채의 건너편에 있는 방. 圇아랫방.
뜰-채 圀 물고기를 뜨는 데 쓰는, 오구 모양의 그물이 달린 채.
뜸[1] 圀 짚·띠·부들 따위의 풀로 거적처럼 엮

어서 만든 물건. 비·바람·볕을 막는 쓰임.
뜸[2] 圀 밥을 짓거나 음식을 삶거나 찔 때, 센불로 익힌 다음 얼마 동안 약한 불을 가하여 그 음식이 뜨거운 김에 물러지거나 불려질 만큼 푹 익게 하는 일. ¶~이 잘(덜) 들다.
뜸(을) 들이다 丽 1 어떤 일이 절로 무르익도록 서두르지 않고 기다리다. 2 해야 할 말을 얼른 하지 않고 사이를 두거나 머뭇거리다. ¶에유, 답답해! 뜸 들이지 말고 빨리 본론을 말해!
뜸[3] 圀 한동네 안에서 몇 집씩 따로 한데 모여 있는 구역.
뜸[4] [한] 圀 병을 고치기 위하여, 약쑥을 비벼 혈(穴)에 해당하는 몸의 부위에 올려놓고 불을 붙여 그 뜨거운 열로 자극을 가하는 일. =구(灸)·육구(肉灸). ¶~을 뜨다.
뜸-단지 圀 '부항단지'의 잘못.
뜸베-질 圀 소가 뿔로 물건을 마구 들이받는 짓. 뜸베질-하다 图(자여)
뜸부기 圀 뜸부깃과의 새. 여름새로 호수나 하천 등지의 갈대숲이나 논에서 삶. 부리와 다리가 길며 등은 검누런 갈색, 눈가·가슴은 적동색임. 아침저녁으로 '뜸북뜸북' 하고 욺.
뜸북-뜸북 图 뜸부기가 잇달아 우는 소리.
뜸-쑥 圀 뜸을 뜨는 데에 쓰는 약쑥.
뜸지근-하다 圈 (말이나 행동이) 느리고 무게가 있다. 图땀지근하다.
뜸직-뜸직 图 (말이나 행동이) 모두 한결같이 매우 뜸직한 모양. 图땀직땀직. 뜸직뜸직-하다 图여
뜸직-하다[-지카-] 圈(여) (말이나 행동이) 속이 깊고 무게가 있다. 图땀직하다. 뜸직-이 图
뜸-질 圀 1 뜸을 뜨는 일. 2 '찜질2'의 잘못. 뜸질-하다 图(자타여)
뜸-팡이 圀 1 [화] =효소(酵素). 2 [식] =효모균.
뜸'-하다 圈(여) (잦게 이뤄지던 일이) 반복되는 시간의 간격이 길거나 오래다. 또는, (심하게 이뤄지기) 약하거나 덜한 상태에 있다. ¶행인이 뜸한 거리 / 손님이 ~. 본뜨음하다.

뜻[뜯] 圀 1 사람이나 신과 같은 존재가 어떤 일에 대해 마음속에 품고 있는 생각이나, 어떤 일을 하고자 하여 가지는 마음이나 바람. ¶~을 이루다 / 감사의 ~을 표하다. 2 말이나 글, 또는 단어 등이 나타내고자 가리키는 바. 图의미(意味). ¶말·/글이 어려워 아무리 읽어도 ~을 모르겠다. 3 어떤 일이나 행동의 가치나 중요성. 图의의(意義). ¶올림픽은 참가하는 데에 ~이 있다.
◈ 뜻이 있는 곳에 길이 있다 [서양 격언에서] 어떤 일을 이루고자 하는 강한 의지가 있다면 그 일을 이룰 수 있는 방법은 얼마든지 있다.
뜻(이) 맞다 丽 1 서로 뜻이 같다. 2 마음에 들다.
뜻-글[뜯끌] 圀 [언] '뜻글자'의 준말. ↔소리글.
뜻-글자(-字) [뜯짤자] 圀 =표의 문자. 圇뜻글. ↔소리글자.
뜻-대로[뜯-] 图 마음먹은 대로. ¶모든 일이 ~ 이루어지다.
뜻-매김[뜯-] 圀 어떤 사물의 뜻을 밝혀 정하는 것. 图정의(定義). 뜻매김-하다 图(타여)

뜻-밖[뜯빡] 圀 생각이나 기대나 예상과 전혀 다른 상태. 凰의외(意外). ¶~의 손님 / 그가 일 등을 했다니 참으로 ~이다.

뜻밖-에[뜯빠-] 凰 생각이나 기대나 예상과 전혀 달리, 凰의외로. ¶오랫동안 소식을 모르던 친구를 ~ 길에서 만났다. / 신생 팀이 ~ 우승을 차지했다.

뜻-있다[뜯읻따] 圀 1 속내가 있다. ¶뜻있는 웃음. 2 가치가 있다. ¶뜻있는 일.

뜻-풀이[뜯-] 圀 어떤 단어나 구절이나 문장 등의 뜻을 쉽게 설명하는 것. 凰주석(註釋). **뜻풀이-하다** 圀

뜻-하다[뜨타] 圀자여 1 (무엇을) 할 생각을 가지다. ¶뜻한 바 있어 유학의 길에 올랐다. 2 어떤 의미를 가지다. 凰의미하다. ¶빨강은 정열을 **뜻한다**. 3 (주로 '않다' 와 함께 쓰여) 미리 헤아리다. ¶뜻하지 않은 사건에 휘말리다.

띄:다[띠-] 圀타 '뜨이다²' 의 준말. ¶눈에 띄는 행동 / 눈에 잘 띄는 빛깔.

띄다²[띠-] 圀타 '띄우다²' 의 준말. ¶한 칸을 띄고 써 내려가다.

띄어-쓰기[띠어-] 圀언 글을 쓸 때 각 단어를 띄어 쓰는 일. 현행 한글 맞춤법에 따르면, 문장의 각 단어는 띄어 씀을 원칙으로 하되, 조사는 앞말에 붙여 쓰고 의존 명사는 띄어 쓰며, 보조 용언은 띄어 쓰기를 원칙으로 하되 붙여 씀도 허용한다.

띄엄-띄엄[띠-띠-] 凰 1 사이가 좁지 않고 벌어진 모양. 凰드문드문. ¶글씨를 ~ 쓰다 / 집이 ~ 있다. 2 계속하여 하지 않고 일정한 사이를 두고 하는 모양. ¶~ 말을 하다. 3 느릿느릿한 모양. ¶~ 걷다. **띄엄띄엄-하다** 圀

띄우다¹[띠-] 圀타 (어떤 사람에게 편지나 소식 등을) 우편을 통해 가게 하다. 凰부치다. 보내다. ¶엽서를 친구에게 ~.

띄우다²[띠-] 圀타 '뜨다²' 의 사동사. ¶배를 ~ / 애드벌룬을 ~.

띄우다³[띠-] 圀타 '뜨다²' 의 사동사. ¶메주를 ~ / 누룩을 ~.

띄우다⁴[띠-] 圀타 '뜨다¹'7·8 의 사동사. ¶사이를 ~. 囹띄다.

띠¹ 圀 1 사람 몸의 어느 부위에 두를 수 있게 폭이 좁고 긴 형겊이나 가죽 등으로 만든 물건. ¶허리 ~ / 머리 ~. 2 물체의 표면에 두르거나 둘러진, 폭이 좁고 긴 물건이나 도형. ¶금색 ~를 두른 모자. 3 윷색·홍색의 다섯 끗짜리 길쭉한 사각형이 덧그려진 화투 패. 모두 열 장임.

띠² 圀 사람이 난 해의 지지(地支)를 상징하는 동물의 이름을 그 사람에게 결부시켜 이르는 말. ¶소~.
　띠가 세다 凰 태어난 해의 지지가 나쁘다.

띠³ 圀[식] 볏과의 여러해살이풀. 높이 30∼80cm. 오뉴월이면 이삭 모양의 꽃이 피는데, '삘기' 라는 어린 꽃이삭은 단맛이 있어 뽑아 먹기도 함. 뿌리는 '모근(茅根)' 이라 하여 약재로 쓰임. 들이나 길가에 무더기로 남.

띠-그래프(-graph) 圀[수] 일정한 길이의 띠 모양의 직사각형을 길이로 나누어서 그 구분된 직사각형으로 크기를 나타낸 그래프. 전체의 부분이나 부분끼리의 비율을 비교하기 위한 것임. =띠그림표.

띠글띠글-하다 圀여 '디글디글하다' 의 센말. 짜때글때글하다.

띠:다 圀타 1 (사람이 띠, 특히 허리띠를) 허리에 두르다. ¶허리띠를 ~. 2 (물체가 어떤 색깔이나 빛을) 표면에 나타내다. ¶금속이 광채를 ~ / 얼굴이 붉은빛을 ~. 3 (사람이 얼굴에 어떤 표정이나 감정, 기운 등을) 드러내거나 나타내다. ¶노기를 ~ / 미소 띤 얼굴. 4 (대상이 어떤 성질이나 특징을) 가지거나 나타내다. ¶활기를 ~ / 물체가 전기를 ~. 5 (사람이 어떤 용무나 사명 등을) 맡아 가지다. ¶중요한 임무를 ~ / 역사적 사명을 띠고 이 땅에 태어나다. 6 (물건을) 몸에 지니다. ¶편지를 띠고 심부름을 가다.

띠-동갑(-同甲) 圀 띠는 같으나 나이가 다른 상태, 또는 그 사람. ¶열두 살 차이의 ~.

띠-무늬[-니] 圀 띠 모양의 무늬.

띠-살문(-門) 圀[건] 상·중·하의 문살이 띠모양으로 된 세전문(細箭門)의 하나.

띠-쇠[-쇠/-쉐] 圀 나무 구조물에 꺾어 대거나 휘어 감아서 보강재(補強材)로 사용하는 좁고 긴 철판. 감잡이·가락지·ㄱ자 쇠 등이 있음.

띠^스펙트럼(-spectrum) 圀[물] 비교적 좁은 에너지 영역에 많은 선 스펙트럼이 밀집하여 있어 띠 모양으로 보이는 스펙트럼. 주로 분자로 이루어진 기체가 빛을 발할 때 볼 수 있음. =분자 스펙트럼.

띠-씨름 圀[체] 씨름에서, 허리에다 띠를 하나 매고 그것을 잡고 하는 씨름. **띠씨름-하다** 圀자

띠알-머리 圀 '띠앗머리' 의 잘못.

띠앗[-앋] 圀 형제나 자매 사이의 우애심.

띠앗-머리[-안-] 圀 '띠앗' 을 속되게 이르는 말. ¶재들은 형제간에 ~가 없어 밤낮 으르렁거린다.

띠-지(-紙) 圀 지폐나 서류 따위의 물건을 싼 다음 그 가운데를 둘러서 감아 매는, 좁은 종이 오리.

띠-톱 圀 기계톱의 하나. 얇은 쇠오리에 톱니가 있어 빙빙 돌아가면서 나무를 자르는 톱. =대거(帶鋸).

띳-집[띠찝/띧찝] 圀 지붕을 띠로 이은 집. 凰모옥(茅屋).

띵까-띵까 凰 악기를 요란하고 신 나게 연주해 대는 소리.

띵띵 凰 몸이나 어느 부위가 부어오른 모양. ¶다리가 ~ 붓다. 꺼팅팅. **띵띵-하다** 圀여

띵-하다 圀여 (머리가) 무겁고 멍하면서 둔하게 아프다. ¶감기가 들었는지 머리가 ~.

ㄹ

ㄹ¹ →리을.

ㄹ² 㸃 '를'의 준말. 구어체에서 쓰이는 말임. ¶누구~ 탓하랴.

-ㄹ³ [어미] 모음이나 'ㄹ' 받침으로 끝나는 어간, 또는 어미 '-시-' 아래에 붙는 관형사형 전성 어미. 어간 끝 음절의 'ㄹ' 받침은 탈락됨. **1** 특정한 시제의 의미가 없이 앞말이 관형사 구실을 하게 함. ¶먼동이 트~ 무렵 / 어리~ 때. **2** 앞말이 관형사 구실을 하게 하고 추측, 의지, 예정, 가능성 등 미래의 일을 나타냄. ¶내일 가~ 예정이다. / 기필코 우리가 이기~ 것이다. ▷-을.

-ㄹ거나 [-꺼-] [어미] 모음이나 'ㄹ' 받침으로 끝나는 동사의 어간, 또는 어미 '-시-' 아래에 붙어, 영탄조로 자문(自問)하거나 '해' 할 상대에게 의견을 물어볼 때 쓰이는 종결 어미. 어간 끝 음절의 'ㄹ' 받침은 탈락됨. ¶동쪽 먼 심해선(深海線) 밖의 한 점 섬 울릉도로 가~.《유치환·울릉도》 ▷-을거나.

-ㄹ걸 [-껄] [어미] **1** 모음이나 'ㄹ' 받침으로 끝나는 동사의 어간에 붙어, 지나간 일을 후회하는 뜻으로 혼자 말할 때 쓰이는 종결 어미. 어간 끝 음절의 'ㄹ' 받침은 탈락됨. ¶진작 집에 가~. **2** 모음이나 'ㄹ' 받침으로 끝나는 어간, 또는 어미 '-시-' 아래에 붙어, '해' 할 상대에게 어떤 일을 추측함을 나타내는 종결 어미. 어간 끝 음절의 'ㄹ' 받침은 탈락됨. ¶내일은 아마 비가 오~ / 휴가철엔 호텔마다 만원이~. ▷-을걸.

-ㄹ게 [-께] [어미] 모음이나 'ㄹ' 받침으로 끝나는 동사의 어간에 붙어, '해' 할 상대에게 어떠한 행동을 약속하거나 어떤 일에 대한 자기의 의지를 나타낼 때 쓰이는 종결 어미. 어간 끝 음절의 'ㄹ' 받침은 탈락됨. ¶내일 다시 오~. ▷-을게. ✕-ㄹ께.

-ㄹ까 [어미] 모음이나 'ㄹ' 받침으로 끝나는 어간, 또는 어미 '-시-' 아래에 붙어, 혼자서 어떤 일을 짐작하면서 자문하거나 '해' 할 상대에게 어떤 일의 가능성을 묻는 뜻을 나타내는 종결 어미. 어간 끝 음절의 'ㄹ' 받침은 탈락됨. ¶가족을 사고로 다 잃었으니 얼마나 슬프~? / 저게 귀신이~ 사람이~? **2** 모음이나 'ㄹ' 받침으로 끝나는 용언의 어간에 붙어, '해' 할 상대에게 자기가 하려는 행동에 대해 상대의 생각을 묻는 뜻을 나타내는 종결 어미. 어간 끝 음절의 'ㄹ' 받침은 탈락됨. ¶여기에서 쉬었다 가~? ▷-을까.

-ㄹ까마는 [어미] '-ㄹ까'와 보조사 '마는'이 결합한 말. 앞의 사실에 대해 과연 그럴까 의문을 가지면서도 완전히 부정할 수 없는 그 사실을 전제로 뒤의 사실을 말할 때 쓰임. 𝐁 -랴마는. ¶비가 오~ 그래도 우산을 가지고 떠나구마. ▷-을까마는.

-ㄹ께 [어미] '-ㄹ게'의 잘못.

-ㄹ꼬 [어미] 모음이나 'ㄹ' 받침으로 끝나는 어간, 또는 어미 '-시-' 아래에 붙어, 혼자서 어떤 일을 짐작하면서 자문하는 뜻을 나타내는 종결 어미. '-ㄹ까'와 부분적으로 뜻이 비슷하나, 예스러운 말임. 어간 끝 음절의 'ㄹ' 받침은 탈락됨. ¶얼마나 아프~? / 그이가 대체 누구이~? ▷-을꼬.

-ㄹ는지 [-른-] [어미] 모음이나 'ㄹ' 받침으로 끝나는 어간, 또는 어미 '-시-' 아래에 붙는 어미. 어간 끝 음절의 'ㄹ' 받침은 탈락됨. **1** 뒤 절이 나타내는 일과 상관이 있는 어떤 일의 실현 가능성에 대한 의문을 나타내는 연결 어미. ¶비가 오~ 습한 바람이 불기 시작했다. **2** 어떤 일의 가능성을 혼자 자문하거나 부정적인 결과를 예상하여 탄식하는 뜻을 나타내는 종결 어미. ¶그 말이 사실이~. / 그 사람이 애타는 내 마음을 알아주~. ▷-을는지.

-ㄹ라 [어미] 모음이나 'ㄹ' 받침으로 끝나는 어간, 또는 어미 '-시-' 아래에 붙어, 어떤 대상이 위험에 놓이거나 일이 잘못되려고 할 때 놀라서 혼잣말처럼 내뱉거나, '해라' 할 상대에게 주의를 환기하는 뜻을 나타내는 종결 어미. 어간 끝 음절의 'ㄹ' 받침은 탈락됨. ¶칼 가지고 장난하다 다치~. ▷-을라.

-ㄹ라고 [어미] 모음이나 'ㄹ' 받침으로 끝나는 어간, 또는 어미 '-시-' 아래에 붙어, '그럴 가능성은 별로 없다'는 부정적인 의심의 뜻을 나타내는 종결 어미. 가벼운 물음의 뜻이 있음. 어간 끝 음절의 'ㄹ' 받침은 탈락됨. 𝐁 -려고. ¶설마 저 사람이 범인이~? ▷-을라고.

-ㄹ라치면 [어미] 모음이나 'ㄹ' 받침으로 끝나는 동사의 어간, 또는 어미 '-시-' 아래에 붙어, 몇 번 경험한 일을 추상적으로 가정하는 뜻을 나타내는 연결 어미. 어간 끝 음절의 'ㄹ' 받침은 탈락됨. ¶꽃이라도 피~ 향기가 온 집 안에 가득하오. ▷-을라치면.

-ㄹ락 [어미] 모음이나 'ㄹ' 받침으로 끝나는 동사의 어간, 또는 어미 '-시-' 아래에 붙어, 거의 할 듯한 모양을 나타내는 연결 어미. 주로 '-ㄹ락 말락'의 꼴로 쓰임. 어간 끝 음절의 'ㄹ' 받침은 탈락됨. ¶비가 오~ 말락 한다. ▷-을락.

ㄹ랑 㸃 **1** 모음으로 끝나는 체언이나 조사에 붙어, 어떤 대상을 특별히 지적하는 뜻을 나타내는 보조사. 𝐁 -는. ¶이사 갈 때 남은 가구~ 버립시다. / 위험하니까 길가에서~ 놀지 마라. ▷-일랑. **2** '-아서/어서', '-고서' 등에 붙어, 앞의 사실을 강조하는 뜻을 나타내는 보조사. ¶그는 뜻밖의 비보를 받고서~ 한동안 넋을 잃었다.

ㄹ랑-은 㸃 보조사 'ㄹ랑'에 보조사 '은'이 결합한 말. 'ㄹ랑'보다 강조의 뜻이 있음. ¶너~ 집에 있어라. ▷-일랑은.

-ㄹ래 [어미] 모음이나 'ㄹ' 받침으로 끝나는 동사의 어간에 붙어, '해' 할 상대에게 장차 할 행동에 대한 자신의 의사를 나타내거나 상대방의 의향을 묻는 종결 어미. 자기 의사를 나타낼 때에는 주로 나이 어린 사람이 쓰는 말임. 어간 끝 음절의 'ㄹ' 받침은 탈락

됨. ¶나 집에 가~. ▷-을래.
-ㄹ래도 '-려도'의 잘못.
-ㄹ래야 [어미] '-려야'의 잘못.
-ㄹ러니 [어미] 모음이나 'ㄹ' 받침으로 끝나는 어간, 또는 어미 '-시-' 아래에 붙어, '-겠더니'의 뜻을 나타내는, 예스러운 연결 어미. 어간 끝 음절의 'ㄹ' 받침은 탈락됨. ¶꽃이 피~ 시들고 말았다. ▷-을러니.
-ㄹ러라 [어미] 모음이나 'ㄹ' 받침으로 끝나는 어간, 또는 어미 '-시-' 아래에 붙는 종결 어미. 어간 끝 음절의 'ㄹ' 받침은 탈락됨. 1 겪은 사실을 바탕으로 한, 가능성·추측 따위의 나타내는, 독백체의 예스러운 평서형 어미. ¶그 반에서는 그가 으뜸이~./ 감춰 둔 데를 아무리 찾아도 모르~. 2 겪은 사실을 돌이켜 생각하여 나타내는, 독백체의 예스러운 감탄형 어미. ¶…해 그림자 이미 서창(西窓)에 비낀 줄을 깨닫지 못하~.《김만중:구운몽》 ▷-을러라.
-ㄹ런가 [어미] 1 모음이나 'ㄹ' 받침으로 끝나는 어간, 또는 어미 '-시-' 아래에 붙어, 혼잣말이나 '해' 할 상대에게 청자가 경험을 통해 추측하고 있는 동작이나 상태의 가능성을 묻는 종결 어미. 어간 끝 음절의 'ㄹ' 받침은 탈락됨. ¶어디로 떠나~? 2 '이다'의 어간이나 어미 '-시-' 아래에 붙어, '-런가'를 강조하여 이르는 말. ¶그것이 꿈이~ 하노라. ▷-을런가.
-ㄹ런고 [어미] '-ㄹ런가'보다 더 예스럽고 점잖은 말. ▷-을런고.
-ㄹ레 [어미] 모음이나 'ㄹ' 받침으로 끝나는 어간, 또는 어미 '-시-' 아래에 붙어, '-겠데'의 뜻을 나타내는, 예스러운 종결 어미. 어간 끝 음절의 'ㄹ' 받침은 탈락됨. ¶이대로만 가면 금년도 풍년이~. ▷-을레.
-ㄹ레라 [어미] 모음이나 'ㄹ' 받침으로 끝나는 어간, 또는 어미 '-시-' 아래에 붙어, '-겠더라'의 뜻으로 감탄을 나타내는, 독백체의 예스러운 종결 어미. 어간 끝 음절의 'ㄹ' 받침은 탈락됨. ¶얇은 사 하이얀 고깔은 고이 접어서 나비~.《조지훈:승무》 ▷-을레라.
-ㄹ려고 [어미] '-려고'의 잘못.
-ㄹ려야 [어미] '-려야'의 잘못.
-ㄹ망정 [어미] 모음이나 'ㄹ' 받침으로 끝나는 어간, 또는 어미 '-시-' 아래에 붙어, '비록 그러하지만 그러나'의 뜻을 나타내는 연결 어미. 어간 끝 음절의 'ㄹ' 받침은 탈락됨. ¶가난뱅이이~ 남한테 아쉬운 소리 하고 싶지는 않다./ 몸은 떠나~ 마음은 두고 가오. ▷-을망정.
-ㄹ밖에 [-빠-] [어미] 모음이나 'ㄹ' 받침으로 끝나는 어간, 또는 어미 '-시-' 아래에 붙어, '해' 할 상대에게 쓰이거나 혼잣말에 쓰여 '-ㄹ 수밖에 없다'의 뜻을 나타내는 종결 어미. 어간 끝 음절의 'ㄹ' 받침은 탈락됨. ¶저렇게 공부를 하니 매양 1등이~./ 마음이 맞지 않으니 싸우~. ▷-을밖에.
ㄹ^불규칙^용!언(-不規則用言) [명][언] → 리을 불규칙 용언.
ㄹ^불규칙^활용(-不規則活用) [명][언] → 리을 불규칙 활용.
-ㄹ뿐더러 [어미] 모음이나 'ㄹ' 받침으로 끝나는 어간, 또는 어미 '-시-' 아래에 붙어, 그뿐만 아니라 다른 일이 더 있음을 나타내는 연결 어미. 어간 끝 음절의 'ㄹ' 받침은 탈락됨. ¶얼굴이 예쁘~ 마음씨도 곱다./ 그는 과학자이~ 화가이기도 하다. ▷-을뿐더러.

-ㄹ사 [-싸] [어미] 1 모음이나 'ㄹ' 받침으로 끝나는 어간, 또는 어미 '-시-' 아래에 붙어, 뒤에 오는 체언을 꾸며 주는 연결 어미. 어간 끝 음절의 'ㄹ' 받침은 탈락됨. ¶떠나가~ 이별이란 약속하기 짝이 없고…. 2 모음이나 'ㄹ' 받침으로 끝나는 동사의 어간, 또는 어미 '-시-' 아래에 붙어, 주로 일정한 청자를 직접 대면하지 않는 신문·잡지 등에서 독자 대중을 향한 명령이나 권유를 나타내는 종결 어미. 어간 끝 음절의 'ㄹ' 받침은 탈락됨. ¶이제 국민은 두꺼운 영수증 보관철을 준비하~. 3 모음이나 'ㄹ' 받침으로 끝나는 형용사의 어간에 붙어, 감탄을 나타내는 예스러운 종결 어미. 어간 끝 음절의 'ㄹ' 받침은 탈락됨. ¶어여쁘~ 장미여! ▷-을사.
-ㄹ새 [-쌔] [어미] 모음이나 'ㄹ' 받침으로 끝나는 어간, 또는 어미 '-시-' 아래에 붙어, 어떤 사실을 제기하면서 뒤에 그에 대한 설명을 덧붙이는 뜻을 나타내는, 옛말 투의 연결 어미. 어간 끝 음절의 'ㄹ' 받침은 탈락됨. ¶때는 삼경이~ 세상이 모두 잠들었더라. ▷-을새.
-ㄹ세 [어미] '이다', '아니다'의 어간에 붙어, 1 '하게' 할 상대에게 자기의 생각을 설명하는 종결 어미. ¶그이가 내 형이~./ 내 얘기는 그게 아니~. 2 '하게' 할 상대에게 무엇을 새롭게 깨달았다는 감탄의 뜻을 나타내는 종결 어미. ¶그게 바로 오늘이~.
-ㄹ세라 [-쎄-] [어미] 모음이나 'ㄹ' 받침으로 끝나는 어간, 또는 어미 '-시-' 아래에 붙어, 어떠한 일이 일어날까 걱정함을 나타내는 종결 또는 연결 어미. 어간 끝 음절의 'ㄹ' 받침은 탈락됨. ¶남에게 뒤지~ 열심히 공부하다. ▷-을세라.
-ㄹ소냐 [어미] '-ㄹ쏘냐'의 잘못.
-ㄹ수록 [-쑤-] [어미] 모음이나 'ㄹ' 받침으로 끝나는 어간, 또는 어미 '-시-' 아래에 붙어, 어떠한 일이 더하여 감을 나타내는 연결 어미. 어간 끝 음절의 'ㄹ' 받침은 탈락됨. ¶속이 빈 사람이~ 허풍을 더 떤다./ 날이 가 ㅂ벙이 더해 간다. ▷-을수록.
-ㄹ시 [-씨] [어미] '이다', '아니다'의 어간에 붙어, '-ㄹ 것이', '-ㄴ 것이'의 뜻으로 추측하여 판단한 사실이 틀림없음을 나타내는 연결 어미. ¶이게 바로 위조품이~ 분명하다./ 그것은 사실이 아니~ 분명하이.
-ㄹ시고 [-씨-] [어미] 모음이나 'ㄹ' 받침으로 끝나는 어간, 또는 어미 일부 형용사의 어간에 붙어, 혼자서 감탄하는 뜻을 나타내는 종결 어미. 예스러운 말로 시나 노래 등에 주로 쓰임. 어간 끝 음절의 'ㄹ' 받침은 탈락됨. ¶하늘도 푸르~. ▷-을시고.
-ㄹ쏘냐 [어미] 모음이나 'ㄹ' 받침으로 끝나는 어간, 또는 어미 '-시-' 아래에 붙어, '어찌 그럴 리가 있겠느냐'의 뜻으로 어떤 사실의 강한 부정을 자문(自問) 형식의 반어 의문문으로 나타내는, 문어체의 종결 어미. 어간 끝 음절의 'ㄹ' 받침은 탈락됨. ¶그만 일에 절망할 사람이~./ 내가 너에게 지~. ▷-을쏘냐. ✕-ㄹ소냐.
-ㄹ쏜가 [어미] 모음이나 'ㄹ' 받침으로 끝나는 어간, 또는 어미 '-시-' 아래에 붙어, '-ㄹ 것인가'의 뜻으로 의문의 형식을 빌려 앞의 내용을 강하게 부인할 때 쓰는 종결 어미. 예스러운 표현으로, 감탄·탄식의 뜻이 있으며 주로 글에서 쓰임. 어간 끝 음절의 'ㄹ' 받침은 탈락됨. ¶누가 내 뜻을 아~. ▷-을쏜가.

-ㄹ이만큼 [어미] '-리만큼'의 잘못.
-ㄹ작시면 [-짝씨-] [어미] 모음이나 'ㄹ' 받침으로 끝나는 일부 동사의 어간에 붙어, '어떠어떠한 경우에 이르게 되면'의 뜻을 나타내는, 예스러운 연결 어미. 보통 우승거나 언짢은 경우에 쓰임. 어간 끝 음절의 'ㄹ' 받침은 탈락됨. ¶그 태도를 보~ 불손하기 이를 데 없다. ▷-을작시면.
-ㄹ지 [-찌-] [어미] 모음이나 'ㄹ' 받침으로 끝나는 어간, 또는 어미 '-시-' 아래에 붙어, '해' 할 상대에게 쓰이거나 명사절로 안긴문장으로 쓰여 막연한 의문을 나타내는 종결 어미. 주절의 서술어는 주로 '알다', '모르다' 등의 동사가 옴. 어간 끝 음절의 'ㄹ' 받침은 탈락됨. ¶과연 그의 뜻이 이루어지~? ▷-을지.
-ㄹ지나 [-찌-] [어미] 모음이나 'ㄹ' 받침으로 끝나는 어간, 또는 어미 '-시-' 아래에 붙어, '마땅히 그러할 것이나'의 뜻을 나타내는, 예스러운 말투의 연결 어미. 어간 끝 음절의 'ㄹ' 받침은 탈락됨. ¶저것이 사람이~ 귀신과 다를 바 없다. / 마음은 아프~ 눈물은 보이지 마라. ▷-을지나.
-ㄹ지니 [-찌-] [어미] 모음이나 'ㄹ' 받침으로 끝나는 어간, 또는 어미 '-시-' 아래에 붙어, '마땅히 그러할 것이니'의 뜻으로, 어떤 근거를 제시하면서 뒤의 말을 이어 주는, 문어체의 연결 어미. 어간 끝 음절의 'ㄹ' 받침은 탈락됨. ¶밤이 깊으면 새벽이 가까우~ 절망에 빠지지 말지어다. ▷-을지니.
-ㄹ지니라 [-찌-] [어미] 모음이나 'ㄹ' 받침으로 끝나는 어간, 또는 어미 '-시-' 아래에 붙어, 상대보다 우월한 위치에서 '마땅히 그리할 것이니라'의 뜻을 나타내어 장중하게 말하는, 예스러운 종결 어미. 어간 끝 음절의 'ㄹ' 받침은 탈락됨. ¶그것이 사람의 도리이~. / 그대는 반드시 성공하~. ▷-을지니라.
-ㄹ지라 [-찌-] [어미] 모음이나 'ㄹ' 받침으로 끝나는 어간, 또는 어미 '-시-' 아래에 붙어, 상대보다 우월한 위치에서 '마땅히 그러할 것이다'의 뜻으로 말하는, 예스러운 문어체의 종결 어미. 어간 끝 음절의 'ㄹ' 받침은 탈락됨. ¶통일은 우리의 사명이~. / 벌을 받아 마땅하~. ▷-을지라.
-ㄹ지라도 [-찌-] [어미] 모음이나 'ㄹ' 받침으로 끝나는 어간, 또는 어미 '-시-' 아래에 붙어, '비록 그러하더라도'의 뜻으로 뒤의 사실이 앞의 사실에 매이지 않음을 나타내는 연결 어미. 어간 끝 음절의 'ㄹ' 받침은 탈락됨. ¶아무리 천재이~ 노력 없이는 성공할 수 없다. / 비가 오~ 경기는 계속하겠습니다. ▷-을지라도.
-ㄹ지어다 [-찌-] [어미] 모음이나 'ㄹ' 받침으로 끝나는 어간의 동사에 붙어, '해라' 할 상대에게 '마땅히 그러하게 하여라'의 뜻을 나타내는 명령형 종결 어미. 어간 끝 음절의 'ㄹ' 받침은 탈락됨. ¶경(卿)들은 짐의 말을 명심하~. ▷-을지어다.
-ㄹ지언정 [-찌-] [어미] 모음이나 'ㄹ' 받침으로 끝나는 어간, 또는 어미 '-시-' 아래에 붙어, 한 가지를 꼭 부인하기 위하여는 차라리 다른 것을 받아들일 용의가 있음을 나타내는 연결 어미. 어간 끝 음절의 'ㄹ' 받침은 탈락됨. ¶그는 호인이~ 바보는 아니다. / 차라리 지옥엘 가~ 그곳엔 안 가겠다. ▷-을지언정.

-ㄹ진대 [-찐-] [어미] 모음이나 'ㄹ' 받침으로 끝나는 어간, 또는 어미 '-시-' 아래에 붙어, 어떤 사실이 의당 그러하리라는 것을 인정하면서, 그것을 다른 사실의 조건이나 근거로 삼는 연결 어미. 어간 끝 음절의 'ㄹ' 받침은 탈락됨. ¶나라를 위하는 일이~ 누가 그것을 반대하리. / 어차피 공부를 할 바 하~ 돈이나 벌자. ▷-을진대.
-ㄹ진댄 [-찐-] [어미] '-ㄹ진대'의 힘줌말.
-ㄹ진저 [-찐-] [어미] 모음이나 'ㄹ' 받침으로 끝나는 어간, 또는 어미 '-시-' 아래에 붙어, 지적으로 우월한 입장에서 어떤 사실이 마땅히 그러하거나 그러해야 함을 나타내는, 문어체의 종결 어미. 어간 끝 음절의 'ㄹ' 받침은 탈락됨. ¶무릇 아랫사람을 사랑하고 윗사람을 공경하~. ▷-을진저.
라 [명][음] 서양 음악의 7음 음계에서 둘째 음 이름. 영어로는 디(D), 이탈리아 어로는 레(re).
라² [조] 1 '라고'¹의 준말. ¶'언제 왔느냐?'~ 물었다. / 무어~ 했느냐? 2 '라서'의 준말. ¶누구~ 그것을 믿겠는가?
-라³ [어미] 1 '이다', '아니다'의 어간이나 어미 '-시-' 아래에 붙어, 어떤 사실을 설명하는 예스러운 종결 어미. ¶황주 땅 도화동에 한 소경이 있었으되, 성은 심씨요, 이름은 학규~.《심청》 2 '이다', '아니다'의 어간이나 어미 '-시-' 아래에 붙어, 아랫말의 원인·근거를 나타내는 연결 어미. [비]-라서. ¶뜻밖의 일이~ 어리둥절했다. / 기대했던 대로가 아니~ 크게 실망했다. 3 '아니다'의 어간이나 어미 '-시-' 아래에 붙어, 단순한 병렬을 나타내는 연결 어미. ¶사람이 아니~ 짐승이다.
-라⁴ [어미] 1 모음이나 'ㄹ' 받침으로 끝나는 동사의 어간에 붙어, 절대적인 권위를 가지고 아랫사람에게 명령하는 뜻을 나타내는 예스러운 종결 어미. ¶공중의 새를 보~.《신약 마태복음》 2 모음이나 'ㄹ' 받침으로 끝나는 동사의 어간에 붙어, 권위나 위엄을 가지고 불특정의 사람에게 명령하거나 권유하는 뜻을 나타내는 문어체의 종결 어미. 존대법상의 낮춤의 의미는 없음. ¶너 자신을 알~.(소크라테스의 말) / 다음 물음에 답하~.(시험 문제) 3 모음이나 'ㄹ' 받침으로 끝나는 용언의 어간에 붙어, 어떤 일을 위엄있게 축원하는 뜻을 나타내는 문어체의 종결 어미. ¶민족이여, 영원하~. 4 모음이나 'ㄹ' 받침으로 끝나는 동사의 어간에 붙어, 간접 인용절에 쓰여, 명령의 뜻을 나타내는 종결 어미. ¶어머니는 나에게 편지를 쓰~ 하셨다.
라⁵ (⑩la) [명][음] 1 음이름 '가'의 이탈리아 어. 2 장음계에서 여섯째 음.
라고¹ [조] 모음으로 끝나는 말에 붙는 조사. 1 직접 인용됨을 나타내는 부사격 조사. ¶'언제 오겠니?'~ 물었다. (준)라. 2 얕잡아 지적하는 뜻을 나타내는 보조사. ¶자네~ 별수 있겠나. 3 다른 경우에 비하여 빠지지 않음을 나타내는 보조사. ¶아이~ 그것을 못하겠나.
-라고² [어미] 1 '이다', '아니다' 또는 모음이나 'ㄹ' 받침으로 끝나는 어간, 또는 어미 '-시-' 아래에 붙어, '해' 할 상대에게 반문할 때 쓰이는 종결 어미. ¶저것이 사슴이~? / 그게 네 책임이 아니~? 2 '이다', '아니다'의 어간이나 어미 '-시-' 아래에 붙

어, 잘못 인식했음을 깨달았을 때에 쓰이는 종결 어미. ¶난 또 누구(이)~.
-라고³ [어미] 1 '이다', '아니다'의 어간이나 어미 '-시-' 아래에 붙어, 앞의 말이 뒤에 오는 말의 원인이나 근거가 됨을 나타내는 연결 어미. ¶거지(이)~ 함부로 놀려 대지 마라. 2 모음이나 'ㄹ' 받침으로 끝나는 용언의 어간이나 어미 '-시-' 아래에 붙어, 앞의 말이 뒤에 오는 말의 목적이 됨을 나타내는 연결 어미. ¶친정어머니께서 생활비에 보태 쓰~ 돈을 보내 주셨다. ▷-으라고.
-라고⁴ '이다', '아니다'의 활용 어미 '-라'와 인용을 나타내는 부사격 조사 '고'가 결합한 말. ¶먹고 싶은 것이 무엇이~ 하더냐? 2 명령을 나타내는 어미 '-라'와 인용을 나타내는 부사격 조사 '고'가 결합한 말. ¶이리 오~ 해라. ▷-으라고.
-라나 [어미] 1 '이다', '아니다'의 어간이나 어미 '-시-' 아래에 붙어, 어떤 사실을 무관심하거나 조금 빈정거리는 태도로 전달할 때 반말 투로 이르는 종결 어미. ¶자기가 부자(이)~./자기가 한 짓이 아니~. ▷-ㄴ다나·-는다나·-다나. 2 모음이나 'ㄹ' 받침으로 끝나는 동사의 어간, 또는 어미 '-시-' 아래에 붙어, 시키는 사실에 대해 못마땅하거나 귀찮아서 함을 나타내는 반말 투의 평서형 종결 어미. ¶나더러 자기 양말을 빨~. ▷-으라나.
-라네 [어미] '이다', '아니다'의 어간이나 어미 '-시-' 아래에 붙는 종결 어미. 1 어떤 사실을 가볍게 감탄하여 이를 때 쓰임. ¶인생이란 덧없고 슬픈 것이~. 2 '하게' 할 상대에게 화자가 알고 있는 사실을 가볍게 주장할 때 쓰임. ¶문법이 늘 까다롭기만 한 것은 아니~. ▷-ㄴ다네·-는다네·-다네.
-라네² '-라고 하네'가 준 말. ¶회사에서 연락이 왔는데 내일부로라네 나오~. ▷-으라네.
-라느냐 '-라고 하느냐'가 준 말. ¶누가 너더러 바보(이)~?/왜 너를 오~? ▷-으라느냐.
-라느니 [어미] 1 '이다', '아니다'의 어간이나 어미 '-시-' 아래에 붙어, 이것이라 하기도 하고 저것이라 하기도 하는 뜻을 나타내는 연결 어미. ¶정답이 3번이~ 4번이~ 옥신각신한다. 2 모음이나 'ㄹ' 받침으로 끝나는 동사의 어간이나 어미 '-시-' 아래에 붙어, 이리하라 하기도 하고, 저리하라 하기도 함을 나타내는 연결 어미. ¶팔~ 말~ 흥정이 한창이다. ▷-으라느니.
-라는 '-라고 하는'이 준 말. ¶자네 형님이~ 분이 찾아왔었네./하~ 공부는 안 하고 웬 장난이야. ▷-으라는.
-라니¹ [어미] '이다', '아니다' 또는 모음이나 'ㄹ' 받침으로 끝나는 동사의 어간, 또는 어미 '-시-' 아래에 붙어, 반문하거나 반박할 때, 또는 미심쩍거나 해괴함을 나타낼 때에 쓰이는 종결 어미. ¶이 밤중에 나가~. ▷-으라니.
-라니² '-라고 하니'가 준 말. ¶참말이~ 믿네./가~ 순순히 가더라. ▷-으라니.
-라니까¹ [어미] '이다', '아니다' 또는 모음이나 'ㄹ' 받침으로 끝나는 동사의 어간, 또는 어미 '-시-' 아래에 붙어, '해' 할 상대에게 어떠한 사실을 다시 알려 주는 뜻을 나타내는 종결 어미. ¶그것은 반칙이~./얼른 가~. ▷-으라니까.
-라니까² '-라고 하니까'가 준 말. ¶내가 한국인이~ 참 반가워하더라./만나~ 만나기는 하겠다. ▷-으라니까.

라니냐(⑩La Niña) [명] [기상] 적도 무역풍이 평년보다 강해지면서 페루·에콰도르의 연안에서부터 태평양 동부의 적도 부근에 걸쳐 해수면의 온도가 평년보다 낮아지는 현상. 흔히, 이상 기상을 초래함. ▷엘니뇨.
라-단조(-短調) [-쪼] [명] [음] 으뜸음이 '라'인 단조.
라도¹ [조] 모음으로 끝나는 말에 붙어, 구태여 가리지 않음을 나타내는 보조사. ¶너~ 보아라./꿈에서~ 보았으면. ▷이라도.
-라도² [어미] '이다', '아니다'의 어간이나 어미 '-시-' 아래에 붙어, 설사 그러하다고 가정해도 상관없음을 나타내는 연결 어미. ¶거기가 지옥이~ 나는 따라가겠다./화려한 옷이 아니~ 좋아.
라돈(radon) [명] [화] 희유기체 원소의 하나. 원소 기호 Rn, 원자 번호 86, 원자량 222. 지면에 가까운 대기나 물속에 존재하며, 감마선원으로서 의료에 쓰임.
라듐(radium) [명] [화] 은백색의 무거운 금속 원소. 원소 기호 Ra, 원자 번호 88, 원자량 226. 퀴리 부부가 우라늄 광석에서 발견한 최초의 방사성 원소이며, 감마선원으로서 의료 등에 쓰임.
라드(lard) [명] =돼지기름2.
라든지¹ [조] 모음으로 끝나는 체언에 붙어, 사물을 열거할 때 쓰이는 조사. ¶잉크~ 종이~ 책들을 잘 정리해 두어라.
-라든지² '-라고 하든지'가 준 말. ¶오~ 가~ 분명히 말하시오. ▷-으라든지.
라디안(radian) [명] [의] [수] 호도법(弧度法)에 의한 각도의 단위. 원의 반지름과 같은 길이의 호(弧)가 원의 중심에서 이루는 각. 1라디안은 약 57°17′44.8″임. 기호는 rad. 구용어는 호도(弧度).
라디에이터(radiator) [명] =방열기(放熱器).
라디오(radio) [명] 1 전파를 이용하여 수신기를 가진 청취자에게 뉴스와 오락 및 교양 프로그램을 등을 방송하는 통신 활동. ¶~ 방송/~를 듣다. 2 방송국에서 전파로 보낸 음성을 수신(受信)하여 재생하는 기계 장치. =라디오 수신기. ¶트랜지스터~/~를 틀다[끄다].
라디오^방^송(radio放送) 음성 전파에 의한 방송. 사용 전파에 따라 중파·단파·초단파 방송이 있음.
라디오^부표(radio浮標) [명] 해상에서 조난을 당했을 때 일정한 전파를 내어 그 위치를 알리는 자동 무선 발신기.
라디오^비컨(radio beacon) [명] =무선 표지. ㈜비컨.
라디오존데(⑤Radiosonde) [명] [물] 기구(氣球)에 실어 올려 대기 상층의 기상 상태를 관측하여 소형의 무선 송신기로 지상에 송신하는 기계. =존데.
라디칼(radical) [명] [화] =기(基)³.
라르간도(⑩largando) [명] [음] 악곡의 속도를 지시하는 말로, '점점 느리고 폭넓게'의 뜻.
라르게토(⑩larghetto) [명] [음] 악곡의 속도를 지시하는 말로, '라르고보다 조금 빠르게'의 뜻.
라르고(⑩largo) [명] [음] 악곡의 속도를 지시하는 말로, '아주 느리게'의 뜻.
라마¹(lama) [명] [불] 라마교의 고승. 음역어는 나마(喇嘛).

라마²(lama) 〖명〗〖동〗 포유류 낙타과의 한 종. 낙타와 비슷하나 훨씬 작으며, 등에 혹이 없음. 수컷은 타거나 짐을 실음. 털은 직물, 지방은 등유(燈油), 가죽은 구두의 원료이고, 고기는 식용함. =야마.

라마-교(lama敎) 〖명〗〖불〗 7세기에 인도에서 티베트에 전해진 대승 불교가 티베트의 고유 신앙과 동화되어 발달한 종교. =나마교.

라마르크-설(Lamarck說) 〖명〗〖생〗 =용불용설(用不用說).

라마-승(lama僧) 〖명〗 라마교의 승려.

라멘(⑨Rahmen) 〖명〗〖건〗 기둥과 들보를 이루는 철골이 연속적으로 단단하게 이어진 빌딩 건축의 구조 형식.

-라며¹ 〖어미〗 '-라면서'의 준말. ¶그 사람이 회장 동생이~? ▷-으라며.

-라며² '-라고 하며'가 준 말. ¶어서 오~ 손짓하며 / 제 책이~ 가지고 갔다. ▷-으라며.

-라면¹ 〖어미〗 '이다', '아니다'의 어간이나 어미 '-시-' 아래에 붙어, 가정의 뜻을 나타내는 연결 어미. ¶이게 진짜(이)~ 좋겠다. ㉿.

-라면² '-라고 하면'이 준 말. ¶가~ 가야지. ▷-으라면.

라면³〖←⑨ラメン〗〖명〗〖<⑯拉麵·老麵〗 국수를 증기로 익힌 뒤 기름에 튀겨 말린 것에 분말 수프를 별도로 첨부한 즉석식품. 또는, 그것을 물에 넣고 끓인 음식.

-라면서¹ 〖어미〗 '이다', '아니다'의 어간이나 어미 '-시-' 아래에 붙어, '해' 할 상대에게 들은 사실을 다짐하거나 빈정거리는 투로 물을 때 쓰이는 종결 어미. ¶그게 첫소문이~? 2 모음이나 'ㄹ' 받침으로 끝나는 동사의 어간, 또는 어미 '-시-' 아래에 붙어, '해' 할 상대에게 명령을 받은 사실을 다짐하거나 빈정거리는 투로 물을 때 쓰이는 종결 어미. ¶여기서 기다리~? ㉿-라며. ▷-으라면서.

-라면서² '-라고 하면서'가 준 말. ¶열심히 하~ 자기는 쉬고 있다. ▷-으라면서.

라미네이팅(←laminating) 〖명〗 '래미네이팅'의 잘못.

라바브(⑩rabāb)〖명〗〖음〗 이슬람의 악기. 2현(絃)으로 되어 있으며 활로 켜서 연주함.

라벤더(lavender) 〖명〗〖식〗 꿀풀과의 상록 여러해살이풀. 높이 60cm 정도. 보라색의 꽃이 이삭 모양으로 핌. 좋은 향기가 나며, 꽃을 증류하여 향유를 채취함.

라벨(⑭label) 〖명〗 상표나 품명 등을 인쇄하여 상품에 붙여 놓은 종이나 헝겊 조각. =레이블·레테르.

라비(rabbi) 〖명〗 '랍비'의 영어식 이름.

라서¹ 〖조〗 모음으로 끝나는 체언에 붙어, '감히', '능히'의 뜻을 포함하는 주격 조사. ¶뉘 그것을 알리오. ㉿-라. ▷이라서.

-라서² 〖어미〗 '이다', '아니다'의 어간이나 어미 '-시-' 아래에 붙어, 원인·근거를 나타내는 연결 어미. ㉥-라. ¶뜬소문이~ 믿을 수 없다. / 기다리던 사람이 아니~ 실망했습니까?

-라손 〖어미〗 '이다', '아니다'의 어간이나 어미 '-시-' 아래에 붙어, 가정하는 뜻을 나타내는 연결 어미. 주로 '치다'와 함께 쓰임. ¶그게 거짓이~ 치자. ▷-다손·-더라손.

라스트(last) 〖명〗 '마지막'으로 순화.

라스트^스퍼트(last spurt) 〖명〗〖체〗 경주·경영(競泳) 등에서, 마지막 1/5 정도의 거리를

남기고 전속력으로 달리거나 헤엄치는 일.

라스트^신(last scene) 〖명〗〖연〗〖영〗 연극·영화 등의 마지막 장면. ¶감명 깊은 ~.

라식(LASIK) 〖명〗 [laser-assisted in situ keratomileusis] [의] 눈의 각막(외피)을 얇게 벗겨 내고 각막 실질(바탕 조직)에 레이저를 비추어 굴절 이상을 조절한 뒤 벗겨 냈던 각막을 다시 덮는 수술. 근시·난시·원시의 교정을 위해 하는 수술임.

라야¹ 〖조〗 모음으로 끝나는 말에 붙어, 사물을 지정하거나 꼭 그러해야 함을 나타내는 보조사. ¶그~ 고칠 수 있다. / 저녁에~ 돌아올 것이다. ▷이라야.

-라야² 〖어미〗 '이다', '아니다'의 어간이나 어미 '-시-' 아래에 붙어, 꼭 그러해야 함을 나타내는 연결 어미. ¶내 물건이~ 마음대로 하지. / 비싼 물건이 아니~ 잘 팔린다.

-라오 〖어미〗 '이다', '아니다'의 어간이나 어미 '-시-' 아래에 붙어, '하오' 하는 상대에게 완곡하게 말하거나 감탄을 나타낼 때 쓰이는 종결 어미. ¶그게 바로 사랑이~. / 나는 그 사람이 아니~.

라오스(Laos) 〖명〗〖지〗 인도차이나 반도의 중앙부에 남북으로 길게 자리 잡은 인민 민주 공화국. 수도는 비엔티안.

라오주(⑯老酒) 〖명〗 찹쌀 또는 조·수수·옥수수 등으로 양조한 중국의 술. =노주(老酒).

라운드(round) 〖명〗〖체〗 1 권투에서 경기의 한 회. 1라운드는 3분간임. ¶8~에서 케이오 승을 거두다. 2 골프 코스에서, 경기자가 각 홀(hole)을 한 바퀴 도는 일.

라운지(lounge) 〖명〗 호텔·극장·공항 따위의 휴게실. ¶스카이~ / 호텔 ~.

라유(⑯辣油) 〖명〗 중국 요리에 쓰이는 기초 조미료. 참기름에 고추를 볶아 우려낸 기름. =고추기름.

라이거(liger) 〖명〗 [lion+tiger] 〖동〗 사자의 수컷과 호랑이의 암컷과의 잡종. 사자보다 약간 크며, 몸빛은 사자와 비슷하나 갈색 무늬가 있음. 번식 능력은 없음. ▷타이곤.

라이너(liner) 〖명〗〖체〗 야구에서, 타자가 공을 쳤을 때 일직선으로 날아가는 공. =라인 드라이브. ¶~를 잘 잡다.

라이닝(lining) 〖명〗 약물의 침식을 막기 위해 고무·에보나이트 등을 용기 안쪽에 대는 일.

라이-밴(Ray Ban) 〖명〗 테가 가는 색안경. 상표명에서 온 말임.

라이벌(rival) 〖명〗 실력이 비슷한 상태에서 서로 경쟁하는 관계에 있는 상대. ㉥맞수·호적수. ¶~ 회사 / 영수는 학창 시절부터 철호의 ~이다.

라이벌-전(rival戰) 〖명〗 라이벌 간의 시합. ¶한일간의 숙명적인 ~.

라이베리아(Liberia) 〖명〗〖지〗 서아프리카 남서쪽 끝에 있는 공화국. 수도는 몬로비아.

라이-보리(rye-) 〖명〗〖식〗 =호밀.

라이브(live) 〖명〗 연주·공연·방송 등이 녹음되거나 녹화된 것이 아니라 그 자리에서 행해지거나 이루어지는 상태. ¶~로 이어지는.

라이브러리(library) 〖명〗 ['도서관'이라는 뜻] [컴] 컴퓨터에 즉시 사용할 수 있도록 자기 테이프 내에 정리 기록한 정보 집단.

라이브-카페(†live+⑭café) 〖명〗 생음악(특히, 대중음악)을 연주하거나 가수가 직접 노래를 부르는 카페.

라이브^콘서트(live concert) 〖명〗 대중 가수가 청중 앞에서 직접 육성으로 노래하는 공연.

라이선스(license) [명] 특허나 저작권 등을 사용할 수 있는 권리. 순화어는 '사용권'. ¶∼ 계약 / 제품 개발자로부터 ∼를 취득하다.

라이온스^클럽(Lions Club) [명] [Lions: Liberty, Intelligence, Our Nation's Safety] 1917년 미국의 실업가들이 창설한 국제적인 민간 사회봉사 단체.

라이^증후군(Reye症候群) [명][의] 어린이에게 발병하는 급성 질환으로, 갑자기 심한 구토를 하며 혼수상태에 빠져 생명이 위험한 병. 유행성 감기나 수두(水痘) 유행 후 발생률이 높음.

라이카-판(⒮Leica判) [명] 가로 36mm, 세로 24mm의 사진판. =삼십오 밀리판.

라이터(lighter) [명] 가스·휘발유 등을 연료로 하여 불꽃을 일으켜서 담배에 불을 붙이는 도구. ¶가스∼.

라이터-돌(lighter-) [명] 라이터에 쓰는 발화석(發火石). 보통 철 30%, 세륨 70%의 합금을 사용함. 준돌.

라이트(light) [명] ['빛', '광선'의 뜻] 1 조명 또는 조명등·탐조등. ¶∼를 켜고 야간 경기를 하다 / 무대 위에서 ∼를 받다. 2 ⇒전조등. ⒝자동차.

라이트-급(light級) [명][체] 권투 체급의 하나. 프로는 58.969∼61.230kg, 아마추어는 약 57∼60kg임.

라이트^미들급(light middle級) [명][체] 아마추어 권투 체급의 하나. 67∼71kg임.

라이트^오픈(light open) [명][연] 조명이나 불이 켜져 있는 채로 막을 여는 일. 약호는 L.O. ↔다크 오픈.

라이트^웰터급(light welter級) [명][체] 아마추어 권투 체급의 하나. 60∼63.5kg임.

라이트^윙(right wing) [명][체] 축구·하키에서, 포워드 중 오른쪽의 공격 위치. 또는, 그 선수. ↔레프트 윙.

라이트^이너(right inner) [명][체] 축구에서, 포워드 중 오른쪽에서 두 번째에 위치하는 선수. ↔레프트 이너.

라이트-펜(light pen) [명][컴] 디스플레이 장치에 부속된 수동 입력 장치. 감광(感光) 소자가 내장되어 있음.

라이트^플라이급(light fly級) [명][체] 권투 체급의 하나. 프로는 47.6∼49.98kg, 아마추어는 45∼48kg임.

라이트^헤비급(light heavy級) [명][체] 권투 체급의 하나. 프로는 76.2∼79.38kg, 아마추어는 75∼81kg임.

라이프^사이클(life cycle) [명] 1 [생] =생활사(生活史)1. 2 유통 또는 마케팅 분야에서, 제품이 시장에 도입되어 쇠퇴하기까지의 과정. ¶제품의 ∼.

라이프 스타일(life style) '생활양식'으로 순화.

라이플^사격^경기(rifle射擊競技) [−경−] [명] 라이플총이나 권총을 사용하여 표적을 제한 시간 내에 한정된 탄알의 수로 쏘아 명중률을 겨루는 스포츠.

라이플-총(rifle銃) [명] 1 탄알이 회전하면서 날게 하여 명중률을 높이고 사정거리를 늘리기 위해 총열 안에 강선(腔綫)을 새긴 총. =선조총·라이플. 2 ⇒소총(小銃). 준총.

라인(line) [명] ['선(線)', '행(行)'의 뜻] 1 스포츠에서, 경기장의 경계를 나타내기 위하여 그은 선. ¶골(goal) ∼ / ∼을 벗어나는 공. 2 기업에서, 구매·제조·운반·판매 등의 활동을 나누어 수행하고 있는 부문. ¶생산 ∼ / 판매 ∼. 3 기업·관청 등에서, 국(局)·부(部)·과(課)·계(係)와 같은 조직. ¶결재∼.

라인^아웃(line-out) [명][체] 1 럭비에서, 공이 터치라인 밖으로 나가서 게임을 다시 시작할 때, 양 팀의 포워드가 두 줄로 서서 공을 서로 빼앗는 일. 2 야구에서, 주자가 야수(野手)에게 잡히지 않으려고 베이스 라인에서 3피트 이상 벗어났을 때 아웃되는 일.

라인-업(line-up) [명] 1 [체] 야구에서, 출전 선수의 타격순. 또는, 그 수비 위치. 두 짜다. 2 [체] 운동 경기가 시작될 때, 양 팀 선수들이 한 줄로 정렬하는 것. 3 어떤 공동의 목적을 이루기 위하여 모인 사람들의 구성. ⒝진용(陣容).

라인^크로스(line cross) [명][체] 1 배드민턴·배구에서, 서브할 때 라인을 밟거나 넘어가는 반칙. 2 핸드볼에서, 선을 넘거나 밟는 반칙. 3 하키에서, 손·발 또는 스틱이 선을 넘어가는 반칙.

라일락(lilac) [명][식] 물푸레나뭇과의 낙엽 활엽 관목. 높이 5m 내외. 늦봄에 담자색·청색·백색 등의, 작은 대롱 모양의 꽃이 핌. 향기가 좋아 관상용으로 많이 가꿈. =자정향.

라-장조(−長調) [−쪼] [명][음] 으뜸음이 '라'인 장조.

라조기(←辣子鷄) [명] 토막 친 닭고기에 녹말을 묻혀 튀긴 다음, 고추·파·마늘·생강을 볶아 섞고, 녹말을 푼 물을 넣어 익힌 요리.

-라지[1] [어미] 1 '이다', '아니다'의 어간이나 어미 '-시-' 아래에 붙어, 어떤 사실을 확인하여 묻는 뜻을 나타내는 반말 투의 종결 어미. ¶그 사람이 진범이∼? / 고래는 물고기가 아니∼? ▷-다지·-ㄴ다지·-는다지. 2 모음이나 'ㄹ' 받침으로 끝나는 동사의 어간, 또는 어미 '-시-' 아래에 붙어, '해'할 상대에게 쓰이거나 혼잣말에 쓰여 어떤 행동을 행위자의 의지에 맡기되, 말하는 사람은 개의치 않거나 방임하겠다는 뜻을 나타내는 종결 어미. ¶갈 테면 ∼. ▷-으라지.

-라지[2] '-라고 하지'가 준 말. ¶할 수 있으면 해 보∼ 그랬어? ▷-다지·-으라지.

라카(⒮lacca) [명] '래커(lacquer)'의 잘못.

라커-룸(locker room) [명] 스포츠 센터 등에서, 벗은 옷이나 소지품을 일시적으로 보관할 수 있도록 붙박이장을 설치해 놓은 방. '탈의실', '(선수) 대기실'로 순화.

라켓(racket) [명][체] 테니스·배드민턴·탁구 등을 할 때, 공·셔틀콕 등을 치는 채.

라켓-볼(racquetball) [명] 높이 6.1m의 벽으로 둘러싸인, 세로 12.2m, 가로 6.1m의 코트에서, 라켓으로 공을 벽면에 대고 치는 운동.

라테라이트(laterite) [명][지] 건계(乾季)·우계(雨季)가 규칙적으로 교차하는 사바나 기후 지역에 발달하는 적색 풍화토. 생산력이 낮음. =홍토(紅土).

라텍스(latex) [명][화] 고무나무의 껍질에 홈집을 내었을 때 분비되는 유백색의 액체. 생고무의 원료이며 점착제 등에 쓰임.

라트비아(Latvia) [명] 유럽 러시아의 북서부에 있으며, 발트 해·리가 만에 면해 있는 국가. 1991년 소련 내부의 급격한 변혁에 의해 독립국이 됨. 수도는 리가.

라티푼디움(⒭latifundium) [명] ['광대한 토지'라는 뜻] [역] 고대 로마의 대토지 소유

제도.

라틴(Latin) 명 《다른 말과 결합하여》 라틴 계통 또는 라틴 민족의 뜻을 나타내는 말. ¶~문학 / ~음악.

라틴^아메리카(Latin America) 명[지] 북아메리카 남부에서 남아메리카에 걸친, 과거에 라틴 민족의 지배를 받던 지역의 총칭. 멕시코·아르헨티나·브라질 등. =중남미.

라틴^어(Latin語) 명[언] 고대 로마 제국의 공통어. 인도·유럽 어족의 이탤릭 어파에 속하며, 로망 어의 근원이 됨. ▷로망 어.

라틴^음악(Latin音樂) 명[음] 라틴 아메리카 여러 나라의 음악의 총칭. 탱고·삼바·맘보 따위.

라펠(lapel) 명 재킷이나 코트 등의 접은 깃.

-락 어미 ('-락-락'의 꼴로 쓰이어) 모음이나 'ㄹ' 받침으로 끝나는 용언의 어간에 붙어, 뜻이 상대되는 두 동작이나 상태가 번갈아 되풀이됨을 나타내는 연결 어미. 중첩어가 되므로 보통 두 말을 붙여 씀. ¶오~가~ / 쥐~펴~. ▷-으락.

락타아제(ⓈLaktase) 명[화] 젖당을 가수 분해 하는 효소.

락토오스(lactose) 명[화] =젖당.

락트-산(lactic酸) 명[화] 젖산균에 의한 당류 등의 발효로 생기는 산. 신맛이 있는 점성의 액체로, 근육 속에 축적되면 피로의 원인이 됨. =유산(乳酸)·젖산.

란[1] 조 ('라는 것은'이 준 말) 모음으로 끝나는 체언에 붙어, 어떤 대상을 지적하거나 드러내어 말할 때 쓰는 보조사. ¶우주~ 참으로 광대무변한 것이다. ▷이란.

-란[2] 1 '-라고 하는'이 준 말. ¶대피~ 신호가 울리다. 2 '-라고 한'이 준 말. ¶난 너러러 거짓말쟁이~ 적은 없다. ▷-으란.

란[3](卵) 명 '난(卵)[1]'이 단어의 어말에 올 때의 어형. ¶수정~ / 무정(無精)~. →난(卵)[1].

란[4](欄) 명 '난(欄)[5]'이 단어의 어말에 올 때의 어형. ¶광고~ / 사설~. →난(欄)[5].

-란다[1] 어미 '이다', '아니다'의 어간이나 어미 '-시-' 아래에 붙어, '해라' 할 상대에게 사실을 친근하게 서술하는 종결 어미. ¶오늘이 내 생일이~. / 사실이 아니~.

-란다[2] '-라고 한다'가 준 말. ¶자기가 사장이~. / 일을 빨리 하~. ▷-으란다.

란제리(←Ⓕlingerie) 명 여성의 서양식 속옷, 겉옷 바로 밑에 입는 장식적인 속옷. 슬립·캐미솔·페티코트 따위. ▷파운데이션.

란탄(ⓈLanthan) 명[화] 희토류 원소의 하나. 원소 기호 La, 원자 번호 57, 원자량 138.91. 은백색의 금속 원소로 공기 중에서 산화하여 회백색이 됨. 합금의 첨가 성분으로 이용됨. =란타늄.

-랄 '-라고 할'이 준 말. ¶부모가 되어 가지고 자식에게 나쁜 짓을 하~ 수야 없지. ▷-으랄.

-람[1] 어미 '이다', '아니다'의 어간이나 어미 '-시-' 아래에 붙어, '-란 말인가'의 뜻으로 혼잣말로 못마땅함을 나타내는 의문형 종결 어미. ¶이게 무슨 꼴이~ / 백 원은 돈이 아니~. 2 모음이나 'ㄹ' 받침으로 끝나는 동사의 어간, 또는 어미 '-시-' 아래에 붙어, '해' 할 상대에게 쓰이거나 혼잣말에 쓰여 '-라고 했다 뭐'의 뜻으로 어떤 상황이나 사실에 대해 가볍게 반박하거나 마땅치 않게

여김을 나타내는 의문형 종결 어미. ¶그러기에 누가 가라고 가~? ▷-으람.

-람[2] 어미 '-라면'의 준말. ¶꿈이~ 좋겠다.

람바다(lambada) 명 [브라질 어로 '채찍'이라는 뜻] 브라질에서 처음 시작된 관능적인 춤과 노래.

-랍니까[-람-] '-라고 합니까'가 준 말. ¶누구의 잘못이~? ▷-으랍니까.

-랍니다[-람-] 어미 '이다', '아니다'의 어간이나 어미 '-시-' 아래에 붙어, '합쇼' 할 상대에게 어떤 사실을 친근하게 일러 줌을 나타내는 종결 어미. ¶오늘이 제 생일이~.

-랍니다[-람-] '-라고 합니다'가 준 말. ¶그건 거짓이~. / 어서 하~. ▷-으랍니다.

-랍디까[-띠-] '-라고 합디까'가 준 말. ¶누가 범인이~? ▷-으랍디까.

-랍디다[-띠-] '-라고 합디다'가 준 말. ¶1등이~. / 어서 하~. ▷-으랍디다.

랍비(ⓔrabbi) 명 유대교의 율법사·율법학자.

-랍시고[-씨-] 어미 '이다', '아니다'의 어간이나 어미 '-시-' 아래에 붙어, 어떤 사실이나 근거를 얕잡아 말하는 뜻을 나타내는 연결 어미. ¶사장이~ 우줄거리는 꼴이란.

랑 조 《모음으로 끝나는 체언에 붙어》 1 다른 말과 비교함을 나타내는 부사격 조사. ¶철수는 나~ 나이가 같다. 2 함께 행동함을 나타내는 부사격 조사. ¶어머니~ 함께 갔다. 3 여럿을 대등한 자격으로 이어 주는 접속 조사. ¶너~ 나~ 같이 가자. ▷이랑.

랑가주(Ⓕlangage) 명[언] 스위스의 언어학자 소쉬르의 용어. 랑그(langue)와 파롤(parole)로 이루어지는 인간의 언어활동. ▷랑그·파롤.

랑게르한스-섬(Langerhans-) 명[생] 척추 동물의 이자 안에 섬 모양으로 흩어져 있는 내분비선 조직. 인슐린을 분비함.

랑그(Ⓕlangue) 명[언] 스위스의 언어학자 소쉬르의 용어의 하나. 각 개인의 머릿속에 저장되어 있는 사회적 언어의 체계. ▷파롤.

랑데부(Ⓕrendez-vous) 명 1 특정한 시각과 장소에서 밀회하는 것. 특히, 남녀간의 만남을 이르는 말. ¶심야의~. 2 둘 이상의 우주선이 도킹을 하기 위하여 우주 공간에서 만나는 일. ▷비행. **랑데부-하다** 자여.

-래 '-라고 해'가 준 말로 남의 명령이나 서술을 인용하는 말. ¶내일 아침에 오~. ▷-으래.

래글런^소매(raglan-) 명 양복의 소매형(型)의 하나. 소매 둘레의 선이 목둘레에서 겨드랑이로 비스듬하게 되어 있음. =래글런 슬리브.

-래도 '-라고 해도'가 준 말. ¶누가 뭐~ 하고 싶은 건 하겠다. ▷-ㄴ데도·-대도.

래디컬(radical) →래디컬-하다 형여 '급진적이다'의 뜻.

래미네이팅(laminating) 명 얇고 투명한 비닐 막을 종이에 밀착하여 덧씌우는 것. 흔히, 인쇄물·신분증 등을 보호하기 위해 함. ▷코팅. **래미네이팅-하다** 타여.

-래서 '-라고 해서'가 준 말. ¶외국인이~ 다르지는 않다. / 나오~ 나갔다. ▷-으래서.

-래서야 '-라고 해서야'가 준 말. ¶남의 것을 제 것이~ 어디 말이 되나. ▷-으래서야.

-래야 '-라고 해야'가 준 말. ¶가진 돈이~ 이게 고작이다. ▷-으래야.

-래요[1] 어미 '이다', '아니다'의 어간이나 어

미 '-시-' 아래에 붙는 종결 어미. 1 '해요' 할 상대에게, 들어서 알거나 다른 사람이 말한 내용을 옮겨 말하는 뜻을 나타냄. ¶내일이 시험이~. / 거기는 그 사람이 사는 집이 아니~. 2 '해요' 할 상대에게, 상대가 들어서 알고 있는 내용에 대해 확인하여 묻는 뜻을 나타냄. ¶그건 무슨 꽃이~?

-래요² '-라고 해요'가 준 말. ¶엄마가 저만 집에 가~. ▷-으래요.

래커(lacquer) 명 섬유소나 합성수지 용액에 수지·가소제·안료 등을 섞은 도료. 건조가 빠르고 오래감. 가구·자동차 칠 등에 쓰임. ×라카.

래프팅(rafting) 명 3~10인승 고무보트로 강의 급류를 타는 레저 스포츠.

랙(lac) 명 랙카지진디 따위의 암컷이 나무줄기나 가지에 분비하는 나무의 진 같은 물질. 또는, 그 물질을 정제한 것. 도료·접착제·전기 절연 재료 등으로 쓰임.

랙-깍지진디(lac-) [-찌-] 명[동] 둥근깍지진딧과의 곤충. 몸은 보리알만 하고 불그스름함. 고무나무·보리수 등에 기생하여 진을 빨아 먹고 살며, 랙을 분비함.

랜(LAN) [local area network] [통] =근거리 통신망.

랜딩(landing) 명 ['착륙'이라는 뜻] [체] 스키에서, 점프를 한 뒤 땅에 떨어지며 취하는 동작. 또는, 그 지점.

랜딩-비(landing費) 명〈속〉제약 회사에서 병원에 약을 납품하는 대가로 주는 음성적인 돈.

랜턴(lantern) 명 투명 또는 반투명 유리 덮개를 씌운, 손잡이가 달린 등(燈).

랠리(rally) 명[체] 1 탁구·테니스·배드민턴·배구 등에서, 네트를 사이에 두고 양편의 타구가 계속 이어지는 일. 2 일반 도로를 정해진 시간 내에 주행하는 자동차 경기. 장거리 구간에서 밤낮의 구별 없이 행함.

램(RAM) [random-access memory] [컴] 기억 장치의 기억 내용을 임의로 읽거나 변경할 수 있는 기억 소자. 사용자가 작성한 프로그램이나 데이터를 기억시키며, 전원이 꺼지면 기억된 내용이 지워짐. ▷롬(ROM).

램프¹(lamp) 명 1 석유·가스·전기 등을 이용하여 빛을 내는 기구. 흔히, 유리나 플라스틱으로 된 등피(燈皮)가 씌워져 있음. 2 알코올램프 같은 가열용 장치.

램프²(ramp) 명 고속도로가 입체 교차 할 때 두 도로를 연결하는, 활처럼 굽은 도로. 또는, 일반 도로에서 고속도로로 접어들거나, 고속도로에서 일반 도로로 빠져나올 수 있도록 만든 도로. ¶고속도로 진입~.

랩¹(lap) 명[체] 1 경주에서, 트랙 한 바퀴 도는 한 코스. 2 '랩 타임'의 준말.

랩²(rap) 명[음] =랩뮤직.

랩³(wrap) 명 식품 포장에 사용하는 폴리에틸렌제의 얇은 막.

랩-뮤직(rap music) 명[음] 강렬하고 반복적인 리듬에 맞추어 가사를 곡조 없이 읊듯이 노래하는 팝 음악. 또는 그런 음악.

랩소디(rhapsody) 명[음] 내용·형식이 비교적 자유롭고, 서사적·영웅적·민족적 성격을 지닌 환상적인 기악곡. =광시곡.

랩어라운드-스커트(wraparound skirt) 명 한 장의 천으로 된, 몸에 감아 입는 스커트.

랩^타임(lap time) 명[체] 중·장거리 육상 경기, 스피드 스케이팅, 경영(競泳) 따위에서, 경주로를 한 바퀴 돌 때마다, 풀(pool)에서는 한 번 왕복 또는 50m마다 잰 소요 시간. 마라톤에서는 5km·10km 등의 중간 소요 시간임. 준랩.

랩톱^컴퓨터(laptop computer) 명 무릎 위에 올려놓고 사용할 수 있을 정도로 가볍고 작은 컴퓨터.

랬자[랟짜] '-라고 했자'가 준 말. ▷-댔자.

랭크(rank) →랭크-되다 [-되-/-뒈-] [동][자] 권투·레슬링 등에서, 어떠한 순위에 위치하게 되다. ¶WBC 제3위에 ~.

랭킹(ranking) 명 능력이나 지위에 따라 매겨지거나 정해진 순위. ¶세계 헤비급 ~ 1위 / 매출액 ~ 5위에 드는 기업.

-랴 [어미] 1 모음이나 'ㄹ' 받침으로 끝나는 어간, 또는 어미 '-시-' 아래에 붙어, '어찌 그러할 것이냐', '어찌 그럴 수 있느냐' 하는 뜻으로, 어떤 사실을 반어적으로 자문하는 뜻을 나타내는 문어체의 종결 어미. ¶그런 데어디 사람이 할 짓이~. 2 모음이나 'ㄹ' 받침으로 끝나는 동사의 어간에 붙어, '해라' 할 상대에게 장차 자기가 할 일에 대하여 의향을 묻는 어미. ¶오늘 하~? 3 모음이나 'ㄹ' 받침으로 끝나는 동사의 어간, 또는 어미 '-시-' 아래에 붙어, '이러하게도 하고 저러하게도 하여'의 뜻으로 이러한 여러 행동이 뒤의 사실의 원인임을 나타내는 연결 어미. '-랴 -랴'의 꼴로 쓰임. ¶우리 어머니는 직장 다니~ 살림하~ 몹시 바쁘시다. ▷-으랴.

-랴마는 [어미] 어미 '-랴¹'과 보조사 '마는'이 결합한 말. 앞의 사실에 대해 과연 그럴까 의문을 가지면서도 완전히 부정할 수 없는 그 사실을 전제로 뒷말을 말할 때 쓰임. [비]-ㄹ까마는. ¶오죽 슬프~ 전혀 내색을 않는다. ▷-으랴마는.

량¹(量) 명 '양(量)¹'이 단어의 어말에 올 때의 형태. ⇒양².

량²(輛) [의존] 열차·전철 등의 칸을 세는 단위. ¶객차 이십 ~.

-러 [어미] 모음이나 'ㄹ' 받침으로 끝나는 동사의 어간, 또는 어미 '-시-' 아래에 붙어, 가거나 오는 동작의 직접 목적을 나타내는 연결 어미. ¶영화 구경 하~ 간다. ▷-으러.

러그(rug) 명 1 거실이나 방바닥에 까는, 거칠게 짠 직물 제품. 2 무릎을 덮는 직물 제품.

러너(runner) 명 '주자(走者)'로 순화.

-러니 [어미] '이다', '아니다'의 어간이나 어미 '-시-' 아래에 붙어, '-더니'의 뜻으로 예스럽게 쓰이는 연결 어미. ¶엊그제까지도 철없는 애이~ 벌써 장가를 드는구나.

-러니라 [어미] '이다', '아니다'의 어간이나 어미 '-시-' 아래에 붙어, '-더니라'의 뜻으로 예스럽게 쓰이는 평서형 종결 어미. ¶훌륭한 가문이~. / 절대로 신의를 저버릴 사람이 아니~.

-러니까 [어미] '-러니까'를 좀 더 정중하게 나타내는 종결 어미.

-러니다 [어미] '-러니다'를 좀 더 정중하게 나타내는 종결 어미.

러닝(running) 명 1 달리는 일. 보통, 천천히 달리는 조깅에 대비하여 좀 빠른 속도로 달리는 것을 말함. 2 '러닝셔츠'의 준말.

러닝-머신(↑running machine) 명 벨트 형태의 바닥을 롤러로 움직임으로써 그 위에서 달리거나 걸을 수 있게 만든 실내 운동

기구.

러닝-메이트(running mate) 〔명〕 미국 등에서 대통령 후보자와 함께 대선에 나선 부통령 후보자를 이르는 말.

러닝-샤쓰(running←㊼シャツ) 〔명〕 =러닝셔츠.

러닝-셔츠(†←running shirt) 〔명〕 **1** 경주나 경기를 할 때 선수들이 입는, 소매가 없어 어깨와 겨드랑이 부분이 드러나는 셔츠. **2** 윗도리에 입는, 소매가 없거나 짧은 소매가 달린 메리야스 속옷. =러닝샤쓰. ㉤러닝.

러닝-슛(running shoot) 〔명〕〔체〕 농구·핸드볼 등에서, 링을 향해 뛰어 들어가며 하는 슛.

러닝-스티치(running stitch) 〔명〕 프랑스 자수에서, 홈질하는 수법(繡法). 칼라·포켓 등에 선(線) 장식으로 쓰임.

러닝^패스(running pass) 〔명〕〔체〕 축구·럭비 등에서, 달리면서 하는 패스.

러^변^칙^활용(-變則活用) [-치콸-] 〔명〕〔언〕 =러 불규칙 활용.

러^불규칙^용^언(-不規則用言) [-칭농-] 〔명〕〔언〕 러 불규칙 활용을 하는 용언. 동사 '이르다'와 형용사 '누르다', '푸르다' 뿐임.

러^불규칙^활용(-不規則活用) [-치콸-] 〔명〕 어미 '-어', '-어서' 따위의 '어'가 '러'로 변하는 활용 형식. '이르다'가 '이르러', '푸르다'가 '푸르러'로 활용되는 따위. =러 변칙 활용.

러브(love) 〔명〕〔체〕 테니스 경기에서, 무득점.

러브^게임(love game) 〔명〕〔체〕 테니스 경기에서, 한편이 무득점으로 끝난 경기.

러브-레터(love letter) 〔명〕 =연애편지.

러브-샷(†love shot) 〔명〕 연인이나 친한 사람과 술잔을 든 팔을 서로 걸고 함께 술을 들이키는 일.

러브-스토리(love story) 〔명〕 사랑의 이야기.

러브-신(love scene) 〔명〕〔언〕〔영〕 남녀의 애정을 연출하는 장면. 곧, 키스나 포옹, 성 관계 등을 연출하는 장면.

러브-호텔(†love hotel) 〔명〕 은밀히 성(性)을 즐기려고 하는 손님들을 주 대상으로 하여 영업하는 호텔. 흔히, 한적한 교외에 자리 잡고 있음.

러셀-차(Russell車) 〔명〕 철로에 쌓인 눈을 쳐내는 제설차. 삽모양으로 된 바퀴임.

러시(rush) 〔명〕 어떤 현상이 갑자기 왕성해지거나 어떤 요청이 쇄도하는 일. ¶해외여행이 ~을 이루다. =노서아어.

러시아(Russia) 〔명〕〔지〕 유라시아 대륙의 북부를 차지하는 공화국. 수도는 모스크바. 음역어는 노서아(露西亞)·아라사(俄羅斯). = 러시아 연방.

러시아^어(Russia語) 〔명〕〔언〕 러시아에서 쓰이는 언어. 인도·유럽 어족 슬라브 어파에 속함. 넓게는 우크라이나 어·벨로루시 어를 포함. =노서아어.

러시-아워(rush hour) 〔명〕 교통량이 몰려 매우 혼잡한, 아침저녁의 출퇴근 시간.

러시안-룰렛(Russian roulette) 〔명〕 회전식 연발 권총에 총알을 한 발만 넣고 총알의 위치를 알 수 없게 탄창을 돌린 후 몇 사람이 차례로 자기 머리에 총구를 대고 방아쇠를 당기는, 목숨을 건 내기.

-러이까 〔어미〕 '이다', '아니다'의 어간이나 어미 '-시-' 아래에 붙어, '합쇼' 할 상대에게 지난 일에 대해 회상하여 물을 때 쓰이는 종결 어미. 예스런 표현으로 현대 구어에서는 거의 쓰이지 않음. ¶그자가 대체 뉘 집 자손이~? / 그는 이름 높은 재상이 아니~? ▷-더이까.

-러이다 〔어미〕 '이다', '아니다'의 어간이나 어미 '-시-' 아래에 붙어, '합쇼' 할 상대에게 지난 일을 회상하여 말할 때 쓰이는 종결 어미. 예스런 표현으로 현대 구어에서는 거의 쓰이지 않음. ¶그는 천하의 명장이~.

러일(←Russia日) 〔명〕 러시아와 일본.

러키-세븐[1](lucky seven) 〔명〕 '7'을 행운의 숫자라는 뜻으로 이르는 말.

러키-세븐[2](←lucky seventh) 〔명〕〔체〕 야구에서, 주로 7회에 다른 회보다 점수가 많이 난다고 하여 붙인 이름.

러키^존(lucky zone) 〔명〕〔체〕 야구에서, 본루에서 거리가 가장 짧은, 외야의 좌우 펜스 바로 뒤쪽 지역. 홈런이 되기 쉬운 지역이라 하여 붙인 이름임.

러프(rough) 〔명〕〔체〕 골프에서, 페어웨이(잔디가 잘 손질된 곳) 밖의 잡초가 우거진 곳.

러플(ruffle) 〔명〕 큼직큼직한 물결 모양의 주름 장식. 주로 치맛자락 끝단 등에 쓰임.

럭(ruck) 〔명〕〔체〕 럭비에서, 지상(地上)에 있는 공의 주위에 두 사람 이상의 경기자가 선 채로 몸을 밀착시키고 밀집하는 상태.

럭비(Rugby) 〔명〕〔체〕 '럭비풋볼'의 준말.

럭비-공(Rugby-) 〔명〕 럭비풋볼에 쓰는 타원형의 공.

럭비-풋볼(Rugby football) 〔명〕〔체〕 15명씩으로 짜여 두 팀이 타원형의 공을 상대편의 인골에 찍거나 킥으로 크로스바를 넘겨 득점을 겨루는 경기. =러거(rugger). ㉤럭비.

럭스(lux) 〔명〕〔물〕〔의존〕 조명도(照明度)의 단위. 1럭스는 1칸델라의 광원으로부터 1m 떨어진 곳에 광원과 직각으로 놓인 면의 밝기임. 기호는 lx.

-런가 〔어미〕 '이다', '아니다'의 어간이나 어미 '-시-' 아래에 붙어, 혼잣말로 쓰여 '던가'의 뜻으로 예스럽게 사용하는 감탄조의 의문형 종결 어미. 주로 옛 말투의 시문에 쓰임. ¶인생은 한바탕의 꿈이~.

-런들 〔어미〕 '이다', '아니다'의 어간에 붙어, 추측하여 양보적 조건을 나타내는 연결 어미. ¶네가 아무리 천재인~ 노력하지 않으면 무슨 소용이 있으리오.

런지(lunge) 〔명〕〔체〕 **1** 하키에서, 스틱을 길게 내뻗쳐 주로 상대방의 볼 컨트롤을 저지하는 방어 기술. **2** 펜싱에서, 찌르기 또는 베기의 자세.

럼-주(rum酒) 〔명〕 당밀이나 사탕수수에 물을 타 발효시켜 증류한 술. =럼.

레(㊀re) 〔명〕〔음〕 **1** 음이름 '라'의 이탈리아어. **2** 장음계에서 둘째 음.

레가토(㊀legato) 〔명〕〔음〕 음과 음 사이를 끊어지지 않게 부드럽게 연주하라는 말.

레가티시모(㊀legatissimo) 〔명〕〔음〕 악곡의 표현 방법을 나타내는 말로, '극히 부드럽게'의 뜻.

레게(reggae) 〔명〕〔음〕 1960년대에 자메이카에서 일어난, 강하고 규칙적인 비트의 록 음악. 노래 가사는 흔히 정치적 메시지 따위를 담고 있음.

레귤러-커피(regular coffee) 〔명〕 커피 열매를 볶아서 가루로 빻은 커피.

레그혼-종(Leghorn種) 〔명〕〔동〕 닭의 한 품종. 이탈리아의 레그혼 지방 원산으로, 볏은 붉고 몸빛은 갈색·백색·흑색 등임. 산란율이 높음.

레깅스(leggings) 명 1 신축성이 있고 딱 달라붙는 여성용 긴 바지. 속칭은 쫄바지. 2 발끝까지 하나로 이어지거나 발끝에 고리가 달린 유아용 바지. 3 가죽으로 된 각반.

레늄(rhenium) 명 [화] 은백색의 금속 원소. 원소 기호 Re, 원자 번호 75, 원자량 186.2. 백금광 등에 조금 함유되어 있으며, 가루는 흑색 또는 암회색임. 여러 가지 반응의 촉매로 쓰임.

레닌(rennin) 명 [화] 반추 동물의 위액 중에 있으며, 젖의 단백질인 카세인을 파라카세인으로 변화시켜 응고시키는 효소.

레닌-주의(Lenin主義) [-의/-이] 명 레닌의 이론이나 사상. 마르크스주의를 러시아에 적용하고, 제국주의와 프롤레타리아 혁명으로 발전시킨 공산주의 이론. 비마르크스·레닌주의.

레더-클로스(leather cloth) 명 1 =인조 가죽. 2 멜턴 가공을 한 면(綿)과 모(毛)의 교직물.

레드 존(red zone) '청소년 금지 구역'으로 순화. ¶인터넷 ~

레드-카드(red card) 명 [체] 운동 경기에서, 심판에게 경고를 받은 선수가 다시 고의로 반칙하거나 예의에 어긋난 행위를 했을 때, 주심이 퇴장의 표시로 보이는 빨간색 쪽지.

레디-고(ready go) 감 [영] 흔히, 영화를 만들 때 감독이 출연자에게 외치는 말. '레디'는 준비, '고'는 시작하라는 뜻임. 근래에는 '레디 액션'이라는 말을 더 많이 사용함.

레모네이드(lemonade) 명 레몬즙에 물·설탕 등을 넣은 음료. =레몬수.

레몬(lemon) 명 1 [식] 운향과의 상록 소교목. 흰 꽃이 5~10월에 피고, 열매는 길둥글며 노랗게 익음. 2 1의 열매. 과육에 시트르산과 비타민 C가 많이 들어 있어 신맛이 있으며 향기가 진함. 음료를 만들어 먹거나 향료로 씀.

레몬-스쿼시(lemon squash) 명 레몬즙에 탄산수를 탄 청량음료.

레몬-유(lemon油) 명 레몬 껍질에서 짠 기름. 연한 황색으로, 특이한 향기가 있어 음식물 등의 향기를 내는 데 씀.

레몬-차(lemon茶) 명 레몬 즙을 탄 홍차.

레미콘(일レミコン) 명 [<ready mixed concrete: 일본의 상표명에서 온 말] 1 =레미콘차. 2 현장에서 비비지 않고 콘크리트 공장에서 미리 혼합하여 운반되는, 굳지 않은 콘크리트.

레미콘-차(일レミコン車) 명 콘크리트가 굳지 않도록 개면서 운반하도록 장치한 차. =레미콘·믹서차·트럭믹서.

레바논(Lebanon) 명 [지] 서아시아 지중해 동연안에 있는 공화국. 수도는 베이루트.

레벨(level) 명 생활·능력·의식·질 등의 수준. ¶~이 다르다 / ~을 맞추다.

레뷰(←⽇revue) 명 희극·오페라·발레·재즈 등의 여러 요소에다 음악과 무용을 뒤섞어 호화찬란한 연출을 하는 희극 형식의 하나.

레소토(Lesotho) 명 [지] 아프리카 남부에 있는 왕국. 수도는 마세루.

레스비언 '레즈비언(lesbian)'의 잘못.

레스토랑(⽂restaurant) 명 주로 양식을 파는, 비교적 고급에 속하는 음식점.

레슨(lesson) 명 일정한 시간에 받는 개인 교습. 특히, 서양풍의 악기나 성악, 발레 등의 교습을 이름. ¶피아노 ~ / ~을 받다.

레슬러(wrestler) 명 레슬링 선수.

레슬링(wrestling) 명 [체] 서양에서 시작된 투기 종목의 하나. 상대 선수의 양어깨를 동시에 1초 동안 바닥에 댄 사람이 이기며, 그렇지 못한 경우에는 판정에 의한 점수로 승부를 결정함. 체급 경기임.

레시터티브(recitative) 명 [음] 오페라나 종교극 등에서, 대사를 말하듯이 노래하는 부분. =레치타티보(recitativo)·서창(敍唱).

레시틴(lecithin) 명 인지질의 하나. 생체막의 주요 구성 성분으로, 동물·식물·효모·곰팡이류에 널리 포함되어 있음.

레위-기(←Levi記) 명 [성] 구약 성서 중의 한 권.

레이(lei) 명 하와이에서 사람의 목에 기념으로 걸어 주는 화환.

레이노-병(Raynaud病) 명 [의] 손가락·발가락의 혈관이 추위에 수축되면서 창백해지고 마비되는 병. 주로 젊은 여성에게 발생함.

레이더(radar) 명 전파, 특히 마이크로파를 발사하여 그 반사파를 받아서 목표물의 거리·방위를 측정하는 장치. 항공기·선박·기상 등에 널리 이용됨. =전파 탐지기.

레이더^기지(radar基地) 명 [군] 방공(防空) 경계·통신 등을 위해 레이더를 설치한 기지.

레이더-망(radar網) 명 [군] 다수의 레이더를 하나의 부서로 연결한 조직망. ¶~에 걸리다.

레이서(racer) 명 경기용 자동차나 오토바이. 또는, 그 경기자.

레이스¹(lace) 명 서양식 수예 편물의 하나. 실을 코바늘로 떠서 여러 가지 구멍 뚫린 무늬를 나타냄. ¶~를 뜨다 / ~를 달다.

레이스²(race) 명 [체] 스포츠 경기에서의 경주(競走)·경영(競泳)·경조(競漕)·경마(競馬)·경륜(競輪) 등의 총칭.

레이아웃(layout) 명 출판·광고·건축 분야 등에서, 문자·그림·사진 등을 지면 위에 시각적 효과와 사용 목적을 고려하여 구성·배열하는 일. 또는, 그 기술.

레이업^슛(↑layup shoot) 명 [체] 농구에서, 골 가까이에서 뛰어올라 손바닥에 공을 올려 가볍게 던져 넣는 슛.

레이온(rayon) 명 인조 견사 또는 인조견.

레이윈(rawin) 명 [기상] 소형 무선 송신기를 장치한 기구(氣球)를 상공에 띄우고, 지상에서 무선 방향 탐지기로 그 위치를 측정하여 상층의 바람을 관측하는 장치.

레이저(laser) 명 [물] 분자 안에 있는 전자 또는 분자 자체의 격렬한 상태를 이용하여 전자기파를 증폭하는 장치. 초원거리(超遠距離) 통신이나 의료 등에 응용됨.

레이저^광선(laser光線) 명 [물] 레이저에서 발사되는 광선. 주파수가 일정하고 단색성이며 곧게 나아가고 세기가 강하여, 정밀 공작·기상 관측·외과 수술·우주 통신 등에 이용됨.

레이저^디스크(laser disk) 명 [물] 원반 위에 기록되어 있는 음성이나 화상(畫像)을 레이저를 이용하여 재생시키는 비디오디스크. =엘디(LD).

레이저^통신(laser通信) 명 [통] 레이저 광선을 이용하는 통신. 마이크로파보다 많은 신호나 정보를 동시에 보낼 수 있음.

레이저^프린터(laser printer) 명 [컴] 출력할

정보에 빛을 쬐어, 토너라고 하는 가루 안료로 현상하여 종이에 글씨나 그림이 나타나게 하는 전자 사진식 프린터. ▷잉크젯 프린터.

레이콘(racon) 몡 신호 전파를 발사하여 항공기나 선박에게 그 위치나 방향을 알리는 레이더 비컨.

레인(lane) 몡[체] 1 육상·수영·경마 등에서, 달리거나 나아가는 길. =경주로·코스. ¶제1 ~의 선수. 2 =앨리(alley).

레인지(range) 몡 취사용의 가스·전기 기구. ¶가스~.

레인-코트(raincoat) 몡 =비옷.

레일(rail) 몡 철도 차량이나 전차 등을 달리게 하기 위하여 땅 위에 두 줄로 나란히 깔아 놓은 가늘고 긴 강철재(鋼鐵材). =궤조·궤철(軌鐵). (비)궤도. ¶기차가 ~ 위를 달리다.

레임-덕(lame duck) 몡 '절름발이 오리'라는 뜻) 임기 종료를 앞둔 대통령 등의 지도자. 또는, 임기 말의 권력 누수 현상.

레자(@レザ) 몡 '인조 가죽'으로 순화.

레저(leisure) 몡 일에서 해방되어 휴식하거나 즐길 수 있는 시간. 또는, 그 시간을 이용하여 여러 가지 스포츠나 등산·낚시·물놀이·여행 등을 즐기는 일. ¶~ 시설 / ~ 생활.

레저^산업(leisure産業) 몡 여가를 즐기는 사람들에게 오락 시설이나 교통·숙박의 편의를 제공하는 산업.

레저^스포츠(†leisure sports) 몡 =레포츠.

레제드라마(Lesedrama) 몡[문] 상연보다는 문학적으로 읽히는 것을 목적으로 쓴 희곡.

레종^데타(@raison d'État) 몡[정] 국가가 그 이익이나 권력의 발전을 꾀할 때 그 이유로 내세우는 윤리적·이성적 근거. =국가이유(國家理由).

레즈비언(lesbian) 몡 여성 간의 동성애. 또는, 그런 경향이 있는 여자. ↔호모(homo).

레지(@レジ) 몡 〈register〉 다방 등에서 손님을 접대하며 차를 나르는 여자. ¶다방~.

레지던트(resident) 몡 전공의 중에서 인턴 과정을 마치고 전문 과목 중 한 과목을 수련 준는 사람. 수련 기간은 4년임. ▷인턴.

레지스탕스(@résistance) 몡 침략군에 대한 저항 운동. 특히, 프랑스에서 제2차 세계 대전 중 점령 독일군에 대항하여 펼친 지하 저항 운동.

레지스터(register) 몡[컴] 특정한 목적에 사용되는 일시적인 기억 장치. 데이터를 읽고 쓰는 기능이 매우 빠름.

레지에로(@leggiero) 몡[음] 악곡의 표현 방법을 나타내는 말로, '경쾌하게', '가볍게'의 뜻.

레지오넬라(legionella) 몡[생] 흙에 존재하는 세균의 하나. 특히, 여름철 냉각탑과 같은 인공 시설물에서 발생하는 작은 물방울 속에 들어가서 공기 가운데 떠돌다가 사람과 동물에 감염하여 병을 일으킴.

레커-차(wrecker車) 몡 고장 난 차나 주차 위반을 한 차 등을 끌고 가는 데 이용하는, 크레인이 장착된 자동차.

레코드(record) 몡 1 =음반(音盤). 2 [컴] 필드의 집합으로, 데이터로 다루어지는 단위. 이 레코드의 집합 단위가 파일(file)임.

레코드-판(record板) 몡 =음반(音盤).

레코드-플레이어(record player) 몡 음반에 녹음되어 있는 음을 재생하는 장치. 모터·픽업·턴테이블 등으로 구성됨.

레코딩 '리코딩(recording)'의 잘못.

레퀴엠(@requiem) 몡[음] 죽은 사람의 영혼을 위로하기 위한 미사 음악. =위령곡·진혼곡.

레크리에이션(recreation) 몡 심신의 피로를 풀고 새로운 힘을 북돋우기 위해 여가 시간에 운동이나 오락 등을 즐기는 일. 또는, 그 운동이나 오락.

레터링(lettering) 몡 광고 등에서, 문자(文字)를 시각적 효과를 고려하여 도안하는 일.

레테르(⑩letter) 몡 1 =라벨. 2 어떤 인물이나 사물에 대하여, 불명예스럽게 붙은 딱지. ¶사이비 학자라는 ~를 받다.

레토르트(retort) 몡[화] 화학 실험 기구의 하나. 건류나 증류에 쓰이는 가열기로, 목이 굽은 플라스크 모양임.

레토르트^식품(retort食品) 몡 조리 가공한 식품을 주머니에 넣어 밀봉한 후 레토르트 솥에 넣어 고온에서 가열 살균하여 공기와 광선을 차단한 상태에서 장기간 보존할 수 있게 만든 저장 식품.

레토릭(rhetoric) 몡 1 [문] =수사학. 2 진실을 담지 않거나 진지함을 결여한 채 겉으로만 그럴듯하게 꾸며 낸 말이나 글. 부정적인 뜻으로 쓰이는 말임. ¶그 정치가의 발언은 정치적 ~일 뿐이다.

레트(let) 몡[체] 테니스·탁구에서, 서브한 공이 네트를 스치고 상대방의 코트에 들어가는 일. 폴트가 아니며, 서브를 다시 할 수 있음.

레퍼리(referee) 몡[체] 축구·농구·권투·레슬링 등의 심판. ¶~ 휘슬.

레퍼리^타임(referee time) 몡[체] 농구·배구·핸드볼 등에서, 시합 중 필요에 따라 심판이 경기를 쉬게 하거나 잠시 경기를 쉬게 하는 시간.

레퍼토리(repertory) 몡 1 연주가나 가수나 극단 등이 무대 위에서 공연할 수 있도록 준비하고 있는 곡목이나 목록. 또는, 어떤 사람이 언제든 부를 수 있는 몇 가지의 애창곡. 2 〈속〉 언제든 사람들 앞에서 보여 줄 수 있게 준비되어 있는 장기. 또는, 언제든 들려줄 수 있게 준비되어 있는 이야깃거리.

레포츠(†←leisure sports) 몡 여가에 레저를 겸하여 행하는 스포츠. =레저 스포츠.

레포트 몡 '리포트(report)'의 잘못.

레프트^윙(left wing) 몡[체] 축구·하키에서, 포워드 중 왼쪽의 공격 위치. 또는, 그 선수. ↔라이트 윙.

레프트^이너(left inner) 몡[체] 축구에서, 포워드 중 왼쪽에서 두 번째에 위치하는 선수. ↔라이트 이너.

렌즈(lens) 몡[물] 빛을 모으거나 분산시키기 위하여 유리나 수정을 갈아서 만든 투명체. 볼록 렌즈와 오목 렌즈로 나뉘며, 안경·카메라·현미경·망원경 등에 이용됨.

렌즈^후드(lens hood) 몡[사진] 카메라의 렌즈 쪽에 씌워 빛이 직접 들어오는 것을 막는 가리개. =후드.

렌치(wrench) 몡 =스패너.

렌터카(rent-a-car) 몡 세를 받고 빌려 주는 자동차.

렌토(@lento) 몡[음] 악곡의 속도를 지시하는 말로, '아주 느리게', '느리고 무겁게'의 뜻.

렌트카 '렌터카(rent-a-car)'의 잘못.

-려 [어미] 모음이나 'ㄹ' 받침으로 끝나는 동사의 어간, 또는 어미 '-시-' 아래에 붙는 연결 어미. 1 주로 '하다', '들다'와 함께 쓰여, 주어가 어떤 행동을 할 의도나 의지를 가지고 있음을 나타냄. ¶그는 내게 사실을 숨기~ 했다. 2 주로 '하다'와 함께 쓰여, 어떤 일이 장차 일어날 것 같음을 나타냄. (비)-려고. ¶바람이 휙 불어오자 촛불이 가물거리면서 꺼지~ 했다. ▷-으려.

-려거든 '-려고 하거든'이 준 말. ¶오~ 빨리 오너라. ▷-으려거든.

-려고 [어미] 1 모음이나 'ㄹ' 받침으로 끝나는 동사의 어간, 또는 어미 '-시-' 아래에 붙어, 주어가 어떤 행동을 할 의도나 의지를 가지고 있음을 나타내는 연결 어미. ¶그렇지 않아도 막 가~ 했어. / 네 스스로 풀~ 노력해 봐. ▷-고자. 2 모음이나 'ㄹ' 받침으로 끝나는 용언의 어간, 또는 어미 '-시-' 아래에 붙어, 어떤 일의 실현이 예상됨을 나타내는 연결 어미. ¶비가 오~ 그러는지 구름이 잔뜩 끼었다. 3 모음이나 'ㄹ' 받침으로 끝나는 어간, 또는 어미 '-시-' 아래에 붙어, '해' 할 상대에게 의심과 반문을 나타내는 종결 어미. (비)-ㄹ라고·-려. ¶설마 그 사람 짓이~. / 기차가 비행기보다 빠르~. ▷-으려고. ×-ㄹ라고.

-려기에 '-려고 하기에'가 준 말. ¶무모한 짓을 하~ 말렸다. ▷-으려기에.

-려나 [어미] 모음이나 'ㄹ' 받침으로 끝나는 어간, 또는 어미 '-시-' 아래에 붙는 종결 어미. 1 혼잣말로 쓰여, 물음의 형식으로 추측하는 뜻을 나타냄. ¶비가 오~? 2 '하게' 할 상대에게 물음의 형식으로 권유하는 뜻을 나타냄. ¶자네도 우리와 함께 가~? ▷-으려나.

-려나² '-려고 하나'가 준 말. ¶저 사람이 어딜 가~, 왜 저기 나와 있지? ▷-으려나.

-려네 '-려고 하네'가 준 말. ¶내일 가~. ▷-으려네.

-려느냐 '-려고 하느냐'가 준 말. ¶그 일을 언제 하~? (준)-련. ▷-으려느냐.

-려는 '-려고 하는'이 준 말. ¶지금 가~ 곳이 어디냐? ▷-으려는.

-려는가 '-려고 하는가'가 준 말. ¶왜 그를 만나~? ▷-으려는가.

-려는고 '-려고 하는고'가 준 말. ¶장차 무엇을 하~? ▷-으려는고.

-려는데 '-려고 하는데'가 준 말. ¶막 나가~ 손님이 찾아왔다. ▷-으려는데.

-려는지 '-려고 하는지'가 준 말. ¶무엇을 하~ 알 수가 없다. ▷-으려는지.

-려니¹ [어미] 모음이나 'ㄹ' 받침으로 끝나는 어간, 또는 어미 '-시-' 아래에 붙어, 혼자 속으로만 추측하는 뜻을 나타내는 종결 어미. 주로 '하다', '생각하다', '믿다' 등이 뒤에 옴으로써 인용의 꼴을 취함. ¶이게 다 인생의 시련이~ 생각했다. / 오늘쯤은 그가 오~ 했는데 끝내 오지 않았다. / 혼자서도 잘 살~ 믿었노라.

-려니² '-려고 하니'가 준 말. ¶막상 떠나~ 눈물이 앞을 가린다. ▷-으려니.

-려니와 [어미] 모음이나 'ㄹ' 받침으로 끝나는 어간, 또는 어미 '-시-' 아래에 붙어, 어떠한 사실을 추측하거나 가정하여 인정하면서 뒤의 사실에 병렬적으로 이어 주는 연결 어미. ¶그 여자는 얼굴도 예뻐~ 마음씨도 고울 것이다. / 이번 휴가는 기간도 길~ 휴가비도 듬뿍 나온단다. ▷-으려니와.

|유의어| -려니와/-거니와
둘 다 한 가지 사실 외에 또 다른 사실을 첨가시키는 뜻이 있으나, '-려니와'는 그 사실을 추측 또는 가정할 때 쓰이고, '-거니와'는 그 사실을 기정사실로 인정할 때 쓰임.

-려다 '-려다가'가 준 말. ¶혼을 내주~ 되레 내가 당했다. ▷-으려다.

-려다가 '-려고 하다가'가 준 말. ¶일어서~ 넘어졌다. (준)-려다. ▷-으려다가.

-려더니 '-려고 하더니'가 준 말. ¶짚고 일어서~ 힘이 없는지 도로 주저앉았다. ▷-으려더니.

-려더라 '-려고 하더라'가 준 말. ¶기차가 막 떠나~. ▷-으려더라.

-려던 '-려고 하던'이 준 말. ¶지금 막 전화를 하~ 참이네. ▷-으려던.

-려던가 '-려고 하던가'가 준 말. ¶그 높은 데에서 뛰어내리~? ▷-으려던가.

-려도 '-려고 하여도'가 준 말. ¶아무리 달래~ 울기만 한다. ▷-으려도. ×-ㄹ래도.

-려마 [어미] 모음이나 'ㄹ' 받침으로 끝나는 동사의 어간에 붙어, '해라' 할 상대에게 부드럽게 권하거나 명령하는 뜻을 나타내는 종결 어미. 주로 노래 가사나 시 등에서 쓰임. ¶나를 두고 가~ 어서 가~. ▷-으려마.

-려면¹ [어미] 모음이나 'ㄹ' 받침으로 끝나는 어간, 또는 어미 '-시-' 아래에 붙어, '어떤 일이 실현되기 위해서는'의 뜻을 나타내는 연결 어미. ¶합격이 되~ 평균 60점 이상이어야 한다. ▷-으려면.

-려면² '-려고 하면'이 준 말. ¶시청으로 가~ 어디서 차를 타야 합니까? ▷-으려면.

-려면야 '-려고 하면야'가 준 말. ¶가~ 갈 수도 있지. ▷-으려면야.

-려무나 [어미] 모음이나 'ㄹ' 받침으로 끝나는 동사의 어간에 붙어, '해라' 할 상대에게 부드럽게 권하거나 명령하는 뜻을 나타내는 종결 어미. '-렴'보다 좀 더 친근한 어감을 가짐. ¶공부 좀 하~. ▷-으려무나.

-려서는 '-려고 하여서는'이 준 말. ¶꾀를 부리~ 안 되지. ▷-으려서는.

-려서야 '-려고 하여서야'가 준 말. ¶동생을 때리~ 되겠니? ▷-으려서야.

-려야 '-려고 하여야'가 준 말. ¶구하~ 구할 수 없는 물건이다. ▷-으려야. ×-ㄹ래야.

-려오 '-려고 하오'가 준 말. ¶언제 떠나~? ▷-으려오.

-력¹ (力) [접미] '능력'이나 '힘'을 나타내는 말. ¶생활~ / 지도~ / 인내~.

-력² (曆) [접미] '달력'의 뜻을 나타내는 말. ¶태양~ / 로마~.

-련¹ [어미] 모음이나 'ㄹ' 받침으로 끝나는 동사의 어간에 붙어, '해라' 할 상대에게 어떠한 행동에 대한 의향을 묻는 종결 어미. ¶내가 도와주~? ▷-으련.

-련² '-려느냐'가 준 말. ¶너도 우리와 함께 가~? ▷-으련.

-련다 '-려고 한다'가 준 말. ¶나도 가~. ▷-으련다.

-련마는 [어미] 모음이나 'ㄹ' 받침으로 끝나는 어간, 또는 어미 '-시-' 아래에 붙어, 앞의 사실을 추측하여 인정하면서 이와 대립되는 내용을 말할 때 쓰이는 연결 어미. ¶날씨

추우~ 많은 사람이 마중을 나왔다. [준]-련만. ▷-으련마는.

-련만 [어미] '-련마는'의 준말. ¶바보도 아니~ 어째서 말귀를 못 알아듣느냐? ▷-으련만.

-렴 [어미] 모음이나 'ㄹ' 받침으로 끝나는 동사의 어간에 붙어, '해라' 할 상대에게 부드럽게 권하거나 명령하는 뜻을 나타내는 종결 어미. 주로 소설이나 드라마의 대화에서 쓰임. ¶그렇게 하~. ▷-으렴.

-렵니까[1] [렴-] [어미] 모음이나 'ㄹ' 받침으로 끝나는 동사의 어간, 또는 어미 '-시-' 아래에 붙어, '합쇼' 할 상대에게 요청하거나 권유하는 뜻을 나타내는 종결 어미. ¶그 술을 조금 주시~? ▷-으렵니까.

-렵니까[2] [렴-] '-려고 합니까'가 준 말. ¶벌써 가시~? ▷-으렵니까.

-렵니다 [렴-] '-려고 합니다'가 준 말. ¶말없이 떠나~. / 이 일에서 손을 떼~. ▷-으렵니다.

-렷다 [련따] [어미] **1** 모음이나 'ㄹ' 받침으로 끝나는 어간에 붙어, 경험이나 이치로 미루어 어떠한 사실을 추정하거나 다짐할 때 쓰이는 종결 어미. ¶저 사람이 네 아우이~. / 내일쯤 그 자가 나타나~. **2** 모음이나 'ㄹ' 받침으로 끝나는 동사의 어간에 붙어, '해라' 할 상대에게 명령을 나타내는 종결 어미. ¶어서 네가 지은 죄를 이실직고하~! ▷-으렷다.

령[1] (齡) [명][의존] '영(齡)[8]'을 세는 단위. ¶1~.

-령[2] (令) [접미] '법령', '명령'의 뜻을 나타내는 말. ¶금지~ / 대통령~ / 추방~.

-령[3] (領) [접미] 나라 이름 밑에 붙어, 그 나라 영토임을 나타내는 말. ¶영국~ / 프랑스~.

-령[4] (嶺) [접미] 재나 산의 이름을 이루는 말. ¶대관~ / 추풍~.

로[1] [조] 받침이 없거나 'ㄹ' 받침으로 끝나는 체언에 붙는 부사격 조사. **1** 어떤 일을 하는 도구가 됨을 나타냄. ¶칼~ 고기를 썰다. **2** 물건을 만드는 재료가 됨을 나타냄. ¶종이~ 만든 꽃. **3** 어떤 일을 하는 방법·방식·수단이 됨을 나타냄. ¶부산까지 열차~ 가다. **4** 어떤 일의 원인이나 이유가 됨을 나타냄. ¶폭설~ 말미암아 일대의 교통이 두절되었다. **5** 움직이는 방향이나 목적지임을 나타냄. ¶뒤~ 물러서다 / 바다~ 피서를 가다. **6** 어떤 일에 있어서 신분·지위·자격·구실을 가짐을 나타냄. ¶회의에 국가 대표~ 참가하다 / 목재는 건축 재료~ 매우 중요하다. **7** 사물이 변화되거나 달라지거나 구분됨을 나타냄. ¶상전(桑田)이 벽해(碧海)~ 변하다 / 생물은 크게 동물과 식물~ 나뉜다. **8** 일정한 때나 시간을 선택함을 나타냄. ¶원고를 오늘~ 마감하다. **9** (('-기로 …하다'의 꼴로 쓰여)) 약속이나 결정한 내용을 나타냄. ¶나는 그 여자와 내일 만나기~ 약속했다. **10** (('…로 하여(금)'의 꼴로 쓰여)) 무엇을 하게 하는 대상임을 나타냄. ¶그들~ 하여금 잘못을 깨닫게 만들다. ▷으로.

-로[2] [접미] 'ㄹ' 또는 모음으로 끝나는 일부 명사, 특히 시간·공간을 나타내거나 상태를 지시하는 추상 명사에 붙어, 그것을 부사로 만드는 말. ¶진실~ / 절대~ / 때때~. ▷-으로.

-로[3] (路) [접미] **1** '길'의 뜻을 나타내는 말. ¶교차~ / 보급~. **2** 도회지의 큰 도로를 가운데에 둔 동네의 이름을 이루는 말. ¶종~ / 을지~. ▷-가(街).

-로[4] (爐) [접미] '재료를 가열해서 가공하는 곳'의 뜻을 나타내는 말. ¶원자~ / 경수~.

-로고[1] [어미] '이다', '아니다'의 어간이나 어미 '-시-' 아래에 붙어, '-로군'의 뜻을 예스럽게 나타내는 종결 어미. ¶참으로 천하일색이~. / 산천 의구란 말 옛 시인의 허사~. 《이은상:옛 동산에 올라》

로고[2] (LOGO) [명][컴] 컴퓨터의 프로그램 언어의 하나. 어린이라도 쓸 수 있게 만들어져 기호 처리나 화상(畫像) 표현이 아주 쉬움.

로고[3] (logo) [명] 회사명이나 조직명 등의 문자를 사람들의 인상에 남도록 독특하게 디자인한 도형. 흔히, 상품이나 선전물 등에 표시함. =로고타이프.

로고-송 (logo song) [명] 회사나 조직, 또는 어떤 존재를 사람들에게 인상적으로 알리기 위해 만든 짧은 노래.

로고스 ([그]logos) [명] ['말', '이성(理性)'이라는 뜻] **1** [철] 우주 만물이 변화·유전하는 동안에 존재하는 조화·질서의 근본 원리로서의 이법(理法). **2** [가][기] 크리스트교에서 하느님의 말씀. 또는, 그것이 형태를 취하여 나타난 삼위일체의 제2위인 크리스트.

-로구나 [어미] '이다', '아니다'의 어간이나 어미 '-시-' 아래에 붙어, '해라' 할 상대에게 쓰이거나 혼잣말에 쓰여 어떤 사실을 느끼거나 깨닫고 가볍게 감탄하는 뜻을 나타내는 종결 어미. '-구나'보다 좀 더 분명하고 격을 갖춘 표현임. ¶누군가 했더니 바로 너(이)~. / 내 물건이 아니~.

-로구려 [어미] '이다', '아니다'의 어간이나 어미 '-시-' 아래에 붙어, '하오' 할 상대에게 새삼스러운 감탄을 나타내는 종결 어미. '-구려'보다 좀 더 분명하고 격을 갖춘 표현임. ¶이제 보니 바로 당신이~. / 진짜가 아니~. ×-로구료.

-로구료 [어미] '-로구려'의 잘못.

-로구먼 [어미] '이다', '아니다'의 어간이나 어미 '-시-' 아래 붙어, '해' 할 상대를 의식하면서 혼잣말처럼 어떤 사실에 대한 느낌을 말하거나 어떤 사실을 확인 또는 환기하는 뜻을 나타내는 종결 어미. '-구먼'보다 좀 더 분명하고 격을 갖춘 표현임. ¶벌써 한 시(이)~. / 학생이 아니~.

-로구면 [어미] '-로구먼'의 잘못.

-로군 [어미] '이다', '아니다'의 어간이나 어미 '-시-' 아래에 붙어, 어떤 사물에 대한 느낌을 혼잣말로 나타내는 종결 어미. '-군'보다 좀 더 분명하고 격을 갖춘 표현임. ¶이제 보니 순 날강도(이)~. / 하늘이 높고 푸른 걸 보니 벌써 가을이~.

로그 (log) [명][수] 1이 아닌 양수(陽數) a와 양수 N이 주어졌을 때, $N=a^b$라는 관계를 만족시키는 실수 b를, a를 밑으로 하는 N의 로그라 하며, $b=\log_a N$으로 나타냄. 구용어는 대수(對數). =로가리듬.

로그아웃 (log-out) [명][컴] 사용자가 컴퓨터 시스템이나 통신망의 접속을 종료하는 일. ↔로그인. **로그아웃-하다** [동][자][여]

로그인 (log-in) [명][컴] 사용자가 컴퓨터 시스템이나 통신망에 들어가기 위해 자신의 아이디와 패스워드를 입력하는 일. ↔로그아웃. **로그인-하다** [동][자][여]

로그-자 (log-) [명][수] 기준점으로부터 $\log x$의 길이가 되는 점에 x라는 눈금을 표시한 자. 구용어는 대수척(對數尺).

ㄹ

로그^파일(log file) 명[컴] 이용자가 처음 어떤 사이트에 접속할 때 웹 서버에 자동으로 생성되는 파일. 접속자의 아이피 주소를 비롯하여 접속 시간과 내용에 관한 정보가 기록됨.

로그-표(log表) 명[수] 많은 상용로그를 나열하여 놓은 표. 구용어는 대수표.

로그-함(log函數)[-쑤] 명[수] 어떤 수를 밑으로 한, 변수의 로그를 함수로 할 때의 그 함수를 이르는 말. x를 변수로 하고 $y=\log_a x$에 의하여 정의되는 함수를, a를 밑으로 하는 x의 로그 함수라고 함. 구용어는 대수 함수.

-로다 어미 '이다', '아니다'의 어간이나 어미 '-시-' 아래에 붙어, '해라'할 상대에게 어떠한 사실을 감탄조로 예스럽게 이르는 종결 어미. ¶과연 천재(이) ~.

로데오(rodeo) 명 길들이지 않은 말이나 소를 탄members 버티거나 길들이는 경기.

로돕신(rhodopsin) 명[생] 망막의 간상세포에 들어 있는 자줏빛의 색소. =시홍소(視紅素).

-로되/-되/-뒈 어미 '이다', '아니다'의 어간이나 어미 '-시-' 아래에 붙는 연결 어미. **1** 앞말의 사실을 시인하면서 그것을 더 자세하게 말할 때 '-되'로 사용하는 어미. ¶비는 비이~ 눈이 섞인 비이로다. **2** 뒷말의 사실이 앞말의 사실과 상반됨을 나타내는 어미. ¶떡은 떡이~ 그림의 떡이로다.

로듐(rhodium) 명[화] 은백색의 단단한 금속 원소. 원소 기호 Rh, 원자 번호 45, 원자량 102.905. 전성(展性)·연성(延性)이 풍부함. 백금과 합금하여 열전쌍 온도계·반사경 등의 제조에 쓰임.

로드-게임(road game) 명[체] 원정 경기. 특히, 프로 야구에서 본거지의 구장을 떠나서 행하는 경기.

로드^롤러(road roller) 명 도로 공사 현장 등에서 포장면을 다지는 기계. =수로기(修路機).

로드-맵(road map) 명 ['도로 지도'라는 뜻] 어떤 일을 효율적으로 추진하기 위해 만든 단계별 계획이나 지침. ¶중동 평화 ~ / 공직 사회 개혁을 위한 ~.

로드^쇼(road show) 명 **1** [영] 일반 공개에 앞서서 특정의 영화관에서 행하는 영화의 개봉 상영. **2** [연] 연극이나 쇼 등의 지방 순회공연. ▷앙코르~.

로딩(loading) 명[컴] 자기 테이프나 플로피디스크 등, 외부 기억 장치에 기록되어 있는 프로그램이나 데이터를 주기억 영역으로 호출하는 일.

-로라 어미 '이다', '아니다'의 어간에 붙어, 자기의 동작을 의식적으로 쳐들어 말할 때 '-다'의 뜻을 나타내는 종결 어미, ¶각 분야에서 내~하는 사람들이 모이다. ▷-노라.

로렌슘(lawrencium) 명[화] 초우라늄 원소의 하나. 원소 기호 Lr, 원자 번호 103, 원자량 256. 칼리포르늄에 붕소 이온을 충격시켜 만든 인공 방사성 원소임.

로르샤흐^테스트(Rorschach test) 명[심] 좌우 대칭의 불규칙한 잉크 무늬가 어떠한 모양으로 보이는지를 설명하게 하여 그 사람의 성격·정신 상태를 판단하는 방법.

로리스(loris) 명[동] 포유류 영장목 로리스과(科) 로리스 아과(亞科)의 총칭. 몸은 고양이만 하고 눈이 크며 꼬리는 짧거나 없음. 동작이 아주 느림. =늘보원숭이.

로마(Roma) 명[역] 기원전 7세기에 이탈리아 반도의 중부에 라틴 족이 세운 고대 도시 국가. 서양 고대의 최대 제국으로 왕정·공화정을 거쳐 기원전 27년에 제정(帝政)이 확립됨. 395년에 동서로 분열되어 서로마는 476년에, 동로마는 1453년에 멸망함.
※**로마에 가면 로마 사람들의 풍속(風俗)을 따르라** [서양 격언에서] 사람이 남의 고장이나 나라에 가면, 마땅히 그곳의 풍속을 존중하여야 한다.

로마^가톨릭교(Roma Catholic敎) 명[가] '가톨릭'을 그리스 정교회와 구별하여 이르는 말.

로마네스크(Romanesque) 명[미] 11~12세기에 서유럽 각지에서 성행한 미술·건축 양식. 고대 로마 양식에 게르만·비잔틴 양식을 가미한 독특한 건축미가 특징임.

로마-력(Roma曆) 명[천] 기원전 8세기경부터 기원전 45년까지 쓰인, 고대 로마의 달력. 처음에는 1년을 10개월로 한 304일로 하였다가 후에 2개월을 더하여 썼음.

로마-법(Roma法) 명[법] 고대 로마에서 시행하던 법률. 12표법·시민법·만민법 따위가 있음.

로마-서(Roma書) 명[성] 신약 성서 중의 한 권.

로마^숫자(Roma數字)[-수짜/-숟짜] 명 옛 로마에서 만들어진 숫자. I·V·IX·X 따위. ▷아라비아 숫자.

1	I	8	VIII	60	LX
2	II	9	IX	70	LXX
3	III	10	X	80	LXXX
4	IV	20	XX	90	XC
5	V	30	XXX	100	C
6	VI	40	XL	500	D
7	VII	50	L	1000	M

로마^인(Roma人) 명 고대 로마를 건설한 라틴 족.

로마-자(Roma字) 명[언] 라틴 어를 표기하는 문자. 오늘날 유럽을 중심으로 하여 국제적으로 쓰이고 있는 음소 문자로, 26문자가 있음.

로망(㉠roman) 명[문] 중세 유럽의 애정·무용담 등을 중심으로 한 전기적(傳奇的)·모험적·공상적 통속 소설. 흔히, 운문으로 이루어짐. =로맨스.

로망-어(㉠Roman語) 명[언] 로마 제국이 무너진 뒤, 로마 제국에서 사용하던 라틴어가 각 지방에서 분화·변천하여 이루어진 근대어의 총칭. 이탈리아 어·에스파냐 어·프랑스 어 따위. =로맨스 어.

로맨스(romance) 명 **1** 로맨틱한 사랑. 또는, 그런 연애 사건. ¶그는 한때 K양과 모종의 ~가 있었다. **2** [문] =로망. **3** [음] 형식이 자유롭고 감미로운 악곡.

로맨스-그레이(†romance grey) 명 머리가 희끗희끗한 매력 있는 초로(初老)의 남성. 또는, 그런 머리.

로맨티시스트(romanticist) 명 낭만주의자. 또는, 낭만파.

로맨티시즘(romanticism) 명[문] =낭만주의(浪漫主義).

로맨틱(romantic) →**로맨틱-하다** 형[어] 낭만적인 데가 있다. ¶로맨틱한 분위기.

로봇(robot) 圀 1 걷기도 하고 말도 하는, 인간과 유사한 기계 장치. 흔히, 공상 과학 소설이나 영화에 등장함. =인조인간. 2 어떤 작업이나 조작을 자동적으로 행하는 기계 장치. ¶산업용 ~. 3 자주적으로 행동하지 못하고 남의 지시대로 움직이는 사람. 旧꼭두각시·허수아비. ¶그 사람은 말만 전무지 사실은 ~이야.

로-부터 조 모음이나 'ㄹ' 받침으로 끝나는 체언에 붙어, '에서부터'의 뜻을 나타내는 부사격 조사. ¶바다~ 불어오는 바람 / 그~ 십 년이 흘렀다. ▷으로부터.

로브(robe) 圀 아래위가 함께 붙은 길고 풍성한 겉옷.

로브-데콜테(robe décolletée) 圀 남자의 연미복에 해당하는 여자의 서양식 예복. 이브닝드레스와 비슷하나, 소매가 없고 등과 가슴 부분을 깊게 팠음. ㉰데콜테.

로브스터(lobster) 圀 =바닷가재.

로비(lobby) 圀 1 호텔이나 극장 등에서, 현관으로 이어지는 통로를 가진 넓은 공간. 응접실·휴게실·통로 등을 겸함. 2 국회 의사당에서 의원들이 외부 사람과 만나는 응접실. 3 로비스트가 의원을 상대로 입법에 영향을 미치는 운동을 하는 일. ¶~ 활동 / ~를 벌이다.

로비스트(lobbyist) 圀[정] 의회의 로비를 무대로, 특정 압력 단체의 이익을 위해 입법에 영향을 줄 목적으로 정당이나 의원을 상대로 활동하는 운동원.

로빙(lobbing) 圀[체] 1 테니스에서, 상대방이 네트 가까이에 왔을 때 그의 위로 높이 후방으로 띄워 보내는 타구. =로브(lob). 2 탁구에서, 공을 높이 올려 넘기는 일. 3 축구에서, 골 앞으로 공을 높고 느리게 차올려 주는 일.

로사리오(㉿rosario) 圀[가] =묵주(默珠).

로서 조 모음이나 'ㄹ' 받침으로 끝나는 체언에 붙는 부사격 조사. 1 문장의 주어가 동사와 관련하여 앞에 오는 체언과 같은 자격이나 구실이 있음을 나타냄. ¶교사~ 그런 파렴치한 행동을 하다니. / 음악은 삶의 윤활유~ 우리의 정신을 풍요롭게 하는 존재이다. ¶합성어의 예~ '동화책', '논밭' 등을 들 수 있다. 2 어떠한 동작이 일어나거나 시작되는 곳임을 나타냄. '로부터'의 뜻임. ¶모든 싸움은 너~ 시작되었다. ▷으로서.

혼동어 (으)로서 / (으)로써
둘 다 부사격 조사이나, '(으)로서'는 앞에 오는 체언이 자격이나 지위를 가지고 있음을 나타내고, '(으)로써'는 수단이나 재료임을 나타내거나 셈에 넣는 기준을 나타냄. ¶부모로서 의무를 다하다 / 칼로써 흥한 자는 칼로써 망한다. / 사업을 시작한 지 올해로써 30년이 되었다.

-로세 [어미] '이다', '아니다'의 어간이나 어미 '-시-' 아래에 붙어, '-로세'의 뜻을 나타내는 감탄형 종결어미. ¶보기 드문 효자(이)~. / 쉬운 일이 아니~.

로션(lotion) 圀 피부에 수분이나 영양을 주기 위해 바르는, 알코올 성분이 들어 있거나 크림류가 배합되어 있는 물질. ¶스킨 ~ / 밀크 ~ / 얼굴에 ~을 바르다.

로스¹(loss) 圀 '손실', '낭비'로 순화. ¶시간의 ~ / 작업상의 ~를 줄이다.

로스²(←roast) 圀 =로스트(roast).

로스-구이(←roast-) 圀 소·돼지의 안심·등심 등 연한 살코기를 구운 음식.

로스^타임(loss time) 圀[체] 축구·하키 등에서 부상 선수의 처치 등 경기 외의 일로 소비된 시간. 경기 시간에는 산입하지 않음.

로스트(roast) 圀 1 고기 따위를 직접 불에 굽는 것. ¶~ 치킨. 2 소·돼지 등의 어깨 부분의 살. 구이·스테이크 등에 쓰임. 3 '로스트비프'의 준말. =로스.

로스트-비프(roast beef) 圀 큰 덩어리째로 오븐에 구운 쇠고기. ㉰로스트.

로스트^제너레이션(Lost Generation) 圀[문] '잃어버린 세대(世代)'라는 말로, 제1차 세계 대전 후에 환멸을 느낀 미국의 지식계급 및 예술화 청년들에게 주어졌던 이름. 헤밍웨이·포크너 등.

로써 조 모음이나 'ㄹ' 받침으로 끝나는 체언에 붙는 부사격 조사. 1 '…를 가지고'의 뜻으로, 앞에 오는 체언이 동사와 관련하여 도구나 재료나 수단 등의 의미를 가지고 있음을 나타냄. ¶눈물~ 호소하다 / 갈~ 과일을 깎는다. 2 시간을 셈할 때 셈에 넣는 한계나 기준을 나타냄. ¶오늘~ 그가 떠난 지 딱 100일째가 된다. ▷으로써. ▶로서.

로열-박스(royal box) 圀 극장·경기장 등에 마련된 특별석. 순화어는 '귀빈석'.

로열^젤리(royal jelly) 圀 일벌이 여왕벌의 애벌레를 기르기 위하여 분비하는 젖과 같은 영양 물질. 불로장수와 정력의 영약(靈藥)이라 함. =왕유(王乳).

로열-층(Royal層) 圀 고층 아파트에서 햇빛이 잘 들고 높지도 낮지도 않아 생활하기에 가장 좋은 층.

로열티(royalty) 圀 특허권·상표권 등 남의 공업 소유권이나 저작권 등에 대한 사용료.

로제타-석(Rosetta石) 圀[고고] 1799년 나폴레옹의 이집트 원정군이 나일 강 어귀의 로제타 마을에서 발견한 비석. 이집트 문자를 해독하는 열쇠가 되었다.

로제트(rosette) 圀 1 24면으로 된, 장미 모양의 다이아몬드. 2 천장으로부터 전등선을 끌어내기 위하여 반자에 다는, 사기 따위로 만든 반구형의 기구. =실링 로제트.

로진^백(rosin bag) 圀 송진 가루를 넣은 작은 자루. 야구 선수가 손에 바르거나 바이올린의 활에 발라 미끄러지는 것을 방지하는 데 쓰임.

로커빌리(rockabilly) 圀[음] 로큰롤과 힐빌리, 즉 미국의 컨트리 음악을 조화시킨 열광적인 재즈 음악.

로케(←location) 圀[영] '로케이션'의 준말.

로케이션(location) 圀[영] =현지 촬영. ㉰로케.

로켓¹(locket) 圀 장신구의 하나. 사진·기념품 등을 넣어 목걸이에 다는, 금·은으로 만든 작은 갑.

로켓²(rocket) 圀 고온 고압의 가스를 발생·분출시켜 그 반동으로 추진하는 장치. 또는, 그 힘을 이용한 무기.

로켓^엔진(rocket engine) 圀 로켓의 추진력을 이용한 엔진.

로켓-탄(rocket彈) 圀[군] 로켓 장치에 의해 발사하는 탄환.

로켓-포(rocket砲) 圀[군] 로켓탄을 발사하는 무기의 총칭.

로코코(㉿rococo) 圀[예] 17~18세기에 걸쳐 유럽에서 유행한 미술·건축·음악 등의 양식. 우아하고 화려하며 섬세함을 그 특징으로 함.

로크 (lock) 명[체] 레슬링에서, 팔 또는 손으로 상대를 끼어 꼼짝 못하게 하거나 비트는 일.

로큰롤 (rock'n'roll) 명[음] 1950년대에 미국에서 시작하여 세계적으로 유행한 대중음악. 흑인의 리듬 블루스와 함께 백인의 컨트리 음악의 요소를 가미한 음악. =로크 앤드 롤(rock and roll). 준록(rock).

로터리 (rotary) 명 교통이 번잡한 시가의 네거리 같은 데에 교통의 소통을 원활하게 하기 위하여 원형으로 만들어 놓은 교차로.

로터리^클럽 (Rotary Club) 명 국제 친선과 사회봉사를 목적으로 하는 실업인·전문 직업인의 국제적인 사교 단체. 1905년 미국에서 시작됨.

로테이션 (rotation) 명 ['회전', '교대'의 뜻〕 1 어떤 일을 정해진 순서에 따라 교대하는 것. 또는, 어떤 일을 일정 시간이나 기간마다 바꾸어 하는 것. ¶3교대 근무는 한 달을 주기로 ~이 된다. 2 [체] 야구에서, 선발 투수를 며칠 간격으로 차례를 정해 기용하는 것. ¶투수 ~. 3 [체] 6인제 배구에서, 서브권을 얻으면서 시계 방향으로 선수들이 한 자리씩 위치를 이동하는 것. ¶~ 반칙. **로테이션-하다** 동(자)(타)(여)

로프 (rope) 명 섬유나 강선(鋼線)을 꼬아 만든 굵은 줄.

-록[1] (錄) 접미 '기록', '문서'의 뜻을 나타내는 말. ¶회의~ / 방명~ / 비망~.

록[2] (rock) 명[음] '로큰롤'의 준말. ¶~ 뮤직.

록^그룹 (rock group) 명 로큰롤 음악을 연주하기 위하여 편성된 그룹사운드.

록-카페 (†rock+ café) 명 맥주나 양주를 마시면서 록 음악에 맞추어 춤을 출 수 있는 시설을 갖춘, 주로 젊은이들을 상대로 하는 술집.

록클라이밍 (rock-climbing) 명 등산에서, 암벽을 기술적으로 기어오르는 일.

-론 (論) 접미 일부 명사의 뒤에 붙어, 명사가 나타내는 것을 대상으로 한 '논설·논의·이론·주장'임을 나타내는 말. ¶예술~ / 여성~ / 작가~ / 무신~.

론도 (①rondo) 명[음] 1 프랑스에서 일어난 2박자의 경쾌한 춤곡, 합창과 독창이 번갈아 되풀이됨. 2 주제가 동일한 상태로 여러 번 되풀이되는 사이에 다른 부주제가 여러 가지로 삽입되는 형식의 기악곡.

론^스키 (lawn ski) 명[체] 비탈진 잔디밭에서 타는 스키.

롤 (roll) 명 1 물건을 눌러 펴거나 인쇄·염색에 쓰이는 둥근 통 모양의 주조물. 2 =롤러.

롤러 (roller) 명 회전하는 원통형의 물건. 땅의 표면을 다지거나 금속의 압연, 인쇄 등에 쓰임. =롤.

롤러^밀 (roller mill) 명 속도를 달리하는 여러 개의 수평 롤로 재료를 곱게 가는 장치.

롤러-블레이드 (rollerblade) 명 =인라인스케이트.

롤러-스케이트 (roller skate) 명 신발의 바닥에 4개의 롤러가 두 줄로 달려 있어 그것을 신고 단단한 바닥 위를 미끄러지듯 달릴 수 있게 되어 있는 운동 기구. ¶~를 타다. ▷ 인라인스케이트.

롤러-스케이팅 (roller skating) 명 롤러스케이트를 타고 단단한 바닥 위를 달리는 일.

롤러-코스터 (roller coaster) 명 경사진 레일의 미끄럼대에 차대(車臺)를 끌어 올렸다가 급속도로 내려가게 하는 오락 장치.

롤리타^콤플렉스 (Lolita complex) 명[심] 성인 남자가 어린 소녀에게 성욕을 느끼는 콤플렉스. '롤리타'는 나보코프의 동명 소설에 나오는 소녀 이름임.

롤링 (rolling) 명 1 배·비행기·자동차 등이 좌우로 흔들리는 것. ↔피칭. 2 회전하는 압연기의 롤에 금속 재료를 넣어 판자 모양으로 만드는 일.

롤링^오펜스 (rolling offence) 명[체] 농구에서, 상대편의 수비진 앞을 몇몇 선수가 얼쩡거려 상대편을 혼란시키면서 공격하여 들어가는 전법.

롤-빵 (roll-) 명 둥글게 말아 구운 빵.

롬 (ROM) 명 [read only memory] [컴] 기억 장치의 기억 내용을 자유롭게 읽을 수 있지만, 사용자가 기억된 내용을 변경할 수 없는 기억 소자. 롬의 기억 내용은 제작할 때 결정되며, 전원의 공급이 끊겨도 기억된 내용은 지워지지 않음. ▷ 램(RAM).

롬퍼스 (rompers) 명 위아래가 붙은, 어린아이의 옷.

-롭다 [-따] 접미 '그러함'을 인정하거나 '그럴 만하다'의 뜻을 나타내는 형용사를 만드는 말. ¶이~ / 수고~ / 번거~ / 향기~.

롱런 (long-run) 명 1 연극·영화 등의 장기 흥행. 2 [체] 권투에서, 챔피언이 챔피언 벨트를 장기간 보유하는 일. **롱런-하다** 동(자)(여)

롱-부츠 (long boots) 명 무릎 높이의 긴 구두. ▷ 앵클부츠.

롱^숏 (long shot) 명[영][사진] 카메라를 전경(全景)이 들어갈 만큼 피사체로부터 멀리 떨어지게 하여 촬영하는 일. =원사(遠寫). ↔클로즈업.

롱^슛 (long shoot) 명[체] 축구·핸드볼·농구 등에서, 멀리서 슛하는 일.

롱-스커트 (long skirt) 명 =긴치마1.

롱^패스 (long pass) 명[체] 축구·농구·핸드볼 등에서, 공을 길게 차거나 던져서 하는 패스.

뢴트겐 (ⓖRöntgen) 명[물] [1] (자력) =엑스선. [2] (의학) X선 또는 γ선의 조사 선량(照射線量)의 단위. 기호는 R.

-료 (料) 접미 1 '대금', '요금', '보수'의 뜻을 나타내는 말. ¶수업~ / 입장~ / 원고~. 2 '원료', '재료'의 뜻을 나타내는 말. ¶조미~ / 향신~.

-루 (樓) 접미 '누각'의 뜻을 나타내어, 어떤 누각의 이름을 이루는 말. ¶촉석~ / 부벽~ / 경회~.

루게릭-병 (Lou Gehrig病) 명[의] 척수 신경 또는 간뇌가 파괴됨으로써 근육이 위축되어 온몸을 거의 움직일 수 없게 되는 원인 불명의 불치병.

루마니아 (Rumania) 명[지] 발칸 반도 동북부에 있는 공화국. 수도는 부쿠레슈티.

루머 (rumor) 명 '뜬소문', '소문', '풍문'으로 순화. ¶악성(惡性) ~가 떠돈다.

루멘 (lumen) 명[의존][물] 광속(光束)의 국제 단위계의 단위. 1루멘은 1촉광의 광원(光源)을 중심으로 한 반지름 1m의 구면 상에서 1m²의 면적을 통과하는 빛의 속도임. 기호는 lm.

루버 (louver) 명[건] 좁고 기다란 박판(薄板)을 수직 또는 수평으로 사이를 띄워서 평행

루블(⒭rubl') 똉(의존) 러시아를 비롯하여 독립 국가 연합의 여러 나라에서 통용되고 있는 화폐 단위. 1루블은 100코페이카. 기호는 Rub.

루비(ruby) 똉[광] =홍옥(紅玉)1.

루비듐(rubidium) 은백색의 무른 금속 원소. 원소 기호 Rb, 원자 번호 37, 원자량 85.47. 화학적 성질은 칼륨과 비슷함.

루스(loose) ⇒루스-하다 톙(의) (태도나 행동이) 절제가 없거나 긴장이 풀려서 있음. ¶루스한 경기 / 루스한 생활.

루스^볼(loose ball) 똉[체] 농구에서, 어느 팀의 것인지 구별하기 힘든 상태의 공.

루스^스크럼(loose scrum) 똉[체] 럭비에서, 공의 주위에 두 사람 이상의 양편 선수가 밀집하여 있을 때 이루어지는 스크럼.

루시페라제(⒟Luciferase) 똉[화] 반딧불이와 같은 발광 생물 내에 있는 단백질성 물질. 공기 속에서 루시페린을 산화시키며, 그 산화 에너지로 빛을 냄.

루시페린(luciferin) 똉[화] 생물의 발광(發光)을 일으키는 물질. 효소 루시페라아제의 촉매 작용에 의하여 산화되어 빛을 냄.

루어^낚시(lure-) [-낚씨] 똉[체] 인조(人造) 미끼. 또는, 그 미끼로 하는 낚시질.

루주(⒡rouge) 똉 여자들이 입술 모양을 또렷하고 아름답게 보이도록 하기 위해 입술에 바르는 화장품. 똉입술연지·립스틱.

루지(luge) 똉[체] 목제 썰매를 타고 인공 얼음으로 굳혀진 주로(走路)를 고삐와 발목으로 조작하여 활주한 다음, 그 소요 시간을 겨루는 경기. 또는, 그 썰매.

루키(rookie) 똉[체] 야구에서, 팀에 새로 입단한 신인 선수.

루키즘(lookism) 똉 외모를 으뜸으로 생각하고, 외모에 따라 사람을 판단하거나 차별하는 태도.

루테늄(⒟Ruthenium) 똉[화] 백금족 원소의 하나. 원소 기호 Ru, 원자 번호 44, 원자량 101.07. 광택이 있는 은백색의 금속으로 단단하면서도 잘 부스러짐. 촉매로 쓰임.

루테튬(lutetium) 똉 회토류 원소의 하나. 원소 기호 Lu, 원자 번호 71, 원자량 174.970. 아직 순수한 금속으로서는 얻지 못하며, 산화물이나 염의 빛은 무색임.

루트¹(root) 똉 ['뿌리'라는 뜻][수] 제곱근을 표시하는 기호 √의 명칭.

루트²(route) 똉 1 비행기나 배가 다니는 고정 노선. ¶항공 ~. 2 물품이나 정보 등이 전해지는 경로. ¶마약 밀매 ~ / 판매 ~를 개척하다.

루틴(routine) 똉[컴] 어떤 작업을 수행할 수 있도록 잘 배열되어 있는 명령어의 집합.

루페(⒟Lupe) 똉 볼록 렌즈를 사용한 확대경.

루프(loop) 똉 ['고리'라는 뜻] 1 고리 모양의 피임 용구. 플라스틱이나 금속으로 만들며, 자궁 안에 장치함. 2 [체] 스케이팅에서, 한 쪽 스케이트 끝으로 그린 곡선. 3 [컴] 일련의 명령문을 일정한 횟수만큼 반복해서 실행하는 것. =순환(循環).

루프-선(loop線) 똉 경사가 심한 곳에서 철로를 부설할 경우, 고리 모양의 선로로써 같은 지점을 고도를 달리하여 통과시켜 차차 높은 곳으로 올라가게 한 선로.

루프^안테나(loop antenna) 똉 직사각형 또는 원형에 도선을 감은 안테나. 비교적 파장이 긴 전파에 대하여 지향성이 좋음.

루피(rupee) 똉 인도·네팔·스리랑카·파키스탄 등의 화폐 단위.

루핑(roofing) 똉 섬유 제품에 아스팔트 가공을 한 방수지. 지붕을 일 때 기와 밑에 깖.

룩셈부르크(Luxemburg) 똉 벨기에·독일·프랑스 세 나라 사이에 있는 입헌 군주국. 수도는 룩셈부르크.

룰(rule) 똉 경기나 놀이, 단체 생활 등에서의 규칙. ¶게임의 ~을 정하다 / ~을 위반하다.

룰렛(roulette) 똉 1 도박 기구의 하나. 또는, 그에 의한 도박. 0에서 36까지의 눈금을 새기고 빨강과 검정을 번갈아 칠한 구멍 뚫린 원반을 빠르게 돌리면서 구슬을 던져 넣어, 원반이 멈추었을 때 구슬이 맞는 눈금이나 색으로 승부를 가름. 2 양재에서, 종이나 천 등의 본에 점선 표시를 하기 위해 사용하는, 자루 끝에 톱니바퀴가 달린 기구.

룸메이트(roommate) 똉 하숙이나 기숙사 등에서, 같은 방을 쓰는 사람.

룸바(⒠rumba) 똉[음] 19세기 초기, 쿠바의 아프리카계 주민 사이에서 시작된 춤곡. 또는, 그 춤. 활기차고 빠른 4분의 2박자의 리듬이 특색임.

룸-살롱(†room+⒠salon) 똉 칸막이가 되어 있는 방에서 술을 마실 수 있게 설비한 술집.

룸-서비스(room service) 똉 호텔 등에서, 객실에 음식물을 날라다 주는 일.

룸펜(⒟Lumpen) 똉 부랑자 또는 무직자.

룻-기(Ruth記) 똉[성] 구약 성서 중의 한 권.

류¹(類) 똉 '유(類)²'가 아말에 올 때의 어형. ¶포유~ / 갈조~. →유(類)⁴.

-류²(流) 접미 어떤 사람이나 어떤 유파가 독특하게 가지는 방식이나 경향을 나타내는 말. ¶자기~의 사고방식 / 소월(素月)~의 서정시.

-류³(類) 접미 같은 종류나 부류에 속하는 것을 나타내는 말. ¶야채~ / 금속~.

> **어법** 이런 류의 소설: 류(×)→유(○). 이 경우의 '類'는 접미사가 아니고 명사이므로, 두음 법칙에 따라 '유'로 적어야 옳음. →유(類)⁴.

류마치스(←Rheumatismus) 똉[의] '류머티즘'의 잘못.

류머티즘(rheumatism) 똉[의] 뼈·관절·근육 등이 단단하게 굳거나 아프며, 운동하기 곤란한 증상을 보이는 병의 총칭. ×류마치스.

류트(lute) 똉[음] 16세기를 중심으로 유럽에서 유행한 현악기. 울림통은 만돌린보다 좀 크며, 독주·합주용에 쓰임.

륙색(rucksack) 똉 물건을 넣어 등에 지는 등산용 배낭.

-률¹(律) 접미 'ㄴ' 받침을 제외한 받침 있는 명사 다음에 붙어, '법칙'의 뜻을 나타내는 말. ¶도덕~ / 황금~. ▷-율(律).

-률²(率) 접미 'ㄴ' 받침을 제외한 받침 있는 명사 다음에 붙어, '비율'의 뜻을 나타내는 말. ¶경쟁~ / 취업~ / 입학~. ▷-율(率).

르네상스(⒡Renaissance) 똉 '재생', '부활'의 뜻 [역] 14~16세기에 이탈리아에서 일어나 서유럽에 퍼진, 인간성 해방을 위한 문화 혁신 운동. 문학·미술·건축·자연르 변칙 활용 과학 등 다방면에 걸쳐 서유럽 근대화의 사상적 원류가 되었음. =문예 부흥.

르^변˙칙˙활용(一變則活用)[-치괄-] 명 =르 변칙 활용.

르^불규칙^용˙언(一不規則用言)[-칭눙-] 명[언] '르 불규칙 활용'을 하는 용언.

르^불규칙^활용(一不規則活用)[-치괄-] 명[언] 어간의 끝 음절 '르'가 '-아', '-어' 앞에서 'ㄹㄹ'로 바뀌는 현상. '자르다'가 '잘라', '부르다'가 '불러'로 바뀌는 따위. =르 변칙 활용.

르완다(Rwanda) 명[지] 아프리카 동남부에 있는 공화국. 수도는 키갈리.

르포(←㈜reportage) 명 '르포르타주'의 준말. ¶현지~ / ~ 문학.

르포-라이터(†←㈜reportage+writer) 명 사건이나 풍물을 현지에서 취재하여 기사로 싣거나 출판물을 내는 사람.

르포르타주(㈜reportage) 명 1 신문·방송·잡지 등에서, 현지로부터의 보고 기사. 2 [문] 사회적인 현실에 대하여 보고자의 주관을 섞지 않고 객관적으로 서술한 문학. =보고 문학. ㈜르포.

를 조 모음으로 끝나는 체언에 붙어, 그 말을 목적어로 만드는 격 조사. 1 행동이 미치는 대상이거나 행동의 목적물을 나타냄. ¶나는 너~ 굳게 믿는다. 2 행동의 결과 생기는 대상이거나 변화의 결과 이루어지는 대상임을 나타냄. ¶편지~ 쓰다 / 종이로 비행기~ 만들다. 3 이동을 나타내는 동사와 함께 쓰여, 행동의 목적이 되는 일을 나타냄. ¶낚시~ 가다. 4 이동을 나타내는 동사와 함께 쓰여, 동작이 이루어지는 장소가 됨을 나타냄. ¶바닷가~ 혼자 거닐다. 5 이동을 나타내는 동사와 함께 쓰여, 일정한 목적을 가지고 이동하고자 하는 곳임을 나타냄. '에'를 쓰는 경우보다 강조하는 뜻이 있음. ¶학교~ 가다. 6 행동의 출발점임을 나타냄. ¶우리는 학교~ 12시에 떠났다. 7 경로나 과정이 되는 대상임을 나타냄. ¶범인은 이면 도로~ 통해서 도주했다. 8 일이 비롯되는 대상임을 나타냄. ¶너~ 비롯하여 여러 명이 상을 받을 것이다. 9 주거나 받는 뜻의 동사와 함께 쓰여, 행동의 대상임을 나타냄. '에게'를 쓰는 경우보다 강조하는 뜻이 있음. ¶아저씨가 나~ 돈을 주셨다. 10 어떤 행동이 직접 미치는 대상이 그 대상을 포함하거나 소유하는 대상에도 그 행동이 미칠 때, 그 대상을 강조하여 나타냄. ¶그는 나~ 얼굴을 때렸다. 11 피동사와 함께 쓰여, 남의 동작이나 행위를 입은 대상임을 나타냄. ¶버스 안에서 여자에게 구두~ 밟혔다. 12 시간·거리·빈도 및 그 밖의 수량을 나타내는 말 뒤에 쓰여, 그것이 강조나 관심의 대상이 됨을 나타냄. ¶마라톤은 42.195km~ 달리는 경기다. 13 부사나 보조적 연결 어미 뒤에 쓰여, 그 앞에 오는 내용을 강조하는 뜻을 나타냄. ¶저 아이는 도대체 말을 듣지~ 않는다. ㈜ㄹ.

-리-[1] [접미] '르', 'ㄹ'의 받침으로 끝나거나 ㄷ 불규칙 또는 르 불규칙 활용을 하는 동사의 어간에, 남이 동사가 나타내는 기능을 갖게 만드는 어간 형성 접미사. ¶날-다 / 돌-다. 2 동사가 피동의 기능을 갖게 만드는 어간 형성 접미사. ¶뚫-다 / 팔-다.

-리[2] [어미] 모음이나 'ㄹ' 받침으로 끝난 어간, 또는 어미 '-시-' 아래에 붙어, 시어나 문학어에 쓰이는 문어체의 종결 어미. 1 추측·의지 등의 뜻을 나타냄. ㈜-리라. ¶내일이면 꽃이 피~. / 내 오직 하늘 한 자락 어깨에 걸치고 살아가~.《김복강: 초적을 불며》 2 스스로 물으니 탄식하는 뜻을 나타냄. ㈜-리오. ¶이제 가면 언제 오~. / 고향은 이제 찾아 무얼 하~.《박용철: 고향》 ▷-으리-.

-리[3] [어미](선어말) 모음이나 'ㄹ' 받침으로 끝나는 어간, 또는 어미 '-시-' 아래에 붙어, 미래 시제나 '추측', '의지'를 나타내는 선어말 어미. 현대 국어의 구어체에는 잘 쓰이지 않음. ¶내가 곧 그곳으로 가~다. / 그도 내 심정을 언젠가는 알~라. ▷-으리-.

리[4](里) 명 '이(里)[12]'가 어말에 올 때의 어형. ¶경상북도 상주시 낙동면 낙동~. → 이(里)[12].

리[5](里) 명[의존] 거리 단위의 하나. 약 393m. ¶10~도 못 가서 발병 난다. (속담) ▷마장.

리[6](浬) 명[의존] =해리(海里)[2]. ¶5~.

리[7](理) 명[의존] (어미 '-ㄹ' 다음에 '없다'나 '있다'와 쓰여) '까닭', '이치'의 뜻을 나타내는 말. ¶그가 갔을 ~가 없다. / 그럴 ~가 있나.

리[8](釐·厘) 명[의존] 1 무게나 길이의 단위. 푼의 1/10. 2 전체 수량을 1000등분한 것의 비율을 나타내는 단위. 푼의 1/10. ¶4할 5푼 3~.

-리[9](裏·裡) [접미] 일부 명사나 어근적 명사 뒤에 붙어, 그 말이 나타내는 조건이나 상태에 있음을 나타내는 말. ¶비밀~ / 성황~ / 암암~.

리간드(ligand) 명[화] 착화합물에서 중심 금속 원자에 전자쌍을 제공하면서 배위 결합을 형성하는 원자나 원자자.

리골레토(㊀rigoletto) 명[음] 3/4박자의 이탈리아 춤곡. 또는, 그에 맞추어 추는 춤.

리그(league) 명[체] 1 어떤 팀이 가장 우수한지를 가리기 위해 서로 경기를 벌이는 스포츠 팀의 집단. 2 =리그전.

리그닌(lignin) 명[화] 셀룰로오스와 함께 목재의 기본 조직을 이루는 주요한 성분. 펄프 공업의 부산물로 배출되어 공해 문제를 일으키고 있음.

리그-전(league戰) 명[체] 경기 대전(對戰) 방식의 하나. 참가 팀이 다른 팀과 모두 한 번씩 겨루는 경기. 한두 번 패해도 우승할 기회가 있음. ㈜리그·연맹전. ▷토너먼트.

리기다-소나무(rigida-) 명[식] 소나뭇과의 상록 침엽 교목. 높이 25m가량. 5월에 누런 자줏빛의 꽃이 피고, 다음 해 9월에 열매가 익음. 베어도 다시 움이 나므로 조림(造林)에 적합함.

-리까 [어미] 모음이나 'ㄹ' 받침으로 끝나는 어간, 또는 어미 '-시-' 아래에 붙어, '합쇼'할 상대에게 앞일에 대한 의향을 물을 때 쓰는 종결 어미. ¶당장 그리 가~? ▷-으리까.

리넨(linen) 명 아마(亞麻)의 실로 짠 얇은 직물의 총칭. ×린네르.

리놀레-산(←linoleic酸) 명[화] 불포화 지방산의 하나. 무색무취의 액체. 참기름·콩기름 등에 들어 있으며, 연성 비누의 원료로 쓰임.

리놀렌-산(←linolenic酸) 명[화] 불포화 지방산의 하나. 무색무취의 액체. 아마인유 등의 건성유에 들어 있으며, 의약·도료 등의 원료로 쓰임.

리놀륨(linoleum) 명 아마인유의 산화물에 수지(樹脂)·고무질 물질·코르크 가루 따위를 섞어 삼베 같은 데에 발라서 두꺼운 종이 모양으로 눌러 편 물건. 서양식 건물의 바닥이나 벽에 붙임. ¶~ 장판.

-리니 [어미] 모음이나 'ㄹ' 받침으로 끝나는 어간, 또는 어미 '-시-' 아래에 붙어, '-ㄹ 것이니'의 뜻으로, 추측이나 의지를 나타냄과 동시에 뒤에 오는 말의 원인이나 근거가 되는 뜻을 나타내는 연결 어미. ¶최후의 승리는 우리의 것이~ 끝까지 싸우자./ 꽝명의 날이 오~ 참고 견디라. ▷-으리니.

-리니라 [어미] 모음이나 'ㄹ' 받침으로 끝나는 어간, 또는 어미 '-시-' 아래에 붙어, '-ㄹ 것이니라'의 뜻으로, '해라' 할 상대에게 어떤 사실을 경험을 바탕으로 하여 위엄 있게 말해 주는 뜻을 나타내는 종결 어미. ¶그것은 하늘의 뜻이~./그대의 앞길이 평탄하~. ▷-으리니라.

-리다 [어미] 1 모음이나 'ㄹ' 받침으로 끝나는 동사의 어간에 붙어, '그리겠소'의 뜻으로 '하오' 할 상대에게 자기의 의지나 결의를 나타내는 종결 어미. ¶내 약속하~. 2 모음이나 'ㄹ' 받침으로 끝나는 어간, 또는 어미 '-시-' 아래에 붙어, '하오' 할 상대에게 추측이나 경고의 뜻을 나타내는 종결 어미. ¶저분이 아마 그의 형이~./잘못하면 떨어지~. ▷-으리다.

리더(leader) [명] 조직이나 단체 등에서 이끌어 가는 위치에 있는 사람. =지도자.

리더-십(leadership) [명] 지도자로서의 능력이나 통솔력. ¶~이 있는 사람 / ~을 발휘하다.

리드¹(lead) [명] 1 앞장서서 이끄는 것. 2 [체] 운동 경기에서, 상대 팀을 점수에서 앞서는 것. 3 [체] 야구에서, 주자가 도루하려고 베이스에서 떨어지는 것. **리드-하다** [자타여] ¶그룹을~.

리드²(reed) [명][음] 관악기나 풍금류 등의 악기에서, 한쪽을 고정시킨 상태에서 입김이나 바람을 불어 넣거나 흐르게 하여 다른 쪽을 진동시킴으로써 소리가 나게 하는, 갈대·대나무·금속 따위로 된 얇고 탄력성이 있는 조각. 국악기의 경우에는 '서'라고 부름.

리드미컬(rhythmical) → **리드미컬-하다** [형] 율동적·운율적인 특성이 있다. ¶리드미컬한 동작/리드미컬한 음악.

리드^오르간(reed organ) [명][음] 금속으로 만든 리드가 있고, 페달을 밟아 공기를 불어 소리를 내는 작은 오르간. ▷파이프 오르간.

리듬(rhythm) [명] 1 [음] 일정한 박자나 규칙에 의하여 음의 장단·강약 등이 반복될 때의 그 규칙적인 음의 흐름. ¶강열한 ~ / ~에 맞춰 춤을 추다. 2 [문] 문장이 가지는 음성적 요소의 반복. 특히, 운문에서의 운율을 지칭하는 말. 3 [미] 선(線)·형(形)·색(色)의 비슷한 반복을 통해 이루어지는 통일된 율동감. 4 일반적으로, 규칙적인 요소의 반복을 이르는 말. ¶생활의 ~을 상실하다.

리듬-감(rhythm感) [명] 일정한 리듬에 따라 반복되며 움직이는 느낌.

리듬^악기(rhythm樂器) [-끼] [명][음] 리듬에 대한 감각이나 능력을 기르기 위한 악기. 캐스터네츠·탬버린·작은북·트라이앵글 따위. ▷가락 악기.

리듬^앤드^블루스(rhythm and blues) [음] 제2차 세계 대전 후, 미국 흑인들 사이에서 유행하기 시작한 대중음악. 강열한 리듬과 단순한 멜로디가 특징이며, 로큰롤의 모태가 되었음. =아르 앤드 비(R&B).

리듬^체조(rhythm體操) [명][체] 반주 음악의 리듬에 맞추어 리본·공·곤봉 따위를 사용하여 연기하는 여성 체조. 1984년 로스앤젤레스 올림픽부터 체조 경기의 정식 종목으로 채택됨. =신체조.

-리라¹ [어미] 1 모음이나 'ㄹ' 받침으로 끝나는 어간, 또는 어미 '-시-' 아래에 붙어, 추측의 뜻을 나타내는 문어체의 종결 어미. ¶이 얼어붙은 땅에도 머지않아 봄이 오~. 2 모음이나 'ㄹ' 받침으로 끝나는 동사의 어간에 붙어, 말하는 이가 자신의 의지를 영탄조로 나타내는 문어체의 종결 어미. (비)-리. ¶꼭 이기고 돌아오~./내 죽으면 한 개 바위가 되~. 〈유치환:바위〉 ▷-으리라.

리라²(ⓔlyra) [명][음] 고대 그리스에서 쓰인, 하프 비슷한 작은 현악기. 'U', 'V' 자형의 틀 위쪽에 막대기를 지르고 4, 7 또는 10현을 세로로 걸었음.

리라³(ⓘlira) [의존] 이탈리아의 화폐 단위.

-리로다 [어미] 모음이나 'ㄹ' 받침으로 끝나는 어간, 또는 어미 '-시-' 아래에 붙어, '-리라'의 뜻을 감탄조로 나타내는 종결 어미. ¶조국의 독립을 위해서만 살~. ▷-으리로다.

리릭^소프라노(lyric soprano) [명][음] 서정적인 노래를 부르기에 적합한 소프라노.

리릭^테너(lyric tenor) [명][음] 서정적인 노래를 부르기에 적합한 테너.

-리만치 [어미] =-리만큼.

-리만큼 [어미] 모음이나 'ㄹ' 받침으로 끝나는 용언의 어간, 또는 어미 '-시-' 아래에 붙어, '-ㄹ 정도로'의 뜻으로, 뒤의 사실이 그 정도에 있어 최상 또는 극단의 경우인 앞의 사실에 이르거나 미침을 나타내는 연결 어미. =-리만치. ¶구역질이 나~ 그가 보기 싫다. ▷-으리만큼. ×-로이만큼.

리머(reamer) [명][공] 금속에 뚫은 구멍을 정확한 치수로 마무리하는 공구.

리메이크(remake) [명] 이미 만들어져 세상에 발표된 영화를 그 스토리는 그대로 유지하면서 새로운 각도에서 다시 만드는 것. 또는, 이미 있던 곡의 멜로디를 그대로 가져오되, 새로운 느낌으로 다시 불러 음반으로 내는 것. ¶~ 곡. **리메이크-하다** [타여] ¶최근 영화 '리플리'는 '태양은 가득히'를 리메이크한 작품이다.

리모델링(remodeling) [명] 낡은 건축물의 기본 골조는 그대로 두고 내부와 시설을 완전히 뜯어고치는 일. ¶~ 아파트. **리모델링-하다** [동][타여]

리모컨(ⓔ리모컨) [명] [<remote control] 원격 제어를 하는 장치.

리모트^컨트롤(remote control) [명] =원격 제어.

리무진(ⓔlimousine) [명] 1 운전석과 뒷좌석 사이를 유리로 칸막이한 호화로운 대형 승용차. 2 =리무진버스.

리무진-버스(ⓕlimousine+bus) [명] 공항 이용객을 위한 전용 버스. =리무진.

리믹스(remix) [명][음] 레코드나 테이프로 제작이 완료된 음악을 이전과 다른 느낌이 들도록 다시 믹스하는 것. ▷믹스. **리믹스-하다** [동][타여] **리믹스-되다** [동][자]

리바운드(rebound) [명][체] 1 농구에서, 슈팅한 공이 골인되지 않고 링이나 백보드에 맞고 튀어나오는 일. 2 배구에서, 상대편의 블

리바운드 슛 로킹에 걸려 공이 되돌아오는 일. **3** 럭비에서, 공이 손·발·다리 이외의 곳에 맞고 상대편의 방향으로 나아가는 일.

리바운드^슛(†rebound shoot) 몡[체] 농구에서, 공이 링이나 백보드에 맞고 튀어나오는 것을 잡아 슛하는 것.

리바이벌(revival) 몡 오래된 유행가·연극·영화 따위의, 재상연이나 재상영. 또는, 그것의 재유행. **리바이벌-하다** 동(타)(자) ¶1950년대 영화를 ~. **리바이벌-되다** 동(자).

리버럴(liberal) →**리버럴-하다** 형(여) 자유주의를 신봉하는 태도가 있다. ¶리버럴한 사고방식.

리버럴리스트(liberalist) 몡 =자유주의자.

리버럴리즘(liberalism) 몡 =자유주의.

리베로(libero) 몡[체] **1** 축구에서, 스위퍼와 같은 역할을 맡고 있으나, 수비 전문인 스위퍼와 달리 공격에도 적극 가담하는 선수. **2** 배구에서, 수비만을 하는 선수. 경기 시 1명을 둘 수 있음.

리베이트(rebate) 몡[경] 판매자가 지급받은 대금의 일부를 사례금·보상금의 형식으로 지급자에게 되돌려 주는 일. 또는, 그 돈. 흔히, '뇌물'의 뜻으로 전용(轉用)됨.

리벳(rivet) 몡[건] 대가리가 둥글고 두툼한 버섯 모양의 굵은 못. 철재(鐵材)의 연결에 쓰임.

리보^금리(LIBOR金利) [-니] 몡 〔LIBOR: London Inter Bank Offered Rates〕[경] 런던 은행권에서 신용도가 높은 은행들이 서로 단기 자금을 빌려 줄 때 적용하는 이자율. 국제간 금융 거래에 기준 금리로 활용됨.

리보솜(ribosome) 몡[생] 세포질 속에 있는, 단백질을 합성하는 작은 입자.

리보오스(ribose) 몡[화] 단당류의 하나. RNA나 각종 보조 효소의 구성 성분으로서 생체에 널리 분포되어 있음. ≒아르엔에이.

리보플래빈(riboflavin) 몡[화] =비타민 비투.

리보^핵산(←ribose核酸) [-싼] 몡 〔ribonucleic acid〕[생] =아르엔에이(RNA).

리본(ribbon) 몡 **1** 끈·띠 모양의 물건의 총칭. 머리·모자·훈장·선물 등의 장식으로 쓰임. ¶머리에 빨간 ~을 맨 소녀. **2** 타자기·워드 프로세서 등에 쓰이는 띠 모양의 먹지. **3** [체] 리듬 체조에서 쓰이는 용구의 하나. 손잡이가 있는 긴 띠 모양의 천.

리본^체조(ribbon體操) 몡[체] 손잡이가 있는 리본을 흔들거나 던지면서 여러 동작을 음악에 맞추어 하는 리듬 체조.

리볼버(revolver) 몡 회전식 연발 권총.

리부팅(rebooting) 몡[컴] =재부팅.

리뷰(review) 몡 '비평', '논평', '소개'로 순화. ¶북 ~ / 음반 ~ / 영화 ~.

리비도(libido) 몡[심] 프로이트의 정신 분석학의 기초 개념인 성적(性的) 본능에 의한 충동.

리비아(Libya) 몡[지] 아프리카 북부, 지중해 연안에 있는 공화국. 수도는 트리폴리.

리비툼(@libitum) 몡[음] 악곡의 표현 방법을 나타내는 말로, '자유롭게'의 뜻.

리빙^룸(living room) 몡 '거실(居室)'로 순화.

리빙^키친(†living kitchen) 몡[건] 부엌·식당·거실을 겸하도록 설계된 방.

리사이클링(recycling) 몡[경] **1** 자원을 절약하고 환경오염을 막기 위해, 쓰지 않거나 못 쓰게 된 물품을 재생하여 사용하는 일. **2** 통화 위기에 의하여 투기적 자금이 대량으로 이동하였을 때, 유입국에서 유출국으로 자금을 되돌려 주는 일.

리사이틀(recital) 몡[음] 독주회 또는 독창회. ¶피아노 ~ / ~을 열다.

리서치(research) 몡 '연구', '조사'로 순화.

리세션(recession) 몡 불경기까지는 이르지 않는, 일시적인 경기(景氣) 후퇴.

리셉션(reception) 몡 어떤 사람을 환영하거나 어떤 일을 축하하기 위하여 베푸는 공식적인 파티. ¶미국 대통령의 방한(訪韓)을 축하하는 ~이 성대하게 열리다.

리셋(reset) 몡[컴] **1** 데이터를 처리하는 기구 전체나 일부를 초기 상태로 되돌리는 일. ≒소거(消去). **2** 기억 장치·계수기·레지스터 등을 0의 상태로 되돌리는 것.

리셋^버튼(reset button) 몡[컴] 컴퓨터 전원을 끄지 않은 상태에서 컴퓨터를 재시동해 주는 버튼.

리솔루토(ⓘrisoluto) 몡[음] 악곡의 표현 방법을 나타내는 말로, '힘차고 분명하게'의 뜻.

리스(lease) 몡 기계·설비·기구 등을 임대하는 제도. 일반적으로 장기간의 임대를 말함.

리스^산업(lease産業) 몡[경] 일반 기업이나 상점에 부동산을 제외한 여러 가지 산업 설비를 임대하는 것을 업으로 하는 산업.

리스크(risk) 몡 '위험', '투자 위험'으로 순화. ¶외래 ~ / 이 종목은 주가의 등락이 심해 ~가 크다.

리스트(list) 몡 다수의 품명이나 인명 등을 기억하거나 점검하기 쉽도록 일정한 순서로 적어 놓은 것. ¶~를 작성하다 / 용의자의 ~에 오르다.

리시버(receiver) 몡 **1** 전기 진동을 음향 진동으로 변환시키는 장치. 직접 귀에 대고 들음. **2** [체] 테니스·탁구·배구에서, 서브의 공을 받아치는 사람. ↔서버.

리시브(receive) 몡[체] 테니스·탁구·배구 등에서, 서브의 공을 받아치는 일. ↔서브. **리시브-하다** 동(타)(여).

리신(lysine) 몡[화] 필수 아미노산의 하나. 거의 모든 단백질의 구성 성분이 됨.

리아스식^해안(rias式海岸) [지] 해안선의 굴곡이 심하고 후미나 만(灣)이 많은 해안.

리액턴스(reactance) 몡[물] 임피던스를 복소량으로 표시했을 때의 허수 부분. 코일이나 콘덴서에 의한 교류 저항을 나타냄. 단위는 옴(Ω).

리어^카(†rear car) 몡 자전거 뒤에 달거나 사람이 끄는, 바퀴가 둘인 작은 수레. ¶~장사 / ~를 끌다.

리얼(real) →**리얼-하다** 형(여) 현실과 같은 느낌이 있다. ¶현장을 **리얼하게** 묘사한 소설.

리얼리스트(realist) 몡 **1** =사실주의자. **2** =현실주의자.

리얼리즘(realism) 몡 **1** =현실주의. **2** =사실주의. ¶~ 문학. **3** [철] =실재론(實在論).

리얼리티(reality) 몡 =현실성. ¶그의 소설은 인물들의 ~가 결여되어 있다.

리얼타임(real time) 몡[컴] =실시간.

리엔지니어링(reengineering) 몡 기업의 업무와 조직을 근본적이고 혁신적으로 재구성하여 경영의 효율을 높이는 일.

-리오 어미 모음이나 'ㄹ' 받침으로 끝나는 어간, 또는 어미 '-시-' 아래에 붙어, '-ㄹ

까'의 뜻으로 스스로 묻거나 탄식하는 뜻을 나타내는 문어체의 종결 어미. (ㅂ)-리. ¶얼마나 불행한 일이~. /얼마나 아픈~. ▷-으리오.

리을 몡[언] 한글 자음 'ㄹ'의 이름(2117쪽 '한글 자모' 참고).

리을^변'칙^활용/ㄹ 변칙 활용(-變則活用) [-치콸-] 몡[언] =리을 불규칙 활용.

리을^불규칙^용'언/ㄹ 불규칙 용언(-不規則用言) [-칭농-] 몡[언] '리을 불규칙 활용'을 하는 용언.

리을^불규칙^활용/ㄹ 불규칙 활용(-不規則活用) [-치콸-] 몡[언] 어간의 끝소리인 'ㄹ'이, 다음에 오는 어미의 첫소리가 'ㄴ', 'ㅂ'으로 시작되거나, 어미가 '-ㄹ', '-오', '-오-', '-시-'일 경우에 탈락되는 활용의 형식. 곧, '울다'가 '우니', '웁니다', '우시다', '우오' 등과 같이 활용되는 따위. =리을 변칙 활용. (참고)현행 '통일 학교 문법'에서는, 어간의 끝소리 'ㄹ'이 일정한 어미 앞에서 예외 없이 탈락되므로 단순한 소리의 탈락으로 볼 뿐, 불규칙 활용으로 보지 않음.

리조트(resort) 몡 '휴양지'로 순화. ¶수려한 경관을 자랑하는 필리핀의 ~.

리츠(REITs) 몡 [real-estate investment trusts][경] 투자자들로부터 위임을 받아 부동산이나 부동산 관련 유가 증권에 투자하여 발생한 수익을 배당하는 투자 신탁. 또는, 그 회사. '부동산 투자 신탁'으로 순화.

리치(reach) 몡[체] 권투에서, 상대방까지 닿는 팔의 길이. ¶긴 ~로 상대 선수를 견제하다.

리케차(rickettsia) 몡[의] 세균보다 작고 바이러스보다 큰 미생물의 총칭. 살아 있는 세포 내에서만 증식하며, 발진 티푸스·Q열 등의 병원체가 이에 속함.

리코더(recorder) 몡[음] 세로로 부는 플루트의 일종인 목관 악기.

리코딩(recording) 몡 음반이나 테이프, 필름 등에 녹음 또는 녹화하는 것. '기록', '녹음'으로 순화.

리콜(recall) 몡[체] 요트 경기에서, 출발 신호보다 먼저 나간 요트를 불러들이는 일.

리콜-제(recall制) 몡 **1** [정] =소환제(召還制). **2** [경] 어떤 상품에 결함이 있을 때, 생산 업체가 공개적으로 그 상품을 회수하여 점검·교환·수리해 주는 제도.

리큐어(liqueur) 몡 혼성주(混成酒)의 하나. 알코올에 설탕·식물성 향료 따위를 섞어서 만듦.

리타르단도(ⓘritardando) 몡[음] 악곡의 속도를 지시하는 말로, '점점 느리게'의 뜻. 기호는 rit. ↔아첼레란도.

리터(liter) 몡[준] 미터법에 의한 용량의 단위. 1리터는 4℃의 물 1kg의 부피임. 기호는 l.

리턴^매치(return match) 몡[체] 프로 복싱 등에서, 선수권을 빼앗긴 자가 새로 선수권을 획득한 자에게 재도전하여 싸우는 선수권 시합. (ㅂ)복수전·설욕전.

리턴^키(return key) 몡[컴] '엔터 키'를 달리 이르는 말.

리테누토(ⓘritenuto) 몡[음] 악곡의 속도를 지시하는 말로, '곧 느리게'의 뜻.

리투아니아(Lithuania) 몡[지] 유럽 러시아 북서부, 발트 해 연안에 있는 국가. 수도는 빌뉴스.

리히텐슈타인 ●565

리튬(lithium) 몡[화] 알칼리 금속 원소의 하나. 원소 기호 Li, 원자 번호 3, 원자량 6.941. 은백색의 연한 고체 금속인데, 금속 중에서 가장 가벼움. 원자로의 제어봉, 합금 등에 쓰임.

리트(ⓢLied) 몡[음] 독일의 가곡(歌曲)을 이르는 말.

리트머스(litmus) 몡[화] 리트머스이끼에서 짜낸 자줏빛 색소. 알칼리에서는 청색, 산에서는 적색으로 변함.

리트머스^시험지(litmus試驗紙) 몡[화] =리트머스 종이.

리트머스-이끼(litmus-) 몡[식] 이끼의 하나. 몸은 나뭇가지 모양으로 갈라지고 끝은 뾰족함. 바닷가 바위에 붙어삶. 몸 안에 들어 있는 색소로부터 리트머스액을 뽑아냄.

리트머스^종이(litmus-) 몡[화] 리트머스 용액에 적신 거름종이. 적색과 청색의 두 가지가 있으며, 용액의 산성·염기성의 간단한 검사에 이용됨. =리트머스 시험지.

리파아제(ⓢLipase) 몡[화] 지방산 에스테르를 지방산과 글리세린으로 가수 분해 하는 반응의 촉매가 되는 효소.

리포터(reporter) 몡 신문이나 잡지, 방송 프로그램 등의 탐방 기사를 쓰는 사람.

리포트(report) 몡 **1** 조사나 연구, 실험 등의 결과에 대한 보고서. **2** 학생이 교수에게 제출하는 소논문(小論文).

리프레션(repression) 몡[경] 일시적인 경기(景氣) 후퇴와는 구별되는 정체적(停滯的)인 경제 상태. 디프레션과 리세션 사이에 위치하는 경제 상태를 나타냄.

리프린트(reprint) 몡[인] **1** 사진·자료 등을 복사하는 일. **2** 서적 등을 원본대로 복제하는 일. **리프린트-하다** ⑧(타)⑧.

리프트(lift) 몡 **1** 스키장이나 관광지에서, 낮은 곳으로부터 높은 곳으로 사람을 실어 나르는 의자식의 탈것. =체어리프트. **2** 지체 장애인이 휠체어를 타고 계단을 오르내릴 수 있도록 휠체어와 사람을 동시에 이동시키는 장치. 또는, 휠체어를 탄 장애인을 자동차에 승하차시킬 수 있도록 설치한 특수 장치.

리플¹(←reply) 몡〈속〉인터넷상에서, 게시판 등에 실린 글·자료에 대하여 답변이나 의견으로서 올리는 글. 통신 언어임. ¶~을 달다.

리플²(ripple) 몡 잔물결 모양으로 오글쪼글하게 짠 얇은 바탕의 평직물.

리플레(←reflation) 몡[경] '리플레이션'의 준말.

리플레이션(reflation) 몡[경] 디플레이션으로 지나치게 내린 일반 물가 수준을 정상의 높이까지 끌어올리려고 인플레이션이 안 될 만큼 통화량을 팽창시키는 일. 쥰리플레.

리플렉터(reflector) 몡 **1** 자동차·자전거 등의 뒷부분에 장치하는 위험 방지용 반사판. **2** =반사판.

리필-제품(refill製品) 몡 ['리필(refill)'은 다시 채운다는 뜻] 용기를 버리지 않고 다시 쓸 수 있도록 내용물만을 따로 판매하는 제품.

리허설(rehearsal) 몡 연극·음악·방송 등에서, 공연을 앞두고 하는 연습.

리히텐슈타인(Liechtenstein) 몡[지] 스위스와 오스트리아의 국경에 있는 입헌 공국. 수도는 파두츠.

린네르(←[프]linière) [명] '리넨(linen)'의 잘못.

린스(rinse) [명] 머리를 감은 뒤에 머리털을 헹구는 데 사용하는 액체. 머리털을 부드럽고 윤기가 있게 해 줌. ¶헤어 ~ / 샴푸한 다음에 ~로 헹구다. **린스-하다** [동][자][여] 머리털을 린스를 바른 뒤에 헹구거나 린스를 푼 물에 헹구다.

린치(lynch) [명] 〔미국의 버지니아 주 치안 판사 린치(C.W. Lynch)의 이름에서 유래〕 정당한 법적 수속에 의하지 않고 잔인한 형벌을 가하는 일. [비]사형(私刑). ¶~를 가하다.

릴(reel) [명] [1][자립] **1** 녹음테이프·필름 따위의 감는 틀. **2** 낚싯대의 밑 부분에 달아, 낚싯줄을 풀고 감을 수 있게 한 장치. ¶~을 감다. [2][의존] 영화용 필름 길이의 단위. 약 305m. =권(卷).

릴-낚시(reel—) [—낙씨] [명] 낚싯대에 장치한 릴의 꼭지마리를 돌려서 줄을 풀었다 감았다 하면서 물고기를 낚는 낚시. =던질낚시.

릴레이(relay) [명][체] '릴레이 경기'의 준말.

릴레이^경¦기(relay競技) [명][체] 일정한 거리를 조를 이룬 몇 명이 서로 교대하여 이어 달리거나 헤엄치는 경기. 이어달리기·계영(繼泳) 따위. =릴레이 레이스. [준]릴레이.

릴레이^골(†relay goal) [명][체] 축구·핸드볼 등에서, 어떤 팀이 연속해서 넣은 골. 순화어는 '연속 골'.

릴리프(relief) [명][미] =부조(浮彫)[4].

-림[1](林) [접미] '숲', '삼림'의 뜻을 나타내는 말. ¶국유~ / 방풍~ / 보호~.

림[2](rim) [명] 자동차나 자전거 등에서 바퀴의 테를 이루는 고리 모양의 부분. 여기에 고무 타이어를 고정시킴.

림[3](ream) [명][의존] 양지(洋紙)를 세는 단위의 하나. 일반적으로 전지 500장을 가리키나, 때로 480장을 가리킬 때도 있음. [비]연(連).

림보(limbo) [명] 〔'수용소'의 뜻〕 중앙아메리카에서 발생한 곡예 댄스. 춤을 추면서 낮게 가로놓인 막대 밑으로 빠져나가기도 함.

림프(lymph) [명][생] 고등 동물의 조직 사이를 채우는 무색의 액체. 혈관과 조직을 연결하고, 면역 항체를 수송하며, 장(腸)에서는 지방을 흡수하고 운반함. 음역어는 임파(淋巴). =림프액.

림프-관(lymph管) [명][생] 림프가 흐르는 관. 구조는 정맥과 비슷하며, 정맥과 같은 방향으로 흐름.

림프-구(lymph球) [명][생] 백혈구의 하나. T림프구와 B림프구로 나뉘며, 둘이 협동하여 면역 반응에 직접적으로 작용함.

림프-샘(lymph—) [명][생] 포유류의 림프관의 곳곳에 있는 구상(球狀) 또는 콩 모양의 기관. 림프구나 면역 항체를 만들고 세균 감염을 예방함. =림프선·림프절·임파선.

림프-선(lymph腺) [명][생] =림프샘.

림프-절(lymph節) [명][생] =림프샘.

림프절^결핵(lymph節結核) [명][의] 림프샘에 결핵균이 침입하여 생긴 결핵병.

림프절-염(lymph節炎) [—렴] [명][의] 병원균·독소에 의한 림프샘의 염증. =임파선염.

립글로스(lip-gloss) [명] 입술에 영양과 윤기를 주는 화장품. 립스틱 위에 바르거나 직접 바름.

립-서비스(lip service) [명] '빈말', '입발림'으로 순화.

립스틱(lipstick) [명] 막대 모양으로 된, 여자들의 입술 화장용 연지. [비]루주. ¶~을 바르다.

립-싱크(lip sync) [명][영] 텔레비전이나 발성 영화에서, 화면에 나오는 연기자나 가수 등의 입술의 움직임과 음성을 일치시키는 일.

립-크림(lip cream) [명] 입술이 트는 것을 방지하기 위하여 바르는 크림.

링(ring) [명] **1** 고리 모양의 물건. **2** [체] 권투·프로 레슬링 경기에서, 두 선수가 맞붙어 겨루는 자리. ¶사각의 ~ / ~에 오르다. **3** [체] 농구에서, 농구대의 수직판에 고정되어 있는 둥근 테. ¶~에 맞고 코트 안으로 떨어지는 공. **4** [체] 기계 체조 용구의 하나. 위에서 늘어뜨린 두 줄의 로프 끝에 손으로 잡는 쇠고리를 달아 놓은 것. **5** [체] =링 운동. **6** 피임구의 하나. 질(膣)에 삽입함.

링거(Ringer) [명][의] =링거액. ×링게르.

링거-액(Ringer液) [명][의] 혈청과 마찬가지로 삼투압, 무기 염류 조성, 수소 이온 농도를 조정한, 체액의 대용액. =링거.

링거^주¦사(Ringer注射) [명][의] 링거액을 피하나 정맥에 놓는 주사. 출혈·쇠약 등의 증상이 있을 때, 혈액이나 수분을 보충하기 위해 사용함.

링게르 [명][의] '링거(Ringer)'의 잘못.

링-북(ring book) [명] 열렸다 물렸다 하는 쇠고리가 있어 종이를 마음대로 더 넣었다 뺐다 할 수 있는 공책.

링^운¦동(ring運動) [명][체] 남자의 체조 경기 종목의 하나. 지상에서 2.5m 되는 높이에 50cm 간격으로 매달린 두 개의 링을 사용하여 턱걸이·물구나무서기 등의 연기를 함. =링.

링커(linker) [명][체] 축구에서, '하프백'을 공격과 수비를 연결하는 구실을 한다고 하여 이르는 말.

링크[1](link) [명][컴] **1** 어떤 파일이나 페이지의 단어나 표시에 클릭을 하면 그와 관계된 정보나 페이지나 사이트로 연결되게 하는 것. 또는, 그 연결. **2** 하나를 변경하면 다른 하나에도 영향을 미치도록 두 파일 또는 두 데이터 항목을 연결하는 일. **링크-하다** [동][타][여] ¶관련 사이트를 **링크해** 놓다. **링크-되다** [동][자]

링크[2](link) [명][의존] 야드파운드법에서 길이의 단위. 1링크는 약 0.2m임.

링크[3](rink) [명] 스케이트나 롤러스케이트를 타는 실내 스케이트장.

링크^제¦도(link制度) [명][경] **1** 제품의 수출과 그 원료의 수입을 연계시키는 제도. 수출과 같은 액수의 수입을 허가함으로써 수입 제한의 효과를 나타냄. **2** 통제 경제에서, 물건을 판 금액만큼 구입하게 하는 제도.

ㅁ

ㅁ¹ →미음¹.
-ㅁ² [접미] 모음 또는 'ㄹ' 받침으로 끝나는 용언의 어근에 붙어 명사를 만드는 접미사. '삶', '슬픔' 등의 'ㅁ'. ▷-음.
-ㅁ³ [어미] 모음이나 'ㄹ' 받침으로 끝나는 어간, 또는 어미 '-시-' 아래에 붙어, 그 말이 명사 구실을 하게 하는 전성 어미. '좋은 일임', '높이 남은', '청찬함이' 등의 'ㅁ'. ▷-음.
-ㅁ세 [어미] 모음이나 'ㄹ' 받침으로 끝나는 동사의 어간에 붙어, '하게' 할 상대에게 자기가 기꺼이 하겠다는 뜻을 나타내는 종결 어미. ¶내가 하~. ▷-음세.
-ㅁ에도 [어미] 명사형 전성 어미 '-ㅁ'과 조사 '에'와 '도'가 결합한 연결 어미. 주로 '불구하고'와 연결되어 쓰임. ¶가난하~ 불구하고. ▷-음에도.
-ㅁ에랴 [어미] 모음이나 'ㄹ' 받침으로 끝나는 어간, 또는 어미 '-시-' 아래에 붙어, 반문의 뜻을 나타내는 종결 어미. ¶없어진들 어떠리, 어차피 쓰지 못할 물건이~. ▷-음에랴.
ㅁ자-집(-字-) [명] →미음자집.
-ㅁ직스럽다[-쓰-따] [접미] 모음으로 끝나는 동사의 어간에 붙어, 그럴 만한 특성을 가진 점이 있음을 나타내는 말. ¶바라~. ▷-음직스럽다.
-ㅁ직하다[-지카-] [접미] 모음으로 끝나는 동사의 어간에 붙어, 그럴 만한 특성이 꽤 있음을 나타내는 말. ¶바라~. ▷-음직하다.
마¹ [음] 서양 음악의 7음 음계에서 셋째 음이름. 영어로는 이(E), 이탈리아 어로는 미(mi).
마² [식] 맛과의 여러해살이 덩굴풀. 여름에 자주색 꽃이 핌. 산과 들에 나는데, 밭에서 재배하기도 함. 살눈은 식용하고, 뿌리는 강장제로 씀.
-마³ [어미] 모음이나 'ㄹ' 받침으로 끝나는 동사의 어간에 붙어, '해라' 할 상대에게 자기가 기꺼이 하겠다는 뜻을 나타내는 종결 어미. ¶지금 가~. ▷-으마.
마⁴(馬) [명] 장기짝의 하나. '馬(마)' 자를 새긴 것으로, '一(일)' 자 모양이 되게 앞이나 뒤나 옆으로 한 칸을 간 다음에 대각선으로 한 칸을 가게 되어 있음. 한 편에 둘씩 있음. =말.
마⁵(麻) [명][식] =삼¹.
마⁶(魔) [명] 1 일이 잘되지 않게 해살을 부리는 것. ¶~가 끼다. 2 궂은일이 자주 일어나는 곳이나 때. ¶~의 삼각지 /~의 금요일. 3 극복해 내기 어려운 장벽. ¶그는 100미터 달리기에서 ~의 10초 벽을 깨고 세계 신기록을 수립했다. 4 '마귀¹'의 준말.
마⁷(碼) [의존] =야드(yard). ¶두 ~ 세 치.
마:(馬加) [명][역] 부여(夫餘)의 네 행정 구역인 사출도(四出道)를 각각 맡아 다스리던 사가(四加)의 하나. ▷구가·우가·저가.
마가린(margarine) [명] 식물이나 동물의 기름에 소금과 색소 등을 넣어, 버터와 비슷하게 만든 식품. =인조버터. ▶버터.
마:가-목 [명][식] 장미과의 활엽 교목. 높이는 6~8m. 초여름에 흰 꽃이 피고 가을에 둥근 열매가 붉게 익음. 열매와 껍질은 한방에서 약으로 씀.
마가-복음(←Mark福音) [명][성] 신약 성서 중의 한 권.
마:각(馬脚) [명] 말의 다리.
마각을 드러내다 [관] [연극에서 말의 다리로 분장한 사람이 자기 모습을 드러낸다는 뜻] 숨기고 있던 부정적인 정체나 감추고 있던 좋지 않은 본심을 드러내다. ¶그는 사람들에게 친절을 베풀어 환심을 사더니 차츰 마각을 드러내기 시작했다.
마각이 드러나다 [관] 숨기고 있던 부정적인 정체나 감추고 있던 좋지 않은 본심이 드러나다.
마감 [명] 1 계속되던 일을 마무르서 끝내는 것. 또는, 그때. ¶~ 뉴스. 2 정한 기한의 끝. ¶~일 / 원서 ~. 마감-하다 [동][타][여] ¶원고를 ~ / 접수를 ~.
마감-재(-材) [명][건] 건물을 다 짓고 미장을 마친 다음, 실내나 외부를 꾸미는 마무리 공사에 쓰이는 재료. ¶원목 ~ / 고급 ~로 시공한 아파트.
마개 [명] 병이나 용기의 좁은 아가리를 막아 속에 든 것이 밖으로 나오지 않게 하는 물건. ¶병~ / 코르크 ~ / ~를 닫다 / ~로 막다.
마개리트(marguerite) [명][식] 국화과의 여러해살이풀. 높이 1m 정도. 여름에 흰 꽃이 핌. 아프리카 원산으로, 관상용으로 재배함.
마고자 [명] 한복 저고리 위에 덧입는 남자 웃옷. 저고리와 비슷하나 깃과 고름이 없고, 앞을 여미지 않음. 대개 비단으로 만들어 호박 등의 단추를 닮. =마괘자(馬褂子).
마고-할미(麻姑-) [명] 전설에 나오는 신선 할미. 새의 발톱같이 긴 손톱을 가지고 있다고 함.
마곡(Magog) [명][성] 세상의 종말 때 곡(Gog)과 함께 나타난다고 하는 반(反)크리스트교 지도자.
마구¹ [부] 1 몹시 세차게. 또는, 아주 심하게. ¶비가 ~ 퍼붓다. 2 분별없이 함부로. =막. ¶사람을 ~ 때리다.
마:구²(馬具) [명] 말을 부리는 데에 쓰는 기구.
마:구-간(-間) [-깐] [명] 말을 기르는 곳. =구사(廏舍)·말간.
마구리 [명] 1 물건의 양쪽 머리의 면. 2 길쭉한 물건의 양 끝을 덮어 끼우는 것. ¶장구의 ~.
마구-잡이 [명] 주로 '마구잡이로'의 꼴로 쓰여] 행동을 분별없이 마구 하는 상태. ¶주먹을 ~로 휘두르다. ×막잡이.
마:굴(魔窟) [명] 1 마귀의 소굴. 2 못된 무리나 매춘부·아편 중독자 따위가 모여 있는 곳.
마:권(馬券) [-꿘] [명] 경마(競馬) 때, 우승이 예상되는 말에 돈을 걸고 사는 표. =승마 투표권.
마:귀(魔鬼) [명] 1 요사스러운 잡귀의 통칭. ㈜

마(魔). **2** [기] 하나님과 대립 존재하여 여러 악귀를 거느리고 사람을 유혹하여 죄를 짓게 하는 죄악의 원천으로서의 인격적 실재. 사탄으로 불림. [비]악마.

마귀-할멈(魔鬼—) [명] 옛날이야기에 나오는 요사스럽고 못된 귀신 할머니.

마그나^카르타([라]Magna Carta) [명][역] 1215년 영국의 국왕 존에게 강요하여 왕권의 제한과 제후의 권리를 확인시킨 문서. =대헌장(大憲章).

마그네사이트(magnesite) [명][광] 탄산마그네슘으로 된 광물. 내화 벽돌·시멘트의 원료 등으로 쓰임. =능고토석(菱苦土石).

마그네슘(magnesium) [명][화] 은백색의 가벼운 금속 원소. 원소 기호 Mg, 원자 번호 12, 원자량 24.312. 플래시 램프·환원제·경합금 등에 쓰임.

마그네시아(magnesia) [명][화] =산화마그네슘.

마그네트론(magnetron) [명][물] 초단파 발진용 특수 진공관. 레이더·전자레인지 등에 이용됨.

마그네틱-테이프(magnetic tape) [명][컴] =자기 테이프.

마그데부르크의 반ː구(Magdeburg半球) [—의—/—에—][물] 1657년에 독일의 물리학자인 게리케가 마그데부르크에서 대기의 압력을 증명하기 위하여 공개 실험에 쓴, 구리로 만든 반구.

마그마(magma) [명][지] 땅속 깊은 곳에서 지열(地熱)로 말미암아 녹아 반액체로 된 물질. =암장(巖漿).

마기 [부] '막상'의 잘못.

마기-말로 [부] 실제라고 가정하고 하는 말로. ¶~ 네가 내 경우라면 어쩌겠니?

마ː나-님 [명] 돈 있고 권세 있는 집안의 나이 많은 부인을 높여 이르는 말. ¶부잣집 ~.

마냥[1] [명][농] =늦모내기.

마냥[2] [부] **1** 어떤 행동이나 상태가 화자(話者)의 바람과는 달리 끝나지 않고 계속되고 있음을 나타내는 말. ¶철들 나이가 지났는데도 ~ 어린애다. **2** 어떤 상태가 보통의 정도를 훨씬 넘어 있음을 나타내는 말. ¶사람이 ~ 좋기만 하다. **3** 어떤 행동을 마음껏 하거나 누리는 상태임을 나타내는 말. ¶친구와 만나 ~ 웃고 떠들다.

마냥-모 [명] =늦모.

마네킹(mannequin) [명] 의류를 파는 가게에서 전시할 옷을 입혀 놓는 인체 모형.

마녀(魔女) [명] **1** 예로부터 전해 오는 유럽 등지의 민간 신앙에서, 사람에게 해악을 주는 마력을 가졌다는 여자. **2** 악마와 같은 여자.

마녀^사냥(魔女—) [명] **1** [역] =마녀 재판**1**. **2** =마녀 재판**2**.

마녀^재판(魔女裁判) [명] **1** [역] 중세 말기에 유럽 여러 나라의 교회가 사회 불안과 종교적 위기를 해소하는 방편으로 죄 없는 여성을 마녀로 몰아 처형했던 종교 재판. =마녀 사냥. **2** 정치권력자가 사회 불안을 해소하거나 위기 국면을 돌파하기 위해, 정적(政敵)에게 또는 반체제 집단에 엉뚱한 죄를 뒤집어씌우는 행위. =마녀 사냥.

마노(瑪瑙) [명][광] 석영·단백석·옥수(玉髓)의 혼합물. 유백색·적갈색 등을 띠며, 보석이나 장식품 등으로 쓰임. =문석(文石).

마ː누라 [명] **1** 중년 이상이 된 아내를 허물없이 부르거나, 다소 낮추어 이르는 말. ¶여보 ~! **2** 중년이 넘은 남의 아내를 낮추어 이르는 말. ¶저 친구는 제 ~한테 벌벌 떤다니까!

마는 [조] 어절의 종결 어미에 붙어, 앞의 내용을 일단 인정은 하면서 그에 대해 의문을 나타내거나 양해를 구하거나 상반된 내용을 담은 어절을 다음에 잇는 보조사. ¶가고는 싶지~ 바빠서 못 간다. [준]만.

마늘 [명] **1** [식] 백합과의 여러해살이풀. 잎은 가늘고 길며, 땅속에 굵은 비늘줄기가 있음. **2** **1**의 비늘줄기. 특유한 냄새와 매운맛이 있어 양념으로 쓰임. 세는 단위는 쪽·통·접(100통).

마늘-모 [명] **1** 마늘의 쪽처럼 세모진 모양. **2** 바둑 둘 때에 입 구(口) 자로 놓는 수.

마늘-밭[—받] [명] 마늘을 심어 가꾸는 밭.

마늘-장아찌 [명] 마늘이나 마늘종·마늘잎을 식초와 설탕에 절여 진간장에 넣었다가 먹는 반찬.

마늘-종[—쫑] [명] 마늘의 꽃줄기. 연한 것을 장아찌로 만들어 먹음. =산대(蒜薹).

마늘-쪽 [명] **1** 마늘의 낱개. ¶~이 굵다. **2** 낱낱의 마늘 몇 개.

마니-교(摩尼教) [명][종] 3세기에 페르시아 사람 마니가 조로아스터교에 크리스트교·불교 등의 여러 요소를 가미하여 만든 종교.

마니아(mania) [명] 어떤 일이나 대상을 광적으로 즐기고 좋아하는 사람. ¶영화 ~ / 오디오 ~. ×매니아.

마닐라-삼(Manila—) [명] **1** [식] 파초과의 여러해살이풀. 높이 6~7m. 바나나와 비슷하며, 줄기의 섬유로 로프·그물·종이 등을 만듦. **2** **1**에서 뽑은 섬유.

마ː님 [명] **1** 지난날, 지체가 높은 집안의 부인을 높여서 일컫던 말. ¶노~ / 안방~. **2** (일부 명사 아래에 붙어) 존대의 뜻을 나타내는 말. ¶대감~ / 나리~ / 영감~.

마다 [조] '낱낱이 모두 한결같이', '각각 다'의 뜻을 나타내는 보조사. ¶사람~ 얼굴이 다르다. / 잠을 잘 때~ 무서운 꿈을 꾼다.

마다가스카르(Madagascar) [명][지] 아프리카의 남동쪽, 인도양 서쪽에 있는, 마다가스카르 섬을 차지하는 공화국. 수도는 안타나나리보.

마ː다-하다 [동][타][여] 싫다고 하다. ¶그는 궂은 일도 **마다하지** 않고 했다. / 자네가 술을 **마다할** 때가 다 있군.

> **● '마다하다'의 준 꼴**
>
> '온갖 어려움을 **마다 않고** 무릅쓰다 / 쓴 약을 아이가 **마달** 수밖에'에서, 앞의 문장의 '마다 않고'는 '마다하지 않고'에서 '-하지'가, 뒤의 문장의 '마달'은 '마다할'에서 '-하-'가 각각 생략된 것임.

마-단조(—短調) [—쪼] [명][음] 으뜸음이 '마'인 단조.

마담(†[프]madame) [명] 〔원뜻은 '마님', '부인'〕 술집이나 다방 등의 여자 주인. ¶얼굴 ~ / 다방 ~.

마담-뚜([프]madame—) [명] 〔'뚜'는 뚜쟁이의 준말〕 <속> 특수층·부유층을 상대로 하는 직업적인 여자 중매쟁이.

마당 [명] [1][자립] 집 앞이나 뒤, 또는 옆에 사람이 모여 놀 수 있을 만한 넓이로 닦아 놓은 단단하고 평평한 땅. ¶앞[뒷]~ / ~을 쓸다. ▷뜰. [2][의존] **1** ('-ㄴ/는/은 마당에'의 꼴로 쓰여》 어떤 일이 이루어지는 판이나 상황을 이르는 말. ¶사람이 다 죽게 된 ~에 돈이 무슨 소용이냐? **2** 판소리를 세는 단위. ¶판소리 열두 ~. **3** 탈춤·산대놀음 등 민속극의 단락을 세는 단위.

마당-극(-劇) [명][연] 1970년대 이후, 탈춤·풍물·판소리 등의 전통 민속 연희를 창조적으로 계승·발전시킨 실험적인 야외 연극. 사회 비판과 현실 고발의 내용을 주로 담고 있어, 대학가와 노동 현장에 확산됨.

마당-놀이 [명][민] 마당에서 벌이는 세시별(歲時別) 민속놀이.

마당-발 [명] **1** 볼이 넓어 넓적한 발. ↔채발. **2** 대인 관계가 넓은 사람. 비유적인 말임. ¶그는 ~이라서 여기저기 아는 사람이 많다.

마당-비[-삐] [명] 마당을 쓸기 위하여 댑싸리나 싸리 따위를 엮어 만든 비.

마당-쇠[-쇠/-쉐] [명] 전에, 대갓집에서 마당을 쓸거나 잔심부름 따위를 하던 하인.

마당-질 [명] 곡식의 이삭을 털어 알곡을 거두는 일. [비]타작(打作). **마당질-하다** [동][타][여]

마대(麻袋) [명] 거친 삼실로 엉성하게 짠 자루. ¶흙을 ~에 담아 강둑에 쌓다.

마도로스(←[네]matroos) [명] 주로 외항선(外航船)의 선원을 가리키는 말.

마도로스-파이프(†←[네]matroos+pipe) [명] 담배통이 크고 뭉툭하며 대가 짧은 서양식 담뱃대.

마돈나([이]Madonna) [명] 〔'나의 부인' 이라는 뜻〕 **1** 성모 마리아를 그린 그림이나 조각한 소상(塑像). **2** 기품 있고 아름다운 여자나 애인을 이르는 말.

마되[-되/-퉤] [명] 말과 되. =두승(斗升).

마드리갈([프]madrigal) [명][음] 목가(牧歌)나 연애시(戀愛詩)를 작곡한 소곡(小曲).

마들-가리 [명] **1** 땔나무의 잔 줄거리. **2** 해어진 옷의 남은 솔기. **3** 새끼·실 등이 훑여 맺힌 마디.

마디 [명] **1** 나무줄기에 가지나 잎이 붙은, 조금 도드라진 곳. ¶~가 굵은 대나무. **2** [생] =관절(關節). ¶손~ / 뼈~. **3** 새끼·실 따위가 엉키거나 맺힌 곳. ¶~를 풀다. **4** 말이나 노래 곡조의 한 토막. ¶한 ~ 말도 없이 떠나 버렸다. / 거, 노래 한 ~ 해 봐요. **5** [언] =절(節)[4][1]1. **6** [음] 악보의 세로줄로 구분된 리듬의 한 단위. =소절(小節). **7** [물] 정상 진동이나 정상파에서 진폭이 0 또는 극소가 되는 부분. =절(節).

마디다 [형] **1** (물건이) 잘 닳거나 소모되지 않아 오래 쓰는 상태에 있다. ¶비누가 ~. ↔헤프다. **2** (생물이) 자라는 속도가 더디다. ¶**마디게** 자라는 나무.

마디-마디 [명][부] 모든 마디. 또는, 마디마다. ¶~가 쑤신다. / ~ 심금을 울린다.

마디-지다 [형] 마디가 있다. ¶**마디진** 손.

마디-풀 [명][식] 마디풀과의 한해살이풀. 들이나 길가에 나며, 여름에 홍백색의 작은 꽃이 핌. 어린잎은 먹으며, 줄기와 잎은 황달·곽란·복통 등에 약재로 씀. =편죽(扁竹).

마따나 [조] '말' 밑에만 붙어, '말한 대로', '말한 바와 같이' 등의 뜻을 나타내는 부사격 조사. ¶네 말~ 쉬는 게 좋겠다.

마땅찮다[-찬타] [형] 마땅하지 않다. ¶**마땅찮은** 표정을 짓다.

마땅-하다 [형][여] **1** (어떠한 대상에 또는 행동을 하기에) 알맞게 잘 어울리다. ¶내게 **마땅한** 일자리 하나 없을까? **2** 마음에 흡족하게 들다. **3** 그렇게 하는 것이 이치로 보아 옳다. ¶지은 죄를 생각하면 넌 백번 죽어 ~. **마땅-히** [부] ¶사람으로서 ~ 지켜야 할 일.

마뜩잖다[-짠타] [형] 마뜩하지 않다. ¶하는 품이 ~ / **마뜩잖은** 표정을 짓다.

마뜩-하다[-뜨카-] [형][여] 《주로 '않다', '못하다' 와 함께 쓰여》 제법 마음에 들다. ¶**마뜩하지** 않게 생각하다. **마뜩-이** [부]

마라카스([포]maracas) [명][음] 라틴 아메리카 음악에 쓰이는 리듬 악기. 고음과 저음의 두 개를 한 짝으로 쓰며 흔들어 소리를 냄.

마라토너(marathoner) [명] 마라톤 선수.

마라톤(marathon) [명] 〔기원전 490년 그리스의 한 병사가 전쟁터인 마라톤에서 아테네까지 달려와 전승 소식을 전달하고 죽었다는 데에서〕[체] 육상 경기에서 최장거리 경주 종목. 트랙이 아닌 공로(公路)를 달리며, 거리는 42.195km임. =마라톤 경주. ¶~ 선수 / ~ 코스.

마라톤^전ː투(Marathon戰鬪) [명][역] 기원전 490년, 그리스의 마라톤 마을에서 아테네 군대가 페르시아 대군을 물리친 전투. 이 승리를 알리기 위한 사자(使者)가 아테네까지 달려간 데서 마라톤 경주가 유래함.

마라톤-협상(marathon協商) [-쌍] [명] 쉬지 않고 장시간에 걸쳐 벌이는 협상.

마라톤-회담(marathon會談) [-회-/-훼-] [명] 쉬지 않고 장시간에 걸쳐 계속하는 회담.

마ː량(馬糧) [명] =말먹이.

마력[1](魔力) [명] 사람을 현혹·매혹시키는 이상한 힘. [비]괴력(怪力). ¶~의 소유자.

마ː력[2](馬力) [명][의존][물] 동력이나 일률을 나타내는 단위. 기호는 HP·IP 또는 PS.

마련 [명] [1][자립] **1** 준비하여 갖추는 것. **2** 속으로 생각하는 계획이나 궁리. ¶너무 걱정 마세요. 저도 다 무슨 ~이 있겠지요. [2][의존] 《주로, 어미 '-게' 또는 '-기' 다음에 '마련이다' 의 꼴로 쓰여》 당연히 그러하게 되어 있음을 나타내는 말. ¶소문이란 눈 덩이처럼 불어나게 ~이다. **마련-하다** [동][여] [1][타] 준비하여 갖추다. ¶내 집을 ~. [2][자] 《'마련해서는' 의 꼴로 쓰여》 '그러한 것치고는', 또는 '그러한 것에 비해서는' 의 뜻을 나타내는 말. ¶이튿날 아침, 고단한 **마련해서**는 일찌감치 눈이 떠 진 것은 몸에 지닌 기쁨이 하도 컸던 탓이었을까.《정비석:산정무한》 **마련-되다** [동][자] 준비되어 갖추어지다. ¶돈이 ~.

마련-통이 [명] '매련통이' 의 잘못.

마렵다[-따] [형][ㅂ] 〈마려우니, 마려워〉 (오줌이나 똥이) 누고 싶은 느낌이 들도록 나오려고 하는 상태에 있다. ¶오줌[소변]이 ~ / 똥[대변]이 ~.

마로니에([프]marronnier) [명][식] 칠엽수과의 낙엽 교목. 높이 20~25m. 5~6월에 흰색에 붉은 무늬가 있는 종 모양의 꽃이 핌. 열매는 공 모양이며 겉에 가시가 있음. 가로수·정원수로 세계 각지에서 재배됨.

마루[1] [명] **1** [건] 우리나라의 전통 가옥에서, 방과 방 사이나 방 앞에 바닥을 지면으로부터 떨어지게 하여 기다란 널빤지로 깐 공간. =청사(廳事). ¶툇~ / 대청~ / ~를 놓다. **2** 기다란 널빤지를 깐 바닥. ¶~를 깐 교실.

마루[2] [명] **1** 등성이가 진 지붕이나 산 등의 꼭대기. ¶용~ / 산~ / 고갯~. **2** 파도 칠 때 치솟는 물결의 꼭대기. ¶물~. **3** 일의 한창인 고비.

마루-방(-房) [명] 온돌을 놓지 않고 마루처

마루^운ː동(-運動)[명][체] 체조 경기 종목의 하나. 12m²의 평탄한 매트 위에서 평균기·정지기·도약기·돌기·공중 돌기 따위의 연기를 하는 운동.

마루-청(-廳)[명] 마루를 깐 자리나 공간. =청널.

마루타(@丸太/まるた)[명] ['통나무'라는 뜻] 제2차 세계 대전 때 일본 제국이 생체 실험의 도구로 삼은 사람의 속칭.

마루-터기[명] 1 산이나 고개에서, 가장 높은 부분의 도드라진 곳. ¶산~ / 고갯~. 2 용마루의 도드라진 턱. =마루턱.

마루-턱[명] '마루터기'의 준말.

마루-판(-板)[명] 마루로서 깐 널빤지. =당판·마룻장·청판.

마루-폭[명] 바지·치고의 따위의 허리에 달아 사폭을 대는 긴 헝겊.

마룻-대[-루때/-룯때][명][건] 용마루 밑에 서까래가 걸리게 된 도리. =상량(上樑). × 상량대·상량도리.

마룻-바닥[-루빠-/-룯빠-][명] 마루의 바다.

마룻-장[-루짱/-룯짱][명] =마루판.

마룻-줄[-루쭐/-룯쭐][명] =용총줄.

마르(@Maar)[명][지] 화산의 형태의 하나. 화산 가스 분출이나 수증기 폭발로 생긴 원형의 화구.

마르다¹[동][자]⟨마르니, 말라⟩ 1 (젖은 물체가) 열에 의해 물기가 없어지다. ¶빨래가 잘 ~. 2 (강·우물·못 따위가) 물이 줄어 없어지거나 남아 있지 않게 되다. ¶냇물이 ~. 3 (입 안이나 입술·혀 등이) 긴장하거나 몸의 열로 인해 침이나 축축한 기운이 없어지다. ¶그는 신열로 입술이 마르고 눈이 퀭해졌다. 4 (사람이나 동물의 몸이) 그 부피와 무게가 주는 상태가 되다. 비야위다·빠지다. ¶얼굴이 ~. 5 (쓰거나 얻어야 할 물건이) 다 쓰이거나 없어지다. ¶집안에 돈이 **말랐다**. / 하천이 오염되어 고기의 씨가 말라 간다.

마르다²[타][르]⟨마르니, 말라⟩ (옷감이나 재목 등을) 치수에 맞추어 베거나 자르다. ¶옷감을 **말라** 옷을 짓다.

마르다³[형][르]⟨마르니, 말라⟩ 1 (사람이나 동물의 목이) 갈증을 느끼는 상태에 있다. ¶목이 몹시 ~. 2 →목마르다.

마르모트(@marmotte)[명][동] =마멋.

마르스(Mars)[명][신화] 로마 신화에 나오는 군신(軍神). 그리스 신화의 아레스(Ares)에 해당함.

마르카토(@marcato)[명][음] 악곡의 표현 방법을 나타내는 말로, '음 하나하나를 똑똑하게'의 뜻.

마르크(@Mark)[명][의존] 독일의 화폐 단위.

마르크스·레닌-주의(Marx-Lenin主義)[-의/-이][명][사] 레닌을 통해 발전한 마르크스주의.

마르크스-주의(Marx主義)[-의/-이][명][사] 마르크스와 엥겔스에 의하여 확립된 사상 체계. 유물 사관·유물 변증법·마르크스 경제학 등이 기초를 이룸. =마르크스시즘.

마르크시즘(Marxism)[명][사] =마르크스주의.

마른-갈이[명][농] 논에 물을 넣지 않고 가는 일. ↔물갈이·진갈이. ×건갈이. **마른갈이-하다**[동][타][여]

마른-걸레[명] 물기가 없는 걸레. ↔물걸레.

마른-국수[-쑤][명] 1 뽑은 그대로 말려 놓은 국수. 2 국에 말거나 비비지 않은, 삶아 놓은 그대로의 국수. =건면(乾麵).

마른-기침[명] 가래가 나오지 않는 상태로 하는 기침. **마른기침-하다**[동][자][여]

마른-나무[명] 1 물기가 없이 바싹 마른 나무. 2 죽은 나무. ↔생나무.

마른-날[명] 비나 눈이 내리지 않는 갠 날. ↔진날.

마른-논[명] =건답(乾畓). ↔무논.

마른-눈[명] 비가 섞이지 않고 내리는 눈.

마른-땅[명] 수분이 없이 건조한 땅.

마른-똥[명] 물기가 적은 똥. 비된똥. ↔진똥.

마른-미역[명] 뜯어서 말린 미역. =건미역. ↔물미역.

마른-반찬(-飯饌)[명] 건어물·김 등과 같은 마른 재료로 물기 없이 만든 반찬. ↔진반찬.

마른-밥[명] 1 국이 없이 반찬만으로 먹는 밥. =건반(乾飯). 2 주먹같이 뭉쳐서 단단하게 만든 밥. 3 '멘밥'의 잘못.

마른-버짐[한] 피부병의 하나. 얼굴 같은 데에 까슬까슬하게 번지는 흰 버짐. =건선(乾癬)·풍선(風癬). ¶~이 피다. ↔진버짐.

마른-번개[명] 비가 내리지 않는 때에 치는 번개.

마른-빨래[명] 1 흙이 묻은 옷을 말려 비벼 깨끗하게 하는 일. 2 휘발유·벤젠 등으로 옷의 때를 지우는 일. ×건빨래. **마른빨래-하다**[동][자][여]

마른-신[명] 마른땅에서 신기 위해, 비단이나 우단, 또는 기름에 겯지 않은 가죽으로 만든 신. =건혜(乾鞋). ↔진신.

마른-안주(-按酒)[명] 포(脯)·땅콩·과자 등과 같은 마른 안주. ↔진안주.

마른-오징어[명] 배를 따서 내장을 제거하고 납작하게 말린 오징어. =건오징어.

마른-일[-닐][명] 바느질·길쌈 등과 같이 손에 물을 묻히지 않고 하는 일. ↔진일. **마른일-하다**[동][자][여]

마른-입[-닙][명] 1 국물이나 물을 마시지 않은 입. 2 =멘입.

마른-자리[명] 축축하지 않은 온전한 자리. ¶진자리 ~ 갈아 뉘시고…. ⟨양주동: 어머니의 은혜⟩ ↔진자리.

마른-장마[명] 장마철에 비가 아주 적게 오거나 갠 날이 계속되는 기상 현상.

마른-천둥[명] 마른하늘에서 치는 천둥.

마른-침[명] 몹시 긴장하거나 초조하거나 할 때, 입 안이 말라 무의식중에 삼키는 적은 양의 침. ¶곡예사의 아슬아슬한 묘기가 연출되는 순간, 그 여자는 자기도 모르게 ~을 삼켰다.

마른-풀[명] 사료나 퇴비로 쓰기 위하여 말린 풀. 비건초(乾草).

마른-하늘[명] 비나 눈이 오지 않는 맑은 하늘.
[**마른하늘에 날[생]벼락**] 뜻밖에 입는 재난을 일컫는 말.

마른-행주[명] 물에 적시지 않은 행주. ↔물행주.

마름¹[1][자립] 이엉을 말아 놓은 단. [2][의존] 1을 세는 단위로 쓰이는 말. ¶이엉 두 ~.

마름²[명][식] 마름과의 한해살이풀. 연못이나 늪에 나며, 흙 속에서 싹이 터 긴 줄기를 물 위에까지 뻗음. 여름에 흰 꽃이 피고 마름모꼴의 열매가 열림. 2의 열매. 날로 먹거

마름³ 지주(地主)를 대리하여 소작지를 관리하는 사람. =사음(舍音).
마름-모 명[수] 네 변의 길이가 같고 대각선의 길이가 다른 사각형. 구용어는 능형(菱形). =마름모꼴.
마름모-꼴 명[수] =마름모.
마름-쇠 [-쇠/-쉐] 명 도둑이나 적을 막기 위하여 땅에 흩어 두었던 쇠못. 끝에 날카로운 가지가 너더댓 개 달려 있어 밟으면 발바닥에 상처를 줌. =능철(菱鐵)·여철(藜鐵).
마름-자 마름질에 쓰이는 자.
마름-질 명 옷감이나 재목 등을 치수에 맞추어 마르는 일. 비재단(裁斷). **마름질-하다** 동[타여] ¶치마를 ~.
마리 명[의존] 짐승·물고기·벌레 등의 수효를 세는 단위. =수(首). ¶말 한 ~/조기 세 ~/나비 두 ~.
마리오네트(marionette) 명[연] 실로 조종하는 인형. 또는, 그 인형극.
마리화나(marihuana) 명 대마(大麻)의 이삭이나 잎을 말려 가루로 만든 마약의 하나. 주로 담배에 섞어서 피움.
마림바(marimba) 명[음] 실로폰의 한 가지. 음판(音板) 밑에 공명관을 장치한 것으로, 음역이 넓어 독주와 합주에 널리 쓰임.
마립간(麻立干) [-깐] 명[역] 신라 내물왕 또는 눌지왕 때부터 지증왕 때까지의 임금의 칭호. ▷거서간·이사금·차차웅.
마릿-수(-數) [-리쑤/-릳쑤] 명 마리를 단위로 하여 헤아리는 수.
마ː마¹(媽媽) 명 '천연두'를 에둘러 이르는 말. **마ː마-하다** 자여 천연두를 앓다.
마ː마²(媽媽) 명[역] 왕과 그 가족들의 칭호 밑에 붙여, 존대의 뜻을 나타내는 말. ¶중전~/상감~. 2 벼슬아치의 첩을 높여 부르는 말.
마ː마-꽃(媽媽-) [-꼳] 명 마마할 때 피부에 부스럼처럼 불긋불긋 돋아나는 것.
마ː마-님(媽媽-) 명[역] 조선 시대에, 아랫사람이 상궁을 높여 이르던 말.
마마-보이(←mama's boy) 명 어려서부터 어머니의 과보호를 받은 탓으로 매사에 주체적으로 행동하지 못하는 소년이나 남자.
마ː맛-자국(媽媽-) [-마짜-/-맏짜-] 명 마마딱지가 떨어진 자리에 생긴, 오목오목 얽은 자국. =두흔(痘痕).
마멀레이드(marmalade) 명 오렌지·레몬·여름밀감 등의 껍질로 만든 잼.
마멋(marmot) 명[동] 포유류 다람쥣과 마멋속(屬) 짐승의 총칭. 토끼만 하고, 온몸이 회색 털로 덮여 있음. 평지의 바위가 많은 곳이나 평원에 굴을 파고 삶. =마르모트. ▷르모트.
마멸(磨滅) 명 1 갈려 닳아서 얇아지거나 없어지는 것. 2 표면이 갈려 닳아서 글자·그림 따위가 보이지 않게 되는 것. **마멸-하다** 동[자여] **마멸-되다** 동[자] ¶기계의 부속이 ~/그 비문(碑文)은 풍우에 **마멸되어** 알아볼 수 없다.
마모(磨耗) 명 (기계의 부품이나 마찰을 많이 일으키는 물체 등이) 닳아지거나 깎여 마찰을 덜 받거나 제 기능을 다하지 못하는 상태가 되는 것. ¶기계의 ~가 심하다. **마모-하다** 동[자여] **마모-되다** 동[자] ¶자동차 타이어의 트레드가 **마모되면** 제동 시 미끄러지기 쉽다.

마무르다 타르 <마무르니, 마물러> 1 물건의 가장자리를 꾸며서 일을 끝맺다. 2 일의 끝을 맺다. ¶일을 ~.
마무리 명 1 일의 끝맺음. ¶끝-/~를 잘하다/마무리를 짓다. 2 논문·논설문 등의 끝맺는 부분. 비결론(結論). **마무리-하다** 동[타여] **마무리-되다** 동[자].
마물(魔物) 명 사람의 정신을 홀리게 하는 요망한 물건.
마ː-바리(馬-) 명 짐을 실은 말. 또는, 그 짐.
마ː바리-꾼(馬-) 명 마바리를 끄는 것을 직업으로 하는 사람.
마ː바리-집(馬-) 명 '마방집'의 잘못.
마ː방(馬房) 명 1 마구간을 갖춘 주막집. 2 절 안에, 손님의 말을 매어 두는 곳.
마-방진(魔方陣) 명[수] 자연수를 정사각형 모양으로 나열하여 가로·세로·대각선의 합이 전부 같아지게 한 것. =방진(方陣).
마ː방-집(馬房-) [-찝] 명 말을 두고 삯 싣는 일을 업으로 삼는 집. × 마바리집.
마법(魔法) 명 마력(魔力)으로 신기한 일을 행하는 술법. =사법(邪法). ¶~에 걸리다.
마법-사(魔法師) [-싸] 명 마법을 부리는 사람. ▷마술사·요술쟁이.
마ː부(馬夫) 명 1 =말구종. 2 말을 부려 마차·수레 등을 모는 사람. ¶마차꾼.
마ː분-지(馬糞紙) 명 짚을 원료로 한, 빛이 누렇고 질이 낮은 종이.
마블(marble) 명 ('대리암(大理巖)'의 뜻) 대리암 무늬가 들어 있는 양지(洋紙).
마블링(marbling) 명[미] 물 위에 유성(油性) 물감을 떨어뜨려 저은 다음, 종이를 물 위에 덮어 대리암 모양의 무늬가 묻어나게 하는 기법.
마비(痲痺·麻痺) 명 1 [의] 신경계나 근육의 장애로 인하여 감각이 없어지거나 몸을 움직일 수 없게 되는 일. ¶심장~/소아~. 2 본래의 기능이 둔해지거나 정지되는 것을 비유적으로 이르는 말. **마비-되다** 동[자] ¶중풍으로 한쪽 팔이 ~/폭발적인 차량의 증가로 교통이 ~.
마빡 '이마'를 비속하게 이르는 말.
마사(磨沙·磨砂) 명 금속제 기물을 닦는 데 쓰는, 점성(粘性)이 없는 백토(白土). =마분(磨粉).
마사지(massage) 명 1 =안마(按摩). 2 손가락 끝을 펴서 피부에 댄 상태로 문지르는 일. ¶피부~. **마사지-하다** 동[타여] ¶콜드크림으로 얼굴을 ~.
마ː-삯(馬-) [-삭] 명 말을 사용한 데 대한 삯. =마분(馬分)·마세(馬貰).
마ː상¹ 명 =마상이.
마ː상²(馬上) 명 말의 등 위. 또는, 말을 타고 있음.
마ː상이 명 1 거루 같은 작은 배. 2 통나무를 파서 만든 배. =독목주(獨木舟)·마상.
마ː상-재(馬上才) 명[역] 마군(馬軍)이 달리는 말 위에서 부리는 총 쏘기, 옆에 매달리기, 거꾸로 서서 달리기 등의 재주. =마기(馬技)·마예(馬藝).
마성(魔性) 명 악마의 성질과 같은, 사람을 미혹(迷惑)시키는 성질.
마세(프massé) 명[체] 당구에서, 큐를 수직으로 세워 공을 치는 방법.
마셜^제도(Marshall諸島) 명[지] 태평양 서부, 미크로네시아의 알루트 섬을 중심으로 하는 공화국. 수도는 마주로.

마-소 몡 말과 소. =우마(牛馬). ¶~를 부리다.

마손(磨損·摩損) 몡 (단단한 물체의 면이) 마찰에 의하여 닳는 것. **마손-하다** 동자여

마수¹ 몡 1 맨 처음 팔리는 것으로 미루어 예측하는 그날 장사의 운수. 상인들이 쓰는 말임. ¶~가 좋다 / ~부터 재수가 없다. 2 '마수걸이'의 준말. ¶~도 못 하다. **마수-하다** 동자여

마수²(魔手) 몡 ['악마의 손'이란 뜻] 사람을 유혹하거나 파멸시키거나 하는 음흉한 손길 또는 수단. ¶~를 뻗치다 / ~에 걸리다 / ~에서 벗어나다.

마수-걸이 몡 그날 장사에서, 맨 처음으로 물건을 파는 일. 상인들이 쓰는 말임. ¶점심때가 다 되도록 ~도 못 했다. 쥰마수. **마수걸이-하다** 동자여

마술¹ 몡 말을 타고 부리는 기술. 旧승마술. ¶마장(馬場) ~ / ~ 경기.

마술²(魔術) 몡 빠른 손놀림으로 특별히 만든 도구들을 이용하여, 사람들의 눈을 속이는 놀랍고 신기한 일을 보여 주는 기술. ¶~을 부리다 / ~을 걸다.

혼동어	마술 / 요술
'마술'이 재빠른 손놀림이나 특수한 장치를 써서 눈속임으로 신기한 현상을 만들어 내는 재주를 가리킨다면, '요술'은 동화와 같은 상상의 세계에서 신비한 현상을 만들어 내는 기술을 가리킴.	

마술-사(魔術師) [-싸] 몡 마술을 전문으로 하는 사람.

마술-장이(魔術-) 몡 '마술쟁이'의 잘못.

마술-쟁이(魔術-) 몡 '마술사'를 얕잡아 일컫는 말. ×마술장이.

마스카라(mascara) 몡 속눈썹을 짙고 길게 보이게 하기 위하여 칠하는 화장품.

마스코트(mascot) 몡 행운을 가져다준다고 믿어 늘 몸에 간직하거나 가까이에 두는 작은 완구(玩具)나 동물. ¶행운의 ~.

마스크(mask) 몡 1 병균이나 먼지를 막기 위하여 코와 입을 가리는, 가제로 만든 물건. ¶~를 쓰다. 2 [체] 야구의 포수나 구심(球審), 펜싱 선수 등이 얼굴에 쓰는 방호구(防護具). 3 얼굴의 생김새. ¶저 배우는 ~가 수려하다.

마스터¹(master) 몡 (어떤 기술이나 내용을) 배워서 충분히 익히는 것. **마스터-하다** 동(타)여 ¶영어 회화를 ~.

마스터²(master) 몡 음반의 원형(原型)이 되는 금형(金型)의 것. =마스터반.

마스터베이션(masturbation) 몡 =수음(手淫). **마스터베이션-하다** 동자여

마스터-키(master key) 몡 서로 다른 여러 개의 자물쇠에 다 맞는 열쇠. 보통, 호텔·아파트 등의 관리자가 보관함. ▷곁쇠·만능열쇠.

마스터-플랜(master plan) 몡 기본이 되는 계획. ¶경제 개발의 ~을 짜다.

마스트(mast) 몡 1 돛대. 2 배의 중심선상의 갑판에 수직으로 세운 기둥. =선장(船檣).

마시다 동(타) 1 (사람이 액체를) 입속으로 들어가게 하여 씹거나 머금지 않고 곧바로 목구멍으로 넘기다. 주로 액체가 담긴 그릇·잔·병 등에 입을 댄 상태로 웬만큼 흘리다 게 해서 먹는 것을 가리킴. 旧들이마시다·들이켜다. ¶물을 ~ / 술을 ~. 2 (사람이 기체를) 입이나 코로 들이쉬다. ¶연탄가스를 ~ / 신선한 공기를 ~.

마:신(馬身) 몡 말의 코끝에서 궁둥이까지의 길이. 경마(競馬)에서 말과 말 사이의 간격을 나타내는 데 쓰임.

마애(磨崖) 몡 석벽(石壁)에 글자·그림·불상(佛像) 등을 새기는 것. **마애-하다** 동(자)여

마애-불(磨崖佛) 몡 [불] 벼랑이나 동굴의 벽 같은 자연의 바위 벽에 새긴 불상.

마야^문명(Maya文明) [역] 중앙아메리카의 마야 족에 의해 발달된 고대 문명. 기원 전후에 일어나서 4~9세기에 전성기를 맞이하였음. 거석 건조물을 만들고 상형 문자를 사용하였으며, 천문·역법이 발달하였음.

마약(痲藥) 몡 [약] 진통·마취 작용을 가지며, 습관성이 있어 계속 쓰면 중독이 되는 약물. 아편·모르핀·코카인·헤로인·코데인 따위.

마에스토소(①maestoso) 몡 [음] 악곡의 표현 방법을 나타내는 말로, '장엄하게'의 뜻.

마왕(魔王) 몡 악마의 우두머리.

마요네즈(mayonnaise) 몡 샐러드용 소스의 한 가지. 달걀노른자·샐러드유·식초·소금 등을 섞어 만듦.

마우스¹(Maus) 몡 [동] 유럽산 생쥐의 사육종. 의학·유전학 따위의 실험용이나 애완용으로 사육됨.

마우스²(mouse) 몡 [컴] 컴퓨터 입력 장치의 하나. 작은 상자 모양의 것으로 책상 위에서 움직이면 그에 따라 화면의 커서가 이동함.

마우스-패드(mouse pad) 몡 마우스를 사용할 때 마우스의 볼이 잘 구를 수 있게 밑에 까는 물건. 보통, 적당한 마찰력이 있는 고무·우레탄·플라스틱 등으로 네모나게 만듦.

마우스피스(mouthpiece) 몡 1 [체] 권투에서, 입 안과 이의 손상을 막기 위해 입에 무는, 고무로 만든 물건. 2 [음] 관악기에서, 입에 대고 부는 부분.

마운드(mound) 몡 [체] 야구에서, 투수가 공을 던질 때 서는 약간 높은 곳. 중앙에 투수판(投手板)이 있음. ¶~를 내려오다 / ~에 서다.

마유(魔乳) 몡 [생] 성별에 관계없이 생후 3~4일경부터 신생아의 젖꼭지에서 나오는 젖 비슷한 액체.

마을 몡 1 주로 시골에서, 여러 집이 한동아리를 이루어 모여 사는 곳. =동리. 旧부락·촌(村)·존락. ▷동네. 2 [역] =관아. 3 이웃에 놀러 가는 일. ¶다 큰 처녀가 밤낮 ~만 다닌다.

마을(을) 가다 귀 이웃에 놀러 가다.

마을-금고(-金庫) 몡 자금의 조성 및 이용을 목적으로 마을 사람들이 자체적으로 조직·운영하는, 신용 협동조합의 하나.

마을-꾼 몡 이웃에 놀러 다니는 사람. 쥰꾼.

마을-문고(-文庫) 몡 농어촌 주민의 자질 향상을 도모할 목적으로 1961년 이후에 마을에 설치된 문고.

마을-버스(-bus) 몡 대도시에서, 노선버스나 지하철이 운행되지 않는 골목길이나 고지대 등에 주민들의 불편을 덜기 위해 운행하는 버스.

마음 몡 1 사람이 사물에 대해 어떤 감정이나 의지, 생각 등을 느끼거나 일으키는 작용이나 그 상태. ¶~의 평화 / ~이 울적하다.

몸. **2** 사람의 감정·생각·기억 따위가 생기거나 자리 잡는, 사람의 가슴속(심장)에 있다고 믿어지는 공간. ¶~에 새기다 / ~에 담아 두다. **3** 어떤 사람이 본디 가지는 성격이나 품성. (비)마음씨·심성(心性). ¶~이 곱다 / ~이 곧은 선비. **4** 사람이 남을 대할 때 가지는 도덕적·윤리적 생각이나 태도. ¶악한 ~을 먹다 / ~을 바르게 가져라. **5** 어떤 일에 대한 관심이나 의향이나 정열. ¶~이 쏠리다 / 그 여자는 ~에 없는 결혼을 했다. **6** 이성(異性)에 대한 사랑의 감정. 또는, 다른 사람에 대한 호의(好意)의 감정. ¶남자에게 ~을 주다. **7** 실제의 행동, 또는 실질의 상태나 실현이 없는, 생각·의식·상상만의 작용에 의한 상태. ¶몸은 늙었지만 ~은 아직 청춘이다. **8** 〔일부 명사 앞에 '마음의'의 꼴로 쓰여〕 '정신적인' 또는 '비유적인 의미에서의'의 뜻을 나타내는 말. ¶~의 등불 / 책은 ~의 양식이다.

[**마음 없는 염불**] 내키지 않는 일을 마지못해 하는 일을 이르는 말.

마음(을) 붙이다 句 어떤 것의 동요가 없이 무엇에 마음을 자리 잡게 하다. ¶비록 고향이 아니더라도 이곳에서 **마음 붙이고** 살자.

마음(을) 사다 句 관심이나 호감을 가지에게 하다. ¶여자의 ~.

마음을 비우다 句 어떤 일에 대한 집착이나 욕심을 버리다. ¶행복한 삶을 살기 위해서는 먼저 **마음을 비워야** 한다.

마음-가짐 몡 어떤 일에 대한 마음의 자세. ¶ 경건한 ~ / ~을 굳게 하다. ㊀맘가짐.
마음-결 [-껼] 몡 마음의 바탕. ¶~이 곱다.
마음-고생 (-苦生) [-꼬-] 몡 마음속으로 겪는 괴로움. ¶~이 이만저만한 게 아니다. ㊀맘고생.
마음-공부 (-工夫) [-꽁-] 몡 정신적인 수양. ¶~가 되다.
마음-껏 [-껃] 閉 마음에 흡족하도록. (비)실컷. ¶~ 뛰놀다 / ~ 먹어라. ㊀맘껏.
마음-대로 閉 하고 싶은 대로. ¶일이 ~ 되지 않는다. ㊀맘대로.
마음-먹다 [-따] 됭(재)(타) 무엇을 하기로 마음속으로 작정하다. ¶기필코 해내리라고 굳게 ~. ㊀맘먹다.
마음-보 [-뽀] 몡 '마음을 쓰는 본새'를 나쁜 쪽으로 이르는 말. =심보. ¶~가 사납다. ㊀맘보.
마음-성 (-性) [-썽] 몡 마음을 쓰는 성질. ¶~이 좋다. ㊀맘성.
마음-속 [-쏙] 몡 마음의 속. =가슴속·심중·어심(於心)·회리(懷裏)·회중. (비)의중. ¶ ~에 사무치다 / ~을 털어놓는다. ㊀맘속.
마음-씨 몡 마음을 쓰는 태도. ¶착한 ~ / ~좋은 사람. ㊀맘씨.
마음-자리 [-짜-] 몡 마음의 본바탕. (비)심지(心地). ㊀맘자리.
마음-잡다 [-따] 됭(자) 잡념을 없애고 안정을 되찾다. ¶이젠 **마음잡은** 모양이다.
마이너 (minor) 몡 **1** [음] =단조(短調) ↔메이(A). **2** '비주류'로 순화. ¶~ 회사. ↔메이저(major).
마이너^리그 (minor league) 몡 [체] 미국 프로 야구의 메이저 리그 외의 군소 리그의 총칭.
마이너스 (minus) 몡 **1** (어떤 수를) 빼는 것. 또는, 그 기호인 '-'를 이르는 말. ¶10 - 3

마이크로프로세서 ●573

은 7이다. **2** 전극·전하에서 음(陰)의 성질임을 나타내는 말. 또는, 그 기호 '-'를 이르는 말. **3** 반응 검사 등에서 음성(陰性)임을 나타내는 말. **4** 손실이나 적자, 불이익 등을 뜻하는 말. ¶그런 행동은 너에게 ~다. ↔플러스(plus). **마이너스-하다** 됭(타)⒩ (어떤 수를) 빼다. ¶10에서 3을 ~.
마이너스^성장 (minus成長) 몡 [경] 경제 성장률이 마이너스가 되는 일. 곧, 국민 총생산의 실질 규모가 전년도에 비해 적어지는 일. ¶~을 기록하다.
마이너스^옵션 (minus option) 몡 [건] 아파트 분양에서, 마감재의 품질·색상·디자인을 입주자의 취향에 따라 직접 선택하게 하는 일. ¶○○ 아파트의 분양가는 15% ~을 기준으로 24평형이 1억 1600만 원이다.
마이너스^통장 (minus通帳) 몡 [경] 대출 한도를 미리 정해 놓고 필요할 때마다 수시로 출금할 수 있게 되어 있는 통장. 출금한 액수가 통장에 마이너스 얼마로 나타나다고 하여 붙여진 이름임.
마이더스 (Midas) 몡 [신화] '미다스'의 영어명.
마이더스의 손 句 =미다스의 손.
마:이동풍 (馬耳東風) 몡 (말의 귀에 동풍이 불어도 말은 아랑곳하지 않는다는 뜻) 남의 의견이나 충고를 귀담아듣지 않고 흘려버림을 일컫는 말. 이백(李白)의 시에서 따온 말임. ¶그에게는 무슨 말을 해도 ~이야.
마이신 (←streptomycin) 몡 [약] '스트렙토마이신'의 준말.
마이오-세 (←Miocene世) 몡 [지] 신생대 제3기 중에서 올리고세의 뒤, 플라이오세 앞의 세. =중신세(中新世).
마이-카 (✝my car) 몡 자기 소유의 승용차. (비)자가용. ¶~ 시대.
마이크 (mike) 몡 음성을 녹음하거나 전파에 실어서 방송하거나 할 때에 음파를 전류로 바꾸는 장치. =마이크로폰. ¶~ 볼륨을 낮추다.
마이크로-그램 (microgram) 몡[의존][물] 100만분의 1그램.
마이크로-미터[1] (micrometer) 몡 나사의 회전각과 이동 거리 관계를 이용하여, 두 점 사이의 거리를 정밀하게 재는 기구나 장치.
마이크로-미터[2] (micrometer) 몡[의존] 길이의 단위. 100만분의 1미터, 즉 1000분의 1밀리미터. 1967년의 국제 도량형 총회에서 폐지된 미크론 대신 쓰임. 기호는 ㎛.
마이크로-버스 (microbus) 몡 탈 수 있는 정원이 20명 내외인 소형 버스.
마이크로-컴퓨터 (microcomputer) 몡 [컴] 마이크로프로세서를 사용하여 만든 컴퓨터. 하나의 칩 속에 중앙 처리 장치가 들어 있음.
마이크로-퀴리 (microcurie) 몡[의존][물] 방사능의 단위. 100만분의 1퀴리.
마이크로-파 (micro波) 몡[물] 주파수 300메가헤르츠(파장 1m) ~ 30기가헤르츠(파장 1mm) 정도의 전자기파. 극초단파·센티미터파·밀리미터파 등을 포함함. 레이더·텔레비전 등에 쓰임. =마이크로웨이브. ▷극초단파.
마이크로-패럿 (microfarad) 몡[의존][물] 전기 용량의 단위. 100만분의 1패럿.
마이크로-폰 (microphone) 몡 '마이크'를 전문적으로 이르는 말.
마이크로-프로세서 (microprocessor) 몡 [컴]

중앙 처리 장치의 기능을 하나의 칩 속에 집적시켜 연산과 제어를 실행할 수 있도록 한 소자(素子).

마이크로-필름(microfilm) 명[사진] 많은 자료나 문헌 등을 축사(縮寫)해서 보존하기 위한 필름. 초미립자·고해상력(高解像力)·콘트라스트가 강한 것이 특징임.

마인드(mind) 명 어떤 사물에 대한 관점이나 사고방식. 또는, 새롭고 발전적인 발상. ¶경영 ~ / 정보 ~ / 개혁에 대한 ~.

마인드-맵(mind map) 명[교] 어떤 주제에 대한 생각을 핵심어·이미지·기호 등을 사용하여 중심으로부터 사방으로 가지 치듯 그려 나가는 일. 또는, 그 그림.

마인드 컨트롤(mind control) '심리 조절'로 순화.

마일(mile) 명[의존] 야드파운드법의 길이의 단위. 1마일은 1760야드로 5280피트, 약 1609 m임. 기호는 m, mi.(哩).

마일리지(mileage) 명 어떤 승객이 어느 기간 동안 비행기나 열차를 이용하여 여행한 거리. 또는, 그것을 실적으로 환산한 점수. 일정한 점수가 누적되면 항공사나 철도 회사에서 여러 가지 서비스나 혜택을 베풂. ¶무료 항공권을 받을 수 있는 ~ 혜택.

마임(mime) 명[연] =무언극.

마!작(麻雀) 중국에서 시작된 실내 오락의 하나. 네 사람이 상아나 골재 뒷면에 죽재(竹材)를 붙인 136개의 직사각형 패를 가지고 짝맞춤을 하여 최후의 시점에 이르는 것을 겨룸.

마장¹ 명[의존] 십 리나 오 리가 못 되는 거리를 이름.

마!장²(馬場) 명 1 말을 매어 두는 곳. 2 말을 놓아기르는 곳. 3 =경마장.

마!장^마!술^경기(馬場馬術競技) 명 마술 경기의 하나. 세로 60m, 가로 20m의 마장 안에서 말이 기수가 요구하는 대로 평보·속보·구보 등의 규정 종목을 차례로 연기함으로써 그 기량을 겨루는 경기.

마-장조(一長調) [-쪼] 명[음] 으뜸음이 '마'인 장조.

마저 I 무 남김없이 죄다. 回모두. ¶하던 이야기를 ~ 하게.
II 조 앞에 오는 말이 하나 남은 마지막임을 나타내는 보조사. '조차'와 비슷한 뜻을 가지나 예상했던 일에도 쓰이는 점이 다름. ¶너 ~ 나를 배신하다니. ~까지.

마!적(馬賊) 명 청나라 말부터 만주 지방에서 말을 타고 떼를 지어 다니던 도적.

마전 명 생피륙을 삶거나 빨아서 바래는 일. **마전-하다** 자타여 ¶무명을 ~.

마제(磨製) 명 돌 같은 것을 갈아서 연모나 기구를 만드는 것. ¶~ 석기.

마제^석기(磨製石器) [-끼] 명[고고] =간석기. 囹마석기.

마젤란-운(Magellan雲) 명[천] 남반구에서 육안으로 볼 수 있는 불규칙한 성운(星雲). 우리 은하에 가장 가까이 있는 두 개의 은하계임.

마조히즘(masochism) 명[심] 변태 성욕의 하나. 이성(異性)으로부터 학대받음으로써 성적 쾌감을 느끼는 상태. ↔피학대 성욕 도착증·피학대 음란증. ↔사디즘. ×매저키즘.

마주¹ 무 어떤 것에 대해서 똑바로 향하여. ¶얼굴을 ~ 보다 / 정답게 ~ 앉아 이야기하다.

마!주²(馬主) 명 말의 주인. 특히, 경마용 말의 주인.

마주나-기 명[식] 잎이 마디마다 두 개씩 마주 붙어 남. =대생(對生).

마주르카(mazurka) 명[음] 폴란드의 민속 춤곡. 또는, 그 곡에 맞추어 추는 춤. 3/4박자 또는 3/8박자의 야성적이고 쾌활한 리듬이 특징임.

마주-잡이 명 두 사람이 앞뒤에서 메는 상여나 들것.

마주-치다 동(자) 1 서로 정면으로 부딪치다. ¶차와 차가 ~. 2 우연히 만나다. ¶길에서 옛 애인과 ~. 3 (시선이) 서로 맞다. ¶눈길이 ~.

마주-하다 동(타여) (이마나 얼굴을, 또는 상대방을) 마주 향하거나 대하다. 또는, (어떤 물체로) 몸을 향하여 대하다. ¶그녀와 얼굴을 **마주하고** 앉다 / 벽을 **마주하고** 앉다.

마중 명 (집이나 어느 곳에 찾아오거나 돌아오거나 하는 사람을) 예의상 또는 반가운 마음에서 집 밖이나 탈것이 도착하는 곳 등에 나가 맞이하는 것. ¶공항으로 ~을 나가다. ↔배웅. **마중-하다** 타여.

마중-물 명 펌프질을 해도 물이 잘 나오지 않을 때, 지하의 물을 끌어 올리기 위해 펌프의 위쪽 구멍에 붓는 물.

마지(摩旨) 명[불] 부처에게 올리는 밥. =마짓밥.

마-지기 명[의존] 논밭의 넓이의 단위. 한 마지기는 한 말의 씨앗을 뿌릴 만한 넓이로서, 대체로 논은 200평 또는 150평, 밭은 100평 또는 200평 정도를 가리킴. =두락(斗落). ¶논 ~.

마지노-선(Maginot線) 명 1 [역] 제1차 세계 대전 후, 프랑스가 대독일 방어선으로서 국경에 구축한 요새선(要塞線). 2 더 이상 허용할 수 없는 마지막 한계선. ¶~을 치다. ▷ 배수진.

마지막 명 시간이나 순서상으로 맨 끝 또는 맨 나중. 回최후. ¶~ 날 / 서울로 가는 ~ 열차.

마!지-못하다 [-모타-] 형여 (주로 '마지못해(서)'의 꼴로 쓰이어) 마음이 내키지는 않으나 그렇게 하지 않을 수 없다. ¶하도 사정해서 **마지못해** 돈을 빌려 주었다.

마!지-아니하다 동(보조여) (환영·칭찬·긍정·소망 등의 뜻을 나타내는 일부 동사의 어미 '-아/-어' 아래에 쓰이어) 그 동사의 뜻을 강조하여 진심으로 그러함을 나타내는 말. ¶와 주기를 바라 ~. 囹마지않다.

마!지-않다 [-안타] 동(보조여) '마지아니하다'의 준말.

마직(麻織) 명 '마직물'의 준말.

마직-물(麻織物) [-장-] 명 마사(麻絲)로 짠 피륙. 囹마직.

마진(margin) 명[경] 1 물건의 생산 원가와 그보다 높은 판매가와의 차액. ¶~이 별로 없다. 2 증권 등에서, 증거금. ¶~을 치르다.

마-질 명 곡식을 말로 되는 일. ¶~을 박하게 하다. **마질-하다** 동(타여).

마짓-밥(摩旨-) [-지빱/-짇빱] 명[불] =마지(摩旨).

마!차(馬車) 명 말이 끄는 수레. ¶쌍두~ / ~를 몰다.

마!차-꾼(馬車-) 명 마차를 부리는 사람. 回마부(馬夫).

마!차부-자리(馬車夫-) 명[천] 2월 중순의

초저녁에 남중(南中)하는 별자리. 은하에 가까이 있고 주요부는 5각형을 이룸. =마부좌.
마찬가지 閔 ('이다', '의', '로'의 조사와만 함께 쓰여) 비교되는 것의 내용이 결국 서로 같은 것. 圓매한가지. ¶깨끗하게 입어서 새옷이나 ~다.
마찰(摩擦) 閔 **1** (두 물체를) 서로 면을 댄 상태로 힘주어 문지르는 것. 또는, (두 물체가, 또는 물체와 물체가) 마주 면을 댄 상태로 서로 다른 방향으로 이동하면서 힘 있게 스치는 것. ¶냉수~. **2** 둘 이상의 집단 사이에 이해·의견의 차이 등에서 일어나는 불화나 충돌. 비유적인 말임. 圓알력(軋轢). ¶국제간의 무역 ~/~을 일으키다. **3** [물] 두 물체가 접촉하여 상대 운동을 할 때, 그 접촉면에 받는 저항. **마찰-되다** 邳
마찰^계:수(摩擦係數) [-계-/-게-] 閔 [물] 마찰력의 접촉면에 수직으로 작용하는 수직 항력(垂直抗力)에 대한 비.
마찰-력(摩擦力) 閔 [물] 두 물체가 접촉하면서 상대 운동을 할 때, 그 운동을 저지하는 방향으로 작용하는 저항력.
마찰-열(摩擦熱) [-렬] 閔 [물] 물체가 마찰할 때에 일어나는 열.
마찰-음(摩擦音) 閔 [언] 조음 기관의 어느 부분이 좁혀져서 그 통로를 공기가 비집고 나오면서 마찰하여 나는 소리. ㅅ·ㅆ·ㅎ 따위. =갈이소리.
마찰^저!항(摩擦抵抗) 閔 [물] 유체 속을 나아가는 물체에 생기는 저항력 중, 물체 표면에 작용하는 마찰력의 합력(合力)으로 나타나는 저항.
마찰^전!기(摩擦電氣) 閔 [물] 서로 다른 물체끼리의 마찰로 생기는 전기.
마천-루(摩天樓) [-철-] 閔 ['하늘에 닿는 집'이라는 뜻] 아주 높게 지은 고층 건물. 특히, 미국 뉴욕의 고층 건물을 가리킴.
마:초¹(馬草) 閔
마초²(macho) 閔 가부장적이고 여성 차별적인 남자.
마추다 邳 '맞추다'의 잘못.
마춤 閔 '맞춤'의 잘못.
마취(痲醉) 閔 (신체의 일부 또는 전체를) 수술 등을 하기 위해, 약물을 주사하거나 흡입시키거나 하여 일시적으로 아픔을 느낄 수 없게 하는 것. 圓몽혼(朦昏). ¶~ 주사/전신[국소] ~/~에서 깨어나다. **마취-하다** 邳邳 **마취-되다** 邳
마취-제(痲醉劑) 閔 [약] 마취에 사용되는 약제. 圓몽혼제.
마치¹ 閔 **1** 못을 박거나 무엇을 두드리거나 하는 데 쓰는 연장. 망치보다 작은데, 자루가 달려 있으며 흔히 대가리 쪽은 뭉툭하고 다른 쪽은 좁아지거나 뾰족함. **2** '망치'의 잘못.
마치² 閔 거의 비슷하게. 圓흡사. ¶벼랑이 ~ 병풍을 세워 놓은 것 같다./하는 짓이 ~ 어린애 같다.
마치다¹ 邳 **1** 못·말뚝 등을 박을 때 속에 무엇이 받치다. ¶땅속에 돌이 있는지 딱딱 ~. **2** 몸의 어느 부분에 걸리다. ¶허리가 ~/구두에 발이 ~.
마치다² 邳邳 **1** (어떤 일이나 절차·과정 등

마타도어 수법 ●575

을) 모두 이루거나 행하다. 圓끝내다·완료하다·완성하다. ¶수업을 ~/수속을 ~. **2** (사람이 삶을) 더 누리지 못하고 끝맺다. ¶그 독립 운동가는 감옥에서 일생을 마쳤다.
마치-질 閔 마치로 무엇을 박거나 두드리는 일. **마치질-하다** 邳
마침¹(吟) 閔 악곡의 끝을 나타내는 말. =종지(終止)·피네(fine).
마침² 邳 어떠한 기회에 알맞게. 또는, 우연히 공교롭게도. ¶그렇지 않아도 한번 만나고 싶었는데 ~ 잘 왔다.
마침-구이 閔 =재벌구이. **마침구이-하다** 邳
마침-내 邳 (어떤 일의 진행이) 마지막에 이르러. 圓결국·끝내·끝끝내·이윽고. ¶피나는 노력을 하더니 ~ 정상에 올랐다./지루한 장마가 ~ 끝났다.

유의어	마침내 / 드디어
둘 다 어떤 일이 시간의 흐름에 따라 무르익어 이루어졌음을 나타내는 문장 속에서 쓰이나, '마침내'가 긍정·부정을 막론하고 어떤 일의 종결을 나타내는 문장에서 쓰이는 데 비해, '드디어'는 주로 긍정적·희망적 문맥에서 쓰임(¶드디어 대망의 새해가 밝았다./마침내 최후의 날이 다가왔다.	

마침-맞다[-맏따] 阀 꼭 알맞다. ¶일손이 모자라던 터에 **마침맞게** 그가 왔다.
마침-표(-標) 閔 **1** [언] 문장의 끝맺음을 나타내는 부호의 총칭. 온점·고리점·물음표·느낌표 등이 있음. 흔히, 온점만을 가리킴. =종지부. **2** [음] 악장·악곡의 끝을 나타내는 표. =종지 기호.
마카로니(macaroni) 閔 밀가루를 끓는 물로 반죽하여 가는 대롱처럼 속이 비게 만든 서양식 국수. 이탈리아의 명물임.
마카로니-웨스턴(†ⓔmacaroni+western) 閔 이탈리아에서, 미국의 서부극을 본떠서 만든 영화.
마케도니아(Macedonia) 閔 [지] 유럽 남동부, 발칸 반도 중남부에 있는 공화국. 수도는 스코페.
마케팅(marketing) 閔 [경] 상황의 변화에 대응해 가면서, 소비자의 수요를 만족시키기 위하여 상품 또는 서비스를 효율적으로 소비자에게 제공하기 위한 활동.
마크(mark) 閔 **1** 무엇을 상징하여 나타낸 도안이나 상표. ¶태극 ~/트레이드 ~. **2** 기록 경기에서, 일정한 성적을 기록하는 것. **3** [체] 축구나 농구 등에서, 상대편의 공격을 접근해서 방해하는 것. ¶집중 ~/~가 심하다. **마크-하다** 邳 **1** 어떤 기록을 내다. ¶100m 경기에서 11초을 ~. **2** 축구·농구 등에서, 상대의 공격을 막다. ¶상대 공격수를 두 선수가 ~.
마크-맨(markman) 閔 [체] 축구·농구 등에서, 상대편의 공격을 견제하고 접근해서 방해하도록 정해진 선수.
마키아벨리즘(Machiavellism) 閔 **1** [정] 권력을 위해서는 어떤 비도덕적인 수단도 허용된다는 주의나 사상. 이탈리아의 정치가 마키아벨리의 '군주론'에서 비롯됨. **2** 목적을 위해서는 수단이나 방법을 가리지 않는 행동 방식이나 태도를 이르는 말.
마타도어^수법(matador手法) [-뻡] 閔 ['마타도어'는 '투우사'라는 뜻] 정치 무대에서

흑색선전을 일삼는 수법.

마타리 [명][식] 마타릿과의 여러해살이풀. 산과 들에 절로 자라며, 여름에 종 모양의 노란 꽃이 핌. 연한 순은 나물로 함.

마태-복음(←Matthew福音) [명][성] 신약 성서 중의 한 권.

마티니(martini) [명] 칵테일의 일종. 드라이진에 베르무트를 섞고 올리브 열매를 띄움.

마티에르([프]matière) [명][미] =질감(質感)2.

마-파람 [명] 뱃사람들이 '남풍(南風)'을 이르는 말. =경풍(景風)·마풍(麻風)·앞바람·오풍(午風).

[**마파람에 게 눈 감추듯**] 마파람이 불면 대개 비가 오기 마련이어서 게가 겁을 먹고 눈을 급히 감는 데에서, 음식을 빨리 먹어 버림을 일컫는 말.

마ː패(馬牌) [명][역] 조선 시대에, 공무로 출장 간 관원이 역마(驛馬)를 이용할 권한이 있음을 증명하기 위해 제시하던 둥근 구리패. 말이 새겨진 숫자만큼 징발할 수 있음.

마포(麻布) [명] =삼베.

마피아([이]Mafia) [명] **1** 이탈리아 시칠리아 섬의 독특한 결사적 사회 조직. 또는, 이에 따른 범죄·범죄자. **2** 미국의 대도시에 기생하는 이탈리아계의 범죄 조직. 마약과 도박으로 재원(財源)을 얻고 있음.

마ː필(馬匹) [명] =말[1].

마하(Mach) [명][의존][물] 유속과 그 유체 속을 전파하는 음속의 비. 비행기나 미사일 등의 속도를 나타내는 데 쓰임. 마하 1은 초속 약 340m. 기호는 M 또는 mach. =마하수.

마ː한(馬韓) [명][역] 삼한(三韓)의 하나. 기원전 3~4세기에 지금의 경기·충청·전라도 지방에서 54개의 소국으로 이루어졌던 나라. 뒤에 백제로 발전함.

마호가니(mahogany) [명][식] 멀구슬나뭇과의 상록 교목. 높이 약 30m. 여름에 황록색의 꽃이 피고, 달걀꼴의 열매를 맺음. 목재는 적갈색으로 단단하고 윤기가 있으며, 내수성이 강하여 기구재나 가구재에 쓰임.

마호메트-교(Mahomet敎) [명][종] '이슬람교'를 달리 이르는 말. 이슬람교도들은 마호메트가 신앙의 대상이 아니라 하여, 이 용어를 인정하지 않음.

마호병([일]魔法/まほう 瓶) [명] '보온병'으로 순화.

마후라([일]マフラ) [명] 〔<muffler〕 '머플러'로 순화.

마흔 Ⅰ [수] **1** 열의 네 곱절. 고유어 계통의 수사임. ¶스물이 둘이면 ~이다. ▷사십. **2** 사람이나 사물의 수량을 셀 때, 열의 네 곱절에 해당하는 수효. ¶그는 이미 나이가 ~이 넘었다.

Ⅱ [관] ¶~개 / ~ 명 / ~ 번.

막[1] [부] 이제 방금. ¶저녁을 ~ 먹고 왔습니다.

막[2] [부] =마구[1]. ¶뒤에서 ~ 밀다 / 힘이 ~ 솟다 / 글씨를 ~ 쓰다.

막-[3] [접두] '거친', '품질이 낮은', '아무렇게나 생긴' 등의 뜻을 나타내는 말. ¶~베 / ~담배 / ~돌.

막-[4] [접두] '마지막'의 뜻을 나타내는 말. ¶~차 / ~판.

막[5](幕) [명] [1][자립] **1** 비바람만 가릴 정도로 임시로 지은 집. ¶원두~. **2** 천을 여러 폭 이어서 넓게 만들어 칸을 막기도 하고 옆으로 둘러치기도 하는 물건. 특히, 연극에서 무대 앞을 가리는 것. [2][의존][연] 무대의 막이 올랐다가 다시 내릴 때까지의 사건으로 이루어지는 단위. ¶3~ 5장. ▷장(場).

막을 내리다 [구] 무대 공연이나 어떤 행사를 마치다.

막이 오르다 [구] 무대 공연이나 어떤 행사가 시작되다. ¶예술제의 ~.

막[6](膜) [명] **1** [생] 생물체의 기관(器官)을 싸고 있거나 경계를 이루는 얇은 세포층. ¶세포~. **2** 물건의 표면을 덮고 있는 얇은 물질.

막-가다[-까-] [동][자] 막되게 행동하다. 또는, 앞뒤를 생각하지 않고 행패를 부리다. ¶그렇게 **막가서**야 되나?

막가-파(-派)[-까-] [명] 잔인하기 그지없고 패륜이 극치를 이루는 범죄 집단. 또는, 인륜 도덕을 짓밟고 무지막지하게 행동하는 무리.

막간(幕間)[-깐] [명] **1** [연] 연극의 한 막이 끝나고 다음 막이 시작되기까지의 동안. **2** 어떤 일을 잠깐 중단하거나 쉬는 동안을 비유적으로 이르는 말. ¶~을 이용해 내가 재미있는 이야길 하나 하겠소.

막간-극(幕間劇)[-깐-] [명][연] **1** 연극의 막 사이에 진행하는 짧은 극. **2** 중세 유럽에서, 도덕극이나 신비극의 막간에 공연되던 희극적인 소품극.

막강(莫強)[-깡] ➡**막강-하다**[-깡-] [형][여] 더할 수 없이 강하다. ¶그는 **막강한** 세력을 쥐고 있다.

막-걸다[-껄-] [동][타] 〈~거니, ~거오〉 (노름판 같은 데서) 가진 돈을 있는 대로 내걸고 단판으로 내기를 하다.

막걸리[-껄-] [명] 맑은술을 떠내지 않고 술밑을 체에 밭아 걸러 낸 술. =탁주(濁酒). ¶시금털털한 ~. ↔맑은술.

막걸-리다[-껄-] [동][자] '막걸다'의 피동사.

막-국수[-꾹쑤] [명] 메밀로 가락을 굵게 뽑아, 육수에 만 국수.

막급(莫及)[-끕] ➡**막급-하다**[-끄파-] [형][여] (부정적인 일이) 그 정도에 있어서 더할 나위 없다. [비]막심하다. ¶후회가 ~.

막-깎다[-깍따] [동][타] 머리털을 바싹 깎다. ¶머리를 ~.

막내[망-] [명] 여러 형제자매 중에서 맨 마지막으로 태어난 사람. ↔맏이.

막내-둥이[망-] [명] '막내'를 귀엽게 일컫는 말. ¶우리 집 ~.

막내-딸[망-] [명] 맨 끝으로 태어난 딸. =계녀(季女)·말녀(末女). ↔맏딸.

막내-며느리[망-] [명] 막내아들의 아내. ↔맏며느리.

막내-아들[망-] [명] 맨 끝으로 태어난 아들. =계자(季子)·말남(末男)·말자(末子). ↔맏아들.

막냇-누이[망낸-] [명] 맨 끝의 누이. ↔맏누이.

막냇-동생(-同生)[망내똥-/망낻똥-] [명] 맨 끝의 동생. =막내아우·말제(末弟).

막냇-사위[망내싸-/망낻싸-] [명] 막내딸의 남편. ↔맏사위.

막냇-손자(-孫子)[망내쏜-/망낻쏜-] [명] 맨 끝의 손자. ↔맏손자.

막냇-자식(-子息)[망내짜-/망낻짜-] [명] 막내로 낳은 아들이나 딸. ↔맏자식.

막-노동(-勞動)[망-] [명] =막일. ¶~꾼 / ~판. **막노동-하다** [동][자][여]

막다[-따] [동][타] **1** (터지거나 열리거나 구멍을 이룬 곳, 또는 통로 등을) 물체를 놓거나 가리거나 하여 이쪽과 저쪽이 통하지 못하게 하다. ¶손가락으로 귀를 ~ / 바리케이드를 쳐서 길을 ~. **2** (어떤 구조물을) 터지거나 열린 곳, 또는 통로에 만들어 놓아 이쪽과 저쪽이 구분되게 하거나 통하지 못하게 하다. ¶베니어로 칸을 ~. **3** (어떤 물체나 대상이 일정한 방향으로 나아가는 물질이나 대상을) 그 방향으로 더 나아가지 못하게 하다. ¶강을 **막아서** 인공호를 만들다. **4** (사람이 다른 사람의 어떤 행동을) 못 하게 하다. [비]제지하다·금지하다. ¶말문을 ~ / 경찰은 시위대의 행진을 **막았다**. **5** (사람이 어떤 현상을) 일어나거나 생기지 않게 하다. ¶피해를 ~. **6** (어떤 공격을) 맞받아서 더 이루어지거나 미치지 못하게 하다. [비]물리치다·방어하다·수비하다. ¶상대의 칼을 방패로 ~.

막-다르다[-따-] [형]《주로 '막다른'의 꼴로 쓰여》 더 나아갈 수 없도록 앞이 막혀 있다. ¶**막다른** 골목 / **막다른** 처지에 놓이다.

막다른 골목[골] [구] 더는 어떻게 할 수 없는 절박한 경우를 비유하여 이르는 말.

막-달[-딸] [명] 밴 아이를 낳을 달. ¶~이 차다 / ~이 되다.

막-담배[-땀-] [명] 품질이 좋지 않은 담배.

막대¹[-때] [명] '막대기'의 준말. ¶대나무 ~.

막대²(莫大) [-때] ➔**막대-하다**[-때-] [형][여] (수량이나 정도가) 엄청나게 많거나 크다. ¶**막대한** 손해를 보다. **막대-히** [부]

막대-그래프(-graph) [-때-] [명][수] 비교할 양이나 수치의 분포를 막대 모양의 도형으로 나타낸 그래프.

막대기[-때-] [명] 가늘고 긴 나무토막. 또는, 그와 같은 형태의 딱딱한 물체. ¶쇠~ / 나무 ~ / 유리 ~ / ~로 때리다. [준]막대.

> **유의어** **막대기 / 작대기**
>
> 둘 다 가늘고 긴 딱딱한 물건을 가리키나, **'막대기'**가 재료나 길이가 매우 여러 가지인 반면에(재료는 나무·쇠·플라스틱·유리 등이 있고, 길이는 나무젓가락 정도에서 사람 키를 훨씬 넘는 정도의 것까지 있을 수 있음), **'작대기'**는 주로 지겟작대기를 가리키거나 그와 비슷한 길이의 나무 막대기만을 가리킴. ¶쇠**막대기** / 팽이채는 **막대기** 끝에 끈을 매달아 만든다. / 원두막 할아버지가 수박 서리를 하는 아이들을 발견하고는 **작대기**를 들고 쫓아왔다.

막대-자석(-磁石) [-때-] [명][물] 막대 모양으로 길쭉하게 생긴 자석. =봉자석.

막-대패[-때-] [명] 재목을 애벌로 깎을 때에 쓰는 대패.

막대-풍선(-風船) [-때-] [명] 막대 모양으로 기다랗게 만든 풍선. 주로, 운동 경기 때 응원하는 데 쓰임.

막-도장(-圖章) [-또-] [명] 인감도장이 아닌, 잡다한 일에 두루 쓰는 개인의 도장.

막-돌[-똘] [명] 쓸모없이 아무렇게나 생긴 돌. [비]잡석(雜石).

막돼-먹다[-돼-따] [형] '막되다'를 더욱 힘주어 이르는 말. ¶정말 **막돼먹은** 놈이로군.

막-되다[-뙤-/-뛔-] [형] (사람이) 윗사람 앞에서 버릇없이 행동하는 습성을 가진 상태에 있다. 비난하거나 꾸짖어 이르는 말임. ¶**막된** 사람 / **막되게** 굴다.

막된-놈[-뙨-/-뛘-] [명] 막된 행동을 하는 놈. ¶저런 ~을 보았나! 뉘 앞에서 감히 행패냐!

막-둥이[-뚱-] [명] **1** 잔심부름을 하는 사내아이. **2** '막내아들'을 귀엽게 이르는 말. ×막동이.

막론(莫論) [망논] [명]《주로 '막론하고'의 꼴로 쓰여》 (대상을) 특성에 따라 가리거나 구별하여 논하지 않는 것. **막론-하다** [동][타][여] ¶남녀노소를 **막론하고** 즐길 수 있는 운동.

막료(幕僚) [망뇨] [명] 사령부나 본부에서 작전 등의 입안(立案)·실시에 관하여 지휘관을 보좌하는 간부.

막리지(莫離支) [망니-] [명][역] 고구려 후기에 정치와 군사를 주관하던 최고 관직.

막막¹(寞寞) [망-] ➔**막막-하다**¹[망마카-] [형][여] **1** 쓸쓸하고 괴괴하다. ¶**막막한** 산촌의 밤. **2** 의지할 데 없이 외롭다. ¶**막막한** 심사. **3** 막힌 것같이 몹시 답답하다. **막막-히**¹ [부]

막막²(漠漠) [망-] ➔**막막-하다**²[망마카-] [형][여] **1** 너르고 아득하다. ¶그의 눈앞에는 **막막한** 사막이 끝없이 펼쳐져 있을 뿐이었다. **2** 아득하고 막연하다. ¶무엇부터 손을 대야 할지 ~. **막막-히**² [부]

막막-강병(莫莫強兵) [망-깡-] [명] 다시없이 강한 군사. =막강지병(莫強之兵).

막막-궁산(寞寞窮山) [망-꿍-] [명] 적막하도록 깊고 깊은 산속. ▷적막강산.

막막-대해(漠漠大海) [망-때-] [명] 끝없이 넓고 아득한 바다. ¶~에 나뭇잎처럼 떠 있는 돛단배.

막-말[망-] [명] 되는대로 함부로 하는 말. ¶~로 너더러 사기꾼이라면 어쩔 테냐? **막말-하다** [동][자][여]

막무가내(莫無可奈) [망-] [명] 한번 정한 대로 고집하여 도무지 융통성이 없음. =막가내하·무가내·무가내하(無可奈何). ¶아무리 못 하게 말려도 ~예요.

막-바지[-빠-] [명] **1** 막다른 곳. **2** 일의 마지막 단계. ¶공사가 ~에 이르렀다.

막-배[-빼] [명] 그날의 마지막으로 떠나는 배.

막-벌다[-뻘-] [동][자] <~버니, ~버오> 어떤 일이든지 닥치는 대로 해서 돈을 벌다. ¶**막벌어** 먹고살다.

막벌-이[-뻘-] [명] 막일을 하여 돈을 버는 일. ¶~로 근근이 입에 풀칠이나 한다. **막벌이-하다** [동][자][여]

막벌이-꾼[-뻘-] [명] 막일을 하여 돈을 버는 사람. [비]인부.

막-보다[-뽀-] [동][타] 얕보고 마구 대하다. ¶빈약한 외모만 보고 **막보고** 대들었다가는 큰코다친다.

막부(幕府) [-뿌] [명][역] **1** 변방에 지휘관이 머물면서 군사를 지휘하는 곳. **2** 12세기 말에서 19세기까지 일본을 통치했던 쇼군(將軍)의 정권. 가마쿠라 막부·무로마치 막부·에도 막부 등이 있음. =바쿠후.

막부득이(莫不得已) [-뿌-] [부] =만부득이. ¶돌쇠네는 가옥과 농토를 잃고 ~ 고향을 등져야 했다. **막부득이-하다** [형][여]

막-뿌리 [명][식] 뿌리 이외의 기관으로부터 이차적으로 형성된 뿌리. 연(蓮)·옥수수 따위의 뿌리가 이에 속함. =부정근(不定根)·엇뿌리.

막사(幕舍) [-싸] [명] **1** 천막·판자 등으로 임시로 간단하게 지은 집. ¶훈련병 ~ / 피난민 ~. **2** [군] 군인들이 주둔할 수 있도록 만든 건물 또는 가건물. =바라크. **3** [군] 예전

막사이사이-상(Magsaysay賞)[명] 필리핀의 대통령이던 막사이사이의 업적을 추모·기념하기 위하여 제정된 국제적인 상.

막-살다[-쌀-][동](자)〈-사니, -사오〉되는 대로 아무렇게나 생활하다.

막-살이[-싸리][명] 되는대로 아무렇게나 사는 살림살이. **막살이-하다**[동](자)(여)

막상[-쌍][부] 어떤 일을 실지로 당하여. ¶이곳을 뜨기만을 기다렸는데 ~ 떠나려고 하니 발이 떨어지지 않는다. ×마기.

막상막하(莫上莫下)[-쌍마카][명] 더 낫고 더 못함의 차이가 없음. ¶실력이 ~다. **막상막하-하다**[형](여)

막-새[-쌔][명][건] 1 기와지붕에서, 기왓골의 맨 끝, 곧 처마 끝에 놓는 기와. 대부분 그 끝에 무늬판이 달렸음. =막새기와·와당(瓦當). 2 한쪽 끝에 둥근 모양 또는 반달 모양의 혀가 달린 수키와. =묘두와·방초. ↔내림새.

막새-기와[-쌔-][명][건] =막새1.

막-서다[-써-][동](자) 어려워함이 없이 함부로 대들다. ¶조그만 녀석이 버릇없이 어른에게 막서려고 한다.

막설(莫說)[-썰][명] 말을 그만두는 것. 또는, 따지지 않기로 하는 것. **막설-하다**[동](타)(여)

막-설탕(-雪糖*)[-썰-][명] =조당(粗糖)2.

막-소금[-쏘-][명] 가공하지 않은 거친 소금.

막-소주(-燒酒)[-쏘-][명] 품질이 낮은 소주. 또는, 상표 없이 됫병에 담아서 파는 소주.

막-술[-쑬][명] 음식을 먹을 때 마지막으로 드는 숟가락.

막심(莫甚)[-씸] →**막심-하다**[-씸-][형](여) (부정적인 일이) 그 정도에 있어서 더할 나위 없이 심하다. 비막급하다. ¶피해가 ~ / 후회가 ~.

막아-서다[동](타) 앞을 가로막고 서다. ¶길을 ~.

막역(莫逆) →**막역-하다**[-여카-][형](여) 서로 허물이 없이 썩 친하다. ¶막역한 사이. **막역-히**[부]

막역지간(莫逆之間)[-찌-][명] 벗으로서 아주 허물없는 사이. 준막역간.

막역지우(莫逆之友)[-찌-][명] ('거스르는 일이 없는 친구'라는 뜻) 아주 허물없이 지내는 친구.

막연(漠然) →**막연-하다**[형](여) 범위나 내용이 갈피를 잡을 수 없게 어렴풋하다. ¶하면 되겠지 하는 막연한 생각으로 그 사업을 시작했다. **막연-히**[부]

막-일[망닐][명] 닥치는 대로 마구 하는 육체 노동. =막노동. ¶~로 먹고살다. **막일-하다**[동](자)(여)

막일-꾼[망닐-][명] 막일을 하는 사람.

막자[-짜][명] 알약을 갈아서 가루로 만드는 데 쓰는, 끝이 둥글고 작은 사기 방망이. =유봉.

막자-사발(-沙鉢)[-짜-][명] 알약을 갈아서 가루로 만드는 데 쓰는 사기그릇. =유발(乳鉢).

막-잡이[-짜-][명] 1 아무렇게나 허름하게 쓰는 물건. =조용품(粗用品). ¶~로 신는 구두. 2 '마구잡이'의 잘못.

막장[1][-짱][명][광] 갱도의 막다른 곳. ¶~에 들어가다.

막-장[2][-醬][-짱][명] 허드레로 먹기 위하여 담는 장.

막중(莫重)[-쭝] →**막중-하다**[-쭝-][형](여) (어떤 일이나 대상이) 더할 나위 없이 중요하거나 소중하다. ¶책임이 ~. **막중-히**[부]

막중-대사(莫重大事)[-쭝-][명] 아주 중대한 일. ¶국가의 안위(安危)가 걸린 ~.

막-지르다[-찌-][동](타)(르)〈-지르니, -질러〉1 앞질러 막다. ¶남의 말을 ~. 2 함부로 냅다 지르다.

막-차(-車)[명] 하루의 마지막 시각에 운행하는 차. ¶~를 놓치다. ↔첫차.

막-창자(-腸)[-생][명] =맹장(盲腸)1.

막-춤[명] 일정한 형식을 벗어나 제멋대로 추는 춤.

막-치[명] 되는대로 만들어, 품질이 낮은 물건. =조제품.

막-판[명] 1 마지막 무렵의 판. ¶기껏 잘나가다가 ~에 가서 일을 그르쳐 버렸다. 2 일이 아무렇게나 마구 되는 판.

막하(幕下)[마카][명] 1 [역] 주장(主將)이 거느리는 장교와 종사관(從事官). =장하. 2 지휘관이 곁에 거느리고 있는 부하. 또는, 그 지위.

막-해야[마캐-][부] 가장 나쁜 경우라도. ¶~ 맨첫밖에 더 날리겠느냐?

막후(幕後)[마쿠][명] (주로, 일부 명사 앞에서 관형어적으로 쓰여) 어떤 일을 비밀리에 또는 은밀하게 꾸미거나 진행하는 상태. 또는, 어떤 일을 표면에 나서지 않고 배후에서 조종하는 상태. ¶~교섭 / 협상 / ~ 인물 / ~ 실력자.

막-히다[마키-][동](자) 1 '막다1·2'의 피동사. ¶길이 ~ / 구멍이 ~. 2 (말이나 생각 등이) 어느 대목에 부딪혀서 순조롭게 진행되지 않다. ¶말문이 ~.

막힘-없다[마킴업-][형] 일이 순조롭게 진행되어 방해받는 것이 없다. ¶그는 막힘없고 당당하게 질문에 답했다. **막힘없-이**[부] ¶일이 ~ 진행됐다.

만[1][명](의존) (주로, 뒤에 '이다'나 '에'와 결합하여) 동안이 얼마간 계속되었음을 나타내는 말. ¶이게 얼마 ~인가? / 집 떠난 지 3년 ~에 돌아왔다.

만[2][조] (동사의 어미 '-ㄹ' 아래에 '하다'와 함께 쓰여) 1 어떤 동작이나 작용이 어지간히 가능함을 나타내는 말. ¶음식 맛이 약간 이상하지만 먹을 ~은 하다. 2 어떤 행동을 할 가치나 이유가 꽤 있음을 나타내는 말. ¶쉬지 않고 내내 달렸으니 지칠 ~도 하다.

만[3][조] 어느 것에만 한정됨을 나타내는 보조사. 1 어느 것을 선택하고 다른 것은 배제함을 나타냄. ¶나는 너~ 믿겠다. 2 화자(話者)의 기대의 하한선을 나타냄. ¶딱 하나~다오. 3 강조의 뜻을 첨가함. ¶잠깐~ 기다리십시오. 4 행위의 단일성이나 상태의 두드러짐을 나타냄. ¶경희는 그의 말에 웃기~ 했다. 5 ('하다', '못하다'와 함께 쓰여) 앞말이 나타내는 대상이나 내용 정도에 달함을 나타냄. ¶집채~ 한 파도 / 아우가 형~ 못하다. 6 ('명사+만+-어도/아도'의 꼴로 쓰여) 어떤 것이 이루어지기 위한 최소한의 것임을 나타냄. ¶상상~ 해도 아찔한 일. 7 ('명사+만+-면'의 꼴로 쓰여) 상투적 습관을 나타냄. ¶그는 술~ 먹으면 말이 많아

만나다●579

만⁴ ㊂ '마는'의 준말. ¶사고는 싶다~ 돈이 없다.
만⁵(卍) 몡[불] 옛날 인도에서 비슈누 신의 가슴팍에 자란 털의 모양이 나타냈다는 길상의 증표. 우리나라에서는 사원(寺院)의 표지·기호 등으로 쓰임.
만⁶(萬) Ⅰ㊅ 천의 열 곱절.
Ⅱ㊏ ¶~만 /~명.
만에 하나 ㊂ 실현 가능성이 희박한 극단의 경우를 가정하여 가리키는 말. ¶~라도 규칙을 위반할 때에는 엄한 처벌을 받을 것입니다.
만⁷(滿) Ⅰ㊏ 1 나이를 헤아릴 때, 태어난 지 약 365일이 지난 시점을 한 살로 보는 방식으로 나타낸 것임을 뜻하는 말. 서양식으로 나이를 셀 때 쓰는 말로, 태어난 해를 한 살, 그 이듬해를 두 살로 세는 우리 나이와는 대비를 이룸. ¶~ 스무 살. 2 기간을 헤아릴 때, 어떤 일이 있은 지 약 365일이 지난 시점을 1년으로 보는 방식으로 나타낸 것임을 뜻하는 말. ¶그가 외국으로 떠난 지 ~ 3년이 지났다. ▷햇수. 3 주로 '하루'나 '한 달' 등의 앞에 쓰여, 약 24시간이나 약 30일을 꽉 채운 상태임을 나타내는 말. ¶배로는 ~ 하루가 걸리는 거리.
Ⅱ㊏ (주로 '만으로'의 꼴로 쓰여) 나이를 헤아리는 것이, 태어난 지 약 365일을 지난 시점을 한 살로 보는 방식임을 나타내는 말. 또는, 기간을 헤아리는 것이 어떤 일이 있은 지 약 365일이 지난 시점을 1년으로 보는 방식임을 나타내는 말. ¶창수는 우리 나이로는 열 살이지만 ~으로는 아홉 살이다.
만⁸(灣) 몡[지] 바다가 육지로 쑥 들어간 곳. =해만(海灣). ¶아산 ~ /영일 ~.
만가(輓歌·挽歌) 몡 ['수레를 끌면서 부르는 노래'라는 뜻] 1 =상엿소리. 2 죽은 이를 애도하는 시가(詩歌).
만가²(滿家) ⇒만가-하다 ㆅ㊁ (재물이나 재산 등이) 집에 가득하다.
만감(萬感) 몡 솟아오르는 갖가지 생각이나 느낌. ¶40여 년 만에 고국 땅을 다시 밟은 그의 가슴속에는 ~이 교차하였다.
만강(萬康) ⇒만강-하다 ㆅ㊁ 아주 편안하다. 비만안하다. ¶기체후 일향 만강하옵신지요?
만개(滿開) 몡 꽃이 활짝 피는 것. 특히, 낱낱의 꽃에 주목하여, 꽃봉오리가 완전히 벌는 것. 만개-하다 ㊕㊁ =만개한 목련화.
만건곤(滿乾坤) ⇒만건곤-하다 ㆅ㊁ 천지에 가득하다. ¶백설이 만건곤할 제 독야청청하리라.(성삼문)
만경(萬頃) 몡 ['경(頃)'은 면적의 단위로, 밭 100묘(畝)] 지면이나 수면이 아주 넓은 것을 이르는 말.
만경-창파(萬頃蒼波) 몡 끝없이 너른 바다. ¶~에 뜬 일엽편주.
만고¹(萬古) 몡 1 오랜 옛적. 2 (주로 '만고에', '만고의'의 꼴로 쓰여) 아주 오랜 시간. 또는, 영구한 시간. ¶~의 진리 /~에 씻을 수 없는 치욕의 역사. 3 (주로 '만고의'의 꼴로 쓰여) 세상에 비길 데가 없음. ¶~의 충신 /나라를 팔아먹은 ~의 역적.
만고²(萬苦) 몡 온갖 괴로움. ¶천신(千辛) ~.
만고-강산(萬古江山) 몡 오랜 세월을 통하여 변함이 없는 산천. ¶~을 유람하다.

만고불멸(萬古不滅) 몡 영원히 없어지지 않음. ¶~의 업적. 만고불멸-하다 ㆅ㊐㊁
만고불변(萬古不變) 몡 영원히 변하지 않음. ¶~의 진리. 만고불변-하다 ㆅ㊐㊁
만고불후(萬古不朽) 몡 (훌륭한 가치나 의의가) 영원히 변하거나 사라지지 않음. ¶~의 명작. 만고불후-하다 ㆅ㊐㊁
만고-역적(萬古逆賊) [-쩍] 몡 역사에 그 유례가 없는 큰 역적.
만고-절색(萬古絶色) [-쌕] 몡 세상에 다시 없을 뛰어난 미인.
만곡(彎曲) ⇒만곡-하다 [-고카-] ㆅ㊁ 활처럼 굽다. ¶만곡한 해안선.
만공산(滿空山) 몡 빈 산에 가득 참. 만공산-하다 ㊐㊁ ¶명월이 만공산하니 쉬어 간들 어떠리.(황진이:옛시조)
만구(灣口) 몡 만의 어귀.
만국(萬國) 몡 세계의 모든 나라. 비만방.
만국-기(萬國旗) [-끼] 몡 긴 줄에 이어 달아 공중에 걸어 놓은 세계 각국의 국기. 또는, 줄지어 세워진 깃대들에 게양되어 있는 세계 각국의 국기. ¶~가 펄럭이는 가을 운동회.
만국^박람회(萬國博覽會) [-빵남회 /-빵남훼] 몡 세계 각국이 그 공업 제품이나 과학 기계·미술 공예품 등을 출품 전시하는 국제적인 박람회. 4년마다 열림. =엑스포(EXPO).
만국^우편^연합(萬國郵便聯合) [-년-] 몡 우편물의 원활한 상호 교환 등 우편의 여러 업무의 국제 협력 촉진을 목적으로 하는 국제기관. =유피유(UPU).
만국^지도(萬國地圖) [-찌-] 몡[지] =세계 지도.
만국^평화^회의(萬國平和會議) [-회의 /-훼이] 몡[역] 군비 축소와 세계 평화를 위하여 1899년과 1907년 두 차례에 걸쳐 네덜란드의 헤이그에서 개최된 국제회의. 우리나라의 이준(李儁) 등이 고종의 밀사로 파견된 것은 두 번째 회의 때였음. ㉰평화 회의.
만권(萬卷) 몡 굉장히 많은 책.
만권-당(萬卷堂) 몡[역] 고려의 충선왕이 원나라에 있을 때 세운 독서당(讀書堂). 많은 책을 갖추고 원나라 학자들과 사귀던 곳임.
만근(萬斤) 몡 아주 무거운 무게.
만금(萬金) 몡 아주 많은 돈. ¶~을 준다 해도 그것만은 싫다.
만기(滿期) 몡 정한 기한이 다 참. 또는, 그 기한. ¶~ 어음 /~ 제대 /~가 지나다.
만기-일(滿期日) 몡 1 만기가 되는 날. 2 [경] 어음·수표 등에 적힌 지급일.
만끽(滿喫) 몡 1 (음식을) 마음껏 먹고 마시는 것. 2 (어떤 대상을) 마음껏 즐기거나 누리는 것. 만끽-하다 ㊕㊁ ¶산해진미를 ~ /승리의 기쁨을 ~.
만나다 ㊁ ⓵㊕ 1 (사람이 다른 사람을) 우연히 또는 계획이나 약속에 의해 같은 장소에서 인사나 말을 나누면서 얼굴을 마주하여 보다. ¶나는 며칠 전에 옛 친구를 길거리에서 만났다. 2 (사람이 어떤 사람을) 특별한 관계나 인연을 맺는 대상으로 삼게 되다. ¶친구를 잘못 만나 나쁜 길로 빠지다. 3 (어떤 현상이나 일을) 뜻밖에 또는 우연히 마주치거나 겪게 되다. ¶들판을 지나다가 비를 ~. 4 (어떤 때나 그런 때의 세상을) 맞거나 살게 되다. ¶제철을 ~. ⓶㊐ 1 (사람이 다른 사람과, 또는 사람과 사람이) 계획이나 약속에 의해 같은 장소에서 얼굴을 마주하여 보면서 인사나 말을 나누는 일을 가지다. ⓗ상봉하다·상면하다·대면하다·회동하다. ¶수영이가 현희와 다방에서 ~. 2 (길이나 강, 선분 등이 다른 그것과) 거리가 가까워져 서로 닿게 되다. ⓗ접하다·교차하다. ¶난류와 한류가 만나는 곳.
[**만나자 이별**] 만나자마자 곧 헤어짐을 이르는 말.
만ː난(萬難) 뗑 온갖 어려움과 장애. ¶~을 무릅쓰다 / ~을 극복하다.
만-날(萬-) 閂 나아지거나 좋아지거나 새로워지지 않고 언제나 늘. ⓗ항상. ¶~ 놀기만 하다. ✕맨날.
만남 뗑 사람과 사람이 만나는 일. 또는, 만나서 관계나 인연을 맺는 일. ¶너와 나의 ~ / ~의 광장.
만ː년[1](晚年) 뗑 사람의 평생에서의 끝 시기. ⓗ노년(老年). ↔초년(初年).
만ː년[2](萬年) 뗑 언제나 변함없이 같은 상태임을 뜻하는 말. ¶~ 과장 / ~ 소년.
만ː년-묵이(萬年-) 뗑 =만년치기.
만ː년불패(萬年不敗) 뗑 매우 튼튼하여 오래도록 깨지지 않음. **만ː년불패-하다** 慟재여.
만ː년-설(萬年雪) 뗑 설선(雪線) 이상의 고지에 언제나 녹지 않고 쌓여 있는 눈.
만ː년장환지곡(萬年長歡之曲) 뗑 [음] '가곡(歌曲)2'의 잘못.
만ː년지계(萬年之計) [-계/-게] 뗑 아주 먼 훗날까지 걸친 큰 계획.
만ː년-청(萬年靑) 뗑 [식] 백합과의 여러해살이풀. 높이 5~7월에 백색으로 피고, 열매는 붉게 익음. 잎이 길고 두꺼우며 늘 푸르므로 관상용으로 키움. 뿌리는 강심제·이뇨제로 쓰임.
만ː년-치기(萬年-) 뗑 매우 오랜 기간 사용하기에 알맞음. 또는, 그러한 물건. =만년묵이.
만ː년-필(萬年筆) 뗑 펜대 속에 넣은 잉크가 펜촉으로 흘러나와 글씨를 쓸 수 있는 필기도구.
만ː능(萬能) 뗑 모든 일에 다 능하거나 모든 일을 다 할 수 있는 것. ¶과학 ~ 시대 / 황금 ~주의.
만ː능-열쇠(萬能-) [-쇠/-녈쇠] 뗑 무엇이든 열 수 있는 열쇠. ▷마스터키.
만다라(曼陀羅·曼茶羅) 뗑 [<⑩Mandala] [불] 1 불법을 깨닫기 위하여 수도하는 도량(道場)이나 단(壇). 2 불법의 모든 덕을 원만하게 갖춘 경지. 또는, 그러한 경지를 나타낸 그림.
만ː단(萬端) 뗑 1 여러 가지 얼크러진 사단(事端). 2 온갖 방법.
만ː단-설화(萬端說話) 뗑 온갖 이야기.
만ː단-수심(萬端愁心) 뗑 여러 가지 근심 걱정.
만ː단-정회(萬端情懷) [-회/-훼] 뗑 온갖 생각과 감회(感懷).
만ː담(漫談) 뗑 재미있고 익살스럽게 세상이나 인정을 풍자하는 이야기.
만ː담-가(漫談家) 뗑 1 직업적으로 만담을 하는 사람. 2 만담을 썩 잘하는 사람.
만ː당(滿堂) 뗑 (사람이) 방이나 강당에 가득 차는 것. 또는, 그 방이나 강당에 가득 찬 사람들. ¶만장(滿場). **만ː당-하다** 慟재여.
만ː대(萬代) 뗑 영원토록 끝없이 이어지는 대(代). 또는, 영원한 세월. ⓗ만세(萬世). ¶위업을 자손~에 전하다.

만ː덕(萬德) 뗑 많은 덕행.
만돌린(mandolin) 뗑 [음] 서양 현악기의 하나. 몸통은 달걀을 세로로 쪼갠 것 같은 모양이며, 여기에 네 쌍의 줄을 치고 픽으로 퉁겨서 소리를 냄.
만두(饅頭) 뗑 밀가루를 반죽하여 고기나 야채 등을 다져 만든 소를 넣고 둥글거나 길둥글게 빚어 찌거나 삶거나 튀긴 음식. ¶군~ / 찐~ / 김치~ / ~를 빚다.
만두-소(饅頭-) 뗑 만두 속에 넣는 음식. 주로 고기·두부·김치·숙주나물 같은 것을 다져서 양념하여 한데 버무려 만듦.
만두-피(饅頭皮) 뗑 만두를 빚을 때 만두소를 넣고 싸는, 밀가루 반죽의 얇은 반대기.
만둣-국(饅頭-) [-두꾹/-둗꾹] 뗑 만두를 넣고 끓인 국.
만ː득(晩得) 뗑 늙어서 자식을 낳는 것. 또는, 그 자식. =만생(晩生). **만ː득-하다** 慟재여.
만들다 慟〈만드니, 만드오〉 1 타 1 (어떤 재료로 일정한 구조의 물건을) 손이나 도구를 사용하여 이루어지게 하다. ⓗ제작하다·제조하다. ¶종이로 꽃을 ~. 2 (책·문건·곡 등을) 일정한 형식과 내용을 담아 이루다. ¶보고서를 ~ / 사전을 ~. 3 (모임이나 단체 등을) 필요한 조건을 갖추어 이루다. ⓗ조직하다. ¶친목회를 ~. 4 (규칙·법·제도 등을) 새로이 정하다. ⓗ제정(制定)하다. ¶회칙을 ~. 5 (어떤 일을 하기 위한 돈이나 비용을) 구하거나 준비하여 갖추다. ¶학비는 어떻게든 **만들어** 볼 테니 너는 열심히 공부나 해라. 6 (어떤 일을 하기 위한 시간이나 기회를) 의도적으로 있게 하다. ¶두 사람이 만날 기회를 한번 **만들어** 보겠습니다. 7 (어떤 일거리를) 일부러 하는 공연히 생기게 하다. ¶그는 쓸데없이 일을 **만들어서** 한다. 8 (흠집 따위를) 생기게 하다. ¶누가 자동차에 흠집을 **만들어** 놓았다. 9 (어떤 사람이나 물건을) 어떤 상태로 바꾸게 하거나 어떤 지위나 자격을 가지게 하다. ¶사람들 앞에서 웃음거리로 ~. 2 〖보조〗(용언의 어미 '-게', '-도록' 아래에 쓰여) 그렇게 되게 함을 나타내는 말. ¶우울하게 ~ / 기가 죽도록 ~.
만듦-새[-듬-] 뗑 물건의 만들어진 본새나 짜임새. ¶~가 거칠다 / ~가 꼼꼼하다.
만료(滿了)[말-] 뗑 (정해진 기간이) 다 차서 끝나는 것. **만료-하다** 慟재여 **만료-되다** 慟재 ¶임기가 ~.
만ː루(滿壘)[말-] 뗑 [체] 야구에서, 1·2·3루 모두에 주자가 있는 상태. =풀 베이스. ¶~ 홈런.
만류(挽留)[말-] 뗑 (어떤 일을) 하지 못하게 붙들고 말리는 것. =만지(挽止)·만집(挽執). ¶집안사람들의 ~로 출마를 포기했다. **만류-하다** 慟타여 ¶사직을 ~.
만ː리-장서(萬里長書)[말-] 뗑 아주 긴 글이나 편지. ¶그는 각계 요로에 ~로 자기의 억울함을 호소했다.
만ː리-장성(萬里長城)[말-] 뗑 1 중국 북쪽에 있는 장대한 성벽. 길이 약 2400km. =장성(長城)·완리창청. 2 ⇨만리장성을 쌓다.
만리장성을 쌓다 团 부부가 아닌 남녀가 성관계를 맺다. 완곡한 말임. ¶그는 지난밤 사랑하는 여자와 **만리장성을 쌓았다**.
만ː리-타국(萬里他國) 뗑 멀리 떨어져 있는 다른 나라. ¶~에서 고향을 그리다.
만ː리-타향(萬里他鄕)[말-] 뗑 조국이나 고향에서 멀리 떨어져 있는 다른 지방.

만¹(萬) 명 느낌의 정도가 말할 수 없을 만큼 대단함. ¶~감사~이오이다.
만만²(滿滿) →만만-하다 [형여] 넘칠 만큼 넉넉하다. ¶자신이 ~. **만만-히** 튀
만만디(←⑧慢慢的) 명 행동이 굼뜨거나 일의 진척이 느린 상태를 놀림조로 이르는 말. ¶할 일이 태산 같은데 마냥 ~라니까.
만:만불가(萬萬不可) →만:만불가-하다 [형여]=천만불가.
만:-만세(萬萬歲) 감 '만세²'의 힘줌말.
만만-쟁이 명 세력이 없거나 무능하거나 하여 남에게 만만히 보이는 사람.
만만찮다[-찬타] [형] 만만하지 않다. ¶만만찮은 적수.
만만-하다² [형여] 1 무르고 보드랍다. 2 (상대가) 손쉽게 다루거나 대할 만한 상태이다. ¶무명 선수라고 만만하게 봤다가 큰코다칠걸. ⑧문문하다. **만만-히** 튀 ¶~ 여기다.
만:면¹(滿面) 명 온 얼굴. 특히, 어떤 표정이 그득한 얼굴을 가리킴. ¶~에 띤 웃음.
만:면²(滿面) →만:면-하다 [형여] (어떤 표정이) 얼굴에 가득하다. ¶희색(喜色)이 ~.
만:면-희색(滿面喜色) [-히-] 명 얼굴에 가득 차 있는 기쁜 기색.
만:명(萬明) 명 [민] 무당이 섬기는 신. 신라의 김유신의 어머니를 신격화한 것임. =말명.
만:무(萬無) →만:무-하다 [형여] (강한 부정의 뜻을 나타낼 때 의존 명사 '리' 다음에 쓰여) 결코 없다. ¶선생님이 거짓말을 했을 리 ~.
만문(漫文) 명 1 =수필(隨筆). 2 사물의 특징을 과장하여 우습고 재미있게 가볍게 필치로 쓴 글. 间만필(漫筆).
만물(萬物) 명 세상에 있는 모든 것. ¶인간은 ~의 영장이다. / 봄은 ~이 소생하는 계절이다.
만물-박사(萬物博士) [-싸] 명 여러 방면에 박식한 사람.
만물-상¹(萬物相) [-쌍] 명 금강산에 있는 갖가지 모양을 한 바위산을 일컫는 말. =만물초.
만물-상²(萬物商) [-쌍] 명 일용 잡화를 파는 장사. 또는, 그 가게.
만:민(萬民) 명 온 국민. =만성(萬姓)·조민(兆民)·조서(兆庶). 间만백성.
만:민⌒공동회(萬民共同會) [-회/-훼] 명 [역] 1898년 독립 협회 주관으로 서울에서 열린 민중 대회. 우리나라 최초로 의회 민주주의 사상을 제창했음.
만:민-법(萬民法) [-뻡] 명 [법] 고대 로마에서 로마 시민에게나 외래인에게나 똑같이 적용한 법률.
만:반(萬般) 명 (주로 '만반의'의 꼴로 쓰여) 갖출 수 있는 모든 것. ¶~의 준비를 갖추다.
만:발(滿發) 명 (많은 꽃이) 한꺼번에 활짝 피는 것. 间만개(滿開). **만:발-하다** 통여 ¶공원에 벚꽃이 ~.
만:방(萬方) 명 여러 방면. 또는, 모든 곳.
만:방(萬邦) 명 모든 나라. 间만국(萬國). ¶국위를 세계에 떨치다.
만:-백성(萬百姓) [-썽] 명 모든 백성. 间만민, 间만성.
만:병(萬病) 명 온갖 병. 间백병(百病). ¶~을 다스리는 약.
만:병-통치(萬病通治) 명 온갖 병을 다 고침. =백병통치.

만:병통치-약(萬病通治藥) 명 1 온갖 병을 고치는 데 쓰는 약이나 처방. 2 여러 가지 경우에 두루 효력을 나타내는 대책을 비유하여 이르는 말. ¶핵무기가 전쟁 억제의 ~은 아니다.
만보 명 삯일하는 인부들이 짐을 져 나르거나 할 때, 한 차례에 한 장씩 주는 표. 표의 수효대로 삯을 계산함.
만:복¹(萬福) 명 온갖 복. ¶~을 누리다.
만:복²(滿腹) 명 음식을 많이 먹어 배가 잔뜩 부름. ¶~감(感). ↔공복(空腹).
만:부(萬夫) 명 1 많은 사내. 2 많은 장정.
만:부당(萬不當) →만:부당-하다 [형여]=천부당만부당.
만:-부득이(萬不得已) 튀 어쩔 수 없이. =막부득이. 间부득이. ¶피치 못할 사정으로 ~ 죄의에 참석하지 못했다. **만:부득이-하다** [형여] 어쩔 수 없다. ¶만부득이한 형편.
만:분지일(萬分之一) 명 아주 적은 경우를 이르는 말. ¶부모의 마음을 ~이라도 헤아린다면 저렇게는 못 할 거다.
만:사¹(萬事) 명 모든 일. 특히, 어떤 사람이 행하거나 관계하는 온갖 일. 间백사(百事). ¶~가 뜻대로 안 된다. / ~ 제쳐 놓고 이 일부터 해라.
만:사²(輓詞) 명 =만장(輓章)³.
만:사-여의(萬事如意) [-의/-이] →만:사여의-하다[-의/-이] [형여] 모든 일이 뜻과 같다.
만:사-태평(萬事太平·萬事泰平) 1 모든 일에 근심 걱정이 없어 평안함. 2 성질이 너그럽거나 어리석어 모든 일에 아무 걱정이 없음. **만:사태평-하다** [형여]
만:사-형통(萬事亨通) 명 모든 일이 거리낌없이 잘됨. **만:사형통-하다** 통⓪여 ¶만사형통하기를 빌다.
만:사-휴의(萬事休矣) [-의/-이] [모든 일이 끝장이라는 뜻] 모든 일이 헛수고로 돌아감을 이르는 말.
만삭(滿朔) 명 아이 낳을 달이 다 차는 것. =만월(滿月).
만:산¹(滿産) 명 1 늦그막에 아이를 낳는 것. 2 [의] 임신에 별다른 이상이 없이 출산 날짜가 늦어지며, 태아가 너무 커지는 일. ↔조산. **만:산-하다¹** 통⓪여
만:산²(滿山) 명 온 산에 가득함. 또는, 그 산. **만:산-하다²** [형여]
만:산-홍엽(滿山紅葉) 명 단풍이 들어 온 산의 나뭇잎이 붉게 물들어 있음. 또는, 온 산에 붉게 물든 나뭇잎. ¶가을이면 온 산이 ~을 이룬다.
만:상¹(萬象) 명 형상이 있는 온갖 물건. ¶삼라 ~ / 천태 ~.
만상²(灣商) 명 [역] 조선 시대에, 평북 의주(義州)의 용만(龍灣)을 근거지로 하여 중국과 교역을 하던 상인.
만:생-종(晩生種) 명 같은 식물 가운데서 특히 늦게 익는 품종. ⑧만종. ↔조생종.
만:석(萬石) 명 ['만 섬의 곡식'이라는 뜻] 썩 많은 곡식.
만:석-꾼(萬石-) 명 곡식 만 섬을 거두어들일 만한 농토를 가진 큰 부자.
만:선(滿船) 명 1 물고기 따위를 많이 잡아 배에 가득히 실음. 또는, 그런 배. 2 여객이나 짐을 가득히 실음. 또는, 그런 배. ↔공선(空船). **만:선-하다** 통⓪여
만:선-기(滿船旗) 명 물고기를 가득 실었음

만:성¹(晚成)圀 늦게야 이루어지는 것. ¶대기(大器)~. ↔속성. 만:성-하다 图재타여
만:성²(慢性)圀 1 [의] 병이 급하거나 심해지지도 않으면서 쉽사리 낫지도 않는 성질. ¶~ 위장병. 2 버릇이 되다시피 하여 쉽사리 고쳐지지 않는 상태나 성질.
만성-병(慢性病) [-뼝] 圀 [의] 급격한 증상이 없이 서서히 발병하여 치료와 치유에도 장기간을 요하는 질환의 총칭.
만성-적(慢性的) 관圀 만성인 (것). ¶~인 질병 / ~ 실업.
만:성-화(慢性化) 圀 만성으로 되거나 만성으로 되게 함. 만성화-하다 图재타여 ¶병이 ~. 만성화-되다 图재 ¶만성화된 적자.
만:세¹(晚世) 圀 아주 오랜 세대. 凹만대.
만:세²(萬歲) 圀 1 영원히 삶.
Ⅱ 김 경축이나 환호의 뜻으로 외치는 소리. ¶대한민국~!
만:세-력(萬歲曆) 圀 앞으로 백 년 동안의 천문과 절기를 추산하여 밝힌 책. ▷백중력·천세력.
만:세-보(萬歲報) 圀 1906년에 손병희가 창간한 국한문 혼용의 일간 신문. 1907년 이인직이 인수, '대한신문'으로 제호를 바꿈.
만:세불변(萬世不變) 圀 영원히 변하지 않음. ¶~의 진리. 만:세불변-하다 图재여
만:세불후(萬世不朽) 圀 영원히 썩거나 사라지지 않음. 만:세불후-하다 图재여
만:수¹(萬壽) 圀 오래오래 삶. 凹장수(長壽). ¶~를 누리다.
만수²(滿水) 圀 물이 가득 참. ¶~가 된 댐.
만:수-무강(萬壽無疆) 圀 아무 탈 없이 오래오래 삶. 凹만세무강. ¶부모님의 ~을 기원하다. 만:수무강-하다 图재여 ¶할아버님, 부디 만수무강하십시오.
만:수위(滿水位) 圀 저수지나 하천, 물탱크 따위에 물이 가득 찼을 때의 물의 높이.
만:숙(晚熟) 圀 1 열매가 늦게 익는 것. 2 생물이 늦게 발육하는 것. 3 시기나 일 따위가 늦게 되어 가는 것. ↔조숙(早熟). 만:숙-하다
만:숙-종(晚熟種) [-쫑] 圀 같은 작물 중에서도 특히 늦게 익는 품종.
만:승(萬乘) 圀 [중국 주 대(周代)에 천자(天子)가 병거(兵車) 1만 채를 즈리(直隷) 지방에서 출동시키던 제도에서] 천자 또는 천자의 자리를 이르던 말.
만시(輓詩) 圀 죽은 사람을 애도하는 시.
만:시지탄(晚時之歎) 圀 때가 늦어 기회를 놓쳤음을 안타까워하는 탄식.
만:신¹(萬神) 圀 [민] 여자 무당을 대접하여 이르는 말. [萬神은 처음]
만:신²(滿身) 圀 =온몸.
만:신-창이(滿身瘡痍) 圀 1 온몸이 상처투성이가 됨. ¶언어맞아 ~가 되다. 2 일이 아주 엉망이 됨을 비유적으로 이르는 말.
만심(慢心) 圀 잘난 체하며 거드럭거리는 마음.
만:안¹(灣岸) 圀 만의 연안(沿岸).
만:안²(萬安) ➡만:안-하다 형여 (웃어른의 신상이) 아주 평안하다. 凹만강(萬康). ¶옥체 만안하시길 빕니다.
만:약(萬若) 圀 =만일. ¶~의 경우 내일 비가 오면 경기를 연기하겠다. / ~ 네가 못 오면 나 혼자라도 가겠다.
만양 圀[농] '마냥'의 잘못.

만양-모 圀[농] '마냥모'의 잘못.
만연(蔓延·蔓衍) 圀 1 식물의 줄기가 널리 뻗는 것. 2 (전염병이나 어떤 폐단이) 널리 퍼지는 것. 만연-하다 图재여 ¶사회에 부조리가 ~. 만연-되다 图재
만연-체(蔓衍體) 圀[문] 문장 표현법의 하나. 많은 말을 사용하여 수식·반복·부연 설명함으로써 문장이 길어진 문체. 감정을 충분히 표현·전달할 수 있음. ↔간결체.
만:열(滿悅) 圀 만족하여 기뻐하는 것. 또는, 그 기쁨. 만:열-하다 图재여
만:왕(萬王) 圀 세상의 모든 왕. ¶~이 그 앞에 부복하여 열방이 다 그를 섬기리로다.《구약 시편》
만왕의 왕(王) 구 크리스트교에서, '예수 그리스도'나 '하느님'을 이르는 말. =왕중왕
만용(蠻勇) 圀 앞뒤 가리지 않고 무모하게 부리거나 내는 의용이나 용기. ¶~을 부리다.
만:우-절(萬愚節) 圀 악의 없는 가벼운 거짓말로 남을 속이는 장난을 하면서 웃고 즐거워하는 날. 4월 1일. 서양 풍속에서 온 것임.
만원(滿員) 圀 버스·열차·영화관 등의 정원이 다 찬 상태. 또는, 사람이 탈것이나 장소에 더 타거나 들어가기 어려울 만큼 꽉 차 혼잡한 상태. ¶~ 버스 / 극장이 ~을 이루다.
만원-사례(滿員謝禮) 圀 만원을 이루게 해 주어 고맙다는 뜻으로, 극장 등 흥행장에서 만원이 되어 관객을 더 받지 못하겠다는 것을 완곡하게 이르는 말. 흔히, 매표구에 써서 붙임. ¶이번 공연은 ~의 대성황으로.
만:월(滿月) 圀 1 가장 완전하게 둥근 달. 凹보름달. 2 =만삭(滿朔).
만:유¹(萬有) 圀 우주에 존재하는 모든 것. 凹만군(萬軍).
만:유²(漫遊) 圀 한가로이 이곳저곳을 돌아다니며 구경하고 노니는 것. 만:유-하다 图재 ¶~ 전국을 ~. ▷주유(周遊).
만:유-인력(萬有引力) [-력] 圀[물] 모든 물체 사이에 작용하는 인력. =중력.
만:유인력의 법칙(萬有引力-法則) [-을-의-일-의-일-력-] [물] 두 물체 사이에 작용하는 만유인력의 크기는, 두 물체의 질량의 곱에 비례하고 물체 사이의 거리의 제곱에 반비례한다는 법칙. 1687년에 뉴턴이 발견함.
만:인¹(萬人) 圀 불특정의 모든 사람. ¶~의 여론을 듣다 / ~이 우러러보는 지도자.
만인²(蠻人) 圀 미개한 종족의 사람. 凹만인.
만:인지상(萬人之上) 圀 영의정·좌의정·우의정의 지위. ¶일인지하(一人之下) ~.
만:일(萬一) Ⅰ 圀 혹시나 하는 미심스러운 경우. =만약·만혹. ¶~의 사태 / ~을 생각해야 합니다.
Ⅱ 图 '혹 그러한 경우에는'의 뜻으로 어떤 조건을 전제하는 말. =만약·만혹. ¶~ 실패하면 너와 난 끝장이다.
만입(灣入) 圀 강이나 바다의 물이 활등처럼 뭍으로 휘어드는 것. 만입-하다 图재여
만:자(卍字) [-짜] 圀 '卍'의 모양으로 된 무늬나 표지. =완자.
만작-거리다·-대다 [-꺼(때)-] 图타 '만지작거리다'의 준말.
만작-만작 [-장-] 图 '만지작만지작'의 준말. 만작만작-하다 图타여
만작-이다 图타 가볍게 주무르는 듯 만지다.
만:장¹(萬丈) 圀 만 길이나 되듯 무척 높음.

기고(氣高)~ / 파란(波瀾)~.
만:장²(滿場) 명 많은 사람이 모인 회장(會場). 또는, 그 회장에 모인 모든 사람들. ¶~의 박수를 받다. 만:장-하다 동재여 ¶만장하신 여러분!
만:장³(輓章·挽章) 명 죽은 사람을 슬퍼하여 지은 글. 비단이나 종이에 적어 기처럼 만들어 들고 상여 뒤를 따름. =만사(輓詞).
만:장-봉(萬丈峯) 명 매우 높은 산봉우리.
만:장-일치(滿場一致) 명 회장에 모인 모든 사람의 의견이 완전히 같음. ¶~로 가결[선출]되다.
만:장-중(滿場中) 명 많은 사람이 모인 곳. =만장판.
만:장-판(滿場-) 명 =만장중.
만:재(滿載) 명 1 가득 싣는 것. 2 가득 기재(記載)하는 것. 만:재-하다 타여 ¶차에 화물을 ~. 만:재-되다 동자
만:재-흘수선(滿載吃水線) [-쑤-] 명 배가 사람이나 화물을 싣고 안전하게 항해할 수 있는 최대한의 흘수를 나타내는 선.
만:전(萬全) 명 완전하여 조금도 빠진 것이 없는 것. 또는, 아주 안전한 것. ¶자동차 사고 방지에 ~을 기하다. 만:전-하다 형여
만:전지계(萬全之計) [-계/-게] 명 실패의 위험성이 조금도 없는 안전한 계책. =만전지책.
만:전-춘(滿殿春) 명[문] 남녀간의 애정을 적나라하게 노래한 고려 가요.
만점(滿點) [-쩜-] 명 1 규정된 점수의 가장 높은 점. ¶백 점 ~으로 채점하다 / ~을 받다. 2 아주 만족할 만한 정도. ¶인물 좋고 학벌 좋고 재산 또한 넉넉해 사윗감으로 그만 하면 ~이다.
만:조¹(滿朝) 명 온 조정.
만:조²(滿潮) 명[지] 가장 꽉 차게 들어왔을 때의 밀물. =찬물때·고조(高潮). ↔간조(干潮).
만:조-백관(滿朝百官) [-꽌-] 명 조정의 모든 벼슬아치. =만정제신. ¶~의 하례를 받다.
만족(滿足) 명 (어떤 일에) 부족하거나 모자람이 없어 좋은 느낌이나 기분을 가지는 상태가 되는 것. ¶생활에 ~을 못 느끼다. 만족-하다¹ 동재여 ¶나는 최선을 다했으므로 결과에 만족한다.
만족-감(滿足感) [-깜] 명 마음에 흡족하게 여기는 느낌. ¶~을 나타내다.
만족-도(滿足度) [-또] 명 마음에 부족함이 없이 만족을 느끼는 정도. ¶이 제품에 대한 고객들의 ~가 높다.
만족-스럽다(滿足-) [-쓰-따] 형비 <~스러우니, ~스러워> 만족할 만한 데가 있다. 만족스레 부
만족-하다²(滿足-) [-조카-] 형여 (어떤 일에) 부족하거나 모자람이 없어 좋은 느낌이나 기분을 가지는 상태에 있다. 비흡족하다. ¶만족한 표정. 만족-히 부
만:종(晚鐘) 명 저녁에 절이나 수도원·교회 등에서 치는 종.
만:좌(滿座) 명 1 여러 사람이 가득히 늘어앉은 자리. 2 자리에 앉아 있는 모든 사람들. 만:좌-하다 형여 사람들이 자리에 차서 가득하다.
만:좌-중(滿座中) 명 여러 사람이 꽉 들어앉은 가운데.
만주-족(滿洲族) 명 만주 일대에 분포하고 있는 남방 퉁구스계의 한 종족.

만:지(蠻地) 명 야만인이 사는 땅.
만지다 동(타) 1 (사람이 물체나 신체 부위를) 어떤 감각을 가지기 위해 손으로 쥐거나 문지르거나 주무르거나 하다. ¶옷감을 만져 보다. 2 (사람이 어떤 물건을) 손으로 다루거나 손질하다. ¶기계 만지는 직업.
만지작-거리다/-대다 [-껴(때)-] 동(타) (물건을) 끈질기게 자꾸 만지다. ¶복실이는 아버지의 무지람에 고개를 떨어뜨리고 옷고름만 만지작거렸다. 준만지거리다.
만지작-만지작 [-짱-] 부 만지작거리는 모양. 준만작만작. 만지작만지작-하다 동(타)여
만질만질-하다 형여 보드라워 만지기가 좋다. 만질만질한 감촉.
만:찬(晚餐) 명 공적인 모임을 가지면서 격식을 차려 베푸는 저녁 식사. =석찬(夕餐).
만:찬-장(晚餐場) 명 만찬을 베푸는 장소.
만:찬-회(晚餐會) [-회/-훼] 명 손님을 청하여 저녁 식사를 겸하여 베푸는 연회. =디너파티.
만:천(滿天) 명 온 하늘.
만:천하(滿天下) 명 온 천하. ¶~에 죄상을 폭로하다.
만:첩(萬疊) 명 썩 많은 여러 겹. ¶그에 대한 원망과 원한이 천겹이요 ~이다.
만:추(晚秋) 명 =늦가을.
만:춘(晚春) 명 =늦봄.
만:취(漫醉·滿醉) 명 술에 잔뜩 취하는 것. =난취(爛醉). 만:취-하다 동재여 만:취-되다 동 ¶몸을 가누지 못할 정도 ~.
만치 명(의존) 조 =만큼.
만큼 I (의존) 1 (어미 '-ㄴ', '-는', '-ㄹ' 아래에 쓰여) 앞에 오는 내용에 상당하는 정도임을 나타내는 말. ¶노력한 ~ 보람을 얻다 / 천장에 닿을 ~ 키가 크다. 2 (어미 '-ㄴ' 아래에 쓰여) 원인·근거의 뜻을 나타내는 말. =만치. ¶너는 학생인 ~ 공부에만 전념해라.
II 조 정도가 비슷하거나 그에 육박함을 나타내는 말. =만치. ¶이~ 재미있는 책은 없다.
만:-탱크(滿tank) 명 탱크에 액체나 가스가 가득 찬 상태. 또는, 그 탱크.
만:파식-적(萬波息笛) [-쩍] 명 ['온갖 파도를 잔잔하게 하는 피리'라는 뜻] 신라 때의 전설상의 피리. 문무왕이 죽어서 된 해룡(海龍)과 김유신이 죽어서 된 천신(天神)이 합심하여 용을 시켜서 보냈다는 피리로, 이것을 불면 적병이 물러가고 병이 낫는 등 소원을 이루게 되어 국보로 삼았다 함.
만판 부 마음껏 흡족하고 충분하게. 비마냥. ¶~ 먹고 마시다.
만:평(漫評) 명 1 일정한 체계 없이 생각나는 대로 비평을 하는 것. 또는, 그 비평. 2 만화로 인물이나 사회를 비평하는 것. ¶시사~. 만:평-하다 동(타)여
만:필(漫筆) 명 일정한 체계 없이 붓이 가는 대로 글을 씀. 또는, 그 글. =만록(漫錄)·산록(散錄). 비만문(漫文).
만-하다 형(보조) (동사의 어미 '-ㄹ' 아래에 쓰여) 1 어떤 동작이나 작용이 어지간히 가능함을 나타내는 말. ¶대학에 갈 만한 형편이 못되다. 2 어떤 행동을 할 가치나 이유가 꽤 있음을 나타내는 말. ¶읽을 만한 책 / 가볼 만한 곳.
만:학¹(晚學) 명 제 나이를 훨씬 넘겨서야 일

정한 과정의 공부를 하는 것. 만ː학-하다 통(자)(타)여
만ː학²(萬壑) 명 첩첩이 겹쳐진 많은 골짜기.
만ː학-도(晩學徒) [-또] 명 제 나이를 훨씬 넘겨서야 학교에 들어가 공부를 하는 사람.
만ː학-천봉(萬壑千峯) 명 첩첩이 겹쳐진 골짜기와 수많은 봉우리.
만함-식(滿艦飾) 명 뱃머리로부터 함미(艦尾)에 걸쳐 신호기를 걸고, 돛대 꼭대기에 군함기를 달아 군함을 화려하게 장식하는 일. 흔히, 의식 때에 행함.
만행(蠻行) 명 야만스러운 행동. ¶북한의 ~을 규탄하다.
만ː호(萬戶) 명 1 썩 많은 집. 2 [역] 조선 시대에 각 도의 여러 진(鎭)에 배치되었던 종4품의 무관직.
만ː혼(晩婚) 명 나이가 들어서 늦게 결혼하는 것. 또는, 그런 결혼. ↔조혼(早婚). 만ː혼-하다 통(자)여
만ː화(漫畵) 명 1 인물이나 동물, 또는 사물의 모습을 간결하고 생략된 선(線)으로 익살스럽게 그리거나 과장하여 나타낸 그림. =만필화. 2 과장되거나 익살스러운 그림에 짤막짤막한 글을 넣어, 유머나 풍자, 또는 일정한 줄거리를 담은 읽을거리. ¶시사 ~ / 풍자 ~ / 성인 ~.
만ː화-가(漫畵家) 명 만화를 그리는 것을 직업으로 하는 사람.
만ː화-경(萬華鏡) 명 같은 크기의 길쭉한 거울 몇 개로 통을 만들어 그 속에 색종이나 셀룰로이드 조각 등을 넣고, 구멍으로 들여다보면서 통을 돌리면 여러 가지 색채나 무늬가 보이는 장난감.
만ː화-방(漫畵房) 명 만화를 갖추어 놓고 주로 청소년이나 성인에게 돈을 받고 그 자리에서 읽게 하는 가게. =만화가게.
만ː화-영화(漫畵映畵) 명 만화를 특수한 촬영에 의하여 움직이는 것처럼 보이게 만든 영화.
만ː화-책(漫畵冊) 명 만화를 실어 엮은 책.
만ː홧-가게(漫畵-) [-화가/-환까] 명 지난날, 아동 만화를 갖추어 놓고 주로 아동들에게 돈을 받고 만화를 빌려 주거나 그 자리에서 읽게 하던 가게. 2 =만화방.
만회(挽回) [-회/-훼] 명 바로잡아 회복하는 것. 만회-하다 통(타)여 ¶실점을 ~ / 1점을 만회하여 동점이 되다. 만회-되다 통(자)
많ː다 [만타] 혱 1 (사람이나 물건·물질의 수나 양이) 보통의 경우, 또는 기준 대상의 것을 넘는 상태에 있다. ¶자식이 ~ / 돈이 ~. 2 (빈도나 수량으로 따질 수 있는 일이나 현상이) 보통의 경우, 또는 기준 대상의 것을 넘는 상태에 있다. ¶실수가 ~ / 많은 세월이 흐르다. 3 (일의 정도가) 풍부하거나 상당한 상태에 있다. ¶경험이 ~ / 추운 날씨에 고생이 많군요. ↔적다. ▷크다. 많ː-이 부 ¶비가 ~ 오다 / ~ 먹었습니다.

유의어	많은 경험 / 큰 경험
'많은 경험'은 여러 번에 걸쳐 이루어진 경험을 뜻하고, '큰 경험'은 가치 있거나 의의 있는 경험을 뜻함. ¶그는 산악 등반에 많은 경험을 가지고 있다. / 그는 이번 산악 등반에서 큰 경험을 얻었다.	

맏- 접두 '맏이'의 뜻을 나타내는 말. ¶~아들 / ~동서.
맏-누이 [만-] 명 나이가 제일 많은 누이. =백자(伯姉)·장자(長姉)·큰누이. ↔막냇누이.
맏-동서(-同壻) [-똥-] 명 맨 손위의 동서. =큰동서.
맏-딸 맨 먼저 낳은 딸. =장녀. ↔막내딸.
맏-며느리 [맏-] 명 맏아들의 아내. ↔막내며느리.
맏며느릿-감 [맏-리깜/맏-릳깜] 명 맏며느리로 삼을 만한 사람. 보통 살림 잘하고 덕이 있게 보이는, 통통하게 생긴 미혼 여성을 이르는 말임.
맏-물 [맏-] 명 과일·채소·곡식·해산물 등이 산출되는 시기가 시작되는 첫 무렵. 또는, 그 무렵의 과일·채소·곡식·해산물. =선출(先出). ¶신출(新出). ↔끝물. ×첫물.
맏-배 [-빼] 명 짐승이 처음으로 새끼를 치는 일. 또는, 그 새끼. =첫배.
맏-사위 [-싸-] 명 맏딸의 남편. 비큰사위. =맏사위.
맏-상제(-喪制) [-쌍-] 명 상사(喪事)를 당한 맏아들. 비상주(喪主).
맏-손자(-孫子) [-쏜-] 명 맏아들의 맏아들. 맏아들에게 아들이 없을 경우에는 작은아들의 맏아들을 가리킬 수 있음. =장손(長孫)·큰손자. ↔막냇손자.
맏-아들 맨 먼저 낳은 아들. =장남(長男)·장자(長子)·큰아들. ↔막내아들.
맏-아이 명 맏아들이나 맏딸을 이르는 말.
맏-이 [마지] 명 1 여러 형제자매 중에서 맨 먼저 태어난 사람. 맏내. 2 나이가 남보다 많은 것. 또는, 그 사람.
맏-자식(-子息) [-짜-] 명 첫 번째 낳은 자식. =맏녔자식.
맏-형(-兄) [마텽] 명 맏이가 되는 형. =백형(伯兄)·장형(長兄).
맏-형수(-兄嫂) [마텽-] 명 맏형의 아내. 비큰형수.
말¹ 명 네 다리와 목·얼굴이 길고 앞머리와 목덜미에 갈기가 있으며, 발굽이 통굽으로 되어 있고 꼬리가 길게 늘어진 짐승. 포유류 말과에 속함. 어깨 높이 1m 정도이며, 털빛은 갈색·흑색·적갈색·백색 등임. 운반·농경·승마·경마 등으로 쓰이는 외에 고기는 식용, 가죽은 피혁 제품용임. 어린 것은 '망아지'라고 부름. 울음소리는 '히힝', '히히힝'. 세는 단위는 마리·필(匹)·두(頭). =마필. ¶~을 타다 / ~을 몰다 / ~을 달리다.
[말 타면 경마 잡히고 싶다] 사람의 욕심이란 끝이 없다.
말² 명 [식] 1 가랫과의 여러해살이 물풀. 녹갈색으로 잎은 선형(線形)이며, 꽃은 5~6월에 황록색으로 핌. 연한 줄기와 잎은 식용함. 2 '바닷말'의 준말.
말³ 명 1 윷·고누·장기 따위에서, 말판에 장기판에서 일정한 약속하에 옮기는 물건. 2 =마(馬). 3 사방치기에서 사용하는 납작한 돌.
말⁴ 명 1 자립 곡식·가루·액체 따위의 분량을 되는 데 쓰이는 그릇. 2 의존 곡식·가루·액체 따위의 분량을 헤아리는 단위. 한 말은 열 되임. 비두(斗). ¶쌀 두 ~.

| 어법 | 쌀 세 말, 보리 네 말:세(×)→서(○), 네(×)→너(○). ▶'~돈, ~말, ~발, ~푼'의 경우에는 '서'와 '너'만 인정함(표17). |

말⁵ 명 1 자립 1 사람이 생각이나 느낌을 목

소리로 나타내는 일. 또는, 그 소리나 의미. =어사(語辭). 비언어. ¶표준~ / ~을 배우다 / ~을 못 하는 벙어리. ▶언어. 2 일정한 주체나 내용을 가진 이야기. ¶~을 꺼내다 / ~을 건네다. 3 말투나 말씨를 이르는 말. ¶~이 거칠다 / 가는 ~이 고와야 오는 ~이 곱다.(속담) 4 소문·풍문을 이르는 말. ¶~이 퍼지다. 5 '단어'나 '구', '문장' 등을 두루 이르는 말. ¶다음 ( ) 안에 알맞은 ~을 쓰시오. 6 ('말이 …(이)지'의 꼴로 쓰여) 부르거나 나타낸 명색. ¶이 옷이지 누더기나 다름없다. ⑦ (어절 사이에 '말이다, 말이야, 말이지' 등의 꼴로 쓰여) 특별한 뜻이 없이 입버릇이나 군소리로 하는 말. ¶그런데 ~이다 / 난 ~이지 그런 일은 못 해. ② (의존) 1 ('-라는/으라는', '-다는', '-냐는/으냐는' 뒤에서 서술격 조사 '이다'와 결합하여) 다시 확인하는 뜻을 나타내는 말. ¶그러니까 나더러 구걸이라도 하라는 ~이냐? 2 ('-니/으니', '-기에' 등의 뒤에 '말이지'의 꼴로 쓰여) '망정이지'의 뜻을 나타내는 말. ¶내가 마침 그 자리에 있었기에 ~이지 큰일 날 뻔했다. 3 ('-어야/아야 말이지'의 꼴로 쓰여) 어떤 행위가 잘 이루어지지 않음을 탄식하는 말. ¶아무리 걸어도 전화를 받아야 ~이지. 4 (어미 '-르/을' 뒤에 '말이면', '말로는', '말로야' 등의 꼴로 쓰여) '-ㄹ/을 것 같으면'의 뜻을 나타내는 말. ¶그가 빚을 갚을 ~로는 무슨 문제가 있겠냐. [말 많은 집은 장맛도 쓰다] ⑴집안에 말이 많으면 살림이 잘 안 된다. ⑵집안이 말이 많은 집안은 화목하지 못하고 편안하지 못하다. [말은 해야 되고 고기는 씹어야 맛이다] 마땅히 할 말은 해야 한다. [말이란 '아' 해 다르고 '어' 해 다르다] 말이란 같은 내용이라도 표현하는 데 따라서 듣는 맛이 아주 다르다는 말. [말이 씨가 된다] 무심히 하던 말이 뜻하지 않게 사실로 된다는 말. ⊙평소에 좋지 않은 뜻을 담은 말을 했을 때, 일이 그 말대로 실현될 수도 있으니 함부로 그런 말을 하지 말라는 뜻으로 이르는 말. [말 한 마디에 천 냥 빚도 갚는다] 말만 잘하면 어려운 일이나 불가능한 일도 해결할 수 있다.

말(이) 나다 ㉠ 1 이야깃거리로 말이 시작되다. ¶입을 다물고 있으려 했는데 **말이 난** 김에 다 이야기하겠다. 2 비밀한 일이 다른 사람의 입에 오르내리게 되다. ¶입을 함부로 놀리지 마라. 공연히 **말 날까** 무섭다.

말(이) 되다 ㉠ 1 말하는 것이 이치에 맞다. ¶**말이 되는** 소리를 해. 2 (어떤 사실에 대하여) 서로 간에 말이 이루어지다. ¶1주일 후에 약혼식을 치르기로 **말이** 되어 있었다.

말(을) 듣다 ㉠ 1 시키는 대로 움직이다. ¶제발 내 **말을 들어라**. 2 꾸지람을 듣거나 시비(是非)의 대상이 되다. ¶그런 일로 남의 말을 들어서야 되겠느냐? 3 (기계·도구 따위가) 다루는 사람의 뜻대로 움직이다.

말(이) 떨어지다 ㉠ 승낙·명령 따위의 말이 나오다. ¶**말이 떨어지자마자** 달려갔다.

말(도) 마라(마) ㉠ 어떤 사실이 보통의 정도를 벗어남을 상대방에게 강조할 때 쓰는 말. ¶이번 집회에 얼마나 많은 사람이 모였는지 ~.

말(이) 많다 ㉠ 1 말수가 많다. ¶**말이 많으면** 실수를 하기 쉬운 법이다. 2 논란이 많다. ¶이번 일을 놓고 세간에서는 **말이 많은** 모양이더라.

말(을) 못하다 ㉠ 말로써는 차마 나타내어 설명할 수 없다. ¶그는 어렸을 때 부모님이 돌아가셔서 **말 못할** 정도로 고생을 했다.

말(을) 삼키다 ㉠ 하려던 말을 그만두다.

말(이) 새다 ㉠ 비밀한 말이 남에게 알려지다. ¶**말이 새지** 않도록 입조심해라.

말(이) 아니다 ㉠ 1 말이 이치에 맞지 않다. 2 (사정·형편이) 몹시 어렵거나 딱하다. ¶요즘 내 형편도 ~.

말이 청산유수(青山流水)다 ㉠ 말을 막힘없이 유창하게 한다.

말[^6] 명 톱질할 때나 먹줄을 칠 때에 밑에 받치는 나무.

말-[^7] 접두 일부 명사에 붙어, 큰 것임을 나타내는 말. ¶~거미 / ~벌 / ~매미.

말[^8] (末) 의존 어떤 기간의 끝 무렵임을 나타내는 말. ¶금년 ~ / 19세기 ~ / 고려 ~ / 이달 ~에 만나자. ↔초(初).

말-가웃[-욷] 명 한 말 반 정도의 분량. =말아웃. ¶이 쌀은 ~은 된다.

말-가죽 명 말의 가죽. =마피(馬皮).

말갈(靺鞨) 명(역) 중국 수당(隋唐) 시대에 둥베이(東北) 지방에서 한반도 북부에 걸쳐 거주한 퉁구스계 여러 민족의 총칭. 여진족·만주족의 선조임.

말-갈기 명 말의 목덜미에서 등까지 난 긴 털. =마렵(馬鬣).

말-감고(-監考) 명 곡물 시장에서 되질이나 마질을 직업으로 하는 사람. 준감고.

말-갛다(-가타) 형하 〈말가니, 말가오, 말개〉 깨끗하고 맑다. ¶**말갛이** ~ / 눈[眼]이 ~ / 하늘의 구름 한 점 없이 ~. 큰멀겋다.

말-개미 명[동] =왕개미.

말-개지다 통(자) 말갛게 되다. ¶흙탕물이 ~. 큰멀게지다.

말-거리[-꺼-] 명 1 '말썽거리'의 준말. 2 이야기의 재료. ¶이제는 ~가 떨어졌다.

말-거미 명 =왕거미.

말-결에[-껼-] 부 어떤 말을 하다가 자기도 모르게. ¶~ 언뜻 그 이야기가 튀어나왔다.

말-겻 명 '말곁'의 잘못.

말경(末境) 명 말년의 지경. 비늙바탕. ¶인생 ~에 이게 무슨 꼴이람?

말-곁[-곁] 명 남이 말하는 옆에서 덩달아 참견하는 말. ×말결.

말곁(을) 달다 ㉠ 옆에서 덩달아 말하다. ¶어른들 말씀 나누시는데 버릇없이 **말곁을 달지** 마라.

말-고기 명 말의 고기. =마육(馬肉).

말고기 자반 [말고기로 만든 자반이 붉은색이라고 하여] 술에 취하여 얼굴이 붉은 사람을 놀리는 말.

말-고삐 명 말굴레에 매어 끄는 줄.

말-공대(-恭待) 명 말로 하는 공대. **말·공대-하다** 통(자)

말괄량이 명 말과 행동이 지나치게 활발하여 얌전하지 못하고 덜렁거리는 소녀. ▷왈가닥왈패.

말-구멍[-꾸-] 명 '말문'을 속되게 이르는 말. ¶입이 붙었나, ~이 막혔나, 왜 말을 못해?

말-구유 명 말먹이를 담아 주는 그릇.

말-구종(-驅從) 명 말고삐를 잡고 끌거나 말 뒤에서 따르는 하인. =마부.

말-국 명 '국물'의 잘못.

말-굴레 명 말의 머리에 씌우는 굴레.

말-굽 명 1 말의 발톱. =마제(馬蹄). 2 [건]

'말굽추녀'의 준말.
말굽-은(-銀) 圀 중국에서 쓰이던 화폐의 하나. 은으로 말굽 모양으로 만들었음. =마제은(馬蹄銀)·보은(寶銀).
말굽-자석(-磁石) [-짜-] 圀[물] 말굽 모양으로 만든 자석. =마제형 자석·제형 자석.
말굽-추녀 圀[건] 안쪽 끝을 말굽 모양으로 만들어 양쪽으로 붙이는 서까래. =마제연·마제추녀. ⓒ말굽.
말:-귀[-뀌] 圀 1 말의 뜻이나 내용. ¶몇 번 얘기했건만 왜 그리 ~를 못 알아듣냐? 2 남이 하는 말을 알아듣는 슬기. ¶~가 어둡다 / ~가 밝다.
말그스레-하다 혱 =말그스름하다.
말그스름-하다 혱 조금 말갛다. ▷ =말그스레하다. 뷔 맑스그레하다. ▶ 멀그스름하다.
말그스름-히 閈
말긋-말긋[-귿-귿] 閈 액체 속에 덩어리가 섞인 모양. **말긋말긋-하다** 혱
말:-기¹ 圀 치마나 바지 등의 맨 위 허리에 둘러서 댄 부분. ¶치맛~.
말기(末期) 圀 어떤 기간이나 일의 끝 무렵. =만기. 뷔말년·말대(末代)·종기(終期). ¶고려 ~ / ~ 증세. ↔초기(初期).
말:-길[-낄] 圀 (주로 '말길(이) 되다'의 꼴로 쓰여) 남과 말을 주고받을 수 있는 방도.
말:-꼬리 圀 말을 마치는 끝 부분. 뷔말끝. ¶어물어물 ~를 흐리다.
말꼬리(를) 물고 늘어지다 ② 남의 말 가운데서 꼬투리를 잡아 꼬치꼬치 따지고 들다.
말꼬리(를) 잡다 ② 남의 말 가운데서 잘못 표현된 부분을 가지고 약점을 잡다.
말:-꼬투리 圀 상대의 말 속에서 시시콜콜하게 잡아내는 시빗거리나 트집거리. ¶~를 잡히다.
말:-꼴 圀 말을 먹이기 위한 꼴. =마초(馬草).
말:-꽁무니 圀 '말끝'을 홀하게 이르는 말.
말끄러미 閈 눈을 똑바로 뜨고 오도카니 한 곳만 바라보는 모양. ¶~ 쳐다보다 / 거울에 비친 제 얼굴을 ~ 바라보다. ▶물끄러미.
말끔 閈 깨끗한 상태로 모두. ¶바닥을 ~ 닦아 내다.
말끔-하다 혱 티 하나 없이 맑고 깨끗하다. ¶말끔하게 갠 하늘. ▶멀끔하다. **말끔-히** 閈 ¶상처가 ~ 낫다.
말:-끝[-끋] 圀 어떤 내용이 말이 끝나는 부분. 또는, 어떤 문장에서 종결 어미의 부분. 뷔말꼬리. ¶그는 더 변명할 말이 없자 ~을 흐리고 말았다.
말끝(을) 잡다 ② 끝난 말에 덧붙여 말하다.
말년(末年) [-련] 圀 1 인생의 마지막 무렵. ¶~에 이게 무슨 고생이람. / ~에 얻은 자식. 2 어떤 시기의 마지막 몇 해 동안.
말:-놀이[-로리] 圀 말을 사용하여 하는 놀이. 끝말잇기, 발음하기 힘든 말 외기, 받침 빼고 말하기 따위. =언어유희. **말:놀이-하다** 동(자)
말:-눈치[-문-] 圀 말하는 가운데 드러나는 어떤 태도.
말다¹ [말고 / 말아] 탄⟨마니, 마오⟩1 (넓이를 가진 얇은 물건을) 한쪽 끝에서부터 둥글게 구부리면서 돌돌 굴려 원통형으로 겹쳐지게 하다. ¶멍석을 ~. 2 (어떤 물건을) 넓이를 가진 얇은 물건으로 내용물을 싸서 한쪽 끝에서부터 돌돌 굴리는 방식으로 해서 만들다. ¶어머니가 김밥을 ~.

말다² 탄⟨마니, 마오⟩(밥이나 국수 따위를) 물이나 국물에 넣어서 잠기게 하다. 또는, (물이나 국물을) 밥이나 국수 따위에 잠길 만큼 부어 넣다. ¶밥을 국에 ~.
말:다³ [말고 / 말아] ⟨마니, 마오⟩ ① 자탄 1 하던 일이나 행동을 더 계속하지 않다. 뷔 그만두다·그치다·중단하다·중지하다. ¶뛰다 말다. 2 (상대에게 명령하거나 요구하거나 희망하는 뜻을 담은 문장에 쓰여) (어떤 행동을) 하지 않거나 금하다. ¶아무 말 말고 내 말대로 해. 3 (부사(흔히 보조사가 뒤에 옴) 뒤에 '말고'의 꼴로 쓰여) 앞의 대상을 제외하거나 앞의 상태를 부정하는 뜻을 나타내는 말. ¶많이도 **말고** 조금만 주십시오. 4 ('-거나 말거나', '-거니 말거니', '-든(지) 말든(지)', '-ㄹ까/을까 말까', '-ㄹ지/을지 말지', '-ㄹ락/을락 말락' 따위와 같은 중복형의 구조에서 쓰여) 앞에 오는 서술어의 내용을 부정하는 뜻을 나타내는 말. ¶비가 오거나 **말거나** 상관없다. 5 →마다하다. 6 →고말고. 7 →다마다. 8 →자마자. ② [보조] 1 (동사의 어미 '-지' 아래에 쓰여) 그 상태나 행동을 막는 뜻을 나타내는 말. ¶길에서 놀지 **말고** 집으로 들어가자. 2 (용언의 어미 '-고(야)' 아래에 쓰여) 어떤 일이 끝내 이루어짐을 나타냄과 동시에 그것을 섭섭하거나 안타깝게 여기는 뜻을 나타내는 말. 주어가 일인칭이고 '-고(야) 말겠다'의 꼴로 쓰이면, 어떤 일을 꼭 실현시키겠다는 단단한 각오를 나타냄. ¶공들여 쌓은 탑이 무너지고 **말았다**.

어법
가지 말아 / 말아라 : 말아 / 말아라 (×)→마 / 마라(○). ▶ '말다'가 명령형 어미 '-아(라)'와 결합하는 경우에는 받침 'ㄹ'이 줄어 '마/마라'가 됨. 문어체 어미인 '-(으)라'와 결합하는 경우에는 '말라'가 됨(¶나 이외에 다른 신을 섬기지 말라).

말:-다래 圀 말을 탄 사람의 옷에 흙이 튀지 않도록 말의 안장 양쪽에 늘어뜨려 놓은 물건. ⓒ다래.
말:-다툼 圀 말로 다투는 일. =언거언래·언쟁(言爭). 뷔입씨름. ¶친구와 ~을 벌이다. **말:다툼-하다** 동(자)

유의어	말다툼 / 말싸움
'말다툼'은 주로 감정 대립으로 다투는 경우에, '말싸움'은 의견 대립으로 맞서는 경우에 사용됨.

말단(末端) [-딴] 圀 1 맨 끄트머리. 2 어떤 조직의 제일 아랫자리 부분. ¶~ 사원.
말단^거:대증(末端巨大症) [-딴-쯩] 圀[의] 뇌하수체의 성장 호르몬이 성인이 되고 나서 과잉 분비되어, 몸의 첨단부, 곧 턱·손·발·코·귀 등이 비정상적으로 커지는 병. =첨단 거대증.
말:-달리다 동(자) 말을 타고 달리다. 뷔주마(走馬)하다.
말-담 '입담'의 잘못.
말대(末代) [-때] 圀 말세. 또는, 말기(末期).
말:-대꾸 圀 1 묻는 말에 이렇다든가 저렇다든가 하는 식으로 대답을 하는 것. 뷔대꾸. ¶그는 ~도 하기 싫다는 듯이 두 눈을 질끈 감아 버렸다. 2 상대의 충고나 요구나 나무람 등에 대해 그것을 순순히 받아들이지 않

말ː대답(-對答)[명] 1 윗사람의 충고나 꾸지람에 대해 제 잘못을 인정하지 않고 이러쿵저러쿵 변명하거나 거스르는 말을 하는 것. [비]말대꾸. ¶뉘 앞이라고 꼬박꼬박 ~이냐? 2 상대의 어떤 말에 대해 자기의 의사를 나타내는 대답. ¶(순사가)…한 마디 이상도 는, ~을 들을 사이가 없이 자전거를 되짚어 타고 가 버렸다.《심훈:상록수》 **말ː대답-하다**[동](자)(여)

말ː더듬이[명] 말을 습관적으로 더듬는 사람. [준]더듬이.

말ː동무[-똥-][명] 심심하거나 쓸쓸할 때 친구처럼 대화를 나눌 수 있는 상대. [비]말벗. ¶순임이는 할머니의 ~가 되어 드리곤 했다. **말ː동무-하다**[동](자)(여) 말동무가 되다.

말ː똥[명] 말의 똥. =마분(馬糞).
[말똥에 굴러도 이승이 좋다] 고생스럽더라도 사는 것이 죽는 것보다 낫다.

말똥-가리[명][동] 수릿과의 중형 새. 몸길이 약 55cm. 등은 어두운 갈색이고 배는 누르스름함. 개구리·들쥐·곤충 등을 잡아먹음.

말똥-거리다/-대다[동](타) 맑고 생기 있게 빛나는 눈알을 자꾸 굴리다. [큰]멀뚱거리다.

말똥-구리[명][동] ☞쇠똥구리.

말똥-말똥[부] 1 말똥거리는 모양. ¶눈을 ~뜨다. 2 정신이 흐리지 않고 또렷한 모양. [큰]멀뚱멀뚱. **말똥말똥-하다**[형](여) ¶몸은 움직일 수도 없지만 정신은 ~.

말똥-하다[형](여) 눈알이나 정신이 생기 있고 또렷하다. ¶밤이 꽤 깊었는데도 정신이 ~. [큰]멀뚱하다. **말똥-히**[부]

말뚝[명] 땅에 박기 위하여 한쪽 끝이 뾰족하게 만든 기둥이나 몽둥이 모양의 것. 또는, 그것을 땅에 박아 놓은 것.

말뚝(을) 박다[관] 1 어떤 지위에 오랫동안 머무르다. 2 《속》 의무병으로 입대한 군인이 복무 연한을 마치고도 계속 남아 직업군인이 되다.

말뚝-모[농] '꽃창모'의 잘못.

말뚝-이[명][민] 산대놀음에 쓰이는 탈의 하나. 또는, 거기서 하인의 역을 맡은 인물. 자기가 모시고 다니는 양반을 신랄하게 풍자함.

말뚝-잠[-짬][명] 꼿꼿이 앉은 채로 자는 잠.

말ː-뜻[-뜯][명] 1 말의 뜻. [비]어의(語義). 2 말에 담긴 속뜻.

말ː-띠[명][민] 말해에 난 사람의 띠.

말라게나(ⓢmalagueña)[명][음] 에스파냐의 플라멩코 가요의 한 가지. 말라가 지방에서 발달한 춤곡으로 즉흥적인 것이 특징임.

말라기-서(←ⓢMalachi書)[명][성] 구약 성서 중의 한 권.

말라-깽이[명] 몸이 매우 여윈 사람을 놀림조로 이르는 말.

말라리아(malaria)[명][의] 학질모기가 매개하는 말라리아 원충 감염증. 주기적인 발열 발작이 특징임. 법정 전염병임. =학질(瘧疾).

말라-붙다[-붇따][동](자) (액체 따위가) 바싹 졸거나 마르다. ¶가뭄으로 우물이 ~.

말라-비틀어지다[동](자) 1 (사물이) 쪼그쪼그하게 말라서 뒤틀리다. ¶말라비틀어진 화초. 2 (주로 '뭐[무슨] 말라비틀어진'의 꼴로 쓰여) '무슨 놈의', '도대체 무슨'의 뜻을 나타내는 말. 어떤 대상이나 일을 못마땅하게 여길 때 쓰는 거친 말투임. [비]말라비틀어지다. ¶조끄만 게 사랑은 뭐 **말라비틀어진** 사랑이냐?

말라위(Malawi)[명][지] 아프리카 남동부에 있는 공화국. 수도는 릴롱궤.

말라-죽다[-따][동](자) (주로, '뭐 말라죽은', '무슨 말라죽을'의 꼴로 쓰여) '무슨 놈의', '도대체 말도 되지 않는'의 뜻을 나타내는 말. 어떤 대상이나 일을 못마땅하게 여길 때 쓰는 거친 말투임. [비]말라비틀어지다. ¶쌀살 돈도 떨어졌는데 무슨 **말라죽을** 외식이야.

말랑-거리다/-대다[동](자) 매우 말랑한 느낌을 주다. ¶말랑거리는 홍시. [큰]물렁거리다.

말랑-말랑[부] 말랑거리는 모양. [큰]물렁물렁. **말랑말랑-하다**[형](여) 말랑말랑한 찹쌀떡.

말랑-하다[형](여) 1 (물건이) 야들야들하면서 좀 무르다. ¶말랑한 고무공. 2 (사람의 성질이나 몸이) 야무지지 못하고 약하다. [큰]물렁하다.

말레이-곰(Malay-)[명][동] 포유류 식육목 곰과의 한 종. 곰 중에서 가장 작음. 귀가 짧고 다리는 긺. 몸에 검고 짧은 털이 빽빽하며, 가슴에 말굽 모양의 흰 무늬가 있음. 야행성이며, 나무 위에서 살고 성질이 온순함.

말레이시아(Malaysia)[명][지] 말레이 반도와 보르네오 섬 북부로 이루어진 입헌 군주국. 수도는 쿠알라룸푸르.

말려-들다[동](자)〈~드니, ~드오〉 1 감겨 안으로 들어가다. ¶기계에 옷이 ~. 2 원하지 않는 관계나 위치에 끌려 들어가다. ¶범죄 사건에 ~.

말로(末路)[명] 1 삶의 끝 부분. ¶인생의 ~. 2 망하여 가는 마지막 길. ¶비극적인 독재자의 ~.

말리(Mali)[명][지] 서부 아프리카 내륙에 있는 공화국. 수도는 바마코.

말ː-리다¹[동](타) '말다'의 피동사. ¶종이가 돌돌 ~. 2 어떤 사물에 휩쓸리다. ¶밀수 사건에 **말려** 연행되다.

말리다²[동](타) (남이 하는 행동을) 하지 못하게 하다. ¶싸움을 ~ / 못 가게 ~.

말리다³[동](타) '마르다'의 사동사. ¶말린 생선 / 빨래를 ~.

말림[명] 1 산의 나무나 풀을 함부로 베지 못하게 하여 가꾸는 것. =금양(禁養). 2 '말림갓'의 준말. **말림-하다**[동](타)(여)

말림-갓[-깓][명] 나무나 풀을 함부로 베지 못하게 하여 가꾸는 땅이나 산. 나뭇갓과 풀갓이 있음. [준]갓·말림.

말ː-마디[명] 1 말의 토막. 2 =어절(語節).

말ː-막음[명] 1 자기에게 불리하거나 성가신 말이 남의 입에서 나오지 않도록 미리 막는 일. 2 서로 주고받던 이야기의 끝을 맺는 일. **말ː막음-하다**[동](자)(여)

말ː말끝[부] 이런 말 저런 말 하던 끝에. ¶~ 슬쩍 돈 얘기를 꺼내다.

말ː-맛[-맏][명] 말이 주는 느낌. [비]어감.

말-매미[명][동] 매미목 매밋과의 곤충. 몸길이 약 45mm로 우리나라 매미 중 가장 큼. 몸빛이 검고 날개는 투명함. =왕매미.

말ː-머리[명] 1 말의 첫머리. ¶맨 먼저 ~를 꺼낸 사람은 나였다. 2 말의 방향. ¶말문이 막히자 슬며시 ~를 돌리다.

말-먹이[명] 말을 먹이는 꼴이나 곡식. =마량(馬糧)·마식.

말ː명[명][민] 1 무당굿의 열두 거리 중 열한째

거리. 무당이 노란 몽두리를 입고 부채와 방울을 듦. 2 =만명(萬明).

말목(-木) 명 가늘게 다듬어 무슨 표가 되도록 박는 말뚝. =말장.

말-몰이 명 1 말을 몰고 다니는 일. 2 '말몰이꾼'의 준말. **말몰이-하다** 동(자여)

말몰이-꾼 명 짐 싣는 말을 부리는 것을 직업으로 하는 사람. ㈜말꾼·말몰이.

말:(-門) 명 1 말을 할 때 여는 입. ¶~을 떼다. 2 말을 꺼내는 실마리. ¶~이 트이다.
말문(을) 막다 구 말을 하지 못하게 하다.
말문(을) 열다 구 입을 열어 말을 시작하다.
말문이 막히다 구 하려고 하던 말이 나오지 않게 되다.

말미[1] 일에 매인 사람이 다른 일로 말미암아 얻는 겨를. ㈜수유(受由)·휴가. ¶~를 받다 / ~를 주다 / 열흘간의 ~를 얻다.

말미[2] (末尾) 명 어떤 것의 끝 부분. ¶계약서 ~에 단서를 적어 넣다.

말미암다[-따] 동(재) (주로, '로/으로' 다음에 '말미암아', '말미암은', '말미암지', '말미암으면' 등의 꼴로 쓰여) (어떤 일이나 현상이 다른 일이나 현상이나 대상으로) 인하여 일어나거나 비롯되는 상태가 되다. 앞에 서술한 체언이나 구가 원인이나 계기나 근거가 됨을 나타냄. ¶부주의로 **말미암아** 사고가 나다 / 민족 간의 갈등으로 **말미암은** 분쟁.

말미잘 명(동) 자포동물 산호류 해변말미잘목의 총칭. 몸은 원통 모양이며, 위쪽에 입이 열려 있고, 입 주위에 여러 개의 촉수가 있어 이것으로 먹이를 잡아먹음. 대부분이 다른 동물 또는 바위에 붙어삶.

말-밑[-믿] 명(언) =어원(語源).

말-밑천[-믿-] 명 1 말을 계속 이어 갈 수 있는 재료. 2 말하는 데 들인 노력. ¶~도 못 건지다.

말-바꿈-표(-標) 명 =줄표.

말-발[-빨] 명 말이 먹혀 들어가는 형세. ¶~이 세다 / ~이 약하다.
말발(이) 서다 구 말하는 대로 시행이 잘 되다.

말-발굽[-꿉] 명 말의 발굽.

말-방울 명 말의 목에 다는 방울.

말:-밭[-받] 명 윷놀이나 고누·장기 따위에서 말이 다니는 길.

말:-버르장머리[-빼-] 명 '말버릇'을 속되게 이르는 말.

말:-버릇[-뻐른] 명 말을 할 때 나타나는 버릇. =구습(口習)·언습(言習)·언투(言套). ¶~이 나쁘다[고약하다] / ~이 없다 / 어른한테 그 무슨 ~이냐? ▷입버릇.

말-벌 명(동) 벌목 말벌과의 곤충. 몸길이는 20~25mm. 몸빛은 흑갈색이고 몸에 긴 털이 나 있음. 해충을 잡아먹음. =대황봉·왕벌·호봉.

말:-벗[-뻗] 명 심심하거나 쓸쓸할 때 친구처럼 대화를 나눌 수 있는 상대. ㈜말동무. ¶~을 삼다 / 환자의 ~이 되어 주다.

말:-보[-뽀] 명 ('터지다'와 함께 쓰여) 평소에 말이 없던 사람의 입에서 막힘없이 터져 나오는 말. ¶한번 ~가 터지니 청산유수 더군.

말복(末伏) 명 삼복 가운데 마지막 복. 입추가 지난 뒤의 첫 경일(庚日)임.

말:-본 명(언) =문법(文法).

말:-본새[-뽄-] 명 말하는 태도나 모양새. ¶~가 고약하다.

말사(末寺)[-싸] 명(불) 본사(本寺)에 딸려 그 지배를 받는 절. ¶직지사에는 개운사·도리사 등 50여 개의 ~가 있다. ↔본사.

말-산(-malic酸) 명 사과·포도 등의 과일에 들어 있는 산. 무색의 결정으로 상쾌한 향기가 있음. 청량음료수의 신맛을 내는 데 쓰임. =능금산·사과산.

말살(抹殺·抹摋)[-쌀] 명 (어떤 현상이나 대상을) 전혀 세상에 남아 있지 않게 없애는 것. ¶문화 ~ 정책. **말살-하다** 동(타여) ¶일제는 35년 동안에 우리의 문화와 언어를 **말살하려고** 갖은 수를 다 썼다. **말살-되다** 동(자)

말-상(-相) 명 말처럼 길게 생긴 얼굴. 또는, 그런 얼굴을 가진 사람.

말석(末席)[-썩] 명 1 좌석의 차례에서, 맨 끝 자리. =말좌(末座). ¶~에 앉다. 2 등급이나 지위 등의 맨 끝. =석말(席末). ¶~을 차지하다. ↔상석(上席)·수석(首席).

말세(末世)[-쎄] 명 정치·도덕·풍속 등이 매우 쇠퇴하여 끝판에 이른 세상. =계세·말류·말조.

말소(抹消)[-쏘] 명 기록되어 있는 사실을 지워 없애는 것. ¶등기의 ~. **말소-하다** 동(타여) ¶증빙 서류를 ~. **말소-되다** 동(자)

말:-소리[-쏘-] 명 1 말하는 소리. =어성(語聲). ㈜언성. ¶부드러운 ~ / ~가 들리다. 2 (언) =음성(音聲)[2].

말:-속[-쏙] 명 말의 깊은 속뜻. ¶남의 ~을 잘 알아듣다.

말:-솜씨[-쏨-] 명 말로 남을 설득하고 이해시키는 솜씨. =구담(口談). ㈜구변·언변. ¶~가 있다 / ~가 좋다 / 능란한 ~.

말:-수(-數)[-쑤] 명 사람이 남 앞에서 자발적으로 말을 하는 빈도나 횟수. ¶입이 무거워 ~가 적다.

말:-수작(-酬酌) 명 말을 서로 주고받는 짓이나 행동. **말:수작-하다** 동(자여)

말-술(-) 명 1 한 말 정도의 술. 2 많이 마시는 술. =두주(斗酒). ¶그는 마셨다 하면 ~이다.

말:-시비(-是非) 명 말로 하는 시비. ㈜말다툼. ¶~ 끝에 격투가 벌어졌다. **말:시비-하다** 동(자여)

말:-실수(-失手)[-쑤] 명 말하는 중에 잘못된 말을 하는 것. 또는, 그 말. ㈜실언(失言). **말:실수-하다** 동(자여)

말:-싸움 명 옳으니 그르니 하며 말로 싸우는 일. ㈜논쟁·설전. ¶두 사람은 회사의 진로 문제를 놓고 ~을 벌였다. ▶말다툼. **말:싸움-하다** 동(자여)

말쌀-스럽다[-따] 형(비) <~스러우니, ~스러워> 인정이 없이 모질고 쌀쌀하다. ¶"망한 놈의 씨알머리 남겨 둘 것 무어 있나." "너무 **말쌀스러운** 짓 할 것 없어."《홍명희: 임꺽정》 **말쌀스레** 부

말:-씨 명 1 남을 괴롭히거나 남과 싸움질을 하거나 그 밖의 짓을 하거나 하여 비난거리가 되는 상태. ¶~을 피우다 / ~ 많은 아이 / 공연히 ~ 부리지 말고 공부 열심히 해라. 2 어떤 일이 잘못되어 분쟁이나 시빗거리가 되는 상태. ¶세금 문제가 ~을 빚다. 3 기계 따위가 고장을 일으키거나 제대로 작동되지 않아 불편이나 짜증을 주는 것이 되는 것. ¶툭하면 ~을 부리는 고물 자동차.

말ː썽-거리[-꺼-] [명] 말썽이 될 만한 것. ¶~가 생기다. [준]말거리.
말ː썽-꾸러기 [명] 말썽이 아주 심한 사람.
말ː썽-꾼 [명] 말썽을 잘 부리는 사람. =말꾸러기.
말ː썽-쟁이 [명] 말썽을 잘 부리는 사람을 얕잡아 이르는 말.
말ː썽-질 [명] 자주 말썽을 일으키는 짓.
말쑥-하다[-쑤카-] [형][여] **1** 말끔하고 깨끗하다. ¶**말쑥하게** 단장된 거리. [큰]멀쑥하다. **2** 세련되고 아담하다. ¶**말쑥한** 신사. **말쑥-이** [부]
말ː씀 [명] [1][자립] **1** 어떤 사람을 높여, 그 사람의 말을 이르는 말. ¶선생님의 ~을 깊이 새겨듣다. **2** 상대방을 높여, 자기가 하는 말을 낮추어 이르는 말. ¶~을 드리다〔올리다〕/ 제 ~을 들어 보십시오. [2][의존] '말[2]1'을 높여 이르는 말. ¶그러면 도대체 나더러 어쩌란 ~입니까? **말ː씀-하다** [동][자][타][여] ¶무어라고 **말씀하셨습니까**?
말ː씀-드리다 [동][자][타] '말하다'의 객체 높임말. ¶선생님께 저의 사정을 **말씀드리고** 싶습니다.
말ː-씨 [명] **1** 말하는 태도나 버릇. ¶상냥한 ~. **2** 말의 억양이나 발음상의 특성. 특히, 방언적 특성. ¶경상도 ~.
말ː-씨름 [명] (두 사람이, 또는 사람과〔이〕 사람이〔과〕) 말로 서로를 누르거나 이기려고 어떤 주장이나 의견을 내세우는 것. [비]입씨름. ¶두 사람이 사교육 문제를 놓고 ~을 벌이다. **말ː씨름-하다** [동][자][여]
말씬-거리다/-대다 [동][자] 연하고 말랑말랑하다. [큰]물씬거리다.
말씬-말씬 [부] 말씬거리는 모양. [큰]물씬물씬. **말씬말씬-하다** [형][여]
말씬-하다 [형][여] 찌거나 삶아 익은 것이 말랑말랑하게 무르다. [큰]물씬하다. **말씬-히** [부]
말아-먹다[-따] [동][타] (재물 따위를) 송두리째 날리다. ¶재산을 ~.
말-아웃[-옫] [명] =말가웃.
말-안장(-鞍裝) [명] 말을 탄 사람이 편안하게 앉아 말을 다룰 수 있도록 말 등에 얹는, 가죽이나 천으로 만든 물건.
말약(末藥) [명] '가루약'의 잘못.
말ː없음-표(-標)[-업씀-] [명] =줄임표1.
말ː-없이[-업씨] [부] **1** 아무 말도 하지 않고. ¶~ 사라지다 / 묻는 말에 ~ 앉아 있다. **2** 아무 사고나 말썽 없이.
말엽(末葉) [명] 한 시대나 세기(世紀) 등을 세 시기로 구분할 때, 그 끝 무렵. ¶조선 ~/ 18세기 ~. ▷초엽·중엽.
말운(末運) [명] **1** 기울어진 운수. **2** 말년의 운수. 또는, 말세의 시운(時運).
말음(末音) [명][언] =끝소리2. ↔두음(頭音).
말음^법칙(末音法則) [명][언] 국어에서 한 음절의 끝소리가 제 음가(音價)를 내지 않고 특수한 음가를 가지게 되는 현상에 관한 법칙. '부엌'이 '부억'으로, '꽃 아래'가 '꼳 아래'로 소리 나는 따위. =받침 규칙.
말일(末日) [명] 그달의 마지막 날. ¶그 회사 지난 ~ 자로 그만두었네. ▷그믐.
말-장(-杖)[-짱] [명] =말목. ¶~을 박다.
말ː-장구 [명] 남이 하는 말에 대하여 동조하거나 부추기는 말을 해 주는 일.
말ː-장난 [명] **1** 농담하듯이 말을 가지고 실없이 장난하는 것. **2** 말을 실질적인 내용이 없이 수식적·가식적으로 사용하는 일. ¶삶의 치열성이 없는 시(詩)는 ~에서 벗어나기 어렵다.
말ː-장단 [명] 말로써 상대편의 비위를 맞추거나 아첨하는 일.
말ː-재간(-才幹)[-째-] [명] =말재주. ¶~이 없는 사람 / ~을 부리다 / ~이 좋다.
말ː-재주[-째-] [명] 말을 매끄럽게 잘하거나 기교 있게 하는 재주. =구재(口才)·말재간·언재(言才). [비]변재(辯才)·화술(話術).
말ː-전주 [명] 이 사람 저 사람의 말을 좋지 않게 전하여 이간질하는 짓. **말ː전주-하다** [동][자][여] ¶공연히 **말전주하지** 말게.
말ː-조심(-操心) [명] 말이 잘못되지 않게 하는 조심. ¶어른 앞에서 ~을 해야지. **말ː조심-하다** [동][자][여]
말ː-주변[-쭈-] [명] 말을 그때그때의 상황에 맞게 잘 둘러대는 재주. ¶~이 없다 / ~이 좋다.
말-죽(-粥) [명] 말에게 묽게 쑤어 먹이는 먹이. 콩·겨·여물 따위를 섞어 쑮. =마죽(馬粥). ¶~을 쑤다.
말ː-줄임표(-標) [명][언] =줄임표1.
말ː-질[1] [명] 쓸데없이 이러니저러니 하고 말을 옮기는 짓. ¶온 동네를 돌아다니며 ~을 일삼다. **말ː질-하다** [동][자][여]
말-질[2] [명] '마질'의 잘못.
말짜(末-) [명] 가장 나쁜 물건이나 버릇없이 구는 사람을 일컫는 말. ¶인간~ 같으니라고.
말짱 [부] 《부정적인 서술어와 함께 쓰여》 모두 철저히. ¶그의 말은 ~ 거짓말이다.
말짱 도루묵 [구] <속> 아무 소득 없는 헛일이나 헛수고.
말짱-하다[1] [형][여] **1** (사물이) 흠이 없고 온전하다. ¶**말짱한** 구두를 버리다니. **2** (정신이) 흐리지 않고 또렷하다. ¶**말짱한** 정신으로 말하는 거니? **3** (어떤 곳이) 구질구질하지 않고 깨끗하다. ¶**말짱하게** 치워진 골목 안. **4** (주로, 아이가) 겉보기와는 달리 제법 속 생각을 가진 상태에 있다. ¶어린놈이 속은 아주 **말짱하다니까**! **5** (말이) 얼른 듣기에만 그럴듯하다. 반어적인 표현임. ¶**말짱한** 거짓말을 늘어놓다. [큰]멀쩡하다. **말짱-히** [부]
말짱-하다[2] [형][여] 사람의 성질이 부드럽고 만만하다. [큰]물쩡하다.
말차(抹茶) [명] 차나무의 애순을 가루로 만든 차. 더운물에 타서 마심. =가루차. ▷엽차(葉茶).
말ː-참견(-參見) [명] 남의 말에 끼어드는 일. =말참례. ¶남의 일에 웬 ~이냐? **말ː참견-하다** [동][자][여] ¶어른들이 말씀하시는데 **말참견해서**는 안 돼.
말ː-참례(-參禮)[-네] [명] =말참견. **말ː참례-하다** [동][자][여]
말-채찍 [명] 말을 모는 채찍. =마편(馬鞭)·편책(鞭策). [준]말채.
말ː-체(-體) [명][언] =구어체(口語體).
말초(末梢) [명] **1** 나뭇가지의 끝으로 갈려 나간, 가는 가지. [비]우듬지. **2** 끝 부분.
말초^신경(末梢神經) [명][생] 중추 신경계와 피부·근육·감각 기관 등을 연락하는 신경의 총칭. =끝신경. ¶~을 자극하다.
말초-적(末梢的) [관][명] **1** 중심에서 벗어난 사소한 (것). [비]지엽적. ¶~인 문제. **2** 정신이나 영혼에 영향을 주지 못하고 말초 신경만을 자극하는 (것). [비]관능적. ¶~인 자극에 급급한 통속 소설.

말-총 圀 말의 갈기나 꼬리의 털.
말총-머리 圀 조금 긴 머리를 말꼬리처럼 하나로 묶은 머리 모양.
말¹-치레 圀 실속 없이 말로만 꾸미는 일. **말¹치레-하다** 통⒂
말캉-거리다/-대다 통(자) 자꾸 말캉한 느낌이 있다. ⓑ물컹거리다.
말캉-말캉 튀 말캉거리는 모양. ⓑ물컹물컹. **말캉말캉-하다** 톙여
말캉-하다 혱여 너무 익거나 곯아서 좀 무르다. ¶감이 익어서 ~. ⓑ물컹하다.
말-코 圀 말의 코처럼 콧구멍이 크고 벌름벌름하는 사람의 코. 또는, 그러한 사람을 놀리는 말.
말코지 圀 물건을 걸어 두는 나무 갈고리.
말타아제(⑤Maltase) 圀 소장의 점막으로부터 분비되는 소화 효소. 맥아당 등의 탄수화물을 포도당으로 분해함.
말토오스(maltose) 圀(화) =엿당.
말¹-(-套) 圀 말하는 투. =어투(語套). ¶~가 거칠다.
말-판 圀 윷·고누·쌍륙 등의 말이 가는 길을 그린 판.
말-편자 圀 말굽에 대갈을 박아 붙인 쇠.
말피기-관(Malpighi管) 圀(생) 절지동물 중 순각류·배각류·거미류·곤충류의 배설 기관.
말피기^소^체(Malpighi小體) 圀(생) =신소체(腎小體).
말-하기 圀(교) 언어 학습에서, 자기 자신의 의사(意思)를 상대방이 알아들을 수 있도록 말로 표현하는 일. ▷듣기.
말¹-하다 통(자)(타) 1 생각이나 느낌을 말로 나타내다. ¶의견을 ~. 2 (어떠한 사실을 누구에게) 말로 알리다. ¶시골에 계신 어머니가 오신다고 영자에게 **말해** 줘. 3 말리거나 부탁하다. ¶취직 자리 하나 **말해** 주시오. 4 평하거나 논하다. ¶네가 잘했다고 **말할** 사람은 없다. 5 지적하거나 뜻하다. ¶네가 **말한** 그대로다. 6 (어떠한 사실이 어떠한 현상을) 나타내 보이다. ¶폐허의 현장은 전쟁의 참상을 **말해** 주고 있다.
말하자면 囝 알기 쉽게 다른 말로 바꾼다면. ¶소문이란, ~ 구르는 눈 덩어리 같은 것이다.
말할 수 없이 囝 말로 표현할 수 없을 정도로. ¶지금 재벌의 총수가 된 그는, 젊었을 때 이루 ~ 같은 고생을 다 겪었다고 한다.
말항(末項) 圀 1 맨 끝의 조항이나 항목. 2 (수) '끝항'의 구용어.
말-해(-亥) 圀(민) =오년(午年).
말¹-허리 圀 하고 있는 말의 중간. ¶~를 자르다 / ~를 끊다 / ~를 꺾다.

맑다[막따] 혱 1 (물이) 더러운 것이 섞이지 않아 속이 환히 들여다보이는 상태에 있다. ¶**맑은** 샘물. 2 (공기가) 더러운 먼지나 불순한 기체가 섞이지 않아 숨 쉬기에 상쾌한 상태에 있다. ⓑ신선(新鮮)하다. ¶**맑은** 공기. 3 (날씨나 하늘이) 구름이 전혀 또는 별로 없는 상태에 있다. 또는, 그 때문에 햇빛이 환히 비치는 상태에 있다. ¶구름 한 점 없이 **맑은** 가을 하늘. ↔흐리다. 4 (소리가) 가볍고 비교적 높게 또랑또랑하게 울려 들리기에 상쾌한 상태에 있다. ¶**맑고** 고운 음성 / **맑은** 음색을 가진 악기. 5 (사람의 마음이) 깨끗하고 순수하다. ¶어린이는 **맑고** 티 없이 자라야 한다. 6 (사람의 정신이) 흐리멍덩하거나 취해 있지 않고 또렷한 의식을 가진 상태에 있다. ¶**맑은** 정신으로 공부하다. 7 (사람의 눈이) 깨끗하고 초롱초롱하다. ¶**맑은** 눈. 8 (생활이나 경제적 상태가) 빠듯하고 궁하다. ¶**맑은** 살림. (참고) '맑-'은 다음에 오는 어미의 첫소리가 그 이외의 자음일 경우에는 [막]으로 소리 남. 곧, '맑고'는 [막꼬], '맑지'는 [막찌]로 소리 남.

|어법| 날씨가 맑고 있다:맑고 있다(×)→맑다(○), 맑아지고 있다(○). ▶ '-고 있다'와 같은 진행형은 동사의 시제 형태로서, 형용사에서는 불가능한 형태임.

맑디-맑다[막띠막따] 혱 썩 맑다. ¶**맑디맑은** 호수에 떠 있는 배.
맑스그레-하다[막쓰-] 톙여 조금 맑은 듯하다. ⓑ말그스름하다. ¶국물이 ~. ⓑ묽스그레하다.
맑은-소리 圀(언) =안울림소리. ↔흐린소리.
맑은-술 圀 술밑을 여과하기 위해 막 거르지 않고 술독에 용수를 박고 떠낸 말간 술. =약주·청주. ↔막걸리.
맑은-장국(-醬) [-꾹] 圀 간장이나 소금으로 간을 하여 국물을 맑갛게 끓인 국. 주로 쇠고기를 넣고 끓인 것을 가리킴. ⓑ장국.
맑-히다[말키-] 통(타) 1 '맑다'의 사동사. 2 (벌여 놓은 일이나 셈을) 마무리하여 깨끗하게 처리하다.
맘 '마음'의 준말. 구어체의 말임. ¶~ 푹 놓으세요.
맘-가짐 '마음가짐'의 준말.
맘¹-결[-껼] '마음결'의 준말. ¶~이 곱다.
맘-고생(-苦生) [-꼬-] 圀 '마음고생'의 준말.
맘¹-껏[-껃] 튀 '마음껏'의 준말. ¶~ 먹다.
맘¹-대로 튀 '마음대로'의 준말. ¶네 ~ 해.
맘:대로-근(-筋) 圀(생) =수의근(隨意筋). ↔제대로근.
맘마 圀 〈유아〉 '밥'. ¶아가야, ~ 먹자.
맘-먹다[-따] 통(자)(타) '마음먹다'의 준말. ¶네가 **맘먹은** 대로 하여라.
맘모스 圀(동) '매머드(mammoth)'의 잘못.
맘-보¹[-뽀] 圀 '마음보'의 준말.
맘보²(ⓔmambo) 圀(음) 라틴 아메리카의 댄스 음악의 하나. 룸바에 재즈 요소를 가미하였음. 또는, 거기에 맞춰 추는 춤.
맘보-바지(ⓔmambo-) 圀 통을 좁게 하여 다리에 꼭 끼게 만든 바지.
맘¹-성(-性) [-썽] 圀 '마음성'의 준말.
맘¹-속[-쏙] 圀 '마음속'의 준말. ¶남의 ~을 알 수 있어야지.
맘¹-씨 圀 '마음씨'의 준말. ¶~ 고운 여자 / ~가 비단결 같다.
맘¹-자리 [-짜-] 圀 '마음자리'의 준말.
맘¹-소사(-쏘-) 갑 어처구니없거나 기막힌 일을 당했을 때 내는 소리. ¶하느님 ~ / ~, 이 무슨 날벼락이람!

맛¹[맏] 圀 1 음식 따위를 혀에 댈 때에 느끼는 달거나 쓰거나 시거나 짜거나 맵거나 한 감각. ¶단[짠] ~ / 고기 ~ / ~이 없다 / ~을 내다 / 김치가 **맛있게** ~을 보다. 2 어떠한 사물이나 현상에서 느껴지는 느낌이나 기분. ¶추석 ~이 난다. 3 제격으로 느껴지는 만족스러운 느낌. ¶꼭 일류 대학을 가야 ~인가?

맛(이) 들다 쿠 좋아지거나 즐거워지다.
맛(을) 들이다 쿠 좋아하거나 즐기다. ¶노름에 ~.
맛(을) 붙이다 쿠 재미를 붙이다. ¶살림살이에 ~.
맛²[맏] 명동 1 가리맛과 긴맛과의 조개의 총칭. 2 =가리맛조개.
맛-국물[맏꿍-] 명 멸치·다시마·조개 따위를 우려내어 맛을 낸 국물.
맛-김[맏낌] 명 소금과 기름 등을 발라 구운 김. 특히, 대량 생산된 것을 이르킴.
맛-깔[맏-] 명 음식 맛의 성질.
맛깔-스럽다[맏-따] 형ㅂ ‹~스러우니, ~스러워› 1 맛이 입에 당길 만큼 먹음직스럽다. 2 (대상이) 끌릴 만한 구미와 운치가 있어 끌리는 데가 있다. ¶단아하고 **맛깔스러운** 문장. **맛깔스레** 부
맛-나다[맏-] 형 맛이 좋다. 비맛있다. ¶나물 무침이 ~.
맛난-이[맏-] 명 1 장국의 맛을 돋우기 위하여 치는 장물. ¶~를 치다. 2 화학조미료를 달리 이르는 말.
맛-대가리[맏때-] 명 '맛'을 속되게 이르는 말. ¶무슨 사과가 이렇게 ~가 없냐?
맛-대강이 명 '맛'의 잘못.
맛맛-으로[만-] 부 1 이것저것 색다른 맛으로. ¶~ 차린 별미.
맛문-하다[만-] 형여 몹시 지친 상태에 있다.
맛-보기[맏뽀-] 명 맛만 보기 위해 조금 먹어 보는 음식. ¶엿장수는 아이들에게 ~로 엿을 조금씩 떼어 주었다. ×맛빼기.
맛-보다[맏-] 타 ①타 1 (음식의 맛을 알기 위하여) 먼저 조금 먹어 보다. ¶찌개를 ~. 2 (어떤 느낌을) 몸소 겪다. ¶인생의 쓰라림을 ~. ②타 혼나다. ¶너, 나한테 한번 뜨겁게 **맛봐야** 정신 차릴래?
맛-부리다[맏뿌-] 자 맛없이 싱겁게 굴다.
맛-빼기[맏-] 명 1 양을 좀 줄이는 대신 특별히 맛을 낸 음식. ¶기름기를 뺀 ~ 곰탕 / 설렁탕을 ~로 주문하다. 2 '맛보기'의 잘못.
맛-살¹[맏쌀] 명 맛의 껍데기 속에 든 살.
맛-살²[맏쌀] 명 =게맛살.
맛-소금[맏쏘-] 명 화학조미료를 첨가한 조리용 소금. ¶~을 치다.
맛-없다[마덥따/마섭따] 형 1 음식의 맛이 없다. ¶**맛없는** 찌개. 2 재미나 흥미가 없다. 3 하는 짓이 싱겁다. **맛없-이** 부
맛-있다[마딛따/마싣따] 형 음식의 맛이 좋다. 비맛나다. ¶**맛있는** 음식 / 밥을 **맛있게** 먹다.
[맛있는 음식도 늘 먹으면 싫다] 아무리 좋은 일이라도 자주 되풀이하면 싫증이 난다.
맛-적다[맏쩍따] 형 재미나 흥미가 적어 싱겁다.
맛-조개[맏쪼-] 명동 연체동물 백합목 죽합과의 한 종. 껍데기는 얇고 길이 12cm 정도임. 좌우의 껍데기는 앞뒤의 양 끝에서 열려 앞쪽에는 큰 발, 뒤쪽에는 짧은 수관(水管)을 냄. =긴맛.
망¹(望) 명 상대편의 동태를 미리 알기 위하여 동정을 살피는 일. ¶~을 보다.
망².(望·朢) 명천 1 지구를 중심으로 해와 달의 위치가 일직선이 되는 때. 또는, 그때의 달. 2 음력 보름.
망³(網) 명 1 그물처럼 만들어 가려 두거나 치거나 하는 물건. ¶방충~ / 창문에 ~을 치다. 2 (어떤 명사 아래에 붙어) 그물처럼 얽혀 있는 조직이나 짜임새의 뜻을 나타내는 말. ¶연락~ / 통신~ / 수사~. 3 [컴] 컴퓨터 단말기를 접속하기 위해 사용되는 기기 및 선로 등으로 구성되는 전송 매체들의 연결망. 回네트워크.
망가-뜨리다/-트리다 동타 망가지게 하다. ×망그뜨리다.
망가-지다 동자 쓰지 못하게 부서지거나 찌그러지다. =망그러지다. ¶기계가 ~.
망:각¹(妄覺) 명심 외계의 자극을 잘못 지각하거나, 없는 자극을 있는 것처럼 생각하는 지각의 병적 현상. 착각과 환각으로 나뉨. **망:각-하다** 타
망:각²(忘却) 명 (어떤 사실을) 잊어버리는 것. =망실(忘失). ¶~의 세월. **망각-하다²** 동타여 ¶자기 본분을 ~.
망간(⑤Mangan) 명화 은백색의 금속 원소. 원소 기호 Mn, 원자 번호 25, 원자량 54.938. 철 다음으로 널리 분포하며, 합금의 재료, 건전지·화학 약품 등에 쓰임.
망건(網巾) 명 상투를 틀 때 머리카락이 흘러내리지 않도록 머리에 두르는, 그물 모양의 물건.
[망건 쓰자 파장된다] 준비하다가 그만 때를 놓쳐 소기의 목적을 이루지 못하게 되다.
망고(mango) 명 1 [식] 옻나뭇과의 상록 교목. 1~4월에 붉은빛이 도는 흰 꽃이 피며, 5~10월에 길둥근 열매가 불그스레하게 익음. 열대 지방에서 과수(果樹)로 많이 심음. 2 1의 열매. 즙액이 많으며, 익은 것은 날로 먹음.
망:곡(望哭) 명 1 임금이나 어버이의 상을 당하였을 때, 그쪽을 바라보고 슬피 우는 일. 2 국상(國喪)을 당하여 대궐 문 앞에서 백성들이 모여서 곡하는 일. **망:곡-하다** 동자여
망골(亡骨) 명 몹시 주책없는 사람을 욕으로 이르는 말.
망:구(望九) 명 [아흔을 바라본다는 뜻] '여든한 살'을 이르는 말. =망구순.
망구다 동타 1 망하게 하다. ¶나라를 ~ / 신세를 ~. 2 부서뜨려 못 쓰게 만들다.
망국(亡國) 명 1 망하여 없어진 나라. 또는, 나라가 망하는 것. ¶~의 설움. 2 나라를 망치는 것. ¶~ 죄인. **망국-하다** 동자여
망국-민(亡國民)[-궁-] 명 망하여 없어진 나라의 민족.
망국-적(亡國的)[-쩍] 관명 나라를 망하게 살피는 군사. =요망군(瞭望軍).
망국지탄(亡國之歎)[-찌-] 명 나라가 망한 데 대한 한탄.
망:군(望軍) 명역 높은 곳에서 적의 형세를 살피는 군사. =요망군(瞭望軍).
망그-뜨리다 동타 '망가뜨리다'의 잘못.
망그러-지다 동자 =망가지다.
망극(罔極) → **망극-하다**[-그카-] 형여 (임금이나 어버이의 은혜나, 어버이나 임금에 관련된 슬픔의 정도가) 그지없다. ¶성은이 **망극하오이다**.
망극지은(罔極之恩)[-찌-] 명 한없는 은혜.
망극지통(罔極之痛)[-찌-] 명 한이 없는 슬픔. 어버이나 임금의 상사(喪事)에 쓰는 말임.
망:-꾼(望-) 명 망을 보는 사람.
망나니 명 1 [역] 죄인의 목을 베는 사람. 2 언

동이 몹시 막된 사람. ¶개~.
망년-회(忘年會)[-회/-훼] 명 한 해의 모든 괴로움을 잊자는 뜻으로 연말에 베푸는 모임. 순화어는 '송년회'.
망:념(妄念) 명 =망상(妄想)¹.
망:단(望斷) 명 바라던 일이 실패하는 것. **망:단-하다** 동(자)여
망:대(望臺) 명 망을 보는 높은 대. =관각(觀閣). 비망루.
망:동(妄動) 명 분별없이 망령되게 행동하는 것. ¶경거~. **망:동-하다** 동(자)여
망:둑어 명[동] 망둑엇과에 속하는 바닷물고기의 총칭. 바닷가의 모래땅에 살며, 배지느러미가 빨판처럼 되어 있음. =망둥이.
망:둥이 명[동] =망둑어.
[**망둥이가 뛰니까 전라도 빗자루도 뛴다**] 남이 뛰면 좋아하니 공연히 덩달아 날뜀.
망라(網羅)[-나] 명 ['물고기 잡는 그물[網]과 새를 잡는 그물[羅]'이라는 뜻] (어떤 대상을) 넓은 범위에 걸쳐 포함하는 것. ¶총~. **망라-하다** 동(타)여 ¶이 사전에서 각 분야의 전문어를 **망라하였다**. **망라-되다** 동(자) ¶최고의 스타들이 **망라된** 대하드라마.
망령¹(亡靈)[-녕] 명 1 죽은 사람의 영혼. ¶그곳에서는 밤마다 억울한 죽음을 당한 사람의 ~이 출몰한다고 한다. 2 혐오스러운 과거의 잔재를 이르는 말. ¶그 사람의 고압적이고 관료적인 행동을 보노라면 마치 일제 관헌의 ~을 보는 듯하다.
망:령²(妄靈)[-녕] 명 사람이 늙어서 정신이 흐려져 엉뚱하고 비정상적인 행동을 하게 된 상태. ¶~이 들다 / ~을 부리다 / 저 노인데 ~이 났군. ▷노망·치매.
망:령-되다(妄靈-)[-녕되/-녕뙈-] 형 늙거나 정신이 흐려 말과 행동이 주책없다. ¶망령된 행동. **망:령되-이** 부
망:령-스럽다(妄靈-)[-녕-따] 형[ㅂ]<-스러우니 -스러워> 망령된 데가 있다. =괘꽝스럽다. **망:령스레** 부
망:루(望樓)[-누] 명 망을 보기 위해 높이 지은 누각. 비망대.
망:륙(望六)[-뉵] 명 [예순을 바라본다는 뜻] '쉰한 살'을 일컫는 말.
망막¹(網膜) 명[생] 안구(眼球)의 가장 안쪽에 있는 얇은 막. 이곳에 맺힌 물체의 상(像)을 시신경을 통해 대뇌로 보내는 구실을 함. =그물막.
망막²(茫漠) →**망막-하다**[-마카-] 형여 1 넓고 멀다. ¶**망막한** 평원. 2 뚜렷한 구별이 없다.
망망(茫茫) →**망망-하다** 형여 넓고 멀어 아득하다. ¶**망망한** 바다. **망망-히** 부
망망-대해(茫茫大海) 명 넓고 큰 바다. ¶~에 떠 있는 일엽편주.
망명(亡命) 명 어떤 사람이 정치적 탄압을 피하기 위해 자기 나라를 벗어나 다른 나라로 가는 일. ¶정치적 ~ / ~ 길에 오르다. **망명-하다** 동(자)여 ¶서재필은 갑신정변이 실패로 돌아가자 곧 미국으로 **망명하였다**.
망명-가(亡命家) 명 망명한 사람. =망명자.
망명-객(亡命客) 명 망명한 정객(政客). =망명.
망명-도생(亡命圖生) 명 망명하여 삶을 꾀함. **망명도생-하다** 동(자)여
망명-도주(亡命逃走) 명 죽을죄를 지은 사람이 몸을 숨겨 멀리 도망함. **망명도주-하다**

동(자)여
망명-자(亡命者) 명 =망명가.
망명-정부(亡命政府) 명 전쟁이나 혁명으로 인해 국외로 망명한 정부 수뇌가 망명한 곳에서 세운, 다른 나라로부터 그 정통성을 인정받은 정부.
망:모(亡母) 명 죽은 어머니. =선자(先慈). ↔망부(亡父).
망:문-과부(望門寡婦) 명 정혼(定婚)한 남자가 죽어서, 시집도 못 가고 숫처녀인 채로 있는 여자. =까막과부.
망:발(妄發) 명 1 망령이나 실수로 그릇된 말이나 행동을 하는 것. 또는, 그 말이나 행동. 비망언(妄言). 2 망령이나 실수로 잘못하여 자기 또는 조상에게 욕이 되게 하는 말이나 행동. 또는, 그런 말이나 행동을 하는 것. ¶그런 추잡한 말을 입에 담다니 그 무슨 ~이냐. **망:발-하다** 동(자)여 **망:발-되다** 동(자)여
망:백(望百) 명 [백을 바라본다는 뜻] '아흔한 살'을 일컫는 말. ▷백수(白壽).
망:-보다(望-) 동(자)여 다른 사람이 들키지 않고 일을 할 수 있도록 어떤 사람이 누가 오는지를 살피다.
망:부¹(亡父) 명 죽은 아버지. ↔망모(亡母).
망:부²(亡夫) 명 죽은 남편. =망처.
망:부-석(望夫石) 명 절개가 굳은 아내가 멀리 떠난 남편을 기다리다가 그대로 죽어서 화석이 되었다는 전설적인 돌.
망사(網紗) 명 그물같이 성기게 짠 깁.
망:상¹(妄想) 명 1 이치에 어긋나는 망령된 생각을 하는 것. 또는, 그 생각. =망념(妄念). ¶~에 빠지다. 2 [심] 병적으로 생긴 비합리적·주관적인 판단이나 확신. 피해망상·과대망상 따위. **망:상-하다** 동(타)여 이치에 어긋나는 망령된 생각을 하다.
망상²(網狀) 명 그물처럼 생긴 모양.
망:상-증(妄想症)[-쯩] 명[의] 망상을 가지는 증세. ¶과대~ / 피해~.
망:새(望-) 명[건] 1 전각(殿閣)·문루(門樓) 등 전통 건물의 용마루 양쪽 끝머리에 얹는 기와. 2 집의 합각머리나 너새 끝에 얹는, 용의 머리처럼 생긴 물건. =용두(龍頭).
망:석-중(望-) 명 1 나무로 만든 꼭두각시의 하나. 팔다리에 줄을 매어, 그 줄을 움직여 춤을 추게 함. 2 남이 부추기는 대로 따라서 행동하는 사람. =망석중이. 비꼭두각시.
망:석중-놀이(望-)[-쭝-] 명[민] 민속 인형극의 하나. 음력 사월 초파일의 연등제(燃燈祭)에서 주로 놀던 놀이로, 각본이 없이 여러 가지 인형을 음악에 맞추어 놀림. =망석중극·망석중이극.
망설-거리다/-대다 동(타) 자꾸 망설이다.
망설-망설 부 망설거리는 모양. **망설망설-하다** 동
망설-이다 동(타) (어떤 일을) 마음을 정하지 못하고 얼른 하지 못하는 상태가 되다. 비주저하다. ¶대답을 ~ / 갈까 말까 ~.
망설임 명 이리저리 생각만 하고 태도를 결정하지 못함. ¶아무 ~ 없이 결정하다.
망:신(亡身) 명 잘못하여 자기의 지위·명예·체면 따위를 깎는 일. ¶집안 ~ / 톡톡히 ~을 당하다. **망:신-하다** 동(자)여
[**망신하려면 아버지 이름자도 안 나온다**] 망신을 당하려면 아주 쉬운 일에도 실수한다는 말.
망:신-거리(亡身-)[-꺼-] 명 망신을 당할 만한 거리.

망신-살(亡身煞)[-쌀] 명 망신을 당할 운수. ¶~이 끼다.
　망신살(이) 뻗치다 판 큰 망신을 당하다. ¶처신을 그때위로 하니 **망신살**이 뻗칠 수 밖에.
망신-스럽다(亡身-)[-따] 형ㅂ <~스러우니, ~스러워> 망신을 당하는 느낌이 있다.
　망신스레 부
망실¹(亡失) 명 잃어버리는 것. **망실-하다** 동타여 **망실-되다** 동자
망실²(忘失) 명 =망각(忘却)¹. **망실-하다**² 동타여 **망실-되다**² 동자
망아(忘我) 명 무엇에 마음을 빼앗겨 자기를 잊어버리는 것. 또는, 그 상태. 비몰아(沒我). **망아-하다** 동자여
망아지 명 아직 다 자라지 않은 어린 말. ¶굴레 벗은 ~.
망양-보뢰(亡羊補牢)[-뢰/-뤠] 명 (양을 잃고 우리를 고친다는 뜻) 이미 실패한 뒤에 뉘우쳐도 소용없음을 이르는 말. '소 잃고 외양간 고친다'와 같은 말.
망양지탄¹(亡羊之歎·亡羊之嘆) 명 (갈림길이 많아서, 잃어버린 양(羊)을 찾을 길이 없음을 한탄한다는 뜻) 학문의 길이 여러 갈래여서 한 갈래의 진리도 얻기 어려움을 이르는 말. 비다기망양(多岐亡羊).
망¡양지탄²(望洋之歎·望洋之嘆) 명 어떤 일에 자신의 힘이 미치지 못함을 느껴서 하는 탄식.
망¡언(妄言) 명 이치에 맞지 않는 망령된 말. =망설. **망언-하다** 자여
망연(茫然) → **망연-하다** 형여 1 넓고 멀어서 아득하다. 2 아무 생각 없이 멍하다. **망연-히** 부 허공을 바라보며 ~ 서 있다.
망연-자실(茫然自失) 명 멍하니 정신을 잃음. **망연자실-하다** 자여 ¶그가 죽었다는 소식을 듣고 나는 한동안 **망연자실하였다**.
망¡오(望五) 명 (쉰을 바라본다는 뜻) '마흔 한 살'을 이르는 말.
망¡외(望外)[-외/-웨] 명 바라던 것 이상의 것.
망울 명 1 작고 동글게 뭉쳐 굳어진 덩이. 2 [의] =결절(結節)². 3 '꽃망울'의 준말. 4 '눈망울'의 준말.
망울-망울 부 1 망울이 잘고 동글동글하게 엉기어 뭉쳐진 모양. 2 망울마다 모두. 비 멍울멍울. **망울망울-하다** 형여
망울-지다 동자 망울이 생기다. ¶망울진 꽃봉오리.
망¡원-경(望遠鏡) 명 먼 곳의 물체를 크고 똑똑하게 볼 수 있도록 렌즈를 끼워 만든, 관(管) 모양의 긴 도구. =만리경(萬里鏡). ¶천체 ~.
망¡원^렌즈(望遠lens) 명 먼 거리의 물건을 촬영하기 위하여 초점 거리를 길게 만든 카메라 렌즈.
망¡월(望月) 명 =보름달.
망은(忘恩) 명 은혜를 잊는 것. **망은-하다** 동자여
망인(亡人) 명 죽은 사람. =망자(亡者).
망자¹(亡子) 명 죽은 자식.
망자²(亡者) 명 =망인(亡人). ¶~의 넋을 달래다 [위로하다].
망점(網點)[-점] 명[인] 스크린에 찍혀 있는 그물코 모양의 점. 이 점의 조밀함에 따라 사진 인쇄물의 농담(濃淡)이 달라짐.
망정 명 의존 ('-니', '-기'에 등의 뒤에 '망정이지'의 꼴로 쓰여) 다음에 오는 말을 이으면서 '…였으니 잘되었지'의 뜻을 나타내는 말. ¶얼른 피했기에 ~이지 돌에 맞을 뻔했다.
망제¹(亡-) 명[민] 무당이 '죽은 사람'을 가리켜 이르는 말.
망¡제²(望帝) 명 (중국 촉나라의 임금인 망제가 죽어서 두견이가 되었다는 전설에서) [동] '두견이'의 별칭.
망¡제-혼(望帝魂) 명 (중국 촉나라의 임금인 망제의 넋이라는 뜻) '두견이'의 별칭.
망조¹(亡兆)[-쪼] 명 망하거나 결딴날 징조.
망조²(罔措) 명 '망지소조'의 준말. **망조-하다** 동자여
망종¹(亡終) Ⅰ 명 1 사람이 죽는 때. 또는, 인생의 마지막. 2 일의 마지막.
Ⅱ 부 죽기 전에 마지막으로. ¶남경 선인들에게 인당수 제수로 내 몸을 팔아 오늘이 떠나는 날이오니 나를 ~ 보옵소서. <심청전>
망종²(亡種) 명 (몹쓸 종자라는 뜻) 행실이 아주 못된 사람을 얕잡아 이르는 말. ¶어쩌다가 저런 ~이 태어났을까?
망종³(芒種) 명 24절기의 하나. 6월 6일경으로, 소만(小滿)과 하지(夏至) 사이에 있음.
망¡주-석(望柱石) 명 무덤 앞에 세우는, 여덟 모로 깎은 한 쌍의 돌기둥. =망두석·화표주(華表柱).
망중¹(忙中) 명 바쁜 가운데. ¶~에 왕림해 주셔서 감사합니다.
망¡중²(望重) → **망¡중-하다** 형여 명망이 썩 높다.
망중-한(忙中閑) 명 바쁜 가운데 잠깐 얻어낸 한가함.
망지소조(罔知所措) 명 너무 당황하거나 급하여 어찌할 바를 모름. 준망조(罔措). **망지소조-하다** 동자여
망¡집(妄執) 명 1 [불] 망상을 버리지 못하고 집착하는 일. ¶~에 사로잡히다. 2 망령된 고집. **망집-하다** 동자여
망창(茫蒼) → **망창-하다** 형여 큰일이 닥쳤으나 아무 계획이 서지 않아 앞이 아득하다. **망창-히** 부
망처(亡妻) 명 죽은 아내. =망실(亡室). ↔망부(亡夫).
망초 명[식] 국화과의 두해살이풀. 몸 전체에 거친 털이 있고, 7~9월에 엷은 녹색의 꽃이 핌. 들이나 길가에 저절로 나며, 어린잎은 먹음.
망측(罔測) → **망측-하다**[-츠카-] 형여 이치에 맞지 않아 어이없거나 차마 보기가 어렵다. ¶아이고, 원 그 처녀가 어디서 옷을 훌렁훌렁 벗나! **망측-히** 부
망측-스럽다(罔測-)[-쓰-따] 형ㅂ <~스러우니, ~스러워> 망측한 데가 있다. **망측스레** 부
망치 명 단단한 물건이나 달군 쇠를 두드리는 데 쓰는 연장. 마치와 비슷하나, 훨씬 크고 자루가 길. ×마치.
망치다 동타 (집안·나라·단체 따위를) 망하게 하다. ¶나라를 **망친** 매국노. 2 그르치거나 상하게 하거나 못쓰게 하다. ¶계획을 ~ / 술로 몸을 ~.
망치-뼈 명[생] 중이(中耳) 속에 있는 청소골(聽小骨)의 하나. 고막의 진동을 내이(內耳)에 전달함. =추골(槌骨).
망치-질 명 망치로 두들기는 일. **망치질-하다**

망!칠(望七)囘 〔일흔을 바라본다는 뜻〕 '예순한 살'을 이르는 말.
망태(網-)囘 '망태기'의 준말.
망태기(網-)囘 물건을 담아 어깨에 메어 옮기는 데 쓰는, 가는 새끼나 노로 네모지게 엮어 메는 끈을 단 물건. 대개 그물처럼 구멍이 숭숭하게 짜는데, 흔히 꼴·감자·나물 따위를 담아서 나르는 데 씀. 오늘에는 자취를 감춰 가고 있음. ㈜망태. ×구럭.
망토(㊀manteau)囘 서양식 복장에서, 소매 없는 헐렁하고 긴 코트. 또는, 어깨에 걸쳐 목 앞쪽에서 여미되, 뒤쪽으로 하반신에 이를 만큼 길게 늘어뜨려 입는, 소매 없는 옷. ¶~를 두르다.
망토-개코원숭이(㊀manteau-)囘동 포유류 긴꼬리원숭잇과의 한 종. 대형의 원숭이로 수컷은 머리에서 등에 걸쳐 회색 털이 길게 늘어져 망토를 입은 것 같음. 아프리카·아라비아 등지의 암석이 많은 황야에서 집단생활을 함. =비비(狒狒).
망-통 囘 =통¹.
망판(網版)囘[인]=사진 동판.
망!팔(望八)囘 〔여든을 바라본다는 뜻〕 '일흔한 살'을 이르는 말.
망!패(妄悖)→망!패-하다 형여 망령되고 막되다.
망-하다(亡-)통재여 1 (개인·집안·단체 따위가) 제 구실을 하지 못하고 끝장이 나다. ¶나라가 ~ / 회사가 ~.흥하다. 2 ('망할'의 꼴로 쓰여) 못마땅한 사람이나 대상에 대하여 저주의 뜻으로 이르는 말. ¶망할 자식.
망!향(望鄕)囘 고향을 그리워하며 생각하는 것. 망!향-하다 통재여
망혼(亡魂)囘 죽은 사람의 넋. ¶~을 달래다
맞-[맏] 접두 1 '마주'의 뜻을 나타내는 말. ¶~대면 / ~흥정 / ~물다. 2 '서로 엇비슷함'을 나타내는 말. ¶~먹다 / ~바둑.
맞-각(-角)[막깍]囘[수]=대각(對角)³.
맞-갖다[맏깓따] 형 마음이나 입맛에 바로 맞아 좋다. ¶하는 짓이 맞갖지 않다.
맞-걸다[맏껄-]통타〈-거니, ~거오〉1 양쪽에 걸치게끔 마주 걸다. ¶빨랫줄을 맞걸어 매다. 2 노름판에서, 서로 판돈을 걸다.
맞-걸리다[맏껄-]통재 '맞걸다'의 피동사.
맞-겨루다[맏껴-]통타 서로 맞서서 겨루다.
맞-고소(-告訴)[맏꼬-]囘[법] 고소를 당한 사람이 고소한 사람을 상대로 하는 고소. 맞고소-하다 통재여 ¶고소인을 ~.
맞-고함(-高喊)[맏꼬-]囘 양편에서 서로 같이 치는 고함. 또는, 한쪽의 고함에 대해 맞받아치는 고함. ¶~을 치다.
맞-교대(-交代)[맏꼬-]囘 어떠한 일을 두 조로 나누어 할 때, 서로 교대하는 일. 맞교대-하다 통재여
맞-교환(-交換)[맏꼬-]囘 어떤 것을 서로 주고받거나 맞바꾸는 것. 맞교환-하다 통타여 ¶구단끼리 선수를 ~.
맞꼭지-각(-角)[맏-찌-]囘[수] 두 직선이 교차할 때, 서로 마주 대하고 있는 두 개의 각. 그 크기가 같음.
맞-놓다[만노타]통타 마주 놓다.
맞-다¹[맏따]통재 1 (어떤 물체가 씌우거나 입히거나 신기거나 넣거나 끼우거나 해야 할 물체에) 크거나 작지 않은 적당한 상태를 이루다. ¶발에 꼭 맞는 구두. 2 (어떤 대상이) 표준을 이루는 대상이나 사실의 내용에 어긋남이 없거나 틀림이 없는 상태를 이루다. ¶답이 ~. 3 (두 대상이, 또는 어떤 대상이 대응 관계가 있는 다른 대상에[과]) 어떤 상태가 서로 어울리거나 조화를 이루다. ¶양복에 잘 맞는 넥타이. 4 (대상이 주어진 상황이나 원칙 등에, 또는 쏘거나 던지거나 온당한 상태를 이루다. ¶분수에 맞는 생활. 5 (마음이나 입맛·취미 등에) 흐뭇한 만족을 주다. ¶마음에 맞는 친구. 6 (열이나 차례 등이) 똑바른 상태가 되다. ¶줄이 ~ / 순서가 ~.
맞-다²[맏따] 1 재 1 (쏘거나 던지거나 한 물체가 다른 물체나 몸에) 허공을 날아가 부딪다. ¶눈 뭉치가 날아와 얼굴에 ~. 2 (물체가 눈이나 비 등에) 닿아 젖거나 영향을 받는 상태가 되다. ¶책이 비에 맞아 못 쓰게 되었다. 2 타 1 (쏘거나 던지거나 한 물체나 물질을 몸에, 또는 쏘거나 던지거나 한 물체에 몸을) 다소 센 힘으로 닿게 되다. 또는, 그로 인해 부상을 입다. ¶어깨에 총알을 ~. 2 (사람이나 동물, 또는 물체가 비나 눈, 서리 등을) 가리키는 상태로 닿음을 받다. ¶눈을 맞으며 길을 걷다. 3 (사람이나 동물이 다른 사람한테 매나 채찍 등을) 때림을 당하다. 또는, (사람이 다른 사람에게 몸의 어느 부위를) 때림을 당하다. ¶매를 ~ / 어머니한테 종아리를 ~. 4 (사람이 다른 사람에게 꾸짖음이나 물리침 따위를) 받거나 당하여 겪다. ¶선생님한테 야단을 ~. 5 (주사나 침 등을 몸의 부위에) 놓음을 받다. ¶그는 엉덩이에 주사를 맞았다. 6 (어떤 수치나 수준의 점수를) 매김을 받다. ¶체력장에서 만점을 ~. 7 (어떤 해나 계절이나 명절이나 기념일, 또는 의미 있는 때를) 누려야 할 시간으로 가지거나 받아들이다. ¶새해를 ~. 8 (찾아온 사람을) 나아가 환영하는 뜻을 나타내어 대하다. ¶마을에 당도하자 촌로들이 나와 우리를 맞아 주었다. 9 (사람이 특별한 관계나 인연의 사람을) 처음으로 받아들이다. ¶그는 상처한 지 10년 만에 새 아내를 맞았다.
-맞다³[맏따] 접미 주로 사람의 심성이나 기질을 나타내는 일부 명사나 어근에 붙어, 그런 심성이나 기질이 있음을 나타내는, 형용사를 만드는 말. ¶능글~ / 청승~ / 방정~.
맞-닥뜨리다/-트리다[맏딱-]통재타 맞부딪칠 정도로 닥뜨리다. 비부딪치다. ¶길에서 빚쟁이와 ~ / 어려운 문제와 ~.
맞-담배[맏땀-]囘 서로 마주 보고 피우는 담배.
맞담배-질[맏땀-]囘 마주 대하여 담배를 피우는 짓. 맞담배질-하다 통재여
맞-당기다[맏땅-]통 1 재 양쪽으로 끌리다. 2 타 양쪽에서 마주 잡아당기다. ¶밧줄을 ~.
맞-닿다[맏따타]통재 마주 닿다. ¶바다와 하늘이 맞닿은 곳.
맞-대결(-對決)[맏때-]囘 (양편이) 서로 맞서서 대결하는 것. ¶숙명의 라이벌인 두 선수가 ~을 벌이다. 맞대결-하다 통재여
맞-대다[맏때-]통타 1 서로 마주 닿게 하다. ¶두 사람은 뺨을 맞대며 인사를 했다. 2 서로 매우 가깝게 위치하다. ¶그들은 이마를 맞대고 앉아 의논을 하였다.
맞-대들다[맏때-]통재〈~대드니, ~대드오〉맞서 대들다.

맞-대면(-對面)[맏때-] 명 (당사자들이) 서로 마주 보며 대하는 일. **맞대면-하다** 동(자)(여) ¶양가 부모가 ~.
맞-대응(-對應)[맏때-] 명 어떤 사람의 행동이나 태도에 대해 맞서서 대응하는 것. **맞대응-하다** 동(자)(여) ¶상대의 공박에 일절 **맞대응하지** 않다.
맞-대하다[-對-] 동(타)(여) 서로 마주 대하다. ¶책상을 사이에 두고 얼굴을 ~.
맞-돈[맏똔] 명 물건을 사고팔 때에 그 자리에서 당장으로 치르는 돈. =직전(直錢).
맞-두다[맏뚜-] 동(타) (바둑·장기 따위를) 대등한 자격과 조건으로 두다. ¶장기를 ~.
맞-들다[맏뜰-] 동(타) 〈~드니, ~드오〉 1 (두 사람이) 마주 들다. ¶책상을 ~. 2 힘을 합하다. ¶일을 **맞들어서** 하다.
맞-먹다[만-] 동(자) (수량·정도 따위가) 서로 비슷하다. ¶두 선수의 실력이 ~ / 올해 수확도 작년과 거의 **맞먹는다**.
맞모-금[만-] 명(수) =대각선(對角線).
맞-물다[만-] 동(타) 〈~무니, ~무오〉 1 (어떤 것을) 서로 마주 물다. ¶두 마리의 뱀이 꼬리를 ~. 2 (아랫니와 윗니, 톱니와 톱니 등을) 아귀가 딱 맞게 대다. ¶이를 **맞물고** 돌아가는 톱니바퀴.
맞물-리다[만-] 동(자) 1 '맞물다'의 피동사. ¶기어의 이가 서로 **맞물려** 돌아감으로써 동력을 전달하다. 2 (어떤 것이 다른 것과) 밀접한 관련을 가지다. ¶한반도 문제는 주변 강대국의 역학 관계와 깊이 **맞물려** 있다.
맞-바꾸다[맏빠-] 동(타) 값을 따지지 않고 물건과 물건을 서로 바꾸다. ¶나는 내 볼펜을 친구의 샤프와 **맞바꾸었다**.
맞-바둑[맏빠-] 명 실력이 비슷한 사람끼리 두는 바둑. =상선(相先)·호선(互先). ¶~을 두다. ↔접바둑.
맞-바라보다[맏빠-] 동(자)(타) 마주 바라보다.
맞-바람[맏빠-] 명 양편에서 마주 불어오는 바람. =맞은바람. ¶~을 쐬다.
맞-바로[맏빠-] 부 마주 정면으로. ¶~ 쳐다보다.
맞-받다[맏빧따] 동 [1](타) 1 (햇빛이나 바람 등을) 정면으로 받다. ¶배가 바람을 **맞받아** 항해 속도가 더디다. 2 (남의 말·노래·공격 등을) 바로 대하여 받아서 말하거나 노래하거나 공격하거나 하다. ¶노래를 **맞받아** 부르다. 3 (다른 물체를) 마주 들이받다. ¶중앙선을 넘어온 차를 ~. [2](자) (물체가 다른 물체와) 마주 들이받다. ¶버스와 트럭이 정면으로 **맞받았다**.
맞받아-치다[맏빠-] 동(타) 상대가 자기를 치자마자 바로 자기도 상대를 치다. 또는, (상대의 공격을) 받자마자 그에 대응하여 공격하다. ¶상대의 공격을 여유 있게 ~.
맞-받이[맏-] 명 맞은편에 마주 바라보이는 곳. ▷맞은바라기.
맞-배지기[맏빼-] 명(체) 씨름에서, 두 사람이 무릎을 상대방이 들었다가 놓으려는 순간에 자기도 같은 배지기 동작으로 앞으로 당겨 배 위로 들어 올려 오른쪽 옆으로 돌려 넘어뜨리는 기술.
맞배지붕[맏빼-] 명(건) 지붕의 완각이 잘린 듯이 'ㅅ(인)' 자 모양을 이룬 지붕. =박공지붕.
맞배-집[맏빼-] 명(건) 맞배지붕으로 된 집. =박공집·뱃집.
맞-버티다[맏뻐-] 동(자) 서로 마주 버티다.

맞-벌이[맏뻐-] 명 부부가 둘 다 직업을 가지고 돈을 버는 일. ¶~ 부부. ↔외벌이. **맞벌이-하다** 동(자)(여) ¶요즘 **맞벌이하는** 부부는 가사도 분담하고 있다.
맞-보기[맏뽀-] 명 도수가 없는 안경. =평경(平鏡). ▷돋보기.
맞-보다[맏뽀-] 동(타) 마주 보다.
맞-보증(-保證)[맏뽀-] 명 양편에서 서로 보증을 서는 일.
맞-부닥뜨리다/-트리다[맏뿌-] 동(자)(타) 서로 부딪칠 정도로 가까이 서다. ¶길에서 친구와 ~.
맞-부딪뜨리다/-트리다[맏뿌딛-] 동(타) 서로 힘있게 마주 닿게 하다.
맞-부딪치다[맏뿌딛-] 동(자)(타) 마주 부딪치다. ¶날이 너무 추워 이가 **맞부딪쳤다**.
맞-불[맏뿔] 명 불이 나고 있는 곳의 맞은편에서 마주 놓는 불. **맞불(을) 놓다** 관 상대의 공격에 대응하여 맞받아 공격하다. 비유적인 말임.
맞-불다[맏뿔-] 동(자) 〈~부니, ~부오〉 마주 불다.
맞-붙다[맏뿓따] 동(자) 마주 붙다. ¶맞붙어 싸우다.
맞-붙들다[맏뿓뜰-] 동(타) 〈~붙드니, ~붙드오〉 마주 붙들다.
맞붙-이다[맏뿓치-] 동(타) 1 '맞붙다'의 사동사. 2 두 사람을 서로 대면시키다.
맞붙-잡다[맏뿓짭따] 동(타) 마주 붙잡다.
맞-비기다[맏삐-] 동(타) 서로 비기다.
맞-비비다[맏삐-] 동(타) 서로 마주 대고 비비다. ¶두 손을 ~ / 아기의 볼을 ~.
맞-상(-床) 명 '겸상(兼床)'의 잘못.
맞-상대(-相對)[맏쌍-] 명 마주 상대하는 것, 또는, 그런 상대. **맞상대-하다** 동(자)(타)(여) ¶혼자서 여러 명을 **맞상대하며** 싸우다.
맞-서다[맏써-] 동 1 마주 서다. 2 서로 굽히지 않고 버티다. ¶팽팽히 **맞서** 싸우다.
맞-선[맏썬] 명 중매인이나 기타의 사람의 주선으로, 남녀가 서로 직접 만나 이야기를 나누면서 결혼 상대자로서 마땅한지 어떤지를 알아보는 일. ¶~을 보다. ▷선.
맞-소리[맏쏘-] 명 동시에 서로 응하는 소리.
맞-소송(-訴訟)[맏쏘-] 명(법) =반소(反訴)'.
맞-수(-手)[맏쑤] 명 힘이나 재주가 비슷하여 서로 겨루어 볼 만한 상대. 비)맞적수.
맞-싸우다[맏싸-] 동(자) 서로 마주 붙어 싸우다. ¶동네 아이들끼리 ~.
맞아-들이다 동(타) 1 (오는 사람을) 맞아 안으로 들이다. ¶손님을 ~. 2 (어떤 사람을 아내나 며느리나 며느리나 사위 등으로, 또는 한동아리의 사람으로) 삼거나 받아들이다. ¶그 여자를 아내로 ~.
맞아-떨어지다 동(자) 1 (셈이) 어떤 표준에 꼭 맞이 남거나 모자람이 없게 되다. ¶장부와 잔액이 ~. 2 (가락이나 호흡이) 잘 맞다. ¶노래와 장구와 춤이 멋지게 **맞아떨어졌다**.
맞은-바라기 명 앞으로 마주 바라보이는 곳. 준)맞바라기. ▷맞받이.
맞은-쪽 명 마주 상대되는 쪽. ¶담배 가게 ~에 서점이 있다.
맞은-편(-便) 명 마주 상대되는 편. ¶강 ~.
맞은편-짝(-便-) 명 마주 상대되는 편짝.
-맞이 접미 일부 명사 아래에 붙어, 닥쳐오는 일, 또는 오거나 나타나는 사람·사물을 맞는 일의 뜻을 나타내는 말. ¶봄~ / 추석~ / 손님~.

맞이-하다 [동](타)(여) 1 (오거나 닥쳐오는 것을) 맞다. ¶새해를 ~ / 손님을 ~. 2 (사위·며느리·아내, 또는 특별한 관계의 사람을, 또는 어떤 사람을 사위·며느리·아내, 또는 특별한 관계의 사람으로) 맞아들이다. ¶며느리를 ~.

맞-잡다 [맏짭따] [동](타) 마주 잡다. ¶손을 맞잡고 기뻐하다.

맞잡-이 [맏짜비] [명] 서로 힘이나 가치가 대등한 것으로 여겨지는 사람이나 사물. ¶하루가 여덟 ~. 같소.《이해조:빈상설》

맞-장구 [맏짱-] [명] 1 둘이 마주 서서 치는 장구. 2 남의 말에 덩달아 호응하거나 동의하는 일. 맞장단.

맞장구-치다 [맏짱-] [동](자) 남의 말에 그렇다고 덩달아 같이 말하다.

맞-적수 (-敵手) [맏쩍쑤] [명] 맞서서 상대할 만한 적수. (비)맞수.

맞-절 [맏쩔] [명] 상대편과 동등한 예를 지켜 서로 마주 하는 절. ¶신랑 신부가 ~을 하다. **맞절-하다** [동](자)(여) ¶사돈끼리 ~.

맞-주름 [맏쭈-] [명] 접은 주름의 양 끝이 맞닿게 하여 펴면 연속된 'ㄷ' 자 모양이 되는 주름.

맞-줄임 [맏쭈-] [명](수) =약분(約分). **맞줄임-하다** [동](타)(여)

맞짱 [맏-] [명] →맞짱(을) 뜨다 [구]〈속〉 일대일로 대결하여 우열이나 승패를 가리다.

맞추다 [맏-] [동](타) 1 (어떤 물체를 넣거나 끼우거나 할 물체에) 크거나 작지 않고 적당한 상태를 이루게 하다. ¶목수가 문틀에 **맞추어** 문짝을 짜다. 2 (기계의 부품이나 물건을 이루는 조각 등을) 결합하여 일정한 구조의 물건이 되게 하다. ¶건축을 뜯었다가 다시 ~. 3 (어떤 대상을 다른 대상이나 기준에) 같거나 조화된 상태가 되게 하다. ¶옷에 **맞추어** 액세서리를 하다. 4 (대상을 다른 대상과) 나란히 놓고 같은가 다른가를 살피다. ¶시험지를 정답과 **맞추어** 보다. 5 (사물을) 정도나 형편에 알맞은 상태가 되게 하다. ¶국에 간을 ~. 6 (대상을 기준이 되는 수치에) 있도록 하다. ¶채널을 95.1MHz에 ~. 7 (열이나 차례를) 눈바른 상태가 되게 하다. ¶줄을 ~. 8 (사람이 상대의 입이나 특정한 부위에) 닿게 하다. ¶그 남자는 여자의 뺨에 입을 **맞추었다**. 9 (일정한 규격이나 치수, 양의 물건을) 전문으로 하는 사람에게 맡겨 만들게 하다. ¶양복을 ~. ×마추다.

[혼동어] 답을 **맞추다** / 답을 **맞히다**
답을 **맞추는** 것은 자신의 답을 정답지나 다른 사람의 답과 비교하여 맞는지 틀리는지 확인하는 것을 가리키고, 답을 **맞히는** 것은 정답을 대는 것을 가리킨다. ¶시험이 끝난 뒤 답을 **맞춰** 보았더니 100점이었다. / 그는 국어 시험에서 20문제 중 18문제를 **맞혔다**.

맞춤 [맏-] [명] 맞추어서 만든 물건. ¶~복. ×마춤.

맞춤-법 (-法) [맏-뻡] [명](언) 1 글자를 일정한 규범에 맞추어 쓰는 법. =정서법·정자법·철자법. 2 =한글 맞춤법.

맞춤-옷 [맏-옫] [명] 몸에 맞추어 지은 옷.

맞춤-하다 [맏-] [형](여) (어떤 일이나 대상이) 일부러 맞추기나 조절하기라도 한 듯이 알맞다. **맞춤-히** [부]

맞-통하다 (-通-) [맏-] [동](자)(여) (둘 이상의 사물이, 또는 무엇과 무엇이) 마주 통하다. ¶양쪽 문을 열어 놓으면 바람이 **맞통해서** 시원하다.

맞-히다 [마치-] [동](타) 1 (어떤 문제에, 또는 문제에 대한 답을) 옳게 답하거나 옳은 상태가 되게 하다. ¶답을 정확히 ~. 2 (물체를 과녁이나 목표물에) 맞게 하다. ¶과녁에 화살을 ~. 3 (비나 눈 등을 물체에) 맞게 하다. ¶이삿짐에 비를 ~. 4 (침이나 주사 등을) 맞게 하다. ¶아기에게 홍역 예방 주사를 ~. 5 (사람에게 매 따위를) 맞게 하다. ¶아이들이 잘못을 했을 때는 따끔하게 매를 **맞혀야** 한다. 6 →바람맞히다. ▶맞추다.

맡 [맏] [명](의존) (주로 '-ㄴ', '-던' 다음에 '맡으로', '맡에'의 꼴로 쓰여) '그 길로 바로'의 뜻을 나타내는 말. ¶이렇듯이 고귀한 남편의 정신을 여해가 출옥하던 ~에 알려 주리라 하였었다.《현진건:적도》

맡-기다 [맏끼-] [동](타) "맡다1"의 사동사. ¶책임을 ~ / 짐을 ~. 2 (사람이 어떤 것을 어느 대상에) 그 대상의 뜻이나 작용대로 이루어지게 두다. ¶운명을 하늘에 ~.

맡다1 [맏따] [동](타) 1 (사람이 어떤 물건이나 사람을) 자기 책임 아래 다루거나 보살피다. ¶짐을 **맡아** 두다 / 할머니가 아이를 **맡아** 기르다. 2 (사람이 어떤 일이나 직책, 부서 등을) 자기 책임 아래 두다. (비)담당하다. ¶공장 경영을 ~. 3 (사람이 어떤 사람이나 기관 등에 어떤 일에 대한 허가나 증명이나 번호 등을) 청하여 얻거나 받다. ¶선생님께 허락을 ~ / 관청에 인가를 ~. 4 (사람이 자리 따위를) 차지한 상태로 지키다. ¶네가 먼저 가서 자리를 **맡아** 놓아라.

맡다2 [맏따] [동](타) 1 (냄새를) 어떤 것인지 알기 위해 코로 공기를 들이마시다. 또는, (냄새를) 콧속에 와 닿는 공기를 통해 어떤 것인지 알게 되다. ¶향기를 ~. 2 냄새(를) 맡다→냄새.

맡아-보다 [동](타) (어떤 일을) 맡아서 하다. ¶빌딩 관리를 ~.

매1 [명] 사람이나 짐승을 때리는 막대기·몽둥이·회초리 등의 총칭. 또는, 그것으로 때리는 일. ¶~를 맞다 / ~로 때리다.

[매 끝에 정든다] 매를 맞거나 꾸지람을 들은 뒤에 더 사이가 가까워진다. [매도 먼저 **맞는 놈이 낫다**] 어차피 겪어야 할 일이라면 아무리 어렵고 괴롭더라도 먼저 겪는 편이 낫다. [매 위에 장사 있나] 매질하는 데 굴복하지 않는 사람이 없다.

매2 [명] [1]〈자립〉'매끼[1]'의 준말. [2]〈의존〉 1 젓가락을 쌍으로 묶어 세는 단위. ¶젓가락 한 ~. 2 '매끼[2]'의 준말.

매3 [명](동) 맷과의 사나운 새. 독수리보다 작고 부리와 발톱은 갈고리 모양이며 날쌔게 낢. 촌가 부근에 급강하하며 작은 새나 병아리를 잡아먹음. 사냥용으로 사육하기도 함. =송고리·송골매·해동청(海東靑).

매4 [명] 양·염소의 울음소리.

매5 [부] 정도가 보통보다 심하게. ¶~ 찧다.

-매6 [접미] 주로, 신체나 그 부위를 나타내는 일부 명사의 뒤에 붙어, 그 명사가 뜻하는 대상의 외형적 생김새를 나타내는 말. ¶몸~ / 눈~.

-매7 [어미] 모음이나 'ㄹ' 받침으로 끝나는 어간, 또는 어미 '-시-' 아래에 붙어, 원인·근거를 나타내는 연결 어미. ¶눈이 내리~ / 아이들이 기뻐 날뛴다. / 하염없이 울~ 산신

령이 나타났다. ▷-으매.
매⁸(枚) [명][의존] 종이·수건·속옷 따위를 세는 단위. [비]장(張). ¶손수건 한 ~ / 200자 원고지 100~.
매ː⁹(每) [관] '각각의', '하나하나의 모든' 의 뜻. ¶~ 회계 연도.
매가¹(妹家) [명] 시집간 누이의 집.
매ː가²(買價) [-까] [명] 사는 값. [비]산값. ↔매가(賣價).
매ː가³(賣家) [명] 집을 파는 것. 또는, 팔 집. **매ː가-하다** [동][자][여]
매ː가⁴(賣價) [-까] [명] 파는 값. [비]판값. ↔매가(買價).
매가리 [명] '맥(脈)1' 을 속되게 이르는 말. ¶~가 없다.
매ː각(賣却) [명] (물건을) 팔아 버리는 것. ¶~ 처분. **매ː각-하다** [동][타][여] ¶부동산을 ~ / 주식을 ~. **매ː각-되다** [동][자]
매ː-갈이 [명] 벼를 매통에 갈아서 매조미쌀을 만드는 일. =매조미·조미(糙米)·조미(造米). **매ː갈이-하다** [동][자][여]
매ː갈잇-간(-間) [-이깐/-읻깐] [명] 매갈이 하는 곳. =매조미간.
매개(媒介) [명] (어떤 대상이 어떤 일이나 현상을) 중간에서 갑으로부터 을에게로 옮기는 것. 또는, (어떤 대상이 어떤 현상을) 양편 사이에 끼어들어 일어나게 하는 것. ¶언어를 ~로 한 커뮤니케이션 / 말라리아는 모기의 ~로 전염된다. **매개-하다** [동][타][여] ¶병을 **매개하는** 곤충.
매-개념(媒槪念) [명][논] 삼단 논법에서, 대전제와 소전제에 공통된 개념. =매개 개념. [비]중개념.
매개^모ː음(媒介母音) [명][언] 두 자음 사이에 끼여 음을 고르게 하는 모음. '먹으니', '손으로' 에서 '으' 따위. =고름소리·조성모음·조음소.
매개-물(媒介物) [명] 어떤 일이나 현상을 매개하는 물건이나 물체.
매개^변ː수(媒介變數) [명][수] 두 개 이상의 변수 사이의 함수 관계를 보조의 변수를 사용하여 간접적으로 표시할 때, 그 보조의 변수를 이르는 말. =모수(母數).
매개-자(媒介者) [명] 어떤 일이나 현상을 매개하는 사람.
매개^자음(媒介子音) [명][언] 모음 충돌을 피하기 위하여 두 모음 사이에 끼워 넣는 자음. 'ㅎ+j+아→ㅎ야' 에서 'j' 같은 것.
매개-체(媒介體) [명] 어떤 일이나 현상을 매개하는 사물. [비]매체.
매ː관(賣官) [명] '매관매직' 의 준말. **매ː관-하다** [동][자][여]
매ː관-매ː직(賣官賣職) [명] 돈·재물 등을 받고 벼슬을 시키는 것. =매관육작(賣官鬻爵)·매직. [준]매관. **매ː관매ː직-하다** [동][자][여]
매ː국(賣國) [명] 개인적인 이익을 위하여 나라의 주권이나 이권을 팔아먹는 것. ¶~ 행위. **매ː국-하다** [동][자][여]
매ː국-노(賣國奴) [-궁-] [명] 매국 행위를 한 사람을 경멸조로 이르는 말. ¶~ 이완용.
매ː국-적(賣國的) [-쩍] [관][명] 매국 행위를 하는 (것). ¶~인 언동.
매ː기¹ [명] 1 수퇘지와 암소가 교미하여 낳는다는 짐승. 2 '튀기' 의 잘못.
매ː기²(每期) [명][부] 각각의 기간이나 시기. 또는, 기간이나 시기마다.
매ː기³(買氣) [명] 사람들이 물건을 사고자 하여 나타내는 움직임이나 의욕. ¶~가 없다 / ~가 떨어지다.
매기다 [동][타] 1 (어떤 대상에 값이나 등급·점수 등을) 일정한 기준이나 판단에 따라 정하다. 또는, 그렇게 정한 것을 숫자나 문자 등으로 나타내다. ¶시험지에 점수를 ~. 2 (서류나 물건 등에 일련번호 따위를) 숫자로 적어 나타내다. ¶장부에 페이지를 ~. [준]매다.
매김-씨 [명][언] =관형사.
매-꾸러기 [명] 잘못을 저질러 어른에게 자주 매를 맞는 아이.
매끄러-지다 [동][자] 매끄러운 곳에서 밀려 나가거나 넘어지다. [큰]미끄러지다.
매끄럽다 [-따] [형][ㅂ] <매끄러우니, 매끄러워> 1 거침없이 저절로 밀려 나갈 만큼 반드럽다. ¶**매끄러운** 얼음판. [큰]미끄럽다. 2 (사람이) 수더분하지 않고 붙임성 없이 약빠르다. 3 (글이) 조리가 있고 거침이 없다. ¶문장이 ~.
매끈-거리다/-대다 [동][자] 매끄러워 자꾸 밀려 나가다. [큰]미끈거리다.
매끈둥-하다 [형][여] 퍽 매끄러운 맛이 있다. [큰]미끈둥하다.
매끈매끈-하다 [형][여] 여럿이 다 매끈하다. 또는, 매우 매끈하다. ¶**매끈매끈한** 피부. [큰]미끈미끈하다.
매끈-하다 [형][여] 흠이나 거친 데가 없이 부드럽고 반드럽다. ¶살결이 ~ / **매끈하게** 차려입다. [큰]미끈하다. **매끈-히** [부]
매끌매끌-하다 [형][여] 꽤 매끄럽다. [큰]미끌미끌하다. ▷매끈매끈하다.
매끼¹ [명] [1][자립] 가마니나 곡식의 뭇이나 단 따위를 묶는 데 쓰는 새끼나 짚 따위의 줄. 벼나 보리 따위의 뭇을 묶는 경우에는, 벼·보리 따위의 몇 포기를 두 갈래로 교차시킨 뒤 교차된 부분을 풀어지지 않게 비틀어서 줄처럼 사용할 수 있게 한 것을 가리킴. ¶~를 틀어 볏단을 묶다. [2][의존] [1]을 세는 단위. ¶끈 한 ~. [준]매.
매ː-끼²(每-) [명][부] 한 끼 한 끼. 또는, 끼니마다. ¶~ 고기만 먹을 수야 있나?
매너(manner) [명] 예절이나 규칙 따위를 지켜야 하는 자리에서 어떤 사람이 취하는 태도나 몸가짐이나 말씨. ¶저 선수는 경기하는 ~가 좋다.
매너리즘(mannerism) [명][문] 예술 창작이나 창의성을 요하는 일에 있어서, 틀에 박힌 수법이나 기교나 발상 등을 되풀이하여 신선미나 독창성을 잃은 상태. [비]타성. ¶~에 빠진 작가.
매ː년(每年) [명][부] 한 해 한 해. 또는, 해마다. =매해·연년. ¶~ 이맘때면 제비가 온다.
매뉴얼(manual) [명] 기계나 컴퓨터 따위의 사용 방법이나 기능을 알기 쉽게 설명한 책.
매뉴팩처(manufacture) [명][경] 자본주의적 생산 발전 과정에서, 기계 공업으로 가던 과도기적 형태. 독립된 다수의 수공업자를 한 작업장에 모아 동일 자본의 관리 아래에서 임금을 지불하여 생산에 종사시켰음. =공장제 수공업.
매니아 [명] '마니아(mania)' 의 잘못.
매니저(manager) [명] 연예인·운동선수 등의 섭외 교섭 등을 맡는 사람. ¶인기 가수의 ~.
매니큐어(manicure) [명] 주로 여성들이 손톱을 다듬고 그 위에 어떤 색깔의 물질을 발라 아름답게 꾸미는 일. 또는, 그 일을 위해 사용되는 여러 가지 색깔의 물질. ¶손톱에 ~

를 바르다 / ~를 지우다. ▷페디큐어.

매:다¹ [매고 / 매어] 통 (타) 1 (실이나 끈, 밧줄 등의 긴 물건을) 자체의 다른 쪽 끝 부분이나 다른 실·끈·밧줄 따위와 교차시킨 뒤, 한쪽의 것을 다른 쪽의 것에 돌려 감는 식의 방법으로 이어지게 매듭을 만들다. 또는, (실이나 끈, 밧줄 등의 긴 물건을) 다른 물건에 두르거나 감아 잘 풀어지지 않게 매듭과 같은 것을 만들다. ¶구두끈을 ~ / 넥타이를 ~. 2 (어떤 대상을) 끈이나 밧줄 따위로 다른 물체에 연결하여 그 대상이 달아나거나 일정한 범위를 벗어나지 못하게 하다. ¶소를 말뚝에 ~. 3 (어떤 시설물을 어느 물체나 곳에) 줄이나 끈 따위로 이어지게 하여 설치하다. ¶낮에 그네를 ~. 4 (어떤 물건을) 줄이나 끈 따위로 묶어서 만들다. ¶빗자루를 ~. 5 (사람이 허리띠나 벨트 따위를 몸에) 다소 조이는 상태로 두르다. ¶안전벨트를 ~. 6 베를 짜려고 날아 온 실을 펴서 풀을 먹여 고루 다듬어 말려 감다. ¶베를 ~.

매:다² [매고 / 매어] 통 (타) 논밭의 풀을 뽑다. ¶김을 ~.

매:다³ [매고 / 매어] 통 (타) '매기다'의 준말.

매다⁴ 뛰 쩔쩔매다.

매:-달(每-) 명 뛰 한 달 한 달. 또는, 달마다. =다달이·매삭(每朔)·월차. 비매월. ¶~ 세금을 내다.

매:-달다 통 (타) <-다니, -다오> 잡아매어서 달려 있게 하다. ¶등을 처마 끝에 ~.

매:달-리다 통 (자) 1 '매달다'의 피동사. ¶처마 끝에 매달린 고드름. 2 붙고 늘어지다. ¶철봉에 ~. 3 주되는 것에 덧붙다. ¶나뭇가지에 매달린 감. 4 무엇에 깊이 관계하여 거기에만 몸과 마음이 쏠려 있다. ¶시험공부에 ~. 5 무엇에 붙어 의존하거나 의지하다. ¶형님에게 매달려 살다.

매:대기 명 1 진흙·똥 따위를 아무 데나 뒤바르는 짓. 2 정신을 잃고 아무렇게나 하는 몸짓. ¶술에 취해 길바닥에서 ~를 치다.

매:도(罵倒) 명 몹시 꾸짖어 욕하는 것. **매:도-하다¹** 통 (타)(여) ¶그들은 그를 기회주의자로 매도하였다.

매:도²(賣渡) 명 물건을 팔아넘기는 것. ¶~ 계약. **매:도-하다²** 통 (타)(여)

매:도-세(賣渡勢) 명 (경) 증권이나 부동산 등의 시장에서, 물건을 팔고자 하는 형세. ↔매수세.

매:도-인(賣渡人) 명 물건을 파는 사람.

매독(梅毒) 명 (의) 트레포네마 팔리둠이라는 병원체의 감염으로 일어나는 성병. 성교에 의한 감염 이외에 태아가 모체에서 감염되기도 함. =담·당창(唐瘡).

매듭 명 1 실·끈 등을 묶어 맺은 자리. ¶~을 짓다. 2 끈을 매고 죄어 여러 가지 모양의 조형미를 나타내는 수법. 또는, 그렇게 만든 장식물. 3 (어떤 일에서) 순조롭지 못하게 맺혀지거나 막힌 부분. ¶순리적으로 일의 ~을 풀다. 4 일의 순서에 따른 결말. ¶수속을 밟아 일의 ~을 짓다.

매듭-짓다 [-찓따] 통 (사) <-지으니, -지어> (일을) 결말이 나는 상태가 되게 하다. ¶하던 일을 완전히 ~.

매력(魅力) 명 어떤 사람의 마음을 사로잡아 끄는 힘. ¶~ 만점 / 빵점 / 지적 (성적) ~ / ~이 있는 여자.

매력-적(魅力的) [-쩍] 관 명 매력이 있는

(것). ¶~인 눈매 / 살짝 드러나는 덧니가 ~이다.

매련 명 '미련'을 더욱 얕잡아 이르는 말. 준미련. ×먀런. **매련-하다** 형 (여) **매련-히** 뛰

매련-스럽다 [-따] 형 (비) <-스러우니, -스러워> '미련스럽다'를 더욱 얕잡아 이르는 말. ¶계집애가 퍽 ~. 준미련스럽다. **매련스레** 뛰

매련-퉁이 명 몹시 매련한 사람을 얕잡아 이르는 말. 준미련퉁이. ×먀련퉁이.

매료(魅了) 명 사람의 마음을 강하게 당기는 것. 또는, 호리는 것. **매료-하다** 통 (타)(여) ¶작가의 유려한 문체는 독자들을 매료했다.

매료-되다 통 (자) ¶영화의 주인공에게 ~.

매립(埋立) 명 (못·늪·웅덩이·하천·바다 등을) 흙이나 돌 등으로 메워 평평한 땅이 되게 돋우는 것. 비매축(埋築). ¶하천 ~ 공사. **매립-하다** 통 (타)(여)

매립-지(埋立地) [-찌] 명 매립한 땅.

매-만지다 통 (타) 잘 가다듬어 손질하다. ¶머리를 ~ / 꽃밭을 ~. ×우미다.

매-맛 [-맏] 명 매를 맞아 아픈 느낌. ¶너 이놈, ~ 좀 볼래? ×손맛.

매-매¹ 뛰 양·염소가 잇달아 자꾸 우는 소리.

매:-매² 뛰 몹시 심하게 자꾸. ¶~ 씻다 / 땅을 ~ 다지다.

매매³(賣買) 명 (물건을) 팔고 사는 것. ¶~ 계약 / ~가 이루어지다. **매매-하다** 통 (타)(여) **매매-되다** 통 (자)

매매-춘(賣買春) 명 여자의 몸을 성적(性的) 대상으로 사고파는 일. '매춘(賣春)'이 파는 측면만을 강조한 말이라고 하여 사는 측면도 함께 나타낸 신조어임.

매매-혼(賣買婚) 명 (사) 신랑 집에서 신부 집에 금품을 줌으로써 성립되는 혼인. =매매결혼.

매머드 (mammoth) 명 1 (동) 포유류 장비목(長鼻目)에 속하는 화석 코끼리. 4만 년 전부터 1만 년 전까지 생존했음. 몸이 매우 크며 털로 덮였고, 굽은 엄니가 있음. 2 관형어적으로 쓰여, '큰', '대형의', '대규모의'의 뜻을 나타내는 말. ¶~ 도시 / ~ 빌딩. ×맘모스.

매:명¹(每名) 명 뛰 =매인(每人).

매:명²(賣名) 명 재물·권리를 얻으려고 이름이나 명예를 파는 것. **매:명-하다** 통 (자)(여)

매몰(埋沒) 명 보이지 않게 파묻는 것. **매몰-하다** 통 (타)(여) **매몰-되다¹** 통 (자) ¶갱이 무너져 막장 안의 광부들이 매몰되었다.

매몰-스럽다 [-따] 형 (비) <-스러우니, -스러워> 보기에 매몰한 태도가 있다. ¶그는 친구의 간청을 매몰스럽게 거절하였다. **매몰스레** 뛰

매몰-차다 형 아주 매몰하다. ¶그 여자는 성미가 ~.

매몰-하다² 형 (여) 인정이나 싹싹한 맛이 없이 독하고 쌀쌀하다.

매무새 명 옷을 입은 맵시. =옷매무새. ¶~가 곱다. ▶매무시.

매무시 명 옷을 입고 나서 매만지는 뒷단속. =옷매무시. ¶거울을 들여다보고서 ~를 다시 하다. **매무시-하다** 통 (타)(여)

혼동어	매무시 / 매무새
'매무시'는 옷 입은 것이 잘못된 데가 없는지 살펴보는 일을 가리키고, '매무새'는 옷을 입은 모양새를 가리킴.	

매:문(賣文)[명] 돈을 벌기 위하여 글을 지어서 파는 것. ▷매필(賣筆). **매:문-하다**[자여]

매:문-매:필(賣文賣筆)[명] 돈을 벌기 위하여 실속 없는 글을 짓거나 글씨를 써서 팖. **매:문매:필-하다**[자여]

매:물(賣物)[명] 팔 물건. ¶~이 동나다.

매미¹[명]<은> 술집 접대부.

매:미²(--)[동] 매미목 매밋과의 곤충의 총칭. 몸길이 12~80mm. 머리가 크고 날개는 투명하며 입은 긴 대롱 모양임. 수컷은 복부에 발음기와 공명기가 있어 소리를 냄. 울음소리는 '맴맴', '매암매암'.

매:미-채[명] 매미를 잡는 데 쓰는 채.

매:번(每番)[부] =번번이. ¶~ 퐁짝만 한다.

매병(梅甁)[명] 아가리가 좁고 어깨는 넓으며 밑이 홀쭉하게 생긴 병.

매복(埋伏)[명] 불시에 습격하려고 몰래 숨어 있는 것. ¶~ 근무 / 길목에 군사를 ~시키다. **매복-하다**[자여]

매부(妹夫)[명] 누이의 남편. ▷매형(妹兄).

매:-부리[명] 매의 주둥이.

매부리-코[명] 매부리같이 끝이 뾰족하고 아래로 숙은 코. 또는, 그러한 사람.

매:분(每分)[명][부] 일 분 일 분. 또는, 분마다.

매:사(每事)[명][부] 하나하나의 모든 일. 또는, 일마다. ¶그는 ~에 빈틈이 없다.

매사는 불여(不如)튼튼[부] 어떤 일이든지 튼튼히 해 놓는 것이 좋다는 말.

매:-사냥[명] 길들인 매로 새나 꿩 따위를 잡는 일. **매:사냥-하다**[자여]

매:삭(每朔)[부] =매달.

매:상¹(買上)[명] 정부나 관공서 등에서 민간으로부터 물건을 사들이는 것. ¶추곡(秋穀) ~. =불하(拂下). **매:상-하다**[타여]

매:상²(賣上)[명] 1 상품을 파는 것. 2 하루 또는 어느 기간 동안 물건을 팔아 번 돈의 총액. (비)매상고. ¶오늘 / 어제는 10만 원의 ~을 올렸다. **매:상-하다**²[자여] 상품을 팔다.

매:상-고(賣上高)[명] 상품을 판 수량이나 대금의 총계. =판매고. (비)매상.

매:상-액(賣上額)[명] 상품을 판 금액.

매:석(賣惜)[명][경] 물가 폭등에 의한 폭리를 바라고 어떠한 상품을 팔기를 꺼리는 일. =석매(惜賣). ¶매점(買占) ~. **매:석-하다**[타여]

매설(埋設)[명] (물체를) 땅속에 파묻어 설치하는 일. ¶수도관 ~ 공사. **매설-하다**[타여] ¶지뢰를 ~. **매설-되다**[자여]

매섭다[--따][형][ㅂ]<매서우니, 매서워>1 (성질이나 됨됨이가) 겁이 날 정도로 모질고 사납다. ¶매서운 눈초리. 2 (비판·비난, 또는 공격 따위가) 날카롭거나 세차 두려움을 주는 상태에 있다. ¶상대에 매섭게 몰아붙이다. 3 (찬 바람이나 추위 등이) 살을 에는 듯하게 차다. ¶매서운 추위. (큰)무섭다.

매:수¹(枚數)[-쑤][명] 종이나 유리 따위와 같이 장으로 세는 물건의 수. (비)장수(張數). ¶원고 ~를 세다.

매:수²(買收)[명] 1 물건을 사들이는 것. ¶~가격. 2 금품 따위를 써서 남을 꾀어 자기 편으로 만드는 것. ¶~공작. **매:수-하다**¹[타여] ¶대형 우량주를 ~. **매:수-되다**[자여] ¶그 사람은 돈에 매수되어 태도가 돌변하였다.

매:수³(買受)[명] 물건을 사서 넘겨받는 것. **매:수-하다**²[타여]

매:수-세(買收勢)[명][경] 증권이나 부동산 등의 시장에서, 물건을 사들이고자 하는 형세. ↔매도세.

매:수-인(買受人)[명] 물건을 매수하는 사람.

매스^게임(mass game)[명][체] 집단적으로 행하는 맨손 체조나 율동. =단체 체조·집단 체조.

매스껍다[-따][형][ㅂ]<매스꺼우니, 매스꺼워>1 속이 울렁거려 토할 것 같은 느낌이 있다. ¶멀미가 나 속이 ~. 2 비위가 거슬릴 만큼 아니꼽다. ¶거고만장한 꼴을 매스꺼워 도저히 못 보겠다. (큰)메스껍다.

매스^미디어(mass media)[명] 많은 사람에게 정보와 지식을 전달하는 매체. 신문·방송·영화·출판 따위. =대중 매체.

매스-컴(←mass communication)[명] 신문·라디오·텔레비전·잡지·영화 등의 매스 미디어를 통해 불특정한 대중에게 대량의 정보를 전달하는 일. 또는, 그 매체. =대중 전달. ¶~을 타다 / ~에 보도되다.

매슥-거리다/-대다[-꺼(때)-][동][자] 매스꺼운 느낌이 자꾸 나다. ¶체했는지 속이 매슥거린다. (큰)메슥거리다.

매슥-매슥[-숭-][부] 매슥거리는 모양. (큰)메슥메슥. **매슥매슥-하다**[자여][형여]¶속이 ~.

매:시(每時)[명][부] '매시간'의 준말. ¶태풍이 ~ 80km의 속도로 북상 중이다.

매:-시간(每時間)[명][부] 한 시간 한 시간. 또는, 시간마다. (준)매시.

매시근-하다[형여] 몸에 기운이 없고 나른하다. **매시근-히**[부]

매:식(買食)[명] 음식점에서 음식을 사서 먹는 것. 또는, 그 식사. **매:식-하다**[동][자여]

매실(梅實)[명] 매실나무의 열매.

매실-나무(梅實-)[-라-][명][식] 장미과의 상록 소교목. 높이 5m 정도. 4월에 향기가 강한 흰색 또는 분홍색 꽃이 잎보다 먼저 피고, 열매는 7월에 황색으로 익는데 신맛이 있음. =매화·매화나무.

매실-주(梅實酒)[-쭈][명] 청매(青梅)에 설탕과 소주를 넣고 밀폐하여 익힌 술.

매씨(妹氏)[명] 남의 누이를 높여 부르는 말. (비)영매(令妹).

매암 '맴'의 본딧말.

매암-매암 '맴맴'의 본딧말.

매:약(賣藥)[명] 1 약을 파는 것. 2 미리 만들어 놓고 파는 약. **매:약-하다**[동][자여] 약을 팔다.

매양[부] 어떤 경우에마다 늘. (비)번번이. ¶~ 실패를 되풀이하다. (원)매상(每常).

매연(煤煙)[명] 연료가 탈 때 생기는, 그을음이 섞인 검은 연기. 특히, 불완전 연소로 발생하는 대기 오염 물질. (비)철매. ¶자동차 ~ / ~이 심하다.

매염(媒染)[명] 염료가 섬유에 직접 물들지 않는 경우 특수한 약제를 매개로 하여 색소를 고착시키거나 색을 내는 방법. **매염-하다**[동][타여]

매염^염:료(媒染染料)[-념뇨][명][화] 매염제를 사용해야만 염색이 되는 염료. =매염물감.

매염-제(媒染劑)[명][화] 매염 때, 섬유에 염료를 고착시키는 역할을 하는 물질. 알루미늄·크롬·철 등의 금속염이나 탄닌산 따위.

매옴-하다[형여] 혀가 조금 알알한 맛을 느낄 만큼 맵다. (큰)매움하다.

매우¹[부] (형용사나 관형사나 다른 부사, 또는 정도를 나타낼 수 있는 일부의 명사나 동사 앞에 쓰여) 정도에 있어서 보통의 경우보다 상당히 넘어선 상태로. ¶날씨가 ~ 덥다. / 그는 ~ 부자이다.

| 유의어 | 매우 / 아주 / 몹시 |

모두 정도가 보통의 경우보다 심한 상태를 가리키나, '매우'는 '아주'보다 그 정도에 있어 다소 약한 어감을 가지며, '몹시'는 정도가 심하여 관련되는 대상이 좋지 않은 영향을 받는 상태를 가리킴. 또한, "어머니가 몹시 보고 싶다."에서처럼 '몹시'가 원망(願望)을 나타내는 말을 꾸밀 때에는 '매우'보다 더욱 간절한 어감을 가짐. 한편, '아주'는 '매우', '몹시'와 달리 정도의 뜻을 가지지 않는 동사와 어울릴 수 있으며, 그런 경우 행동이 완전히 이루어짐을 나타냄.

매우²(梅雨)〔매실나무 열매가 익을 무렵에 내리는 비'라는 뜻〕6월부터 7월 중순에 걸쳐, 우리나라 남부, 중국 양쯔 강 하류나 홋카이도(北海道)를 제외한 일본에서 볼 수 있는 우기(雨期).

매욱-하다[-우카-] 형여 어리석고 둔하다. 큰미욱하다. ×먀옥하다.

매운-맛[-맏] 명 1 고추 등을 먹을 때 느끼는 것과 같은 맛. =신미(辛味). 2 다른 사람에게 모질게 괴로움을 당하거나 크게 혼이 나는 상태를 비유하여 이르는 말. ¶~을 봐야 정신 차리겠어.

매운-바람 명 살을 엘 듯이 몹시 찬 바람.

매운-탕(-湯) 명 생선과 채소 등을 넣고 고추장을 풀어 맵게 끓인 찌개. ¶메기 ~.

매움-하다 형여 혀가 얼얼한 맛을 느낄 만큼 맵다. 작매옴하다.

매위-하다 동타여 맵게 느끼다.

매원(埋怨) 명 원망을 품는 것. 또는, 그 원망. **매원-하다** 동타여

매!월(每月) 명부 한 달 한 달. 또는, 달마다. 비다달이·매달. ¶~ 한 번 모임을 갖다.

매!음(賣淫) 명 여자가 돈을 받고 남자에게 몸을 파는 일. 비매춘(賣春). **매!음-하다** 동자여

매!음-굴(賣淫窟) 명 매음하는 여자들이 모여 사는 곳.

매!음-녀(賣淫女) 명 =매음부.

매!음-부(賣淫婦) 명 매음하는 여자. =매소부·매음녀. 비매춘부.

매-이다 자여 1 '매다'의 피동사. ¶밧줄에 ~. 2 구속이나 부림을 받게 되다. ¶일에 매여 꼼짝도 할 수 없네.

매인 목숨〔구〕남에게 딸려 구속받는 사람의 신세. ¶회사에 ~이니 어쩔 도리 없지요.

매!인(每人) 명부 한 사람 한 사람. 또는, 사람마다. =매명(每名). ¶~ 500원씩 걷다.

매인-이름씨[-니-] [언] 의존 명사.

매!일(每日) 명부 하루하루. 또는, 날마다. ¶영희는 3년 전부터 ~ 일기를 쓴다.

매-일반(--般) 명 결국 마찬가지. =매한가지. ¶이쪽으로 가나 저쪽으로 가나 걸리는 시간은 ~이다.

매!입(買入) 명 (물건 따위를) 사들이는 것. =매득(買得). ¶~ 가격. ↔매출. **매!입-하다** 동타여 ¶야채를 대량으로 ~. **매!입-되다** 동자여

매자-나무 [식] 매자나뭇과의 낙엽 활엽 관목. 줄기에 가시가 있으며, 봄에 노란 꽃이 피고 열매는 9월에 붉게 익음. 줄기와 뿌리는 고미 건위제로, 내피(內皮)는 노란색 염료로 쓰임. 산기슭 양지쪽에 나는, 우리나라 특산종임.

매작지근-하다[-찌-] 형여 조금 더운 기운이 있는 듯하다. ¶물이 ~ / 방바닥이 ~. 큰미적지근하다. **매작지근-히** 부

매!-잡이 명 1 매를 잡는 사람. 2 매를 잡는 사냥. =매사냥.

매장¹(埋葬) 명 1 (시체를) 땅에 묻는 것. 2 (어떤 사람을) 사회적으로 활동하지 못하게 하거나 버림받게 만드는 것. 비유적인 말임. **매장-하다¹** 동타여 ¶시체를 ~. **매장-되다¹** 동자여 ¶그는 권력 집단의 정치적 음모에 의해 사회적으로 철저히 매장되었다.

매장²(埋藏) 명 1 문어서 감추는 것. 2 광물 따위가 묻혀 있는 것. **매장-하다²** 동타여 (물건을) 묻어서 감추다. ¶보물단지를 땅속에 ~. **매장-되다²** 동자여 ¶이 일대는 엄청난 양의 석탄이 매장되어 있다.

매!장³(賣場) 명 물건을 파는 곳. ¶화장품 ~.

매장-량(埋藏量)[-냥] 명 광물 따위가 묻혀 있는 분량. ¶석유 ~.

매장-지¹(埋葬地) 명 시체나 유골 등을 묻는 땅. 비장지(葬地).

매장-지²(埋藏地) 명 원유나 가스, 석탄 등의 지하자원이 매장되어 있는 곳.

매저키즘(埋藏地) 명 '마조히즘(masochism)'의 잘못.

매!절(買切) 명 1 상인이 팔다가 남더라도 반품하지 않겠다는 조건으로 비교적 많은 양의 물품을 한꺼번에 매입하는 것. 2 출판사가 저작자에게 저작권료를 한꺼번에 지급하고 저작물을 무기한으로 이용하는 일. 저작권법의 대우로 사어화되고 있다.

매!점¹(買占) 명 물건 값이 오를 것을 예상하고 폭리를 얻기 위하여 물건을 휩쓸어 사 두는 것. 비사재기. ¶~ 매석(賣惜). **매!점-하다** 동타여

매!점²(賣店) 명 어떤 기관이나 단체 안에서 물건을 파는 작은 가게. ¶교내(校內) ~.

매정-스럽다[-따] 형ㅂ <~스러우니, ~스러워> 매정한 데가 있다. ¶매정스럽게 절교를 선언하다. ▷무정스럽다. **매정-스레** 부

매정-하다 형여 얄미울 만큼 인정이 없다. ¶간곡한 부탁을 매정하게 뿌리치다. ▷무정하다. **매정-히** 부

매제(妹弟) 명 손아래 누이의 남편. ↔매형.

매조(梅鳥) 명 매화가 그려져 있는 화투짝. 2월이나 두 끗을 나타냄. =이매조.

매-조미(-糙米) 명 =매갈이. **매조미-하다** 동타여

매조미-쌀(-糙米-) 명 왕겨만 벗기고 속겨는 벗기지 않은 쌀. =조미(糙米). 비현미(玄米).

매!주¹(每週) 명부 한 주 한 주. 또는, 주마다. ¶~는 일요일에 등산을 간다.

매!주²(買主) 명 물건을 사는 사람. ↔매주(賣主).

매!주³(賣主) 명 물건을 파는 사람. ↔매주(買主).

매!줏-집(賣酒-) 명 '술집'의 잘못.

매지근-하다 형여 더운 기운이 조금 있는 듯하다. ¶방바닥이 ~. 큰미지근하다. **매지근-히** 부

매지-매지 부 조금 작은 물건을 여럿으로 나누는 모양. 큰메지메지.

매!직¹(賣職) 명 =매관매직(賣官賣職).

매직²(†magic) '매직펜'의 준말. ¶~으로 굵게 글씨를 쓰다.
매직-넘버(magic number) 명[체] 프로 야구에서, 수위(首位)의 팀이 우승하기 위하여 필요한 승수(勝數).
매직-미러(magic mirror) 명 판유리에 은이나 주석으로 도금을 하여 반투막(半透膜)을 만든 것. 어두운 쪽(실내)에서 밝은 쪽(실외)은 볼 수 있으나 밝은 쪽에서 어두운 쪽은 잘 보이지 않음.
매직-잉크(†magic ink) 명 휘발성이 강한 유성(油性) 잉크.
매직-펜(†magic pen) 명 펠트로 된 뭉툭한 심에서 유성 잉크가 배어 나오게 한, 굵은 글씨를 쓰는 도구. ⌒매직.
매진¹(賣盡) 명 (입장권·차표 따위가) 남김 없이 다 팔리는 것. 매진-되다 동(자) ¶극장 표가 ~.
매진²(邁進) 명 (어떤 일에) 힘써 노력하는 것. 또는, 목적을 이루기 위하여 줄기차게 나아가는 것. ¶일로(一路) ~. 매진-하다 동(자) ¶사업에 ~.
매질¹ 명 (사람이나 동물을[에게]) 매로 때리는 일. 매질-하다 동(타)여 ¶자식에게 **매질하는** 부모의 마음은 오죽 아프랴.
매질²(媒質) 명[물] 힘이나 파동을 전해 주는 역할을 하는 매개물. 예를 들면, 소리를 전하는 공기, 빛을 전달하는 공간 자체 따위.
매체(媒體) 명 1 방송·신문·잡지·출판·인터넷 등과 같이 대중들에게 지식·정보·오락 등을 전달하는 수단. 또는, 그 조직. 미디어. ¶방송 ~ / 영상 ~ / 언론 ~ / 유해 ~. 2 [물] 물질과 물질 사이에서 매질(媒質)이 되는 물질.
매초(每秒) 명[부] 일 초 일 초. 또는, 초마다. ¶~ 10m의 속도로 부는 바람.
매초롬-하다 형여 젊고 건강하여 아름다운 태가 있다. ¶물오른 열아홉 처녀의 **매초롬한** 자태. ⌒미추룸하다. **매초롬-히** 부
매축(埋築) 명[건] 바닷가나 강가를 메워서 뭍으로 만드는 일. 매적(埋積). ⌒매립. ¶~ 공사 / ~ 농지. 매축-하다 동(타)여
매춘(賣春) 명 (여자가) 남자에게 돈을 받고 그 대가로 남자와 성행위를 하는 것. ⌒매음(賣淫). ¶~ 행위. 매춘-하다 동(자)여
매춘-부(賣春婦) 명 매춘하는 여자. ⌒매음부(賣淫婦).
매출(賣出) 명 기업이나 점포에서 얼마만큼의 물건을 판매하는 것. ⌒방매. ¶~이 늘다. ↔매입(買入). 매출-하다 동(타)여
매출-액(賣出額) 명 일정 기간 동안 매출한 액수. ¶월 ~ / 전년도 ~.
매치(match) 명 색·디자인·크기 등이 서로 어울리게 하는 일. 매치-하다 동(타)여 ¶넥타이를 양복과 잘 **매치하여** 매다. 매치-되다 동(자) ¶의상과 잘 **매치되는** 모자.
매치다 동(자) '미치다¹·²'의 작은말로, 홀하게 또는 품격이 낮게 이르는 말. ¶요런 **매친** 녀석 같으니!
매치²-포인트(match point) 명[체] 탁구·배구·테니스·배드민턴 등에서, 승패를 결정하는 마지막 한 점.
매칭²-펀드(matching fund) 명[경] 투자 신탁 회사가 국내외 조달받아 국내외 증권 시장에 동시에 투자해 운용하는 기금.
매카시즘(McCarthyism) 명 [1950년에 미국의 공화당 상원 의원 매카시가 반대파를 공산주의자로 몰아 이념적 공세를 펼친 데에서] [정] 극단적이고 경색된 반공주의 선풍. 또는, 정직이나 체제에 반대하는 사람을 공산주의자로 몰아 매장하거나 처벌하려는 경향이나 수법.
매캐-하다 형여 (연기나 곰팡이 냄새 따위가) 코를 맵게 찌르거나 기침을 자주 나오게 하는 상태에 있다. ¶청솔가지가 타면서 **매캐한** 연기가 나다. ⌒메케하다.
매콤-하다 형여 매운맛이 있다. ¶고추장을 풀어서 찌개를 좀 **매콤하게** 끓여라.
매큼-하다 형여 (음식이나 물질이) 조금 매운 맛이 있다.
매-타작(-打作) 명 (사람·동물을) 인정사정 없이 때리는 것. ⌒매질. 매타작-하다 동(타)여
매-통 명 벼를 갈아 겉겨를 벗기는 기구. 두 개의 굵은 통나무 마구리에 이를 파서 만드는데, 위쪽의 윗마구리는 우긋하며 후벼서 벼를 담게 되어 있음. ⌒목마(木磨)·목매. ⌒매.
매트(mat) 명 1 [체] 체조·유도·레슬링 등을 할 때 충격을 받아서 안전을 도모하기 위해 바닥에 까는 푹신한 깔개. 2 신의 흙이나 물기 등을 닦아 내기 위하여 방 입구나 현관 등에 놓아두는 깔개.
매트리스(mattress) 명 스프링이나 스펀지 등을 넣어 푹신하게 만든 직사각형의 납작한 물건. 보통, 침대용 요로 사용함.
매-파¹(-派) 명 상대방과 타협하지 않고 자신의 이념·주장만을 강경하게 관철하려는 입장에 선 사람들. 특히, 외교 정책 등에서 무력 해결도 불사하는 사람들. ⌒강경파. ↔비둘기파.
매파(媒婆) 명 혼인을 중매하는 할멈. ¶그 집안에 참한 규수가 있다 하니 ~를 한번 놓아 보리라?
매-판(買辦) 명[경] 1 1770년경 이래 중국에 있던 외국 상관(商館)·영사관 등에서 중국 상인과의 거래 중개 기관으로 고용하였던 중국 사람. 2 사리(私利)를 위하여 외국 자본에 붙어 자기 나라의 이익을 해치는 일. 또는, 그 사람.
매:판^자본(買辦資本) 명[경] 외국 자본과 결탁하여 자국민의 이익을 해치는, 식민지나 후진국의 토착 자본. ↔민족 자본.
매-팔자(-八字)[-짜] 명 빈들빈들 놀기만 하면서도 먹고사는 일에 걱정이 없는 경우를 일컫는 말.
매표¹(買票) 명 차표나 입장권 등의 표를 사는 것. ↔매표(賣票). 매표-하다¹ 동(자)(타)여
매표²(賣票) 명 차표나 입장권 등의 표를 파는 것. ↔매표(買票). 매표-하다² 동(자)(타)여
매:표-구(賣票口) 명 차표나 입장권 등의 표를 파는 창구.
매:표-소(賣票所) 명 차표나 입장권 등의 표를 파는 곳.
매:표-원(賣票員) 명 차표나 입장권 등의 표를 파는 사람.
매-품 명 옛날에, 관가에 가서 삯을 받고 남이 맞을 매를 대신 맞던 일을 이르는 말. ¶~을 파는 창군.
매:필(賣筆) 명 돈을 벌기 위하여 글씨를 써서 파는 것. ▷매문. 매:필-하다 동(타)여
매-한가지 명 =매일반. ¶두 사람 다 어리석기는 ~다.

매:-해(每-) 뗑뮈 =매년.
매향¹(埋香) 몡 민 내세(來世)의 복을 빌기 위하여 향을 강이나 바다 속에 묻는 일. **매향-하다** 통〈여〉
매향²(梅香) 몡 매화의 향기.
매:혈¹(買血) 몡 수혈에 대비하여 피를 사는 것. ↔매혈(賣血). **매:혈-하다**¹ 통〈여〉
매:혈²(賣血) 몡 제 몸의 피를 빼어 파는 것. ↔매혈(買血). **매:혈-하다**² 통〈여〉
매형(妹兄) 몡 손위 누이의 남편. =자부(姉夫)·자형(姉兄). ↔매제(妹弟).
매:호¹(每戶) 몡뮈 한 집 한 집. 또는, 집마다.
매:호²(每號) 몡뮈 (신문·잡지 따위의) 한 호 한 호. 또는, 호마다.
매혹(魅惑) 몡 매력으로 남의 마음을 사로잡는 것. **매혹-하다** 통타〈여〉 **매혹-되다** 통자〈여〉 ¶여자의 미모에 ~.
매혹-적(魅惑的) [-쩍] 관명 매혹할 만한 데가 있는 (것). ¶~인 자태.
매화¹〈궁〉똥.
매화²(梅花) 몡 1[식]=매실나무. 2=매화꽃.
매화-꽃(梅花-) [-꼳] 몡 매실나무의 꽃. =매화.
매화-나무(梅花-) 몡[식]=매실나무.
매화^매듭(梅花-) 몡 동양 매듭의 기본형의 하나. 다섯 꽃잎의 매화 모양으로 얽어 맺은 납작한 매듭.
매화^타:령(梅花-) 몡 1[문] 십이 가사(十二歌詞)의 하나. 사랑을 매화에 가탁하여 노래한 내용임. 2[음] 조선 시대, 경기 민요의 하나. =매화가.
매화-틀 몡〈궁〉가지고 다닐 수 있도록 된 대변기.
매:회(每回) [-회/-훼] 몡뮈 한 회 한 회. 또는, 회마다.
매-흙(-黑) 몡[건] 초벽·재벽이 끝난 다음, 벽 거죽을 곱게 바르는 데에 쓰는 잿빛의 보드라운 흙. 준매.
매흙-질[-흑찔] 몡 벽 거죽에 매흙을 바르는 일. 준맥질. **매흙질-하다** 통자〈여〉
맥(脈) 몡 1 활동하는 기운이나 힘. ¶~이 풀리다/~이 없다. 2 다른 사물·현상과 서로 통하거나 이어지는 줄기나 가닥. ¶전통의 ~을 잇다. 3'혈맥'의 준말. ¶~이 통하다 4'맥박'의 준말. ¶~이 고르다. 5'광맥'의 준말. ¶~을 찾아내다. 6'잎맥'의 준말. 7 풍수지리설에서, 지세를 따라 용(龍)의 정기가 흐르는 줄기. ¶~을 끊다.
[**맥도 모르고 침통 흔든다**] 까닭이나 속내도 모르면서 함부로 덤빈다.
맥(을) 놓다 긴장 따위가 풀려 멍하니 되다. ¶큰일이 끝났다고 맥을 놓으면 병이 나고 말고요.
맥(을) 못 추다 기운이나 힘 따위를 못 쓰거나 이성을 찾지 못하다. ¶힘깨나 쓰던 장쇠도 그 씨름꾼한테는 맥을 못 추고 모래판에 나가떨어졌다.
맥(이) 빠지다 긴장 따위가 풀려 힘이 없어지다. ¶아들의 낙방 소식을 듣고 맥이 쑥 **빠졌다**.
맥(이) 풀리다 긴장이 풀리거나 의욕이 없어지다. ¶맥이 풀려 꼼짝도 못하겠다.
맥각(麥角) [-깍] 몡 호밀이나 보리 등의 씨방에 밀생한 맥각균의 균핵(菌核). 또는, 그 건조물.

맥각-균(麥角菌) [-깍꾼] 몡[식] 자낭균류 히포크레아과 맥각균과의 균류. 라이보리·보리·밀 등의 맥류 외에 볏과 잡초의 씨방에 기생함.
맥고-모자(麥藁帽子) [-꼬-] 몡 =밀짚모자.
맥곡(麥穀) [-꼭] 몡 보리·밀 따위의 곡식. 비하곡(夏穀). ▷미곡(米穀).
맥-낚시(脈-) 몡 낚시찌를 쓰지 않고 낚싯대·낚싯줄·손을 통하여 느껴지는 감촉으로 물고기를 낚는 방법. ↔찌낚시.
맥-놀이(脈-) [맹-] 몡[물] 진동수가 약간 다른 두 개의 파(波)가 간섭(干涉)을 일으켜 진폭이 주기적으로 변하는 현상. =울림.
맥동(脈動) [-똥] 몡 1 맥박처럼 주기적·율동적인 움직임. 또는, 그렇게 움직이는 일. 2 [지] 지진 이외의 자연적 원인으로 지면이 수초(數秒)의 주기로 진동하는 현상. 3[천] 항성이 수축·팽창을 규칙적으로 반복하는 일. ~ 변광성.
맥동^전:류(脈動電流) [-똥절-] 몡[물] 흐르는 방향은 일정하나 그 크기가 주기적으로, 또는 단시간 동안만 맥박 뛰듯이 변화하는 전류. =맥류(脈流). ▷정상 전류.
맥락(脈絡) [맹낙] 1[생] 혈맥이 서로 연락되어 있는 계통. 2 사물이 서로 잇닿아 있는 관계나 연관. ¶말의 앞뒤가 ~이 닿지 않는다.
맥락-막(脈絡膜) [맹낭-] 몡[생] 눈알의 뒷부분을 형성하는 흑갈색의 얇은 막. 외부에서 들어오는 빛을 차단하며, 눈알에 영양을 공급함.
맥류(麥類) [맹뉴] 몡 보리 종류의 총칭. 보리·귀리·밀 따위.
맥맥-이(脈脈-) [맹-] 뮈 끊임없이 줄기차게. ¶수천 년 동안 ~ 이어 온 민족정신.
맥맥-하다(脈脈-) [맹매카-] 혱〈여〉 1 코가 막혀 숨쉬기가 곤란하다. ¶감기로 코가 ~. 2 생각이 잘 돌지 않아 답답하거나 갑갑하다. ¶우리는 왜 늘 요 꼴인지 생각만 하여도 가슴이 메이는 듯 **맥맥한** 한숨이 연발을 하는 것이었다.《김유정:금 따는 콩밭》 **맥맥-히**
맥문-동(麥門冬) [맹-] 몡 1[식] 백합과의 여러해살이풀. 산의 나무 그늘에 자라며, 여름에 담자색의 작은 꽃이 핌. 덩이뿌리는 약재로 쓰임. =겨우살이풀. 2[한] 1이나 소엽 맥문동의 뿌리. 보음(補陰)·거담 등에 약재로 쓰임.
맥박(脈搏) [-빡] 몡[생] 심장 박동에 의해 생기는 동맥벽의 진동이 말초 혈관으로 전파된 것. ¶~이 뛰다/~이 약하다/~을 재다. 준맥.
맥박(이) 치다 1 맥박이 뛰다. 2 힘차게 약동하다.
맥반-석(麥飯石) [-빤-] 몡[광] 황백색의 거위 알 또는 뭉친 보리밥 모양의 천연석. 예로부터 정수(淨水) 작용이 있는 돌로 알려짐.
맥석(脈石) [-썩] 몡[광] 광상·광석에 섞여 있으나 경제적 가치가 없는 광물의 총칭. 석영·방해석 따위.
맥수지탄(麥秀之歎·麥秀之嘆) [-쑤-] 몡 [기자(箕子)가, 은(殷)나라가 망한 후에도 보리만은 잘 자라는 것을 보고 한탄했다는 고사에서] 고국의 멸망을 한탄함.
맥시(maxi) 몡 길이가 발목까지 내려오는 스커트나 코트. ¶~ 코트.
맥시멈(maximum) 몡 수량이나 정도가 최대인 것. ↔미니멈.
맥아(麥芽)〖명〗=엿기름.
맥아-당(麥芽糖)[-](명)(화)=엿당.
맥암(脈巖·脈岩)〖명〗〖광〗암맥을 이루는 화성암(火成巖).
맥압(脈壓)〖명〗〖생〗최고 혈압과 최저 혈압의 차이.
맥-없다(脈-)[-업따]〖형〗기운이 없다. **맥없-이**¹〖부〗¶~ 주저앉다.
-맥없이²(脈-)[-업씨]〖부〗아무 까닭도 없이.〖비〗공연히.¶~ 화를 낸다.
맥주(麥酒)[-쭈]〖명〗엿기름에 홉(hop)을 넣어 발효시킨 술. 알코올 성분이 적고 이산화탄소가 들어 있으며 쓴맛이 있음.
맥주-병(麥酒瓶)[-쭈뼝]〖명〗1 맥주를 담는 병. 또는, 맥주가 들어 있는 병. 2 수영을 전혀 못 하는 사람을 조롱하여 일컫는 말.
맥주-잔(麥酒盞)[-쭈짠]〖명〗맥주를 부어 마시는 잔. 또는, 맥주를 담은 잔.
맥주-홀(麥酒hall)[-쭈-]〖명〗접대부를 두고 맥주나 양주 등을 파는 술집.
맥줏-집(麥酒-)[-쭈찝·-쭏찝]〖명〗주로 맥주를 파는 술집.
맥진(脈診)[-찐]〖명〗〖한〗1 =진맥. 2 맥박의 수나 강약으로 병세를 판단하는 진단법. **맥진-하다**〖동〗〖타〗〖여〗
맥-질[-찔]〖명〗1 '매흙질'의 준말. 2 매흙질하듯 뒤바르는 짓.¶지운 스님의 장삼은 갈가리 찢겨져 있었고 얼굴은 피와 땀으로 ~이 되어 있었다.〈조정래:소설 대장경〉 **맥질-하다**〖동〗〖자〗〖여〗
맥-쩍다[-따]〖형〗1 심심하고 무료하다.¶우두커니 **맥쩍게** 앉아 있다. 2 대하기가 부끄럽고 쑥스럽다.¶싸우고 나서 만나려니 ~. ×맥적다.
맨¹〖관〗'그보다 더할 수 없을 정도로 가장'의 뜻.¶~ 앞(뒤) / ~ 처음(나중) / ~ 꼭대기.
맨²〖부〗다른 것은 없고 오로지. 사물이 온통 한 가지만 있는 상태를 못마땅하게 여길 때 쓰는 말임.〖비〗온통.¶모임에 갔더니 남자는 없고 ~ 여자뿐이더라.
맨-³〖접두〗일부 명사 앞에 붙어, 아무것도 갖추거나 지니지 않은 채 그냥 그대로임을 나타내는 말.¶~살 / ~머리 / ~바닥.
맨-꽁무니〖명〗밑천이 없이 어떤 일을 하는 경우를 일컫는 말. 또는, 그러한 사람.
맨-날〖부〗'만날'의 잘못.
맨-눈〖명〗돋보기 따위의 안경을 쓰지 않고 직접 보는 눈.〖비〗육안.¶글씨가 깨알 같아 ~으로는 안 보인다.
맨-다리〖명〗살을 드러내 보인 다리.
맨둥맨둥-하다〖형〗〖여〗'민둥민둥하다'의 작은말. **맨둥맨둥-히**〖부〗
맨드라미〖명〗〖식〗비름과의 한해살이풀. 높이 90cm 정도. 7~9월에 닭의 볏 모양의 빨강·노랑·흰색의 꽃이 핌. 꽃은 지사제로 쓰며, 관상용으로 심음. =계관(鷄冠)·계관초.
맨드리〖명〗1 옷을 다 입고 매만진 맵시.¶~가 곱다 / 흠을 잡아 말한다면 키가 너무 커서 ~가 없고….〈홍명희:임꺽정〉 2 물건이 이루어진 모양새.
맨드릴(mandrill)〖명〗〖동〗포유류 긴꼬리원숭잇과의 한 종. 털빛은 암갈색을 띠고 꼬리가 짧음. 수컷은 콧날과 입이 빨갛고 뺨은 푸름.
맨-땅〖명〗1 아무것도 깔지 않은 땅.¶~에서 뒹굴다. 2 거름을 주지 않은 생땅. =나지(裸地).

맨망〖명〗(주로 '맨망을 떨다'의 꼴로 쓰여) 요망스럽게 함부로 까부는 태도.¶~을 떨다.
맨망-스럽다[-따]〖형〗〖ㅂ〗〈~스러우니, ~스러워〉맨망한 데가 있다. **맨망스레**〖부〗
맨망-하다〖형〗〖여〗요망스럽게 까불어 진득하지 않다. **맨망-히**〖부〗
맨-머리〖명〗1 아무것도 쓰지 않은 머리. 2 낭자를 하지 않고 그대로 쪽 찐 머리.
맨-몸〖명〗1 옷을 입지 않고 벌거벗은 몸.〖비〗알몸. 2 아무것도 지니지 않은 몸.¶~으로 시작하여 5년 만에 내 집을 마련했다.
맨-몸뚱이〖명〗'맨몸'을 속되게 이르는 말.
맨-바닥〖명〗아무것도 깔지 않은 바닥.〖비〗날바닥.¶~에서 자다.
맨-발〖명〗양말이나 신 등을 신지 않은, 맨살 상태의 발. =선족(跣足).¶모래사장을 ~로 다니다.
맨발(을) 벗고 나서다〖구〗어떤 일에 아주 적극적으로 개입하다.
맨-밥〖명〗반찬이 없는 밥.¶~을 먹다.
맨-살〖명〗아무것도 입거나 걸치거나 하지 않아 드러나 있는 살.¶허연 ~을 드러내다.
맨션(†mansion)〖명〗[본뜻은 '대저택'] 대형 고급 아파트. =맨션아파트.¶호화 ~.
맨션-아파트(←†mansion apartment)〖명〗=맨션.
맨-손〖명〗1 장갑 따위를 끼지 않거나 천 따위로 감지 않은, 맨살 상태의 손.¶전기가 통하는 물건을 ~으로 만지면 위험하다. 2 무기나 도구 따위를 잡거나 들지 않은 상태의 손.¶~으로 적과 맞서다.〖비〗도수(徒手). 3 사람이 아무것도 소유하거나 준비한 것이 없는 상태를 비유하여 이르는 말.〖비〗빈손.¶~으로 이룬 재산.
맨손^체조(-體操)〖명〗〖체〗도구나 기구 없이 하는 체조. =도수 체조. ↔기계 체조.
맨송-맨송〖부〗1 몸에 털이 있어야 할 자리에 털이 없어 반반한 모양. 2 산에 나무나 풀이 없는 모양. 3 술을 마시고도 취하지 않아 정신이 말짱한 모양.〖큰〗민숭민숭. ×맨숭맨숭·맹숭맹숭. **맨송맨송-하다**〖형〗〖여〗아무러 마셔도 **맨송맨송하니** 어쩌지? **맨송맨송-히**〖부〗
맨숭-맨숭〖부〗'맨송맨송'의 잘못.
맨-얼굴〖명〗1 화장을 하지 않은 얼굴. 또는, 화장을 하지 않은 얼굴.¶~이 더 예쁜 스무 살 처녀 / 그 여자는 남편에게 ~을 보인 적이 없다. 2 햇빛이나 추위 따위를 피할 수 없게 그냥 노출된 얼굴.¶여름 햇빛을 자외선 차단 크림을 바르지 않고 ~로 다니다.
맨-입[-닙]〖명〗(주로 '맨입에', '맨입으로'의 꼴로 쓰여)1 아무 대가도 치르지 않은 상태.〖비〗공짜.¶부탁을 들어 달라고? 그게 ~으로 되냐? 2 맵거나 짜거나 하여 다른 음식과 함께 먹어야 함에도, 다른 음식을 먹지 않은 상태.¶밥은 안 먹고 ~에 김치만 먹는다.
맨-정신(-精神)〖명〗술에 취하거나 넋이 나가거나 하지 않은 말짱한 정신.¶~에는 하지 못할 말을 술김에 퍼붓다.
맨-주먹〖명〗1 무기 따위를 들지 않은 상태의 주먹.¶적과 ~으로 싸우다. 2 사람이 아무것도 가진 것 없는 상태를 비유하여 이르는 말. =공권.〖비〗빈주먹.¶사업을 ~으로 시작하다.
맨투맨(man-to-man)〖명〗1〖체〗농구·축구·핸드볼 등에서, 수비가 공격에 맞서 일대일로 이뤄지는 것.¶~ 수비 / ~ 작전. 2 어떤 일

맨투맨^디펜스(man-to-man defence) 〖명〗〖체〗=대인 방어. ↔="전 디펜스.
맨틀(mantle) 〖명〗〖지〗지구 내부의, 지각(地殼)과 핵 사이에 있는 부분.
맨홀(manhole) 〖명〗지하의 수도관·하수도·배선(配線) 등을 점검하거나 수리 하는 데 청소하기 위하여 사람이 드나들 수 있도록 만든 구멍. ¶~ 공사.
맴¹ 〖명〗(주로, 동사 '돌다'와 함께 쓰여) 제자리에서 스스로 도는 일. 또는, 어느 곳의 둘레를 도는 일. ¶솔개가 공중에서 ~을 돈다. 〖본〗매암.
맴-돌다 〖동〗〖자변〗〈~도니, ~도오〉1 (사람·동물 등이) 제자리에서 스스로 돌다. ¶한곳에서 **맴도는** 춤사위. 2 (사람·동물, 또는 비행기 따위의 물체가) 어느 곳의 둘레를 (에서) 원을 그리며 돌다. ¶수상한 사람이 집 주위를 **맴돌고** 있다. 3 (어떤 생각이나 모습 등이 머릿속이나 눈앞에서) 자꾸 떠오르거나 나타나는 상태이다. ¶어머니의 모습이 눈앞에서 ~. 4 (어떤 일이 어느 수준이나 범위에서[를]) 벗어나지 못하고 머물러 있는 상태가 되다. ¶성적이 하위권에서 ~.
맴돌리다 〖동〗'맴돌다'의 사동사.
맴:돌-이 〖명〗1 맴을 도는 일. 2 =소용돌이. 3 〖수〗=회전체2. **맴돌이-하다** 〖동〗〖자변〗
맴:돌이^전:류(-電流) 〖명〗자기력선속(磁氣力線束)이 변화할 때, 전자기 유도에 의해 도체 속에 흐르는 소용돌이 모양의 전류. =와전류·푸코전류.
맴매 〈유아〉매¹. **맴매-하다** 〖동〗〖타변〗〈유아〉매를 때리다. ¶자꾸 조르면 너 **맴매한다**.
맴-맴¹ 〖부〗매미의 수컷이 우는 소리. ¶매미가 ~ 운다. 〖본〗매암매암.
맴:-맴² 아이들이 맴돌 때에 부르는 소리. ¶고추 먹고 ~ 달래 먹고 ~.
맵다 [-따] 〖형〗〈매우니, 매워〉1 (먹는 대상이) 혀로 느끼기에 고추의 맛과 같이 톡 쏘는 듯이 알알하고 따갑다. ¶**매운** 고추. 2 (연기나 최루탄 따위가) 눈이나 코를 알알하고 따갑게 하는 상태에 있다. 〖비〗아리다. ¶담배 연기가 ~. 3 (찬 바람이나 날씨가) 몸이나 피부에 몹시 차갑고 알알한 느낌을 주는 상태에 있다. ¶한겨울답게 바깥공기가 패~. 4 (어떤 대상이나 일이) 사납고 모질다. 〖비〗독하다. ¶손이 ~ / **매운** 시집살이.
맵디-맵다 [-띠-따] 〖형〗〈~매우니, ~매워〉몹시 맵다.
맵살-스럽다 [-쌀-따] 〖형〗〈-스러우니, -스러워〉(말이나 행동이) 매우 미움을 받을 만하다. 〖큰〗밉살스럽다. **맵살스레** 〖부〗
맵시 [-씨] 〖명〗어떤 대상의 멋스러운 모양새. =태(態). ¶옷~/~를 내다/~ 있게 옷을 입다.
맵-싸하다 〖형〗고추나 겨자처럼 맵고도 싸하다. ¶**맵싸한** 찌개 맛이 식욕을 돋운다.
맵쌀 〖명〗1 찐 메밀을 약간 말린 다음, 찧어서 껍질을 벗긴 쌀. 2 '멥쌀'의 잘못.
맵자다 〖형〗'맵자하다'의 잘못.
맵자-하다 [-짜-] 〖형〗모양이 제격에 어울려 맵시가 있다. ¶한복을 **맵자하게** 차려입다. ×맵자다.
맵-짜다 〖형〗1 음식의 맛이 맵고 짜다. ¶반찬이 ~. 2 바람 따위가 매섭게 사납다. 3 성미가 사납고 독하다. ¶**맵짠** 눈으로 흘겨보다. 4 성질 따위가 야무지고 옹골차다. ¶살림 솜씨가 ~.
맷-감 [매깜/맫깜] 〖명〗1 매를 맞아 마땅한 짓. 2 매로 쓸 만한 물건.
맷-독 (-毒) [매똑/맫똑] 〖명〗매를 맞은 상처에 나는 독기. ¶심하게 맞아 ~이 올랐다.
맷-돌 [매똘/맫똘] 〖명〗곡식을 가는 데 쓰이는 기구. 둥글넓적한 돌 두 개를 포갠 것으로, 위짝에 뚫린 구멍으로 갈 곡식을 넣으면서 손잡이를 돌려서 갊. =돌매·마석(磨石)·석마(石磨). ¶녹두를 ~에 갈다. 〖준〗매.
맷돌-질 [매똘-/맫똘-] 〖명〗맷돌에다 곡식을 가는 일. **맷돌질-하다** 〖동〗〖자변〗
맷맷-하다 [맨매-] 〖형〗'밋밋하다'의 작은말. **맷맷-이** 〖부〗
맷-방석 (-方席) [매빵-/맫빵-] 〖명〗맷돌이나 매통을 쓸 때 밑에 까는, 짚으로 결어 만든 둥근 전이 있는 물건.
맷-손 [매쏜/맫쏜] 〖명〗맷돌이나 매통을 돌리는 손잡이.
맷-손 [매쏜/맫쏜] 〖명〗매질의 세고 여린 정도. ¶~이 맵다.
맷-집 [매찝/맫찝] 〖명〗1 매를 맞아 견뎌 내는 힘이나 정도. ¶저 권투 선수는 ~이 좋다. 2 때려 볼 만하게 통통한 살집. ¶~ 좋은 게집.
맹-¹ 〖접두〗'아무것도 섞이지 않은'의 뜻을 나타내는 말. ¶~물 / ~탕.
맹:-² (猛) 〖접두〗'맹렬한'의 뜻을 나타는 폭풍. ¶~공 / ~활약 / ~훈련.
맹:-견 (猛犬) 〖명〗몹시 사나운 개.
맹:-공 (猛攻) 〖명〗'맹공격'의 준말. ¶~을 퍼붓다.
맹:-공격 (猛攻擊) 〖명〗맹렬히 공격하는 것. 또는, 그 공격. ¶~을 가하다. 〖준〗맹공·맹공.
맹:공격-하다 〖동〗〖타변〗
맹그로브 (mangrove) 〖명〗〖식〗열대 또는 아열대의 해안이나 하구 등 바닷물이 밀려드는 진흙땅에 자라는 관목 또는 교목의 무리.
맹근-하다 〖형〗약간 미지근하다. ¶물이 식을. 〖큰〗밍근하다. **맹근-히** 〖부〗
맹:금-류 (猛禽類) [-뉴] 〖명〗〖동〗매목(目)과 올빼미목(目)의 총칭. 몸이 크고 부리와 발톱이 날카로우며 눈과 귀가 발달하였음. 다른 새나 작은 동물을 잡아먹음. 매·수리·부엉이 따위.
맹:-꽁꽁 〖부〗맹꽁이가 우는 소리. **맹:꽁맹꽁-하다** 〖동〗〖자변〗
맹:꽁이 〖명〗1 〖동〗양서류 개구리목 맹꽁잇과의 한 종. 몸길이 40mm 내외, 몸이 뚱뚱하고 머리는 작음. 황색 바탕에 청색 또는 흑색의 무늬가 있음. 비가 오거나 흐린 날에 요란하게 욺. 울음소리는 '맹꽁맹꽁'. 2 야무지지 못하고 하는 짓이 답답한 사람을 놀림조로 이르는 말. ¶이런 ~ 같으니, 그것도 몰라?
맹:꽁이-배 〖명〗맹꽁이처럼 불록 튀어나온 배.
맹:꽁이-자물쇠 [-쐬/-쒜] 〖명〗서양식 자물쇠. 반타원형의 고리와 몸통의 두 부분으로 되어, 열쇠로 열면 고리의 한쪽 다리가 몸통에서 떨어져 나옴.
맹-눈 (盲-) 〖명〗'까막눈'의 잘못.
맹도-견 (盲導犬) 〖명〗장님에게 길 안내를 하도록 훈련된 개.
맹:-독 (猛毒) 〖명〗맹렬한 독. ¶독사의 ~ / ~이 온몸에 퍼지다.
맹:독-성 (猛毒性) [-썽] 〖명〗매우 독한 성질. ¶~ 중금속이 검출되다.

맹:랑(孟浪) [-낭] →맹:랑-하다[-낭-] 형
1 이치에 맞지 않고 허망하다. ¶장안에 맹랑한 소문이 돌고 있다. 2 (하는 짓이) 깜찍하고 당돌하다. ¶나이도 어린 녀석이 아주 맹랑하구나. 3 (일 따위가) 처리하기가 매우 어렵고 곤란하다. ¶맹랑한 질문. 맹:랑-히 부

맹:렬(猛烈) [-녈] →맹:렬-하다[-녈-] 형 (기세가) 몹시 사납고 세차다. ¶맹렬한 공격 / 맹렬한 반대에 부닥치다. 맹:렬-히 부

맹:렬-파(猛烈派) [-널-] 명 어떤 일에 열성적인 사람을 속되게 이르는 말.

맹맹-하다 형여 코가 막혀서 말을 할 때 코울림 소리가 나면서 갑갑하다. ¶코가 ~.

맹:모삼천지교(孟母三遷之敎) 명 맹자의 어머니가 맹자에게 훌륭한 교육 환경을 만들어 주기 위해 세 번 이사한 일. =삼천지교. 준삼천.

맹목(盲目) 명 1 =먼눈. 2 사리 판단에 어두운 상태. ¶~에 빠지다[흐르다].

맹목-적(盲目的) [-쩍] 관명 사리를 따지지 않고 덮어놓고 하는 (것). ¶~ 사랑 / ~으로 따르다.

맹문 명 일의 시비(是非)나 경위. ¶~도 모르고 참견하지 마라.

맹문-이 명 일의 시비나 경위를 모르는 사람. ¶"우리 집 여편넨요, 보통학교 하나는 명색 졸업이라구 해서, 아주 ~는 아니지요.《심훈:상록수》

맹-물 명 1 아무것도 타지 않은 물. ¶이건 고 깃국이 아니라 ~이다. 2 하는 짓이 야물지 못하고 싱거운 사람.

맹방(盟邦) 명 1 동맹을 맺은 나라. 2 목적을 서로 같이하여 친선을 도모하는 나라.

맹서(盟誓) 명 '맹세'의 원말.

맹:성(猛省) 명 매우 깊이 반성하는 것. ¶~을 촉구하다. 맹:성-하다 동타여

맹세(盟誓*) 명 [誓의 본음은 '서'] 1 신이나 부처 앞에서 약속하는 것. 2 (목표나 약속을) 반드시 이룰 것을 굳게 다짐하는 것. 원맹서. 맹세-하다 동자타여 ¶충성을 ~.

맹세-지거리(盟誓*-) 명 실답지 않은 말로 하는 맹세. 또는, 그러한 말씨. 맹세지거리-하다 동자여

맹세-코(盟誓-) 부 맹세하건대. ¶~ 충성을 다하겠습니다.

맹:-속력(猛速力) [-송녁] 명 매우 빠른 속력.

맹:수(猛獸) 명 사나운 짐승. ¶~를 길들이다.

맹숭-맹숭 부 '맨송맨송'의 잘못.

맹:습(猛襲) 명 맹렬히 습격하는 것. 맹:습-하다 동타여

맹신(盲信) 명 옳고 그름을 가리지 않고 무조건 믿는 것. ¶~자(者). 맹신-하다 동타여

맹신-적(盲信的) 관명 옳고 그름을 가리지 않고 덮어놓고 믿는 (것). ¶~ 태도 / ~으로 믿다.

맹아(盲兒) 명 눈이 먼 아이.

맹아²(盲啞) 명 소경과 벙어리. ¶~ 교육.

맹아³(萌芽) 명 1 [식] 식물의 새로 트는 싹. 2 사물의 시초.

맹아-기(萌芽期) 명 1 식물의 새싹이 틀 무렵. 2 사물이 비롯하는 때. ¶개화의 ~.

맹아^학교(盲啞學校) [-꾜] 명 소경·귀머거리·벙어리에게 특수한 교육을 베푸는 학교.

맹:약(盟約) 명 1 맹세하여 굳게 약속하는 것. 또는, 그 약속. ¶~을 지키다[어기다]. 2 동맹을 약속하는 것. 또는, 그 조약. 맹약-하다

맹:-연습(猛練習) [-년-] 명 맹렬하게 연습하는 것. 또는, 그 연습. ¶금메달을 목표로 ~을 하다. 맹:연습-하다 동자타여

맹우(盟友) 명 맹약을 맺은 벗.

맹:위(猛威) 명 사나운 위세. ¶동장군(冬將軍)이 며칠째 ~를 떨치고 있다.

맹인(盲人) 명 눈에 이상이 있어 사물을 전혀 볼 수 없는 사람. 완곡어는 '시각 장애인'. 비소경·장님·봉사. ¶~을 위한 점자(點字) 교육.

맹인^학교(盲人學校) [-꾜] 명 시각 장애인을 대상으로 특수한 교육을 베푸는 학교.

맹:자(孟子) 명[책] 사서(四書)의 하나. 맹자의 언행이나 사상을 기록한 책.

맹장¹(盲腸) 명[생] 1 척추동물에서, 소장(小腸)에서 대장(大腸)의 이행부에 있는, 주머니 모양의 부분. =막창자. 2 '충수(蟲垂)²'의 잘못.

맹:장²(猛將) 명 용맹한 장수.

맹장-염(盲腸炎) [-념] 명〈속〉충수염.

맹점(盲點) [-쩜] 명 1 [생] 시세포가 없어 빛깔이나 색을 느끼지 못하는, 망막의 흰색 돌기. =맹반(盲斑). 2 의식하지 못한 허점. ¶~을 드러내다.

맹종(盲從) 명 (남의 명령·충고·권유 등에 [을]) 옳고 그름을 가리지 않고 덮어놓고 따르는 것. 맹종-하다 동자타여 ¶요즘 세대는 더 이상 부모의 말에 맹종하지 않는다.

맹주(盟主) 명 동맹을 맺은 집단의 우두머리.

맹:진(猛進) 명 힘차게 나아가는 것. 맹:진-하다 동자여

맹추 명 똑똑하지 못하고 흐리멍덩한 사람. 얕잡는 말. 준멍추.

맹:-추격(猛追擊) 명 몹시 세차고 사나운 기세로 쫓는 것. 맹:추격-하다 동타여 ¶1위 팀을 1점 차로 ~.

맹:추격-전(猛追擊戰) [-쩐] 명 몹시 세차고 사나운 기세로 쫓아가서 공격하는 활동. 특히, 운동 경기 따위에서 뒤지는 편이 이기는 편을 따라잡기 위한 활동.

맹:타(猛打) 명 맹렬하게 때리거나 공격하는 것. ¶~를 퍼붓다[가하다]. 맹:타-하다 동타여

맹:-탕(-湯) Ⅰ 명 1 맹물같이 싱거운 국. ¶말이 고깃국이지 고기 한 점 구경하기 어려운 ~이다. 2 옹골차지 못하고 싱거운 사람. ¶이제 보니 사람이 아주 ~이다.
Ⅱ 부 터무니없이 마구. ¶~ 고집을 부리다.

맹폭¹(盲爆) 명 정해진 목표 없이 마구 퍼붓는 폭격. 또는, 무차별 폭격. 맹폭-하다¹ 타여

맹:폭²(猛爆) 명 =맹폭격. 맹:폭-하다² 타여

맹:-폭격(猛爆擊) [-껵] 명 맹렬한 폭격. =맹폭(猛爆). 맹:폭격-하다 동타여

맹:-하다 형여 (사람이) 싱겁고 흐리멍덩하다. ¶사람이 맹해서 제 앞가림도 못한다.

맹:호(猛虎) 명 사나운 호랑이.

맹:-활동(猛活動) [-똥] 명 맹렬한 활동. ¶그의 ~으로 부진했던 사업이 제 궤도에 올랐다. 맹:활동-하다 동자여

맹:-활약(猛活躍) 명 눈부신 활약. ¶주장의 ~으로 스코어가 역전되었다. 맹:활약-하다

맹:-훈련(猛訓鍊)[-홀-] 명 맹렬히 하는 훈련. 맹:훈련-하다 동재여 ¶시합을 앞두고

맹휴(盟休) 명 1'동맹 휴학'의 준말. 2'동맹 휴업'의 준말. 맹휴-하다 동재여

맺는-말[맨-] 명 1책이나 논문의 마지막을 마무리히 간단히 하는 글. 2강연·강의·연설 등의 마지막을 마무리히 간단히 하는 말.

맺다[맨따] 동 1타 1(끄나풀·노끈·실 따위를) 그 끝과 끝을 얽어서 매듭이 진 상태로 이어지게 하다. ¶실 끝을 ~. 2(사람이 사람, 단체와 단체, 사람과 단체가 어떤 관계나 인연 등을) 이루어 가지다. ¶조약을 ~/의형제를 ~. 3(하던 말이나 글, 일 등을) 끝이 난 상태로 마무리하다. 비완결하다. ¶사람은 매사에 끝을 잘 맺어야 한다. 4(식물이 꽃망울이나 열매를) 둥그스름한 덩어리 상태로 이루다. ¶열매를 ~. 5(습기가 물방울을) 이룬 상태로 되다. ¶따뜻한 공기가 찬 유리컵의 표면에 닿아 물방울을 ~. 2자 1(식물이 꽃망울이나 열매를) 둥그스름한 덩어리 상태로 되다. ¶나무에 열매가 ~. 2(물방울이) 공기 중의 작은 수분이 모여 생기다. ¶풀잎에 이슬이 ~.

맺고 끊은 듯하다 구 (하는 일이) 사리가 분명하고 빈틈이 없다.

맺음-말 명 =결론(結論)2.

맺-히다[매치-] 자 1'맺다1·4·5'의 피동사. ¶유리창에 물방울이 ~. 2(눈물 따위가 눈에에) 방울져 달리다. ¶눈물이 ~. 3(원한 따위의 감정이) 마음속에 잊히지 않고 깊이 자리 잡다. ¶한이 ~. 4(살 속에 피가) 퍼렇게 드러나 보이도록 뭉치다. ¶상처에 피가 ~. 5(사람의 됨됨이가) 꼭 짜이다.

맺힌 데가 없다 구 1(성격이) 꽁하지 않다. ¶맺힌 데가 없이 싹싹한 청년. 2(사람 됨됨이가) 꼭 짜인 데가 없다.

먀련 명 '매련'의 잘못.

먀오^족(苗族) 명 중국 구이저우 성(貴州省)·윈난 성(雲南省)·후난 성(湖南省) 등지에 거주하는 소수 민족. 우리 한자음으로는 묘족.

먀옥-하다 형여 '매욱하다'의 잘못.

말갛다[-가타] 형ㅎ<말가니, 말가오, 말개> 환하게 말갛다. 율밀겋다.

머 대지시인칭감 '무엇' 또는 '무어'의 준말. ¶~가 어때?/~가, 누가 보았다고?

머귀-나무¹ 명식 운향과의 낙엽 활엽 교목. 높이 15m 정도. 가시가 많으며 5월에 황백색 꽃이 핌. 나무는 닥복신 재료로 쓰이고, 열매는 약용함. 따뜻한 해안 부근에서 자람.

머귀-나무² 명식 '오동나무'의 잘못.

머그-잔(mug盞) 명 손잡이가 달리고 받침이 없으며 옆면이 수직을 이루는, 다소 큰 형태의 컵.

머금다[-따] 동타 1삼키거나 씹지 않고 입 속에 넣고만 있다. ¶물을 한 모금 ~. 2(눈에 눈물을) 글썽거리다. ¶기쁨의 눈물을 ~. 3잎이나 꽃에 물기를 가지다. ¶이슬을 머금은 한 떨기 장미. 4(입이나 얼굴에 웃음 등을) 조금 나타내다. ¶입가에 엷은 미소를 ~. 5(바람이 어떤 기운을) 안에 머물다. ¶비릿한 생선 냄새를 머금은 바람이 부두 쪽에서 불어왔다.

머!나-먼 관 아주 먼. ¶~ 고향.

머:-다랗다[-라타] 형ㅎ<~다라니, ~다랗오, ~다래> 꽤 또는 퍽 멀다.

머더보드(motherboard) 명 컴퓨터의 본체에 들어 있는 주 회로 기판.

머드^게임(MUD game) 명 [MUD:multi-user dungeon][컴] 인터넷 등을 통해 동시에 여러 명이 진행하는 게임.

머드러기 명 많은 과실이나 생선 중에서 가장 굵거나 큰 것.

머드레-콩 명 밭 가로 둘러 심은 콩.

머드-팩(mudpack) 명 피부 미용을 위해 얼굴에 진흙을 바르는 일.

머루 명식 포도과의 낙엽 덩굴나무. 왕머루와 비슷하나 잎 뒷면에 적갈색 털이 있음. 흑자색 열매가 달림. 21의 열매. =산포도.

머리¹ 명 1사람이나 동물의 목 위에 있는 신체 부분. 비두부(頭部)·두상(頭上). ¶~를 숙이다[들다]/~를 끄덕이다. 2사람의 몸에서, 뇌가 들어 있는 부분. 또는, 머리털이 있거나 나 있던 부분. ¶~가 아프다/~에 모자를 쓰다. 3사고(思考)의 작용이나 능력. 또는, 정신의 기능. 비두뇌. ¶~를 쓰다/~가 좋다. 4사람의 목 위의 신체 부분 중 뇌가 있는 부분의 피부 바깥으로 난 털. 비머리털. ¶~가 길다[짧다]/~를 깎다. 5(일부 명사나 자립성이 없는 말 뒤에 쓰여) 사람의 두부(頭部)에 난 털이 일정한 형태를 이룬 상태에 대한 명칭을 나타내는 말. ¶더벅~/곱슬~. 6(주로, 일부 명사나 관형사와 합성어를 이루어) 사물의 앞이나 위, 한쪽 끝, 또는 시작을 이루는 부분. ¶뱃~/~말/첫~/밥상~. 7[음] 음표의 희거나 검고 둥근 부분. 8한자의 윗부분을 이루는 부수. '電', '電'에서 '山', '雨' 따위. 비갓~. 머리-하다 재여 (주로 여자가) 파마나 드라이 등을 하여 머리를 매만지다. ¶머리하러 미장원에 가다.

[머리 검은 짐승은 남의 공을 모른다] 사람은 흔히 짐승보다도 더 남의 공을 잊고 지내는 수가 있다.

머리가 가볍다 구 상쾌하여 마음이나 기분이 가뜬하다. ¶한숨 잤더니 한결 ~.

머리가 돌아가다[돌다] 구 임기응변으로 생각이 잘 떠오르거나 미치다. ¶미스터 김은 머리가 잘 돌아가는 친구야.

머리가 무겁다 구 기분이 좋지 않거나 골이 멍하다. ¶신경을 많이 썼더니 ~.

머리가 수그러지다 구 존경하는 마음이 일어나다. ¶그의 봉사 정신에 절로 ~.

머리(가) 굳다 구 1사고방식이나 사상 따위가 완고하다. 2기억력 따위가 무디다.

머리(를) 굽히다 구 굴복하거나 저자세를 보이다. =머리(를) 숙이다. ¶아쉬운 쪽이 머리를 굽히고 들어가야지.

머리(를) 깎다 구 1승려가 되다. 비유적으로 이르는 말임. ¶머리를 깎고 절에 들어가다. 2교도소에 들어가 복역하다. 비유적으로 이르는 말임.

머리(를) 내밀다 구 (어떤 자리에) 그 존재를 나타내다. ¶어딜 갔다 이제야 머리를 내미니?

머리(를) 들다 구 (눌려 있거나 숨겨 왔던 생각·세력 따위가) 겉으로 드러나게 되다. ¶퇴폐풍조가 ~.

머리를 쥐어짜다 구 몹시 애를 써서 궁리하다. ¶아무리 머리를 쥐어짜도 뾰족한 수가 없다.

머리(를) 맞대다 구 어떤 일을 의논하거나

머무르다●607

머리(를) 모으다 ⟨귀⟩ 1 중요한 이야기를 하기 위하여 서로 바투 모이다. ¶머리를 모으고 숙의(熟議)에 숙의를 거듭하다. 2 여러 사람의 의견을 종합하다.
머리(를) 박다 ⟨귀⟩⟨속⟩ 기합을 받을 때, 머리를 바닥에 대고 엎드리는 자세가 되다.
머리(를) 숙이다 ⟨귀⟩ 1 =머리(를) 굽히다. 2 마음속으로 탄복하여 수긍하거나 경의를 표하다.
머리(를) 식히다 ⟨귀⟩ 흥분되거나 긴장된 마음을 가라앉히다. ¶머리를 식히러 교외로 나가다.
머리(를) 싸매고 ⟨귀⟩ 있는 힘과 마음을 다하여. ¶~ 공부를 하다.
머리(를) 쓰다 ⟨귀⟩ 어떤 일에 대하여 이모저모로 깊이 생각하다.
머리(를) 얹다 ⟨귀⟩ 1 여자의 긴 머리를 두 갈래로 땋아 엇바꾸어 양쪽 귀 뒤로 돌려서 이마 위쪽에 한데 틀어 얹다. 2 어린 기생이 정식으로 기생이 되어 머리를 쪽 찌다. 3 여자가 시집을 가다. ¶머리 얹을 나이가 되다.
머리(가) 크다[굵다] ⟨귀⟩ 성인(成人)이 되다. ¶머리가 컸다고 부모한테 말대꾸냐?
머리(를) 풀다 ⟨귀⟩ 상제(喪制)가 되다.
머리(를) 흔들다 ⟨귀⟩ 진저리를 치거나 강한 거부 의사를 나타내다. ¶그는 노름으로 재산을 날린 뒤로 화투 소리만 들어도 **머리를 흔들었다.**
머리² 1 덩어리를 이룬 수량의 정도를 나타내는 말. 2 '돈머리'의 준말.
-머리³ ⟨접미⟩ 일부 명사나 자립성이 없는 말에 붙어, 사람의 어떤 속성이나 태도를 낮추어 이르는 말. ¶버르장~ / 인정~ / 진절~.
머리-글 명 =머리말1.
머리-글자(-字)[-짜] 명 =이니셜.
머리-기사(-記事) 명 신문·잡지 따위의 첫머리에 싣는 중요한 기사. ¶톱기사. ¶테러 사건을 ~로 다루다.
머리-꼭지[-찌] 명 머리의 맨 위의 가운데.
머리-끄덩이 명 머리채나 머리털의 끄트머리를 속되게 이르는 말. ¶~를 휘어잡고 싸우다.
머리-끝[-끋] 명 1 머리의 끝. ¶화가 ~까지 치밀어 오르다. 2 머리털의 끝. ¶~에 댕기를 드리다.
머리끝에서 발끝까지 ⟨귀⟩ '몸 전체'를 강조하여 이르는 말. ¶~ 귀금속으로 장식하다.
머리-띠 명 1 이마에 두르는 좁고 긴 천. ¶~를 두르고 농성을 벌이는 노동자들. 2 여자들이 앞머리가 흘러내리지 않게 하거나 장식으로 머리 위에 하는, 둥근 테 모양의 물건.
머리-말 명 1 책이나 논문 등의 첫머리에 그 책의 취지나 내용을 간략히 적은 글. ¶머리글·두서(頭書)·서문(序文)·서언·서제. ¶서사. 2 =서론(序論).
머리-맡[-맏] 명 누웠을 때의 머리 부근. ¶~에 책을 두고 읽다. ↔발치.
머리-빗[-빋] 명 '빗'을 머리를 빗는 데 쓴다 하여 좀 더 분명하게 이르는 말.
머리-빡 명 '머리'을 속되게 이르는 말.
머리-빼기 명 머리가 향하여 있는 쪽을 속되게 이르는 말.
머리-뼈 [생] 척추동물의 머리를 이루는 뼈의 총칭. =두골(頭骨).

머리-숱[-숟] 명 머리털의 수량. ¶~이 적다[많다].
머리-싸움 명 머리를 써서 겨루거나 싸우는 일. ¶~을 벌이다.
머리-쓰개 명 여자들이 머리 위에 쓰는 수건·장옷·너울 따위의 총칭.
머리-악 명 (주로, '머리악을 쓰다'의 꼴로 쓰여) '기(氣)'를 속되게 이르는 말. ¶"반대만 하면 좋겠는데, ~을 쓰고 훼방을 놓아서 마구 대들어 싸울 수도 없구, 큰 두통거린걸요."⟨심훈:상록수⟩
머리-채 명 길게 늘어뜨린 머리털. ¶삼단 같은 ~.
머리-치장(-治粧) 명 머리를 곱게 꾸미는 일.
머리-카락 명 낱개로서의 머리털. 또는, 낱낱의 머리털. ¶~이 빠지다 / 흰 ~을 뽑다. ⟨준⟩머리칼.
[머리카락 뒤에서 숨바꼭질한다] 얕은꾀로 남을 속이려 든다.
머리-칼 명 '머리카락'의 준말.
머리-털 명 사람의 머리에 난 털. ⟨비⟩두발.
머리털이 곤두서다 ⟨귀⟩ 무섭거나 놀라서 날카롭게 신경이 긴장되다.
머리-통 명 1 머리의 둘레. ¶~이 크다. 2 '머리'을 속되게 이르는 말.
머리-핀(-pin) 명 여자의 머리에 꽂는 핀.
머릿-결[-리결/-릳껼] 명 머리카락의 바탕에서 느낄 수 있는 매끄럽거나 거친 상태나 정도. ¶~이 부드럽다.
머릿-골[-리골/-릳꼴] 명 '뇌(腦)'를 속되게 이르는 말. ⟨비⟩골.
머릿-기름[-리끼-/-릳끼-] 명 머리털에 바르는 기름.
머릿-내[-린-] 명 머리를 감은 지 오래 되거나 하여 머리에서 나는 좋지 않은 냄새.
머릿-니[-린-] 명⟨동⟩ 이목(目) 잇과의 곤충. 옷엣니보다 작고, 사람의 머리에서 피를 빨아 먹음.
머릿-돌[-리똘/-릳똘] 명 정초식(定礎式) 때 연월일 따위를 새겨서 일정한 자리에 앉히는 돌. ¶귓돌.
머릿-방(-房)[-리빵/-릳빵] 명 안방 뒤에 붙은 방.
머릿-병풍(-屛風)[-리뼁-/-릳뼁-] 명 머리맡에 치는 병풍. =곡병(曲屛)·침병(枕屛).
머릿-살[-리쌀/-릳쌀] 명 머리 속에 있는 신경의 가락.
머릿살(이) 아프다 ⟨귀⟩ 골치가 아프다.
머릿-속[-리쏙/-릳쏙] 명 사람의 생각이나 상상이 이루어지는, 머리 안의 추상적 공간. ¶~에 떠오르는 온갖 생각 / ~에 들어 있는 지식.
머릿-수(-數)[-리쑤/-릳쑤] 명 1 사람의 수. 2 돈머리 따위의 수.
머릿-수건(-手巾)[-리쑤-/-릳쑤-] 명 주로, 여자가 머리털이 있는 부분이 가려지도록 덮어서 쓰는 수건.
머릿-장(-欌)[-리짱/-릳짱] 명 머리맡에 놓고 쓰는 단층장.
머릿-짓[-리찓/-릳찓] 명 머리를 움직이는 짓.
머무르다 동⟨재⟩⟨머무르니, 머물러⟩ 1 도중에 멈추거나 일시적으로 어떤 곳에 묵다. ¶호텔에 며칠 ~ / 기차가 간이역에 잠시 ~. 2 더 나아가지 못하고 일정한 범위나 수준에 그치다. ¶우승을 바라보았으나 역부족으로 준우승에 **머무르고** 말았다. [준]머물다.

머무적-거리다/-대다[-꺼(때)-] [동][자] 말이나 행동을 딱 잘라 선뜻 하지 못하고 망설이다. [비]머뭇거리다. ¶갈까 말까 ~.

머무적-머무적[-정-] [부] 머무적거리는 모양. [비]머뭇머뭇. **머무적머무적-하다** [동][자][여] ¶그는 질문에 대답을 못 하고 **머무적머무적했다**.

머물다 [동][자] 〈머무니, 머무는〉 '머무르다' 의 준말. ¶그곳에서 오래 **머물지** 마라.

> [어법] 나는 그곳에서 사흘간 머물었다:머물었다(×)→머물렀다(○). ▶▶ 모음 어미가 연결될 때에는 준말의 활용형을 인정치 않음(표16).

머뭇-거리다/-대다[-묻꺼(때)-] [동][자] 말이나 행동을 딱 잘라 선뜻 하지 못하고 망설이다. [비]머무적거리다. ¶거기서 **머뭇거리지** 말고 빨리 오너라.

머뭇-머뭇[-문-묻] [부] 머뭇거리는 모양. [비]머무적머무적. **머뭇머뭇-하다** [동][자][여] ¶소년은 무슨 말을 할 듯 **머뭇머뭇하다가** 그만 입을 다물어 버린다.

머스터드(mustard) [명] 서양 겨자. 또는, 그 열매로 만든 조리용의 겨자.

머슬머슬-하다 [형][여] 탐탁스럽게 어울리지 않아 어색하다. **머슬머슬-히** [부]

머슴 [명] 일정 기간 농가에 고용되어 보수(흔히, 새경이라 함)를 받음과 동시에 옷·숙식 등을 제공받으며 농사일을 해 주는 남자. 오늘날에는 산업화로 인해 거의 사라지고 없음. =고공(雇工). [준]멈.

머슴(을) 살다 [구] 머슴 노릇을 하다.

머슴-살이 [명] 남의 머슴 노릇을 하는 일. =고공(雇工)살이. [준]멈살이. **머슴살이-하다** [동][자][여]

머슴-아이 [명] '머슴애' 의 본딧말.

머슴-애 [명] **1** 머슴살이하는 아이. **2** 남자 아이를 낮추어 이르는 말. [본]머슴아이.

머시[1] [감] 말하는 도중에 어떤 사람이나 사물의 이름이 얼른 떠오르지 않거나, 그것을 밝혀 말하기 곤란할 때 쓰는 말. ¶그, ~, 그거 있잖아.

머시[2] '무엇이' 가 준 말. ¶~ 어째?

머쓱-하다[-쓰카-] [형][여] **1** 어울리지 않게 키가 크다. ¶키만 **머쓱한** 사람. **2** (무안을 당하거나 흥이 꺾여) 어색하고 열없다. ¶**머쓱하여** 머리를 긁적이다. **머쓱-히** [부]

머위 [명][식] 국화과의 여러해살이풀. 산의 습지에 자라며, 여름에 수꽃은 황백색, 암꽃은 백색으로 핌. 잎은 데쳐 먹거나 약으로 씀.

머저리 [명] 말이나 행동이 어리석은 사람. 경멸적인 말임.

머지-않다[-안타] [형] 《주로, '머지않아(서)', '머지않은' 의 꼴로 쓰여》 시간적으로 멀지 않다. ¶**머지않아** 봄이 올 것이다.

머천다이징(merchandising) [명][경] 제조업자나 유통업자가 시장 조사 결과를 바탕으로 적절한 상품의 개발이나 가격·분량·판매 방법 등을 계획하는 일.

머춤-하다 [동][자][여] 잠깐 멈칫하다. ¶계집은 천천히 두어 걸음 따라가다가 "영감!" 하고 **머춤하고** 서 있다.《나도향:물레방아》

머츰-하다 [형][여] 잠시 그쳐 뜸하다. ¶비가 ~.

머큐로크롬(mercurochrome) [명][약] 살갗을 다쳤을 때 살균 소독제로 이용하는, 남록색 또는 적갈색의 비늘 모양의 결정으로 된 수은 화합물. 물에 녹으면 붉은색을 띰.

머큐리(Mercury) [명][신화] '메르쿠리우스' 의 영어명.

머플러(muffler) [명] **1** =목도리. ¶~를 목에 두르다. **2** =소음기(消音器).

머피의 법칙(Murphy-法則) [-의-/-에-] 일이 이상하게도 잘못되는 쪽으로만 이뤄지는 불운의 법칙. 가령, 우산을 가져갈까 말까 망설이다가 두고 온 날엔 비가 온다든지, 모처럼 마음먹고 도서관에 갔더니 휴관하는 날이었다든지 할 때 이르는 말임.

먹 [명] 〔<[중]墨〕 **1** 글씨·그림 등에 쓰는 검은 물감. 아교를 녹인 물에 그을음을 반죽하여 굳혀서 만듦. 세는 단위는 정(挺). ¶~을 갈다. **2** '먹물' 의 준말. ¶붓에 ~을 찍다. **3** 《일부 명사 앞에 붙어》 '검은 빛깔' 의 뜻을 나타내는 말. ¶~구름 / ~황새.

먹-거리 [명] '먹을거리' 의 잘못.

먹고-살다[-꼬-] [동][자] 〈~사니, ~사오〉 먹는 일을 해결하며 살다. ¶품팔이로 하루하루 ~.

먹-구름[-꾸-] [명] 몹시 검은 구름. =먹장구름. ¶~이 몰려오다.

먹-그림[-끄-] [명][미] =묵화(墨畫).

먹다[1][-따] [동] [1][자] **1** (귀가) 막혀 소리를 못 듣게 되다. ¶귀가 **먹었냐**? 왜 그렇게 못 알아들어. **2** 코 먹은 소리 ➔코[1]. [2][타] (귀를) 못 듣게 되다. ¶저 할머니는 귀를 **먹어서** 큰 소리로 말해야 알아듣는다.

먹다[2][-따] [동] [1][타] **1** (사람이나 동물이 음식이나 먹이를) 입에 넣고 씹은 뒤에, 또는 씹지 않고 곧바로, 목구멍으로 넘겨 배 속에 들여보내다. ¶밥을 ~ / 아기가 젖을 ~. [높]잡수다·잡수시다·잡숫다·자시다. **2** (담배나 아편 따위를) 불에 태워 연기를 마시다. 담배의 경우 '먹다' 는 예스러운 말로, 오늘날에는 '피우다' 를 널리 씀. 또는, (사람이나 동물이 연기나 가스 따위를) 코나 입을 통해 몸 안으로 들이다. ¶…너구리 굴에다 불을 지폈다. 너구리가 연기를 **먹고** 목이 막혀서 기어 나오면 산 채로 잡자는 것이었다.《오영수:요람기》 **3** (어떤 생각이나 감정을) 마음 속에 가지다. ¶겁을 ~ / 앙심을 ~. **4** (사람이 어떤 나이를) 가지게 되다. ¶세 살 **먹은** 아이. **5** (욕이나 괴로운 상태를) 듣거나 당하다. ¶골탕을 ~. **6** (수익이나 이문을) 제 몫으로 차지하여 가지다. ¶남는 이익의 4는 네가 **먹고** 6은 내가 **먹기로** 하자. **7** (뇌물을) 받아 가지다. 구어적인 말임. [비]받아먹다. ¶뇌물을 ~. **8** (남의 재물을 다루거나 맡은 사람이 그 재물을) 부당하게 제 것으로 만들다. [비]착복하다·횡령하다. ¶회사 공금을 ~. **9** (물체가 습기나 액체 상태의 물질을) 빨아들여 머금다. ¶물 **먹은** 솜. **10** (물건이 벌레·좀·버짐 따위를) 가져 상하는 상태가 되다. ¶복숭아가 벌레를 ~. **11** (물체가 어떤 물질이나 물체를) 안에 담은 상태로 써서 없애거나 되찾을 수 없는 상태가 되게 하다. ¶공중전화가 동전을 **먹어** 버렸다. **12** (시합·경쟁 등에서 어떤 등위, 특히 높은 순위의 성적을) 이루어 차지하다. 속된 말임. ¶마라톤에서 일 등을 ~. **13** (주먹 따위를) 몇 대 맞는 상태가 되다. ¶얼굴에 주먹을 한 방 ~. **14** 구기(球技) 시합에서, (상대에게 몇 골의 점수를) 내주는 상태가 되다. [비]실점(失點)하다. ¶축구 결승에서 우리 팀이 먼저 한 골을 **먹었다**. 15 (남자가 여자를) 성적(性的) 대상으로 삼아 정조를 빼앗다. 비속한 말임. 16 더위(를) ~. 17 녹(을) 먹다 →녹(祿)¹. ②(자) 1 (어떤 물질이 다른 물체 속에) 배어들거나 발라지거나 퍼지는 상태가 되다. ¶피부가 노화되어 화장이 잘 먹지 않는다. 2 (물건에 벌레·좀·버짐 따위가) 생겨 물건을 상하게 하다. ¶벌레 먹은 사과. 3 (어떤 일이나 기계 등에 돈이나 물질이) 들거나 쓰이다. ¶휘발유가 많이 먹는 자동차. 4 (날이 있는 도구가) 물건을 잘 깎거나 자르거나 하는 작용을 하다. ¶대패가 잘 **먹는다**. 5 씨(가) 먹다 →씨¹. ③(보조) 1 (일부 동사나 드물게 형용사 다음에, 그어미 '-아/어/여' 아래에 쓰이어) 어떤 행위나 작용이 바람직하지 못하거나 달갑지 않은 상태에 있음을 속되어 이르는 말. ¶약속을 잊어 ~ / 패물을 팔아 ~. 2 (주로 의문문이나 부정문에서, 동사의 어미 '-아/어/여' 아래에 때로 '-겠-'과 함께 쓰이어) 그 동사의 뜻을 강조하는 내지 '배기다' 등의 뜻을 나타내는 말. ¶이렇게 단속이 심해서야 어디 장사를 해 **먹겠소**?
[먹기는 파발(擺撥)이 먹고 뛰기는 역마가 된다] 정작 애쓴 사람은 대가를 받지 못하고 딴 사람이 받는다. [먹는 개도 아니 때린다] 음식을 먹는 사람을 때리거나 꾸짖지 말라는 말. [먹는 소가 똥을 누지] 공을 들여야 효과가 있다는 말. [먹지도 못하는 제사에 절만 죽도록 한다] 아무 소득도 없는 일에 고생만 한다.

먹-똥 1 먹물이 말라붙은 찌꺼기. 2 먹물이 튀어 생긴 자국. (준)똥.
먹먹-하다[멍머카-] (형여) 귀가 먹은 것 같은 느낌이 있다. ¶비행기의 고도가 높아지자 귀가 **먹먹해졌다**. ×멍멍하다. **먹먹-히** (부).
먹-물[멍-] (명) 1 벼루에 먹을 갈아 까맣게 만든 물. (준)먹. 2 먹빛같이 검은 물. =묵즙(墨汁).
먹-보[-뽀] (명) 음식을 많이 먹는 습성을 가진 사람을 놀림조로 이르는 말. (비)식충이.
먹-빛[-삗] (명) 먹물같이 검은 빛. =묵색(墨色). ¶~ 구름.
먹-새[-쌔] (명) 1 = 먹음새1. 2 = 먹성.
먹-성(-性)[-썽] (명) 음식을 가리지 않고 잘 먹거나 그렇지 않은 습성. 또는, 양이 커 많이 먹거나 그렇지 않은 습성. 윗사람에 대해서는 쓰기 어려운 말임. =먹새. (비)식성. ¶~이 까다롭다 / 그는 ~이 좋다.
먹-실[-씰] (명) 먹을 묻히거나 칠한 실.
먹실(을) 넣다 (귀) 먹실을 꿴 바늘로 살갗을 떠서 먹물을 살 속에 넣다. ¶등에 용의 ~.
먹을-거리[-꺼-] (명) 사람이 먹고 살 수 있는 갖은 것. ¶장이 장마당다 / 잔칫집이라 ~가 많다. ×먹거리.
먹을-먹이 (명) '먹음새1'의 잘못.
먹음-새 (명) 1 음식을 먹는 태도. =먹새. ×먹음새. 2 음식을 만드는 범절.
먹음직-스럽다[-쓰-따] (형ㅂ여) <~스러우니, ~스러워> 먹음직한 데가 있다. **먹음직 스레** (부).
먹음직-하다[-지카다] (형여) 음식이 보기에 맛이 있을 듯하다. ¶빨갛게 익은 사과가 ~.
먹-이 (명) 동물이 살아가기 위해 찾아내거나 잡아서 먹게 되어 있는 풀이나 잎, 열매, 또는 동물이나 고기. 또는, 사육하는 가축에게 주는 먹을거리. =식이(食餌). ¶~를 주다.

먹이^그물 (명)[생] 각종 동물의 먹이 사슬이 가로세로로 교차하여 마치 그물 모양으로 동물의 먹이 관계를 이룬 것을 일컫는 말.
먹-이다 (동)(타) 1 '먹다²'의 사동사. ¶아이에게 밥을 ~. 2 (사람이 소나 돼지를) 먹이를 주어 자라게 하다. (비)기르다·치다·사육하다. ¶소를 ~. 3 (연장이나 틀에 물건을) 대거나 넣다. ¶작두에 꼴을 ~. 4 화살을 활시위에 메우다. 5 주고받는 노래나 소리 등을 다른 사람이 받아서 먹게 하다. ¶선소리를 ~.
먹여 살리다 (귀) 돈을 벌거나 양식을 구해다가 먹고살 수 있게 해 주다. (비)부양하다. ¶처자식을 ~.
먹이^사슬 (명)[생] = 먹이 연쇄.
먹이^연쇄(-連鎖) (명)[생] 자연계에서 잡아먹고 잡아먹히는 생물 종끼리의 사슬과 같은 관계. 곧, 뱀은 개구리를 잡아먹고 개구리는 벼메뚜기를 잡아먹는 것과 같은 관계. =먹이 사슬·식물 연쇄.
먹잇-감[-이깜/-잍깜] (명) 어떤 동물의 먹이가 되는 다른 동물이나 식물.
먹-자[-짜] (명) 목수들이 나무에 먹으로 금을 그을 때 쓰는 'T' 자 모양의 자. =묵척(墨尺)·미레자.
먹자-골목[-짜-] (명) 많은 음식점들이 잇달아 줄 늘어선 골목.
먹자-판[-짜-] (명) 1 우선 먹고 보자는 향락주의적인 생각. 2 여러 사람이 마구 먹고 즐기는 자리.
먹장-구름[-짱-] (명) = 먹구름. ¶~이 하늘을 덮자 온 천지가 순식간에 어두워졌다.
먹장삼(-長衫)[-짱-] (명) 검은 물을 들인 장삼(長衫).
먹-종이[-쫑-] (명) = 먹지.
먹-줄[-쭐] (명) 1 먹통에 딸린 실줄. =승묵(繩墨). 2 먹을 묻혀서 그은 줄.
먹-중[-쭝] (명) 1 먹장삼을 입은 승려. 2 [민] 산대놀음이나 봉산 탈춤 따위에 쓰이는 탈의하나. 또는, 그 탈을 쓰고 춤추는 사람.
먹-지(-紙)[-찌] (명) 종이 사이에 끼우고 볼펜이나 골필로 눌러 씀으로써 복사가 되게 하는, 한쪽 또는 양쪽 면에 검은 칠을 한 얇은 종이. =먹종이·묵지(墨紙). (비)복사지.
먹-칠(-漆) (명) 1 먹으로 칠하는 일. 2 명예를 더럽히는 것을 비유하여 이르는 말. **먹칠-하다** (자타여).
먹통¹ (명) 1 '멍청이'를 놀림조로 이르는 말. 2 전화·무전기·컴퓨터 따위가 고장이 나서 사용할 수 없게 된 상태. ¶전화가 ~이 됐다.
먹-통²(-桶) (명) 1 목공이나 석공이 먹줄을 치는 데 쓰는, 나무로 만든 그릇. 2 뱃통·주석 등으로 만들어 그 속에 솜 따위를 두고 먹물을 담아 두는 통.
먹-피 (명) 멍이 들어 검게 된 피.
먹혀-들다¹[머켜-] (동)(자) <~드니, ~드오> 이해되거나 받아들여지다. ¶그에게는 누구의 말도 **먹혀들지** 않는다.
먹혀-들다²[머켜-] (동)(자) <~드니, ~드오> 빼앗기거나 남의 차지가 되다.
먹-황새[머쾅-] (명) 황새과의 새. 황새보다 조금 작음. 부리와 다리는 적동색, 몸 아랫면은 흰색, 나머지는 구릿빛 광택이 있는 흑색임. 높은 나무 위에 집을 짓고 삶.
먹-히다[머키-] (동)(자) 1 '먹다²'의 피동사. ¶토끼가 호랑이에게 ~ / 생산비가 싸게 ~. 2

(사람이 어떤 음식이나 물 등을) 식욕이나 갈증에 의해 저절로 먹게 되다. ¶땀을 많이 흘렸더니 물이 자꾸 **먹힌다**. 3 (말이나 요구가) 긍정적으로 받아들여지다. ¶그 사람한테는 내 말이 **먹히질** 않는다.
먼ː-가래 명 객지에서 죽은 사람의 송장을 임시로 그곳에 묻는 일.
먼ː-눈¹ 명 시력을 잃어 보이지 않는 눈. =맹목(盲目).
먼ː-눈² 명 먼 곳을 바라보는 눈. ¶~이 밝다.
먼ː눈-팔다 동(자) <~파니, ~파오> 정신을 놓고 먼 데를 바라보다.
먼ː-데 명 '뒷간'을 완곡하게 이르는 말.
먼ː-동 명 날이 밝아 올 무렵의 동쪽. ¶~이 트다 / ~이 밝아 오다.
먼ː-먼 관 멀고 먼. ¶~ 옛날.
먼ː-물 명 먹을 수 있는 우물물. =먼우물.
먼ː-바다 명 기상 예보에서, 한반도의 해안선에서 200해리 이내의 해역 중 앞바다를 제외한 해역을 이르는 말. ▷앞바다.
먼ː-발치 명 어떤 사람이 시선이 미칠 수 있는 정도 안에서 멀리 떨어져 있는 상태, 또는, 그렇게 떨어진 곳. ¶떠나가는 그 뒷모습을 ~로 바라보다. ×먼발치기.
먼-발치기 명 '먼발치'의 잘못.
먼ː빛-으로 부 멀리 떨어져 있어 눈으로 보기에 또렷하지 않거나 자세하지 않은 상태로. ¶그분을 ~ 몇 번 뵌 적이 있다.
먼ː산-바라기(-山-) 명 1 눈동자가 늘 먼 곳을 바라보는 것같이 보이는 사람. 2 한눈을 파는 짓.
먼ː-일 [-닐] 명 먼 앞날의 일. ¶~을 점치다.
먼ː-장질 명 먼발치로 총이나 활 따위를 쏘는 일. **먼ː장질-하다** 동(자여)
먼저 I 명 시간적으로나 순서적으로 앞선 때. ¶이번에도 ~와 같이 하면 된다. ↔나중.
II 부 시간적으로나 순서적으로 앞서서. ¶너 ~ 가. / 제일 ~ 무슨 일부터 할까?
먼저-께 명 그리 멀지 않은 얼마 전의 즈음. ¶~ 왔던 손님.
먼젓-번[-番][-저뻔/-전뻔] 명 그리 멀지 않은 얼마 전의 때나 차례. 비지난번. ¶~에 만났던 사람.
먼지 명 공기 중에 섞여 떠다니거나 물체 위에 쌓이는, 가루 상태의 더러운 물질. 비분진(粉塵). ¶흙~ / ~가 쌓이다 / ~가 나다[일다] / ~를 떨다. ▷티끌.
먼지-떨이 명 많은 가닥의 가늘고 긴 헝겊이나 비닐을 긴 막대 끝에 맨 것으로, 손으로 들고 물체를 탁탁 두드려서 먼지를 떠는 도구. 비총채. ×털이개.
먼지-바람 명 1 무엇이 빠르게 지나가면서 먼지를 일으키는 것. ¶버스가 뿌얀 ~을 일으키며 지나갔다. 2 먼지·모래 같은 것이 떠올라 공기가 흐려지고 사방이 뿌옇게 되는 강한 바람.
먼지-잼 명 비가 겨우 먼지나 날리지 않을 정도로 조금 오는 것. **먼지잼-하다** 동(자여)
먼지-투성이 명 먼지가 많이 끼어 있거나 묻어 있는 상태. ¶창고가 온통 ~다.
먼ː-촌(-寸) 명 촌수가 먼 일가.
멀거니 부 아무 생각 없이, 또는 넋을 놓고 시선을 한곳에 보내고 있는 모양. 비우두커니·물끄러미. ¶~ 먼 산만 바라보다.
멀건-이 명 정신이 흐리멍덩한 사람. 얕잡는 말임.
멀ː겋다[-거타] 형(ㅎ) <멀거니, 멀거오, 멀

게> 1 흐릿하게 맑다. 잭말갛다. 2 (눈이) 생기가 없이 게슴츠레하다. 3 매우 묽다. ¶**멀**건 죽.
멀ː게-지다 자 멀겋게 되다. ¶물을 많이 부어 국이 **멀게졌다**. 잭말개지다.
멀-국 명 '국물¹·²'의 잘못.
멀그스레-하다 형(여) =멀그스름하다.
멀그스름-하다 형(여) 조금 멀겋다. =멀그스레하다. ¶**멀그스름한** 고깃국물. 잭말그스름하다. **멀그스름-히** 부
멀끔-하다 형(여) 구지레하지 않고 훤하게 깨끗하다. ¶외양이 **멀끔한** 신사. 잭말끔하다. **멀끔-히** 부
멀ː다¹ (멀고 / 멀어) 자(여) <머니, 머오> 1 (눈이) 태어날 때부터, 또는 병이 나거나 다치거나 하여 사물을 볼 수 없는 상태가 되다. ¶눈이 먼 사람. 2 (귀가) 태어날 때부터, 또는 병이 나거나 다치거나 하여 소리를 전혀 들을 수 없는 상태가 되다. ¶헬렌 켈러는 두 살 때부터 눈과 귀가 **멀어** 아무것도 보고 들을 수 없었다.
멀ː다² (멀고 / 멀어) 형 <머니, 머오> 1 (어떤 곳에서 다른 곳까지의 거리가) 공간적으로, 또는 가 닿거나 어떤 작용이 미치기에 보통의 경우보다 길다. ¶먼 하늘 / 집에서 회사까지는 꽤 ~. 2 (현재의 시점에서 과거나 미래의 어느 시점까지의 동안이) 보통의 경우보다 길다. ¶옛날. 3 (사귀는 관계가) 틈이 있어서 서먹서먹하다. 비소원(疏遠)하다. ¶경희는 명수와 싸운 뒤로 그가 **멀게** 느껴졌다. 4 (촌수나 혈연관계가) 깊지 않고 동떨어지다. ¶먼 친척. 5 어떤 수준이나 정도에 미치기에 부족한 상태가 되다. ¶그의 문필력은 습작 단계나 기성 작가를 따라가려면 아직 **멀었다**. 6 (주로, '거리가 멀다'의 꼴로 쓰여) 어떤 속성에 부합함이 없거나 관련성이 희박하다. ¶소피스트의 궤변은 진리와 거리가 ~. 7 (전화기나 무전기 등의 소리가) 감도가 나쁘다. 곧, 소리가 작고 불분명하다. ¶잡음이 많고 소리가 **멀어서** 전화를 일단 끊고 다시 걸었다. ↔가깝다. 8 (주로 '멀게', '멀다고'의 꼴로 쓰여) 시간적·공간적으로 빈도가 잦음을 반어적(反語的)으로 나타내는 말. ¶하루가 **멀다** 하고 찾아오다.
[먼 사촌보다 가까운 이웃이 낫다] 멀리 떨어져 있는 일가보다 오히려 가까운 이웃 사람에게 어려운 일이 있을 때 도움을 받을 수 있다.
멀-다랗다 형(ㅎ) '머다랗다'의 잘못.
멀뚱-거리다/-대다 동(타) 생기가 없고 멀건 눈알을 자꾸 굴리다. ¶**멀뚱거리다**.
멀뚱-멀뚱 부 1 멀뚱거리는 모양. 2 생기가 없이 멍청한 모양. ¶~ 앉아 있다. 잭말똥말똥. **멀뚱멀뚱-하다** 동(타여)
멀뚱-하다 형(여) 정신이나 눈이 생기가 없고 멀겋다. 잭말똥하다. **멀뚱-히** 부 ¶~ 쳐다보다.
멀ː리 I 부 시간적·공간적으로 멀게. =외우. ¶~ 던지다 / ~ 떠났다. ↔가까이.
II 명 시간적·공간적으로 먼 곳이나 시점. ¶~서 들리는 포 소리. ↔가까이.
멀ː리-뛰기 명(체) 멀리 뛰는 것을 겨루는 육상 경기의 하나. 정해진 금까지 도움닫기를 하여 한 발로 굴러 뜀. 구용어는 넓이뛰기. =광도·주폭도(走幅跳)·도움닫기 멀리뛰기.
멀ː리-멀리 부 매우 멀리. ¶메아리가 ~ 퍼져 가다.

멀:리-하다 통(타)여 1 (사람을) 관계를 맺거나 사귀지 않으려고 피하거나 만나지 않는다. ¶여자를 ~. 2 (어떤 사물을) 접하지 않으려고 꺼려 피하다. ¶술과 담배를 ~. ↔가까이.

멀미 명 1 차·배·비행기 등의 흔들림을 받아 메스껍고 어지러워지는 증상. ¶차~ / 뱃~. 2 진저리가 나게 싫은 증세. ¶이젠 시험 소리만 들어도 ~가 난다. **멀미-하다** 통(자)여

멀미-약(-藥) 명 멀미가 나지 않도록 먹거나 붙이는 약.

멀쑥-하다 [-쑤카-] 형여 1 지저분함이 없이 맑고 깨끗하다. ¶**멀쑥한** 옷차림. 툉말쑥하다. 2 (키가) 멋없이 크다. ¶맺힌 데가 없이 키만 ~. **멀쑥-이** 튀

멀쩡-하다 형여 1 (사물이) 고장이나 흠이 없이 제대로 된 상태에 있다. ¶10년 가까이 굴린 자동차인데도 아직 ~. 2 (사람의 몸이나 정신이) 정상적인 상태에 있다. ¶정신이 ~. 3 (주로, 아이가) 겉보기와는 달리 제법 속생각이나 사리 분별을 가진 상태에 있다. ¶허허, 고 녀석, 하는 짓을 보니 속은 **멀쩡하구나!** 4 (말이) 얼른 듣기에만 그럴듯하다. 곧, 실속에 있어서는 거짓이거나 문제가 있다. 반어적(反語的) 표현임. ¶**멀쩡한** 거짓말. 툉말짱하다. **멀쩡-히** 튀

멀찌가니 튀 =멀찍감치.

멀찌감치 튀 사이가 꽤 떨어지게. =멀찌거니·멀찍이.

멀찌막-하다 [-마카-] 형여 꽤 멀찍하다.

멀찌막-이 튀 ¶아이들이 노는 모양을 ~서 바라보다.

멀쩍-멀찍 [-찡-] 튀 여럿의 사이가 다 멀찍하게. ¶인가가 ~ 떨어져 있다. **멀찍멀찍-하다** 형여

멀찍-하다 [-찌카-] 형여 (거리가) 대체로 멀다고 여겨지는 상태에 있다. ↔가직하다. **멀찍-이** 튀 ¶**멀찍감치.** ~ 물러서다.

멀티-미디어 (multimedia) 명 컴퓨터를 매개로 하여 정보를 문자·사진·동영상·소리 등의 다양한 형태로 전달하는 일. 또는, 그 매체.

멀티비전 (multivision) 명 여러 개의 화면(디스플레이 장치)에 하나의 영상을 만들어 내거나, 각각의 영상을 만들어 내는 설비.

멀티-스크린 (multiscreen) 명 화면을 몇 개로 구분하여 각각 다면적 표현을 시도하는 영화 기법. 여러 개의 화면에 각기 다른 영사 그림이 아니라 하나의 음향을 다원적으로 구성하는 따위의 방법을 이용함.

멀티태스킹 (multitasking) 명컴 =다중 작업(多重作業).

멈추다 통 1 타 (어떤 대상이 움직임이나 진행을) 도중에 더 계속하지 않다. 툉그치다. ¶걸음을 ~ / 김 기사, 차를 좀 **멈추게.** 2 자 1 (움직이던 것이) 도중에 더 이상 움직이지 않게 되다. 툉멎다. ¶신호등에 빨간 불이 들어오자 자동차가 정지선 앞에 **멈추었다.** 2 (내리던 비 따위가) 더 내리지 않게 되다. 툉그치다. ¶처마 밑에 잠시 피했다가 비가 좀 **멈추거든** 가자.

멈칫 [-칟] 튀 하던 일이나 동작을 갑자기 멈추는 모양. **멈칫-하다** 통(자)타여 ¶대문을 막 들어서려는 데까지 짖는 바람에 **멈칫했다.**

멈칫-거리다/-대다 [-칟꺼(때)-] 통(자)여 1 자꾸 멈칫하다. ¶말을 할까 말까 ~. 2 어떤 일을 자꾸 망설이다. ¶그렇게 **멈칫거리다가** 는 모처럼의 기회를 놓치기 쉽다.

멈칫-멈칫 [-친-친] 튀 멈칫거리는 모양. ¶~ 좀처럼 대답을 않는다. **멈칫멈칫-하다** 통(자)여

멋 [먿] 명 1 사물의 생김새가 사람의 눈길을 끌 만큼 세련되거나 잘 어울려 조화로운 상태. 또는, 그러한 조화 속에 약간의 변화를 더한 상태. 툉맵시·미(美). ¶~을 내다 / 애인을 만나려고 ~을 잔뜩 부리다. 2 대상이 자아내는 매력이나 품격이나 운치. 또는, 사물의 바탕을 이루는 참된 요소. ¶한국인의 ~은 은근과 끈기에 있다. 3 →멋모르다.

멋-거리 [먿-] 명 멋들어지는 모양.

멋-대가리 [먿때-] 명 '멋'을 속되게 이르는 말. ¶~ 없이 굴다 / ~ 없는 남자.

멋-대로 [먿때-] 튀 하고 싶은 대로. 툉마음대로. ¶네 ~ 해라. / ~ 상상하고 ~ 판단해라!

멋-들다 [먿뜰-] 통(자) <~드니, ~드오> 멋이 생기다.

멋들어-지다 [먿뜰-] 형 아주 멋있다. ¶왈츠를 **멋들어지게** 추는 한 쌍의 남녀.

멋-모르다 [먼-] 통(자)르 <~모르니, ~몰라> 까닭·영문·내막 따위를 잘 알지 못하다. ¶**멋모르고** 증권 투자를 했다가 큰 손해를 보았다.

멋-스럽다 [먿스-따] 형ㅂ <~스러우니, ~스러워> 멋진 데가 있다.

멋-없다 [먿업따] 형 격에 맞지 않아 싱겁다. **멋없-이** 튀 ¶~ 키만 크다.

멋-있다 [먿읻따/머딛따] 형 1 (대상의 생김새가) 눈길을 끌 만큼 세련되거나 잘 어울려 조화로운 상태에 있다. ¶옷을 **멋있게** 입다. 2 (대상이) 매력이나 품격이나 운치를 자아내는 상태에 있거나 참된 요소를 바탕으로 가진 상태에 있다. ¶**멋있는** 표현 / 끝을 **멋있게** 장식하다.

멋-장이 [먿-] 명 '멋쟁이'의 잘못.

멋-쟁이 [먿쩽-] 명 멋있거나 멋을 잘 부리는 사람. ×멋장이.

멋-지다 [먿찌-] 형 멋을 갖춘 상태에 있거나 멋을 느끼게 하는 상태에 있다. ¶테니스 치는 폼이 ~.

멋-쩍다 [먿-따] 형 1 (하는 짓이나 모양이) 격에 어울리지 않다. 2 어색하고 쑥스럽다. ¶**멋쩍게** 웃다 / 잘한 일도 없이 칭찬을 들어 ~.

멋쩍어-하다 [먿-] 통(자)여 멋쩍게 느끼다.

멋:-하다 [머타-] 형여 '무엇하다'의 준말. ¶**멋하면** 내가 대신 얘기해 줄까?

멍¹ 명 1 맞거나 부딪혀서 피부 속에 퍼렇게 맺힌 피. ¶시퍼런 ~ / ~이 들다[지다]. 2 '일의 속으로 생긴 탈'을 비유하여 일컫는 말. ¶실연을 당하여 가슴에 ~이 들었다.

멍² 명 '멍군Ⅰ'의 준말.

멍게 명 멍겟과의 원색동물. 보통 주먹만 한 크기이며 겉에 젖꼭지 같은 돌기가 많음. 몸 밑에 해초 뿌리 따위가 달려 바위에 붙어 삶. 속의 살은 식용함. =우렁쉥이.

멍-구럭 명 1 썩 성기게 떠서 만든 큰 구럭. 2 '구럭¹'의 잘못.

멍군 Ⅰ 명 장기에서, 장군을 받아 막는 수. 준멍.

Ⅱ 감 장기에서, 장군을 받아 막으려고 말을 놓을 때 부르는 소리.

멍군 장군 관 =장군 멍군.

멍-들다 통(자) <~드니, ~드오> 1 일이 속으

로 탈이 생기다. ¶국가 경제를 멍들게 하는 뿌리 깊은 정경 유착. 2 손해나 피해나 고통 등을 당하거나 겪다. ¶일이 잘못되는 바람에 여러 사람이 멍들었다.
멍멍 튀 개가 짖는 소리. ¶개가 ~ 짖다.
멍멍-개 몡 '개'를 멍멍 짖는다고 하여 이르는 말. =멍멍이.
멍멍-거리다/-대다 통(자) 개가 자꾸 멍멍 짖다.
멍멍-이 몡 =멍멍개.
멍멍-하다 혱여 1 말이 없이 어리둥절하거나 멍하다. 2 '먹먹하다'의 잘못. **멍멍-히** 튀
멍석 몡 흔히 곡식을 너는 데 쓰는, 짚으로 결어 만든 큰 자리. 세는 단위는 닢. ¶~을 깔다 / ~을 말다 / 하던 지랄도 ~ 펴 놓으면 안 한다. (속담)
멍석-말이 [-성-] 몡(역) 옛날의 사형(私刑)의 하나. 사람을 멍석에 말아 놓고 뭇매를 가하는 형벌. **멍석말이-하다** 통(타)연
멍에 몡 1 마소의 목에 얹어 수레나 쟁기를 끌게 하는 둥그렇게 구부러진 막대. ¶~를 메우다. 2 쉽게 벗어날 수 없는 구속이나 억압을 비유하여 일컫는 말.
멍에(를) 메다 [쓰다] 귀 자유롭게 행동할 수 있도록 얽매이다.
멍울 몡 1 우유·풀 등의 작고 둥글게 엉겨 굳어진 덩이. 2 림프샘이나 몸 안의 조직에 병적으로 생기는 둥글둥글한 물질. ≒망울.
멍울(이) 서다 귀 몸에 멍울이 생기다.
멍울-멍울 튀 멍울이 작고 둥글게 엉겨 여기저기 맺히는 모양. 짝망울망울. **멍울멍울-하다** 혱여
멍청-이 몡 하는 짓이 어리석고 머리가 둔한 사람. 경멸적인 말임. 비멍텅구리. ¶이런 ~ ! 그것도 몰라?
멍청-하다 혱여 (사람이) 하는 짓이 어리석고 머리가 둔하다. 또는, (사람이) 어떤 일에 직면하여 어찌할지 몰라 어리둥절하거나 어리벙벙한 상태에 있다. ¶멍청하게 서 있지만 말고 이리 와서 거들어! **멍청-히** 튀 넋이 나간 사람처럼 ~ 서 있다.
멍추 몡 기억력이 부족하고 흐리멍덩한 사람. 얕잡는 말임. 짝맹추.
멍키-스패너 (monkey spanner) 몡 목에 나사를 장치함으로, 볼트나 너트의 크기에 따라 아가리를 자유로이 조절해서 사용할 수 있도록 된 스패너. =자재 스패너.
멍털-멍털 튀 매우 거칠게 멍울멍울한 모양. **멍털멍털-하다** 혱여
멍텅구리 몡 1 판단하는 능력이 부족한 어리석은 사람. 경멸적인 말임. 비멍청이. 2 병의 목이 좀 두툼하게 올라가 투박하게 생긴 한 되들이 병.
멍텅구리-낚시 [-낙씨] 몡 여러 개의 낚시를 떡밥의 주위에 달아서, 거기에 물고기가 걸리게 하는 낚시.
멍-하니 튀 멍하게. 비멍히. ¶~ 창밖을 보고 있다 / ~ 앉아 있다.
멍-하다 혱여 1 넋을 놓거나 긴장이 풀려 아무 생각이 없다. ¶멍하게 먼 산만 바라보고 서 있다. 2 몹시 놀라거나 갑작스런 일로 어리둥절하거나 얼떨떨하다. ¶꿈에도 그리던 사람이 눈앞에 나타나자 그는 한동안 멍한 표정으로 말을 잊고 서 있었다. 3 정신이 몽롱하고 흐릿하다. ¶감기약을 먹었더니 머리가 멍하고 졸음이 온다. 4 (귀가) 일시적으로 잘 들리지 않는 상태에 있다. 비먹먹하다. ¶고막을 찢는 듯한 총성이 울리자 귀가 멍했다. **멍-히** 튀
멎다 [먿따] 통(자) 1 (움직임이나 계속되던 작용이) 더 이상 이루어지지 않게 되다. ¶시계가 / ~ 약을 먹자 통증이 멎었다. 2 (비·눈·바람 따위가) 더 이상 내리거나 불지 않게 되다. 비그치다·멈추다. ¶소나기가 ~.
메¹ 몡 묵직한 나무토막이나 쇠토막에 자루를 박은, 무엇을 치거나 박을 때 쓰는 물건. ¶떡 ~.
메² 몡 1 제사 때 신위(神位) 앞에 올리는 밥. ¶~를 올리다. 2 〈궁〉 밥.
메³ 몡(식) =메꽃. 2 메꽃의 뿌리.
메⁴ 몡 '산(山)'의 예스러운 말.
메-⁵ 접투 곡식이나 떡을 나타내는 명사의 앞에 붙어, '찰기가 없이 메진'의 뜻을 나타내는 말. ¶~조 / ~벼 / ~떡. ↔찰-.
메가 (mega) 몡(의존)〔컴〕 '메가바이트'의 준말.
메가바이트 (megabyte) 몡(의존)〔컴〕 데이터의 양을 나타내는 단위의 하나. 1024킬로바이트 또는 1,048,576바이트. 기호는 MB. 준메가.
메가-사이클 (megacycle) 몡(의존)〔물〕 =메가헤르츠.
메가-톤 (megaton) 몡(의존)〔물〕 1 질량의 단위. 1톤의 100만 배. 2 핵융합에 의한 폭발력을 나타내는 단위. 1메가톤은 티엔티(TNT) 100만 톤의 폭발력에 해당한다. 기호는 Mt.
메가폰 (megaphone) 몡 음성이 멀리까지 들리도록 입에 대고 말하는, 나팔 모양의 도구.
메가폰을 잡다 귀 영화 따위의 감독을 맡다. ¶김 감독이 **메가폰을 잡은** 영화.
메가-헤르츠 (megahertz) 몡(의존)〔물〕 주파수의 단위. 1헤르츠의 100만 배. 기호는 MHz. =메가사이클.
메갈로폴리스 (megalopolis) 몡(지) 메트로폴리스가 발전하여 몇 군데의 대도시·중도시가 띠 모양으로 연속된 도시 형태.
메:기 몡(동) 메깃과의 민물고기. 몸길이 25~100cm. 머리는 넓죽하며 입이 몹시 크고 네 개의 긴 수염이 있음. 몸은 암갈색이고 불규칙한 얼룩무늬가 있으며, 비늘은 없고 미끈거림.
메기는-소리 몡(음) 민요를 부를 때, 한 사람이 앞서 부르는 소리. =메김소리.
메기다 통(타) 1 어떤 사람이 부르고 다른 사람이 따라 부르거나 후렴을 받는 형식의 노래에서, (어떤 사람이 노래를) 먼저 불러 상대가 받게 하다. ¶선창(先唱)을 ~. 2 둘이 마주 잡고 톱질할 때, (어떤 사람이 톱을) 밀어 주다. ¶톱을 ~. 3 윷놀이에서 시위에 물리다. ¶화살을 ~. 4 윷놀이에서, (말을) 날에까지 옮겨 놓다. ¶말을 ~.
메:기-수염 (-鬚髥) 몡 몇 오라기만 양쪽으로 길게 기른, 메기의 수염과 비슷한 콧수염.
메:기-입 몡 입아귀가 길게 째져 넓게 생긴 입을 조롱하여 이르는 말.
메김-소리 몡(음) =메기는소리.
메-꽂다 [-꼳따] 통(타) '메어꽂다'의 준말.
메-꽃 [-꼳] 몡(식) 메꽃과의 여러해살이 덩굴풀. 줄기에 나팔꽃 모양의 큰 꽃이 낮에 엷은 홍색으로 피고 저녁에 시듦. 뿌리줄기는 식용 및 약용하고, 어린잎은 먹음. =메.
메꾸다 통(타) '메우다'의 잘못.
메나리 몡(음) 농부들이 논밭에서 일하면서

부르는 민요의 하나. 구슬프고 처량한 음조를 띰. =산유화(山有花).
메노^모소([이]meno mosso) [명][음] 악곡의 속도를 지시하는 말로, '느리게', '평온하게'의 뜻.
메뉴(menu) [명] **1** 음식점에서 파는 음식의 이름과 가격을 적어 놓은 표. 순화어는 '차림표'. ¶~가 다양하다. **2** 끼니 때 먹는 요리의 종류. ¶오늘 저녁 ~는 카레라이스이다. **3** [컴] 사용자가 마우스나 키보드를 이용하여 명령을 편리하게 선택할 수 있도록 화면에 나타낸 목록.
메ː다[1] (메ː고 / 메어) [동] [1][자] **1** (목이) 음식을 먹거나 말을 하거나 할 때, 음식이 빡빡하거나 울음이 복받치거나 하여 막히는 듯한 상태가 되다. ¶밥을 급히 먹다가 목이 ~ / 목이 **메어** 말을 잇지 못하다. **2** (구멍 따위가) 가득 차거나 막히다. ¶하수도 구멍이 ~. [2][타] '메우다[1]'의 잘못.
메ː다[2] (메ː고 / 메어) [동][타] '메우다[2]'의 준말. ¶체를 ~ / 통의 테를 ~.
메ː다[3] (메ː고 / 메어) [동][타] **1** (물건을 어깨에) 걸치거나 올려놓다. ¶가방을 ~ / 쌀가마를 어깨에 ~. **2** (책임·임무 따위를) 맡다. ¶나라의 장래를 **메고** 나갈 젊은이.
메ː다-꽂다[-꼳따] [동][타] '메어꽂다'의 힘줌말.
메ː다-붙이다[-부치-] [동][타] '메어붙이다'의 힘줌말.
메ː다-치다 [동][타] '메어치다'의 힘줌말.
메달(medal) [명] 표창하거나 무슨 일을 기념하기 위해, 금·은·동 등에 여러 가지 모양을 새겨 넣어 만든 패(牌). ¶금~ / 기념 ~.
메달리스트(medalist) [명] 각종 경기 대회에서 입상하여 메달을 딴 사람.
메달-박스(†medal box) [명] 올림픽이나 체육 대회 등에서, 어느 나라나 집단이 메달을 많이 딸 수 있거나 따는 종목. =메달밭. ¶권투는 한국의 ~이다.
메달-밭(medal-)[-받] [명] =메달박스.
메두사(Medusa) [명][신화] 그리스 신화에 나오는 괴녀(怪女). 머리카락은 모두 뱀이고, 그 추악한 얼굴을 본 사람은 돌이 된다고 함.
메들리(medley) [명] **1** [음] =접속곡. **2** [체] 4가지 수영법을 동일한 거리만큼씩 교대로 사용하는 수영 종목.
메들리^릴레이(medley relay) [명][체] **1** 육상 경기에서, 한 팀의 4명의 주자(走者)가 각각 다른 거리를 달리는 릴레이. **2** =혼계영.
메디안(median) [명][수] =중앙값.
메-떡 [명] **1** 메진 곡식으로 만든 떡. **2** 멥쌀가루로 만든 떡. ↔찰떡.
메-떨어지다 [형] (모양·말·행동 등이) 어울리지 않고 촌스럽다. ¶**메떨어진** 말만 하다.
메뚜기 [명][동] 메뚜기목 메뚜깃과의 곤충의 총칭. 겹눈과 세 개의 홑눈이 있고, 튼튼한 입을 가짐. 뒷다리가 발달하여 잘 뜀. 몸빛은 초록 또는 황갈색으로 보호색임.
[**메뚜기도 유월이 한철이다**] ㉠제때를 만난 듯이 날뛰는 사람을 비유하여 일컫는 말. ㉡무엇이든지 전성기는 매우 짧다는 말.
메롱 [감]〈유아〉'그럴 줄 몰랐지' 하는 뜻으로 상대방을 놀리는 말. ¶~ 하며 혀를 내밀다.
메르카토르^도법(Mercator圖法) [-뻡] [명][지] 지도 투영법의 하나. 지구의 적도에 접하는 원통면 위에 투영하는 것. 경선은 일정한 간격의 평행선, 위선은 경선에 직각인 평행선으로 고위도일수록 간격이 넓음. 해도에 쓰임.
메르쿠리우스(Mercurius) [명][신화] 로마 신화에 나오는 목축·상업·웅변 및 사자(使者)의 신. 그리스 신화의 헤르메스에 해당함. 영어명은 머큐리(Mercury).
메리노-종(merino種) [명][동] 면양의 한 품종. 수컷은 나사선 모양의 뿔이 있으나 암컷은 뿔이 없음. 털은 고급 직물용으로 쓰임.
메리야스(←[일]メリヤス) [명] [<[에]medias] 면사나 모사로 신축성이 있고 촘촘하게 짠 직물. 내의·장갑·양말 등을 만드는 데 씀.
메리치 [명][동] '멸치'의 잘못.
메리트(merit) [명] '이점(利點)'으로 순화. ¶~가 크다 / 현금 배당과는 달리 배당락이 적용되는 주식 배당은 별 ~가 없다.
메-마르다 [형][르]〈~마르니, ~말라〉 **1** (땅이) 물기가 없고 기름지지 못하다. ¶**메마른** 땅. **2** (살결이) 기름기가 없고 거칠다. ¶**메마른** 피부. **3** (날씨가) 건조하다. ¶**메마른** 날씨가 계속되자 화재가 자주 발생하고 있다. **4** 느낌이 몹시 무디고 정감이 부족하다. ¶감정이 ~.
메모(memo) [명] 어떤 일이나 사실을 나중에 참고하거나 기억해 내기 위해, 또는 상대에게 말을 전달하기 위해, 종이에 요점만 간단히 적는 일. 또는, 그 글. ¶~를 남기다. **메모-하다** [동][타][여] ¶수첩에 전화번호를 ~.
메모리(memory) [명] ['기억'의 뜻][컴] **1** =기억 장치. **2** =기억 용량.
메모-지(memo紙) [명] 메모를 하기 위한 종이.
메모-판(memo板) [명] 다방 등에서, 상대에게 어떤 말을 남기는 메모지를 꽂아 놓거나 그런 메모의 글을 써 둘 수 있도록 마련해 놓은 판.
메밀 [명] **1** [식] 마디풀과의 한해살이풀. 높이 60~90cm. 줄기는 곧고 붉은빛을 띠며, 초가을에 흰 꽃이 핌. **2** 1의 열매. 흔히, 가루를 내어 국수나 묵 등을 만들어 먹음. ×모밀.
메밀-가루[-까-] [명] 메밀 열매의 가루.
메밀-국수[-쑤] [명] 메밀가루로 만든 국수.
메밀-꽃[-꼳] [명] 메밀의 꽃.
메밀-묵 [명] 메밀가루로 쑨 묵.
메밀-밭[-받] [명] 메밀을 심어 가꾸는 밭.
메-밥 [명] 멥쌀로 지은 보통 밥을 찰밥에 대하여 이르는 말. ↔찰밥.
메-벼 [명] 찰기가 없는 벼. =갱도(秔稻). ↔찰벼.
메ː-붙이다[-부치-] [동][타] '메어붙이다'의 준말.
메사([에]mesa) [명][지] 꼭대기가 평탄하고 주위가 급경사를 이룬 대지(臺地).
메스([네]mes) [명][의] 수술이나 해부를 할 때에 쓰는 작은 칼. =해부도(解剖刀).
메스(를) 가하다 [구] **1** 수술을 하다. **2** 잘못된 일의 화근을 없애려고 손을 쓰다. ¶공무원의 부정부패에 ~.
메스껍다[-따] [형][ㅂ]〈메스꺼우니, 메스꺼워〉'매스껍다'의 큰말.
메스-실린더(←meas*uring* cylinder) [명][화] 눈금을 새긴 원통형의 유리그릇. 액체의 부피를 측정하는 데 쓰임.
메스티소([에]mestizo) [명] 라틴 아메리카의 에스파냐계의 백인과 인디오와의 혼혈 인종.
메스-플라스크(←meas*uring* flask) [명][화] 액체의 용적(容積)을 재는, 눈금이 있는 플라스크.
메슥-거리다/-대다 [-꺼(때)-] 〖동〗〖자〗 '매슥 거리다'의 큰말.
메슥-메슥 [-숭-] 〖부〗 '매슥매슥'의 큰말. **메슥메슥-하다** 〖동〗〖자〗〖여〗 〖속〗~이 ~.
메시아(Messiah) 〖명〗 ['기름 부음을 받은 자'라는 뜻][성] 1 구약 성서에서, 장차 올 왕으로서의 구세주. 2 신약 성서에서, 예수 그리스도를 가리키는 말.
메시지(message) 〖명〗 1 어떤 사실을 알리거나 어떤 내용을 전하는 말이나 글. ¶축하~. 2 어떤 사실을 주장·촉구 또는 경고하기 위하여 다수의 사람 앞에서 발표하는 말이나 글. ¶대통령의 신년 ~. 3 문예 작품이 나타내고자 하는 근본 의도나 사상. ¶그 소설은 척박한 삶과 맞서 싸우는 인간 승리의 ~를 강하게 보여 주고 있다.
메신저(messenger) 〖명〗 메시지를 전달하는 구실을 하는 사람이나 사물.
메아리 〖명〗 큰 소리를 내었을 때 그 소리가 산이나 넓은 공간의 벽 따위에 부딪쳐 되울려 오는 현상. 또는, 그 소리. 〖비〗산울림. ¶온 산에 울려 퍼지는 ~.
메아리-치다 〖동〗〖자〗 메아리가 울리다. ¶부르는 소리가 멀리서 **메아리쳐** 오다.
메어-꽂다 [-꼳따] 〖동〗〖타〗 어깨 위로 둘러메어 바닥에 내리꽂다. ¶상대 선수를 업어 치기로 ~. 〖준〗메꽂다.
메어-붙이다 [-부치-] 〖동〗〖타〗 어깨 위로 둘러메어 바닥에 힘껏 내리 부딪치게 하다. ¶씨름 선수가 상대를 모래판에 ~. 〖준〗메붙이다.
메어-치다 〖동〗〖타〗 어깨 위로 둘러메어 바닥에 힘껏 내리치다. 〖준〗메치다.
메우-다[1] 〖동〗〖타〗 구멍이나 빈 곳을 채우다. ¶웅덩이를 ~ / 빈자리를 ~. ×메다·메꾸다.
메우-다[2] 〖동〗〖타〗 1 (통·체 등에) 테나 쳇불을 끼우다. ¶통에 테를 ~ / 체를 ~. 2 (장구·북 등을) 가죽을 씌우서 만들다. 3 마소의 목에 멍에를 얹어서 매다. 4 활에 활시위를 얹다. 〖준〗메다.
메-이다[1] 〖동〗〖자〗 '메다'의 피동사. ¶목에 멍에가 **메인** 송아지.
메이다[2] 〖동〗〖자〗 '메다[1]'의 잘못.
메이-데이(May Day) 〖명〗 1 예로부터 서양에서 5월 1일에 베풀어 오는 봄맞이 축제. 2 =노동절(勞動節).
메이저(major) 〖명〗 1 〖음〗=장조(長調). 2 '대형', '주류'로 순화. ¶할리우드 4대 ~ 영화사. ↔마이너.
메이저=리그(Major League) 〖명〗〖체〗 미국 프로 야구 연맹의 최상위 두 리그를 이르는 말. 내셔널 리그와 아메리칸 리그로 나뉘며, 양 리그의 우승 팀끼리 해마다 월드 시리즈를 개최함.
메이지^유신(明治/めいじ 維新) 〖명〗〖역〗 19세기 후반에, 일본의 에도 바쿠후(江戸幕府)를 무너뜨리고 부국강병과 근대화를 목표로 국왕 중심의 정권을 수립한 정치적·사회적 변혁. =명치유신.
메이커(maker) 〖명〗 상품의 제조 업체. 특히, 널리 알려져 믿을 만한 업체. ¶유명 ~ / ~ 제품.
메이크업(makeup) 〖명〗 기초화장을 한 다음에 하는 색조 화장이나, 배우가 연극·영화 등에 출연하기 위하여 하는 무대 화장.
메인-이벤트(main event) 〖명〗 프로그램 중 제일 중요한 순서. 특히, 권투·레슬링 등에서 최종적인 제일 중요한 경기를 가리킴.
메인-타이틀(main title) 〖명〗 1 주가 되는 표제. 2 영화·텔레비전의 첫머리에 제목으로 나오는 자막. ↔서브타이틀.
메일(mail) 〖명〗〖컴〗 =이메일.
메-조 〖명〗 차조보다 열매가 굵고 끈기가 적으며 빛깔이 옅게 누른, 조의 한 가지. =황량(黃粱)·황량미. ▷차조.
메조-소프라노(ⓘmezzo-soprano) 〖명〗〖음〗 성악에서, 여성이 낼 수 있는 중간 음역의 소리. 곧, 소프라노와 알토의 사이에 해당하는 소리. 또는, 그 음역의 가수.
메조^포르테(ⓘmezzo forte) 〖명〗〖음〗 악곡의 표현 방법을 나타내는 말로, '조금 세게'의 뜻. 기호는 *mf*.
메조^피아노(ⓘmezzo piano) 〖명〗〖음〗 악곡의 표현 방법을 나타내는 말로, '조금 여리게'의 뜻. 기호는 *mp*.
메-좁쌀 〖명〗 메조의 열매를 찧은 쌀. ▷차좁쌀.
메주 〖명〗 간장·된장 따위를 담그기 위하여, 삶은 콩을 찧어 주로 네모나게 뭉쳐서 띄워 말린 물질. 고추장을 담그기 위한 것은 흔히 공 모양으로 만듦. ¶~를 쑤다 / ~를 띄우다 / ~ 뜨는 퀴퀴한 냄새.
메주-콩 〖명〗 메주를 쑤는 데 쓰는 콩.
메지 〖명〗 일의 끝난 한 단락. ¶~가 나다 / ~를 내다.
메-지다 〖형〗 (밥이나 떡, 반죽 따위가) 끈기가 적다. ¶밥이 ~. ↔차지다.
메지-메지 〖부〗 물건을 여러 몫으로 따로 나누는 모양. 〖작〗매지매지.
메-질 〖명〗 메로 물건을 치는 일. **메질-하다** 〖동〗〖타〗 ¶달군 쇠를 ~.
메-찰떡 〖명〗 찹쌀과 멥쌀을 섞어서 만든 시루떡. ×반찰떡.
메추라기 〖명〗〖동〗 꿩과의 작은 새. 몸길이 약 18cm. 몸빛은 황갈색으로 갈색과 흑색의 가는 세로무늬가 있음. 수컷은 목 부분이 붉은 밤색임. 몸은 병아리와 비슷하나 꽁지가 짧음. 〖준〗메추리.
메추리 〖명〗〖동〗 '메추라기'의 준말.
메:치-기 〖명〗〖체〗 유도에서, 상대방의 자세를 무너뜨린 다음 던지거나 쓰러뜨리는 기술의 총칭. ▷굳히기.
메:-치다 〖동〗〖타〗 '메어치다'의 준말.
메카(Mecca) 〖명〗 [사우디아라비아의 도시로, 이슬람교의 교조 마호메트가 탄생한 곳] 어떤 일의 중심지로서, 그 일에 종사하거나 관계를 맺고 있는 사람들이 숭배하거나 동경하는 곳. 비유적인 말임. ¶할리우드는 미국 영화 산업의 ~.
메커니즘(mechanism) 〖명〗 ['기계 장치'라는 뜻] 1 =기계(機制)¹. ¶컴퓨터의 ~ / 경기 변동에는 일정한 ~이 있다. 2 [심] =기계(機制)².
메케-하다 〖형〗〖여〗 (연기나 곰팡이 냄새가) 코를 찌르거나 목을 자극하여 기침을 나오게 하는 상태에 있다. ¶솔잎이 타는 **메케한** 냄새. 〖작〗매캐하다.
메타포(metaphor) 〖명〗〖문〗 '은유(隱喩)'로 순화.
메탄(methane) 〖명〗〖화〗 메탄계 탄화수소의 하나. 무색무취의 가연성 기체. 천연가스의 주성분이며, 도시가스 등의 연료로 이용됨. =메탄가스.
메탄-가스(methane gas) 〖명〗〖화〗 =메탄.

메탄올(methanol) 〖명〗〖화〗 자극적인 냄새가 나는, 무색의 휘발성 액체. 목재를 건류(乾溜)할 때 생기며, 연료, 포르말린의 원료 등으로 쓰임. =메틸알코올·목정(木精).

메-탕(-湯) 〖명〗 1 '국'의 높임말. 2 =갱(羹)².

메-토끼 〖명〗〖동〗 '산토끼'의 잘못.

메트로놈(metronome) 〖명〗 악곡의 템포를 나타내는 기구. 용수철 장치로 흔들이를 진동시켜서 음을 새기고, 구하는 박자의 길이를 나타냄. =박절기(拍節器).

메트로폴리스(metropolis) 〖명〗 =거대 도시.

메트로폴리탄(metropolitan) 〖명〗 어떤 대도시가 중소 도시와 그 밖의 지역에 지배적인 영향을 끼쳐 중심을 이루었을 때, 그 대도시와 주변 지역 전체.

메티오닌(methionine) 〖명〗〖화〗 필수 아미노산의 하나. 단백질의 구성 성분으로, 영양제나 간 질환, 중독증의 치료약으로 쓰임.

메틸-기(methyl基) 〖명〗〖화〗 알킬기의 하나. 메탄에서 수소 원자 1개를 제거한 1가(價)의 원자단. =메틸.

메틸렌^블루(methylene blue) 〖명〗〖화〗 청색의 염기성 염료. 생체 염색, 산화 환원 반응의 지시약으로 쓰임.

메틸-알코올(methyl alcohol) 〖명〗〖화〗 =메탄올.

메틸-에테르(methyl ether) 〖명〗〖화〗 메탄올을 산성 촉매로 탈수하면 생기는, 무색의 향기 나는 기체(冷媒)로 쓰임.

메틸^오렌지(methyl orange) 〖명〗〖화〗 등황색의 결정 색소. 수용액이 산성이면 적색을, 염기성이면 등황색을 나타내므로 지시약으로 쓰임.

멕기(←⑫鍍金/めっき) 〖명〗 '도금(鍍金)'으로 순화.

멕시코(Mexico) 〖명〗〖지〗 미국 서남부에 잇닿아 있는 연방 공화국. 수도는 멕시코시티.

멕시코^만류(Mexico灣流) [-말-] 〖명〗〖지〗 북적도 해류에서 발단하여 멕시코 만에서 북아메리카 동쪽 해안을 따라 북쪽으로 흐르는 난류.

멘델레븀(mendelevium) 〖명〗〖화〗 악티늄족 원소에 속하는, 초우라늄 원소의 하나. 원소기호 Md, 원자 번호 101, 원자량 258. 인공 방사성 원소임.

멘델의 법칙(Mendel-法則) [-의-/-에-] 〖생〗 멘델이 1865년에 발견한 유전의 법칙. 생물의 형질이 유전자에 의해 어떤 규칙성을 가지고 자손에게 전해진다는 것. 우열의 법칙, 분리의 법칙, 독립의 법칙의 세 법칙으로 되어 있음.

멘셰비즘(Menshevism) 〖명〗〖사〗 멘셰비키의 사상 및 주의. 마르크스주의를 수정한 것으로 자유주의적 부르주아 색채가 짙음. ↔볼셰비즘.

멘셰비키(⑫Mensheviki) 〖명〗 ('소수파'라는 뜻)〖사〗 1903년에 런던에서 열린 러시아 사회 민주 노동당 2차 대회에서 레닌이 이끄는 볼셰비키파와 대립한 일파. 개인적 활동의 자유를 주장하였음. ↔볼셰비키.

멘스(←menstruation) 〖명〗 =월경.

멘토(mentor) 〖명〗 풍부한 경험과 전문 지식을 가지고 어떤 사람에게 일대일로 지도·조언을 해 주는 사람. ×멘토.

멘토 〖명〗 '멘터(mentor)'의 잘못.

멘트 〖명〗 '말', '언급', '발언'으로 순화. ¶오프닝 ~ / 진행자의 ~. 〖참고〗 주로 방송에서 사용되는 말로, 어원은 확실치 않으나 영어 'comment'를 줄인 콩글리시로 보임.

멘히르(⑤Menhir) 〖명〗〖고고〗 =선돌.

멜:-대 [-때] 〖명〗 양 끝에 물건을 걸어 어깨에 메는 긴 나무.

멜라닌(melanin) 〖명〗〖생〗 동물의 조직 내에서 볼 수 있는 갈색 또는 흑색의 색소. 그 양에 따라 피부나 모발 및 망막의 색이 결정됨.

멜라민(melamine) 〖명〗〖화〗 석회질소를 원료로 하는 합성 물질. 무색의 결정으로, 멜라민 수지의 원료가 됨.

멜라민^수지(melamine樹脂) 〖명〗〖화〗 멜라민을 포르말린과 축합시켜 만든 열경화성 수지. 무색투명하여 착색이 쉽고, 내수·내열성이 강하여 식기·기계·전기 부품 등의 원료로 쓰임.

멜랑콜리(⑯mélancolie) → 멜랑콜리-하다 〖형〗④ '우울하다'로 순화.

멜로-드라마(melodrama) 〖명〗 주로 애정 문제를 소재로 하는, 통속적이고 감상적인 드라마.

멜로디(melody) 〖명〗〖음〗 =가락¹.

멜로디언(melodion) 〖명〗〖음〗 입으로 바람을 불어 넣으며 건반을 눌러 소리를 내는 소형 악기.

멜론(melon) 〖명〗〖식〗 박과의 덩굴성 한해살이 식물. 서양종의 참외로, 열매는 익으면 담녹색이 되며, 과육은 달고 향기가 있음.

멜:-빵 〖명〗 1 배낭·가방·소총 등에 달려 있어 그 물건을 어깨에 멜 수 있게 하는 기능을 가진, 띠 모양의 물건. ¶~을 늦추다. 2 아랫도리가 흘러내리지 않게 어깨에 걸치는 끈.

멜:빵-바지 〖명〗 길이가 가슴까지 올라오는, 멜빵이 달린 바지.

멤버(member) 〖명〗 단체를 구성하는 일원. =회원. ¶~를 교체하다 / 모임의 ~는 열 명이다.

멤버십(membership) 〖명〗 단체의 구성원인 사실. 또는, 그 자격이나 지위.

멤버십 카드(membership card) '회원증', '회원 카드'로 순화.

멥쌀 〖명〗 메벼를 찧은 쌀. =갱미(秔米)·경미(粳米). ×찹쌀. ×맵쌀·뱃쌀.

멥쌀-가루 [-까-] 〖명〗 멥쌀을 곱게 부수거나 간 것.

멧-갓 [메깓/멛깓] 〖명〗 산에 있는 말림갓. =산판(山坂). ×산갓.

멧-나물 [멘-] 〖명〗 산에 절로 나는 나물. ㈏산나물.

멧-누에 〖명〗〖동〗 '산누에'의 잘못.

멧-돼지 [메뙈-/멛뙈-] 〖명〗〖동〗 멧돼짓과의 산짐승. 돼지의 원종으로, 몸빛은 흑색 또는 흑갈색임. 주둥이가 매우 길고 목은 짧으며, 날카로운 송곳니가 있음. 농작물을 해침. 고기는 맛이 좋으며, 가죽은 세공용, 쓸개는 약재로 쓰임. =산돼지.

멧-발 〖명〗 '산줄기'의 잘못.

멧-부리 [메뿌-/멛뿌-] 〖명〗 산등성이나 산봉우리의 가장 높은 꼭대기. ▷산봉우리.

멧-비둘기 [메삐-/멛삐-] 〖명〗〖동〗 비둘깃과의 새. 몸길이 30cm가량. 몸은 회갈색 바탕에 목부터 검은색 띠, 날갯깃·꽁지깃은 흑갈색, 꽁지 끝은 백색임.

멧-새 [메쌔/멛쌔] 〖명〗〖동〗 1 멧샛과의 새. 몸길이 17cm가량. 참새와 비슷하나 몸빛은 밤색이며 흰 눈썹 선과 멱이 뚜렷함. =멥새.

2 ‘산새’ 의 예스러운 말.

멧-수수[메쑤-/멘쑤-] [명] 찰기가 없는 수수. ↔찰수수.

멧-쌀 [명] ‘멥쌀’ 의 잘못.

멧-줄기 [명] ‘산줄기’ 의 잘못.

멧-짐승[메찜-/멘찜-] [명] ‘산짐승’ 의 예스러운 말.

며[1] [조] 모음으로 끝나는 말에 붙어, 두 가지 이상의 사물을 열거하여 말할 때 쓰이는 접속 조사. ¶학자~ 정치가~ 내로라하는 저명인사가 모두 모였다.

-며[2] [어미] 모음이나 ‘ㄹ’ 받침으로 끝나는 어간, 또는 어미 ‘-시’ 아래에 붙는 연결 어미. **1** 두 가지 이상의 사물·동작·상태 등을 나열하는 뜻을 나타냄. ¶이것은 감이~ 저것은 사과이다. **2** 대립의 뜻을 나타냄. ¶언니는 키가 크~ 동생은 키가 작다. **3** 두 가지 사실이나 상태 따위가 겸하여 있거나 동작이 연이어 일어남을 나타냄. [비]-면서. ¶그는 시인이~ 학자이다. / 뛰어나오~ 소리쳤다. ▷-으며.

며느-님 [명] 남의 며느리의 높임말.

며느리 [명] 아들의 아내. =자부(子婦).
[**며느리가 미우면 발뒤축이 달걀 같다고 나무란다**] 공연히 트집을 잡아 억지로 허물을 지어낸다. [**며느리 사랑은 시아버지, 사위 사랑은 장모**] 흔히 며느리는 시아버지에게 귀염을 받고, 사위는 장모가 더 사랑한다.

며느리에 대한 호칭어, 지칭어

호 칭 어		아가, 새아가, (○○) 어미(어멈), 얘야
지칭어	며느리에게	아기, 새아기, (○○) 어미(어멈), 너
	부모에게	며늘애, ○○ 어미(어멈), ○○ 댁, ○○ 처
	배우자에게	며늘애, 새아기, ○○ 어미(어멈), ○○ 댁, ○○ 처
	아들에게	○○ 어미, 네 댁, 네 처
	손자, 손녀에게	어머니, 엄마, 어미[허용]
	큰아들에게 작은며느리를	○○ 어미, ○○ 댁, 제수, 계수
	작은아들에게 큰며느리를	○○ 어미, (네) 형수
	큰딸에게 작은며느리를	○○ 어미, 올케, ○○ 댁
	작은딸에게 큰며느리를	○○ 어미, 올케, 새언니
	다른 며느리에게	○○ 어미, 동서, (네) 형
	사위에게	처남의 댁, ○○ 어미, ○○ 댁
	친척에게	며느리, 며늘애, ○○ 댁, ○○ 어미, ○○ 처, [그들이 부르는 대로]
	사돈에게	며늘애, ○○ 어미, [그들이 부르는 대로]
	타인에게	며느리, 새아기

며느리-밑씻개[-믿씯깨] [명][식] 마디풀과의 덩굴성 한해살이풀. 들이나 길가에서 흔히 볼 수 있는데, 줄기에 잔가시가 많아 다른 것에 잘 감김. 7~8월에 담홍색 꽃이 피며, 열매는 검고 둥긂. 어린잎은 식용함.

며느리-발톱 [명] **1** 새끼발톱 바깥쪽에 덧달린 작은 발톱. **2**[동] 닭·꿩 등의 수컷의 다리 뒤쪽에 있는, 각질(角質)의 돌기물. **3** 소·말 등의 다리 뒤쪽에 있는 작은 발가락. ×뒷발톱.

며느릿-감[-리깜/-릳깜] [명] 며느리로 삼을 만한 여자. ↔사윗감.

며늘-아기 [명] ‘며느리’ 를 귀엽게 이르는 말.

며루치 [명] 〈방〉 멸치(경기·경북).

며칟-날[-친-] [명] 그달의 몇째 날. ‘며칠1’ 과 같은 뜻이나, 나이가 지긋한 세대에서 많이 쓰이며, 날짜를 음력으로 따질 때 좀 더 많이 쓰는 경향이 있음. [비]며칠. ¶네 결혼식이 ~이냐? / 할아버님 제삿날이 정월 ~이더라?

며칠 [명] **1** 그달의 몇째 되는 날. [비]며칟날. ¶오늘이 ~이지? **2** 몇 날. ¶그날 돌아온다던 사람이 ~이 지나도록 오지 않는다. ×몇 일.

> **어법** 몇 년 몇 월 몇 일: 몇 일(×)→며칠(○). ▶▶ ‘몇 일’ 은 ‘며칟날’, ‘며칠’ 은 ‘몇 날(여러 날)’ 의 뜻으로 구별하려는 입장이 있으나, 이는 잘못으로 무슨 뜻으로든 ‘며칠’ 만이 올바른 표기임. 만일, ‘몇 월’ 의 경우처럼 ‘몇 일’ 이 맞춤법상 올바른 표기로 인정받으려면, 그 발음이 [며딜]이라야 하나 [며칠]이 표준 발음이므로 ‘며칠’ 만이 맞춤법에 맞는 표기임.

멱[1] [명] 목의 앞쪽. ¶닭의 ~을 따다.

멱ː[2] [명] ‘미역1’ 의 준말. ¶~을 감다.

멱ː[3] [명][식] ‘미역2’ 의 준말.

멱-둥구미[-뚱-] [명] 짚으로 둥글고 울이 깊게 결어 만든, 곡식을 담는 그릇. [준]둥구미.

멱-따다 [동][타] 칼 따위로 짐승의 멱을 찌르거나 자르다. ¶돼지 **멱따는** 소리.

멱-살[-쌀] [명] **1** 사람의 멱 부분의 살. 또는, 그 부분. **2** 멱이 닿는 부분의 옷깃. ¶~을 거머쥐다 / ~을 잡고 싸우다.

멱살-잡이[-쌀-] [명] 멱살을 잡는 일. ¶언성이 높아지더니 급기야 ~를 하면서 싸움이 붙었다. **멱살잡이-하다** [동][자][타][여]

멱서리[-써-] [명] 짚으로 촘촘히 결어서 만든, 곡식을 담는 그릇. [준]멱.

멱-통 [명] =산멱통.

-면[1] [어미] 모음이나 ‘ㄹ’ 받침으로 끝나는 어간, 또는 어미 ‘-시-’ 아래에 붙어, 가정적 조건을 나타내는 종속적 연결 어미. ¶너도 사람이~ 네가 저지른 죄를 알겠지. / 이제 가~ 언제 오려나. ▷-으면.

면ː[2](面) [명] [1][자립] **1** 사물의 겉으로 평평하게 일정한 넓이를 가진 부분. ¶~이 고르지 않은 땅. **2** 일의 어떤 부분이나 측면. ¶긍정적인 ~과 부정적인 ~. **3** 신문이나 책의 지면. ¶기사가 넘쳐 ~이 부족하다. **4** ‘체면’ 을 예스럽게 이르는 말. ¶~을 내다. **5**[수] 정해진 위치에 있어서 길이 및 폭의 두 방향으로 퍼진 이차원의 연속체. 평면과 곡면이 있음. [2][의존] 신문이나 책 등의 각 지면에 매겨지는 일련번호를 세는 단위. [비]페이지. ¶1~ 머리기사.

면ː[3](面) [명] 군(郡) 또는 시(市)의 관할 아래에 두는, 행정 구역의 하나. 아래에 이(里)를 둠.

면[4](綿) [명] 무명이나 무명실.

면ː[5](麵·麪) [명] 국수·라면·냉면 따위의 주재료인, 밀가루·메밀가루 등을 반죽하여 가늘게 뺀 것. ¶끓는 물에 ~과 수프를 넣고 3분 후에 드세요.

면ː검(免檢) [명] 검시(檢屍)를 면제받는 것. **면ː검-하다** [동][자][여]

면!경(面鏡) 명 얼굴을 비추어 보는 작은 거울. =석경(石鏡).
면관(免官) 명 관직에서 벗어나게 하는 것. ⓗ면직(免職). **면관-하다** 동(타)여 **면관-되다** 동(자)
면괴(面愧) [-괴/-궤] →**면괴-하다** [-괴-/-궤-] 형어 =면구하다.
면괴-스럽다(面愧-) [-괴-따/-궤-따] 형ㅂ <-스러우니, ~스러워> =면구스럽다. **면괴스레** 부
면구(面灸) →**면구-하다** 형어 남을 대하여 보기가 부끄럽다.
면구-스럽다(面灸-) [-따] 형ㅂ <~스러우니, ~스러워> 면구한 데가 있다. =면괴스럽다. ⓗ민망스럽다. ×민주스럽다. **면구스레** 부
면급(免急) 명 위급한 일을 면하는 것. ¶농협에서 농자금이 나와 우선 ~은 했습니다. **면급-하다** 동(자)여
면!내(面內) 명 한 면의 관할 구역 안.
면-내의(綿內衣) [-의/-이] 명 무명으로 짠 속옷.
면!담(面談) 명 (윗사람이나 어떤 일을 책임 맡은 사람과) 마주 대하여 고민이나 문제를 해결하기 위해 이야기를 나누는 것. 또는, (고민이나 프로젝트거리가 있는 사람을) 만나서 도움을 주는 이야기를 나누는 것. =면화(面話). ¶단독 ~/ ~을 요청하다. **면!담-하다** 동(자타)여 ¶선생님은 학생들을 일대일로 **면담하셨다**.
면!대(面對) 명 서로 얼굴을 마주 대하는 것. =면당. ⓗ대면. **면!대-하다** 동(자타)여
면!-대칭(面對稱) 명[수] 물체나 도형 중의 서로 대응하는 어떤 두 점을 맺는 직선이 주어진 평면에 의하여 수직으로 이등분되는 위치 관계. =평면 대칭. ▷선대칭·점대칭.
면!도(面刀) 명 1 수염이나 잔털을 가위나 면도기로 밀어서 깎는 것. 2 '면도칼'의 준말. **면!도-하다** 동(자타)여 수염이나 잔털을 면도칼이나 면도기로 밀어서 깎다.
면!도-기(面刀器) 명 면도를 할 수 있도록 만든 기구. ¶안전 ~/전기 ~.
면!도-날(面刀-) 명 1 면도칼의 날. 2 안전면도기에 끼게 된, 날이 선 얇은 쇳조각. =날.
면!도-질(面刀-) 명 면도하는 것. **면!도질-하다** 동(자타)여
면!도-칼(面刀-) 명 면도하는 데에 쓰는 칼. =체도(剃刀). ¶수염을 ~로 밀다. ⓒ면도.
면!려(勉勵) [멸-] 명 1 힘써 하는 것. 2 (남을) 힘쓰게 하는 것. **면!려-하다** 동(자타)여
면!례(緬禮) [멸-] 명 무덤을 옮겨 장사를 다시 지내는 것. **면!례-하다** 동(자타)여
면류(麵類) [-뉴] 명 밀국수나 메밀국수 따위의 국수류.
면!류-관(冕旒冠) [멸-] 명[역] 제왕(帝王)의 정복(正服)에 갖추어 쓰는, 직사각형의 판에 많은 주옥을 꿰어 늘어뜨린 관.
면!면¹(面面) 명 1 여러 사람의 얼굴 하나하나. 또는, 그 사람 한 사람. ¶거기에 모인 사람들의 ~을 보아하니 내로라하는 재력가들이다. 2 어떤 사람이나 사물이 가지는 여러 가지 됨됨이나 측면. ¶샀던감의 ~을 뜯어보자.
면면²(綿綿) →**면면-하다** 형어 (어떤 현상이) 오랜 시간에 걸쳐 끊어지지 않고 죽 이어지거나 계속되는 상태에 있다. ¶면면하게 이어져 내려온 역사와 전통. **면면-히** 부 ¶

~ 흐르는 민족정신.
면!면-이(面面-) 부 제각기. 또는, 여러 면에 있어서. ¶모인 사람들은 ~ 그 지방의 유지(有志)라고 할 만한 사람들이었다.
면!모(面貌) 명 1 얼굴의 모양. 2 사물의 모습이나 상태. ¶새 시대의 ~를 갖추다 / 회사의 ~를 일신하다.
면!목(面目) 명 1 얼굴의 생김새. ¶~이 익다. 2 남 대하기에 떳떳한 상태. ⓗ낯·체면. ¶~이 안 서다. 3 사물의 겉모습이나 상태. ⓗ면모.
면목(이) 없다 구 부끄러워서 남을 대할 낯이 없다. ¶그를 대할 ~.
면!-무식(免無識) 명 겨우 무식이나 면할 정도로 앎이 적은 것. 또는, 그 정도의 학식. **면!무식-하다** 동(자)여
면!민(面民) 명 면내의 주민.
면밀(綿密) →**면밀-하다** 형어 (검토·조사·계획 등이) 자세하고 꼼꼼하여 빈틈이 없다. ¶**면밀하게** 검토하다. **면밀-히** 부 ¶품질을 ~ 검사하다.
면-바지(綿-) 명 무명으로 만든 바지.
면!박(面駁) 명 (사람을) 본인을 맞대어 놓거나 본인이 있는 자리에서 잘못을 꼬집거나 그의 의견을 무시하는 말을 하거나 하여 창피를 주는 것. ¶~을 주다 / ~을 당하다. **면!박-하다** 동(타)여
면-발(麵-) [-빨] 명 면의 가락. ⓗ국숫발. ¶~이 가늘다.
면-방적(綿紡績) 명 목화의 섬유로 실을 뽑는 일. ⓒ면방.
면-방직(綿紡織) 명 목화를 원료로 피륙을 짜는 일.
면!벽(面壁) 명[불] 좌선할 때 잡념을 막기 위해 벽을 향하고 앉는 것. **면!벽-하다** 동(자)여
면봉(綿棒) 명 끝에 솜을 말아 붙인 가느다란 막대. 흔히, 귀를 후비거나 약을 바르거나 할 때 씀.
면!분(面分) 명 얼굴이나 알 정도의 사귐.
면사(綿絲) 명 =무명실.
면!-사무소(面事務所) 명 면의 행정 사무를 맡아보는 곳. ⓒ면소.
면!사-포(面紗布) 명 결혼식 때 신부가 머리에 써서 앞이나 뒤로 늘이는, 흰 사(紗)로 만든 물건. ¶~를 쓰다.
면!상¹(面上) 명 1 얼굴의 위. 2 얼굴 바닥.
면!상²(面相·面像) 명 얼굴의 생김새. ⓗ용모(容貌).
-면서 어미 모음이나 'ㄹ' 받침으로 끝나는 어간, 또는 어미 '-시-' 아래에 붙는 연결 어미. 1 두 가지 이상의 사실·상태·동작 등이 동시적으로 겸하여 있거나, 동작이 연이어 일어남을 나타냄. ⓗ-며. ¶질감이 부드러우~ 따뜻한 옷감 / 저 사람은 화가이~ 시인이다. 2 두 가지 이상의 사실·상태·동작이 맞서는 관계에 있음을 나타냄. ¶제가 바보이~ 남을 바보라고 한다. / 알~ 모르는 체하다. ▷-으면서.
면!세(免稅) 명 세금을 면제하는 것. ¶~ 품목. **면!세-하다** 동(자타)여 **면!세-되다** 동(자)
면!세-점(免稅店) 명 외화 획득이나 외국인 여행자의 편의를 도모하기 위해 공항 대합실이나 시중에 설치된 비과세의 상점.
면!세-품(免稅品) 명 1 면세를 받은 상품. 2 관세를 면제한 수출입품.
면!소(面所) 명 '면사무소'의 준말.
면!수(面數) [-쑤] 명 물체의 면 또는 책의

페이지의 수효. =쪽수.
면:식(面識) 명 얼굴을 서로 알 정도의 관계. ¶~이 있다[없다].
면:식-범(面識犯) [-뺌-] 명 얼굴을 아는 범인.
면실-유(棉實油) [-류] 명 목화의 씨를 짜서 얻은 반건성유(半乾性油).
면양(緬羊·綿羊) 명 =양(羊)¹.
면-양말(綿洋襪) [-냥-] 명 무명실로 짠 양말. =목양말.
면:역¹(免役) 명 1 [역] 조선 시대에 신역(身役)을 면제하던 일. 2 병역이나 복역 따위를 면함. =제역. **면:역-하다** 동타여 **면:역-되다**¹ 동
면:역²(免疫) 명 1 [의] 사람이나 동물의 몸 안에 병원균이나 독소가 침입해도 발병하지 않을 정도의 저항력을 가지는 일. ¶~이 생기다. 2 어떤 자극이 자꾸 반복됨에 따라 그에 무감각해지는 것을 비유하여 이르는 말. ¶아무리 잔소리해 보아야 이젠 ~이 되어 소용없다. **면:역-되다**² 동
면:역-력(免疫力) [-녁녁] 명 [생] 외부에서 들어온 병균에 저항하는 힘. ¶~이 떨어지다.
면:역-성(免疫性) [-썽] 명 [의] 면역이 되는 성질.
면:역-체(免疫體) 명 [생] =항체(抗體).
면:역-혈청(免疫血淸) [-혈-] 명 [의] 특정의 항원(抗原)에 대응하여 만들어진 항체(抗體)가 들어 있는 혈청.
면:장¹(免狀) [-짱] 명 1 '면허장'의 준말. 2 '사면장(赦免狀)'의 준말.
면:장²(面長) 명 면의 행정을 통할하는 우두머리.
면-장갑(綿掌匣) 명 무명실로 짠 장갑. =목장갑.
면:적(面積) [수] 넓이.
면:전(面前) 명 상대를 바로 앞에 마주 대하고 있는 상태. 또는, 어떤 사람이 바로 앞에서 마주 보고 있는 상태. ¶~에서 무안을 주다 / 어른들 ~에서 이 무슨 행패냐?
면:접(面接) 명 1 입학·입사 등의 시험 절차에서, 평가하는 사람이 응시하는 사람과 대면하여 그의 인품이나 언행 등을 알아보는 일. 또는, 그런 시험 절차. ¶~을 보다 / ~을 치르다. 2 상담 등을 하기 위해 만나서 대면하는 것. ¶~ 상담. **면:접-하다** 동자타여 ¶사장이 1차 합격자와 일일이 ~.
면:접-관(面接官) [-꽌] 명 면접시험에서 심사를 맡아보는 사람.
면:접-시험(面接試驗) [-씨-] 명 사람을 선발하는 절차로서, 응시자를 직접 대면하여 문답을 통해 그의 인품이나 언행을 알아보는 시험. 필기시험 후에 최종적으로 치르는 경우가 많다.
면:제(免除) 명 (책임·의무 따위를) 면하는 것. ¶병역 ~ / 세금 ~. **면:제-하다** 동타여 ¶학비를 면제해 주다. **면:제-되다** 동자
면-제품(綿製品) 명 솜을 재료로 하여 만든 물건의 총칭.
면:조(免租) 명 [법] 세제의 부담을 면제하는 것. **면:조-하다** 동타여 **면:조-되다** 동자
면:종-복배(面從腹背) [-빼] 명 겉으로는 복종하는 체하면서 속으로는 등지거나 배반함. **면:종복배-하다** 동자여
면:죄(免罪) [-줴] 명 죄를 면하는 것. 또는, 죄를 면하게 해 주는 것. **면:죄-하다** 동자타여 **면:죄-되다** 동자
면:죄-부(免罪符) [-죄-/-쮀-] 명 [역] 중세 가톨릭교회에서, 신자에게 죄를 사하여 주는 뜻으로 돈을 받고 내주던 증서. 남발의 폐해가 극심하여 종교 개혁의 실마리가 되었음.
면죄부(를) 받다 관 (죄를 지은 사람이) 처벌받지 않게 되다.
면죄부(를) 주다 관 (죄를 지은 사람에게) 처벌받지 않게 해 주다.
면:주인(面主人) [-쭈-] 명 [역] 주(州)·부(府)·군(郡)·현(縣)과 면(面) 사이를 왕래하며 심부름하는 사람.
면:지(面紙) 명 [인] 책의 앞뒤 표지의 안쪽에 있는 지면.
면:직¹(免職) 명 (공무원·회사원 등을) 그 일자리에서 물러나게 하는 것. ¶의원(依願) ~. **면:직-하다** 동타여 **면:직-되다** 동자
면:직²(綿織) 명 '면직물'의 준말.
면:직-물(綿織物) [-징-] 명 무명실로 짠 피륙. 준면직.
면:책(免責) 명 1 책임이나 책망을 면하는 것. 2 [법] 채무(債務)를 면하는 것. **면:책-하다** 동자타여 **면:책-되다** 동자
면:책^특권(免責特權) [-꿘] 명 [법] 국회의원이 국회에서나 직무상 행한 발언과 표결에 관하여 국회 밖에서 책임을 지지 않는 특권.
면:천(免賤) 명 천민의 신분을 벗고 평민이 되는 것. 또는, 그렇게 하는 것. **면:천-하다** 동자타여 **면:천-되다** 동자
면:추(免醜) 명 (여자의 얼굴이) 추하다 할 정도는 겨우 면하는 것. **면:추-하다** 동자여
면:-치레(面-) 명 겉으로만 꾸며 체면을 차리는 것. =이면치레. (비)외면치레·외식(外飾)·체면치레. ▷겉치레. **면:치레-하다** 동자여
면:탈(免脫) 명 (마땅히 져야 할 부담·의무·책임 등을) 지지 않는 것. 또는, (형벌을) 면하여 받지 않는 것. ¶부유층 자제의 병역 ~ 행위. **면:탈-하다** 동자타여 ¶개발 부담금을 면탈할 목적으로 허위 계약을 체결하다.
면포(綿布) 명 =무명¹.
면:피(面皮) 명 =낯가죽.
면:-하다¹ 동자타여 1 (책임이나 의무를) 지지 않게 되다. ¶책임을 ~. 2 (어떤 일을) 당하지 않게 되다. ¶화를 ~ / 죽음을 ~. 3 (어려운 고비나 최저의 한계를) 벗어나 안정된 상태에 있게 되다. ¶셋방살이를 ~.
면:-하다²(面-) 동자타여 (건물이나 절벽 따위가 바다·강·호수·도로 등에 [을]) 무엇에 가리거나 막힌 데 없이 마주하거나 그 면으로 향하다. ¶바다에(를) **면한** 호텔.
면:학(勉學) 명 학문에 힘쓰는 것. ¶~ 분위기를 조성하다. **면:학-하다** 동자여
면:허(免許) 명 [법] 어떤 특정한 일을 행하는 것을 행정 기관이 허가하는 일. 또는, 법령에 의해 일반적으로 금지되어 있는 행위를, 행정 기관이 특정의 경우에 특정인에게만 허가하는 일. ¶운전 ~ / ~를 따다. **면:허-하다** 동타여 **면:허-되다** 동자
면:허-세(免許稅) [-쎄] 명 [법] 특수한 행위나 영업을 면허할 때 부과하는 지방세.
면:허-장(免許狀) [-짱] 명 [법] 면허를 증명하는 문서. 준면장.
면:허-증(免許證) [-쯩] 명 [법] 면허의 내용과 사실을 기재하여 발급하는 증서. 또는,

면허를 가진 사람임을 증명하는, 명함 크기의 카드. ¶~ 카드 / ~ 자동차 운전~.
면화(棉花) 명[식] =목화(木花)¹.
면화-씨(棉花-) 명 =목화씨.
면:회(面會)[-회/-훼] 명 (어떤 사람이 근무·입원·복무·복역 중인 사람을[과]) 잠시 시간을 얻어 만나는 것. 또는, 만나서 이야기를 나누는 것. ¶~ 사절 / ~를 신청하다. 면:회-하다 명[환자를 와~.
면:회-실(面會室)[-회-/-훼-] 명 면회하는 사람들을 위하여 따로 마련한 방.
멸공(滅共) 명 공산주의 또는 공산주의자를 없애는 것. 멸공-하다 타
멸구 명[동] 매미목 멸구과에 속하는 곤충의 총칭. 몸길이 20mm 이하. 작은 매미와 비슷하며, 몸빛은 녹색임. 식물체를 빨아 먹으므로 대부분 해충(害蟲)임.
멸균(滅菌) 명 =살균(殺菌). 멸균-하다 동 자(타)연 멸균-되다 동자
멸망(滅亡) 명 (국가나 민족·종족 등이) 망하여 없어지는 것. ¶로마 제국의 ~. 멸망-하다 동자(연 멸망-되다 동자
멸문(滅門) 명 한 집안을 다 죽여 없애는 것. =족주(族誅). 또는 당하다. 멸문-하다 동자(타)연 멸문-되다 동자
멸문지화(滅門之禍) 명 한 집안이 다 죽음을 당하는 끔찍한 재화. =멸문지환.
멸사-봉공(滅私奉公)[-싸-] 명 사(私)를 버리고 공(公)을 위하여 힘써 일함. 멸사봉공-하다 동자(연
멸살(滅殺)[-쌀] 명 모조리 다 죽여 버리는 것. 멸살-하다 동(타)연 멸살-되다 동(자)연
멸시(蔑視)[-씨] 명 (어떤 사람을) 낮추어 보거나 하찮게 여겨 깔보거나 하는 것. ¶~를 당하다 / ~를 받다. 멸시-하다 동(타)연 ¶백인이 흑인을 ~. 멸시-되다 동(자)
멸족(滅族)[-쪽] 명 가족이나 종족이 망하여 없어지는 것. 또는, 가족이나 종족을 죽여 없애 버리는 것. 멸족-하다 동(자)(타)연 멸족-되다 동(자)
멸종(滅種)[-쫑] 명 (생물이) 지구 상에서 또는 어느 지역에서 모두 죽어서 없어지는 것. ¶~ 위기에 놓여 있는 나무. 멸종-하다 동자(연 멸종-되다 동자
멸치 명[동] 멸치과의 바닷물고기. 몸길이 13cm가량. 등은 검푸르고 배는 은백색임. 우리나라 근해에서 많이 나는데, 말리거나 젓을 담가서 먹음. ×메리치.
멸치-젓[-젇] 명 멸치로 담근 젓.
멸칭(蔑稱) 명 깔보아 일컫는 것. 멸칭-하다
멸-하다(滅-) 동자(타)연 망하여 없어지다. 또는, 쳐부수어 없애다. ¶일족이 ~ / 역적으로 몰려 삼족을 멸하는 형벌을 받다.
명¹(名) 명 1 '무명'의 준말. 2 '목화'의 잘못.
명²(明) 명[역] 중국의 한 왕조(1368~1644). 주원장(朱元璋)이 원(元)을 멸하고 건국하여 영락제(永樂帝) 때 전성기를 맞이하였으나, 이자성(李自成)의 난이 일어나자 멸망함.
명:³(命) 명 1 사람이 살도록 정해진 동안. 또는, 그 상태. 비목숨·수명. ¶~이 길다[짧다] / ~이 다하다 / ~을 재촉하는 것이다. 2 윗사람이나 국가·기관 등이 어떤 사람에게 어떤 일을 하도록 시키는 것. 비명령. ¶~을 거역하다 / 임금의 ~을 받들다.
명⁴(銘) 명 1 금석(金石)·기물(器物) 등에 적

힌 글. 2 기물에 새기거나 쓴 제작자의 이름.
명⁵(名) 명(의존) 사람의 수효를 나타내는 말. ¶합계 25~ / ~ "모두 몇 ~이냐?" "열 ~입니다."
명-⁶(名) 명[접두] 1 어떤 직업인을 나타내는 명사 앞에 붙어, 그 사람의 능력이 훌륭하여 이름난 상태에 있음을 나타내는 말. ¶~탐정 / ~사수(射手). 2 직업으로 하는 일을 나타내는 명사 앞에 붙어, 그 내용이 훌륭하여 이름난 상태에 있음을 나타내는 말. ¶~강의 / ~판결.
명가(名家) 명 1 훌륭하여 이름이 난 가문. 비명문(名門). ¶~의 출신. 2 그 분야에서 명성이 있는 사람. 비명사(名士). 3 [역] 중국 제자백가의 하나. 세상이 혼란한 것은 명목과 실제가 일치하지 않기 때문이라며, 명실 합일(名實合一)을 주장한 학파.
명-가수(名歌手) 명 노래를 썩 잘하여 이름이 난 가수.
명-감독(名監督) 명 능력이 뛰어나 이름이 난 감독.
명개 명 갯가나 흙탕물이 지나간 자리에 앉은 검고 보드라운 흙.
명거(明渠) 명[건] =겉도랑. ↔암거(暗渠).
명검(名劍) 명 썩 잘 만들어져 이름이 난 칼. =명도(名刀).
명견(名犬) 명 혈통이 썩 좋아 이름이 난 개.
명견²(明見) 명 앞을 옳게 내다본 훌륭한 견해 또는 의견.
명경(明鏡) 명 맑은 거울.
명경-과(明經科) 명[역] 1 고려 시대에 시행된 과거의 분과의 하나. 초시(初試)·회시(會試)·복시(覆試)의 세 차례에 걸쳐 시험을 치렀음. ↔제술과. 2 조선 시대의 식년(式年) 문과 초시의 한 과목.
명경-지수(明鏡止水) 명 '맑은 거울과 잔잔한 물'이라는 뜻) 아주 맑고 깨끗한 심경(心境)을 일컫는 말.
명곡(名曲) 명 썩 잘 지어 널리 이름이 난 곡. ¶~ 감상.
명곡-집(名曲集)[-찝] 명 명곡의 악보를 가려 모은 책. 또는, 명곡을 가려 모은 레코드·테이프 따위.
명관¹(名官) 명 유능하거나 훌륭하여 이름이 난 관리.
명관²(明官) 명 선정(善政)을 하는 관리. ¶구관(舊官)이 ~이다.(속담)
명구(名句)[-꾸] 명 훌륭한 내용을 담고 있어 널리 알려진 글귀. 비명시금구(--).
명군(名君) 명 훌륭하여 이름이 난 군주(君主). =명왕(名王).
명궁(名弓) 명 1 썩 잘 만들어 이름이 난 활. 2 '명궁수'의 준말.
명-궁수(名弓手) 명 활을 썩 잘 쏘아 이름이 난 사람. 준명궁.
명:-금(命-)[-끔] 명[민] 엄지손가락을 에워싸고 손목 쪽으로 뻗은, 명의 길고 짧음을 나타낸다는 손금.
명기¹(名妓) 명 풍류에 아주 뛰어나 이름이 난 기생. ¶~ 황진이.
명기²(名器) 명 썩 잘 만들어 이름이 난 기물이나 기구(器具).
명기³(明氣) 명 1 산천의 맑은 기운. 2 환하게 밝은 얼굴빛.
명기⁴(明器) 명 [명(明)은 죽은 사람의 영혼이라는 뜻] 죽은 사람과 함께 무덤 속에 묻는 그릇·악기·무기·생활 용구 등의 기물.

명기[5](明記) 어떤 사실이나 내용을) 똑똑히 밝혀 적는 것. **명기-하다**[1] 아래 공란에 주소와 성명을 **명기하시오**. **명기-되다** [동](자) ¶연도와 날짜가 **명기되어** 있다.

명기[6](銘記) 마음에 새겨 기억하여 두는 것. (비)명심(銘心). **명기-하다**[2] [동](타여)

명기[7](鳴器) [동] 조류(鳥類)에서 기관(氣管)이나 기관지로 나뉘는 부분에 있는 발성 기관. =명관(鳴管)·울대·울음통.

명년(明年) [명] =내년(來年).

명념(銘念) [명] =명심(銘心). **명념-하다** [동]

명단(名單) [명] 일정한 양식에 따라 대상자들의 이름을 죽 벌여 적은 문서. ¶합격자 ~ /~을 작성하다.

명담(名談) [명] 사리에 꼭 들어맞는 시원스런 말이나 이야기.

명답[1](名答) [명] 격에 들어맞게 썩 잘된 대답.

명답[2](明答) [명] 분명하게 대답하는 것. 또는, 그 대답. **명답-하다** [동](타여)

명-답안(名答案) [명] 썩 잘된 답안.

명당(明堂) [명] 1 [민] 아주 좋은 묏자리나 집터. =명당자리. 2 [민] 무덤의 봉분 앞에 있는 평지. 3 임금이 조회를 받는 정전(正殿).

명당-자리(明堂-) [-짜-] [명] [민] =명당1.

명덕(明德) [명] 1 총명한 덕. 2 사람의 마음에 본디 가지고 있는 흐리지 않은 본성.

명도[1](明度) [명] [미] 색의 세 가지 속성의 하나. 색의 밝고 어두운 정도. ▷색상·채도.

명도[2](明渡) [명] [법] (건물·토지·선박 등을) 비우고 남에게 넘겨주는 것. **명도-하다** [동](타여) ¶이달 말에 집을 **명도하기**로 했다.

명도[3](明圖) [명] [민] 1 무당이 수호신으로 삼는 청동으로 만든 거울. 2 =태주.

명도[4](冥道) [명] [불] 죽은 후에 간다는 영혼의 세계. =명경·명계·명부(冥府)·명토(冥土).

명도-전(明刀錢) [명] [역] 중국 춘추 전국 시대에 쓰였던 청동 화폐의 하나. 작은 칼 모양이며, '明(명)' 자 비슷한 글자가 새겨져 있음.

명란(明卵) [-난] [명] 명태의 알.

명란-젓(明卵-) [-난전] [명] 명태의 알로 담근 것.

명랑(明朗) [-낭] → **명랑-하다** [-낭-] [형여] 1 (사람이) 성격이 밝아 잘 웃고 즐겁게 지내는 기상이 있다. ¶**명랑한** 성격. 2 (일기나 일월 등이) 흐릿한 기운이 없이 밝고 환하다. 예스러운 말임. ¶풍운이 걷어지고 일월이 **명랑하여** 물결이 잔잔터니…,〈심청전〉 **명랑-히** [부]

명령(命令) [-녕] [명] 1 (윗사람이 아랫사람에게) 윗사람의 권위를 가지고, 또는 (어떤 사람이 다른 사람에게) 윗사람이 아랫사람에게 하듯이 (어떤 행동을) 하도록 말하는 것. (비)지시·분부·명(命)·영(令). ¶공격 ~/~을 내리다 /~에 따르다. 2 [법] 대통령령·부령(部令) 등 행정 기관이 제정하는 법령. 3 [컴] 컴퓨터에 시동·정지·계속 등의 동작을 지시하는 일. 또는, 입출력 제어 장치에 실행할 입출력 동작을 지정하는 일. **명령-하다** [동](자타여) ¶사장은 김 부장에게 보고서를 작성하라고 **명령했다**.

명령-권(命令權) [-녕꿘] [명] 명령을 내릴 수 있는 권한. ¶~자(者).

명령-문(命令文) [-녕-] [명] 1 [언] 화자(話者)가 청자(聽者)에게 자기의 의도대로 행동해 줄 것을 요구하는 문장. 명령형 종결 어미로 끝맺음. 2 명령의 내용을 적은 글.

명령-법(命令法) [-녕뻡] [명] [언] 용언의 활용법의 하나. 명령이나 요구의 뜻을 나타내는 어법.

명령-서(命令書) [-녕-] [명] 명령의 내용을 적은 문서.

명령-어(命令語) [-녕-] [명] [컴] 컴퓨터가 연산이나 작동을 하도록 명령하는 기계어. ¶도스 ~.

명령-조(命令調) [-녕쪼] [명] 명령하는 것 같은 말투. ¶~로 말하다.

명령-형(命令形) [-녕-] [명] [언] 동사의 활용형의 하나. 명령이나 요구의 뜻을 나타내는 종결 어미 '-아라/여라', '-게', '-오', '-ㅂ시오' 따위가 붙은 꼴임. =시킴꼴.

명론(名論) [-논] [명] 뛰어나 널리 알려진 논설이나 이론.

명료(明瞭) [-뇨] → **명료-하다** [-뇨-] [형여] (의미나 내용 등이) 분명하고 똑똑하다. ¶지은이의 의도가 **명료하게** 나타나 있는 글. **명료-히** [부]

명륜-당(明倫堂) [-뉸-] [명] [역] 성균관에 있으며 유학(儒學)을 가르치는 곳.

명리(名利) [-니] [명] 세상 명예와 세속적 이익. ¶~를 좇다 /~에 집착하다.

명마(名馬) [명] 혈통이 썩 좋아 이름이 난 말.

명망(名望) [명] 어떤 사람이 이름이 알려져 존경과 신망을 받는 일. ¶~이 높다.

명망-가(名望家) [명] 명망이 높은 사람.

명-맥(命脈) [명] 1 목숨과 맥(脈). 2 사물 현상이 없어지지 않고 존속하는 일을 비유적으로 이르는 말. ¶우리의 전통문화는 서구 문화의 거센 물결에 밀려 겨우 ~이나 유지하고 있는 형편이다.

명멸(明滅) [명] 1 (많은 등불이나 빛 등이) 반복적으로 켜졌다 꺼졌다 하거나 밝아졌다 어두워졌다 하는 것. 2 (여러 대상들이) 성하게 일어났다가 세력을 잃고 사라졌다 하는 것. 비유적인 말임. ¶우리의 정치사를 볼라치면 수많은 정당이 ~을 거듭해 오지 않았던가? **명멸-하다** [동](자여) ¶휘황한 네온사인이 **명멸하는** 도시의 밤거리.

명'명(命名) [명] (어떤 대상을 무엇이라고 [으로]) 이름을 붙이는 것. **명'명-하다**[1] [동](타여) (비)명하다. ¶88올림픽 심벌마크를 '호돌이'라고 ~. **명명-식**.

명명[2](冥冥) → **명명-하다**[2] [형여] 겉으로 나타남이 없이 아득하고 그윽하다. **명명-히** [부]

명명백백(明明白白) → **명명백백-하다** [-빼카-] [형여] 아주 명백하여 의심할 여지가 없다. ¶**명명백백한** 사실. **명명백백-히** [부]

명'명-식(命名式) [명] 배·비행기 같은 것에 이름을 붙이면서 베푸는 의식.

명목(名目) [명] 형식상 표면에 내세우는 이름이나 구실. =명호(名號). ¶~뿐인 회장.

명목^임'금(名目賃金) [명] 화폐 액수로 나타낸 근로자의 임금. 액수는 전과 같더라도 물가가 오르면 실질적으로는 임금이 내린 셈이 됨. =화폐 임금. ↔실질 임금.

명목^화'폐(名目貨幣) [-모콰폐] ~모콰폐] [명] [경] 그 물건 자체가 가진 실질적 가치와는 관계없이, 표시된 가격으로 통용되는 화폐. 지폐·은행권·보조 화폐 등. ↔본위 화폐.

명문[1](名文) [명] 썩 잘 지어서 이름이 난 글.

명문[2](名門) [명] 1 훌륭한 인물(들)이 나온, 이름 있는 가문. (비)명가(名家). ¶~의 후손. 2 훌륭한 인물들을 많이 배출하거나 어느 방면에 뛰어난 전통이 있어, 이름이 높은 학교. ¶-명문교. ¶야구의 ~ / ~ 을 졸업하다.
명문³(明文) 몡 1 명백히 정해져 있는 조문(條文). 2 사리가 명백하고 뜻이 분명한 글.
명문⁴(命門) 몡 1 [생] =명치. 2 [한] 몸을 지탱하는 물질을 다루는 기관(器官).
명문⁵(銘文) 몡 금석(金石)·기물(器物) 등에 새겨 놓은 글. ▷금석 문자.
명문-가(名門家) 몡 명문에 속하는 집안.
명문-거족(名門巨族) 몡 뼈대 있는 가문과 크게 번창한 집안.
명문-교(名門校) 몡 =명문(名門)².
명문-대가(名門大家) 몡 훌륭한 문벌의 큰 집안.
명-문장(名文章) 몡 매우 잘된 문장.
명문-화(明文化) 몡 1 법률의 조문(條文)에 명시하는 것. 2 문서로 명확히 밝히는 것. **명문화-하다** 통[타여] ¶규칙을 ~. **명문화-되다** 통[자]
명물(名物) 몡 1 어느 곳에 특유하거나 이름난 사물. ¶천안의 ~ 호두과자. 2 어느 집단 안에서 특이한 행동을 잘하여 그 구성원에게 잘 알려진 사람을 흘하게 이르는 말.
명미(明媚) →**명미-하다** 혭[여] 산수(山水)의 경치가 맑고 아름답다. ¶한 폭의 동양화와도 같은 **명미한** 풍경.
명민(明敏) →**명민-하다** 혭[여] (사람이) 사리에 밝고 총명하다. ¶**명민한** 청년.
명반(明礬) 몡[화] =백반(白礬)³.
명-반응(明反應) 몡[생] 광합성에서, 빛이 직접 관계하는 반응 부분. ↔암반응.
명-배우(名俳優) 몡 연기를 썩 잘하여 이름이 난 배우. 준명우.
명백(明白) →**명백-하다** [-배카-] 혭[여] (어떤 일이나 사실이) 의문 또는 의심의 여지가 없이 분명하다. 비확실하다. ¶**명백한** 증거 / **명백한** 사실. **명백-히** 튀 ¶자기 의사를 ~ 밝혀라.
명복(冥福) 몡 1 죽은 뒤의 행복. ¶고인의 ~ 을 빌다. 2 [불] 죽은 뒤의 행복을 비는 불사(佛事).
명부¹(名簿) 몡 어떤 대상자들의 이름을 적은 장부. =명적(名籍). ¶선거인 ~ / ~ 를 작성하다.
명부²(冥府) 몡[불] =명도(冥途)⁴.
명부-전(冥府殿) 몡[불] 지장보살을 주로 하여 염라대왕과 십대왕을 모셔 놓은, 절 안의 전각(殿閣).
명분(名分) 몡 1 명의(名義)·신분에 따라 반드시 지켜야 할 도의상의 본분. ¶대의(大義) ~. 2 표면상의 이유나 구실(口實). 비명목. ¶내세울 ~ 이 없다.
명사¹(名士) 몡 훌륭하거나 어떤 일에 뛰어나 널리 이름이 난 사람. ¶이번 모임에는 각계 각층의 ~ 들이 참석했다.
명사²(名詞) 몡[언] 품사의 하나. 사람이나 사물의 이름을 나타내는 단어. 분류 기준에 따라 고유 명사·보통 명사·자립 명사·의존 명사 등으로 나뉨. '김유신', '하늘', '밥', '것' 따위.
명사³(名辭) 몡[논] 하나의 개념을 나타내고 명제(命題)를 구성할 수 있는 말. 주사(主辭)와 빈사(賓辭)로 나뉨.
명사⁴(明沙) 몡 아주 곱고 깨끗한 모래. ¶~ 십리(十里).
명사-구(名詞句) 몡[언] 명사의 구실을 하는 구. "저 붉은 꽃은 장미이다."에서 '저 붉은 꽃' 과 같은 것.
명-사수(名射手) 몡 활이나 총을 썩 잘 쏘아 이름이 난 사수.
명사-절(名詞節) 몡[언] 명사의 구실을 하는 절. 절의 끝에 오는 서술어가 어미 '-ㅁ'이나 '-기'로 활용하거나, '-ㄴ', '-는', '-ㄹ'로 활용한 뒤 의존 명사 '것'을 취하여 이루어짐. 가령, "그 여자는 울었음이 분명하다.", "그가 거짓말을 한 것이 사실인가?"에서 '그 여자는 울었음', '그가 거짓말을 한 것' 따위.
명사형 어미(名詞形語尾)[언] 문장에서 용언의 어간에 붙어 명사와 같은 기능을 수행하게 하는 어미. '-음', '-기' 따위.
명산(名山) 몡 산세가 빼어나거나 풍수지리적으로 훌륭하여 이름이 난 산.
명산-대찰(名山大刹) 몡 이름난 산과 큰 절. ¶~ 을 두루 돌면서 어머님의 쾌유를 비는 치성을 드렸다.
명산-대천(名山大川) 몡 이름난 산과 큰 내.
명-산물(名産物) 몡 이름난 산물. =명산(名産). ¶한국의 ~ 은 인삼이다.
명-산지(名産地) 몡 이름난 산지. ¶전남 완도의 ~ 이다.
명상¹(名相) 몡 1 이름난 관상쟁이. 2 '명재상'의 준말.
명상²(冥想·瞑想) 몡 눈을 감고 차분히 가라앉는 마음으로 깊이 생각하는 것. 특히, 삶의 본질적인 문제에 대해 생각하는 것을 가리킴. ¶~ 의 시간 / ~ 에 잠기다. **명상-하다** 통[타여]
명상-곡(冥想曲) 몡[음] 명상의 분위기를 담은 기악 소품. ¶타이스의 ~.
명상-록(冥想錄) 몡[녹] 명상을 적은 글.
명색(名色) 몡 어떤 자격으로 그럴듯하게 불리는 이름. 또는, 허울만 좋은 이름. ¶~ 은 학자인데 연구 실적이 전혀 없다.
명색이 좋다 관 실속이 없이 이름만 듣기 좋다. ¶**명색이 좋아** 여행이지 고생만 했다.
명석(明晳) →**명석-하다** [-써카-] 혭[여] (사람의 두뇌가) 정확하고 빠르게 판단하는 힘을 가진 상태에 있다. ¶**명석한** 두뇌의 소유자.
명성(名聲) 몡 세상에 널리 퍼져 평판 높은 이름. =성명(聲名)·성문(聲聞). ¶~ 을 얻다 / ~ 이 자자하다.
명세(明細) 몡 어떤 일의 분명하고 자세한 내용. 비내역(內譯).
명세-서(明細書) 몡 어떤 일의 내용을 분명하고 자세하게 적은 문서. ¶신상 ~ / 물품 ~ / 거래 ~.
명소(名所) 몡 경치나 고적 등으로 이름난 곳. ¶내 고장의 ~.
명수¹(名手) 몡 솜씨나 소질이 아주 뛰어나 이름난 사람. 비명인(名人). ¶가야금의 ~.
명수²(名數) [-쑤] 몡 1 사람의 수효. 비인원 수. ¶~ 를 헤아리다. 2 [수] 어떤 양을 단위를 정하여 수치로 나타낸 것. 5cm, 50g, 100 등 이름수. ↔무명수.
명:수³(命數) 몡 운명과 재수. =명도(命途).
명-수사(名數詞) 몡[언] =단위성 의존 명사.
명-순응(明順應) 몡[생] 어두운 곳에서 밝은 곳으로 옮기면 처음에는 눈이 부시나 차차 정상 상태로 돌아가는 현상. ↔암순응.
명승¹(名勝) 몡 빼어나 이름난 경치. ¶~ 고적(古跡).

명승²(名僧) 명 학식이나 덕행(德行)이 뛰어나 이름난 승려.

명승-고적(名勝古跡) 명 훌륭한 경치와 역사적인 유적.

명-승부(名勝負) 명 경기나 전투에서, 사람들에게 오래오래 기억될, 멋지고 훌륭한 승부. ¶월드컵 최고의 ~/역전에 역전이 거듭된 ~.

명승부-전(名勝負戰) 명 사람들에게 오래오래 기억될 만큼 멋지고 훌륭한 승부를 보인 경기나 전투. ¶프로 복싱 최고의 ~인 알리 대 프레이저의 대결.

명승-지(名勝地) 명 경치 좋기로 이름난 곳. 回승지.

명시¹(名詩) 명 썩 잘 지어 널리 이름난 시.

명시²(明示) 명 〔어떤 사실이나 내용을〕 글 등에서 분명하게 나타내어 보이는 것. ↔암시. **명시-하다** 통(타)여 ¶계약서에 부대조건을 ~. **명시-되다** 통(자) ¶언론의 자유는 헌법에 명시되어 있다.

명시^거:리(明視距離) 명 〔물〕 눈이 피로를 느끼지 않고 가장 똑똑하게 물체를 볼 수 있는 거리. 건강한 눈은 25~30cm임.

명신(名臣) 명 훌륭하여 이름난 신하.

명¹-**실**¹(命-) 〔-씰〕 명 1 발원(發願)하는 사람이 밥그릇에 쌀을 담고, 그 가운데에 꽂은 숟가락에 잡아맨 실. 2 돌떡이나 백일 떡을 받고 그 답례로 떡 그릇에 담아 보내는 실.

명실²(名實) 명 겉으로 나타낸 이름이나 칭호와 그 실제의 내용이나 실상.

명실 공(共)**히** 甼 겉으로나 실제의 내용에 있어서나 다 같이. ¶그 기업은 ~ 한국 제일의 수출 업체이다.

명실상부(名實相符) →**명실상부-하다** 형여 명성 또는 명분과 실제가 딱 들어맞아 어긋남이 없다. ¶명실상부한 제일인자.

명심(銘心) 명 〔어떤 말이나 사실을〕 잊지 않도록 마음에 깊이 새겨 두는 것. ~명간(銘肝)·명념. 回명기(銘記). **명심-하다** 통(타여) ¶내 말을 깊이 **명심해라**.

명아주 명〔식〕명아줏과의 한해살이풀. 줄기는 높이 1m, 지름 3cm에 이르며, 여름에 황록색 꽃이 핌. 어린잎과 씨는 먹으며 줄기는 지팡이를 만듦.

명암(明暗) 명 1 밝음과 어두움. 2 어떤 현상의 밝은 면과 어두운 면을 비유하여 이르는 말. ¶인생의 ~을 대비한 소설. 3〔미〕 회화나 사진 따위에서, 색의 농담(濃淡)이나 밝기의 정도.

명암-등(明暗燈) 명 일정한 시간에 따라 명멸하는 등불.

명약(名藥) 명 효력이 뛰어나 소문난 약.

명약관화(明若觀火) 〔-콴-〕 →**명약관화-하다** 〔-콴-〕 형여 〔어떤 일이나 사실이〕 불을 보듯 분명하고 뻔하다. ¶두 선수의 전적을 비교해 보면 누가 승리할 것인지는 **명약관화**한 일이다.

명언¹(名言) 명 사리에 맞는 훌륭한 말. 또는, 사리에 맞거나 일깨움을 주어 세상에 널리 알려진 말. ¶소크라테스는 '너 자신을 알라'라는 ~을 남겼다.

명언²(明言) 명 분명히 말하는 것. **명언-하다**

명-연기(名演技) 〔-년-〕 명 아주 훌륭한 연기. 춘명기.

명예(名譽) 명 1 훌륭하다고 인정되어 얻은 존엄이나 품위. ¶가문의 ~를 지키다. 2〔신분이나 지위를 나타내는 일부 명사 앞에 관형어적으로 쓰여〕 대상이 되는 사람의 공적을 기리거나 경의를 표하는 뜻에서, 실질적인 권한이나 자격 없이 상징적으로 수여하는 칭호. ¶~ 총재/~ 회장.

명예^교:수(名譽敎授) 명〔교〕대학에서 일정 연한을 교수로서 근무한 사람 또는 특히 학술상 공헌이 있었던 사람에게 퇴직 후에 주는 칭호.

명예-롭다(名譽-) 〔-따〕 형ㅂ 〈-로우니, -로워〉 명예로 여길 만하다. ¶**명예로운** 지위. **명예로이** 甼

명예-박사(名譽博士) 〔-싸〕 명 학술·문화 기타 부문에 공적이 큰 사람에게, 학위 논문에 관계없이 주는 박사 칭호.

명예-스럽다(名譽-) 〔-따〕 형ㅂ 〈-스러우니, -스러워〉 명예로 여길 만한 데가 있다.

명예스레 甼

명예-시민(名譽市民) 명 그 시에 거주하는 사람은 아니나 시의 발전에 크게 이바지한 사람에게 그를 칭송하여 시에서 주는 시민의 호칭.

명예-심(名譽心) 명 명예를 얻으려는 마음. 또는, 명예를 중요시하는 마음.

명예-욕(名譽慾) 명 명예를 얻으려는 욕심. ¶남달리 ~이 강하다.

명예의 전:당(名譽-殿堂) 어떤 분야에서 뛰어난 공을 세운 사람을 기리기 위해 세운 기념관. ¶야구 ~/영화인들의 ~.

명예^제대(名譽除隊) 명〔군〕 전투 중에 부상당하거나 평시에 임무를 수행하다가 부상하여 하는 제대. ↔불명예 제대.

명예-직(名譽職) 명 봉급을 받지 않고 명예로서는 직책. 또는, 그 직책에 있는 사람. ↔유급직.

명예-퇴직(名譽退職) 〔-퇴-/-퉤-〕 명〔법〕 정년을 몇 년 앞둔 공무원이나 일반 근로자가 정년이 되기 전에 자진하여 퇴직하는 일. 보통, 정상적인 정년 때까지의 남은 급여의 일정 부분을 가산하여 지급함. 춘명퇴.

명예-혁명(名譽革命) 〔-형-〕 명〔영〕 영국의 시민 혁명(1688~89). 영국 의회가 권리 장전을 제정하고 입헌 왕정을 수립한 혁명으로, 유혈(流血) 사태가 없었기 때문에 붙은 이름임.

명예^훼:손(名譽毁損) 명〔법〕 공공연하게 다른 사람의 사회적 평가를 떨어뜨리는 사실을 지적하는 일.

명왕-성(冥王星) 명〔천〕 태양계의 아홉 번째 행성. 1930년에 발견되었고, 공전 주기는 248.534년임.

명우(名優) 명 '명배우'의 준말.

명:-운(命運) 명 =운명(運命)¹. ¶우리 회사의 ~이 이 사업에 걸려 있다.

명월(明月) 명 1 밝은 달. 2 =보름달. 3 추석날 밤의 달.

명의¹(名義) 〔-의/-이〕 명 1 명분과 의리. 2 어떤 일에 공식적으로 내세우는, 개인 또는 기관의 이름. ¶가옥을 처의 ~로 변경하였다.

명의²(名醫) 명 병을 썩 잘 고쳐 이름이 난 의사.

명의^개:서(名義改書) 〔-의-/-이-〕 명〔법〕 명의의 변경.

명의^변:경(名義變更) 〔-의-/-이-〕 명〔법〕 권리자가 바뀌었을 때, 그것에 대응하여 증권상 또는 장부상의 명의인 표시를 바꾸는 일. =명의 개서.

명인(名人) 圏 어떤 분야(특히, 바둑·예능)에 뛰어나 이름난 사람. 凮명수(名手). ¶창의 ~.
명일¹(名日) 圏 명절과 국경일의 총칭.
명일²(明日) 圏 =내일 I 1.
명일³(命日) 圏 =기일(忌日)¹.
명자(名字) [-짜] 圏 1 널리 알려진 이름. 또는, 세상의 소문이나 평판. 2 사람의 이름 글자.
명자-나무(榠樝-) 圏 ['榿'의 본음은 '사'] [식] =모과나무.
명:-자리(命-) [-짜-] 圏 =급소1.
명작(名作) 圏 내용이 훌륭하여 이름이 난 작품. ¶세계 ~ / 불후의 ~.
명장¹(名匠) 圏 훌륭하여 이름난 장색.
명장²(名將) 圏 훌륭하여 이름난 장수.
명-장면(名場面) 圏 영화나 연극의 아주 훌륭한 장면.
명:재경각(命在頃刻) 곧 숨이 끊어질 지경에 이름. ¶춘향이는 이 서방을 생각하여 옥중에 갇히어서 ~ 불쌍하다.《열녀춘향수절가》
명-재상(名宰相) 圏 정사(政事)에 뛰어나 이름이 난 재상. ¶~ 황희(黃喜). 준명상.
명저(名著) 圏 내용이 훌륭하여 이름이 난 저서. ¶김 교수는 생전에 많은 ~를 남겼다.
명전(明轉) 圏[연] 연극에서, 막을 내리지 않고 조명이 되어 있는 채 무대를 바꾸는 일. =라이트 체인지. ↔암전(暗轉). **명전-하다** 圄(자여)
명절(名節) 圏 1 오랜 풍속에 따라 온 겨레가 즐겁게 보내도록 계절에 따라 택하여 정해진 날. 설날·대보름·추석 따위. ¶~을 쇠다. 2 국가적·사회적으로 정하여 경축하는 기념일. 삼일절·광복절 따위.
명절-날(名節-) [-랄] 圏 명절인 날.
명정(銘旌) 圏 죽은 사람의 관직이나 성씨 등을 기록하여 상여 앞에 들고 가는 긴 기.
명정-거리(銘旌-) [-꺼-] 圏 '죽은 뒤에 명정에라도 올릴 재료' 라는 뜻으로, 번번하지 못한 사람의 본분에 지나친 행동을 비웃는 말.
명:제(命題) 圏 1 시문(詩文)의 제목을 정하는 것. 2 [논] 어떤 주장을 가진 하나의 판단 내용을 언어나 기호로 나타낸 것. **명:제-하다** 圄(자여) 시문의 제목을 정하다.
명조(明朝) 圏 1 [역] 중국 명나라의 조정. 또는, 그 나라. 2 [인] '명조체'의 준말.
명조-체(明朝體) 圏[인] 중국 명나라 때의 서풍(書風)을 따른 활자체. 내리긋는 획은 굵고 가로 긋는 획은 가늚. =당체(唐體). 준명조.
명주(明紬) 圏 명주실로 무늬 없이 짠 피륙. 세는 단위는 필·동(50필). =면주(綿紬).
명주-붙이(明紬-) [-부치] 圏 명주실로 짠 각종 피륙. =주속(紬屬). ×주사니.
명주-실(明紬-) 圏 누에고치에서 뽑은 가늘고 고운 실. =면주실·명사(明絲)·주사(紬絲). 凮견사(絹絲).
명주-옷(明紬-) [-온] 圏 명주로 지은 옷.
명주-잠자리(明紬-) 圏[동] 잠자리목 명주잠자리과의 곤충. 몸길이 약 3.5cm. 몸빛은 암갈색이며, 날개는 투명하고 얼룩무늬가 없음. 애벌레는 개미귀신이라고 함.
명:-줄(命-) [-쭐] 圏 '수명(壽命)¹'을 속되게 이르는 말. ¶~이 길다 / ~이 끊어지다.
명:중(命中) 圏 (쏘거나 던진 화살·탄알·돌 따위가 목표물에[을]) 정확하게 맞거나 맞히는 것. ¶표적은 ~시키다. **명:중-하다** 圄(자)(타)(여) ¶화살이 과녁에 ~ / 총알이 심장을 ~. **명:중-되다** 圄(자)
명:중-률(命中率) [-뉼] 圏 목표물에 명중하는 비율.
명증(明證) 圏 명백하게 증명하는 것. 또는, 명백한 증거. 凮명징(明徵). **명증-하다** 圄(타)(여) **명증-되다** 圄(자)
명지<방> 명주(明紬) (강원·경기·충북).
명징¹(明徵) 圏 1 분명한 증거. 凮명증. 2 사실이나 증거에 의거하여 분명하게 하는 일. **명징-하다**¹ 圄(타)(여)
명징²(明澄) →**명징-하다**² (글이나 논리 등이) 모호한 데가 없이 분명하다. ¶간결하면서도 **명징**한 문장.
명차(名車) 圏 품질이 좋은 이름난 자동차.
명찰¹(名札) 圏 =이름표.
명찰²(名刹) 圏 유서가 깊거나 훌륭한 승려가 있었거나 하여 이름난 절.
명찰(明察) 圏 똑똑히 살피는 것. **명찰-하다** 圄(타)(여) ¶일의 잘잘못을 **명찰하시옵소서**.
명창(名唱) 圏 창을 썩 잘하여 이름이 난 사람. 또는, 그가 부르는 창. ¶판소리의 ~.
명철(明哲) →**명철-하다** 총명하고 사리에 밝다. ¶**명철한** 판단. **명철-히** 凬
명철-보신(明哲保身) 圏 총명하고 사리에 밝아 일을 잘 처리하여 자기 일신을 그르치지 않음. **명철보신-하다** 圄(자)(여)
명치 圏[생] 인체의 가슴과 배의 경계인 한가운데에 우묵하게 들어간 곳. =명문(命門)·심와.
명치-끝 [-끋] 圏 명치뼈의 아래쪽.
명치-뼈 圏[생] 명치에 내민 뼈.
명치-유신(明治維新) 圏[역] =메이지 유신.
명칭(名稱) 圏 사물을 부르는 이름. 凮호칭. ¶~을 붙이다.
명-콤비(名←combination) 圏 호흡이 아주 잘 맞는 짝. ¶두 코미디언은 ~다.
명쾌(明快) →**명쾌-하다** 1 (말이나 글의 조리가) 명백하여 시원스럽다. ¶머리를 맞대고 숙의를 거듭했지만 **명쾌**한 결론을 얻지 못했다. 2 명랑하고 쾌활하다. ¶**명쾌**한 기분. **명쾌-히** 凬
명-탐정(名探偵) 圏 능력이 뛰어나 이름이 난 탐정.
명태(明太) 圏[동] 대구과의 바닷물고기. 몸길이 40~60cm. 몸은 대구와 비슷하나 홀쭉하고 길. 몸빛은 등 쪽은 청갈색, 배 쪽은 은백색임. 한류성 어류로 우리나라 동해에서 나는 주요 어종임.

> ● **명태의 여러 가지 이름**
> 물고기로서의 이름은 **명태**, 잡아서 얼린 것은 **동태**, 얼리거나 말리지 않은 것은 **생태**, 말린 것은 **북어** 또는 **건태**, 명태의 새끼는 **노가리**임.

명-토(名-) 圏 누구 또는 무엇이라고 구체적으로 하는 지적.
명토(를) 박다 ① 누구 또는 무엇이라고 지목하다.
명퇴(名退) [-퇴/-퉤] 圏 '명예퇴직'의 준말.
명판(名板) 圏 1 대회·회의·직장 등의 이름을 적어, 눈에 잘 띄는 곳에 달아 놓은 물건. 2 기계·기구·가구 따위에, 상표와 함께 회사명·공장명 등을 적어 붙인 패.
명패(名牌) 명 나무나 금속 등에 이름·직위를 쓰거나 새기어 책상 위에 놓아두는, 삼각기둥 모양의 물건. =이름패.
명-포수(名砲手) 명 총을 잘 쏘아 이름이 난 포수.
명품(名品) 명 훌륭하여 이름이 난 물품이나 작품.
명필(名筆) 명 1 썩 잘 써서 이름이 난 글씨. 2 =명필가.
명필-가(名筆家) 명 글씨를 썩 잘 써서 이름이 난 사람. =명필.
명-하다¹(名-) 통(타여) 이름을 붙이다. 비명명하다.
명!-하다²(命-) 통(타여) 1 (윗사람이 아랫사람에게 어떤 행동을) 하도록 말하다. 비명령하다. ¶장군은 병사들에게 후퇴를 **명하였다**. 2 (어떤 사람을 어떤 직위로) 자격을 가지게 하다. 비임명하다. ¶김득배 계장을 총무과장으로 **명함**.
명함(名銜) 명 1 성명·근무처·직위·전화번호 등을 인쇄한 조그마한 종이. 흔히, 처음 대면할 때 상대방에게 건네줌. =명자(名刺)·명첩. 2 '남의 이름'을 높여 부르는 말. 비(높)성함.
명함도 못 들이다 관 수준·정도 등의 차이가 심하여 감히 상대하려고 나서지 못하다.
명함을 내밀다 관 존재를 드러내어 보이다.
명함-판(名銜判) 명 크기가 명함만 한 사진판. 길이 8.3cm, 너비 5.4cm쯤 됨.
명현(明賢) 명 밝고 현명한 사람.
명호¹(名號) 명 1 =명목. 2 이름과 호.
명호²(冥護) 명 드러나지 않게 보호하는 것. 또는, 그 보호. ¶신불의 ~를 입다. **명호-하다** 통(타여)
명화(名畫) 명 썩 잘 그려지거나 만들어져 이름이 난 그림이나 영화. ¶~집(集) / ~를 감상하다.
명화-적(明火賊) 명 1 =불한당. 2 [역] 조선 철종 연간에 설치던 도적의 하나.
명확(明確) →**명확-하다**[-화카-] 혭여 (어떤 일이나 사실 등이) 분명하고 확실하다. ¶**명확한** 발음 / **명확한** 사실. **명확-히** 튀 ¶권한과 책임의 한계를 ~ 하다.
명-후년(明後年) 명 =내후년.
명-후일(明後日) 명 =모레.
몇 [면] I 관 1 말하는 사람이 물건이나 사람에 관계된 수 또는 수효를 모를 때, 그 수나 수효를 묻는 말. ¶가족이 모두 ~이세요? 2 사람이나 물건의 수효가 뚜렷이 밝히지 않고 그 수효가 서너 혹은 네댓 정도의 약간임을 나타내는 말. ¶우리들 중 ~은 고궁에 가고 ~은 극장에 갔다. 3 대상의 수나 수효를 특별히 한정하지 않음을 나타내는 말. ¶여기 있는 사과 중 ~을 가져가도 괜찮다.
Ⅱ [대] 1 말하는 사람이 모르는 사물의 수효를 묻는 말. ¶오늘 거기에 ~ 사람이 옵니까? 2 사물의 수효를 뚜렷이 밝히지 않고 서너 혹은 네댓 정도의 약간임을 나타내는 말. ¶정원에 나무는 ~ 그루 심었다. 3 대상의 수효를 특별히 한정하지 않음을 나타내는 말. ¶나는 ~ 끼라도 굶을 수 있다.
몇-몇 [면면] I 주 사람이나 사물의 수효가 서너 또는 네댓 정도이되, 전체가 아닌 일부의 것임을 나타내는 말. ¶그 제안에 대해 대부분은 찬성하고 반대자는 ~에 불과하다.
Ⅱ 관 ~ 친구.

몇몇-이 [면-] Ⅰ 주 '몇몇 사람'을 이르는 말. ¶남은 기념품은 ~서 나누어 가져갔다.
Ⅱ 튀 몇몇 사람이 함께. ¶뜻이 맞는 사람 ~이 떠납다.
몇-이 Ⅰ 주 '몇 사람'을 이르는 말. ¶우리 중 ~는 여기 남기로 했다.
Ⅱ 튀 몇 사람이 함께. ¶그들 중 ~ 돌아올 뿐 나머지는 생사조차 확인이 되지 않았다.
몇 일 '며칠'의 잘못.
몌별(袂別) [메-/메-] 명 [소매를 잡고 작별한다는 뜻] 섭섭히 헤어지는 것. **몌별-하다** 통(자여)
모¹ 명 1 옮겨심기 위하여 가꾸어 기른 벼의 싹. ¶~내기 / ~심기. 2 '모종'의 뜻. 양을 헤아리는 단위는 모숨·줌.
모(를) 붓다 관 못자리를 만들고 씨를 뿌리다.
모² 명 윷놀이에서, 윷 네 개가 모두 엎어진 상태. 말이 다섯 밭을 가게 됨. ¶~가 나오다.
모³ 명 Ⅰ [자립] 1 선과 선, 면과 면이 만나는 곳의 바깥쪽 부분. ¶~가 나다. 2 구석이나 모퉁이. ¶쓰레기를 ~로 쓸어 붙이다. 3 사물의 어떤 측면이나 각도. ¶여러 ~로 살펴보다. 4 성질이 까탈이 많거나 표가 나는 점. ¶사람이 ~가 나지 않고 둥글둥글하다. 5 두부나 묵 등을 네모지게 잘라 놓은 것. ¶~가 크다[작다]. Ⅱ [의존] 두부나 묵 등을 세는 말. ¶두부 ~.
모⁴(毛) 명 동물의 털을 깎아 만든 섬유. ¶~가 많이 섞인 옷감.
모!⁵(母) 명 Ⅰ 부(父). 2 (주로 사람 이름나 인칭 대명사 다음에 쓰여) 그 사람의 어머니임을 나타내는 말. ¶철순이 ~.
모⁶ 명 '모이'의 준말.
모!⁷(某) 명 Ⅰ [관형] (성) 다음에 쓰여] 사람의 이름을 구체적으로 밝히기를 꺼리거나, 그 이름이 확실치 않을 때 그 대신으로 이르는 말. 비아무·아무개. ¶고위 공무원인 김~ 씨가 뇌물을 받은 혐의로 검찰의 조사를 받고 있다.
Ⅱ 사람이나 단체 등의 이름을 구체적으로 밝히기를 꺼리거나 그 이름이 확실치 않을 때, 직업명이나 단체의 종류명 등의 앞에 붙이는 말. ¶~ 교수 / ~ 회사의 사장 / 강남에 있는 ~ 학교.
-모⁸(帽) 접미 명사 다음에 붙어, '모자'의 뜻을 나타내는 말. ¶학생~ / 사각~ / 통산~.
모가비 명 막벌이꾼·광대 등과 같은 낮은 패의 우두머리.
모가지 명 1 '목'을 비속하게 이르는 말. 2 '해고', '파면' 등을 속되게 이르는 말. ¶상사에게 대들다가는 당장 ~야.
모가지를 자르다 관 '해고하다'를 속되게 이르는 말.
모가치 명 몫으로 돌아오는 물건. ¶이건 네 ~야.
모감주-나무 명 [식] 무환자나뭇과의 낙엽 활엽 교목. 여름에 누런 꽃이 핌. 절·묘지·촌락 부근이나 정원에 심으며, 씨로 염주를 만듦.
모개-로 튀 한데 몰아서. ¶남은 물건을 ~ 팔다 / 이 사과 ~ 얼마요?
모개-흥정 명 한데 몰아서 하는 흥정. **모개흥정-하다** 통(자여)
모갯-돈 [-개똔/-갠똔] 명 액수가 많은 돈. 또는, 모개로 된 돈. 비목돈. ¶~을 헐어 쓰

모:경(冒耕) 圕 임자의 허락 없이 남의 땅에 농사를 짓는 것. **모:경-하다** 圄재여

모:계¹(母系)[-계/-계] 圕 어머니 쪽의 계통. ¶~ 사회. ↔부계(父系).

모계²(謀計)[-계/-계] 圕 계교를 꾸미는 것. 또는, 그 계교. **모계-하다** 圄재여

모:계^사회(母系社會)[-계-회/-계-훼] 圕[사] =모계 중심 사회.

모:계^제:도(母系制度)[-계-/-계-] 圕 혈통이나 상속 관계가 어머니 쪽의 계통을 따라 이루어지는 사회 제도. ↔부계 제도.

모:계^중심^사회(母系中心社會)[-계-회/-계-훼] 圕[사] 어머니 쪽 혈통의 혈연에 의해 가족·혈연 집단을 형성하는 사회. =모계 사회.

모:계^혈족(母系血族)[-계-쪽/-계-쪽] 圕 어머니 쪽의 혈족. =모계친(母系親). ↔부계 혈족.

모골(毛骨) 圕 터럭과 뼈.
모골이 송연(竦然)**하다** 丮 끔찍스러워서 몸이 으쓱하며 털끝이 쭈뼛해지다.

모공(毛孔) 圕 =털구멍.

모:과(木*瓜) 圕[木'의 본음은 '목'] 모과나무의 열매.

모:과-나무(木*瓜-) 圕[식] 장미과의 낙엽 활엽 교목. 높이가 10m. 봄에 연붉은 꽃이 피며, 가을에 향기롭고 길둥근 열매가 노랗게 익음. 목재는 기구재로, 열매는 기침의 약제로 쓰임. 관상수·과수 또는 분재용으로 가꿈. =명자나무.

모:과-수(木*瓜-) 圕 1 모과를 푹 삶아서 꿀에 재어서 삭힌 음식. 2 파인애플을 썰어서 설탕물에 담근 통조림. 圖모과수(木瓜熟).

모관(毛冠) 圕 1 [가] 미사 때에 성직자가 쓰는 사각모자. 2 더부룩한 털로 된 새의 볏.

모관-수(毛管水) 圕[지] 지표 근처의 토양의 입자를 채우고 있는 지하수. 식물의 뿌리에 의하여 빨아올려짐.

모교(母校) 圕 자기가 배우고 졸업한 학교. 또는, 자기가 다니고 있는 학교.

모국(母國) 圕 1 조상 때부터 살아왔고 자기가 태어났으나 현재는 그 국적에 속해 있지 않은 나라. ¶~애(愛)/해외 동포와 ~ 방문. ▶조국(祖國). 2 따로 떨어져 나간 나라가 본국을 가리키는 말.

모국-어(母國語) 圕 1 자기 나라의 말. 특히, 외국에 살고 있는 교포가 모국의 말을 이르는 말. ¶~를 아끼고 사랑하다. 2 다민족 국가에서, 국어 또는 외국어에 대하여 자기 민족의 언어를 이르는 말.

모군(募軍) 圕 1 공사판 따위에서 삯을 받고 품을 파는 사람. =모군꾼. 2 군인을 모집하는 것. 圓모병(募兵). **모군-하다** 圄재여

모군(을) 서다 丮 모군이 되어 일을 하다.

모군-꾼(募軍-) 圕 =모군1.

모굴(mogul) 圕[체] 프리스타일 스키의 한 종목. 울퉁불퉁한 급경사면을 스키로 활강하여 스피드, 연기의 난이도와 정확성 등을 겨루는 경기.

모권(母權)[-꿘] 圕 1 자식에 대한 어머니로서의 권리. 2 원시 가족 제도에서, 가족을 다스리는 어머니의 지배권. ↔부권(父權).

모근(毛根) 圕[생] 털이 피부에 박힌 부분.

모금¹(의존) 액체나 기체를 한 번 입에 머금는 분량. ¶물 한 ~/담배를 한 ~ 빨다.

모금²(募金) 圕 기부금 따위를 모으는 것. ¶~ 운동. **모금-하다** 圄자타여 ¶불우한 이웃을 돕기 위해 모금하고 있습니다. **모금-되다** 圄자

모금-함(募金函) 圕 모금할 때 돈을 넣어 보관할 수 있도록 만든, 상자 모양의 통.

모:기 圕[동] 곤충류 파리목 모깃과에 속하는 곤충의 총칭. 몸길이 5~6mm. 몸빛은 갈색 또는 흑갈색이며, 주둥이가 길고 뾰족하여 사람·짐승의 피를 빨아서 알맞춘. 말라리아·일본 뇌염 등을 옮기는 해충임. 애벌레는 '장구벌레'라 하여 물속에 삶. 나는 소리는 '앵앵', '윙윙'.

[모기도 낯짝이 있지] 염치없고 뻔뻔스럽다는 말. [모기 보고 칼 빼기] 대수롭지 않은 일에 지나치게 화를 내며 덤비거나 지나치게 큰 대책을 씀을 비유한 말. '견문발검(見蚊拔劍)'과 같은 말.

모-기둥 圕 1 [건] 모가 난 기둥. ↔두리기둥. 2 [수] =각기둥.

모:기-발순(-發巡)[-쑨] 圕 어둑어둑할 무렵 모기가 떼 지어 날아다니는 일. **모:기발순-하다** 圄재여

모:기-약(-藥) 圕 모기를 잡거나 쫓는 데에 쓰는 약.

모:기-장(-帳) 圕 모기를 막으려고 치는 장막. 생초나 망사로 만듦. =문장(蚊帳). ¶~을 치다.

모:기-향(-香) 圕 독한 연기로 모기를 쫓기 위하여 피우는 향.

모:깃-불[-기뿔/-긷뿔] 圕 모기를 쫓기 위하여 풀 따위를 태워서 연기를 내는 불. ¶~을 피우다.

모:깃-소리[-기쏘-/-긷쏘-] 圕 1 모기가 날아다닐 때 내는 소리. 2 매우 작고 약한 소리. ¶며칠 동안을 굶은 탓인지 목소리가 ~만 하다.

모꼬지 圕 놀이·잔치 그 밖의 다른 일로 여러 사람이 모이는 것. **모꼬지-하다** 圄재여

모-나다 囧 1 물체의 표면에 모가 있다. ¶모난 바위. 2 말이나 짓이 원만하지 못하고 까다롭다. ¶모난 성격. 3 물건이 유용하게 쓰이는 데가 있다. ¶적은 돈이지만 **모나게** 쓰다.

[모난 돌이 정 맞는다] ㉠모나게 굴면 당연히 남의 욕을 먹게 된다. ㉡두각을 나타내는 사람은 남에게 미움을 받기 쉽다.

모나드(monad) 圕[철] 넓이나 형체를 가지고 있지 않으며, 무엇으로도 나눌 수 없는 궁극적인 실체. =단원(單元)·단자(單子).

모나리자(Mona Lisa) 圕[미] 1500년경 이탈리아의 화가 레오나르도 다빈치가 그린 여인상. 신비스러운 미소를 담은 그림으로 유명함.

모나자이트(monazite) 圕[광] 세륨·토륨·지르코늄·이트륨 등이 들어 있는 광석. 단사정계로 기둥 모양의 결정이며, 황색·갈색·적색을 띰.

모나코(Monaco) 圕[지] 프랑스의 남동쪽 지중해 연안에 있는 공국(公國). 수도는 모나코.

모낭(毛囊) 圕[생] 모근(毛根)을 싸고 있는, 주머니 모양의 상피성 조직.

모-내기 圕 볏모를 모판에서 논으로 옮겨 심는 일. =모심기·이앙(移秧). **모내기-하다** 圄재여

모-내다 圄재 모를 못자리에서 논으로 옮겨 심다. =모심다. ¶모내기 위해 사람을 사다.

모:녀(母女) 몡 어머니와 딸을 동시에 이르는 말. ↔부자(父子).

모:녀-간(母女間) 몡 어머니와 딸 사이.

모:년(某年) 몡 아무 해. 또는, 어떤 해.

모노그램(monogram) 몡 두 개 이상의 글자 (특히, 로마자)를 합쳐 한 글자 모양으로 디자인한 도형. 주로 서양에서 고유 명사의 이니셜을 조합하여 편지·손수건·식기·대문·표비 등에 사용됨. =합일 문자.

모노-드라마(monodrama) 몡〔연〕한 사람의 배우가 단독으로 상연하는 극. 개인의 내적 자아(自我)를 상징적으로 표현하고자 하는 극임. =일인극.

모노럴(monaural) 몡〔방송〕방송이나 녹음에서, 하나의 스피커로 음을 재생하는 보통의 방식.

모노-레일(monorail) 몡 선로가 하나인 철도.

모노-크롬(monochrome) 몡 1〔미〕=단색화(單色畫). 2 흑백으로 된 사진이나 영화.

모노타이프(Monotype) 몡〔인〕자동적으로 활자를 한 자씩 주조하면서 식자하는 인쇄 기계. 상표명에서 온 말임. =단식 식자기.

모노포니(monophony) 몡〔음〕단성 음악. ↔폴리포니.

모놀로그(monologue) 몡〔연〕=독백(獨白). 2. ▷다이얼로그.

모-눈 몡〔수〕모눈종이에 그려진 사각형. 구 용어는 방안(方眼).

모눈-종이 몡 일정한 간격으로 여러 개의 세로줄과 가로줄을 그린 종이. =방안지.

모니터(monitor) 몡 1 방송국·신문사나 일반 회사 등의 의뢰로, 방송 내용이나 기사 또는 제품의 내용이나 효과 등에 대한 감상이나 평을 하는 사람. ¶방송 ~ / 신문 ~. 2 라디오·텔레비전의 방송 상태나 전신·전화의 송신 상태를 감시·감독하는 사람. 또는, 그런 장치. 3〔물〕방사선을 관리하기 위하여 쓰이는 감시 장치. 4〔컴〕출력 정보를 문자나 그림으로 보여 주는 영상 표시 장치.

모니터링(monitoring) 몡 방송국·신문사나 일반 회사 등의 의뢰를 받고 방송 내용이나 기사, 또는 제품의 내용이나 효과 등에 대한 의견을 제출하는 일.

모닝-커피(morning coffee) 몡 아침에 마시는 커피. 주로, 식사 전에 마시는 것을 이름.

모닝-코트(morning coat) 몡 남자가 낮 동안에 입는 서양식 예복. 프록코트의 대용으로 쓰임.

모닝-콜(morning call) 몡 호텔 등에서 투숙객이 원하는 시간에 전화벨을 울려 투숙객을 깨워 주는 서비스.

모닥-불[-뿔] 몡 잎나무나 검불 따위를 모아 놓고 피우는 불. ¶~을 피우다.

모더니스트(modernist) 몡 현대적인 감각이나 가치를 좇는 사람.

모더니즘(modernism) 몡〔예〕제1차 세계 대전 이후, 사상·형식·문체 등이 전통적인 기반에서 급진적으로 벗어나려는 20세기 서구 문학·예술상의 경향. 현대 문명에 대해 비판적이고 미래에 대하여는 반유토피아적인 경향을 총칭하는 말임. =근대주의.

모던(modern) ➡**모던-하다** 혱여 '현대적이다' 로 순화. ¶모던한 차림.

모데라토(⑩moderato) 몡〔음〕악곡의 속도를 지시하는 말로, '보통 빠르기로' 의 뜻.

모델(model) 몡 1 모형이나 본보기. 2 [미] 회화·조각·사진 등의 제작에 대상이 되는 인물. ¶누드 ~. 3〔문〕문학 작품의 소재가 되는 실재의 인물. ¶사정수를 ~로 한 소설. 4 [미] 조각에서, 진흙으로 만든 원형(原型). 5 '패션모델' 의 준말. 6 성능·디자인 등에 따라 구별된 제품의 종류. ¶구~ / ~명.

모델링(modelling) 몡 [미] 그림이나 조각에서, 실체감을 나타내는 일.

모델-케이스(model case) 몡 본보기가 되는 사례.

모델^하우스(model house) 몡 아파트 등을 건축할 때, 손님에게 미리 보이기 위한 견본용으로 실제와 똑같게 지어 놓은 집.

모뎀(modem) 몡〔컴〕전화선을 통해 컴퓨터가 정보를 전송할 수 있게 해 주는 통신 장치. =변복조 장치.

모:-도시(母都市) 몡〔지〕주위에 있는 딴 도시에 대하여, 경제적·사회적으로 지배적인 기능을 가진 도시. ↔위성 도시.

모:독(冒瀆) 몡 (어떤 존재를) 권위나 명예에 위신 등을 떨어뜨리거나 깎아내려 욕되게 하는 것. **모:독-하다** 통(타)여 ¶조상을 ~ / 신을 ~.

모-되[-뙤/-뛔] 몡 네모가 반듯하게 된 되. =목판되.

모두¹ Ⅰ 뿌 어떤 범위에 드는 대상을 제외하지 않고 다. 또는, 전체의 수효나 양을 합하여. 비공히. ¶내가 가지고 있는 것을 ~ 너에게 주겠다.
Ⅱ 몡 제외함이 없는 전체. ¶일을 그르치게 된 것은 우리 ~의 잘못이다.

모:두²(冒頭) 몡 말이나 글의 첫머리. ¶~에서 언급한 내용.

모두-뜀 몡 두 발을 한데 모으고 뛰는 뜀. **모두뜀-하다** 통(자)여

모둠 몡〔교〕초·중등학교에서, 효율적인 학습이나 특별 활동 등을 위해 학생들을 몇 명씩 모아 만든 작은 모임. ¶~ 활동 / ~ 보고서.

모둠-발 몡 뛰거나 설 때, 두 발을 가지런히 모아 붙이고 함께 움직이는 상태. ¶~로 뛰다.

모둠-회(-膾)[-회/-훼] 몡 여러 종류의 생선회를 한 접시에 모아 담은 요리.

모드¹(mode) 몡 1 유행. 또는, 유행의 복식(服飾). ¶여성들의 새로운 ~. 2 [수] =최빈수(最頻數).

모드²(mode) 몡〔컴〕특정한 작업을 할 수 있는 어떠한 상태. 예를 들어, 키보드에서 한글 모드란 한글을 사용할 수 있는 상태를 이르며, 영어 모드란 영어를 사용할 수 있는 상태를 이름.

모:든 괸 어떤 범위에서 제외함이 없는 전부의. ¶~ 사람 / ~ 분야.

모들뜨-기 몡 1 두 눈동자가 안쪽으로 치우쳐진 사람. 2 물이 한쪽으로 쏠리거나 쳐들려 넘어지는 것. ¶~로 나가떨어지다.

모라토리엄(moratorium) 몡〔경〕전쟁·지진·경제 공황·화폐 개혁같이 한 나라 전체나 어느 특정 지역에 긴급 사태가 발생한 경우에 국가 권력의 발동에 의해 일정 기간 금전 채무의 이행을 연장시키는 일. =지급 유예.

모락-모락[-랑-] 뿌 1 연기·김·냄새 따위가 조금씩 떠오르는 모양. ¶김이 ~ 나다. 2 순조롭게 잘 자라는 모양. 割무럭무럭.

모란(牡丹*) 몡 ['丹'의 본음은 '단'] 〔식〕미나리아재빗과의 낙엽 활엽 관목. 높이 2m가량. 잎이 크며, 늦봄에 붉고 큰 꽃이 핌. 뿌리

의 껍질은 두통·요통·지혈·진통제 등의 약재로 쓰임. 관상용 또는 약재로 재배함. =목단.목작약.
모란-꽃(牡丹*-)[-꼳] 명 모란의 꽃. =목단화.
모람-모람 円 이따금씩 한데 몰아서.
모래 명 돌이 부스러져 이루어진, 일반적으로 좁쌀보다 작으며 한데 엉기는 힘이 없는 알갱이 상태의 물질. ¶굵은 ~ / 고운 ~.
[모래 위에 쌓은 성] 기초가 튼튼하지 못하여 오래 견디지 못할 일이나 물건.
모래-땅 명 모래흙으로 된 땅. =사지(沙地).
모래-무지 명[동] 잉엇과의 민물고기. 몸길이 15cm가량. 입술에 육질 돌기가 많고 한 쌍의 수염이 있음. 몸빛은 담황색이며 등과 옆구리에 짙은 갈색의 반점이 있고 배는 흰색임. 모래땅에서 삶. =사어(沙魚).
모래-밭[-받] 명 1 모래가 덮어 있는 곳. ¶바닷가 ~. 2 흙에 모래가 많이 섞인 밭. 団사전(沙田). ¶~에서 잘 자라는 작물.
모래-벌판 명 모래로 덮인 벌판. =사원(沙原).
모래-사막(-沙漠)[-지] 모래로만 이루어진 사막. ▷돌사막.
모래-사장(-沙場) 명 강가나 바닷가의 넓은 모래 벌판. =사장. 団모래톱. ¶해수욕장의 ~에서 찜질을 하다.
모래-성(-城) 명 1 모래로 성처럼 쌓은 더미. ¶~을 쌓다. 2 기초나 오랜 노력 없이 이루어져 쉽게 허물어지는 대상을 비유적으로 이르는 말.
모래-시계(-時計)[-계/-게] 명 가운데가 잘록한 호리병 모양의 유리그릇 위쪽에 모래를 넣고, 작은 구멍을 통하여 모래가 아래로 조금씩 떨어지게 하여 그 떨어지는 모래의 양으로 시간을 재는 장치. =사루(沙漏).
모래-알 명 모래의 낱개. ¶반짝이는 ~ / ~ 같이 많은 사람들.
모래-주머니 명 1 모래를 넣은 주머니. 2 [동] 조류(鳥類)의 위(胃)의 한 부분. 먹은 것을 으깨어 부수는 작용을 함. =사낭(沙囊).
모래-집 명[생] =양막(羊膜).
모래집-물[-짐-] 명[생] =양수(羊水).
모래-찜질 명 찜질의 하나. 여름에 뜨거운 모래에 몸을 묻고 땀을 내는 일. 団사욕(沙浴). **모래찜질-하다** [동][재연]
모래-톱 명 강가나 바닷가에 모래가 밀려와 넓고 평평하게 쌓인 곳. 団모래사장. ¶밤섬은 ~이 잘 보존되어 어류 산란장으로 자리잡았다.
모래-판 명 1 모래가 많이 깔린 편편한 곳. ¶~에서 뒹굴다. 2 '씨름판' 또는 '씨름계'의 뜻. ¶~의 새 황제.
모래-펄 명 모래가 덮인 개펄. =평사(平沙).
모래-흙[-흑] 명 모래가 많이 섞인 흙. =경미토·사토(沙土).
모랫-길[-래낄/-랟낄] 명 1 모래밭의 길. 2 모래가 깔린 길.
모랫-바닥[-래빠-/-랟빠-] 명 모래가 넓게 죽 깔려 있는 바다.
모략(謀略) 명 일을 꾸미거나 남을 해치거나 속이고자 하는 꾀. 또는, 그 계략. ¶중상~ / ~에 빠지다. **모략-하다** [동][타][연]
모럴(moral) 명 행위의 옳고 그름의 구분에 관한 태도. 또는, 인생이나 사회에 대한 정신적 태도. 흔히, 윤리·도덕 등으로 번역됨. ¶새로운 ~를 추구한 소설.

모르몬교●627

모럴리스트(moralist) 명 1 도덕을 실천하는 사람. 또는, 도덕주의자. 2 16~18세기에 프랑스에서 인간성과 도덕에 대한 탐구를 에세이나 단장(斷章) 등의 형식으로 표현한 문필가.
모럴^해저드(moral hazard) 명 =도덕적 해이(道德的 解弛).
모!레 명 내일의 다음 날. =명후일. 団내일모레.
모렌도(ⓞmorendo) 명[음] 악곡의 속도를 지시하는 말로, '점점 느리고 사라지듯이'의 뜻.
모!로 円 1 비껴서. 또는, 대각선으로. ¶~ 자르다. 2 옆의 방향으로. ¶~ 눕다.
[모로 가도 서울만 가면 된다] 어떤 수단과 방법을 쓰든지 목적만 이루면 된다.
모로코(Morocco) 명[지] 아프리카 서북부에 있는 입헌 군주국. 수도는 라바트.
모롱이 명 산모퉁이의 휘어 둘린 곳. ¶산~.
모!루 명[공] 대장간에서 달군 쇠를 올려놓고 두드릴 때 받침으로 쓰는 쇳덩이.
모!루-뼈 명[생] 청소골(聽小骨)의 하나. 중이와 고실(鼓室) 안에, 망치뼈와 등자뼈 사이에 있으며, 고막의 진동을 내이(內耳)에 전달함. =침골(砧骨).
모르다 [동][타] ⟨모르니, 몰라⟩ 1 (사실이나 대상을) 알지 못하다. 또는, 깨닫거나 이해하지 못하다. ¶밖에 **모르는** 사람이 찾아왔다. / 색이 너무 어려워 뭐가 뭔지 도통 모르겠다. 2 (명사나 '-ㄹ/을 줄' 다음에 쓰여) (어떤 대상이나 일을) 다루거나 행할 능력을 가지지 못하다. ¶그는 영어를 **몰라** 바이어를 상대할 수 없다. 3 어떤 일에 대하여 관여하지 않거나 관심을 가지지 않다. ¶너희가 무슨 짓을 하든 나는 **모르는** 일이다. ↔알다. 4 (사람이 어떤 현상이나 일을) 결코 겪거나 느끼지 않다. ¶고생을 **모르고** 자라다. 5 (명사나 '-ㄹ/을 줄' 다음에 쓰여) (사람이 어떤 일을) 결코 하지 않거나 염두에 두지 않는 태도를 가지다. ¶그는 남을 욕할 줄 **모르는** 선량한 사람이다. 6 (명사나 '-ㄹ/을 줄' 다음에 쓰여) (사물이 어떤 현상이나 작용을) 결코 일으키거나 이루지 않는 특성을 가지다. ¶심한 가뭄에도 고갈을 **모르는** 샘물. 7 ('…밖에 모르다'의 꼴로 쓰여) '…만 관심을 가지거나 중요하게 여기다'의 뜻을 나타내다. ¶공부밖에 **모르는** 책벌레. 8 (어미 '-ㄹ지'·'-ㄴ지' 아래에 쓰여) '그럴 것 같다'는 뜻으로, 불확실한 사실에 대한 짐작이나 우려 등을 나타내는 말. ¶이대로 가다간 전쟁이 날지도 **모른다**. 9 ('얼마나'·'어쩌나'·'…ㄴ지/는지/은지 모르다'의 꼴로 쓰여) 매우 그러하다. 또는 지나치게 그리하다의 뜻으로 이르는 말. ¶나는 지금 얼마나 행복한지 **모른다**.
[모르면 약이요 아는 게 병] 전혀 모르면 차라리 마음이 편하나 조금 알고 있는 것은 걱정거리만 된다는 말.
모르면 몰라도 円 꼭 그러하다고 말할 수는 없지만 십중팔구는. ¶~ 그 사람은 백만장자일 것이다.
모르모트(←@marmotte) 명[동] '기니피그'의 속칭.
모르몬-교(Mormon敎) 명[기] '말일 성도 예수 그리스도 교회'의 통칭. 1830년에 미국의 스미스(J. Smith)가 창립함. 성서 외에 '모르몬경(經)'을 성전으로 함.

모!르-쇠[-쇠/-쉐] 명 아는 것이나 모르는 것이나 다 모른다고만 하는 일. 또는, 그런 태도. ¶~로 일관하다.
　모르쇠로 잡아떼다 관 아무것도 모른다고만 하여 물음에 답하지 않다. ¶"자네가 모르쇠로 잡아떼는 모양인가?" "무얼 잡아뗀단 말이오."《홍명희: 임꺽정》
모르타르(mortar) 명 [건] 시멘트와 모래를 섞어서 물에 갠 것. 벽돌·블록·석재를 접합하는 데 쓰임. =교니(膠泥).
모르핀(morphine) 명 [약] 마약의 하나로, 아편의 주성분인 알칼로이드. 마취제 또는 진통제로 쓰이며, 계속 사용하면 중독됨.
모름지기 부 사리나 도리에 비추어 반드시. 비 마땅히. ¶사람은 ~ 부모의 은혜에 깊이 감사할 줄 알아야 한다.
모리(謀利·牟利) 명 옳지 못한 방법으로 이익이나 이로움을 꾀하는 것. 모리-하다 동(자)여
모리-배(謀利輩) 명 옳지 못한 방법으로 자기의 이익만을 꾀하는 사람의 무리. 또는, 그 무리에 속하는 사람. ¶정상(政商) ~.
모리셔스(Mauritius) 명 [지] 인도양 남서부, 마다가스카르 섬의 동쪽에 있는 입헌 왕국. 수도는 포트루이스.
모리타니(Mauritanie) 명 [지] 아프리카 서북부에 있는 공화국. 수도는 누악쇼트.
모멘트(moment) 명 1 어떤 일을 일으키는 기회. 비계기. ¶그 일이 성공의 ~ 가 되었다. 2 [물] 어떤 벡터의 크기와 정점(定點)에서 그 벡터에 내려 그은 수선의 길이와의 곱으로 나타낸 양.
모면(謀免) 명 (화·위기·책임·처벌 등을) 꾀를 쓰거나 운 좋게 벗어나는 것. 모면-하다 동(타)여 ¶위기를 ~. 모면-되다 동(자)
모!멸(侮蔑) 명 (사람을) 업신여겨 깔보는 것. ¶~을 당하다. 모!멸-하다 동(타)여
모!멸-감(侮蔑感) 명 모멸을 당하는 느낌. ¶그의 무례한 말투에 ~을 느끼다.
모-모(某某) I 대[인칭] 여러 사람이나 단체 등의 이름이 확실하지 않거나 이름을 구체적으로 밝히지 않으려고 할 때 그 대신으로 쓰는 말. 때로, 한 사람이나 한 개의 단체를 나타낼 경우도 있는데, 이때에는 '모(某)'와 뜻이 같음. 비아무아무. ¶~라는 사람들 / 박 ~(=박 모) 변호사.
II ? ¶~ 인사(人士) / ~ 기업체.
모모-이 부 모마다. 또는, 여러모로.
모!모-한(某某-) 관 이름을 구태여 밝히지 않으나 누구누구라고 하면 모두 알 만한. ¶~ 인사들이 참석했다.
모밀 명 [식] '메밀'의 잘못.
모바일뱅킹(mobile banking) 명 휴대 전화를 통해 통장 잔액 조회, 계좌 이체, 주식 매매 등 각종 금융 거래 서비스를 이용하는 일.
모!반¹(母斑) 명 선천적인 원인으로 피부에 나타나는 반점. 점·사마귀·주근깨 따위.
모반²(謀叛·謀反) 명 왕실이나 정부를 뒤엎고 정권을 잡으려고 꾀하는 것. 또는, 자기 나라를 배반하고 다른 나라를 좇고자 꾀하는 것. 모반-하다 동(자)(타)여 ¶모반하여 군사를 일으키다.
모발(毛髮) 명 사람의 머리털. ¶~이 빠지다.
모발-습도계(毛髮濕度計)[-또계/-또께] 명(물리) 습도의 변화에 신축(伸縮)하는 모발의 성질을 이용하여 만든 습도계.
모방¹(毛紡) 명 1 '모방적'의 준말. 2 '모방직'

의 준말.
모방²(模倣·摸倣·摹倣) 명 (다른 것을) 본뜨거나 본받는 것. =모본·모습(模襲). ¶~작.
모방-하다 동(타)여 ¶타사(他社)의 것을 모방한 제품.
모방-색(模倣色) 명 [동] 독이나 악취 같은 무기를 가지지 못한 동물이 그러한 것을 갖춘 동물과 비슷하게 보이도록 가지는 몸빛. 뱀·벌·나비 등에서 볼 수 있음. ▷경계색·보호색.
모-방적(毛紡績) 명 털실로 방적사를 만드는 일. 준모방.
모-방직(毛紡織) 명 털실로 모직물을 짜는 일. 준모방.
모범(模範) 명 어떤 대상이나 사람의 말과 행동이 따르고 좇을 만큼 훌륭하거나 흠이 없는 상태. 비본·본보기. ¶~ 학생 / 타(他)의 ~이 되다.
모범-생(模範生) 명 모범이 될 만한 학생.
모범-수(模範囚) 명 교도소의 규칙을 잘 지켜 다른 죄수의 모범이 되는 죄수.
모범-적(模範的) 명 모범이 될 만한 (것).
모범-택시(模範taxi) 명 일반 택시보다 시설이 좋고 질 높은 서비스를 제공하는 택시. 일반 택시보다 요금이 비쌈.
모!법(母法)[-뻡] 명[법] 어떤 법의 근거가 되는 법률. ↔자법(子法).
모병(募兵) 명 병사를 모집하는 것. 비모군(募軍). 모병-하다 동(타)여
모본(模本) 명 1 본보기가 되는 것. 2 =모형(模型)¹. 3 =모방(模倣)². 모본-하다 동(타)여
모본-단(模本緞) 명 비단의 하나. 정밀하고 윤이 나며 무늬가 아름다움.
모브-신 명[영] '몹신(mob scene)'의 잘못.
모빌(mobile) 명[미] 가느다란 철사·실 등으로 여러 가지 모양의 쇳조각이나 나뭇조각을 매달아 미묘한 균형을 이루게 한, 움직이는 조각.
모빌-유(mobile油) 명 자동차 등의 내연 기관을 매끄럽게 하는 데 쓰이는 윤활유.
모-뿔 명[수] =각뿔.
모사¹(毛絲) 명 =털실.
모사²(茅沙) 명 제사에서, 강신(降神)할 때 술을 따르는 그릇에 담은 모래와 거기에 꽂은 띠의 묶음.
모사³(模寫) 명 1 (어떤 그림을) 본떠 그대로 그리는 것. 또는, 그러한 그림. 2 (어떤 대상을) 흉내 내어 그대로 나타내는 것. ¶사실주의는 현실에 대한 정확한 ~를 추구하였다.
모사-하다 동(타)여 ¶남의 그림을 ~.
모사⁴(謀士) 명 1 꾀를 내어 일이 잘 이루어지게 하는 사람. 2 남을 도와 꾀를 내는 사람. =책사(策士).
모사⁵(謀事) 명 일을 꾀하는 것. 모사-하다 동(자)(타)여
모사-꾼(謀事-) 명 약은 꾀로 일을 꾸미는 사람.
모사-전!송(模寫電送) 명 문자·도면 등을 주사(走査)에 의하여 전기적 신호로 변환 전송하여, 수신하는 쪽에서 그것을 복원·기록하는 통신 방법. =복사 전송. ▷사진 전송.
모살(謀殺) 명 계획적으로 사람을 죽이는 것. 또는, 그러한 일을 꾀하는 것. 모살-하다 동(타)여
모삿-그릇(茅沙-)[-사끄릇/-삳끄릇] 명 모사를 담는 그릇. 보시기와 비슷하며 굽이

아주 높음. =모사기.
모:상¹(母喪) 圈 '모친상'의 준말. ↔부상(父喪).
모상²(模相) 圈 대상의 외부적인 형상을 그대로 본떠서 나타낸 것.
모새 圈 아주 잘고 고운 모래. 圑세사(細沙).
모:색¹(毛色) 圈 1 깃이나 털의 빛깔. 圑털빛. 2 티끌의 검으빛.
모색²(摸索) 圈 (좋은 방법이나 돌파구를) 이리저리 생각하여 찾는 것. ¶암중(暗中)~. **모색-하다** 圉(타어) ¶타개책을 ~. **모색-되다** 圉(자)
모샤브(moshav) 圈[사] 이스라엘 사람들이 조직한 생활 공동체. 그 모체는 키부츠이나, 어느 정도 개인 소유를 인정한다는 점이 다름.
모서리 圈 1 물체의 모가 진 가장자리. ¶책상~. 2 [수] 다면체에서 각 면의 경계를 이루고 있는 선. 구용어는 능(稜).
모서리-각(-角) 圈[수] 두 개의 평면이 만나는 모서리에 생기는 일종의 입체각. 구용어는 능각(稜角).
모:선¹(毛扇) 圈[역] 벼슬아치가 추운 날에 얼굴을 가리는 방한구의 하나. 네모반듯하게 겹친 비단의 양쪽에 털가죽으로 싼 긴 자루가 달렸음.
모:선²(母船) 圈 어떠한 작업의 중심체가 되는 배. 특히, 원양 어업에서 많은 부속 어선을 거느리고 어획물을 처리·냉동하는 큰 배. ▷모함(母艦).
모:선³(母線) 圈 1 [수] 선이 운동하여 면이 생기게 될 때, 그 면에 대하여 그 선을 이르는 말. 2 발전소 또는 변전소에서, 개폐기를 거쳐 각 외선(外線)에 전류를 분배하는, 단면적이 큰 간선(幹線).
모:성(母性) 圈 여성이 어머니로서 가지는 본능이나 성질. 또는, 어머니로서 자식을 낳아 기르는 기능. ¶~본능. ↔부성(父性).
모:성-애(母性愛) 圈 자식에 대한 어머니의 본능적인 사랑. ¶~를 느끼다. ↔부성애.
모세-관(毛細管) 圈 1 [물] 털과 같이 가느다란 관. ㉰모관. 2 [생] '모세 혈관'의 준말.
모세관^현^상(毛細管現象) 圈[물] 가는 유리관을 액체에 넣었을 때, 관 속의 액면(液面)이 관 밖의 액면보다 높아지거나 낮아지는 현상.
모:-세포(母細胞) 圈[생] 분열 전의 세포. ㉰낭세포(娘細胞).
모세^혈관(毛細血管) 圈[생] 폐쇄 혈관계에서, 동맥에서 정맥으로 이어지는 부위에 그물 모양으로 퍼져 있는 가는 혈관. =실핏줄. ㉰모세관.
모션(motion) 圈 어떤 행동, 특히 운동 등을 할 때의 몸의 자세나 움직임. ¶~이 빠르다 / 번트 ~를 취하다.
모:수¹(母樹) 圈 식물 재배의 근원이 되는 종자를 산출하는 나무.
모:수²(母數) 圈[수] 1 모집단의 특성을 나타내는 값. 2 보합산(步合算)에서, 원금(元金)을 일컫는 말. 3 =매개 변수.
모순(矛盾) 圈 1 [중국 초나라 상인이 창[矛]과 방패[盾]를 팔면서, 어떤 방패로도 막지 못할 창이며, 어떤 창으로도 뚫지 못할 방패라고 앞뒤가 맞지 않게 선전했다는 고사에서] 어떤 말이 논리적으로 앞뒤가 맞지 않는 상태. 圑당착(撞着). ¶~에 빠지다. 2 [논] 두 가지의 판단·사태 등이 양립(兩立)하지 않는 것. 예를 들면 '고양이는 동물이지만 고양이는 동물이 아니다.'라는 따위. **모순-되다** 圉(자) ¶모순된 논리.
모순-율(矛盾律) 圈[논] 형식 논리학에서, 동일 사물, 곧 주사(主辭)에 대하여 그와 모순된 빈사(賓辭)를 술어(述語)로 할 수 없다는 것. 예를 들면 'A는 B임과 동시에 B가 아니라고 할 수 없다'는 따위. =모순원리.
모숨 圈(의존) 벼의 모나 풀 따위의 분량을 헤아리는 단위의 하나. 한 손에 쥘 만한 분량을 한 모숨이라고 함. ¶담배 한 ~.
모스^부^호(Morse符號) 圈 점과 선을 배합하여 문자·기호를 나타내는 전신 부호.
모스크(mosque) 圈 =성원(聖院)².
모스크바^삼국^외^상^회^의(Moskva三國外相會議) [-외-회의/-웨-훼이] 圈[정] 1945년에 모스크바에서 열린, 미국·영국·소련 삼국의 외상 회의. 우리나라의 신탁 통치를 결정함.
모슬렘(Moslem) 圈 =이슬람교도.
모슬린(←mousseline) 圈 소모사(梳毛絲)를 써서 평직으로 얇고 보드랍게 짠 모직물.
모습 圈 1 어떤 표정이나 인상을 나타내는 얼굴 모양. 또는, 무엇을 하고 있는 사람이나 동물의 모양. ¶웃는 ~ / 화난 ~ / 귀여운 ~ / 열심히 일하고 있는 ~이 아름답다 / 널 보니 젊었을 때의 엄마 ~이 생각나는구나. 2 어떤 상태에 있는 사물의, 겉으로 드러난 모양. ¶한산한 거리 ~ / 꽃잎에 이슬을 머금고 있는 ~. 3 사물의 자취나 흔적. ¶그날 이후로 그는 ~을 감추었다.
모시¹ 圈 1 모시풀 껍질의 섬유로 짠 피륙. =저포(紵布). ¶~ 적삼. 2 [식] '모시풀'의 준말.
모:시²(某時) 圈 아무 때. ¶모일 ~에 만나다.
모:시다 圉(타) 1 (윗사람을) 곁에서 정성껏 보살피거나 받들다. 또는, (윗사람을) 받들면서 곁에서 함께 지내다. 圑섬기다. ¶부모님을 극진히 ~ / 귀한 손님이니까 잘 **모셔라**. 2 (윗사람이나 존귀한 인물을 일정한 곳으로) 가거나 오도록 곁에서 받들어 안내하다. ¶손님을 응접실로 ~. ▷데리다. 3 (어떤 사람을 높은 지위나 직책으로) 곁에서 받들어 있게 하다. ¶김영철 선생님을 우리 회사 신임 사장님으로 **모시게** 되어 기쁘게 생각합니다. 4 (옷어른의 위패나 시신, 존귀한 물건 등을 어느 곳에) 삼가 있게 하다. 圑안치하다. ¶가보를 손 안 닿는 곳에 잘 **모셔** 두다. 5 (제사 따위를) 공경하는 마음으로 받들어 하다. '지내다'를 보다 공손하게 이르는 말. 圑올리다. ¶조상의 제사를 ~.
모시-옷[-옫] 圈 모시로 지은 옷.
모시-조개 圈 =가무락조개.
모시-풀 圈[식] 쐐기풀과의 여러해살이풀. 잎은 넓은 달걀꼴이며, 뒷면에 흰 털이 밀생함. 줄기의 껍질에서 섬유를 뽑아 옷감 따위를 만듦. 밭에서 재배함. =저마(苧麻). ㉰모시.
모식(模式) 圈 표준이 될 전형적인 형식.
모식-도(模式圖) [-또] 圈 사물의 구조나 원리를 쉽게 알 수 있도록 핵심적 특징만을 간략히 나타낸 그림. ¶카르스트 지형의 ~.
모심-기[-끼] 圈 =모내기. **모심기-하다** 圉(자어)
모:심다[-따] 圉(자) =모내다.
모:씨(母氏) 圈 흔히 아랫사람의 어머니를 일

켠는 말.
모아-들다 통(자) <~드니, ~드오> =모아들다
모아들-이다 통(타) '모아들다'의 사동사. ¶학생들을 강당으로 ~.
모악-동물(毛顎動物) [-똥-] 명(동) 동물계의 한 문(門). 몸길이 0.5cm 정도. 몸은 가늘고 긴 원통형이며 무색투명함. 머리에 빳빳한 털이 있는데, 이것으로 먹이를 잡아먹음. 자웅 동체로 중요한 해상 플랑크톤임.
모:암(母巖·母岩) 명(광) 광맥을 품고 있는 바위.
모:액(母液) 명 용액 중에서 고체 또는 침전물을 뺀 나머지의 액.
모양(模樣) 명 ① (자립) 1 겉으로 나타나는 생김새나 형상. ¶갖가지 ~의 돌. 2 어떠한 자태나 용모. ¶그 여자는 한복을 입은 ~이 에쁘다. 3 외모에 부리는 멋. ¶~을 부리다/~을 내다. 4 외양의 구색(具色) ¶~을 갖추다. 5 '체면'의 뜻으로 이르는 말. ¶말만 꺼내 놓고 실행을 못 했으니 ~이 우습게도 되었다. 6 어떠한 형편이나 되어 가는 꼴. ¶살림이 어찌나 구차한지 ~이 말이 아니다. 7 태도나 됨됨이를 못마땅하게 여겨 이르는 말. ¶사람이 왜 그 ~이야? 8 (비교하는 대상 다음에 쓰여) 그것처럼의 뜻. ¶만원 버스가 콩나물시루 ~ 비좁다. ② (의존) ('어미 '-ㄴ', '-는', '-ㄹ' 뒤에 '모양으로', '모양이다'의 꼴로 쓰여) 짐작되는 형편·처지·상황임을 나타내는 말. ¶비가 올 ~이군.
모양(이) 사납다 관 모양이 흉하다.
모양(이) 아니다 관 모양이 안되어서 차마 볼 수가 없다.
모양(이) 있다 관 모양이 좋다.
모양-내다(模樣-) 통(자) 꾸며 맵시를 내다. ¶한복을 차려입고 잔뜩 ~.
모양-새(模樣-) 명 1 모양의 됨됨이. ¶~가 좋다. 2 체면이나 꼴. ¶~ 없이 굴긴가?
모양-체(毛樣體) 명(생) 안구의 수정체를 둘러싸고 있는, 잘게 주름이 잡혀 있는 부분. 수정체의 두께를 변화시켜 눈의 초점 거리를 조절함.
모양체-근(毛樣體筋) 명(생) 모양체의 대부분을 차지하는 민무늬근. 모양체의 수축을 맡음.
모:어(母語) 명 유아기에 최초로 습득한 언어.
모여-들다 통(자) <~드니, ~드오> (많은 사람이나 동물 등이) 어느 곳에(으로), 또는 어떤 사람에게 향하여 오다. =모아들다. ¶구경꾼들이 팡장에 구름같이 ~.
모역(謀逆) 명 반역을 꾀하는 것. **모역-하다** 통(자)(타)(여)
모옥(茅屋) 명 이엉이나 띠 따위로 지붕을 인, 작고 초라한 집. =모사(茅舍)·모자(茅茨).
모:욕(侮辱) 명 (사람을) 나쁘게 말하여 욕되게 하는 것. ¶~을 주다/~을 참다. **모:욕-하다** 통(타)(여) ¶그는 내 조상을 입에 담을 수 없는 말로 **모욕했다**. **모:욕-되다** 통(자)
모:욕-감(侮辱感) [-깜] 명 모욕을 당하는 느낌. ¶심한 ~에 얼굴이 시뻘게졌다.
모:욕-적(侮辱的) [-쩍] 관명 갈보가 욕되게 하는 (것). ¶~인 말을 하다.
모:욕-죄(侮辱罪) [-쬐] 명(법) 남을 공공연히 모욕함으로써 성립되는 죄.
모:우(冒雨) 명 비를 무릅쓰는 것. **모:우-하다** 통(자)(여)
모:월(某月) 명 아무 달.
모:유(母乳) 명 어머니의 젖. ¶~를 먹이다.
모으다 통(타) <모으니, 모아> 1 (사람이 둘 이상의 대상을 한곳에) 하나를 이룬 상태, 또는 비교적 틈이 없이 닿은 상태로 있게 하다. ¶학생들을 운동장에 ~. 2 (사람이 단체가 여러 명의 사람을) 단체의 성원으로 구하거나 들게 하다. ⓗ모집하다. ¶일꾼을 ~. 3 (재물을) 써 없애지 않고 많아지게 하다. ¶돈을 ~. 4 (어떤 자료나 물건 따위를) 일정한 목적 아래 찾아서 한곳에 놓거나 갖추다. ⓗ수집하다. ¶골동품을 ~. 5 (어떤 대상이 사람들의 관심이나 인기 등을) 쏠리게 하다. ⓗ끌다. ¶시선을 ~. 6 (여러 사람이 뜻·의견·힘 등을) 하나로 되게 하다. ⓗ수렴(收斂)하다·합하다. ¶지혜를 ~. 7 (사람이 자기의 정신을) 긴장시켜 오직 한 가지 일에 가 있는 상태가 되게 하다. ⓗ통일하다. ¶정신을 **모아** 시험공부에 열중하다. 8 입(을) 모으다→입.
모:음(母音) 명(언) 성대의 진동을 받은 소리가 입술·코·목구멍의 장애에 의한 마찰을 받지 않고 나오는 유성음. 곧, ㅏ·ㅑ·ㅓ·ㅕ·ㅗ·ㅛ·ㅜ·ㅠ·ㅡ·ㅣ 따위. =홀소리. ↔자음(子音).
모음-곡(-曲) 명(음) 기악곡의 한 형식. 몇 개의 곡을 조합하여 하나의 곡으로 구성한 것. =조곡(組曲). ⓗ관현악.
모:음^교체(母音交替) 명(언) 하나의 어근(語根) 중의 모음이 문법 기능이나 품사의 변화에 따라 음색이나 길이가 다른 모음과 교체하는 것. 인도·유럽 어족에 주로 나타남. 영어의 sing→sang→sung 따위.
모:음^동화(母音同化) 명(언) 모음이 서로 접속할 때, 한 모음이 다른 모음에 동화하는 현상. 모음조화가 대표적인 예임.
모:음^사:각형(母音四角形) [-가켱] 명(언) 모음을 발음할 때 혀의 위치와 개구도(開口度)에 따른 음색의 차이를 사각형으로 분류하여 그림으로 보인 것. 국어에서는 'ㅣ'가 전반부 상단, 'ㅜ'가 후반부 상단, 그리고 'ㅏ'가 가장 아래에 위치함.
모:음^악보(-樂譜) [-뽀] 명(음) 관현악이나 관악 합주와 같이 여러 가지 악기로 연주하거나 합창이나 중창처럼 여러 사람이 다른 가락으로 노래를 할 때, 한눈에 전체의 가락을 볼 수 있게 적은 악보. =스코어(score)·총보(總譜).
모:음-조화(母音調和) 명(언) 모음 동화의 하나. 두 음절 이상의 단어에서 뒤의 모음이 앞 모음의 영향으로 그와 가깝거나 같은 소리로 되는 현상. 양성 모음은 양성 모음끼리, 음성 모음은 음성 모음끼리 잘 어울림. '팔랑팔랑', '펄렁펄렁' 따위.
모:의¹(模擬·摸擬) [-의/-이] 명 실제의 것을 흉내 내어 시험적으로 해 보는 일. ¶국회/~ 시험. **모:의-하다** 통(타)(여)
모:의²(謀議) [-의/-이] 명 1 (어떠한 일을) 꾀하고 의논하는 것. 2 (법) 여럿이 함께 범죄를 계획하고 실행 수단을 의논하는 것. **모:의-하다**² 통(타)(여) ¶국가 전복을 **모의한** 혐의로 체포되다.
모:의-고사(模擬考査) [-의-/-이-] 명 =모의시험.
모:의-국회(模擬國會) [-의구쾨/-이구퀘] 명 학교 등에서 국회의 의사 진행 및 토론

장면을 모방·풍자한 가상의 국회.

모의-시험(模擬試驗) [-의-/-이-] [명] 실제의 시험에 대비하여 그를 본떠서 실시하는 시험. =모의고사.

모의-재판(模擬裁判) [-의-/-이-] [명] 실제의 재판을 모방하여, 논고·변론·심리·선고 등을 하는 일.

모이 [명] 사람이 닭이나 새와 같은 날짐승에게 주는 곡식류 따위의 먹이. ¶닭이 ~를 쪼다 / ~를 주다. ×모.

모이다 [동][자] **1** (여러 사람이 한곳에) 비교적 가까이 다가 있게 되다. ¶광장에 군중이 ~. **2** (여러 사람이 어떤 단체에) 그 성원으로 들게 되다. ¶광고를 냈는데도 회원이 통 **모이질** 않는다. **3** (재물이) 시간적 간격을 두고 조금씩 늘어 많아지다. ¶돈이 많이 **모였다.** [준]뫼다.

모이-주머니 [명][동] 조류의 소화관의 하나. 주머니 모양이며, 먹은 것을 일시 저장하였다가 모래주머니로 보냄. =멀떠구니·소낭(嗉囊).

모이-통(-桶) [명] 모이를 넣어 두는 통.

모ː인¹(某人) [명] 어떤 사람.

모인²(摹印) [명] 팔체서(八體書)의 하나. 옥새(玉璽) 글자에 쓰는 고전(古篆).

모ː일(某日) [명] 어느 날.

모임 [명] 어떤 목적 아래 여러 사람이 모이는 일. ¶계 ~ / ~을 가지다.

모ː자¹(母子) [명] 어머니와 아들을 동시에 이르는 말. ¶~상(像).

모자²(帽子) [명] 추위를 막거나 햇볕을 가리거나 예의를 갖추거나 모양을 내기 위하여 머리에 쓰는, 천·털실·가죽 따위로 만든 물건. ¶털~ / ~를 벗다〔쓰다〕.

모ː자^가정(母子家庭) [명] 아버지가 없이 어머니와 어린 자식으로 이루어진 가정.

모ː자-간(母子間) [명] 어머니와 아들 사이.

모자-걸이(帽子-) [명] 모자나 외투 따위를 벗어 거는 기구.

모ː자라다 [동][자] **1** (물건·물질이나 인원 따위가) 어떤 기준의 길이·넓이·무게·부피 등의 크기나 수량에 이르지 못하다. ¶돈이 ~. **2** (사람의 지식·기술·힘·능력·잠 따위가) 보통의 경우나 일정한 기준의 정도나 수준에 미치지 못하다. ¶힘이 ~. **3** (사람이) 생각하거나 판단하는 데 있어서 지능이나 정신적인 능력이 보통의 사람 정도에 미치지 못하다. ¶엉뚱한 짓만 하고 다니는 걸 보면 좀 **모자란** 사람 같더라고.

모ː자람 [명] 기준에 미치지 못하는 것. ¶준비는 철저하게 이뤄져 전혀 ~이 없었다.

모자반 [명][식] 갈조류 모자반과의 해조(海藻). 짙은 황갈색으로, 줄기는 1~3m 이상 자라며, 부착근(附着根)으로 바위에 붙어 삶. 우리나라 연안에 많이 자라며 식용함. 알긴산의 원료, 비료로 쓰임. =마미조.

모자이크(mosaic) [명] **1** [미] 여러 가지 빛깔의 돌·색유리·조가비·타일·나무 등의 조각을 맞추어 도안·회화(繪畫) 등으로 나타낸 것. 또는, 그러한 미술 형식. **2** 사진·영화·텔레비전 방송 등에서, 얼굴이나 은밀한 부위, 또는 특정 상표 등을 알아볼 수 없게 하기 위해, 그 부분만 무늬 모양의 작은 조각들을 채워 넣는 일. ¶야한 장면을 ~ 처리 하다.

모자이크-난(mosaic卵) [명][동] 세포의 각 부분이나 할구(割球)가 특정한 기관만을 만드는 동물의 알. 굴·멍게·해파리 등의 알에서 볼 수 있음.

모자이크-병(mosaic病) [명][식] 바이러스에 의해 생기는, 식물의 병. 잎에 모자이크 모양의 얼룩무늬가 생기고 가장자리가 오그라듦. 담배·채소·과수 등에서 널리 발생함.

모자-챙(帽子-) [명] 모자에 달려 있는 챙.

모작(模作) [명] (남의 작품을) 그대로 본떠서 만드는 것. 또는, 그 작품. **모작-하다** [동][타][여]

모잘록-병(-病) [-뼝] [명][농] 잎자루가 잘록해지면서 말라 죽는, 농작물의 병. 주로, 어린 모에 발생함. =입고병(立枯病).

모잠비크(Mozambique) [명][지] 아프리카 남동부에 있는 공화국. 수도는 마푸토.

모-잡이 [명] 모낼 때, 모를 심는 일꾼.

모ː재(母材) [명] 주요한 재료. 특히, 콘크리트에 있어서의 시멘트.

모잽이-헤엄 [명][체] 수영에서, 모로 누워서 치는 헤엄. =사이드스트로크·횡영(橫泳).

모-쟁이 [명] 모낼 때 모춤을 벼르는 일꾼.

모-점(-點) [명][언] 세로쓰기에 사용되는 쉼표의 하나. '、'의 이름. ▷반점.

모ː정¹(母情) [명] 자식에 대한 어머니의 정.

모ː정²(慕情) [명] 그리워하는 심정.

모조(模造) [명] **1** 실물을 모방하여 만드는 일. **2** '모조품'의 준말. ¶~ 다이아 반지. **모조-하다** [동][타][여] 실물을 모방하여 만들다.

모조리 [부] 빠짐없이 모두. ¶돈을 있는 대로 ~ 써 버리다.

모조-지(模造紙) [명] 양지(洋紙)의 하나. 질이 강하고 질기며 윤택이 남. 주로 인쇄지로 쓰임.

모조-품(模造品) [명] 딴 물건을 그와 똑같이 본떠 만든 물건. [준]모조.

모종¹(-種) [명] 옮겨심기 위해 씨앗을 뿌려 가꾼 어린 식물. [비]모. ¶꽃~. **모종-하다** [동][타][여] 모종을 옮겨 심다.

모ː종²(某種) [명] 《주로 '모종의'의 꼴로 쓰여》 내막이나 실체를 확실히 알 수 없는 어떤 종류. ¶~의 사건 / ~의 음모가 꾸며지다.

모종-삽(-種-) [명] 모종할 때 쓰는 작은 삽.

모ː주(母酒) [명] **1** 약주를 뜨고 난 찌끼술. **2** '모주망태'의 준말.

모ː주-꾼(母酒-) [명] =모주망태.

모ː주-망태(母酒-) [명] 술을 늘 대중없이 많이 마시는 사람을 놀림조로 이르는 말. =모주꾼. [준]모주.

모ː죽지랑-가(慕竹旨郞歌) [-찌-] [명][문] 신라 효소왕 때, 화랑 죽지랑의 문도(門徒)인 득오(得烏)가 죽지랑을 사모하여 지은 8구체 향가.

모-지다 [형] **1** 둥글지 않고 모가 나 있다. ¶**모진** 기둥. **2** '모질다'의 잘못.

모지라-지다 [동][자] 물건의 끝이 닳아서 없어지다. ¶**모지라진** 붓〔빗자루〕. [큰]무지러지다.

모지락-스럽다 [-쓰-따] [형][ㅂ] <~스러우니, ~스러워> 보기에 억세고 모질다. ¶그는 박 씨와 안 씨, 두 지주에게 그 논들을 사들이면서 값을 **모지락스럽게** 후려 때렸음은 물론이고, ….《조정래:태백산맥》 **모지락스레** [부]

모지랑-비 [명] 끝이 다 닳은 비.

모지랑이 [명] 오래 써서 끝이 다 닳아진 물건. ▷몽당이.

모직(毛織) [명] '모직물'의 준말.

모직-물(毛織物) [-징-] [명] 모사(毛絲)로

짠 피륙. ⓒ모질.
모:질다(형)〔모지니, 모지오〕**1** (마음씨가) 몹시 독하다. ¶모질고 독한 사람. **2** 견디기 힘든 일을 배겨 낼 만큼 억세다. ¶모진 목숨. **3** (기세가) 매섭고 사납다. ¶모진 풍파. × 모지다.
[모진 놈 옆에 있다가 벼락 맞는다] 악한 사람과 가까이하면 반드시 그 화를 입는다.
모:질-물(母質-)〔-찔〕[지] 모암(母巖)에서 떨어져 나온 암석 조각이나 흙으로 이루어진 토양.
모:질-음(명) 어떠한 고통을 견뎌 내려고 모질게 쓰는 힘. ¶~을 쓰다.
모집(募集)(명) (조건에 맞는 사람이나 작품 따위를) 널리 구하여 모으는 것. ¶회원 ~.
모집-하다(타여) ¶현상 소설을 ~ / 신문에 사원을 **모집하는** 광고가 났다.
모집다〔-따〕(타)**1** (허물이나 과실을) 명백히 지적하다. ¶남의 허물을 ~. **2** (수량이 여럿인 물건을) 모조리 집다. ¶먹을 수저 한 개만 남기고는 (여러 개의 수저를) **모집어**서 괴춤에 꾹 꽂았다.〈김유정:솥〉
모:-집단(母集團)〔-딴〕[통][수] 통계적인 관찰의 대상이 되는 집단 전체. 표본을 뽑아내는 바탕이 됨.
모집^설립(募集設立)〔-썰-〕[명][경] 주식회사를 설립할 때, 발행 주식의 일부분만을 발기인이 인수하고 나머지는 주주를 모집하여 설립하는 일. ↔발기 설립.
모짝(부) 한 번에 모조리 몰아서. ¶호우로 채마밭이 ~ 물에 잠겼다. ⓒ무썩.
모짝-모짝〔-짱-〕(부)**1** 한쪽에서부터 차례대로 모조리 뽑는 모양. **2** 차차 조금씩 개먹어 들어가는 모양. ¶~ 뽕잎을 갉아 먹는 누에. ⓒ무쩍무쩍.
모쪼록(부) =아무쪼록. ¶~ 건강하길 바란다.
모찌(←⓽餠/もち)(명) '찹쌀떡'으로 순화.
모착-하다〔-차카-〕(형여) 위아래를 찍어 낸 듯 짤막하고 통통하다.
모창(模唱)(명) 어떤 사람, 특히 가수의 창법과 음성을 흉내 내어 노래 부르는 일.
모책(謀策)(명) 어떤 일을 처리하거나 모면하기 위하여 계책을 꾸미는 것. 또는, 그러한 계책. ¶~을 쓰다 / ~을 꾸미다. **모책-하다**(타여).
모:처(某處)(명) 아무 곳. =모소(某所). ¶시내 ~에 있는 음식점.
모-처럼(부)**1** 일부러 벼르거나 마음을 먹고. 또는, 아주 오래간만에. ¶김 과장은 ~ 가족들과 함께 야외로 나갔다.
모:천(母川)(명) 물고기가 태어나서 바다로 갈 때까지 자란 하천. ¶연어는 알을 낳기 위해 ~으로 되돌아오는 습성이 있다.
모:체(母體)(명)**1** 아이나 새끼를 밴 어미의 몸. ¶태아는 ~로부터 탯줄을 통해 영양 공급을 받는다. **2** 갈려 나온 조직·사고(思考) 등의 근본이 되는 것. ¶재벌 기업을 ~로 한 방계 회사.
모-춤(명)〔자립〕**1** 볏모를 서너 모숨씩 묶은 단. ¶일락서산에 해 떨어진다. ~을 들어라.〈인직:은세계〉**2**(의존)**1**을 세는 단위로 이르는 말.
모춤-하다(형여) (길이나 분량이) 어떤 한도보다 조금 지나치다. ¶제 치수보다 **모춤하**게 마르다.
모충(毛蟲)(명)[동] 송충이 따위와 같이 털이 있는 벌레의 총칭. =모류(毛類).

모:친(母親)(명) '어머니'을 격식을 갖추어 지칭하는 말. ¶~의 건강은 좀 어떠하신가? / 나의 ~은 늘 자상하고 자애로우셨다. ↔부친(父親).
모:친-상(母親喪)(명) 어머니의 상사(喪事). ¶~을 당하다. ⓒ모상. ↔부친상.
모:칭(冒稱)(명) (성명·직업 등을) 거짓으로 꾸며 대는 것. ⓘ사칭(詐稱). **모:칭-하다**(타여).
모카-커피(Mocha coffee)(명) 예멘의 모카에서 나는, 품질이 좋은 커피.
모태[1](의존) 인절미나 흰떡 따위를 안반에 놓고 한 번에 칠 만한 떡의 분량을 나타내는 말. ¶흰떡 한 ~.
모:태[2](母胎)(명)**1** 어머니 또는 어미의 태 안. **2** 사물의 발생·발전의 근거가 되는 토대. 지 비유적인 말임. ¶이화 학당은 한국 여성 교육의 ~가 되었다.
모터(motor)(명)**1** 휘발유나 디젤유와 같은 연료를 에너지로 변환시켜 기계나 탈것을 작동시키는 장치. ⓘ발동기. **2** =전동기.
모터-보트(motorboat)(명) 모터를 추진기로 사용하는 보트. =발동기정.
모터-사이클(motorcycle)(명) =오토바이.
모터-쇼(motor show)(명) 자동차, 자동차 엔진, 자동차 부품 등의 전시회.
모터-크로스(moto-cross)(명) 오토바이로 거친 야산과 들판에 입체적으로 설계된 코스를 달려, 그 소요 시간으로 우열을 가리는 경기.
모텔(motel)(명) 자동차로 여행하는 사람이 숙박할 수 있도록 주차 시설을 갖춘 여관.
모토(motto)(명) 올바르고 가치 있게 행동하기 위한 지침이나 신조. 또는, 그것을 표현한 짧은 구나 문장. ¶'하면 된다'를 ~로 걸고 일로매진하다.
모퉁이(명)**1** 길이 각이 지게 꺾어진 곳. ¶길~. **2** 비교적 작은 구조물이나 산 등의 모가 지게 돌아간 귀퉁이. ¶담 ~ / 산 ~. **3** 어떤 장소의 가장자리나 구석진 곳. ¶마당 한 ~에 토끼장이 있다.
모퉁잇-돌〔-이똘/-읻똘〕[건] =주춧돌.
모티브(motive)(명) =모티프(motif).
모티프(⓽motif)(명)**1**[예] 문학 및 예술 작품에 자주 반복되거나 다양하게 나타나는 제재나 내용, 또는 문구나 낱말. 작품의 주제를 구성하고 통일감을 주는 중요 단위임. ¶김유정 소설에서 발견되는 일관된 ~는 가난과 굶주림인 남녀 관계이다. **2**[음] =동기(動機). **2. 3** 수예 등에서, 작품을 구성하는 기본 단위가 되는 무늬. =모티브.
모-판(-板)(명)[농]**1** 들어가 손질하기 편리하도록 못자리 사이사이를 떼어 직사각형으로 다듬어 놓은 구역. **2** 씨를 뿌려 모를 키우기 위해 만들어 놓은 곳. =묘판.
모판-흙(-板-)〔-흑〕(명) 모판에 까는 흙. =상토(床土).
모포(毛布)(명) =담요. ¶~을 덮다[깔다].
모표(帽標)(명) 학생·군인·경찰 등의 모자 앞쪽 중앙에 소속을 나타내는 뜻으로 붙이는, 쇠붙이·천 따위로 만든 표. 학생의 경우에는 모자를 쓰지 않게 되면서 거의 사라졌다.
모피[1](毛皮)(명) =털가죽.
모피[2](謀避)(명) 꾀를 써서 피하는 것. **모피-하다**(타여).
모필(毛筆)(명) 짐승의 털로 맨 붓. =털붓.
모필-화(毛筆畫)(명)[미] 붓으로 그린 그림.

동양화는 대개 이에 속함.
모하메드-교(Mohammed教) 명[종] =이슬람교(Islam教).
모!함¹(母艦) 명[군] '항공모함'의 준말.
모함²(謀陷) 명 꾀를 써서 남을 어려움에 빠뜨리는 것. ¶~에 빠지다. **모함-하다** 동(타여) ¶동료를 ~.
모해(謀害) 명 (남을) 모략을 써서 해롭게 하는 것. **모해-하다** 동(타여)
모!험(冒險) 명 어떤 일을 위험을 무릅쓰고 하는 것. 또는, 그 일. ¶~을 즐기다 / 무모한 ~을 하다. **모!험-하다** 동(자타여) ¶목숨을 걸고 ~.
모!험-가(冒險家) 명 모험을 즐기거나 자주 하는 사람.
모!험-담(冒險談) 명 모험적인 사실이나 행동에 대한 이야기. ¶젊은 시절의 ~을 늘어놓다.
모!험-심(冒險心) 명 위험을 무릅쓰고 행동하려는 마음. ¶~이 강하다 / ~이 발동하다.
모!험-적(冒險的) 관명 위험을 무릅쓰고 하는 것. ¶~인 행동.
모헤어(mohair) 명 앙고라염소의 털. 섬유질이 좋아 파일 직물, 기타 고급 복지로 널리 쓰임.
모!형¹(母型) 명[인] 납을 부어서 활자의 자면(字面)이 나타나도록 하기 위하여 글자를 새긴 오목판. =자모(字母).
모형²(模型·模形) 명 1같은 모양의 물건을 만들기 위한 틀. =모본(模本). 2실물의 형태를 그대로 재현하여 같거나 축소한 크기로 만든 물건. ¶~ 비행기 / 인체 ~.
모호(模糊) →**모호-하다** 형여 (말이나 태도가) 무엇을 뜻하는지, 또는 무슨 의도를 가지는지 뚜렷하지 않은 상태에 있다. ¶모호한 대답 / **모호한** 태도를 나타내다.
모호로비치치^불연속면(Mohorovičić不連續面)[-송-] 명[지] 지각과 맨틀의 경계면. 지표 아래 10㎞ 정도에 있다. 준모호면.
모!화-사상(慕華思想) 명 중국의 문물을 흠모하여 따르려는 사상. ¶~에 젖은 사대부.
모!-회사(母會社) [-회-/-훼-] 명[경] 어떤 회사에 대하여, 자본 관계나 거래 관계로 말미암아 일정한 지배권을 가지고 있는 회사. =지배 회사. ↔자회사(子會社).
모!후(母后) 명 임금의 어머니.
목¹ 명 1사람이나 동물의 몸에서, 머리와 몸통을 잇는 잘록한 부분. =경부(頸部). (비)고개. ¶~이 긴 기린 / ~을 움츠리다. 2사람이나 동물의 몸에서, 입 뒤쪽의 숨구멍이나 기도(氣道)가 시작되는 앞부분. (비)목구멍. ¶~이 붓다. 3사람의 머리와 몸통을 잇는 부분에 들어 있는 소리를 내는 기관. (비)목청. ¶~이 쉬다. 4(주로, '손', '발' 등의 신체 부위를 나타내는 말과 합성어를 이루어) 다른 신체 부위와 경계를 이루는 부분을 가리키는 말. ¶손~ / 발~. 5몸체나 물건에서, 사람·동물의 머리와 몸통 사이처럼, 몸체에서 가늘고 길게 내민 부분. ¶~이 긴 양말 [장화]. 6통로를 이루는 좁은 곳. 특히, 다른 곳으로 빠져나가기 어려운 통로. ¶길~ / 건널~ / 노루가 잘 다니는 ~을 지키다. 7('날아가다', '달아나다', '떨어지다', '자르다', '걸다' 등의 단어와 함께 쓰여) '목숨'이나 '직위', '직책', '자리'

의 뜻을 비유적으로 나타내는 말. ¶~이 달아나다.
목(을) 놓아 구 (주로 울 때, 참거나 삼가거나 함이 없이) 목소리를 크게 내어. ¶땅바닥에 주저앉아 ~ 울다.
목에 걸리다 구 1충격으로 음식 따위가 목구멍으로 잘 넘어가지 않다. 2마음이 편치 않고 걱정되다.
목에 핏대를 세우다 구 몹시 노하거나 흥분하다. ¶목에 핏대를 세우고 대들다.
목에 힘을 주다 구 (어떤 사람이) 다른 사람 앞에서 거드름을 부리거나 남을 깔보는 듯한 태도를 나타내다.
목을 걸다 구 1목숨을 바칠 각오를 하다. ¶**목을 걸고** 맹세하다. 2해고의 위험을 무릅쓰다.
목을 축이다 구 목이 말라 물이나 음료수 따위를 마시다.
목이 떨어지다 구 어떤 직위에서 그만두게 되다.
목이 붙어 있다 구 1살아(남아) 있다. 2어떤 직위에 겨우 머물러 있다.
목이 빠지게(빠지도록) 기다리다 구 몹시 안타깝게 기다리다.
목(을) 자르다 구 (기업·직장 등에서) 해고(解雇)하다.
목(이) 타다 구 몹시 갈증을 느끼다. ¶땀을 많이 흘렸더니 **목이 탄다**.
목²(木) 명 1'목요일'을 줄여 이르는 말. 문장 속에서 자립적으로 쓰이기는 어려우며, 주로 달력이나 문서의 표 등에서 쓰임. 2[민] 오행(五行)의 하나. 땅을 뚫고 나오는 나무를 상징하는 것으로, 방위로는 동쪽, 계절로는 봄, 색으로는 청색에 해당함.
목³(目) 명 1[자립] [경] 예산 편성상의 단위. 항(項)과 절(節)의 사이. 2[생] 생물 분류학상의 단위. 강(綱)과 과(科)의 사이. ¶별~ / 쌍떡잎식물~. 2[의존] 바둑에서, 바둑판의 눈이나 바둑돌의 수를 셀 때 쓰는 말. ¶육 ~ 반 공제.
목⁴(牧) 명[역] 고려·조선 시대의 지방 행정의 단위. 목사(牧使)가 다스림. ¶황주(黃州) ~.
목-⁵(木) 접두 물건 이름을 나타내는 일부 명사에 붙어, 무명으로 만든 것임을 나타내는 말. ¶~양말 / ~장갑 / ~수건.
목가(牧歌)[-까] 명 1목동이나 목자(牧者)의 노래. 2전원의 생활을 주제로 한 시가(詩歌).
목가-적(牧歌的)[-까-] 관명 농촌처럼 소박하고 평화로우며 서정적인 (것). ¶~ 생활 / ~인 풍경.
목각(木刻)[-깍] 명 1나무에 어떤 사물의 형태를 새기는 일. 또는, 그 조각품. ¶~ 불상. ▷석각. 2[미] '목각화'의 준말. 3[인] '목각활자'의 준말. **목각-하다** 동(타여) 나무에 새기다.
목각-화(木刻畫)[-까콰] 명[미] 나무에 새긴 그림. 준목각.
목각^활자(木刻活字)[-까콸짜] 명[인] 나무에 새긴 활자. (비)목활자. 준목각.
목간(沐間)[-깐] 명 '목욕간'의 준말. **목간-하다** 동(자여) 목욕간에서 목욕하다. 요즘에는 잘 쓰이지 않는 말임. ¶**목간하러** 가다.
목간-통(沐間桶)[-깐-] 명 목욕간의 목욕통. (비)욕조(浴槽). ¶~에 더운물을 채우다.
목-감기(-感氣)[-깜-] 명 목이 붓고 아픈

증상의 감기.
목-거리[-꺼-] 몡[한] 목이 붓고 아픈 병.
목-걸이[-껄-] 몡 주로 여자들의 목에 거는 장신구. ¶진주 ~ / ~를 하다.
목검(木劍) [-껌] 몡[체] 검술 연습용의, 나무로 만든 칼. =목도(木刀).
목격(目擊) [-껵] 몡 (어떤 장면을) 우연히 눈으로 직접 보는 것. =목견. 비목도(目睹). **목격-하다** 됭(타)여 ¶사건의 현장을 목격했다. **목격-되다** 됭(자).
목격-담(目擊談) [-껵땀] 몡 목격한 것에 대한 이야기.
목격-자(目擊者) [-껵짜] 몡 목격한 사람. ¶~의 증언.
목공(木工) [-꽁] 몡 1 나무를 다루어서 물건을 만드는 일. 2 =목수(木手).
목공-구(木工具) [-꽁-] 몡 목재의 가공에 쓰이는, 톱·끌·송곳 등의 공구.
목공^선반(木工旋盤) [-꽁-] 몡 목공에 쓰이는 간단한 선반. 원통형 물건을 깎는 데 쓰임. =목선반.
목공-소(木工所) [-꽁-] 몡 목재를 가공하여 가구·창틀 따위를 만드는 곳.
목-공예(木工藝) [-꽁-] 몡 나무를 자르고 깎고 다듬어 어떤 물건이나 형상을 예술적으로 만들어 내는 기술. 또는, 그 기술로 만든 물품.
목곽(木槨) [-꽉] 몡[역] 목재로 만든 네모난 덧널. 낙랑 시대·삼국 시대에 사용했음.
목곽-묘(木槨墓) [-꽝-] 몡[고고] =덧널무덤.
목관(木棺) [-꽌] 몡 나무로 짠 관.
목관^악기(木管樂器) [-꽌-끼] 몡[음] 목재를 재료로 하여 만들어진 관악기. 현재는 구조·음색이 비슷한 금속제의 것도 포함하여 이름. 플루트·클라리넷·오보에 따위. ▷금관 악기.
목교(木橋) [-꾜] 몡 =나무다리¹.
목-구멍[-꾸-] 몡 입속의 깊숙한 안쪽으로 기도(氣道)와 식도로 통하는 곳. =인후(咽喉). 비목명.
[목구멍에 풀칠한다] 굶지 않고 겨우 먹고 살아 간다. [목구멍이 포도청(捕盜廳)] 먹고살기 위하여 하지 못할 일까지도 하게 된다는 말.
목구멍-소리[-꾸-] 몡[언] 목청 사이에서 나는 소리. 'ㅎ'을 말함. =목청소리·성대음·성문음·후음(喉音)·후두음.
목금(木琴) [-끔] 몡 =실로폰.
목기(木器) [-끼] 몡 나무로 만든 그릇.
목-기러기(木-) [-끼-] 몡[민] 전통 혼례에 쓰이는, 나무로 만든 기러기. =목안(木雁). ▷전안(奠雁).
목-깃[-낀] 몡 목을 여미게 되어 있는 블라우스나 와이셔츠 등의 깃. ¶~을 세워 입다.
목-다리(木-) [-따-] 몡 1 =나무다리². 2 =목발.
목단(牧丹) [-딴] 몡 1[식] =모란. 2 I 그려진 화투짝. 6월의 여섯 끝을 나타냄.
목-덜미[-떨-] 몡 목의 뒷부분. ¶~을 잡다.
목도¹[-또] 몡 두 사람 이상이 짝이 되어, 무거운 물건을 얽어맨 밧줄에 막대기를 꿰어 어깨에 메고 나르는 일. **목도-하다**¹ 됭(타)여.
목도²(木刀) [-또] 몡 =목검(木劍).
목도³(目睹) [-또] 몡 (어떤 모습이나 장면을) 눈으로 보는 것. 문어적인 말임. 비목격. **목도-하다**² 됭(타)여 **목도-되다** 됭(자).

목도-꾼[-또-] 몡 무거운 물건을 목도하여 나르는 일꾼.
목-도리[-또-] 몡 추위를 막거나 멋을 내기 위해 목에 두르는 물건. =머플러. ¶털~ / ~를 두르다.
목-도장(木圖章) [-또-] 몡 나무로 만든 도장. =목인(木印).
목돈[-똔] 몡 한꺼번에 쓰이거나 들어오거나 하는, 비교적 액수가 많은 돈. =뭉칫돈. 비모갯돈. ¶~이 드는 일 / 푼돈 모아 ~을 만들다.
목동(牧童) [-똥] 몡 풀을 뜯기며 가축을 치는 아이. ¶소를 모는 ~.
목-둘레[-뚤-] 몡 목을 둘러 잰 길이.
목둘레-선(-線) [-뚤-] 몡 옷의 목둘레를 에워싸는 선. =네크라인.
목-뒤[-뒤] 몡 목의 뒤쪽.
목등-뼈[-뚱-] 몡[생] =경추(頸椎).
목랍(木蠟) [몽납] 몡 옻나무나 거먕옻나무의 열매를 짓찧어서 만든 납. 양초·성냥·화장품 등의 원료나 기구의 광택을 내는 데 쓰임. =목초.
목련(木蓮) [몽년] 몡[식] 목련과의 낙엽 활엽 교목. 높이 10m가량. 봄에 잎이 나기 전에 향기가 진한 흰 꽃이 핌. 재목은 기구·건축재로, 꽃망울은 약으로 씀.
목련-화(木蓮花) [몽년-] 몡 목련의 꽃.
목례(目禮) [몽녜] 몡 동료나 아랫사람을 만났을 때, 눈을 마주친 상태에서 반가운 표정을 지으나 고개를 약간 까딱하면서 알은체하는 것. ¶눈인사. 비고개인사. ¶~를 보내다 / ~를 나누다. **목례-하다** 됭(자)여.
목로(木櫨) [몽노] 몡 주로 선술집에서 쓰이는, 널빤지로 좁고 기다랗게 만든 상.
목로-주점(木櫨酒店) [몽노-] 몡 목로에 술잔을 놓고 주로 서서 술을 마시게 되어 있는 술집. =목로술집.
목록(目錄) [몽녹] 몡 1 다수의 물품의 이름을 일정한 순서로 벌이어 적은 기록이나 문서. 비카탈로그. ¶도서 ~ / 재산 ~ / ~을 작성하다. 2[컴] 디스크에 수록된 프로그램이나 파일을 찾기 위한 색인. =디렉터리.
목마(木馬) [몽-] 몡 1 나무로 말의 형상처럼 만든 물건. 어린이의 오락이나 승마 연습 등에 쓰임. ¶회전~. 2 건축할 때에 쓰는 발돋움의 하나.
목-마르다[몽-] 혱(르) <~마르니, ~말라> 1 물이 마시고 싶다. ¶목말라 죽겠다. 어서 냉수 한 컵 다오. 2 바라는 것이 몹시 간절하다. ¶사랑에 / 비를 목마르게 기다리다.
[목마른 놈이 우물 판다] 가장 절실히 필요한 자가 먼저 서둘러 일을 시작한다.
목마름[몽-] 몡 1 물을 몹시 마시고 싶어 하는 상태. 2 어떠한 것을 간절히 원하는 상태. ¶사랑에 대한 ~ / 학문을 향한 ~.
목-말[몽-] 몡 (주로, '목말을 타다', '목말을 태우다'의 꼴로 쓰여) 남의 어깨 위에 두 다리를 벌리고 올라타는 일.
목-매(木-) [몽-] 몡 =매통.
목-매다[몽-] 됭(자)(타) =목매달다'의 준말. ¶목매어 죽다.
목-매달다[몽-] 됭(자)(타) <~매다니, ~매다오> 1 숨이 죽이려고 목을 줄로 걸어 달다. ¶죄수를 목매달아 죽이다. 2 어떤 일이나 대상에 전적으로 매달리다. 속된 말임. ¶그 남자한테 그렇게 죽자 사자 목매달 것 없어. 준목매다.

목-맺히다 [동](자) '목메다'의 잘못.
목-메다 [몽-] [동](자) 감격하거나 설움이 북받치거나 하여 목구멍이 막히는 듯하다. ¶목메어 울부짖다. × 목맺히다·목메이다.
목-메이다 [동](자) '목메다'의 잘못.
목면(木棉·木綿) [몽-] [몽] 1 [식] =목화(木花)¹. 2 =무명¹.
목면-사(木綿絲) [몽-] [몽] =무명실.
목목-이 [몽-] [부] 중요한 길목마다. ¶영남 대로는 각 고을 군교를 풀어 ~ 지키며 행인을 기찰하게 하였다….(홍명희:임꺽정)
목-물 [몽-] [몽] 1 사람의 목에 닿을 정도의 깊은 물. 2 웃통을 벗고 손을 짚은 상태로 엎드리되 엉덩이를 들어 올린 자세에서, 다른 사람에게 등에 물을 붓게 하여 윗몸을 씻는 일. ¶~을 끼얹다. × 등물. **목물-하다** [동](자)(여) 허리 위로부터 목까지를 물로 씻다.
목민(牧民) [몽-] [몽] 백성을 기르는 것. 곧, 임금이 원이 백성을 다스리는 것. **목민-하다** [동](자)(여)
목민-관(牧民官) [몽-] [몽] ['백성을 기르는 벼슬아치'라는 뜻] [역] 원 또는 수령.
목밑-샘 [몽민쌤] [생] =갑상선(甲狀腺).
목-발(木-) [-빨] [몽] 1 부상·병 등으로 한쪽 다리를 쓸 수 없는 사람이 양쪽 또는 한쪽 겨드랑이에 낀 상태로 땅을 짚어 몸을 지탱하면서 혼자 걸을 수 있도록 나무로 만든 물건. =목다리·협장. ¶~을 짚다. 2 '지겟다리'의 잘못.
목배(木杯) [-빼] [몽] 나무로 만든 잔.
목본(木本) [-뽄] [몽][식] 목질 조직이 발달하여 줄기와 뿌리가 단단한 식물. ▷초본(草本).
목부¹(木部) [-뿌] [몽][식] =물관부.
목부²(牧夫) [-뿌] [몽] 목장에서 소·말·양 등을 돌보는 사람. =목인(牧人).
목불(木佛) [-뿔] [몽] =나무부처. ▷석불·금동불.
목불식정(目不識丁) [-뿔-찡] [몽] [눈으로 고무래를 보고도 '정(丁)'자임을 알지 못한다는 뜻] 아주 까막눈임을 이르는 말. (비)일자무식.
목불인견(目不忍見) [-뿔-] [몽] 눈앞의 광경이 끔찍하거나 딱하거나 한심하거나 하여 눈뜨고는 차마 볼 수 없음. ¶하는 짓이 ~이다.
목비(木碑) [-삐] [몽] 나무로 만든 비(碑).
목-뼈 [몽] [생] 머리와 몸을 잇는 목의 뼈. =경골(頸骨).
목사¹(牧使) [-싸] [몽][역] 고려 및 조선 시대에 관찰사 밑에서 지방의 각 목을 맡아 다스리던 정3품 외직 문관. =목관(牧官). ¶나주(羅州) ~.
목사²(牧師) [-싸] [몽][기] 교회를 맡아 다스리고 신자를 가르치고 이끄는 사람.
목상(木像) [-쌍] [몽] 나무로 만든 불상·신상(神像)·인물상 등의 조각(彫刻).
목새 [-쌔] [몽] 물결에 밀려 한곳에 쌓인 보드라운 모래.
목-샘 [-쌤] [몽][생] 목에 있는 림프샘. =경선(頸腺).
목석(木石) [-썩] [몽] 1 나무와 돌. 2 나무와 돌과 같이 감정이 없는 사람의 비유. ¶~이 아니고서야 여자에게 그렇게 무뚝뚝할 수가 있겠는가?
목석-같다(木石-) [-썩깓따] [형] 감정이 무디고 무뚝뚝하다. ¶목석같은 사내.
목-선(-線) [몽] 목의 외곽이 이루는 곡선. ¶~을 과감하게 드러내는 드레스.
목선²(木船) [-썬] [몽] =나무배.
목성(木星) [-썽] [몽][천] 태양계의 다섯 번째 행성. 태양계 행성 가운데 가장 큼. =세성(歲星)·덕성(德星).
목-소리 [-쏘-] [몽] 1 말하거나 노래하거나 소리를 지르거나 할 때 목구멍에서 나는 소리. =성음(聲音)·후성(喉聲) ¶음성. ¶굵은 ~/~를 높이다 [낮추다]. 2 어떤 의도를 반영하거나 내세우고 있는 의견이나 주장. ¶각계(各界)의 ~/국민의 ~.
목수(木手) [-쑤] [몽] 나무를 다루어 집을 짓거나 여러 가지 물건을 만드는 사람. =대목(大木)·목공.
목-숨 [-쑴] [몽] 사람이나 동물의, 숨을 쉬며 살아 있는 상태나 현상. (비)명(命). ¶~을 버리다 / ~을 잃다 / 제발 ~만 살려 주십시오. ▷생명.
목숨(을) 걸다 굳 [무엇을 이루기 위하여] 죽음을 각오하다. ¶목숨을 걸고 도전하다.
목숨(을) 끊다 굳 죽다. 또는, 죽이다.
목숨(을) 바치다 굳 [어떤 사람이나 일을 위하여] 생명을 걸고 일하다. ¶조국을 위하여 ~.
목숨을 거두다 굳 죽다.
목-쉬다 [-쒸-] [동] 목이 잠겨 소리가 제대로 나지 않다. ¶목쉰 소리.
목신¹(木神) [-씬] [몽][민] =나무귀신.
목신²(牧神) [-씬] [몽][신화] 숲·사냥·목축을 맡아보는 신. 반은 사람, 반은 짐승의 모양을 하고 있음. 그리스 신화의 판, 로마 신화의 파우누스에 해당함. =목양신.
목-실(木-) [몽] '무명실'의 잘못.
목양-견(牧羊犬) [몽] 목장에서 방목 중인 양을 지키도록 훈련받은 개.
목-양말(木洋襪) [몽냥-] [몽] =면양말.
목어(木魚) [-] [몽] 1 나무로 된 물고기 모양을 만들어서 종루나 누각 등에 걸어 두고 아침과 저녁 예불 때 두드리는 물건. 물고기의 배 부분은 파내어 속이 비어 있으며, 두 개의 나무 막대기로 배의 양쪽을 두드려 소리를 냄. =어고(魚鼓)·어판(魚板). 2 =목탁(木鐸)¹.
목요(木曜) [몽] (주로, 일부 명사 앞에 쓰여) '목요일'을 줄여 이르는 말.
목-요일(木曜日) [몽] 한 주일의 요일의 하나. 수요일의 다음, 금요일의 전에 옴.
목욕(沐浴) [몽] 온몸을 씻는 일. ¶~료(料). **목욕-하다** [동](자)(여) ¶찬물로 ~.
목욕-간(沐浴間) [-깐] [몽] '목욕탕'이나 '목욕실'을 달리 이르는 말. 요즘에는 잘 쓰이지 않는 말임. (준)목간.
목욕-관리사(沐浴管理師) [-괄-] [몽] '때밀이'의 순화어.
목욕-물(沐浴-) [-용-] [몽] 목욕할 물. ¶~을 받다.
목욕-실(沐浴室) [-씰] [몽] 일반 가정이나 숙박업소 따위에서, 목욕할 수 있는 시설을 갖춘 방. (준)욕실.
목욕-재계(沐浴齋戒) [-쩨계/-쩨게] [몽] 부정을 타지 않도록 목욕하고 몸가짐을 깨끗이 하는 일. **목욕재계-하다** [동](자)(여) ¶목욕재계하고 기도를 올리다.
목욕-탕(沐浴湯) [몽] 영업을 목적으로 여러 사람이 목욕할 수 있도록 시설을 갖춘 집. ¶대중~. (준)욕탕.
목욕-통(沐浴桶) [몽] 목욕할 수 있게 만든 통.

ⓑ목간통. ㉰육통.
목우(木偶) 뗑 나무로 만든 사람의 모양. = 목인(木人).
목^운;동(-運動) 뗑[체] 맨손 체조의 하나. 머리를 크게 휘돌리거나 목을 앞뒤 좌우로 굽히는 운동.
목이(木耳·木栮) 뗑[식] '목이버섯'의 준말.
목이-버섯(木耳-) [-섣] 뗑 담자균류 목이과의 버섯의 하나. 크기는 2~6cm. 보통 군생하여 서로 유착하며 불규칙한 덩어리로 됨. 가을에 뽕나무·말오줌나무 등의 죽은 나무에서 많이 남. 말려서 먹음. ㉰목이.
목자¹(目子) [-짜] 뗑 '눈깔' 또는 '눈알'을 점잖게 이르는 말. ¶어른 앞에서 ~를 부라리다니, 배우지 못한 놈이로구.
목자²(目眥) [-짜] 뗑 눈꼬리나 눈매에서 느껴지는 어떤 인상. ⓑ눈초리.
　목자(가) 사납다 ⌜구⌝ 눈매가 몹시 심술궂고 매섭게 생기다.
목자³(牧者) [-짜] 뗑 1 양을 치는 사람. 2 [기] 신자를 양에 비유하여 성직자를 일컫는 말.
목자-자리(牧者-) [-짜자-] 뗑[천] 북쪽 하늘에 있는 별자리의 하나. 큰곰자리의 남동쪽에 있으며, 첫여름 저녁에 천정(天頂)에 보임. =목동좌.
목잔(木棧) [-짠] 뗑 나무로 사다리처럼 놓은 길.
목장(牧場) [-짱] 뗑 일정한 시설을 갖추어 소·말·양 따위를 놓아먹이는 넓은 곳.
목-장갑(木掌匣) [-짱-] 뗑 =면장갑.
목재(木材) [-째] 뗑 건축·가구 따위에 쓰이는 재료로서의 나무. ⓑ재목.
목재^건류(木材乾溜) [-째걸-] 뗑 목재를 열분해하여 여러 가지 생성물을 얻는 일. =목탄 건류.
목재-상(木材商) [-째-] 뗑 목재를 파는 장사, 또는, 그 장수.
목재-소(木材所) [-째-] 뗑 =제재소.
목저(木-) [-쩌] 뗑 '나뭇젓가락'으로 순화.
목적(目的) [-쩍] 뗑 어떤 일을 통해 이루고자 하는 바. 또는, 어떤 일을 하는 동기나 이유. ¶인생의 ~ / ~을 달성하다. **목적-하다** 동㉔㉯㉮

유의어	목적 / 목표

둘 다 이루고자 하는 바를 가리키나, '목적'이 어떤 일을 하게 하는 원동력으로서의 동기나 이유에 초점을 두는 반면, '목표(目標)'는 이루고자 하는 일이 구체적으로 무엇인가에 초점을 둠. 따라서 '목적'은 추상적이고 다소 막연한 것일 수 있으나, '목표'는 달성을 위해서 반드시 상당한 노력이 따라야 하는 것으로서, 대체로 현실적이고 실현이나 성패 여부가 분명히 판가름되는 것임. 가령, '삶의 목적'이 '왜 사는가'의 문제라면, '삶의 목표'는 '무엇이 되고자 하는가', '무엇을 얻고자 하는가' 등의 문제라 할 수 있음.

목적-격(目的格) [-쩍껵] 뗑[언] 어떤 체언이 문장 속에서 목적어의 성분임을 나타내는 격. =빈격(賓格).
목적격^조사(目的格助詞) [-쩍껵쪼-] [언] 체언 아래에 붙어서 그것이 타동사의 대상이 됨을 보이는 격 조사. '을', '를'이 있음.

목적-론(目的論) [-쩡논] 뗑[철] 모든 사물이나 현상은 어떤 목적을 실현하기 위하여 있다는 이론. ↔기계론.
목적-물(目的物) [-쩡-] 뗑[법] 어떤 행위의 목적가 되는 물건.
목적-세(目的稅) [-쩍쎄] 뗑[법] 특정 사업에 쓰기 위하여 거두는 세금. 도시 계획세·공동 시설세 등. ↔보통세.
목적-어(目的語) [-쩍-] 뗑[언] 문장에서 동사의 동작의 대상이 되는 말. 일반적으로 체언 구실을 하는 말에 목적격 조사 '을/를'이 붙어서 이루어짐. "나는 잠을 잤다."에서 '잠을' 따위. =객어·부림말.
목적-의식(目的意識) [-쩍-] 뗑 자기 행위의 목적에 관한 뚜렷한 자각. ¶~을 가지고 일하다 / ~이 뚜렷하다.
목적-절(目的節) [-쩍쩔] 뗑[언] 문장 속에서 목적어의 구실을 하는 절.
목적-지(目的地) [-쩍찌] 뗑 목표로 삼는 곳. ¶~로 향하다 / ~에 도착하다.
목적^프로그램(目的program) [-쩍-] 뗑[컴] 중앙 처리 장치가 그대로 이해하여 실행할 수 있는 프로그램. ↔원시 프로그램.
목적-형(目的形) [-쩍껑] 뗑[언] 동사의 활용형의 하나. 가거나 오는 행위의 목적을 나타내는 '-러/으러' 따위가 붙은 꼴임. =목적꼴.
목전¹(木箭) [-쩐] 뗑[역] 조선 시대에 무과 시험에 쓰던, 나무로 만든 화살.
목전²(目前) [-쩐] 뗑 1 시선이 미칠 수 있을 만큼 가까운 곳. ¶~에서 일어난 사고. 2 어떤 일이 곧 있게 되는 시점. ¶시험이 ~에 다가오다. 3 먼 장래가 아닌 당장의 시점. ¶~앞. ¶~의 이익에 집착하다. ⓑ눈앞.
목정 [-쩡] 뗑 소의 목덜미에 붙은 고기.
목-젖 [-쩓] 뗑[생] 목구멍의 위로부터 아래로 내민 동그스름한 살. =현옹(懸壅).
　목젖(이) 떨어지다 ⌜구⌝ 너무 먹고 싶어 하다.
목제(木製) [-쩨] 뗑 나무로 만드는 일. 또는, 그 물건. =목조(木造). ¶~품 / ~가구. **목제-하다** 동㉔㉯
목조¹(木造) [-쪼] 뗑 =목제(木製). ¶~건물. **목조-하다** 동㉔㉯
목조²(木彫) [-쪼] 뗑[미] 나무에 어떤 모양을 새기는 일. 또는, 그 작품. ¶~품(品) / ~인형.
목조^건축(木造建築) [-쪼-] 뗑 뼈대가 주로 목재로 되어 있는 건축물.
목-줄기 [-쭐-] 뗑⟨방⟩ 목덜미(경북).
목줄-띠 [-쭐-] 뗑 목구멍의 힘줄. ㉰줄띠.
목직-하다 [-찌카-] 톙 (작은 물건의 무게가) 보기보다 조금 무겁다. ¶동전 지갑이 ~. ㉰목직하다.
목질(木質) [-찔] 뗑 1 나무와 같이 단단한 성질. 2 목재로서의 나무의 질. ¶~이 우수하다. 3 줄기의 내부에 있는 단단한 부분.
목질-부(木質部) [-찔-] 뗑[식] =물관부.
목질-화(木質化) [-찔-] 뗑[식] 식물의 세포벽에 리그닌이 축적되어 단단한 목질을 이루는 현상. =목화(木化). **목질화-하다** 동㉔㉯ **목질화-되다** 동㉔
목차(目次) 뗑 책의 앞부분에, 그 책의 주요 내용을 나타낸 제목이나 항목 등을 페이지와 함께 벌여 놓은 것. =차례. ¶~를 보다. ▷색인.
목책(木柵) 뗑 =울짱1. ¶~을 치다.
목척(木尺) 뗑 나무로 만든 자.

목첩(目睫) 圀 ['눈과 속눈썹'의 뜻] 아주 가까운 때나 곳. ¶대학 입시가 ~에 박두하다.
목-청 圀 1 '성대(聲帶)'를 일상적으로 이르는 말. ¶~이 터지도록 소리치다. 2 목에서 울려 나오는 소리. =청. ¶~이 곱다.
목청(을) 돋우다 刊 목소리를 높이다. ¶목청을 돋우어 노래하다.
목청-껏[-껃] 囝 소리를 지를 수 있는 데까지 힘을 다하여. ¶~ 불러 보다.
목청-소리 圀[언] =목구멍소리.
목초¹(木-) 圀 =목랍(木蠟).
목초²(木草) 圀 나무와 풀. 间초목(草木).
목초³(牧草) 圀 소·양 등의 가축에게 먹이는 풀. =꼴. ¶~ 재배 / ~를 베다.
목초-지(牧草地) 圀 가축의 사료가 되는 풀이 자라고 있는 곳. ¶비옥한 ~.
목총(木銃) 圀 훈련 등에 쓰기 위하여 나무로 만든 모형 총.
목축(牧畜) 圀 소·양·말·돼지 등의 가축을 기르는 것. **목축-하다** 图困영
목축-업(牧畜業) 圀 목축을 경영하는 직업.
목측(目測) 圀 =눈대중. **목측-하다** 图围영
목침(木枕) 圀 나무토막으로 만든 베개.
목-타르(木tar) 圀[화] =나무 타르.
목탁(木鐸) 圀 1[불] 독경이나 염불을 할 때, 또는 사람들을 모이게 할 때 두드리는 물건. 나무를 둥글게 깎아 속을 파서 소리가 잘 나게 만듦. =목어(木魚). ¶~을 두드리다. 2 세상 사람을 깨우쳐 인도할 만한 사람이나 기관을 비유하여 이르는 말. ¶언론은 사회의 ~으로서의 사명을 다해야 한다.
목탄(木炭) 圀 1 =숯. 2[미] 나무 밑둥이나 오동나무·버드나무 따위를 쪄서 탄화시킨, 흑색의 연한 회화용 재료.
목탄-화(木炭畫) 圀[미] 목탄으로 목탄지에 그린 소묘(素描)나 스케치.
목-통 圀 1 '목'을 속되게 이르는 말. 2 욕심이 많은 사람을 조롱하듯이 이르는 말. 3 재물을 푸지게 쓰는 태도.
목-티(-←T-shirt) 圀 갈라 있어 목 부분을 전체적으로 빙 둘러 감싸는 형태의 티셔츠.
목판(木板) 圀 1 주로 장사하는 사람이 엿·두부·떡 따위의 음식을 팔기 위해 담아 들고 다니는, 나무판으로 되고 운두가 낮게 만든 물건. =목반(木盤). ¶엿~. 2 =널조각.
목판(木版·木板) 圀 나무에 글자나 그림 등을 새긴 인쇄의 판. ¶~ 인쇄 / 대장경 ~.
목판-되(木板-)[-되/-뒈] 圀 =모되.
목판-본(木版本) 圀 목판으로 인쇄한 책. =각본·각판본·판각본·판본.
목판-화(木版畫) 圀[미] 목판에 직접 새긴 그림. 또는, 새긴 목판에 잉크나 물감을 묻혀서 종이 따위에 찍어 낸 그림.
목패(木牌) 圀 나무로 만든 패. =목찰(木札).
목표(目標) 圀 1 사격·공격 등의 대상이 되는 사물. 间표적. ¶사격 ~. 2 어떤 의도에 따라 계획을 세우고 노력의 과정을 거쳐 마지막에 이루려고 하는 것. ¶학습 ~ / 매출액 100억 원을 ~로 삼다. 3 어떤 일을 이루거나 마쳐야 하는 시점. ¶금년 말을 ~로 열심히 일하고 있다. ▶목적. **목표-하다** 图围영
목표-물(目標物) 圀 목표로 하는 물건.
목피(木皮) 圀 =나무껍질. ¶초근(草根) ~.
목하(目下) 圀[모카] 囝 바로 지금. ¶일촉즉발의 전운이 감돌고 있는 ~의 상황 / 미스김은 ~ 열애 중이다.

목형(木型)[모켱] 圀 나무로 만든 모형. 주형(鑄型)을 만들 때 사용함.
목화(木花)[모콰] 圀[식] 아욱과의 한해살이풀. 높이 약 60cm. 가을에 백색 또는 황색의 꽃이 피며, 솜털이 달린 씨가 나옴. 솜털을 모아서 솜을 만들고, 씨는 기름을 짬. =면화(棉花)·목면(木棉). ×명.
목화²(木靴)[모콰] 圀 예전에, 사모관대를 할 때 신던 신. 바닥은 나무나 가죽으로 만들고, 검은빛의 사슴 가죽으로 목을 길게 만든 것임.
목화-솜(木花-)[모콰-] 圀 목화에서 씨를 빼고 얻은 솜.
목화-씨(木花-)[모콰-] 圀 목화의 씨. =면실(棉實)·목면자(木棉子).
목-활자(木活字)[모콸짜] 圀[인] 나무에 글자를 새겨서 만든 활자. 间목각 활자.
목회(牧會)[모쾨/모퀘] 圀[기] 목사가 교회를 맡아 설교를 하고 신자의 신앙 생활을 지도하는 일. **목회-하다** 图困영
목회-자(牧會者)[모쾨-/모퀘-] 圀[기] 교회에서 설교를 하고 신자의 신앙 생활을 지도하는 사람. 목사·전도사 등.
몫¹[목] 圀 ①[자] 여럿으로 나누어 가지는 각 부분. ¶~을 나누다 / 내 ~은 어느 것이냐? ②[의] 나눈 '몫'을 헤아릴 때 쓰는 말. ¶한 사람이 세 ~.
몫²[목] 圀[수] 나눗셈에서, 피제수를 제수로 나누어 얻는 수. ¶12를 3으로 나누면 ~은 4이다.
몫몫-이[몽목씨] 囝 한 몫씩 몫으로. ¶먹을 것을 ~ 나누어 주다.
몬다위 圀 1 마소의 어깻죽지. 2 낙타의 등에 두둑하게 솟은 살.
몬순(monsoon) 圀[기상] =계절풍.
몰-¹ 졥뒤 '모조리', '전부'의 뜻을 나타내는 말. ¶~밀다 / ~사다.
몰²(歿) 졥뒤 주로 약력(略歷)에서, '죽음'을 이르는 말. 间졸(卒). ¶1950년 ~.
몰-³ 졥뒤 긍정적인 뜻을 가지는 명사 앞에 붙어, 어떤 대상이 그 명사가 나타내는 자질이나 속성이나 내용을 유감스럽게도 가지고 있지 않음을 나타내는 말. ¶~지각 / ~염치 / ~상식. ▷무(無)-.
몰⁴(←mogol) 圀 견사를 세로로 하고 금실 또는 은실 등을 가로로 하여 짠 직물. ▷금몰·은몰.
몰⁵(mole) 圀[의][화] 물질의 양을 나타내는 계량 단위. 분자·원자·전자·이온 등 동질(同質)의 입자가 아보가드로수만큼 존재하는 물질의 집단을 1몰이라 함. 기호은 mol.
몰가치-성(沒價値性)[-썽] 圀[사] 어떤 사상(事象)을 대할 때 자기의 감정이나 가치 판단을 배제하고 그것을 하나의 현실·사실로서 파악하는 태도를 가리키는 말.
몰각¹(沒却) 圀 1 없애 버리는 것. 2 무시해 버리는 것. **몰각-하다**¹ 图围영 **몰각-되다** 图困영
몰각²(沒覺) 圀 깨달아 알지 못하는 것. **몰각-하다**² 图围영
몰강-스럽다[-따] 阊囘 <~스러우니, ~스러워> 지나치게 모질고 악착스럽다. **몰강스레** 囝
몰-개성(沒個性) 圀 어떤 대상에 마땅히 있어야 할 개성이 없는 상태. ¶지나치게 유행을 따르다 보면 ~을 초래할 우려가 있다. **몰개성-하다** 阊영

몰골 명 볼품없는 모양새. ¶~이 사납다 / ~이 흉하다.
몰골-사납다 [-따] 형ㅂ ⟨~사나우니, ~사나워⟩ 얼굴이나 모양새가 좋지 않다.
몰골-스럽다 [-따] 형ㅂ ⟨~스러우니, ~스러워⟩ 모양새가 볼품이 없이 흉하다. **몰골스레**위
몰년(沒年) [-련] 명 죽은 해. 또는, 죽은 해의 나이. 빈졸년(卒年). ↔생년.
몰^농도(mole濃度) 명화 용액 1ℓ 속에 녹아 있는 물질(溶質)의 몰수로 나타낸 농도. =분자농도.
몰:다(몰고 / 몰아) 타(모니, 모오) 1 (사람이 소·말·양 따위의 동물을) 제멋대로 가지 않고 일정한 방향으로 움직여 나아가도록 뒤에서 따라가면서 다스리다. ¶목동이 양떼를 ~. 2 (사람이 동물이나 다른 사람을 다른 데로 빠져나가지 못하도록 구석이나 궁지로) 가게 하거나 처하게 하다. ¶권투 선수가 상대 선수를 코너로 ~. 3 (사람이 여럿의 대상을 한곳에) 비교적 공간적으로 여유가 없는 상태로 모아시키다. ¶한 쪽에 몰고 청소를 하다. 4 (어떤 사람이 무리를 이룬 아랫사람을) 데리고 일정한 곳으로 가도록 이끌다. ¶××파 두목이 똘마니들을 몰고 나타났다. 5 (사람이 동력 장치가 있는 탈것을) 다루어 비교적 속도가 있는 상태로 움직이게 하다. 빈운전하다. ¶자동차를 살살 [거칠게] ~. 6 (사람이 말이나 마차 따위를) 타고 빠른 속도로 내닫게 하다. ¶그 장수는 칼을 빼어 들고 적진을 향해 말을 몰았다. 7 (사람이 공을 발이나 도구로) 일정한 방향으로 구르도록 차거나 치면서 나아가다. ¶축구 선수가 단독으로 공을 ~. 8 (바람·구름 따위가 어떤 자연현상을) 함께 가지고 움직이다. 빈동반하다. ¶태풍이 많은 비를 몰 것 같다. 9 (어떤 대상을 좋지 않은 존재로) 이렇다 할 근거 없이 사람들이 여기게 만들다. ¶충신을 역적으로 ~. 10 (사람이 다른 사람과 주고받는 이야기를) 무리하게 자기가 원하는 방향이나 자기 식의 논리대로 이끌다. ¶그 사람은 토론을 주제에서 벗어나 엉뚱한 방향으로 몰고 갔다.
몰도바(Moldova) 명지 흑해 북서쪽에 있는 공화국. 수도는 키시네프.
몰두(沒頭) [-뚜] 명 (어떤 일에) 온 정신을 기울여 열중하는 것. **몰두-하다** 자여 ¶연구에 ~.
몰디브(Maldives) 명지 스리랑카 남서쪽 인도양에 있는 공화국. 수도는 말레.
몰:라-보다 타 1 (사람이나 사물을) 보고도 알아차리지 못하다. ¶너무 커서 이제는 몰라보겠다. 2 (섬겨야 할 사람을) 소홀히 대하거나 무례하게 굴다. ¶집안 어른도 ~.
몰:라-주다 타 (남의 마음이나 실력 등을) 알아주지 않다. ¶남의 속을 조금도 **몰라준다**. ↔알아주다.
몰락(沒落) 명 1 (재물·세력 따위가) 쇠하여 보잘것없이 되는 것. 2 멸망하여 모조리 없어지는 것. **몰락-하다** 자여 ¶**몰락한** 가문. **몰락-되다** 자
몰랑-거리다/-대다 자 매우 몰랑한 느낌을 주다. 큰물렁거리다.
몰랑-몰랑 뮈 몰랑거리는 모양. 큰물렁물렁. **몰랑몰랑-하다** 형여
몰랑-하다 형여 1 (물건이) 야들야들하면서 좀 무르다. ¶**몰랑한** 홍시. 2 (사람의 성질이나 몸이) 야무지지 못하고 약하다. 큰물렁하다.

몰:래 뮈 모르도록 가만히. ¶남의 물건을 ~ 훔치다.
몰:래-카메라 (-camera) 명⟨속⟩ 남의 행동이나 모습을 몰래 찍기 위해 사용하는 카메라. 또는, 카메라로 몰래 촬영하는 일. ¶초소형 ~ / 불법 ~. 준몰카.
몰려-가다 자 1 한쪽으로 떼를 지어 가다. ¶많은 사람들이 광장으로 ~. 2 구름 따위가 한꺼번에 밀려가다.
몰려-나다 자 쫓겨 나가다. ¶직장에서 ~.
몰려-나오다 자 여럿이 떼를 지어 나오다. ¶수업이 끝나자 학생들이 교문 밖으로 몰려 나왔다.
몰려-다니다 자 여럿이 떼를 지어 다니다. ¶친구들끼리 ~ / 물고기 떼가 ~.
몰려-들다 자 ⟨~드니, ~드오⟩ 1 여럿이 떼를 지어 한곳에 모이다. ¶주연 배우를 보기 위해 촬영장에 사람들이 **몰려들었다**. 2 (구름이나 파도 등이) 한꺼번에 많이 몰리다. ¶먹구름이 **몰려드는** 걸 보니 곧 비가 올 것 같다. 3 (어떤 감정이나 느낌이) 한꺼번에 몰리다. ¶여행에서 돌아오니 피로가 **몰려든다**.
몰려-오다 자 1 여럿이 떼를 지어 한쪽으로 밀려오다. ¶천군만마의 적병이 지축을 울리면서 **몰려왔다**. 2 구름 따위가 한꺼번에 밀려오다.
몰-리다 자 1 '몰다2·9'의 피동사. ¶그는 사람들의 비난으로 궁지에 몰렸다. 2 (해야 할 일이) 한꺼번에 많이 닥치거나 밀리다. ¶회사 일이 **몰려** 하루도 쉴 틈이 없이 바쁘다. 3 (사람이나 물건이 어느 곳에) 치우치게 많이 모이다. 빈쏠리다. ¶야구 경기장에 엄청난 관중이 ~. 4 (어떤 일에) 대처할 수 없어 곤란한 지경이 되다. ¶그는 사업을 하다가 큰 빚에 **몰리게** 되었다.
몰리브덴(Molybdän) 명화 은백색의 금속 원소. 원소 기호 Mo, 원자 번호 42, 원자량 95.94. 스테인리스강·특수 합금·전열선 등에 이용됨. =수연(水鉛).
몰-매 명 여러 사람이 한꺼번에 덤벼 때리는 매. =무릿매·뭇매·뭇매.
몰방(沒放) 명 (총포나 기타 폭발물을) 일정한 곳을 향하여 한꺼번에 여러 방을 쏘거나 터뜨리는 것. **몰방-하다** 타여
몰^분율(mole分率) 명화 두 성분 이상으로 된 물질에서, 어떤 성분의 몰수와 다른 모든 성분의 몰수의 총합과의 비.
몰^비열(mole比熱) 명화 어떤 물질 1몰에 대한 열용량(熱容量). 물질의 비열에 분자량을 곱한 것임.
몰빵 명⟨속⟩ 여러 종목에 분산하지 않고 한 종목에만 투자해 하는 주식 투자.
몰사(沒死) [-싸] 명 모두 죽는 것. **몰사-하다** 자여 ¶비행기 추락 사고로 승객이 ~.
몰살(沒殺) [-쌀] 명 모조리 죽이는 것. **몰살-하다** 타여 ¶인류를 **몰살할** 가공(可恐)할 화학 무기. **몰살-되다** 자 ¶그의 가족은 6·25 때 **몰살되었다**.
몰-상식(沒常識) [-쌍-] → **몰상식-하다** [-쌍시카-] 형여 (사람이나 언행이) 상식이나 사리에 벗어난 상태에 있다. ¶**몰상식한** 인간 / **몰상식한** 행동을 하다.
몰서(沒書) [-써] 명 1 기고한 글을 게재하지 아니하고 버리는 것. 2 주소·성명이 적히지 않아

몰수(沒收) [-쑤] 명 [법] 재산이나 권리 또는 소지품 등을 국가 권력 또는 권력적 지위에 있는 자가 빼앗아 거두는 것. ▷압수(押收).
몰수-하다(沒收-) 동(타여) ¶죄인의 재산을 ~.
몰수-되다 동(자) ¶몰래 국내에 반입하려던 금괴가 공항에서 **몰수되었다**.
몰수^경:기(沒收競技) [-쑤-] 명[체] 구기(球技)에서, 선수 부족이나 경기 거부 등으로 시합을 진행할 수 없을 때, 심판에 의해 과실이 없는 팀에 승리가 선언되는 경기.
몰씬 뭐 냄새가 갑자기 심하게 풍겨 코를 폭 찌르는 모양. ¶화장실 냄새가 ~ 나다 / 썩은 생선 냄새가 ~ 나다. 큰물씬.
몰씬-거리다/-대다 동(자) 잘 익거나 물러서 매우 또는 여기저기가 연하고 몰랑한 느낌이 들다. 큰물씬거리다.
몰씬-몰씬 뭐 몰씬거리는 모양. 큰물씬물씬.
몰씬몰씬-하다 형(여)
몰씬-하다 형(여) 폭 익은 물건이 말랑말랑하게 무르다. 큰물씬하다. **몰씬-히** 뭐
몰아(沒我) 명 자기를 잊고 있는 상태. =망아(忘我). ¶~의 경지에 이르다.
몰아-가다 동(타) 1 몰아서 데리고 가다. ¶밤새 누가 소를 **몰아갔다**. 2 있는 대로 모조리 휩쓸어 가다. ¶도둑이 들어 돈과 금붙이를 다 **몰아갔다**.
몰아-내다 동(타) 몰아서 밖으로 쫓아 버리다. ¶거지를 대문 밖으로 ~ / 침략자를 ~.
몰아-넣다[-너타] 동(타) 1 몰아서 안으로 들어가게 하다. ¶돼지를 우리에 ~. 2 어떤 상태에 처하게 하다.
몰아-닥치다 동(자) 한꺼번에 세게 들이닥치다. ¶눈보라가 ~ / 추위가 ~.
몰아-대다 동(타) (사람을) 기를 펴지 못하거나 정신을 차릴 수 없게 마구 해 대다. ¶사람을 저렇게 못 차리게 ~ / 일을 한쪽으로 ~.
몰아-붙이다[-부치-] 동(타) 1 한쪽으로만 몰려가게 하다. ¶책을 한쪽으로 ~. 2 (어떤 사람을) 공격적인 말을 퍼부어 꼼짝 못하게 하다. ¶사람들 앞에서 어찌나 나를 **몰아붙이는지** 혼이 났다.
몰아^세다 동(타) '몰아세우다'의 준말.
몰아-세우다 동(타) 시비를 가리지도 않고 마구 나무라다. ¶빚을 갚으라고 ~. 준몰아세다.
몰아-쉬다 동(타) (숨을) 참았다가 모아 쉬다. 또는, (숨을) 크게 자주 쉬다. ¶가쁜 숨을 ~ / 긴 한숨을 ~.
몰아-오다 ① 동(자) 한곳으로 한목 몰려오다. ② 동(타) 휩쓸어 모두 가져오다.
몰아-주다 동(타) 1 여러 번에 나누어 줄 것을 한꺼번에 주다. ¶일 년 치 생활비를 ~. 2 여러 사람의 것을 한 사람에게 합쳐서 주다.
몰아-치다 ① 동(자) 한곳으로 몰려 세게 닥치다. ¶비바람이 ~. ② 동(타) (일 따위를) 급작스럽게 하거나 급히 서두르다. ¶열흘에 할 일을 **몰아서** 닷새에 하다.
몰약(沒藥) 명 아프리카산 감람과의 식물에서 채취한 고무 수지. 방향(芳香)과 쓴맛이 있으며, 건위제·통경제 등으로 쓰임.
몰-염치(沒廉恥) 명 **몰염치-하다** 형(여) 염치가 없다. ¶남의 도움만을 바라는 **몰염치한** 사람. 준몰렴치.
몰이 명 짐승이나 물고기를 잡기 위하여 목으로 몰아넣는 일. 또는, 그 사람. ¶토끼 ~.

몰이-꾼 명 몰이를 하는 사람.
몰-이해(沒理解) [-리-] → **몰이해-하다**[-리-] 형(여) 이해성이 전혀 없다.
몰-인격(沒人格) [-격] → **몰인격-하다**[-껴카-] 형(여) 인격을 갖추지 못한 상태에 있다. ¶**몰인격한** 행동.
몰-인정(沒人情) → **몰인정-하다** 형(여) 인정이 전혀 없다. ¶**몰인정한** 처사 / **몰인정하게** 거절하다.
몰입(沒入) 명 (어떤 일에) 깊이 파고들거나 빠지는 것. **몰입-하다** 동(자여) ¶무아지경에 / 연구에 ~.
몰-지각(沒知覺) → **몰지각-하다**[-가카-] 형(여) 지각이 전혀 없다. ¶**몰지각한** 언동.
몰-취미(沒趣味) → **몰취미-하다** 형(여) 취미가 전혀 없다. =무취미하다. 준몰미하다.
몰-카(-←camera) 명 <속> '몰래카메라'의 준말.
몰칵 뭐 코를 찌를 듯이 냄새가 갑자기 심하게 나는 모양.
몰칵-몰칵[-캉-] 뭐 냄새가 계속 몰칵 나는 모양. 큰물컥물컥. **몰칵몰칵-하다** 형(여)
몰캉-거리다/-대다 동(자) 썩 몰캉한 느낌을 주다. 큰물컹거리다.
몰캉-몰캉 뭐 몰캉거리는 모양. 큰물컹물컹.
몰캉-하다 형(여)
몰캉-하다 형(여) 너무 익거나 곪아서 물크러질 정도로 무르다. ¶호박이 너무 오래되어 ~. 큰물컹하다.
몰큰 뭐 연기·냄새가 갑자기 풍기는 모양. ¶생선전에 들어서자 비린내가 ~ 났다. 큰물큰.
몰큰-몰큰 뭐 연기·냄새가 자꾸 몰큰 나는 모양. ¶부엌에서 음식 냄새가 ~ 나다. 큰물큰물큰. **몰큰몰큰-하다**
몰타(Malta) 명[지] 지중해 중앙부, 몰타 섬을 중심으로 하는 공화국. 수도는 발레타.
몰토(@molto) 명[음] 악곡의 표현 방법을 나타내는 말로, '매우', '몹시', '대단히'의 뜻.
몰티즈(Maltese) 명[동] 개의 한 품종. 어깨 높이 25cm 정도. 지중해 몰타 원산으로, 온몸이 순백색의 길고 보드라운 털로 덮여 있음. 애완용임.
몰판(沒板) 명 바둑에서, 한 군데도 산 말이 없이 지는 일. **몰판-하다** 동(자여)
몰패(沒敗) 명 아주 패하는 것. ¶이번 토너먼트에서는 ~를 당했다. **몰패-하다** 동(자여)
몰-표(-票) 명 선거에서, 한 출마자에게 무더기로 몰린 표.
몰풍-스럽다(沒風-) [-따] 형(비) <~스러우니, ~스러워> (사람의 태도나 성격이) 부드럽지 못하고 차가운 데가 있다. ¶모친은 핀잔을 주다가 자기 말이 너무 **몰풍스러운** 것을 뉘우친 듯이 다시 웃는 낯을 지어 보였다. 《염상섭:삼대》 **몰풍스레** 뭐

몸 명 1 사람이나 동물의 형상을 이루는, 주로 뼈와 살로 된 물질. 또는, 그것의 생리적 작용이나 기능. 비신체·육체·육신. ¶~이 작다 / ~이 건강하다 / ~에 좋은 약. ↔마음. 2 (어떤 관형어 뒤에 놓여) 앞의 말이 가리키는 신분이나 특성을 가진 사람. ¶천한 ~ / 귀하신 ~ / 학생의 ~. 3 젯물을 덮기 전의 도자기의 덩이리.
몸(이) 나다 판 몸에 살이 올라 뚱뚱해지다. ¶먹고 자기만 하니 **몸이** 날 수밖에.
몸(이) 달다 판 마음이 조급하여 안타까워하다. ¶그는 합격자 발표일이 다가오자 몸

이 달아 안절부절못했다.
몸 둘 바를 모르다 어떻게 처신해야 할 지 모르다. ¶뜻하지 않은 결과에 당황해서 ~.
몸(을) 바치다 1 어떤 목적을 위하여 목숨을 희생하다. 2 몸을 아끼지 않고 희생적으로 행하다. ¶평생을 육영 사업에 ~. 3 여자가 남자에게 성 관계를 허락함으로써 자기의 성적 순결을 버리다. 인습적 성 차별의 관념에서 생긴 말임.
몸(을) 받다 (아랫사람이 윗사람을) 어렵거나 힘든 일을 함에 있어 대신하다. ¶"마님께서 그런 데를 어떻게 가서요. 쇤네가 몸 받아 갑지요."(김교제:치악산)
몸(을) 쓰다 몸으로 재주를 부리다.
몸에 배다 어떤 것에 아주 익숙해지다. ¶근검절약하는 습성이 ~.
몸을 더럽히다 여자가 남자에게 정조를 빼앗기다. =몸을 버리다. ¶치한에게 ~.
몸을 버리다 1 건강을 해치다. 2 =몸을 더럽히다.
몸을 허락하다 여자가 남자에게 순결의 대상으로서의 몸을 가지도록 허락하여 육체관계를 가지다.
몸(을) 팔다 돈을 받고 육체관계를 맺다.
몸(을) 풀다 아이를 낳다.
몸-가짐 다른 사람을 대하거나 어떤 일을 행하거나 할 때, 사람이 갖추거나 가지는 자세나 태도나 예의. ¶~이 바르다 / 어른 앞에서 ~을 조심해라.
몸-가축 (주로, 여자가) 몸을 매만져서 꾸미는 일. ¶사실 날마다 분세수도 하고 … 도 전보다 더 하는 마누라였다.《염상섭:굴레》 **몸가축-하다** 동(자여)
몸-값 [-깝] 1 팔려 온 몸의 값. 또는, 인질을 풀어 주는 대가로 요구하는 돈. 2 주로 프로의 세계에서, 돈으로 환산되는 그 사람의 가치.
몸-길이 =체장(體長).
몸-꼴 몸의 생긴 모양이나 맵시. ¶음전이는 나이가 차면서 ~도 내고 분도 바르고 하였다.
몸-놀림 몸의 움직임. ¶살이 쪄서 ~이 둔하다. **몸놀림-하다** 동(자여)
몸-단속 (-團束) 1 위험에 처하거나 병에 걸리지 않도록 미리 조심하는 일. ¶날씨가 매우 차니 ~을 잘하고 나가시오. 2 옷차림이나 행동거지를 빈틈없이 하는 일. ¶~을 잘하고 다니면 그런 일은 없을 것이다. **몸단속-하다** 동(자여)
몸-단장 (-丹粧) =몸치장. **몸단장-하다**
몸-담다 [-따] 동(자) (어떤 단체나 어떤 범위의 세계 등에) 구성원으로서 속하여 일하거나 활동하다. ¶이 교감은 30여 년 동안 교육계에 몸담고 있다.
몸-동작 (-動作) [-똥-] 명 몸을 움직이는 동작. ¶우아한 ~ / 재빠른 ~.
몸-뚱어리 명 '몸뚱이'를 속되게 이르는 말.
몸-뚱이 명 1 사람·짐승의 몸의 덩치. ¶~가 작다. 2 '몸'을 속되게 이르는 말.
몸-만들기 명 운동선수가 대회에 나가기 전에 하는 체력 강화 훈련. 또는, 연예인이 영화 등에 출연하기 전에 몸을 가꾸는 일.
몸-매 명 어떤 형태를 가진 몸의 생김새. 곧, 몸이 날씬하다든지, 뚱뚱하다든지, 호리호리하다든지 하는 따위의 외형적 모양새. (비)

몸태. ¶가냘픈 ~ / ~가 날씬하다.
몸-맨두리 명 몸의 모양과 태도.
몸-맵시 [-씨] 명 몸의 멋스러운 모양새. ¶단아한 ~.
몸-무게 명 몸의 무게. (비)체중(體重). ¶~를 달다 / ~가 줄다.
몸-보신 (-補身) 명 =보신(補身)³.
몸-부림 명 1 (힘을 쓰거나 감정이 격할 때) 몸을 마구 흔드는 일. 2 잠잘 때에 이리저리 몸을 뒤치는 일. 3 어떤 일을 이루거나 저항하기 위해 온갖 수단 방법으로 고통스럽게 애쓰는 것을 비유적으로 이르는 말. **몸부림-하다**
몸부림-치다 동(자) 몹시 몸부림하다. ¶이상과 현실 사이에서 **몸부림치는** 젊은이.
몸-빛 (-빛) 명 =체색(色色).
몸-뻬 (←일もんぺ) 명 여자들이 주로 일할 때 입는, 통이 넓고 아랫단을 고무줄 따위로 발목에 붙도록 조이게 되어 있는 일본식 바지.
몸-살 명 1 과로 등으로 인해 몸이 쑤시고 오한이 나는 증세. ¶~을 앓다 / ~ 기운. 2 (비유적으로 쓰여) 구조물이나 시설물 따위가 사람에 의해 못 쓰게 될 정도로 심하게 시달림을 당하는 상태. ¶과적 차량 때문에 ~을 앓는 고속도로.
몸살(이) 나다 어떤 일을 하고 싶어 안달하지 않고는 못 견디다.
몸살-감기 (-感氣) 명 몸살기가 있는 감기.
몸살-기 (-氣) [-끼] 명 몸살을 앓을 때와 같은 기운. ¶~가 있다 / ~가 돋다.
몸-서리 명 몹시 싫증이 나거나 무섭거나 하여 다시는 하고 싶지 않은 마음.
몸서리-나다 동(자) (어떤 일이) 지긋지긋할 만큼 싫거나 괴로운 상태가 되다. (비)몸서리치다. ¶고생스러웠던 그때를 생각하면 **몸서리난다**.
몸서리-치다 동(자) (어떤 일에) 지긋지긋함을 느끼거나 그 느낌으로 인해 몸을 떨다. (비)몸서리나다. ¶일제의 만행에 ~.
몸성-히 부 몸에 탈이 없고 건강하게. ¶그럼 부디 ~ 잘 있어라. (편지에서)
몸-소 부 1 직접 자기의 몸으로. ¶그는 희생과 봉사를 ~ 실천하는 사람이다. 2 (윗사람에 대해 사용하여) 자신이 직접. (비)친히. ¶사부님께서 ~ 먼 곳까지 찾아오셨다.
몸-속 (-쏙) 명 몸의 속. ¶~의 병균.
몸-수색 (-搜索) 명 무엇을 찾으려고 남의 몸을 뒤지는 일. ¶노상(路上)에서 경찰에게 ~을 당했다. **몸수색-하다** 동(타여)
몸-시계 (-時計) [-씨게/-씨게] 명 몸에 지닐 수 있게 만든 작은 시계. (비)회중시계.
몸-시중 명 가까이에 있으면서 하는 시중. ¶~을 들다.
몸-싸움 명 서로 몸을 부딪쳐 싸우는 일. ¶시위대와 경찰이 ~을 벌이다. **몸싸움-하다**
몸엣-것 [-에껀/-엗껀] 명 1 월경으로 나온 피. =월경수·월수(月水). 2 '월경'을 완곡하게 이르는 말.
몸져-눕다 [-따] 동(자여) (~누우니, ~누워) 병·고통이 심하여 드러눕다. ¶너무 과로한 탓인지 **몸져눕고** 말았다.
몸-조리 (-調理) 명 허약해진 몸을 잘 보살피고 기운을 되찾게 하는 것. ¶산후 ~. **몸조리-하다** 동(자여)
몸-조심 (-操心) 명 1 건강을 유지하기 위한 조심. 2 언동을 삼가는 것. ¶시국이 이럴 때

몸-종[-쫑] 圀 양반집 여자의 곁에서 잔심부름하는 여자 종.
몸-주체 圀 몸을 거두거나 가누는 일.
몸-집[-찝] 圀 몸의 부피. 凮체구(體軀). ¶~ 이 큰 사람.
몸-짓[-찓] 圀 몸을 놀리는 태도. ¶그는 외국인과 도무지 말이 통하지 않자 ~ 손짓을 다 동원했다. **몸짓-하다** 圐㊌
몸-차림 圀 =몸치장. ¶수수한 ~. **몸차림-하다** 圐㊌
몸-채 여러 체로 된 살림집에서 주가 되는 집채. =정방(正房).
몸-체(-體) 圀 물체의 형태를 이루는 뼈대.
몸-치(-癡) 圀〈속〉춤을 잘 못 추는 사람.
몸-치장(-治粧) 圀 (장신구 따위로) 몸을 꾸며서 보기 좋게 모양을 내는 것. =몸단장·몸차림·분식(扮飾). ¶~ 이 요란한 부인. **몸치장-하다** 圐㊌
몸-태(-態) 圀 몸의 생김새나 자태. 凮몸매.
몸-통 圀 사람이나 동물의 몸에서, 머리·팔·다리·꼬리 등을 제외한 가운데를 이루는 부분. 凮동부(胴部).
몸통-뼈 圀⦗생⦘ 몸통을 구성하는 뼈. =구간골(軀幹骨).
몸통⌒운⌒동(-運動) 圀⦗체⦘ 맨손 체조의 하나. 허리를 앞뒤로 굽히거나 좌우로 돌리는 운동.
몸피 圀 1 몸통의 굵기. 2 활의 몸의 부피.
몹!시[-씨] 閧 (주로, 형용사나 동사 앞에 쓰여) 정도에 있어서 더할 수 없이 심하게. 관련되는 대상이 주관적으로 좋지 않은 영향을 받는 상태를 나타내거나 어떤 원망(怨望)의 정도가 간절함을 나타냄. 凮심히. ¶~ 추운 날 / 술이 ~ 취했다. ▶매우.
몹-신(mob scene) 圀⦗연⦘ 많은 사람이 한꺼번에 나오는 장면. ×모브신.
몹쓸 冠 악독하고 고약한. ¶~ 병 / ~ 짓.
못¹ 圀 나무따위의 두 개 이상의 물건을 맞붙이기 위해 걸쳐 박거나 물건을 걸어 놓기 위해 벽 따위에 박는, 일반적으로 한쪽 끝이 뾰족하고 다른 쪽 끝에는 원형의 납작한 부분이 물체에 대해 수직으로 달린 길고 가는 물건. ¶망치로 ~을 박다 / ~을 뽑다.
못(을) 박다 1 원통한 생각을 마음속 깊이 맺히다. ¶여자의 가슴에 ~. 2 어떤 사실을 꼭 집어 분명하게 하다. ¶모이는 날을 매달 셋째 토요일로 ~.
못(이) 박히다 㯋 1 원통한 생각이 마음속 깊이 맺히다. 2 한 자리에 굳어 버린 것처럼 꼼짝 않고 서 있다.
못² [몬] 閧 (주로 '박이다'와 함께 쓰여) 손이나 발 등의 어느 부위가 오랜 기간 동안 자주 물체와 부딪거나 마찰하거나 하여 두껍고 딱딱해져서 감각이 거의 없어진 상태. 凮군은살. ¶손바닥에 ~이 박이다.
못³ [몯] 圀 넓고 깊게 팬 땅에 물이 괴어 있는, 호수보다 작은 곳. 또는, 정원이나 일정한 장소에 아름다움을 더하기 위해 땅을 파서 물을 가두어 놓고 물고기 등이 살 수 있게 해 놓은 곳. =지당(池塘). 凮연못.
못⁴ [몯] 閧 1 (행동이나 작용을 나타내는 동사 앞에 쓰여) 그 주체가 신체적·심리적·상황적 원인에 의해 그 행동이나 작용을 할 수 없음을 나타내는 말. ¶앞을 ~ 보다 / 이웃은 형편이 없는 ~ 들어간다. ▷아니. 2 (상태나 과정을 나타내는 동사와 합성어를 이루어) 그 상태나 과정이 제대로 이루어지지 않음을 나타내는 말. ¶~생기다 / ~살다. 3 (드물게 일부 형용사와 합성어를 이루어) 그 상태를 부정함을 나타내는 말. ¶~마땅하다 / ~ 미덥다.
[**못 먹는 감 찔러나 본다**] 자기가 가지지 못할 바에는 남도 가지지 못하도록 못 쓰게 만든다.
못-가[몯까] 圀 못의 가장자리.
못!갖춘-마디[몯깓-] 圀⦗음⦘ 박자표에 제시된 박자에 부족한 마디. =불완전 소절. ↔갖춘마디.
못!갖춘-마침[몯깓-] 圀⦗음⦘ 악곡이 완전히 끝났다는 느낌을 갖추지 못한 마침꼴. =불완전 종지. ↔갖춘마침.
못!-나다[몬-] 혱 1 (사람이) 능력이 모자라거나 어리석은 상태에 있다. 또는, (사람이 하는 것이) 어리석고 아둔하다. ¶사람이 얼마나 **못났으면** 제 식구 하나 건사하지 못할까? 2 (사람의 얼굴이) 균형을 갖추지 못한 상태에 있다. 凮못생기다. ¶**못난** 얼굴이지만 귀여운 데도 없지 않다. ↔잘나다.
못!-난이[몬-] 圀 1 얼굴이 못생긴 사람을 놀림조로 이르는 말. 2 하는 짓이 어리석고 아둔한 사람. 凮얄잡이를.
못!-내[몬-] 閧 서운하여 자꾸 마음에 두거나 잊지 못하고 계속. ¶첫사랑을 ~ 그리워하다 / ~ 아쉽다.
못!-다[몯따] 閧 (동사 앞에 쓰여) 미처 다 못. 어떤 행위나 작용이 이뤄지기는 했으나 의도나 기대만큼 만족스럽지 못했음을 아쉬워하는 뜻을 담은 말로, 주로 문어에서 쓰임. ¶~ 핀 꽃 / ~ 한 말.
못-대가리[몯때-] 圀 못의 윗부분으로, 마치로 쳐 박거나 노루발장도리 등으로 다시 뺄 수 있게 만든 편평한 부분.
못!-되다[몯뙤-/몯뙈-] Ⅰ 혱 (성미나 품행이) 악하거나 고약하다. ¶**못된** 짓 / **못되게** 굴다.
Ⅱ 圐 ('잘되다'와 대비되는 문맥에 제약적으로 쓰여) 일이 잘되지 못하다. ¶잘되면 제 탓, **못되면** 조상 탓이다.
[**못된 송아지 엉덩이에 뿔 난다**] 사람답지 못한 사람이 교만하게 군다.
못!-마땅-하다[몬-] 혱㊌ 마음에 들지 않다. ¶김 부장은 **못마땅하다는** 듯이 나를 훑어보았다. **못-마땅-히** 閧 동생을 ~ 여기다.
못-물[몬-] 圀 모내기하는 데 필요한 물.
못!-미처[몯-] 圀 (어떤 장소를 나타내는 말 다음에 쓰여) 그곳에 채 이르지 못한 지점. ¶여기서 가자면 우체국은 역 ~에 있다.
못-바늘[몯빠-] 圀 못처럼 대가리가 있는 바늘. 종이 등을 꿰는 데 쓰임.
못-밥[모빱/몯빱] 圀 모내기를 할 때 일을 하다가 들에서 먹는 밥.
못!⌒부!정문(-否定文)[몯뿌-] 圀⦗언⦘ '못', '-지 못하다' 등의 의해서 성립된 부정문. 주로 주체의 능력이나 외부의 원인 때문에 그 행위가 일어나지 못하는 것을 표현함. ▷안 부정문.
못-뽑이[몯-] 圀 못을 뽑는 연장의 총칭. 노루발장도리·뱅올집게 등.
못!-살다[몯쌀-] 圐㊌〈~사니, ~사오〉 1 가난하게 살다. ¶**못사는** 동생. 2 억눌려 기를 못 펴다. 또는, 견딜기 어려울 만큼 괴로움을 느끼다. ¶왜 그렇게 여자 아이들을 못살게 하니? / 어이구, 저 사람 때문에 못 살아.
못:-생기다[몯쌩-] 혱 (주로 사람의 얼굴이나 신체 부위가) 균형을 갖추지 못해 보기 좋지 않은 상태이다. 凹못나다·밉다. ¶**못생긴** 여자[남자]. ↔잘생기다.
못:-쓰다[몯-] 동㉤〈-쓰니, -써〉**1**(주로 '-면', '-아서' 다음에 쓰여) 옳지 않거나 바람직하지 않아 안 되다. ¶거짓말을 하면 **못 써**! **2**(주로 '못쓰게'의 꼴로 쓰여) 얼굴이나 몸이 축나 좋지 않다. ¶며칠 밤새워 공부하더니 얼굴이 **못쓰게** 되었구나.
못-자리[모짜-/몯짜-] 몡〔농〕**1** 볍씨를 뿌려 모를 기르는 논. =묘상(苗床)·묘판(苗板)·앙판(秧板). **2** 논에 볍씨를 뿌리는 일. **못자리-하다** 동㉣여 논에 볍씨를 뿌리다.
못-줄[모쭐/몯쭐] 몡 모를 심을 때 줄을 맞추기 위하여 치는 줄. ¶~을 잡다 / ~을 치다.
못:지-아니하다[몯찌-] 혱 '못지않다'의 본딧말.
못:지-않다[몯찌안타] 혱 (어떤 일이나 대상이 다른 일이나 대상에) 결코 뒤지지 않거나 덜 중요하지 않은 상태에 있다. ¶기성 가수에 **못지않은** 노래 실력 / 영어 회화라면 누구 **못지않게** 잘한다. 본못지아니하다.
못-질[몯찔] 몡 **1** 못을 박는 일. **2** 못을 박듯 마음을 아프게 하는 일. **못질-하다** 동㉣여
못:-하다[모타-] Ⅰ 동㉣여 **1**㉤ (어떤 일이나 행동을) 능력의 부족으로 일정한 수준에 못 미치게 하다. ¶그는 음치라서 노래를 **못한다**. **2**⦗보조⦘**1**(동사 어미 '-지'의 다음에 쓰여)(대상이 어떤 일이나 행동을) 신체적·심리적·상황적 원인이나 능력의 부족으로 할 수 없는 상태가 되다. ¶다리가 아파 걷지 ~. **2**(동사의 어미 '-다' 다음에 '못해(서)'의 꼴로 쓰여)(인내에 관계된 어떤 행동을) 도저히 더 이상 계속할 수 없는 상태가 되다. ¶아픔을 참다 **못해서** 소리를 질렀다. / 그는 굴욕을 견디다 **못해** 밖으로 뛰쳐나왔다. **3** →못해.
Ⅱ 혱여 **1**(두 대상의 질이나 수준을 비교하는 문장에 쓰여)(어떤 대상이 다른 대상보다, 또는 다른 대상에 비해) 그 질이나 수준이 낮다. ¶형이 아우만 ~. **2**⦗보조⦘**1**(형용사 어미 '-지' 다음이나 '-적(的)'으로 끝나는 한자어에 '이다'의 활용형 '이지'가 붙고 그다음에 쓰여)(대상이) 일정한 수준이나 정도에 미치지 않는 상태에 있다. ¶얼굴이 곱지 ~. / 그의 보고서는 내용이 구체적이지 ~. **2**(형용사의 어미 '-다' 다음에 '못해(서)'의 꼴로 쓰여)(대상이) 그 상태나 정도가 극도에 달한 상태에 있다. ¶배가 고프다 **못하여** 속이 쓰리다.
못하는 소리가 없다〔구〕**1** 때와 장소를 가리지 않고 아무 말이나 막 한다. **2**(어린아이가) 말을 아주 잘한다.
못:-해도[모태-] 튀 아무리 적게 잡아도. 凹최소한다. ¶**못해도** 백만원은 벌 것이다.
몽개-몽개 튀 연기·구름 따위가 둥근 형상을 이루어 자꾸 나오는 모양. ⨀뭉게뭉게.
몽고(蒙古) 몡 '몽골'의 음역어.
몽고-말(蒙古-) 몡〔동〕포유류 말과의 한 종. 어깨 높이 1.3m 정도. 머리는 크고 귀는 작으며, 갈기와 꼬리털이 많음. 몽골 지방에 반야생(半野生)하는 재래종으로, 타고 다니거나 젖을 얻는 데 쓰임.
몽고-반(蒙古斑) 몡 신생아·유아의 엉덩이

나 등에 나타나는 청색 반점. 출생 시에 두드러지며, 1년 후부터 퇴색하기 시작함. 몽고인종에게서 흔히 볼 수 있음. =소아반·몽고반점.
몽고^인종(蒙古人種) 몡 =황인종.
몽고-풍(蒙古風) 몡 **1** 몽골의 풍속이나 양식. **2**〔지〕몽골의 고비 사막으로부터 만주와 중국 북쪽으로 부는 바람.
몽골(Mongol) 몡〔지〕유라시아 대륙 중앙부에 있는 인민 공화국. 수도는 울란바토르. 음역어는 몽고(蒙古).
몽골^어(Mongol語) 몡〔언〕몽골 고원을 중심으로 한 중앙아시아에서 쓰이는 언어. 알타이 제어의 하위 언어군의 하나임. =몽고어.
몽골^족(Mongol族) 몡〔민〕몽골 제어(諸語)를 사용하는 민족의 총칭. 전형적인 황인종임. =몽고족.
몽그라-뜨리다/-트리다 동㉤ 몽그라지게 하다. ⨀뭉그러뜨리다. ㉒크라뜨리다.
몽그라-지다 동㉣ 쌓인 물건이 무너져서 주저앉다. ¶짚가리가 ~. ⨀뭉그러지다.
몽그작-거리다/-대다 동㉣(·때) 나아가는 시늉으로 앉은 자리에서 느리게 비비대다. ⨀뭉그적거리다.
몽그작-몽그작[-작-] 튀 몽그작거리는 모양. ⨀뭉그적뭉그적. **몽그작몽그작-하다** 동㉣(·때)여
몽근-벼 몡 까끄라기가 없는 벼.
몽글-거리다/-대다 동㉣ 망울진 물건이 말랑말랑하고 매끄러운 느낌을 주다. ⨀뭉글거리다. ㉒몽클거리다.
몽글다 혱〈몽그니, 몽그오〉낟알이 까끄라기나 허섭스레기가 붙지 않아 깨끗하다.
몽글리다 동㉤ **1** 옷맵시를 가든히 차려 모양을 내다. **2**(어려운 일에) 단련하게 하다. **3** '몽글다'의 사동사.
몽글-몽글 튀 몽글거리는 모양. ⨀뭉글뭉글. ㉒몽클몽클. **몽글몽글-하다** 혱여 ¶젖멍울이 ~.
몽굿-거리다/-대다[-귿꺼-] 동㉣(·때) 나아가는 시늉으로 앉은 자리에서 자꾸 비비대다. ⨀뭉굿거리다.
몽굿-몽굿[-근-귿] 튀 몽굿거리는 모양. ⨀뭉굿뭉굿. **몽굿몽굿-하다** 동㉣(·때)여
몽깃-돌[-기똘/-긷똘] 몡 **1** 밀물과 썰물 때에 배가 밀려 나가지 않도록 배 고물에 다는 돌. **2** '봉돌'의 잘못.
몽니 몡 못마땅하여 뻐딱하게 굴면서 부리는 심술. ¶~을 부리다. ⨀몽.
몽니(가) 사납다〔구〕몽니가 매우 세다.
몽니-쟁이 몡 몽니를 잘 부리는 사람.
몽달-귀신(-鬼神) 몡〔민〕총각이 죽어 된다는 귀신. =몽달귀·도령귀신.
몽당-붓[-붇] 몡 털의 끝이 닳아서 뭉툭하게 짧아진 붓. =독필(禿筆).
몽당-비 몡 끝이 닳아서 거의 자루만 남은 비.
몽당-연필(-鉛筆)[-년-] 몡 많이 깎아 써서 손으로 쥐고 쓰기 어려울 만큼 길이가 짧아진 연필. ¶예전에는 ~을 볼펜 껍데기에 끼워 쓰곤 했다.
몽당-이 몡 **1** 긴 뾰족한 부분이 많이 닳아서 거의 못 쓸 정도가 된 물건. ¶~가 된 연필. **2** 노끈·실 등을 공 모양으로 감은 뭉치.
몽당-치마 몡 줄어들거나 입는 사람의 키가 크거나 하여 깡총하게 짧아진 치마.
몽두(蒙頭) 몡〔역〕조선 시대, 죄인을 잡아 올

때 얼굴을 가려 씌우던 천.
몽둥이 명 사람이나 짐승을 때리는 데 쓰는, 비교적 굵고 긴 막대기. =간봉(杆棒)·목봉(木棒). ¶~로 때리다 / ~로 얻어맞다.
몽둥이-맛[-맏] 명 정신을 차릴 만큼 얻어맞는 경험. ¶~을 봐야 바른대로 대겠느냐?
몽둥이-세례(-洗禮) 명 몽둥이로 마구 두들겨 때리는 일. ¶~를 받다.
몽둥이-질 명 몽둥이로 때리는 일. **몽둥이질-하다** 자타연
몽둥이-찜 명 몽둥이로 마구 두들기는 짓. =몽둥이찜질. **몽둥이찜-하다** 동타연
몽둥이-찜질 명 =몽둥이찜. **몽둥이찜질-하다** 동타연
몽둥잇-바람[-이빠-/-읻빠-] 명 몽둥이로 치게 때리거나 얻어맞는 상태. ¶~에 죽을 뻔했다.
몽땅[1] 부 있는 대로 죄다. ¶패물을 ~ 도둑맞다 / 돈을 ~ 써 버렸다.
몽땅[2] 부 한 부분을 대번에 자르는 모양. ¶긴 머리를 ~ 자르다. 큰뭉떵. 거몽탕.
몽땅-몽땅 부 잇달아 한 부분씩 자꾸 자르는 모양. 큰뭉떵뭉떵. 거몽탕몽탕.
몽땅몽땅-하다 형여 여럿이 다 몽땅하다. ¶필통 안에 들어 있는 연필들이 모두 ~. 큰뭉떵뭉떵하다. 거몽탕몽탕하다.
몽땅-하다 형여 끊어서 뭉뚱그려 놓은 것같이 짤막하다. ¶키가 ~. 큰뭉떵하다. 거몽탕하다.
몽똑 부 끝이 아주 짧고 무딘 모양. 큰뭉뚝. 거몽톡. **몽똑-하다** 형여 ¶손끝이 ~.
몽똑-몽똑[-똥-] 부 낱낱이 다 몽똑한 모양. 큰뭉뚝뭉뚝. 거몽톡몽톡. **몽똑몽똑-하다** 형여 ¶그 집 식구들은 손가락이 모두 ~.
몽똥-그리다 동타 되는대로 뭉치어 싸다. ¶이 책들을 대충 **몽똥그려** 놓아라. 큰뭉뚱그리다.
몽롱(朦朧)[-농] →**몽롱-하다**[-농-] 형여 1 (달빛이) 흐릿하다. ¶**몽롱한** 달빛. 2 어른어른하여 희미하다. 3 (의식이) 뚜렷하지 않고 호리명덩하다. ¶마취제가 전신에 퍼지자 의식이 **몽롱해지면서** 깜박 정신을 잃었다.
몽매[1](夢寐) 명 잠을 자면서 꿈을 꿈.
몽매[2](蒙昧) →**몽매-하다** 형여 어리석고 사리에 어둡다. ¶무지~.
몽:매-간(夢寐間) 명 꿈을 꾸는 동안. ¶~에도 그리는 남북통일 / ~에도 잊지 못할 고향 산천.
몽:상(夢想) 명 꿈처럼 헛되고 실현성이 없는 생각. ¶~에 젖다[잠기다]. **몽:상-하다** 동타연
몽:상-가(夢想家) 명 곧잘 몽상에 젖는 사람.
몽:설(夢泄) 명 =몽정. **몽:설-하다** 동자연
몽실-몽실 부 살져서 야들야들하고 보드라운 느낌을 주는 모양. **몽실몽실-하다** 형여 ¶**몽실몽실한** 젖가슴 / 아기의 살결이 ~. **몽실몽실-히** 부
몽우리 명 =꽃망울.
몽:유(夢遊) 명 꿈속에서 노는 것. **몽:유-하다** 동자연
몽:유-병(夢遊病)[-뼝] 명의 잠을 자다가 무엇에 이끌린 듯 일어나서 마치 깨어 있을 때처럼 행동을 하다가 다시 잠이 드는 병적 증세. 깨어난 후에 전혀 기억을 못 함.
몽:유병-자(夢遊病者)[-뼝-] 명 몽유병이 있는 사람.
몽:정(夢精) 명 꿈에 성적인 쾌감을 얻음으로써 사정(射精)하는 것. =몽설·몽유·설정(泄精). **몽:정-하다** 동자연
몽:조(夢兆) 명 꿈에 나타나는 길흉의 징조. 비꿈자리.
몽:중(夢中) 명 =꿈속1.
몽진(蒙塵) 명 [머리에 먼지를 쓴다는 뜻] 임금이 난리를 피하여 안전한 곳으로 가는 일. ▷파천(播遷). **몽진-하다** 동자연
몽짜 명 심술궂게 욕심을 부리는 짓. 또는, 그런 사람. ¶~를 치다.
몽총-하다 형여 (길이·부피가) 좀 모자라는 상태에 있다. ¶바지 천이 ~. **몽총-히** 부
몽치 명 짤막하고 단단한 몽둥이.
몽치다 동 [1] 자 여럿이 합쳐서 한 덩어리가 되다. ¶동창끼리 ~. [2] 타 여럿을 합쳐서 한 덩이로 만들다. ¶눈을 ~. 큰뭉치다.
몽클-거리다/-대다 자 '뭉글거리다'의 거센말. 큰뭉클거리다.
몽클-몽클 부 '몽글몽글'의 거센말. 큰뭉클뭉클. **몽클몽클-하다** 형여
몽클-하다 형여 1 먹은 음식이 소화되지 않고 가슴에 뭉쳐 있다. 2 슬픔·노여움 등이 가슴에 맺혀 풀리지 않은 상태에 있다. ¶그때의 일만 생각하면 지금도 가슴이 ~. 큰뭉클하다.
몽키다 자 여럿이 뭉쳐 덩이지게 되다. 큰뭉키다.
몽타주(🇫montage) 명 [조립한다는 뜻] 1 [영] 영화 필름의 편집. 단편적으로 촬영한 각 필름을 창조적으로 편집해서 의식적인 영화 예술을 구성함. 2 [영][사진] 복수(複數)의 상(像)이나 장면을 합성하여 하나의 화면으로 만드는 일. 또는, 그 합성된 것.
몽타주^사진(🇫montage寫眞) 명 여러 사람의 사진에서 얼굴의 각 부분을 따서 하나로 맞춘 사진. 특히, 범죄 수사에서 목격자들의 증언을 모아 얼굴의 윤곽·눈·코 등 모양을 합성하여 제작된, 범인의 용모 사진. =합성사진.
몽탕 부 '몽땅2'의 거센말. ¶긴 머리채를 홱 감아쥐더니 ~ 잘라 버렸다. 큰뭉텅.
몽탕-몽탕 부 '몽땅몽땅'의 거센말. 큰뭉텅뭉텅.
몽탕몽탕-하다 형여 '몽땅몽땅하다'의 거센말. 큰뭉텅뭉텅하다.
몽탕-하다 형여 '몽땅하다'의 거센말. 큰뭉텅하다.
몽톡 부 '몽똑'의 거센말. 큰뭉툭. **몽톡-하다** 형여 ¶연필 끝이 ~.
몽톡-몽톡[-통-] 부 '몽똑몽똑'의 거센말. 큰뭉툭뭉툭. **몽톡몽톡-하다** 형여
몽:혼(朦昏) 명 독물이나 약물에 의해 감각을 잃고 자극에 반응할 수 없게 되는 것. 비마취(痲醉). **몽:혼-하다** 동자연
몽:환(夢幻) 명 1 꿈과 환상. 2 허황한 생각.
뫼:[뫼/뭬] 명 사람의 무덤. 세는 단위는 장·기(基)·자리. =묘(墓)·탑파(塔婆).
뫼(를) 쓰다 부 묏자리를 잡아 송장을 묻다.
¶공원묘지에 ~ / 선산에 ~.
뫼:다[뫼/뭬-] 동자 '모이다'의 준말.
뫼비우스의 띠(Möbius-) [-의-/-에-][수] 기다란 직사각형 종이를 한 번 비틀어 양쪽 끝을 붙였을 때에 생기는 곡면. 이면은 표리(表裏)의 구분이 없이 영구히 계속됨.
묏:-자리[뫼짜-/묃짜-/뭬짜-/뭳짜-] 명

되를 쓸 만한 자리. ¶~를 보다 / ~를 잘 쓰다 / ~가 좋다.

묘¹(卯) 몡 십이지(十二支)의 넷째. 토끼를 상징함.

묘²(妙) 몡 사물을 다룸에 있어서 훌륭하거나 빼어난 이치나 방법. 비묘리. ¶운용(運用)의 ~를 살리다.

묘³(墓) 몡 =뫼. ¶공동묘지에 ~를 쓰다.

묘⁴(廟) 몡 '종묘'와 '문묘(文廟)'를 두루 이르는 말.

묘⁵(畝) 몡[의존] =무(畝).

묘:계(妙計) [-계/-게] 몡 =묘책(妙策). ¶~가 떠오르다 / ~를 짜내다.

묘:기(妙技) 몡 교묘한 기술과 재주. ¶~ 대회 / 곡예단이 공중 ~를 보이다.

묘:기-백출(妙技百出) 몡 가지가지 묘기가 쏟아져 나옴. **묘:기백출-하다** 통재여 ¶묘기백출하는 서커스.

묘:년(卯年) 몡[민] 태세(太歲)의 지지(地支)가 묘(卯)로 된 해. 계묘년(癸卯年)·정묘년(丁卯年) 따위. =토끼해.

묘:득(妙得) 몡 일하면서 얻은 묘한 방법이나 요령. 또는, 묘한 요령이나 방법을 얻는 것. **묘:득-하다** 통타여

묘:령(妙齡) 몡 여자의 스물 안팎의 꽃다운 나이. =묘년(妙年). 비방년. ¶~의 아가씨.

묘:리(妙理) 몡 오묘한 이치. ¶삶의 ~를 깨치다.

묘막(墓幕) 몡 무덤 가까이에 세운, 묘지기가 사는 자그마한 집.

묘:목(苗木) 몡 옮겨심기 위해 가꾼 어린나무. =나무모·모나무. ¶~을 기르다 / ~을 심다.

묘:미(妙味) 몡 미묘한 재미나 맛. =묘취(妙趣). ¶분재(盆栽)를 시작한 지 10년, 이제 겨우 그 ~를 알게 되었다.

묘:방¹(卯方) 몡 24방위의 하나. 정동(正東)을 중심으로 한 15도 각도 안.

묘:방²(妙方) 몡 1 기묘한 방법. 비묘책. ¶이 일을 1주일 안으로 완성할 무슨 ~이 없겠느냐? 2 신묘한 처방.

묘:법(妙法) 몡 1 =묘책. 2[불] 신기하고 묘한 법문(法門).

묘:법-연화경(妙法蓮華經) [-뻡-] 몡[불] 대승 경전의 하나. 부처의 종교적 생명을 설법한 것으로 모든 경전 중에서 가장 존귀하게 여겨짐. 준법화경.

묘:비(墓碑) 몡 무덤 앞에 세우는 비석. ¶~를 세우다. 비묘비(碑).

묘:비-명(墓碑銘) 몡 묘비에 새긴 글.

묘:사(描寫) 몡 (어떠한 대상이나 현상을) 언어로 서술하거나 그림으로 그려 나타내는 것. ¶실물 ~ / 심리 ~ / 성격 ~. **묘:사-하다** 통타여 ¶추수가 갓 끝난 들녘을 묘사한 밀레의 '이삭줍기'. **묘:사-되다** 통자

묘:사-체(描寫體) 몡[문] 어떤 대상을 객관적·구체적으로 표현하는 문체.

묘:상(苗床) 몡[농] 1 꽃·나무·채소 등의 모종을 키우는 자리. 2 =못자리1.

묘:석(墓石) 몡 =석물(石物).

묘:소(墓所) 몡 무덤이 있는 곳. 비산소(山所). ¶~에 연일 참배객이 줄을 잇다.

묘:수(妙手) 몡 1 바둑·장기 등에서, 남들이 언뜻 생각해 내지 못할. ¶대마(大馬)를 살리는 ~를 쓰다. 2 뛰어난 솜씨나 교묘한 재주. 또는, 그런 것을 가진 사람.

묘:수-풀이(妙手-) 몡 1 바둑·장기 등에서, 생각해 내기 힘든 좋은 수를 알기 쉽게 설명하는 일. ¶장기의 ~. 2 어려운 문제에 대한 해결책을 구하는 일. ¶노사 분규를 해결할 ~에 골몰하다.

묘:술(妙術) 몡 1 교묘한 꾀. 2 뛰어난 술법. ¶~를 부리다.

묘:시(卯時) 몡 1 십이시의 넷째 시. 곧, 오전 5시부터 7시까지의 동안. 2 이십사시의 일곱째 시. 곧, 오전 5시 반부터 6시 반까지의 동안. 준묘(卯).

묘:안(妙案) 몡 아주 뛰어나거나 적절한 방안. ¶이렇다 할 ~이 떠오르지 않는다.

묘:안-석(貓眼石) 몡[광] 보석의 하나. 갈면 고양이 눈처럼 단백광(蛋白光)을 발함. =묘정석(貓睛石).

묘:약(妙藥) 몡 썩 잘 듣는 약. ¶이 병에는 신통한 ~이 없다.

묘:역(墓域) 몡 묘소(墓所)로 정한 구역.

묘:연¹(杳然) →**묘:연-하다**¹ 형여 1 그윽하고 멀어서 눈에 아물아물하다. 2 묘연한 정상. 오래 되어서 까마득하다. 3 (소식·행방 등이) 알 길이 없다. ¶행방이 ~. **묘:연-히**¹ 튀

묘:연²(渺然) →**묘:연-하다**² 형여 넓고 멀어서 아득하다. ¶시야에 있는 것은 묘연한 대해(大海)뿐, 작은 섬 하나도 보이지 않았다. **묘:연-히**² 튀

묘:음(妙音) 몡 미묘한 소리.

묘:절(妙絶) →**묘:절-하다** 형여 더할 수 없이 교묘하다.

묘:제(墓祭) 몡 산소에서 지내는 제사.

묘:주(墓主) 몡 무덤의 임자.

묘:지¹(墓地) 몡 무덤이 있는 땅. 또는, 그 구역. ¶공동~ / 국립~ / 공원~ / ~에 매장하다. ▶묘원.

묘:지²(墓誌) 몡 죽은 사람의 이름·신분·행적 등을 새겨 무덤 옆에 파묻는 돌. 또는, 거기에 새긴 글. =광지(壙誌)·택조(宅兆).

묘:-지기(墓-) 몡 남의 산소를 지키며 보살피는 사람. =묘직(墓直).

묘:지-명(墓誌銘) 몡 묘지에 새긴 글. 준묘명(墓銘).

묘:책(妙策) 몡 신묘한 꾀. =묘계(妙計)·묘법·묘산. 비묘방(妙方). ¶~이 서다 / ~을 짜내다.

묘:처(妙處) 몡 신묘한 경지. 또는, 오묘한 부분. ¶한낱 인간이 어찌 무궁한 천지 만물의 ~에 달하겠습니까?

묘:청의 난(妙淸-亂) [-의-/-에-] [고]고려 인종 13년(1135)에, 서경(西京:지금의 평양) 천도(遷都) 운동이 좌절되자 묘청이 서경에서 일으킨 반란.

묘:체(妙諦) 몡 묘한 진리. ¶의정 생활 30여년의 다선 의원으로 그는 정치의 ~를 터득한 인물이다.

묘:출(描出) 몡 어떠한 대상을 그려 드러내는 것. **묘:출-하다** 통타여 ¶탁월한 묘사력으로 농민의 애환을 묘출한 작품. **묘:출-되다** 통자

묘:파(描破) 몡 밝혀 그려 내는 것. **묘:파-하다** 통타여 ¶이 작품은 현대 사회의 여성 심리를 잘 묘파하였다.

묘:판(苗板) 몡[농] 1 =못자리1. 2 =모판2.

묘:포(苗圃) 몡[농] 묘목(苗木)을 심어서 기르는 밭.

묘:표(墓表) 몡 무덤 앞에 세우는 푯돌. 죽은 사람의 이름·생몰 연월일·행적(行跡) 등을 새김. =표석(表石).

묘:표²(墓標) 圐 무덤 앞에 세우는 표시물. 묘비 따위.

묘:-하다(妙-) 톙여 1 (어떤 대상이) 색달라 특별한 느낌을 주는 상태에 있다. 또는, (어떤 일이) 뭐라고 표현하거나 규정하기 어려운 상태에 있다. 비야릇하다. ¶묘하게 생긴 돌 / 여자와 단둘이 있으니 기분이 ~. 2 (어떤 일이) 우연하게 일어난 것인데도 마치 어떤 의도나 계획에 따라 이루어지는 것으로 보여 기이하다. 비공교롭다. ¶일이 묘하게 꼬이다. 3 (수완이나 재주 따위가) 사람의 판단을 흐리게 할 만큼 농란하거나 약빠르다. ¶묘한 말재주 / 묘한 수로 이기다.

묘:혈(墓穴) 圐 시체를 묻는 구덩이. 비광중. ¶~스스로 ~을 파는 격이다.

묘:호(廟號) 圐 임금이 죽은 뒤, 그의 신주를 종묘에 넣고 그 임금에 대해 붙이는 이름. ¶훈민정음을 창제한 조선 제4대 왕의 ~는 세종이다.

무¹ 圐 두루마기 등에서, 아래쪽으로 넓어지게 만들기 위해 겨드랑이 아래에서부터 아랫단 끝까지 길게 댄 폭.

무:² 圐 1 [식] 십자화과의 한해살이풀 또는 두해살이풀. 재배 식물로 대개 깃털 모양의 잎이 뿌리에서 더부룩이 나며, 뿌리는 둥글고 길다. 봄에 백색·담자색 꽃이 핌. 있과 뿌리는 중요한 채소임. 2 1의 뿌리. 김치·동치미 등을 담그거나, 찬거리로 씀. 수효를 세는 단위는 뿌리·개·접(100개). = 나복(蘿蔔). × 무우.

무³(戊) 圐 천간(天干)의 다섯째.

무:⁴(武) 圐 문(文)에 대하여 군사(軍事)·무술·병법 등에 관한 일을 이르는 말. ↔문(文).

무⁵(無) 圐 ①(자립) 어떤 사물이나 현상이 어느 곳이나 대상에 없는 것. 극히 제한된 문맥에서만 쓰임. ¶근무 중 이상 ~ / 종교란에 ~라고 적다. ↔유(有). ②(의존) 스포츠의 투기 종목이나 구기 종목에서, 경기하여 무승부를 기록한 횟수를 세는 단위. ¶그 복서는 10승 2~1패의 전적을 보이고 있다.

무⁶(畝) 圐(의존) 토지 면적의 단위의 하나. 곧, 30평(坪)으로 단(段)의 1/10. 미터법으로는 99.174m². = 묘(畝).

무-⁷(無) 질두 명사 앞에 붙어, 그 명사가 나타내는 것이 없음을 나타내는 말. ¶~질서 / ~일푼 / ~국적 / ~능력. ▷몰(沒)-.

무:가(巫歌) 圐 무당이 무속 의례에서 신을 향해 읊는 노래.

무:가(武家) 圐 대대로 무관(武官)의 벼슬을 하는 집안.

무가(無價) [-까] 圐 1 값이 없음. 2 값을 매길 수 없을 만큼 귀함. ¶~보(寶).

무-가내(無可奈) 圐 = 막무가내.

무-가내하(無可奈何) 圐 = 막무가내.

무가당(無加糖) 圐 식품에 당분을 넣지 않은 상태. ¶~ 주스.

무가-지(無價紙) [-까-] 圐 신문사에서, 무료로 배부하는 신문.

무-가치(無價値) 圐 **무가치-하다** 톙여 아무 값어치가 없다. ¶무가치한 생각 / 무가치한 노력.

무간(無間) → **무간-하다** 톙여 친하여 서로 막힘이 없다. ¶무간한 사이 / 무간하게 지내다. **무간-히** 톊.

무:감각(無感覺) 圐 1 아무 감각이 없는 것. ¶~ 상태. 2 주위 사람의 기분이나 사정을 생각하지 않는 것. **무감각-하다** 톙여 ¶이웃의 고통에 대해 무감각한 현대인.

무-감동(無感動) 圐 아무 감동이 없는 것. **무감동-하다** 톙여 ¶무감동한 표정.

무강(無疆) → **무강-하다** 톙여 한이 없다. ¶만수~.

무개-차(無蓋車) 圐 뚜껑이 없는 차. 스포츠카 따위. 비오픈카. ↔개차(蓋車)·유개차.

무개-화차(無蓋貨車) 圐 지붕이 없는 화차.

무거리 圐 곡식 따위를 빻아서 가루를 내고 남은 찌끼. ¶~ 떡.

무겁다 [-따] 톙ㅂ ⟨무거우니, 무거워⟩ 1 (어떤 물체나 물질이) 무게가 보통의 정도나 비교의 대상이 되는 정도를 넘는 상태에 있다. 또는, 물체나 물질이 어떤 사람이 들거나 옮기기에 힘이 많이 들어 어려운 상태에 있다. ¶나무보다 돌이 ~. 2 (비중이나 책임 등이) 크거나 중대하다. ¶뜻밖에 상을 받고 보니 한층 더 무거운 책임을 느낍니다. 3 (병 따위가) 정도가 심하다. ¶의술로 다스릴 수 없는 무거운 병. 4 (죄나 벌 등이) 크거나 가혹하다. ¶무거운 형량을 선고하다. 5 (언행이) 신중하고 침착하다. ¶입이 무거운 남자. 6 (마음이) 유쾌하지 않고 우울하다. ¶윗사람에게 책임 추궁을 당할 것을 생각하니 마음이 ~. 7 (몸이) 상쾌하지 않고 찌뿌드드하다. 힘이 빠지거나 겨워 느른하다. ¶몸이 무겁고 매사에 의욕이 없다. 8 (분위기가) 심각하거나 활기가 없어 답답하다. ¶분위기가 무겁게 가라앉다. 9 (세금 등이) 부담이 될 만큼 많다. ¶무거운 세금을 물리다. 10 (소리가) 그윽하고 웅숭깊다. ¶범종은 '뎅' 하고 무겁고 깊은 음향을 냈다. 11 (움직임이) 느리고 둔하다. ¶기차 바퀴가 무겁게 움직이기 시작했다. 12 (몸이) 임신으로 배가 불러 움직이기가 어렵다. ¶몸이 무거워 힘든 일은 못 한다. ↔가볍다.

무겁디-무겁다 [-따-따] 톙ㅂ ⟨-무거우니, -무거워⟩ 아주 몹시 무겁다.

무게 圐 1 물건의 무거운 정도. = 중량(重量). ¶몸~를 달다. 2 침착하고 의젓한 정도. ¶~ 있는 사람. 3 가치나 중대성의 정도. ¶~ 있는 소설 / ~ 있는 작품.

무게(를) 잡다 狊 점잖은 척하며 분위기를 무겁게 만들다.

무게^중심(-中心) 圐 [물] 물체의 어느 한 점을 받쳐서 그 물체가 수평을 이루게 될 때의 그 점. = 중심(重心).

무경위(無經渭) 圐 사리에 대한 판단이나 시비의 분간을 하지 못하는 것. **무경위-하다** 톙여.

무-경험(無經驗) 圐 경험이 없는 것. ¶~자. **무경험-하다** 톙여.

무-계획(無計劃) [-계획/-게획] 圐 할 일의 방법·순서·규모 따위에 대하여 미리 짜 놓은 것이 없는 것. **무계획-하다** 톙여 ¶무계획한 생활.

무계획-적(無計劃的) [-계획쩍/-게획쩍] 편명 계획이 없이 하는 (것). ¶일을 ~으로 추진하다.

무:고¹(誣告) 圐 [법] 없는 사실을 거짓으로 꾸며 고소하거나 고발하는 것. 또는, 그 고소나 고발. **무고-하다** 톙여.

무:고²(舞鼓) 圐 1 궁중 정재(呈才) 때 쓰이는 북의 한 가지. 2 1을 가운데 두고 치면서 추는 춤. 비북춤.

무고³(無故) → **무고-하다²** 톙여 1 연고가 없다. 2 사고 없이 평안하다. ㈜무사(無事)하다. ¶모두 무고한지 궁금하구려. 나는 잘 지내고 있소. 무고-히¹ 튀

무고⁴(無辜) →무고-하다³ [형여] 잘못이나 허물이 없다. ¶무고한 양민을 학살하다. 무고-히² 튀

무고-죄(誣告罪) [-쬐/-쮀] [명][법] 남에게 형사 처분 또는 징계 처분을 받게 할 목적으로 허위의 사실을 경찰서나 검찰청 등 공무소(公務所)나 공무원에게 신고함으로써 성립하는 죄.

무곡(舞曲) [음] =춤곡.

무골(無骨) [명] 뼈가 없는 것.

무골-충(無骨蟲) [명] 1 뼈가 없는 벌레의 총칭. 2 줏대가 없이 무른 사람을 욕으로 이르는 말.

무공(武功) [명] 군사상의 공적. =군공·무훈. ¶혁혁한 ~을 세우다.

무-공해(無公害) [명] 사람의 건강이나 환경에 끼치는 해가 없는 것. ¶~ 식품 / 땅속에서 저절로 분해되는 ~ 비닐.

무과(武科) [명][역] 무관을 뽑는 과거(科擧). ↔문과(文科).

무관¹(武官) [명] 1 [역] 무과 출신의 벼슬아치. =무변(武弁). 2 군에 적을 두고 군사 일을 맡아보는 관리. ↔문관.

무관²(無冠) [명] 벼슬아치의 지위가 없음.
　무관의 제왕(帝王) ⓒ '관(冠: 벼슬아치가 쓰는 모자)이 없는 왕'이라는 뜻으로, 특별한 지위는 없으나 사회적으로 강력한 영향력을 행사한 대상에게, '언론인'을 명예롭게 이르는 말. ▷제사부.

무관³(無關) →무관-하다 [형여] (어떤 대상이[과] 다른 대상과[이]) 서로 아무 관계가 없다. ¶너와 무관한 일에 괜히 나서지 마라. 무관-히 튀

무-관심(無關心) [명] (어떤 일이나 대상에) 관심을 가지지 않거나 흥미를 느끼지 않는 상태에 있는 것. 무관심-하다 [형여] ¶세상일에 ~ / 자식에게 무관심한 아버지.

무 ̓관ˆ학교(武官學校) [-꾜] [명] 대한 제국 때, 육군의 사관(士官)을 양성하던 학교.

무광(無光) [명] 어떤 물질이나 물체에 광택이 없는 상태. ¶~ 코팅 / ~ 인화지 / ~ 아트지. ↔유광(有光).

무-교양(無敎養) [명] 교양이 없는 것. 무교양-하다 [형여]

무구¹(武具) [명] 무기 등, 전투에 쓰이는 일체의 기구.

무구²(無垢) →무구-하다 [형여] (어떤 대상이) 때 묻지 않아 순수하고 깨끗하다. ¶무구한 동심의 세계 / 인간의 발길이 닿지 않은 대자연 / 한 여인의 무구한 사랑을 그린 소설.

무구-조충(無鉤條蟲) [명][동] 조충과의 기생충. 길이가 4~10m나 되며, 머리에 갈고리가 없음. 소를 중간 숙주로 하여 사람에게만 기생함. 구욷어는 민촌충. ▷유구조충.

무-국적(無國籍) [-쩍] [명][법] 어느 나라의 국적도 가지지 않음. ¶~인(人).

무궁(無窮) [명] (일부 명사 앞에 쓰여) 끝이 없는 것. 무궁-하다 [형여] ¶귀사의 무궁한 발전을 기원합니다. 무궁-히 튀

무궁-무진(無窮無盡) →무궁무진-하다 [형여] 끝이 없고 다함이 없다. =무진무궁하다. ¶~이야깃거리가 ~.

무궁-화(無窮花) [명] 1 [식] 아욱과의 낙엽 활엽 관목. 높이 2~4m. 여름부터 가을까지 분홍·다홍·보라·자주·순백 등으로 종(鐘) 모양의 꽃이 핌. 관상용·울타리용으로 심으며, 우리나라의 국화(國花)임. =근화(槿花)·목근(木槿). 2 1의 꽃. 3 영관급의 군인 계급이나 3 영관급의 경찰 계급을 나타내는, 2 모양의 물건을 속되게 이르는 말.

무권-대리(無權代理) [-꿘-] [명][법] 대리권이 없는 사람의 행위에 의하여 행해진 대리 행위.

무-궤도(無軌道) [명] 1 궤도가 없음. ¶~ 전차. 2 사고방식·행동에 일정한 방향이 없거나 상궤(常軌)에 벗어나 있음. 무궤도-하다 [형여] ¶무궤도한 생활.

무궤도ˆ전차(無軌道電車) [명] =트롤리버스.

무균(無菌) [명] 균이 없음. 또는, 연구 등을 위하여 인위적으로 세균이 없게 만든 상태. ¶~ 발아(發芽) / ~ 사육.

무극(無極) [명] 1 끝이 없는 것. 2 [철] 송학(宋學)에서, 우주의 본체인 태극의 무한정성(無限定性)을 뜻하는 말. 3 [물] 전극이 존재하지 않는 것. 무극-하다 [형여]

무근(無根) →사실무근(事實無根).

무급(無給) [명] 보수가 없음. ㈜무료(無料). ¶~ 휴가 / ~으로 일하다. ↔유급(有給).

무기¹(武器) [명] 1 전투에 쓰이는 기구의 총칭. =병혁 / 병기(兵器). ㈜핵~ / 화학~ / 살상~. 2 어떤 일을 이루기 위해 방패로 삼는 수단. ¶석유를 ~로 한 외교 전략 / 여자는 눈물이 ~다.

무기²(無期) [명] '무기한(無期限) 1'의 준말. ¶~ 징역 / ~ 연기. ↔유기(有期).

무기³(無機) [명] 1 생명이나 활력을 갖고 있지 않음. 2 화학 '무기 화합물'의 준말. ㈜유기.

무기-고(武器庫) [명][군] 무기를 보관하는 창고. =군기고(軍器庫)·병기고.

무-기력(無氣力) →무기력-하다 [-려카-] [형여] 기력이 없다. ¶상대 팀은 결승전에서 무기력한 경기를 펼쳤다.

무기명(無記名) [명] 1 성명을 적지 않음. ¶~으로 투서하다. 2 '무기명식'의 준말. ¶~ 비밀 투표. ↔기명(記名).

무기명-식(無記名式) [명] 증권이나 투표용지 등에 그 권리자의 이름을 쓰지 않는 방식. ¶~ 배서. ㈜무기명.

무기명ˆ증권(無記名證券) [-꿘] [명][경] 특정인을 권리자로 표시하지 않고, 증권을 소지한 사람을 권리자로 인정하는 유가 증권. ↔기명 증권.

무기명ˆ투표(無記名投票) [명][사] 투표용지에 투표하는 사람의 이름을 쓰지 않는 비밀 투표. ¶~ 표결에 부치다. ↔기명 투표.

무기-물(無機物) [명] 물·공기·광물 등 생활 기능이 없는 물질 및 그것을 원료로 만든 물질의 총칭. ↔유기물.

무기ˆ비료(無機肥料) [명][농] 무기질을 성분으로 한 비료. 황산암모늄·과인산 석회 등의 화학 비료와 초목의 재 따위. ↔유기 비료.

무기-산(無機酸) [명][화] 탄소 이외의 원소를 함유하는 산의 총칭. 염산·황산·질산 따위. ↔유기산.

무기-수(無期囚) [명] 무기 징역을 선고받고 복역 중인 죄수.

무기ˆ염류(無機鹽類) [-뉴] [명][화] 무기산과 염기가 반응하여 생성된 물질. 염화나트륨·황산아연 따위.

무기-음(無氣音) [명][언] 소리 낼 때에 입김이

무기-정학(無期停學)[명][교] 기한을 정하지 않고 등교를 정지시키는 처벌.

무기-질(無機質)[명] 영양소로서 생체 유지에 불가결한 원소. 골격·조직·체액 등에 포함되어 있는 칼슘·인·철·요오드 따위.

무기^징역(無期懲役)[명] 종신토록 교도소에 가두는 징역. 구용어는 종신 징역. ↔유기 징역.

무기-체(無機體)[명] 무기물로 이루어져 생활 기능이 없는 조직체. ↔유기체.

무-기한(無期限) Ⅰ[명] 정한 기한이 없는 것. ¶~ 공채/~으로 질질 끌다. 준무기. ↔유기한. **무기한-하다**[형여]
Ⅱ[부] 한없이. ¶~ 연기하다.

무기-형(無期刑)[명][법] 종신 구금을 내용으로 한 자유형. 무기 금고와 무기 징역이 있음. 준무기형.

무기^호흡(無氣呼吸)[명][생] 산소가 없는 상태에서의 호흡. 알코올 발효나 근육 내에서의 당분 분해 등이 그 예임. =산소 호흡.

무기^화!학(無機化學)[명][화] 모든 원소 및 무기 화합물에 관하여 연구하는 화학의 한 분야. 준무기. ↔유기 화학.

무기^화!합물(無機化合物)[-함-][명][화] 탄소 이외의 원소의 화합물과 일부 탄소 화합물의 총칭. 준무기. ↔유기 화합물.

무:-김치[명] 무로 담근 김치.

무꾸리[명][민] 무당·점쟁이 등에게 길흉을 점치는 일. **무꾸리-하다**[자여]

무난(無難) →**무난-하다**[형여] 1 어떤 일을 하는 데에 별 어려움이 없다. ¶그 정도의 실력이면 대학에 **무난하게** 들어갈 수 있다. 2 이렇다 할 단점이나 탓할 만한 점이 별로 없다. ¶기교나 내용이 **무난하지만** 독창성이 아쉬운 작품. 3 (성격이) 까다롭지 않고 무던하다. ¶성격이 **무난해서** 아무하고나 잘 어울려 지낸다. **무난-히**[부] ¶3세트를 ~ 이기다.

무남-독녀(無男獨女)[-동-][명] 아들이 없는 집안의 외동딸. 비외딸. ¶~로 귀여움을 받다.

무너-뜨리다/-트리다[동][타] 무너지게 하다. ¶집을 ~/담을 ~.

무너-지다[동][자] 1 (서 있거나 세워진 물체가) 허물어져 내려앉거나 흩어지다. ¶둑이 ~/산이 **무너져** 내리다. 2 (질서나 체계나 방어선 따위가) 지속되지나 지탱하지 못하게 되다. 비와해되다. ¶부패한 정부가 ~/기습 공격으로 적의 방어선이 ~. 3 (계획이나 구상 따위가) 이루어지지 못하고 깨지다. ¶기대가 ~.

무:-녀(巫女)[명][민] =무당.

무녀리[명] 한 태의 새끼 중 가장 먼저 나온 새끼.

무념(無念) →**무념-하다**[형여] 1 [불] 무아(無我)의 경지에 이르러 망상이 없다. 2 아무 생각이 없다.

무념-무상(無念無想)[명][불] 무아(無我)의 경지에 이르러 일체의 상념으로부터 벗어나 있는 상태.

무:-논(-)[명] 물이 늘 차 있는 논. 또는, 물을 쉽게 댈 수 있는 논. =수답(水畓)·수전(水田). ↔마른논.

무뇌-아(無腦兒)[-뇌-/-눼-][명][의] 뇌가 없는 선천성 기형아.

무느다[동][타] <무느니, 무너> (쌓인 것을) 허물어지게 하다. ¶흙더미를 ~. 준문다.

무능(無能)[명] 무엇을 할 능력이나 재능이 없는 것. **무능-하다**[형여] ¶나태하고 **무능한** 고등룸펜. ↔유능하다.

무-능력(無能力)[-녁][명] 일을 감당할, 또는 주어진 상황을 헤쳐 나아갈 능력이 없는 것. **무능력-하다**[형여] ¶**무능력한** 사람.

무능력-자(無能力者)[-녁짜][명] 1 능력이 없는 사람. 2 [법] 미성년자·금치산자·한정치산자 등 단독으로 완전한 법률 행위를 할 수 없는 사람.

무늬[-니][명] 1 벽지·옷감·공예품 등의 물체 위에, 장식의 목적으로 줄이나 도형이나 어떤 형상을 규칙적·반복적으로 배열하여 나타낸 모양. ¶꽃~/물결~. 2 동물·식물·광물 등의 표면에 나타나 있는 줄이나 도형에 가까운 형태. =문(紋)·문양(文樣)·문채(文彩). ¶나비 날개에 있는 태극~.

무늬-목(-木)[-니-][명] 종이처럼 얇게 깎은 나무. 포장이나 장롱 등의 장식 막음으로 쓰임.

무늿-결[-니곁~닏곁][명] 나무 따위에 나타나 보이는 켜가 이루는 무늬.

무:-단¹(武斷)[명] 1 힘을 믿고 강제로 행함. 2 무력이나 억압에 의하여 정치를 행함. ¶~ 통치.

무단²(無斷)[명] (일부 명사 앞에 쓰여) 사전에 양해나 허락을 구함이 없이 제 마음대로 하는 것. ¶~ 가출/~ 결근/~ 복제. **무단-하다**[형여] **무단-히**[부]

무단-가출(無斷家出)[명] 사전에 허락이나 연락 없이 집을 나감. **무단가출-하다**[동][자여]

무단-결근(無斷缺勤)[명] 사전에 허락이나 연락 없이 결근함. ¶잦은 ~으로 징계를 받다. **무단결근-하다**[동][자][타][여]

무단-결석(無斷缺席)[-썩][명] 사전에 허락이나 연락 없이 결석함. ¶~으로 정학을 당하다. **무단결석-하다**[동][자][여] ¶학교를 ~.

무단-이탈(無斷離脫)[명] 사전에 허락이나 연락 없이 소속 단체나 조직에서 벗어남. **무단이탈-하다**[동][자][여] ¶대열에서 ~.

무:단^정치(武斷政治)[명][정] 군대·경찰 등의 무력에 의하여 행하는 정치.

무단-출입(無斷出入)[명] 사전에 허락 없이 함부로 드나듦. **무단출입-하다**[동][자][타][여]

무-담보(無擔保)[명] 담보물이 없는 것. 또는, 담보물을 내놓지 않는 것. ¶~로 돈을 빌리다.

무담보^대:출(無擔保貸出)[명][경] 금융 기관이 저당권을 설정하지 않고 하는 대출. ↔담보부 대출.

무:-당[명][민] 귀신을 섬겨 길흉을 점치고 굿을 하는 여자. =무녀·무자(巫子)·사무(師巫). ▷박수. ['巫堂'은 취음]

무:당-개구리(-)[명][동] 양서류 무당개구릿과의 한 종. 몸길이 40~50mm. 등은 청색 또는 담갈색이며, 작은 혹이 많음. 적을 만나면 붉은 바탕에 검은 구름무늬가 있는 배를 위로 향하고 죽은 체함. 산간의 계곡이나 늪에 삶. =비단개구리.

무:당-벌레(-)[명][동] 딱정벌레목 무당벌렛과의 곤충. 몸길이 7mm 정도. 몸은 달걀꼴로 약간 도톰하며, 아래쪽은 편평함. 겉 날개는 붉은 바탕에 검은 점무늬가 있음. 진딧물을 잡아먹음.

무:-대(武大)[명] [중국 소설 '수호지'와 '금병매'에 나오는 인물에서] 지지리 못나고 미

런한 사람. ¶~ 같은 놈.
무:대²(舞臺) 圀 1 노래·춤·연극 따위를 하기 위하여 객석 정면에 길고 높직하게 만든 단. ¶~ 장치 / ~에 서다. 2 활동하는 영역이나 근거지. ¶세계 ~ / 활동 ~ / 중앙의 정치 ~에 진출하다.
무:대^예:술(舞臺藝術) 圀 무대 위에서 연출되는 예술. 특히, 연극.
무:대^의상(舞臺衣裳) 圀 무대 위에서 공연할 때 입는 옷. ¶화려한 ~.
무-대책(無對策) 圀 대책이 없는 것.
무-대화(舞臺化) 圀 (어떤 작품을) 극으로 꾸며 무대에서 상연할 수 있게 하는 것. 무:대화-하다 图[타어] ¶고대 소설 '춘향전'을 ~. 무:대화-되다 图[자]
무더기 圀 ①[자립] 한데 쌓아 놓은 물건의 더미. ¶돌~ / ~로 팔다. ②[의존] 쌓아 놓은 물건의 더미를 세는 단위. ¶사과 한 ~.
무더기-무더기 囝 무더기가 여기저기 많이 있는 모양. ¶볏단을 ~ 쌓아 놓다. ㈜무덕무덕. ㈜모다기모다기.
무-더위 圀 찌는 듯한 더위. ¶~가 기승을 부리다.
무덕-무덕[-덩-] 囝 '무더기무더기'의 준말. ¶밭에 ~ 쌓인 무. ㈜모닥모닥.
무던-하다 옝 1 정도가 어지간하다. ¶그만하면 무던하게 참았네. 2 성질이 너그럽고 수더분하다. ¶무던한 사람. 무던-히 囝 ¶오늘은 ~도 추운 날이다.
무덤 圀 죽은 사람(드물게, 동물)을 기억하거나 추모하기 위해 그의 시체를 땅에 묻고 일정한 모양으로 꾸며 놓은 곳. 우리나라에서는 흔히 흙을 두두룩이 덮고 떼를 입힌. 세는 단위는 장·기(基)·자리. =구묘(丘墓)·분묘(墳墓)·유택(幽宅)·총묘. ¶돌~ / ~을 파다 / ~에 묻다.

[유의어] 무덤 / 묘지
'무덤'은 죽은 사람(드물게 동물)을 흙으로 덮어서 묻어 놓은 곳을 가리키고, '묘지'는 그 무덤을 포함하여 그 근처의 땅을 가리킴. ¶그는 무덤을 향해 절을 올렸다. / 산에 공동묘지를 만들다.

무덤-가 圀 무덤의 가장자리.
무덤덤-하다 옝 감정의 동요나 표정의 변화가 거의 없다. ¶아무렇지도 않다는 듯 무덤덤하게 말하다.
무-덥다[-따] 옝[ㅂ] <~더우니, ~더워> 찌는 듯이 매우 덥다. ¶여름의 무더운 날씨.
무데뽀(←圀無鐵砲/むてっぽう) 圀 '막무가내'로 순화.
무:도¹(武道) 圀 1 무예·무술 등의 총칭. ¶~를 익히다. 2 무사가 마땅히 지켜야 할 도리. ¶~를 지키다.
무:도²(舞蹈) 圀 1 춤을 추는 것. 2 음악에 맞추어 몸을 움직여 감정·의사 등을 나타내는 신체적인 예술. ㈜댄스·무용. 무:도-하다¹ 图[자]
무도³(無道) →무도-하다² 옝 도리에 어긋나서 막되다. ¶무도한 짓을 하다. 무도-히 囝
무:도-곡(舞蹈曲) 圀[음] =춤곡.
무:도-장¹(武道場) 圀 무예·무술을 익히거나 시합하는 곳.
무:도-장²(舞蹈場) 圀 춤추기 위하여 따로 마련하여 놓은 곳.
무:도-회(舞蹈會)[-회/-훼] 圀 여러 사람이 사교춤을 추면서 노는 모임. ¶가장(假裝)~.
무독¹(無毒) 圀 독이 없음. ↔유독(有毒).
무독²(無毒) →무독-하다[-도카-] 옝[어] 해가 될 만한 독한 기운이 없다. ¶무독한 음식. 2 성품이 착하고 온순하다.
무:동(舞童) 圀 1 전날에, 나라 잔치 때 노래를 부르며 춤을 추던 사내아이. 2 걸립패에서, 남의 어깨 위에 서서 춤을 추는 아이.
무동(을) 서다 ⬚ 남의 어깨 위에 올라서다.
무동(을) 타다 ⬚ 남의 어깨 위에 두 다리를 벌리고 올라타다.
무두-무미(無頭無尾) 圀 밑도 끝도 없음. 무두무미-하다 옝
무:두-질 圀 1 짐승의 날가죽에서 털과 기름을 제거하여 가죽을 부드럽게 만드는 일. 2 (배고픔이나 속병 등이 배 속이나 창자를) 쓰리고 아프게 하는 것. 비유적인 말임. 무:두질-하다 图[타어] ¶ 허기증은 무작정 명치 속을 무두질했다. 《박완서:도시의 흉년》
무드(mood) 圀 어떤 곳에 감도는 독특한 분위기. 특히, 낭만적이고 정감 있는 분위기. ¶축제 ~ / ~를 살리다 / ~가 깨지다.
무드기 囝 두두룩하게 많이.
무드-음악(mood音樂) 圀 완만한 템포의 감미롭고 조용한 정서에 넘치는 음악.
무-득점(無得點)[-쩜] 圀 득점이 없음. ¶~경기 / 상대 팀을 무안타 ~으로 봉쇄하다.
무등(無等) 囝 더할 나위 없이.
무디다 옝 1 (물체의 날이나 끝이) 날카롭지 못해 다른 물건을 베거나 자르거나 뚫기 어려운 상태에 있다. ¶칼날이 ~. ↔날카롭다. 2 (감각이나 신경이나 감성 등이) 느껴 깨닫는 힘이 모자라는 상태에 있다. ¶신경이 무딘 사람 / 손끝의 감각이 ~. 3 (표현하는 힘이) 날카롭지 못하다. 4 (말이) 무지고 뚝뚝하다.
무뚝뚝-하다[-뚜카-] 옝[어] (말이나 표정이) 상냥하거나 부드럽지 못한 상태에 있다. 또는, (사람의 태도가) 친절함이 없거나 아기자기한 맛이 없다. ㈜뚝뚝하다. ¶무뚝뚝한 말투 / 무뚝뚝한 남자.
무뚝-무뚝[-뚱-] 囝 1 음식을 이로 큼직큼직하게 떼어 먹는 모양. ¶무를 뽑아 ~ 먹다. 2 말을 이따금 사리에 맞게 하는 모양. ¶~하는 말이 제법이다.
무뜩 囝 '문뜩'의 준말.
무뜩-무뜩[-뚱-] 囝 '문뜩문뜩'의 준말.
무람-없다[-업따] 옝 예의를 지키지 아니하여 버릇없다. 무람없-이 囝 ¶어른에게 ~ 굴다.
무량(無量) 圀 헤아릴 수 없는 것. 무량-하다 옝[어] ¶감개 ~.
무량-겁(無量劫) 圀[불] 헤아릴 수 없는 긴 시간. 또는, 끝이 없는 시간. =아승기겁.
무량-대수(無量大數) ㈜ 십진급수의 하나. 불가사의(不可思議)의 만 배. 곧, 10^{68}. =무량수(無量數).
무량-수(無量壽) 圀 1 한없이 오랜 수명. =무량대수(無量上壽). 2 [불] 아미타불 및 그 땅의 백성의 수명이 한량이 없는 일.
무량-수(無量數) ㈜ =무량대수.
무럭-무럭[-렁-] 囝 1 순조롭고 힘차게 잘 자라는 모양. ¶~ 자라는 어린이. 2 연기·김 따위가 계속하여 많이 일어나는 모양. ¶연기가 ~ 나다 / 밥에서 김이 ~ 나다. 3 느낌·기운 따위가 자꾸 나는 모양. ㈜모락모락.

무럭-이[부] 수두룩하게.
무럽다[-따][형ㅂ]〈무러우니, 무러워〉빈대·벼룩 따위의 물것에 물려 가렵다. ¶모기 물린 자리가 ~.
무려(無慮)[부] 큰 수효 앞에 붙어, '자그마치', '엄청나게'의 뜻으로 쓰이는 말. ¶~ 10만 명이 넘는 사상자.
무!력¹(武力)[명] 1 군사상의 힘. 비)병력(兵力). ¶~를 도발 / 남침 / 충돌. 2 마구 욱대기는 힘.
무력²(無力)→무력-하다[-려카-][형여] 1 힘이 없다. ¶제공권을 상실한 **무력한** 군대. 2 (활동력·능력·금력 따위의) 역량이 없다. ¶부양 능력을 잃은 **무력한** 가장(家長).
무력-감(無力感)[-깜][명] 자신이 무력한 것을 깨달았을 때, 그리고 무슨 일을 하여도 아무 소용이 없음을 깨달았을 때의 허탈하고도 맥빠진 듯한 느낌. ¶~을 맛보다 / ~에 빠지다.
무력-소치(無力所致)[-쏘-][명] 필요한 힘·능력이 없는 까닭. ¶누구를 탓할 일이겠습니까. 오직 저의 ~이지요.
무!력-시위(武力示威)[-씨-][명] 군사상의 힘으로 위력이나 기세를 드러냄. ¶~를 벌이다.
무력-증(無力症)[-쯩][명][의] 체력이 전신 또는 부분적으로 결핍·상실되는 증세.
무력-화(無力化)[-려콰][명] 힘이 없게 되는 것. 또는, 그렇게 하는 것. **무력화-하다**[동](자)(타)[여] ¶적의 공세를 ~. **무력화-되다**[동](자)
무렴(無廉)[명] 염치가 없음을 느껴 마음이 거북한 것. **무렴-하다**[형여] **무렴-히**[부]
무렵[명](의존)(명사나 어미 '-ㄹ' 또는 관형사 다음에 쓰이어) 어떤 일·상태가 벌어지거나 일어나려는 시간에 가까운 때. ¶저녁 ~ / 매밀꽃 필 ~ / 출업하던 바로 그 ~의 일. ▷즈음.
무례(無禮)[명] (사람이) 예의가 없거나 예의를 갖추지 않은 상태에 있는 것. ¶~를 용서하십시오. **무례-하다**[형여] ¶**무례한** 태도. **무례-히**[부]
무론(無論·毋論)[명][부]=물론(勿論).
무뢰-배(無賴輩)[-뢰/-뤠-][명] 무뢰한의 무리. =타류(濁流).
무뢰-한(無賴漢)[-뢰/-뤠-][명] 일정한 직업이 없이 돌아다니며 불량한 짓을 하는 사람.
무료¹(無料)[명] 1 값이나 삯이 필요 없음. ¶~입장. ↔유료(有料). 2 급료가 없음. 비)무급(無給). ¶~ 봉사.
무료²(無聊)[명] 1 재미있는 일이 없어 심심하고 지루한 것. ¶~을 이기지 못하다. 2 부끄럽고 열없는 것. **무료-하다**[형여] ¶가족이 모두 나가고 찾아오는 사람도 없어 **무료한** 하루를 보냈다. **무료-히**[부]
무류¹(無謬)→무류-하다[형여] 오류가 없다.
무류²(無類)→무류-하다²[형여] (아주 뛰어나) 달리 견줄 만하다.
무르녹다[-따][동](자) 1 (과일이나 삶은 음식이) 폭 익어서 흐무러지다. 2 일이 한창 이루어지려는 고비에 이르다. ¶기회가 ~. 3 (그늘이나 단풍이) 매우 짙어지다. ¶가을도 이제 한창 **무르녹는** 계절이었다. 나무는 누렇게 단풍이 들기 시작했다. 《안수길:북간도》
무르다¹[동](자)(타)〈무르니, 물러〉굳은 물건이 폭 익어서 물렁물렁하게 되다. ¶감이 ~.

무릎베개●649

무르다²[동] 1(타)〈무르니, 물러〉 1 샀거나 바꾸었던 것을 도로 주고 치른 돈이나 물건을 찾다. ¶새로 산 옷에 흠집이 있어 ~. 2 이미 한 일을 전의 상태로 되돌리다. ¶장기의 수를 ~. 2(자) 있던 자리에서 뒤로 옮기다. ¶다섯 발짝만 뒤로 물러라.
무르다³[형](르)〈무르니, 물러〉 1 단단하지 않고 여리다. ¶**무른** 살 / 비가 온 뒤라 땅이 ~. 2 물기가 많아 빳빳하지 않다. ¶반죽이 너무 ~. 3 마음이나 힘이 여리고 약하다. ¶성격이 ~.
무르-익다[-따][동](자) 1 (과일·곡식 따위가) 익을 대로 폭 익다. ¶오곡백과가 ~. 2 (시기나 일이) 충분히 성숙되다. ¶분위기가 ~ / 솜씨가 ~ / 봄이 ~.
무르춤-하다[동](자)[여] 뜻밖의 사실에 가볍게 놀라 갑자기 물러서려는 듯이 행동을 멈추다. 비)무춤하다.
무르팍[명] '무릎'을 속되게 이르는 말. 준)물팍.
무름-하다[형여] 알맞게 무르다. 또는, 폐 무르다.
무릎-쓰다[동](타)〈-쓰니, -써〉 1 어렵고 괴된 일을 그대로 참고 견디어 내다. ¶모든 어려움을 **무릅쓰고** 드디어 해내다. 2 위로부터 그대로 덮어쓰다.
무릇¹[-륻][명][식] 백합과의 여러해살이풀. 파·마늘과 비슷하며, 7~9월에 담자색 꽃이 핌. 어린잎과 비늘줄기는 식용함. 구황 식물의 하나이며, 들이나 밭에 절로 자람.
무릇²[-륻][부] 대체로 헤아려 생각하건대. =대범(大凡). 비)대저(大抵). ¶~ 노력 없이 성공한 사람은 없다.
무!릉-도원(武陵桃源)[명] 1 도연명(陶淵明)의 '도화원기(桃花源記)'에 기술된 선경(仙境). 2 세상과 따로 떨어진 별천지를 비유하여 이르는 말. 준)도원.
무릎[-릅][명][생] 1 넓적다리와 정강이의 사이에 있는 관절의 앞부분. =슬두(膝頭). 2 (주로, '무릎(위)에 앉다, 무릎을 베다' 등의 꼴로 쓰여) 사람이 바닥이나 의자에 앉은 상태에서의 넓적다리 위쪽 앞부분. ¶아내의 ~을 베고 눕다.
무릎(을) 꿇다[구] 항복하거나 굴복하다.
무릎(을) 치다[구] 몹시 놀랍거나 기쁜 일이 있을 때에 무릎을 탁 치다. ¶그는 내 말이 끝나자 옳거니 하며 **무릎을 쳤다**.
무릎-걸음[-릅껄-][명] 꿇어앉아 무릎으로 걷는 걸음.
무릎-깍지[-릅-찌][명] 두 무릎을 세우고 앉아, 무릎을 팔 안에 안고서 낀 깍지. ¶~를 끼다.
무릎-꿇림[-릅꿀-][명] 예전에 죄인을 문초할 때, 두 손을 뒤로 묶고 뜰 아래에 무릎을 꿇려 앉히던 벌. **무릎꿇림-하다**[동](타)[여]
무릎-도가니[-릅또-][명] 1 소의 무릎의 종지뼈와 거기에 붙은 고깃덩이. 2[생] '종지뼈'를 속되게 이르는 말. 준)도가니.
무릎-맞춤[-릅맏-][명] 두 사람의 말이 서로 어긋날 때, 제삼자 앞에서 맞대어 놓고 따지는 일. =양조대변. 비)대질(對質). **무릎맞춤-하다**[동](자)[여]
무릎^반!사(-反射)[-릅빤-][명][생] 무릎의 종지뼈를 치면 대퇴 사두근이 순간적으로 수축하여 아랫다리가 앞으로 뻗는 반사 운동. =슬개건 반사.
무릎-베개[-릅뻬-][명] 남의 무릎을 베개 삼아 베는 일. **무릎베개-하다** 동자여 ¶무릎베개한 채 깜빡 잠들다.
무릎-장단[-릅짱-] 명 장단에 맞추어 손으로 무릎을 치는 일. ¶흥겨운 창에 ~을 치면서 어깨춤을 추다.
무릎-치기¹[-릅-] 명 무릎까지 내려오는 짧은 바지.
무릎^치기²[-릅-] 명[체] 씨름에서, 상대편의 무릎을 손으로 쳐서 넘기는 기술.
무리¹ 명 여럿이 모여 한동아리를 이룬 사람 또는 짐승. ¶반역의 ~ / 늑대의 ~ / ~를 짓다. ☞떼.
무리² 1 함께 일하는 사람들이 한목 떼 지어 나오는 때. 2 생산물 등이 한꺼번에 많이 쏟아져 나오는 시기.
무리³ 명[천] 대기 가운데 떠 있는 작은 물방울에 의한 빛의 굴절·반사 등으로, 해나 달의 둘레에 때때로 생기는 백색의 둥근 테. =광관(光冠)·광환(光環). ¶달~/햇~.
무리⁴(無理) 명 이치에 닿지 않거나 정도에 지나치게 벗어나는 것. ¶이 어려운 책을 중학생이 읽는 건 ~다. /1일 20시간 가동시키면 기계에는 ~가 가서 고장 나기 쉽다. **무리-하다**¹ 동자여 ¶무리하지 마라, 병날라. ☞무리하다².
무리꾸럭 명 남의 빚이나 손해를 대신 물어 주는 일. ¶"…그 딸년 끌어들이는 꼴이, 약값, 입원료도 좋이 ~을 해 줄 거라!"〈염상섭:삼대〉×물잇구럭. **무리꾸럭-하다** 동 타여
무리-무리 부 〈생산물 따위의 출하가〉 때에 맞추어 여러 차례. ¶과일이 ~ 쏟아져 나오다.
무리^방정식(無理方程式) 명[수] 미지수에 관련된 무리식을 가진 방정식. ↔유리 방정식.
무리-수¹(無理數) 명 1 바둑·장기 등에서, 무리하게 두는 수. 2 어떤 일을 무리하게 추진하는 상태. 비유적인 말임. ¶~ 경영이 부실을 초래하다.
무리-수²(無理數) 명[수] 실수(實數)이면서 정수·분수의 형식으로 나타낼 수 없는 수. √5나 π(원주율) 따위. ↔유리수.
무리-식(無理式) 명[수] 무리수가 들어 있는 대수식(代數式). ↔유리식.
무리-하다²(無理-) 형여 이치에 닿지 않아 억지스럽거나 정도가 지나치다. ¶무리한 요구/무리한 운동은 도리어 건강을 해칠 우려가 있다.
무리^함:수(無理函數)[-쑤] 명[수] 변수를 무리식의 형태로 포함하는 함수. ↔유리 함수.
무-림(武林) 명 무사들이 이루는 세계. 또는 무술의 세계를 멋스럽게 이르는 말. ¶~의 고수〈지혼〉.
무릿-매[-린-] 명 1 잔돌을 짤막한 노끈에 걸고 두 끝을 한데 잡아 휘두르다가 한끝을 놓으면서 멀리 던지는 팔매. 2 몰매.
무마(撫摩) 명 1 〈분쟁이나 사건 등을〉 편법을 동원하여 적당한 선에서 문제가 되지 않게 처리하는 것. 2 〈사람을〉 위로하여 달래는 것. **무마-하다** 타여 ¶돈으로 사건을 ~/불 뽑은 어투에는 좋잖은 심사를 무마하려는 노력이 있다.〈박경리:토지〉 **무마-되다** 동자
무:-말랭이 명 무를 반찬거리로 쓰려고 썰어서 말린 것. 준말랭이.

무-맛(無-)[-맏] 명 아무 맛이 없는 것.
무망(無望) →**무망-하다** 형여 희망이나 가망이 없다.
무망-중(無妄中) Ⅰ 뜻하지 않음. ¶~의 일이라 적잖이 놀랐다. 준무망.
Ⅱ부 뜻하지 않은 가운데. ¶~ 사고를 당하니 정신이 없다.
무-면허(無免許) 명 면허가 없는 것. ¶~ 운전 / ~ 의사.
무명¹ 명 〈준〉木棉) 무명실로 짠 피륙. 세는 단위는 필·동(50필). =면포(綿布)·목면·백목(白木). 준명.
무:명²(武名) 명 무용(武勇)으로써 난 이름. 또는 무인으로서의 명예. ↔문명(文名).
무명³(無名) 명 1 이름이 없는 것. 2 〈일부 명사 앞에 쓰여〉 이름이 널리 알려지지 않은 것. ¶~ 작가 / ~ 가수. ↔유명(有名). **무명-하다** 형여
무명⁴(無明) 명[불] 사견(邪見)이나 망집에 싸여 불교의 진리를 깨닫지 못하는 마음의 상태.
무명-수(無名數)[-쑤] 명[수] 단위의 이름이 붙지 않는 보통의 수. 하나·둘·셋 등. =불명수(不名數). ↔명수.
무명-실 명 솜을 자아 만든 실. =면사(綿絲)·목면사·목사(木絲). ☞목실.
무명-씨(無名氏) 명 이름을 모르는 사람. =실명씨(失名氏). ¶~의 작품.
무명-옷[-옫] 명 무명으로 지은 옷. =면의(綿衣).
무명-용사(無名勇士)[-농-] 명 세상에 이름이 알려지지 않은 용사.
무명-지(無名指) 명 =약손가락. ¶~를 깨물어 혈서를 쓰다.
무명지사(無名之士) 명 세상에 널리 알려지지 않은 인사(人士) 또는 선비. ¶한날 ~이던 그가 정계(政界)에 투신하더니 어느새 내각의 수반에까지 올랐다.
무명-초(無名草) 명 이름이 없거나 알려지지 않은 풀.
무모(無謀) →**무모-하다** 형여 앞뒤를 헤아려 생각하는 신중성이나 분별력이 없다. ¶무모한 행동 / 무모하게 사업을 확장하다. **무모-히** 부
무모-증(無毛症)[-쯩] 명[의] 머리털·수염·액모(腋毛)·거웃 등이 나지 않거나 발육이 불완전한 병증.
무:문(貿貿·瞀瞀) →**무:문-하다** 형여 교양이 없어 말과 행동이 무식하고 서투르다. **무:문-히** 부
무문(無紋) 명 무늬가 없는 것. **무문-하다** 형여
무문-토기(無紋土器) 명[고고] =민무늬 토기.
무:미¹(貿米) 명 장사하려고 많은 쌀을 사들이는 일. =무곡(貿穀). **무:미-하다**¹ 동자여
무미²(無味) →**무미-하다**² 형여 1 맛이 없다. 2 재미가 없다. ¶무미한 생활.
무미-건조(無味乾燥) →**무미건조-하다** 형여 재미나 멋이 없이 메마르다. =건조무미하다. ¶틀에 박힌 듯 매일같이 똑같은 일만 되풀이하는 무미건조한 생활.
무박(無泊) 명 여행이나 훈련 등이 잠을 자지 않고 이뤄지는 일. 여행의 경우에는, 주로 2일 동안의 여행이 숙박하지 않는 상태로 이뤄지는 것을 가리킴. ¶~ 훈련 / 기차를 이용하여 ~ 2일로 정동진을 다녀오다.

무!반(武班) 명 [역] 무관의 반열. =무열(武列)·서반(西班)·호반(虎班). ↔문반(文班).
무반동-총(無反動銃) 명 [군] 총을 쏠 때, 총이 총알 나가는 반대쪽으로 밀리지 않도록 만든 총.
무반동-포(無反動砲) 명 [군] 보병 무기의 하나. 포탄 발사 때의 가스를 뒤쪽으로 분사시켜 포신(砲身)의 반동을 없앤 것으로, 가벼우므로 보통 어깨에 올려놓고 쏨. 대전차용(對戰車用)임.
무-반주(無伴奏) 명 반주가 없는 것. ¶~ 합창 / ~로 노래하다.
무방(無妨) ➡무방-하다 [형][여] 거리낄 것이 없이 괜찮다. ¶청소년이 관람해도 **무방한** 영화.
무방비(無防備) 명 적이나 위험을 막아 낼 준비가 되어 있지 않은 것. ¶~ 상태.
무방비^도시(無防備都市) 명 국제법상 전시(戰時)에도 공격이 금지되어 있는, 군사적인 방비가 없는 도시.
무!-밭[-받] 명 무를 심어 가꾸는 밭.
무-배당(無配當) 명 [경] 이익 배당이 없는 것. 특히, 주식(株式)에서 배당이 없는 일.
무배-주(無配株) 명 [경] 이익 배당을 행하지 못한 상장 회사의 주식. ↔유배주.
무법(無法) 명 1 법이나 제도가 확립되지 않고 질서가 문란하여 법이 없는 것 같은 것. 2 도리에 어긋나고 예의가 없는 것. **무법-하다** [형][여] ¶**무법한** 행동.
무법-자(無法者) [-짜-] 명 법을 무시하거나, 거칠고 험한 짓을 하는 사람. ¶황야의 ~.
무법-천지(無法天地) 명 제도와 질서가 문란하여 법이 없는 것 같은 세상. ¶불량배들이 밤낮없이 ~로 날뛰고 있다.
무!변[1](武弁) 명 [역] =무관(武官)[1].
무변[2](無邊) ➡무변-하다 [형][여] 끝닿은 데가 없다.
무변-광야(無邊曠野) 명 끝없이 넓은 벌판.
무-변리(無邊利) [-별-] 명 변리가 없는 것. (준)무변.
무병(無病) 명 병이 없는 것. ¶~ 무탈. **무병-하다** [형][여]
무병-장수(無病長壽) 명 병 없이 오래 삶. **무병장수-하다** [자][여]
무-보수(無報酬) 명 보수가 없는 것. ¶~로 일하는 자원 봉사자.
무!복[1](巫卜) 명 무당과 점쟁이.
무!복[2](巫服) 명 무당이 굿할 때 입는 옷.
무복-친(無服親) 명 1 상례(喪禮)에서, 상복을 입는 촌수는 아닌 가까운 친척. 2 =단문친(袒免親).
무-분별(無分別) ➡무분별-하다 [형][여] 분별이 없다. ¶**무분별한** 행동[언동] / 돈을 **무분별하게** 쓰다.
무불간섭(無不干涉) 명 함부로 참견하고 간섭하지 않는 것이 없음. **무불간섭-하다** [형][여]
무불통지(無不通知) 명 무슨 일이든지 다 통하여 모르는 것이 없음. **무불통지-하다** [형][여]
무!비[1](武備) 명 군사에 대한 장비 또는 준비. (비)병비(兵備).
무비[2](無比) 명 아주 뛰어나서 견줄 데가 없는 것. ¶천하 ~의 명장(名將). **무비-하다** [형][여]
무비올라(moviola) 명 [영] 영화 필름의 화면과 확성기의 소리를 검토하면서 필요하지 않은 부분은 잘라 내는, 발성 영화의 편집용 기계.
무비^카메라(movie camera) 명 영화를 촬영하는 기계. =영화 촬영기·시네카메라.
무비판-적(無批判的) [관][명] 시비를 가리지 않고 덮어놓고 하는 (것). ¶외래 문물을 ~으로 받아들일 수는 없다.
무!사[1](武士) 명 무사(武事)를 익혀 그 방면에 종사하는 사람. =무부(武夫). (비)싸울아비. ↔문사.
무!사[2](武事) 명 무예와 싸움에 관한 일. ↔문사(文事).
무사[3](無死) 명 [체] =노 아웃. ¶~ 만루.
무사[4](無事) ➡무사-하다 [형][여] 1 아무 걱정할 일이 없다. 2 사고 없이 안전하다. ¶교통사고로 차는 부서졌지만 사람은 ~. **무사-히** [부] ¶전쟁터에서 ~ 살아 돌아오다.
무사[5](Mousa) 명 [신화] 그리스 신화에 나오는, 아폴로 신에게 시중을 드는 학예(學藝)의 신. 영어명은 뮤즈(Muse).
무-사고(無事故) 명 사고가 없는 것. ¶~ 운전 / ~ 비행.
무사-도(武士道) 명 무사로서 지켜야 할 도리. (비)기사도(騎士道).
무-사마귀 명 [의] 살가죽에 밥알만 하게 돋은 군살. 주로 어린아이에게 많으며, 전염성 바이러스로 생김.
무사^분열(無絲分裂) 명 [생] 염색체나 방추사가 형성되지 않고 핵과 세포질이 그대로 둘로 갈라지는 세포의 핵분열. 양달개비의 줄기 세포, 암세포 등에서 볼 수 있음. =직접 분열. ↔유사 분열.
무-사사구(無四死球) 명 [체] 야구에서, 어떤 경기에서 투수가 포볼과 데드 볼을 한 번도 던지지 않은 상태.
무사-주의(無事主義) [-의/-이] 명 모든 일에 말썽 없이 무난히 지내려는 소극적인 태도나 경향. ¶안일한 ~에 젖어 있는 관료들.
무사-태평(無事太平) ➡무사태평-하다 [형][여] 1 아무 탈 없이 편안하다. ¶**무사태평한** 세상. 2 어떤 일에도 개의하지 않고 태평하다. ¶살림에는 도무지 관심이 없으니 **무사태평한** 사람이야.
무사-통과(無事通過) 명 아무 제재도 받지 않고 그냥 통과함. **무사통과-하다** [자][여] ¶이 통행증만 있으면 정문에서 **무사통과할** 수 있다. **무사통과-되다** [자]
무산[1](無産) 명 재산이 없는 것. ¶~ 계급. ↔유산(有産).
무!산[2](霧散) 명 안개가 걷히듯 흩어져 없어지는 것. **무!산-하다** [자][여] **무!산-되다** [자] ¶불의의 사고로 여행이 ~.
무산^계급(無産階級) [-계-/-게-] 명 [사] 자본주의 사회에서, 재산이 없이 자기의 노동력을 팔아 생활하는, 사회의 최하층 계급. =무산 계급·프롤레타리아트. ↔유산 계급.
무산-대중(無産大衆) 명 노동자·빈농(貧農) 등 가난한 대중.
무산-자(無産者) 명 재산이 없는 사람. 또는, 무산 계급에 속하는 사람. ↔유산자.
무-살 명 탄탄하지 못하고 물렁물렁하게 찐 살.
무-삶이 [농] 논에 물을 대고 써레질을 하고 나래로 고르는 일. 또는, 그렇게 한 논. ↔건삶이. **무삶이-하다** [자][여]
무삼 명 '수삼(水蔘)'의 잘못.
무상[1](無上) 명 더할 나위 없는 최고의 것. ¶

초대해 주시니 ~의 영광입니다. **무상-하다**¹ [형여]

무상²(無常) [명] **1** 덧없는 것. ¶~인생. ~. **2** 일정하지 않은 것. **3** [불] 모든 것은 생멸 변전(生滅變轉)하여 상주(常住)함이 없는 것. ¶제행(諸行). **무상-하다**² [형여]

무상³(無想) [명] 일체의 상념이 없는 것. ¶무념(無念). **무상-하다**³ [형여]

무상⁴(無償) [명] 어떤 행위에 대하여 그 대가나 보상이 없음. ¶~ 원조. ↔유상(有償).

무상^교육(無償敎育) [명][교] 교육을 받는 학생에게 일체의 부담을 주지 않고, 무료로 실시하는 교육 형태. ▷의무 교육.

무-상시(無常時) [명] 일정한 때가 없음. 준무시(無時).

무상-주(無償株) [명][경] 무상으로 발행되는 주식. 발기인주(發起人株) 따위.

무상^증자(無償增資) [명][경] 적립금의 자본 전입이나 주식 배당 등의 출자와 같이, 자본의 법률상의 증가분만을 가져오는 명목상의 증자. ↔유상 증자.

무상-출입(無常出入) [명] 아무 때나 거리낌 없이 드나듦. **무상출입-하다** [자(타)여] ¶그는 우리 집에 무상출입하는 친구다.

무-색¹(-色) [명] 물감을 들인 빛깔. ¶~ 치마.

무색²(無色) [명] 어떤 물질이나 물체가 아무 빛깔이나 색깔이 없는 상태. ¶~의 기체. / ~투명한 유리.

무색³(無色) →**무색-하다** [-새카-] [형여] **1** 겸연쩍고 부끄럽다. ¶사람들 앞에서 창피를 당하자 그는 이내 **무색하여** 얼굴이 붉어졌다. **2** (어떤 대상이) 훨씬 더 뛰어나거나 두드러진 대상으로 말미암아 부끄러움을 느끼거나 특색을 나타내지 못하는 상태에 있다. ¶한증막을 **무색하게** 하는 삼복더위 / 화가가 **무색할** 정도의 뛰어난 그림 솜씨를 보이다.

무색-무취(無色無臭) [-생-] [명] **1** 아무 빛깔과 냄새가 없음. **2** 허물이 없이 깨끗함을 비유하여 이르는 말. **무색무취-하다** [형여]

무색-옷(-色-) [-옫] [명] 물을 들인 천으로 지은 옷. 준색옷.

무생-대(無生代) [명][지] 캄브리아기보다 앞선 지질 시대. 본디 생물이 없었던 시대라고 생각되었으나, 뒤에 화석이 발견됨으로써 이 말은 잘 쓰이지 않게 되었다.

무생-물(無生物) [명] 생활 기능이나 생명이 없는 물건. 곧, 돌·흙·물 따위. ↔생물.

무-생채(-生菜) [명] 무를 채 쳐서 갖은 양념을 하여 무친 나물.

무-서리 [명] 늦가을에 처음 내리는 묽은 서리. ¶노오란 네 꽃잎이 피려고 간밤엔 ~가 저리 내리고…. 《서정주: 국화 옆에서》 ↔된서리.

무서움 [명] 무섭다고 여기는 심리적 상태. ¶~을 타다.

무서워-하다 [동(타)여] (주로 사람이, 또는 드물게 동물이 어떤 일이나 존재나 대상을) 무섭게 여기다. ¶창호가 아버지를 ~ / 짐승들이 불을 ~.

무-석인(武石人) [명] =무인석.

무선(無線) [명] 통신·방송 등이 전선을 설치하지 않고 전파를 이용하는 방식일 것. ¶~안테나 / ~ 인터넷. ↔유선(有線).

무선-국(無線局) [명] 무선 전신·무선 전화, 그 밖의 전파를 보내거나 받기 위한 전기적 설비와 그 설비의 조작을 하는 기구.

무선^방!송(無線放送) [명] 전선을 이용하지 않고 하는 방송. ↔유선 방송.

무선^전!신(無線電信) [명][물] 전선을 사용하지 않고 전파를 이용하여 행하는 전기 통신. 준무전. ↔유선 전신.

무선^전!화(無線電話) [명] 전파를 이용한 전화. 국제 전화나 항공기·자동차·선박의 연락 등에 쓰이며, 라디오도 이것의 하나임. 준무전. ↔유선 전화.

무선^전!화기(無線電話機) [명] 송수화기와 전화기 몸체 사이를 무선으로 연결한 전화기.

무선^조종(無線操縱) [명][물] 무인(無人)의 항공기·함선·수뢰·기계 따위를 전파로써 원격 조종하는 일. =무선 제어(無線制御).

무선^통!신(無線通信) [명] 전파를 이용한 통신. 무선 전신·무선 전화·라디오 방송·텔레비전 방송 따위. ↔유선 통신.

무선^표지(無線標識) [명] 일정한 지점으로부터 특정의 방향성을 가지는 전파를 발사하여, 항공기·선박 등에 그 지점에 대한 위치나 방향을 알리는 장치. =라디오 비컨.

무선^항!법(無線航法) [-뻡] [명] 전파를 이용하여 선박이나 항공기 등의 위치를 도출(導出)하는 항법.

무선^호출기(無線呼出機) [명] 호출 전용의 소형 휴대용 수신기. =호출기. 비삐삐.

무섬 [명] '무서움'의 준말. ¶~을 타다.

무섬-증(-症) [-쯩] [명] 무서워하는 버릇이나 심리 현상.

무섭-다 [-따] [형비] <무서우니, 무서워> **1** (주로 사람이 어떤 존재나 대상이) 위협이나 위험이나 두려움을 주어 마음이 떨리는 상태에 있다. 또는, (어떤 존재나 대상이) 사람에게 위협이나 위험이나 두려움을 주는 상태에 있다. 비두렵다. ¶**무서운** 꿈 / **무서운** 영화. **2** (어떤 일의 상태나 행동이) 그 정도가 보통의 경우를 훨씬 넘어서 두렵거나 놀라운 상태에 있다. ¶비가 **무섭게** 퍼붓다. **3** (어떤 사람이) 어떤 일에 있어서 다른 사람을 두렵게 할 만큼 범상치 않거나 대단한 능력을 가진 상태에 있다. ¶그는 독학으로 고시에 패스한 **무서운** 사람이다. **4** ('-르만 무섭다'의 꼴로 쓰여) (어떤 사람이 어떤 일이 있거나 상황이었다) 마음을 놓지 못하는 상태에 있다. ¶남이 볼까 ~. **5** ('-기가 무섭게'의 꼴로 쓰여) 어떤 일이 이루어진 뒤에 그것과 관계가 있는 다른 일이 바로 다음에 이루어지는 상태에 있음을 강조하여 이르는 말. 비바쁘다. ¶그 책은 출판되기가 **무섭게** 날개 돋친 듯 팔려 나갔다. 좀매섭다.

유의어	무섭다 / 두렵다
둘 다 공포감을 가지는 심리 상태를 가리키나, **무섭다**의 경우는 공포감이 대상 자체의 속성에서 기인하는 반면, **두렵다**의 경우는 대상을 받아들이거나 이해하는 심리 상태에서 기인한다. 그리고 **무섭다**가 놀라움을 가진 즉각적 상태의 공포라면, **두렵다**는 불안에 가까운 비즉각적 상태의 공포라 할 수 있음.	

무성¹(無性) [명][생] 암컷과 수컷의 구별이 없는 것. ¶~ 번식. =유성 생식.

무성²(無聲) [명] 소리가 없는 것. 또는, 소리를 내지 않는 것. ¶~ 영화.

무성³(茂盛) →**무!성-하다** [형여] **1** (풀·잎·숲 등이) 많이 자라 빽빽이 들어차 있다. ¶잡초만 **무성한** 성터 / 나무가 **무성한** 숲. **2** (털·수염 등이) 많이 자라 더부룩하다. ¶수염이 **무성하게** 자라다. **3** (소문·비난 등이) 널리 퍼져 있다. 특히, 근거가 분명치 않은 소문에 대해 쓰이는 말임. [비]자자하다. ¶소문만 **무성할** 뿐 사실을 알 수 없다. **무¦성-히** [부]

무성^생식(無性生殖) [명][생] 배우자에 의하지 않는 생식 양식. 분열·출아·포자 형성 등에 의한 생식 따위. ↔유성 생식.

무성^세¦대(無性世代) [명][생] 세대 교번을 하는 생물에서, 포자체를 생육의 주체로 하는 시기. ↔유성 세대.

무성^영화(無聲映畫) [-녕-] [명][영] 유성 영화가 생기기 이전에 있었던, 소리 없이 영상(映像)만으로 된 영화. ↔유성 영화.

무성-음(無聲音) [명][언] =안울림소리. ↔유성음.

무-성의(無誠意) [-의/-이] [명] 성의가 없는 것. **무성의-하다** [형][여]

무소 [명][동] =코뿔소.

무-소득(無所得) [명] 얻는 바가 없음. **무소득-하다** [형][여]

무소부지(無所不至) [명] 이르지 않는 데가 없음. **무소부지-하다** [형][여]

무소불능(無所不能) [-릉] [명] 무엇이든 잘하지 않는 것이 없음. **무소불능-하다** [형][여]

무소불위(無所不爲) [명] 못 할 일이 없음. **무소불위-하다** [형][여]

무-소속(無所屬) [명] 어느 단체나 정당에도 속하여 있지 않는 것. 또는, 그 사람. ¶~ 의원 / ~으로 입후보하다.

무-소식(無消息) [명] 소식이 없는 것. ¶깜깜~. **무소식-하다** [형][여]

[**무소식이 희소식**(喜消息)] 소식이 없는 것은 무사히 잘 있다는 뜻이니, 곧 기쁜 소식이나 다름없다는 말.

무-소외(無所畏) [-외/-웨] [명][불] 부처나 보살이 설법을 할 때 아무것도 두려워함이 없는 일. =무외(無畏).

무-소유(無所有) [명] 가진 것이 없음.

무¦속(巫俗) [명] 무당의 풍속. ¶~ 음악. ▷샤머니즘.

무솔다 [동][자] 〈무소니, 무소오〉 (습기가 많아서 푸성귀 따위가) 물러서 썩다. ¶늦장마로 인해 가을 채소밭이 ~. [준]솔다.

무쇠 [-쇠/-쉐] [명] **1** [광] =주철(鑄鐵). **2** 정신적·육체적으로 강하고 굳센 것의 비유. ¶~ 다리 / ~ 주먹.

무수[1](無水) [명][화] **1** 수분이 없는 것. ¶~ 알코올. **2** 결정수(結晶水)를 함유하지 않는 것. ¶~ 황산구리. **3** 산소산에서 물의 분자가 제외된 모양의 분자. ¶~ 아세트산.

무수[2](無數) ➜**무수-하다** [형][여] 헤아릴 수 없이 수가 많다. **무수-히** [부] ¶밤하늘에 ~ 많은 별들이 떠 있다.

무수기 [명] 조수의 간만(干滿)의 차. ¶~를 보다.

무수리 [명][역] 고려·조선 시대에, 궁중에서 나인의 세숫물 시중을 맡아보던 계집종.

무숙-자(無宿者) [-짜] [명] 잘 곳이 없는 사람.

무순(無順) [명] 배열하거나 분류함에 있어서 일정한 순서가 없는 것.

무¦술[1](戊戌) [명] 60갑자의 서른다섯째.

무¦술[2](巫術) [명] **1** 무당의 방술(方術). **2** [종] =샤머니즘.

무¦술[3](武術) [명] 무도(武道)의 기술. ¶~ 연마 / ~ 시범.

무스(프mousse) [명] 머리에 발라 단정하게 하거나 어떤 헤어스타일을 연출해 내는, 거품 모양의 크림. 상표명에서 온 말임.

무스탕(†mustang) [명] 〔본뜻은 '미국의 남서부에 사는 야생마'〕 가공한 양모피. ¶~ 코트 / ~ 점퍼.

무슥 [대][지시] 〈방〉 무엇(함경).

무슨 [관] **1** 무엇인지 모르는 물건이나 일을 물을 때 그것을 지시하는 말. ¶~ 일로 오셨습니까? **2** 사물의 내용을 잘 모를 때 이르는 말. ¶허겁지겁 달려가는 걸 보니 ~ 일이 있는 게로군. **3** 굳이 특정의 사물을 지목하지 않을 때 이르는 말. ¶~ 일이든 저한테 맡겨만 주십시오. **4** 어떤 사실에 대한 못마땅함을 나타낼 때 쓰이는 말. ¶~ 날씨가 이렇게 덥지?

무슨 바람이 불어서 [구] 자주 오지 않던 사람이 어쩌다가 찾아왔을 때, '무슨 마음이 내켜서' 또는 '무슨 일이 있어서' 의 뜻으로 쓰이는 말.

무슨 뾰족한 수 있나 [구] 별로 신통한 수가 없음을 이르는 말.

무슨-무슨 [관] 한 개 이상의 사물에 대하여 말할 때, 그 이름이 확실치 않거나 그 이름을 구체적으로 밝히지 않으려고 할 경우에 그 종류명 앞에 쓰는 말. [비]아무아무. ¶~ 약국 / ~ 연구소 / ~ 방송국들이 취재 경쟁을 벌이다.

무슬림(Muslim) [명][종] '이슬람교도' 로 순화.

무-승부(無勝負) [명] 운동 경기 등에서, 승부가 없이 비기는 것. ¶한국과 일본의 축구 시합은 3 대 3 ~로 끝났다.

무시(無視) [명] **1** 사물의 존재 의의나 가치를 가볍게 여기거나 인정하지 않는 것. **2** (사람을) 업신여겨 알아주지 않는 것. **무시-하다** [동][타][여] ¶교통 법규를 ~ / 내가 없이 산다고 사람 **무시하는** 거냐? **무시-되다** [동][자]

무시근-하다 [형][여] (성미가) 느리고 흐리터분하다.

무시-로(無時-) [부] 정한 때가 없이 수시로. ¶남의 집을 제 집처럼 ~ 드나들다.

무시무시-하다 [형][여] 몹시 무서운 느낌이 있다. ¶**무시무시한** 꿈을 꾸다.

무시-무종(無始無終) [명] 시작도 없고 끝도 없이 영원한 상태.

무-시험(無試驗) [명] 시험을 치르지 않는 것. ¶~ 입학.

무식(無識) [명] 별로 배우지 못하여 세상을 살아가는 데 필요한 지식이나 교양을 거의 쌓지 못한 상태에 있는 것. ¶일자~ / ~을 면하다. ↔유식(有識). **무식-하다** [형][여] ¶**무식하지만** 소박하고 진실한 사람.

무식-꾼(無識-) [명] =무식쟁이.

무식-스럽다(無識-) [-쓰-따] [형][ㅂ] 〈~스러우니, ~스러워〉 무식한 데가 있다. **무식스레** [부]

무식-장이(無識-) [명] '무식쟁이' 의 잘못.

무식-쟁이(無識-) [-쨍-] [명] 무식한 사람을 낮잡아 이르는 말. =무식꾼. ×무식장이.

무¦신[1](戊申) [명] 60갑자의 마흔다섯째.

무¦신[2](巫信) [명][종] 무당을 믿는 토속 신앙. ▷샤머니즘·무속(巫俗).

무¦신[3](武臣) [명] 무관인 신하. ↔문신(文臣).

무신경(無神經) ➜**무신경-하다** [형][여] **1** 감각이 아주 둔하다. ¶불침을 놓아도 모르고 계속 잠만 자는 **무신경한** 사람. **2** (어떤 사람이) 마땅히 관심을 가져야 하거나 정서적 반응을 보여야 할 일에 전혀 그런 태도를 보이지 않는 상태에 있다. ¶사람이 워낙 **무신경해서** 남들이 욕하든 말든 전혀 개의치 않는다.

무신-론(無神論)[-논][명][철] 신의 존재를 부정하는 종교·철학상의 입장. ↔유신론.

무신론-자(無神論者)[-논-][명] 무신론을 내세우는 사람.

무:실-역행(務實力行)[-려캥][명] 참되고 실속 있도록 힘써 실행함. **무:실역행-하다** [동][자]

무-실점(無失點)[-쩜][명] 운동 경기나 승부 등에서 실점이 없는 것. ¶7회 초까지 ~으로 막다.

무심¹(無心)[명][불] 속세에 대하여 아무 관심이 없는 것.

무심²(無心) ➔ **무심-하다** [형여] **1** 아무런 생각이나 감정이 없다. ¶무심한 표정 / 세월이 **무심하게** 흐르다. **2** 남을 위한 걱정이나 관심이 없다. ¶사람이 너무 **무심해서** 아무 연락도 없다. **무심-히** [부] ¶한길을 ~ 내려다보다.

무심결-에(無心-)[-껼-][부] 주의하여 생각하거나 느끼지 못하는 사이에. ¶~ 입 밖에 내다.

무심-중(無心中)[부] =무심중에.

무심중-에(無心中-)[부] 어떤 의도나 의식이 없이 자기도 모르는 사이에. =무심중. ¶~ 발걸음은 그의 집으로 향했다.

무심-코(無心-)[부] 뜻하지 않고. ¶~ 한 말이 화근이 될 줄이야.

무쌍(無雙) ➔ **무쌍-하다** [형여] 견줄 만한 데가 없을 만큼 뛰어나다. ¶변화 ~ / 용감 ~. **무쌍-히** [부]

무:-씨 [명] 무의 씨.

무아(無我)[명] **1** 어떤 일에 깊이 빠져 자기의 존재를 잊는 것. [비]몰아(沒我). ¶~의 경지. **2** 사욕(私慾)이 없는 것. **3** [불] 불변의 실체로서의 '나'는 존재하지 않음을 이르는 말.

무아-경(無我境)[명] 마음이 어느 한곳으로 온통 쏠려 자신의 존재를 잊고 있는 경지. =무아지경. ¶황홀한 절경 앞에 서서 ~에 빠지다.

무아지경(無我之境)[명] =무아경. ¶~에 빠지다.

무:악(舞樂)[명][음] 궁중 무용에 맞추어 아뢰는 아악(雅樂).

무안(無顏)[명] 약점·잘못 등이 드러나거나 비난을 당하거나 하여, 얼굴을 들기 어려울 만큼 부끄럽거나 창피한 상태에 있는 것. ¶~을 당하다. **무안-하다** [형여] ¶어찌나 **무안하던지** 고개를 들지 못했다. **무안-히** [부]

무안(을) 주다 [관] 상대방을 무안하게 하다. ¶여러 사람 앞에서 ~.

무안-스럽다(無顏-)[-따][형ㅂ]<-스러우니, ~스러워> 무안한 데가 있다. **무안스레** [부]

무-안타(無安打)[명][체] 야구에서, 안타가 없는 것. =노히트. ¶~로 공격을 끝내다.

무애(無礙·無碍)[명] **1** 막히는 것이 없는 것. **2** [불] 큰 깨달음을 얻어 어디에 구애되지 않고 자유로운 상태. **무애-하다** [형여]

무액면-주(無額面株)[-앵-][명][경] 주권의 액면 가격이 기재되어 있지 않아 발행 가격을 자유로이 정할 수 있는 주식. ↔액면주.

무양(無恙) ➔ **무양-하다** [형여] 몸에 탈이 나 병이 없다. **무양-히** [부]

무어 Ⅰ [대][지시][인칭] '무엇'의 준말. ¶~라고 할 말이 없다. [준]머·뭐.
Ⅱ [감] **1** 놀라움을 나타내는 말. ¶~, 사고를 당했다고? **2** (친구나 아랫사람이 부를 때) 대답을 겸하여, 왜 부르느냐는 뜻으로 되묻는 말. ¶"철수야, 철수야!" "~? 왜 그래?" **3** 사실을 이야기하면서 상대의 생각을 가볍게 반박하거나 새롭게 일깨워 주는 뜻을 담은 말. ¶그 녀석 전혀 반성의 빛이 안 보이던데 ~. **4** 어린아이나 여자들이 반말로 어리광을 피울 때, 말끝에 붙여 쓰는 말. ¶에이 씨, 사 달라는 것도 안 사 주고 ~. **5** 어떤 사실을 체념적으로 받아들이는 뜻을 나타내는 말. ¶세상살이라는 게 다 그런 거지 ~. [준]머·뭐.

무어니 무어니 해도 [구] =뭐니 뭐니 해도. ¶굴비 하면 ― 영광 굴비가 최고다.

무어^인(Moor人)[명] 8세기경 이베리아 반도를 정복한 아랍계 이슬람교도에 대한 호칭.

무언(無言)[명] 말이 없는 것. ¶함구 ~ / ~의 시위(항거). **무언-하다** [형여]

무언-극(無言劇)[연] 대사(臺詞) 없이 몸짓과 표정만으로 내용을 표현하는 연극. =묵극(默劇)·마임·팬터마임.

무언-중(無言中)[부] =무언중에.

무언중-에(無言中-)[부] 말이 없는 가운데에. =무언중. ¶~ 마음이 통하다.

무얼 '무엇을'이 준 말. ¶~ 가지고 싶으냐?

무엄(無嚴) ➔ **무엄-하다** [형여] (태도가) 예의를 갖추어 삼감이 없다. ¶어허, **무엄한지고!** 게가 어느 안전이라고 함부로 주둥아리를 놀리느냐? **무엄-히** [부]

무엄-스럽다(無嚴-)[-따][형ㅂ]<-스러우니, ~스러워> 무엄한 데가 있다. **무엄스레** [부]

무엇[-언][대] **1**[지시] **1** 말하는 사람이 그 성격이나 내용에 대해 모르고 있는 물체나 물질, 또는 일이나 현상 등을 가리켜 그 정체를 묻는 의문 대명사. ¶오늘 학교에서 ~을 배웠니? **2** 어떤 대상을 특정한 것으로 국한하지 않고 막연하게 가리킬 때 쓰는 부정칭(不定稱) 대명사. ¶네가 하고 싶다면 ~이든 해라. **3** 잘 모르거나 알더라도 굳이 밝히고 싶지 않은 대상을 가리킬 때 쓰이는 부정칭 대명사. ¶얼굴에 자꾸 ~이 생긴다. **4** (주로, '무엇이라고', '무라고', '뭐' 등의 꼴로 쓰여) 말하는 사람이 상대가 말한 내용을 못 알아듣고 되묻거나, 상대의 말이 터무니없거나 뜻밖이어서 되물을 때 쓰이는 의문 대명사. ¶~이라고? 다시 말해 봐. **5** (주로, 뒤에 '있다', '이다'와 함께 쓰여) 앞에 오는 내용에 대해, 말하는 사람이 못마땅하게 여기거나 바람직하지 않게 생각함을 나타내는 의문 대명사. ¶그만한 일로 울긴 ~ 있어요? **2**[인칭] **1** 말하는 사람이 모르는 사람에 대해 대수롭잖게 여기거나 다소 얕잡아 그의 정체를 묻는 의문 대명사. ¶너는 ~이냐? **2** (주로 '되다'와 함께 쓰여) 어떤 사람이 이루려고 하거나 이루어 낸 신분이나 직업이 어떤 것임을 묻거나, 어떤 사람과 다른 사람이 이루는 사회적 관계나 촌수 따위를 물을 때 쓰이는 의문 대명사. ¶"너는 이 다음에 커서 ~이 될래?" [준]머·무어·뭐·뭣.

무엇-하다[-어타-][형여] 어떤 거북한 상황

을 형용할 때, 둘러서 좀 모호하게 표현하는 말. 주로 '곤란하다', '난처하다', '미안하다' 등의 뜻을 나타냄. ¶남의 집에 가면서 빈손으로 가기는 좀 ~. ㉲뭐하다·멋하다·뭣하다.

무에 '무엇이' 가 준 말. ¶~ 그리 급하냐?

무ː역(貿易) 圀[경] 국제간에 상품을 매매하는 경제적 행위. ¶해외 ~ / 보호 ~. **무ː역-하다** 图[자][타][여]

무ː역-상(貿易商) [-쌍] 圀 외국과 무역을 하는 상업, 그 상인.

무ː역^상사(貿易商社) [-쌍-] 圀 외국 무역을 업으로 하는 상사(商事) 회사. ¶총합 ~.

무ː역-선(貿易船) [-썬] 圀 외국과 무역을 하기 위해 물건을 실어 나르는 배.

무ː역^수지(貿易收支) [-쑤-] 圀[경] 일정 기간 동안에 상품의 수출입 거래로 생긴 국제 수지. ↔무역 외 수지.

무ː역-업(貿易業) 圀 외국과 상품 교역을 하는 상업의 한 분야.

무ː역^외ː^수지(貿易外收支) [-외-/-웨-] 圀[경] 상품 무역 이외의 서비스의 수출입 등에 따른 수지. 운임·보험료·관광·대외 투자 이윤·특허권·증여 따위. ↔무역 수지.

무ː역-풍(貿易風) 圀[지] 중위도 고압대에서 적도 저압대를 향하여 일 년 내내 부는 바람. 지구의 자전 때문에 북반구에서는 북동풍, 남반구에서는 남동풍이 불게 됨. =항신풍(恒信風).

무ː역-항(貿易港) [-여캉] 圀 상선(商船)이나 다른 나라의 배가 자주 드나들어 무역이 성한 항구. =상항(商港).

무연[1](無緣) →**무연-하다**[1] 圀[여] 1 인연이 없다. 2 죽은 이를 조상(弔喪)할 연고자가 없다. 3 [불] 전생에서 부처나 보살과 인연을 맺은 일이 없다.

무ː연[2](憮然) →**무ː연-하다**[2] 圀[여] 실의나 뜻밖의 일 때문에 허탈하거나 멍해 있다. **무ː연-히** 團

무-연고(無緣故) 圀 연고가 없는 것. ¶~자(者). **무연고-하다** 圀[여]

무연-탄(無煙炭) 圀[광] 탄소의 함유량이 85~95%로 연기를 내지 않고 연소하는 탄. 화력이 강하고 오랜 시간 연소함. ↔유연탄.

무염(無鹽) 圀 소금기가 없는 것. 또는, 간을 치지 않는 것.

무염-식(無鹽食) 圀 신장염 등 질환에 대한 식이 요법으로, 간을 거의 치지 않고 싱겁게 만든 음식. =무염식사.

무예(武藝) 圀 무도(武道)에 관한 재주. =무기(武技). **무예**. ¶~에 뛰어난 장수.

무ː예-별감(武藝別監) 圀[역] 조선 시대에, 훈련도감 군사 중에서 뽑혀 궁궐 문 옆에서 숙직하며 호위하는 일을 맡아보던 무사. ㉲무감.

무ː오(戊午) 圀 60갑자의 쉰다섯째.

무ː오-사화(戊午士禍/戊午史禍) 圀[역] 조선 연산군 4년(1498)에 유자광(柳子光) 등의 훈구파가, 세조를 비방한 조의제문(弔義帝文)이 사초(史草)에 실린 것을 트집 잡아 많은 사림과 문관들을 죽이고 귀양 보낸 사건.

무욕(無慾) →**무욕-하다** [-요카-] 圀[여] 욕심이 없다.

무ː용[1](武勇) 圀 1 무예(武藝)와 용맹. 2 날래고 용감한 것.

무ː용[2](舞踊) 圀 음악에 맞추어 몸을 율동적으로 움직여 감정과 의지를 표현하는 예술. =비춤. ¶민속 ~. **무ː용-하다**[1] 圀[자][여]

무ː용[3](無用) →**무ː용-하다**[2] 圀[여] 1 쓸모가 없다. 2 볼일이 없다.

무ː용-가(舞踊家) 圀 무용을 전문적으로 하는 사람.

무ː용-극(舞踊劇) 圀[연] 무용이 바탕을 이루고 있는 연극.

무ː용-단(舞踊團) 圀 무용을 공동으로 연구 또는 발표하기 위하여 무용하는 사람들로 구성된 단체. ¶시립 ~.

무ː용-담(武勇談) 圀 싸움에서 용감하게 활약하여 무공(武功)을 세운 이야기.

무ː용-수(舞踊手) 圀 무용단 등에 속하여, 무대 위에서 춤을 추는 일을 하는 사람.

무용지물(無用之物) 圀 쓸모가 없는 사람이나 물건. ¶생활 패턴의 급격한 변화로 가정의 재봉틀이 차츰 ~로 되어 가고 있다.

무우 圀[식] '무'의 잘못.

무ː운(武運) 圀 1 전쟁의 승패에 관한 운수. 2 무인으로서의 운. ¶~을 빌다.

무-원칙(無原則) 圀 원칙이 없는 것. **무원칙-하다** 圀[여] ¶**무원칙한** 인사 행정.

무위(無爲) 圀 1 아무 일도 하지 않거나 이루지 못하는 것. ¶노력한 결과가 ~로 끝나고 말았다. 2 [철] 노장 철학에서, 자연의 법칙에 따라 행위하고 인위를 하지 않는 것. 3 [불] 인연을 따라 이루어진 것이 아니며, 생멸(生滅)의 변화를 떠난 것. ↔유위. **무위-하다** 圀[여] 아무것도 하는 일이 없다.

무위-도식(無爲徒食) 圀 아무 하는 일도 없이 먹고 놀기만 함. ¶~으로 세월을 보내다. **무위도식-하다** 图[자][여]

무위-무책(無爲無策) 圀 하는 일도 없고 할 방책도 없음. **무위무책-하다** 圀[여]

무위-영(武衛營) 圀[역] 조선 말기, 궁궐의 수비를 맡아보던 관청.

무위이화(無爲而化) 圀 1 애써 공들이지 않아도 저절로 변하여 잘 이루어짐. 2 성인의 덕이 크면 아무것도 하지 않아도 백성들이 스스로 잘 따라와서 감화된다는, 노자(老子)의 사상. **무위이화-하다** 图[자][여]

무위-자연(無爲自然) 圀[철] 노장 철학에서, 인위가 없는, 참된 행복의 근원으로서의 자연.

무의-무탁(無依無托) [-의-/-이-] 圀 몸을 의탁할 곳이 없음. 곧, 몹시 빈곤하고 고독한 형편을 이름. ¶~자(者). **무의무탁-하다** 圀[여]

무-의미(無意味) →**무의미-하다** 圀[여] 아무런 뜻이나 가치가 없다. ¶**무의미한** 일 / 하는 일 없이 **무의미한** 나날을 보낸다.

무-의식(無意識) 圀 1 자신의 행위에 자각이 없는 상태. 2 [심] 의식의 밖에 있으며 의식에 영향을 미치지만 자유 연상·최면 등 특정 조작을 하지 않는 한 의식화할 수 없는 심적 내용. ▷전의식.

무의식-적(無意識的) [-쩍] 丬圀 무의식의 상태에서 있는 (것). ¶~ 행동. =의식적.

무의식중-에(無意識中-) [-쭝-] 剾 자기도 모르는 사이에. ¶~ 저지른 행동.

무-의지(無意志) 圀[심] 결의(決意)를 못 하고 행위가 불가능하게 되어 멍하거나 있는 상태. 정신병이나 신경증 환자에게서 흔히 볼 수 있음.

무의-촌(無醫村) [-의-/-이-] 圀 의사나 의료 시설이 없는 마을.

무-의탁(無依託) 圀 의탁할 데가 없는 상태.

¶~ 노인.
무이다¹ 통(자) '미다'의 잘못.
무이다² 통(타) **1** (하는 일을) 중간에서 끊어 버리다. ¶오가의 마누라가 말을 하다가 중동을 무이고 갑자기 말끝을 바꾸어서….〈홍명희:임꺽정〉**2** (어떤 일을) 끊어서 거절하다. ¶"어디로 보기로 허필서가 대감 말씀을 무일 수가 있습니까."〈홍명희:임꺽정〉
무-이자(無利子) 몡 이자를 붙이지 않는 것. ¶~로 돈을 빌리다.
무익(無益) ➔**무익-하다**[-이카-] 톙에 이로울 것이 없다. ¶백해~. ↔유익하다.
무-인¹(戊寅) 몡 60갑자의 열다섯째.
무-인²(武人) 몡 **1** 무술을 닦은 사람. **2** 무관의 직에 있는 사람. ↔문인(文人).
무-인³(拇印) 몡 =지장(指章)³.
무-인⁴(無人) 몡 사람이 없음. ¶~ 판매 / ~ 우주선.
무인-고도(無人孤島) 몡 사람이 살지 않는, 육지와 멀리 떨어진 외딴섬.
무인-도(無人島) 몡 사람이 살지 않는 섬. ¶~에 표착하다.
무인-석(武人石) 몡 돌로 만들어 능(陵) 앞에 세우는, 무관(武官)의 형상. =무석인·무관석(武官石). ↔문인석.
무인지경(無人之境) 몡 **1** 사람이 없는 외진 곳. ¶이곳은 심산유곡으로 가위 ~이라 하겠습니다. **2** 아무것도 거칠 것이 없는 판. ¶당시에는 전차 공업에 손맨 기업은 하나도 없었어요. 그야말로 ~이라 할 만했지요.
무-일푼(無——) 몡 돈이 한 푼도 없음. =무일전. ¶~의 신세.
무임(無賃) 몡 **1** 임금(賃金)이 없는 것. **2** 삯을 치르지 않는 것.
무임-승차(無賃乘車) 몡 차비를 내지 않고 차를 타는 일. **무임승차-하다** 통(자여)
무-자¹(戊子) 몡 60갑자의 스물다섯째.
무-자²(無子) 몡 **1** 대를 이을 아들이 없는 것. **2** '무자식'의 준말. **무자-하다** 톙에
무-자격(無資格) 몡 자격이 없는 것. ¶~자 / ~ 의료 행위. **무자격-하다** 톙에
무자료^거:래(無資料去來) 몡 [경] 세금을 내지 않으려고 세금 계산서 없이 상품을 거래하는 일.
무-자리 몡 [역] 후삼국으로부터 고려 시대에 걸쳐 일정한 거처가 없이 떠돌아다니면서 사냥을 하거나 고리를 만들어 생활하던 무리. =수척(水尺)·양수척.
무자맥-질[-찔-] 몡 '자맥질'의 본딧말. **무자맥질-하다** 통(자여)
무자비(無慈悲) ➔**무자비-하다** 톙에 (사람의 행동이나 태도가) 모질고 독하다. ¶무자비한 살상 / 정적을 무자비하게 숙청하다.
무-자식(無子息) 몡 어떤 사람, 특히 결혼한 사람에게 자식이 없는 것. 준무자(無子). **무자식-하다** 톙에
[**무자식 상팔자**(上八字)] 자식이 없는 것이 걱정이 적어서 도리어 편하다는 말.
무-자위 몡 바퀴에 빙 둘러 박힌 발판을 발로 밟아 돌려서 물을 자아올리는 농기구. =수차(水車)·양수기(揚水機).
무작-스럽다[-쓰-따] 톙ㅂ<-스러우니·-스러워> 우악스럽고 무지한 데가 있다. **무작스레** 閉
무-작위(無作爲) 몡 어떤 행위나 대상이 어떤 의지나 의도 없이 우연히 이뤄지거나 택해진 상태에 있는 것. ¶~ 추출 / ~ 표본. ↔

작위.
무-작정(無酌定)[-쩡-] **I** 몡 얼마든지 혹은 어떻게 하겠다고 정한 것이 없는 것. ¶~으로 시작하다. **2** 좋고 나쁨을 헤아리지 않는 것. **무작정-하다** 톙에
II 閉 무턱대고. 또는, 좋고 나쁨을 가림이 없이. ¶~ 상경(上京)하다 / ~ 걷다.
무작-하다[-자카-] 톙에 우악하고 무지하다. ¶무작한 왜놈들이 무신 짓이든 못 하겄십니까….〈박경리:토지〉
무장¹ 閉 갈수록 더. ¶일이 ~ 재미가 난다. ¶하지 말라니까 ~ 더 한다.
무:-장²(武將) 몡 [역] 무관(武官)으로서의 장수.
무:-장³(武裝) 몡 **1** 전쟁이나 전투에 필요한 무기나 장비를 갖추는 것. 또는, 그 무기나 장비. ¶완전 ~ / ~ 공비 / ~을 해제하다. **2** 어떤 일을 하기에 필요한 기술이나 사상 따위를 갖추는 것. **무:장-하다** 통(자여) ¶권총으로 ~. **무:장-되다** 통(자)
무:장-간첩(武裝間諜) 몡 전투에 필요한 무기나 장비를 갖춘 간첩. ¶침투 사건.
무:장-봉기(武裝蜂起) 몡 지배자의 무력에 대항하여 피지배자가 무장을 하고 떼 지어 세차게 일어나는 일. **무:장봉기-하다** 통(자여)
무:-장아찌 몡 간장에 불린 무말랭이 또는 썰어 절여서 물 빠진 무를 기름에 볶아서 고명을 한 반찬.
무:장^해:제(武裝解除) 몡 [군] 항복한 군인·포로 등에 대하여 무기를 강제로 빼앗아 싸움에 참가할 수 없게 하는 일. 또는, 중립국 영토·영해 안에 들어온 병력의 전투 장비를 일시적으로 해제시키는 일.
무재(無才) 몡 재주가 없는 것. ¶~안(人) / 무학(無學)~. **무재-하다** 톙에
무-저항(無抵抗) 몡 저항하지 않는 것. **무저항-하다** 통(자여)
무저항-주의(無抵抗主義)[-의/-이] 몡 정치적·사회적 압박이나 학대에 대하여 폭력으로 저항하지 않고 적을 인도적으로 감화시켜 자기의 주장을 이루자는 주의. 러시아의 톨스토이나 인도의 간디가 주창함. ▷간디즘.
무적(無敵) 몡 겨룰 만한 적이 없는 것. ¶~의 용사들 / 천하~. **무적-하다**¹ 톙에
무적²(無籍) 몡 (일부 명사 앞에 쓰여) 국적·호적·학적·차적 등이 해당 문서에 기록되어 있지 않은 것. ¶~ 차량. **무적-하다**² 톙에
무:-적³(霧笛) 몡 안개에 대한 경고로 울리는 고동. 등대나 배에 장치함.
무적-함대(無敵艦隊)[-저깜-] 몡 **1** 겨룰 만한 적이 없는 강한 함대. **2** [역] 1588년에 에스파냐가 영국을 굴복시키고자 편성한 함대.
무전¹(無電) 몡 **1** '무선 전신'의 준말. ¶~을 치다. **2** '무선 전화'의 준말.
무:전²(繆篆) 몡 육서(六書)의 하나. 팔체서(八體書)의 모인(摹印)과 같이, 도장의 크기와 글자의 수에 따라 맞추어 새기는 글자체.
무전-기(無電機) 몡 무선 전신 또는 무선 전화용 기계.
무전-여행(無錢旅行)[-녀-] 몡 여비 없이 하는 여행. ¶친구와 ~을 떠나다.
무전-취식(無錢取食) 몡 값을 치를 돈도 없이 남이 파는 음식을 먹음. **무전취식-하다**

무-절제(無節制)[-쩨-] →무절제-하다[-쩨-] [형여] 절제함이 없다. ¶무절제한 생활 / 돈을 무절제하게 쓰다.

무정[1](無情) [명] [불] 마음의 작용이 없는, 돌·산·바다·초목 등의 존재. ¶불교에서는 유정뿐 아니라 ~도 불성을 가지고 있다고 가르치고 있다. ↔유정.

무정[2](無情) →무정-하다 [형여] **1** 인정이나 동정심이 없다. **2** 남의 형편에 아랑곳없다. ¶왜 그리 제 마음을 몰라주십니까? 참으로 무정하십니다. ↔유정하다. ▷매정하다.

무-정견(無定見) [명] 일정한 주견이 없는 것. **무정견-하다** [형여]

무정-란(無精卵) [-난] [명] **1** [생] 수정(受精)이 이뤄지지 않은 상태의 난자. ≒홀알. **2** 수정란. **2** 교미하지 않고 낳은, 부화가 불가능한 달걀. ↔유정란.

무정^명사(無情名詞) [명] [언] 감정을 나타내지 못하는 식물이나 무생물을 가리키는 명사. ↔유정 명사.

무정-물(無情物) [명] 나무·돌 따위와 같이 감각성이 없는 물건. ↔유정물.

무-정부(無政府) [명] 정부가 존재하지 않는 것. ¶~ 상태.

무정부-주의(無政府主義) [-의/-이] [명] [사] 모든 정치 조직·권력·사회적 권위를 부정하고 개인의 자유를 최상의 가치로 내세우는 주의. =아나키즘.

무정부주의-자(無政府主義者) [-의-/-이-] [명] 무정부주의를 신봉하고 주장하는 사람. =아나키스트.

무정-세월(無情歲月) [명] 덧없이 흘러가는 세월.

무정-스럽다(無情-) [-따] [형비] <-스러우니, -스러워> 따뜻한 정이 없는 듯하다. ▷매정스럽다. **무정스레** [부]

무정자-증(無精子症) [-쯩] [명] [의] 정액 속에 정자가 전혀 없는 병적 상태. 불임의 원인이 됨.

무-정형[1](無定形) [명] 일정한 형체가 없는 것. ¶~ 상태. / ~ 성운(星雲). **2** [화] =비결정성(非結晶性). **무정형-하다** [형여]

무-정형[2](無定型) [명] 일정한 형식이 없는 것. ¶~ 시(詩). **무정형-하다**[2] [형여]

무제(無題) [명] 제목이 없는 것. 흔히, 시나 그림 등에 제목을 붙이기 어려울 때 대신하는 제목임.

무-제한(無制限) Ⅰ[명] 제한이 없는 것. ¶무기를 ~으로 생산하다. **무제한-하다** [형여]
Ⅱ[부] 제한이 없이. ¶날짜를 ~ 연장하다.

무제한-급(無制限級) [-끕] [명] [체] **1** 레슬링·역도 등에서, 가장 무거운 체급으로 일정한 체중 이상인 등급. **2** 유도·씨름 등에서, 체급의 제한이나 구별이 없는 상태.

무-조건(無條件) [-껀] Ⅰ[명] 아무 조건도 없는 것. **무조건-하다** [형여]
Ⅱ[부] 이모저모 살피지 않고 덮어놓고. ¶그 사람은 내 말이라면 ~ 반대부터 하고 나선다.

무조건^반사(無條件反射) [-껀-] [명] [심] 자극에 대한 타고난 본능적 반응. 음식을 씹으면 침이 나온다든지, 눈앞으로 어떤 물체가 갑자기 나타나면 무의식적으로 눈을 감는 것 따위. ↔조건 반사.

무조^음악(無調音樂) [명] [음] 각 음이 중심음과의 관련에서 이루어지지 않고 1옥타브 중의 12음이 모두 대등하게 다루어진 음악.

무좀 [의] 백선균(白癬菌)에의 한 피부병의 하나. 주로 발가락 사이나 발바닥에 생겨 물집·짓무름·각질화(角質化) 등의 형태로 나타남.

무-종아리 [명] 발뒤꿈치와 장딴지 사이의 부분.

무죄(無罪) [-쬐/-쮀] [명] **1** 죄가 없는 것. **2** [법] 공판에서 심리한 결과 피고 사건이 죄가 되지 않거나 범죄의 증명이 없을 때에 선고하는 판결. ¶~ 판결 / ~ 석방. ↔유죄(有罪). **무죄-하다** [형여]

무주-고혼(無主孤魂) [명] 자손이나 거두어 줄 사람이 없어서 떠돌아다니는 외로운 혼령.

무주-공산(無主空山) [명] **1** 임자 없이 텅 빈 쓸쓸한 산. **2** 마땅히 누가 있어야 할 곳이나 자리가 임자 없이 비어 있는 상태. 비유적인 말임. ¶북부여의 고토는 광개토 대왕 당시에 ~이었다.

무-주택(無住宅) [명] 자기 소유의 주택이 없는 것.

무-중력(無重力) [-녁] [명] [물] 중력이 없는 것.

무중력^상태(無重力狀態) [-녁쌍-] [명] [물] 중력의 가속도가 0이 되는 상태. 인공위성이나 자유 낙하 하는 물체의 내부 등에서 일어남.

무지[1](拇指) [명] =엄지손가락.

무지[2](無地) [명] 무늬가 없이 전체가 한 빛깔로 됨. 또는, 그런 물건. ¶~ 옷.

무지[3](無知) [명] **1** 지식이나 배움이 없는 상태. ¶~를 드러내다. **2** 미련하고 어리석은 것. **무지-하다**[1] [형여]

무지[4](無知) [부] 놀라울 정도로 대단히. 주로, 젊은 층에서 쓰는 구어체의 말임. ¶날씨가 ~ 덥다. / 돈을 ~ 벌다.

무-지각(無知覺) [명] 지각이 없는 것. **무지각-하다** [형여]

무지개 [명] 공중에 떠 있는 물방울이 햇빛을 받아 나타나는 반원형의 일곱 빛깔의 줄. 흔히, 비가 멎은 뒤 태양의 반대 방향에 나타남. =채홍(彩虹)·천궁(天弓)·홍예(虹霓). ¶~가 서다. / ~가 뜨다.

무지개-떡 [명] 층마다 다른 여러 가지 빛깔을 넣어서 시루에 찐 떡.

무지갯-빛 [-개삗/-갠삗] [명] **1** 무지개의 일곱 가지 색깔. **2** 무지개와 같이 여러 가지 빛깔로 아롱져 보이는 색. ¶햇빛을 받은 물방울이 ~으로 빛났다.

무지근-하다 [형여] **1** 뒤가 잘 안 나와서 기분이 무겁다. ¶아랫배가 ~. **2** 머리가 띵하고 가슴이 무엇에 눌린 듯 무겁다. 짧무직하다. **무지근-히** [부]

무지기 [명] 한복 치마를 입을 때 겉치마가 푸하게 보이도록 받쳐 입는 속치마. 길이가 서로 다른 치마를 여러 개 달아 층이 지게 하는데, 3층·5층·7층 등의 종류가 있음. =무족(無足).

무지러-지다 [동재] **1** 물건의 끝이 닳거나 잘라져 없어지다. ¶무지러진 빗자루. **2** 중간이 끊어져 두 동강이 나다. 짧모지라다.

무지렁이 [명] **1** 무지러져서 못 쓰게 된 물건. **2** 배우지 못해 지식이 없어서 세상 이치에 어두워 어리석은 사람. ¶시골 ~ / 나 같은 ~ 농사꾼이 뭘 알겠소?

무지르다 [동비] <무지르니, 무질러> **1** (길이가 있는 물건을) 한 부분을 잘라 버리다.

¶먹청이가 시냇가에 섰는 나무에서 굵은 가지 하나를 **무질러** 내려서 알맞은 몽둥이를 만들어 주니….《홍명희: 임꺽정》 **2** (말을) 중간에 끊어 버리다. ¶상대의 말끝을

무지막지(無知莫知)[-찌] →**무지막지-하다** [-찌-] 〔형〕〔여〕 예의나 분별이 없이 무식하거나 상스럽게 행동하는 상태에 있다. ¶경위도 없고 어른도 모르는 **무지막지한** 놈들.

무지-몰각(無知沒覺) 〔명〕 지각이나 상식이 도무지 없음. **무지몰각-하다** 〔형〕〔여〕

무지-몽매(無知蒙昧) →**무지몽매-하다** 〔형〕〔여〕 아는 것이 없고 사리에 어둡다.

무지-무지(無知無知) 〔부〕 **1** 몹시 놀라울 만큼 대단히. **2** 몹시 사납고 우악스럽게. **무지무지-하다** 〔형〕〔여〕

무지-스럽다(無知-)[-따] 〔형〕〔ㅂ〕<-스러우니, -스러워> 무지한 데가 있다. **무지스레** 〔부〕

무지-하다²(無知-) 〔형〕〔여〕 놀라울 정도로 대단하다. 구어체의 말임. ¶키가 **무지하게** 크다 / 날씨가 **무지하게** 춥다.

무직(無職) 〔명〕 어떤 사람, 특히 성인이 직업이 있는 상태인 것. 문서・기사문 등에서 극히 제약적으로 쓰임. =무직임.

무직-자(無職者)[-짜] 〔명〕 일정한 직업이 없는 사람.

무직-하다[-지카-] 〔형〕〔여〕 '무지근하다'의 준말. ¶뒤가 ~.

무!진¹(戊辰) 〔명〕 60갑자의 다섯째.

무진²(無盡) 〔부〕 다함이 없을 만큼. 〔비〕매우. ¶~ 애를 쓰다 / ~ 고생을 하다.

무진-무궁(無盡無窮) →**무진무궁-하다** 〔형〕〔여〕 =무궁무진하다.

무진-장(無盡藏) **I** 〔명〕 (어떤 사물이) 한없이 많이 있는 것. **무진장-하다** 〔형〕〔여〕
II 〔부〕 굉장히 많이. ¶돈이 ~ 많다.

무진-하다(無盡-) 〔형〕〔여〕 다함이 없다. **무진-히** 〔부〕

무-질서(無秩序)[-써] 〔명〕 **1** 사회나 집단에 속한 사람들이 정해진 차례나 규칙 등을 지키지 않아 혼란스러운 상태. **2** 사물의 배열이 아무렇게나 이뤄져 혼란스러운 상태. **무질서-하다** 〔형〕〔여〕 ¶**무질서한** 생활 / 방 안에 책들이 **무질서하게** 널려 있다.

무!-짠지 〔명〕 무를 통으로 짜게 절여서 담근 김치.

무쩍 〔부〕 한 번에 있는 대로 다 몰아서. ¶남은 밥을 입숟에 ~ 넣다. 〔작〕모짝.

무쩍-무쩍[-쩡-] 〔부〕 **1** 한쪽에서부터 있는 대로 차례로 몰아서. ¶마당의 잡초를 ~ 뽑다. **2** 한쪽에서부터 차차 잘라먹는 모양. 〔작〕모짝모짝.

무!쪽-같다[-깓따] 〔형〕 사람의 생김새가 몹시 못나다. 속된 말로, 흔히 여자의 경우를 두고 이름. **무!쪽같-이** 〔부〕

무찌르다 〔동〕〔르〕<무찌르니, 무찔러> **1** 닥치는 대로 쳐 없애다. ¶원수를 ~ / 적군을 ~. **2** 닥치는 대로 막 처들어가다.

무찔리다 〔동〕〔자〕 '무찌르다'의 피동사.

무-차별(無差別) **I** 〔명〕 차별이 없는 것. 또는 가리지 않고 마구잡이인 것. ¶~ 폭격. **무차별-로** 〔부〕
II 〔부〕 가리지 않고 마구잡이로. ¶양민을 ~ 학살하다 / 총기를 ~ 난사하다.

무-착륙(無着陸)[-창뉵] 〔명〕 항공기가 목적지에 닿기까지 도중에서 한 번도 육지에 내리지 않는 것. ¶~ 비행. **무착륙-하다** 〔자〕〔여〕

무참¹(無慘) →**무참-하다**¹ 〔형〕〔여〕 비할 바 없이 끔찍하고 참혹하다. **무참-히**¹ 〔부〕 ¶~ 짓밟히다.

무참²(無慚・無慙) →**무참-하다**² 〔형〕〔여〕 매우 열없고 부끄럽다. **무참-히**² 〔부〕

무!-채 〔명〕 채칼로 치거나 가늘게 썬 무.

무채-색(無彩色) 〔명〕〔미〕 흰색・회색・검은색처럼 명도(明度)의 차이는 있으나 색상(色相)과 채도(彩度)가 없는 색. ↔유채색.

무책(無策) 〔명〕 방법이나 꾀가 없는 것. ¶속수~ / 무위~. **무책-하다** 〔형〕〔여〕

무-책임(無責任) 〔명〕 **1** 책임이 없는 것. **2** 책임감이 없는 것. **무책임-하다** 〔형〕〔여〕 ¶**무책임한** 답변.

무척 〔부〕 견줄 데 없이 매우. ¶편지를 받고 ~ 기뻐하다.

무척추-동물(無脊椎動物) 〔명〕〔동〕 척추가 없는 동물의 총칭. 동물계의 대부분을 차지함. =민등뼈동물. ↔척추동물.

무!천(舞天・儛天) 〔명〕〔역〕 삼한(三韓) 때 예(濊)・마한(馬韓)에서 농사를 마치고 10월에 드리던 제천 의식. ▷영고(迎鼓)

무!-청 〔명〕 무의 잎과 줄기.

무체-물(無體物) 〔명〕〔법〕 음향・향기・전기・빛・열 등과 같이, 형체가 없는 것. ↔유체물.

무체^재산권(無體財産權)[-꿘] 〔명〕〔법〕 특허권・실용신안권・상표권・의장권 및 저작권 등과 같이 지적 창작물을 독점적으로 이용할 수 있는 권리. =지능권.

무춤 〔부〕 놀라거나 어색한 느낌이 들어 하던 짓을 갑자기 멈추는 모양. ¶그는 길을 가다가 ~ 발을 멈췄다. **무춤-하다** 〔동〕〔자〕〔여〕 〔비〕무르춤하다. ¶무심고 바위 아래로 내려서다가 뱀을 발견하고선 그는 **무춤했다**.

무춤-거리다/-대다 〔동〕〔자〕 놀라거나 열없어서 자꾸 주춤하다.

무춤-무춤 〔부〕 무춤거리는 모양. **무춤무춤-하다** 〔동〕〔자〕〔여〕

무취(無臭) 〔명〕 냄새가 없는 것. ¶무색~. **무취-하다** 〔형〕〔여〕

무취미(無趣味) →**무취미-하다** 〔형〕〔여〕 =몰취미하다.

무치다 〔동〕〔타〕 나물에 갖은 양념을 섞어 버무리다. ¶콩나물을 ~.

무침 〔명〕 채소나 말린 생선・해초 등에 갖은 양념을 하여 무친 반찬. ¶더덕~ / 북어~.

무크(mook) 〔명〕 [magazine+book] 잡지와 단행본의 특성을 동시에 갖춘 출판물.

무탈(無頉) →**무탈-하다** 〔형〕〔여〕 **1** 아무 탈이 없다. ¶**무탈하게** 지내다. **2** 스스럽거나 까다로움이 없다. ¶너그럽고 **무탈하게** 대해 주다.

무턱-대고[-때-] 〔부〕 잘 헤아려 보지도 않고 마구. ¶~ 나무라지만 말고 알아듣게 잘 타이르세요.

무-테(無-) 〔명〕 테가 없음.

무테-안경(無-眼鏡) 〔명〕 테가 없이 렌즈에 바로 다리가 연결되는 안경.

무통^분만(無痛分娩) 〔명〕 마취나 정신 요법 등의 방법을 사용하여 산모가 통증을 느끼지 않고 아이를 낳는 일.

무투표^당선(無投票當選) 〔명〕 선거에서 후보가 한 사람밖에 없어 투표의 절차 없이 이뤄지는 당선.

무트로 〔부〕 한꺼번에 많이.

무패(無敗) 〔명〕 싸움이나 경기에서 한 번도 지지 않은 것. ¶~의 전적.

무-표정(無表情)〖명〗어떤 감정이나 심리 상태를 드러내지 않은 얼굴의 모습. ¶~ 속에 감추어진 분노. 무표정-하다〖형여〗얼굴 모습이 감정이나 심리 상태를 드러내지 않은 상태에 있다. ¶무표정한 얼굴.

무풍(無風)〖명〗1 바람이 불지 않는 것. 2〖기상〗연기가 똑바로 올라가는 상태.

무풍-대(無風帶)〖명〗〖지〗바다에서 일년 내내 또는 계절에 따라서 바람이 거의 없는 지역. 적도 무풍대·회귀 무풍대 따위.

무풍-지대(無風地帶)〖명〗1 바람이 불지 않는 지역. 2 갈등이 없이 평온한 곳. 또는, 외부로부터 아무 영향을 받지 않아 발전이 없이 정체된 곳.

무학(無學)〖명〗1 배운 것이 없는 것. ¶~자(者). 2〖불〗=무학도(無學道).

무학-도(無學道)[-또]〖명〗〖불〗모든 번뇌를 끊고 진리를 깨달아 더 배울 것이 없는 단계. =무학.

무한(無限)〖명〗수·양·시간·공간 등에 일정한 한도나 한계가 없는 것. ¶~의 보고(寶庫)인 해저 자원을 개발하자. ↔유한. 무한-하다〖형여〗¶무한한 가능성. 무한-히〖부〗¶~ 증가하다.

무한-궤도(無限軌道)〖명〗강판(鋼板)을 띠 모양으로 이어서 앞뒤의 바퀴에 둘러싸듯 걸어 놓은 장치. 탱크·불도저 등에 사용함. =캐터필러.

무한-급수(無限級數)[-쑤]〖명〗〖수〗항(項)의 수가 무한히 많은 급수. ↔유한급수.

무한-대(無限大)〖명〗1 한없이 큰 것. ¶~의 가능성. 2〖수〗변수 x가 아무리 큰 양수(陽數)보다도 더 큰 경우의 그 변수 x의 상태. 기호 $x → ∞$. ↔무한소. 무한대-하다〖형여〗한없이 크다.

무-한량(無限量)[-할-]〖명〗1 한량없이 많은 것. ¶이 지역에는 ~의 에너지가 매장되어 있다. 무한량-하다〖형여〗
Ⅱ〖부〗한량없이 많이. ¶그 일에 자금을 ~ 투입할 수는 없다.

무한-소(無限小)〖명〗〖수〗변수 x의 절댓값이 무한히 작은 양수(陽數)보다도 더 작게 되는 경우의 그 변수 x의 상태. 기호 $x → 0$. ↔무한대. 무한소-하다〖형여〗한없이 작다.

무한-소수(無限小數)〖명〗〖수〗소수점 이하가 한없이 계속되는 소수. 원주율·순환 소수 따위.

무한-수열(無限數列)〖명〗〖수〗항(項)이 한없이 계속되는 수열. ↔유한수열.

무-한정(無限定)Ⅰ〖명〗한정이 없는 것. ¶~으로 기다릴 수는 없으니 이제 그만 일어서자. 무한정-하다〖형여〗
Ⅱ〖부〗한정이 없이. ¶젊은 녀석이 그렇게 ~ 놀고만 있으면 어쩌자는 것이냐?

무한^집합(無限集合)[-지팝]〖명〗〖수〗원소의 수가 무한한 집합. ↔유한 집합.

무한^책임(無限責任)〖명〗〖법〗채무자가 자기의 전 재산으로 채무를 갚아야 할 책임. ↔유한 책임.

무한^책임^사원(無限責任社員)〖명〗〖법〗회사의 채권자에 대하여 직접 연대하여 무제한 책임을 지는 사원. ↔유한 책임 사원.

무:-함(誣陷)〖명〗없는 사실을 꾸며 남을 함정에 빠뜨리는 것. ▷모함. 무:함-하다〖동타여〗

무:함-되다〖동자〗

무해(無害)〖명〗해로움이 없는 것. ¶~ 식품. ↔유해(有害). 무해-하다〖형여〗

무해-무득(無害無得)〖명〗해로울 것도 이로울 것도 없음. 무해무득-하다〖형여〗

무-허가(無許可)〖명〗허가가 없는 것. ¶~ 건물 / ~ 유흥업소.

무현-금(無絃琴)〖명〗1 줄이 없는 거문고. 곧, 마음으로 연주한다고 생각되는 도(道)로서의 악기. 음악은 궁극적으로 연주하는 사람의 마음이 있다는 동양적 음악관을 나타낸 말임. ¶세상 사람들은 고작 유현금(有絃琴)만 뜯을 줄 알았지 ~은 뜯을 줄 모른다. 2〖불〗어떤 분별이나 문자나 관념으로도 포착할 수 없는 궁극의 경지.

무혈(無血)〖명〗피를 흘리지 않는 일.

무혈^혁명(無血革命)[-형-]〖명〗피를 흘리지 않고 평화적 수단으로 이루는 혁명.

무-혐의(無嫌疑)[-의/-이]〖명〗혐의가 없는 것. ¶~로 풀려나오다. 무혐의-하다〖형여〗

무:협(武俠)〖명〗무술이 뛰어난 협객. ¶~물(物) / ~ 소설.

무:협-지(武俠誌)[-찌]〖명〗무술 겨루기를 주내용으로 하는 소설책.

무형(無形)〖명〗형태나 형체가 없음. 또는, 물리적 공간에 존재하지 않아 눈으로 볼 수 없는 상태. ¶~ 문화재 / ~의 지적 재산. ↔유형(有形). 무형-하다〖형여〗

무형^명사(無形名詞)〖명〗〖언〗형태를 갖추지 못하고 추상적인 개념을 나타내는 명사. '사랑', '진리' 등. ↔유형 명사.

무형^문화재(無形文化財)〖명〗연극·무용·음악·공예 기술 등 무형의 문화적 소산으로 역사적 또는 예술적으로 가치가 큰 것. ↔유형 문화재.

무형-물(無形物)〖명〗형태가 없는 사물. ↔유형물.

무-형식(無形式)〖명〗형식이 없는 것. 무형식-하다〖형여〗

무형^재산(無形財産)〖명〗구체적인 형태가 없는 재산. 저작권·특허권·상표권·어업권 따위. ↔유형 재산.

무화-과(無花果)〖명〗1 무화과나무의 열매. 2〖식〗=무화과나무.

무화과-나무(無花果-)〖명〗〖식〗뽕나뭇과의 낙엽 활엽 관목. 높이 2~4m. 봄부터 여름에 걸쳐 꽃이 피고, 열매는 가을에 암자색으로 익어서 식용함. 정원에 주로 심음. =무화과.

무효(無效)〖명〗효력이나 효험이 없는 것. ¶부정 선거여서 당선을 ~로 하다. ↔유효(有效). 무효-하다〖형여〗

무효-화(無效化)〖명〗무효가 되는 것. 또는, 그렇게 되게 하는 것. 무효화-하다〖동자타〗〖여〗무효화-되다〖동자〗

무후(無後)→무후-하다〖형여〗대를 이어 갈 자손이 없다. =무사(無嗣)하다.

무:훈(武勳)〖명〗무공(武功). ¶~을 세우다.

무휴(無休)〖명〗휴일이 없는 것. ¶연중 ~로 일하다.

무희(舞姬)[-히]〖명〗춤추는 일을 직업으로 하는 여자.

묵〖명〗도토리·메밀·녹두 따위의 앙금을 되게 쑤어 굳힌 음식. 수효를 세는 단위는 모. ¶도토리 ~ / 메밀 ~.

묵가(墨家)[-까]〖명〗〖역〗제자백가의 한 파. 중국 춘추 전국 시대 노(魯)나라의 사상가 묵자(墨子)의 학설을 신봉함.

묵객(墨客)[-깩]〖명〗먹을 가지고 글씨를 쓰고 그림을 그리는 사람. ¶소인(騷人)~.

묵계(默契)[-계/-께]〖명〗말 없는 가운데 서

묵과

로 뜻이 통하는 것. 또는, 그렇게 하여 성립된 약속. =묵약(默約). ¶그 문제에 대해서는 양당(兩黨) 사이에 어떤 ~가 있었던 것 같다. **묵계-하다** 동자여

묵과(默過) [-꽈] 명 (어떤 잘못이나 문제가 되는 사실을) 알고도 모르는 체하고 그대로 넘기는 것. ¶네 잘못을 도저히 묵과할 수 없다. **묵과-되다** 동자

묵념(默念) [뭉-] 명 1 묵묵히 생각에 잠기는 것. 2 국민의례 등에서, 잠시 눈을 감고 고개를 숙인 상태로 순국선열 등을 생각하고 기리는 것. ¶순국선열에 대하여 ~! **묵념-하다** 동자여

묵다¹ [-따] 동자 1 (곡식이나 담근 음식 등이) 생산되거나 만들어진 뒤로 그해를 넘기거나 두 해 이상의 시간이 지나 오래된 상태가 되다. ¶묵은쌀 / 20년 묵은 포도주. 2 (어떤 일이나 현상이) 해결되지 않은 채 한 해를 넘긴 상태가 되다. ¶10년 묵은 체증이 내려가다. 3 (사람이) 일정한 때에 어떤 일을 이루지 못하고 그 해 1년 이상의 해를 보내게 되다. ¶그는 고등학교를 졸업하고 1년 묵은 뒤에 대학에 들어갔다. 4 (어떤 동물이) 사람이나 다른 존재가 되지 못한 상태에서 많은 햇수를 넘기게 되다. ¶천 년 묵은 이무기. 5 (밭이나 논이) 이용되지 않은 채 1년 이상 그대로 놓아두게 되다. 6 →해묵다.

묵다² [-따] 동자 (사람이 어느 곳에서) 잠을 자면서 일시적으로 머무르다. ¶여관에서 며칠 ~.

묵도(默禱) [-또] 명[기] 소리를 내지 않고 마음속으로 기도하는 것. 또는, 그 기도. ¶~를 올리다. **묵도-하다** 동여

묵독(默讀) [-똑] 명 소리를 내지 않고 읽는 것. ↔낭독. **묵독-하다** 동타여 ¶책을 ~.

묵례(默禮) [뭉녜] 명 말없이 고개만 숙여 표하는 인사. ¶~를 주고받다. **묵례-하다** 자여

묵묵(默默) [뭉-] →**묵묵-하다**[뭉무카-] 형여 말이 없이 잠잠하다. **묵묵-히** 부 ¶자기 책임을 다하다.

묵묵부답(默默不答) [뭉-뿌-] 명 묻는 말에 잠자코 대답하지 않음. ¶뭐라 물어도 도무지 ~이다. **묵묵부답-하다** 자여

묵비-권(默祕權) [-빼꿘] 명[법] 피고인이나 피의자가 자기에게 불리한 진술을 거부하여 침묵할 수 있는 권리. ¶~을 행사하다.

묵-사발(-沙鉢) [-싸-] 명 1 묵을 담은 사발. 2 얻어맞거나 하여 얼굴 따위가 흉하게 일그러진 상태를 속되게 이르는 말. ¶~이 되도록 얻어터지다. 3 참패한 경우의 비유. ¶논쟁에서 ~이 되었다.

묵살(默殺) [-쌀] 명 (마땅히 문제 삼아 논의할 것을) 문제 삼지 않고 그냥 내버려 둠으로써 말임이 거절하거나 무시하는 것. **묵살-하다** 동여 ¶그는 내 건의를 일고의 여지도 없이 묵살해 버렸다. **묵살-되다** 동자

묵상(默想) [-쌍] 명 1 묵묵히 마음속으로 생각하는 것. ¶~에 잠기다. 2 [가] 말없이 마음속으로 기도를 드리는 것. **묵상-하다** 동여

묵-새기다 [-쌔-] 동 1 별로 하는 일 없이 한곳에 오래 머무르며 날을 보내다. 2 타여 애써 참으며 넘겨 버리다.

묵선(墨線) [-썬] 명 목수가 나무를 다룰 때에 쓰는 먹통의 줄. 또는 먹줄을 놓아 그은 선. ¶~을 치다.

묵수(墨守) [-쑤] 명 [중국의 묵자(墨子)가 성(城)을 잘 지켜서 초나라 군사를 물리쳤다는 고사에서] (자기의 의견이나 주장을) 굽히지 않고 고수하는 일. **묵수-하다** 동타여

묵시(默示) [-씨] 명 1 은연중에 뜻을 나타내 보이는 것. 또는 그러한 뜻의. 2 [가] [기] 하느님이 계시를 통하여 진리를 나타내는 것. ¶~록(錄). **묵시-하다** 동타여

묵약(默約) 명 =묵계(默契). **묵약-하다** 동자여

묵어-가다 동자 일정한 곳에 머물러서 자고 가다. ¶바닷가에서 며칠 ~.

묵언(默言) 명 말을 하지 않는 것. **묵언-하다** 동

묵연(默然) →**묵연-하다** 형여 말없이 잠잠하다. **묵연-히** 부

묵은-닭 [-닥] 명 한 해 이상 된 닭. ↔햇닭.

묵은-땅 명 일구거나 쓰지 않고 묵어 있는 땅. ¶~을 개간하다.

묵은-세배(-歲拜) 명 섣달 그믐날 저녁에 그해를 보내는 인사로 웃어른에게 하는 절. **묵은세배-하다** 동자여

묵은-쌀 명 해묵은 쌀. =구미(舊米)·진미(陳米). ¶~에 벌레가 나다. ↔햅쌀.

묵은-해 명 새해를 맞이하여 지난해를 이르는 말. =구년(舊年). ¶~를 보내고 새해를 맞다. ↔새해.

묵음(默音) 명[언] 발음되지 않는 소리, '밟다'가 '밥다'로 발음될 때의 받침 'ㄹ' 음 따위.

묵인(默認) 명 모르는 체하고 슬며시 승인하는 것. **묵인-하다** 동타여 ¶불법 행위를 묵인해 주다. **묵인-되다** 동자

묵-장(-將) [-짱] 명 장기에서, 쌍방이 다 모르고 한 수 이상 지나 버린 장군. =묵은장. 묵은장군. ¶~을 누가 받나?

묵정-밭 [-쩡받] 명 농사를 짓지 않고 묵혀 두어 거칠어진 밭. =진전(陳田). 준묵밭.

묵정-이 [-쩡-] 명 오래 묵은 물건.

묵조-선(默照禪) [-쪼-] 명[불] 묵묵히 모든 생각과 분별을 끊고 자기 속에 내재하는 불성을 발견하고자 하는 선. ↔간화선.

묵종(默從) [-쫑] 명 말없이 복종하는 것. **묵종-하다** 동자여

묵주(默珠) [-쭈] 명 [가] 성모 마리아에게 기도를 드릴 때에 쓰는 성물(聖物). 구슬을 10개씩 5마디로 구분하여 둥그렇게 줄에 꿴 것으로, 끝에 십자가를 닮. =로사리오.

묵-주머니 [-쭈-] 명 1 묵물을 짜는 데에 쓰는 큰 주머니. 2 마구 뭉개어 못 쓰게 된 물건의 비유. ¶~가 되다. 3 말썽이 일어나지 않게 잘 달래고 주무르는 일.

묵주머니(를) 만들다 구 1 물건을 뭉개어 못 쓰게 만들다. 2 싸움을 말리고 조정하다.

묵죽-화(墨竹畵) [-쭈콰] 명 먹으로 대나무를 그린 그림.

묵중(默重) [-쭝] →**묵중-하다** [-쭝-] 형여 말이 적고 몸가짐이 신중하다. ¶묵중한 청년. **묵중-히** 부

묵지(墨紙) [-찌] 명 =먹지.

묵직묵직-하다 [-찡-찌카-] 형여 여럿이 다 묵직하다. ¶가방들이 ~. **묵직묵직-이** 부

묵직-하다 [-찌카-] 형여 1 대체로 무겁다고 여겨지는 상태에 있다. ¶짐이 부피는 작아도 꽤 ~. 2 대체로 듬직고 무게가 있다. ¶묵직한 음성. 좌목직하다. **묵직-이** 부

묵찌빠 명 한 사람이 주도권을 가지고 '묵'(주먹)이나 '찌'(가위)나 '빠'(보)를 외치면서 그 모양의 손을 내밀었을 때, 상대방이 같은 모양의 손을 내밀면 주도권을 가진 사람이 이기게 되는 놀이. 주도권을 가진 사람이 이기면 상대에게 정해진 벌을 주고 계속 주도권을 가지게 되지만, 지면 상대방에게 주도권이 넘어감. ▷가위바위보.

묵향(墨香)[무캉] 명 먹의 향기. ¶~이 그윽하다.

묵허(默許)[무커] 명 잠자코 슬그머니 허락하는 것. **묵허-하다** 동타여

묵형(墨刑)[무켱] 명 옛날 중국의 오형(五刑)의 하나. 죄인의 이마나 팔뚝 등에 먹물로 죄명을 써 넣던 형벌. =경(黥)·경형(黥刑). **묵형-하다** 동타여

묵화(墨畫)[무콰] 명 [미] 먹으로 그린 동양화. =먹그림.

묵흔(墨痕)[무큰] 명 1 먹물이 묻은 흔적. 2 글씨를 쓴 붓의 자국. 비필적.

묵-히다[무키-] 동타 1 '묵다'1·5 의 사동사. ¶오래 묵힌 간장이라 맛이 좋다. 2 (머리나 재주 등을) 사용하거나 활용하지 않은 상태로 두다. 비썩히다. ¶재주를 ~. 3 (물건이나 돈 등을 어느 곳에) 사용하지 않은 상태로 두다. ¶돈을 집에 ~ / 광에 쌀을 ~.

묶다[묵따] 동타 1 (어떤 물체나 여럿으로 된 물체를 줄이나 끈 등으로) 흐트러지거나 따로 떨어지지 않도록 그 둘레를 감아 매다. ¶짐을 노끈으로 ~. 2 (사람이나 동물의 몸을 줄 따위로) 마음대로 움직이지 못하게 감아 매다. 비결박하다. ¶죄인을 포승으로 ~. 3 (동물이나 물체를 고정된 물체에 끈이나 줄 따위로) 이어지게 하여 있던 자리에서 다른 곳으로 가지 못하게 하다. ¶배를 강가에 **묶어** 놓다. 4 (사람이 다른 사람을 어느 곳에) 제 뜻이 아닌 상태로 있게 만들다. ¶아버지가 아이를 집 안에 **묶어** 놓고 공부만 시킨다. 5 (각각을 이룬 사실이나 대상을) 하나 또는 몇 갈래의 사실이나 상태가 되게 합하다. ¶여기저기 발표했던 글을 한 권에 ~. 6 글에서, (어떤 문자나 단어나 어구나 문장 따위를 괄호 속에) 들어 있게 나타내다. ¶한자를 한글 옆에 괄호로 **묶어** 병기하여.

묶-음 ①자립 한데 모아서 묶어 놓은 덩이. ¶꽃~ / ~을 만들다. ②의존 묶어 놓은 덩이를 세는 말. ¶나무 한 ~ / 꽃 세 ~.

묶음-표(-標) 명 숫자나 문장의 앞뒤를 막아 다른 것과 구별을 하는 부호의 총칭. 소괄호·중괄호·대괄호 등이 있음. =괄호·괄호부·도림.

묶-이다 동재 '묶다'의 피동사. ¶오라에 ~ / 손발이 ~ / 그 땅은 그린벨트에 **묶여** 있다.

문¹(文) 명 1 =문장(文章)¹. 2 무(武)에 대하여 학문·문학·예술 등을 이르는 말. ↔무(武).

문²(門) 명 1 집이나 방이나 성곽이나 탈것 등에서, 사람이 안으로 들어가거나 밖으로 나올 수 있게 하기 위하여, 또는 건물이나 방이나 탈것 등에서, 공기를 통하게 하거나 햇빛이 비치게 하기 위하여, 한쪽을 축으로 돌게 하거나 옆으로 밀어서 닫고 열 수 있도록 만든 물건. 또는, 그런 물건을 달 수 있도록 터놓은 공간. ¶앞[뒷] ~ / ~을 열다[닫다] / ~을 자물쇠로 잠그다. 2 물건을 넣어 두는, 막힌 공간을 가진 구조물에서, 물건을 넣거나 꺼낼 때 한쪽을 축으로 돌게 하거나 옆으로 밀어서 열고 닫을 수 있게 만든 물건. ¶금고의 ~. 3 어떤 나라가 다른 나라에 대하여 교역이나 교류를 허용하거나 금지하기 위해 취하는 제도적인 수단이나 작용. 비유적인 말임. 비문호(門戶). ¶우리는 전 세계에 ~을 활짝 열지 않으면 살아남기 어려운 개방화 시대에 살고 있다. 4 어떤 기관이나 조직체의 구성원이 되기 위해 거치거나 치러야 하는 절차나 과정. 비유적인 말임. 비관문. ¶대학의 ~ / 취업의 ~이 좁다.

문(을) **닫다** ① 1 (가게나 회사나 공장 등이) 그날의 영업이나 운영을 하지 않다. 또는, 그날의 영업이나 운영을 마치다. ¶이 가게는 밤 10시에 **문을 닫는다**. 2 (가게나 회사나 공장 등이) 영업이나 운영을 중단하다. ¶그 회사는 부도가 나 결국은 **문을 닫고** 말았다.

문(을) **열다** ① 1 (가게나 회사나 공장 등이) 그날의 영업이나 운영을 하다. 또는, 그날의 영업이나 운영을 시작하다. ¶이 슈퍼는 몇 시에 **문을 엽니까**? 2 (가게나 회사나 공장 등이) 영업이나 운영을 처음으로 시작하다. ¶우리 공장은 작년 9월에 **문을 열었다**. 3 (국가가) 외국과 정치·경제·문화 등의 교류를 가지다. 4 (조직 등이) 성원을 외부로부터 받아들이다.

문³(門) 명 1 학술 전문의 종류를 크게 분류하는 말. ¶법학(法學) ~. 2 [생] 동식물의 분류학상의 단위. 강(綱)의 위, 계(界)의 아래임. 3 씨족을 갈라서 그 집안을 가리키는 말. ¶김(金) ~.

문⁴(問) 명 1 주로 시험 출제에서, '문제'를 줄여 이르는 말. 문 1, 문 2, … 따위. ↔답(答). 2 전날, 경서의 뜻 따위를 구술시험으로 묻는 문제.

문⁵(門) 명의존 신의 크기의 단위.

문⁶(門) 명의존 대포의 수를 세는 단위. ¶고사포 십 ~.

-문⁷(文) 접미 '문장', '글'의 뜻을 나타내는 말. ¶설명~ / 논설~ / 기행~ / 포고~.

문간(門間)[-깐] 명 대문 또는 중문(重門)이 있는 곳. ¶~에 들어서다.

문간-방(門間房)[-깐빵] 명 대문간 바로 곁에 있는 방. ¶~에 세들어 살다.

문간-채(門間-)[-깐-] 명 대문간 곁에 있는 집. 비행랑채.

문갑(文匣) 명 안방이나 사랑방 등에 두고 문서나 문구, 기타 일상용 물건을 보관하는, 높이가 낮고 옆으로 긴 가구.

문객(門客) 명 권세 있는 집의 식객. 또는, 그런 집안에 날마다 문안 오는 사람.

문건(文件)[-껀] 명 공적(公的)인 문서나 서류.

문고(文庫) 명 1 책·문서를 넣어 두는 방이나 상자. 2 =서고(書庫). 3 보급을 목적으로, 작은 판형으로 값이 싸게 만든, 총서 형식의 책.

문고(文藁) 명 한 사람의 시문(詩文)을 모아 엮은 원고.

문-고리(門-)[-꼬-] 명 문을 여닫거나 잠그는 데에 쓰는 쇠고리. ¶~를 벗기고 문을 열다.

문고-본(文庫本) 명 문고 형식으로 간행한 책.

문고-판(文庫判) 명 책의 크기의 한 가지. 세로 14.8cm, 가로 10.5cm로, 대개 국판(菊版) 크기의 절반임.

문과[1](文科) [명][역] 문관(文官)을 뽑는 과거. [비]대과(大科). ↔무과.

문과[2](文科)[-꽈] [명] **1** 문학·예술을 포함한 인문 과학·사회 과학을 다루는 학문 분야. ↔이과(理科). **2** [교] 인문 과학 부문을 연구하는 대학의 한 분과. ¶~ 대학.

문관(文官) [명] **1** [역] 문과 출신의 벼슬아치. **2** [법] 군인의 위계(位階)를 가지지 않고도 군무에 종사하는 관리. ↔무관(武官).

문교(文敎) [명] 문화에 대한 교육.

문구[1](文句)[-꾸] [명] 글의 구절. ¶선전 ~/ 난삽한 ~. ×문귀.

문구[2](文具) [명] 공부를 하거나 사무를 보거나 할 때 필요한 필기도구나 공책류나 종이나 기타 보조 물품. 연필·볼펜·공책·원고지·도화지·지우개·자·물감·잉크·바인더 따위. [비]문방구.

문-구멍(門-)[-꾸-] [명] 문에 뚫린 구멍. ¶~으로 내다보다.

문구-점(文具店) [명] =문방구점.

문권(文券)[-꿘] [명] 땅·집 등의 소유권이나 그 밖의 어떤 권리를 증명하는 문서. =문기(文記)·문서(文書).

문귀 [명] '문구(文句)[1]'의 잘못.

문-기둥(門-)[-끼-] [명][건] =문설주.

문ː-내 [명] 쌀 따위가 오래되거나 열이나 습기로 말미암아 뜨거나 하여 나는 냄새.

문단[1](文段) [명][언] 문장이 모여서 한 가지 통일된 주제를 나타내는, 글의 작은 덩어리. =단락(段落)·대문(大文)·패러그래프. ¶1 ~/~을 나누다/이 글은 크게 세 ~으로 되어 있다.

문단[2](文壇) [명] 문인들의 사회. =문림(文林)·사단(詞壇). ¶~에 데뷔하다.

문-단속(門團束) [명] 사고가 없도록 문을 잘 닫아 잠그는 것. ¶잠들기 전에 ~을 철저히 하다. **문단속-하다** [동][자][여]

문ː답(問答) [명] 물음과 대답. 또는, 서로 묻고 대답하는 것. ¶교리 ~. **문ː답-하다** [동][자][여] ¶회의에서 **문답한** 내용을 적어 두다.

문ː답-법(問答法)[-뻡] [명] **1** [문] 수사법의 하나. 서술이나 설명 대신에, 스스로 묻고 대답하는 형식을 취함으로써 내용을 변화 있게 표현하는 방법. "그렇다면 해결 방법이 없는가? 물론 있다." 따위. **2** [철] =대화법**2**.

문ː답-식(問答式)[-씩] [명] 서로 묻고 대답하는 방식. ¶~ 학습/~ 좌담.

문대다 [동][타] (어떤 물체나 어느 부위를 다른 물체나 손으로) 힘 있게 대거나 누른 상태에서 한 번 움직이거나 이쪽저쪽으로 반복하여 움직여 지워지거나 벗겨지거나 뭉개지거나 눌러지게 하다. [비]문지르다. ¶가슴과 등을 타월로 ~/더러운 손을 바지에 쓱 ~.

문덕 [부] 덩이로 뚝 끊어지거나 잘라지는 모양. [작]몬닥. [거]문턱.

문덕-문덕[-덩-] [부] 덩이로 자꾸 끊어지거나 잘라지는 모양. [작]몬닥몬닥. [거]문턱문턱. **문덕문덕-하다** [동][자][여]

문도(門徒) [명] 이름난 학자 밑의 제자.

문둥-병(-病)[-뼝] [명][의] '나병'을 속되게 이르는 말.

문둥-이 [명] '나환자'를 속되게 이르는 말.

문드러-지다 [동][자] (물기가 있는 물체가) 썩거나 물러서 외부의 힘을 받아 터지거나 깨어지거나 눌리거나 하여 본래의 형태를 잃다. [비]미란(糜爛)하다. ¶시신이 썩어 ~.

문득 [부] 생각이나 느낌 같은 것이 갑자기 떠오르는 모양. ¶~ 좋은 방법이 생각났다./~ 고향이 그리워진다. [센]문뜩.

문득-문득[-등-] [부] 생각이나 느낌 같은 것이 갑작스럽게 자꾸 떠오르는 모양. ¶그의 얼굴이 ~ 떠오른다. [센]문뜩문뜩.

문뜩 [부] '문득'의 센말. [준]무뜩.

문뜩-문뜩[-뜽-] [부] '문득문득'의 센말. [준]무뜩무뜩.

문ː란(紊亂)[물-] **➡문ː란-하다**[물-] [형][여] 도덕이나 질서·규칙 따위가 뒤죽박죽이 되어 어지럽다. ¶풍기가 ~/질서가 ~. **문ː란-히** [부]

문리(文理)[물-] [명] **1** 문장의 조리. **2** 글의 뜻을 깨달아 아는 힘. ¶아무리 어려운 글이라도 읽고 또 읽으면 ~가 트이는 법이다. **3** 사물 현상을 깨달아 아는 힘.

문망(文望) [명] 학문으로 널리 알려진 명성과 신망(信望). ¶~이 높은 교수.

문맥(文脈) [명] 내용상 서로 이어져 있는 문장의 앞뒤 관계. =글발. ¶~이 통하다/~을 파악하다.

문맹(文盲) [명] 배우지 못하여 글을 읽거나 쓸 줄을 모르는 상태. 또는, 그런 사람. [비]까막눈이.

문맹-자(文盲者) [명] 글을 모르는 사람. [비]까막눈이.

문면(文面) [명] 글의 표면에 나타나 있는 뜻. 또는, 상징이나 속뜻으로서가 아닌, 일차적 의미로서의 글의 표현. ¶~에 드러나지 않는 심오한 속뜻.

문명[1](文名) [명] 글을 잘하여 세상에 알려진 이름. ¶~을 떨치다. ↔무명(武名).

문명[2](文明) [명] 인류가 이룩한 비교적 높은 수준의 물질적·기술적·사회 조직적인 발전. 야만인들의 자연 그대로의 원시적 생활에 대하여 발전되고 세련된 삶의 양태를 뜻함. ¶고대 ~/메소포타미아 ~/~이 발달하다. ▶문화. **문명-하다** [형][여] 사회가 발전하여 물질적·문화적 수준이 높다.

문명의 이기(利器) [구] 기술 문명에 의해 만들어진, 편리한 생활 수단이나 기구.

문명-국(文明國) [명] 문명이 발달한 나라. ↔미개국.

문명-사회(文明社會)[-회/-훼] [명][사] 문명이 발달한 사회. ↔미개 사회.

문명-인(文明人) [명] 문화와 생활수준이 높은 사람. ↔야만인.

문묘(文廟) [명] 공자(孔子)를 모신 사당. =근궁·성묘(聖廟)·합사묘.

문무(文武) [명] **1** 일반 학식과 군사적 책략. ¶~를 겸비하다. **2** 문관과 무관. [비]문무관.

문-무관(文武官) [명] 문관과 무관. [비]문무.

문무-백관(文武百官)[-꽌] [명] 모든 문관과 무관.

문무-석(文武石) [명] '문무석인'의 준말.

문무-석인(文武石人) [명] 문석인과 무석인. [준]문무석. ▷석인(石人).

문문-하다 [형][여] **1** 무르고 부드럽다. **2** 어려움이 없이 쉽게 다룰 만한 상태에 있다. [작]만만하다. **문문-히** [부]

문물(文物) [명] 문화나 문명의 산물. 곧, 학문·예술·종교·도덕·제도·기술 따위. ¶서양의 ~을 비판적으로 받아들이다.

문물-제도(文物制度) [명] **1** 문물과 제도. **2** 문물에 관한 제도.

문민(文民) [명] 직업 군인이 아닌 일반 국민.

문민-정치(文民政治)圏 문민이 행하는 정치. 군부 정치에 대립되는 뜻으로 쓰는 말임.
문-바람(門-)[-빠-]圏 문이나 문틈으로 들어오는 바람. =문풍(門風). ¶~이 세다 / 문풍치를 발라 ~을 막다.
문-밖(門-)[-박]圏 성문의 바깥. ↔문안.
문밖-출입(門-出入)[-박-]圏 문밖으로 나드는 것. ¶~을 삼가다.
문반(文班)圏 문관의 반열(班列). =동반(東班)·학반(鶴班). ↔무반(武班).
문방(文房)圏 글공부를 하거나 독서를 하거나 시문을 짓거나 서화를 익히는 방. 현대어에서는 잘 쓰이지 않는 말임. (비)서재.
문방-구(文房具)圏 1〔문방, 곧 서재에 필요한 도구라는 뜻〕글을 쓰거나 그림을 그리거나 사무를 보거나 하는 데 필요한 도구. (비)문구. 2 =문방구점.
문방구-점(文房具店)圏 문방구를 파는 가게. =문구점·문방구. ¶학교 앞 ~.
문방-사우(文房四友)圏 종이·붓·먹·벼루의 네 가지 문방구. =문방사보. (준)사우.
문-배나무(文-)[-식]圏 장미과의 낙엽 활엽 교목. 산기슭에 자라며, 높이 10m에 달함. 봄에 흰 꽃이 피며, 가을에 배와 비슷한 노란 열매가 익음. 목재는 여러 가지 기구재로 쓰이고, 나무껍질은 물감으로 쓰임.
문-배주(-酒)圏 좁쌀로 누룩을 만들어 수수밥을 섞어 빚어 발효시킨 다음 증류한, 소주의 일종. 문배나무의 향기와 비슷하다 하여 붙은 이름임.
문벌(門閥)圏 대대로 내려오는 가문의 사회적 지체. =가벌(家閥)·문지(門地). ¶인물도 좋고 ~도 훌륭한 규수.
문법(文法)[-뻡]圏[언] 말의 구성 및 운용상의 규칙. 또는, 그것을 연구하는 학문. =말본.
문법-적(文法的)[-뻡쩍]관圏 문법에 관한 (것). ¶~ 의미 / ~ 특성.
문-병(問病)圏 (앓는 사람을) 그가 있는 집이나 병원 등으로 찾아가 위로하는 것. ¶~객 / ~을 다녀오다. **문:병-하다**(타여) ¶동료 직원을 **문병하러** 가다.
문-복(問卜)圏 점쟁이에게 길흉을 묻는 것. =문수(問數). **문:복-하다**(자여).
문부(文簿)圏 뒤에 상고할 문서와 장부. =문서·문안(文案)·문적(文蹟)·부책.
문-빗장(門-)[-빋짱]圏 문을 닫고 가로질러 잠그는 막대기나 쇠 장대. ¶~을 걸다. (준)빗장.
문사¹(文士)圏 1 문필 활동을 전문적으로 하는 사람. 2 문학에 뛰어나고 시문을 잘 짓는 사람. ↔무사(武士).
문사²(文事)圏 학문·예술 등에 관한 일. ↔무사(武事).
문-살(門-)[-쌀]圏 문에 종이를 바르거나 유리를 끼우는 데에 뼈대가 되는 가느다란 나무.
문:상(問喪)圏 남의 상사(喪事)에 대하여 조의를 표하는 것. =조상(弔喪). (비)조문(弔問). **문:상-하다**(자여) ¶**문상하러** 가다.
문:상-객(問喪客)圏 =조문객. ¶~이 줄을 잇다.
문서(文書)圏 1 글이나 기호로써 일정한 의사나 관념 또는 사상을 표시한 것. ¶비밀~ / 외교 ~. 2 =문권(文券). 3 =문부(文簿).
[문서 없는 종] 아무런 계약 문서가 있어 부리

는 종과 같다 하여, 행랑살이하는 사람이나 아내 또는 며느리를 이르는 말.
문서^위조(文書僞造)圏[법] 남의 문서를 권한 없이 작성하거나, 문서 작성의 권한이 있는 사람이 허위 내용의 문서를 작성하는 일. ¶~죄.
문서-화(文書化)圏 문서의 형식으로 꾸미는 것. **문서화-하다**(타여) ¶오늘의 결의 사항을 **문서화해** 두기로 합시다. **문서화-되다**(자).
문-석인(文石人)圏 =문인석.
문선(文選)圏 1 좋은 글을 가려 뽑는 것. 또는, 그렇게 하여 엮은 책. 2〔인〕활판 인쇄에서 원고대로 활자를 골라 뽑는 일. =채자(採字). **문선-하다**(자).
문선-공(文選工)圏〔인〕인쇄소에서 활자를 골라 뽑는 일을 하는 사람. =채자공.
문-설주(門-柱)[-쭈]圏[건] 문의 양쪽에 세워 문짝을 끼워 달게 된 기둥. =문지기둥·선단. (준)설주.
문-소리(門-)[-쏘-]圏 문을 여닫는 소리.
문수(文數)[-쑤]圏 신의 치수.
문수-보살(文殊菩薩)圏[불] 석가여래의 왼쪽에 있는, 지혜를 맡은 보살.
문신¹(文臣)圏 문관으로서의 신하. ↔무신(武臣).
문신²(文身)圏 살갗을 바늘로 찔러서 먹물 등으로 글씨·그림·무늬 따위를 새기는 것. 또는, 그렇게 한 몸. =자문(刺文). (비)입묵. ¶몸에 ~을 새기다. **문신-하다**(자여).
문-신칙(門申飭)圏 대문에 드나드는 잡인(雜人)을 금하거나 보살피는 것. **문신칙-하다**(타여).
문안¹(門-)圏 성문의 안. ↔문밖.
문안²(文案)圏 1 =문부(文簿). 2 문서나 문장의 초안. ¶~을 작성하다.
문:안³(問安)圏 웃어른에게 안부를 묻는 것. (비)문후(問候). ¶~ 편지. **문:안-하다**(자여).
문:안-드리다(問安-)圏(자) '문안하다'의 객체 높임말. ¶시부모님께 아침마다 ~.
문약(文弱)→**문약-하다**[-야카-]휄여 글과 학문에만 열중하여 용기가 없고 나약하다. ¶임진왜란 같은 큰 외침을 당한 것은 당시 우리의 조야(朝野)가 너무 **문약했기** 때문이다.
문양¹(文樣)圏 =무늬.
문양²(紋樣)圏 무늬의 모양. ¶기와에 양각된 ~.
문어¹(文魚)圏[동] 연체동물 두족강 낙지과의 한 종. 발끝까지의 길이 3m 정도로, 낙지류 중 가장 큼. 몸통은 공 모양이고 8개의 발이 있음. 몸빛은 자갈색이며 그물 모양의 무늬가 있고 환경에 따라 변색함. 살은 연하고 맛이 좋음.
문어²(文語)圏[언] 글에서만 쓰이고 일상 담화에서는 잘 쓰이지 않는 언어. =글말·문장어. ↔구어(口語).
문어-문(文語文)圏 문어체로 쓰인 문장. ↔구어문.
문어-발(文魚-)〔문어의 발이 개수가 많은 데에서〕(일부 명사 앞에서 관형어적으로 쓰여) 대기업의 경영이 계열사를 마구 늘리는 방식인 것. =문어발식. ¶~ 경영 / ~ 확장.
문어발-식(文魚-式)圏 =문어발.
문어-체(文語體)圏 문어(文語)로 쓰인 문

체. =글체·글말체. ↔구어체.
문예(文藝) 명 1 문학과 기타의 예술을 통틀어 이르는 말. 2 예술로서의 문학을 일컫는 말. ¶~ 작품 / ~ 잡지.
문예^부'흥(文藝復興) 명[역] =르네상스.
문예^사조(文藝思潮) 명[문] 한 시대나 사회의 특징을 가장 잘 발휘하여, 문예를 창조하는 근원이 되는 사상의 흐름. =문예 사조.
문예-지(文藝誌) 명 시·소설·평론 등의 문예 작품을 주로 싣는, 잡지 스타일의 정기 간행물. =문학잡지.
문외-한(門外漢)[-외-/-웨-] 명 어떤 일에 전문가가 아닌 사람. 또는, 직접적인 관계가 없는 사람.
문우(文友) 명 글로써 사귄 벗. 비글벗.
문운(文運) 명 1 학문이나 예술이 크게 일어나는 기세. 또는, 문화·문명이 진척되는 기운. 2 문인으로서의 운수.
문의(文義·文意)[-의/-이] 명 글의 뜻.
문:의²(問議)[-의/-이] 명 물어서 의논하는 일. ¶~ 사항. **문:의-하다** 통(타)에 ¶기타 자세한 내용은 본사(本社)로 문의할 것.
문인(文人) 명 1 문사(文事)에 종사하는 사람. ↔무인(武人). 2 문필업에 종사하는 사람. 작가·시인·평론가 따위.
문인-석(文人石) 명 돌로 만들어 능(陵) 앞에 세우는, 문관(文官)의 형상. =문석인·문관석. 준문석. ↔무인석.
문인-화(文人畫) 명[미] 동양화에서, 시인·학자 등 사대부 계층의 사람들이 여기(餘技)로 그린 그림.
문자¹(文字)[-짜] 명 1 [언] 말의 소리나 어떤 개념을 나타내는 기능을 가진, 선과 점 따위의 조합으로 일정한 모양이 되게 한 것. 한자(漢字) 등의 표의 문자, 로마자·한글 등의 표음 문자로 대별됨. 비글자. 2 [컴] 컴퓨터가 기억하거나 송출할 수 있는 글자나 숫자나 특수 문자를 이르는 말. =캐릭터.
문자 그대로 관 흔히 말이나 글로써 표현되어 온 바 그대로. 비글자 그대로. ¶~ 아비규환이다.
문자²(文字) 명 예부터 전하여 내려오는 한자 숙어나 성구. ¶~를 섞어 말하다.
문자(를) 쓰다 관 어려운 한자 숙어나 성구를 섞어 말하다. 유식한 체하며 ~ ¶공자 앞에서 **문자 쓰고** 있네.
문자^다중^방'송(文字多重放送)[-짜-] 명 텔레비전 전파의 틈에 있는 3~4개의 주사선(走査線)을 이용하여 문자나 도형 등의 신호를 보내는 방송 서비스. 자막(字幕) 서비스나 뉴스·기상 예보·교통 정보 등을 시각적으로 전달함. ▷음성 다중 방송.
문자-반(文字盤)[-짜-] 명 시계·계기 등에 문자나 기호를 표시해 놓은 반. 비계기판·다이얼.
문자^언어(文字言語)[-짜-] 명[언] 글자를 매개로 하여 표현되는 언어. 비글말·문어(文語). ↔음성 언어.
문자-열(文字列)[-짜-] 명[컴] 일련의 문자·숫자·기호 등으로 이뤄진 집합체. 가령, 'string'은 6개의 문자로 이뤄진 문자열이다.
문자-판(文字板)[-짜-] 명 1 시계·계기판 등에서 문자나 숫자, 기호 등이 표시되어 있는 판. =글자판. 2 =자판(字板).
문장¹(文章) 명 1 [언] 언어 단위의 하나. 사고나 감정을 말로 표현할 때 완결된 내용을 나타내는 최소의 단위. =문(文)·월. 비글월. 2 어떤 문제를 논술한 글의 한 편. 곧, 산문(散文) 형태의 글을 이름. 3 '문장가'의 준말.
문장²(門長) 명 한 문중(門中)에서 항렬과 나이가 제일 위인 사람.
문장³(紋章) 명 영국 등 서양에서 국가나 가문(家門)이나 단체 등을 상징적으로 나타내기 위해 동식물이나 기타 여러 가지 물체를 도안화한 그림이나 문자.
문장-가(文章家) 명 글을 뛰어나게 잘 짓는 사람. 준문장.
문장-력(文章力)[-녁] 명 글을 짓는 능력.
문장^부'사(文章副詞) 명[언] 문장 전체를 꾸미는 부사. 양태 부사와 접속 부사로 나뉨. ▷성분 부사.
문장^부'호(文章符號) 명[언] 문장의 뜻을 돕거나 문장을 구별하여 읽고 알아보기 쉽게 하기 위해 쓰이는 여러 가지 부호. '.', ',', '?' 따위. =월점.
문장^성분(文章成分) 명[언] 한 문장을 구성하는 요소. 곧, 주어·서술어·목적어·보어·관형어·부사어·독립어 따위.
문재(文才) 명 문장의 재능. 비글재주.
문적¹ 부 (약하거나 썩은 물건이) 힘없이 문드러지는 모양. ㉮문척. **문적-하다** 통(자)에
문적²(文籍) 명 =책¹①.
문적-문적[-정-] 부 자꾸 문적하는 모양. ¶썩은 솔가지가 발을 옮길 때마다 ~ 부서진다. ㉮문척문척. **문적문적-하다** 통(자)에
문전¹(文典) 명[언] 문법·어법(語法)을 설명한 책.
문전²(門前) 명 문 앞.
문전-걸식(門前乞食)[-씩] 명 이집 저집 돌아다니며 빌어먹음. ¶가세가 기울자 그는 ~으로 연명했다. **문전걸식-하다** 통(자)에
문전-성시(門前成市) 명 어떤 집 문 앞이 방문객이 많아 시장을 이루다시피 함. ¶축하객으로 ~를 이루다.
문전-옥답(門前沃畓)[-땁] 명 집 가까이 있는 기름진 논.
문-정맥(門靜脈) 명[생] 지라·소화기에서 오는 혈액을 모아 간으로 나르는 정맥. 준문맥(門脈).
문:제(問題) 명 1 어떤 지식이나 학습의 내용을 알고 있는지 확인하기 위해 답하도록 요구하는 물음. ¶수학 ~ / 연습 ~ / 시험 ~ / ~를 내다 / ~가 까다롭다. 2 논쟁·논의·연구 등의 대상이 되는 것. ¶~의 인물 (소설). 3 잘못되거나 정상적이지 못하여 해결이 필요한 상태나 그 대상. 또는, 해결하기 어렵거나 난처한 일. ¶공해 ~ / 인구 ~ / ~가 있다 / ~에 부딪치다. 4 귀찮은 일이나 말썽. ¶~를 일으키다. 5 어떤 사물과 관련되는 일. ¶그것은 법의 ~가 아니라 양심의 ~이다.
문:제-극(問題劇) 명[연] 사회 문제를 소재로 하여 관객들의 관심을 환기하고 토론을 유발하려는 연극.
문:제-시(問題視) 명 문젯거리로 삼는 것. **문:제시-하다** 통(타)에 ¶남녀간의 성(性)을 죄악시하거나 **문제시하는** 것은 그 본질을 잘못 이해한 데에서 온 것이다. **문:제시-되다**
문:제-아(問題兒) 명[교][심] 지능·성격·행동 등이 보통의 아동과 뚜렷이 달라 특별한 취급을 요하는 아동. =문제 아동.
문:제^아동(問題兒童) 명[교][심] =문제아.

문:제-없다(問題−) [−업따] 형 문제로 삼을 만큼 어려울 것이 없다. 또는, 틀림없다. ¶운전이라면 ~ / 내일까지 천만 원 입금은 ~. 문:제없-이 부

문:제-의식(問題意識) 명 문제점을 찾아서 그에 적극적으로 대처하려는 태도. ¶그는 현실에 대한 ~이 결핍된 작가이다.

문:제-작(問題作) 명 화제나 주목을 불러일으킬 만한 작품.

문:제-점(問題點) [−쩜] 명 어떠한 사물의 문제가 되는 점. ¶~을 발견하다.

문:제-지(問題紙) 명 시험 문제가 기록되어 있는 종이.

문:제-집(問題集) 명 배운 것을 연습하고 익힐 수 있도록 학습 내용을 문제로 만들어 엮은 책. ¶수학 ~ / 운전면허 시험 ~.

문:젯-거리(問題−) [−제꺼/−젣꺼−] 명 1 여러 가지 문제를 야기시킬 만한 요소. 2 처치하기 곤란한 사물.

문:죄(問罪) [−죄/−줴] 명 죄를 캐내어 묻는 것. 문:죄-하다 동(자타)여

문주-란(文珠蘭) 명[식] 수선화과의 상록 여러해살이풀. 높이 30~50cm. 줄기는 굵고 7~9월에 흰색 꽃이 핌. 제주도에 많고, 천연기념물로 지정되어 있음.

문중(門中) 명 성과 본이 같은 가까운 집안. ¶~의 어른.

문증(文證) 명 글로 나타낸 증거의 표. ¶그 돈을 꼭 주겠다는 ~을 받아 놓아라.

문지(門地) 명 =문벌(門閥).

문-지기(門−) 명 문을 지키는 사람.

문-지도리(門−) [−찌−] 명 문짝의 한쪽과 문설주에 이어 달아 문을 여닫을 수 있게 하는 물건. 돌쩌귀 따위.

문지르다 동(타르)(문지르니, 문질러) (어떤 물체나 어느 부위를 다른 물체나 손으로) 가볍게 힘을 준 상태에서 이쪽저쪽으로 반복하여 움직이거나 바르거나 닦거나 마사지하거나 하다. 비문대다. ¶주사 맞은 자리를 손으로 ~ / 틀린 글자를 지우개로 문질러 지우다.

문-지방(門地枋) [−찌−] 명[건] 출입문에서, 두 문설주 밑에 바닥보다 조금 높게 가로 댄 나무. ¶사람 드나드는데 거치적거리니까 ~에 걸터앉지 마라.

문지방이 닳도록 드나들다 관 =문턱이 닳도록 드나들다.

문:진¹(文鎭) 명 =서진(書鎭)².

문:진²(問診) 명[의] 진단의 기초로 삼기 위해, 의사가 환자 자신과 가족의 병력(病歷) 및 발병 시기, 경과 등을 묻는 일. 문:진-하다 동(타)여

문질리다 동 1 타 '문지르다'의 피동사. 2 타 '문지르다'의 사동사. ¶동생에게 등을 ~.

문집(文集) 명 시나 문장을 모아 엮은 책.

문-짝(門−) 명 문이나 창의 한 짝. =문비(門扉).

문창(門窓) 명 문과 창문.

문창-살(門窓−) [−쌀] 명 문창에 댄 살. ¶빛줄기가 ~을 두드려 대다.

문채(文彩·文采) 명 1 아름다운 광채. 2 =무늬.

문:책(問責) 명 잘못을 캐묻고 꾸짖는 것. ¶상사에게 ~을 당하다. 문:책-하다 동(타)여 ¶사고에 대해 관계자를 엄중히 ~.

문척 부 '문적'의 거센말. 문척-하다 동(자)여

문척-문척 [−청−] 부 '문적문적'의 거센말. 문척문척-하다 동(자)여

문체(文體) 명[문] 1 문장의 어구(語句)·어법·조사(措辭) 등에서 특징적으로 나타나는 작자의 개성. =글체. 2 글의 체재. 구어체·문어체·논문체·서한체 따위. 3 한문의 형식. 논(論)·서(序)·주(奏)·서(書)·지(誌) 따위.

문:초(問招) 명 죄인을 신문하는 것. ¶~를 받다. 문:초-하다 동(타)여 ¶반란을 일으킨 주동자를 ~.

문치¹(文治) 명 학문과 덕을 숭상하여 학문과 법령으로 세상을 다스리는 것. 문치-하다 동(타)여

문치²(門齒) 명 =앞니.

문치적-거리다/−대다 [−꺼(때)−] 동(자) 1 일을 딱 잘라 하지 못하고 자꾸 끌기만 하다. 2 생각이나 행동을 자꾸 망설이거나 주저하다. 준문칮거리다.

문치적-문치적 [−쩍−] 부 문치적거리는 모양. ¶급한 부탁을 받고도 ~ 미루고 있다. 준문칮문칮. 문치적문치적-하다 동(자)여

문칮-거리다/−대다 [−칟꺼(때)−] 동(자) '문치적거리다'의 준말.

문칮-문칮 [−친−칟] 부 '문치적문치적'의 준말. 문칮문칮-하다 동(자)여

문-턱(門−) 명 1 문지방 위쪽에 문짝이 닿도록 턱이 지게 한 부분. 또는, '문지방'을 달리 이르는 말. ¶이 아파트는 걸려 넘어지지 않도록 ~을 없앴다. 2 어떤 일이 시작되거나 일어나기 바로 전이나 막 시작된 시점을 비유하여 이르는 말. ¶새 천 년의 ~ / 죽음의 ~에 다다르다 / 가을의 ~에 들어서다.

문턱이 높다 관 들어가거나 상대하기가 어렵다. ¶서민에게는 은행 ~.

문턱이 닳도록 드나들다 관 빈번하게 드나들다. =문지방이 닳도록 드나들다.

문투(文套) 명 1 글을 짓는 법식. 2 어떤 사람이 글을 쓸 때 나타내는 표현상의 버릇. 비글투.

문-틀(門−) 명[건] 문짝을 달거나 끼우기 위한 틀. =문광(門框)·문얼굴.

문-틈(門−) 명 닫힌 문의 틈바구니. ¶~으로 내다보다 / ~으로 햇살이 비치다.

문패(門牌) 명 주소·성명을 적어 대문 옆에 붙는 패. ¶~를 달다.

문-풍지(門風紙) 명 문틈으로 들어오는 바람을 막기 위해 문짝 가를 돌아가며 바르는 종이. 준풍지.

문필(文筆) 명 1 글과 글씨. 2 글을 짓거나 글씨를 쓰는 일. ¶~ 활동.

문필-가(文筆家) 명 글을 지어 발표하는 일을 직업으로 하는 사람.

문하(門下) 명 1 문하생이 드나드는 권세가 있는 집. 2 학문의 가르침을 받는 스승의 아래. ¶퇴계의 ~에서 공부하다.

문하-부(門下府) 명[역] 고려와 조선 초에 나라의 모든 정사를 보살피던 중앙의 최고 행정 관청.

문하-생(門下生) 명 1 권세가 있는 집에 드나드는 사람. 2 문하에서 배우는 제자. =교하생·문제자. 준문생.

문하-성(門下省) 명[역] 1 고려 시대의 중앙 의정 기관의 하나. 왕명의 출납과 중신의 탄핵을 맡음. 2 중국에서, 왕명의 출납을 맡은 관서의 이름.

문하-시중(門下侍中) 명[역] 1 고려 시대, 문하성(門下省)의 종1품 으뜸 벼슬. 2 조선 초

기의 문하부의 정1품 으뜸 벼슬. **3** 당 대(唐代)의 문하성의 장관.
문학(文學) 圀 **1** 삶의 가치 있는 경험을 상상력을 토대로 하여 언어로 짜임새 있게 표현한 예술. 그 갈래는 크게 서정(抒情)·서사(敍事)·극(劇)·교술(教述)로 나뉘며, 시·소설·희곡·수필은 그 각각의 대표적인 양식임. ¶순수 ~/자연주의 ~. **2** 지난날, 학예·경사(經史)·시문(詩文)을 총칭하던 말. 또는, 문자로 기록된 모든 것을 포괄적으로 이르던 말.
문학-가(文學家) [-까] 圀 문학을 창작·연구하는 사람.
문학-도(文學徒) [-또] 圀 문학을 배우고 연구하는 학생. 주로, 대학에서 문학을 전공하는 학생을 이름.
문학-론(文學論) [-항논] 圀[문] 문학 작품의 성질이나 문예의 본질에 관한 이론.
문학-사¹(文學士) [-싸] 圀 대학의 문학부에서 문학·철학·사학 등을 전공한 학사.
문학-사²(文學史) [-싸] 圀[문] 문학이 발전해 온 역사. 또는, 그것을 연구하는 학문이나 그것을 기술한 것.
문학-상(文學賞) [-쌍] 圀 우수한 문학 작품을 썼거나 문학 부문에 공적이 뛰어난 사람에게 수여하는 상. ¶노벨 ~/동인(東仁) ~.
문학-성(文學性) [-썽] 圀 문학으로서의 예술성. ¶~ 높은 작품.
문학-소녀(文學少女) [-쏘-] 圀 문학을 좋아하고 문학에 뜻을 둔 감상적인 소녀.
문학^작품(文學作品) [-짝-] 圀 문학에 속하는 예술 작품. 곧, 시·소설·희곡·평론 따위. ¶~을 현상 모집하다.
문학-적(文學的) [-쩍] 괸圀 문학의 여건을 구비한 (것). ¶~ 재능 /~ 인 표현.
문학-청년(文學靑年) 圀 문학을 좋아하고 문학 작품 창작에 뜻을 둔 청년. 또는, 문학적 분위기나 몽상적 세계를 좋아하는 청년.
문학^혁명(文學革命) [-하경-] 圀[문] 1917년부터 시작된 중국의 문학 혁신 운동. 종래에 써 왔던 고문(古文)을 버리고 구어체의 백화문(白話文)을 사용하자고 후스(胡適)가 제창함.
문:-항(問項) 圀 문제의 항목. ¶50개의 ~을 출제하다.
문헌(文獻) 圀 **1** 제도나 문물을 아는 데 필요한 자료나 기록. ¶중국 ~에 보면 우리의 선조들이 가무(歌舞)를 즐겼다는 기록이 나온다. **2** 참고가 되는 서적이나 문서. ¶참고 ~.
문헌-학(文獻學) 圀 문헌을 바탕으로 하여 민족이나 문화를 연구하는 학문. 언어학 또는 서지학(書誌學)의 뜻으로 쓰이는 경우도 있음.
문형(文型) 圀 언어 요소들이 문장 가운데에서 상호 배치되고 결합되는지를 형식화하고 규칙화하여 분류한 유형.
문호¹(文豪) 圀 크게 뛰어난, 문학·문장의 대가(大家). ¶~ 셰익스피어/독일의 ~ 괴테.
문호²(門戶) 圀 **1** 집으로 드나드는 문. **2** 외부와 교류하기 위한 통로나 수단. 비유적인 말임. ¶~를 개방하다.
문화(文化) 圀 인간의 공동 사회가 이룩하여 그 구성원이 함께 누리는, 가치 있는 삶의 양식 및 표현 체계. 언어·예술·종교·지식·도덕·풍속·제도 등은 그 구체적인 예임. ¶정신(물질) ~/민족 ~/~ 수준/찬란한

~/~가 진보하다/~를 창조하다.

유의어	문화 / 문명
일반적으로 '문화'를 정신적·지적인 것으로, '문명(文明)'은 물질적·기술적인 것으로 구분함. 그러나 '과학 문명'이 지적 노력 없이 이루어질 수 없고, '문화생활'이 물질적 토대 없이 이루어질 수 없다는 점에서, '문명'과 '문화'는 각기 '정신'과 '물질'을 바탕으로서 가지고 있다고 할 수 있음. 또한, '문화'가 자연 그대로의 상태에 대립하는 개념이라면, '문명'은 미개(未開)의 상태에 대립하는 개념이라 할 수 있음.		

문화-계(文化界) [-계/-게] 圀 문화와 관계되는 사회적 분야.
문화^관광부(文化觀光部) 圀 행정 각 부의 하나. 문화·예술·방송 행정·출판·간행물·체육·청소년·해외 문화 홍보 및 관광에 관한 사무를 맡아봄. 1998년 '문화 체육부'가 개편된 것임. 준문화부.
문화-권(文化圈) [-꿘] 圀 공통된 특징을 가지는 복합체로서의 문화가 지리적으로 분포하는 범위. ¶라틴 ~.
문화^대:혁명(文化大革命) [-형-] 圀[역] 1966년에 중국에서 마오쩌둥(毛澤東)의 지휘하에 일어난 대규모의 권력 투쟁. 반대파가 대량으로 숙청되었고, 마오쩌둥의 사망 후 1976년에 종결됨. =문화 혁명. 준문혁.
문화-면(文化面) 圀 신문에서 문화에 관한 기사를 싣는 지면.
문화-부(文化部) 圀 **1** 신문사 등에서, 예술·교육·학술 등 각 분야에 관한 일이나 사건을 맡아 보도하는 부서. **2** 부(部) 등에서, 문화에 관한 일을 맡아보는 부. **3** '문화 관광부'의 준말.
문화-비(文化費) 圀 **1** [경] 교육·예술 등 일반 문화 발전을 위해 필요로 하는 비용. **2** 가계비 중에서 사교·교양·오락 등에 충당되는 비용.
문화-사(文化史) 圀 인간 내면의 정신생활에 관한 역사의 연구를 말하는 것으로, 학문·예술·사상 등 정신문화의 역사.
문화-생활(文化生活) 圀 발전된 문화의 혜택을 누리는 생활. ¶이제는 농촌도 소득 증대를 이루어 ~을 영위하게 되었다.
문화^시:설(文化施設) 圀[사] 문화를 향상 발달시키는 데 필요한 설비. 도서관·학교·극장·박물관 따위.
문화^영화(文化映畫) 圀 기록 영화·과학 영화 등, 극영화를 제외한 교육이나 과학 연구를 위하여 만든 영화.
문화^유산(文化遺産) 圀 현대에 남아 있고, 후대에 계승·상속될 만한 가치를 지닌 문화적 소산.
문화-인(文化人) 圀 **1** 문화적 교양이 있는 사람. 또는, 높은 문화생활을 누리고 있는 사람. ↔야만인. **2** 문화·예술 방면에서 일하는 사람.
문화^인류학(文化人類學) [-일-] 圀 생활 양식이나 사고방식, 언어·관습 등 다양한 인간의 제반(諸般) 문화를 비교 연구하여 문화 면에서의 인류 공통의 법칙성을 파악하려는 학문.
문화-재(文化財) 圀 **1** 문화 활동에 의하여 창조된 사물·사상(事象)에서 문화적 가치가 두드러진 것. **2** 특히, 문화재 보호법이 정하

문화재-청(文化財廳)[―청][법] 문화 관광부 장관 소속하에 설치된 기관의 하나. 문화재의 보존·관리·활용·조사·연구 및 선양에 관한 사무를 맡아봄.

문화-적(文化的)[관][명] 1 문화의 면에서 본 (것). 또는, 문화와 관련되어 있는 (것). ¶ ~ 의의. 2 높은 문화 수준에 있는 (것). ¶~ 생활.

문회(門會)[―회/―훼][명] 문중(門中)의 모임. ¶~를 열다.

문:후(問候)[명] 윗사람의 안부를 묻는 것. (비)문안(問安). **문:후-하다**[동][자여]

묻다¹[―따][동][타] 1 (가루나 액체, 끈적한 물질, 때 같은 것이 어떤 물체에) 닿거나 스치면서 그 일부가 물체의 표면에 옮겨져 붙어 있게 되거나 흔적을 남기게 되다. ¶입가에 콩가루가 ~ / 손에 물이 ~. 2 ('묻어'의 꼴로 이동을 나타내는 일부 동사와 함께 쓰여) (어떤 사람이나 물체가 본래 속하지 않는 사람이나 물체에) 딸리거나 섞인 상태가 되다. ¶가는 김에 나도 좀 묻어 타자.

묻다²[―따][동][타] 1 (어떤 물건이나 물체를) 땅속에 넣고 흙으로 보이지 않게 덮거나 다른 물체로 가려지게 덮다. ¶시체를 땅에 ~. 2 (사람이 자기 얼굴을 어떤 물체에) 수그린 자세로 가려지게 하다. ¶그 여자는 남자의 품에 얼굴을 **묻고** 흐느꼈다. 3 (사람이 자기의 몸을 다소 큰 의자에) 웬만큼 가려지게 앉다. ¶김 회장은 푹신한 회전의자에 몸을 **묻고** 잠시 휴식을 취했다. 4 (일을) 들추어 드러내지 않거나 없었던 셈으로 치다. ¶아픈 추억일랑 **묻어** 버리고 밝은 미래를 설계하자꾸나.

묻:다³[―따][묻:고/물어][동][타][ㄷ] <물으니, 물어> 1 (사람이 다른 사람에게 어떤 일이나 사실이나 대상을) 알고자 하여 대답을 바라는 뜻으로 말하다. (비)질문하다. ¶안부를 ~ / 점원에게 물건 값을 ~. 2 (어떤 일을) 문제로 삼아 옳고 그름을 따지다. (비)따지다·추궁하다. ¶이번 사고에 대해 장관의 책임을 ~.

묻어-가다[동][자] 함께 따라가거나 딸려 가다. ¶나도 너희들 틈에 **묻어갈** 수 없을까?

묻어-나다[동][자] 물건에 칠하거나 바른 물질이 다른 것에 닿았을 때 거기에 옮아 묻다. ¶손에 **묻어나지** 않는 크레파스.

묻어-오다[동][자] 함께 따라오거나 딸려 오다. ¶이삿짐을 옮길 때 남의 물건이 **묻어왔다**.

묻-잡다[―짭―][동][타][ㅂ] <~자오니, ~자와> '묻다'의 겸양어 또는 고제(古體).

묻-히다¹[무치―][동][타] '묻다'의 사동사. 떡에 고물을 ~ / 옷에 흙을 **묻히지** 마라.

묻-히다²[무치―][동][자] 1 '묻다'의 피동사. 2 (땅속에) 들어 있다. ¶지하에 **묻힌** 천연자원. 3 (주위가 어떤 것으로) 둘러싸이다. ¶단풍에 **묻혀** 있는 산봉우리. 4 (어떤 일에) 여념이 없을 만큼 빠지다. ¶일에 **묻혀** 여가를 즐길 겨를도 없다. 5 (모습이나 소리가) 다른 것에 가려지거나 들리지 않게 되다. ¶그의 뒷모습은 어느새 인파에 **묻혀** 버렸다.

물¹ 자연계에서 강·호수·바다·지하수 등의 형태로 널리 분포하는 액체. 또는, 강·호수·지하수 등을 사람이 마시거나 쓰기 위해 긷거나 끌어 오거나 퍼 올리거나 한 물질. 순수한 것은 상온에서 색·냄새·맛이 없고 투명함. 생물의 생존에 필요 불가결한 물질임. ¶맑은 ~ / ~을 긷다 / ~을 마시다. 2 못·내·호수·강·바다 등을 두루 이르는 말. ¶깊은 ~에 사는 물고기 / ~에 빠지다. 3 '조수(潮水)³'가 들어올 시각. 4 (구체적 또는 추상적 장소를 나타내는 일부 명사와 함께 주로 '… 물을 먹다'의 꼴로 쓰여) 지내거나 지내거나 거치는 부러운 환경임을 나타내는 말. ¶대학~ / 외국 ~ 좀 먹었다고 으스댄다.

[**물에 물 탄 듯 술에 술 탄 듯**] 말이나 행동이 분명하지 않은 상태를 이르는 말. [**물에 빠지면 지푸라기라도 잡는다**] 사람이 헤어날 수 없는 곤경에 처하면 전혀 도움이 안 될 게 뻔한 것에도 희망을 건다는 말. [**물에 빠진 놈 건져 놓으니까 내 봇짐 내라 한다**] 은혜를 입고도 고마움을 모르고 도리어 생트집을 잡는다. [**물은 건너 보아야 알고 사람은 지내보아야 안다**] 사람은 겉만 보고는 알 수 없고, 서로 오래 겪어 보아야 안다. [**물이 너무 맑으면 고기가 아니 모인다**] 사람이 지나치게 결백하면 남이 따르지 않는다.

물 건너 간 속 (어떤 일이) 더 이상 이루어지기를 바라기 어려운 상태가 되다. ¶여야의 협상에 의한 타결은 이미 **물 건너 간** 지 오래다.

물 끓듯 하다 관 여러 사람이 몹시 술렁거리는 모양. ¶사람들이 **물 끓듯 하는** 시장.

물 쓰듯 하다 관 돈이나 물건을 마구 헤프게 쓰다. ¶그는 돈을 **물 쓰듯 한다**.

물에 빠진 생쥐 물에 흠뻑 젖어 몰골이 초췌한 모양.

물 위의 기름 관 서로 어울리지 못하여 겉도는 사이.

물을 끼얹은 듯 관 많은 사람이 웅성거리다가 갑자기 조용해짐의 비유. ¶김 의원이 연단에 오르자 장내는 ~ 조용해졌다.

물(이) 잡히다 살갗에 물집이 생기다. ¶철봉을 했더니 손바닥에 **물이 잡혔다**.

물 찬 제비 몸매가 아주 매끈하여 보기 좋은 사람의 비유.

물 퍼붓듯 하다 관 1 비가 몹시 세차게 내리다. 2 말을 거침없이 술술 잘하다.

물² [명] 1 천·종이·가죽·털·실·음식 등에 물감을 흡수시켜 나타내는 빛깔. ¶~이 곱다 / ~이 바래다 / ~이 들다 / 옷에 ~이 빠지다. 2 좋지 않은 대상이나 환경과 접함으로써 받게 되는 부정적인 영향. 비유적인 말임. ¶친구를 잘못 사귀어 나쁜 ~이 들다.

물³ 물고기의 싱싱한 정도. ¶~이 좋은 생선.

물이 가다 관 물고기의 싱싱한 맛이 없어지다. ¶**물이 간** 생선.

물⁴ [명][의존] 1 옷을 한 번 빠는 동안. ¶한 ~ 빤 옷. 2 채소·과일·곡물 따위가 한 해 중 몇 차례에 걸쳐 쏟아져 나올 때의 그 차례. ¶끝 ~ 참외.

물⁵(物)[명][철] 인간의 감각에 의해서 느끼어 알 수 있는 사물, 또는 느끼어 알 수는 없어도 그 존재를 사유할 수 있는 일체의 것.

-물⁶(物)[접미] 일부 명사 뒤에 붙어, '어떤 물건'임을 나타내는 말. ¶청과 ~ / 해산 ~ / 첨가 ~.

물-가¹[―까][명] 바다·못·강 따위의 가장자리. =수반(水畔)·수변(水邊)·수애(水涯).

물가²(物價)[―까][명] 여러 가지 상품이나 용역의 종합적인 가격 수준. ¶소비자 ~ /

물가-고(物價高)[-까-] 圀 물가가 오르는 일. 또는, 높은 물가. ¶서민 생활을 위협하는 에 시달리다.

물가^지수(物價指數)[-까-] 圀 [경] 물가의 변동을 종합적으로 나타내는 지수. 어떤 장소에 있어서의 어느 시점의 재화(財貨)·서비스의 가격을 기준(보통 100)으로 하여 그 후의 동향을 기준과의 비교로 나타냄.

물-갈이¹ 圀 [농] 논에 물을 넣고 가는 일. ↔마른갈이. ▷진갈이. **물갈이-하다** 圄㉠

물-갈이² 圀 1 수족관이나 수영장 등의 물을 가는 일. 2 어떤 기관이나 조직체의 구성원이나 어떤 직책에 있는 사람들을 비교적 큰 규모로 바꾸는 일. ¶정치권 인사의 ~. **물갈이-하다²** 圄㉠ **물갈이-되다** 圄㉤

물-갈퀴 圀 1 [동] 기러기·오리·개구리·물개 따위의 발가락 사이에 있는 얇은 막. =복(蹼). 2 =오리발¹.

물-감¹ 圀 감의 하나. 모양은 길둥글며, 물이 많음.

물-감²[-깜] 圀 1 물건에 빛깔을 들이는 물질. 圁염료(染料). 2 [미] =그림물감.

물-개[-깨] 圀 1 [동] 포유류 물갯과의 바다 짐승. 몸길이가 수컷은 2m, 암컷은 1m가량임. 등은 회흑색, 배는 적갈색이며, 벨벳 모양의 보드라운 털로 덮여 있음. 네 다리는 모두 물고기의 지느러미처럼 되어 있어서 헤엄을 잘 침. 圁강치·해구(海狗). 2 [동] =수달. 3 〈은〉해군·해병대(군인·학생의 말).

물-거미 圀 [동] 1 물거밋과의 거미. 몸길이 1.2cm가량. 몸은 가늘고 길며, 머리·가슴은 갈색, 배는 담갈색임. 호수나 오래된 연못 속 수초 사이에 종 모양의 집을 짓고 살며, 주로 밤에 나와 활동함. 2 소금쟁이·게아재비 등 물 위에 떠다니는, 거미와 비슷하게 생긴 곤충의 속칭.

물-거품 圀 1 물의 거품. 圁포말. ¶~이 일다. 2 노력이 헛되게 된 상태. 圁수포(水泡). ¶밤새도록 한 일이 ~이 되다.

물건(物件) 圀 1 사람이 필요에 따라 만들어 내거나 가공하여 어떤 목적으로 이용하는, 들고 다닐 만한 크기의 일정한 형태를 가진 대상. 圁물품. 2 귀중한 ~. 2 매매나 거래의 대상물. ¶그 가게는 ~이 많다. / 요즘 통 ~이 없다. (부동산 중개업자가 하는 말) 3 [법] 유체물과 전기(電氣), 기타 관리할 수 있는 자연력. 4 제법 구실을 하는 존재 또는 특이한 존재라는 뜻으로 이르는 말. ¶그 많은 일을 혼자 해치우는 걸 보면 그 친구 ~은 ~이야. 5 '남근(男根)'을 완곡히 이르는 말.
[물건을 모르거든 금 보고 사라] 값이 그 물건의 품질을 나타낸다는 말.

물-걸레 圀 물에 축여 쓰는 걸레. ↔진걸레. ¶~로 마루를 닦다. ▷마른걸레.

물걸레-질 圀 물걸레로 닦는 일. **물걸레질-하다** 圄㉠ ¶방을 ~.

물-것[-껏] 圀 사람·동물의 살을 물어 피를 빨아 먹는, 모기·벼룩·이·빈대 등의 벌레의 총칭.

물-결[-껼] 圀 1 물이 움직이는 그 표면이 오르내리며 다시 내려왔다 하는 운동 또는 모양. =수파(水波). ¶검푸른 ~ / ~이 일다. 2 파도처럼 움직이는 어떤 모양이나 현상의 비유. ¶사람의 ~ / 벼가 누렇게 익어 황금~을 이루다.

물결(을) 타다 ㉠ 풍조·형세 따위에 자신을 맞추다. ¶서양의 문물이 개화의 물결을 타고 쏟아져 들어오다.

물결-무늬[-껼-] 圀 물결 모양의 무늬. =파상문(波狀紋).

물결-선(-線)[-껼-] 圀 =파선(波線)¹.

물결-치다[-껼-] 圄㉮ 1 물결을 일으켜 자꾸 움직이다. ¶파도가 거세게 ~. 2 파도처럼 크게 움직이거나 설레다.

물결-표(-標)[-껼-] 圀 [언] 이음표의 하나. '~'의 이름. 1 '내지'라는 뜻에 쓰임. '10월~12월' 따위. 2 어떤 말의 앞이나 뒤에 들어갈 말 대신에 쓰임.

물경(勿驚) 閂 '놀라지 마라', '놀랍게도'의 뜻으로, 그만 엄청난 것을 말할 때에 미리 내세우는 말. ¶거기 모인 인파가 ~ 백만이었다고 한다.

물계(物-)[-계/-게] 圀 1 물건의 시세. 2 어떤 일의 속내나 형편.

물고(物故) 圀 1 사회적으로 이름난 사람이 죽는 것. 2 죄인이 죽는 것. 또는, 죄인을 죽이는 것. **물고-하다** 圄㉠㉤

물고(가) 나다 ㉠ '죽다'를 속되게 이르는 말.

물고(를) 내다 ㉠ '죽이다'를 속되게 이르는 말. ¶말을 안 들으면 물고를 내겠다.

물-고구마 圀 익혔을 때 물기가 많아 물렁한 고구마. ▷밤고구마.

물-고기[-꼬-] 圀 [동] '고기'²를 물에 사는 특성을 강조하여 이르는 말.
[물고기도 제 놀던 물이 좋다 한다] 이미 익숙한 것이 생소한 것보다 낫다.

물고기(의) 밥이 되다 ㉠ 물에 빠져 죽다. 속된 말임.

물고기-자리[-꼬-] 圀 [천] 황도 십이궁의 열두째 별자리. 페가수스자리와 고래자리 사이에 있으며, 11월 하순 저녁에 자오선을 통과함. =쌍어궁.

물-고동 圀 '수도꼭지'의 잘못.

물-고문(-拷問) 圀 얼굴에 천 따위를 덮고 물을 붓거나 물속에 머리를 처박거나 하여 호흡 곤란의 고통을 주는 고문.

물-곬[-꼴] 圀 물이 빠져나가는 곳.

물-관(-管) 圀 [식] 속씨식물의 관다발에 있는 관(管狀)의 조직. 뿌리에서 흡수한 수분을 운반하는 통로임. =도관(導管).

물관-부(-管部) 圀 [식] 식물의 관다발 중에서, 물관·헛물관·목부 유조직·목질 섬유 등으로 이루어진 조직. 주로 수분의 통로가 됨. =목부(木部)·목질부.

물구나무서-기 圀 [체] 체조에서, 팔 세우기를 하여 발로 땅을 차고 거꾸로 선 동작. 圁도립(倒立).

물구나무-서다 圄㉮ 두 손을 짚고 거꾸로 서다. 圁도립하다.

물-구덩이[-꾸-] 圀 1 물이 괸 진창. 2 물이 있는 구덩이. ¶~에 빠지다.

물-구멍[-꾸-] 圀 물이 흐르는 구멍.

물-굽이[-꿉-] 圀 강이나 바다의 물이 구부러져 흐르는 곳.

물권(物權)[-꿘] 圀 [법] 특정한 물건을 타인의 매개 없이 직접 지배할 수 있는 배타적 권리. 점유권·소유권·지상권·지역권·전세권·유치권·질권·저당권 따위.

물-귀신(-鬼神)[-뀌-] 圀 1 [민] 물속에 있다는 귀신. 2 어떤 궁지에 관계없는 다른 사람까지 끌고 들어가는 사람을 이르는 말. ¶

~처럼 나가지 끌고 들어간다.
물귀신(이) 되다 쿠 (사람이) 물에 빠져서 죽다.
물그레-하다 형여 약간 묽은 듯하다.
물-그릇 [-끄-] 명 물을 담는 그릇.
물그스레-하다 형여 =물그스름하다.
물그스름-하다 형여 조금 묽다. =물그스레하다. **물그스름-히** 부
물긋물긋-하다 [-근-그та-] 형여 매우 물긋하다.
물긋-하다 [-그타-] 형여 묽은 듯하다.
물-기 (-氣) [-끼] 명 축축한 물의 기운. =수기(水氣). 비수분(水分). ¶그릇의 ~를 마른행주로 닦아 내다/눈에 ~가 어리다.
물-기둥 [-끼-] 명 기둥처럼 공중에 솟구쳐 오르는 물줄기. =수주(水柱). ¶광장 분수대에서 휜 ~이 힘차게 솟아오른다.
물-길 [-낄] 명 1 배를 타고 물로 다니는 길. =수정(水程). 비뱃길. 2 ~ 는 천리. 2 물이 흐르거나 물을 보내는 통로. =수로(水路).
물-김치 명 열무나 배추로 국물이 많게 담근 김치.
물-꼬 명 논에 물이 들어오거나 나갈 수 있도록 만든 좁은 어귀. ¶~를 트다(막다).
물꼬를 트다 쿠 막히거나 끊어진 관계를 열거나 잇는 실마리를 짓다. ¶남북 관계의 물꼬를 트는 획기적 조치.
물꼬러미 부 우두커니 한곳만 바라보는 모양. ¶창가에 앉아 먼 산을 ~ 바라보다/얼굴을 ~ 쳐다보다. 비말끄러미.
물꼬럼-말끄럼 부 말없이 서로 얼굴만 물꼬러미 보다가 말끄러미 보다가 하는 모양.
물-나라 [-라-] 명 물기가 많이 와서 큰물이 진 지역. =수국(水國).
물-난리 (-亂離) [-랄-] 명 1 큰물이 져서 생긴 수라장. ¶~를 겪다/홍수로 ~가 나다. 2 가뭄 등으로 먹을 물이 달리거나 없어서 겪는 소동.
물납 (物納) [-랍] 명 조세 등을 물품으로 바치는 것. ↔금납(金納). **물납-하다** 통타여
물-냉면 (-冷麵) [-랭-] 명 찬 육수에 만 국수면. ▷비빔냉면.
물-너울 [-러-] 명 바다 등의 넓은 물에서 크게 움직이는 물결.
물-노릇 [-로른] 명 물을 다루는 일. **물노릇-하다** 통자여
물-놀이 [-로리] 명 물가에서 멱을 감거나 헤엄을 치거나 하면서 노는 일. **물놀이-하다** 통자여 ¶냇가에서 ~.
물:다[1] (물ㄹ/물어) 통자 〈무니, 무오〉 (음식이나 생선 따위가) 더위나 습기로 떠서 상하다. ¶문 생선.
[물어도 준치, 썩어도 생치(生雉)] 본래 좋고 훌륭하던 것은 비록 변한다 하여도 어딘가 다른 법임.
물다[2] 타 〈무니, 무오〉 1 남의 물건에 손상을 입히거나 손해를 끼친 상태에서, (그에 상응하는 값을) 돈으로 주거나, (그 물건을) 본래의 상태대로 해 주다. 배상하다. ¶깨뜨린 유리 값을 물어 주다. 2 (부담이 되거나 터무니없는 세금이나 요금, 또는 벌금 따위를) 어쩔 수 없이 내다. ¶벌금을 ~ / 무거운 세금을 ~.
물다[3] 통타 〈무니, 무오〉 1 (사람이나 동물이 물건이나 먹이 따위를) 입을 벌려 이나 입술이나 부리 따위의 사이에 끼운 상태로 떨어지거나 빠져나가지 않게 다소 세게 누르다.

물똥 ●669

¶청년이 담배를 입에 ~ / 고양이가 생선을 물고 달아나다. 2 (사람이나 동물이 다른 사람이나 동물의 몸의 일부를) 윗니와 아랫니 사이에 끼운 상태로 상처가 날 만큼 세게 누르다. 비깨물다. ¶시간이 지나가는 사람의 다리를 꽉 물었다. 3 (사람이나 동물이 어떤 물건이나 물질을) 삼키거나 뱉거나 하지 않고 입 안에 넣은 상태로 두다. ¶사탕을 입에 ~ / 물 한 모금 입에 물고 하늘 한 번 쳐다보고…. 4 (이·빈대·모기 등과 같은 벌레가 사람이나 동물의 살을) 피를 빨거나 하기 위해 주둥이 끝으로 찌르다. ¶모기가 문 자리. 5 (물고기가 낚싯밥을) 입속에 넣어 낚시에 걸린 상태가 되다. ¶붕어가 미끼를 ~. 6 (사람이 자기에게 이익이 될 사람이나 대상을) 사람의 예상이나 생각을 벗어난 상태로 배우자나 애인 등으로 삼게 되거나 자기의 것으로 얻게 되다. 속된 말임. ¶월수건달이 돈 많은 과부를 ~.
[무는 개를 돌아본다] 너무 순하기만 하면 도리어 무시당하거나 관심을 끌지 못한다.
물고 늘어지다 쿠 어떤 대상에 악착같이 달라붙어 떨어지지 않다. ¶말꼬리를 ~ / 바쁘다는 사람을 물고 늘어져서 놔주지 않는다.
물덤벙-술덤벙 부 아무 대중도 없이 날뛰는 모양. ¶그는 무슨 일이든지 착수를 하면 끝까지 뿌리를 캐야만 직성이 풀린다. 그런 대신에 ~ 대들고 싶지도 않았다.《이기영:고향》 **물덤벙술덤벙-하다** 통자여
물-독 [-똑] 명 물을 담아 두는 독.
[물독에 빠진 생쥐 같다] 사람의 옷차림이 물에 흠뻑 젖어서 초라함을 이르는 말.
물동^계획 (物動計劃) [-똥계획/-똥게획] 명경 국가가 긴급히 필요로 하는 주요 물자의 수요와 공급 조절을 꾀하는 수급 계획.
물동-량 (物動量) [-똥냥] 명 물자가 이동하는 양.
물-동이 [-똥-] 명 물을 긷는 데 쓰이는 동이. ¶~를 머리에 인 처녀.
물-둑 [-뚝] 명 =제방(堤防).
물-들다 통자 〈-드니, -드오〉 1 (천·종이·가죽·털·실·음식 등이) 물감이나 색소가 흡수되어 빛깔을 나타내다. ¶곱게 물든 치마. 2 (어떤 대상이) 본래의 색깔이 변하여 아름답거나 눈에 띄는 색깔을 띠는 상태가 되다. ¶노을이 곱게 물든 저녁 하늘. 3 (좋지 않은 사상이나 습관이나 악 등에) 접하여 그와 같은 생각이나 태도를 가지게 되거나, 그것을 마음속에 받아들이게 되다. 비동화되다. ¶좌익 사상에 ~ / 악에 ~.
물-들이다 통타 '물들다'의 사동사. 비염색하다. ¶옷감을 붉게 ~ / 떠오르는 태양이 바다를 붉게 ~.
물-딱총 (-銃) 명 대롱 속에 물을 넣어 내쏘게 만든 장난감 총. 준물총.
물-때[1] 명 1 아침저녁으로 조수가 들어오고 나가는 때. 2 밀물이 들어오는 때. 비물참.
물-때[2] 명 물에 있는 더러운 것들이 다른 데 옮아가 끼는 때. ¶뱃전에 ~가 끼다.
물때-썰때 명 1 밀물 때와 썰물 때. 2 사물의 형편이나 내용의 비유.
물-떼새 명동 물떼새과의 새의 총칭. 검은가슴물떼새·댕기물떼새·민댕기물떼새·흰물떼새 등 종류가 많다. 나는 힘이 세며, 떼 지어 물가에 삶. 철새임. 준떼새.
물-똥 명 '물찌똥'의 준말.

물라토(㉻mulato) 라틴 아메리카에서, 백인과 흑인의 혼혈.

물량(物量) 몡 물건의 양. ¶수출 ~이 늘다 / ~을 확보하다.

물러-가다 통재 1 (어떤 사람이 뒤로 또는 처음속하고 있던 곳으로) 옮겨 가다. ¶적들이 자기네 진지로 ~. 2 (어떤 사람이 윗사람이나 권위 있는 사람 앞에서 다른 곳으로) 옮겨 가다. 주로, 윗사람이나 아랫사람 입장에서 하는 말임. ¶꼴도 보기 싫으니 썩 물러가라. / 그럼 저는 이만 물러가겠습니다. 3 (더위나 추위, 기타의 기상 현상이 어느 곳으로) 옮겨 가거나 사라지다. ¶더위가 ~. 4 (어떤 느낌이나 생각이 어떤 사람에게서) 사라져 없어지다. ¶공포감이 마음속에서 ~.

물러-나다 통재 1 (사람이 뒤쪽으로) 걸음을 옮겨 기준이 되는 대상에게서 멀어지다. ¶길을 막지 말고 한 걸음씩 물러나세요. 2 꽉 짜였던 물건의 틈이 벌어지다. ¶뒷벽이 ~. 3 하던 일이나 지위를 내놓고 나오다. ¶장판 직에서 ~.

물러-서다 통재 1 (사람이 뒤로) 걸음을 옮겨 서다. ¶한 걸음 뒤 물러서야 낫더라서다. 2 (사람이 어떤 직업 일선에서) 하던 일을 그만두고 은퇴하다. ¶정치 일선에서 ~. 3 (사람이) 자기의 입장이나 주장을 고집하지 않고 양보하거나 포기하다.

물러-앉다[-안따] 통재 1 뒤로 물러나 앉다. ¶밥상머리에서 ~. 2 지위나 하던 일을 내놓고 아주 나가다.

물러-오다 통 ①재 가다가 피하여 도로 오다. ②태 사거나 바꾸었던 물건을 도로 주고 치를 돈이나 물건을 되찾아 오다.

물러-지다 통 무르게 되다. ㉻연화(軟化)하다. ¶감이 ~.

물렁-거리다/-대다 통재 건드리는 대로 자꾸 물렁한 느낌을 주다. ㉠말랑거리다·몰랑거리다.

물렁-물렁 뿐 물렁거리는 모양. ㉠말랑말랑·몰랑몰랑. **물렁물렁-하다** 형여

물렁-뼈 몡[생] =연골(軟骨). ↔굳뼈.

물렁-살 단단하지 않고 물렁물렁한 살.

물렁-팥죽(-粥) [-판쭉] 몡 무르고 약한 사람 또는 물러서 두루뭉수리진 물건의 비유. ¶"성님도 ~이지, 그깟 녀석을 요정을 내 버리지 못한단 말요?"〈심훈: 상록수〉

물렁-하다 형여 1 (물건이) 물기가 많고 부드러워 보이며 무르다. ¶감이 ~. 2 (사람의 성질이나 몸이) 야무지지 못하고 썩 약하다. ¶사람이 물렁해서 남한테 싫은 소리를 못한다. ㉠말랑하다·몰랑하다.

물레 몡 1 솜·털 따위의 섬유를 자아서 실을 뽑는 틀. =방거(紡車)·방차(紡車). ¶~를 돌리다 / ~로 실을 잣다. 2 =돌림판3.

물레-바퀴 몡 1 물레의 바퀴, 이것을 돌려서 실을 뽑거나 감음. 2 물레방아에 붙어 있는 큰 바퀴.

물레-방아 몡 물레바퀴를 물의 힘으로 돌려 곡식을 찧는 방아. =수차(水車).

물레방앗-간(-間) [-아깐/-앋깐] 몡 물레방아를 설치해 놓은 곳.

물레-질 몡 물레를 돌려 고치나 솜에서 실을 뽑아내는 것. 또는, 그 일. **물레질-하다** 통재여

물려-받다[-따] 통태 1 기예나 학술 따위를 전하여 받다. ㉻전수(傳受)하다. 2 재물이나 지위 따위를 전하여 받다. ¶아버지의 사업을 ~. ↔물려주다.

물려-주다 통태 1 기예나 학술 따위를 전해 주다. ㉻전수(傳授)하다. 2 재물이나 지위 따위를 전해 주다. ¶아들에게 재산을 ~. ↔물려받다.

물론(勿論) I 몡 말할 것도 없음. =무론. ¶"아빠, 제 선물도 사 오셨겠지요?" "암, ~이지." **물론-하다** 통태여
II뿐 말할 것 없이. =무론. ¶그는 영어는 ~ 프랑스 어에도 능통하다.

물류(物流) 몡[경] 물품을, 적은 경비를 들여 신속하고 효율적으로 원하는 장소에 시기를 맞추어 보낼 수 있도록 함으로써 가치를 창출하는 경제 활동. 곧, 자재 및 제품의 포장·수송·하역·보관·통신 등의 활동을 말함. =물적 유통.

물류-망(物流網) 몡[경] 물품 유통을 위한 조직망. ¶전국에 ~을 구축하다.

물류-비용(物流費用) 몡 상품이 나와서 소비자에게 팔릴 때까지 드는 비용. 운송비·포장비·보관비 따위. =물류비.

물리(物理) 몡 1 만물의 이치. 2 [물] '물리학'의 준말.

물리다¹ 통재 1 (어떤 음식이) 너무 많이 먹거나 자주 먹어 싫어하다. ¶고기를 물리도록 먹다. 2 (어떤 일이) 반복되어 싫증이 나다. ¶그 이야기는 물릴 만큼 들었다.

물리다² 통태 '무르다'1·2'의 사동사.

물리다³ 통태 1 '무르다'의 사동사. ¶새로 산 구두를 ~. 2 (하던 일을 하기로 한 날짜를) 뒤로 미루다. ㉻늦추다·연기하다. ¶원고의 마감 날짜를 하루 ~. 3 (차례를) 뒤로 옮기다. ¶차례를 하나씩 ~. 4 (재물·지위 등을) 남에게 내려 주다. 5 (앞에 있던 물건을) 옮겨서 치우게 하다. ¶밥상을 ~. 6 (귀신을) 굿을 하거나 진언을 외워 쫓아내다. ¶악귀를 ~.

물-리다⁴ 통 ①재 1 '물다'의 피동사. ¶아이가 개한테 ~. 2 (물건이 집게나 기계 따위의 어떤 부분에 끼이다. 또는, (톱니바퀴나 지퍼의 이 따위가) 서로 맞물린 상태가 되다. ¶빨래가 집게에 잘 물리지 않는다. ②태 1 '물다'의 사동사. ¶어머니가 우는 아기에게 젖을 ~. 2 '물다'의 피동사. ¶개한테 다리를 ~.

물-리다⁵ 통태 '물다'의 사동사. ¶벌금을 ~.

물리^요법(物理療法) [-뻡] 몡[의] 빛·열·물·전기 등의 물리학적 작용이나 기계적 기구를 이용하여 질병을 치료하는 방법.

물리-적(物理的) 관몡 1 폭력을 행사하는 (것). 또는, 힘을 가지고 강제로 억누르는 (것). ¶~ 공권력 / ~인 힘을 발동하다. 2 =물리학적. ¶~ 현상.

물리적 변화(物理的變化) [물] 물질의 화학적 성분에는 변함이 없이 크기·형태·빛깔 따위의 외부 형상만이 변화하는 현상. =물리 변화. ↔화학적 변화.

물리-치다 통태 1 받아들이지 않다. ㉻퇴치하다. ¶유혹을 ~. 2 적을 쳐서 물러가게 하다. ㉻격퇴하다. ¶적의 침입을 ~. 3 치우 없애거나 극복하다. ¶장애를 ~.

물리^치료(物理治療) 몡[의] 물리 요법에 의한 치료. ▷물리 요법.

물리-학(物理學) 몡[물] 자연 과학의 한 부문. 물질의 구조·성질을 밝혀서 그에 따른 자연현상의 보편적인 법칙을 연구하는 학문. =이학(理學). ㉻물리.

물리학-적(物理學的) [-쩍] 관 물리학의 원리에 맞거나 그것에 기초하는 (것). =물리적.

물리^화!학(物理化學) 명 물리학적 방법을 이용하여, 물질의 구조, 화학적 성질, 화학 변화 및 반응 등을 연구하는 학문.

물림 명 1 정한 날짜를 뒤로 미룸. 2 물려받거나 물려주는 일.

물-마루 명 1 바다와 하늘이 맞닿은 것처럼 보이는 바닷물의 두두룩하게 나타나는 부분. =수종(水宗). 비파두. 2 높이 솟은 물의 고비.

물-만두(-饅頭) 명 물에 삶은 만두. =교자(餃子).

물만-밥 명 물에 말아 놓은 밥. =물말이·수반(水飯)·수화반(水和飯).
[물만밥이 목이 메다] 밥을 물에 말아 먹어도 잘 넘어가지 않을 정도로 매우 슬프다.

물-맛[-맏] 명 마시는 물의 맛. ¶이 샘은 ~이 좋기로 유명하다.

물망(物望) 명 여러 사람이 우러러보는 명망.
물망에 오르다 굳 인재 등용에서, 어떤 자리에 유력한 인물로 점쳐지다. ¶새 정부의 총리로는 김○○, 이○○ 씨 등이 **물망에 올랐다**.

물망-초(勿忘草) 명[식] 지칫과의 여러해살이풀. 봄·여름에 남색의 작은 꽃이 아름답게 핌. 관상용으로 널리 재배함.

물-맞이 명[민] 음력 유두나 여름철에 개울이나 폭포에서 머리를 감고 목욕하는 일. **물맞이-하다** 동재여

물-매[1] 명 =볼매. ¶~를 맞다.

물-매[2] 명 나무에 달린 과실 따위를 떨어뜨리려고 던지는 몽둥이.

물매[3] 지붕·낟가리 등의 경사진 정도. ¶~가 뜨다 / ~가 싸다 / ~가 느리다.

물매이 명 '물매'[1]의 잘못.

물매-질 명 1 물매로 때리는 일. 2 물매로 과실 따위를 따는 일. **물매질-하다** 동재타여

물-맴이 명 딱정벌레목 물맴잇과의 곤충. 몸길이 6~7.5mm. 물매와 비슷하나, 크기가 작음. 연못·도랑 등에 살며, 물 위를 뱅뱅 맴을 돎. =무당선두리. ×물매암이.

물-먹다[-따] 동자 물기를 속에 받아들이다. ¶물먹은 손.

물-멀미 명 움직이는 큰 물결을 보면 어지러워지는 것. 또는, 그러한 증세. **물멀미-하다** 동재여

물-면(-面) 명 =수면(水面)¹.

물-모 명 물속에서 자라는 어린 볏모. ¶~판.

물-목[1] 명 1 물이 흘러 나가거나 들어오는 어귀. 2[광] 사금(沙金)을 씻어 가릴 때, 금이 제일 많이 모인 맨 윗부분.

물목[2](物目) 명 물품의 목록.

물-못자리[-모짜-/-몯짜-] 명 물모를 키우는 못자리. ▷밭못자리.

물물^교환(物物交換) 명[경] 교환의 원시적 형태. 돈으로 사거나 팔거나 하지 않고 직접 물건과 물건을 바꾸는 일. =바터(barter).

물물-이 부 산물(産物)이 때에 따라 한목 목 고개로 나오는 모양.

물-미역 명 =생미역.

물-밀다 [-ㄹ다] 자(-미니, ~미오) 조수(潮水)가 육지로 밀려오다.

물밀듯이 부 물결이 밀려오듯이 세찬 힘으로 몰려오는 모양. ¶수만 명의 적군이 ~ 쳐들어오다 / 외래 문물이 ~ 밀려오다.

물봉선화 ●671

물-밀[-민] 명 1 어떤 일이 은밀하게 이루어지는 상태를 비유적으로 이르는 말. ~협상. 2[건] 땅이나 재목의 짜임새를 수평이 되게 측량할 때, 수평선의 아래.

물-바가지[-빠-] 명 물을 푸는 데 쓰이는 바가지. 준물박.

물-바다 명 홍수 따위로 인하여 넓은 지역이 물에 잠긴 상태를 일컫는 말. ¶갑자기 쏟아진 폭우로 온 동네가 ~가 되었다.

물-바람[-빠-] 명 강·바다 같은 물 위에서 불어오는 바람.

물-받이[-바지] 명 함석 등으로 처마에 달아서 빗물을 받아 흘러내리게 한 것. =낙수받이·낙숫물받이.

물-발[-빨] 명 물이 흐르는 기세. ¶~이 세다.

물-방개 명[동] 딱정벌레목 물방갯과의 곤충. 몸길이 35~40mm. 몸은 편평한 타원형으로, 흑갈색에 녹색 광택이 남. 연못·무논 등의 물속에 삶. =선두리. 준방개.

물-방아 흐르는 물을 받아 그 힘으로 공이가 오르내리게 하여 찧는 방아.

물방앗-간(-間) 명 -아깐/-안깐] 명 물방아로 곡식을 찧는 집.

물-방울[-빵-] 명 물의 동글동글한 작은 덩이. =수적(水滴). ¶~이 맺히다 / ~이 튀다.

물방울-무늬[-빵-니] 명 작고 동글동글한 물방울의 모양을 본떠서 늘어놓은 무늬.

물-배 명 물만 먹고 부른 배.

물-벌레 명 1 물에서 사는 벌레. 2[동] 물벌렛과의 곤충. 몸길이 약 11mm. 암황색의 몸에 물결 모양의 검은 줄이 있음. 앞다리는 짧고, 가운데와 뒤의 다리는 길어 헤엄치기에 적합함.

물-범 명[동] =바다표범.

물법(物法) [-뻡] 명[법] 국제 사법상 법규의 관할 문제가 일어났을 때, 그 물건이 있는 곳의 법을 적용하게 하는 법. ▷인법(人法).

물-베개 명 고무나 방수포에 물이나 얼음을 넣어, 신열이 있는 병자가 벨 수 있게 만든 베개. =수침(水枕).

물-벼락 명 (주로 '~을 맞다'의 꼴로 쓰여) 남이 갑자기 쏟거나 뿌리거나 튀게 하거나 한 물에 몸이 비교적 많이 젖게 되는 뜻밖의 변. 비물세례. ¶대야의 물을 홱 뿌리는 바람에 행인이 ~을 맞다.

물-벼룩 명[동] 물벼룩과의 절지동물. 민물에 살며, 배에 있는 다섯 쌍의 다리로 뛰듯이 헤엄쳐 다님. 몸길이 1.2~3.5mm로 물고기의 먹이로 적당하여 인공 배양도 함.

물-병(-甁) [-뼝] 명 물을 넣는 병.

물병-자리(-甁-) [-뼝-] 명[천] 황도 십이궁의 열한째 별자리. 염소자리와 물고기자리 사이에 있으며, 10월 중순에 자오선을 통과함. =보병궁.

물-보라 명 물결이 바위 등에 부딪혀 안개 모양으로 흩어지는 잔 물방울. =수말(水沫).

물보(가) 치다 관 물보라가 치다.

물-보험(物保險) 명[경] 물건 및 기타 재산에 발생하는 사건에 대한 보험. ↔인보험.

물-볼기 명[역] 여자에게 곤장을 칠 때, 속옷만 남기고 그 위로 물을 끼얹어 살에 달라붙게 한 뒤에 매질을 하는 일. ¶~를 맞다 / ~를 치다.

물-봉선화(-鳳仙花) 명[식] 봉선화과의 한해살이풀. 높이 60cm가량. 줄기는 붉고 물기

가 많으므, 여름에 붉은 자줏빛 꽃이 핌. 산이나 들의 습지에 남. =물봉숭아.

물-봉숭아 똉[식] =물봉선화.

물-부리[-뿌-] 똉 담배를 끼워서 빠는 물건. =빨부리·연취.

물-분(-粉) 똉 액체로 된 분. =수분(水粉). ↔가루분.

물-불 똉 물과 불.
[**물불을 가리지 않다**] 곤란이나 위험을 무릅쓰고 행동하다.

물-비누 똉 액체로 된 비누. ↔가루비누.

물-비늘 똉 잔잔한 물결이 햇빛에 반짝이는 모습을 비유적으로 이르는 말. ¶해가 바다 위로 모습을 드러내자 눈부신 ~이 눈을 찔렀다.

물-비린내 똉 물에서 나는 비릿한 냄새.

물-빛[-삗] 똉 1 물의 빛깔. ¶~이 맑은 강/~이 흐리다. 2 물과 같은 빛깔. 곧, 엷은 남빛. =수색(水色). ¶분홍 스웨터에 ~ 치마를 입은 소녀.

물-빛²[-삗] 똉 물감의 빛깔.

물-빨래 똉 물로 빠는 빨래. 주로, 드라이클리닝에 상대되는 말로 쓰임. ¶~가 가능한 블라우스. **물빨래-하다** 통[타][여]

물-뿌리 똉[식] 물에 떠 있는 식물의, 물속에 뻗은 뿌리. 개구리밥의 뿌리 따위. =수근(水根).

물-뿌리개 똉 화초 따위에 물을 주는 기구. 대롱 모양의 도관(導管)으로 물이 고루 나오게 되어 있음.

물산(物産)[-싼] 똉 그 지방에서 나는 물품.

물-살[-쌀] 똉 흐르는 물의 기세나 속도. 또는, 물의 흐름. ¶~이 세다/~이 빠르다.

물상¹(物象)[-쌍] 똉 1 자연계의 사물 및 그 변화 현상. 2 [교] 지난날, 물리·화학·광물학 등을 다루던 교과명.

물상²(物像)[-쌍] 똉 물체의 생김새나 모습.

물-새[-쌔] 똉 1 생활 조건이 물과 밀접한 관계가 있는 새의 총칭. =수금(水禽)·수조(水鳥). 2 [동] '물총새'의 준말.

물색(物色)[-쌕] 똉 1 물건의 빛깔. ¶송화색(松花色) ~이 곱게 물든 남회장저고리. 2 어떤 기준으로 거기에 알맞은 사람이나 물건을 고르는 것. ¶나이 30 전후의 젊은 편집자를 ~ 중이오. 3 까닭이나 형편. ¶~도 모르고 웃고 있다. 4 자연의 경치. **물색-하다** 통[타][여] 쓸 만한 사람이나 물건을 찾거나 고르다. ¶학교 신축 부지를 **물색하고** 다

물색-없다[-쌕업따] 헹 말이나 하는 짓이 형편에 어울리지 않다. **물색없-이** 틘 ¶~제 돈을 많이 내놓는 사람.

물샐틈-없다[-업따] 헹 (단속이나 조직 따위가) 조금도 빈틈이 없다. ¶**물샐틈없는** 경게 태세. **물샐틈없-이** 틘 ¶경찰은 범인의 도주로 ~를 지키고 있었다.

물-설다 헹〈-서니, ~서오〉 보거나 듣거나 겪는 것이 다 낯설고 서먹하다. ¶낯설고 물선 타향으로 이민을 가다.

물성(物性)[-썽] 똉 물건이 지니고 있는 성질.

물-세¹(-稅)[-쎄] 똉 관개용수의 사용 요금 또는 수도 요금 등의 총칭. ¶~를 내다.

물세²(物稅)[-쎄] 똉 [법] 재화의 존재 또는 취득에 관하여 매기는 조세. 수익세·재산세·물품세 따위. =대물세(對物稅). ↔인세(人稅).

물-세례(-洗禮) 똉 1 [가][기] 신자가 세례를 받는 의식의 하나. 그리스도의 죽음과 부활에 참여하며 참된 그리스도인이 된다는 표시임. 2 남이 쏟거나 하는 물을 뜻하지 않게 뒤집어쓰는 일. (비)물벼락.

물-세탁(-洗濯) 똉 =물빨래. **물세탁-하다** 통[타][여]

물-소[-쏘][동] 솟과의 짐승. 소와 비슷한데, 암수 모두 활 모양의 검고 긴 뿔이 있음. 운반용·경작용 가축으로 기르며, 젖으로는 버터를 만듦. 가죽과 뿔도 이용함. =수우(水牛).

물-소리[-쏘-] 똉 물이 흐르거나 무엇에 부딪쳐 나는 소리. ¶졸졸졸 흐르는 ~.

물-속[-쏙] 똉 물의 가운데. =수중(水中).

물속-줄기[-쏙쭐-] 똉[식] 수중 식물의 물속에 잠긴 줄기. 뿌리처럼 물속에서 영양을 섭취하는 구실을 함. =수경(水莖)·수중경.

물-수건(-手巾)[-쑤-] 똉 1 물에 적신 수건. 2 음식점에서 간단히 손을 닦을 수 있도록 내놓는, 소독한 젖은 수건.

물-수란(-水卵) 똉 끓는 물에 달걀을 그냥 깨 넣어서 반쯤 익힌 음식. ×물수랄.

물-수랄 똉 '물수란'의 잘못.

물수제비-뜨다 짜〈~뜨니, ~떠〉 둥글고 얄팍한 돌 따위를 물 위로 담방담방 튀겨가게 던지다. =수제비(를) 뜨다.

물-시계(-時計)[-씨계/-씨게] 똉 좁은 구멍을 통해서 물이 일정한 속도로 떨어지게 하여, 그 분량을 헤아려 시간을 계산하는 시계. =각루(刻漏)·누각(漏刻)·누수기·누호(漏壺). ▷자격루.

물-시중[-씨-] 똉 =물심부름. **물시중-하다** 통[자][여]

물-신선(-神仙)[-씬-] 똉 좋은 말이나 언짢은 말을 듣고도 좀처럼 기뻐하거나 성낼 줄 모르는 사람을 농담 투로 일컫는 말.

물신^숭배(物神崇拜)[-씬-] 똉 1 [종] 원시종교에서, 자연물이나 주술적인 물건을 숭배하는 일. =주물 숭배. 2 [경] 자본주의 사회에서, 인간의 노동의 생산물인 상품·화폐·자본 등의 물건을 인간이 숭배하게 되는 일. 마르크스가 '자본론'에서 사용한 말임. =페티시즘.

물실-호기(勿失好機)[-씰-] 똉 좋은 기회를 놓치지 않음. **물실호기-하다** 통[자][여]

물심(物心)[-씸] 똉 물질과 정신.

물-심부름[-씸-] 똉 세숫물이나 먹는 물 따위를 떠다 주는 잔심부름. =물시중. **물심부름-하다** 통[자][여]

물심-양면(物心兩面)[-씸냥-] 똉 물질적인 면과 정신적인 면의 양면. ¶그분은 내게 ~으로 큰 도움을 주신 분이다.

물-싸움 똉 1 (논·수도·우물가 등 물을 이용하는 곳에서) 물 때문에 일어나는 다툼질. 2 손이나 발로 상대편의 몸에 물을 끼얹어 먼저 물러나는 편이 지는, 아이들의 장난. = 물똥싸움. ⑥물쌈. **물싸움-하다** 통[자][여]

물-쌈 똉 '물싸움'의 준말. **물쌈-하다** 통[자][여]

물썽-하다 헹[여] 체질이나 성질이 물러서 기에 만만하다. ¶**물썽한** 상대.

물-쑥 똉[식] 엉거싯과의 여러해살이풀. 높이 약 1.2m. 물가나 들의 습지에 절로 나며, 여름에 갈색의 꽃이 핌. 이른 봄에 나는 연한 줄기와 잎은 나물로 먹음.

물씬 틘 1 냄새가 갑자기 심하게 풍겨 코를 푹 찌르는 모양. ¶고기 굽는 냄새가 ~ 풍긴다.

물씬. 2 잘 익거나 물러서 물렁한 모양.
물씬-거리다/-대다 통(자) 1 냄새가 심하여 자꾸 코를 찌르다. 2 잘 익거나 물러서 매우 또는 여기저기가 연하고 물렁한 느낌이 들다. 말씬거리다·말씬대다.
물씬-물씬 뛰 물씬거리는 모양. 짝 말씬말씬. **물씬물씬-하다** 형여
물씬-하다 형여 1 냄새가 풍기는 것이 심하다. 2 (푹 익은 음식이) 물렁물렁하게 무르다. ¶질긴 쇠고기를 **물씬하도록** 삶다. 말씬하다·몰씬하다. **물씬-히** 뛰
물-아래 몡 물이 흘러내리는 아래쪽. ¶~에 있는 마을. ↔물위.
물아-일체(物我一體) 몡[철] 외물(外物)과 자아, 객관과 주관 또는 물질계와 정신계가 한데 어울려 하나가 됨.
물-안개 몡 강·호수·바다 등에 피어오르는 안개. ¶바다를 휘감고 있던 우윳빛 ~가 빠르게 스러지면서 회색 개펄이 희끗희끗 드러났다.<정찬:새>
물-안경(-眼鏡) 몡 물속을 수영할 때 눈을 뜨고 앞을 볼 수 있도록 눈앞에 밀착해서 쓰는, 투명한 유리를 붙여 만든 안경 모양의 물건. =수경(水鏡)·수중안경.
물-알 몡 덜 여물어서 물기가 많고 말랑한 곡식알.
물알(이) **들다** 관 햇곡식에 물알이 생기다.
물-약(-藥) [-략] 몡 액체로 된 약.
물어-내다¹ 통(타) 변상하여 주다. ¶깬 유리창 값을 ~ / 잃어버린 책을 **물어내시오**.
물어-내다² 통(타) 1 집 안에 있는 일이나 말을 밖에 퍼뜨리다. 2 집 안의 것을 밖으로 훔쳐내다.
물어-넣다 통(타) 축낸 돈이나 물건 따위를 갚아 넣다. ¶모자라는 돈을 ~.
물어-뜯다 [-따] 통(타) 이로 물어서 뜯다. ¶개가 고기를 ~. 준 뭇뜯다.
물어-물어 뛰 잘 모르는 길이나 장소에 가는 도중에 이 사람 저 사람에게 묻고 또 물어서. ¶그는 주소만 가지고 ~ 김 선생 댁을 찾아갔다.
물어-보다 통(자타) 무엇을 밝히거나 알아내기 위하여 상대편에게 묻다. ¶길을 ~ / 나는 형에게 어디 가느냐고 **물어보았다**.
물역(物役) 몡 집을 짓는 데 쓰이는 돌·흙·모래 등의 총칭.
물-엿 [-련] 몡 아주 묽게 곤 엿.
물-오르다 통(르)<~오르니, ~올라> 1 봄철에 나무에 물기가 오르다. ¶**물오른** 가지. 2 (여자가) 나이가 한창때가 되어 얼굴과 몸매가 아리따워진 상태가 되다. ¶**물오른** 열아홉 살 처녀. 3 가난한 살림 형편이 좋아지다.
물-오리 몡[동] =청둥오리.
물-오징어 몡 말리지 않은 오징어. ¶~회.
물-옥잠(-玉簪) [-짬] 몡[식] 물옥잠과의 한해살이풀. 여름에 자줏빛 또는 흰빛의 꽃이 핌. 늪이나 못·물가에 나며, 인가 근처에 심기도 함.
물-외 [-외/-웨] 몡 '참외'에 대하여, '오이'를 구별하여 일컫는 말.
물욕(物慾) 몡 돈이나 물건을 탐내는 마음. ¶~에 사로잡히다 / ~에 눈먼 사람.
물-웅덩이 몡 물이 괴어 있는 웅덩이.
물-위 몡 물이 흘러내리는 위쪽 부분. ↔물아래.
물-유리(-琉璃) [-류-] 몡[화] 이산화규소

를 알칼리와 함께 녹여 만든, 유리 모양의 물건. 상품(商品)은 무색투명하거나 회색의 점액 상태임. 인조석·유리·도자기의 접합 등에 쓰임. =규산칼륨·수초자(水硝子).
물음 몡 답을 구하여 묻는 일. 또는, 답할 것을 요구하여 묻는 일. 주로, 문어에 쓰이는 말임. 凹질문. ¶다음 ~에 답하시오.(시험 문제에서)
물음-표(-標) 몡[언] 마침표의 하나. '?'의 이름. 1 물음이나 의심을 나타낼 때에 씀. 2 특정한 어구 또는 그 내용에 대하여 의심이나 빈정거림·비웃음 등을 표시할 때, 또는 적절한 말을 쓰기 어려울 경우에 소괄호 안에 씀. '그거 정말 기막힌(?) 생각이군.' 따위. =의문부·의문표.
물의(物議) [-의/-이] 몡 어떤 사람의 좋지 않은 행동에 대해 많은 사람이 이러쿵저러쿵 논란하는 상태. ¶~를 빚다[일으키다].
물-이끼 [-리-] 몡[식] 물이끼과의 이끼의 하나. 습지·물속·바위 위에 남. 잎은 속이 비어 있어서 물을 잘 흡수하므로, 식물을 멀리 옮길 때에 뿌리를 감싸는 데 쓰임.
물-일 [-릴] 몡 부엌일·빨래 등과 같이 물을 쓰는 일. 凹진일. ¶~을 많이 하여 손이 거칠다.
물잇-구럭 몡 '무리꾸럭'의 잘못.
물자(物資) [-짜] 몡 경제·생활 등에 필요한 갖가지 물건이나 자재. =물재(物材). ¶구호~ / 군수~ / ~ 절약 / ~가 풍부하다.
물자-동원(物資動員) [-짜-] 몡 전시나 비상사태 아래에서, 국가가 중요 물자의 생산·배급·소비의 조절을 꾀하는 일.
물-자동차(-自動車) 몡 1 =살수차(撒水車). 2 =급수차.
물-자체(物自體) 몡[철] 인식 주관으로부터 독립하여 그 자체로서 존재하는 사물의 본체. 곧, 인간의 인식으로는 파악할 수 없는 궁극의 실재이자 선험적 대상임. 칸트의 용어 중 하나임. ▷현상(現象).
물-장구 몡 헤엄을 칠 때, 물에 엎드리거나 누운 상태에서 몸이 뜨게 하여 나아가도록 양발을 번갈아 수면을 치는 일.
물장구-질 몡 물에 엎드리거나 누운 상태에서 양발을 번갈아 수면을 치는 짓. **물장구질-하다** 통(자여)
물장구-치다 통(자) 1 물장구질을 하다. ¶개울가에서 **물장구치며** 놀다. 2 물이 든 동이에 바가지를 엎어 놓고 장단 맞춰 두드리다.
물-장군(-將軍) 몡[동] 물장군과의 곤충. 몸길이는 48~65mm로 물에 사는 곤충 가운데 가장 크고, 몸빛은 회갈색임. 작은 수생 동물을 잡아먹음.
물-장난 몡 1 물을 가지고 노는 장난. ¶~을 치다. 2 큰물이 져서 일어나는 재앙. **물장난-하다** 통(자여) 물을 가지고 놀다.
물-장사 몡 1 지난날, 주로 가정집에 우물물이나 수돗물을 물지게로 길어다 주고 돈을 받던 장사. 2 '술장사'나 '다방 영업' 등을 완곡하게 이르는 말. **물장사-하다** 통(자여)
물-장수 몡 1 지난날, 주로 가정집에 우물물이나 수돗물을 물지게로 길어다 주고 돈을 받던 사람. ¶북청 ~. 2 '술장수'를 완곡하게 이르는 말.
물-재배(-栽培) 몡[농] 흙을 전혀 사용하지 않고 생장에 필요한 양분을 녹인 배양액만으로 식물을 재배하는 방법. =수경(水耕)·수경법. **물재배-하다** 통(자여)

물-적(物的)[-쩍][관] 물질적인 (것). ¶~자원. ↔심적(心的)·인적(人的)

물적 담보(物的擔保)[-쩍-][법] 특정한 재산에 의한 채권의 담보. 유치권·저당권·질권 따위. ↔인적 담보.

물적 유통(物的流通)[-쩍-][경] =물류(物流)

물적 증거(物的證據)[-쩍-][법] 재판에서, 증거물·증거 등 물건의 존재·형태·상황 등을 증거로 하는 방법. ¶심증이 갈 뿐 ~가 없다. ⓒ물증. ↔인적 증거.

물정(物情)[-쩡][명] 세상 돌아가는 형편이나 이치. ¶세상 ~을 모르다 / 세상 ~에 어둡다.

물종(物種)[-쫑][명] 물건의 종류.

물주(物主)[명] 1 장사 따위의 밑천을 대는 사람. 2 노름판에서, 주도권을 가지고 노름을 이끌어 가는 사람.

물-줄기[-쭐-][명] 1 강·내 등의 물이 흘러 나가는 줄기. 또는 따라 올라가다. 2 물이 힘있게 내뻗치는 줄. ¶시원하게 내뿜는 분수의 ~.

물증(物證)[-쯩][명][법] '물적 증거'의 준말. ¶~을 잡지 못하다. ↔인증(人證).

물-지게[-찌-][명] 물을 나르는 데 쓰는, 물통을 긴 작대기의 양 끝에 매달아 질 수 있게 만든 도구. ¶~꾼 / ~를 지다.

물-질¹[명] 해녀가 바다 속에 들어가 해산물을 채취하는 일. 물질-하다[동](자여)

물-질²(物質)[명] 1 물체의 본바탕. 2 '재물'을 달리 이르는 말. ¶~에 대한 인간의 욕망. 3 [물] 자연계를 구성하는 요소의 하나로, 공간의 일부를 차지하고 질량을 가지는 것. 4 [철] 의식과 독립하여 존재하고 감각의 원천이며 감각을 통하여 의식에 반영되는 객관적 실재.

물질-감(物質感)[-찔-][명][미] 물질의 형태·색채·광택·중량 등 물질의 본바탕에 대한 느낌.

물질-계(物質界)[-찔계/-찔게][명] 물질의 세계. ↔정신계.

물질-대사(物質代謝)[-찔-][명][생] 생명 유지를 위해 생물체가 필요한 것을 섭취하고 불필요한 것을 배출하는 일. =신진대사·대사 / 물질 교대.

물질^명사(物質名詞)[-찔-][명][언] 1 형상을 갖춘 것을 나타내는 명사. '꽃', '연필' 따위. ↔추상 명사. 2 영어·프랑스 어·독일어 등에서, 나누어 셀 수 없는 물질을 나타내는 명사. '물', '술', '가루' 따위.

물질-문명(物質文明)[-찔-][명] 물질을 기초로 한 문명. ¶고도로 발달한 ~. ↔정신문명.

물질-문화(物質文化)[-찔-][명] 1 인간이 자연환경에 적응하는 생활을 유지·발전시키기 위해 발명·발견·제작한 사물. 도구·기계·건조물·교통 통신 수단 따위. 2 물질적인 것들이 갖는 가치가 지배적인 문화. ↔정신문화.

물질-적(物質的)[-찔적][관] 1 물질에 관한 (것). 2 금전 등의 경제적인 (것). ¶경제 성장으로 우리 사회가 ~으로 윤택해졌다. ↔정신적.

물질-주의(物質主義)[-찔-의/-찔-이][명] 1 정신적인 가치보다 부(富)나 육신의 쾌락과 같은 물질적인 것을 더욱 강조하는 경향. 2 [철] =유물론.

물질-파(物質波)[-찔-][명][물] 전자 등의 물질 입자에 따르는 파동.

물-짐승[-찜-][명] 물에서 사는 짐승. 물개·하마 따위. ▷들짐승·산짐승.

물-집[-찝][명] 살가죽이 부르터 그 안에 물이 괸 것. ⓑ수포(水疱). ¶뜨거운 물에 데어 ~이 잡히다.

물쩡-하다[형여] 사람의 성질이 무르다. 작말쨍하다.

물찌-똥[명] 1 설사를 할 때 나오는, 물기가 많은 묽은 똥. =수설(水泄). 2 물을 튀겨 일어나는 크고 작은 물덩이. ⓒ물똥.

물-찜질[명] 더운물이나 찬물을 적신 천이나 물주머니로 하는 찜질. 물찜질-하다[동](자여)

물-차(-車)[명] =급수차.

물-참[명] 밀물이 들어오는 때. 만조의 때. ¶~을 기다려 배를 타다.

물-청소(-淸掃)[명] (어느 곳을) 물로 씻거나 닦아 깨끗하게 하는 것. 물청소-하다[타여] ¶터널 내부를 ~.

물체(物體)[명] 1 공간 속에 형체와 위치를 가지고 존재하는, 무생물의 고체 상태의 대상. ¶미확인 비행~. 2 [철] 일정한 시간 동안 구체적인 형태와 질량을 가지고 객관적으로 존재하는 대상.

물-초[명] 온통 물에 젖은 상태.

물-총(-銃)[명] '물딱총'의 준말.

물총-새(-銃-)[명][동] 물총새과의 새. 몸길이는 17cm가량. 등은 암녹색과 하늘색, 목은 흰색, 배는 밤색. 물가에 사는 흔한 여름새임. =어구(魚狗). ⓑ물새.

물추리-나무[명] =물추리막대.

물추리-막대[-때][명] 두 끝에 봇줄을 매어 끌게 되어 있는, 쟁기의 성에 앞 끝에 가로 박은 막대기. =물추리나무.

물-침대(-寢臺)[명] 고무로 된 매트리스에 물을 채워 사용하는 침대.

물커-지다[자] '물크러지다'의 준말.

물컥[부] 냄새가 코를 찌를 듯이 갑자기 심하게 풍기는 모양. ¶고약한 냄새가 ~ 풍기다. 작물칵.

물컥-물컥[-컹][부] 냄새가 계속 물컥 나는 모양. ¶생선 썩은 냄새가 ~ 나다. 작물칵물칵. 물컥물컥-하다[형여]

물컹-거리다/-대다[자] 자꾸 물컹한 느낌을 주다. 작말캉거리다·몰캉거리다.

물컹-물컹[부] 물컹거리는 모양. 작말캉말캉·몰캉몰캉. 물컹물컹-하다[형여] ¶홍시가 익는 대로 익어서 ~.

물컹-이[명] 1 물컹한 물건. 2 몸이 약하거나 의지가 굳지 못한 사람을 놀림조로 이르는 말.

물컹-하다[형여] 지나치게 익거나 곯아서 물크러질 듯이 무르다. ¶고구마가 너무 **물컹하게** 쪄졌다. 작말캉하다·몰캉하다.

물-켜다[동] 물을 많이 들이켜다. ¶…코를 각각 지지르는 독한 소주를 말 물켜듯 하는데,…《이인직:은세계》

물-코[명] 끈적함이 거의 없어 물처럼 흐르는 코. ⓑ콧물. ¶우리는 마땅에 둘러앉아 ~를 흘리며 수제비를 먹었다.

물쿠다[동](자) (날씨가) 찌는 듯이 덥다. ¶한 달을 두고 가물던 날씨가 **물쿠고** 무덥고 그러더니 드디어 장마가 시작되었다.《김남천:경영》

물크러-지다[동](자) 너무 물러서 본 모양이 없어지도록 헤어지다. ¶고기를 물크러지도록

물큰 男 냄새가 한꺼번에 확 풍기는 모양. ¶고린내가 ~ 코를 찌른다. 邵물큰.

물큰-물큰 男 냄새가 계속 물큰 나는 모양. 邵물쿤물쿤. 물큰물큰-하다 粉.

물-타기[-打期] 圀 매입한 주식의 가격이 하락했을 때 하락한 가격으로 주식을 더 사들임으로써 매입 평균 단가를 낮추는 일.

물-타작(-打作) 圀 베어서 말리지도 않은 물벼 그대로 하는 타작. =진타작. 물타작-하다 粉粉粉.

물탄-꾀 圀 '얕은꾀'의 잘못.

물-탱크(-tank) 圀 물을 넣어 두는 큰 통.

물-통(-桶) 圀 1 물을 담아 두는 통. =수통(水桶). 2 물을 긷는 데 쓰는 통. =질통.

물-파스(-←pasta) 圀 액체로 된 파스.

물팍 圀 '무르팍'의 준말.

물표(物標·物票) 圀 물건을 보내거나 맡긴 데에 대한 증거로 삼는 표지.

물푸레-나무 圀[식] 물푸레나뭇과의 낙엽 활엽 교목. 산지에 나며, 5월에 흰 꽃이 핌. 나무껍질은 한약재로 쓰임. =규목·물푸레.

물-풀 圀[식] =수초(水草)°.

물품(物品) 圀 일정하게 쓰일 가치가 있는 물건. ~ 대장.

물-행주 圀 물을 적셔서 쓰는 행주. =진행주. ↔마른행주.

물행주-질 圀 물에 적신 행주로 무엇을 닦거나 훔치는 일. 물행주질-하다 粉粉粉.

물형(物形) 圀 물건의 생김새.

물-혹 圀 몸 의 장기에 생기는 양성의 낭종. 의학 용어라기보다는 통속적인 명칭임. ▷낭종.

물화¹(物化)[철] 만물과 자아의 구별이 없어지고 만물과 자아가 함께 변화하는 일. 장자(莊子)의 '제물론'에 나오는 말로, 만물 일체관을 표현한 것임.

물화²(物化) 圀[철] 자본주의 사회에서, 인간이 도구화·상품화되고 인간과 인간의 관계도 물건과 물건의 관계처럼 되어 인간 소외의 상태에 이르게 되는 일. 마르크스 용어의 하나임.

물화³(物貨) 圀 물품과 재화.

물활-론(物活論) 圀[철] 범심론(汎心論)의 한 형태. 모든 물질은 생명·혼·마음을 가지고 있다고 믿는 자연관.

물-휴지(-休紙) 圀 손이나 항문 등을 깨끗이 닦을 수 있도록 일회용으로 만든, 물에 적셔진 종이.

묽다[묵따] 粉 1 (죽이나 반죽 따위가) 물기가 많다. ¶반죽이 너무 ~. ↔되다. 2 (술이나 액체의 농도가) 적다. ¶물감을 물에 많이 타다. 3 사람이 체격에 비하여 올찬 데 있지 아니하고 아주 무르다. [참고] '묽-'은 다음에 오는 어미의 첫소리가 ㄱ일 때에는 [물]로, 그 외의 자음일 경우에는 [묵]으로 소리 남. 곧, '묽고'는 [물꼬], '묽지'는 [묵찌]로 소리 남.

묽디-묽다[묵띠묵따] 粉 더할 나위 없을 정도로 묽다.

묽숙-하다[묵쑤카-] 粉粉 알맞게 묽다.

묽스그레-하다[묵쓰-] 粉粉 조금 묽은 듯하다. 邵맑스그레하다.

묽은 염산(-鹽酸)[-념-][화] 물을 타서 묽게 한 염산. 소화제·살균제 등으로 쓰임. =희염산(稀鹽酸).

묽은 황산(-黃酸)[화] 물을 타서 묽게 한 황산. 약품·도료·시약(試藥) 등으로 쓰임. =희황산(稀黃酸).

뭇¹[문] 圀[의존] 1 장작·채소 따위의 작은 묶음을 세는 단위. ¶장작 세 ~. 2 생선을 묶어 세는 단위. 1뭇은 10마리임. ¶조기 한 ~. 3 [역] 조세를 계산하기 위한 토지 면적의 단위. 1뭇은 10줌임. ≒속(束). 4 미역을 묶어 세는 단위. 1뭇은 10장임. 5 벼를 베어 묶은 것을 세는 단위. 보통, 1뭇은 30~40포기임. 的.

뭇²[문] 圀 (사람·동물·사물 등을 나타내는 명사 앞에 쓰여) 그 명사가 나타내는 대상이 수효가 많고 불특정의 것임을 나타내는 말. ¶~ 사내 / ~ 사건 / ~ 새들이 날아든다.

뭇:-국[무꾹/문꾹] 圀 무를 넣고 끓인 국.

뭇다[문따] 粉[타][여]〈무으니, 무어〉 1 조각 같은 것을 여러 개 한데 모아서 어떤 물건을 만들다. ¶배를 ~. 2 (조직·짝 따위를) 만들다. ¶두레를 ~. 3 관계를 맺다. ¶사돈을 ~.

뭇-매[문-] 圀 =몰매. ¶~를 맞다.

뭇매-질[문-] 圀 여러 사람이 한꺼번에 덤벼 때리는 짓. 뭇매질-하다 粉粉粉.

뭇-발길[문빨낄] 圀 1 많은 사람이 마구 발로 차거나 날뛰는 발길. ¶~에 밟히다. 2 여러 사람의 논박이나 나무람의 비유.

뭇발길-질[문빨낄-] 圀 여러 사람이 발로 마구 차는 짓. 뭇발길질-하다 粉粉粉.

뭇-별[문뼐] 圀 많은 별. =중성(衆星).

뭇-사람[문싸-] 圀 많은 사람. 또는, 여러 사람. =중인(衆人)·서주(衆庶).

뭇-시선(-視線)[문씨-] 圀 여러 사람의 눈길.

뭇-입[문닙] 圀 여러 사람이 나무라는 말. =중구(衆口).

뭇:-종[무쫑/문쫑] 圀 무 장다리의 어린 대.

뭉개다 粉[타] 1 (물건을) 문질러 짓이기다. ¶이불을 말고 ~. 2 일을 제대로 처리하지 못하고 우물우물하다. =뭉그대다. ¶빨리 처리하지 뭘 그리 뭉개냐.

뭉개-지다 粉[자] (물건이) 문질려 짓이겨지다.

뭉거-지다 粉[자] '뭉그러지다'의 준말.

뭉게-구름 圀[기상] =적운(積雲). ¶~이 피어오르다.

뭉게-뭉게 男 구름·연기 등이 자꾸 피어오르는 모양. ¶연기가 ~ 피어오르다. 邵몽개몽개.

뭉그-대다 粉[타] 1 제자리에서 몸을 그냥 비비대다. 2 =뭉개다2.

뭉그러-뜨리다/-트리다 粉[타] 뭉그러지게 하다. 邵몽그라뜨리다. ㈜뭉크러뜨리다.

뭉그러-지다 粉[자] (쌓인 물건이) 허물어져 주저앉다. =으끄러지다. 준뭉거지다. 邵몽그라지다.

뭉그적-거리다/-대다[-꺼(때)-] 粉[자][타] 제자리에서 나아가지 못하고 느리게 자꾸 비비대다. ¶뭉그적거리지 말고 일어 나. 邵몽그작거리다.

뭉그적-뭉그적[-쩍-] 男 뭉그적거리는 모양. 邵몽그작몽그작. 뭉그적뭉그적-하다 粉[자][여].

뭉근-하다 粉粉 불기운이 싸지 않으면서도 끊이지 않고 꾸준하다. 뭉근-히 男 ¶불을 ~ 때다.

뭉글-거리다/-대다 粉[자] 멍울진 물건이 물렁물렁하고 미끄러운 느낌을 주다. 邵몽글거리다. ㈜뭉글거리다.

뭉글-뭉글 男 뭉글거리는 모양. 邵몽글몽글.

뭉굴거리다
㉠뭉클뭉클. 뭉글뭉글.

뭉굿-거리다/-대다 [-귿(때)-] ㉵㉳ 나아가는 시늉으로 앉은 자리에서 자꾸 비비대다. ㉱뭉긋거리다.

뭉굿-뭉굿 [-귿-귿] ㉹ 뭉긋거리는 모양. ㉱뭉긋뭉긋. **뭉굿-하다** ㉲㉳㉵

뭉굿-하다 [-그타-] ㉴㉴ 약간 기울어지거나 굽어서 휘우듬하다. ¶뭉긋한 능선.

뭉-때리다 능청맞게 시치미 떼다.

뭉떵 ㉹ 상당한 부분이 대번에 끊어지거나 잘리는 모양. ¶고기를 ~ 썰다. ㉱몽땅. ㉠뭉텅.

뭉떵-뭉떵 ㉹ 계속하여 뭉떵 자르거나 잘리는 모양. ㉱몽땅몽땅. ㉠뭉텅뭉텅.

뭉떵뭉떵-하다 ㉴㉴ 여럿이 모두 뭉떵하다. ㉱몽땅몽땅하다. ㉠뭉텅뭉텅하다.

뭉떵-하다 ㉴㉴ 끊어서 뭉뚱그려 놓은 것이 짧은 듯하다. ㉱몽땅하다. ㉠뭉텅하다.

뭉뚝 ㉹ 끝이 아주 짧고 무딘 모양. ㉱몽똑. ㉠뭉툭. **뭉뚝-하다** ㉴㉴ ¶**뭉뚝한** 연필.

뭉뚝-뭉뚝 [-뚝-] ㉹ 낱낱이 다 뭉뚝한 모양. ㉱몽똑몽똑. ㉠뭉툭뭉툭. **뭉뚝뭉뚝-하다** ㉴㉴

뭉뚱-그리다 ㉵㉳ 1 되는대로 대강 뭉쳐 싸다. ¶옷가지를 ~. ㉱몽똥그리다. 2 여러 사실을 하나로 포괄하다. ¶체언이란 명사·대명사·수사를 뭉뚱그려 이르는 말이다.

뭉실-뭉실 ㉹ 살지고 기름져 부드러운 느낌을 주는 모양. ㉱몽실몽실. **뭉실뭉실-하다** ㉴㉴

뭉우리-돌 ㉲ 모난 데가 없이 둥글둥글한 돌. =무우석(無隅石). ㉥뭉우리.

뭉쳐나-기 [-처-] ㉲㉹ 1 줄기나 꽃대 등이 뿌리 근처에서 무더기로 나는 것. 2 여러 개의 잎이 짤막한 줄기에 무더기로 나는 것. 잣나무 따위. =족생(簇生)·총생(叢生).

뭉치 ㉲ 1 한데 똘똘 뭉치거나 말린 덩이. ¶솜 ~ / 돈 ~. 2 소의 볼기 아래에 붙은 살.

뭉치다 ㉵ ㉠㉳ 여럿이 합쳐진 덩어리가 되다. ¶풀이 ~ / 온 국민이 한마음으로 ~. ㉡ ㉳ 여럿을 합쳐 덩어리로 만들다. ¶눈을 ~ / 한마음으로 힘을 ~. ㉱몽치다.

뭉치-사태 ㉲ 소의 뭉치에 붙은 고기의 하나. 곰국거리로 쓰임.

뭉칫-돈 [-치똔-치똔] ㉲ 1 뭉치를 이루도록 묶거나 싼, 많은 돈. 2 한꺼번에 사용되거나 보관되어 있는, 많은 액수의 돈. ⋈목돈. ¶저금리가 계속되자 ~이 부동산 시장에 몰리고 있다.

뭉크러-뜨리다/-트리다 ㉵㉳ '뭉그러뜨리다'의 거센말.

뭉크러-지다 ㉵ ㉳ 지나치게 무르거나 헐어서 본 모양이 없어지게 되다.

뭉클-거리다/-대다 ㉵㉳ '뭉글거리다'의 거센말. ㉱몽클거리다.

뭉클-뭉클 ㉹ '뭉글뭉글'의 거센말. ㉱몽클몽클. **뭉클뭉클-하다** ㉴㉴

뭉클-하다 ㉴㉴ 1 먹은 음식이 잘 삭지 않아 가슴에 뭉친 듯하다. ¶속이 **뭉클하고** 내리지 않다. 2 북받치는 감정으로 가슴속이 갑자기 꽉 차는 듯하다. ¶가슴 **뭉클한** 감동. ㉱몽클하다.

뭉키다 ㉵ ㉳ 여럿이 뭉쳐 덩이지게 되다. ㉱몽키다.

뭉텅 ㉹ '뭉떵'의 거센말. ㉱몽탕.

뭉텅-뭉텅 ㉹ '뭉떵뭉떵'의 거센말. ¶~ 자른 머리털. ㉱몽탕몽탕.

뭉텅뭉텅-하다 ㉴㉴ '뭉떵뭉떵하다'의 거센말. ㉱몽탕몽탕하다.

뭉텅-이 ㉲ 한데 뭉쳐 이룬 큰 덩이. ¶종이 ~ / 돈 ~로 가져온다 해도 소용없다.

뭉텅-하다 ㉴㉴ '뭉떵하다'의 거센말. ㉱몽탕하다.

뭉툭 ㉹ '뭉뚝'의 거센말. ㉱몽툭. **뭉툭-하다** ㉴㉴ ¶**뭉툭한** 연필.

뭉툭-뭉툭 [-퉁-] ㉹ '뭉뚝뭉뚝'의 거센말. ㉱몽툭몽툭. **뭉툭뭉툭-하다** ㉴㉴

뭉툭-코 ㉲ 끝이 아주 짧고 무딘 모양의 코.

물 [문] ㉲ 1 강이나 바다가 아닌 땅. ¶멀리 ~이 보인다. 2 섬사람들이 본토 땅을 이르는 말. ¶~으로 시집가다.

물-사람 [문싸-] ㉲ 물에서 사는 사람.

뭐¹ ㉮⟨지시⟩⟨인장⟩ 1 '무엇' 또는 '무어'의 준말. ¶~가 뭔지 알 수 없다. / 그 사람이 돌아왔다구? 2 어떤 사실을 부정적으로 말하고자 할 때, 부정적 서술어의 대상이 되는 체언 다음에 '…이고 ~고 뭐고'의 꼴로 쓰여, 그 부정의 의미가 한층 강한 상태가 되게 하는 말. ¶돈이고 ~고 다 싫다.

뭐니 뭐니 해도 ㉤ 이렇게 저렇게 말할 수 있지만 그렇다고 해도. 다음에 오는 판단이나 평가가 가장 신뢰할 만한 것임을 강조하는 뜻을 가짐. =무어니 무어니 해도. ¶~ 우리 사위가 최고라니까!

뭐¹-하다 ㉴㉴ '무엇하다'의 준말. ¶이런 말을 하긴 좀 **뭐하지만**….

뭘¹ ㉤ 상대의 칭찬이나 감사의 말에 대해, 자신의 행동이 대단치 않은 것임을 나타내어 겸손하게 대꾸하는 말. 상대가 동년배이거나 아랫사람일 때 쓰는 말임. ¶"도와줘서 정말 고맙다." "~, 당연히 해야 할 일을 했을 뿐인데."

뭘² '무엇을'이 준 말. ¶~ 좀 먹어야 할 텐데.

뭘-하다 ㉴㉴ '뭣하다'의 잘못.

뭣¹ ㉮⟨지시⟩⟨인장⟩ '무엇'의 준말. ¶~을 기대하냐?

뭣²-하다 [뭐타-] ㉴㉴ '무엇하다'의 준말. ¶그런 곳에 혼자 가기가 좀 ~. ×뭘하다.

뭬 '무엇이'가 준 말. ¶~라고?

뮤/μ(㉥mu) ㉲ 길이의 단위인 미크론의 기호.

뮤신(mucin) ㉲ ㉰ 동물의 외분비선으로부터 분비되는 점성 물질의 총칭.

뮤즈(Muse) ㉲ ㉲ '무사(Mousa)⁶'의 영어명.

뮤지션(musician) ㉲ 음악인. 특히, 음악성이 뛰어난 대중음악 가수나 연주가를 가리킴. ¶록 ~ / 재즈 ~.

뮤지컬(musical) ㉲ 현대 미국에서 발달한 음악극의 한 형식. 음악·노래·무용·연극을 결합시킨 종합 무대 예술임.

뮤직^비디오(music video) ㉲ 가수의 노래와 함께 보여 주기 위해, 그 곡의 내용에 맞추어 만든 영상물. 또는, 가수의 노래에 영상이 함께 실린 시디.

뮤직-홀(music hall) ㉲ 노래·무용·촌극 따위를 하는 연예장.

뮤추얼^펀드(mutual fund) ㉲ ㉰ 투자자에게 주식을 발행하는 방법으로 자금을 모아 주식·채권·부동산 등에 투자하여 투자자에게 배당금의 형태로 수익을 분배하는 일종의 신탁 회사. 실적이 좋을 경우 높은 이익을 배당받을 수 있지만, 실패할 경우 손실을 투자자가 고스란히 부담하게 됨.

-므로 [어미] 모음이나 'ㄹ' 받침으로 끝나는 어간, 또는 어미 '-시-' 아래에 붙어, 까닭을 나타내는 연결 어미. ¶이것은 독버섯이 —먹어서는 안 된다. / 키가 크— 상대 선수보다 유리하다. ▷-으므로.

미¹ [명] 십이지(十二支)의 여덟째.
미² (尾) [명] 인삼 뿌리의 잔 가닥.
미³ (美) [명] **1** 아름다움. ¶자연의 ~ / ~를 창조하다. ↔추(醜). **2** (일부 명사 앞 또는 뒤에 붙어) '아름다움'의 뜻을 나타내는 말. ¶~소년 / 육체~ / 자연~. **3** [철] 개인적 이해관계가 없이 내적 쾌감을 주는 감성적(感性的)인 대상. **4** [교] 성적을 매기는 등급의 하나. '수·우·미·양·가'의 5단계 평가에 있어 그 셋째 등급. **5** '미국'을 줄여 이르는 말.
미-⁴ (未) [접두] '아직 다 이루어지지 않은'의 뜻을 나타내는 말. ¶~완성 / ~성년 / ~결재 / ~해결.
미⁵ (⑩mi) [음] **1** 음이름 '마'의 이탈리아어. **2** 장음계에서 셋째 음.
미가 (米價) [-까] [명] =쌀값.
미가-서 (←Micah書) [명] [성] 구약 성서 중의 한 권.
미각 (味覺) [명] 맛을 느끼는 감각. 침에 녹은 화학 물질이 주로 혀를 자극하여 일어나며, 단맛·짠맛·신맛·쓴맛·매운맛의 감각이 있음. =미감(味感). ¶~이 발달하다 / ~을 돋우는 햇나물.
미각-기 (味覺器) [-끼] [명] [생] 미각을 맡은 기관. 척추동물에는 혀에 분포하는 미뢰가 이에 속한다. =미각 기관·미관(味官).
미간¹ (未刊) [명] 책을 아직 찍어 내지 않았음. ¶~ 서적. ↔기간(既刊).
미간² (眉間) [명] '양미간'의 준말. ¶~을 찌푸리다.
미간-지 (未墾地) [명] '미개간지'의 준말. ↔기간지.
미감¹ (味感) [명] =미각(味覺).
미감² (美感) [명] 아름다움에 대한 쾌감. 또는, 그 감각.
미감-아 (未感兒) [명] 병 따위에 감염되지 아니한 아이. 특히 나환자인 부모에게서 태어나 병에 감염되지 않은 아이를 말함.
미개 (未開) [명] **1** 꽃 따위가 아직 피지 않음. **2** 토지 또는 어떤 분야가 아직 개척되지 않았음. ¶~지(地). **3** (일부 명사 앞에 쓰여) 아직 개화(開化)되지 않았음. 또는, 문명이 널리 퍼지지 않음. ¶~ 민족 / ~ 사회. **미개-하다** [형][여]
미개간-지 (未開墾地) [명] 아직 개간하지 않은 땅. =미경지. ㉤미간지. ↔개간지.
미개-국 (未開國) [명] 미개한 나라. ↔문명국.
미:개-발 (未開發) [명] 아직 개발하지 못하거나 개발되지 않음. ¶~ 지역. **미:개발-되다** [동][여]
미개^사회 (未開社會) [-회/-훼] [명] [사] 아직 문명화되지 않은 사회. 말은 있으나 문자가 없고, 단순한 도구나 무기는 쓰지만 생산 기술이 발달하지 못한 사회임. ↔문명사회.
미:개-인 (未開人) [명] 미개한 민족.
미:개-지 (未開地) [명] **1** 아직 문명이 발달되지 못한 지역. **2** '미개척지'의 준말.
미:개-척 (未開拓) [명] 아직 개척하지 못함. 응용과학의 ~ 분야. **미:개척-되다** [동][여]
미:개척-지 (未開拓地) [-찌] [명] **1** 아직 개척하지 못한 땅. **2** 과학·문화 따위에서 아직 개척하지 못한 분야. ㉥처녀지. ㉤미개지.

미:거¹ (美擧) [명] 훌륭하게 잘한 일. 또는, 갸륵하고 장한 일. ↔기결. **2** [법] '미결감'의 준말. **3** [법] '미결수'의 준말. **미:결-하다** [동][타][여] **미:결-되다** [동][자] ¶미결된 안건.
미:거² (未擧) [명] →미:거-하다 [형][여] 철이 나지 않아 사리에 어둡다.
미:결 (未決) [명] **1** 아직 결정되거나 해결되지 않음. ~ 사항. ↔기결.
미:결-감 (未決監) [명] [법] 미결수를 가두어 두는 곳(감옥).
미:결-수 (未決囚) [-쑤] [명] [법] 형사 피의자 또는 형사 피고인으로서, 법원의 판결이 아직 나지 않아 구치소에 구금되어 있는 사람. ㉤미결. ↔기결수.
미:결-재 (未決裁) [-째] [명] 아직 결재가 나지 않음. ¶~ 서류. **미:결재-하다** [동][타][여]
미:결-정 (未決定) [-쩡] [명] 아직 결정이 나지 않음. ¶~ 사항. **미:결정-하다** [동][타][여] **미:결정-되다** [동][자].
미:경험 (未經驗) [명] 아직 경험하지 못함. ¶~자(者). **미:경험-하다** [동][타][여]
미곡 (米穀) [명] **1** '쌀'로 순화. **2** 쌀을 비롯한 갖가지 곡식의 총칭.
미곡-상 (米穀商) [-쌍] [명] 쌀을 비롯한 온갖 곡식을 팔고 사는 장사. 또는, 그 사람이나 가게.
미골 (尾骨) [명] [생] =꼬리뼈.
미:관 (美觀) [명] 아름답고 훌륭한 풍경. ¶~을 고려한 설계 / 도시 ~을 해치다.
미관-말직 (微官末職) [-찍] [명] 지위가 아주 낮은 벼슬. 또는, 그런 벼슬아치. ↔고관대작(高官大爵).
미:관-상 (美觀上) [명][부] 미적(美的)으로 보는 바. ¶~ 좋지 못한 건물.
미:관^지구 (美觀地區) [명] 도시의 미관을 유지하기 위하여 특별히 설정한 지구.
미괄-식 (尾括式) [명] [문] 산문 구성 방식의 하나. 글의 중심 내용이 글의 마지막 부분에 오는 형태임. ▷두괄식·양괄식.
미광 (微光) [명] 아주 희미하고 약한 불빛.
미:구¹ (未久) [명] 앞으로 오래지 않음. ¶~에 닥칠 큰 재앙. **미:구-하다** [형][여]
미:구² (美句) [-꾸] [명] 아름다운 글귀. ㉥미사여구.
미국 (美國) [명] [지] 북아메리카 대륙의 중앙부를 차지하는 연방 공화국. 수도는 워싱턴. =미합중국·아메리카 합중국·유에스(U.S.)·유에스에이(U.S.A.).
미국^중앙^정보국 (美國中央情報局) [-쭝-] [명] 국내외의 모든 정보를 수집·분석하는 미국의 정보기관. =시아이에이(CIA).
미국-톤 (美國ton) [명] [의존] 미국에서 쓰는, 질량의 단위인 톤. 1미국톤은 2000파운드, 곧 907.2kg임. =쇼트톤. ▷영국톤.
미국-흰불나방 (美國-) [-구킨-라-] [명] [동] 나비목 불나방과의 나방. 앞날개에는 흰 바탕에 불규칙한 검은 반점이 있고, 뒷날개는 거의 흰색임. 각종 과수를 비롯하여 광범위한 식물의 잎을 먹어 치우는, 수목의 해충임. ▷흰불나방.
미군 (美軍) [명] **1** 미국 군대. **2** 미국 군인.
미:궁 (迷宮) [명] **1** 한번 들어가면 나오는 길을 쉽게 찾을 수 없도록 되어 있는 곳. ¶~ 속을 헤매다. **2** 사건 따위가 얽혀서 쉽게 해결하지 못하는 것을 비유하여 일컫는 말. ¶~에 빠진 사건.

미그-전투기(MIG戰鬪機) [명][군] 소련의 대표적인 전투기의 하나. =미그(MIG).

미:급(未及) [명] 아직 미치지 못함. **미:급-하다** [동][자]

미-기후(微氣候) [명][기상] 지표에서 1.5m 정도, 또는 식물의 잎의 주위와 같은 미세한 공간에 있어서의 온도·습도·바람·일조 등의 기후.

미꾸라지 [명][동] 잉엇과의 민물고기. 몸길이 10~20cm. 몸은 가늘고 길며, 몹시 미끄러움. 등은 암녹색에 작은 점이 많으며, 배는 흼. 논·개천·못 등의 흙바닥 속에서 살며, 먹이는 진흙 속의 유기물임. ≒추어(鰍魚).
[미꾸라지 용 됐다] 가난하고 보잘것없던 사람이 큰사람이 되었다.

미꾸라지 같다 자기 자신에게 이롭지 않으면 요리조리 살살 피하거나 잘 빠져나가는 사람을 비유하여 이르는 말.

미꾸라짓-국[-지국/-짇꾹] [명] =추어탕.

미꾸리 [명][동] 잉엇과의 민물고기. 몸길이 20cm가량. 등 쪽의 반이 어두운 감람색이고 배 쪽의 반이 담청색임. 연못이나 논두렁 및 수로에 많고, 진흙 속의 미생물이나 유기물을 먹고 삶.

미끄러-뜨리다/-트리다 [동][타] 미끄러지게 하다.

미끄러-지다 [동][자][타] 1 미끄러운 곳에서 밀려 나가거나 넘어지다. ¶얼음판에서 ~. [자]매끄러지다. 2 뽑거나 고르는 대상에 들지 못하다. 속된 말임. ¶대입(大入) 시험에 ~ / 대학을 ~. ¶~을 타다.

미끄럼 [명] 얼음판이나 눈 위 또는 미끄럼대에서 일부러 미끄러져 나아가는 일. 또는, 그런 놀이. ¶~을 타다.

미끄럼-마찰(-摩擦) [명][물] 한 물체가 다른 물체에 닿아서 미끄러질 때, 그 외력(外力)의 반대 방향으로 생기는 저항력.

미끄럼-틀 [명] 앉은 상태로 미끄러져 내려오는 것을 즐길 수 있도록 쇠붙이 따위로 좁고 긴 통로를 만들어 경사지게 설치한 놀이 기구. =미끄럼대.

미끄럽다[-따] [형][ㅂ] <미끄러우니, 미끄러워> 거침없이 저절로 밀려 나갈 만큼 반드럽다. ¶마루가 ~ / 눈이 내려 길이 ~. [자]매끄럽다.

미끈-거리다/-대다 [동][자] 미끄러워 자꾸 밀려 나가다. ¶비누가 ~. [자]매끈거리다.

미끈둥-하다 [형][여] 매우 미끄러운 맛이 있다. ¶기름 묻은 접시가 ~. [자]매끈둥하다.

미끈미끈-하다 [형][여] 여럿이 다 미끈하다. 또는, 매우 미끈하다. ¶호박들이 미끈미끈하고 싱싱합니다. [자]매끈매끈하다. ×미끌미끌하다.

미끈-유월(-六*月)[-뉴-] [명] 날짜가 쉽게 지나가 버린다는 뜻에서 음력 유월을 달리 이르는 말.

미끈-하다 [형][여] 흠이나 거친 데가 없이 부드럽고 번듯하다. ¶미끈한 각선미 / 생김새가 ~. 미끈-히 [부]

미끌미끌-하다 [형][여] 1 상당히 미끄럽다. [자]매끌매끌하다. 2 '미끈미끈하다'의 잘못.

미끼 [명] 1 낚시에 끼우는 물고기의 먹이. =고기밥. ¶~를 달다 / ~에 걸리다. 2 꾀기 위한 물건이나 수단. ¶돈을 ~로 사람을 유혹하다.

미나리 [명][식] 미나릿과의 여러해살이풀. 높이 30cm가량. 기는줄기가 벋어서 번식하며, 7~9월에 회고 작은 꽃이 핌. 독특한 향기가 있고 연하여, 겨울·봄에 어린잎과 줄기를 먹음. 논이나 못가에 채소로 심기도 함. =수근(水芹).

미나리-꽝 [명] 미나리를 심는 논.

미나리-아재비 [명][식] 미나리아재빗과의 여러해살이풀. 높이 50cm가량. 산·들·밭둑에 나며, 6월에 노란 꽃이 핌. 독성이 있어 먹지 못하나 생약으로 사용하고 연한 순은 식용함.

미나마타-병(水俣/みなまた病) [명][의] 유기 수은 중독에 의한 만성 신경 질환. 운동 장애·언어 장애·난청·사지 마비 등의 증상을 나타냄.

미:남(美男) [명] 남자의 얼굴이 잘생김. 또는, 그 남자. [비]미남자. ↔추남.

미:-남자(美男子) [명] 얼굴이 잘생긴 남자. [비]미남.

미:남-형(美男型) [명] 미남에게서 볼 수 있는 얼굴의 형. ¶이목구비가 뚜렷한 ~의 청년.

미:납(未納) [명] 아직 내지 못함. **미:납-하다** [동][타][여] ¶등록금을 ~. **미:납-되다** [동][자]

미:납-금(未納金) [-끔] [명] 아직 내지 않았거나 내지 못한 돈.

미네랄(mineral) [명][생] =광물질2.

미네랄-워터(mineral water) [명] =광천수.

미네르바(Minerva) [신화] 로마 신화에서 오는 지혜·전쟁·공예의 여신. 그리스 신화의 아테나에 해당함.

미:녀(美女) [명] 얼굴이 아름다운 젊은 여자. [비]미인. ¶미남 ~. ↔추녀.

미:년(未年) [명][민] 태세(太歲)의 지지(地支)가 미(未)로 된 해. 기미년(己未年)·신미년(辛未年) 따위. =양해.

미노르카-종(Minorca種) [명][동] 닭의 한 품종. 지중해 미노르카 섬 원산의 난용종(卵用種)으로, 몸은 보통 검은빛이며, 볏이 큼.

미농-지(美濃紙) [명] 일본 원산의 하나. 닥나무 껍질로 만드는데, 얇고 질기며 빛이 흼.

미뉴에트(minuet) [명][음] 프랑스에서 시작된 4분의 3 또는 8분의 3박자의 춤곡. 후에 기악의 형식으로 주명곡·현악곡·교향곡의 악장에도 쓰임.

미늘 [명] 1 물고기가 물면 빠지지 않도록, 낚시의 안쪽 끝을 삼각형에 가깝게 만든 작은 갈고리. =구거(鉤距). 2 '갑옷미늘'의 준말.

미니(mini) [명] 1 옷자락이 무릎 위로 올라가는 짧은 스커트의 길이. 또는, 그런 길이의 스커트. 2 (일부 명사 앞에 쓰여) 소형(小型)임을 나타냄. ¶~ 축구 / ~버스.

미니멈(minimum) [명] 수량이나 정도가 최소인 것. ↔맥시멈.

미니-버스(minibus) [명] 적은 수의 사람이 탈 수 있는 소형 버스.

미니-스커트(miniskirt) [명] 옷자락이 무릎 위에 오는 짧은 길이의 스커트.

미니아튀르(㉘miniature) [명][미] 세밀하게 그려진 작은 그림. =세화·세밀화·세화(細畫).

미니어처(miniature) [명][영] 정교하게 만들어진 소형의 모형(模型). 전쟁 영화나 공상 과학 영화에서 많이 쓰임.

미니-카(minicar) [명] 초소형(超小型)의 자동차. [비]경승용차. 2 어떤 자동차의 외형을 똑같이 본뜨되 크기를 아주 작게 하여 만든 모형의 물건.

미:다[1] [동][자] 살이 드러날 만큼 털이 빠지다.

×무이다.

미ː다[2] [동][타] 팽팽한 가죽이나 종이 등을 잘못 건드려 구멍을 내다.

미다스(Midas) [명][신화] 그리스 신화에 나오는 소아시아의 왕. 디오니소스에게 소원을 빌어 손으로 만지는 것마다 황금으로 변화시키는 힘을 얻었으나, 먹는 것, 입는 것은 물론 자신의 딸마저 황금으로 변해 버리자, 다시 디오니소스에게 빌어 원래의 상태로 돌아갔다고 함. 영어명은 마이더스.

미다스의 손 [구] 무엇이든지 만들어 낼 수 있는 손. 또는, 무엇이든지 할 수 있는 능력. 비유적인 말임. =마이더스의 손. ¶스필버그 감독은 ~을 갖고 있어 만드는 영화마다 흥행에 성공을 거두고 있다.

미ː닫-이[-다지] [명] 문이나 창을 옆으로 밀어서 여는 방식. 또는, 그런 방식의 문이나 창. ¶~문 / ~창. ▷여닫이.

미ː달(未達) [명] 어떤 한도에 이르지 못함. ¶정원 ~. **미ː달-하다** [동][자][여] **미ː달-되다** [동][자]

미ː담(美談) [명] 사람을 감동시킬 만큼 아름다운 선행을 담은 이야기.

미ː대(美大) [명][교] '미술 대학'의 준말.

미더덕 [명][동] 원색류 미더덕과의 한 종. 황갈색 몸은 도토리 모양으로 길둥글며 자루 끝이 바위에 붙어 있음. 외피는 매우 딱딱하며, 식용함.

미ː덕(美德) [명] 아름다운 덕행. ¶윗사람을 공경하는 일은 우리 민족의 오랜 ~이라 할 수 있다.

미덥다[-따] [형][ㅂ] <미더우니, 미더워> 믿음성이 있다. ¶**미더운** 친구 / 내 말이 **미덥지** 않거든 직접 당신 눈으로 확인해 보시오.

미ː동[1](美童) [명] **1** 얼굴이 곱살한 사내아이. **2** 남색의 상대가 되는 아이.

미동[2](微動) [명] 약간 움직이는 것. ¶~도 없이 면벽 참선을 하다. **미동-하다** [동][자][여]

미드필더(midfielder) [명][체] 축구에서, 경기장의 중앙부에서 공수를 연결하는 역할을 하는 선수. 공격형과 수비형으로 구별하기도 함.

미드-필드(midfield) [명][체] 축구에서, 경기장의 가운데 지역.

미들-급(middle級) [명][체] 권투 체급의 하나. 프로는 69.85~72.57kg, 아마추어는 71~75kg임. =중량급(中量級).

미들맨(middleman) [명][체] 야구에서, 중간 계투를 하는 투수. 선발 투수에 이어 2이닝 정도를 책임짐. =중간 계투 요원.

미등(尾燈) [명] 자동차·열차 따위의 뒤쪽에 단 등. ↔전조등.

미ː-등기(未登記) [명] 아직 등기를 하지 않음. **미ː등기-하다** [동][타][여] **미ː등기-되다** [동][자]

미디[1](MIDI) [명] [Music Instrument Digital Interface][컴] 컴퓨터와 신시사이저 등의 디지털 악기를 연결하기 위해 만들어진, 시스템의 규칙.

미디[2](midi) [명] 양장(洋裝)에서, 장딴지의 중간까지 내려오는 옷의 길이. 또는, 그런 길이의 옷. 미니와 맥시의 중간 길이임.

미디-스커트(midiskirt) [명] 옷자락이 장딴지의 중간까지 내려오는 길이의 스커트.

미디어(media) [명] 사람들에게 지식과 정보를 전달하는, 전파·인쇄물·인터넷 등의 수단. [비]매체.

미-뜨리다 [동][타] '밀뜨리다'의 잘못.

미라([포]mirra) [명] 썩지 않고 건조되어 본디 상태에 가까운 모습으로 남아 있는 인간 또는 동물의 시체. ×미이라.

미란(糜爛·靡爛) [명] 썩거나 헐어서 문드러지는 것. **미란-하다** [동][자][여]

미란다^원칙(Miranda原則) [명] 경찰이나 검찰이 피의자를 연행하거나 조사할 때, 피의자가 진술을 거부할 수 있는 권리와 변호사의 도움을 받을 권리가 있음을 알려 주어야 하는 원칙. 1966년 미국 법원이 피의자인 미란다의 자백을 증거로 채택하지 않은 데에서 유래함.

미ː래(未來) [명] **1** 아직 오지 않은, 현재 이후의 시간. 또는, 그때에 일어날 일. =장래. ¶장밋빛 ~를 설계하다. **2** [언] 시제(時制)의 하나. 현재 이후의 사건이나 상태임을 나타냄. 선어말 어미 '-겠-'이나 '-리-'를 종결 어미 앞에 붙여서 나타내거나, 관형사형 어미 '-ㄹ/을'을 붙여서 나타냄. **3** [불] =내세(來世).

미ː래-상(未來像) [명] 이상으로서 그리는 미래의 모습. ¶한국의 밝은 ~.

미ː래^완료(未來完了)[-왈-] [명][언] 미래의 동작이 막 끝나서 그 결과가 나타나 있음을 표현하는 시제 동작상. 현재 완료에 '-겠-'을 더하여 씀. '밥을 먹었겠다' 따위.

미ː래-주의(未來主義)[-의/-이] [명][미] 미래파가 주장하는 예술상의 입장. ▷미래파.

미ː래^진ː행(未來進行) [명][언] 동사의 진행형의 하나. 미래에 동작이 계속 중일 것임을 나타내는 어법. '-고 있겠다', '-고 있는 중이겠다' 등으로 표시됨.

미ː래-파(未來派) [명][미] 20세기 초, 이탈리아의 시인 마리네티가 주창한 전위적인 예술 운동. 또는, 그 유파. 전통을 부정하고 기계 문명으로 인한 도시의 약동감·속도감을 새로운 미(美)로서 표현하려고 한 것임.

미ː래-학(未來學) [명] 여러 각도에서 미래 사회를 연구·추론(推論)하는 학문의 총칭.

미량(微量) [명] 아주 적은 양. ¶~의 극약.

미량^영양소(微量營養素)[-녕-] [명] **1** [식] =미량 원소2. **2** [동] 비타민처럼 아주 적은 양으로도 기능을 발휘하는 동물의 영양소.

미량^원소(微量元素) [명] **1** [화] 물질 중에 극히 적은 양으로 함유되어 있는 원소. **2** [식] 극히 적은 양이기는 하나 식물의 생육에 없어서는 안 될 원소. 철·아연·망간·몰리브덴·구리 따위. =미량 영양소.

미량^천칭(微量天秤) [명] 화학 실험 등에서 1mg 이하의 적은 양을 재는 천칭. =마이크로밸런스.

미ː려(美麗) ➡**미ː려-하다** [형][여] 아름답고 곱다. [비]가려(佳麗)하다. ¶**미려한** 경관(景觀) / 문장이 ~. **미ː려-히** [부]

미력[1](微力) [명] '적은 힘'이라는 뜻으로, 남을 위하여 들이는 자신의 힘을 겸손히 이르는 말. **미력-하다** [형][여] ¶**미력하나마** 힘껏 돕겠습니다.

미력[2] [명][불] '미륵(彌勒)'의 잘못.

미련[1] [명] 어리석고 둔한 것. [작]매련. **미련-하다** [형][여] ¶**미련한** 짓 / **미련한** 사람. **미련-히** [부]

미ː련[2](未練) [명] 어떤 일이나 사람 등을 단념해야 할 처지에서 깨끗이 잊어버리지 못하고 끌리는 데가 남아 있는 마음. ¶~을 버리다[가지다].

미련-스럽다[-따] [형][ㅂ] <~스러우니, ~스

러워> 미련한 데가 있다. ¶하는 짓이 ~. ㈜매련스럽다. 미련스레 ⟨부⟩

미련-쟁이 ⟨명⟩ 미련한 사람. ㈜매련쟁이.

미련-퉁이 ⟨명⟩ 몹시 미련한 사람. ㈜매련퉁이.

미령(靡寧*) →미령-하다 ⟨형여⟩ ['寧'의 본음은 '녕'] (어른이 병으로 인하여) 편하지 못하다.

미로(迷路) ⟨명⟩ 1 복잡하게 갈래가 져서 방향이나 위치를 알기 어렵게 되어 있는 길. =미도(迷途). 2 해결책을 찾지 못하여 갈팡질팡하는 상태. 비유적으로 이름. ¶뭐가 뭔지 몰라 ~ 을 헤매다. 3 ⟨심⟩ 동물의 학습 능력을 실험하기 위해 상자와 같은 공간에, 출구에 이르는 방법이 하나밖에 없는 복잡한 길을 만든 물건. 그 복잡한 길. 4 ⟨교⟩ 어린이의 유희 겸 지능 계발을 목적으로, 입구에서 출구에 이르는 길이 하나밖에 없게 하되 출구를 쉽게 찾을 수 없도록 길을 복잡하게 그린 도형.

미로^학습(迷路學習) [-씁] ⟨명⟩⟨교⟩ 미로를 지나가는 일을 거듭하게 하여 사람의 지능이나 동물을 훈련시키는 학습 방법.

미뢰(味蕾) [-뢰/-뤠] ⟨명⟩⟨생⟩ 척추동물의 미각 수용체. 주로, 혓바닥의 윗면에 있으며, 단맛·신맛·쓴맛·짠맛 등을 지각함.

미루-나무 ⟨명⟩⟨식⟩ 버드나뭇과의 낙엽 활엽 교목. 줄기는 높이 30m 이상으로 곧게 자람. 3~4월에 꽃이 피고, 5월에 열매가 익음. 강변이나 집 부근에 가로수로 많이 심으며, 목재는 젓가락·성냥개비 따위의 재료로 씀. =포플러. ×미류나무.

미루다 ⟨동⟩⟨타⟩ 1 정한 날짜보다 뒤로 물리다. ¶오늘 일을 내일로 **미루지** 마라. 2 일 따위를 남에게 넘기다. ¶자신의 책임을 남에게 ~. 3 '…로/으로 미루어'의 꼴로 쓰여) 이미 알려진 사실로써 다른 것을 헤아리거나 짐작하다. ¶한 가지로 **미루어** 보아 열 가지를 알 수 있다.

미루적-거리다/-대다 [-꺼/때)-] ⟨동⟩⟨타⟩ 해야 할 일이나 지켜야 할 날짜를 자꾸 뒤로 미루다. ⟨비⟩미적거리다.

미루적-미루적 [-쩡-] ⟨부⟩ 미루적거리는 모양. ¶~ 늑장을 부리다. **미루적미루적-하다** ⟨동⟩⟨타⟩

미류-나무(美柳-) ⟨명⟩⟨식⟩ '미루나무'의 잘못.

미륵(彌勒) ⟨명⟩⟨불⟩ 1 '미륵보살'의 준말. 2 '돌부처'를 두루 이르는 말. ⟨은진(恩津) ~. ×미럭.

미륵-보살(彌勒菩薩) [-뽀-] ⟨명⟩⟨불⟩ 도솔천에 살면서, 석가가 입멸한 뒤 56억 7천만 년 뒤에 세상에 나타나 중생을 제도한다는 보살. =미륵불·자씨보살·자씨존. ㈜미륵.

미륵-불(彌勒佛) [-뿔] ⟨명⟩⟨불⟩ =미륵보살.

미리 ⟨부⟩ 어떤 일이 생기기 전에. ¶남의 집을 방문할 때에는 ~ 연락을 하고 허락을 받는 것이 예이다.

미리-내 ⟨방⟩⟨방⟩ 은하수(제주).

미리-미리 ⟨부⟩ 충분히 여유가 있게 미리. ¶노후 대책을 ~ 세우다.

미립 ⟨명⟩ 경험에 의해 터득한 묘한 이치. ⟨비⟩노하우·이력. ¶는 적어도 십 년 이상 길러 보아야 그 ~이 난다.

미ː립-나다 [-림-] ⟨동⟩⟨자⟩ 경험에 의하여 묘한 이치나 요령이 생기다.

미립-자(微粒子) [-짜] ⟨명⟩⟨물⟩ 미세한 입자. 또는, 물질을 구성하는 아주 작은 알갱이.

미ː만(未滿) ⟨명⟩ 정한 수효나 정도에 차지 못하는 것. 또는, 어떤 수를 기준으로 할 때 그 수를 포함하지 않고 그보다 적은 수인 것. ¶60점 ~/20세 ~.

미만²(彌滿·彌漫) →미만-하다 ⟨형여⟩ (어떤 현상이 어느 곳에) 널리 가득 찬 상태에 있다. ¶불신 풍조가 **미만한** 사회.

미ː망(迷妄) ⟨명⟩ 사리에 어두워 갈피를 잡지 못하고 헤매는 일. ¶~에 빠진 중생을 제도하다. **미ː망-하다** ⟨동⟩⟨자⟩

미ː망-인(未亡人) ⟨명⟩ ['아직 따라 죽지 못한 사람'이라는 뜻] 죽은 사람의 아내를 이르는 말.

미맹(味盲) ⟨명⟩⟨의⟩ 정상인이 느낄 수 있는 맛을 느끼지 못하거나 다른 맛으로 느끼는 병적 상태. 또는, 그러한 사람.

미ː명¹(未明) ⟨명⟩ 날이 채 밝기 전. ¶18일 ~을 기하여 총공격을 단행했다.

미ː명²(美名) ⟨명⟩ 뭐라 말을 붙여 그럴듯하게 내세우는 표면상의 이유나 구실. ⟨비⟩명분. ¶일제(日帝)는 내선 일체(內鮮一體)라는 ~ 하에 우리 민족에게 일본식 성명을 강요했다.

미ː모(美貌) ⟨명⟩ 얼굴의 아름다움. 성숙한 여자에 대해 쓰는 말임. ¶~의 여인/~를 갖추다/지성과 ~를 겸비한 재원.

미모사(mimosa) ⟨명⟩⟨식⟩ 콩과의 한해살이풀. 높이 30~50cm. 여름에 연붉홍빛의 잔 꽃이 핌. 잎은 잔잎이 깃 모양으로 붙는데, 건드리면 이내 닫혀지며 아래로 늘어짐. =감응초·함수초(含羞草).

미목(眉目) ⟨명⟩ 1 눈썹과 눈. 2 얼굴 모습을 이르는 말. ¶~이 수려하다.

미ː몽(迷夢) ⟨명⟩ 무엇에 홀린 듯 똑똑하지 못하고 얼떨떨한 정신 상태. ¶~에 빠지다.

미ː묘¹(美妙) →미ː묘-하다 ⟨형여⟩ 아름답고 교묘하다. **미ː묘-히** ⟨부⟩

미ː묘²(微妙) →미ː묘-하다² ⟨형여⟩ 규정지을 수 없게 뚜렷하지 않고 야릇하다. ¶사랑과 미움이 뒤섞인 **미묘한** 감정. **미묘-히**² ⟨부⟩

미문(美文) ⟨명⟩ 아름다운 글.

미물(微物) ⟨명⟩ 1 '보잘것없는 것'이라는 뜻으로, 동물을 사람에 상대하여 이르는 말. ¶~도 제 새끼는 귀여워하는 법이다. 2 변변치 못한 사람을 얕잡아 이르는 말.

미미(微微) →미미-하다 ⟨형여⟩ 보잘것없이 아주 작다. ¶미미한 존재 / 역할이 ~ / 판매량이 미미한 증가를 보이다. **미미-히** ⟨부⟩

미ː-발표(未發表) ⟨명⟩ 아직 발표하지 않음. **미ː발표-하다** ⟨동⟩⟨타여⟩ **미ː발표-되다** ⟨동⟩⟨자⟩

미ː방(未方) ⟨명⟩ 24방위의 하나. 정남(正南)으로부터 서로 30도의 방위를 중심으로 한 15도 각도 안. ㈜미(未).

미ː백(美白) ⟨명⟩ 살갗을 아름답고 희게 하는 것. ¶~ 크림/~ 효과가 있다. **미ː백-하다** ⟨동⟩⟨타⟩

미ː백색(微白色) [-쌕] ⟨명⟩ 부유스름하게 흰 빛깔.

미ː법^산수(米法山水) [-뻽싼-] ⟨명⟩⟨미⟩ 산의 대체적인 모양이나 나무의 가지·줄기를 먹을 번지게 하여 묘사하고 그 위에 먹으로 점을 찍어서 그리는 수묵 산수 화법. ▷미점.

미복(微服) ⟨명⟩ 지위가 높은 사람이 무엇을 몰래 살피러 다닐 때 남의눈에 띄지 않도록 입는 남루한 옷. **미복-하다** ⟨동⟩⟨자⟩ 미행을 하기 위해 남루한 옷을 입다.

미복-잠행(微服潛行) [-짬-] ⟨명⟩ 지위가 높

은 사람이 무엇을 몰래 살피기 위하여 남루한 옷을 입고 남이 모르게 다님. ㉤미행. 미복잠행-하다 屬(자)(타)(여)
미봉(彌縫) 團 [터진 곳을 임시로 얽어맨다는 뜻] 빈 구석이나 잘못된 것을 임시변통으로 이리저리 주선하여 꾸며 대는 것. 미봉-하다 屬(타)
미봉-책(彌縫策) 團 일시적인 눈가림으로 꾸며 대는 계책. ¶~을 쓰다.
미부(尾部) 團 1 꼬리나 꽁지가 되는 부분. 2 어떤 물체의 끝 부분. ↔두부(頭部).
미분(微分) 團[수] 1 어떤 함수의 미분 계수를 구하는 셈법. 2 어떤 함수에서, 독립 변수의 값이 미소한 변화에 응하는 함수의 값의 변화. 3 '미분학'의 준말. ▷적분(積分). 미분-하다 屬(타)(여)
미분^기하학(微分幾何學) 團[수] 미분·적분을 응용하여 곡선·곡면 등의 성질을 연구하는 기하학.
미분^방정식(微分方程式) 團[수] 미지 함수의 도함수를 포함한 방정식.
미-분양(未分讓) 團 아직 분양하지 않음. 미:분양-하다 屬(타)(여) 미:분양-되다 屬(자) ¶미분양된 아파트.
미분-학(微分學) 團[수] 함수의 미분 계수를 구하여 함수의 성질을 연구하는 수학의 한 분과. ㉤미분.
미:-분화(未分化) 團 아직 분화되지 않음. 미:분화-하다 屬(자)(여) 미:분화-되다 屬(자) ¶선사 시대에는 정치와 종교가 미분화되어 있었다.
미:불(未拂) 團 아직 지불하지 않음. ¶~금(金) / 대금이 ~ 상태로 있다. 미:불-하다 屬 미:불-되다 屬(자)
미:비(未備) 團 아직 덜 갖춘 상태에 있는 것. ¶~점. 미:비-하다 屬(여) ¶시설이 ~ / 자료가 ~.
미쁘다 屬〈미쁘니, 미뻐〉 믿음성이 있다. ¶한 사람, 한 사람 조선의 침 있고 미쁜 아들을 구하는 것으로 일을 삼고, 의무를 삼고, 낙을 삼았다.(이광수: 흙)
미사(⑭missa) 團 1 [가] 로마 가톨릭교회에서, 예수의 최후의 만찬을 기념하여 행하는 제사 의식. =성체. ¶~를 올리다. 2 [음] =미사곡. ['彌撒'는 취음]
미사-곡(⑭missa曲) 團[음] 가톨릭교의 미사 때 부르는 성악곡. =미사.
미:사-여구(美辭麗句) [-꾸] 團 아름다운 말과 글귀. 凹미구(美句).
미사일(missile) 團[군] 1 로켓 추진으로 아주 먼 거리로 날아가 목표물을 파괴하는 무기. ¶~을 발사하다. 2 =유도탄(誘導彈). ¶지대공 ~.
미삼(尾蔘) 團 인삼의 잔뿌리.
미:상[1](未詳) 團 아직 확실하거나 분명하지 않지 못하는 상태에 있는 것. ¶신원 ~의 인물 / 작자와 연대가 ~인 작품. 미:상-하다 屬(여)
미상[2](米商) 團 쌀을 사고파는 장사. 또는, 쌀 장사를 하는 사람.
미:상불(未嘗不) 團 '아닌 게 아니라'를 한문투로 이르는 말. =미상비. ¶아무도 돌보지 않던 황무지를 기름진 옥토로 바꿔 놓았으니 ~ 놀라운 일이 아닐 수 없다.
미:-상환(未償還) 團 아직 상환하지 않음. 미:상환-하다 屬(타)(여) 미:상환-되다 屬(자)
미색(米色) 團 겉껍질만 벗겨 낸 쌀의 빛깔과 같은 약간 노르께한 빛깔.
미:색[2](美色) 團 1 아름다운 빛깔. 2 여자의 아름다운 얼굴. 또는, 아름다운 여자. ¶~에 빠지다.
미-생물(微生物) 團[생] 육안으로는 관찰할 수 없는, 아주 작은 생물. 보통, 세균·효모·원생동물 등을 가리킴.
미선(尾扇) 團 1 대오리의 한끝을 가늘게 쪼개어 둥글게 펴고 실로 엮어서 앞뒤를 종이로 바른 둥그스름한 부채. 2 [역] 대궐에서 정재(呈才)를 할 때에 쓰는 의장의 하나.
미선-나무 團[식] 물푸레나뭇과의 낙엽 활엽 관목. 산기슭 양지에 자라며, 봄에 흰색 또는 담홍색 꽃이 잎보다 먼저 핌. 우리나라 특산종으로, 식물학상 또는 관상용으로 매우 귀중함.
미:성(美聲) 團 아름다운 목소리. 凹미음(美音).
미:-성년(未成年) 團 아직 성년이 되지 못한 나이. 또는, 그 나이의 사람. 민법상 만 20세 미만을 가리킴. 다만, 민법에서는 미성년이라 하더라도 혼인을 했을 때에는 성년으로 취급함. =미정년. ▷성년. ▷연소자.
미:성년-자(未成年者) 團 아직 성년이 되지 못한 사람. 민법상 만 20세 미만의 사람을 가리킴. ¶~ 관람 불가.
미:-성숙(未成熟) 團 아직 성숙하지 못한 상태에 있음. 미성숙-하다 屬(여) ¶몸도 마음도 미성숙한 어린아이들.
미세(微細) →미세-하다 屬(여) 분간하기 어려울 만큼 매우 작다. ¶미세한 입자 / 미세한 차이.
미세기[1] 團 밀물과 썰물.
미세기[2](-建) 團 두 짝을 한편으로 밀어 겹쳐 여닫는 문이나 창.
미세스 團 '미시즈(Mrs.)'의 잘못.
미세-화(微細畫) 團[미] =미니아튀르.
미셀러니(miscellany) 團[문] =경수필(輕隨筆).
미션^스쿨(mission school) 團 기독교 단체에서 교육과 전도 사업을 목적으로 운영하는 학교.
미:소(美蘇) 團 미국과 소련. ¶~ 양국의 군축 회담.
미:소[2](媚笑) 團 아양을 떨며 곱게 웃는 웃음. 또는, 아첨하는 웃음. 미소-하다[1] 屬(자)(여)
미:소[3](微小) 團 (일부 명사 앞에 쓰이어) 썩 작은 것. 미소-하다[2] 屬(여) ¶미소한 과오.
미:소[4](微笑) 團 소리를 내지 않고 빙긋이 웃는 것. 또는, 그 웃음. ¶모나리자의 ~ / ~를 짓다 / 입가에 ~를 띠다. 미소-하다[3] 屬(자)(여)
미:소[5](微少) →미소-하다[4] 屬(여) 아주 적다. ¶미소한 차이.
미:소^공^동^위원회(美蘇共同委員會) [-회/-웨] 團 1945년 12월의 모스크바 협정에 따라 한국의 신탁 통치와 완전 독립 문제를 토의하기 위하여, 1946년 1월에 미국과 소련의 대표가 서울에 조직한 위원회.
미:-소년(美少年) 團 용모가 아름다운 소년. ¶홍안(紅顔)의 ~.
미:-송환(未送還) 團 아직 돌려보내지 않음. 미:송환-하다 屬(타)(여) 미:송환-되다 屬(자)
미수[1] 團 설탕물이나 꿀물에 미숫가루를 탄 여름철 음료. ×미시.
미:수[2](未收) 團 1 돈이나 물건을 아직 다 거두어들이지 못함. =미봉. 2 '미수금'의 준

말. ¶~하다¹ 툉여 미;수-되다 툉자
미;수³(未遂) 圀 1어떤 일을 하려고 계획했다가 목적을 이루지 못한 일. 2[법] 범죄의 실행에 착수했으나 목적을 달성하지 못한 일. ¶살인 ~ / ~에 그치다. ↔기수. 미;수-하다² 툉타여
미수⁴(米壽) 圀 〔'米' 자를 '八十八'로 풀이하여〕 여든여덟 살을 이르는 말.
미수⁵(眉壽) 圀 '눈썹이 길게 자라도록 오래 사는 수명'이라는 뜻〕 남에게 오래 살기를 축원할 때 쓰는 말. ¶부디 ~를 누리십시오.
미;수-금(未收金) 圀 아직 거두어들이지 못한 돈. ⑥미수.
미;수-범(未遂犯) 圀[법] 범죄 행위를 시도하였으나 목적대로 이루지 못하였거나 결과가 발생하지 않은 범ром. 또는, 그 범인.
미수-연(米壽宴) 圀 여든여덟 살 되는 해에 베푸는 잔치.
미;수-죄(未遂罪) [-쬐/-쮀] 圀[법] 범죄 행위를 시도하였다가 목적대로 이루지 못했을 때에 성립되는 죄.
미숙(未熟) → 미;숙-하다[-수카-] 혱여 일에 아직 익숙하지 못하여 서투르다. ↔미련(未練)하다. ¶운전이 미숙한 자가운전자.
미;숙련-공(未熟練工) [-숭년-] 圀 아직 일에 익숙하지 못한 직공.
미;숙-아(未熟兒) 圀 달을 다 채우지 못하고 태어난 아이 가운데, 특히 몸무게가 2.5kg 이하인 아이. 젖을 빠는 힘이 약하고, 감염에 대한 저항력도 약하여 사망률이 높음.
미;술(美術) 圀 아름다움을 조형적(造形的)으로 표현하는 예술. 곧, 공간적·시각적 미를 나타내는 그림·조각·건축·공예 등을 말함. ¶응용 ~.
미;술-가(美術家) 圀 미술품을 전문적으로 창작하는 사람.
미;술^감독(美術監督) 圀 1영화·연극 등에서, 의상·무대 장치·소도구·조명 등을 지도하는 사람. 2광고 제작에서, 디자인·카피 등을 종합적으로 기획·결정하여 제작하는 사람.
미;술-계(美術界) [-계/-게] 圀 미술가들의 사회.
미;술-관(美術館) 圀[미] 그림·조각 등의 미술품을 진열하여, 일반에게 관람시키기 위한 시설.
미;술^대학(美術大學) 圀 미술에 대한 전문적인 이론과 기술을 교수·연구하는 대학. ⑥미대.
미;술-사(美術史) [-싸] 圀 미술의 변천과 발달 과정에 관한 역사. 또는, 그것을 연구하는 학문.
미;술-품(美術品) 圀 회화·조각·공예 등 미술의 작품.
미숫-가루[-수까-/-숟까-] 圀 찹쌀·멥쌀·보리쌀 따위를 쪄거나 볶아서 가루로 만든 식품. ¶~를 물에 타서 마시다. ✕미싯가루.
미스¹(Miss) 圀 1미혼 여성을 호칭 또는 지칭할 때 성(姓) 앞에 붙이는 말. 참고직장에서 직함이 없는 여성에게 윗사람이나 동료가 '미스 ○' 하고 부르는 경우가 있으나, 표준 화법에서는 그런 호칭 대신에 '○○○(○○) 씨, ○○○ 선생(님) ○○언니, ○○○ 여사' 등을 사용하도록 권하고 있음. 2미혼의 여자. ¶그 여자는 서른이 넘도록 아직 ~다. 3〔지역을 나타내는 일부 명사 앞에 쓰여〕 그 지역의 대표적인 미인을 나타내는 말. ¶~ 코리아 / ~ 유니버스.
미스²(miss) 圀 실책이나 오류. ¶패스 ~ / 서브 ~ / 교정 ~ / ~를 범하다.
미스터(mister, Mr.) 圀 남성을 호칭 또는 지칭할 때 성(姓) 앞에 붙이는 말. 참고직장에서 직함이 없는 남성에게 윗사람이나 동료가 '미스터 ○' 하고 부르는 경우가 있으나, 표준 화법에서는 그런 호칭 대신에 '○○○(○○) 씨, ○○○ 선생(님), ○ 형' 등을 사용하도록 권하고 있음.
미스터리(mystery) 圀 설명하거나 이해할 수 없는 이상한 일.
미스테리오소(@misterioso) 圀[음] 악곡의 표현 방법을 나타내는 말로, '신비스럽게'의 뜻.
미스-프린트(misprint) 圀 인쇄물에서, 실수로 인하여 오자가 난 것.
미;시¹(未時) 圀 1십이시의 여덟째 시. 곧, 오후 1시부터 3시까지의 동안. 2이십사시의 열다섯째 시. 오후 1시 반부터 2시 반까지의 동안. ⑥미(未).
미시² '미수'의 잘못.
미;시-감(未視感) 圀[심] 기억 오류의 하나. 지금 보고 있는 것은 모두가 처음 보는 것으로 느끼는 의식. ↔기시감(旣視感).
미시^경제학(微視經濟學) 圀[경] 근대 경제학 체계의 하나. 시장에서의 가격 분석을 통해서 개개의 가계(家計)나 기업의 경제 동태의 규칙성과 특징을 밝히려고 하는 것. =마이크로 경제학. ↔거시 경제학.
미시-적(微視的) 괜 1사람의 눈으로는 식별할 수 없을 만큼 몹시 작은 (것). ¶~ 관찰. 2사물이나 현상을 전체적인 면에서가 아니라 개별적으로 포착하여 분석하려는 (태도나 방법). ¶~ 관점 / ~ 분석. ↔거시적(巨視的).
미시적 세계(微視的世界) [-계/-게] 맨눈으로는 볼 수 없고 현미경으로만 볼 수 있는 미세한 세계. ↔거시적 세계.
미시-족(missy族) 圀 〔'missy'의 본뜻은 '아가씨', '처녀'〕 외모나 옷차림이 처녀처럼 젊고 세련된 기혼 여성. 최근에 생긴 신조어임.
미시즈(Mrs.) 圀 결혼한 여자의 성(姓) 앞에 붙여 부르는 호칭.
미;식¹(美式) 圀 미국식. ¶~ 영어 / ~ 발음.
미;식²(美食) 圀 좋은 음식을 먹는 것. 또는, 좋은 음식. 미;식-하다 툉타여
미;식-가(美食家) [-까] 圀 음식에 대하여 특별한 기호(嗜好)를 가진 사람.
미;식-축구(美式蹴球) [-꾸] 圀[체] 한 팀이 11명으로 구성된, 럭비와 축구를 결합한 경기. 공을 상대편 엔드 존에 터치다운을 하거나 킥으로 크로스바를 넘김으로써 득점함. =아메리칸 풋볼.
미;신(迷信) 圀 1어리석고 맹목적인 믿음이나 신앙. 2특히, 무속 신앙을 비롯한 민간 신앙을 얕잡아 이르는 말. ¶~을 타파하다.
미;신-숭배(迷信崇拜)
미;심(未審) → 미;심-하다 혱여 확실하지 않아 마음을 놓을 수 없다. ¶아무래도 미심한 데가 있다. 미;심-히 튀
미;심-스럽다(未審-) [-따] 혱ㅂ〈-스러우니, -스러워〉 확실하지 않아 마음을 놓을 수 없는 데가 있다. ¶공부를 하다가 조금이라도 미심스러운 데가 있으면 물어보아라.
미;심-쩍다(未審-) [-따] 혱 일이 분명하지

못하여 마음에 거리끼는 상태에 있다. ¶**미심쩍은** 얼굴을 하다.

미싯-가루 몡 '미숫가루'의 잘못.

미싱(←ⓙミシン) 몡 〔<machine〕 =재봉틀.

미아(迷兒) 몡 제 집을 찾아가는 길을 잃은 어린아이. 또는, 넓거나 혼잡한 곳에서 부모나 보호자가 어디에 있는지 찾지 못하게 된 어린아이.

미ː안(美顔) 몡 1 아름다운 얼굴. 2 얼굴을 아름답게 하는 것. ¶~수(水) / ~술(術).

미안²(未安) ➡**미안-하다** 혱여 1 남에게 대하여 부끄럽고 겸연쩍은 마음이 있다. ¶일부러 초대해 주셨는데 응하지 못해 정말 **미안합니다**. 2 ('미안하지만', '미안하오만' 등의 꼴로 쓰여) 겸손히 양해를 구하는 뜻을 나타내는 말. ¶**미안하지만**, 물 한 잔 주시겠습니까? **미안-히** 뷔

미안-스럽다(未安-) [-따] 혱ㅂ <-스러우니, -스러워> 미안한 감이 있다. **미안스레** 뷔 ¶조금도 ~ 여기지 마시고 필요한 것이 있으면 말씀하십시오.

미안-쩍다(未安-) [-따] 혱 미안하여 대할 낯이 없다. ¶공연히 헛걸음을 시켜 ~.

미약¹(媚藥) 몡 1 성욕을 일으키는 약. =음약(淫藥). 2 상대에게 연정을 불러일으키게 한다는 약.

미약²(微弱) ➡**미약-하다** -야카- 혱여 미미하고 약하다. ¶활동이 ~ / **미약하나마** 나도 돕겠다.

미얀마(Myanmar) 몡시 동남아시아 인도차이나 반도 서쪽의 연방 공화국. 수도는 양곤.

미어-뜨리다 / -트리다 [-어-/-여-] 동타 (팽팽한 가죽이나 종이를) 세게 건드려 구멍을 내다. ¶손가락으로 문창호지를 ~.

미어-지다 [-어-/-여-] 동자 1 (팽팽한 가죽이나 종이 따위가) 해어져서 구멍이 생기다. ¶…적삼은 남아서 군데군데 **미어졌고…**〈홍명희:임꺽정〉 2 (공간이) 꽉 차 어떤 대상이 속으로 더 들어갈 수 없는 상태가 되다. ¶서울역이 **미어지게** 많은 귀성객이 몰리다. 3 가슴이 미어지다 ➡가슴.

미어-터지다 [-어-/-여-] 동자 (공간이) 꽉 차 터질 듯한 상태가 되다. 비미어지다. ¶여름 휴가철을 맞아 휴양지의 방마다 피서객들로 ~.

미역¹ 냇물이나 강물 등에 들어가 몸을 씻거나 노는 일. 준멱. **미역(을) 감다** 귀 냇물·강물 등에 들어가 몸을 씻거나 놀다.

미역² 몡식 갈조류 미역과의 한해살이 바닷말. 해안의 바위에 붙어서 자라며, 암갈색을 띰. 칼슘 성분이 많아 산후에 국으로 끓여 먹음. 세는 단위는 낱·장·뭇(10장)·춤·꼭지. =감곽(甘藿). 준멱.

미역-국 [-꾹] 몡 미역을 넣어 끓인 국. 준멱국.

미역국(을) 먹다 귀 1 미역이 미끈미끈한 데서, 시험에 떨어지는 것을 속되이 이르는 말. ¶일류대를 지망했다가 **미역국을 먹었다**. 2 직위에서 떨려 나는 것을 속되게 이르는 말.

미역-귀 [-뀌] 몡 미역의 대가리.

미ː연(未然) 몡 아직 그렇게 되지 않음. ¶사고를 ~에 방지하다.

미열(微熱) 몡 그다지 높지 않은 신열. ¶몸살이 오려는지 으슬으슬 춥고 ~이 난다.

미오글로빈(myoglobin) 몡생 철을 함유하는 혈색소. 헤모글로빈과 비슷한 적색의 세포 단백질로 근육 내에 많으며, 산소를 저장하는 역할을 함.

미오신(myosin) 몡화 근단백질(筋蛋白質)의 주요 성분. 근육의 수축과 이완에 중요한 역할을 함.

미온(微溫) 몡 미지근한 것. 비미온. **-하다** 혱여

미온-적(微溫的) 관몡 태도가 분명하지 않거나 소극적인 (것). ¶우리 측 제안이 탐탁하지 않았는지 그쪽 반응은 매우 ~이다.

미ː완(未完) 몡 미완성. 비**미완-하다** 동태여 **미ː완-되다** 동자

미ː-완성(未完成) 몡 아직 완성하지 못함. =미완. ¶~ 작품. **미ː완성-하다** 동태여 **미ː완성-되다** 동자

미ː용(美容) 몡 용모를 아름답게 매만지는 일. ¶~술(術) / 피부 ~.

미ː용-사(美容師) 몡 미용술을 베푸는 것을 직업으로 하는 사람.

미ː용-식(美容食) 몡 아름다워지게 하려는 목적으로 만든 식사나 식품. 저칼로리 식품·강화식품 따위.

미ː용-실(美容室) 몡 =미장원.

미ː용-원(美容院) 몡 =미장원.

미ː용-체조(美容體操) 몡체 몸의 균형을 바로잡고 몸매를 아름답게 하기 위하여 하는 체조.

미우(眉宇) 몡 이마와 눈썹 언저리.

미욱-스럽다 [-쓰-따] 혱ㅂ <-스러우니, -스러워> 미욱한 데가 있다. 짝매욱스럽다. **미욱스레** 뷔

미욱-하다 [-우카-] 혱여 (됨됨이가) 어리석고 미련하다. ¶**미욱하기가** 곰 같다. 짝매욱하다.

미움 몡 미워하는 일. 또는, 그러한 마음. ¶~을 받다 / ~을 사다.

미워-하다 동태여 밉게 여기다. ¶동생을 ~.

미음¹ 〔언〕 한글 자음 'ㅁ'의 이름(2117쪽 '한글 자모' 참고).

미음²(米飮) 몡 입쌀이나 좁쌀을 푹 끓여 체에 걸러 낸 걸쭉한 음식. 흔히, 환자나 어린아이들이 먹음. ¶~을 쑤다. 준밈.

미ː음³(美音) 몡 아름다운 음성. 비미성(美聲).

미음자-집 / ㅁ자집(-字-) [-짜-] 몡건 'ㅁ'자 모양으로 만든 집.

미ː-의식(美意識) 몡 미(美)에 관한 의식. 일반적으로 미에 대한 개인의 판단 기준을 이르는 말.

미-이다 동자 '미다'의 피동사.

미이라 몡 '미라(mirra)'의 잘못.

미익(尾翼) 몡 =꼬리 날개.

미인¹(美人) 몡 미국 사람. =미국인.

미ː인²(美人) 몡 용모가 아름다운 여자. 비미녀·미희. ¶~ 선발 대회 / 빼어난 ~.

미ː인-계(美人計) [-게/-게] 몡 미인을 이용하여 남을 꾀는 계략. ¶~를 쓰다 / ~에 걸려들다.

미ː인-도(美人圖) 몡 미인을 주제로 한 그림. =미인화(美人畵). ¶신윤복(申潤福)의 ~.

미ː인-박명(美人薄命) [-냉-] 몡 미인은 흔히 불행하거나 병약하여 요절(夭折)하는 일이 많다는 말.

미일(美日) 몡 미국과 일본.

미작(米作) 몡농 =벼농사.

미:장¹(美匠)〖명〗건축에서, 벽·천장 등에 흙·회·시멘트 따위를 바르는 일.

미:장²(美匠)〖명〗물건이 아름답게 보이도록 모양이나 빛깔을 특수하게 하는 고안. ▷의장(意匠).

미:장³(美裝)〖명〗아름답게 꾸미고 차리는 것. ¶~공사. 미:장-하다〖동〗〖타〗 ¶천연석 모자이크로 미장한 빌딩.

미장-공(―工)〖명〗=미장이.

미:장-원(美粧院)〖명〗파마·커트·화장 그 외의 미용술을 베풀고, 주로 여성의 용모를 아름답게 정돈하는 일을 영업으로 하는 시설. =미용실·미용원.

미장-이〖명〗건축 공사에서, 벽이나 천장, 바닥 등에 흙이나 회반죽을 바르는 일을 직업으로 하는 사람. =미장공·토공(土工). ×미쟁이.

미쟁이〖명〗'미장이'의 잘못.

미:-적(美的)[-쩍]〖관명〗사물의 아름다움에 관한 것. ¶~ 관념 / ~ 감각이 뛰어나다.

미적-거리다/-대다[-꺼(때)―]〖동〗〖자〗 1 (무거운 것을) 조금씩 앞으로 내밀다. 2 (어떤 일을) 제때에 바로 하지 않고 자꾸 시간을 끌거나 미루다. 〖비〗꾸물거리다·미루적거리다. ¶해야 할 일이 태산인데 미적거리고만 있다.

미적-미적[-쩍―]〖부〗미적거리는 모양. 미적미적-하다〖동〗〖자〗〖타〗〖여〗

미-적분(微積分)[-쁜]〖명〗〖수〗미분과 적분.

미적분-학(微積分學)[-뿐―]〖명〗〖수〗미분학과 적분학의 총칭.

미적지근-하다[-찌―]〖형〗〖여〗 1 (액체나 고체가) 온기가 있는 듯 없는 듯하다. ¶숭늉이 ~. 〖작〗매작지근하다. 2 (사람의 행동이나 태도가) 결정이나 판단을 시원스레 또는 분명하게 나타내지 못하는 상태에 있다. ¶처사는 하는 일이 노상 ~. 미적지근-히〖부〗

미:전(美展)〖명〗'미술 전람회'를 줄여 이르는 말.

미점(米點)〖명〗〖미〗동양화에서, 수목이나 산수 등을 그릴 때 가로로 찍는 작은 점. ▷미법 산수.

미:점²(美點)[-쩜]〖명〗 1 성품·언행 등에서 칭찬할 만한 아름다운 점. 2 내세울 만한 좋은 점. 〖비〗장점(長點).

미:정(未定)〖명〗아직 결정하지 못함. ¶행선지는 ~이다. ↔기정. 미:정-하다〖동〗〖타〗〖여〗 미:정-되다〖동〗〖자〗

미:제¹(未濟)〖명〗일의 처리가 아직 끝나지 않음.

미제²(美製)〖명〗어떤 상품이 미국에서 만든 것임. 또는, 그 상품. ¶~ 초콜릿.

미:조(美爪)〖명〗손톱을 아름답게 다듬는 일. 또는, 그 손톱. ¶~술(術).

미주¹(美洲)〖명〗〖지〗=아메리카 주(洲).

미주²(美酒)〖명〗맛이 좋은 술.

미주^신경(迷走神經)〖명〗〖생〗 연수(延髓)에서 나오는 열 번째의 뇌신경.

미주알〖명〗똥구멍에 이르는 창자의 끝 부분.

미주알-고주알〖부〗사소한 것까지 속속들이 캐묻는 모양. ¶~ 캐묻지 마라.

미즈(Ms)〖명〗여성의 성(姓) 앞에 붙이는 경칭. 기혼·미혼을 가리지 않는다.

미:-증유(未曾有)〖명〗아직까지 한 번도 있어 본 적이 없음. ¶~의 사건. 미:증유-하다〖형〗〖여〗

미:지(未知)〖명〗아직 알지 못함. ¶~의 세계. 미:지-하다〖형〗〖여〗

미지근-하다〖형〗〖여〗 1 (액체나 고체가) 약간의 온기가 있을 뿐 따뜻하거나 덥지 않은 상태에 있다. 또는, 약간의 온기가 있어 차갑거나 시원하지 않은 상태에 있다. ¶커피가 ~ / 아랫목이 ~. 〖작〗매지근하다. 2 (사람의 행동이나 태도가) 이것인지 저것인지, 또는 할 것인지 말 것인지 등에 대해 분명하게 나타내지 못하는 상태에 있다. ¶미지근한 태도. 미지근-히〖부〗

미:-지급(未支給)〖명〗아직 지급하지 않음. 미:지급-하다〖동〗〖타〗〖여〗 미:지급-되다〖동〗〖자〗

미:지-수(未知數)〖명〗 1 〖수〗방정식에서 구하려고 하는 수. 또는, 그것을 나타내는 글자. ↔기지수. 2 어떻게 될지 아직 알지 못하는 일. ¶어느 팀이 우승할지 지금으로서는 ~이다.

미:지칭^대:명사(未知稱代名詞)〖명〗〖언〗정체를 모르는 사람이나 대상을 가리키는 인칭 대명사와 지시 대명사. '누구', '무엇' 따위. =미지칭. ▷부정칭 대명사.

미진¹(微塵)〖명〗 1 아주 작은 티끌. 2 작고 변변하지 못한 물건.

미진²(微震)〖명〗〖지〗진도(震度) 1의 아주 약한 지진. 가만히 있는 사람이나 민감한 사람만이 느낄 수 있을 정도의 것임.

미:진³(未盡) →미:진-하다〖형〗〖여〗아직 다하지 못하다. ¶미진했던 공부를 보충하다.

미진-계(微震計)[-게/-게]〖명〗〖지〗미진을 기록하는 지진계.

미:착(未着)〖명〗아직 도착하지 않음. 미:착-하다〖동〗〖자〗〖여〗 미:착-되다〖동〗〖자〗

미처〖부〗아직 거기까지 미치도록. ¶거기까지 ~ 생각하지 못했다. / 이렇게 사무치게 그리울 줄도 '예전엔 ~ 몰랐어요.'〈김소월: 예전에미처 몰랐어요〉

미천(微賤)**-하다**〖형〗〖여〗(신분·지위 등이) 미미하고 천하다. ¶미천한 신분.

미추¹(尾椎)〖명〗〖생〗척추의 맨 아래쪽, 꼬리 또는 꼬리가 퇴화한 부분에 있는 추골. 사람의 경우에는 3∼5개로 구성됨. =미저골·미추골·꽁무니뼈.

미:추²(美醜)〖명〗아름다움과 추함.

미추-골(尾椎骨)〖명〗〖생〗=미추¹.

미취(微醉)〖명〗술이 조금 취하는 것. 미취-하다〖동〗〖자〗〖여〗

미:-취학(未就學)〖명〗아직 학교에 들어가지 못함. ¶~ 아동. 미:취학-하다〖동〗〖자〗〖여〗

미치광-이〖명〗 1 정신에 이상이 생긴 사람. 〖비〗광인(狂人). 2 비정상적인 행동을 하는 사람을 속으로 이르는 말. 〖작〗매치광이.

미치다¹〖동〗〖자〗 1 (사람의) 정신에 이상이 생겨 말과 행동이 보통 사람과 다르게 되다. 〖비〗돌다·실성하다. ¶그 여자는 실연의 충격으로 끝내 미치고 말았다. 2 (사람의 행동이) 일반적 상식이나 도리를 크게 벗어나다. 못마땅히 여기거나 욕하여 이르는 말임. ¶한밤중에 혼자서 저 험한 산을 넘겠단 말이냐? 미쳤군, 미쳤어. 〖비〗미치다. 3 (어떤 일에) 생활의 전부로 여길 만큼 열중하다. 〖비〗빠지다·몰두하다. ¶도박에 ~ / 여자에 ~. 4 (사람이) 어떤 일이 제대로 또는 뜻대로 이루어지지 않아 도저히 참을 수 없는 심리 상태가 되다. ¶요즘 도무지 공부가 안 돼 미치겠다.
[미친 체하고 떡판에 엎드러진다] 사리를 잘 알면서도 모르는 체하고 욕심을 부린다.

미치다[2] [동] [1][자] **1** (뻗은 손이나 물체가 어느 곳에) 가 닿게 되다. ¶선반이 높아 손이 **미치지** 않는다. **2** (기운이나 힘 또는 생각 등이) 일정한 곳이나 수준이나 사실에 이르다. ¶생각이 거기까지 **미치지** 못했다. **3** (영향이나 작용이) 대상에 가해지다. ¶판매에 영향이 ~. [2][타] (영향이나 작용을) 대상에 가하다. ¶고구려·백제·신라는 일본 고대 문화에 많은 영향을 **미쳤다**. [준]밋다.

미친-개 [명] **1** 광견병으로 인해 사나워져서 사람을 마구 무는 개. =광견(狂犬). **2** 하는 짓이 아주 못된 사람을 욕하여 이르는 말. ¶술만 마시면 ~다.

미친-것[-걷] [명] '미치광이'를 속되게 이르는 말.

미친-년 [명] **1** 정신이 이상한 여자를 욕하는 말. **2** 실없거나 도리에 벗어난 짓을 하는 여자를 욕하는 말.

[**미친년 널 뛰듯**] 멋도 모르고 미친 듯이 행동함을 이르는 말.

미친-놈 [명] **1** 정신이 이상한 남자를 욕하는 말. **2** 실없거나 도리에 벗어난 짓을 하는 남자를 욕하는 말.

미ː칭(美稱) [명] 아름답게 일컫는 말. ¶'삼천리금수강산'은 우리나라의 ~이다.

미케네^문명(Mycenae文明) [명][역] 에게 문명 후반기의 청동기 문명. 기원전 1600년부터 기원전 1200년까지 그리스의 미케네를 중심으로 발달함.

미크로네시아(Micronesia) [명][지] 필리핀 동쪽 서태평양에 있는 연방 공화국. 1986년 독립함. 수도는 팔리키르.

미크론(micron) [명][의존] 미터법의 길이의 단위. 1미크론은 1/1000mm인데, 1967년에 국제 도량형 총회에서 폐지되었음. 기호는 μ. ▷마이크로미터.

미ː타(未妥) ➜**미ː타-하다** [형][여] 온당하지 않다. **미ː타-히** [부]

미태(媚態) [명] 아양을 부리는 태도.

미터(meter) [명][의존] 국제단위계에서, 길이의 기본 단위의 하나. 1킬로미터의 1/1000, 1센티미터의 100배임. 기호는 m.

미터-기(meter器) [명] **1** 전기·수도·가스 등의 소비량을 자동으로 표시하는 계기(計器). **2** 택시에 부착하여 운행 요금을 표시하는 계기. =택시미터.

미터-법(meter法) [명][물] 길이에 미터, 질량에 킬로그램, 부피에 리터를 기본 단위로 하고 십진법을 사용한 국제단위계.

미터-원기(meter原器) [명][물] 1m의 길이를 나타내는 옛 표준기. 국제 도량형국에 보관되어 있음.

미터-제(meter制) [명] 전기·수도·가스·택시 등에서 미터법에 따라 계산된 사용량이나 주행 거리 등에 의하여 정해진 요금을 무는 일.

미토콘드리아(mitochondria) [명][생] 동식물의 세포질 속에 존재하며, 주로 호흡에 관여하는 막대기 또는 긴 타원체 모양의 작은 구조체.

미투리 [명] 삼·노 따위로 짚신처럼 삼은 신. 흔히, 날이 여섯 개로 되어 있음.

미트(mitt) [명][체] 야구에서, 포수·일루수가 끼는, 엄지손가락만 떨어져 있는 글러브.

미팅(meeting) [명] **1** 서로 알지 못하는 두 쌍 이상의 남녀 학생이나 젊은이들이 이성 교제를 목적으로 미리 정한 시간과 장소에서 만나 대화를 나누는 일. 또는, 그 모임. **2** 비교적 소수의 사람들이 회합을 가지는 일. 또는, 그 회합.

미ː풍[1](美風) [명] **1** 아름다운 풍속. =미속(美俗). **2** 아름다운 기풍. ↔악풍(惡風).

미풍[2](微風) [명] 솔솔 부는 바람. [비]실바람.

미ː풍-양속(美風良俗)[-냥-] [명] 아름답고 좋은 풍속. =양풍미속. ¶~을 해치다.

미ː필(未畢) [명] 아직 끝내지 못함. **미ː필-하다** [동][타][여] ¶병역을 **미필한** 재학생. **미ː필-되다** [동][자] ¶준공 검사가 **미필된** 건축물.

미ː필적 고ː의(未必的故意)[-쩍-의/-쩍-이][법] 행위자가 범죄 사실의 발생을 적극적으로 의도하지는 않았지만, 자기의 행위가 어떤 범죄 결과의 발생 가능성이 있음을 알면서도 그 행위를 할 때의 의식. 예를 들어, 어떤 사람이 차를 몰고 군중 속으로 질주했다면, 특정인을 죽여야겠다는 의식은 없었지만 그 행위로 누군가가 죽을 수도 있다는 것을 충분히 예상할 수 있으므로, 그의 행위에는 미필적 고의가 있다고 할 수 있음.

미ː학(美學) [명][철] 자연·예술 등의 미(美)의 본질과 구조를 경험적 또는 형이상학적으로 연구하는 학문. =심미학(審美學).

미ː학-적(美學的)[-쩍] [관][명] 미학을 기초로 한 (것).

미-합중국(美合衆國)[-쭝-] [명][지] =미국(美國).

미ː-해결(未解決) [명] 아직 해결되지 못함. ¶도시 빈민층의 주거 환경 문제는 ~인 상태로 남아 있다. **미ː해결-하다** [동][타][여] **미ː해결-되다** [동][자] ¶**미해결된** 과제.

미행[1](尾行) [명] 감시·증거 포착 등을 위하여 몰래 뒤를 밟는 것. **미행-하다**[1] [동][타][여] ¶경찰이 범인을 ~.

미ː행[2](美行) [명] 아름다운 행동.

미행[3](微行) [명] '미복잠행'의 준말. **미행-하다**[2] [동][자][타][여]

미ː협(未協) ➜**미ː협-하다**[-혀파-] [형][여] (뜻이) 서로 맞지 않다.

미혹(迷惑) [명] **1** 무엇에 홀려서 정신을 차리지 못하는 것. **2** 정신이 헷갈려서 갈팡질팡하는 것. **미혹-하다** [동][자][여] **미혹-되다** [동][자] ¶재물에 ~ / 여색에 ~.

미ː혼(未婚) [명] 아직 결혼하지 않은 상태가 되는 것. ¶~ 여성. ↔기혼.

미ː혼-모(未婚母) [명] 결혼을 하지 않은 몸으로 아이를 낳은 여자. ¶성이 자유화되면서 ~가 늘어나 큰 사회 문제가 되고 있다.

미ː혼-자(未婚者) [명] 아직 결혼하지 않은 사람. ↔기혼자.

미ː화[1](美化) [명] **1** 아름답게 하는 일. ¶환경 ~ / 도시 ~. **2** 아름다운 것인 양 꾸미거나 실제 이상으로 아름답게 표현하는 것. **미ː화-하다** [동][타][여] ¶추악한 현실을 ~. **미ː화-되다** [동][자]

미화[2](美貨) [명] 미국의 화폐. ¶~ 100달러.

미ː화-법(美化法)[-뻡] [명][문] 수사법의 하나. 대상을 미화하거나 완곡하게 표현하는 방법. '변소'를 '화장실', '도둑'을 '양상군자'라 하는 따위.

미ː화-원(美化員) [명] '환경미화원'의 준말.

미ː-확인(未確認) [명] 아직 확인되지 않음. ¶~ 보도. **미ː확인-하다** [동][타][여] **미ː확인-되다** [동][자] ¶**미확인된** 사실.

미ː확인^비행^물체(未確認飛行物體) [명] 외계인이 타고 다니는 것으로 막연히 추측되고 있으나, 과학적으로 아직 정체가 밝혀지지 않은 비행 물체. 매우 빠른 속도로 날면서 고도와 방향을 자유자재로 바꾼다고 알려져 있으며, 접시형·반구형·돔형·구형 등 다양한 형태의 것이 목격되고 있음. =유에프오(UFO). ▷비행접시.
미황-색(微黃色) 몡 노르께한 빛깔.
미:흡(未洽) →**미:흡-하다**[-흐파-] 혱 아직 흡족하지 못하다. =미만하다. ¶성적이 전반적으로 좋아졌지만 수학이 다소 ~.
미:희(美姬) [-히] 젊고 아름다운 여자. 특히, 술집이나 향락적인 술자리에서 접대를 하거나, 쇼 무대 등에서 춤을 추거나 하는 여자를 가리킴. 비미녀. ¶~들이 펼치는 호화 쇼.
믹서(mixer) 몡 1 시멘트·자갈·모래 등을 혼합하여 섞는 콘크리트 제조용 기계. 2 과실·곡식 등을 이겨 즙 또는 가루를 내는 기계. ¶사과를 ~에 넣고 갈다. 3 방송국·음악 녹음 스튜디오 등에서 신호를 혼합·조절하는 장치. 또는, 그 일을 하는 사람.
믹스(mix) 몡 [뒤섞는다는 뜻] 1 [음] 레코드나 녹음테이프를 만드는 과정에서, 녹음된 트랙을 효과적으로 조합하고 음의 균형을 조정하는 것. =믹싱. 2 '혼합'으로 순화. **믹스-하다** 톰[타]어 ¶복고풍과 첨단을 믹스한 패션.
믹싱(mixing) 몡 [음] =믹스1.
민-¹ 젭두 1 '꾸밈새나 덧붙어 딸린 것이 없음'의 뜻을 나타내는 말. ¶머리 / ~패. 2 '닳아서 모지라짐', '우툴두툴하던 것이 평평하게 됨'의 뜻을 나타내는 말. ¶~날.
민² (民) 때[인칭][역] 자기 조상 무덤이 있는 곳의 백성이 그 고을의 원에 대하여 자신을 일컫는 말. =화민(化民).
-민³ (民) 젭미 '사람', '국민', '백성'의 뜻을 나타내는 말. ¶수재~ / 실향~(失鄕~).
민가(民家) 몡 일반 국민의 집. =민호(民戶). 비여염집. ↔관가(官家).
민간(民間) 몡 관청 또는 정부 기관에 속하지 않은 서민의 사회. 비속간. ¶~단체.
민간-기(民間機) 몡 민간 소유의 항공기. ↔군용기. ▷여객기.
민간-방ː송(民間放送) 몡 =민영 방송.
민간-신ː앙(民間信仰) 몡 민간에서 발생하여 전승되어 온 민족 고유의 신앙.
민간-약(民間藥) [-냑] 몡 예로부터 민간에서 써 내려오는 약. 주로, 경험적인 효력에 의거한 약초 등을 가리킴.
민간-어ː원(民間語源) 몡[언] 학문적 검증을 거치지 않은 채 민간에 속설로 믿어지고 있는 어원. '행주치마'가 행주 대첩(幸州大捷)에서 유래되었다고 믿는 따위.
민간-요법(民間療法) [-뇨뻡] 몡 예로부터 민간에 전해 내려오는 치료법. 민간약·침술·뜸질 따위.
민간-인(民間人) 몡 관리나 군인이 아닌 보통 사람. 비일반인.
민감(敏感) →**민감-하다** 혱 (어떤 일에) 반응을 보이는 상태가 빠르고 또렷하다. ¶민감한 반응 / 유행에 ~. **민감-히** 튀
민경(民警) 몡 민간과 경찰.
민관(民官) 몡 민간과 관공(官公). ¶~ 일치.
민권(民權) [-꿘] 몡 국민의 신체·재산 등을 보존하는 권리. 또는, 국민이 정치에 참여하는 권리. ¶~ 신장. ↔관권(官權).
민권^운ː동(民權運動) [-꿘-] 몡[정] 국민의 자유와 권리의 신장을 꾀하는 정치 운동. ¶~가.
민권-주의(民權主義) [-꿘-의/-꿘-이] 몡 1 민권의 신장을 도모하는 주의. 2 [정] 중국의 쑨원(孫文)이 제창한 삼민주의의 하나. 참정권을 국민에 평등하게 주자는 사상.
민꽃-식물(-植物) [-꼳씽-] 몡[식] =은화식물.
민단(民團) 몡 '거류민단'의 준말.
민담(民譚) 몡[문] 예로부터 민간에 입을 통해 전해 내려오는, 흥미 위주의 허구적 이야기. =민간 설화.
민도(民度) 몡 국민의 경제력이나 문화 수준이나 의식 수준의 정도. ¶~가 낮다.
민-도리(民-) 몡[건] '납도리'의 잘못.
민둥민둥-하다 혱 나무가 없어 산이 번번하다. 좍맨둥맨둥하다. **민둥민둥-히** 튀
민둥-산(-山) 몡 나무가 없어 민둥민둥한 산. =벌거숭이산. 비독산(禿山).
민들레 몡[식] 국화과의 여러해살이풀. 원줄기가 없고 잎이 뭉쳐나며, 이른 봄에 노란 꽃이 핌. 씨는 흰 갓털이 있어 바람에 날려 멀리 퍼짐. 뿌리는 약용함. =포공영(蒲公英).
민등뼈-동물(-動物) 몡[동] =무척추동물. ↔등뼈동물.
민란(民亂) [밀-] 몡 백성들이 일으킨 폭동이나 소요. =민요(民擾). ¶진주(晋州) ~.
민립(民立) [밀-] 몡 민간에서 세워서 운영함. ¶~ 대학. ▷관립.
민망¹(民望) 몡 백성의 신망.
민망²(憫惘) →**민망-하다** 혱 1 보아서는 안 될 남의 부끄러운 모습을 보게 되어 딱하고 거북한 상태에 있다. ¶선인은 수모를 당하고 있는 아버지의 초라한 모습을 보고 있기가 민망하였다. 2 자기의 부끄러운 모습을 차마 보이기 어려운 사람에게 보이게 되어 곤혹스럽고 거북한 상태에 있다. 비면구하다. ¶늘그막에 파렴치한으로 몰리게 되었으니 자식들을 보기가 ~. **민망-히** 튀
민망-스럽다(憫惘-) [-따] 혱ㅂ<-스러우니, -스러워> 민망한 감이 있다. 비면구스럽다. ×민주스럽다. **민망스레** 튀
민-머리 몡 1 비슬하지 못한 사람을 이르는 말. 비백두(白頭). 2 정수리까지 벗어진 대머리. 3 쪽 찌지 않은 머리.
민-며느리 몡 장차 며느리로 삼으려고 관례를 하기 전에 데려다 기르는 여자 아이.
민무늬-근(-筋) [-니-] 몡[생] 내장이나 혈관의 벽을 이루는, 가로무늬가 없는 근육. =무문근(無紋筋)·평활근. ↔가로무늬근.
민무늬^토기(-土器) [-니-] 몡[고고] 청동기 시대에 사용된 무늬 없는 토기. =무문토기.
민-물 몡 강이나 호수 등의 염분이 없는 물. =단물·담수(淡水). ↔바닷물.
민물-고기 [-꼬-] 몡 민물에서 사는 물고기. =단물고기·담수어(淡水魚). ↔바닷물고기.
민물-낚시 [-락씨] 몡 강·호수·늪 등 민물에서 물고기를 낚는 일. ↔바닷낚시.
민물-조개 [-조-] 몡 하천·늪·못 등의 민물에서 자라는 조개. ↔바닷물조개.
민박(民泊) 몡 숙박업소가 아닌 일반 가정에서 숙박하는 것. 또는, 그 집. **민박-하다** 통[자]어
민방(民放) 몡 '민영 방송'의 준말.
민방공^훈ː련(民防空訓鍊) [-홀-] 몡 적의

공습이나 화재 등 비상시를 대비하여 민간에서 행하는 훈련.
민-방위(民防衛) 명 적의 침공이나 재난 등으로부터 주민의 생명과 재산을 보호하기 위한 일체의 자위적인 활동. ¶~ 본부 / ~ 훈련.
민방위-대(民防衛隊) 명 민간 차원의 자위(自衛) 활동을 위하여 17세에서 50세까지의 남자 및 지원된 여자로 편성된 조직. 지역 민방위대와 직장 민방위대가 있음.
민법(民法) [-뻡] [법] 1 사권(私權)에 관한 법의 총칭. 2 상사법(商事法) 따위의 특별 사법(特別私法)을 제외한 보통 사법.
민병(民兵) 명 국가의 위급에 대처하기 위하여 민간인으로 조직된 군대. 또는, 그 병사. =민군. ▷관군.
민병-대(民兵隊) 명 민병으로 조직된 부대.
민본(民本) 명 국민을 위주로 함. ¶~ 정신.
민본-주의(民本主義) [-의/-이] 명 정치의 운용이 국민의 실질적 이익과 행복의 증진에 있어야 한다는 주의.
민사(民事) 명 [법] 사법상(私法上)의 법률 관계에 관련되는 사항. ¶~ 소송. ↔형사.
민사-법(民事法) [-뻡] [법] 민사에 관한 실체법과 절차법의 총칭. 상법·민법·민사 소송법 따위가 이에 해당함.
민사^사건(民事事件) [-껀] [법] 민사에 관한 소송 사건. ↔형사 사건.
민사^재판(民事裁判) 명 [법] 민사 사건을 다루는 재판. ↔형사 재판.
민생(民生) 명 1 생명을 가진 백성. 圓생민(生民). 2 일반 국민의 생활 또는 생계. ¶~ 문제 / ~이 도탄에 빠지다.
민생-고(民生苦) 명 일반 국민이 생활하는 데 겪는 괴로움. <속> 허기를 채우는 일. 5·16 이후 1960년대부터 쓰인 말임. ¶속이 출출한데 어디 가서 ~부터 해결하지.
민생-주의(民生主義) [-의/-이] 명 [정] 중국의 쑨원(孫文)이 주창한 삼민주의의 하나. 사회의 계급적 압박을 배제하고 국민의 생활을 풍족하게 하려는 사상.
민선(民選) 명 일반 국민이 뽑는 것. ¶~ 시장 / ~ 의원. ↔관선(官選). **민선-하다** 동 (타) 예
민선^의원(民選議員) 명 [정] 국민이 선거를 통하여 뽑은 의원.
민-소매 명 옷에 소매가 없는 상태. 또는, 그런 옷. ×소데나시.
민속¹(民俗) 명 민간 생활과 결부된 신앙·습관·풍속·기술·전승 문화 따위의 총칭. =민풍(民風).
민속²(敏速) →**민속-하다** [-소카-] [형](여)(행이나 일의 처리 등이) 날쌔고 빠르다. **민속-히** 위
민속-극(民俗劇) [-끅] [연] 민간에 전해 내려오는 전통적인 극. 가면극·인형극 따위.
민속-놀이(民俗-) [-송-] 명 민간에 전해 내려오는, 그 지방의 생활과 풍속을 반영한 놀이.
민속-무(民俗舞) [-송-] 명 민간에 전해지는, 그 지방의 생활과 풍속을 반영한 춤. = 민속 무용·민속춤.
민속^무^용(民俗舞踊) [-송-] 명 =민속무.
민속-악(民俗樂) [-송-] 명 [음] 민중들 사이에서 자연 발생적으로 형성된 음악. 또는, 직업적인 음악가에 의해 이뤄졌으나 민중들 사이에서 널리 향유되어 온 음악. ×민속 음악·속악.

민속^음악(民俗音樂) 명 [음] '민속악'의 잘못.
민속-촌(民俗村) 명 전통 민속을 보존·전시할 목적으로 민속자료가 될 만한 것을 모아 인위적으로 만든 마을.
민속-춤(民俗-) 명 =민속무.
민속-학(民俗學) [-소칵] 명 민간의 풍속이나 문화를 연구하는 학문.
민수(民需) 명 민간에서 필요한 것. ¶~품 / ~ 물자. ↔관수(官需).
민수-기(民數記) 명 [성] 구약 성서 중의 한 권.
민숭-민숭 위 1 털이 날 자리에 나지 않아 반반한 모양. 2 산에 나무나 풀이 없는 모양. 3 술을 마셔도 취하지 않고 정신이 멀쩡한 모양. 쬐맨숭맨숭. **민숭민숭-하다** 형(여) 1 사람아, 오늘같이 좋은 날 혼자서 **민숭민숭하고** 있다니. 가세, 내가 한잔 사겠네. /⋯저 멀리 둘러서 있는 **민숭민숭한** 구릉에도 나무라곤 하나 뵈지 않는 황량한 황토벌이었다. 《황순원: 일월》 **민숭민숭-히** 위
민습(民習) 명 민간의 풍속.
민시(民是) 명 국민이 지켜야 할 바른 길. ▷국시(國是).
민심(民心) 명 국민의 마음. =민정(民情). ¶~을 수습하다 / ~이 뒤숭숭하다.
[**민심은 천심**(天心)] 백성들의 마음을 저버릴 수는 없다는 말.
민어(民魚) 명 [동] 민어과의 바닷물고기. 몸길이 90cm 정도. 몸은 길고 납작하며 아래턱이 위턱보다 짧음. 등 쪽은 회청색, 배 쪽은 담색음. 맛이 좋음.
민업(民業) 명 민간인이 경영하는 사업. ↔관업(官業).
민영(民營) 명 기업·단체, 사업 등이 민간에서 운영하는 상태인 것. ¶~ 기업 / ~ 주택. ↔국영(國營).
민영^방:송(民營放送) 명 민간인의 자본으로 운영되는 방송. =민간 방송. 쥰민방. ↔국영 방송.
민영-화(民營化) 명 (기업·단체, 사업 등을) 민영의 상태가 되게 하는 것. **민영화-하다** 동 (타) 예 ¶국영 사업체를 ~. **민영화-되다** 동(자)
민예(民藝) 명 서민의 생활 속에서 생겨나고, 그 지방 특유의 풍토·풍물·정서·습관 등을 표현한 예술. ¶~품(品).
민완(敏腕) 명 어떤 사람이 일을 재치 있고 빠르게 처리하는 솜씨를 가지고 있는 상태. ¶~ 기자 / ~ 형사.
민완-가(敏腕家) 명 일을 재치 있고 빠르게 잘하는 사람.
민요¹(民窯) 명 [역] 조선 시대에 민간에서 사사로이 도자기를 굽던 가마. 또는, 거기서 만든 도자기. ↔관요(官窯).
민요²(民謠) 명 [문] [음] 민중들 사이에서 불리는 전통적인 노래의 총칭. 대개, 특정한 창작자가 없이 입에서 입으로 전해지며, 민중의 생활 감정을 소박하게 반영함.
민요-곡(民謠曲) 명 [음] 민요풍으로 작곡 또는 편곡된 가곡.
민요-조(民謠調) [-쪼] 명 민요풍의 가락. ¶~의 노래 / ~의 정형시.
민요-풍(民謠風) 명 민요의 가락을 띤 형식.
민원¹(民怨) 명 일반 백성이 품은 원망. ¶실정(失政)으로 ~을 사다.
민원²(民願) 명 주민이 행정 기관에 대하여

어떤 행정 처리를 요구하는 일. ¶~ 사항 / ~ 사무.
민원-서류(民願書類) 圀 주민이 민원 사항을 적어 해당 기관에 내는 서류.
민유(民有) 圀 국민 개인의 소유. ¶~치(地) / ~림(林). ▷사유·공유·국유.
민-음표(-音標) 圀[음] 온음표·2분 음표 등과 같이 붙지 않은 음표. =단순 음표. ↔부점음표·점음표.
민의(民意)[-의/-이] 圀 국민의 의사. ¶정책에 ~를 반영하다.
민-의원¹(民議院) 圀[법] 양원제 국회에서, 참의원과 함께 국회를 구성하는 한 원(院). '하원'에 해당함. ↔참의원.
민-의원²(民議員) 圀 '민의원 의원'의 준말.
민의원^의원(民議院議員) 圀 민의원을 구성하는 의원. 준민의원(民議員).
민자(民資) 圀 민간의 자본. ¶~를 유치하여 교량을 건설하다.
민재(民財) 圀 국민의 재산.
민-저고리 圀 회장을 대지 않은 저고리. ↔회장저고리.
민정¹(民政) 圀 1 민간인에 의한 정치. ¶~이양(移讓). ↔군정(軍政). 2 국민의 안녕과 복리 증진을 꾀하는 행정.
민정²(民情) 圀 1 국민의 사정과 생활 형편. ¶~을 살피다. 2 =민심.
민정^헌법(民定憲法) 圀[법] 국민을 대표하는 의회나 국민 투표에 의하여 제정된 헌법. ↔흠정 헌법.
민족(民族) 圀 오랜 세월에 걸쳐 일정한 지역에서 공동생활을 영위함으로써 독특한 말과 풍습, 문화와 역사를 가지게 된 인간 집단의 최대 단위. ¶한(韓) ~ / 게르만 ~.
민족^국가(民族國家)[-꾹까] 圀 단일 민족으로 이루어진 나라.
민족^대!이동(民族大移動)[-때-] 圀[역] 4~6세기에 게르만 여러 민족이 서유럽으로 대거 유입하여 정착한 현상.
민족^문화(民族文化)[-종-] 圀 한 민족의 말이나 풍습, 생활양식 등을 토대로 이루어진 독특한 문화. ¶~ 창달 / ~를 말살하다.
민족-사(民族史)[-싸] 圀 어느 한 민족이 겪어 내려온 역사.
민족-성(民族性)[-썽] 圀 한 민족의 특유한 기질. ¶근면한 ~.
민족-애(民族愛) 圀 같은 민족끼리의 믿음과 사랑. ▷동포애.
민족-의식(民族意識) 圀 같은 민족에 속한다는 깨달음. 곧, 한 민족의 단결을 강화하려는 집단의식 및 감정. ¶투철한 ~.
민족^자결주의(民族自決主義)[-짜-의/-짜-이] 圀[정] 다른 나라의 간섭이나 지배를 받지 않고 자기 나라의 운명을 그 민족이 스스로 결정하게 하여야 한다는 입장이나 주장.
민족^자본(民族資本)[-짜-] 圀[경] 외국 자본과 결합되지 않은 토착 자본. 특히, 식민지·반식민지·개발도상국에서 외국 자본에 대항하는 그 나라 자체의 자본. ↔매판자본.
민족-적(民族的)[-쩍] 괸圀 온 민족이 관계되거나 포함되는 (것). ¶~ 차원.
민족-정신(民族精神)[-쩡-] 圀 1 한 민족 공통의 정신적 개성. 또는, 민족이라는 집단의 생활에 의하여 형성된 특수한 정신. ⓗ민족성. 2 자기 민족을 문화적으로 또는 정치적으로 수호하려는 정신. ▷민족혼.
민족-주의(民族主義)[-쭈의/-쭈이] 圀[정] 1 민족의 독립이나 통일, 또는 우월성을 내세우는 사상이나 운동. =내셔널리즘. ▷국수주의. 2 중국의 쑨원(孫文)이 주창한 삼민주의의 하나. 국내 여러 민족의 평등과 외국의 압박으로부터 독립하려는 사상.
민족-혼(民族魂)[-존] 圀 한 민족만이 지니고 있는 고유의 정신. ¶~을 일깨우다. ▷민족정신.
민주(民主) 圀 1 주권이 국민에게 있음. 2 준 '민주주의'의 준말.
민주^공!화국(民主共和國) 圀[정] 주권이 국민에게 있는 공화국. 곧, 국민이 선출한 국가 원수 및 대표에 의하여 국정을 운영하는 나라.
민주^국가(民主國家)[-까] 圀[정] 민주 정치를 실시하는 국가. =민주국.
민주-대다 刓 몹시 귀찮고 싫증 나게 굴다.
민주-스럽다 혱日 '먼구스럽다'의 잘못.
민주-적(民主的) 괸圀 민주주의의 정신이나 방법에 알맞거나 부합되는 (것).
민주^정치(民主政治) 圀[정] 민주주의에 입각한 정치. 국가의 주권이 국민에게 있고, 국민의 의사에 의하여 정치가 운용됨. ↔전제 정치.
민주-주의(民主主義)[-의/-이] 圀[정] 국민이 권력을 가짐과 동시에 스스로 권리를 행사하는 정치 형태. 준민주. ↔전제주의.
민주-화(民主化) 圀 민주적으로 되어 가는 것. 또는, 그렇게 되게 하는 것. **민주화-하다** 동(자)(타)(여) **민주화-되다** 동(자)
민중(民衆) 圀 국가나 사회를 구성하는 다수의 일반 국민. 흔히, 피지배 계급으로서의 일반 대중을 말함. ▷대중.
민중-가요(民衆歌謠) 圀[음] 민중이 한마음·한뜻으로 즐겨 부를 수 있도록 만들어진 노래.
민중-화(民衆化) 圀 민중에게 이해되게 하고, 널리 친근한 것이 되게 하는 것. 또는, 민중 사이에 널리 보급되게 하여 동화(同化)시키는 것. **민중화-하다** 동(자)(타)(여) **민중화-되다** 동(자)
민-짜 圀 아무 꾸밈새가 없는 물건. =민짜.
민첩(敏捷) ➡**민첩-하다**[-처파-] 혱여 재빠르고 능란하다. ¶민첩한 동작. **민첩-히** 凡 ¶~ 몸을 숨기다.
민초(民草) 圀 '백성'을 질긴 생명력을 가진 잡초에 비유하여 이르는 말. ¶이름 없는 ~.
민촌(民村) 圀 예전에, 상민(常民)이 살던 마을. ↔반촌(班村).
민-촌충(-寸蟲) 圀[동] '무구조충(無鉤條蟲)'의 구용어.
민통-선(民統線) 圀 한반도 비무장 지대 근처에 민간인의 출입을 통제하고 있는 구역. 또는, 그 경계선. '민간인 출입 통제선'을 줄인 말임.
민틋-하다[-트타-] 혱여 울퉁불퉁한 곳이 없이 평평하고 비스듬하다. ¶산마루가 ~. **민틋-이** 凡
민-패 圀 아무 꾸밈새가 없는 물건. =민짜.
민폐(民弊)[-폐/-폐] 圀 민간에 폐가 되는 일. ¶~를 끼치다. ▷관폐(官弊).
민-하다 혱여 조금 미련스럽다. ¶"쫓겨나긴? **민한** 소리 말구 어서 집에 가기나 해라."〈김동인: 김연실전〉
민호(民戶) 圀 =민가(民家).

민화¹(民話) 圀 민간에 전해 내려오는 이야기. 옛날이야기·전설 따위.

민화²(民畵) 圀 과거에 실용을 목적으로 무명인에 의하여 그려졌던 그림. 산수·화조 등의 정통 회화를 모방한 것으로 소박하고 파격적이며 익살스러운 것이 특징임.

민-화투(-花鬪) 圀 화투 놀이의 하나. 2∼4명이 치는데, 비약·초약·풍약·청단·홍단·초단 따위의 약(約)이 있음.

민활(敏活) → **민활-하다** 웹에 날쌔고 활발하다. ¶민활한 행동. **민활-히** 冈

민회(民會) [-회/-훼] 圀 고대 그리스·로마의 도시 국가에 있었던 시민 총회. 직접 민주제의 한 형태로 그리스에서는 국가의 의사를 결정하는 최고의 기관임.

민흘림-기둥[-끼-] 圀건 밑동이 가장 굵고 위로 올라갈수록 점차 가늘어지는 기둥. ▷배흘림기둥.

믿-기다[-끼-] 图 (주로, 부정문이나 반어 의문문에 쓰여) '믿다'의 피동사. ¶네 말이 전혀 믿기지 않아.

믿다[-따] 图题 1 (어떤 일이나 사실이나 말을) 의심하지 않고 반드시 그렇게 될 것으로 생각하거나 꼭 그런 것으로 여기다. 圓확신하다. ¶나는 그가 약속을 지키리라고 믿는다. 2 (어떤 사람이나 대상을) 자기를 속이거나 배반하거나 기대를 저버리거나 하지 않을 사람이나 대상으로 여기다. 圓신뢰하다·신임하다. ¶지도자를 믿고 따르다. 3 (종교나 절대자의 힘을) 삶을 구원하는 대상으로 받들다. 圓섬기다. ¶하느님을 ~ / 미신을 ~ / 불교를 ~.

[**믿는 도끼에 발등 찍힌다**] 믿고 있던 것에 탈이 생기거나 해를 입다.

믿음 圀 1 어떤 사람이나 대상에 대한 좋은 기대가 어그러지지 않으리라 믿는 마음. ¶주위 사람들의 ~을 저버리다. 2 [종] 어떤 종교를 믿고 교의에 따라 행하는 일. 圓신앙. ¶~을 가지다.

믿음-성(-性)[-썽] 圀 믿을 만한 바탕. 圓 신뢰성.

믿음직-스럽다[-쓰-따] 웹답 ⟨~스러우니, ~스러워⟩ 믿음직한 데가 있다. ¶믿음직스러운 사람. **믿음직스레** 冈 ¶어머니는 어느새 장성해 버린 아들이 ~.

믿음직-하다[-지카-] 웹에 꽤 믿을 만하다. ¶믿음직한 사람. ▶직하다.

밀¹ [식] 볏과의 한해살이풀 또는 두해살이풀. 높이 1m 정도. 줄기는 속이 비어 있으며, 5월에 꽃이 피고 6월에 열매가 익음. 전 세계에서 중요한 농산물로 재배함. 21의 열매. 빵·국수·과자 등의 원료가 됨. =소맥.

밀² 圀 벌집을 만들기 위하여 꿀벌이 분비하는 물질. =밀랍(蜜蠟)·황랍.

밀-가루 圀 밀을 빻아 만든 가루. =맥분·소맥분·진말(眞末).

밀감(蜜柑) 圀[식] 운향과의 상록 활엽 관목. 높이 3m 정도. 첫여름에 흰색 꽃이 피고, 열매는 황적색으로 익음. 껍질은 향료·진피(陳皮) 대신으로 씀. =귤나무.

밀-개떡 圀 밀가루나 밀기울로 반대기를 지어 찐 떡.

밀-거래(密去來) 圀 (어떤 물건을) 몰래 거래하는 것. ¶무기 ~. **밀거래-하다** 图題에 **밀거래-되다** 图재

밀-걸다[-거타] 웹좌 ⟨밀거니, 밀거오, 밀게⟩ 훤하게 멀겋다. ㋐말갛다.

밀계(密啓) [-계/-게] 圀 임금에게 넌지시 아뢰는 것. 또는, 그 글. =비계(祕啓). **밀계-하다** 图題에

밀고(密告) 圀 남몰래 넌지시 일러바치는 것. ¶-장(狀). **밀고-하다** 图題에 ¶동지를 ~.

밀고-자(密告者) 圀 밀고하는 사람.

밀교¹(密敎) 圀[불] 후기 대승 불교의 한 파. 비밀의 교의를 스승과 제자 사이에 은밀히 전달하고자 하며, 신비적 수행을 통해 종교적 깨달음과 세속적인 목적을 이루고자 함. '대일경(大日經)'과 '금강정경(金剛頂經)'을 근본 경전으로 함. =비교(祕敎). ↔현교(顯敎).

밀교²(密敎) 圀[역] 임금이 살아 있을 때 종친·중신(重臣) 등에게 남몰래 뒷일을 부탁하여 내린 교서.

밀-국수[-쑤] 圀 밀가루와 생콩 가루를 섞어 반죽하여 채 친 국수를 장국에 넣고 끓여 익힌 음식. =소맥면(小麥麵).

밀-기름 圀 밀과 참기름을 섞어 만든 머릿기름.

밀-기울[-끼-] 圀 밀을 빻을 때, 밀가루와 분리되어 나오는 거칠거칠한 찌꺼기.

밀:다(밀고/밀어) 图題 ⟨미니, 미오⟩ 1 (대상을) 자기가 향하고 있는 방향으로 힘을 가하여 자기로부터 먼 쪽으로 가게 하다. ¶수레를 뒤에서 ~ / 문을 **밀어서** 열다. ↔끌다·당기다. 2 (날 있는 도구로 거칠거칠한 것을) 물체의 표면에 대고 일정한 방향으로 움직여서 깎이게 하다. ¶면도기로 수염을 ~. 3 (때수건이나 손, 기타의 도구로 몸의 때를) 힘을 주어 문질러 벗겨져 나가게 하다. ¶때를 ~ / 때수건으로 등을 ~. 4 (방망이나 롤러 따위로 울퉁불퉁한 물체를) 힘을 주어 눌러 면이 고르게 하거나 펴게 하다. ¶밀가루 반죽을 **밀어** 칼국수를 만들다. 5 (등사기로 잉크를) 롤러를 굴려 찍히게 하다. ¶등사기로 시험지를 ~. 6 (어떤 사람을) 어떤 일을 잘하도록, 또는 어떤 목적을 훌륭히 이루도록 뒷받침하거나 추어주다. 圓지원하다·지지하다. ¶우리는 민호를 학생회장으로 **밀** 생각이다. 7 '미루다'의 잘못.

밀담(密談) [-땀] 圀 남몰래 이야기하는 것. 또는, 그 이야기. =밀화(密話). ¶~을 나누다. **밀담-하다** 图재에

밀:-대[-때] 圀 물건을 밀어젖힐 때 쓰는 나무 막대.

밀도(密度) [-또] 圀 1 일정한 단위 면적이나 체적 속에 포함된 물질의 비율. 빽빽함의 정도를 나타냄. ¶인구 ~. 2 내용·충실의 정도. ¶~ 높은 강연. 3 [물] 물체의 단위 체적에 포함된 질량.

밀-도살(密屠殺) [-또-] 圀 당국의 허가 없이 가축을 도살장 아닌 곳에서 몰래 잡아 죽이는 것. =밀살. **밀도살-하다** 图題에

밀-떡 圀 밀가루를 꿀물이나 설탕물에 반죽하여 익히지 않은 날떡.

밀:-뜨리다/-트리다 图題 갑자기 세차게 밀치다. ×미뜨리다.

밀랍(蜜蠟) 圀 =밀².

밀레니엄(millennium) 圀 1000년의 기간. 또는, 1000의 단위 연도로 시작되는 해로부터 1000년 동안의 기간. ¶서기 2000년에 새 ~이 시작되었다.

밀레니엄^버그(Millennium bug) 圀[컴] 지난날, 컴퓨터의 메모리 용량을 최소화하기 위해 연도(年度)를 마지막 두 자리로만 표

시한 데에서 (1980년을 '80'으로 나타내는 따위), 전산 자료 처리 시 컴퓨터가 2000년 이후의 연도와 1900년대의 연도를 구별해서 인식하지 못하는 데서 오는 오류.

밀려-가다 [동](자) **1** (물체가 미는 힘에) 밀려서 가다. ¶인파에 휩쓸려 ~. **2** (파도가) 옆으로 길게 일직선을 그리면서 가다. ¶갑판 위에 서서 **밀려가는** 파도를 바라보다. ↔밀려오다.

밀려-나다 [동](자) 어떤 자리에서 몰리거나 쫓겨나다. ¶한쪽으로 ~ / 장관 직에서 ~.

밀려-다니다 [동](자) **1** 뒤에서 미는 힘으로 다니다. **2** 여럿이 떼를 지어 돌아다니다.

밀려-들다 [동](자) 〈~드니, ~드오〉 한꺼번에 여럿이 밀어닥치다. ¶선거 유세장으로 물밀듯이 **밀려드는** 인파(人波).

밀려-오다 [동](자) **1** (물체가 미는 힘에) 밀려서 오다. ¶난파된 배의 조각이 파도에 ~. **2** (파도가) 옆으로 길게 일직선을 그리면서 오다. ¶흰 파도가 쏴 소리를 내며 ~. ↔밀려가다. **3** (많은 사람이나 동물이나 물체가) 떼를 지어 계속적으로 이동해 오다. ¶수많은 인파가 구름처럼 ~. **4** (어떤 세력이나 현상이) 막기 어려울 만큼 거센 힘으로 들어오거나 차오다. ¶서양 문물이 거세게 ~.

밀렵(密獵) [명] 허가 없이 몰래 사냥하는 것. **밀렵-하다** [동](타여)

밀렵-꾼(密獵-) [명] 밀렵하는 사람을 얕잡아 이르는 말.

밀리(←millimeter) [명](의존) '밀리미터'의 준말.

밀리-그램(milligram) [명](의존) 질량의 단위. 1그램의 1/1000. 기호는 mg.

밀리다¹ [동](자) 처리하지 못한 일이나 물건이 쌓이다. ¶방세가 ~ / 숙제가 ~ / 일이 산더미같이 밀렸다.

밀-리다² [동](자) **1** '밀다'의 피동사. ¶인파에 ~. **2** 어떤 이유로 뒤처지게 되다.

밀리-리터(milliliter) [명](의존) 용량의 단위. 1리터의 1/1000. 기호는 ml.

밀리-미크론(millimicron) [명](의존) 길이의 단위. 1미크론의 1/1000. 현재는 나노미터를 씀. 기호는 mμ. ⇒나노미터.

밀리-미터(millimeter) [명](의존) 길이의 단위. 1미터의 1/1000. 기호는 mm. (준)밀리.

밀리미터-파(millimeter波) [명][물] 파장 1mm부터 10mm의 전자기파. =밀리파.

밀리-바(millibar) [명](의존) 기압을 나타내는 국제단위. 1바의 1/1000. 기호는 mb.

밀리-암페어(milliampere) [명](의존)[물] 전류의 사용 단위의 하나. 1암페어의 1/1000. 기호는 mA.

밀리언-셀러(million seller) [명] 팔린 권수나 장수가 백만을 넘은 책이나 음반.

밀림(密林) [명] 나무가 빽빽하게 들어선 숲. =정글. ¶~ 지대. ~ 소림.

밀링`머신(milling machine) [명] 공작 기계의 하나. 회전하는 원통 모양의 칼날에 공작물을 대어 전후·상하·좌우로 이동시키며 절삭함. =프레이즈반.

밀¹**-막다** [-따] [동](타) **1** (상대를) 들어오거나 다가서지 못하게 밀어서 막다. ¶곧장 삼문 안으로 들어가려고 하니 문을 지키던 판노들이 못 들어오게 **밀막았다**.〈홍명희:임꺽정〉 **2** (말을) 하지 못하도록 막다. ¶"입 닫거라." 봉주댁이 채재학의 말을 **밀막는다**.《김원일:불의 제전》

밀매(密賣) [명] 거래가 금지된 물품을 몰래 파는 것. ¶~품(品). **밀매-하다** [동](타여) ¶마약을 ~. **밀매-되다** [동](자)

밀-매매(密賣買) [명] 거래가 금지된 물품을 몰래 팔고 사는 것. **밀매매-하다** [동](타여) **밀매매-되다** [동](자)

밀-매음(密賣淫) [명] 허가 없이 몰래 몸을 파는 것. ¶~녀(女). **밀매음-하다** [동](자)

밀명(密命) [명] 몰래 내리는 명령. =밀령(密令). ¶이준은 고종 황제의 ~을 받고 네덜란드 헤이그로 떠났다. **밀명-하다** [동](타여)

밀모(密謀) [명] (주로 나쁜 일을) 몰래 꾀하는 것. **밀모-하다** [동](타여) ¶반란을 ~.

밀-무역(密貿易) [명] 세관을 통하지 않고 비밀히 하는 무역. **밀무역-하다** [동](타여) ¶보석을 ~.

밀-물 [명][지] 바닷물이 육지를 향하여 밀려오는 현상. 또는, 그 바닷물. =창조(漲潮). ↔썰물.

밀밀(密密) →밀밀-하다 [형](여) 아주 빽빽하다. **밀밀-히** [부]

밀-반입(密搬入) [명] (물건을) 몰래 국내로 들여오는 것. ↔밀반출. **밀반입-하다** [동](타여) ¶마약을 ~. **밀반입-되다** [동](자)

밀-반죽 [명] 밀가루로 한 반죽. **밀반죽-하다** [동](타여)

밀-반출(密搬出) [명] (물건을) 몰래 국외로 내가는 것. ↔밀반입. **밀반출-하다** [동](타여) ¶문화재를 ~ / 외화를 ~. **밀반출-되다** [동](자)

밀¹**-방망이** [명] 가루 반죽을 밀어서 얇고 넓게 펴는 데 쓰는 방망이.

밀-밭 [-받] [명] 밀을 심어 가꾸는 밭.

밀-범벅 [명] 밀가루에 청둥호박·푸르대콩 같은 것을 섞어 만든 범벅.

밀보(密報) [명] 비밀히 보고하는 것. 또는, 그러한 보고. **밀보-하다** [동](타여)

밀-보리 [명] **1** 밀과 보리. **2** [식] =쌀보리.

밀봉¹(密封) [명] 내용물이 보이지 않도록 단단히 붙여 봉하는 것. **밀봉-하다** [동](타여) ¶**밀봉한** 서류 / **밀봉한** 가스 용기. **밀봉-되다** [동](자)

밀봉²(蜜蜂) [명][동] =꿀벌.

밀봉-교육(密封教育) [명] 일정한 기간, 일정한 곳에 수용하여 외부와의 연락을 차단하고, 비밀로 행하는 교육. 간첩 등 특수 목적을 수행할 사람을 양성하기 위하여 시행함.

밀삐 [명] 지게에 매어 걸머지는 끈.

밀사(密使) [-싸] [명] 비밀히 보내는 사절. ¶헤이그 ~ 사건 / ~를 파견하다.

밀살(密殺) [-쌀] [명] **1** 몰래 사람을 죽이는 것. (비)암살. **2** =밀도살. **밀살-하다** [동](타여) **밀살-되다** [동](자)

밀생(密生) [-쌩] [명] 매우 빽빽하게 나는 것. ↔소생. **밀생-하다** [동](자여) ¶관목이 ~.

밀서(密書) [-써] [명] 비밀히 보내는 편지나 문서.

밀선(密船) [-썬] [명] 법이나 규약을 어겨 가며 몰래 다니는 배. ¶~을 타고 해외로 도주하다.

밀송(密送) [-쏭] [명] 몰래 보내는 것. **밀송-하다** [동](타여) **밀송-되다** [동](자) ¶**밀송된** 외교 문서.

밀수(密輸) [-쑤] [명] 국가의 법적인 허가 없이 팔 물건을 몰래 다른 나라에서 들여오거나 다른 나라로 가져가는 일. ¶마약 ~ / 금괴 ~. **밀수-하다** [동](타여) ¶다이아몬드를 밀

수하려다가 세관에 적발되다. **밀수-되다** 통(자)
밀수-꾼(密輸-) [-쑤-] 명 국가의 법적인 허가 없이 물건을 몰래 다른 나라에서 사들여 오거나 다른 나라에 내다 파는 장사꾼.
밀-수입(密輸入) [-쑤-] 명 국가의 법적인 허가 없이 물건을 몰래 수입하는 것. ↔밀수출. **밀수입-하다** 통(타여)¶남미산 코카인을 대량으로 ~. **밀수입-되다** 통(자)
밀-수출(密輸出) [-쑤-] 명 국가의 법적인 허가 없이 물건을 몰래 수출하는 것. ↔밀수입. **밀수출-하다** 통(타여)¶마약을 해외로 ~. **밀수출-되다** 통(자)
밀수-품(密輸品) [-쑤-] 명 국가의 법적인 허가 없이 몰래 다른 나라에서 들여온 물건.
밀식(密植) [-씩] 명 빽빽하게 심는 것. **밀식-하다** 통(타여) **밀식-되다** 통(자)
밀실(密室) [-씰] 명 남이 함부로 출입 못 하게 한 비밀스런 방. ¶~ 외교.
밀-쌈 명 얇게 부친 밀전병에 고기·오이·버섯·알지단 등을 넣어 말아서 썬 음식.
밀-알 명 밀의 낱알.
밀애(密愛) 명 남의눈을 피하여 비밀리에 나누는 사랑.
밀애(蜜愛) 명 남녀 사이의 달콤한 사랑.
밀약(密約) 명 비밀히 약속하는 것. 또는, 그러한 약속. 비짬짜미. ¶두 사람 사이에 어떤 ~이 있는 것 같다. **밀약-하다** 통(타여)
밀어¹(密漁) 명 규제를 어기고 몰래 물고기를 잡는 것. **밀어-하다**¹ 통
밀어²(密語) 명 남이 못 알아듣게 비밀히 말하는 것. 또는, 그런 말. ¶두 사람이 귓속말로 뭔가 ~를 나누고 있다. **밀어-하다**² 통
밀어³(蜜語) 명 달콤한 말. 특히, 남녀간의 정담. ¶사랑의 ~를 속삭이다.
밀어-내다 통 일정한 자리에서 물러나게 하다. ¶선배를 **밀어내고** 과장 자리에 앉다.
밀어-닥치다 통(자) 여럿이 한목에 닥치다. ¶ 손님이 갑자기 ~.
밀어-뜨리다/-트리다 통(타) (어떤 대상이나 물체를) 세게 밀어 움직이게 하다. ¶두 사람이 마주 서서 양 손바닥으로 상대를 **밀어뜨리는** 경기.
밀어-붙이다 [-부치-] 통(타) 1 밀어서 한쪽 구석에 붙어 있게 하다. ¶책상을 **밀어붙이고** 바닥을 닦다. 2 고삐를 늦추지 않고 계속 몰아붙이다. ¶상대 팀을 **밀어붙여** 1승을 더두다.
밀어-젖히다 [-저치-] 통(타) 1 밀어서 밑이 겉으로 나오게 하다. ¶여럿이 바위를 ~. 2 문을 힘껏 밀어 열다. ¶창문을 **밀어젖히고** 환기하다.
밀어-제치다 통(타) 매우 세차게 밀어 뒤로 가게 하다. ¶서로 먼저 나가겠다고 **밀어제치는** 사람들.
밀어-주다 통(타) 1 적극적으로 도와주다. ¶반장이 하는 일을 적극적으로 ~. 2 특정한 지위를 차지하도록 내세워 지지하다. ¶회장으로 ~.
밀어·**차기** 명(체) 태권도에서, 상대방의 공격을 막은 다음에 상대방의 몸통이나 얼굴을 발바닥으로 밀어 차는 발 기술.
밀원(蜜源) 명 벌이 꿀을 빨아 오는 원천.
밀월(蜜月) 명 1 신혼의 달콤한 한 달. 또는, 결혼하여 얼마 되지 않은 나날. 2 친밀한 관계를 신혼부부에 비유하여 이르는 말. ¶두 나라의 ~ 시대는 끝났다.
밀월-여행(蜜月旅行) [-려-] 명 =신혼여행(新婚旅行).
밀의(密議) [-의/-이] 명 1 남몰래 의논하는 것. 또는, 그 의논. 2 남몰래 회의하는 것. 또는, 그 회의. **밀의-하다** 통(타여)
밀-입국(密入國) [-꾹] 명 입국이 허락되지 않은 사람이 몰래 입국하는 것. ¶~자. ↔밀출국. **밀입국-하다** 통(자여)
밀-전병(-煎餠) 명 밀가루로 만든 전병.
밀접(密接) [-쩝] ➔**밀접-하다**[-쩌파-] 형 여 1 썩 가깝게 맞닿아 있다. 2 썩 가까운 관계에 있다. ¶두 사람 사이가 아주 ~./농사는 기후와 밀접한 관계가 있다. **밀접-히** 부
밀정(密偵) [-쩡] 명 비밀히 정탐하는 사람. 또는, 그런 일을 하는 사람. **밀정-하다** 통(타여)
밀조(密造) [-쪼] 명 1 금제품(禁制品)을 몰래 만드는 것. 2 허가제의 물건을 허가 없이 몰래 만드는 것. **밀조-하다** 통(타여)¶필로폰을 ~ / 술을 ~.
밀주(密酒) [-쭈] 명 허가 없이 몰래 술을 담그는 것. 또는, 그렇게 담근 술. **밀주-하다** 통(자여)
밀지(密旨) [-찌] 명 비밀히 내리는 임금의 명령. =밀칙(密勅).
밀직-사(密直司) [-찍싸] 명(역) 고려 충렬왕 원년(1275)에 추밀원(樞密院)을 고친 이름.
밀집(密集) [-찝] 명 빽빽하게 모이는 것. ¶~ 부대. **밀집-하다** 통(자여)¶공장이 **밀집해** 있는 지역. **밀집-되다** 통(자)
밀-짚 [-찝] 명 밀알을 떨고 난 밀의 줄기.
밀짚-모자(-帽子) [-찜-] 명 밀짚 또는 보릿짚으로 만든, 차양이 넓은 여름 모자. =맥고모자. ×보릿짚모자.
밀착(密着) 명 빈틈없이 단단히 붙는 것. 또는, 서로의 관계가 매우 가까운 것. ¶~제(劑). **밀착-하다** 통(자여) **밀착-되다** 통(자)¶두 사람의 관계가 **밀착되어** 있다.
밀쳐-놓다 [-처노타] 통(타) 어떤 물건을 자신이 있는 곳이 아닌 다른 곳으로 옮겨 놓다. ¶먹다 만 밥상을 한쪽으로 ~.
밀-초(蜜-) 명 밀랍으로 만든 초. =납밀·납촉(蠟燭)·황초·황랍.
밀-출국(密出國) 명 출국이 허락되지 않은 사람이 몰래 출국하는 것. ↔밀입국. **밀출국-하다** 통(자여)
밀:-치다 통(타) 힘껏 밀다. ¶사람을 **밀치고** 도망가다.
밀:치락-달치락 [-딸-] 부 서로 밀고 잡아당기고 하는 모양. **밀:치락달치락-하다** 통(자여)¶사람들이 서로 차를 앞질러 타려고 **밀치락달치락한다**.
밀크(milk) 명 =우유(牛乳).
밀크-셰이크(milk shake) 명 우유에 향료·아이스크림 등을 섞어 거품 상태가 될 때까지 빠르게 휘저어 만든 찬 음료수.
밀크-캐러멜(†milk caramel) 명 우유를 섞어 만든 캐러멜.
밀탐(密探) 명 비밀히 하는 정탐. **밀탐-하다** 통(타여)¶적정(敵情)을 ~.
밀통(密通) 명 1 배우자가 아닌 남녀가 몰래 정을 통하는 것. 2 형편을 몰래 알려 주는 것. **밀통-하다** 통(자여)¶남의 여자와 ~ / 적과 ~.
밀파(密派) 명 비밀히 파견하는 일. **밀파-하다** 통(타여)¶간첩을 ~. **밀파-되다** 통(자)

특수 임무를 띠고 ~.

밀¹-펌프(-pump) [명] 물을 높은 곳으로 밀어 올리는 펌프. ↔빨펌프.

밀폐(密閉) [-폐/-페] [명] 꼭 닫거나 막는 것. ¶~ 장치. **밀폐-하다** [동][타][여] ¶가스를 용기에 넣고 ~. **밀폐-되다** [동][자] ¶**밀폐된** 공간.

밀폐-음(密閉音) [-폐-/-페-] [명][언] 입을 꼭 다물고 내는 소리. 곧, 비음(鼻音)을 이름.

밀항(密航) [명] 법적인 절차를 밟지 않고, 또는 운임을 내지 않고 배·비행기에 편승하여 외국으로 나가는 일. ¶~자(者). **밀항-하다** [동][자][여]

밀항-선(密航船) [명] 해당 국가나 기관의 법적인 절차를 밟지 않고 몰래 다니는 배.

밀행(密行) [명] 비밀히 다니거나 어떤 곳으로 가는 것. **밀행-하다** [동][자][여]

밀화(蜜花) [명][광] 호박(琥珀)의 한 가지. 밀랍 같은 누른빛이 나고 젖송이 같은 무늬가 있음.

밀회(密會) [-회/-훼] [명] 비밀히 모이거나 만나는 것. 특히, 남녀가 몰래 만나는 일. [비]랑데부. ¶~ 장소. **밀회-하다** [동][자][여]

밈¹ [명] '미음(米飮)²'의 준말.

밉광-스럽다 [-꽝-따] [형][ㅂ] <~스러우니, ~스러워> 매우 밉살스러운 데가 있다. ¶하는 짓이 ~. **밉광스레** [부]

밉다 [-따] [형][ㅂ] <미우니, 미워> **1** (어떤 사람이) 못마땅하거나 싫어서, 욕하거나 원망하고 싶은 마음이 들거나 마주하고 싶지 않은 상태에 있다. 또는, (어떤 사람이 하는 짓이) 거슬리거나 마음에 들지 않아 싫다. ¶저 녀석은 **미운** 짓만 골라서 한다. **2** (사람, 특히 여자나 아이의 생김새가) 미적으로 균형을 갖추지 못한 상태에 있다. [비]못생기다. ¶얼굴이 **미운** 아이[여자]. ↔곱다·예쁘다.
[**미운 아이 떡 하나 더 준다**] 미울수록 더 정답게 하여야 미워하는 마음이 가신다. [**미운 일곱 살**] 어린아이가 일곱 살쯤 되면 미운 짓을 많이 한다는 말.
미운 털이 박히다 [구] 어떤 사람에게 미움을 받을 만큼 밉보이다. ¶그는 직장 상사에게 **미운 털이** 단단히 **박혔다**.

밉둥-스럽다 [형][ㅂ] '밉살스럽다'의 잘못.

밉디-밉다 [-띠-따] [형][ㅂ] <~미우니, ~미워> 더할 수 없을 만큼 몹시 밉다.

밉-보다 [-뽀-] [동][타] (어떤 사람을) 밉게 보다. ¶올케를 덮어놓고 **밉보려는** 고약한 시누이.

밉보-이다 [-뽀-] [동][자] '밉보다'의 피동사. ¶사위가 장모에게 ~.

밉살-맞다 [-쌀맏따] [형] (말이나 행동이) 매우 미움을 받을 만하다. ¶하는 짓이 ~.

밉살머리-스럽다 [-쌀-따] [형][ㅂ] <~스러우니, ~스러워> '밉살스럽다'를 속되게 이르는 말. **밉살머리스레** [부]

밉살-스럽다 [-쌀-따] [형][ㅂ] <~스러우니, ~스러워> (말이나 행동이) 매우 미움을 받을 만한 데가 있다. ¶제 욕심만 차리는 게 너무 ~. [작]맵살스럽다. ×밉둥스럽다. **밉살스레** [부]

밉-상(-相) [-쌍] [명] **1** 미운 얼굴이나 행동. ¶얼굴이 과히 ~은 아니구나. **2** 미운 사람. ¶그 ~이 또 왔네.

밉상-스럽다(-相-) [-쌍-따] [형][ㅂ] <~스러우니, ~스러워> 밉상에 가까운 데가 있다. **밉상스레** [부]

밉스(MIPS) [명][의존][컴] 컴퓨터의 연산 속도의 단위. 1밉스는 1초에 1백만 회의 명령을 실행하는 속도임.

밋밋-하다 [민미타-] [형][여] **1** (생김새가) 미끈하게 곧고 길다. ¶하늘을 향하여 **밋밋하게** 자란 나무들. **2** (경사나 굴곡이) 심하지 않고 평평하거나 평탄하다. ¶**밋밋한** 가슴 / **밋밋하게** 뻗은 산줄기. **3** 새로움이나 변화나 특징이 없이 평범하다. ¶디자인이 ~ / 이야기 전개가 ~. [작]맷맷하다. **밋밋-이** [부]

밍근-하다 [형][여] 좀 미지근하다. ¶아랫목이 ~ / 숭늉이 ~. [작]맹근하다. **밍근-히** [부]

밍밍-하다 [형][여] **1** (음식물이) 제 맛이 나지 않고 몹시 싱겁다. ¶국 맛이 ~. **2** (술·담배의 맛이) 독하지 않고 싱겁다. ¶막걸리가 ~. **밍밍-히** [부]

밍크(mink) [명][동] 포유류 족제빗과의 한 종. 족제비와 비슷하지만 몸빛은 갈색 또는 암갈색이며 꼬리의 끝은 거무스름함. 모피는 여성용 외투 등에 쓰이는데, 매우 고급임. 사육함.

밍크-코트(mink coat) [명] 밍크의 모피로 만든 코트.

및 [믿] [부] 둘 이상의 체언을 나열할 때 맨 마지막 체언 앞에 쓰여, '그리고', '그 밖에', '또'의 뜻을 나타내는 접속 부사. 주로, 법령이나 약관이나 공문 등에서 쓰이는 문어체의 말임. ¶각자 필기도구와 신분증 ~ 실내화를 지참할 것.

및다 [믿따] [동][자][타] '미치다²'의 준말. ¶영향이 ~ / 가서 시체를 찾아 힘 **및는** 데까지는 후하게 장례를 지냈어야 할 것이다.《이광수:무정》

밑 [믿] [명] **1** 물체의 아랫부분이나 아래쪽. ¶책상 ~ / ~에서 올려다보다. **2** 정도·수량·수준·지위 등에 있어서 낮거나 적은 상태. ¶영길이 ~에 여동생이 둘이다. / 성적이 너보다 ~이다. **3** 건물 따위의 기초. ¶~을 다지다. **4** 사람의 엉덩이에서 항문에 이르는 부분. 또는, 그곳을 덮는 옷의 부분. ¶똥을 누고 ~을 닦다 / 바지 ~이 터지다. **5**《명사 다음에 조사 '에', '에서'와 함께 쓰여》그 명사의 지배·보호·영향 등을 받는 상태임을 나타내는 말. ¶철저한 감시 ~에 작업을 진행하다 / 할머니 ~에서 자라다. **6** '밑동'의 준말. **7** [수] 로그 $y=\log_a x$에서 a를 가리키는 말. **8** [수] 지수 함수 $y=a^x$에서 a를 가리키는 말. **9** 한자의 윗부분과 한쪽 옆을 이루는 부수. '度', '成'에서 '广', '戈' 따위.
[**밑 빠진 독에 물 붓기**] ㉠쓸 곳이 많아 아무리 벌어도 늘 부족함을 이르는 말. ㉡아무리 애를 써도 보람이 없음을 이르는 말.
밑(이) 구리다 [구] 숨기고 있는 범죄나 과실 때문에 떳떳하지 못하다.
밑도 끝도 없다 [구] 앞뒤의 연관 관계가 없이 불쑥 말을 꺼내어, 갑작스럽거나 갈피를 잡을 수가 없다.
밑(이) 질기다 [구] 한번 자리를 잡으면 좀처럼 떠날 줄을 모르다.

밑-가지 [믿까-] [명] 나무의 밑 부분에 돋아난 가지.

밑-각(-角) [믿깍] [명][수] 다각형의 밑변의 양 끝을 꼭짓점으로 하는 내각(內角). 구용어는 저각(底角).

밑-감 [믿깜] [명] 기초가 되는 재료.

밑-거름 [믿꺼-] [명] **1** [농] 씨를 뿌리거나 모를 내기 전에 논밭에 주는 거름. =기비(基肥)·원비. ¶~을 주다. 2 어떤 일을 이루게 하는, 기초가 되는 요인. ¶국민의 화합이 조국 근대화의 ~이 되었다.
밑-구멍[믿꾸][명] 1 밑으로나 밑바닥에 뚫린 구멍. ¶시루 ~. 2 항문(肛門)이나 여자의 음부를 속되게 이르는 말.
[**밑구멍으로 호박씨 깐다**] 겉으로 드러내지 않고 남모르게 의뭉스러운 짓을 한다.
밑-그림[믿끄][명] 1 [미] 모양의 대충만을 초잡아 그린 그림. =에스키스. 2 수본(繡本)으로 쓰려고 종이나 헝겊에 그린 그림. ¶~대로 수놓다.
밑-글[믿끌][명] 1 이미 배운 글. 2 이미 알고 있어 밑천이 되는 글.
밑-넓이[민-][명][수] 밑면을 이룬 넓이. =밑면적.
밑-돈[믿똔][명] 어떤 사업 등을 하는 데 밑바탕이 되는 돈. 비기금(基金).
밑-돌[믿똘][명][건] 1 동바리의 밑을 받친 돌. 2 담이나 건축물 등의 밑바닥에 쌓은 돌.
밑-돌다[믿똘-][동](타)〈~도니, ~도오〉 어떤 기준이 되는 수량보다 아래가 되다. 비하회(下廻)하다. ¶수출 실적이 예년 수준을 ~. ↔웃돌다.
밑-동[믿똥][명] 1 긴 물건의 맨 아래 동아리. 2 나무줄기에서 뿌리에 가까운 부분. ¶나무 ~. 3 채소 등의 굵게 살진 뿌리 부분. ¶무의 ~. 준밑. ×밑둥.
밑두리-콧두리[믿뚜-콛뚜-][부] 속속들이 세밀하게 따지거나 묻는 모양. 비시시콜콜. ¶뭘 그런 것까지 ~ 캐묻고 그래?
밑-둥 '밑동'의 잘못.
밑-둥치[믿뚱-][명] 둥치의 밑 부분.
밑-들다[믿뜰-][동](자)〈~드니, ~드오〉 무·감자 등의 뿌리가 굵게 자라다.
밑-말[민-][명] 미리 다짐하여 일러두는 말.
밑-면(-面)[민-][명][수] 기둥체에서 위와 아래에 있는 면. 또는, 뿔체에서 아래에 있는 면. 구용어는 저면(底面). ¶삼각뿔의 ~.
밑-면적(-面積)[민-][명][수] =밑넓이.
밑-바닥[믿빠-][명] 1 바닥이 되는 밑 부분. ¶강의 ~. 2 (비유적으로 쓰여) 최하층. ¶~생활을 하다.
밑-바탕[믿빠-][명] 사물의 근본을 이루는 바탕. ¶어떤 일이든지 ~이 든든해야 한다.
밑-반찬(-飯饌)[민빤-][명] 만들어서 오래 두고 언제나 손쉽게 내어 먹을 수 있는 반찬. 젓갈·자반·장아찌 따위.
밑-받침[믿빠-][명] 1 밑에 받치는 물건. 2 사물의 기초. **밑받침-하다**[동](타)여 **밑받침-되다**[동](자) 교육이 밑받침되지 않고서는 국가 발전을 기대할 수 없다.
밑-밥[믿빱][명] 물고기나 새가 모이게 하기 위하여 미끼로 던져 주는 먹이.
밑-변(-邊)[믿뼌][명][수] 삼각형에서 꼭지각에 대한 변. 또는, 사다리꼴에서 평행하는 두 변. 구용어는 저변(底邊).
밑-불[믿뿔][명] 불을 피울 때 불씨가 되는, 본래부터 살아 있는 불. ¶~이 약하다.
밑-살[믿쌀][명] 1 항문이 있는 부분의 살. 2 =미주알. 3 '보지'를 속되게 이르는 말. 4 국거리로 쓰는 소의 볼기살의 한 부분.
밑-싣개[믿씬깨][명] 그넷줄의 맨 아래에 걸쳐, 두 발을 디디거나 앉을 수 있게 만든 물건. =앉을깨.
밑-실[믿씰][명] 재봉틀의 북에 감은 실.
밑-씨[믿-][명][식] 꽃식물의 꽃의 암술에 있는 중요 기관. 정받이한 뒤에 씨가 됨. =배주(胚珠).
밑-씻개[믿씯깨][명] 똥을 누고 밑을 씻어 내는 종이 따위.
밑-음(-音)[민-][명][음] 3도로 된 음정의 3음이 삼화음을 이루고 있을 때의 가장 낮은 음.
밑-자리[믿짜-][명] 1 밑의 자리. 2 사람이 깔고 앉는 자리. 3 맷방석·바구니 등의 처음 겯기 시작하는 밑바닥. 4 [음] 화음의 밑음이 낮은 음에 놓인 자리.
밑-정[믿쩡][명] 젖먹이의 똥오줌을 누는 횟수. ¶~이 사납다 / ~이 잦다.
밑-조사(-調查)[믿쪼-][명] 예비적·기초적으로 하는 조사. ¶고속도로 부설을 위한 ~를 하다. **밑조사-하다**[동](타)여
밑-줄[믿쭐][명] 가로쓴 글에서 어떤 말의 밑에 긋는 줄. ¶중요한 글귀에 ~을 긋다.
밑-줄기[믿쭐-][명] 나무나 풀의 아랫동아리.
밑-지다[믿찌-][동](자)(타) 들인 밑천에 비하여 얻는 것이 적어 손해를 보다. ¶밑지고 팔다.
[**밑져야 본전**] 어떤 일을 하다가 혹시 일이 잘못되더라도 손해 볼 것은 없다는 말.
밑지는 장사 구 자기에게 아무 이득이 없고 손해를 보는 일.
밑-짝[민-][명] 맷돌처럼 아래위 두 짝이 한 벌로 된 물건의 아래짝.
밑-창[민-][명] 1 신의 바닥 밑에 붙이는 창. ¶구두 ~이 닳다 / ~을 갈다. 2 맨 밑바닥.
밑-천[민-][명] 어떤 일을 하는 데 기초가 되는 돈이나 물건. ¶결혼 ~ / 장사 ~. 비본전(本錢).
밑천이 드러나다 구 1 평소에 숨겨져 있던 제 바탕이나 성격이 표면에 나타나다. 2 밑천으로 쓰던 돈이나 물건이 다 없어지다.
밑천이 짧다 구 밑천이 모자라거나 모자라다.
밑-층(-層)[민-][명] =아래층.
밑-판(-板)[민-][명] 밑에 대는 판. 또는, 밑이 되는 판. ¶서랍 ~을 얇은 합판으로 댔다.

ㅂ

ㅂ →비읍.

-ㅂ네[ㅁ-] [어미] 모음이나 'ㄹ' 받침으로 끝나는 어간, 또는 어미 '-시-' 아래에 붙어 다른 문장에 인용구나 인용절로 안기는 형태로만 쓰여, 어떤 것을 내세움을 못마땅한 투로 이르는 종결 어미. 어간 끝 음절의 'ㄹ' 받침은 탈락됨. ¶공부하~ 하고 책만 잔뜩 벌여 놓다 / 난 모르~ 하고 뒤로 나자빠지다. ▷-습네.

-ㅂ닌다[ㅁ닌-] [어미] 모음이나 'ㄹ' 받침으로 끝나는 어간, 또는 어미 '-시-' 아래에 붙어, '하오' 할 상대에게 진리나 으례 있는 사실을 서술하는 데 쓰는 평서형 종결 어미. 어간 끝 음절의 'ㄹ' 받침은 탈락됨. ¶가을이 되면 낙엽이 지~. ▷-습닌다.

-ㅂ니까[ㅁ-] [어미] 모음이나 'ㄹ' 받침으로 끝나는 어간, 또는 어미 '-시-' 아래에 붙어, '합쇼' 할 상대에게 의문을 나타내는 종결 어미. 어간 끝 음절의 'ㄹ' 받침은 탈락됨. ¶키가 크~? / 학교에 가~? / 그는 야구 선수이~? ▷-습니까.

-ㅂ니다[ㅁ-] [어미] 모음이나 'ㄹ' 받침으로 끝나는 어간, 또는 어미 '-시-' 아래에 붙어, '합쇼' 할 상대에게 동작이나 상태를 서술하는 데 쓰는 평서형 종결 어미. 어간 끝 음절의 'ㄹ' 받침은 탈락됨. ¶지금 가~. / 바람이 참 시원하~. / 그는 모범 사원이~. ▷-습니다.

-ㅂ디까[-띠-] [어미] 모음이나 'ㄹ' 받침으로 끝나는 어간, 또는 어미 '-시-' 아래에 붙어, '하오' 할 상대에게 상대방이 겪은 바를 묻는 데 쓰는 종결 어미. 어간 끝 음절의 'ㄹ' 받침은 탈락됨. ¶뭐라고 하~? / 신부가 예쁘~? / 상을 탄 사람은 누구(이)~? ▷-습디까.

-ㅂ디다[-띠-] [어미] 모음이나 'ㄹ' 받침으로 끝나는 어간, 또는 어미 '-시-' 아래에 붙어, '하오' 할 상대에게 자신이 겪은 어떤 사실을 전달하여 알리는 데 쓰는 종결 어미. 어간 끝 음절의 'ㄹ' 받침은 탈락됨. ¶모두가 열심히 일하~. / 그 사람 생각보다는 솔직한 사람이~. ▷-습디다.

-ㅂ딘다[-띤-] [어미] 모음이나 'ㄹ' 받침으로 끝나는 어간, 또는 어미 '-시-' 아래에 붙어, '하오' 할 상대에게 과거의 일을 회상하여 일러 주는 평서형 종결 어미. 어간 끝 음절의 'ㄹ' 받침은 탈락됨. ¶어르신네가 존경할 만한 의사이~. ▷-습딘다.

ㅂ^불규칙^용언(-不規則用言) [명][언] →비읍 불규칙 용언.

ㅂ^불규칙^활용(-不規則活用) [명][언] →비읍 불규칙 활용.

-ㅂ시오[-쑈-] [어미] 모음이나 'ㄹ' 받침으로 끝나는 동사의 어간, 또는 어미 '-시-' 아래에 붙어, '합쇼' 할 상대에게 명령의 뜻을 나타내는 종결 어미. 어간 끝 음절의 'ㄹ' 받침은 탈락됨. 근래에 들어서는 사용 빈도가 현저히 줄어든 말로서, 비천한 신분을 가진 사람이나 장사꾼이 신분이 높은 사람이나 손님에게 사용함. ¶어서 오~. [본]-비시오. ▷-읍쇼. 2 일부 종결 어미에 덧붙여, '합쇼' 할 상대에게 의문·평서의 뜻을 극히 공손하게 나타내는 종결 어미. ¶무엇을 드릴까~? / 제가 그랬는데~.

-ㅂ시다[-씨-] [어미] 모음이나 'ㄹ' 받침으로 끝나는 동사의 어간, 또는 어미 '-시-' 아래에 붙어, '하오' 할 상대에게 쓰는 종결 어미. 어간 끝 음절의 'ㄹ' 받침은 탈락됨. 1 함께 행동할 것을 요구하는 뜻을 나타냄. ¶함께 떠나~. 2 상대에게 무엇을 청하거나 허락을 구하는 뜻을 나타냄. ¶불 좀 빌리~. ▷-읍시다.

-ㅂ시사[-씨-] [어미] 모음이나 'ㄹ' 받침으로 끝나는 동사의 어간, 또는 어미 '-시-' 아래에 붙어, '바람[所望]'을 나타내는 합쇼체의 종결 어미. 어간 끝 음절의 'ㄹ' 받침은 탈락됨. 흔히 인용절로 안김. 예스러운 말투임. ¶저와 함께 가~ 하는 부탁을 올립니다. ▷-읍시사.

-ㅂ시오[-씨-] [어미] '-ㅂ쇼¹'의 본딧말. ¶…허리를 굽히며, "안녕히 다녀오~."라고 깍듯이 재우쳤다. 《현진건:운수 좋은 날》

-ㅂ죠[-죠-] [어미] '-ㅂ지요'의 준말. ¶공부를 꽤 잘하~. ▷-습죠.

-ㅂ지요[죠-] [어미] 모음이나 'ㄹ' 받침으로 끝나는 어간에 붙어, '합쇼' 할 상대에게 확실하다고 믿는 사실을 말할 때 쓰는 평서형 또는 의문형 종결 어미. 어간 끝 음절의 'ㄹ' 받침은 탈락됨. ¶내일 가~. [준]-ㅂ죠. ▷-습지요.

바¹ [명] 볏짚이나 삼, 칡, 합성 섬유류의 줄, 쇠줄 등으로 세 가닥을 지어 굵다랗게 드린 줄. [동]~ / 짐~ / ~로 동이다.

바² [명][음] 서양 음악의 7음 음계에서 넷째 음 이름. 영어로는 에프(F), 이탈리아 어로는 파(fa).

바³ [명][의존] ('-ㄴ', '-는', '-ㄹ' 뒤에 쓰여) 1 앞말의 내용 자체나 '방법', '일' 등을 뜻하는 말. ¶들은 ~를 이야기하다 / 어찌할 ~를 모르다. 2 ('바에(는, 야)'의 꼴로 쓰여) 어차피 그리되거나 그릴 경우를 뜻하는 말. ¶기왕 산에 온 ~에야 정상까지 올라가자. / 어차피 못 ను ~는 버리는 게 낫다.

바⁴(bar) [명] 1 [체] 높이뛰기·장대높이뛰기 등에서, 높이를 표시하기 위해 두 개의 기둥에 건너지르는 가로 막대. 2 ⇒스탠드바.

바⁵(bar) [명][의존] 압력의 단위. 1바는 1cm²에 대하여 100만 다인(dyn)의 힘이 작용할 때의 압력임. 기호는 bar.

바가지¹ [명] 1[자립] 물이나 장(醬), 곡식 등을 푸거나 담는 데 쓰는, 반구형의 그릇. 본래 박을 쪼개어 만든 것을 가리키나 요즘에는 플라스틱 제품이 더 널리 쓰이고 있음. [준]박. ×열바가지·열박. 2[의존] 물체의 분량을 그것이 담긴 바가지의 수로 헤아리는 말.. ¶

물 한 ~.
바가지(를) 긁다 〔구〕 아내가 남편에게 생활의 어려움에서 오는 불평·불만을 늘어놓으면서 잔소리를 하다.
바가지(를) 쓰다 〔구〕 **1** 요금이나 물건 값을 치르는 데 있어서 억울한 손해를 보다. **2** 화투 따위에서, 상대로부터 덤터기를 쓰다.
바가지(를) 씌우다 〔구〕 **1** 요금이나 물건 값을 치르는 데 있어서 억울한 손해를 보게 하다. **2** 화투 따위에서, 상대에게 덤터기를 씌우다.
바가지(를) 차다 〔구〕 재산이 거덜 나서 거지 신세가 되다. 〔비〕쪽박(을) 차다.
-바가지[2] 〔접미〕 일부 명사 뒤에 붙어, 그 일을 자주 하는 사람을 조롱하거나 얕잡아 이르는 말. ¶고생~/주책~.
바가지^공예(-工藝) 〔명〕 바가지 겉면에 조각을 하고, 물감을 칠하거나 인두로 지지거나 하는 공예.
바가지-요금(-料金) 〔명〕 실제보다 터무니없이 비싼 요금.
바가텔(㉣bagatelle) 〔명〕 〔음〕 가벼운 피아노 소곡. =단장(短章).
바각 〔부〕 작고 단단한 물건이 맞닿아서 나는 소리. 〔큰〕버걱. 〔센〕빠각. **바각-하다** 〔자〕〔타〕〔여〕
바각-거리다/-대다 [-꺼-] 〔자〕〔때〕〔여〕 바각 소리가 잇달아 나다. 또는, 그런 소리를 잇달아 내다. ¶호두 두 알을 손에 쥐고 ~. 〔큰〕버걱거리다. 〔센〕빠각거리다.
바각-바각 〔부〕 바각거리는 소리. 〔큰〕버걱버걱. 〔센〕빠각빠각. **바각바각-하다** 〔자〕〔타〕〔여〕 ¶바각바각하는 소리에 그만 잠이 깨었다.
바-걸(bar girl) 〔명〕 바에서 손님을 접대하는 여급(女給).
바게트(㉣baguette) 〔명〕 막대기 모양의 기다란 프랑스 빵.
바겐-세일(bargain sale) 〔명〕 어떤 상품을 특별히 정가보다 싸게 파는 일. ¶추석맞이 ~.
바구니 〔명〕 대나 싸리·버드나무 가지를 가늘게 쪼갠 채로 둥글게 결어 속이 깊고 밑이 평평하게 만든 용기(容器). ¶대~/~에 담다. ▷소쿠리.
바:구미 〔명〕〔동〕 딱정벌레목 바구밋과의 곤충. 몸길이 약 4mm. 몸은 갈색으로 길둥글고, 부리는 가늘고 길며 아래로 굽었음. 쌀·보리 등을 갉아 먹는 해충임.
바그라-뜨리다/-트리다 〔동〕〔타〕 바그라지게 하다. 〔큰〕버그러뜨리다. 〔센〕빠그라뜨리다.
바그라-지다 〔자〕 짜임새가 물러나면서 틈이 생기며 벌어지다. 〔큰〕버그러지다. 〔센〕빠그라지다.
바그르르 〔부〕 적은 물이나 거품이 넓게 퍼져 끓어오르는 소리. 또는, 그 모양. ¶냄비의 물이 ~/바그르르 바그르르. 〔센〕빠그르르. **바그르르-하다** 〔자〕〔여〕
바글-거리다/-대다 〔동〕〔자〕 **1** 적은 물이나 거품 따위가 넓게 퍼져 자꾸 일어나거나 끓어오르다. ¶주전자의 물이 **바글거리며** 끓다. **2** 사람·짐승·벌레 등이 한곳에 많이 모여 움직이다. ¶시장에 사람이 ~. **3** 마음이 쓰여 속이 타다. 〔큰〕버글거리다. 〔센〕빠글거리다.
바글-바글 〔부〕 바글거리는 모양. ¶찌개가 ~ 끓다/속을 ~ 썩이다. 〔큰〕버글버글. 〔센〕빠글빠글. **바글바글-하다** 〔동〕〔여〕
-바기 〔접미〕 '-배기'의 잘못.
바깥 [-깓] 〔명〕 일정한 구조물이나 테두리 안에 속하지 않고 그것을 벗어난 공간. ¶추운 ~ 날씨/~에 나가다/공이 선 ~으로 나가다.
바깥-공기(-空氣) [-깓꽁-] 〔명〕 외부 세계의 분위기나 움직임을 비유하여 이르는 말. ¶~가 심상치 않다.
바깥-나들이 [-깐-] 〔명〕 =나들이.
바깥-날 [-깐-] 〔명〕 방 안이나 집 안에서 바깥의 날씨를 이르는 말. ¶~이 몹시 차다.
바깥-노인(-老人) [-깐-] 〔명〕 한 집안의 남자 노인. ↔안노인.
바깥-뜰 [-깐-] 〔명〕 집 바깥쪽에 있는 뜰. ↔안뜰.
바깥-마당 [-깐-] 〔명〕 대문 밖에 있는 마당. ↔안마당.
바깥-문(-門) [-깐-] 〔명〕 **1** 대문 밖에 또 있는 문. **2** 겹문의 바깥쪽에 있는 문. ↔안문.
바깥-바람 [-깐빠-] 〔명〕 (시원하거나 차게 느껴지는) 집 바깥의 공기나 바람. ¶~이 찬데 왜 나와 있니?
바깥바람을 쐬다 〔구〕 집 밖으로 나가 머리를 식히거나 기분 전환을 하다. 또는, 외국에 나가 새로운 풍물을 경험하다. ¶너무 방 안에만 틀어박혀 있지 말고 **바깥바람을** 좀 **쐬고** 와라.
바깥-방(-房) [-깐빵] 〔명〕 바깥채에 딸린 방.
바깥-벽(-壁) [-깐뼉] 〔명〕 바깥쪽의 벽. =외벽. 〔준〕밭벽. ↔안벽.
바깥-부모(-父母) [-깐뿌-] 〔명〕 ['늘 밖의 일을 보는 부모'라는 뜻] 아버지를 이르는 말. =바깥어버이. 〔준〕밭부모. ↔안부모.
바깥-사돈(-査頓) [-깐싸-] 〔명〕 사위 또는 며느리의 친아버지를 양쪽 사돈집에서 서로 이르는 말. 〔준〕밭사돈. ↔안사돈.
바깥-사람 [-깐싸-] 〔명〕 '남편'을 예사롭게 이르는 말. ↔안사람.
바깥-상제 [-喪制] [-깐쌍-] 〔명〕 남자 상제. 〔준〕밭상제. ↔안상제.
바깥-세상(-世上) [-깐쎄-] 〔명〕 **1** 군대·교도소·벽촌 등과 같이 격리된 곳에서, '일반 사회'를 이르는 말. ¶외딴섬에 살고 있으니 ~이 어떻게 돌아가는 줄 모른다. **2** 자기 나라 밖의 세상.
바깥-소리 [-깐쏘-] 〔명〕〔음〕 다성(多聲) 악곡에서 최고와 최저의 성부(聲部). ↔안소리.
바깥-소문(-所聞) [-깐쏘-] 〔명〕 집 밖이나 집단 밖에서 떠도는 소문. =외문(外聞).
바깥-소식(-消息) [-깐쏘-] 〔명〕 밖의 일에 관한 소식.
바깥-손님 [-깐쏜-] 〔명〕 남자 손님. 특히, 바깥주인을 찾아온 손님. 요즘에는 잘 쓰지 않는 말임. ↔안손님.
바깥-식구 [-깐씩꾸] 〔명〕 한 집안의 남자 식구. ↔안식구.
바깥-심부름 [-깐씸-] 〔명〕 **1** 바깥일에 관한 심부름. **2** 바깥주인이 시키는 심부름. ↔안심부름. **바깥심부름-하다** 〔동〕〔여〕
바깥-양반(-兩班) [-깐냥-] 〔명〕 그 집의 남자 주인 또는 남편을 다소 대접하거나 스스럼없이 이르는 말.
바깥-어른 [-깐-] 〔명〕 '바깥주인'의 높임말.
바깥-일 [-깐닐] 〔명〕 **1** 집 밖에서 주로 남자들이 하는 일. ↔안일. **2** 집 밖에서 일어나는 일. ¶집 안에만 있으니 ~을 통 알 수가 없다. **3** 집안 살림 이외의 일. ¶요즘은 ~에 바빠 집안을 돌보지 못했다.
바깥-주인(-主人) [-깓쭈-] 명 그 집의 남자 주인. 또는, 남편. 준밭주인. 높바깥어른. ↔안주인.
바깥-지름 [-깓찌-] 명 관(管) 등의 바깥쪽에서 잰 지름. =외경(外徑). ↔안지름.
바깥-짝 [-깓-] 명 1 일정한 거리에서 더 벗어난 곳. 2 안팎의 두 짝에서 바깥쪽 짝. ↔안짝.
바깥-쪽 [-깓-] 명 바깥으로 향하는 쪽. =외방(外方)·외측(外側). 준밭쪽. ↔안쪽.
바깥-채 [-깓-] 명 안팎 각 채로 된 집의, 바깥에 있는 채. ↔안채.
바깥-출입(-出入) [-깓-] 명 바깥에 나다니는 일. ¶그 여자는 요즘 화장이 짙어지고 ~이 잦아졌다. 바깥출입-하다 동자여
바깥-치수(-數) [-깓-] 명[건] 바깥쪽으로 잰 길이의 치수. ↔안치수.
바께쓰 명〈일〉バケツ〉명〈<bucket〉'양동이'로 순화.
바꾸다 동타 1 (어떤 사람이 자기가 가진 물건이나 자기에게 속한 것을 상대가 가진 물건이나 상대에게 속한 것과 [으로]) 서로 주고받다. 비맞바꾸다·엇바꾸다·교환하다. ¶수표를 현금으로 ~ / 철호는 순희와 자리를 **바꾸어** 앉았다. 2 (어떤 것이나 대상을 다른 물건이나 대상으로) 대신 있게 하거나 구실을 하게 하다. 비갈다·교체하다·대체하다·대치하다. ¶라디오의 건전지를 새것으로 ~ / 대통령은 장관을 새 인물로 **바꾸었다**. 3 (어떤 대상의) 내용이나 상태가 다른 것이 되게 하다. ¶계획을 ~ / 머리 모양을 ~. 4 (피륙이나 쌀 따위를) 돈을 주고 사다. ¶장에 비단을 **바꾸러** 가다.
바꿔 말하면 구 다른 말로 나타내면.
바꿈-질 명 물건과 물건을 바꾸는 짓. 바꿈질-하다 동자여
바뀌다 동자 '바꾸다1·2·3'의 피동사. ¶자리가 ~ / 신발이 ~.
바나나(banana) 명 1 [식] 파초과의 상록 여러해살이풀. 높이 3~10m. 잎은 긴 타원형이고, 초여름에 엷은 황색의 꽃이 핌. 열매는 초승달 모양의 긴 타원형으로, 익으면 누른빛이 됨. 열대 지방 원산임. 2 1의 열매. 맛과 향기가 좋음.
바나나-킥(↑banana kick) 명[체] 축구에서, 공이 휘어서 날아가도록 차는 일.
바나듐(vanadium) 명 은회색의 금속 원소. 원소 기호 V, 원자 번호 23, 원자량 50.942. 철에 섞으면 강도가 증가하므로 특수강을 만드는 데에 쓰임.
바누아투(Vanuatu) 명[지] 남태평양에 위치한 공화국. 수도는 포트빌라.
바느-질 명 바늘로 옷 따위를 짓거나 꿰매는 일. =침선(針線). 바느질-하다 동자타
바느질-감 [-깜] 명 바느질할 옷이나 옷감 따위.
바느질-삯 [-싹] 명 바느질에 대한 공전(工錢). =바느질값·침공(針工).
바느질-자 [-짜] 명 바느질에 쓰는 자. =침척(針尺)·포백척.
바느질-품 명 바느질로 생계를 삼는 품팔이. ¶~을 팔아서 먹고살다.
바늘 명 [1] 자연 1 한쪽 끝의 구멍에 실을 꿰어 옷을 짓거나 천으로 된 물건을 꿰매는 데 쓰는, 가늘고 끝이 뾰족한 쇠. 세는 단위는 개·쌈(24개). =침자. 2 모양 또는 용도가 1과 비슷한 물건의 총칭. 뜨개질바늘, 돗바늘, 망 뜨는 바늘 따위. 3 시계·나침반·저울·계기판 등에서, 눈금을 가리키는 가늘고 긴 물건. ¶시계의 ~이 10시를 가리키다. [2]의존 찢어지거나 쨴 살갗이나 조직을 외과 치료로 꿰맬 때, 바늘땀의 수를 세는 단위. ¶이마가 찢어져 다섯 ~을 꿰맸다.
[**바늘 가는 데 실 간다**] 밀접한 관계가 있는 것은 서로 따른다. [**바늘 도둑이 소도둑 된다**] 작은 나쁜 짓도 자꾸 되풀이하게 되면, 나중에는 큰일을 저지르게 된다. [**바늘로 찔러도 피 한 방울 안 난다**] 지독한 구두쇠를 이르는 말.
바늘-겨레 명 헝겊 속에 솜이나 머리카락을 넣어 바늘을 꽂게 만든 물건. =바늘방석.
바늘-구멍 [-꾸-] 명 1 바늘로 뚫은 작은 구멍. 2 바늘귀만 한 작은 구멍. 3 =바늘귀.
[**바늘구멍으로 황소바람 들어온다**] 추울 때는 작은 구멍으로 들어오는 바람도 몹시 차다.
바늘구멍 사진기(-寫眞機) [-꾸-] 명[물] 두 개의 상자를 짜 맞추어 겉 상자에는 작은 바늘구멍을 뚫고, 속 상자에는 간유리를 붙여 물체의 상을 볼 수 있게 만든 장치. =핀홀 카메라.
바늘-귀 [-뀌] 명 바늘의 위쪽 끝에 뚫려 있는, 실을 꿰는 구멍. =바늘구멍.
바늘-꽂이 명 바늘을 쓰지 않을 때 꽂아 두는 물건.
바늘-땀 명 바느질에서, 실을 꿴 바늘이 바느질감에 들어갔다 나오면서 겉에 남겨진 실의 흔적. 비땀. ¶~이 촘촘하다[고르다] / ~ 사이의 간격을 0.5cm 정도가 되게 하다.
바늘-밥 [-빱] 명 바느질할 때, 더 쓸 수 없을 만큼 짧게 된 실 동강.
바늘-방석(-方席) 명 1 =바늘겨레. 2 앉아 있기에 불안한 자리를 비유하여 이르는 말.
[**바늘방석에 앉은 것 같다**] 자리에 그대로 있는 것이 매우 불안하고 거북하다.
바늘-허리 명 바늘의 가운데 부분.
바니시(varnish) 명[화] 투명한 피막(被膜)을 형성하는 도료. 천연 또는 합성수지를 용매에 녹여 만듦. =니스.
바닐라(vanilla) 명[식] 난초과의 여러해살이 덩굴풀. 다 자라면 땅속뿌리는 말라 죽고, 공기뿌리로 살아감. 열매는 다육질이며, 익지 않은 열매를 발효시켜 바닐린을 채취함.
바닐린(vanillin) 명 바닐라의 익지 않은 열매를 발효시켜 얻는, 무색의 침상(針狀) 결정. 달콤한 향내가 나므로 식품의 향료, 특히 아이스크림 등에 널리 쓰임.
바다 명 1 지구 표면의 4분의 3에 가까운 면적을 덮고 있는, 짠 상태의 물. 크게 대양과 부속해로 나뉨. ¶푸른 ~ / 잔잔한 ~. 2 (일부 명사와 합성어를 이루어) 그 명사가 나타내는 물질이나 현상이 매우 넓게 퍼져 있는 상태를 비유적으로 이르는 말. ¶피~ / 불~ / 물~ / 울음~. 3 [천] 달·화성 표면의 검게 보이는 부분.
[**바다는 메워도 사람의 욕심은 못 채운다**] 사람의 욕심은 한이 없다.
바다-거북 명[동] 파충류 바다거북과의 한 종. 등딱지는 길이 1m 안팎의 심장 모양이며, 6~7월경 밤에 해안 근처에 90~170개의 알을 낳음. 지방은 비누의 원료로 쓰임.
바다-낚시 [-낙씨] 명 바다에서 물고기를 낚는 일. ↔민물낚시.

바다-색(-色) 명 바닷물의 빛깔처럼 녹색을 약간 띤 파란 색깔.

바다-수세미 명(동) 육방해면의 해면동물. 몸은 수세미와 비슷한 원통형이며, 모래·진흙 등에 붙어 있음. 위강(胃腔) 속에 새우 1쌍이 살고 있음. =해로동혈.

바다-짐승 명 바다에 서식하는 짐승. 물개·고래·강치 따위. =해수(海獸).

바다-코끼리 명(동) 포유류 바다코끼릿과의 한 종. 몸길이 약 3.5m, 몸무게 약 3톤. 피부는 두껍고 주름이 많으며, 다갈색 털이 드문드문 나 있음. 엄니가 길어 코끼리와 비슷하며, 네 다리는 지느러미 모양이나 걸을 수 있음. =해마(海馬)·해상(海象).

바다-표범(-豹) 명(동) 포유류 바다표범과에 속하는 바다짐승의 총칭. 물개와 비슷하나 귓바퀴가 없으며, 온몸에 억센 털이 나 있음. 지느러미 모양의 뒷다리를 움직여서 헤엄치며, 땅 위에서는 기어 다님. 수컷 한 마리가 여러 마리의 암컷을 거느림. =물범·해표(海豹).

바닥 명 1 일반적으로 사람의 발 아래에 위치하는, 평평한 넓이를 이룬 부분. ¶방~/길~/~이 보이는 맑은 시냇물. 2 물질을 담는 그릇이나 용기(容器)의, 안쪽 맨 아래의 평평한 면. ¶밥그릇을 ~까지 핥다. 3 일이나 소비할 수 있는 물건이 다 없어진 판. ¶돈이 ~이 나다. 4 발에 신는 물건의, 지면에 닿는 평평한 부분. ¶양말 ~/구두 ~. 5 (신체 부위를 나타내는 일부 명사와 결합하여) 비교적 평평한 넓이를 이루는 부분을 이르는 말. ¶발~/손~/혓~. 6 (일부 명사와 결합하여) 그 명사가 가리키는 지역 또는 장소를 가리키는 말. ¶시장 ~/그 ~에서는 한가락 하던 사람이다. 7 피륙의 짜임새가 드러나는 면. ¶이 모시는 ~이 곱다. 8[광] 감흙 층 밑에 깔려 있는 굳은 층. 9[경] 주가(株價) 따위의 시세가 크게 내려서 낮은 수준에 있는 상태. 또는, 주가 따위의 시세가 하락하다가 다시 상승하기 직전의 상태. ¶~시세. ⇔천장.

바닥(이) 드러나다 관 1 다 소비되어 동이 나게 되다. 2 숨겨져 있던 정체가 드러나다.

바닥(을) 보다 관 1 밑천이 다 없어지다. 2 (어떤 일의) 끝장을 보다.

바닥 첫째 관 '꼴찌'를 비유는 말.

바닥-권(-圈) [-꿘] 명 주가 따위의 시세 또는 성적 등이 더 이상 내려가기 어려울 만큼 낮은 상태에 있는 범위.

바닥-나다 [-당-] 자 (돈이나 물건이) 다 소비되어 없어지다. ¶**바닥난** 쌀통/일거리가 ~/자본이 ~.

바닥-내다 [-당-] 타 (돈이나 물건을) 가지거나 있던 만큼을 다 써 버리다.

바닥-상태(-狀態) [-쌍-] 명(물) 어떤 양자역학적인 계(系)의 정상 상태 중에서, 에너지가 가장 낮고 안정된 상태. =기저 상태(基底狀態). ↔들뜬상태.

바닥-세(-勢) [-쎄] 명 더 이상 내려가기 어려울 만큼 낮은 상태에 있는 시세. =바닥시세. ¶주가가 연중 최저의 ~를 보이다.

바닥-쇠 [-쐬/-쒜] 명〈속〉1 벼슬이 없는 양반. 2 그 지방에서 오래전부터 사는 사람.

바닥-시세(-時勢) [-씨-] 명 =바닥세.

바닥-재(-材) [-째] 명 건물의 바닥에 쓰는 건축 재료.

바닥-표(-票) 명 선거에서, 다수를 이루는 일반 서민층의 표. ¶~를 공략하다[훑다].

바-단조(-短調) [-쪼] 명[음] 으뜸음이 '바'인 단조.

바닷-가 [-다까/-닫까] 명 바닷물과 땅이 서로 닿는 곳. =해안가.

바닷-가재 [-다까-/-닫까-] 명(동) 바다에 사는 가재의 총칭. 5쌍의 다리와 2쌍의 긴 더듬이가 있으며 맨 앞의 다리는 커다란 집게발임. 흔히, 고급 요리로 식용됨. =로브스터.

바닷-고기 [-다꼬-/-닫꼬-] 명 =바닷물고기.

바닷-길 [-다낄/-닫낄] 명 배를 타고 바다를 통해 가는 길.

바닷-말 [-단-] 명[식] =해조(海藻)⁴. 준말.

바닷-모래 [-단-] 명 바다에서 나는 모래.

바닷-물 [-단-] 명 바다에 있는 물. 짠맛이 있음. =해수·해수(海水). ↔민물.

바닷-물고기 [-단-] 명 바다에서 사는 물고기. =바닷고기·짠물고기. ↔민물고기.

바닷물-조개 [-단-쪼-] 명 바닷물에서 사는 조개. ⇒방~조개. ↔민물조개.

바닷-바람 [-다빠-/-닫빠-] 명 =해풍(海風).

바닷-사람 [-다싸-/-닫싸-] 명 배를 타고 바다에서 일하는 사람.

바닷-새 [-다쌔/-닫쌔] 명 바닷가에서 물기나 조개 등을 잡아먹고 사는 새. =해조(海鳥).

바닷-소리 [-다쏘-/-닫쏘-] 명 바다에서 물결치는 소리.

바대 명 홑적삼·고의 등의 잘 해지는 부분에 안으로 덧대는 헝겊 조각. ¶~를 대다.

바동-거리다/-대다 동(자타) 1 (자빠지거나 주저앉거나 매달려서) 팔다리를 내저으며 몸을 자꾸 움직이다. 2 힘에 겨운 처지에서 벗어나려고 바득바득 애를 쓰다. 큰버둥거리다.

바동-바동 부 바동거리는 모양. 큰버둥버둥. ×바동바동. **바동바동-하다** 동(자타).

바둑¹ 명 1 두 사람이 검은 돌과 흰 돌을 나누어 가지고 가로세로 각 19줄의 직선을 그은 판 위에 번갈아 돌을 한 점씩 두어, 집을 많이 차지함을 겨루는 놀이. =오로·혁기. ¶~을 두다. 2 '바둑돌'의 준말.

바둑² →바둑이.

바둑-돌 [-똘] 명 바둑을 둘 때 쓰는 동글납작한 돌. 검은 것과 흰 것의 두 가지가 있음. =기석(棋石)·기자(棋子)·바둑알. 준바둑·돌.

바둑-무늬 [-둥-니] 명 바둑판처럼 두 가지 빛깔의 네모진 점을 엇바꾸어 놓은 무늬. ¶~ 재킷.

바둑-알 명 =바둑돌.

바둑-이 명 검은 점과 흰 점이 바둑무늬 모양으로 섞인 개. 또는, 그런 개의 이름.

바둑-판(-板) 명 바둑을 두는 판. 가로세로 각각 열아홉 줄이 그어져 있음. =기반(棋盤).

바둑판-같다(-板-) [-간따] 형 얼굴이 몹시 얽은 모양을 속되게 이르는 말.

바둑판-무늬(-板-) [-니] 명 네모반듯한 사각형이 상하 좌우로 연결된, 바둑판 모양을 이룬 무늬.

바둥-바둥 부 '바동바동'의 잘못.

바드득 부 1 단단하고 질기거나 반드라운 물

건을 되게 비빌 때에 나는 소리. ¶이를 ~ 갈다. 2 무른 똥을 힘들여 눌 때에 나는 소리. ㉢부드득. ㉑빠드득. ㉠파드득. **바드득-하다** 통(자)여

바드득-거리다/-대다[-껴(때)-] 통(자)타 잇달아 바드득 소리가 나다. 또는, 그런 소리를 자꾸 내다. ㉢부드득거리다. ㉑빠드득거리다/빠드득대다.

바드득-바드득[-빠-] 튀 바드득거리는 소리. ¶이를 ~ 갈다. ㉢부드득부드득. ㉑빠드득빠드득. ㉠파드득파드득. **바드득바드득-하다** 통(자)(타)여

바드름-하다 형여 밖으로 약간 벋은 듯하다. ¶송곳니가 ~. 춘바듬하다. 큰버드름하다. ㉑빠드름하다. **바드름-히** 튀

바득-바득[-빠-] 튀 1 억지스럽게 자꾸 우기거나 조르는 모양. ¶~ 대들다/제가 옳다고 ~ 우기다. 큰부득부득. 2 악착스럽게 애쓰는 모양.

바들-바들 튀 몸을 좀 작게 떠는 모양. ¶추워서 몸을 ~ 떨다. 큰부들부들. ㉠파들파들. **바들바들-하다** 통(자)(타)여

바듯-하다[-드타-] 형여 1 꼭 맞아서 빈틈이 없다. 2 겨우 정도에 미칠 만한 상태에 있다. ¶한 달 먹을 양식이 ~/뛰어야 출근 시간에 바듯하게 닿겠다. ㉑빠듯하다. **바듯-이** 튀

바디¹ 명 베틀·방직기·가마니틀 등에 딸린 기구의 하나. 대오리·나무·쇠 따위로 만들어 베 또는 가마니의 날에 씨를 쳐서 짜는 구실을 함.

바디² 명 [음] 판소리에서, 명창(名唱)이 한 마당 전부를 음악적으로 절묘하게 다듬어 놓은 소리. ▷더늠.

바디-질 명 베·가마니를 짤 때 바디를 움직이는 일. **바디질-하다** 통(자)여

바따라-지다 형 음식의 국물이 바특하고 맛이 있다. ¶바따라진 된장찌개.

바'라¹ 명 '파루(罷漏)'의 변한말.

바라²(哱囉) 명 ['哱'의 본음은 '발'] [음] = 나각(螺角).

바라다 타 1 (어떤 일이나 상태를) 이루어지거나 그렇게 되었으면 하고 생각하다. ¶동생이 시험에 합격하기를 ~/어머니 건강이 회복되기를 ~. 2 (무엇을) 얻거나 가졌으면 하고 생각하다. ¶난 뭘 **바라고** 널 도운 게 아니다. ×바래다.

바라다-보다 통 얼굴을 바로 향하고 쳐다보다. ㉡바라보다. ¶그는 아이들이 노는 모습을 물끄러미 **바라다보았다**.

바라밀다(波羅蜜多) [-따] 명 [<Pāramitā] [불] (태어나고 죽고 하는 현실의 괴로움으로부터 번뇌와 고통이 끊어지는 경지인 피안(彼岸)으로 건넌다는 뜻) 보살의 수행. 춘바라밀.

바라-보다 통(타) 1 (어떤 대상을) 똑바로 향하여 보다. ㉡바라다보다. ¶앞만 **바라보고** 걷다/창밖을 물끄러미 ~. 2 (사람이 세계나 현실을) 어떠하게 관찰하거나 관조하다. ¶부조리한 세계를 **바라보는** 작가의 눈. 3 (바람직하거나 희망적인 상태나 일을) 상당한 가능성과 기대를 가지고 기다리다. ¶대회에서 우승을 ~. 4 (어떤 나이나 시점 따위를) 머지않아 맞게 되다. ¶나이 50을 ~.

바라보-이다 통 '바라보다'의 피동사. ¶멀리 **바라보이는** 건물이 우리 학교다.

바라지¹ 명 음식이나 옷을 대 주는 등 여러 가지로 돌보아 주는 일. ¶옥(獄)~/뒷~/자식 ~. **바라지-하다** 통(타)여

바라지² 명 [건] 햇빛을 받아들이기 위하여 바람벽의 위쪽에 낸 작은 창. =바라지창.

바'라-지다 I 통(재) 1 갈라져서 사이가 뜨다. 2 활짝 퍼져서 넓게 열리다. ¶꽃송이가 ~. 3 (남자의 어깨나 가슴 따위가) 옆으로 퍼지어지다. ¶가슴이 딱 ~. ⑤벌어지다.
Ⅱ 형 1 그릇이 속은 얕고 위가 납작하여 바드름하다. ¶바라진 대접. 2 도량이 좁고 포용력이 적다. 3 나이에 비하여 너무 성숙해 순진한 맛이 없다. ㉡되바라지다. ¶바라진 아이.

바'라-춤 명 [불] 법당의 불전에서 재를 올릴 때 양손에 바라를 들고 추는 춤.

바라크(baraque) 명 = 막사(幕舍)2.

바락 튀 성이 나거나 하여 갑자기 기를 쓰는 모양. ¶~ 소리를 지르다/~ 성을 내다. 큰버럭.

바락-바락[-빠-] 튀 성이 나거나 하여 자꾸 기를 쓰는 모양. ¶~ 악을 쓰다/~ 소리를 지르며 대들다. 큰버럭버럭.

바란스(ㄴバランス) 명 [<balance] '밸런스'로 순화.

바람¹ 명 1 기압의 차에 의해 지구 표면에 생기는 공기의 흐름. ¶강~/산~/회오리~/시원한 ~이 불다/~이 일다. ▷기류. 2 선풍기·부채 등과 같은 인공적 기구에 의해 일어나는 공기의 흐름. ¶선풍기 ~을 쐬다. 3 공이나 튜브 등에 넣는 공기. ¶그 속에 들어 있는 공기. ¶자전거 바퀴에 ~을 넣다/~ 빠진 공/타이어가 펑크가 나 ~이 새다. 4 (주로, '나다', '피우다'와 함께 쓰여) 주로 유부녀나 유부남이 배우자 이외의 이성과 정을 맺는 관계에 빠져 있는 상태. 또는, 지난날 처녀가 연애에 빠져 있는 상태를 부정적인 뜻으로 이르던 말. ¶남편 몰래 ~을 피우는 주부/~이 난 동네 처녀. 5 허황한 생각으로 들떠 있는 상태. 또는, 그것을 자꾸 부추기는 일. ¶갑순이는 서울에 가면 얼마든지 돈을 벌 수 있다면서 친구에게 ~을 집어 넣었다. 6 사회적으로 급격하게 일고 있는 어떤 기운이나 움직임. ¶투기 ~/대기업에 감원 ~이 분다. 7 작은 일을 크게 벌리는 기세나 기운. ㉡허풍. ¶그 친구는 ~이 세다. 8 '풍병'의 속칭. ¶한약으로 ~을 다스리다.

[**바람 앞의 등불**] [언제 꺼질지 모르는 바람 앞의 등불처럼] 사물이 매우 위태로운 처지에 놓여 있음을 비유하여 이르는 말. '풍전등화(風前燈火)'와 같은 말.

바람(을) 넣다 ㉠ 남을 부추겨서 무슨 행동을 하려는 마음이 생기게 만들다. ¶왜 얌전히 공부하는 아이에게 자꾸 **바람을 넣느냐**?

바람(이) 들다 ㉠ 1 (무 따위가) 물기가 빠져 푸석푸석하게 되다. ¶무에 ~. 2 허황한 생각이 마음에 차다. 3 다 되어 가는 일에 탈이 생기다.

바람(을) 쐬다 ㉠ 기분 전환을 위하여 바깥이나 딴 곳을 거닐거나 다니다.

바람(이) 자다 ㉠ 1 불던 바람이 그치다. 2 들떴던 마음이 가라앉다.

바람(을) 잡다 ㉠ 1 마음이 들떠 돌아다니다. 2 허황한 짓을 꾀하다.

바람² 명 어떤 일이 이루어지기를 바라는 것. ¶우리의 ~은 하루빨리 남북통일을 이룩하

어법 조국 통일을 위한 우리의 바램:바램(×)→바람(○). ➡ 동사 '바라다'에 명사를 만드는 접사 '-ㅁ'이 붙은 꼴임.

바람³ (의존) 실·새끼 등의 한 발쯤 되는 길이. ¶실 두 ~ / 세 ~ 의 새끼.

바람⁴ (의존) 1 ('그 바람에' 또는 '-는 바람에'의 꼴로 쓰여) 앞에 오는 말이 나타내는, 뜻하지 않은 일로 인한 영향임을 나타내거나, 또는 그 일과 더불어 다른 일이 어쩔 수 없이 일어나는 상태임을 나타내는 말. ¶길이 막히는 ~에 늦었다. / 넘어지는 ~에 허리를 다쳤다. 2 (차림을 나타내는 일부 명사 뒤에 쓰여) 차릴 것을 제대로 차리지 않고 나서는 차림새임을 나타내는 말. ¶잠옷 ~으로 밖엘 나오다.

바람-개비 명 1 댓조각이나 얇은 나뭇조각을 깎거나 종이로 접어서 만든 날개를 손잡이 자루에 꽂아, 바람을 마주하거나 손에 쥐거나 입에 물고 뛰면 날개가 돌도록 되어 있는 아이들의 놀잇감. =팔랑개비·풍차. 2 =풍향계.

바람-결[-껼] 명 1 일정한 방향으로 부는 바람의 움직임. ¶옷자락이 ~에 나부끼다. 2 (주로 '바람결에 듣다[들리다]'의 꼴로 쓰여) 소식을 알려 주는 우연한 기회. 町풍편(風便). ¶~에 그 사람이 결혼했다는 말을 들었다.

바람-고다리 명 '바람꼭지'의 잘못.
바람-구멍[-꾸-] 명 뚫거나 뚫려 바람이 통하는 구멍.
바람-기(-氣)[-끼] 명 1 바람이 부는 기운. ¶~이 있는 흐린 날씨. 2 복잡한 이성 관계(異性關係)를 가지거나 그 상태를 자주 바꾸는 기질. 町끼. ¶~가 있는 남자.
바람-꼭지[-찌] 명 튜브의 바람을 넣는 구멍에 붙어 있는 꼭지.
바람-꽃[-꼳] 명 큰 바람이 일어나려고 할 때, 먼 산에 구름같이 끼는 뽀얀 기운.
바람-꾼 명 '바람둥이'의 잘못.
바람-나다 동(자) 1 (어떤 사람이) 이성과 사랑에 빠지거나 정을 통하거나 하여 마음이 들뜬 상태가 되다. 부정적으로 이르는 말임. ¶**바람난** 처녀[남편]. 2 하는 일에 능률이 한창 나다.
바람-둥이 명 여러 명의 이성(異性)과 자주 또는 쉽게 교제를 가지거나 연애 관계를 맺는 경향이 강한 사람. =바람쟁이·풍객(風客). ×바람꾼·바람둥이.
바람-떡 명 '개피떡'의 잘못.
바람-막이 명 1 바람을 막는 일. 町방풍(防風). 2 바람을 막는 물건. **바람막이-하다** 동(자)(여).
바람만-바람만 부 바라보일 만한 정도로 뒤에 멀리 떨어져서 따라가는 모양. ¶길 떠나는 임의 뒤를 ~ 따라가다.
바람-맞다[-맏따] 동(자) 1 풍병에 걸리다. 2 상대가 만날 약속을 지키지 않아 헛걸음하다. ¶여자한테 ~.
바람-맞이 명 위치상 바람이 잘 부는 곳. 또는, 바람을 맞는 쪽에 있는 위치. ¶감을 꼬챙이에 꿰어서 처마 끝 ~에 걸어서 말리다 / 텐트를 칠 때 그 입구는 ~를 피하는 게 좋다.
바람맞-히다[-마치-] 동(타) '바람맞다2'의 사동사.
바람-받이[-바지] 명 바람을 맞받거나 몹시 받는 곳. ¶언덕의 ~에 있는 집.
바람-벽(-壁)[-뼉] 명 [건] 방을 둘러막은 둘레의 벽. ¶~에 등을 기대다.
바람-서리 명 폭풍우로 인해 농업·어업 등이 받는 피해.
바람-세(-勢) 명 바람이 부는 기세. 町풍력(風力). ¶거칠던 ~가 한풀 꺾이다.
바람-잡이 명 치기배나 야바위꾼 등의 한통속으로서, 옆에서 바람을 넣어 남의 얼을 빼는 구실을 하는 사람.
바람직-스럽다[-쓰-따] 형(비)(<-스러우니, ~스러워) 바람직한 데가 있다. **바람직스레** 부.
바람직-하다[-지카-] 형(여) 바랄 만한 가치가 있다. ¶**바람직한** 교사상(教師像).
바람-피우다 동(자) (배우자가 있는 사람이) 배우자 몰래 다른 이성과 연애를 하거나 정을 통하거나 하다. ¶아내 몰래 ~.
바:랑 명[불] 승려가 등에 지고 다니는 자루 같은 큰 주머니. =걸망·중바랑. 원발낭(鉢囊).
바:래다¹ ①(자) 볕이나 습기를 받아 색이 변하다. ¶색이 **바랜** 저고리 / **빛바랜** 사진. ②(타) 빨래 등을 볕에 쬐어 희게 하다. ¶광목을 ~.
바래다² 동(타) 가는 사람을 중도까지 배웅하다. ¶손님을 터미널까지 **바래** 드리다.
바래다³ 동(타) '바라다'의 잘못.
바래다-주다 동(타) 가는 사람을 중도까지 배웅하여 주다. ¶친구를 역까지 ~.
바램 '바람⁴'의 잘못.
바:랭이 명[식] 볏과의 한해살이풀. 7~8월에 꽃이 핌. 길가나 밭에 흔히 나는 잡초로, 가축의 사료나 거름으로 쓰임.
바레인(Bahrain) 명[지] 아시아 남서부 페르시아 만에 있는, 8개의 섬으로 이루어진 토후국. 수도는 마나마.
바로 Ⅰ 부 1 굽거나 비뚤지 않고 곧게. ¶선을 ~ 긋다 / 앉는 자세를 ~ 하다. 2 사실이나 진실과 다르거나 어긋남이 없이 그대로. ¶그가 숨은 곳을 ~ 대라. 3 사리나 진리, 도리 등에 어그러지지 않게. ¶마음을 ~ 가지다 / 답을 ~ 맞히다. 4 일정한 격식이나 규정 등에 맞게. ¶옷을 ~ 입다. 5 머뭇거리거나 질질 끌지 않고 곧. ¶학교가 파하자마자 ~ 집에 왔다. 6 시간적으로 거의 같은 때이거나 공간적으로 아주 가까운 데임을 나타내는 말. ¶우리 집은 학교 ~ 옆에 있다. 7 다른 것이 아니라 곧. ¶저분이 ~ 우리 선생님입니다.
Ⅱ 감 제식 훈련 시 구령의 하나. 취했던 동작에서 본디 자세로 돌아가라는 말.
바로미터(barometer) 명 1 [물] =기압계. 2 사물의 수준이나 상태를 아는 데 기준이 되는 것. ¶GNP는 그 나라 경제력의 ~이다.
바로-바로 부 그때그때 곧. ¶할 일을 ~ 해치우다.
바로-잡다[-따] 동(타) 1 (굽거나 비뚤어진 것을) 곧게 하다. ¶비뚤어진 줄을 ~ / 자세를 ~. 2 (잘못된 것을) 올바르게 고치다. ¶마음을 ~ / 오자(誤字)를 ~.
바로잡-히다[-자피-] 동(자피) '바로잡다'의 피동사. ¶체계가 ~ / 질서가 ~.
바로크(㉯baroque) 명 ['불규칙한 모양의 진주'라는 뜻] [예] 16세기 말에서 18세기 중엽에 걸쳐 유럽에서 성행한 예술 양식. 르네상스 양식의 규제와 조화에 대한 파격적이고 감각적 효과를 노린 동적(動的)인 표현을 특징으로 함. ¶~ 미술 / ~ 음악.

바루다 [동](타) 비뚤어지지 않도록 바르게 하다. ¶김 첨지는 앓는 이의 뺨을 한 번 후려갈겼다. 좁든 눈은 조금 **바루어졌건만** 이슬이 맺히었다.《현진건: 운수 좋은 날》

바륨(barium) [명] 은백색의 연한 금속 원소. 원소 기호 Ba, 원자 번호 56, 원자량 137.34. 열을 가하면 녹색의 불꽃을 내면서 타며, 합금 재료로 쓰임.

바르다¹ [동](타)〈바르니, 발라〉 1 (액체나 분말 또는 무른 고체 상태의 물질을 물체의 표면에) 일정한 넓이에 걸쳐 손이나 도구로 문지르거나 닿게 하여 입혀지게 하다. 색칠하다·칠하다. ¶문에 페인트를 ~ / 상처에 약을 ~ / 입술에 루주를 ~ / 빵에 버터를 ~. 2 (풀칠이 되어 있는 종이나 헝겊 따위를 물체의 표면에) 고루 붙게 하다. [비]붙이다. ¶천장에 벽지를 ~.

바르다² [동](타)〈바르니, 발라〉 1 (생선의 가시나 뼈나 살 등을) 어떤 도구나 수단으로 몸체에서 따로 떼다. ¶생선의 가시를[살을] 젓가락으로 ~. 2 (과일의 씨나 밤 따위의 열매를) 과일의 살에서 분리하거나, 껍질을 벗겨 내다. ¶수박의 씨를 ~.

바르다³ [형](타)〈바르니, 발라〉 1 ~ (어떤 행동이나 자세, 물체가 놓인 상태 등이) 기준에서 벗어남이 없거나, 표준적인 상태에 있다. ¶**바른** 자세 / 글씨를 **바르게** 쓰다 / 물건을 **바르게** 놓다. 2 (말이나 행동, 생각 등이) 도리나 사리에 맞아 참되다. ¶**바른** 행동 / **바르게** 살다 / **바른** 마음을 가지다. 3 (사람이 예의가) 잘 갖추어진 상태에 있다. ¶예의가 **바른** 사람 / 인사성이 ~. 4 ~ 양지(陽地)바르다.

바르르 1 적은 물이 가볍게 끓어오르는 모양. 또는, 그 소리. ¶찻물이 ~ 끓다. 2 대 롭지 않은 일에 갑자기 성을 내는 모양. ¶~ 성을 내다. 3 가볍게 발발 떠는 모양. ¶문틈으로 들어오는 바람에 문풍지가 ~ 떨리다. 4 얇은 종이나 나무 등에 불이 붙어 가볍게 타오르는 모양. [큰]버르르. [거]파르르. **바르르-하다** [자](여)

바르작-거리다/-대다 [-꺼(때)-] [동](자) 어려운 일이나 고통스러운 고비에서 헤어나려고 팔다리를 내저으며 몸을 자꾸 움직이다. [큰]버르적거리다. [센]빠르작거리다.

바르작-바르작 [-빠-] [부] 바르작거리는 모양. [큰]버르적버르적. [센]빠르작빠르작. **바르작바르작-하다** [자](여)

바른-집다 [-따] [동](타) '버르집다'의 작은말.
바른 [관] =오른.
바른-길 [명] 1 굽지 않고 곧은 길. 2 참된 도리. 또는, 정당한 길. ¶죄인을 ~로 인도하다.
바른-대로 [부] 사실과 틀림없이. ¶네가 한 짓을 ~ 말해라.
바른-마침 [음] 딸림화음에서 으뜸화음으로 진행하여 악곡을 끝맺는 마침. ↔벗어난 마침.
바른-말 [명] 이치나 도리에 맞는 말.
바른-발 [명] =오른발.
바른-손 [명] =오른손.
바른-쪽 [명] =오른쪽.
바른-팔 [명] =오른팔.
바른-편(-便) [명] =오른쪽.
바리¹ [명] 1 놋쇠로 만든, 여자의 밥그릇. 오목 주발과 같으나, 중배가 더 내밀고 뚜껑에 꼭지가 있음. 2 '바리때'의 준말.
바리² [명] 1 마소에 잔뜩 실은 짐. ¶곡식 ~. 2 윷놀이에서, 말 한 개. [2](의) 짐의 분량을 그것이 담긴 바리의 수로 헤아리는 말. ¶달구지 세 ~.
바리-공주(-公主) [명](민) 사람이 죽은 지 49일 안에 지내는 지노귀굿에서, 무당이 색동옷을 입고 모시는 젊은 여신(女神).
바리-때 [불] 나무로 대접처럼 만들어 안팎에 칠을 한, 승려의 공양 그릇. =발우. [준]바리.
바리-바리 [부] 여러 바리로. 운반하는 짐이 매우 많음을 나타내는 말. ¶짐을 ~ 싣다.
바리새-파(←Pharisee派) [명](성) 기원전 2세기에 일어난 유대교의 한 파. 율법의 준수와 종교적인 순수함을 강조했으나, 형식과 위선에 빠져 예수를 비방하고 십자가에 못 박히게 하였음.
바리캉(프bariquant) [명] 머리를 짧게 깎을 때 사용하는 이발 기구. 빗 모양의 날을 두 개 겹쳐서 만든 것으로서, 손잡이를 쥐었다 폈다 하면 두 날 중 위의 날이 왕복하면서 머리털을 자름. 요즘에는 전기를 이용하는 것(전기 바리캉)이 보편화됨.
바리케이드(barricade) [명] 시가전(市街戰) 등에서, 적의 침입을 방지하기 위해 도로나 건물을 봉쇄하여 만든 응급 방벽(防壁). ¶~를 치다.
바리콘(일バリコン) [명] [<variable condenser] [물] =가변 축전기.
바리톤(baritone) [명](음) 성악에서, 남성이 낼 수 있는 중간 음역의 소리. 곧, 테너와 베이스 사이에 해당하는 소리. 또는, 그 음역의 가수. =상저음. 2 베이스보다 조금 높은 저음의 관악기.
바림 [미] 색칠할 때에 한쪽을 진하게 하고 다른 쪽으로 갈수록 차차 엷고 흐리게 하는 일. =그러데이션.
바릿-밥 [-리빱/-릳빱] [명] 바리에 푼 밥.
바바리(Burberry) [명] 옷깃이 넓고 허리에 벨트를 두른 긴 코트. 상표명에서 온 말임. =바바리코트. ¶'바버리'으로 만든 베이지색.
바바리-코트(Burberry coat) [명] =바바리.
바베이도스(Barbados) [명](지) 서인도 제도의 남쪽 끝에 있는, 영연방 내의 독립국. 수도는 브리지타운.
바베큐 '바비큐(barbecue)'의 잘못.
바벨(barbell) [명](체) 역도(力道)나 근육 단련에 쓰이는 강철제 기구. 철봉 양 끝에 원반 형의 쇳덩이를 매닮. =역기(力器).
바벨-탑(Babel塔) [명] 1 [성] 구약 성서 창세기에 나오는 탑. 노아의 후손들이 하늘에 닿는 탑을 쌓기 시작하였으나, 여호와의 노여움을 사게 되어 탑을 쌓지 못하게 되었다고 함. 2 실현 가능성이 거의 없어 무모하거나 터무니없는 일이나 시도. 비유적인 말임. ¶~을 쌓는 이야기일랑 그만두게.
바ː보 [명] 1 지능이 낮아 사물을 제대로 판단하지 못하는 사람. ¶그는 사고로 뇌를 다쳐 ~가 되었다. 2 어리석고 못나게 구는 사람을 놀림조로 또는 얕잡아 이르는 말. ¶이런 ~! 그것도 몰라?
바ː보-상자(-箱子) [명] '텔레비전'을, 부정적인 영향을 강조하여 이르는 말.

바보-스럽다[-따] 형ㅂ 〈~스러우니, ~스러워〉 모습이나 행동이 모자라고 바보 같은 데가 있다. ¶**바보스러운** 웃음 / 농담도 진담도 구별 못 하는 그가 **바보스럽게** 보였다.
바보-짓[-짇] 명 어리석게 못나게 구는 짓.
바비큐(barbecue) 명 주로 야외에서, 소나 돼지 등을 통째로 불에 굽는 요리. ×바베큐.
바쁘다 형 〈바쁘니, 바빠〉 1 일이 많거나 급하여 겨를이 없다. ¶한시가 ~ / 눈코 뜰 새 없이 / **바쁜** 일이 있어 먼저 가야겠습니다. 2 마땅히 다른 일도 해야 함에도 불구하고 (어떤 일을 하기에) 매달려 마음의 여유가 없다. 밴급급하다. ¶먹고살기에 ~. 3 (주로 '…기가 바쁘게'의 꼴로 쓰여) '…자마자 서둘러'의 뜻을 나타내는 말. ¶그는 집에 들어서기가 **바쁘게** 돈 얘기부터 꺼냈다.
바삐 부 바쁘게. ¶~ 걸음을 옮기다 / 직공들은 ~ 손을 놀렸다.
바사기 명 사물에 어두워 아는 것이 없고 똑똑하지 못한 사람.
바삭 부 1 가랑잎을 밟거나 잘 마른 것이 서로 닿아서 나는 소리. 2 단단하고 바스러지기 쉬운 물건을 깨물 때 나는 소리. ¶사탕을 ~ 깨물다. 큰버석. 센바싹. **바삭-하다** 형여
바삭-거리다/-대다[-꺼(때)-] 동자타 자꾸 바삭 소리가 나다. 또는, 그런 소리를 자꾸 내다. ¶마른 잎들이 바람에 ~. 큰버석거리다. 센바싹거리다.
바삭-바삭[-빠-] 부 바삭거리는 소리. 큰버석버석. 센바싹바싹. **바삭바삭-하다**¹ 동자타여
바삭바삭-하다² [-빠사카-] 형여 (물체가) 바짝 마르거나 하여 쉽게 바스러지는 특성이 있다. ¶비스킷이 ~. 큰버석버석하다.
바서-지다 동자 단단한 물체가 깨져 여러 조각이 나다. 큰부서지다.
바셀린(vaseline) 명 석유를 증류하고 남은 기름을 정제하여 만든, 무색 혹은 담황색의 젤리 상태의 물질. 연고·화장품·녹 방지제 등에 쓰임. ×와셀린.
바-소쿠리 명 싸리로 만든 삼태기.
바수다 동타 두드려 자디잘게 깨뜨리다. 준빻다. 큰부수다.
바수-뜨리다/-트리다 동타 힘껏 바수다. 큰부수뜨리다.
바순(bassoon) 명음 목관 악기의 하나. 이중의 리드가 있는 저음 악기로, 음역은 약 3옥타브 반에 미침. ≒파곳(fagott).
바스-대다 동자타 1 가만히 있지 못하고 몸을 자꾸 움죽거리다. 2 =바스락거리다. 큰부스대다.
바스라기 명 '부스러기'의 작은말.
바스락 부 마른 검불·나뭇잎 따위를 밟거나 뒤적일 때 나는 소리. 큰버스럭. **바스락-하다** 동자타
바스락-거리다/-대다[-꺼(때)-] 동자타 자꾸 바스락 소리가 나다. 또는, 그 소리를 내다. =바스대다. ¶천장에서 쥐가 ~. 큰버스럭거리다.
바스락-바스락[-빠-] 부 바스락거리는 소리. 큰버스럭버스럭. **바스락바스락-하다** 동자타여
바스락-장난[-짱-] 명 바스락거리는 정도의 좀스러운 장난.
바스락-뜨리다/-트리다 동타 바수어서 깨뜨리다. 큰부스럭뜨리다.

바스러-지다 동자 1 덩이가 헐어져 잘게 되다. ¶흙덩어리가 ~. 2 깨어져 잘게 조각이 나다. ¶**바스러진** 유리 거울. 큰부스러지다. 3 나이에 비하여 얼굴이 쪼그라지다.
바스스 부 1 조용히 일어나는 모양. 2 머리털 등이 난잡하게 일어서거나 흩어진 모양. 3 바스라기 같은 것이 흩어지는 모양. 4 문 따위를 조용히 여닫는 모양. 또는, 그런 소리. 큰부스스. **바스스-하다** 형여
바스켓(basket) 명체 농구에서, 공을 던져 넣어 득점을 할 수 있게 만든 철제의 링과 거기에 매단 밑이 없는 그물.
바슬-바슬 부 덩어리진 가루 등이 물기가 말라 쉽게 바스러지는 모양. =버슬버슬. 거파슬파슬. **바슬바슬-하다** 형여 ¶**바슬바슬한** 떡가루 / 진흙이 말라 ~.
바심¹ 명건 재목을 깎거나 파서 다듬는 일. **바심-하다**¹ 타여
바심² 명 1 '풋바심'의 준말. 2 =타작¹. **바심-하다**² 타여
바심-질 명건 재목을 바심하는 일. **바심질-하다** 타여
바싹 부 1 물기가 전혀 없이 타 버리거나 말라 버리는 모양. ¶논에 물이 ~ 말랐다. / 오징어를 불에 ~ 구웠다. 2 아주 가까이 달라붙거나 죄는 모양. ¶책상을 벽에 ~ 붙이다. 3 거침없이 나아가거나 또는 일거나 주는 모양. ¶스웨터를 빨았더니 품이 ~ 줄어들었다. 큰부썩. 4 '바삭'의 센말. ¶사탕을 ~ 깨물다. 큰버석. 5 몸이 매우 마른 모양. ¶몸이 ~ 야위다.
바싹-거리다/-대다[-꺼(때)-] 동자타 '바삭거리다'의 센말. 큰버썩거리다.
바싹-바싹¹[-빠-] 부 '바삭바삭'의 센말. 큰버썩버썩. **바싹바싹-하다**¹ 동자타여
바싹-바싹²[-빠-] 부 1 물기가 아주 없어지도록 자꾸 마르거나 타 들어가는 모양. ¶입 안이 ~ 마른다. 2 아주 가까이 자꾸 다가드는 모양. ¶~ 다가서다. 3 거침없이 자꾸 나아가거나 또는 늘거나 주는 모양. 큰버썩버썩·부썩부썩.
바야흐로 부 이제 한창. 또는, 이제 막. 어떤 현상이 말하는 시점을 시작으로 하여 미래에 걸쳐 이루어져 감을 나타내는 말임. ¶때는 ~ 봄이다. / 두 사람의 사랑이 ~ 무르익어가고 있다.
바운드(bound) 명체 구기에서, (공이) 바닥이나 지면에 부딪혀 튀어 오르는 일. **바운드-하다** 동자타 ¶**바운드된** 볼을 스매시하다.
바위 명 1 사람이 들기 어려운 정도의 크기를 가진 암석의 덩어리. ¶흔들~ / 널적한 ~. ▷돌. 2 가위바위보에서, 주먹을 쥐어 내민 것. ¶~를 내다.
[**바위를 차면 제 발부리만 아프다**] 홍분을 참지 못하고 일을 저지르면 제게만 해롭다.
바위-너설 명 바위가 삐죽삐죽 내민 험한 곳.
바위-산(-山) 명 바위가 많은 산. 또는, 바위로 이뤄진 산.
바위-섬 명 바위가 많은 섬. 또는, 바위로 이루어진 섬.
바위-옷[-옫] 명식 바위에 낀 이끼.
바위-틈 명 1 바위의 갈라진 틈. 2 바위와 바위의 사이. ¶~에 핀 꽃.
바윗-돌[-위똘/-윋똘] 명 바위를 돌로 이르는 말. 또는, 바위처럼 큰 돌.
바윗-등[-위뜽/-윋뜽] 명 바위의 위.

바이 [부] 아주 전혀. ¶당신의 어려운 처지를 ~ 모르는 바는 아니나 나 역시 남을 도울 형편이 아니올시다.

바이러스(virus) [명] **1** [생] 동물·식물·세균 등의 살아 있는 세포에 기생하고, 세포 안에서만 증식이 가능한 미생물. 병원체(病原體)가 되는 것도 있음. =여과성 병원체. **2** [컴] 어떤 컴퓨터의 디스크에서 다른 컴퓨터의 디스크에 옮아가 입력된 정보를 지워 버리거나 프로그램의 실행에 오류를 발생시키는 악성 프로그램. =컴퓨터 바이러스.

바이메탈(bimetal) [명][물] 열팽창률이 다른 두 종류의 얇은 금속 조각을 맞붙인 것. 온도의 변화에 따라 휘는 정도가 다른 점을 이용하여 화재경보기·온도 조절기 등에 쓰임.

바이브레이션(vibration) [명][음] 노래를 부를 때 의도적으로 목청을 떨어 소리를 내는 일. ▷비브라토.

바이블(Bible) [명] **1** =성서(聖書). **2** 어느 분야에서 권위 있는 책. 또는, 개인이 항상 인생의 지침으로 삼고 있는 책을 성서에 비유하여 이르는 말. ¶손자병법은 육사 생도들의 ~이다.

바이샤([범]vaiśya) [명] 인도 카스트 제도에서, 제3의 신분. 옛날에는 농업·목축업·상업에 종사하는 서민을 가리켰지만, 후에 상인으로 제한되었음.

ㅂ

바이스(vise) [명][공] 기계 공작에서, 공작물을 끼워 고정시키는 기계.

바이애슬론(biathlon) [명][체] 동계 올림픽의 한 종목. 스키의 거리 경기와 사격을 복합한 것으로, 개인 종목과 릴레이 종목이 있음.

바이어(buyer) [명] 물품을 구입하기 위하여 외국에서 온 무역업자. [비]수입상. ¶~와 상담하다.

바이어스(bias) [명] **1** 옷감의 재단한 곳이나 박은 곳 따위가 직물의 올의 방향에 대하여 사선(斜線)으로 되어 있는 것. 또는, 그렇게 재단하는 일. **2** '바이어스 테이프'의 준말.

바이어스^테이프(bias tape) [명] 올의 방향이 비스듬하게 되도록 하여 일정한 폭으로 마름질한 천. 깃 붙임이나 소매 붙임을 할 때, 또는 스커트나 바지의 단 등에 쓰임. [준]바이어스.

바이얼레이션(violation) [명][체] 농구에서, 파울 이외의 규칙 위반. ¶워킹 ~ / ~을 범하다.

바이-없다[-업따] [형] **1** (방법 따위가) 전혀 없다. **2** (주로 형용사의 '-기'의 꼴 아래에 쓰여) 정도가 매우 심하다. ¶뜻하지 않은 곳에서 너를 만나니 기쁘기 ~. **바이없-이** [부]

바이오리듬(biorhythm) [명][생] 생물체의 생명 활동에 생기는 일정한 주기적인 변동. 하루를 단위로 하는 수면과 각성은 그 예임. 사람의 지성의 작용이나 감정 변화의 주기성에 대해 말하기도 함. =생체 리듬.

바이오세라믹스(bioceramics) [명] 생체에 무해한 비금속 재료와 무기질을 섞어 고온에서 구워 낸 의료용 재료. 인공 치아·인공 뼈 등으로 쓰임.

바이오스(BIOS) [명] [Basic Input Output System][컴] 운영 체제 가운데 컴퓨터의 입출력을 담당하는 소프트웨어. 사용자가 컴퓨터를 켜면 시작되는 프로그램으로서, 주변 장치와 컴퓨터 운영 체제 사이의 데이터 흐름을 관리함.

바이오칩(biochip) [명][컴] 소형의 기판 위에 디엔에이(DNA)나 단백질 등의 생화학 물질을 집적시킨 전자 소자. 엄청난 기억 용량과 연산 속도를 가진 미래 컴퓨터용 칩으로, 의료용으로 활용될 것으로 전망됨.

바이오컴퓨터(biocomputer) [명][컴] 생물의 뇌나 신경이 하고 있는 정보 처리나 전달 방법을 규명하여, 그것을 응용하려는 컴퓨터. 현재의 실리콘 칩 대신에 바이오칩으로 구성됨.

바이오테크놀로지(biotechnology) [명] =생명 공학.

바이올리니스트(violinist) [명] 바이올린 연주가. =제금가.

바이올린(violin) [명][음] 현악기의 하나. 가운데가 잘록한 타원형의 통에, 네 줄을 매어 활로 문질러 연주함. 음색이 아름답고 음역이 넓음. =제금(提琴). ¶~을 켜다.

바이킹(Viking) [명][역] 8~11세기에 스칸디나비아와 덴마크를 거주지로 하고, 해로(海路)로 유럽 각지와 북아메리카를 침공한 북방 게르만 족의 통칭.

바이트[1](bite) [명][공] 선반·플레이너 등의 공작 기계에 쓰이는, 날이 있는 절삭 공구.

바이트[2](byte) [명][의존][컴] 하나의 단위로서 다루는 비트(bit)의 모임. 1바이트는 8비트의 모임임. 주기억 장치나 주변 기억 장치의 용량을 나타내는 데에도 쓰임. 기호는 B. ▷비트·워드.

바인더(binder) [명] **1** 신문·잡지·서류 따위를 철하여 꽂는 장치. ¶신문을 ~로 철하다. **2** [농] 곡물을 베어 단으로 묶는 기계.

바자[1] [명] 울타리를 만드는 데에 쓰이는, 대·갈대·수수깡·싸리 따위로 발처럼 엮은 물건. =파자(笆子). ¶~ 울타리 / 싸리 ~.

바자[2](bazar) [명] 공공사업·사회사업 등의 자금을 모으기 위해 벌이는 시장. =자선시·바자회.

바자-울 [명] 바자로 만든 울타리.

바¦자위다 [형] 살림을 하거나 재물을 쓰거나 할 때 매우 아껴 여유가 없는 상태에 있다.

바자-회(bazar會) [-회/-훼] [명] =바자(bazar)[2]. ¶불우 이웃 돕기 ~.

바작-바작[-빠-] [부] **1** 잘 마른 물건을 이겨 씹거나 빻는 소리. ¶과자를 ~ 씹다. **2** 잘 마른 물건이 타는 소리. 또는, 그 모양. ¶종이가 ~ 타다. **3** 마음이 몹시 죄어드는 모양. ¶속이 ~ 타다. **4** 진땀이 솟아나는 모양. ¶진땀을 ~ 흘리다. [큰]버적버적. [센]빠작빠작.

바¦장-이다 [동][자] 부질없이 오락가락 거닐다. ¶…연안 가는 길거리와 재령 가는 길거리를 한동안 맥없이 **바장인** 까닭에….《홍명희: 임꺽정》 [큰]버정이다.

바-장조(-長調) [-쪼] [명][음] 으뜸음이 '바'인 장조.

바제도-병(Basedow病) [명][의] 갑상선의 기능 항진으로 인해 갑상선이 붓고 눈알이 튀어나오는 병. 20~30대의 여자에게서 많이 발생함.

바주카-포(bazooka砲) [명][군] 대전차용(對戰車用) 로켓포. 원통 모양의 포신(砲身)에 로켓탄을 재어 어깨에 메고 발사함. 가벼워서 휴대하기가 쉬움. =바주카.

바지[1] [명] 위는 통으로 되고 아래는 두 다리를 꿰는 가랑이가 있는, 아랫도리에 입는 옷. ¶겹[홑]~ / 반~ / 양복~ / ~를 입다 / ~가 흘러내리다.

바지[2](barge) [명] =바지선.

바:-지게 명 1 발채를 얹은 지게. 2 접지 못하게 만든 발채.

바지락 명[동] 연체동물 부족류 백합과의 한 종. 껍데기에 회백색이나 회청색의 줄무늬가 있음. 민물이 섞이는 바다의 모래펄 속에 사는데, 양식하기도 함. =바지라기.

바지랑-대 [-때] 명 빨랫줄을 받치는 장대.

바지런 명 꾸준하고 열심히 일하는 태도. ¶~을 떨다 / ~을 피우다. **부**부지런. **바지런-하다** 형여 일하는 태도가 열성적이고 꾸준하다. ¶바지런한 새댁. **큰**부지런하다. 바지런-히 부

바지런-스럽다 [-따] 형ㅂ <-스러우니, -스러워> 바지런한 데가 있다. **큰**부지런스럽다. 바지런스레 부

바지-선(barge船) 명 화물을 운반하기 편리하도록 바닥을 평평하고 넓게 만든, 동력 장치가 없는 배. 항만 내부나 운하·하천 등 비교적 짧은 거리에서 사용되며, 예인선에 의해 움직임. =바지(barge).

바지-씨(-氏) 명 <속> 남자 애인.

바지-저고리 명 세상 물정 모르는 시골 무지렁이를 놀림거나 얕잡아 이르는 말. ¶원, 남을 깔보아도 분수가 있지 우린 머 바지저고린 줄만 아는 거야.《김남천:녹성당》

바지지 투 물기 있는 물건이 뜨거운 열에 조금씩 닿아 타거나 졸아붙을 때 나는 소리. **큰**부지지. **센**빠지지. **바지지-하다** 동여

바지직 부 1 '바지지' 소리가 급하게 그치는 모양. ¶촛불의 심지가 ~ 소리를 내며 타 들어가다. 2 빳빳하고 질긴 물건이 급하게 째지거나 갈라질 때 나는 소리. 또는, 그 모양. ¶옷이 ~ 찢어지다. 3 무른 똥을 급히 눌 때 나는 소리. **큰**부지직. **센**빠지직. **바지직-하다** 동여

바지직-거리다/-대다 [-꺼(때)-] 동자 자꾸 바지직 소리가 나다. **큰**부지직거리다. **센**빠지직거리다.

바지직-바지직 [-빠-] 부 바지직거리는 소리. 또는, 그 모양. **큰**부지직부지직. **센**빠지직빠지직. **바지직바지직-하다** 동여

바지-춤 명 입은 바지의 허리 부분을 접어 여민 사이. ¶~을 추키다.

바지-통 명 바짓가랑이의 너비.

바짓-가랑이 [-지까-/-짇까-] 명 다리를 꿰는 바지의 부분. ¶~를 걷어 올리다 / ~를 잡고 늘어서다.

바짓-단 [-지단/-짇딴] 명 바지의 아래 끝을 접어서 감친 부분.

바짓-부리 [-지뿌-/-짇뿌-] 명 바짓가랑이의 끝 부분.

바짝 부 1 물기가 아주 없이 마르거나 졸아서 말라붙는 모양. ¶~ 마른 빨래 / 국물이 ~ 졸다. 2 매우 가까이 달라붙는 모양. ¶뒤에 ~ 다가서다. 3 몹시 힘을 주거나 긴장하는 모양. ¶힘살이 ~ 졸아매다 / 정신을 ~ 차리다. 4 정도가 매우 심해지는 모양. ¶노총각이 장가들고 싶어서 ~ 애가 달았다. **큰**버쩍·부쩍.

바짝-바짝 [-빠-] 부 '바짝'을 강조하여 이르는 말. ¶정신이 ~ 나다. **큰**버쩍버쩍·부쩍부쩍.

바치다¹ 동 **1** 타 1 (웃어른이나 신에게 어떤 물건을) 가지도록 정중하게 내어놓다. ¶신전에 제물을 ~. 2 (몸과 마음을 어떤 대상에) 고스란히 쏟다. ¶평생을 **바친** 사업 / 조국의 독립을 위하여 목숨을 ~. 3 (국가나 공공 기관 등에) 재물이나 세금·공납금 등을) 내다. ¶세금을 ~ / 전 재산을 국가에 고해~. **2** (보조) (동사의 어미 '-아/어' 아래에 쓰여) 어떤 행동이 윗사람에게 하는 것임을 나타내는 말. ¶일러~ / 친구의 잘못을 선생님께 고해~.

바치다² 동타 (음식이나 색 따위를) 주접스러울 정도로 욕심을 내어 좋아하거나 즐기다. ¶여자를 ~ / 음식을 ~. **센**빠치다.

바캉스 (프 vacance) 명 주로 피서나 휴양을 위한 휴가. ¶~를 떠나다.

바-코드 (bar code) 명 상품의 포장이나 꼬리표에 표시된 흑백의 줄무늬 기호. 제조 회사, 제품의 가격·종류 등의 정보를 나타낸 것으로, 광학적으로 판독, 컴퓨터에 입력됨으로써 상품의 판매 및 재고 관리의 자료로 쓰임.

바쿠스 (Bacchus) 명 [신화] 로마 신화에 나오는 술의 신. 그리스 신화의 디오니소스에 해당함. 영어명은 바커스. ⓑ주신(酒神).

바퀴¹ ① (자타) 가운데에 있는 축의 둘레를 돌도록 만든, 둥근 테 모양의 물건. 흔히, 수레나 차를 움직이거나 기계를 작동시키는 도구로 이용됨. ¶수레 ~ / 자동차 ~. ② (의존) 어떤 공간의 둘레를 빙 돌아서 제자리까지 돌아오는 횟수를 세는 단위. ¶운동장을 두 ~ 돌다.

바퀴² 명[동] 메뚜기목 바큇과의 곤충. 몸은 납작한 타원형이고, 몸빛은 갈색임. 따뜻한 곳을 좋아하며, 음식물과 의복에 해를 끼침. =바퀴벌레·향랑자.

바퀴-벌레 명[동] =바퀴².

바퀴-살 명 바퀴통에서 테를 향하여 부챗살 모양으로 뻗은 가느다란 막대기나 철사.

바큇-자국 [-퀴꾸-/-퀸짜-] 명 탈것이 지나간 뒤에 남겨진 바퀴의 흔적.

바탕¹ 명 1 사물의 근본을 이루는 기초. ¶강한 휴머니즘을 ~에 깐 작품. 2 사람의 타고난 심성. ¶~이 착한 사람. 3 사람이 나서 자란 환경이나 처지. ¶~이 좋은 집안. 4 무늬·그림·글씨 따위가 놓이는 물체의 바닥. ¶붉은 ~에 푸른 줄무늬가 있는 옷감. 5 물체의 뼈대나 틀을 이루는 주요 부분. ¶가맛~.

바탕² 명(의존) 활을 쏘아 살이 미치는 거리. ¶한 ~.

바탕³ 명(의존) 어떤 판소리의 전체를 하나의 단위로 세는 말. 오늘날에는 '마당'이라고도 함. ¶판소리 다섯 ~.

바탕-색(-色) 명 본바탕이 되는 색.

바탱이 명 중두리와 비슷하나, 배가 더 나오고 아가리가 좁은 오지그릇.

바터-제(barter制) 명[경] =구상 무역.

바텐더(bartender) 명 바 등에서 손님의 주문을 받고 즉석에서 칵테일 등을 만드는 사람. 칵테일 혼합기를 공중으로 던지면서 묘기를 부리기도 함. =조주사.

바통(프 bâton) 명[체] =배턴.
바통을 넘기다 쿽 어떤 일을 후임자에게 인계하다.

바투 부 1 두 물체의 사이가 썩 가깝게. ¶~ 앉다. 2 길이가 아주 짧게. ¶고삐를 ~ 잡다. 3 시간이 썩 짧게. ¶날짜를 ~ 잡다.

바투-이 부 =바투.

바특-하다 [-트카-] 형여 음식의 국물이 적어 톡톡하다. **바특-이** 부 ¶국을 ~ 끓이다.

바티칸(Vatican) 명 1 '바티칸 궁전'의 준말. 2 [지] '바티칸 시국'의 준말. 3 '교황청'의

별칭.

바티칸^궁전(Vatican宮殿) [명] 바티칸 시국에 있는, 교황이 살고 있는 궁전. [준]바티칸.

바티칸^시국(Vatican市國) [명][지] 로마 교황을 원수로 하는, 세계 최소의 독립국. [준] 바티칸.

바하마(Bahamas) [명][지] 서인도 제도 북부에 있는, 영연방의 독립국. 수도는 나소.

박[1] [명] **1** [식] 박과의 한해살이 덩굴풀. 여름에 흰 꽃이 저녁부터 피었다가 아침에 시들며, 열매는 크고 둥긂. 밭·인가의 담이나 지붕에 올려 재배함. **2** 1의 열매. 속은 먹고, 겉은 바가지를 만듦. 세는 단위는 통. =포로. **3** '바가지[1] [1]'의 준말.

박(을) 타다 [구] 기대하던 일이 낭패를 보다.

박[2] [명] [1][자립] 노름에서, 여러 번 패를 잡고 물주 노릇을 하는 일. 또는, 그런 사람. [2][의존] 노름에서 여러 번 지른 판돈을 세는 단위.

박[3](拍) [명][음] 국악기의 하나. 6개의 얇고 긴 판목(板木)을 모아 한쪽 끝을 끈으로 꿰어, 폈다 접었다 하며 소리를 냄. 풍류와 춤을 시작할 때나 마칠 때, 또는 곡조의 빠르고 더딤을 이끄는 데 쓰임.

박[4](拍) [명][음] **1** 일정한 시간적 길이를 지니는, 박자를 이루는 기본 단위. 박을 나타내는 단위에는 2분음표·4분음표·8분음표 등이 있음. 악센트의 유무에 따라 센박과 여린박으로 구분함. ¶4분의 3박자는 ♩를 1~으로 하는 3박자이다. **2** '박자'의 준말.

박[5](箔) [명] 금속을 종이같이 얇게 편 것. ¶금(金)~ / 은(銀)~.

박[6](泊) [명][의존] 객지에서 묵는 밤의 횟수를 세는 말. ¶2~ 3일 / 제주도에서 1~을 하다.

박격-포(迫擊砲) [-꺽-] [명][군] 구조가 간단한 근거리용 곡사포. 포신은 짧고 가벼우며, 요새전·진지전(陣地戰)에 쓰임. 세는 단위는 문(門). ¶~ 부대.

박-고지 [-꼬-] [명] 여물지 않은 박의 속을 파낸 다음, 길게 오려서 만든 반찬거리.

박공(欂栱) [-꽁] [명][건] 마루머리나 합각머리에 '八(팔)' 자 모양으로 붙인 두꺼운 널. =박공널·박풍.

박공-널(欂栱-) [-꽁-] [명][건] =박공.

박-꽃 [-꼳] [명] 박의 꽃.

박다 [-따] [동][타] **1** (어떤 물체를 그보다 큰 물체에) 두들기거나 꽂거나 틀거나 끼우거나 하여 속으로 들어가게 하다. ¶보석을 **박은** 반지 / 벽에 못을 ~. ↔빼다. **2** (음식에 소를) 손으로 눌러서 넣다. ¶만두에 소를 ~. **3** (인쇄물이나 사진을) 똑같은 형상이 되어 나오도록 만들다. [비]찍다. ¶명함을 ~ / 사진을 ~('찍다'의 구투). **4** (물체를 틀이나 판에) 넣어 눌러서 찍다. ¶다식을 판에 ~. **5** (바느질할 곳을) 실을 곱걸어 꿰매다. ¶재봉틀로 옷단을 ~. **6** (식물이 뿌리를) 땅속에 단단히 뻗은 상태가 되다. [비]내리다. ¶뿌리를 ~. **7** (말이나 글씨, 내용 따위를) 정확히 나타내다. ¶또박또박 **박아서** 쓴 글씨. **8** (어느 곳에 시선을) 꼼짝하지 않은 상태로 가게 하다. ¶화면에 시선을 **박은** 채, 움직일 줄을 모른다. **9** (사람이 얼굴이나 그 일부를 다른 물체에) 묻힐 정도로 닿게 하다. ¶남편은 신문에 코를 **박고** 내 말은 들은 척도 하지 않는다. **10** (사람의 머리나 자동차 따위를 다른 물체에) 상당히 센 힘으로 부딪다. ¶머리를 벽에 ~ / 차를 전봇대에 ~. **11** 머리를 박다 ➔머리[1].

박달 [-딸] [명][식] =박달나무.

박달-나무 [-딸라-] [명][식] 자작나뭇과의 낙엽 활엽 교목. 높이 30m가량. 깊은 산에서 자라며, 5~6월에 갈색 꽃이 핌. 목질이 매우 단단하여 건축재·가구재로 쓰임. =박달. ×배달나무.

박대(薄待) [-때] [명] **1** =푸대접. ¶~를 받다. ↔후대(厚待). **2** 인격을 무시하고 모질게 구는 것. **박대-하다** [동][타][여] ¶학력이 낮은 사원을 ~ / 의붓자식을 ~.

박덕[1](薄德) [-떡] [명] 적은 덕. ↔후덕.

박덕[2](薄德) [-떡] ➔**박덕-하다** [-떠카-] [형][여] 덕이 적다. 자기의 덕을 겸손하게 이를 때에도 씀. ↔후덕하다.

박도(迫到) [-또] [명] 가까이 닥쳐오는 것. **박도-하다** [동][자][여]

박동(搏動) [-똥] [명] 맥이 뛰는 것. ¶심장 ~. ▷맥박. **박동-하다** [동][자][여]

박두(迫頭) [-뚜] [명] 가까이 닥쳐오는 것. ¶개봉 ~. **박두-하다** [동][자][여] ¶입학시험 날짜가 일 주일 앞으로 **박두했다**.

박람(博覽) [방남] [명] **1** (책을) 많이 읽는 것. **2** 사물을 널리 보는 것. **박람-하다** [동][타][여]

박람-강기(博覽強記) [방남-] [명] 여러 가지의 책을 많이 읽고 기억을 잘함.

박람-회(博覽會) [방남회/방남훼] [명] 생산물의 개량 발전 및 산업의 진흥을 꾀하기 위하여, 일정 기간 동안 농업·공업 등의 온갖 물품을 전시하거나 판매하는 모임. ¶만국(萬國) ~ / 무역 ~.

박래-품(舶來品) [방내-] [명] 전날에, 주로 서양에서 배에 실려 들어온 신식(新式) 물품을 이르던 말.

박력(迫力) [방녁] [명] 강하게 일을 밀고 나가는 힘. ¶~ 있는 남자 / ~이 있는 연기.

박력-분(薄力粉) [방녁뿐] [명] 찰기가 적은 종류의 밀로 만든 밀가루의 하나. 주로, 비스킷·튀김 등에 쓰임. ↔강력분.

박리[1](剝離) [방니] [명] **1** (가죽이나 껍질, 또는 표면에 붙거나 칠해진 것을) 벗겨 내는 것. ¶도료 ~. **2** (어떤 생체 조직이나 그 표면이) 떨어져 나가거나 벗겨지는 것. ¶망막 ~ / 태반 조기 ~. **박리-하다** [동][타][여] 벗겨 내다. ¶가죽을 ~. **박리-되다** [동][자] ¶대동맥이 ~.

박리[2](薄利) [방니] [명] 적은 이익. ↔폭리.

박리-다매(薄利多賣) [방니-] [명] 이익을 적게 보고 많이 팖. **박리다매-하다** [동][타][여]

박막(薄膜) [방-] [명] 표면적에 비해서 두께가 무시할 수 있을 정도로 얇은 막.

박멸(撲滅) [방-] [명] (해로운 벌레 따위를) 죽여서 없애는 것. **박멸-하다** [동][타][여] ¶파리·모기를 ~. **박멸-되다** [동][자]

박명[1](薄明) [방-] [명] 해가 뜨기 전이나 해가 진 후 얼마 동안 주위가 희미하게 밝은 상태. 또는, 그때. ¶~에 길을 떠나다.

박명[2](薄命) [방-] [명] **1** 사람의 수명이 짧은 것. ¶가인~. **2** 복이 없고 팔자가 사나운 것. **박명-하다** [형][여] ¶**박명한** 미인 / 기구하고 **박명한** 일생.

박모(薄暮) [방-] [명] =땅거미[1].

박무(薄霧) [방-] [명] 엷게 낀 안개. ↔농무.

박문(博聞) [방-] [명] 사물을 널리 들어 아는 것. **박문-하다** [동][자][여]

박문-강기(博聞強記) [방-] [명] 사물을 널리 알고 이를 잘 기억함.

박문-국(博文局) [방-] [명][역] 조선 고종 20

년(1883)에 설치된, 신문·잡지의 편찬과 인쇄를 맡아보던 기관.

박물-관(博物館) [방-] 명 역사·예술·민속·산업·자연 과학 등에 관한 자료를 한데 모아 정리·전시하여 일반이 이용할 수 있도록 하며, 아울러 이들 자료를 조사·연구하는 기관. ¶민속~.

박물-군자(博物君子) [방-] 명 온갖 사물에 정통한 사람.

박물-학(博物學) [방-] 명 자연물, 곧 동물·식물·광물의 종류·성질·분포 등을 연구, 기재하는 학문.

박박[-빡] 🎵 1 (물체의 표면이나 바닥을) 자꾸 세게 갈거나 긁는 소리. 또는, 그 모양. ¶누룽지를 ~ 긁다. 2 얇고 질긴 물건을 자꾸 야무지게 찢는 소리. 또는, 그 모양. ¶사진을 ~ 찢다. 3 세게 문지르거나 닦는 모양. ¶마룻바닥을 ~ 문질러 닦다. 4 (머리털이나 수염 등을) 아주 짧게 깎은 모양. ¶머리를 ~ 깎다. 5 상기되어 기를 쓰는 모양. ¶~ 대들다 / ~ 우기다. @벅벅. 쎈빡빡. ▷복복.

박박²[-빡] 🎵 얼굴이 몹시 얽은 모양. ¶얼굴이 ~ 얽은 사람. 쎈빡빡.

박배[-빼] 명[건] 문짝에 돌쩌귀·고리·배목 등을 박아서 문틀에 들이맞추는 일.

박복¹(薄福) [-뽁] 명 복이 없음.

박복²(薄福) [-뽁] →박복-하다 [-뽀카-] 형여 복이 적다. ¶박복한 팔자.

박봉(薄俸) [-뽕] 명 적은 봉급. =박급·박름(薄廩). ¶~에 시달리다.

박부득이(迫不得已) [-뿌-] 🎵 일이 매우 급박하여 어찌할 수 없이. **박부득이-하다**

박빙(薄氷) [-삥] 명 1 얇게 낀 얼음. 비살얼음. 2 (주로 '박빙의'의 꼴로 쓰여) 승부나 경기 따위가 서로의 실력이 팽팽하여 어느 한쪽에도 마음을 놓을 수 없는 상태. ¶~의 승부 / ~의 시소게임.

박사¹(博士) [-싸] 명 1 [역] 교수(敎授)의 임무를 맡거나 전문 기술에 종사하는 사람에게 주는 벼슬. 고구려의 태학, 신라의 국학, 고려의 국자감, 조선의 성균관·홍문관·규장각·승문원에 각각 두었음. 2 [교] 석사 학위를 소지하고 대학원에서 일정 기간 수학하여 소정의 학점을 얻은 자가 대학원 위원회가 실시하는 시험에 합격한 뒤 논문을 제출하여 통과되면 주는 학위. 또는, 그 학위를 받은 사람. =닥터. ¶~철학 / ~석사·학사. 3 널리 아는 것이 많거나 어떤 일에 능통한 사람을 비유하여 이르는 말.

박사²(薄紗) [-싸] 명 얇은 사(紗). ¶~ 고깔.

박살¹[-쌀] 명 깨어져서 조각조각 부서지는 일. ¶~이 나다 / ~을 내다.

박살²(撲殺) [-쌀] 명 때려죽이는 것. 비타살(打殺). **박살-하다** [동][타][여] **박살-되다** [동][자]

박상(剝喪) [-쌍] 명 빼앗겨 잃는 것. **박상-하다** [동][자][여] **박상-되다** [동][자][여] ¶아(我) 생존권(生存權)의 박상됨이 무릇 기하(幾何)이며…〈기미 독립 선언문〉

박-새[-쌔] 명[동] 박새과의 새. 몸길이 14cm가량. 머리와 날개는 흑백색이고 뺨은 흰색, 등은 황록색임. 해충을 잡아먹는 익조로, 보호조임. ×깨새.

박색(薄色) [-쌕] 명 여자의 얼굴이 못생긴 상태. 또는, 그런 얼굴이나 여자. ¶그 여자는 ~이지만 마음씨는 곱다. ▷일색.

박석(薄石) [-썩] 명 얇고 넓적한 돌.

박-속[-쏙] 명 박 안에서 씨가 박혀 있는 하얀 부분.

박속-같다[-쏙깓따] 형 피부나 치아 등이 곱고 하얗다. ¶박속같은 피부.

박수¹[-쑤] 명 남자 무당.

박수²(拍手) [-쑤] 명 환영·찬탄 등의 뜻을 나타내기 위하여 손바닥을 여러 번 잇달아 소리가 나게 치는 것. ¶~를 치다 / 열렬한 ~를 보내다. **박수-하다** [동][자][여]

박수-갈채(拍手喝采) [-쑤-] 명 환영·찬탄 등의 뜻을 나타내기 위하여 손뼉을 치고 소리를 지르는 것. ¶~로 환영하다 / ~를 받다 [보내다].

박수-례(拍手禮) [-쑤-] 명 박수로 하는 인사. ¶만당(滿堂)의 ~를 받으며 입장하다.

박스(box) 명 1 [자립] =상자(箱子). 2 [의존] 상자. ¶맥주 한 ~.

박스-권(box圈) [-꿘] 명[경] 주가가 일정한 가격 폭에서 벗어나지 못할 때 그 가격의 범위가 ~ 장세.

박스-스타일(box style) 명 주로 여성의 옷에서, 허리가 들어가지 않아 상자 같은 느낌을 주는 스타일. ¶~의 원피스.

박식(博識) [-씩] 명 (어떤 사람이) 보고 듣고 배운 것이 많아 여러 방면에 많은 지식을 가진 상태에 있는 것. ¶그의 글은 자신의 ~을 은근히 과시하는 데가 있다. **박식-하다** [형][여]

박신-거리다/-대다[-씬-] 동[자] 사람이나 동물이 한곳에 많이 모여 활발하게 움직이다. ¶명동에 사람들이 ~. @벅신거리다.

박신-**박신** [-씬-씬] 🎵 박신거리는 모양. @벅신벅신. **박신박신-하다** [동][자][여] ¶시장에는 늘 사람들이 박신박신한다.

박애(博愛) 명 (모든 사람을) 평등하게 사랑하는 것. ~ 정신. **박애-하다** [동][타][여]

박애-주의(博愛主義) [-의/-이] 명 인류 전체의 복지 증진을 위하여 인종·종교·국가 등을 초월하여 온 인류가 평등하게 사랑해야 한다는 주의. 또는, 널리 누구에게나 선의와 애정으로써 대하려는 태도. =사해동포주의.

박약(薄弱) 명 1 (의지·체력 따위가) 굳세지 못한 것. 2 (근거 따위가) 불충분한 것. ¶증거 ~. 3 (지능 따위가) 정상적인 상태에 미치지 못한 것. ¶정신 ~. **박약-하다** [형][여]

박-우물 명 바가지로 물을 뜰 수 있는 얕은 우물. ▷두레우물.

박은-이 명 책을 인쇄한 사람.

박음-질 명 실을 곱걸어가며 튼튼하게 꿰매는 바느질. 온박음질과 반박음질이 있음. **박음질-하다** [동][타][여]

-박이 접미 1 '무엇이 박혀 있는 사람이나 짐승 또는 물건'의 뜻. ¶점~ / 금~ / 덧니~. 2 '-배기'의 잘못.

박-이다 동 1 [타] '박다³'의 사동사. 2 [자] 1 (손바닥이나 발바닥 등에 굳은살이) 생겨 없어지지 않다. ¶발두렁꿈치에 굳은살이 ~ / 손바닥에 못이 ~. 2 (버릇이나 생각이) 깊이 배다. ¶담배에 인이 ~ / 고루한 생각이 ~.

박자(拍子) [-짜] 명[음] 일정한 빠르기로 강약이 주기적으로 반복·진행되는 음악적 시간의 단위. 일정한 수의 박(拍)을 그 내용으로 하며, 보통 마디와 일치함. ¶4분의 3~ /

~를 맞추다. 준박.

박자-표(拍子標) [-짜-] 圀[음] 악보의 첫머리에 붙여 곡의 박자를 나타내는 기호. 흔히 음자리표 다음에 분수형이나 C·₡ 등으로 표시함.

박작-거리다/-대다 [-짝꺼(때)-] 图(자) 많은 사람이 좁은 곳에 모여 뒤끓어 움직이다. ¶박작거리는 시장. 큰벅적거리다.

박작-박작 [-짝빡-] 튀 박작거리는 모양. 큰벅적벅적. **박작박작-하다** 图(자)어 ¶사람들이 박작박작하여 다닐 수가 없다.

박장(拍掌) [-짱] 圀 손바닥을 치는 것. ¶내 아내에게 그런 말을 하였더니 참 좋다고 ~을 하고 내 어깨에 매달리는구려.《이광수: 유정》 **박장-하다** 图(자)어

박-장기(-將棋) [-짱-] 圀 바둑과 장기를 아울러 이르는 말.

박장-대소(拍掌大笑) [-짱-] 圀 손뼉을 치며 크게 웃음. **박장대소-하다** 图(자)어 ¶그 사람이 너무나도 어이없고 여리석은 대답을 하는 바람에 듣고 있던 사람들이 박장대소하였다.

박전-박답(薄田薄畓) [-전-땁] 圀 메마른 논과 밭. 비옥전옥답.

박절(迫切) [-쩔] →**박절-하다** [-쩔-] 혭어 인정이 없고 야박하다. ¶부탁을 박절하게 거절하다. **박절-히** 튀 ~ 대하다.

박정(薄情) [-쩡] →**박정-하다** [-쩡-] 혭어 인정이 박하다. ↔다정하다. **박정-히** 튀

박정-스럽다(薄情-) [-쩡-따] 혭ㅂ<-스러우니, -스러워> 박정한 데가 있다. **박정스레** 튀

박제(剝製) [-쩨] 圀 동물의 내장을 발라내고 안에 솜이나 대팻밥 등을 넣어 살아 있을 때와 같은 모양으로 만드는 일. 또는, 그렇게 만든 물건. ¶~품(品). **박제-하다** 图(타)어 ¶사슴을 ~. **박제-되다** 图(자)

박주(薄酒) [-쭈] 圀 1 맛이 좋지 못한 술. 2 자기가 내는 술을 겸손하게 이르는 말. =조주(粗酒).

박!-쥐 [-쮜] 圀[동] 포유류 박쥐목에 속하는 동물의 총칭. 몸은 쥐와 비슷하나 앞다리가 날개처럼 변형되어 날아다님. 동굴이나 삼림 등지에 서식하는데, 낮에는 어두운 곳에 있다가 밤에 활동함. =복익(伏翼)·비서(飛鼠)·편복(蝙蝠).
[박쥐의 두 마음] 우세한 쪽에 붙는 기회주의자의 교활한 마음.

박!쥐-구실 [-쮜-] 圀 이리 붙었다 저리 붙었다 하는 기회주의적 행동을 비유하여 이르는 말. **박!쥐구실-하다** 图(자)어

박!쥐-우산(-雨傘) [-쮜-] 圀 (우산을 편 모양이 박쥐의 편 날개와 비슷한 데서) 우산살에 검정 천을 씌워 만든 우산. 근래에는 잘 쓰이지 않는 말임.

박!쥐-족(-族) [-쮜-] 圀 낮에는 쉬고 밤이 되면 활동을 시작하는 사람들.

박지(薄紙) [-찌] 圀 얇은 종이.

박진-감(迫眞感) [-찐-] 圀 소설·영화 등의 묘사·표현·연기 등이 실제의 모습이나 현실에 가까워 감탄을 자아내는 느낌. ¶~이 넘치는 영화.

박차(拍車) 圀 1 승마용 구두의 뒤꿈치에 톱니바퀴 모양으로 달려 있는, 쇠로 만든 물건. 이것으로 말의 배를 차서 빨리 달리게 함. 2 어떤 일을 촉진하려고 더하는 힘. ¶개혁 운동에 ~를 가하다.

박-차다 图(타) 1 발길로 힘껏 차다. ¶대문을 박차고 나가다. 2 (어려움이나 장애물을) 내쳐 물리치다. ¶어떤 고난도 박차고 나아갈 용기가 필요하오.

박-첨지(朴僉知) 圀 남사당 등이 하던 인형극에 쓰이는 민속 인형의 하나.

박첨지-놀음(朴僉知-) 圀 =꼭두각시놀음1.

박-치기 圀 이마로 무엇을 세게 받아 치는 짓. =헤딩. **박치기-하다** 图(자)(타)어

박탈(剝奪) 圀 (어떤 사람에게서 권리나 자격, 재물 등을) 권력의 힘이나 직권 등에 의해 빼앗는 것. **박탈-하다** 图(타)어 ¶자유를 ~/관직을 ~. **박탈-되다** 图(자)

박탈-감(剝奪感) 圀 마땅히 누려야 할 권리나 좋은 조건을 누가네에서 빼앗겼다는 느끼는 일. ¶가진 자들에 대해 못 가진 자들이 느끼는 상대적 ~이 갈수록 커지고 있다.

박테리아(bacteria) 圀 =세균.

박테리오파지(bacteriophage) 圀 [박테리아를 먹는다는 뜻][의] 세균에 감염하여 균체(菌體)를 액화시켜 증식하는 바이러스의 총칭. =세균 바이러스.

박토(薄土) 圀 매우 메마른 땅. 비척토(瘠土). ¶풀 한 포기 나지 않는 ~. ↔옥토.

박통(博通) 圀 널리 통하여 아는 것. **박통-하다** 图(자)어

박판(薄板) 圀 얇은 널빤지.

박편¹(剝片) 圀 벗겨져 떨어진 조각.

박편²(薄片) 圀 1 얇은 조각. 2 현미경으로 보기 위하여 얇게 한 시료(試料).

박피¹(剝皮) 圀 껍질을 벗기는 것. 비거피(去皮). **박피-하다** 图(자)(타)어

박피²(薄皮) 圀 얇은 껍질.

박하(薄荷) [바카] 圀[식] 꿀풀과의 여러해살이풀. 높이 60~100cm. 여름에 담자색 또는 흰색의 작은 꽃이 핌. 한방에서는 잎을 약재로 쓰고, 향기가 좋아 향료, 음료, 사탕 제조에 쓰임.

박하-뇌(薄荷腦) [바카뇌/바카네] 圀[화] 박하의 잎을 증류하여 냉각 정제한 흰 결정체. 독특한 향기가 있고, 신경통·위통·천식 등의 내복약이나 청량제로 쓰임. =박하빙·박하정·멘톨.

박-하다(薄-) [바카-] 혭어 1 (마음 씀씀이나 태도가) 너그럽지 못하고 쌀쌀하거나 조금만 베푸는 상태에 있다. ¶점수를 박하게 주다/인심이 ~. 2 (이익이나 소득이) 크지 않아 보잘것없다. ¶월급이 ~/이문이 ~. 3 두께가 얇다. ↔후하다. 4 물건의 품질이나 맛이 변변하지 못하다.

박하-사탕(薄荷沙糖*) [바카-] 圀 박하유를 넣어 만든 사탕.

박하-유(薄荷油) [바카-] 圀 박하의 잎과 줄기를 건조·증류하여 냉각 정제한 담황색의 액체. 치약·화장품·과자·양주·의약품 등의 향료로 쓰임.

박학¹(博學) [바캑] 圀 학식이 넓은 사람. ↔천학(淺學).

박학²(博學) [바캑] →**박학-하다** [바카카-] 혭어 학식이 매우 넓다.

박학-다문(博學多聞) [바캑따-] 圀 학식과 견문이 매우 넓음. **박학다문-하다** 혭어

박학-다식(博學多識) [바캑따-] 圀 학문이 넓고 아는 것이 많음. **박학다식-하다** 혭어

박학-다재(博學多才) [바캑따-] 圀 학문이 넓고 재주가 많음. **박학다재-하다** 혭어

박해(迫害)[바캐] 뗑 못 견디게 굴어서 해롭게 하는 것. ¶~를 받다. 박해-하다 동(타여) ¶이교도를 ~. 박해-되다 동(자)

박-히다[바키—] 동(자) 1 '박다'의 피동사. ¶나무뿌리가 깊이 ~ / 가시가 발바닥에 ~. 2 (사람이 한곳에) 들어앉아 나가지 않는 상태를 계속하다. ¶방구석에 종일 박혀 있다. 3 (어떤 모습이 머릿속에나 마음속에) 깊이 인상 지어지다. ¶나의 뇌리에는 헤어질 때 눈물짓던 누이의 모습이 박혀 있다. 4 (머릿속에 어떤 사상이나 이념 따위가) 깊이 자리잡다. 5 (어떤 사람이 어떤 특징이) 두드러지게 나타나다. ¶교편생활 10년에 훈장 티가 어지간히 박혔구먼.

밖[박] 뗑 ①(자립) 1 어떤 물체에 둘러싸이지 않고 그것을 벗어난 공간이나 방향. ¶집 ~ / ~에 나가서 놀아라. 2 일정한 경계나 이쪽과 저쪽을 구별하기 위해 그은 선 등을 넘어선 공간이나 방향. ¶나라 ~ / 골라인 ~으로 공이 벗어나다. 3 집이나 조직, 나라를 벗어난 영역. ¶집에는 들어오지 않고 ~으로만 돈다. / 조선은 안으로는 숭유 정책과 농본 정책을, ~으로는 사대교린 정책을 기본으로 삼았다. 4 집 밖에서 활동한다 하여, '남편'을 에둘러 이르는 말. ¶~에서 하는 일이라 안에서는 모릅니다. ¶안. ②(의존) 어떤 작용이나 생각 등이 미치는 범위를 벗어나는 일이나 영역. ¶그 ~의 일 / 예상 ~의 문제가 나오다.

밖에 조 '그것말고는', '그것 이외에는'의 뜻을 나타내는 말. 반드시 뒤에 부정이 따름. ¶조금~ 없다 / 도망갈 수~ 없다.

반¹ 뗑 얇게 펴서 만든 조각. ¶솜 ~ / ~을 짓다. ×반대기.

반!²(反) 뗑(철) =반정립(反定立). ↔정(正).

반!³(半) 뗑 1 하나의 물체를 같은 크기로 둘이 되게 했을 때 그중의 하나. ¶빵을 ~으로 나누다. 2 전체의 대상을 수효·분량·길이·넓이·부피 등의 면에서 같은 크기로 둘이 되게 했을 때 그중의 한 부분. ¶이익을 ~씩 가지다 / 숙제는 ~도 못 했다. 3 (일부 명사 앞에 붙어) '중간 정도', '거의 비슷한' 등의 뜻을 나타내는 말. ¶~만년 / ~죽음 / ~나체 / ~자동.

반(을) 타다 (구) 반으로 나누다.

반⁴(班) 뗑 ①(자립) 1 일정한 목적을 위하여 조직한 소단위의 집단. ¶내무 / 작업 ~에 ~. 2 학년을 학급으로 가른 단위. ¶~ 대항 축구 시합. 3 최일선 행정을 수행하기 위해 조직한 단위. 20~40가구 정도를 한 단위로 구성하는데, 도시 지역은 통(統), 군 지역은 이(里)의 아래 단위임. ②(의존) 세는 단위로 이르는 말. ¶1학년 1~ / 2통 5~.

반!⁻⁵(反) 접투 반대하거나 상반됨을 나타내는 말. ¶~정부군 / ~지성적 행동.

반가(班家) 뗑 양반의 집안.

반!-가공품(半加工品) 뗑 반 정도만 가공한 물품.

반!-가부좌(半跏趺坐) 뗑(불) 좌법(坐法)의 하나. 한쪽 발을 다른 쪽 다리의 허벅다리 위에 올려놓고, 다른 쪽 발을 반대쪽 무릎 밑에 넣고 앉는 자세. ㈜반가좌. ▷결가부좌.
반!-가부좌-하다 동(자여)

반!-가상(半跏像) 뗑(불) 반가부좌로 앉은 부처의 상(像). ¶금동 미륵 ~.

반가움 뗑 반가운 마음. ¶그는 나를 덥석 끌어안아 ~을 표했다.

반가워-하다 동(자)(타여) 반갑게 여기거나 느끼다. ¶동창생들끼리 오랜만에 만나자 서로들 반가워했다.

반!(半) 뗑 1 [수] 어떤 각의 절반. 2 [인] 기본 활자 절반 크기의 공간이나 사이. ¶자간(字間)을 ~ 띄우다.

반!간(反間) 뗑 =이간. 반!간-하다 동(타여)

반!간접^조명(半間接照明)[-쪼-] 뗑 대부분의 빛을 위로 향하게 하고 약간의 빛만 내리비치게 한 조명 방법. 부드러운 분위기를 자아냄.

반!감(反感) 뗑 상대의 언행이나 태도에 대해 거슬리게 여기거나 반발을 느끼는 감정. ¶~을 사다 / ~을 가지다[품다].

반!감²(半減) 뗑 절반으로 덜거나 주는 것. 반!감-하다 동(자)(타여) ¶이익이 ~ / 매력을 반감하는 천박한 말투. 반!감-되다 동(자)

반!감-기(半減期) 뗑[물] 방사성 원소가 붕괴하여 그 원자 수가 반으로 줄어들 때까지 걸리는 시간.

반갑다[-따] 혱<반가우니, 반가워> (그리던 사람을 만나거나 좋은 일이 생기거나 바라고 기다리던 일이 이루어져서) 마음이 기쁘고 흐뭇하다. ¶반가운 소식 / 오랜 가뭄 끝에 반가운 비가 오다. 반가이 뷔 ¶손님을 ~ 맞이하다.

반!-값(半—)[-깝] 뗑 원값의 절반. =반가(半價)·반금. ¶~에 팔다.

반!-강제적(半強制的) 관뗑 거의 강제로 하다시피 하는 (것). ¶~으로 일을 시키다.

반!개(半開) 뗑 1 반쯤 열거나 벌리는 것. 또는, 반쯤 열리거나 벌어지는 것. 2 꽃이 반쯤 피는 것. ¶만개(滿開). 3 문화가 조금 발달했으나 아직 완전한 개화에는 이르지 못하는 것. 반!개-하다 동(자)(타여)

반!-개모음(半開母音) 뗑[언] 입을 반쯤 벌리고 발음하는 모음. 국어의 'ㅓ' 따위. ▷중모음(中母音).

반!-거들충이(半—) 뗑 배우다가 중도에 그만두어 어중간한 사람. ㈜반거충이.

반!-건성유(半乾性油)[-뉴] 뗑[화] 공기 중에서 산화되어 건조되는 속도가 비교적 더딘 식물성 유지. 참기름·면실유 따위.

반!-걸음(半—) 뗑 한 걸음의 반.

반!격(反擊) 뗑 되받아 하는 공격. ¶총~ / ~을 가하다. 반!격-하다 동(자)(타여)

반!격-전(反擊戰)[-쩐] 뗑 반격하는 싸움.

반!경(半徑) 뗑 [수] '반지름'의 구용어.

반고 뗑 '번고(反庫)'의 잘못.

반!-고리-관(半-管) 뗑[생] 척추동물의 내이(內耳)에 있는 기관. 삼 면으로 갈라진 세 관에 림프가 차 있어 그 유동으로 몸의 평형과 위치를 감지함. =삼반규관·세반고리관.

반!-고체(半固體) 뗑 액체가 반쯤 엉겨서 이루어진 무른 고체. 묵·두부 따위.

반!-고형-식(半固形食) 뗑 =연식(軟食)².

반!곡(反曲) 뗑 반대로 휘는 것. 또는, 뒤로 구부러지는 것. 반!곡-하다 동(자)(타여)

반!골¹(半—) 뗑 종이·피륙 따위의 반 폭.

반!골²(反骨·叛骨) 뗑 어떤 세력이나 권위에 굴하거나 복종하지 않고 저항하는 기개. 또는, 그런 기개를 가진 사람. ㈜정신.

반!공¹(反共) 뗑 (주로, 다른 명사 앞에서 관형어적으로 쓰여) 공산주의에 반대하는 것. ¶~ 방첩 / ~ 교육 / 투철한 ~ 의식. ↔용공(容共). 반!공-하다 동(자)(타여)

반!공²(半空) '반공중(半空中)'의 준말.
반!-공산주의(反共産主義)[-의/-이] 명 공산주의를 반대하는 일. 또는, 그 주의.
반!-공일(半空日) 명 오전만 일을 하고 오후에는 일을 쉬는 날. 곧, 토요일. ↔반휴일.
반!공-정신(反共精神) 명 공산주의를 반대·배척하는 정신.
반!-공중(半空中) 명 그다지 높지 않은 공중. ≒건공(乾空). ㉰반공.
반!관-반!민(半官半民) 명 정부와 민간이 공동으로 출자·경영하는 사업 형태. ㉰반관.
반!-구(半球) 명 1 구(球)를 반으로 쪼갠 쪽. 또는, 그런 모양. 2 [지] 지구면을 두 쪽으로 나눈 때의 그 부분. ¶남(북)~/육(陸)~.
반!-구두(半-) 명 운두를 낮게 하여 발등이 거의 드러나게 만든 구두. =반화(半靴).
반!-구형(半球形) 명 구(球)를 절반으로 나눈 것과 같은 모양.
반!국가-적(反國家的)[-까-] 관·명 국가의 존립을 위협하거나 체제에 도전하는 성질이 있는 (것). ¶~인 행위 / ~ 불온 단체.
반!군¹(反軍) 명 1 군부에 반대하는 것. 2 군벌 또는 군국주의에 반대하는 것. **반!군¹-하다** 통재어
반!군²(叛軍) 명 반란군(叛亂軍).
반!굴(反屈) 명 1 뒤로 구부러지는 것. 2 반대쪽으로 굽는 것. ㉯반곡. **반!굴-하다** 통재어
반!-그늘(半-) 명[물] =반그림자.
반!-그림자(半-) 명 1 [물] 큰 광원(光源)에서 발하는 빛이 물체를 비추었을 때 생기는 그림자 중 빛이 부분적으로 도달하는 침침한 부분. ≒반그늘·반영(半影). 2 [천] 태양 흑점의 외측부를 이루는 흐릿한 부분.
반!-금(半-) 명 =반값.
반기¹ 명 잔치나 제사 때에 동네 사람에게 나누어 주려고 몫몫이 담아 놓은 음식. **반기¹-하다** 통재 잔치나 제사 뒤에 반기를 도르다.
반!기²(反旗·叛旗) 명 반란을 일으킨 무리가 그 표지로 세우는 기.
반기를 들다 관 반대하는 뜻을 나타내다. ¶다수의 횡포에 ~.
반!기³(半期) 명 한 기(期)의 절반.
반!기⁴(半旗) 명 조의를 표하기 위하여 기폭 한 폭만큼 내려서 다는 국기. =조기(弔旗). ¶현충일을 맞아 ~를 게양하다.
반!기⁵(叛起) 명 배반하여 일어나는 것. **반!기⁵-하다²** 통재어
반기다 통타 반가워하거나 반갑게 맞다. ¶주인이 돌아오자 개가 꼬리를 흔들며 반긴다. / 어머니는 몇 년 만에 돌아온 날 반기며 기뻐하셨다.
반!-기생(半寄生) 명[식] 숙주에게서 양분의 일부를 섭취하는 한편, 자신의 엽록체로 탄소 동화 작용을 하여 살아가는 일. ↔전기생.
반!-나마(半-) 부 반이 조금 넘게. ¶책을 ~ 읽었다.
반!-나절(半-) 명 한나절의 반쯤 되는 동안. =반상(半晌)·한겻. ¶그 작업은 ~이면 대충 끝난다. ×나절가웃.
반!-나체(半裸體) 명 몸의 극히 일부, 특히 성기나 유방 등의 부끄러운 부분만을 가리고 다른 데는 다 벗은 사람의 몸. ㉯반라. ¶~의 비키니 차림/~로 춤을 추는 무희.
반!-날(半-) 명 하루 낮의 반. =반날. ㉯한

나절.
반!-납(返納) 명 1 (빌린 물건을 빌려 주는 일을 하는 곳에) 다시 돌려주는 것. 2 (일단 받은 돈이나 물건을 주었던 사람에게) 어떤 이유에서 다시 돌려주는 것. 3 (휴가를) 권리로서 누리지 않고 사용하지 않는 것. ↔납·하다 통타어 ¶책을 도서관에 ~ / 회사가 곤경에 빠지자 사원들은 휴일을 반납하고 일하였다.
반!-년(半年) 명 한 해의 반. 곧, 6개월간.
반!년간-지(半年刊誌) 명 6개월에 한 번씩 발행하는 잡지 스타일의 정기 간행물.
반!-농(半農) 명 다른 생업을 겸한 농업.
반!-달이(半-)[-다지] 명 앞의 위쪽 절반이 밀짝으로 되어 아래로 젖혀 여닫게 된 궤.
반!-달¹(半-) 명 1 반원형의 달. =반월(半月). ¶~ 같은 눈썹. 2 반월형으로 된, 연(鳶)의 꼭지. 3 손톱이나 발톱의 뿌리 속에 있는 반월형의 흰 부분. ㉯속손톱.
반!-달²(半-) 명 한 달의 반. 곧, 보름 동안. =반삭.
반!달가슴-곰(半-) 명[동] 포유류 식육목 곰과의 한 종. 몸빛은 광택이 있는 검은색이며, 앞가슴에 반달 모양의 흰 무늬가 있음. 쓸개는 약으로 귀하게 쓰임. =반달곰.
반!달-꼴(半-) 명 반달같이 생긴 모양. =반월형.
반달리즘(vandalism) 명 예술·문화를 파괴하는 행위. 유럽의 민족 대이동 때 반달 족이 약탈과 파괴를 자행한 데서 유래하는 말임.
반!-달음(半-) 명 1 거의 뛰다시피 빨리 걷는 걸음. 2 허둥지둥하면서 걷는 급한 걸음. **반!-달음하다** 통재어
반!-달음질(半-) 명 거의 뛰다시피 빨리 걷는 일.
반달^족(Vandal族) 명[역] 동(東)게르만의 혼성 부족. 민족 대이동으로 오데르 강 상류의 원주지에서 이베리아 반도를 거쳐 북아프리카로 건너가 429년 반달 왕국을 세움.
반!-당(反黨) 명 1 반역을 꾀하는 무리. 2 당원이면서 당의 강약이나 결정을 어기는 일. ¶~ 행위. ㉭해당(害黨). **반!당-하다** 통재어
반!-대(反對) 명 1 두 사물의 위치나 방향이 각각 동쪽[서쪽]에 대해서 서쪽[동쪽], 남쪽[북쪽]에 대해서 북쪽[남쪽]인 상태, 위[아래]에 대해서 아래[위]인 상태. 또는, 두 사물의 향하는 방향이 서로 등지고 있는 상태. ¶오른쪽의 ~는 왼쪽이다. 2 두 사물의 속성이나 내용 등에 있어서 양 극단으로 대립되어 있거나 공통된 점이 없는 상태. ¶형은 말수가 적은데 동생은 그 ~다. / 듣던 바와는 ~로 그는 매우 포악하고 잔인했다. 3 남의 의견이나 행동에 따르지 않고 맞서서 거스르는 것. ¶~ 의견. ↔찬성. **반!대-하다** 통타어 (남의 의견이나 행동에 [을]) 따르지 않고 맞서서 거스르다. ¶개헌에 ~ / 부모가 결혼을 ~. **반!대-되다** 통재어 두 사물의 위치·방향·속성·내용 등이 반대의 상태로 나타나다. ¶그는 기존의 학설과 반대되는 논문을 발표했다.
반!대^개!념(反對概念) 명[논] 분량이나 정도의 차를 가진, 두 극단에 있는 개념 사이의 관계. '대(大)와 소(小)', '백(白)과 흑(黑)' 따위.
반!대-급부(反對給付)[-뿌] 명 1 어떤 일에 대응하는 이익. 2 [법] 쌍무 계약에서, 한쪽의 급부에 대한 다른 쪽의 급부. 물품의 양도

에 따른 대금의 지급 따위.
반!대기¹ 몡 1 밀가루 반죽이나 삶은 푸성귀 등을 얇고 둥글넓적하게 만든 조각. 2 '반'의 잘못.
반!대기² 몡 '소래기'의 잘못.
반!대-론(反對論) 몡 반대하는 이론이나 논설. ¶~을 펴다.
반!대-말(反對-) 몡[언] =반의어(反義語).
반!대^무!역풍(反對貿易風) 몡[지] 무역풍과는 반대로 적도 지방에서 위도가 높은 지방으로 부는 바람. =역무역풍(逆貿易風).
반!대-색(反對色) 몡[미] =보색(補色)1.
반!대-설(反對說) 몡 반대되는 의견이나 학설.
반!대^신!문(反對訊問) 몡[법] 소송의 중인 신문에서, 증인 신청을 한 측의 주신문(主訊問)과 답변에 대하여, 반대 측이 그것의 불분명한 점을 밝히거나 그 증언한 내용이 과연 증명력(證明力)을 가졌는가에 대하여 따질 목적으로 하는 신문. ¶검사의 신문이 끝나자 변호사가 ~을 하다.
반!대-어(反對語) 몡[언] =반의어(反義語).
반!대-쪽(反對-) 몡 반대되는 쪽.
반!대-파(反對派) 몡 반대하는 파.
반!대-편(反對便) 몡 1 반대되는 방향이나 쪽. ¶~ 출구. 2 반대하는 측. ¶~의 저항에 부딪히다.
반!대-표(反對票) 몡 반대하여 던지는 표. ↔찬성표.
반!도¹(半島) 몡[지] 삼면이 바다로 둘러싸이고 한 면은 육지에 이어지는 땅. ¶한~.

유의어	반도 / 곶
'반도'가 바다 쪽으로 길게 내민 땅이라면 '곶'은 바다 쪽으로 내민 땅의 뾰족한 끄트머리를 가리키는 것으로, 일반적으로 전자가 후자보다 지역적으로 넓음.	

반!도²(叛徒) 몡 반란을 꾀하거나 그에 참여한 무리. ¶~들이 정부군에 투항하다.
반!도-국(半島國) 몡[지] 영토가 바다로 길게 나와 삼면이 바다로 둘러싸인 나라.
반!-도체(半導體) 몡[물] 전기를 전하는 성질이 도체와 부도체의 중간 정도인 물질의 총칭. 규소(硅素)·게르마늄 등이 있으며, 전자 기기의 소자(素子)로 이용됨.
반!-독립(半獨立) [-동닙] 몡 1 반은 남의 도움을 받고 있는 독립. 2 [정] 한 나라가 독립권의 일부를 딴 나라에 의하여 제한받고 있는 상태.
반!동(反動) 몡 1 어떤 작용에 대하여 그 반대로 일어나는 작용. ¶~이 적은 총. 2 역사의 진보·발전에 역행하여 탄압적으로 구체제를 유지 또는 회복하려는 입장이나 정치 행동. ¶보수 ~ 세력. 3 =반동분자. ¶~으로 몰다. **반!동-하다** 됭[자]
반!동-력(反動力) [-녁] 몡 반동으로 인하여 일어나는 힘. =반작용힘. ¶로켓은 가스를 분사하여 그 ~으로 추진되다.
반!동-분자(反動分子) 몡 공산주의자들이 공산주의에 동조하지 않거나 반대하는 사람을 경멸적으로 이르는 말. =반동.
반!동-적(反動的) 관[명] 1 하나의 운동 작용에 대하여 정반대의 운동 작용인 (것). 2 역사의 조류에 역행하여 진보를 가로막는 경향인 (것).
반!동-주의(反動主義) [-의/-이] 몡 강압적인 수단에 의하여 구체제의 유지 또는 부활

을 도모하려는 주의.
반두 몡 양쪽 끝에 손잡이의 대가 있는, 물고기를 잡는 그물. =조망. ×독대.
반둥-거리다/-대다 됭[자] 뺀뺀스럽게 놀기만 하다. 㿮번둥거리다. ⑨빤둥거리다. ㉮판둥거리다.
반둥-건둥 튀 일을 끝내지 못하고 중도에서 그만두는 모양. **반둥건둥-하다** 됭[자]
반둥-반둥 튀 반둥거리는 모양. 㿮번둥번둥. ⑨빤둥빤둥. ㉮판둥판둥. **반둥반둥-하다** 됭[자]
반드럽다 [-따] 쪵〈반드러우니, 반드러워〉 1 윤기가 나고 매끄럽다. ¶화강암 돌층계는 **반드럽**고 고왔다.《박종화: 다정불심》 2 사람됨이 약삭빨라 어수룩한 맛이 없다. 㿮번드럽다. ⑨빤드럽다.
반드레-하다 쪵[여] 실속 없이 겉모양만 반드르하다. ¶겉만 ~. 㿮번드레하다. ⑨빤드레하다.
반드르르 튀 윤기가 흐르고 매끄러운 모양. ¶~ 윤기가 흐르는 비단. 㿮번드르르. ⑨빤드르르. **반드르르-하다** 쪵[여] ¶얼굴이 ~.
반!드시 튀 1 어기지 않고 꼭. 㿮기필코. ¶약속은 ~ 지켜라. 2 예외 없이 언제나. ¶부자라고 해서 ~ 행복한 것은 아니다. 3 필연적으로 꼭. ¶사람은 ~ 죽는다. 4 체언을 꾸며, 어떤 조건 관계되는 것이 그 체언이 나타내는 대상에만 국한됨을 나타내는 말. ¶그곳에는 ~ 너 혼자만 오너라. / 이 편지는 ~ 그 사람에게 전해라.
반득 튀 빛 따위가 순간적으로 한 번 반득이는 모양. 㿮번득. ⑨빤득·빤뜩. **반득-하다** 됭[자][타][여]
반득-거리다/-대다 [-꺼[떼]-] 됭[자][타] 자꾸 반득이다. 㿮번득거리다. ⑨빤득거리다·빤뜩거리다.
반득-반득 [-빤-] 튀 반득거리는 모양. 㿮번득번득. ⑨빤득빤득·빤뜩빤뜩. **반득반득-하다** 됭[자][타][여]
반득-이다 됭[자][타] (물체가) 빛을 순간적으로 반사하여 날카롭게 빛나다, (물체를) 빛을 순간적으로 반사하게 하여 날카롭게 빛나게 하다. 㿮번득이다. ⑨빤득이다·빤뜩이다.
반들-거리다/-대다¹ 됭[자] 1 윤이 날 정도로 매끄럽게 보이다. ¶방바닥이 ~. 2 어수룩한 맛이 없이 약게만 굴다. ¶**반들거리**며 요리조리 빠진다. 㿮번들거리다. ⑨빤들거리다.
반들-거리다/-대다² 됭[자] 밉살스럽게 게으름을 피우며 놀기만 하다. 㿮번들거리다. ⑨빤들거리다. ㉮판들거리다.
반들-반들¹ 튀 반들거리는(반들거리다¹) 모양. ¶구두를 잘 닦아 ~ 윤이 난다. 㿮번들번들. ⑨빤들빤들. **반들반들-하다**¹ 쪵[여]
반들-반들² 튀 반들거리는(반들거리다²) 모양. 㿮번들번들. ⑨빤들빤들·판들판들. **반들반들-하다**² 됭[자][여]
반듯-반듯 [-튿뻗] 튀 여럿이 다 반듯한 모양. 㿮번듯번듯. ⑨반뜻반뜻. **반듯반듯-하다** 쪵[여] ¶선을 **반듯반듯**하게 긋다.
반듯-하다 [-드타-] 쪵[여] 1 (사물이) 비뚤어지거나 기울거나 굽지 않고 바르다. ¶**반듯한** 자세 / 물건을 ~ 해서 놓다. 2 (생김새나 됨됨이가) 나무랄 데 없이 훌륭하다. ¶얼굴이 ~. 㿮번듯하다. ⑨반뜻하다. **반듯-이** 튀 ¶~ 드러눕다 / 자를 대고 선을 ~ 긋다.

반:등(反騰)[명][경] 내리던 시세가 갑자기 큰 폭으로 상승하는 것. ↔반락(反落). 반:등-하다[동](자)(여) ¶주가가 ~.
반:등-세(反騰勢)[명] 물가나 주식 등의 시세가 떨어지다가 갑자기 오르는 기세. ¶주식이 ~를 보이다.
반디[명][동] =반딧불이.
반딧-불[-디뿔/-딛뿔][명] 반딧불이의 꽁무니에서 반짝이는 인(燐)의 불빛. =형광(螢光)·형화. ×개똥불.
반딧-불이[-디뿌리/-딛뿌리-][명][동] 딱정벌레목 반딧불잇과의 곤충. 몸길이 12~18mm. 몸빛은 흑색임. 여름철에 물가의 풀숲에 사는데, 배 끝에 발광기가 있어 밤에 날아다니며 빛을 냄. =개똥벌레·반디.
반뜩[부] '반득'의 센말. 큰번뜩. 반뜩-하다[동](자)(타)(여) ¶반뜩하고 빛이 지나가다.
반뜩-거리다/-대다[-꺼(때)-][동](자)(타) '반득거리다'의 센말. ¶두 눈을 ~ / 멀리서 빛이 ~. 큰번뜩거리다.
반뜩-반뜩[-빤뜩][부] '반득반득'의 센말. 큰번뜩번뜩. 반뜩반뜩-하다[동](자)(타)(여)
반뜩-이다[동](자)(타) '반득이다'의 센말. 큰번뜩이다.
반뜻[-뜯][부] 작은 빛이 갑자기 나타났다가 곧 없어지는 모양. ¶구름 사이로 ~ 해가 났다. 큰번뜻.
반뜻-반뜻¹[-뜯빤뜯][부] 작은 빛이 잇달아 갑자기 나타났다 없어졌다 하는 모양. 큰번뜻번뜻. 반뜻반뜻-하다¹[여]
반뜻-반뜻²[-뜯빤뜯][부] '반듯반듯'의 센말. 큰번뜻번뜻. 반뜻반뜻-하다²[여] ¶떡을 네모 반뜻반뜻하게 자르다.
반뜻-하다[-뜨타-][형] '반듯하다'의 센말. 큰번뜻하다. 반뜻-이[부] ¶자세를 ~ 하다.
반:라(半裸)[발-][명] 사람이 성기나 유방 등의 극히 부끄러운 부분만을 가리고 다른 데는 다 벗은 상태. 비반나체. ¶~의 여인.
반:락(反落)[발-][명][경] 오르던 시세가 갑자기 큰 폭으로 하락하는 것. ¶~세(勢). ↔반등. 반:락-하다[동](자)(여) ¶주가가 ~.
반:란(叛亂·反亂)[발-][명] 정부·지배자 등을 거역하여 내란을 일으키는 일. =역란. ¶~을 진압하다 / ~을 꾀하다.
반:란-군(叛亂軍)[발-][명] 반란을 일으킨 군대. =난군(亂軍)·반군.
반:려¹(伴侶)[발-][명] 일생을 같이할 짝. ¶인생의 ~를 얻다.
반:려²(返戾)[발-][명] =반환(返還)1. 반:려-하다[동](타)(여) ¶사표를 ~. 반:려-되다
반려-암(斑糲巖·斑橭岩)[발-][명][광] 염기성인 심성암의 하나. 주로 휘석과 사장석으로 이루어짐.
반:려-자(伴侶者)[발-][명] 일생을 같이할 짝이 되는 사람. 곧, 배우자. ¶평생의 ~를 만나다.
반:례(返禮)[발-][명] =회례(回禮)¹. 반:례-하다[동](자)(여)
반:론(反論)[발-][명] 남의 논설이나 비판에 대하여 반박하는 것. 또는, 그 논설. ¶~을 제기하다 / 그 이론은 거의 완벽하게서 ~의 여지가 없다. 반:론-하다[동](자)(여)
반:-마침(半-)[명][음] 어떤 화음에서 딸림음으로 나아가 악곡의 도중에서 잠깐 멈추는 일.

반:-만년(半萬年)[명] 오천 년. ¶~의 역사.
반:-말(半-)[명] 1[언] 상대 높임법에서, 상대를 높이지 않고 낮추는, 해체의 비격식체의 말. 해라체와 하게체의 중간 등급에 해당하며, 높임을 나타내는 조사 '요'와 결합되는 특성을 가짐. 보통, 종결 어미 '-아/어', '-게', '-지', '-네', '-데', '-는군', '-거든', '-는데' 등이 쓰이며, 때로 완결성이 있는 구나 절의 형태로 나타나기도 함. 2 합쇼체나 하오체나 해요체가 아닌, 상대를 낮추는 말을 두루 이르는 말. ¶언제 봤다고 ~이냐?
반:말-하다[동](자)(여) 반말의 말씨를 써서 말하다.
반:말-지거리(半-)[명] 반말로 함부로 지껄이는 일. 또는, 그 말투. ¶새파란 녀석이 얻다 대고 ~냐? 반:말지거리-하다[동](자)(여)
반:말-질(半-)[명] 반말하는 짓. 반:말질-하다[동](자)(여)
반:면¹(反面)[명] ('-ㄴ/는/은 반면(에)'의 꼴로 쓰여) 뒤에 오는 말과 상반됨을 나타내는 말. ¶그 여자는 얼굴이 예쁜 ~ 노래를 못한다. / 그 회사는 대우를 잘해 주는 ~에 늦게까지 일을 시킨다.
반:면²(半面)[명] 1 반쪽 면. ¶달의 ~. 2 얼굴의 좌우 어느 한쪽. ¶~ 마비. 3 두 측면 중의
반면³(盤面)[명] 1 바둑·장기·레코드 등의 판의 겉면. 2 바둑·장기의 형세. 비국면.
반:면-교사(反面敎師)[명] 따르거나 되풀이해서는 안 될 나쁜 본보기. 비타산지석. ¶그 학자는 일본의 장기적 경기 침체를 ~로 삼아야 한다고 강조했다.
반:-면식(半面識)[명] 1 잠깐 만난 일이 있었는데도 얼굴을 기억하고 있는 일. 2 =반면지분(半面之分). ¶그 사람은 나하고는 ~도 없는 사람인데 왜 나를 자기 일에 끌어들이는 겁니까?
반:면지분(半面之分)[명] 일면지분도 못 되는 교분. 또는, 교제가 아직 두텁지 못한 사이. =반면식.
반명(班名)[명] 1 양반이라고 이르는 명색(名色). 2 반의 이름. 미술반·문예반 따위.
반:-명함판(半名銜判)[명] 명함 반만 한 크기의 사진판.
반:-모음(半母音)[명][언] 모음의 성질을 가지나 모음에 비하여 자음적 요소가 많은 소리. 우리말의 경우 ㅑ·ㅕ·ㅛ·ㅠ·ㅒ·ㅖ·ㅘ·ㅙ·ㅝ·ㅞ 등의 선행음 'ㅣ', 'ㅗ', 'ㅜ' 따위. =반홀소리.
반:목(反目)[명] (사람과[이] 사람이[과]) 서로 싫어하고 미워하는 것. ¶~과 시기를 일삼다. 반:목-하다[동](자)(여)
반:목-질시(反目嫉視)[-찔씨][명] 서로 미워하고 시기함. 반:목질시-하다[동](자)(여)
반:-몫(半-)[목][명] 한몫의 반. ¶형은 아버지의 ~은 거뜬히 해낸다.
반:문¹(反問)[명] 상대방의 말을 되받아 묻는 것. 반:문-하다[동](타)(여) 비되묻다.
반문²(斑紋)[명] 얼룩얼룩한 무늬. ¶검은색에 노란 ~이 있는 호랑나비.
반:-물[명] 1 =반물빛. ¶~ 저고리. 2 =반물색.
반:물-빛[-삗][명] 검은빛을 띤 짙은 남빛. =반물. ¶차츰 숲이 어두워지기 시작했는데 하늘은 아직도 ~이었다. 《황석영: 장길산》
반:물-색(-色)[명] 검은빛을 띤 짙은 남색. =반물.

반:-물질(反物質) [-찔] 圓[물] 핵자(核子)와 전자로 구성된 물질에 대하여, 그것의 반입자(反粒子)인 반핵자와 양전자로 구성된 물질.

반미(反美) 圓 미국을 싫어하거나 미워하거나 배척하는 일. ¶~ 감정 / ~ 시위. ↔친미.

반:-미치광이(半-) 圓 이성을 잃어 거의 미치광이처럼 된 사람을 얕잡아 이르는 말.

반미-콩(飯米-) 圓 '밥쌀콩'의 잘못.

반:민(叛民) 圓 반란을 일으킨 백성.

반:민족-적(反民族的) [-쩍] 冠圓 민족에 반역하는 (것). ¶~ 행위.

반:민주-적(反民主的) 冠圓 민주주의에 반대하거나 반대되는 (것). ¶~ 처사를 규탄하다.

반:-바지(半-) 圓 길이가 무릎까지 내려오는 짧은 바지.

반:박¹(反駁) 圓 (남의 의견을) 반대하여 그렇지 않다고 주장하는 것. ¶~ 성명. **반:박-하다** 匭回¶순수파들은 참여 문학론에 대해 **반박하고** 나섰다. **반:박-되다** 匭®

반:박²(半拍) 圓 반 박자.

반반(半半) 圓 1 똑같이 가른 반과 반. ¶수익을 ~로 나누다 / 승패의 확률은 ~이다. 2 = 반의반.

반반-하다 쮐回 1 구김살이나 울퉁불퉁한 데가 없이 고르고 반듯하다. ¶**반반한** 표면 / 길이 ~. (센)**빤빤하다**. 2 (얼굴이) 어지간히 예쁘다. 주로, 젊은 여자에 대해 쓰며, 다소 얕잡는 어감을 가진 말임. ¶저 여자는 얼굴은 **반반한데** 행실이 바르지 못하다. 3 (물건이) 제법 쓸 만하고 보기가 괜찮다. ¶**반반한** 옷 한 벌 4 지체가 상당하다. 5 잠이 오지 않아 눈이 말똥말똥하다. 昌번하다. **반반-히** 囝

반:발(反撥) 圓 1 (상대의 요구·주장·처리 등에) 수긍하지 않거나 좋지 않게 여겨 언짢은 마음으로 대들거나 마주치지 않는 것. ¶임금 동결이 노조의 ~에 부딪히다. 2 (탄성의 물체가) 되받아 튕기는 것. **반:발-하다** 匭®¶독단적 처사에 ~. **반:발-되다** 匭®

반:발-계:수(反撥係數) [-게-/-게-] 圓[물] 두 물체가 충돌하여 반발할 때, 한쪽에서 본 다른 쪽 속도의, 충돌 전의 속도와 충돌 후의 속도의 비.

반:발-력(反撥力) 圓 반발하는 힘. ¶용수철은 누르면 누를수록 ~이 강해진다.

반:발-심(反撥心) [-씸] 圓 상대에게 반발하는 마음. ¶사춘기가 되면 부모에 대한 ~이 커진다.

반:-밤(半-) 圓 하룻밤의 절반. 또는 하룻밤의 중간쯤 되는 때. = 반소(半宵)·반야(半夜). ¶어언 ~에 대군도 취침하고 진사도 퇴궁하더라. 《운영전》

반:백¹(半白) 圓 1 = 반백(斑白)³. 2 현미와 백미가 반씩 섞인 쌀.

반:백²(半百) 圓 백의 반. 곧, 쉰. 2 백 살의 반. 곧, 쉰 살. ¶~을 살다 / ~의 나이가 되다.

반백³(斑白) 圓 중년 이상 된 사람의 머리가 흰머리가 많이 생겨 희끗희끗하게 된 상태. = 반백(半白). ¶~의 신사 / 아버지는 어느새 머리가 희끗희끗하다. ▷백발.

반:-벙어리 圓 1 발성 기관의 이상으로 말을 똑똑히 하지 못하는 사람을 얕잡아 이르는 말. ¶아이는 혀가 짧아서 ~ 소리를 냈다. 2 어떤 말을 어물어물 알아듣기 어렵게 말하는 사람. 3 속 시원히 말을 할 수 없는 입장에 있는 사람.

반별(班別) 圓 반을 단위로 하여 구별을 지음. ¶수강생을 ~로 20명씩 모집하다.

반:-병신(半病身) 圓 1 몸이 완전하지 못하여 제대로 움직일 수 없는 사람. 2 = 반편이.

반:복(反復) 圓 (어떤 일을) 연이어 두 번 이상 다시 행하거나 이뤄지게 하는 것. 빈푸리이. ¶~ 연습. **반:복-하다** 匭®¶같은 말을 ~ / 책을 **반복하여** 읽다. **반:복-되다** 匭®¶고된 훈련이 ~.

반:복-법(反復法) [-뻡] 圓[문] 수사법의 하나. 같거나 비슷한 어구를 되풀이하여 뜻을 강조하는 방법. 예를 들면 "산에는 꽃 피네 꽃이 피네 갈 봄 여름 없이 꽃이 피네" 따위.

반:-봇짐(半褓-) [-보찜/-볻찜] 圓 손에 들고 다닐 만한 봇짐.

반:-봉건(半封建) 圓[사] 사회 정치 제도나 의식 속에 아직 남아 있는 봉건적 상태.

반:분(半分) 圓 1 절반으로 나누는 것. 2 절반의 분량. **반:분-하다** 匭⑳절반으로 나누다. ¶수입을 ~. **반:분-되다** 匭®

반:비(反比) 圓[수] 한 비의 전항과 후항을 바꾸어 놓은 비. A:B에 대한 B:A 따위. = 역비. ↔정비(正比).

반:-비:례(反比例) 圓[수] 두 양(量)이 서로 관계하면서 한쪽에서 한쪽이 2배, 3배, …가 되는 데 따라 다른 쪽은 1/2, 1/3, …으로 되는 관계. = 역비례. ↔정비례. **반:비례-하다** 匭®

반비-아치(飯-) 圓 '반빗아치'의 잘못.

반빗-아치(飯-) [-빋-] 圓 지난날, 반찬 만드는 일을 맡아보는 여자 하인을 이르던 말. = 찬비(饌婢). ×반비아치.

반:사(反射) 圓 1 [빛이] 거울·유리·금속 따위의 물체의 표면에 부딪혀 눈부시게 되비치는 것. 또는, (거울·유리·금속 따위의 물체가 빛을) 받아서 눈부시게 되쏘는 것. 2 [물] 어떤 매질(媒質)에 부딪힌 빛·소리·전파 따위의 파동 또는 입자가 다른 매질과의 경계면에서 진행 방향을 바꾸어 원래의 매질 속으로 되돌아가는 것. ¶~ 광선. 3 [생] 사람·동물이, 자극에 대해 의식 작용의 관여 없이 신경계를 매개로 행해지는 응답. 조건 반사와 무조건 반사가 있음. **반:사-하다** 匭®匭¶빛이 눈부시게 ~ / 거울에 빛이 ~ / 달은 태양의 빛을 **반사하여** 빛난다. **반:사-되다** 匭®¶유리창에 **반사된** 햇빛.

반:사-각(反射角) 圓[물] 광선이 반사하는 점에서 경계면의 법선(法線)과 이루는 각. 각도는 입사각과 같음.

반:사-경(反射鏡) 圓[물] 광선을 반사시켜 그 방향을 바꾸거나 상(像)을 맺기 위하여 사용하는 광학 기기용 거울.

반:사-광(反射光) 圓[물] 거울 따위에 의하여 반사된 빛.

반:사^광선(反射光線) 圓[물] 하나의 매질(媒質)에서 진행하던 광선이 다른 매질과의 경계면에서 반사한 후 원래의 매질로 되돌아가는 광선. ¶~반사선. ↔입사광선.

반:사-로(反射爐) 圓[물] 연소실과 가열실이 분리되어 있고, 천장 및 측벽의 반사열로 금속을 용해·제련하는 용광로.

반:사^망:원경(反射望遠鏡) 圓[물] 물체로부터 오는 빛을 오목 거울에 반사시켜 접안렌즈로 확대시킨 상(像)을 만드는 망원경. 주로 천체 관측용임. ▷굴절 망원경.

반!사-열(反射熱)〖명〗〖물〗별 또는 불에 단 물체에서 내쏘는 열.
반!사^운!동(反射運動)〖명〗〖생〗반사에 의하여 일어나는 무의식적인 근육의 운동. 무릎 반사 따위.
반!사-율(反射率)〖명〗〖물〗파동이 매질(媒質)의 경계면에서 반사할 때, 입사파의 에너지에 대한 반사파의 에너지의 비.
반!사^작용(反射作用)〖심〗심리상으로 반사 운동이 일어나는 작용.
반!사-적(反射的)〖관형〗어떤 자극에 순간적으로 무의식적 반응을 보이는 (것). ¶~ 행동 / 돌이 날아오자 영수는 ~으로 몸을 피했다.
반!사-체(反射體)〖명〗1 반사하는 물체. 2〖물〗원자로 안에서 노심(爐心)을 둘러싸고 있어, 노심으로부터 발생한 중성자가 원자로 밖으로 누출하지 못하도록 하는 물질. 흑연·베릴륨·중수(重水) 따위. =반사재.
반!사-파(反射波)〖명〗〖물〗매질(媒質) 속을 진행하는 파동이 다른 매질과의 경계면에서 반사하여 방향을 바꾸어 나아가는 파동.
반!사-판(反射板)〖명〗사진이나 영화 등을 촬영할 때, 빛을 반사시켜 피사체에 비춤으로써 피사체에 그늘이 생기지 않게 하거나 그늘이 강하지 않게 하는 판. 은박 반사판이나 백색판이 널리 쓰임. =리플렉터.
반!-사회적(反社會的)[-회-/-훼-]〖관형〗사회의 공약이나 질서·이익에 반하는 (것). ¶~ 행동 / ~ 단체.
반상¹(班常)〖명〗양반과 상사람. ¶~ 타파.
반상²(飯床)〖명〗1 '반상기'의 준말. 2 일정한 가짓수로 격식을 갖추어 차리는 밥상. 종류에 따라 3첩·5첩·7첩·9첩·12첩 등이 있음.
반상³(盤上)〖명〗소반(小盤)의 위. ¶~ 진미(珍味). 2 바둑·장기판의 위.
반상-기(飯床器)〖명〗격식을 갖추어 밥상 하나를 차리게 만든 한 벌의 그릇. 종류에는 놋쇠 반상기·사기 반상기가 있고, 한 벌의 가짓수를 말하는 것으로는 3첩·5첩·7첩·9첩·12첩 등이 있음. 〖준〗반상.
반-상회(班常會)[-회/-훼] 반(班) 단위로 조직된 주민(住民)들이 매월 한 번씩 가지는 모임. 행정상의 공시 사항 전달이나 민의 반영 및 이웃끼리의 친목 도모를 목적으로 함.
반색 매우 기다리거나 보고 싶은 사람이나 일을 대하여 몹시 반가워하는 것. ¶혼자 놀던 아이는 어머니를 보자 ~을 하며 안겼다. 반색-하다〖동〗〖자어〗
반!생(半生)〖명〗한평생의 절반. =반생애. 〖비〗반평생. ¶~을 교직에 바치다.
반!생-반!사(半生半死)〖명〗거의 죽게 되어 생사를 모를 지경에 이름. 반!생반!사-하다〖동〗〖자어〗
반!-생애(半生涯)〖명〗=반생(半生).
반석(盤石·磐石)〖명〗1 넓고 편편한 큰 돌. 〖비〗너럭바위. 2 아주 견고하고 든든한 것의 비유. ¶주는 나의 ~이라 / 국가의 기틀을 ~ 위에 올려놓다.
반!-설음(半舌音)〖명〗〖언〗=반혓소리.
반!성(反省)〖명〗(자기가 한 일이나 행동을) 잘못이나 허물이 없었는지 돌이켜 생각하는 것. 또는, (자신의 잘못이나 허물을) 깊이 생각하여 깨닫는 것. ¶~의 빛을 보이다. 반!성-하다〖동〗¶하루 일을 ~ / 그는 자기가 저지른 죄를 깊이 **반성하고** 있다.

반!성-문(反省文)〖명〗자신의 잘못을 돌이켜 보면서 적는 글.
반!성^유전(伴性遺傳)[-뉴-]〖명〗〖생〗성염색체에 있는 유전자에 의하여 일어나는 유전 현상.
반!-세기(半世紀)〖명〗1세기의 절반. 곧, 50년. ¶~에 걸친 무력 통치.
반!-세상(半世上)〖명〗한 세상의 반. =반세(半世). ¶전쟁과 혼란 속에서 나는 ~을 살았다.
반!소¹(反訴)〖명〗〖법〗민사 소송에서, 소송이 진행되고 있는 도중에 피고가 원고를 상대로 제기하는 소송. =맞소송.
반!소²(半燒)〖명〗(집 따위가) 반쯤 타는 것. 반!소-하다〖동〗〖자어〗 반!소-되다〖동〗〖자〗¶화재로 학교가 ~.
반!-소경(半-)〖명〗1 한쪽 눈의 시력을 잃은 사람. 〖비〗애꾸눈이. 2 시력이 몹시 약하여 잘 볼 수 없는 사람. 3 글을 깨치지 못하여 읽을 줄 모르는 사람. 4 보고도 못 본 체할 수밖에 없는 입장에 있는 사람.
반!-소매(半-)〖명〗팔꿈치 정도까지 내려오는 짧은 소매. =반팔. ¶~ 와이셔츠. ▷긴 소매.
반!-소설(反小說)〖명〗〖문〗=앙티로망.
반!-소작(半小作)〖명〗자작과 소작을 반씩 하는 것. 또는, 그렇게 하는 농사. 반!소작-하다〖동〗〖자어〗
반!송¹(伴送)〖명〗다른 물건에 딸려서 함께 보내는 것. 반!송-하다¹〖동〗〖타어〗 반!송-되다¹〖동〗〖자어〗
반!송²(返送)〖명〗(온 물건을) 다시 되돌려 보내는 것. 〖비〗환송(還送). 반!송-하다²〖동〗〖타어〗¶서류를 ~. 반!송-되다²〖동〗〖자〗¶주소 불명으로 편지가 ~.
반송³(盤松)〖명〗키가 작고 가지가 옆으로 퍼진 소나무.
반송⁴(搬送)〖명〗1 (하물 등을) 멀리까지 운반하여 보내는 것. 2 음성·화상(畫像) 등의 신호를 변조(變調)하여 고주파에 실려 보내는 것. 반송-하다³〖동〗〖타어〗 반송-되다³〖동〗〖자〗
반!-송장(半-)〖명〗아주 늙거나 병이 들어 죽은 사람과 다름없게 된 사람.
반송^통신(搬送通信)〖명〗〖통〗반송파를 이용하는 전화·전신 등의 통신.
반송-파(搬送波)〖명〗〖물〗전신·전화·텔레비전 따위의 음성이나 영상(映像)의 신호파를 전송하는 데 사용하는 고주파 전류.
반!수¹(半數)〖명〗1 전체의 절반이 되는 수. ¶상자 안에 들어 있는 사과의 ~는 썩었다. 2〖생〗배우자 및 배우체가 지니는 한 무리의 염색체 수.
반수²(班首)〖명〗1 수석의 자리에 있는 사람. 2 반열상의 우두머리.
반!숙(半熟)〖명〗반쯤 익은 것. 또는, 반쯤 익힌 것. ¶계란을 ~으로 먹다. 반!숙-하다〖동〗〖자타어〗¶계란을 ~.
반!숙-란(半熟卵)[-숭난]〖명〗반쯤 익힌 달걀.
반!-숙련공(半熟練工)[-숭년-]〖명〗완전하지는 않지만 웬만큼 또는 어느 정도 숙련된 기능공.
반!-승낙(半承諾)〖명〗확답은 아니지만 긍정에 가까운 승낙. ¶벌써 ~은 얻어 놓았어요. 반!승낙-하다〖동〗〖타어〗
반!시(半時)〖명〗아주 짧은 시간. =반점(半點).

반¦-식민지(半植民地)[-싱-] [명] 형식적으로는 독립국이나 사실에 있어서는 식민지나 다름없는 나라.

반¦신[1](半身) [명] 몸의 절반. ¶상[하]~ / ~이 마비되다.

반¦신[2](返信) [명] 회답하는 편지나 전보 따위의 통신. [비]회신. ¶~ 우표를 동봉하다.

반¦신[3](叛臣) [명] 임금을 배반한 신하. [비]역신(逆臣).

반¦신-반¦의(半信半疑)[-의/-이] [명] 얼마쯤 믿으면서도 한편으로는 의심함. **반¦신반¦의-하다** [동][자][타][여]

반¦신불수(半身不隨)[-쑤] [명] 뇌출혈·뇌혈전증 등으로 말미암아 몸의 한쪽이 마비되어 못 쓰게 되는 상태. ¶중풍으로 ~가 되다. ▷편마비.

반¦신-상(半身像) [명] 상반신의 사진·초상·조각 따위의 총칭.

반¦신-욕(半身浴)[-뇩] [명] 온몸을 담그지 않고 배꼽 아래의 하반신만 뜨거운 물에 담그는 방식의 목욕.

반¦실(半失) [명] 절반가량을 잃거나 손해 보는 것. **반¦실-하다** [동][자][여]

반¦실-이(半失-) [명] 변변치 못한 사람.

반¦심(叛心) [명] =반의(叛意)[3]. ¶~을 품다.

반¦-심성암(半深成巖) [명][광] 심성암과 화산암의 중간적 조직을 나타내는 화성암. 얼룩무늬가 있으며, 암맥이나 암상 등에서 볼 수 있음.

반¦쌍(半雙) [명] 한 쌍의 반. 또는, 쌍으로 된 것의 그 한쪽.

반¦-암부(半暗部) [명][천] 태양 흑점 주위의 덜 검은 부분. =외허(外虛). ▷암부.

반¦액(半額) [명] 정해진 금액의 절반 가격. ¶~ 세일 / 어린이는 입장료가 ~이다.

반¦야[1](半夜) [명] **1** =한밤중. **2** =반밤.

반야[2](般若) [명] [<[범]Prajñā][불] 모든 사물의 본래의 양상을 이해하고 불법의 진실된 모습을 파악하는 지성(知性)의 작용. 또는, 최고의 진리를 인식하는 지혜.

반야-경(般若經) [명][불] 반야바라밀의 깊은 이치를 설한 경전의 총칭.

반야-바라밀(般若波羅蜜) [명][불] 열반(涅槃)의 피안(彼岸)에 이르기 위하여 보살이 수행을 하는 중에 진리를 인식하는 깨달음의 지혜를 완전한 것으로 만드는 일.

반야-심경(般若心經) [명][불] 대반야바라밀다경의 핵심을 간결하게 설명한, 260자로 된 짧은 경. =대반야바라밀다심경·반야바라밀다심경. [준]심경.

반야-탕(般若湯) [명]〈은〉 술[1](절에서 승려가 쓰는 말).

반¦-양성자(反陽性子)[-냥-] [명][물] 양성자와 질량 등은 같으나 자기 모멘트의 부호가 반대인 입자. =반양자. ▷반입자.

반¦-양장(半洋裝)[-냥-] [명] **1** 제본(製本) 방법의 하나. 속장을 실로 매고 겉장을 속장에 접착시켜 씌운 다음, 겉장과 속장을 동시에 마무름. ¶~본(本). **2** 반쯤 서양식으로 꾸민 복장.

반¦어[1](反語) [명] 어떤 말을 그 본래의 뜻과는 반대의 뜻으로 써서, 그 뒤에 숨은 반대의 뜻을 강조하는 말. 대개는 무슨 말을 비꼬아서 할 때에 쓰이는 것으로, 예를 들면 못생긴 여자를 '천하일색이야'라고 하는 따위. =아이러니.

반¦어[2](半漁) [명] 어업만을 전문으로 하지 않고 다른 일도 하면서 하는 어업. ¶반농(半農)~.

반¦어-법(反語法)[-뻡] [명][문] 수사법의 하나. 표현하고자 하는 것과 정반대되는 말을 사용함으로써 오히려 그 표현을 더 강하게 하는 방법. 키가 작은 사람에 대해 "키 한번 되게 크군."이라고 하는 따위.

반¦어^의문문(反語疑問文) [명][언] 문장의 형식은 물음을 나타내나 답변을 요구하지 않고, 표면의 의미와 반대되는 의미를 강하게 지니는 의문문. 가령, "내가 너한테 옷 한 벌 못 사 주랴?"와 같은 문장으로 '사 줄 수 있다'는 뜻을 나타냄.

반¦역(反逆·叛逆) [명] 나라나 왕이나 민족을 배반하는 행위를 하는 것. ¶~을 꾀하다. **반¦역-하다** [동][자][타][여] ¶나라에 **반역한** 무리 / 민족을 **반역한** 매국노.

반¦역-자(反逆者)[-짜] [명] 반역한 사람.

반¦역-죄(反逆罪)[-쬐/-쮀] [명] 반역 행위를 한 죄.

반연(攀緣) [명] **1** 휘어잡고 의지하거나 기어올라가는 것. **2** 어떤 일을 이루는 계기나 연줄. **3** [불] 원인을 도와서 결과를 맺게 하는 것. **반연-하다** [동][타][여]

반열(班列) [명] 품계·신분·등급의 차례. =반차(班次). ¶성인(聖人)의 ~에 오르다.

반¦영[1](反映) [명] **1** 빛이 반사하여 비치는 것. **2** (어떤 현상을) 드러내어 표현하는 것. 또는, 그렇게 표현된 것. **반¦영-하다** [동][자][타][여] ¶민의를 국정에 ~ / 소설은 그 시대의 사회상을 **반영한다**. **반¦영-되다** [동][자]

반¦영[2](反影) [명] 반사하여 비치는 그림자.

반¦영구-적(半永久的)[-녕-] [관][명] 거의 영구에 가까운 (것). ¶수명이 ~인 제품.

반¦-올림(半-) [명][수] 근삿값이나 어림수를 구할 때, 어떤 자리의 수가 4 이하이면 버리고 5 이상이면 올리면서 그 미만이 되는 자리의 수를 버리는 일. 가령, 10.4는 10으로, 10.5는 11로 하는 따위. 구용어는 사사오입(四捨五入). **반¦올림-하다** [동][타][여]

반¦-우주(反宇宙) [명] 모든 물질이 반입자에 의해 구성되어 있다고 상상되는 우주. =반세계(反世界).

반¦원[1](半圓) [명][수] 원을 지름으로 2등분한 한 쪽.

반원[2](班員) [명] 한 반을 이루는 각 사람.

반¦원-형(半圓形) [명] 반원같이 생긴 모양.

반¦월(半月) [명] **1** =반달[1]1. **2** 한 달의 반.

반¦월-창(半月窓) [명] 반달 모양의 창.

반¦월-판(半月瓣) [명][생] 심장과 동맥 사이에 있는, 반달같이 생긴 세 개의 판막. 피가 거꾸로 흐르는 것을 막아 줌.

반¦월-형(半月形) [명] =반달꼴.

반¦-유동체(半流動體)[-뉴-] [명] 죽 따위의 되직한 유동체.

반¦음(半音) [명][음] 서양 음악에서, 온음의 반이 되는 음정. =반음정. ▷온음.

반¦음-계(半音階)[-계/-게] [명][음] 서로 이웃하고 있는 각 음의 음정이 모두 반음으로 되어 있는 음계. ▷온음계.

반¦-음정(半音程) [명][음] =반음. ▷온음정.

반¦응(反應) [명] **1** 어떤 말이나 글이나 소리나 영상이나 대상 등에 대하여 그로 인한 표정이나 몸짓이나 태도나 심리 등의 변화를 보이는 일. ¶불러도 아무 ~이 없다 / 제안에 긍정적인 ~을 보이다 / 소비자의 ~을 조사하다. **2** [생] 외부의 자극에 대하여 생물의

ㅂ

세포·기관·조직·생체 등이 상태의 변화를 나타내는 일. ¶생체 ~ / 양성 ~. ↔자극. 3 [화] 물질과 물질이 서로 작용하여 화학적 변화를 일으키는 일. ¶화학 ~. **반:응-하다** 동(자)(타)(여) ¶물은 수소와 산소가 **반응하여** 만들어진 화합물이다.

반:응-기(反應器) 명[생] 자극에 따라 적당한 반응을 나타내는 기관. ▷감각기.

반:응^물질(反應物質) [-찔] 명[화] 서로 작용하여 화학 반응을 일으키는 물질.

반:응^속도(反應速度) [-또] 명[화] 화학 반응이 진행되는 속도. 단위 시간에 생기는 생성 물질의 양으로 나타냄.

반:응-열(反應熱) [-녈] 명[화] 화학 반응에 수반하여 발생하거나 흡수되는 열량.

반:의¹(反義) [-의/-이] 명 반대의 뜻. =반의(反意).

반:의²(反意) [-의/-이] 명 1 뜻에 반대하는 것. 2 =반의(反義)¹. ↔동의(同意). **반:의-하다** 동(자)(타)(여)

반:의³(叛意) [-의/-이] 명 배반하려는 의사. =반심(叛心).

반:의-반(半-半) [-의-/-에-] 명 절반의 반. 곧, 1/4. =반반(半半)·반지반. ¶네 몫의 ~만 내게 다오.

반:의-어(反義語·反意語) [-의-/-이-] 명[언] 뜻이 정반대되는 관계에 있는 말. =반대말·반대어·상대어. ↔동의어.

반이(搬移) 명 짐을 날라 이사하는 것. 또는, 운반하여 옮기는 것. **반이-하다** 동(타)(여)

반:-일¹(半日) [-닐] 명 1 하루 일의 절반. 2 어떤 일의 절반.

반일²(反日) 명 일본을 싫어하거나 미워하거나 배척하는 것. ¶~ 감정. ↔친일.

반:일³(半日) 명 =반날.

반입(搬入) 명 (물품을 어느 곳의 안으로) 운반하여 들여오는 것. ↔반출(搬出). **반입-하다** 동(타)(여) ¶농산물을 산지에서 ~. **반입-되다** 동(자)(여) ¶많은 기계가 외국으로부터 ~.

반:-입자(反粒子) [-짜] 명[물] 보통의 소립자와 질량 등의 물리량(物理量)은 같으나 전하(電荷)·자기 모멘트의 부호가 반대인 소립자. 양전자·반양성자·반중성자 따위.

반:-잇소리(半-) [-이쏘-/-일쏘-] 명[언] 훈민정음에서 'ㅿ'의 이름. =반치음.

반자¹ [건] 방이나 마루의 천장을 평평하게 만드는 시설. ¶목 ~ / 빗 ~ / ~을 드리다.

반:자²(半字) 명 =약자(略字).

반:-자동(半自動) 명 기계의 작동에서, 부분적으로 이루어지는 자동. ¶~ 세탁기. ▷전자동.

반:-자성(反磁性) 명[물] 외부의 자기장(磁氣場)과 반대 방향으로 자기(磁氣)를 띠는 성질. ▷상자성(常磁性).

반:자성-체(反磁性體) 명[물] 반자성을 나타내는 물질. 구리·금·은·아연·납 따위. ▷상자성체.

반자-틀 명[건] 반자를 드리기 위하여 만든 틀.

반작¹ 부 '반짝'의 여린말. '빠작', '빤작'의 여린말이기도 함. 큰번적. **반작-하다** 동(자)(타)(여)

반:작²(半作) 명[농] 1 =소작(小作). 2 수확량이 평년작의 반이 되는 것. 3 =배메기. **반:작-하다²** 동(타)(여)

반작-거리다/-대다 [-꺼(때)-] 동(자)(타) '반짝거리다'의 여린말. '빠작거리다', '빤작거리다'의 여린말이기도 함. 큰번적거리다.

반작-반작 [-빤-] 부 '반짝반짝'의 여린말. '빠작빠작', '빤작빤작'의 여린말이기도 함. 큰번적번적. **반작반작-하다** 동(자)(타)(여) ¶반딧불이 ~.

반:-작용(反作用) 명 1 작용을 받은 대상이 작용을 한 대상에 대하여 도로 작용하는 일. 2 [물] 물체 A가 물체 B에 힘을 작용시킬 때, 그와 똑같은 크기의 반대 방향의 힘을 A에 미치는 작용.

반작-이다 동(자)(여) '반짝이다'의 여린말. '빠작이다', '빤작이다'의 여린말이기도 함. 큰번적이다.

반장(班長) 명 1 초·중등학교에서, 담임교사를 도와 한 학급의 학생들을 통솔하는 책임을 맡은 학생. ¶학년 1반 ~. 2 '반(班)'으로 일컬어지는 조직체나 부서나 말단 행정단위 등의 업무를 책임 맡은 사람. ¶수사 ~ / 작업반 ~ / 1통 2반 ~.

반:적(叛賊) 명 자기 나라를 배반한 역적.

반:전¹(反戰) 명 전쟁에 반대하는 것. ¶~ 사상 / ~ 운동 / ~ 문학. **반:전-하다** 동(자)(여)

반:전²(反轉) 명 1 위치·방향·순서 등이 반대로 되는 것. 2 일의 형세가 뒤바뀌는 것. 3 [사진] 양화(陽畫)를 음화(陰畫)로, 음화를 양화로 하는 것. 또는, 그렇게 되는 현상. **반:전-하다²** 동(자)(여) **반:전-되다** 동(자) ¶상황이 ~.

반:전³(半錢) 명 아주 적은 돈을 비유하여 이르는 말.

반:전^도형(反轉圖形) 명[심] 같은 도형인데도 보고 있는 중에 원근(遠近) 또는 그 밖의 조건이 뒤바뀌어 다른 그림으로 보이는 도형.

반:전-론(反戰論) [-논] 명 전쟁을 반대하는 언론·주장.

반:전^필름(反轉film) 명[사진] 반전 현상 조작에 의하여 직접 양화(陽畫)로 할 수 있는 필름.

반:-절¹(半-) 명 아랫사람의 절을 받을 때, 그 답례로 윗몸을 반쯤 굽혀 하는 절.

반:절²(反切) 명 1 한자(漢字)의 음을 나타냄에 있어서, 다른 두 한자의 음을 반씩 따서 합치는 방법. 가령, '東'의 음을 '德紅切'로 표시하는 방식으로, 이는 東' 자의 음이 '德'의 첫소리인 'ㄷ'과, '紅'의 속소리와 끝소리 'ㅗ', 'ㅇ'이 결합하여 '동'이 됨을 나타낸 것임. =반음(反音). 2 훈민정음의 딴 이름. 3 '반절본문'의 준말.

반:절³(半切·半截) 명 전지(全紙)를 반으로 자른 크기. 또는, 그 크기의 종이. ¶화선지 ~ / 전지 ~.

반:절⁴(半折) 명 =절반¹.

반:절-본문(反切本文) 명[언] 한글을 반절식으로 배열한 본문. 자음 ㄱ, ㄴ, ㄷ, ㄹ, …과 모음 ㅏ, ㅑ, ㅓ, ㅕ, 가, 갸, 거, 겨, …, 나, 냐, 너, 녀, …의 순서로 늘어놓은 것임. ㈜반절·본문.

반:점¹(半點) 명 1 =반시(半時). 2 '아주 조금'의 뜻. 3 [언] 가로쓰기에 사용되는 쉼표인 ','의 이름. 문장의 절이나 단어 사이에 짧은 휴식을 나타내기 위해 씀. =꽁짓점·콤마. ▷모점.

반점²(斑點) 명 얼룩얼룩한 점.

반점³(飯店) 명 (주로, 상호에 쓰여) 중국 요리를 파는 음식점임을 나타내는 말. ¶홍콩 ~.

반:정¹(反正) 명 1 바른 상태로 돌아가는 것. 또는, 돌아가게 하는 것. 2 난리를 바로잡는 것. 3 나쁜 임금을 폐하고 새 임금이 대신 서는 일. ¶인조(仁祖)~. 반:정-하다 통(자)

반정²(斑晶) 명 (광) 유리질 또는 세립(細粒) 결정으로 이루어지는 석기(石基) 가운데 산재하는 큰 결정. 화산암에서 볼 수 있음.

반:-정립(反定立) 명 (철) 헤겔의 변증법에서, 발전의 도식인 세 단계 중 첫 단계인 정립(定立)을 부정하는 둘째 단계. =반(反)·반립·안티테제. ↔정립.

반:-정부(反政府) 명 정부에 반대하는 일. ¶~ 활동 / ~ 인사(人士).

반:제¹(反帝) 명 '제국주의'에 반대하는 일. =반제국주의.

반:제²(返濟) 명 줄 돈을 다 갚는 것. 반:제-하다 통(타)(여) ¶물품 대금을 ~. 반:제-되다 통(자)

반:-제품(半製品) 명 제품으로서의 모든 제조 과정을 거치지는 않았으나, 그대로 저장·판매가 가능한 중간 제품.

반:주¹(伴走) 명 마라톤·역전 경주 등에서, 선수와 함께 달리는 것. 반:주-하다¹ 통(자)(여)

반:주²(伴奏) 명 (음) 성악이나 기악에 맞추어 다른 악기로 보조적인 연주를 하는 것. ¶피아노 / ~에 맞춰 노래하다. 반:주-하다² 통(자)(여)

반주³(飯酒) 명 밥을 먹을 때에 곁들여 마시는 술.

반주그레-하다 형(여) 생김새가 겉으로 보기에 반반하다. ¶김 서방은 … 아내의 얼굴을 **반주그레한** 탓으로 곧 상전 양반에게 빼앗기고 지금은 아내가 없다고 이야기하니…. 〈홍명희: 임꺽정〉 ⓑ번주그레하다.

반죽 명 (쌀가루·밀가루·보릿가루나 흙 따위를) 손이나 발이나 도구를 물과 섞어 끈기를 가지도록 이겨서 무른 고체 상태의 물질이 되도록 만드는 것. 또는, 그 물질. ¶떡 ~ / 회 ~ / ~이 되다[무르다]. 반죽-하다 통(타)(여) ¶밀가루를 **반죽하여** 국수를 뽑는다.

반죽(이) 좋다 (구) 노여움이나 부끄러움을 타는 일이 없다.

반:-죽음(半-) 명 거의 죽게 된 상태. =반사(半死). 비빈사(瀕死). ¶송 서방은 애매한 누명을 쓰고 관가에 끌려가 ~이 되도록 곤장을 맞았다.

반:-중간(半中間) 명 =중간(中間)¹.

반:-중성자(反中性子) 명 (물) 중성자와 질량 등은 같으나 자기 모멘트의 부호가 반대인 입자.

반증(反證) 명 1 어떤 주장에 대하여 그것이 참이 아님을 반대되는 논거를 들어 증명하는 것. 또는, 그 증거. 2 어떤 행위나 사실이 어떠한 믿음·판단·주장에 대해 결과적으로 반대되는 것을 증명하는 것이 되는 것. ¶아무리 결백을 주장하고 있지만 그가 시종 안절부절못하고 있는 것은 뭔가 켕기는 것이 있다는 ~이 아니고 무엇인가? 3 (법) 민사 소송·형사 소송에서, 거증 책임이 있는 당사자가, 상대자가 주장한 사실 또는 제출한 증거에 대하여 그것과 양립할 수 없는 사실을 증명하거나, 또는 그 증거를 부정하기 위하여 제출하는 증거. ↔본증(本證). 반:증-하다 통(타)(여) ¶무죄임을 **반증할** 만한 결정적 증거가 없다. 반:증-되다 통(자)

반지(半指·斑指) 명 치장을 목적으로, 또는 결혼·약혼 등을 기념하는 표시로, 금·은 등의 금속으로 만들어 손가락에 끼도록 된, 한 짝의 고리 모양의 물건. ¶금~ / 약혼~ / ~를 끼다[빼다].

> **유의어** 반지 / 가락지
> 둘 다 손가락에 끼는 장신구를 가리키나, '반지'는 고리가 한 개인 것을, '가락지'는 고리가 쌍을 이룬 것을 말함. 또한, '반지'는 보석을 덧붙이기도 하나 '가락지'는 덧붙이지 않음.

반:-지갑(半紙匣) 명 길이를 반으로 접을 수 있는 지갑. ▷장지갑.

반:-지기(半-) 명 쌀이나 어떤 물건에 다른 잡것이 섞인 것. ¶돌~ / 뉘~.

반지랍다 [-따] 형(ㅂ) 〈반지라우니, 반지라워〉 기름기가 묻어 매끄럽고 윤이 나다. ⓑ번지럽다.

반지레 투 매끄럽고 윤이 나서 반지르르한 모양. ⓑ번지레. ⓢ빤지레. 반지레-하다 형(여)

반지르르 투 1 매끄럽고 윤이 나는 모양. ¶머리카락이 ~ 윤이 나다. 2 말 따위를 실속은 없이 겉만 그럴듯하게 하는 모양. ¶번지르르. ⓢ빤지르르. 반지르르-하다 형(여) ¶얼굴에 기름이 ~ / 내용도 없이 겉모양만 **반지르르하게** 꾸미다.

반:-지름(半-) 명 (수) 원이나 구(球)의 중심에서 그 원둘레 또는 구면 상의 한 점에 이르는 선분의 길이. 구용어는 반경(半徑).

반지-빠르다 형(르)〈~빠르니, ~빨라〉 1 (언행이) 어수룩한 데가 없이 얄미울 만큼 눈치가 빠르고 꾀가 많다. ¶저간의 사정을 꾸며 대기도 전에 주모가 **반지빠르게** 먼저 주워 섬기니 이축이 편안하여 좋았다.〈김주영: 객주〉 2 젠체하며 오만하다. 3 어중간하여 알맞지 않다. ¶머리가 요전보다는 좀 길었으나 **반지빨라서** 짧은 것만 못하다.〈최정희: 인간사〉

반:-직선(半直線) [-썬] 명 (수) 한쪽에는 끝이 있고 다른 쪽은 무한히 뻗어 있는 직선. 직선은 그 위의 한 점에 의해서 2개의 반직선으로 나뉨.

반:-직업적(半職業的) [-쩍] 관·명 어떤 일을 직업으로 정하지는 않았으나 거의 직업으로 삼다시피 하는 (것).

반질-고리 [-꼬-] 명 바늘·실·골무 따위의 바느질 도구를 담는 그릇. =바느질고리.

반질-거리다/-대다 자 1 매끄러운 윤기가 흐르다. ⓥ. 2 일을 살살 피하면서 게으름을 부리다. ¶반질거리며 말을 안 듣다. ⓑ번질거리다. ⓢ빤질거리다.

반질-반질 투 반질거리는 모양. ⓑ번질번질. ⓢ빤질빤질. 반질반질-하다 통(자)형(여) ¶마룻바닥이 ~.

반:-집(-) 명 바둑에서, 다섯 집 반 또는 여섯 집 반의 덤을 주고 두어서, 종국(終局) 후 집 계산을 할 때 생기는 계산상의 집. 빅을 방지하기 위한 것임. =반호(半戶).

반짝¹ 투 1 빛이 순간적으로나 일시적으로 빛나는 모양. ¶형광등이 ~ 켜지다 / 해가 ~ 나다. 예반작. 2 어떤 현상이 잠깐 나타나 두드러지거나 정신이 순간적으로 들거나 생각이 맑아지는 모양. ¶하루 이틀 ~ 설쳐 대다가 말다 / 정신이 ~ 들다. ⓑ번쩍. ⓢ빤짝. 반짝-하다 통(자)(타)(여) ¶어둠 저편에서 불빛이 한 차례 **반짝했다**. / 오후 들어 해가 **반짝하는** 듯하더니 다시 비가 퍼붓기 시작했다. / 한두 해 **반짝**하고 사라지는 연예인 / 약을 먹을 땐 **반짝하다가**도 안 먹으면 도로 마찬가지다.

반짝² 뭐 1 물건을 아주 가볍게 얼른 드는 모양. ¶아이를 ~ 들어 올리다 / 고개를 ~ 들다. 2 눈을 갑자기 크게 뜨는 모양. ¶~ 눈을 뜨다. 큰번쩍.

반짝-거리다/-대다[-꺼(때)-] 재타 잇달아 반짝이다. ¶**반짝거리는** 불빛. 여번쩍거리다. 쎈빤짝거리다.

반짝-반짝¹[-빤-] 뭐 반짝거리는 모양. ¶별이 ~ 빛나다. 큰번쩍번쩍. 여반작반작. 쎈빤짝빤짝. **반짝반짝-하다** 동재자여형여

반짝-반짝²[-빤-] 뭐 여러 번 반짝 들거나 들리는 모양. ¶의자를 ~ 들어 옮기다. 큰번쩍번쩍.

반짝-이 명 여성 의복이나 액세서리, 무대 의상 등에 붙이는 반짝이는 조각. 또는, 화장품에 첨가된 반짝이는 성분. ¶~ 장식이 있는 블라우스 / ~ 스타킹 / ~ 화장품.

반짝-이다 동재자 빛이 잠깐 나타났다가 사라지다. 또는, 그리되게 하다. ¶눈을 ~ / 등불이 ~. 큰번쩍이다. 여반작이다. 쎈빤짝이다.

반!-쪽(半-) 명 1 한 개를 둘로 쪼갠 한 쪽. ¶사과 ~. 2 살이 빠져서 몹시 마른 모습. ¶얼굴이 ~이 되었구나.

반찬(飯饌) 명 밥이나 주된 음식에 곁들여 먹는, 고기나 생선·야채 따위로 만든 음식. =식찬(食饌). 찬(饌) / 고기~ / 마른~ / ~투정. 춘찬(饌). ▷부식(副食).

반찬-감(飯饌-)[-깜] 명 =반찬거리.

반찬-거리(飯饌-)[-꺼-] 명 반찬을 만드는 데 쓰이는 여러 가지 재료. 반찬감·찬거리·찬용. ¶~가 통 없다.

반!-찰떡(半-) 명 '메찰떡'의 잘못.

반창-고(絆創膏) 명 상처에 붙인 거즈나 붕대를 고정시키는 데 쓰는, 헝겊의 한쪽 면에 점착성 물질을 바른 흰색의 테이프.

반창-회(班窓會)[-회/-훼] 명 학창 시절에 같은 반이었던 사람들끼리 가지는 친목 모임. ¶3학년 1반 ~.

반!-청(半晴) 명 날씨가 반쯤 갬.

반!-체제(反體制) 명 기존의 사회·정치 체제를 반대하고 개혁을 꾀하는 일. ¶~ 인사 / ~ 운동.

반!-초(半草) 명 =반흘림. ¶~로 쓴 글씨.

반촌(班村) 명 양반이 많이 사는 마을. ↔민촌(民村).

반추(反芻) 명 1 (소나 염소 따위가 한번 삼킨 먹이를) 다시 게워내어 씹는 일. =새김질·되새김. 2 (어떤 일을) 되풀이하여 음미하고 생각하는 것. **반추-하다** 동타여 ¶3·1 운동의 의미를 **반추해** 보다.

반!추-위(反芻胃) 명 반추 동물에서 볼 수 있는 특별한 위(胃). 혹위·벌집위·겹주름위·주름위의 네 방으로 나누어짐. =새김위.

반출(搬出) 명 (물품을 있던 곳의 밖으로) 운반하여 내가는 것. ↔반입(搬入). **반출-하다** 동타여 **반출-되다** 동재 ¶문화재가 불법으로 ~.

반!취(半醉) 명 술에 반쯤 취하는 것. **반!취-하다** 동재여.

반!측(反側) 명 1 잠이 오지 않거나 어떠한 생각에 잠겨 누워서 몸을 이리저리 뒤척거리는 것. ¶전전(輾轉)~. 2 두 가지 마음을

품고 바른길을 따르지 않는 것. **반!측-하다** 동재여.

반!-치음(半齒音) 명언 =반잇소리.

반!칙(反則) 명 운동 경기나 게임 등의 규칙을 어기는 것. ¶~을 범하다. **반!칙-하다** 동재여.

반!칙-패(反則敗) 명체 권투·유도·레슬링 등의 투기 종목에서, 경기 규칙을 어기거나 스포츠 정신에서 벗어나는 행위를 하였을 때 내려지는 판정패.

반!침(半寢) 명 방 옆에 딸려 물건을 넣어 두게 된 조그마한 방.

반!-코트(半coat) 명 길이가 엉덩이까지 내려오는 코트.

반!-타작(半打作) 명농 1 =배메기. 2 소득이나 수확이 예상이나 정상의 절반쯤 되는 것을 이르는 말. ¶금년에는 수해(水害)로 인해 수확이 ~이나 될까 말까 하답니다.

반!탁(反託) 명 신탁 통치를 반대하는 것. ↔찬탁(贊託). **반!탁-하다** 동재여.

반-투막(半透膜) 명물화 1 용액 또는 기체의 혼합물에 대하여, 일부의 성분은 통과시키고 일부의 성분은 통과시키지 않는 막. 방광막·셀로판 막 따위. =반투벽. 2 빛을 잘 통과시키고 반쯤은 통과시키지 않는 막.

반-투명(半透明) 명 (물체나 물질이) 그 속에 들어 있거나 그 너머에 있는 물체의 모습을 흐릿하게 보이게 하는 상태에 있는 것. ¶~ 유리. ▷투명·불투명. **반-투명-하다** 형여.

반-투명-체(半透明體) 명물 반투명한 물체. 비닐·유지(油紙)·젖빛 유리 따위.

반-투-성(半透性) 명-성 용매는 통과시키나 용질은 통과시키지 않는 성질. =반투과성.

반!파(半破) 명 (건물·탈것·구조물 등이) 반쯤 부서지는 것. **반!파-하다** 동재여 **반!파-되다** 동재 ¶산사태로 가옥이 ~.

반!-팔(半-) 명 =반소매. ▷긴팔.

반!-편(半偏) 명 1 한 편을 절반으로 나눈 편쪽. 2 '반편이'의 준말.

반!편-스럽다(半偏-)[-따] 형ㅂ <-스러우니, -스러워> 지능이 매우 모자라는 듯한 상태에 있다. **반!편스레**.

반!편-이(半偏-) 명 지능이 보통 사람보다 아주 낮은 사람. =반병신. 준반편.

반!-평면(半平面) 명 평면을 한 직선에 의하여 둘로 나눌 때 생기는 그 각각의 부분.

반!-평생(半平生) 명 평생의 반이 되는 기간. ¶~을 교단에서 보내다.

반!-폐모음(半閉母音)[-페-/-폐-] 명언 입을 반쯤 다물고 발음하는 모음. 'ㅔ', 'ㅚ', 'ㅗ' 따위. ▷중모음(中母音).

반!포(反哺) 명 =안갚음. ▷보은(報恩).

반!포-하다¹(反哺-) 동재여 ¶미물 짐승 가마귀도 공림(空林) 저문 날에 **반포할** 줄 아니 하물며 사람이야 미물만 못하오리까.〈심청전〉

반포²(頒布) 명 (국가나 통치자 등이 공적인 일을) 세상에 널리 펴서 알리는 것. **반포-하다²** 동타여 ¶훈민정음을 ~. **반포-되다** 동재여.

반!포지효(反哺之孝) 명 자식이 커서 어버이의 은혜에 보답하는 효성.

반!-품¹(半-) 명 하루 품의 절반. =반공(半工).

반!품²(返品) 명 (산 물품을) 도로 반환하는

것. 또는, 그러한 물품. **반:품-하다** (타여) ¶재고를 ~. **반:품-되다** (동자)

반하(半夏) 몡[식] 천남성과의 여러해살이풀. 높이 30cm 정도. 여름에 엷은 황백색의 꽃이 피며, 녹색 열매를 맺음. 알줄기는 약용함. =끼무릇.

반:-하다¹ (자여) 1 (이성의 상대에게, 또는 이성의 어떤 면에) 마음이 강하게 이끌려 사랑을 느끼게 되다. ¶창수는 첫눈에 영숙에게 **반했다**. 2 (사람이나 사물의 긍정적 요소에) 사로잡혀 감탄하는 상태가 되다. ¶그는 설악산의 절경에 **반했다**. / 사장은 그의 유창한 영어 실력에 **반했다**.

반:-하다² (형여) 1 어두운 가운데 밝은 빛이 약간 비치어 환하다. ¶창문에 등잔불이 ~ / 하늘이 **반하게** 트다. 2 바쁜 가운데 잠깐 틈이 있다. ¶좀 **반해지면** 한번 놀러 오너라. 3 (날씨가) 비가 멎고 해가 나서 밝다. ¶어제 하루 **반하더니** 오늘은 또 비가 오는군. 4 '빤하다'의 여린말. ¶번하다. **반:-히** (부)

반:-하다³ (反) (동여) 1 (주로 '반하여'의 꼴로 쓰여) 반대가 되다. ¶얼굴은 예쁜 데 **반하여** 마음씨가 나쁘다. 2 (남의 의견이나 규칙 등에) 거스르거나 어기다. ¶자식이 부모의 뜻에 **반하는** 행동을 하다.

반한(反韓) 몡 한국을 싫어하거나 미워하거나 배척하는 일. ¶~ 감정.

반할(盤割) 몡[생] 수정란의 분열이 일부분만 이루어지고 큰 부분은 전혀 이루어지지 않는 난할. 난황이 많은 어류·파충류·조류 등에서 볼 수 있음. ▷전할·표할.

반:-할인(半割引) 몡 반값으로 감하는 할인. **반:할인-하다** (동타여) **반:할인-되다** (동자)

반합(飯盒) 몡 밥을 지을 수 있게 알루미늄으로 만든 밥그릇. 군대용·등산용으로 쓰임.

반:합성^섬유(半合成纖維) [-썽-] 몡[공] 섬유소와 아세트산을 결합시켜 만든 화학섬유. 아세테이트 따위.

반항(反抗) 몡 (사람이 다른 사람의 대상에) 순순히 따르지 않고 맞서서 대들거나, 반대하여 저항하는 것. ¶이유 없는 ~. **반:항-하다** (동자여) ¶자식이 부모에게 ~.

반항-기(反抗期) 몡[심] 아동의 정신 발달의 한 단계로, 자아의식이 강화되어 부모나 어른들의 말을 잘 듣지 않게 되는 시기. 3~5세경에 나타나는 것이 제1반항기, 13, 14세경에 나타나는 것이 제2반항기임. ¶반동기.

반:항-심(反抗心) 몡 반항하는 마음. ¶~이 강하다 / ~이 일다[생기다].

반:항-아(反抗兒) 몡 기성세대나 기존의 권위에 맞서거나 대드는 사람(특히, 젊은이).

반:항-적(反抗的) (관)몡 반항하는 태도나 경향이 있는 (것). ¶~인 태도.

반핵(反核) 몡 핵무기나 원자력 발전소, 그 밖의 모든 원자력 설비의 실험·제조·배치·사용에 반대하는 일. ¶~ 운동.

반향(反響) 몡 1 [물] 음파가 어떤 물체에 부딪혀 반사하여 갈은 음성으로 다시 들리는 일. 2 어떤 일이나 현상이 세상에 영향을 미쳐 일어나는 반응. ¶그의 사회 고발 소설이 독서계에 큰 ~을 일으켰다.

반:-허락(半許諾) 몡 반쯤 허락하는 것. ¶아버지에게 ~은 받았다. **반:허락-하다** (동타여)

반:-혁명(反革命) [-형-] 몡 혁명을 반대하는 일. ¶~ 운동 / ~ 인사(人士).

반:-혓소리(半-) [-혀쏘-/-혇쏘-] 몡[언] 훈민정음에서 'ㄹ' 소리를 일컫는 말. =반설음.

반혼(班婚) 몡 양반의 집안과 혼인을 맺는 것. **반혼-하다** (동자여)

반:-홀소리(半-) [-쏘-] 몡[언] =반모음.

반:환(返還) 몡 1 (물건을) 도로 돌려주는 것. ¶도서관에서 빌렸던 책을 ~. **반:환-하다** (동자타여) ¶영토를 ~ / 도서관에서 빌렸던 책을 ~. **반:환-되다** (동자)

반:환-점(返還點) [-쩜] 몡[체] 경보나 마라톤 경기에서, 선수들이 되돌아오는, 코스의 절반이 되는 지점. ¶선두 그룹이 ~을 돌아 참차게 달리고 있다.

반회(班會) [-회/-훼] 몡 반의 모임.

반:-회장(半回裝) [-회-/-훼-] 몡 여자 저고리의 끝동·깃·고름만을 자줏빛이나 남빛 헝겊으로 꾸민 회장.

반:회장-저고리(半回裝-) [-회-/-훼-] 몡 반회장으로 꾸민 여자의 저고리.

반:-휴일(半休日) 몡 한나절만 일하고 쉬는 날. ¶반공일.

반흔(瘢痕) 몡[의] 화상·외상·궤양이 나아서 아문 후에 남은 자국.

반:-흘림(半-) 몡 정자(正字)와 흘림의 중간쯤 되게 흘려 쓰는 글씨체. ¶반초(半草).

받-내다[반-] (동타) 몸을 움직이지 못하는 사람의 대소변을 받아 내다.

받다[-따] (동) 1[타] 1 (사람이 다른 사람이 주거나 보내는 것을) 응하거나 자기의 것으로 가지거나 자기 책임 아래 두다. ¶상을 ~ / 편지를 ~. ↔주다. 2 (공중으로 이동하여 자기에게 오는 물건을) 손으로 잡다. ¶골키퍼가 날아오는 공을 ~. 3 (흐르거나 쏟아지거나 하는 것을 그릇 따위에) 담기게 하다. ¶욕조에 목욕물을 ~. 4 (바치거나 내는 돈이나 물건을) 책임 아래 맡아 가지다. ¶세금을 ~. 5 (요구·신청·질문·공격·도전 등을) 응하는 상태가 되다. ¶주문을 ~ / 원서를 ~. 6 (전화나 신호 따위를) 통하여 받거나 자기에게 오게 하다. ¶교차로에서 좌회전 신호를 ~. 7 (어떤 사람을) 어느 곳에 맞아서 들게 하다. ¶이 병원은 오전 9시부터 환자를 ~. 8 (대상이 외부로부터의 빛·열·바람 따위를) 자체에 가진 상태가 되다. ¶비행기의 날개가 햇빛을 **받아** 반짝인다. 9 (사람이 다른 사람이나 대상이 가하거나 행하는 작용이나 행동을) 당하거나 입게 되다. ¶버림을 ~ / 도움을 ~. 10 (메기는 노래나 남이 지은 시나 남의 말 등을) 응하여 후렴이나 대응되는 내용으로 뒤를 잇다. ¶말을 ~. 11 (사람이 다른 사람의 응석이나 어리광 등을) 귀엽게 여겨 용납하다. ¶아이들은 응석을 **받아** 주면 버릇이 나빠진다. 12 (물품을) 모개로 사들이다. ¶수산 시장에서 생선을 **받아다가** 팔다. 13 (그리 많지 않은 양의 막걸리나 약주 따위의 술을) 사거나, 또는 사서 가져 오다. ¶이봐, 술 좀 **받아** 와. 14 (사람이 태어나는 아이를) 출산이 순조롭도록 보살피거나 돕다. ¶산파가 아이를 ~. 15 (씨를) 쓸 목적으로 식물에서 빼내다. ¶꽃씨를 ~. 16 (어떤 인물의 사진을) 실물의 얼굴보다 낫게 나타내는 특성을 가지다. ¶그 여자는 사진을 영 안 **받는다**. 17 (우산이나 양산 등을) 머리 위에 펴서 들다. ¶그 여자는 우산도 **받지** 않은 채 빗속을 걸어갔다. 18 날(을) 받다 →날¹. [2][자] 1 (음식이나 술 따위가) 입이나 배 속에서 거부감이 없이 먹히다. ¶오늘따라 술이 받지 않는다. 2 (색깔이나 모양이 어떤 대상에) 어울리거나 조화를 이루다. ¶현미는 얼굴이 검어 흰색 옷이 잘 안 받는다. 3 (어떤 인물의 사진이) 실물의 얼굴보다 낫게 나오는 특성을 가지다. ¶그 여자는 사진이 잘 받는다.
[받아 놓은 밥상] 일이 확실하여 조금도 틀림이 없는 경우를 이르는 말.

받다²[-따] 통(타) 1 (머리나 뿔, 물체의 앞부분으로) 세게 밀어 부딪치다. ¶소가 사람을 뿔로 ~ / 빗길에 미끄러져 앞차를 ~. 2 (아랫사람이 윗사람을) 정면으로 대들어 공격하다. 속된 말임. ¶술자리에서 부하 직원이 부장을 ~.

-받다³[-따] 접미 일부 명사 아래에 붙어, '입다', '당하다'의 뜻을 나타내는 말. ¶존경 / 대접 / 주목 ~.

받-들다[-뜰-] 통(타) <~드니, ~드오> 1 (어떤 사람을) 공경하여 높이 모시다. ¶부모를 잘 받들어 모시다. 2 (가르치나 명령·의도 등을) 지키거나 소중히 여기다. ¶선친의 유지(遺志)를 받들어 재산을 사회에 환원하다. 3 (사물을) 밑에서 받아 올려 들다. ¶유리 제품이니 밑에서 잘 받들어라.

받들어-총(-銃)[-][감]명 제식 훈련 시 구령의 하나. 집총 자세에서 상급자에게 최고의 경의를 표하도록 하는 말. 몸은 부동자세로, 오른손은 편 채 총목을 받치고 왼손으로 총을 수직으로 세워 듦.

받아-넘기다 통(타) 1 (상대의 질문이나 농담이나 공격적인 말 등을) 적절한 말이나 웃음으로 응하거나 되받다. ¶농담을 웃음으로 ~ / 곤혹스러운 질문을 재치 있게 ~. 2 테니스·탁구·배구 등에서, (공을) 받아 쳐서 상대 쪽에 넘어가게 하다. 특히, 상대의 강한 공격에 수세적으로 공을 넘기는 것을 가리킴. ¶상대의 강한 서브를 가까스로 ~.

받아-들이다 통(타) 1 (사람들로부터 돈이나 물건 등을) 거두어 받다. ¶국가가 국민들에게서 세금을 ~. 2 (조직·단체 등에서 어떤 사람을) 구성원으로 들어오게 하다. ¶김총철 씨를 우리 서클의 명예 회원으로 ~. 3 (새롭거나 훌륭한 남의 문물이나 제도 등을) 받아서 자기의 일부가 되게 하다. 비도입하다·수용하다. ¶선진국의 문물을 ~. 4 (어떤 사실이나 현실을) 인정하고 용납하거나, 이해하고 수긍하다. ¶좋든 싫든 우리는 주어진 현실을 받아들여야 한다. 5 (남의 의견이나 비판 등을) 찬성하여 따르거나 옳다고 시인하다. ¶그의 제안을 ~.

받아-먹다[-따] 통(타) 1 (사람이나 동물이 먹을 것을) 주는 대로 수동적으로 먹다. ¶환자가 누운 채로 죽을 / 던져 주는 먹이를 개가 낼름 ~. 2 (뇌물이나 금품 등을) 받아 가지다. 다소 속된 말임. 비먹다. ¶업자에게서 뇌물을 ~.

받아-쓰기[-따] 명 글자나 문장·어구 따위를 부르는 대로 받아서 쓰는 일. ¶~ 시험. **받아쓰기-하다** 통(타)(여)

받아-쓰다 통(타) <~쓰니, ~써> (글자·문장·어구 따위를) 부르는 대로 받아서 적다. ¶내가 부르는 대로 받아써라.

받아-치다 통(타) 다른 사람의 공격이나 비판, 농담 등에 대응하여 응수하다. ¶농담을 ~ / 공격을 가볍게 ~.

받자[-짜] 명 남이 괴롭게 굴거나 부탁하는 것을 잘 받아 주는 것. ¶어리다고 자꾸 ~를 해 주니까 애 버릇이 더 나빠지는 거야. **받자-하다** 통(타)(여)

받-잡다[-짭따] 통(타)(ㅂ) <~자오니, ~자와> '받다'의 겸양어. ¶스승의 뜻을 ~.

받치다 통 1 (타) 1 (무엇이 넘어지거나 떨어지지 않도록) 밑에서 괴다. ¶기둥을 ~. 2 어떤 물건의 밑이나 안에 다른 것을 끼워 넣다. 3 [언] 한글에서, 모음 글자 밑에 자음 글자를 붙여 적다. ¶'가' 밑에 'ㅁ'을 받쳐 적다. 2 (자) 1 앉았거나 누웠을 때 바닥이 딱딱하게 배기다. ¶땅바닥에 자리를 깔아선지 돌이 받친다. 2 먹은 것이 잘 소화되지 않고 위로 치밀다. ¶속이 ~. 3 (어떤 기운이나 심리 작용이) 강하게 치밀다. ¶설움이 ~ / 열이 ~.

받쳐 들다 구 1 (손바닥이나 쟁반 등을) 물건의 밑에 대어 받쳐서 들다. ¶잔을 두 손으로 ~. 2 (우산·양산 등을) 펴서 들다.

받쳐 입다 구 (어떤 옷을 다른 옷의 안에) 더 좋게 보이게 하거나 속이 비치지 않게 하기 위해, 바탕이 되게 입다. ¶재킷 안에 흰 셔츠를 ~.

받침 명 1 밑을 받쳐 괴는 물건. ¶책~/꽃~/~을 괴다. 2 [언] 한글을 적을 때 모음 글자 밑에 받쳐 적는 자음. 비끝소리. 3 한자의 왼쪽이나 아랫부분을 이루는 부수. '造', '起'에서 '辶', '走' 따위.

받침-규칙(-規則) 명 [언] =말음 법칙.

받침-대(-臺)[-때] 명 물체를 안정되게 놓기 위한 데 받치는, 너르고 평평하게 만든 물건. ¶전화기 ~.

받침-돌[-똘] 명 1 물건의 밑바닥에 받치는 돌. 비대석(臺石). 2 [고고] 남방식 고인돌에서 덮개돌을 받치고 있는 돌. =지석(支石).

받침-목(-木) 명 1 나무나 물체가 휘거나 꺾어지거나 넘어지지 않게 받쳐 주는 나무. ¶어린 묘목에 ~을 대어 주다. 2 받침으로 쓰는 나무.

받침-점(-點)[-쩜] 명 1 [물] 지레를 떠받치는 고정된 점. =지렛목·지점(支點). 2 [건] 구조물을 받치고 있는 부분.

받-히다¹[바치-] 통(자) '받다'의 피동사. ¶소에게 ~ / 기둥에 머리를 ~.

받-히다²[바치-] 통(타) '받다¹²'의 사동사.

발¹ 명 1 (자립) 1 사람의 발목 아래에 넓적하고 길쭉하게 이어져 땅을 딛게 된 부분. 넓은 뜻으로는 '다리'를 포함함. ¶맨~ / ~로 밟다 / ~을 뻗다. ↔손. 2 동물의 '다리'를 포괄적으로 이르는 말. 다리 끝의 발가락이 갈라진 부분만을 특별히 가리킬 수 있으나, 사람의 경우와는 달리 엄격히 구분되지 않음. ¶앞[뒷]~. 3 사람이 다리를 움직여 걷는 일. 비걸음. ¶~이 빠르다 / ~을 맞추다. 4 어떤 물건의 밑에 달려 그것을 받치는 짧은 부분. ¶~이 달린 탁상시계. 5 한시(漢詩)에서, 시구 끝에 다는 운자(韻字). =달을 달다. 6 한자의 아랫부분을 이루는 부수. '然'에서 '灬'는 등. 7 끝을 ~. 8 →발(이)넓다. 2 (의존) (일부 고유어 수 관형사 다음에 제한적으로 쓰여) 걸음의 횟수만큼 움직인 거리를 나타내는 단위. 비짤짝. ¶한 ~ 내디디다.

[발 없는 말이 천 리 간다] 말이란 순식간에 멀리까지 퍼져 나가므로, 말을 삼가야 한다.

발(을) 구르다 구 안타까움이나 다급함을 형용하는 말. ¶차 시간에 대지 못해 발을 동동 구르다.
발(을) 끊다 丁 오가지 않거나 관계를 끊다. ¶박 씨 그 사람, 몇 해 전에 한 번 다녀간 뒤로 발을 뚝 끊었어요.
발(이) 넓다 丁 사귀어 아는 사람이 많다. ¶그는 학계에 ~.
발(을) 들여놓다 丁 1 어떤 장소에 들어서다. ¶버스 안에 사람이 어찌나 많은지 **발 들여놓을** 틈조차 하나 없나 꽉 차 있더라. 2 어떤 환경에 몸을 두다. ¶대학을 졸업하고 교육계에 ~.
발 디딜 틈도 없다 丁 어떤 장소가 발을 디딜 수 없을 만큼 사람으로 꽉 찬 상태에 있다. ¶**발 디딜 틈도 없는** 만원 버스.
발(이) 맞다 丁 1 여러 사람이 걸을 때 같은 쪽의 발이 동시에 떨어지다. ¶**발이** 착착 **맞는** 의장대의 행진. 2 여러 사람의 말이나 행동이 같은 방향으로 일치되다.
발(이) 묶이다 丁 돈이 떨어지거나 교통수단이 통하지 않아 움직이지 못할 형편이 되다. ¶눈이 많이 내려 등산객이 산에서 **발이 묶여** 있다.
발 벗고 나서다 丁 적극적으로 나서다. ¶학우의 치료비 마련에 모두들 ~.
발(을) 벗다 丁 신발·양말 따위를 벗다.
발(을) 빼다 丁 어떤 일에서 관계를 끊고 물러나다. ¶노름판에서 ~.
발 뻗고 자다 丁 곤란한 일이나 심리적 압박에서 벗어나 마음 편히 지낼 수 있게 되다. ¶빚을 다 갚았으니 이제 **발 뻗고 잘 수** 있겠다.
발에 채다 丁 여기저기 흔하게 널려 있다.
발에 채는 게 여자야. 싫다고 떠난 여자, 더 이상 연연하지 마.
발이 떨어지지 않다 丁 어느 곳을 떠나려 하나 그곳에 있는 사람이나 대상에 대한 애착이나 걱정이나 미련 등으로 선뜻 떠나지 못하다. ¶부상당한 동료를 놔두고 가자니 차마 **발이 떨어지지 않는다**.
발이 손이 되도록 빌다 丁 손만으로는 부족하여 발까지 동원할 정도로 간절히 빌다.
발이 저리다 丁 지은 죄가 있어 마음이 조마조마하거나 편안하지 않다.
발² 몡 가늘게 쪼갠 대오리나 갈대 같은 것을 엮어 무엇을 가리는 데 쓰는 물건. 세는 단위는 장. ¶문에 ~을 치다 / ~을 걷다[내리다].
발³ 몡 1 천을 이루는 올의 굵기. ¶~이 고운 모시 / ~이 거친 삼베. 2 국수 따위의 가락. 또는, 그 가락의 굵기. ¶국숫~이 가늘다 / 라면~이 쫄깃쫄깃하다.
발⁴ 몡의존 길이를 잴 때, 두 팔을 펴서 벌린 길이. ¶한 ~ / 두 ~.

> **어법** 새끼 세 발, 밧줄 네 발:세(×)→서(○), 네(×)→너(○). ◆ ~ 돈, ~ 말, ~ 발, ~ 푼 의 경우에는 '서' 와 '너' 만 인정함(표17).

-발⁵ 젭미 1 일부 명사에 붙어서, '죽죽 내뻗는 줄 또는 그러한 기운'의 뜻을 나타내는 말. ¶핏~ / 빗~ / 눈~. 2 일부 명사에 붙어서, 명사가 나타내는 사물의 '영향력'이나 '효력'을 나타내는 말. ¶말~ / 약~ / 끗~ / 사진~ / 화장~.
발⁶ (跋) 몡 '발문(跋文)'의 준말.
발⁷ (發) 몡의존 1 탄알의 수효를 나타내는 단위. ¶공포를 두 ~ 쏘다. 2 야구 경기에서, 홈런을 친 횟수를 세는 단위. ¶홈런을 세 ~

터뜨리다. 3 발동기의 수효를 나타내는 단위. ¶4~ 비행기.
-발⁸ (發) 젭미 1 '떠남' 의 뜻을 나타내는 말. ¶서울~ 파리행. 2 '발신(發信)' 의 뜻을 나타내는 말. ¶3일~ 서울 통신 / 런던~ 통신.
발-가락 [-까-] 몡 발의 맨 앞에 따로따로 갈라진 가락. ¶새끼[엄지] ~.
발가락-양말 (-洋襪) [-까랑냥-] 몡 발가락을 장갑처럼 하나하나 끼울 수 있게 되어 있는 양말. ¶무좀 방지용 ~.
발가락-뼈 [-까-] 몡 [생] 발가락을 이루는 14개의 뼈. =지골(趾骨).
발가벗-기다 [-벋끼-] 통(타) '발가벗다'의 사동사. 邑벌거벗기다. 셴빨가벗기다.
발가-벗다 [-벋따] 통(자) 1 알몸이 되도록 옷을 모두 벗다. ¶냇가에서 **발가벗고** 노는 아이들. 2 산에 나무가 없이 흙이 드러나 보일 정도가 되다. ¶**발가벗은** 산. 邑벌거벗다. 셴빨가벗다.
발가-송이 몡 '발가숭이'의 잘못.
발가-숭이 몡 1 발가벗은 알몸뚱이. ¶~ 아이들. 2 흙이 드러나 보일 만큼 나무가 없는 산. ¶민둥~ 산. 3 돈·재산 등을 다 없애 가진 것이 없는 사람. 回빈털터리. 邑벌거숭이. 셴빨가숭이. ×발가송이.
발각 (發覺) 몡 (몰래 하는 나쁜 일이) 다른 사람의 눈에 띄어 발견되어 드러나는 것. **발각-되다** 통(자) ¶남의 물건을 훔치다가 사람들한테 ~.
발간 (發刊) 몡 (출판물을) 간행하는 것. **발간-하다** 통(타) ¶논문집을 ~. **발간-되다** 통(자) ¶미국에서 **발간된** 잡지.
발-감개 몡 지난날, 먼 길을 가거나 막일을 하거나 할 때 발에 감는 좁고 긴 무명, 대개, 뒤꿈치는 그냥 드러나게 마련으로, 흔히 위에 짚신이나 미투리를 신음. =감발. **발감개-하다** 통(자)(타) 발에 발감개를 감다.
발강 몡 발간 빛깔. 또는, 그런 색을 내는 물감과 같은 물질. 邑벌겅. 셴빨강.
발-갛다 [-가타] 톙ㅎ〈발가니, 발가오, 발개〉 어떤 물체가〉 연하게 **발갛다**. '볼가다' 보다 쓰임이 훨씬 제한되어 있음. ¶볼이 **발갛게** 달아오르다 / 노을이 **발갛게** 물들다. 邑벌겋다. 셴빨갛다.
발개-지다 통(자) **발갛게** 되다. ¶무안을 당해 낯이 ~. 邑벌게지다. 셴빨개지다.
발!-거리 몡 1 간사한 꾀로 남을 은근히 해치는 짓. 2 남이 못된 일을 꾸밀 때 이것을 미리 다른 사람에게 알리는 짓.
발-걸음 [-껄-] 몡 1 사람이 어느 곳을 가기 위해 발을 옮겨 걷는 일. 또는, 그 동작. ¶가벼운 ~ / 힘찬 ~ / ~을 옮기다 / ~이 급하다. 2 사람이 어느 곳에 오거나 가거나 하는 행위. 回걸음. ¶그 사람 요사이 ~을 뚝 끊었더군.
발걸음도 안 하다 丁 전혀 오거나 가지 않다.
발-걸이 몡 1 책상의 다리에 발을 걸쳐 놓게 가로로 댄 것. 2 자전거를 탈 때 발을 걸쳐 놓고 밟아서 가게 되어 있는 부분. ▷ 페달.
발견 (發見) 몡 1 (특별한 의미를 갖거나 아직 알려지지 않은 대상을) 찾아내는 것. ¶신대륙의 ~. 2 (새로운 사실이나 현상, 의문에 대한 답을) 탐구를 통해 알게 되는 것. ¶지구 자전 및 공전의 ~은 코페르니쿠스에 의해 이루어졌다. **발견-하다** 통(타)여 ¶나는 서재에서 우연히 아버지의 유고(遺稿)를 **발견**

하였다. **발견-되다** 동(자) ¶구석기 시대의 유물이 ~.

혼동어	발견 / 발명
	'발견'은 아직 알려지지 않았거나 미처 찾지 못한 사물·진리 등을 알아내는 것을 가리키고, '발명'은 이 세상에 없는 쓸모 있는 물건을 처음으로 만들어 내는 것을 가리킴.

발괄 명 예전에, 관아에 억울한 사정을 하소연하던 일. **발괄-하다** 동(자)(타)(여)

발광[1] (發光) 명 빛을 내는 것. ¶~ 물질 / ~ 동물. **발광-하다** 동(자)

발광[2] (發狂) 명 1 병으로 미친 증세가 일어나는 것. 2 가만히 있지 못하고 몸부림을 치거나 성가시게 하거나 수선을 피우거나 하는 짓을 못마땅하게 여겨 야유조로 이르는 말. ¶가만히 안 있고 왜 이리 ~이냐? **발광-하다**[2] 동(자)

발광-기 (發光器) 명[생] 발광 동물이 빛을 내기 위한 기관.

발광-체 (發光體) 명[물] 제 몸에서 스스로 빛을 내는 물체. 불꽃·태양·항성 따위. =광체. ↔암체(暗體).

발구[1] 명 산간 지방에서 마소가 물건을 실어 나르는 썰매.

발구[2] [農] '길채'의 잘못.

발군 (拔群) 명 (주로, '발군의'의 꼴로 쓰여) 여럿 가운데 두드러지게 뛰어난 것. ¶~의 실력을 발휘하다 / ~의 성적을 나타내다. **발군-되다** 동(자)

발굴 (發掘) 명 1 (땅속에 파묻혀 있는 것을) 파내는 것. 2 (알려지지 않거나 뛰어난 것을) 찾아내는 것. ¶신인 ~. **발굴-하다** 동(타)(여) ¶유적을 ~ / 인재를 ~. **발굴-되다** 동(자)

발-굽 [-꿉] 명 초식 포유류의 발 끝에 있는, 구두 모양의 단단한 발톱. 말·소·코끼리 등이 지님.

발권 (發券) [-꿘] 명 은행권·공채권·사채권·승차권 등을 발행하는 것. **발권-하다** 동(타)(여) **발권-되다** 동(자)

발그대대-하다 형(여) 산뜻하지 않고 조금 천하게 발그스름하다. 큰벌그데데하다. 센빨그대대하다.

발그레-하다 형(여) 조금 곱게 발그스름하다. ¶발그레한 아가씨의 얼굴. 큰벌그레하다.

발그름-하다 형(여) '발그스름하다'의 준말. 큰벌그름하다. 센빨그름하다. **발그름-히** 부

발-그림자 [-끄-] 명 오가는 발자취나 흔적. ¶말다툼이 있은 뒤로는 ~도 안 비친다.

발그림자 아니하다 [구] 전혀 찾아오거나 찾아가거나 하지 않다.

발그무레-하다 형(여) 썩 얕게 발그스름하다. ¶상기된 얼굴이 ~. 큰벌그무레하다.

발그스레-하다 형(여) =발그스름하다.

발그스름-하다 형(여) 조금 발갛다. =발그스레하다. ¶소녀는 부끄러워 **발그스름하게** 빰을 붉혔다. 큰벌그름하다. 센빨그스름하다. **발그스름-히** 부

발그족족-하다 [-쪼카-] 형(여) 빛깔이 고르지 못하고 칙칙하게 조금 붉다. 큰벌그죽죽하다. 센빨그족족하다.

발근 (拔根) 명 (어떠한 사물 등을) 뿌리째 뽑아 버리는 것. **발근-하다** 동(자)(타)(여)

발급 (發給) 명 (증명서 따위를) 발행하여 주는 것. 비발부. ¶학생증 ~. **발급-하다** 동(타)(여) ¶여권을 ~. **발급-되다** 동(자)

발긋-발긋 [-귿-] 명 붉은 점이 군데군데 박힌 모양. ¶뿌루지가 ~ 나다. 큰벌긋벌긋. 센빨긋빨긋. **발긋발긋-하다** 형(여)

발기[1] (-記) 명 사람이나 물건의 이름을 죽 적은 글발. =건기(件記).

발기[2] (勃起) 명 (남자의 음경이) 성적인 흥분이나 잠자는 동안의 생리적 현상 등으로 단단해지고 커지는 것. **발기-하다**[1] 동(자) ¶팽팽하게 **발기한** 성기. **발기-되다**[1] 동(자)

발기[3] (發起) 명 1 앞장서 새로운 일을 꾸며 일으키는 것. 2 [불] 경문을 먼저 낭독하는 사람. 3 [불] 불도를 구하려는 마음을 일으키는 것. **발기-하다**[2] 동(타)(여) ¶회사 설립을 ~. **발기-되다**[2] 동(자)

발-기계 (-機械) [-끼게/-끼게] 명 사람의 발로 움직이는 기계. =발틀. ▷손기계.

발기다 동(타) 1 속에 있는 것이 드러나게 헤쳐 바리다. ¶밤송이를 ~. 큰벌기다. 2 (종이나 천, 동물의 살 따위를) 여러 조각이 나는 상태가 되게 하다. 사람에 대해 쓸 경우 저주·욕설이 됨. ¶편지를 찢어~ / 삶은 닭을 ~.

발기-문 (發起文) 명 발기의 취지와 목적을 적은 글.

발기-발기 부 매우 많은 조각을 내어 찢는 모양. ¶그는 화가 나서 그녀의 편지를 ~ 찢어 버렸다.

발기^부전 (勃起不全) 명[의] 심신의 과로나 내분비 장애·뇌척수 질환 등의 원인으로 음경의 발기가 안되는 병적 상태.

발기^설립 (發起設立) 명[경] 주식회사를 설립할 때, 발기인이 주식 총액을 인수하여 회사를 설립하는 일. =단순 설립. ↔모집 설립.

발기-인 (發起人) 명 1 먼저 어떤 일을 시작하는 안을 꾸며 내는 사람. ¶창당 ~. 2 [법] 주식회사의 설립을 기획하여 정관(定款)에 서명한 사람.

발기-회 (發起會) [-회/-훼] 명 어떤 일을 시작하려고 발기하여 모이는 모임.

발-길 [-낄] 명 1 움직여 나아가는 발. ¶~이 닿다 / ~을 멈추다 / ~을 돌리다 / ~을 재촉하다. 2 세차게 내뻗는 발. ¶~로 공을 차다. 3 사람들의 왕래를 이르는 말. ¶~이 잦다 / ~이 뜸하다.

발길에 채다 [구] 1 걷는 사람의 발에 채다. 2 천대받고 짓밟힘을 비유한 말.

발길이 멀어지다 [구] 서로 오가는 것이 뜸해지다. ¶마음이 멀어지니 자연 **발길이 멀어진다**.

발길이 무겁다 [구] 가고 싶은 마음이 내키지 않다. ¶일이 재미 없으니 출근하는 ~.

발길-질 [-낄-] 명 (사람이나 동물에게) 발로 차는 짓을 하는 것. 준발질. **발길질-하다** 동(자)(타)(여) ¶함부로 강아지에게 ~.

발깍 부 1 갑자기 성을 내거나 기운을 쓰는 모양. ¶~ 화내다 / 방문을 ~ 열다. 2 갑자기 온통 뒤집히는 모양. ¶감원 바람이 불자 회사가 ~ 뒤집혔다. 큰벌꺽. 센빨깍. 거발칵.

발깍-거리다/-대다 [-꺼(때)-] 동 [1] 좌 (담근 술이) 몹시 보각보각 괴어오르다. ¶막걸리가 ~. 2 (삶는 빨래가) 끓어서 자꾸 부풀어 오르다. ¶빨래가 끓으면서 ~. [2] 타 1 (진흙·반죽 등을) 자꾸 주무르거나 밟아서 옆으로 비어져 나오게 하다. ¶밀가루 반죽을 **발깍거리며** 주무르다. 2 액체를 시원스

럽게 들이켜는 모양. ㈜벌꺽거리다. ㉞발칵거리다.
발깍-발깍[-빡-] 튀 발깍거리는 모양. 또는, 그 소리. ㈜벌꺽벌꺽. ㉞발칵발칵. **발깍발깍-하다** 톰(자)(어)
발-꿈치 명 =발뒤꿈치. ¶~를 들고 살금살금 걷다.
발꿈치를 물리다 ㈜ 은혜를 베푼 상대로부터 뜻밖에 해를 입다.
발끈 튀 1 성을 왈칵 내는 모양. ¶~ 성을 내다. 2 뒤집어엎을 듯이 시끄러운 모양. ¶도주 범인을 체포하기 위해서 온 장안이 ~ 뒤집혔다. ㈜벌끈. ㈣빨끈. **발끈-하다** 톰(자)(어)
발끈-거리다/-대다 톰(자) 사소한 일에 걸핏하면 성을 내다. ¶그는 조그만 일에도 **발끈거리길** 잘한다. ㈜벌끈거리다. ㈣빨끈거리다.
발끈-발끈 튀 발끈거리는 모양. ㈜벌끈벌끈. ㈣빨끈빨끈. **발끈발끈-하다** 톰(자)(어) ¶**발끈하는** 성미.
발-끝[-끋] 명 발의 앞 끝. ¶~으로 살금살금 걷다.
발-놀림[-롤-] 명 발을 놀리는 움직임. ¶권투 선수의 ~이 가볍다. ▷손놀림. **발놀림-하다** 톰(자)(어)
발단(發端)[-딴] 명 1 (어떤 일이) 처음 시작되어 벌어지는 것. 또는, 어떤 일이 벌어지게 된 실마리. ¶사소한 말다툼이 사건의 ~이 되었다. 2 [문] 극이나 소설 등에서, 작품의 첫 부분으로 인물이 처음 등장하고 사건의 실마리가 나타나는 단계. **발단-하다** 톰(자)(어) ¶조그만 일이 처음 시작되어 벌어지다. **발단-되다** 톰(자) ¶그들 형제간의 불화는 재산 분배 문제에서 발단되었다.
발달(發達)[-딸] 명 1 (신체나 지능 등이) 성장하고 발육하면서 완전한 상태에 가까워지는 것. ¶아동의 성장 ~. 2 (문명·기술·사회 등의 현상이) 높은 단계에 이르는 것. ¶문명의 ~. (기압·태풍 따위의 규모가) 점차 커지는 것. **발달-하다** 톰(자)(어) ¶고도로 **발달한** 과학 기술 / 남태평양에서 **발달한** 저기압. **발달-되다** 톰(자) ¶눈부시게 **발달된** 서구 문명.

유의어	발달 / 발전
둘 다 높은 수준이나 단계가 되는 것을 가리키나, '**발달**'은 일정 수준 또는 상당 수준에 이르는 것인 반면, '**발전**'은 이전보다 높은 수준이나 단계로 나아가는 것임. 그리하여 "서양은 일찍부터 과학이 **발달하였다**.", "과학이 **발전하려면** 기초 과학 연구가 튼실해야 한다."와 같이 구별되어 쓰임. 한편, 신체나 지능이 완전한 상태가 되거나 태풍이 점차 커지는 것은 '**발달**'이라고만 하며, 일이 어떤 방향으로 전개되는 것은 '**발전**'이라고만 함.	

발달^심리학(發達心理學)[-딸-니-] 명 [심] 정신 발달을 대상으로 하여 일반적 경향이나 법칙 등을 연구하는 심리학. =발생심리학.
발대-식(發隊式)[-때-] 명 순찰대·기동대 같은 대(隊)를 발기하는 의식.
발-덫[-떧] 명 길을 걸어서 생긴 발병. ¶~이 나다.
발-돋움 명 1 키를 돋우려고 발끝을 디디고 서거나 발밑을 괴는 짓. =종부돋움. ¶아무리 ~을 해도 키가 작아 선반에 손이 닿질 않는다. 2 키를 돋우느라고 발밑을 괴는 물건. ㈣발판. 3 (어떤 단계로) 올라서는 것. **발돋움-하다** 톰(자)(어) ¶선진 대열로 ~.
발동(發動)[-똥-] 명 1 내연 기관의 동력을 일으키는 것. ¶모터보트에 ~을 걸다. 2 (어떤 생각이나 욕망이) 강하게 일어나는 것. ¶호기심이 ~을 하다. 3 (국가 기관이 법적 권한을) 행사하는 것. **발동-하다** 톰(자)(어) ¶병력을 ~ / 경찰권을 ~. **발동-되다** 톰(자) ¶시위에 강제 진압 등 공권력이 발동되었다.
발동을 걸다 ㈜ 어떤 일을 할 태세를 갖추다. 또는, 어떤 일을 하도록 부추기다.
발동-기(發動機)[-똥-] 명 동력을 일으키는 기계. ¶모터.
발동기-선(發動機船)[-똥-] 명 발동기를 추진 기관으로 장치하고 운항하는 선박. =발동선. ㈜기선(機船).
발동-선(發動船)[-똥-] 명 =발동기선.
발-동작(-動作)[-똥-] 명 발을 정해진 방식이나 순서에 따라 움직이는 일.
발-뒤꾸머리 명 =발뒤꿈치.
발-뒤꿈치[-뛰-] 명 '발꿈치'를 발의 뒤쪽 부분임을 강조하여 이르는 말. =뒤꾸머리·뒤꿈치·발꿈치·발뒤꾸머리.
발뒤꿈치도 따를 수 없다 ㈜ 상대가 너무나 뛰어나, 자기와 비교도 안 될 정도이다.
발-뒤축[-뛰-] 명 발 뒤쪽의, 발바닥 바로 위쪽으로 둥두렷하게 나온 부분. ㈜뒤축.
발뒤축을 물다 ㈜ 남을 뒤에서 해치다.
발-등[-뜽] 명 발의 윗부분. =발잔등. ↔발바닥.
발등에 불이 떨어지다 ㈜ 어떤 일이 몹시 절박하게 닥치다.
발등의 불을 끄다 ㈜ 눈앞에 닥친 어려움을 처리하여 해결하다. ¶우선 발등의 불이나 끄고 봐야지.
발등(을) 찍히다 ㈜ 배신을 당하다.
발-등거리[-뜽-] 명 임시로 쓰기 위하여 만든 허름한 초롱. 흔히 초상집에서 쓰임.
발등-걸이[-뜽-] 명 1 [체] 씨름에서, 발꿈치로 상대방의 발등을 밟으며 넘기는 기술의 한 가지. 2 [체] 철봉대 등에 두 손으로 매달렸다가, 두 발등을 걸쳐 거꾸로 매달리는 기술. 3 남이 하려는 일을 먼저 앞질러 하는 짓. **발등걸이-하다** 톰(자)(어)
발딱 튀 갑자기 급하게 일어나거나 뒤로 자빠지는 모양. ¶~ 일어서지 못하겠니. ㈜벌떡. ㈣빨딱.
발딱-거리다/-대다[-꺼(때)-] 톰(자)(타) 1 맥박이나 심장이 세차게 자주 뛰다. 2 입을 힘 있게 놀려서 물을 들이마시다. 3 힘을 쓰고 싶어 안타깝게 애를 쓰다. ㈜벌떡거리다. ㈣빨딱.
발딱-발딱[-빡-] 튀 발딱거리는 모양. ㈜벌떡벌떡. ㈣빨딱빨딱. **발딱발딱-하다** 톰(자)(타)(어) ¶깜짝 놀라 가슴이 ~.
발라-내다 톰(타) 1 (생선의 가시나 뼈나 살 등을) 어떤 도구나 수단으로 몸체에서 따로 떼어 내다. ¶생선의 살을 ~. 2 (과일의 씨나 밤 따위의 열매를) 과일의 살에서 분리하여, 걸질을 벗겨 분리해 내다. ¶밤톨을 ~.
발라당 튀 1 발이나 팔을 활짝 벌린 상태로 맥없이 뒤로 가볍게 자빠지거나 눕는 모양. ¶눈길에 미끄러져 뒤로 ~ 넘어지다. ㈜벌러덩. 2 (주로 '까지다'와 함께 쓰여) 순박하거나 순진한 맛이 없이 약삭빠른 모양. ¶어

린 녀석이 ~ 까져서 돈만 밝히는군. ㈜발랑. **발라당-하다** 图재어

발라드(㉢ballade) 囹 1 [문] 중세 유럽의 정형시의 하나. 음유 시인에 의해 불려진 자유로운 형식의 짧은 서사시. =담시(譚詩). 2 [음] 자유로운 형식의 서사적인 가곡이나 기악곡. =담시곡. 3 [음] 대중음악에서, 사랑을 주제로 한 감상적인 노래.

발라-맞추다[-맏-] 图타 그럴듯하게 꾸며 대어 남을 한때 속여 넘기다. ¶그는 교묘한 변설(辯舌)로 김 노인을 **발라맞추어** 들였다.

발라-먹다[-따] 图타 남을 꾀어서 재물을 빼앗아 가지다. ¶남의 돈을~.

발랄(潑剌)→**발랄-하다** 웹어 1 (어린이나 소녀나 젊은 여자가) 성격이 명랑하고 생기가 넘치는 상태에 있다. ¶티 없이 맑고 **발랄한** 10대 소녀들. 2 (상상력·활동 등이) 막힘이 없이 자유롭다. ¶재기 **발랄한** 문필가 / **발랄한** 상상력이 돋보이는 작품.

● '발랄'의 한자

潑剌(×)→潑剌(○). ▶ '剌'는 찌를 '자', '剌'은 고기가 뛰는 소리를 나타내는 '랄'임.

발랄라이카(balalaika) 囹[음] 러시아의 민속 발현 악기. 삼각형의 공명동(共鳴胴)을 가진 세 개의 현을 손가락 끝으로 타서 연주함. 음색은 감상적이고 우울함.

발랑 用 '발라당'의 준말. ¶방 가운데에 ~ 눕다 / 고개를 ~ 젖히다. ㈜벌렁.

발랑-거리다/-대다 图재 '벌렁거리다'의 작은말. (쎈)빨랑거리다.

발랑-발랑 用 '벌렁벌렁'의 작은말. (쎈)빨랑빨랑. **발랑발랑-하다** 图재어

발레(㉢ballet) 囹 대사 대신에 춤에 의해서 진행되는 예술적 무용극. 고전 발레와 모던 발레가 있음.

발레리나(⑩ballerina) 囹 발레를 하는 여자 무용가. 특히, 주역(主役)을 맡은 사람을 가리킴.

발렌타인-데이 囹 '밸런타인데이(Valentine Day)'의 잘못.

발령(發令) 囹 1 (어떤 사람을 어떤 직위나 어느 소속으로) 임명하거나 근무하도록 명령을 내리는 것. ¶승진 ~ / 인사 ~ 을 받다. 2 경보(警報)를 발하는 것. **발령-하다** 图타어 ¶공습경보를 ~ / 김갑돌 계장을 과장으로 ~. **발령-되다** 图재

발령-장(發令狀) 囹 '-짱' 발령에 관련된 내용을 적은 문서. ¶~을 받다.

발로(發露) 囹 (바탕의 사상이나 심리가) 겉으로 드러나는 것. ¶그의 헌신적인 봉사와 희생은 기독교 정신의 ~였다. **발로-하다** 图재타어 **발로-되다** 图재

발록-거리다/-대다[-께때-] 图재타어 자꾸 발록이다. ㈜벌룩거리다.

발록-거리다/-대다²[-께때-] 图재 하는 일이 없이 공연히 놀면서 돌아다니다. ㈜벌룩거리다.

발록-발록¹[-빨-] 用 발록거리는(발록거리다) 모양. ㈜벌룩벌룩. **발록발록-하다¹** 图재타어

발록-발록²[-빨-] 用 발록거리는(발록거리다²) 모양. ㈜벌룩벌룩. **발록발록-하다²** 图재어

발록-이다 图재타 탄력 있는 물건이 바라졌다 오므라졌다 하다. 또는, 그리되게 하다. ㈜벌룩이다.

발록-하다[-로카-] 웹어 틈이 조금 바라져 있다. ¶**발록한** 귀. ㈜벌룩하다.

발론(發論) 囹 (어떤 문제에 대해) 먼저 의견을 꺼내는 것. ¶누가 그따위 ~을 해서 평지풍파를 일으켰는가. **발론-하다** 图타어 ¶그 문제에 대해서는 아무도 **발론하는** 사람이 없었습니다.

발룽-거리다/-대다¹ 图재타 탄력 있는 물건이 가볍게 바라졌다 오므라졌다 하다. 또는, 그리되게 하다. ㈜벌룽거리다.

발룽-거리다/-대다² 图재 뭉근한 불에서 국물 같은 것이 끓을락 말락 가만가만 움직이다. ㈜벌룽거리다.

발룽-발룽¹ 用 발룽거리는(발룽거리다¹) 모양. ㈜벌룽벌룽. **발룽발룽-하다¹** 图재타어

발룽-발룽² 用 발룽거리는(발룽거리다²) 모양. ㈜벌룽벌룽. **발룽발룽-하다²** 图재어

발름-거리다/-대다 图재타어 탄력 있는 물건이 부드럽고 넓게 바라졌다 닫혔다 하다. 또는, 그리되게 하다. ¶화가 나서 코를 ~. ㈜벌름거리다.

발름-발름 用 발름거리는 모양. ㈜벌름벌름. **발름발름-하다** 图재타어 ¶코를 **발름발름하**며 냄새를 맡다.

발름-하다 웹어 물체의 틈이 조금 바라져 있다. ¶꽃봉오리가 ~ / 입을 **발름하게** 벌리다. **발름-히** 用

발리(volley) 囹[체] 1 테니스에서, 상대편에서 넘어오는 공을 땅에 떨어지기 전에 치는 일. 2 =발리킥.

발리다¹ 图재 '바르다'의 피동사.

발리다² 图 1 재 '바르다'의 피동사. ¶씨가 잘 ~. 2 타 '바르다'의 사동사. 2 (재물이나 가진 것을) 빼앗김을 당하다.

발리다³ 图타 '벌리다'를 얕잡아 이르는 말.

발리-슛(volley shoot) 囹[체] 축구에서, 날아오는 공이 땅에 닿기 전에 발로 차는 슛.

발리-킥(volley kick) 囹[체] 축구에서, 공중에 뜬 공이 땅에 떨어지기 전에 차는 일. =발리.

발림¹ 囹 듣기 좋은 말로 비위를 맞추는 일. ¶~ 사탕.

발림² 囹[음] 판소리에서 창자(唱者)가 소리의 극적인 전개를 돕기 위하여 하는 몸짓. ×너름새.

발맘-발맘 用 1 팔을 벌려 한 발씩, 또는 다리를 벌려 한 걸음씩 재어 나가는 모양. 2 남의 뒤를 살피며 쫓아가는 모양. ¶행동이 의심쩍어 그를 ~ 뒤쫓아갔다. **발맘발맘-하다** 图재타어

발-맞추다[-맏-] 图재 행동의 방향을 서로 일치시키다.

발매¹ 囹 산판의 나무를 한목 베어 내는 것. **발매-하다¹** 图타어

발매²(發賣) 囹 (상품·표 등을) 내어서 파는 것. 또는, 팔기 시작하는 것. ¶~소. **발매-하다²** 图타어 ¶승차권을 ~ / 책을 ~ / 새 앨범을 ~. **발매-되다** 图재 ¶신제품이 이달 초부터 발매되기 시작하였다.

발매-처(發賣處) 囹 발매하는 회사나 기관.

발명¹(發明) 囹 (아직까지 없던 새로운 기계·물건을) 머리를 쓰거나 연구하여 처음으로 만들어 내는 것. ¶필요는 ~의 어머니. ▶발견. **발명-하다¹** 图타어 ¶에디슨은 전구를

발명하여 빛의 혁명을 이루었다. **발명-되다** 통(자)

발명²(發明) 圀 1 경서(經書)와 사서(史書)의 뜻을 깨달아 밝히는 것. 2 (죄나 잘못이 없음을) 변명하여 밝히는 것. =폭백(暴白). ¶그녀는 약속 시간에 늦은 것을 ~이나 하듯이 이 말 저 말 늘어놓았다. **발명-하다**² 통(자여)

발명-가(發明家) 圀 발명하는 일을 직업으로 하거나, 그런 일에 일가를 이룬 사람.

발명-권(發明權)[-꿘] 圀 기계류나 그 기술의 발명자가 발명을 독점할 수 있는 권리.

발명-왕(發明王) 圀 발명의 제일인자를 기리어 이르는 말. ¶~ 에디슨.

발명-품(發明品) 圀 새로 발명하여 낸 물품.

발모(發毛) 圀 몸에 털, 특히 머리털이 나는 것. ¶~ 촉진제. **발모-하다** 통(자여)

발-모가지 圀 '발'이나 '발목'을 낮잡아 이르는 말. =발목쟁이.

발모-제(發毛劑) 圀 머리털이 나게 하는 약.

발-목 圀 다리와 발이 이어지는, 다소 잘록해지는 부분. ¶~을 삐다 / ~이 부러지다.

발목(을) 잡히다 관 1 어떠한 일에 꽉 잡혀서 벗어나지 못하다. 2 남에게 어떤 약점을 잡히다. ¶난 그에게 **발목 잡힐** 만한 일을 한 적이 없다.

발목-뼈 圀 [생] 발목을 이루고 있는 뼈. =부골(跗骨)·족근골.

발-목장이 圀 '발목쟁이'의 잘못.

발-목쟁이[-쟁-] 圀 =발모가지.

발묵(潑墨) 圀 그림이나 서예에서 먹물이 번져 퍼지게 하는 것. **발묵-하다** 통(자여)

발문(跋文) 圀 책의 끝에 본문 내용의 대강이나 간행에 관한 사항을 간략하게 적은 글. =발사(跋辭). ⓒ발(跋). ↔서문(序文).

발미(跋尾) 圀 사람을 죽인 원인이나 그 정황 등을 조사하여 검안(檢案)에 기록하는 검시관의 의견서. =발사(跋辭).

발-밑[-민] 圀 1 =발바닥. 2 발바닥이 향하거나 닿는 자리. 또는, 그 자리의 언저리. ¶하마터면 ~에 쓰러져 있는 사람을 밟을 뻔했다.

발-바닥[-빠-] 圀 서거나 걸을 때 바닥에 닿는, 발 아래쪽의 평평한 부분. =발밑·족장(足掌). ↔발등.

발바닥에 불이 일다 관 부리나케 여기저기 돌아다니다.

발바닥에 흙 안 묻히고 살다 관 가만히 앉아서 편하게 살다.

발바리 圀 1 [동] 개의 한 종류. 몸이 작고 다리가 짧으며 코가 위로 젖혀짐. 온몸에 긴 털이 남. 성질이 순하고 모양이 예뻐 애완용으로 기름. 2 경망스럽게 여기저기 잘 싸돌아다니는 사람을 속되게 이르는 말.

발-바투 閉 기회를 놓치지 않고 재빠르게.

발발¹ 閉 1 춥거나 무섭거나 흥분하여 몸을 자꾸 떠는 모양. ¶추워서 ~ 떨다. 2 하찮은 것을 가지고 몹시 아끼는 모양. ¶돈 몇 푼 가지고 ~ 떤다. 3 몸을 바닥에 대고 작은 동작으로 기는 모양. ¶땅바닥을 ~ 기어 접근하다. 큰벌벌.

발발² 閉 '빨빨'의 여린말.

발발³(勃發) 圀 (전쟁이나 사건 등이) 갑자기 일어나는 것. **발발-하다**¹ 통(자여) ¶전쟁이 ~. **발발-되다** 통(자)

발발⁴(勃勃) →**발발-하다**² 형(여) 사물이 한창 성하다.

발발-거리다/-대다 통(자) '빨빨거리다'의 여린말.

발밤-발밤 閉 어디를 목표하지 않고, 발길이 가는 대로 한 걸음씩 천천히 걷는 모양. ¶할머니는 우는 아기를 달래 업고 ~ 동구 밖까지 나아갔다. **발밤발밤-하다** 통(자여)

발-발다[-받따] 혱 기회를 놓치지 않고 재빠르게 붙잡아 이용하는 성질이 있다.

발버둥 圀 1 다리를 버둥거리며 몸부림을 하는 일. ¶떼쓰느라고 아이가 ~을 치며 울고 있다. 2 기를 쓰 가면서 있는 힘을 다하는 일. =발버둥이. ¶가난을 벗어나기 위해 ~을 치다.

발버둥-이 圀 =발버둥.

발버둥-질 圀 발버둥을 치는 짓. ⓒ버둥질. **발버둥질-하다** 통(자여) ¶망해 가는 회사를 일으키려 **발버둥질해** 봤으나 역부족이었다.

발-병¹(-病)[-뼝] 圀 발에 생기는 병. ¶십리도 못 가서 ~ 난다. (속담)

발병²(發兵) 圀 군사를 일으켜서 보내는 것. 또는, 군사를 내는 것. =발군(發軍). **발병-하다**¹ 통(자여)

발병³(發病) 圀 (어떤 사람이나 동물에게, 또는 식물에) 병이 생기는 것. **발병-하다**² 통(자여) ¶백일해는 주로 3~6세의 어린이들에게 **발병한다**. **발병-하다** 통(자여)

발-보이다 통(자여) 1 재주를 자랑하느라고 일부러 드러내 보이다. 2 무슨 일의 끝만 잠깐 드러내 보이다. ⓒ발뵈다.

발복(發福) 圀 운이 트이어 복이 닥치는 것. ¶당대(當代) ~. **발복-하다** 통(자여) **발복-되다** 통(자)

발본(拔本) 圀 1 장사에서 이익이 남아 밑천을 뽑는 것. 2 근본 원인을 뽑아 버리는 것. **발본-하다** 통(자여) ¶부정행위를 ~.

발본-색원(拔本塞源) 圀 (뿌리를 뽑아 버리고 원인을 막아 버린다는 뜻) 폐단의 근원을 아주 뽑아서 없애 버림. **발본색원-하다** 통(타) ¶공무원의 부정을 ~.

발부(發付) 圀 증서·영장 따위를 발행하는 것. ¶발급. **발부-하다** 통(자여) ¶고지서를 ~. **발부-되다** 통(자) ¶구속 영장이 ~.

발부²(髮膚) 圀 머리털과 피부. ¶신체~.

발-부리[-뿌-] 圀 발끝의 뾰족한 부분. =족첨(足尖). ¶문턱에 ~가 걸려 넘어지다.

발분(發憤·發奮) 圀 =분발(奮發). **발분-하다** 통(자여)

발분-망식(發憤忘食) 圀 끼니까지도 잊을 정도로 어떤 일에 열중하여 노력함. **발분망식-하다** 통(자여)

발-붙이다[-부치-] 통(자) 의지하거나 근거로 삼다. ¶이 세상에 **발붙일** 곳이 없는 불쌍한 아이 / 정부는 부동산 투기가 **발붙이지** 못하도록 강력한 조치를 취하였다.

발-뺌 圀 마땅히 책임져야 할 일을 책임지지 않으려고 뒤로 물러서거나, 마땅히 참여해야 할 일에 참여하지 않고 꽁무니를 빼는 것. **발뺌-하다** 통(자여) ¶**발뺌하지** 말고, 사나이답게 책임져라.

발-뼈 책생 발을 이루고 있는 뼈.

발사(發射)[-싸] 圀 (총·대포·로켓 등을) 쏘는 것. ¶기관총 ~ / 적기를 향해 고사포를 ~. **발사-하다** 통(타여) ¶우주선을 ~. **발사-되다** 통(자)

발사-대(發射臺)[-싸-] 圀[군] 유도탄 따위의 발사를 위하여 고정시켜 놓은 장치.

발사-약(發射藥)[-싸-] 圀 탄환을 발사하

고 추진하기 위한 화약.
발산(發散) [-싼] 몡 **1** (어떤 대상에서 열·빛·기체·냄새 따위가) 사방으로 퍼져 흩어지는 것. 또는, (어떤 대상이 열·빛·기체·냄새 따위를) 사방으로 퍼져 흩어지게 하는 것. **2** (억눌린 마음의 작용이나 젊음·정열 따위를) 마음껏 풀거나 자유롭게 펼치는 것. ⓗ 해소. **3** (매력 따위를) 드러내어 느끼게 하는 것. **4** [수] 무한수열·무한급수나 함수의 값 등이 수렴되지 않는 것. ↔수렴. **발산-하다** 图자타여 ¶빛과 열을 ~ / 매력을 ~ / 젊음을 마음껏 ~. **발산-되다** 图자여
발산^렌즈(發散lens) [-싼-] 몡 [물] 평행 광선을 중심에서 바깥쪽으로 굴절시키는 렌즈. 곧, 오목 렌즈.
발삼(balsam) 몡 [화] 수목 줄기에서 나오는 끈적끈적한 분비물. 테레빈유·바니시·페인트 용제 등의 원료와 향유로 쓰임.
발상¹(發祥) [-쌍] 몡 **1** 상서로운 일이 나타나는 것. **2** 문명·문화 등이 세상에 처음 일어나 나타나는 것. **발상-하다¹** 图자여
발상²(發喪) [-쌍] 몡 상제가 머리를 풀고 슬피 울어 초상난 것을 알리는 일. =거애(擧哀). **발상-하다²** 图자여
발상³(發想) [-쌍] 몡 **1** 어떤 일을 생각해 내는 것. 또는, 그 생각. ¶기발한 ~ / ~이 좋다. **2** [음] 악곡의 곡상(曲想)·완급·강약 등을 표현하는 것. **발상-하다³** 图타여
발상-지(發祥地) [-쌍-] 몡 **1** 나라를 세운 임금이 태어난 곳. **2** 큰 사업이나 문화가 처음으로 일어난 곳. ¶메소포타미아는 오리엔트 문명의 ~이다.
발-살 [-쌀] 몡 발가락의 사이. =발새.
발-새 [-쌔] 몡 =발살.
발색(發色) [-쌕] 몡 **1** 컬러 필름·염색 따위에서, 색깔을 낸 상태. **2** 화공적 처리를 하여 빛깔을 내는 것. **발색-하다** 图자여 화공적 처리를 하여 빛깔을 내다.
발생(發生) [-쌩] 몡 **1** (어떤 사건이나 사물·현상이 어느 곳 또는 세상에) 생겨나거나 나타나는 것. **2** [생] 세포의 증식·분화·형태 형성 등에 의하여 개체 생물체(조직·기관·개체 따위)가 단순한 상태로부터 복잡한 상태로 발전하는 일. **발생-하다** 图자여 ¶마을에 전염병이 ~ / 번화가에서 사건이 ~. **발생-되다** 图자
발생-적(發生的) [-쌩-] 괸 현상·상태·조건의 기원(起源)에 관한 (것).
발생-학(發生學) [-쌩-] 몡 [생] 개체 발생에서 형태 형성을 연구하는 학문.
발선(發船) [-썬] 몡 배가 떠나는 것. =발항(發航). ⓗ착선(着船). **발선-하다** 图자여
발설(發說) [-썰] 몡 (어떤 사실을) 입 밖으로 내어 남이 알게 하는 것. **발설-하다** 图타여 ¶그 사실을 발설했다간 큰일 날줄 알아라. **발설-되다** 图자
발섭(跋涉) [-썹] 몡 [산을 넘고 물을 건너는 뜻] 여러 지방을 두루 돌아다니는 것. **발섭-하다** 图자여
발성(發聲) [-썽] 몡 **1** 목소리를 내는 것. **2** 노래를 하기 전에 그 준비로서 목소리를 매끄럽게 조절하는 내는 일. 또는, 음역을 넓히기 위한 훈련으로서 목소리를 내는 일. ¶~ 연습. **발성-하다** 图자여 **발성-되다** 图자
발성-기(發聲器) [-썽-] 몡[동] =발음 기관.

발성-법(發聲法) [-썽뻡] 몡 [음] 발성하는 기법이나 방법.
발성^영화(發聲映畫) [-썽녕-] 몡 [영] =유성 영화.
발-소리 [-쏘-] 몡 걸음을 걸을 때 발이 땅에 닿아 나는 소리. ¶무거운 ~ / ~를 죽이다 / ~가 나다 / ~가 들리다.
발송(發送) [-쏭] 몡 (물건이나 편지·서류 등을) 띄워서 보내는 것. **발송-하다** 图타여 ¶합격 통지서를 ~. **발송-되다** 图자
발송-인(發送人) [-쏭-] 몡 발송한 사람.
발-쇠 [-쐬/-쒜] 몡 남의 비밀을 살펴 다른 사람에게 넌지시 알려 주는 것. 준발.
발쇠(를) 서다 ⓙ 발쇠를 하다.
발-수건(-手巾) [-쑤-] 몡 발을 닦는 데 쓰는 수건.
발숫-물 [-쑨-] 몡 발을 씻을 물. ¶웃어른에게 ~을 떠다 바치다. ▷손숫물.
발신¹(發身) [-씬] 몡 천하고 가난한 처지에서 벗어나 앞길이 펴이는 것. **발신-하다¹** 图자여
발신²(發信) [-씬] 몡 소식이나 우편·전신 등을 보내는 것. ¶~을 / ~ 일(日). ↔수신(受信). **발신-하다²** 图타여 **발신-되다** 图자
발신-음(發信音) [-씬-] 몡 **1** 신호를 보내는 소리. **2** 자동식 전화에서, 송수화기를 들었을 때 전화를 걸 수 있는 상태임을 알려 주는 소리.
발신-인(發信人) [-씬-] 몡 우편·전신 등을 보낸 사람. ↔수신인.
발신-지(發信地) [-씬-] 몡 우편·전신 등을 보낸 곳.
발심(發心) [-씸] 몡 무슨 일을 하겠다고 마음을 먹는 것. **발심-하다** 图자여
발-싸개 몡 **1** 버선을 신을 때 잘 들어가게 하기 위하여 발을 싸는 네모난 헝겊이나 종이. **2** 신을 신을 때, 특히 겨울철에 양말을 대신하여 발을 싸는 네모난 헝겊. 오늘날에는 거의 사라짐.
발싸심 몡 **1** 팔다리를 움직이며 몸을 비틀어서 부스대는 것. **2** 어떤 일을 지르거나 애를 쓰며 들먹거리는 것. ¶아시다시피 니나 나나 안전한 곳으로만 빠질려고 ~인데…. 〈조정래 : 태백산맥〉 **발싸심-하다** 图자여
발-씨 몡 길에 익은 익은 정도.
발씨(가) 익다 ⓙ 여러 번 다닌 길이라 익숙하다. ¶발씨가 익어 불 없이두 다닙니다. 〈홍명희 : 임꺽정〉
발-씨름 몡 =다리씨름.
발아(發芽) 몡 **1** [식] 식물의 씨앗이나 가지 등에 싹이 나오는 것. ¶~ 현미 / ~ 촉진법. **2** (사물·현상이) 처음으로 시작되는 것. 비유적인 말임. ⓗ태후. **발아-하다** 图자여 ¶이슬람 문명은 중동 지역에서 **발아하였다**. **발아-되다** 图자
발-아래 몡 **1** 서 있는 곳의 바로 아래. 또는, 서 있는 곳에서 굽어 볼 수 있는 곳. ¶절벽 위에서 ~를 내려다보니 아찔하다. **2** 어떤 사람이 가진 능력이나 자질의 가장 낮은 수준보다 못한 수준. 비유적인 말임. ¶내가 아무리 애써 봤자 그 아이의 ~도 못 가.
발악(發惡) 몡 극도의 위기에 몰리거나 하여, 상대에게 소리를 지르거나 몸부림을 치거나 하면서, 또는 온갖 수단을 다 동원하여 심하게 대들거나 반항하는 것. ¶최후의 ~ / 그 여자는 버럭버럭 소리 지르며 온갖 ~을 다 하였다. **발악-하다** 图자여

발악-적(發惡的)[-쩍] 관 명 발악을 부리는 (것). ¶~인 몸부림.
발안(發案) 명 1 어떠한 안을 생각해 내는 것. 또는, 그 안. 2 의안(議案)을 제출하는 것. **발안-하다**
발안-권(發案權)[-꿘] 명 법 의안을 의회에 제출할 수 있는 권한.
발암(發癌) 명 암을 발생하는 것. 또는, 암을 발생시키는 것. **발암-하다** 동 자 여
발암-물질(發癌物質)[-찔] 명 의 실험 동물에 투여하였을 때 비교적 짧은 시일 안에 고율(高率)의 암을 발생시킬 수 있는 물질. 방향족 탄화수소·방사성 물질 따위.
발-야구(-野球)[-랴-] 명 발로 공을 차서 야구와 비슷하게 하는 구기. =족구.
발양(發揚) 명 (마음·재주·기운·기세 등을) 떨쳐 일으키는 것. **발양-하다** 동 자 타 여 ¶동포애를 ~/애국심을 ~. **발양-되다** 동 자
발언(發言) 명 말을 꺼내어 의견을 나타내는 것. 또는, 그 말. ¶신상(身上) ~ / 중대 ~. **발언-하다** 동 자 타 여 ¶발언할 기회를 얻다.
발언-권(發言權)[-꿘] 명 회의 석상에서 발언할 수 있는 권리. ¶~을 얻다 / ~을 주다. 준 언권.
발연(發煙) 명 연기를 내는 것. **발연-하다** 동 자 여
발열(發熱) 명 1 열을 내는 것. 2 의 체온이 높아지는 것. ¶~제(劑). **발열-하다** 동 자 여 **발열-되다** 동 자
발열-량(發熱量) 명 물 물질, 특히 연료가 완전 연소 할 때에 생기는 열량. ▷연소열.
발열 반응(發熱反應) 명 화 1 열을 방출하면서 진행하는 화학 반응. ↔흡열 반응. 2 에너지의 방출을 수반하는 원자핵 반응.
발열-체(發熱體) 명 열을 내는 물체.
발염(拔染) 명 날염법의 한 가지. 염색한 천에 발염제를 섞은 풀로 무늬를 찍은 다음, 증기의 열로 처리하여 바탕색을 빼고 무늬를 내는 일. **발염-하다** 동 타 여
발염-제(拔染劑) 명 발염에 사용하는, 무늬 부분의 바탕색을 빼는 약제.
발우(鉢盂) 명 불 =바리때.
발원¹(發源) 명 1 (강 따위가 어느 곳에서) 비롯하여 흐르는 것. 또는, 그 근원. 2 사회 현상이나 사상 등이 비롯하여 발생하는 것. 또는, 그 근원. **발원-하다** 동 자 여 ¶한강은 태백산맥에서 **발원하여** 황해로 흐른다.
발원²(發願) 명 (무엇을) 이루어지기를 신불에게 비는 것. **발원-하다**² 동 타 여 ¶탑을 돌며 ~.
발원-지(發源地) 명 1 강 따위의 흐르는 물이 처음 시작하는 곳. 2 사회 현상이나 사상 등이 처음으로 일어난 곳.
발육(發育) 명 (생물체가) 발달하여 크게 자라는 것. 비 성장. ¶~이 좋다 / ~이 빠르다. **발육-하다** 동 자 여 **발육-되다** 동 자
발육^부전(發育不全)[-뿌-] 명 의 선천적 또는 그 밖의 원인으로 어떤 장기나 조직의 발육이 불충분한 것.
발음(發音) 명 언 사람이 입과 혀를 여러 형태로 움직여 언어를 소리로 나타내는 일. 또는, 그 소리. =소리내기. ¶표준 ~ / 정확한 ~ / ~이 좋다. **발음-하다** 동 타 여 ¶조사 '의'는 '에'로도 **발음할** 수 있다. **발음-되다** 동 자
발음-기(發音器) 명 동 =발음 기관1.
발음-기관(發音器官) 명 1 동 동물체의 소리를 내는 기관. =발성기·발음기. 2 언 음성을 내는 데 필요한 기관. =음성 기관.
발음^기호(發音記號) 명 언 언어의 음을 눈으로 볼 수 있는 형태로 나타내어 기록한 부호. 국제 음성 기호 따위. =발음 부호. 비 음성 기호.
발음-체(發音體) 명 물 그 자체가 진동하여 음원(音源)이 되는 것. 특히, 악기에서 소리를 내는 본체를 말함. 현(絃)·리드(reed) 따위.
발의¹(發意)[-의/-이] 명 1 의견을 꺼내는 것. 2 무슨 일을 생각해 내는 것. **발의-하다**¹ 동 타 여
발의²(發議)[-의/-이] 명 회의하는 자리에서, 의견을 내는 것. 또는, 그 의안(議案)을 제출하는 것. ¶~권. **발의-하다**² 동 타 여 ¶법률안을 여야 공동으로 ~.
발인(發靷) 명 상여가 집에서 묘지를 향하여 떠나는 것. **발인-하다** 동 자 여 ¶내일 오전 10시에 **발인한다**.
발인-제(發靷祭) 명 발인 때 상여 앞에서 지내는 제사.
발-자국[-짜-] ① 자립 발로 밟은 곳에 남아 있는 자국. =족적(足跡). ×발자욱·발자귀. ② 의존 =발짝.
발-자욱[-짜-] '발자국①'의 잘못.
발-자취[-짜-] 명 1 발로 밟은 흔적. 2 지나온 과거의 자취. 비 족적(足跡). ¶역사의 ~ / 지난 10년간의 ~를 돌이켜 보다.
발자-하다[-짜-] 형 여 성미가 급하여 참지 못하는 상태에 있다. ¶그것이 병화의 감정에는 **발자하게** 새새거리며 날뛰는 경애보다 은근하고 깊이가 있어 보여서 좋았다. 〈염상섭: 삼대〉
발작(發作)[-짝] 명 1 (병의 증상이) 돌발적으로 일어나는 일. ¶~을 일으키다. 2 (어떤 감정이) 갑자기 일어나는 것. **발작-하다** 동 자 타 여 ¶간질병이 ~. **발작-되다** 동 자
발작-적(發作的)[-짝쩍] 관 명 발작하듯 하는 (것). ¶~으로 웃어 대다.
발작-증(發作症)[-짝쯩] 명 발작하는 병증.
발-잔등[-짠-] 명 =발등.
발-장구 명 사람이 헤엄을 칠 때, 엎드린 상태에서 두 발을 교대로 들었다 놓았다 하면서 물을 차는 일. ¶~를 치다.
발-장단[-짱-] 명 흥에 겨워 발끝이나 발뒤꿈치로 장단을 맞추는 짓. ¶노래에 맞추어 ~을 하다.
발-재간(-才幹)[-째-] 명 발로 부리는 재간.
발-재봉틀(-裁縫-)[-째-] 명 발을 놀려 돌리게 된 재봉틀. 준 발틀. ↔손재봉틀.
발적(發赤)[-쩍] 명 의 피부나 점막에 염증이 생겼을 때 나타나는 증상으로, 그 부분이 빨갛게 부어오르는 상태.
발전¹(發展)[-쩐] 명 1 (대상이나 사물 현상이) 능력·수준이 더욱 나아지거나 내용·영역이 충실해지고 확대되어 훌륭한 상태가 되는 것. ¶문화의 ~을 최대한으로 ~시키다. 2 (일이) 어떤 방향으로 전개되는 것. ▶발달. **발전-하다**¹ 동 자 타 여 ¶사업이 날로 ~ / 사건은 뜻하지 않은 방향으로 **발전했다**. **발전-되다** 동 자
발전²(發電)[-쩐] 명 물 전기를 일으키는 것. ¶화력 ~ / 원자력 ~. **발전-하다**² 동 자 여
발전-기(發電機)[-쩐-] 명 물 도체(導體)

가 자기장 내에서 운동할 때 전기가 발생하는 것을 이용하여, 기계적 에너지를 전기적 에너지로 변환하는 장치의 총칭.

발전도상-국(發展途上國) [-쩐-] 몡 =개발도상국.

발전-상(發展相) [-쩐-] 몡 발전하는 모습. ¶최근 서울의 ~을 담은 사진.

발전-성(發展性) [-쩐-] 몡 발전할 가능성. ¶항상 진취적인 생각을 하는 ~ 있는 사람.

발전-소(發電所) [-쩐-] 몡 수력·화력·원자력 따위를 이용하여 발전기를 돌려 전력을 일으키는 시설.

발전-적(發展的) [-쩐-] 관·몡 발전하는 특성을 가진 (것). ¶~ 계획/선대의 업적을 ~으로 계승하다.

발전-차(發電車) [-쩐-] 몡 발전을 하여 각 객차에 냉난방을 공급하는 차량. 보통, 기관차와 객차 사이에 위치한다.

발정[1](發情) [-쩡] 몡 주로 동물의 암컷이 성욕을 일으키는 일. **발정-하다**[1] 툉자여

발정[2](發程) [-쩡] 몡 길을 떠나는 것. 비출발. **발정-하다**[2] 툉자여

발정-기(發情期) [-쩡-] 몡 암컷이 발정하는 시기. 임신이 가능한 시기로, 이때 수컷과 교미함.

발제(發題) [-쩨] 몡 세미나·토론회 등에서, 쟁점이 되는 어떤 주제에 대해서 의견이나 주장을 발표하는 것. 이것이 있은 뒤, 토론이 이뤄지게 됨. ¶기조 ~.

발제-자(發題者) [-쩨-] 몡 세미나·토론회 등에서, 정해진 주제에 대한 의견이나 주장을 발표하는 사람.

발족(發足) [-쪽] 몡 (새로 설립된 어떤 조직체가) 그 활동을 시작하는 것. 또는, (어떤 조직체를) 새로 만들어 활동을 시작하는 것. **발족-하다** 툉자타여 ¶정부가 정식으로 ~. **발족-되다** 툉자여 ¶개헌 추진 위원회가 ~.

발주[1](發走) [-쭈] 몡[체] 경마·경륜 등에서, 달리기 시작하는 것. **발주-하다**[1] 툉자여

발주[2](發注) [-쭈] 몡 (물건 등을) 주문하는 것. ¶~자(者). ↔수주(受注). **발주-하다**[2] 툉타여

발진(發疹) [-찐] 몡[의] 열병(熱病)으로 피부나 점막에 좁쌀만 한 종기가 생기는 것. 또는, 그 종기. ¶~ 티푸스. **발진-하다**[1] 툉자여

발진[2](發振) [-찐] 몡 1 외부로부터의 힘을 가하지 않고 진동을 발생시키는 일, 또는, 그 상태. 2 직류 에너지를 전기 진동 에너지, 즉 교류 에너지로 변환하는 일. **발진-하다**[2] 툉자여

발진[3](發進) [-찐] 몡 1 출발하여 나아가는 것. 2 엔진의 힘으로 항공기·함선 따위가 출발하는 것. ¶~ 기지(基地). **발진-하다**[3] 툉

발진-기(發振器) [-찐-] 몡[물] 교류 전기, 즉 전기 진동을 발생시키는 장치.

발진^티푸스(發疹typhus) [-찐-] 몡[의] 법정 전염병의 하나. 병원체는 리케차의 일종으로, 이의 매개로 감염됨. 40℃ 정도의 높은 열과 두통·관절통 등이 계속되며, 온몸에 발진이 생김. =장미진(薔薇疹).

발-질 몡 '발길질'의 준말. **발질-하다** 툉자여

발-짓 [-찓] 몡 발을 움직이는 동작. **발짓-하다** 툉자여

발-짝 의존 거리를 걸음을 옮긴 횟수로 나타내는 단위. =발자국. ¶다섯 ~만 앞으로 가거라. ▷걸음.

발짝-거리다/-대다 [-꺼(때)-] 툉타 1 일어나려고 애를 쓰며 조금씩 움직이다. 2 빨래를 적은 양의 물에 담가 두 손으로 조금씩 비비다. 큰벌쩍거리다.

발짝-발짝 [-빡-] 뮈 발짝거리는 모양. 큰벌쩍벌쩍. **발짝발짝-하다** 툉타여

발쪽-하다 [-쪼카-] 혱여 좁고 길게 발려져 쳐들려 있다. ¶토끼가 발쪽한 귀를 쫑긋거리다. 큰벌쭉하다. 쎈빨쪽하다. **발쪽-이** 뮈

발찌 몡 주로 여성이 발목에 걸고 다니는, 팔찌와 같은 모양의 장신구.

발차(發車) 몡 자동차·열차 따위가 떠나는 것. ¶~ 신호. **발차-하다** 툉자여 ¶부산행 열차는 30분 간격으로 **발차한**다.

발착(發着) 몡 출발과 도착. ¶~역/~지. **발착-하다** 툉자여

발채 몡 짐을 싣기 위하여 지게에 얹는 물건. 싸리나 대오리로 접었다 폈다 할 수 있게 조개 모양으로 결어서 만듦.

발천(發闡) 몡 1 (둘러싸였거나 가렸던 것이) 열려 드러나는 것. 2 앞길을 열어서 세상에 나서는 것. **발천-하다** 툉자여 **발천-되다** 툉자

발초(拔抄) 몡 글 따위에서 중요한 부분만을 뽑아 베끼는 것. 또는, 그 초록(抄錄). **발초-하다** 툉타여 **발초-되다** 툉자여

발출(拔出) 몡 빼내어 나오게 하는 것. **발출-하다** 툉타여 **발출-되다** 툉자

발췌(拔萃) 몡 (어떤 책이나 글이나 곡이나 기록물 등에서) 핵심적이거나 필요한 부분을 뽑아 취하는 것. ¶~문. **발췌-하다** 툉타여 ¶논문의 일부를 **발췌하여** 싣다. **발췌-되다** 툉자여

발췌-곡(拔萃曲) 몡[음] 오페라나 기타 큰 규모의 악곡 가운데서 널리 알려진 곡만을 추려 엮은 곡.

발-치[1] 몡 1 누울 때 발이 가는 쪽. ¶~께/~에 있지 말고 이리 가까이 오너라. ↔머리맡. 2 발이 있는 쪽. ¶…어른들의 ~에 계집아이 하나가 조그마니 앉아 학대성을 짓고 있다. 《서영은: 산행》 3 어떠한 물건의 아랫부분이나 끝 부분. ¶선산 ~에 묻어 주오.

발-치[2](拔齒) 몡 이를 뽑는 것. **발치-하다** 툉자여

발칙-스럽다 [-쓰-따] 혱ㅂ여 <~스러우니, ~스러워> 발칙한 데가 있다. ¶**발칙스럽게** 굴다. **발칙스레** 뮈

발칙-하다 [-치카-] 혱여 1 몹시 버릇이 없다. 2 하는 짓이 아주 괘씸하다. ¶**발칙한** 계집 같으니라고! 뉘 앞이라고 감히 거짓을 고하느냐?

발칫-잠 [-치짬/-칟짬] 몡 남의 발치에서 자는 잠.

발칵 뮈 '발깍'의 거센말. ¶~ 문을 열다/화를 ~ 내다/집안이 ~ 뒤집히다. 큰벌컥.

발칵-거리다/-대다 [-꺼(때)-] 툉자타 '발깍거리다'의 거센말. 큰벌컥거리다.

발칵-발칵 [-빡-] 뮈 '발깍발깍'의 거센말. 큰벌컥벌컥. **발칵발칵-하다** 툉자타여

발코니(balcony) 몡[건] 1 서양식 건축에서, 건물 바깥으로 돌출시켜 난간을 두른 대. =노대(露臺). 2 극장의 이 층에 따로 만든 특별석.

발탁(拔擢) 몡 (어떤 사람을 어떤 임무를 맡거나 직책에 있을 사람으로) 많은 사람 중에서 골라 뽑는 것. 비픽업. **발탁-하다** 툉타여 ¶신인을 ~. **발탁-되다** 툉자 ¶국가 대표

선수로 ~.

발탄-강아지 명 [걸음을 걷기 시작한 강아지라는 뜻] 일 없이 이리저리 싸다니는 사람을 비유하여 놀림조로 이르는 말.

발-톱 명 발가락의 끝을 덮어 보호하고 있는, 뿔같이 단단한 물질. ¶~을 깎다. ↔손톱.

발톱-눈[-톰-] 명 발톱의 양쪽 구석.

발-틀 명 1 =발기계. 2 '발재봉틀'의 준말. ¶~을 돌리다. ↔손틀.

발파(發破) 명 바위 같은 데에 구멍을 뚫고 화약을 넣어 폭파시키는 것. ¶~공(工) / ~장치. **발파-하다** 탄 ¶채석장에서 **발파하는** 굉음이 들려왔다. **발파-되다** 동자

발-판(-板) 명 1 높은 곳에 올라가기 위하여 설치한 널. ¶~을 딛고 올라서다. 2 키를 높이려고 발밑에 괴는 물건. 비발돋움. ¶책으로 ~을 만들다. 3 차에 오르내릴 때 발을 디디게 한 장치. 4 출세나 입신을 위한 수단 또는 '기반'. ¶진출의 ~으로 삼다. 5 [체] 체조·육상·수영·다이빙 등의 경기에서, 뛰는 힘을 돕기 위하여 쓰는 도구. 비구름판. 6 악기·재봉틀 따위에서 발로 밟아 소리를 내거나 무엇을 움직이게 하는 부분. 7 [건] 비계에 가설한 널판.

발편-잠 명 근심이나 걱정이 없어서 마음 놓고 편안히 자는 잠.

발포¹(發布) 명 세상에 널리 펴는 것. **발포-하다**¹ 동타여 ¶계엄령을 ~. **발포-되다** 동자

발포²(發泡) 명 거품이 나는 것. ¶~제(劑). **발포-하다**² 동자여

발포³(發砲) 명 총이나 대포를 쏘는 것. ¶~개시 / ~명령. **발포-하다**³ 동자여

발표(發表) 명 1 (어떤 사실이) 세상에 또는 일정한 범위의 사람에게 드러내어 알리는 것. ¶정견 ~ / 합격자 ~ / 오늘 오전에 대북 정책에 대한 총리의 공식 ~가 있을 예정이다. 2 (창작물이나 연구 결과 등을 책·신문 등에, 또는 어떤 장소에서) 공개하여 보이거나 알게 하는 것. ¶작품 ~ / 연구 ~. 3 (자기 의견을 많은 사람 앞에서) 말로 나타내는 것. ¶창수는 숫기가 없어 ~를 잘 못한다. **발표-하다** 동타여 ¶의견을 ~. **발표-되다** 동자

발표-력(發表力) 명 자기 의견을 많은 사람 앞에서 발표할 수 있는 능력. ¶~이 없다.

발표-회(發表會) [-회/-훼] 명 연구 또는 창작물을 발표하는 모임. ¶작품 ~.

발-품 명 걸어 다니는 수고.

발-하다(發-) 동자타여 1 (꽃 따위가) 피다. 2 (기운·열·빛 따위가) 생기거나 일어나다. 또는, 생기거나 일어나게 하다. ¶빛을 ~ / 라일락이 향기를 ~. 3 어떤 내용을 공개하여 퍼서 드러내다. ¶명령을 ~. 4 군사를 일으켜 움직이다.

발한(發汗) 명 땀을 내는 일. =취한(取汗). ¶~욕(浴) / ~요법. **발한-하다** 동자여

발한-제(發汗劑) 명 [약] 땀을 내게 하는 약제. =취한제.

발해(渤海) 명 [역] 고구려의 장수 대조영(大祚榮)이 세운 나라(698~926). 9세기 선왕(宣王) 때 가장 번영하였으나, 거란족의 침입으로 멸망함. =진국(震國).

발행(發行) 명 1 (출판물을) 박아 세상에 펴내는 것. 비간(刊). ¶~ 부수 / ~ 금지. 2 화폐·증권·입장권·증명서 등을 만들어 효력을 발생시키는 것. **발행-하다** 동타여 ¶신문을 ~ / 증명서를 ~. **발행-되다** 동자 ¶3개월에 한 번씩 정기적으로 **발행되는** 잡지.

발행-고(發行高) 명 화폐 등을 발행한 총액수. ¶화폐 ~.

발행-인(發行人) 명 1 출판물을 발행하는 사람. 법적으로 출판사·신문사 등을 대표하는 사람임. =퍼블리셔·편인. ¶신문 ~. 2 어음이나 수표 따위를 발행한 사람. =발행자.

발행-자(發行者) 명 =발행인2.

발-허리 명 발의 잘록한 중간 부분.

발-헤엄 명 발만을 움직여 치는 헤엄. **발헤엄-하다** 동자여

발현(發現·發顯) 명 숨겨져 있던 것이 드러나 보이는 것. 또는, 드러나게 하는 것. **발현-하다** 동자타여 ¶3·1 운동은 우리 민족의 자주독립 정신이 **발현된** 거족적 시위 항쟁이었다.

발현^악기(撥絃樂器) [-끼] 명 [음] 현을 손가락으로 퉁겨서 연주하는 악기. 가야금·거문고·기타 따위.

발호(跋扈) 명 (어떤 무리가) 권력이나 세력을 얻으 그 힘을 휘두르면서 제멋대로 날뛰는 것. ¶외척의 ~로 왕실의 위신이 땅에 떨어지다. **발호-하다** 동자여

발화¹(發火) 명 1 불이 일어나거나 타기 시작하는 것. 2자연 ~. 2 총포에 실탄을 쓰지 않고 화약만을 재어서 내쏘아 불만 일어나게 하는 것. **발화-하다** 동자여 **발화-되다** 동자

발화²(發話) 명[언] 현실적으로 소리를 내어 말을 하는 행위. 또는, 그 소리로 전해지는 한 단락의 말.

발화-성(發火性) [-씽] 명 어떤 온도에서 쉽게 발화하는 성질. ¶~ 물질.

발화-시(發話時) 명 현실적으로 소리를 내어 말을 하였을 때. ▷사건시(事件時).

발화-점(發火點) [-쩜] 명 1 [화] 공기 중에서 물질을 가열할 때 스스로 발화하는 연소를 시작하는 최저 온도. =발화 온도·착화점. 2 화재 원인의 감식에서, 화재가 일어난 자리.

발회(發會) [-회/-훼] 명 1 새로 조직된 회(會)의 첫 모임을 여는 것. 또는, 그 첫 모임. 2 [경] 거래소에서의 매월 최초의 입회(立會). ↔납회(納會). **발회-하다** 동자여

발-회목[-회-/-훼-] 명 다리 끝 복사뼈 위의 잘록하게 들어간 곳.

발효¹(發效) 명 조약·법률·증권·문서 등의 효력이 생기는 것. ¶~일. **발효-하다**¹ 동자여 ¶이 법은 공포와 동시에 **발효한다**. **발효-되다**¹ 동자

발효²(醱酵) 명[화] 효모나 세균 등의 미생물이 유기 화합물을 분해하여 알코올류·유기산류·이산화탄소 등을 만들어 가는 과정. 술·된장·간장·치즈 등을 만드는 데에 이용됨. **발효-하다**² 동자여 **발효-되다**² 동자

발효-유(醱酵乳) 명[화] 우유·양젖 따위를 젖산균이나 효모균으로 발효시켜 만든 유제품. 요구르트·젖산음료 따위.

발휘(發揮) 명 (재능이나 역량 등을) 떨쳐 드러내는 것. **발휘-하다** 동타여 ¶실력을 ~ / 기사도를 ~. **발휘-되다** 동자 ¶그의 기량이 유감없이 **발휘되던** 타격 승부였다.

발흥(勃興) 명 갑자기 일어나서 번창해지는 것. ¶~기(期). **발흥-하다** 동자여 ¶신흥 공업국으로 ~. **발흥-되다** 동자

밝기[밝끼] 명 밝은 정도. 비광도(光度). ¶색의 ~ / 조명의 ~.

밝다[박따] Ⅰ[형] 1 (빛이) 사물을 또렷이 비출 만큼 강하다. (비)환하다. ¶형광등 불빛이 ~. 2 (어떤 공간이) 빛이 강하거나 충분하여 사물을 또렷이 구분할 수 있는 상태에 있다. (비)환하다. ¶방 안이 ~. 3 (색깔이) 흰색이나 빨강·노랑에 가까운 상태에 있다. 또는, (어떤 색깔은) 짙지 않고 연한 상태에 있다. ¶밝은 색의 옷을 입다. 4 (눈이나 귀가) 잘 보이거나 들리는 상태에 있다. ¶눈이 ~ / 개는 귀가 **밝아** 소리를 잘 듣는다. 5 (사람이 어떤 일이나 사리에) 막힘이 없을 만큼 잘 아는 상태에 있다. (비)통달하다. ¶경제에 ~ / 그는 서울 지리에 ~. 6 (사람의 표정이나 성격이) 명랑하고 유쾌하다. ¶밝고 환한 얼굴 / 성격이 ~. 7 (사물의 내용이) 긍정적이고 좋은 상태에 있다. ¶전망이 **밝은** 첨단 산업. ↔어둡다. 8 (예절이) 분명하고 바르다. ¶인사성이 ~.
Ⅱ[동][자] (날이나 일정한 공간이) 해가 뜨면서 점차 환한 상태가 되다. ¶희부옇게 날이 **밝는다**.
[참고]'밝-'은 다음에 오는 어미의 첫소리가 ㄱ일 때에는 [발]로, 그 외의 자음일 경우에는 [박]으로 소리 남. 곧, '밝고'는 [발꼬], '밝지'는 [박찌]로 소리 남.

밝혀-내다[발켜-][동][타] (일의 옳고 그름이나 불분명했던 사실을) 분명하게 알 수 있게 드러내다. ¶무슨 수를 써서라도 이번 일은 진실을 **밝혀내고야** 말겠다.

밝-히[발키][부] 환하여 분명치 않은 것이 없게. ¶사물의 이치를 ~ 깨닫다.

밝-히다[발키-][동][타] 1 '밝다Ⅰ1·2'의 사동사. 2 불보로 어둠을 ~. 2 (불분명했던 사실을) 분명하게 알 수 있게 드러내다. ¶경찰이 사건의 진상을 ~. 3 (어떤 사람이 다른 사람에게 자기에 관한 사실을) 드러내어 알게 하다. ¶그는 나에게 신분증을 보이면서 경찰임을 **밝혔다**. 4 (사람이 밤을) 자지 않고 새우다. ¶밤을 뜬눈으로 ~. 5 (주색이나 돈 등을) 지나치게 좋아하다. (비)바치다. ¶돈을 ~ / 그 남자는 여자를 **밝힌다**. / 우리 그이는 술을 너무 **밝혀서** 걱정이에요.

밟!다[밤따] (밟!고 / 밟아)[동][타] 1 두 팔을 펴서 길이를 재다. 2 걸음으로 거리를 헤아리다. 3 어린애가 걷기 시작하다. 4 차차 앞으로 나아가다. 5 두 팔을 벌려서 마주 잡아당기다.

밟!다[밥따] (밟!고 / 밟아)[동][타] 1 (사람이나 동물이 어떤 대상을) 발로 체중을 싣거나 힘을 준 상태로 눌러서 어떤 영향이 미치게 하다. ¶남의 발을 ~ / 보리밭을 밟~. 2 (사람이 어느 곳의 땅을) 특별한 뜻을 가진 상태로 가거나 와서 발을 디디다. ¶조국의 땅을 ~. 3 (사람이 다른 사람이나 물건을) 높은 데로 오르거나 다른 데로 이동하기 위해 디디고 서다. ¶사람을 엎드리게 하고 등을 **밟고** 올라서다. 4 (사람이 다른 사람을) 꼼짝 못하게 억누르다. ¶사람이란 **밟으면 밟을수록** 반발하기 마련이다. 5 (일정한 절차나 과정을) 좇아서 거치다. ¶출국 수속을 ~ / 그는 지금 박사 과정을 **밟고** 있다. 6 (어떤 사람의 뒤를) 몰래 따라가다. ¶형사가 범죄자의 뒤를 ~. 7 (어떤 사람이 겪거나 한 일이나 과정을) 그대로 되풀이하다. ¶너는 형의 전철을 **밟아서는** 안 된다. 8 (춤을 추기 위한 스텝을) 정해진 대로 맞추어 취하다. ¶스텝을 ~. 9 시에서, (운을) 리듬이 생기도록 규칙적으로 반복되게 맞추다. ¶한시에서 운을 ~. [참고]'밟-'은 자음으로 시작하는 어미 앞에서 [밥]으로 소리 남. 곧, '밟고/밟지'는 [밥꼬/밥찌]로 소리 남.

밟-히다[발피-][동][자] '밟다1·4·6'의 피동사. ¶남의 발에 ~ / 발등을 ~ / 누군가에게 뒤를 ~.

밟히다²[발피-][동][자] (눈에) 선하게 나타나다. ¶떼어 놓고 온 젖먹이의 모습이 눈에 ~.

밤¹[명] 1 해가 진 뒤에 날이 완전히 어두워져서 밝기 전까지의 동안. 곧, 저녁과 새벽의 사이. (비)야간. ¶달 / 긴긴 ~ / 캄캄한 ~ / 깊은 ~ / ~을 새우다. 2 해가 진 뒤부터 먼동이 트기 전까지의 동안. ¶춘분과 추분에는 ~과 낮의 길이가 같다. ↔낮.
[**밤 말은 쥐가 듣고 낮 말은 새가 듣는다**] 늘 말조심하라는 말.
밤을 도와 [구] 밤을 이용하여. 또는, 밤을 새워.

밤¹²[명] 밤나무의 열매. 세는 단위는 알·톨. ¶군~ / 생~ / 알~ / ~을 까다 / ~을 따다.

밤-거리[명] 밤이 되었을 때의 거리. ¶휘황한 명동의 ~ / ~를 헤매다.

밤!-게[명][동] 갑각강 밤게과의 한 종. 몸은 밤톨만 하며, 등 면이 볼록하여 공처럼 보임. 등딱지는 흑갈색·암청색·암청색 등이고 배는 흰. 연안의 진흙 속이나 모래땅에서 삶.

밤-경치(-景致)[명] 밤에 보는 경치. (비)야경. ¶불빛이 명멸하는 서울의 ~.

밤!-고구마[명] 익었을 때 밤처럼 달고 팍팍한 고구마. ▷물고구마.

밤-공기(-空氣)[-꽁-][명] 밤의 공기. ¶~가 차다.

밤-교대(-交代)[-꾜-][명] 밤과 낮으로 조를 나누어 일하는 경우의 밤 당번. ↔낮교대.

밤-글[-끌][명] 밤에 읽는 글.

밤-기운[-끼-][명] 밤에 느껴지는 서늘하거나 찬 기운. ¶~이 찬데 왜 나와 있니?

밤-길[-낄][명] 밤에 가는 길.

밤!-꽃[-꼳][명] 밤나무의 꽃.

밤!-나무[명][식] 참나뭇과의 낙엽 활엽 교목. 높이 10m 정도. 5~6월에 꽃이 피고, 가을에 견과(堅果)인 밤이 가시가 많은 밤송이에 둘려 익음. 나무는 단단하여 선재(船材)·침목·토목·건축재 및 표고의 배양 원목재로 쓰임. 산지에 자라며 과수로도 재배함. =율목(栗木).

밤-낚시[-낙씨][명] 밤에 하는 낚시질.

밤-낮[-낟] Ⅰ[명] 밤과 낮. =주소·주야.
Ⅱ[부] 밤에나 낮에나. (비)늘. ¶~ 술타령만 한다.
밤낮을 가리지 않다 [구] 쉬지 않고 계속하다. ¶**밤낮을 가리지 않고** 공부하다.

밤낮-없이[-낟업씨][명] 늘 언제나. ¶~ 놀기만 한다.

밤-눈¹[명] 밤에 무엇을 보는 시력(視力).
밤눈이 어둡다 [구] 시력이 약하여 밤에는 잘 보지 못하다.

밤-눈²[명] 밤에 내리는 눈.

밤!-느정이[명] 밤나무의 꽃. =밤꽃. (준)밤늦.

밤-늦다[-는따][형] 밤이 깊다. ¶**밤늦은** 귀가 / **밤늦게까지** 책을 이다.

밤-도둑[-또-][명] 밤에 하는 도둑질. 또는, 그 도둑. ↔낮도둑.

밤-들다[동][자] (~드니, ~드오) 밤이 깊어지다. ¶**밤들어** 기온이 내려가다.

밤-마을[명] 밤에 이웃에 놀러 가는 일. ¶~

밤-무대(-舞臺) 명 연예인이 밤업소에서 공연하는 무대. ¶~에 서다 / ~에 출연하다.
밤바(←일 バンパー) 〔<bumper〕 '범퍼'로 순화.
밤-바다[-빠-] 명 밤의 바다.
밤-바람[-빠-] 명 밤에 부는 바람. ¶~이 차다 / ~이 싸늘하다.
밤-배[-빼] 명 밤에 다니는 배.
밤-번(-番)[-뻔] 명 밤과 낮으로 번갈아 하는 교대 근무에서, 밤에 서는 근무. ¶~ 경비. / ~낮번.
밤¹-볼 명 살이 쪄서 입에 밤을 문 것처럼 볼록하게 나온 볼.
밤볼(이) 지다 〔관〕 〔입 안에 밤을 물고 있는 것처럼 볼이 튀어나왔다는 뜻에서〕 볼이 볼록하게 살이 찌다.
밤-비[-삐] 명 밤에 내리는 비.
밤-빛[-삧] 명 여문 밤의 껍질과 같은 사물의 빛깔.
밤-사이[-싸-] 명부 밤이 지나는 동안. ¶~에 마음이 변하다. (준)밤새.
밤-새[-쎄] 명부 '밤사이'의 준말. ¶~ 눈이 내리다 / ~ 안녕하셨습니까?
밤새-껏[-껃] 부 밤새도록. ¶~ 책을 읽다.
밤-새다 동자 밤이 지나 날이 새다.
밤-새우다 동자 자지 않고 밤을 밝히다. ¶꼬박 뜬눈으로 ~.
밤새움 '밤샘'의 본딧말. 밤새움-하다 동(자여)
밤¹-색(-色) 명 여문 밤의 껍질과 같은 빛깔. =초콜릿색. 비갈색. ¶~ 코트.
밤-샘(-徹夜) 명 =망야(罔夜). 비철야(徹夜). ¶~ 공부. (본)밤새움. 밤샘-하다 동(자여) ¶상가(喪家)에 밤샘하러 가다.
밤-소경 명 밤눈이 어두운 사람.
밤-소일(-消日) 명 밤이나 장난 따위로 밤을 새우는 일. 밤소일-하다 동(자여) ¶화투로 ~.
밤-손님[-쏜-] 명 '도둑'의 곁말. =야객(夜客). ¶~이 들다.
밤-송이 명 밤나무 열매인 밤을 싸고 있는 덧껍데기. 가시가 많이 돋고, 밤이 여물면 벌어짐. ¶~를 까다 / ~에 찔리다.
밤송이-머리 명 밤송이처럼 자란 머리. 특히, 빡빡 깎은 머리가 약간 텁수룩하게 자란 상태를 가리킴.
밤-안개 명 밤에 낀 안개.
밤¹-알 명 밤의 낱낱의 알. ¶잘 여문 ~.
밤-얽이 명 짐을 동일 때 곱걸어 매는 매듭. ¶~를 매다 / ~를 지다.
밤-업소(-業所)[-쏘] 명 밤에 영업을 하는, 술집·카바레 등의 업소.
밤-울 명 밤톨만 한 크기로 만든 윷알.
밤-이슬[-니-] 명 밤에 내리는 이슬. ¶~에 젖은 꽃.
[밤이슬 맞는 놈] '도둑놈'의 곁말.
밤-일[-닐] 명 1 밤에 하는 일. 비야근(夜勤). ↔낮일. 2 '성교(性交)'를 에둘러 이르는 말. 밤일-하다 동(자여)
밤-잠[-짬] 명 밤에 자는 잠. ¶~을 설치다. ↔낮잠.
밤-재우다 동(타) 하룻밤을 지나게 하다. ¶밀가루 반죽을 ~.
밤-저녁[-쩌-] 명 잠자기 전의 그다지 늦지 않은 밤.
밤-중(-中)[-쭝] 명 1 깊은 밤. 또는 밤의 한가운데. =야반(夜半)·야중(夜中). ¶한~ / 이 ~에 웬 전화지? 2 어떤 사실을 전혀 모르고 있음을 빗대어 이르는 말. ¶소식이 온 지가 언젠데 아직 ~이로구먼!
밤-차(-車) 명 밤에 운행하는 차.
밤-참 명 밤에 먹는 군음식. =야찬(夜餐).
밤-출입(-出入) 명 밤중에 밖으로 나다니는 일.
밤:-콩 명 빛깔과 맛이 밤과 비슷한 굵은 콩.
밤:-톨 명 낱낱의 밤알. ¶~을 줍다.
밤-하늘 명 밤의 하늘. ¶깜깜한 ~ / ~에 무수히 반짝이는 별.

밥¹ 명 1 쌀·보리·조 따위를 완전히 잠길 정도의 물에 넣고 끓인 뒤에 뜸을 들여 익힌 음식. ¶쌀~ / 잡곡~ / ~을 안치다 / ~을 짓다 / ~을 먹다 / ~을 푸다 / ~이 질다(되다). 2 끼니로 먹는 음식을 통틀어 이르는 말. ¶아침~ / ~을 굶다. 3 동물의 먹이의 총칭. ¶물고기(늑대)의 ~이 되다. 4 차지되는 모가치. ¶제 ~도 못 찾아 먹는다. 5 이용되거나 희생되는 대상. ¶권력의 ~이 되다.
[밥 먹을 때는 개도 안 때린다] 음식을 먹고 있을 때는 때리거나 꾸짖지 말라는 뜻.
[밥 빌어다가 죽을 쑤어 먹을 놈] 게으른 데다 소견마저 없는 어리석은 사람.
밥[이나] 축내다 〔관〕 마땅히 일을 해야 하는데도 하는 일이 없이 지내다. ¶허구한 날 밥만 축내는 식충이.
밥 먹듯 하다 〔관〕 예사로 자주 하다. ¶거짓말을 밥 먹듯 한다.
밥(을) 주다 〔관〕 시계의 태엽을 감아 주다. ¶시계가 죽었으니 밥 좀 줘라.
밥² 명 (반드시 합성어의 꼴로만 쓰여) 연장으로 물건을 베거나 깎을 때 나온 부스러기. ¶톱~ / 대팻~ / 실~ / 가윗~.
밥³(bop) 명(음) 초기 모던 재즈의 한 형식. 1940년대 초에 시작된 재즈 스타일의 음악으로 경묘(輕妙)한 새로운 리듬·멜로디·하모니가 특징임. =리밥(rebop)·비밥.
밥-값[-갑] 명 1 음식점에 밥을 먹고 그 대가로 내는 돈이나 값. 비식대. 2 (주로 '하다', '못 하다'와 함께 쓰여) 사람은 놀고먹어서는 안 된다는 관념에서, 밥을 먹은 만큼 마땅히 해야 하는 일이나 행동. ¶~도 못 하는 주제에 웬 반찬 타령이냐?
밥-걱정[-꺽쩡] 명 일상생활에서의 끼니에 대한 걱정. =식걱정. ¶이젠 ~은 않고 산다.
밥걱정-하다 동(자여)
밥-공기(-空器)[-꽁-] 명 밥을 떠서 먹는 데 쓰는 공기.
밥-그릇[-끄륻] 명 밥을 담아 먹는 그릇. 비식기(食器). ¶~을 부시다.
밥그릇 싸움 〔관〕 서로 더 큰 밥그릇을 차지하려고 벌이는 싸움이라는 뜻으로, 제 이익만을 챙기기 위한 다툼을 이르는 말. ¶행정 부처들이 ~에 골몰하다.
밥-맛[밤맏] 명 1 밥의 맛. ¶쌀이 기름져 ~이 좋다. 2 밥이 먹고 싶은 마음. 비식욕·입맛. ¶~이 나다 / ~을 잃다.
밥맛(이) 떨어지다 〔관〕<속> 아니꼽고 언짢아 정이 떨어지다.
밥맛-없다[밤맏업따] 형<속> 아니꼽고 언짢아 상대할 마음이 없다. ¶정말, **밥맛없는** 친구로군. **밥맛없-이** 부
밥-물[밤-] 명 1 밥을 지을 때 솥에 붓는 물. ¶~을 잡다. 2 밥이 끓을 때 부글부글 넘는 걸쭉한 물. =곡물수·식정수.

밥-밑[밤민] 몡 밥을 지을 때, 쌀 밑에 놓는 콩·팥·보리쌀 등의 잡곡류.

밥밑-콩[밤민-] 몡 밥에 두어 먹는 콩. ×반미콩.

밥-반찬(-飯饌)[-빤-] 몡 밥에 곁들여 먹는 반찬.

밥-벌레[-뻴-] 몡 일은 않고 밥만 먹어 치우는 사람을 얕잡아 이르는 말. 비식충이.

밥-벌이[-뻘-] 몡 밥을 먹고 살아가기 위하여 버는 노릇. ¶~ 나가다 / ~도 못 하다 / ~도 안 되다 / 겨우 ~나 하고 사는 정도지.
밥벌이-하다 통자여

밥-보[-뽀] 몡 밥을 유달리 많이 먹는 사람.

밥-보자기(-褓子-)[-뽀-] 몡 보아 놓은 밥상이나 밥그릇을 덮는 보자기. =밥보자.

밥-사발(-沙鉢)[-싸-] 몡 밥을 담는 사기 그릇.

밥-살[-쌀] 몡 어린애가 젖을 떼고 밥을 먹게 되면서부터 찌는 살.

밥-상(-床)[-쌍] 몡 음식을 차려 놓는 소반. ¶~을 보다 / ~을 차리다.

밥상-머리(-床-)[-쌍-] 몡 밥을 먹고 있거나 밥상을 향하고 앉은 사람에게 있어서, 밥상을 마주한 그 위치. ¶아내는 아침부터 ~에서 잔소리를 늘어놓았다.

밥-소라[-쏘-] 몡 밥·떡국·국수 등을 담는 큰 놋그릇. ×식소라.

밥-솥[-쏟] 몡 밥을 짓는 솥. ¶전기~.

밥-숟가락[-쑫까-] 몡 밥을 먹는 데 쓰는 숟가락. 준밥숟갈.

밥숟가락(을) 놓다 귄 '죽다'를 속되게 이르는 말. =밥술(을) 놓다. ¶밥숟가락을 놓는 날까지는 일을 해야지.

밥-숟갈[-쑫깔] 몡 '밥숟가락'의 준말.

밥-술[-쑬] 몡 1 밥을 뜨고 있는 숟가락. 2 (주로 '밥술이나'의 꼴로 쓰여) 굶지 않고 먹을 정도의 밥. ¶겨우 셈평이 펴이어 ~이나 뜨고 삽니다.

밥술(을) 놓다 귄 =밥숟가락(을) 놓다.

밥술이나 먹다 귄 사는 형세가 그런대로 여유가 있다. ¶밥술이나 먹고살게 되었다고 꽤나 거드름을 피운다.

밥-시간(-時間)[-씨-] 몡 밥 먹을 시간. 비끼니때.

밥-쌀 몡 밥을 지을 쌀. ¶~을 씻어 안치다.

밥-알 몡 밥의 낱알. 비밥풀. ¶~이 동동 뜬 식혜 / ~이 고슬고슬하다.

밥알을 세다 귄 식욕이 없어 깨지락거리며 밥을 먹다.

밥알이 곤두서다 귄 마음에 들지 않는 일을 보거나 당하여 언짢다.

밥-장사[-짱-] 몡 밥을 해서 파는 영업. **밥장사-하다** 통자여 ¶어머니가 **밥장사해서** 우리 남매를 키우셨다.

밥-장수 몡 밥장사를 하는 사람.

밥-주걱[-쭈-] 몡 나무·플라스틱·쇠붙이 등으로 만든, 밥을 푸는 도구. 준주걱.

밥-주머니[-쭈-] 몡 1 밥만 먹고 아무 일도 하지 않는 쓸모없는 사람을 낮잡아 이르는 말. 2 '위(胃)'를 속되게 이르는 말. 비밥통.

밥-줄[-쭐] 몡 1 '직업'을 속되게 이르는 말. ¶~을 잡다. 2 [생] =식도(食道)².
밥줄이 끊어지다 귄 직업을 잃다. 속된 말임.

밥-집[-찝] 몡 간단한 반찬과 함께 밥을 싼 값으로 파는 집.

밥-통(-桶) 몡 1 밥을 담는 통. ¶보온~. 2 어리석고 답답한 사람을 경멸적으로 이르는 말. 밥만 축내는 존재라는 어감이 있음. ¶어유 저런 ~! 3 '위(胃)'를 낮게 이르는 말. 비밥주머니.

밥-투정 몡 밥을 더 달라거나 먹기 싫다고 짜증을 부리는 짓. ¶~을 부리다. **밥투정-하다** 통자여

밥-풀 몡 1 무엇을 붙이기 위해 풀로 쓰는 밥알. ¶~로 편지를 봉하다. 2 밥그릇에 몇 알 붙어 있거나, 다른 데에 낱알로 떨어져 있거나 붙어 있는 밥알. 비밥알. ¶얼굴에 붙어 있는 ~이나 떼지.

밥풀-과자(-菓子) 몡 쌀을 튀겨 조청을 발라 뭉친 과자.

밥풀-떼기 몡 위관 계급을 나타내는 다이아몬드 모양의 물건을 속되게 이르는 말.

밥풀-칠(-漆) 몡 밥풀을 이겨 바르는 것. 또는, 그 칠. **밥풀칠-하다** 통자여

밥-하다[바파-] 통자여 밥을 짓다. ¶빨래하랴 **밥하랴** 한시도 쉴 틈이 없다.

밧데리(@battery-) 몡 '배터리²'의 잘못.

밧-줄[바쭐/받쭐] 몡 여러 가닥을 꼬아 만든 굵고 튼튼한 줄. ¶~로 묶다 / ~을 당기다.

방¹ 몡 윷판의 한가운데 밭.

방²(坊) 몡[역] 1 서울의 오부(五部)를 다시 나눈 행정 구역. 오늘의 동(洞)과 비슷함. 2 조선 시대에 황해도와 평안도에서 면(面)을 일컫던 말.

방³(房) 몡 사람이 잠을 자거나 생활하기 위하여 집의 건물 안에 사방을 막되, 문을 내어 드나들 수 있게 만든 공간. 세는 단위는 칸. ¶~사(房舍). ¶안~ / 사랑~ / ~이 크다[작다] / ~이 비다.

방(을) 놓다 귄[건] 방고래를 켜고 구들을 놓은 후, 흙과 새벽을 발라서 방바닥을 만들다.

방⁴(旁) 몡 한자의 오른쪽에 붙는 부수. '切', '邪'에서 '刀', '阝'을 이르는 말.

방⁵(榜) 몡 1 [역] '방목(榜目)²'의 준말. 2 '방문(榜文)⁴'의 준말. ¶~이 나붙다.

방⁶(放) 몡[의존] 1 총포를 쏘는 횟수를 세는 말. ¶총을 한 ~ 쏘다. 2 사진을 찍는 횟수나 필름의 컷 수를 세는 말. ¶24~짜리 필름. 3 주먹이나 방망이 등으로 치는 횟수를 세는 말. ¶한 ~ 먹이다 / 홈런을 두 ~ 날리다.

-방⁷(房) 접미 일부 명사에 붙어, 그와 관계된 영업을 하는 업소임을 나타낸다. ¶김은~ / 노래~ / 비디오~ / 찜질~.

방가지-똥 몡[식] 국화과의 두해살이풀. 들이나 길가에 절로 나며, 5~9월에 황색 또는 백색 꽃이 핌. 어린잎은 먹음.

방각-판(坊刻版) 몡 조선 후기에, 민간 출판업자가 영리를 목적으로 간행한 책. =방각본. 비각본.

방갈로(bungalow) 몡 1 처마가 깊숙하며 정면에 베란다가 있는, 별장식의 단층집. 본디 인도 뱅골 지방의 특유한 주택 양식임. 2 캠프용의 간단한 소주막.

방-갓(方-)[-간] 몡 예전에, 상제가 밖에 나갈 때에 쓰던, 가는 대오리로 만든 삿갓 모양의 큰 갓. =방립이.

방!-게 몡[동] 갑각강 바위겟과의 한 종. 바다가 가까운 민물에 삶. 몸은 네모지고 청록색이며, 등에는 'H' 자 모양의 홈이 뚜렷함.

방계(傍系) 몡 1 혈족의 직계(直系)에서 갈라져 나간 계통. ↔직계. 2 어떤

분야에서 주류(主流)를 벗어나 있는 것.
방계^가족(傍系家族)[-계-/-게-] 몡 직계 존속과 직계 비속 이외의 친족을 포함한 가족.
방계^비ː속(傍系卑屬)[-계-/-게-] 몡 [법] 방계 혈족에 속하는 비속. 생질이나 종손 등. ↔방계 존속.
방계^존속(傍系尊屬)[-계-/-게-] 몡[법] 방계 혈족에 속하는 존속. ↔방계 비속.
방계^혈족(傍系血族)[-계-쪽/-게-쪽] 몡[법] 자기와 같은 시조(始祖)로부터 갈라져 나온 혈족. 백부모(伯父母)·숙부모(叔父母)·생질·형제자매 등. ↔방계 혈족.
방계^회ː사(傍系會社)[-계회-/-게훼-] 몡[경] 어느 회사의 계통을 이어받은 회사로서, 자회사(子會社)보다는 밀접하지 않고 지배권도 비교적 미치지 않는 회사.
방-고래(房-)[-꼬-] 몡 방의 구들장 밑으로 나 있는, 불길과 연기가 통하여 나가는 길. ¶~가 막히다. ×구들고래.
방곡(防穀) 몡 곡식을 다른 곳으로 실어 내지 못하게 막는 것. **방곡-하다** 통ː에
방곡-령(防穀令)[-꽁녕] 몡[역] 조선 고종 26년(1889)에, 함경 감사 조병식(趙秉式)이 일본에 대한 곡물의 수출을 금지한 명령.
방공¹(防共) 몡 공산주의 세력을 막아 내는 것. ¶~ 태세를 확립하다. **방공-하다**¹ 통ː에
방공²(防空) 몡 적의 항공기 및 미사일 공격에 대한 방어. **방공-하다**² 통ː에
방공^식별권(防空識別圈)[-뺄핀] 몡[군] 영공(領空) 침범을 방지하거나, 또는 특별한 목적으로 각국이 설정한 공역(空域). 여기에 드나드는 항공기는 반드시 사전에 통보해야 함. =에이디아이제트(ADIZ)·에이디즈.
방공-호(防空壕) 몡 공습 때에 대피하기 위하여 땅속에 파놓은 시설. ¶~로 대피하다.
방공^훈ː련(防空訓鍊)[-훌-] 몡 공습에 의한 피해를 가능한 한 줄이기 위하여, 적의 공습을 가정하여 행하는 실지 훈련.
방ː과(放課) 몡 (주로, '방과 후'의 꼴로 쓰여) 학교에서, 그날의 정해진 학과가 끝남. 또는, 학과를 끝냄. ¶~ 후에 교문 앞에서 만나자.
방관(傍觀) 몡 [옆에서 보고만 있다는 뜻] (어떤 일을) 나서서 돕거나 바로잡거나 상관하지 않고 그냥 내버려 두는 것. ¶수수(袖手)~. **방관-하다** 통ː에 ¶남의 불행함을 보고도 못 본 척~.
방관-자(傍觀者) 몡 방관하는 사람.
방관-적(傍觀的) 몡ː관 방관하는 (것). ¶~ 태도/ 그는 사회 활동에는 열심이었지만 집 안일에는 ~이었다.
방광(膀胱) 몡[생] 신장에서 흘러나오는 오줌을 저장하다가 일정량이 되면 요도를 통해 배출시키는, 주머니 모양의 기관. =오줌통.
방광-염(膀胱炎)[-념] 몡[의] 세균의 감염 등으로 인하여 방광의 점막에 생기는 염증. 오줌이 자주 마렵고, 눌 때에 몹시 아픔. 한의학 용어는 포비(脬痺).
방ː구 몡 북처럼 생긴 농악기의 하나. 줄을 꿰어 멘목에 치는데, 소리는 소고와 비슷함.
방-구들(房-)[-꾸-] 몡 =온돌(溫突). ¶~을 놓다.
방ː구리 몡 물을 긷는 질그릇의 하나. 모양이 동이와 같으나, 좀 작음.

방-구석(房-)[-꾸-] 몡 '방(房)³'을 속되게 이르는 말. ¶종일 ~에 처박혀 있다.
방ː귀 몡 음식물이 창자 속에서 발효하거나 부패할 때 생긴 가스와 입을 통해 들어간 공기(특히, 질소)가 어떤 소리를 내면서 항문 밖으로 나오는 현상. 또는, 그 가스. ¶헛~/구린 ~ 냄새/~를 참다/~를 뀌다/~가 나오다.
[**방귀가 잦으면 똥 싸기 쉽다**] 무슨 일이든지 소문이 잦으면 실지로 이루어지기 쉽다.
[**방귀 뀐 놈이 성낸다**] 제가 잘못하고서 오히려 성낸다.
방ː귀-쟁이 몡 방귀를 잘 뀌는 사람.
방그레 閈 소리 없이 입만 벌려 부드럽게 웃는 모양. ¶~ 웃어 보이다. 悥벙그레. 쎈빵그레.
방글-거리다/-대다 자 소리 없이 입만 약간 벌려 부드럽게 자꾸 웃다. ¶저 애는 늘 **방글거리는** 얼굴이다. 悥벙글거리다. 쎈빵글거리다.
방글라데시(Bangladesh) 몡[지] 인도 동부의 인민 공화국. 수도는 다카.
방글-방글 閈 방글거리는 모양. ¶~ 웃다. 悥벙글벙글. 쎈빵글빵글. **방글방글-하다** 통ː에
방금(方今) 閈 바로 조금 전. 띱방금. ¶~ 도착했다. / ~ 한 말이 사실이냐?/ 여태 기다리다가 ~ 전에 갔어요. ▶지금.
방긋¹[-귿] 閈 소리 없이 입만 약간 벌려 자연스럽게 웃는 모양. ¶나와 눈이 마주치자 소녀는 ~ 웃었다. 悥벙긋. 쎈방끗·빵긋·빵끗. **방긋-하다**¹ 통ː에
방긋²[-귿] 閈 입이나 문이 소리 없이 열려 있는 모양. 悥벙긋. 쎈방끗·빵긋·빵끗. **방긋-하다**² 형ː에 **방긋-이** 閈
방긋-거리다/-대다[-귿꺼(때)-] 통ː자 소리 없이 입을 예쁘게 벌리며 가볍게 자꾸 웃다. 悥벙긋거리다. 쎈방끗거리다·빵긋거리다·빵끗거리다.
방긋-방긋[-귿빵귿] 閈 방긋거리는 모양. ¶아기가 ~ 웃는다. 悥벙긋벙긋. 쎈방끗방끗·빵긋빵긋·빵끗빵끗. **방긋방긋-하다** 통ː에
방ː기(放棄) 몡 (어떤 일이나 대상을) 저버리거나 내버리고 돌아보지 않는 것. **방ː기-하다** 통ː타에 ¶책임을 ~/자신의 인생을 ~.
방ː기-되다 통ː자 ¶우리의 의료 제도는 국가의 역할이 **방기된** 채 파행의 길을 걸어왔다.
방끗¹[-끋] 閈 '방긋¹'의 센말. 悥벙끗. 쎈빵끗. **방끗-하다**¹ 통ː에
방끗²[-끋] 閈 '방긋²'의 센말. 悥벙끗. 쎈빵끗. **방끗-하다**² 형ː에 **방끗-이** 閈
방끗-거리다/-대다[-끋꺼(때)-] 통ː자 '방긋거리다'의 센말. 悥벙끗거리다. 쎈빵끗거리다.
방끗-방끗[-끋빵끋] 閈 '방긋방긋'의 센말. 悥벙끗벙끗. 쎈빵끗빵끗. **방끗방끗-하다** 통ː에
방ː-나다(榜-) 통ː자 1 과거 등에 급제한 사람의 성명이 발표되다. 2 일이 되고 안 되는 것이 드러나서 끝나다. 띱탁방나다.
방납(防納) 몡[역] 조선 시대에, 공물(貢物)을 하급 관리나 상인들이 대신하여 나라에 바치고 백성들에게서 높은 대가를 받아 내던 일. **방납-하다** 통ː에
방내(坊內) 몡 마을의 안. 띱동내(洞內).
방년(芳年) 몡 20세 전후의, 여자의 꽃다운 나이. =방령(芳齡). 띱방춘(芳春). ¶~ 18

세.
방:뇨(放尿) 명 오줌을 아무 데서나 함부로 누는 것. ¶노상 ~. **방:뇨-하다** 통자여
방:담(放談) 명 생각대로 거리낌 없이 말하는 것. 또는, 그러한 얘기. ¶신춘(新春) ~. **방:담-하다** 통자여
방:대(厖大·尨大) →**방:대-하다** 형여 (양이나 규모가) 매우 많거나 크다. ¶**방대한** 저서 / **방대한** 유산. **방대한** 계획. **방:대-히** 부
방도(方途·方道) 명 일을 하거나 문제를 해결해 나갈 방법과 도리. ¶살아갈 ~를 찾다 / 전화도 없고 주소도 모르니 연락할 ~가 없다.
방독(防毒) 명 독기를 막아 내는 것. ¶~ 장치. **방독-하다** 통자여
방독-면(防毒面) [-똥-] 명 독가스의 흡입을 막기 위하여 얼굴에 쓰는 마스크. =가스마스크. 방독 마스크.
방-돌(房-) 명 '구들장'의 잘못.
방동사니 [-식] 명 방동사닛과의 한해살이풀. 왕골과 비슷하나 작고, 특이한 냄새가 남. 밭이나 들에 절로 남.
방:동이 명 길짐승의 영덩이.
방:랑(放浪) [-낭-] 명 사람이 긴 나날을 일정한 거처도 없고 아무 계획도 없이 낯선 곳을 여기저기 떠돌아다니는 것. ¶~ 생활 / 시인 김삿갓. **방:랑-하다** 통자타여 ¶이곳저곳으로[을] ~.
방:랑-객(放浪客) [-낭-] 명 떠돌아다니는 길손. = 방랑자.
방:랑-벽(放浪癖) [-낭-] 명 정처 없이 떠돌아다니기 좋아하는 버릇.
방:랑-자(放浪者) [-낭-] 명 정처 없이 여기저기 떠돌아다니는 사람. 비방랑객·보헤미안.
방략(方略) [-냑] 명 일을 꾀하고 행하는 데에 있어서의 방법과 계략. ¶적의 ~에 걸려들다.
방:량(放良) [-냥] 명역 노비(奴婢)를 놓아 주어 양인(良人)이 되게 하는 것. **방:량-하다** 통타여 **방:량-되다** 통여
방렬(芳烈) [-녈] →**방렬-하다** [-녈-] 형여 1 몹시 향기롭다. 2 =의열(義烈)하다.
방령(芳齡) [-녕] 명 =방년(芳年).
방:류(放流) [-뉴] 명 1 가두어 놓은 물을 터서 흘려보내는 것. 2 기르기 위하여, 어린 물고기를 강에 놓아주는 것. **방:류-하다** 통타여 ¶저수지의 물을 ~ / 은어를 ~. **방:류-되다** 통여
방리(方里) [-니] 명 가로세로 1리가 되는 면적.
방립(方笠) [-닙] 명 =방갓.
방:만(放漫) →**방:만-하다** 형여 제멋대로 하여 야무지게 맺고 끊음이 없다. ¶**방만한** 회사 경영이 엄청난 부채를 누증시켰다. **방:만-히** 부
방망이 명 둥글고 길게 깎아 만들어, 무엇을 치거나 두드리거나 다듬는 데에 쓰는 도구. ¶빨랫 ~ / 다듬잇 ~ / 야구 ~ / ~를 휘두르다.
방망이(를) 들다 관 남의 일에 훼살을 놓다.
방망이-질 명 1 방망이로 다듬거나 두드리는 일. 2 가슴이 몹시 두근거리는 상태의 비유. **방망이질-하다** 통자타여 ¶삶은 빨래를 ~ / 많은 사람 앞에 서려니 가슴이 마구 **방망이질하고** 다리가 후들후들 떨려 왔다.
방망이-찜질 명 방망이로 사정없이 마구 때

리는 일. 속된 말임. **방망이찜질-하다** 통타여
방:매(放賣) 명 물건을 내놓아 파는 것. 비매출(賣出). **방:매-하다** 통타여 ¶비축 양곡을 ~. **방:매-되다** 통자
방면[1](方面) 명 1 어떤 방향의 지역. ¶인천 ~으로 가실 분은 이번 역에서 1호선으로 갈아타 주십시오. 2 어떤 전문적인 분야나 부문. ¶문학 ~에 관심이 있다 / 그는 자기 전공 외에도 여러 ~에 통달하고 있다.
방:면[2](放免) 명 가두어 두었던 사람을 놓아 주는 것. ¶훈계 ~ / 무죄 ~. **방:면-하다** 통타여 **방:면-되다** 통여 ¶구속 학생이 ~.
방명(芳名) 명 ['꽃다운 이름' 이라는 뜻] 남의 이름을 높여 일컫는 말. =방함(芳銜).
방명-록(芳名錄) [-녹] 명 행사장·식장·기념관 등에서, 방문하거나 참석한 사람의 이름을 적어 기념이 되도록 하기 위해 마련해 둔 공책. ¶~에 서명하다.
방모(紡毛) 명 짐승의 털로 털실을 뽑는 것. **방모-하다** 통자여
방모-사(紡毛絲) 명 양 등의 짧은 털이나 재생모 등으로 만든 실. 보풀이 일며 부드럽고 따뜻함.
방:목[1](放牧) 명 가축을 놓아기르는 것. **방:목-하다** 통타여 ¶풀밭에 젖소를 ~.
방:목[2](榜目) 명 과거에 급제한 사람의 성명을 적은 책. 준방(榜).
방:목-장(放牧場) [-짱] 명 소·말·양 등의 가축을 놓아기르는 일정한 곳.
방무-림(防霧林) 명 바다 위에 끼는 안개의 피해로부터 논밭을 보호하기 위해 해안 지대에 조성한 숲.
방문[1](方文) 명 '약방문'의 준말.
방문[2](房門) 명 방으로 드나드는 문.
방:문[3](訪問) 명 (사람이 어느 곳을[에]) 누구를 만나기 위해 찾아가는 것. ¶가정 ~ / 공식 ~을 받다. **방:문-하다** 통자타여 ¶사무실에 ~.
방:문[4](榜文) 명 널리 알리기 위하여 길거리 등에 써 붙이는 글. ¶~이 붙다. 준방(榜).
방:문-객(訪問客) 명 찾아온 손님.
방:문-단(訪問團) 명 방문하기 위해 조직한 단체나 집단. ¶이산가족 고향 ~.
방:문 판매(訪問販賣) [-경] 명 판매하는 사람이 소비자가 있는 가정이나 직장 등을 직접 찾아가 상품을 소개하고 설명하여 판매하는 일. 또는, 그런 방식의 판매. 준방판.
방물[1] 명 여자에게 쓰이는 화장품이나 바느질 기구, 패물 따위의 물건.
방물[2](方物) 명역 감사나 수령이 임금에게 바치는 그 고장의 산물.
방물-장사 명 방물을 팔러 다니는 일. **방물장사-하다** 통자여
방물-장수 명 방물을 팔러 다니는 여자.
방:미(訪美) 명 미국을 방문하는 것. **방:미-하다** 통자여
방-바닥(房-) [-빠-] 명 방의 바닥. ¶~에 눕다 / ~이 차다 / 뜨겁다.
방방곡곡(坊坊曲曲) [-꼭-] 명 나라 안의 모든 곳. ¶삼천리 ~ / 전국 ~에서 수재민을 돕고자 하는 온정의 손길이 뻗치고 있다. 준곡곡.
방방-이(房房-) 부 방마다.
방백[1](方伯) 명역 =관찰사(觀察使).
방백[2](傍白) 명연 무대 위에 있는 상대역 배우에게는 들리지 않고 관객에게만 말하는

형식으로 하는 독백의 대사.
방범(防犯) 범죄가 일어나지 않도록 막는 것. ¶~ 초소. **방범-하다** 통자여
방범-대(防犯隊) 명 범죄를 막기 위해 조직된 단체.
방범-등(防犯燈) 명 범죄를 막기 위하여, 외진 곳에 설치하는 등.
방범-창(防犯窓) 명 도둑이 침입할 수 없도록 스테인리스나 알루미늄 따위로 창살을 만들어 붙인 창.
방법(方法) 명 어떤 일을 이루거나 해결하기 위해 사용하는 기술이나 요령. ¶치료 ~ / 최선의 ~ / ~을 강구하다 / 무슨 좋은 ~이 없을까? ▷방식·수단.
방법-론(方法論) [-뻡논] 명[철] 어떤 대상을 연구하는 방법을 다루는 이론.
방벽(防壁) 명 공격을 막기 위한 벽. ¶~을 쌓다.
방부(防腐) 명 썩지 못하게 하는 것. ¶~ 처리. **방부-하다** 통타여
방부-제(防腐劑) 명[약] 미생물의 생육을 막고, 물건이 썩지 않도록 하는 약제. 살리실산·포르말린 따위. ¶~를 첨가한 식품.
방:북(訪北) 명 북한을 방문하는 것. **방:북-하다** 통자여
방:분(放糞) 명 똥을 누는 것. **방:분-하다** 통
방:불(彷彿·髣髴) →**방:불-하다** 형여 《주로 '…이 …을 방불케 하다'의 꼴로 쓰여》 (어떤 일이나 대상이) 다른 일이나 대상과 아주 비슷하여 구별하거나 분간하기 어려운 상태에 있다. ¶지옥을 방불케 하는 전쟁터. **방:불-히** 부
방비[1](房-) [-삐] 명 방을 쓸기 위한 비.
방비[2](防備) 명 (침입·피해 따위를) 미리 막아서 지키는 것. 또는, 그 설비. ¶철통같은 ~ / ~를 강화하다. **방비-하다** 통타여 ¶해 안선을 철저히 ~.
방사[1](方士) 명 신선의 술법을 닦는 사람.
방사[2](房舍) 명[불] 승려들이 거처하는 방.
방사[3](房事) 명 남녀가 성교(性交)하는 일. **방사-하다**[1] 통자여
방:사[4](放射) 명 1 중앙의 한 점에서 사방으로 내뻗치는 것. 2 [물] =복사(輻射)[4]. **방: 사-하다**[2] 통타여
방:사[5](放飼) 명 가축을 놓아기르는 것. **방: 사-하다**[3] 통타여 ¶닭을 ~.
방사[6](紡絲) 명 섬유를 자아서 실을 뽑는 것. 또는, 그 실. **방사-하다**[4] 통타여
방:사[7](倣似) →**방:사-하다**[5] 형여 아주 비슷하다.
방:사-기(放射器) 명 액체나 기체를 내뿜는 데 쓰이는 기구.
방:사-능(放射能) 명[물] 방사성 원소의 원자 핵이 저절로 붕괴되어 방사선을 방출하는 성질. 또는, 그 현상. ¶~ 무기 / ~ 원소.
방:사능-비(放射能-) 명 인공 핵폭발로 인하여 대기 중에 방출된 방사성 물질을 함유하는 비.
방:사-상(放射狀) 명 중앙의 한 점에서 사방으로 바퀴살처럼 죽죽 내뻗친 모양. =방사형. ¶~ 도로.
방:사-선(放射線) 명 방사성 원소의 붕괴로 방출되는 알파선(α線)·베타선(β線)·감마선(γ線)의 총칭. =방사능선.
방:사선-과(放射線科) [-꽈] 명[의] 방사선을 이용하여 병을 진단·치료하는, 의학의 한 분과.

방:사선^사진(放射線寫眞) 명[물] 투과력이 큰 X선·γ선 등을 이용하여 물체의 내부를 찍는 사진.
방:사-성(放射性) [-썽] 명[물][화] 물질이 방사능을 가진 성질.
방:사성^동위^원소(放射性同位元素) [-썽-] 명[물][화] 방사성을 지니는 동위 원소. =라디오아이소토프.
방:사성^물질(放射性物質) [-썽-찔] 명[물] 방사능을 가진 물질. 우라늄·토륨 따위.
방:사성^원소(放射性元素) [-썽-] 명[화] 방사능을 가진 원소. =방사능 원소.
방:사-진(放射塵) 명 =낙진(落塵).
방:사-형(放射形) 명 =방사상(放射狀).
방:산(放散) 명 1 풀어서 헤치는 것. 2 각각 흩어지는 것. **방:산-하다** 통자타여 **방:산-되다** 통자
방:산-충(放散蟲) 명[동] =유공충.
방상-시(方相氏[*]) 명[(氏)의 본음은 '씨'] [역] 궁중에서 거행하는 나례(儺禮) 의식에서 악귀를 쫓을 때 쓰는 나자(儺者)의 하나.
방색(防塞) 명 1 들어오지 못하게 막는 것. 또는, 밖으로 나가거나 못하게 하는 것. 2 무엇을 하지 못하게 막는 것. 3 (남의 청을) 받아들이지 않고 막는 것. **방색-하다** 통타여
방:생(放生) 명[불] 사람이나 짐승에게 잡혀 죽게 된 동물을 놓아서 살려 주는 일. ¶~ 법회. **방:생-하다** 통타여 ¶물고기를 ~.
방서(方書) 명 1 방술(方術)을 적은 글. 2 약방문을 적은 책.
방석(方席) 명 밑이 배기거나 바닥이 찰 때 깔고 앉을 수 있도록 피륙이나 왕골 등으로 네모지거나 둥근 모양으로 만든 작은 자리. =좌욕(坐褥). ¶~을 말고 앉다.
방석-집(方席-) [-찝] 명 1 방에 들어앉아 접대부의 시중을 받으며 술을 마시는 술집. 2 '요정(料亭)[3]'을 속되게 이르는 말.
방선(傍線) 명 세로쓰기에서, 글줄의 오른편에 내려 그은 줄.
방:선-균(放線菌) 명[생] 세균과 곰팡이의 중간적 성질을 가진 미생물로, 흙 속이나 마른 풀 등에 붙었다 동식물에 기생하는 것. 균사(菌絲)와 같은 것을 방사상으로 내놓으면서 퍼짐. =방사균·방사상균.
방설(防雪) 명 눈보라나 눈사태 등으로 인한 피해를 막는 것. **방설-하다** 통자여
방설-림(防雪林) 명 눈보라나 눈사태 등으로 말미암은 피해를 막기 위해 조성하는 숲.
방:성(放聲) 명 소리를 크게 지르는 것. 또는, 그 소리. **방:성-하다** 통자여
방:성-대곡(放聲大哭) 명 =대성통곡. **방:성대곡-하다** 통자여
방:성-통곡(放聲痛哭) 명 =대성통곡. **방:성통곡-하다** 통자여
방세(房貰) [-쎄-] 명 남의 집 방을 일정 기간 빌려 쓰고 내는 돈. ¶~가 밀리다 / ~를 내다 / ~가 오르다.
방-세간(房-) [-쎄-] 명 방 안에 갖추어 놓고 쓰는 살림살이.
방손(傍孫) 명 방계 혈족의 자손.
방:송(放送) 명 라디오나 텔레비전을 통해, 보도·논평·교양·음악·오락·연예 등을 전파에 실어 다수의 사람이 동시에 청취 또는 시청할 수 있도록 음성이나 영상을 널리 내보내는 일. ¶생 ~ / 중계 ~ / 녹화 ~ / 유선 ~ / 텔레비전 ~ / ~을 듣다[보다]. **방:송-하**

다¹ 통타여 ¶라디오로 스포츠 실황을 ~.
방!송-되다¹
방!송²(放送) 명 (나라나 관아에서 죄인을) 감옥에서 나가도록 풀어 주는 것. 지난 시대에 쓰던 말임. 방!송-하다² 통자여 ¶길동이 …죄인을 잡아 다스리며 옥문을 열고 무죄한 사람은 방송하며 다니되….《홍길동전》
방!송-되다² 통여
방!송-국(放送局) 명 일정한 시설을 갖추어 방송을 하는 기관.
방!송-극(放送劇) 명 라디오·텔레비전을 통하여 방송되는 극. ¶연속 ~.
방!송-극본(放送劇本) [-뽄] 명 방송극의 대본.
방!송-망(放送網) 명 라디오·텔레비전의 각 방송국을 연결시켜 같은 프로그램을 동시에 방송하는 체제. =네트워크. ¶~을 연결하여 전국의 날씨를 알아보다.
방!송-실(放送室) 명 방송을 하는 방.
방수¹(防水) 명 물체에 물이나 습기가 스며들지 않도록 하는 것. ¶~벽 / ~ 시계. 방수-하다¹ 통자여
방수²(防銹) 명 녹스는 것을 방지하는 일. ¶~도료(塗料). 방수-하다² 통자여
방수³(傍受) 명 무선 통신에서, 통신의 직접 상대자가 아닌 다른 사람이 그 통신을 우연히 또는 고의로 수신하는 일. 방수-하다³ 통타여
방!수-로(放水路) 명 댐·둑 등에서, 홍수를 방지하기 위해 유량을 조절하거나, 이용하고 난 물을 흘려보내기 위해 인공적으로 만든 물길.
방수-복(防水服) 명 빗물 등 물이 스며들지 않게 가공 처리한 옷. 우장(雨裝)·레인코트 따위.
방수-제(防水劑) 명 직물·종이 등에 칠하여 물이 스며드는 것을 방지하는 약제.
방수-지(防水紙) 명 방수제를 발라서, 물이 배어 젖지 않도록 가공한 종이.
방수-층(防水層) 명[건] 지붕이나 지하실의 벽과 바닥에 물기를 막기 위하여 방수 재료로 시공한 부분.
방수-포(防水布) 명 물이 스며들지 않도록 표면에 고무 등을 입혀 방수 가공한 천.
방순(芳醇) →방순-하다 형여 향기롭고 진하다.
방술(方術) 명 1 방법과 기술. 2 방사(方士)의 술법. =법술(法術).
방습(防濕) 명 습기를 막는 일. 방습-하다 통자여
방습-재(防濕材) [-째] 명[건] 건물 내부에 습기가 스며들지 않도록 하기 위하여 사용하는 재료. 도료·합성수지 따위.
방습-제(防濕劑) [-쩨] 명[화] 습기를 막는 약제. 산화칼슘·염화칼슘 따위.
방시레 부 소리 없이 입만 약간 벌리고 보드랍게 웃는 모양. 왠병시레. 쎈빵시레.
방식¹(方式) 명 어떤 일을 해내는 일정한 형식이나 형태나 경향이나 스타일. =법식(法式). ¶사고 ~ / 생활 ~ / 넥타이 매는 ~이 다르다. ▷方법.
방식²(防蝕) 명 금속 표면의 부식(腐蝕)을 막는 것. 도료 등에 의한 피복, 도금, 전기적인 방식 등의 방법이 있음. 방식-하다 통타여
방식-제(防蝕劑) [-쩨] 명[화] 금속 표면의 부식(腐蝕)을 막는 도료. 페인트·기름·흑연 따위.

방실-거리다/-대다 통자 소리 없이 입을 약간 벌리고 부드럽게 자꾸 웃다. 왠병실거리다. 쎈빵실거리다.
방실-방실 부 방실거리는 모양. ¶아기가 ~웃는다. 왠병실병실. 쎈빵실빵실. 방실방실-하다 통자여
방실-판(房室瓣) 명[생] 심장의 심방(心房)과 심실(心室) 사이에 있는 판막. 혈액의 역류(逆流)를 막음.
방!심¹(放心) 명 1 긴장이 풀어진 상태에서 조심하지 않거나 주의를 기울이지 않는 것. =산심(散心). ¶적과 대치된 상황에서 ~은 금물이다. 2 편안하게 마음을 놓는 것. 빤안심(安心). 방!심-하다 통자여 ¶이긴 거나 다름없다고 방심하다가 역전패를 당했다. / 형은 방심하고 나의 돌아오기만 기다린다. 《전우치전》
방심²(傍心) 명[수] 방접원(傍接圓)의 중심. 삼각형의 한 내각의 2등분선과 다른 두 각의 외각의 2등분선의 교점(交點)임.
방싯 [-싣] 부 소리를 내지 않고 입을 예쁘게 벌리며 가볍게 한 번 웃는 모양. 왠병싯. 쎈빵싯. 방싯-하다 통자여 방싯-이 부
방싯-거리다/-대다 [-싣거-때] 통자 소리 없이 입을 예쁘게 벌려 가볍게 자꾸 웃다. 왠병싯거리다. 쎈빵싯거리다.
방싯-방싯 [-싣빵싯] 부 방싯거리는 모양. 왠병싯병싯. 쎈빵싯빵싯. 방싯방싯-하다 통자여
방아 명 1 곡식을 찧거나 빻거나 으깨어 겉껍질을 벗기거나 가루를 내는 데 쓰는 도구. 디딜방아·물레방아·연자방아 따위. ¶~를 찧다. 2 물체나 신체를 상하로 올렸다 내렸다 하는 동작을 비유적으로 이르는 말. ¶입~ / 방아깨비가 ~를 찧다.
방아-깨비 명[동] 메뚜기목 메뚜깃과의 곤충. 몸빛은 녹색 또는 회색이며, 머리는 끝이 뾰족함. 두 뒷다리가 매우 크고 길어서 끝을 손으로 쥐면 방아처럼 끄덕거림.
방아-살 명 쇠고기의 등심 복판에 있는 고기.
방아-쇠 [-쇠/-쉐] 명 1 소총·권총 등에 붙어 있는, 집게손가락으로 잡아당겨서 총을 쏘게 되어 있는 굽은 쇠. ¶~를 당기다. 2 화승총(火繩銃)의 화승을 끼는 굽은 쇠. 총을 쏠 때 잡아당겨서 귀약에 불을 붙이는 데 쓰는 고동뇌.
방아^타령(-\-) 명[음] 방아를 주제로 한 경기·서도(西道)의 민요.
방아-확 명 디딜방아·물레방아 등에서, 방앗공이가 떨어지는 위치에 곡식을 찧을 수 있도록 우묵하게 판 부분. 때로, 절구확을 포함하기도 함.
방안(方案) 명 일을 처리할 방법이나 계획. ¶~을 세우다 / 구체적인 ~을 제시하다.
방안-지(方眼紙) 명[수] =모눈종이.
방앗-간(-間) [-아깐/-앋깐] 명 방아로 곡식을 찧거나 빻는 곳. 왠정미소.
방앗-공이 [-아꽁-/-앋꽁-] 명 방아확 속에 든 물건을 내리찧는 공이.
방약(方藥) 명 1 약제를 조제하는 일. 2 처방에 따라 지은 약. =방제.
방약무인(傍若無人) [-양-] 명 [곁에 사람이 없는 듯이 행동함] 거리낌 없이 함부로 행동함. ¶남들이 뭐라건 ~으로 대들어 대다. 방약무인-하다 형여
방어¹(防禦) 명 1 적의 공격이나 침입을 막는 것. 2 운동 경기나 게임 따위에서, 상대 선수

나 팀의 공격·득점을 막는 것. ¶밀집 ~ / 지역 ~. ↔공격. **방어-하다** 동(타)여 ¶타이틀을 ~.

방어²(魴魚) 명 [동] 전갱잇과의 온대성 바닷물고기. 몸길이 1m 이상. 몸은 긴 방추형이고 주둥이는 뾰족함. 등은 청회색, 배는 은백색이며 옆으로 황색 띠가 있음. 맛이 좋음.

방어-망(防禦網) 명 1 방어를 위한 경계망. ¶~을 뚫다 / ~을 구축하다. 2 [군] 정박 중인 함선을 어뢰의 공격으로부터 보호하기 위하여 배 주위에 늘어놓은 쇠 그물.

방어-벽(防禦壁) 명 방어하기 위해 쌓은 벽. 또는, 그런 역할을 하는 것. ¶~을 쌓다 / 늘 든든한 ~이 되어 주시는 부모님.

방어-선(防禦線) 명 [군] 적의 공격을 막기 위해 지역적으로 길게 진지나 병력을 베풀거나 배치한 영역. ¶~을 돌파하다.

방어^운전(防禦運轉) 명 다른 운전자의 부주의한 운전으로 빚어질 수 있는 돌발 사고에 미리 대처하는 운전.

방어-율(防禦率) 명 [체] 야구에서, 투수가 상대 팀의 공격을 방어한 비율. 투수의 자책점(自責點)의 합계에 9를 곱하고 그것을 투구 횟수로 나눔. ↔타율.

방어-전(防禦戰) 명 1 적의 공격이나 침입을 막기 위해 하는 전투. 2 프로 권투나 프로 레슬링에서, 챔피언이 타이틀을 지키기 위해 치르는 경기.

방어-진(防禦陣) 명 [군] 적의 공격을 막기 위해서 친 진.

방언¹(方言) 명 1 [언] 각 지방의 언어 체계. 표준어는 서울 방언을 토대로 하여 이루어진 것임. 2 [언] 특히, 표준어와 다른 각 지방의 언어 체계나 개별적 단어. ㈜사투리. ¶경상도 ~. ↔표준어. 3 [언] 한 언어에서, 사회 계층에 따라 다른 언어 체계. 4 [성] 기도 중에 성령을 받은 사람이 신과 주고받는, 다른 사람이 알아들을 수 없는 말.

방언²(放言) 명 거리낌 없이 함부로 말하는 것. 또는, 그 말. =방어(放語). **방언-하다** 동(자)(여)

방역(防疫) 명 전염병의 유행을 예방하기 위해 외래 전염병의 국내 침입 방지, 국내 전염병의 유행이나, 환자나 보균자의 조기 발견·격리·조치 등을 하는 일. **방역-하다** (타)(여)

방연-석(方鉛石) 명 [광] 황화납으로 된 광물. 연회색의 금속광택이 나며, 납의 가장 중요한 광석 광물임. 구용어는 방연광.

방열(放熱) 명 열을 방산(放散)하는 것. 특히, 기계 등에서 생성된 열을 방산시키는 것. 또는, 그 열. ¶~ 기구. ↔흡열. **방열-하다** 동(자)(여) **방열-되다** 동(자)

방열-기(放熱器) 명 1 증기의 열을 발산하여 공기를 따뜻하게 하는 난방 장치. 2 물·물 등에 열을 발산시켜 기계를 냉각시키는 기구. =라디에이터.

방영(放映) 명 (어떤 프로그램을) 텔레비전으로 방송을 하는 것. ¶~ 시간. **방영-하다** 동(타)(여) ¶외화(外畫)를 ~. **방영-되다** 동(자) ¶매주 수요일 저녁에는 '동물의 생태'가 **방영되고 있다.**

방외(方外) [-외/-웨] 명 1 범위 밖. 2 세속(世俗)을 벗어난 곳.

방울¹ 명 쇠붙이로 속이 빈 상태로 둥글게 만들고 그 속에 단단한 물건을 넣어, 흔들면 소리가 나게 만든 물건. ¶왕~ / ~ 소리 / ~을 달다 / ~이 울리다.

방울² 명 [1](량) 1 일반적으로 팥알이나 콩알보다 작은 크기로 맺히거나 만들어지는 둥근 형태의 액체. ¶물~ / 빗~ / 땀~ / 이슬 ~. 2 속이 빈 상태로 공처럼 동그랗게 부풀어 생기는 액체의 거품. ¶비눗~. [2](의존) ① 을 세는 단위. ¶음식에 참기름 한 ~을 떨어뜨리다.

방울-낚시 [-락씨] 명 낚싯줄에 연결한 방울의 울림을 듣고 물고기를 낚는 일.

방울-눈 [-룬] 명 방울처럼 둥둥글글하고 부리부리하게 생긴 큰 눈.

방울-방울 Ⅰ 명 방울마다 모두.
Ⅱ (부) 여러 개로 방울이 진 모양. ¶콧등에 이슬 같은 땀방울이 ~ 솟다.

방울-뱀 명 [동] 파충류 살무삿과의 독사의 한 무리. 꼬리 끝에 방울 모양의 각질(角質)이 있어, 위험을 당하면 꼬리를 흔들어서 소리를 냄.

방울-벌레 명 [동] 귀뚜라밋과의 곤충. 몸빛은 암갈색이며 촉각의 길이가 몸길이의 3배나 됨. 수풀 밑에 사는데, 가을에 수컷이 두 날개를 비벼 고운 방울 소리를 냄.

방울-새 [-쌔] 명 [동] 되샛과의 새. 몸길이 14cm가량. 수컷은 몸이 황록색이며 머리·가슴·허리는 녹황색이고, 날개에는 황색 띠가 있음. 울음소리가 매우 고우며, 여러 가지 새의 우는 흉내를 잘 냄.

방울-지다 동(자) 방울이 생겨 맺히다.

방울-집게 [-께] 명 못을 뽑는 데에 쓰는 연장의 하나. 못대가리를 집는 부분이 둥글게 되어 있음.

방울-토마토(-tomato) 명 [식] 열매를 지름 2~3cm의 크기로 아주 작게 개량한 토마토.

방위¹(方位) 명 어느 위치가 기준점에 대하여 어떤 방향에 속하는지를 나타내는 관계. 동·서·남·북의 4방위를 기본으로 하는데, 8방위·16방위·32방위로 세분화하기도 함. =방소(方所).

방위²(防衛) 명 적의 공격을 막아서 지키는 것. ¶국토 ~ / ~ 태세. **방위-하다** 동(타)(여) ¶향토를 ~.

방위-각(方位角) 명 [천][물] 어떤 방향과 천정(天頂)을 포함하는 평면이 기준 방향과 이루는 각.

방위^도법(方位圖法) [-뻡] 명 [지] 지구에 접하는 평면에 경위선(經緯線)을 투영하는 도법의 총칭.

방위-력(防衛力) 명 공격을 막아 지키는 힘. ¶~ 증강에 힘쓰다.

방위-비(防衛費) 명 국가 예산에서 국토방위를 위하여 지출되는 경비.

방위^산업(防衛産業) 명 국가 방위를 위한 군수품을 생산하는 모든 산업. =군수 산업. ¶~체(體).

방위-선¹(方位線) 명 방향과 위치를 표시하기 위하여 그어 놓은 경선과 위선.

방위-선²(防衛線) 명 [군] 국가 방위를 위하여 설정해 놓은 선.

방위-세(防衛稅) [-쎄] 명 [법] 국토방위를 위하여, 국방력을 증강하는 데 필요한 재원을 확보하기 위하여 부과하는 국세(國稅).

방위^조약(防衛條約) 명 [군] 둘 이상의 나라가 국토방위를 위해 필요할 때면 서로 협력할 것을 약속하는 국제간의 조약. ¶한미(韓美)~.

방음(防音) 명 어떤 시설이나 장치에 의해 소

방음-벽(防音壁) 〖명〗 외부의 소음이나 실내의 음향을 차단하기 위하여 두껍게 하거나 방음재를 사용한 벽.

방음^장치(防音裝置) [−찌] 〖건〗 외부의 소음이 실내에 들어오는 것을 막거나, 또 실내의 소음이 외부로 새어 나가는 것을 막는 장치.

방음-재(防音材) 〖명〗 소리를 흡수하는 성질이 있는 건축 재료. 코르크·유리 섬유·펠트 따위.

방:일¹(放逸) 〖명〗 제멋대로 거리낌 없이 노는 것. **방:일-하다**¹〖동〗〖자〗〖어〗

방:일²(訪日) 〖명〗 일본을 방문하는 것. **방:일-하다**²〖동〗〖자〗〖어〗

방:임(放任) 〖명〗 (보호하거나 감독해야 할 사람이나 일을) 간섭하지 않고 내버려 두는 것. ¶자유~. **방:임-하다**〖타〗〖어〗¶부모가 아이들을 ~. **방:임-되다**〖동〗〖자〗

방:임-주의(放任主義)[−의/−이] 〖명〗 간섭하지 않고 내버려 두는 주의.

방자¹ 〖명〗 남이 못되기를 신에게 빌어 재앙이 내리게 하는 짓. **방자-하다**〖동〗〖타〗〖어〗

방자²(房子·幇子) 〖명〗〖역〗 1 조선 시대에 지방의 관청에서 심부름하던 남자 하인. 2 =각심이.

방:자³(放恣) →**방:자-하다**² 〖형〗〖어〗 예의를 갖추지 않거나 삼가는 태도가 없이 함부로 또는 멋대로 행동하는 상태에 있다. ¶보자 보자 하니 **방자하기** 짝이 없구나. **방:자-히** 〖부〗

방:자-스럽다(放恣−)[−따] 〖형〗〖ㅂ〗<~스러우니, ~스러워> 방자한 데가 있다. **방:자스레** 〖부〗

방장¹(方丈) 〔방의 크기가 사방 열 자라는 뜻〕〖불〗 1 총림(叢林:선원·강원·율원 등을 모두 갖춘 절)의 최고 책임자. 2 1이 거처하는 방. =장실(丈室).

방장²(房長) 〖명〗〖컴〗 인터넷·컴퓨터 통신에서, 특정의 대화방이나 퀴즈방 등을 책임지고 관리하는 사람. ¶~이 욕설을 한 사람을 강퇴시켰다.

방장³(房帳)[−짱] 〖명〗 방 안에 치는 휘장. 흔히, 겨울에 외풍을 막기 위하여 침.

방장⁴(方將) 〖부〗 이제 곧. ¶편지는 써 놓고 싶 복지인 보낼 사람이 없어 ~ 걱정 중이러니…. (이해조·홍도화)

방재¹(防材) 〖군〗 적의 배가 쳐들어오는 것을 막기 위하여 항만이나 강의 뱃길에 큰 재목을 쇠줄로 엮어 띄워 놓은 시설.

방재²(防災) 〖명〗 폭풍·홍수·화재 따위의 재해를 막는 일. ¶~ 시설. **방재-하다** 〖동〗〖자〗〖어〗

방적(紡績) 〖명〗 동식물의 섬유나 합성 섬유를 가공하여 실을 만드는 일. ¶~ 공장. **방적-하다** 〖동〗

방적^공업(紡績工業)[−꽁−] 〖명〗〖공〗 면사·생사·인견·합성 섬유 등을 가공하여 방적하는 섬유 공업. =방업.

방적-기(紡績機)[−끼] 〖명〗 '방적 기계'의 준말.

방적^기계(紡績機械)[−끼계/−끼게] 〖명〗 섬유에서 실을 잡아 만들어 내는 기계의 총칭. 〖준〗방적기.

방적-사(紡績絲)[−싸] 〖명〗 면화나 양털과 같이 길이가 짧은 섬유로 만든 실.

방:전(放電)〖명〗〖물〗 1 전지나 축전기 또는 전기를 띤 물체에서 전기가 흘러나오는 현상. ↔충전. ¶배터리의 ~으로 차에 시동이 걸리지 않는다. 2 절연체를 사이에 낀 두 전극 사이에 고전압을 가했을 때 전류가 흐르는 현상. 진공 방전 따위. **방:전-되다** 〖동〗

방:전-관(放電管) 〖명〗〖물〗 비활성 기체 또는 수은 증기를 봉입(封入)한 전자관. 네온관·형광등·수은등 따위.

방:전-등(放電燈) 〖명〗〖물〗 기체 내에서 방전으로 생기는 빛을 이용한 전등. 네온 램프·나트륨램프·형광등 따위.

방점(傍點) 〖명〗〖어〗 1 〖언〗 15~16세기 중세 후기 국어에서, 단어 음절의 높낮이를 나타내기 위해 그 글자 왼쪽에 찍은 점. 한 점을 찍으면 거성(去聲:높은 소리), 두 점을 찍으면 상성(上聲:낮다가 높아지는 소리), 점이 없으면 평성(平聲:낮은 소리)임. 다만, 빨리 끝을 닫는 소리인 입성(入聲)은 동시에 거성이거나 상성이거나 평성이므로 점이 있기도 하고 없기도 함. =사성점. 2 보는 사람의 주의를 환기시키기 위하여 글자 옆이나 위에 찍는 점.

방접-원(傍接圓) 〖명〗〖수〗 삼각형의 한 변과 다른 두 변의 연장선에 접하는 원.

방정¹ 〖명〗 말이나 행동이 신중하지 못하고 경망스러운 상태. ¶여자가 조신하지 못하고 웬 ~이냐?

방정²(方正) →**방정-하다** 〖형〗〖어〗 (말이나 행동이) 나무랄 데 없이 바르다. ¶품행이 ~. **방정-히** 〖부〗

방정-맞다[−맏따] 〖형〗 방정을 떠는 성질이 있다. ¶다 큰 처녀가 **방정맞게** 옷차림이 그게 뭐냐? / "여태 안 오는 걸 보면 교통사고라도 난 게 아닐까요?" "어허, 그놈의 **방정맞은 소리…**."

방정-스럽다[−따] 〖형〗〖ㅂ〗<~스러우니, ~스러워> 방정을 떠는 데가 있다. **방정스레** 〖부〗

방정-식(方程式) 〖명〗〖수〗 식 중의 미지수에 특정한 수치를 주었을 때에만 성립하는 등식. ↔항등식.

방제(防除) 〖명〗 1 재앙이나 재해를 미리 막아 제거하는 것. 2 농작물을 병충해로부터 예방하거나 구제하는 것. **방제-하다** 〖동〗〖타〗〖어〗 ¶농약으로 병충해를 ~.

방조(幇助·幫助) 〖명〗 (어떠한 일을) 거들어서 도와주는 것. ¶~죄(罪). **방조-하다** 〖동〗〖타〗〖어〗 ¶범죄를 ~.

방조-림(防潮林) 〖명〗 바닷바람이나 해일 등의 피해를 막기 위하여 해안 지방에 조성한 숲.

방조-범(幇助犯) 〖명〗〖법〗 타인의 범죄 행위를 도움으로써 성립되는 범죄. 또는, 그 범인. =종범(從犯).

방조-제(防潮堤) 〖명〗 밀려드는 조수(潮水)의 피해를 막기 위하여 바닷가에 쌓은 둑. ▷방조제.

방:종(放縱) 〖명〗 규범이나 규율을 무시하고 제멋대로 행동하는 상태에 있는 것. ¶청소년들은 자칫 ~에 빠지기 쉽다. **방:종-하다** 〖형〗〖어〗 ¶방종한 생활.

방주¹(方舟) 〖명〗 네모진 모양의 배. ▷노아의 방주.

방주²(旁註·傍註) 〖명〗 본문의 옆에 단 주석(註釋). ○주(脚註); 협주(夾註).

방죽 〖명〗 1 주로 농사짓는 데 물을 이용하기 위해 논밭 근처에 물이 고여 있도록 둑으로 둘러막은 곳. 저수지보다 크기가 작음. ¶아이들이 ~에서 고기도 잡고 헤엄도 치면서 놀다. 2 물이 밀려드는 것을 막기 위해 쌓은 둑. ¶호우로 ~이 무너지다. (웬)방축(防築).
방증(傍證) 명 사실을 직접 증명할 수 있는 증거가 되지는 않지만, 주변의 상황 등을 밝힘으로써 간접적으로 그 증명하는 데에 구실을 하여 주는 증거. ¶~ 자료.
방지(防止) 명 (부정적인 일을) 일어나지 못하게 막는 것. ¶화재 ~ / 병충해 ~. **방지-하다** 동(타)여 ¶사고를 미연에 ~. **방지-되다** 동(자)
방-지기(房一) 명 방을 지키는 사람.
방지-책(防止策) 명 부정적인 일을 방지하는 방법. ¶수해 ~을 강구하다.
방직(紡織) 명 기계를 사용하여 실을 날아서 피륙을 짜는 것. **방직-하다** 동(타)여
방직^공업(紡織工業) [-꽁-] 명 방적과 직조(織造)·염색 등에 관한 공업의 총칭.
방직-기(紡織機) [-끼] 명 '방직 기계'의 준말.
방직^기계(紡織機械) [-끼게/-끼게] 명 실을 다루어 피륙을 짜는 기계. (준)방직기.
방진¹(方陣) 명 1 [군] 병사를 사각형으로 배치하여 치는 진. 2 [수] =마방진(魔方陣).
방진²(防塵) 명 먼지가 들어오는 것을 막음. ¶~ 마스크.
방'짜 [그릇 밑바닥에 '方(방)' 자가 찍혀 있었던 데서 유래한 이름] 썩 좋은 놋쇠를 녹여 부은 다음, 두드려서 만든 그릇. ¶~ 유기.
방차(防遮) 명 막아서 가리는 것. 또는, 차단하는 것. ¶철로 변의 ~ 시설. **방차-하다** 동(타)여
방책¹(方策) 명 방법과 꾀. ¶국가 재건의 ~을 철저하게 세우다.
방책²(防柵) 명 [군] 적이나 맹수의 침입을 막기 위하여 쌓은 울타리.
방천(防川) 명 둑을 쌓거나 나무를 심어 냇물이 넘쳐 들어오는 것을 막는 것. 또는, 그 둑.
방천-길(防川-) [-낄] 명 방천 위로 난 길.
방첨-탑(方尖塔) 명 =오벨리스크.
방첩(防諜) 명 [군] 간첩 활동을 막는 것. **방첩-하다** 동(자)여
방청(傍聽) 명 회의나 토론이나 공판 따위를 발언권 없이 곁에서 듣는 것. 또는, 방송 프로그램을 공개로 진행할 때 구경하는 입장으로 참석하는 것. ¶이 프로의 ~을 원하시는 분은 수요일 오후 4시까지 여의도 공개홀로 나오시기 바랍니다. **방청-하다** 동(타)여 ¶공판~.
방청-객(傍聽客) 명 방청을 하는 사람.
방청-권(傍聽券) [-핀] 명 방청을 허락하는 표.
방청-석(傍聽席) 명 방청객이 앉는 자리.
방초(芳草) 명 향기롭거나 싱그러운 풀. ¶녹음~.
방촌(方寸) 명 1 한 치 사방의 넓이. 2 사람의 마음은 가슴 속의 한 치 사방 넓이 속에 깃들어 있는 것이라 하여 '마음속'을 이르는 말.
방추(紡錘) 명 1 물레의 가락. 2 =북¹.
방추^가공(防皺加工) 명 구김이 잘 가는 천에 수지(樹脂)를 먹여서 구김을 방지하는 가공.
방추-사(紡錘絲) 명 [생] 방추체를 구성하는 실 모양의 단백질 구조물의 총칭.
방추-체(紡錘體) 명 [생] 유사 분열을 하고 있는 세포에서, 전기(前期)의 끝 무렵부터 종기(終期)의 시초까지 나타나는 방추형의 구조물.

방패 ● 737

방추-형¹(方錐形) 명 밑면이 정사각형인 각뿔. =정사각뿔. (비)방추.
방추-형²(紡錘形) 명 물레의 가락 비슷한 모양. 곧, 원기둥꼴의 양 끝이 뾰족한 모양.
방축¹(防築) 명 '방죽'의 원말.
방축²(防縮) 명 천이 줄어들지 않게 하는 것. **방축-하다** 동(타)여
방축^가공(防縮加工) [-까-] 명 직물이 세탁으로 인하여 수축되는 것을 막기 위한 가공.
방춘(芳春) 명 1 꽃이 한창 핀 봄. ¶~ 가절(佳節). 2 아름다운 여자의 젊은 시절. =방청(芳齡). (비)방추(芳秋).
방'출(放出) 명 1 비축해 놓은 것을 내놓는 것. 2 [물] 열·빛·전파의 형태로 에너지를 내보내는 것. 3 (구단 등이 소속 선수를) 팀 밖으로 내보내는 것. **방'출-하다** 동(타)여 ¶정부미를 ~ / 에너지를 ~. **방'출-되다** 동(자)여 ¶세 명의 선수가 소속 팀에서 ~.
방충(防蟲) 명 해충의 침해를 막는 일. ¶~ 시설. **방충-하다** 동(타)여
방충-망(防蟲網) 명 모기·파리 등이 들어오지 못하게 창문 같은 곳에 치는 망.
방충-제(防蟲劑) 명 해충을 방제하는 약제. 장뇌·나프탈렌 따위.
방취(防臭) 명 나쁜 냄새가 풍기지 못하게 막는 것. **방취-하다** 동(타)여
방취-제(防臭劑) 명 나쁜 냄새를 없애거나 약하게 하는 약제.
방'치(放置) 명 (어떤 일이나 대상을) 마무리하거나 바로잡거나 처리하지 않고 내버려두는 것. **방'치-하다** 동(타)여 ¶사고가 난 차를 길가에 **방치**해 두다. **방'치-되다** 동(자)여 ¶고장 난 신호등이 며칠째 그대로 **방치**되어 있다.
방침¹(方枕) 명 네모난 베개.
방침²(方針) 명 1 앞으로 일을 처리해 나갈 방향과 계획. ¶영업 ~ / 교육 ~ / ~을 세우다 / 회사의 ~에 따르다. 2 방위를 가리키는 자석의 바늘.
방카쉬랑스 (웬bankassurance) [웬banque (은행) +assurance (보험)] 은행이 보험회사와 제휴해 보험 상품을 판매하는 금융 서비스.
방탄(防彈) 명 탄알을 막는 일. ¶~ 벽. **방탄-하다** 동(자)여
방탄-복(防彈服) 명 날아오는 탄알을 막기 위하여 입는 옷. ▷방탄조끼.
방탄-유리(防彈琉璃) [-뉴-] 명 강화(强化) 유리를 무색투명한 플라스틱 필름으로 여러 겹 마주 붙여서 총탄의 관통을 막을 수 있게 만든 유리.
방탄-조끼(防彈-) 명 총탄이 가슴이나 복부를 뚫지 못하도록 입는, 특수강 따위로 만든 조끼 모양의 옷.
방탄-차(防彈車) 명 방탄 장치를 한 자동차.
방'탕(放蕩) 명 1 주색잡기에 빠져 행실이 좋지 못한 것. 2 (마음이) 들떠 걷잡을 수 없는 것. **방'탕-하다** 형(여) ¶**방탕**한 생활로 전 재산을 탕진하다. **방'탕-히** 부
방'탕-아(放蕩兒) 명 방탕한 남자. (비)탕아.
방토(邦土) 명 =국토(國土).
방파-제(防波堤) 명 [건] 밀려드는 파도를 막기 위하여 항만에 쌓은 둑.
방'판(訪販) 명 [경] '방문 판매'의 준말. ¶~ 조직 / ~ 제품.
방패(防牌·旁牌) 명 지난날, 전쟁터 등에서

적과 맞서 싸울 때, 한 손에 들고 적의 칼·창·화살 등의 공격을 막는 데 쓰던, 쇠붙이·나무 따위로 만든 물건.
방패-막이(防牌-)〔명〕어떤 일을 함에 있어서, 비난이나 처벌 등을 면하거나 피할 수 있게 해 주는 수단이나 방법. 비유적인 말임. ¶그는 자기 아버지의 막강한 권력을 ~로 하여 온갖 비리를 저질러 왔다. **방패막이-하다**〔동〕(타)(여)
방패ˆ비늘(防牌-)〔명〕단단하고 작은 방패 모양의 비늘. 상어의 비늘 따위.
방패-연(防牌鳶)〔명〕방패 모양으로 네모반듯한 연.
방편(方便)〔명〕1 목적을 이루기 위해 그때그때 쉽게 사용하는 수단. 흔히, 원칙이나 정도를 벗어난 것을 가리킴. ¶결혼을 출세의 ~으로 삼다. 2〔불〕보살이 중생을 구제하고 깨달음으로 이끌기 위해 쓰는, 일시적 수단으로서의 가르침.
방ː포(放砲)〔명〕1〔역〕군중(軍中)의 호령으로 공포를 놓아 소리를 내는 것. 2 발포(發砲)하는 것. **방ː포-하다**〔동〕(자)(여)
방풍(防風)〔명〕바람을 막는 것. (비)바람막이. **방풍-하다**〔동〕
방풍-림(防風林)〔-님〕〔명〕바람을 막기 위하여 가꾼 숲.
방학(放學)〔명〕〔교〕학교에서 학기나 학년이 끝난 뒤 또는 더위나 추위를 피하기 위하여 수업을 일정 기간 동안 쉬는 일. 또는, 그 기간. ¶여름〔겨울〕~ / ~ 숙제. ↔개학. **방학-하다**〔동〕(여)방학에 들어가다. ¶우리 학교는 지난주에 **방학했다**.
방한¹(防寒)〔명〕추위를 막는 것. ¶~ 용구. **방한-하다**〔동〕(여)
방ː한²(訪韓)〔명〕한국을 방문하는 것. ¶~ 인사(人士). **방ː한-하다²**〔동〕(자)(여)
방한-구(防寒具)〔명〕추위를 막는 온갖 기구.
방한-모(防寒帽)〔명〕추위를 막기 위하여 쓰는 모자.
방한-복(防寒服)〔명〕추위를 막기 위하여 입는 옷.
방한-화(防寒靴)〔명〕추위를 막기 위하여 신는 신.
방합-례(房合禮)〔-남녜〕〔명〕전통 혼례에서, 초례를 끝마친 다음 신방에서 신랑과 신부가 만나 간단히 인사하는 것. 또는, 그 예식. **방합례-하다**〔동〕(자)(여)
방해(妨害)〔명〕(어떤 사람이나 대상이 어떤 일을) 해를 주는 행동이나 작용을 하여, 제대로 하거나 이루지 못하게 하는 것. ¶안면 ~ / 공무 집행 ~ / ~를 받다. **방해-하다**〔동〕(타)(여)¶영업을 ~. **방해-되다**〔동〕(자)
방해(를) 놓다〔구〕남에게 방해가 되는 짓을 하다.
방해-꾼(妨害-)〔명〕방해하는 사람.
방해-물(妨害物)〔명〕방해하는 물건.
방해-석(方解石)〔명〕〔광〕탄산칼슘을 주성분으로 하는 광물. 무색 또는 백색이며 유리 광택이 있음.
방해-죄(妨害罪)〔-쬐/-쮀〕〔명〕〔법〕권리자의 행위나 수익을 방해함으로써 성립하는 죄. 공무 집행 방해죄·업무 방해죄 따위.
방향¹(方向)〔명〕1 사람이나 사물 등이 향하거나 움직이는 쪽. ¶반대 ~ / 같은 ~ / ~을 바꾸다. 2 향하여 나아가고자 하는 일의 목표나 대상. ¶장래의 ~ / 이야기를 엉뚱한 ~으로 돌리다.

방향²(芳香)〔명〕꽃다운 향기. 또는, 좋은 냄새. ¶~을 뿜다.
방향-제(芳香劑)〔명〕좋은 냄새가 있어 기분을 상쾌하게 하는 약제.
방향족ː화ː합물(芳香族化合物)〔-조콰함-〕〔명〕〔화〕분자 내에 벤젠 고리를 가지는 유기 화합물의 총칭.
방향ˆ코사인(方向cosine)〔명〕〔수〕공간에서 하나의 직선이 x축, y축, z축의 양과 이루는 각의 코사인. 구용어는 방향 여현(方向餘弦).
방향-키(方向-)〔명〕비행기의 방향을 조종하기 위하여 꼬리 날개 위에 수직으로 세운 장치. =방향타.
방향ˆ탐지기(方向探知機)〔명〕〔물〕무선 전신·무선 전화 따위에서 수신된 전파의 발신지를 측정하여 그 방향을 알아내는 장치.
방향-표(方向標)〔명〕향하여 가는 쪽을 보일 때 쓰는 부호. 화살 끝이 가는 쪽을 가리키게 하여 '→(화살표)'를 씀.
방형(方形)〔명〕네모반듯한 모양.
방호(防護)〔명〕위험을 막아 보호하는 것. ¶~ 벽(壁) / ~ 진지. **방호-하다**〔동〕(타)(여)¶화생방전(化生放戰)의 피해를 **방호하는** 장구(裝具).
방화¹(防火)〔명〕화재를 미리 막는 것. ¶~ 책임자 / ~ 용수. **방화-하다¹**〔동〕
방화²(邦畫)〔명〕자기 나라에서 만든 영화. ↔외화(外畫).
방ː화³(放火)〔명〕(사람이 일부러 건물이나 구조물이나 탈것 등에) 불을 지르는 것. 또는, 불을 일삼음 / 게릴라들이 ~와 약탈을 자행하다. ▷소화(消火)·실화(失火). **방ː화-하다²**〔동〕(자)(여)¶집에 ~.
방화-림(防火林)〔명〕산불이 퍼지는 것을 막기 위하여 우거진 숲의 변두리에 상록 활엽수·낙엽 활엽수 등 화재에 강한 나무를 심어 만든 숲.
방ː화-범(放火犯)〔명〕〔법〕불을 놓아서 건조물이나 그 밖의 물건을 태워 공공의 위험을 일으킨 사람.
방화-벽(防火壁)〔명〕1 불에 잘 견디는 재료를 써서 만든 담벼락. 건물의 경계나 내부에 설치함. 2〔컴〕해커의 침입을 차단시키는 보안 프로그램이나 시스템.
방화-사(防火沙·防火砂)〔명〕불이 났을 때 불을 끄는 데 쓰도록 마련한 모래.
방화-선(防火線)〔명〕불이 번지는 것을 막기 위하여 불에 탈 만한 것들을 없애고 비워 둔, 띠 모양의 지역.
방화-수(防火水)〔명〕불이 났을 때 쓸 수 있도록 마련한 물.
방화-제(防火劑)〔명〕불에 잘 타지 않거나 습기를 빨아들이는 성질이 있는 약제. 붕산다·탄산마그네슘 따위.
방ː화-죄(放火罪)〔-쬐/-쮀〕〔명〕〔법〕불을 놓아서 건조물이나 그 밖의 물건을 태워 공공의 위험을 야기시킴으로써 성립되는 죄.
방황(彷徨)〔명〕1 방향이나 위치를 잘 몰라 이리저리 헤매는 것. 2 삶의 분명한 목표를 정하지 못하고 마음의 갈등을 겪거나 갈팡질팡하는 것. ¶젊은이들의 좌절과 ~을 그린 소설. **방황-하다**〔동〕(자)(타)(여)¶길을 잃고 거리를 ~.
방휼지세(蚌鷸之勢)〔-찌-〕〔명〕〔조개와 도요새가 다투었다는 우화(寓話)에서 나온 말〕서로 버티며 양보하지 않음을 나타내는

말.
방휼지쟁(蚌鷸之爭)[-찌-] 명 [조개와 도요새가 서로 다툴 때 지나가는 사람이 도요새와 조개를 함께 잡아간다는 우화(寓話)에서 나온 말] 둘이 싸우면 제3자가 이익을 볼 뿐이라는 말. ▷견토지쟁·어부지리.
밭¹[밭] 명 ①(자립) 1 물을 대지 않은 상태로 배추·무 등의 채소나 보리·밀·콩 등의 곡식을 심어 가꾸는 땅. 헤아리는 단위는 두둑·자리·뙈기·자락·고랑·이랑·평·되지기(1/10마지기)·마지기(20마지기)·뭇·줌(1/10뭇)·짐(10뭇)·목(100짐)·필지. =전(旱田)·전(田). ¶보리 ~ / 배추 ~ / ~을 갈다. ▷논. 2 식물이 저절로 우거져 있는 땅. ¶솔 ~ / 풀 ~. 3 장기·고누·윷놀이·바둑 등에서, 말이 놓이는 자리. ②(의존) 윷판에서, 말이 가는 자리를 세는 단위. ¶한 ~ / 개가 나와 두 ~을 가다.
밭-²[밭] 접두 '바깥'을 줄여 쓰는 말. ¶~사돈 / ~주인.
밭-갈이[받깔-] 명 밭을 가는 일. **밭갈이-하다** (자여) ▷소루 ~.
밭-걷이[받거지] 명 밭에 심었던 작물을 거두어들이는 일. **밭걷이-하다** (자여)
밭-걸이[받껄-] 명 체 =밭다리 걸기. ↔안밭걸이. **밭걸이-하다** (자여)
밭-고랑[받꼬-] 명 밭이랑 사이의 골이 진 곳. 세는 단위는 줄·고랑·이랑. 준 밭골. ↔논고랑.
밭-곡식(-穀食)[받꼭씩] 명 밭에 심어서 난 온갖 곡식. =전곡(田穀)·전작(田作). ↔논곡식.
밭-길[받낄] 명 밭 사이로 난 좁은 길.
밭-날갈이[반-] 명 며칠 걸려서 갈 만큼 큰 밭.
밭-농사(-農事)[반-] 명 밭에서 짓는 농사. =전작(田作). ↔논농사. **밭농사-하다** (자여)
밭다¹[받따] 통(자) 1 액체가 바싹 줄어들어 말라붙다. 2 몸에 살이 빠져서 여위어지다.
밭다²[받따] 통(타) (건더기와 액체가 섞인 것을) 체 같은 데에 부어서 국물만 받아 내다. ¶술을 체에 ~.
밭다³[받따] 형 1 시간이나 공간이 몹시 가깝다. ¶해를 넘기지 않으려고 결혼 날짜를 밭게 잡았다. 2 (숨결이) 가쁘고 급하다. ¶밭은 숨을 몰아쉬다. 3 (길이가) 짧다. ¶신 참사는 돼지 모가지같이 기름지고 밭은 모가지를 돌려 농업 기수를 돌아본다.《이광수: 흙》 4 지나치게 아껴서 인색하다. ¶재물에 ~. 5 즐기는 정도가 너무 심하다. ¶색(色)에 ~. 6 음식을 가려 먹는 것이 심하거나 먹는 양이 적다. ¶입이 ~.
밭다리^걸기[받따-] 명 체 씨름에서, 상대의 오른쪽 다리가 앞으로 나와 있거나 몸무게 중심이 오른쪽에 있을 때, 그 틈을 타서 상대의 왼쪽 다리를 걸고 오른쪽 가슴으로 밀어서 넘어뜨리는 기술. =밭걸이. ▷안다리 걸기.
밭-도랑[받또-] 명 밭 가로 둘려 있는 도랑. 준 밭돌.
밭-두둑[받뚜-] 명 =밭두렁.
밭-두렁[받뚜-] 명 밭이랑의 두둑한 부분. =밭두둑·휴반. ▷논두렁.
밭-둑[받뚝] 명 밭 가로 둘려 있는 둑. ¶~
밭-떼기[받-] 명 밭에서 나는 작물을 밭에 나 있는 채로 몽땅 사는 일. ¶우리 밭 수박은 ~로 거래하기 때문에 낱개로는 팔 수가 없습니다. ▷차떼기.
밭-뙈기[받-] 명 얼마 안 되는 밭을 얕잡아 일컫는 말. ¶손바닥만 한 ~을 부치며 근근이 살다.
밭-머리[반-] 명 밭이랑의 양쪽 끝이 되는 부분.
밭-못자리[반모짜-/반몯짜-] 명 물을 대지 않고 키우는 못자리. 밭이나 마른논에 만듦. ▷물못자리.
밭-벼[반-] 명 밭에 심는 벼. =육도(陸稻). ↔논벼.
밭-벽(-壁)[받뼉] 명 '바깥벽'의 준말.
밭-보리[받뽀-] 명 밭에 심는 보리. ↔논보리.
밭은-기침 명 소리도 크지 않고 힘도 과히 들지 않으며 자주 하는 기침.
밭-이다[바치-] 통(자) '밭다'의 피동사.
밭-이랑[반니-] 명 밭의 이랑. =전묘(田畝).
밭-일[반닐] 명 밭에서 하는 일. ↔논일. **밭일-하다** (자여)
밭-작물(-作物)[받짱-] 명 밭에서 거두는 농작물.
밭장-다리[받짱-] 명 두 발끝이 밖으로 벌어진 다리. 또는, 그런 다리를 가진 사람. ↔안짱다리.
밭-쪽[받-] 명 '바깥쪽'의 준말.
밭-치다[받-] 통(타) '밭다'의 힘줌말.
배¹[배] 명 ①(자립) 1 [생] 사람이나 척추동물의 몸에서 가슴과 골반 사이에 있는 부분. ¶~가 나오다. 2 [생] 사람이나 짐승의 몸에서, 위·창자 따위가 든 횡격막 아래의 내부 공간. 또는, 그 속에서 아픔이나 포만·공복 등의 생리적 감각을 일으키는 위·창자 따위의 장기(臟器). ¶~가 아프다. 3 [생] 태아가 자라는 공간으로서의 태반(胎盤). ¶~ 안에서 아기가 발길질을 한다. 4 [생] 곤충 따위의 몸통에서 가슴 아래의 부분. 5 긴 물건 가운데의 볼록한 부분. ¶부른 장독. 6 [물] 정상 진동 또는 정상파에서 진폭이 가장 큰 부분. =복(腹). 7 →배(가) 맞다. 8 →배다르다. ②(의존) 짐승이 새끼를 낳는 횟수를 세는 단위. ¶한 ~에 다섯 마리를 낳다.
[배가 남산만 하다] ㉠임신한 여자의 배가 몹시 부르다. ㉡되지못하게 거만하고 띵띵거림을 비웃는 말. [배보다 배꼽이 더 크다] 주된 것보다 딸린 것이 더 크거나 많다.
배가 등에 붙다 판 먹은 것이 없어서 배가 홀쭉하고 몹시 허기지다.
배(를) 내밀다 판 남의 요구에 버티고 응하지 않다.
배를 채우다 판 재물이나 이득을 많이 차지하여 욕심을 채우다.
배(가) 맞다 판 1 남녀가 남모르게 서로 몸을 허락하다. 2 떳떳하지 못한 일을 하는 데에 서로 뜻이 통하다.
배(가) 아프다 판 남이 잘되어 심술이 나다. ¶친구가 상을 받는 게 그렇게 배 아프냐?
배에 기름이 오르다 판 살림이 넉넉해지다. ¶배에 기름이 좀 올랐다고 쯤쯤이가 헤퍼졌다.
배² 명 사람·동물·물건 등을 싣고 바다·강·호수 등의 물 위에 떠서 이동할 수 있도록 바닥과 둘레를 막은 탈것. 노를 젓거나, 돛을 달아 바람의 힘을 이용하거나, 기계의 동력에 의하여 움직임. 세는 단위는 척(隻). =선척. 비선박(船舶). ¶고깃~/나룻~/돛단~/~를 젓다.

배³ 명 배나무의 열매. 달고 물이 많으며 살이 연함.

배⁴ 의존 명사 '바'와 주격 조사 '이'가 합쳐서 준 말. ¶그 일은 내 알 ~ 아니다.

배⁵(胚) 명〔생〕1 발생 초기의 어린 생물. 다세포 동물의 경우에는 난할을 시작하고 난 이후의 발생기에 있는 개체를 이름. 2 수정란이 어느 정도 발달한 어린 포자체. =씨눈. ▷胚子(배자)

배⁶(倍) 명 ① (자립) 수량이나 크기, 정도 등이 두 번 합한 만큼인 것. 비곱·갑절. ¶물가가 ~는 올랐다. ② (의존) (수를 나타내는 말 뒤에 쓰여) 그 수만큼 거듭된 수나 양임을 나타내는 말. 작은 수(특히, 20 이하)에서는 고유어, 큰 수에서는 한자어 계통의 말이 더 쓰임. ¶두~/125~.

배⁷(杯) 명 (의존) 술·음료수의 잔 수를 세는 말. ¶일~/이~.

배⁸(拜) 명 (의존) [절한다는 뜻] 편지 글에서, 글을 마치고 글을 쓴 사람의 이름을 밝힌 다음에 경의를 나타내는 뜻으로 쓰는 한문 투의 말. ¶홍길동~

-배⁹(輩) 접미 한자어로 된 명사나 그에 준하는 말 뒤에 붙어, 그 명사의 특성을 가진 사람의 무리임을 나타내거나, 그 무리에 속한 사람임을 나타내는 말. ¶불량~/소인~/폭력~.

배:가(倍加) 명 갑절로 늘리거나 늘어나는 것. 배:가-하다 동(자)(여) ¶생산량을 ~. 배:가-되다 동(자) ¶부담이 ~.

배각(排却) 명 거절하여 물리치는 것. 배각-하다 동(타)(여) 배각-되다 동(자)

배갈(←중白干儿) 명 =고량주.

배격(排擊) 명 남의 의견·사상·물건 등을 물리치는 것. 배격-하다 동(타)(여) ¶양담배를 ~. 배격-되다 동(자)

배견(拜見) 명 1 절하고 삼가 뵈는 것. 2 남의 작품·물건 등을 공손하게 보는 것. =배관(拜觀). 배:견-하다 동(타)(여) ¶진사 자리에서 일어나 배견하고 말을 시작한다. 〈우영전〉

배:경(背景) 명 1 뒤쪽의 경치. ¶폭포를 ~로 하여 사진을 찍다. 2 무대 뒤에 꾸며 놓은 장치. 3 [문] 소설·극 등에서, 사건이 일어나는 시대적·사회적 환경이나 장소. ¶일제 강점기를 ~으로 한 작품. 4 어떤 사물에 관한 숨겨진 사정이나 배후의 세력. ¶이 사건에는 모종의 정치적 ~이 깔려 있다. 5 뒤에서 도와주는 세력이나 힘. ¶~이 든든하다 [좋다].

배:경^음악(背景音樂) 명〔음〕영화·연극 등에서 대사·동작의 배경으로 흐르는 음악.

배-고프다 형 ⟨-고프니, -고파⟩ 배 속이 비어서 음식이 먹고 싶다. ↔배부르다.

배고픔 명 배가 고픈 상태. ¶~을 느끼다.

배-곯다 [-골타] 동 먹는 것이 적어서 배가 차지 않다. 또는, 배가 고파 고통을 받다. ¶배곯아 보지 않은 사람은 가난의 쓰라림을 모른다.

배:관¹(拜觀) 명 =배견(拜見). 배:관-하다¹ 동(타)(여)

배:관²(配管) 명 액체·기체 등을 보내거나 빼기 위해 관을 배치하는 것. ¶~ 공사. 배:관-하다² 동(타)(여)

배:관-도(配管圖) 명 관의 배치를 표시한 도면.

배:광-성(背光性) [-썽] 명〔식〕식물체가 빛이 없는 방향으로 자라 나가는 성질. 비배일성. ▷향광성. ▷굴성(屈性).

배:교(背敎) 명 자기가 믿는 종교의 교의(敎義)를 저버리거나 부정하는 것. ¶~자(者).

배:교-하다 동(자)(여)

배:구¹(配球) 명〔체〕1 야구에서, 투구(投球)의 종류를 적절히 안배하는 것. 2 배구·농구·축구 등에서, 다른 선수에게 공을 안배하는 일. ¶절묘한 ~로 공격의 맥을 살리다. 배:구-하다 동(자)(여)

배:구²(排球) 명〔체〕구기(球技)의 하나. 6명 또는 9명으로 된 두 팀이 한가운데에 네트를 두고, 상대편이 서브한 공을 땅에 떨어뜨리지 않은 상태로 손으로 쳐서 세 번 안에 상대편 코트로 넘기는 경기. ¶~장(場).

배:구-공(排球-) 명 배구에 쓰이는 공. 흰색의 둥근 공임.

배:근(配筋) 명〔건〕철근을 설계대로 배열하는 것. 배:근-하다 동(자)(타)(여)

배:금(拜金) 명 돈을 지나치게 소중히 여기는 것.

배:금-주의(拜金主義) [-의/-이] 명 돈을 최고의 것으로 여기는 주의. ¶~에 물든 젊은 세대.

배:급(配給) 명 1 (어떤 물건을 여러 사람에게) 나누어 주는 것. ¶식량 ~/무상 ~. 2 [경] 공급과 수요를 조절하기 위하여 상품을 일정하게 나누어 소비자에게 파는 일. 배:급-하다 동(타)(여) ¶구호물자를 난민들에게 ~. 배:급-되다 동(자)

배:급-제(配給制) [-쩨] 명 일정한 물자를 배급하는 제도.

배:급-품(配給品) 명 배급하는 물품.

-배기¹ 접미 1 주로 유아의 나이에 붙어, 그 나이의 아이임을 나타내는 말. ¶한 살~. ▷-짜리. 2 나이가 제법 찬 사람임을 나타내는 말. ¶나이~. ✕-박이. ~바기.

-배기² 접미 어떤 특성이 있는 사물이나 사람임을 나타내는 말. ¶공짜~/진짜~/대짜~. ▷-빼기.

배기³(排氣) 명 1 공기를 밖으로 뽑아내는 것. 2 [공] 열기관에서, 일을 끝낸 뒤의 불필요한 증기나 가스. ¶~량(量). 배기-하다 동(자)(타)(여) 공기를 밖으로 뽑아내다.

배기-가스(排氣gas) 명 내연 기관 등에서 불필요하게 되어 배출되는 기체.

배기-관(排氣管) 명 열기관(熱機關)에서 증기나 가스 따위를 뽑아내는 관.

배기다¹ 동(자) 몸의 밑에서 단단한 것이 받치는 힘을 느끼게 되다. ¶오래 앉아 있었더니 엉덩이가 배긴다.

배기다² 동(자) 참기 어려운 일을 끝까지 견디다. ¶일이 힘들어 몸이 배기질 못하다/그 여자는 남의 흉을 보지 않고는 하루도 배기지 못한다.

배기-량(排氣量) 명 내연 기관에서, 피스톤이 최하의 위치에서 최상의 위치까지 움직였을 때 밀어 내는 기체의 부피.

배기^밸브(排氣valve) 명 내연 기관에서 배기를 내보내는 밸브. =배기판·폐기판.

배기-펌프(排氣pump) 명 1 =공기 펌프1. 2 광산·토목 공사 등에서, 가스·공기를 배출하는 데 쓰이는 기계의 총칭. =배기기.

배:-꼬다 동(타) '비꼬다'의 작은말.

배:꼬-이다 〔동〕(자) '비꼬이다'의 작은말.
배-꼽 〔명〕 1 [생] 배 한가운데에 오목하게 들어간, 탯줄을 끊은 자리. 2 [식] 열매의 꽃받침이 붙었던 자리. 3 소의 양지머리에 붙은 고기.
　배꼽(을) 빼다 〔관〕 몹시 우스움을 속되게 이르는 말. ¶어찌나 웃기는지 배꼽을 뺐다.
　배꼽(이) 웃다 〔관〕 하는 짓이 하도 어이가 없거나 어린아이의 장난 같아, 가소롭기 짝이 없다.
　배꼽(을) 쥐다(잡다) 〔관〕 우스움을 참지 못하고 크게 웃다.
배꼽-시계 (-時計) [-씨게/-씨께] 〔명〕 배가 고픈 것으로 시간을 짐작하는 일을 시계에 빗대어 우스꽝스럽게 이르는 말.
배꼽-점 (-點) [-쩜] 〔명〕 바둑판 한가운데의 점. 또는, 그 자리에 놓은 바둑돌. =어복점 (於腹點)·천원 (天元)·천원점.
배꼽-참외 〔명〕 꽃받침이 떨어진 자리가 유달리 볼록 내민 참외.
배꼽-춤 〔명〕 배와 허리를 꿈틀거리며 반나체 (半裸體)로 추는 춤.
배꼽-티 (-←T-shirt) 〔명〕 길이가 짧아서 배꼽이 드러나게 되어 있는 티셔츠.
배-꽃 [-꼳] 〔명〕 배나무의 꽃. =이화 (梨花).
배-나무 〔명〕 [식] 장미과의 낙엽 교목. 높이 3m 내외. 4월에 흰 꽃이 피고 가을에 열매가 익는데, 수분이 많고 단맛이 있음. =이목 (梨木).
배낭¹(胚囊) 〔명〕 [식] 종자식물의 자성 배우체 (雌性配偶體). 이 안에 있는 난세포가 수정하여 자라면 배 (胚)가 됨.
배:낭²(背囊) 〔명〕 주로 여행이나 야유회를 갈 때, 필요한 물건을 넣어서 등에 질 수 있도록 만든, 두 개의 멜빵이 달린 자루 모양의 물건. ¶등산 ~/~을 메다/~을 지다. ▷륙색.
배낭-세포 (胚囊細胞) 〔명〕 [식] 배낭 모세포가 감수 분열 하여 생긴 세포로, 나중에 배낭이 되는 세포.
배:낭-여행 (背囊旅行) 〔명〕 배낭에 식량·취사 도구·옷 등을 준비하여 최소의 경비로 다녀오는 여행. ¶~을 떠나다/두 달간 유럽을 ~.
배내 〔명〕 [농] 남의 가축을 길러 다 자라거나 번식된 뒤에 주인과 나누어 가지는 일. =반양 (半羊). ¶배냇소. ¶배냇돼지.
배:내-똥 〔명〕 1 갓난아이가 먹은 것 없이 맨 처음 싸는 똥. =태변 (胎便). 2 사람이 죽을 때 싸는 똥.
배-내-옷 [-옫] 〔명〕 =깃저고리.
배:냇-니 [-낸-] 〔명〕 =젖니.
배:냇-버릇 [-내버륻/-낻뻐른] 〔명〕 태어날 때부터 가지고 있는 버릇.
배:냇-병신 (-病身) [-내뼝-/-낻뼝-] 〔명〕 태어날 때부터 기형적인 몸. 또는, 그런 몸을 가진 사람. 얕잡는 말.
배:냇-저고리 [-내쩌-/-낻쩌-] 〔명〕 =깃저고리.
배:냇-짓 [-내찓/-낻찓] 〔명〕 갓난아이가 자면서 웃거나 얼굴을 찡그리는 짓. 배:냇짓-하다 〔동〕(자)(여) ¶아기가 배냇짓하느라 자면서 웃는다.
배너^광:고 (banner廣告) 〔명〕 인터넷에서, 웹 페이지에 직사각형의 띠 모양으로 만들어 제시한 광고. 이것을 클릭하면 그 광고를 낸 곳의 홈 페이지가 열림.

배뇨 (排尿) 〔명〕 오줌을 몸 밖으로 내보내는 것. ¶~가 시원찮다. 배뇨-하다 〔동〕(자)(여)
배:다¹ 〔자〕 1 (액체나 냄새 등이 천이나 종이 등에) 옮겨져 한동안 들어 있는 상태가 되다. ¶종이에 기름이 ~/담배 냄새가 옷에 ~. 2 (어떤 버릇이 몸에) 붙어 익숙해지거나 어떤 행동을 자주 하게 되다. ¶몸에 밴 버릇. 3 (대상에 어떤 흔적이나 자취가) 남아서 느껴지다. ¶이 유품에는 아버지의 숨결이 짙게 배어 있다.

> [어법] 담배 냄새가 옷에 배이다 : 배이다 (×)→배다 (○). ▶ '배이다'는 '배다'의 비표준어임.

배:다² 〔타〕 1 (사람이나 동물이 배 속에 아이나 새끼 또는 알을) 가지다. ¶아이를 밴 여자/고양이가 새끼를 ~. 2 (식물이 줄기 속에 이삭을) 가지다. ¶이삭을 밴 벼 포기. 2 〔자〕 (식물의 이삭이나 열매가) 줄기에 생기다. ¶이삭이 ~.
　[배지 아니한 아이를 낳으라 한다] 무리한 요구를 한다.
배:다³ 〔형〕 1 (일정한 공간에 들어 있는 여러 사물의 간격이) 보통의 정도보다 좁다. 비촘촘하다. ¶모를 배게 심다. →성기다. 2 (소견이) 너그럽거나 너르지 못하고 좁다. ¶남자가 그렇게 속이 배서야 되겠느냐.
배-다르다 〔형〕(르) 〈~다르니, ~달라〉 아버지는 같으나 낳은 어머니가 다르다. ¶배다른 동생/배다른 형제. 비이복 (異腹).
배-다리 〔명〕 1 배를 한 줄로 촘촘히 띄워 그 위에 널빤지를 깐 다리. =선교 (船橋)·선창 (船艙)·주교 (舟橋). 2 교각을 세우지 않고 널조각을 걸쳐 놓은 나무다리. 비부교 (浮橋).
배달¹ 〔명〕 우리나라의 상고 시대 이름. ['倍達'은 취음.] =배달나라. ¶배달족.
배:달²(配達) 〔명〕 (물건을 어떤 사람에게) 주문에 의해 그가 있는 집이나 곳에까지 가져다주는 것. 또는, (우편물을 수신자에게) 가져다주는 것. ¶~료/신문 ~. 배:달-하다 〔동〕(타)(여) ¶우유를 ~. 배:달-되다 〔동〕(자)
배달-나라 [-라-] 〔명〕 =배달¹.
배달-나무 〔명〕 [식] '박달나무'의 잘못.
배달-민족 (-民族) 〔명〕 우리 민족을 이르는 말.
배:달-원 (配達員) 〔명〕 배달하는 일을 직업으로 하는 사람. ¶신문 ~.
배:달^증명^우편 (配達證明郵便) 〔명〕 [법] 우편물을 배달하였다는 증명서를 우편물을 보낸 사람에게 보내 주는 특수 우편.
배:당 (配當) 〔명〕 1 할당하여 나누어 주는 것. 2 [경] 주식회사가 이익금을 현금 또는 주식으로 할당하여 일부를 출자자나 주주에게 나누어 주는 것. ¶주식 ~. 배:당-하다 〔동〕(타)(여) ¶이익금을 주주에게 ~. 배:당-되다 〔동〕(자)
배:당-금 (配當金) 〔명〕 1 배당하는 돈. 특히, 주식 배당금. 2 [경] 주주에 대한 회사의 이익 분배금.
배:당-락 (配當落) [-낙] 〔명〕 [경] 배당 기준일이 지나 배당금을 받을 수 없게 된 상태. ↔배당부. ▷권리락 (權利落).
배:당-률 (配當率) [-뉼] 〔명〕 [경] 1주당 액면 금액에 대하여 지급되는 배당금의 비율.
배:당-부 (配當附) 〔명〕 [경] 매매하는 주식에 배당금을 받을 권리가 딸려 있는 상태. ↔배당락.

배:당-체(配糖體)[명][화] 당류(糖類)와, 알코올·페놀 등의 수산기(水酸基)를 가진 유기 화합물이 결합한 화합물. =글리코시드.

배:덕(背德)[명] 윤리·도덕에 어그러지는 것. 또는, 은덕을 잊고 배반하는 것. ¶~자 / ~행위. **배:덕-하다**[동][자여]

배-돌다[동][자]〈~도니, ~도오〉한데 어울리지 않고 동떨어져 행동하다. [큰]베돌다.

배돌-이[명] 한데 어울리지 않고 동떨어져 행동하는 사람. [큰]베돌이.

배동[명] 곡식의 이삭이 나오려고 대가 불룩해지는 현상. ¶~이 서다.

배드민턴(badminton)[명][체] 네트를 사이에 두고, 라켓으로 셔틀콕을 서로 치고 받는 경기. 단식·복식·혼합 복식이 있음.

배:등(倍騰)[명] (물건 값이) 갑절로 오르는 것. **배:등-하다**[동][자여] ¶물가가 ~.

배-따라기[명] 서도 민요의 하나. 배따라기 춤을 출 때 나중에 부르는 것으로, 어부들의 신세타령을 노래함.

배딱-거리다/-대다[-꺼(때)-][동][자] (물건이) 배스듬하게 이리저리 자꾸 갸울어지다. [큰]비딱거리다. [센]빼딱거리다.

배딱-배딱[-빼-][부] 배딱거리는 모양. [큰]비딱비딱. [센]빼딱빼딱. **배딱배딱-하다**[동][자][여]

배딱-하다[-따카-][형여] (물체가) 한쪽으로 갸울어 배스듬하다. ¶고개를 **배딱하게** 하고 있다. [큰]비딱하다. [센]빼딱하다. **배딱-이**[부]

배-때[명]=배때기.
배때(가) 벗다[관] (사람이) 말씨나 행동이 얄밉고 아니꼽게 거만하다. ¶사람이 **배때 벗고** 건방지고 흰소리 잘하고 그립다나.《홍명희:임꺽정》/ 흥, 계집년이 **배때가 벗어서** 말쑥한 서방님만 얼르더라.《나도향:뽕》

배-때기[명] '배[1]'을 격을 낮추어 이르는 말. =배때.

배뚜로[부] 배뚤어지게. [큰]비뚜로. [센]빼뚜로.

배뚜름-하다[형여] 조금 배뚤어져 있다. ¶입이 ~. [큰]비뚜름하다. [센]빼뚜름하다. **배뚜름-히**[부]

배뚝-거리다/-대다[-꺼(때)-][동][자][타] 1 물체의 한쪽이 기울어서 흔들거리다. 2 몸을 흔들거리면서 걷다. [큰]비뚝거리다. [센]빼뚝거리다.

배뚝-배뚝[-빼-][부] 배뚝거리는 모양. [큰]비뚝비뚝. [센]빼뚝빼뚝. **배뚝배뚝-하다**[동][자][타][여]

배뚤-거리다/-대다[동][자][타] 1 이리저리 자꾸 흔들거리다. 2 곧지 못하고 이리저리 구부러지다. [큰]비뚤거리다. [센]빼뚤거리다.

배뚤다[형]〈배뚜니, 배뚤오〉한쪽으로 기울어지거나 쏠려 있다. [큰]비뚤다. [센]빼뚤다.

배뚤-배뚤[부] 배뚤거리는 모양. [큰]비뚤비뚤. [센]빼뚤빼뚤. **배뚤배뚤-하다**[동][자][타][형여]

배뚤어-지다[동][자여] 되게 되다. ¶성질이 배뚤어져 있다. [큰]비뚤어지다. [센]빼뚤어지다.

배라-먹다[-따][동][자][타] '빌어먹다'의 작은말로, 홀하게 또는 품격이 낮게 이르는 말.

배란(排卵)[명][생] 성숙한 난세포가 난소에서 배출되는 일. **배란-하다**[동][자여] **배란-되다**[동][자]

배란-기(排卵期)[명][생] 성숙한 난세포가 난소에서 배출되는 시기.

배:래[명] '배래기'의 준말.

배:래기[명] 1 물고기의 배의 부분. 2 한복 소매 아래쪽의 불룩하게 둥글게 된 부분. [준]배래.

배럴(barrel)[명][의존] 용량의 단위. 영국에서는 36갤런, 미국에서는 31.5갤런. 단, 석유의 경우 1배럴은 42갤런(159l)임.

배:려(配慮)[명] 관심을 가지고 도와주거나 보살펴 주는 것. =배의 관심. ¶어르신의 남다른 ~에 깊이 감사드립니다. **배:려-하다**[동][타여] ¶남을 **배려할** 줄 모르는 이기적인 행동.

배:례(拜禮)[명] 절하는 예(禮). 또는, 절하여 예를 갖추는 것. **배:례-하다**[동][자여] ¶신랑 신부가 초례청에서 ~.

배롱-나무[명][식] 부처꽃과의 낙엽 관목. 7~9월에 홍색 꽃이 피는데, 꽃잎은 주름이 짐. 관상용으로 재배함.

배리(背理)[명] 1 도리에 어긋나는 일. 2 [논] 부주의에서 생기는 추리의 착오. =반리(反理)·역리(逆理).

배리다[형] '비리다'의 작은말로, 홀하게 또는 품격이 낮게 이르는 말.

배리-배리[부] 배리하게 여윈 모양. [큰]비리비리. **배리배리-하다**[형여] ¶몸이 ~.

배릿-배릿[-린빋린] [부] 1 냄새나 맛이 매우 배릿한 모양. 2 좀스럽거나 구차스러운 짓이 마음에 다랍고 아니꼬운 모양. [큰]비릿비릿. **배릿배릿-하다**[형여]

배릿-하다[-리타-][형여] 조금 배린 듯하다. ¶배릿한 냄새. [큰]비릿하다.

배메기[명][농] 지주가 소작인에게 소작료를 수확량의 절반으로 매기는 일. =반작(半作)·반타작·병작(竝作)·타작. **배메기-하다**[동][타여]

배메기-농사(-農事)[명][농] 배메기로 짓는 농사. =병작농.

배:면(背面)[명] 위치상으로 등 쪽의 면. [비]뒤쪽. =복면(腹面).

배:명(拜命)[명] 명령이나 임명을 삼가 받는 것. **배:명-하다**[동][자][타여]

배목[건] 문고리를 거는 쇠.

배미[1][자립] '논배미'의 준말. [2][의존] [1] 논을 세는 단위로 이르는 말. ¶논 한 ~.

배-밀이[명] 1 어린아이가 엎드려서 배를 바닥에 밀고 기어 다니는 동작. 2 [체] 씨름에서, 상대방을 배로 밀어 넘어뜨리는 기술. **배밀이-하다**[동][자여]

배:반(背反/背叛)[명] (의리나 믿음을 지켜야 할 대상을) 등지고 저버리는 것. **배:반-하다**[동][타여] ¶친구를 ~ / 나라를 ~.

배반²(胚盤)[명][동] 조류·파충류·어류 등의 단황란의 동물극 부근에 있는, 원형질이 많은 부분. 배(胚) 형성의 바탕이 됨. =알눈.

배반^사건(排反事件)[-껀][명][수] 확률론에서, 몇 개의 사건이 있을 때, 그중 한 사건이 일어나면 나머지 사건은 절대로 일어나지 않을 경우의 몇 개의 사건 상호 간을 이르는 말.

배:반-자(背反者)[명] 신의를 저버리고 돌아선 사람. [비]배신자.

배-밭[-받][명] 배나무를 심어 가꾸는 밭.

배배[부] 여러 번 꼬이거나 뒤틀린 모양. ¶~ 꼬인 나무 / ~하다고 말하다 / 빨래를 ~ 틀어 짜다 / 감정이 ~ 틀리다. [센]비비.

배뱅잇-굿[-이꾼/-읻꾼][명][민] 관서 지방의 민속 창극의 하나. 한 사람의 배우가 죽은 처녀 배뱅이의 혼을 불러 위로하기 위하여 창(唱)으로 여러 사람의 역을 맡음.

배변(排便) 명 대변을 몸 밖으로 내보내는 것. 배변-하다 통(자여)
배:본(配本) 명 1 책을 배달하는 것. 2 (예약된 출판물을) 예약자에게 배부(配付)하는 것. 배:본-하다 통(타여) 배:본-되다 통(자)
배:부¹(背部) 명 =등¹·2. ↔복부(腹部).
배:부²(配付) 명 (출판물이나 문건 따위를) 돌라 주는 것. 배:부-하다 통(타여) ¶교과서를 학생들에게 무상으로 ~. 배:부-되다 통(자)
배-부르다 형(여)〈~부르니, ~불러〉1 더 먹고 싶은 생각이 없을 만큼 양에 차 든든하다. ¶불러서 더 못 먹겠다. ↔배고프다. 2 임신하여 배가 불룩하다. 3 위아래와 비교하여 가운데가 불룩하다. 4 넉넉하여 아쉬울 것이 없다. ¶네가 배불렀구나. 주는 돈도 마다하니.
배:분(配分) 명 몫몫으로 나누는 것. 배:분-하다 통(타여) ¶인원수에 따라 과자를 ~. 배:분-되다 통(자)
배:분^법칙(配分法則) 명[수] =분배 법칙.
배불(排佛) 명 불교를 물리치는 것. ¶~ 사상/~ 정책. 배불-하다 통(자여)
배-불뚝이 명 배가 불뚝하게 나온 사람.
배불리 부 배가 부르게. ¶~ 먹다.
배불^숭유^정책(排佛崇儒政策) 명[역] 조선 시대에 불교를 배척하고 유교를 숭상하던 정책.
배비장-전(裵裨將傳) 명[문] 조선 후기의 작자·연대 미상의 소설. 여색(女色)에 곧기로 자부하던 배비장이 제주 명기 애랑(愛娘)의 계교에 넘어가 망신당하는 내용으로, 풍자와 야유가 넘치는 작품임.
배:사¹(背斜) 명[지] 지층이 횡압력에 밀려 형성된 습곡에서 산 모양으로 솟은 부분. ↔향사(向斜).
배:사²(拜謝) 명 삼가 사례하는 것. 배:사-하다 통(자여)
배:사^구조(背斜構造) 명[지] 지각의 변동이나 압력으로 생긴, 낙타의 등과 같이 된 지질 구조.
배:산-임수(背山臨水) 명 땅의 형세가 뒤로는 산을 등지고 앞으로는 물을 면하고 있음.
배:상¹(拜上) 명 '절하고 올림'의 뜻으로, 편지 끝의 자기 이름 아래에 쓰는 말. 배:상-하다¹ 통(타여)
배:상²(賠償) 명[법] 남의 권리를 침해한 사람이 그 손해를 물어 주는 것. ¶손해 ~. ▷보상. 배:상-하다² 통(타여) ¶잃어버린 물건을 돈으로 ~.
배상-금(賠償金) 명 배상하는 돈. ¶손해 ~.
배:색(配色) 명 두 가지 이상의 색을 미적으로 배열·조합하는 것. ¶빨간 머플러와 잘 어울리는 옷. 배:색-하다 통(타여) ¶위아래의 옷을 대비되는 색상으로 ~.
배:서(背書) 명 1 책장이나 서면(書面) 뒤에 글씨를 쓰는 것. 또는, 그 글씨. 2 [법] 어음·수표 등의 지시 증권을 타인에게 양도하거나 담보로 맡길 때 그 증권의 뒷면에 일정한 사항을 기재하여 서명하는 일. 피배서인을 기재한 것을 기명식 배서, 피배서인을 기재하지 않고 배서인이 서명한 것을 백지식 배서라고 함. =뒷보증·이서·전서(轉書). 배:서-하다
배:서-인(背書人) 명[법] 배서에 의하여 어음·수표 등의 지시 증권을 양도하거나 담보로 맡긴 사람. =이서인(裏書人). ↔피배서인.

배:석(陪席) 명 (어떤 자리에) 윗사람이나 상관을 받들거나 모셔 함께 참석하는 것. 배:석-하다 통(자여) ¶양국 수뇌 회담은 통역관이 배석한 가운데 진행되었다.
배:석^판사(陪席判事) 명[법] 재판에서 합의부(合議部)를 판사로 구성하는 경우, 재판장 이외의 판사.
배:선(配線) 명 1 전기가 통할 수 있도록 전선을 설치하는 것. ¶~ 공사. 2 '배전선'의 준말. 배:선-하다 통(타여) 전기가 통할 수 있도록 전선을 설치하다. 배:선-되다 통(자)
배:선-도(配線圖) 명 전기·전자 장치의 각 부품의 배선과 수량 등을 나타낸 회로도.
배:선-반(配線盤) 명 1 전화 가입자의 선을 전화국으로 끌어 들여 교환기에 이끌기 전에 우선 통제하기 위해 달아 놓은 장치. 2 라디오 수신기에서 진공관·코일 등의 부품을 달아 놓은 선반.
배:설¹(排泄) 명[생] (사람이나 동물이) 음식을 먹어 영양을 섭취하고 그 찌꺼기를 몸 밖으로 내보내는 일. =걸러내기·배출(排出). ¶~ 기관. 배:설-하다¹ 통(타여) ¶오줌을 ~. 배:설-되다¹ 통(자)
배:설²(排設) 명 (연회·의식 등을) 차려 베푸는 것. =진설(陳設). 배:설-하다² 통(타여) ¶한곳에 수백 인이 모여 잔치를 배설하고…. 《홍길동전》 배:설-되다² 통(자)
배:설-기(排泄器) 명[생] 동물의 몸에서 배설 작용을 하는 기관.
배:설-물(排泄物) 명 배설된 물질. 대변·소변 따위.
배:소(配所) 명[역] 죄인을 귀양 보내는 곳. =귀양지·적소(謫所).
배:소²(焙燒) 명 1 불에 굽는 일. 2 [화] 광석이나 금속을 융해하지 않고 그 찌꺼기 온도로 굽는 일. 금속 제련(製鍊)의 예비 조작이나 화학 분석 등에서 쓰임. 배:소-하다 통(타여) 배:소-되다 통(자)
배:속¹(配屬) 명 (사람을 어떤 곳에) 배치하여 속하게 하는 것. 배:속-하다 통(타여) ¶신병을 ○○ 부대에 ~. 배:속-되다 통(자) ¶예비 부대에 ~.
배:속²(倍速) 의존 컴퓨터가 시디(CD)나 디브이디(DVD)의 데이터를 읽어 내는 비교 속도. 기준 속도에 대해 몇 배의 속도인가를 나타낸 것임. ¶48~/52~ 시디롬 드라이브.
배:송¹(拜送) 명 1 삼가 보내는 것. 2 [민] 천연두를 앓은 뒤 13일 만에 두신(痘神: 천연두를 앓게 한다는 여신)을 떠나보내는 일. 배:송-하다¹ 통(타여)
배송(을) 내다 구 1 [민] 두신을 떠나보내는 의식을 하다. 2 '쫓아내다'의 곁말.
배:송²(配送) 명 물자를 여러 곳에 나누어 보내 줌. ¶무료 ~. 배:송-하다² 통(타여) ¶신문을 각 보급소에 ~.
배:송³(陪送) 명 웃어른이나 지위가 높은 사람을 따라가서 전송하는 것. 배:송-하다³ 통(타여) ¶손님을 ~.
배:수¹(拜受) 명 삼가 받는 것. =배령(拜領). 배:수-하다¹ 통(타여) 배:수-되다¹ 통(자)
배:수²(配水) 명 1 상수도의 물을 나누어 보내는 것. 2 논에 물을 대는 것. 배:수-하다² 통(자여)
배:수³(倍數) 명 1 [수] 어떤 정수(整數)의 몇 배가 되는 수. 정수 a가 정수 b로 나누어질 때 a를 b의 배수라고 함. =곱수. ↔약수(約

數). 2 [인] 한 행에 들어가는 활자의 수.
배수⁴(排水) 명 1 안에 있는 물을 밖으로 뿜아내는 것. ¶~ 시설 / ~가 잘된다. 2 물에 뜬 물체가 물속에 잠긴 부분만큼의 부피의 물을 밀어내는 것. 배수-하다³ 동(자)여 배수-되다²
배:수-관(配水管) 명 수원지에서 물을 여러 갈래로 나누어 보내는 관. ▷송수관.
배수-관²(排水管) 명 물을 뽑아내는 관.
배수-구(排水口) 명 물을 뽑아내는 구멍.
배수-량(排水量) 명 1 배가 물에 뜰 때 그 무게로 인하여 밀려 나가는 물의 중량. 2 펌프가 물을 뽑아내는 분량.
배수-로(排水路) 명 배수를 위하여 만든 물길. =배수구(排水溝).
배ː수^비ː례의 법칙(倍數比例-法則) [-의-/-에-] [화] 두 가지 이상의 원소에서 두 가지 이상의 화합물이 만들어질 때, 한쪽 원소의 일정 질량과 화합하는 다른 쪽 원소의 질량은 간단한 정수비(整數比)를 이루는다는 법칙.
배ː수-성(倍數性) [-썽] 명 [생] 어떤 생물의 염색체의 수가 통상의 개체의 것의 배수(倍)로 되어 있는 현상.
배ː수-지(配水池) 명 배수 구역까지 보내기 위하여 수원지에서 끌어 온 물을 가두어 둔 저수지.
배ː수-진(背水陣) [한(漢)나라 한신(韓信)이 강을 등지고 진을 쳐서 자기편에게 필승의 각오를 확고하게 하여 조(趙)나라의 군사를 물리쳤다는 데서] 1 [군] 적과 싸울 때 강이나 바다를 등지고 치는 진(陣). 뒤로 물러나지 못하게 함으로써 필사적으로 싸우도록 하자는 데 그 목적이 있음. 2 어떤 일을 기어이 이룰 각오 아래 실패할 경우 값비싼 대가를 치르거나 엄청난 피해를 겪어야 할 상황을 만들어 놓은 상태. ¶노조는 협상이 결렬될 경우 파업을 강행하겠다면서 ~을 치고 나왔다. ¶~마지노선.
배ː수체(倍數體) 명 [생] 배수성을 나타내는 개체. 준배체.
배ː수-탑(配水塔) 명 물을 내보내기 위하여 만든 구조물. ↔취수탑.
배수-펌프(排水pump) 명 물을 뽑아내는 데에 쓰는 펌프.
배스듬-하다 형여 한쪽으로 조금 기울어져 있다. 준배듬하다. 큰비스듬하다. 배스듬-히 부
배스름-하다 형여 거의 비슷한 듯하다. 큰비스름하다. 배스름-히 부
배슥-거리다/-대다 [-꺼(때)-] 동 자 어떤 한 일에 대하여 탐탁하게 여기지 않고 자꾸 배슥거리다. 큰비슥거리다.
배슥-배슥 [-쎄-] 부 배슥거리는 모양. 큰비슥비슥. 배슥배슥-하다 동(자)여
배슥-하다 [-스카-] 형여 한쪽으로 좀 기울어져 있다. 큰비슥하다. 배슥-이 부
배슬-거리다/-대다¹ 자 어떠한 일에 대하여 자꾸 배슬거리다. 큰비슬거리다.
배슬-거리다/-대다² 자 힘없이 배슬거리다. ¶병든 닭처럼 ~. 큰비슬거리다.
배슬-배슬¹ 부 어떠한 일에 대하여 자꾸 배슬거리는 모양. 큰베슬베슬. 배슬배슬-하다¹ 동(자)여
배슬-배슬² 부 힘없이 배슬거리는 모양. 큰비슬비슬. 배슬배슬-하다² 동(자)여
배슷-하다 [-스타-] 형여 한쪽으로 조금 기울어져 있다. 큰비슷하다. 배슷-이 부

배:승¹(陪乘) 명 높은 사람을 모시고 타는 것. 배ː승-하다 동(자)여
배ː승²(倍勝) →배ː승-하다² 형여 어떤 물건이나 일에 비하여 갑절이나 낮다.
배시시 부 입을 조금 벌리면서 소리 없이, 엷게 웃는 모양. 큰비시시.
배ː식¹(配食) 명 1 군대나 단체 같은 데서 식사를 나누어 주는 것. ¶~ 시간. 2 =배향(配享). 배ː식-하다¹ 동(자)여
배ː식²(陪食) 명 지체가 높은 사람과 한자리에서 식사를 하는 것. =반식(伴食). 배ː식-하다² 동(자)여
배ː신(背信) 명 (자기를 믿고 있는 사람, 또는 그의 믿음을) 저버리고 등지는 것. 비배반. ¶~ 행위. 배ː신-하다 동(타)여 ¶친구를 ~.
배ː신-감(背信感) 명 배신을 당한 느낌. ¶친구의 의리 없는 행동에 ~이 들었다.
배ː신-자(背信者) 명 신의를 저버린 사람.
배ː심¹(背心) 명 배반하는 마음. 비반심(叛心).
배ː심²(陪審) 명 1 재판의 심리에 배석하는 것. 2 [법] 배심원이 사건의 기소나 심리에 참여하는 것. 배ː심-하다 동(자)여
배ː심-원(陪審員) 명 [법] 배심 제도가 있는 나라의 재판에서 전문 재판관 외에, 일반 국민으로부터 선출되어 심리·재판에 입회하고 사실 인정에 대하여 판정을 내리는 사람.
배ː심^제ː도(陪審制度) 명 [법] 일정한 수의 배심원이 심리나 기소에 참여하는 제도.
배싹 부 살가죽이 아주 쪼그라질 듯으로 야윈 모양. 큰비썩.
배싹-거리다/-대다 [-꺼(때)-] 동(자) 이쪽저쪽으로 쓰러질 듯이 비틀비틀하다. 큰비쓱거리다.
배쏙-배쏙 [-쎄-] 부 배쏙거리는 모양. 큰비쓱비쓱. 배쏙배쏙-하다 동(자)여
배아(胚芽) 명 [생] 1 정자와 난자가 수정되어 아직 14일이 지나지 않은, 장기와 조직으로 나뉘지 않은 세포 덩어리. 2 포자·난자·씨와 같이 새로운 생물로 발생할 수 있는 원형질의 일부.
배아-미(胚芽米) 명 1 쌀을 찧을 때 벼를 약간 쓿어서 씨눈을 남겨 놓은 쌀. 2 벼를 물에 잠시 담갔다가 싹이 나올 듯할 때 찧어서 만든 쌀.
배아^복제(胚芽複製) [-쩨-] 명 [생] 핵이 제거된 난자에 체세포의 핵을 이식하여 배아를 만들어 내는 일. 이 배아를 자궁에 착상시키면 복제 동물이나 복제 인간을 만들 수 있음.
배알¹ 명 1 '사람의 창자'를 비속하게 이르는 말. 2 '속마음'을 속되게 이르는 말. 3 '배짱'을 속되게 이르는 말. 준밸.
배알이 꼴리다 [뒤틀리다] 구 비위가 거슬려 아니꼽다. 속된 말임.
배ː알²(拜謁) 명 (아주 지위가 높거나 존귀한 분을) 만나 뵈는 것. 오늘날에는 극히 제한적으로만 쓰임. 배ː알-하다 동(타)여 ¶임금을 ~ / 교주님을 ~ / 큰스님을 ~.
배-앓이 [-알-] 명 배를 앓는 병.
배암 명(동) '뱀'의 잘못.
배암-장어 (-長魚) 명 '뱀장어'의 잘못.
배ː압(背壓) 명 증기 원동기 또는 내연 기관에서 뿜어 나오는 증기나 가스의 압력.
배ː액(倍額) 명 두 배의 값.
배ː양(培養) 명 1 [생] 동식물의 조직의 일부

또는 개체나 미생물을 인공적인 조건 아래에서 발육·증식시키는 것. **2** 초목을 북돋아 기르는 것. **3** 능력·실력 등을 길러 내는 것. **배ː양-하다** 통(타여) ¶세균을 ~ / 전문 인력을 ~. **배ː양-되다** 통(자).

배ː양-액(培養液) 명(생) 미생물이나 조직의 배양, 고등 식물의 물질배에 필요한 영양분이 들어 있는 액체. =배양기·배지(培地).

배ː양-토(培養土) 명 관상용의 꽃 또는 목본 식물의 재배에 쓰려고 인위적으로 거름을 섞어 곱게 한 흙. (비)거름흙.

배어-나다 통(자) **1** 액체 따위가 스며 나오다. ¶손바닥에 땀이 ~. **2** 느낌이나 생각 등이 슬며시 나타나다. ¶그의 행동에서 따뜻한 마음이 ~.

배어-들다 통(자) <~드니, ~드우> **1** 액체나 냄새 등이 스며들다. ¶종이에 기름이 ~ / 고기 냄새가 옷에 ~. **2** 느낌이나 생각, 기운 등이 깊이 스머들다. ¶가슴속에 슬픔이 ~.

배ː역(配役) 명 연극·영화 따위에서 배우에게 출연할 역을 나누어 맡기는 것. 또는, 그 역. ¶~ 선정 / ~을 맡다.

배연(排煙) 명 연기를 뿜아내는 것. **배연-하다** 통(자여) **배연-되다** 통(자여)

배ː열(配列·排列) 명 **1** 벌여 열을 짓는 것. 또는, 일정한 차례나 간격에 따라 벌여 놓는 것. **2** [컴] 동일한 성격의 데이터를 관리하기 쉽도록 하나로 묶는 것. **배ː열-하다** 통(타여) ¶작품명을 가나다순으로 ~. **배ː열-되다** 통(자)

배엽(胚葉) 명(생) 배(胚)가 발육하는 단계에서, 수정한 난자가 세포 분열을 거듭하여 생기는 세포층. 외배엽·내배엽·중배엽으로 나뉨.

배ː영(背泳) 명(체) 수영법의 하나. 위를 향해 반듯이 누워, 양팔을 번갈아 회전시켜 물을 밀치면서 두 발로 물장구를 치는 수영법. =등헤엄.

배ː외[1](拜外) [-외/-웨] 명 외국의 문물·사상 등을 숭배하는 것. ↔배외(排外). **배ː외-하다**[1] 통(타여)

배외[2](排外) [-외/-웨] 명 외국의 문물·사상 등을 배척하는 것. ↔배외(拜外). **배외-하다**[2] 통(타여)

배우(俳優) 명 **1** 연극이나 영화 속의 인물로 분장하여 연기하는 사람. ¶영화[연극] ~ / 주연 ~ / ~ 생활. **2** [민] =광대[1].

배우다 통(타) **1** (사람이 직접적으로 다른 사람에게 지식이나 기술 등을) 가르침을 받아 알게 되거나 익혀 가다. 또는, (사람이 책이나 기타 간접적인 수단 등에서 지식이나 기술 등을) 얻거나 익혀 가다. ¶책에서 **배운** 지식 / 학원에서 운전을 ~. **2** =가르치다. **2** (남의 언행을) 그대로 본받다. ¶아비가 저리 무능해 가지고서야 자식들이 뭘 **배우겠냐**? **3** 남 하는 대로 따라 하는 사이에 (어떤 습성을) 붙이다. ¶그는 고등학교 때 좋지 않은 친구들한테서 술과 담배를 **배웠다**. **4** (어떤 계달음을 삶 속에서) 경험하여 알아. ¶그는 가난과 배고픔 속에서 인생의 참뜻을 **배웠다**. × 배다.

> [어법] 교사가 학생들에게 공부를 배워 주다 : 배워 주다(×)→가르쳐 주다(○). ▶ '가르침을 베풀다'의 뜻으로 '배워 주다'라고 말하는 경우가 있으나 이는 잘못임.

배ː우-자[1](配偶子) 명(생) 생물의 생식 작용에서 합체나 접합에 관계하는 개개의 생식 세포.

배ː우-자(配偶者) 명 부부의 한쪽에서 본 다른 쪽. 곧, 남편에 대한 아내, 아내에 대한 남편.

배ː우-체(配偶體) 명[식] 배우자(配偶子)를 만들어 유성 생식을 하는 세대의 생물체. ↔포자체.

배움 명 배워서 지식이나 앎을 얻는 일. ¶~에 대한 열정 / ~의 길을 걷다 / ~의 기쁨을 맛보다.

배움-배움 명 배우거나 아는 지식이나 교양. ¶~이 없는 상스럽고 막돼먹다.

배움-터 명 배우는 곳. 특히, '학교'의 고유어로서, 문어적 또는 문학적 표현임.

배웅 명 (집이나 어느 곳에 있는 사람이 그곳을 떠나는 사람을) 예의상 또는 아쉬운 마음에서, 문밖이나 동구 밖이나 탈것 따위를 타는 곳까지 함께 나가 작별 인사를 나눈 뒤 떠나 보내는 것. ↔마중. ▶전송. **배웅-하다** 통(타여) ¶손님을 **배웅하러** 나가다.

배ː위(配位) 명 부부가 다 죽었을 때의 그 '아내'에 대한 경칭.

배ː위^결합(配位結合) 명[화] 한쪽의 원자에서 제공된 전자쌍(電子雙)을 2개의 원자가 공유함으로써 생기는 화학 결합.

배유(胚乳) 명[식] =배젖.

배ː율(倍率) 명[물] **1** 렌즈·현미경·망원경 등에 의하여 생기는 물체의 상의 크기와 그 물체의 크기와의 비. **2** 어떤 그림의 크기와 그 원그림 또는 실물의 크기와의 비.

배ː은(背恩) 명 은혜를 저버리는 것. ↔보은(報恩). **배ː은-하다** 통(자여)

배ː은-망덕(背恩忘德) 명 은덕을 저버리는 태도가 있는 것. **배ː은망덕-하다** 톔여 ¶**배은망덕한** 짓[사람].

배ː음[1](背音) 명 연극이나 방송 드라마 등에서, 대사·해설 등의 효과를 내기 위하여 배후에서 들려주는 음악이나 음향. ¶~을 넣다 / ~을 깔다.

배ː음[2](倍音) 명[물][음] 어떤 기본음의 정수배(整數倍)의 진동수를 가진 음. =상음(上音) ▶하모닉스.

배일(排日) 명 일본이나 일본의 문물 등을 배척하는 것. **배일-하다** 통(자여)

배ː일-성(背日性) [-썽] 명[식] 식물체가 햇빛이 없는 쪽으로 자라 나가는 성질. (비)배광성(背光性). ↔향일성.

배임(背任) 명 직무를 배반하는 것. 또는, 임무의 본뜻에 어긋나는 것. 특히, 공무원이나 회사원 등이 자기의 이익을 위해 지위를 악용하여 소속 관청이나 회사에 재산상의 손해를 주는 일. ¶~ 행위. **배ː임-하다** 통(자여)

배자[1](胚子) 명(동) 알에서 발생하여 아직 외계로 나오지 않고 난포 또는 모체의 태반에 있는 동물의 유생을 이르는 말. ▷배(胚)

배ː자[2](褙子) 명 한복 저고리 위에 덧입는, 소매와 고름이 없고 길이가 짧은 윗옷. 예전에는 남녀가 다 입었으나 개화기 이후에 여자만 입게 됨. ▷조끼.

배-재기 명 아이를 배어 배가 부른 여자를 놓는 말.

배ː전[1](倍前) 명 ['이전의 갑절'이라는 뜻] (주로 '배전의' 꼴로 쓰여) 일의 정도가 전보다 훨씬 강하거나 높거나 많은 상태임을 가리키는 말. ¶~의 성원을 보내다 / ~

의 노력을 기울이다.

배:전²(配電) 圀 발전소에서 보내온 전력을 수요자에게 분배·공급하는 것. **배:전-하다** 동자여

배:전-반(配電盤) 圀 발전소·변전소 또는 전기 시설이 되어 있는 건물 같은 곳에 장치한 반(盤). 안전장치·계기·표시등·계전기 등을 배치하여 전로(電路)의 개폐나 기기의 제어를 용이하게 함. ≒스위치보드.

배:전-선(配電線) 圀 배전 변전소에서 오는 전력을 수요자에게 보내는 전선로(電線路). 지중선(地中線)과 가공선(架空線)이 있음. 준배선.

배:점¹(背點) [-쩜] 圀[천] 태양이 움직이는 방향과 정반대되는 위치나 방향. ↔향점.

배:점²(配點) [-쩜] 圀 점수를 배정하는 것. ¶각 과목별 ~ 비율. **배:점-하다** 동타여 ¶국어 시험은 1문항에 2점씩 **배점**한다.

배:접(褙接) 圀 종이·헝겊 따위를 겹쳐 붙이는 일. **배:접-하다** 동타여

배:정¹(配定) 圀 나누어 몫을 정하는 것. ¶좌석 ~ / ~을 받다. **배:정-하다¹** 동타여 ¶추첨에 의하여 학교를 **배정하다¹**. 동타여

배정(排定) 圀 여러 군데로 갈라서 알맞게 벌여 놓는 것. **배정-하다²** 동타여 **배정-되다²** 동자

배-젖(胚-) [-젇] 圀[식] 종자 속에 있는, 발아하기 위한 양분을 저장한 조직. ≒배유(胚乳)·씨젖.

배제(排除) 圀 (어떤 대상을) 어느 범위나 영역에서 제외하는 것. **배제-하다** 동타여 ¶정실을 **배제**한 인사 정책. **배제-되다** 동자

배-좁다[-따] 혭 자리가 몹시 좁다. 큰비좁다.

배:종(陪從) 圀 임금이나 높은 사람을 모시고 따라가는 것. ¶~무관. **배:종-하다** 동타여

배주룩-배주룩[-빼-] 튀 '배죽배죽¹'의 본딧말. 본배주룩비주룩. 센빼주룩빼주룩. **배주룩배주룩-하다** 동타여

배주룩-하다[-루카-] 혭여 '배죽하다²'의 본딧말. 큰비주룩하다. 센빼주룩하다. **배주룩-이** 튀

배죽 튀 (얼굴이나 물건의 일부만) 살짝 내밀거나 나타내는 모양. ¶입술을 ~ 내밀다. 큰비죽. 본배주룩. 센빼죽·빼쭉. **배죽-하다¹** 동타여 **배죽-이¹** 튀

배죽-거리다/-대다[-꺼(때)-] 동타 비웃거나 울려고 할 때 소리 없이 입술을 내밀어 실룩거리다. ¶아이는 입을 **배죽거리다가** 마침내 울음을 터뜨렸다. 큰비죽거리다. 센빼쭉거리다·빼죽거리다·빼쭉거리다.

배죽-배죽¹[-빼-] 튀 배죽거리는 모양. 큰비죽비죽. 센배쭉배쭉·빼죽빼죽·빼쭉빼쭉. **배죽배죽-하다¹** 동타여

배죽-배죽²[-빼-] 튀 여러 개의 끝이 다 배죽한 모양. 본배주룩배주룩. 센배쭉배쭉·빼죽빼죽·빼쭉빼쭉. **배죽배죽-하다²** 형여

배죽-하다²[-주카-] 형여 물건의 끝이 약간 내밀어 있다. 본배주룩하다. 큰비죽하다. 센배쭉하다·빼죽하다·빼쭉하다. **배죽-이²** 튀

배중-률(排中律) [-뉼] 圀[논] 'A는 반드시 B이거나 B가 아니거나 둘 중의 하나이다.'와 같이 참과 거짓 가운데 어느 하나가 아닌 중간 개념을 인정하지 않는 논리. ≒배중론·배중 원리.

배:증(倍增) 圀 갑절이나 느는 것. **배:증-하다** 동자여

배:지¹(培地) 圀[생] =배양액(培養液).

배지²(badge) 圀 신분·소속·등급 등을 나타내거나 어떤 일을 기념하기 위해 옷가슴이나 옷깃, 모자 등에 다는, 쇠붙이 따위로 문자나 도형을 나타내어 조그맣게 만든 물건. =휘장(徽章). ¶금~ / 학교 ~ / 기념 ~ /

배-지기 圀[체] 씨름에서, 상대자를 앞으로 당겨서 배 위로 들어 올려 오른쪽 옆으로 돌려 넘어뜨리는 기술.

배-지느러미 圀 물고기의 배에 달린 지느러미. 대개 좌우 한 쌍이 있으며, 몸을 나아가게 하는 역할을 함. =복기(腹鰭).

배:지-성(背地性) [-썽] 圀[식] 식물의 줄기가 지구의 인력과 정반대의 방향으로 뻗는 성질. 2[동] 동물이 날거나 뛰거나 하는 것이 지구의 인력과 정반대의 방향인 성질. ↔향지성.

배:-진동(倍振動) 圀[물] 진동수가 기본 진동의 배수(倍數)로 되는 진동. **배:진동-하다** 동자여

배-질 1 노를 저어 배를 가게 하는 것. 또는, 그 일. 2 앉아서 끄덕끄덕 조는 것을 놀림조로 이르는 말. **배질-하다** 동자여

배:징(倍徵) 圀 정한 액수의 갑절이나 거두어들이는 것. **배:징-하다** 동타여

배짝 튀 살가죽이 몹시 쪼그라질 정도로 야윈 모양. 큰비쩍.

배짱 圀 굴리거나 눌리거나 기를 펴기 어려운 상황에서, 조금도 굽히거나 겁을 먹지 않고 고집스레 버티거나 제 뜻대로 하는 태도나 마음의 상태. ¶~이 좋다 / ~이 세다 / 마음대로 하라야 ~을 튕기다.

배짱(을) 내밀다 丘 고집스럽게 버티면서 뻣뻣하게 나오다. ¶우리의 약점을 알고 그가 **배짱을** 내밀었다.

배짱(이) 맞다 丘 서로 뜻과 마음이 맞다. ¶**배짱이** 맞는지 둘이 잘 어울린다.

배짱-부리다 동자 자기 고집을 꺾지 않고 뻣뻣한 태도를 보이다. ¶그녀야 **배짱부릴** 만도 하지. 급한 건 그 사람이니까.

배쭉 튀 '배죽'의 센말. 큰비쭉. 센빼쭉. **배쭉-하다¹** 형여 ¶입술을 ~. 큰비쭉하다. **배쭉-이¹** 튀

배쭉-거리다/-대다[-꺼(때)-] 동타 '배죽거리다'의 센말. ¶입술을 ~. 큰비쭉거리다. 센빼쭉거리다.

배쭉-배쭉¹[-빼-] 튀 '배죽배죽¹'의 센말. 큰비쭉비쭉. 센빼쭉빼쭉. **배쭉배쭉-하다¹** 동타여

배쭉-배쭉²[-빼-] 튀 '배죽배죽²'의 센말. 큰비쭉비쭉. 센빼쭉빼쭉. **배쭉배쭉-하다²** 형여

배쭉-하다²[-쭈카-] 형여 '배죽하다²'의 센말. **배쭉-이²** 튀

배:차¹(配車) 圀 자동차·기차 등을 갈라 보내는 것. 또는, 일정한 차례에 따라 알맞은 간격으로 차를 보내는 것. ¶~ 시간. **배:차-하다** 동타여 ¶버스를 10분 간격으로 ~. **배:차-되다** 동자

배차²(排次) 圀 차례를 정하는 것. 또는, 그 차례.

배착-거리다/-대다[-꺼(때)-] 동타 '배치작거리다'의 준말. 큰비척거리다.

배착-배착[-빼-] 튀 '배치작배치작'의 준말. 큰비척비척. **배착배착-하다** 동타여

배챗-괘기 명 '배추속대'의 잘못.
배척(排斥) 명 따돌리거나 거부하여 밀어내는 것. 비배타. ¶외국 상품 ~ 운동. **배척-하다** 동태여 ¶저질 문화를 ~. **배척-되다** 동자

배:추 명 [<중白菜][식] 십자화과의 두해살이풀. 잎이 여러 겹으로 포개져 자라는데, 가장자리가 파도 모양이며 속은 황백색, 겉은 녹색임. 봄에 십자 모양의 노란 꽃이 핌. 잎·줄기·뿌리를 모두 식용함. 세는 단위는 포기·통·단·접(100통). =백채(白菜).
배:추-김치 명 배추로 담근 김치.
배:추-꼬랑이 명 배추 뿌리의 전체.
배:추-꽃 [-꼳] 명 배추의 꽃.
배:추-밭 [-받] 명 배추를 심어 가꾸는 밭.
배:추-벌레 명 1 배추의 해충의 총칭. 2 배추흰나비의 애벌레. 무·배추의 해충임.
배:추-속대 [-때] 명 배추 속에서 자라는 잎. ×배챗괘기.
배:추-흰나비 [-힌-] 명 나비목 흰나빗과의 나비. 몸길이 30mm가량. 몸은 녹색에 잔털이 있고, 수컷은 유백색, 암컷에는 황색이 섞였으며 수컷보다 흑색 무늬가 분명함. 애벌레는 '배추벌레'라고 하는데, 무·배추 등 십자화과 식물의 해충임. =흰나비.

배출¹(排出) 명 1 불필요한 물질을 안에서 밖으로 내보내는 것. ¶가스 ~. 2 [생] =배설(排泄)¹. **배출-하다**¹ 동태여 **배출-되다**¹ 동자
배:출²(輩出) 명 (인재를) 길러서 사회에 내보내는 것. **배:출-하다**² 동태여 ¶수많은 인재를 **배출한** 명문 대학. **배:출-되다**² 동자 ¶중국 춘추 시대에는 공자를 비롯하여 사상가들이 많이 **배출되었다**.
배출-구(排出口) 명 밀어서 밖으로 내보내는 구멍. ¶가스 ~ / ~가 막히다.
배:추-국 [-추꾹/-춘꾹] 명 배추를 넣고 끓인 국.
배:추-속 [-추쏙/-춘쏙] 명 1 배추에서 겉잎에 싸여 있는 속의 연한 잎. 2 배추로 포기김치를 담글 때 배추 잎 사이에 넣는 양념.

배:치¹(背馳) 명 서로 반대로 되어 어긋나는 것. **배:치-하다**¹ 동자여 **배:치-되다**¹ 동자 ¶말과 배치되는 행동.
배:치²(配置) 명 (사람이나 물건 등을) 적당한 자리나 위치에 나누어 두는 것. ¶좌석 ~ / 일선 부대에 ~. **배:치-하다**² 동태여 ¶요소요소에 경찰을 ~. **배:치-되다**² 동자 ¶이 정원은 나무들이 잘 배치되어 있다.
배:치³(排置) 명 갈라 벌여 놓는 것. =배포(排布). 비포치(布置). **배:치-하다**³ 동태여 **배:치-되다**³ 동자
배:치-도(配置圖) 명 1 인원이나 물자의 배치를 나타낸 도면의 총칭. 2 공장 안에 여러 기계를 장치할 위치를 나타낸 도면.

배치작-거리다/-대다 [-꺼(때)-] 동자 한쪽으로 약간 배치거리며 가볍게 절뚝거리다. 준배착거리다. 큰비치적거리다.
배치작-배치작 [-빼-] 부 배치작거리는 모양. 준배착배착. 큰비치적비치적. **배치작배치작-하다** 동자여

배칠-거리다/-대다 동자타 약간 배치작거리다. 큰비칠거리다.
배칠-배칠 부 배칠거리는 모양. 큰비칠비칠. **배칠배칠-하다** 동자여

배코 명 상투를 앉히려고 머리털을 깎아 낸 자리.
배코(를) 치다 구 1 상투 밑의 머리털을 돌려 깎다. 2 머리를 면도하듯이 빡빡 밀어 깎다.

배타(排他) 명 (남을) 받아들이지 않고 물리치는 것. 비배척. **배타-하다** 동태여 ¶중국은 변방 국가들을 오랑캐라 하여 **배타했었다**.
배타-성(排他性) [-썽] 명 1 남을 받아들이지 않고 물리치는 성질. 2 [법] 한 개의 목적물에 관한 물권(物權)은, 같은 내용을 가진 다른 권리의 존재를 허락하지 않는 일.
배타-심(排他心) 명 남을 받아들이지 않고 물리치는 마음.
배타-적(排他的) 관명 남을 받아들이지 않고 물리치는 경향이 있는 (것). ¶~ 국수주의(國粹主義) / ~ 경제 수역.
배타-주의(排他主義) [-의/-이] 명 남을 받아들이지 않고 물리치는 경향이나 태도.

배-탈(-頉) 명 배 속이 아프거나 설사를 하는 병. ¶상한 음식을 먹고 ~이 났다.
배태(胚胎) 명 1 아이나 새끼를 배는 것. ¶~기(期). 2 어떤 일의 원인이 되는 요소를 그 안에 가지는 것. **배태-하다** 동태여 ¶아이를 ~ / 급속한 산업화는 여러 가지 사회적 모순과 갈등을 **배태하였다**. **배태-되다** 동자
배터리(battery) 명 1 [체] 야구에서, 투수와 포수. 2 [물] '건전지', '전지', '축전지'로 순화. ×밧데리.

배턴(baton) 명 [체] 릴레이 경주에서, 앞 주자가 다음 주자에게 넘겨주는 짧고 둥근 모양의 막대기. =바통.
배턴^터치(†baton touch) 명 [체] 릴레이 경주에서, 배턴을 주고받는 일.

배토¹(坯土) 명 질그릇의 원료가 되는 흙.
배토²(培土) 명 그루에 북 주는 일. 또는, 그 흙. **배토-하다** 동태여 ¶감자에 ~.

배-통 명 =배통1.
배-퉁이 명 1 '배[1]'를 비속하게 이르는 말. =배통. 2 배가 커서 밥을 많이 먹는 사람을 놀림조로 이르는 말.

배트(bat) 명 [체] 야구·소프트볼·크리켓 등에서, 공을 치는 방망이.

배트작-거리다/-대다 [-꺼(때)-] 동태 몸을 제대로 가누지 못하고 약간 배틀거리며 걷다. 큰비트적거리다. 센빼트작거리다.
배트작-배트작 [-빼-] 부 배트작거리는 모양. 큰비트적비트적. 센빼트작빼트작. **배트작배트작-하다** 동자여

배틀-거리다/-대다 동자여 힘이 없거나 어지러워 이리저리 쓰러질 듯이 걷다. 큰비틀거리다. 센빼틀거리다.
배틀-걸음 명 배틀거리며 걷는 걸음. 비비틀걸음.
배:틀-다 동태 <배트니, 배트오> '비틀다'의 작은말로, 홀하게 또는 품격이 낮게 이르는 말.
배:틀리다 동자 '배틀다'의 피동사. ¶일이 자꾸 **배틀린다**.
배틀-배틀 부 배틀거리는 모양. 큰비틀비틀. 센빼틀빼틀. **배틀배틀-하다** 동자타여
배:틀-어지다 동자 '배틀어지다'의 작은말로, 홀하게 또는 품격이 낮게 이르는 말.
배틀-하다 형여 약간 배릿하고 감칠맛이 있다. ¶부엌에서는 삼신메를 올릴 양으로 미역국 끓이는 내가 **배틀한** 김을 바시시 뿜는다. 《박종화:전야》 비비틀하다.

배팅(batting) 〖명〗〖체〗 =타격(打擊)3. ¶~ 찬스.

배팅-오더(batting order) 〖명〗〖체〗 = 타순(打順). ¶~를 짜다. ㉺오더.

배:판(倍判) 〖명〗〖인〗 어떠한 규격의 갑절이 되는 크기의 판. ¶사륙(四六) ~.

배-편(-便) 〖명〗 배가 오고 가는 편. =선편(船便). ¶~이 끊기다 / ~을 이용하다.

배:포¹(配布) 〖명〗 널리 돌라 주는 것. **배:포-하다¹** 〖동〗〖타〗〖여〗 ¶선전 책자를 ~. **배:포-되다** 〖동〗¶배포된 책자를 회수하다.

배포²(排布·排鋪) 〖명〗 1 속으로 어떤 생각을 품고 이리저리 궁리하는 것. 또는, 그 속마음이나 속생각. ¶~를 차리다. 2 마음속에 품은 뜻이나 바람의 크기나 정도. ¶~가 크다[작다]. 3 어떤 일에 부딪히거나 임하여 마음을 쓰는 태도. ⓑ마음가짐. ¶~가 유(柔)하다. **배포-하다²** 〖동〗〖타〗〖여〗

배-표(-票) 〖명〗 배를 타기 위한 표. =승선권·승선표. ⓑ선표(船票).

배:필(配匹) 〖명〗 부부로서의 짝. =배우(配偶). ¶~감 / 천생~ / 좋은 ~을 얻다.

배:합(配合) 〖명〗 이것저것을 일정한 비율로 한데 섞는 것. ¶~ 비율 / ~색의. **배:합-하다** 〖동〗〖타〗〖여〗 ¶시멘트에 모래·자갈·물 등을 **배합하여** 콘크리트를 치다. **배:합-되다** 〖동〗

배:합^사료(配合飼料) [-싸-] 〖명〗 가축의 종류와 사육 목적에 맞추어 필요한 영양분을 배합하여 만든 사료.

배:합-토(配合土) 〖명〗 식물의 성장에 적합하도록 여러 가지 물질을 일정 비율로 섞어서 만든 흙.

배:향(配享) 〖명〗〖역〗 1 종묘에 공신의 신주를 모시는 것. 2 문묘·서원 등에 학덕이 있는 사람의 신주를 모시는 것. =배식(配食)·종사(從祀). **배:향-하다** 〖동〗〖타〗〖여〗¶송시열을 효종 묘정에 ~. **배:향-되다** 〖동〗

배:화-교(拜火敎) 〖명〗〖종〗 1 불을 신격화하여 섬기는 신앙의 총칭. 2 '조로아스터교'를 선신의 상징인 불을 숭배한다 하여 이르는 말.

배-화채(-花菜) 〖명〗 얇게 썬 배를 꿀이나 설탕에 재었다가, 꿀을 탄 오미자국에 넣고 실백을 띄운 화채.

배회(徘徊) [-회/-훼] 〖명〗 목적 없이 이리저리 거니는 것. =지회(遲徊). **배회-하다** 〖동〗〖자〗〖타〗〖여〗 ¶밤거리를 ~.

배:후(背後) 〖명〗 1 어떤 대상이 미처 주의를 기울이지 못하고 있는, 등진 쪽. ¶적의 ~를 기습하다. 2 드러나지 않은 이면. ¶~ 세력 / ~에서 조종하다 / 사건의 ~를 조사하다.

배:후-자(背後者) 〖명〗 배후에 있는 사람. ¶사건의 ~.

배:후-지(背後地) 〖명〗 도시나 항구의 경제적 세력권에 들어 밀접한 관계를 가지는 주변 지역.

배흘림-기둥 [-끼-] 〖명〗〖건〗 윗부분이 가장 가늘고 가운데 부분이 가장 굵으며 밑동은 윗부분보다 좀 가는 기둥. ▷민흘림기둥.

백¹(白) 〖명〗 '백지'의 준말. ¶~을 잡다.
백²(白) →백색(白色)1.
백³(白) I ㊀ 열의 열 곱절. 한자어의 양수사임. 아라비아 숫자로는 '100', 로마 숫자로는 'C'로 나타냄.
II 〖관〗 ¶~ 개 / ~ 년.
[백 번 듣는 것이 한 번 보는 것만 못하다] 여러 번 귀로 듣는 것보다 직접 눈으로 확인하는 것이 낫다. '백문불여일견'과 같은 말.

백-⁴(白) 〖접두〗 '흰'의 뜻을 나타내는 말. ¶~설기 / ~여우 / ~장미.

-백⁵(白) 〖접미〗 어떤 내용을 사람에게 알리는 글의 끝에, '아룀'이나 '사룀'의 뜻으로, 그 글을 쓴 사람의 신분이나 성명을 밝힌 다음에 쓰는, 한문 투의 말. ¶'금일 휴업' 주인~.

백⁶(back) 〖명〗 1 뒤로 가거나 보내는 것. 2 뒤에서 받쳐 주는 세력이나 연줄을 속되게 이르는 말. =백그라운드. ¶~이 든든하다. 3 〖체〗 구기 종목에서의 후위(後衛). =백 가드(back guard). **백-하다** 〖동〗〖타〗〖여〗 뒤로 가거나 보내다. ¶자동차를 ~ / 자기편 선수에게 공을 ~.

백⁷(bag) 〖명〗 휴대용 가방.

백가-쟁명(百家爭鳴) [-까-] 〖명〗 [중국 춘추전국 시대에 많은 사상가가 나와 많은 학설을 주장한 데에서] 많은 학자나 논객들이 온갖 학설과 이론을 거침없이 내세우며 논쟁하는 일. ¶한자 교육 문제를 놓고 ~이 만발하다.

백건(白鍵) [-껀] 〖명〗〖음〗 =흰건반. ↔흑건.
백계(百計) [-께/-계] 〖명〗 온갖 꾀.
백계-무책(百計無策) [-께-/-계-] 〖명〗 있는 꾀를 다 써 보아도 달리 뾰족한 수가 없음.

백곡(百穀) [-꼭] 〖명〗 온갖 곡식. ¶~이 익는 계절.

백골(白骨) [-꼴] 〖명〗 송장의 살이 썩고 남은 흰 뼈.

백골-난망(白骨難忘) [-꼴란-] 〖명〗 [백골이 된 후에도 잊을 수 없다는 뜻] 큰 은혜나 덕을 입었을 때 감사의 뜻으로 하는 말. ¶이 은혜 ~이로소이다.

백골-단(白骨團) [-꼴딴] 〖명〗 시위를 진압하는 사복 경찰을 속되게 이르는 말.

백-곰(白-) [-꼼] 〖동〗 =흰곰.
백과¹(白果) [-꽈] 〖명〗 온갖 과실. ¶오곡~가 무르익다.
백과²(百科) 〖명〗 많은 과목. 또는, 온갖 학과.

백과-사전(百科事典) [-꽈-] 〖명〗 학술·기예·가정·사회 등 모든 분야에 걸친 지식을 부문별 또는 자모순(字母順)으로 배열하여 항목마다 풀이한 사전. =백과전서.

백과-전서(百科全書) [-꽈-] 〖명〗 1 =백과사전. 2 일정한 체계 아래에서 각종 학술·기예를 부문별로 해설한 총서(叢書).

백과전서-파(百科全書派) [-꽈-] 〖명〗 18세기, 프랑스에서 간행된 백과전서의 편찬에 관계한 디드로·달랑베르·볼테르·마르몽텔 등의 진보적인 사상가들.

백관(百官) [-꽌] 〖명〗 모든 벼슬아치. =백공·백규(百揆)·백사(百司). ¶만조~.

백광(白光) [-꽝] 〖명〗 1 〖물〗 =백색광. 2 〖천〗 =코로나.

백구(白球) [-꾸] 〖명〗 야구·골프·배구 등에서 쓰이는 흰 공.

백구의 향연(饗宴) 〖구〗 화려하게 펼쳐지는 큰 야구 시합이나 배구 시합.

백-구두(白-) [-꾸-] 〖명〗 흰색의 구두. 특히, 남성용 단화를 가리키는 경향이 강함. ¶흰색 양복에 ~를 신은 건달.

백국(白菊) [-꾹] 〖명〗 흰 국화. ▷황국(黃菊).
백군(白軍) [-꾼] 〖명〗 경기 등에서, 백(白)과 청(靑)의 양편으로 가를 때, 백 쪽의 편. ↔청군.

백그라운드(background) 圀 1 회화나 사진 등의 배경. 2 =백(back)².
백금(白金)[-끔] 圀[화] 은백색의 금속 원소. 원소 기호 Pt, 원자 번호 78, 원자값 195.09. 전성(展性)과 연성(延性)이 풍부함. 저항 온도계, 전기로(電氣爐), 전극, 장식용 귀금속으로 사용됨.
백금족^원소(白金族元素)[-끔-] 圀[화] 주기율표 제8족에 속하는, 루테늄·로듐·팔라듐·오스뮴·이리듐·백금의 여섯 원소의 총칭.
백기(白旗)[-끼] 圀 1 바탕의 빛깔이 흰 기. 2 군사(軍使)의 표지 또는 항복의 표지로 쓰이는 흰 기.
백기(를) 들다 항복하거나 굴복하다. ¶사방으로 포위된 적들은 아군의 무차별 공격을 견디지 못하고 **백기를** 들고 말았다.
백-김치(白-)[-낌-] 圀 배추를 소금에 절였다가 고춧가루 없이 맵지 않은 재료로 된 소를 넣고 소금물을 부어 익힌 김치.
백낙-일고(伯樂一顧)[뱅-] 圀 명마(名馬)가 백낙(말을 잘 감별하는 사람)을 만나 가치를 인정받은 데에서》 명문이나 명재상에 의해 인재가 발탁되거나 인정받는 일을 이르는 말.
백난(百難)[뱅-] 圀 온갖 괴로움과 어려움. 凹만난(萬難). ¶~을 무릅쓰고 초지(初志)를 관철하다.
백날(百-)[뱅-] Ⅰ 圀 =백일(百日). Ⅱ 凷 '아무리 오래도록', '아무리 애써(도)' 등의 뜻으로, 부정적인 일이나 현상이 나아지지 않거나 변함없이 계속됨을 나타내는 말. ¶~ 해봐야 헛수고다.
백납(白-)[-납] 圀[한] 살가죽에 허옇게 어루러기가 생겨 점점 퍼져 가는 난치병. =백전풍.
백납(이) 먹다 󰁵 살가죽에 허옇게 어루러기가 생기다.
백-내장(白內障)[뱅-] 圀[의] 수정체가 회백색으로 흐려지어 시력이 쇠퇴하는 질병.
백-넘버(†back number) 圀 운동선수의 등 뒤에 붙이는 번호. =등번호. ¶~ 22번의 선수.
백-네트(†back net) 圀[체] 야구장에서, 공을 막기 위해서 본루 뒤쪽에 치는 그물.
백년-가약(百年佳約)[뱅-] 圀 젊은 남녀가 결혼하여 평생을 같이 지낼 것을 다짐하는 아름다운 언약. ¶~을 맺다.
백년-대계(百年大計)[뱅-계/뱅-게] 圀 먼 뒷날까지 내다보고 세우는 큰 계획. ¶국가의 ~을 세우다.
백년-손(百年-)[뱅-] 圀 〖한평생을 두고 늘 어려운 손님으로 맞아 준다는 뜻〗 처가에서 사위를 이르는 말. =백년지객.
백년지객(百年之客)[뱅-] 圀 =백년손.
백년지계(百年之計)[뱅-계/뱅-게] 圀 먼 뒷날까지 내다보면서 세우는 계획.
백년-하청(百年河淸)[뱅-] 圀 〖백 년을 기다려도 늘 흐린 중국 황허 강이 맑아지지는 않는다는 뜻〗 어떤 일이 아무리 시간이 흘러도 이루어지기 어려움을 이르는 말. ¶공직자는 물론, 국민 모두의 의식 개혁 없이는 부패 척결은 ~일 수밖에 없다.
백년-해로(百年偕老)[뱅-] 圀 부부가 되어 화락하게 함께 늙음. **백년해로-하다** 동자여
백답(白畓)[-땁] 圀 너무 가물어서 아무것도 심지 못한 논.

백당(白糖)[-땅] 圀 1 =백설탕. 2 빛깔이 흰 엿.
백-댄서(†back dancer) 圀 가수가 노래를 부를 때 노래의 분위기를 돋우기 위해 춤을 추는 사람.
백도¹(白徒)[-또] 圀[역] 과거를 거치지 않고 벼슬아치가 되는 일. 또는, 그 사람.
백도²(白桃)[-또] 圀[식] 복숭아의 한 품종. 살이 희고 무름. ▷황도(黃桃).
백도³(白道)[-또] 圀[천] 지구를 도는 달의 궤도를 천구(天球) 상에 투영한 큰 원. ▷황도(黃道).
백동(白銅)[-똥] 圀 '백통'의 원말. ¶~시계.
백두(白頭)[-뚜] 圀 1 허옇게 센 머리. =백수(白首). ¶~ 노인. 2 〖'탕건을 쓰지 못한 맨머리'라는 뜻〗[역] 지체는 높으나 벼슬하지 못한 사람. 凹민머리.
백두-대간(白頭大幹)[-뚜-] 圀[지] 백두산에서 시작되어 금강산·설악산·태백산 등을 거쳐 지리산에 이르는 한반도의 중심 산줄기. 약 1400km에 이름.
백-라이트(backlight) 圀[연][예] 연극·무용·뮤지컬 무대의 뒤쪽에서 비추는 조명.
백랍¹(白蠟)[뱅납] 圀 밀랍을 햇볕에 쬐어 만든 순백색의 물질.
백랍²(白蠟)[뱅납] 圀 =땜납.
백련(白蓮)[뱅년] 圀 1 흰 연꽃. 2 [식] '백목련'의 준말.
백련-교(白蓮敎)[뱅년-] 圀[종] 중국 송 대(宋代) 이후에 성행된, 민간의 비밀 결사 종교.
백령백리(百伶百俐)[뱅녕뱅니] 圀 모든 일에 똑똑하고 민첩함. **백령백리-하다** 혱여
백로¹(白露)[뱅노] 圀 1 '이슬¹'의 미칭. 2 24 절기의 하나. 9월 8일경으로, 처서(處暑)와 추분(秋分) 사이에 있음.
백로²(白鷺)[뱅노] 圀[동] 백로과에 속하는 새의 총칭. 온몸이 희고, 부리·목·다리는 길며, 날 때에는 목을 'S' 자 모양으로 구부림. 무논·호수·해안 지역에서 물고기·개구리·수생 곤충 등을 잡아먹고 삶.
백로-지(白露紙)[뱅노-] 圀 '갱지'의 속칭.
백룡(白龍)[뱅뇽] 圀 천제(天帝)의 사자(使者)라고 하는 흰 용.
백리(白痢)[뱅니] 圀[한] 흰 곱똥이 나오는, 이질의 하나.
백린(白燐)[뱅닌] 圀[화] =흰인.
백립(白笠)[뱅닙] 圀 흰 베로 만든 갓. 대상(大祥) 뒤부터 담제 전까지의 상제(喪制)가 쓰거나, 국상 때 일반 백성이 썼음.
백마(白馬)[-] 圀 털빛이 흰 말. =흰말. ×백말·부루말.
백마비마-론(白馬非馬論)[뱅-] 圀 중국 조(趙)나라의 사상가 공손룡(公孫龍)이 주장한 '백마는 말이 아니다'라는 명제. '백마'는 한정적·구체적 개념이고, '말'은 일반적·추상적 개념이어서 '백마'와 '말'의 개념이 다르며, 따라서 백마는 말이 아니라고 하는 궤변의 논리. ▷견백동이.
백만(百萬)[뱅-] Ⅰ㊍ 만의 백 곱절. Ⅱ괸 ¶~ 대군.
백만-장자(百萬長者)[뱅-] 圀 재산이 매우 많은 사람.
백-말(白-) 圀 '백마(白馬)'의 잘못.
백망(百忙)[뱅-] 圀 매우 바쁨.
백면-서생(白面書生)[뱅-] 圀 글만 읽고 세

상일에는 전혀 경험이 없는 사람.
백면-지(白綿紙)[뱅-] 몡 품질이 썩 좋은 백지.
백모(伯母)[뱅-] 몡 백부의 아내를 이르는 말. 凲큰어머니. ▷숙모.
백목(白木)[뱅-] 몡 =무명¹.
백-목련(白木蓮)[뱅몽년] 몡[식] 목련과의 낙엽 교목. 높이 15m가량. 봄에 잎보다 먼저 종 모양의 희고 향기 있는 꽃이 피며, 가을에 갈색 열매가 익음. 관상용으로 심음. =백란(白蘭)·생지(生枝)·옥란(玉蘭). ䷁ 백련.
백묘-화(白描畫)[뱅-] 몡[미] 동양화에서, 먹의 선만으로 그린 단색화. 선의 변화로 물체의 입체감·질감 등을 나타냄. =백묘(白描)·㊉선화(線畫).
백묵(白墨)[뱅-] 몡 =분필(粉筆).
백문(百聞)[뱅-] 몡 여러 번 듣는 것.
백문불여일견(百聞不如一見)[뱅-] 무엇이든지 실제로 경험해야 확실히 안다는 말. '백문이 불여일견'의 꼴로도 쓰임. '백 번 듣는 것이 한 번 보는 것만 못하다'와 같은 말.
백미¹(白米)[뱅-] 몡 현미에서 씨눈과 속겨를 완전히 제거하여 현미 중량의 93% 정도가 되게 도정한 쌀. 凲정백미·흰쌀. ↔현미(玄米).
백미²(白眉)[뱅-] 몡 [중국 촉한(蜀漢)의, 눈썹에 흰 털이 난 마량(馬良)이 다섯 형제 중 가장 재주가 뛰어났다는 데서] 여럿 가운데 가장 뛰어난 사람이나 작품. ¶춘향전은 한국 고전 문학의 ~이다.
백-미러(†back mirror) 몡 자동차·자전거 등에 달려 있는, 뒤쪽을 보는 거울. ¶~로 뒤따라오는 차를 살피다.
백반¹(白飯)[-빤] 몡 1 =흰밥. 2 음식점에서 흰밥에 국과 몇 가지 반찬을 끼워 파는 한 상의 음식.
백반²(白斑)[-빤] 몡 1 흰 반점. 2 [천] 태양의 표면에서 특히 희게 빛나는 부분. 태양 활동기에 태양 흑점 부근에 많이 발생함.
백반³(白礬)[-빤] 몡[화] 알루미늄·크롬·철 등의 3가 이온의 황산염과, 칼륨·암모늄·나트륨 등의 1가 이온의 황산염의 총칭. 무색 투명한 정팔면체의 결정이며, 매염제·수렴제·정수제 또는 가죽 무두질 등에 쓰임. ㊉명반(明礬).
백반-병(白斑病)[-빤뼝] 몡[농] 야채류의 잎에 흰 점이 생기고 시들어 죽는 병.
백발(白髮)[-빨] 몡 허옇게 센 머리털. 특히, 머리숱의 전부나 대부분이 허옇게 된 머리털을 가리킴. 凲흰머리. 凲호호~/ ~의 노신사. ㊉성성하다. ↔흑발(黑髮).
백발-노인(白髮老人)[-로-] 몡 머리털이 허옇게 센 늙은이.
백발-백중(百發百中)[-빨-쯩] 몡 [활을 백 번을 쏘아 백 번을 맞힌다는 뜻] 1 총·활 같은 것이 겨눈 곳에 꼭꼭 맞음. ¶~의 사격 솜씨. 2 무슨 일이나 틀림없이 잘 들어맞는 것. ¶퀴즈 문제를 ~으로 알아맞히다. **백발백중-하다** ㊈ 짜여
백발삼천장(白髮三千丈)[-빨-] 백발이 매우 길게 자랐다는 뜻으로, 몸이 늙고 근심 걱정이나 비탄이 날로 쌓여 감을 이르는 말.
백발-홍안(白髮紅顏)[-빨-] 몡 [머리털은 하얗게 세었으나 얼굴은 소년처럼 붉다는 뜻] 나이는 많은데 매우 젊어 보이는 사람.
백방¹(白放)[-빵] 몡 죄가 없음이 드러나서 놓아주는 것. **백방-하다** ㊈ 짜여 **백방-되다**
㊈ 짜여
백방²(百方)[-빵] 몡 [주로 '백방으로', '백방의'의 꼴로 쓰여] 1 온갖 방법이나 방도. ¶병을 고치려고 ~으로 애를 썼으나 허사였다. 2 어디라 할 것 없는 온갖 곳이나 방면. ¶~으로 수소문하다.
백배¹(百拜)[-빼-] 몡 여러 번 절을 하는 것. **백배-하다**¹ ㊈ 짜여
백배²(百倍)[-빼] 뮈 ['백 곱절'이라는 뜻] 비교할 수 없으리만큼 아주. ¶조금씩이라도 매일 운동을 하는 것이 전혀 안 하는 것보다 ~ 낫다.
백배-사례(百拜謝禮)[-빼-] 몡 몹시 고마워 거듭거듭 절하며 사례함. =백배치사. **백배사례-하다** ㊈ 짜여
백배-사죄(百拜謝罪)[-빼-죄/-빼-줴] 몡 여러 번 절을 하며 용서를 빎. **백배사죄-하다** ㊈ 짜여 ¶피해자에게 잘못을 ~.
백배-치사(百拜致謝)[-빼-] 몡 =백배사례. **백배치사-하다** ㊈ 짜여
백배-하다²(百倍-)[-빼-] ㊈ 짜여 (용기나 사기 따위가) 매우 더하여지다. ¶용기가 ~.
백번(百番)[-뻔] 뮈 1 여러 번 거듭. ¶개를 붙들고 ~ 얘기해 봐야 소용없어! 2 전적으로 다. ¶당신의 말이 ~ 옳습니다.
백병(白兵)[-뼝] 몡 칼·창 따위와 같이 적을 베고 찌를 수 있는 무기.
백병(百病)[-뼝] 몡 온갖 병. 凲만병(萬病). ¶감기는 ~의 근원이다.
백병-전(白兵戰)[-뼝-] 몡 창·칼·총검 등을 가지고 서로 맞붙어서 싸우는 육박전. ¶~을 벌이다. **백병전-하다** ㊈ 짜여
백보드(backboard) 몡[체] 농구에서, 바스켓을 붙이는 판.
백부(伯父)[-뿌] 몡 아버지의 맏형을 이르는 말. 凲큰아버지. ▷숙부.
백분(白粉)[-뿐] 몡 1 밀·쌀 따위의 흰 가루. 2 =분(粉)¹.
백분-법(百分法)[-뿐뻡] 몡[수] 각도의 단위계. 1직각은 100도, 1도는 100분, 1분은 100초로 함. ㊉육십분법.
백분-비(百分比)[-뿐-] 몡 =백분율.
백분-율(百分率)[-뿐뉼] 몡 전체의 1/100을 단위로 하여 나타낸 비율. =백분비(百分比)·퍼센티지.
백분-표(百分標)[-뿐-] 몡 백분율을 나타낼 때 쓰는 부호. 기호는 %.
백비-탕(白沸湯)[-빼-] 몡 맹탕으로 끓인 물. =백탕.
백사¹(白沙)[-싸] 몡 빛깔이 희고 깨끗한 모래. 凲흰모래.
백사²(白蛇)[-싸] 몡 몸빛이 흰 뱀.
백사³(百事)[-싸] 몡 온갖 일. 凲만사(萬事). ¶~를 제쳐 놓고 이 일을 먼저 끝내야겠다.
백-사기(白沙器)[-싸-] 몡 흰 빛깔의 사기.
백사-여의(百事如意)[-싸-의/-싸-이] 몡 모든 일이 뜻대로 됨. **백사여의-하다** ㊈ 짜여
백사-장(白沙場)[-싸-] 몡 강가·바닷가의 흰모래가 깔려 있는 곳.
백삼(白蔘)[-쌈] 몡[한] 수삼의 잔뿌리를 따고 껍질을 벗겨 볕에 말린 인삼. ▷홍삼(紅蔘).
백상-지(白上紙)[-쌍-] 몡 책의 본문 용지로 쓰는, 겉을 매끄럽게 처리한 흰 종이.
백색(白色)[-쌕] 몡 1 눈[雪]이나 우유와 같

은 빛깔의 색. ¶~의 깃발. ↔흑색. **2** 사회주의나 공산주의에 대하여 자본주의를 상징하는 빛깔. ↔적색.

백색-광(白色光) [-쌕꽝] [명] **1** 흰색의 빛. **2** [물] 태양 광선처럼 각 파장의 빛이 적당한 비율로 혼합된 빛. =백광(白光).

백색-선전(白色宣傳) [-쌕썬-] [명] 믿을 만한 증거나 자료를 가지고 하는 선전. ↔흑색선전.

백색^왜성(白色矮星) [-쌕-] [명][천] 지구만 한 지름에 태양만 한 질량을 가지며 고밀도의 백색광을 비치는 항성.

백색^인종(白色人種) [-쌕-] [명] =백인종.

백색-체(白色體) [-쌕-] [명][생] 녹색 식물의 세포에 있는, 색소를 생산하지 않는 색소체.

백색^테러(白色terror) [-쌕-] [명] 〔'백색'은 프랑스 왕권의 상징이었던 백합에서 유래〕 [정] 권력자나 지배자가 반정부 운동 내지 혁명 운동에 대하여 행하는 극심한 탄압. =백색 공포. ↔적색 테러.

백서(白書) [-써] [명] 〔영국 정부의 보고서가 흰색 표지로 된 데서〕 [정] 정부가 정치·경제·외교 등에 관한 현황이나 시책을 국민들에게 알리기 위해 발표하는 보고서. ¶경제~/국방~. ▷청서(青書).

백석1(白石) [-썩] [명] 흰 돌.

백석2(白晳) [-썩] [명] 얼굴빛이 희고 잘생긴 상태에 있는 것. ¶~의 청년. **백석-하다** [형][여]

백선1(白線) [-썬] [명] 흰 줄.

백선2(白癬) [-썬] [명][의] **1** 사상균(絲狀菌)으로 인한 전염성 피부 질환. =쇠버짐. **2** '두부 백선'의 준말.

백선3(百選) [-썬] [명] 백 개를 가려 뽑는 것. 또는, 가려 뽑은 백 개. ¶한국 단편 문학 ~.

백설(白雪) [-썰] [명] 흰 눈. ¶~같이 고운 피부.

백-설기(白-) [-썰-] [명] 멥쌀가루에 고물 없이 물·설탕을 내려서 시루에 쪄 낸 떡. =백설고. [준]설기.

백-설탕(白雪糖*) [-썰-] [명] 흰 빛깔의 설탕. =백당(白糖)·백사탕.

백성(百姓) [-썽] [명] **1** 지난날, 피지배 계급인 평민을 이르던 말. ¶~의 고혈을 짜는 탐관오리. **2** 오늘날, '국민'을 예스럽게 이르는 말. 또는, 서민들이 스스로를 자조적으로 이르는 말. ¶우리같이 힘없는 ~이 어떡하겠소? 누르면 당할밖에.

백세(百世) [-쎄] [명] 오랜 세대.

백세-소주(百洗燒酒) [-쎄-] [명] 쪄 낸 쌀가루를 누룩과 함께 찬물에 빚어 두었다가, 쪄 익힌 보리와 함께 버무려 열흘 뒤에 곤 소주.

백손(白損) [-쏜] [명][인] 수송·운반할 때 흠이 나서 인쇄하지 못하게 된 신문 용지. ↔흑손.

백송(白松) [-쏭] [명][식] 소나뭇과의 상록 침엽 교목. 높이 15m가량. 나무껍질이 큰 비늘처럼 벗겨져서 밋밋하고 흰빛이 남. 중국 원산의 희귀종으로, 큰 나무는 천연기념물로 지정되어 있음. =백골송(白骨松).

백수1(白手) [-쑤] [명] 직업도 없이 빈둥거리며 놀고먹는 사람. [비]백수건달·실업자.

백수2(白首) [-쑤] [명] =백두(白頭)1. ¶~ 노인.

백수3(白壽) [-쑤] [명] 〔'百'에서 '一'을 빼면 99가 되고 '白(백)' 자가 되는 데서〕 '아흔아홉 살'을 이르는 말. ▷망백(望百).

백수4(白鬚) [-쑤] [명] 허옇게 센 수염.

백수5(百獸) [-쑤] [명] 온갖 짐승. ¶~의 왕 사자.

백수-건달(白手乾達) [-쑤-] [명] 아무것도 가진 것 없이 빈둥거리며 껄렁껄렁하게 행동하는 사람. [비]백수. ¶장안에 이름 높던 그 한량이 하루아침에 ~이 되었다.

백수-풍신(白首風神) [-쑤-] [명] 노인의 보기 좋은 풍채.

백수-풍진(白首風塵) [-쑤-] [명] 늙바탕에 겪는 세상의 어지러움이나 온갖 곤란.

백숙(白熟) [-쑥] [명] (고기·생선 따위를) 양념하지 않고 맹물에 푹 삶아 익히는 것. 또는, 그 음식. ¶영계~/닭~/가오리~. **백숙-하다** [동][타][여]

백-스윙(backswing) [명][체] 야구·테니스·골프 등에서, 공을 칠 때 반동을 주기 위해 배트·라켓·클럽 등을 뒤로 들어 올리는 일. **백스윙-하다** [동][타][여]

백-스크린(†back screen) [명][체] 야구에서, 투수가 던지는 공이 타자에게 잘 보이도록 구장의 외야석 중앙에 설치하는 녹색의 벽(壁).

백스페이스-키(back-space key) [명] 타자기나 컴퓨터의 글자판에서 이미 쓴 글자를 지우면서 글자를 치는 위치를 뒤로 옮길 때 쓰는 글쇠.

백승(百乘) [-씅] [명] 백 대의 수레.

백신(vaccine) [명][의] 몸에 주사함으로써 병에 대해 면역성을 가지게 하거나 병을 치료하는, 병원균을 죽이거나 그 독을 약화시켜 만든 물질. 보통, 예방 접종액으로 쓰임. =왁친.

백씨(伯氏) [명] 남의 맏형을 높여 일컫는 말.

백아-절현(伯牙絶絃) [명] 〔백아가, 그의 거문고 소리를 좋아하던 종자기(鍾子期)가 죽자 거문고 줄을 끊고 다시는 타지 않았다는 데서〕 자기를 알아주는 참다운 벗의 죽음을 슬퍼함을 이르는 말.

백악(白堊) [명] **1** 백악계에서 산출되는, 흰색의 부드러운 석회질 암석. **2** =백토(白土)1. **3** 석회로 칠한 흰 벽.

백악-계(白堊系) [-꼐/-께] [명][지] 백악기에 생긴 지층.

백악-관(白堊館) [-꽌] [명] 미국 워싱턴에 있는, 미국 대통령의 관저. =화이트 하우스.

백악-기(白堊紀) [-끼] [명][지] 중생대 최후의 기. 동물은 유공충·암모나이트·공룡, 식물은 양치류·속씨식물이 번성하였음.

백악-질(白堊質) [-찔] [명] **1** 백악의 성질. =백토질. **2** [생] 동물의 이의 치근부(齒根部) 표면을 싸고 있는 반투명 또는 흰색의 얇은 층. =시멘트질.

백안(白眼) [명] 〔'눈알의 흰자위'라는 뜻〕 업신여기거나 냉대하여 흘겨보는 눈. ↔청안(青眼).

백안-시(白眼視) [명] 〔중국 진(晉)나라의 완적(阮籍)이 반갑지 않은 손님은 백안(白眼)으로 대하였고, 호감이 가는 손님은 청안(青眼)으로 대하였다는 고사에서〕 업신여기거나 냉대하여 흘겨보는 것. ¶이 귀여운 아이는 마치 악마의 새끼이기라도 한 것처럼 여러 사람에게 ~당하고 있었다.《강신재:파도》 ↔청안시. **백안시-하다** [동][타][여]

백야(白夜) [명][지] 고위도 지방에서, 해 뜨기 전이나 해 진 뒤에도 희미하게 밝은 상태가 계속되는 현상. 북극은 하지, 남극은 동지

때에 일어남. ↔극야(極夜).
백약(百藥) 명 온갖 약. ¶그 병에는 ~이 무효다.
백양(白楊) 명 [식] 1 =황철나무. 2 =사시나무.
백업(backup) 명 1 [체] 야구 등에서, 수비자의 실책에 대비하여, 그 뒤에 다른 수비자가 대비하는 것. 2 [컴] 잘못된 조작에 의한 데이터 파일 등의 소실에 대비하여 복사해 놓는 것.
백-여우(白-) [-녀-] 명 1 흰 빛깔의 여우. 2 요사스러운 여자를 속되게 이르는 말. ¶그 ~한테 홀려도 단단히 홀렸군.
백연-석(白鉛石) 명 [광] 탄산납으로 된 광물. 무색·흰색·회색의 결정이며, 납의 중요한 원료임. 구용어는 백연광.
백열(白熱) 명 1 [물] 물체가 백색광에 가까운 빛을 발할 정도로 온도가 몹시 높은 상태. 또는, 그 빛. 2 힘이나 열정이 최고조에 달하는 것. 또는, 그 열기. **백열-하다** 명 [자] [여]
백열-등(白熱燈) [-뜽] 명 백열 가스등·백열 전등 따위의 총칭.
백열-선(白熱線) [-썬] 명 백열전구 속에 불이 켜지는 선. 고온에서 잘 견디는 텅스텐 따위로 만듦.
백열-전(白熱戰) [-쩐] 명 있는 힘과 재주를 다하여 맹렬히 싸우는 싸움이나 경기. [비]열전(熱戰).
백열-전구(白熱電球) 명 진공 또는 비활성 기체를 봉입한 유리구 안의 가는 저항선에 전류를 통하여, 그 발열로 생기는 빛을 이용한 전구.
백열-전등(白熱電燈) 명 백열전구를 사용하는 전등.
백열-화(白熱化) 명 어떤 상황이 매우 열띤 상태로 되는 것. **백열화-하다** 명 [자] [여] 백열 화-되다 [자] ¶시합이 후반에 들어 ~.
백염(白鹽) 명 정제(精製)된 하얀 소금.
백엽-상(百葉箱) [-썅] 명 기상 관측용 기구가 설비되어 있는, 조그만 집 모양의 흰색 나무 상자. 지표에서 약 1.5m 높이에 온도계·습도계·기압계 등이 있도록 설치함.
백오^인^사^건(百五人事件) [-껀] 명 [역] 1911년, 일본 경찰이 신민회(新民會) 회원 105명을 체포 투옥한 사건.
백옥(白玉) 명 흰 빛깔의 옥. 또는, 흰 구슬. ¶~ 같은 살결.
백옥-반(白玉盤) [-빤] 명 [백옥으로 만든 쟁반이라는 뜻] 둥근 보름달을 비유하여 이르는 말.
백운(白雲) 명 흰 구름. ↔흑운(黑雲).
백-운모(白雲母) 명 [광] 운모의 한 가지. 판상의 결정으로, 흰색의 진주 광택이 나며 얇게 벗겨지는 성질이 있음. 내열재·전기 절연재 등으로 쓰임. =흰돌비늘.
백운-석(白雲石) 명 [광] 흰색 또는 무색의 탄산염 광물.
백의(白衣) [-의/-이] 명 1 =흰옷. 2 =포의(布衣).
백의의 천사(天使) 귀 '간호사'를 미화하여 이르는 말.
백의-민족(白衣民族) [-의-/-이-] 명 예로부터 흰옷을 숭상하여 즐겨 입은 '한민족(韓民族)'을 이르는 말.
백의-용사(白衣勇士) 명 =상이군인.
백의-정승(白衣政丞) [-의-/-이-] 명 유생(儒生)으로 있다가 단번에 정승 벼슬에 오른 사람. =백의재상.
백의-종군(白衣從軍) [-의-/-이-] 명 벼슬이 없이 군대를 따라 전장으로 감. **백의종 군-하다** 명 [자] ¶이순신 장군은 원균 일파의 무고로 삭탈관직되었다가 권율 장군의 휘하에서 **백의종군하였다**.
백인¹(白人) 명 백인종에 속하는 사람. ↔흑인(黑人).
백인²(百人) 명 많은 사람.
백인-백색(百人百色) [-쌕] 명 많은 사람들이 저마다 다른 특색이 있음을 이르는 말.
백-인종(白人種) 명 피부색에 따라 구분한 인종의 하나. 신체적 특징으로는 흰 빛깔의 피부, 곱슬머리, 푸른 눈, 좁고 높은 코 등을 들 수 있음. 유럽·서남아시아·북부 아프리카·남북아메리카 등지에 분포함. =백색 인종·유럽 인종. ↔유색 인종.
백일(百日) 명 아이의 출생일로부터 백 번째가 되는 날. =백날.
백일-기도(百日祈禱) 명 어떤 목적으로 백일을 기한하고 드리는 기도. **백일기도-하다** 명 [자] [여] ¶아들을 점지해 달라는 ~.
백일-기침(百日-) 명 =백일해.
백일-몽(白日夢) 명 ['대낮에 꾸는 꿈'이라는 뜻] 실현될 수 없는 헛된 공상. ¶불과 한 세기 전만 하더라도 우주 비행은 ~에 지나지 않았다.
백일-잔치(百日-) 명 아기의 백일을 축하하여 베푸는 잔치.
백일-장(白日場) [-짱] 명 1 [역] 조선 시대에 각 지방에서 유생들의 학업을 권장하기 위하여 베풀던, 시문(詩文)을 짓는 시험. 2 주로 학생들에게 많은 사람들이 모여 주어진 제목이나 소재에 따라 시나 수필 등을 지어 그 뛰어남을 겨루는 대회.
백일-재(百日齋) 명 [불] 사람이 죽은 지 백 일 되는 날에 드리는 불공. ⓧ백재.
백일하-에(白日下-) 부 뚜렷하여 세상 사람들이 다 알게. ¶그의 비행(非行)이 ~ 드러났다.
백일-해(百日咳) 명 [의] 유아의 급성 전염병의 하나. 백일해균의 비말 감염(飛沫感染)에 의함. 감기와 비슷한 증상을 나타내며, 예방 접종이 유효함. =백일기침.
백일-홍(百日紅) 명 [식] 국화과의 한해살이풀. 높이 60~90cm. 6~10월에 여러 가지 빛깔의 꽃이 오랫동안 핌. 관상용으로 널리 재배함. =백일화.
백자¹(白瓷·白磁) [-짜] 명 순백색의 흙 위에 투명한 유약(釉藥)을 발라 구워 만든 자기.
백자²(柏子) [-짜] 명 =잣.
백작(伯爵) [-짝] 명 1 [역] 오등작(五等爵)의 셋째 작위. 후작(侯爵)의 아래, 자작(子爵)의 위임. 2 유럽에서, 중세 이후의 귀족 계급 중 셋째 작위. 후작의 아래, 자작의 위임. ⓧ백(伯).
백장 [-짱] 명 [<백정(白丁)] 1 [역] =백정(白丁). 2, ⇒백정3.
백-장미(白薔薇) [-짱-] 명 꽃의 빛깔이 흰색에 가까운 장미.
백전-노장(百戰老將) [-쩐-] 명 1 수많은 싸움을 치른 노련한 장수. 2 세상의 온갖 어려운 일을 많이 겪은 노련한 사람.
백전-백승(百戰百勝) [-쩐-씅] 명 싸울 때마다 다 이김. =백전불패. **백전백승-하다** 명 [자] [여]

백전-불패(百戰不敗) [-쩐-] 명 =백전백승. 백전불패-하다 동재어

백절불굴(百折不屈) [-쩔-] 명 어떠한 난관에도 굽히지 않고 이겨 나감. 백절불굴. 백절불굴-하다 동재어

백절불요(百折不撓) [-쩔-] 명 =백절불굴. 백절불요-하다 동재어

백-점토(白粘土) [-쩜-] 명 흰 찰흙. 도자기의 원료임.

백정(白丁) [-쩡-] 명 **1**[역] 고려 시대에 특정한 역(役)이 없던 일반 농민. **2**[역] 조선 시대에, 소·돼지 등을 잡거나 버들고리 따위를 겯는 일을 직업으로 하던 사람. =도한·백장·포정·포한. **3** 도살업을 하는 사람을 얕잡아 이르는 말. =백장·칼잡이.

백제(百濟) [-쩨] 명 [역] 한반도 남서부에 있던, 고대 국가의 하나(18 B.C.~A.D. 660). 시조는 온조왕(溫祚王). 한강 유역을 중심으로 발전하여 고이왕 때 고대 왕국의 면모를 갖춤. 의자왕 20년(660)에 나당(羅唐) 연합군에게 멸망함.

백조(白鳥) [-쪼] 명[동] =고니.

백조-자리(白鳥-) [-쪼-] 명 [천] 여름의 북천(北天)에 있는 별자리.

백주(白晝) 명 =대낮. ¶~에 일어난 살인 강도 사건.

백주-에(白晝-) [-쭈-] 부 공공연하게 드러내 놓고 터무니없이. 준백줴.

백죽(白粥) 명 '흰죽'의 잘못.

백중¹(百中·百衆) [-쭝-] 명[민] 명일(名日)의 하나로 음력 칠월 보름날. =백종(百種)·중원(中元). 비백종날.

백중²(伯仲) [-쭝-] 명 '백중지세'의 준말.

백중³(伯仲) [-쭝-] → 백중-하다 [-쭝-] 형여 (재주나 지식 따위가) 어금지금하여 낫고 못함이 없다. ¶양 팀이 결승전에서 백중한 경기를 벌이다.

백중-날(百中-) [-쭝-] 명[민] '백중'을 좀더 우적적으로 이르는 말.

백중-력(百中曆) [-쭝녁-] 명 앞으로 올 백년 동안의 일월(日月)·성신(星辰)·절후(節候) 등을 미리 헤아려 만든 책력. ▷만세력·천세력.

백중지세(伯仲之勢) [-쭝-] 명 서로 우열을 가리기 힘든 형세. =백중지간. 준백중.

백쥐 [-쮀] 부 '백주에'의 준말.

백지¹ [-찌] 명 바둑돌의 흰 알. 준백(白). 원백자(白子). 흑지.

백지²(白地) [-찌] **Ⅰ**명 **1** 농사가 안 되어 거두어들일 것이 없이 된 땅. **2** 어떤 사실이 근거가 없는 것.
Ⅱ부 아무 턱도 없이. 비생판. ¶"제 몸뚱일 팔지, 그래 ~ 제 자식을 판담, 에익!"(이광수; 흙)

백지³(白紙) [-찌] 명 **1** 닥나무 껍질로 만든, 흰빛의 우리나라 종이. **2** 아무것도 쓰지 않은 종이. =공지(空紙). ¶~에 낙서를 하다. **3** '백지상태'의 준말. ¶시험지를 ~로 내다 / 모든 계획을 ~로 돌리다.

백지 한 장의 차이 관용 '근소한 차이'를 이르는 말.

백-지도(白地圖) [-찌-] 명 지형의 윤곽만 그린, 기입 연습용 지도. =암사 지도.

백지^동맹(白紙同盟) [-찌-] 명 학생들이 시험 때 교사나 학교 당국에 반항하기 위해 답안지에 아무것도 쓰지 않은 종이 그대로 내는 일.

백지-상태(白紙狀態) [-찌-] 명 **1** 종이에 아무것도 쓰지 않은 상태. **2** 어떠한 대상에 대하여 아무것도 모르는 상태. ¶나는 음악에 대해서는 거의 ~다. **3** 어떤 일을 하기 이전의 상태. ¶모든 일이 ~로 돌아가다. **4** 잡념·선입관 따위가 없는 상태. ¶~에서 시작하다. 비백지.

백지^수표(白地手票) [-찌-] 명[법] 수표 요건의 일부 또는 전부를 비워 둔 채 뒷날에 소지인이 기입할 것을 전제로 하여 발행한 수표.

백지-애매(白地曖昧) [-찌-] 명 까닭 없이 죄를 입고 재앙을 당함. 백지애매-하다 동재어

백지^어음(白地-) [-찌-] 명[법] 발행인의 기명 날인이나 서명은 되어 있으나, 어음 요건의 전부 또는 일부를 비워 둔 채 뒷날에 소지인이 기입할 것을 전제로 하여 발행한 어음. 거래 금액·지급 기일을 확정하기 곤란할 경우에 활용하는 것으로, 장래에 발생할 채무 이행을 보증하기 위한 것임.

백지^위임장(白紙委任狀) [-찌-짱] 명[법] 위임장의 전부 또는 일부에 아무것도 써넣지 않고 후에 일정한 사람에게 그것을 보충하게 하는 위임장.

백지-장(白紙張) [-찌짱] 명 하얀 종이의 낱장.

[**백지장도 맞들면 낫다**] 아무리 쉬운 일이라도 협력하여 하면 훨씬 효과적이다.

백지장 같다 관용 (얼굴빛이) 핏기가 없이 창백하다. =종잇장 같다. ¶놀란 그의 얼굴은 백지장 같았다.

백지-화(白紙化) [-찌-] 명 (계획했거나 추진했던 일을) 하지 않기로 하는 것. 비취소·철회. 백지화-하다 동태어 ¶계획을 ~. 백지화하다 동재어

백질(白質) [-찔] 명[생] 고등 동물의 신경 중추부에서 신경 섬유의 집단을 이루는, 하얗게 보이는 부분. 신경 신호를 전달하는 기능을 함.

백차(白車) 명 [차체의 전체 또는 일부에 흰 칠을 한 데서] 경찰·헌병의 순찰차를 이르는 말.

백-차일(白遮日) 명 빛깔이 흰 차일.
백차일 치듯 관용 흰옷 입은 사람들이 매우 많이 모인 모양을 이르는 말. ¶구경꾼들이 ~ 하는 운동회.

백^차지(back charge) 명[체] 축구·럭비 등에서, 상대 선수의 등 뒤에서 부딪치는 반칙.

백-채문(白彩紋) 명 흰 선으로 이루어진 채문. 지폐 등의 무늬로 씀. ↔흑채문.

백척-간두(百尺竿頭) [-깐-] 명 [백 자나 되는 높은 장대 위에 올라섰다는 뜻] 몹시 어렵고 위태로운 지경. ¶나라의 운명이 ~에 서 있다. 준간두.

백철(白鐵) 명 함석·양은·니켈 등의, 빛깔이 흰 쇠붙이.

백청(白淸) 명 희고 품질이 좋은 꿀.

백출(百出) 명 여러 가지로 많이 나오는 것. 출-하다 동재어 ¶의견이 ~.

백치(白癡·白痴) 명 뇌에 장애나 질환이 있어 지능이 아주 낮고 정신이 박약한 상태. 또는, 그러한 사람. 비천치.

백치-미(白痴美) 명 [여자에 대해 쓰여] 표정이 백치처럼 흐리멍덩한 듯하면서도 어딘가 사람의 마음을 끄는 데가 있는 아름다움.

¶관능미와 ~의 화신 매릴린 먼로.
백탄(白炭) 명 화력이 세고 연소 시간이 긴 숯. 가마에서 처음 꺼낼 때 흰 재가 묻어 있어 '백탄'이라 부름. ↔검탄(黔炭).
백태¹(白苔) 명 **1** [한] 신열·위병 등으로 말미암아 혓바닥에 끼는 누르스름한 물질. ¶~가 끼다. (俗称). **2** 눈병의 하나. 눈알에 덮여 앞이 안 보이게 하는 희끄무레한 막.
백태²(百態) 명 온갖 자태나 형태. ¶~ 구비(具備) / 사회의 ~ 만상을 묘사한 풍자 소설.
백토(白土) 명 **1** 빛깔이 희고 부드러운 흙. =백악(白堊). **2** [공] =고령토.
백-토스(back toss) 명 [체] 배구에서, 세터가 뒤로 올려 주는 토스.
백통 명 구리와 니켈의 합금. 은백색으로, 화폐나 장식품 등에 쓰임. ㉠백동(白銅).
백통-돈 명 백통으로 만든 돈. =백동화(白銅貨)·백전(白錢)·백통전·백통화.
백통-전(-錢) 명 =백통돈. ㉠백동전.
백통-화(-貨) 명 =백통돈. ㉠백동화.
백파(白波) 명 **1** 흰 거품이 이는 물결. **2** '도둑'의 이칭.
백-파이프(bagpipe) 명 [음] 유럽의 민속 악기. 가죽 주머니에 리드가 있는 몇 개의 관을 달아 그 주머니 속의 공기를 밀어내면서 연주하는 관악기. 스코틀랜드의 것이 유명함.
백판(白板) Ⅰ 명 아무것도 없는 형편이나 모르는 상태. ¶나는 전기에 관해서는 ~이나 다름없다.
Ⅱ 부 전혀 생소하게. ¶"몇 주일 전까지는 ~ 이름도 모르던 우리가 이렇게 한자리에 앉아서, 약물터의 달을 똑같이 쳐다볼 줄이야 꿈이나 꾸었겠어요?"《심훈:상록수》
백팔^번뇌(百八煩惱)[-뇌/-눼] 명 [불] 인간이 지닌 108가지의 번뇌. 육근(六根:여섯 가지 인식 기관인 눈·코·귀·입·몸·뜻)에 각기 고통스럽거나[苦] 즐겁거나[樂] 아무렇지도 않은 느낌[捨]이 있어 18가지가 되고, 또 좋거나[好] 싫거나[惡] 그저 그런 느낌[平]이 있어 모두 36가지가 되며, 이것을 다시 과거·현재·미래로 각각 풀면 108가지가 됨.
백팔십-도(百八十度)[-씹또] Ⅰ 명 정반대의 상태.
Ⅱ 부 =백팔십도로.
백팔십도-로(百八十度-)[-씹또-] 부 정반대의 상태로. =백팔십도. ¶그 사람이 교회에 나가더니 ~ 달라졌더군.
백팔^염ː주(百八念珠)[-렴-] 명 [불] 백팔 번뇌를 상징하여 108개의 구슬을 꿰어 만든 염주. 이것을 한 알씩 넘기며 염불을 하면 백팔 번뇌를 물리칠 수 있다고 함.
백팔-종(百八鐘)[-쭝] 명 [불] 절에서 섣달 그믐날 범종을 108번 치는 일. 또는, 그 종. 인간의 백팔 번뇌를 없애기 위하여 울린다고 함.
백^패스(back pass) 명 [체] 축구·핸드볼 등에서, 뒤쪽에 있는 자기편 선수에게 하는 패스.
백폐(百弊)[-폐/-폐] 명 온갖 폐단. ¶~ 일소(一掃).
백포¹(白布) 명 **1** 흰 베. **2** =포의(布衣)2.
백포²(白袍) 명 흰 도포(道袍).
백-포도주(白葡萄酒) 명 청포도를 주성분으로 하는 황색 내지 황갈색의 포도주.
백포-장(白布帳) 명 흰 베로 만든 휘장.

백하-젓(白蝦-) 명 '새우젓'의 잘못.
백학(白鶴)[배캑] 명 [동] =두루미¹.
백합¹(白蛤)[배캅] 명 [동] =대합(大蛤).
백합²(百合)[배캅] 명 **1** [식] 백합과에 속하는 여러해살이풀. 높이 30~100cm. 5~6월에 깔때기 모양의 흰 꽃이 피고, 향기가 있음. 관상용으로 재배됨. =릴리(lily). **2** [한] 나리의 뿌리. 해수 따위에 약재로 쓰임.
백합-꽃(百合-)[배캅꼳] 명 백합의 꽃. =백합화.
백합-화(百合花)[배카퐈] 명 =백합꽃.
백해(百害)[배캐] 명 온갖 해로운 일.
백해-무익(百害無益)[배캐-] → 백해무익하다[배캐-이카-] 형(여) (사물이) 해롭기만 하고 조금도 이로운 구석이 없다. ¶담배는 백해무익하다는데 왜 피우세요?
백핸드(backhand) 명 [체] 테니스·탁구 등에서, 공을 칠 때 손의 손등이 상대방을 향하도록 하는 타법. ↔포핸드.
백행(百行)[배캥] 명 온갖 행실. ¶효(孝)는 ~의 근본이다.
백-혈구(白血球)[배켤-] 명 [생] 혈액 속에 있는, 수시로 모양이 변하는 세포. 골수나 지라·림프샘에서 만들어지는데, 적혈구보다 크고 무색의 핵이 있음. 체내에 침입한 세균을 잡아먹음. =흰피톨. ▷적혈구.
백혈-병(白血病)[배켤뼝] 명 [의] 혈액에 생기는 암으로, 혈액 속의 백혈구가 정상보다 많아지는 병.
백형(伯兄)[배켱] 명 =맏형.
백호¹(白虎)[배코] 명 [민] **1** 서쪽 방위의 금(金) 기운을 맡은 태백신(太白神)을 상징한 짐승. **2** 주산(主山)에서 오른쪽으로 뻗어 나간 산맥. ↔청룡(靑龍).
백호²(白毫)[배코] 명 [불] 부처의 32상(相)의 하나. 눈썹 사이에 난 흰 터럭으로 광명을 무량세계(無量世界)에 비춘다고 함.
백화¹(白化)[배콰] 명(하다) 흔히 유전적으로 동물의 피부·모발·눈 등에서 색소가 생기지 않는 현상. =백화 현상.
백화²(白話)[배콰] 명 중국의 구어체 언어. 현재의 중국어.
백화³(百花)[배콰] 명 온갖 꽃.
백화-난만(百花爛漫)[배콰-] 명 온갖 꽃이 활짝 피어 아름답게 흐드러져 있음. **백화난만-하다** 형(여) ¶백화난만한 춘삼월.
백화-만발(百花滿發)[배콰-] 명 **1** 온갖 꽃이 흐드러지게 활짝 핌. **2** 문화나 문명 등이 다양하고 왕성하게 꽃피워지는 것. 비유적인 말임. **백화만발-하다** 동(자)여 ¶백화만발하는 계절 / 세계 문명은 바야흐로 백화만발하는 시대를 맞고 있다.
백화-문(白話文)[배콰-] 명 구어체로 쓴 중국의 글.
백화^소ː설(白話小說)[배콰-] 명 [문] 중국의 구어체 소설. 특히, 백화 운동 시대의 소설을 이르는 말로, 루 쉰(魯迅)의 '광인 일기' 등이 유명함.
백화^운ː동(白話運動)[배콰-] 명 1917년에 중국의 후스(胡適) 등이 일으킨, 문체의 개혁 운동. 백화에 의한 문장 표현을 주장함으로써 문학 혁명의 도화선이 되었음.
백화-점(百貨店)[배콰-] 명 한 건물 안에 여러 가지 상품을 부문별로 나누어 진열·판매하는 대규모의 종합 소매점.
백화-제방(百花齊放)[배콰-] 명 **1** 많은 꽃이 일제히 핌. **2** 온갖 학문·예술·사상 따위가 각기 자기주장을 폄. ▷백가쟁명(百家爭鳴).
백회(白灰)[배쾨/배퀘] 명 =산화칼슘.
백흑(白黑)[배큭] 명 옳고 그름, 또는 바른 일과 사악한 일.
백희(百戱)[배키] 명 온갖 연희(演戱). 가면놀이·곡예·요술 따위.
밴(VAN) [Value Added Network] =부가 가치 통신망.
밴대 명 '밴대보지'의 준말.
밴대-보지 명 어른이 되었는데도 음모(陰毛)가 나지 않은 상태에 있는 보지. ㉣밴대.
밴대-질 명 여자끼리 남녀가 성교하듯 성적인 행위를 하는 짓. ¶~을 치다. ↔비역. 밴대질-하다 (통)(자)(여)
밴댕이 명(동) 청어과의 바닷물고기. 몸길이 15cm 정도. 전어와 비슷하며, 몸빛은 등은 청흑색, 옆구리와 배는 은백색임.
밴댕이 소갈머리 (구) 아주 좁고 얕은 심지(心志). ¶걸핏하면 토라지니 ~지 뭐야.
밴:-덕 명 '변덕'의 작은말로, 흘하게 또는 품격이 낮게 이르는 말. ¶~을 떨다 / ~을 부리다.
밴:-덕-스럽다 [-쓰-따] (형)(ㅂ) 〈-스러우니, -스러워〉 '변덕스럽다'의 작은말. **밴:덕스레**
밴둥-거리다/-대다 (통)(자) 별로 하는 일도 없이 게으름만 부리고 놀다. ㉣빈둥거리다. (센)뺀둥거리다. (거)팬둥거리다.
밴둥-밴둥 (부) 밴둥거리는 모양. ¶남들은 모두 열심히 일하는데 병수만 혼자서 ~놀고 있다. ㉣빈둥빈둥. (센)뺀둥뺀둥. (거)팬둥팬둥. **밴둥밴둥-하다** (통)(자)(여)
밴드¹(band) 명 주로 경음악을 연주하는 악단이나 악대.
밴드²(band) 명 가죽이나 천 등으로 좁고 길게 만든 띠. ㉑헤어~ / 고무~.
밴드-마스터(bandmaster) 명 '악단장(樂團長)', '악단 지휘자'의 순화.
밴들-거리다/-대다 (통)(자) 하는 일 없이 얄밉게 놀기만 하다. ¶모두는 일하고 있는데 혼자서만 밴들거리고 있다. ㉣빈들거리다. (센)뺀들거리다. (거)팬들거리다.
밴들-밴들 (부) 밴들거리는 모양. ㉣빈들빈들. (센)뺀들뺀들. (거)팬들팬들. **밴들밴들-하다** (통)(자)(여)
밴앨런-대(Van Allen帶) 명(지) 지구 대기의 고층에 존재하는, 고에너지 입자의 분포 밀도가 높은 대상(帶狀)의 영역. 강한 방사선이 존재함.
밴조(banjo) 명(음) 미국의 민속 음악이나 재즈에 쓰이는 현악기. 기타와 비슷하나 공명동(共鳴胴)이 원형이며, 현은 보통 4~5줄임. 손가락으로 퉁겨서 연주함.
밴텀-급(bantam級) 명(체) 권투 체급의 하나. 프로는 52.16~53.52kg, 아마추어는 51~54kg임.
밸: '배알'의 준말. ¶~이 꼴리다 / 넌 ~도 없어? 그런 모욕을 당하고도 또 거길 찾아가게.
밸러스트(ballast) 명 1 배에 실은 화물의 양이 적어 배의 균형을 유지하기 어려울 때 안전을 위해 배의 바닥에 싣는 중량물. 물이나 자갈 따위를 실음. =바닥짐. 2 철도의 선로에 깔거나 콘크리트에 섞는 자갈.
밸런스(balance) 명 '균형'으로 순화. ¶~를 맞추다 / ~가 깨어지다. ⇨언밸런스.

밸런타인-데이(Valentine Day) 명 로마 사제였던 발렌티누스의 순교를 기념하기 위한 날. 2월 14일로, 사랑하는 사람끼리 선물이나 카드를 주고받는 풍습이 있으며, 이날은 여자가 구애한다고 함. ⇨발렌타인데이.
밸브(valve) 명 1 [공] 유체(流體)의 양이나 압력을 제어하는 장치. =판(瓣). ¶안전~. 2 [음] 피스톤2.
뱀: 명 파충강 뱀목 뱀 아목(亞目)에 속하는 동물의 총칭. 몸은 원통형으로 가늘고 길며, 다리·귓구멍·눈꺼풀 등이 없음. 피부는 비늘로 덮였으며, 오래되면 탈피함. 혀는 가늘고 끝이 갈라졌음. ×배암·진대.
뱀:-눈 명 독살스럽게 생긴 눈을 비유하여 이르는 말.
뱀:-독(-毒) [-똑] 명 독사의 위턱에 있는 독샘에서 분비되는 독물. =사독(蛇毒).
뱀:-딸기 명(식) 장미과의 여러해살이풀. 줄기가 땅 위로 뻗어 마디마다 뿌리를 내리고 싹을 냄. 봄에 노란 꽃이 피고, 열매는 둥글고 붉게 익음. =지매(地苺)·잠매(蠶苺).
뱀:-띠 명(민) 뱀해에 난 사람의 띠.
뱀:-발 명 예의범절 및 도덕에 관한 교양. ¶~를 갖추다 / ~가 없다.
뱀:-살 명 뱀의 허물처럼 흰 비늘이 일어나는 살.
뱀:-술 명 고량주나 소주 등의 독한 술에 뱀을 넣어 우린 술.
뱀:-장어(-長魚) 명(동) 뱀장어과의 민물고기. 몸길이 약 60cm. 몸은 가늘고 길며, 몸은 누른빛·검은빛 등인데 배는 은백색임. 배지느러미가 없고 잔 비늘이 피부에 묻혀 있음. 민물에서 생활하다 바다에서 산란함. 맛이 좋음. ㉣장어. ×배암장어.
뱀:-탕(-湯) 명 뱀을 달인 탕약.
뱀:-해 명(민) =사년(巳年).
뱀:-눈-씨 [-쌔-] 명 =붉은머리오목눈이.
[뱀새가 황새를 따라가면 다리가 찢어진다] 힘에 겨운 일을 억지로 하면 도리어 해만 입는다.
뱁:새-눈[-쌔-] 명 작으면서 가늘게 째진 눈.
뱁:새눈-이[-쌔-] 명 뱁새눈을 가진 사람.
뱃-가죽[배까/뺏까-] 명 '뱃살'을 속되게 이르는 말.
뱃-고동[배꼬-/뺏꼬-] 명 배에서 신호를 하기 위하여 '붕' 소리를 내는 장치. 또는, 그 소리. ¶~ 소리 / ~이 울다.
뱃-구레[배꾸-/뺏꾸-] 명 사람이나 짐승의 배의 통. 또는, 그 안. ¶그는 ~가 커서 한 말 술도 마다하지 않는다.
뱃-길[배낄/뺏낄] 명 배가 안전하게 다닐 수 있게 정해 놓은 바다나 강 위의 통로. (비)물길·선로(船路)·수로(水路)·항로(航路).
뱃-노래[밴-] 명 배를 부리는 사람이 노를 저어 가며 부르는 노래.
뱃-놀이[밴-] 명 배를 타고 흥겹게 노는 일. =선유(船遊)·주유(舟遊). **뱃놀이-하다** (통)
뱃-놈[밴-] 명 '뱃사람'을 얕잡아 이르는 말.
뱃대-끈[배때-/뺏때-] 명 1 여자의 치마나 바지 위에 매는 끈. 2 마소의 배에 걸쳐서 졸라매는 줄.
뱃-머리[밴-] 명 배의 앞 끝. (비)물마루. ¶~를 돌리다.
뱃-멀미[밴-] 명 배를 탔을 때 어지럽고 구

역질이 나는 증상. =선취(船醉)·선훈(船暈)·수질(水疾). ¶~가 나다. 뱃멀미-하다 동자여

뱃-바람[배빠-/밷빠-] 명 배를 타고 쐬는 바람.

뱃-병(-病) [배뼝/밷뼝] 명 배를 앓는 온갖 병.

뱃-사공(-沙工) [배싸-/밷싸-] 명 주로 강에서 노를 젓는 작은 배를 부리는 일을 직업으로 하는 사람. =선부(船夫)·선인·초공(梢工). 준사공.

뱃-사람[배싸-/밷싸-] 명 배를 부리거나 배에서 일하는 사람. =선인(船人)·수부(水夫)

뱃-삯[배싹/밷싹] 명 배에 타거나 짐을 싣는 데 치르는 돈. =선가(船價)·선비·선임(船賃).

뱃-살[배쌀/밷쌀] 명 배를 싸고 있는 살이나 가죽.

뱃-소리[배쏘-/밷쏘-] 명 배를 부리는 사람이 노를 저어 나아갈 때 노에 맞추어 부르는 소리.

뱃-속[배쏙/밷쏙] 명 속마음이나 속생각을 속되게 이르는 말. ¶~을 알 수 없다 / ~이 훤히 들여다보인다. 준속.

뱃속이 검다 굔 마음보가 더럽고 음융하다.

뱃-숨[배쑴/밷쑴] 명 배에 힘을 주어 쉬는 숨.

뱃-심[배씸/밷씸] 명 1 염치없이 제 고집대로 욕심만 부리며 버티는 힘. ¶~을 부리다. 2 마음속에 다지는 속셈.

뱃심(이) 좋다 굔 뱃심을 부리는 비위가 좋다. ¶뱃심이 좋은 남자.

뱃-일[밴닐] 명 배에서 하는 일. 뱃일-하다 동자여

뱃-자반[배짜-/밷짜-] 명 생선을 잡은 곳에서 바로 소금에 절여 만든 자반.

뱃-전[배쩐/밷쩐] 명 배의 양쪽 가장자리 부분. =선연(船緣)·선측·선현·현(舷)·현측.

뱃-줄[배쭐/밷쭐] 명 배를 끌거나 매어 두는 데 쓰는 줄.

뱃-짐[배찜/밷찜] 명 배에 싣는 짐.

뱃-집[배찝/밷찝] 명 사람의 배의 부피. ¶~이 커서 먹기도 많이 먹는다.

뱅 부 1 일정한 둘레를 한 바퀴 도는 모양. ¶집을 한 바퀴 ~ 돌다. 2 정신이 갑자기 아찔해지는 모양. ¶머리가 ~ 돌다. 3 둘레에 에워싼 모양. 큰빙. 센뺑.

뱅그레 부 입만 약간 벌리고 소리 없이 부드럽게 웃는 모양. ¶~ 웃는 얼굴. 큰빙그레. 센뺑그레.

뱅그르 부 1 작은 것이 매끄럽게 한 바퀴 도는 모양. 2 눈물이 갑자기 맺혀 도는 모양. 큰빙그르. 센뺑그르. 거팽그르.

뱅글-거리다/-대다 동자 입만 약간 벌리고 소리 없이 부드럽게 자꾸 웃는다. 센뺑글거리다.

뱅글-뱅글¹ 부 뱅글거리는 모양. 큰빙글빙글. 센뺑글뺑글.

뱅글-뱅글² 부 작은 것이 매끄럽게 자꾸 도는 모양. ¶팔랑개비가 ~ 돌다. 큰빙글빙글. 센뺑글뺑글. 거팽글팽글.

뱅긋[-귿] 부 입만 살짝 벌리고 소리 없이 가볍게 한 번 웃는 모양. 큰빙긋. 센뺑긋. 뱅긋-하다 동자여 뱅긋-이 부

뱅긋-거리다/-대다[-귿글-] 동자 입만 살짝 벌리고 소리 없이 자꾸 웃는다. 큰빙긋거리다. 센뺑긋거리다.

뱅긋-뱅긋[-귿귿] 부 뱅긋거리는 모양. 큰빙긋빙긋. 센뺑긋뺑긋. 뱅긋뱅긋-하다 동자여

뱅-뱅 부 1 자꾸 뱅 도는 모양. 2 요리조리 돌아다니는 모양. ¶집 안에서만 ~ 돌고 있다. 큰빙빙. 센뺑뺑.

뱅시레 부 입을 약간 벌리는 듯하면서 소리 없이 가볍게 웃는 모양. 큰빙시레. 센뺑시레.

뱅실-거리다/-대다 동자 입을 벌릴 듯하면서 소리 없이 부드럽게 자꾸 웃는다. 큰빙실거리다. 센뺑실거리다.

뱅실-뱅실 부 뱅실거리는 모양. 큰빙실빙실. 센뺑실뺑실. 뱅실뱅실-하다 동자여

뱅싯[-싣] 부 입을 살며시 벌릴 듯하면서 소리 없이 부드럽고 가볍게 한 번 웃는 모양. 큰빙싯. 센뺑싯. 뱅싯-하다 동자여 뱅싯-이 부

뱅싯-거리다/-대다[-싣끼(때)-] 동자 입을 살며시 벌릴 듯하면서 소리 없이 부드럽게 자꾸 웃는다. 큰빙싯거리다. 센뺑싯거리다.

뱅싯-뱅싯[-싣싣] 부 뱅싯거리는 모양. 큰빙싯빙싯. 센뺑싯뺑싯. 뱅싯뱅싯-하다 동자여

뱅:어 명동 뱅엇과의 민물고기. 몸길이 10cm가량. 몸은 가늘고 길며, 몸빛은 희고 반투명함. 봄에 하천으로 올라와 알을 낳음. 기수(汽水)나 담수(淡水)에서 삶. =백어(白魚)

뱅:어-포(-脯) 명 괴도라치의 잔 새끼를 여러 마리 붙여서 만든 포.

-뱅이 접미 어떤 습관·모양·성질 따위로 그 사람을 낮게 일컫는 말. ¶앉은~ / 가난~ / 게으름~ / 주정~.

뱅:충-맞다[-맏따] 형 똘똘하지 못하고 어리석다. 큰빙충맞다.

뱅:충-이 명 뱅충맞은 사람.

뱅크(bank) 지 대륙붕에서 언덕 모양으로 높게 솟아오른 부분. 고기 떼가 많이 모임. =퇴(堆).

뱉:다[밷따] 동타 1 (입속에 든 물건이나 침 따위를 어느 곳에) 입 안의 공기를 다소 세게 내보내면서 그 힘으로 입 밖으로 튀어 나가게 하다. ¶침을 ~. 2 (말이나 욕설 따위를) 억제함이 없이 함부로 하다. ¶욕을 함부로 ~. 3 (차지했던 것을) 어쩔 수 없이 도로 내놓다. ¶착복한 돈을 ~.

뱌비다 동자타 '비비다'의 작은말로, 홀하게 또는 품격이 낮게 이르는 말.

뱌비-대다 동타 자꾸 대고 뱌비다. 큰비비대다.

뱌비작-거리다/-대다[-끼(때)-] 동자타 뱌비는 동작을 자꾸 하다. 큰비비적거리다.

뱌비작-뱌비작[-빠-] 부 뱌비작거리는 모양. 큰비비적비비적. 뱌비작뱌비작-하다 동자타여

뱐:덕 명 '변덕'의 작은말로, 홀하게 또는 품격이 낮게 이르는 말.

뱐뱐-하다 형여 조금 반반하다. 큰변변하다. 뱐뱐-히 부

뱐주그레-하다 형여 깜찍할 정도로 뱐주그레하다.

뱐죽-거리다/-대다[-끼(때)-] 동자 겉모양만 반반하게 꾸미고 얄밉게 굴다. 센빤죽거리다.

뱐죽-뱐죽 [-빤-] ⟨부⟩ 뱐죽거리는 모양. ⟨센⟩빤죽빤죽. **뱐죽뱐죽-하다** ⟨자⟩

버걱 ⟨부⟩ 크고 단단하거나 질기고 빳빳한 물건이 서로 맞닿아 문질러질 때에 나는 소리. ¶문이 ~ 소리를 내며 열리다. ⟨작⟩바각. ⟨센⟩빼걱. **버걱-하다** ⟨동⟩⟨자·타⟩⟨여⟩

버걱-거리다/-대다 [-꺼(때)-] ⟨동⟩⟨자·타⟩ 버걱 소리가 잇달아 나다. 또는, 그런 소리를 잇달아 내다. ¶오래된 집이라 걸을 때마다 마루가 **버걱거린다**. ⟨작⟩바각거리다. ⟨센⟩빼걱거리다.

버걱-버걱 [-뻐-] ⟨부⟩ 버걱거리는 소리. ⟨작⟩바각바각. ⟨센⟩빼걱빼걱. **버걱버걱-하다** ⟨동⟩⟨자·타⟩⟨여⟩

버겁다 [-따] ⟨형⟩⟨여⟩ 〈버거우니, 버거워〉 (어떤 사람이나 대상이 어떤 사람에게) 해내거나 다루기에 능력이 모자라거나 힘이 부치는 상태에 있다. ⟨반⟩벅차다. ¶그 선수는 나에게 **버거운** 상대다. / 일이 너무 많아 혼자 하기에는 너무 ~.

버그(bug) ⟨명⟩[컴] 컴퓨터 프로그램이나 시스템의 착오. 또는, 시스템 오동작의 원인이 되는 프로그램의 잘못.

버그러-뜨리다/-트리다 ⟨동⟩⟨타⟩ 버그러지게 하다. ¶장난감을 ~. ⟨작⟩바그라뜨리다. ⟨센⟩빼그러뜨리다.

버그러-지다 ⟨동⟩⟨자⟩ 짜임새가 물러나서 틈이 어긋나게 벌어지다. ¶나무 상자가 ~. ⟨작⟩바그라지다. ⟨센⟩빼그러지다.

버그르르 ⟨부⟩ 1 많은 물이 넓게 퍼져 끓어오르는 모양. 또는, 그 소리. 2 크고 많은 거품이 넓게 퍼져 일어나는 모양. 또는, 그 소리. ⟨작⟩바그르르. ⟨센⟩빼그르르. **버그르르-하다** ⟨동⟩

버글-거리다/-대다 ⟨동⟩⟨자⟩ 1 많은 물이나 굵은 거품이 넓게 퍼져 자꾸 버그르르 일어나거나 끓어오르다. 2 사람이나 짐승·벌레 등이 많이 모여 움직이다. 3 마음이 쓰여 속이 타다. ⟨작⟩바글거리다. ⟨센⟩빼글거리다.

버글-버글 ⟨부⟩ 버글거리는 모양. ⟨작⟩바글바글. ⟨센⟩빼글빼글. **버글버글-하다** ⟨동⟩⟨자⟩⟨여⟩

버금 ⟨명⟩ 으뜸의 바로 아래.

버금-가다 ⟨동⟩⟨자⟩ 서열이나 차례에서 첫째의 다음이 되다. ¶부산은 우리나라에서 서울에 **버금가는** 대도시다.

버금딸림-음(-音) ⟨명⟩[음] 음계의 제4음. 으뜸음의 아래쪽 완전 5도. =하속음(下屬音). ▷으뜸음·딸림음.

버금딸림-화음(-和音) ⟨명⟩[음] 버금딸림음 위의 3화음. 장조에서는 '파', '라', '도', 단조에서는 '레', '파', '라' 의 3화음.

버긋-하다 [-그타-] ⟨형⟩⟨여⟩ 맞붙은 틈이 조금 벌어져 있다.

버꾸 ⟨명⟩〈<법고(法鼓)〉[음] 농악기의 하나. 자루가 달린 작은 북처럼 생겼음.

버꾸-놀이 ⟨명⟩ 농부들이 버꾸를 치면서 하는 농악놀이. **버꾸놀이-하다** ⟨동⟩⟨자⟩⟨여⟩

버꾸-재비 ⟨명⟩ 농악에서, 버꾸를 치는 사람.

버나 ⟨명⟩[민] 광대·재인(才人) 들의 재주 종목의 하나. 나무나 대나무 꼬챙이 끝에 사발·대접·접시 등을 얹어서 한 손에 들고 공중에서 돌리는 구경거리.

버너(burner) ⟨명⟩ 흔히 야외 취사에 이용하는 휴대용 가열 기구. 기체나 액체 연료를 공기와 혼합하여 연소시킴. 가스버너·석유버너·알코올버너 따위.

버니어(vernier) ⟨명⟩[수] =아들자.

버니어^캘리퍼스(vernier callipers) ⟨명⟩[물] 어미자 및 어미자 위를 이동하는 아들자로 이루어지는 측정기. 두께·길이·지름 등을 잼. =노기스.

버덩 ⟨명⟩ 높고 평평하며 나무는 없이 풀만 우거진 거친 들. ¶우수신 노인은 그들을 보낸 뒤 곧장, 서쪽 ~으로 올라갔다.《김정한:인간 단지》

버둥-거리다/-대다 ⟨동⟩⟨자·타⟩ 1 덩치가 큰 것이 자빠지거나 매달려서 몸을 자꾸 움직이다. 2 곤란한 처지에서 벗어나려고 바득바득 애를 쓰다. ⟨작⟩바둥거리다.

버둥-버둥 ⟨부⟩ 버둥거리는 모양. ⟨작⟩바둥바둥. **버둥버둥-하다** ⟨동⟩⟨자·타⟩⟨여⟩

버둥-질 ⟨명⟩ '발버둥질'의 준말. **버둥질-하다** ⟨자⟩⟨여⟩

버드-나무 ⟨명⟩[식] 1 버드나뭇과 버드나무속(屬)에 속하는 식물의 총칭. =양류(楊柳). 2 버드나뭇과의 낙엽 활엽 교목. 높이 20m 가량. 개울가나 들에 자라며, 가늘고 가지가 축축 늘어짐. 봄에 암자색 꽃이 피는데, 이것을 '버들개지'라고 함. 목재는 세공재(細工材)로 쓰임. =버들.

버드러-지다 ⟨동⟩⟨자⟩ 1 끝이 밖으로 벌어지다. ¶앞니가 ~. 2 군어서 뻣뻣하게 되다. ⟨센⟩빼드러지다.

버드렁-니 ⟨명⟩ 바깥쪽으로 버드러진 이. ⟨준⟩벋니. ↔옥니.

버드름-하다 ⟨형⟩⟨여⟩ 밖으로 조금 번은 듯하다. ⟨준⟩버듬하다. ⟨작⟩바드름하다. ⟨센⟩빼드름하다. **버드름-히** ⟨부⟩ ~ 나다.

버들 ⟨명⟩[식] =버드나무.

버들-가지 ⟨명⟩ 버드나무의 가지.

버들-강아지 ⟨명⟩ =버들개지.

버들-개지 ⟨명⟩ 버드나무의 꽃. 솜처럼 바람에 날려 흩어짐. =버들강아지. ⟨준⟩개지.

버들-고리 ⟨명⟩ 고리버들의 가지로 엮어 만든, 옷을 넣는 상자.

버들-눈썹 [-룬-] ⟨명⟩ 가늘고 긴 눈썹.

버들-잎 [-립] ⟨명⟩ 버드나무의 잎.

버들치 ⟨명⟩[동] 잉엇과의 민물고기. 피라미와 비슷하나 몸이 조금 크고, 몸빛은 칙칙한 황갈색임. 옆구리에는 가로로 넓적한 무늬가 있음. ×개지.

버들-피리 ⟨명⟩ 1 버들가지로 만든 피리. 2 버들잎을 접어 물고 피리 소리처럼 내어 부는 것.

버듬-하다 ⟨형⟩⟨여⟩ '버드름하다'의 준말. ⟨작⟩바듬하다. ⟨센⟩빼듬하다. **버듬-히** ⟨부⟩

버디(birdie) ⟨명⟩[체] 골프에서, 한 홀의 기준 타수(打數)보다 1타수 적은 기록으로 공을 홀(hole)에 넣는 일. ▷이글·앨버트로스.

버라이어티^쇼(variety show) ⟨명⟩[연] 노래·춤·촌극·곡예 등 다양한 프로그램으로 엮은 오락물.

버러지 ⟨명⟩ '벌레'를 좀 더 낮추거나 얕잡아 이르는 말. ¶이 ~만도 못한 놈!

버럭 ⟨부⟩ 화가 나서 갑자기 기를 쓰거나 소리를 지르는 모양. ¶와락 ~ 내다 / 소리를 ~ 지르다. ⟨센⟩빠락.

버럭-버럭 [-뻐-] ⟨부⟩ 억지스럽게 자꾸 기를 쓰거나 소리를 지르는 모양. ¶악을 ~ 쓰다 / 성질을 ~ 부리다. ⟨센⟩빠락빠락.

버려-두다 ⟨동⟩⟨타⟩ 1 잘 간수하지 않고 아무렇게나 그냥 놓아 두다. ¶자전거를 창고에 ~. 2 혼자 있게 남겨 놓다. ¶가족을 시골에 **버려둔** 채 돌보지 않다.

벼락¹ 圀 하늘이나 신령이 사람의 죄악을 징계하느라고 내린다는 벌. ¶~이 내리다.

벼락² 圀[광] 광석이나 탄을 캘 때 나오는, 광물이 섞이지 않은 잡돌. ↔감돌.

벼락³ 圀 물속 밑바닥에 기초를 만들거나 수중 구조물의 밑 부분을 보호하기 위하여 물속에 집어넣는 돌.

버르르 閈 1 많은 물이 넓게 퍼져 갑자기 끓어오르는 모양. 또는, 그 소리. 2 대수롭지 않은 일에 갑자기 성을 내는 모양. ¶그는 내 말에 ~ 화를 내며 방을 나가 버렸다. 3 몸을 가볍게 떠는 모양. ¶입술을 ~ 떨다. 4 얇은 종이나 마른 검불 따위에 불이 붙어 타오르는 모양. 졈바르르. 圀퍼르르. **버르르-하다** 恐

버르장-머리 圀 '버릇²'를 속되게 이르는 말. ¶~ 없는 녀석.

버르장-이 圀 '버릇²'를 구어적으로 이르는 말. ¶~을 고치다. ×버르쟁이.

버르쟁이 圀 '버르장이'의 잘못.

버르적-거리다/-대다 [-꺼(때)-] 圄〈자〉〈타〉 어려운 일이나 고통스러운 고비에서 헤어나려고 팔다리를 내저으며 몸을 자꾸 움직이다. ¶그는 불행에 다닥치기 전 시간을 얼마쯤이라도 늘리려고 **버르적거렸다**.〈현진건: 운수 좋은 날〉졈바르작거리다. 셈뻐르적거리다.

버르적-버르적 [-뻐-] 閈 버르적거리는 모양. 졈바르작바르작. 셈뻐르적뻐르적. **버르적버르적-하다** 恐〈자〉〈타〉

버;르-집다 [-따] 圄〈타〉 1 (물체를) 헤집거나 흐트러뜨려 벌리거나 어수선하게 하다. ¶옷장 안을 ~. 2 (감추어진 일을) 들추어 문제가 되게 하다. 또는, (어떤 일을) 쑤석거려 말썽이 되게 하다. ¶친구의 허물을 공연히 ~. 3 (큰일을) 대담하게 또는 과감하게 일으켜 벌이다. ¶이날 밤에 일을 **버르집기**로 작정을 하고 준비를 차렸다.《홍명희: 임꺽정》졈바르집다.

버름버름-하다 恐어 여러 틈이나 다 버름하다.

버름-하다 恐어 1 물건의 틈이 꼭 맞지 않고 좀 벌어져 있다. 2 마음이 서로 맞지 않아 사이가 뜨다. **버름-히** 閈

버릇 [-른] 圀 1 오랫동안 되풀이하는 사이에 몸에 굳어서 자기도 모르게 반복적·지속적으로 행하는 특별한 행동. 또는, 일정한 환경이나 조건 아래에서 자기도 모르게 규칙적·반복적으로 행하는 특정한 행동. =습관. 汎습관. ¶아침에 일찍 일어나는 ~을 들이다 / 그는 눈을 깜빡거리는 ~이 있다. / 세 살 적 ~이 여든까지 간다.〈속담〉2 윗사람에게 마땅히 지켜야 할 예의. ¶~이 없다.

버릇-되다 [-른뙤/-른뛔-] 圄〈자〉 버릇으로 굳어지다. ¶거짓말도 자주 하면 **버릇돼**로 쓴다.

버릇-없다 [-른업따] 恐 어른 앞에서 마땅히 지켜야 할 예의를 차리지 않다. ¶**버릇없는** 짓을 하다 / 이 **버릇없는** 녀석 같으니. **버릇없-이** 閈 ¶어른에게 ~ 굴다.

버릇-하다 [-르타-] 圄〈보조〉〈여〉 동사의 어미 '-아/어/여' 아래에 쓰여, 무슨 일을 자꾸 거듭하여 버릇이 됨을 나타내는 말. ¶일찍 일어나 **버릇하니까** 일요일에도 일찍 눈이 떠진다.

버릇다 [-른따] 圄〈타〉 파서 헤집어 놓다.

버리다 圄 1〈타〉 1 (가지고 있거나 쓰던 물건이나 물질을) 다시 쓰지 않거나 찾지 않을 생각으로 내놓거나 내던지거나 쏟거나 하다. ¶휴지〔쓰레기〕를 ~. 2 (사람이 자기의 목숨을) 어떤 일을 위해 더 이어지지 않게 하다. ¶조국을 위해 목숨을 ~. 3 (어떤 생각이나 태도, 버릇 등을) 더 이상 갖지 않다. ¶낡은 사고방식을 ~ / 그는 작가가 되겠다는 꿈을 **버린 지** 오래다. 4 (관계를 맺었던 사람이나 대상을) 다시 만나거나 찾지 않을 생각으로 관계를 끊거나 배반하고 떠나거나 돌아서다. 汎저버리다. ¶부모와 처자를 ~ / 고향을 **버리고** 도회지로 이주하다. 5 (사람이나 대상을) 망쳐서 온전하지 못하거나 못 쓰게 만들다. ¶어두운 곳에서 책을 많이 봐 눈을 **버렸다**. 6 (어떤 일이나 물건을) 돌보지 않거나 관심을 두지 않다. ¶**버려둔** 황무지. 7 어림수를 잡을 때, (어느 수의 자리 미만의) 유효하지 않은 것으로 간주하여 제외하다. ¶소수 둘째 자리 미만을 ~. 2〈보조〉 동사의 어미 '-아/어/여' 아래에 쓰여) 1 그 동사가 나타내는 행동을 단호하게 끝내는 상태임을 나타내는 말. ¶불필요한 물건을 없애 ~ / 이것도 마저 먹어 **버려라**. 2 동작이나 작용이 이미 이루어져 어찌할 수 없는 상태에 있음을 나타내거나 원치 않는 방향으로 이루어짐을 나타내는 말. ¶약속이 깨어져 ~ / 사랑도 꿈도 사라져 ~.

버림 圀〔수〕근삿값이나 어림값을 구할 때, 어떤 자리의 수를 버리는 일. 이를테면, 정수 254와 256을 일의 자리에서 버리면 둘 다 250이 됨. ↔올림.

버림-받다 [-따] 圄〈자〉 일방적으로 관계가 끊기고 배척을 당하다. ¶남자에게 **버림받은** 여자.

버마 (Burma) 圀〔지〕'미얀마'의 구칭.

버'마재비 圀〔동〕=사마귀².

버무리 圀 여러 가지를 한데 뒤섞어서 만든 음식. ¶쑥~.

버무리다 圄〈타〉 여러 가지를 골고루 한데 뒤섞다. ¶배추에 여러 가지 양념을 **버무려** 담근 김치.

버물리다 圄 1〈자〉'버무리다'의 피동사. 2〈타〉'버무리다'의 사동사.

버벅-거리다/-대다 [-꺼(때)-] 圄〈자〉〈타〉〈속〉 1 (말을) 더듬거리거나 머뭇거리다. 또는, 행동을 자연스럽게 하지 못하고 머뭇거리거나 우물쭈물하다. ¶여자 앞에서 (말을) ~. 2 (컴퓨터·인터넷·동영상 등이) 속도가 아주 느리거나 자꾸 끊어지다. ¶메모리 용량이 작아 **버벅거린다**.

버번-위스키 (bourbon whiskey) 圀 증류주의 하나. 옥수수를 주원료이며, 미국 켄터키 주의 버번이 원산지임.

버블 (bubble) 圀〔경〕부동산·주식 등에 돈이 몰려 가격이 비정상적으로 높아진 상태. 순화어는 '거품 (현상)'. ¶~ 경제.

버'새 圀 1 암탕나귀와 수말 사이에서 난 잡종. 노새보다 체질·체격이 떨어지며, 수컷은 번식력이 전혀 없음. =결제 (駃騠). 2 암노새와 수말 사이에서 난 잡종. 몸이 약하고 성질이 사나움.

버석 閈 1 가랑잎과 같은 잘 마른 물건을 밟을 때 나는 소리. 2 단단하고 부스러지기 쉬운 물건을 깨물 때 나는 소리. 졈바삭. 셈버썩. **버석-하다** 圄〈자〉〈타〉

버석-거리다/-대다 [-꺼(때)-] 圄〈자〉 자꾸 버석 소리가 나다. 또는, 그런 소리를 자꾸 내다. ¶풀을 세게 먹여서 **버석거리는** 치

마. ㈜바삭거리다. ㈎버썩거리다.

버석-버석[-뻐-] 🅟 버석거리는 소리. ¶낙엽을 ~ 밟으며 걷다. ㈜바삭바삭. ㈎버썩버썩. **버석버석-하다**¹

버석버석-하다²[-뻐써카-] 🅗(ᄋ) (물체가) 쉽게 부스러지는 특성이 있다. ㈜바삭바삭하다.

버선 🅝 광목·무명·비단 등의 천으로 발 모양과 비슷하게 만들어, 종아리 아랫부분까지 오도록 발에 꿰어서 방에서 신거나, 고무신·가죽신을 신을 때 그 안에 신는 물건. 주로 여자가 한복을 입을 때에 신음. 세는 단위는 짝·켤레·죽(10켤레). ¶솜~ / 외씨~ / ~을 신다.

버선-등[-뜽] 🅝 버선의, 발등에 닿는 부분.

버선-목 🅝 발목에 닿는 버선의 부분.
[**버선목이라 뒤집어 보이나**] 남에게 혐의를 받았을 때에 어떻게 해명할 길이 없음을 이르는 말.

버선-발 🅝 버선만 신고, 신을 신지 않은 발. ¶~로 달려 나오다.

버선-볼[-뽈] 🅝 1 버선의 바닥의 넓이. ¶~이 좁다. 2 해진 버선을 기움질할 때에 덧대는 헝겊 조각.

버선-코 🅝 버선의 앞쪽 끝의 뾰족하게 올라온 부분.

버섯[-섣] 🅝[식] 대형 균류의 총칭. 우산 모양을 이루는 것이 많고, 주로 그늘진 땅이나 썩은 나무에서 자라며, 포자로 번식함. 독이 없는 것은 식용함. =균심(菌蕈).

버섯-구름[-섣꾸-] 🅝 =원자구름.

버-성기다 🅗 1 벌어져서 틈이 있다. 2 (사람의 사이가) 친하지 않고 서먹하거나 멀게 느껴지는 상태에 있다. ¶**버성기게** 굴다. 3 분위기가 어색하거나 거북하다. ¶말마디 길게 끌면 끌수록 자리는 **버성길** 뿐이었다. 《김주영: 객주》

버스(bus) 🅝 1 요금을 받고 정해진 노선을 운행하는 대형 자동차. 세는 단위는 대(臺). ¶시내~ / 좌석 ~ / 고속~. 2 [컴] 데이터나 전력을 전달하는 회로. 특히, 컴퓨터의 경우 마이크로프로세서와 메모리, 입출력 장치 등에서 공유하는 정보 전달로를 가리킴.

버스러-지다 🅗 1 뭉그러져 잘게 조각이 나서 흩어지다. 2 벗겨져서 헤어지다. 3 어떤 범위 안에 들지 못하고 벗나가다.

버스럭 🅟 마른 검불이나 낙엽 등을 밟거나 뒤적일 때 나는 소리. ㈜바스락. **버스럭-하다** 🅟(자)(타)(ᄋ)

버스럭-거리다/-대다[-꺼(때)-] 🅟(자)(타) 잇달아 버스럭하는 소리가 나다. 또는, 그런 소리를 내다. ㈜바스락거리다.

버스럭-버스럭[-뻐-] 🅟 버스럭거리는 소리. ㈜바스락바스락. **버스럭버스럭-하다** 🅟(자)(타)(ᄋ)

버스름-하다 🅗(ᄋ) 버스러져 사이가 버름하다. **버스름-히** 🅟

버스트(bust) 🅝 양재(洋裁)에서, 여자의 가슴둘레.

버스트-포인트(bust point) 🅝 가슴의 가장 높은 곳, 즉 젖꼭지의 위치. 여성복을 만들 때의 중요한 위치임. =비피(BP).

버스-표(bus票) 🅝 버스를 탈 때 그 요금으로 현금 대신 내는 표.

버슬-버슬 🅟 덩이를 이룬 가루 따위가 말라서 따로따로 쉽게 헤어지는 모양. ㈜바슬바슬. ㉢퍼슬퍼슬. **버슬버슬-하다** 🅗(ᄋ)

버썩 🅟 1 물기가 아주 없거나 타 버린 모양. ¶날이 가물어 논이 ~ 말랐다. 2 아주 가까이 들러붙거나 죄거나 우기는 모양. 3 급작스레 늘거나 나아가거나, 또는 앞으로 나아가는 모양. 4 '버석'의 센말. ¶사과를 ~ 베어 물다. ㈜바싹.

버썩-거리다/-대다[-꺼(때)-] 🅟(자)(타) '버석거리다'의 센말. ㈜바싹거리다.

버썩-버썩¹[-뻐-] 🅟 '버석버석'의 센말. ㈜바싹바싹. **버썩버썩-하다** 🅟(자)(타)(ᄋ)

버썩-버썩²[-뻐-] 🅟 '버썩'의 힘줌말. ㈜바싹바싹.

버저(buzzer) 🅝 전자석을 이용하여 철편(鐵片)을 진동시켜서 소리를 내는 장치. 경보와 초인종 등으로 쓰임.

버저-비터(buzzer-beater) 🅝[체] 농구에서, 경기 종료를 알리는 버저 소리와 동시에 이뤄져 성공한 슛. ¶~로 극적인 역전승을 거두다.

버적-버적[-뻐-] 🅟 1 물기가 적은 물건을 짓이겨 빻는 소리. 2 물기가 거의 없는 물건이 타는 소리. 3 마음이 몹시 죄는 모양. 4 진땀이 몹시 나는 모양. ㈜바작바작. ㈎빠적빠적.

버전(version) 🅝[컴] 어떤 프로그램을 수정, 개선하여 완성한 것. 새로워질 때마다 번호를 늘려 나감. =판(版). ¶데모 ~ / 베타 ~.

버젓-하다[-저타-] 🅗(ᄋ) 1 여러번듯하여 조금도 굽힐 만한 것이 없다. ¶끼니를 잇기 어렵던 김 씨가 이제는 이층 양옥을 짓고 **버젓하게** 살고 있다. 2 내놓고 행동하는 태도가 뻔뻔하다. ¶금연 구역에서 **버젓하게** 담배를 피우다. **버젓하다**. **버젓-이** 🅟 ¶~ 행세하다. ×뉘연히.

버정-이다 🅟(자) 짧은 거리를 부질없이 오락가락하다. ㈜바장이다.

버:지다 🅟(자) 1 베어지거나 조금 긁히다. 2 가장자리가 닳아서 찢어지게 되다.

버짐 🅝[한] 백선균에 의하여 일어나는 피부병의 총칭. 주로 얼굴에 생김. =선창(癬瘡).

버쩍 🅟 1 물기가 몹시 졸아붙거나 타 버리는 모양. ¶찌개가 ~ 졸다. 2 몹시 차지게 달라붙거나 또는 몹시 세차게 우기거나 죄는 모양. ¶~ 우기다. 3 급하게 나아가거나 또는 갑자기 늘거나 주는 모양. ¶강물이 ~ 늘다. 4 몹시 힘을 주거나 긴장하는 모양. ¶정신이 ~ 들다. ㈜바짝.

버쩍-버쩍[-뻐-] 🅟 '버적'의 힘줌말. ㈜바짝바짝.

버찌 🅝 벚나무의 열매. =체리. ㉢벗.

버치 🅝 자배기보다 조금 깊고 아가리가 벌어지고 큰 그릇.

버캐 🅝 액체 속에 들었던 소금기가 엉겨 생긴 찌꺼기. ¶간장~.

버크셔-종(Berkshire種) 🅝[동] 돼지의 한 품종. 영국의 버크셔 원산으로, 털빛은 전체가 검고 목·다리·주둥이가 짧음. 추위에 강하고 번식력이 왕성하며 고기 맛도 좋아 전 세계적으로 기름.

버클(buckle) 🅝 혁대를 죄어 고정시키는 장치를 겸한 장식물.

버클륨(berkelium) 🅝[화] 초우라늄 원소의 하나. 원소 기호 Bk, 원자 번호 97, 원자량 247. 동위 원소는 모두 방사성임.

버킷(bucket) 🅝 굴삭기의 끝에 붙어 흙·모래 따위를 파거나 퍼 올리는 통.

버터(butter) 🅝 우유의 지방을 분리하여 응고시킨 식품. 빵에 발라 먹거나 요리의 재료로 이용됨. =우락(牛酪).

| 혼동어 | 버터 / 마가린 |

'버터'는 우유의 지방을 굳힌 식품을 가리키고, '마가린'은 식물성 또는 동물성 지방을 굳혀 만든 것으로 빛깔과 맛이 '버터'와 거의 비슷한 식품을 가리킴.

버터플라이^수영법(butterfly水泳法) [-뻡] 몡[체] =접영(蝶泳).
버튼(button) 몡 1 '단추'로 순화. 2 전기 장치에 전류를 끊거나 이어 주는 장치. ¶~을 누르다.
버티다 동 [1]재 1 (어떤 대상이) 외부의 힘이나 충격에 끌려가거나 쓰러지지 않고 견디다. ¶이 건물은 지진에 버틸 수 있도록 설계되었다. 2 (사람이) 외부의 강요나 설득, 유혹을 받아들이지 않고 맞서다. ¶딸자식이라고 하나 있는 게 시집을 안 가겠다고 버티니 큰일일세. 3 (사람이나 조직 등이) 어렵고 힘든 조건이나 상황 속에서 굴복하지 않고 참고 견디다. ¶K회사는 눈 덩이처럼 불어나는 부채에 더 버티지 못하고 끝내 도산하고 말았다. 4 (주로, '버티고'의 꼴로 쓰여) (대상이 어떤 곳에) 꿈적않고 든든히 자리 잡다. ¶빚쟁이가 회사 앞에 버티고 서 있다. [2]타 1 (물건을) 쓰러지거나 내려앉지 않도록 다른 물건으로 받치다. ¶버팀목으로 벽을 ~. 2 (외부의 힘이나 압력, 유혹, 어려운 상황 등을) 굴하지 않고 견디다. ¶둑이 수압을 버티지 못하고 무너지다.
버팀-기둥 몡 세워진 물체가 쓰러지지 않도록 받치는 기둥. =탱주(撐柱).
버팀-대 몡 세워진 물체가 쓰러지지 않고 버틸 수 있도록 옆에 댄 물건. ¶~를 받치다.
버팀-목(-木) 몡 1 세워진 물체가 쓰러지지 않고 버틸 수 있도록 옆에 댄 나무. ¶나무를 심은 뒤 뿌리를 내릴 때까지 ~을 세워 주다. 2 어떤 대상이 존재할 수 있도록 이끌어 주거나 받쳐 주는 사람이나 사물. 비유적인 말임. ¶아버지는 우리 가족의 든든한 ~이시다.
버팅(butting) 몡[체] 권투에서, 머리로 상대 선수를 받는 행위. 반칙에 해당함.
버퍼(buffer) 몡[컴] 어떤 장치에서 다른 장치로 데이터를 송신할 때 일어나는 시간의 차이나 데이터 흐름의 속도 차이를 조정하기 위해 일시적으로 데이터를 기억시키는 장치.
벅-벅 [-빽] 뭐 1 세게 자꾸 긁거나 문대는 소리. 또는, 그 모양. ¶머리를 ~ 긁다. 2 질기고 얇은 물건을 잇달아 찢는 소리. 또는, 그 모양. ¶종이를 ~ 찢다. 3 바닥을 자꾸 깎거나 닦거나 밀어 내는 모양. ¶방바닥을 ~ 문지르다. 4 기를 쓰거나 억지를 부리는 모양. ¶그는 계속해서 ~ 우겼다. 좌박박. 센뻑뻑.
벅벅-이 [-빽-] 뭐 (미래의 추측을 나타낼 때 쓰여) 틀림없이. ¶그 사람이 오늘은 ~올 것이다. 좌박박이. 센뻑뻑이.
벅수 [-쑤] 몡[민] '장승'을 달리 이르는 말. 특히, 전라도·경상남도의 해안 지방에서 쓰이는 말임.
벅스킨(buckskin) 몡 1 사슴이나 양의 가죽. 2 사슴 가죽처럼 짠 모직물.
벅신-거리다/-대다 [-씬-] 동재 사람·짐승 등이 한곳에 모여 활발하게 움직이다. 좌박신거리다.
벅신-벅신 [-씬-씬] 뭐 벅신거리는 모양. 좌박신박신. **벅신벅신-하다** 동재여
벅적-거리다/-대다 [-쩍-(때)-] 재 넓은 곳에 많은 사람이 모여 뒤끓어 움직이다. ¶장터에 사람이 ~. 좌박작거리다.
벅적-벅적 [-쩍쩍] 뭐 벅적거리는 모양. 좌박작박작. **벅적벅적-하다** 동재여 ¶백화점에 사람이 ~.
벅차다 휑 1 힘에 겹다. ¶봉급이 너무 적어 생활해 나가기가 ~. 2 넘칠 듯이 가득하다. ¶벅찬 감동을 주는 소설.
벅차-오르다 동재르 <~오르니, ~올라> 큰 감격이나 기쁨으로 가슴이 몹시 뿌듯하여 오다. ¶새 희망으로 가슴이 ~.
번(番) 몡 [1]자립 차례로 숙직이나 당직을 하는 일. ¶~을 서다. [2]의존 1 일의 차례. ¶지난 ~ / 다음 ~ / 셋째 ~. 2 일의 횟수를 세는 단위. ¶몇 ~ 이나 그를 본 ~ 만났다. 3 사물의 차례를 나타내는 단위. ¶백넘버 11~ / 3학년 1반 25~ 김상철.
번을 들다 관 번서에서 어느 번 서는 곳으로 들어가다. ¶번을 들 차례.
번-갈다(番-) 동재 (주로 '번갈아', '번갈아서'의 꼴로 쓰여) 한 번씩 차례를 바꾸거나 되풀이하다. ¶우리는 시골에 갈 때 번갈아 가면서 운전을 했다.
번갈아-듣다(番-) [-따] 동재타ㄷ <~들으니, ~들어> 한 번씩 차례를 바꾸거나 되풀이하여 듣다. ¶싸움을 벌인 아이들의 얘기를 ~.
번갈아-들다(番-) 동재 <~드니, ~드오> 하나씩 또는 한 번씩 차례에 따라 갈마들다.
번갈-증(煩渴症) [-쯩] 몡[의] 병적으로 심하게 목이 말라 물을 많이 마시게 되는 증상.
번개 몡 1 구름과 구름, 구름과 대지(大地) 사이에서 서로 반대되는 전기 입자가 부딪쳐 방전(放電)을 일으키면서 아주 밝은 빛을 내는 현상. 우렛소리를 동반함. ¶마른 ~ / ~가 치다. 2 동작이 아주 빠르고 날랜 사람이나 사물을 비유하여 이르는 말. 3 <속> 채팅이나 인터넷 게시판 등을 통해 약속을 정해 당장 만나는 일. 통신 언어임. ¶채팅 후 ~를 하다.
[번개가 잦으면 천둥을 한다] 무슨 일의 전조(前兆)가 잦으면 결국 그 일이 이루어지고야 만다.

| 혼동어 | 번개 / 벼락 / 천둥 |

'번개'는 전기를 띤 구름과 구름 사이에, 또는 구름과 지상의 물체 사이에 전기가 흐르면서 강한 빛을 내는 현상을 가리키고, '벼락'은 전기를 띤 구름과 지상의 물체 사이에 엄청나게 센 전기가 흐르면서 그 물체에 타격을 가하는 현상을 가리키며, '천둥'은 번개가 칠 때 뒤따라 나는 '우르릉 쨍쨍' 하는 소리를 가리킴.

번개-무늬 [-늬/-니] 몡 밭·돗자리 그 밖의 기물 등의 가장자리에, 직선을 이리저리 꺾어서 번개 모양을 나타낸 무늬. =뇌문(雷文).
번개-탄(-炭) 몡 빠른 시간 내에 연탄에 불을 일으키기 위해 만든 탄.
번갯-불 [-개뿔/-갣뿔] 몡 번개가 칠 때 번적이는 빛. =전광(電光)·전화(電火).
[번갯불에 콩 볶아 먹겠다] ㉮행동이 매우 민첩하다. ㉯무슨 일을 당장 해치우지 못해 안달하는 사람을 놀리거나 비아냥대는 말.

번거-롭다[-따] 형ㅂ <~로우니, ~로워> 1 일의 갈피가 어수선하고 복잡하다. ¶번거로운 절차. 2 조용하지 못하고 좀 수선스럽다. **번거로이** 부

번거-하다 형여 조용하지 못하고 자리가 어수선하다. **번거-히** 부

번견(番犬) 명 도둑을 지키거나 망을 보는 개.

번고(反庫) 명 1 창고에 있는 물건을 뒤적거려 조사하는 것. 2 구역질하여 토하는 것. × 반고. **번고-하다** 타여

번극(煩劇·繁劇) → 번극-하다 [-그카-] 형여

번뇌(煩惱)[-뇌/-눼] 명[불] 미혹(迷惑)으로 인해 마음속에 일어나는 온갖 괴로움과 혼란. =염오(染汚). ¶~를 끊고 열반에 이르다. **번뇌-하다** 자여

번다(煩多) → 번다-하다 형여 번거롭게 많다. ¶번다한 잡무(雜務). **번다-히** 부

번다-스럽다(煩多-)[-따] 형ㅂ <~스러우니, ~스러워> 번다한 데가 있다. **번다스레** 부

번데기 명[동] 1 곤충의 애벌레로부터 엄지벌레로 되는 과정의 고치 속에 있는 몸. 2 1의 상태에 있는 누에를 가리키는 말.

번둥-거리다/-대다 동자 일도 하지 않고 뻔뻔스럽게 놀기만 하다. 짝반둥거리다. 센뻔둥거리다. 거편둥거리다.

번둥-번둥 부 번둥거리는 모양. ¶사지가 멀쩡한 사람이 ~ 놀고만 있다. 짝반둥반둥. 센뻔둥뻔둥. 거펀둥펀둥. **번둥번둥-하다** 자여

번드럽다[-따] 형ㅂ <번드러우니, 번드러워> 1 윤기가 나고 미끄럽다. 2 사람됨이 약삭빨라 어수룩한 맛이 없다. 짝반드럽다. 센뻔드럽다.

번드레-하다 형여 실속 없이 겉모양만 번드르르하다. ¶번드레하게 지은 집 / 겉만 ~. 짝반드레하다. 센뻔드레하다.

번드르르 부 윤기가 있고 미끄러운 모양. 짝반드르르. 센뻔드르르. **번드르르-하다** 형여 ¶속은 텅 빈 녀석이 겉만 **번드르르하**게 차리고 다닌다.

번득 부 1 물체가 광선에 반사되어 순간적으로 환하게 비치는 모양. ¶~ 스치고 지나가는 불빛. 짝반득. 2 어떤 생각이나 아이디어가 순간적으로 떠오르는 모양. ¶~ 떠오르는 생각. 센뻔득·뻔득. **번득-하다** 동자타여

번득-거리다/-대다 [-꺼(때)-] 동자타 자꾸 번득이다. ¶서치라이트가 ~. 짝반득이다. 센뻔득거리다·뻔득거리다.

번득-번득[-뜩-] 부 번득거리는 모양. 짝반득반득. 센뻔득뻔득·뻔득뻔득. **번득번득-하다** 동자타여

번득-이다 동자타 1 (물체가) 빛을 순간적으로 반사하여 날카롭게 빛나다. 또는, (물체를) 빛을 순간적으로 반사하게 하여 날카롭게 빛나게 하다. ¶칼날이 ~ / 눈빛을 ~. 짝반득이다. 2 (지식·기지·예지 등이) 사람을 순간적으로 놀라게 할 만큼 뛰어난 상태를 가지다. ¶재치가 ~. 센뻔득이다·뻔득이다.

번들(bundle) 명 어떤 컴퓨터나 소프트웨어에 추가 부담 없이 판매되는 소프트웨어나 장비. ¶~ 제품.

번들-거리다/-대다[1] 동자 1 윤이 날 정도로 미끄럽게 보이다. ¶대머리가 햇빛을 받아 ~. 2 어수룩한 맛이 없이 약빠르게만 굴다. 짝반들거리다. 센뻔들거리다.

번들-거리다/-대다[2] 동자 밉살스럽게 게으름을 피우며 놀기만 하다. ¶대학을 나오고도 취직을 못 해 **번들거리고** 있다. 짝반들거리다. 센뻔들거리다.

번들-번들[1] 부 번들거리는(번들거리다[1]) 모양. ¶마룻바닥이 ~ 윤이 나다. 짝반들반들. 센뻔들뻔들. **번들번들-하다**[1] 형여 ¶얼굴에 개기름이 흘러 ~.

번들-번들[2] 부 번들거리는(번들거리다[2]) 모양. ¶하는 일 없이 ~ 놀고만 있다. 짝반들반들. 센뻔들뻔들. 거펀들펀들. **번들번들-하다**[2] 동자여

번듯-번듯[-듣뻔들] 부 여럿이 다 번듯한 모양. 짝반듯반듯. 센번뜻번뜻. **번듯번듯-하다** 형여

번듯-하다[-드타-] 형여 1 (사물이) 비뚤어지거나 기울거나 굽지 않고 바르다. ¶네모 **번듯한** 책상. 2 (생김새나 됨됨이가) 나무랄 데 없이 훌륭하다. ¶이목구비가 ~. 짝반듯하다. 센번뜻하다. **번듯-이** 부 ¶~ 눕다.

번뜩 부 '번득'의 센말. 짝반뜩. **번뜩-하다** 동자타여

번뜩-거리다/-대다[-꺼(때)-] 동자타 '번득거리다'의 센말. ¶눈을 ~ / 긴 칼이 햇빛을 받아 ~.

번뜩-번뜩[-뜩-] 부 '번득번득'의 센말. 짝반뜩반뜩. **번뜩번뜩-하다** 동자타여

번뜩-이다 동자타 '번득이다'의 센말. ¶안경 알이 ~ / 감시의 눈을 ~. 짝반뜩이다.

번뜻[-뜯] 부 빛이 갑자기 나타났다가 곧 없어지는 모양. 짝반뜻.

번뜻-번뜻[1][-뜯뻔뜯] 부 빛이 잇달아 갑자기 나타났다 없어졌다 하는 모양. 짝반뜻반뜻. **번뜻번뜻-하다**[1] 동자여

번뜻-번뜻[2][-뜯뻔뜯] 부 '번듯번듯'의 센말. 짝반뜻반뜻. **번뜻번뜻-하다**[2] 형여

번뜻-하다[-뜨타-] 형여 '번듯하다'의 센말. 짝반뜻하다. **번뜻-이** 부

번로(煩勞)[벌-] → 번로-하다[벌-] 형여 일이 번거로워 괴롭다.

번롱(翻弄)[벌-] 명 이리저리 마음대로 놀리는 것. **번롱-하다** 동타여 **번롱-되다** 동자

번문-욕례(繁文縟禮)[-뇨네-] 명 번거롭고 까다로운 규칙과 예절. 준번욕.

번민(煩悶) 명 이런저런 삶의 문제로 마음이 복잡하고 답답하여 괴로워하는 것. ¶그는 사업 실패에 이혼까지 겹쳐 ~이 많아졌다. ▶고민. **번민-하다** 동자여

번번-이(番番-) 부 여러 번 다. =매매(每每). 비매양. **凰**매양.

번번-하다 형여 1 구김살이나 울퉁불퉁한 데가 없고 편편하다. ¶번번한 길. 2 생김새가 얌전하거나 예쁘장하다. ¶외모가 ~. 3 (물건이) 제법 쓸만하며 보기가 괜찮다. ¶번번한 옷가지 하나 없다. 4 지체가 제법 높다. ¶**번번한** 집안 자손. 짝반반하다. **번번-히** 부

번복(翻覆·飜覆) 명 (이미 한 말이나 결정이나 판단 등을) 고치거나 바꾸어 처음과 다른 내용이 되게 하는 것. **번복-하다** 동타여 ¶심판의 판정을 ~. **번복-되다** 동자

번-분수(繁分數)[-쑤] 명 분수의 분모나 분자가 분수로 된 분수. =복분수. ↔단분수.

번-서다(番-) 동자 번을 들어 지키다.

번설(煩說) 명 1 너저분한 잔말. 2 떠들어 소

문을 내는 것. 번설-하다 동태

번성(蕃盛·繁盛) 명 1 한창 성하게 일어나 퍼지는 것. 2 (나무나 풀이) 무성한 상태가 되는 것. =번무(繁茂). 번성-하다 동자 ¶자손이 번성하기를 빈다.

번섹(-←sex) 명〈속〉채팅 후 곧바로 만나서 성 관계를 갖는 일. 인터넷상에서 쓰이는 통신 언어임.

번쇄(煩瑣·煩碎) →번쇄-하다 형여 너더분하고 자질구레하다.

번수¹(番數) [-쑤] 명 차례의 수효.

번수²(番手) 명[의존] 방적사의 굵기를 나타내는 단위. 보통, 면사의 경우 실 1파운드(약 454g)의 길이가 약 768m일 때 1번수라 함. ▷테니어.

번식(繁殖·蕃殖·蕃息) 명 붇고 늘어서 많이 퍼지는 것. =산식(產殖). ¶돼지를 ~시키다. 번식-하다 동자여 번식-되다 동자

번식-기(繁殖期) [-끼] 명[생] 동물이 새끼를 낳는 시기.

번식-력(繁殖力) [-성녁] 명 번식하는 힘.

번안(飜案) 명 1 원작의 줄거리나 사건은 그대로 두고, 풍속·인명·지명 등을 자기 나라에 맞추어 고치는 것. ¶~ 가요/~ 소설. 2 안건을 뒤집는 것. 번안-하다 동타여 번안-되다 동자

번역(飜譯·翻譯) 명 (어떤 글이나 문학 작품을 같은 뜻을 가지는 다른 나라의 언어로) 바꾸어 옮기는 것. =역(譯). ¶~자/~시(詩). 번역-하다 동타여 ¶소월(素月)의 시를 영문으로~. 번역-되다 동자

번역-가(飜譯家) [-까] 명 번역을 전문적으로 하는 사람.

번역-권(飜譯權) [-꿘] 명[법] 저작권의 하나. 어떤 저작물을 번역·출판하여 거기서 이익을 얻을 권리.

번역-극(飜譯劇) [-끅] 명[연] 외국의 희곡을 번역하여 상연하는 극.

번역-물(飜譯物) [-영-] 명 번역한 서적.

번역-본(飜譯本) [-뽄] 명 번역한 책. =역본(譯本).

번역-판(飜譯版) 명 번역하여 출판한 책.

번연-히 부 뚜렷하고 환하게. =번히. ¶걱정할 줄 ~ 알면서 전화 한 통화 없다.

번열(煩熱) 명[한] 몸에 열이 몹시 나고 가슴이 답답하여 괴로운 증세. =번열증.

번영(繁榮) 명 번성하고 영화롭게 되는 것. **번영-하다** 동자여 ¶번영하는 조국.

번영-하다²(繁榮-) 형여 번성하고 영화롭다.

번의(飜意·翻意) [-의/-이] 명 먹었던 마음을 뒤집는 것. ¶그의 갑작스러운 ~로 계획이 틀어져 버렸다. 번의-하다 동자

번잡(煩雜) 명 번거롭게 뒤섞여 어수선한 것. ¶~을 피하다. 번잡-하다 형여 ¶번잡한 저잣거리.

번잡-스럽다(煩雜-) [-쓰-따] 형비〈-스러우니, -스러워〉번잡한 데가 있다. 번잡스레 부

번적 명 '번쩍'의 여린말. '뻔적', '뻔쩍'의 여린말이기도 함. 짝반작. **번적-하다** 동자타여

번적-거리다/-대다 [-꺼(때)-] 동자타여 '번쩍거리다'의 여린말. '뻔적거리다', '뻔쩍거리다'의 여린말이기도 함. 짝반작거리다.

번적-번적 [-뻔-] 부 '번쩍번쩍'의 여린말. '뻔적뻔적', '뻔쩍뻔쩍'의 여린말이기도 함. 짝반작반작. **번적번적-하다** 동자타형여

번적-이다 동자타여 '번쩍이다'의 여린말. '뻔적이다', '뻔쩍이다'의 여린말이기도 함. 짝반작이다.

번조(煩燥) [한] 몸의 열이 높고 심신이 편안하지 못하여 손과 발을 가만히 두지 못하는 것. **번조-하다** 형여

번족(蕃族·繁族) →번족-하다 [-조카-] 형여 일가(一家)가 번성하다.

번주그레-하다 형여 생김새가 겉으로 보기에 번듯하다. 짝반주그레하다.

번죽-거리다/-대다 [-꺼(때)-] 동자 얼굴이 번듯하게 생긴 사람이 이죽거리면서 느물거리다. 센뺀죽거리다.

번지¹ [농] 농기구의 하나. 논밭의 흙을 고르거나 땅에 떨어진 곡식을 긁어모으는 데 쓰임.

번지²(番地) 명 1 거주지를 명시하기 위해 동(洞)이나 이(里)의 토지를 세분해서 붙인 번호. ¶번지 5 ~ 1 ~ 3. 2 [컴] 데이터가 저장되어 있는 기억 장소의 위치. 또는, 그것을 나타내는 수. =어드레스·주소.

번:-지다 동자 1 (액체가 종이·천 등의 물체에) 스며들어 차츰 젖거나 묻는 범위가 넓게 되다. ¶종이에 잉크가 ~. 2 (불길이 주위의 부분으로) 차츰 타는 범위가 넓게 되다. ¶불길이 삽시간에 이웃집으로 번져 갔다. 3 (어떤 기운이나 현상이) 차츰 넓은 범위나 영역으로 커지다. ¶버짐이 얼굴에 ~. / 사건이 크게 ~.

번지럽다 [-따] 형비〈번지러우니, 번지러워〉 기름기가 묻어서 미끄럽고 윤이 나다. 짝반지랍다.

번지레-하다/-대다 [-꺼(때)-] 조금 번지르르한 모양. 짝반지레. 센뻔지레. **번지레-하다** 형여

번지르르 부 1 미끄럽고 윤이 나는 모양. ¶얼굴에 기름기가 ~ 흐르다. 2 말 따위를 실속은 없이 겉만 그럴듯하게 하는 모양. 짝반지르르. 센뻔지르르. **번지르르-하다** 형여

번지-수(番地數) [-쑤] 명 번지의 수.

번지수가 틀리다 영뚱한 데를 잘못짚다.

번지수를 잘못 찾다[짚다] 관 생각을 잘못해서 다른 방향으로 나가다.

번지^점프(bungee jump) 명 수십 또는 수백 미터 높이의 점프대나 다리·탑·기구(氣球) 등의 물체에 고무로 된 긴 줄의 한끝을 고정시키고, 다른 쪽 끝을 자신의 몸통과 발목에 묶고 뛰어내림으로써 추락의 아찔한 긴박감을 즐기는 스포츠.

번질-거리다/-대다 동자 1 몹시 윤이 나고 미끈거리다. ¶얼굴이 ~. 2 몹시 약게만 굴고 일을 하지 않다. 짝반질거리다. 센뺀질거리다.

번질-번질 부 번질거리는 모양. 짝반질반질. 센뺀질뺀질. **번질번질-하다** 동자형여 ¶작업복이 기름때가 묻어 ~.

번-째(番-) 명[의존] (고유어로 된 수 관형사 뒤에 쓰여) 1 일의 횟수에 차례를 매겨 세는 단위. ¶그의 고시 낙방이 이번으로 다섯 ~이다. 2 사물의 차례를 나타내는 단위. ¶결승점에 첫 ~로 골인하다.

번쩍¹ 부 1 훤한 빛이 순간적으로 빛나는 모양. 2 순간적으로 정신이 들거나 어떤 생각이 드는 모양. ¶정신이 ~ 들다 / 불현듯 이래서는 안 되겠다는 생각이 ~ 들었다. 짝반짝. 센뻔쩍. **번쩍-하다** 동자타여 ¶번갯불이 ~.

번쩍² 튄 1 물건을 아주 가볍게 얼른 드는 모양. ¶짐을 ~ 들다. 2 눈을 갑자기 크게 뜨는 모양. ¶눈을 ~ 뜨다. 졘반짝.

번쩍-거리다·대다 [-꺼(때)-] 통(자)(타) 자꾸 번쩍이다. 졘반짝거리다. 예번쩍거리다. 쎈뻔쩍거리다.

번쩍-번쩍¹ [-뻔-] 튄 번쩍거리는 모양. 졘반짝반짝. 예번쩍번쩍. 쎈뻔쩍뻔쩍. **쩍-하다** 통(자)혱어 ¶황금이 ~. ×뻐까번쩍하다·삐까삐까하다.

번쩍-번쩍² [-뻔-] 튄 물건을 여러 번 번쩍 들거나 드는 모양. ¶무거운 짐들을 ~ 들어 나르다. 졘반짝반짝.

번쩍-이다 통(자)(타) 빛이 여리게 잠깐 나타났다가 없어지다. 또는, 그리되게 하다. ¶네온 사인이 ~. 졘반짝이다. 예번적이다. 쎈뻔쩍이다.

번-차례(番-) 뎽 돌려 가며 갈마드는 차례. ¶~로 보초를 서다.

번창(繁昌) 뎽 번화하고 창성하는 것. **번창-하다** 통(자)예 ¶사업이 날로 ~.

번철(燔鐵) 뎽 전(煎)을 부치거나 고기 등을 볶을 때에 쓰는, 솥뚜껑처럼 생긴 무쇠 그릇. =전철(煎鐵). ¶~에 기름을 두르다.

번트(bunt) 뎽(체) 야구에서, 타자가 공이 가까운 거리에 떨어지도록 배트를 공에 가볍게 대는 일. ¶희생[보내기] ~ / ~를 대다 / ~로 1점을 내다. **번트-하다** 통(타)예

번폐-스럽다(煩弊-) [-페-따/-페-따] 혱ㅂ<~스러우니, ~스러워> 번거롭고 폐가 되는 데가 있다. **번폐스레** 튄

번:-하다 혱어 1 어두운 가운데 밝은 빛이 비치어 조금 환하다. 통이 트는나 창문이 ~. 2 바쁜 가운데 잠깐 틈이 있다. 3 장마가 잠시 멎고 해가 나서 밝다. ¶하늘이 번하게 개다. 4 '뻔하다'의 여린말. 졘반하다. **번:-히** 튄=번연히. ¶~ 알고 있는 일을 왜 속이려고 하니?

번호(番號) Ⅰ 뎽 사물에 차례를 매기거나, 사물을 식별하고 구분하기 위해 붙인 숫자. ¶전화~ / 좌석 ~ / ~를 부르다. Ⅱ 갑 제식 훈련 시 구령의 하나. 순번의 수를 외치게 하는 말. 횡대 대형에서는 오른쪽부터, 종대 대형에서는 앞에서부터 번호를 붙임.

번호-순(番號順) 뎽 번호의 차례. ¶~으로 줄지어 서다.

번호-판(番號板) 뎽 1 번호를 적은 판. 2 차량 번호를 적어 자동차에 달고 다니도록 되어 있는, 일정한 크기의 판. 3 [영] 영화 촬영에서, 화면 번호와 촬영 장소·촬영 시간 등을 적어 놓은 나무 판.

번호-표(番號票) 뎽 번호를 적은 표.

번화(繁華) →**번화-하다** 혱어 거리가 사람이 많이 다니고 상점이 많아 화려하다. ¶번화한 거리.

번화-가(繁華街) 뎽 도시의 번화한 거리.

벋-가다 [-까-] 통(자) 옳은 길에서 벗어나게 행동하다. 쎈뻗가다.

벋-나가다 [번-] 통(자) 버드러져 나가다.

벋-나다 [번-] 통(자) 1 끝이 바깥쪽으로 벋게 나다. ¶이 ~. 2 못된 길로 나가다.

벋-놓다 [번노타] 통(타) 1 벋가게 내버려 두다. 2 잠을 자야 할 때 자지 않고 지내다.

벋-니 [번-] 뎽 '버드렁니'의 준말.

벋다¹ [-따] 통(자)(타) 1 (나뭇가지·줄기·덩굴·뿌리 등이) 길게 자라나다. 또는, (나뭇가지·줄기·덩굴·뿌리 등을) 자라 더 길어지게 하다. ¶칡덩굴이 ~ / 가지가 길게 ~. 2 (길·강·산맥 등이) 길게 이어지다. ¶죽 벋은 고속도로. 3 (팔이나 다리를) 오므렸던 상태에서 반듯하게 펴다. ¶두 다리를 죽 ~. 쎈뻗다.

벋다² [-따] 혱 끝이 바깥쪽으로 향하여 있다. ¶앞니가 ~. ↔앗다.

벋-대다 [-때-] 통(자) '뻗대다'의 여린말.

벋-디디다 [-띠디-] 통(타) 1 발에 힘을 주고 버티어 디디다. 2 금 밖으로 내어 디디다. 존벋딛다. 쎈뻗디디다.

벋버듬-하다 [-뻐-] 혱어 1 두 끝이 버드러져 나가 사이가 뜨다. 2 말이나 행동이 좀 거만하다. 3 사이가 틀려 버성기다.

벋-서다 [-써-] 통(자) 버티어 맞서서 겨루다. 쎈뻗서다.

벋장-다리 뎽 '벋정다리'의 잘못.

벋정-다리 [-쩡-] 뎽 1 구부렸다 폈다 하지 못하고 늘 벋어 있는 다리. 또는, 그런 다리를 가진 사람. 2 뻣뻣해져서 자유롭게 굽힐 수 없게 된 물건. 쎈뻗정다리. ×벋장다리.

벋쳐-오르다 통(자)르<~오르니, ~올라> '뻗쳐오르다'의 여린말.

벋-치다 통(자)(타) '벋다'의 힘줌말. 쎈뻗치다.

벌¹ 뎽 산이나 언덕이 없이 사방이 탁 트인, 평평하게 넓은 땅. ¶갯~ / 넓은 ~ / 들.

벌² ①(자립) 옷·그릇 등 짝을 이루거나 여러 가지가 한데 모여 갖추어진 한 덩이. ②(의존) 옷·그릇 등 짝을 이룬 물건을 세는 단위. ¶양복 한 ~ / 반상기 한 ~.

벌:³ 뎽(동) 1 벌목의 곤충 중 개미류를 제외한 곤충의 총칭. 가늘고 긴 입으로 꽃에서 꿀을 빨아 저장하고, 몸 끝의 독침으로 적을 쏨. 사회생활을 함. 나는 소리는 '붕붕', '앵앵'. 2 '꿀벌'의 준말.

벌⁴(罰) 뎽 잘못하거나 죄를 지은 사람에게 주는 고통. ¶죄와 ~ / ~을 내리다 / ~을 받다 / ~을 주다.

벌거벗-기다 [-벋끼-] 통(타) '벌거벗다'의 사동사. ¶아이를 **벌거벗기고** 목욕시키다. 졘발가벗기다. 쎈뻘거벗기다.

벌거-벗다 [-벋따] 통(자) 1 알몸이 되도록 옷을 모두 벗다. ¶아이들이 **벌거벗고** 물장구 치다. 2 산에 나무가 없어 흙이 드러나 보일 정도가 되다. ¶**벌거벗은** 산. 졘발가벗다. 쎈뻘거벗다.

벌거-숭이 뎽 1 벌거벗은 알몸뚱이. 2 흙이 드러나 보일 만큼 나무가 없는 산. 3 돈·재산 등을 다 없애어 가진 것이 없는 사람. 졘발가숭이. 쎈뻘거숭이.

벌거숭이-산(-山) 뎽 =민둥산.

벌거지 뎽 '벌레'의 잘못.

벌겅 뎽 벌건 빛깔. 또는, 그런 색을 내는 물감과 같은 물질. 졘발강.

벌:-겋다 [-거타] 혱ㅎ<벌거니, 벌거오, 벌게> (어떤 물체가) 연하게 뻘겋다. ¶눈이 **벌겋게** 충혈되다. 졘발갛다. 쎈뻘겋다.

벌:게-지다 통(자) 벌겋게 되다. ¶수치심으로 얼굴이 ~. 졘발개지다. 쎈뻘게지다.

벌과-금(罰科金) 뎽 1 =벌금(罰金). 2 [법] =벌금2.

벌교(筏橋) 뎽 뗏목을 엮어 만든 다리.

벌-구멍 [-꾸-] 뎽 벌통의 구멍.

벌그데데-하다 혱어 조금 천하게 벌그스름하다. 졘발그대대하다. 쎈뻘그데데하다.

벌그레-하다 혱어 조금 곱게 벌그스름하다.

¶불이 ~. 작발그레하다.
벌그름-하다 형여 '벌그스름하다'의 준말. 작발그름하다. 센뻘그름하다. **벌그름-히** 부
벌그무레-하다 형여 썩 옅게 벌그스름하다. 작발그무레하다.
벌그스레-하다 형여 =벌그스름하다.
벌그스름-하다 형여 조금 벌겋다. =벌그스레하다. ¶동쪽 하늘이 ~. 센뻘그름하다. 작발그스름하다. 센뻘그스름하다. **벌그스름-히** 부
벌그죽죽-하다[-주카-] 형여 빛깔이 고르지 못하고 칙칙하게 벌그스름하다. 작발그족죽하다. 센뻘그죽죽하다.
벌금(罰金)명 1 벌로 내게 하는 돈. =벌과금. 2[법] 형법이 규정하는 형(刑)의 일종. 과료(科料)·몰수와 더불어 재산형의 하나로, 과료보다 금액이 많음. =벌과금. ¶~을 물리다.

> 어법 공과금의 기일을 넘겨 벌금을 물게 되다: 벌금(×)→과태료(○). ▶ 법률적으로, '벌금'은 형의 일종이고, '과태료'는 행정 처분의 일종임.

벌금-형(罰金刑)명[법] 범죄의 처벌 방법이 벌금인 형벌.
벌긋-벌긋[-귿뻘귿] 부 칙칙하게 붉은 점이 군데군데 박힌 모양. 작발굿발굿. 센뻘긋뻘긋. **벌긋벌긋-하다** 형여
벌¦기다 동(타) 속엣것이 드러나게 헤쳐 벌리다. ¶밤송이를 ~. 작발기다.
벌꺽 부 1 갑자기 성을 내거나 기운을 쓰는 모양. ¶~ 신경질을 내다. 2 갑자기 온통 뒤집히는 모양. ¶산업 스파이 사건으로 회사가 ~ 뒤집혔다. 작발칵. 센뻘꺽. 거벌컥.
벌꺽-거리다/-대다[-꺼(때)-] 동 1 (자) 1 담근 술이 심하게 부걱부걱 괴어오르다. 2 삶는 빨래 따위가 끓으면서 자꾸 뒤집어 오르다. 2 (타) 1 액체를 시원스럽게 들이켜다. 2 진흙·반죽 따위를 자꾸 주무르거나 쑤셔 옆으로 비어져 나오게 하다. 작발칵거리다. 거벌컥거리다.
벌꺽-벌꺽[-뻘-] 부 벌꺽거리는 모양. 또는, 그 소리. ¶술을 ~ 들이켜다. 작발칵발칵. 거벌컥벌컥. **벌꺽벌꺽-하다** 동(자)(타)여
벌¦꿀 명 =꿀.
벌끈 부 1 걸핏하면 성을 왈칵 내는 모양. ¶~ 화를 내다. 2 뒤집어엎을 듯이 시끄러운 모양. ¶화재로 온 거리가 ~ 뒤집혔다. 센뻘끈. **벌끈-하다** 동(자)(타)여 ¶그는 친구의 충고에 벌끈하며 대들었다.
벌끈-거리다/-대다 동(자) 사소한 일에 걸핏하면 성을 내다. ¶곧잘 **벌끈거리는** 성미. 작발끈거리다. 센뻘끈거리다.
벌끈-벌끈 부 벌끈거리는 모양. 작발끈발끈. 센뻘끈뻘끈. **벌끈벌끈-하다** 동(자)(타)여
벌¦다¹ 자 〈버니, 버오〉 1 (물체가) 저절로 공간적으로 틈이 생기다. ¶밤이 익어 ~. 2 (식물의 가지가) 옆으로 벋다. ¶작년에 심은 나무가 제법 키도 크고 가지도 **벌었다**. 3 (사람의 몸이) 넓게 가로퍼지다. ¶어깨가 떡 ~. 4 (그릇 따위의 아가리가) 바깥쪽으로 넓게 미밀다. ¶아가리가 **번** 대접.
벌¦다² 타 〈버니, 버오〉 1 (돈을) 어떤 일을 하거나 장사를 하거나 하여 자기의 몫으로 되게 하다. ¶돈을 ~. 2 (사람이 어떤 용도의 돈을) 쓰지 않아 남기게 되다. ¶친구 차를 얻어 탔으니 차비를 **번** 셈이다. 3 (매 맞거나

욕먹을 일을) 잘못된 행동을 함으로써 스스로 청하다. ¶저렇게 말을 안 들으니 매를 벌 수밖에. 4 시간을 벌다 → 시간(時間).
벌떡 부 갑자기 급하게 일어나거나 뒤로 자빠지는 모양. ¶~ 일어나다. 작발딱.
벌떡-거리다/-대다[-꺼(때)-] 동(자)(타) 1 맥박이나 심장이 세차게 자꾸 뛰다. ¶가슴이 ~. 2 입을 크게 벌려 힘있게 액체를 들이마시다. 3 힘을 쓰고 싶거나 활동하고 싶어 안타깝게 애를 쓰다. 작발딱거리다. 센뻘떡거리다.
벌떡-벌떡[-뻘-] 부 벌떡거리는 모양. 또는, 그 소리. ¶막걸리를 한 사발 ~ 들이켜다. 작발딱발딱. 센뻘떡뻘떡. **벌떡벌떡-하다** 동(자)(타)여
벌떡-증(-症)[-쯩] 명 화가 벌떡벌떡 일어나는 증세.
벌러덩 부 팔이나 팔을 활짝 벌린 상태로 맥없이 뒤로 자빠지거나 눕는 모양. ¶빙판 길에서 ~ 자빠지다/침대에 ~ 쓰러지다. 작발라당. 준벌링. **벌러덩-하다** 동(자)여
벌러-지 명 '벌레¹'의 잘못.
벌렁 부 '벌러덩'의 준말. ¶~ 드러눕다/뒤로 ~ 자빠지다. 작발랑.
벌렁-거리다/-대다 동(자)(타) 1 (콧구멍이) 커졌다 작아졌다 하다. 또는, (콧구멍을) 크게 했다 작게 했다 하다. 비벌름거리다. ¶입을 헤벌리고 콧구멍을 **벌렁거리며** 잠을 잔다. 2 (가슴이) 몹시 놀라거나 흥분하여 마구 뛰다. ¶벌떡증 때문에 심장이 ~. 작발랑거리다. 센뻘렁거리다.
벌렁-벌렁 부 벌렁거리는 모양. 작발랑발랑. 센뻘렁뻘렁. **벌렁벌렁-하다** 동(자)(타)여
벌렁-코 명 넓적하게 벌어진 코.
벌레 명 1 일정한 곳에서 꼬물꼬물 움직이거나 식물이나 동물의 몸에 붙어사는, 몸의 크기가 작은 곤충이나 그 애벌레. =충(蟲). 비버러지. ¶나뭇잎 위에 ~가 기어가다. × 벌거지·벌러지. 2 (일부 명사 뒤에 쓰여) 그 명사가 나타내는 한 가지 일이나 사물에만 정신을 쏟는 사람을 얕잡아 이르는 말. ¶돈~/일~/공부~.
벌레(가) 먹다 관 (식물의 잎·열매나 사람의 이 등이) 벌레나 균의 침입으로 갉아 먹히거나 상한 상태로 되다. ¶**벌레 먹은** 사과.
벌레잡이-식물(-植物)[-싱-] 명[식] 잎으로 벌레를 잡아 소화·흡수하여 양분을 취하는 식물. 끈끈이귀개·통발 따위. =식충 식물·포충 식물.
벌레잡이-잎[-입] 명[식] 벌레잡이 식물에 있어서 날아 붙는 벌레를 움켜잡아 소화·흡수하여 양분을 취하는 잎. 끈끈이귀개·파리지옥풀 따위에서 볼 수 있음. =포충엽.
벌레-집 명 고치 등과 같이 벌레가 들어 있는 집.
벌룩-거리다/-대다¹[-꺼(때)-] 동(자)(타) (탄력 있는 물건이) 자꾸 벌어졌다 우므러졌다 하다. 또는, 그리되게 하다. 작발록거리다.
벌룩-거리다/-대다²[-꺼(때)-] 동(자) 하는 일이 없이 공연히 놀며 돌아다니다. 작발록거리다.
벌룩-벌룩¹[-뻘-] 부 벌룩거리는(벌룩거리다¹) 모양. 작발록발록. **벌룩벌룩-하다¹** 동(자)(타)여
벌룩-벌룩²[-뻘-] 부 벌룩거리는(벌룩거리다²) 모양. 작발록발록. **벌룩벌룩-하다²** 동

벌룩-이다 〘동〙〈자〉〈타〉 (탄력 있는 물체가) 벌어졌다 우므러졌다 하다. 또는, 그리되게 하다. 〘작〙발록이다.

벌룩-하다 [-루카-] 〘형〙〈여〉 물건 따위의 틈이 조금 벌어져 있다. 〘작〙발록하다.

벌룽-거리다/-대다¹ 〘동〙〈자〉〈타〉 (탄력 있는 물건이) 가볍게 벌어졌다 우므러졌다 하다. 또는, 그리되게 하다. ¶콧구멍이 ~. 〘작〙발롱거리다.

벌룽-거리다/-대다² 〘동〙〈자〉 1 (국물 따위가) 뭉근한 불에 끓을락 말락 가만가만 움직이다. 2 하는 일 없이 게으르게 놀며 돌아다니다. 〘작〙발롱거리다.

벌룽-벌룽¹ 〘부〙 벌룽거리는(벌룽거리다¹) 모양. 〘작〙발롱발롱. **벌룽벌룽-하다¹** 〘동〙〈자〉〈타〉

벌룽-벌룽² 〘부〙 벌룽거리는(벌룽거리다²) 모양. 〘작〙발롱발롱. **벌룽벌룽-하다²** 〘동〙〈자〉〈여〉

벌름-거리다/-대다 〘동〙〈자〉〈타〉 (탄력 있는 물건이) 부드럽고 넓게 벌어졌다 닫혀졌다 하다. 또는, 그리되게 하다. 〘비〙벌렁거리다. ¶돼지가 코를 ~. 〘작〙발름거리다.

벌름-벌름 〘부〙 벌름거리는 모양. 〘작〙발름발름. **벌름벌름-하다** 〘동〙〈자〉〈여〉

벌름-하다 〘형〙〈여〉 (탄력 있는 물건이) 우므러져 있지 않고 조금 벌어져 있다. 〘작〙발름하다. **벌름-히** 〘부〙

벌﹕리다¹ 〘동〙〈타〉 1 (맞닿아 있거나 본래 갈라져 있는 대상을) 사이가 생기게 하거나 더 커지게 하다. ¶가랑이를 ~ / 앞 사람과의 간격을 더 ~. 2 (오므리거나 접었던 것을) 펴지거나 열리게 하다. ¶자루를 ~ / 양팔을 옆으로 ~. 3 '벌이다'의 잘못. 4 손(을) 벌리다 → 손¹.

> **﹝혼동어﹞ 벌리다 / 벌이다**
> '벌리다'는 사이나 틈이 생기게 하거나 커지게 하는 것을 가리키고, '벌이다'는 물건들을 늘어놓는 것, 또는 어떤 일을 행하는 것을 가리킴. ¶팔을 **벌리다** / 책상 위에 책을 **벌여** 놓다 / 한바탕 논쟁을 **벌이다**

벌﹕-리다² 〘동〙〈자〉 '벌다¹'의 피동사. ¶돈이 잘 ~.

벌린-춤 〘명〙 '벌인춤'의 잘못.

벌림-새 〘명〙 '벌임새'의 잘못.

벌-모 〘명〙 1 〔농〕 =허튼모. 2 〔농〕 모판 구역 밖에 볍씨가 떨어져 자라난 모. 3 일을 말막음으로 했을 때 쓰는 말.

벌목(伐木) 〘명〙 산판이나 숲의 나무를 베는 것. **벌목-하다** 〘동〙〈자〉〈타〉〈여〉

벌목-꾼(伐木-) 〘명〙 벌목을 생업(生業)으로 삼는 일꾼.

벌목-장(伐木場) [-짱] 〘명〙 벌목하는 장소.

벌-물 〘명〙 맛도 모르고 마구 들이켜는 물.

벌-바람 [-빠-] 〘명〙 벌판에서 부는 바람.

벌벌 〘부〙 1 춥거나 무서워서 자꾸 떠는 모양. ¶추워서 몸이 ~ 떨리다. 2 재물 따위를 몹시 아끼는 모양. ¶돈 몇 푼에 ~ 떤다. 3 몸을 바닥에 붙이고 좀 큰 동작으로 기는 모양. 〘작〙발발.

벌-서다(罰-) 〘동〙〈자〉 벌을 받아 일정한 곳에 서다. ¶복도에 나가 **벌서고** 있다.

벌-세우다(罰-) 〘동〙〈타〉 '벌서다'의 사동사. ¶거짓말한 아이를 ~.

벌-술(罰-) [-쑬] 〘명〙 =벌주(罰酒).

벌써 〘부〙 1 얼마 전에. 또는, 오래전에. 어떤 일이 예상을 벗어나 기준 시점보다 앞서서 일어났음을 나타내는 말. ¶마감 시간은 ~ 지났다. 2 어느 사이에. 어떤 일이 예상보다 빠르게 다가오거나 일어났음을 나타내는 말. ¶~ 퇴근 시간이 됐나? 3 아주 오래전에. 또는, 아주 오래전의. 말하는 사람이 어떤 일을 과거의 일로 생각함을 나타내는 말. ¶그 일은 ~ 옛날 이야기이다.

벌﹕-씌다 [-쐬다/-쒜-] 〘동〙〈자〉 1 벌에게 쏘이다. 2 밤이 익기도 전에 송이가 병적(病的)으로 터져 벌어지다.

벌-쓰다(罰-) 〘동〙〈자〉 〈~쓰니, ~써〉 벌을 받다.

벌씌우다(罰-) [-씨-] 〘동〙〈타〉 '벌쓰다'의 사동사. ¶숙제 안 해 온 아이들을 ~.

벌씬-벌씬 〘부〙 숫기 좋게 입을 벌려 벙긋벙긋 웃는 모양. 〘작〙발씬발씬.

벌﹕어-들이다 〘동〙〈타〉 돈이나 물건 등을 벌어서 가져오다. ¶해외 시장에서 많은 외화를 ~.

벌﹕어-먹다 [-따] 〘동〙 벌이를 하여 먹고살다. ¶하루하루 근근이 ~.

벌﹕어-지다 〘동〙〈자〉 1 (물체가) 맞닿거나 꽉 아물린 자리, 또는 온전한 면에 공간적으로 틈이 생기다. ¶바위틈이 ~ / 좋아서 입이 ~. 2 (남자의 어깨나 가슴 따위가) 보기 좋게 가로퍼지다. ¶가슴이 떡 **벌어진** 늠름한 체격. 〘작〙바라지다. 3 (식물의 가지가) 옆으로 번어지다. ¶가지가 ~. 4 (그릇 따위의 아가리가) 바깥쪽으로 내밀어 넓어지다. 5 (사람의 사이가) 좋지 않게 되다. ¶그들은 사이가 **벌어져** 서로 말도 안 하고 지낸다. 6 (이목을 끌거나 요란한 일이나 상황이) 생겨 진행되다. ¶싸움이 ~ / 열띤 토론이 ~. 7 (음식상이) 많은 음식으로 가득하다. ¶떡 **벌어지게** 차린 잔칫상.

벌열(閥閱) 〘명〙 나라에 공이 많고 벼슬을 지낸 일이 많은 집안. =벌족(閥族).

벌﹕-이 〘명〙 먹고살려고 돈을 버는 일. ¶돈 ~ / ~가 없다 / 요즘엔 ~가 통 시원찮다. **벌﹕이-하다** 〘동〙〈자〉〈여〉

벌﹕이다 〘동〙〈타〉 1 (대립·다툼·경쟁 등의 성질을 가진 일을) 맹렬하게 또는 남의 이목을 끄는 상태로 행하다. ¶싸움을 ~ / 토론을 ~. 2 (어떤 일을) 계획하고 계획대로 되도록 행하다. ¶캠페인을 ~ / 일을 벌만 놓는다. 3 (가게나 난전 따위를) 갖추어 차리다. ¶가게를 ~. 4 (여러 개의 물건을 평면 위에) 옆으로 하나씩 하나씩 놓아서 모두 잘 보이게 하다. 〘비〙늘어놓다·나열하다·진열하다. ¶좌판에 물건을 ~ / 화투판을 ~. ▶벌리다.

벌﹕이-줄 〘명〙 1 물건이 버티도록 이리저리 얽어매는 줄. 2 〔체〕 과녁의 솔대를 켕겨서 매는 줄. 3 연(鳶)에 벌여 매는 줄.

벌﹕이-터 〘명〙 벌이하는 일터.

벌﹕인-춤 〘명〙 이미 시작한 일을 중간에 그만둘 수 없음을 가리키는 말. ¶기장지무(旣張之舞). ¶이왕 ~이니 계속해라. ×벌린춤.

벌﹕임-새 〘명〙 일이나 물건을 벌여 놓은 모양새. 〘나〙벌림새.

벌전(罰錢) [-쩐] 〘명〙 벌로 내는 돈.

벌점(罰點) [-쩜] 〘명〙 잘못에 대해 벌로 주는 점수. ¶착지(着地) 동작이 나빠 ~를 받다.

벌제위명(伐齊爲名) 〘명〙 [-제-] 〘명〙 [중국 전국시대에 연(燕)나라의 악의(樂毅)가 제(齊)나라를 칠 때, 전단(田單)이 악의가 제를 친다는 명목만 내걸고 속으로는 제왕(齊王)이 되려고 계획한다고 한 데서〕 겉으로는 하는 체하고 속으로 딴 짓을 함을 이르는 말.
벌족(閥族)[-쪽] 圀 =벌열(閥閱).
벌주(罰酒)[-쭈] 圀 벌로 먹이는 술. =벌상주(賞酒).
벌-주다(罰-) 图[자]타] 벌을 가하다. ¶물건을 훔친 학생을[에게] 단단히 ~.
벌'-집[-찝] 圀 1 벌이 알을 낳고 먹이와 꿀을 저장하며 생활하는 집. 누방(蜂房)·봉소(蜂巢). 2 소의 양(胖)에 벌집같이 생긴 고기.
벌집을 건드리다[쑤시다] 판 건드려서는 안 될 것을 공연히 건드려 화근을 만들다.
벌집을 만들다 판[속] 폭력을 써서 엉망을 만들다.
벌-집-위(-胃)[-찝-] 圀[생] 반추위(反芻胃)의 제2위. 벌집 모양으로 생겼으며, 음식물을 섞어 다시 입으로 내보냄. =봉소위.
벌쭉 图 속의 것이 드러나 보일 듯 말 듯하게 입을 벌리며 소리 없이 웃는 모양. 잘발쪽. 센뻘쭉. **벌쭉-하다'** 图[자]타]
벌쭉-거리다/-대다[-꺼(때)-] 图 벌어졌다 닫혀졌다 하다. 또는, 그리되게 하다. ¶어항 속의 금붕어가 주둥이를 ~. 잘발쪽거리다. 센뻘쭉거리다.
벌쭉-벌쭉[-뻘-] 图 벌쭉거리는 모양. 잘발쪽발쪽. 센뻘쭉뻘쭉. **벌쭉벌쭉-하다** 图[자]타]
벌쭉-하다²[-쭈카-] [형]에 좁고 길게 벌어져서 쳐들려 있다. 잘발쪽하다. 센뻘쭉하다. **벌쭉히** 图
벌창 圀 물이 넘쳐흐르는 것. **벌창-하다** 图[자]에
벌채(伐採) 圀 산림의 나무를 베거나 섶을 깎아 내는 것. =채벌. ¶~ 작업. **벌채-하다** 图[타]에 ¶산림을 ~.
벌책(罰責) 圀 죄과를 꾸짖어 가볍게 벌하는 것. ¶~ 처분. **벌책-하다** 图[타]에
벌초(伐草) 圀 무덤의 풀을 베어서 깨끗이 하는 것. **벌초-하다** 图[자]타]에 ¶할아버지 산소에 ~ / 조상의 묘를 ~.
벌충 圀 (손실이나 모자라는 것을) 다른 것으로 대신 채우는 것. **벌충-하다** 图[타]에 ¶며칠 논 것을 벌충하려고 밤낮으로 일하다. **벌충-되다** 图[자]
벌칙(罰則) 圀 규율을 위반한 행위에 대한 처벌을 정해 놓은 규칙.
벌'-침(-針) 圀 벌의 몸 끝에 있는 침.
벌컥 图 '벌컥'의 거센말. ¶화를 ~ 내다 / 온 동네가 소문으로 ~ 뒤집혔다. 잘발칵.
벌컥-거리다/-대다[-꺼(때)-] 图[자]타] '벌컥벌컥'의 거센말. 잘발칵거리다.
벌컥-벌컥[-뻘-] 图 '벌컥벌컥'의 거센말. ¶그는 화라도 난 듯이 술을 ~ 들이켰다. 잘발칵발칵. **벌컥벌컥-하다** 图[자]타]에
벌컨-포(Vulcan砲)[-군] 미국의 6연장(連裝) 회전식 기관포. 구경 20mm. 항공기에 탑재하거나 대공(對空) 방어 시스템과 연동시켜 수상 함정에도 장비함.
벌-통(-桶) 圀 꿀벌을 치는 통.
벌-판 圀 사방으로 펼쳐진 넓고 평평한 땅. 비광야(曠野). ¶허허~ / 모래~ / 시베리아 ~. 들판.
벌-하다(罰-) 图[타]에 벌을 주다. ¶죄인을 엄히 ~.
범' 圀[동] =호랑이1.
[범도 새끼 둔 골을 두남둔다] 악한 자라도 제 자식에 대한 사랑만은 있다는 말. [범도 제 말 하면 온다] 남의 말을 하면 공교롭게 그 사람이 온다. [범 없는 골에 토끼가 스승이라] 잘난 사람이 없는 곳에서 못난 사람이 잘난 체함을 비꼬아 이르는 말. [범에게 물려 가도 정신만 차리면 산다] 어떤 곤란에 처해도 정신만 차리면 헤어날 수 있다.
범²(犯) 圀[의존] 범행을 하여 형벌을 받은 횟수를 세는 말. ¶전과 3~.
범:-³(汎) 접퍼 '널리 전체에 걸치는'과 같은 뜻을 나타내는 말. ¶~국민적 /~세계적 추세.
-범⁴(犯) 접미 '범행', '범인'의 뜻을 나타내는 말. ¶현행~ / 상습~ / 살인~.
범:강-장달이(范彊張達-) 圀 〔'삼국지'에 나오는 범강과 장달이 장비의 부하로서 서로 작당하여 장비를 죽인 흉악한 인물이었던 데서] 키가 크고 흉악하게 생긴 사람을 가리키는 말.
범:국민-적(汎國民的)[-궁-] 관圀 널리 국민 전체에 관계된 (것). ¶~ 운동으로 확산되다.
범:-굴(-窟) 圀 범이 사는 굴. =호굴(虎窟).
[범굴에 들어가야 범을 잡는다] 목적을 달성하려면 그만한 위험이나 어려움을 감수하여야 한다.
범:궐(犯闕) 圀 대궐을 침범하는 것. **범:궐-하다** 图[자]에
범:-나비 圀[동] =호랑나비.
범:-띠 圀[민] 범해에 난 사람의 띠.
범:람(汎濫·氾濫)[-남] 圀 1 물이 넘쳐흐르는 것. 2 (바람직하지 못한 것이) 마구 쏟아져 나와 나도는 것. 3 제 분수에 넘치는 것. **범:람-하다** 图[자]에 ¶홍수로 한강이 ~ / 외래 물품이 ~.
범:람-원(汎濫原)[-남-] 圀[지] 하천의 범람으로 말미암아 운반된 흙·모래·자갈이 퇴적하여 이루어진 천변(川邊)의 평탄한 땅. 하천이 범람하면 물에 잠김. =홍함지(洪涵地).
범:례(凡例)[-녜] 圀 =일러두기.
범:론(汎論·氾論)[-논] 圀 널리 전반에 걸쳐 논하는 일. 비개론(槪論)·총론.
범:류(凡類)[-뉴] 圀 평범한 사람의 부류.
범:물(凡物) 圀 1 하늘과 땅 사이의 모든 물건. 2 평범한 물건이나 사람.
범:미-주의(汎美主義)[-의/-이] 圀[정] 미국의 정치적·경제적 우위 아래에서, 남북아메리카 제국의 정치·경제 관계의 개선 및 지역적 결합의 강화를 지향하는 사상 및 운동. =범아메리카주의.
범:백(凡百) 圀 1 가지가지의 모든 것. 2 상궤(常軌)에 벗어나지 않는 언행.
범:백-사(凡百事)[-싸] 圀 갖가지 일. 또는, 온갖 일.
범벅 圀 1 곡식 가루에 호박 따위를 섞어 된풀처럼 쑨 음식. ¶호박~. 2 여러 가지 사물이 뒤섞여 갈피를 잡을 수 없게 된 상태. ¶뒤~. 3 몸에 질척질척한 것이 마구 묻은 상태.
범:범(汎泛) 어기 **범:범-하다** 톙에 꼼꼼하지 않고 데면데면하다. **범:범-히** 图
범:법(犯法)[-뻡] 圀 법에 어긋난 일을 하는 것. =범과(犯科). ¶~ 행위. **범:법-하다** 图[자]에
범:법-자(犯法者)[-뻡짜] 圀 범법 행위를 한 사람.
범:부(凡夫) 圀 평범한 사내. ¶~에 감사하는
범:사(凡事) 圀 1 모든 일. ¶~에 감사하는

신앙 생활. 2 평범한 일.

범:상¹(犯上) 명 1 신하가 임금에게 해서는 안 될 짓을 하는 것. 2 아랫사람이 윗사람에게 해서는 안 될 짓을 하는 것. **범:상-하다¹**

범:상²(凡常) →**범:상-하다²** 형여 대수롭지 않고 예사롭다. =용상(庸常)하다. 비심상(尋常)하다·평범하다. ¶노인은 청년의 말 한 마디 한 마디, 일거수일투족에서 그가 **범상한** 인물이 아님을 꿰뚫어 보았다. **범:상-히** 부

범생이 명 〈은〉 모범생(학생의 말). 얕잡아 이르는 어감이 있음. ¶공부밖에 할 줄 모르는 ~.

범:서¹(凡書) 명 평범한 서적.
범:서²(梵書) 명 1 범자(梵字)로 기록된 글. 2 [불] =불경(佛經).
범:선(帆船) 명 =돛단배.
범:-세계적(汎世界的) [-게-/-게-] 관명 널리 세계 전체에 관계된 (것). ¶~으로 환경 운동을 벌이다.
범:속(凡俗) →**범:속-하다**[-소카-] 형여 평범하고 속되다. ¶**범속한** 작품 / 생각이 ~.
범:승(凡僧) 명 [불] 1 평범한 승려. 특히, 절의 운영과 관리를 맡는 승직을 가지지 않은 승려. 2 수행이 덜된 어리석은 승려.
범:-시민적(汎市民的) 관명 널리 시민 전체에 관계된 (것).
범:신-론(汎神論) [-논] 명 [철] 우주 만물은 신(神)의 형상이며, 신 그 자체라고 하는 이론이나 관념. =만유신론. ↔이신론.
범:실(凡失) 명 [체] 야구 등에서, 평범한 실책. ¶~이 나다[잦다].
범:-아귀 명 엄지손가락과 집게손가락의 사이.
범:안(凡眼) 명 평범한 사람의 안목.
범:애(汎愛) 명 차별 없이 널리 사랑하는 것. 비박애(博愛). **범:애-하다** 동타여
범:애-주의(汎愛主義) [-의/-이] 명[교] 18 세기에 독일에서 일어난 계몽주의적 교육 운동. 인간성의 선(善)을 믿고 심신의 조화와 훈육에 중점을 두었으며, 사해동포주의를 부르짖었음.
범:어(梵語) 명[언] =산스크리트 어.
범:연(泛然) →**범:연-하다** 형여 차근차근한 맛이 없이 데면데면하다. **범:연-히** 부
범:왕(梵王) 명[불] '범천왕(梵天王)²'의 준말.
범:용¹(犯用) 명 남이 맡긴 것을 써 버리는 것. **범:용-하다¹** 동타여
범:용²(凡庸) →**범:용-하다²** 형여 평범하고 용렬하다.
범:위(範圍) 명 제한된 구역의 언저리. 또는, 어떤 것이 미치는 한계. 비테두리. ¶시험 출제~ / 활동 ~.
범:음(梵音) 명[불] 1 범천왕의 음성. 2 보살의 음성. 3 부처의 가르침. 4 불경 읽는 소리. 5 '범패(梵唄)'의 잘못.
범:의(犯意) [-의/-이] 명[법] 범죄 행위임을 알면서도 그 행위를 하려는 의사(意思).
범:이슬람-주의(汎Islam主義) [-의/-이] 명 이슬람교도가 단결로 이슬람 국가를 건설하여 유럽의 기독교국의 침략에 대항하고자 한 사상 및 운동.
범:인¹(凡人) 명 평범한 사람.
범:인²(犯人) 명 법에 어긋나는 죄(특히, 형사상의 죄)를 저지른 사람. 비범죄인. ¶~

을 추적[체포]하다.
범:자(梵字) [-짜] 명 범어(梵語), 즉 산스크리트 어를 표기한 문자.
범:작(凡作) 명 평범한 작품. ▷걸작.
범:재¹(凡才) 명 평범한 재주. 또는, 그런 재주를 가진 사람. ▷수재·천재.
범:재²(凡材) 명 평범한 인재(人材).
범:절(凡節) 명 법도에 맞는 모든 질서나 절차. 비예의~.
범:접(犯接) 명 (어떤 대상에) 가까이 다가가 함부로 건드리거나 감히 접하는 것. ¶~을 못 하다 / 산짐승의 ~을 막기 위해 목책(木栅)을 둘러놓다. **범:접-하다** 자여 ¶그에게는 함부로 **범접하기** 어려운 위엄이 있다.
범:종(梵鐘) 명[불] 절에서 사람을 모이게 하거나 시각을 알리기 위하여 치는 종. =불종(佛鐘).
범:죄(犯罪) [-죄/-줴] 명 죄를 범하는 일. 또는, 그 죄. 특히, 사회에 해를 끼치는 위법 행위. ¶완전~ / 청소년 ~ / 신종 ~ 수법.
범:죄-시(犯罪視) [-죄-/-줴-] 명 범죄로 여기는 것. **범:죄시-하다** 동타여 **범:죄시-되다** 동자여
범:죄-인(犯罪人) [-죄-/-줴-] 명[법] 죄를 범한 사람. =범죄자. 비범인.
범:죄-자(犯罪者) [-죄-/-줴-] 명[법] =범죄인.
범:죄-학(犯罪學) [-죄-/-줴-] 명[법] 범죄 발생의 원인, 범죄자의 병과 심리 상태 등 범죄에 관한 현상을 연구하는 학문.
범:죄-형(犯罪型) [-죄-/-줴-] 명 범죄를 행할 가능성이 높은 사람에게서 볼 수 있는 외모나 성격의 유형.
범:주¹(帆走) 명 돛에 바람을 받아 물 위를 항행하는 것. **범:주-하다** 자여
범:주²(範疇) 명 1 [철] 사물 현상에 대한 근본적 사유의 형식. 2 부문에 따라 나누는 종류. ¶일기나 편지는 문학 장르상 수필의 ~에 든다고 할 수 있다.
범:천(梵天) 명[불] =범천왕.
범:천-왕(梵天王) 명[불] 1 [종] 브라만교의 교조인 우주 만물의 조화의 신. 사바세계를 주재함. 2 [불] 제석천(帝釋天)과 함께 부처를 좌우에서 모시는 불법 수호의 신. =바라문천·범천. ⇨범왕.
범:칙(犯則) 명 규칙을 어기는 것. **범:칙-하다** 동자여
범:칙-금(犯則金) [-끔] 명[법] 경범죄를 짓거나 도로 교통법을 위반하거나 한 사람에게 물리는 돈.
범:칭(汎稱·泛稱) 명 넓은 범위로 쓰는 명칭. 또는, 두루 쓰이는 명칭.
범:타(凡打) 명[체] 야구에서, 안타가 되지 못한 평범한 타격. **범:타-하다** 동자여
범:-태평양(汎太平洋) 명 태평양 전역에 걸침. ¶~ 기구 / ~ 회의.
범:털 명 〈은〉 돈 많고 백 있는 복역수(죄수의 말). ▷개털.
범:퇴(凡退) [-퇴/-퉤] 명[체] 야구에서, 타자가 아무 소득 없이 물러가는 것. ¶삼자 ~. **범:퇴-하다** 동자여
범:패(梵唄) 명[불] 부처의 공덕을 찬양하는 전통 형식의 노래. ×고패.
범퍼(bumper) 명 충돌 사고 발생 시 충격을 완화시키기 위해 자동차의 앞과 뒤에 길게 댄 장치.
범:포(犯逋) 명 국고에 바칠 전곡(錢穀)을 써

버리는 것. **범:포-하다** 동태여

범:-하다(犯-) 동태여 **1** (법률·규칙·도덕을) 어기다. ¶율법을 ~. **2** (잘못을) 저지르다. ¶실수를 ~/오류를 ~. **3** 들어감을 금하는 경계나 지역을 함부로 들어서다. ¶모든 산맥들이 바다를 연모해 휘달릴 때에도 차마 이곳을 **범하던** 못하였으리라.《이육사: 광야》 **4** (여자를) 정조를 빼앗거나 짓밟다. ¶여자를 ~. **5** (남의 권리·위신·인격·재산 따위를) 해치거나 떨어뜨리거나 빼앗다.

범:-해(명)[민] =인년(寅年).

범:행(犯行)[명] 범죄의 행위를 하는 것. 또는, 그 행위. ¶~ 동기/~을 자백하다. **범:행-하다** 동재여 ¶단독으로 ~.

법¹(法)[명] ①[자립] **1** [법] 국가의 강제력을 수반하는 사회 규범, 국가 및 공공 기관이 제정한 법률·명령·규칙·조례 따위. =법률. ¶~에 따라 처리하다/~을 지키다[어기다]. **2** [불] 삼보(三寶)의 하나. 부처의 교법. **3** [불] 물(物)·심(心)·선(善)·악(惡)의 모든 사상(事象). **4** [언] =서법(敍法)². ②[의존] **1** (어미 '-는' 아래에 쓰여) 방식이나 방법. ¶인사하는 ~. **2** (어미 '-는' 아래에 쓰여) 이치나 정해진 이치. ¶네 맘대로 하는 ~이 어디 있어? **3** (어미 '-는' 아래에 쓰여) 행동 습성의 예(例)를 이르는 말. ¶그는 아무리 급해도 서두르는 ~이 없다. **4** (어미 '-ㄴ/-는' 아래에 쓰여) 선행하는 용언의 동작이나 상태가 당연함을 나타내는 말. ¶죄를 지으면 벌을 받는 ~이지요./겨울은 춥고 여름은 더운 ~입니다. **5** (어미 '-ㄹ' 아래 '하다'와 함께 쓰여) 어떤 일의 개연성이 있음을 나타내는 말. ¶넘고 잘될 ~은 하다.

[법은 멀고 주먹은 가깝다] 억울한 일을 당하거나 분쟁이 생겼을 때 법에 의해 정당하게 해결하려 하지 않고 주먹부터 휘두르는 행위에 빗대어 비난하는 뜻으로 이르는 말. 즉, 법이 억울한 사정이나 분쟁을 해결해 주기에는 절차가 복잡하고 시간과 돈이 많이 들어 폭력·협박에 의존하게 되는 잘못된 현실에 대해 개탄하며 때 하는 말.

법 없이 살다 굽 곧고 착하여 법의 규제가 없어도 나쁜 짓을 하지 않다. ¶그는 **법 없이도 살** 사람이다.

-법²(法)[접미] '방법' 또는 '규칙'의 뜻을 나타내는 말. ¶계산~/조리~.

법가(法家)[-까][명] **1** [역] 중국 전국 시대에, 도덕보다도 법을 중하게 여겨 형벌을 엄하게 하는 것이 치국(治國)의 기본이라고 주장한 관자(管子)·한비자(韓非子) 등의 학파. **2** 법률을 닦거나 법률에 정통한 사람. **3** 예법을 숭상하는 집안.

법강(法綱)[-깡][명] 법률과 기율. =법기(法紀).

법계¹(法系)[-께/-꼐][명] 다른 국가 간 또는 이민족 간에 주고받아 형성된 법의 계통. 법의 이론적·제도적 면에서 공통성이 있음. ¶대륙 ~/영미(英美) ~/이슬람 ~.

법계²(法界)[-께/-꼐][명] **1** 대자연의 세계. **2** 만우 제법의 본체인 진여(眞如). **3** 불교도의 사회.

법고(法鼓)[-꼬][명][불] 불교 의식 때에 부처 앞에서 치는 작은 북.

법고-춤(法鼓-)[-꼬-][명] 법고를 두드리며 추는 불교 무용.

법-공양(法供養)[-꽁-][명][불] 부처의 가르침을 중생에게 전해 주는 일. 불경을 읽어 주거나 법문을 설하거나 하는 따위.

법과^대:학(法科大學)[-꽈-][명][교] 법학을 연구하고 가르치는 대학. 준법대.

법관(法官)[-꽌][명][법] 법원을 구성하고 대법원 또는 각급 법원에서 재판을 담당하는 공무원. 대법원장·대법관·고등법원장·판사·판사보 등의 종류가 있음.

법국(法國)[-꾹][명][지] '프랑스'의 한자식 이름.

법권(法權)[-꿘][명][법] **1** 법률의 권한. **2** 국제법상, 국가의 외국인에 대한 민사·형사 재판권.

법규(法規)[-뀨][명][법] **1** 법률의 규정. 곧, 국민의 행위를 제한한 준칙. **2** 국가와 국민 사이의 권리와 의무에 대하여 일반적으로 마련한 규정.

법^규범(法規範)[-뀨-][명][법] 법을 구성하는 개개의 규범. =법률 규범.

법금(法禁)[-끔][명] 법률로써 하게 마련된 금제(禁制). **법금-하다** 동태여 법률로써 금하다.

법당(法堂)[-땅][명][불] 불상을 안치하고 설법도 하는, 절의 정당(正堂). =법전(法殿).

법대(法大)[-때][명] '법과 대학'의 준말.

법도¹(法度)[-또][명] **1** 법률과 제도. =제령(制令). **2** 생활상의 예법과 제도. ¶~ 있는 집안.

법도²(法道)[-또][명] **1** 법률 등의 지켜야 할 도리. **2** [불] =불도(佛道)¹.

법등(法燈)[-뜽][명][불] **1** 부처 앞에 올리는 등불. **2** 세상의 어두움을 밝히는 등불이라는 뜻으로, 불법을 이르는 말.

법랍(法臘)[범납][명][불] 승려가 된 뒤로부터 헤아리는 나이. 하안거(夏安居)의 수행을 마치면 한 해로 침. =법세(法歲). ¶~ 25하(夏)/수좌들이 조실 스님 옆에 ~의 차례대로 앉다.

법랑(琺瑯)[범낭][명] 금속기·도자기 등의 표면에 구워 올려 윤이 나게 하는, 광물을 원료로 한 유약(釉藥). =에나멜·파란.

법랑-질(琺瑯質)[범낭-][명] 이의 표면을 덮어 상아질을 보호하고 있는 단단한 조직. =사기질(沙器質)·에나멜.

법력(法力)[범녁][명] **1** [법] 법률의 효력. **2** [불] 불법(佛法)의 위력.

법령(法令)[범녕][명][법] 법률과 명령을 아울러 이르는 말. ¶~집(集). ⓔ영(令).

법례(法例)[범녜][명][법] 법규의 적용 관계를 정한 법률 또는 규정.

법률(法律)[범뉼][명] **1** =법(法) ①1. **2** 국회의 의결으로 제정되는 성문법(成文法)의 한 형식. 헌법의 다음 단계에 놓이는 국법으로, 행정부의 명령이나 입법부·사법부의 규칙 등과 구별됨. =율법.

법률-가(法律家)[범뉼-][명] 법률에 종사하는 전문가. =법가(法家).

법률^고문(法律顧問)[범뉼-][명][법] 법률에 관하여 개인 및 단체·기관의 자문에 응하여 의견을 말해주는 직무. 또는, 그런 사람.

법률-문제(法律問題)[범뉼-][명] 소송 사건의 심리 재판에 있어, 법률의 해석·적용의 문제에 관한 그 영역. =사실문제.

법률^불소급의 원칙(法律不遡及-原則)[범뉼-쏘-의-/범뉼-쏘-에-][법] 법률은 그 제정 전에 발생한 사실에 대하여 소급해서 적용되지 않는다는 원칙. =불소급의 원칙·사후법의 금지.

법률^사:무소(法律事務所)[범뉼-] 圀[법] 변호사가 소송 당사자의 위임 등을 받아 법률 관계의 여러 가지 사무를 다루는 사무소.

법률-서(法律書)[범뉼-] 圀 1 법률에 관한 책. =법서. 2 법령을 모은 법규집.

법률-심(法律審)[범뉼-] 圀[법] 소송 사건에 관하여 사실심(事實審)에서 행한 재판의 법령 위배의 유무만을 심사하고 재판하는 상급심(上級審). ↔사실심.

법률-안(法律案)[범뉼-] 圀[법] 1 법률의 원안(原案). =법안(法案). 2 법률이 될 사항을 조목별로 정리하여 국회에 제출하는 문서. ¶-을 본회의에 상정하다.

법률-학(法律學)[범뉼-] 圀[법] =법학.

법률-혼(法律婚)[범뉼-] 圀[법] 법률상의 절차에 따른 형식을 갖춤으로써 성립되는 혼인. ↔사실혼(事實婚).

법리(法理)[범니] 圀 1[법] 법률의 근본 원리나 이치. ¶-를 캐다 / -를 따지다. 2[불] 불법의 진리.

법망(法網)[범-] 圀 범죄자에 대한 법률의 제재를, 물고기에 대한 그물에 비유하여 이르는 말. ¶-에 걸리다 / -을 교묘하게 빠져나가다.

법맥(法脈)[범-] 圀[불] 불법(佛法)이 스승에게서 제자에게로 이어지는 계통.

법명(法名)[범-] 圀[불] 불문(佛門)에 귀의한 사람에게 지어 주는 이름. 승려에게는 스승이 득도식 때, 일반 신도에게는 계를 받을 때 계를 주는 승려가 지어 줌. 승려의 경우에는 앞에 '석(釋)' 자를 붙이기도 함. =계명·법호·승명.

법무(法務)[범-] 圀 1[법] 법률에 관한 사무. 2[불] 절의 법회 의식의 사무. 또는, 이 것을 지휘·감독하는 승직.

법무-관(法務官)[범-] 圀[법] '군 법무관'의 준말.

법무-부(法務部)[범-] 圀 행정 각 부의 하나. 국가 법무 행정의 통괄 기관으로 검찰·행형(行刑)·인권 보호·출입국 관리 및 기타 법무에 관한 사무를 관장함.

법무-사(法務士)[범-] 圀[법] 타인의 위촉에 의해 보수를 받고 법원·검찰청 등에 제출하는 서류를 작성하는 일을 직업으로 하는 사람. 구칭은 사법 서사. 2 '군 판사(軍判事)'의 구칭.

법무-아문(法務衙門)[범-] 圀[역] 조선 말에 형조를 없애고 대신 설치한 관청. 사법 행정·경찰·사면 등의 사무와 고등 재판소 이하의 재판소를 관리하였음.

법문¹(法文)[범-] 圀 1[법] 법령(法令)의 문장. 2[불] 불경의 글.

법문²(法門)[범-] 圀[불] 중생을 열반에 들게 하는 문이라는 뜻으로, 부처의 교법을 이르는 말.

법-받다(法-) 圐[타] '본받다'의 잘못.

법보(法寶)[-뽀] 圀[불] '법(法)[2'을 삼보(三寶)의 하나로 이르는 말. ▷삼보.

법복(法服)[-뽁] 圀 1 법관(法官)이 법정에 출석할 때 입는 옷. 2[불] =법의(法衣).

법사¹(法事)[-싸] 圀[불] =불사(佛事)⁵.

법사²(法師)[-싸] 圀[불] 1 설법하는 승려. 2 심법(心法)을 전하여 준 승려. =법주(法主).

법사³(法嗣)[-싸] 圀[불] 법통(法統)을 이어받은 후계자.

법상(法床)[-쌍] 圀[불] 설법하는 승려가 올라앉는 상.

법상-종(法相宗)[-쌍-] 圀[불] 불교 종파의 하나. 우주의 본체보다 현상을 세밀히 분류·설명하는 입장을 취하여 온갖 만유는 오직 식(識)이 변해서 이루어진 것에 불과한 것으로 봄. =자은종(慈恩宗).

법서(法書)[-써] 圀 1 =법첩(法帖). 2 =법률서1.

법석¹[-썩] 圀 소리를 내어 시끌시끌하게 떠드는 일. ¶-을 떨다 / -을 피우다 / 왜 이리 야단~이냐. **법석-하다** 톰[자여]

법석²(法席)[-썩] 圀[불] 법회에 참석한 승려들이 줄지어 앉아서 불법을 배우고 익히는 자리. =법연(法筵).

법석-거리다/-대다[-썩꺼(때)-] 톰[자] 자꾸 법석이다.

법석-법석[-썩뻑] 튀 법석거리는 모양. **법석법석-하다** 톰[자여]

법석-이다[-썩-] 톰[자] 시끌시끌하게 떠들다. ¶사람들이 **법석이는** 시장에 가면 인간의 참모습을 볼 수 있다.

법선(法線)[-썬] 圀[수] 곡선 위의 한 점을 지나고, 이 점의 접선에 수직인 직선. 또는, 곡면 위의 한 점을 지나고, 이 점의 접평면(接平面)에 수직인 직선.

법성(法性)[-썽] 圀[불] 만유의 실체(實體).

법성-종(法性宗)[-썽-] 圀[불] 신라 불교 종파의 하나. 모든 중생은 성불(成佛)할 수 있다는 것을 종지(宗旨)로 함. 원효 대사가 개창함. =해동종(海東宗).

법수¹(法手)[-쑤] 圀 방법과 수단.

법수²(法數)[-쑤] 圀[수] '제수(除數)'의 구용어.

법술(法術)[-쑬] 圀 1 =방술(方術). 2 법률로써 나라를 다스리는 기술.

법식(法式)[-씩] 圀 1 법도(法度)와 양식(樣式). ¶불교의 ~에 따라 의식을 거행하다. 2 =방식(方式)¹. 3[불] 부처 앞에 재를 올리는 의식.

법신(法身)[-씬] 圀[불] 1 삼신(三身)의 하나로 부처의 진신(眞身). 부처의 생신(生身)에 상대하여 일컫는 말. =법계신. ▷보신(報身)·응신. 2 법체(法體)가 된 몸. 곧, 승려의 몸.

법안¹(法案) 圀[법] =법률안1.

법안²(法眼) 圀[불] 모든 법을 관찰하는 눈.

법어(法語) 圀 1[불] 정법(正法)을 설하는 말. 또는, 불교에 관한 글월. 2 =법언.

법언(法言) 圀 바른 도리로 법도가 되게 하는 말. =법어.

법역(法域) 圀[법] 1 법령의 효력이 미치는 지역적 범위. 2 법령의 적용 범위.

법연(法緣) 圀[불] 함께 불법(佛法)을 배우고 함께 도를 닦는 사람들끼리의 특별한 인연. ¶혈연은 일생에 국한된 인연이지만 ~은 영생을 두고 이어갈 소중한 인연이다.

법열(法悅) 圀[불] 1 설법을 듣고 진리를 깨달아 마음속에 일어나는 기쁨. 2 깊은 이치를 깨달았을 때와 같은 황홀한 기쁨.

법왕(法王) 圀 1[불] 법을 설하는 주왕(主王)이란 뜻으로, 석가여래를 높여 이르는 말. 2 [법] 법에 의해 죄를 결정하는 왕이라는 뜻에서, '염라대왕'을 이르는 말. 3 [가] =교황(敎皇).

법요(法要) 圀[불] 1 부처의 가르침 가운데 요긴한 점. 2 불사(佛事)의 의식.

법우(法友) 圀[불] 불교를 믿음으로써 맺어진

친구. 곧, 같은 불제자로서의 친구. ▷도반.
법원(法院)[-눤] 명 국가의 사법권을 행사하는 기관. 대법원·고등 법원·지방 법원·가정 법원 따위가 있음. =재판소.
법의(法衣)[-의/-이] 명 [불] 승려가 입는 옷. =법복(法服).
법-의학(法醫學) 명 [의] 재판 등 법의 운용에 필요한 의학적 사항에 대하여 연구하는 의학의 한 분야.
법익(法益) 명 법률에 의하여 보호되는 생활상의 이익이나 가치. ¶약자의 ~을 옹호하다/남의 ~을 침해하다.
법인¹(法人) 명 [법] 자연인 이외의, 법률상의 권리·의무의 주체가 될 수 있는 것. 공법인과 사법인 등으로 나뉨. =무형인. ↔자연인.
법인²(法印) 명 불교를 외도(外道)와 구별하는 표지. 불법이 참되고 부동 불변한 것을 나타냄.
법인-세(法人稅)[-쎄] 명 [법] 법인의 소득 등에 부과되는 국세.
법인-체(法人體) 명 [법] 법인의 체제. 또는, 법인으로서의 주체(主體).
법-적(法的)[-쩍] 관명 법에 의한 (것). ¶~ 규제/~ 조치.
법전(法典)[-쩐] 명 [법] 국가가 제정한 통일적·체계적인 성문 법규집. ¶함무라비 ~.
법정¹(法廷·法庭)[-쩡] 명 법원이 소송 절차에 따라 송사(訟事)를 심리하고 판결하는 곳. =재판정. ¶~ 진술/~에 서다/~ 최고형. **법정-하다** 타여
법정²(法定)[-쩡] 명 법률로 규정하는 것. ¶~ 최고형. **법정-하다** 타여
법정^관리(法定管理)[-쩡괄-] 명 기업이 자력으로 해결할 수 없을 만큼 빚이 많을 때, 법원에서 지정한 제삼자가 기업을 대신 관리하는 일.
법정^금리(法定金利)[-쩡-니-] 명 [법] 법률로 정한 금리.
법정^기간(法定期間)[-쩡-] 명 [법] 어떤 소송 절차에 대해 법률로 정한 기간.
법정^대:리(法定代理)[-쩡-] 명 [법] 본인의 위임에 의하지 않고 법률의 규정에 의하여 당연히 발생하는 대리 관계. 미성년자에 대한 친권자(親權者)의 대리 등. ¶~인.
법정-수(法定數)[-쩡-] 명 [법] 법률 행위를 성립시키는 데 필요한 수효.
법정^이:자(法定利子)[-쩡-] 명 [법] 법률의 규정에 의하여 정해진 이자. ↔약정 이자.
법정^적립금(法定積立金)[-쩡닙끔] 명 [법] =법정 준비금.
법정^전염병(法定傳染病)[-쩡-뼝] 명 [법] 전염병 예방법에서 규정하는 법정 전염병. 전염성이 강하고 사망률이 높기 때문에 신고·격리 치료·소독 등이 의무화되어 있음. 콜레라·장티푸스·결핵 따위.
법정^준:비금(法定準備金)[-쩡-] 명 [법] 유한 회사·주식회사가 상법의 규정에 따라 손실 보충의 목적으로 적립하는 준비금. =법정 적립금. ↔약정 준비금.
법정^통화(法定通貨)[-쩡-] 명 [경] 국법으로 강제 통용력과 지불 능력이 인정된 화폐. =강제 통화·법정 화폐·법폐(法幣). 준법화.
법정^투쟁(法廷鬪爭)[-쩡-] 명 재판을 통하여 자기주장이나 행위의 정당성, 권력이나 사용자의 부당성 등을 대중에게 호소하는 투쟁.

법정-형(法定刑)[-쩡-] 명 [법] 형법 등의 형벌 법규 중에서 각개의 범죄에 대하여 규정되어 있는 형. ▷선고형(宣告刑).
법정^화:폐(法定貨幣)[-쩡-폐/-쩡-페] 명 [경] =법정 통화.
법제(法制)[-쩨] 명 [법] 1 법률과 제도. 2 법률로 정해진 각종의 제도. ¶~를 고치다.
법제-처(法制處)[-쩨-] 명 [법] 국무총리 소속하에 설치된 행정 각부의 하나. 국무 회의에 상정될 법령안과 총리령안 및 부령안(部令案)의 심사와 기타 법제에 관한 사무를 관장함.
법조(法曹)[-쪼] 명 법률 관계 사무에 종사하는 사람. 특히, 재판관·검찰관·변호사 등 법률의 실무에 종사하는 사람. =법조인.
법조-계(法曹界)[-쪼계/-쪼게] 명 법관·변호사 등 사법에 관계하는 사람들의 사회.
법조-인(法曹人)[-쪼-] 명 =법조.
법주¹(法主)[-쭈] 명 [불] 1 '부처'의 존칭. 2 한 종파(宗派)의 우두머리. 3 설법을 주장(主掌)하는 사람. 4 =법사(法師)².
법주²(法酒)[-쭈] 명 멥쌀과 누룩을 주원료로 하여 빚는 약주. 법식에 꼭 맞추어 빚는 술이라 하여 이르는 말임.
법-질서(法秩序)[-찔써] 명 법에 의하여 유지되는 질서.
법-철학(法哲學) 명 [철] 법률에 관한 특수 철학으로서 법의 가치·본질을 구명하여 법학의 방법을 확립하는 학문. =법률 철학·법리 철학·법리학.
법첩(法帖) 명 습자(習字)의 본보기나 감상용으로 선인(先人)의 필적을 모사(模寫)한 책. 또는, 돌이나 나무에 새겨 인쇄한 접책. =법서(法書).
법치(法治) 명 법에 의거하여 다스리는 것. 또는, 그 정치. **법치-하다** 타여
법치-국(法治國)[-찡] 명 =법치 국가.
법치^국가(法治國家)[-찌-까] 명 국민의 의사에 따라 제정된 법률을 기초로 하여 권력을 행사하는 국가. =법치국. ↔경찰국가.
법치-주의(法治主義)[-찌-의/-이] 명 [법] 권력자의 자의(恣意)를 배제하고, 국가 권력의 행사는 반드시 법률에 근거해야 한다는 근대 입헌 국가의 정치 원리.
법칙(法則) 명 1 지켜야 할 규범. =전칙(典則). 2 사물 사이에 일반적으로 성립하는 보편적·필연적인 관계. ¶자연의 ~/관성(慣性)의 ~.
법칙^과학(法則科學)[-꽈-] 명 [철] 법칙의 정립(定立)을 목적으로 하는 과학. 물리학·화학·생리학 따위.
법통¹(法統) 명 법의 계통이나 전통. ¶대한민국은 상해 임시 정부의 ~을 이어받았다.
법통²(法統) 명 [불] 불법의 전통. ¶한국 불교의 ~을 잇다.
법-하다(法-)[버파-] 형(보조)여 어떤 일의 개연성이 있음을 나타내는 말. ¶듣고 보니 그럴 ~.
법학(法學)[버팍] 명 [법] 법질서와 법 현상 등을 연구하는 학문. =법률학.
법학-도(法學徒)[버팍또] 명 법학을 연구하고 배우는 학도.
법학-자(法學者)[버팍짜] 명 법학을 연구하는 학자.
법해(法海)[버패] 명 [불] '불법(佛法)'을 바다처럼 넓고 깊다는 뜻으로 이르는 말.
법호(法號)[버포] 명 [불] 1 =법명(法名). 2

죽은 승려의 시호(諡號).
법화(法貨)[버퐈] [명][경] '법정 통화(法定通貨)'의 준말.
법화-경(法華經)[버퐈-] [명][불] '묘법연화경'의 준말.
법화-종(法華宗)[버퐈-] [명][불] 법화경을 종지(宗旨)로 하는 '천태종'의 다른 이름.
법회(法會)[버푀/버풰] [명][불] **1** 설법하는 모임. **2** 죽은 사람을 위하여 재를 올리는 모임.
벗[1][벋] [명] 염밭에 걸어 놓고 소금을 굽는 가마. ¶~을 걸다.
벗[2][벋] [명] **1** 마음이 서로 통하여 친하게 사귀는 사람. =붕우(朋友). [비]우인(友人)·동무. ¶~을 사귀다. ▶친구(親舊). **2** 어떤 일상적인 일을 함께하여 심심함을 덜 수 있는 사람. ¶말~ / 길~. **3** 사람이 늘 가까이하여 심심함이나 지루함을 달래는 사물을 비유적으로 이르는 말. ¶화초를 ~ 삼아 시간을 보내다 / 책은 내 마음의 ~이다.
[**벗 따라 강남 간다**] ㉠벗을 따라서는 먼 길이라도 간다. ㉡별로 하고 싶지는 않지만 남이 권하므로 마지못해 따라 한다.
벗겨-지다[벋껴-] [동][자] **1** (옷·모자·신 따위가) 사람의 힘이나 외부의 작용에 의해 입혀지거나 쓰이거나 신겨지거나 한 상태에서 몸에서 떨어지다. ¶가랑이를 잡고 늘어지는 바람에 바지가 ~ / 바람이 휙 불어와 모자가 ~. **2** (누명 따위가) 노력에 의해 사실이 밝혀져 면해지게 되다. ¶주위 사람의 적극적인 해명으로 누명이 ~. **3** (거죽의 면이나 거죽에 있는 물질 등이) 외부의 힘에 의해 떨어져 나가는 상태가 되다. ¶칠이 비바람에 ~ / 이 때수건으로 문지르면 때가 잘 **벗겨진다**. **4** (채워지거나 잠기거나 걸린 것이) 열리는 상태가 되다. ¶빗장이 ~.

혼동어 **벗겨지다 / 벗어지다**

'**벗겨지다**'는 '벗기다'에, '**벗어지다**'는 '벗다'에 피동의 뜻을 가진 '-어지다'가 붙은 말로, 원칙적으로 '**벗겨지다**'는 의미적으로 인위성을 강하게 가지는 반면, '**벗어지다**'는 인위성이 없음. 따라서 신발은 힘을 가하면 벗겨지고, 커서 헐렁하면 벗어지며, 소가죽은 벗겨지지만, 햇빛에 탄 살은 벗어진다. 또한, 누명은 노력에 의해 벗겨질 수도 있고 저절로 벗어질 수도 있다. 다만, 머리와 기미는 벗겨지지 않고 벗어질 뿐이다.

벗-기다[벋끼-] [동] [1][타] **1** '벗다'의 사동사. ¶어머니가 아이의 옷을 ~. **2** (물체를 덮고 있는 껍질이나 동물의 살갗 거죽에 붙어 있는 것 따위를) 떨어져 따로 되게 하다. ¶사과의 껍질을 칼로 ~. **3** (거죽에 낀 것을) 문대거나 닦거나 하여 없애다. ¶때를 ~. **4** (물체에 씌우거나 덮었던 것을) 걷거나 열어서 속의 것이 드러나게 하다. ¶장독 뚜껑을 ~. **5** (채워지거나 잠기거나 걸린 것을) 열리게 하다. ¶문고리를 ~. [2][자] '벗다'의 피동사. ¶옷이 **벗긴** 채 살해되다.
벗-나가다[번-] [동][자] 테 밖으로 벗어져 나가다. [준]벗가다.
벗-님[번-] [명] '벗[2]'를 다정하게 이르는 말. ¶어와, 세상 ~네야, 이내 말 좀 들어 보소.
벗다[벋따] [동] [1][타] **1** (사람이 자기 몸에 입거나 쓰거나 신거나 낀 물건을) 몸에서 떼는 상태가 되다. ¶외투를 ~ / 모자를 ~ / 신발을 ~ / 안경을 ~. ↔입다·쓰다·신다·끼다. **2** (지거나 멘 지게나 배낭 따위를) 몸에서 내려놓다. ¶배낭을 ~ / 등짐을 ~. **3** (의무나 책임, 또는 누명이나 괴로운 상태를) 감당하지 않게 되다. [비]면하다. ¶중책을 ~ / 억울한 누명을 ~. **4** (일부의 동물이 허물을) 제 몸에서 떨어지게 하다. ¶뱀이 허물을 ~. **5** (사람이 어수룩하거나 미숙한 태도를) 생활의 적응을 통해서 없애게 되다. ¶촌티를 ~. [2][자] **1** (사람이나 동물의 살갗이) 몸에서 떨어지다. ¶살갗이 햇볕에 타서 허물이 ~. **2** (사람의 어수룩하거나 미숙한 태도가) 가셔 없어지다. ¶촌티가 ~.
벗어-나다 [동][자][타] **1** (일정한 범위 밖으로) 빠져나오다. ¶궤도에서 **벗어난** 열차. **2** (어려운 일에서) 헤어나다. ¶겨우 시험지옥에서 **벗어났다**. **3** (남의 눈에) 들지 못하다. ¶상사의 눈에 ~. **4** (이치나 규율에) 어그러지다. ¶예의에 **벗어난** 짓을 하다.
벗어난-마침 [명][음] 버금딸림화음에서 으뜸화음으로 진행하여 악곡을 끝맺는 마침. ↔바른마침.
벗어-던지다 [동][타] 낡은 틀이나 체면, 방법 등을 단호히 내치다. ¶구태의연한 방식을 과감히 ~ / 나는 체면을 **벗어던지고** 사정을 했다.
벗어-부치다 [동] [1][타] (옷을) 적극적으로 일할 태세로 힘 있게 벗다. ¶웃통을 **벗어부치고** 일에 달라붙다. [2][자] 어떤 일에 적극적으로 할 태세를 가지다. [비]걷어붙이다. ¶남 돕는 일에 **벗어부치고** 나서다. ×벗어붙이다.
벗어-붙이다 [동][자][타] '벗어부치다'의 잘못.
벗어-젖히다[-저치-] [동][타] (옷을) 활기 있게 또는 시원스럽게 벗다. ¶거추장스러운 코트를 ~. ×벗어제치다.
벗어-제치다 [동][타] '벗어젖히다'의 잘못.
벗어-지다 [동][자] **1** (옷·모자·신 따위가) 입혀지거나 쓰이거나 신겨지거나 한 상태에서 저절로 흘러내리거나 몸에서 떨어지다. ¶신발이 커서 자꾸 **벗어진다**. **2** (책임이나 누명 따위가) 자연히 또는 저절로 면해지게 되다. ¶시간이 가자 오해가 **벗어졌다**. **3** (살갗이나 거죽의 면이나 물질이) 저절로 또는 문질리거나 깎이거나 하여 떨어지다. ¶넘어져 무릎의 살갗이 ~ / 가구의 칠이 **벗어져** 보기 흉하다. **4** (머리가) 머리털이 저절로 많이 빠져 살갗이 드러나다. ¶머리가 훌렁 ~. **5** (기미나 어떤 티가) 없어지다. ¶기미가 ~ / 촌티가 ~. ▶벗겨지다.
벗-하다[버타-] [동][자][타][여] **1** (어떤 대상을) 벗으로 삼다. ¶자연을 ~ / 책과 **벗하며** 소일하다. **2** 지체가 같고 나이가 비슷한 사람끼리 서로 딱딱한 경어를 쓰지 않고 허물없이 지내다.
벙거지 [명] **1** [역] 주로 병졸이나 하인이 쓰는, 털로 두껍게 만든 검은 모자. **2** '모자[2]'를 속되게 이르는 말.
벙그레 [부] 소리 없이 입만 약간 크게 벌리고 부드럽게 웃는 모양. [작]방그레. [센]뻥그레.
벙글-거리다/-대다 [동][자] 입을 벌려 소리 없이 자꾸 부드럽게 웃다. ¶아기가 엄마를 알아보는 듯 ~. [작]방글거리다. [센]뻥글거리다.
벙글-벙글 [부] 벙글거리는 모양. [작]방글방글. [센]뻥글뻥글. **벙글벙글-하다** [동][자][여] ¶좋은 일이 있는지 그는 자꾸 **벙글벙글하고** 있다.
벙긋[1][-귿] [부] 소리 없이 입만 좀 크게 벌리며 가볍게 한 번 웃는 모양. [작]방긋. [센]벙

벙긋·뻥끗. **벙긋-하다¹** 동(자여)
벙긋²[-근] 튀 입이나 문이 소리 없이 열려 있는 모양. (좌)방긋. (센)벙끗·뻥끗·뻥긋. **벙긋-하다²** (형여) **벙긋-이** 튀
벙긋-거리다/-대다[-근꺼(때)-] 동(자) 소리 없이 입만 좀 크게 벌리며 가볍게 자꾸 웃다. (좌)방긋거리다. (센)벙끗거리다·뻥끗거리다·뻥긋거리다.
벙긋-벙긋[-근뻥근] 튀 벙긋거리는 모양. ¶무엇이 그리 좋은지 ~ 웃는다. (좌)방긋방긋. (센)벙끗벙끗·뻥끗뻥끗·뻥긋뻥긋. **벙긋벙긋-하다** 동(자여)
벙끗¹[-끋] 튀 '벙긋¹'의 센말. (좌)방끗. (센)뻥끗. **벙끗-하다¹** 동(자여)
벙끗²[-끋] 튀 '벙긋²'의 센말. (좌)방끗. (센)뻥끗. **벙끗-하다²** (형여) **벙끗-이** 튀
벙끗-거리다/-대다[-끋꺼(때)-] 동(자) '벙긋거리다'의 센말. (좌)방끗거리다. (센)뻥끗거리다.
벙끗-벙끗[-끋뻥끋] 튀 '벙긋벙긋'의 센말. (좌)방끗방끗. (센)뻥끗뻥끗. **벙끗벙끗-하다** 동(자여)
벙벙-하다¹ (형여) 어쩔 줄 몰라 아무 말 없이 어리둥절하다. ¶어안이 ~ / 그런 광경을 처음 본 나는 그저 벙벙하여 서 있을 뿐이었다. **벙벙-히¹** 튀
벙벙-하다² (형여) (물이) 빠져나가지 못하고 가득히 차 있다. ¶부엌 바닥에 물이 ~. **벙벙-히²** 튀
벙시레 튀 소리 없이 입만 약간 크게 벌려 부드럽게 웃는 모양. (좌)방시레. (센)뻥시레.
벙실-거리다/-대다 동(자) 소리 없이 입만 약간 크게 벌려 부드럽게 자꾸 웃다. (좌)방실거리다. (센)뻥실거리다.
벙실-벙실 튀 벙실거리는 모양. ¶안성댁은 돈 봉투를 받자 입이 딱 벌어져 ~ 웃었다. (좌)방실방실. (센)뻥실뻥실. **벙실벙실-하다** 동(자여)
벙싯[-싣] 튀 소리 없이 입만 약간 크게 벌려 가볍게 한 번 웃는 모양. (좌)방싯. (센)뻥싯. **벙싯-하다** 동(자여) **벙싯-이** 튀
벙싯-거리다/-대다[-싣꺼(때)-] 동(자) 소리 없이 입만 약간 크게 벌려 가볍게 자꾸 웃다. (좌)방싯거리다. (센)뻥싯거리다.
벙싯-벙싯[-신빙싣] 튀 벙싯거리는 모양. ¶그는 너무 좋아서 입이 ~ 벌어졌다. (좌)방싯방싯. (센)뻥싯뻥싯. **벙싯벙싯-하다** 동(자여)
벙어리 명 청각 기관이나 발음 기관 등에 장애가 있어 말을 하지 못하는 사람을 얕잡아 이르는 말. 완곡어 또는 순화어는 '언어 장애인'.
[벙어리 냉가슴 앓듯] 딱한 사정이 있어도 남에게 말을 못 하고 혼자 속으로 애태우는 답답한 모양.
벙어리-장갑(-掌匣) 명 엄지손가락만 가르고 다른 네 손가락은 하나로 합쳐 끼게 만든 장갑.
벙어리-저금통(-貯金筒) 명 푼돈을 넣어 모아 두는 데로는 조그마한 저금통. 원래는 질그릇으로 만들었으나, 요즘은 주로 플라스틱으로 만듦. =항통.
벙커(bunker) 명 1 배의 석탄이나 연료 창고. 2 [체] 골프 코스에 장애물로 조성된, 모래가 있는 우묵한 지역. ¶10번 홀은 그린 좌우에 ~가 있으므로 세컨드 샷을 할 때 주의가 요구된다. 3 [군] =엄폐호(掩蔽壕).
벙커시-유(bunker C油) 명 일반 연료로 쓰이는 중유(重油). 점착성(粘着性)이 강함.
벙태기 명 '벙테기'의 잘못.
벙테기 명 1 '벙거지'를 낮게 이르는 말. 2 [역] =군뢰복다기. ×벙태기.
벙:-하다 형여 얼빠진 사람처럼 멍하다. (센)뺑하다. **벙:-히** 튀
벚[벋] 명 '버찌'의 준말.
벚-꽃[벋꼳] 명 1 벚나무의 꽃. =앵화(櫻花). 2 1이 그려져 있는 화투짝. 3월이나 세끗을 나타냄.
벚꽃-놀이[벋꼳-] 명 만개한 벚꽃을 구경하며 즐기는 일. =진해 ~.
벚-나무[번-] 명 [식] 장미과의 낙엽 활엽 교목. 높이 20m 정도. 봄에 담홍색 꽃이 피며, 열매는 7월에 흑자색으로 익는데, '버찌'라 하며 맛이 좋음. 산지 및 마을 부근에 절로 나고, 관상용으로 기름. 나무껍질은 약용함.
베 명 1 삼실·무명실·명주실로 짠 피륙. ¶~를 짜다. 2 '삼베'의 준말. 세는 단위는 필(疋)·동(50필).
베가톤(begaton) 명 핵융합에 의한 폭발력을 나타내는 단위. 1베가톤은 TNT 10억 톤의 폭발력에 해당함.
베갈기다 동(자) 당연히 가거나 와야 하는데도 아니 가거나 아니 오다. ¶언거푸 이틀씩이나 **베갈기**고 골탕을 먹이니 녀는 약간 정말로 골이 났다.《김영수: 소복》
베개 명 사람이 잠을 자거나 휴식하기 위해 누울 때, 머리를 일정한 높이에 있도록 머리 밑에 받치는 물건. ¶~를 배다.
베갯-머리[-갠-] 명 베개를 베고 누워 있는 머리맡. ¶~에 앉다 / ~에서 환자의 시중을 들다.
베갯머리-송사(-訟事)[-갠-] 명 잠자리에서 아내가 남편에게 바라는 바를 속삭이며 청하는 일. =베갯밑공사.
베갯-모[-갠-] 명 베개의 양 끝에 대는 꾸밈새, 조그마한 널조각에 수놓은 헝겊으로 덮어 끼우며, 남자의 것은 네모지고 여자의 것은 둥글게 만듦.
베갯-속[-갠쏙/-갣쏙] 명 베개의 속에 넣어서 통통하게 만드는 재료. 왕겨·조·메밀 낟깨·새털 등이 많이 쓰임.
베갯-잇[-갠닏] 명 베개의 걸을 덧씌워 시치는 천.
베고니아(begonia) 명 [식] 베고니아과의 상록 여러해살이풀. 높이 60cm 정도. 잎은 잔 톱니가 있는 달걀꼴이며, 7~9월에 담홍색 꽃이 핌. 관상용으로 가꿈. =추해당.
베끼다 동(타) 글 등을 그대로 옮겨 쓰다. ¶남의 공책을 그대로 ~.
베냉(Benin) 명 [지] 아프리카 서부, 기니 만에 면한 인민 공화국. 수도는 포르토노보.
베네딕트-회(Benedict會)[-회/-훼] 명 [가] 529년 이탈리아의 성 베네딕트가 연 수도 단체. 청빈(淸貧)·동정(童貞)·복종을 맹세하며, 오로지 수행(修行)과 노동에 종사함.
베네룩스(Benelux) 명 벨기에·네덜란드·룩셈부르크의 세 나라를 총칭하는 말. 머리글자를 따서 합친 명칭임.
베네수엘라(Venezuela) 명 [지] 남아메리카 대륙의 북단에 위치한 공화국. 수도는 카라카스.
베누스(Venus) 명 [신화] 로마 신화에 나오는 미(美)와 사랑의 여신. 그리스 신화의 아프로디테에 해당함. 영어명은 비너스.
베니션˚블라인드(Venetian blind) 명 목판

·금속판·플라스틱 등으로 만든 가늘고 긴 얇은 쪽을 가로 엮어서 늘어뜨린 블라인드. 좌우에 달려 있는 끈으로 여닫게 되어 있음.

베니어(veneer) 명 1 목재의 얇은 판. 여러 장을 붙여 베니어합판을 만듦. 2 '베니어합판'의 준말.

베니어-판(veneer板) 명 '베니어합판'의 준말.

베니어-합판(veneer合板) 명 나왕과 같은 목재를 얇게 켜서 나뭇결이 서로 엇갈리게 직각으로 여러 장을 붙여서 만든 판자. 준베니어·베니어판·합판.

베ː다[1] (베ː고/베어) 타 (사람이 베개나 어떤 물건을) 누운 채로 머리 밑에 받치다. ¶베개를 ~ / 팔을 베고 눕다.

베ː다[2] (베ː고/베어) 타 1 (사람이 날이 있는 도구로 사람이나 동물의 몸, 식물의 줄기·뿌리 따위를) 잘라지게 하다. ¶낫으로 벼를 ~. 2 (사람이 앞니로 연한 물건을) 잘라지게 하다. ¶무를 한입 베어 물다. 3 날이 있는 물건으로 상처를 내다. ¶과일을 깎다가 칼로 손을 ~.

베다[3] (Veda) ['지식'이라는 뜻] 종 고대 인도의 브라만교의 근본 경전. 인도 최고(最古)의 문헌임.

베-돌다 자 〈~도니, ~도오〉 (사람이나 동물이) 한데 어울리지 않고 따로 떨어져서 행동하거나 지내다. 비겉돌다. ¶반 친구와 어울리지 못하고 늘 ~. 잘배돌다.

베돌-이 명 일에 같이 어울리지 않고 따로 베도는 사람. 잘배돌이.

베드로-서(←Petrus書) 명 성 신약 성서 중의 하나. 전서와 후서로 되어 있음.

베드^신(bed scene) 명 연극·영화 따위에서, 남녀가 침실 등에서 벌이는 정사(情事)를 묘사한 장면.

베드-타운(†bed town) 명 대도시 주변의 주택 지역. 대도시로 일하러 나갔던 사람들이 밤이 되면 자기 위해 돌아온다는 데서 붙은 이름임.

베란다(veranda) 명 건 서양식 건축에서, 집채의 앞쪽으로 툇마루처럼 튀어나오게 잇대어 만든 부분.

베레(준béret) 명 =베레모.

베레-모(béret帽) 명 차양이 없고, 동글납작하게 생긴 모자. =베레. ¶~를 쓴 예술가.

베르누이의 정ː리(Bernoulli-定理) [-의-니/-에-니] 물 점성(粘性)이 없는 유체의 정상류(定常流)에 대하여 에너지 보존의 법칙이 성립되는 것을 나타내는 정리.

베르무트(준vermouth) 명 리큐어의 한 가지. 포도주에 베르무트초(vermouth草) 등 50여 가지의 향료를 우려서 만든 술. 짙은 다갈색인데 상쾌한 쓴맛이 있음. 이탈리아·프랑스의 것이 유명함.

베릴륨(beryllium) 명 화 은백색의 금속 원소. 원소 기호 Be, 원자 번호 4, 원자량 9.0122. 경합금 재료, 원자로의 감속재 등에 쓰임. 유독함.

베바트론(bevatron) 명 물 양성자(陽性子) 가속 장치의 하나. 6.2베브(Bev), 곧 62억 전자볼트의 양성자를 낸다 하여 이 이름이 붙음.

베버의 법칙(Weber-法則) [-의-/-에-] [생] 같은 종류의 자극의 양적 변화를 지각할 수 있는 변별역(辨別閾)은 자극의 세기에 비례한다는 경험적 법칙.

베이지 ●773

베브(Bev) 명 의존 [billion electron volt] [물] 소립자(素粒子)가 가지는 에너지를 나타내는 단위. 1베브는 10억 전자볼트임.

베-수건(-手巾) 명 삼베로 만든 수건.

베스타(Vesta) 명 신화 로마 신화에 나오는 불의 여신. 그리스 신화의 헤스티아에 해당함.

베스트[1](best) 명 1 '최선'으로 순화. ¶~를 다하다. 2 (일부 숫자 앞에 쓰이어) 드는 최고의 대상임을 나타내는 말. ¶올해의 연극 ~ 3 (스리) / 가요 ~ 10 (텐) / 월드컵 축구 ~ 11 (일레븐).

베스트[2](vest) 명 남자의 조끼와 비슷한, 소매 없는 여성의 옷웃. ¶털실로 짠 ~.

베스트-드레서(best dresser) 명 '(옷)멋쟁이'로 순화.

베스트^멤버(best member) 명 운동 경기 따위에서, 가장 뛰어난 선수들을 갖춘 팀. 또는, 그 선수들.

베스트-셀러(best seller) 명 어떤 기간에 가장 많이 팔린 물건. 특히 출판물을 가리킴. ¶~작가.

베슥-거리다/-대다[-꺼(때)-] 자 어떤 일에 대하여 탐탁히 여기지 않고 자꾸 베돌다. 잘배슥거리다.

베슥-베슥[-베-] 부 베슥거리는 모양. 잘배슥배슥. **베슥베슥-하다**.

베-실 명 삼 껍질로 만든 실. =마사(麻絲)·포사(布絲).

베어링(bearing) 명 회전 또는 왕복 운동을 하는 축을 제지하는 기계 부품. =축받이. ¶볼 ~.

베-올 명 베의 올. ¶~이 거칠다 / ~이 곱다.

베-옷[-옫] 명 베로 만든 옷.

베-이다 자타 '베다'[2]의 피동사. ¶면도를 하다가 얼굴이 베였다. / 연필을 깎다가 칼에 손을 베였다.

베이비시터(babysitter) 명 가정을 방문하여 부모 대신 아기를 돌보아 주는 일을 직업으로 하는 사람. 순화어는 '보모'.

베이스[1](base) 명 체 =누(壘)[4]. ¶세컨드 ~ / ~를 밟다.

베이스[2](bass) 명 음 1 성악에서, 남성이 낼 수 있는 가장 낮은 음역의 소리. 또는, 그 음역의 가수. 2 화음 또는 대위법(對位法)에서 가장 낮은 음의 부분. 3 '콘트라베이스'의 준말. 4 기악 합주에서, 저음(低音) 부분을 맡는 악기들.

베이스(를) 넣다 구 1 저음으로 반주를 넣다. 2 옆에서 남의 말을 거들어 주다.

베이스^드럼(bass drum) 명 음 =큰북.

베이스^라인(base line) 명 1 테니스에서, 코트의 양 끝에 네트와 나란히 그은 선. 2 야구에서, 베이스와 베이스를 연결하는 선. ¶3루 쪽 ~을 살짝 벗어나는 파울 볼.

베이스-러닝(base running) 명 체 =주루(走壘).

베이스^온^볼(←base on balls) 명 체 야구에서, 타자가 포볼로 일루(一壘)에 나가는 일.

베이스-캠프(base camp) 명 장거리 등산이나 탐험을 할 때, 지리적으로 조건이 좋은 지점에 설치하는 고정 시설 또는 텐트.

베이직(BASIC) 명 [Beginner's All-purpose Symbolic Instruction Code] 컴 초보자도 쉽게 배울 수 있고 사용하기 편리한 대화형 프로그래밍 언어.

베이지(beige) 명 =베이지색.

베이지-색(beige色) 옅고 밝은 갈색. =베이지. 낙타색. ¶~ 외투.
베이징^원인(北京原人) [명][고고] 중국 베이징 교외의 저우커우뎬(周口店) 동굴에서 발견된 화석 인류. 제4기 홍적세 중기에 살았으리라 추정됨. =북경 원인.
베이징^조약(北京條約) [명][역] 1 1860년 중국의 베이징에서 청나라가 영국·프랑스와 체결한, 애로호(Arrow號) 사건의 강화 조약. 2 1860년 중국의 베이징에서 청나라가 러시아와 체결한 조약. 러시아에 연해주를 할양했음. =북경 조약.
베이컨(bacon) 돼지의 등이나 허리의 살을 소금에 절여 훈제(燻製)한 식품.
베이클라이트(bakelite) [명][화] 석탄산과 포름알데히드를 반응시켜 만든 인조 합성수지. 열이나 전기가 통하지 않아, 전기 절연 재료·접착제 따위로 쓰임. [비]페놀 수지.
베이킹-파우더(baking powder) [명] 빵·과자 등을 구울 때 부풀게 하는 데 쓰는 가루.
베일(veil) [명] 1 여자들이 얼굴을 가리거나 장식하기 위해 쓰는, 망사 등의 아주 얇은 천. 머리에 쓰거나 모자의 가장자리에 달기도 함. 2 어떤 대상이나 일이 비밀스럽게 가려져 있는 상태. 비유적인 말임. ¶~에 가려진 사건 / 신비의 ~을 벗기다.
베-자루 [명] 베로 만든 자루.
베-잠방이 [명] 베로 지은 짧은 남자용 홑바지.
베-적삼[-쌈] [명] 무명이나 삼베로 만든, 여름에 입는 홑저고리.
베짱-베짱 [부] 베짱이의 우는 소리.
베짱이 [명][동] 메뚜기목 여칫과의 곤충. 몸은 벼메뚜기만 하며, 옅은 녹색이나 드물게는 갈색도 있음. 촉각은 몸보다 김. 8월 근처의 풀숲 속에서 삶. 울음소리는 '베짱베짱'.
베크렐-선(Becquerel線) [명][물] 우라늄으로부터 방출되는 방사선. α선·β선·γ선의 세 종류가 있음.
베타^버전(beta version) [명][컴] 세상에 정식으로 발표하기 전에 오류 발견을 위해 특정 사용자에게 배포하는 시험용 소프트웨어.
베타^붕괴/β 붕괴(㊀beta崩壞) [-괴/-궤] [명][물] 원자핵을 구성하는 중성자가 β 입자를 방출하고 양성자로 변화하는 원자핵의 붕괴.
베타-선/β선(㊀beta線) [명][물] 방사선의 하나. 원자핵의 β 붕괴로 방출되는 고속의 전자선(電子線). 투과력이나 이온화 작용의 세기는 알파선과 감마선의 중간임.
베타-성/β성(㊀beta星) [명][천] 별자리 중에서 두 번째로 밝은 별.
베타^입자/β 입자(㊀beta粒子) [-짜] [명][물] 베타선을 형성하는 전자(電子)나 양전자(陽電子).
베타^테스트(beta test) [명][심] 문자 대신으로 그림이나 부호를 사용하는 지능 검사.
베타트론(betatron) [명][물] 유도 기전력에 의해 전자를 가속하는 장치. 수억 전자볼트까지 가속할 수 있음.
베타-파/β파(㊀beta波) [명][생] 의식이 깨어 있는 상태에서 뇌가 활발히 활동할 때 발생하는, 주파수 14헤르츠 이상의 뇌파. 심한 불안이나 스트레스를 느낄 때에는 30헤르츠 이상의 주파수를 나타냄.
베테랑(㊁vétéran) [명] 어떤 분야에 오랫동안 종사하여 기술이 뛰어나거나 노련한 사람. ¶범죄 수사의 ~.
베트남(Vietnam) [지] 인도차이나 반도 동부의 공화국. 수도는 하노이. 음억어는 월남.
베-틀 [명] 삼베·명주·무명 등의 피륙을 짜는 틀.
베팅(betting) [명] 결과가 불확실한 일에 돈을 거는 일. 주로, 도박·경마·외환 거래·주식 매매 등에서 쓰는 말임. **베팅-하다** [동][자여]
베풀다 [동][타] <베푸니, 베푸오> 1 <잔치와 같이 여러 사람이 어울려 먹고 마시며 즐기는 자리> 마련하여 누리게 하다. [비]벌이다·열다. ¶환갑잔치를 ~ / 사장이 술자리를 ~. 2 <어떤 사람이 다른 사람에게 그 사람이 고맙게 여길 만한 일을> 주어서 가지게 하다. ¶거지에게 동정을 ~ / 불우한 이웃에게 자선을 ~.
벡터(vector) [명][물][수] 크기와 방향을 가지고 있는 양(量). 힘·속도·가속도 등을 이것으로 나타내며, 기호는 화살표로 씀. ▷스칼라.
벤젠(benzene) [명][화] 가장 기본적인 방향족 탄화수소. 특유의 방향(芳香)이 있는 무색의 휘발성 액체로, 의약·염료·향료·폭약 등의 합성 원료임. =벤졸.
벤조-산(←benzo*ic*酸) [명][화] 안식향의 수지로 만든는 백색 결정. 방부제·매염제·의약품 등에 쓰임. =안식향산.
벤졸(benzol) [명] =벤젠.
벤진(benzine) [명][화] 가솔린의 하나. 무색투명하고 독특한 냄새가 나는 액체. 용제(溶劑)·소독·드라이클리닝 등에 쓰임. =석유.
벤처^기업(venture企業) [명][경] 실패할 위험성은 높으나 성공하면 큰 수익이 기대되는 첨단 기술을 가지고 소수의 사람이 사업을 일으킨 중소기업.
벤처^캐피털(venture capital) [명][경] 첨단 기술의 개발 등, 불확실하며 위험이 따르는 기업 활동에 모험 투자되는 자본.
벤치(bench) [명] 1 긴 의자. ¶공원 ~. 2 [체] 운동 경기장에서, 감독 및 선수들이 앉는 자리. ¶~에 남다 / ~를 지키는 후보 선수.
벤치마킹(benchmarking) [명] 기업이 우수한 타기업의 제품이나 기술, 경영 방식을 배워서 응용하는 일. 미국 기업에 처음 도입되어 다른 나라에 확산되고 있는 새로운 경영 수법임.
벤토나이트(bentonite) [명] 응회암 등이 풍화하여 생긴 점토. 도자기 원료의 혼입제 등에 쓰임.
벨(bell) [명] 전기를 이용하여 소리가 나도록 한 장치. ¶전화~ / 비상~ / ~이 울리다 / ~을 누르다.
벨기에(Belgie) [지] 유럽의 서북부에 있는 입헌 군주국. 수도는 브뤼셀.
벨로니테(㊁Belonite) [명][지] =탑상 화산.
벨로루시(Belorus) [지] 러시아·폴란드·우크라이나에 둘러싸여 있는 공화국. 수도는 민스크.
벨리즈(Belize) [지] 유카탄 반도의 동남쪽에 있는 나라. 수도는 벨모판.
벨맨(bellman) [명] =벨보이.
벨벳(velvet) [명] 거죽에 고운 털이 돋게 짠 비단. =비로드·우단. ¶~ 치마.
벨-보이(bellboy) [명] 호텔에서 투숙하는 손님을 객실에까지 안내해 주고 손님의 가방을 옮겨 주는 일을 하는 사람. =벨맨.
벨-칸토(㊁bel canto) [명][음] 18세기 이탈리

아에서 성립된, 미성(美聲)을 내는 데에 치중하는 발성법.
벨트(belt) 명 1 바지·스커트가 흘러내리지 않게 하거나 허리의 맵시를 강조하거나 어떤 자격의 상징을 나타내거나 할 때, 허리에 두르는 긴 띠 모양의 물건. 비허리띠. ¶챔피언 ~/~를 매다. 2 두 개의 바퀴에 걸어 동력을 전하는, 띠 모양의 물건. =조대(調帶)·피대.
벨트^라인(beltline) 명 (체) 권투에서, 팬츠 상부의 선. 이 아래를 치면 반칙이 됨.
벨트^컨베이어(belt conveyer) 명 (공) 2개의 바퀴에 벨트를 걸어서 돌려, 그 위의 물건을 계속적으로 운반하는 장치. 대량 생산의 일관 작업에 쓰임.
벵골^어(Bengal語) 명 (언) 인도 벵골 지방과 남부 아삼 지방에서 쓰이는 언어. 인도 어파에 속함.
벼 명 1 (식) 볏과의 한해살이풀. 동인도 원산으로, 각지의 논이나 밭에 심는 중요한 농작물임. 줄기는 속이 비고 마디가 있으며, 초가을에 꽃이 피어 열매가 익음. ¶~를 심다/~를 베다. 2 껍질을 벗기지 않은 그 열매. 이것의 껍질을 벗긴 것이 쌀임. 세는 단위는 단·뭇·짐·가리·섬·다불(100섬). =정조(正租).
벼-농사(-農事) 명 (농) 벼를 재배하는 일. =도작(稻作)·미작(米作)·쌀농사. **벼농사-하다** 통 (자여)
벼라-별 관 '별의별'의 잘못.
벼락 명 1 구름과 땅 위에 있는 물체 사이에 일어나는 전기 작용이 요란한 소리와 함께 땅 위의 물체를 때리는 현상. =벽력(霹靂). 비낙뢰(落雷). ¶~을 맞다/~이 치다/고목에 ~이 떨어지다. ¶번개. 2 몹시 심하게 하는 나무람이나 꾸지람. ¶집에 조금만 늦어도 ~이 내린다[떨어진다]. 3 (일부 명사와 합성어를 이루어) 순서를 밟아 정상적으로 하거나 되지 않고 갑작스럽게 이루어지거나 얻는 상태. 비유적인 말임. ¶~공부/~출세/~감투.
벼락(을) 맞다 관 못된 짓을 하여 천벌을 받다.
벼락 맞을 소리 관 천벌을 받을 말. 곧, 당찮을 말.
벼락-감투[-깜-] 명 갑작스레 얻은 높은 벼슬. ¶~를 쓰다.
벼락-같다[-깓따] 형 1 일어난 행동이 몹시 빠르다. ¶**벼락같은** 명령. 2 소리가 크고 요란하다. ¶**벼락같은** 호령이 떨어진다. **벼락같-이** 부 ¶전화를 받고 ~ 달려 나가다.
벼락-공부(-工夫)[-꽁-] 명 시험 때가 닥쳐서야 갑자기 서둘러 하는 공부. **벼락공부-하다** 통 (자여)
벼락-방망이[-빵-] 명 갑자기 얻어맞는 매.
벼락-부자(-富者)[-뿌-] 명 아주 짧은 시간에 큰 돈을 번 사람. 비떼부자·졸부(猝富).
벼락-불[-뿔] 명 1 벼락 칠 때에 번득이는 번갯불. 2 몹시 사나운 명령의 비유.
벼락-출세(-出世)[-쎄] 명 갑자기 출세하는 것. 또는, 그 출세. **벼락출세-하다** 통 (자여)
벼락-치기 명 임박하여 급히 서둘러 하는 일. ¶~공부[공사]/~로 일을 하다.
벼랑 명 산이나 언덕 등에서, 수직에 가깝게

벽 ● 775

급경사를 이루는 맨 꼭대기 지점. 비낭떠러지·절벽. ¶~ 끝/~ 아래로 구르다.
벼랑-길[-낄] 명 낭떠러지의 길.
벼루 명 먹을 가는 문방구의 하나. 대개 돌로 만듦.
벼룩 명 (동) 벼룩과의 곤충. 몸은 적갈색이며 뒷다리로 잘 뜀. 사람의 피를 빨아 먹음.
[벼룩도 낯짝이 있다] 아주 뻔뻔스러운 사람을 보고 하는 말. **[벼룩의 간을 내먹는다]** 어려운 처지에 있는 사람에게서 금품을 뜯어냄을 비유하는 말.
벼룩-시장(-市場)[-씨-] 명 [프랑스 어 marché aux puces의 역어] 중고품(中古品)을 팔고 사는 만물 시장.
벼룻-길[-루낄/-룯낄] 명 아래가 강가나 바닷가로 통하는 벼랑의 길.
벼룻-돌[-루똘/-룯똘] 명 벼루를 이루는 돌. =연석(硯石).
벼룻-물[-룬-] 명 먹을 갈기 위하여 벼룻돌에 붓는 물. =연수(硯水).
벼룻-집[-루찝/-룯찝] 명 1 붓·먹·벼루·연적 등을 담아 두는 납작한 상자. =연갑(硯匣)·연상(硯箱). 2 붓·먹·벼루·연적·종이 등을 담아 두는 조그만한 책상. =연상(硯床).
벼르다¹ 통 (타) 〈벼르니, 별러〉 (어떤 일을) 이루려고 마음의 준비를 하고 기회를 기다리거나 마음을 굳게 하다. 비결심하다·마음먹다·노리다. ¶복수의 순간이 오기를 ~/그 사람이 널 만나면 혼내 주겠다고 잔뜩 **벼르고** 있다.
벼르다² 통 (타여) 〈벼르니, 별러〉 일정한 비례에 따라 여러 몫으로 나누다. ¶떡을 여러 그릇에 ~.
벼리 명 1 그물의 위쪽 코를 꿰어 오므렸다 폈다 하는 줄. 2 일이나 글의 뼈대가 되는 줄거리.
벼리다 통 (타) 1 날이 무딘 연장을 불에 달구어 두드려 날카롭게 만들다. ¶칼을 ~/낫을 ~. 2 마음을 긴장시키거나 가다듬어 가지다. ¶투지를 ~.
벼-메뚜기 명 (동) 메뚜기목 메뚜깃과의 곤충. 몸빛은 황록색이며, 머리와 가슴은 황갈색임. 연 1회 발생하며 땅속의 알로 월동함. 준메뚜기.
벼슬 명 관청에 나가서 나랏일을 맡아 다스리는 자리. 또는, 그 일. '구실'보다 높음. 지난시대에 쓰이던 말이나, 오늘날에도 관직을 예스럽게 이르거나 직위·직책을 비난조 또는 빈정거리는 투로 말할 때에 쓰임. ¶~이 높다/~을 살다/구멍가게 주인이 무슨 대단한 ~이라고 유세를 떠는 게야? **벼슬-하다** 통 (자여) 벼슬아치가 되거나 벼슬자리에 있다.
벼슬-길[-낄] 명 벼슬아치가 되어 살아가는 일. 비환로(宦路).
벼슬길에 오르다 관 벼슬살이를 시작하다.
벼슬-살이 명 벼슬아치 노릇을 하는 일. **벼슬살이-하다** 통 (자여)
벼슬-아치 명 벼슬을 하는 사람. =관원.
벼슬-자리[-짜-] 명 벼슬의 직위.
벼-훑이[-훝치] 명 벼의 알을 훑어 내는 농구. 두 개의 나뭇가지로 집게처럼 만듦. =도급기.
벽¹(壁) 명 1 건축물에서, 칸을 구분하여 흙·벽돌·콘크리트 따위로 수직으로 되게 막은 부분. 비바람벽. ¶~을 바르다/~에 기대어 앉다. 2 장애가 되거나 극복하기 어려운 것을 비유적으로 이르는 말. ¶100m 달리기에서 10초의 ~이 무너지다 / 사업이 자금 압박으로 ~에 부딪히다. 3 관계나 교류의 단절을 비유적으로 이르는 말. ¶마음의 ~.
벽(을) 쌓다 〖구〗 서로 사귀던 관계를 끊다. ¶이웃 간에 벽을 쌓고 지내다.
벽²(癖) 〖명〗 (주로, 일부의 동사나 명사 뒤에 쓰여) 그 말이 뜻하는 일을 지나치게 즐기거나 좋아하는 버릇임을 나타내는 말. ¶방랑~ / ~수집~ / 그는 물건을 낭비하는 ~이 있다.
벽³(甓) 〖명〗 '벽돌'의 잘못.
벽감(壁龕) [-깜] 〖명〗〖건〗 서양 건축에서 장식을 목적으로 벽면을 오목하게 파서 만든 시설. =니치(niche).
벽개(劈開) 〖명〗 1 쪼개져 갈라지는 것. 2〖광〗 결정체(結晶體)의 광물이 일정하게 결을 따라 쪼개지는 것. **벽개-하다** 〖동〗〖자〗〖여〗
벽개-면(劈開面) [-깨-] 〖명〗 결을 따라 갈라져서 생긴 면.
벽-걸이(壁-) [-거리-] 〖명〗 벽이나 기둥에 걸어 두는 장식품의 총칭. ¶~ 시계 / ~형에어컨.
벽계(碧溪) [-께/-께] 〖명〗 물이 맑아 푸른빛이 도는 시내.
벽계-산간(碧溪山間) [-께-/-깨-] 〖명〗 푸른 시내가 흐르는 산골.
벽계-수(碧溪水) [-께-/-깨-] 〖명〗 물이 맑아 푸르게 보이는 시냇물.
벽곡(辟穀) [-꼭] 〖명〗 곡식은 먹지 않고 솔잎·대추·밤 등을 날로 조금씩 먹고 사는 일. **벽곡-하다** 〖동〗〖자〗〖여〗
벽공(碧空) [-꽁] 〖명〗 푸른 하늘.
벽-난로(壁暖爐) [병날-] 〖명〗 벽면에다 아궁이를 내고 굴뚝을 벽 속으로 통하게 한 난로.
벽-돌(甓-) [-똘] 〖명〗〖건〗 점토를 주원료로 하여 높은 온도에서 구워 낸 건축 재료. 세는 단위는 장. 연와(煉瓦). ¶붉은 ~ / ~을 굽다 / ~을 쌓다. ×벽.
벽돌-공(甓-工) [-똘-] 〖명〗 1 벽돌을 만드는 직공. 2 벽돌을 쌓는 사람.
벽돌-담(甓-) [-똘-] 〖명〗 벽돌로 쌓은 담.
벽돌-집(甓-) [-똘-] 〖명〗 벽돌로 지은 집.
벽두(劈頭) [-뚜] 〖명〗 1 글의 첫머리. ¶~에 밝힌 바와 같이. 2 일이 시작된 맨 처음. ¶새해 ~에 일어난 사건 / 회의 ~부터 논쟁이 벌어졌다.
벽력(霹靂) [병녁] 〖명〗 =벼락1. ¶호성~ / 청천~.
벽력-같다(霹靂-) [병녁깓따] 〖형〗 목소리가 매우 크고 우렁차다. **벽력같-이** 〖부〗
벽론(僻論) [병논] 〖명〗 1 한쪽으로 치우쳐 도리에 어긋나는 언론. 2〖역〗 조선 정조 때 시론(時論)과 맞서던 벽파(僻派)의 당론. ↔시론. ▷벽파.
벽류(碧流) 〖명〗 푸른 물의 흐름.
벽면(壁面) [병-] 〖명〗 벽의 거죽.
벽보(壁報) [-뽀] 〖명〗 어떠한 내용을 널리 알리기 위하여 벽에 붙이는 게시물. ¶~가 나붙다 / ~를 붙이다.
벽보-판(壁報板) [-뽀-] 〖명〗 벽보를 붙일 수 있도록 마련하여 놓은 판.
벽색(碧色) [-쌕] 〖명〗 짙푸른 빛깔.
벽서¹(僻書) [-써] 〖명〗 세상에 흔하지 않은 기이한 책.
벽서²(壁書) [-써] 〖명〗 벽에 글을 쓰거나 써 붙이는 일. 또는, 그 글. **벽서-하다** 〖동〗〖자〗〖여〗

벽성(僻姓) [-썽] 〖명〗 흔하게 볼 수 없는 썩 드문 성(姓).
벽수(碧水) [-쑤] 〖명〗 푸른빛이 나는 깊고 맑은 물.
벽-시계(壁時計) [-씨계/-씨게] 〖명〗 벽에 걸게 되어 있는 시계. 괘종시계.
벽안(碧眼) 〖명〗 눈동자가 파란 눈.
벽-오동(碧梧桐) 〖명〗〖식〗 벽오동과의 낙엽 활엽 교목. 높이 15m 정도. 껍질은 녹색이며, 여름에 연한 황색의 꽃이 피고, 콩 비슷한 열매가 가을에 익음. =청동(靑桐).
벽옥(碧玉) 〖명〗 1 청색 또는 녹색의 옥. 2〖광〗 산화철 등의 불순물을 함유하는 불투명한 석영(石英). 빛깔은 홍색·녹색·황갈색 등을 나타냄. 옛날부터 장신구로 사용되어 옴.
벽자(僻字) [-짜] 〖명〗 흔히 쓰이지 않는 어려운 글자.
벽장(壁欌) [-짱] 〖명〗〖건〗 바람벽을 뚫어 작은 문을 내고 그 안에 물건을 넣게 된 곳.
벽장-문(壁欌門) [-짱-] 〖명〗 벽장에 달아 놓은 문.
벽장-코 [-짱-] 〖명〗 콧등이 넓적하고 우묵한 코. 또는, 그런 코를 가진 사람.
벽제(辟除) [-쩨] 〖명〗 지위가 높은 사람이 행차할 때 별배(別陪)가 잡인의 통행을 금하는 일. **벽제-하다** 〖동〗〖자〗〖여〗
벽제^소리(辟除-) [-쩨-] 〖명〗〖역〗 벽제할 때에 '위का 게 들어섰거라' 하고 외치는 소리.
벽-좌우(辟左右) [-좌-] 〖명〗 밀담을 하기 위하여 곁에 있는 사람을 물리치는 것. **벽좌우-하다** 〖동〗〖자〗〖여〗
벽지¹(僻地) [-찌] 〖명〗 도시에서 멀리 떨어져 외부와 교류가 거의 없는 시골의 한적한 곳. ¶산간 ~ / ~ 학교. ▷오지(奧地).
벽지²(壁紙) [-찌] 〖명〗 벽에 바르는 종이. ¶~를 바르다.
벽-지다(僻-) 〖형〗 '외지다'의 잘못.
벽창-우(碧昌牛) [-] 〖명〗 1 평안북도 벽동(碧潼)과 창성(昌城) 지방에서 나는 크고 억센 소. 2 '벽창호'의 원말.
벽창-호(碧昌-) 〖명〗 우둔하고 고집이 센 사람. 비난 또는 조롱조의 말. ¶하나만 알고 둘은 모르는 ~ 같으니. 웬벽창우(碧昌牛).
벽체(壁體) 〖명〗〖건〗 측면이 넓고 두께가 얇은, 건물의 벽이 되는 건축 재료의 하나.
벽촌(僻村) 〖명〗 도시에서 멀리 떨어져 외부와 교류가 거의 없는 한적한 시골 마을.
벽파¹(碧波) 〖명〗 푸른 파도.
벽파²(僻派) 〖명〗〖역〗 조선 영조 때 사도 세자를 무고하여 비방한 당파. 주로 노론 계열이었음. ↔시파.
벽해(碧海) [벼캐] 〖명〗 짙푸른 바다.
벽해-상전(碧海桑田) [벼캐-] 〖명〗 =상전벽해(桑田碧海).
벽화(壁畫) [벼콰] 〖명〗 건물이나 동굴·무덤 등의 벽에 그린 그림. ¶알타미라 동굴의 ~.
변¹ 〖명〗 남이 모르게 저희끼리만 암호처럼 쓰는 말. '아편'을 '검은약'이라고 하는 따위. ¶~을 쓰다.
변²(便) 〖명〗 대소변(大小便). 특히, 대변(大便). ¶~ 검사 / ~을 보다.
변³(邊) 〖명〗 1 물건의 가장자리. 2〖수〗 다각형을 이루는 각 선분. ¶한 ~의 길이. 3〖수〗 등식·부등식에서 부호의 양편에 있는 식이나 수. 4 바둑판의 중앙과 네 귀를 빼놓고 남은 변두리 부분. 5 괴식의 복판이 아닌 부분. ↔관(貫). 6 한자의 왼쪽으로 붙는 부수. '江',

'理'에서 'ㅣ', '王' 따위. ¶말씀언~ / 사람인~.

변[4](邊) 圀 '변리(邊利)'의 준말.

변[5](辯·辨) 圀 어떤 사람이 자기의 입장이나 처지에서 말하는 의견이나 생각. 또는, 그 말. 문어적인 말임. ¶작가의 ~.

변[6](變) 圀 갑자기 생긴 재앙이나 뜻밖의 일. ¶~을 당하다 / 며칠 전까지만 해도 멀쩡하던 사람이 갑자기 죽다니 이런 ~이 또 있나.

변:개(變改) 圀 내용을 고쳐서 바꾸는 것. 비변경. **변:개-하다** 国타예 ¶이 증서의 문자는 삭제하거나 **변개할** 수 없다. **변:개-되다** 国자예

변:격(變格) [-껵] 圀 일정한 격식에서 벗어난 격식. ↔정격.

변경[1](邊境) 圀 나라의 경계가 되는 변두리의 땅. =변방(邊方)·변지(邊地).

변:경[2](變更) 圀 (어떤 일의) 내용을 다르게 바꾸어서 고치는 것. 비변개(變改). ¶주소를 ~. **변:경-하다** 国타예 ¶계획을 ~ / 날짜를 ~. **변:경-되다** 国자

변:고(變故) 圀 재앙이나 사고. ¶~가 나다 / ~를 당하다.

변:곡-점(變曲點) [-쩜] 圀(수) 곡선이 볼록한 상태에서 오목한 상태로, 또는 오목한 상태에서 볼록한 상태로 바뀌는 자리의 점.

변:광-성(變光星) 圀(천) 시간에 따라 밝기가 변하는 항성.

변:괴(變怪) [-괴/-궤] 圀 1 괴이한 일. 2 도리를 벗어난 악한 짓.

변기(便器) 圀 똥이나 오줌을 앉거나 서서 눌 수 있도록 화장실에 설치해 놓는 물건. 주로 사기로 만드는데, 걸터앉는 것, 쪼그리고 앉는 것, 서서 누는 것 등 여러 가지 모양이 있음. 환자나 아기를 위한 이동식도 있음.

변덕(變德) 圀 이랬다저랬다 하면서 결심이나 결정을 얼마 못 가서 바꾸는 태도나 성질을 얕잡아 이르는 말. ¶~을 떨다 / ~을 부리다 / 그 여자는 ~이 심하다. 쟄밴덕·반덕.

변덕이 죽 끓듯 하다 관 몹시 심하게 변덕을 부리다.

변:덕-꾸러기(變德-) 圀 변덕이 아주 심한 사람. 쟄밴덕꾸러기.

변:덕-맞다(變德-) [-덩맏따] 톙 변덕을 부리는 성질이 있다. 비변덕맞다·반덕맞다.

변:덕-스럽다(變德-) [-쓰-따] 톙비 <-스러우니, -스러워> 변덕을 부리는 데가 있다. ¶**변덕스러운** 날씨. 쟄밴덕스럽다·반덕스럽다. **변:덕스레**

변:덕-쟁이(變德-) [-쨍-] 圀 변덕을 잘 부리는 사람을 얕잡아 이르는 말. 쟄밴덕쟁이·반덕쟁이.

변-돈(邊-) [-똔] 圀 이자를 주고 빌려 쓰는 돈. =변전(邊錢). ¶~을 빌려 쓰다.

변:동(變動) 圀 (사물의 상태가) 바뀌어 달라지는 것. ¶경기(景氣) / ~ 사항 / ~이 심하다. **변:동-하다** 国자예 **변:동-되다** 国자 ¶부동산 시세가 ~.

변:동-비(變動費) 圀(경) 생산량의 증감에 따라 변하는 비용. 원료비·노무비·동력비·기계 수선비 따위. =가변 비용. ↔고정비.

변:동-환!율제(變動換率制) [-제] 圀(경) 외국환 환율을 고정시키지 않고 시장의 수급 (需給)에 맡겨 자유롭게 변동시키는 제도. ↔고정 환율제.

변-두리(邊-) 圀 1 어떤 지역의 가장자리를 이루는 곳. ¶서울 ~ /~에 살다. ▷근교(近郊). 2 그릇 따위의 물건의 가장자리.

변:란(變亂) [별-] 圀 사변으로 일어난 소란. ¶~이 일어나다.

변:량(變量) [별-] 圀(수) 통계에서, 조사 내용으로서의 특성을 수량으로써 나타낸 것. ▷계급.

변:려-문(駢儷文) [별-] 圀(문) 한문 문체의 하나. 주로 4자·6자의 대구를 써서 읽는 사람에게 미감(美感)을 줌. =사륙문·사륙변려문·사륙체. 준여문(儷文).

변:론(辯論·辨論) [별-] 圀 1 옳고 그름을 따지는 것. 2 [법] 소송 당사자나 변호인이 법정에서 하는 주장이나 진술. **변:론-하다** 国타예

변:류-기(變流器) [별-] 圀(전) 직류를 교류로, 교류를 직류로 바꾸는 장치.

변:리[1](辨理) [별-] 圀 일을 맡아서 처리하는 것. **변:리-하다** 国타예

변리[2](邊利) [별-] 圀 남에게 돈을 빌려 쓴 대가로 치르는 일정한 비율의 돈. =이금(利金). 비이자. 준변(邊).

변:리-사(辨理士) [별-] 圀(법) 특허·실용·신안·의장 또는 상표 등에 관한 사무를 대리 또는 감정하는 일을 직업으로 하는 사람. =특허 변리사.

변-말 圀 =은어(隱語).

변:명[1](辨明) 圀 1 사리를 분별하여 밝히는 것. 비변백. 2 잘못에 대해 그렇게 된 이러저러한 이유를 말하는 것. ¶구구한 ~을 늘어놓다 / ~의 여지가 없다. **변:명-하다** 国자타예 ¶자신의 실수를 ~.

변:명[2](變名) 圀 이름을 고쳐서 바꾸는 것. 또는, 그 이름. **변:명-하다** 国타예

변:명-조(辨明調) [-쪼] 圀 변명을 하는 어조. =변명투. ¶~로 늦은 사정을 말하다.

변:명-투(辨明套) 圀 변명을 하는 말투. 비변명조.

변:모(變貌) 圀 모양이 달라지는 것. 또는, 그 모습. **변:모-하다** 国자예 ¶몰라보게 **변모한** 서울의 모습. **변:모-되다** 国자

변:모-없다(變貌-) [-업따] 톙 1 융통성이 없이 고지식하다. 2 남의 체면은 아랑곳하지 않고 말이나 행동이 거리낌 없다. **변:모없-이** 톛

변:박(辯駁·辨駁) 圀 옳고 그름을 분별하여 논박하는 것. **변:박-하다** 国타예

변발(辮髮·編髮) 圀 만주인의 풍습으로, 남자가 12~13세가 되면 머리 뒷부분만 남겨놓고 깎은 뒤 남은 부분을 뒤로 길게 땋아 늘인 머리. 청 대(淸代)에 성했음. =편발. **변발-하다** 国자

변방(邊方) 圀 1 가장자리가 되는 쪽. 2 =변경(邊境). ¶~을 지키다.

변:백(辨白) 圀 사리를 따져 똑똑히 밝히는 것. 비변명(辨明). **변:백-하다** 国타예 **변:백-되다** 国자

변:법(變法) [-뻡] 圀 1 법률을 고치는 것. 또는, 그 법률. 2 변칙적인 방식·방법. **변:법-하다** 国타예 ¶법률을 ~.

변:법-자강(變法自彊) [-뻡짜-] 圀(역) 중국 청나라 말엽에 캉유웨이(康有爲)·량치차오(梁啓超) 등이 내세웠던 개혁 운동의 표어. 부국강병을 실현하고자 함.

변변-하다 톙예 1 (됨됨이나 생김새 따위가) 별로 흠이 없이 어지간하다. ¶**변변하지** 못한 사람. 2 제대로 갖추어져 충분하거나 쓸

만하다. ¶차린 것은 **변변치** 않습니다만 많이 드십시오. [짠]**뻔뻔하다**. **변변-히** [부] ¶~ 먹지도 못하고 고생만 하다.

변:별(辨別) [명] 1 (사물과 사물의 차이를) 가리거나 의식하여 아는 것. [비]구별·식별·분별. 2 시비·선악을 가리는 것. **변:별-하다** [동][타][여] **변:별-되다** [동][자]

변:별-력(辨別力) [명] 변별하는 힘.

변보¹(邊報) [명] 변경(邊境)에서 들어오는 보고.

변:보²(變報) [명] 어떤 변(變)을 알리는 보고.

변:복(變服) [명] 남의눈을 피하려고 옷을 달리 차려입는 것. 또는, 그 옷. =개복(改服). **변:복-하다** [동][자][여] ¶여자로 ~.

변:복조^장치(變復調裝置) [-쪼-] [명] [컴] =모뎀.

변비¹(便祕) [명] [의] '변비증'의 준말.

변비²(邊備) [명] 국경을 지킴.

변비³(邊鄙) [명] 아주 시골구석. 또는, 그곳의 사람. 2 변방(邊方)의 땅.

변비-약(便祕藥) [명] [약] 똥이 잘 누어지지 않거나 드물게 나올 때 쓰는 약.

변비-증(便祕症) [-쯩] [명] [의] 똥이 잘 누어지지 않는 증세. 한의학 용어로는 비결(祕結). [준]변비.

변:사¹(辯士) [명] 1 말솜씨가 있어 말을 잘하는 사람. 2 =연사(演士)². 3 무성 영화를 상영할 때 대사를 말하거나 그 줄거리를 설명하는 사람.

변:사²(變死) [명] 1 뜻밖의 재난으로 죽는 것. [비]횡사(橫死). 2 자해(自害)하여 죽는 것. [비]자살(自殺). **변:사-하다** [동][자][여]

변:사³(變詐) [명] 1 요사스럽게 요랬다조랬다 함. 2 요리조리 배반하여 속임. 3 병세가 갑자기 달라짐. **변:사-하다** [동][자][여]

변:사-스럽다(變詐-) [-따] [형][ㅂ] ¶~스러우니, ~스러워〉 변사를 부리는 태도가 있다. **변:사스레** [부]

변:사-자(變死者) [명] 1 뜻밖의 사고로 죽은 사람. 2 사인(死因)에 범죄의 의혹이 있는 사망자.

변:사-체(變死體) [명] 변사자의 시체.

변:상(辨償) [명] 1 빚을 갚는 것. =변제(辨濟). 2 끼친 손해를 물어 주는 것. [비]배상(賠償). 3 재물을 내어 지은 죄과를 갚는 것. [비]판상(辦償). **변:상-하다** [동][타][여] ¶깨뜨린 유리를 ~.

변:색(變色) [명] 1 빛깔이 변하여 달라지는 것. 2 (흥분 등으로) 얼굴빛이 달라지는 것. **변:색-하다** [동][자][여] **변:색-되다** [동][자]

변:설¹(辯舌) [명] 말을 잘하는 재주. =변구(辯口). [비]언변(言辯)·구변(口辯).

변:설²(變說) [명] 1 지론(持論)을 변경하는 것. 2 자기가 하던 말을 중간에서 고치는 것. **변:설-하다** [동][타][여]

변:성¹(變成) [명] 변하여 다르게 되는 것. ¶~ 광상. **변:성-하다**¹ [동][자][여] **변:성-되다**¹ [동][자]

변:성²(變性) [명] 1 성질이 변하는 것. 또는, 달라진 성질. 2 [화] 단백질 등의 천연물이 물리적·화학적 영향으로 인하여 성질이 다른 물질로 변화하는 일. 3 [의] 생체의 조직·세포가 이상 물질의 출현으로 인하여 그 성질과 모양이 달라지는 일. 4 알코올 따위의 공업 원료가 기호품으로서 과세 대상이 되는 것을 피하기 위해 음식으로서 적당하지 않은 다른 물질을 첨가하는 일. **변:성-하다**² [동][자][여] **변:성-되다**² [동][자]

변:성³(變姓) [명] 성을 바꾸는 것. 또는, 그 성. **변:성-하다**³ [동][자]

변:성⁴(變聲) [명] 사춘기에 목소리가 불안정하고 쉰 듯하게 변하는 일. **변:성-하다**⁴ [동][자][여]

변:성격^조사(變成格助詞) [-껵쪼-] [명] [언] 부사격 조사의 하나, 체언에 붙어서 무엇이 그것으로 바뀜을 나타내는 말. '뽕밭이 바다로 바뀌다', '여우가 사람이 되었다.' 등의 문장에서 '로'와 '이' 따위.

변:성^광상(變成鑛床) [명] [광] 이미 형성된 광상이 화학적·물리적 변화를 받아 그 구조나 성분이 전혀 새롭게 바꾸어진 광상.

변:성-기¹(變成器) [명] 약한 전류를 사용하는 회로에 삽입하여 전압이나 전류를 다른 값으로 변환시키는 기기.

변:성-기²(變聲期) [명] [생] 사춘기에 성대의 변화가 일어나 목소리가 변하는 시기.

변:-성명(變姓名) [명] 성과 이름을 달리 고치는 것. **변:성명-하다** [동][자][여]

변:성-암(變成巖·變成岩) [명] [광] 변성 작용에 의하여 생긴 암석. =변질암.

변:성^작용(變成作用) [명] 지구 내부에서 기존의 암석이 고체상인 채 온도나 압력 등의 변화에 의하여 광물 조성·조직 등이 변화하는 작용.

변소(便所) [명] 대소변을 배출하기 위한 시설. =간(間間)·측실. [비]화장실. ¶공중~/ 재래식 ~/ ~를 치다. ▶화장실.

변:속(變速) [명] 속도를 바꾸는 것. **변:속-하다** [동][자][여]

변:속-기(變速機) [-끼] [명] 자동차 따위의 원동기에서 출력축(出力軸)의 회전 속도 및 회전력을 바꾸는 장치. =변속 장치·트랜스미션.

변:속^장치(變速裝置) [-짱-] [명] =변속기.

변:수(變數) [명] 1 [수] 어떤 관계·범위 안에서 여러 가지 값으로 변할 수 있는 수. ↔상수(常數). 2 어떤 상황의 가변적 요인. ¶지역 감정이 선거의 ~로 작용하다.

변:-스럽다 [-따] [형][ㅂ] ¶~스러우니, ~스러워〉 사물이 예사롭지 않고 이상한 면이 있다. [비]괴이하다.

변:-시체(變屍體) [명] 변사(變死)한 시체.

변:신(變身) [명] 1 신화나 동화의 세계에서, (사람이나 동물이 다른 동물이나 사람으로) 그 몸의 형태를 바꾸는 것. 2 (어떤 사람이 다른 신분이나 태도 등을 가진 사람으로) 달라지는 것. ¶~을 꾀하다. **변:신-하다** [동][자][여] ¶왕자가 백조로 ~ / 무명 가수에서 일약 스타로 ~.

변:신-술(變身術) [명] 변신하는 기술.

변:심(變心) [명] 마음이 변하는 것. 특히, 이성(異性)에 대한 사랑의 마음이 변하는 것. **변:심-하다** [동][자][여]

변-쓰다 [동][자] 〈~쓰니, ~써〉 암호로 말하다.

변:압(變壓) [명] 압력을 바꾸는 것. **변:압-하다** [동][자][여]

변:압-기(變壓器) [-끼] [명] [물] 전자기 유도 작용을 이용하여 교류 전압이나 전류의 값을 바꾸는 장치. =트랜스·트랜스포머.

변역¹(邊域) [명] 국경 지방의 토지나 지역. =변토.

변:역²(變域) [명] [수] 함수에서 변수가 취하는 값의 범위.

변:온^동물(變溫動物) [명][동] 체온을 조절

하는 능력이 없어서 바깥 온도에 따라 체온이 변하는 것. 양서류·파충류·무척추동물 따위. =냉혈 동물·찬피 동물. ↔정온 동물.

변:용(變容) 圏 (사물의) 형태나 모습이 다르게 변하는 것. **변:용-하다** 동재여

변:위(變位) 圏 물 물체가 위치를 바꾸는 일. 또는, 그 크기와 방향을 나타내는 양. **변:위-하다** 동재여

변:위^전:류(變位電流) [-절-] 圏 물 외부의 전기장(電氣場)의 변위에 따라 유전체 내를 흐르는 전류. =전속 전류.

변:음(變音) 圏 1 원음이 변하여 된 음. 2 음 원음을 변음 기호에 의하여 반음 또는 온음 낮추거나 높이는 것. 또는, 그런 음.

변의(便意) [-의/-이] 圏 대소변, 특히 대변이 보고 싶은 느낌.

변:이(變異) 圏 1 =이변(異變). 2 생 기원을 같이하는 개체 사이에서 형질(形質)이 다른 것이 나타나는 현상.

변:작(變作) 圏 =변조(變造)¹. **변:작-하다** 동타여

변:장(變裝) 圏 본래의 모습을 알아볼 수 없게 하기 위해 옷을 바꾸어 입거나 안경을 쓰거나 가짜 수염을 붙이거나 가발을 쓰거나 하여 다른 모습으로 되게 하는 것. 또는, 그러한 옷차림이나 모습. **변:장-하다** 동재여 ¶거지로~.

변:장-술(變裝術) 圏 변장하는 재주.

변재¹(邊材) 圏 통나무의 겉 부분. =겉재목. ↔심재(心材).

변:재²(辯才) 圏 말을 잘하는 재주. =구재·말재주.

변전(邊錢) 圏 =변돈.

변:전²(變轉) 圏 이리저리 변하여 달라지는 것. **변:전-하다** 동재여 **변:전-되다** 동재

변:전-소(變電所) 圏 교류 전력을 끌어 들여 그 전압을 낮추거나 직류로 바꾸어서 내보내는 시설.

변:절(變節) 圏 절개를 지키지 않고 배반하는 것. **변:절-하다** 동재여

변:절-자(變節者) [-짜] 圏 변절한 사람.

변:정(辨正·卞正) 圏 옳고 그름을 가려 바로잡는 것. **변:정-하다** 동타여

변:제(辨濟) 圏 =변상(辨償)¹. **변:제-하다**

변:조¹(變造) 圏 1 다른 모양이나 물건으로 바꾸어 만드는 것. =변작(變作). 2 법 화폐·문서·유가 증권 등의 진품(眞品)에 대해, 권한이 없이 그 형상이나 내용을 변경하는 일. ¶사문서 ~ / 유가 증권 ~. ▶위조. **변:조-하다**¹ 동타여 ¶공문서를 **변조한** 혐의로 입건되다.

변:조²(變調) 圏 1 상태를 바꾸는 것. 또는, 보통과는 다른 상태가 되는 것. 2 음 =조바꿈. 3 통 무선 통신에서, 반송파(搬送波)를 음성 등의 신호파로 변화시키는 것. **변:조-하다**² 동타여 **변:조-되다** 동재

변:종(變種) 圏 1 전체로서는 그 종류에 들면서 조금 다른 종류. 2 생 종의 기준 표본이나 타내는 형태와 거의 같지만, 형태의 일부분이나 생리적 성질이나 지리적 분포가 기준 표본을 포함하는 집단과 확실히 구별되는 생물 집단. ↔원종.

변:주(變奏) 圏 어떤 주제를 바탕으로 하여, 리듬·선율·화성 등을 여러 가지로 변형하여 연주하는 기법. **변:주-하다** 동타여

변:주-곡(變奏曲) 圏 음 주제의 리듬·선율·화성 등을 여러 가지 방법으로 변화시켜 전체를 하나의 악곡으로 만든 것. =바리에이션.

변죽(邊-) 圏 1 그릇·세간 따위의 가장자리. 2 건 재목의 가장자리에 남아 있는 나무껍질 부분.

변죽(을) 울리다 관 곧바로 직접 말을 하지 않고 둘러서 말을 하여 짐작하게 하다.

변:증(辨證) 圏 변론으로써 어떤 사항을 논증하는 일. **변:증-하다** 동타여

변:증-법(辨證法) [-뻡] 圏 철 1 대화를 통해 사물의 진리에 도달하는 소크라테스식 문답법. 2 헤겔 철학에서, 모순과 대립을 지양하고 고차(高次)의 인식에 이르게 되는 사고 형식.

변:증법-적(辨證法的) [-뻡쩍] 관圏 1 변증법에 입각하는 (것). 2 변증법에 속하는 (것).

변:증법적 유물론(辨證法的唯物論) [-뻡쩍-][철] =유물 변증법.

변지(邊地) 圏 1 가장자리의 땅. 2 =변경(邊境)¹.

변:질(變質) 圏 1 (물질이) 상하거나 썩거나 하여 질이 변하는 것. 2 (어떤 일이나 사상 등이) 본래의 성격을 잃고 좋지 않게 변하는 것. **변:질-하다** 동재 **변:질-되다** 동재 ¶사회사업이 치부의 수단으로~ / 여름에는 식품이 **변질되기** 쉽다.

변:질-자(變質者) [-짜] 圏 의 정신병자라고까지는 말할 수 없지만, 성격이나 기질이 이상한 사람.

변:천(變遷) 세월이 흐르는 동안에 변하여 바뀌는 것. 옮겨져 달라지는 것. =변이(變移). ¶의복의 ~ / 시대의 ~. **변:천-하다** 동재 **변:천-되다** 동재

변:칙(變則) 圏 원칙이나 규칙을 따르지 않고 그에서 벗어나는 상태. ¶~ 공격 / ~ 운영. ↔정칙.

변:칙-적(變則的) [-쩍] 관圏 원칙이나 규칙에 어긋나는 (것).

변:침(變針) 圏 선박이나 항공기가 나아갈 방향을 바꾸는 것. **변:침-하다** 동재여

변:칭(變稱) 圏 명칭을 고쳐서 달리 일컫는 것. 또는, 그 명칭. **변:칭-하다** 동타여

변탕(邊鐋) 圏 건 대패질할 때, 깎아 낼 두께를 대중 잡기 위하여 한쪽 가를 먼저 깎는 연장. =협포(脅鉋).

변:태(變態) 圏 1 모습이 변하는 일. 또는, 그 변한 모습. 2 동 동물이 성체(成體)와는 형태·생리·생태가 전혀 다른 유생(幼生)의 시기를 거치는 경우에, 유생에서 성체로 변하는 것, 또는 그 과정. =탈바꿈. 3 식 식물의 뿌리·줄기·잎 등의 기관이 본래의 것과는 다른 형태로 변하여 그 상태로 종(種)으로서 고정되는 것. 벌레잡이잎·잎바늘·공기뿌리·덩굴손 따위. 4 심 정상이 아닌 성욕이나 그로 인한 행위. 또는, 그 성욕을 가졌거나 그러한 행위를 하는 사람.

변:태^성:욕(變態性慾) 圏 심 비정상적인 성행위를 추구하는 성적 욕구.

변통¹(便通) 圏 변비로 잘 나오지 않던 대변이 잘 나오게 되는 것.

변:통²(變通) 圏 1 형편에 따라 일을 융통성 있게 잘 처리하는 것. ¶임시~. 2 (돈·물건 따위를) 서로 돌라맞추어 쓰는 것. 비용통. **변:통-하다** 동타여 ¶돈을 ~. **변:통-되다**

동(동)

변ː통-성(變通性) [-썽] 몡 형편에 따라 일을 융통성 있게 잘 처리할 수 있는 성질. 回 융통성·주변성. ¶그는 도무지 ~이라고는 없는 사람이다.

변ː통-수(變通數) [-쑤] 몡 일을 융통성 있게 잘 처리하는 방법. ¶무슨 ~가 있겠지. 너무 걱정하지 말게.

변폭(邊幅) 몡 1 피륙의 올이 풀리지 않게 짠 가장자리 부분. =식서(飾緒). 2 겉을 휘갑쳐서 꾸미는 것. =표폭(表幅). **변폭-하다** 동(타)여

변ː-하다(變-) 동(자)여 (어떤 대상이) 시간의 흐름에 따라 그 성질·내용·상태 등에 있어서 본래와 다른 것이 되다. 回 달라지다·바뀌다. ¶얼굴 모습이 ~ / 마음이 ~ / 시대가 ~.

변ː-한(弁韓) 몡 [역] 삼한의 하나. 낙동강 하류에 형성된 부족 국가로, 후에 신라에 병합됨. =가라한.

변ː한-말(變-) 몡 [언] 음운(音韻)이 변하여 된 말. '겸연쩍다'에 대하여 '계면쩍다'와 같은 것.

변ː함-없다(變-) [-업따] 혱 달라지지 않고 항상 같다. ¶변함없는 우정을 보이다. **변ː함 없-이** 튀 ~ 사랑하다.

변ː해(辨解) 몡 사리를 말로 풀어서 밝히는 것. **변ː해-하다** 동(타)여

변ː혁(變革) 몡 (사회·제도·생활 등을) 바꾸어 새롭게 하는 것. ¶인스턴트식품은 우리 식생활에 일대 ~을 가져왔다. **변ː혁-하다** 동(타)여 **변ː혁-되다** 동(자)

변ː혁-기(變革期) [-끼] 몡 사회·제도·생활 등이 급격히 바뀌어 달라지는 시기. ¶정치적 ~.

변ː형(變形) 몡 1 모양이나 형태가 달라지거나 달라지게 하는 것. 또는, 그 달라진 형태. 2 [물] 탄성체나 형태나 부피를 변하는 것. **변ː형-하다** 동(자)(타)여 ¶이 집은 재래식 가옥을 변형한 것이다. **변ː형-되다** 동(자)

변ː형-력(變形力) [-녁] 몡[물] 물체가 외부의 힘에 저항하여 원형을 지키려는 힘. =내력(內力)·응력·스트레스·왜력(歪力).

변ː형^생성^문법(變形生成文法) [-뻡] 몡 [언] 미국의 언어학자 촘스키가 1950년대 후반에 창시한 문법 이론. 새로운 문장을 무한하게 만들어 내는 유한한 규칙의 집합으로서 문법을 파악하며, 심층 구조와 표층 구조에 의하여 문장 생성의 구조를 설명하려고 함. 준 생성 문법.

변ː호(辯護) 몡 1 남을 위하여 변명하고 감싸서 돕는 것. 2 [법] 법정에서, 검사의 공격으로부터 피고인의 이익을 옹호하는 일. ¶살인 사건의 ~를 맡다. **변ː호-하다** 동(타)여

변ː호-사(辯護士) 몡 [법] 소송 당사자의 의뢰 또는 법원의 선임 등에 의해, 소송 사무나 일반 법률 사무를 행하는 것을 직업으로 하는 사람.

변ː호-인(辯護人) 몡 [법] 형사 소송에서, 피의자나 피고인의 이익을 보호하는 보조자로서 그 변호를 담당하는 사람. ¶국선(國選) ~.

변화(變化) 몡 1 (사물의 성질·모양·상태 등이) 이전과 다르게 되는 것. ¶화학적[물리적] ~ / 국제 정세의 ~ / 를 꾀하다. 2 [언] 동일한 말이 용법에 따라 어형(語形)을 바꾸는 일. 격 변화·어미 변화 따위. **변ː화-하다** 동(자)여 ¶나날이 변화하는 세계. **변ː화-되다** 동(자)

변ː화-구(變化球) 몡[체] 야구의 투구나 배구의 서브 등에서, 휘거나 뚝 떨어지거나 하여 진행 방향이 변화하는 공.

변ː화-무쌍(變化無雙) 몡 비할 데 없이 변화가 많거나 심함. **변ː화무쌍-하다** 혱여

변ː화-법(變化法) [-뻡] 몡 [문] 수사법의 한 가지. 글의 단조로움을 없애고 읽는 이의 주의를 환기하기 위하여 변화를 주는 방법. 도치법·인용법·대구법·반어법 등이 이에 속함.

변ː환¹(變幻) 몡 갑자기 나타났다 없어졌다 하는 것. 또는, 그렇게 종잡을 수 없이 빠른 변화. **변ː환-하다** 동(자)여

변ː환²(變換) 몡 1 달라져서 바뀌는 것. 또는, 다르게 하여 바꾸는 것. 2 [수] 어떤 요소 또는 요소의 집합을 일정한 규칙에 따라 다른 요소 또는 요소의 집합으로 바꾸는 것. 3 [물] 어떤 핵종(核種)이 다른 원소의 핵종으로 바뀌는 과정. **변ː환-하다²** 동(타)여

별¹ 몡 1 [천] 스스로 빛과 열을 내는 우주상의 천체. 곧, 지구·달·행성을 제외한 천체를 가리키는 것으로, 태양도 별에 속하나, 일반적으로는 밤하늘에 작은 점의 형태로 반짝이는 것을 가리킴. =성두(星斗)·성신(星辰). ¶~이 총총하다 / ~이 반짝반짝 빛나다 / 밤하늘 ~. 2 밤하늘에 점의 형태로 반짝이는 천체를 나타낸, 다섯 개의 뾰족한 끝이 '大(대)' 자 모양으로 내민 도형. ¶선을 떼지 않고 ~을 그리다. 3 위대한 업적을 남긴 대가를 비유하여 이르는 말. ¶국문학계의 큰 ~이 지다. 4 장성(將星)의 계급을 나타내는, 다섯 개의 뾰족한 끝을 가진 물건. ¶어깨 위에 ~을 단 군인. 5〈속〉장성(將星)의 직위나 그 지위에 있는 사람. ¶~이 떴다(장성이 나타났다). 6〈속〉전과자의 감옥살이의 횟수.

별²(別) 몡 보통과 달리 별난. ¶~ 이상한 사람 다 보겠네.

-별³(別) 접미 명사 뒤에 쓰여, 그 명사를 같은 종류로 구별하는 말. ¶직업~ / 연령~.

별가(別家) 몡 1 딴 집. =별택(別宅). 2 작은집2.

별-간장(別-醬) 몡 =손님장.

별감(別監) 몡 1 고려 시대, 중앙과 지방의 각 관아와 여러 도감(都監)에 소속된 관직. 2 조선 시대, 궁중의 액정서에 딸려 있던 관직. ¶대전~. 3 고을의 좌수(座首)에 버금가는 자리. 4 남자 하인끼리 서로 존대하여 부르던 말.

별개(別個) 몡 서로 다른 것. ¶이것은 그 문제와는 ~의 일이다.

별-거¹(別-) 몡 '별것'을 구어적으로 이르는 말. ¶~ 아닌 일을 가지고 지레 걱정했구나.

별거²(別居) 몡 (부부나 한집안 식구가) 따로 떨어져 사는 것. ¶~ 생활 / 그들 부부는 ~ 중이다. ↔동거(同居). **별거-하다** 동(자)여

별-걱정(別-) [-쩡] 몡 쓸데없는 걱정. ¶넌 ~을 다 하는구나.

별-것(別-) [-껀] 몡 1 드물고 이상스러운 것. ¶~을 다 보겠다. 2 특별한 것. ¶대단한 것인 줄 알았더니 ~ 아니군.

별견(瞥見) 몡 얼른 슬쩍 보는 것. 또는, 흘끗 보는 것. **별견-하다** 동(타)여

별고(別故) 몡 1 특별한 사고. ¶모두 ~ 없이 잘 지내고 있는지요. 2 다른 까닭.

별곡(別曲) 몡[문] 우리나라 고전 문학의 독

특한 시가. 중국의 한문 시가에 있는 운(韻)이나 조(調)가 없다 하여 일컫는 말임. 관동별곡·청산별곡·서경별곡 따위.
별공(別貢) 〖명〗 〖역〗 고려 시대에, 특수한 토산물을 현물로 받던 세. ↔상공(常貢).
별관(別館) 〖명〗 본관(本館) 외에 따로 지은 건물.
별-구경(別-) 〖명〗 보기 드문 구경. ¶살다 보니 ~ 다 한다.
별군(別軍) 〖명〗 본대(本隊) 밖에 따로 독립한 군대.
별궁(別宮) 〖명〗〖역〗 1 왕이나 왕세자의 혼례 때 왕비나 세자빈을 맞아들이는 궁전. 2 특별히 따로 지은 궁전.
별-궁리(別窮理) [-니] 〖명〗 1 특별한 궁리. 2 온갖 궁리. ¶~를 다 해 보았지만 묘책이 없다.
별기(別記) 〖명〗 본문에 덧붙여 따로 적는 것. 또는, 그 기록. **별기-하다** 〖동〗〖자여〗
별기-군(別技軍) 〖명〗〖역〗 조선 고종 18년(1881)에 조직된 근대식 군대.
별-꼴(別-) 〖명〗 남의 눈에 거슬려 보이는 꼴락서니. ¶제가 뭔데 이래라저래라 하는 거야. 정말 ~이야.
별-나다(別-) [-라-] 〖형〗 보통의 경우와 달라 이상하거나 묘하다. 〖비〗유별나다. ¶**별난** 사람 / **별난** 성격 / 하는 짓이 ~.
별!-나라 [-라-] 〖명〗 '별¹'을 인간에게 친화감이 있는 세계로서 이르는 말. ¶~에서 온 외계인.
별납(別納) [-랍] 〖명〗 1 으레 바치는 것 외에 따로 더 바치는 것. 2 한꺼번에 바치지 않고 따로 떼어서 바치는 것. ¶요금 ~. **별납-하다** 〖동〗〖타여〗
별-놈(別-) [-롬] 〖명〗 생김새나 성질·언행 등이 별난 사람을 욕으로 이르는 말.
별-다르다(別-) 〖형〗르〖~-다르니, ~-달라〗 유난히 다르다. ¶그동안 집안에 **별다른** 일 없었는지?
별단(別段) [-딴] 〖명〗〖부〗=별반(別般).
별단^예금(別段預金) [-딴녜-] 〖경〗 금융 기관이 거래로부터 의뢰받은 일시적 자금을 처리하기 위하여 설치한 일종의 잡종 예금.
별달리(別-) 〖부〗 별다르게. ¶내 말을 ~ 생각하지 마라.
별당(別堂) [-땅] 〖명〗 1 몸채의 곁이나 뒤에 따로 지은 집이나 방. ~ 아씨. 2 〖불〗절의 주지나 강사(講師)가 거처하는 곳.
별대(別隊) [-때] 〖명〗 본대(本隊) 밖에 따로 독립한 부대.
별도(別途) [-또] 〖명〗 1 딴 방도나 방면. ¶이 문제는 차후에 ~로 논의하기로 합시다. 2 딴 용도. ¶~ 지출.
별-도리(別道理) 〖명〗 달리 변통할 도리. ¶차가 끊겼으니 여기서 하룻밤 묵어야지 ~가 없다.
별동(別棟) [-똥] 〖명〗 =딴채.
별동-대(別動隊) [-똥-] 〖명〗 본대(本隊)에서 떨어져 나와 전반(全般)의 작전에 유리하도록 독자적으로 행동하는 부대.
별!-똥 〖명〗 '유성(流星)'을 통속적으로 이르는 말.
별!-똥-별 〖명〗 '유성(流星)'을 통속적으로 이르는 말.
별-로(別-) 〖부〗 (부정하는 말과 함께 쓰여) 그다지 특별하거나 두드러지게. ¶~ 좋지 않은 소문 / 대한민국에도 날이 ~ 춥지 않다.
별리(別離) 〖명〗 =이별. **별리-하다** 〖동〗〖자여〗
별-말(別-) 〖명〗 1 별다른 말. ¶"떠나면서 무슨 말은 없었나요?" "글쎄요, ~ 없었는데요." 2 별스러운 말. ¶"이 신세를 어떻게 다 갚지요?" "원, ~을 다 하는군." 3 별의별 말. =별소리. ¶그 사람이 너에 대해 ~을 다 하고 돌아다니던. 〖준〗별말.
별-말씀(別-) 〖명〗 '별말'의 높임말.
별-맛(別-) [-맏] 〖명〗 1 별다른 맛. ¶하도 싱싱하다기에 과일을 좀 샀더니 ~도 없더라. 2 =별미.
별매(別賣) 〖명〗 어떤 상품을 팔 때 그에 따라 붙거나 관계된 물건을 별도로 파는 것. ¶최신형 컴퓨터:120만 원(모니터 ~). **별매-하다** 〖동〗〖타여〗
별명¹(別名) 〖명〗 1 사람의 외모나 성격 등의 특징을 나타내어 본명 대신에 부르는 이름. ¶김 과장은 매사에 어찌나 치밀하고 정확한지 컴퓨터라는 ~이 붙어 다닌다. 2 본명 외의 딴 이름. 〖비〗별호.
별명²(別命) 〖명〗 다른 명령.
별!-무늬 [-니] 〖명〗 별 모양의 무늬.
별-무반(別武班) 〖명〗〖역〗 고려 숙종 때 윤관(尹瓘)이 여진(女眞) 정벌을 위하여 기병을 중심으로 조직한 군대.
별무-신통(別無神通) 〖명〗 별로 신통할 것이 없음.
별-문제(別問題) 〖명〗 1 딴 문제. ¶부자가 되는 것과 행복해지는 것은 전혀 ~이다. 2 별다른 문제. 또는, 특별한 문제. ¶이야기를 하다 보니 ~가 다 나왔다.
별미(別味) 〖명〗 특별히 좋은 맛. 또는, 그런 음식. =별맛. ¶죽순 요리는 이 집의 ~.
별미-적다(別味-) 〖형〗 '별미쩍다'의 잘못.
별미-쩍다(別味-) [-따] 〖형〗 말이나 행동이 어울리지 않게 격에 맞지 않다. ×별미적다.
별반(別般) Ⅰ 〖명〗 보통과 다름. =별단(別段)·별양(別樣). ¶그 문제에 대해서는 ~의 조처가 있을 것이다.
Ⅱ〖부〗 따로 별다르게. =별단(別段)·별양. 〖비〗별로. ¶이번 회의에서 특별한 내용은 ~ 없다.
별반-조처(別般措處) 〖명〗 특별히 다르게 하는 조처.
별!-밤 〖명〗 달이 없고 별이 총총히 뜬 밤.
별-밥(別-) 〖명〗 콩·대추·무 따위를 넣어 보통 것과 다르게 지은 밥. 〖준〗별반(別飯).
별배(別陪) 〖명〗〖역〗 벼슬아치 집에서 부리던 하인.
별별(別別) 〖관〗 여러 가지로 별다른. 〖비〗별의별. ¶사람이 살다 보면 ~ 일을 다 겪게 마련이다.
별보(別報) 〖명〗 별다른 보도. 또는, 특별한 기별. 〖비〗특보(特報).
별본(別本) 〖명〗 별도로 된 글이나 책.
별비(別備) 〖명〗 1 특별한 준비. 2 〖민〗 굿할 때 목돈 외에 무당에게 행하(行下)로 따로 주는 돈.
별!-빛 [-삩] 〖명〗 별의 반짝이는 빛. =성광(星光).
별-사람(別-) 〖명〗 여느 사람과 달리 이상스러운 사람. =별인(別人). ¶돈을 준대도 마다하니 원 ~ 다 보겠구먼.
별산-제(別産制) [-싼-] 〖명〗〖법〗 부부가 따로따로 재산을 소유하는 제도.
별-생각(別-) 〖명〗 1 별다른 생각. 2 별의별 생각. ¶7시까 되면 귀가하곤 하던 그이가 자정이 넘도록 돌아오지 않자 ~이 다 났다.
별서(別墅) [-써] 명 농장이나 들에 한적하게 따로 지은 집.
별석(別席) [-썩] 명 1 특별히 잘 마련하여 베푼 자리. 2 따로 베푼 자리.
별선(別選) [-썬] 명 특별히 따로 뽑는 것. **별선-하다**(타)연 **별선-되다**(자)
별성-마마(別星媽媽) [-썽-] 명[민] '호구별성'의 높임말.
별세(別世) [-쎄] 명 〈세상을 떠난다는 뜻〉 사람의 '죽음'을 높여 이르는 말. ≒기세(棄世)·하세(下世). **별세-하다**(자)연
별-세계(別世界) [-계/-게] 명 1 인간 세계와는 다른 신비한 세계. 또는, 일상생활에서 접할 수 없는 놀랍고 특별한 세계. ≒별건곤. ㈜별유천지·별천지.
별-소리(別-) 명 ≒별말. ¶친구 사이에 고마다니 ~를 다 하는군.
별송(別送) [-쏭] 명 별도로 보내는 것. ¶우편물. **별송-하다**(타)연
별쇄(別刷) [-쐐] 명 1 책이나 논문의 일부분을 뽑아서 따로 인쇄하는 일. 2 삽화나 사진 등을 본문과 다른 종이로 인쇄한 것.
별-수(別-) 명 1 ('있다', '없다' 등과 함께 쓰여) 달리 어떻게 할 방법. ¶~가 없다 / 너라고 ~가 있나? 2 여러 가지 방법. ¶~를 다 써 보다.
별-수단(別手段) 명 1 별다른 수단. 2 여러 가지 수단. ¶그의 마음을 돌이키기 위해 ~을 다 써 보았지만 허사였다.
별-순검(別巡檢) 명[역] 조선 말기에 제복을 입지 않고 비밀 정탐에 종사하던 순검. ≒별쫙.
별-스럽다(別-) [-따] 형[ㅂ] 〈~스러우니, ~스러워〉 별난 데가 있다. ¶다른 사람은 아무 말이 없는데 막내만이 반찬이 짜니 밥이 되니 **별스럽게** 까탈을 부린다. **별스레**(부)
별시(別試) [-씨] 명[역] 조선 시대, 나라에 경사가 있을 때나 병년(丙年)마다 보이던 문무(文武)의 과거.
별-시계(-時計) [-계/-게] 명 별의 위치를 측정하여 시각을 알아내던 고대 자연 시계의 하나. ▷해시계.
별식(別食) [-씩] 명 늘 먹는 음식과 다른 특별한 음식.
별신-굿(別神-) [-씬꾿] 명[민] 무당이 제사하는 큰 규모의 마을 굿. 부락을 단위로 매해 또는 몇 해마다 벌어지는데, 동해안 일대에서 가장 성함. **별신굿-하다**(자)연
별실(別室) [-씰] 명 1 특별히 따로 마련된 방. ≒별간(別間). 2 ≒작은집2.
별안-간(瞥眼間-) 부 전혀 예상치 못한 상태에서 순식간에. ≒별안간에. ㈜갑자기·느닷없이. ¶그는 ~ 소리 내어 울기 시작했다.
별안간-에(瞥眼間-) 부 ≒별안간. ¶~ 벌어진 일.
별양(別樣) 명[부] ≒별반(別般).
별유-천지(別有天地) 명 ≒별천지. ¶~ 비인간(非人間).
별의-별(別-別) [-의-/-에-] 관 미처에 상할 수 없는 모든. ㈜별별·온갖. ¶~ 사람 / ~ 소리. ×별라별·별에별.
별-일(別-) [-릴] 명 별다른 일. ≒별사(別事). ¶그간 ~ 없었는가? / 그 구두쇠가 자선금을 내놓다니 그것참 ~이군.
별!-자리 [천] 별의 위치를 정하기 위해 밝은 별을 중심으로 밤하늘의 별을 몇 개씩 묶어 나누고, 거기에 동물이나 물건, 신화의 인물 등의 이름을 붙인 것. 오리온자리·큰곰자리 따위. ≒성좌(星座). ㈜자리.
별장(別莊) [-짱] 명 경치 좋은 곳에 따로 마련한 집. ≒별저(別邸).
별장-지기(別莊-) [-짱-] 명 별장을 지키는 사람. ¶~ 노인.
별전¹(別傳) [-쩐] 명[문] 전기(傳記)의 한 체. 중국 당나라 때 성행하였던 것으로, 일화·기문(奇聞)을 소설 형식으로 쓴 것임.
별전²(別殿) [-쩐] 명 본궁 가까운 곳에 따로 지은 전각.
별정(別定) [-쩡] 명 별도로 정함. ¶~ 요금. **별정-하다**(타)연
별정직^공무원(別定職公務員) [-쩡-꽁-] 명[법] 특정한 업무를 담당하기 위하여 별도의 자격 기준에 의하여 임용되는 공무원. 국회 수석 전문 위원, 감사원 사무 차장 및 특별시·광역시·도(道)의 선거 관리 위원회 상임 위원, 국가 정보원 기획 조정실장, 각급 노동 위원회 상임 위원, 해난 심판원의 원장 및 심판관, 비서관·비서, 기타 법령이 별정직으로 지정하는 공무원이 이에 속함.
별종(別種) [-쫑] 명 1 다른 종자. 2 다른 종류. 3 특별히 선사하는 물건. 4 별스러운 사람을 속되게 이르는 말.
별주부-전(鼈主簿傳) [-쭈-] 명[문] 조선 후기의 작자·연대 미상의 고대 소설. 자라와 토끼의 행동을 통해서 인간성의 결여를 풍자한 작품임. 소설본과 판소리본으로 대별됨. ≒토끼전·토생원전(兎生員傳).
별지(別紙) [-찌] 명 서류·편지 등에 따로 덧붙이는 종이. ¶~ 첨부 / 인명부는 ~로 제출하다.
별-지장(別支障) 명 별다른 지장. ¶~ 없다면 내일 모임에 나와 주지 않겠나?
별집(別集) [-찝] 명[문] 서책을 내용에 따라 분류할 때 '개인의 시문집'을 이르는 말.
별-짓(別-) [-짇] 명 보통과 다른 행동거지. ¶~을 다하다.
별짜(別-) 명 1 〈속〉 별스럽게 생기거나 별스러운 짓을 하는 사람. ㈜별종. 2 〈속〉 별스럽게 생긴 물건. 3 [역] ≒별순검(別巡檢).
별쫑-나다 형 말이나 하는 짓이 아주 별스럽다. ¶말투가 ~.
별쫑-맞다 [-맏따] 형 말이나 행동을 매우 별나게 하는 성질이 있다.
별쫑-스럽다 [-따] 형[ㅂ] 〈~스러우니, ~스러워〉 말이나 행동을 매우 별나게 하는 데가 있다. **별쫑스레**(부)
별차(別差) 명 별다른 차이. ¶출근 시간에는 택시로 가나 버스로 가나 걸리는 시간에는 ~가 없다.
별찬(別饌) 명 별다르게 만든 반찬.
별-채(別-) 명 ≒딴채.
별책(別冊) 명 따로 된 책. ¶~ 부록.
별-천지(別天地) 명 인간 세계나 속세에서 벗어난, 신비하고 복된 세상. ≒별유천지. ㈜별세계.
별첨(別添) 명 (서류 따위를) 따로 붙이는 것. ¶~ 서류. **별첨-하다**(타)연
별초-군(別抄軍) 명[역] 1 조선 시대, 성균관 근처에 사는 장정을 뽑아 조직한 군사의 대오(隊伍). 2 조선 시대, 임금의 거둥 때 어가(御駕)를 호위하기 위해 특별히 뽑던 군사. ㈜별초.

별칭(別稱) 명 달리 부르는 이름.
별택(別擇) 명 특별히 가려 뽑는 것. **별택-하다** 통(타) **별택-되다** 통(자)
별편(別便) 명 1 따로 특별히 내는 편지. 2 딴 인편이나 차편.
별¹**-표**¹(-標) 명 1 별 모양의 표. '★, ☆' 따위. 2 참조·생략·비문법성 등을 나타내는 표. '*'. =눈표.
별표²(別表) 명 따로 붙인 표시나 도표. ¶~ 참조 / 요금은 ~와 같음.
별-하다(別-) 형(여) 이상스럽게 다르다. ¶독같은 재료를 쓰는데도 그 여자의 음식 솜씨는 **별한** 데가 있다.
별항(別項) 명 다른 항목이나 조항. ¶이에 대한 자세한 설명은 ~을 참조하시오.
별행(別行) 명 따로 잡은 글의 줄. ¶~을 잡다
별호(別號) 명 1 =호(號)¹ 1. 2 본디 이름 외에 붙인 따로 쓰는 이름. 비별명(別名).
볍쌀 입쌀·찹쌀 등의 쌀을 잡곡에 대하여 일컫는 말.
볍씨 [-씨] [농] 못자리에 치는 벼의 씨. =씨벼.
볏[볃] 명 닭·꿩 따위의 머리에 세로로 붙은 살 조각. 빛깔이 붉고 톱니처럼 생겼음.
볏-가리[벼까-/볃까-] 명 볏단을 쌓은 더미.
볏-단[벼딴/볃딴] 명 벼를 베어 묶은 단.
볏-모[변-] 명 벼의 모. 헤아리는 단위는 단·모숨·가리. =앙묘(秧苗).
볏-섬[벼썸/볃썸] 명 1 벼를 담은 섬. 2 (주로 '볏섬이나'의 꼴로 쓰여) 몇 섬 정도의 그리 많지 않은 벼. ¶~이나 거두어 겨우 먹고살지요.
볏-술[벼쑬/볃쑬] 명 가을에 벼로 갚기로 하고 외상으로 마시는 술.
볏-짚[벼찝/볃찝] 명 벼의 이삭을 떨어낸 줄기. 세는 단위는 단·동(100단). =고초(藁菆). 준짚.
병¹(丙) 명 1 천간(天干)의 셋째. 2 사물의 차례에서 제3위.
병²(兵) 명[군] 이병·일병·상병·병장의 등급. 부사관 아래임. ¶운전~ / 탈영~
병³(病) 명 1 생물체의 몸에 생리적으로 이상이 생겨 정상적 활동을 하지 못하거나 아픔을 느끼게 되는 현상. 비질병·질환. ¶불치의 ~ / ~에 걸리다 / ~을 고치다 / ~이 낫다. 2 '병집'의 준말. 3 '병통'의 준말. ¶거짓말을 잘하는 것이 그의 ~이다. 4 (일부 명사 뒤에 붙어) '질병'의 뜻을 나타내는 말. ¶심장~ / 간질~
[**병에는 장사 없다**] 아무리 장사라도 병에 걸리면 맥을 못 춘다. [**병 주고 약 준다**] 해를 입힌 뒤에 어루만진다.
병⁴(瓶) [1](자베) 주로 액체를 담아 두기 위해, 유리나 플라스틱, 진흙 따위로 몸통이 대체로 둥글고 길쭉하게 만든 물건. 때로, 가루나 고체를 담아 두는 경우도 있으며, 모양도 네모진 것을 포함하기도 함. ¶맥주~ / 꽃~ / 빈 ~. [2](의존) 액체를 그것이 담긴 병의 수로 세는 말. ¶콜라 세 ~.
병가¹(兵家) 명 1 병학(兵學)이나 병법에 밝은 사람. 2 군사에 종사하는 사람. 3 중국 춘추 전국 시대의 제자백가의 하나로, 병술(兵術)을 논하던 학파.
병가²(病暇) 명 몸의 병으로 말미암아 얻는 휴가. ¶~를 내다.
병가-상사(兵家常事) 명 1 전쟁에서 이기고 지는 것은 흔히 있는 일. 2 실패는 흔히 있는 일이니 낙심할 것 없다는 뜻으로 이르는 말. ¶한 번 실수는 ~라.(속담)
병¹**-간호**(病看護) 명 병자를 보살피는 것.
병감(病監) 명 병든 죄수를 따로 두는 감방.
병갑(兵甲) 명 1 병기와 갑주(甲胄). 2 무장한 병사.
병객(病客) 명 =병자(病者)².
병거¹(兵車) 명 전쟁에 쓰는 수레. =전차.
병거²(並擧) 명 두 가지 이상의 예(例)를 함께 드는 것. **병거-하다** 통(타)(여)
병결(病缺) 명 병으로 결석하거나 결근하는 것. ¶~생 / ~자. **병결-하다** 통(자)(여)
병고¹(病苦) 명 1 병으로 인한 괴로움. =질고(疾苦). ¶~에 시달리다. 2 [불] 병으로 인해 겪는 괴로움을 가리킴.
병고²(病故) 명 병에 걸리는 일. =질고(疾故).
병골(病骨) 명 병으로 몸이 약한 사람. ▷약골(弱骨).
병과¹(丙科) 명[역] 과거에서 성적으로 나눈 등급의 셋째. ▷갑과·을과.
병과²(兵戈) 명 1 ['싸움에 쓰는 창'의 뜻] '무기'를 이르는 말. 2 =전쟁.
병과³(兵科) [-꽈] 명[군] 군인이나 부대를 그 임무에 따라 나눈 종류. 보병·포병·공병 따위. =병종(兵種).
병과⁴(倂科) 명[법] 동시에 둘 이상의 형(刑)에 처하는 일. 자유형과 벌금형을 아울러 과하는 따위. **병과-하다** 통(타)(여)
병구(病軀) 명 병든 몸. 비병체(病體).
병¹**-구완**(病-) 명 앓는 사람을 돌보아 주는 일. =구병(救病). 비간병·병시중. 원병구원(病救援). **병구완-하다** 통(타)(여)
병¹**-구원**(病救援) 명 '병구완'의 원말.
병권(兵權) [-꿘] 명 '병마지권'의 준말.
병균(病菌) 명 병을 일으키는 세균. 비병원균. ¶~을 옮기다.
병근(病根) 명 1 병의 근본 원인. 비병원(病原). 2 깊이 밴 나쁜 습관의 근본.
병기¹(兵器) 명[군] 전쟁에 쓰는 모든 기구. =금혁(金革)·병장(兵仗)·융(戎). 비무기·군기(軍器). ¶~ 창고 / 원자~
병기²(倂記) 명 함께 아울러 적는 것. **병기-하다** 통(타)(여) ¶한자를 괄호 속에 넣어 ~. **병기-되다** 통(자)
병기-고(兵器庫) 명[군] =무기고.
병기-창(兵器廠) 명[군] 병기를 만들거나 수리하는 공장.
병꽃-나무(瓶-) [-꼳-] 명[식] 인동과의 낙엽 활엽 관목. 높이 2~3m. 늦봄에 황록색 꽃이 피는데, 후에 붉은빛으로 변함. 산기슭의 양지에 나며, 우리나라 특산종임.
병¹**-나다**(病-) 통(자) 감기나 몸살 따위의 비교적 가벼운 병이 몸에 생기다. ¶그렇게 과로하다 **병날라**. ▷병들다.
병-나발(瓶喇叭) 명(속) 나발을 부는 것처럼 병을 거꾸로 입에 대고 안의 액체를 들이켜는 일.
병나발(을) 불다 귀 나발을 부는 식으로, 병을 입에 거꾸로 대고 속에 들어 있는 액체를 송두리째 들이켜다. ¶소주를 병째 들고 ~.
병난(兵難) 명 전쟁으로 입는 재난.
병¹**-내다**(病-) 통(타) '병나다'의 사동사.
병독(病毒) 명 병의 근원이 되는 독기(毒氣). ¶~을 제거하다 / ~에 감염되다.

병ː동(病棟) 병원 안의 한 채의 건물. =병사(病舍). ¶내과 ~ / 제2~.

병ː-들다(病-) 통(자) <-드니, ~드오> 1 몸에 비교적 고치기 어려운 병이 생기다. ¶병든 몸. 2 (마음이) 비뚤어지거나 건전하지 않게 되다. 비유적인 말임. ¶마음이 ~. ▷병나다.

병-따개(瓶-) 명 병의 뚜껑을 따는 도구.

병-뚜껑(瓶-) 명 병의 아가리를 덮는 물건.

병ː란¹(丙亂) [-난] 명 [역] '병자호란'의 준말.

병ː란²(兵亂) [-난] 명 나라 안에서 싸움질하는 난리. =병변(兵變). ¶~이 일어나다.

병ː력¹(兵力) [-녁] 명 군대의 힘. 또는, 군인의 숫자. =군력(軍力)·군사력. ¶~ 증강.

병ː력²(病歷) [-녁] 명 지금까지 앓은 일이 있는 병의 경험. ¶환자의 ~.

병ː렬(並列) [-녈] 명 1 나란히 늘어서는 것. 2 [물] =병렬연결. ↔직렬(直列). 병ː렬-하다 통(자) 연(여) 병ː렬-되다 통(자)

병ː렬-연결(並列連結) [-녈련-] 명 [물] 전기 회로에서, 전지·저항기·축전기 등을 + 전극끼리, 또는 - 전극끼리 각각 연결하는 일. =병렬. ↔직렬연결.

병ː록(病錄) [-녹] 명 병의 증세를 적은 것.

병ː리(病理) [-니] 명 병의 원인·발생·경과 등에 관한 이론.

병ː리-학(病理學) [-니-] 명 [의] 병의 원인을 탐구하기 위하여, 병체(病體)의 조직, 기관(器官)의 형태나 기능의 변화를 조사하고 병의 성립 원리와 본질을 규명하는 학문.

병ː립(並立) [-닙] 명 나란히 서는 것. 병ː립-하다 통(자)(여) 병ː립-되다 통(자)

병ː마¹(兵馬) 명 1 병사와 군마. 2 전쟁에 관한 모든 일. ¶~의 대권을 한 손에 쥐다.

병ː마²(病魔) 명 '병(病)³'을 악마에 비유하여 이르는 말. ¶~와 싸우다 / ~에 시달리다 / ~를 물리치다.

병-마개(瓶-) 명 병의 아가리를 막는 마개.

병ː마-절도사(兵馬節度使) [-또-] 명 [역] 조선 시대, 각 지방의 병마를 지휘하던 종2품의 무관. (준)병사·절도사.

병마지권(兵馬之權) [-꿘] 명 군대를 다스릴 수 있는 권력. (비)통수권. (준)병권.

병ː막(病幕) 명 전염병 환자를 격리시켜 수용하는 임시 건물.

병-맥주(瓶麥酒) [-쭈] 명 병에 넣어 파는 맥주.

병ː명(病名) 명 병의 이름.

병-목(瓶-) 명 병의 아가리 아래쪽의 잘록한 부분.

병목^현ː상(瓶-現象) [-모권-] 명 도로의 노폭(路幅)이 병목처럼 갑자기 좁아진 곳에서 일어나는 교통 정체 현상.

병ː몰(病沒) 명 =병사(病死)⁴. 병ː몰-하다 통

병ː무(兵務) 명 병사(兵事)에 관한 사무.

병ː무-청(兵務廳) 명 국방부 장관 소속하에 설치된 기관의 하나. 징집·소집 기타 병무 행정에 관한 사무를 관장함.

병ː문(屛門) 명 골목 어귀의 길가.

병ː-문안(病問安) 명 앓고 있는 사람을 찾아가 병세를 알아보고 위로하는 일. ¶~을 가다. 병ː문안-하다 통(여) ¶병원에 입원한 친구를 ~.

병ː반(病斑) 명 병으로 생기는 반점.

병반(餠盤) 명 [지] 둥근 떡 모양의 화성암의 암체(巖體). 마그마가 층리(層理)를 따라 뚫고 올라가서 위의 지층을 밀어 올려서 굳어진 것임.

병ː발(並發·倂發) 명 (두 가지 이상의 일이) 한꺼번에 일어나는 것. ¶~증(症). 병ː발-하다 통(자)(여) 병ː발-되다 통(자)

병ː방¹(丙方) 명 24방위의 하나. 정남(正南)으로부터 동으로 15도의 방위를 중심으로 한 15도의 각도 안. ㈜병(丙).

병ː방²(兵房) 명 [역] 조선 시대에 병전(兵典)에 관한 사무를 맡아보던, 승정원과 각 지방 관아의 육방(六房)의 하나.

병ː법(兵法) [-뻡] 명 군사를 지휘하여 전투를 행하는 방법. ¶손자(孫子) ~ / ~에 능하다.

병ː벽(病癖) 명 병적인 버릇. ¶위, 또 직장에 사표를 냈다고? 그게 그 사람의 ~이라니까!

병ː-보석(病保釋) 명 [법] 구류 중인 미결수가 병이 날 경우 그를 석방하는 일.

병부¹(兵部) 명 1 신라 때, 군사에 관한 일을 맡아보던 관청. 2 고려 시대, 육부(六部)의 하나. 군사에 관한 일을 맡아봄.

병ː부²(病簿) 명 환자의 명부(名簿).

병ː비(兵備) 명 군대나 병기 따위의, 군사(軍事)에 관한 준비. (비)무비(武備).

병ː사¹(兵士) 명 =군사(軍士)¹.

병ː사²(兵舍) 명 =병영.

병ː사³(兵事) 명 [군] =군사(軍事)³.

병ː사⁴(病死) 명 병으로 죽는 것. =병몰·병폐. ¶자연사, 병사, 사고사 중 어느 경우라도...

병ː사⁵(病舍) 명 1 병원의 건물. 2 =병동.

병ː산(並算) 명 함께 포함시켜 계산하는 것. ¶택시 요금의 시간·거리 ~제. 병ː산-하다 통(자)(여) 병ː산-되다 통(자)

병ː살(倂殺) 명 [체] 야구에서, 두 사람의 주자를 한꺼번에 아웃시키는 일. =겟투·더블 플레이. 병ː살-하다 통(타)(여)

병ː살-타(倂殺打) 명 [체] 야구에서, 주자와 타자가 모두 아웃되는 타구.

병ː상¹(病床) 명 병든 사람이 누워 있는 침상. ¶~에 눕다. ▷병석.

병ː상²(病狀) 명 병의 상태. =병태(病態).

병ː상^일지(病床日誌) [-찌] 명 1 병상에 있는 사람이 적은 일기. 2 환자의 성명·연령·병명·증상·치료 경과 등을 기록하는 장부.

병ː색(病色) 명 병든 사람의 창백하거나 혈색이 나쁜 얼굴빛. ¶~이 돌다 / ~이 완연하다 / ~이 짙다.

병ː서¹(兵書) 명 병법에 관해 쓰여진 책.

병ː서²(並書) 명 자음(子音) 두 글자 또는 세 글자를 가로로 나란히 붙여 쓰는 것. 'ㄲ', 'ㄸ', 'ㅃ' 따위. 병ː서-하다 통(타)(여)

병ː석(病席) 명 병자가 앓아 누워 있는 자리. =병욕(病褥). ¶~에 눕다.

병선(兵船) 명 전쟁에 쓰는 배.

병ː설(並設·倂設) 명 (주된 기관이나 건물 등에 종속되는 기관이나 건물 등을) 아울러 갖추거나 세우는 것. ¶K 대학교 ~ 보건 전문대학. 병ː설-하다 통(타)(여) 병ː설-되다 통(자) ¶대학에 부속 병원이 ~.

병ː세¹(兵勢) 명 군사의 세력.

병ː세²(病勢) 명 병의 형세. ¶~가 악화[호전]되다.

병ː소(病巢) 명 [의] 병원균이 모여 있어 조직에 병적 변화가 일어나고 있는 부위. =병집.

병ː술¹(瓶-) [-쑬] 명 병에 담아 파는 술. ▷잔술.

병ː술²(丙戌) 명 60갑자의 스물셋째.
병ː시(丙時) 명 이십사시의 열두째 시. 곧, 오전 10시 30분부터 11시 30분까지의 동안. 준병(丙).
병ː-시중(病-) 명 병자를 간호하고 시중을 드는 일. 비간병·병구완. 병ː시중-하다 통타
병ː신¹(丙申) 명 60갑자의 서른셋째.
병ː신²(病身) 명 1 몸의 어느 부분이 온전하지 못하거나 기형인 사람. 흔히, 경멸조로 쓰임. 순화한 말로는 신체장애인. ¶교통사고를 당해서 다리를 못 쓰는 ~. 2 병을 앓거나 다쳐서 성하지 못하게 된 몸을 이르는 말. ¶중풍으로 한쪽 팔이 ~이 되다. 3 모자라는 행동을 하는 사람을 얕잡아 이르는 말. ¶이런 ~! 그것도 못 해? 4 어느 부분을 갖추지 못한 물건. ¶뚜껑이 없어 ~이 된 주발.

[병신 자식이 효도한다] 대수롭지 아니한 것이 도리어 도움이 된다.

병신(이) 육갑(六甲) 하다 관 되지못한 사람이 엉뚱한 짓을 하다.

병ː신-구실(病身-) [-꾸-] 명 병신이나 다름없는 못난 짓. 병ː신구실-하다 통자여
병ː신-춤(病身-) 명 지배 계층인 양반을 병신으로 풍자하기 위하여 병신 흉내를 내는 춤.
병ː실(病室) 명 환자를 치료하기 위하여 따로 거처하게 하는 방.
병아리 명 아직 다 자라지 않은 어린 닭. 울음소리는 '삐악삐악'.

병아리 눈물만큼 관 매우 적은 수량을 이르는 말.

병-암죽(餠-粥) 명 '떡암죽'의 잘못.
병ː약(病弱) 명 → 병ː약-하다 [-야카-] 형여 (사람의 몸이) 약하여 병을 자주 앓는 상태에 있다. 또는, 병이 들어 약해진 상태에 있다. =병쇠하다. ¶얼굴에 핏기가 없는 병약한 소녀. ↔강건하다.
병ː약-자(病弱者) [-짜] 명 질병으로 몸이 약한 사람.
병어 명 동 병엇과의 바닷물고기. 길이 약 60cm. 몸은 납작하고 둥그스름하며, 등은 청색을 띤 은백색임. 입이 아주 작음.
병역(兵役) 명 법 국민이 의무적으로 군대에 복무하는 일.
병역^기피(兵役忌避) [-끼-] 명 법 도망·잠복하거나 신체를 훼손하는 등의 행위를 하여 국민의 의무인 병역을 기피하는 일.
병역-법(兵役法) [-뻡] 명 법 국민의 병역 의무에 관하여 규정한 법률.
병역^의ː무(兵役義務) 명 법 군대에 복무할 의무.
병영(兵營) 명 1 군대가 들어 거처하는 집. =병사(兵舍). ¶~ 생활. 2 역 병마절도사가 있는 영문(營門).
병ː오(丙午) 명 60갑자의 마흔셋째.
병ː용(竝用·倂用) 명 아울러 같이 쓰는 것. 병ː용-하다 통타 ¶우리나라에서는 표기 수단으로 한글과 한자를 병용하고 있다. 병ː용-되다 통자
병ː원¹(兵員) 명 군사. 또는, 그 수효. 비병력(兵力).
병ː원²(病院) 명 1 일정한 시설을 갖추고 병을 진찰하고 치료하는 곳. ¶감기에 걸려서 ~에 다니다. 2 의료법에서, 입원 환자 30명 이상을 수용할 수 있는 시설을 갖춘 의료 기관. ▷ 의원·종합 병원.
병ː원³(病原·病源) 명 병의 원인이 되는 것. 비병근(病根).
병ː원-균(病原菌) 명 병의 원인이 되는 균. 비병균. ¶~을 보유하다.
병ː원-선(病院船) 명 1 군 의료 시설을 갖추고 이동하면서 병들거나 다친 사람을 구호·수용·치료하는 선박. 교전국의 어느 편도 공격할 수 없도록 제네바 조약에 규정되어 있음. 2 의료 시설이 없는 낙도(落島) 따위를 돌며 주민을 진찰·치료하는 배.
병ː원-체(病原體) 명 의 감염증을 일으키는 기생 생물. 바이러스·리케차·세균(박테리아)·원생동물 따위.
병ː원-충(病原蟲) 명 의 병원체의 하나. 포자충류·편모충류 등의 병을 일으키는 원생동물.
병ː인¹(丙寅) 명 60갑자의 셋째. ¶~년(年).
병ː인²(病人) 명 =병자(病者)².
병ː인³(病因) 명 병의 원인.
병ː인-박해(丙寅迫害) [-바캐] 명 역 고종 3년(1866)에 있었던 천주교 박해 사건. =병인교난.
병ː인-양요(丙寅洋擾) [-냥-] 명 역 흥선대원군의 천주교 탄압으로 고종 3년(1866)에 프랑스 함대가 강화도를 침범한 사건.
병ː입-고황(病入膏肓) [-꼬-] 명 [병이 고황에 들었다는 뜻] 병이 고치기 어렵게 깊이 듦. 병ː입고황-하다 통자
병ː자¹(丙子) 명 60갑자의 열셋째.
병ː자²(病者) 명 병을 앓고 있는 사람. =병객(病客)·병인. ¶행려-. ▶ 환자(患者).
병ː자-사화(丙子士禍) 명 역 =사육신 사건.
병ː자-수호조약(丙子修好條約) 명 역 =강화도 조약.
병ː자-호란(丙子胡亂) 명 역 조선 인조 14년(1636)에 청나라가 침입하여 일어난 전쟁. 이듬해에 청나라와 굴욕적인 화약(和約)을 맺음. 준병란.
병ː작(竝作·幷作) 명 농 =배메기. 병ː작-하다 통타
병장(兵長) 명 군 국군 계급의 하나. 사병의 맨 위 계급으로, 상병의 위, 하사의 아래임.
병장-기(兵仗器) 명 예전에, 병사들이 쓰던 온갖 무기.
병ː적¹(兵籍) 명 1 군인으로서의 기록. ¶~ 확인서. 2 군인의 신분에 관한 것을 기록한 장부. =병적부. 비군적.
병ː적²(病的) [-쩍] 관 명 언어·행동이 정상을 벗어나 불건전한 (것). ¶그는 ~일 만큼 돈에 대한 집착이 강하다.
병ː적-부(兵籍簿) [-뿌] 명 =병적(兵籍) 2.
병정(兵丁) 명 병역에 복무하는 장정.
병정-개미(兵丁-) 명 사회생활을 하는 개미의 집단에서, 적과 싸우는 임무를 맡은 일개미. 특별히 머리와 턱이 발달했음.
병정-놀이(兵丁-) 명 군사 훈련이나 전투를 흉내 내어 하는, 아이들 놀이의 하나. 병정놀이-하다 통자여
병제(兵制) 명 군 =군제(軍制).
병조(兵曹) 명 역 고려·조선 시대, 육조(六曹)의 하나. 군사와 우역(郵驛) 등에 관한 일을 맡아보던 관아.
병-조림(瓶-) 명 음식물을 가공하여 병에 넣고 상하지 않게 밀봉하는 것. 또는, 그 음식물. ▷통조림. 병조림-하다 통타여

병!존(竝存) 몡 함께 존재하는 것. 병!존-하다 툥[쟈]여] ¶근대(近代)와 전근대가 병존하는 과도기적 사회.
병졸(兵卒) 몡 =군사(軍士)¹.
병!종(丙種) 몡 갑·을·병 등으로 차례를 매길 때, 그 셋째 등급. ¶(예전에) 징병 검사에서 ~을 받다.
병종²(兵種) 몡 1 =병과(兵科)³. 2 육군·해군·공군·해병대 등 군대의 종류.
병!-주머니(病-)[-쭈-] 몡 갖가지 병이 많은 사람의 몸을 이르는 말.
병!-줄(病-)[-쭐-] 몡 오래 계속해서 앓는 병. ¶~이 떨어지다.
병줄(을) 놓다 囝 오랜 병에서 벗어나 몸이 회복되다. ¶오래 고생은 했지만 이제 그럭저럭 병줄을 놓아 갑니다.
병!중(病中) 몡 병을 앓고 있는 동안. ¶~에 있는 몸이라 문밖출입이 여의치 못합니다.
병!증(病症)[-쯩][의] 몡 어떤 병에서 나타나는 증세. ¶특이한 ~을 나타낸다.
병!진¹(丙辰) 몡 60갑자의 쉰셋째.
병진²(兵塵) 몡 '전장(戰場)의 티끌'이라는 뜻. 전쟁의 북새통. 또는, 전쟁으로 인해 어지러운 사회 분위기. =연진(煙塵)·풍진(風塵).
병!진³(竝進) 몡 함께 나란히 나아가는 것. ¶농공(農工) ~. 병!진-하다 툥[쟈]여] 병!진-되다 툥[쟈]
병!진⁴-운(竝進運動) 몡[물] 강체(剛體)와 같이, 그것을 구성하는 각 점이 같은 방향으로 평행하게 이동하는 운동.
병!-집(病-)[-찝] 몡 1 =병소(病巢). ¶~을 덮치다. 2 깊이 뿌리박힌 잘못이나 결점의 비유. ¶소심한 게 바로 너의 ~이다. 3 탈이 생기는 원인. 비병통. 준병.
병참(兵站) 몡[군] 군사 작전에 필요한 인원과 물자를 관리·보급·지원하는 일. 또는, 그 병과(兵科). ¶~ 기지 / ~ 학교.
병참-선(兵站線) 몡[군] 작전군과 병참 기지 사이의 병참 업무를 수행하는 데 필요한 도로·철로·항로 등의 시설의 총칭.
병!창(竝唱) 몡[음] 가야금·거문고 등의 악기를 타면서 자신이 거기에 맞추어 노래를 부르는 것. 또는, 그 노래. ¶가야금 ~·산조(散調). 병!창-하다 툥[타]여]
병!체(病體) 몡 1 병에 잘 걸리는 체질. 2 병든 몸. 비병구(病軀).
병!-추기(病-) 몡 병이 들어서 늘 성하지 못한 사람.
병!충(病蟲) 몡 병해(病害)를 일으키는 벌레.
병!충-해(病蟲害) 몡 식물이 병균이나 벌레에 의해 입는 해(害). ¶~ 방제.
병!치(倂置·竝置) 몡 둘 이상의 것을 같은 장소에 나란히 두거나 설치하는 것. 병!치-하다 툥[타]여] ¶화면 중심에 여러 개의 정물이 병치되어 있는 그림.
병!-치레(病-)[-]몡 병을 앓아 치러 내는 일. ¶~가 잦다. 병!치레-하다 툥[쟈]여] ¶병치레하느라 얼굴이 야위었다.
병!칭(竝稱) 몡 한데 아울러서 일컫는 것. 병!칭-하다 툥[타]여] 병!칭-되다 툥[쟈]
병!탄(竝呑·倂呑) 몡 남의 재물이나 영토를 한데 아울러서 제 것으로 만드는 것. 병!탄-하다 툥[타]여] 병!탄-되다 툥[쟈]
병!탈(病頉) 몡 1 병으로 인한 탈. 2 병을 핑계 삼는 것. 또는, 병이라는 핑계. 병!탈-하다 툥[쟈]여]

병!태(病態) 몡 =병상(病狀)².
병!통(病-) 몡 어떤 사물의 자체 안에 있는, 해가 되는 점. 비병집. 준병.
병!폐(病弊)[-폐/-폐] 몡 어떤 제도나 사회적 원인으로 인해 생겨난 해로운 점이나 고질적인 문제. 비폐단·폐해. ¶학벌주의의 ~ / 과소비는 우리 사회의 오래 된 ~다.
병풍(屛風) 몡 바람을 막거나 무엇을 가리거나 장식용으로 방 안에 치는 물건. 대개 직사각형으로 짠 나무틀에 종이를 바르고 그 위에 그림이나 글씨 등을 붙여 펴고 접을 수 있게 있음. 세는 단위는 첩·폭(幅). ¶머릿~/12폭짜리 ~ ~을 둘러치다.
병!풍상성(病風喪性) 몡 병으로 본성(本性)을 잃어버림. 병!풍상성-하다 툥[쟈]여]
병풍-석(屛風石) 몡 능(陵)을 보호하기 위하여 위쪽 봉분 둘레에 병풍처럼 둘러 세운 돌.
병학(兵學) 몡 병법에 관한 학문.
병!합(倂合) 몡 =합병(合倂). ▷ 흡수·병합-하다 툥[타]여] 병!합-되다 툥[쟈] ¶중소기업이 대기업에 ~.
병!해(病害) 몡 병으로 인한 농작물의 피해.
병!행(竝行) 몡 1 나란히 함께 가는 것. 2 두 가지 일을 한꺼번에 아울러서 행하는 것. 3 [음] 화음 중의 두 소리가 서로 같은 방향으로 진행하는 일. 병!행-하다 툥[쟈]여] ¶학업과 직장 생활을 ~. 병!행-되다 툥[쟈]
병화¹(兵火) 몡 전쟁으로 인한 화재. =전화(戰火).
병화²(兵禍) 몡 =전화(戰禍)⁴.
병!환(病患) 몡 상대의 병을 높여 이르는 말. ¶모친의 ~이 위중하시다니 걱정이구먼.
병!후(病後) 몡 병이 나은 뒤.
병!후^면!역(病後免疫) 몡[의] 어떤 병을 한 번 앓고 나면 그 병에는 다시 걸리지 않게 되는 후천 면역.
볕[볃] 몡 해의 빛에서 느껴지는 따뜻하거나 뜨거운 기운. 비햇볕. ¶~이 나다 / ~을 쬐다 / ~이 잘 드는 방. ▶빛.
볕-기(-氣)[볃끼] 몡 볕의 기운.
볕-뉘[변-] 몡 1 잠시 비치는 볕. 2 그늘진 곳에 비치는 볕. ¶구름 낀 ~도 쬔 적이 없건마는.(옛시조)
보¹ [ ] '들보'의 준말.
-보² [접미] 일부 명사나 용언의 어근에 붙어, 그 말이 가지는 특성을 지나치게 가지거나 그 대상을 지나치게 탐하거나 하는 사람임을 별명 삼아 놀림조로 이르는 말. ¶먹~/울~/잠~/떡~/느림~.
-보³ [접미] 울음·웃음 등의 뒤에 붙어, 참거나 하여 잔뜩 쌓여 있던 것임을 나타냄. ¶울음~/웃음~/말~/터뜨리다.
보⁴(保) 몡[법] 1 =보증2. 2 =보증인2.
보⁵(洑) 몡 1 논에 물을 대기 위하여 둑을 쌓고 냇물을 끌어 들이는 곳. ¶~가 터지다 / ~을 트다[막다]. 2 '봇물'의 준말.
보⁶(褓) 몡 1 물건을 싸거나 씌우는 데 쓰는 네모진 천. 비식탁~ / 책상~. ▷보자기. 2 가위바위보에서, 손을 펴서 내민 것.
보!⁷(寶) 몡[역] 신라·고려 시대에, 돈이나 곡식 따위를 백성에게 꾸어주고 그 변리를 여러 사업의 기금으로 하던 재단. 학보(學寶)·제위보(濟危寶) 따위.
보⁸(步) 몡[의존] 1 거리를 재는 단위의 하나. 주척(周尺)으로 여섯 자. 2 거리를 발걸음으로 재는 단위. ¶2~ 전진. 3 =평(坪)²⁴.
-보⁹(補) [접미] 어떤 관직이나 직책의 보좌관

보**¹⁰**(⤵baud)[명](의전)[컴] 데이터 전송에 있어서의 변조 속도(變調速度)의 단위. 1보는 1초에 1요소(要素)를 보내는 속도임.

보각¹[부] 술 따위가 괼 때 거품이 생기면서 나는 소리. ⤻부걱.

보각²(補角)[명][수] 두 각의 합이 180°일 때, 한쪽 각의 다른 쪽 각에 대한 말.

보각-거리다/-대다[-꺼(때)-][동][자] 연달아 보각 소리가 나다. ⤻부걱거리다.

보각-보각[-뽀-][부] 보각거리는 소리. ⤻부걱부걱. **보각보각-하다**[동][자여].

보ː감(寶鑑)[명] 1 본보기가 될 만한 매우 귀중한 사물. 또는, 그런 것을 적은 책. ¶동의(東醫)~. 2 보배롭고 귀중한 거울.

보강¹(補強)[명] 보태고 채워서 더 튼튼하게 하는 것. ¶체력~. **보ː강-하다**[동][타여] ¶조직을 ~. **보ː강-되다**[동][자].

보강²(補講)[명] 결강·휴강을 보충하여 강의하는 것. 또는, 그 강의. **보ː강-하다²**[동][자][타여].

보개(寶蓋)[명][건] 1 불탑에서, 보륜 위에 덮개 모양을 하고 있는 부분. 2 보주(寶珠) 등으로 장식된 천개(天蓋).

보ː건(保健)[명] 건강을 지키고 유지하는 일. ¶~ 위생/~ 교육.

보ː건-림(保健林)[-님][명] 도시나 공장 부근의 먼지나 매연 따위를 막기 위한 삼림.

보ː건^복지부(保健福祉部)[-찌-][명] 행정 각부의 하나. 보건행정, 방역, 의정(醫政), 약정(藥政), 생활 보호, 자활 지원, 아동·노인·장애인 및 사회 보장에 관한 사무를 맡아봄. 1994년 보건 사회부를 개편하여 신설한 것임.

보ː건-소(保健所)[명] 질병의 예방·진료 및 공중 보건의 향상을 위하여 각 구·시·군에 설치한 공공 의료 기관.

보ː건^체조(保健體操)[명][체] 건강의 유지·증진을 꾀하는 체조.

보ː검(寶劍)[명] 1 의장(儀仗)에 쓰이는 칼의 하나. 2 보배로운 칼. 凪보도(寶刀).

보격(補格)[-껵][명][언] 어떤 체언이 문장 속에서 보어의 성분임을 나타내는 격.

보격^조사(補格助詞)[-껵쪼-][명][언] 체언 아래 쓰여 그 체언이 보어임을 나타내는 조사. '가', '이'가 있음. 가령, "동생이 판사가 되다.", "그것은 사실이 아니다."에서 '가'와 '이'가 이에 해당됨.

보결(補缺)[명] 1 정원(定員)에 빈자리가 생겼을 경우, 새로 사람을 뽑아 그 자리를 채우는 것. =보궐(補闕). ¶학교나 ~로 들어가다. 2 빠져서 부족한 것을 메우는 것. **보ː결-하다**[동][타여] ¶임원에 결원이 생긴 경우, 임시 총회를 소집하여 **보결한다**.

보ː결-생(補缺生)[-쌩][명] 보결로 입학한 학생.

보고¹[조] 주로 사람과 관련된 체언에 붙어, 그 체언이 작용의 대상이 됨을 나타내는 보조사. ¶그래, 나~ 네 뒤치다꺼리나 하란 말이냐?

보ː고²(報告)[명] 1 지시 또는 감독하는 사람에게 일의 내용이나 결과를 말·글 등으로 알리는 것. ¶경과~ / 의정 ~. 2 '보고서'의 준말. **보ː고-하다**[동][타여] ¶상부에 일의 결과를 ~. **보ː고-되다**[동][자].

보ː고³(寶庫)[명] 1 귀중한 물건을 간수해 두는 창고. 2 귀중한 것이 간직되어 있는 곳을 비유하여 이르는 말. ¶지식의 ~ / 천연자원의 ~.

보ː고-부르기[음] =시창(視唱)².

보ː고-서(報告書)[명] 보고하는 글이나 문서. ¶학술 ~ / ~를 작성하다. ⤻보고.

보공(補空)[명] 빈자리를 채워 메우는 것. 또는, 그 물건. **보ː공-하다**[동][타여].

보ː관¹(保管)[명] (물건을 어느 곳에) 안전하게 두는 것. 또는, (어떤 사람이 물건을) 안전하게 관리하는 것. ¶물품 ~소. **보ː관-하다**[동][타여] ¶돈을 금고에 ~. **보ː관-되다**[동][자].

보ː관²(寶冠)[명] 1 보석으로 꾸민 관. 2 왕관을 보배로 여겨 일컫는 말.

보ː관-료(保管料)[-뇨][명] 남의 물품을 보관해 주는 대가로서 받는 요금.

보ː관-물(保管物)[명] 보관하고 있는 물품.

보ː관-증(保管證)[-쯩][명] 남의 물건을 보관함을 증명하는 표.

보ː관-함(保管函)[명] 물품을 간직하고 관리하기 위해 넣어 두는 곳. ¶가방 ~.

보교(步轎)[명] 가마의 하나. 정자 지붕 모양으로 가운데를 솟게 하고 사면을 장막으로 둘러침.

보구치[동] 민어과의 바닷물고기. 몸길이 30cm 내외. 참조기와 비슷하나 몸빛이 희고 가슴지느러미가 길며, 아래턱이 위턱을 덮고 있음.

보ː국¹(保國)[명] 국가를 보위하는 것. **보ː국-하다**[동][자여].

보ː국²(報國)[명] 나라의 은혜를 갚는 것. 또는, 나라에 충성을 다하는 것. **보ː국-하다²**[동][자여].

보ː국³(輔國)[명] 나랏일을 돕는 것. **보ː국-하다³**[동][자여].

보ː국-안민(輔國安民)[명] 나랏일을 돕고 백성을 편안하게 하는 것. **보ː국안민-하다**[동][자].

보굿[-굳][명] 굵은 나무줄기의 비늘 같은 껍데기.

보ː궐(補闕)[명] =보결(補缺)1. **보ː궐-하다**[동][타여] **보ː궐-되다**[동][자].

보ː궐^선거(補闕選擧)[명][정] 정원(定員)에 빈자리가 생겼을 때 그 자리를 보충하기 위하여 실시하는 임시 선거. =보결 선거. ⤻보선.

보ː균(保菌)[명] 병균을 몸속에 지니는 것. **보ː균-하다**[동][자타여].

보ː균-자(保菌者)[명] 병의 증상은 보이지 않으나, 병원 미생물을 보유 또는 배출하여 다른 사람에게 감염시킬 위험이 있는 사람. ¶B형 간염 바이러스 ~.

보그르르[부] 물이나 거품이 좁은 범위 안에서 끓어오르거나 일어나는 모양. 또는, 그 소리. ¶뚝배기에서 된장찌개가 ~ 끓고 있다. ⤻부그르르. ⤼뽀그르르. **보그르르-하다**[동][자여].

보글-거리다/-대다[동][자] 물이나 거품이 좁은 범위 안에서 자꾸 끓거나 일어나다. ⤻부글거리다. ⤼뽀글거리다.

보글-보글[부] 보글거리는 모양. ¶주전자에서 물이 ~ 끓다. ⤻부글부글. ⤼뽀글뽀글. **보글보글-하다**[동][자여].

보금-자리[명] 1 닭이 토욕(土浴)을 하거나 꿩 따위가 알을 낳기 위해 땅을 움푹하게 판 자리. 2 짐승이 잠을 자거나 들어가 사는 일정한 곳. 3 사람이 가정을 이루어 사는 곳을 비유적으로 이르는 말. 특히, 행복하고 편안한 곳이라는 뜻의 시적 표현임. ¶신혼의 ~를 꾸미다.

보금자리(를) 치다 〔구〕 **1** 보금자리를 만들고 거기에 살다. ¶닭이 ~. **2** (주로 부정적인 일로) 소굴을 만들다.

보:급¹(普及) 〔명〕 (문물 등을) 많은 사람들에게 두루 미치게 하여 누릴 수 있게 하는 것. **보:급-하다**¹〔동〕(타여) ¶초등학교에 컴퓨터를 ~. **보:급-되다**¹〔동〕(자)

보:급²(補給) 〔명〕 (물자·자금 따위를) 뒷바라지하여 대 주는 것. ¶~ 장교. **보:급-하다**² 〔동〕(타여) ¶군수 물자를 전방에 ~. **보:급-되다**²〔동〕(자)

보:급-로(補給路) [-금노] 〔명〕〔군〕 전투 기지 또는 전선 부대에 인원·병기·식량 따위를 보급하기 위한 육상·해상·공중의 교통 노선. =보급선. ¶적의 ~를 차단하다.

보:급-소¹(普及所) [-쏘] 〔명〕 일정한 구역 안의 정기 구독자에게 신문을 배달하는, 신문사의 판매 조직.

보:급-소²(補給所) [-쏘] 〔명〕 보급품의 지급·운송·저장·관리 따위를 하는 곳.

보:급-판(普及版) 〔명〕 널리 보급할 것을 목적으로 종이나 장정 등을 값싸게 하여 발행한 서적. ▷장서판.

보:급-품(補給品) 〔명〕 보급하는 물품.

보:급-형(普及型) [-그형] 〔명〕 널리 보급하기 위해 값싸게 만든 제품의 종류. ¶~ 컴퓨터 증저가.

보-기¹ 〔명〕 **1** 어떤 사실이나 내용을 보다 알기 쉽게 구체적으로 든 예. (비)본보기. ¶~를 들어 설명하다. **2** 시험 문제에서, 묻는 말 다음에 그 물음과 관련된 사례나 조건을 제시해 놓은 것.

보:기²(補氣) 〔명〕〔한〕 약을 먹어서 원기를 돕는 것. =보원(補元). ▷보혈(補血). **보:기-하다**〔동〕(자여)

보기³(bogey) 〔명〕〔체〕 골프에서, 한 홀의 기준 타수(打數)보다 1타수 많은 기록으로 공을 홀에 넣는 일. ▷버디.

보깨다 〔동〕 **1** 먹은 것이 소화가 잘 안 되어 배 속이 답답하고 거북하게 느껴지다. ¶급히 먹었더니 속이 **보깬다**. **2** 일이 뜻대로 되지 않아 마음이 번거롭게 자꾸 쓰이다. ¶일에 **보깨어** 정신이 없다.

보꾹 〔명〕〔건〕 지붕의 안쪽. 곧, 더그매의 천장. =천장(天障).

보내기 번트(-bunt) 〔명〕〔체〕 =희생 번트.

보내다 〔동〕(타) **1** (사람이 어떤 물건이나 물질 등을) 일정한 수단이나 방법으로 한 곳에서 다른 곳으로 가게 하다. (비)발송하다. ¶돈을 시골에 우편으로 ~. / 애인에게 꽃을 ~. **2** (사람이 어떤 사람이나 그 사람이 탄 차 따위를) 한 곳에서 다른 곳으로 움직여 가게 하다. ¶도착 시간에 맞추어 버스 터미널에 사람을 ~. **3** (어떤 사람을 일정한 곳에) 속하는 사람이 되게 하다. ¶아들을 군대[대학]에 ~. **4** (사람이 아들이나 딸을 장가나 시집을) 가게 하여 새살림을 차리게 하다. ¶김 국장이 막내딸을 시집을 ~. **5** (어떤 사람을 어떤 목적이나 임무가 되는 일을) 하도록 떠나게 하다. ¶아이를 심부름을 ~. **6** (사람이 어느 곳에서 일정한 기간을) 머무르거나 살면서 지나가게 하다. ¶시골에서 어린 시절을 ~. **7** (어떤 사람이 다른 사람에게 어떤 태도를) 느낌 알도록 나타내다. ¶청중들이 연주자에게 박수와 환호를 ~. **8** (사람을) 저세상으로 가게 함을 겪다. ¶남편을 교통사고로 비명에 ~.

보내-오다 〔동〕(타) **1** (사람이나 물건을) 어떤 사람이 있는 쪽으로 움직여 위치를 옮기다. ¶돈을 ~. **2** (사람이 어떤 임무나 목적으로 가게 하다. ¶비서를 **보내와** 선생님을 모셔 가다. **3** (상대편에게 자신의 마음을) 알도록 나타내다. ¶사랑의 눈길을 ~.

보너스(bonus) 〔명〕 =상여금(賞與金). ¶연말 ~ / 추석 ~.

보늬 [-니] 〔명〕 밤·도토리 등의 가장 안쪽에 있는 얇은 껍질. ¶밤의 ~를 벗기다.

보닛(bonnet) 〔명〕 **1** 턱밑에서 끈을 매게 되어 있는 여성용·어린이용의 모자. **2** 자동차의 앞 엔진이 있는 부분의 덮개.

보다¹ Ⅰ 〔동〕(타) **1** (사람이나 동물이 사물의 형태나 색깔이나 움직임 따위를) 대상에 눈길을 주어 눈으로 알다. ¶눈을 들어 하늘을 ~. **2** (어떤 내용이나 줄거리가 담긴 대상, 곧 영화·연극·텔레비전 프로그램이나 글로 이뤄진 것 등을) 눈을 통하여 이해하다. ¶책을 ~ / 영화를 ~. **3** (대상의 상태나 사정을) 살피거나 헤아리다. ¶맥을 ~ / 기회를 **봐서** 한번 놀러 가지요. **4** (사람이나 물건을) 잘못되지 않거나 문제가 없도록 보살피거나 돌보다. ¶집을 ~ / 아이를 **봐** 줄 사람을 구하다. **5** (어떤 일을) 맡아서 행하다. (비)담당하다. ¶사무를 ~ / 사회를 ~. **6** (어떤 사람을) 자기 눈앞에 두다. (비)만나다. ¶내일 또 **봅시다**. **7** (어떤 관계나 인연이 있는 사람을) 집안에 맞아들이거나 얻어 가지다. ¶며느리를 ~. **8** (시험을) 자기의 실력이 나타나는 상태가 되게 치르다. ¶중간고사를 ~. **9** (어떤 결과를) 이루거나 얻다. ¶합의를 ~ / 손해를 ~. **10** (대상을 어떤 존재로, 또는 어떠어떠하게) 알거나 생각하거나 평가하다. ¶사람을 어떻게 **보고** 하는 수작이냐? **11** (사람이나 사물을) 고려의 대상으로 넣거나 판단의 기초로 삼다. ¶재산만 **보고** 결혼하다 / 날 **봐서라도** 네가 참아라. **12** (음식상을) 음식을 갖추어 차리다. ¶술상을 ~. **13** (사람이 대변이나 소변을) 항문이나 요도구를 통해 몸 밖으로 내보내다. '누다'보다 완곡한 어감을 갖는 말임. (비)배설하다. ¶소변을 ~. **14** (장[시장]을 **보다**'의 꼴로 쓰여) 물건을 팔거나 사다. ¶시장을 ~. **15** (동사의 어미 '-고' 아래에 쓰여) 어떤 일을 우선적으로 하고, 다른 일은 그다음에 생각하거나 고려한다는 뜻을 나타내는 말. ¶배고픈데 일단 먹고 **보자**. **16** (동사와 형용사의 어미 '-아/어/여' 아래에 '봐', '봐라', '봐요', '보십시오' 등의 꼴로 쓰여) 어떤 행동이나 상태를 가정하는 뜻을 나타내는 말. ¶그 도자기가 깨졌어 **봐**. 벼락이 떨어졌을걸. **17** (동사나 형용사의 어간에 '-단' 또는 '-기만 해'가 붙고, 그 아래에 '봐(라)'의 꼴로 쓰여) 말하는 사람이 원하지 않는 일이 생기는 것을 가정하는 뜻을 나타내는 말. 그 뒤에 가만두지 않겠다는 사람의 말이 옴. ¶약속을 안 지켰단 **봐**, 혼날 줄 알아. Ⅱ〔보조〕(동사의 어미 '-아/어/여' 아래에 쓰여) **1** 어떤 일을 시도하거나 시험 삼아 하는 뜻을 나타내는 말. ¶맞나 안 맞나 직접 옷을 입어 **보세요**. **2** 어떤 일을 겪거나 경험함을 나타내는 말. ¶당신은 외국에 가 **본** 적이 있습니까? Ⅱ〔형〕(보조) **1** (형용사나 서술격 조사 '이다'의 어미 '-다(가)' 아래에 '보니'의 꼴로 쓰여)

앞에 오는 사실이 뒤에 오는 행동이나 상태의 원인이 됨을 나타내는 말. ¶얼굴이 예쁘다 보니 사내들이 탐을 낸다. 2 《동사의 어미 '-다(가)' 아래에 '보니'의 꼴로 쓰여》 어떤 행동에 열중하거나 몰두하다가 문득 시간의 흐름이나 다른 현실을 의식하게 됨을 나타내는 말. ¶웃고 떠들다 보니 어느새 반나절이 다 갔다. 3 《동사의 어미 '-다', '-나' 아래, 또는 형용사나 서술격 조사 '이다'의 어미 '-ㄴ가/은가' 아래에 쓰여》 앞의 행동이나 상태를 추측하는 뜻을 나타내는 말. '-았/었/었-' 이나 '-겠-' 뒤에서는 형용사의 어간 뒤에서라도 '-는가', '-나' 가 올 수 있음. ¶창수는 제 방에서 공부하나 **봐요**. / 입술이 시퍼런 걸 보니 많이 추운가 **보구나**. 4《말하는 사람이 주로에 쓰인 문장에서, 동사의 어미 '-ㄹ까/을까' 아래에 '봐(요)', '보다'의 꼴로 쓰여》 앞의 행동에 대한 다소 확고하지 않은 의지로 나타내는 말. ¶내 어찌 그 말을 믿을까 **보냐**. / 공부고 뭐고 다 그만둘까 **봐**. 5 《어미 '-ㄹ까/을까' 아래에 '보냐'의 꼴로 쓰여》 앞의 행동이나 상태에 의문을 제기하거나 회의를 품고 있음을 나타내는 말. ¶내 어찌 그 말을 믿을까 **보냐**. 6 《동사의 어미 '-고' 아래에 '보니', '보면'의 꼴로 쓰여》 앞의 행동을 새롭게 또는 새삼스럽게 살펴보거나 깨달아 뒤의 행동이나 판단을 하게 됨을 나타내는 말. ¶그 말을 듣고 **보니** 그도 그럴듯하다. / 알고 **보면** 그 친구도 괜찮은 사람이다.

[보기에 좋은 떡이 먹기도 좋다] 걸모양이 좋으면 내용도 좋다.

보란 듯이 囝 남이 보고 부러워하도록 자랑스럽게. ¶~ 큰소리치고 살 테다.

볼 낯(이) 없다 囝 얼굴을 대할 면목이 없다. ¶시험에 떨어지고 나니 어머니를 ~.

볼 장(을) 다 보다 囝 일이 더 손댈 것도 없이 틀어지다. ¶사장이 부도를 내고 달아났으니, 그 회사도 이젠 **볼 장 다 봤다**.

보다² Ⅰ 囝〔일본어 'より'의 번역 투로, 구미어의 비교급을 본뜬 말임〕한층 더. ¶~ 빠르게/~ 높은 이상. Ⅱ 죄 체언 아래에 붙어, 둘을 비교할 때 쓰는 부사격 조사. ¶돌~ 쇠가 더 단단하다.

보:답(報答) 圐 남의 호의나 은혜를 갚는 것. **보:답-하다** 图(자)(타)(여) ¶이 은혜는 잊지 않고 꼭 **보답하겠소**.

보대끼다 图(자) 1 시달려 괴로움을 당하다. 2 배 속이 탈이 나서 몹시 쓰리거나 울렁울렁하다. 囨부대끼다.

보:도¹(步道) 圐 보행자의 통행에 사용하도록 된 도로. ≒인도(人道).

보:도²(保導) 圐 보호하여 지도하는 것. **보:도-하다**¹ 图(타)(여)

보:도³(報道) 圐 신문·라디오·텔레비전 등으로 나라 안팎에서 생긴 일을 널리 일반에게 알리는 것. ¶신문 ~ / ~ 기자. **보:도-하다**² 图(타)(여) ¶긴급 뉴스를 ~. **보:도-되다** 图(자) ¶대형 사고가 1면 머리기사로 ~.

보:도⁴(輔導·補導) 圐 도와서 올바른 데로 인도하는 것. ≒보익(輔翊)·익찬(翊贊). ¶직업 ~. **보:도-하다**³ 图(타)(여)

보:도⁵(寶刀) 圐 보배로운 검. 또는, 잘 만든 귀한 칼. 囜보검(寶劍). ¶전가(傳家)의 ~.

보:도^관제(報道管制) 圐 국가가 필요에 따라 대중 매체의 보도를 관리하면서 통제하는 일.

보:도-국(報道局) 圐 방송국 등에서, 보도에 관한 일을 맡아보는 부서.

보:도^기관(報道機關) 圐 신문사·방송국·통신사 따위와 같이 보도를 목적으로 하는 기관.

보도독 囝 1 단단하고 질기거나 반드러운 물건을 되게 비비거나 문지르는 소리. ¶사탕을 ~ 깨물다. 2 무른 똥을 힘들여 눌 때에 나는 소리. 囨부두둑. 젠뽀도독. **보도독-하다** 图(자)(타)(여)

보도독-거리다/-대다[-꺼(때)-] 图(자)(타) 보도독 소리가 자꾸 나다. 또는, 그리되게 하다. 囨부두둑거리다. 젠뽀도독거리다.

보도독-보도독[-뽀-] 囝 보도독거리는 소리. 囨부두둑부두둑. 젠뽀도독뽀도독. **보도독보도독-하다** 图(자)(타)(여)

보:도-방(輔導房) 圐 유흥업소에 접대 여성을 소개해 주고 대가를 받는 불법 조직.

보:도-블록(步道block) 圐 보도에 덮어 까는 시멘트나 벽돌 따위로 만든 블록.

보:도-진(報道陣) 圐 현장을 보도하기 위하여 기자나 카메라맨 등으로 구성된 조직. ¶대통령의 방북을 취재할 ~을 구성하다.

보도-보독[-뽀-] 囝 물건의 거죽이 몹시 보독한 모양. 囨부독부독. 젠뽀독뽀독. **보독보독-하다** 囝(여)

보독-하다[-도카-] 囝(여) 물기가 거의 말라 좀 굳은 듯하다. 囨부독하다. 젠뽀독하다.

보동-보동 囝 '포동포동'의 여린말. 囨부둥부둥. **보동보동-하다** 囝(여)

보드득 囝 1 단단하고 질기거나 반드러운 물건을 되게 비빌 때에 나는 소리. ¶이를 ~ 갈다. 2 무른 똥을 힘들여 눌 때에 나는 소리. 囨부드득. 젠뽀드득. ②포드득. **보드득-하다** 图(자)(타)(여)

보드득-거리다/-대다[-꺼(때)-] 图(자)(타) 보드득 소리가 자꾸 나다. 또는, 그리되게 하다. 囨부드득거리다. 젠뽀드득거리다. ②포드득거리다.

보드득-보드득[-뽀-] 囝 보드득거리는 소리. ¶눈을 밟을 때마다 ~ 소리가 났다. 囨보드득보드득. 囨부드득부드득. 젠뽀드득뽀드득. ②포드득포드득. **보드득보드득-하다** 图(자)(타)(여)

보드랍다[-따] 囝(비)〈보드라우니, 보드라워〉(어떤 물체가) 닿거나 스치는 느낌이 딱딱하거나 뻑뻑하거나 거칠거나 깔깔하지 않고 매끄럽거나 몰랑몰랑하다. ¶**보드라운** 아기의 살결 / **보드라운** 봄바람. 囨부드럽다.

보드레-하다 囝(여) 썩 보드라운 맛이 있다. ¶**보드레한** 우단. 囨부드레하다.

보드-상자(board箱子) 圐 골판지로 만든 상자. ×쪽유박스.

보드-지(board紙) 圐 =판지(板紙).

보드카(웺vodka) 圐 알코올 농도 40~60%의 러시아의 대표적인 술. 보리·호밀·밀·옥수수 등을 원료로 함.

보득-보득[-뽀-] 囝 '보드득보드득'의 준말. 囨부득부득. 젠뽀득뽀득. **보득보득-하다** 图(자)(타)(여)

보들보들-하다 囝(여) 살갗에 닿는 느낌이 매우 보드랍다. ¶**보들보들한** 어린아이의 살결. 囨부들부들하다.

보듬다[-따] 图(타) 1 (사람이나 동물을) 품안에 있도록 두 팔로 감싸다. 囨안다·품다. ¶어머니가 아기를 **보듬고** 젖을 물리다 / 그 여자는 애완견을 **보듬어** 안고 다닌다. 2 (남의 마음의 고통을) 달래고 어루만지다. ¶그는 성직자로서 타인의 아픔까지 **보듬고** 살아간다.

보디(body) 〖명〗 1 〖체〗 권투에서, 배와 가슴 부분. 2 비행기나 자동차의 몸짓의 부분.

보디-가드(bodyguard) 〖명〗 신변을 호위하는 사람. ⓑ경호원. ¶~를 두다.

보디-랭귀지(body language) 〖명〗 음성 언어나 문자를 사용하지 않고 몸짓과 표정만으로 상대방에게 의사와 감정을 전달하는 행위.

보디-로션(body lotion) 〖명〗 목욕한 후에 몸에 바르는 로션.

보디-마사지(body massage) 〖명〗 피부를 곱게 하고 몸에 균형을 잡아 주기 위하여 몸 전체를 마사지하는 미용법.

보디^블로(body blow) 〖명〗〖체〗 권투에서, 배와 가슴 부분을 치는 일. ¶강한 ~에 다운되다.

보디-빌더(body-builder) 〖명〗〖체〗 보디빌딩을 전문적으로 하는 사람.

보디-빌딩(body-building) 〖명〗〖체〗 역기·아령 등의 기구를 사용하여 근육을 발달시켜 신체를 보기 좋고 건장하게 만드는 일.

보디-워크(body work) 〖명〗〖체〗 권투에서, 상반신의 움직임. ¶~가 좋은 선수.

보디^페인팅(body painting) 〖명〗〖미〗 알몸에 그림물감을 칠하여 환상적인 그림이나 무늬를 그리는 일. 또는, 그 그림.

보-따리(褓-) 〖명〗 ① 〖각〗 보자기로 물건을 싸서 꾸린 뭉치. ¶옷 ~ / ~를 끄르다. ② 〖의〗 보자기에 꾸린 뭉치를 세는 말. ¶세 ~.

보따리(를) 싸다 〖관〗 다니던 직장이나 회사를 그만두다. ¶회사 일을 그만두려면 **보따리 싸!**

보따리-장수(褓-) 〖명〗 보자기에 싼 물건을 여기저기 다니면서 파는 사람.

보라¹ 〖명〗 =보라색. ¶연~.

보라² 〖명〗 쇠로 만든 큰 쐐기 모양의 연장. 장작 등을 팰 때, 도끼로 찍어 벌어진 자리에 박고서 내리쳐 나무를 쉽게 쪼개는 데 쓰임.

보라³ (bora) 〖명〗 산바람의 하나. 아드리아해의 북안(北岸)이나 흑해의 북동 해안에, 겨울철에 별안간 세게 불어 내려오는 차고 건조한 북풍.

보라-매 〖명〗〖동〗 그해에 난 새끼를 잡아 길들여 사냥에 쓰는 매.

보라-색(-色) 〖명〗 파랑과 빨강이 섞인 중간 색깔. 제비꽃의 색임. =보라·바이올렛.

보라-성게 〖명〗 극피동물 성게류 보라성게과의 한 종. 온몸이 진한 보랏빛을 띠며, 두껍고 빽빽한 가시가 나 있음. 난소는 식용하고, 생식샘은 은단(銀丹)의 재료로 쓰임. 연안의 암초에 삶.

보람 〖명〗 1 약간 드러나 보이는 표적. 2 잊지 않거나 다른 물건과 구별하기 위하여 해 두는 표. 3 한 일에 대하여 돌아오는 좋은 결과. 또는, 그 일에 대한 만족감. ⓑ효력. ¶~이 없다 / 촌각을 다투어 노력한 ~이 있어 대학에 합격하였다. **보람-되다** 〖동〗 어떤 일을 잊지 않거나 다른 물건과 구별하기 위하여 표시를 하다. **보람-되다** 〖형〗 어떤 일을 한 뒤에 좋은 결과나 만족감이 있다.

보람-차다 〖형〗 썩 보람이 있다. ¶보람찬 하루.

보랏-빛[-라삗/-랃삗] 〖명〗 보라색을 띤 사물의 빛깔.

보:령(寶齡) 〖명〗 임금의 나이를 높여 이르는 말. =보력(寶曆)·보산(寶算).

보로-금(報勞金) 〖명〗〖법〗 국가 보안법 위반자를 체포 또는 수사·정보기관에 통보하였을 때, 압수물이 있는 경우 상금과 함께 지급되는 돈. 또는, 반(反)국가 단체나 그 관련 구성원으로부터 금품을 취득하여 수사·정보기관에 제공하였을 때 지급되는 돈.

보로통-하다 〖형〗 ① 부풀거나 부어서 불룩하다. 2 얼굴에 불만스러운 빛이 나타나 있다. 무엇 때문에 **보로통해** 있는 거냐? ⓒ부루퉁하다. ⓢ뽀로통하다. **보로통-히** 〖부〗

보:료 〖명〗 솜이나 짐승의 털로 속을 두껍게 넣어, 앉는 자리에 늘 깔아 두는 요. ¶~를 깔다.

보:료-방석(-方席) 〖명〗 보료처럼 두툼하고 화려하게 만든 큰 방석.

보:루¹ 〖명〗 1 적을 막기 위해 돌·흙·콘크리트 등으로 튼튼하게 쌓은 구축물. =보채(堡砦). ¶~를 쌓다. 2 수호(守護)해야 할 대상을 비유적으로 이르는 말. ¶민주주의의 ~.

보루² (←ボル) 〖명〗〖의존〗 [<board] 담배 열 갑을 한 묶음으로 세는 단위.

보루-박스(-box) 〖명〗 '보도자상'의 잘못.

보:류(保留) 〖명〗 (어떤 일을) 당장 처리하거나 결정하지 않고 나중으로 미루어 두는 것. =유보. **보:류-하다** 〖동〗〖타〗 ¶행사 계획을 ~. **보:류-되다** 〖동〗

보르도(Bordeaux) 〖명〗 1 프랑스의 보르도 지방에서 나는 포도주. 2 보르도 지방에서 나는 붉은 포도주와 같은 빛깔. 붉은빛을 띤 밤색임.

보르도-액(Bordeaux液) 〖명〗〖화〗 생석회에 황산구리 용액을 섞은 유제(乳劑). 농업용 살충제로 쓰임. =석회 보르도액.

보르르 〖부〗 1 덩치가 작은 것이 갑자기 몸을 움츠리며 떠는 모양. 2 한데 모인 나뭇개비 따위에 불이 붙어 가볍게 타오르는 모양. 3 좁은 그릇 속에서 적은 물이 끓어오르는 모양. 또는, 그 소리. ⓒ부르르. ⓚ포르르. **보르르-하다** 〖동〗〖자〗

보름 〖명〗 1 열닷새 동안. 2 음력으로 그달의 열닷새째 되는 날. ⓑ망(望)·보름날. ¶정월 ~.

보름-날 〖명〗 '보름'을 좀 더 구어적으로 이르는 말. ⓒ밤.

보름-달[-딸] 〖명〗 음력 보름날에 뜨는 둥근 달. =망월(望月)·명월(明月). ⓑ만월(滿月). ¶쟁반같이 둥근 ~.

보름-사리 〖명〗 1 음력 보름날의 조수(潮水). 2 보름날 무렵에 잡힌 조기.

보름-치 〖명〗 음력 보름께에 비나 눈이 오는 날씨.

보리¹ 〖명〗 1 〖식〗 볏과의 한해살이풀 또는 두해살이풀. 줄기는 곧고 속이 비었으며 마디가 깊. 5월에 꽃줄기가 펴서 이삭이 생기는데, 까끄라기가 있음. 열매는 주요 곡식이며 줄기는 모자·공예품·땔감·퇴비 등에 쓰임. 2 ①의 열매. 주식으로 하는 외에 빵·맥주 등의 원료로도 쓰임. =모맥(牟麥).

보리² (菩提) 〖명〗 [<Bodhi] 〖불〗 [도(道)·지(智)·각(覺)의 뜻] 1 불교 최고의 이상인 불타 정각(正覺)의 지혜. 2 정각의 지혜를 얻기 위하여 닦는 도. 곧, 불과에 이르는 길. =삼보리.

보리-논 〖명〗〖농〗 보리를 심은 논. =맥답(麥畓).

보리-농사(-農事) 〖명〗 보리의 씨를 뿌리고 가꾸고 거두는 일. =맥농(麥農)·맥작(麥

보리-누름 圀 보리가 누렇게 익는 철.
보리-밟기[-밥끼] 圀[농] 겨울 동안 들뜬 표토(表土)를 눌러 주고, 보리의 뿌리가 잘 내리도록 이른 봄에 보리 싹의 그루터기를 밟아 주는 일. **보리밟기-하다** 囲자여
보리-밥 圀 쌀에 보리를 섞거나 또는 보리로만 지은 밥. =맥반(麥飯).
[**보리밥에는 고추장이 제격이다**] 무엇이든 자기의 격에 알맞도록 하는 것이 좋다.
보리-밭[-받] 圀 보리를 심은 밭.
보리-새우 圀[동] 갑각강 보리새웃과의 한 종. 몸길이 24cm 정도. 갑각은 매끈하고 털이 없으며 10줄 내외의 가로줄 무늬가 있고, 꼬리 마디 끝 부분에 가시가 3쌍 있음. 맛이 좋아 인공 양식을 함. 장새우.
보리-수(菩提樹) 圀 1 [불] 석가가 그 아래에 앉아서 성도(成道)하였다는 나무. 식물학에서는 '보제수'라 일컬음. =사유수·보제수. 2 [식] 뽕나뭇과의 상록 교목. 높이 30m 정도. 열매는 무화과와 비슷하며, 자줏빛이고 식용함. 인도의 가야산에 나는 것을 신성시함. =보제수. 3 [식] ⇒보리자나무.
보리수-나무(菩提樹-) 圀[식] 보리수나뭇과의 낙엽 활엽 관목. 높이 3~4m. 5~6월에 황백색 꽃이 피며, 10월에 팥알만 한 열매가 붉게 익는데 먹을 수 있음. 산·들에 나며, 산울타리용으로 심기도 함.
보리-심(菩提心) 圀[불] 스스로 불도(佛道)의 깨달음을 얻고, 그 깨달음으로써 널리 중생을 교화하려는 마음.
보리-쌀 圀 보리의 열매를 찧어 껍질을 벗긴 곡식.
보리-알 圀 보리의 낱알.
보리자-나무(菩提子-) 圀[식] 피나뭇과의 낙엽 교목. 6~7월에 담황색 꽃이 핌. 둥근 열매는 '보리자'라 하여 염주를 만듦. =보리수.
보리-차(-茶) 圀 까맣게 볶은 겉보리를 넣어 끓인 차. =맥다(麥茶)·맥차.
보리-타작(-打作) 圀 1 보리 볏단을 자리개질 하거나 탈곡기에 넣어 이삭에서 알곡을 떠는 일. =타맥(打麥). 2 매를 몹시 때리는 것을 속되게 이르는 말. **보리타작-하다** 囲자타여
보리-풀 圀 보리를 갈 땅에 밑거름으로 주기 위하여 벤 풀이나 나뭇잎. **보리풀-하다** 囲자여 보리풀을 베어 오다. ×보리풀꺾다.
보리풀-꺾다 囲 '보리풀하다'의 잘못.
보릿-가루[-까/-릳까] 圀 보리를 빻아서 만든 가루. =맥분.
보릿-가을[-까을/-릳까을] 圀 보리가 익어 거둘 만하게 된 철.
보릿-겨[-리껴/-릳껴] 圀 보리의 속겨.
보릿-고개[-리꼬/-릳꼬] 圀 햇보리가 날 때까지 넘기기 힘든 고개라는 뜻으로, 묵은 곡식은 다 떨어지고 보리는 아직 덜 여물어 식량이 부족하여 지내기가 어려운 상태. 또는, 그 시기. =맥령(麥嶺). 圓춘궁기. ¶~를 넘기다.
보릿-대[-리때/-릳때] 圀 보릿짚의 대.
보릿-자루[-리짜/-릳짜] 圀 보리를 넣은 자루.
보릿-짚[-리집/-릳집] 圀 이삭을 떤 보리의 짚.
보릿짚-모자(-帽子) 圀 '밀짚모자'의 잘못.
보링(boring) 圀[광] =시추(試錐).

보링^머신(boring machine) 원통의 내면을 깎는 데 쓰는 공작 기계. =보르반.
보!**매** 團 짐작으로 보기에. ¶~ 정직한 사람 같다.
보면-주머니(Bowman-) 圀[생] 신장(腎臟)의 사구체(絲球體)를 바깥쪽에서 싸고 있는 이중의 주머니.
보메(㈜baumé) 圀(의존)[물] 액체의 비중을 나타내는 단위.
보메^**비**!**중계**(Baumé比重計)[-계/-게] 圀[물] 프랑스의 화학자 보메가 고안한, 액체의 비중을 재는 계기.
보!**모**(保姆) 圀 1 [역] 왕세자를 가르치고 보육하는 여자. 2 [교] 유치원 교사의 구칭. 3 보육원 등의 아동 복지 시설에서 아동의 보육에 종사하는 여자.
보!**무**(步武) 圀 활발하고 버젓이 걷는 걸음.
보!**무-당당**(步武堂堂) ⇒**보**!**무당당-하다** 圀여 걸음걸이가 활발하고 당당하다. ¶국군이 보무당당하게 시가지를 행진하고 있다. **보**!**무당당-히** 團
보부라기 圀 종이·헝겊·실 따위의 잔 부스러기. ¶실~ / 헝겊~. 黾보물.
보!**물**(寶物) 圀 1 보배로운 물건. =보재(寶財)·보화(寶貨). 2 역사적·예술적·학술적으로 가치가 크고 고고학·민속학 자료·무구(武具) 따위임. ¶동대문은 ~ 제1호이다. ▷국보.
보!**물-단지**(寶物-)[-만-] 圀 〔'보물을 넣어 두는 단지'라는 뜻〕 아주 귀중하거나 소중하여 보물과 같은 존재나 물건. 비유적인 말임. ¶그는 늦게 얻은 외아들을 ~나 되는 듯이 감싸고돈다.
보!**물-섬**(寶物-)[-썸] 圀 보물이 숨겨져 있다는 섬.
보!**물-찾기**(寶物-)[-찯끼] 圀 여러 곳에 상품의 이름을 적은 종이쪽지를 감추어 놓고, 찾은 사람에게 적힌 대로 상품을 주는 놀이.
보바리슴(㈜bovarysme) 圀[문] 자신의 환영(幻影)을 좇아 자기 자신을 실제 이상의 과대한 존재로 여기는 태도나 경향. 소설 '보바리 부인'의 여주인공의 성격에서 딴 말임.
보!**배** 圀 〔<㈜寶貝〕 1 아주 귀하고 소중한 물건. 2 아주 소중한 사람을 비유하여 이르는 말. ¶어린이는 나라의 ~.
보!**배-롭다**[-따] 圀ㅂ <~로우니, ~로워> 보배로 삼을 만한 가치가 있다. ¶그는 우리 동네의 보배로운 일꾼이다. **보**!**배로이** 團
보!**배-스럽다**[-따] 圀ㅂ <~스러우니, ~스러워> 보배로운 데가 있다. **보**!**배스레** 團
보!**법**[1](步法) 圀 품격과 법도.
보!**법**[2](步法)[-뻡] 圀 걸음을 걷는 법. 또는, 걸음걸이.
보!**병**(步兵) 圀[군] 육군의 전투 병과의 하나. 주로 소총을 가지고 도보로 전투하는 군인. =보군(步軍). ¶~ 부대.
보!**병-대**(步兵隊) 圀[군] 보병으로 편성된 부대.
보보스(Bobos) 圀 〔←Bohemian+bourgeois〕 보헤미안의 자유로운 정신과 부르주아의 물질적인 가치를 동시에 추구하는, 미국의 새로운 상류 계급.
보!**복**(報復) 圀 (해를 당한 상대에게)

그에 맞먹는 해를 주는 것. (비)앙갚음. ¶~을 가하다 / ~을 받다. 보:복-하다 통(자)(타)여 ¶원수에게 ~.

보:복^관세(報復關稅)[-콴-] 명[경] 어떤 나라가 자기 나라의 수출품에 대하여 부당하게 높은 관세를 부과할 경우, 이에 맞서서 그 나라의 수입품에 대하여 높게 부과하는 관세.

보:부-상(褓負商) 명[역] 봇짐장수와 등짐장수를 아울러 이르는 말.

보:부족(補不足) 명 부족한 것을 채워서 보충하는 것. 보:부족-하다 통(타)여

보:불(黼黻) 명[역] 임금이 예복으로 입는 치마같이 된 부분에 놓은, 도끼와 '弓弓' 모양의 수.

보:비(補裨) 명 =보조(補助)². 보:비-하다 통(타)여

보:-비위(補脾胃) 명 1 [한] 위경(胃經)의 기운을 보양하는 것. 2 남의 비위를 잘 맞추어 주는 것. ¶생김새야 아무리 못생겼다 하기로서니 그런 ~ 하나 할 줄 모르고서 몇천 원, 몇만 원 거간을 서 먹노라 할 위인은 아닙니다.<채만식:태평천하> 보:비위-하다 통(자)여

보빈(bobbin) 명 1 방직 용구의 하나. 거친 실이나 꼰 실 등을 감는 통 모양의 실패. 2 [물] 전선을 감아 코일을 만드는 원형 또는 다각형의 통. 3 =북'².

보사리-감투 명 '보살감투'의 잘못.

보삭 (부) 보송보송한 물건이 가볍게 바스러질 때에 나는 소리. 또는, 그 모양. (큰)부석. 보삭-하다 통(자)여

보삭-거리다/-대다[-꺼(때)-] 통(자) 자꾸 보삭 소리를 내다. 또는, 자꾸 보삭 바스러지다. (큰)부석거리다.

보삭-보삭'[-쁘-] (부) 보삭거리는 소리. 또는, 그 모양. (큰)부석부석. 보삭보삭-하다' 통(자)(타)여

보삭-보삭²[-쁘-] (부) 살이 조금 부어오른 모양. (큰)부석부석. 보삭보삭-하다² 통(여)

보살¹(菩薩) 명 1 위로는 깨달음을 구하고 아래로는 중생을 교화하는, 부처에 버금가는 성인. ¶관세음~. 2 부처가 전생에 수행하던 시절, 내생에 부처가 된다는 기별을 받은 이후의 몸. 3 '나이 많은 여신도(女信徒)'를 대접하여 이르는 말. 4 '고승(高僧)'의 존칭. 5 '보살할미'의 준말.

보살²(補殺) 명 [체] 야구에서, 야수(野手)가 잡은 공을 어느 누수(壘手)에게 보내어 주자를 아웃시키는 일을 돕는 일. =어시스트. 보:살-하다 통(자)여

보살-감투(菩薩-) 명 1 돼지 똥집에 붙어 있는 고기 조각의 한 부위. 2 잣의 속껍질 안에 있는, 잣의 대가리에 씌워 있는 껍물의 한 부분. ×보사리감투.

보살-계(菩薩戒)[-계/-게] 명[불] 불가(佛家)의 수행을 위하여 재가(在家)의 신도가 받는 계율. =대승계(大乘戒).

보-살피다 통 (아랫사람이나 노약자 등을) 어려움이나 불편함이 없도록 마음을 쓰거나 돕다. (비)돌보다. ¶환자를 정성껏 ~.

보살핌 명 보살피는 일. ¶아이는 부모의 따뜻한 ~ 사랑 없이는 올바르게 자랄 수 없다.

보살-할미(菩薩-) 명 [불] 머리를 깎지 않은 여승. (준)보살.

보:상¹(報償) 명 1 남에게 빚진 것을 갚는 것. 또는, 남이 베푼 도움이나 은혜, 희생 등에 대해 그 대가를 치러서 갚는 것. ¶국채 ~ 운동 / 노고에 대해 충분한 ~을 받다. 2 [심] 행위를 촉진하거나 학습 분위기를 조성하기 위해 사람이나 동물에게 그것을 보상하려고 하는 마음의 작용. ~ 심리. 3 [법] 국가 또는 공공 단체가 적법한 행위에 의하여 국민이나 주민에게 가한 재산상의 손실을 갚아 주기 위해 제공하는 대가(代償). ▷배상. 보:상-하다 통(자)(타)여 ¶도로 건설에 따른 주민들의 손실을 국가에서 ~. 보:상-되다² 통(자)

보:상³(褓商) 명 =봇짐장수.

보:상-금¹(報償金) 명 남의 도움·은혜·희생 등에 대해 그 대가로 주는 돈. ¶저의 잃어버린 물건을 찾아 주시는 분에게는 ~을 드리겠습니다.

보:상-금²(補償金) 명 피해를 보상하기 위해 주는 돈. ¶피해 ~. ▷배상금.

보:색(補色) 명 1 [미] 색상이 다른 두 색을 적당한 비율로 혼합하면 무채색이 될 때, 이 두 색을 서로 일컫는 말. 곧, 빨강과 초록, 주황과 파랑 따위. =반대색·여색(餘色). ¶~ 대비. 2 [심] 한 빛깔의 소극적 잔상으로서 나타나는 빛깔.

보:색^잔상(補色殘像)[-짠-] 명[물] 어떤 빛깔을 응시한 뒤에 갑자기 흰 종이에 시선을 옮기면 그 빛깔의 보색의 상이 보이는 현상, 또는, 그 영상(影像).

보-서다(保-) 통(자) 다른 사람의 신원이나 빚에 대하여 보증을 해 두다.

보:석¹(步石) 명 1 디디고 다닐 수 있게 깔아 놓은 돌. (비)디딤돌. 2 =섬돌.

보:석²(保釋) 명 [법] 일정한 보증금을 받고, 미결 구류 중의 피고인을 석방시키는 일. 재포·구금되어 있는 피의자에게는 허용되지 않음. =보방(保放). ¶병~/~으로 석방되다. 보:석-하다 통(타)여 보:석-되다 통(자)

보:석³(寶石) 명 [광] 아름다운 빛깔과 광택을 지녀 장식품이 될 만한 가치가 있는 비금속 광물. 다이아몬드·에메랄드·루비·사파이어·진주 따위. =보옥(寶玉). ¶인조 ~ / ~이 박힌 반지.

보:석^감정사(寶石鑑定士)[-깜-] 명 보석의 진품 여부를 판정하고, 보석의 품질 및 가치를 평가하여 감정서를 발행하는 일을 직업으로 하는 사람.

보:석-금(保釋金)[-끔] 명 [법] '보석 보증금'의 준말.

보:석^보증금(保釋保證金)[-쯩-] 명 [법] 보석을 허가하는 경우에 내게 하는 보증금. (준)보석금.

보:석-상(寶石商)[-쌍] 명 보석을 매매하는 상점. 또는, 그러한 장사나 장수.

보:석-함(寶石函)[-서캄] 명 보석이나 장신구 등을 넣어 두는 자그마한 함.

보:선(保線) 명 열차 운행에 이상이 없도록 하기 위하여 선로를 유지·수선하는 일. ¶~ 작업. 보:선-하다¹ 통(자)(타)여

보:선²(補選) 명 1 보충하여 뽑는 것. 2 [정] '보궐 선거'의 준말. 보:선-하다² 통(타)여 보:선-되다² 통(자)

보섭 명[농] '보습'의 잘못.

보:세(保稅) 명[법] 관세의 부과가 보류되는 일. ¶~ 상품.

보쌈 • 793

보:세^공장(保稅工場) 몡 외국 원료를 통관 절차가 필요 없이 수입하여 제조·가공을 하는 공장. 가공 무역을 장려하기 위하여 설정한 것임.

보:세*구역(保稅區域) 몡[법] 관세의 부과가 보류된 상태에서 수입 상품을 보관하거나 가공·제조할 수 있는 일정한 장소. 세관 구내·보세 공장·보세 창고 따위. =보세 지역.

보:세*제도(保稅制度) 몡 수입되는 외국 물품의 보관·운송·가공·전시 등에 대하여 일시적으로 관세 부과를 보류하는 제도.

보:세*창고(保稅倉庫) 몡 수입 물품을 통관 절차를 마치기 전에 일시적으로 보관하는 창고.

보:세-품(保稅品) 몡 관세의 부과가 보류된 물품.

보:속(補贖) 몡[가] 자기가 지은 죄를 보상하는 뜻으로 자선·기도·금식 등을 하는 것. 보:속-하다 통타여

보송-보송 ⃞ 1 (천으로 된 물건이) 잘 말라 촉감이 좋은 모양. 큰부숭부숭. 2 (살결이나 얼굴이) 기름기나 축축함이 없이 깨끗하고 보드라운 모양. 쎈뽀송뽀송. 보송보송-하다 형여 ¶목욕한 뒤라 피부가 보송보송하고 탄력이 있다. / 빨래가 보송보송하게 말랐다.

보^수¹(步數) 몡 [-쑤] 걸음의 수.

보^수²(保手) 몡[경] '보증 수표'의 준말.

보^수³(保守) 몡 1 보전하여 지키는 것. 2 새로운 것을 반대하고 재래의 풍습·전통을 중히 여겨 지키려고 하는 것. ¶~ 세력. 보:수-하다¹ 통타여

보^수⁴(補修) 몡 (낡거나 부서지거나 불완전한 건물이나 구조물 따위를) 문제가 없는 상태가 되도록 수리하는 것. ¶~ 공사. 보:수-하다² 통타여 ¶교량을 ~. 보:수-되다 통자

보^수⁵(報酬) 몡 1 고맙게 해 준 데 대한 갚음. 2 근로의 대가로 주는 돈이나 물건. ¶무(無) ~ / 정당한 ~를 받다 / ~를 지불하다.

보^수-계(步數計) 몡 [-쑤계/-쑤게] 걸음의 수를 재는 계기. =계보기·보측계·측보기.

보^수-당(保守黨) 몡[정] 보수주의에 입각한 정당.

보^수-세(洑水稅) 몡 [-쎄] 봇물을 이용한 값으로 내는 돈이나 곡식. ⇒주수세.

보^수-적(保守的) 몡 보수의 경향이 있는 (것). ¶~ 색채가 강한 신문. ↔진보적.

보^수-주의(保守主義) 몡 [-의/-이] 전통과 관습을 중시하여, 사회 현상을 변혁하기보다 그대로 유지하고자 하는 입장이나 태도. ¶~자(者). ↔진보주의·혁신주의.

보^수-파(保守派) 몡 보수주의를 지지·주장하는 일파.

보스(boss) 몡 1 실권(實權)을 쥐고 있는 우두머리. 2 범죄 집단의 두목.

보스니아-헤르체고비나(Bosnia-Hercegovina) 몡[지] 유럽 남동부, 발칸 반도 북서부에 있는 공화국. 1992년, 유고슬라비아에서 분리·독립했음. 수도는 사라예보.

보스락 ⃞ 바싹 마른 검불이나 나뭇잎 같은 것을 밟거나 가볍게 건드릴 때 나는 소리. 큰부스럭. 보스락-하다 통타여

보스락-거리다/-대다 [-꺼(때)-] 자자꾸 보스락 소리가 나다. 또는, 그런 소리를 내다. 큰부스럭거리다.

보스락-보스락 [-뽀-] ⃞ 보스락거리는 소리. 큰부스럭부스럭. 보스락보스락-하다 통타여

보스턴-백(Boston bag) 몡 바닥은 평평하고 네모졌으나 위쪽은 둥근 모양의 여행용 가방.

보스토크(⑧Vostok) 몡 소련의 유인 우주선. 1961년 세계 최초로 궤도 비행에 성공하였음.

보슬-보슬¹ ⃞ 눈·비가 가늘고 성기게 조용히 내리는 모양. ¶봄비가 ~ 내리다. 큰부슬부슬.

보슬-보슬² ⃞ (덩이를 이룬 가루 등이) 물기가 적어서 잘 엉기지 못하고 부스러지기 쉬운 모양. 큰부슬부슬. 젠포슬포슬. 보슬보슬-하다 형여

보슬-비 몡 바람 없이 조용하게 내리는 가랑비. 큰부슬비.

보습 몡[농] 쟁기의 술바닥에 맞추어 땅을 갈아 흙덩이를 일으키는 데에 쓰는, 삽 모양의 쇳조각. ×보섭·보십.

보:습²(補習) 몡[교] 정규 학습의 부족한 부분을 보충하여 학습하는 것. 보:습-하다 통타여

보:습³(保濕) 몡 적당한 습도를 일정하게 유지하는 일. ¶꺾꽂이는 한여름에도 묘판의 ~에 유의하면 70% 이상 활착시킬 수 있다.

보:습(補濕) 몡 피부가 건조하지 않도록 수분을 공급하여 촉촉함을 유지시키는 일. ¶~ 효과 / ~ 화장품.

보:습^학원(補習學院) [-스과-] 몡[교] 주로 초등생이나 중고생을 대상으로 정규 학습의 부족한 부분을 보충하여 가르치는 학원. ¶수학 전문 ~.

보시(布*施) 몡 ['布'의 본음은 '포'] [불] 1 자비심으로 남에게 조건 없이 베푸는 것. 2 불공이나 불사(佛事)를 할 때, 신도들이 절에 올리는 돈이나 물품. 보:시-하다 통타여

보시기 몡 ⃞1⃞ 자김치·깍두기 같은 반찬을 담는 작은 사기그릇. ⃞2⃞ 의존 반찬의 분량을 그것이 담긴 보시기의 수로 세는 말. ¶김치 한 ~. 준보.

보:신¹(保身) 몡 자기 한 몸을 보전하는 것. 보:신-하다¹ 통타여

보:신²(報身) 몡[불] 삼신(三身)의 하나. 공덕이 갖추어진 몸. ▷법신·응신.

보:신³(補身) 몡 보양이나 영양 식품을 먹어 몸의 기운을 돕는 것. =몸보신. 보:신-하다² 통타여

보:신-책(保身策) 몡 자기 한 몸을 보전하기 위한 꾀.

보:신-탕(補身湯) 몡 '개장국'을 몸을 보하기 위해 먹는다고 하여 이르는 말.

보십 몡 '보습'의 잘못.

보-쌈¹(褓-) 몡 1 물고기를 잡는 도구로 쓰기 위해, 대나 양푼 등의 아가리에 보자기를 씌우고 그 보자기 가운데에 물고기가 들어갈 수 있을 만한 크기로 가늘게 찢어 구멍을 낸 물건. 안에 미끼가 될 먹이를 넣고 물속에 놓아 두면 그 구멍으로 물고기가 들어와 잘 빠져나가지 못하게 됨.

보-쌈²(褓-) 몡 1 [민] 양반집 딸이 둘 이상의 남편을 섬기게 될 팔자인 경우, 팔자땜을 하기 위하여 외간 남자를 몰래 보에 싸서 잡아다가 딸과 재운 다음에 죽이던 일. 또는, 남정네들이 혼인하려고 과부를 밤에 몰래 보에 싸서 데려오던 풍습. 2 뜻밖에 어떤 사람에게 붙잡혀 가는 일.

보-쌈³(褓-) 몡 삶아서 뼈를 추려 낸 돼지 머

리 고기 등을 보에 싸서 눌러 놓았다가 썰어서 먹는 음식.

보쌈-김치(褓－) 명 알맞게 썬 배추와 무를 갖은 양념을 하여 배추 잎에 싸서 담근 김치. ㉲쌈김치.

보아(boa) 명[동] 파충류 보아과의 한 종. 몸길이 5m 정도의 큰 뱀으로 몸빛은 적갈색 바탕에 15~20개의 큰 황갈색 얼룩무늬가 있음. 성질이 온순하고 독이 없음. 식용하며, 가죽은 가방·지갑 등을 만듦. =왕뱀.

보아-주다 통(타) (남의 입장을) 살펴 이해하다. ¶제발 형편 좀 보아주십시오. ㉲봐주다.

보아-하니 부 겉모습이나 상황을 살펴보니, 상대가 어떤 신분이나 부류의 사람인지, 나이가 어느 정도인지, 어떤 처지에 있는지 등을 짐작하는 말과 호응함. ¶~ 학생 같은데 그래서야 되겠나. ㉲봐하니.

보아-한들 부 겉모습이나 상황을 살펴본다고 한들, 어떤 일이 결과에 있어 비관적임을 나타내는 말과 호응함. ¶~ 별 뾰족한 수가 없을 텐데, 뭘 그렇게 매달려 끙끙거리냐?

보ː안¹(保安) 명 사회의 안녕질서를 유지하는 것. ¶~ 사법(事犯). **보ː안-하다** 통(타여)

보ː안²(保眼) 명 눈을 보호하는 것. **보ː안-하다** 통(자여)

보ː안-경(保眼鏡) 명 1 먼지·바람·광선 등으로부터 눈을 보호하기 위해 쓰는, 도수가 전혀 없거나 아주 약한 안경. 2 눈의 피로를 덜고 시력을 보호하기 위해 컴퓨터의 모니터 앞에 부착하는 네모난 유리.

보ː안-경찰(保安警察) 명[법] 국가 사회의 안녕과 질서를 유지하기 위한 경찰 활동이나 작용. 경비·방범·선거·위험물·집회·결사 등을 단속함. ≒치안 경찰.

보ː안-관(保安官) 명 미국에서 마을의 치안을 맡아보는 민선 관리.

보ː안-등(保安燈) 명 야간의 조명과 방범을 목적으로 집 밖이나 골목길에 다는 전등.

보ː안-법(保安法) [-뻡] 명 '국가 보안법'의 준말.

보암-보암 명 이모저모로 보아서 짐작할만 한 결모양. ¶~으로는 참 야무진 사람 같다.

보암직-하다 [-지카-] 형(여) 볼 만한 값어치가 있다.

보ː약(補藥) 명 몸의 저항력을 키우고 기력을 보충해 주는 약. ⓗ보제(補劑).

보ː양¹(保養) 명 몸을 편안히 하여 건강을 보전(保全)하고 활력을 기르는 것. ⓗ양생(養生). **보ː양-하다** 통(타여)

보ː양²(補陽) 명[한] 약·식품 등으로 양기(陽氣)가 허한 것을 보하는 일. 특히, 신장의 양기를 보하는 것을 가리킴. ↔보음. **보ː양-하다**² 통(자여)

보ː얗다 [-야타] 형(ㅎ) <보야니, 보야오, 보얘> 1 연기나 안개가 낀 것같이 선명하지 않고 희끄무렷하다. ¶책에 먼지가 보얗게 앉다. 2 (살결이) 깨끗하면서도 탐스럽게 희다. ¶보얀 아기 피부. ㉳뽀얗다.

보ː얘-지다 통(자) 보얗게 되다. ¶유리창이 입김으로 ~. ㉳부옇이다. ㉳뽀얘지다.

보ː어(補語) 명[언] 주어와 서술어만으로는 뜻이 불완전한 문장에서, 그 불완전한 곳을 완전하게 하는 문장 성분. 가령, "얼음이 물이 되었다."에서 '물이' 가 그것임. =기움말.

보ː어-절(補語節) 명[언] 문장에서 보어의 구실을 하는 절.

보여-지다 통(자) '보이다①1'의 잘못. ¶내일 즘 소식이 올 것으로 **보여진다**(→보인다).

보ː옥(寶玉) 명[광] =보석(寶石)³.

보ː온(保溫) 명 (어떤 물질이나 부분이나 공간을) 일정한 동안 뜨겁거나 따뜻한 상태의 온도로 유지되게 하는 것. ¶~ 처리/~ 도시락. **보ː온-하다** 통(타여) ¶밥을 따뜻하게 ~. **보ː온-되다** 통(자)

보ː온-밥통(保溫-桶) 명 주위의 온도에 관계없이 일정한 온도를 유지하려는 밥통.

보ː온-병(保溫瓶) 명 보온 장치가 되어 있는 물병.

보ː온-재(保溫材) 명 보온력이 풍부한 재료. 석면·보온 벽돌 따위.

보ː완(補完) 명 (사물의 내용을) 부족한 것을 보충하여 완전하게 하는 것. **보ː완-하다** 통(타여) ¶제도를 ~ / 초판을 수정하여 **보완하여** 개정판을 내놓다. **보ː완-되다** 통(자)

보ː우(保佑) 명 보살펴 도와주는 것. **보ː우-하다** 통(타여) ¶하느님이 **보우하사** 우리나라 만세. 《애국가》

보ː위¹(保衛) 명 보전하여 지키는 것. **보ː위-하다** 통(타여) ¶국가를 ~. **보ː위-되다** 통(자)

보ː위²(寶位) 명 제왕의 자리. ⓗ왕위(王位). ¶~를 잇다 / ~에 오르다.

보ː유¹(保有) 명 가지고 있는 것. **보ː유-하다** 통(타여) ¶타이틀을 ~ / 100m 달리기 세계기록을 ~. **보ː유-되다** 통(자)

보ː유²(補遺) 명 빠진 것을 채워 보태는 것. 또는, 그 채워 보탠 것. **보ː유-하다**² 통(타여) **보ː유-되다** 통(자)

보ː유-고(保有高) 명 가지고 있는 물건의 수량. ¶외환 ~.

보ː유-량(保有量) 명 가지고 있는 분량이나 수량. ¶석유 ~ / 핵무기 ~.

보유스레-하다 형(여) =보유스름하다.

보유스름-하다 형(여) 빛이 진하지 않고 조금 보얗다. ≒보유스레하다. ¶보유스름한 불빛. ㉳부유스름하다. ㉳뽀유스름하다. **보유스름-히** 부

보ː육(保育) 명 어린아이를 돌보아 기르는 것. **보ː육-하다** 통(타여)

보ː육-기(保育器) [-끼] 명 출생했을 때 몸무게가 2.5kg 이하인 미숙아나 이상이 있는 신생아를 넣어 키우는 기기. =인큐베이터.

보ː육-원(保育院) 명 고아·기아(棄兒) 등 부양 의무자가 없는 아동을 수용·보육하는 시설. ⓗ고아원.

보ː은(報恩) 명 은혜를 갚는 것. ¶결초 ~. ↔배은(背恩). **보ː은-하다** 통(자여)

보ː음(補陰) 명[한] 약·식품 등으로 음기(陰氣)가 허한 것을 보하는 일. ↔보양. **보ː음-하다** 통(자여)

보ː응(報應) 명 선과 악이 그 인과(因果)에 따라 갚음을 받는 것. ⓗ응보(應報). **보ː응-하다** 통(자여) **보ː응-되다** 통(자)

보이(boy) 명 [본뜻은 '소년'] 식당이나 호텔 등에서 손님을 접대하는 남자. ¶식당 ~ / 호텔 ~.

보ː이다 통 ①(자) 1 '보다¹'의 피동사. ¶구름 사이로 달이 ~ / 기회가 ~. ×보여지다. ¶눈치(가) 보이다 →눈치. ②(타) 1 '보다¹'의 사동사. ¶선을 ~. 2 (사람이나 집단이 어떤 대상이나 문제에 일정한 관점·입장·태도 등을) 밝히거나 나타내다. 또는, (사물이 어떤 형세나 상태를) 알아볼 수 있게 드러내다. ¶보수적 입장을 **보이는** 정당 / 수출이 감소 추세를 ~. ③(보조) 1 (형용사나 동사의 어미

'-아/어/여' 아래에 쓰여) 사물의 상태가 어떠하게 생각되거나 짐작됨을 나타내는 말. ¶사람이 똑똑해 ~ / 건강이 좋아 ~. 2 (동사의 어미 '-아/어/여' 아래에 쓰여) 사람이 상대에게 어떤 행동을 일부러 또는 의도적으로 하여 보게 함을 나타내는 말. ¶슬픈 표정을 지어 ~. ⊙보이다.

보이^소프라노(boy soprano) 〖음〗 변성기 전의 소년의 목소리. 또는, 그런 소년. 소프라노와 같은 음색과 음역을 가짐.

보이^스카우트(Boy Scouts) 〖사〗 청소년의 인격 양성 및 사회봉사를 위한 국제적 교육 훈련 단체. 1908년 영국의 베이든파웰이 창설함. =소년단. ▷걸 스카우트.

보이콧(boycott) 〖사〗 =불매 동맹. 2 어떤 일을 공동으로 배척하거나 거부하는 것. **보이콧-하다** 〖동〗(타)여 ¶올림픽 참가를 ~.

보이-프렌드(boy friend) 〖명〗 이성(異性)으로서의 남자 친구. ↔걸프렌드.

보!익(補益) 〖명〗 보충하여 늘게 하여서 도움이 되게 하는 것. =비익(裨益). **보!익-하다** 〖동〗(타)여

보!인(保人) 〖명〗〖법〗'보증인'의 준말.

보일러(boiler) 〖명〗 난방 시설이나 목욕탕 따위에 더운물을 보내기 위해 물을 끓이는 시설. ▷연탄(가스) ~.

보일러-실(boiler室) 〖명〗 보일러가 설치된 공간.

보!일-보(步一步) 〖부〗 한 걸음 한 걸음.

보일-샤를의 법칙(Boyle-Charles-法則) [-의-/-에-] 〖물〗 보일의 법칙과 샤를의 법칙에서 나온 법칙으로, 기체의 체적은 압력에 반비례하고 절대 온도에 비례한다는 법칙. ▷이상 기체.

보일-유(boil油) 〖명〗 아마인유와 같은 건성유(乾性油)에, 망간이나 코발트의 산화물을 넣고 끓여서 만든 기름. 페인트나 인쇄 잉크 등의 용제(溶劑)로 쓰임.

보일의 법칙(Boyle-法則) [-의-/-에-] 〖물〗 온도를 일정하게 할 때 일정량의 기체의 부피는 그 압력에 반비례한다는 법칙.

보!임(補任) 〖명〗 어떤 직책에 보충하여 임명하는 것. **보!임-하다** 〖동〗(타)여 **보!임-되다** 〖동〗(자)

보임-새 〖명〗 겉으로 드러나 보이는 모양. ⋓외관(外觀).

보자(褓子) 〖명〗 =보자기².

보자기¹ 〖명〗 바다 속에 들어가서 조개·미역 따위의 해물(海物)을 채취하는 사람. =해인(海人). ▷해녀(海女).

보자기² 〖명〗 손으로 들거나 머리에 일 수 있을 만한 크기로 물건을 쌀 수 있는, 네모꼴 천. =보자. ¶물건을 ~에 싸다. ▷보(褓).

보!자-력(保磁力) 〖명〗〖물〗 자기 포화 상태의 강자성체의 자화(磁化)를 0으로 하기 위하여 필요한 반대 방향의 외부 자기장의 세기.

보잘것-없다[-걷업따] 〖형〗 볼 만한 값어치가 없다. ⋓하찮다. ¶**보잘것없는** 물건. **보잘것 없-이** 〖부〗

보!장¹(保障) 〖명〗 (어떤 대상이나 상태를) 지장이 없거나 침해받지 않도록 지켜 주는 것. ¶신분 ~ / 안전 ~ / 생활 ~. **보!장-하다** 〖동〗(타)여 ¶언론의 자유를 ~. **보!장-되다** 〖동〗(자) ¶의사는 앞날이 **보장되는** 유망한 직종이다.

보!장²(報狀) 〖명〗〖역〗 어떤 사실을 상관에게 보고하는 공문.

보!재(補材) 〖명〗 보약의 재료.

보-쟁기 〖명〗 1 보습을 낀 쟁기. 2 '겨리'의 잘못.

보쟁이다 〖동〗(타) 부부가 아닌 남녀가 은밀히 서로 친밀한 관계를 계속 맺다.

보!전¹(保全) 〖명〗 (어떤 대상을) 본래의 상태대로 온전하게 잘 지키고 유지하는 것. ¶국토 ~ / 채권자 권리 ~을 위한 가처분. ▷보존. **보!전-하다**¹ 〖동〗(타)여 ¶목숨을 ~ / 부디 옥체를 **보전하시옵소서**. **보!전-되다** 〖동〗(자) ¶환경이 잘 **보전된** 지역.

보!전²(補塡) 〖명〗 부족이나 결손을 보태어 채우는 것. ⋓전보(塡補). **보!전-하다**² 〖동〗(타)여 ¶손실을 ~ / 적자를 ~.

보!전³(寶典) 〖명〗 1 귀중한 법전. 2 귀중한 책.

보!정(補正) 〖명〗 1 보충하고 바로잡는 것. ▷예산(豫算). 2 〖물〗 실험·측정에서, 외부 원인에 의한 오차를 없애고 참된 값을 구하는 것. 3 〖법〗 소장(訴狀)의 형식적 요인 따위에 결함이 있을 때 이를 정정·보충하는 것. **보!정-하다** 〖동〗(타)여

보!제(補劑) 〖명〗〖한〗 1 몸을 보하는 약제. ⋓보약. 2 처방 중의 주가 되는 약의 작용을 돕거나 부작용을 없애기 위하여 넣는 약제. =조제(助劑).

보!조¹(步調) 〖명〗 1 여러 사람이 함께 걸을 때, 걸음걸이의 모양·속도 등의 상태. ¶~를 맞추어 행군하다. 2 여럿이 일을 할 때 상호 간의 조화나 진행 속도. ¶~가 맞다 / 다른 부서와 일의 ~를 맞추다.

보!조²(補助) 〖명〗 보충하여 돕는 것. =보비(補裨). ¶학비 ~를 받다. **보!조-하다** 〖동〗(타)여 ¶정부에서는 K 보육원에 운영비를 **보조하고** 있다.

보조개 〖명〗 극히 일부의 사람의 경우에, 웃거나 말하거나 할 때 양쪽 또는 한쪽 볼에 오목하게 들어가는 자국. =볼우물. ¶~가 쏙 들어가다 / 소녀의 왼쪽 볼에 살포시 ~가 패었다. 《황순원:소나기》 ×조개볼.

보!조^관념(補助觀念) 〖명〗〖문〗 비유법에서, 표현하고자 하는 실제의 대상을 비유적으로 나타낸 대상이나 관념. 가령, '내 마음은 호수'라는 표현에서 '호수'와 같은 것. ↔원관념.

보!조-금(補助金) 〖명〗 1 부족을 벌충하기 위하여 내는 돈. ¶학비 ~. 2 특정 산업의 육성이나 특정 시책의 장려 등, 일정한 행정 목적을 달성하기 위하여 국가나 지방 공공 단체가 공공 단체나 기업, 개인에게 주는 돈. =교부금.

보!조^기억^장치(補助記憶裝置) [-짱-] 〖명〗〖컴〗 주기억 장치의 기억 용량을 보완하기 위하여 사용되는 외부 기억 장치. ▷주기억 장치.

보!조^단위(補助單位) 〖명〗〖물〗 기본 단위를 더 작게 나누거나 몇 곱절로 늘린 단위. 길이의 기본 단위인 m에 대하여 km, cm, mm 따위. ▷기본 단위.

보!조^동사(補助動詞) 〖명〗〖언〗 독립하여 쓰이지 못하고, 본동사의 아래에서 그 풀이를 보조하는 동사. 가령, "책을 서가에 꽂아 두었다."에서 '두다'는 본동사 '꽂다'를 보조하는 동사임. =도움움직씨·조동사(助動詞). ↔본동사.

보!조-비(補助費) 〖명〗 1 보조해 주기 위해 무상으로 주는 돈. 2 국가나 공공 단체가 특수한 목적을 위해 무상으로 주는 돈. ¶국고 ~.

보!-조사(補助詞) 〖명〗〖언〗 체언뿐 아니라 부사

·활용 어미 등에 붙어서, 그것에 어떤 특별한 의미를 더해 주는 조사. 특정한 격(格)을 담당하지 않으며 문법적 기능보다는 의미를 담당함. '은', '들', '만', '도', '조차', '까지' 따위. =도움토씨·특수 조사.

보:조^어:간(補助語幹) 명[언] 용언의 어간과 어미 사이에 끼여서 어간의 일부가 되어 본래의 뜻에 어떤 가지로 돕는 말. '보시다', '가겠다', '먹이다', '잡히다' 등의 '-시-', '-겠-', '-이-', '-히-' 따위. '통일 학교 문법'에서는 '-시-', '-겠-' 등은 선어말 어미로, '-이-', '-히-' 등은 파생 접미사로 다룸. =도움줄기.

보:조-역(補助役) 명 보조하는 구실. 또는, 그런 구실을 하는 사람.

보:조^용:언(補助用言) 명[언] 본용언 아래에서, 그것을 돕는 구실을 하는 용언. '가지게 되다', '가고 싶다' 등의 '되다', '싶다' 따위. 보조 동사·보조 형용사 등이 있음. =도움풀이씨.

보:조-원(補助員) 명 보조하는 일을 맡은 사람. ¶간호 ~.

보:조^원장(補助元帳) [-짱] 명[경] 총계정 원장의 계정 과목의 내용을 상세히 기록하는 원장.

보:조-익(補助翼) 명 비행기의 좌우 주익(主翼)의 바깥쪽 뒷면에 붙어 있는 가동익(可動翼). 기체를 좌우로 기울게 하거나 회전시키는 작용을 함. =보조 날개.

보:조-적(補助的) 명 주된 것에 대하여 보조가 되는 (것). ¶~ 역할[수단]

보:조적 연결^어:미(補助的連結語尾)[언] 본용언에 보조 용언을 연결하는 어말 어미. '-아/어', '-게', '-지', '-고' 가 그것으로, 종전에는 부사형 어미로 분류되었음.

보:조-함(補助艦) 명[군] 주력함(主力艦)의 보조를 주목적으로 하는 함정의 총칭. 구축함·순양함·잠수함 따위. ↔주력함.

보:조^형용사(補助形容詞) 명[언] 본용언 아래에서 그것을 돕는 구실을 하는 형용사. '먹고 싶다', '누워 있다' 등의 '싶다', '있다' 따위. =도움그림씨·의존 형용사.

보:조^화:폐(補助貨幣) [-페/-폐] 명[경] 본위 화폐의 보조로서 소액의 거래에 쓰이는 화폐. 금화를 본위로 하는 나라에서의 은화(銀貨)·백동화(白銅貨)·동화(銅貨) 따위. 준보조화. ↔본위 화폐.

보:족(補足) 명 모자라는 것을 보태어 넉넉하게 하는 것. 보:족-하다 타[여]

보:존(保存) 명 (중요하거나 가치 있는 물건이나 대상을) 잘 보살피거나 보호하여 본래의 모습 그대로 있게 하는 것. ¶영구 ~ / 종족 ~. ▷보전. 보:존-하다 타[여] ¶문화재를 ~ / 혈액을 저온으로 ~. 보:존-되다 자[여] ¶박물관에 원형 그대로 보존되어 있는 고대 유물.

보:존^등기(保存登記) 명[법] 소유권을 보존하기 위하여 처음으로 등기부에 올리는 단계의 등기.

보:존^수역(保存水域) 명 연안국이 수산 자원 보존을 위하여 관할권을 설정하는 공해(公海)의 특정 구역.

보:존^혈액(保存血液) 명[의] 수혈에 대비하기 위하여 공혈자(供血者)로부터 얻은 혈액에 항혈액 응고제를 더하여 빙실(氷室)에 보존하고 있는 혈액.

보:좌[1](補佐·輔佐) 명 상관을 도와 일을 처리

하는 것. 보:좌-하다 타[여] ¶대통령을 ~.

보:좌[2](寶座) 명 1 =옥좌. 2 [불] 부처가 앉는 자리. 3 [가][기] 하느님이 앉는 자리.

보:좌-관(補佐官) 명 보좌하는 직책. 또는, 그 직책을 맡고 있는 사람.

보:주[1](補註) 명 주석(註釋)의 부족한 점을 보충하는 것. 또는, 그 주해. 보:주-하다 타[여]

보:주[2](寶珠) 명 1 보배로운 구슬. 2 [불] =여의주(如意珠). 3 [건] 탑이나 석등 따위의 맨 꼭대기에 있는 구슬 모양의 부분.

보:중(保重) 명 몸을 아껴 잘 보전하는 것. 보:중-하다 타[여] ¶부디 옥체 보중하소서.

보증(保證) 명 1 어떤 사물에 대하여 책임지고 틀림이 없음을 증명하는 것. ¶품질 ~. 2 [법] 채무자가 채무를 이행하지 않을 경우, 채무자를 대신하여 채무를 이행할 것을 부담하는 일. =보(保). ¶~을 서다. 보증-하다 타[여] ¶신원을 ~. 보증-되다 자[여]

보증-금(保證金) 명[법] 1 일정한 채무의 담보로서 미리 채권자에게 주는 금전. 2 입찰 또는 계약을 맺을 때 계약 이행의 담보로서 납입하는 금전. ¶~을 걸다. 3 부동산을 임대할 때, 그 소유자가 빌리는 사람에게서 받아서 보관하고 있는 돈. 임대가 끝나면 돌려 주게 되어 있음. ¶전세 ~.

보증-서(保證書) 명[법] 보증의 증거가 되는 문서. ¶신원 ~ / 물품 ~.

보증^수표(保證手票) 명[경] 지급이 보증되어 있는 수표. 특히, 은행이 발행한 자기앞 수표. =지급 보증 수표. 준보수(保手).

보증-인(保證人) 명[법] 1 보증하는 사람. =증인. 2 보증 채무(債務)를 지는 사람. =보(保). ¶~을 세우다. 준보인(保人).

보:지[1] 명 여자의 외성기. 곧, 배 아래쪽 두 다리 사이의, 오줌 누는 부분과 아기 낳는 부분 및 그 둘레를 아울러 이르는 말. 함부로 사용하지 않는 금기어임. 비음문(陰門). 자지.

보:지[2](保持) 명 보전하여 잘 지키는 것. 비보유(保有). ¶선수권 ~자(者). 보:지-하다 타[여] 보:지-되다 자[여]

보지락 명[의존] 비가 온 분량을 헤아리는 단위. 즉, 빗물이 땅속에 스며 들어간 깊이가 보습이 들어갈 만큼 된 정도. ¶봄비가 한 ~ 내렸다.

보:직(補職) 명 어떤 직무의 담당을 명하는 것. 또는, 그 직책. ¶~ 변경. 보:직-하다 타[여] 보:직-되다 자[여]

보짱 명 꿋꿋하게 가지는 생각. 속으로 품은 요량(料量). ¶최 봉일이라면 술 잘 먹기로 유명하고 외입깨나 하였지마는 ~ 크기로도 유명했었다. <염상섭:만세전>

보채다 자[여] 1 (아기가) 몸이 아프거나 졸립거나 불만족스럽거나 할 때 자꾸 울면서 어떻게 해 달라는 뜻을 나타내다. 비칭얼거리다. ¶아기가 젖도 먹지 않고 보채기만 한다. 2 (사람이) 무엇을 요구하며 성가실 정도로 이야기하다. 주체가 어린아이가 아닐 때에는 어린아이로 취급되는 느낌을 줌. 비조르다. ¶장난감을 사 달라고 엄마한테 ~ / 빨리 가자고 하도 보채는 바람에 옷도 제대로 못 입고 나왔다.

[보채는 아이 밥 한 술 더 준다] 열심히 구하는 사람에게 더 잘해 주게 된다.

보채-이다 자[여] '보채다'의 피동사. ¶하루 종일 아이들에게 보채여 파김치가 되다.

보ː천지하(普天之下) [명] 넓은 세상.
보ː철(補綴) [명] **1** 부족한 것을 보충하여 철(綴)하는 것. **2** 글귀를 여기저기서 따 모아 시문을 짓는 것. **3** [의] 이가 상한 곳을 고쳐 바로잡거나 의치를 해 박는 것. **4** [의] 의족·의수 등을 부착하여 신체 기능을 보충하고 외관상 보기 흉하지 않게 해 주는 것. **보ː철-하다** [동][타][여] **보ː철-되다** [동][자]
보ː철-물(補綴物) [명][의] **1** 상한 이를 때우거나 씌우는 데 사용되는 여러 가지 재료. 또는, 이가 빠진 부분에 걸거나 끼우거나 하는 의치. **2** 신체 기능을 보충하고 외관상 흉하지 않게 해 주는, 의수·의족 등의 물건.
보ː청-기(補聽器) [명] 잘 들리지 않는 귀의 청력을 보강하기 위해 귀에 꽂는 기구.
보ː초[1](步哨) [명][군] 경비를 하거나 망을 보는 병사. =보초병. [비]초병·파수병. ¶~ 근무 / ~를 서다[세우다].
보ː초[2](堡礁) [명][지] 섬이나 육지의 해안에서 약간 떨어진 바다에 해안선과 평행하여 발달한 띠 모양의 산호초.
보ː초-망(步哨網) [명][군] 보초를 서기 위하여 여러 군데 배치해 놓은 조직의 체계. ¶~을 뚫고 잠입하다.
보ː초-병(步哨兵) [명][군] =보초(步哨)[1].
보ː추 [명] 《주로, '없다'와 함께 쓰여》 진취성(進就性). 또는, 냅뜨는 성질.
보ː춘-화(報春花) [명][식] 난초과의 여러해살이풀. 잎은 선형(線形)이며 뿌리에서 나오고, 3~4월에 담녹색의 꽃이 핌. 건조한 숲에 나는데, 관상용으로 재배하기도 함. =춘란(春蘭).
보ː충(補充) [명] (모자라는 것을) 보태어 채우는 것. ¶~ 설명[질의]. **보ː충-하다** [동][타][여] ¶병력(兵力)을 ~. **보ː충-되다** [동][자]
보ː충-대(補充隊) [명][군] 출정군의 인원 감소를 보충하기 위하여 설치하는 군대. 또는, 배속 근무를 명령하기 전에 장병을 수용하는 부대.
보ː충-병(補充兵) [명][군] 부족한 병력을 채우기 위한 병사.
보ː충^수업(補充授業) [명][교] 정규 학습의 부족한 부분을 보충하기 위하여 실시하는 수업.
보ː충-적(補充的) [관][명] 보충이 되거나 또는 보충이 될 만한 (것). ¶~ 설명 / ~인 자료.
보츠와나(Botswana) [명][지] 아프리카 남부에 있는 공화국. 수도는 가보로네.
보ː측(步測) [명] =걸음짐작. ▷목측(目測). **보ː측-하다** [동][타][여]
보ː칙(補則) [명][법] 법령의 규정을 보충하기 위하여 만든 규칙.
보컬(vocal) [명][음] 악기 연주에 대해서, 노래 부르는 일. ¶리드(lead) ~ / ~ 팀.
보컬리스트(vocalist) [명][음] 팝 그룹과 함께 노래를 부르는 가수.
보크(balk) [명][체] **1** 야구에서, 주자가 누상(壘上)에 있을 때 투수가 규정에 벗어난 투구 동작을 하는 반칙. 모든 주자에게 각 1루씩의 진루가 허용됨. **2** 배드민턴에서, 서비스할 때 의식적으로 상대를 현혹시키는 동작을 하는 반칙. **3** 볼링에서, 투구하지 않은 채 파울 라인을 넘는 일. 다시 투구할 수 있음.
보크사이트(bauxite) [명][광] 덩이나 진흙 모양으로 된 알루미늄 원광(原鑛). =철반토.
보-타이(bow tie) [명] 나비의 편 날개처럼 가로로 짧게 매는 넥타이. [비]나비넥타이.
보ː탑(寶塔) [명] **1** 귀한 보옥으로 장식한 탑. **2** 미술적 가치가 있는 탑. **3** [불] 다보여래를 안치한 탑. **4** 절에 있는 탑의 경칭.
보태-기 [명][수] =더하기.
보태다 [동][타] **1** (모자라는 것을) 더하여 채우다. ¶얼마 안 되지만 학자금에 **보태** 써라. **2** 이미 있는 것에 더하여 많아지게 하다. ¶하나에 둘을 **보태면** 셋이다.
보탬 [명] 보태어 주는 도움. ¶살림에 ~이 되는 일이라면 무엇이라도 하겠다.
보ː토(補土) [명] 패어서 우묵한 땅을 흙으로 메워서 채우는 것. ¶떼를 입히지 않아 봉분의 흙이 지쳐 내리기 때문에 가끔 ~를 해야 했다.《황순원: 일월》 **보ː토-하다** [동][타][여]
보톡스(botox) [명][의] 주름살을 제거하기 위해 주사약으로 사용하는 물질. 원래는 근육을 마비시키는 신경 독소로, 소량을 주사하면 근육을 마비시킴으로써 주름이 펴지게 만듦.
보ː통(普通) Ⅰ[명] 세상에서 흔히 볼 수 있어 별다르지 않고 평범한 것. 또는, 뛰어나지도 열등하지도 않아 중간 정도인 것. ¶~ 사람 / ~이 넘다 / 그 사람은 허황된 거짓말을 ~으로 해댄다.
Ⅱ[부] 일반적으로 흔히. ¶그는 ~ 하루 두 시간씩 책을 읽는다.
보통(이) 아니다 [구] 평범하지 않다. 곧, 매우 뛰어나거나 특별하다. ¶음식 솜씨가 ~.
보ː통^교ː육(普通教育) [명][교] 사회인으로서 일반적으로 갖추어야 할 기초적인 지식과 교양을 베푸는 교육. 대개 국가에서 의무 교육으로 하고 있음. ▷전문 교육.
보ː통-날(普通-) [명] 특별한 일이 없는 여느 날. ¶대목을 앞둔 시장은 ~과는 달리 사람들로 매우 붐볐다.
보ː통-내기(普通-) [명] 《주로 '아니다'와 함께 쓰여》 만만하게 여길 만한 보통의 사람. =여간내기·예사내기. ¶나이는 어리지만 말하는 걸 보니 ~가 아니더라. ×행내기.
보ː통^명사(普通名詞) [명][언] 같은 종류의 사물에 두루 쓰이는 명사. '사람', '나라', '도시', '강' 따위. =일반 명사. ↔고유 명사.
보ː통^선ː거(普通選擧) [명][정] 선거인의 자격에 재산·신분·성별·교육 정도 등의 제한을 두지 않고, 성년에 달하면 누구에게나 평등한 선거권이 주어지는 선거. [준]보선. ↔제한 선거.
보ː통-세(普通稅)[-쎄] [명][법] 지방 자치 단체가 일반 경비를 충당하기 위하여 부과하는 조세. 취득세·등록세·면허세·주민세·재산세·자동차세·농지세 따위. ↔목적세.
보ː통^예ː금(普通預金)[-네-] [명][경] 예입과 인출을 수시로 자유로이 할 수 있는 통장식 은행 예금의 하나. 이자율이 아주 낮음.
보ː통^우편(普通郵便) [명] 접수한 날로부터 제4근무일 내에 배달하는 우편. ▷빠른우편.
보통이(褓-) [명] '보퉁이'의 잘못.
보ː통-주(普通株) [명][경] 이익 배당이나 잔여 재산 분배에 대하여 특별한 권리 내용이 없는 보통의 주식. =통상주. ▷우선주·후배주.
보ː통-학교(普通學校)[-꾜] [명][교] '초등학교'의 구칭. 1906년부터 쓰이기 시작하여, 1938년에 '소학교'로 개칭됨. ▷소학교·국민학교·초등학교.
보-퉁이(褓-) [명] 물건을 보에 싼 것. ¶~를 머리에 인 아낙네들. ×보둥이.
보트(boat) 圓 노를 젓거나 모터에 의해 추진하는 서양식의 작은 배. ¶모터~.
보트-피플(boat people) 圓 정치적인 박해나 생활의 악조건으로 인하여 작은 배를 타고 바다를 통하여 자기 나라를 불법으로 탈출한 사람. 베트남이 공산화된 1970년대 후반 이후에 베트남·캄보디아·라오스 등지에서 발생하기 시작함.
보·편(普遍) 圓 **1** 널리 두루 미치는 것. **2** 모든 것에 들어맞는 것. 또는, 모든 것에 공통되는 것. ¶~의 원리. ↔특수.
보·편-성(普遍性) [-썽] 圓 모든 것에 두루 미치거나 통하는 성질. ↔특수성.
보·편-적(普遍的) 관圓 보편성을 띤 (것). ¶~인 현상.
보·편-주의(普遍主義) [-의/-이] 圓 [철] 모든 사물은 개별적으로 성립할 수 없고, 그 근저에는 보편적 일반성이 지배하고 있으므로 모든 개별적 현상은 이 보편에 참여함으로써 그 존재 이유와 의의를 얻는다는 입장.
보·편-타당(普遍妥當) 圓 특별하지 않고 사리에 맞아 타당함. **보·편타당-하다** 형여 ¶보편타당한 원칙.
보·편타당-성(普遍妥當性) [-썽] 圓 [철] **1** 때와 장소에 관계없이 인정될 수 있어야 하는, 진리 및 그 밖의 가치에 요구되는 성질. **2** 모든 사물이나 현상에 두루 통하는 성질.
보·편-화(普遍化) 圓 **1** 특수한 것에서, 보편적인 개념을 만들어 내는 일. **2** 널리 일반에게 퍼져 있는 일. **보·편화-하다** 자타여 **보·편화-되다** 통자여 ¶20세기 들어 우리 생활 속에서 서구적 양식이 **보편화되었다**.
보·폭(步幅) 圓 걸음의 발자국과 발자국 사이의 거리. =걸음나비·컴퍼스.
보·표(譜表) 圓 [음] 음표·쉼표 등을 적어 표시하기 위하여 다섯 줄의 평행선을 가로 그은 표. 비오선(五線).
보푸라기 圓 보풀의 낱개. ¶옷에 ~가 일다.
巨부푸러기.
보풀 圓 종이나 헝겊 등의 거죽에서 가늘게 부풀어 일어나는 털. ¶~이 일다. 巨부풀.
보풀다 통재 《보푸니, 보푸오》 종이·헝겊 등의 거죽에 잔털이 일어나다. 巨부풀다.
보풀-리다 통타 '보풀다'의 사동사. 巨부풀리다.
보풀-보풀 뭐 보푸라기가 잘게 일어난 모양. 巨부풀부풀. **보풀보풀-하다** 형여
보·필(輔弼) 圓 **1** (신하가 임금을) 보좌하는 것. **2** (아랫사람이 윗사람을) 보좌하는 것. 윗사람을 극존대하는 어감을 가진 말임. **보·필-하다** 타여 ¶그동안 제가 사장님을 제대로 **보필해** 드리지 못해 송구스럽기 이를 데 없습니다.
보·하다¹(補-) 통재타여 **1** [한] 몸이 허증(虛症)일 때, 약이나 침이나 뜸 등으로 저항력을 키워 주고 보충해 주다. ¶한방에서는 기가 성하면 사해 주고, 기가 허하면 **보해** 준다. ↔사하다. **2** 어떤 직무를 맡기다. ¶이 영수 씨를 인사과 과장에 ~.
보·하다²(報-) 통타여 소식을 전하거나 알리다. 비보도하다. ¶벌써 닭이 새벽을 **보한다**.《운영전》
보·학(譜學) 圓 조선 시대에 성리학이 발달하면서 나타난, 종족의 족보에 관한 지식 또는 학문.
보·합¹(步合) 圓[수] 어떤 수량의, 다른 수량에 대한 비율의 값을 소수(小數)로 나타낸 것. 즉, 5의 10에 대한 보합은 0.5임.
보·합²(保合) 圓[경] 시세가 변동하지 않거나 변동의 폭이 극히 소폭(小幅)인 상태. =제자리걸음. ¶~ 시세.
보·합-산(步合算) [-싼] 圓[수] 원금과 보합과 기간 사이에 성립하는 함수 관계를 써서 보합고·합계고·잔액 등을 산출하는 계산법. =백분산(百分算).
보·합-세(保合勢) [-쎄] 圓[경] 변동 없이 그대로 유지되는 시세. ¶주가가 ~를 나타내다.
보·행(步行) 圓 **1** (사람이) 두 다리로 걸어가거나 걸어오는 것. ¶~ 질서 / 다리를 다쳐서 ~이 불편하다. **2** 먼 길에 보내는 급한 심부름. 또는, 그 심부름꾼. **보·행-하다** 통자여
보·행-객(步行客) 圓 집을 떠나 걸어서 먼 길을 가는 사람. 예전에 쓰이던 말임. 비나그네.
보·행-기(步行器) 圓 아직 걷지 못하는 젖먹이가 타고 다니면서 걸음을 익힐 수 있도록 만든, 몸을 지탱할 수 있는 틀에 작은 바퀴를 단 기구.
보·행-꾼(步行-) 圓 **1** 삯을 받고 먼 길에 급한 심부름을 가는 사람. 예전에 쓰이던 말임. **2** '보행객'을 속되이 이르는 말.
보·행-삯(步行-) 圓 '길품삯'의 잘못.
보·행-인(步行人) 圓 =보행자.
보·행-자(步行者) 圓 걸어서 가는 사람. =보행인.
보·험(保險) 圓 **1** 손해를 물어 주겠다는 보증. **2** [경] 우발적 사고가 일어날 경우를 대비하여, 미리 일정한 돈을 적립해 두었다가 사고를 당한 사람에게 일정 금액을 주어 손해를 보상하는 제도. ¶생명[화재] ~ /~에 들다.
보·험^계약(保險契約) [-꼐-/-꼐-] 圓 [경] 당사자의 일방(보험자)이 상대방(보험 계약자)으로부터 보험료를 받고 사고(보험 사고)가 발생했을 때에는 상대방이나 제3자에게 보험금으로서 일정한 금액을 지급할 것을 약정하는 계약.
보·험-금(保險金) 圓[경] 보험 사고가 발생했을 때 보험 계약에 의거하여, 보험 회사로부터 손해 보험에서는 피보험자에게, 생명 보험에서는 보험금 수취인에게 실제로 지급되는 금전. ¶~을 타다.
보·험-료(保險料) [-뇨] 圓[경] 보험에 가입한 사람이 보험자에게 내는 일정한 돈.
보·험^모집인(保險募集人) 圓[경] 보험 계약의 체결을 중개하는 사람으로서 보험 감독원에 등록된 사람. =보험 설계사·생활 설계사.
보·험^설계사(保險設計士) [-꼐-/-꼐-] 圓[경] =보험 모집인.
보·험-업(保險業) 圓 보험 업무를 목적으로 하는 사업.
보·험-자(保險者) 圓[경] 보험 계약에 의하여 피보험자에게 보험금을 지급할 의무를 지는 한편, 보험료를 받을 권리를 가지는 자. 곧, 보험 회사를 말함. ↔피보험자.
보·험^증권(保險證券) [-꿘] 圓[경] 보험자가 보험 계약의 요항을 적어서 보험 계약자에게 주는 증권. =보험 증서.
보·험^증서(保險證書) 圓[경] =보험 증권.
보·험^회사(保險會社) [-회-/-훼-] 圓

[경] 보험업을 하는 회사.

보헤미안(Bohemian) [명] ['보헤미아 지방의 사람'이라는 뜻] 사회 관습에 구애되지 않고 방랑적이며 자유분방한 생활을 하는 사람.

보:혁(保革) [명] '보수(保守)'와 '개혁'의 세력을 아울러 이르는 말. ¶~ 갈등 / ~ 대립.

보:현-보살(普賢菩薩) [불] 석가모니여래의 오른쪽에 있는 보살. 불교의 진리와 수행의 덕을 맡았으며, 왼쪽의 문수보살과 함께 중생을 제도하는 일을 도움. 흰 코끼리를 타고 합장한 모습을 하고 있음. ㉰보현.

보:현십원-가(普賢十願歌) [명][문] 고려 시대에 균여 대사(均如大師)가 지은 11수의 향가. 보현보살의 십종 원왕(十種願往)을 찬미한 노래임.

보:혈(補血) [명] 약을 먹거나 하여 몸의 조혈 작용을 돕는 것. ¶~ 강장제. **보:혈-하다** [동][혈-되다 [동]

보:혈²(寶血) [명][가][기] 인류의 죄를 구속하고자 예수가 십자가에 못 박혀 흘린 피를 이르는 말. ¶인류는 그리스도의 ~로 구원을 얻었다.

보:혈-제(補血劑) [-쩨] [명][약] 몸의 조혈 작용을 돕는 약. 빈혈의 치료·예방에 쓰임.

보:호(保護) [명] (사람이나 동물 등을) 다치거나 위험에 빠지거나 곤란을 겪지 않도록 보살피고 도와주는 일. 또는, (어떤 대상을) 훼손하거나 침해를 당하거나 피해를 입지 않도록 보살피고 지키는 일. ¶시력 ~ / 피부 ~ / 자연 ~. **보:호-하다** [동][영] ¶남의 권리를 ~ / 국익을 ~ / 부모는 자녀를 보호할 의무가 있다. **보:호-되다** [동][자]

보:호^감호(保護監護) [명] 보호 처분의 하나. 실형을 복역한 뒤에 보호 감호소에 수용하여 사회 복귀에 필요한 직업 훈련과 교화를 시킴.

보:호^관세(保護關稅) [명][경] 국내 산업을 보호·장려할 목적으로 수입품에 과하는 관세. ㉰보호세.

보:호-국(保護國) [명][법] 보호 조약에 의해, 외교 및 군사 등에 관하여 피보호국을 감독하고 통제하는 국가. ↔피보호국.

보:호-림(保護林) [명] 재해 예방, 명승고적의 풍치 보존, 학술 참고, 보호 동식물의 번식 등을 위하여 국가가 보호하는 산림.

보:호-막(保護膜) [명] 1 생물체의 몸·기관·조직 등을 덮고 있어 그것을 보호하는 구실을 하는 얇은 막. ¶각질은 피부의 ~이기 때문에 함부로 벗겨 내서는 안 된다. 2 힘 있는 존재의 보호 영역. 비유적인 말임. ¶권력의 ~ / 부모의 ~에서 벗어나 독립된 인간으로 살아가다.

보:호^무:역(保護貿易) [명][경] 국가가 수출입 품목·수량·상대국·결제 방법 등을 지정하는 것으로 무역을 통제·관리하는 일. 또는, 그 무역. ↔자유 무역.

보:호^무:역주의(保護貿易主義) [-쭈의/-쭈이] [명][경] 국내 경제 정책상 보호 무역을 실시하려는 주의. =보호 간섭주의·보호주의.

보:호-색(保護色) [명][동] 다른 동물의 공격을 피하고 자기 몸을 보호하기 위해 다른 동물의 눈에 띄지 않게 몸빛이 주위의 빛깔과 비슷하게 되어 있는 것. 메뚜기·가랑잎나비·송충이 등의 몸빛 같은 것. ▷경계색.

보:호^수면(保護水面) [명][법] 수산 자원(水産資源)의 보호를 위하여 어업이 제한되어 있는 구역. =보호 수역.

보:호-자(保護者) [명] 1 어떤 사람을 보호할 책임을 가지고 있는 사람. 2 [법] 미성년자에 대하여 친권을 행사하는 사람.

보:호-조(保護鳥) [명] 법률로써 잡지 못하게 하여 보호하는 새. =금조(禁鳥).

보:호-주의(保護主義) [-의/-이] [명][경] =보호 무역주의.

보:화(寶貨) [명] =보물(寶物)1. ¶금은~.

보:훈(報勳) [명] 나라를 위해 세운 공에 대해 보답하는 일. ¶6월은 호국 ~의 달. **보:훈-하다** [동][자]

복¹ [명][동] =복어.

복² [명] 1 무르고 보드라운 물건의 거죽을 세게 갈거나 긁는 소리. 2 두껍고 두툼한 물건을 단번에 찢는 소리. ㉲북.

복³(伏) [명][민] '복날'의 준말.

복⁴(服) [명] 1 '복제(服制)¹'의 준말. 2 =상복(喪服)³.

복(을) 벗다 [구] 복제에 따라 첫 1년 동안 상복을 입도록 되어 있는 기간이 지나가다.

복(을) 입다 [구] 복제에 따라 첫 1년 동안 입도록 되어 있는 상복을 입다.

복⁵(福) [명] 1 즐겁고 만족스러운 삶을 사는 운수. =복조(福祚). ¶~이 많다 / ~이 있다 / 새해 ~ 많이 받으십시오. 2 ('남편/자식/아들/부모…' 등의 일부 명사 다음에 쓰여) 그 사람으로 인해 생기는 좋은 운수. ¶남편 ~이 없는 년은 자식 ~도 없다더니, 어이구 내 팔자야. 3 ('상/일…' 등의 일부 명사 다음에 쓰여) 그 대상을 많이 누리게 되는 운수. ¶그 배우는 상~이 터졌다. / 순희는 일~이 많아 잠시도 쉬는 적이 없다. 4 (일부 동사 다음에 쓰여) 어떤 일을 하게 되는 행운. ¶먹을 ~이 많다.

복-⁶(複) [접두] 단일하지 않고 중복됨을 나타내는 말. ¶~본적(本籍) / ~모음. ↔단(單)-.

-복⁷(服) [접미] '옷'의 뜻을 나타내는 말. ¶체육~ / 신사~ / 평상~ / 우주~.

복각¹(伏角) [-깍] [명][물] 지구 위의 임의의 지점에 놓인 자침의 방향이 수평면과 이루는 각. =경각.

복각²(覆刻) [-깍] [명] 1 [인] 판본을 중간(重刊)하는 경우에 원형(原型)을 모방하여 다시 판각하는 일. 또는, 그 판. 2 옛 음반(音盤)을 새로운 형태의 판으로 만드는 일. **복각-하다** [동][영] ¶1930년대 대중가요를 CD로 ~. **복각-되다** [동][자]

복간(復刊) [-깐] [명] 간행을 중지 또는 폐지했던 출판물을 다시 간행하는 것. **복간-하다** [동][타][영] **복간-되다** [동][자]

복강(腹腔) [-깡] [명][생] 척추동물의 몸에서 내장과 생식기가 들어 있는 부분.

복강-경(腹腔鏡) [-깡-] [명][의] 배의 살갗에 작은 구멍을 뚫고 그 안으로 집어 넣어 배 안의 장기를 살필 수 있게 만든 내시경. ¶~ 수술.

복개(覆蓋) [-깨] [명] 더러워진 하천에 덮개 구조물을 씌워 겉으로 보이지 않도록 하는 일. =개복. ¶~ 공사. **복개-하다** [동][타][영] ¶하천을 ~.

복건(幅巾·幞巾) [-껀] [명][역] 도복(道服)을 입을 때 머리에 쓰는 건. 현재는 어린 사내아이가 돌날이나 명절에 씀.

복고(復古) [-꼬] [명] 1 옛 모양이나 옛 제도로 돌아가는 것. ¶왕정~. 2 손실을 회복하는 것. (비)복구(復舊). **복고-하다** 동(자)(타)(여)
복고-되다 동(자)
복고-적(復古的) [-꼬-] 관명 과거의 사상이나 전통으로 되돌아가는 (것). ¶~ 경향 / 그 사상은 지나치게 ~이다.
복고-조(復古調) [-꼬쪼] 명 복고적인 경향. ¶흘러간 옛날을 그리워하는 ~의 노래.
복고-주의(復古主義) [-꼬-의/-꼬-이] 명 과거의 체제·사상이나 전통에 근거를 두어, 그것을 모방하려는 주의.
복고-풍(復古風) [-꼬-] 명 과거의 모습으로 되돌아간 제도나 풍속. 또는, 그런 유행. ¶~의 옷이 유행하다.
복교(復校) [-꾜] 명 =복학(復學). ¶~생. **복교-하다** 동(자)(타)(여) **복교-되다** 동(자)
복구(復舊) [-꾸] 명 (부서지거나 파괴되거나 한 시설이나 건물이나 구조물 등을) 본래의 상태대로 고치거나 짓거나 세우거나 만드는 것. (비)복원(復元) ¶수해 지역의 ~. **복구-하다** 동(자)(타)(여) ¶폭우로 무너진 담을 ~. **복구-되다** 동(자) ¶화재가 났던 공장은 한 달 만에 복구되었다.
복-굴절(複屈折) [-꿀쩔] 명 [물] 광학적으로 등방성이 아닌 결정 따위에 빛이 들어가서 두 가지 굴절 광선이 나타나는 현상. ↔단굴절.
복권¹(復權) [-꿘] 명 [법] 법률상 일정한 자격이나 권리를 한번 상실한 사람이 이를 다시 회복하는 일. ↔실권. **복권-하다** 동(타)(여) **복권-되다** 동(자)
복권²(福券) [-꿘] 명 제비를 뽑아 당첨되면 상금이나 그 밖의 이득을 받게 되는 표찰. =복표(福票). ¶주택~ / ~이 당첨되다.
복궤(複軌) [-꿰] 명 '복선 궤도'의 준말. ↔단궤.
복궤-철도(複軌鐵道) [-꿰-또] 명 복선 궤도에 의하여 차량을 운행하는 철도. ↔단궤철도.
복귀(復歸) [-뀌] 명 (본디의 자리나 상태로) 되돌아가는 일. ¶원대(原隊)~. **복귀-하다** 동(자)(여) ¶왕년의 스타가 은막에 ~. **복귀-되다** 동(자)
복근(腹筋) [-끈] 명 [생] 복부(腹部)의 근육.
복기(復棋·復碁) [-끼] 명 바둑을 둔 후 그 경과를 검토하기 위하여 다시 처음부터 그 순서대로 놓아 보는 일. **복기-하다** 동(자)(타)
복길(卜吉) [-낄] 명 좋은 날을 가려 받는 것. **복길-하다** 동(타)(여)
복-날(伏-) [-봉] 명(민) 초복·중복·말복이 되는 날. =복일(伏日). (준)복(伏). ◇삼복(三伏).
[복날 개 패듯] 사정없이 매질함을 이르는 말.
복닥-거리다/-대다 [-딱꺼(때)-] 동(자) 많은 사람이 좁은 곳에 모여 수선스럽게 뒤끓다. ¶식당에는 손님들이 **복닥거렸다**.
복닥-복닥 [-딱빡딱] 부 복닥거리는 모양.
복-달임(伏-) [-딸-] 명 복날에 더위를 물리치는 뜻으로 고깃국을 끓여 먹는 일. **복달임-하다** 동(자)(여)
복당(復黨) [-땅] 명 탈당하였던 당에 다시 입당하는 것. **복당-하다** 동(자)(여) **복당-되다** 동(자)
복대(腹帶) [-때] 명 태아의 위치를 고정하고 키기 위하여 임부의 배에 감는 띠.
복대기¹ [-때-] 명 (주로 '치다'와 함께 쓰여) 복대기는 일. ¶~를 치다.
복대기² [-때-] 명 [광] 광석을 찧어 금을 골라 낸 뒤에 남은 광석 가루. =광미(鑛尾).
복대기다 [-때-] 동(자)(타) 1 (많은 사람이) 복잡하게 떠들어 대거나 왔다 갔다 하다. ¶사람들이 **복대기는** 장터. 2 정신이 얼떨떨할 정도로 서둘러 죄어치거나 심히 몰아치다.
복-더위(伏-) [-띠-] 명 '삼복더위'의 준말.
복덕(福德) [-떡] 명 1 타고난 복과 후한 마음. 2 [불] 복스러운 공덕(功德).
복덕-방(福德房) [-떡빵] 명 가옥·토지 등의 매매나 임대차를 중개하는 곳. 요즘에는, 주로 '부동산 중개업(사무)소'로 부르는 경향이 있음.
복-덩어리(福-) [-떵-] 명 =복덩이.
복-덩이(福-) [-떵-] 명 매우 귀중한 사람이나 물건을 비유적으로 이르는 말. =복덩어리.
복도(複道) [-또] 명 1 건물 안에 다니게 된 긴 통로. =낭하(廊下). 2 건물과 건물 사이에 비나 눈 따위를 맞지 않고 다닐 수 있도록 지붕을 씌워 만든 통로. =골마루.
복-되다(福-) [-뙤-/-뛔-] 형 복을 받아 기쁘고 즐겁다. ¶**복된** 생활을 누리다.
복락(福樂) [봉낙] 명 행복과 안락(安樂).
복록(福祿) [봉녹] 명 ('복'과 '녹(祿)'이라는 뜻) 물질적으로 풍요함을 누리는 일. ¶부귀~을 타고나다.
복류(伏流) [봉뉴] 명[지] 땅 위를 흐르는 물이 어느 구간만 땅속으로 스며들어 흐르는 일. ¶~수(水). **복류-하다** 동(자)(여)
복리¹(福利) [봉니] 명 행복과 이익. ¶~ 후생(厚生) / 국민의 ~를 증진하다.
복리²(複利) [봉니] 명 [경] 복리법으로 계산된 이자. =복변리·중리(重利). ↔단리.
복리-법(複利法) [봉니뻡] 명 [경] 일정한 기간마다 이자를 원금에 가산하여 그 합계액을 다음 기간의 원금으로 하는 이자 계산법. =중리법. ↔단리법.
복마(卜馬) [봉-] 명 짐을 싣는 말.
복마-전(伏魔殿) [봉-] 명 ('마귀가 숨어 있는 집'이라는 뜻) 그럴듯한 허울이나 명분 아래 비밀리에 온갖 추악하고 나쁜 일이 꾸며지거나 저질러지는 곳. ¶경마장은 ~이라는 부정적 인식이 아직까지 사라지지 않고 있다.
복막(腹膜) [봉-] 명 [생] 복강(腹腔) 내의 대부분의 내장과 복벽의 일부를 싸고 있는 얇은 막.
복막-염(腹膜炎) [봉망념] 명 [의] 복막에 생기는 염증.
복면¹(腹面) [봉-] 명 복부가 되는 면. ↔배면(背面).
복면²(覆面) [봉-] 명 남이 알아보지 못하게 헝겊 등으로 얼굴을 싸서 가리는 것. 또는, 가리는 데 쓰이는 물건. ¶~ 검객. **복면-하다** 동(자)(여)
복면-강도(覆面強盜) [봉-] 명 복면을 하고 남의 물건을 빼앗는 도둑.
복명(復命) [봉-] 명 사명을 띤 사람이 일을 마치고 돌아와서 아뢰는 것. =반명(反命). **복명-하다** 동(타)(여)
복-모음(複母音) [봉-] 명 [언] =이중 모음.
복무(服務) [봉-] 명 군인이나 공무원이나

사원 등으로 그 직무나 임무를 맡아 일하는 것. ¶군 ~. **복무-하다** 동재에 ¶공군 장교로 ~.

복무-규정(服務規程) [봉-] 명 직무나 임무에 힘쓰는 사람이 지켜야 할 사항을 정한 규정. ¶공무원의 ~.

복문(複文) [봉-] 명[언] 1 한 문장에 둘 이상의 절(節)이 주종 관계로 이어지는 문장. 가령, "봄이 오면 꽃이 핀다.", "공기가 맑으니 기분이 상쾌하다." 따위. 2 = 겹문장. ↔단문(單文).

복-받치다 [-빧-] 동재 (힘·감정 따위가) 속에서 치밀어 오르다. ¶감정이 ~ / 설움 [슬픔]이 ~. 본북받치다. ¶감정이 ~ / 설움

복발(復發) [-빨] 명 (병·근심·설움 등이) 다시 일어나는 것. **복발-하다** 동재에 **복발-되다** 동재

복배¹(伏拜) [-빼] 명 1 땅에 엎드려 절하는 것. 2 몸을 굽혀 예를 표하는 것. **복배-하다** 동재에

복배²(腹背) [-빼] 명 1 배와 등. 2 앞면과 뒷면.

복배지수(覆杯之水) [-빼-] 명 ('엎지른 물'이라는 뜻] 다시 수습하기 어려운 일의 비유.

복벽(腹壁) [-빽] 명[생] 피부·근육·복막 등 복강을 둘러싸고 있는 안쪽의 벽.

복병(伏兵) [-뼝] 명 1 [군] 적을 기습하기 위하여 요긴한 길목에 군사를 숨기는 것. 또는, 그 군사. ¶~을 배치하다 / 퇴로에서 ~을 만나다. 2 예상치 못한 어려움이나 뜻밖에 나타난 강력한 경쟁 상대. 비유적인 말임. ¶한국은 선진국을 바로 눈앞에 두고 경제 위기라는 ~을 만났다. **복병-하다** 동재

복-복 [-뽁] 튀 1 보드랍고 무른 물건의 두드러진 면을 잇달아 갈거나 긁는 소리. 2 무르고 두툼한 물건을 자꾸 찢는 소리. 본북북. ▷박박.

복-복선(複複線) [-뽁썬] 명 복선이 두 개 나란히 있는 선로(線路).

복본(複本) [-뽄] 명[법] 1 한 개의 어음상의 권리를 나타내어 작성한 여러 통의 어음. 2 명의 개서 대리인을 두는 경우에 동일한 내용으로 작성되는 여러 개의 주주 명부나 사채 원부. ▷부(副)本.

복본위-제(複本位制) [-뽄-] 명[경] 두 가지 이상의 금속을 본위 화폐로 하는 화폐 제도. =양본위제. ↔단본위제.

복부(腹部) [-뿌] 명 배의 부분. 늑골 아랫부분에서 치골(恥骨) 윗부분에 이르는 몸 부분으로, 배꼽을 중심으로 하여 하복부와 상복부로 나뉨. =배(背部).

복-부르다(復-) [-뿌-] 동재트<-부르니, ~불러>=초혼(招魂)하다².

복-부인(福婦人) [-뿌-] 명<속> 부동산 투기를 일삼는 여자.

복-부호(複符號) [-뿌-] 명[수] 두 개의 기호를 함께 적은 것. '±', '∓' 따위. 춘복호.

복-분해(複分解) [-뿐-] 명[화] 두 가지 화합물이 서로 성분을 교환하여 다른 두 가지 화합물이 생기는 반응. =겹분해.

복불복(福不福) [-뿔-] 명 복이 많거나 적은 정도. 곧, 사람의 운수. ¶당첨되고 안 되고는 ~인데, 복권이나 한 장 사 볼까?

복비¹(福費) [-삐] 명 부동산 매매나 임대를 중개해 준 대가로 중개업자에게 주는 돈. 공식적으로는 '부동산 중개 수수료'라고 함.

복비²(複比) [-삐] 명[수] 두 개 이상의 비에서, 전항의 곱을 전항으로 하고 후항의 곱을 후항으로 한 비. =합성비. ↔단비(單比).

복-비례(複比例) [-삐-] 명[수] 비례식 등호 (等號)의 한쪽 또는 양쪽이 복비(複比)의 꼴을 하고 있는 것. ↔단비례.

복사¹(卜師) [-싸] 명 조선 시대에, 전문적으로 점을 치던 사람.

복사²(伏射) [-싸] 명[군] 땅에 엎드려 총을 쏘는 것. 또는, 그런 사격. **복사-하다**¹ 동재타에

복사³(複寫) [-싸] 명 1 (원본을) 베끼는 것. 2 종이를 포개고 그 사이사이에 복사지를 받쳐 한 번에 여러 장을 쓰는 것. 3 [문서·그림·사진 등을] 같은 크기로, 또는 확대·축소하여 복제(複製)하는 일. =카피(copy). **복사-하다**² 동타에 ¶원서를 ~. **복사-되다** 동재

복사⁴(輻射) [-싸] 명[물] 열이나 전자기파가 물체로부터 바퀴살처럼 방출되는 현상. =방사(放射). **복사-하다**³ 동재에

복사-계(輻射計) [-싸게/-싸게] 명[물] 복사 에너지를 측정하는 장치. =라디오미터.

복사^고온계(輻射高溫計) [-싸-게/-싸-게] 명[물] 물체로부터의 열복사 에너지를 모아서 검은 물체에 흡수시키고, 그 온도 상승을 열전 온도계나 저항 온도계로 측정하여 온도를 재는 장치.

복사-기(複寫機·複寫器) [-싸-] 명 문서·사진 등을 복사하는 데 쓰이는 기기. ¶전자 ~.

복사-대비(覆紗對比) [-싸-] 명 일정한 색 종이의 가운데에 회색 종이를 놓고 그 위에 반투명한 천이나 파라핀 등을 덮으면 회색이 한층 뚜렷해지는 현상.

복사-뼈 [-싸-] 명 발목 부근에 안팎으로 둥글게 나온 뼈. ×복숭아뼈.

복사-선(輻射線) [-싸-] 명[물] 물체에서 방출되는 전자기파. 가시광선·자외선·엑스선 등의 총칭임.

복사^에너지(輻射energy) [-싸-] 명[물] 전자기파가 운반하는 에너지. 고온 물체가 발하는 열복사 에너지 따위. =방사 에너지.

복사-열(輻射熱) [-싸-] 명[물] 열복사로서 방출된 전자기파가 물체에 흡수되어 그 물체를 덥게 하는 경우에 생기는 에너지. =방사열.

복사-지(複寫紙) [-싸-] 명 1 약이나 먹을 칠한, 복사하는 데 쓰이는 종이. 비먹지·묵지(墨紙)·탄산지. 2 복사기에 넣어 원본의 글이나 그림 등이 복사되도록 만든 종이.

복사-체(輻射體) [-싸-] 명[물] 빛·열·전파 등의 전자기파를 복사하는 물체.

복사-판(複寫版) [-싸-] 명 1 복사하는 데 쓰이는 인쇄판. 2 복사해 낸 책. 3 어떤 사물을 그대로 본뜨거나 그 내용을 똑같이 옮겨 놓는 것.

복상¹(服喪) [-쌍] 명 상중에 상복을 입는 것. **복상-하다** 동재에

복상²(福相) [-쌍] 명 복스럽게 생긴 상. ↔빈상.

복상³(複像) [-쌍] 명 거울의 몇 차례의 반사 때문에 생기는 겹상.

복상사(腹上死) [-쌍-] 명 성교(性交)를 하다가 남자가 갑자기 심장 마비로 여자의 배 위에서 죽는 것. **복상사-하다** 동재에

복색¹(服色) [-쌕] 명 1 옛날에, 신분이나 지

복색²(複色)[-쌕] 圄 두 가지 이상의 색이 합쳐 이루어진 색.
위에 맞추어 입던 옷의 꾸밈새와 빛깔. 2 옷의 빛깔. 3 '상두부복색'의 준말.

복색-광(複色光)[-쌕꽝] 圄[물] 단색광이 모여서 이루어진 빛. 햇빛 따위. =복광. ↔단색광.

복-생선(-生鮮)[됨] '복어'의 잘못.

복서¹(卜筮)[됨] 길흉을 점치는 것. 또는, 그 점. =점서(占筮). **복서-하다** 困여.

복서²(boxer) 圄 권투 선수.

복서³ 圄 독일 원산의 개. 어깨높이 56~61cm. 주둥이가 짧고 턱은 움푹 패었으며, 네모반듯한 체형으로 강하나 성질은 온순함. 군용·경비용임.

복선¹(伏線)[-썬] 圄 1 [문] 소설이나 희곡 등에서, 앞으로 발생할 사건에 대한 준비로서, 그에 관련된 일을 앞에서 미리 비쳐 보이는 일. 2 뒤의 일을 대비하여 미리 꾸며 놓는 일.

복선²(複線)[-썬] 圄 1 겹으로 된 줄. 2 '복선 궤도'의 준말. ¶ ~ 공사. ↔단선(單線).

복선-궤도(複線軌道)[-썬-] 圄 왕복 선로가 따로따로 나란히 부설되어 있는 궤도. =복선 철도. ㈜복궤·복선. ↔단선 궤도.

복선-철도(複線鐵道)[-썬-또] 圄 =복선 궤도. ㈜복철.

복성(複姓)[-썽] 圄 두 자로 된 성(姓). 사공(司空)·남궁(南宮)·선우(鮮于)·제갈(諸葛) 따위.

복성-스럽다(福星-)[-썽-따] [혭b]〈~스러우니, ~스러워〉 얼굴이 도톰하게 살이 올라 보기에 복스럽다. ¶뒤 댁 규수인지 달덩이처럼 환한 게 **복성스럽게도** 생겼다. **복성스레** 뿐.

복-소수(複素數)[-쏘-] 圄[수] 실수와 허수의 합의 꼴로서 나타내는 수.

복속(服屬)[-쏙] 圄 복종하여 좇는 것. **복속-하다** 困여.

복수¹(復水)[-쑤] 圄[화] 증기를 다시 물로 되게 하는 것. ¶ ~ 기(器). **복수-하다¹** 困여.

복수²(復讐)[-쑤] 圄 원수를 갚는 것. ¶ ~의 일념으로 칼을 갈다. **복수-하다²** 困여.

복수³(腹水)[-쑤] 圄[의] 복강(腹腔) 안에 액체가 차는 병증. 또는, 그 액체.

복수⁴(複數)[-쑤] 圄 1 [수] 둘 이상의 수. 2 [언] 주로 인도·유럽 어에서 둘 이상의 사람이나 사물을 나타내는 명사·대명사 및 그것을 받는 동사·형용사 등의 형식. 국어에서는 명사·대명사에 나타나는데, 특히 접미사 '-들'이 복수를 만드는 데 큰 구실을 함. ↔단수(單數).

복수-심(復讐心)[-쑤-] 圄 복수하려는 마음. ¶ ~에 불타다.

복수^여권(複數旅券)[-쑤-꿘][법] 특정한 용무로 여러 차례 외국을 왕복하는 사람에게 발급하는 일반 여권. ↔단수 여권.

복수-전(復讐戰)[-쑤-] 圄 1 복수하기 위하여 벌이는 싸움. 2 앞서 진 것을 만회하기 위하여 겨루는 경기나 게임. =설욕전.

복수-초(福壽草)[-쑤-] 圄[식] 미나리아재빗과의 여러해살이풀. 늦봄에 황색 꽃이 핌. 숲 속에서 자라는 것. 관상용으로도 기름. 약용음.

복수^투표(複數投票)[-쑤-] 圄 불평등 선거의 하나. 한 선거인이 둘 이상의 투표권을 행사하는 경우를 총칭하는 말이나, 일반적으로는 선거인의 재산·신분·교육·연령 및 문벌에 따라서 각 선거인이 가지는 투표권의 수에 차별을 두는 경우를 말함.

복술(卜術)[-쑬] 圄 점을 치는 방술(方術).

복숭아[-쑹-] 圄 복숭아나무의 열매. 중요한 식용 과실로, 크기와 빛깔이 다양함. =도실(桃實). ㈜복사.

복숭아-꽃[-쑹-꼳] 圄 복숭아나무의 꽃. =도화(桃花). ㈜복사꽃.

복숭아-나무[-쑹-] 圄[식] 장미과의 낙엽 소교목. 높이 약 3m. 꽃은 4~5월에 잎보다 먼저 흰색·담홍색으로 핌. 7~8월에 누르거나 붉은 열매가 익는데, 과육(果肉)은 부드럽고 맛이 좋음. 씨는 약으로 쓰임. ㈜복사.

복숭아-밭[-쑹-받] 圄 복숭아나무를 심어 가꾸는 밭.

복숭아-뼈[-쑹-] 圄 '복사뼈'의 잘못.

복숭아-씨[-쑹-] 圄 복숭아의 씨.

복숭아-털[-쑹-] 圄 1 복숭아의 껍질에 나 있는 잔털. 2 사람의 얼굴에 난 솜털을 비유적으로 이르는 말. ¶아무리 화류계에 나온 기생일지라도 아직 도 채 가시지 않은 홍도는 너무 어린 편이요….〈최인욱:전봉준〉

복숭앗-빛[-쑹아삗/-쑹앋삗] 圄 무르익은 복숭아의 발그스름한 빛.

복-스럽다(福-)[-쓰-따] [혭b]〈~스러우니, ~스러워〉(생김새가) 복이 많아 보이는 데가 있다. 특히, 얼굴이 알맞게 살이 올라 보기 좋은 상태에 있을 때 쓰는 말이. ¶얼굴이 참 **복스럽게** 생겼다. **복스레** 뿐.

복슬-강아지[-쓸-] 圄 털이 복슬복슬하고 탐스럽게 생긴 강아지. ㈜북슬강아지.

복슬-복슬[-쓸-쓸] 뿐 짐승이 살이 찌고 털이 많이 난 모양. ㈜북슬북슬. **복슬복슬-하다** [혭여]¶털이 **복슬복슬한** 강아지.

복습(復習)[-씁] 圄 배운 것을 다시 익혀 공부하는 것. =온습(溫習). ↔예습(豫習). **복습-하다** 困여.

복승(複勝)[-씅] 圄 '복승식'의 준말.

복승-식(複勝式)[-씅-] 圄[경] 경마·경륜(競輪) 따위에서 1등과 2등을 함께 알아맞히는 방식. 1·2등의 순서는 상관없음. ㈜복식·복승. ↔단승식.

복시¹(複視)[-씨] 圄[의] 난시나 안근(眼筋)의 마비에 의하여 1개의 물체가 2개로 보이거나 그림자가 생겨 이중으로 보이는 현상. 또는, 그런 눈.

복시²(覆試)[-씨] 圄[역] 조선 시대, 초시(初試)에 합격한 자가 다시 보던 과거. =회시(會試).

복식¹(服飾)[-씩] 圄 1 옷의 꾸밈새. 2 옷과 장신구.

복식²(複式)[-씩] 圄 1 두 겹 또는 그 이상으로 된 복잡한 방식. 2 [경] '복식 부기'의 준말. ¶ ~ 장부. 3 '복승식'의 준말. 4 [체] '복식 경기'의 준말. ↔단식(單式).

복식^경기(複式競技)[-씩껑-] 圄[체] 탁구·테니스 따위에서, 서로 두 사람씩 짝을 지어서 하는 시합. ㈜복식. ↔단식 경기.

복식^부기(複式簿記)[-씩뿌-] 圄[경] 부기의 하나. 모든 거래를 대변·차변으로 나누어 기입한 다음에 각 계좌마다 집계하여 전기(轉記)하는 방식. ㈜복식. ↔단식 부기.

복식^호흡(腹式呼吸)[-씨코-] 圄 횡격막의 신축에 의하여 배를 폈다 오므렸다 해서

복심¹(腹心) [-씸] 圀 1 배와 가슴. 2 마음속 깊은 곳.
복심²(覆審) [-씸] 圀 1 다시 심사·조사하는 것. 또는, 그 심사·조사. 2 [법] 항소 법원이 제일심과는 관계없이 새로이 심리·판결하는 일. **복심-하다** 图印回

복-십자(複十字) [-씹짜] 圀 결핵 예방 운동의 국제적 상징인 '╪'의 이름.

복싱(boxing) 圀[체] =권투. ¶~ 선수.

복안¹(腹案) 圀 마음속으로 품고 있는 계획. 벼속배포.

복안²(腹眼) 圀[동] =겹눈. ↔단안(單眼).

복어(-魚) 圀[동] 경골어류 복어목 복과에 속하는 바닷물고기의 총칭. 몸은 긴 달걀꼴이고 비늘은 없음. 적으로부터 공격을 받으면 물 또는 공기를 들이마셔 배를 볼록하게 내미는 특성이 있음. 살은 맛이 좋으나, 간·난소 등에 독이 있음. =복. ×복생선.

복역(服役) 圀 1 공역(公役)이나 병역에 종사하는 것. 2 징역을 사는 것. **복역-하다** 图재(여) ¶그는 살인죄로 10년 동안 복역하였다.

복역-수(服役囚) [-쑤] 圀 징역을 사는 죄수. ¶장기~.

복엽(複葉) 圀 1 [식] =겹잎1. 2 날개 따위가 이중으로 되어 있는 것. ↔단엽(單葉).

복엽-기(複葉機) [-끼] 圀 '복엽 비행기'의 준말. ↔단엽기.

복엽^비행기(複葉飛行機) [-뻬-] 圀 앞날개가 동체의 아래위로 둘 있는 비행기. 囹복엽기. ↔단엽 비행기.

복용(服用) 圀 약을 먹는 것. =복약. ¶식후 ~. **복용-하다** 图印回 ¶위장약을 ~.

복욱(馥郁) 어기 **복욱-하다**[-우카-] 囲여 풍기는 향기가 그윽하다.

복운(福運) 圀 행복과 좋은 운.

복원¹(復元·復原) 圀 (부서지거나 없어진 사물의) 원래의 모습이나 상태로 되돌려 놓는 것. **복원-하다**¹ 图印回 ¶폭격으로 파괴된 건물을 ~. **복원-되다**¹ 图재 ¶고층에 의해 복원된 사찰.

복원²(復員) 圀 전시 체제에서 평상 체제로 돌려 소집된 군인의 복무를 해제하는 것. ↔동원(動員). **복원-하다**² 图印回 **복원-되다**² 图재

복원-력(復元力) [-녁] 圀[물] 1 배나 비행기가 기울어졌을 때, 정상의 위치로 되돌아가려고 하는 힘. 2 물체가 변형하였을 때, 그 물체를 원래의 상태로 되돌리려고 하는 힘.

복원-성(復元性) [-썽] 圀[물] 기울어진 배나 비행기가 복원력에 의하여 평형 상태를 유지하려는 성질.

복위(復位) 圀 물러났던 임금이나 후비(后妃)가 다시 그 자리에 오르는 것. ¶폐비(廢妃)를 ~시키다. **복위-하다** 图재(여) **복위-되다** 图재

복음¹(福音) 圀[가][기] 그리스도에 의해 인류가 구원받게 된다는 기쁜 소식. 또는, 그것을 전하는 가르침. ¶~ 전파.

복음²(複音) 圀 1 [음] 두 개 이상의 서로 다른 높이의 음을 동시에 내는 일. 또는, 그 음. =복합음. 2 [언] 발음할 때, 처음과 끝이 다르게 나는 소리. =겹소리·중음(重音). ↔단음(單音).

복음-서(福音書) 圀[성] 신약 성서 가운데 예수의 가르침과 생애를 기록한 마태·마가·누가·요한의 네 책.

복음^성가(福音聖歌) 圀[기] 복음을 전파하고 신앙심을 북돋우기 위해 지은 노래. ▶찬송가.

복-음악(複音樂) 圀[음] =다성 음악. ↔단음악.

복인(服人) 圀 기년(朞年) 이하의 복(服)을 입은 사람. 囹복재기.

복자¹(卜者) [-짜] 圀 점을 치는 사람. 囲점쟁이.

복자²(伏字) [-짜] 圀[인] 1 인쇄물에서, 내용을 밝히지 않으려고 해당 글자 자리를 비우거나, '○', '×' 같은 일정한 부호를 넣어 대신하는 일. 또는, 그 부호. 2 =복자(覆字).

복자³(福者) [-짜] 圀[가] 죽은 사람의 신앙·덕행성을 증거하여, 공경의 대상이 될 만하다고 공식적으로 지정·선포한 사람의 존칭.

복자⁴(覆字) [-짜] 圀[인] 조판에서, 필요한 활자가 없을 경우 나중에 그 활자를 넣기로 하고 우선 그 자리에 적당한 활자를 뒤집어 꽂아 검게 박은 글자. '=' 따위. =복자(伏字).

복-자음(複子音) [-짜-] 圀[언] 둘 이상의 단자음으로 이루어진 자음. 'ㅋ', 'ㅌ'처럼 겹친 소리의 앞뒤가 바뀌어도 음가가 달라지지 않는 것과, 'ㄳ', 'ㄿ'처럼 음가가 둘인 것이 있음. =겹닿소리·중자음(重子音). ↔단자음.

복작-거리다/-대다 [-짝(때)-] 图재 1 (많은 사람이) 좁은 곳에서 수선스럽게 들끓다. 2 (물 따위가) 작은 그릇에서 끓어오르다. 囹북적거리다.

복작-복작 [-짝뽁짝] 囲 복작거리는 모양. 囹북적북적. **복작복작-하다** 图재(여)

복작-이다 [-짝-] 图재 (많은 사람이) 좁은 곳에 많이 모여 수선스럽게 들끓다. 囹북적이다.

복잡(複雜) [-짭] →**복잡-하다** [-짜파-] 囲여 (사물이) 갈피를 잡기 어려울 만큼 여러 가지가 얽혀 있거나 어수선하다. ¶내부 구조가 복잡한 기계 / 마음이 ~.

복잡다단(複雜多端) [-짬따-] →**복잡다단-하다** [-짬따-] 囲여 일이 두루 뒤섞여 갈피를 잡기가 곤란하다.

복잡-스럽다(複雜-) [-짭쓰-따] 囲비<-스러우니, ~스러워> 복잡한 데가 있다. **복잡스레** 囲

복장¹(服裝) [-짱] 圀 옷을 입은 상태나 격식. (胸腔)옷차림. ¶검소한 ~ / ~을 단정히 하다.

복장²(腹臟) [-짱] 圀 1 가슴의 한복판. =흉당(胸膛). ¶다 잡은 고기를 놓쳤으니 ~이 터질 노릇이다. 2 속으로 품고 있는 생각.

복장(이) 타다 굔 화가 나거나 답답하여 속이 타다.

복-재기(服-) [-째-] 圀 '복인(服人)'을 낮추어 이르는 말.

복적(復籍) [-쩍] 圀[법] 이혼이나 파양(罷養)으로 친가 또는 생가의 호적으로 다시 돌아가는 일. **복적-하다** 图재(여)

복점¹(複占) [-쩜] 圀[경] 동일 상품을 공급하는 자가 둘밖에 없으면서 서로 경쟁하고 있는 상태. ▶독점(獨占).

복점²(福點) [-쩜] 圀 몸이나 얼굴에 있는, 복을 가져다 준다는 점.

복제¹(服制) [-쩨] 圀 1 오복(五服)의 제도.

㈜복(服). 2 복장에 대한 규정.
복제²(複製) [-쩨-] 명 1 (어떤 물건을) 본래의 것과 똑같이 만드는 일. 또는, 그 만든 물건. 2 [법] 어떤 물건이나 대상을 인쇄·사진·복사·녹음·녹화 등의 방법에 의하여 유형물(有形物)로 다시 제작하는 것. 건축물의 경우에는 그 건축을 위한 모형 또는 설계도에 따라 이를 시공하는 것을, 각본·악보 그 밖의 이와 유사한 저작물의 경우에는 그 저작물의 공연·방송 또는 실연(實演)을 녹음하거나 녹화하는 것을 포함함. ¶무단 ~ 업금. **복제-하다** 동타여 **복제-되다** 자여 ¶불법으로 복제된 카세트테이프.
복제-판(複製版) [-쩨-] 명 원화(原畫)를 복제한 인쇄물.
복제-품(複製品) [-쩨-] 명 본디의 것과 똑같이 본떠 만든 물품. ¶불법 ~이 시중에 나돈다.
복조(復調) [-쪼] 명 변조되어 있는 반송파(搬送波) 가운데서 본디의 신호를 가려내는 일. =검파. **복조-하다** 타여
복-조리(福笊籬) [-쪼-] 명[민] 그해에 많은 복을 받는다 해서 음력 정월 초하룻날 새벽에 사서 벽에 걸어 두는 조리.
복종(服從) [-쫑] 명 남의 명령이나 의사에 따르는 것. ¶절대~. **복종-하다** 자여 ¶상관에게 ~.
복좌(複座) [-쫘] 명 항공기 따위에서, 2개 있는 좌석. ▷단좌(單座).
복죄(服罪·伏罪) [-쬐/-쮀] 명 죄에 대한 형벌을 순순하여 받는 것. **복죄-하다** 자여
복주¹(伏奏) [-쭈] 명 엎드려 삼가 아뢰는 것. ¶~문(文). **복주-하다** 동타여
복주²(伏誅) [-쭈] 명 형벌을 받아 죽음을 당하는 것. =복법(伏法). **복주-하다** 자여
복-주머니(福-) [-쭈-] 명 정초에 어린아이의 옷고름에 매어 주는 두루주머니. 그 속에 쌀·깨·조·팥 등의 곡식을 넣으며, 계집아이는 부전을, 사내아이는 필낭을 함께 달아 주기도 함.
복중¹(伏中) [-쭝] 명 초복에서 말복까지의 사이. 囲복허리. ¶~ 음식.
복중²(服中) [-쭝] 명 기년복(朞年服) 이하의 복을 입는 동안.
복지¹(服地) [-찌] 명 양복·양장 등의 재료가 되는 천. ¶순모 ~ / 고신축성 ~.
복지²(福地) [-찌] 명 1 신선들이 사는 곳. 2 행복을 누리며 잘살 수 있는 땅. ¶가나안 ~. 3 [지] 지덕(地德)이 좋은 땅.
복지³(福祉) [-찌] 명 건강하고 편안하고 행복하게 살 수 있게 갖추어진 사회 환경. 囲복리(福利). ¶국민 ~ 향상.
복지^국가(福祉國家) [-찌-까] 명[정] 국민 복지의 증진·확보 및 행복의 추구를 국가의 중심 사명으로 보고, 생존권 보장·사회 보장 제도의 완비(完備)를 추구하는 국가.
복지부동(伏地不動) [-찌-] 명 '땅에 엎드려 움직이지 않는다는 뜻' 책임을 추궁당하는 것이 두려워 몸을 사리며 일을 소극적·수동적으로 하는 태도를 가리키는 말. ¶사정 바람이 불면서 공무원들의 ~이 더욱 심화되고 있다. **복지부동-하다** 동자여
복지^사업(福祉事業) [-찌-] 명 복지 국가의 실현을 위해 시행되는 모든 사업. =복리 사업.
복지^사회(福祉社會) [-찌-회/-찌-훼] 명 사람이 행복하고 인간다운 삶을 누릴 수 있는 사회.
복지^시설(福祉施設) [-찌-] 명 국민의 사회 복지를 위한 양로원·보육원 등의 시설. =복리 시설.
복지^연금(福祉年金) [-찌-] 명 =국민 복지 연금.
복직(復職) [-찍] 명 물러났던 관직이나 자리에 다시 오르는 것. ¶~ 교수. **복직-하다** 동자여 **복직-되다** 동자여
복찻-다리[-차따-/-찯따-] 명 큰길을 가로질러 흐르는 작은 개천에 놓은 다리.
복창¹(復唱) 명 (어떤 짤막한 말, 특히 맹세나 다짐 등의 말을) 명령이나 지시를 받아 어떤 사람이 먼저 말하면 큰 소리로 그대로 따라 외는 것. ¶~ 소리가 작다(군대 조교가 훈련병에게). **복창-하다** 동타여 ¶선수들이 선서를 ~.
복창²(複窓) 명 [건] =이중창(二重窓)².
복채(卜債) 명 점을 친 값으로 점쟁이에게 주는 돈. 囲복차.
복철(複鐵) 명 '복선 철도'의 준말.
복첨(福籤) 명 경품이나 금품(金品)이 걸린 제비.
복칭(複稱) 명 둘 이상의 사물을 나타내는 이름. ↔단칭(單稱).
복-코(福-) 명 복스럽게 생긴 코. 흔히, 콧방울이 좋아서 도톰한 코를 가리킴.
복통(腹痛) 명 1 위나 장 등에 통증을 느끼는 상태. ¶음식을 잘못 먹어 ~을 일으키다. 2 몹시 원통하거나 억울하여 답답함을 느끼는 것. **복통-하다** 동자여 ¶몹시 원통하거나 억울하여 답답함을 느끼다. ¶애매하게 생사람을 잡으니 복통할 노릇이다.
복판 명 1 사물의 한가운데. ¶과녁의 ~ / 길~에 나가 우두커니 서 있다. 2 소의 갈비·대접 또는 도가니의 중간에 붙은, 구이에 쓰는 고기.
복-하다(卜-) [보카-] 동자타여 1 점을 치다. 2 점을 쳐서 집터 따위를 가려 정하다.
복학(復學) [보칵] 명 정학이나 휴학하고 있던 학생이 다시 학교에 복귀하는 것. =복교. **복학-하다** 동자여 **복학-되다** 동자여
복학-생(復學生) [보칵쌩] 명 정학이나 휴학을 하고 있다가 다시 학교에 복귀한 학생.
복합(複合) [보캅] 명 둘 이상이 결합하여 하나를 이루는 것. 또는, 둘 이상을 결합시켜 하나를 이루게 하는 것. ¶~ 영양제. **복합-하다** 동자타여 **복합-되다** 동자여 ¶여러 가지 원인이 복합되어 발생한 안.
복합^국가(複合國家) [보캅꾹까] 명[정] 둘 이상의 국가가 결합하여 이루어진 나라. =단일 국가.
복합^기업(複合企業) [보캅끼-] 명[경] 자기 본래의 업종과는 관련이 없는 업종의 기업을 차례로 매수·합병하여 급속히 거대해지고 있는 형태의 기업. =콘글로머릿.
복합^단백질(複合蛋白質) [보캅딴-쩔] 명[화] α-아미노산 외에 다른 유기물과 결합하고 있는 단백질. ↔단순 단백질.
복합^비타민제(複合vitamin劑) [보캅-] 명[약] 수용성 또는 지용성 비타민 중의 한쪽만을 2~3가지 배합한 약.
복합^사회(複合社會) [보캅싸회/보캅싸훼] 명[사] 여러 단순 사회(單純社會)가 모여서 성립된 사회. ↔단순 사회.
복합^섬유(複合纖維) [보캅썸-] 명 두 종류의 성분인 다른 고분자 재료를 동일 방사구

(紡絲口)로부터 압출하여 만든 특수 화합 섬유.

복합-어(複合語)[보캅-][명][언] 짜임새가 단일하지 않고 복합적인 말. '덧신'과 같이 실질 형태소 '신'에 형식 형태소 '덧'이 붙은 것(파생어)과 '짚신'과 같이 두 개의 실질 형태소가 어울린 것(합성어)이 있음. ↔단일어.

복합-음(複合音)[보캅-][명] **1**[음]=복음(複音)². **2**[물] 주파수가 다른 사인파(sine波) 성분의 결합으로 생기는 음파.

복합-적(複合的)[보캅쩍][관][명] 어떤 것에 둘 이상의 요소가 혼합되어 있는 (것). 또는, 둘 이상의 요소가 꼬집어 내기 어려울 만큼 뭉뚱그려져 있는 (것). ¶~요인/감기는 흔히 여러 증상이 나타난다.

복합적 개념(複合的概念)[보캅쩍-][논] 많은 속성·내용을 포함하는 개념. =복합 개념. ↔단순 개념.

복합^조사(複合助詞)[보캅쪼-][명][언] 둘 이상의 말이 모여서 하나로 된 조사. '보다는', '까지를', '에서도' 따위.

복합^지질(複合脂質)[보캅찌-][명][화] 단순 지질에 다시 인·황·질소·당 등이 더해진 지질. 인지질과 당지질로 나뉘며, 생체에서 중요한 구실을 함. ↔단순 지질.

복합-체(複合體)[보캅-][명] 두 가지 이상의 물건이 모여서 된 물체.

복합^화산(複合火山)[보카콰-][명][지] 오랜 세월에 걸쳐 여러 번 분화함으로써 생긴, 형태가 복잡한 화산. ㉣복짝화산.

복-허리(伏-)[보켜-][명] 삼복 동안의 가장 더운 고비. ㉥복중(伏中). ¶~에 들어선 한여름 더위.

복호(複號)[보코][명][수] '복부호'의 준말.

복혼(複婚)[보콘][명] 배우자가 동시에 둘 이상인 혼인 형태. 일부다처·일처다부·집단혼 따위. ↔단혼.

복화-술(腹話術)[보콰-][명][연] 입을 움직이지 않고 이야기하는 기술. 인형을 가지고 연극을 할 때 인형이 실제로 말하는 것처럼 느끼게 하는 기술.

복희-씨(伏羲氏·伏犧氏)[보키-][명] 삼황(三皇)의 첫머리에 꼽는, 중국의 전설상의 제왕. 어렵(漁獵)을 가르치고 팔괘(八卦)를 만들었다 함.

볶다[복따][동][타] **1**(음식의 재료를) 프라이팬이나 냄비 등에 넣고 마른 상태 또는 기름을 친 상태로 열을 가하여 자주 이리저리 뒤으면서 익히다. ¶깨를 ~/밥을 **볶아** 먹다. **2**(사람을) 이것저것 요구하거나 트집을 잡거나 하여 괴롭게 하다. ¶시어머니가 며느리를 ~. **3**(사람의 머리털을) 열을 가하여 곱슬곱슬하게 하다. 속된 말임. ㉥파마하다. ¶처녀가 머리를 ~.

볶아-치다[동][자] 몹시 급하게 몰아치다. ¶빨리 가자고 ~.

볶-음[명] 어떤 재료에 양념을 하여 기름을 두르고 볶은 음식. ¶오징어~.

볶음-밥[명] 밥을 잘게 썬 쇠고기·당근·감자·양파 등과 함께 기름에 볶아 만든 음식.

볶-이다[동][자] '볶다'의 피동사. ¶빚쟁이에게 ~/콩이 덜 **볶였다**.

본¹(本)**1**옳거나 바르거나 훌륭하여 따르거나 배울 만하다고 여겨지는 행동이나 태도나 대상. ¶~을 받다/~을 보이다. **2**어떤 물건을 만들거나 일을 행할 때, 그 내용·형태·방법 등에서 그 바탕이나 기준이 되는 물건이나 일. ¶선진국의 제도를 ~으로 삼다. **3**옷이나 버선 등을 만들 때 천에 대고 마름질하기 위해, 또는 뜨개질할 때 편물 크기의 기준으로 삼기 위해, 치수에 따라 각 부위를 종이에 그려 잘라 놓은 것. ¶버선~/바지의 ~을 뜨다. ▷원형. **4**=본관(本貫)². ¶~이 어디십니까? **5**노름 등에서, 돈을 따지도 잃지도 않은 상태. ㉥본전. ¶해아려 보니 딱 ~.

본²(本)[관] 다음에 오는 대상이 지금 이 자리에 있거나 또는 이 자리에서 문제 삼고 있는 것이거나, 조책이 자기 자신의 것임을 가리키는 것이거나, 단체가 바로 화자(話者)가 속하고 있는 것임을 나타내는 말. 격식 투의 말임. ㉥우리. ¶~사건/~법정/~검사/~첩회.

본-³(本)[접두] '근본이 되는', '본래의', '본디의'의 뜻. ¶~바탕/~뜻/~마음.

본가(本家)[명]=본집2.

본가-댁(本家宅)[-땍][명] '본가(本家)'를 높여 이르는 말.

본각(本覺)[명][불] 우주의 모든 것에 통하는 자성(自性)의 본체. 곧, 본래부터 내재되어 있는 불성(佛性).

본-값(本-)[-갑][명] 사들일 때의 값. 또는, 밑천으로 든 값. =본가(本價). ㉥원가(原價).

본거-지(本據地)[명] =근거지.

본건(本件)[-껀][명] 이 사건. 또는, 이 안건.

본격(本格)[-껵][명] 근본에 맞는 격식이나 규격.

본격^소설(本格小說)[-껵쏘-][명][문] 제재를 널리 사회 현실에서 구하고, 사건의 진전이나 인물의 움직임 등을 객관적으로 다루어 근대 소설의 면목을 갖춘 소설. ▷사소설.

본격-적(本格的)[-껵쩍][관][명] 어떤 진행 상태가 제 궤도에 올라 매우 적극적인 (것). ¶그 작가는 만년에 이르러서야 ~인 작품 활동을 시작하였다.

본격-화(本格化)[-껴콰][명] 본격적으로 하거나 본격적이 되는 것. **본격화-하다**[동][자][타] ㉥**본격화-되다**[동][자] ¶분쟁이 ~.

본견(本絹)[명] 명주실로 짠 비단. ↔인조견.

본-고사(本考査)[명] 학력고사·수능 시험 등에 대하여, 대학별로 실시하는 입학시험을 이르는 말. 현재는 법에 따라 금지되어 있음.

본-고장(本-)[명] 어떤 활동이나 생산이 이뤄지는 본래의 중심지. ¶본처(本處)·제고장. ¶빈(Wien)은 음악의 ~이다. ㉣본곳.

본-고향(本故鄕)[명] 태어나서 자란 본디의 고향.

본과(本科)[-꽈][명] 부속 과정이 있는 학교 교육 과정에서 중심이 되는 과정. ¶의과 대학 ~ 1학년. ▷예과.

본관¹(本官) **Ⅰ**[명] **1**[역] 자기 고을의 원, 곧 수령(守令)을 이르는 말. ¶~ 사또. **2**[역] 감사(監司)나 병사(兵使)가 있는 곳의 목사·판관·부윤을 이르는 말. **3**겸습·겸임(兼員)·촉탁 등이 아닌 정규의 관직. **4**겸관(兼官)에 대하여서 그의 주된 본래의 관직. **Ⅱ**[대][인칭] 관직에 있는 사람이 자기를 일컫는 말. ㉥본직(本職).

본관²(本貫)[명] 어떤 성(姓)이 비롯된 지역. 곧, 어떤 성의 시조가 정착하여 거주한 곳. =본·관·관향(貫鄕)·관적·본토·본향·선향

(先鄉)·성향(姓鄉). ¶서포 김만중의 ~은 '광산' 이다.
본관³(本管) 명 지관(支管)에 대하여 본줄기의 관. ↔지관.
본관⁴(本館) 명 별관·분관에 대하여 그 중심이 되는 건물. ¶대학 ~.
본교(本校) 명 1 분교(分校)에 대하여 중심이 되는 학교. 2 자기 학교를 남에게 대하여 이르는 말. ¶~생. ↔타교.
본국¹(本局) 명 분국(分局)·지국(支局)에 대하여 중심이 되는 국. ↔분국·지국.
본국²(本國) 명 1 자기의 국적이 있는 나라. =본방(本邦). 2 식민지나 속령(屬領)에 대하여 그를 지배하는 나라.
본국-법(本國法)[-뻡] 명[법] 당사자의 국적이 있는 나라의 법률.
본권(本權)[-꿘] 명[법] 점유를 법률상 정당하게 하여 주는 권리. 소유권·지상권·임차권·전세권 따위. ▷점유권.
본-궤도(本軌道) 명 1 근간이 되는 중요한 궤도. 2 일의 본격적인 궤도. ¶수출이 ~에 오르다.
본-그늘(本-) 명[물] =본그림자.
본-그림자(本-) 명 불투명체에 가로막혀 광원(光源)으로부터 전혀 빛을 받지 못하여 어둡게 된 부분. =본그늘·본영(本影). ▷반그림자.
본금(本金) 명 1 =본전. 2 =순금(純金).
본기(本紀) 명[역] 제왕의 사적(事跡)을 기록한 기전체(紀傳體) 역사의 한 부분.
본-남편(本男便) 명 이혼·개가하기 전의 본디의 남편. =본부(本夫). ¶본사내.
본능(本能) 명 학습이나 경험에 의하지 않고 선천적으로 가지고 있는 동물의 행동 습성이나 능력. 개체의 생존과 종족 유지의 기본적 욕구와 밀접한 관련을 가짐. ¶성 ~ / 귀소 ~.
본능-적(本能的) 관명 본능이 시키는 대로 움직이려고 하는 (것). ¶~ 욕구 / 쥐는 고양이를 보면 ~으로 공포를 느낀다.
본당(本堂) 명 1 [불] 절에서 본존(本尊)을 모셔 두는 전당(殿堂). 2 [가] 주임 신부가 상주(常住)하는 성당.
본대(本隊) 명 본부(本部)가 있는 부대. ¶~와 합류하다 / ~로 복귀하다. ↔분대·지대.
본댁(本宅) 명 1 '본집'의 존칭. 2 '본댁네'의 준말.
본댁-네(本宅-)[-땍-] 명 첩에 상대하여 '정실'을 점잖게 일컫는 말. 춘본댁.
본-데 명 보고 배운 예의범절이나 지식.
본데-없다[-업따] 형 보고 배운 것이 없다.
본데없-이 부 ¶~ 자라서 예의범절을 모르다.
본도(本道) 명 1 올바른 방법이나 도리. 2 으뜸 되는 큰 도로.
본^도법(Bonne圖法)[-뻡] 명[지] 지도 투영법의 하나. 원뿔 도법의 중앙 경선 외에는 모두 곡선으로 변형된 것으로서 도면의 가장자리 부분과 양쪽의 극 부근이 비뚤어짐.
본동(本洞) 명 1 자기가 살고 있는 동네. 2 이 동네.
본-동사(本動詞) 명[언] 보조 동사의 도움을 받는 동사. ▷보조 동사.
본드(bond) 명 나무·가죽·고무 따위의 물건을 붙이는 데에 쓰이는 물질. 상표명에서 온 말임. 비접착제.
본-등기(本登記) 명[법] 확정된 등기를 가등기(假登記)에 상대하여 이르는 말.
본디(本-) I 명 어떤 사물·대상이 있게 된 처음의 시점. 또는, 겉으로 드러난 것과 다른, 사물·대상의 근본. 비본래·본시·원래. ¶~부터 타고난 성품.
II 부 처음의 시점에 있어서. 또는, 근본에 있어서. 비본래·본시·원래. ¶그는 우락부락하긴 하지만 심성은 ~ 착한 사람이다.
본딧-말(本-)[-딘-] 명 줄어지기 전의 본디 형태의 말. ↔준말.
본때(本-) 명 본보기가 될 만한 행동이나 사물.
본때를 보이다 관 잘못을 뉘우치거나 교훈이 되도록 본보기로 따끔한 맛을 보이다.
본때(가) 있다 관 훌륭하거나 나무랄 데가 없어 본보기로 할 만한 데가 있다. ¶본때 있는 집안 / 일을 본때 있게 해치우다.
본-뜨다(本-) 자타⟨~뜨니, ~떠⟩ 1 모범으로 삼아 그대로 좇아 하다. ¶아이들은 부모가 하는 행동을 으레 본뜨게 마련이다. 2 이미 있는 사물을 본으로 삼아 그같이 만들다. ¶남의 화풍(畫風)을 본뜬 그림.
본-뜻(本-)[-뜯] 명 1 마음에 품은 애초의 진정한 뜻. 비본심(本心)·본의(本意). ¶제발 오해를 풀어라. 내 ~은 그게 아니었다. 2 말이나 글의 본래의 참뜻.
본래(本來)[볼-] I 명 어떤 대상의, 처음 또는 근본의 상태. =원래. 비본디. ¶분장을 지우자 그의 ~의 얼굴이 드러났다.
II 부 처음 또는 근본의 상태에 있어서. =원래. 비본디. ¶그 사람 말투가 ~ 그래.
본령(本領)[볼-] 명 근본이 되는 강령이나 특질. ¶문학의 ~은 가치 있는 삶이 무엇인가를 보여 주는 데에 있다.
본론(本論) 명 말이나 글에서 주된 부분. ▷서론·결론.
본루(本壘)[볼-] 명[체] =홈 베이스.
본루-타(本壘打)[볼-] 명[체] =홈런.
본류(本流)[볼-] 명 1 강이나 내의 물이 흘러 내려가는 원줄기. =간류. ↔지류(支流). 2 주된 계통. ¶비판 철학의 ~는 칸트로부터 시작되다.
본-마누라(本-) 명 첩이나 내연 관계의 여자에 대해 법적인 아내를 다소 낮추어 이르는 말. 비본부인. ▷큰마누라.
본-마음(本-) 명 1 본디의 마음씨. ¶한때나쁜 짓을 하였지만 ~은 착하다. 2 본래 마음속에 품고 있는 생각. 비본심(本心). ¶~을 털어놓다. 준본맘.
본말(本末) 명 1 일의 처음과 끝. 2 사물이나 일의 중요한 부분과 그렇지 않은 부분. ¶~을 혼동하다 / ~이 바뀌다.
본말이 전도(顚倒)되다 관 일의 순서가 잘못 바뀌거나 중요한 것과 사소한 것이 구별되지 못하는 상태를 이르는 말.
본-맘(本-) 명 '본마음'의 준말.
본-머리(本-) 명 본디 자기 머리에서 자라난 머리털. ↔딴머리.
본명(本名) 명 1 가명(假名)·별명이 아닌 본디 이름. =본이름. 비실명(實名)·원명(原名). 2 [가] =세례명.
본-모습(本-) 명 본디의 모습.
본무(本務) 명 본래의 직무나 임무.
본-무대(本舞臺) 명 1 임시로 옆에다 덧대거나 따로 장치한 무대에 대하여, 원무대를 일컫는 말. 2 어떤 일이 벌어지고 있는 중심이 되는 곳. ¶정치의 ~에서 활약하다.

본문(本文) [명] **1** 두주(頭註)·각주(脚註)·방주(傍註) 등 주석에 대한 원래의 문장. =원문(原文). **2** 책에서 그림이나 도표·서문·발문 등을 제외한, 주가 되는 문장. **3** 번역한 글의 원문(原文). **4** [언] '반절본문' 의 준말.
본-문제(本問題) [명] 기본이 되는 본래의 문제. ¶~로 돌아가다.
본-밑천(本-)[-믿-] [명] 본디 들여놓은 자본. [준]본밑.
본-바닥(本-) [명] **1** 어떤 사람이 본래부터 오랫동안 살거나 활동해 온 지역. ¶말투로 보아 ~ 사람이 아니다. **2** 어떤 사물이 본래부터 오랫동안 이뤄지거나 생산되어 중심이 되거나 근원이 되는 곳. ¶개구리참외의 ~은 성환(成歡)이다. / 사람이 크게 되려면 놀아도 ~에서 놀아야 한다.
본-바탕(本-) [명] 본디부터 가지고 있는 근본이 되는 바탕. =본체(本體). ¶~이 악한 사람은 없다.
본-받다(本-)[-따] [동][타] 남의 것을 본보기로 하여 그대로 따라 하다. ¶위인들의 훌륭한 행동을 ~. ×법받다.
본병(本病) [명] 본디부터 앓고 있어 때때로 도지는 병. =본증(本症)·본질(本疾). ¶~이 재발하다[도지다]. ▷숙환·지병(持病).
본보(本報) [명] 이 신문. 신문 보도에서 자기 신문을 지칭하는 말.
본보-기(本-) [명] **1** 본을 받을 만한 대상. ¶현모양처이자 예술가였던 신사임당은 한국 여성의 ~로서 추앙받고 있다. **2** 어떤 사실을 설명하거나 증명해 주는 대표적인 것. [비]보기. ¶스탈린과 히틀러는 독재자의 ~이다. **3** 어떤 조치를 취하기 위해 대표로 내세워 보이는 것. ¶정부는 부동산 투기를 근절하기 위한 ~로 상습적인 투기꾼들의 명단을 공개했다. **4** 본을 보이기 위한 물품.
본-보다(本-) [동][타] 무엇을 모범으로 삼아 따라 하다. ¶이 사람아, 그게 무슨 짓인가. 애들이 **본볼까** 무섭네. ▷본받다.
본봉(本俸) [명] =기본급.
본부(本部) [명] 기관·단체·회사 등에서, 어떤 일을 행하는 중심 조직. 또는, 그 조직이 있는 곳. ¶육군 ~ / 소방 ~ / 재해 대책 ~ / 해외 사업 ~. ↔지부.
본부-석(本部席) [명] 운동이나 대회 등을 지휘·관전(觀戰)하기 위하여 지휘 본부에 마련한 임원·귀빈의 자리.
본-부인(本夫人) [명] 첩이나 내연의 관계에 있는 여자에 대해, 법적인 부인을 이르는 말. [비]본마누라.
본부-장(本部長) [명] 기관·단체·회사 등의 본부를 지휘하고 책임지는 우두머리. ¶제1영업~.
본분(本分) [명] 본래의 직분. 또는, 그 직분에 따른 책임이나 의무. ¶학생의 ~을 지키다[벗어나다] / 부모로서의 ~을 다하다.
본사[1](本寺) [명][불] 암자나 작은 절을 거느리는 큰 규모의 절. ¶쌍계사는 조계종 제22교구 ~인 대둔사의 말사이다. ↔말사.
본사[2](本社) [명] **1** 지사(支社)에 대하여 주가 되는 회사. ¶~로 발령이 나다. **2** 자기의 회사를 남에게 대하여 이르는 말.
본-사내(本-) [명] **1** '본남편' 을 낮추어 이르는 말. **2** 샛서방이 있는 계집의 본남편. =본서방.
본산(本山) [명][불] 어떤 종파에 딸린 여러 절을 총괄하는 큰 절. 일제 강점기의 31본산제는 해방 후 폐지되었고, 현재 남한에서는 25교구 본사 제도로 운영되고 있음.
본새(本-) [명] **1** 생긴 모양새. **2** 동작이나 버릇의 됨됨이. ¶말하는 ~가 교양은 없어 보이는군. / 일하는 ~가 영 틀렸다니까. ×뽄새.
본색(本色) [명] **1** 감추어졌거나 감추려고 했던, 어떤 사람의 좋지 않은 본래의 정체나 성질. ¶술이 얼근해지자 그 사내는 야비한 ~을 드러내기 시작했다. **2** 본래의 생김새나 바탕.
본생-가(本生家) [명] 양자(養子)의 생가. [준]본생·생가. ↔양가.
본생-부모(本生父母) [명] 양자로 간 사람의 생가의 부모. [준]생부모.
본서(本署) [명] 지서·분서·파출소에 대하여 주가 되는 관서. ¶~ 직원.
본-서방(本書房) [명] =본사내2.
본선[1](本船) [명] 주가 되는 배.
본선[2](本線) [명] 도로·철도·전신 등의 주요한 선. [비]간선(幹線). ↔지선(支線).
본선[3](本選) [명] 경기나 대회에서 예선을 거쳐 정식으로 우열을 가리는 선발. ¶~에 오르다[진출하다]. ↔예선(豫選).
본성[1](本姓) [명] 본디의 성.
본성[2](本性) [명] **1** 어떤 사람의 본디의 성질. [비]천성. ¶~이 어질다 / ~이 드러나다. **2** 사물의 본디의 성질. =실성(實性).
본숭-만숭 [부] 관심 없이 건성으로 대하는 모양. **본숭만숭-하다** [동][타][여] ¶혜숙이는 나를 보고도 **본숭만숭했다**.
본시(本是) Ⅰ [명] 본디의 상태. =원시(元是). [비]본디.
Ⅱ [부] 본디의 상태로는. =원시(元是). [비]본디. ¶그는 ~ 가난한 집에서 태어났으나 자수성가하여 큰 회사를 경영하고 있다.
본-시험(本試驗) [명] 예비 시험·임시 시험·모의시험에 대하여, 주가 되는 시험.
본실(本室) [명] =본처(本妻).
본심(本心) [명] **1** 감추어졌거나 드러나지 않은, 진짜 속마음. [비]본마음. ¶난 정말 그의 ~을 모르겠어요. **2** 꾸밈이나 거짓이 없는 참마음. =본정(本情). [비]진심(眞心).
본안(本案) [명] **1** 근본이 되는 안건. [비]원안(原案). **2** [법] 민사 소송법상 부수적·파생적인 사항에 대하여 중심이 되는 사항.
본-얼굴(本-) [명] 꾸미거나 바꾸지 않은 본디 그대로의 얼굴.
본업(本業) [명] 주가 되는 직업. =주업(主業). [비]본직(本職). ↔부업(副業).
본연(本然) [명] 사물이나 현상이 처음부터 가지고 있는 것. ¶학자 ~의 임무는 학문을 탐구하는 것이다. **본연-하다** [형][여]
본연지성(本然之性) [명][철] 주자학(朱子學)에서, 이(理)에서 선천적으로 생긴, 인간의 순수하고 선한 본성.
본엽(本葉) [명][식] 떡잎 뒤에 나오는 잎. 또는, 특수한 잎 밖의 보통의 잎. =본잎.
본영(本影) [명][물] =본그림자.
본-예산(本豫算)[-녜-] [명][법] 국가나 지방 공공 단체의 한 회계 연도에서 세운 연간 예산. ↔추가 경정 예산.
본-용언(本用言)[-뇽-] [명][언] 문장 안에서 주된 뜻을 가지면서 보조 용언의 도움을 받는 용언. '하늘이 흐려 있다', '어서 먹어 보아라' 에서 '흐리다', '먹다' 따위. ▷보조 용언.

본원¹(本院) 명 분원(分院)·지원(支院)에 대하여 으뜸이 되는 원.

본원²(本源) 명 주장이 되는 근원. 비본근.

본원-적(本源的) 관 본원이 되는 (것).

본위(本位) 명 판단이나 행동에서 중심이 되는 기준. ¶능력〔인물〕 ~ / 신용 ~. 2 본래의 자리.

본위^제:도(本位制度) 명 [경] 본위 화폐를 근거로 화폐 가치를 정하고 규어하는 제도. 금 본위 제도·은 본위 제도·금은 복본위 제도 등이 있음.

본위^화:폐(本位貨幣) [-페/-폐] 명 [경] 한 나라의 화폐 제도의 기초가 되며 무제한 법화로서 통용되는 화폐. 준본위화. ↔명목 화폐·보조 화폐.

본유(本有) 명 1 본디부터 있음. 또는, 태어나면서부터 가지고 있음. ¶~ 관념 / 인간 ~의 가치. 2 [불] 본래 지니고 있는 불성(佛性). **본유-하다** 형 본디부터 있다. ¶인간 고유한 도덕성.

본유^관념(本有觀念) 명 [철] 감각이나 경험에 의해서가 아니고 나면서부터 가지고 있는 선천적 관념. =생득 관념. ↔습득 관념.

본의¹(本意) [-의/-이] 명 본래의 의도나 생각. 비본뜻·본심. ¶~ 아니게 폐를 끼쳤습니다. / 오해 마십시오. 제 ~는 그게 아니었습니다.

본의²(本義) [-의/-이] 명 =본지(本旨)¹.

본-이름(本-) [-니-] 명 =본명(本名)¹. ▷원이름.

본인(本人) Ⅰ 명 어떤 일에 직접 관계가 있거나 해당되는 사람. ¶투표는 투표권자인 ~이 직접 해야만 한다.
Ⅱ 때〔인칭〕 공식적인 자리에서 '나'Ⅰ을 문어적으로 이르는 말. ¶그에 대한 ~의 생각을 말씀드리자면 이렇습니다.

본-잎(本-) [-닙] 명 =본엽(本葉).

본적(本籍) 명 호적을 두고 있는 곳.

본적-지(本籍地) [-찌] 명 [법] 호적이 있는 시·구·읍·면 등의 지역. =관적(貫籍).

본전(本錢) 명 1 투자나 투기 등에 밑천으로 들인 돈. =본금. 비밑천·본. ¶을 뽑다 / 내기 화투에서 ~은 건졌다.

본전도 못 찾다 관 일한 결과가 아무 보람 없이 하지 않은 것만도 못하다.

본전-치기(本錢-) 명 본전만 받고 파는 것.
본전치기-하다 동(자여)

본점(本店) 명 영업의 본거지가 되는 점포.

본포(本鋪) 명 =본점. ↔지점.

본-정신(本精神) 명 본래대로의 온전한 정신. 비제정신. ¶헛소리하는 걸 보니 ~이 아니다.

본제(本題) 명 1 중심이 되는 제목·과제. 2 본래의 제목.

본존(本尊) 명 [불] 1 법당에 모신 부처 가운데서 으뜸 되는 부처. =주세불(主世佛). 2 '석가모니불'을 으뜸가는 부처란 뜻으로 이르는 말. =본존불.

본존-불(本尊佛) 명 [불] =본존().

본-줄기(本-) 명 1 근본이 되는 줄기. 비원줄기.

본증(本證) 명 [법] 재판에서, 입증(立證) 책임을 지는 당사자가 그 사실을 증명하기 위하여 제출하는 증거. ↔반증(反證).

본지¹(本旨) 명 1 본래의 취지나 의미. 2 근본이 되는 취지. =본의(本義).

본지²(本紙) 명 이 신문. 신문 편집자가 자기 신문을 지칭하는 말.

본지³(本誌) 명 1 이 잡지. 잡지 편집자가 자기 잡지를 지칭하는 말. ¶~에 투고한 작품은 일체 반환하지 않음. 2 별책·부록 등에 대하여 잡지의 중심이 되는 부분.

본직(本職) Ⅰ 명 부업 또는 내직(內職)이 아닌 주가 되는 직업. 비본업(本業). ↔내직.
Ⅱ 때〔인칭〕어떠한 직을 가진 사람이 공식적으로 자기를 가리켜 이르는 말. 비본관.

본질(本質) 명 1 사물의 바탕을 이루는 본디의 성질. ¶문제의 ~을 왜곡하다. 2 [철] 사물의 본성을 이루는, 항구적이고 불변하는 것.

본질-적(本質的) [-쩍] 관 본질에 관련이 있는 (것). 또는, 그것 없이는 생각할 수 없을 정도로 중요한 (것). ¶~인 문제 / ~ 차이.

본질적 속성(本質的屬性) [-쩍-썽] 명 [철] 일정한 사물 또는 그 개념에 있어서 없어서는 안 될 것으로, 그것을 부정한다면 그 사물 자체가 부정되어 버리는 성질. ↔우유적 속성.

본-집(本-) 명 1 자기 가족이 살고 있는 집. 2 분가(分家)하기 이전에 살던 집. =본가(本家). 높본댁(本宅).

본-채(本-) 명 여러 채로 이뤄진 집에서 가장 주가 되는 집채.

본처(本妻) 명 '아내'를 첩에 상대하여 이르는 말. =본실·적실(嫡室)·정처. 비정실(正室).

본체-만척 [-청-] 부 =본체만체. **본척만척-하다** 동(타여)

본청(本廳) 명 지청(支廳)에 대하여 근본이 되는 기관.

본체(本體) 명 1 사물의 정체. 2 =본바탕. 3 기계 따위의 중심 부분. 4 [철] 현상적 사물의 근저에 있는 초감성적 실재(實在). =이체(理體).

본체-만체 부 보고도 안 본 듯이. =본척만척. ¶~ 지나가다. **본체만체-하다** 동(타여)

본초(本草) 명 [한] 식물·광물·동물로부터 얻어지는, 질병 치료를 위한 물질. 좁게는 식물의 전초(全草)·근(根)·목(木)·피(皮)·과실·종자 등만을 이름.

본초^자오선(本初子午線) 명 [지] 지구의 경도(經度) 측정에 기준이 되는 자오선. 영국의 그리니치 천문대를 지나는 선을 0°로 함.

본칙(本則) 명 법령의 본체가 되는 부분. ↔부칙(附則).

본토(本土) 명 1 식민지에 대해, 그것을 지배하는 나라의 영토. ¶영국 ~. 2〔외국어를 논하는 문맥에 쓰여〕외국어의 근원지가 되는 나라의 땅. ¶~ 발음 / 미국 ~에서 쓰이는 영어. 3 어떤 나라에 섬이 딸려 있을 때, 그 섬에 대해, 주가 되는 영토. ¶중국 ~에서 밀려난 국민당. 4 =본관(本貫)².

본토-박이(本土-) 명 그 나라에서 오랫동안 붙박이로 살아온 사람. 비토박이. ¶미국 ~.

본토-불(本土佛) 명 미국 정부에 의해서 발행되는 미국의 정화(正貨). ▷군표(軍票).

본토-인(本土人) 명 그 나라에 본래부터 살고 있는 사람.

본판(本板) 명 만들 물건의 본이 되는 판.

본포(本圃) 명 묘종·묘목을 옮겨 심을 밭.

본향(本鄕) 명 =본관(本貫)².

본회(本會) [-회/-훼] 명 1 분회나 지회에 대하여, 그 본부를 이르는 말. 2 자기가 속하는 회를 이르는 말.

본-회담(本會談)[-회/-훼-] 圏 예비회담에 대하여, 의제가 된 본문제를 토의하는 회담.

본-회의(本會議)[-회의/-훼이] 圏 분과 회의에 대하여, 전원이 참석하는 정식 회의. ¶상임 위원회를 거쳐 ~에 상정하다.

볼¹ 圏 사람의 얼굴에서, 광대뼈와 어금니 사이에 있는 부분의 살. 뺨의 일부를 이룸. ¶~이 통통하다 / ~이 붉어지다 / ~이 처지다. ▷뺨.

볼(이) 붓다 丞 불만을 느껴 성난 표정이 나타나다.

볼² 圏 **1** 좁고 기름한 물건의 너비. ¶~이 좁은 구두. **2** 버선 밑바닥의 앞뒤에 대는 헝겊 조각. ¶버선에 ~을 대다. **3** 연장의 날을 버릴 때에 덧대는 쇳조각.

볼(을) 받다 丞 해진 버선의 앞뒤 바닥에 헝겊을 덧대어 깁다.

볼³(ball) 圏 **1** =공¹. ¶~을 차다. **2**[체] 야구에서, 투수가 던진 공이 스트라이크 존을 벗어나는 일. ¶원 스트라이크 투 ~.

볼-가심 圏 아주 적은 음식으로 시장기를 면하는 일. **볼가심-하다** 厨困어

볼가-지다 厨困 '불거지다'의 작은말.

볼각-거리다/-대다[-꺼(때)-] 厨 **1** (질긴 물건을) 입에 물고 자꾸 씹다. **2** (빨래 등을) 힘주어 자꾸 주무르다. 国불걱거리다.

볼각-볼각[-깍] 囝 볼각거리는 모양. 国불걱불걱. **볼각볼각-하다** 厨困어

볼강-거리다/-대다 厨困 (물건이) 단단하거나 질겨 잘 씹히지 않고 자꾸 볼가지다. 国불겅거리다.

볼강-볼강 囝 볼강거리는 모양. 国불겅불겅. **볼강볼강-하다** 厨困어

볼-거리¹ 圏[한] '유행성 이하선염'을 한의학에서 이르는 말.

볼-거리²[-꺼-] 圏 눈으로 보아 즐길 만한, 영화·연극·쇼·전시회 따위의 대상. ¶이번 축제에서는 다채롭고 풍성한 ~가 마련되어 있다.

볼그대대-하다 囷어 좀 야하게 볼그스름하다. 国불그데데하다.

볼그레-하다 囷어 곱다랗게 볼그스름하다. ¶볼그레한 두 뺨. 国불그레하다.

볼그름-하다 囷어 '볼그스름하다'의 준말. 国불그름하다. 郔뽈그름하다. **볼그름-히** 囝

볼그무레-하다 囷어 조금 볼그스름하다. 国불그무레하다.

볼그레-하다 囷어 =볼그스름하다.

볼그스름-하다 囷어 (빛깔이) 다소 밝고 산뜻하게 붉은 데가 있다. 囹볼그레하다. 쥰볼그름하다. 国불그스름하다. 郔뽈그스름하다. **볼그스름-히** 囝

볼그족족-하다[-쪼카-] 囷어 고르지 못하고 조금 칙칙하게 볼그스름하다. ¶홍역을 앓는지 온몸이 ~. 国불그죽죽하다. 郔뽈그족족하다.

볼근-거리다/-대다 厨困困 질긴 것을 입에 넣고 자꾸 씹다. 国불근거리다.

볼근-볼근 囝 볼근거리는 모양. 国불근불근. **볼근볼근-하다** 厨困어

볼긋-볼긋[-귿귿] 囝 군데군데에 약간 곱게 붉은빛이 있는 모양. 国불긋불긋. 郔뽈긋뽈긋. **볼긋볼긋-하다** 囷어

볼긋-하다[-그타-] 囷어 약간 붉은 듯하다. 国불긋하다.

볼기 圏 엉덩이에서, 좌우로 살이 볼록하고 둥글게 내민 부분.

볼기(를) 맞다 丞 옛 제도에서, 곤장을 맞다. ¶죄 없이 관아에 잡혀가 ~.

볼기(를) 치다 丞 옛 제도에서, 곤장을 치다.

볼기-짝 圏 '볼기'를 낮잡아 이르는 말.

볼깃-살[-기쌀/-긴쌀] 圏 볼기에 붙은 살.

볼-꼴 圏 남의 눈에 비치는 겉모양. ¶~이 사납게 파자마 바람으로 돌아다니느냐?

볼꼴 좋다 丞 볼꼴 사나운 것을 야유하는 말.

볼끈 囝 **1** 갑자기 내밀거나 떠오르는 모양. **2** 주먹에 힘을 주어 꼭 쥐는 모양. ¶두 주먹을 ~ 쥐다. **3** 성을 왈칵 내는 모양. ¶화를 내다. 国불끈. **볼끈-하다** 厨困어

볼끈-거리다/-대다 厨困 소견이 좁아 걸핏하면 성을 왈칵 내다. 国불끈거리다.

볼끈-볼끈 囝 자꾸 볼끈하는 모양. 国불끈불끈. **볼끈볼끈-하다** 厨困어

볼끼 圏 방한구의 하나. 가죽이나 헝겊 조각에 솜을 두어 기름하게 접어 만든 것으로 두 뺨을 얼러 싸맴.

볼-넷(ball-)[-넫] 圏[체] =포볼.

볼-달다 厨困 〈-다니, -다오〉 **1** 닳아서 무디어진 연장에 쇳조각을 덧붙여 벼리다. **2** 버선 앞뒤 바닥에 헝겊을 대어 깁다.

볼드(bold) 圏[인] 로마자의 활자 중 보통 활자체보다 선이 굵은 체.

볼-따구니 圏 '볼'을 흘하게 이르는 말. =볼통이. 国볼때기.

볼-때기 圏 '볼'을 격을 낮추어 이르는 말.

볼똥-거리다/-대다 厨困 소견이 좁아 걸핏하면 얼굴이 볼록해지면서 성을 내다. 国불뚱거리다.

볼똥-볼똥 囝 볼똥거리는 모양. 国불뚱불뚱. **볼똥볼똥-하다** 厨困어

볼락 圏 양볼락과의 바닷물고기. 몸은 방추형으로 주둥이는 뾰족한데, 이가 밖으로 벋어 나 있으며 눈이 불거지고 큼. 몸빛은 회갈색에 흑색 가로띠가 있음. 맛이 좋음.

볼레로(吶bolero) 圏 **1** [음] 3/4박자로 된 에스파냐의 민속 무용. 또는, 그 춤곡. **2** 에스파냐풍으로 된 여성의 짧은 윗옷.

볼록 囝 물체의 거죽이 쏙 내밀려 있는 모양. 国불룩. 郔뽈록. **볼록-하다** 囷어 ¶항아리의 배가 ~ / 가슴이 볼록하게 나오다.

볼록-이 圏

볼록-거리다/-대다[-꺼(때)-] 厨困 물체의 거죽이 겉으로 쏙 내밀렸다 들어갔다 하다. 또는, 그리되게 하다. 国불룩거리다.

볼록^거울[-꺼-] 圏[물] 표면이 철면(凸面)으로 되어 있는 반사경. 보통 구면경(球面鏡)을 말함. 자동차의 백미러 등으로 쓰임. =볼록면경·철면경. ↔오목 거울.

볼록^다각형(-多角形)[-따가켱] 圏[수] 어느 내각(內角)이나 모두 180°보다 작은 다각형, 구용어는 철다각형. ↔오목 다각형.

볼록^렌즈(-lens) 圏 가운데가 볼록하게 도드라진 렌즈. 통과한 광선을 한 점에 모으며, 현미경·망원경·사진기 등을 만드는 데 쓰임. =볼록 렌즈.

볼록면-경(-面鏡)[-룽-] 圏[물] =볼록 거울. ↔오목면경.

볼록-볼록[-뽈-] 囝 볼록거리는 모양. 国불룩불룩. 郔뽈록뽈록. **볼록볼록-하다** 厨困어

볼록-판(-版)[명][인] 인쇄판 형식의 하나. 잉크가 묻어서 인쇄될 부분이 다른 면보다 볼록하게 도드라진 판. 목판(木版)·활판(活版) 따위. ¶=철판(凸版). ↔오목판.

볼륨(volume)[명] **1** 물건이나 몸의 외형에서 느껴지는 입체감. (비)부피감·양감(量感). ¶~ 있는 몸매. **2** 라디오·텔레비전·전축 등에서 나는 소리의 크기. ¶~을 높이다 / ~을 줄이다. **3** 목소리의 우렁차거나 우렁우렁한 정도. (비)성량(聲量). ¶~ 있는 목소리.

볼리비아(Bolivia)[명][지] 남아메리카 중앙부에 있는 공화국. 헌법상의 수도는 수크레, 행정상의 수도는 라파스.

볼링(bowling)[명][체] 크고 무거운 공을 굴려 약 20m 전방에 정삼각형으로 세워 둔 표주박 모양의 10개의 핀을 가능한 한 많이 쓰러뜨리는 경기. ¶~을 치다.

볼링-공(bowling-)[명] 볼링에 쓰이는 공. 재질은 비금속이고 지름은 22cm인데, 무게는 7.3kg을 넘어서는 안 됨.

볼링-장(bowling場)[명] 볼링을 할 수 있는 설비를 갖춘 곳.

볼만-장만[명] 보기만 하고 간섭하지 않는 모양. **볼만장만-하다**[동][타여].

볼만-하다 Ⅰ[동][자여] 보기만 하고 시비를 가리거나 참견하지 않다.
Ⅱ[형][여] 볼 가치가 있다. ¶올여름에는 볼만한 영화들이 많이 개봉되었다.

볼-메다[형] 성낸 태도가 있다. ¶볼멘 목소리.

볼멘-소리[명] 성내거나 성이 나서 퉁명스럽게 하는 말소리. ¶~로 투덜거리다.

볼모[명] **1** 약속 이행의 담보로 상대방에게 잡혀 두는 사람. **2** 조약(條約) 이행의 담보로 상대국에 억류하여 두는 사람. =인질(人質). ¶~를 잡다 / ~로 잡히다.

볼-물다[동][자]<~무니, ~무오> 못마땅하여 골이 나다.

볼^베어링(ball bearing)[명] 회전축과 베어링 사이의 마찰을 줄이기 위해, 사이에 강철제 볼을 넣은 베어링.

볼셰비즘(Bolshevism)[명] 볼셰비키의 정치 사상. ↔멘셰비즘.

볼셰비키(⑨Bol'sheviki)[명] ['다수파'라는 뜻][사] 1903년 러시아 사회 민주 노동당이 두 파로 분열될 때, 레닌이 이끄는 좌익의 다수파. 1918년 러시아 공산당으로 개칭됨. ↔멘셰비키.

볼-수염(-鬚髥)[명] 볼에 난 수염.

볼썽[명] 남에게 보이는 체면이나 태도.

볼썽-사납다[-따][형][비]<~사나우니, ~사나워>(어떤 모습이나 행동이) 보기에 역겹거나 언짢다. ¶볼썽사나운 옷차림.

볼썽-없다[-업따][형] 어떤 사물의 모습이 보기에 역겹고 보잘것없다. **볼썽없-이**[부] ¶비루먹은 개가 ~ 돌아다니다.

볼쏙[부] **1** 갑자기 쏙 내미는 모양. **2** 앞뒤 생각 없이 말을 톡 내뱉는 모양. ⓒ볼쑥.

볼쏙-거리다/-대다[-꺼/-때][동][자타] 자꾸 볼쏙 내밀거나 말하다. **볼쏙거리다**.

볼쏙-볼쏙[-쏙][부] 볼쏙거리는 모양. ⓒ볼쑥볼쑥. **볼쏙볼쏙-하다**[동][자타여].

볼쏙-하다[-쏘카-][형](바닥이) 톡 비어져 나와 있다. ⓒ볼쑥하다. **볼쏙-이**[부].

볼-연지(-臙脂)[-련-][명] 화장할 때 볼에 바르는 연지.

볼-우물[명] =보조개.

볼;-일[-릴][명] **1** 해야 할 일. =소간(所幹)·소간사·용건·용무(用務). (비)일. ¶~ 보러 나가다 / 내게 무슨 ~이 있나? **2** '용변'을 완곡하게 이르는 말.

볼-쥐어지르다[-어-/-여-][동][타르]<~쥐어지르니, ~쥐어질러> 볼을 냅다 주먹으로 내지르다. ¶왕은 무서웠다. … 늙었건만 장년을 **볼쥐어지를** 그 건장한 빛을 띤 커다란 얼굴이 두려웠다.《박종화:다정불심》.

볼^카운트(ball count)[명] 야구에서, 한 타자에게 투수가 던진 공의 스트라이크와 볼의 수. ¶~는 원 스트라이크 스리 볼.

볼칵-거리다/-대다[-꺼/-때][동][자타여](진흙이나 반죽 같은 물건을) 자꾸 밟거나 주무르다. 또는, 진흙이나 반죽 같은 물건을 밟거나 주무르는 소리가 자꾸 나다. ⓒ불컥거리다.

볼칵-볼칵[-빨-][부] 볼칵거리는 모양. ⓒ불컥불컥. **볼칵볼칵-하다**[동][자타여].

볼타^전;지(Volta電池)[명][물] 묽은 황산 속에 아연을 음극, 구리를 양극으로 하여 만든 전지.

볼통-거리다/-대다[동][자] 자주 보로통한 얼굴로 퉁명스럽게 말하다. **볼통대다**.

볼통-볼통[1][부] 볼통거리는 모양. ⓒ불퉁불퉁. **볼통볼통-하다**[1][동][여].

볼통-볼통[2][부] 군데군데 둥근 것이 톡톡 불가진 모양. ⓒ불퉁불퉁. **볼통볼통-하다**[2][형][여].

볼통-스럽다[-따][형][비]<~스러우니, ~스러워> 퉁명스럽고 야멸찬 태도가 있다. ⓒ불통스럽다. **볼통스레**[부].

볼통-하다[형](둥근 것이) 톡 비어져 있다. ⓒ불통하다. **볼통-히**[부].

볼-퉁이[명] =볼투가니.

볼트[1](bolt)[명] 두 물체를 죄거나 접합하는 데 쓰이는 공구. 쇠막대의 한쪽 끝에 대가리가 있고, 다른 쪽 끝은 수나사로 되어 있음. 보통 너트와 함께 쓰임. 기호는 V.

볼트[2](volt)[명][의전][물] **1** 전위차·전압·기전력의 실용 단위. 1볼트는 1암페어의 정상 전류가 저항 1옴의 도선(導線)을 흐르고 있을 때의 양단의 전위차임. 기호는 V.

볼-펜(ball pen)[명] 대롱 모양의 플라스틱에 잉크를 넣어 그 끝에 달린 쇠 부분에서 잉크가 묻어 나오도록 만든 필기도구.

볼-품[명] 겉으로 드러나 보이는 볼 만한 모습. ¶~이 사납다 / ~은 없지만 실용적인 물건.

볼품-사납다[-따][형][비]<~사나우니, ~사나워> 겉으로 드러난 모습이 흉하다. ¶볼품사나운 몰골로 돌아다니다.

볼품-없다[-업따][형] 겉으로 드러나 보이는 모습이 초라하다. **볼품없는** 세간살이. **볼품없-이**[부] ¶방 한쪽에 낡고 삐걱거리는 책상이 ~ 놓여 있다.

볼-호령(-號令)[명] 볼멘소리로 거만하게 하는 꾸지람. ¶귀가가 늦자 아버지의 ~이 떨어졌다. **볼호령-하다**[동][자여].

봄[명] **1** 한 해의 네 철 가운데 첫째 철. 겨울 다음에 오며, 북반구에서는 보통 양력 3, 4, 5월에 해당함. 날씨가 따뜻하고 나무에 움이 트기 시작함. ¶이른 ~ / 꽃 피는 ~. **2** '한창때'를 비유하는 말. ¶인생의 ~.

봄(을) 타다[관] 봄철에 입맛이 없고 몸이 나른하고 파리해지다. **2** 봄을 맞아 마음이 싱숭생숭해지면서 들뜨다.

봄-가물[-까-][명] 봄철에 드는 가뭄. =봄가물·춘한(春旱). ¶~이 들다.

봄-가을 [명] 봄과 가을.
봄-갈이 (-農) [명] 봄에 논밭을 가는 일. =춘경(春耕). **봄갈이-하다** [동](타여)
봄-기운 [-끼-] [명] 봄의 기운. 또는, 그 느낌. =춘기(春氣).
봄-꽃 [-꼳] [명] 봄에 피는 꽃.
봄-꿈 [명] 1 봄날에 꾸는 꿈. 2 덧없는 일이나 헛된 공상·망상 따위의 비유. (비)춘몽.
봄-나들이 [명] 봄철에 가까운 곳에 잠시 외출하는 것. 또는, 그 외출. **봄나들이-하다** [동](자여)
봄-나물 [명] 봄에 산이나 들에 돋아나는 나물.
봄-날 [명] 봄철의 날. 또는, 그 날씨. =춘일.
봄-내 [부] 봄철 내내.
봄-누에 [명] 봄에 치는 누에. =춘잠(春蠶).
봄-눈 [명] 봄에 오는 눈. (비)춘설(春雪).
　봄눈 녹듯 [구] 1 무엇이 빨리 스러지는 모양을 이르는 말. ¶미움이 ～ 사라지다. 2 먹은 것이 금방 소화되어 내림을 이르는 말.
봄-동 [명] '얼갈이배추'의 잘못.
봄-맞이 [명] 봄을 맞는 일. **봄맞이-하다** [동](자여)
봄-물 [명] 봄이 되어 얼음이나 눈이 녹아 흐르는 물.
　봄물(이) 지다 [구] 봄철에 장마가 지다.
봄-바람 [-빠-] [명] 봄철에 불어오는 따뜻한 바람. =춘풍(春風).
봄-밤 [-빰] [명] 봄철의 밤. =춘야(春夜).
봄^방학 (-放學) [-빵-] [명] 초등·중등학교에서, 학년이 바뀌는 2월 말에 일 주일 안팎으로 하는 방학.
봄-배추 [-빼-] [명] 봄철에 심어서 먹는 배추. ▷가을배추.
봄베 (독Bombe) [명][물] 고압 상태의 기체를 저장하는 데에 쓰이는, 두꺼운 강철로 만든 원주형의 용기.
봄-볕 [-뼏] [명] 봄철에 비치는 따뜻한 햇볕. =춘양(春陽). ¶～에 얼굴이 그을다 / ～이 따사롭다.
봄-보리 [-뽀-] [명] 이른 봄에 씨를 뿌려 첫 여름에 거두는 보리. =춘맥. ↔가을보리.
봄-비 [-삐] [명] 봄철에 오는 비. =춘우(春雨).
봄-빛 [-삗] [명] 햇빛이나 자연현상에서 느껴지는 봄의 기운. (비)춘색(春色). ¶산과 들에는 ～이 완연하다.
봄-살이 [명] 봄철에 먹고 입고 지낼 양식이나 옷.
봄-새 [명] 봄철이 계속되는 동안.
봄-소식 (-消息) [명] 봄이 돌아왔음을 느끼게 하는 자연의 여러 가지 현상을 이르는 말.
봄-옷 [-녿] [명] 봄에 입는 옷. =춘의(春衣).
봄-장마 [-짱-] [명] 봄철에 여러 날 계속해서 오는 비. =춘림(春霖). ▷가을장마.
봄-철 [명] 봄의 절기. =춘계·춘기·춘절.
봄-추위 [명] 봄철의 추위. =춘한(春寒).
봄-풀 [명] 봄에 새로 돋아난 풀. =춘초(春草).
봄슬레이 (bobsleigh) [명][체] 앞뒤에 활주가가 있고 핸들 브레이크가 달린 강철제 썰매. 또는, 그것을 이용하여 사면(斜面)에 설치한 얼음 코스를 활강하는 경기. 4인조와 2인조가 있음.
봇-논 (洑-) [본-] [명] 봇물을 대는 논.
봇-도랑 (洑-) [보또-/봇또-] [명] 봇물을 대거나 빼기 만든 도랑. (준)봇돌.
봇-돌 (洑-) [보똘/봇똘] [명] '봇도랑'의 준말.

봇-둑 (洑-) [보뚝/봇뚝] [명] 보를 둘러쌓은 둑. =보둑(洑垌).
봇-물 (洑-) [본-] [명] 보에 괸 물. 또는, 보에서 흘러내리는 물. ¶경기가 끝나자 ～이 터지듯 운동장에서 사람들이 쏟아져 나왔다. (준)보.
봇-짐 (褓-) [보찜/봇찜] [명] 물건을 보자기에 싸서 꾸린 짐. ¶～을 짊어지다. ▷등짐.
봇짐-장사 (褓-) [보찜-/봇찜-] [명] 물건을 보자기에 싸서 메고 다니며 파는 장사.
봇짐-장수 (褓-) [보찜-/봇찜-] [명] 물건을 보자기에 싸서 메고 다니며 파는 사람. =보상(褓商). ▷등짐장수.
봉[1] [명] 그릇 따위의 뚫어진 구멍이나 이의 썩은 부분에 박아서 메우는 다른 조각. ¶～을 박다.
봉[2] [명] '난봉'의 잘못.
봉[3] (封) [1](자립) 1 종이로 싼 물건의 덩이. 2 물건 속에 따로 싸서 넣은 물건. ¶～을 박다. 3 신랑 집에서 선채(先綵) 외에 따로 신부 집에 보내는 돈. [2](의존) 봉지 따위를 세는 단위. ¶과자 한 ～ / 약 세 ～.
봉[4] (峯) [명] 산의 가장 높이 솟은 부분. (비)산봉우리. ¶백마～ / 금강산 일만 이천 ～ / ～마다 기암괴석이 우뚝하다.
봉[5] (棒) [명] 1 봉술에서, 무기로 사용하는 둥근 나무 막대. 2 장대높이뛰기에서, 몸을 솟구쳐 뛸 때 짚는 긴 대.
봉[6] (鳳) [명] 1 '봉황(鳳凰)'의 준말. ¶～이 날다. 2 봉황의 수컷. 3 어수룩하여 이용해 먹기 좋은 사람의 비유. ¶～을 잡다 / 내가 네 ～이냐? 나만 시켜 먹게….
봉강 (棒鋼) [명][공] 강철의 덩어리나 조각을 압연하여 막대기 모양으로 만든 제품.
봉건 (封建) [[봉토(封土)를 나누어 제후(諸侯)를 세운다는 뜻][역] 천자가 자기의 공령(公領) 이외의 토지를 제후에게 나누어 주는 일.
봉건^국가 (封建國家) [-까] [명][정] 봉건 제도를 기초로 하여 성립한 국가.
봉건-사상 (封建思想) [명] 개방적 또는 개인 중심적인 현대 사조를 무시하고, 옛날의 폐쇄적·가족적·인습적인 태도를 고집하는 사상.
봉건^사회 (封建社會) [-회/-훼] [명][사] 봉건적 생산 양식을 바탕으로 한 중세의 사회.
봉건^시대 (封建時代) [명][역] 1 6～15세기 말까지의, 봉건 제도가 국가나 사회 구성의 기준이던 시대. 2 막연히 중세 전체를 가리키는 말.
봉건-적 (封建的) [관][명] 봉건 제도 특유의 전제적·귀족적·인습적인 (것). ▷～ 사고방식.
봉건^제!도 (封建制度) [역] 1 천자가 직할지는 직접 다스리고, 그 밖의 지역은 제후에게 나누어 주어 각각 그 영내의 전권(全權)을 갖도록 하는 통치 제도. 중국 주대(周代)에 실시됨. ▷군현 제도. 2 중세 유럽에서, 국왕은 영주(領主)에게 봉토를 수여하고 영주는 국왕에게 군역(軍役)을 중심으로 한 의무를 지는 통치 제도. =봉건제.
봉건-주의 (封建主義) [-의/-이] [명] 봉건 사회를 다스리고, 또 그 사회에서 옳은 것으로서 지켜진 이념적인 성격을 띤 사고방식·행동 방식.
봉고 (bongo) [명][음] 라틴 음악에 사용되는 타악기의 하나. 크기가 서로 다른 두 개의 북을 허리에 걸어서, 양 손가락으로 침.

봉고-파직(封庫罷職)[명][역] 어사(御史)나 감사(監司)가 못된 원을 파면시키고, 관가의 창고를 봉하여 잠그는 일. ¶탐관오리를 ~하다.

봉곳-봉곳[-곤뽇곧][부] 여러 곳이 모두 봉곳한 모양. ¶~ 부풀어 오른 꽃망울들. 囹봉긋봉긋. **봉곳봉곳-하다** [형며]

봉곳-하다[-고타-][형며] 1 (물체가) 조금 도도록하게 나온 듯이 솟은 상태에 있다. 볼록하다. ¶봉곳한 젖가슴. 2 (맞붙여 놓은 물건이) 조금 들뜬 상태에 있다. 囹봉긋하다. **봉곳-이**[부]

봉:급(俸給)[명] 계속적으로 근무하는 사람에게 주기적으로 지급하는 일정한 보수. ¶~ 인상 / ~을 받다.

봉:급-날(俸給-)[-끔-][명] 봉급을 지급하는 날.

봉:급-생활(俸給生活)[-쌩-][명] 봉급을 받아 생계를 꾸려 나가는 생활. **봉:급생활-하다** [자며]

봉:급생활-자(俸給生活者)[-쌩-짜][명] 봉급을 받아 생활하는 사람. =샐러리맨.

봉:급-쟁이(俸給-)[-쨍-][명] '봉급생활자'를 얕잡아 일컫는 말.

봉기(蜂起)[명] (피지배 세력이) 통치 세력에 대항하여 벌 떼처럼 떼 지어 세차게 일어나는 것. ¶농민 ~. **봉기-하다** [자며]

봉:납(捧納)[명] 물건을 바치는 것. =봉상(捧上)·봉입(捧入). **봉:납-하다** [타며]

봉노 [명] →봉놋방.

봉놋-방(-房)[-노빵/-녿빵][명] 여러 나그네가 한데 모여 자는, 주막집의 가장 큰 방. =봉노·주막방.

봉:답(奉答)[명] 웃어른에게 공손히 받들어 대답하는 것. **봉:답-하다** [자며] ¶더욱이 제가진 바의 지식 재주를 경주하여 어명(御命)에 봉답하였으리.《김동인:대수양》

봉당(封堂)[건] 안방과 건넌방 사이의 마루를 놓을 자리를 흙바닥 그대로 둔 곳. ¶~마루.

봉:도(奉導)[명][역] 임금이 탄 거가(車駕)를 편안히 모시라고 별감이 소리를 지르면서 경계하는 일. **봉:도-하다** [자며]

봉:독(奉讀)[명] (글을) 삼가 받들어 읽는 것. **봉:독-하다** [타며] ¶성경을 ~.

봉-돌[-똘] [명] 낚시가 물속에 가라앉도록 낚싯줄에 매다는 작은 납덩이나 돌덩이. =낚싯봉. 囹봉. ×몽깃돌.

봉두(峯頭)[명] 산봉우리의 맨 위.

봉두-난발(蓬頭亂髮)[명] 쑥대강이같이 마구 흐트러진 머리털. 비봉발(蓬髮).

봉랍(封蠟)[-납][명] 1 편지·포장물·병 등을 봉하여 붙이는 데 쓰는 수지질(樹脂質)의 혼합물. 2 편지 같은 것을 밀로 봉하는 것. **봉랍-하다** [타며]

봉:명(奉命)[명] 임금 또는 윗사람의 명령을 받드는 것. **봉:명-하다** [자며]

봉:명^사:신(奉命使臣)[명][역] 임금의 명령을 받들고 남의 나라로 가는 사신. =별성(別星).

봉물(封物)[명] 시골에서 서울의 벼슬아치에게 선사하여 보내는 물건. ¶~짐 / 진상 ~.

봉바르-하다(bombardon에)[명][음] 튜바와 비슷한 대형의 저음 금관 악기.

봉발(蓬髮)[명] 텁수룩하게 흐트러진 머리털. 비봉두난발.

봉변(逢變)[명] 1 뜻밖의 변을 당하는 것. 또는, 그 변. ¶밤길에 불량배한테 ~을 당하는 일. 2 망신스러운 일을 당하는 것. 또는, 그 일. **봉변-하다** [자며]

봉봉(囝bonbon)[명] 속에 과즙이나 브랜디·위스키 등을 넣은 캔디.

봉분(封墳)[명] 흙을 둥글게 쌓아 올려서 무덤을 만드는 것. 또는, 그 무덤. =성분(成墳). **봉분-하다** [자며]

봉분-제(封墳祭)[명] 장사 지낼 때, 무덤을 만든 뒤에 지내는 제사. ▷평토제.

봉:사¹ [명] 눈이 멀어 앞을 볼 수 없는 사람. 완곡어 또는 순화어는 '시각 장애인'. 비맹인·소경·장님.
[봉사 개천 나무란다] 제 잘못을 남에게 전가한다.

봉:사²(奉仕)[명] 1 (국가나 사회 또는 남을 위하여) 자신을 돌보지 않고 애쓰는 것. ¶~ 활동 / ~ 정신. 2 상인이 손님에게 헐값으로 물건을 파는 것. ¶~ 가격. **봉:사-하다¹** [자며]

봉:사³(奉事)[명] 웃어른을 받들어 섬기는 것. **봉:사-하다²** [타며]

봉:사⁴(奉祀)[명] 조상의 제사를 받들어 모시는 것. =봉제사. **봉:사-하다³** [자며]

봉:사-손(奉祀孫)[명] 조상의 제사를 맡아 받드는 자손. 준사손.

봉:사-자(奉仕者)[명] 봉사하는 사람. ¶자원 ~.

봉:산^탈:춤(鳳山-)[명][민] 황해도 봉산 지방에서 전하여 내려오는 탈춤.

봉살(封殺)[명][체] =포스 아웃. **봉살-하다/되다** [타며/자며]

봉상(棒狀)[명] 가늘고 긴 막대기 모양.

봉서(封書)[명] 1 겉봉을 봉한 편지. =봉장(封狀). 2 [역] 임금이 종친 또는 근신(近臣)에게 내리는 사서(私書). 3 [역] 왕비가 친정에 보내는 편지.

봉:선-화(鳳仙花)[명][식] 봉선화과의 한해살이풀. 높이 60cm가량. 여름에 빨간색·흰색·분홍색 등의 꽃이 핌. 꽃잎을 따서 백반·소금과 함께 찧어 손톱에 붉게 물을 들임. =봉숭아. ×봉숭화.

봉:선화-물(鳳仙花-)[명] 봉선화의 꽃과 잎에 백반을 넣고 찧은 것을 손톱이나 발톱에 붙인 뒤 봉선화 잎이나 헝겊으로 싸맨 상태로 하룻밤을 지내어 붉게 들이는 물. =봉숭아물.

봉:송(奉送)[명] 1 귀인 또는 윗사람을 전송하는 것. 2 영령(英靈)·유골·성물(聖物) 따위를 정중히 보내는 일. ¶올림픽 성화(聖火) ~. **봉:송-하다** [자며] **봉:송-되다** [자며]

봉쇄(封鎖)[명] 1 굳게 잠가서 드나들지 못하게 막는 것. 2 [법] 전시(戰時)나 평시에, 해군력으로써 상대국의 연안·항구의 교통을 차단하는 일. **봉쇄-하다** [타며] ¶외부인의 출입을 ~ / 데모를 원천 ~. **봉쇄-되다** [자며] ¶통로가 ~.

봉수(封手)[수] [수를 봉한다는 뜻] 바둑에서, 대국이 하루 만에 끝나지 않을 경우에 그날의 마지막 수를 상대가 모르게 종이에 써서 봉해 두는 일. 이는 대국 속개 후 첫 수가 미리 결정되어 있지 않으면 그동안 수를 검토할 수 있는 이점이 한쪽에만 주어지므로 형평을 위해 도입된 제도임. 일본 프로 바둑에서 실시되는 것으로, 우리나라에서는 점심시간을 끼고 오전과 오후에 걸쳐 이뤄지는 경우에 이 제도를 실시함. **봉수-하다**

봉수²(烽燧)[명][역] 1 =봉화(烽火). 2 =봉수제(烽燧制).
봉수-대(烽燧臺)[명] 봉화를 올릴 수 있게 만들어 놓은 곳. =봉대·봉소·봉화대·봉홧불.
봉수-제(烽燧制)[명][역] 봉화를 올려 지방에서 발생한 병란·사변 등 급한 소식을 중앙에 알리는 통신 제도. =봉수(烽燧).
봉술(棒術)[명] 봉을 사용하여 공격과 방어를 하는 무술.
봉:숭아[명][식] =봉선화.
봉:숭아-물[명] =봉선화물.
봉숭화[명][식] '봉선화'의 잘못.
봉:승(奉承)[명] 웃어른의 뜻을 이어받는 것. **봉:승-하다**[동][타][여]
봉:안¹(奉安)[명] 신주(神主)나 화상(畵像)을 모시는 것. **봉:안-하다**[동][타][여] ¶위패를 ~. **봉:안-되다**[동][자]
봉:안²(鳳眼)[명] 1 봉의 눈. 2 봉의 눈같이 가늘고 길며, 눈초리가 사납고 붉은 기운이 있는 눈.
봉:양(奉養)[명] 부모나 조부모를 받들어 섬기는 것. **봉:양-하다**[동][타][여] ¶홀어머니를 ~.
봉:영(奉迎)[명] 귀인(貴人)이나 존경하는 사람을 받들어 맞이하는 것. **봉:영-하다**[동][타][여]
봉:오동^전:투(鳳梧洞戰鬪)[명][역] 1919년에 만주 봉오동에서 홍범도(洪範圖)가 이끄는 대한 독립군이 일본군 제19사단을 물리쳐 이긴 싸움.
봉오리[명] '꽃봉오리'의 준말. ¶~가 맺히다.
봉욕(逢辱)[명] 욕된 일을 당하는 것. =견욕(見辱). **봉욕-하다**[동][자][여]
봉우리[명] '산봉우리'의 준말.
봉의-군신(蜂蟻君臣)[-의-/-이-][벌과 개미에게도 임금과 신하의 구별이 있다는 뜻] 신분 관계의 질서를 말할 때에 일컫는 말.
봉인(封印)[명] 봉투·함·문 등을 합당한 조건을 갖추지 않고는 열지 못하도록 봉하고 그 자리에 도장을 찍는 것. 또는, 그렇게 찍힌 도장. 인봉. ¶~을 뜯다. **봉인-하다**[동][타][여] ¶투표함을 ~.
봉입(封入)[명] 물건을 넣고 봉하는 것. **봉입-하다**[동][타][여]
봉작(封爵)[명] 1 제후로 봉하고 관작을 주는 것. 2 [역] 의빈·내명부·외명부 등을 봉하는 일. **봉작-하다**[동][타][여]
봉:잠(鳳簪)[명] 봉황의 모양을 머리에 새긴 큼직한 비녀. =봉채(鳳釵).
봉접(蜂蝶)[명] 벌과 나비.
봉:정¹(奉呈·捧呈)[명] 문서 따위를 삼가 받들어 드리는 것. **봉:정-하다**[동][타][여]
봉정²(峯頂)[명] 산봉우리의 꼭대기.
봉제(縫製)[명] 재봉틀 따위로 박아서 만드는 일. ¶~ 인형. **봉제-하다**[동][타][여]
봉:-제사(奉祭祀)[명] =봉사(奉祀)⁴. **봉:제사-하다**[동][타][여]
봉제-완구(縫製玩具)[명] 여러 가지 동물 모양으로 천을 봉제하고, 그 속에 솜이나 털실 조각을 채워 넣어 만든 장난감.
봉제-품(縫製品)[명] 재봉틀이나 손으로 바느질하여 만든, 의류·완구 따위의 제품.
봉:족(奉足)[명] '봉죽'의 잘못.
봉:죽[명] 일을 꾸려 나가는 사람을 곁에서 도와주는 것. ×봉족. **봉:죽-하다**[동][타][여]
봉:죽-꾼[명] 봉죽을 드는 사람. ×봉족꾼.

봉:죽-들다[-뜰-][동][자]〈~드니, ~드오〉남의 일을 거들어서 도와주다.
봉지(封紙)[명] ①[자립] 종이나 비닐 등으로 물건을 담을 수 있게 주머니 모양으로 만든 물건. 때로, 과실이나 약 등을 싸 놓은 종이를 가리키기도 함. ¶비닐~ / 사탕 ~. ②[의존] 물건의 양을 그것이 담긴 봉지의 수로 헤아리는 말. ¶과자 세 ~.
봉:직(奉職)[명] 공무에 종사하는 것. **봉:직-하다**[동][자][여] ¶행정 관청에서 공무원으로 ~.
봉착(逢着)[명] 어떤 처지나 상태에 부닥치는 것. **봉착-하다**[동][자][여] ¶난관에 ~ / 회사가 운영난에 ~. **봉착-되다**[동][자]
봉:창(奉唱)[명] 엄숙한 마음으로 노래를 부르는 것. **봉:창-하다**[동][타][여] ¶애국가를 ~.
봉창²(封窓)[명] 1 창문을 여닫지 못하도록 봉하는 것. 또는, 그 봉한 창문. 2 [건] 벽에 작은 구멍을 내고 안에서 종이를 바른 창. **봉창-하다²**[동][자][타][여] 창문을 여닫지 못하도록 봉하다.
봉창-하다³[동][타][여] 1 물건을 몰래 모아서 감추어 두다. 2 손해 본 것을 벌충하다.
봉채¹(采綵)[명] '봉치'의 원말.
봉:채²(鳳釵)[명] =봉잠(鳳簪).
봉추(鳳雛)[명] ['봉황의 새끼'라는 뜻] 1 뛰어난 소년을 비유하여 일컫는 말. 2 세상에 드러나지 않은 영웅을 비유하여 일컫는 말.
봉:축(奉祝)[명] 공경하는 마음으로 축하하는 것. **봉:축-하다**[동][타][여] ¶석가의 탄신을 ~.
봉충-다리[명] 사람이나 물건의 한쪽이 짧은 다리.
봉치[명] 혼인 전에 신랑 집에서 신부 집으로 채단(采緞)과 예장(禮狀)을 보내는 일. 또는, 그 물건. ¶"…나는 ~ 받고 초례 지낸 양반의 정실이다. …"《홍명희: 임꺽정》 원봉채(封采).
봉토(封土)[명] 1 흙을 쌓아 올리는 것. 또는, 그 흙. 2 제후(諸侯)를 봉하여 내준 땅. =봉강(封疆)·봉읍·영지(領地). **봉토-하다**[동][자][여] 흙을 쌓아 올리다.
봉투(封套)[명] 편지·서류 등을 넣기 위하여 종이로 만든 네모난 물건. =서통(書簡). ¶편지 ~.
봉패(逢敗)[명] 실패를 당하는 것. **봉패-하다**[동][자][여]
봉피(封皮)[명] 물건을 싼 종이.
봉-하다(封-)[동][타][여] 1 (문·봉투·그릇 따위를) 열지 못하게 꼭 붙이거나 싸서 막다. ¶풀로 편지를 ~. 2 (입을) 말하고 싶지 않거나 말할 수 없는 분위기에 눌리거나 하여 다물다. ¶못마땅한 표정으로 입을 **봉하고** 침묵을 지키다. 3 무덤의 굿을 메우고 그 위에 흙을 둥글게 쌓아 올리다. 4 [역] 임금이 신하에게 영지를 주고 제후로 삼다. 5 [역] 임금이 직품(職品)을 내리다. ¶세종 대왕은 황희(黃喜)를 영의정에 **봉했다**.
봉함(封緘)[명] 편지를 봉투에 넣고 봉하는 것. 또는, 그 편지.
봉함-엽서(封緘葉書)[-녑써][명] 편지의 사연을 써서 겹쳐 접으면 크기가 보통 엽서와 같게 되며, 봉할 수 있게 되어 있는 우편엽서.
봉합¹(封合)[명] 봉하여 붙이는 것. **봉합-하다¹**[동][타][여]
봉합²(縫合)[명] 꿰매어 잇는 것. 특히, 외과 수술 등에서 절단된 조직을 회복시키기 위

해 환부를 꿰매어 잇는 것. **봉합-하다**² 国(타)여

봉합-사(縫合絲)[-싸] 명 (의) 봉합하는 데에 쓰는 실.

봉ː행(奉行) 명 웃어른이 시키는 대로 받들어 행하는 것. **봉ː행-하다** 国(타)여

봉ː헌(奉獻) 명 물건을 바치는 것. **봉ː헌-하다** 国(타)여

봉화(烽火) 명 (역) 횃불과 연기로써 급보를 전하는 통신 방법. =낭연(狼煙)·봉수(烽燧).

봉화(를) 들다〔올리다〕 군 1 봉홧불을 켜서 높이 올리다. 2 어떤 일을 선구적으로 시작함을 비유하는 말.

봉화-대(烽火臺) 명 =봉수대.
봉화-재(烽火-) 명 봉수대가 있는 산.
봉화-지기(烽火-) 명 봉수대를 지키는 사람.

봉ː환(奉還) 명 웃어른에게 도로 돌려 드리는 것. **봉ː환-하다** 国(타)여

봉홧-대(烽火-)[-화때/-환때] 명 진달래의 가지 끝에 기름을 발라 불을 붙여 가지고 다니는 제구.

봉홧-둑(烽火-)[-화뚝/-환뚝] 명 =봉수대(烽燧臺).

봉홧-불(烽火-)[-화뿔/-환뿔] 명 봉화로 드는 횃불.

봉ː황(鳳凰) 명 예로부터 중국의 전설에 나오는 상상의 새. 몸은, 전반신은 기린, 후반신은 사슴, 목은 뱀, 꼬리는 물고기, 등은 거북, 턱은 제비, 부리는 닭을 닮고, 깃에는 오색 무늬가 있음. 성천자(聖天子)의 치정(治政)의 징조로 나타난다고 함. 수컷은 봉(鳳), 암컷은 황(凰)이라고 함. =봉조(鳳鳥). 준봉.

봉ː황-문(鳳凰紋) 명 봉황을 본뜬 무늬. 예로부터, 상서로운 문양으로서 장식이나 회화 등에 사용함.

봉ː황새-자리(鳳凰-) 명 (천) 남천(南天)의 별자리. 12월경 초저녁에 남중함.

봐ː-주다 国(타) '보아주다'의 준말.
봐ː-하니 用 '보아하니'의 준말. ¶~ 나잇살이나 먹은 것 같은데 점잖지 못하게 왜 이러시오?

뵈ː다(뵈-/뵈-] 国 [1](자) '보이다'의 준말. ¶이게 눈에 **뵈는** 게 없나, 어디서 삿대질이야. [2](타) 1 '보이다'의 준말. 2 '보다'의 겸양어. 문장 주어의 행위가 미치는 대상을 높여서 이르는 말임. ¶어디서 많이 **뵌** 분 같은데, 누구시더라…?

뵙ː다[뵙따/뵙따] 国(타) '뵈다'22를 더욱 겸손하게 이르는 말. ¶자세한 내용은 직접 **뵙고** 말씀드리겠습니다.

부¹ 用 공장이나 기선 따위의 굵고 낮은 기적소리.

부²(父) 명 '아버지¹'의 기록에서의 문어적 칭호. ↔모(母).

부³(夫) 명 '남편'의 기록에서의 문어적 칭호. ↔부(婦).

부⁴(缶) 명 (음) 진흙으로 구워 화로같이 만든 악기. 아홉 조각으로 쪼개진 대나무 채로 변죽을 쳐서 소리를 냄. =질장구.

부⁵(否) 명 1 '아님'의 뜻을 나타내는 말. 2 의안 표결에서 불찬성의 표시. ↔가(可).

부⁶(府) 명 1 (역) 대도호부사(大都護府使)·도호부사가 있는 지방 관청의 하나. 2 (일제) 행정 구획의 하나. 지금의 '시(市)'에 해당함. ¶경성(京城)~.

부ː⁷(負) 명 (자리)[수] 1 '음(陰)⁵'의 구용어. [2](의존)[역] =짐².

부⁸(部) 명 [1](자리) 1 회사나 기타 조직의 사무 분담의 단위. 과(課) 의 ~, 실(室)의 아래임. ¶총무~ / 기획~. 2 우리나라 중앙 행정 기관의 분류의 하나. ¶법무~ / 국방~. [2](의존) 1 사물을 여러 갈래로 나누었을 때의 하나. ¶행사의 제2~ 순서. 2 신문이나 책·서류 등을 세는 단위. ¶초판을 만~ 발행하다.

부⁹(婦) 명 '아내'의 기록에서의 문어적 칭호. 비처(妻). ↔부(夫).

부ː¹⁰(富) 명 1 많은 재화. 2 특정한 경제 주체에 속하는 재화(財貨)의 총계.

부ː¹¹(賦) 명 (문) 1 사물에 대한 감상을 느낀 대로 표현하는, 한시체(漢詩體)의 한 가지. 2 한문체의 하나. 글귀 끝에 운을 달고 대(對)를 맞추어 짓는 글. 3 과문(科文)의 하나. 여섯 글자로 한 글귀를 만들어 지은 글.

부-¹²(不) 접두 첫소리가 'ㄷ', 'ㅈ'으로 시작되는 일부 한자어 앞에 붙어, '않음', '아님', '어긋남' 등의 뜻을 나타내는 말. ¶~ 자유 / ~ 도덕 / ~ 불(不).

부ː-¹³(副) 접두 1 '버금'의 뜻을 나타내는 말. ¶~사장. 2 주된 것이 아닌 '부차적인 것'의 뜻을 나타내는 말. ¶~산물 / ~수입. ↔정(正).

-부¹⁴(附) 접미 1 날짜나 날을 나타내는 말에 붙어, 그 날짜나 날에 문서나 우편물이나 발행물 따위가 작성되거나 제출되거나 발송되거나 효력이 발생됨을 나타내는 말. ¶5월 1일~ 신문[전보] / 오늘~로 발령을 내다. 2 일부 명사에 붙어, 어떤 사실이나 대상이 딸리거나 붙어 있음을 나타내는 말. ¶시한~ / 조건~.

-부¹⁵(部) 접미 '부분'이나 '부문'의 뜻을 나타내는 말. ¶중심~ / 꼬리~.

부¹⁶(⑳分/ぶ) 명(의존) '푼¹⁴·⁵'의 잘못. ¶3~ 이자.

부ː-가(附加) 명 덧붙이는 것. 비첨가. ¶~ 기능. **부ː가-하다** 国(타)여

부ː가^가치(附加價値) 명 (경) 어떤 물품을 생산하는 과정에서 새롭게 덧붙여진 가치. 곧, 매출액에서 원료비·감가상각비 등을 뺀 것으로, 인건비·이자·이윤의 합계를 가리킴. ¶~ 가 높은 상품.

부ː가^가치세(附加價値稅)[-쎄] 명 (법) 국세의 한 가지. 거래 단계별로 상품·용역에 새로 부가되는 가치, 곧 이익에 대해서만 부과되는 일반 소비세.

부ː가^가치^통신망(附加價値通信網) 명 정보의 축적·제공·통신 속도 및 형식의 변환, 통신 경로의 선택 등 여러 종류의 정보 서비스가 부가된 통신망. =밴(VAN).

부ː가-옹(富家翁) 명 부잣집의 늙은 주인.

부각¹ 명 다시마·가죽나무 순·국화 잎·풋고추·감자·김 등에 찹쌀 풀을 발라서 말린 뒤 기름에 튀긴 반찬. ▷튀각.

부ː각²(俯角) 명 (수) =내려본각. ↔앙각(仰角).

부각³(浮刻) 명 1 (미) =양각(陽刻)⁴. 2 사물의 특징이 두드러지게 나타나는 것. 또는, 사물의 특징을 두드러지게 나타내는 것. ¶이미지 ~ / 물질문명의 위기를 ~시킨 작품. **부각-하다¹** 国(자)(타)여 ¶작가는 작품 속에서 젊은이의 갈등과 방황을 **부각했다**. **부각-되다** 国(자) ¶그 선수는 차기 올림픽 유망

주로 **부각**되었다.

부:각⁴(腐刻)〔명〕약물을 사용하여 유리·금속 등에 조각하는 것. =식각(蝕刻). **부:각-하다**²〔동〕〔여〕

부:감(俯瞰)〔명〕높은 곳에서 내려다보는 것. =부관·부시(俯視). ¶~ 촬영. **부:감-하다**〔동〕〔타〕〔여〕 **부:감-되다**〔동〕〔자〕

부:-갑상선(副甲狀腺) [-쌍-]〔명〕〔생〕갑상선의 뒤에 있는 내분비 기관. 상하 좌우 4개의 조직으로 이루어져 있으며, 혈액 속의 칼슘이나 인의 농도를 조절하는 호르몬을 분비함. =상피 소체·곁물밑샘.

부:강(富強) → **부:강-하다**〔형〕〔여〕 (나라가) 경제적으로 부유하고 군사적으로 강하다. ¶미국은 지구 상에서 가장 **부강한** 나라이다.

부:거(副車)〔명〕임금이 거둥할 때 여벌로 따라가는 수레.

부걱〔부〕술 따위가 괼 때처럼 거품이 생기면서 나는 소리. 〔작〕보각.

부걱-거리다/-대다 [-꺼(때)-]〔동〕〔자〕연달아 부걱 소리가 나다. 〔작〕보각거리다.

부걱-부걱 [-뿌-]〔부〕부걱거리는 소리. 〔작〕보각보각. **부걱부걱-하다**

부:검(剖檢)〔명〕사망 원인을 밝히기 위해 시체를 해부하여 검사하는 일. ¶시체 ~. **부:검-하다**〔동〕〔타〕〔여〕 **부:검-되다**〔동〕〔자〕

부검지〔명〕짚의 잔 부스러기.

부:결(否決)〔명〕회의 등에서, (제출된 안을) 일정한 절차에 따라 반대하여 받아들이지 않기로 결정하는 것. ↔가결(可決). **부:결-하다**〔동〕〔타〕〔여〕 **부:결-되다**〔동〕〔자〕 ¶의안이 ~.

부계(父系) [-계/-게]〔명〕아버지 쪽의 혈연 계통. ¶~ 혈족. ↔모계(母系).

부계^제:도(父系制度) [-계-/-게-]〔명〕〔사〕아버지 쪽의 계통에 의하여 소속하는 친족 조직이 결정되는 제도. ↔모계 제도.

부계^혈족(父系血族) [-계-쪽/-게-]〔명〕아버지 쪽의 혈족친. =부계친. ↔모계 혈족.

부:고¹(附高)〔교〕'부속 고등학교'의 준말. ¶사대 ~.

부:고²(訃告)〔명〕사람의 죽음을 일정한 격식을 갖춘 글로 친척·친지에게 알리는 일. 또는, 그 글. =부보(訃報)·통부(通訃). ¶~를 보내다 / ~를 받다. **부:음**(訃音). **부:고-하다**〔동〕〔타〕〔여〕 ¶조부의 별세를

부:-고환(副睾丸)〔명〕〔생〕고환에서 만들어진 미성숙한 정자를 완전히 성숙시켜 일시적으로 저장하는 구실을 하는 기관. 고환의 위에서 뒤쪽으로 감싸고 있으며 정관과 연결됨.

부곡(部曲)〔명〕〔역〕1 신라·고려 시대의 천민 집단 부락. 2 중국 후한(後漢) 말에, 장군이나 지방의 호족들이 사사로이 둔 사병(私兵).

부:과(賦課)〔명〕1 (세금이나 부담금 따위를) 매기어 부담하게 하는 것. 2 (일정한 책임이나 일을) 부담하여 맡게 하는 것. **부:과-하다**〔동〕〔타〕〔여〕 ¶탈세를 한 기업에게 무거운 세금을 ~. **부:과-되다**〔동〕〔자〕 ¶무거운 임무가 ~.

부:과-금(賦課金)〔명〕부과된 금액. =부금. ¶~을 징수하다.

부:관(副官)〔명〕〔군〕군대에서 부대장·지휘관의 일을 받아 행정 업무를 맡아보는 참모. ¶대대(大隊) ~.

부:관-참시(剖棺斬屍)〔명〕〔역〕죽은 뒤에 큰 죄가 드러난 사람을 극형에 처하는 일. 관을 쪼개어 시체를 베거나 목을 잘라 무덤 앞에 내걸었음. 〔준〕참시.

부:광(富鑛)〔명〕〔광〕품질이 좋고 채굴하여 이익이 많은 광석. ↔빈광(貧鑛).

부:광-대(富鑛帶)〔명〕〔광〕광맥이 풍부한 지대.

부교(浮橋)〔명〕교각을 사용하지 않고 배·뗏목 등을 잇대어 매고 그 위에 널빤지를 깔아 만든 다리. =배다리.

부:교감^신경(副交感神經)〔명〕〔생〕교감 신경과 더불어 자율 신경계를 이루는 신경. 교감 신경과 길항 작용을 함. ↔교감 신경.

부:-교수(副教授)〔명〕대학에서 학생을 지도하고 연구에 종사하는, 정교수 아래, 조교수 위의 등급에 있는 교원.

부:-교재(副教材)〔명〕교과서를 보완하여 보조적으로 쓰이는 교재.

부:국(富國)〔명〕1 부유한 나라. ↔빈국. 2 나라를 부유하게 만듦.

부:국-강병(富國強兵) [-깡-]〔명〕1 나라를 부유하게 하고 군대를 강하게 함. 2 부유한 나라와 강한 군대.

부군¹(夫君)〔명〕'남편'의 높임말.

부:군²(府君)〔명〕죽은 아버지나 남자 조상에 대한 존칭. ¶현고(顯考) 학생(學生) ~.

부권¹(父權) [-꿘]〔명〕1〔법〕아버지가 가지는 친권. 2 =가장권(家長權). ↔모권.

부권²(夫權) [-꿘]〔명〕〔법〕아내에 대하여 남편이 가지는 신분 및 재산상의 권리.

부:귀(富貴)〔명〕재산이 많고 지위가 높은 것. ¶~를 누리다. ↔빈천. **부:귀-하다**〔형〕〔여〕

부:귀-공명(富貴功名)〔명〕재산이 많고 지위가 높으며, 공을 세워 이름이 드러남.

부:귀-영화(富貴榮華)〔명〕재산이 많고 지위가 높으며 누리는 영화로움. ¶~를 누리다.

부그르르〔부〕물이나 거품이 끓어오르거나 일어나는 모양. 또는, 그 소리. ¶주전자의 물이 ~ 끓다. 〔작〕보그르르. 〔센〕뿌그르르. **부그르르-하다**〔동〕〔여〕

부:근(附近)〔명〕어떤 곳을 중심으로 가까운 곳. ¶철수는 학교 ~에 살고 있다.

부:근^바다(附近-)〔명〕기상 예보에서, 큰 섬(제주도·거제도·울릉도 따위)을 중심으로 12해리 이내의 해역을 이르는 말.

부글-거리다/-대다〔동〕〔자〕1 물이나 거품이 자꾸 끓거나 일어나다. ¶솥에서 국이 ~. 2 언짢거나 복잡한 생각이 뒤섞여 들볶이다. ¶애매한 소리를 들으니 속이 **부글거린다**. 3 사람이나 짐승·벌레 등이 많이 모여 복잡하게 움직이다. 〔작〕보글거리다. 〔센〕뿌글거리다.

부글-부글〔부〕부글거리는 모양. 또는, 그 소리. 〔작〕보글보글. 〔센〕뿌글뿌글. **부글부글-하다**〔자〕〔여〕

부:금(賦金)〔명〕1 =부과금. 2 일정 기간마다 부어 나가는 돈. ¶주택 ~ / ~을 붓다.

부:급(負笈)〔명〕타향으로 공부하러 가는 것. **부:급-하다**〔동〕〔자〕〔여〕

부:기¹(附記)〔명〕원문(原文)에 덧붙여 적는 것. 또는, 그 기록. **부:기-하다**〔동〕〔타〕〔여〕 **부:기-되다**〔동〕〔자〕

부:기²(浮氣)〔명〕몸이나 얼굴이 병적으로 부은 상태. ¶~가 내리다 / ~가 있다 / ~가 빠지다.

부:기³(簿記)〔명〕〔경〕자산·자본·부채의 수지·증감 등을 일정한 방식으로 정리하여 장부에 적는 방법. ¶상업 ~ / 단식 ~.

부기우기(boogie-woogie)〔명〕〔음〕블루스에서 파생된 재즈 음악의 한 형식. 1920년대 후반

에 흑인 사이에서 유행함. 1소절을 8박으로 연주함. =부기.

부꾸미 圄 찹쌀가루·밀가루·수수 가루 등을 반죽하여 둥글넓적하게 번철에 지진 떡. = 전병(煎餠).

부끄러움 圄 부끄러워하는 상태나 부끄러운 느낌. 回수치. ¶~을 무릅쓰고 말하다. 㐀부끄럼. 㐂바끄러움.

부끄러워-하다 围(좌)(타)여 부끄러운 태도를 나타내다. ¶그만한 걸 가지고 뭘 그렇게 부끄러워하니. 㐂바끄러워하다. ×부끄리다.

부끄럼 圄 '부끄러움'의 준말. ¶~을 타다 / 죽는 날까지 하늘을 우러러 한 점 ~이 없기를.《윤동주:서시》 㐂바끄럼.

부끄럼-성(-性)[-썽] 圄 부끄러워하는 성질.

부끄럽다[-따] 围回〈부끄러우니, 부끄러워〉(어떤 일이나 행동이) 당당하거나 떳떳하지 못하게 느끼는 상태에 있거나, 숫기나 용기가 없어 거리낌을 느끼는 상태에 있다. ¶부끄러운 과거 / 과찬을 해 주시니 오히려 **부끄럽습니다**. 㐂바끄럽다. **부끄러이** 튄 ¶~ 여기다.

┌─────────────────────────────┐
│ 유의어   **부끄럽다 / 수줍다** │
│   │
│ 둘 다 사람이 마음대로 행동하지 못하고 │
│ 거리낌이 있는 상태를 가리키나, '부끄럽 │
│ 다'가 대체로 주어진 조건이나 상황 쪽에 │
│ 원인이 있는 데 반해, '수줍다'는 사람의 │
│ 타고난 성격에 더 큰 원인이 있음. 또한, │
│ '부끄럽다'는 무엇을 잘못하거나 도덕적 │
│ 으로 큰 행위를 했을 때에도 느낄 수 있 │
│ 으나 '수줍다'는 그런 경우에 쓰이지 않 │
│ 음.   │
└─────────────────────────────┘

부끄리다 围(좌)(타) '부끄러워하다'의 잘못.
부-나비 圄(동) =불나방.
부낭(浮囊) 圄 1 헤엄칠 때 부력을 돕기 위하여 쓰는 기구. =부대(浮袋). 2 선박에 비치하는 구명(救命) 기구.
부-넘기 圄(건) 불길이 아궁이로부터 방고래로 넘어 누이가게 된 곳.
부녀¹(父女) 圄 아버지와 딸을 동시에 이르는 말.
부녀²(婦女) 圄 '부녀자'의 준말.
부녀-간(父女間) 圄 아버지와 딸 사이.
부녀-자(婦女子) 圄 성년이 된 여자를 두루 일컫는 말. 㐀부녀. 㐂아녀자.
부녀-회(婦女會)[-회/-훼] 圄 부녀자들로 구성된 모임. 흔히, 마을·동(洞)·아파트 등의 지역 사회나 종교 단체에서 부녀자들이 모임을 결성하여 일상생활 문제 등에 공동으로 대처함. ¶아파트 ~.
부ː농(富農) 圄 경영하는 토지의 규모가 크고 수입이 많은 농가 또는 농민. ↔빈농.
부ː니(腐泥) 圄 호수 바닥이나 바다 밑바닥에 퇴적된 생물의 유해가 산소가 적은 상태에서 분해하여 생긴 흑갈색 진흙.
부닐다 围(좌)〈부니니, 부닐어〉부드럽게 굴다. ¶…한 낭청에게 버드나무 회초리 같은 계집들이 착착 **부닐면서** 아양을 떠는 것도 한 구경거리다.《심훈:상록수》
부두둥-하다[-드타-] 围여 신열(身熱)이 나서 몸이 좀 덥다. **부두둥-이** 튄 ¶헤경의 신음하는 소리가 더욱 높아 가며 신열이 올라서 숨이 가빠하는 것을 보고 이마를 짚으니 ~ 덥다.《심훈:탈춤》
부닥-뜨리다/-트리다 围(좌) 부딪치거나 맞닥뜨리다.
부닥-치다 围(좌) 1 (물체와 물체가, 또는 물체가 물체와) 세게 부딪치다. ¶승용차가 화물차와 ~. 2 (사람이나 동물, 물체가 다른 물체에) 부딪히다. ¶창수가 길에서 자전거에 ~ / 머리를 기둥에 ~. 3 (사람이 뜻밖의 어려움에) 부딪히다. ¶난관에 ~.
부단(不斷) ¶**부단-하다** 围여 끊임이 없다. ¶부단한 노력을 기울이다. **부단-히** 튄 ¶~ 애를 쓰다.
부ː담(負擔) 圄 1 어떤 일에 대한 짐스러운 의무나 책임. ¶정신적 ~이 크다 / ~이 되다(덜다). 2 (사람이나 단체가 비용을) 책임을 지는 것. ¶일체의 경비는 각자 ~임. 3 '부담롱'의 준말. **부ː담-하다** 围(타)여 (사람이나 단체가 비용을) 책임을 지다. ¶그 사업의 소요 경비는 수익자가 **부담하기**로 한다.
부ː담-감(負擔感) 圄 어떤 일에 대한 의무나 책임 때문에 마음이 무겁거나 힘들게 여기는 상태. ¶지나친 ~ 때문에 오히려 일을 그르쳤다.
부ː담-금(負擔金) 圄 부담하는 돈.
부ː담-롱(負擔籠)[-농] 圄 물건을 담아서 말에 실어 운반하는 작은 농짝. 㐀부담.
부ː담-마(負擔馬) 圄 부담롱을 싣고, 사람이 함께 타는 말.
부ː담-스럽다(負擔-)[-따] 围回〈-스러우니, -스러워〉부담이 되는 느낌이 있다. **부ː담스레** 튄
부당(不當)(일부 명사 앞에 쓰여) 사리에 맞지 않거나 합당하지 않은 것. ¶~ 요금 / ~ 해고. **부당-하다** 围여 ¶부당한 처사 / 부당한 행위. **부당-히** 튄
부당-성(不當性)[-썽] 圄 부당한 성질.
부당-이득(不當利得) 圄(법) 법령을 위반하는 부당한 방법으로 남에게 손해를 주면서 얻는 이익.
부ː대¹(附帶) 圄 기본이 되는 것에 곁달아서 덧붙이는 것. ¶~시설 / ~조건. **부ː대-하다**¹ 围여
부ː대²(負袋) 圄 ① (자립) 종이·피륙 등으로 만든 큰 자루. =포대(包袋). ¶시멘트 ~. ② (의존) 부대에 담긴 물질의 분량을 헤아리는 단위. =포대. ¶밀가루 한 ~.
부ː대³(浮袋) 圄 =부낭(浮囊)1.
부ː대⁴(部隊) 圄 1〔군〕 군대의 조직 단위의 하나. ¶공수 ~. 2 공통의 목적을 가지고 집단적인 행동을 취하는 무리. ¶박수 ~.
부ː대⁵(富大) ¶**부ː대-하다**² 围여 몸집이 뚱뚱하고 크다. ¶포교당의 주지는 **부대하게** 살집 좋은 40대의 중년이었다.《김성동:만다라》
부대-고기(部隊-) 圄 미군 부대에서 민간에 유출된 햄·소시지·베이컨 등의 고기.
부대끼다 围(좌) 1 ¶만원 버스 안에서 이리저리 ~. 2 (배 속이) 탈이 나서 쓰리거나 울렁울렁하다. ¶속이 ~. 㐂보대끼다.
부ː-대부인(府大夫人) 圄〔역〕 대원군의 아내의 작호(爵號).
부ː대-사업(附帶事業) 圄 주가 되는 사업에 덧붙여서 하는 사업.
부ː대-시설(附帶施設) 圄 주가 되는 건축물에 덧붙어 있는 시설. ¶주차장 같은 ~이 잘 되어 있는 건물.
부대-원(部隊員) 圄 부대의 대원.
부대-장(部隊長) 圄 한 부대를 지휘하는 우

부!대-조건(附帶條件) [-껀] 명 어떤 조건에 덧붙은 조건. ¶그는 돈 외에 ~으로 자동차도 요구했다.

부대-찌개(部隊-) 명 소시지·햄·베이컨 등을 김치와 함께 얼큰하게 끓인 찌개. 예전에 미군 부대에서 나온 고기를 재료로 하여 끓인 것에서 유래함.

부덕¹(不德) 명 덕이 없는 것. ¶이번 일은 제~의 소치입니다. 부덕-하다 형여 ¶제가 부덕하여 이런 일이 생겼습니다.

부덕²(婦德) 명 부녀의 덕행. ¶~을 갖추다.

부도¹(不渡) 명 [경] 수표나 어음을 가진 사람이 기한이 되어도 지급인으로부터 그 수표나 어음에 대한 지급을 받을 수 없게 되는 일.

부도²(父道) 명 1 아버지가 행한 도(道). 2 아버지로서 지켜야 할 도리.

부!도³(附圖) 명 어떤 책에 딸리는 지도나 도표. ¶지리~/역사~.

부도⁴(浮屠·浮圖) 명 [불] 1 =부처1. 2 이름난 승려의 유골을 안치한 탑. 3 =승려.

부도⁵(婦道) 명 여자가 마땅히 지켜야 할 도리.

부도-나다(不渡) 동자 수표나 어음의 발행액수보다 예금의 잔액이 부족하여, 그 지급을 받지 못하게 되다.

부도-내다(不渡) 동타 수표나 어음의 지급기일까지 지급을 하지 못하다.

부-도덕(不道德) 명 도덕에 어긋나는 것. 부도덕-하다 형여 ¶부도덕한 행동/부도덕한 사람.

부도^수표(不渡手票) 명 [경] 지급인으로 지정된 은행이 지급을 거절한 수표.

부!-도심(副都心) 명 대도시의 팽창에 따라 그 변두리에 생기는 부차적인 중심지. ¶영등포·청량리 등은 서울의 ~을 형성하고 있다.

부도^어음(不渡-) 명 [경] 지급인·인수인이 어음상의 의무 이행을 거절한 어음.

부도-체(不導體) 명 [물] 열이나 전기를 전달하기 어려운 물체. 유리·에보나이트·솜·석면 따위. =불량 도체·절연체. ↔도체.

부동¹(不動) 명 1 (물건이나 몸이) 움직이지 않는 것. ¶~자세/~ 상태. 2 한번 먹은 마음이 흔들리지 않는 것. ¶~의 신념. 부동-하다¹ 동자여

부동²(浮動) 명 1 떠서 움직이는 것. 2 붙박여 있지 않고 움직이는 것. ¶~ 인구/~ 자금. 3 진득하지 못하고 들뜨는 것. 부동-하다² 동자여

부동³(符同) 명 (그른 일에) 어울려 한통속이 되는 것. 부동-하다³ 동자여 ¶탐관오리와 부동하여 백성을 착취하다.

부동⁴(不同) →부동-하다⁴ 형여 서로 같지 않다. ¶표리(表裏) ~.

부동-산(不動産) 명 [법] 움직여 옮길 수 없는 재산. 토지 및 그 정착물인 건물이나 수목(樹木) 따위. ¶~ 투기/~ 소득. ↔동산.

부동산-업(不動産業) 명 토지나 건물 따위의 매매·대차·교환 등에 관한 중개나 대행을 하는 직업.

부동-성(浮動性) [-썽] 명 기초가 잡히지 않아 확정성이 없는 성질.

부동-심(不動心) 명 마음이 외계의 충동에 흔들리지 않는 것. 부동심-하다 동자여

부동-액(不凍液) 명 [화] 자동차 엔진의 냉각수가 어는 것을 막기 위하여 쓰이는 액체.

부동-자세(不動姿勢) 명 움직이지 않고 똑바로 서 있는 자세.

부동-초(不動哨) 명 [군] 일정한 초소에서 그 자리를 떠나지 않고 근무하는 초병(哨兵). 비입초(立哨). ↔동초.

부동-표(浮動票) 명 특정한 입후보자나 정당에 투표할 것으로 확정지을 수 없는, 변화 가능성이 많은 표. ¶선거전이 막바지에 접어들자 각 당 후보들은 ~ 흡수에 총력을 기울이고 있다. ↔고정표.

부동-항(不凍港) 명 [지] 겨울에 해면 동결 지역에 있으면서 난류의 영향으로 해면이 얼지 않는 항구. ↔동항(凍港).

부두(埠頭) 명 항구에서, 배를 대어 사람이 타고 내리거나 짐을 싣고 부릴 수 있도록 목재나 콘크리트 등으로 만든 축조물.

부두둑 부 1 단단하고 질기거나 번드러운 큰 물건을 되게 비비거나 문지르는 소리. 2 무른 똥을 힘들여 눌 때에 나는 소리. 작보도독. 센뿌두둑. 부두둑-하다 동자타

부두둑-거리다/-대다[-꺼때-] 동자타 부두둑거리는 소리가 자꾸 나다. 또는, 그리되게 하다. 작보도독거리다. 센뿌두둑거리다.

부두둑-부두둑[-뿌-] 부 부두둑거리는 소리. 작보도독보도독. 센뿌두둑뿌두둑. 부두둑부두둑-하다 동자타

부!-두목(副頭目) 명 범죄 집단·폭력 집단 등에서, 두목 다음가는 지위에 있는 사람.

부둑-부둑[-뿌-] 부 물건의 거죽이 몹시 부둑한 모양. 작보도독보독. 센뿌둑뿌둑. 부둑부둑-하다 형여

부둑-하다[-두카-] 형여 물기가 거의 말라 조금 빳빳하다. 작보도하다. 센뿌둑하다.

부둣-가(埠頭-) [-두까/-둗까] 명 부두가 있는 근처.

부둥-부둥 부 '푸둥푸둥'의 여린말. 작보동보동. 부둥부둥-하다 형여

부둥켜-안다[-따] 동타 (사람이나 동물이나 물체를) 한동안 힘있게 안다. 비부여안다·끌어안다. ¶30년 만에 만난 두 자매는 서로 부둥켜안고 울었다.

부둥키다 동타 두 팔로 힘껏 안거나 또는 두 손으로 힘껏 붙잡다. 원붙둥키다.

부드득 부 1 단단하고 질기거나 번드러운 물건을 되게 비빌 때에 되바라지게 나는 소리. ¶이를 ~ 갈다. 2 무른 똥을 힘들여 눌 때에 나는 소리. 작바드득·보드득. 센뿌드득. 거푸드득. 부드득-하다 동자타여

부드득-거리다/-대다[-꺼때-] 동자타 부드득 소리가 자꾸 나다. 또는, 그런 소리를 자꾸 내다. 작바드득거리다·보드득거리다. 센뿌드득거리다. 거푸드득거리다.

부드득-부드득[-뿌-] 부 부드득거리는 소리. 또는, 그 모양. 준부득부득. 작바드득바드득. 센뿌드득뿌드득. 거푸드득푸드득. 부드득부드득-하다 동자타여

부드럽다[-따] 형여 <부드러우니, 부드러워> 1 (어떤 물체가) 닿거나 스치거나 씹히는 느낌이 딱딱하거나 뻣뻣하거나 거칠거나 껄끄럽지 않고 매끄럽거나 말랑말랑하다. ¶부드러운 살결/고기가 질기지 않고 ~. 작보드랍다. 2 (기계가 돌아가는 상태나 모임, 또는 일의 진행 등이) 어렵거나 뻑뻑하지 않고 잘 이뤄지는 상태에 있다. 비순조롭다·유연하다. ¶엔진이 부드럽게 돌아가다/일이 부드럽게 풀려 나가다. 3 (사람의 마음씨나 말씨나 시선 등이) 따뜻하고 남을 편안

부드레-하다 [형][여] 썩 부드러운 맛이 있다. [작]보드레하다.

부득-부득¹ [-뿍-] [부] 억지스럽게 자꾸 우기거나 조르는 모양. ¶제 고집만 ~ 세우다 / 자기가 옳다고 ~ 우기다. [작]바득바득. [센]뿌득뿌득.

부득-부득² [-뿍-] [부] '부득부득부득'의 준말. [작]보득보득. [센]뿌득뿌득. **부득부득-하다** [자]

부득불 (不得不) [-뿔] [부] 하지 않을 수 없어. =불가불. ¶~ 내가 가야만 하겠다.

부득이 (不得已) [부] 마지못하여. 또는, 하는 수 없이. =불가부득. ¶숙박 시설이 없어 ~ 야숙(野宿)을 하지 않을 수 없다.

부득이-하다 (不得已-) [형][여] 사정이 여의치 않아 할 수 없다. =불가부득하다. ¶부득이한 경우를 제외하고는 전원 참석해야 온다.

부들 [명][식] 부들과의 여러해살이풀. 높이 1~1.5m. 잎은 가늘고 길며, 여름에 노란 꽃이 이삭 모양으로 핌. 꽃가루는 지혈제로 쓰고, 잎과 줄기는 자리·부채 따위를 만듦. 개울가나 연못가에 저절로 남. =향포(香蒲).

부들-부들 [부] 몸을 잇달아 크게 떠는 모양. ¶무서워서 몸을 ~ 떨다. [작]바들바들. [센]푸들푸들. **부들부들-하다**¹ [자][타][여]

부들부들-하다² [형][여] 살갗에 닿는 느낌이 매우 부드럽다. ¶부들부들한 양털. [작]보들보들하다.

부들-자리 [명] 부들의 줄기나 잎으로 엮어 만든 자리. =포석(蒲席).

부등 (不等) →**부등-하다**.

부등-하다 (不等-) [형][여] 1 층이 져서 고르지 않다. 2 서로 같지 않다.

부등-가리 [명] 오지그릇이나 질그릇 깨진 것으로 만들어, 부삽 대신으로 쓰는 기구.

부등변^삼각형 (不等邊三角形) [-가켱] [명] [수] 세 변의 길이가 각각 다른 삼각형.

부등속^운동 (不等速運動) [명] [물] 속도가 일정하지 않은 운동. 공중에 던진 물체의 운동 따위. ↔등속 운동.

부등-식 (不等式) [명] [수] 두 수 또는 두 식을 부등호로 연결한 식. →등식.

부등-할 (不等割) [명] [생] 동물극의 할구(割球)가 식물극의 할구보다 작은 경우의 난할(卵割). 양서류 등에 나타남. ↔등할.

부등-호 (不等號) [명] 두 수 또는 두 식 사이의 대소 관계를 나타내는 기호. 기호는 '<', '>'. 기호를 화살표로 보았을 때, 화살표가 가리키는 쪽에 있는 항이 작음.

부!디 [부] 바라건대 꼭. 상대에게 어떤 청을 하거나 부탁을 할 때 말하는 사람의 마음이 간절함을 나타내는 말. ¶○월 ○일 오후 2시에 동창회를 갖고자 하오니 ~ 참석하여 주십시오.

부!디-부디 [부] '부디'의 힘줌말.

부딪다 [-딛따] [동] ①[자] 1 (움직이는 물체와 물체가, 또는 움직이는 물체가 다른 물체에) 움직이는 힘에 의해 서로 힘 있게 마주 닿다. [비]충돌하다. ¶공과 공이 ~ / 승용차가 화물차와 ~. 2 (움직이는 물체가 다른 물체에) 힘 있게 닿게 하다. ¶추격해 오던 차가 옆으로 다가와 우리 차에 **부딪는**다. ②[타] (사람이나 동물이 제 몸이나 물체를 다른 물체에) 움직이거나 힘을 가해 힘 있게 닿게 하다. ¶그들은 일부러 차를 앞차에 **부딪었**다.

부딪-뜨리다/-트리다 [-딛-] [동][타] 힘 있게 부딪게 하다.

부딪-치다 [-딛-] [동] ①[자] 1 '부딪다'의 힘줌말. 실제의 언어 현실에서는 '부딪다'보다 훨씬 많이 쓰임. ¶뒤차가 일부러 내 차에 **부딪쳤**다. 2 (사람이 새로운 현실이나 세계, 어려움 등과) 피하지 않고 맞서거나 싸우다. ¶겁먹지 말고 일단 **부딪쳐** 봐! 3 (사람이 다른 사람과, 또는 다른 사람의 시선이 다른 사람의 시선과) 우연히 짧은 시간 만나는 상태가 되다. [비]맞닥뜨리다. ¶동창생과 길에서 우연히 ~ / 무심코 고개를 들다가 다른 사람의 눈길과 **부딪쳤**다. ②[타] '부딪다'의 힘줌말. ¶시위대가 경찰과 몸을 **부딪치며** 앞으로 나갔다.

부딪치-이다 [-딛-] [동][자] '부딪치다'의 피동사.

부딪-히다 [-디치-] [동][자][타] 1 '부딪다'의 피동사. ¶앞차가 뒤차에 범퍼가 ~ / 바위가 파도에 ~ / 그는 자전거에 **부딪혔**다. 2 (움직이는 사람이나 동물, 물체가 다른 물체에) 뜻하지 않게 돌발적으로 힘 있게 닿는 상태가 되다. ¶한눈을 팔다가 벽에 머리를 ~ / 배가 암초에 **부딪혀** 난파되었다. 3 어떤 일을 하는 과정에서, (사람이 뜻밖의 어려움에) 이르게 되다. ¶난관에 ~ / 살아가노라면 별별 난처한 일에 **부딪히게** 마련이다.

부뚜 [명] 타작마당에서 티끌을 날리기 위하여 바람을 일으키는 데 쓰는 돗자리. =풍석. [원]부뚜. ×부두.

부뚜막 [명] 솥을 걸어 놓는 아궁이 위의 편편한 언저리.

[부뚜막의 소금도 집어넣어야 짜다] 아무리 손쉬운 일이라도 힘을 들이지 않으면 이루어지지 않는다.

부뚜-질 [명] 곡식의 티끌을 없애려고 부뚜를 펴서 바람을 일으키는 짓. =풍석질. **부뚜질-하다** [타][여]

부라리다 [동][타] (사람이 눈을) 크게 뜨고 눈망울을 사납게 굴리다. ¶험상궂은 얼굴로 눈을 ~.

부라-부라 Ⅰ [감] 부라질을 시킬 때 하는 말. Ⅱ [명] 어린아이가 어른들의 부라질에 따라 두 다리를 번갈아 오르내리는 동작.

부라-질 [명] 1 젖먹이가 두 겨드랑이를 붙잡고 좌우로 흔들며 두 다리를 번갈아 오르내리게 하는 짓. 2 몸을 좌우로 흔드는 짓. ¶뭉태는 계집의 어깨를 잔뜩 부여잡고 ~을 한다.《김유정:총각과 맹꽁이》 **부라질-하다** [동][자][여]

부라퀴 [명] 1 야물고 암팡스러운 사람. 2 자기에게 이로운 일이면 기를 쓰고 덤비는 사람.

부락 (部落) [명] 시골 마을.

부란 (孵卵) [명] 알이 깨는 것. 또는, 알을 까는 것. **부란-하다** [동][자][타][여]

부란-기 (孵卵器) [명] 달걀이나 물고기의 알을 인공적으로 까게 하는 기구. =부화기.

부랑 (浮浪) [명] 일정한 주거(住居)나 직업이 없이 이곳저곳 떠돌아다니는 것. **부랑-하다** [동][자][여]

부랑-배 (浮浪輩) [명] 부랑자의 무리.

부랑-아 (浮浪兒) [명] 부모의 곁을 떠나 일정한 주거 없이 떠돌아다니는 아이.

부랑-자 (浮浪者) [명] 일정한 주거나 직업이 없이 떠돌아다니는 사람.

부랴-부랴 튄 매우 급히 서두르는 모양. ¶기차 시간에 늦지 않게 ~ 달려가다.
부랴-사랴 튄 매우 부산하고 황급히 서두르는 모양. ¶갑자기 손님이 온다기에 ~ 음식을 준비하였다.
부러 튄 거짓되이 일부러. ¶~ 쾌활한 표정을 짓다 / 알면서도 ~ 모르는 척하다.
부러-뜨리다/-트리다 둥(타) 꺾어서 부러지게 하다. =분지르다. ¶연필을 ~.
부러워-하다 동(타대) 부럽게 생각하다. ¶재능을 ~ / 돈이 많은 사람을 ~.
부러-지다 둥(자) 1 (길이를 가진 단단한 물체가) 외부의 압력이나 순간적인 힘을 받아 어느 부분이 꺾여 거의 끊어질 정도가 되거나 완전히 끊어지다. ¶넘어져서 팔뼈가 ~ / 꾹꾹 눌러 썼더니 연필심이 **부러졌다**. 2 ('딱 부러지게'의 꼴로 쓰여) 어떤 일을 하는 태도나 자세가 단호하거나 확실한 상태가 되다. ¶김 과장은 일을 딱 **부러지게** 한다. 3 허리가 부러지다 →허리.
부:림 몡 1 [민] 음력 정월 보름날 새벽에 까먹는 땅콩·호두·잣·밤·은행 따위의 총칭. 이런 것들을 먹으면 일 년 내내 부스럼이 생기지 않는다고 함. ¶~을 까다 / ~을 깨물다. 2 [한] '부스럼'의 잘못.
부럽다 [-따] 휑 〈부러우니, 부러워〉 (우월하거나 좋은 처지에 있는 상대가, 또는 상대의 우월한 점이나 좋은 처지가) 자기와 비교가 되어 자기도 그런 처지이거나 그런 점을 가졌으면 하고 바라는 상태에 있다. ¶그의 아름다운 목소리가 몹시 ~. / 그는 비록 늙었지만 젊은이 **부럽지** 않은 힘과 건강을 ~.
부레 몡 1 [동] 경골어류의 몸속에 있는, 안에 기체가 들어 있는 얇은 막 모양의 주머니. 뜨고 가라앉는 것을 조절하는 구실을 함. =어표(魚鰾). 2 '부레풀'의 준말.
부레-끊다 둥(자) '부레끓다'의 잘못.
부레-끓다 [-끌타] 둥(자) 〈속〉몹시 성이 나다. ×부레끊다.
부레-옥잠(-玉簪) [-짬] 몡 [식] 물옥잠과의 여러해살이풀. 잎은 육질(肉質)이고 잎자루가 물고기의 부레처럼 물에 뜸. 8~9월에 연한 자줏빛 꽃이 핌.
부레-풀 몡 민어의 부레를 끓여 만든 풀. =어교(魚膠)·어표교. 준부레.
부력[1](浮力) 몡 [물] 액체나 기체 속에 들어 있는 물체에 중력의 반대되는 방향으로 작용하는 힘. 물체를 물에 뜨게 함.
부:력[2](富力) 몡 1 재산의 정도. 2 재산이 많음으로써 생기는 세력.
부령(部令) 몡 [법] 행정 각 부의 장관이 소관 사무에 관하여 발하는 명령.
부로(父老) 몡 동네에서 나이가 많은 남자 어른.
부:록(附錄) 몡 1 본문의 끝에 덧붙이는 기록. 2 신문·잡지 등의 본지에 덧붙인 지면이나 따로 내는 책자. ¶별책 / ¶권말 ~.
부루-말(白馬) 몡 '백마(白馬)'의 잘못.
부루퉁-하다 협여 1 부어서 불룩하다. 2 못마땅하여 성난 빛이 얼굴에 나타나 있다. (작)보로통하다. (센)뿌루퉁하다. **부루퉁-히** 튄
부룩-소 [-쏘] 몡 작은 수소.
부룩-송아지 [-쏭-] 몡 길들지 않은 송아지.
부룬디(Burundi) 몡 [지] 아프리카의 동남부에 있는 공화국. 수도는 부줌부라.

부류(部類) 몡 종류에 따라 나눈 갈래. ¶~가 다르다 / 같은 ~의 사람.
부르-걷다 [-따] 둥(타) (옷의 소매나 가랑이를) 힘 있게 걷어 올리다. ¶방방이 세들어 사는 여편네들은… 가끔 팔뚝을 **부르걷고** 싸움질을 하기도 했다.《박완서: 엄마의 말뚝》
부르다[1] 둥(타) 〈부르니, 불러〉 1 (사람이 어떤 사람을) 그의 이름이나 호칭 등을 말하거나 손짓·눈짓 등을 보내어, 자기에게 향하게 하거나 오게 하다. ¶"철수야!" 하고 친구들이 ~ / 놀고 있는 아이를 소리쳐 ~. 2 (사람이 어떤 사람을 어떤 장소에) 청하여 오게 하다. ¶의사를 집으로 ~. 3 (사람이 제 앞에 없는 사람을) 보거나 만나기 위해 매개자를 통해 찾다. ¶선생님께서 너를 **부르신다**. 4 (사람이 어떤 사람에게 명단이나 문구, 숫자 등을) 비교적 큰 소리로 읽거나 말하여 그에 답하거나 응하게 하다. ¶담임선생님이 출석을 ~. 5 (사물이 사람을) 어떤 일에 동참하도록, 또는 자기에게 오도록 끌다. ¶푸른 바다가 우리를 **부른다**. 6 (사람이 노래를) 목소리로 이루어 나타내다. ¶유행가를 ~. 7 (만세 등을) 소리 높여 외치다. ¶태극기를 흔들며 만세를 ~. 8 (어떤 대상을) 무엇이라고 가리켜 말하다. (비)칭하다. ¶직장 선후배 사이지만 그를 형이라고 **불렀다** / 그 바위를 마을 사람들은 '곰바위'라고 **부르고** 있다. 9 (값이나 액수 등을) 일마라고 말하다. ¶시세에 맞는 값을 **부르시오**. 10 (어떤 일이나 말이) 그것과 관련된 어떤 일을 생기게 하다. (비)초래하다·야기하다. ¶화(禍)를 스스로 ~.
부르는 것이 값이다 귀 상인이 마음대로 값을 매긴다는 뜻으로, 값이 일정하지 않고 그때그때 달라짐을 이르는 말. ¶요즘 채소는 ~.
부르다[2] 휑 〈부르니, 불러〉 (명사 '배' 또는 '배'가 들어 있는 합성어와 결합하여) 1 (사람이나 동물의 배가) 먹은 것이 많아 더 먹고 싶은 것이 없을 정도로 든든하다. ¶배가 **불러서** 더 이상 먹을 수가 없다. 2 (사람이나 동물, 또는 물체의 배가) 불룩하게 내민 상태에 있다. ¶배가 **부른** 단지 / 임신하여 배가 ~.
부르르 튄 1 (춥거나 무섭거나 분함 등으로) 갑자기 몸을 움츠리며 떠는 모양. ¶화가 나서 ~ 떨다 / 얼마나 춥던지 몸이 ~ 떨린다. (센)뿌르르. 2 한데 모인 나뭇개비에 불이 붙어 타오르는 모양. 3 좁은 그릇 속에서 적은 물이 끓어오르는 모양. 또는, 그 소리. (작)보르르. (거)푸르르.
부르릉 튄 발동기가 발동할 때 나는 소리.
부르릉-거리다/-대다 둥(자)(타) 잇달아 부르릉 소리가 나다. 또는, 그런 소리를 내다. ¶자동차가 ~. 준부룽거리다.
부르릉-부르릉 튄 부르릉거리는 소리. 준부룽부룽. **부르릉부르릉-하다** 둥(자)
부르주아(ⓕbourgeois) 몡 1 [사] 중세 유럽 도시에서의 중산 계급의 시민. 2 근대 사회에서의 자본가 계급에 속하는 사람. ¶~ 사상. 3 '프롤레타리아. 3 '부자(富者)'를 속되게 이르는 말.
부르주아^문학(ⓕbourgeois文學) 몡[문] =시민 문학. ↔프롤레타리아 문학.
부르주아지(ⓕbourgeoisie) 몡[사] =자본가 계급. ↔프롤레타리아트.

부르-쥐다 동(타) (주먹을) 힘들어 쥐다. ¶화가 난 그는 주먹을 **부르쥐며** 소리쳤다.

부르-짖다[-진따] 동 ①(자) (사람이) 다른 사람의 주의를 끌기 위해 있는 힘을 다해 크게 소리를 내다. (비)규환하다·절규하다. ¶살려 달라고 ~. ▷울부짖다. ②(타) 1 (사람이 외침 소리를) 다른 사람의 주의를 끌기 위해 있는 힘을 다해 내다. ¶여인은 자식의 이름을 **부르짖으며** 흐느꼈다. 2 (어떤 주장이나 의견을) 열렬히 말하다. (비)절규하다. ¶자유민주주의를 ~.

부르카(burka) 명 이슬람교 국가에서 여성들이 눈만 내놓고 온 몸을 가리는, 장옷 비슷한 검은 옷.

부르키나파소(Burkina Faso) 명[지] 서아프리카의 볼타 강 상류에 위치한 공화국. 수도는 와가두구. 구칭은 오트볼타.

부르터-나다 동(자) 숨겨져 묻혀 있던 일이 드러나다.

부르트다 동(자) 〈부르트니, 부르터〉 1 살가죽이 들뜨고 그 속에 물이 괴다. ¶피곤하여 입술이 ~ / 발바닥이 ~. 2 물것에 물려 살이 도톨도톨하게 부어오르다. ¶모기에 물린 자리가 ~. (준)부르다.

부름 명 국가나 초월적 존재나 윗사람 등이 어떤 일을 시키기 위해 부르는 것. ¶조국의 ~을 받고 군에 입대하다.

부름-켜 명[식] =형성층.

부릅뜨다 타 〈부릅뜨니, 부릅떠〉 (사람이 눈을) 무섭게 보일 만큼 크게 뜨다. ¶눈을 **부릅뜨고** 노려보다. ▷부라리다.

부릉-거리다/-대다 동(자)(타) '부르릉거리다'의 준말.

부릉-부릉 부 '부르릉부르릉'의 준말. **부릉부릉-하다** 동(자)(타)(여)

부리 명 1 새나 닭·오리 등의 입이 되는, 뾰족하게 또는 다소 길게 내민 단단한 부분. ¶닭이 ~로 모이를 쪼아 먹다. 2 (다른 명사와 합성어를 이루어) 부피를 가진 물체에서 뾰족하게 내밀거나 길게 뻗어 나온 부분을 이르는 말. ¶돌~ / 총~ / 소맷~.

부리나케 부 몹시 서둘러서 아주 급하게. ¶연락을 받자마자 ~ 달려갔다.

부리다[1] 타 1 (마소와 같은 짐승을) 몰아서 일을 시키다. ¶소를 ~. 2 (사람을) 다스려 일을 시키다. (비)사역(使役)하다. ¶종을 ~ / 그는 사람 **부릴** 줄을 안다. 3 (기계를) 뜻대로 다루어 움직이다. ¶자동차를 ~. 4 (귀신을) 자기 뜻대로 움직이다. ¶귀신 **부리는** 재주. 5 (재주·꾀 따위를) 드러내거나 발휘하다. ¶요술을 ~ / 곰이 재주를 ~. 6 (좋지 않은 행동이나 태도나 상태를) 짐짓 보이거나 나타내다. ¶어리광을 ~ / 말썽을 ~ / 고집을 ~.

부리다[2] 동(타) 1 (실었던 짐을) 풀어 내려놓다. ¶창고에 화물을 ~. 2 (활시위를) 몸체에서 벗겨 풀다. ↔얹다.

부리부리-하다 형(여) (눈이) 크고 광채가 번득이며 담찬 기운을 띤 상태에 있다. ¶눈이 **부리부리하니** 무섭게 생긴 남자.

부림-말 명[언] =목적어.

부-마[1] (副馬) 명 주로 부리는 말에 대응하기 위해 예비로 함께 끌고 다니는 말.

부:마[2] (駙馬) 명[역] 임금의 사위.

부:마-도위(駙馬都尉) 명 [고대 중국에서 천자(天子)의 사위는 부마도위에 임명된 데서] [역] 고구려·고려·조선 시대에, 임금의 사위에게 주는 칭호. (준)도위.

부메랑(boomerang) 명 1 오스트레일리아 원주민이 사용하는 무기의 한 가지. 'ㄱ' 자로 구부러진 나무 막대기인데, 던져서 목표물에 맞지 않으면 되돌아옴. 2 1을 모방한 놀이 기구.

부메랑^효과(boomerang效果) 명[경] 선진국이 개발 도상국에 자본재를 수출한 결과, 값싼 현지 생산품이 선진국에 역수출되어 선진국 업체와 경쟁을 벌이는 현상.

부면(部面) 명 몇 개로 나눈 한 면.

부모(父母) 명 아버지와 어머니를 아울러 이르는 말. (비)양친·어버이. ¶~의 은혜를 잊지 않다 / ~을 공경하다.
[부모가 자식을 걸 낳았지 속 낳았나] 자기의 자식이라도 그 속은 알 수 없다는 말.

부모-상(父母喪) 명 어버이의 상사. =친상(親喪). ¶~을 당하다[입다].

부:목(副木) 명 팔다리가 부러지거나 삐거나 하였을 때, 다친 부위를 움직이지 않도록 하기 위하여 응급 수단으로 대는, 판자나 막대 모양의 나무나 금속.

부문(部門) 명 (주로 명사 뒤에 쓰여) 사물의 영역을 여럿으로 분류했을 때, 그 분류된 작은 영역을 이르는 말. ¶민간 ~과 공공 ~ / 신문에서 시사 ~ 당선자 / 그는 국제 콩쿠르에서 관악 ~ 1위를 차지했다. ▷부문.

부:바 명[감] '어부바Ⅱ'의 준말.

부:-반장(副班長) 명 학급에서, 반장 다음가는 지위에 있는 사람.

부:-배합(富配合) 명[건] 콘크리트를 만들 때 정량보다 시멘트를 많이 넣고 하는 배합. ↔빈배합. **부:배합-하다** 동(타)(여)

부:벽(付壁) 명 벽에 붙이는 글씨나 그림.

부:벽-서(付壁書) [-써] 명 벽에 붙이는 글씨.

부병-제(府兵制) 명[역] 중국 당나라 때 행하여진 병농(兵農) 일치의 병제.

부:복(俯伏) 명 고개를 숙이고 엎드리는 것. **부:복-하다** 동(자) ¶국왕이 진도하자막 만백관은 탑전에 **부복하여** 고개를 못 들었다.

부:본(副本) 명 원본과 동일한 내용이나 사항을 기재하여 참고로 보관하는 서류. =부서(副書). ↔정본(正本). ▷복본(複本).

부-부[1] 부 기선 등에서 계속 나는 기적 소리.

부부[2] (夫婦) 명 결혼한 한 쌍의 남녀. 곧, 남편과 아내를 아울러 이르는 말. (비)가시버시·내외(內外). ¶신혼~ / ~ 생활 / ~ 싸움 / 맞벌이 ~.
[부부 싸움은 칼로 물 베기] 내외간 싸움은 쉽게 화합하다는 뜻.

부부-간(夫婦間) 명 부부의 사이. =부부지간. (비)내외간.

부부-애(夫婦愛) 명 부부의 서로에 대한 사랑.

부부-유별(夫婦有別) 명 오륜(五倫)의 하나. 부부간에는 엄격히 지켜야 할 인륜의 구별이 있음.

부-부인(府夫人) 명[역] 조선 시대, 대군의 아내와 왕비의 어머니에 대한 작호. 품계는 정1품.

부부지간(夫婦之間) 명 =부부간.

부분(部分) 명 전체의 일부를 이루는 부위나 범위나 요소. ¶영화의 마지막 ~ / 사과의 상한 ~을 도려내다 / ~의 합은 전체와 동일하다 / 인체는 크게 머리·몸통·팔다리의 세 ~으로 나뉜다. ↔전체. ▷부문.

부분^부:정(部分否定) [명][논] '전부가 …라고는 할 수 없다'와 같이, 말하는 사실이 꼭 전부에 대하여 성립된다고는 한정할 수 없는 부정.

부분-식(部分蝕) [명][천] 일식이나 월식에서, 태양이나 달의 일부분만 가려지는 현상. (준)분식. ↔개기식(皆旣蝕).

부분^압력(部分壓力) [-녁] [명][물] 몇 가지의 기체가 혼합되어 있을 때, 같은 온도에서 그 성분 기체가 혼합 기체와 같은 체적을 차지한 경우에 나타나는 압력. =분압.

부분^월식(部分月蝕) [-씩] [천] 달의 일부분만 가려지는 월식. ↔개기 월식.

부분^일식(部分日蝕) [-씩] [천] 태양의 일부분만 달에 의해 가려지는 일식. ↔개기 일식.

부분-적(部分的) [관][명] 전체 가운데 한 부분이 되는 (것). 또는, 부분에 관계되는 (것). ¶~으로는 옳지만 전체적으로 보아서는 결함이 있는 논리이다. ↔전체적.

부분^집합(部分集合) [-지팝] [명][수] 집합 B의 원소가 모두 집합 A의 원소가 되어 있을 때의 집합 B를 집합 A에 대하여 일컫는 말. ↔전체 집합.

부분-품(部分品) [명] =부품(部品).

부분-할(部分割) [명][동] 동물의 수정란의 난할(卵割)에서 난황의 방해로 알의 일부분만이 분열되어 할구가 완전히 구획되지 않는 것. ↔전할(全割).

부비다 [동][타] '비비다'의 잘못.

부비^트랩(booby trap) [명][군] 적을 살상하기 위해 보이지 않게 위장해 설치한 폭발물. ¶수색 정찰 중 ~을 건드려 폭발하는 사고가 일어났다.

부빙(浮氷) [명] 1 물 위에 떠다니는 얼음덩이. (비)성엣장. 2 강에서 얼음덩이를 떼내는 것. **부빙-하다** [동][자][여] 강에서 얼음덩이를 떼내다.

부사¹(府使) [명][역] 대도호부사(大都護府使)와 도호부사의 총칭.

부사²(副詞) [명][언] 품사의 하나. 동사나 형용사, 또는 체언·수식언·구·절·문장 등의 앞에 놓여, 뒤에 오는 말을 꾸밈으로써 그 의미를 더욱 분명하게 해 주는 단어. 크게 성분 부사와 문장 부사로 나뉨. '갑자기', '이리', '과연', '설마' 따위. ↔어찌씨.

부:사-격(副詞格) [-격] [명][언] 어떤 체언이 문장 속에서 부사어의 기능을 가지고 있음을 나타낸다는 뜻.

부:사격^조:사(副詞格助詞) [-격쪼-] [명][언] 체언이나 용언의 명사형 아래에 붙어서 그 말을 부사어로 만드는 조사. '에', '에서', '로', '과', '보다' 따위.

부:사관(副士官) [명][군] 원사(元士)·상사(上士)·중사(中士)·하사(下士)의 총칭. 2001년에 '하사관'을 개칭한 것임.

부:사-구(副詞句) [명][언] 부사의 구실을 하는 구. 가령, "그 새는 아주 높이 난다."에서 '아주 높이' 따위.

부:사-어(副詞語) [명][언] 문장 성분의 하나로 부사의 구실을 하는 단어·어절·관용어. 모든 부사를 포함하여 체언에 부사격 조사가 붙은 말, 어미 '-게'로 활용한 형용사, 부사성 의존 명사구 등이 이에 해당함.

부:사장(副社長) [명] 회사에서 사장 다음가는 지위. 또는, 그 사람.

부:사-절(副詞節) [명][언] 부사와 같은 구실을 하는 절. 가령, "땀이 비 오듯이 흐른다."에서 '비 오듯이' 따위.

부:사형^어:미(副詞形語尾) [명][언] 부사어 구실을 하게 하는 활용 어미. 현 학교 문법에서는 보조적 연결 어미로 봄.

부산 [명] 바쁘거나 급해 요란하게 서두르거나 어수선하게 떠들어 대는 일. ¶~을 피우다 / 여행을 가는 날 아이들이 먼저 일어나 ~을 떨었다.

부:-산물(副産物) [명] 1 주산물의 생산 과정에서 덧생기는, 상품 가치가 있는 물건. ↔주산물. 2 어떤 일을 할 때 부수적으로 생기는 일이나 현상. ¶조기 교육은 ~

부산-스럽다 [-따] [형][ㅂ] <-스러우니, -스러워> 부산한 데가 있다.

부산-하다 [형] 바쁘게 서두르는 모습이 어수선하거나 떠들썩하다. ¶서울역 대합실은 추석 귀성객들로 **부산했다**. **부산-히** [부]

부-삽 [명] 숯불이나 재 따위를 담아 옮기는 데 쓰이는 삽. =화삽.

부상¹(父喪) [명] '부친상'의 준말. ↔모상.

부:상²(負商) [명] =등짐장수.

부:상³(負傷) [명] 몸에 상처를 입는 것. ¶~을 입다. **부:상-하다**¹ [동][자][타][여]

부상⁴(浮上) [명] 1 물 위로 떠오르는 것. 2 어떤 현상이 보통 때보다 더 큰 관심을 끌거나 불우한 처지에 있던 사람이 갑자기 좋은 자리로 올라서는 일. **부상-하다**² [동][자][여] ¶잠수함이 ~ / 무명 신인이 강력한 우승 후보로 ~

부:상⁵(副賞) [명] 상장(賞狀)과 정식 상(賞) 외에 따로 덧붙여 주는 상. ¶상패와 ~을 수여하다 / 시계를 ~으로 받다.

부:상⁶(富商) [명] 자본이 많은 상인.

부:상-병(負傷兵) [명] 싸움터에서 상처를 입은 군인.

부:상-자(負傷者) [명] 상처를 입은 사람.

부:생(腐生) [명][식] 식물이 생물의 사체(死體)나 배설물 등에 기생하여 그것들에게서 양분을 얻어 생활하는 일. =사물 기생. **부:생-하다** [동][자][여]

부:서¹(附書) [명][언] 훈민정음에서, 글자를 만드는 방법에 대하여 쓰인 용어. 모음은 첫소리의 아래나 오른쪽에 붙여서 쓰는 방식을 이름. ▷병서(竝書)·연서(連書). **부:서-하다** [동][타][여]

부서²(部署) [명] 조직체에서, 업무의 성격에 따라 나눈 조직의 단위. ¶~을 옮기다 / 어느 ~에서 일하고 있습니까?

부서-뜨리다/-트리다 [동][타] 1 깨어져 여러 조각이 나게 하다. (비)부스러뜨리다. 2 제대로 쓸 수 없게 헐어지거나 깨어지게 하다. × 부쉬뜨리다.

부서-장(部署長) [명] 기관이나 단체에서, 한 부서의 우두머리.

부서-지다 [동][자] 1 (단단하거나 바싹 마른 물건이) 외부의 힘이나 작용을 받아 여러 조각이 나다. ¶돌이 **부서져** 모래가 되다. (작)바서지다. 2 (짜서 만든 물건이나 구조물 등이) 제대로 쓸 수 없을 정도로 망가지거나 제 형태를 잃다. ¶지진으로 건물이 ~. 3 (덩어리진 액체가) 다른 물체에 세게 부딪쳐 물방울을 이루며 흩어지다. ¶파도가 바위에 **부딪쳐** 하얗게 ~. 4 (희망·기대 따위가) 이룰 수 없는 상태가 되다. ¶투기 열풍으로 집값이 크게 뛰어 내 집 마련의 꿈이 ~. × 부쉬지다.

부석¹ [부] 부숭부숭한 물건이 가볍게 부스러질

때에 나는 소리. 또는, 그 모양. [작]보삭. **부석-하다**[1] [동][자][타][여]

부석[2](浮石) [명] **1** [광] 화산의 용암이 갑자기 식어서 된 다공질(多孔質)의 가벼운 돌. =경석(輕石)·고석(蠱石)·속돌·수포석·해석(海石). **2** 수면에 반쯤 드러나서, 떠 있는 것처럼 보이는 바위.

부석[3](浮石) [명] **1** =채석(採石). **2** 공사에서 쓰고 남은 석재(石材). **부석-하다**[2] [동][자][여] =채석(採石)하다.

부석-거리다/-대다[-꺼(때)-] [동][자][타] 자꾸 부석 소리를 내다. 또는, 물기 없는 물건이 자꾸 부석 부스러지다. [작]보삭거리다.

부석-부석[1][-뿌-] [부] 부석거리는 소리. 또는, 그 모양. [작]보삭보삭. **부석부석-하다**[1] [동][자][타][여]

부석-부석[2][-뿌-] [부] 살이 좀 부어오른 모양. [작]보삭보삭. [거]푸석푸석. **부석부석-하다**[2] [형][여] ¶얼굴이 ~.

부선(浮選) [명][광] '부유 선광' 의 준말.

부¦설[1](附設) [명] 어떤 데에 부속시켜 설치하는 것. ¶교육 대학 ~ 유치원. **부¦설-하다**[1] [동][타][여] ¶대학에 연구소를 ~. **부¦설-되다**[1] [동][자]

부¦설[2](敷設) [명] (철도·교량·지뢰 등을) 설치하는 것. ¶교량 ~ 공사. **부¦설-하다**[2] [동][타][여] ¶철도를 ~. **부¦설-되다**[2] [동][자]

부¦설-권(敷設權)[-꿘] [명] 철도·교량 등을 부설할 수 있는 권리. ¶~을 획득하다.

부성(父性) [명] 아버지로서 가지는 성질. ↔모성(母性).

부성-애(父性愛) [명] 아버지로서의 자식에 대한 사랑. ↔모성애.

부¦세[1](富世) [명][동] 민어과의 바닷물고기. 몸길이 50cm가량으로 작은 민어와 비슷하며, 몸빛은 적황색임.

부¦세[2](賦稅) [명][법] 세금을 매겨서 부과하는 것. **부¦세-하다** [동][타][여]

부셸(bushel) [명][의존] 야드파운드법의 단위. 기호는 bu. **1** 부피의 단위. 1부셸은 영국에서는 약 36.37리터, 미국에서는 약 35.24리터임. **2** 무게의 단위. 곡물의 무게를 나타내는데, 밀의 경우는 1부셸이 약 60파운드임.

부¦속(附屬) [명] **1** 주되는 사물에 딸려서 붙는 일. 또는, 그러한 물건. ¶~ 건물 / 의과 대학 ~ 병원. **2** '부속품' 의 준말. **부¦속-하다** [동][자][여] 주되는 사물에 딸려서 붙다. **부¦속-되다** [동][자]

부¦속^고등학교(附屬高等學校)[-꼬-꾜] [명][교] 사범 대학에 부설한 인문계 고등학교. 교육 연구를 위한 실험이나 교원 양성을 위한 실습을 목적으로 설치함. [준]부고.

부¦속-물(附屬物)[-송-] [명] 주되는 사물에 부속된 물건.

부¦속^병¦원(附屬病院)[-뼝-] [명] 의과 대학에 부속된 병원. 의과 대학생의 실습과 연구를 목적으로 설치함.

부¦속^성분(附屬成分)[-썽-] [명][언] 문장에서, 주성분의 내용을 꾸며 주는 구실을 하는 성분. 관형어·부사어 따위. =종속 성분. ↔주성분.

부¦속-실(附屬室)[-씰] [명] 부속된 방. 또는, 비서 등이 사무를 보는 방.

부¦속^중학교(附屬中學校)[-쭝-꾜] [명][교] 사범 대학에 부설한 중학교. 교육 연구를 위한 실험이나 교육 실습 등을 목적으로 설치함. [준]부중.

부¦속-품(附屬品) [명] 주가 되는 물건과 일체가 되어야 비로소 기능을 하는 물건. 라디오의 이어폰 따위. ¶기계 ~. [준]부속.

부¦속-학교(附屬學校)[-소칵꾜] [명][교] 교육의 연구 및 교원 양성 기관의 실습을 위하여 부설한 학교. 부속 초등학교·부속 중학교·부속 고등학교 따위.

부¦속-해(附屬海)[-소캐] [명][지] 대륙·반도·열도 따위로 둘러싸인 대양(大洋)의 주변 해역.

부-손 [명] 화로에 꽂아 두고 쓰는 작은 부삽.

부¦송(付送) [명] 물건을 부쳐 보내는 것. **부¦송-하다** [동][타][여]

부¦수[1](附隨) [명] 따라서 붙는 것. ¶~ 조건. **부¦수-하다** [동][자][타][여] **부¦수-되다** [동][자]

부¦수[2](負數) [명][수] '음수(陰數)' 의 구용어.

부¦수[3](副帥) [명][역] 주장(主將)의 다음가는 지위로 주장을 보좌하는 장수. =부장(副將).

부수[4](部首) [명] 한자 자전에서 글자를 찾는 길잡이가 되는 글자의 한 부분. '大' 자는 '天', '失', '央' 등의 부수가 됨. ▷변(邊).

부수[5](部數)[-쑤] [명] 책·신문 등의 부(部)의 수효. ¶일간지의 발행 ~.

부수다 [동][타] **1** 여러 조각이 나게 두드려 깨뜨리다. ¶광석을 잘게 ~. **2** 어떤 물건을 파괴하거나 못 쓰게 만들다. ¶폭력배들이 문을 **부수고** 난입하다. [준]붓다. [작]바수다. ×부시다.

> **어법** 그는 화가 나 세간을 부셨다:부셨다(×)→부쉈다(○). ▶▶ 흔히 '부수다' 를 '부시다' 와 혼동하여 '부시는, 부셔라, 부셨다' 와 같이 사용하나, 이는 '부수는, 부숴라, 부쉈다' 의 잘못임.

부수-뜨리다/-트리다 [동][타] 힘 있게 부수다. [작]바수뜨리다.

부수-색인(部首索引) [명] 한한자전(漢韓字典) 등에서 부수를 찾기 쉽게 만든 색인.

부¦수^음악(附隨音樂) [명][음] 연극 등에 수반하여 효과를 높이기 위해 곁들이는 음악.

부¦-수입(副收入) [명] **1** 본수입 이외에 들어오는 수입. **2** 드러나지 않는 비공식적인 수입. ¶~을 챙기다.

부¦수-적(附隨的) [관][명] 무엇에 덧붙이거나 하는 데 따르는 (것). ¶~ 조건 / ~인 문제가 많다.

부숭-부숭[1] [부] 잘 말라서 물기가 없는 모양. [작]보송보송. [센]뿌숭뿌숭. **부숭부숭-하다**[1] [형][여]

부숭-부숭[2] [부] 얼굴이 건강이 좋지 않거나 하여 부어오른 모양. **부숭부숭-하다**[2] [형][여]

부숴-뜨리다 [동][타] '부서뜨리다' 의 잘못.

부숴-지다 [동][자] '부서지다' 의 잘못.

부스(booth) [명] **1** 공중전화·샤워·매표 등을 할 수 있도록 한두 사람이 들어갈 수 있는 크기로 칸을 질러 막은 시설물. ¶공중전화 ~ / 샤워 ~ / 티켓 ~. **2** 박람회 등에서, 물건을 전시하고 판매할 수 있도록 설치한 시설물.

부스-대다 [동][자] **1** 가만히 있지 못하고 몸을 자꾸 움죽거리다. **2** 마음이 설레어 자꾸 서두르다. [작]바스대다.

부스러기 [명] 어떤 물체나 물질에서 잘게 부스러져 떨어져 나온 자잘한 조각. ¶빵 ~ / 과자 ~. [작]바스라기. ×부스럭지.

부스러-뜨리다/-트리다 [동][타] 깨어져 잘게 조각이 나게 하다. [비]부서뜨리다. [작]바스러뜨리다.

부스러-지다 [동][자] **1** 덩이가 헐어져 잘게 되다. **2** 깨어져 여러 조각이 나다. [작]바스러지다.

부스럭 [부] 마른 검불 따위를 밟거나 뒤적일 때에 나는 소리. ¶벽장에서 ~ 소리가 난다. [작]보스락. **부스럭-하다** [동][자][타][여] ¶**부스럭하는** 소리에 놀라 잠을 깼다.

부스럭-거리다/-대다[-꺼(때)-] [동][자][타] 자꾸 부스럭 소리가 나다. 또는, 그런 소리를 내다. ¶마루 밑에서 **부스럭거리는** 소리가 들린다. [작]보스락거리다.

부스럭-부스럭[-뿌-] [부] 부스럭거리는 소리. [작]보스락보스락. **부스럭부스럭-하다** [동][자][타][여]

부스럭지 [명] '부스러기'의 잘못.

부스럼 [명][한] 피부에 나는 종기의 총칭. ¶~ 딱지 / ~이 나다. ×부럼.

부스스 [부] **1** 느리게 슬그머니 일어나는 모양. ¶~ 일어나 말없이 나가다. **2** 머리털 같은 것이 어지럽게 흐트러지거나 일어선 모양. **3** 부스러기가 어지럽게 헤어지는 모양. 또는, 그런 소리. ¶흙더미가 ~ 무너져 내리다. **4** 미닫이문 따위를 조용히 여닫는 모양. 또는, 그런 소리. =푸시시. ¶안방 문이 ~ 열리다. [작]바스스. ×부시시. **부스스-하다** [형][여]

부스터-국(booster局) [명] 중앙 방송국으로부터 전파를 받아, 증폭만 하여 재발사하는 중계방송국. 주로 텔레비전 방송의 수신이 곤란한 지역에 설치함.

부슬-부슬[1] [부] 눈·비가 가늘고 성기게 내리는 모양. ¶~ 내리는 가을비. [작]보슬보슬.

부슬-부슬[2] [부] 물기가 적어서 잘 엉기지 못하는 모양. [작]보슬보슬. [거]푸슬푸슬. **부슬부슬-하다** [형][여]

부슬-비 [명] 부슬부슬 내리는 비. [작]보슬비.

부시 [명] 부싯돌을 쳐서 작은 불티가 일어나게 하는 얇은 쇳조각. 그 불티가 부싯깃에 떨어지면 불이 붙어 불을 이용할 수 있게 됨. 성냥이 보급되면서 자취를 감추었음. =화도(火刀).

부시(를) 치다 [구] 부싯돌에 부싯깃을 놓고 부시로 쳐서 불을 일으키다. ¶조신은 또 가서 나무와 풀을 두어 번이나 안아다가 굴 앞에 놓고 **부시를 쳐서** 불을 살랐다.《이광수:꿈》

부시다[1] [동][타] (그릇 따위를) 물로 깨끗이 씻다. ¶밥그릇을 ~ / 솥을 ~.

부시다[2] [동][타] '부수다'의 잘못.

부시다[3] [형] **1**《반드시 '눈[眼]'과 함께 쓰여》(눈이) 너무 강한 빛 때문에 제대로 뜨거나 사물을 보기 어려운 상태에 있다. ¶햇빛에 눈이 ~. **2** ➡눈부시다.

부시먼^족(Bushman族) [명] 아프리카의 칼라하리 사막에 사는 흑인종. 키가 작고 피부는 황갈색임.

부시시 [부] '부스스'의 잘못.

부시-쌈지 [명] 부시·부싯깃·부싯돌 따위를 넣는 쌈지.

부ː식[1](副食) [명] 사람이 끼니때, 중심이 되는 음식에 곁들여 먹는 음식. 우리나라의 경우, 국이나 찌개, 기타 반찬류를 가리킴. =부식물. ↔주식(主食).

부ː식[2](腐植) [명] 죽은 동식물이 흙 속에서 미생물의 작용으로 분해되어 이루어진, 흑갈색의 물질. =부식질.

부ː식[3](腐蝕) [명] **1** 썩어서 문드러지는 것. **2** [화] 금속이 외부로부터의 화학 작용에 의해서 금속이 아닌 상태로 되어 소모되어 가는 현상. **3** [지] 암석이 물과 공기의 작용으로 화학적 변화를 일으키는 현상. **부ː식-하다** [동][자][여] **부ː식-되다** [동][자] ¶**부식된** 낡은 수도관.

부ː식^동판(腐蝕銅版) [-똥-] [명][인] =에칭(etching).

부ː식-비(副食費) [-삐] [명] 부식에 드는 비용. ↔주식비.

부ː식-성(腐食性) [-썽] [명] 썩은 고기나 죽은 동물의 고기를 먹는 동물의 식성. 하이에나 따위의 식성이 이에 속함. ¶~ 동물.

부ː식-제(腐蝕劑) [-쩨] [명][약] 피부나 점막의 불필요한 조직을 썩게 하여 제거시키는 약제의 총칭. 수산화칼슘·질산 따위.

부ː식-질(腐植質) [-찔] [명] =부식(腐植)[2].

부ː식-토(腐植土) [명][농] 20% 이상의 부식질을 포함한 흑갈색의 비옥한 토양. 농작에 좋음. =부토.

부ː신[1](符信) [명][역] 조선 시대, 나뭇조각이나 두꺼운 종이에 어떤 글자를 쓰고 도장을 찍은 뒤에 이것을 두 조각으로 쪼개어, 한 조각은 상대자에게 주고 한 조각은 보관하였다가 뒷날 그것을 서로 맞추는 것으로써 어떤 약속된 일의 증거로 삼은 물건.

부ː신[2](副腎) [명][생] 좌우의 신장 위에 밀착되어 있는 내분비 기관. 왼쪽은 반달 모양이고, 오른쪽은 삼각형임. 표층부의 피질(皮質)과 중심부의 수질(髓質)로 이루어짐. =결콩팥.

부ː-신경(副神經) [명][생] 뇌신경의 하나. 목을 움직이는 근육의 일부에 분포하는 운동성 신경. 열한 번째의 뇌신경.

부ː신^수질(副腎髓質) [명][생] 부신의 중앙부를 형성하는 내분비 조직. 아드레날린 등을 분비하여 혈관을 수축하고 혈압을 유지하는 일을 함.

부ː신^피질(副腎皮質) [명][생] 부신의 표층부를 차지하는 조직. 생명 유지에 아주 중요한 기관이며, 부신 피질 호르몬을 분비함.

부ː실[1](副室) [명] '첩'을 점잖게 이르는 말. =소실(小室). ↔정실(正室).

부실[2](不實) ➡**부실-하다** [형][여] **1** (몸·마음·행동 따위가) 옹골차지 못하고 약하다. ¶몸이 ~. **2** 미덥지 못하다. ¶**부실한** 사람. **3** (내용이) 실속이 없고 모자라는 데가 있다. ¶반찬이 ~ / 살림살이가 ~.

부실-기업(不實企業) [명] 경영이 부실하고 재정이 불안정한 기업.

부ː심[1](副審) [명][체] 운동 경기에서, 주심(主審)을 보좌하는 심판원. ▷주심.

부ː심[2](腐心) [명] 근심·걱정이나 무엇을 생각하느라고 마음을 썩이는 것. ¶절치(切齒) ~. **부ː심-하다** [동][자][여] ¶대책 마련에 ~.

부싯-깃[-시낏/-싣낏] [명] 부싯돌을 부시로 칠 때 불티가 떨어져 불이 붙을 수 있게 만든 물건. 쑥잎 따위를 불에 볶은 뒤 곱게 비벼 만들거나 솜·백지 따위를 잿물에 여러 번 묻혀 만듦. [준]깃.

부싯-돌[-시똘/-싣똘] [명] 부시로 치면 불티가 일어나는, 불을 피우는 도구로 사용되던 돌. 석영의 한 가지로, 백색·회색·흑색 등 여러 가지 빛깔이 있으며, 반투명 또는 불투명함. =수석(燧石)·화석(火石).

부싱(bushing) [명] 전선(電線)을 벽에 관통시

킬 때 절연시키기 위해 끼는, 사기 따위로 만든 관. =애관(礙管).

부썩 튀 1 외곬으로 세차게 갑자기 우기는 모양. ¶제 말이 맞다고 ~ 우긴다. 2 사물이 거침없이 나아가거나 또는 갑자기 늘거나 주는 모양. ¶아이 키가 ~ 컸다. ㉘바싹. ▷ 부쩍.

부썩-부썩 [-뻑-] 튀 1 외곬으로 세차게 자꾸 우기는 모양. 2 사물이 자꾸 거침없이 세차게 나아가거나 또는 늘거나 주는 모양. ㉘바싹바싹.

부아 명 1 [생] =폐(肺)¹. 2 분한 마음. ¶~가 나다 / ~를 내다 / ~를 돋우다 / ~가 치민다.

부아-통 명 '부아'를 속되게 이르는 말. ¶~이 터지다.

부앗-김 [-아낌/-앋낌] 명 분한 마음이 일어나는 김. ¶~에 술을 퍼마시다.

부ː앙(俯仰) 명 세상을 굽어보고 하늘을 우러러보는 것. =면앙(俛仰). **부ː앙-하다** 타여

부액(扶腋) 명 =곁부축¹. **부액-하다** 타여

부양¹(扶養) 명 생활 능력이 없는 사람의 생활을 돌보는 것. **부양-하다** 타여 ¶처자식을 ~. **부양-되다** 자

부양²(浮揚) 명 1 물속에 가라앉은 것이 위로 떠오르는 것. 또는, 떠오르게 하는 것. ¶수색대는 침몰선의 ~에 착수하였다. 2 공중으로 떠오르는 것. 또는, 떠오르게 하는 것. ¶공중 ~. 3 침체된 경기에 활기를 주는 것. ¶정부는 침체된 증권 시장을 위해 증시 안정책을 발표했다. **부양-하다**² 자타여

부양-가족(扶養家族) 명 처자나 노부모 등 자기가 부양하고 있는 가족.

부양-책(浮揚策) 명 경제를 부양할 대책이나 방법. ¶주가 ~ / 경기 ~.

부어-오르다 자르 〈~오르니, ~올라〉 살갗 등이 부어서 부풀어 오르다. ¶눈이 ~ / 벌에 쏘인 자리가 부어올라다.

부억 명 '부엌'의 잘못.

부ː언(附言) 명 중심이 되는 말을 한 다음에 어떤 말을 덧붙여서 말하는 것. 또는, 그 말. **부ː언-하다** 자타여 ¶마지막으로 한마디만 부언하겠습니다.

부얼-부얼 튀 1 살이 쪄서 탐스럽고 복스러운 모양. 2 '북슬북슬'의 잘못. **부얼부얼-하다** 형여

부ː업(副業) 명 본업의 여가를 이용하여 하는 벌이나 직업. =여업(餘業). ¶가내 ~. ↔본업(本業).

부ː업-거리(副業-) [-꺼-] 명 본업 외에 여가 시간을 이용하여 하는 일거리.

부엉-부엉 튀 부엉이의 울음소리.

부엉-새 명 [동] =부엉이.

부엉-이 명 [동] 올빼밋과에 속하는 새의 총칭. 몸빛은 회색 바탕에 갈색·담황색의 가로 무늬가 있음. 올빼미와 비슷하나, 눈이 크고 머리 꼭대기에 귀 모양의 깃털이 있음. 성질이 사나워 가축을 해침. 울음소리는 '부엉부엉'. =부엉새.

부엉이-살림 명 자기도 모르는 사이에 부쩍부쩍 느는 살림.

부엉이-셈 명 셈이 분명하지 못하여 이익과 손해를 제대로 가리지 못하는 상태. 비유적인 말임. ¶그런 ~으로 무슨 장사를 한다고 그래?

부엌 [-억] 명 가정집에서, 밥을 짓거나 음식을 만들 수 있도록 꾸민 공간. ㉠븩. ×부억.

| 유의어 | 부엌 / 주방 / 취사장 |

모두 음식을 만드는 곳을 가리키나, '부엌'은 주로 일반 주택에 딸린 것을 가리키고, '주방(廚房)'은 음식점과 같은 요식업소에 딸린 것을 가리키며, '취사장(炊事場)'은 많은 사람이 공동생활을 하는 곳에 딸린 규모가 큰 것을 가리킴. 다만, '주방'은 아파트나 현대식 주택에 딸린 것을 가리킬 때도 있음.

부엌-간(-間) [-억깐] 명 부엌으로 쓰는 곳.

부엌-데기 [-억떼-] 명 부엌일을 맡아서 하는 여자를 얕잡아 이르는 말.

부엌-문(-門) [-엉-] 명 부엌으로 출입하는 문.

부엌-방(-房) [-억빵] 명 전통 또는 재래 가옥에서, 부엌 바로 옆에 있으면서 부엌과 통하게 되어 있는 작은 방.

부엌-살림 [-억쌀-] 명 부엌에서 쓰는 살림살이.

부엌-일 [-엉닐] 명 부엌에서 하는 일. 곧, 음식을 만들거나 설거지하는 일 따위. **부엌일-하다** 자여

부엌-칼 [-억-] 명 부엌에서 음식을 만들 때 쓰는 칼. 비식칼.

부여(夫餘·扶餘) 명 [역] 기원전 1세기경에 퉁구스 계통의 부여족이 북만주 일대에 세운 나라. =부여국.

부ː여²(附與·賦與) 명 1 (어떤 사람에게 권리·임무·의식·재능 등을) 가지게 해 주는 것. ¶특권 ~ / 동기 ~. 2 (사물에 가치나 의의 등을) 붙여 주는 것. ¶의미 ~. **부ː여-하다** 타여 ¶부서장에게 임무를 수행할 권리가 있다. / 아무리 값비싼 다이아몬드도 인간이 가치를 부여하기 전에는 한낱 돌멩이에 지나지 않는다. **부ː여-되다** 자여 ¶국회의원에게는 면책 특권과 불체포 특권이 부여된다.

부여-안다 [-따] 타타 (사람이나 물체를) 슬픈 마음이나 괴로운 심정으로 한동안 힘 있게 안다. 주로, 문어적인 표현에서 쓰임. 비부둥켜안다. ¶어머님의 주검을 부여안고 흐느껴 울다.

부여-잡다 [-따] 타타 손으로 붙들어 잡다. ¶목을 ~.

부ː역¹(附逆) 명 국가에 반역하는 일에 가담하여 편드는 것. ¶~ 행위. **부ː역-하다** 자여

부ː역²(負役) 명 국민이 부담하는 공역(公役).

부ː역³(賦役) 명 국가 또는 공공 단체가 특정한 공익사업을 위하여 국민에게 보수 없이 의무적으로 지우는 노역(勞役). ¶~을 나가다. **부ː역-하다**² 자여

부ː역-자(附逆者) [-짜] 명 국가에 반역하는 일에 가담하거나 편든 사람.

부ː연¹(附椽·婦椽) 명 [건] 처마의 서까래 끝에 다는 짧고 네모진 서까래. 지붕의 처마를 위로 들리게 하는 멋을 줌.

부ː연²(敷衍) 명 1 어떤 사실이나 내용에 대해 알기 쉽게 덧붙여 자세히 설명하는 것. ¶~ 설명. 2 늘여서 널리 펴는 것. 비전개(展開). **부ː연-하다** 타여

부엽-식물(浮葉植物) [-씽-] 명 [식] 뿌리는 물속으로 내리고 잎은 수면에 뜨는 식물. 수련·마름·개연꽃·벗풀 따위.

부!엽-토(腐葉土) 명[농] 나뭇잎 따위가 썩어서 된 흙.
부:-영사(副領事) 명 영사의 다음 지위로, 영사를 보좌하는 외무 공무원.
부!영양-호(富營養湖) 명[지] 영양 염류가 풍부하고 플랑크톤 등이 많아 생물 생산량이 많은 호수. ↔빈영양호.
부!영양-화(富營養化) 명[지] 호수나 하천에 질소나 인 등이 섞인 더러운 물이 흘러들어 이것을 영양분으로 하여 플랑크톤이 크게 번식하게 됨으로써 수질이 오염되는 현상.
부옇다 [-여타] 형ⓗ 〈부여니, 부여오, 부예〉 산뜻하거나 뚜렷하지 않고 희읍스름하다. ¶먼지가 **부옇게** 끼다 / 장문이 **부옇게** 밝아 온다. ㉠보얗다. ㉡뿌옇다.
부!예-지다 자 부옇게 되다. ㉠보얗지다. ㉡뿌예지다.
부왕(父王) 명 아버지인 임금.
부용(芙蓉) 명[식] 아욱과의 낙엽 관목. 높이 1~3m. 8~10월에 연한 홍색의 꽃이 피며, 열매는 둥글고 털이 있음. =목부용(木芙蓉). 2 =연꽃.
부원[1](部員) 명 부(部)에 속하는 사람.
부!원[2](富源) 명 재물이 생기는 근원.
부원-군(府院君) 명[역] 조선 시대에, 임금의 장인이나 정1품 공신에게 주던 작호(爵號).
부!-원수(副元帥) 명[역] 전시의 임시 벼슬. 도원수·상원수 또는 원수의 다음가는 통솔자임.
부위[1](部位) 명 어느 부분이 있는 위치. ¶어깨 ~에 통증을 느끼다.
부!위[2](副尉) 명[역] 조선 시대, 의빈부(儀賓府)의 정3품 벼슬.
부유[1](浮遊·浮游) 명 1 물이나 공중을 떠다니는 일. ¶~ 식물. 2 직업도 없이 갈 곳도 정하지 않고 이리저리 떠돌아다니는 것. **부유-하다**[1] 동(자)(여) ¶미세한 먼지 입자가 공중에
부!유[2](富裕) →**부!유-하다**[2] 형(여) (어떤 사람이나 집안이나 나라 등이) 먹고 입고 쓰기에 충분할 만큼 재산이 많다. =부요하다. ¶부유한 집 / 부유하게 살다.
부유^기뢰(浮遊機雷) [-뢰/-뤠] 명[군] 물속 또는 물 위에 떠다니게 두는 기뢰. =부류 기뢰.
부유^생물(浮遊生物) 명[생] =플랑크톤.
부유^선광(浮遊選鑛) 명[광] 거품에 광석의 알갱이가 달라붙는 성질을 이용하여, 약간의 기름을 넣은 물에 가루 상태의 광석을 넣고 거품이 일게 휘저어서 광물을 골라내는 방법. ㉣부선.
부유스레-하다 형(여) =부유스름하다.
부유스름-하다 형(여) 빛이 진하지 않고 조금 부옇다. =부유스레하다. ¶**부유스름한** 유리. ㉠보유스름하다. ㉡뿌유스름하다. **부유스름-히** 부
부유^식물(浮遊植物) [-싱-] 명[식] 줄기나 잎이 수면 아래에 있고 뿌리가 없거나 빈약한 식물. 물옥잠·벌레먹이말·개구리밥 따위.
부!유-층(富裕層) 명 부유하여 잘사는 계층.
부윤[1](府尹) 명 1 [역] 조선 시대의 종2품 문관의 외관직(外官職). 지방 관청인 부(府)의 우두머리임. 2 [일제] 부(府)의 우두머리. 지금의 시장(市長)에 해당함.
부!윤[2](富潤) →**부!윤-하다** 형(여) 재물이 넉넉하고 윤택하다.
부!음(訃音) 명 어떤 사람이 죽었다는 소식이나 기별. 문어적인 말임. ¶~을 접하다 [전하다] / 그는 아버지의 ~을 듣고 급히 귀국했다. ▷부고(訃告).

부!응(副應) 명 (어떤 사람이 상대의 기대나 요구, 또는 상황 등에) 맞추거나 응하여 거나 따르는 것. **부!응-하다** 동(자)(여) ¶여러분의 성원에 **부응해서** 꼭 우승하겠습니다.
부!의[1](附議) [-의/-이] 명 토의에 부치는 것. **부!의-하다** 동(여) ¶이번 정기 국회에 **부의할** 안건이 산적해있다.
부!의[2](賻儀) [-의/-이] 명 1 초상집에 부조로 보내는 돈이나 물품. 또는, 그 일. ㉠향전(香奠). ¶~를 보내다. 2 초상집에 조위금을 낼 때 그 봉투나 단자에 쓰는 말. ㉡근조.
부!의-금(賻儀金) [-의-/-이-] 명 초상집에 부조로 주는 돈. ㉡부조금.
부!-의장(副議長) 명 의장을 돕고 의장의 유고 시에 그 직무를 대리하는 사람. 또는, 그 직위.
부이(buoy) 명 =계선 부표.
부!-이사관(副理事官) 명 국가 공무원의 직급의 하나. 이사관의 아래, 서기관의 위로 3급임.
부!익부(富益富) [-뿌] 명 부자일수록 더욱 부자가 됨. ¶~ 빈익빈(貧益貧). ↔빈익빈. **부!익부-하다** 동(자)(여)
부인[1](夫人) 명 1 남의 '아내'를 다소 높여 이르는 말. 주로, 상대가 아랫사람이거나 비슷한 연배일 때 그의 아내를 대접하여 이르는 말임. ¶댁네 ~은 안녕하신가? 2 지난 시대에, '지체 있는 사람의 아내'를 이르던 말. ¶주인이 문왈 "~은 어디 계시며 어디로 가시나니잇고."《조웅전》 3 지난 시대에, 사대부 집안의 남자가 자기 아내를 호칭 또는 지칭하던 말.
부!인[2](否認) 명 (어떤 사실을) 인정하지 않고 아니라고 하는 것. ↔시인(是認). **부!인-하다** 동(타)(여) ¶아무도 **부인할** 수 없는 사실 / 죄상을 ~. **부!인-되다** 동(자)(여)
부인[3](婦人) 명 결혼한 여자.
부인-과(婦人科) [-꽈] 명[의] 부인병의 질환을 진찰·치료하는, 의학의 한 분야. ▷산부인과.
부인-병(婦人病) [-뼝] 명[의] 여성의 생식기에 일어나는 질환의 총칭.
부인-복(婦人服) 명 부인이 입는 옷.
부인-용(婦人用) 명[농] 어떤 물건이 부녀자에게 쓰임. ¶~ 모자.
부인-회(婦人會) [-회/-훼] 명 부인들이 수양·오락·연구·사회봉사 따위를 목적으로 조직한 단체.
부!임(赴任) 명 임명을 받아 근무할 곳으로 가는 것. **부!임-하다** 동(자)(여) ¶새로 **부임한** 교장 선생님.
부자[1](父子) 명 아버지와 아들을 동시에 이르는 말. ↔모녀(母女).
부!자[2](附子) 명[한] 바꽃의 뿌리. 양기를 돕고 오한·신경통·관절염 등에 쓰이나 극약임.
부!자[3](富者) 명 많은 재산을 가진 사람. ㉡재산가·부호·갑부. ¶그는 사업이 크게 성공하여 ~가 되었다. ↔빈자.
[**부자가 더 무섭다**] **부자가** 더 인색하게 군다. [**부자는 망해도 삼 년 먹을 것이 있다**] 본래 부자이던 사람은 다 망했다 하더라도 얼마 동안은 그럭저럭 살아 나갈 수 있다.
부자-간(父子間) 명 아버지와 아들의 사이.

=부자지간.
부자연(不自然) →부자연-하다 혱여 (말·행동 따위가) 자연스럽지 못하다.
부자연-스럽다(不自然-) [-따] 혱ㅂ<-스러우니, -스러워> 부자연한 데가 있다. ¶부자연스런 태도. **부자연스레** 부.
부-자유(不自由) →부자유-하다 혱여 얽매여 자유롭지 못하다.
부-자유-스럽다(不自由-) [-따] 혱ㅂ<-스러우니, -스러워> 부자유한 데가 있다. **부자유스레** 부.
부자-유친(父子有親) 명 오륜(五倫)의 하나. 아버지와 아들 사이의 도(道)는 친애(親愛)에 있음. 또는, 그 도리.
부자지간(父子之間) 명 =부자간.
부-작용(副作用) 명 [의] 약이 지닌 그 본래의 작용 이외에 부수되어 일어나는 작용. 보통 유해(有害)한 것을 이름. ¶~을 일으키다 (~이 있다[없다]. 2 어떤 일에 부수되어 일어나는 바람직하지 못한 일. ¶개발에 따르는 환경 파괴의 ~이 심각하다.
부-작위(不作爲) 명 [법] 마땅히 해야 할 것으로 기대되는 일정한 행위를 하지 않는 일. =불행위(不行爲). ↔작위(作爲).
부잡(浮雜) →부잡-하다 [-자파-] 혱여 1 (사람이) 얌전하지 못하여 설치고 다니면서 문제나 말썽을 일으키는 상태에 있다. ¶부잡한 아이. 2 사람됨이 성실하지 못하고 경솔하며 추잡하다.
부잡-스럽다(浮雜-) [-쓰-따] 혱ㅂ<-스러우니, -스러워> 부잡한 데가 있다. ¶부잡스럽게 굴다.
부!잣-집(富者-) [-자찝/-잗찝] 명 재산이 많아 살림이 넉넉한 사람의 집. =부가(富家). ¶~에 태어나다.
[부잣집 맏며느릿감이라] 얼굴이 복스럽고 듬직하게 생긴 여자를 이르는 말. [부잣집이 망해도 삼 년은 간다] 본래 부자이던 사람은 망했다 하더라도 얼마 동안은 그럭저럭 살아갈 수 있다.
부장[1](部長) 명 부(部)의 우두머리.
부장[2](部將) 명 [역] 1 조선 시대, 오위(五衛)의 종6품 무관직. 2 포도청의 군관(軍官).
부!장[3](副長) 명 1 장(長)을 돕는 지위. 또는, 그 사람. 2 [군] 함급에서, 함장의 다음가는 지위. 또는, 그 사람.
부!장[4](副將) 명 [역] =부수(副帥)[3].
부!장[5](副章) 명 정장(正章)에 덧붙여 주는 기장(記章).
부!장[6](副葬) 명 장례를 지낼 때 죽은 사람이 생전에 사용하던 여러 가지 물품을 함께 묻는 일. **부!장-하다** 타여.
부!장-품(副葬品) 명 장사 지낼 때, 시체와 함께 묻는 물품의 총칭. =배장품(陪葬品).
부재[1](不在) 명 그곳에 있지 않은 것. ¶지도력 ~. **부재-하다** 자여.
부재[2](部材) 명 [건] 구조물의 뼈대를 이루는 데에 중요한 요소가 되는 철재·목재 따위의 총칭.
부재-자(不在者) 명 1 그 자리에 없는 사람. 2 [법] 종래의 주소·거소(居所)를 떠나서 쉽사리 돌아올 가망이 없는 사람.
부재자^투표(不在者投票) 명 [법] 일정한 사유로 인하여 선거인이 그 주소지의 투표소에 가지 않고 우편으로 행하는 투표.
부재-중(不在中) 명 자기의 집 또는 직장 등에 있지 않은 동안. ¶친구를 만나러 그의 회사를 방문하였으나 그는 ~이었다.
부재^증명(不在證明) 명 [법] =알리바이.
부!적[1](符籍) 명 [민] 도교(道敎) 등 민간 신앙에서 하는 일로, 악귀와 잠신을 쫓고 재앙을 물리치기 위해 붉은 글씨 모양이 암호 비슷하게 그려 몸에 지니거나 집에 붙이는 종이. =신부. 변부작(符作).
부적[2](不適) →부적-하다 [-저카-] 혱여 '부적당하다'의 준말.
부-적격(不適格) [-껵] 명 적격이 아닌 것. ¶~ 판정. **부적격-하다** 혱여.
부적격-자(不適格者) [-껵짜] 명 어떤 일에 알맞은 자격을 지니지 못한 사람. ¶~를 가려내다.
부적당(不適當) [-땅-] →부적당-하다 [-땅-] 혱여 적당하지 않다. 준부적하다.
부-적응(不適應) 명 적응하지 못함. **부적응-하다** 자여 ¶시대의 변화에 ~.
부적응-아(不適應兒) 명 [심] 환경에 적응을 잘 하지 못하는 아이.
부-적절(不適切) [-쩔] →부적절-하다 [-쩔-] 혱여 적절하지 않다. ¶지금 그 문제를 거론한다는 것은 시기상으로 부적절한 것 같다.
부-적합(不適合) [-저캅] 명 적합하지 않음. **부적합-하다** 혱여.
부전[1](不全) 명 1 불완전한 것. ¶발육 ~. 2 전부가 아니고 일부분인 것. ¶~ 골절(骨折). **부전-하다** 혱여.
부전[2](不戰) 명 1 겨루지 않음. 2 전쟁을 하지 않음. ¶~ 조약을 맺다.
부!전-나비 명 [동] 부전나빗과의 작은 나비. 날개 길이 약 3cm로 날개의 앞면이 암갈색, 수컷은 청자색임. 6~7월에 활동함.
부전부전-하다 혱여 남의 바쁜 사정은 생각지 않고 자기가 하고 싶은 일만 서두르는 상태에 있다. ¶"서방이 있었으면 이런 변이 나지두 않구 나드래두 도리가 있으련만 부전부전하게 앞주를 왜 갔노.…"《홍명희·임꺽정》
부전-승(不戰勝) 명 추첨이나 상대의 기권 등으로 경기를 치르지 않고 이기는 것. ¶~으로 결승에 진출하다. ↔부전패. **부전승-하다** 자동.
부전-자전(父傳子傳) 아버지의 성격이나 버릇을 아들이 닮음. =부자상전·부전자승. ¶~이라더니 그 아버지에 그 아들이로군. **부전자전-하다** 자여.
부전-패(不戰敗) 명 휴장이나 상대의 기권 등으로 경기를 치르지 않고 지는 것. ↔부전승. **부전패-하다** 자동.
부절(不絶) 명 끊임이 없는 것. ¶연락 ~. **부절-하다** 혱여 ¶왕래가 ~. **부절-히** 부.
부-절따말 명 갈기가 검은 절따말. ▷따말.
부-절제(不節制) [-쩨] 명 의욕을 억눌러 알맞게 조절하지 않는 것. **부절제-하다** 자동여 ¶술과 담배를 부절제하여 건강을 해치다.
부!점(附點) [-쩜] 명 [음] 음표나 쉼표의 오른쪽에 찍어서 그 본길이의 반만큼의 길이를 더함을 표시하는 점. =점(點).
부!점-음표(附點音標) [-쩜-] 명 [음] =점음표. ↔믿음표.
부!접(附接) 명 1 다른 사람이 따를 만한 성질이나 태도. 2 남에게 의지하는 것. **부!접-하다** 자동여 **부!접-되다** 자동.

부접(을) 못하다 〖구〗 **1** 감히 가까이 사귀거나 다가들지 못하다. **2** 한곳에 붙어 배기지 못하다.

부-젓가락[-저까-/-젇까-] 〖명〗 화로에 꽂아 두고 쓰는, 쇠로 만든 젓가락. =화저. 〖준〗부저.

부정¹(不正) 〖명〗 행동이나 일이 올바르지 못하거나 정당하지 않은 상태. ¶~ 행위 / ~ 축재 / ~ 시험 / ~ 선거. **부정-하다**¹ 〖형여〗 ¶그는 **부정한** 방법으로 돈을 모았다.

부정²(不定) 〖명〗 **1** 분명하게 정해지지 않은 것. ¶주가 ~. **2** 〖수〗 방정식이나 작도(作圖) 문제에서, 그 답이 무수히 많게 되는 일. 예를 들면, 일차 방정식 $ax=b$에서 $a=0, b=0$일 때 이 방정식은 부정임. **부정-하다**² 〖여〗 분명하게 정해져 있지 않다.

부정³(不貞) 〖명〗 여자가 정조를 지키지 않는 것. ¶외간 남자와 ~을 저지르다. **부정-하다**³ 〖여〗 정조를 지키지 않아 순결하지 못하다.

부정⁴(不淨) 〖명〗 **1** 민간 신앙에서, (어떤 대상이나 일이) 재앙이나 질병을 불러올 만큼 생리적·물리적·정신적·윤리적으로 흠하고 더러운 상태에 있는 것. **2** 민간 신앙에서, 악귀를 자극하거나 신령의 노여움을 일으켜 재앙이나 질병을 불러온다고 믿어지는, 생리적·물리적, 또는 정신적·윤리적으로 흠하고 더러운 것이나 일. ¶~을 막기 위해 금줄을 치다. **3** 〖민〗 =부정풀이2. **부정-하다**⁴ 〖형여〗 ¶해산달이니 **부정한** 곳에 출입하지 마라. **부정-히** 〖부〗

부정(을) 타다 〖구〗 부정한 일로 해를 입다. ¶아침에 상제가 오더니 **부정을 탔는지** 일이 안 된다.

부정⁵(父情) 〖명〗 자식에 대한 아버지의 사랑이나 정. ¶그 소설은 병든 아들에 대한 애틋한 ~을 그리고 있다.

부!정⁶(否定) 〖명〗 **1** (어떤 사실을) 그렇지 않다고 말하거나 단정하는 것. **2** 〖논〗 문제로 되어 있는 주사(主辭)와 빈사(賓辭)의 개념이 일치하지 않는 것. ↔긍정. **부!정-하다**⁵ 〖동태여〗 ¶사실을 ~ / 신의 존재를 ~. **부!정-되다** 〖동자〗

부!정^개!념(否定概念) 〖명〗 〖논〗 어떠한 성질의 존재를 부정적으로 나타내는 개념. 예를 들면, 무지(無知)·비정(非情)·불행 따위. ↔긍정 개념.

부정^관사(不定冠詞) 〖명〗〖언〗 구미어(歐美語)에서 볼 수 있는 관사의 하나. 명사가 불특정 사물을 나타내는 경우 앞에 덧붙여지는 관사임. ↔정관사.

부-정기(不定期) 〖명〗 시간이나 기한이 일정하게 정하여 있지 않음. ↔정기(定期).

부정기-선(不定期船) 〖명〗 일정한 취항 항로가 없이 실을 화물이 있고 운임만 타협되면 언제, 어디든지 항해하는 배. ↔정기선.

부정기-적(不定期的) 〖관〗 시간이나 기한이 일정하게 정하여 있지 않은 (것). ¶~ 모임 / ~으로 용돈을 받다.

부정당(不正當) →**부정-하다** 〖형여〗 정당하지 않다.

부정-맥(不整脈) 〖명〗〖의〗 심장의 박동이 고르지 못하고 불규칙한 현상. =정맥(整脈).

부!정^명!제(否定命題) 〖명〗〖논〗 부정 판단을 표시하는 명제. =소극 명제. ↔긍정 명제.

부!정-문(否定文) 〖명〗〖언〗 부정의 뜻을 나타내는 문장. 부사 '아니(안)', '못'을 쓰거나 부정의 뜻을 나타내는 용언 '아니다', '아니하(않)다', '못하다', '말다'를 써서 만듦. "철수는 학교에 가지 않았다.", "오늘 나는 공부를 하지 못했다.", "집에 가지 마라." 따위.

부!정^부!사(否定副詞) 〖명〗〖언〗 용언의 의미를 부정하는 방식으로 꾸며 주는 부사. "밥을 안 먹는다.", "사람을 못 만났다."에서 '안', '못' 따위.

부정-부패(不正腐敗) 〖명〗 생활이 깨끗하지 못하고 썩을 대로 썩음. **부정부패-하다** 〖동자여〗

부정-사(不定詞) 〖명〗〖언〗 구미어(歐美語)에서 인칭·수·시제에 대하여 제약을 받지 않는 동사형. 동사 원형 앞에 to가 붙기도 하고, 동사 원형으로 홀로 쓰이기도 한다.

부정^선!거(不正選擧) 〖명〗 부정한 수단과 방법에 의한 선거. ↔공명선거.

부!정-어(否定語) 〖명〗 '아니', '아니다'와 같이, 부정하는 뜻을 가진 말.

부!정^의문문(否定疑問文) 〖명〗〖언〗 부정의 형태를 띤 의문문. "영수 안 갔니?", "너 어제 철수 못 만났니?" 따위.

부!정-적(否定的) 〖관〗 **1** 좋지 않거나 바람직하지 못한 특성이 있는 (것). ¶~ 현실을 폭로하다 / 음란물은 청소년에게 ~인 영향을 준다. **2** 반감이나 거부감을 가지고 받아들이지 않는 태도를 보이는 (것). 또는, 판단·평가 등이 어떤 것을 반대하거나 부정하는 상태에 있는 (것). ¶매사에 ~인 사람 / ~인 견해 / 시각이 매우 ~이다. ↔긍정적.

부정-적분(不定積分) [-뿐] 〖명〗〖수〗 일정한 구간이 없는 연속 함수의 적분. ↔정적분.

부정직(不正直) →**부정직-하다** 〖지카-〗 〖명〗 정직하지 않다. ¶**부정직한** 사람.

부!정-칭(不定稱) 〖명〗〖언〗 =부정칭 대명사.

부!정칭^대!명사(不定稱代名詞) 〖명〗〖언〗 분명치 않거나 특별하게 정해져 있지 않은 사람이나 대상을 가리키는 인칭 대명사나 지시 대명사. '아무', '무엇' 따위. =부정칭·부정 대명사. ↔미지칭 대명사.

부정^투표(不正投票) 〖명〗 부정한 수단과 방법에 의한 투표. ¶~ 방지.

부!정^판단(否定判斷) 〖명〗〖논〗 전통적 형식 논리학에서, 주사(主辭)의 외연이 빈사(賓辭)의 외연에 포함되어 있지 않음을 나타내는 판단. 예를 들면, 'A는 B가 아니다' 따위. =소극적 판단. ↔긍정 판단.

부정-풀이(不淨—) 〖명〗 **1** 사람이 죽은 집에서 부정함을 없애려고 무당·판수를 시켜 악귀를 내쫓는 일. **2** 무당굿의 열두 거리 가운데 첫째 거리, 신들을 청하기 전에 부정한 것을 깨끗이 하는 이름. =부정(不淨).

부정풀이-하다 〖동자여〗

부-정합(不整合) 〖명〗 **1** 〖논〗 논리의 내용이 정돈되어 있지 않고 모순되어 있는 것. **2** 〖지〗 상하로 겹쳐진 두 지층의 형성 시기 사이에 커다란 시간 간격이 있어, 층면이 평행을 이루지 못한 상태. ↔정합.

부정-행위¹(不正行爲) 〖명〗 올바르지 못한 행위. ¶시험 중에 ~를 저지르다.

부정-행위²(不貞行爲) 〖명〗 부부가 서로의 정조를 지키지 않는 행위. 흔히, 간통을 이름.

부정-형(不定形) 〖명〗 모양이나 양식이 일정하지 않은 것.

부정형^시(不定形詩) 〖명〗〖문〗 일정한 형식에 들어맞지 않는 시. 산문시 따위. ↔정형시.

부-정확(不正確) 명 정확하지 않은 것. 부정확-하다 형에 ¶부정확한 대답.
부제¹(部制) 명 1 전체를 몇 부분으로 구분하여 운영하는 제도. ¶승용차 10~ 운동. 2 조직체에 부(部)를 두어 업무를 분담하는 제도.
부¦제²(副題) 명 책이나 논문 등의 표제 옆에 덧붙여, 내용을 한정하여 표시하는 제목. =부표제·부제목이틀. ¶~를 달다/~를 붙이다. ↔주제(主題).
부¦-제학(副提學) 명 [역] 조선 시대, 홍문관(弘文館)에 둔 정3품 당상관의 벼슬.
부조¹(父祖) 명 아버지와 할아버지. ¶~ 대대로 살던 집.
부조²(不調) 명 날씨나 건강이 고르지 못한 것. ¶자율 신경 ~. **부조-하다**¹ 형에 ¶일기 부조하온데 기체 평안하신지요.
부조³(扶助) 명 1 잔칫집이나 상가(喪家) 등에 돈이나 물건을 보내는 것. 2 도와주는 것. ¶상호 ~. ×부주. **부조-하다**² 통타여
부조⁴(浮彫) 명[미] 어떤 형상을 평평한 면에 도드라지게 새기는 기법. 또는, 그렇게 만들어진 조각(彫刻). =릴리프. ¶석고 ~.
부조-금(扶助金) 명 부조로 주는 돈. ×부주금.
부-조리(不條理) 명 1 이치나 도리에 맞지 않는 일. ¶사회 ~를 척결하다. 2 [철] 실존 철학에서, 무의미하고 불합리한 세계 속에 내던져져 있는 인간의 상황이나 조건. **부조리-하다** 형에 이치나 도리에 맞지 않다.
부조-전래(父祖傳來) [-절-] 명 선조 때부터 전하여 옴. **부조전래-하다** 통자여
부-조화(不調和) 명 서로 잘 조화되지 않는 것. ¶색상의 ~/이상과 현실의 ~. **부조화-하다** 형에
부족¹(不足) 명 (어떤 대상이) 일정한 기준이나 한도에 미치지 못하는 상태에 있는 것. ¶식량 ~/능력 ~/과잉. **부족-하다** 형에 ¶자본이 ~/창수는 머리는 좋은데 노력이 ~.
부족²(部族) 명 공통의 조상·언어·종교 등을 가진, 원시 또는 미개 사회의 구성 단위인 지역적 생활 공동체. ▷씨족.
부족-감(不足感) [-깜] 명 부족하다고 여겨지는 느낌.
부족^국가(部族國家) [-꾹까] 명 [역] 원시 사회에서, 부족에 의하여 형성된 국가.
부족-분(不足分) [-뿐] 명 모자라는 몫이나 부분 또는 분량.
부족^사회(部族社會) [-싸회/-싸훼] 명[사] 원시 또는 미개 지역에서, 한 부족으로 이루어진 공동체. ▷씨족 사회.
부족-액(不足額) 명 부족한 금액.
부¦존-자원(賦存資源) 명 경제적 목적에 이용할 수 있는 지각(地殼) 안의 지질학적 자원. ¶~이 풍부한 정세/~이 빈약한 정세.
부좃-술(扶助-) [-조쑬/-존쑬] 명 부조로 보내는 술.
부좃-일(扶助-) [-존닐] 명 큰일이나 어려운 일을 치르는 집에 가서 일을 도와주는 일.
부종(浮腫) 명[한] 심장병·신장병 등으로 온몸이 붓거나, 혈액 순환 장애 등으로 몸의 한 부분이 붓는 증세. ¶~이 생기다. =부종(浮症).
부주 명 '부조(扶助)'의 잘못.
부주-금(-金) 명 '부조금(扶助金)'의 잘못.
부-주연(不周延) 명[논] 판단의 주장어서, 주어 S 또는 술어 P로 되어 있는 개념의 일부에만 미치는 것. 또는, 그 개념. 이를테면 '모든 인간은 동물이다.' 라고 말할 때, '인간'이라는 개념은 주연(周延)으로 작용하나, '동물'이라는 개념은 부주연임. ↔주연.

부-주의(不注意) [-의/-이] 명 주의하지 않는 것. ¶운전 ~/~로 인한 사고. **부주의-하다** 형에 ¶부주의한 행동.
부중¹(府中) 명 1 '부(府)'의 이름이 붙은 행정 구역의 안. 2 [예] 높은 벼슬아치의 집안.
부¦중²(附中) 명 [교] '부속 중학교'의 준말.
부증(浮症) 명[한] =부종(浮腫).
부지¹(不知) 명 (어떤 대상이나 사실을) 알지 못하거나 의식하지 못하는 것. ¶생면~ 얼굴. **부지-하다** 통타여
부지²(扶持·扶支) 명 어렵사리 보존하거나 지탱하는 것. **부지-하다**² 통타여 ¶목숨을 ~. **부지-되다** 통자
부지³(敷地) 명 건물이나 도로 시설을 하기 위한 땅. 비터. ¶공장 ~/학교 신축 ~를 물색하다.
부지-거처(不知去處) 명 간 곳을 모름.
부지기수(不知其數) 명 너무 많아서 그 수효를 알 수가 없음. ¶그 책은 오자가 ~.
부지깽이 명 아궁이 따위에 불을 땔 때, 불을 거두어 넣거나 끌어내는 데에 쓰는 막대기. ×부지팽이·부지팽이.
부¦지-꾼(負持-) 명 '짐꾼'의 잘못.
부지대 명 '부지깽이'의 잘못.
부지런 명 어떤 일을 꾸물거리지 않고 열심히 하는 태도. ¶~을 떨다/~을 피우다. 짝바지런.
부지런-스럽다 [-따] 형ㅂ <-스러우니, -스러워> 부지런한 데가 있다. 짝바지런스럽다. **부지런스레** 튀
부지런-하다 형에 1 (사람이) 할 일을 미루지 않고 제때에 열심히 하는 생활 태도가 있다. 또는, 어떤 일을 꾸물거리지 않고 열심히 하는 태도가 있다. =근하다. 비근면하다. ¶꾀를 피우지 않고 일을 부지런하게 하다. 짝바지런하다. ↔게으르다. 2 (사람이) 몸의 어느 부분을 쉬지 않고 빠르게 움직이는 상태에 있다. ¶부지런하게 발을 옮기다. **부지런-히** 튀 ¶~ 일하다.
부지불각(不知不覺) 명 알지 못하는 결.
부지불식-간(不知不識間) [-썩깐] 명 생각지도 알지도 못하는 사이. ¶~에 일어난 일.
부지-세월(不知歲月) 명 세월이 가는 줄을 모름. **부지세월-하다** 통자여
부지-중(不知中) 명 알지 못하는 사이. 또는, 무의식중. ¶~에 비명을 지르다.
부지지 튀 물기 있는 물건이 뜨거운 열에 닿을 때에 나는 소리. 짝바지지. 센뿌지지. **부지지-하다** 통자여
부지직 튀 1 '부지지' 소리가 급하게 그치는 모양. 2 질기고 질긴 물건이 급하게 째지거나 갈라질 때에 나는 소리. 또는, 그 모양. 3 무른 똥을 눌 때 둔하게 나는 소리. 짝바지직. 센뿌지직. **부지직-하다** 통자여
부지직-거리다·-대다 [-끼(때)-] 통자 자꾸 부지직 소리가 나다. 짝바지직거리다. 센뿌지직거리다.
부지직-부지직 [-뿌-] 튀 부지직거리는 소리. 짝바지직바지직. 센뿌지직뿌지직. **부지직부지직-하다** 통자여
부지팽이 명 '부지깽이'의 잘못.
부지하세월(不知何歲月) 언제나 이루어질지 기약할 수 없이 늦어짐. ¶자금 부족으로 완

공은 ~이다.
부ː직(副職)⟨명⟩ 부차적으로 겸하고 있는 직책이나 직업.
부-직포(不織布)⟨명⟩ 기계로 짜지 않고 섬유를 적당히 배열하여 접착제에 담그거나 접착제를 뿌리고 열처리하여 만든, 시트 모양의 천.
부진(不振)⟨명⟩ (힘·업적·건강·식욕 따위가) 활발하지 못한 것. ¶식욕 ~ / 발육 ~ / 수출이 ~을 보이다. **부진-하다**⟨형⟩⟨여⟩ ¶성적이 ~.
부질-없다[-업따]⟨형⟩ 대수롭지 않거나 공연하여 쓸모가 없다. ¶닭이 먼저냐, 달걀이 먼저냐 하는 논쟁은 **부질없는** 일일 뿐이다. **부질없-이**⟨부⟩ ¶잘 도착했다는 전화 한 통만 해 주었으면 ~ 걱정하지는 않았을 게 아니냐.
부-집게[-께]⟨명⟩ 숯불·불덩이·석탄 덩이 등을 집는 데 쓰이는 집게. =불집게.
부쩍⟨부⟩ 1 물기 따위가 몹시 줄어들거나 마르는 모양. ¶된장찌개가 ~ 졸아들다. 2 매우 가까이 달라붙는 모양. ¶마감일이 ~ 다가왔다. 3 사물이 갑자기 나아가거나 늘거나 주는 모양. ¶키가 ~ 크다. 4 몹시 힘을 주거나 긴장하는 모양. ⟨작⟩바짝.
부쩍-부쩍[-뿍-]⟨부⟩ 1 자꾸 죄거나 달라붙거나 우기는 모양. ¶제 말만 옳다고 ~ 우기다. 2 사물이 자꾸 늘거나 줄거나 급하게 나아가는 모양. ¶생산량이 ~ 늘다. ⟨작⟩바짝바짝.
부쩝'부접'의 힘줌말. **부쩝-하다**⟨동⟩⟨자⟩⟨여⟩ **부쩝-되다**⟨자⟩
부ː차(副次)⟨명⟩ =이차(二次)1.
부ː차-적(副次的)⟨관⟩⟨명⟩ 중요하거나 중심이 되는 것에 대해, 그리 중요치 않거나 절실하지 않은 (것). ⟨비⟩이차적. ¶~ 문제 / ~인 원인.
부ː착(附着·付着)⟨명⟩ 1 꽉 붙어서 떨어지지 않는 것. 또는, 떨어지지 않게 붙이는 것. 2 [물] 다른 두 물질이 분자 사이의 힘에 의하여 들러붙는 성질. **부ː착-하다**⟨동⟩⟨자⟩⟨타⟩⟨여⟩ ¶벽보를 게시판에 ~. **부ː착-되다**⟨자⟩
부ː착-력(附着力)[-창녁]⟨명⟩⟨물⟩ 다른 두 분자가 접근하였을 때 서로 당겨 들러붙으려는 힘.
부창-부수(夫唱婦隨)⟨명⟩ 남편이 주장하고 아내가 이에 잘 따르는 것이 부부 사이의 도리라는 말.
부채¹⟨명⟩ 손으로 잡고 좌우로 움직여 바람을 일으키는, 주로 여러 개의 가는 대오리에 종이나 천을 발라서 만든 물건. 흔히, 더위를 쫓기 위해 사용함. =선자(扇子). ¶쥘 ~ / ~를 부치다.
부ː채²(負債)⟨명⟩ 남에게 진 빚. ¶~를 갚다 / ~를 청산하다.
부채-꼴⟨명⟩ 1 쥘부채를 폈을 때처럼 생긴 모양. ¶~의 땅. 2 [수] 원의 두 개의 반지름과 그 호(弧)로 둘러싸인 부분. 구용어는 선형·호형. =선상(扇狀).
부채-질⟨명⟩ 1 부채를 흔들어 바람을 일으키는 일. 2 (좋지 않은 일을) 더욱 부추기는 것. 또는, (감정을) 더욱 격해지게 하는 것. **부채질-하다**⟨동⟩⟨자⟩⟨타⟩⟨여⟩ ¶불난 집에 **부채질한다**.(속담) / 잘못된 신호 체계가 교통 혼잡을 ~.
부채-춤⟨명⟩ 부채를 들고 추는 춤.
부챗-살[-채쌀/-챋쌀]⟨명⟩ 부채의 뼈대를 이루는 여러 개의 대오리. =선골. ¶빛이 ~처럼 퍼지다.
부처¹ [<Buddha]⟨불⟩ 1 불교의 교조인 석가모니를 크게 깨달은 이로서 이르는 말. =불(佛)·부달·불타(佛陀). 2 불교의 대도(大道)를 깨달은 사람. ¶인간은 누구나 깨달음을 얻으면 ~가 될 수 있다. 3 =불상(佛像). ⟨높⟩부처님.
부처²(夫妻)⟨명⟩ =부부(夫婦)². ¶대통령 ~.
부처³(部處)⟨명⟩ 정부 조직체로서의 '부'와 '처'를 아울러 이르는 말. ¶정부 각 ~.
부처-님⟨명⟩ 1 '부처'의 높임말. 2 어질고 순하여 좀처럼 화를 낼 줄 모르는 사람. 또는, 자비심이 아주 많은 사람. 비유적인 말임. ¶법 없이도 살 수 있는 ~ 같은 사람.
[부처님 가운데 토막] 성질이 순하거나 자비심이 많은 사람을 익살스럽게 이르는 말.
부처님 오신 날 ⟨불⟩ 불교의 교조인 석가모니가 태어난 날. 음력 4월 8일임. =강탄절(降誕節)·불생일·불탄일·석가 탄신일.
부ː척(副尺)⟨명⟩⟨수⟩ '아들자'의 구용어. ↔주척(主尺).
부처-지내다⟨동⟩⟨자⟩ (남의 집에) 한동안 있으면서 먹고 자고 하면서 지내다. ⟨비⟩기식하다. ¶외삼촌 댁에 ~.
부ː-촉매(負觸媒)[-총-]⟨명⟩⟨화⟩ 화학 반응의 속도를 줄이는 작용을 하는 촉매. =역촉매(逆觸媒). ↔정촉매.
부ː촌(富村)⟨명⟩ 부자가 많은 마을. 또는, 살기가 넉넉한 마을. ↔빈촌.
부ː-총리(副總理)[-니]⟨명⟩ 국무총리가 특별히 위임하는 사무를 처리하고, 또한 국무총리 유고 시에 그 직무를 대리하는 국무 위원. 재정 경제부 장관과 교육 인적 자원부 장관이 겸임함.
부ː-총장(副總長)⟨명⟩ 총장을 보좌하며 총장의 유고 시에 그 직무를 대리하는 직위. 또는, 그 사람.
부ː-총재(副總裁)⟨명⟩ 총재를 보좌하며 총재의 유고 시에 그 직무를 대리하는 직위. 또는, 그 사람.
부ː추⟨식⟩ 백합과의 여러해살이풀. 봄에 작은 비늘줄기에서 가늘고 긴 잎이 모여 나며, 7~8월에 흰 꽃이 핌. 잎은 식용하고, 종자는 구자(韭子)라 하여 약재로 쓰임. =구채(韭菜).
부추기다⟨동⟩⟨타⟩ 남을 이리저리 들쑤셔 어떤 일을 하도록 만들다. ¶노동자를 **부추겨** 노사 분규를 일으키다.
부ː축(혼자 서거나 걷기 어려운 사람을) 옆에서 팔이나 어깨나 허리 등을 붙들어 서거나 걸을 수 있게 돕는 것. ⟨비⟩곁부축. **부ː축-하다**⟨동⟩⟨타⟩⟨여⟩ ¶노인을 **부축하여** 버스에 오르다.
부춧-돌[-똘]⟨명⟩ 뒷간 바닥에 부출 대신 놓아 발로 디디게 한 돌.
부출 1 [건] 양복장 따위의 네 귀의 나무기둥. 2 디디고 뒤를 보는 뒷간 바닥의 널빤지.
부츠(boots)⟨명⟩ 목이 긴 구두. 앵클부츠·롱부츠 등이 있음.
부치개-질⟨명⟩ '부침개질'의 잘못.
부치다¹⟨동⟩⟨자⟩ (어떤 일이나 대상이 힘이나 능력에) 미치지 못하여 제대로 다루기 어려운 상태가 되다. ¶그 일은 힘에 **부쳐** 도저히 못 하겠다.
부치다²⟨동⟩⟨타⟩ 1 (상대에게 편지나 물건, 돈

둘을) 우편이나 온라인 등으로 가게 하다. ¶부모님께 편지를 ~ / 10만 원을 온라인으로 ~. 2 (어떤 문제를 토의나 재판 등에) 넘기어 처리하게 하다. ¶안건을 회의에 ~ / 가부를 표결에 ~. 3 (원고를 인쇄에) 들어가도록 넘기다. ¶김 교수는 논문을 탈고하는 대로 인쇄에 **부칠** 예정이다. 4 (어떤 일을 문제가 되지 않거나 문제를 삼지 않거나 대수롭지 않은 상태에) 있게 하다. ¶비밀에 ~ / 과거에 지은 죄는 모두 불문(不問)에 **부치**기로 하였다. 5 (사람이 자기의 심정을 자연물이나 동식물에) 의지하여 대신 나타내다. (비)가탁(假託)하다. ¶시인이 기러기에 **부쳐** 외로움을 노래하다. 6 (사람이 제집이 아닌 곳에서 자고 먹는 일을) 일정 기간 정하여 두고 하게. ¶객지에서 하숙을 ~. [2] (어떤 글에서, (어떤 행사나 특별한 날에) 즈음하여 어떤 의견을 나타내다. 흔히, 글의 제목이나 부제(副題)에서 쓰는 말임. ¶한글날에 **부치는** 글.

부치다[3] 통(타) 논밭을 이용하여 농사를 짓다. ¶남의 논을 ~.

부치다[4] 통(타) 기름 친 번철에 빈대떡·저냐·전병 등의 음식을 익혀 만들다. (비)지지다. ¶빈대떡을 ~ / 달걀을 ~.

부치다[5] 통(타) 부채 등을 흔들어서 바람을 일으키다. ¶부채를 ~.

부-칙(附則) 명 1 어떠한 규정을 보충하기 위하여 덧붙인 규칙. 2 [법] 법령의 끝에 붙여 그 부수적인 사항을 보충하고 있는 규정. ↔본칙.

부친(父親) 명 '아버지[1]'을 격식을 갖추어 지칭하는 말. ¶자네~께서는 무슨 일을 하시는가? ⊕모친.

부친-상(父親喪) 명 아버지의 상사(喪事). ¶~을 당하다 / ~을 입다. ㈜부상. ↔모친상.

부침(浮沈) 명 1 물 위에 떠올랐다 물속에 잠겼다 하는 것. 2 (세력 따위가) 성하고 쇠함을 비유적으로 이르는 말. **부침-하다** 통(자어).

부침-개 명 기름에 부치는 음식의 총칭. (비)지짐이. (비)녹두.

부침개-질 명 부침개를 부치는 일. =부침질. (비)지짐질. ×부치개질. **부침개질-하다** 통.

부침-질 명 =부침개질. **부침질-하다** 통(자어).

부케(⊕bouquet) 명 주로 결혼식 때 신부가 손에 드는 작은 꽃다발. ¶백장미 ~를 든 신부.

부킹(booking) 명 1 '예약'으로 순화. ¶골프장 ~을 ~. 2 나이트클럽·카바레 등에서, 즉석에서 이성의 상대를 만나 어울리게 해 주는 일.

부-탁(付託) 명 (어떤 사람에게 어떤 일을) 해 달라고, 또는 하게 해 달라고 청하거나 맡기는 것. ¶~을 받다 / ~ 한 가지 들어주시겠습니까? **부:탁-하다** 통(타어). ¶친지에게 취직을 ~.

부탄(Bhutan) 명[지] 인도와 티베트 사이, 히말라야 산기슭에 있는 나라. 수도는 팀푸.

부탄-가스(butane gas) 명[화] 부탄·부틸렌의 혼합 가스. 압축하면 쉽게 액화(液化)하므로 가스라이터 등에 쓰임.

부터 조 차례의 시작이나, 시간 또는 공간의 한계를 나타내는 보조사. ¶너~ 출발해라. / 이 상점은 열 시 ~ 문을 연다. ↔까지.

부:-통령(副統領) [-녕] 명[법] 미국 등 일부 대통령 중심제 국가에서, 제이인자로서 대통령을 보좌하고 대통령 유고 시에 그 직무를 대행하는 사람. 또는, 그 직위.

부:-티(富-) [-] 명(수) 부유하게 보이는 모습이나 태도. ¶~가 나는 귀공자 타입의 얼굴. ↔빈티.

부티르-산(←butyric酸) 명[화] 부탄올의 산화에 의하여 얻어지는 불쾌한 냄새를 가진 기름 모양의 액체. 향료의 합성 원료 등에 쓰임. =낙산(酪酸).

부티르산-균(←butyric酸菌) 명[화] 탄수화물을 발효시켜 부티르산을 생성하는 균. 토양·물·곡류·우유 등에 존재함. =낙산균.

부팅(booting) 명[컴] 컴퓨터를 사용할 수 있도록 보조 기억 장치에 있는 운영 체계를 주기억 장치로 복사하는 과정.

부:-패(腐敗) 명 1 [화] 미생물의 작용에 의하여 단백질이나 지방 유기물이 분해되어 악취를 풍기고 유독 물질이 발생하는 것. 또는, 그 현상. 2 (사회, 또는 사회를 구성하는 조직이나 그 구성원이) 도덕적·법적으로 타락한 상태이다 이르는 말. ¶정치의 부정~. **부:패-하다** 통(자어). ¶**부패한** 고기. **부:패-되다** 통(자).

부:패-상(腐敗相) 명 어떤 사회의, 도덕적·정신적으로 부패한 모습. ¶공직 사회의 ~을 고발한 기사.

부평-초(浮萍草) 명[식] =개구리밥.

부:표[1](否票) 명 회의에서 표결할 때 불찬성의 뜻을 나타내는 표. ¶~를 던지다. ↔가표(可票).

부표[2](浮漂) 명 물 위에 떠서 이리저리 떠돌아다니는 것. **부표-하다** 통(자어).

부표[3](浮標) 명[선박] 선박의 안전 항행을 위해 설치하는 항로 표지의 하나. 암초나 여울 또는 침몰선 등의 존재를 알리기 위해 해저에 설치하여 해면까지 사슬로 연결하여 띄우는 구조물. ¶계선(繫船) ~ / ~를 띄우다.

부:-표제어(副標題語) 명 언어사전·백과사전 등에서, 다른 표제어에 딸려 배열되는 말. 주로 '-하다', '-되다' 등이 붙어 파생된 말을 이름. ▷표제어.

부푸러기 명 부풀의 낱개. ¶스웨터에 ~가 일다. ㈜보푸라기.

부풀 명 종이·피륙의 거죽에 일어나는 잔털. ¶헝겊에 ~이 일다. ㈜보풀.

부풀다 통 〈부푸니, 부푸오〉 1 (종이·헝겊 등의 거죽이) 부푸러기가 일어나다. ㈜보풀다. 2 (물체가) 속에 기체나 액체가 들어가 거죽이 늘어나면서 부피가 커지다. ¶불에 데어 살갗이 ~ / 오븐 속의 빵이 열을 받아 ~. 3 (마음이 앞으로의 일에 대한 희망이나 기대에) 들뜨거나 벅차다. ¶꿈에 **부푼** 대학 1년생. 4 부피가 커지다. ¶빵 반죽이 **부풀어** 오르다. 5 성이 나서 부루퉁하게 되다. 얕잡아 이르는 말.

부풀-리다 통(타) 1 '부풀다'의 사동사. ¶이스트를 넣어 빵을 ~. 2 (어떤 사실이나 대상을) 실제보다 더 크거나 대단한 것으로 나타내다. ¶그는 자기가 겪은 일을 무용담이나 되는 양 **부풀려서** 말했다. 3 (가격을) 본래의 제값보다 더 높아지게 하다. ¶중간 상인이 물건 값을 ~.

부풀-부풀 부 부푸러기가 많이 일어난 모양. ㈜보풀보풀. **부풀부풀-하다** 형(어).

부품(部品) 명 기계 따위의 어떤 부분에 쓰이

는 물품. =부분품. ¶기계 ~.
부프다 휑〈부프니, 부퍼〉1 물건의 부피는 크나 무게는 가볍다. ¶부픈 이불 짐. 2 (성질이나 말씨가) 매우 급하다. 3 좁은 공간에 많은 사람이 들어차서 움직이기가 거북하다.
부풋-부풋 [-푿뿓-] 閈 1 매우 부풋한 모양. ¶~ 쌓이는 눈을 바라보노라니 마음이 차분히 가라앉는다. 2 실속은 없이 엉성하게 큰 모양. **부풋부풋-하다** 휑
부피 몡 입체를 이루는 물체나 도형의, 공간의 크기. 재는 단위는 cm³, m³ 등이 있음. =체적.
부피-감(-感) 몡 부피가 있게 느껴지는 느낌. 톞볼륨. ¶마른 체형에 잘 어울리는 ~ 있는 옷.
부피^분석(-分析) 몡 〈화〉 농도를 아는 표준 용액을 뷰렛에 넣고 시료 용액에 조금씩 떨어뜨려 반응이 끝났을 때의 표준 용액의 소비량으로 시료의 농도를 결정하는 방법. =용량 분석. ↔중량 분석.
부!하¹(負荷) 몡 1 짐을 지는 것. 또는, 그 짐. 2 일을 맡기는 것. 3 〈물〉 원동기에서 내는 에너지를 소비하는 것. **부!하-하다** 동〈자〉〈타〉〈여〉 **부!하-되다** 동〈자〉
부하²(部下) 몡 남의 아래에서 그 사람의 명령에 따라 움직이는 사람. ¶~ 직원 / ~를 거느리다. ↔상관.
부!-하다(富-) 휑〈여〉 1 살림이 넉넉하다. 2 (몸이) 뚱뚱하다. ¶몸이 ~.
부!합¹(附合) 몡 1 서로 맞대어 붙이는 것. 2 〈법〉 소유자가 다른 두 개 이상의 물건이 결합되어 물리적·사회적·경제적으로 보아 분리하지 않을 상태에 있는 일. **부!-합-하다**¹ 동〈타〉〈여〉 **부!합-되다**¹ 동
부!합²(符合) 몡 어떤 현상이나 대상이 서로 꼭 들어맞는 것. =계합. **부!합-하다**² 동〈자〉〈여〉 **부합-되다**² 동 ¶그의 이론은 형식 논리로는 옳을지 모르나 현실과 **부합하지** 는 않는다.
부!항(附缸) 몡 고름이나 독혈(毒血)을 뽑아 내기 위하여 부항단지를 붙이는 일. ¶~을 붙이다. 톞부앙.
부!항-단지(附缸-) [-딴-] 몡 부항을 붙이는 데에 쓰이는 작은 단지. ×뜸단지·부항아리.
부!항-항아리(附缸缸-) 몡 '부항단지'의 잘못.
부형(父兄) 몡 1 아버지와 형. 2 =학부형.
부형-회(父兄會) [-회/-훼] 몡 =학부모회.
부!호¹(負號) 몡〈수〉 음부호.
부!호²(符號) 몡 1 어떠한 뜻을 나타내기 위하여 정한 기호. ¶문장 ~ / 전신 ~. 2 〈수〉 양수나 음수를 나타내는 기호. '+'를 양부호, '-'를 음부호라고 함.
부!호³(富豪) 몡 재산이 넉넉하고 세력이 있는 사람.
부!화¹(附和) 몡 (다른 사람의 의견에) 줏대 없이 따르는 것. **부!화-하다**¹ 동〈여〉
부화²(孵化) 몡 동물의 새끼가 알을 깨고 밖으로 나오는 것. 또는, 사람이 알을 깨고 나오게 하는 것. =알까기. ¶인공 ~. **부화-하다**² 동〈자〉〈타〉〈여〉 **부화-되다** 동〈자〉
부화³(浮華) →**부화-하다**³ 휑〈여〉 실속은 없이 겉만 화려하다.
부화-기(孵化器) 몡 =부란기(孵卵器).
부!화-뇌동(附和雷同) [-뇌-/-눼-] 몡 줏대 없이 남의 의견에 따라 움직임. =뇌동·뇌동부화. **부!화뇌동-하다** 동〈자〉〈여〉

부!활(復活) 몡 1 죽었다가 되살아나는 것. 톞소생(蘇生). 2 쇠퇴되거나 폐지된 것을 다시 일으키거나 이룩하는 것. 또는, 그렇게 되는 것. ¶제국주의의 ~. 3 [가][기] 한번 죽은 사람이 다시 살아난다는 신앙. 특히, 크리스트교에서 예수 그리스도의 부활을 말하며 교리의 핵심을 이룸. **부!활-하다** 동〈자〉〈여〉 **부!활-되다** 동〈자〉 ¶소선거구제가 ~.
부!활-절(復活節) [-쩔] 몡 1 [기] 예수의 부활을 기념하는 축일. 춘분 후의 첫 만월 직후의 일요일. =부활 주일. 2 [가] 부활 주일로부터 50일 동안의 기간.
부!활-제(復活祭) [-쩨] 몡 [가][기] 그리스도의 부활을 기념하기 위하여 행하는 축제.
부황(浮黃) 몡 오래 굶어 살가죽이 들떠서 붓고 누렇게 되는 병. ¶~이 나다 / ~이 들다.
부!회(附會·傅會) [-회/-훼] 몡 근거가 없고 이치에 닿지 않는데도 억지로 발라맞추는 것. ¶견강(牽強)~. **부!회-하다** 동〈타〉〈여〉
부!-회장(副會長) [-회/-훼-] 몡 회장 다음가는 직위. 또는, 그 직위의 사람.
부!흥(復興) 몡 쇠퇴하였던 것이 다시 일어나는 것. 또는, 다시 일어나게 하는 것. =흥복(興復). ¶문예 ~ / 경제 ~. **부!흥-하다** 동〈자〉〈타〉〈여〉 **부!흥-되다** 동〈자〉
부!흥-회(復興會) [-회/-훼] 몡 [기] 교인들의 믿음을 북돋우기 위하여 특별히 여는 기도회.
북¹ 몡 1 베틀에 딸린 부속품의 하나. 날실의 틈으로 왔다 갔다 씨실을 풀어 줌. 톞방추(紡錘). 2 재봉틀의 부속품의 하나. 밑실을 감은 실톳을 넣어 두는 조그마한 쇠통. =보빈.
북² 몡〈음〉 타악기의 하나. 둥근 나무통의 양쪽에 가죽을 팽팽하게 씌워 채나 손으로 치면 소리가 나게 만든 물건. =고(鼓). ¶~을 치다 / ~을 울리다.
[북은 칠수록 소리가 난다] 못된 사람과는 다툴수록 그만큼 손해만 커진다.
북³ 몡 식물의 뿌리를 싸고 있는 흙. ¶~을 돋우다.
북(을) 주다 ᠍ 흙으로 식물의 뿌리를 덮어 주다.
북⁴ 閈 1 거칠게 긁거나 문대는 소리. 2 두툼하고 무른 물건을 단번에 찢는 소리. ¶못에 걸려 옷이 ~ 찢어지다. 잘복. 셀뿍.
북⁵(北) 몡 =북쪽. ↔남(南).
북경^원인(北京原人) [-꼉-] 몡 [고고] 베이징 원인.
북계(北界) [-꼐/-꼐] 몡 〈역〉 고조선의 평양 이서(以西)의 땅.
북관(北關) [-꽌] 몡〈지〉 함경남북도 지방의 별칭. =북도(北道).
북괴(北傀) [-꾀/-꿰] 몡 북한 괴뢰 집단. 곧, 북한의 공산 집단을 적개심을 가지고 이르는 말. ¶~의 만행 / ~의 도발.
북구(北歐) [-꾸] 몡〈지〉 =북유럽.
북국(北國) [-꾹] 몡 우리나라의 북쪽에 있는 나라. 또는, 대륙의 북쪽에 있는 추운 지방의 나라. ¶~의 맵고 찬 바람. ↔남국.
북군(北軍) [-꾼] 몡 1 북쪽의 군대. 2 〈역〉 미국의 남북 전쟁 때 북부의 군대. ↔남군.
북극(北極) [-끅] 몡 1〈물〉 자석이 가리키는 북쪽. =엔 극. 2 〈지〉 지축(地軸)이 지구 상의 북쪽에서 지표를 꿰뚫는 점. 또는, 지구의 북쪽 끝. 3〈천〉 천구 상에서 지축을 북쪽으로 연장한 선이 천구를 꿰뚫는 점. ↔남극

북극-곰(北極-) [-끅꼼] 명[동] =흰곰.
북극-광(北極光) [-끅꽝] 명[지] 북극에 나타나는 극광. ↔남극광.
북극-권(北極圈) [-끅꿘] 명[지] 지구 상에서 북위 66°33´ 이북의 지역. 이곳에서는 하짓날에는 하루 종일 해가 지지 않고, 동짓날에는 하루 종일 해가 뜨지 않음. ↔남극권.
북극-성(北極星) [-끅썽] 명[천] 작은곰자리의 알파성. 북극의 위치를 나타내는 데 유용하게 이용됨. =북신(北辰)·천극(天極)·폴라리스.
북극-점(北極點) [-끅쩜] 명[지] 지구의 자전축의 북단. 북위 90° 지점. ↔남극점.
북극^지방(北極地方) [-끅짜-] 명 북극권 안의 지역. 대부분 얼음으로 덮여 있으며, 기온은 10℃에서 영하 40℃임. ↔남극지방.
북극-해(北極海) [-끄캐] 명[지] 오대양의 하나. 북극을 중심으로 북아메리카·유라시아 두 대륙에 둘러싸인 해역. =북빙양.
북-녘(北-) [붕녁] 명 '북쪽'을 시적·문어적으로 이르는 말. ≒남녘.
북단(北端) [-딴] 명 북쪽 끝. ↔남단.
북대서양^조약^기구(北大西洋條約機構) [-때-끼-] 명 북대서양 조약에 의하여 설립된 지역적 집단 안전 보장 기구. =나토(NATO).
북더기 명 '북데기'의 잘못.
북더-무명 [-명-] 명 품질이 나쁜 목화나 누더기 솜 따위를 자아서 짠 무명.
북데기 [-떼-] 명 짚·풀 따위의 엉클어진 뭉텅이. ¶~를 한 아름 안아다 마당귀에 불을 놓았다.〈황순원:카인의 후예〉×북데기.
북도(北道) [-또] 명 1 경기도 북쪽에 있는 도. 곧, 황해도·평안도·함경도. 2 남·북의 둘로 되어 있는 도에서 북쪽의 도. [전라/경상~.] ↔남도. 3 [지] =북관(北關).
북-돋다 [-똗따] 동[타] '북돋우다'의 준말.
북-돋우다 [-똗-] 동[타] (기운·의욕·용기 등을) 강하게 생기거나 느끼게 하다. ¶의욕을~/기분을~. ⓒ북돋다.
북동(北東) [-똥] 명 북쪽을 기준으로 하여 북쪽과 동쪽 사이의 방위. ↔남서. ▷동북.
북동-쪽(北東-) [-똥-] 명 북동의 방위가 되는 쪽. ↔남서쪽. ▷동북쪽.
북동-풍(北東風) [-똥-] 명 북동쪽에서 불어오는 바람. ↔남서풍. ▷동북풍.
북두¹ [-뚜] 명 말이나 소의 등에 실은 짐을 배와 얼러 매는 줄.
북두² '부뚜'의 잘못.
북두-칠성(北斗七星) [-뚜-썽] 명[천] 큰곰자리에서 가장 뚜렷하게 보이는, 국자 모양으로 생긴 일곱 개의 별. ⓒ북두(北斗)·칠성·북두성(北斗星).
[북두칠성이 앵돌아졌다] 일이 그릇되어 낭패가 되었다.
북로(北路) [붕노] 명 1 북쪽으로 가는 길. 2 서울서 함경도로 통한 길.
북류(北流) [붕뉴] 명 (강물이나 바닷물 등이) 북쪽으로 흐르는 것. **북류-하다** 동[자][여]
북-마스터(bookmaster) 명 주로 대형 서점에서, 고객에게 책에 관한 정보를 제공해 주는 사람.
북-마크(bookmark) 명[컴] 인터넷에서, 자주 찾는 웹 사이트를 별도로 등록함으로써, 주소를 매번 입력하지 않고 클릭만으로 쉽고 빠르게 접속할 수 있게 하는 일. '즐겨찾기', '바로찾기'로 순화.
북망-산(北邙山) [붕-] 명 [중국 허난 성(河南省) 뤄양에 있는 낮은 산 이름으로, 후한 이래 여기에 무덤이 많았던 데서] 사람이 죽어서 파묻히는 곳을 이르는 말. =북망산천.
북망-산천(北邙山川) [붕-] 명 =북망산.
북면(北面) [붕-] 명 1 북쪽에 있는 것. 2 북쪽으로 향하는 것. **북면-하다** 동[자][여] 북쪽으로 향하다.
북문(北門) [붕-] 명 성곽이나 궁 등의 북으로 난 문. ↔남문.
북미(北美) [붕-] 명[지] =북아메리카. ↔남미(南美).
북-반구(北半球) [-빤-] 명[지] 지구의 적도(赤道)에서 북쪽 부분. ↔남반구.
북-받치다 [-빧-] 동[자] (힘·감정 따위가) 속에서 치밀어 오르다. ¶울분이~/설움이~. ⓒ복받치다.
북방(北方) [-빵] 명 북쪽 방향이나 지역. =삭방(朔方)·삭북(朔北). ↔남방.
북방^불교(北方佛敎) [-빵-] 명[불] 인도의 아소카 왕 이후에 인도의 북방에서 일어나 티베트·중국·한국·일본 등지에 전파된 불교. 대승 불교가 중심임. ▷남방 불교.
북벌(北伐) [-뻘] 명 북쪽에 있는 나라나 적을 정벌하는 것. =북정(北征). **북벌-하다** 동[자][여]
북벌-계^획(北伐計劃) [-뻴계획/-뻘게획] 명[역] 조선 시대, 효종(孝宗)이 병자호란의 수치를 씻고자 이완(李浣)·송시열(宋時烈) 등과 더불어 청나라를 치려던 계획.
북변(北邊) [-뼌] 명 어떠한 지역의 북쪽 가장자리.
북부(北部) [-뿌] 명 1 어떤 지역의 북쪽 부분. ¶~ 지방. ↔남부. 2 [역] 고려·조선 시대에, 5부 가운데 북쪽 행정 구역. 또는, 그 구역을 관할하던 관청.
북-북 [-뿍] 부 1 거칠게 자꾸 긁거나 문대는 소리. ¶손으로 가려운 곳을~ 긁다. 2 두툼하고 부푼 물건을 연달아 찢는 소리. ⓒ복복. ⓢ뿍뿍.
북-북동(北北東) [-뿍똥] 명 북쪽과 북동쪽의 중간 방위.
북-북서(北北西) [-뿍써] 명 북쪽과 북서쪽의 중간 방위.
북빙-양(北氷洋) [-삥냥] 명[지] =북극해(北極海).
북상(北上) [-쌍] 명 (어떤 세력이나 현상 등이) 북쪽을 향하여 올라가거나 올라오는 것. ¶장마 전선의 ~으로 전국적으로 많은 비가 내리고 있다. ↔남하. **북상-하다** 동[자][여] ¶태풍이~.
북-상투 [-쌍-] 명 1 아무렇게나 짠 상투. 2 함부로 틀어 올려 뭉뚱그린 여자의 머리.
북새 [-쌔-] 명 부산을 떨고 법석이는 것. ¶~를 떨다.
북새(를) 놓다 관 부산을 떨고 법석이다.
북새-질 [-쌔-] 명 북새를 놓는 짓. **북새질-하다** 동[자][여]
북새-통 [-쌔-] 명 여러 사람이 부산하게 떠들어 대는 바람. ¶애들 ~에 아무것도 못해요.
북새-판 [-쌔-] 명 여러 사람이 부산하게 떠들어 대는 판. ¶마침 강경 장날이라, 숫막거리에는 주상(酒商)들과 인근에서 모인 도부장이와 장꾼들로 ~을 이루었다.〈김주영:

북새-풍(北塞風)[-쌔-] 명 북쪽에서 불어오는 찬 바람. 비북풍.

북서(北西)[-써] 명 북쪽을 기준으로 하여 북쪽과 서쪽 사이의 방위. ↔남동. ▷서북.

북서-쪽(北西-)[-써-] 명 북서의 방위가 되는 쪽. ↔남동쪽. ▷서북쪽.

북서풍(北西風)[-써-] 명 북서쪽에서 불어오는 바람. 비남동풍. ▷서북풍.

북-소리[-쏘-] 명 북을 칠 때 나는 소리. =고성(鼓聲).

북송¹(北宋)[-쏭] 명 중국의 왕조(960~1126). 송나라가 수도를 강남(江南)으로 옮길 때까지를 이름.

북송²(北送)[-쏭] 명 (사람이나 물자 등을) 북한으로 보내는 것. **북송-하다**[타][여] ¶구호 물품을 ~. **북송-되다**[자]

북슬-강아지[-쓸-] 명 털이 북슬북슬하고 탐스럽게 생긴 강아지. 鈞복슬강아지.

북슬-북슬[-쓸-쓸] 뭐 짐승이 살이 찌고 털이 많은 모양. 鈞복슬복슬. ×부얼부얼. **북슬북슬-하다**[형][여]

북-십자성(北十字星)[-씹짜-] 명[천] 백조 자리에서, '十(십)' 자 모양을 이루는 다섯 개의 별. ▷남십자성.

북-아메리카(北America) 명[지] 육대주의 하나. 아메리카 대륙의 북반부와 주변의 섬들로 이루어지는데, 파나마 지협에 의하여 남아메리카와 구분됨. 그린란드·미국·캐나다·멕시코 등이 여기에 속함. =북미(北美).

북안(北岸) 명 북쪽 해안이나 강안(江岸).

북양(北洋) 명 북쪽의 바다. 비북해(北海).

북양ˆ어업(北洋漁業) 북태평양에서 하는 고기잡이. 연어·송어·게가 많이 잡힘.

북어(北魚) 명 내장을 빼내고 햇볕에 바짝 말린 명태. 세는 단위는 마리·쾌(20마리)·두름(20마리). =건명태(乾明太). ¶~구이. ▶명태.

북어-보풀음(北魚-) 명 더덕북어를 두드려 잘게 뜯은 살.

북어-찜(北魚-) 명 북어의 꼬리와 대가리를 잘라 버리고 양념을 하여 쪄 낸 반찬.

북어-쾌(北魚-) 명 북어 스무 마리를 한 줄에 꿴 것.

북어-포(北魚脯) 명 북어로 만든 포.

북엇-국(北魚-)[-어꾹-얻꾹] 명 북어를 잘게 뜯어 파를 넣고 달걀을 풀어 끓인 국.

북위¹(北緯) 명[지] 적도 이북의 위도. ↔남위.

북위²(北魏) 명[역] 북조(北朝)의 한 나라 (386~534). 선비족(鮮卑族)의 탁발규(拓跋珪)가 화베이(華北)에 건국함. =위(魏).

북위-선(北緯線) 명[지] 적도 이북의 위선. ↔남위선.

북-유럽(北Europe) 명[지] 유럽 북부의 지역. 곧, 아이슬란드·덴마크·노르웨이·스웨덴·핀란드 등의 지역을 가리킴. =북구(北歐)·북구라파. ↔남유럽.

북인(北人) 명[역] 조선 시대, 사색당파의 하나. 남인(南人)에 대하여 이산해(李山海)·남이공(南以恭) 등을 중심으로 한 당파. ↔남인.

북-장지(-障-)[-짱-] 명[건] 앞뒤를 모두 종이로 바른 장지문.

북-재비[-째-] 명 걸립패·소리판 등에서 북을 치는 사람. 비고수(鼓手).

북적(北狄)[-쩍] 명[역] 사이(四夷)의 하나. 중국에서 자기 나라 북쪽에 사는 여러 민족들을 멸시하여 이르던 말.

북적-거리다/-대다[-쩍꺼(때)-] 자 1 많은 사람이 모여 수선스럽게 자꾸 뒤끓다. ¶손님들로 **북적거리는** 잔칫집. 2 술·식혜 등이 괴어 끓어오르다. 鈞북적거리다.

북적도해^류(北赤道海流)[-쩍또-] 명[지] 적도의 북쪽을 동에서 서로 흐르는 해류. 무역풍에 의하여 생김. ↔남적도 해류.

북적-북적[-쩍뿍쩍] 뭐 북적거리는 모양. 鈞복작복작. **북적북적-하다**[자][여] ¶피서객으로 **북적북적한** 해수욕장.

북적-이다[-쩍-] 자 (많은 사람이) 모여 매우 수선스럽게 뒤끓다. ¶사람들이 **북적이는** 서울역 광장. 鈞복적이다.

북조(北朝) 명[역] 중국 남북조 시대에 북위(北魏)·동위(東魏)·서위(西魏)·북제(北齊)·북주(北周)의 다섯 왕조의 총칭. ↔남조.

북-조선(北朝鮮)[-쪼-] 명 북한에서 스스로를 칭하는 말.

북종(北宗)[-쫑] 명 1[미] 중국 당나라의 이사훈(李思訓)을 원조로 하는 화가의 일파. 2[불] 중국에서 신수(神秀)를 종조(宗祖)로 하는 선종(禪宗)의 한 파. ↔남종.

북종-화(北宗畫)[-쫑-] 명[미] 중국 회화의 2대 유파의 하나. 당나라의 이사훈(李思訓)을 원조로 송 대(宋代)에 전성기를 이루었고, 명 대(明代)로 이어지는 회화의 양식임. 선명한 설채의 산수화를 주로 하여 크고 강하며 날카로운 선으로 웅장한 맛을 강조하는 기법을 사용함. 鈞북화. ↔남종화.

북진(北進)[-찐] 명 (어떤 세력이) 북쪽으로 진출하는 일. 비북상(北上). ¶~ 정책. ↔남진. **북진-하다**[자][여]

북-쪽(北-) 명 1 해가 떠오르는 쪽을 바라보고 섰을 때, 그 방향에 대하여 왼쪽으로 90도가 되는 방향. 비북방. 2 북쪽에 있는 지역. 특히, 남한(南韓)의 지역에 상대하여, 북의 지역을 이르는 말. =북. 비북녘·북측. ↔남쪽.

북창(北窓) 명 북쪽으로 난 창. ↔남창.

북-채 명 북을 치는 방망이.

북천(北天) 명 1 북쪽 하늘. 2[천] 황도대(黃道帶). 북쪽에 있는 하늘. ↔남천(南天).

북촌(北村) 명 1 북쪽에 있는 마을. 2 예전에, 서울 안의 북쪽에 있는 마을을 이르던 말. ↔남촌.

북-춤 명 북을 두드리며 추는 춤. 비무고(舞鼓).

북측(北側) 명 북쪽 또는 북한의 지역이나 편. ¶핵 문제에 대한 ~의 입장. ↔남측.

북침(北侵) 명 1 남쪽에 있는 나라가 북쪽에 있는 나라를 침략하는 것. 2 남한이 북한을 침략하는 것. ¶~설의 허구. ↔남침. **북침-하다**[자][여]

북태평양ˆ고기압(北太平洋高氣壓)[-냥-] 명[기상] 북태평양에 발달하는 아열대성 고기압. =북태평양 고기압.

북태평양ˆ기단(北太平洋氣團)[-냥-] 명[기상] 북태평양 부근의 아열대 고기압대에서 발달된 고온 다습한 공기 덩이. 장마철 우리나라 기후에 큰 영향을 미치는데, 소나기나 무더위를 몰고 옴.

북-통(-筒) 명 북의 몸이 되는 둥근 나무통.

북통 같다 관 배가 몹시 불러 둥그렇다.

북-편(-便) 명[음] 장구에서, 손으로 쳐서

소리를 내는 쪽의 면. ↔채편.
북포(北布) [명][역] 조선 시대에 함경도에서 생산되던, 올이 가늘고 고운 베.
북풍(北風) [명] 북쪽에서 불어오는 바람. =뒤바람. (비)북새풍. ↔남풍.
북풍-받이(北風-) [-바지] [명] 북풍을 마주 받는 곳.
북풍-한설(北風寒雪) [명] 북쪽에서 불어오는 바람과 차가운 눈. ¶~이 몰아치다.
북학-론(北學論) [부캉논] [명][역] 조선 시대에 실학자들이 청나라의 진보된 문물제도를 본받아 우리나라의 후진성을 개량하고자 한 주장.
북학-파(北學派) [부캉-] [명][역] 조선 영조·정조 때의 실학의 일파. 청조(淸朝)의 발달한 문화를 받아들일 것을 주장한 학파로, 특히 상공업의 진흥과 기술의 혁신에 관심을 쏟았음. 이덕무·박지원 등이 대표적임.
북한(北韓) [부칸] [명] 1 해방 후부터 6·25 전쟁 전까지, 한반도의 북위 38도선 이북 지역을 이르던 말. 2 1953년 군사 휴전 협정에 의해 설정된, 한반도의 군사 분계선 이북 지역.
북-한대(北寒帶) [부칸-] [명][지] 북극권에 속하는 지역. 반 년은 밤이 계속되고, 반 년은 낮이 계속됨. ↔남한대.
북해(北海) [부캐] [명] 북쪽의 바다. (비)북양.
북행(北行) [부캥] [명] 북쪽으로 가는 것. ¶~열차. ↔남행. **북행-하다** [동](자)(여)
북향(北向) [부캉] [명] 북쪽을 향하는 것. 또는, 그 방향. ¶~남향. **북향-하다** [동](자)(여)
북향-재배(北向再拜) [부캉-] [명] 북쪽을 향하여 두 번 절함. 임금이 남쪽을 향해 앉아 있기 때문에 임금을 우러르거나 임금의 지시를 받을 때는 북쪽을 향하게 되어 있는 데서 유래함. **북향재배-하다** [동](자)(여)
북향-집(北向-) [부캉찝] [명] 대청이 북쪽을 향하고 있는 집. ↔남향집.
북향-판(北向-) [부캉-] [명] 집터나 묏자리 등이 북쪽을 향하고 있는 터전. ↔남향판.
북화(北畫) [부화] [미] '북종화(北宗畫)'의 준말. ↔남화(南畫).
북-회귀선(北回歸線) [부쾨-/부퀘-] [명][지] 북위 23°27′의 위선. 하지에 태양이 이 선을 통과함. =하지선(夏至線). ↔남회귀선.
분¹ [명](의존) 어떤 사람을 가리켜 그 사람을 높여 이르는 말. ¶이~/저기 오시는 ~이 교장 선생님이십니다. 2 사람의 수를 셀 때, 그 사람을 높여 세는 단위. ¶두 ~은 가시고 ~만 남으셨습니다.
분¹² (分) [명] '분수(分數)²'의 준말. ¶~에 맞는 생활/~에 넘치는 상을 받다.
분³ (扮) [명] '분장(扮裝)²'의 준말.
분⁴ (盆) [명] 흙을 담아 화초나 나무를 심는 그릇. ¶꽃을 ~에 옮겨 심다.
분⁵ (粉) [명] 1 얼굴빛을 곱게 하기 위하여 얼굴에 바르는 화장품의 하나. 주로 베이지색의 가루로 되어 있으나, 고체·액체 형태로 된 것도 있음. =백분(白粉)·연분(鉛粉)·연화(鉛華)·호분(胡粉). ¶얼굴에 ~을 바르다. 2 흰빛을 내는 채색.
분¹⁶ (憤·忿) [명] 억울하거나 원통하거나 하여 화가 나는 상태. 비)분심. ¶~을 참다/~이 풀리다/~을 이기지 못하다/~을 삭이지 못하여 식식거리다.
분⁷ (分) [명](의존) 1 시간의 길이로 나타내는 단위의 하나. 1분은 한 시간의 60분의 1에 해당함. ¶10~간 휴식. 2 한 시간을 60으로 나누었을 때, 어느 시점이 그 가운데의 하나임을 나타내는 말. ¶2시 15~. 3 각도·경위도에서 1도의 1/60을 세는 단위. 기호는 ′. ¶27도 5~.
분⁸ (分) (수) 소수(小數)의 하나. 일의 십분의 일. 이(釐)의 열 배. 곧, 10^{-1}. =푼.
-분⁹ (分) [접미] 1 ('~하는 ~', '~분지 ~'의 꼴로 쓰임) 한자어 숫자에 붙어, 전체를 그 수로 등분하거나 어떤 수를 그 수로 나누는 것임을 나타내는 말. ¶5~의 3/4~지 1. 2 몫이 되는 분량을 뜻하는 말. ¶불고기 2인~. 3 물질의 성분임을 나타내는 말. ¶당~/지방~.
분가(分家) [명] 가족의 일부가 주로 결혼으로 살림을 차려 따로 나가는 것. =분호(分戶). **분가-하다** [동](자)(여) ¶결혼을 하여 ~.
분-가루(粉-) [-까-] [명] 1 화장품으로 쓰이는 분의 가루. 2 분처럼 하얀 가루.
분간(分揀) [명] 1 사물의 옳고 그름, 같고 다름을 가려서 아는 것. ¶얼굴이 비슷비슷해서 누가 누군지 ~이 안 된다. 2 죄를 짓게 된 형편을 보아서 용서하는 것. **분간-하다** [동](타)(여) ¶앞을 **분간**할 수 없을 정도로 짙은 안개. **분간-되다** [동](자)
분-갈이(盆-) [명] 화분에 심은 풀이나 나무를 다른 화분에 옮겨 심는 일. **분갈이-하다** [동](자)(여)
분갑(粉匣) [-깝] [명] 분을 담는 갑.
분개(憤慨) [명] 몹시 분하게 여기는 것. 또는, 몹시 화를 내는 것. =분탄(憤歎). **분개-하다** [동](자)(여)(여) ¶근로자들은 동료 직원에 대한 회사 측의 부당한 해고에 **분개**했다.
분격(憤激) [명] 몹시 노엽고 분한 감정이 치밀어 오르는 것. 비)격노. **분격-하다** [동](자)(여) ¶**분격**하여 욕설을 퍼붓다.
분견(分遣) [명] 인원 따위를 갈라서 내보내는 것. **분견-하다** [동](타)(여) **분견-되다** [동](자)
분-결(粉-) [-껼] [명] 분의 곱고 부드러운 결. ¶~ 같은 얼굴/~같이 희고 붓 끝같이 고운 손가락.〈이광수·흙〉
분결-에(憤-) [-껼-] [부] =분김에. ¶~ 멱살을 잡고 대들다.
분계-선(分界線) [-계-/-게-] [명] 지역 등이 나뉜 때에 그 경계를 이루는 선. ¶군사 ~/~을 긋다.
분골-쇄신(粉骨碎身) [명] [뼈를 가루로 만들고 몸을 부순다는 뜻] 1 자기 몸을 돌보지 않고, 지극한 정성으로 전력을 다한다는 말. 2 아주 참혹하게 죽음. =분신쇄골·쇄골분신. (준)쇄신. **분골쇄신-하다** [동](자)(여)
분과¹ (分科) [-꽈] [명] 전문 과목이나 업무에 따라 나누는 것. 또는, 그 나눈 과목이나 업무. **분과-하다**¹ [동](타)(여)
분과² (分課) [-꽈] [명] 업무를 분담하기 위하여 일의 과로 나누는 것. 또는, 그 과. **분과-하다**² [동](타)(여)
분관(分館) [명] 본관에서 갈려 나온 관. ¶중앙 도서관 ~.
분광¹ (分光) [물] 빛이 파장의 차이에 따라 여러 색으로 나뉘어 나타나는 현상. (비)스펙트럼. **분광-하다** [동](자)(여)
분광² (粉鑛) [명] 가루같이 잘게 부서진 광석. ↔괴광(塊鑛).
분광-계(分光計) [-계-/-게] [명][물] 각도 눈금이 있는 분광기.
분광-기(分光器) [물] 빛 따위 전자기파

(電磁氣波)나 입자선(粒子線)을 스펙트럼 분석하여 관측하기 위한 장치.
분광^분석(分光分析) 명 [물] 물질이 흡수 또는 방출하는 전자기파의 파장·세기 등을 측정함으로써 행하는 화학 분석의 총칭. =스펙트럼 분석.
분광^쌍성(分光雙星) 명 [천] 지나치게 접근해 있어서 망원경으로는 분리되어 보이지 않으나 분광기에 의한 스펙트럼 분석에 의해 확인할 수 있는 쌍성. =분광 연성. ↔실시 쌍성.
분교(分校) 명 [교] 본교로부터 멀리 떨어진 지역에 사는 학생을 위해 그곳에 따로 세운, 같은 이름의 학교.
분구(分區) 명 1 지역을 몇 개의 일정한 구역으로 나누는 것. 또는, 그 구역. 2 구(區)를 둘 이상으로 나누는 것. 또는, 그 구역. **분구-하다** 동(타)여
분국(分局) 명 본국(本局)에서 갈라 따로 설치한 국(局). ↔본국.
분권(分權) [-꿘] 명 권력을 분산하는 것. ¶지방 ~. ↔집권(集權). **분권-하다** 동(타)여
분규(紛糾) 명 이해(利害)나 주장이 뒤얽혀서 말썽이 많고 시끄러운 것. ¶노사(勞使) ~ / ~가 타결되다.
분극(分極) 명 [물] 1 전기장이나 자기장 속에 놓인 물질에 양·음의 전하가 나타나거나 자기극이 생기는 현상. 2 전기 분해를 하거나 전지를 사용할 때, 원래의 전류와 반대 방향의 기전력이 생기는 현상. =편극(偏極).
분극-화(分極化) [-그콰] 명 하나이던 것이 서로 대립되는 두 입장 등으로 갈라지거나 가르는 것. **분극화-하다** 동(자)(타)여 **분극화-되다** 동(자)
분극화 현ː상(分極化現象) [-그콰-] [사] 사회적 여러 세력이 서로 대립하는 두 개의 극으로 나누어지거나 나누는 것. 또는 집중되는 현상.
분급¹(分級) 명 [지] =분급 작용.
분급²(分給) 명 1 몫몫으로 나누어 주는 것. =분여(分與). 2 몇 차례로 나누어 지급하는 것. **분급-하다** 동(타)여 **분급-되다** 동(자)여
분급^작용(分級作用) [-짝-] 명 [지] 흙·모래가 물속에서의 침강 속도의 차이에 따라 나뉘는 작용. =분급.
분기¹(分岐·分歧) 명 나뉘어서 갈라지는 것. 또는, 그 갈래. **분기-하다**¹ 동(자)여 **분기-되다** 동(자)
분기²(分期) 명 1년을 넷으로 구분한 3개월씩의 기간. ¶일사(一四)~ / 삼사(三四)~.
분ː기³(噴氣) 명 증기·가스 등을 뿜어내는 것. 또는, 그 증기나 가스. **분ː기-하다**² 동(자)여
분ː기⁴(憤氣·忿氣) 명 원통하여 일어나는 분하고 성난 기운.
분ː기⁵(奮起) 명 분발하여 일어나는 것. **분ː기-하다**³ 동(자)여
분ː기-공(噴氣孔) 명 [지] 화산 작용의 나머지 기운으로 가스·증기 따위가 밖으로 뿜어져 나오는 구멍.
분기-선(分岐線) 명 몇 갈래로 갈라진 선로(線路).
분기-점(分岐點) [-쩜] 명 1 여러 갈래로 갈라지기 시작하는 곳. ¶대전(大田)은 호남선과 경부선의 ~이다. 2 사물이 방향을 바꾸어 갈라지는 점. ¶인생의 ~ / 우리나라는 1970년대를 ~으로 하여 급격한 경제 성장을 이룩하였다.

분ː기-충천(憤氣衝天) 명 분한 마음이 하늘을 찌를 듯 격렬하게 북받쳐 오름. =분기탱천. **분ː기충천-하다** 동(자)여
분ː기-탱천(憤氣撑天) 명 =분기충천. **분ː기탱천-하다** 동(자)여
분ː김-에(憤) [-낌-] 부 성이 왈칵 난 서슬에. =분결에. ¶~ 한 대 후려갈기다.
분-꽃(粉-) [-꼳] 명 [식] 분꽃과의 한해살이풀. 높이 60cm 정도. 여름에서 가을에 걸쳐 깔때기 모양의 흰색·빨간색·노란색 꽃이 핌. 씨는 팥알만 하며 까맣게 익는데, 속에 흰 가루가 들어 있음. 관상용으로 심음.
분납(分納) 명 여러 번에 나누어서 내는 일. **분납-하다** 동(타)여 ¶납입금을 ~.
분-내(粉-) 명 분의 냄새.
분네 명(의존) '분'을 좀 데면데면하게 이르는 말.
분ː노(憤怒·忿怒) 명 분하여 성을 내는 것. ¶~에 찬 목소리 / ~를 터뜨리다. **분ː노-하다** 동(자)여 ¶독도를 일본 영토라고 우기는 일본 외상의 망언에 온 국민이 **분노**하였다.
분뇨(糞尿) 명 똥과 오줌. ¶~ 처리장.
분단¹(分團) 명 1 하나의 단체를 몇 개의 작은 단위로 나눈 집단. 2 [교] 하나의 학급을 몇으로 나누는 것. 또는, 그 나누어진 부분. ¶3~ / ~장(長). **분단-하다**¹ 동(자)여
분단²(分斷) 명 동강이 나게 끊어 자르는 것. ¶국토 ~. **분단-하다**² 동(타)여 **분단-되다** 동(자) ¶남북으로 **분단**된 조국.
분단-국가(分斷國家) [-까] 명 전쟁 또는 외국의 지배 등으로 인하여 둘 이상으로 갈라진 국가.
분-단장(粉丹粧) 명 분을 바르며 단장하는 일. ¶얼굴에 ~을 하다. **분단장-하다** 동(자)여
분단^학습(分團學習) [-씁] 명 [교] 학습 능력을 높이기 위하여 한 학급을 몇 분단으로 나누어 학습을 진행하는 방법. =그룹 학습.
분담(分擔) 명 (여럿이 일이나 부담 등을) 나누어서 맡는 것. ¶사무 ~. **분담-하다** 동(타)여 ¶여러 사람이 비용을 ~. **분담-되다** 동(자)
분답(紛沓) 명 =잡답(雜沓). **분답-하다** 형여
분당(分黨) 명 당파를 가르거나, 당파가 갈라지는 것. 또는, 그 당파. **분당-하다** 동(타)여 **분당-되다** 동(자)
분대¹ 명 '분대질'의 준말. **분대-하다**¹ 동(자)여
분대²(分隊) 명 [군] 1 군대 편성 단위의 하나. 소대를 몇으로 나눈 대. ¶~장(長). 2 본대에서 나누어 나온 대. ↔본대(本隊). **분대-하다**² 동(타)여 대(隊)를 나누다.
분대-질 명 수선스러운 짓으로 남을 괴롭히는 짓. 또는, 그 짓. ¶~을 치다. ㉠분대. **분대질-하다** 동(자)여
분도-기(分度器) 명 =각도기.
분동(分銅) 명 천평칭(天平秤)으로 무게를 달 때 한쪽 판 위에 놓는 추.
분란(紛亂) [불-] 명 어수선하고 소란한 것. ¶조용한 가정에 ~을 일으키다. **분란-하다** 형여
분ː량(分量) [불-] 명 수량의 많고 적음이나 부피의 크고 작은 정도.
분력(分力) [불-] 명 [물] =성분력. ↔합력.
분로(分路) [불-] 명 1 함께 길을 가다가 도중에서 길을 갈라 제각기 따로 가는 것. 2

[물] 전기 회로 중의 두 점을 주로(主路)와 는 따로 전기 도선으로 연결한 것. **분로-하다** 동 (자)여

분:루(憤淚) [불-] 명 분해서 나오는 눈물. ¶우리 팀은 팽팽한 접전 끝에 한 점 차로 패해 ~를 삼켜야 했다.

분류(分流) [불-] 명 한 물줄기에서 갈라져 흐르는 것. 또는, 그 물줄기. 비지류(支流). ↔합류(合流). **분류-하다**¹ 동(자)여

분류²(分類) [불-] 명 1종류에 따라 가르는 것. 비유별(類別). ¶식물 ~. 2 [논] 구분을 지어 사물 또는 그 인식을 정돈하고 체계를 세우는 것. **분류-하다**² 동(타)여 ¶자료를 연대별로 ~. **분류-되다** 동(자)

분류³(奔流) [불-] 명 1세차게 빨리 흐르는 것. 또는, 그 물줄기. 2어떤 현실이 매우 힘차게 변화·발전하는 상태. **분류-하다**³ 동 (자)여

분류-학(分類學) [불-] 명 [생] 생물을 생긴 모양이나 생식 방법, 내부 구조 등을 기준으로 하여 분류하고 그것들의 상호 유연 관계를 연구하는, 생물학의 한 분과.

분리(分離) [불-] 명 1나누어 따로 떼어 내는 것. ¶정경(政經) ~. 2물질의 혼합물을 어떤 성분을 함유하는 부분과 함유하지 않는 부분으로 나누는 일. **분리-하다** 동(타)여 ¶남자와 여자를 분리하여 수용하다. **분리-되다** 동(자)

분리-기(分離器) [불-] 명 혼합물 속에서 형상이나 성질이 다른 물질을 분리해 내는 장치. ¶원심(遠心) ~.

분리-수거(分離收去) [불-] 명 쓰레기 등을 종류별로 분리하여 늘어놓은 것을 거두어 감. ¶쓰레기 ~를 실시하다.

분리의 법칙(分離-法則) [불-의-/불-에-] [생] 유전 법칙의 하나. 잡종 제1대에는 우성의 형질만이 나타나나, 잡종 제2대에는 우성의 형질과 열성의 형질이 3:1의 비율로 분리하여 나타남.

분리-파(分離派) [불-] 명 1하나의 단체나 당파에서 나뉘어 떨어져 나간 파. 2 [미] [건] 19세기 말기에 오스트리아의 빈에서 일어나 오스트리아·독일 각지에 퍼진 예술 혁신 운동. 과거의 형식에서 분리함을 목표로 하여 건축·공예·회화 등 다방면에 걸침. =시세션.

분립(分立) [불-] 명 갈라져서 따로 서는 것. ¶삼권 ~. **분립-하다** 동(자)여 **분립-되다** 동(자)

분마(奔馬) 명 빨리 달리는 말.

분만(分娩) 명 (산모가 태어날 상태에 이른 배 속의 아기를) 몸 밖으로 나오게 하는 것. 때로, 동물에 대해서 이 말을 쓰는 경우도 있음. 비출산·해산. ¶자연 ~. **분만-하다** 동(타)여 ¶아기를 ~.

분만-실(分娩室) 명 병원에서 산모가 아이를 낳을 수 있도록 마련한 방.

분말(粉末) 명 고체의 물질을 부수거나 갈아서 만든 아주 작은 알갱이 상태의 물질. '가루'에 비해 문어적인 말임. 비가루. ¶~약 /~주스.

분말-기(粉末機) 명 빻아 가루를 내는 기계.

분망-하다(奔忙-) →**분망-하다** 형여 매우 바쁘다. ¶회사 일로 매우 ~. **분망-히** 부

분맥(分脈) 명 갈라져 나온 산맥·광맥·혈맥 따위의 총칭.

분면(粉面) 명 1분을 바른 얼굴. ¶유두(油頭) ~. 2신주(神主)의 분을 바른 앞쪽.

분명(分明) 부 틀림없이. 또는, 확실하게. ¶내가 너라도 ~ 그렇게 했을 거야.

분명-코(分明-) 부 틀림없이 아주 확실하게. ¶나는 ~ 거짓말을 하지 않았다.

분명-하다(分明-) 형여 (어떤 대상이) 확실히 알 수 있거나 구별할 수 있게 또렷하다. ¶분명한 증거 / 기억이 분명치 않다. ¶불분명하다. **분명-히** 부 ¶~ 말하지만 난 네 뜻을 따를 수 없다.

분모(分母) 명 [수] 분수 또는 분수식에서 가로줄 아래에 쓰는 수나 식. ¶공통 ~. ↔분자.

분묘(墳墓) 명 =무덤.

분:무(噴霧) 명 (물이나 약품 등을) 안개처럼 뿜어내는 것. **분:무-하다** 동(타)여 ¶살충제를 ~.

분:무-기(噴霧器) 명 액체를 안개와 같이 뿜어내는 기구. =스프레이.

분:문(噴門) 명 [생] 위와 식도가 결합된 국부. =위앞문. ▷유문(幽門).

분반(分班) 명 몇 반으로 나누는 것. 또는, 그 나누어진 반. **분반-하다**¹ 동(타)여

분:반²(噴飯) 명 [입에 든 밥을 내뿜는다는 뜻] 웃음을 참을 수 없음을 이르는 말. **분:반-하다**² 동(자)여

분-받침(盆-) 명 화분을 올려놓는 받침. =분대(盆臺).

분:발(奮發) 명 마음을 돋우어 기운을 내는 것. =분발. **분:발-하다** 동(자)여 ¶더욱 분발하여 다음에는 더 좋은 성적을 거두어 주기를 바란다.

분방(奔放) 명 규율이나 어떤 틀에서 벗어나 구애받는 것이 없는 상태. **분방-하다** 형여 ¶분방한 필체 / 자유~.

분배(分配) 명 1몇 개로 갈라서 나누는 것. 비배분. 2 [경] 생산물을, 생산 과정에 관여한 사람들 사이에 지주는 지대(地代), 자본주는 이윤, 노동자는 노임의 형식으로 나누는 것. ¶소득 ~. **분배-하다** 동(타)여 ¶재산을 ~. **분배-되다** 동(자)

분배^국민^소:득(分配國民所得) [-궁-] [경] 국민 소득을 생산에 참가한 생산 요소에 대한 분배의 측면에서 본 것.

분배^법칙(分配法則) 명 [수] 수의 덧셈과 곱셈에 관하여 성립되는 법칙의 하나. $a \times (b+c) = a \times b + a \times c$, $(a+b) \times c = a \times c + b \times c$ 따위. =배분 법칙.

분벽-사창(粉壁紗窓) [-싸-] 명 ['하얗게 꾸민 벽과 깁으로 바른 창'이라는 뜻] 여자가 거처하는, 아름답게 꾸민 방.

분변(分辨) 명 =분별(分別)3. **분변-하다** 동(타)여

분별(分別) 명 1서로 구별을 지어 가르는 것. ¶~이 안 될 만큼 닮다. 2사물을 종류에 따라 나누는 것. 3세상 물정에 대한 바른 생각이나 판단. =분변(分辨). ¶나이가 그만하면 ~이 있어야 하지 않겠느냐? **분별-하다** 동(타)여 ¶어둠 속이어서 누가 누군지 분별할 수 없었다.

분별-력(分別力) 명 1서로 다른 일이나 사물을 구별하여 가르는 능력. 2세상 물정에 대한 옳고 그름을 판단하는 능력. ¶~이 없는 사람.

분별-없다(分別-) [-업따] 형 올바른 사리 판단을 하고 시비를 가릴 능력이 없다. ¶분별없는 행동. **분별없-이** 부 ¶~ 나서다.

분별^증류(分別蒸溜) [-뉴-] 명 [화] 두 종류

이상의 휘발 성분을 함유하는 혼합물을 증류한 다음, 끓는점의 차이를 이용하여 각각 분리하는 일. 석유 공업 등에서 물질의 분리·정제에 널리 이용됨. [준]분류.
분복(分福) [명] 타고난 복.
분봉(分蜂) [명] 벌통 속에 있는 꿀벌의 일부인 한 떼가 나뉘어 나와서 새로 벌 떼를 이루는 현상. 또는, 한 떼를 갈라내어 다른 통으로 나누는 일. **분봉-하다** [동][자][여]
분¦부(分付·吩咐) [명] 아랫사람에게 명령을 내리는 것. 또는, 그 명령. ¶~를 내리다 / ~대로 거행하렷다. **분¦부-하다** [동][자][타][여]
분분(紛紛) ➜**분분-하다** [형][여] **1** 뒤숭숭하고 수선스럽다. ¶시국이 ~. **2** 흩날리는 모양이 뒤섞여 어수선하다. ¶백설이 ~ / 낙화(落花)가 ~. **3** (의견 따위가) 어수선하게 많아 갈피를 잡을 수 없다. ¶의견이 **분분하여** 좀처럼 결론이 나지 않는다. **분분-히** [부]
분비(分泌) [명][생] 세포가 몸에 필요한 액체 상태의 특수한 물질을 만들어 배출하는 것. **분비-하다** [동][타][여] ¶침샘에서 침을 ~. **분비-되다** [동][자]
분비-나무 [명][식] 소나뭇과의 상록 침엽 교목. 높이 25m 정도. 나무껍질은 회백색이며, 늦봄에 자줏빛 꽃이 핌. 고산 지대에 자람. 재목은 건축·가구·펄프 재료로 쓰임.
분비-물(分泌物) [명][생] 침·땀·위액·젖 따위와 같이, 분비선에서 분비되어 나오는 물질.
분비-선(分泌腺) [명][생] 분비물을 내보내는 기관. 내분비선과 외분비선이 있음. =분비샘.
분비-액(分泌液) [명][생] 분비선에서 분비되어 나오는 액체.
분사[1](分詞) [명][언] 인도·유럽 어족 여러 나라 말의 동사 어형(語形) 변화의 하나. 동사의 형용사적 형태로, 시제(時制)와 태(態)를 나타냄. ¶~ 구문(構文) / 현재 ~.
분사[2](焚死) [명] 불에 타서 죽는 것. [비]소사(燒死). **분사-하다**[1] [동][자][여]
분¦사[3](憤死) [명] 분에 못 이겨 죽는 것. **분¦사-하다**[2] [동][자][여] ¶헤이그에서 **분사한** 이준 열사.
분¦사[4](噴射) [명] 세차게 내뿜는 것. **분¦사-하다**[3] [동][타][여] **분¦사-되다** [동][자]
분산(分散) [명] **1** 갈라져 흩어지거나 흩어지게 하는 것. ¶인구 ~ / 포로의 ~ 수용. **2** [물] 파장(波長)이 다른 여러 빛이 프리즘을 통과할 때 굴절률이 다르기 때문에 갈라지는 현상. ¶빛의 ~. **3** [화] 어떤 물질 안에 다른 물질이 미세한 입자의 형태로 흩어져 있는 현상. **4** [수] 통계 값과 평균값과의 차이인 편차(偏差)를 제곱하여 산술 평균을 낸 것. **분산-하다** [동][자][타][여] ¶사대문 안의 학교와 학원을 외곽으로 ~. **분산-되다** [동][자]
분산-매(分散媒) [명][화] 입자가 흩어져 있는 용액에서 입자를 둘러싸고 있는 용매.
분산-질(分散質) [명][화] 입자가 흩어져 있는 용액에서 용매 속에 떠 있는 입자.
분상[1](粉狀) [명] 가루와 같은 모양.
분상[2](墳上) [명] 무덤의 봉긋한 부분.
분서[1](分棲) [명][생] 생활양식이 비슷한 생물의 개체나 종(種)이, 생활하는 장소나 시기를 달리하는 현상.
분서[2](焚書) [명] 책을 불태우는 것.
분서-갱유(焚書坑儒) [명][역] 중국의 진시황(秦始皇)이 학자들의 정치적 비판을 막기 위해, 민간의 서적을 불태우고 유생(儒生)들을 구덩이에 묻어 죽인 일. =갱유분서.
분석(分析) [명] **1** 얽혀 있거나 복잡한 일을 풀어서 개별적인 요소나 성질로 나누는 것. ¶정신 ~ / 상황 ~. **2** [논][철] 복잡한 현상이나 대상 또는 개념을, 그것을 구성하는 단순한 요소로 분해하는 일. ¶~ 판단. ↔종합(綜合). **3** [물][화] 물질의 조성이나 거기에 포함되어 있는 화합물·홑원소 물질·원자의 상태 등을 물리적 또는 화학적 방법을 사용하여 알아내는 일. 또는, 그 조작. 정량 분석과 정성 분석으로 크게 나뉨. **분석-하다** [동][타][여] ¶최근의 경제 동향을 ~. **분석-되다** [동][자]
분석-적(分析的) [-쩍] [관][명] 분석하여 하는 (것). ¶사물 현상에 대한 ~인 접근.
분-성적(粉成赤) [명] 얼굴에 화장할 때에, 연지는 많이 쓰지 않고, 분으로 소박하게 꾸미는 것. **분성적-하다** [동][타][여]
분-세수(粉洗手) [명] **1** 세수하고 분을 바르는 것. **2** 덩어리 분을 개어 바르고 하는 세수. **분세수-하다** [동][자][여]
분소(分所) [명] 본부에 대하여 따로 설치한 사무소나 영업소. ¶~ 파견 근무.
분속(分速) [명] 1분간을 단위로 하여 잰 속도. ▷시속·초속.
분손(分損) [명][경] 해상 보험 목적물로서의 선박 또는 선적물의 일부가 손실되었을 경우의 손해. ↔전손.
분쇄(粉碎) [명] **1** 가루처럼 잘게 부스러뜨리는 것. **2** 여지없이 쳐부수는 것. **분쇄-하다** [동][타][여] ¶광석을 ~ / 적의 침략 기도를 ~. **분쇄-되다** [동][자]
분쇄-기(粉碎機) [명] 고체를 부스러뜨리는 기계. ¶사료 ~.
분¦수[1](分數) [명] **1** 사물을 분별하는 슬기. **2** 자기 신분에 알맞은 한도. ¶~에 맞게 살다 / ~에 넘치는 환대를 받다 / ~를 모르다. [준]분(分). **3** 사람으로서 일정하게 이를 수 있는 한계. ¶예끼, 이 사람! 농담도 ~가 있지.
분수[2](分數) [-쑤] [명][수] 정수 a를 0이 아닌 정수 b로 나눈 결과를 a/b로 표시한 것.
분¦수[3](噴水) [명] 보는 즐거움을 주기 위해, 좁은 구멍을 통해 공중으로 솟구쳐 오르게 한 물줄기. 또는, 그 시설물. ¶허공으로 시원스럽게 내뿜는 ~.
분수-계(分水界) [-계/-게] [명][지] 한 근원의 물이 두 갈래 이상으로 갈라져 흐르는 경계. =분수선.
분¦수-대(噴水臺) [명] 광장이나 공원 등에 분수가 나오도록 마련한 구조물. ¶~ 앞에서 만나기로 약속하다.
분수-령(分水嶺) [명] **1** [지] 분수계가 되는 산마루나 산맥. =분수 산맥. **2** 어떤 사물이 발전하는 데 있어서의 전환점을 비유하여 일컫는 말. ¶4·19 혁명이 민주 발전의 ~이 되었다.
분수^방정식(分數方程式) [-쑤-] [명][수] 분모에 미지수가 들어 있는 방정식.
분수^부등식(分數不等式) [-쑤-] [명][수] 두 개의 분수식을 부등호로 연결한 부등식.
분수-식(分數式) [-쑤-] [명][수] 분모에 미지수가 들어 있는 식.
분¦수-없다(分數-) [-업따] [형] **1** 사물을 분별할 만한 슬기가 없다. ¶**분수없는** 짓을 하다. **2** 요량이 없다. **분¦수없-이** [부] ¶~ 지껄이다.

분:수-탑(噴水塔) 圏 높직이 탑을 만들어 그 위에서 물을 뿜어내도록 만든 장치.

분승(分乘) 圏 같은 일행이 둘 이상의 탈것에 나뉘어서 타는 것. **분승-하다** 圏재여 ¶전 사원이 두 대의 버스에 **분승하고** 야유회를 떠났다.

분식¹(分食) 圏 나누어 먹는 것. 또는, 나누어 가지는 것. **분식-하다**¹ 圏태여

분식²(粉食) 圏 1 밀가루 등을 재료로 하여 만든, 국수·빵·만두 따위의 음식. 또는, 그런 음식을 먹는 것. ¶~ 센터 / ~ 장려. **분식-하다**² 圏태여

분식³(粉飾) 圏 1 내용이 없이 거죽만을 좋게 꾸미는 것. 2 실제보다 좋게 보이도록 거짓으로 꾸미는 것. ¶~ 회계. **분식-하다**³ 圏태여 **분식-되다** 圏자

분식-집(粉食-) [-찝] 圏 국수류·빵·만두 등 간단히 먹을 수 있는 음식을 파는 가게.

분신¹(分身) 圏 1 한 주체에서 갈라져 나온 것. ¶작품은 작가의 ~이나 다름없다. 2 [불] 부처가 중생을 교화하기 위하여 곳곳에 여러 가지 모습으로 나타나는 것. 또는, 나타난 그 몸. **분신-하다**¹ 圏재여

분신²(焚身) 圏 몸을 불사르는 것. =소신(燒身). **분신-하다**² 圏재여

분신-자살(焚身自殺) 圏 자기의 몸에 불을 질러 스스로 목숨을 끊음. **분신자살-하다** 圏재여

분실¹(分室) 圏 본부 외에 따로 나누어 설치한 작은 기관.

분실²(紛失) 圏 (물건 등을) 자기도 모르는 사이에 잃어버리는 일. ¶~ 신고. **분실-하다** 圏태여 ¶지갑을 ~. **분실-되다** 圏자

분실-물(紛失物) 圏 자기도 모르는 사이에 잃어버린 물건. ¶지하철 ~ 센터 / ~을 습득하다.

분:심(憤心·忿心) 圏 벌컥 성을 낸 마음. 또는, 분한 마음. ⒝분노.

분압(分壓) 圏[물] =부분 압력.

분액-깔때기(分液-) 圏 물과 기름 등 서로 섞이지 않는 두 가지의 액체를 따로 나누는 데에 쓰이는 깔때기.

분야(分野) 圏 여러 갈래로 나누어진 범위나 부문. ⒝영역. ¶예술 ~ / 전문 ~.

분양(分讓) 圏 전체를 몇 개로 나누어 양도하는 것. 특히, 토지나 건물을 구분하여 파는 것. ¶~가(價) / 아파트 ~. **분양-하다** 圏태여 ¶상가를 ~. **분양-되다** 圏자 ¶임대 아파트가 하루 만에 모두 **분양되었다**.

분얼(分蘖) 圏 식물의 땅속에 있는 마디에서 가지가 나오는 일. **분얼-하다** 圏재여

분업(分業) 圏 1 일을 나누어서 하는 것. 2 [경] 생산의 온 과정을 여러 전문적 부문으로 나누어, 여러 사람이 분담하여 일을 완성하는 노동 형태. =협업(協業). **분업-하다** 圏태여

분업-화(分業化) [-어콰] 圏 분업 형태로 되어 가는 것. 또는, 분업 형태가 되도록 하는 것. ¶~ 시대. **분업화-하다** 圏재태여 **분업화-되다** 圏자 ¶**분업화된** 공정(工程).

분:연(憤然·忿然) 팀 벌컥 성을 내는 모양. **분:연-하다**¹ 혱여 **분:연-히**¹ 팀

분:연(奮然) 팀 떨쳐 일어나는 기운이 세차고 꿋꿋한 모양. **분:연-하다**² 혱여 **분:연-히**² 팀 침략자의 압제에 항거하여 ~ 일어서다.

분열¹(分列) 圏 1 각각 나누어서 벌여 놓는 것. 2 갈라서 늘어서는 것. **분열-하다**¹ 圏태여

분열²(分裂) 圏 1 찢어져 갈라지는 것. 2 (어떠한 집단·단체·사상 따위가) 갈라져 나뉘는 것. 3 [물] 원자핵이 다량의 열과 방사능을 방출하면서 쪼개지는 것. 4 [생] 하나의 세포 또는 개체가 둘 이상의 세포 또는 개체로 나뉘는 것. ¶세포 ~ / 감수 ~. **분열-하다**² 圏태여 **분열-되다** 圏자 ¶국론이 ~ / 국토가 ~.

분열-법(分裂法) [-뻡] 圏 [생] 무성 생식법의 하나. 한 개체가 둘 이상으로 나뉘어 그 각각이 새로운 개체로 됨.

분열-식(分列式) 圏 [군] 부대나 차량 등이 대형(隊形)을 갖추어 사열단 앞을 행진하면서 경례하는 군대 의례.

분열^조직(分裂組織) 圏 [생] 세포 분열을 하고 있는 세포로 된 조직. ↔영구 조직.

분:외(分外) [-외/-웨] 圏 분수에 지나치는 일. ¶~의 영광 / ~의 대접을 받다.

분운(紛紜·紛云) →**분운-하다** 혱여 1 여러 사람의 의견이 일치하지 않아 이러니저러니 떠들썩하다. 2 떠들썩하여 시끄럽다.

분:울(憤鬱) →**분:울-하다** 혱여 분한 마음이 치밀어 속이 답답하다. =분만(憤懣)하다.

분원¹(分院) 圏 본원(本院)에서 사업상 따로 나누어 설치한 하부 기관.

분:원²(忿怨) 圏 몹시 분하여 원망하는 것. **분:원-하다** 圏태여

분위기(雰圍氣) 圏 1 지구를 둘러싸고 있는 기체. ⒝대기(大氣). 2 어떤 곳이나 상황이나 장면이 거기 있거나 그것을 대하는 사람에게 일으키는 어떤 느낌. 또는, 어떤 개인이 주위 사람들에게 느끼게 하는 특별한 느낌. ¶공포 ~ / 화기애애한 ~ / ~ 있는 카페[여인].

분유(粉乳) 圏 우유를 농축하여 가루로 만든 것. ⒝가루우유. ¶탈지(脫脂) ~.

-분의(分-) **-분**(分)¹.

분임(分任) 圏 임무를 나누어 맡는 것. ¶~ 토의. **분임-하다** 圏태여

분자(分子) 圏 1 [화] 각 물질의 화학적 성질을 가진 최소의 단위 입자. 2 [수] 분수 또는 분수식에서 나누어지는 쪽의 수 또는 식. ⒝분모. ▷분수. 3 어떤 특성을 가진 인간의 개체. 주로, 부정적 관점에서 쓰는 말임. ¶불평 ~ / 반동 ~.

분자^간^화합물(分子間化合物) [-합-] 圏 [화] 종류가 다른 분자 사이에 있는 결합력이 작용하여, 전형적인 원자 결합도로 나타낼 수 없는 화합물의 총칭.

분자^간^힘(分子間-) 圏 [물] 분자와 분자 사이에 작용하는 힘. =분자간력·분자력.

분자-량(分子量) 圏 [화] 질량수가 12인 탄소 원자 ^{12}C의 질량을 12로 정하였을 때의 각종 분자의 상대적인 질량.

분자-력(分子力) 圏 [물] =분자 간 힘.

분자^생물학(分子生物學) 圏 [생] 현대 생물학의 한 분야. 생명 현상을 분자 수준에서 이해하려고 하는 학문으로, 특히 핵산(核酸)·단백질 등의 생체 고분자의 구조·기능에 대한 화학 반응을 통하여 설명하려 밝히려고 한다.

분자-설(分子說) 圏 1811년 이탈리아의 아보가드로가 발표한, 모든 물질은 분자가 모여 이루어진 것이라는 가설(假說).

분자-식(分子式) 圏 [화] 원소 기호를 사용하여 물질의 분자 조성을 나타내는 식. 물의 분

자식은 H_2O, 이산화탄소의 분자식은 CO_2 따위.

분자^운ː동(分子運動) [명][물] 물질을 구성하는 분자의 운동. 기체에서는 병진(竝進)과 회전을 하며, 결정(結晶)에서는 평형 위치를 중심으로 진동함.

분잡(紛雜) [명] 많은 사람이 북적거려 시끄럽고 어수선한 것. **분잡-하다** [형여] ¶분잡한 거리. **분잡-히** [부]

분장¹(分掌) [명] 일이나 사무를 나누어 맡아 처리하는 것. **분장-하다**¹ [동여] ¶업무를 ~.

분장²(扮裝) [명][연] 배우가 등장인물에 어울리도록 얼굴·몸·옷 등을 꾸미는 일. 또는, 그런 차림새. [준]분(扮). **분장-하다**² [자여] ¶거지로 분장한 배우. [동]분하다.

분장-사(扮裝師) [명] 영화나 연극에서, 배우들의 분장을 전문으로 맡아보는 사람.

분재¹(分財) [명] 재산을 자기 가족에게 나누어 주는 것. **분재-하다**¹ [동여]

분재²(分載) [명] (긴 글, 특히 소설·논문·평론 등을 잡지나 신문 등에) 몇 차례에 걸쳐 나누어 싣는 것. ▷전재. **분재-하다** [동타여] ¶장편 소설을 3회에 걸쳐 ~. **분재-되다** [동자]

분재³(盆栽) [명] 보고 즐기기 위해 나무를 화분에 심어서, 실제의 크기보다 훨씬 작게 가꾸어 기르는 것. 또는, 그 나무. ¶소나무 ~. **분재-하다**³ [동타여]

분쟁(紛爭) [명] 말썽을 일으켜 시끄럽게 다투는 것. =분경(紛競). ¶국경 ~ / 영토 ~. **분쟁-하다** [동여]

분ː전¹(奮戰) [명] 있는 힘을 다하여 싸우는 것. [비]분투(奮鬪). **분ː전-하다** [동자여] ¶불리한 여건에서 **분전하였으나** 시합에 졌다.

분전²(分錢) [명] '푼돈'의 잘못.

분절(分節) [명] 사물을 마디로 가르는 것. 또는, 그 마디. **분절-하다** [동타여] **분절-되다** [동자]

분절^운ː동(分節運動) [명][생] 포유류의 소장(小腸)에 나타나는 소화 운동의 하나. 일정한 사이를 두고 수축과 이완이 교대로 나타나 분절이 형성됨으로써 음식물과 소화액이 잘 섞이게 됨.

분절-음(分節音) [명][언] 음절을 분리할 수 있는 음. 곧, 자음이나 모음으로 가를 수 있는 음.

분점¹(分店) [명] 본점에서 따로 갈라 벌인 점포. ¶지방에 ~을 내다.

분점²(分點) [-쩜] [명][천] 태양이 적도를 통과하는 점. 곧, 천구 상의 황도와 적도의 교차점.

분젠^버너(Bunsen burner) [명][화] 독일의 분젠이 고안한 간단한 가열 장치. 밑의 구멍으로부터 공기를 넣어 석탄 가스를 태우는데, 온도를 자유로이 조절할 수 있는 것이 특색임. [준]분젠.

분주(奔走) ➔**분주-하다** [형여] (사람이) 할 일이 많거나 시간이 급하여 몸을 빠르게 움직이는 상태에 있다. [비]바쁘다. ¶사람들이 **분주하게** 거리를 오가다. **분주-히** [부]

분주-스럽다(奔走-) [-따] [형비] ⟨-스러우니, -스러워⟩ 분주한 데가 있다. **분주스레** [부]

분지¹(盆地) [명][지] 산지나 대지(臺地)로 둘러싸인 평평한 지역. ¶침식 ~ / ~를 이루~.

-분지²(分之) ➔-분(分)¹.

분지르다 [타르] ⟨분지르니, 분질러⟩ =부러뜨리다.

분진(粉塵) [명] 1 공기 중에 날아다니면서 공기를 오염시키는 미세한 입자 상태의 물질. [비]먼지·티끌. 2 아주 작은 것을 비유하여 일컫는 말.

분책(分冊) [명] 한 책을 둘 또는 여러 권으로 갈라서 제본하는 것. 또는, 그렇게 만든 책. **분책-하다** [동타여] ¶사전을 상·하권으로 ~. **분책-되다** [동자]

분ː천(噴泉) [명] 내뿜는 것처럼 힘차게 솟아오르는 샘. =비천(飛泉).

분철(分綴) [명] 1 한 가지의 신문·문서 따위를 여러 부분으로 나누어 철하는 것. 2 [언] 여러 형태소가 연결될 때 그 각각을 밝혀 적는 표기법. ↔연철. 3 [언] 인도·유럽 어 등에서, 단어의 음절을 음절(音節)에 의해 가르는 일. **분철-하다** [동타여] **분철-되다** [동자] ¶지역별로 **분철된** 보고서.

분첩(分貼) [명] 약재를 나누어서 첩약을 만드는 것. 또는, 그렇게 만든 첩약. **분첩-하다** [동타여]

분첩(粉貼) [명] 분을 묻혀 바르는 데 쓰는 화장 도구.

분청-사기(粉靑沙器) [명] 고려청자의 뒤를 이은 조선 시대의 자기. 청자에 백토로 분을 발라 다시 구워 낸 것으로, 회청색 내지 회황색을 띰.

분체(分體) [명][생] 한 개체가 거의 같은 크기의 둘 이상의 개체로 나뉘는 일.

분초(分秒) [명] 시계의 분과 초. 곧, 매우 짧은 시간을 비유하여 일컫는 말.
 분초를 다투다 [관] 1 아주 짧은 시간이라도 아껴 급하게 서두르다. ¶**분초를 다투어** 공부하다. 2 매우 급하다. ¶**분초를 다투는** 일 / **분초를 다투는** 수술 환자.

분촌(分寸) [명] ['일 분(一分) 일 촌(一寸)'의 뜻] 아주 적음. [비]극간.

분ː출(噴出) [명] 뿜어 나오는 것. 또는, 내뿜는 것. ¶용암 ~. **분ː출-하다** [동자타여] ¶석유가 ~. **분ː출-되다** [동자]

분ː출-구(噴出口) [명] 분출하는 구멍. ¶화산의 ~.

분ː출-암(噴出巖·噴出岩) [명][지] 땅 위에 분출된 마그마가 갑자기 식어서 굳어진 화성암. =병출암·화산암.

분칠(粉漆) [명] 1 종이나 널빤지 등에 분을 바르는 것. 2 얼굴에 분을 바르는 일을 낮잡아 이르는 말. ¶얼굴에 허옇게 ~을 한 여자. **분칠-하다** [동자타여]

분침(分針) [명] 시계의 분(分)을 가리키는 바늘. =각침(角針)·대침(大針)·장침(長針). ▷초침(秒針). ✕표침.

분칭(分秤) [명] 한 푼쭝에서 스무 냥쭝까지 다 조그마한 저울. 약이나 금은 등을 달 때 쓰임. =약저울·약칭·약형(藥衡).

분탄(粉炭) [명] 가루로 된 숯이나 석탄. ↔괴탄(塊炭).

분탕(焚蕩) [명] 1 집안의 재산을 다 없애 버리는 것. 2 몹시 야단스럽고 요란스럽게 굴거나, 소동을 일으키는 것. ¶아이들이 ~을 치다. **분탕-하다** [동타여] ¶부모에게 물려받은 재산을 **분탕해** 버리다.

분탕-질(焚蕩-) [명] 분탕하는 짓. ¶…군사들은 그 주인을 끌어내서 방망이찜질로 초다듬하여 놓고 그 집에 ~을 놓은 뒤에 그 주인을 아랫말 군관 있는 곳까지 끌고 갔다.⟨홍

분통¹(粉桶) 명 분을 담는 통.

분-통²(憤痛) 명 몹시 분하여 마음이 쓰리고 아픈 것. ¶~이 터지다 / ~을 터뜨리다 / ~이 치밀다.

분통-같다(粉桶-)[-갇따] 형 (방이) 도배를 새로 하여 아주 깨끗하다. **분통같-이** 부 ¶… ~ 도배를 하고 세간 집물을 위치를 차려 구석이 비지 않게 늘어놓았는데…. (이해조: 빈상설)

분-투(奮鬪) 명 있는 힘을 다하여 싸우거나 노력하는 것. 비분전(奮戰). ☞고군(孤軍) ~. **분:투-하다** 통자여

분:투-노력(奮鬪努力) 명 있는 힘을 다하여 애씀. **분:투노력-하다** 통자여

분파(分派) 명 한동아리 안에서 생각의 차이나 이해의 대립으로 여럿으로 갈라지는 것. 또는, 그 갈래. =지류. **분파-하다** 통자여

분판(粉板) 명 기름에 갠 분을 발라서 결은 널조각. 옛날에 아이들이 붓글씨를 익히는 데에 썼음.

분:패(憤敗) 명 (경기나 싸움에서 이길 수 있는 것을) 분하게 지는 것. **분:패-하다** 통자여 ¶감기를 맞아 선전하였으나 1점 차로 분패하고 말았다.

분포(分布) 명 1 흩어져 퍼져 있는 것. ¶인구 ~. 2 [생] 동식물의 지리적인 생육 범위. **분포-하다** 통자여 ¶빗살무늬 토기의 유적은 우리나라 각지에 널리 분포하고 있다. **분포-되다** 통자 ¶이 식물은 주로 열대 지방에 많이 분포되어 있다.

분포-도(分布圖) 명 분포 상태를 나타낸 도표나 지도. ¶식물 ~ / 인구 ~.

분:-풀이(憤-) 명 분한 마음을 푸는 일. 비설분(雪憤). ¶왜 공연히 나한테 ~냐? **분:풀이-하다** 통자여

분필(粉筆) 명 백악(白堊)이나 구운 석고의 분말을 물에 이겨 막대기 모양으로 굳힌 것. 안료를 넣은 것도 있음. 칠판·석반(石盤) 등에 필기하는 데 쓰임. =백묵(白墨). ¶색~.

분-하다¹(扮-) 통자여 '분장(扮裝)하다²'의 준말. ¶햄릿에 분하여 월매로 ~.

분:-하다²(憤-·忿-) 형여 1 억울한 일을 당하여 원통하다. ¶믿었던 친구에게 속은 걸 생각하면 정말 ~. 2 될 듯한 일이 되지 않아 섭섭하고 아깝다. ¶다 이긴 경기를 막판에 역전당하다니 정말 ~. **분:-히** 부

분:한¹(分限) 명 1 일정한 한도. 2 신분의 위아래와 높낮이의 한계. ☞분제(分際).

분:한²(憤恨·忿恨) 명 매우 분한 원한.

분할¹(分割) 명 나누어 쪼개는 것. ¶~ 상환. **분할-하다¹** 통타여 ¶토지를 택지와 공원 부지로 ~. **분할-되다¹** 통자

분할²(分轄) 명 나누어서 관할하는 것. **분할-하다²** 통타여 **분할-되다²** 통자

분할-불(分割拂) 명 몇 차례로 나누어서 하는 지불. 월부불·연부불 등이 있음. ↔일시불.

분합¹(分合) 명 나누었다 합하였다 하는 것. 또는, 나뉘었다 모였다 하는 것. **분합-하다** 통자여

분합²(粉盒) 명 분을 담는 작은 사기그릇.

분해(分解) 명 1 여러 부분이 결합되어 이루어진 것을 개개의 부분으로 나누는 것. ¶공중 ~ / ~ 소제. 2 [화] 화합물을 보다 간단한 두 가지 이상의 물질로 나누는 것. ¶~ 전압. ↔화합(化合). 3 [물] 한 합성력을 그 구성 요소로 나누는 것. ↔합성. **분해-하다** 통타여 ¶기계를 ~. **분해-되다** 통자

분해-가스(分解gas) 명 [화] 석유의 분해 증류법으로 생성된 기체. 메탄·에틸렌·프로필렌 따위가 들어 있으며, 석유 화학 공업의 중요한 원료가 됨. =크래킹 가스.

분해-능(分解能) 명 [물] 1 현미경·망원경·사진 렌즈 등이 대상의 세부를 상(像)으로 판별하는 능력. ▷해상력(解像力). 2 분광기·질량 분석기 등이 대상을 얼마나 세밀하게 분리할 수 있는지를 나타내는 수치.

분해-열(分解熱) 명 분해 반응에 따라서 내거나 흡수하는 반응열의 하나.

분해-자(分解者) 명 [생] 생물의 시체나 동물의 배설물에 있는 유기물을 무기물로 분해하는 미생물. 세균·곰팡이 따위.

분향(焚香) 명 향을 피우는 것. =소향(燒香). **분향-하다** 통자여 ¶불전[영전]에 ~.

분향-재배(焚香再拜) 명 향을 피우고 두 번 절하는 것. **분향재배-하다** 통자여 ¶영전(靈前)에 ~.

분:홍(粉紅) 명 =분홍색. ¶~ 신.

분:홍-빛(粉紅-)[-삗] 명 1 분홍색을 띤 사물의 빛깔. ~ 솜사탕. 2 (일부 명사 앞에 관형어적으로 쓰여) 낭만적이고 몽상적인 상태. =핑크빛. ¶~ 사랑 / ~ 추억 / 연애편지의 ~ 사연.

분:홍-색(粉紅色) 명 엷게 붉은 빛깔. 흰색과 붉은색이 섞인 중간 색깔임. =분홍. 석죽색·핑크색. ¶~ 립스틱.

분화¹(分化) 명 1 단순한 것, 등질(等質)인 것이 복잡한 것, 이질(異質)인 것으로 갈려 나가는 것. 2 [생] 생물의 발생 과정에서, 분열·증식하는 세포가 각각 형태적·기능적으로 변화하여 역할에 맞는 특이성을 확립해 가는 현상. **분화-하다¹** 통자타여 **분화-되다** 통자 ¶직업이 ~ / 계급이 ~.

분:화¹(噴火) 명 1 불을 내뿜는 것. 2 [지] 화산이 터져서 불기운을 내뿜는 일. ¶~ 활동. **분:화-하다²** 통자여

분:화-구(噴火口) 명 [지] =화구(火口) '3.

분회(分會) 명 [-회 / -훼] 명 본회(本會)에서 갈라져 나온 작은 조직체.

붇다[-따] [붇고 / 불어] 통자ㄷ <붇으니, 불어> 1 (물체가) 물기를 흡수하여 부피가 커지다. ¶라면은 붇기 전에 먹어라. / 국수가 불어 맛이 없다. 2 (분량이나 수효가) 많아지다. ¶체중이 ~ / 재산이 ~.

불¹ 명 1 물질이 높은 온도로 빛과 열을 내면서 타는 현상. ¶~이 붙다 / ~에 타다 / ~을 때다 / ~을 쬐다 / 난로에 ~을 피우다. 2 집이나 재산 등이 타는 재난. 비화재(火災). ¶시장에 ~. 3 어둠을 밝히는 기구나 물체가 빛을 내어 환해진 상태. ¶전등~ / ~을 켜다[끄다]. 4 사람의 마음이 열정적이 되거나 어떤 받친 상태를 비유적으로 이르는 말. ¶사랑에 ~이 붙다 / 억울한 일을 당하고 나니 눈에서 ~이 난다.

[불에 놀란 놈이 부지깽이[화젓가락]만 보아도 놀란다] 어떠한 일에 몹시 혼이 난 사람은 그에 관계된 물건만 보아도 놀란다.

불(을) 놓다 관 광산에서 폭약을 터뜨리려고 도화선에 불을 붙이다.

불² 명 '불알'의 준말.

불-³ 접투 아주 극심함을 나타내는 말. ¶~더위 / ~가뭄 / ~상놈.

불-⁴ 접두 동식물의 이름 앞에 붙어 그 빛깔이

'붉음'을 나타내는 말. ¶~개미 / ~콩.
불⁵(佛) 명[불] 삼보의 하나. 진리를 깨달은 이. 곧, 부처.
불⁶(佛) 명[지] '불란서'를 줄여 이르는 말.
불⁷(弗) 명[의존] =달러(dollar). ① ¶백만 ~.
불-⁸(不) 접두 'ㄷ', 'ㅈ' 이외의 첫소리로 시작되는 일부 한자어 앞에 붙어, '않음', '아님', '어긋남' 등의 뜻을 나타내는 말. ¶~가능 / ~간섭 / ~공정. ②부(不)-⑥비-.
불가¹(不可) 명 1 옳지 않은 것. 2 어떤 일을 해서는 안 되는 상태에 있는 것. ¶미성년자 판람 ~. **불가-하다** 형여
불가²(佛家) 명[불] 1 불교를 믿는 사람. 또는, 그들의 사회. =불문(佛門)·불법계·상문(桑門)·석가(釋家)·석문(釋門)·석씨(釋氏)·선문(禪門) 2 =절.
불가³(佛歌) 명[불] 부처의 공덕을 찬미하는 노래. 비범패(梵唄).
불가-결(不可缺) 명 없어서는 안 되는 것. ¶필수 ~. **불가결-하다** 형여
불-가능(不可能) 명 할 수 없는 것. 또는, 가능하지 않은 것. ¶내 사전에 ~이란 없다. ↔가능. **불가능-하다** 형여 ¶실현 **불가능한 일**.
불가리아(Bulgaria) 명[지] 발칸 반도의 동부에 있는 공화국. 수도는 소피아.
불-가물 명 =불가뭄.
불-가뭄 명 아주 심한 가뭄. =불가물. ¶~이 계속되다.
불가부득(不可不得) 부 =부득이.
불가부득-하다(不可不得-) [-드카-] 형여 =부득이하다.
불-가분(不可分) 명 나누어야 나눌 수 없는 것. ¶돈과 권력은 ~의 관계가 있다. ↔가분(可分).
불가분리-성(不可分離性) [-불-썽] 명 나누려고 하여도 나눌 수 없는 성질.
불가불(不可不) 부 =부득불하다.
불가사리¹ 쇠를 먹고 악몽(惡夢)과 사기(邪氣)를 쫓는다는 상상의 동물.
불가사리² 극피동물 불가사리류의 총칭. 몸은 체반(體盤)과 보통 5개 이상의 팔로 되어 있으며, 윗면은 석회질로 덮여 있고 알갱이 모양의 돌기 또는 가시가 빽빽이 나 있음. 입은 아래쪽 가운데에 있고 조개류 등을 잡아먹음. 재생력이 강함. =오귀발·해성(海星).
불가사의(不可思議) [-의/-이] Ⅰ 명 보통 사람의 생각으로는 미루어 헤아릴 수 없을 만큼 이상야릇한 일. ¶세계 7대 ~ / 우주의 ~. **불가사의-하다** 형여 ¶**불가사의한 사건**. Ⅱ㈜ 십진급수의 하나. 나유타(那由他)의 만 배. 무량대수의 만분의 일임. 곧, 10⁶⁴.
불가-서(佛家書) 명[불] 불교에 관한 서적. ㈜불서.
불가입-성(不可入性) [-썽] 명[물] 두 개의 물체가 동시에 동일한 공간을 차지하지 못한다는 성질. =거성(拒性)·애찬성(礙竄性).
불-가지(不可知) 명 알 수가 없음.
불가지-론(不可知論) 명[철] 의식에 주어지는 감각적 경험만이 인식되고, 그 배후에 있는 사물의 본질이나 실재 그 자체는 인식할 수 없다는 설.
불가-침(不可侵) 명 침범해서는 안 됨.
불가침^조약(不可侵條約) 명[정] 서로 상대국을 침략하지 않을 것을 약속하는 조약. ¶

상호 ~.
불가피(不可避) →**불가피-하다** 형여 피할 수가 없다. ¶**불가피한 상황**.
불가항-력(不可抗力) [-녁] 명 1 사람의 힘으로는 저항할 수 없는 힘. ¶~의 사고. 2 [법] 외부에서 생긴 사고에서 사회 통념상의 주의나 예방으로는 방지할 수 없는 일.
불가-해(不可解) 명 이해할 수 없는 것. **불가해-하다** 형여
불각(佛閣) 명[불] =불당(佛堂).
불-간섭(不干涉) 명 일에 간섭하지 않는 것. ¶내정 ~. ㈜불간. **불간섭-하다** 동자타여
불-감당(不堪當) 명 감당할 수 없는 것. ㈜불감. **불감당-하다** 동타여
불감생심(不敢生心) 명 =불감생의. **불감생심-하다** 동타여
불감생의(不敢生意) [-의/-이] 명 감히 엄두도 낼 수 없음. =불감생심. **불감생의-하다** 동타여
불감-증(不感症) [-쯩] 명 1 [의] 여자가 성교를 할 때, 쾌감을 느끼지 못하는 증세. 2 감각이 둔하거나 익숙해져서 별다른 느낌을 갖지 못하게 되는 일. ¶안전 ~.
불감-청(不敢請) 명 마음속으로는 간절하지만 감히 청하지 못함.
불감청이언정 고소원(固所願) 구 감히 먼저 청하거나 말을 꺼내지는 못하지만 내심 바라던 일이라는 뜻. ¶~이라, 자네가 그렇게만 해 준다면야 나야 더 바랄 게 뭐 있겠나.
불-갑사(-甲紗) [-싸] 명 빛깔이 매우 붉은 갑사.
불-강아지 명 몸이 바싹 여윈 강아지.
불-같다 [-갇따] 형 (사람의 성질이나 기세, 태도가) 급하고 사납다. ¶**불같은 성미**. **불같-이**
불-개미 명[동] 벌목 개밋과의 곤충. 일개미는 몸길이가 5∼8mm이고, 몸빛은 어두운 적황색임. 낙엽송의 잎으로 집을 높이 짓고 그 밑 땅속에서 삶.
불-개입(不介入) 명 어떠한 일에 개입하지 않는 것. **불개입-하다** 동자여
불-거웃 명 불두덩에 난 털. ㈜불것.
불거-지다 동자 1 물체의 거죽으로 툭 비어져 나오다. 비튀어나오다. ¶이마에 혹이 ~. 2 어떠한 현상이 두드러지게 커지거나 갑자기 생겨나다. ¶정치권에 뇌물 사건이 ~. ㈜볼가지다.
불걱-거리다/-대다 [-꺼(때)-] 동타 1 (질긴 물건을) 입에 많이 물고 자꾸 씹다. 2 (빨래를) 자꾸 거칠게 주물러 빨다. ㈜볼각거리다.
불걱-불걱 [-뻘-] 부 불걱거리는 모양. ㈜볼각볼각. **불걱불걱-하다** 동타여
불건성-유(不乾性油) [-뉴] 명[화] 공기에 드러나도 마르거나 얇은 막이 생기지 않는 식물유. 올리브유·동백기름 따위. ↔건성유.
불건전(不健全) →**불건전-하다** 형여 건전하지 않다. ¶**불건전한 생각(사상)**.
불경-거리다/-대다 동자 질기고 단단한 것을 먹을 때에 잘 씹히지 않고 입속에서 이리저리 불거지다. ㈜볼강거리다.
불경-불경 부 불경거리는 모양. ㈜볼강볼강. **불경불경-하다** 동자여
불경-이 명 붉은 빛깔의 살담배.
불결(不潔) →**불결-하다** 형여 1 (몸·물체·물질·장소 등이) 지저분하거나 더러워 좋지 않은 느낌을 주는 상태에 있다. 비더럽다. ¶

불결한 음식물. ↔청결하다. 2 (어떤 사람이) 성적(性的)인 태도나 행동이 비도덕적이어서 역겹다. ¶딴 여자와 바람을 피워? 천하에 **불결한** 인간 같으니. **불결-히** 閈
불경¹(不敬) 몡 경의를 나타냄이 없이 무례한 것. **불경-하다** 闲闵 ¶**불경한** 행동.
불경²(佛經) 몡[불] 불교의 경전. =내전(內典)·범서(梵書)·불전·석전. 줍경(經).
불-경기(不景氣) 몡 경기가 좋지 않음. =디프레션. 뗸불황. ↔호경기.
불경-스럽다(不敬-) [-따] 闲闰<~스러우니, ~스러워> 불경한 데가 있다. 죄불경스럽다. **불경스레** 閈
불-경제(不經濟) 몡 물자·노력·비용 등이 낭비되는 일.
불계¹(不計) [-계/-게] 몡 1 (시비나 이해, 사정 따위를) 가리어 따지지 않는 것. 2 바둑에서, 승부가 뚜렷하게 나타나 집 수를 셀 필요가 없는 것. ¶~로 이기다. **불계-하다** 闵재어
불계²(佛戒) [-계/-게] 몡[불] 부처가 정한 계율. 오계·팔계·십계·구족계 따위.
불계³(佛界) [-계/-게] 몡[불] 부처들이 사는 세계. 뗸정토(淨土).
불계-승(不計勝) [-계-/-게-] 몡 바둑에서, 상대가 졌다고 생각하여 끝까지 두지 않고 졌음을 선언했을 때 거두는 승리. ↔불계패. **불계승-하다** 闵재어
불계-패(不計敗) [-계-/-게-] 몡 바둑에서, 졌다고 생각하여 끝까지 두지 않고 포기 선언함으로써 안게 되는 패배. ↔불계승. **불계패-하다** 闵재어
불고(不顧) 몡 돌보지 않는 것. 또는, 돌아보지 않는 것. **불고-하다** 闵타어 ¶체면을 ~.
불-고기 몡 쇠고기 등의 살코기를 얇게 저며 양념하여 재었다가 불에 구운 음식. 또는, 그 고기.
불고-불리(不告不理) 몡[법] 형사 소송법에서, 검사의 공소 제기가 없는 한, 법원이 사건에 관하여 심리할 수 없다는 원칙.
불고-염치(不顧廉恥) 몡 염치를 돌아보지 않음. **불고염치-하다** 闵재어 ¶**불고염치하고** 하룻밤 신세를 지겠습니다.
불고지-죄(不告知罪) [-쬐/-쮀] 몡[법] 국가 보안법을 위반한 사람을 알고 있으면서도 고의로 수사 기관이나 정보기관에 알리지 않는 경우에 성립하는 죄.
불고체면(不顧體面) 몡 체면을 돌아보지 않음. =부지체면. **불고체면-하다** 闵재어
불-곰 몡[동] 포유류 곰과의 한 종. 몸길이 약 2m로 곰 중에서 가장 크며, 몸빛은 대체로 갈색임. 잡식성이며 썩은 고기를 즐겨 먹고, 겨울잠을 잠.
불공¹(佛供) 몡[불] 부처 앞에 공양하는 일. =불향(佛享). **불공-하다¹** 闵재어
불공²(不恭) **-하다²** 闲어 공손하지 않다. 어른에게 **불공한** 언사를 쓰다.
불공대천(不共戴天) 몡 [하늘을 같이 이지 못한다는 뜻] 이 세상에서 같이 살 수 없을 만큼 큰 원한을 가진 것을 비유하여 이르는 말. =불구대천. **불공대천-하다** 闵재어
불공대천지원수(不共戴天之怨讐) 한 하늘에서 더불어 살 수 없는 원수. 줍대천지원수.
불공-드리다(佛供-) 闵어 =공양드리다.
불공-밥(佛供-) [-빱] 몡[불] 부처님 앞에 올렸다가 물린 밥. =퇴식밥.
불공불손(不恭不遜) [-쏜-] →**불공불손-하다**

[-쏜-] 闲어 아주 공손하지 않다.
불공설화(不恭說話) 몡 공손하지 않게 하는 말.
불공-스럽다(不恭-) [-따] 闲闰<~스러우니, ~스러워> 불공한 데가 있다. 죄태도가 ~. **불공스레** 閈
불-공정(不公正) 몡 공정하지 않은 것. ¶~ 거래. **불공정-하다** 闲어 ¶**불공정한** 판정.
불-공평(不公平) 몡 **-하다** 闲어 공평하지 않다. ¶**불공평한** 처사. ↔공평하다.
불과(不過) 閈 수량을 나타내는 말 앞에 쓰여, 그 수량이 기대치나 보통의 경우보다 훨씬 적거나 낮은 것임을 뜻하는 말. ¶시험에 ~ 열흘밖에 남지 않았다.
불과-하다(不過-) 闲어 (조사 '에' 다음에 쓰여) 어떤 수량이나 정도에 지나지 않다. ¶그 말은 변명에 ~./그가 가진 돈은 몇백 원에 ~.
불관(不關) 몡 관계하지 않는 것. **불관-하다** 闵어
불교(佛敎) 몡 〔'불타(佛陀)가 설파한 가르침'이라는 뜻〕[불] 기원전 5세기에 석가모니가 창시한 종교. 인도에서 일어나 아시아 전역에 퍼짐. 인생은 생로병사의 괴로움의 세계임을 깨닫고 그로부터 해탈하여 열반에 이르는 것을 궁극적 이상으로 삼음. =석교(釋敎)·성교(聖敎). 뗸불법(佛法).
불교-도(佛敎徒) 몡 불교를 믿는 사람. 줍불도(佛徒).
불교-문화(佛敎文化) 몡 불교에 의해 형성된 문화.
불교-미술(佛敎美術) 몡 불교와 관계되는 미술. 사원(寺院)과 사탑(寺塔)의 건축, 불상 조각, 불교 회화, 불구(佛具) 따위.
불구¹(不具) 몡 1 몸의 어느 부분이 제 기능을 못 하거나 기형인 상태. ¶~의 몸/다리가 ~인 사람. 2 한문 투의 편지 끝에 '불비(不備)'의 뜻보다 조금 낮게 쓰는 말. ¶여(餘)~ 상서.
불구²(佛具) 몡[불] 불당을 꾸미거나 법회 등을 행할 때 쓰는 물건이나 장치.
불구³(不久) →**불구-하다¹** 闲어 앞으로 오래지 않다.
불구⁴(不拘) →**불구-하다²** 몡재어 (조사 '에'나 어미 '-ㄴ데/는데/은데' 뒤에 의존 명사 '도'가 붙은 형태 아래에 '불구하고'의 꼴로 쓰여) 무엇에 얽매어 거리끼지 않다. ¶부모의 반대에도 **불구하고** 그녀와 결혼하였다./바쁘신데도 **불구하고** 찾아 주셔서 감사합니다.
불-구경 몡 화재를 구경하는 일. **불구경-하다** 闵재어
불구대천(不俱戴天) 몡 =불공대천.
불-구덩이 [-꾸-] 몡 세차게 타오르는 불길의 속.
불구^동ː사(不具動詞) 몡[언] =불완전 동사.
불-구멍¹ [-꾸-] 몡 불길이 나가는 구멍.
불-구멍² 몡 '불집'의 잘못.
불구-소절(不拘小節) 몡 사소한 예의범절에 거리끼지 않음. **불구소절-하다** 闵재어
불-구속(不拘束) 몡[법] 구속하지 않는 것. ¶~ 입건/~ 기소. **불구속-하다** 闵타어 **구속-되다** 闵어
불구-아(不具兒) 몡 몸이 불구인 아이.
불구-자(不具者) 몡 몸이 불구인 사람. 근래에는 '장애인', '신체장애인' 등의 완곡한 표

현이 쓰이고 있음.
불구-화(不具化)[명] 불구가 되거나 불구가 되게 하는 것. **불구화-하다**[동](타)(여) **불구화-되다**[동](자)(여)
불국(佛國)[명][불] 부처가 있는 나라. (비)극락정토.
불군(不群) →**불군-하다**[형](여) 다른 것과는 비할 바 없이 크게 뛰어나다.
불굴(不屈)[명] (주로, '불굴의'의 꼴로만 쓰여) 굽히지 않는 것. ¶~의 정신 / 그들은 ~의 투지로 압제자와 싸웠다. **불굴-하다**[동](자)(여)
불귀(不歸)[명] 돌아오거나 돌아가지 않는 것. **불귀-하다**[동](자)(여)
불귀의 객(客)[관] 딴 세상으로 가서 돌아오지 못한다는 뜻으로, 죽은 사람을 이르는 말. ¶교통사고로 ~이 되고 말았다.
불-귀신(-鬼神)[-뀌-][명][민] 불을 맡아 다스리거나 불을 낸다고 하는 귀신. ▷물귀신.
불-규칙(不規則)[명] (일부 명사 앞에 쓰여) 규칙에서 벗어나는 것. **불규칙-하다**[형](여) ¶**불규칙한** 무늬 / 생활이 ~.
불규칙^동!사(不規則動詞)[-똥-][명][언] 불규칙 활용을 하는 동사. =벗어난움직씨·변격 동사·변칙 동사. ↔규칙 동사.
불규칙^용!언(不規則用言)[-쭝뇽-][명][언] 불규칙 활용을 하는 용언. =벗어난풀이씨·변격 용언·변칙 용언. ↔규칙 용언.
불규칙-적(不規則-)[-쩍][관][명] 불규칙한 (것). ¶통증이 ~으로 반복되다.
불규칙^형용사(不規則形容詞)[-치켱-][명][언] 불규칙 활용을 하는 형용사. =벗어난그림씨·변격 형용사·변칙 형용사. ↔규칙 형용사.
불규칙^활용(不規則活用)[-치콰-][명][언] 용언이 활용을 할 때 어간 또는 어미가 규칙적으로 달라지는 일. '짓다'가 '지어'로 활용하는 ㅅ 불규칙 활용과 '이르다'가 '이르러'로 활용하는 러 불규칙 활용 따위. =변칙 활용. ↔규칙 활용.
불-균등(不均等)[명] 균등하지 않은 것. ¶기회의 ~. **불균등-하다**[형](여)
불-균형(不均衡)[명] 균형이 잡히지 못한 것. ¶수입과 수출의 ~. **불균형-하다**[형](여)
불그데데-하다[형](여) 좀 천격스럽게 불그름하다. ¶**불그데데한** 무늬의 옷감. (작)볼그대대하다.
불그락-푸르락 [명] '붉으락푸르락'의 잘못.
불그레-하다[형](여) 약간 곱게 불그름하다. (작)볼그레하다.
불그름-하다[형](여) '불그스름하다'의 준말. (작)볼그름하다. (센)뿔그름하다. **불그름-히**[부]
불그무레-하다[형](여) 때가 잘 안 나게 옅게 불그스름하다. (작)볼그무레하다.
불그스레-하다[형](여) =불그스름하다.
불그스름-하다[형](여) (빛깔이) 다소 어둡고 충충하게 붉은 데가 있다. =불그스레하다. (비)불긋하다. ¶빵이 ~ / 크고 **불그스름한** 해가 동산에 떠올랐다. (준)불그름하다. (작)볼그스름하다. (센)뿔그스름하다. **불그스름-히**[부]
불그죽죽-하다[-쭈쿠-][형](여) 빛깔이 고르지 못하고 칙칙하게 불그스름하다. (작)볼그족족하다. (센)뿔그죽죽하다.
불근-거리다/-대다[동](자)(타) 질기고 단단한 물건을 입속에 넣고 계속 씹다. (작)볼근거리다.

불근-불근[부] 불근거리는 모양. ¶오징어를 ~ 씹다. (작)볼근볼근. **불근불근-하다**[동](타)(여)
불-근신(不謹愼)[명] 근신하지 않는 것. **불근신-하다**[형](여)
불급(不及)[명] 미치어 따르지 못하는 것. **불급-하다**[형](자)(여)
불긋-불긋[-귿뿔귿][부] 전체가 붉지 않고 군데군데 붉은 모양. (작)볼긋볼긋. (센)뿔긋뿔긋. **불긋불긋-하다**[형](여)
불긋-하다[-그타-][형](여) 빛깔이 약간 붉은 듯하다. (비)불그스름하다. **불긋-이**[부]
불-기(-氣)[-끼][명] =불기운. ¶아랫목에 ~가 없이 싸늘하다.
불기²(不羈)[명] 1 (도덕·사회 관습 등에) 얽매이지 않는 것. 2 재능이나 학식이 남달리 뛰어나 일반 상식으로는 다루기 어려운 것. ¶~의 재능을 가진 인물.
불기³(佛紀)[명] (주로, 어느 해를 나타낸 숫자 앞에 쓰여) 그해가 석가모니가 입멸한 해를 기원으로 한 것임을 나타내는 말. 기원전 544년을 불기 1년으로 함. ¶서기 2000년은 ~ 2544년이다.
불기⁴(佛器)[명][불] 부처에게 올리는 밥을 담는 그릇. 주로 놋쇠로 만듦.
불-기둥[-끼-][명] 기둥 모양으로 높이 치솟아 오르는 불길. ¶~이 치솟다.
불-기소(不起訴)[명][법] 사건이 죄가 되지 않거나, 범죄의 증명이 없거나, 또는 공소의 요건을 갖추지 못하였을 때 검사가 공소를 제기하지 않는 일. ▷기소 유예.
불-기운[-끼-][명] 불에서 나오는 뜨거운 기운. =불기. (비)화기(火氣). ¶~이 약하다 / ~이 없다.
불긴(不緊) →**불긴-하다**[형](여) 요긴하지 않다. **불긴-히**[부]
불-길¹[-낄][명] 1 기세있게 타오르는 불. 또는, 그런 불의 기운. ¶성난 ~ / ~이 치솟다. 2 감정이나 정열이 고조되거나 격앙된 상태를 비유적으로 이르는 말. ¶분노의 ~ / 사랑의 ~. 3 어떤 현상의 거센 기세를 비유적으로 이르는 말. ¶요원의 ~ / 동유럽에 일고 있는 자유화의 ~.
불길²(不吉) →**불길-하다**[형](여) 운수 따위가 좋지 않다. ¶**불길한** 예감 / **불길한** 징조 / 꿈이 ~.
불-김[-낌][명] 불의 뜨거운 기운. ¶… ~이 없는 화판 안은 냉기가 돌건만 누구 하나 추워하는 눈치는 보이지 않는다. 《심훈:상록수》
불-깃[-낀][명] 산불이 번지지 못하도록 조금 떨어진 주위를 미리 태워 없애는 일.
불-까다[동](자) 동물의 불알을 발라내다. ▷거세하다.
불-깍쟁이[-깽-][명] 지독한 깍쟁이.
불-꽃[-꼳][명] 1 물체에 불이 붙었을 때, 열과 빛을 내면서 타오르는 부분. (비)화염(火焰). ¶등잔의 ~이 넘실거리다. 2 금속·돌 따위가 서로 부딪칠 때 일어나는 빛. ¶부싯돌에서 ~이 일다. 3 축제나 놀이를 위해 만든 화약이 공중에서 터질 때, 사방으로 흩어지면서 어떤 무늬 같은 것을 나타내는 불의 형상.
불꽃(이) 튀다[구] 1 불꽃이 사방으로 튀어 흩어지다. 2 겨루는 모양이 치열하다. ¶**불꽃 튀는** 경쟁을 치르다.
불꽃-같다[-꼳깓따][형] 사물의 일어나는 형

세가 왕성하다. **불꽃갈-이** 〈부〉

불꽃-놀이[-꼰-] 〈명〉 경축이나 기념행사가 있는 날 밤에 공중으로 화포나 폭죽을 쏘아 올려, 그것이 터질 때의 화려한 불꽃을 즐기는 일.

불꽃¹반응(-反應)[-꼳빤-] 〈명〉〈화〉 알칼리 금속이나 알칼리 토금속 등의 염류(鹽類)를 무색의 불꽃 속에 넣어 가열하면 그 금속 특유의 빛을 나타내는 반응. =염색 반응.

불꽃¹방전(-放電)[-꼳빤-] 〈명〉〈물〉 비교적 압력이 높은 기체 속에 2개의 전극을 넣고 높은 전압을 걸었을 때, 갑자기 파열음과 불꽃을 내며 큰 전류가 흐르는 현상. =섬화 방전.

불꽃-세포(-細胞)[-꼳쎄-] 〈명〉〈생〉 편형동물 등의 배설 기관인 원신관(原腎管) 끝에 있는 특수 세포. 불꽃 모양의 섬모 다발이 노폐물을 걸러 배설공 쪽으로 유도함.

불꽃-심[-꼳씸-] 〈명〉〈화〉 불꽃의 한가운데에 어두운 부분. =염심(焰心).

불-꾸러미 〈명〉 불씨를 옮기기 위해 짚 등의 작은 뭉치에 옮겨 댕긴 불.

불끈 〈부〉 **1** 두드러지게 위로 치밀거나 떠오르거나 솟아나는 모양. ¶기운이 ~ 나다/근육이 ~ 솟다. **2** 주먹을 단단히 쥐는 모양. ¶두 주먹을 ~ 쥐고 다짐하다. **3** 흥분하여 성을 으슥 내는 모양. ¶화가 ~ 치솟다. **작**볼끈. **불끈-하다** 〈자〉〈여〉

불끈-거리다/-대다 〈동〉〈자〉 하찮은 일에도 걸핏하면 성을 잘 내다. **작**볼끈거리다.

불끈-불끈 〈부〉 자꾸 불끈하는 모양. ¶용기가 ~ 솟다. **작**볼끈볼끈. **불끈불끈-하다** 〈동〉〈자〉〈여〉

불-나다[-라-] 〈동〉〈자〉 (어느 곳이나 물체에) 쉽게 끄기 어려운 상태의 불이 일어나다. ¶소방차가 불난 곳으로 출동하다.
[불난 집에 부채질하듯] 남의 재앙이나 불행을 점점 더 커지도록 만들다.

불-나방[-라-] 〈명〉〈동〉 나비목 불나방과의 곤충. 날개를 편 길이 약 40mm. 온몸에 암갈색 털이 촘촘히 덮여 있고, 앞날개는 흑갈색, 뒷날개는 오렌지색 바탕에 무늬가 있음. 콩·뽕나무·머위 등의 해충임. =등아(燈蛾). 비불나비.

불-난리(-亂離)[-랄-] 〈명〉 불이 나서 수라장을 이루어 어지러운 상태. ¶~가 나다.

불납(不納)[-랍] 〈명〉 (세금·공납금 따위를) 내지 않는 것. ¶요금 ~. **불납-하다** 〈동〉〈타여〉

불내다[-래-] 〈동〉 '불나다'의 사동사.

불-놀이[-로리-] 〈명〉 **1** 밤에 폭죽을 터뜨리거나 화포(花砲)를 쏘거나 줄불을 놓거나 쥐불을 놓거나 하면서 즐기는 놀이. =화희(火戲). **2** '불장난'의 잘못. **불놀이-하다** 〈자〉〈여〉

불능(不能)[-릉] 〈명〉 **1** 할 수 없는 상태. ¶재기(再起) ~. **2** 〈수〉 방정식이 근(根)을 갖지 않는 일. **불능-하다** 〈형〉〈여〉 할 수 없다.

불¹다 (불¹고 / 불어) 〈동〉〈부니, 부오〉 **1** 〈자〉 (바람이) 다른 쪽으로 움직이다. (비)일다. ¶바람이 ~ / 태풍이 ~. **2** 〈타〉 **1** (사람이 물체를) 식게 하거나 부풀게 하거나 불이 꺼지게 하거나 먼지가 날아가거나 하게 하기 위하여 입술을 동그랗게 오므린 상태에서 숨을 힘 있게 내보내다. ¶뜨거운 죽을 후후 **불면서 먹다** / 고무풍선을 입으로 ~. **2** 콧김을 내보내다. ¶(말이) 코를 **불며** 온몸의 피부를 후루루 떨었다.〈황순원: 카인의 후예〉 **3** (사람이 입김을) 입을 약간 오므리거나 벌려서 나가게 하다. 또는, 그렇게 하여 (물체를) 더운 기운이 미치게 하다. ¶언 손을 녹이느라 입김을 호호 ~. **4** (사람이 소리를 내는 물체나 악기를) 입에 대고 숨을 내보내어 소리가 나게 하다. 또는, (휘파람을) 입술을 아주 좁게 오므려 숨을 내보냄으로써 내게 하다. ¶피리를 ~ / 휘파람을 ~ / 선생님이 호루라기를 ~. **5** (어떤 사람이 다른 사람에게 자백을 억압하게 강요하는 상황에 쓰여) (죄지은 사실이나 감춘 비밀을) 사실대로 말하다. ¶좋은 말로 할 때 어서 **불어!** ▶털어놓다.
[불면 꺼질까 쥐면 터질까] 어린 자녀를 아주 소중히 곱게 기름을 뜻하는 말.

불단(佛壇)[-딴] 〈명〉〈불〉 부처를 모셔 놓은 단.

불당(佛堂)[-땅] 〈명〉〈불〉 부처를 모셔 놓은 대청이나 집. =범전(梵殿)·불각(佛閣)·불우(佛宇)·불전(佛殿).

불-더미[-떠-] 〈명〉 불이 붙은 더미. ¶~ 속으로 뛰어들다.

불-더위 〈명〉 몹시 심한 더위. 비불볕더위. ¶삼복 ~에 초목이 타는 듯하다.

불-덩어리[-떵-] 〈명〉 **1** 타고 있는 물체의 덩어리. **2** =불덩이 2.

불-덩이[-떵-] 〈명〉 **1** 타고 있는 불의 덩이. **2** 몹시 뜨거운 몸이나 물건을 비유하여 이르는 말. =불덩어리.

불도¹(佛徒)[-또] 〈명〉〈불〉 '불교도'의 준말.

불도²(佛道)[-또] 〈명〉〈불〉 **1** 부처의 가르침. =법도(法道). ¶~를 받들다. **2** 수행(修行)을 쌓아 깨달음이 되는 길. 또는, 불과(佛果)에 이르는 길. ¶~를 닦다.

불도그(bulldog) 〈명〉 **1** 〈동〉 영국 원산의 개. 어깨 높이 33∼41cm. 머리가 크고 짧적함, 입은 폭이 넓고, 코는 납작함. 얼굴의 생김새는 무서워 보이지만 용감하고 주인에게 충실하며, 집을 잘 지킴. 투견용·호신용으로 알맞음. **2** 성질이 사납고 끈질긴 사람을 비유해서 이르는 말. ×불독.

불-도장(-圖章) 〈명〉 =낙인(烙印) 1.

불도저(bulldozer) 〈명〉 **1** 땅을 깎고 평평하게 고르기 위하여 커다란 쇳날과 무한궤도를 장치한 특수 자동차. **2** 일의 앞뒤를 헤아리지 않고 무조건 밀고 나가는 사람을 비유하는 말.

불독 '불도그(bulldog)'의 잘못.

불-돋우개 '심돋우개'의 잘못.

불-돌[-똘] 〈명〉 화로의 불이 쉬 사위지 않도록 묻어놓는 돌.

불-두덩[-뚜-] 〈명〉 남녀의 생식기 주위의 두두룩한 부분. =신안(腎岸)·치구.

불두덩-뼈[-뚜-] 〈명〉〈생〉 =치골(恥骨).

불두-화(佛頭花)[-뚜-] 〈명〉〈식〉 인동과에 속하는 백당나무의 한 품종. 백당나무와 비슷하지만 꽃이 모두 무성화(無性花)임. 절에서 관상용으로 심음.

불-등걸[-등-] 〈명〉 불이 잘 핀 숯등걸.

불-땀 〈명〉 불기운의 세고 약한 정도. ¶대솔 장작이라야 ~이 좋다.

불땔-감[-깜] 〈명〉 **1** 불을 땔 만한 재료. **2** 세상에서 버림받은 쓸모없는 사람.

불-똥 〈명〉 **1** 불에 타고 있는 물체에서 튀어나오는 작은 불덩이. **2** 심지 끝이 다 타서 찌꺼기가 엉긴 덩이.
불똥이 떨어지다 〈구〉 매우 다급한 일을 당하

다.
불똥(이) 튀다 관 재앙이나 화가 미치다.
불똥-앉다[-안따] 동자 1 심지 끝에 불똥이 생기다. 비불이 동하다·등화지다.
불뚝 튀 1 갑자기 무뚝뚝하게 화를 내는 모양. ¶심통이 난 얼굴로 ~ 화를 내다. 2 갑자기 솟아 나와 불룩한 모양. ¶팔뚝에 힘줄이 ~ 솟다. 불뚝불뚝.
불뚝-거리다/-대다[-꺼(때)-] 동자 1 갑자기 무뚝뚝하게 자꾸 화를 내다. 2 여기저기서 자꾸 갑자기 불룩불룩하게 솟아 나오다. ¶근육이 **불뚝거리는** 팔.
불뚝-불뚝[-뿔-] 튀 불뚝거리는 모양. ¶다혈질이라 조그마한 일에도 ~ 화를 낸다. 불뚝불뚝-하다 동재형에.
불뚝-성[-썽] 명 갑자기 불끈하고 내는 성.
불뚝-심지(-心地)[-씸-] 명 불뚝 솟는 심지. ¶성이 가시다고 마구 들이대는 데에 마누라도 나서 벌떡 일어나 앉았다.〈염상섭:취우〉
불뚱-거리다/-대다 동자 걸핏하면 얼굴을 불룩하게 하여 성을 내며 말을 함부로 하다. 작불똥거리다.
불뚱-불뚱 튀 불뚱거리는 모양. 작불똥볼똥. 불뚱불뚱-하다 동재형에.
불뚱-이 명 잘 불뚱거리는 성질. 또는, 그러한 성질의 사람. ¶~가 나다/~를 내다.
불란서(佛蘭西) 명[지] '프랑스'의 음역어.
불량(不良) 명 1 (사람이) 사회 규범에서 벗어나거나 질서를 어지럽히는 행동을 자주 하는 상태에 있는 것. ¶~ 청소년. 2 (물건이나 대상이) 질이나 수준에 있어서 낮거나 좋지 않은 상태에 있는 것. ¶~ 상품/~ 식품. **불량-하다** 형에 ¶품행이 ~/성적이 ~. ↔선량하다.
불량-기(不良氣)[-끼] 명 행실이나 성품이 나쁜 기색이나 태도.
불량-배(不良輩) 명 행동이 불량한 사람의 무리. 또는, 그 무리에 속하는 사람. ¶그 중학생은 ~에게 걸려 돈을 빼앗겼다.
불량-소녀(不良少女) 명 행실이나 성품이 나쁜 소녀.
불량-소년(不良少年) 명 행실이나 성품이 나쁜 소년.
불량-아(不良兒) 명 성질이나 행실이 나쁜 아이.
불량-자(不良者) 명 행실이 불량한 사람.
불량-품(不良品) 명 품질이 나쁜 물건. ¶~ 추방 운동 ~을 고발하다.
불러-내다 동타 불러서 나오게 하다. ¶친구를 전화로 ~.
불러-들이다 동타 불러서 들어오게 하다. ¶손님을 ~.
불러-오다 동타 너라〈~오너라〉 불러서 오게 하다. ¶의사를 ~.
불러-올리다 동타 아래 기관의 사람이나 자기보다 아래의 사람을 불러서 오게 하다. ¶형이 동생들을 서울로 ~/부하 직원을 본사로 ~.
불러-일으키다 동타 (숨어 있거나 가라앉아 있는 것들을) 드러나거나 일어나게 하다. ¶애국심〔경각심〕을 ~/그의 행동은 세상 사람의 관심을 불러일으켰다.
불력(佛力) 명[불] 부처의 공력(功力).
불령(不逞) 명 불평불만을 품고 자기 마음대로 행동하는 것. 또는, 그런 사람. **불령-하다** 동재형에
불령분자(不逞分子) 명 나라에 대하여 불평을 품고 자기 마음대로 행동하는 무리. =불령지도(不逞之徒).
불령-선인(不逞鮮人) 명 일제 강점기에, 일본 제국에 비협조적이고 저항적이던 한국인을 이르던 말.
불로불사(不老不死)[-싸] 명 늙지도 않고 죽지도 않음. 불로불사-하다 동재에
불로불소(不老不少)[-쏘] 명 늙지도 않고 젊지도 않음.
불로^소:득(不勞所得) 명 생산적인 노동에 직접 참여하지 않고 얻는 소득. 이자·지대(地代)·배당금 따위. ▷근로 소득.
불로^소:득세(不勞所得稅)[-쎄] 명[법] 불로 소득에 과하는 국세(國稅). 상속세·증여세 따위.
불로장생(不老長生) 명 늙지 않고 오래 삶. 불로장생-하다 동재에
불로-초(不老草) 명 먹으면 늙지 않는다는 상상수.
불룩 튀 물체의 거죽이 겉으로 쑥 내민 모양. ¶배를 ~ 내밀다. 작볼록. **불룩-하다** 형에 ¶주머니가 ~. 불룩-이 튀 ¶자루를 ~ 채우다. ×불룩히.
불룩-거리다/-대다[-꺼(때)-] 동자타형에 물체의 거죽이 겉으로 쑥 내밀었다 들어갔다 하다, 또는, 되게 하다. 작볼록거리다.
불룩-불룩[-뿔-] 튀 불룩거리는 모양. 작볼록볼록. 불룩불룩-하다 동자타형에
불륜(不倫) 명 (기혼자가 배우자 이외의 이성과, 또는 미혼자가 다른 이성과) 성 관계를 맺는 일. 또는, 인륜을 벗어난 성 관계를 맺는 일. ¶~ 관계/~에 빠지다.
불리(不利) →**불리하다** 형에 (상황이나 입장 등이) 좋지 않아 해를 입을 가능성이 있거나, 상대보다 어려움을 겪게 될 상태에 있다. ¶불리한 상황/입장이 ~. ↔유리하다.
불리다[1] (어떤 물체가 바람에) 공중에 뜨거나 이리저리 움직이다. ¶낙엽이 바람에 불려 날아가다.
불리다[2] 동자 '부르다'의 피동사. ¶김 일병이 상관에게 불려 가다/요즘 많이 불리는 유행가/베토벤은 '악성(樂聖)'이라 불린다. ×불리우다.
불리다[3] 동타 1 (쇠를) 불에 달구어 단련하다. ¶불린 쇠를 망치로 두들기다. 2 (곡식을) 바람에 부쳐서 검불 따위를 날려 버리다. 비드리다.
불리다[4] 동타 [1] 타 '불다[2]'의 사동사. ¶단소를 ~. [2] 자 '불다[2]'의 피동사. ¶이 피리는 잘 불린다.
불리다[5] 동타 '부르다[2]'의 사동사. ¶배를 ~.
불리다[6] 동타 1 '붇다'의 사동사. ¶녹두를 물에 ~/재산을 조금씩 ~. 2 (어떤 말이나 소문, 수치 등을) 사실과 다르게 더 크거나 대단한 것이 되게 하다. 과장하다·부풀리다. ¶통계 수치를 불려서 발표하다/소문을 불려서 퍼뜨리다.
불리-우다 동자 '불리다'의 잘못. ¶음악의 아버지로 불리우는(→불리는) 바흐.
불림[1] 명 쇠를 불에 달구어 불리는 일.
불림[2] 명 1 공범자를 일러바치는 짓. 2 노름판에서 무엇을 불러서 남에게 알리는 짓. 3 춤에 필요한 장단을 청하는 노래. 또는, 그 때 추는 춤사위. **불림-하다** 동재에 1 공범자를 일러바치다. 2 노름판에서 무엇이라고 불러서 남에게 알리다.
불만(不滿) 명 마음에 들거나 차지 않아 언짢

거나 원망스러운 것. ¶~이 많다 / ~을 품다 / ~을 표시하다. **불만-하다** 형여 **불만-히** 부
불만-스럽다(不滿-) [-따] 형ㅂ <-스러우니, -스러워> 불만을 느끼게 하는 점이 있다. ¶불만스러운 표정. **불만스레** 부
불만-조(不滿調) [-쪼] 명 불만스러운 느낌이 있는 투.
불-만족(不滿足) →**불만족-하다** [-조카-] 형여 (어떤 일에) 부족함이 있어 충분치 못한 느낌이 드는 상태에 있다.
불만족-스럽다(不滿足-) [-쓰-따] 형ㅂ <-스러우니, -스러워> 불만족한 데가 있다. **불만족스레** 부
불만-투성이(不滿-) 명 어떤 일에도 만족할 줄을 모르는 사람.
불망(不忘) 명 잊지 않는 것. ¶오매(寤寐)~. **불망-하다** 동타여
불망나니 명 성질이나 행동이 지독하게 나쁘고 못된 사람을 낮잡아 이르는 말.
불매¹(不買) 명 사지 않는 것. ¶~ 운동. **불매-하다**¹ 동타여
불매²(不賣) 명 팔지 않는 것. **불매-하다**² 동타여
불매^동맹(不買同盟) 명사 노동조합의 쟁의 방법의 하나. 쟁의 중 기업의 제품을 사지 않도록 제삼자에게 호소하는 행위. =보이콧.
불면(不眠) 명 1 잠을 자지 않는 것. 2 잠을 못 자는 것. ¶~의 밤을 보내다. **불면-하다** 동자여
불면불휴(不眠不休) 명 자지도 않고 쉬지도 않음. 곧, 쉬지 않고 힘써 일하는 모양을 말함. ¶~의 노력. **불면불휴-하다** 동자여
불면-증(不眠症) [-쯩] 명 밤에 잠이 잘 오지 않는 증세. ¶~ 환자 / ~에 걸리다.
불멸¹(不滅) 명 멸망하지 않거나 없어지지 않는 것. ¶영혼 ~ / ~의 진리. **불멸-하다** 동자여
불멸²(佛滅) 명 [불] 석가가 죽은 일.
불멸-기원(佛滅紀元) 명 [불] 석가모니가 입멸한 해를 기원으로 하는 일.
불명¹(不明) 명 1 분명하지 않은 것. ¶행방 / 국적 / 원인 ~의 병. 2 어리석은 것. 또는, 사리에 어두운 것. **불명-하다** 형여 ¶근거가 ~.
불명²(佛名) 명 [불] 1 부처의 이름. 아미타여래 따위. =불호(佛號). 2 불교를 믿는 사람에게 붙이는 이름. ¶…법운이라는 ~이 무공방의 지암 스님으로부터 내려왔다. 《김성동: 만다라》
불명료(不明瞭) [-뇨] →**불명료-하다** [-뇨-] 형여 명료하지 않다. 반분명하다.
불-명예(不名譽) 명 명예롭지 못한 것. ¶~를 씻다. **불명예-하다** 형여
불명예-스럽다(不名譽-) [-따] 형ㅂ <-스러우니, -스러워> 명예롭지 못한 데가 있다. **불명예스레** 부
불명예^제대(不名譽除隊) 명[군] 군무(軍務)로부터의 불명예스러운 제대. 군사 법원에 의한 유죄 판결로써 행함. ↔명예 제대.
불-명확(不明確) →**불명확-하다** [-콰카-] 형여 명확하지 않다.
불모(不毛) 명 1 땅이 거칠고 메말라 곡식이나 다른 식물이 자라지 않는 것. ¶~의 사막 / ~ 지대. 2 성장이나 결실이 없는 상태의 비유. ¶한국 문학의 ~ 시기.

불모-지(不毛地) 명 1 풀이나 나무가 자라지 못하는 거칠고 메마른 땅. 2 어떠한 사물이나 현상이 전혀 발달되어 있지 않은 곳. ¶그 방면의 연구는 아직 ~나 다름없다.
불-목¹ 명 온돌방에서 가장 더운 자리인 아랫목.
불목²(不睦) →**불목-하다** [-모카-] 형여 사이가 서로 좋지 않다.
불목-하니 [-모카-] 명[불] 절에서 밥 짓고 물 긷는 일을 맡아서 하는 사람.
불무(不無) →**불무-하다** 형여 없지 않다.
불문¹(不問) 명 1 물어 밝히지 않는 것. 2 가리지 않는 것. **불문-하다** 타여 ¶건강이란 남녀노소를 불문하고 누구에게나 소중한 것이다.
불문에 부치다 관 묻지 않고 그대로 내버려 두다. ¶지난날의 잘못은 모두 불문에 부치기로 하겠다.
불문²(佛門) 명 =불가(佛家)¹. ¶~에 들다.
불문가지(不問可知) 명 묻지 않아도 알 수 있음. ¶자네 행색을 보니 그동안의 생활이 어떠했는가는 ~로군. ◇불문가지.
불문곡절(不問曲折) [-쩔] 명 (주로 '불문곡절하고'의 꼴로 쓰여) 이런저런 사정을 묻지 않는 것. **불문곡절-하다** 동자타여
불문곡직(不問曲直) [-찍] 명 (주로 '불문곡직하고'의 꼴로 쓰여) 옳고 그른 것을 묻지도 않고 함부로 마구 함. **불문곡직-하다** 동자타여 ¶그는 뛰어 들어와 불문곡직하고 내 멱살부터 조려 잡았다.
불문-법(不文法) [-뻡] 명[법] 문서의 형식을 갖추지 않은 법. 관습법·판례법 따위. =불문율. ↔성문법(成文法).
불문-율(不文律) [-뉼] 명 1 [법] =불문법. ↔성문율(成文律). 2 일부러 정해 놓은 것은 아닌데 으레 지켜지고 있는 규칙. ¶고향에 가면 성묘부터 하는 게 그 집의 오랜 ~이다.
불-문학(佛文學) 명 프랑스 어로 표현된 문학. 또는, 그것을 연구하는 학문. ㈜불문.
불미(不美) →**불미-하다** 형여 아름답지 못하고 추잡하다. ¶불미한 일 / 행실이 ~.
불미-스럽다(不美-) [-따] 형ㅂ <-스러우니, -스러워> 불미한 데가 있다. ¶불미스러운 행동을 하다. **불미스레** 부
불민(不敏) →**불민-하다** 형여 어리석고 둔하여 민첩하지 못하다. ¶내가 **불민한** 소치로 일이 그렇게 되었네.
불-바다 명 1 넓은 지역에 걸쳐 사납게 타오르는 불. ¶마을 전체가 ~를 이루었다. / 사방은 순식간에 ~로 변했다. 2 불이 밝게 켜진 드넓은 곳. ¶남산에서 내려다보이는 서울의 밤거리는 그대로 ~였다.
불발¹(不拔) 명 아주 든든하여 꺾이거나 빠지지 않는 것. ¶견인(堅忍) ~ / ~의 의지로 성공하다. **불발-하다** 형여
불발²(不發) 명 1 총알·폭탄 따위가 발사되지 않거나 터지지 않는 것. 2 계획했던 일을 못하게 되는 것. ¶쿠데타가 ~로 끝나다. **불발-하다** 동자여 **불발-되다** 동자
불발-탄(不發彈) 명 발사가 되지 않거나, 발사 후에도 폭발하지 않은 탄알·포탄·폭탄.
불-밤송이 명 채 익기도 전에 말라 떨어진 밤송이.
불방(不放) 명 방송 프로그램이 예정되었던 일시에 방송되지 않는 것. 또는, 방송하지 않는 것. ¶~ 조처를 취하다. **불방-되다** 동자 ¶긴급 뉴스로 드라마가 ~.

불-배 명 1 수전(水戰)에서, 적의 배에 불을 붙이는 데 쓰이는 배. 2 야간에 고기를 잡을 때 불을 밝혀 주는 배. 보통 지휘자가 탐. =화선(火船).
불법¹(不法) 명 법에 어긋난 상태에 있는 것. =비법(非法). ¶~ 주차/총기를 ~으로 소지하다. ↔합법. ▶위법. 불법-하다 형여
불법²(佛法) 명 [불] 1 '불교'를 달리 이르는 말. 2 부처의 가르침.
불법-적(不法的) [-쩍] 관명 법에 어그러지는 (것). ¶~으로 사람을 감금하다.
불법^점유(不法占有) [-쩜-] [법] 점유할 권리가 없는데도 점유하는 것. ¶도로를 ~하고 시위를 벌이다.
불법^행위(不法行爲) [-버뺑-] [법] 고의 또는 과실에 의하여 타인의 권리를 침해하여 손해를 입히는 행위. ▷위법 행위.
불법-화(不法化) [-뻐화] 명 국가 정책에 어긋나는 정당이나 사회 단체를 불법적인 것으로 인정하는 것. 불법화-하다 동타여 불법화-되다 동자
불-벼락 명 불같이 사나운 책망이나 명령. ¶~이 떨어지다[내리다].
불변¹(不辨) 명 가려서 구별하지 못하는 것. 불변-하다¹ 타여
불변²(不變) 명 변하지 않는 것. ¶영구~. ↔가변(可變). 불변-하다² 형여
불변-색(不變色) 명 오래되어도 잘 변하지 않는 빛깔.
불변-성(不變性) [-썽] 명 변하지 않는 성질.
불변^자본(不變資本) 명 [경] 원료·보조 재료·노동 수단 등 생산 수단의 구입에 쓰인 자본. ↔가변 자본.
불-볕 [-볃] 명 몹시 뜨겁게 내리쬐는 볕.
불볕-나다 [-변-] 동자 불볕이 내리쬐다.
불볕-더위 [-볃떠-] 명 불볕이 내리쬐는 더위. ¶불더위.
불보(佛寶) 명 [불] '불(佛)⁵'을 삼보(三寶)의 하나로 이르는 말. ▷삼보.
불-보살(佛菩薩) 명 부처와 보살.
불복(不服) 명 1 복종하지 않는 것. 비불복종. 2 죄에 대한 형벌을 받아들이지 않는 것. ¶~ 항소. 불복-하다 동자여 ¶상관의 명령에 ~ / 일심 재판에 ~.
불-복일(不卜日) 명 다급하여 혼인이나 장사 등의 날을 가리지 않고 지내는 것. 불복일-하다 동자여
불-복종(不服從) [-쫑] 명 복종하지 않는 것. 비불복(不服). ¶무저항 ~ 운동. 불복종-하다 동자여
불-부채 명 불을 부치는 데 사용하는 부채. =화선(火扇).
불분명(不分明) →불분명-하다 형여 분명하지 않다. 비불명료하다. ¶불분명한 대답 / 작자의 의도가 ~. ↔분명하다.
불-붙다 [-붇따] 동자 1 (물체에) 불이 붙어 타다. 2 (어떤 열의나 정열이) 일어나다. ¶개헌의 찬반 토론이 불붙기 시작하다.
불-이다 [-부치-] 동자타 '불붙다'의 사동사. ¶장작에 ~ / 담배에 ~.
불비(不備) 명 1 제대로 갖추어져 있지 않은 것. ¶…홍역에 걸린 어린애들이 식량과 난방 시설 ~로 죽어 가는 모양이 떠올랐다 《황순원: 카인의 후예》 2 한문 투의 편지 끝에, 글을 제대로 갖추어 쓰지 못했다거나 예를 갖추지 못했다는 뜻으로 쓰는, 격식의 말. ¶~ 상서(上書). 불비-하다 형여 제대로 갖추어져 있지 않다. ¶불비한 조건.
불빈(不貧) →불빈-하다 형여 가난하지 않다.
불-빛 [-삗] 명 1 타는 불의 빛. =화광(火光). ¶모닥불의 너울거리는 ~이 얼굴을 붉게 물들였다. 2 전등·등잔불·촛불 등에서 비치는 빛. ¶안가에서 ~이 새어 나오다.
불사¹(不仕) [-싸] 명 벼슬을 시켜도 나서지 않는 것. 불사-하다¹ 동자여
불사²(不死) [-싸] 명 1 죽지 않는 일. ¶불로(不老)~. 2 [민] 염불하다 죽은 속인(俗人)의 혼령을 무당이 일컫는 말. 불사-하다² 동자여 죽지 않다.
불사³(不辭) [-싸] 명 사양하지 않는 것. ¶두주(斗酒)~. 불사-하다³ 동여 ¶한 번만 더 영공을 침범한다면 전쟁도 불사하겠다.
불사⁴(佛寺) [-싸] 명 =절¹.
불사⁵(佛事) [-싸] 명 [불] 부처를 위하는 일과 관련되어 불가에서 행하는 모든 일. =법사(法事)·법업.
불-사르다 동타여 〈~사르니, ~살라〉 1 불에 태워 없애다. ¶묵은 편지를 / 유품을 불살라 버리다. 2 (부정적인 것을) 죄다 없애다. ¶망념을 ~.
불-사리(佛舍利) 명 [불] 석가모니의 유골.
불사불멸(不死不滅) [-싸-] 명 죽지도 없어지지도 않음. 불사불멸-하다 동자여
불사-상(佛事床) [-싸-] 명 [민] 무당이 굿할 때 차려 놓는 제물상(祭物床).
불사-신(不死身) [-싸-] 명 1 얻어맞아도 다치지 않고, 상처가 나도 피가 나지 않는 특이하게 강한 몸. 2 '어떠한 곤란을 당해도 기력을 잃거나 낙망하지 않는 사람'을 비유하는 말. ¶우리 겨레는 역사의 고된 시련 속에서 ~처럼 되살아났다.
불사-약(不死藥) [-싸-] 명 먹으면 영원히 죽지 않는다는 선약(仙藥).
불사영생(不死永生) [-싸-] 명 죽지 않고 영원히 삶. 불사영생-하다 동자여
불사이군(不事二君) [-싸-] 명 한 사람이 두 임금을 섬기지 않음. ¶사육신은 ~의 절의(節義)를 굽히지 않았다.
불사-조(不死鳥) [-싸-] 명 1 영원히 죽지 않는다는 전설의 새와 같이, 어떠한 어려움이나 고난에 빠져도 굴하지 않고 이겨 내는 사람의 비유. 2 [신화] 이집트 신화에 나오는 신비한 새. 500~600년마다 한 번 스스로 향나무를 쌓아 불을 피워 불에 타 죽고 그 재 속에서 다시 어린 새가 되어 나타난다고 함. =불새·피닉스.
불-살 [-쌀] 명 =화전(火箭)².
불삽(黻翣) [-쌉] 명 발인(發靷) 때, 상여의 앞뒤에 세우고 가는 제구. '亞(아)' 자 형상을 그린 널조각에 긴 자루를 댄 것임.
불상(佛像) [-쌍] 명 부처의 형상을 표현한 조각이나 화상(畵像). =불체(佛體)·부처.
불-상놈(-常-) 명 아주 천한 상놈.
불상-사(不祥事) [-쌍-] 명 상서롭지 못한 일. ¶집안에 ~가 생기다[일어나다].
불상지조(不祥之兆) [-쌍-] 명 불길한 일이 일어날 징조. =불길징조.
불-새 [-쎄] 명 [신화] =불사조2.
불생불멸(不生不滅) [-쌩-] 명 [불] 생겨나지도 않고 없어지지도 않고 항상 그대로 변함이 없음.

불생불사(不生不死) [-쌩-싸] 명 살아 있는 것도 아니고 죽은 것도 아니고 겨우 목숨만 붙어 있음.

불서(佛書) [-써] 명 '불가서'의 준말.

불성(佛性) [-썽] 명 [불] 1 부처의 성품. 2 중생에게 본디 갖추어진, 부처가 될 수 있는 성품.

불성립(不成立) [-썽납] 명 일이 성립되지 못하는 것. **불성립-하다** 동자여

불성모양(不成模樣) [-썽-] 명 1 형체가 제대로 이루어지지 못함. 2 몹시 가난하여 살림이나 옷차림이 말이 아님.

불-성문(不成文) [-썽-] 명 글자로 써서 나타내지 않음. 준불문(不文). ↔성문(成文).

불-성실(不誠實) [-썽-] 명→**불성실-하다** [-썽-] 형여 성실하지 못하다. ¶불성실한 태도/[사람]/학업에 ~. 준불성하다.

불성인사(不省人事) [-썽-] 명 =인사불성(人事不省).

불-세출(不世出) [-쎄-] 명 좀처럼 세상에 나타나지 않을 만큼 뛰어난 것. ¶~의 명장[영웅]. **불세출-하다** 형여

불소[1](弗素) [-쏘] 명 [화] =플루오르. ¶~치약.

불소[2](不少) [-쏘] →**불소-하다** [-쏘-] 형 적지 않다.

불-소급(不遡及) [-쏘-] 명 소급하지 않는 것. ¶법률 ~의 원칙. **불소급-하다** 동타여

불-속[-쏙] 명 총탄이나 포탄이 터지고 날아오는 데를 비유하여 이르는 말.

불손(不遜) [-쏜] →**불손-하다** [-쏜-] 형여 (어떤 사람이) 다른 사람 앞에서 예의를 갖추지 않거나 버릇없이 행동하는 상태에 있다. ¶오만 ~/손님을 대하는 태도가 ~. 공손하다. **불손-히** 부

불수(不隨·不遂) [-쑤] 명 수족이나 몸이 마비되어 마음대로 움직이지 못하는 상태. ¶반신(半身) ~의 몸.

불-수의(不隨意) [-쑤의/-쑤이] 명 마음대로 되지 않는 것.

불수의-근(不隨意筋) [-쑤의-/-쑤이-] 명 [생] 의지의 지배를 받지 않는 근육. 내장근의 대부분이 이에 속하며, 심장근을 제외하고는 형태적으로는 민무늬근임. =제대로근. ↔수의근.

불순[1](不純) [-쑨] 명 순수하지 못한 것. ¶~세력. **불순-하다**[1] 형여 ¶불순한 마음/동기가 ~. **불순-히**[1] 부

불순[2](不順) [-쑨] →**불순-하다**[2] [-쑨-] 형여 1 온순하지 못하다. ¶불순한 언사/어른에 대한 태도가 ~. 2 순조롭지 못하다. ¶불순한 일기(日氣)/월경이 ~. **불순-히**[2] 부

불순-물(不純物) [-쑨-] 명 순수한 물질 속에 섞여 있는 불순한 물질.

불순-분자(不純分子) [-쑨-] 명 사상이나 이념이 그 조직 안의 것과 달라서 비판을 받을 만한 사람. ¶~를 색출하다.

불-순종(不順從) [-쑨-] 명 순종하지 않는 것. **불순종-하다** 동여 ¶부모에게 ~.

불시(不時) [-씨] 명 1 제철이 아닌 때. 2 뜻하지 않은 때. ¶~의 사태에 대비하다.

불시-로(不時-) [-씨-] 부 뜻하지 않게 갑자기. ¶~ 검문을 하다.

불시-에(不時-) [-씨-] 부 뜻하지 않은 때에. ¶경찰이 ~ 들이닥치다.

불시-착(不時着) [-씨-] 명 비행기가 기관 고장이나 기상 관계·연료 부족 등으로, 목적지에 이르기 전에 예정되지 않은 지점에 착륙하는 일. =불시 착륙. **불시착-하다** 동자여 ¶여객기가 기관 고장으로 사막에 ~.

불식[1](不食) [-씩] 명 먹지 않는 일. **불식-하다**[1] 동

불식[2](拂拭) [-씩] 명 말끔히 떨어 없애는 일. **불식-하다**[2] 동타여 ¶악습(惡習)을 ~. **불식-되다** 동자여 ¶검찰의 진상 발표에도 불구하고 그 사건에 대한 국민의 의혹은 말끔히 불식되리라고는 생각되지 않는다.

불신(不信) [-씬] 명 (어떤 사람이나 대상을) 거짓으로 속이거나 기만하는 행동을 한다고 여겨 믿지 않는 것. 또는, (어떤 사람의 말이나 행동을) 거짓으로 여겨 믿지 않는 것. ¶~ 풍조/~을 사다. **불신-하다** 동타여 ¶도대체 나를 불신하는 이유가 뭐냐?

불신-감(不信感) [-씬-] 명 믿지 못하는 마음. ¶뿌리 깊은 ~/~을 조장하다[해소하다].

불-신용(不信用) [-씬-] 명 신용하지 않는 것. **불신용-하다** 동타여

불-신임(不信任) [-씬-] 명 신임하지 않는 것. ¶~ 투표. **불신임-하다** 동타여 ¶내각을 ~.

불신임-안(不信任案) [-씬-] 명 [정] 의회(議會) 등에서, 정부 또는 국무 위원에 대한 불신임을 결의한 안건. ¶내각 ~을 제출하다.

불신-자(不信者) [-씬-] 명 종교를 믿지 않는 사람.

불실 →**불실-하다** 형여 '부실(不實)하다'의 잘못.

불심[1](不審) [-씸] 명 (어떤 대상이나 사물이) 분명하지 않거나 자세하지 않아 의문스럽거나 의심적인 것. ¶~ 검문(檢問). **불심-하다** 형여

불심(佛心) [-씸] 명 [불] 1 자비스러운 부처의 마음. 2 깊이 깨달아 속세의 번뇌에 흐려지지 않는 마음.

불심-검:문(不審檢問) [-씸-] 명 [법] 경찰·헌병 등이 길거리 등에서 거동이 수상하거나 어떤 혐의가 있어 보이는 사람에 대해 신분증 제시 등을 요구하면서 조사하고 질문하는 것. ¶~을 받다/~에 불응하다.

불쌍-하다 형여 (누가) 동정하고 싶은 마음이 들거나 슬픔을 느낄 만큼 처지가 어렵거나 불행하다. ¶그는 집도 절도 없는 **불쌍한** 노인이다. **불쌍-히** 부 ¶가난한 자를 ~ 여기다.

불-쏘시개 명 장작이나 숯에 불을 옮겨 붙이기 위하여 먼저 쓰는 잎나무나 관솔 따위의 총칭. 준쏘시개.

불쑥 부 1 갑자기 쑥 내미는 모양. ¶어느 날 그가 ~ 나타났다. 2 앞뒤 생각 없이 말을 하는 모양. ¶엉뚱한 말을 ~ 내던지다. 잘볼쏙.

불쑥-거리다/-대다 [-꺼(때)-] 동자타 자꾸 불쑥 나오거나 내밀거나 나서다. 잘볼쏙.

불쑥-불쑥 [-쑬-] 부 불쑥거리는 모양. ¶남 얘기하는데 ~ 나서지 마라. 잘볼쏙볼쏙. 여풀쑥풀쑥. **불쑥불쑥-하다** 동여

불쑥-하다 [-쑤카-] 형여 툭 비어져 나와 있다. 잘볼쏙하다. **불쑥-이** 부

불-씨 명 1 꺼지지 않고 불을 이어 가는 불덩이. ¶화로의 ~를 꺼뜨리다. 2 무슨 사건이 일어날 실마리. ¶말 한마디가 ~가 되어 싸움이 벌어지다.

불안(不安) 명 1 (마음이) 편안하지 않고 조마조마한 것. ¶~을 느끼다 / ~에 떨다 / ~에 싸이다. 2 (상황이) 술렁거려 어수선한 것. ¶정치적[사회적] ~. 3 (몸, 특히 배 속이) 편치 않은 것. 4 [철] 실존 철학에서 인간 존재가 세계에 대해 가지는 두려움이나 공포의 감정. **불안-하다** 형여 ¶불안한 마음 / 불안한 국제 정세 / 과음을 해 더니 속이 **불안하고** 구역질이 난다. **불안-히** 부

불안-감(不安感) 명 불안한 느낌.

불안-스럽다(不安-) [-따] 형ㅂ <-스러우니, -스러워> 불안한 데가 있다. ¶아기가 뒤뚱거리며 걷는 것이 ~. **불안스레** 부

불-안전(不安全) ➡불안전-하다 형여 안전하지 않다. ¶불안전한 갱내 시설.

불-안정(不安定) 명 (일부 명사 앞에 쓰여) 안정되지 않은 상태에 있는 것. ¶~ 사회. **불안정-하다** 형여 ¶뜨내기 처지로 생활이 ~.

불-알 명 '고환'을 속되게 이르는 말. 준불. [불알 두 쪽밖에는 없다] 가진 것이 아무것도 없는 빈털터리다.

불알-동무 명 =불알친구.

불알-시계(-時計) [-게/-게] 명 '추시계'를 속되게 이르는 말.

불알-친구(-親舊) 명 남자 사이에서, 어릴 때부터 같이 놀면서 가까이 지낸 친구. =불알동무.

불야-성(不夜城) 명 [중국 한나라 때 있었던 불야성이 밤에 해가 떠 환히 밝았다는 데서] 등불이 많이 켜 있어 밤에도 대낮처럼 밝은 곳. ¶~을 이룬 명동 밤거리.

불어(佛語) 명언 =프랑스 어.

불어-나다 자 본디보다 커지거나 많아지다. ¶식구가 ~ / 집중 호우로 강물이 엄청나게 불어났다.

불어-넣다 [-너타] 동타 (어떠한 사상이나 의식을) 일깨워 가지게 하다. ¶자유주의 사상을 ~ / 신념을 ~.

불어-오다 동자 (바람이) 이쪽으로 불다. ¶남풍이 ~.

불어-제치다 동자 바람이 세차게 불다. ¶바람이 **불어제치자** 창문이 흔들렸다.

불어-치다 동자 바람 등이 세차게 불다. ¶눈보라가 ~.

불언(不言) 명 말을 하지 않는 일. **불언-하다** 동자여

불언가지(不言可知) 명 말을 안 해도 알 수 있음. ▷불문가지.

불여귀(不如歸) 명동 =두견이.

불-여우 [-려-] 명 1 동 포유류 갯과의 한 종. 한국의 북부와 만주 동부 지방에 분포함. 2 변덕스럽고 요사스러운 여자를 속되게 비유하여 이르는 말. ¶~ 같은 계집.

불-여의(不如意) [-의/-이] ➡불여의-하다 [-의-/-이-] 형여 일의 형편이나 결과 등이 뜻과 같지 않다. 순조롭지 못할 때 쓰는 말임. ¶매사가 ~.

불여-튼튼(不如-) 튼튼히 하는 것보다 더 나은 것은 없음. ¶만사 ~.

불역[1](不易) 명 바꾸어 고칠 수 없거나, 고치지 않는 것. ¶만고(萬古) ~의 진리. **불역-하다**[1] 형여

불역[2](佛譯) 명 프랑스 어로 번역하는 것. 또는, 그 번역물. **불역-하다**[2] 동타여 **불역-되다** 동자

불연(不燃) 명 타지 않음. ¶~ 재료. ↔가연(可燃).

불-연속(不連續) 명 연속되어 있지 않은 것. 도중에 끊어져 있는 것.

불연속-면(不連續面) [-송-] [명] [기상] 밀도·온도·습도·풍속·풍향 등의 기상 요소가 다른 두 기층(氣層)의 경계면.

불연속-선(不連續線) [-썬] 명 [기상] 대기 중에서 불연속면이 지면 또는 등압면(等壓面)과 교차하는 선. 전선은 이 일종임.

불예(不豫) ➡불예-하다 형여 임금이 편치 않다.

불온[1](不穩) 명 (일부 명사 앞에 쓰여) (사상·태도 등이) 통치 권력이나 체제에 맞서거나 어긋나는 성질이 있는 것. ¶~ 문서. **불온-하다**[1] 형여 ¶불온한 사상.

불온[2](不溫) ➡불온-하다[2] 형여 1 따뜻하지 않다. 2 온순하지 않다.

불온-사상(不穩思想) 명 통치 권력이나 체제에 맞서거나 어긋나는 사상.

불온-서적(不穩書籍) 명 불온한 내용으로 하는 책.

불-완전(不完全) 명 (일부 명사 앞에 쓰여) 완전하지 못한 것. ¶~ 명사 / ~ 취업. ↔완전. **불완전-하다** 형여 ¶불완전한 상태.

불완전^동사(不完全動詞) 명언 1 활용이 완전하지 못한 동사. '가로되', '가론'의 꼴로만 활용하는 '가로다'나 '달라', '다오'의 꼴로만 활용하는 '달다' 따위. =불구 동사. 2 서술성이 불완전하여 반드시 보어를 필요로 하는 동사. =안갖은움직씨. ↔완전 동사.

불완전^명사(不完全名詞) 명언 =의존 명사(依存名詞).

불완전^변태(不完全變態) 명동 곤충류의 변태 형식의 하나. 애벌레가 번데기의 단계를 거치지 않고 엄지벌레로 되는 현상. 하루살이·잠자리·바퀴 따위에서 볼 수 있음. =안갖춘탈바꿈. ↔완전 변태.

불완전^연소(不完全燃燒) [-년-] 명물 산소의 공급이 불충분한 상태에서 물질이 연소하는 일. 일산화탄소나 그을음이 생김. ↔완전 연소.

불완전^우성(不完全優性) 명생 형질의 유전에서 한쪽의 형질이 다른 쪽에 대하여 완전한 우성을 나타내지 않는 현상. 붉은 분꽃과 흰 분꽃을 교잡하면 분홍빛 분꽃이 피는 따위. ↔완전 우성.

불완전^자동사(不完全自動詞) 명언 1 어미 활용이 완전하지 않은 자동사. '가로다' 따위. =불구 자동사. 2 보어가 있어야 서술이 완전해지는 자동사. =안갖은제움직씨. ↔완전 자동사.

불완전^취업(不完全就業) 명사 1 노동자가 자기 능력을 충분히 발휘할 만한 직장이 아닌 자리에 취업한 상태. 2 취업은 하고 있으나, 임금이나 노동 시간 등이 표준에 미달하여 전직(轉職)이나 추가 취업을 희망하는 상태.

불완전^타동사(不完全他動詞) 명언 1 어미 활용이 완전하지 못한 타동사. '달다' 따위. =불구 타동사. 2 보어가 있어야 서술이 완전해지는 타동사. =안갖은남움직씨. ↔완전 타동사.

불완전^형용사(不完全形容詞) 명언 보어가 있어야 서술이 완전해지는 형용사. '같다', '비슷하다', '아니다' 따위. =안갖은그림씨. ↔완전 형용사.

불요(不撓) 명 마음이 흔들림이 없는 것. **불요-하다** 형여

불요불굴(不撓不屈) 圀 흔들리지 않고 굽히지도 않음. ¶~의 정신. 불요불굴-하다 혱여

불요불급(不要不急) →불요불급-하다 [-그파-] 혱여 필요하지도 급하지도 않다. ¶생활에 불요불급한 사치품 구입을 억제하다.

불요식^행위(不要式行爲) [-시캥-] 圀 법 일정한 형식이나 방식을 필요로 하지 않는 행위. ↔요식 행위.

불용¹(不用) 圀 (어떤 물건을) 사용하지 않는 것. ¶일회용품 ~ 운동. 불용-하다 동타여

불용²(不用)·불용-하다² 혱여 (어떤 물건이) 소용이 없거나 필요 없다.

불용³(不容) 圀 용납하거나 용서하지 않는 것. ¶불법 집회 ~. 불용-하다³ 동타여

불용⁴(不溶) 圀 화 액체에 녹지 않음. ↔가용(可溶).

불용-성(不溶性) [-씽] 圀 화 액체에 녹지 않는 성질. ~효소.

불우(不遇) 圀 (주로 일부 명사 앞에 관형어적으로 쓰여) 가정 형편이 넉넉지 못하여 생활이 어렵고 힘든 상태. ¶~ 이웃 / ~ 아동 / ~ 청소년. 불우-하다 혱여 가정 형편이 넉넉지 못하여 생활이 어렵고 힘들다. 또는, 포부나 재능은 있어도 좋은 때를 만나지 못하여 일생이 어렵다. ¶불우한 일생 / 어린 시절을 불우하게 보내다.

불우지변(不虞之變) 圀 뜻밖에 생기는 변고.

불운(不運) 圀 운수가 좋지 못한 것. 또는, 그러한 운수. ¶~의 연속 / ~이 겹치다. ↔행운(幸運). 불운-하다 혱여

불원¹(不願) 圀 원하지 않는 것. 불원-하다¹ 동타여

불원²(不遠) →불원-하다² 혱여 1 (거리가) 멀지 않다. ¶불원한 거리. 2 (시일이) 오래지 않다. ¶불원한 장래.

불원-간(不遠間) [-깐] 튀=불원간에.

불원간-에(不遠間-) 튀 오래지 않아. =불원간. ¶~ 한번 찾아뵙겠습니다.

불원-만리(不遠萬里) [-말-] 만 리를 멀다고 여기지 않음. 비불원천리. 불원만리-하다 동자여

불원-천리(不遠千里) [-철-] 천 리를 멀다고 여기지 않음. 비불원만리. 불원천리-하다 동자여 ¶불원천리하고 찾아온 고향 친구.

불유여력(不遺餘力) 圀 있는 힘을 다함.

불유쾌(不愉快) →불유쾌-하다 혱여 마음이 언짢아 즐겁지 않다. ¶불유쾌한 기색을 보이다.

불음(不飮) 圀 (물·술 따위를) 마시지 않는 것. ¶~ 불식(不食). 불음-하다 동타여

불응(不應) 圀 (요구나 명령 따위에) 따르지 않거나 응하지 않는 것. 불응-하다 동자여 ¶검문에 ~.

불의¹(不意) [-의/-이] 圀 ('불의의', '불의에'의 꼴로 쓰여) 전혀 예상하지 못함. 부정적인 문맥에서 쓰이는 말임. 비뜻밖. ¶~의 사고 [재난] / ~에 기습을 당하다.

불의²(不義) 圀 1 의리·정의에 어긋나는 것. ¶~에 항거하다. 2 남녀가 도의에 벗어난 관계를 맺는 것. ¶~의 관계. 불의-하다 혱여

불-이익(不利益) [-리-] 圀 이익이 되지 못하거나 손해가 되는 상태. ¶~을 감수하다 / ~을 당하다.

불-이행(不履行) [-리-] 圀 이행하지 않는 것. ¶채무 ~ / 계약 ~. 불이행-하다 동타여 ¶의무를 ~.

불-인가(不認可) 圀 인가하지 않는 것. 불인가-하다 동타여

불인-견(不忍見) 圀 차마 볼 수가 없음. 비목불인견. ¶~의 참사.

불일(不日) 圀튀 '불일내'의 준말.

불일-간(不日間) 圀튀 =불일내. ¶~ 찾아뵙겠습니다.

불일-내(不日內) [-래] I 圀 며칠 안. =불일간. ¶~로 돈을 갚으마. ㈜불일. II 튀 오래지 않아. =불일간. ¶~ 돌아오겠습니다. ㈜불일.

불-일치(不一致) 圀 일치하지 않음. ¶의견의 ~. 불일치-하다 동자여

불임(不妊·不姙) 圀 임신하지 못하는 것. ¶~ 수술. 불임-하다 동자여

불임-법(不妊法) [-뻡] 圀 의 인공적으로 생식 능력을 없애는 방법. ▷피임법.

불임-증(不妊症) [-쯩] 圀 의 피임하지 않고 성생활을 계속해도 임신이 되지 않는 증상. =생식 불능.

불입(拂入) 圀 1 여러 번에 걸쳐 나누어 내게 되어 있는 돈을 매달 또는 정기적으로 내는 것. ¶적금 ~. 2 '납입', '납부'로 순화. 불입-하다 동타여 ¶할부금을 ~ / 보험료를 매달 5만 원씩 ~. 불입-되다 동자

불입-권(不入權) [-꿘] 圀 역 봉건 제도 아래에서 영주가 영내의 재판이나 조세에 관하여 왕의 간섭을 받지 않는 권리.

불-잉걸 [-랭-] 圀 불이 이글이글하게 핀 숯덩이. 비잉걸불. ㈜잉걸.

불자¹(佛子) [-짜] 圀 불 1 부처의 제자. =석자(釋子). 2 보살의 다른 이름. 3 계(戒)를 받아 출가한 사람. 4 불교 신자. 5 모든 중생.

불자²(佛者) [-짜] 圀 불=불제자.

불-자동차(-自動車) 圀 =소방차.

불-장난 圀 1 아이들이 불을 피우거나 놓거나 붙이거나 하면서 노는 위험한 장난. 2 청춘 남녀의 무모하고 무분별한 사랑이나 성적인 관계를 동반한 사랑. 또는, 남녀간의 불륜의 사랑. 비유적인 말임. 3 전쟁을 무모하게 도발하는 행위. 비유적인 말임. 불장난-하다 동자여

불전¹(-錢) [-쩐] 圀 노름판에서, 자리를 빌려 준 집주인에게 떼어 주는 얼마의 돈. ¶~을 떼다.

불전²(佛典) [-쩐] 圀 불=불경(佛經)².

불전³(佛前) [-쩐] 圀 불 1 부처의 앞. 2 부처가 세상에 나기 이전.

불전⁴(佛殿) [-쩐] 圀 불=불당(佛堂).

불-제자(佛弟子) 圀 불 불교에 귀의한 사람의 통칭. =불자(佛者).

불조(佛祖) [-쪼] 圀 불 1 불교의 개조(開祖). 곧, 석가모니. 2 부처와 조사(祖師).

불-조심(-操心) 圀 화재가 일어나지 않도록 조심하는 것. ¶자나 깨나 ~. 불조심-하다 동자여

불-종(-鐘) [-쫑] 圀 불이 난 것을 알리기 위해 치는 종. =화종(火鐘). ▷경종(警鐘).

불좌(佛座) [-쫘] 圀 불 불당(佛堂) 안의 부처를 모신 자리.

불-지옥(-地獄) 圀 1 온통 불에 휩싸여 있는 곳을 비유하여 이르는 말. ¶도시가스가 폭발하자 사방이 삽시간에 ~으로 변했다. 2 [불] 불이 이글거리는 지옥.

불-질 圀 1 아궁이 등에 불을 때는 일. 2 총

·포 등을 쏘는 일. 불질-하다(자)(타)(여)
불-집[-찝] 명 1 석등 따위의, 불을 켜 넣는 부분. 2 말썽이 되거나 위험성이 있는 사물이나 요소. ¶~을 만들다.
  불집을 건드리다 관 위험을 스스로 불러들이다.
불-집게 [-께] 명 =부집게.
불쩍-거리다/-대다[-꺽/-께떼]동(타) 빨래 따위를 시원스럽게 비벼 빨다.
불쩍-불쩍 [-쩍] 부 불쩍거리는 모양. 불쩍불쩍-하다 동(타)(여)
불-차(-車) 명 =소방차.
불-착(不着) 명 1 도착하지 않는 일. 2 착용하지 않는 것. 불착-하다 동(자)(타)(여) 불착-되다
불-찬(不贊) 명 '불찬성'의 준말. 불찬-하다 동(자)(여)
불-찬성(不贊成) 명 찬성하지 않는 것. 준불찬. 불찬성-하다 동(자)(여)
불찰(不察) 명 잘 살피지 않아 생긴 잘못. ¶너를 믿은 것이 내 ~이었다.
불참(不參) 명 참가하지 않거나 참석하지 않는 일. 불참-하다 동(자)(여) ¶회의에 ~.
불천지위(不遷之位) 명 큰 공훈으로 영구히 사당에 모시는 것을 나라에서 허락한 신위(神位).
불-철저(不徹底) [-쩌] →불철저-하다[-쩌-] 형(여) 철저하지 않다. ¶불철저한 수사.
불철-주야(不撤晝夜) 명 부 어떤 일에 골몰하느라고 밤낮을 가리지 않음. 또는, 그 모양. ¶~로 노력하다 / ~ 학업에 정진하다. 불철주야-하다 동(자)(여)
불청-객(不請客) 명 청하지 않았는데 찾아온 손님. 곧, 반갑거나 달갑지 않은 손님.
불청-불탁(不淸不濁) 명 [언] 중세 국어의 음운론에서, 음의 청탁(淸濁)을 가를 때 'ㆁ', 'ㄴ', 'ㅁ', 'ㅇ', 'ㄹ', 'ㅿ' 등으로 표기되는 음을 이르는 말.
불체포^특권(不逮捕特權) [-꿘] 명 [법] 국회의원이 가지는 특권의 하나. 국회의원은 현행범이 아니면 회기 중에 국회의 동의 없이 체포당하지 않을 권리. ▷면책 특권.
불초(不肖) Ⅰ명 [어버이를 닮지 않았다는 뜻] 1 어버이의 덕망을 따르지 못하는 못난 자식을 이름. 주로, 자기를 부모에게 낮추어 이르는 말임. 2 '어리석고 못난 사람'이란 뜻으로 자기를 낮추는 말. ¶~ 소생 인사드리옵니다. 불초-하다 형(여) 1 어버이의 덕망을 따르지 못할 만큼 못나고 어리석다. ¶불초한 이 자식을 부디 용서하십시오. 2 못나고 어리석다. ¶불초한 저를 끝까지 돌봐 주셔서 뭐라 감사드려야 할지 모르겠습니다.
Ⅱ대(인칭) '불초자(不肖子)'의 준말.
불초-녀(不肖女) 대(인칭) 부모에 대하여 딸이 '자기'를 낮추어 일컫는 말. ¶~를 생각지 마옵시고 만세만세 무량하옵소서. 《심청전》
불초-손(不肖孫) 대(인칭) 조부모에 대하여 손자가 '자기'를 낮추어 일컫는 말.
불초-자(不肖子) 대(인칭) 부모에 대하여 아들이 '자기'를 낮추어 일컫는 말. =불초남. 준불초.
불초-자식(不肖子息) 명 =불초자제.
불초-자제(不肖子弟) 명 어버이의 덕망이나 사업을 이을 만하지 못한 자손. =불초자식.
불출¹(不出) 명 '어리석고 못난 사람'을 조롱하는 말. ¶팔~. 불출-하다¹ 형(여) 어리석고

불과하다 ●851

못나다.
불출²(不出) 명 밖에 나가지 않는 것. ¶두문(杜門) ~. 불출-하다² 동(자)(여)
불-출마(不出馬) 명 출마하지 않는 것. 불출마-하다 동(자)(여) ¶선거에 ~.
불-춤 명 1 불을 써서 추는 춤. 2 불꽃의 흔들거림을 비유하여 이르는 말. ¶바람에 촛불이 ~을 춘다.
불충(不忠) 명 충성하지 않는 것. ¶~을 저지르다. 불충-하다¹ 동(자)(여) ¶나라에 ~. ▷불충하다.
불-충분(不充分) 명 충분하지 않은 것. ¶증거 ~으로 석방되다. 불충분-하다 형(여) ¶설명이 ~.
불충불효(不忠不孝) 명 충성과 효도를 다하지 않는 것. 불충불효-하다 동(자)(여)
불-충실(不充實) →불충실-하다 형(여) 1 (내용이) 알차지 못하다. ¶내용이 ~. 2 정성스럽고 참되지 못하다. ¶가정에 불충실한 남편.
불충-하다²(不忠-) 형(여) 충성스럽지 않다. ¶불충한 신하.
불측(不測) →불측-하다[-츠카-] 형(여) 1 미리 헤아릴 수 없다. ¶불측한 사고. 2 (생각이나 행동이) 괘씸하고 엉큼하다. ¶불측한 짓 / 천하에 불측한 놈 / 불측한 마음을 품다.
불치(不治) 명 1 병이 잘 낫지 않거나 고칠 수 없는 것. ¶~의 병. 2 나라가 잘 다스려지지 않는 것. 불치-하다 동(자)(여)
불치-병(不治病) [-뼝] 명 고치지 못하는 병. ¶~에 걸리다.
불치하문(不恥下問) 명 아랫사람이나 자기보다 못한 사람에게 묻는 것을 부끄러워하지 않는 것.
불친-소 명 주로 고기를 먹기 위해 불알을 까서 기른 소. =악대소.
불-친절(不親切) 명 친절하지 않은 것. 불친절-하다 형(여) ¶불친절한 태도 / 손님에게 불친절한 식당 주인.
불-침¹(-鍼) 명 1 장난으로, 자는 사람의 살에 놓고 불을 붙여 놀라서 깨게 하는, 성냥개비를 태워 만든 숯 따위의 물건. ¶~을 놓다. 2 불에 달군 쇠꼬챙이.
불침²(不侵) 명 =불침략. ¶~ 조약. 불침-하다 동(타)(여)
불-침략(不侵略) [-냑] 명 침략하지 않는 것. =불침(不侵).
불침-번(不寢番) 명 밤에 잠을 자지 않고 번을 서는 일. 또는, 그 사람. ¶~ 근무 / ~을 서다.
불침-질(-鍼-) 명 쇠꼬챙이를 불에 달구어 살을 지지는 일. 불침질-하다 동(자)(여)
불카누스(Vulcanus) 명 [신화] 로마 신화에 나오는 불과 대장장이의 신. 그리스 신화의 헤파이스토스에 해당함. 영어명은 벌컨(Vulcan).
불컥-거리다/-대다[-꺼(때)-] 동(자)(타) (진흙이나 반죽 따위를) 자꾸 주무르거나 밟다. 또는, 진흙이나 반죽 따위를 주무르거나 밟는 소리가 자꾸 나다. 잘볼각거리다.
불컥-불컥 [-꺽-] 부 불컥거리는 모양. 또는, 그 소리. 잘볼칵볼칵. 불컥불컥-하다
불콰-하다 형(여) (술기운을 띠거나 혈기가 좋아서 얼굴빛이) 보기 좋게 불그레하다. ¶···요사이도 장복을 하는 인삼 등속의 약효로 해서 얼굴은 불콰하니 동안(童顔)이요,···《채

만식:태평천하〉
불쾌(不快) →불쾌-하다 〖형여〗 1 (마음이나 기분이) 못마땅하거나 거슬리는 데가 있어 언짢다. ¶불쾌한 일/불쾌한 냄새가 나다. ↔유쾌하다. 2 (몸이) 찌뿌드드하거나 불편하다. 불쾌-히 〖부〗 ¶~ 생각하다.
불쾌-감(不快感) 〖명〗 불쾌한 느낌. ¶~을 사다/~을 주다.
불쾌-지수(不快指數) 〖명〗 기온과 습도에 따라 인체가 느끼는 불쾌감의 정도를 나타내는 지수. (건구 온도+습구 온도)×0.72+40.6 의 공식으로 계산함. 지수가 70이면 10% 정도의 사람이, 75이면 절반 이상의 사람이, 80 이상이면 대부분의 사람이 불쾌감을 느낀다고 함.
불타(佛陀) 〖명〗〖불〗=부처¹.
불-타다 〖자〗 1 (물체가) 불이 붙어서 타다. ¶상가가 ~. 2 (감정·열정·의욕 따위가) 마음속에 강하게 생기다. 비불오르다. ¶의욕에 불타는 청년/불타는 정열.
불타-오르다 〖동〗〖자르〗〈~오르니, ~올라〉 1 불이 붙어서 타오르다. ¶장작 더미가 ~. 2 불이 타는 것처럼 붉은빛으로 빛나다. ¶불타오르는 노을/산은 온통 단풍으로 불타오르는 듯했다. 3 감정이나 기세가 세차게 끓어오르다. ¶사랑으로 ~/그의 두 눈은 증오로 불타올랐다.
불탄-일(佛誕日) 〖명〗〖불〗=부처님 오신 날.
불탑(佛塔) 〖명〗〖불〗절에 세운 탑.
불태우다 '불타다'의 사동사.
불테리어(bullterrier) 〖명〗 불도그와 테리어를 교배시킨 잡종견(雜種犬). 털이 짧고, 성질이 강하고 영리함. 수렵견·애완견으로 기름.
불토(佛土) 〖명〗〖불〗1 부처가 사는 극락정토. 2 부처가 교화(敎化)한 땅.
불통(不通) 〖명〗 1 (교통이나 통신 등이) 막혀 연락이 되지 않는 것. ¶전화가 종일 ~이다. 2 의사가 통하지 않는 것. 불통-하다 〖동〗〖타여〗 연락을 하지 않다. ¶…그 집과는 수화를 불통하고 안팎 없이 발을 끊는다.《이기영: 고향》 **불통-되다** 〖동〗〖자〗 ¶철도가 폭설(暴雪)로 ~/전화가 ~.
불퇴(不退) [-퇴/-뤠] 〖명〗 1 물러나지 않는 것. 2 무직지 못하는 것. ¶일수(一手) ~. 3 〖불〗=불퇴전. 불퇴-하다 〖동〗
불-퇴전(不退轉) [-퇴/-뤠-] 〖명〗〖불〗 한번 도달한 수행(修行)의 단계로부터 뒤로 물러나는 일이 없는 것. =불퇴. ↔퇴전. 불퇴전-하다 〖동〗〖자여〗
불-투명(不透明) 〖명〗 1 (물체나 물질이) 그 속에 들어 있거나 그 너머에 있는 물체의 모습을 전혀 보이지 않게 하는 상태. ¶~ 유리. ↔투명. ▷반투명. 2 (어떤 일이) 어떻게 진행되거나 결정될지, 또는 (태도가) 이것인지 저것인지 전혀 알 수 없는 상태. 불투명-하다 〖형여〗¶불투명한 태도/앞으로의 정국이 ~/주식 경기가 ~.
불투명-체(不透明體) 〖명〗〖물〗 나무·쇠붙이 따위와 같이 빛을 통과시키지 않는 물체. ↔투명체.
불투수-층(不透水層) 〖명〗〖지〗 물이 잘 스며들지 않는 지층. 점토·화성암의 층 따위.
불퉁-거리다/-대다 〖동〗〖자〗 자꾸 부루퉁한 얼굴로 퉁명스럽게 말하다. 작불통거리다.
불퉁그러-지다 〖자〗 (물건의 마디가) 불퉁불퉁하게 되다.

불퉁-불퉁¹ 〖부〗 불퉁거리는 모양. ¶일이 뜻대로 안 된다고 ~ 화를 내다. 작볼통볼통. 불퉁불퉁-하다 〖동〗〖자여〗
불퉁-불퉁² 군데군데 둥근 것이 툭툭 불거진 모양. 작볼통볼통. 불퉁불퉁-하다² 〖형여〗 ¶바위가 ~.
불퉁-스럽다 [-따] 〖형비〗〈~스러우니, ~스러워〉 퉁명스럽게 말을 불쑥불쑥 내던지는 데가 있다. ¶불퉁스러운 어조/불퉁스럽게 대꾸하다. 작볼통스럽다.
불퉁-하다 〖형여〗 (둥근 것이) 툭 비어져 있다. ¶불퉁한 혹. 작볼통하다. 불퉁-히 〖부〗
불-특정(不特定) [-쩡] 〖명〗 특별히 정하지 않음. ¶~ 다수(多數). ↔특정.
불-티 〖명〗 타는 불에서 튀는 작은 불똥. ¶~가 날리다/~가 닿다.
불티-나다 〖동〗〖자〗 (주로 '불티나게'의 꼴로 쓰여) 물건 팔리는 것이 매우 빠르고 활발하게 이루어지다. ¶날씨가 추워지자 난방 용품이 불티나게 잘 팔린다./신제품 판매가 정말 불티난다.
불-판(-板) 〖명〗 고기를 구울 때 사용하는, 쇠로 된 판.
불패(不敗) 〖명〗 지지 않는 것. 불패-하다 〖동〗〖자여〗
불펜(bullpen) 〖명〗〖체〗 야구에서, 구원 투수가 경기 중에 준비 운동을 하는 장소. ¶~에서 투구 연습을 하다.
불편(不便) 〖명〗 1 편리하지 않은 것. ¶덕분에 ~ 없이 지냈습니다. ↔편리. 2 (몸·마음 등이) 편하지 못한 것. 불편-하다 〖형여〗 ¶속이 ~/자리가 ~/이 물건은 사용하기가 ~.
불편부당(不偏不黨) →불편부당-하다 〖형여〗 어느 편에도 치우치지 않아 공정하거나 중립적인 상태에 있다. =무편무당(無偏無黨)하다. ¶불편부당한 처사/불편부당한 대우.
불편-스럽다(不便-) [-따] 〖형비〗〈~스러우니, ~스러워〉 불편한 데가 있다. ¶몸에 꼭 끼는 옷은 활동하기에 ~. 불편스레 〖부〗
불평(不平) 〖명〗 마음에 들지 않아 못마땅하게 여기거나, 그것을 말이나 행동으로 나타내는 것. ¶~을 늘어놓다. 불평-하다 〖타여〗
불평-가(不平家) 〖명〗 불평을 잘 품는 사람. =불평객.
불평-꾼(不平-) 〖명〗 '불평가'를 흘하게 이르는 말.
불-평등(不平等) 〖명〗 평등하지 않은 것. 불평등-하다 〖형여〗 ¶불평등한 대우.
불평등^선거(不平等選擧) 〖명〗〖정〗=차등 선거(差等選擧).
불평등^조약(不平等條約) 〖명〗 강대국과 약소국 사이에 맺어져 약소국이 일방적으로 불리한 조건을 무릅쓰게 되어 있는 조약.
불평-분자(不平分子) 〖명〗 어떤 조직체의 시책에 불만을 품고 투덜거리는 사람을 못마땅하게 이르는 말.
불평-불만(不平不滿) 〖명〗 마음에 들지 않아 못마땅하며 마음에 차지 않음. ¶~을 늘어놓다.
불평-조(不平調) [-쪼] 〖명〗 마음에 불만이 있어 이를 못마땅하게 여기며 연방 투덜거리는 투.
불-포화(不飽和) 〖명〗〖화〗〖물〗 포화에 이르지 않은 상태. 불포화-하다 〖동〗〖자여〗
불포화^용액(不飽和溶液) 〖명〗〖화〗 용질의 농도가 포화에 이르지 않은 용액. 따라서, 용질을 더 용해할 수 있음. ↔포화 용액.

불포화^증기(不飽和蒸氣) 〖명〗〖물〗압력이 최대한도에 이르지 못한 증기. ↔포화 증기.

불포화^지방산(不飽和脂肪酸) 〖명〗〖화〗사슬 모양으로 결합된 탄소의 일부가 이중 결합되어 있는 지방산. 올레산·리노레산·리놀렌산 따위. ↔포화 지방산.

불풍-나게 〖부〗바쁘게 들락날락하는 모양. ¶~ 드나들다.

불피풍우(不避風雨) 〖명〗비를 무릅쓰고 일을 함. **불피풍우-하다** 〖동〗〖자여〗

불-필요(不必要) →**불필요-하다** 〖형여〗필요하지 않다. ¶**불필요한** 지출을 줄이다 / **불필요한** 말은 하지 말게.

불하(拂下) 〖명〗국가나 공공 단체의 재산을 민간에 팔아넘기는 일. ↔매상(買上). **불하-하다** 〖동〗〖타여〗¶국유지를 ~.

불학¹(不學) 〖명〗배우지 못한 것. 〖비〗무학(無學). ¶~자(者). **불학-하다** 〖동〗〖타여〗

불학²(佛學) 〖명〗〖불〗불교에 관한 학문. =범학.

불학무식(不學無識) [-항-] 〖명〗배우지 못하여 아는 것이 없음. **불학무식-하다** 〖형여〗

불한(佛韓) 〖명〗1 프랑스와 한국. 2 프랑스 어와 한국어. ¶~사전.

불한-당(不汗黨) 〖명〗1 떼 지어 돌아다니는 강도. =명화적(明火賊)·화적(火賊). 2 떼 지어 다니며 행패를 부리는 무리. ¶~ 같은 놈.

불한불열(不寒不熱) 〖명〗날씨가 춥지도 덥지도 않아 지내기에 알맞음. ¶~, 순삼월. **불한불열-하다** 〖형여〗

불함-문화(不咸文化·弗咸文化) 〖명〗〖역〗우리 민족을 근간(根幹)으로 하여 이루어진, 백두산 중심의 고대 문화. 최남선(崔南善)의 학설에서 비롯된 말임.

불합(不合) →**불합-하다** [-하파-] 〖형여〗1 정의(情誼)가 서로 맞지 않다. 2 사물이 마음에 맞지 않다.

불-합격(不合格) [-격] 〖명〗(사람이나 물건이 시험·검사·심사 등에) 일정한 기준의 자격이나 규격을 갖추지 못한 것으로 판정을 받는 것. ↔합격. **불합격-하다** 〖동〗〖자여〗¶취직 시험에 ~. **불합격-되다** 〖동〗〖자〗

불합당(不合當) [-땅] →**불합당-하다** [-땅-] 〖형여〗합당하지 못하다. ¶사리에 **불합당**한 처사.

불-합리(不合理) [-합니] 〖명〗합리적이 아닌 것. ↔합리. **불합리-하다** 〖형여〗¶**불합리한** 규정. / 네가 하는 말은 ~.

불-합의(不合意) [-의/-이] 〖명〗뜻이나 의견이 합치되지 않는 것. **불합의-하다** 〖동〗〖자여〗

불행(不幸) 〖명〗1 행복하지 못한 것. 〖비〗불운(不運). 2 좋지 않은 일을 당하는 것. ¶~이 잇달아 닥치다. ↔행(幸)·행복. **불행-하다** 〖형여〗¶**불행한** 일생. **불행-히** 〖부〗

불행 중 다행(多幸) 〖구〗불행한 일이 더 커지지 않고 마무리되어 다행스러움. ¶교통 사고를 당했으나 ~으로 목숨은 건졌다.

불허(不許) 〖명〗1 (어떤 단체나 기관 등이 어떤 일을) 허락하지 않는 것. ¶판매~ / 접근~. 2 (어떤 일을) 불가능하여 할 수 없는 것. ¶예측 ~의 미래. **불허-하다** 〖동〗〖타여〗¶노상 주차를 ~ / 타의 추종을 **불허하는** 솜씨. **불허-되다** 〖동〗〖자〗¶농약이 다량 검출된 농산물의 수입이 ~.

불-허가(不許可) 〖명〗허가하지 않는 것. ¶~ 조치. **불허가-하다** 〖동〗〖타여〗

불-혀 〖명〗날름거리며 타오르는 불길. 비유적인 말임.

불현-듯 [-듣] 〖부〗어떤 생각이 갑자기 강렬하게 떠오르는 모양. =불현듯이. ¶~ 뇌리를 스치는 시상(詩想).

불현-듯이 〖부〗=불현듯. ¶~ 고향 생각이 나다.

불협화-음(不協和音) [-혀퐈-] 〖명〗1 〖음〗=안어울림음. ↔협화음. 2 서로 뜻이 맞지 않아 일어나는 충돌.

불-호령(-號令) 〖명〗갑작스럽게 내리는 무섭고 급한 호령. ¶밤늦게 귀가하면 아버지의 ~이 떨어진다. **불호령-하다** 〖동〗〖자여〗

불혹(不惑) 〖명〗[공자가 40세에 이르러 세상 일에 미혹되지 않았다는 데서] '마흔 살'을 이르는 말.

불혹지년(不惑之年) [-찌-] 〖명〗불혹의 나이. 곧, '마흔 살'을 일컫는 말.

불화¹(不和) 〖명〗서로 사이좋게 지내지 못하는 것. ¶가정 ~. **불화-하다** 〖동〗〖자여〗¶시어머니와 며느리가 **불화하여** 집안에 냉기가 감돈다.

불화²(弗貨) 〖명〗달러를 단위로 하는 화폐. 곧, 미국의 화폐.

불화³(佛畵) 〖명〗부처·보살을 그린 그림. 또는, 불교에 관한 그림. ▷탱화.

불-화살 〖명〗=화전(火箭)².

불-확실(不確實) [-씰] →**불확실-하다** [-씰-] 〖형여〗확실하지 않다. ¶**불확실한** 미래 / 사업이 과연 성공할지 어쩔지 ~.

불-확정(不確定) [-쩡] →**불확정-하다** [-쩡-] 〖형여〗확실하게 정해지지 아니하다. ¶**불확정** 기한.

불확정^기한(不確定期限) [-쩡-] 〖명〗〖법〗언제 올지 불확실한 기한. 예를 들면, 자기가 죽는 날까지의 기한 따위.

불확정성^원리(不確定性原理) [-쩡씽월-] 〖명〗〖물〗양자 역학(量子力學)에서, 입자의 위치와 운동량, 에너지와 시간 등과 같은 서로 관계가 있는 한 쌍의 물리량에 대해서 그 양자(兩者)를 동시에 관측하여 정확하게 측정, 결정할 수는 없다는 설. ▷상보성.

불환^지폐(不換紙幣) [-폐/-페] 〖명〗본위 화폐와 바꿀 수 없는 지폐. ↔태환 지폐.

불활성^기체(活性氣體) [-씽-] 〖명〗〖화〗=비활성 기체.

불황(不況) 〖명〗경기가 좋지 않아 산업의 경제 활동이 활발하지 못하게 된 상태. 〖비〗불경기. ¶수출 경기가 ~의 늪에 빠지다. ↔호황.

불-효(不孝) 〖명〗효도를 하지 않는 것. ↔효. **불효-하다** 〖동〗〖자여〗〖형여〗¶**불효한** 자식을 용서하소서.

불효막심-하다(不孝莫甚-) [-씸-] 〖형여〗부모에게 불효하는 것이 아주 심하다. ¶**불효막심한** 녀석 같으니라고.

불효-자(不孝子) I 〖명〗불효하는 자식. =불효자식. II 〖대〗〖인칭〗부모에게 편지할 때에 자기를 낮추어 쓰는 말.

불효-자식(不孝子息) 〖명〗=불효자 I.

불후(不朽) 〖명〗1 썩지 않는 것. 2 훌륭하여 그 가치가 변하거나 없어지지 않는 것. ¶~의 명작을 남기다. **불후-하다** 〖동〗〖자여〗

붉-나무 [붕-] 〖명〗옻나무과의 작은 낙엽 활엽 교목. 높이 3m 안팎. 여름에 흰 꽃이 피며, 열매는 10월에 익음. 잎에 혹같이 돋는 것을 '오배자'라 하는데, 약재·염료 등으로 쓰임. 산·들에 남. =오배자나무.

붉다[북따] **Ⅰ**[형] **1** (어떤 물체나 물질이) 타오르는 불과 같은 빛깔을 가진 상태에 있다. 또는, 익은 고추의 색깔을 가진 상태에 있다. ¶붉은 피 / 술에 취해 얼굴이 ~. **2** (사람의 사상이나 태도가) 공산주의적 상태에 있다. ¶그는 머릿속에 **붉은** 물이 들어 있다. **Ⅱ**[동](자) (어떤 물체가) 타오르는 불과 같은 빛깔을 하다. ¶동녘 하늘이 서서히 붉는다. [참고] '붉-'은 다음에 오는 어미의 첫소리가 ㄱ일 때에는 [불]로, 그 외의 자음일 경우에는 [북]으로 소리 남. 곧, '붉고'는 [불꼬], '붉지'는 [북찌]로 소리 남.

붉덩-물[북뜽-] [명] 붉은 황토가 섞여 탁하게 흐르는 큰물. ¶장마로 ~ 진 강.

붉돔[북똠] [명](동) 감성돔과의 바닷물고기. 몸길이 40cm 이상. 참돔과 비슷하나 좀 작고 몸빛이 붉음.

붉디-붉다[북띠북따] [형] 아주 진하게 붉다.

붉어-지다 [자] 붉게 되다. ¶얼굴이 ~.

붉으락-푸르락 [부] 몹시 흥분하거나 노하여 안색이 붉었다 푸르렀다 하는 모양. ¶~ 어찌할 바를 모르다. ×불그락푸르락·푸르락붉으락. **붉으락푸르락-하다** [자](여)

붉은머리-오목눈이[-몽-] [명](동) 딱새과의 새. 몸빛은 등 쪽은 진한 적갈색, 배 쪽은 황갈색이며, 부리는 짧고 꽁지는 긺. 매우 민첩하며, 떼 지어 다니면서 벌레를 잡아먹음. 우리나라에서는 흔한 텃새임. =뱁새.

붉은-빛[-빋] [명] 붉은 빛깔.

붉은-색 [-쌕] [명] 붉은 색깔. =단색(丹色).

붉은-인(燐) [명](화) 적자색의 분말로 된 인. 인광(燐光)을 발하지 않으며 독이 없음. 성냥·불꽃 등에 이용함. =적린(赤燐).

붉은-팥[-팓] [명] 껍질의 빛깔이 검붉은 팥. =적두(赤豆)·적소두(赤小豆).

붉은-피톨 [명](생) =적혈구. ↔흰피톨.

붉히다[불키-] [자](타) 성이 나거나 부끄러워 안색을 붉게 하다. ¶낯을 ~ / 서로 얼굴 **붉히는** 일이 없도록 합시다.

붐(boom) [명] 원래는 꿀벌이나 풍뎅이 등의 붕붕거리는 소리, 또는 먼 우렛소리나 포성 등을 나타내는 의성어. ¶어떤 사회 현상이 급격히 성장 발전하거나 대유행을 이루는 것. ¶~이 일다 / ~을 일으키다 / 최근 리더십 관련 책들이 ~을 이루고 있다.

붐비다 [자] (사람이나 차가 일정한 곳에) 복잡할 만큼 많이 드나들거나 왔다 갔다 하다. 또는, (어떤 곳이) 많은 사람이나 차들이 드나들거나 왔다 갔다 하여 복잡한 상태를 이루다. ¶피서객으로 **붐비는** 역 대합실.

붐!-하다 [형](여) '희붐하다'의 준말. ¶붐하게 동녘이 밝아 온다. **붐!-히** [부]

붓[붇] [명] <⟨준⟩筆> **1** 글씨를 쓰거나 그림을 그릴 때 먹이나 물감 등을 찍어서 사용하는, 짐승의 털을 원추형으로 추려 모아 가는 대나무 자루 끝에 고정시킨 도구. 세는 단위는 자루·동(10자루). **2** (글을 쓰는 행동과 관련된 제한된 문맥에 쓰여) '필기도구'를 가리키는 말. ¶~을 들다 / 할 말은 많으나 이만 ~을 놓겠습니다.

붓을 꺾다(던지다) [구] 문필 생활을 그만두다. [비]절필하다.

붓-걸이[붇-] [명] 붓을 걸어 놓는 기구. =필가(筆架)·필격(筆格).

붓-글씨[붇끌-] [명] 붓(특히, 서예용 붓)으로 쓰는 한글이나 한자의 글씨.

붓-꽂이[붇-] [명] 붓을 꽂아 두는 통이나 걸이.

붓-꽃[붇꼳] [명](식) 붓꽃과의 여러해살이풀. 높이 60cm 정도. 긴 칼 모양의 잎이 떨기로 나며, 초여름에 푸른빛이 도는 짙은 자줏빛 꽃이 핌. 민간에서는 뿌리줄기를 피부약으로 씀. 관상용으로 심음. =수창포(水菖蒲).

붓-끝[붇끋] [명] 글을 써 내려가는 기세를 비유적으로 이르는 말. =필단(筆端)·필봉(筆鋒). ¶그는 언론인으로서 날카로운 ~을 휘둘러 독재 정권을 정면으로 공격하였다.

붓-놀림[붇-] [명] 글씨를 쓰거나 그림을 그릴 때 붓을 놀리는 동작.

붓¹다[붇따] 〈붓고 / 부어〉 [동](자)〈부으니, 부어〉 **1** (사람이나 동물의 몸 또는 몸 안의 기관이) 병적인 원인에 의하거나 다치거나 벌레에 쏘이거나 하여 그 부피가 본래보다 커지다. ¶다리가 **붓는** 병 / 벌에 쏘인 자리가 ~. **2** (사람의 볼이) 화가 나서 볼록해지다. 또는, (사람이) 화가 난 표정을 짓다. ¶아이가 장난감을 안 사 준다고 잔뜩 **부어** 있다.

붓¹다²[붇따] 〈붓고 / 부어〉 [동](타)〈부으니, 부어〉 **1** (액체나 가루, 무더기를 이룬 작은 알갱이 상태의 물질을) 그것이 들어 있는 그릇이나 포장 등을 빠르게 기울이면서 비교적 굵은 줄기를 이루게 하여 다른 데에 흐르거나 떨어지게 하다. ¶솥에 물을 ~ / 쌀통에 쌀을 ~. ▶따르다. **2** (씨앗을) 모종을 내기 위해 배게 뿌리다. ¶모를 ~. **3** (곗돈·적금·이자 등을) 일정한 기한마다 내다. ¶매달 적금을 ~.

붓-대[붇때] [명] 붓의 촉을 박는 가는 대. =필관(筆管). ×붓자루.

붓-두껍 [붇-] [명] 사용하지 않을 때 붓의 촉을 끼워 두는 뚜껑. ×붓뚜껑.

붓-뚜껑 [명] '붓두껍'의 잘못.

붓-방아[붇빵-] [명] 글을 쓸 때 생각이 미치지 않아 붓대만 놀리고 있는 짓.

붓방아(를) 찧다 [구] 쓰려는 글의 내용이 미처 생각나지 않아서 망설이며 고심하다.

붓-자루 [명] '붓대'의 잘못.

붓-질[붇찔] [명] 그림을 그릴 때 붓을 놀리는 일. **붓질-하다** [동](자)(여)

붕 [부] **1** 막혔던 기체나 가스가 터져 빠지거나 나오는 소리. **2** 배의 경적 소리. ⟨센⟩뿡. **3** 비행기 또는 벌 등의 큰 곤충이 날 때 나는 소리. **4** 자동차의 가속 페달을 힘주어 밟을 때 나는 소리. **5** 어떤 것을 허망하게 잃어버린 모양.

붕괴(崩壞) [-괴/-궤] [명] **1** 허물어져 무너지는 것. =붕궤·붕퇴(崩頹). ¶아파트 ~ 사고. **2** [물] 방사성 원자핵이 방사선을 내며 다른 종의 원자로 변화하는 현상. **3** [물] 소립자가 자발적으로 다른 종의 소립자로 변화하는 일. **붕괴-하다** [동](자)(여) **붕괴-되다** [동](자) ¶구체제가 ~ / 담이 ~.

붕궤(崩潰) [명] =붕괴(崩壞)1. **붕궤-하다** [동](자)(여) **붕궤-되다** [동](자)

붕긋-붕긋[-끋붕끋] [부] 여러 곳이 모두 붕긋한 모양. ¶산들이 ~ 솟아 있다. [작]봉긋봉긋. **붕긋붕긋-하다** [형](여)

붕긋-하다[-그타-] [형](여) **1** 꽤 두두룩하게 나오거나 높직이 솟아 있다. ¶**붕긋한** 언덕. **2** 맞붙여 놓은 물건이 들떠 있다. ¶벽지의 끝이 **붕긋하게** 일어나다. [작]봉긋하다. **붕긋-이** [부]

붕당(朋黨) [명](역) **1** 중국 후한·당나라·송나라 때에 발생한 정치적 당파. 2 조선 시대에 이념과 이해에 따라 이루어진 사림(士林)의 집단. =당붕.
붕당^정치(朋黨政治) [명] [역] 조선 시대에, 사림(士林)이 붕당을 이루어 상호 비판하고 견제하면서 행하던 정치.
붕대(繃帶) [명] 몸에 상처가 났을 때, 피가 나오는 것을 멈추게 하거나 그 부분을 보호하기 위해 둘레에 감는, 소독된 무명이나 거즈 등으로 된 긴 천. ¶~를 감다.
붕락(崩落) [-낙] [명] 1 무너져서 떨어지는 것. 2 물건 값이 갑자기 뚝 떨어지는 것. ↔폭락(暴落). **붕락-하다** [동][자][여] **붕락-되다** [동][자]
붕배(朋輩) [명] 지위나 나이가 비슷한 벗.
붕-붕 [부] 1 막혔던 기체나 가스가 터져 빠질 때 자꾸 나는 소리. ¶방귀를 ~ 뀌다. [큰]풍풍. 2 배의 경적 소리. [센]뿡뿡. 3 비행기나 곤충이 계속 날 때 나는 소리. 4 자동차의 가속 페달을 잇달아 힘주어 밟을 때 나는 소리.
붕붕-거리다/-대다 [동][자][타] 붕붕 소리가 자꾸 나다. 또는, 그런 소리를 내다. ¶벌 한 마리가 계속 머리 위에서 ~. [센]뿡뿡거리다.
붕사(硼沙・硼砂) [명] [화] 붕산나트륨의 흰 결정체. 방부제・에나멜・특수 유리의 원료, 붕소 구슬 반응의 시약으로 쓰임.
붕사^구슬^반'응(硼沙反應) [명] [화] 백금선(白金線) 끝에 붕사를 발라 가열 용융하여 유리 모양의 구슬로 만들고, 여기에 금속을 포함한 시료를 부착시켜서 다시 가열하면 금속 특유의 색이 나타나는 현상. =붕사 구 반응.
붕산(硼酸) [명] [화] 무색무취의 비늘 모양의 결정. 약한 살균력이 있어서 양칫물, 세안액, 연고제로 사용하는 외에 경질 유리, 안료 등의 원료로 쓰임.
붕산-수(硼酸水) [명] [약] 붕산을 녹인 물. 방부제・소독제 등으로 쓰임.
붕-새(鵬−) [명] =대붕(大鵬).
붕성지통(崩城之痛) [명] 남편의 죽음을 슬퍼하며 우는 아내의 슬픔. ↔고분지통.
붕소(硼素) [명] [화] 비금속 원소의 하나. 원소 기호 B, 원자 번호 5, 원자량 10.811. 흑갈색의 금속광택을 지닌 단단한 고체임. 천연으로는 붕산・붕사 등으로 산출됨.
붕'어¹ [명] [동] 잉엇과의 민물고기. 몸길이 20~43cm. 몸은 폭이 넓고 주둥이는 둥글며 수염이 없고, 등은 푸른 갈색, 배 쪽은 누르스름한 은백색임. =부어.
붕어²(崩御) [명] 임금이 세상을 떠나는 것. [비]승하(昇遐). **붕어-하다** [동][자][여]
붕'어-눈 [명] 붕어의 눈처럼 크고 툭 튀어나온 눈.
붕'어-빵 [명] 1 붕어 모양으로 구운 풀빵. ▷풀빵. 2 서로 얼굴이 매우 닮은 사람을 비유하여 이르는 말. ¶아들이 아버지와 ~이다.
붕우(朋友) [명] =벗¹.
붕우-유신(朋友有信) [명] 오륜(五倫)의 하나. 벗의 도리는 믿음에 있음을 가리키는 말.
붕익(鵬翼) [명] 1 붕새의 날개. 2 앞으로 할 큰 사업이나 계획을 이르는 말. 3 =비행기.
붕-장어(−長魚) [명] [동] 먹붕장어과의 바닷물고기. 몸길이 90cm 이상. 뱀장어와 비슷하나 입이 크고 이가 날카로움. 등은 회갈색이며, 옆줄 구멍이 뚜렷함. 맛이 좋음.
붕정-만리(鵬程萬里) [-말−] 〔붕(鵬:상상의 큰 새)의 갈 길은 수만 리'라는 뜻〕 1

머나먼 여로. ¶~ 먼 여행길에 오르다. 2 아주 양양한 장래. ¶~의 원대한 꿈.
붙는-줄기 [분−] [명] [식] 덩굴지어 기어 올라가는 줄기. 담쟁이덩굴・포도나무 등의 줄기 따위. =반연경(攀緣莖).
붙다 [분따] [동][자] 1 (어떤 물체가 다른 물체에) 끈적끈적한 기운이나 당기는 힘, 또는 두 물체가 사이에 있는 물건에 의해 떨어지지 않고 닿아 있게 되다. ¶우표가 **붙은** 편지 봉투 / 자석에 못이 ~ / 집에 꼬리표가 ~. 2 (어떤 사람이나 물체가 다른 사람이나 물체와) 틈이 없이 맞닿거나 매우 가까운 거리에 있게 되다. ¶산동네에 게딱지 같은 집들이 다닥다닥 **붙어** 있다. 3 (사람이나 물체에 다른 것이) 딸리거나 더 있게 되다. ¶요인에게 경호원이 ~ / 저금에 이자가 ~. 4 (사람이 어느 편이나 대상에) 들어가 속하게 되거나 좇아서 따르다. 행동 주체가 되는 사람을 얕잡아 이르는 말임. ¶지조 없이 이쪽 편에 **붙었다** 저쪽 편에 **붙었다** 하다. 5 (사람을 뽑거나 일정한 자격을 주는 시험에) 통과하여 뽑히거나 자격을 가지게 되다. [비]합격하다. ¶대학에 ~ / 입사 시험에 ~. 6 (불이 다른 물체에) 옮기어 타다. ¶나무가 젖어서 불이 잘 **붙질** 않는다. 7 (귀신 따위가) 옮아 들어 작용을 하다. ¶집안에 못된 귀신이 **붙었는지** 우환이 끊일 날이 없다. 8 이름이 생기다. ¶그 친구에게는 구두쇠라는 별명이 **붙게** 되었다. 9 (다투거나 싸우거나 겨루는 일이) 생기어 벌어지다. ¶시비가 ~ / 장사꾼과 흥정이 ~. 10 (사람이 어느 곳에) 오래 자리를 옮기지 않고 머무르다. 행동 주체가 되는 사람을 얕잡아 이르는 말임. ¶집에 좀 **붙어** 있지 어딜 그렇게 쏘다니느냐? 11 (사람이 어떤 일에) 나서서 거들다. ¶가뜩이나 일손이 모자라는데 구경만 하지 말고 너도 **붙어**! 12 (어떤 대상에 실력이나 크기, 속도 등이) 더욱 커지게 되다. ¶영어 실력이 ~ / 자동차에 가속이 ~. 13 (어떤 감정이나 습성, 태도 등이) 새로 생기다. ¶나쁜 버릇이 ~ / 같이 살다 보면 정이 **붙게** 마련이다. 14 (어떤 일에 조건・이유・구실 등이) 뒤에 따르다. ¶가(可)면 가, 부(否)면 부지, 웬 조건이 그리 **붙느냐**? 15 [물질의 변화・변형을 나타내는 일부 동사의 다음에 쓰여] (액체 상태의 물질이나 물질을 많이 포함한 물질이) 고체 상태로 굳으면서 다른 물체에 떨어지지 않게 되다. 주로, 합성어로 쓰임. ¶얼어**붙은** 강물 / 밥이 눌어~. 16 (동물의 암컷과 수컷이) 교미하거나 일정한 자세로 몸이 닿게 하다. 17 [속] (남녀가) 정분 관계를 맺다.
붙-들다 [분−] [타] 〈−드니, −드오〉 1 (대상을 손이나 팔로) 마음대로 움직이거나 달아나거나 하지 못하도록 잡거나 두르다. ¶멱살을 **붙들고** 싸우다 / 애가 주사 맞을 때 발버둥 치지 못하게 **붙들고** 계세요. 2 (사람을) 가지 못하게 말리다. ¶가겠다는 사람을 **붙들지** 마라. 3 (어떤 일을) 쉽게 끝내지 못하고 부진하게 하다. ¶한 시간이면 끝날 일을 종일 **붙들고** 있으면 어떡해?
붙-들리다 [분뜰−] [동][자][타] '붙들다'의 피동사. ¶도둑이 ~ / 술자리에 ~.
붙-따르다 [분−] [동][자][타] 〈−따르니, −따라〉 1 아주 바짝 가까이서 따르다. 2 =붙좇다.
붙-매이다 [분−] [동][자] 사람이나 일 또는 물건에 붙어 매이다.
붙-박다 [분빡따] [동][타] (주로 '붙박아'의 꼴로 쓰여) 한곳에 고정시키거나 고착시키다. ¶붙박아 놓다 / 붙박아 두다.
붙박-이[붇빠기] 몜 한곳에 고정되어 이동이 없는 상태 또는 사물.
붙박-이다[붇빠-] 동(자) '붙박다'의 피동사.
붙박이-별[붇빠-] 몜[천] =항성(恒星). ↔떠돌이별.
붙박이-장(-欌)[붇빠-] 몜 벽에 붙여 옮길 수 없게 된 장.
붙박이-창(-窓)[붇빠-] 몜[건] 여닫지 못하게 된 창. ☞열창.
붙-안다[붇-따] 톰 (물체나 사람을) 몸에 붙게 두 팔로 감싸 안다. 비부둥켜안다. ¶그는 … 전봇대를 **붙안은** 채 한참 동안이나 넋을 잃고 있었다.〈심훈:영원의 미소〉
붙어-먹다[-따] 통(자) 1 '간통하다'를 속되게 이르는 말. ¶유부녀와 ~. 2 남에게 의지하여 얻어먹거나 이득을 보다.
붙어-살다[자](~사니, ~사오) 남에게 의지하여 살다. ¶큰집에 ~. 2 머물러 살다. ¶그 사내는 떠도는 걸인이 아니라 그 마을에 **붙어사는** 사람인 모양이었다.〈이문열:익명의 섬〉3 다른 생물의 몸에 기생하다.
붙여-잡다 통(타) '붙잡다'의 잘못.
-붙이[부치] 접미 1 가까운 사람의 겨레라는 말. ¶살~. 2 어떤 것에 딸린 같은 종류라는 말. ¶쇠~ / 금~ / 고기~.
붙-이다[부치-] 통(타) 1 '붙다'의 사동사. ¶우표를 ~ / 글에 주석을 ~ / 싸움을 ~ / 홍정을 ~ 2 사람이 상대에게 말을 하여 어떤 대화가 이뤄지게 하다. 비걸다. ¶처음 보는 여자에게 말을 ~. 3 (뺨을 손바닥으로) 아픔을 느낄 만큼 세게 닿게 하다. 비올리다·때리다. ¶따귀를 한 대 올려 ~. 4 노름이나 내기에서, (돈을) 걸거나 대다. ¶한 판에 만 원을 ~. 5 (어떤 사람에게 경례를) 오른손을 모자나 이마에 올려서 나타내다. ¶사병이 장교에게 경례를 ~. 6 눈(을) 붙이다 ☞눈¹.
붙임-붙임[부침부침] Ⅰ 몜 =붙임성.
Ⅱ부 남과 붙임성있게 잘 사귀는 모양.
붙임-성(-性)[부침썽] 몜 남에게 상냥하게 대하거나 말을 잘 붙이면서 잘 어울리는 성질. =붙임줄이. ¶~이 있는 사람.
붙임-줄[부침쭐] 몜[음] 악보에서, 높이가 같은 두 음을 끊지 않고 이어서 연주할 것을 가리키는 호선 '⌒'의 이름. =결합선·타이(tie).
붙임-표(-標)[부침-] 몜[언] 이음표의 하나. '-'의 이름. 사전·논문 등에서 합성어를 나타낼 때 또는 접사나 어미임을 나타낼 때나 외래어와 고유어 또는 한자어가 결합되는 경우에 쓰임. =접합부(接合符)·하이픈.
붙임-풀[부침-] 몜 동정 따위를 붙이는 데에 쓰이는 묽게 쑨 풀.
붙-잡다[붇짭따] 통(타) 1 (대상을 손이나 팔로) 놓치거나 떨어지지 않도록 단단히 잡다. ¶밧줄을 ~ / 버스의 손잡이를 ~. 2 (어떤 사람을) 달아나지 못하게 잡다. 비체포하다. ¶경찰이 강도를 ~. 3 (어떤 사람을) 떠나지 못하게 말리거나, 다른 곳으로 가지 못하게 막다. ¶더 놀다 가라고 **붙잡는** 바람에 늦었다. 4 (어떤 일을) 일거리로 삼거나 문제가 되는 대상으로 삼다. ¶어려운 수학 문제를 **붙잡고** 씨름한다. 5 (일자리를) 가지게 되다. 비얻다. ¶직장을 ~. 6 (기회를) 놓치지 않고 자기에게 유용한 상태가 되게 하다.

¶절호의 기회를 ~. ×붙어잡다.
붙잡-히다[붇짜피-] 통(자)(타) '붙잡다'의 피동사. ¶물건을 훔치려다 주인한테 ~.
불-좇다[분쫃따] 통(자)(타) 존경하거나 섬겨 따르다. =붙따르다. ¶…나라를 굳세게 하려하나 간특한 신하들은 **붙좇지** 않아 영이 서지 않았다.〈박종화:다정불심〉
뷔페(⑭buffet) 몜 여러 사람이 먹을 수 있는 갖가지 음식을 한데 차려 놓고, 사람들이 각자의 식성과 양에 따라 개인 접시에 음식을 덜어다 먹게 한 상차림. ¶~식당 / ~식.
뷰렛(burette) 몜[화] 적정(滴定) 등에서, 액체의 부피를 측정하는 데 쓰이는 화학 실험 기구. 보통 사용하는 것은 눈금이 그려진 유리관.
뷰렛^반응(burette反應) 몜[화] 단백질의 검출 반응의 하나. 수산화나트륨 또는 수산화칼륨을 가하여 알칼리성으로 된 단백질 용액에 황산구리 용액을 몇 방울 떨어뜨리면 남색 또는 자주색을 띰.
뷰어(viewer) 몜 1 슬라이드를 보기 위한 간단한 확대 장치. 2 [영] 영화 필름을 비춰 볼 수 있도록 한 소형 영화 편집용 장치.
뷰-파인더(viewfinder) 몜[사진] =파인더.
브나로드^운동(웹v narod運動) 몜 ['브나로드'는 '민중 속으로'의 뜻][사] 1870년 러시아에서, 청년 귀족과 학생들이 농민을 주체로 사회 개혁을 이루고자 일으킨 계몽 선전 운동.
브라(bra) 몜 '브래지어'를 아주 제한된 문맥에서 이르는 말. ¶노~ / A컵 ~.
브라만(Brahman) 몜 인도의 카스트 제도에서 가장 높은 지위인 승려 계급. 음역어는 바라문(婆羅門).
브라만-교(Brahman敎) 몜[종] 불교에 앞서 인도에서 베다(Veda) 신앙을 중심으로 발달한 종교. 희생을 중히 여기며, 고행·결백 등을 으뜸으로 삼음. =바라문교.
브라보(⑭bravo) 감 '잘한다!', '좋다!', '만세!'의 뜻으로 환호할 때 내는 소리. ¶샴페인을 터뜨리자 사람들은 일제히 잔을 들어 "~!" 하고 외쳤다.
브라스^밴드(brass band) 몜[음] =관악대.
브라우저(browser) 몜[컴] 인터넷상에서 웹에 연결시켜 주는 윈도 기반의 소프트웨어. =웹 브라우저.
브라운-관(Braun管) 몜 1 [물] 전자관의 하나. 전자 빔을 형광면에 쬐어 전기 신호를 광학상(光學像)으로 바꾸는 음극선관. 텔레비전·레이더 등에 이용됨. 2 텔레비전을 비유하여 이르는 말. ¶탤런트 갑○○ 양이 ~에 컴백하다.
브라운-색(brown色) 몜 =갈색.
브라운^운동(Brown運動) 몜[물][생] 기체나 액체 속에 부유하는 미립자의 불규칙한 운동.
브라질(Brazil) 몜[지] 남아메리카의 동부에 위치한 연방 공화국. 수도는 브라질리아.
브라흐마(⑭Brāhma) 몜 브라만교의 창조신. 범(梵)이라 옮겨 씀.
브래지어(brassiere) 몜 유방이 처지지 않게 받쳐 주고 겉옷을 입었을 때 가슴의 모양을 맵시 있게 해 주는, 여성용 속옷의 하나. 비브라. ¶~를 하다.
브랜드(brand) 몜 특정 회사의 제품이나 서비스를 식별하는 데 사용되는 명칭이나 마크. 순화어는 '상표'. ¶고급 [유명] ~.

브랜디(brandy) [명] 과실주, 특히 백포도주를 증류하여 만든 양주.

브러시(brush) [명] **1** =솔². **2** 솔 모양의 빗.

브레이크¹(brake) [명] **1** 자동차·열차·자전거 등의 바퀴 회전을 멈추게 하거나 늦추는 장치. [비]제동기(制動機). ¶~가 파열되다 / ~를 밟다. **2** 어떤 일을 멈추게 하거나 못 하게 하는 일. 비유적인 말임. ¶무분별한 외제 상품 수입에 ~를 걸다.

브레이크²(break) [명][체] **1** 야구에서, 투수가 던진 공이 굴절하는 일. **2** 권투에서, 클린치 한 두 선수에게 주심이 떨어질 것을 명령하는 말.

브레이크-댄스(breakdance) [명] 1980년대에 뉴욕의 흑인 청소년들이 길거리에서 춘 데서 비롯된 춤. 자유롭고 즉흥적이며 곡예적인 율동을 보여 줌. ¶머리를 땅에 대고 회전하는 기술의 ~.

브레인(brain) [명] 〔'두뇌' 라는 뜻〕 정부나 기업 등에 속하여 자문에 응하는, 학식과 경험이 풍부한 전문가.

브레인스토밍(brainstorming) [명] 자유로운 토론에 의해서 창조적인 아이디어를 끌어내는 일. 기획 회의 등에서 행해짐.

브렌트-유(Brent油) [명] 영국 북해 지역에서 생산되는 원유.

브로마이드(bromide) [명][사진] **1** 브롬화은을 감광제로 하여 만든 인화지. 또는, 그 인화지로 현상한, 색이 변하지 않는 사진. =브롬지. **2** † 대량으로 복제한 연예인·스포츠 스타 등의 사진.

브로슈어(brochure) [명] 어떤 상품이나 대상을 광고하기 위해 여러 가지 정보와 사진·그림 등을 담아서 만든 얇은 책자.

브로치(brooch) [명] 여자 옷의 깃이나 앞가슴에 핀으로 고정시키는 장신구의 한 가지.

브로커(broker) [명] =중개 상인.

브론즈(bronze) [명] 청동, 또는 청동 제품.

브롬([독]Brom) [명][화] 악취가 나는, 적갈색의 원소. 원소 기호 Br, 원자 번호 35, 원자량 79.909. 휘발성 액체로 유독하며, 의약·사진 감광 재료로 쓰임. =취소(臭素).

브롬-화([독]Brom化) [명][화] 어떤 물질이 브롬과 화합하는 것. =취화(臭化). **브롬화-하다** [동][자][여] **브롬화-되다** [동][자]

브루나이(Brunei) [명][지] 보르네오 북서 해안에 있는 왕국. 수도는 반다르스리브가완.

브리지(bridge) [명] 〔'다리', '교량' 의 뜻〕 **1** =선교(船橋)³**2**. **2** 열차의 차량과 차량을 연결하는 장치. **3** [의] =가공 의치. **4** 코 위에 걸리는 안경테의 부분. **5** 카드놀이의 한 종류. 네 사람이 두 패로 나뉘어 13번 중 몇 트릭에서 이기는가를 예상하여 돈을 겲. **6** [방송] 장면 전환에 사용되는 음악이나 음향. **7** 당구에서, 큐를 고정시키기 위해 고리처럼 만드는 손의 형태. **8** [체] 레슬링에서, 누워서 머리와 발로 몸을 버팀으로써 다리 모양을 이루는 동작. 폴을 당하지 않기 위해 사용하는 기술임.

브리프(←briefs) [명] '삼각팬티' 를 전문적으로 이르는 말. 주로 의류업계나 패션계에서 쓰는 말임.

브리핑(briefing) [명] (어떤 사람에게 업무나 현황 등을) 개략적으로 설명하거나 보고하는 것. **브리핑-하다** [동][타][여] ¶신임 장관에게 업무를 ~.

브릴란테([이]brillante) [명][음] 악곡의 표현 방법을 나타내는 말로, '화려하게' 의 뜻.

브이-넥(V neck) [명] =삼각목둘레.

브이시아르(VCR) [명] 〔video cassette recorder〕 텔레비전 프로그램을 비디오테이프에 녹화하거나 비디오테이프를 영상으로 재생하는 장치. =브이티아르·비디오카세트리코더. ▶브이티아르.

브이아이피(VIP) [명] 〔very important person〕 정부 요인이나 국빈 등과 같이 특별히 대우해야 할 아주 중요한 인물.

브이에이치에프(VHF) [명] 〔very high frequency〕[물] =초단파.

브이제이(VJ) [명] 〔video jockey〕 =비디오자키.

브이티아르(VTR) [명] 〔videotape recorder〕 **1** 자기 테이프에 텔레비전 프로그램의 영상과 음향을 기록하고 재생하는 장치. =비디오테이프리코더. **2** =브이시아르.

> **혼동어** **브이티아르 / 브이시아르**
> 둘 다 영상을 녹화·재생하는 기기를 가리키나, '**브이티아르**' 가 개방된 상태의 테이프를 이용하는 것으로 주로 방송국용을 가리키는 데 반해, '**브이시아르**' 는 플라스틱 케이스 안에 들어 있는 테이프(카세트테이프)를 이용하는 것으로 주로 가정용을 가리킴. 다만, 때로 '**브이티아르**' 를 '**브이시아르**' 와 같은 뜻으로 쓰는 경우도 있음.

블라우스(blouse) [명] 여자들이 입는, 셔츠 모양의 품이 넉넉한 윗옷.

블라인드(blind) [명] 창문에 달아 햇빛을 가리는 물건.

블랙(black) [명] 〔'검다' 는 뜻〕 커피에 크림이나 설탕을 타지 않은 상태. ¶나는 커피를 늘 ~으로 마신다.

블랙-리스트(blacklist) [명] 감시가 필요한 위험인물의 명부. 흔히, 수사 기관 등에서 위험인물의 동태를 파악하기 위해 비치해 둠.

블랙^먼데이(Black Monday) [명][경] 미국의 주가가 대폭락했던 1987년 10월 19일 월요일을 이르는 말. 또는, 그와 같이 주가 대폭락이 일어난 날을 비유적으로 이르는 말.

블랙-박스(black box) [명] 여객기·수송기와 같은 항공기 안에 비치하는 데이터 자동 기록 장치. 비행 기록 장치와 조종실 음성 기록 장치가 들어 있음. 사고가 났을 때 그 원인을 밝히는 데 중요한 구실을 함.

블랙^유머(black humor) [명] 일순간 웃음을 유발하지만 배후에 섬뜩하고 잔혹한 느낌을 담고 있는 유머.

블랙-커피(black coffee) [명] 설탕이나 크림을 넣지 않은 진한 커피.

블랙^코미디(black comedy) [명] 블랙 유머를 꽤 포함한 희극. 냉소적이고 잔인하며 음산하면서 풍자적인 특징을 가짐.

블랙-홀(black hole) [명][천] 엄청난 중력으로 주위의 모든 물체, 심지어 빛조차도 끌어당기는 초고밀도의 천체. 사람의 눈에 보이지 않는 별로, 별의 진화의 최후 단계인 대폭발 이후에 그 잔해에서 생겨남.

블랭크(blank) [명] '빈칸', '공백' 으로 순화. ¶사흘간의 ~가 생기다.

블랭킷^에어리어(blanket area) [명] 전파 장애를 일으키기 쉬운 방송국 주변의 지역.

블레이드(blade) [명] **1** 추진기 등의 날개. **2** [체] 스케이트의 얼음 면에 접촉하는 금속 부분. =에지.
블로거(blogger) 명 블로그를 만들고 운영하는 사람.
블로그(blog) 명 [web+log] 개인이 자신의 공간으로서 일기·칼럼·기사 등을 자유롭게 올릴 수 있도록 마련해 놓은 웹 페이지.
블로킹(blocking) 명 [체] 1 농구에서, 상대 선수의 진행을 신체적 접촉에 의해 방해하는 일. 반칙임. 2 권투에서, 상대의 펀치를 팔이나 팔꿈치, 어깨 등으로 막아 공격을 저지하는 일. 3 배구에서, 상대편의 공격에 대해 네트 앞에서 점프하여 두 손으로 공을 막아 상대편 코트로 공을 되돌려 보내는 일. 블로킹-하다 동[타여]
블록¹(bloc) 명 정치·경제상의 목적으로 결합한, 국가나 단체의 연합.
블록²(block) 명 1 길에 깔리거나 건축에 쓰이는 나무·돌·콘크리트 등의 덩어리. ¶보도~. 2 시가(市街)의 한 구획. 3 [컴] 주기억 장치와 입출력 장치 사이에서 이동되는 데이터 단위. 4 [컴] 한 단위로 취급되는 연속된 워드(word)의 집합.
블록^경제(bloc經濟) 명 몇 나라들이 협정을 통하여, 상호 간의 상품·서비스 교역을, 그 협정에 가입하지 않은 다른 나라보다 유리하게 하는 구조의 경제.
블록버스터(blockbuster) 명 막대한 제작비를 들여 흥행에 크게 성공한 대작 영화. ¶개봉한 지 불과 열흘 만에 1억 달러를 벌어들인 할리우드 ~.
블록^슛(block shoot) 명[체] 농구에서, 상대의 슛이 반원을 그리기 전에 쳐 내는 수비 행위.
블론드(blond) 명 금빛 머리털. 또는, 그런 머리털을 가진 여자.
블루^라운드(Blue Round) 명[경] 무역과 노동 문제를 연계하여, 각국의 근로 조건을 국제적으로 개선하고 표준화하기 위해 추진되는 다자간 협상.
블루머(bloomer) 명 예전에 체조·승마 등의 스포츠에서 여자들이 입던 헐렁한 바지. 무릎 위나 아래에서 고무줄로 조임. 또는, 그런 모양으로 만든 겉바지나 속바지.
블루벨트(blue belt) 명[지] =청정 수역.
블루스(blues) 명 1 [음] 19세기 중엽에 미국 흑인들 사이에서 발생한 느리고 슬픈 음악. 재즈의 음악적 바탕이 되었음. 2 †남녀 한 쌍이 가볍게 안은 상태에서 느리게 추는 사교춤.
블루-진(blue jeans) 명 =청바지.
블루-칩(blue chip) 명[경] 재무 내용이 건실하고 수익성과 안정성이 높은 대형 우량주.
블루-칼라(blue-collar) 명 [주로 청색 작업복을 입은 데서] 생산 현장이나 작업 현장에서 육체노동을 하는 근로자. ↔화이트칼라.
비¹ 명 대기 중의 수증기가 높은 공중에서 찬 공기를 만나 식어서 엉겨 땅 위로 떨어지는 물방울. ¶봄~/이슬~/~가 오다/~가 내리다/~가 억수같이 퍼붓다/~가 그치다/~에 젖다/~가 오는 모양이 그려져 있는 화투짝. 12월이나 열두 끗을 나타냄.
[비 온 뒤에 땅이 굳어진다] 풍파가 있은 후에 일이 더 단단해진다.
비가 오나 눈이 오나 관 어떠한 악조건 밑에서도 한결같이. =눈이 오나 비가 오나.
비² 명 짚·싸리·수수나 짐승의 털 등을 묶어, 방이나 마루나 마당이나 길거리 등의 바닥에 있는 쓰레기를 쓸 수 있게 만든 도구. 비 빗자루. ¶방~/싸리~/~로 방을 쓸다.
비:³(比) 명[수] 어떤 두 개의 수 또는 양을 서로 비교하여 몇 배인가를 보이는 관계.
비⁴(妃) 명 1 왕의 아내. 2 황태자의 아내. 돌비전하(妃殿下).
비⁵(妣) 명 돌아가신 어머니. ↔고(考).
비:⁶(非) 명 잘못되거나 그른 것. ↔시(是).
비⁷(碑) 명 1 끼친 은혜나 공적을 기념하기 위하여 돌·쇠붙이·나무 따위에 그 내용을 새겨 세워 놓은 돌. 2 '묘비'의 준말.
비:⁸(非) 접두 일부 한자어 앞에 붙어, '아님', '않음' 등의 뜻을 나타내는 말. ¶~공개/~공식/~능률적/~인간적.

유의어	비(非)-/불(不)-
둘 다 한자어 앞에 붙어 그 말을 부정하는 뜻을 나타내나, 일반적으로 '불-'은 '불○○하다'와 같은 꼴이 가능하고, '비-'는 '비○○하다'와 같은 꼴이 불가능함(○○한자어). 또, '비-'는 '비○○적(이)'이 가능할 때가 많으나 '불○○적'은 전혀 불가능함. 한편, '불-'은 다음에 오는 말의 첫소리가 'ㄷ', 'ㅈ'일 때 '부-'로 바뀜.	

-비⁹(費) 접미 '비용'의 뜻을 나타내는 말. ¶경상~/생활~/하숙~가 밀리다.
비¹⁰(B) 명 1 학점(學點)이나 사물의 단계를 나타내는 기호의 하나. A의 다음가는 것을 나타냄. ¶~ 학점/~ 급. 2 [black] 연필심의 짙은 정도를 나타내는 기호. 2B, 3B, 4B 등 숫자가 커질수록 진함. 3 [음] 음이름의 하나. '나' 음.
비:가(悲歌) 명 1 슬프고 애절한 노래. 2 슬픈 감정으로 엮은 서정적인 시가.
비:-가시광선(非可視光線) 명[물] 눈에 보이지 않는 복사선. 적외선·자외선 따위. 구용어는 불가사선·불가시광선. →가시광선.
비:가역^반응(非可逆反應) [-빤-] 명[화] 역반응의 속도가 무시해도 좋을 만큼 아주 작고, 화학 평형이 생성계에서 현저하게 치우친 화학 반응. ↔가역 반응.
비각(碑閣) 명 안에 비를 세워 놓은 집.
비:감(悲感) 명 슬프거나 애달프게 느껴지는 상태에 있는 것. 또는, 그런 느낌. ¶사랑하는 사람과 헤어진 뒤 ~에 잠기다. 비:감-하다 형[여] ¶비감한 마음.
비:강(鼻腔) 명[생] 콧구멍에서 인두(咽頭)까지의 공기 통로. 후각을 맡으며, 공기 속의 이물을 제거하는 작용이 있음. 비콧속.
비거(飛車) 명[역] 임진왜란 때 정평구(鄭平九)가 발명한, 바람을 타고 공중을 날아다니는 수레.
비-거리(飛距離) 명 1 [체] 야구·골프 등에서, 친 공이 날아간 거리. 2 [체] 스키의 점프 경기에서, 점프대에서 착지 지점까지의 거리. 3 쏜 미사일이 날아간 거리.
비-거스렁이 명 비가 갠 뒤에 부는 바람. ¶…청솔가지 연기가 ~를 눌러 안개처럼 번져 나가고 있었다.《이문구: 관촌 수필》
비:-거주자(非居住者) 명 1 국내에 주소·거소(居所)를 두지 않은 자연인이나 법인. 2 국내 거주자가 아닌 사람으로 원천 소득이 생긴 개인.
비:거주^지역(非居住地域) 명[지] =안외쿠메네. →거주 지역.
비격 부 크고 단단한 물건이 서로 닿아 갈리

어 나는 소리. ¶문이 ~ 열리다. 〔작〕배각. 〔센〕삐걱·삐걱. **비걱-하다** 〔통〕〔자(타)여〕

비걱-거리다/-대다 [-꺼(때)-] 〔통〕〔자여〕 자꾸 비걱 소리를 내다. 또는, 그 소리가 자꾸 나다. ¶열린 문짝이 바람에 ~. 〔작〕배각거리다. 〔센〕삐꺼걱거리다·삐걱거리다.

비걱-비걱 [-삐-] 〔부〕비걱거리는 소리. 〔작〕배각배각. 〔센〕삐꺼걱삐꺼걱·삐걱삐걱. **비걱비걱-하다** 〔통〕〔자(타)여〕

비:겁 (卑怯) →**비:겁-하다** [-거파-] 〔형〕〔여〕 (사람 또는 그의 행동이) 어려움에 처했을 때 바르고 당당하게 응하거나 하지 않고 겁을 먹고 대하는 태도가 있다. 〔비〕비열하다. ¶비겁한 짓 / 비겁한 사람.

비:겁-쟁이 (卑怯-) [-쨍-] 〔명〕 비겁한 사람을 얕잡아 이르는 말.

비게-질 〔명〕 마소가 가려운 데를 긁느라고 나무나 돌 따위에 몸을 비비대는 짓. **비게질-하다** 〔통〕〔여〕 ¶소가 밤나무 밑동에다 대고 비게질하는 통에 이슬이 빗발처럼 쏟아진다.《곽학신: 신작로》

비:-격식체 (非格式體) [-씩-] 〔명〕〔언〕 상대 높임법의 한 분류. 쓰임이 정감적 (情感的) 이며 표현이 부드럽고 주관적인 말체. 해체·해요체가 여기에 속함. ▷격식체.

비격-진천뢰 (飛擊震天雷) [-쩐철뢰/-쩐철뤠] 〔명〕〔역〕 임진왜란 때 이장손 (李長孫) 이 발명한 장거리포.

비:견 (比肩) 〔명〕 어깨를 나란히 하는 것. =병견 (竝肩). **비:견-하다** 〔통〕〔자여〕 ¶그는 톨스토이에게 **비견할** 만한 소설가이다.

비:결 (祕訣) 〔명〕 **1** 세상에 알려져 있지 않은, 자기만의 묘한 방법. 〔비〕노하우. ¶장수의 ~ / 성공의 ~. **2** 앞날의 길흉화복을 얼른 보아 그 내용을 알 수 없도록 적어 놓은 것.

비:-결정론 (非決定論) [-쩡논] 〔명〕〔철〕 인간의 의지는 다른 어떠한 원인으로도 결정되는 것이 아니고, 자기 자신의 독립적인 행동의 동기에서 결정된다는 설. ↔결정론.

비:-결정성 (非結晶性) [-쩡썽] 〔명〕〔화〕 고체를 구성하는 원자 또는 분자·이온이 결정 (結晶) 과 같은 규칙적인 배열을 하지 않고 모여 있는 상태. =무정형 (無定形).

비:-결정질 (非結晶質) [-쩡-] 〔명〕〔화〕 결정과 같이 규칙적인 배열을 하지 않는 고체 물질. =무정형 물질·비정질. ↔결정질.

비:경 (祕境) 〔명〕 사람의 발길이 잘 닿지 않는, 신비롭고 아름다운 곳. 또는, 그 경치. ¶해금강의 ~를 끼고 있는 바다.

비:-경제적 (非經濟的) 〔관명〕 산출량이나 효과에 비해 비용·물자·노력 등이 많이 드는 것.

비계¹ [-/-게] 〔명〕 돼지고기 등에서, 살가죽과 살코기 사이에 두껍게 층을 이루어 끼어 있는 기름의 부분.

비계² [-게-/-게] 〔명〕〔건〕 높은 곳에서 공사를 할 때 디디고 설 수 있도록 장나무와 널을 다리처럼 걸쳐 놓은 장치.

비:계³ (祕計) [-게/-게] 〔명〕 남모르게 꾸며 낸 꾀.

비계-목 (-木) [-게-/-게-] 〔명〕 비계를 매는 가늘고 긴 통나무.

비곗-덩어리 [-게떵-/-겓떵-/-게떵-/-겓떵-] 〔명〕 **1** 돼지 따위의 덩어리진 비계. **2** 몹시 살이 찐 사람을 놀림조로 이르는 말.

비곗-살 [-게쌀/-겓쌀/-게쌀/-겓쌀] 〔명〕 **1** 비계가 많은 살. **2** 사람의 퉁퉁한 살을 속되게 이르는 말.

비:고 (備考) 〔명〕 문서 따위에서, 그 내용에 참고가 될 만한 사항을 보충하여 기입하는 일. 또는, 그 사항.

비:고-란 (備考欄) 〔명〕 비고 사항을 적기 위하여 마련해 둔 난.

비:곡 (悲曲) 〔명〕 슬픈 곡조. 〔비〕비조 (悲調).

비:-공개 (非公開) 〔명〕 공개하지 않음. ¶~ 회의 / ~로 진행된 재판. **비:공개-하다** 〔통〕〔타여〕 **비:공개-되다** 〔자〕

비:-공개적 (非公開的) 〔관명〕 공개하지 않는 (것). ¶~ 심사.

비:-공식 (非公式) 〔명〕 공식이 아니고 사사로움. ¶~ 방문 / ~ 모임. ↔공식.

비:-공식적 (非公式的) [-쩍] 〔관명〕 공식이 아니고 사사로운 (것). ¶~ 인 행사 / 문제를 ~으로 해결하다.

비:-공인 (非公認) 〔명〕 공식적으로 인정받지 못함. ¶~ 세계 신기록.

비:-과세 (非課稅) 〔명〕 세금을 매기지 않는 것. ¶~ 대상 / ~ 물품 / ~ 증명. **비:과세-하다** 〔통〕〔여〕

비:-과학적 (非科學的) [-쩍] 〔관명〕 과학적이 아닌 (것). 또는, 과학적인 근거가 없는 (것). ¶~ 인 생활 방식 / ~ 요소.

비:관 (悲觀) 〔명〕 **1** 인생을 슬픈 것으로 보아 늘 어둡고 우울한 감정을 가지는 것. **2** 일이 잘 안 될 것으로 보는 것. ↔낙관 (樂觀). **비:관-하다** 〔통〕〔타여〕 ¶인생을 ~ / 가난을 ~.

비:관-론 (悲觀論) [-논] 〔명〕 인생을 비관하거나 일이 잘되지 않을 것으로 보는 주장이나 이론. ↔낙관론.

비:관세^장벽 (非關稅障壁) 〔명〕 관세 이외의 방법으로 정부가 외래품을 차별하는 규제. 수입 수량 제한·수출 보조금 지급 따위.

비:관-적 (悲觀的) 〔관명〕 비관하는 (것). ¶~ 견해 / 보호 관세의 장벽으로 수출 전망이 매우 ~이다. ↔낙관적.

비:관-주의 (悲觀主義) [-의/-이] 〔명〕〔철〕 **1** 인생을 슬프게 보며 현실에 대하여 늘 침울해 하는 태도. **2** 일이 잘 안 될 것으로 보며 자신 없이 하는 생각이나 태도. ↔낙관주의. ▷염세주의.

비:교¹ (比較) 〔명〕 둘 이상의 것을 견주어 차이·우열·공통점 등을 살피는 것. ¶이 시장은 다른 시장과 ~가 되지 않을 만큼 물건 값이 싸다. **비:교-하다** 〔통〕〔타여〕 ¶국산품과 수입품의 품질을 **비교해** 보다. **비:교-되다** 〔자〕

비:교² (祕敎) 〔명〕 **1** 〔불〕 =밀교¹. **2** 비밀의 의식을 행하는 종교.

비:교-급 (比較級) [-끕] 〔명〕〔언〕 유럽 어 등에서 형용사·부사가 취하는 어형 변화의 하나. 비교의 대상과 비교하여 성질·상태의 정도가 더 심한 것을 나타냄. ▷원급·최상급.

비:교^문학 (比較文學) 〔명〕〔문〕 두 나라 이상의 문학을 비교하여 서로의 영향을 과학적·실증적으로 연구하는 학문.

비:교^심리학 (比較心理學) [-니-] 〔명〕〔심〕 **1** 인간과 여러 동물의 행동을 비교·연구하는 심리학의 한 부문. **2** 인종 간, 남녀간, 개인 간, 사회적 계급 간, 개인의 발달 단계에 있어서의 행동을 비교·연구하는 심리학의 한 부문.

비:-교육적 (非教育的) [-쩍] 〔관명〕 교육적으로 올바르거나 바람직하지 않은 (것). ¶~ 인 언동 [소사].

비:교-적(比較的) Ⅰ관명 비교하는 (것). ¶남북한 언어의 ~ 고찰.
Ⅱ분 일정한 것이나 보통 정도보다는 더. ¶~ 높은 산 / 우리 사무실은 도심에 위치하고 있어 ~ 교통이 편리하다.

비:교전^상태(非交戰狀態) 명 타국 간의 전쟁에 직접 참가하지는 않으나, 교전 당사국의 어느 일방을 편파적으로 도움으로써 다른 당사국과 서로 대치하고 있는 긴장 상태.

비:교-표(比較表) 명 어떤 일의 성장을 비교하여 나타낸 표. ¶실적 ~.

비-구¹(比丘) 명[불] 출가하여 계율을 받고 불도를 닦는 남자 승려. ¶비구승. ↔비구니.

비-구²(飛球) 명[체] = 뜬공.

비-구니(比丘尼) 명[불] 출가하여 계율을 받고 불도를 닦는 여자 승려. = 이승(尼僧). ↔비구.

비-구름 명[기상] = 난층운. ¶~을 동반한 태풍이 불어오다.

비:-구상(非具象) 명[미] 구체적인 사물을 재현하지 않고 대상의 본질을 추상적으로 표현한 회화나 조소. ↔구상.

비:-구승(比丘僧) 명[불] = 비구(比丘)¹. ↔대처승(帶妻僧).

비:-군사적(非軍事的) 관명 군사적이 아닌 (것). ¶~ 문제 / ~ 목적.

비굴(卑屈) → 비굴-하다 형영 (사람이나 그의 행동이) 자기보다 강한 사람이나 세력 앞에서 바른 주장이나 행동을 하지 못하고 지나치게 낮추거나 굽히는 태도가 있다. ¶비굴한 태도 / [생각] 윗사람 앞에서 비굴하게 굽실거리다. 비굴-히 분

비굴-스럽다(卑屈-) [-따] 형ㅂ <~스러우니, ~스러워> 비굴한 데가 있다. 비굴스레 분

비:궁(祕宮) 명 비밀의 궁전.

비극(悲劇) 명 1 [연] 내용이 슬프고 불행한 결말을 맺는 연극. 또는, 그런 내용의 영화나 방송극을 가리키기도 함. 2 매우 비참한 사건. ¶6·25는 아직도 아물지 않은 동족 상잔의 ~이다. ↔희극(喜劇).

비:-극적(悲劇的) 관명 1 비극을 특징으로 하는 (것). 2 매우 비참한 (것). ¶~ 운명 / ~인 현실.

비:근(卑近) → 비근-하다 형영 (어떤 사례가) 쉽게 또는 흔히 보고 들을 수 있을 만큼 주위에 가까이 있다. ¶비근한 예를 들다.

비금(飛禽) 명 = 날짐승.

비금비금-하다 형영 견주어 보아 서로 비슷하다. ¶실력이 ~.

비:-금속¹(非金屬) 명[화] 금속의 성질을 가지지 않은 물질.

비:-금속²(卑金屬) 명[화] 공기 중에서 쉽게 산화되는 금속의 총칭. 철·구리·납·아연·알루미늄 따위. ↔귀금속.

비:금속-광택(非金屬光澤) [-꽝-] 명 금속이 아닌 물질에서 나는 광택. 유리·진주 등의 광택 따위.

비:금속^원소(非金屬元素) 명[광] 금속 상태의 물질을 갖지 않는 원소. 산소·수소·질소·탄소·규소·플루오르·브롬·붕소 따위. ↔금속 원소.

비금-주수(飛禽走獸) 명 나는 새와 기는 짐승. ⓑ비주(飛走).

비-긋다 [-근따] 자 <~그으니, ~그어> 비를 잠시 피하여 그치기를 기다리다.

비:기(祕記) 명 1 길흉화복을 예언하여 적은 기록. 2 비밀히 기록함. 또는, 그 기록.

비기다¹ 동자 비스듬하게 기대다. ¶난간에 비기어 서서 하늘을 바라보다.

비기다² 동자타 1 서로 비금비금하여 승부를 가리지 못하다. ¶우리 팀은 결승전에서 상대 팀과 3 대 3으로 비겼다. 2 셈할 것을 서로 에우다. ⓗ상쇄하다. ¶줄 것과 받을 것을 ~.

비기다³ 동타 1 서로 견주어 보다. ¶비길 데 없이 착하다 / 부모님의 사랑을 무엇에 비기랴. 2 빗대어 말하다. ⓗ비유하다. ¶인생을 연극에 ~.

비김-수(-手) [-쑤] 명 장기·바둑 따위에서 서로 비기게 되는 수. ⓑ빅수.

비껴-가다 동자 1 비스듬히 스쳐 지나다. ¶공이 골대를 살짝 ~. 2 어떤 감정이나 표정, 모습 등이 얼굴에 잠깐 스쳐 지나다. ¶그녀의 눈가에 슬픔이 ~.

비껴-들다¹ 동타 <~드니, ~드오> 비스듬히 들다. ¶햇살이 창틈으로 ~.

비껴-들다² 동타 <~드니, ~드오> 비스듬히 위로 쳐들다. ¶총을 ~.

비:-꼬다 동타 1 노끈 등을 비틀어서 꼬다. 2 몸을 바로 가지지 못하고 비비 틀다. ¶아이들은 딱딱한 의자에 앉아 있기가 좀이 쑤시는 듯 몸을 비꼬고 하품을 해 댄다. 3 남의 비위를 거슬릴 만큼 빈정거리다. ¶비꼬아 말하다. 좍배꼬다.

비:꼬-이다 동자 1 '비꼬다'의 피동사. ¶실이 ~. 2 마음이 올곧지 않고 그릇된 방향으로 나가다. 3 일이 순조롭지 않고 잘못되어 가다. ¶일이 공교롭게도 ~. ⓒ비꾀다. 좍배꼬이다.

비:꾀다 [-꾀-/-꿰-] 동자 '비꼬이다'의 준말.

비꾸러-지다 동자 1 몹시 비뚤어지다. 2 그릇된 방향으로 벗어져 나가다. ¶잘되어 나가던 일이 결정적인 순간에 그만 비꾸러지고 말았다. 섄삐꾸러지다.

비꾸러-매다 동타 (어떤 것을 끈·줄 등으로) 서로 떨어지지 못하게 붙잡아 매다. ¶소 고삐를 나무에 ~.

비끗 [-끋] 분 1 맞추어 끼일 물건이 서로 어긋나서 맞지 않는 모양. 2 잘못하여 일이 어긋나는 모양. 좍배끗. 섄삐끗. 비끗-하다 동자여 ¶발목을 ~.

비끗-거리다/-대다 [-끋끈(때)-] 동자 1 일이 될 듯 될 듯하면서도 잘 안 되다. 2 맞추어 끼일 물건이 어긋나서 맞지 않다. ¶미닫이 문이 비끗거리고 안 열린다. 좍배끗거리다. 섄삐끗거리다.

비끗-비끗 [-끋끋] 분 비끗거리는 모양. 좍배끗배끗. 섄삐끗삐끗. 비끗비끗-하다 동자여.

비끼다 동자 1 비스듬히 비치다. ¶석양이 산마루에 ~ / 달빛에 비껴어 검붉은 얼굴이 해쓱하다.《김유정: 산골 나그네》 2 비스듬하게 놓이거나 늘어지다. ¶큰 칼을 비껴 차다. 3 어떤 표정이 얼굴에 잠깐 나타나다. ¶얼굴에 어두운 그늘이 ~.

비나리 명 아첨하여 환심을 사는 것. ¶~를 치다.

비:난(非難) 명 (어떤 사람을, 또는 그의 결점이나 잘못을) 문제 삼아 나쁘게 말하는 것. ¶~의 화살 / ~을 받다. 비:난-하다 동타여 ¶실책을 ~.

비:난-거리다(非難-) [-꺼-] 명 비난을 받을

만한 거리.
비난-조(非難調)[-쪼][명] 남을 비난하는 투.
비너스(Venus)[명][신화] '베누스'의 영어명.
비녀[명] 1 여자의 쪽 찐 머리가 풀어지지 않도록 가로질러 꽂는, '一(일)' 자 모양의 장신구. 금·은·옥·쇠·나무·뿔·뼈 등으로 만듦. ¶금~/~를 꽂다. 2 관(冠)이나 가체를 머리에 고정시키기 위해 꽂는 장신구. =잠(簪).
비녀²(婢女)[명] =계집종.
비녀-장[명] 1 바퀴가 벗어나지 못하게 굴대 머리 구멍에 끼는 큰 못. 2 [건] 인방이 물러나지 못하게 기둥과 인방 대가리를 얼러서 꽂는 굵은 나무못. =잠(簪).
비^노동력^인구(非勞動力人口)[-녁-][명] [사] 생산 연령 인구 가운데 통학·가사(家事)·질병 등으로 인하여 노동 시장에 나타나지 않는 인구. ↔노동력 인구.
비-논리적(非論理的)[-놀-][명] 논리적이 아닌 (것). ¶~ 서술 / 그의 사고방식은 ~이다.
비-농가(非農家)[명] 농촌에 살기는 하나 농사를 짓지 않는 집.
비^뇨-기(泌尿器)[명][생] 오줌을 만들고 그것을 배설하는 기관. 신장·수뇨관·방광·요도 등으로 이루어짐.
비^뇨기-과(泌尿器科)[-꽈][명][의] 비뇨기의 질환을 연구·치료하는, 의학의 한 분과.
비누[명] 몸을 씻거나 옷을 빨거나 할 때, 물기 있는 몸이나 옷 등에 묻혀 문지르면 때를 빠지게 하는 물질. 물에 녹으면 거품이 일며 미끈미끈함. 보통 고급 지방산의 알칼리 금속염을 주성분으로 함. ¶세숫~ / 빨랫~ / 가루~.
비누-질[명] 때를 빼거나 씻어 내기 위하여 비누를 문지르는 짓. 비누질-하다[동](자)(타)(여)
비누-칠(-漆)[명] 때를 없애려고 비누를 바르는 일. 비누칠-하다[동](자)(타)(여)
비누-화(-化)[명][화] 1 에스테르를 알코올과 산(酸), 또는 그 염으로 가수 분해시키는 반응. 2 지방을 분해하여 글리세린과 비누를 만드는 화학 변화. =감화. 비누화-하다[동](자)(타)(여) 비누화-되다[동](자)
비누홧-값(-化-)[-화깝/-환깝][명][화] 지방 1g을 비누화하는 데 필요한 수산화칼륨의 mg 수.
비눗-갑(-匣)[-누깝/-눋깝][명] 비누를 담아 두고 쓰는 갑.
비눗-기[-끼/-끼][명] 비눗물의 기운.
비눗-물[-눈-][명] 비누를 푼 물.
비눗-방울[-누빵-/-눋빵-][명] 비눗물을 가는 대롱의 끝이나 동그란 고리 등에 묻힌 다음, 입으로 불거나 허공에 저으거나 함으로써 생기는, 동그랗고 투명한 방울.
비늘[명] 1 어류·파충류 등의 몸 표면을 촘촘히 덮고 있는 얇고 다소 딱딱한 작은 조각. ¶생선 ~. 2 물고기의 비늘과 비슷하게 생긴 물건의 총칭.
비늘-구름(緋緞-)[명][기상] =권적운(卷積雲).
비늘-잎[-립][명][식] 자연 변태로 비늘같이 된 잎. 겨울눈을 싸서 보호함. =인엽(鱗葉).
비늘-줄기[명][식] 땅속줄기의 하나. 짧은 줄기 둘레에 양분을 저장하여 두껍게 된 잎이 많이 겹쳐 구형·타원형·달걀형을 이룬 것. 파·마늘·나리 등에서 볼 수 있음. =인경(鱗莖).

비-능률적(非能率的)[-뉼쩍][관][명] 능률적이 아닌 (것). ¶~인 방법 / 일을 ~으로 하다.
비니온(Vinyon)[명] 미국의 비스코스 회사에서 만든 염화 비닐계 합성 섬유. 돛·절연재 등에 쓰임. 상표명에서 온 말임.
비닐(vinyl)[명][화] 비닐 수지나 비닐 섬유를 이용하여 만든 제품의 총칭. 내수성이 강함.
비닐론(vinylon)[명] 폴리비닐 알코올계의 합성수지. 친수성과 흡습성이 있어, 어망·의복 등에 널리 쓰임.
비닐-봉지(vinyl封紙)[명] 비닐로 만든 봉지.
비닐-우산(vinyl雨傘)[명] 대나무 오리로 된 살에 비닐을 씌운 간이 우산.
비닐-장갑(vinyl掌匣)[명] 비닐로 만든 일회용 장갑. 음식을 만들거나 염색을 할 때, 또는 직접 손으로 만질 수 없는 물건을 다룰 때 씀.
비닐-하우스(†vinyl house)[명] 채소·화훼류를 촉성 재배하거나 열대 식물을 재배하기 위하여 비닐로 만든 온상.
비:다[동] 1 (일정한 공간을 가진 물건이나 대상이) 아무것도 들어 있거나 담겨 있거나 차 있지 않은 상태가 되다. ¶빈 그릇 / 주머니가 ~. 2 (집이나 방이나 자리, 또는 공간을 가진 구조물이) 그것을 차지하거나 지키는 사람이 없는 상태가 되다. ¶빈집 / 열차가 텅텅 ~. 3 (사람의 손이나 몸이) 또는 사람이 지녀야 할 물건이 없는 상태가 되다. ¶아무것도 준비할 것은 없고 빈 몸으로 오면 된다. 4 (사람의 마음이) 의지할 대상이나 보람으로 여길 만한 것이 없어 외롭거나 쓸쓸하게 되다. ¶소녀는 텅 빈 마음을 가눌 길 없어 괜스레 눈물을 짓는다. 5 (사람의 머릿속이) 지식이나 생각다운 생각을 가지지 못하게 되다. ¶골이 빈 녀석. 6 (본래 있던 어떤 액수나 수량에서 얼마가) 모자라는 상태가 되다. ¶거스름돈을 세어 보니 천 원이 빈다. [빈 수레가 요란하다] 실속 없는 사람이 겉으로 떠들어 댄다.
비:단¹(緋緞)[명] 명주실로 광택이 나게 짠 피륙의 총칭. 세는 단위는 필(疋)·동(50필). ⓗ견직물. ⓒ단(緞).
비:단²(非但)[부] 부정하는 말 앞에서, '다만'의 뜻으로 쓰이는 말. ¶지금 불황을 맞고 있는 것은 ~ 우리 회사뿐만이 아니다.
비:단-개구리(緋緞-)[명][동] =무당개구리.
비:단-결(緋緞-)[-껼][명] 1 비단의 바탕에 나타나는 올의 짜임새. 2 마음이 곱고 착한 상태. 또는, 살결·털 등이 부드럽고 매끄러운 상태. 비유적인 말임. ¶옆집 새댁은 마음씨가 ~이라니까. / 머릿결이 ~ 같다.
비:단-길(緋緞-)[명][역] 내륙 아시아를 가로질러 중국과 서방 세계를 연결하던 고대의 통상로(通商路). 동서 문화의 교류에 중요한 역할을 하였음. =실크 로드.
비:단-보(緋緞褓)[-뽀][명] 비단으로 바느질하여 만든 보자기.
비:단-실(緋緞-)[명] =견사(絹絲).
비:단-옷(緋緞-)[-온][명] 비단으로 지은 옷. =금의(錦衣).
비:단-풀(緋緞-)[명][식] 홍조류 비단풀과의 해조(海藻). 식물체는 5~50cm이고 원기둥 모양의 가느다란 사상체(絲狀體)를 이루며, 빛깔은 붉은색 또는 암자색임. 식품 또는 풀 쑤는 재료로 쓰임.
비:답(批答)[명] 상소에 대한 임금의 하답.

비:대(肥大) →비:대-하다 혱예 1 살이 쪄서 몸집이 커짐. ¶몸집이 ~. 2 권력·조직·집단 따위의 규모가 어느 한계 이상으로 커짐. ¶기구(機構)가 ~ / 행정권이 비대해지다.

비:대발괄 뎽 딱한 사정을 말하여 가며 간절히 청하고 빎. 비:대발괄-하다 탄예 ¶방에 여전히 사내의 비대발괄하는 푸념이 되풀이되고 있다.《현진건:B사감과 러브레터》

비:대-증(肥大症) [-쯩] 뎽[의] 몸의 조직이나 장기가 병적으로 커지는 증세. ¶심장 ~ / 갑상선 ~.

비:-대칭(非對稱) 뎽 대칭이 아님. ↔대칭.

비데(bidet) 뎽 걸터앉아 위로 분출하는 물로 성기나 항문을 씻을 수 있도록 변기에 설치하는 장치.

비도(匪徒) 뎽 떼를 지어 다니면서 살인·약탈을 일삼는 도둑의 무리.

비:-도덕(非道德的) [-쩍] 관뎽 도덕적 규범에 어긋나는 (것). ¶~ 행위.

비:-동맹국(非同盟國) 뎽 동서로 양극화된 국제 정치 질서에서 어느 한 진영에도 종속됨을 거부하고 자주독립의 중립 노선을 표방한 나라.

비:둔(肥鈍) →비:둔-하다 혱예 몸이 둥둥하거나 옷을 많이 입어 움직이는 것이 굼뜨다. ¶옷고름을 떼어 버린 솜바지 저고리를 비둔하게 입고, 떡 들어서는 동헉이!《심훈:상록수》

비둘기 뎽[동] 비둘깃과에 속하는 새의 총칭. 야생종과 집비둘기로 크게 나뉨. 날개가 잘하며, 머리는 작고 둥글며 부리는 짧음. 성질이 순하여 길들이기 쉽고, 귀소성을 이용하여 통신에 사용함. 평화를 상징하는 새의 하나임. 울음소리는 '꾹꾹'.

비둘기-장(-欌) 뎽 비둘기를 기르는 새장.

비둘기-파(-派) 뎽 어떤 분쟁에 있어서 상대편의 주장과 타협하며 온건하게 일을 해결하려는 경향의 사람들. ↔매파.

비듬 뎽[생] 살갗, 특히 머리의 살갗에서 떨어져 나온 잔 비늘 모양의 허연 물질. ≒풍설 (風屑). ¶옷깃에 허옇게 ~이 떨어지다.

비등¹(飛騰) 뎽 높이 날아오르는 것. ≒비양 (飛揚). 비등-하다¹ 쟈예 ¶독수리가 하늘로 ~.

비:등²(沸騰) 뎽 1 [화] 액체가 어느 온도 이상으로 가열되어, 그 증기압이 주위의 압력보다 커져서 액체의 표면뿐만 아니라 내부에서도 기화하는 현상. 2 물 끓듯이 떠들썩해지는 것. 비:등-하다² 쟈예 ¶현 정권이 무능하다는 여론이 ~.

비:등³(比等) →비:등-하다³ 혱예 (어떤 사람이나 대상이 다른 사람이나 대상이) 능력이나 수준 등이 서로 비슷함. ¶실력이 ~ / 성적이 ~.

비:등-비등(比等比等) →비:등비등-하다 혱예 여럿이 모두 비슷하다. ¶비등비등한 실력 / 힘이 ~.

비:등-점(沸騰點) [-쩜] 뎽[화] =끓는점.

비디오(video) 뎽 1 비디오테이프에 기록된 영화나 텔레비전 프로그램이나 기타 영상물. 또는, 그 비디오테이프. ¶나는 어제 집에서 ~을 한 편 보았다. 2 '비디오카세트리코더'의 준말. ¶~를 한 대 구입하다. ▷오디오.

비디오^게임(video game) 뎽 마이크로칩과 컴퓨터 기술을 조합하여 스크린 위에서 벌이는 게임. 여러 가지 소프트웨어를 써서 할 수 있음.

비디오-디스크(videodisk) 뎽 영상(映像)과 음성을 디지털 신호로서 기록한 원반.

비디오-방(video房) 뎽 돈을 내고 비디오를 볼 수 있도록 꾸며 놓은 업소. 1990년대에 생긴 신조어임.

비디오^아트(video art) 뎽 비디오를 표현 수단으로 하는 영상 예술.

비디오-자키(video jockey) 뎽 텔레비전의 대중음악 프로에서, 뮤직 비디오 따위를 소개해 주는 사람. =브이제이(VJ). ▷디스크자키.

비디오^카드(video card) 뎽[컴] =영상 카드(影像card).

비디오-카메라(video camera) 뎽 고체 촬영 소자를 내장하여, 영상을 전기 신호로 변환하는 카메라.

비디오카세트-리코더(video cassette recorder) 뎽 =브이시아르(VCR). 준비디오.

비디오-테이프(videotape) 뎽 영상 신호나 음성을 기록하기 위한 자기(磁氣) 테이프. 또는, 기록한 테이프.

비디오테이프-리코더(videotape recorder) 뎽 =브이티아르(VTR).

비디오텍스(videotex) 뎽 전화 회선 등을 이용하여 가정이나 사무실의 비디오 단말기에 희망하는 정보를 표시·제공하는 통신 정보 서비스.

비디오폰(videophone) 뎽 1 화상으로 상대방의 얼굴을 보면서 통화할 수 있는 전화. 2 대문 밖에 있는 사람을 집 안에서 영상 화면으로 확인할 수 있는 인터폰.

비딱-거리다/-대다 [-꺼(때)-] 쟈 '삐딱거리다'의 여린말. ᅀ배딱거리다.

비딱-비딱 [-삐-] 부 '삐딱삐딱'의 여린말. ᅀ배딱배딱. 비딱비딱-하다 쟈타예

비딱-하다 [-따카-] 혱예 '삐딱하다'의 여린말. ᅀ배딱하다.

비뚜로 부 '삐뚜로'의 여린말. ᅀ배뚜로.

비뚜름-하다 혱예 '삐뚜름하다'의 여린말. ᅀ배뚜름하다. 비뚜름-히 부

비뚝-거리다/-대다 [-꺼(때)-] 쟈타 '삐뚝거리다'의 여린말. ᅀ배뚝거리다.

비뚝-비뚝 [-삐-] 부 '삐뚝삐뚝'의 여린말. ᅀ배뚝배뚝. 비뚝비뚝-하다 쟈타예

비뚤-거리다/-대다 쟈타 '삐뚤거리다'의 여린말. ᅀ배뚤거리다.

비뚤다 혱〈비뚜니, 비뚜오〉 1 바르지 못하고 한쪽으로 기울어지거나 쏠려 있다. ¶줄이 ~. ᅀ배뚤다. 2 (마음이나 태도가) 올바르거나 건전하지 못하거나 잘못된 상태에 있다. ¶매사를 비뚤게 보다. 쎈삐뚤다.

비뚤-배뚤 부 '삐뚤뼤뚤'의 여린말. 비뚤배뚤-하다 쟈타예

비뚤-비뚤 부 '삐뚤뼤뚤'의 여린말. ᅀ배뚤배뚤. 비뚤비뚤-하다 쟈타예

비뚤어-지다 쟈 '삐뚤어지다'의 여린말. ¶입이 ~ / 친구를 잘못 사귀면서 성격이 비뚤어졌다. ᅀ배뚤어지다. 쎈삐뚤어지다.

비뚤-이 뎽 '삐뚤이'의 여린말.

비:라리 뎽 구구한 말을 하여 가며 남에게 무엇을 청하는 짓. ¶~를 치다. 2 곡식이나 천 등을 많은 사람으로부터 조금씩 얻어 모아 그것으로 제물을 만들어서 귀신에게 바치고 비는 일.

비래(飛來) [명] 날아서 오는 것. **비래-하다** [동][자][여]
비럭-질[-찔] [명] 남에게 구걸하는 짓. **비럭질-하다** [동][타][여]
비렁-뱅이 [명] '거지1 1' 을 얕잡아 이르는 말. ¶~ 신세가 되다. [작]배랑뱅이. ×거렁뱅이.
비ː련(悲戀) [명] 슬프게 끝나는 사랑.
비ː례1(比例) [명] **1** 예를 들어 견주어 보는 것. **2** [수] 두 양 또는 두 수에 있어서, 한쪽이 2배, 3배, …로 되면 다른 한쪽도 2배, 3배, …로 되는 일. 또는, 이 관계를 다루는 산법(算法). ¶~ 관계. **3** [미] 표현된 물상(物象)의 각 부분 상호 간, 또는 전체와 부분 간의 양적 관계. **비ː례-하다** [동][자][여]
비ː례2(非禮) [명] 예의에 어긋나는 것. ¶과공(過恭)은 ~라.
비ː례^대ː표제(比例代表制) [명][정] 각 정당의 득표수에 비례하여 의원을 선출하는 선거 제도.
비ː례^상수(比例常數) [명][수] 두 개의 변수가 비례할 때의 그 비의 값. $y=ax$에서 a를 일컬음. =비례 계수.
비ː례-세(比例稅)[-쎄] [명][법] 과세 대상의 크기에 관계없이 일정한 세율로 부과하는 세. ▷누진세·역진세.
비ː례-식(比例式) [명][수] 두 비(比)가 같음을 나타내는 식. $a:b=c:d$ 따위.
비ː례^중항(比例中項) [명][수] 두 내항(內項)이 같은 비례식의 그 내항. $a:b=b:c$와 같이 될 때의 b. =비례 중수·중수(中數).
비ː례-항(比例項) [명][수] 비례를 이루고 있는 각 항(項).
비로드(←[포]veludo) [명] =벨벳.
비로소 [부] 그제야 처음으로. 어떤 일이나 현상이 다른 일이나 현상이 있고 난 후에야 처음으로 이루어짐을 나타내는 말. ¶사람들은 그 음악가의 위대함을 그가 죽고 난 뒤에야 ~ 깨달기 시작했다. ×비로서.
비로자나-불(毘盧遮那佛) [명][불] 연화장 세계에 살며, 그 몸은 법계(法界)에 두루 차서 큰 광명을 내비추어 중생을 제도한다는 부처. =노자나불. [준]비로자나.
비록1 [부] 아무리 그러하다 할지라도. ¶~ 남이지만 형제처럼 서로 도우면서 지내자.
비ː록2(祕錄) [명] **1** 비밀의 기록. **2** 숨겨져 있던 사실의 기록. ¶제2차 세계 대전 ~.
비롯-되다[-롣뙤-/-롣뛔-] [동][자] (사물이) 처음 시작되다. ¶그들 부부의 불화는 남편의 무관심에서 **비롯되었다**.
비롯-하다[-로타-] [동][여] [1][자] (사물이) 처음으로 시작되다. ¶우주는 태초에 혼돈에서 **비롯하였다**. [2][불타] (('비롯하여', '비롯한' 의 꼴로 쓰여)) 여럿을 차례로 말할 때 어떤 것을 첫머리로 하다. ¶사과를 **비롯한** 배·감·포도 등의 과일.
비ː료(肥料) [명] 토지의 생산력을 높이고 식물의 생장을 촉진시키기 위하여 경작지에 뿌려 주는 영양 물질. 질소·인산·칼륨은 비료의 3요소로 중요함. [비]거름. ¶화학 ~ / ~를 주다.
비루1 [명] 개·말·나귀 등의 피부가 헐고 털이 빠지는 병. ¶~가 오르다.
비ː루2(悲淚) [명] 슬퍼서 흘리는 눈물.
비ː루3(鄙陋) ➡**비ː루-하다** [형][여] (행동이나 성질이) 너절하고 더럽다. ¶**비루한** 말씨〔행동〕/ 살겠다고 버둥대는 어머니와 자기의 모습이 한없이 **비루하게** 느껴지는 것이었다.《박경리 : 불신 시대》
비ː루-관(鼻淚管) [명][생] 눈물주머니의 아래 끝에서 하비도(下鼻道)로 통하는 눈물길. =누비관.
비루-먹다[-따] [동][자] (개·말·나귀 등이) 피부가 헐고 털이 빠지는 병에 걸리다. ¶**비루먹은** 강아지〔망아지〕.
비루스([라]virus) [명][생] '바이러스1' 의 잘못.
비ː류(比類) [명] 서로 비교할 만한 비슷한 종류.
비름 [명][식] 비름과의 한해살이풀. 높이 1m 정도. 7월경에 백록색의 잔 꽃이 핌. 밭이나 길가에 나며, 기르기도 함. 어린잎은 먹음. =참비름.
비릇다[-른따] [동][타] 진통이 오면서 아이를 낳으려는 기미를 나타내다. ¶그날 밤새도록 오주의 아내는 아이를 **비릇기**만 하고 낳지 못하여 오주까지 밤을 해뜩 새웠다.《홍명희 : 임꺽정》
비ː리(非理) [명] 도덕이나 법에 어긋나 사회적으로 용납하기 어려운 일. ¶~를 저지르다 / ~를 척결하다.
비리다 [형] **1** (어떤 물질이나 물건의 맛이나 냄새가) 물고기에서 나는 것과 같거나 날콩을 씹을 때의 맛과 같아 역겹다. ¶**비린** 음식 / 냄새가 ~. **2** (하는 짓이) 좀스럽고 쩨쩨하여 비위에 거슬리는 상태에 있다. ¶돈깨나 있다는 놈이 푼돈 가지고 되게 **비리게** 구네. [작]배리다.
비리-비리 [부] 비틀어질 정도로 몹시 여윈 모양. ¶~ 마른 팔뚝. [작]배리배리. **비리비리-하다** [형][여] ¶몸이 ~.
비리척지근-하다[-찌-] [형][여] 비린 맛이나 냄새가 조금 나는 듯하다. ¶**비리척지근한** 바닷바람. [준]비리치근하다·비척지근하다·비치근하다. [작]배리착지근하다.
비리치근-하다 [형][여] '비리척지근하다' 의 준말.
비린-내 [명] 비린 냄새. ¶생선 ~ / ~를 풍기다 / ~가 코를 찌르다.
　비린내(가) 나다 [구] =젖비린내(가) 나다.
비릿-비릿[-릳삐릳] [부] **1** 냄새나 맛이 몹시 비릿한 모양. **2** 구차스럽거나 던적스러운 짓이 마음에 아니꼽고 더러운 모양. [작]배릿배릿. **비릿비릿-하다** [형][여] ¶어시장 쪽에서 **비릿비릿한** 냄새가 풍겨 왔다.
비릿-하다[-리타-] [형][여] (냄새나 맛이) 조금 비린 듯하다. ¶**비릿한** 피 냄새 / 콩이 덜 볶여서 ~. [작]배릿하다.
비마(飛馬) [명] **1** 나는 듯이 빨리 닫는 말. [비]준마(駿馬). **2** 바둑에서, 가의 둘째 줄에 있는 말에서 안으로 세 밭 건너의 갓줄에 놓는 점.
비막(飛膜) [명][생] 박쥐·하늘다람쥐·날도마뱀 등의 발가락 사이에서 꼬리에 이르기까지 피부가 늘어나서 생긴 막. 이 막을 펴서 날개처럼 날아다닐 수 있음.
비ː만(肥滿) [명] 살이 너무 많이 쪄서 몸이 뚱뚱한 상태. **비ː만-하다** [형][여]
비ː만-아(肥滿兒) [명] 살이 너무 많이 쪄서 몸이 뚱뚱한 아이.
비ː만-증(肥滿症)[-쯩] [명][의] 몸에 지방이 과잉으로 축적된 상태. 체중이 표준 체중보다 20% 이상 많은 경우를 말함.
비말(飛沫) [명] 튀어 오르거나 날아 흩어지는 물방울. ¶파도의 ~ / ~이 날리다.
비ː망(備忘) [명] 잊어버리지 않기 위한 대비.

비:망-기(備忘記) 명 [역] 임금의 명령을 적어서 승지(承旨)에게 전하는 문서.

비:망-록(備忘錄) [-녹] 명 잊지 않으려고 중요한 골자를 적어 두는 책자. =총명기(聰明記).

비매-품(非賣品) 명 견본 또는 특정인에게 배부하는 것으로, 일반에게는 팔지 않는 물품. ↔판매품.

비:명¹(非命) 명 사람이 제 수명을 다 누리지 못한 상태. 뜻밖의 사고 등으로 갑자기 죽었을 때 그 죽음을 이르는 말임. ¶~에 가다.

비:명(悲鳴) 명 몹시 놀라거나 극심한 고통을 느끼거나 하는 순간, 자기도 모르게 지르는, '악', '으악' 등의 소리. ¶외마디 ~ 소리 / 깜짝 놀라 ~을 지르다.

비명³(碑銘) 명 비석에 새긴 글.

비:명-횡사(非命橫死) [-횡/-휑-] 명 자기 수명대로 다 살지 못하고 뜻밖의 재난으로 죽음. ↔와석종신. **비:명횡사-하다** 동.

비:목¹(費目) 명 비용을 지출하는 명목. ¶~을 세우다 / ~을 정하다.

비목²(碑木) 명 비(碑)로서 세워진 나무. ¶비바람 긴 세월로 이름 모를 이름 모를 ~이여. 《한명희:비목》 ▷목비(木碑)

비:몽사몽(非夢似夢) 명 꿈인지 생시인지 어렴풋한 상태. =사몽비몽. ×이몽가몽.

비:몽사몽-간(非夢似夢間) 명 꿈인지 생시인지 어렴풋한 동안.

비:-무장(非武裝) 명 무장하지 않음.

비:무장^지대(非武裝地帶) 명 [군] 교전국 쌍방이 협정에 의하여 무력을 배치하지 않은 지대. =디엠제트(DMZ).

비:문¹(非文) 명 문법에 맞지 않는 문장.

비문²(碑文) 명 비(碑)에 새긴 글. =비지(碑誌). ¶~을 새기다.

비:밀(祕密) 명 1 숨기어 남에게 공개하거나 알리지 않는 것. ¶~을 지키다 / ~이 누설되다 / ~이 탄로 나다. 2 밝혀지거나 알려지지 않은 속내. ¶우주의 ~ / 인체의 ~. **비:밀-하다** 형여 **비:밀-히** 부.

비:밀^결사(祕密結社) [-싸] 명 [사] 법률에 정하여진 신고를 기피하여, 조직·구성원·소재지 등 일체를 비밀로 하고 있는 단체. =비밀 단체.

비:밀-경찰(祕密警察) 명 어떤 국가 형태들을 유지하기 위하여, 반국가 활동을 단속하는 비밀 보안 기구.

비:밀-과외(祕密課外) [-외/-웨] 명 정해진 과정 이외의 수업을 행정 기관이나 감독자 몰래 비밀리에 하는 일.

비:밀-리(祕密裏) 명 =비밀리에.

비:밀리-에(祕密裏-) 부 관계자 이외에 남이 모르는 가운데. =비밀리. ¶~만나다 / 회의를 ~ 진행하다.

비:밀-문서(祕密文書) 명 남에게 알려서는 안 될 문서. ⓑ비밀서(密書). ㉰비문.

비:밀-번호(祕密番號) 명 은행 예금 계좌에서 출금하거나 컴퓨터 통신망에 접속하거나 할 때, 정당한 권리가 있는 사람인지 확인받기 위해 제시해야 하는 일련의 숫자.

비:밀^선:거(祕密選擧) 명 [정] 비밀 투표에 의한 선거. ↔공개선거.

비:밀-스럽다(祕密-) [-따] 형ㅂ <~-스러우니, ~스러워> 비밀한 데가 있다. ¶그의 행동은 왠지 ~. **비:밀스레** 부.

비:밀^투표(祕密投票) 명 투표인이 어느 후보에게 투표하였는지를 모르게 하는 투표. ↔공개 투표.

비-바람 명 1 비와 바람. ㉰풍우(風雨). ¶~에 허물어져 잡초만 무성한 폐가. 2 비를 동반한 센 바람. 먹구름이 시꺼멓게 몰려오는가 싶더니 ~이 몰아치기 시작했다.

비바리 명 바다에서 해산물을 채취하는 처녀.

비바체(ⓘvivace) 명 [음] 악곡의 속도를 지시하는 말로, '아주 빠르게'의 뜻.

비바치시모(ⓘvivacissimo) 명 [음] 악곡의 표현 방법과 속도를 나타내는 말로, '활기 있고 아주 빠르게'의 뜻.

비바크(㈬Biwak) 명 등산에서, 부득이한 상황으로 텐트를 치지 못하고 바위 밑이나 나무 아래, 암벽, 기타 비좁은 곳에서 하룻밤을 지새는 일.

비발 명 =비용(費用)1.

비:방¹(祕方) 명 1 비밀한 방법. ㉰비법(祕法). ¶~을 쓰다. 2 [한] 자기만 알고, 남에게는 알리지 않는 특효의 약방문. ¶~약.

비방²(誹謗) (낮음) 비웃고 헐뜯어 말하는 것. **비방-하다** 동타여 ¶상대를 ~.

비버(beaver) 명 포유류 비버과에 속하는 동물의 총칭. 몸은 비늘로 덮였으며, 뒷발의 물갈퀴로 헤엄을 침. 날카로운 앞니로 나무를 넘어뜨려 집을 지음. 모피의 질이 좋음. =해리(海狸).

비:번(非番) 명 당번이 아님. ↔당번.

비-벌레 명[동] 촉수동물 비벌레류에 속하는 동물의 총칭. 몸길이 2~10cm. 몸은 가늘고 긴 원통 모양이고, 앞에 촉수(觸手)가 비 모양으로 달려 있음. 바다가 모래 속에서 삶.

비:범(非凡) → **비:범-하다** 형여 (非常)하다. ¶그림에 **비범한** 재주를 보이다. ↔평범하다.

비:법(祕法) [-뻡] 명 어떤 어려운 일을 할 수 있는, 사람들이 잘 모르는 특별한 방법. ㉰비방(祕方). ¶건강 - / ~을 전수받다.

비:변-사(備邊司) 명 [역] 조선 시대에, 군국(軍國)의 사무를 맡아보던 관아.

비보¹(飛報) 명 매우 빨리 알리는 것. 또는, 그런 보고. ㉰급보. **비보-하다**¹ 동타여.

비:보²(祕寶) 명 비밀히 간직한 보배.

비:보³(悲報) 명 슬픈 소식. ↔희보(喜報).

비:보⁴(裨補) 명 도와서 모자람을 채우는 것. **비:보-하다** 동타여.

비보⁵(ⓘvivo) 명 [음] 악곡의 표현 방법을 나타내는 말로, '힘차고 빠르게'의 뜻.

비-보라 명 세찬 바람에 휘몰아치면서 쏟아지는 비. ¶~로 바깥 풍경이 뿌얘졌다.

비복(婢僕) 명 계집종과 사내종.

비복-근(腓腹筋) [-끈] 명 [생] 종아리 뒤쪽 피하의 발달한 강대한 근육. 발뒤꿈치를 드는 데 중요한 구실을 함. =장딴지근.

비:본(祕本) 명 소중히 간직하여 둔 책. =비서(祕書).

비부(婢夫) 명 계집종의 지아비.

비:분(悲憤) 명 슬프고 분하게 여기는 것. 또는, 그 슬픔과 분함. ¶~에 찬 목소리. **비:분-하다** 동자여.

비:분-강개(悲憤慷慨) 명 의롭지 못하거나 잘못되어 가는 일에 대한 슬프고 분한 마음을 느끼는 것. **비:분강개-하다** 동자여 ¶민영환은 을사조약이 체결되자 **비분강개한** 나머지 자결하였다.

비브라토(ⓘvibrato) 명 [음] 현악기·관악기 연주나 성악에서, 음을 상하로 가늘게 떨어 아름답게 울리게 하는 기법. =진동음. ▷바이브레이션.

비브라폰(vibraphone) 명[음] 타악기의 하나. 음률을 가진 쇳조각 밑에 전기 장치가 있는 공명체를 붙인 철금(鐵琴)·경음악의 장식적 효과음을 내는 데 쓰임.

비브리오(⑭vibrio) 명[의] 나선상 세균의 한 무리. 여름철에 어패류를 통해 인체에 들어와 식중독을 일으킴. 콜레라균·장염 비브리오 따위.

비비¹ 부 여러 번 꼬이거나 뒤틀린 모양. ¶실타래가 ~ 꼬이다/처음부터 일이 ~ 꼬이다/지루해서 몸이 ~ 틀리다/왜 말을 ~ 꼬느냐. 작배배.

비비²(狒狒) 명[동] =망토개코원숭이.

비비다 ①타 (비교적 부드러운 물체의 면을) 다른 물체의 면에 닿게 한 상태로 평행이 되는 방향으로 왕복하여 움직이다. ¶추워서 손을 ~/와이셔츠를 비벼 빨다/아기의 뺨에 볼을 ~. 2 (밥이나 국수 따위의 음식을) 다른 반찬이나 양념을 넣고 숟가락이나 젓가락 등으로 이리저리 뒤집어서 섞이게 하다. 비부비다. ¶자장면을 비벼으로 ~/양념장에 밥을 ~. 3 (어떤 물체나 물질을) 두 손바닥 사이에 넣고 손을 엇갈리게 반복적으로 움직이거나 그렇게 움직임으로써 뭉쳐지거나 꼬이게 만들다. ¶새끼를 ~/새끼를 비벼 꼬다. ×부비다. ②1 (사람이 다른 사람에게) 비위를 맞추는 행동을 하다. 비아부하다·아첨하다. ¶이 부장은 사장에게 너무 비빈다. 2 어떤 일을 애써 힘겹게 하거나 무리함을 무릅쓰고 억지스럽게 하다. ¶쥐꼬리만 한 봉급으로 그럭저럭 비비고 산다. 작배비다.

비비대기-치다 재 1 좁은 곳에서 여러 사람이 서로 몸을 맞대어 비비적거리다. 2 부산하게 행동하다.

비비-대다 타 자꾸 대고 비비다. ¶아이의 볼에 뺨을 ~. 작배비대다.

비비배배 부 종달새 따위가 우는 소리.

비비-송곳 [-꼳-] 명 자루를 두 손바닥으로 비벼서 구멍을 뚫는 송곳.

비비에스(BBS) 명 [bulletin board system] [통] =전자 게시판.

비비적-거리다/-대다 [-꺼(때)-] 자(타) 비비는 동작을 자꾸 하다. ¶손바닥을 ~/몸을 ~. 작배비작거리다.

비비적-비비적 [-쩨-] 부 비비적거리는 모양. 작배비작배비작. **비비적비비적-하다** 재(타)자

비빈(妃嬪) 명[역] 비(妃)와 빈(嬪).

비빔-국수 [-쑤-] 명 국물은 없이 고기나 나물 같은 것을 넣고 양념하여 비빈 국수.

비빔-냉면(-冷麵) 명 육수는 없이 고기나 홍어회, 나물 같은 것을 넣고 양념하여 비빈 냉면.

비빔-밥 [-빱] 명 고기·나물 따위를 섞고 갖은 양념과 고명을 넣어서 비빈 밥. ¶전주~/진주~ 명물 경계. 또는, 그 범위. ¶을 뚫다.

비:사¹(比辭) 명 비유로 쓰는 말.

비:사²(秘史) 명 세상에 알려지지 않은 이면사(裏面史). ¶궁중 ~/외교 ~.

비:사³(秘事) 명 비밀한 일.

비사리 명 싸리의 껍질.

비사차-기 명 '비사치기'의 잘못.

비사치-기 명 아이들 놀이의 하나. 손바닥만 한 납작한 돌을 세워 놓고, 얼마쯤 떨어진 곳에서 돌을 던져 맞히거나 발로 돌을 차서 맞혀 넘어뜨림. ×비사차기/비석차기.

비산¹(飛散) 명 날아서 흩어지는 것. **비산-하다** 통재여

비산²(砒酸) 명[화] 비소 또는 삼산화이비소를 진한 질산과 함께 가열하여 농축해서 얻어지는 무색의 결정. 유독하며, 비소제의 원료로 쓰임.

비:상¹(非常) 명 1 (일부 명사 앞에 쓰여) 어떤 행동이 긴급한 상황에서 이뤄지는 것임. 또는, 어떤 일이나 대상이 긴급한 상황을 위한 것임. ¶~ 착륙/~ 탈출/~ 계단/~ 대책. 2 긴급한 상황. 또는, 그 상황에 대처하는 일. ¶~을 걸다/~이 걸리다/~! ~! 모두 대피하라!

비:상²(非常) →비:상-하다¹ 형여 1 예사롭지 않다. ¶사람들은 이번 선거에 비상한 관심을 보였다. ↔심상하다. 2 매우 뛰어나다. 비비범하다. ¶머리가 ~. 비:상-히 부

비:상³(飛上) 명 날아오르는 것. **비:상-하다**² 통재여

비:상⁴(飛翔) 명 (새가) 날개를 펴고 공중을 나는 것. ¶~력(力). **비:상-하다**³ 통재여 ¶하늘 높이 비상하는 새.

비:상⁵(砒霜) 명[약] 비석(砒石)에 열을 주어 승화시켜서 얻은 결정체. 독성이 강함.

비:상-경계(非常警戒) 명 [-계/-게] 명 국가적 또는 사회적으로 위급한 일이 일어나거나 일어날 우려가 있을 때, 특정 지역을 특별히 경계하는 일. ¶테러에 대비한 ~령이 내리다.

비:상-경보(非常警報) 명 위급한 일이 있을 때, 사이렌 등의 신호로 사람들에게 알리는 일.

비:상-계단(非常階段) [-계-/-게-] 명 화재나 지진 등의 비상시 피난에 사용하기 위해 설치한 계단.

비:상-계엄(非常戒嚴) [-계-/-게-] 명 [법] 전쟁 또는 전쟁에 준하는 사변으로 사회 질서가 극도로 교란된 지역에 선포하는 계엄.

비:상-구(非常口) 명 급작스러운 사고가 있을 때 급히 피할 수 있도록 특별히 마련한 출입구.

비:상-근(非常勤) 명 매일이 아닌, 필요한 날이나 때에만 하는 근무. ¶~ 공무원/~ 위원. ↔상근.

비:상-근무(非常勤務) 명 뜻밖의 긴급한 사태가 발생했을 때 이를 해결하기 위하여 평소보다 강화하여 하는 근무.

비:상-금(非常金) 명 비상시에 쓰기 위하여 따로 마련해 둔 돈.

비:상-등(非常燈) 명 1 아주 긴급하거나 위급할 때 남에게 그것을 알리기 위하여 켜는 등. ¶~을 켜고 달리는 앰뷸런스. 2 갑자기 전기가 나가거나 했을 때 쓰는 등.

비:상-망(非常網) 명 군사 및 치안 유지상 중대 사건이 일어났을 때 평소보다 더 강화하여 편 경계. 또는, 그 범위. ¶~을 뚫다.

비:상-벨(非常bell) 명 1 화재나 기타 비상사태를 알리려고 울리는 벨. 2 화재 발생이나 도둑의 침입을 자동적으로 탐지하여 알리는 장치의 벨.

비:상-사태(非常事態) 명 1 심상치 않은 큰 사태. 2 =국가 비상사태.

비:상-선(非常線) 명 1 특별히 지정하여 비상경계를 하는 구역. 또는, 그 구역을 둘러

싼 선. ¶그 일대에 ~을 치고 물샐틈없는 경계 태세에 들어갔다. **2** 특별한 경우에 쓰도록 따로 마련된 전화선.
비:상-소집(非常召集) 명 **1** 갑자기 급한 일이 생겼을 경우, 필요한 사람을 불시에 불러 모으는 일. ¶국무 위원의 ~. **2** [군] 전쟁이나 사변이 일어났을 때 예비역을 불러 모으는 일.
비:상-수단(非常手段) 명 대처해야 할 급박한 일이 일어났을 경우에 임시변통으로 급히 처리하는 방법. ¶~을 취하다.
비:상-시(非常時) 명 대처해야 할 급박한 일이 벌어진 때. ¶~에 대비한 식량 비축. ↔평상시.
비:상-시국(非常時局) 명 전쟁·사변·재해 등으로 국가가 중대한 위기를 맞이한 시국. ¶~ 선언.
비:상-식량(非常食糧) [-썅냥] 명 비상시에 대비하여 마련한 식량. =비상식.
비:상식-적(非常識的) [-쩍] 관 상식에 어긋나는 (것). ¶~ 발언 / ~ 행위.
비:상-용(非常用) [-뇽] 명 비상시에 쓰이게 되어 있는 상태. 또는, 그런 용도의 대상. ¶~ 식량 / ~으로 쌀을 비축하다.
비:상임^이:사국(非常任理事國) [정] 국제 연합 안전 보장 이사회를 구성하는 이사국 15개국 가운데 상임 이사국 5개국 이외의 국가. 총회에서 뽑히고, 임기는 2년임. ↔상임 이사국.
비:-상장주(非上場株) 명 [경] 상장 절차를 마치지 않은 주식과, 주식은 발행되어 있지 않고 권리만 존재하는 권리주의 총칭. =미상장주(未上場株). ↔상장주.
비:상-조치(非常措置) 명 [법] 비상시에 국정 전반에 걸쳐 대통령이 내리는 조치.
비:상^착륙(非常着陸) [-창뉵] 명 항공기가 기체(機體) 내의 이상이나 돌발적인 사태 아래에서 하는 불시의 착륙.
비:색[1](比色) 명 [화] 색의 농도를 비교하는 일. ¶~ 분석.
비:색[2](否塞) 명 (운수가) 꽉 막히는 것. **비:색-하다** 동재예 ¶운수가 **비색하여** 조실부모하다.
비:색[3](翡色) 명 고려청자와 같은 푸른 빛깔.
비:색-계(比色計) [-계/-게] 명 색깔의 농도를 비교하여 분석하는 데 쓰이는, 유리 또는 플라스틱으로 만든 도구.
비:-생산적(非生産的) 관 생산과 직접 관계가 없는. ¶~ 사업. ↔생산적.
비:서(秘書) 명 **1** 요직(要職)에 있는 사람 밑에서 기밀문서나 용무를 맡아보는 직위. 또는 그 사람. ¶회장 ~. **2** =비본(祕本).
비:서-감(祕書監) 명 [역] 조선 시대에, 출납을 맡아보던 관아. 뒤에 비서원(祕書院)·승선원(承宣院)으로 개칭됨.
비:서-관(祕書官) 명 [법] 대통령, 국무총리, 국회 의장, 대법원장, 정부의 각 부 장관 등의 밑에서 기밀한 문서나 사무를 맡아보는 별정직 공무원.
비:서-실(祕書室) 명 비서관이나 비서가 사무를 보는 방. 또는, 그 기관.
비석(碑石) 명 돌로 만든 비(碑). 세는 단위(基)는 빗돌·석비(石碑)·비문(碑文).
비석-차기(碑石-) 명 '비사치기'의 잘못.
비:선(祕線) 명 어떤 조직(특히, 정치 조직)의 우두머리가 비밀리에 거느리는, 비공식적이고 사적인 지휘·명령의 계통. ¶~을 통

해 보고를 받다.
비-설거지 명 비가 오려 하거나 올 때에 비를 맞혀서는 안 될 물건을 거두거나 덮는 일. ㈜설거지. **비설거지-하다** 동재예
비:세(非勢) 명 바둑·장기 등에서, 형세가 이롭지 못함. 또는, 그 형세.
비:소[1](砒素) 명 [화] 금속광택이 나는 결정성의 무른 고체 원소. 원소 기호 As, 원자 번호 33, 원자량 74.9216. 의약이나 농약의 원료로 쓰임.
비:소[2](鼻笑) 명 =코웃음. **비:소-하다**[1] 동㉠예 ¶코웃음을 치다. ¶가볍게 ~.
비:소[3](誹笑) 명 =비웃음. ¶~를 면하지 못할 짓을 행하다. **비:소-하다**[2] 동㉠예
비:소[4](卑小) → **비:소-하다**[3] 형예 보잘것없이 작다.
비:-소설(非小說) 명 '논픽션'을 이르는 말. 또는, '논픽션'과 '수필'을 소설과 구별하여 이르는 말. ¶~ 부문 베스트셀러.
비:속[1](卑屬) 명 [법] 친족 관계의 촌수에서, 기준이 되는 사람보다 뒤의 세대인 혈족. 직계 비속과 방계 비속으로 나뉨. ↔존속(尊屬).
비:속[2](卑俗) → **비:속-하다**[-소카-] 형예 격이 낮고 속되다. ¶**비속한** 취미 / 말씨가 ~. 고상하다.
비:손 명 [민] 신에게 손을 비비면서 소원을 비는 일. **비:손-하다** 동재타예 ¶그 여자는 밤마다 정화수를 떠 놓고 자식의 생활을 **비손**하였다.
비솟-거리(誹笑-) [-소꺼-/-쏟꺼-] 명 남에게 비웃음을 당하는 대상. ¶~가 되다.
비:송-사건(非訟事件) [-껀] 명 [법] 법원이 개인 사이의 생활 관계에 관여하는 일 중에서 소송 사건 이외의 사건.
비수[1](匕首) 명 날이 날카롭고 짧은 칼. ¶가슴에 ~를 품다.
비:수[2](悲愁) 명 슬픔과 근심.
비:수-기(非需期) 명 상품의 수요나 서비스의 기회가 많지 않은 시기. ↔성수기.
비:술(祕術) 명 남이 모르는 신비한 술법.
비슈누(Viṣṇu) 명 [신화] 힌두교에서, 세계의 질서를 유지하는 신. 후에 크리슈나로 화신함.
비스듬-하다 형예 (물체가) 수평이나 수직이 되지 않고 한쪽으로 기울어져 있다. ¶액자가 **비스듬하게** 걸려 있다. ㈜비듬하다. ㉰배스듬하다. **비스듬-히** 부 ¶벽에 ~ 기대다.
비스름-하다 형예 거의 비슷하다. ¶형과 동생의 얼굴이 ~ / 실력이 ~. ㉰배스름하다. **비스름-히** 부 ¶답을 ~ 맞히다.
비스무트(⑤Wismut) 명 [화] 붉은빛을 띤 은백색의 금속 원소. 원소 기호 Bi, 원자 번호 83, 원자량 208.9806. 전기 전도성·열전도성이 금속 중에서 가장 낮고, 녹는점이 낮으므로 가융 합금의 재료로 쓰임. =창연(蒼鉛).
비스코스(viscose) 명 [화] 목재 펄프에 수산화나트륨과 이황화탄소를 반응시켜 얻는, 점성(粘性)이 있는 액체. 인조 견사나 셀로판 등의 원료임.
비스코스^레이온(viscose rayon) 명 [화] 비스코스를 원료로 하여 만든 인조 섬유. =비스코스 인조 견사.
비스코스^인조^견사(viscose人造絹絲) 명 [화] =비스코스 레이온.
비스킷(biscuit) 명 밀가루에 설탕·버터·우유

등을 섞어 구운 과자.
비스타^비전(Vista Vision) 명 [영] 와이드 스크린 방식에 의한 영화. 화면이 크고 선명하며, 원근감·입체감이 남. 상표명에서 온 말임.
비슥-거리다/-대다[-꺼(때)-] 통㈜ 어떤 일에 대해 탐탁히 여기지 않고 자꾸 따로 떨어져 행동하다.
비슥-비슥[-쎄-] 부 비슥거리는 모양. **비슥비슥-하다** 통㈜ 여
비슥-하다[-스카-] 형 여 한쪽으로 기울어져 있다. ¶모자를 **비슥하게** 쓰다. ㉘배슥하다. **비슥-이** 부
비슬-거리다/-대다 통㈜ 힘없이 비틀거리다. ¶비슬거리며 걷다. ㉘배슬하다.
비슬-비슬 부 비슬거리는 모양. ¶넘어질 듯 말 듯 ~ 걸어가다. ㉘배슬배슬. **비슬비슬-하다** 통㈜ ¶걸음이 ~.
비(比濕) 명 [기상] 공기 속에 포함된 수증기의 양을 표시하는 수치. 단위 체적의 공기 속에 포함된 수증기의 질량을 그 공기의 질량으로 나누어 구함.
비슷비슷-하다[-슫삐스타-] 형 여 여럿이 모두 비슷하다. ¶비슷비슷한 키 / 실력이 ~ / 생김새가 ~.
비슷-하다¹[-스타-] 형 여 한쪽으로 조금 기울어져 있다. ¶지팡이를 **비슷하게** 세우다. ㉘배슷하다. **비슷-이** 부 ¶~ 기대다 / ~ 눕다.
비슷-하다²[-스타-] 형 여 **1** (둘 또는 그 이상의 대상이) 서로 크기나 모양이나 성질이나 상태나 정도 등에서 똑같지는 않으나 어느 정도 같은 상태에 있다. ㉘엇비슷하다·엇비슷하다·유사하다·흡사하다. ¶말소리가 그의 아버지와 ~ / 원작과 **비슷하게** 만든 모작. **2** (흔히 조사가 없는 체언 다음에 쓰여) (정체가 확인되지 않은 어떤 대상이 누구 또는 무엇이라고) 짐작되는 상태에 있다. ¶저기 김 선생님 **비슷한** 분이 오신다. **3** (구어체의 말로 쓰여) (솜씨나 능력이) 썩 훌륭하지는 않으나 어지간한 수준이나 정도를 나타내는 상태에 있다. 또는, (조사 없는 체언 다음에 쓰여) 그 체언이 나타내는 대상이라고 하기엔 어느 정도 꼴은 이루고 있으나 다소 미흡한 상태에 있다. ¶저는 취미 삼아 시(詩) **비슷한** 걸 끄적거리고 있습니다.
비:승-비:속(非僧非俗) 명 〔승려도 아니고 속인도 아니라는 뜻〕 이것도 저것도 아니고 어중간함을 이르는 말.
비시(B.C.) 명 〔Before Christ〕 =기원전(紀元前). ↔에이디(A.D.).
비시^무:기(BC武器) 명 〔BC:biological and chemical〕[군] =생물 화학 무기.
비시시 부 입이 가늘게 열리면서 소리 없이 엷게 웃는 모양. ¶비시시.
비시지(BCG) 명 〔Bacillus Calmette Guérin〕[의] 소의 결핵균에서 독성을 없애고 만든 결핵 예방 백신. 미감염자의 몸에 접종하여 결핵에 대한 면역을 얻게 함.
비시지^접종(BCG接種) [-쫑] 명 [의] 결핵 예방을 위해 투베르쿨린 반응이 음성인 사람에게 비시지 주사를 놓는 일.
비신(碑身) 명 비문을 새긴, 비석의 몸체.
비:-신사적(非紳士的) 관명 신사답지 않은 (것). 또는, 교양이 없고 점잖지 못한 (것). ¶~ 행위.
비실-거리다/-대다 통㈜ **1** 힘이 없어 자꾸

비틀거리거나 활기 없이 움직이다. ¶피죽도 못 얻어먹었나? 왜 그리 **비실거려. 2** 자꾸 눈치를 보며 비굴하게 행동하다.
비실-비실 부 비실거리는 모양. ¶~ 달아나다. **비실비실-하다** 통㈜
비:-실용적(非實用的) 관명 실용적이 아닌 (것). ¶~인 고급 의상.
비싸다 형 **1** (물건의 값이나 어떤 일에 대한 비용이) 비교 대상이나 보통의 경우보다 더 많이 나가거나 드는 상태에 있다. ㉘값나가다·값비싸다·값지다. ¶값이 **비싼** 옷 / 수수료가 ~. ↔싸다. **2** (어떤 일에 대한 대가가) 보통의 정도를 넘는 상태에 있다. ¶그는 사랑을 얻기 위해 **비싼** 대가를 치러야 했다. **3** (주로 '비싸게'의 꼴로 쓰여) (사람이) 다른 사람의 요구나 부탁을 쉽게 들어주지 않고 거만한 태도를 보이는 상태에 있다. ¶부탁 하나 들어 달라는데 되게 **비싸게** 구네.
비싼-홍정 명 비싼 값으로 사고파는 일. ↔싼홍정. **비싼홍정-하다** 통㈜
비:싸다 통㈜ **1** 어떤 일에 마음이 끌리면서도 겉으로 안 그런 체하다. ㉘돌아내리다. ¶소용이 닿지 않는다고 다짜고짜 **비쌘** 뒤에 …하필 십 원에 사겠다고 배를 탱겼다.《채만식 : 탁류》 **2** 남의 부탁이나 제안에 여간해서 응하지 않는 태도를 보이다. ¶선선히 내 뜻에 응하던 사람이 인제 와서는 이다지 **비쌜까** 무엇이란 말인고?《채만식 : 탁류》 **3** 무슨 일에나 어울리기를 싫어하다.
비쌕 부 살가죽이 아주 쭈그러질 정도로 여윈 모양. ㉘배싹.
비쑥-거리다/-대다[-꺼(때)-] 통㈜ 이쪽저쪽으로 쓰러질 듯이 비틀비틀하다. ¶비쑥거리며 겨우 일어나다. ㉘배쑥하다.
비쑥-비쑥[-쎄-] 부 비쑥거리는 모양. ㉘배쑥배쑥. **비쑥비쑥-하다** 통㈜
비:아(非我) 명 [철] 자아(自我)와 대립하여 존재하는 모든 것. ↔자아.
비아냥-거리다/-대다 통㈜ 얄밉게 빈정거리다. ¶**비아냥거리는** 투로 말하다. ×비양거리다.
비아냥-스럽다[-따] 형ㅂ <-스러우니, ~스러워> 얄밉게 빈정거리는 태도가 있다. **비아냥스레** 부
비아냥-조(-調) [-쪼] 명 비아냥거리는 투.
비악 부 '삐약'의 여린말. ㈜박.
비악-비악[-쎄-] 부 '삐약삐약'의 여린말. ㈜박박.
비-안개 명 비가 쏟아질 때 안개가 낀 것처럼 흐려 보이는 현상. ¶그러자 대번에 눈앞을 가로막는 빗줄기. ~ 속에 원두막이 보였다. 《황순원:소나기》
비:애(悲哀) 명 어떤 일이나 현상에 대해, 그 것이 부조리하거나 바람직하지 못하다고 여기면서 느끼게 되는 슬픔이나 서글픔. ¶~에 젖다 / 삶에 대한 ~를 느끼다.
비:애-감(悲哀感) 명 비애를 느끼는 감정.
비-약¹(-約) 명 화투 놀이에서, 비 녁 장을 모아서 이루는 약.
비약²(飛躍) 명 **1** 높이 뛰어오르는 것. ¶스키의 ~ 경기. **2** 힘차게 활동하는 것. **3** 빠른 속도로 발전·향상하는 것. **4** 논리나 사고방식 등이 차례를 따르지 않고 나아가는 것. ¶논리의 ~. **비약-하다** 통㈜ ¶선진국으로 ~.
비:약³(祕藥) 명 **1** 비방(祕方)으로 지은 약. **2** 매우 효력이 좋은 약.

비약-적(飛躍的) [-쩍] 관명 아주 빨리 발전·향상하는 성질을 띠는 (것). ¶경제가 ~으로 발전하다.
비양(飛揚) 명 1 잘난 체하고 까부는 것. 2 높은 지위에 오르는 것. 비양-하다 동재
비양-거리다 동재 '비아냥거리다'의 잘못.
비-양심적(非良心的) 관명 양심적이 아닌 (것). ¶~ 인 처사.
비어¹(鄙語·鄙語) 명 1 점잖지 못하고 천한 말. 2 낮추어 보거나 얕보아 하는 말. =비언(鄙言).
비어²(祕語) 명 비밀스런 말.
비어-지다 [-어-/-여-] 동재 1 속에서 겉으로 쑥 내밀다. ¶베갯속이 ~ / 입이 비어지도록 먹다. 2 숨기거나 참거나 하던 일이 드러나다. ¶쉬쉬하던 일이 ~ / 좋지 못한 버릇이 ~.
비어-홀(beer hall) 명 맥주와 간단한 음식을 곁들여 파는 술집.
비엔나-소시지(Vienna sausage) 명 기계로 저민 고기를 양 또는 염소의 소장(小腸)에 채워 넣은 작고 가느다란 소시지.
비엔나^왈츠(Vienna waltz) 명[음] 1820년대에 빈(Wien)에서 시작된, 템포가 빠른 춤곡. 또는, 그 곡에 맞춰 추는 춤. 남녀가 거리가 안은 상태에서 3박자 리듬에 맞추어 빙글빙글 돌면서 추는 것이 특징임.
비엔나-커피(†Vienna coffee) 명 거품을 낸 크림을 위에 듬뿍 얹은 커피. 스푼으로 젓지 않고 마시며, 때때로 코코아 가루나 초콜릿 시럽을 뿌리기도 함.
비엔날레(ⓘbiennale) 명 ['2년마다'의 뜻] [미] 2년마다 열리는 국제적 미술 전람회. 베네치아·파리 등의 것이 유명함.
비엘(B/L) 명 [bill of lading] [경] =선화 증권(船貨證券).
비역 명 남자끼리 남녀가 성교하듯 성적인 행위를 하는 것. =계간(鷄姦)·남색(男色). ¶~질. (준)비역. ↔밴대질. 비역-하다 동재에
비역-살 [-쌀] 명 궁둥이 쪽의 사타구니 살.
비¹열(比熱) 명[물][화] 물질 1g의 온도를 1℃ 올리는 데 필요한 열량.
비¹열²(卑劣·鄙劣) →비열-하다 (형여) (하는 짓이나 성품이) 목적을 이루기 위해 정당하지 못하고 치사한 방법을 이용하고 있다. 비비겁하다. ¶비열한 인간 / 비열하게 굴다.
비¹염(鼻炎) 명[의] 비강(鼻腔) 점막에 생기는 염증. =비카타르·코카타르.
비-영리^단체(非營利團體) [-니-] 명 자체의 이익을 추구하지 않는 단체. 곧, 공익 단체. 비영리 단체.
비오 부 솔개의 울음소리.
비-오리 명[동] 오릿과의 물새. 몸길이가 약 66cm. 부리는 톱니같이 뾰족하고, 날개는 오색찬란함. 암수가 항상 함께 놂. 항만·연못에 삶. =자원앙(紫鴛鴦).
비오-비오 부 솔개가 계속하여 우는 소리.
비오틴(biotin) 명[화][생] 비타민 B 복합체의 하나. 장내(腸內)의 유용 미생물의 배양에 반드시 필요한 물질로, 결핍되면 탈모나 피부염 따위를 일으킴. =비타민 에이치.
비¹옥(肥沃) →비옥-하다 (-오카-) (형여) 땅이 걸고 기름지다. ¶비옥한 땅 / 토지가 ~.
비올라(ⓘviola) 명[음] 현악기의 하나. 바이올린보다 조금 크고, 4줄로 되어 있음. 바이올린과 첼로의 중간 음역을 맡는데, 소리는 어둡고 둔함.

비-옷 [-옫] 명 비가 올 때 옷이 젖지 않도록 겉옷 위에 덧입는, 비닐이나 방수 처리가 된 천으로 코트 모양으로 만든 옷. =레인코트·우의·우장옷.
비용(費用) 명 1 물건을 사거나 어떤 일을 하는 데 드는 돈. =비발. ¶~이 들다 / ~을 절약하다(줄이다). 2 [경] 어떤 생산 활동을 위해 소비되는 돈. 즉, 생산 요소·생산재로 지불되는 대가(對價). =용비(用費).
비-우다 동타 '비다'의 사동사. ¶집을 ~ / 자리를 ~. 2 (잔이나 그릇 등을) 내용물을 먹어서 비게 하다. 곧, 잔이나 그릇에 담긴 음료나 음식을 남김없이 마시거나 먹다. ¶밥 한 그릇을 깨끗이 비웠다. 3 마음을 비우다 →마음.
비운(悲運) 명 비참하거나 불행한, 슬픈 운명. ¶~의 왕조 / ~에 처하다.
비웃 명 '청어'를 식료품으로 이르는 말. 세는 단위는 마리·갓·뭇(10마리)·두름(20마리).
비¹웃다 [-욷따] 동타 (어떤 행동을 하는 사람을, 또는 그 사람의 행동을) 터무니없거나 어처구니없다고 여겨 얕잡는 상태가 되다. 또는, 그런 태도로 '흥', '피', '체' 하는 소리를 내다. ¶사람들은 모두들 그의 만용을 비웃었다.
비웃-음 명 비웃는 일. 또는, 그 웃음. =비소(誹笑). 비조소(嘲笑). ¶남의 ~을 사다.
비¹원(悲願) 명 1 꼭 이루고자 하는 비장한 소원. ¶혈육을 만나겠다는 이산가족의 ~이 언제나 이루어질 것인가. 2 [불] 부처나 보살의 자비심으로써 우러난 중생 구제의 소원.
비¹위(非違) 명 법에 어긋남. 또는, 그 일. ¶공무원의 ~ 사실 / ~를 들추어내다.
비¹위²(脾胃) 명 1 [생] 지라와 위. 2 어떤 음식을 먹었을 때 입에 맞거나 맞지 않는 느낌의 상태. ¶비린내가 심해 ~가 상한다. 3 어떤 사람의 말이나 행동으로 인해 기분이 좋아지거나 언짢아지는 느낌의 상태. ¶사탕발림으로 남의 ~를 맞추다.
비위(를) 건드리다 [거스르다 / 긁다] 관 기분을 상하게 하다. ¶잘난 체하는 꼴이 사람 비위를 건드린단 말야.
비위(가) 상하다 관 하는 짓이 마음에 맞지 않아 아니꼽고 기분이 나빠지다. ¶그 사람은 천성이 원만해서 남의 비위를 상하게 하는 말은 좀처럼 입 밖에 내지 않는다.
비위에 거슬리다 관 마음에 언짢다. ¶그 사람과 일을 하자면 비위에 거슬리는 일이 많겠지만 꾹 참고 견뎌 보게나.
비위(가) 좋다 관 아니꼽거나 싫은 일을 잘 견디는 힘이 있다. ¶창피한 줄도 모르고 비위 좋게 앉아 있다.
비위(가) 틀리다 관 마음에 맞지 않아 기분이 틀어지다. ¶비위 틀리면 그만두지 뭐, 거기 아니면 밥 굶나!
비-위생적(非衛生的) 관명 위생적이 아닌, 또는 위생 관념에 맞지 않는 (것). ¶~인 주거 환경.
비¹위-짱(脾胃-) 명 '비위(脾胃)² ³'을 속되게 이르는 말.
비윗-살 [-위쌀 / -윋쌀] 명 비위를 부리는 배짱. ¶~ 좋은 사람 / ~이 틀어지다.
비유(比喩·譬喩) 명 어떤 현상·사물을 그와 비슷한 다른 현상·사물을 끌어대어 표현하는 일. ¶~를 들다. 비유-하다 동타여 ¶

생을 연극에 ~. **비:유-되다** 통(자)
비:유-법(比喩法)[-뻡] 명[문] 수사법(修辭法)의 한 가지. 무엇을 표현할 때 그 표현을 좀 더 효과적으로 하거나 표현되고 있는 사항의 이해를 깊게 하기 위하여 비유를 사용하는 방법. 직유법·은유법·의인법·대유법·풍유법·활유법 등이 이에 속함.
비:육¹(肥肉) 명 살진 고기.
비:육²(肥育) 명 주로 고기를 먹기 위하여 가축을 살이 찌게 기르는 일. **비:육-하다** 통(타여)
비:육-우(肥育牛) 명 특별히 살이 찌도록 기른 소.
비:육지탄(髀肉之歎·髀肉之嘆)[-찌-] 명 [중국 촉(蜀)나라의 유비(劉備)가 오랫동안 말을 타지 못하여 넓적다리에 살이 찌는 것을 한탄한 고사에서] 재능을 발휘할 기회를 가지지 못하여 헛되이 날만 보냄을 탄식함을 이르는 말.
비:-윤리적(非倫理的)[-율-] 관명 사람으로서 마땅히 행하거나 지켜야 할 도리를 따르지 않는 (것). ¶~ 행위.
비율(比率) 명[수] 어떤 수나 양의 다른 수나 양에 대한 비. ¶탈락자의 ~ / ~이 높다.
비:음¹(碑陰) 명 1 비신(碑身)의 뒷면. ↔비표(碑表). 2 비석의 뒷면에 새기는 문장. 또는, 그 문체.
비:음²(鼻音) 명 1 =콧소리. 2 [언] 입 안의 통로를 막고 날숨을 코로 내보내면서 내는 소리. 'ㄴ', 'ㅁ', 'ㅇ' 따위. =콧소리·통비음(通鼻音). ↔구음(口音).
비:음³ '빔²'의 잘못.
비:음-화(鼻音化) 명 보통, 비강(鼻腔)으로 이어지는 호기(呼氣)의 통로를 닫아야 될 자음·모음이, 비강이 완전히 닫히지 않아서 비강의 공명(共鳴)을 동반하게 되는 일.
비읍[언] 한글 자음 'ㅂ'의 이름(2117쪽 '한글 자모' 표).
비읍^불규칙^용^언^/ㅂ 불규칙 용언(一不規則用言)[-쁠-칭농-] 명[언] 비읍 불규칙 활용을 하는 용언.
비읍^불규칙^활용^/ㅂ 불규칙 활용(一不規則活用)[-쁠-치괄-] 명[언] 용언의 불규칙 활용의 하나. 어간의 끝소리인 'ㅂ'이 '아'나 '아'로 시작되는 어미 앞에서 '오'로 변하고, '어'나 '어'로 시작되는 어미 및 매개 모음을 요구하는 어미 앞에서는 '우'로 변함. '돕+아>도와', '굽+어>구워', '아름답+-으니>아름다우니' 따위. =비읍 변칙 활용.
비:-이성적(非理性的) 관명 이성적이 아닌 (것). ¶~ 행동.
비:-이슬 명 1 비와 이슬. =우로(雨露). 2 비가 내린 뒤에 잎 따위에 맺힌 물방울.
비:익(神益·毗益) 명 =보익(補益). **비:익-하다** 통 **비:익-되다** 통(자)
비:익-연리(比翼連理)[-잉널-] 명 ['비익조(比翼鳥)와 연리지(連理枝)'의 뜻] 부부의 사이가 깊은 사랑의 비유.
비:익-조(比翼鳥)[-쪼-] 명 1 암수의 눈과 날개가 하나씩이라서 짝을 짓지 않으면 날지 못한다는 전설상의 새. =비익(比翼). 2 부부의 사이가 깊은 사랑의 비유.
비:인(非人) 명 1 사람답지 못한 사람. 2 [불] 사람을 닮은 모습을 하고 있으나 사람은 아닌 존재. 천신·용·팔부중·요귀 따위.
비:-인간(非人間) 명 [사람이 사는 세상이 아니라는 뜻] 경치가 썩 아름다운 선경(仙境).
비:-인간적(非人間的) 관명 사람으로서는 차마 할 수 없는 (것). ¶~인 만행.
비:-인도적(非人道的) 관명 사람의 도리에 어긋나는 (것). ¶~ 처사.
비:일비:재(非一非再) 명 (같은 종류의 현상이) 하두 번이나 한둘이 아니고 많음. **비:일비:재-하다** 형여 ¶이 지역은 신호등이 없어 교통사고가 ~.
비자(visa) 명 =사증(査證). ¶~ 발급.
비:-자금(祕資金) 명 주로 기업가나 정치가 등이 불법적이거나 부정한 방법으로 마련하여 은밀하게 관리하는 돈. ¶~을 조성하다.
비:자-나무(榧子-) 명[식] 주목과의 상록 침엽 교목. 높이 25m 정도. 4월에 꽃이 피고, 이듬해 가을에 열매가 적자색으로 익음. 목재는 건축재·가구재로 쓰이고, 열매는 구충제로 쓰거나 기름을 짜서 식용유·등유·도료로 쓰임.
비:자발적 실업(非自發的失業)[-쩍-][경] 현재의 임금 수준에서 노동자가 일할 능력과 의사가 있으나, 일자리가 없어 발생하는 실업. ↔자발적 실업.
비잔틴^문화(Byzantine文化) 명[역] 그리스 문화의 전통과 동방 문화를 융합한 비잔틴 제국의 문화. 모자이크·돔(dome)을 이용한 건축에 특징이 있음.
비:장¹(祕藏) 명 아무도 모르게 감추어 소중히 간직하는 것. ¶~의 무기. **비:장-하다¹** 통(타여) **비:장-되다** 통(자)
비:장²(脾臟) 명[생] =지라.
비:장³(裨將) 명[역] 조선 시대에, 감사(監司)·유수(留守)·병사(兵使)·수사(水使)를 따라다니던 무관. =막료(幕僚)·막비(幕裨).
비:장⁴(悲壯) →**비:장-하다²** 형여 슬프면서도 꿋꿋하고 굳세다. ¶비장한 결심 / 비장한 각오 / 비장한 표정.
비:장-미(悲壯美) 명 비장함에서 느껴지는 아름다움.
비:-장애인(非障礙人) 명 신체적·정신적으로 장애가 없는 사람을 '장애인'에 대비하여 이르는 말.
비:-저항(比抵抗) 명[물] 단면적이 같은 등질(等質)의 전기 도체가 가지는 전기 저항의 비율. =저항률.
비적¹(飛跡) 명[물] 전기를 띤 입자가 안개 상자나 방전 상자 속을 통과할 때에 생기는 진로의 자국. 소립자나 방사선의 관측에 이용됨.
비:적²(匪賊) 명 떼를 지어 다니며 살인·약탈을 일삼는 도둑. =적비(賊匪).
비적-비적[-삐-] 부 싸 놓은 물건이 여기저기서 비어져 나오는 모양.
비:-적성(非敵性)[-썽] 명 서로 적대되지 않는 성질. ¶~ 공산 국가. ↔적성(敵性).
비:전¹(祕傳) 명 비밀히 전하여 내려오는 것. 또는, 그 방법. **비:전-하다** 통(자) **비:전-되다** 통(자) ¶비전되어 오고 있는 묘방.
비전²(vision) 명 강력한 동기와 의욕을 불러일으키는 미래의 꿈이나 목표. ¶~이 있는 사업 / 21세기의 ~을 제시하는 지도자. × 비젼.
비:-전문가(非專門家) 명 전문가가 아닌 사람.
비:-전문적(非專門的) 관명 전문적이 아닌

(것).

비:-전투원(非戰鬪員) 圀[군] 교전국의 병력 가운데서 전투 이외의 업무에 종사하는 사람. →전투원.

비:-전하(比電荷) 圀[물] 입자가 가지는 전하와 질량과의 비.

비:-전해질(非電解質) 圀[화] 수용액 속에서 이온으로 해리(解離)되지 않아 전류를 통하지 않는 물질. 알코올·설탕·글리세린 따위. ↔전해질.

비:점(沸點) [-쩜] 圀[물] =끓는점.

비:접 앓는 사람이 자리를 옮겨 요양하는 것. ¶~을 나가다. 웬피접(避接). **비:접-하다** 图재여

비:정(非情) →**비:정-하다** 图여 사람으로서의 따뜻한 정이나 인간미가 없다. ¶이웃의 아픔에 철저히 무관심한 **비정한** 사회 현실.

비:-정규(非正規) 圀 정규가 아닌 것.

비:-정규군(非正規軍) 圀[군] 정식으로 군 편제에 소속되어 있지 않은 무장한 개인이나 집단. →정규군.

비:-정상(非正常) 圀 일반적 기준에서 벗어나 바르지 않은 상태. ¶혈압이 ~이다. ↔정상.

비:-정상적(非正常的) 괻 정상적이 아닌 (것). ¶비정상적인 성 인격.

비전 圀 '비전(vision)²'의 잘못.

비조¹(飛鳥) 날아다니는 새.

비:조²(悲調) 圀 슬픈 곡조. 🔡비곡(悲曲).

비:조³(鼻祖) 圀 세상에 주목할 만한 중요한 일을 처음 시작한 사람. 🔡시조(始祖). ¶소크라테스는 서양 철학의 ~라 할 수 있다.

비조불입(飛鳥不入) 圀 [나는 새도 들어가지 못한다는 뜻] 성·진지 따위의 방비가 아주 튼튼함을 이르는 말.

비:-좁다 [-따] 혱 (통로를 이루는 곳이) 활발히 다니거나 움직이기 어려울 만큼 폭이 작다. 또는, (어떤 장소가) 그 안에 사람이나 물체가 많아 공간의 여유가 많지 않다. ¶**비좁은** 골목길 / 사람이 많아 버스 안이 ~. 函배좁다. ▷좁다.

비좌(碑座) 圀 직사각형의 홈을 파서 비신(碑身)을 받치는 부분.

비주룩-비주룩[-빼-] 囝 "비죽비죽²"의 본딧말. 函배주룩배주룩. 🎵삐주룩삐주룩. **비주룩비주룩-하다** 혱여

비주룩-하다[-루카-] [혱여] '비죽하다²'의 본딧말. 函배주룩하다. 🎵삐주룩하다. **비주룩-이** 囝

비:-주류(非主流) 圀 조직이나 단체에서, '소수파'를 이르는 말. ↔주류(主流).

비죽 囝 (얼굴이나 물건의 일부만) 살짝 내밀거나 나타내는 모양. 函배죽. 🎵삐쭉·삐쭉. **비죽-하다¹** 图田여 **비죽-이¹** 囝

비죽-거리다/-대다[-꺼(때)-] 图田 (불평이 있거나 울려고 할 때) 소리 없이 입을 내밀고 실룩거리다. 函배죽거리다. 🎵비쭉거리다·삐죽거리다·삐쭉거리다.

비죽-비죽¹[-빼-] 囝 비죽거리는 모양. 函배죽배죽. 🎵비쭉비쭉·삐죽삐죽·삐쭉삐쭉. **비죽비죽-하다¹** 图田여 ¶입을 **비죽비죽하다가** 마침내 울음을 터뜨렸다.

비죽-비죽²[-빼-] 囝 여러 개가 다 비죽하게 솟아 나온 모양. ¶빌딩들이 ~ 솟아 있다. 囻비주룩비주룩. 函배죽배죽. 🎵비쭉비쭉·삐죽삐죽·삐쭉삐쭉. **비죽비죽-하다²** 혱여

비죽-하다²[-주카-] [혱여] 솟아 나온 물건의 끝이 약간 내밀어 있다. 囻비주룩하다. 函배죽하다. 🎵비쭉하다·삐죽하다·삐쭉하다. **비죽-이²** 囝

비:준¹(比準) 圀 =대조(對照)². **비:준-하다¹**

비:준²(批准) 圀[법] 조약을 헌법상의 조약 체결권자가 마지막으로 확인·동의하는 일. ¶~을 받다. **비:준-하다²** 图田여 **비:준-되다²**

비중(比重) 1 圀[물] 어떤 물질의 질량과 그것과 같은 체적의 표준 물질의 질량과의 비. 보통 4℃의 물을 표준 물질로 함. 2 다른 것과 비교할 때의 중요도. ¶경제 발전에 ~을 둔 정책.

비중-계(比重計) [-계/-게] 圀[물] 물질의 비중을 측정하는 장치·기구의 총칭. 비중병·액체 비중계·비중 천칭 등이 있음.

비중-병(比重瓶) 圀[물] 비중계의 하나. 주로 액체의 비중을 재기 위한 용기.

비:중^천칭(比重天秤) 圀[물] 공기나 액체 중의 부력(浮力)의 차를 이용하여 액체·고체의 비중을 재는 저울.

비즈(beads) 圀 수예품이나 장신구, 실내 장식 등에 쓰이는, 구멍이 뚫린 작은 구슬. 대개 유리로 만듦.

비즈니스(business) 圀 '사업', '업무'로 순화. ¶그는 ~ 관계로 해외 출장이 잦다.

비즈니스맨(businessman) 圀 사업을 경영하는 사람. 🔡실업가.

비지 圀 두부를 만드는 과정에서, 맷돌에 간 콩을 자루에 넣어 짜냄으로써 두유를 얻은 뒤에 남는 콩의 찌꺼기.

비지-땀 圀 힘이 드는 노동을 할 때에 몹시 쏟아지는 땀. ¶~을 흘리며 일하다.

비지-떡 圀 1 비지에 쌀가루나 밀가루를 섞어 빈대떡처럼 부친 떡. 2 '보잘것없는 것'을 비유하는 말. ¶싼 ~이다.

비지-찌개 圀 비지에 김치 우거지나 나물을 섞고 쇠고기나 돼지고기를 넣어 새우젓국을 쳐서 바특하게 끓인 찌개.

비:-질 圀 비로 쓰는 일. **비:질-하다** 图田여 ¶마당을.

비:집다[-따] 图田 1 (맞붙거나 좁은 데를) 벌리거나 헤치거나 뚫어서 틈을 내거나 넓히다. ¶청중 속을 **비집고** 들어가다. 2 (눈을) 비벼서 크게 뜨다. ¶눈을 **비집고** 보아도 그것은 틀림없는 합격 통지서였다.

비짓-국 [-지꾹/-짇꾹] 圀 비지로 끓인 국. [**비짓국 먹고 용트림한다**] 실속은 없으면서 겉모양만 그럴듯하게 꾸민다는 말.

비쩍 囝 살가죽이 몹시 쭈그러질 정도로 여윈 모양. 函배쭉.

비쪽 '비죽'의 센말. 函배쭉. 🎵삐쭉. **비쪽-하다** 图田여 ¶입을 ~. **비쪽-이** 囝

비쪽-거리다/-대다[-꺼(때)-] 图田 '비죽거리다'의 센말. ¶입을 ~. 函배쭉거리다. 🎵삐쭉거리다.

비쪽-배쪽[-빼-] 囝 비쪽거리며 배쪽거리는 모양. 🎵삐쭉빼쭉. **비쪽배쪽-하다** 图田여

비쪽-비쪽¹[-빼-] 囝 '비죽비죽¹'의 센말. 函배쭉배쭉. 🎵삐쭉삐쭉. **비쪽비쪽-하다¹** 图田여

비쪽-비쪽²[-빼-] 囝 '비죽비죽²'의 센말. 函배쭉배쭉. 🎵삐쭉삐쭉. **비쪽비쪽-하다²** 혱여

비쪽-하다²[-쭈카-] [혱여] '비죽하다²'의 센

말. [작]배쭉하다. [센]삐쭉하다. **비쭉-이²** [부] ¶입을 ~ 내밀다.

비ː참(悲慘) ➜**비ː참-하다** [형][여] (어떤 상태나 모습이) 몹시 불행한 상태에 있어 슬프고 가슴 아프다. ¶**비참한** 광경. **비ː참-히** [부]

비ː창(悲愴) ➜**비ː창-하다** [형][여] 마음이 아프고 슬프다.

비ː책(祕策) [명] 몰래 숨긴 방법이나 꾀.

비척-거리다/-대다[-꺼(때)-] [동][타] '비치적거리다'의 준말. [작]배착거리다.

비척-걸음[-껄-] [명] 비치적거리면서 걷는 걸음.

비척-비척[-삐-] [부] '비치적비치적'의 준말. [작]배착배착. **비척비척-하다** [동][타][여]

비천¹(飛天) [명][불] **1** 하늘을 날아다니며 하계 사람과 왕래한다는 여자 선인(仙人). =천녀(天女)·천인(天人). **2** =가릉빈가.

비천²(飛泉) [명] **1** =분천(噴泉). **2** =폭포.

비ː천³(卑賤) ➜**비ː천-하다** [형][여] 신분이 낮고 천하다. ¶**비천한** 신분으로 태어나다. ↔고귀하다·존귀하다.

비천-상(飛天像) [명] 하늘을 날아다니며 하계 사람과 왕래한다는 여자 선인을 그린 그림.

비ː-철(非-) [명] (옷·음식·물품 따위가) 제철이 아님.

비ː철^금속(非鐵金屬) [명][광] 철 이외에, 공업용으로 가치가 있는 금속의 총칭. 구리·납 따위.

비ː첩¹(婢妾) [명] 종으로 첩이 된 여자.

비첩²(碑帖) [명] 비석에 새긴 글·그림 등을 그대로 종이에 박아 낸 것. 또는, 그것을 첩(帖)으로 만든 것.

비ː-체중(比體重) [명] 키에 대한 몸무게의 백분율.

비추다 [동] [1][타] **1** (사람이 빛을 내는 물체를 어느 곳이나 대상에) 향한 상태로 빛을 보내어 밝게 하거나, (빛을 내는 물체로 어느 곳이나 대상을) 빛을 보내어 밝게 하다. ¶무대에 조명을 ~. **2** (빛을 내는 대상이 어느 곳이나 대상을) 빛을 보내어 밝게 하다. ¶태양이 온 세상을 환히 ~. **3** (거울이나 수면 등의 빛을 반사하는 물체나 물질에 자기의 얼굴이나 몸을) 앞에 둠으로써 그 모습이 나타나게 하다. ¶거울에 얼굴을 **비추어** 보다. **4** (물체를 불빛이나 햇빛 등에) 향하게 하여 빛이 통과하게 함으로써 잘 들여다보이게 하다. ¶필름을 햇빛에 **비추어** 보다. **5** (영사기나 환등기 등으로) 필름이나 슬라이드에 빛을 통과시켜 어떤 영상을 스크린에 나타나게 하다. ¶선생님이 환등기로 미국 사회의 모습을 스크린에 **비추셨다**. [2][자] 《주로 '비추어'의 꼴로 쓰여》 (어떤 사실이나 대상에) 견주어 살피거나 근거하여 판단하다. ¶양심에 **비추어** 한 점 부끄러움이 없다. ▷비치다.

비추-이다 [동][자] '비추다'의 피동사. [준]비춰다.

비ː축(備蓄) [명] 만약의 경우에 대비하여 저축하여 두는 것. ¶~미(米) / ~ 물자. **비ː축-하다** [동][타][여] ¶식량을 ~. **비ː축-되다** [동][자]

비ː취(翡翠) [명][광] 짙은 초록색의 경옥(硬玉). 빛깔이 아름다워 보석으로 쓰임. =비취옥.

비춰다 [동][자] '비추이다'의 준말.

비ː취-색(翡翠色) [명] 비취와 같이 곱고 짙은 초록색.

비ː취-옥(翡翠玉) [명][광] =비취. [준]취옥.

비ː치(備置) [명] 마련하여 갖추어 두는 것. ¶~ 품목. **비ː치-하다** [동][타][여] ¶가정에 비상약을 **비치해** 두다. **비ː치-되다** [동][자] ¶갖가지 자료가 **비치된** 도서관.

비치-가운(†beach gown) [명] 바닷가에서, 수영복 위에 입는 가운.

비치다 [동] [1][자] **1** (빛이 어느 곳이나 대상에) 미치어 밝게 되다. ¶구름 사이로 햇빛이 ~. **2** (대상의 모습이나 그림자가 가로막거나 덮거나 가리고 있는 유리나 물, 또는 얇은 천이나 종이 등으로 된 물체나 물질에) 나타나 보이다. ¶창문에 사람의 모습이 어렴풋이 ~. **3** (어떤 대상의 모습이 거울이나 수면 등의 물체나 물질에) 그대로 나타나다. [비]투영(投影)되다. ¶호수에 산과 하늘이 ~ / 거울에 **비친** 나의 모습. **4** (영사기나 환등기 등으로 빛을 통과시켜 나타나게 한 영상이 스크린에) 나타나 보이다. ¶주인공의 놀란 얼굴이 화면 가득히 ~. **5** (대상이 사람의 눈에) 어떤 모습으로 나타나 보이다. 또는, 어떤 상태나 속성의 존재로 생각되다. ¶그의 눈에는 거들먹거리는 그 졸부가 오히려 가엾은 존재로 **비쳤다**. **6** (사람 몸속의 피가) 배설물이나 침에 조금 섞여 나오거나, 항문이나 성기를 통해 약간 나오는 상태가 되다. ¶가래에 피가 ~. [2][타] **1** 《'얼굴', '그림자', '코빼기' 등을 목적어로 취하는 문장에 쓰여》 (사람이 얼굴을 어느 곳이나 자리에) 잠깐 동안 나타내다. ¶그는 회의장에 얼굴만 슬쩍 **비치고는** 사라졌다. **2** (사람이 마음속의 생각이나 뜻을 상대에게) 눈치 채도록 넌지시 말하거나 표현하다. [비]내비치다·암시하다. ¶그는 상대의 제의에 응할 뜻이 있음을 **비쳤다**.

비치웨어(beachwear) [명] 해변에서 입는 옷과 그 액세서리의 총칭. ¶여성미를 강조한 ~.

비치적-거리다/-대다[-꺼(때)-] [동][타] 한쪽으로 약간 비트적거리다. [준]비척거리다. [작]배치작거리다.

비치적-비치적[-삐-] [부] 비치적거리는 모양. [준]비척비척. [작]배치작배치작. **비치적비치적-하다** [동][타][여]

비치-파라솔(†beach+[프]parasol) [명] 주로 해수욕장 등에서 사용할 목적으로 만든 큰 파라솔.

비칠-거리다/-대다 [동][자][타] 약간 비치적거리다. [작]배칠거리다.

비칠-비칠 [부] 비칠거리는 모양. [작]배칠배칠. **비칠비칠-하다** [동][자][타][여]

비ː칭(卑稱) [명] 낮추어 일컫는 말. ↔존칭.

비커(beaker) [명][화] 액체를 붓는 주둥이가 달린 원통형의 화학 실험용 유리그릇.

비컨(beacon) [명] **1** 항공·항해·교통의 표지 및 신호. **2** '라디오 비컨'의 준말.

비ː-컨대(比-) [부] 비교하건대. 또는, 비유하건대. ¶~ 참새가 변하여 조개가 된 후에 어찌 두 날개 있어 날아다니리오.《김만중:구운몽》

비ː켜-나다 [동][자] 몸을 옮겨 물러나다. ¶썩 **비켜나지** 못할까!

비ː켜-덩이 [명][농] 김을 맬 때 흙덩이를 옆으로 빼내는 일. 또는, 그 흙덩이. ×옆사리미.

비ː켜-서다 [동][자] 몸을 옮겨 물러서다. =빕더서다. ¶자동차 경적 소리에 놀라 얼른 ~.

비키니(bikini) [명] 〔1946년 파리 패션쇼에 첫선을 보인 수영복으로, 패션쇼가 있기 며칠

전에 태평양 비키니 환초에서 원자 폭탄 실험이 이뤄진 데 착안하여 디자이너가 붙인 이름] 브래지어와 팬티 모양으로 상하가 분리되어 노출 부분이 많은 여자용 수영복. ¶~차림.

비키니-장(Bikini欌) 圏 강철 따위로 뼈대를 얽고 천이나 비닐을 씌워 지퍼로 여닫게 한 간단한 장롱.

비키다 图 ①짜 (사람이나 차 등이) 다른 사람이나 차, 짐 등이 지나가는 데 방해되지 않도록 있던 곳에서 약간 자리를 옮기다. ¶한가운데 있지 말고 옆으로 비켜라. ②타 1 (사람이나 차 등이) 다른 사람이나 차, 짐 등이 다닐 수 있도록 한쪽으로 자리를 옮겨 (길을) 나게 하다. ¶샤도 행차시다, 길을 비켜라. 2 (사람이 자신이 운전하거나 모는 차나 수레 등을) 사람이나 다른 차·수레 등이 지나가는 데 방해되지 않도록 한쪽으로 옮기다. ¶택시 기사가 차를 길 한옆으로 ~. 3 (사람이나 차 등이 가는 데 방해가 되는 대상을) 마주치거나 부딪치지 않도록 옆으로 피하다. ¶자동차가 자전거를 비켜 가느라 서행하다. 4 (사람이 있던 자리를) 다른 사람을 위해 다른 곳으로 옮기다. ¶단둘이 할 얘기가 있으니 자리 좀 비켜 주시겠습니까?

비타민(vitamin) 圏[화] 동물의 정상적인 발육과 영양을 유지하는 데에 미량으로 중요한 작용을 하는 유기 화합물의 총칭. 체내에서는 생성되지 않으므로 외부로부터 섭취해야 함. 크게 지용성 비타민과 수용성 비타민으로 나뉨.

비타민^결핍증(vitamin缺乏症) [-쯩] 圏[의] 비타민의 섭취 부족으로 인한 질병의 총칭. 야맹증·구루병·각기병 따위.

비타민^디(vitamin D) 圏[화] 지용성 비타민의 하나. 칼슘이나 인(燐)이 뼈에 침착하는 것을 돕고, 부족하면 구루병·골연화증이 생김. 간·노른자위·버터 등에 들어 있음.

비타민^비^식스/비타민 B₆(vitamin B six) 圏[화] 비타민 B 복합체의 하나. 수용성 단백질 대사에 중요한 작용을 하는 것으로, 부족하면 피부염을 일으킴. 배아·노른자위·간·효모 등에 들어 있음. =아데르민·피리독신.

비타민^비^원/비타민 B₁(vitamin B one) 圏[화] 비타민 B 복합체의 하나. 탄수화물의 대사에 작용하며, 부족하면 식욕 감퇴, 신경 불안, 각기병을 일으킴. 쌀겨·보리·콩·돼지고기 등에 들어 있음. =티아민.

비타민^비^투/비타민 B₂(vitamin B two) 圏[화] 비타민 B 복합체의 하나. 성장을 촉진하며, 부족하면 구각염·구내염·설염(舌炎)·피부염을 일으킴. 간·노른자위·우유·육류·치즈 등에 들어 있음. =락토플라빈·리보플래빈.

비타민^비^트웰브/비타민 B₁₂(vitamin B twelve) 圏[화] 비타민 B 복합체의 하나. 부족하면 악성 빈혈을 일으킴. 간·굴 등에 들어 있음.

비타민^시(vitamin C) 圏[화] 수용성 비타민의 하나. 아미노산의 대사에 관여하며, 부족하면 괴혈병을 일으킴. 신선한 야채나 과실에 들어 있음. ▷아스코르브산.

비타민^에이(vitamin A) 圏[화] 지용성 비타민의 하나. 부족하면 야맹증이나 피부·점막의 건조증이 일어남. 간·노른자위·버터·녹황색 채소 등에 들어 있음.

비타민^이(vitamin E) 圏[화] 지용성 비타민의 하나. 동물의 생산 기능에 작용하며, 부족하면 유산(流産)·중추 신경 장애 등이 일어남. 식물성 기름·시금치·우유·노른자위 등에 들어 있음. =토코페롤.

비타민-제(vitamin劑) 圏[화] 비타민 결핍의 치료와 예방을 위하여 비타민을 순수하게 추출 또는 합성한 약.

비타민^케이(vitamin K) 圏[화] 지용성 비타민의 하나. 혈액의 응고 작용을 촉진함. 야채나 토마토 등에 들어 있음.

비-타협적(非妥協的) [-쩍] 관圏 타협하지 않는 상태에 있는 (것). ¶~인 성격.

비탄(悲歎·悲嘆) 圏 슬퍼하여 탄식하는 것. ¶~에 잠기다. 비탄-하다 图타여

비탈 圏 산·언덕·길 따위의 한쪽으로 기울어진 상태나 정도. 또는, 그 기울어진 곳. ¶산~/~이 가파르다 /~을 내려가다.

비탈-길 [-낄] 圏 비탈진 언덕의 길. =사경(斜徑).

비탈-지다 囹 땅이 몹시 가파르게 기울어져 있다. ¶비탈진 언덕.

비토(veto) 圏 =거부권.

비:통(悲痛)→비:통-하다 囹여 슬퍼서 마음이 몹시 아프다. ¶그 여자는 아들의 죽음을 몹시 비통해했다. 비:통-히 用

비트¹ 圏 간첩이나 게릴라가 일시적으로 몸을 숨기기 위해 눈에 띄지 않게 파 놓은 구덩이.

비트²(beat) 圏 1 [음] 박자. 특히, 대중음악에서 강한 악센트의 리듬. 2 [음] 음악상으로, 진동수가 비슷한 둘의 음파(音波)가 동시에 일어나는 것. 3 [체] 수영에서, 발로 물을 치는 동작. 回물장구.

비트³(bit) 圏[컴] 데이터를 나타내는 최소 단위. 모든 데이터는 0과 1의 조합으로 구성되는데, 이 0 또는 1이 하나의 비트 됨. ▷바이트(byte)·워드(word).

비트적-거리다/-대다 [-꺼/-] 图타 몸을 제대로 가누지 못하고 약간 비틀거리며 걷다. 困베트작거리다. 센삐트적거리다.

비트적-비트적 [-쩍-] 用 비트적거리는 모양. 困베트작베트작. 센삐트적삐트적. 비트적비트적-하다 图재타여

비트^제너레이션(Beat Generation) 圏 1950년대 중반 미국에서 발생. 현대의 산업 사회 및 기성세대의 질서·도덕·문학에 반발한 방랑자적인 문학·예술가의 무리나 세대. =비트족.

비틀 用 힘이 없거나 어지러워 이리저리 쓰러질 듯한 모양. 비틀-하다¹ 图재타여

비틀-거리다/-대다 图재타 이리저리 쓰러질 듯이 걷다. ¶술에 취해 ~. 困배틀거리다. 센삐틀거리다.

비틀-걸음 圏 비틀거리며 걷는 걸음. 困배틀걸음.

비:틀다 타 〈비트니, 비트오〉 1 (사람이 어느 정도 길이가 있는 물체를) 꼬이도록 힘있게 돌리다. ¶빨래를 비틀어 짜다. 2 (잘되어 가던 일을) 어그러지게 하다. ¶다 된 협상을 새로운 요구를 내세워 비틀어 버렸다. 困배틀다.

비:틀-리다 图재 '비틀다'의 피동사. ¶왜 하는 일마다 이렇게 비틀리는지 모르겠다. 困배틀리다.

비틀-비틀 用 비틀거리는 모양. ¶술에 취해 ~ 걷다. 困배틀배틀. 센삐틀삐틀. 비틀비틀-하다 图재타여

비:틀어-지다 图재 1 (다소 길이가 있는 물

체가) 힘을 받아 꼬인 상태가 되다. ¶닭의 목이 닭장수의 손에 의해 쩍 ~. **2** (물체가) 물기가 마르면서 꼬인 상태가 되다. ¶걸레가 말라 ~. **3** (일이) 어그러지게 되다. ¶일이 기획 단계에서부터 ~. **4** (사귀는 관계가) 좋지 않은 상태가 되다. ¶두 사람의 관계가 **비틀어지기** 시작한 것은 지난달부터이다. ㉹배틀어지다.

비틀-하다² 〖형⦁여〗 약간 비릿하고 감칠맛이 있다. ㉹배틀하다.

비파(琵琶) 〖명〗〖음〗 타원형의 몸통에 곧고 짧은 자루가 달린 현악기의 하나. 4줄의 당비파와 5줄의 향비파가 있음.

비파이브/B5 〖명〗 종이 규격의 하나. 182mm×257mm의 크기임.

비:판¹(批判) 〖명〗 **1** 사물의 옳고 그름이나 잘되고 못됨에 대하여 검토하여 평가・판정하는 일. 또는, (잘못된 점이나 부정적인 면을) 드러내어 좋지 않다고 평하거나 판단하는 것. ¶~을 받다. **2** 〖철〗 인간의 지식과 사상・행위 등에 대하여, 그 의미 내용이 성립되는 기초를 파악함으로써 그 기원・타당성・한계 등을 명백히 하는 것. ¶순수 이성 ~. **비:판-하다** 〖동⦁타여〗 ¶체제를 ~. **비:판-되다** 〖동⦁자〗

비-판²(B判) 〖명〗〖인〗 인쇄용지 규격의 하나. 1030mm×1456mm의 크기를 0번으로 하고, 그 크기가 반으로 작아질 때마다 B1판, B2판, …, B12판이라 일컬음. ▷에이판(A判).

비:판-력(批判力) [-녁] 〖명〗 비판하는 능력.

비:판-적(批判的) 〖관⦁명〗 비판하는 태도・입장에서 하는 (것). ¶~ 발언/학교 정책에 대해 ~이다.

비:판-주의(批判主義) [-의/-이] 〖명〗〖철〗 **1** 비판을 주된 태도로 하는 사상. **2** 비판 철학의 태도나 입장.

비:판^철학(批判哲學) 〖명〗〖철〗 칸트와 칸트학파에서, 인간의 이성에 대한 비판을 통하여, 인식을 가능케 하는 근거・제약 등의 검토를 과제로 하는 철학. 신과는 다른 유한한 인간에게 허용되는 이성의 능력과 한계를 명백히 하고자 함. =선험 철학. ↔독단론.

비:평(批評) 〖명〗 **1** 사물의 미추(美醜)・선악・장단・시비를 평가하여 가치를 판단하는 것. ¶문예 ~/날카로운 ~. **2** 남의 결점을 드러내어 말하는 것. **비:평-하다** 〖동⦁타여〗 ¶신작 소설을 ~. **비:평-되다** 〖동⦁자〗

비:평-가(批評家) 〖명〗 =평론가.

비포/B4 〖명〗 종이 규격의 하나. 257mm×364mm의 크기임.

비:-포장도로(非鋪裝道路) 〖명〗 포장되지 않은 도로. ↔포장도로.

비폭(飛瀑) 〖명〗 높은 곳에서 나는 듯이 세차게 떨어지는 폭포.

비:-폭력-주의(非暴力主義) [-퐁녁쭈의/-퐁녁쭈이] 〖명〗 부정・압제・폭력에 대하여 폭력을 사용하지 않고 저항하는 주의. ▷무저항주의.

비표(碑表) 〖명〗 비신(碑身)의 앞면. =비양(碑陽). ↔비음(碑陰).

비:-표준어(非標準語) 〖명〗 표준어가 아닌 말. ▷표준어.

비:품(備品) 〖명〗 늘 갖추어 두고 쓰는 물품. ¶~ 대장(臺帳). ↔소모품.

비프가스 〖명〗 '비프커틀릿'의 잘못.

비프-스테이크(beefsteak) 〖명〗 쇠고기를 적당한 두께로 썰어 소금과 후춧가루를 뿌려 구운 음식. ㉠스테이크.

비프-커틀릿(†beef cutlet) 〖명〗 쇠고기를 빵가루에 묻혀 기름에 튀긴 서양 요리.

비피(BP) 〖명〗 =버스트포인트(bust point).

비:하(卑下) 〖명〗 (자기나 남을) 형편없는 존재로 여겨 낮추는 것. ¶자기 ~. **비:하-하다** 〖동⦁타여〗 ¶김 교수는 최근 불교를 **비하하는** 발언을 하여 물의를 일으켰다. **비:하-되다** 〖동⦁자〗 ¶지난번 연예인은 흔히 '딴따라'로 **비하되어** 불리었다.

비:-하다(比-) 〖동⦁여〗 **1** 〖타〗 (사물을 다른 것에) 비교하거나 견주다. ¶장미의 아름다움을 무엇에 **비하랴**. **2** 〖불⦁자〗 ('…에 비해(서)', '…에 비하면'의 꼴로 쓰여) 어떤 것을 기준으로 놓고 판단하다. ¶나이에 **비해** 성숙하다.

비할 바 없다 〖관〗 차이가 너무 커서 비길 데가 없다.

비:-합리적(非合理的) [-함니-] 〖관⦁명〗 이치에 맞지 않는 (것). ¶~인 생각. **2** 〖철〗 이성이나 오성(悟性)으로 파악할 수 없는 (것). ¶종교에는 ~인 면이 많다. ↔합리적.

비:합리-주의(非合理主義) [-함니-의/-함니-이] 〖명〗 〖철〗 이성이나 오성보다 감정・직관・본능 등을 세계・사고(思考)의 원리로 보는 주의. =비이성주의.

비:-합법(非合法) [-뻡] 〖명〗 법률이 정한 바에 위반되는 일. ↔합법.

비:-합법적(非合法的) [-뻡쩍] 〖관⦁명〗 법률이 정한 바에 위배되는 (것). ¶~ 절차/~인 행위를 일삼다. ↔합법적.

비:핵(非核) 〖명〗 《일부 명사 앞에서 관형어적으로 쓰여》 핵무기가 없음. ¶~ 지대/~ 국가.

비:핵무장^지대(非核武裝地帶) [-행-] 〖명〗 핵무기의 제조・저장・실험・배치 및 행사 등을 금하는 특정 지역.

비:핵-화(非核化) [-해콰] 〖명〗 어떤 지역에 핵무기가 없어지게 하는 것. ¶한반도 ~ 선언. **비:핵화-하다** 〖동⦁타여〗 **비:핵화-되다** 〖동⦁자〗

비:행¹(非行) 〖명〗 법이나 사회 규범에 벗어난 잘못된 행동. 특히, 청소년의 범죄 행위를 가리킴. ¶~ 청소년/~ 집단/~을 저지르다.

비행²(飛行) 〖명〗 (항공기・헬리콥터・미사일 등이) 일정한 높이를 유지하면서 공중으로 날아가는 것. 제한된 문맥에서 일부의 새나 곤충이 나는 것을 가리키기도 함. ¶~ 물체/~ 거리/저공(低空) ~. **비행-하다** 〖동⦁타여〗 ¶대서양 상공을 ~.

비행기(飛行機) 〖명〗 고정된 날개에 작용하는 양력(揚力)으로 자체의 무게를 지탱하면서, 프로펠러를 돌리거나 연소 가스를 내뿜어 그 힘을 이용하여 공중을 나는 기계. 세는 단위는 〈臺〉. =붕익(鵬翼).

비행기(를) 태우다 〖관〗 남을 정도 이상으로 칭찬하다. ¶**비행기 태우지** 마라, 떨어질까 무섭다.

비행기-구름(飛行機-) 〖명〗〖기상〗 비행기가 날 때 뒤에 꼬리처럼 길게 생기는, 구름 모양의 물질. =비행기운・비행운・항적운.

비행-단(飛行團) 〖명〗〖군〗 공군 부대 편성의 한 단위. 비행 사단의 아래이며, 두셋의 전대(戰隊)로 구성됨.

비행-사(飛行士) 〖명〗 비행기를 조종하는 사람. ¶우주 ~.

비행-선(飛行船) 몡 유선형의 가스 주머니에 공기보다 가벼운 헬륨이나 수소 따위의 가스를 넣어서 추진기로 비행하는 항공기.

비^행^소^년(非行少年) 몡 [법] 사회적 규범을 잘 지키지 않고 범법 행위를 하거나, 장차 범법 행위를 할 우려가 있는 소년.

비행-술(飛行術) 몡 비행기를 조종하는 기술.

비행-운(飛行雲) 몡 [기상] =비행기구름.

비행-장(飛行場) 몡 비행기가 뜨고 내릴 수 있는 설비를 갖춘 장소. ¶군용 ~. ▷공항.

비행-접시(飛行-) [-씨] 몡 미확인 비행 물체 중 접시 모양의 비행체를 이르는 말.

비행-정(飛行艇) 몡 물 위에서 뜨고 내리는 비행기의 하나. 동체가 큰 부선(浮船)의 형태로 되어 있어 물에 뜸. ⇨수상 비행기.

비-현실적(非現實的) [-쩍] 관 현실과는 동떨어진 (것). ¶~인 생각 / 이 사업 계획은 회사의 자금력으로 보아 매우 ~이다.

비-협조적(非協調的) [-쪼-] 관 협조적이 아닌 (것). ¶~인 태도 / 그는 매사에 ~이다.

비-형(B型) 몡 [생] ABO식 혈액형의 하나. B형인 사람은 B형과 O형인 사람에게 각각 수혈받을 수 있고, B형과 AB형인 사람에게 수혈할 수 있음.

비형^간염(B型肝炎) 몡 [의] B형 간염 바이러스의 감염에 의한 간염. 성교나 수혈을 통해서 감염됨. =수혈 간염.

비:호¹(庇護) 몡 [어떤 사람을] 편을 들거나 두둔하여 보호하는 것. 비:호-하다 돔[타여]

비:호²(飛虎) 몡 나는 듯이 빨리 달리는 호랑이.

비호-같다(飛虎-) [-갇따] 혱 동작이 용맹스럽고 매우 날래다. **비호같-이** 부 ¶~ 내닫다.

비화¹(飛火) 몡 1 불똥이 튀어 다른 데에 옮겨 붙는 것. 또는, 그 불똥. 2 (어떤 일이 뜻밖의 사건으로) 발전되거나 발전하는 계기가 되는 것. ¶~ 난무(亂舞). **비화-하다** 돔[자여] ¶사소한 총격 사건이 전쟁으로 ~. **비화-되다** 돔[자]

비화²(祕話) 몡 세상에 알려지지 않은 이야기. ¶-록(錄) / 궁중 ~.

비:화³(悲話) 몡 슬픈 이야기. 비애화(哀話).

비-활성(非活性) [-썽] 몡 [화] 화학 반응을 활발하게 일으키지 않는 성질. =불활성(不活性). ↔활성.

비:활성^기체(非活性氣體) [-썽-] 몡 [화] 화학 반응을 일으키기 어려운 기체. 주기율표의 0족에 속하는 원소임. =불활성 기체.

비:황(備荒) 몡 흉년이나 재액에 대비하는 것. ¶~ 작물[저축]. ▷구황. **비:황-하다** 돔[타여]

비:회(悲懷) [-회/-훼] 몡 마음속에 서린 슬픈 생각.

비-효율(肥效率) 몡 [농] 비료의 효과를 나타내는 수치.

비-효율적(非效率的) [-쩍] 관 몡 어떤 일이나 방식이 효율이 없는 (것). ¶~ 투자 / 업무를 ~으로 처리하다.

비:후(肥厚) ➡비:후-하다 혱[여] 살이 쪄서 두툼하다.

빅 몡 1 바둑에서, 두 집을 가지지 못해 독립해서 살 수는 없지만, 상대편 돌과의 관계로 잡히지는 않는 형세. 2 바둑에서, 쌍방의 집의 수효가 같아 비김.

빅-게임(big game) 몡 규모나 중요성이 아주 큰 경기나 게임.

빅-뉴스(big news) 몡 중대한 소식. 또는, 놀라운 뉴스.

빅^딜(↑big deal) 몡[경] 산업계의 대규모 구조 조정 과정에서, 서로 업종이 중복된 재벌들이 각각 경쟁력 없는 계열 기업을 포기함으로써 결과적으로 살아남은 기업들의 경쟁력을 더욱 강화하는 일. 순화어는 '업종 교환'.

빅-뱅(big bang) 몡 '대폭발'이라는 뜻] 1 [천] 약 200억 년 전 원시 우주에 있었다고 하는 대폭발. 이 폭발로 오늘날의 우주가 생성되었고 현재까지도 팽창이 계속된다고 함. 2 [경] 금융 제도의 대변혁.

빅-수(-手) [-쑤] 몡 '비김수'의 준말.

빅-장(-將) [-짱] 몡 장기에서, 대궁이 된 때나 비김수로 장군을 불러서 비기게 되는 장군. ~을 부르다.

빅토리(victory) 몡 ['승리'라는 뜻] 흔히, 운동 경기에서 응원할 때 이기라고 외치는 소리.

빈(嬪) 몡 [역] 1 조선 시대의 내명부의 하나. 임금의 제1부실(副室)로 정1품의 품계를 가진 여관(女官). 2 왕세자의 정부인.

빈-개념(賓槪念) 몡 [논] =빈사(賓辭)¹. ↔주개념.

빈객(賓客) 몡 귀한 손님.

빈고(貧苦) ➡빈고-하다 혱[여] 가난하고 고생스럽다.

빈곤(貧困) 몡 1 가난하여 살기가 어려운 것. 비빈궁(貧窮). ¶절대적 ~ / ~에 빠지다. 2 필요한 것이 없거나 부족한 것. ¶자료의 ~.

빈곤-하다(貧困-) 혱[여] ¶가정이 ~ / 내용이 **빈곤**한 소설. **빈곤-히** 부

빈공(賓貢) 몡 [역] 고려 시대, 외국인으로 제1차 과거 시험에 합격한 사람.

빈공-과(賓貢科) 몡 [역] 중국 당나라 때에, 외국인에게 보이던 과거.

빈광(貧鑛) 몡 [광] 품위가 낮아 채산성(採算性)이 없는 광석. ↔부광.

빈-구석 몡 서로 잘 어울리지 못하여 생기는 부족한 점이나 빈틈.

빈국(貧國) 몡 가난한 나라. ↔부국(富國).

빈궁(貧窮) 몡 가난하고 군색한 것. 비빈곤. **빈궁-하다** 혱[여] ¶**빈궁**한 살림. **빈궁-히** 부

빈궁(嬪宮) 몡 [역] 1 왕세자의 아내. 2 조선 시대, 빈이나 세자빈이 거처하던 곳.

빈-껍데기 [-떼-] 몡 실속 없이 허울만 좋은 것을 비유하여 이르는 말.

빈농(貧農) 몡 가난한 농가나 농민. ¶~ 출신 / ~의 아들로 태어나다. ↔부농.

빈뇨-증(頻尿症) [-쯩] 몡 [의] 하루의 배뇨량은 거의 변화가 없고 배뇨 횟수가 많아진 상태. 한방의 용어는 삭뇨증. =요의빈삭.

빈:-담 몡 빈 터에 남아 있는 담. ~공(空)담.

빈대 몡 [동] 매미목 빈댓과의 곤충. 몸길이 5mm 내외. 몸은 둥글납작하고, 몸빛은 갈색임. 고약한 냄새를 풍기며, 인가에 살면서 사람의 피를 빨아 먹음.

  빈대 붙다 관 남에게 빌붙어서 공으로 득을 보다.

빈대-떡 몡 물에 불려 껍질을 벗긴 녹두를 맷돌에 갈아 나물이나 돼지고기 등을 넣고 번철에 부쳐 만든 전(煎)의 하나. =녹두전·녹두전병. ¶~을 부치다. ×빈자떡.

빈대-코 몡 '납작코'의 잘못.

빈도¹(頻度) 명 같은 현상이 되풀이되는 정도. =빈도수. ¶사용 ~가 높다(낮다).

빈도²(貧道) 대(인칭) [덕(德)이 적다는 뜻] 승려나 도사가 자기를 낮추어 이르는 말. 비빈승.

빈도-수(頻度數) [-쑤] 명 =빈도(頻度)¹.

빈둥-거리다/-대다 동(자) 아무 하는 일 없이 놀기만 하다. ¶대학까지 나온 녀석이 집에서 **빈둥거리고**만 있다. 작밴둥거리다. 센삔둥거리다. 거핀둥거리다.

빈둥-빈둥 튀 빈둥거리는 모양. ¶~ 세월만 보내다. 작밴둥밴둥. 센삔둥삔둥. 거핀둥핀둥. **빈둥빈둥-하다** 동(자여)

빈들-거리다/-대다 동(자) 부끄러운 줄도 모르고 게으르게 그저 놀기만 하다. 작밴들거리다. 거핀들거리다.

빈들-빈들 튀 빈들거리는 모양. ¶~ 놀지만 말고 공부 좀 해라. 작밴들밴들. 센삔들삔들. 거핀들핀들. **빈들빈들-하다** 동(자여)

빈:-말 실속이 없는 말. ¶~이라도 먹어 보라는 말 한마디 없이 저 혼자 먹는다. 빈**말-하다** 동(자여)

빈맥(頻脈) 명 맥박의 횟수가 정상보다 많은 것.

빈민(貧民) 명 가난하게 사는 사람. =세민(細民). ¶~을 구제하다.

빈민-가(貧民街) 명 가난한 사람들이 모여 사는 거리나 지역. 비슬럼(slum). ¶~를 전전하다 / ~에서 자라나다.

빈민-굴(貧民窟) 명 가난한 사람들이 사는, 집들이 낡고 범죄가 많은 지역.

빈발(頻發) 명 (어떤 일이) 자주 일어나는 것. **빈발-하다** 동(자여) ¶화재가 ~ / 교통사고가 **빈발하**니 조심하시오.

빈:-방(-房) 명 1 사람이 거처하지 않고 비워 둔 방. 비공방(空房)·공실. 2 사람이 없는 방.

빈-배합(貧配合) 명[건] 콘크리트나 모르타르를 만들 때, 시멘트를 지정된 분량보다 적게 쓰는 배합. ↔부배합(富配合).

빈번(頻繁) →**빈번-하다** 형여 거듭되는 횟수가 잦아 번거롭다. ¶사람의 왕래가 **빈번한** 거리. **빈번-히** 튀 ¶사람들이 ~ 오가다.

빈^볼(bean ball) 명[체] 야구에서, 투수가 타자의 기(氣)를 꺾기 위하여 고의로 타자의 머리를 향하여 던지는 공.

빈부(貧富) 명 가난함과 부유함. ¶~의 격차가 심하다.

빈사(賓辭) 명[논] 판단·명제(命題) 등에서 주사에 결합되어 그것을 설명·규정하는 개념. =객어(客語)·빈개념. ↔주사(主辭).

빈사(瀕死) 명 거의 다 죽을 지경에 이름. 비반죽음. ¶출혈이 심하여 ~ 상태에 빠지다.

빈사-지경(瀕死地境) 명 거의 다 죽게 된 처지나 형편. ¶~을 헤매다 / ~에 빠지다 / ~에 이르다.

빈상(貧相) 명 1 가난한 운명을 나타내는 인상. ¶얼굴이 ~이다. ↔복상(福相). 2 궁상맞은 모습.

빈소(殯所) 명 발인 때까지 관을 놓아두는 방. ¶고인의 ~ / ~를 차리다 / ~를 지키다.

빈:-속 먹은 지가 오래 되어 시장한 배 속. 비공복(空腹). ¶~에 술이 들어가니 금방 핑 돈다.

빈:-손 명 1 사람이 아무것도 제것으로 가지지 않은 상태를 비유적으로 이르는 말. ¶~으로 왔다가 ~으로 가는 게 인생이다. 2 예의나 인사의 표시인 선물을 준비하지 않은 상태를 비유적으로 이르는 말. =공수(空手). ¶남의 집에 ~으로 갈 수야 없지요. ▷맨손.

빈손 털다 구 1 헛일이 되어 아무 소득이 없다. ¶사업이 망하여 **빈손 털고** 말았다. 2 가지고 있던 것을 몽땅 털다. ¶노름판에서 **빈손 털고** 나왔다.

빈승(貧僧) I 명 불도(佛道)가 깊지 못한 승려.
II 대(인칭) 승려가 스스로를 겸손하게 이르는 말. 비빈도.

빈암(玢巖·玢岩) 명[광] 안산암과 거의 같은 성분으로, 반상(斑狀) 조직을 나타내는 반심성암.

빈약(貧弱) →**빈약-하다** [-야카-] 형여 1 (내용이) 충실하지 못하고 보잘것없다. ¶**빈약한** 지식 / 시설이 ~. 2 (신체가) 살집이 없고 약하다. ¶체구가 ~ / 체격이 ~.

빈영양-호(貧營養湖) 명[지] 물속에 영양 염류가 결핍되고, 플랑크톤 등이 적은 호수. ↔부영양호.

빈익빈(貧益貧) [-삔] 명 가난한 사람이 더욱 가난하게 되는 것. ↔부익부(富益富). **빈익빈-하다** 동(자여)

빈인(貧人) 명 가난한 사람. ↔부자(富者).

빈자(貧者) 명 가난한 사람. ↔부자(富者).

빈자-떡(貧者-) 명 '빈대떡'의 잘못.

빈:-자리 명 1 비어 있는 자리. ¶만원이라 ~가 없다. 2 결원이 되어 비어 있는 직위. 비공석(空席). ¶~를 메우다.

빈전(殯殿) 명[역] 발인 때까지 왕이나 왕비의 관을 모시는 곳.

빈정-거리다/-대다 동(자타) 비웃는 태도로 자꾸 은근히 놀리다. ¶**빈정거리지**만 말고 얘기를 끝까지 들어 봐.

빈정-빈정 튀 빈정거리는 모양. **빈정빈정-하다** 동(자타여)

빈:-주먹 명 사람이 아무것도 가지지 못한 상태를 비유적으로 이르는 말. 비맨주먹. ¶~으로 일어서다.

빈지 명 =널빈지.

빈지-문(-門) 명 가게 영업을 시작하거나 끝낼 때, 한 짝씩 끼웠다 떼었다 할 수 있게 만든 문. 널빤지로 만들거나 함석을 붙여 만듦. ▷널빈지.

빈:-집 명 1 사람이 살지 않는 집. 2 식구들이 모두 나가 비어 있는 집. ¶~을 털다.

빈:-창자 명 먹은 것이 없어 속이 비어 있는 창자. =공장(空腸). ▷공복(空腹).

빈처(貧妻) 명 가난에 쪼들려 고생하는 아내.

빈척(擯斥) 명 싫어하여 물리쳐서 멀리하는 것.

빈척-하다 동(타여) **빈척-되다** 동(자)

빈천(貧賤) 명 가난하고 천한 것. ↔부귀. **빈천-하다** 형여 **빈천-히** 튀

빈천지교(貧賤之交) 명 가난하고 미천할 때 사귄 사이. 또는, 그런 벗.

빈촌(貧村) 명 가난한 사람들이 사는 마을. 비궁촌(窮村). ↔부촌(富村).

빈:-총(-銃) 명 실탄을 재지 않은 총.

빈축(嚬蹙·顰蹙) 명 1 눈살을 찌푸리고 얼굴을 찡그리는 것. 2 남들로부터 받는 비난이나 미움. ¶**주위의** ~을 사는 그런 짓은 제발 말아 주시오. **빈축-하다** 동(자여)

빈출(頻出) 명 자주 나오는 일. ¶~ 문제. **빈출-하다** 동(자여)

빈:-칸 명 1 비어 있는 칸. ¶~을 채우다. 2 비

어 있는 부분.
빈!-탈타리 몡 '빈털터리'의 작은말. 준탈타리.
빈!-탕 몡 1 잣·호두·땅콩 등과 같이 껍데기가 딱딱한 열매가 속에 알맹이가 없이 빈 것. 2 실속이 없는 사물.
빈!-털터리 몡 재산을 다 없애고 아무것도 없게 된 사람. 비발가숭이. 준털터리. 작빈탈타리.
빈!-틈 몡 1 비어 있는 사이. ¶~이 없이 자리를 메운 관중. 2 허술하거나 부족한 점. ¶~이 많은 사람에 너무 ~을 보이지 마라.
빈!틈-없다 [-업따] 톙 허술한 데가 없이 치밀하다. ¶신중하고 **빈!틈없는** 사람. **빈!틈없-이** 툄
빈-티 (貧-) 몡〈속〉가난하게 보이는 모습이나 태도. ¶남루한 옷차림에 ~가 흐른다. ↔부티.
빈핍 (貧乏) →빈핍-하다 [-피파-] 톙여 가난하여 아무것도 없다.
빈한 (貧寒) →빈한-하다 톙여 가난하여 집안이 쓸쓸하다. ¶**빈한한** 살림살이 / 가세가 ~. **빈한-히** 툄
빈혈 (貧血) 몡〈의〉혈액 속의 적혈구 또는 혈색소가 정상치 이하로 감소한 상태. 얼굴이 나 빠지고 두통·귀울음·현기증·동계(動悸)·권태 등의 증상을 보임. ¶악성 ~ / ~로 쓰러지다.
빈혈-증 (貧血症) [-쯩] 몡 빈혈의 증세.
빌!다¹ (빌고 / 빌어) 톰타〈비니, 비오〉1 (사람이 어떤 일이 이루어지게 해 주기를 초월적인 존재에게) 경건한 마음과 종교적 믿음을 가지고 청하다. 또는, 그렇게 청하면서 두 손을 손바닥이 닿게 모으거나, 모은 상태로 비비다. 비기구하다·기원하다. ¶하느님께 축복을 ~ / 부처님께 소원을 이루어 주시기를 ~. 2 (사람이 어떤 일이 이루어지기를) 마음속으로 간절히 바라다. ¶부디 성공하시길 **빕니다**. 3 (사람이 다른 사람에게 잘못을) 용서해 달라고 하거나, (용서를) 받기를 구하다. 또는, 그렇게 하면서 두 손을 비비다. ¶잘못했다고 용서를 ~ / 아이가 울면서 어머니에게 두 손을 싹싹 ~.
[비는 데는 무쇠도 녹는다] 잘못을 뉘우치고 빌면 아무리 완고한 사람도 풀어진다.
빌!다² (빌고 / 빌어) 톰타〈비니, 비오〉(사람이 다른 사람에게 밥 따위를) 동정에 호소하여 얻다. 비구걸하다·동냥하다. ¶거지가 밥을 **빌어다가** 먹다.
빌다³ 톰타 '빌리다'의 잘못.
빌딩 (building) 몡 철근 콘크리트로 지은 서양식 고층 건물. 흔히, 사옥(社屋)이나 사무실 등에 사용됨. ¶고층 ~이 즐비하게 늘어선 거리.
빌라 (¶villa) 몡 [본뜻은 '별장(別莊)'] 다세대 주택이나 연립 주택의 이름을 지을 때, 고유 이름 뒤에 흔히 붙이는 말. 때로, 다세대 주택이나 연립 주택 자체를 가리키는 경우도 있음. ¶장미 ~ / 그 사람은 ~에 살고 있다.
빌레몬-서 (←Philemon書) 몡〈성〉신약 성서 중의 한 권.
빌리다 톰타 1 (어떤 사람에게서 돈이나 물건을) 나중에 갚거나 돌려주기로 하고 얼마 동안 가져다 쓰다. ¶친구한테서 돈을 ~ / 이웃집에서 망치를 **빌려** 오다. 2 (주로 '주다', '달라', '다오'와 함께 쓰여) (어떤 사

람에게 돈이나 물건을) 나중에 받기로 하고 얼마 동안 쓰도록 하다. ¶친구에게 백만 원을 **빌려** 주다 / 영수야, 그 소설책 좀 **빌려** 다오. 3 (다른 사람이나 대상의 도움을) 힘든 일을 하기 위해 끌어 오거나 받아들이다. ¶경찰이 도둑을 잡는 데 시민의 힘을 ~ / 이삿짐을 나르는 일에 친구들의 손을 ~ / 술의 힘을 **빌려** 속마음을 털어놓다. 4 (어떤 말이나 글을) 다른 말이나 글에 끌어 오다. 비인용하다. ¶사르트르의 말을 **빌리자면**, 자유는 곧 책임을 수반한다 했다. 5 (어떤 형식을) 직접적인 관계가 없는 일에 이용하다. 또는, (어떤 자리나 기회를) 어떤 일을 하는 데 이용하다. ¶일기 형식을 **빌려서** 쓴 소설 / 이 기회를 **빌려서** 제 생각을 말씀드리겠습니다. ※빌다.

어법 이 자리를 빌어서 감사드립니다:빌어서(×)→빌려서(○). ▶ 꾸어 오는 것도 꾸어주는 것도 '빌리다'이며, 어떤 자리를 통하거나 이용하는 것도 '빌리다'임 (표6).

빌립보-서 (←Philippi書) 몡〈성〉신약 성서 중의 한 권.
빌미 몡 재앙이나 병 따위의 불행이 생기는 원인. ¶~로 삼다 / 그 일을 ~로 치도곤을 당하였다. **빌미-하다** 톰자여 불행이나 탈의 원인이 되다.
빌미-잡다 [-따] 톰타 빌미로 삼다. ¶내가 말 한마디 잘못한 것을 **빌미잡아** 그는 나를 몰아세웠다.
빌-붙다 [-붇따] 톰자 남에게 들러붙어서 아첨하고 알랑거리다. ¶권력에 **빌붙어** 특혜를 누리다.
빌빌 툄 1 여리고 느리게 움직이는 모양. 2 기운 없이 느리게 행동하는 모양. **빌빌-하다** 톰자여 ¶젊은 사람이 왜 그렇게 **빌빌하니**?
빌빌-거리다/-대다 톰자 자꾸 빌빌하다.
빌-산 (bile酸) 몡〈생〉쓸개즙의 주성분의 하나. 간에서 만들어지고 지방산을 에멀션화하여 소화 흡수에 중요한 구실을 함. =담즙산.
빌어-먹다 [-따] 톰자타 (사람이 밥 따위를) 동정에 호소하여 얻어먹다. 또는, 그런 생활을 하다. ¶걸인이 밥을 ~ / 그렇게 게을러 빠져서야 **빌어먹기** 딱 알맞다. 작배라먹다.
빌어-먹을 쾁관 어떤 대상이나 일이 몹시 못마땅하거나 그로 인해 화가 났을 때 욕으로 하는 말. ¶~ 놈 / ~, 뭐 되는 일이 없다니까!
빌트인 (built-in) 몡 (주로, 가구나 가전제품을 나타내는 말 앞에 쓰여) 그 물건이 붙박이이거나 설치형임을 뜻하는 말. ¶~ 가구 / ~ 냉장고.
빔¹ 몡 촉(鏃)이나 장부 등의 구멍이 헐거울 때 종이·헝겊 따위를 끼우는 일. **빔!-하다** 톰타여
빔!² 몡 명절날이나 잔치 때에 새 옷을 차려입는 일. 또는, 그 옷. ¶설~ / 명절~. ×비음.
빔³ (beam) 몡 1 건축물의 들보나 도리. 2 빛이나 전자(電子)의 흐름.
빗¹ [빋] 몡 사람이 머리털을 가지런하게 빗는 데에 쓰는, 가늘고 긴 살이 달린 도구. 나무·대오리·뿔·셀룰로이드 등을 재료로 하여 반월형·사각형 등으로 만듦. ¶참~ / 머리~ / ~으로 머리를 빗다.
빗-² [빋] 쩝튀 '바로 곧지 않게', '가로 비스듬하게', '잘못'의 뜻을 나타내는 말. ¶~금

빗-가다[빋까-] 통(자) '빗나가다'의 준말.
빗-각(-角)[빋깍] 명[수] 예각이나 둔각과 같이 직각이나 평각이 아닌 각. 구용어는 사각(斜角).
빗-각기둥(-角-)[빋깍끼-] 명[수] 옆면서리가 밑면에 수직이 아닌 각기둥. 구용어는 사각주(斜角柱).
빗-각뿔(-角-)[빋깍-] 명[수] 꼭짓점에서 밑면의 중심에 내린 선이 밑면에 수직이 되지 않는 각뿔. 구용어는 사각추(斜角錐).
빗각^삼각형(-角三角形)[빋깍-가켱] 명[수] 세 각이 빗각인 삼각형. 구용어는 사삼각형.
빗-금¹[빋끔] 명[수] =사선(斜線). ¶~을 긋다[치다].
빗-금²[빋끔] 명[언] 쉼표의 하나. '/'의 이름. 1 대응·대립되거나 대등한 것을 함께 보이는 단어와 구·절 사이에 씀. '착한 사람 / 악한 사람' 따위. 2 분수(分數)를 나타낼 때 씀. '3/4분기' 따위.
빗-기다[빋끼-] 동(타) 1 '빗다'의 사동사. 2 (남의 머리털을) 빗어 주다. ¶아이의 머리를 ~.
빗-길[비낄/빋낄] 명 비가 내리고 있거나 비에 젖어 있는 찻길. ¶~ 과속 운전 / ~에 미끄러져 충돌 사고를 일으키다.
빗-나가다[빈-] 동(자)(여) 비뚜로 나가다. ¶화살이 과녁을 ~ / 예상을 ~ / 아이들은 자칫하면 **빗나가기** 쉽다. 준빗가다·빗나다.
빗다[빋따] 동(타) (머리털을) 빗의 살을 넣은 상태로 어느 쪽으로 움직임으로써 가지런하게 하다. ¶머리를 곱게 ~.
빗-대다[빋때-] 동(타) 1 (어떤 것을 다른 것에) 견주어 같은 것으로 보다. 비비유하다·비교하다. ¶이 글은 소녀의 모습을 꽃에 **빗대어** 표현하고 있다. 2 넌지시 둘러서 가리키다. ¶그의 비아냥거림은 나를 **빗댄** 것 같아 심한 모욕을 느꼈다.
빗더-서다[빋떠-] 동(자) 방향을 조금 틀어서 서다. 준빗서다.
빗-돌(碑-)[비똘/빋똘] 명 =비석(碑石).
빗-듣다[빋뜯따] 동(타)(여)〈~들으니, ~들어〉(무슨 말을) 잘못 듣다. 비횡듣다.
빗-디디다[빋띠-] 동(타) 디딜 자리가 아닌 다른 곳을 잘못 디디다. ¶발을 **빗디뎌** 계단에서 굴렀다.
빗-맞다[빈맏따] 동(자) 1 목표하지 않은 곳에 맞다. ¶총알이 ~. 2 뜻한 일이 잘못되어 달리 이루어지다. ¶예상이 ~.
빗맞-히다[빈마치-] 동(타) '빗맞다'의 사동사. ¶과녁을 ~ / 일기 예보를 ~.
빗-면(-面)[빈-] 명[수][물] 수평면과 90° 이내의 각을 이룬 평면. 구용어는 사면(斜面).
빗-모서리[빈-] 명[수] 각뿔이나 각뿔대의 두 이웃한 빗면이 만나는 모서리. 구용어는 사릉(斜稜).
빗-물[빈-] 명 비가 와서 괸 물. =우수(雨水). ¶~을 받다 / ~이 튀기다 / ~이 새다 / 처마 끝에서 ~이 떨어지다.
빗-밑[빈밑] 명 오던 비가 그쳐 날이 개는 속도. ¶~이 가볍다[무겁다] / ~이 재다.
빗-발[비빨/빋빨] 명 비가 내릴 때 줄이 진 것처럼 보이는 상태. 또는, 그 비. =우각. ¶~이 굵어지다[가늘어지다] / 후드득후드득 ~이 듣기 시작하다.

빗발-치다[비빨-/빋빨-] 동 1 빗발이 세차게 내려치다. 2 (탄알 등이) 빗발처럼 세차게 쏟아지다. ¶총알이 **빗발치는** 전쟁터. 3 (비난·독촉 등이) 끊이지 않고 세차게 몰아치다. ¶비난의 소리가 ~.
빗-방울[비빵-/빋빵-] 명 비로 떨어지는 물방울. =우적(雨滴). ¶굵은 ~.
빗-변(-邊)[빋뼌] 명[수] 직각 삼각형의 직각에 마주 대한 변. 구용어는 사변(斜邊). =현(弦).
빗-보다[빋뽀-] 동(타) 바로 보지 못하고 잘못 보다. 비횡보다.
빗보-이다[빋뽀-] 동(자) '빗보다'의 피동사.
빗-비늘[빋삐-] 명[동] 한쪽 가장자리가 빗살같이 된 물고기의 비늘. =즐린(櫛鱗).
빗-살[빋쌀] 명 빗의 잘게 갈라진 낱낱의 살. =즐치(櫛齒). ¶~ 빠진 빗 / ~이 촘촘하다.
빗살무늬^토기(-土器)[빋쌀-니-] 명[고고] 신석기 시대의 북방계 토기의 하나. 표면에 빗살 같은 평행선이나 물결 모양을 이룬 점선 따위의 무늬를 넣어 얄팍하게 만들었음. =즐문토기(櫛文土器).
빗살-문(-門)[빋쌀-] 명[건] 가는 살을 엇비슷하게 어긋매껴 촘촘하게 짜서 만든 문.
빗-서다[빋써-] 동(자) '빗더서다'의 준말.
빗세우다[빋쎄-] 동(타) '빗서다'의 사동사.
빗-소리[비쏘-/빋쏘-] 명 비가 내리는 소리. =우성(雨聲).
빗-속[비쏙/빋쏙] 명 비가 내리는 그 속. 비우중(雨中).
빗-솔[빋쏠] 명 빗살 사이의 때를 빼는 솔.
빗-원뿔(-圓-)[빈-] 명[수] 꼭짓점에서 밑면의 중심에 내린 선이 밑면에 수직이 되지 않는 원뿔. 구용어는 사원추(斜圓錐).
빗-자루[비짜-/빋짜-] 명 1 비에 달린 자루. 2 '비'를 달리, 또는 다소 속된 어감을 가지고 이르는 말. 일상 구어에서 '비'보다 더 많이 쓰이는 말임. ¶얘야, ~ 가지고 와서 이것 좀 쓸어라.
빗장[빋짱] 명 '문빗장'의 준말. ¶문에 ~을 지르다.
빗장-거리[빋짱-] 명 남녀가 '十(십)' 자 모양으로 눕거나 기대어 서서 하는 성교. **빗장거리-하다** (자)(여)
빗장-뼈[빋짱-] 명[생] 가슴 좌우의 위쪽에 있는, 'S' 자형을 이루는 한 쌍의 뼈. 앞은 가슴뼈에, 뒤는 어깨뼈에 접함. =쇄골(鎖骨).
빗-접[빋쩝] 명 빗이나 빗솔 등을 넣어 두는 그릇.
빗-줄기[비쭐-/빋쭐-] 명 줄이 진 것처럼 보이게 내리는 비. ¶장대 같은 ~.
빗-질[빋쩔] 명 빗으로 머리를 빗는 일. **빗질-하다** (타)(여) ¶머리를 곱게 ~.
빗-치개[빈-] 명 빗살 틈에 낀 때를 빼고 가르마를 타는 데 쓰는 도구.
빗-판(-板)[빈-] 명[동] 자포동물 빗해파리류가 가진 독특한 기관. 몸에 난 잔털이 빗살처럼 모여서 된 것으로, 이것을 움직여 운동함. =즐판(櫛板).
빙 甲 1 일정한 둘레를 한 바퀴 도는 모양. ¶섬을 한 바퀴 ~ 돌다. 2 둘레를 에워싼 모양. ¶한자리에 ~ 둘러앉다. 3 정신이 어찔해지는 모양. ¶머리가 ~ 돈다. 4 눈물이 갑자기 글썽해지는 모양. ¶눈물이 ~ 돌다. 줅뱅. 솅삥. 겐핑.

빙거(憑據) 명 어떤 사실을 증명할 만한 근거를 대는 것. 또는, 그 근거. **빙거-하다** 동 자타여

빙결(氷結) 명 얼음이 얼어붙는 것. 비동결 (凍結). **빙결-하다** 동자여 **빙결-되다** 동자

빙고¹(氷庫) 명 얼음을 넣어 두는 창고.

빙고²(bingo) 명 도박성을 띤 오락 경기의 하나. 숫자가 적혀 있는 공이나 카드를 임의로 하나씩 뽑아 그 숫자와 자신의 카드에 그려진 칸의 숫자를 일치시켜 가장 빨리 가로·세로 또는 사선으로 연결하는 것을 겨루는 게임.

빙공영사(憑公營私) [-녕-] 명 공적(公的)인 일을 빙자하여 개인의 이익을 꾀함. **빙공영사-하다** 동자여

빙과(氷菓) 명 설탕물을 얼리거나 설탕물에 우유·과실즙·향료 등을 섞어 얼린 과자. =얼음과자. ¶-류(類).

빙괴(氷塊) [-괴/-궤] 명 얼음의 덩이.

빙그레 부 입만 약간 벌리고 소리 없이 부드럽게 웃는 모양. ¶소리 없이 ~ 미소 짓는다. 작뱅그레. 센삥그레.

빙그르르 부 미끄러지듯 한 바퀴 도는 모양. ¶빙판 위를 ~ 돌다. 작뱅그르르. 센삥그르르. 거빙글빙글.

빙글-거리다/-대다 동자 입을 약간 벌리고 소리 없이 부드럽게 자꾸 웃다. ¶옆집 색시는 무슨 좋은 일이 있는지 종일 **빙글거리고** 있다. 작뱅글거리다. 센삥글거리다.

빙글-빙글¹ 부 빙글거리는 모양. ¶~ 웃다. 작뱅글뱅글. 센삥글삥글. **빙글빙글-하다** 동자여

빙글-빙글² 부 미끄럽게 자꾸 도는 모양. ¶회전목마가 ~ 돌다. 작뱅글뱅글. 센삥글삥글. 거펑글펑글.

빙긋 [-귿] 부 입을 약간 벌리고 소리 없이 가볍게 한 번 웃는 모양. ¶소녀는 나와 눈이 마주치자 ~ 웃었다. 작뱅긋. 센삥긋. **빙긋-하다** 동자여 **빙긋-이** 부 ¶그는 나를 향해 ~ 웃어 보였다.

빙긋-거리다/-대다 [-귿-(때)-] 동자 자꾸 빙긋 웃다. 작뱅긋거리다. 센삥긋거리다.

빙긋-빙긋 [-귿귿] 부 빙긋거리는 모양. ¶실성한 사람처럼 혼자서 ~ 웃는다. 작뱅긋뱅긋. 센삥긋삥긋. **빙긋빙긋-하다** 동자여

빙기(氷期) 명 지 빙하 시대 중 특히 기후가 한랭하여 빙하가 발달·확대하여, 세계적으로 해면 저하가 생겼던 시기. =빙하기. ↔간빙기.

빙기옥골(氷肌玉骨) [-꼴] 명 1 매화의 깨끗함을 이르는 말. 2'살결이 곱고 깨끗한 미인'을 이르는 말.

빙모(聘母) 명 =장모(丈母)¹.

빙무(氷霧) 명 추운 땅에서, 공중에 뜨는 아주 작은 얼음의 결정으로 생기는 안개.

빙벽(氷壁) 명 1 빙산의 벽. 2 얼음이나 눈에 덮인 낭떠러지. ¶~ 등반.

빙부(聘父) 명 =장인(丈人)¹.

빙-빙 부 1 자꾸 빙 도는 모양. ¶솔개가 공중에서 ~ 돈다. 2 이리저리 돌아다니는 모양. 작뱅뱅. 센삥삥.

빙산(氷山) 명 지 남극이나 북극의 바다에 떠 있는 거대한 얼음 덩어리. 대부분이 바다 속에 잠겨 있고 극히 일부만 바다 위에 나와 있음.

빙산의 일각(一角) 관 바람직하지 못한 일은 그 대부분이 숨겨져 있고 외부로 나타나 있는 것은 극히 일부분에 지나지 않음을 비유하여 이르는 말.

빙상(氷上) 명 얼음의 위.

빙상^경기(氷上競技) 명 체 얼음판 위에서 하는 경기의 총칭. 스케이팅·아이스하키 따위.

빙설(氷雪) 명 1 얼음과 눈. 2 심성(心性) 결백함의 비유. 3 풍성암(風成巖)의 한 가지. 바위처럼 보이는 얼음덩이.

빙설^기후(氷雪氣候) 명 한대 기후의 하나. 빙설로 덮인, 지구 상에서 가장 한랭한 기후. 남극 대륙·그린란드가 그 전형적인 지역임.

빙수(氷水) 명 얼음을 눈처럼 잘게 부수어 설탕·향미료 등을 섞은 청량음료. ¶팥 ~.

빙시레 부 입을 조금 벌리고 소리 없이 부드럽게 웃는 모양. 작뱅시레. 센삥시레.

빙식(氷蝕) 명 지 빙하에 의한 침식. 빙하가 이동할 때 암석을 깎아 내는 작용과 기온의 차이로 빙하의 일부가 얼었다 녹았다 함으로써 암석을 깨뜨리는 작용으로도 이루어짐.

빙식-곡(氷蝕谷) [-꼭] 명 지 =U자곡.

빙식^지형(氷蝕地形) [-찌-] 명 지 빙하의 침식 작용으로 이루어진 지형. 빙하호·U자곡 따위. ≒빙하 지형.

빙실-거리다/-대다 동자 입을 벌릴 듯하면서 소리 없이 부드럽게 자꾸 웃다. 작뱅실거리다. 센삥실거리다.

빙실-빙실 부 빙실거리는 모양. 작뱅실뱅실. 센삥실삥실. **빙실빙실-하다** 동자여

빙싯 [-싣] 부 입을 살며시 벌릴 듯하면서 소리 없이 부드럽고 가볍게 한 번 웃는 모양. 작뱅싯. 센삥싯. **빙싯-하다** 동자여 **빙싯-이** 부

빙싯-거리다/-대다 [-싣꺼(때)-] 동자 입을 살며시 벌릴 듯하면서 소리 없이 부드럽게 자꾸 웃다. 작뱅싯거리다. 센삥싯거리다.

빙싯-빙싯 [-싣삥싣] 부 빙싯거리는 모양. 작뱅싯뱅싯. 센삥싯삥싯. **빙싯빙싯-하다** 동자여

빙어 명 동 바닷빙엇과의 바닷물고기. 몸길이 15cm 안팎. 몸은 가늘고 길며 측편함. 몸빛은 연한 회색 바탕에 등 쪽은 황갈색이고 옆구리에는 연옥색 세로줄이 하나 있음. 맛이 좋음.

빙옥(氷玉) 명 1 얼음과 옥. 2 맑고 깨끗하고 아무 티가 없음을 비유하는 말.

빙원(氷原) 명 지 지표가 얼음에 덮여 있는 극지방의 벌판. ≒빙야(氷野)·빙전(氷田).

빙의(憑依) [-의/-이] 명 떠도는 영혼이 다른 사람의 몸에 옮겨 붙는 것. ¶~ 현상 / ~ 환자. **빙의-하다** 동자여 ¶억울하게 죽은 사람의 혼령이 젊은 여자의 몸에 ~. **빙의-되다** 동자

빙자(憑藉) 명 (어떤 일을) 부정적인 일이나 바람직하지 못한 일을 하기 위해, 그럴듯한 이유나 핑계로 내세우거나, 수단으로 이용하는 것. **빙자-하다** 동자타여 ¶애국을 **빙자한** 저질 정치 / 종교를 **빙자한** 사기 행각.

빙장(聘丈) 명 =장인(丈人)¹. ¶자네 -어른께서는 안녕하신가?

빙점(氷點) [-쩜] 명 물 '어는점'으로 순화.

빙점-하(氷點下) [-쩜-] 명 물이 얼기 시작하거나 얼음이 녹기 시작할 때의 온도 이하. 곧, 0°C 이하. 비영하(零下).

빙정(氷晶)[명][기상] 대기(大氣)가 0℃ 이하로 냉각되었을 때, 대기 중에 생기는 작은 얼음의 결정.

빙정-석(氷晶石)[명][광] 나트륨과 알루미늄의 플루오르화물. 무색 또는 적색을 띠며 유리 광택이 나는 덩이임. 알루미늄 제련용 등으로 쓰임.

빙정-핵(氷晶核)[명][물] 공기 중의 수증기를 모아 응결시키는 핵을 만드는 미립자(微粒子). 그을음·먼지·화산재 따위.

빙질(氷質)[명] 스케이팅을 할 때, 얼음의 단단한 정도나 편평하고 미끄러운 정도. ¶~이 좋은 스케이트장.

빙-초산(氷醋酸)[명][화] 수분이 거의 없는, 순도 높은 아세트산. 순수한 것은 16℃ 이하에서 얼음처럼 결정 상태가 됨.

빙'충-맞다[-맏따][형] (사람이) 똘똘하지 못하고 어리석다. ¶그는 **빙충맞게** 남한테 이용만 당한다. 작뱅충맞다.

빙충-맞이[명] '빙충이'의 잘못.

빙'충-이[명] 빙충맞은 사람. ×빙충맞이.

빙탄(氷炭)[명] ['얼음과 숯'이라는 뜻] 둘이 서로 조화를 이루지 못하거나 화합하지 못하는 관계를 비유하여 이르는 말.

빙탄불상용(氷炭不相容)[-쌍-][명] 얼음과 숯처럼, 둘이 서로 화합하지 못함.

빙퇴-석(氷堆石)[-퇴-][명] 빙하에 의해 운반되어 하류에 퇴적된 암석 부스러기. =퇴석(堆石).

빙퉁그러-지다[자] 하는 짓이 꼭 비뚜로만 나가다. ¶병화가 자기 모친까지를 비웃는 듯한 **빙퉁그러진** 소리를 하는 것이 덕기에게는 못마땅한 생각이 들었다.《염상섭:삼대》

빙판(氷板)[명] 땅 위의 눈이나 물기가 얼어서 된 얼음판. ¶~이 지다 / 길이 ~을 이루다.

빙하(氷河)[명][지] 극지방이나 고산 지대의 만년설이 거대한 얼음으로 변하여 그 무게로 인해 비탈면을 흘러 내려와 강처럼 흐르는 것.

빙하-곡(氷河谷)[명][지] 빙하로 인하여 생긴 계곡.

빙하-기(氷河期)[명][지] =빙기(氷期).

빙하^시대(氷河時代)[명][지] 지질 시대 중 기후가 한랭하고 빙하가 발달한 시대.

빙하-호(氷河湖)[명][지] 빙하가 이동할 때 침식 및 퇴적 작용으로 생긴 웅덩이에 물이 괴어서 된 호수. =빙식호(氷蝕湖).

빙해(氷海)[명] 얼음이 얼어붙은 바다.

빙화(氷花)[명] 식물 따위에 수분이 얼어붙어 흰 꽃처럼 되는 현상.

빚[빋][명] 1 어떤 사람에게서 또는 은행 등에서 빌려 써서 갚아야 할 돈. ¶~을 갚다 / ~을 지다. 2 다른 사람이 자기에게 베푼 도움이나 은혜 등에 대해 심리적으로 갚아야겠다고 느끼는 마음의 부담. 또는, 부담으로 작용하는 어떤 일. ¶마음의 ~.

[**빚 주고 뺨 맞기**] 남에게 잘해 주고도 오히려 욕을 당하게 됨을 이르는 말.

빚(을) 놓다 ㈜ 이자를 받고 빚을 주다. ¶빚 놓아 먹고살다.

빚(을) 주다 ㈜ 이자를 받기로 하고 남에게 돈을 주다. ¶신용 없는 사람에게는 **빚을** 줄 수 없다.

빚-거간(-居間)[빋꺼-][명] 1 빚 소개를 업으로 삼는 일. 2 '빚지시'의 잘못. **빚거간-하다**[동][자여]

빚-구럭[빋꾸-][명] 빚이 많아 헤아리지 못하는 어려운 상태.

빚-꾸러기[빋-][명] 빚을 많이 진 사람.

빚-내다[빈-][동][자] 빚을 얻다. ¶빚내서라도 네 학비를 내야 대매.

빚다[빋따][동][타] 1 (가루 상태의 물질을 반죽해서 만드는 어떤 음식이나 물체를) 손으로 매만져 일정한 모양으로 이뤄지게 하다. ¶송편을 ~ / 흙으로 질그릇을 ~. 2 (술을 어떤 재료로) 누룩의 작용으로 만들어지게 하다. ¶쌀로 막걸리를 ~. 3 (어떤 사람이나 일이나 작용 등이 어떤 결과를) 생기게 하다. 비낳다·만들다·일으키다. ¶비리 공무원이 사회적으로 물의를 ~.

빚-더미[빋떠-][명] 감당하기 어려운 큰 빚. ¶그는 부도를 내고 하루아침에 ~에 올라앉았다.

빚-돈[빋똔][명] 빚으로 쓰거나 주는 돈. ¶~을 쓰다.

빚-보증(-保證)[빋뽀-][명] 다른 사람이 빚을 내는 데 참여하여 계약한 날에 갚을 것을 보증하는 일. ¶~을 서다.

빚어-내다[비저-][동][타] 1 (가루 상태의 물질을 반죽해서 어떤 형태의 음식이나 물건을) 만들어 내다. ¶흙으로 인형을 ~. 2 지에밥과 누룩을 버무려 술을 담가 내다. ¶청주를 ~. 3 (어떤 결과나 현상을) 만들어 내다. ¶민족 감정이 결국 유혈 사태를 **빚어냈다**.

빚어-지다[비저-][동][자] 1 가루 상태의 물질이 이겨져서 어떤 형태의 음식이나 물건이 만들어지다. ¶석고로 **빚어진** 조각상 / 일정한 크기로 **빚어진** 송편. 2 지에밥과 누룩이 버무려져 술이 만들어지다. 3 어떤 결과나 현상이 일어나다. ¶논란이 ~.

빚-잔치[빋짠-][명] 빚쟁이들이 몰려와서 빚진 사람의 물건을 빚돈 대신 가져가는 일. **빚잔치-하다**[동][자여]

빚-쟁이[빋쩽-][명] '빚을 준 사람'을 얕잡아 이르는 말.

빚-지다[빋찌-][동][자여] 1 (남에게) 얼마의 돈을 빌어 쓰다. ¶친구에게 **빚진** 돈을 갚다. 2 (남에게) 신세를 지다. ¶나는 그 친구에게 **빚진** 게 많다.

[**빚진 죄인(이라)**] 빚진 사람은 빚쟁이에게 굽실거리게 된다는 말.

빚-지시[빋찌-][명] 빚을 주고 쓰는 데 중간에서 소개하는 일. ×빚거간. **빚지시-하다**[동][자여]

빛[빋][명] 1 어둠을 밝혀 사물의 형체나 색을 눈으로 볼 수 있게 해 주는 파동(波動). 해나 달에서 오거나, 물질이 불꽃을 내며 타거나 전동이 전기 작용으로 내는 에너지의 일종임. =광(光). ¶불-/ 햇-/ ~이 비치다 / ~을 비추다 / ~을 발하다. 2 물질이나 물체가 나타내는 색. ¶먹-/ 푸른- / ~이 곱다. 3 물체의 표면이 기름이나 왁스 따위로 잘 닦여 반짝반짝하게 된 상태. 비윤. ¶구두가 방금 닦아 반짝반짝 ~이 난다. 4 사람의 표정이나 몸가짐에 나타나는 안색이나 태도. 비기색(氣色). ¶얼굴- / 피로한 ~이 역력하다. 5 자연물에서 느낄 수 있는 어떤 기운이나 현상. ¶봄-이 완연하다. 6 여러 사람의 정신적인 힘이나 희망을 주는 대상을 비유하여 이르는 말. ¶인류의 ~이신 구세주. 7 두드러진 데가 있어 남들이 알아주는 데에서 오는 보람. ¶~도 나지 않는 일에 헌신하다. 8 영향을 미치는 힘이나 의의.

유의어	빛 / 별
'**빛**'은 어둠을 밝히는 모든 광선을 뜻하나, '**별**'은 오로지 태양의 광선만을 가리키며, 아울러 그 빛의 따뜻한 기운을 가리킴.	

[**빛 좋은 개살구**] 겉만 번지르르하고 실속이 없음을 이르는 말.
빛을 보다 〔구〕 세상에 알려져 제 가치를 인정받다.
빛을 잃다 〔구〕 제 구실을 하지 못하게 되어 보잘것없이 되다. ¶마르크시즘은 이미 오래전에 빛을 잃었다.
빛-깔[빋-] 〔명〕 '빛²'의 성질이나 상태. 〔비〕색깔. ¶무지개 ~ / ~이 바래다 / ~이 곱다.
빛-나다[빋-] 〔자〕 1 빛이 환하게 비치다. ¶밤하늘에 빛나는 별. 2 빛이 반사되어 반짝이거나 쏘이다. ¶햇빛을 받아 강물이 반짝반짝 빛난다. 3 영광이 드러나다. ¶청사에 길이 빛날 그의 업적.
빛내다[빈-] 〔동〕〔타〕 '빛나다'의 사동사. ¶조국의 이름을 빛내고 돌아오다.
빛-바래다[빋빠-] 〔형〕 (주로 '빛바랜'의 꼴로 쓰여) 낡아서 빛이 변하거나 옅어진 상태에 있다. 는. (추억이) 오래 되어 가물가물하다. ¶빛바랜 사진 / 빛바랜 추억.
빛-발[빋빨] 〔명〕 내어 뻗치는 빛의 줄기. ¶~이 세다.
빛-살[빋쌀] 〔명〕 비쳐 나가는 빛의 가닥. 〔비〕광선.
빛-없다[비덥따] 〔형〕 생색이나 면목이 없다. ¶선물한 책이 이미 읽은 것이라 하니 빛없게 되었다. **빛없-이** 〔부〕

빠

빠각 〔부〕 '바각'의 센말. 〔큰〕뻐걱. **빠각-하다** 〔동〕〔자〕〔타〕〔여〕
빠각-거리다/-대다[-끼-때-] 〔동〕〔자〕〔타〕 '바각거리다'의 센말. 〔큰〕뻐걱거리다.
빠각-빠각 〔부〕 '바각바각'의 센말. 〔큰〕뻐걱뻐걱. **빠각빠각-하다** 〔동〕〔자〕〔타〕〔여〕
빠개다 〔동〕〔타〕 1 (작고 단단한 물건을) 두 쪽으로 갈라서 조각을 내다. ¶장작을 ~. 2 (작고 단단한 물체의 틈을) 넓게 벌리다. 3 (거의 되어 가는 일을) 틀어지게 하다. ¶그 녀석이 다 된 일을 빠개고 말았다. 〔큰〕뻐개다.
빠그라-뜨리다/-트리다 〔동〕〔타〕 '바그라뜨리다'의 센말. 〔큰〕뻐그러뜨리다.
빠그라-지다 〔동〕〔자〕 '바그라지다'의 센말. ¶빠그라진 걸상.
빠그르르 〔부〕 '바그르르'의 센말. ¶~ 끓다. 〔큰〕뻐그르르. **빠그르르-하다** 〔동〕〔자〕〔여〕
빠근-하다 〔형〕 1 몸 놀리기가 조금 거북하고 무지근하다. ¶가슴이 ~ / 다리가 ~. 2 가슴이 어떤 느낌으로 꽉 차서 터질 듯하다. 3 (어떤 일이) 힘에 좀 벅차다. 〔큰〕뻐근하다. **빠근-히** 〔부〕
빠글-거리다/-대다 〔동〕〔자〕 '바글거리다'의 센말. 〔큰〕뻐글거리다.
빠글-빠글 〔부〕 '바글바글'의 센말. 〔큰〕뻐글뻐글. **빠글빠글-하다** 〔동〕〔자〕〔여〕

빠끔-이 〔명〕 어떤 일에 대해 모르는 것 없이 아주 잘 아는 사람. 구어적인 말임. ¶재테크라면 총무부 김 대리가 ~라니까.
빠꾸(←❷백) 〔명〕 [<back] 1 '뒤로', '후진'로 순화. 2 퇴짜를 놓는 것. 〔비〕각하(却下). ¶서류 미비로 ~당했다. **빠꾸-하다** 〔타〕〔여〕
빠끔-거리다/-대다 〔동〕〔타〕 1 담배를 잇달아 세게 빨아 피우다. ¶담배를 ~. 2 물고기 따위가 입을 자꾸 벌려 물이나 공기 등을 들이마시다. 〔큰〕뻐끔거리다.
빠끔-빠끔¹ 〔부〕 빠끔거리는 모양. ¶담배를 ~ 피우다. 〔큰〕뻐끔뻐끔. **빠끔빠끔-하다¹** 〔동〕〔타〕〔여〕
빠끔-빠끔² 〔부〕 여러 군데가 빠끔한 모양. ¶창호지에 구멍이 ~ 나 있다. 〔큰〕뻐끔뻐끔. **빠끔빠끔-하다²** 〔형〕〔여〕
빠끔-하다 〔형〕 틈이나 구멍 같은 것이 깊숙이 들여다보게 벌어져 있다. ¶빠끔한 문틈으로 불빛이 새어 나온다. 〔큰〕뻐끔하다. **빠끔-히** 〔부〕 ¶문이 ~ 열려 있다.
빠닥빠닥-하다¹[-다카-] 〔형〕〔여〕 물기가 없어 보드랍지 못하고 매우 빡빡하다. 〔큰〕뻐덕뻐덕하다. ¶빨래가 바닥바닥하게 마르다.
빠닥빠닥-하다²[-다카-] 〔형〕〔여〕 종이 따위가 구김살 없이 빳빳하다. ¶빠닥빠닥한 새 지폐.
빠드득 〔부〕 '바드득'의 센말. ¶~ 이를 갈다. 〔큰〕뿌드득. 〔거〕파드득. **빠드득-하다** 〔동〕〔자〕〔타〕
빠드득-거리다/-대다[-끼(때)-] 〔동〕〔자〕〔타〕 '바드득거리다'의 센말. 〔큰〕뿌드득거리다. 〔거〕파드득거리다.
빠드득빠드득 〔부〕 '바드득바드득'의 센말. 〔큰〕뿌드득뿌드득. 〔거〕파드득파드득. **빠드득빠드득-하다** 〔동〕〔자〕〔타〕
빠드름-하다 〔형〕〔여〕 '바드름하다'의 센말. 〔준〕빠름하다. **빠드름-히** 〔부〕
빠득-빠득 〔부〕 '바득바득'의 센말. ¶제가 잘했다고 ~ 우긴다. 〔큰〕뿌득뿌득.
빠득빠득-하다[-드카-] 〔부〕 1 하는 짓이나 말이 고분고분하지 않다. 2 눈이 부드럽지 못하다. 3 입 안에 떫은맛이 있다. 〔큰〕뿌득뿌득하다.
빠듯-하다[-드타-] 〔형〕〔여〕 '바듯하다'의 센말. ¶빠듯한 살림 / 날짜가 ~. **빠듯-이** 〔부〕 ¶기한을 ~ 잡다.
빠따 (←❷빳다) 〔명〕 [<batter] 몽둥이나 각목 등으로 엉덩이나 허벅지를 때리는 매. '몽둥이'로 순화. ¶~를 맞다.
빠:-뜨리다/-트리다 〔동〕〔타〕 1 (사람·동물·물체 등을 물·허방 등에) 빠지게 하다. ¶수레로 짐을 물속에 ~. 2 (사람을 어려운 지경에) 놓이게 하다. ¶친구를 함정에 ~. 3 (어떤 대상을 들어 있어야 할 것이나 범위에서) 빠지게 하다. ¶회장의 이름을 명단에서 ~ / 한 줄을 빠뜨리고 베끼다. 4 (물건을) 부주의로 흘려 잃어버리다. ¶허둥대다가 차 안에 서류를 빠뜨리고 내렸다. ×빠치다.
빠르기 〔음〕 =템포.
빠르기-말 〔명〕〔음〕 악곡의 연주 속도를 감각적으로 표시하는 말. 알레그로·안단테 등. 이탈리아 어로 된 것이 많음. ▷빠르기표.
빠르기-표 (-標) 〔명〕〔음〕 악곡의 연주 속도를 지시하는 기호. =속도 기호.
빠르다 〔형〕〔빠르니, 빨라〕 1 물체가 움직이거나 사람이나 동물이 행동하는 데 걸리는 시간이 보통의 정도나 비교 대상보다 짧다. ¶손놀림이 ~ / 비행기는 열차보다 ~. 2 (어떤 일이나 작용의 진행이) 보통의 정도보다 시간적으로 덜 걸리는 상태에 있다. ¶진도가 ~ / 자금의 회전이 ~ / 약효가 ~. ↔느리다. 3 어떤 일이 생기거나 어떤 일을 하기에는 아직 시간이 더 필요한 상태에 있다. (비)이르다. ¶학교 가기에는 ~ / 3월 초라 꽃이 피기에는 아직 ~. 4 (어떤 일이) 시간적 순서에 있어서 어떤 기준이나 비교 대상보다 앞선 상태에 있다. ¶그의 군 입대는 나보다 ~. ↔늦다.

빠르작-거리다/-대다[-꺼(때)-] 통(자)타 '바르작거리다'의 센말. ¶곤경에서 빠져나오려고 ~ / 손발을 ~. 큰뻐르적거리다.

빠르작-빠르작 뭐 '바르작바르작'의 센말. 큰뻐르적뻐르적. **빠르작빠르작-하다** 통(자)(타)여

빠른-우편(-郵便) 몡 도서・산간 등의 오지가 아닌 한, 접수한 날을 기준으로 하여 다음 날까지는 배달하는 우편. 1994년 '속달우편'을 고친 이름임. ▷보통 우편.

빠릿빠릿-하다[-릳-리타-] 혱여 똘똘하고 행동이 날래다.

빠삭-하다[-사카-] 혱여 〈속〉 어떤 일을 낱낱이 잘 알고 있어 환하다.

빠이빠이 閻〈유아〉'잘 가', '잘 있어', '안녕'의 뜻으로 헤어질 때 하는 인사말. ¶아빠, 엄마 ~.

빠작-빠작 뭐 '바작바작'의 센말. ¶마음을 ~ 죄다 / 진땀이 ~ 나다. 큰뻐적뻐적.

빠'져-나가다[-저-] 통(자)타 제한된 환경이나 경계의 밖으로 나가다. ¶포위망을 ~.

빠'져-나오다[-저-] 통(자)타 제한된 환경이나 경계의 밖으로 나오다. ¶대오에서 ~.

빠'지다¹ 통(자) 1 (박혀 있는 것이) 제자리에서 밖으로 나오게 되다. ¶나사가 ~ / 머리카락이 ~. 2 (속에 있는 액체・기체・냄새 등이) 밖으로 새어 나가다. ¶바람 **빠진** 공 / 수챗구멍으로 물이 잘 **빠지지** 않는다. 3 (천에 낀 때나 물든 것이) 빨래나 세탁의 힘으로 없어지다. ¶때가 쑥 ~ / 얼룩이 ~. 4 (어떤 대상이 들어 있어야 할 것이나 범위에서) 들어 있지 않은 상태가 되다. ¶이름이 명단에 ~ / 문서에 중요한 사항이 **빠져** 있다. 5 (사람이나 어떤 대상이 중심을 이루거나 본래의 것이 아닌 다른 길이나 곳, 또는 방향으로) 벗어나다. ¶샛길로 ~ / 이야기가 엉뚱한 방향으로 ~. 6 (사람의 힘이나 기운이) 심리적・육체적 원인으로 몸에서 줄거나 없어지다. ¶맥이 ~ / 기운이 ~. 7 (몸이나 얼굴의 살이) 본래의 부피나 무게보다 작아지거나 덜 나가는 상태가 되다. ¶살이 ~. 8 (어떤 대상이) 다른 대상에 비해 질이나 가치에서 모자라서 뒤떨어지다. ¶그는 형제 가운데 인물이 좀 **빠지는** 편이다. / 그만한 실력이면 어디에 내놓아도 **빠지지** 않는다. 9 (사람이 모이기로 한 곳에) 나가지 않거나, (모이는 단체나 조직에서) 그 구성원이 되기를 그만두다. ¶동창회에 ~. 10 (어떤 대상이) 있던 곳에서 다른 곳으로 가는 상태가 되다. ¶차가 잘 ~ / 연극이 끝나자 관객들이 썰물처럼 **빠져나가다**. 11 (기준이 되는 분량이나 수량이나 액수에서 얼마가) 모자라거나 없는 상태가 되다. ¶10만 원에서 1000원이 ~. 12 (사람의 몸매나 자동차의 차체 등이) 어떠한 형태를 가진 상태가 되다. ¶그 여자가 아주 늘씬하게 **빠졌다**. 13 (그릇의 밑바닥이) 떨어져 없어지다. ¶밑이 **빠진** 독. 14 이(가) **빠지다** →이².

빠'지다² 통(자) I 1 (물속이나 구덩이 등에) 떨어져 들어가다. ¶물에 ~ / 무릎까지 **빠지는** 눈발. 2 (어떤 것에) 마음을 빼앗기다. ¶사랑에 ~ / 노름에 ~. 3 (곤란한 처지에) 놓이게 되다. ¶중환자에 ~ / 백성들이 도탄에 ~. 4 (꾐에) 속아 넘어가다. ¶꾐에 ~ / 악마의 유혹에 ~.
II 혱(보조) (형용사나 동사의 어미 '-아/어/여' 아래에 쓰여) 그 용언의 상태나 작용의 심함을 나타내거나 화자가 그것을 못마땅하게 여김을 나타내는 말. ¶낡아 ~ / 약아 ~ / 썩어 ~.

빠지지 뭐 '바지지'의 센말. ¶~ 타 들어가는 생솔가지. 큰뿌지지. **빠지지-하다** 통(자)(타)여

빠지직 뭐 1 '바지직'의 센말. ¶젖은 장작이 ~ 소리를 내며 탄다. 2 진땀 따위가 조금씩 살갗으로 배어 나오는 모양. **빠지직-하다** 통(자)(타)여

빠지직-거리다/-대다[-꺼(때)-] 통(자)(타) '바지직거리다'의 센말. ¶생나무가 **빠지직거리**며 타 들어간다. 큰뿌지직거리다.

빠지직-빠지직 뭐 '바지직바지직'의 센말. 큰뿌지직뿌지직. **빠지직빠지직-하다** 통(자)여

빠'짐없이[-업씨] 뭐 하나도 빼놓지 않고. ¶모든 유권자는 ~ 투표에 참여하시기 바랍니다.

빠'짐-표(-標) 몡〈언〉 안드러냄표의 하나. 글자의 자리를 비워 둠을 나타내는 '□'의 이름. 1 옛 비문이나 서적 등에서 글자가 분명하지 않을 때 그 글자의 수효만큼 씀. 2 글자가 들어가야 할 자리를 나타낼 때에 씀.

빠찡꼬(←⑨ぱちんこ) 몡 1 쇠구슬을 용수철로 튀겨서 경사진 판면의 뚫린 구멍에 들어가게 함으로써 경품을 타는 사행성 놀이 기구. 2 '슬롯머신'의 잘못.

빠치다¹ 통(자)타 '바치다'의 센말.

빠치다² 통(타) '빠뜨리다'의 잘못.

빡빡¹ 뭐 '박박'의 센말. ¶머리를 ~ 깎다 / 종이를 ~ 찢다 / ~ 문지르다. 큰뻑뻑.

빡빡² 뭐 '박박'의 센말. ¶~ 얽은 얼굴.

빡빡³ 뭐 담배를 피울 때 세게 소리를 내어 빠는 모양. ¶~ 빨다.

빡빡-머리[-빵-] 몡 =까까머리.

빡빡-하다[-빠카-] 혱여 1 물기가 적어서 보드라운 맛이 적다. ¶반죽이 너무 ~. 2 덩어리가 가득하게 많다. ¶국이 너무 ~. 3 여유가 없이 꼭 맞아 빠듯하다. ¶날짜가 ~. 4 융통성이 없고 고지식하다. ¶형편 좀 봐 달라는데 왜 그리 **빡빡하게** 굴어? 5 (기계・수레바퀴 등의 작동이) 매끄럽지 않다. 큰뻑뻑하다. **빡빡-이** 뭐

빡작지근-하다[-짝지-] 혱여 가슴 같은 데가 빠근하게 좀 아픈 느낌이 있다. ¶온몸이 ~. 큰뻑적지근하다. **빡작지근-히** 뭐

빤둥-거리다/-대다 통(자) '반둥거리다'의 센말. ¶**빤둥거리**고 놀기만 한다. 큰삔둥거리다. (거)판둥거리다.

빤둥-빤둥 뭐 '반둥반둥'의 센말. 큰삔둥삔둥. (거)판둥판둥. **빤둥빤둥-하다** 통(자)여

빤드럽다[-따] 혱비〈빤드러우니, 빤드러워〉'반드럽다'의 센말. 큰삔드럽다.

빤드레-하다 혱여 '반드레하다'의 센말. ¶겉만 **빤드레하지** 속은 비었다. 큰뻔드레하다.

빤드르르 튀 '반드르르'의 센말. 큰뻔드르르. **빤드르르-하다** 형여 ¶빤드르르하게 차려입다.

빤득 튀 '반득'의 센말. 큰뻔득. **빤득-하다** 동자타

빤득-거리다/-대다 [-꺼(때)-] 동자타 '반득거리다'의 센말. 큰뻔득거리다.

빤득-빤득 튀 '반득반득'의 센말. 큰뻔득뻔득. **빤득빤득-하다** 동자타여

빤득-이다 동자타 '반득이다'의 센말. 큰뻔득이다.

빤들-거리다/-대다[1] 동자 '반들거리다'의 센말. ¶대리석 바닥이 **빤들거린다**. 큰뻔들거리다.

빤들-거리다/-대다[2] 동자 '반들거리다[2]'의 센말. ¶빤들거리고 놀러만 다닌다. 큰뻔들거리다. 가판들거리다.

빤들-빤들[1] 튀 '반들반들[1]'의 센말. ¶장롱에서 ~ 윤이 난다. 큰뻔들뻔들. **빤들빤들-하다**[1] 형여

빤들-빤들[2] 튀 '반들반들[2]'의 센말. ¶~ 꾀만 부린다. 큰뻔들뻔들. 가판들판들. **빤들빤들-하다**[2] 동자여

빤빤-스럽다[-따] 형ㅂ <-스러우니, -스러워> 빤빤한 데가 있다. 큰뻔뻔스럽다. **빤빤-스레**튀

빤빤-하다 형여 1 '반반하다[1]'의 센말. ¶빤빤하게 다듬다. 2 부끄러워할 만한 일에도 부끄러워할 줄을 모른다. ¶빤빤한 낯짝. 큰뻔뻔하다. **빤빤-히**튀

빤쓰(←일バンツ) 명 [<pants] '팬티'로 순화.

빤작 튀 '반작'의 센말. 큰뻔적. 센빤짝. **빤작-하다** 동자타여

빤작-거리다/-대다 [-꺼(때)-] 동자타 '반작거리다'의 센말. 큰뻔적거리다. 센빤짝거리다.

빤작-빤작 튀 '반작반작'의 센말. 큰뻔적뻔적. 센빤짝빤짝. **빤작빤작-하다** 동자타여형

빤작-이다 동자타 '반작이다'의 센말. ¶별이 ~/불빛이 ~. 큰뻔적이다. 센빤짝이다.

빤지레 튀 '반지레'의 센말. 큰뻔지레. **빤지레-하다** 형여

빤지르르 튀 '반지르르'의 센말. 큰뻔지르르. **빤지르르-하다** 형여 ¶머리가 기름을 발라 ~

빤질-거리다/-대다 동자 '반질거리다'의 센말. ¶얼굴이 ~/**빤질거리며** 요리조리 빠지기만 한다. 큰뻔질거리다.

빤질-빤질 튀 '반질반질'의 센말. 큰뻔질뻔질. **빤질빤질-하다** 동자여형

빤짝 튀 '반작', '반짝[1]', '빤작'의 센말. ¶해가 ~ 나다. 큰뻔쩍. **빤짝-하다** 동자여

빤짝-거리다/-대다 [-꺼(때)-] 동자타 '반작거리다', '반짝거리다', '빤작거리다'의 센말. ¶눈빛을 ~/멀리서 불빛이 ~. 큰뻔쩍거리다.

빤짝-빤짝 튀 '반작반작', '반짝반짝', '빤작빤작'의 센말. ¶별이 ~ 빛나다. 큰뻔쩍뻔쩍.

빤짝-이다 동자타 '반작이다', '반짝이다', '빤작이다'의 센말. ¶다이아 반지가 ~. 큰뻔쩍이다.

빤!-하다 형여 1 (무슨 일이) 그렇게 될 것이 분명하다. ¶결과는 불을 보듯 ~. 2 (심하던 병세가) 조금 가라앉아 덜하다. ¶병세가 좀 **빤하더니** 요 며칠 사이에 더 악화되었다. 3 (바라보는 눈매가) 또렷하다. ¶눈을 빤하게 뜨고 쳐다보다. 여반하다. 큰뻔!-히튀 ¶속이 ~ 들여다보인다.

빨 의존 (어미 '-는'이나 일부 관형사 다음에 '빨로'의 꼴로 쓰여) 사물이 되어 가는 모양과 형편. ¶그가 하는 ~로 두면 일을 다 망치겠다. / 그가 하는 ~로 내버려 두어라.

빨가벗-기다 [-벋끼-] 동타 '빨가벗다'의 사동사. 큰뻘거벗기다.

빨가-벗다 [-벋따] 동자 '발가벗다'의 센말. 큰뻘거벗다.

빨가-숭이 명 '발가숭이'의 센말. 큰뻘거숭이.

빨간-딱지 [-찌] 명 1 =적찰(赤札). ¶~가 붙다. 2 압류한 물건에 붙이는 표시. ¶집달관이 와서 모든 가구에 ~를 붙였다. 3 =딱지[4].

빨간-빛 [-빋] 명 빨간 빛깔.

빨간-색 (-色) 명 빨간 색깔.

빨간-약 (-藥) [-냑] 명 '머큐로크롬'을 일상적으로 이르는 말.

빨강 명 빨간 빛깔. 또는, 그런 색을 내는 물감과 같은 물질. ¶~ 물감. 큰뻘겅.

빨강이 명 1 빨간빛의 물감이나 물건. 큰뻘겅이. 2 '빨갱이'의 잘못.

빨강-자주 (-紫朱) 명 빨간색이 짙은 자줏빛.

빨갛다 [-가타] 형ㅎ <빨가니, 빨가오, 빨개> (어떤 물체나 물질이) 피[血]나 잘 익은 앵두의 색깔을 가진 상태에 있다. 일반적으로 적색·홍색을 가리키나, 넓게는 주황색이나 자주색도 포함될 수 있음. ¶사과가 빨갛게 익다 / 눈에 핏발이 서 ~. 큰뻘겋다. 여발갛다.

빨!개-지다 동자 '발개지다'의 센말. ¶부끄러워 얼굴이 ~. 큰뻘게지다.

빨갱이 명 공산주의자나 공산주의를 가리키는 비속한 말. ×빨강이.

빨그대대-하다 형여 '발그대대하다'의 센말. 큰뻘그데데하다.

빨그름-하다 형여 '발그스름하다'의 준말. 큰뻘그름하다. 여발그름하다. **빨그름-히**튀

빨그스레-하다 형여 =빨그스름하다.

빨그스름-하다 형여 '발그스름하다'의 센말. =빨그스레하다. ¶**빨그스름한** 두 볼. 준빨그름하다. 큰뻘그스름하다. **빨그스름-히**튀

빨그족족-하다 [-쪼카-] 형여 '발그족족하다'의 센말. 큰뻘그죽죽하다.

빨긋-빨긋 [-귿-귿] 튀 '발긋발긋'의 센말. 큰뻘긋뻘긋. **빨긋빨긋-하다** 형여

빨깍 튀 '발칵', '빨끈'의 센말. 큰뻘꺽.

빨끈 튀 '발끈'의 센말. 큰뻘끈. **빨끈-하다** 동자여

빨끈-거리다/-대다 동자 '발끈거리다'의 센말. 큰뻘끈거리다.

빨끈-빨끈 튀 '발끈발끈'의 센말. 큰뻘끈뻘끈. **빨끈빨끈-하다** 동자여

빨다[1] 동타 (빠오) 1 (사람이나 동물이 액체나 기체의 물질을) 그것이 든 용기나 물체에 있는 구멍이나 관 등에 입술을 대고 입의 볼을 오목하게 들어가게 움직이면서, 입 안으로 들어오게 하다. 또는, (액체나 기체가 든 용기나 물체를) 그 구멍이나 관 등에

입술을 대고 액체나 기체가 나오도록 볼이 오목해지게 움직이면서 안쪽으로 힘을 받게 하다. ¶아기가 어머니의 젖을 ~ / 주스를 빨대로 ~. 2 (일부의 곤충이 어떤 물질을) 대롱 모양의 입을 통해 몸 안으로 들어오게 하다. ¶모기가 사람의 피를 ~ / 나비가 꽃의 꿀을 ~. 3 (사람이 어떤 물체를) 입속에 넣거나 입에 물고 혀로 핥거나, 혀와 침으로 녹이다. ¶아기가 손가락을 ~ / 사탕을 ~. 4 (다른 사람의 재물 등을) 빼앗아 자기 것으로 만들다. ¶백성들의 고혈을 **빠는** 탐관오리. 5 ⇒빨아들이다. 6 ⇒빨아올리다.

빨다² 통 〈빠니, 빠오〉 (옷이나 천으로 만든 물건을) 물에 담그거나 적시거나 또는 비누질하여 비비거나 주무르거나 두드리거나 하여 때가 빠지게 하다. ¶옷을 ~ / 물에 **빨아도** 줄지 않는 옷.

빨다³ 형 〈빠니, 빠오〉 끝이 차차 가늘어져 뾰족하다. ¶턱이 ~.

빨-대 [-때] 명 물 따위를 빨아 먹는 데 쓰는 가는 대롱. =스트로(straw).

빨딱 부 '발딱'의 센말. ¶그는 자리에서 ~ 일어서더니 밖으로 나갔다. ㉤뻘떡.

빨딱-거리다/-대다 [-꺼(때)-] 통(자)타 '발딱거리다'의 센말. ㉤뻘떡거리다.

빨딱-빨딱 부 '발딱발딱'의 센말. ㉤뻘떡뻘떡.

빨랑-거리다/-대다 통(자) '발랑거리다'의 센말. ㉤뻘렁거리다.

빨랑-빨랑 부 '발랑발랑'의 센말. ¶굼벵이처럼 꾸물거리지 말고 ~ 움직여라. ㉤뻘렁뻘렁. **빨랑빨랑-하다** 통(자)여

빨래 명 1 더러운 옷이나 피륙 따위를 물에 빠는 일. ㉫세탁. ¶매일 ~를 하다. 2 빨 대상이 되는 옷이나 피륙. 또는, 빨아서 젖은 상태에 있거나 말리기 위해 널어 놓은 상태의 옷이나 피륙. ㉭빨랫감. ¶~를 빨다 / ~를 걷다 / ~를 널다. **빨래-하다** 통(자)여 (사람이) 더러운 옷이나 피륙 등을 물에 빨다. ¶냇가에서 **빨래하는** 아낙네들.

빨래-방 (-房) 명 고객이 자동 세탁기에 빨랫감과 함께 돈을 직접 넣고 작동시킬 수 있도록 설비한 세탁 업소. 1990년대에 생긴 신조어임.

빨래-집게 [-께] 명 빨랫줄에 빨래를 널어 말릴 때, 빨래가 날아가거나 떨어지지 않도록 집어서 고정시켜 두는 도구.

빨래-터 명 빨래하는 장소. ¶냇가 ~.

빨래-판 (-板) 명 빨랫감을 올려놓고 비벼 빠는 판.

빨랫-감 [-래깜/-랟깜] 명 빨래할 옷이나 피륙 따위의 총칭. ㉫빨래·세탁물. ¶~이 밀리다.

빨랫-돌 [-래똘/-랟똘] 명 빨랫감을 올려놓고 문대거나 빨랫방망이로 두드릴 때 쓰는 넓적한 돌.

빨랫-방망이 [-래빵-/-랟빵-] 명 빨랫감을 두드려 빠는 방망이.

빨랫-비누 [-래삐-/-랟삐-] 명 빨래할 때 쓰는 비누. ㉫세탁비누. ▷세숫비누.

빨랫-줄 [-래쭐/-랟쭐] 명 빨랫감을 빨아 널어 말리는 줄. ¶~을 매다.

빨리 부 빠르게. ¶밥을 ~ 먹다 / ~ 다녀오너라.

빨-리다¹ 통 [1](자) 1 '빨다'의 피동사. ¶젖이 잘 ~. 2 (어떤 대상이) 끌어 들이는 힘이 작용하는 쪽으로 이끌리다. ¶담배

가 잘 ~ / 사람이 소용돌이에 **빨려** 들다. [2](타) 1 '빨다'의 사동사. ¶아기에게 젖을 ~. 2 '빨다²'의 피동사. ¶모기한테 피를 ~.

빨-리다² 통 [1](자) '빨다'의 피동사. [2](타) '빨다²'의 사동사. ¶파출부에게 옷을 ~.

빨리-빨리 부 아주 빠르게. ¶~ 뛰어라.

빨리-하다 통(타)여 어떤 일의 속도를 빨라지게 하다. ¶손놀림을 ~.

빨-병 (-甁) [-뼝] 명 먹는 물을 넣어 가지고 다니는 병같이 생긴 그릇.

빨-부리 [-뿌-] 명 =물부리.

빨빨 부 1 바쁘게 쏘다니는 모양. ㉠발발. 2 땀을 많이 흘리는 모양. ㉤뻘뻘.

빨빨-거리다/-대다 통(자) 계속해서 바쁘게 쏘다니다. ¶계집애가 밤늦게 어딜 **빨빨거리고** 다니느냐? ㉤발발거리다.

빨아-내다 통(타) 속에 있는 것을 빨아서 나오게 하다. ¶독을 입으로 ~.

빨아-들이다 통(타) 1 (식물이나 물체가 수분이나 양분·기체 등을) 안으로 스미게 하거나 들어오게 하다. ¶식물의 뿌리가 양분을 ~ / 진공청소기가 먼지를 ~. 2 마음을 강하게 끌어들이다. 비유적인 말임. ¶그의 소설은 독자를 **빨아들이는** 흡인력이 있다.

빨아-먹다 [-따] 통(타) 남의 것을 우려내어 자기 것으로 만들다. ¶백성의 고혈을 **빨아먹는** 탐관오리.

빨아-올리다 통(타) (어떤 기계나 식물이 액체나 기체 등을) 안으로 들어오게 하여 위쪽으로 올리다. ¶식물의 뿌리가 물을 ~ / 펌프로 지하수를 ~.

빨쭉-하다 [-쪼카-] 형여 '발쭉하다'의 센말. ㉤뻘쭉하다. **빨쭉-이** 부

빨치산 (←partizan) 명 적의 배후에서 통신·교통 시설을 파괴하거나 무기나 물자를 탈취하고 인명을 살상하는 비정규군. 특히, 우리나라에서 6·25 전쟁 때와 그 전후에 각지에서 활동했던 공산 게릴라를 가리킴. =파르티잔. ㉫유격대.

빨-판 [-판] 명 동물이 다른 동물이나 물체에 달라붙기 위한 기관(器官). 낙지·오징어의 발, 도마뱀붙이의 발가락 끝에서 볼 수 있음. =흡반(吸盤).

빨-펌프 (-pump) 명 피스톤에 밸브가 있어 밑으로 누르면 밸브가 열려 물이 위로 올라오고, 위로 올리면 밸브가 막히면서 옆으로 물이 흘러나오게 된 펌프. ↔밀펌프.

빳빳-하다 [빧빠타-] 형여 1 단단하고 꼿꼿하다. ¶빳빳하게 언 빨래. 2 풀기가 세거나 팽팽하게 켕기는 힘이 있다. ¶**빳빳한** 종이 / **빳빳하게** 풀을 먹이다. ㉤뻣뻣하다. **빳빳-이** 부 ¶~ 고개를 들다.

빵¹ 명 [<㉿pão] 1 밀가루나 다른 곡식의 가루에 효모나 베이킹파우더를 배합한 상태로 반죽하여 불에 굽거나 찐 음식. ¶찐 ~ / ~을 굽다. 2 생존에 필요한 양식을 비유하여 이르는 말. ¶사람은 ~만으로 살 수 없다.

빵² 부 1 갑자기 무엇이 터지는 소리. ¶총을 ~ 쏘다. 2 공을 세차게 차는 모양. 또는, 그 소리. 3 구멍이 뚫어진 모양. ¶구멍이 ~ 뚫리다. ㉤뻥. 4 자동차 따위의 경적이 한 번 울리는 소리.

빵-가루 [-까-] 명 빵을 말려서 만든 가루. ¶~를 묻히다.

빵그레 부 '방그레'의 센말. ㉤뻥그레.

빵글-거리다/-대다 통(자) '방글거리다'의 센말. ㉤뻥글거리다.

빵글-빵글 뷔 '방글방글'의 센말. 큰뻥글뻥글. 빵글빵글-하다 통재여
빵굿¹[-귿] 뷔 '방굿'의 센말. ¶~ 웃는 얼굴. 큰뻥굿. 센빵끗. 빵굿-하다¹ 통재여
빵굿²[-귿] 뷔 빵굿¹. 큰뻥굿. 센빵끗. 빵굿-하다² 형여 빵굿-이 뷔
빵굿-거리다/-대다[-귿-(때)-] 통재 '방굿거리다'의 센말. 큰뻥굿거리다. 센빵끗거리다.
빵굿-빵굿[-귿-귿] 뷔 '방굿방굿'의 센말. ¶~웃다. 큰뻥굿뻥굿. 센빵끗빵끗. 빵굿빵굿-하다 통재여
빵-깐 명 [속] 감방(監房)².
빵꾸(←일パンク) 명 [<puncture] '펑크'로 순화.
빵끗¹[-끋] 뷔 '방굿', '방끗', 빵굿'의 센말. 큰뻥끗. 빵끗-하다¹ 통재여
빵끗²[-끋] 뷔 빵끗¹. '방굿', '방끗', 빵굿'. 큰뻥끗. 빵끗-하다² 형여 빵끗-이 뷔
빵끗-거리다/-대다[-끋-(때)-] 통재 '방굿거리다', '방끗거리다', '빵굿거리다'의 센말. 큰뻥끗거리다.
빵끗-빵끗[-끋-끋] 뷔 '방굿방굿', '방끗방끗', '빵굿빵굿'의 센말. 큰뻥끗뻥끗. 빵끗빵끗-하다 통재여
빵떡-모자(-帽子) 명 =빵모자.
빵-모자(-帽子) 명 차양이 없이 둥글고 납작하게 생긴 모자. =빵떡모자.
빵-빵¹ 뷔 1 무엇이 요란하게 연달아 터지는 소리. 2 공 따위를 세차게 연달아 차는 소리. ¶공을 ~ 차다. 3 구멍이 여러 개 뚫어진 모양. 큰뻥뻥.
빵-빵² 뷔 자동차 따위가 잇달아 경적을 울리는 소리.
빵빵-거리다/-대다 통재태 자동차 따위가 잇달아 경적을 울리는 소리를 내다.
빵빵-하다 형여 [속] 1 (배가) 음식을 많이 먹어 매우 부르다. 2 재산이나 명예, 사회적 지위 등이 부러움을 살 만하다. ¶김 대리는 처가 쪽이 ~.
빵시레 뷔 '방시레'의 센말. 큰뻥시레.
빵실-거리다/-대다 통재 '방실거리다'의 센말. 큰뻥실거리다.
빵실-빵실 뷔 '방실방실'의 센말. 큰뻥실뻥실. 빵실빵실-하다 통재여
빵싯[-싣] 뷔 '방싯'의 센말. 큰뻥싯. 빵싯-하다 통재여 빵싯-이 뷔
빵싯-거리다/-대다[-싣꺼(때)-] 통재 '방싯거리다'의 센말. 큰뻥싯거리다.
빵싯-빵싯[-싣-싣] 뷔 '방싯방싯'의 센말. 큰뻥싯뻥싯. 빵싯빵싯-하다 통재여
빵-점(-點)[-쩜] 명 '영점(零點)'을 속되게 이르는 말. ¶수학 시험에서 ~을 맞다 / 그는 남편으로서는 ~이다.
빵-집[-찝] 명 빵을 만들어 파는 집.
빻:다[빠타] 통태 (물체를) 단단한 것으로 때리거나 눌러서 가루가 되게 하다. ¶고추를 곱게 ~.
빼 뷔 1 어린아이가 새된 소리로 우는 소리. 2 버들피리·보리피리 따위를 불 때에 나는 새된 소리. 큰삐.
빼곡-하다[-고카-] 형여 빽빽하게 차곡차곡 포개져 있다. 빼곡-히 뷔 ¶식당에는 손님들이 ~ 들어차 있다.
빼:기¹ 명 [수] 빼는 일. ↔더하기. 빼:기-하다 통여
-빼기² 접미 어떤 특성이 있는 사물이나 사람임을 나타내는 말. ¶곱~ / 밥~ / 억척~. ▷-배기.

빼:-내다 통태 1 박힌 것을 뽑아내다. ¶기둥의 못을 ~. 2 여럿 중에서 필요한 것을 골라내다. ¶썩은 것은 빼내어 버린다. 3 남의 것을 돌려내다. ¶비밀 서류를 ~. 4 남을 꾀어서 나오게 하다. ¶남의 회사 사원을 빼내 가다. 5 얽매인 사람을 자유롭게 해 주다. ¶친구를 유치장에서 빼내 주다. 6 어느 날 때, 또는 구기에서 적을 피하여 안전한 곳으로 끌어내다.
빼:-놓다[-노타] 통태 1 한 무리에 들어가야 할 것을 들게 하지 아니하다. 비내놓다. ¶나만 빼놓고 저희끼리만 갔다. 2 여럿 중에서 어떤 것을 골라 놓다. ¶후일의 참고로 몇몇 자료
빼:다 (빼고 / 빼어) 통 1태 1 (속에 끼어 있거나 박혀 있는 것을) 밖으로 당겨 나오게 하다. 비빼내다. ¶책상에서 서랍을 ~. ↔끼다·박다. 2 (일정한 공간 속에 갇혀 있는 공기나 물 따위를) 밖으로 나오게 하다. ¶타이어의 바람을 ~. 3 (일정한 수량이나 분량에서 얼마를) 덜어 내거나 적어지게 하다. ¶10에서 3을 빼면 7이 남는다. ↔더하다. 4 (어떤 대상에서 다른 대상을) 포함시키지 않다. 비제외하다. ¶그 사람은 잠자는 시간을 빼고는 온종일 공부만 한다. 5 (때나 얼룩 따위를) 물이나 약품 따위로 빨거나 씻거나 닦아서 없애다. ¶옷에서 잉크 얼룩을 ~. 6 (힘이나 기운이나 혼 등을) 몸에서 없어지게 하다. ¶어깨에 힘을 빼고 심호흡을 하다. 7 (사람이 자기 몸의 살을) 일정 기간 운동을 하거나 밥을 덜 먹거나 하여 줄게 하다. ¶아랫배의 군살을 ~. 8 (목을) 길게 뽑아 늘이다. 비뽑다. ¶우리는 목을 길게 뺀 채 그들이 돌아오기만을 기다렸다. 9 (목소리를) 길게 늘이다. 비뽑다. ¶소년은 목청을 한껏 빼어 노래를 부르기 시작했다. 10 (긴 형태의 물건을) 어떤 기계나 원료를 가지고 만들어 내다. 비뽑다. ¶기계로 국수를 ~. 11 (옷을) 미끈하게끔 차려입다. ¶양복을 쭉 빼고 나서다. 12 (어떤 행동을) 일부러 지어 보이다. ¶점잔을 ~ / 얌전을 ~. 13 (저금이나 보증금 따위를) 쓸 수 있는 돈으로 찾다. ¶통장에서 돈을 빼 쓰다. 14 (생김새가 누구를) 똑같이 닮다. ¶오똑한 콧날이며 날카로운 눈매가 제 아비를 쏙 뺐다니까 글쎄. 2태 1 (사람이) 다른 사람을 피하여 다른 곳으로 빠르게 가다. 비빼내다. ¶그들은 차를 훔쳐 타고 부산 쪽으로 뺐다. 2 두렵거나 싫어서 하지 않으려 하다. ¶노래 한 곡 하라는데 왜 그렇게 빼느냐.
빼다(가) 박다 관 (어떤 사람이 다른 사람을, 특히 자식이 부모를) 똑같이 닮다. ¶어쩜 저렇게 제 어미를 빼다 박았을꼬?
빼도 박도 못하다 관 일이 난처하게 되어 이러지도 저러지도 못하다. ¶멋모르고 일을 시작했다가 이제 와서 빼도 박도 못하게 되었다.
빼:-닮다[-담따] 통태 (생김새나 어떤 점이 누구나 무엇을) 똑같이 닮다. ¶아빠를 쏙 빼닮은 아이 / 금강산을 빼닮은 청학동 소금강.
빼:-돌리다 통태 슬쩍 빼내어 다른 곳으로 보내다. ¶공금을 ~.
빼딱-하다[-따카-] 형여 '배딱하다'의 센말. ¶모자를 빼딱하게 쓰다. 큰삐딱하다. 빼

딱-이 튀
빼뚜름-하다 형 '배뚜름하다'의 센말. ¶베레모를 **빼뚜름하게** 쓴 화가. 큰 삐뚜름하다. **빼뚜름-히** 튀
빼뚤-거리다/-대다 동(자)(타) '배뚤거리다'의 센말. 큰 삐뚤거리다.
빼뚤다 형〈빼뚜니, 빼뚜오〉'배뚤다'의 센말. 큰 삐뚤다.
빼뚤-빼뚤 튀 '배뚤배뚤'의 센말. ¶걸음을 ~ 걷다. 큰 삐뚤삐뚤. **빼뚤빼뚤-하다** 동(자)(타)형(여)
빼뚤어-지다 동(자) '배뚤어지다'의 센말. 큰 삐뚤어지다.
빼-먹다[-따] 동(타) 1 말이나 글의 구절 같은 것을 빠뜨리다. ¶내 말을 하나도 **빼먹지** 말고 전해라. 2 남의 물건을 돌려내어 가지다. ¶알짜만 ~. 3 어떤 일을 게을리 하여 하지 않다. ¶강의를 ~.
빼-물다 동〈~무니, ~무오〉1 거만하거나 성난 태도로 입을 뾰족하게 내밀다. ¶입을 **빼물고** 앉아 있다. 2 혀를 이로 물고 밖으로 늘어뜨리다. ¶혀를 **빼물고** 죽다.
빼빼[1] 튀 배틀리도록 여윈 모양. ¶제대로 먹지 못해 ~ 마르다. 큰 삐삐.
빼-빼[2] 튀 1 어린아이가 새된 소리로 자꾸 우는 소리. ¶~ 울다. 2 버들피리·보리피리 따위를 자꾸 불 때에 나는 새된 소리. 큰 삐-삐.
빼빼-하다 형(여) 몸이 여윈 상태에 있다.
빼!-쏘다 동(타) 다른 사람의 얼굴을 꼭 닮다. ¶제 아비를 **빼쏘았구나**.
빼앗-기다[-앋끼-] 동 '빼앗다'의 피동사. ¶나라를 ~ / 순결을 ~. 준 뺏기다.
빼앗다[-앋따] 동(타) 1 남의 것을 억지로 자기 것으로 만들다. ¶강탈하다·약탈하다 따위. 취하다. ¶남의 재물을 ~. 2 남의 마음을 사로잡다. ¶뭇사람의 마음을 **빼앗은** 절세의 미인. 3 정조 따위를 짓밟다. ¶순결을 ~. 4 남의 일이나 시간 따위를 억지로 가로채거나 차지하다. ¶일거리를 ~ / 시간을 **빼앗아** 죄송합니다. 5 법적인 권한으로 남의 권리·자격 따위를 잃게 하다. ¶선수 자격을 ~ / 선거권을 ~. 준 뺏다.
빼어-나다 형 여럿 가운데서 특히 뛰어나다. ¶**빼어난** 인물 / 경치가 **빼어나게** 좋다.
빼!-입다[-따] 동 옷을 매끈하게 잘 차려입다. ¶새 양복을 쭉 ~.
빼족-빼족 튀 여러 개가 모두 빼족한 모양. 센 빼쪽빼쪽. 큰 삐죽삐죽. **빼족빼족-하다** 형(여)
빼족-하다[-조카-] 형(여) 내민 물건의 끝이 날카롭다. ¶**빼족한** 턱. 센 빼쪽하다. **빼족-이** 튀
빼주룩-빼주룩 튀 '빼죽빼죽'의 본딧말. 큰 삐주룩삐주룩. 여 배주룩배주룩. **빼주룩빼주룩-하다** 형(여)
빼주룩-하다[-루카-] 형(여) '빼죽하다²'의 본딧말. ¶**빼주룩하다**. 여 배주룩하다. **빼주룩-이** 튀
빼죽[1] '배죽'의 센말. 큰 삐쭉. 센 빼쪽. **빼죽-거리다/-대다**[-꺼때-] 동(타) '배죽거리다'의 센말. ¶입술을 ~. 큰 삐죽거리다. 센 빼쪽거리다.
빼죽-빼죽[1] '배죽배죽'의 센말. 큰 삐죽삐죽. 센 빼쪽빼쪽. **빼죽빼죽-하다**[1] 동(자)(타)형(여)
빼죽-빼죽[2] 튀 '배죽배죽'의 센말. 본 빼주룩빼주룩. 큰 삐죽삐죽. 센 빼쪽빼쪽. **빼죽빼죽-하다**[2] 형(여)

빼죽-하다[2][-주카-] 형(여) '배죽하다²'의 센말. 본 빼주룩하다. 큰 삐죽하다. **빼죽-이**[2] 튀
빼쪽-빼쪽 튀 '빼족빼족'의 센말. 큰 삐쭉삐쭉-하다 형(여)
빼쪽-하다[-조카-] 형(여) '빼족하다'의 센말. 큰 삐쭉하다. **빼쪽-이** 튀
빼쭉[1] '배쭉', '배쪽', '배죽'의 센말. 큰 삐쭉. **빼쭉-하다**[1] 동(타)(여) **빼쭉-이**[1] 튀
빼쭉-거리다/-대다[-꺼때-] 동(타) '배죽거리다', '배쭉거리다', '빼죽거리다'의 센말. 큰 삐쭉거리다.
빼쭉-빼쭉[1] '배죽배죽', '배쭉배쭉', '빼죽빼죽'의 센말. 큰 삐쭉삐쭉. **빼쭉빼쭉-하다**[1] 형(여)
빼쭉-빼쭉[2] 튀 '배죽배죽', '배쭉배쭉', '빼죽빼죽'의 센말. 큰 삐쭉삐쭉. **빼쭉빼쭉-하다**[2] 형(여)
빼쭉-하다[2][-주카-] 형(여) '배죽하다²', '배쭉하다²', '빼죽하다²'의 센말. 큰 삐쭉하다. **빼쭉-이**[2] 튀
빼치다 동(타) 1 빠져나오게 하다. 2 끝을 빨게 하다.
빼틀-거리다/-대다 동(자)(타) '배틀거리다'의 센말. 큰 삐틀거리다.
빼틀-빼틀 튀 '배틀배틀'의 센말. 큰 삐틀삐틀. **빼틀빼틀-하다** 동(자)(타)형(여)
뺀[1] '백(back)²'의 잘못.
뺀[2] 튀 갑자기 날카롭게 한 번 지르는 소리. ¶기적이 ~ 울리다. 큰 삑.
뺀[3] 튀 여럿이 배게 들어선 모양. 큰 삑.
뺀-뺀 튀 연달아 날카롭게 지르는 소리. ¶아기가 ~ 울다. 큰 삑삑.
뺀-거리다/-대다[-꺼때-] 동(자) 자꾸 뺀뺀 소리를 내다. 큰 삑삑거리다.
뺀뺀-하다[-빼카-] 형(여) 1 사이가 붙어서 촘촘하다. ¶시장에 가게들이 **뺀뺀하게** 들어서다. 2 (담뱃대나 담배물부리 따위가) 구멍이 거의 막혀 빨기가 답답하다. ¶담뱃대가 너무 **뺀뺀해서** 빨기에 힘이 든다. 3 속이 좁다. ¶**뺀뺀한** 사람. 큰 삑삑하다. **뺀뺀-이** 튀 ¶숲에 우람한 나무가 ~ 들어차다.
뺀둥-거리다/-대다 동(자) '밴둥거리다'의 센말. 큰 삔둥거리다. 거 팬둥거리다.
뺀둥-뺀둥 튀 '밴둥밴둥'의 센말. 큰 삔둥삔둥. 거 팬둥팬둥. **뺀둥뺀둥-하다** 동(자)(여)
뺀들-거리다/-대다 동(자) '밴들거리다'의 센말. 큰 삔들거리다. 거 팬들거리다.
뺀들-뺀들 튀 '밴들밴들'의 센말. 큰 삔들삔들. 거 팬들팬들. **뺀들뺀들-하다** 동(자)(여)
뺀질-거리다/-대다 동(자)〈속〉(사람이) 일을 충실히 하지 않고 요령만 피우면서 얄밉게 행동하다.
뺀질-뺀질 튀〈속〉뺀질거리는 모양. **뺀질뺀질-하다** 형(여)
뺀질-이 명〈속〉뺀질거리는 사람.
뺄!-셈[-쎔] 명(수) 어떤 수에서 어떤 수를 덜어 내는 셈. 구용어는 감법. ↔가산. ↔덧셈. **뺄!셈-하다** 동(자)(타)
뺄!셈-표(-標)[-쎔-] 명(수) 뺄셈의 부호인 '-'의 이름. 구용어는 감표(減標). 비 마이너스. ↔덧셈표.
뺌-따귀 '뺨따귀'의 잘못.
뺏!-기다[뺃끼-] 동(타) '빼앗기다'의 준말. ¶시계를 ~ / 공연한 일에 시간을 ~ / 정조를 ~.
뺏!다[뺃따] 동(타) '빼앗다'의 준말. ¶돈을 ~.

뱃지 '배지(badge)'의 잘못.
뺑 图 '뺑'의 센말. ¶트랙을 ~ 돌다. 團 뺑.
뺑그레 图 '뱅그레'의 센말. 團 뺑그레.
뺑그르르 图 '뱅그르르'의 센말. 團 뺑그르르.
뺑글-거리다/-대다 图 (자) '뱅글거리다'의 센말. 團 뺑글거리다.
뺑글-뺑글¹ 图 '뱅글뱅글¹'의 센말. 團 뺑글뺑글. 뺑글뺑글-하다 图(자)(여)
뺑글-뺑글² 图 '뱅글뱅글²'의 센말. ¶팽이가 ~ 돌다. 團 뺑글뺑글.
뺑긋 [-귿] 图 '뱅긋'의 센말. 團 뺑긋. 뺑긋-하다 图(자)(여) 뺑긋-이 图
뺑긋-거리다/-대다 [-귿-] 图 (자) '뱅긋거리다'의 센말. 團 뺑긋거리다.
뺑긋-뺑긋 [-귿-귿] 图 '뱅긋뱅긋'의 센말. 團 뺑긋뺑긋. 뺑긋뺑긋-하다 图(자)(여)
뺑-뺑 图 '뱅뱅'의 센말. ¶알고 보니 지름길을 놔두고 ~ 돌아왔구나. 團 뺑뺑.
뺑뺑-이 圀 1 숫자가 적힌 원판(圓板)이 회전하는 동안에 화살로 맞혀 그 등급을 정하는 기구. 또는, 그 노름. ¶~를 돌리다. 2 춤 교습소에서 남녀가 춤추는 일을 속되게 이르는 말.
뺑소니 圀 옳지 않은 짓을 하려고, 또는 하고 나서 달아나는 것. ¶~를 놓다.
뺑소니-차 (-車) 圀 교통사고를 내고 그대로 도망친 자동차를 속되게 이르는 말.
뺑소니-치다 图 (자) 옳지 않은 짓을 하려고, 또는 하고 나서 도망치다. ¶교통사고를 내고 ~.
뺑시레 图 '뱅시레'의 센말. 團 뺑시레.
뺑실-거리다/-대다 图 (자) '뱅실거리다'의 센말. 團 뺑실거리다.
뺑실-뺑실 图 '뱅실뱅실'의 센말. 團 뺑실뺑실. 뺑실뺑실-하다 图(자)(여)
빠드득 图 1 단단한 물건이 빠듯한 틈에 끼어 문질러서 나는 소리. 2 장난감·피리 같은 것을 부는 소리. 團 빼드득. 빠드득-하다 图(자)(타)(여)
빠드득-거리다/-대다 [-꺼(때)-] 图 (자)(타) 빠드득 소리가 잇달아 나다. 또는, 그런 소리를 내다. 團 빼드득.
빠드득-빠드득 图 빠드득거리는 소리. 團 빼드득빼드득. 빠드득빠드득-하다 图(자)(타)(여)
빡¹ 图 '빠악'의 준말.
빡² 图 '빼아악'의 준말.
빤죽-거리다/-대다 [-꺼(때)-] 图 (자) '반죽거리다'의 센말.
빤죽-빤죽 图 '반죽반죽'의 센말. 빤죽빤죽-하다 图(여)
뺨 圀 1 사람의 얼굴에서, 코와 귀 사이, 관자놀이와 턱 위의 사이가 되는 부분. ¶~이 불그스름하다/~을 맞다/손으로 ~을 때리다. ▷볼. 2 좁고 기름한 물건의 폭. ¶~이 좁다.
뺨-따구니 圀 '뺨따귀'의 잘못.
뺨-따귀 圀 주로 손바닥으로 때리거나 맞는 대상으로서의 '뺨'을 속되게 이르는 말. (비)따귀. ¶여자에게 치근거리다가 ~를 맞다. ×쌤따귀·쌤따구니.
뺨-치다 图 (비교 대상을) 능가하다. 주로 구어체에 쓰임. ¶프로 뺨칠 정도의 실력.
뻐개다¹ 图 (타) 1 (단단한 물체를) 두 쪽으로 갈라 조각을 내다. ¶장작을 ~. 2 (단단한 물체의 틈을) 넓게 벌리다. 3 (거의 되어 가는 일을) 틀어지게 하다. ¶다 된 흥정을 ~. 4 (속) 기뻐서 입을 벌리다. 图 빠개다. ×뻐기다.

뻐개다² 图 (자) '뻐기다'의 잘못.
뻐걱 图 '버걱'의 센말. 图 빠각. 뻐걱-하다 图(자)(타)(여)
뻐걱-거리다/-대다 [-꺼(때)-] 图 (자)(타) '버걱거리다'의 센말. 图 빠각거리다.
뻐걱-뻐걱 图 '버걱버걱'의 센말. 图 빠각빠각. 뻐걱뻐걱-하다 图(자)(타)(여)
뻐그러-뜨리다/-트리다 图 (타) '버그러뜨리다'의 센말. 图 빠그러뜨리다.
뻐그러-지다 图 (자) '버그러지다'의 센말. 图 빠그라지다.
뻐그르르 图 '버그르르'의 센말. 图 빠그르르. 뻐그르르-하다 图(여)
뻐근-하다 图(여) 1 근육이 몹시 피로하여 뻐개지는 듯하고 움직이기가 거북하다. ¶갑자기 운동을 했더니 몸이 ~. 2 어떤 느낌으로 가슴이 꽉 차서 뻐개지는 듯하다. ¶전봉준은 오랜만에야 제법 격식을 갖춘 밥상을 대하고 보니 감격한 마음에 가슴이 뻐근했다. 《최인욱:전봉준》 3 어떤 일이 힘에 겨울 만큼 벅차다. 图 빠근하다. 뻐근-히 图
뻐기다¹ 图 (자) 자기가 남보다 더 좋은 것을 가지거나 누리고 있음을 잘난 체하면서 자랑하다. ¶돈깨나 있다고 ~. 图 빠기다. ×뻐개다.
뻐기다² 图 (타) '뻐개다'의 잘못.
뻐꾸기 圀 두견과의 새. 몸길이 30cm 정도. 두견이와 비슷한데 훨씬 크며, 몸빛은 등과 멱은 회청색, 아랫면은 흰 바탕에 암갈색의 가로띠가 있음. 때까치·지빠귀 같은 다른 새의 집에 알을 낳아 까게 함. 여름새로, 산이나 숲 속에 삶. 울음소리는 '뻐꾹뻐꾹'. = 뻐꾹새·곽공(郭公).
뻐꾸기-시계 (-時計) [-계/-게] 圀 일정한 시각이 되면 모형으로 된 뻐꾸기가 안에서 튀어나와 그 시각의 수만큼 '뻐꾹', '뻐꾹' 하고 울어 시각을 알려 주는 벽시계. = 뻐꾹종.
뻐꾹 图 뻐꾸기의 우는 소리.
뻐꾹-뻐꾹 图 뻐꾸기가 잇달아 우는 소리.
뻐꾹-새 [-쌔] 圀(동) = 뻐꾸기.
뻐끔-거리다/-대다 [-꺼(때)-] 图 (자)(타) 1 담배를 잇달아 세게 빨아 피우다. ¶화가 나서 담배를 ~. 2 (물고기 등이) 입을 자꾸 벌려 물이나 공기 등을 들이마시다. ¶붕어가 입을 ~. 图 빠끔거리다.
뻐끔-담배 圀 연기를 깊이 들이마시지 않고, 입 안에 머금었다가 다시 내뱉는 식으로 피우는 담배.
뻐끔-뻐끔¹ 图 뻐끔거리는 모양. ¶그는 말없이 담배만 ~ 피우고 있다. 图 빠끔빠끔. 뻐끔뻐끔-하다¹ 图(자)(타)(여)
뻐끔-뻐끔² 图 여러 군데가 뻐끔한 모양. ¶천장에 구멍이 ~ 났다. 图 빠끔빠끔. 뻐끔뻐끔-하다² 图(여)
뻐끔-하다 图(여) 틈이나 구멍 같은 것이 깊숙이 또렷하게 벌어져 있다. 图 빠끔하다. 뻐끔-히 图 ¶문이 ~ 열려 있다.
뻐덕뻐덕-하다 [-더카-] 图(여) 물기가 모자라 부드럽지 못하고 매우 빡빡하다. 图 빠닥하다.
뻐드러-지다 图 (자) '버드러지다'의 센말.
뻐드렁-니 圀 밖으로 뻗은 앞니.
뻐드렁-이 圀 '뻐드렁니가 난 사람'을 속되

뻐드름-하다 〔형여〕 '버드름하다'의 센말. 〔준〕뻐듬하다. 〔작〕빠드름하다. **뻐드름-히** 〔부〕

뻐득뻐득-하다 [-드카-] 〔형여〕 1 하는 짓이나 말이 고분고분하지 않다. 2 눈이 부드럽지 못하다. 3 입 안에 떫은맛이 있다. 〔작〕빠득빠득하다.

뻐듬-하다 〔형여〕 '뻐드름하다'의 준말. 〔작〕빠듬하다. **뻐듬-히** 〔부〕

뻐-세다 〔형〕 뻣뻣하고 거세다.

뻐적-뻐적 〔부〕 '버적버적'의 센말. 〔작〕빠작빠작.

뻐젓-하다 [-저타-] 〔형여〕 '버젓하다'의 센말. **뻐젓-이** 〔부〕

뻐치다 〔동〕〔자〕〔타〕 '뻗치다'의 잘못.

뻑-뻑¹ 〔부〕 '벅벅'의 센말.

뻑뻑² 〔부〕 담배를 세게 빠는 모양. 또는, 그 소리. ¶담배를 ~ 빨다. 〔작〕빡빡.

뻑뻑-이¹ 〔부〕 '벅벅이'의 센말. 〔작〕빡빡이.

뻑뻑-하다 [-빠카-] 〔형여〕 1 물기가 적어서 부드러운 맛이 없다. ¶반죽이 ~. 2 국물보다 건더기가 그들먹하게 많다. 된장찌개를 **뻑뻑**하게 끓이다. 3 여유가 없이 꼭 맞아 빠듯하다. ¶기한이 너무 ~. 4 융통성이 없고 고지식하다. 5 (기계·바퀴 등의 작동이) 매끄럽지 않다. ¶수레바퀴가 ~. 〔작〕빡빡하다. **뻑뻑-이²** 〔부〕

뻑적지근-하다 [-쩍찌-] 〔형여〕 가슴·목구멍 같은 데가 뻐근하게 좀 아픈 느낌이 있다. ¶어깨가 ~. 〔작〕빡작지근하다. **뻑적지근-히** 〔부〕

뻔 〔의존〕 (동사의 어미 '-ㄹ' 아래에 '하다'와 함께 쓰여) 어떤 일이 일어나지는 않았으나 그럴 가능성이 아주 높았음을 나타내는 말. ¶그는 전쟁 통에 여러번 죽을 ~도 했다.

뻔둥-거리다/-대다 〔동〕〔자〕 '번둥거리다'의 센말. 〔작〕빤둥거리다. 〔거〕펀둥거리다.

뻔둥-뻔둥 〔부〕 '번둥번둥'의 센말. 〔작〕빤둥빤둥. 〔거〕펀둥펀둥. **뻔둥뻔둥-하다** 〔동〕〔여〕

뻔드럽다 [-따] 〔형ㅂ〕〈뻔드러우니, 뻔드러워〉 '번드럽다'의 센말. 〔작〕빤드럽다.

뻔드레-하다 〔형여〕 '번드레하다'의 센말. 〔작〕빤드레하다.

뻔드르르 '번드르르'의 센말. 〔작〕빤드르르. **뻔드르르-하다** 〔형여〕

뻔득 〔부〕 '번득'의 센말. 〔작〕빤득. **뻔득-하다** 〔동〕〔자〕〔타〕〔여〕

뻔득-거리다/-대다 [-끼(때)-] 〔동〕〔자〕〔타〕 '번득거리다'의 센말. 〔작〕빤득거리다.

뻔득-뻔득 〔부〕 '번득번득'의 센말. 〔작〕빤득빤득. **뻔득뻔득-하다** 〔동〕〔자〕〔타〕〔여〕

뻔득-이다 〔동〕〔자〕〔타〕 '번득이다'의 센말. 〔작〕빤득이다.

뻔들-거리다/-대다¹ 〔동〕〔자〕 '번들거리다'의 센말. ¶마룻바닥이 ~. 〔작〕빤들거리다.

뻔들-거리다/-대다² 〔동〕〔자〕 '번들거리다²'의 센말. ¶게으름만 피우며 ~. 〔작〕빤들거리다. 〔거〕펀들거리다.

뻔들-뻔들¹ 〔부〕 '번들번들¹'의 센말. 〔작〕빤들빤들. 〔거〕펀들펀들. **뻔들뻔들-하다¹** 〔형여〕

뻔들-뻔들² 〔부〕 '번들번들²'의 센말. 〔작〕빤들빤들. 〔거〕펀들펀들. **뻔들뻔들-하다²** 〔동〕〔자〕〔여〕

뻔뻔-스럽다 [-따] 〔형ㅂ〕〈-스러우니, -스러워〉 뻔뻔한 데가 있다. ¶**뻔뻔**스러운 행동. 〔작〕빤빤스럽다. **뻔뻔-스레** 〔부〕

뻔뻔-하다 〔형여〕 부끄러워할 만한 일에도 부끄러워할 줄 모르다. ¶저 **뻔뻔**한 얼굴 좀 보게나. 〔작〕빤빤하다. **뻔뻔-히** 〔부〕

뻔적 〔부〕 '번적'의 센말. 〔작〕빤작. 〔센〕뻔쩍. **뻔적-하다** 〔동〕〔자〕〔타〕〔여〕

뻔적-거리다/-대다 [-꺼(때)-] 〔동〕〔자〕〔타〕 '번적거리다'의 센말. 〔작〕빤작거리다. 〔센〕뻔쩍거리다.

뻔적-뻔적 〔부〕 '번적번적'의 센말. 〔작〕빤작빤작. 〔센〕뻔쩍뻔쩍. **뻔적뻔적-하다** 〔동〕〔자〕〔형여〕

뻔적-이다 〔동〕〔자〕〔타〕 '번적이다'의 센말. 〔작〕빤작이다. 〔센〕뻔쩍이다.

뻔지레 〔부〕 '번지레'의 센말. 〔작〕빤지레. **뻔지레-하다** 〔형여〕

뻔지르르 '번지르르'의 센말. 〔작〕빤지르르. **뻔지르르-하다** 〔형여〕

뻔질-거리다/-대다 〔동〕〔자〕 '번질거리다'의 센말.

뻔질-나다 [-라-] 〔형〕 '뻔질나다'의 여린말.

뻔질-뻔질 〔부〕 '번질번질'의 센말. 〔작〕빤질빤질. ¶얼굴이 ~.

뻔쩍 〔부〕 '번적', '번쩍', '뻔적'의 센말. 〔작〕빤짝. **뻔쩍-하다** 〔동〕〔자〕〔타〕〔여〕

뻔쩍-거리다/-대다 [-꺼(때)-] 〔동〕〔자〕〔타〕 '번적거리다', '번쩍거리다', '뻔적거리다'의 센말. ¶헤드라이트가 ~. 〔작〕빤짝거리다.

뻔쩍-뻔쩍 〔부〕 '번적번적', '번쩍번쩍', '뻔적뻔적'의 센말. 〔작〕빤짝빤짝. **뻔쩍뻔쩍-하다** 〔동〕〔자〕〔형여〕 ¶번갯불이 ~.

뻔쩍-이다 〔동〕〔자〕〔타〕 '번적이다', '번쩍이다', '뻔적이다'의 센말. 〔작〕빤짝이다.

뻔쩍-하면 [-짜카-] 〔부〕 어떤 행동을 하기만 하면 곧. 〔비〕특하면. ¶~ 화를 낸다 / ~ 운다. 〔준〕쩍하면.

뻔질-나다 [-라-] 〔형〕 (주로 '뻔질나게'의 꼴로 쓰여) 드나드는 것이 매우 잦다. =주살나다. ¶배탈이 났는지 화장실을 **뻔질**나게 드나든다. 〔여〕뻔질나다.

뻔!-하다¹ 〔형여〕 1 (무슨 일이) 그렇게 될 것이 분명하다. ¶보나 마나 ~. 2 (병세가) 조금 가라앉아 덜하다. 〔작〕빤하다. 〔여〕번하다.

뻔!-히¹ 〔부〕 ¶~ 알면서 물어보다.

뻔-하다² 〔형〔보조〕〕 (동사의 어미 '-ㄹ' 아래에 쓰여) 어떤 일이 일어나지는 않았으나 그럴 가능성이 아주 높았음을 나타내는 말. ¶한눈을 팔다가 돌부리에 걸려 넘어질 **뻔했**다. / 늦잠을 자서 지각할 **뻔했**다.

뻔!-히² 〔부〕 사물이 끊이지 않고 잇대어 있는 모양.

뻗-가다 [-까-] 〔동〕 '벋가다'의 센말. ¶옳게 타일러도 항상 **뻗가**기만 한다.

뻗다 [-따] 〔동〕①〔자〕 1 (식물의 가지나 뿌리, 덩굴 등이 어느 쪽으로) 길게 이어져 자라다. ¶가지가 ~. 〔여〕벋다. 2 (길·강·산맥·선 따위의 줄기가 어느 방향으로) 길게 이어지다. ¶동서로 곧게 **뻗은** 고속도로 / 통신망이 전국으로 거미줄처럼 ~. 3 '죽다'를 속되게 이르는 말. ¶총을 맞고 ~. 4 맞아서 정신을 잃거나 기진맥진하여 쓰러지다. 속된 말임. ¶한 대 맞고 **뻗었**다. ②〔타〕 1 (구부린 팔이나 다리 등을) 반듯하게 쭉 펴다. ¶다리를 쭉 **뻗고** 편하게 앉아라. / 선반이 높아 손을 **뻗어**도 닿지 않는다. 2 (식물이 가지나 뿌리, 덩굴 등을 어느 쪽으로) 길게 이어지게 하다. ¶꽃나무가 뿌리를 제대로 **뻗지** 못하고 말라 죽었다.

뻗-대다 [-때-] 〔동〕〔자〕 쉬이 따르지 않고 고집스럽게 버티다. ¶주장을 내세우며 ~. 〔여〕번

뻗-디디다[-띠디-] 통(타) '벋디디다'의 센말. ¶바위 위에 발을 뻗디디고 서다. 준뻗딘다.
뻗-서다[-써-] 통(자) '벋서다'의 센말. ¶윗사람에게 ~.
뻗장-다리 명 '뻗정다리'의 잘못.
뻗정-다리[-쩡-] 명 '벋정다리'의 센말. × 뻗장다리.
뻗-지르다[-찌-] 통(타)르 <~지르니, ~질러> 이 끝에서 저 끝까지 뻗쳐서 내지르다. ¶빗장을 ~.
뻗쳐-오르다[-처-] 통(자)르 <~오르니, ~올라> (물줄기나 불줄기 등이) 뻗쳐 위로 오르다. ¶분수가 ~ / 불길이 점점 ~. 어뻗처오르다.
뻗-치다[-치-] 통(자)(타) 1 '뻗다'의 힘줌말. ¶다리를 ~ / 세력이 널리 ~. 2 수그러들거나 굽히지 않고 내버티다. × 뻐치다.
뻘¹ 명 1 '개펄'의 잘못. 2 '개흙'의 잘못.
-뻘² 접미 일부 친족 어휘에 붙어, 먼 친족이거나 친족이 아닌 사람이 어떤 사람에 대하여, 그런 친족 관계에 준하거나 연령적으로 그런 관계나 다름없음을 나타내는 말. ¶조카 ~ / 아버지 ~ / 나이로 보아 막냇동생 ~이다.
뻘거벗-기다[-빋끼-] 통(타) '뻘거벗다'의 사동사. 좌빨가벗기다.
뻘거-벗다[-벋따] 통(자) '벌거벗다'의 센말. ¶냇가에서 뻘거벗고 노는 아이들. 좌빨가벗다.
뻘거-숭이 명 '벌거숭이'의 센말. 좌빨가숭이.
뻘겅 명 뻘건 빛깔. 또는, 그런 색을 내는 물감과 같은 물질. 좌빨강. 어벌겅.
뻘!걸다[-거타] 형ㅎ <뻘거니, 뻘거오, 뻘게> (어떤 물체가) 다소 탁하고 어두운 듯하게 뻘갛다. ¶숯불이 뻘겋게 피다 / 눈이 충혈되어 ~. 좌빨갛다. 어벌겋다.
뻘!게-지다 통(자) '벌게지다'의 센말. ¶얼굴이 ~. 좌빨개지다.
뻘그데데-하다 형(여) '벌그데데하다'의 센말. 좌빨그대대하다.
뻘그름-하다 형(여) '뻘그스름하다'의 준말. 좌빨그름하다. 어벌그름하다. 뻘그름-히 부
뻘그스레-하다 형(여) =뻘그스름하다.
뻘그스름-하다 형(여) '벌그스름하다'의 센말. =뻘그스레하다. 준뻘그름하다. 뻘그스름-히 부
뻘그죽죽-하다[-쭈카-] 형(여) '벌그죽죽하다'의 센말. 좌빨그족족하다.
뻘긋-뻘긋[-귿-귿] 부 '벌긋벌긋'의 센말. 좌빨긋빨긋. 뻘긋뻘긋-하다 형(여)
뻘꺽 부 '벌꺽'의 센말. 좌빨깍.
뻘떡 부 '벌떡'의 센말. 좌빨딱.
뻘떡-거리다/-대다[-떠(때)-] 통(자)(타) '벌떡거리다'의 센말. 좌빨딱거리다.
뻘떡-뻘떡 부 '벌떡벌떡'의 센말. 좌빨딱빨딱. 뻘떡뻘떡-하다 통(자)(타)
뻘뻘 부 1 이리저리 바쁘게 쏘다니는 모양. 2 땀이 걷잡을 수 없이 많이 나는 모양. ¶비지땀을 ~ 흘리다. 좌빨빨.
뻣뻣-하다[뻗뻐타-] 형(여) 1 물건이 굳고 꼿꼿하다. ¶빨래가 뻣뻣하게 얼다. 2 풀기가 세거나 팽팽하게 켕기는 힘이 있다. ¶풀을 먹여 뻣뻣한 모시 치마. 좌빳빳하다. 3 (태도나 성격에) 고분고분한 맛이 없다. ¶그의 뻣뻣하게 한 말 화가 나고 말았다. × 왜굿다. 뻣뻣-이 부
뻣-세다[뻗쎄-] 형 뻣뻣하고 억세다.
뻥¹ 명 1 '뺑끼'의 준말. 2 '허풍'이나 '거짓말'을 속되게 이르는 말.
뻥² 부 1 구멍이 뚫어진 모양. ¶쥐구멍 ~ 뚫리다. 2 갑자기 요란스럽게 터지는 소리. ¶폭약이 ~ 터지다. 3 공을 세차게 차는 모양. ¶골키퍼가 공을 ~ 차다. 좌빵.
뻥그레 부 '벙그레'의 센말. 좌빵그레.
뻥글-거리다/-대다 통(자) '벙글거리다'의 센말.
뻥글-뻥글 부 '벙글벙글'의 센말. 좌빵글빵글. 뻥글뻥글-하다 통(자)(여)
뻥긋¹[-귿] 부 '벙긋'의 센말. 좌빵긋. 셉뻥끗. 뻥긋-하다 통(자)(여)
뻥긋²[-귿] 부 '벙긋²'의 센말. 좌빵긋. 셉뻥끗. 뻥긋-하다² 형(여) 뻥긋-이 부
뻥긋-거리다/-대다[-귿꺼(때)-] 통(자) '벙긋거리다'의 센말. 좌빵긋거리다. 셉뻥끗거리다.
뻥긋-뻥긋[-귿-귿] 부 '벙긋벙긋'의 센말. 좌빵긋빵긋. 셉뻥끗뻥끗. 뻥긋뻥긋-하다 통(자)(여) ¶입을 뻥긋뻥긋하며 웃다.
뻥-까다 통(자) <속> 거짓말하다. =뻥치다. ¶뻥까지 말고 바른대로 말해!
뻥끗¹[-끋] 부 '벙끗', '벙긋¹', '뻥긋¹'의 센말. 좌빵끗. 뻥끗-하다 통(자)(여)
뻥끗²[-끋] 부 '벙끗', '벙긋²', '뻥긋²'의 센말. 좌빵끗. 뻥끗-하다² 형(여) 뻥끗-이 부
뻥끗-거리다/-대다[-끋꺼(때)-] 통(자) '벙끗거리다', '벙긋거리다', '뻥긋거리다'의 센말.
뻥끗-뻥끗[-끋-끋] 부 '벙끗벙끗', '벙긋벙긋', '뻥긋뻥긋'의 센말. 좌빵끗빵끗. 뻥끗뻥끗-하다 통(자)(여)
뻥끗-하면[-끋타-] 부 입을 열었다 하면 곧. ¶너는 ~ 남의 탓만 하는구나.
뻥-나다 통(자) 비밀이 드러나다. 속된 말임. ¶그 일은 이미 뻥났다. 좌빵나다.
뻥-놓다[-노타] 통(타) 비밀을 드러내다. 속된 말임. ¶아무한테도 어제 일을 뻥놓지 마라. 좌빵놓다.
뻥-뻥 부 1 구멍이 여러 개 뚫어진 모양. ¶창호지에 구멍이 ~ 뚫려 있다. 2 공 따위를 세차게 연방 차는 소리. ¶밖에서 공을 ~ 차다. 3 요란스럽게 연달아 터지는 소리. ¶폭죽이 ~ 터지다. 좌빵빵. 4 잇달아 큰소리치는 모양. ¶알지도 못하면서 큰소리만 ~ 치고 있다.
뻥뻥-거리다/-대다 통(자) 잇달아 큰소리를 치다.
뻥뻥-하다 형(여) 어찌할 줄을 몰라 매우 어리둥절하다.
뻥시레 부 '벙시레'의 센말. 좌빵시레.
뻥실-거리다/-대다 통(자) '벙실거리다'의 센말. 좌빵실거리다.
뻥실-뻥실 부 '벙실벙실'의 센말. 좌빵실빵실. 뻥실뻥실-하다 통(자)(여)
뻥짜 명 아주 틀려 버려 소망이 없게 된 일. 준뻥.
뻥-치다 통(자) <속> =뻥까다.
뻥-튀기 명 쌀ㆍ옥수수 따위를 열을 가하여 튀기는 일. 또는, 그 튀긴 과자. 뻥튀기-하다 통(타)(여)
뻥!-하다 형(여) '벙하다'의 센말. 뻥!-히 부

빼빠(←[일]ペーパー) [명] 〔<paper〕 '사포(沙布)'로 순화.
뻰찌(←[일]ペンチ) [명] 〔<pincers〕 '펜치'로 순화.
뼁끼(←[일]ペンキ) [명] 〔<[네]pek〕 '페인트'로 순화.
뼈 [명] **1** [생] 척추동물의 살 속에 있어, 몸을 지탱하고 보호하는 단단한 물질. =골(骨). **2** 사물의 기본이 되는 줄거리나 핵심. [비]뼈대. ¶농민들이 겪는 삶의 애환이 이 소설의 ~를 이루고 있다. **3** 예사롭지 않은 속뜻. ¶그 사람의 말 속에는 ~가 있는 것 같다. **4** 기개나 줏대를 비유적으로 이르는 말. ¶그 사람은 이래도 흥 저래도 흥 하는 ~ 없는 위인이다.
뼈도 못 추리다 [구] 죽은 뒤에 추릴 뼈조차 없다는 뜻으로, 상대와 싸움의 적수가 될 수 없음을 과장되게 이르는 말. ¶그 사람 손에 걸렸다 하면 네까짓 녀석은 **뼈도 못 추릴걸.**
뼈를 깎다 [구] 매우 견디기 어려운 고통을 비유적으로 이르는 말.
뼈만 남다 [구] 지나치게 여윈 모습을 이르는 말.
뼈(가) 빠지게 [구] 육체적으로 매우 힘든 일을 해 나가는 것을 형용하는 말.
뼈에 사무치다 [구] 원한·고통 따위가 뼛속에 스미도록 깊고 강하다.
뼈-끝[-끋] [명] **1** 뼈마디의 끝. ¶~이 쑤시다 / ~이 저리다. **2** 뼈에 붙은 고기.
뼈-다귀 [명] **1** 뼈의 낱개. **2** '뼈'를 속되게 이르는 말.
뼈다귓-국[-귀꾹/-귇꾹] [명] 짐승의 뼈를 푹 곤 국. [준]뼛국.
뼈-대 [명] **1** 사람이나 동물의 몸을 지탱하는 뼈의 형체. =골간(骨幹). [비]골격. ¶~가 크다. **2** 구조물을 떠받치거나 지탱할 수 있도록 가로세로 짜 맞춘, 길이가 있는 물건. ¶불에 타 ~만 남은 건물. **3** 글이나 영화·드라마 등에서, 핵심을 이루는 줄거리나 중심이 되는 얼개. [비]골격·뼈. ¶논문의 ~를 세우다.
뼈대(가) 있다 [구] **1** 문벌이 좋다. ¶**뼈대 있는** 집안은 다르다. **2** 심지가 굳고 줏대가 있다. ¶그는 **뼈대 있는** 사람이다.
뼈-마디 [명][생] 뼈와 뼈가 이어진 부분. =골절(骨節). [비]관절. ¶~가 굵다 / ~가 쑤시다.
뼈물다 [동][자] 〈뼈무니, 뼈무오〉 **1** 무슨 일을 하려고 단단히 벼르다. ¶이번에는 반드시 그를 이기고야 말겠다고 속으로 **뼈물었다. 2** 성을 잔뜩 내다. **3** 옷치장을 매우 하다.
뼈-바늘 [명][고고] =골침(骨針).
뼈-붙이[-부치] [명] 여러 가지의 뼈.
뼈-아프다 [형] 〈~아프니, ~아파〉 (부정적인 일이나 사실이) 그 일을 겪거나 느끼는 사람의 마음에 고통스럽게 여겨지는 상태에 있다. [비]뼈저리다. ¶**뼈아픈** 패배 / 목마름이 배고픔보다 더 무서운 것이라는 사실을 이렇게 **뼈아프게** 느낀 적이 없었다.《최일남: 동행》
뼈-연장 [명][고고] 동물의 뼈로 만든 연장. =골기(骨器).
뼈-저리다 [형] (슬픔이나 뉘우침 등의 감정이, 또는 어떤 사실에 대한 느낌이나 생각이) 고통스러울 만큼 강렬하다. [비]뼈아프다. ¶**뼈저리게** 뉘우치다.
뼈-지다 [형] **1** 겉으로는 무른 듯하나 속으로 옹골차고 단단하다. **2** 하는 말이 매우 야무지고 마디가 있다. ¶사람은 물러 보이지만 하는 말은 **뼈진** 데가 있다.
뼈-품 [명] 뼈가 휠 정도로 고되고 힘들게 하는 일. ¶~을 팔아 자식을 대학까지 공부시키다.
뼘ː [명] [1](자립) 엄지손가락과 다른 손가락을 한껏 펴서 벌렸을 때, 엄지손가락과 가운뎃손가락 사이의 길이. ¶~이 크다 / ~으로 재다. [2](의존) 어떤 길이를 엄지손가락과 다른 손가락을 벌린 상태의 것으로 잴 때, 그 벌리는 횟수를 세는 말. ¶한 ~ / 두 ~.
뼘ː다[-따] [동][타] 뼘으로 길이를 재다.
뼘ː-들이로 [부] 동안을 별로 띄지 않고 잇달아서로 번갈아서.
뼘ː-치 [명] 길이가 한 뼘쯤 되는 물건. 주로 물고기의 경우에 쓰임.
뼛-가루[뼈까-/뼏까-] [명] =골분(骨粉).
뼛-골[뼈꼴/뼏꼴] [명][생] 뼈의 골수. [비]골. ¶~이 쑤시다.
뼛골(이) 빠지다 [구] 육체적으로 매우 힘든 일을 해 나가다. ¶**뼛골 빠지게** 일해도 받는 건 몇 푼 안 된다.
뼛골(을) 빼다 [구] 힘이 모두 없어지게 만들다. ¶**뼛골을 빼는** 일.
뼛골에 사무치다 [구] 고통이나 원한 따위가 마음속 깊이 강렬하게 느껴지다. ¶원한이 ~.
뼛-국[뼈꾹/뼏꾹] [명] '뼈다귓국'의 준말.
뼛-속[뼈쏙/뼏쏙] [명] 뼈의 속. 특히, 어떤 것을 아주 절실히 느끼는 곳으로서의 심리적 공간을 가리킴. [비]골수. ¶~에 사무치는 그리움 / 스승의 말씀을 ~ 깊이 새기다.
뼛-조각[뼈쪼-/뼏쪼-] [명] =골편(骨片).
뽀그르르 [부] '보그르르'의 센말. [큰]뿌그르르. **뽀그르르-하다** [동][자][여]
뽀글-거리다/-대다 [동][자] '보글거리다'의 센말. [큰]뿌글거리다.
뽀글-뽀글 [부] '보글보글'의 센말. [큰]뿌글뿌글. **뽀글뽀글-하다** [동][자][여]
뽀도독 [부] '보도독'의 센말. [큰]뿌두둑.
뽀도독-거리다/-대다[-꺼(때)-] [동][자][타] '보도독거리다'의 센말. [큰]뿌두둑거리다.
뽀도독-뽀도독 [부] '보도독보도독'의 센말. [큰]뿌두둑뿌두둑. **뽀도독뽀도독-하다** [동][자][타][여]
뽀독-뽀독 [부] '보독보독'의 센말. [큰]뿌둑뿌둑. **뽀독뽀독-하다** [형][여]
뽀독-하다[-도카-] [형][여] '보독하다'의 센말. [큰]뿌둑하다.
뽀드득 [부] '보드득'의 센말. [큰]뿌드득. [거]포드득. **뽀드득-하다** [동][자][타][여]
뽀드득-거리다/-대다[-꺼(때)-] [동][자][타] '보드득거리다'의 센말. [큰]뿌드득거리다. [거]포드득거리다.
뽀드득-뽀드득 [부] '보드득보드득'의 센말. [준]뽀득뽀득. [큰]뿌드득뿌드득. [거]포드득포드득. **뽀드득뽀드득-하다** [동][자][타][여]
뽀득-뽀득 [부] '뽀드득뽀드득'의 준말. [큰]뿌득뿌득. **뽀득뽀득-하다** [동][자][타][여]
뽀로통-하다 [형][여] '보로통하다'의 센말. ¶**뽀로통해서** 말도 안 한다. [큰]뿌루퉁하다. **뽀로통-히** [부]
뽀록-나다[-롱-] [동][자] 〈속〉 들통 나다.
뽀르르 [부] 작은 사람이 부리나케 쫓아가거나 달려가는 모양. ¶걸핏하면 친정으로 ~ 달려간다. ⓒ뿌르르.
뽀뽀 몡 1 어린아이와 부모(또는, 어른) 사이에서, 사랑의 표현으로 볼이나 입술에 입을 맞추는 일. 주로 어린아이가 쓰는 말이거나 어린아이를 대상으로 하여 쓰는 말이다. 2 '키스(kiss)'를 완곡하게 이르는 말. **뽀뽀-하다** 통재연
뽀송-뽀송 뮈 '보송보송'의 센말. ⓒ뿌숭뿌숭. **뽀송뽀송-하다** 형연
뽀: 얗다 [-야타] 형연 <뽀야니, 뽀야오, 뽀애> '보얗다'의 센말. ¶먼지가 **뽀얗게** 일다. ⓒ뿌옇다.
뽀: 애-지다 통재 '보얘지다'의 센말. ¶얼굴이 ~. ⓒ뿌예지다.
뽀유스레-하다 형연 =뽀유스름하다.
뽀유스름-하다 형연 '보유스름하다'의 센말. =뽀유스레하다. ¶뽀유스름한 젖빛 유리. ⓒ뿌유스름하다. **뽀유스름-히** 뮈
본새 몡 '본새'의 잘못.
뽈그름-하다 형연 '뿔그스름하다'의 준말. ⓒ뿔그름하다. 예불그름하다. **뽈그름-히** 뮈
뽈그스레-하다 형연 =뽈그스름하다.
뽈그스름-하다 형연 '볼그스름하다'의 센말. =뽈그스레하다. 춘뽈그름하다. ⓒ뿔그스름하다. **뽈그스름-히** 뮈
뽈긋-뽈긋 [-귿-귿] 뮈 '볼긋볼긋'의 센말. ⓒ뿔긋뿔긋. **뽈긋뽈긋-하다** 형연
뽈록 뮈 '볼록'의 센말. **뽈록-하다** 형연 **뽈록-이** 뮈
뽈록-뽈록 뮈 '볼록볼록'의 센말. **뽈록뽈록-하다** 통재타형연
뽐-내다 통재타 의기양양하여 우쭐거리다. ¶힘을 ~ / 미모를 ~. ×느물다.
뽑다 [-따] 통타 1 (박히거나 끼워져 있는 것을) 손이나 도구로 힘을 주어 당겨서 밖으로 나오게 하다. 비빼다. ¶못을 장도리로 ~ / 머리에서 새치를 ~. 2 (목을) 길게 늘여 솟구다. ¶구경꾼들 사이로 목을 길게 ~. 3 (어떤 물건을) 재료에서 어떤 물질을 끄집어내거나 다른 형태로 이끌어 내서 만들다. ¶국수를 기계로 ~. 4 (노래나 소리 등을) 목에서 나오게 하다. ¶흘러간 노래를 한 곡 ~. 5 (속에 들어 있는 액체나 기체를) 힘이나 작용을 가하여 밖으로 나오게 하다. ¶혈관에서 피를 ~. 6 (어떤 대상이나 사람을) 여럿 가운데에서 특별히 고르거나 일정한 자격을 가진 자가 되게 하다. 비선정하다·선출하다·선택하다. ¶제비를 ~ / 국회의원을 ~. 7 (무엇에 들인 돈을) 도로 찾아내다. ¶본전을 ~. 8 (비용이나 요금 등을) 계산하여 어떤 액수가 나오게 하다. ¶소요 경비를 ~. 9 (자동차 따위를) 새로 사서 출고(出庫)시키다. 근래에 쓰이기 시작한 구어체의 말임. ¶김 대리는 지난주에 새 차를 **뽑았다더라**. 10 편집에서, (지면의 어느 부분을) 어떤 크기나 모양으로 두드러지게 나타내다. ¶신문 1면 제목을 굵은 고딕으로 ~. 11 뿌리(를) 뽑다. →뿌리.
뽑아-내다 통타 1 (박히거나 끼워져 있는 것을) 잡아당겨 밖으로 뽑다. ¶나무를 뿌리째 ~. 2 여럿 가운데에서 어떤 것을 가려 뽑다. ¶책장에서 책을 ~. 3 (속에 들어 있는 액체나 기체를) 밖으로 빼내다. ¶주사기로 피를 **뽑아내** 검사를 하다. 4 (무엇에 들인 돈을) 그 양만큼 거두어들이다. 5 (소리를) 길게 밖으로 내다. 6 운동 경기에서 점수를 내다. ¶한

골을 더 **뽑아내** 승리를 굳히다.
뽑-히다 [뽀피-] 통재 '뽑다'의 피동사. ¶동창회 회장으로 ~ / 못이 ~.
뽕[1] 몡 1 '뽕잎'의 준말. ¶~을 따다. 2 [식] '뽕나무'의 준말. ¶~을 심다.
[뽕도 따고 임도 보고] 두 가지 일을 동시에 이룸을 이르는 말.
뽕[2] 몡 1 주로 정장용 옷의 어깨에 맵시를 내기 위해 넣는 두툼한 천. ¶어깨에 ~을 넣다. 2 브래지어에 가슴이 풍만해 보이도록 하기 위해 넣는 두툼한 패드.
뽕[3] 몡 <속> 필로폰.
뽕[4] 뮈 1 막혔던 기체나 가스가 좁은 구멍으로 갑자기 터져 나오는 소리. ¶방귀를 ~ 뀌다. 2 작은 구멍이 또렷하게 뚫리는 소리. 또는, 그 모양. ¶양말에 구멍이 ~ 뚫리다. ⓒ뻥. 거풍.
뽕-나다 통재 1 비밀이 드러나다. 속된 말임. ⓒ뻥나다. 2 뽕빠지다.
뽕-나무 몡 [식] 뽕나뭇과의 낙엽 교목 또는 관목. 봄에 황록색 꽃이 피며, 6월경에 자흑색의 열매인 '오디'가 열리는데, 단맛이 있어 먹을 수 있음. 잎은 누에의 사료, 나무껍질은 황색 염료, 목재는 가구재로 쓰임. =상목(桑木). 춘뽕.
뽕나무-하늘소 몡 [동] 딱정벌레목 하늘솟과의 곤충. 몸길이 4~5cm. 몸빛은 누런빛이 도는 회갈색임. 나무에 구멍을 뚫고 사는데, 뽕나무·사과나무·버드나무 등의 해충임.
뽕-놓다 [-노타] 통타 남의 비밀을 폭로하다. 속된 말임. ⓒ뺑놓다.
뽕-밭 [-받] 몡 뽕나무 밭. =상원(桑園)·상전(桑田).
뽕-브라 (-bra) 몡 가슴이 풍만해 보이도록 뽕을 넣은 브래지어.
뽕-빠지다 통재 밑천을 온통 다 잃다. =뽕나다.
뽕-뽕 뮈 1 막혔던 공기나 가스가 좁은 구멍으로 계속 터져 나오는 소리. 2 작은 구멍들이 또렷또렷하게 뚫리는 소리. 또는, 그 모양. ¶창호지에 구멍을 ~ 뚫다. ⓒ뻥뻥. 거풍풍. **뽕뽕-하다** 통재연
뽕뽕-거리다/-대다 통재타 자꾸 뽕뽕 소리가 나다. 또는, 자꾸 뽕뽕 소리를 내다. =뽕뽕거리다. 거풍풍거리다.
뽕-잎 [-닙] 몡 뽕나무의 잎. =상엽(桑葉).
뽕짝 몡 <속> 트로트.
뽀두라지 몡 =뽀루지.
뽀로통-하다 형연 못마땅하여 몹시 성난 빛이 있다. ¶뽀로통해서 입을 삐죽 내밀고 말도 안 했다. ⓒ뿌루퉁하다.
뽀롱-뽀롱 뮈 성질이 부드럽지 못하여 남을 대하는 것이 몹시 까다롭고 톡톡 쏘기를 잘 하는 모양. **뽀롱뽀롱-하다** 형연 ¶저편이 수그러지는 것을 보자 경애는 한층 더 **뽀롱뽀롱하며** 일어서 버렸다.《염상섭:삼대》
뽀루지 몡 뾰족하게 부어오른 작은 부스럼. =뽀두라지. ¶이마에 ~가 나다.
뽀조록-하다 [-로카-] 형연 '뽀족하다'의 본딧말. ⓒ뿌주룩하다. **뽀조록-이** 뮈 ¶턱이 ~ 나와 있다.
뽀족-구두 [-꾸-] 몡 뒷굽이 뾰족한 여자 구두. 비하이힐.
뽀족-뽀족 뮈 여럿이 모두 뾰족한 모양. ⓒ뾰쭉뾰쭉. 쎈뽀쪽뽀쪽. **뽀족뽀족-하다** 형

뽀족-탑(-塔) 〔명〕 건축에서, 지붕 꼭대기를 뾰족하게 높이 쌓은 탑. 비첨탑(尖塔). ¶총현 천주교당 ~의 유리창이 석양을 반사하여 불길같이 번쩍거린다.《이광수:무정》

뾰족-하다[-조카-] 〔형여〕 **1** (물체의 끝이) 차차 빨쪽해져서 날카롭다. ¶콧날이 ~ / 연필을 뾰족하게 깎다. 본뾰죽하다. 큰뾰죽하다. **2** (어떤 생각이나 방법이) 특별하거나 신통하다. ¶아무리 생각해도 **뾰족한** 수가 없다. 센뾰족하다. **뾰족-이** 〔부〕

뾰주리-감 〔명〕 모양이 조금 기름하고 끝이 뾰족한 감. 장준·고추감 따위.

뾰쪽-뾰쪽 〔부〕 '뾰족뾰족'의 센말. 큰뾰쭉뾰쭉. **뾰쪽뾰쪽-하다** 〔형여〕

뾰쪽-하다[-쪼카-] 〔형여〕 '뾰족하다'의 센말. 큰뾰쭉하다. **뾰쪽-이** 〔부〕

뿅 〔부〕 **1** 전자오락에서, 총이나 포를 쏘는 소리. **2** 〈속〉 무엇에 갑자기 홀리거나 반하는 모양. ¶정수는 경희의 아름다운 모습을 보는 순간 ~ 가고 말았다.

뿅-망치 〔명〕 내려치면 '뿅' 하고 소리가 나는, 플라스틱 장난감 망치.

뿅-뿅 〔부〕 전자오락에서, 총이나 포를 잇달아 쏘는 소리.

뿌그르르 〔부〕 '부그르르'의 센말. 작뽀그르르. **뿌그르르-하다** 〔동〕〔자〕여〕

뿌글-거리다/-대다 〔동〕〔자〕 '부글거리다'의 센말. 작뽀글거리다.

뿌글-뿌글 〔부〕 '부글부글'의 센말. 작뽀글뽀글. **뿌글뿌글-하다** 〔동〕〔자〕여〕

뿌다구니 〔명〕 물건의 뾰쪽 내민 부분. ¶돌 ~에 걸려 넘어졌다. =뿌다귀.

뿌다귀 〔명〕 '뿌다구니'의 준말.

뿌둑 〔부〕 '부둑'의 센말. 작뽀도독. **뿌둑-하다** 〔형여〕

뿌두둑-거리다/-대다[-꺼(때)-] 〔동〕〔자〕타〕 '부두둑거리다'의 센말. 작뽀도독거리다.

뿌두둑-뿌두둑 〔부〕 '부두둑부두둑'의 센말. 작뽀도독뽀도독. **뿌두둑뿌두둑-하다** 〔동〕〔자〕타〕여〕

뿌둑-뿌둑 〔부〕 '부둑부둑'의 센말. 작뽀독뽀독. **뿌둑뿌둑-하다** 〔동〕〔자〕여〕

뿌둑-하다[-두카-] 〔형여〕 '부둑하다'의 센말. 작뽀독하다.

뿌드득 〔부〕 '부드득'의 센말. 작빠드득·뽀드득. 거푸드득. **뿌드득-하다** 〔동〕〔자〕타〕여〕

뿌드득-거리다/-대다[-꺼(때)-] 〔동〕〔자〕타〕 '부드득거리다'의 센말. 작빠드득거리다·뽀드득거리다. 거푸드득거리다.

뿌드득-뿌드득 〔부〕 '부드득부드득'의 센말. 준뿌득뿌득. 작빠드득빠드득·뽀드득뽀드득. 거푸드득푸드득. **뿌드득뿌드득-하다** 〔동〕〔자〕타〕여〕

뿌득-뿌득 〔부〕 '부득부득'의 센말. ¶오지 말라고 해도 ~ 따라온다. 작빠득빠득.

뿌득-뿌득[2] 〔부〕 '뿌드득뿌드득'의 준말. 작빠득빠득·뽀득뽀득. **뿌득뿌득-하다** 〔동〕〔자〕타〕여〕

뿌듯-하다[-드타-] 〔형여〕 **1** (마음이) 기쁨이나 보람 등으로 벅차다. ¶힘은 들었지만 일을 다 마치고 나니 가슴이 ~. **2** 꽉 들어차서 그득하다. ¶가스가 차 아랫배가 ~. 여부듯하다. **뿌듯-이** 〔부〕

뿌루퉁-하다 〔형여〕 '부루퉁하다'의 센말. ¶그녀는 화난 사람처럼 **뿌루퉁해** 있다. 작뽀로통하다. **뿌루퉁-히** 〔부〕

뿌르르[1] 〔부〕 '부르르1'의 센말.

뿌르르[2] 〔부〕 부리나케 쫓아가거나 달려가는 모양. ¶그는 화가 나서 ~ 나가 버렸다. 작뽀르르.

뿌리 〔명〕 [1]〔자립〕 **1** 〔식〕 식물의 줄기에 이어져 땅속으로 뻗는, 수분과 양분을 빨아올리는 기관. ¶상추를 ~째 뽑다. **2** 무엇에 박혀 있는 물건의 일부. ¶혀 ~. **3** 사물이나 현상의 근본. ¶조상의 ~ / 전통의 ~ / 악의 ~. **4** 〔언〕 =어근(語根). [2]〔의존〕 뿌리를 먹는 식물을 세는 단위. ¶산삼 한 뿌리 / 약초 열 ~.

뿌리(가) 깊다 〔구〕 사물의 연유하는 바가 오래다. ¶**뿌리** 깊은 전통.

뿌리(를) 뽑다 〔구〕 폐해(弊害)의 근원을 깨끗이 없애다. ¶폭력 조직을 ~.

뿌리 뽑히다 〔구〕 폐해의 근원이 없어지다.

뿌리-골무 〔명〕 〔식〕 뿌리의 끝 부분에 있는 모자 모양의 조직. 생장점을 보호하는 작용을 함. =근관.

뿌리-내리다 〔동〕〔자〕 옮긴 곳에 자리를 잡다. 비착근하다. ¶먼 이국 땅에서 **뿌리내리고** 살다.

뿌리다 〔동〕 [1]〔자〕 (눈이나 비 따위가) 그리 많지 않게 날려 떨어지다. ¶날이 잔뜩 찌푸리더니 비가 **뿌리기** 시작했다. [2]〔타〕 **1** (물이나 가루, 또는 알갱이 형태의 작은 물체를 공중이나 땅바닥이나 다른 물체에) 손이나 기구를 이용하여 흩어지게 던지거나 떨어지게 하다. ¶밭에 씨를 ~ / 길거리에 전단을 ~. **2** (구름이나 비나 눈을 어느 곳에) 그리 많지 않게 날리거나 떨어지게 하다. ¶오늘은 곳에 따라 가끔 비를 **뿌리는** 날씨를 보이겠습니다. **3** (눈물을) 꾀 흘리는 상태를 이루다. ¶눈물을 **뿌리며** 작별하다. **4** (돈을) 여기저기 마구 쓰다. ¶유흥가에 돈을 **뿌리고** 다니다. **5** (좋지 않은 소문 따위를) 여러 사람의 입에 오르내리는 상태가 되게 하다. ¶미모의 여배우가 염문을 **뿌리며** 다닌다.

뿌리-등걸 〔명〕 뿌리가 붙어 있는 나무의 등걸.

뿌리-박다[-따] 〔동〕〔자〕 **1** 토대를 잡아 안정한 상태를 이루다. ¶농촌에 **뿌리박고** 살다. **2** (사물이 무엇에) 그 근원을 가지다. ¶서양의 문학은 전통적으로 기독교적 인간관에 **뿌리박고** 있다.

뿌리박-히다[-바키-] 〔동〕〔자〕 (사물이 무엇에) 그 근원이 되어 자리가 잡히다. ¶권위 의식이 깊이 ~.

뿌리-압(-壓) 〔명〕〔식〕 =근압(根壓).

뿌리-잎[-입] 〔명〕〔식〕 =근생엽.

뿌리-접(-椄) 〔명〕 접목법의 하나. 뿌리를 가지고 하는 접붙이기. **뿌리접-하다**.

뿌리-줄기 〔명〕〔식〕 줄기의 한 형태로 뿌리처럼 보이는 것의 총칭. 버섯·연꽃 등에서 볼 수 있음. =근경(根莖).

뿌리-채소(-菜蔬) 〔명〕 뿌리 또는 땅속줄기를 먹는 채소. 무·당근·우엉·연근 따위. =근채(根菜).

뿌리-치다 〔동〕〔타〕 **1** 붙잡힌 것을 홱 빼내어 놓치게 하다. ¶잡는 손을 ~. **2** (말리거나 권하는 것을) 거절하여 물리치다. ¶유혹을 ~. **3** 경기나 경쟁에서 뒤지고 있는 편이 따라붙는 것을 떼어 내다. ¶상대 팀의 맹렬한 추격을 **뿌리치고** 우리는 우승을 차지했다.

뿌리-털 〔명〕〔식〕 식물의 뿌리 끝에 실처럼 길고 부드럽게 나온 가는 털. =근모(根毛).

뿌리-혹 〔명〕〔식〕 세균이나 균사가 고등 식물의 뿌리에 침입하여, 그 자극으로 뿌리의 조직이 이상 발육하여 생긴 혹 모양의 조직. =근류(根瘤).

뿌리혹-박테리아(-bacteria) 명 [식] 콩과 식물의 뿌리에 공생하여 뿌리혹을 생기게 하는 세균. 질소의 순환에 중요한 구실을 함. =근류 박테리아·근류균(根瘤菌)·뿌리혹균.

뿌숭-뿌숭 부 '부숭부숭'의 센말. 작뽀송뽀송. 뿌숭뿌숭-하다 형여

뿌:옇다 [-여타] 형여〈뿌여니, 뿌여오, 뿌예〉'부옇다'의 센말. ¶안개가 뿌옇게 끼다. 작뽀얗다.

뿌:예-지다 동(자) '부예지다'의 센말. 작뽀애지다.

뿌유스레-하다 형여 =뿌유스름하다.

뿌유스름-하다 형여 '부유스름하다'의 센말. =뿌유스레하다. 작뽀유스름하다. 뿌유스름-히 부

뿌장귀 명 뿔처럼 길쭉하게 내민 가장귀. ¶고목(古木)의 ~.

뿌지지 부 '부지지'의 센말. 작빠지지. 뿌지지-하다 동(자)여

뿌지직 부 '부지직'의 센말. 작빠지직. 뿌지직-하다 동(자)여

뿌지직-거리다/-대다 [-꺼(때)-] 동(자) '부지직거리다'의 센말. ¶아궁이에서 청솔가지가 뿌지직거리며 타고 있다. 작빠지직거리다.

뿌지직-뿌지직 부 '부지직부지직'의 센말. 작빠지직빠지직. 뿌지직뿌지직-하다 동(자)여

북 부 '북'의 센말.

북-북 부 '북북'의 센말.

뿐 Ⅰ명〔의존〕(어미 '-ㄹ' 다음에 쓰여) 어떤 사실이나 행동이 오로지 그것에 국한됨을 나타내는 말. '따름'과 거의 같은 뜻이나, 그것과는 달리 뒤에 '아니다'가 올 수 있고, 조사가 붙지 않은 채 절이 이어질 수 있으며 문두에 놓일 수도 있음. ¶그는 허공을 멍연히 응시할 ~ 아무 말이 없었다. / 그는 시인일 ~ 아니라 화가이기도 하다.

Ⅱ조 그것만이고 더는 없다는 뜻을 나타내는 보조사. ¶이 세상에서 믿을 사람이라곤 오직 너~이다. / 내가 가진 돈이라곤 이것 ~이다.

뿐만 아니라 구 어떤 것에 대한 내용이 앞에 서술한 것말고 또 다른 것이 더 있을 때에, 앞서 하는 말. ¶그 여자는 얼굴이 예쁠 ~ 마음씨도 곱다.

뿔¹ 명 1 [동] 소·염소·사슴 등 동물의 머리에 솟은 단단하고 뾰족한 물질. =각(角). ¶~이 돋치다. 2 물건의 머리 부분이나 표면에 불쑥 나온 부분.

뿔² [뿔] 명 '성'의 낮은말. ¶몹시 ~이 나서 말도 하지 않고 제 방에만 틀어박혀 있다.

뿔그름-하다 형여 '뿔그스름하다'의 준말. 작빨그름하다. 여불그름하다. 뿔그름-히 부

뿔그스레-하다 형여 =뿔그스름하다.

뿔그스름-하다 형여 '불그스름하다'의 센말. =뿔그스레하다. 작빨그스름하다. 뿔그스름-히 부

뿔긋-뿔긋 [-귿-귿] 부 '불긋불긋'의 센말. 작빨긋빨긋. 뿔긋뿔긋-하다 형여

뿔-나다 [-라-] 동(자) '성나다'의 낮은말. ¶제 옷은 사 주지 않는다고 동생이 잔뜩 뿔나 있다.

뿔-도장 (-圖章) 명 =각도장(角圖章)2.

뿔-따구 명〈속〉뿔². ×뿔따귀.

뿔-따귀 명〈속〉'뿔따구'의 잘못.

뿔-매 명 [동] 맷과의 새. 몸길이가 약 80cm, 편 날개 길이가 약 1.6m에 이르는 대형으로, 등 면은 짙은 갈색이고 아래쪽은 가슴까지 흰색임. 예로부터 사냥매로 길들여 썼음.

뿔-면 (-面) [수] 평면 위에 있는 곡선 상의 모든 점과, 평면 밖의 한 점을 연결하는 직선 전체에 의하여 만들어지는 곡면. 구용어는 추면(錐面).

뿔뿔-이 부 제각기 따로따로 흩어지는 모양. ¶전쟁 중에 가족이 ~ 헤어졌다.

뿔-싸움 명 동물이 서로 뿔을 부딪치며 맞붙어 하는 싸움. ¶짝짓기 철이면 수사슴들은 암컷을 차지하기 위해 ~을 벌인다. 뿔싸움-하다 동(자)여

뿔-체 (-體) 명 [수] 하나의 뿔면과 하나의 평면으로 둘러싸인 입체. 구용어는 추체.

뿔-테 명 뿔로 만든 안경테. ¶~ 안경을 쓴 학생.

뿔-피리 명 =각적(角笛).

뿜:다 [-따] 동(타) 1 속에 있는 기체·액체를 밖으로 불어 내보내거나 세차게 밀어 내보내다. ¶연기를 ~ / 분수가 시원하게 물을 뿜고 있다. 2 (빛·냄새·기운 따위를) 세차게 풍기다. ¶향기를 뿜는 꽃 / 별들이 찬란한 빛을 ~.

뿜어-내다 동(타) 속의 것을 뿜어 밖으로 나오게 하다. ¶공장 굴뚝이 시커먼 연기를 뿜어 내고 있다.

뿡 부 1 '붕¹·²'의 센말. 2 조금 큰 구멍이 뚫리는 소리. 또는, 그 모양. 작뽕. (거)풍.

뿡-뿡 부 1 '붕붕¹·²'의 센말. 2 조금 큰 구멍들이 뚫리는 소리. 또는, 그 모양. ¶구멍이 ~ 뚫리다. 작뽕뽕. (거)풍풍. 3 자동차들이 잇달아 경적을 울리는 소리. 뿡뿡-하다 동(자)여

뿡뿡-거리다/-대다 동(자)(타) '붕붕거리다'의 센말. ¶자동차는 먼지를 끼얹고 개솔린 냄새를 풍기며 전등불이 얕은 하늘에 별 깔리듯한 시내로 뿡뿡거리며 속력을 주어 달린다. 《심훈·탈춤》뿡뿡거리다. (거)풍풍거리다.

쀼루퉁-하다 형여 잔뜩 원망을 품거나 성이 난 기색이 있다. 작뽀로통하다.

쀼죽-쀼죽 부 여럿이 다 쀼죽한 모양. 작쀼족쀼죽. (센)쀼쭉쀼쭉. 쀼죽쀼죽-하다 형여

쀼죽-하다 [-주카-] 형여 차차 끝이 빨쪽해져서 날카롭다. 구뾰루죽하다. 작뾰죽하다. (센)쀼쭉하다. 쀼죽-이 부

삐 부 1 어린아이가 높은 소리로 우는 소리. 2 버들피리·보리피리 같은 것을 불 때에 높게 나는 소리.

삐걱 부 '비걱'의 센말. ¶대문 소리가 ~ 나더니 동생이 들어온다. 작빼각. (센)삐꺽. 삐걱-하다 동(자)(타)여

삐걱-거리다/-대다 [-꺼(때)-] 동(자)(타) '비걱거리다'의 센말. ¶의자가 낡아 ~. 작빼각거리다. (센)삐꺽거리다.

삐걱-빼각 부 삐걱거리다는 소리와 빼각거리는 소리가 한데 어울려서 나는 소리. (센)삐꺽빼깍. 삐걱빼각-하다 동(자)여

삐걱-삐걱 부 '비걱비걱'의 센말. 작빼각빼각. (센)삐꺽삐꺽. 삐걱삐걱-하다 동(자)여

삐까번쩍-하다 형여 '번쩍번쩍하다'의 잘못.

삐까삐까-하다 형여 '번쩍번쩍하다'의 잘

못.

삐꺽 𝐏 '비걱', '삐격'의 센말. 𝐏 빼깍. 삐꺽-하다 동(자)(타)

삐꺽-거리다/-대다 [-꺼(때)-] 동(자) '비걱거리다', '삐걱거리다'의 센말. 𝐏 빼깍거리다.

삐꺽-빼깍 𝐏 '삐걱빼각'의 센말. **삐꺽빼깍-하다** 동(자)(타)

삐꺽-삐꺽 𝐏 '비걱비걱', '삐걱삐걱'의 센말. 𝐏 빼깍빼깍. **삐꺽삐꺽-하다** 동(자)(여)

삐끗 [-끋] 𝐏 '비끗'의 센말. 𝐏 빼끗. 삐끗-하다 동(자)(여) ¶허리가 ~.

삐끗-거리다/-대다 [-끋-] 동(자) '비끗거리다'의 센말. 𝐏 빼끗거리다.

삐끗-삐끗 [-끋-끋] 𝐏 '비끗비끗'의 센말. 𝐏 빼끗빼끗. **삐끗삐끗-하다** 동(자)(여)

삐끼 (←일びき)〔명〕(속) 주로 술집에 고용되어, 지나가는 사람을 손님으로 끌어들이는 일을 하는 사람.

삐:다¹ 동(자) 1 (괸 물이) 빠져서 줄다. ¶"이제 비가 그치면 오늘 안으로 이 물이 다 **삘까요?**"(이광수:무정) 2 (많이 모였던 사람이) 나가거나 떠나거나 하여 숫자가 줄다. ¶손님이 **삐기**만 기다리던 문턱에 기대서서 시름없이 먼 산만 바라보고 있다.(염상섭:삼대) 3 (많던 일이) 웬만큼 처리되어 줄다. ¶대체로 한가하다고는 해도 사의 잡무가 **삐지** 않는 현판국에서….(이효석:화분)

삐:다² 1 (자) 1 (몸의 어느 부분이) 잘못 놀리거나 움직여 뼈마디가 어긋나다. ¶손목이 ~. 2 눈(이) 삐다 → 눈¹. 2 (타) (몸의 어느 부분을) 잘못 놀리거나 움직여 뼈마디가 어긋나게 되다. ¶영수는 축구를 하다가 발목을 **삐었다**.

삐-대다 동(자) 한군데 눌어붙어서 끈덕지게 굴다. ¶이제 그만 **삐대지** 말고 돌아가시오.

삐드득 𝐏 1 단단한 물건이 뻐듯한 틈에 끼어되지 못하고 문질려서 나는 소리. 2 장난감 피리 같은 것을 부는 소리. 𝐏 빠드득. **삐드득-하다** 동(자)(타)

삐드득-거리다/-대다 [-꺼(때)-] 동(자)(타) 삐드득 소리가 자꾸 나다. 또는, 그런 소리를 내다. 𝐏 빠드득거리다.

삐드득-삐드득 𝐏 삐드득거리는 소리. 𝐏 빠드득빠드득. **삐드득삐드득-하다** 동(자)(타)(여)

삐딱-거리다/-대다 [-꺼(때)-] 동(자) 비스듬하게 이쪽저쪽으로 자꾸 기울어지다. ¶**삐딱거리며** 걷다. 𝐏 빼딱거리다. 𝐏 비딱거리다.

삐딱-삐딱 𝐏 삐딱거리는 모양. 또는, 여럿이 다 삐딱한 모양. 𝐏 빼딱빼딱. 𝐏 비딱비딱. **삐딱삐딱-하다** 동(자)(형)(여)

삐딱-하다 [-따카-] (형)(여) 1 (어떤 물체가) 한쪽으로 비스듬히 기울어져 있다. ¶모자를 **삐딱하게** 쓰다. 𝐏 비딱하다. 2 (사람이 또는 말이나 태도가) 퉁명스럽거나 비꼰 데가 있다. ¶그는 사람이 ~. / 그는 매사를 **삐딱하게** 본다. 𝐏 빼딱하다. **삐딱-이** 𝐏

삐뚜로 𝐏 비뚤어지게. ¶줄을 ~ 서다. 𝐏 빼뚜로, 𝐏 비뚜로.

삐뚜름-하다 (형)(여) 한쪽으로 조금 비뚤어져 있다. ¶벽에 시계가 **삐뚜름하게** 걸렸다. 𝐏 빼뚜름하다. 𝐏 비뚜름하다. **삐뚜름-히** 𝐏

삐뚝-거리다/-대다 [-꺼(때)-] 동(자) 1 한쪽이 기울어지면서 흔들거리다. 2 한쪽 다리가 짧거나 바닥이 고르지 못하여 기우뚱거리며 걷다. 𝐏 빼뚝거리다. 𝐏 비뚝거리다.

삐뚝-삐뚝 𝐏 삐뚝거리는 모양. 𝐏 빼뚝빼뚝. 𝐏 비뚝비뚝.

삐뚤-거리다/-대다 동(자)(타) 1 이리저리 자꾸 기울며 흔들거리다. 2 곧지 못하여 이리저리 구부러지다. 𝐏 빼뚤거리다. 𝐏 비뚤거리다.

삐뚤 (형)〈삐뚜니, 삐뚜오〉 '삐뚤다'의 센말. ¶마음이 **삐뚤면** 몸도 바르지 못하다. 𝐏 빼뚤다.

삐뚤-빼뚤 𝐏 삐뚤거리고 빼뚤거리는 모양. 𝐏 비뚤배뚤. **삐뚤빼뚤-하다** 동(자)(여)(형)

삐뚤-삐뚤 𝐏 삐뚤거리는 모양. ¶글씨를 ~ 쓰다 / 아이들이 줄을 ~ 서 있다. 𝐏 빼뚤빼뚤. 𝐏 비뚤비뚤. **삐뚤삐뚤-하다** 동(자)(여)(형) ¶**삐뚤삐뚤한** 글씨 / 길이 ~.

삐뚤어-지다 동(자) '비뚤어지다'의 센말. ¶**삐뚤어진** 성격 / 줄이 ~. 𝐏 빼뚤어지다.

삐뚤-이 명 1 몸의 한 부분이나 마음이 삐뚤어진 사람. 2 언덕 아래로 삐뚤어지게 난 도로. 𝐏 비뚤이.

삐라 (←일びら)〔명〕〔<bill〕 '전단(傳單)'의 잘못. ¶~를 뿌리다.

삐-삐 𝐏 1 어린아이가 높고 새된 소리로 우는 소리. 2 구멍이 작은 버들피리·보리피리 같은 것을 불 때에 나는 높고 새된 소리.

삐삐¹ 명 '무선 호출기'의 속칭.

삐삐² 𝐏 비틀리도록 바짝 여윈 모양. ¶~ 마른 사람. 𝐏 빼빼.

삐-삐³ 𝐏 1 어린아이가 높은 소리로 자꾸 우는 소리. 2 버들피리·보리피리 같은 것을 자꾸 불 때에 높게 나는 소리. 𝐏 빼빼.

삐악 𝐏 병아리의 울음소리. ③ 빡. 𝐏 비악.

삐악-삐악 𝐏 병아리가 계속하여 우는 소리. ③ 빡빡. 𝐏 비악비악.

삐져-나오다 [-저-] 동(자) 속에 있는 것이 겉으로 불거져 나오다. ¶속옷이 ~ / 지갑에서 돈이 ~.

삐주룩-삐주룩 𝐏 '삐죽삐죽²'의 본딧말. 𝐏 빼주룩빼주룩. 𝐏 비주룩비주룩. **삐주룩삐주룩-하다** 동(자)(여)

삐주룩-하다 [-루카-] (형)(여) '삐죽하다²'의 본딧말. 𝐏 빼주룩하다. 𝐏 비주룩하다. **삐주룩-이** 𝐏

삐죽 𝐏 '비죽'의 센말. ¶창문으로 ~ 얼굴을 내밀다. 𝐏 빼죽. 𝐏 뾰쭉. **삐죽-하다¹** 동(타)(여) **삐죽-이** 𝐏

삐죽-거리다/-대다 [-꺼(때)-] 동(타) '비죽거리다'의 센말. ¶금방이라도 울 듯이 입을 ~. 𝐏 빼죽거리다. 𝐏 뾰쭉거리다.

삐죽-빼죽¹ 𝐏 '비죽배죽'의 센말. 𝐏 빼죽빼죽. 𝐏 뾰쭉뾰쭉. **삐죽빼죽-하다** 동(자)(여)

삐죽-삐죽² 𝐏 '비죽비죽²'의 센말. 𝐏 본 삐주룩삐주룩. 𝐏 빼죽빼죽. 𝐏 뾰쭉뾰쭉. **삐죽삐죽-하다** 동(자)(여)

삐죽-이² 명 입을 잘 삐죽거리는 사람. 곧, 잘 토라지는 사람.

삐죽-하다² [-주카-] (형)(여) '비죽하다²'의 센말. 𝐏 빼죽하다. 𝐏 뾰쭉하다. **삐죽-이³** 𝐏

삐질-삐질 𝐏 육체적·심리적으로 몹시 힘들어하면서 땀을 흘리는 모양. ¶땀을 ~ 흘리면서 어려운 수학 문제를 풀다.

삐쩍 𝐏 볼품없이 매우 마른 모양.

삐쭉 𝐏 '비죽', '삐죽', '삐죽'의 센말. 𝐏 빼쭉. **삐쭉-하다¹** 동(타)(여) **삐쭉-이** 𝐏

삐쭉-거리다/-대다 [-꺼(때)-] 동(타) '비죽거리다', '빼죽거리다', '삐죽거리다'의 센말. ¶그 여자는 남자의 맞갖잖은 태도에 토라서서 입을 **삐쭉거렸다**. ㉨삐쭉거리다.
삐쭉-빼쭉 튀 '비쭉배쭉'의 센말. **삐쭉빼쭉-하다** 통타여
삐쭉-삐쭉¹ 튀 '비죽비죽', '비쭉비쭉', '삐죽삐쭉'의 센말. ¶사내 녀석이 그렇게 ~ 울면 못써. ㉨빼쭉빼쭉. **삐쭉삐쭉-하다**¹ 통타여
삐쭉-삐쭉² 튀 '비죽비죽²', '비쭉비쭉²', '삐죽삐죽²'의 센말. ㉨빼쭉빼쭉. **삐쭉삐쭉-하다**² 형여
삐쭉-하다² [-쭈카-] 형여 '비쭉하다²', '비쭉하다²', '삐죽하다²'의 센말. ㉨빼쭉하다. **삐쭉-이**² 튀
삐:치다¹ 재 1 (몸이) 느른하여 기운이 없어지다. ¶어제 대소사를 보살피시느라 종일 **삐치시고** 곤하지도 않으셔요.《이해조:구의 산》 2 노여움을 타서 마음이 토라지다. ¶그는 조그만 일에도 잘 **삐친다**.
삐:치다² 타 붓으로 글씨를 쓸 때에 삐침 획을 긋다.
삐:침 명 한자의 획 'ノ'의 이름. ▷파임.
삐트적-거리다/-대다 [-꺼(때)-] 통타 '비트적거리다'의 센말. ㉨빼트작거리다.
삐트적-삐트적 튀 '비트적비트적'의 센말. ㉨빼트작빼트작. **삐트적삐트적-하다** 통타여
삐틀-거리다/-대다 통재 '비틀거리다'의 센말. ㉨빼틀거리다.
삐틀-삐틀 튀 '비틀비틀'의 센말. ㉨빼틀빼틀. **삐틀삐틀-하다** 통재타여
삑¹ 튀 1 기적이 새되게 울리는 외마디 소리. 2 크고 날카롭게 지르는 소리. ㉨빽.
삑² 튀 한곳에 여럿이 배게 들어선 모양. ㉨빽.
삑-삑 튀 1 기적 등이 잇달아 새되게 울리는 소리. ¶기차가 ~ 기적을 울린다. 2 잇달아 크고 날카롭게 지르는 소리. ¶어린아이가 ~ 울다. ㉨빽빽.
삑삑-거리다/-대다 [-꺼(때)-] 통재 자꾸 삑삑 소리를 내다. ㉨빽빽거리다.
삑삑-하다 [-삐카-] 형여 1 사이가 촘촘하다. 2 (담뱃대나 담배물부리 따위가) 구멍이 막혀 빨기가 답답하다. 3 소견이 좁고 너그

럽지 못하다. ㉨빽빽하다. 4 (국 따위가) 물이 적고 건더기가 많다. **삑삑-이** 튀
삔둥-거리다/-대다 재 '빈둥거리다'의 센말. ㉨뺀둥거리다. ㉮핀둥거리다.
삔둥-삔둥 튀 '빈둥빈둥'의 센말. ¶~ 놀지만 말고 공부 좀 해라. ㉨뺀둥뺀둥. ㉮핀둥핀둥. **삔둥삔둥-하다** 재여
삔들-거리다/-대다 통재 '빈들거리다'의 센말. ㉨뺀들거리다.
삔들-삔들 튀 '빈들빈들'의 센말. ㉨뺀들뺀들. ㉮핀들핀들. **삔들삔들-하다** 통재여
삘기 명 띠의 애순.
삘리리-삘리리 튀 피리 따위를 흥겹게 부는 소리. ¶풀피리를 ~ 불다.
삥 튀 '빙'의 센말. ㉨뺑. ㉮핑.
삥그레 튀 '빙그레'의 센말. ㉨뺑그레.
삥그르르 튀 '빙그르르'의 센말. ㉨뺑그르르. ㉮핑그르르.
삥글-거리다/-대다 통재 '빙글거리다'의 센말. ㉨뺑글거리다.
삥글-삥글¹ 튀 '빙글빙글¹'의 센말. ㉨뺑글뺑글. **삥글삥글-하다** 통재여
삥글-삥글² 튀 '빙글빙글²'의 센말. ㉨뺑글뺑글. ㉮핑글핑글.
삥긋 [-귿] 튀 '빙긋'의 센말. ㉨뺑긋. **삥긋-하다** 통재여 **삥긋-이** 튀
삥긋-거리다/-대다 [-귿꺼(때)-] 통재 '빙긋거리다'의 센말. ㉨뺑긋거리다.
삥긋-삥긋 [-귿-귿] 튀 '빙긋빙긋'의 센말. ㉨뺑긋뺑긋. **삥긋삥긋-하다** 통재여
삥등-그리다 타 고개를 비틀어 싫다는 뜻을 보이다. ㉨뺑당그리다.
삥땅 명 〈속〉 중간에서 받아 가지고 다른 사람에게 넘겨주어야 할 돈 따위의 일부분을 미리 떼어 후무리는 것. ¶~을 치다.
삥-삥 튀 '빙빙'의 센말. ¶~ 돌면서 춤을 추다. ㉨뺑뺑. ㉮핑핑.
삥시레 튀 '빙시레'의 센말. ㉨뺑시레. **삥시레-하다** 재여
삥실-거리다/-대다 통재 '빙실거리다'의 센말. ㉨뺑실거리다.
삥실-삥실 튀 '빙실빙실'의 센말. ㉨뺑실뺑실. **삥실삥실-하다** 통재여

ㅅ →시옷.
ㅅ^**불규칙**^**용언**(ㅡ不規則用言) 명[언] →시옷 불규칙 용언.
ㅅ^**불규칙**^**활용**(ㅡ不規則活用) 명[언] →시옷 불규칙 활용.
사¹ 명 올이 풀리지 않도록 단춧구멍이나 꿰맨 솔기 등의 가장자리를 실로 감치는 일.
사² 명[음] 서양 음악의 7음 음계에서 다섯째 음이름. 영어로는 지(G), 이탈리아 어로는 솔(sol). ¶~장조.
-**사**³ 어미 1 모음이나 'ㄹ' 받침으로 끝나는 용언의 어간에 붙어, '-시어'의 뜻을 예스럽게 이르는 말. 어간 끝 음절의 'ㄹ' 받침은 탈락됨. ¶하늘이시여, 굽어살피~ 저희를 구하소서. ▷-으사. 2 →ㅂ시사-읍시사.
사⁴(士) 명 장기짝의 하나. '士' 자를 새긴 것으로, 왕을 보호하는 임무를 띠어 궁 안에서 만 한 칸씩 움직일 수 있음. 한 편에 둘씩 있음.
사⁵(巳) 명 십이지(十二支)의 여섯째. 뱀을 상징함.
사⁶(死) 명 '죽음'을 문어적으로 이르는 말. 매우 제한된 문맥에서 쓰임. ¶생과 ~의 갈림길. ↔생(生).
사⁷(私) 명 1 개인에게 관계되는 사사로운 것. ¶매사에 공과 ~를 잘 구분하라. ↔공(公). 2 일의 처리에서 정실(情實)에 흘러 공정하지 못한 것.
사⁸(邪) 명 1 바르지 못함. ↔정(正). 2 요사스러운 것. 비사기(邪氣). ¶~가 끼다.
사⁹(社) 명 '회사'를 뜻하는 말. ¶신문~ / 여행~ / 노조와 ~가 대립하다.
사¹⁰(使) 명[역] 고려·조선 시대의 목(牧)·도호부(都護府) 등 지방 관아의 으뜸 벼슬.
사¹¹(紗) 명 얇고 가벼운 비단의 하나. 여름 옷감으로 많이 쓰임.
사¹²(赦) 명 1 [법] =사면(赦免)². 2 [역] '사전(赦典)'의 준말.
사¹³(事) 의존 (지시·경고·명령 등의 내용을 가지는 문어에서, 동사의 어미 '-ㄹ', '-을'의 뒤에 쓰여) '일', '것' 등의 뜻을 나타내는 말. ¶시간 엄수할 ~.
사¹⁴(四) Ⅰ [ㄱ] '넷' 과 같은 뜻의 한자어 계통의 수자. 아라비아 숫자로는 '4', 로마 숫자로는 'Ⅳ'로 나타냄. ¶일 더하기 삼은 ~.
Ⅱ [관] '네', '넷째'의 뜻. ¶~ 월 / ~ 권.
-**사**¹⁵(士) 접미 한자어로 된 일부 명사에 붙어, 그 명사가 뜻하는 일을 할 수 있는 공인된 자격을 가진 사람임을 나타내는 말. ¶중개~ / 감정(鑑定)~ / 변호~.
-**사**¹⁶(史) 접미 '역사(歷史)'의 뜻. ¶정치~ / 서양~.
-**사**¹⁷(寺) 접미 '절'의 뜻. ¶불국~ / 화엄~.
-**사**¹⁸(事) 접미 '일'의 뜻. ¶관심~ / 중대~.
-**사**¹⁹(師) 접미 한자어로 된 일부 명사에 붙어, 그 명사가 뜻하는 일을 직업적으로 하는 사람임을 나타내는 말. ¶사진~ / 미용~ / 요리~ / 간호~.
-**사**²⁰(詞) 접미 '품사'의 뜻. ¶형용~ / 대명~.
-**사**²¹(辭) 접미 '말', '글'의 뜻. ¶개회~ / 취임~.
사!가¹(四加) 명[역] 부여(夫餘)의 사대 관직. 곧, 저가(猪加)·마가(馬加)·우가(牛加)·구가(狗加).
사!가²(史家) 명 '역사가'의 준말.
사가³(私家) 명 =사삿집.
사가망처(徙家忘妻) 명 [이사 가면서 아내를 잊고 두고 간다는 뜻] 무엇을 잘 잊는다는 말.
사!각¹(四角) 명[수] '사각형'의 준말. ¶권투 선수가 ~의 링에 오르다.
사!각²(死角) 명 1 [군] 총포의 사정거리 안에 있으면서도 장애물이나 총포의 구조 등의 이유로 조준을 할 수 없는 범위. 2 축구 등의 경기에서, 선수의 위치상 슈팅을 하기 어려운 각도. ¶그는 완전한 ~에서 절묘한 골을 터뜨렸다. 3 어느 위치에 섬으로써 사물이 눈으로 보이지 않게 되는 각도. 또는, 어느 위치에서 거울이 사물을 비출 수 없는 각도. ¶자동차의 백미러로 볼 수 없는 ~ 범위. 4 뜻밖에 어떤 일이 관심으로부터 벗어나 있거나 영향력이 미치지 않는 상태. 비유적인 말임. ¶범죄 단속의 ~지대.
사각³(射角) 명[군] 총·포 등을 쏠 때, 총신이나 포신이 수평면과 이루는 각도. =발사각.
사각⁴(斜角) 명[수] '빗각'의 구용어.
사각⁵(寫角) 명[사진] =카메라 앵글.
사각-거리다/-대다[-꺼(때)-] 동(자)(타) 1 사과·배 따위를 과자 따위를 씹을 때와 같은 소리가 자꾸 나다. 또는, 그런 소리를 자꾸 내다. 2 갈대 같은 것이 마찰하는 소리가 자꾸 나다. 또는, 그런 소리를 자꾸 내다. 큰서걱거리다. 센싸각거리다.
사!각-기둥(四角-) [-끼-] 명[수] 측면과 밑면이 사각형으로 된 각기둥. 구용어는 사각주(四角柱).
사!각-모(四角帽) [-강-] 명 '사각모자'의 준말.
사!각-모자(四角帽子) [-강-] 명 1 윗면이 사각형을 이루고 차양이 달린 모자. 지난날, 주로 대학생의 제모(制帽)로 쓰였으나, 근래에는 거의 쓰이지 않음. 2 대학에서, 졸업식과 같은 공식적인 행사에 교수와 학생이 쓰는, 윗면이 납작한 사각형에 술이 달리고 차양이 없는 검은색 모자. =사방모자. ¶~를 쓰고 찍은 졸업 사진. 준사각모·각모.
사!각-뿔(四角-) 명 밑면이 사각형인 각뿔. 구용어는 사각추(四角錐). =네모뿔.
사각-사각 [-싸-] 부 사각거리는 소리. ¶배를 ~ 씹어 먹다. 큰서걱서걱. 센싸각싸각.
사각사각-하다 자(여)
사!각-지대(死角地帶) [-찌-] 명 1 위치의 각도상 사물이 보이지 않거나 어떤 작용을 미칠 수 없는 곳. 2 관심이나 영향이 미치지 못하는 영역. 비유적인 말임. ¶안전의 ~.

사각-팬티(四角←panties) 명 사각형 모양으로 된 팬티.
사각-형(四角形) [-까형] 명 [수] 네 개의 꼭짓점이 있고 네 개의 선분으로 둘러싸인 평면 도형. =사방형(四方形)·사변형. 비네모·네모꼴. 준사각·각형.
사간-원(司諫院) 명 [역] 삼사(三司)의 하나. 조선 시대에 임금에게 간하는 일을 맡아보던 관아. 준간원.
사갈(蛇蝎) 명 1 뱀과 전갈. 2 남을 해치는 사람의 비유.
사갈-시(蛇蝎視) [-씨] 명 [뱀이나 전갈을 보듯이 한다는 뜻] (어떤 사람을) 아주 싫어하여 혐오스럽거나 위험한 존재로 여기는 것. 사갈시-하다 타예 ¶이단을 ~.
사감¹(私感) 명 사사로운 감정.
사감²(私憾) 명 사사로운 이해관계로 언짢게 여기는 마음.
사감³(舍監) 명 기숙사에서 기숙생을 감독하는 사람.
사갓-집(査家-) 명 '사돈집'의 잘못.
사:-강(四強) 명 운동 경기에서, 준결승에 진출한 4개의 팀이나 4명의 선수.
사!개 명 1 상자 같은 것의 네 모퉁이를 요철형(凹凸形)으로 만들어 끼워 맞추게 된 부분. ¶~를 맞추다. 2 [건] 도리나 장여를 얹기 위해 기둥머리를 네 갈래로 오려 낸 부분.
사개(가) 맞다 관 말이나 사리의 앞뒤 관계가 빈틈없이 딱 들어맞다.
사:거(死去) 명 죽어서 세상을 떠나는 것. ♤서거(逝去). 사:거-하다 자예
사:-거리¹(四-) 명 =네거리. ¶~의 신호등.
사:-거리²(射距離) [군] 총구나 포구에서 탄착점(彈着點)까지의 거리. ¶유효 ~.
사:건(事件) [-껀] 명 1 사회적으로 물의를 일으키거나 충격을 주어 세상 사람들의 관심을 집중시키는 어떤 일. ¶~이 [터지다] / 역사적 ~. 2 [법] =소송 사건. ¶민사 ~. 3 [수] 확률론에서, 어떤 시행에서 일어날 수 있는 일정한 조건의 일. =사상(事象).
사:건-시(事件時) [-껀-] 명 [언] 어떤 행동이나 작용이 일어난 시점. 시간과 관련되는 문장을 설명한 때 쓰는 말임. ▷발화시.
사격(射擊) 명 화포·총 등을 쏘는 것. ¶집중 ~ / 함포 ~ / ~의 명수. 사격-하다 동(자)(타)예
사격^경기(射擊競技) [-껑-] 명 [체] 사격장에서, 총기 및 화약을 사용하여 표적을 쏘아 승부를 겨루는 경기.
사격-권(射擊圈) [-꿘] 명 총포를 쏘아 맞힐 수 있는 범위. ¶적이 ~에 들다.
사격-수(射擊手) [-쑤] 명 사격을 하는 사람. 비사수(射手).
사격-술(射擊術) [-쑬] 명 사격하는 기술. ¶백발백중의 ~.
사격-장(射擊場) [-짱] 명 사격 연습을 위하여 표적 따위를 마련하여 놓은 곳.
사견¹(私見) 명 주로 공적인, 또는 공개적인 자리에서, 개인의 사사로운 생각이나 의견을 이르는 말.
사견²(邪見) 명 요사스럽고 바르지 못한 생각이나 의견.
사:경¹(四更) 명 하룻밤을 다섯으로 나눈 넷째 부분. 곧, 새벽 1시에서 3시 사이. =정야(丁夜).
사:경²(四京) 명 [역] 고려 시대의 남경(南京)·동경(東京)·중경(中京)·서경(西京)의 총칭. 곧, 서울·경주·개성·평양을 일컬음.
사:경³(四經) 명 [책] 1 시경(詩經)·서경(書經)·역경(易經)·춘추(春秋)의 네 경서. 2 좌씨춘추(左氏春秋)·곡량춘추(穀梁春秋)·고문상서(古文尙書)·모시(毛詩)의 네 경서.
사:경⁴(死境) 명 병이나 부상 등으로 인해 목숨이 위태로운 지경. ¶~에 이르다 / 교통사고로 의식을 잃고 ~을 헤매다.
사:경⁵(私耕) 명 1 =사래. 2 =새경.
사-경제(私經濟) 명 [경] 개인 또는 사법인(私法人)이 영위하는 경제. ↔공경제.
사:계¹(四季) [-계/-게] 명 =사철¹.
사:계²(四界) [-계/-게] 명 천계(天界)·지계(地界)·수계(水界)·양계(陽界)의 총칭.
사:계³(四計) [-계/-게] 명 사람의 생활에 있어서의 네 가지 계획. 하루의 계획은 새벽에, 한 해의 계획은 봄에, 일생의 계획은 부지런함에, 한 집안의 계획은 화목함에 있다는 말.
사계⁴(私計) [-계/-게] 명 개인의 생각이나 계획.
사계⁵(詐計) [-계/-게] 명 남을 속이는 꾀. =사수(詐數).
사계⁶(斯界) [-계/-게] 명 그 방면이나 분야의 세계. ¶~의 권위자인 김 박사는 국어 연구에 평생을 바쳤다.
사:-계절(四季節) [-계-/-게-] 명 =사철¹.
사:고¹(四苦) 명 [불] 인생의 네 고통. 곧, 생고(生苦)·노고(老苦)·병고(病苦)·사고(死苦). 사고(四苦).
사:고²(史庫) 명 [역] 조선 시대에, 실록(實錄) 등 국가적으로 중요한 문헌을 보관하던 창고.
사:고³(死苦) 명 1 [불] 사람이 반드시 죽는 괴로움. 2 죽을 때의 고통. 비단말마(斷末摩). 3 죽을 정도의 심한 고통.
사고⁴(社告) 명 회사 등에서 알리는 광고.
사고⁵(事故) 명 1 뜻밖에 일어나는 불행하거나 해로운 일. ¶교통~ / 안전~ / ~가 나다 / ~를 미연에 방지하다. 2 사람이 우발적으로 일으키는 말썽이나 푸젯거리. ¶저 녀석은 하루가 멀다 하고 ~만 치고 다닌다. 3 어떠한 일의 원인 또는 이유.
사고⁶(思考) 명 생각하는 방식으로, 또는 일정한 체계나 논리에 따라 생각하는 일. 비사유(思惟). ¶합리적 ~ / 미래를 창조적으로 열어 가기 위해서는 ~와 발상을 새롭게 바꾸어야 한다. 사고-하다 동(자)(타)예 ¶대상을 논리적으로~.
사고-력(思考力) 명 생각하고 궁리하는 힘. ¶~이 풍부하다 / ~을 기르다.
사:고-무친(四顧無親) 명 의지할 만한 사람이 전혀 없음. ¶~의 고아. 사:고무친-하다 형예
사고-뭉치(事故-) 명 사고나 말썽만 늘 일으키는 사람을 얕잡아 이르는 말. 비사곳덩어리.
사고-방식(思考方式) 명 어떤 사람이 사물에 대해 생각하거나 판단하는 일정한 방식이나 태도. ¶건전한 ~ / 봉건적 ~ / 구태의연한 ~.
사:고-사(事故死) 명 사고로 인한 죽음.
사:고-전서(四庫全書) 명 [책] 중국 청나라 건륭제(乾隆帝)의 명으로 편찬된 중국 최대

의 총서. 전국의 책을 모아 경(經)·사(史)·자(子)·집(集)의 4부문으로 나누고, 7통씩 등본하여 보관했음.
사고-팔다 통(타)〈-파니, ~파오〉 물건 등을 사기도 하고 팔기도 하다. ¶집을 ~ / 중고 가전제품 사고팝니다.
사골(四骨) 명 짐승, 특히 소의 네 다리뼈. 흔히, 곰거리로 씀. ¶~을 오래도록 푹 고다.
사곳-덩어리(事故-) [-고떵-/-곧떵-] 명 늘 말썽을 일으켜 믿음이 안 가는 사람을 얕잡아 이르는 말. 비사고뭉치.
사공(沙工·砂工) 명 '뱃사공'의 준말.
[**사공이 많으면 배가 산으로 간다**] 주관하는 사람이 없이 여러 사람이 이러쿵저러쿵 자기주장만 하면 일을 이루기 어렵다.
사과(沙果) 명 사과나무의 열매. 비타민 C가 풍부하며, 신맛·단맛이 있음. 세는 단위는 개·알·접(100개). =평과(苹果).
사:과²(謝過) 명 (상대에게 자기 잘못에 대해, 또는 자기 잘못을) 인정하거나 뉘우치고 미안하게 생각함을 밝히는 것. ¶~의 편지 / ~를 드리다. 사:과-하다 통(자)(타)(여) ¶나는 내 실수에 대해 친구에게 정식으로 사과하였다.
사과-나무(沙果-) 명 (식) 장미과의 낙엽 교목. 4~5월에 흰 꽃이 피며, 열매는 8~9월에 익음. 홍옥·국광·부사 등 품종이 많으며, 과수로 재배함.
사:과-드리다(謝過-) 통(자여) '사과하다'의 객체 높임말. ¶선배님께 무례했던 점을 사과드립니다.
사:과-문(謝過文) 명 사과의 뜻을 적은 글.
사과-주(沙果酒) 명 사과즙을 발효시켜 만든 알코올성 음료.
사과-즙(沙果汁) 명 사과에서 짜낸, 신맛이 있는 즙.
사:관¹(士官) 명 1 [군] 장교의 총칭. 2 [기] 구세군에서 목사(牧師)를 일컫는 말.
사:관²(史官) 명 [역] 1 역사의 편찬을 맡아, 그 초고를 쓰는 벼슬. 또는, 그 관원. 2 고대 중국에서, 문서의 기록을 맡아보던 관리. =태사(太史).
사:관³(史觀) 명 '역사관(歷史觀)'의 준말. ¶유물(唯物) ~.
사:관⁴(四關) 명 [한] 곽란 등과 같이 급하거나 중한 병일 때, 통기(通氣)를 위하여 손과 발에 침을 놓는 네 곳.
사관을 트다 관 사관에 침을 놓다.
사관⁵(舍館) 명 =하숙(下宿)1. **사관-하다** 통(자여)
사:관-생(士官生) 명 =사관생도.
사:관-생도(士官生徒) 명 [군] 장교가 되기 위하여 각 사 사관학교에서 교육을 받고 있는 생도. =사관생.
사:관-학교(士官學校) [-꾜] 명 육군·해군·공군의 정규 장교를 양성하는 4년제 군사학교.
사:관-후보생(士官候補生) 명 장교로 임관하기 위하여 소정의 단기 군사 교육을 받는 사람.
사:광¹(四光) 명 화투 놀이에서, 네 개의 광(光) 패를 모아서 되는 끗.
사광²(沙鑛·砂鑛) 명 [광] 1 =사광상(砂鑛床). 2 사금(沙金)·사석(沙錫) 따위의 금속 광물의 총칭.
사광³(射光) 명 빛을 내쏘는 것. **사광-하다**

사:광⁴(斜光) 명 비스듬히 비추는 광선.
사-광상(沙鑛床) 명 [광] 풍화·침식 등에 의하여 모래 알갱이처럼 된 암석·광물이 흐르는 물에나 파도에 운반되어, 주로 비중차(比重差)에 의하여 선별되면서 퇴적하여 생긴 광상. =사광(沙鑛).
사:교¹(四敎) 명 1 [불] 부처가 일생 동안 베푼 설법과 그것에 바탕을 둔 교리·경전 등을 넷으로 나눈 것. 천태종에서는 장교(藏敎)·통교(通敎)·별교(別敎)·원교(圓敎)로 나누었음. 2 유교에서, 시(詩)·서(書)·예(禮)·악(樂)의 네 가지의 가르침. 3 문(文)·행(行)·충(忠)·신(信)의 가르침. 4 부녀자에 대한 네 가지의 가르침. 곧, 부덕(婦德)·부언(婦言)·부용(婦容)·부공(婦功).
사:교²(邪敎) 명 사회에 해로운 작용을 하는 그릇된 종교. =사도(邪道)·사종(邪宗). ↔ 정교(正敎).
사:교³(社交) 명 사회적으로 교제하며 사귀는 것. ¶~장(場) / ~에 능하다. **사교-하다** 통(자여)
사:교⁴(斜橋) 명 [건] 다리의 중심선이 다리를 받치는 기둥의 면과 직각이 되지 않고 기울게 놓인 다리.
사:교-계(社交界) [-계/-게] 명 주로 상류계급 사람들로 형성되는, 교제를 위한 사회. ¶그 여자는 ~의 여왕이다.
사:교-댄스(社交dance) 명 =사교춤.
사:교-성(社交性) [-썽] 명 1 남과 사귀기를 좋아하거나 쉽게 사귀는 성질. ¶~이 있다 (없다). 2 사회를 형성하려는 인간의 특성.
사:교-술(社交術) 명 사람들과 사회적으로 교제하는 솜씨. ¶뛰어난 ~ / ~이 좋다.
사-교육(私敎育) 명 개인이나 사설 단체가 사사로이 베푸는 교육. ↔공교육.
사교육-비(私敎育費) [-삐] 명 학부모가 자녀에게 학교 교육 외에 학원을 보내거나 개인 교습을 시키거나 부교재를 사 주거나 함으로써 추가로 지출하게 되는 비용.
사:교-적(社交的) 관명 사교성이 많은 (것). ¶~인 성격.
사:교-춤(社交-) 명 사교나 오락을 목적으로 남녀 한 쌍이 추는 형식의 춤. 블루스·지르박·트롯·탱고·룸바·왈츠 따위. =사교댄스.
사:구¹(四球) 명 [체] =포볼.
사:구²(死球) 명 [체] =데드 볼².
사구³(沙丘·砂丘) 명 [지] 해안·사막 등지에서, 세찬 바람에 의하여 운반·퇴적되어 이루어진 모래 언덕.
사구-체(絲球體) 명 [생] 모세 혈관이 공 모양으로 모인 것. 신장의 안에 있으며, 보먼 주머니로 둘러싸인 신소체(腎小體)를 만듦.
사:군¹(四郡) 명 [역] 1 조선 세종 때, 북방의 여진족을 막기 위해 압록강 상류에 설치했던 여연(閭延)·자성(慈城)·무창(茂昌)·우예(虞芮)의 네 군. 2 =한사군(漢四郡).
사:군이충(事君以忠) 명 세속 오계의 하나. 임금을 충성으로써 섬겨야 한다는 말.
사:군자(四君子) 명 [미] 동양화에서 고결한 군자와 같다는 뜻으로, 매화·난초·국화·대나무를 일컫는 말. 또는, 그것을 그린 그림.
사굴(私掘) 명 1 (남의 무덤을) 사사로이 파내는 것. 2 개인이 사사로이 광산을 채굴하는 것. **사굴-하다** 통(타여)
사권(私權) [-꿘] 명 [법] 사법(私法) 관계에

서 개인의 재산·신분 등에 관한 권리. 인격권·신분권·채권·물권·무체 재산권 따위. ↔공권.

사귀(邪鬼) 명 요사스러운 귀신.
사귀다 동 ①(자) 누구와 서로 사이가 가까워지도록 하여 오리다. ㈀교제하다. ¶저는 지금 이영수 씨와 **사귀고** 있는 중입니다. ②(타)(누구를) 어울리거나 만나 가까운 사람으로 만들다. ¶내가 좋은 사람 소개할 테니 그 사람을 한번 **사귀어** 보렴.
사귐-성(-性)[-썽] 명 남과 어울려 잘 사귀는 성품. ¶~이 있다(없다).
사규(社規) 명 회사의 규칙.
사그라-뜨리다/-트리다 동(타) 사그라지게 하다. ¶무쇠라도 **사그라뜨릴** 듯한 뜨거운 의지.
사그라-지다 동(자) (격한 감정이나 강한 기세 등이) 가라앉거나 꺾여 없어지거나 약한 상태가 되다. ¶복더위가 ~ / 가슴속에 끓어오르던 분노가 ~.
사그랑이 명 다 삭아서 못 쓰게 된 물건.
사:극(史劇) 명[연] '역사극'의 준말.
사근사근-하다 형(여) 1 (사람의 성질이나 생김새가) 붙임성이 있어 상냥하고 시원스럽다. ¶사람이 **사근사근하여** 누구에게나 좋은 인상을 준다. 2 (과일 따위가) 이에 씹히는 상태가 알맞게 수분이 있어 연하다. ¶사과가 **사근사근하여** 맛이 있다. 큰서근서근하다. **사근사근-히** 부
사글사글-하다 형(여) (성질이나 생김새가) 보드랍고 상냥하다. 큰서글서글하다.
사글-세(-貰)[-쎄] 명 남의 집이나 방을 빌려 쓰는 대가로 내게 되어 있는 얼마의 보증금과 매월 내게 되어 있는 일정액의 돈. 또는, 보증금 얼마에 매달 일정액을 내고 집이나 방을 빌리는 일. ㈂세월. ¶~를 살다. × 삭월세.
사글셋-방(-貰房)[-쎄빵/-쎋빵] 명 사글세를 내고 빌려 쓰는 방. ㈂월세방.
사금(沙金·砂金) 명[광] 금의 광맥이나 광상이 침식·풍화 작용으로 분해되어 생긴 금의 작은 알갱이나 물 또는 바람에 운반되어 강바닥이나 해안에 퇴적된 것. =금모래.
사금-광(沙金鑛) 명 사금을 캐는 금광.
사금-석(沙金石) 명[광] 운모나 적철석 등의 아주 작은 결정을 함유한 석영. 노란색·붉은색·녹색·갈색 등의 색깔을 띠고 매우 반짝임.
사금-파리 명 사기그릇의 깨어진 작은 조각.
사:급-수(四級水)[-쑤] 명 하천의 수질(水質) 등급의 하나. 심하게 오염된 물. 물고기는 살 수 없으며, 실지렁이나 나방 애벌레 따위가 겨우 삼.
사:기[1](士氣) 명 일을 잘해 내고자 하는 의욕이나 일을 잘할 수 있다는 자신감. ¶~를 꺾다 / ~가 떨어지다 / ~를 진작하다 [북돋우다] / 병사들의 ~가 하늘을 찌를 듯하다.
사:기[2](四氣) 명 사시(四時)의 기운. 곧, 봄의 따뜻함[溫], 여름의 더위[熱], 가을의 서늘함[凉], 겨울의 추위[寒].
사:기[3](史記) 명 역사적인 사실을 적어 놓은 책. =사서(史書)·사승(史乘)·사적(史籍)·사책(史冊).
사기[4](沙器·砂器) 명 =사기그릇. ¶분청~.
사기[5](邪氣) 명 1 요망스럽고 간악한 기운. 2 몸을 해치고 병이 나게 하는 나쁜 기운.
사기[6](社旗) 명 회사를 상징하는 깃발.
사기[7](詐欺) 명 못된 꾀로 남을 속이는 것. ¶~를 치다 / ~를 당하다 / 부녀자를 상대로 ~ 행각을 벌이다.
사기-그릇(沙器-)[-륻] 명 백토(白土) 따위로 구워 만든 그릇. 식기나 장식품으로 쓰임. =사기·자기(瓷器)·사기.
사기-꾼(詐欺-) 명 상습적으로 남을 속여 이득을 꾀하는 사람. =사기사·사기한.
사기-대접(沙器-) 명 사기로 만든 대접. ㈂사대접.
사기-도박(詐欺賭博) 명 속임수를 써서 승부를 조작하는 노름. ¶~에 걸려 전 재산을 날리다.
사기-술(詐欺術) 명 남을 속이는 기술.
사-기업(私企業) 명[경] 사인(私人), 즉 민간인의 출자로 경영되는 기업. ↔공기업.
사기-전(沙器廛) 명 사기그릇을 파는 가게. =사기점.
사기-점(沙器店) 명 1 사기그릇을 구워 만드는 곳. 2 =사기전.
사기-죄(詐欺罪)[-쬐/-쮀] 명[법] 사람을 속여 재물을 빼앗거나, 재산상의 불법한 이익을 취하거나, 또는 제삼자로 하여금 이를 얻게 함으로써 성립하는 범죄.
사:기-충천(士氣衝天) 명 사기가 하늘을 찌를 듯이 높은 상태가 됨. **사:기충천-하다** 동(자)¶사기충천한 병사들.
사기-횡령(詐欺橫領)[-횡녕/-휑녕] 명 사기를 쳐서 남의 재물을 불법으로 빼앗는 일.
사나-나달 명 사날이나 나달. 곧, 3, 4일이나 4, 5일. ¶이 일은 ~면 끝나겠다.
사나-대장부 '남자'를 굳세고 의리 있고 대범한 존재로서 강조하여 이르는 말. ¶~ 대장부 / ~가 한 입으로 두 말 하겠나. ㈂사내.
사나-이틀 명 사흘이나 이틀. =사날. ¶~ 걸리는 일.
사날[1] 명 =사나흘.
사날[2] 명 거리낌 없이 제멋대로만 하는 태도나 성미.
사:납다[-따] 형(ㅂ) <사나우니, 사나워> 1 (성질·행동·생김새 따위가) 억세고 험하다. ¶사나운 짐승 / 낯선 사람을 보자 개가 **사납게** 짖었다. 2 (비·바람 따위가) 매우 심하다. ¶파도가 **사납게** 치다. 3 (어떤 현상이나 상황이) 순탄하지 못하거나 나쁘다. ¶팔자가 ~.
사낭(沙囊) 명[동] =모래주머니2.
사내[1] 명 1 '사나이'의 준말. 2 '남자'인 사람을 높임하게 이르는 말. ¶웬 ~가 찾아오다. 3 한 여자와 같이 사는 남자를 낮추어 이르는 말. ¶술집 작부가 ~를 얻다. ↔계집.
사내[2](社內) 명 회사의 안. ¶~ 결혼.
사내-구실 명 주로 성생활과 관련한 남자로서의 구실.
사내끼 명 물고기를 잡을 때 물에 뜬 고기를 건져 뜨는, 철사나 끈으로 망처럼 얽은 기구.
사내-놈 명 '사내'를 낮추어 이르는 말. ↔계집년.
사내-대장부(-大丈夫) 명 '대장부'의 힘줌말.
사내-보(社內報) 명 회사에서 사원들을 대상으로 하여 내는, 잡지나 신문 형태의 정기 간행물. 사내 행사와 동정, 사원들의 글 등이 주내용을 이룸. ↔사외보.
사내-새끼 명 '사내'를 욕하여 이르는 말.
사내-아이 명 어린 남자 아이. =동자(童子).

·아낙자. 凹남아. 준사내애. ↔계집아이.
사내-애 몡 '사내아이'의 준말.
사내-자식(-子息) 몡 1 '사내'를 속되게 이르는 말. ¶~으로 태어나 그런 비겁한 짓을 하다니. 2 '아들'을 속되게 이르는 말. ¶~을 접지하여 춥시사 치성을 드리다.
사내-종 몡 남의 집에서 종살이하는 남자. =노복(奴僕)·노자(奴子)·남노·남종·종복. ↔계집종.
사내-주(社內株) 몡 [경] 회사가 일단 발행한 주식을 다시 취득한 후, 소각하지 않고 소유하고 있는 상태의 주식. =사외주.
사냥 [<산행(山行)] 총이나 그 밖의 도구로 산이나 들의 짐승을 잡는 일. =수렵(狩獵)·전렵(畋獵). ¶꿩 ~. **사냥-하다** 통(타)여 ¶토끼를 ~.
사냥-감[-깜] 몡 사냥하여 잡으려고 하는 대상.
사냥-개[-깨] 몡 1 사냥할 때 쓰는 길들인 개. =엽견(獵犬). 2 '염탐꾼'을 속되게 이르는 말.
사냥-꾼 몡 사냥하는 사람. 또는, 사냥을 직업으로 하는 사람. =엽부(獵夫)·엽호(獵戶).
사냥-질 몡 사냥하는 일. **사냥질-하다** 통(자)
사냥-철 몡 1 수렵법에 사냥이 허가된 시기. 비엽기. 2 어떤 짐승을 사냥하는 데 알맞은 시기.
사냥-총(-銃) 몡 사냥에 알맞도록 만든 총. =엽총.
사냥-터 몡 사냥을 하는 곳. =엽장(獵場).
사:년(巳年) 몡[민] 태세(太歲)의 지지(地支)가 사(巳)로 된 해. 을사년(乙巳年)·기사년(己巳年) 등. =뱀해.
사념¹(邪念) 몡 올바르지 못한 그릇된 생각. =사념(邪念).
사념²(思念) 몡 근심하고 염려하는 따위의 여러 가지 생각. ¶그는 온갖 ~ 속에 빠져 들었다. **사념-하다** 통(타)여
사노(私奴) 몡[역] '사노비'의 준말. ↔관노.
사-노비(私奴婢) 몡[역] 권문세가에서 사사로이 부리는 노비. 준사노(私奴). ↔공노비·관노비.
사:농공상(士農工商) 몡 봉건 시대의 네 가지 사회 계급. 곧, 선비·농부·공장(工匠)·상인.
사느랗다[-라타] 형ㅎ<사느라니, 사느라오, 사느래> '싸늘하다'의 여린말. 큰서느렇다.
사느래-지다 통(자) '싸느래지다'의 여린말. 큰서느레지다.
사늘-하다 형여 '싸늘하다'의 여린말. 큰서늘하다. **사늘-히** 부
사다 통(타) 1 (어떤 물건을) 값을 치르고 자기 것으로 가지다. ¶문방구점에서 연필을 ~. ↔팔다. 2 (사람이 어떤 사람을) 돈을 주고 몸으로 하는 어떤 일을 일정한 조건에서 온전히 하게 하다. ¶사람을 **사서** 짐을 나르다. 3 (사람이 다른 사람에게 어떤 감정이나 생각을) 어떤 행동을 하거나 태도를 보임으로써 가지게 하다. ¶상사의 환심을 ~ / 그는 너무 잘난 척하여 친구들에게 미움을 **샀다**. 4 (고생이나 병 따위를) 공연히 하거나 얻다. ¶왜 안 해도 될 고생을 **사서** 하느냐. 5 (어떤 사람의 태도나 능력, 또는 대상의 가치를) 훌륭하거나 좋다고 여기다. 비평가하다. ¶나는 그 선수의 투지를 높이 **사지** 않을 수 없다. 6 (돈을) 곡식을 팔아서 얻다. 예스러운 표현임. ¶곡식을 팔아 돈을 ~.
사-다리 몡 높은 곳에 걸쳐서 오르내릴 수 있도록, 두 개의 긴 장대 사이에 일정한 간격으로 여러 개의 디딤대를 가로지른 물건. =사다리다리·제계(梯階). ¶~를 타고 오르다.
사다리-꼴 몡[수] 한 쌍의 대변이 평행한 사각형. 구용어는 제형(梯形).
사다리^신경계(-神經系) [-계/-게] 몡[생] 환형동물과 절지동물의 중추 신경계. 몸의 앞뒤로 있는 한 쌍의 신경절이 사다리꼴로 서로 연결되어 있음. ▷관상 신경계.
사다리-차(-車) 몡 사다리를 갖추고 있는 차. 높은 건물에 화재가 났을 때나 공중에서 일을 할 때, 이삿짐을 올리거나 내릴 때 쓰임. 고가 사다리차와 굴신(屈伸) 사다리차가 있음.
사다-새 몡[동] 사다샛과의 큰 물새. 날개 길이 65~80cm. 몸빛은 흰색이고 날개 끝만 흑갈색임. 아래 주둥이에 수축할 수 있는 턱주머니가 있어 먹이를 넣어 둠. 해안이나 호숫가에 서식함. =제호·펠리컨.
사닥-다리[-따-] 몡 =사다리.
사:단¹(四端) 몡[철] 인간의 본성에서 우러나오는 네 가지, 곧 인(仁)·의(義)·예(禮)·지(智)에서 우러나오는 측은지심(惻隱之心)·수오지심(羞惡之心)·사양지심(辭讓之心)·시비지심(是非之心)을 말함.
사:단²(事端) 몡 1 일이나 사건의 실마리나 빌미. ¶두 집안은 사소한 언쟁이 ~이 되어 반목하게 되었다. 2 '사달'의 잘못.
사단³(社團) 몡[법] 1 다수인의 집합체로, 그 자체의 특정한 목적을 위하여 결합된 독립 단일체. 2 '사단 법인'의 준말. ↔재단(財團).
사단⁴(師團) 몡[군] 군대의 편성 단위의 하나. 사령부를 가지며, 고정적인 편제로 이루어진 최대의 부대. 군단의 아래, 여단·연대의 위임. ¶~장(長).
사단⁵(←satan) 몡[성] =사탄. ¶예수께서 돌이키시며 배드로에게 이르시되 ~아 내 뒤로 물러가라.《신약 마태복음》
사단^법인(社團法人) 몡[법] 법률상의 권리·의무의 주체로서 인정된 사단. 준사단.
사-단조(-短調)[-쪼] 몡[음] 으뜸음이 '사'인 단조.
사달 몡 (주로 '나다' 등과 함께 쓰여) 뜻밖의 사고나 탈. ¶잘될 줄 알았던 일이 전혀 예상치 못했던 데서 ~이 났다. ×사단.
사담¹(史談) 몡 역사에 관한 이야기.
사담²(私談) 몡 회의나 강의나 공적인 행사 등을 행하는 자리에서, 개인끼리 사사로이 하는 이야기. ¶회의 중에는 ~을 나누지 마시오. **사담-하다** 통(자)여
사:당¹(−) 몡[민] 지난날, 떼를 지어 떠돌아다니면서 노래와 춤을 팔던 여자. ['寺黨'은 취음]
사당²(私黨) 몡 사사로운 목적을 위하여 모인 도당(徒黨). ↔공당(公黨).
사당³(祠堂) 몡 조상의 신주(神主)를 모셔 놓은 집. =사당(祠堂)·가묘(家廟).
사:당-패(-牌) 몡[민] 사당의 무리. 춤과 노래를 파는 여자들을 중심으로 하여, 그들에게 붙어살면서 갖가지 잔일을 하는 남자들로 구성됨.
사:대¹(四大) 몡 1[불] 세상 만물을 구성하는

땅·물·불·바람의 네 가지 요소. 곧, 지대·수대·화대·풍대. **2** [불] [땅·물·불·바람으로 이루어진 것이라는 뜻] 사람의 몸. **3** 도가(道家)에서, 우주에 존재하는 네 가지 가장 큰 것. 곧, 도(道)·천(天)·지(地)·왕(王).

사:대²(事大) 명 약소국이 외교 정책상 강대국과 정면 대결을 피하고 예의를 갖추어 섬기는 일. **사:대-하다** 자여 ¶ 조선은 명나라에 **사대하는** 외교를 폈다.

사:대(師大) 명 [교] '사범 대학'의 준말.

사:대-교린(事大交隣) 명 큰 나라는 받들어 섬기고, 이웃 나라와는 화평하게 사귐.

사:대^기서(四大奇書) 명 중국 명나라 때의 4편의 걸작 소설. 곧, '수호지(水滸誌)', '삼국지연의(三國誌演義)', '서유기(西遊記)', '금병매(金甁梅)'를 가리키나, '금병매' 대신에 '비파기(琵琶記)'를 넣기도 함.

사:대-당(事大黨) 명 **1** 세력이 강한 나라를 붙좇는 무리나 당파. **2** =수구당2.

사:-대문(四大門) 명 [역] 조선 시대, 서울의 동서남북에 둔 네 대문. 곧, 동의 흥인지문(興仁之門), 서의 돈의문(敦義門), 남의 숭례문(崇禮門), 북의 숙정문(肅靖門). 준사문(四門).

사:-대부(士大夫) 명 [역] 사(士)와 대부(大夫). 곧, 벼슬·문벌이 높은 집안의 사람을 이르는 말. 준사부.

사:대-사상(事大思想) 명 강대국을 맹목적으로 우러러 섬기려 하거나 강대국의 문화·학문 등을 우월하게 여겨 무비판적으로 받아들이려 하는 사상. ¶~에 젖다.

사:대-삭신(四大-) [-씬] 명 '사대육신'을 속되이 이르는 말.

사:대^성인(四大聖人) 명 동서고금에 으뜸가는 네 성인. 보통, 예수·석가모니·공자·소크라테스를 가리키나, 소크라테스 대신에 마호메트를 넣기도 함. =사성(四聖).

사:대-육신(四大六身) [-씬] 명 [사대(四大)로 이루어진 두 팔, 두 다리, 머리, 몸뚱이라는 뜻] '온몸'을 길게 일컫는 말. ¶~이 멀쩡한 녀석이 할 짓이 없어 비럭질이냐.

사:대-주의(事大主義) [-의/-이] 명 강대국을 맹목적으로 우러러 섬기려 하거나 강대국의 문화·학문 등을 우월하게 여겨 무비판적으로 받아들이려 하는 태도나 입장.

사:덕(四德) 명 **1** 천지자연의 네 가지 덕. 곧, 원(元)·형(亨)·이(利)·정(貞). **2** 여자가 갖추어야 할 네 가지 품성. 곧, 마음씨(婦德)·말씨(婦言)·맵시(婦容)·솜씨(婦功). **3** 인륜의 네 가지 덕. 곧, 효(孝)·제(悌)·충(忠)·신(信). =사행(四行).

사:도¹(士道) 명 선비로서 지켜야 할 도리.

사:도²(私道) 명 **1** 공명하지 못한 사사로운 길. **2** [공로(公路)에 연결시켜 일반 교통에 공개된 사설의 도로. =공도(公道).

사:도³(邪道) 명 **1** 올바르지 않은 그릇된 길. ↔정도(正道). **2** =사교(邪敎).

사:도⁴(使徒) 명 [성] 예수를 따르면서 그의 가르침을 세상에 전한 사람. 특히, 예수가 선택한 열두 명의 제자. **2** 어떤 고귀한 일을 위하여 헌신적으로 힘쓰는 사람을 이르는 말. ¶평화의 ~/정의의 ~.

사:도⁵(師道) 명 스승으로서의 도리.

사:도⁶(斯道) 명 **1** 유가(儒家)에서, 유교의 도덕을 일컫는 말. **2** 일정한 전문적인 방면의 기예(技藝)를 일컫는 말. ¶~의 대가(大家).

사:도^신:경(使徒信經) 명 [가] 크리스트교의 핵심 교리를 담은 초대 교회의 신앙 고백문. 흔히, 예배 때 이를 외움.

사:도-팔도(四都八道) [-또] 명 지난날, 우리나라의 전 지역을 일컫던 말.

사:도-행전(使徒行傳) 명 [성] 신약 성서 중의 한 권.

사돈(査頓) 명 **1** 혼인한 두 집안 사이에서, 혼인 당사자를 제외하고 서로 같은 항렬의 상대편 사람을 호칭하거나 지칭하는 말. **2** 혼인으로 말미암아 두 집안 사이에 형성되는 관계. =인척(姻戚). ◇~을 맺다. ×사둔.
[**사돈 남 나무란다**] 자기도 같은 잘못이 있으면서, 자기 잘못은 제쳐 놓고 남의 잘못만 나무란다.

사돈의 팔촌 관 남이나 다름없는 먼 인척.

사돈-댁(査頓宅) [-땍] 명 **1** =안사돈. **2** '사돈집'의 높임말. =사댁(査宅).

사돈-어른(査頓-) 명 자녀 배우자의 아버지를 높여 호칭 또는 지칭하는 말. 넓게는 그 대상에 자녀 배우자의 삼촌 항렬에 드는 사람을 포함시키기도 함.

사돈-집(査頓-) [-찝] 명 서로 사돈이 되는 집. =사가(査家). 높사돈댁. ×사갓집.
[**사돈집 뒷간은 멀어야 한다**] 사돈집이 가까이 있으면 말이 나돌기 쉽고, 뒷간이 가까이 있으면 냄새가 나므로 멀수록 좋다.
[**사돈집 잔치에 감 놓아라 배 놓아라 한다**] 남의 일에 상관없는 자가 끼어든다.

사돈-처녀(査頓處女) 명 사돈집의 미혼 여자를 이르는 말.

사돈-총각(査頓總角) 명 사돈집의 미혼 남자를 이르는 말.

사:동(使動) 명 [언] 주체가 제3의 대상에게 동작이나 행동을 시키는 동사의 성질.

사:동-문(使動文) 명 [언] 사동사가 서술어로 쓰인 문장. 예를 들어, "누나가 동생에게 밥을 먹인다.", "선생님이 철수에게 책을 읽혔다." 따위. ↔주동문.

사:동-사(使動詞) 명 [언] 남으로 하여금 동작이나 행동을 하도록 함을 나타내는 동사. 용언의 어근에 접사 '-이-, -히-, -리-, -기-, -우-, -구-, -추-' 등이 붙어서 이뤄짐. '먹이다', '깨우다' 따위. =사역 동사·하임움직씨. ↔주동사.

사:동-형(使動形) 명 [언] 접미사 '-이-, -히-, -리-, -기-, -우-, -구-, -추-' 등이 붙어서 사동(使動)을 나타내는 동사의 형태. 현대 국어 문법에서는 더 이상 쓰이지 않는 용어임. =사역형. ↔피동형. ▷사동사.

사둔 명 '사돈(査頓)'의 잘못.

사득(査得) 명 조사하여 사실을 알아내는 것. **사득-하다** 자여

사-들이다 자(타) 사서 들여오다. ¶가구를 ~.

사-등롱(紗燈籠) 명 여러 가지 빛깔의 깁으로 거죽을 바른 등롱. 원사롱.

사디스트(sadist) 명 사디즘의 경향이 있는 사람.

사디즘(sadism) 명 [심] 변태 성욕의 하나. 성적 대상에게 육체적·정신적 고통을 줌으로써 성적 만족을 얻는 이상 성욕. 흔히 남자에게 많음. =가학성·학대 음란증·학대 성욕 도착증. ↔마조히즘.

사:또 명 [역] **1** 부하인 장졸(將卒)이 자기 주장(主將)을 높여 이르는 말. **2** 백성이나 하속(下屬)이 그 고을 원을 공대하여 이르는 말. ¶신관(舊官). 원사도(使道).

사뜨-기 명 골무나 타래버선의 두 쪽을 합쳐

마무를 때, 가장자리를 위아래로 번갈아 겹쳐 용마루처럼 도드라지게 꿰매는 바느질.
사뜻-하다[-뜨타-] [형]여 (모양이나 마음씨가) 깨끗하고 말쑥하다. ¶사뜻한 차림. **사뜻-이** [부]
사라다(⑨サラダ) 〔<salad〕 '샐러드'로 순화.
사라센^인(Saracen人) [명] 1 고대 그리스·로마 세계에서의 아라비아 북부의 아라비아인의 호칭. 2 십자군 시대에, 유럽 인이 이슬람교도를 부르던 말.
사라지다 [자] 1 (현상이나 자취가) 존재하지 않게 되다. ¶해가 구름 속으로 ~ / 범인이 어둠 속으로 ~. 2 (생각이나 감정 따위가) 마음속에 있지 않게 되다. ¶슬픔이 ~. [존]스러지다. 3 '죽다1'을 에둘러 이르는 말. ¶단두대의 이슬로 ~.
사락-거리다/-대다[-꺼(때)-] [동]자 무엇이 가볍게 쏠리거나 맞닿는 소리가 자꾸 나다. 또는 그런 소리를 자꾸 내다.
사락-사락¹[-싸-] [부] 사락거리는 소리. **사락사락-하다** [동]자여
사락-사락² [부] 눈 따위가 가볍게 내리는 소리. ¶밤새 눈이 ~ 내렸다.
사ː람 [①][자립] 1 말과 생각을 할 수 있고, 두 발로 서서 다니며, 사회를 이루어 사는, 지구 상에서 가장 발달한 동물. 또는, 그런 특성을 가진 구체적 개인. 세는 단위는 사람·명·분·인. [비]인간. ¶젊은 ~ / ~은 만물의 영장이다. 2 १ 다른 동물과는 구별되는 존엄한 존재로서 이르는 말. 3 도리를 알고 덕성을 갖춘 인격체. ¶학문을 하기 전에 먼저 ~이 되어라. 4 일정한 능력과 자격을 갖춘 인물. ¶인재를 등용하려고 해도 ~이 없다. 5 어떤 일을 시키거나 심부름을 할 일꾼이나 인원. ¶작업을 하려면 ~이 필요하다. 6 인품의 됨됨이. ¶~이 촣다. 7 최소한의 정이 통하고 염치를 아는 존재로서의 인격체. ¶저도 ~인데 이 엄동설한에 우릴 길거리로 내쫓기야 하겠어? 8 이성적(理性的)·도덕적 존재만이 아닌, 감정적이고 욕망을 느끼는 존재. ¶나도 ~이야. 맛있는 음식을 보면 먹고 싶고, 예쁜 옷을 보면 입고 싶단 말이야. 9 자기 이외의 남을 막연하게 이르는 말. ¶~는 날 욕하지만 언젠가는 내 진심을 알게 될 날이 있을 겁니다. 10 '하게' 할 상대를 호칭 또는 지칭하는 말. ¶이 ~아, 어딜 갔다 이제 오나? 11 대화 상대에게 자기 자신을 엄연한 인격체로서 가리켜 이르는 말. ¶아니, ~을 뭘로 보고 이러는 거야? 12 (어떤 지역이나 시대를 나타내는 말 다음에 쓰여) 그 지역이나 때에 태어나거나 살고 있거나 산 자. ¶서울 ~ / 조선 ~. [②][의존] 인원을 세거나 명수를 나타내는 단위. ¶한 ~ / 일꾼 열 ~이 필요하다.

유의어	사람 / 인간
둘 다 고도의 정신 능력을 갖춘 호모 사피엔스를 가리킨다는 공통점을 가지나, '사람'이 구체적 개개의 존재를 가리킬 수 있는 반면, '인간(人間)'은 그렇게 하기가 어렵고, 다만 추상적·관념적 총칭적 존재를 가리키는 경향이 강함. '인간'이 구체적 존재를 가리킬 경우에는 얕잡는 듯이 담기게 됨. ¶그 **인간**하고는 절교한 지 오래다.	

[**사람 나고 돈 났지 돈 나고 사람 났나**] 돈만 알고 사람을 무시하는 사람에게 돈보다 사람이 더 귀중함을 일깨워 이르는 말. [**사람 위에 사람 없고 사람 밑에 사람 없다**] 사람은 본래 태어나 평등하게 태어났다. [**사람은 죽으면 이름을 남기고 범은 죽으면 가죽을 남긴다**] 인생의 목적은 좋은 일을 하여 명예로운 이름을 후세에 남기는 데 있다. [**사람의 마음은 하루에도 열두 번**] 사람의 마음은 변하기 쉽다. [**사람의 새끼는 서울로 보내고 마소 새끼는 시골로 보내라**] 사람은 넓고 큰 곳에서 자라야 견문도 넓어지고 출세할 기회도 많다는 말. [**사람 팔자 시간문제**] 사람의 팔자는 순식간에 달라질 수도 있다는 말.
사람(을) 버리다 [주] 좋지 못한 사람으로 되게 하거나 사람을 못쓰게 만들다.
사람(을) 잡다 [주] 1 사람을 죽이다. 2 남을 극심한 곤경으로 몰아넣다. ¶내가 훔쳤다고? **사람 잡는** 소리 하지 말게.
사람 죽이다 [주] 1 사람을 너무 힘들게 만들거나 고통을 느끼게 만들다. ¶어이구, 이놈의 일이 정말 **사람 죽이네**. 2 사람을 황홀할 만큼 매혹하다. ¶와, 이 사진 **사람 죽이**는데.
사ː람-값[-깝] [명] 사람으로서의 가치. ¶너도 그만한 나이가 되었으면 ~ 좀 해라.
사ː람-대우(-待遇) [명] =사람대접. **사ː람대우-하다** [동]타여
사ː람-대접(-待接) [명] 사람에게 적합한 예의를 갖추어 대해 주는 일. =사람대우. **사ː람대접-하다** [동]타여
사ː람-됨[-됨/-뱀] [명] 사람의 됨됨이. [비]위인(爲人).
사ː람-멀미 [명] 사람이 많은 곳에서 느끼는, 머리가 아프고 어지러운 증세.
사랑¹ [명] 1 이성(異性)의 상대에게 성적(性的)으로 이끌려 열렬히 좋아하는 마음의 상태. 드물게, 좋아하는 쪽을 가리키기도 함. [비]애정. ¶첫 ~ / 짝 ~ / ~이 싹트다 / ~을 고백하다 / ~에 눈이 멀다 / 첫눈에 ~에 빠지다. 2 부모나 스승, 또는 신(神)이나 윗사람이 자식이나 제자, 또는 인간이나 아랫사람을 아끼고 소중히 위하는 마음의 상태. 때로, 자식이나 제자가 부모나 스승을 존경하고 따르는 마음의 상태를 가리키기도 함. ¶내리 ~ / 어버이의 ~ / ~을 베풀다. 3 남을 돕고 이해하고 가까이하려는 마음. ¶~이 없는 메마른 사회. 4 사람이 가치 있는 사물이나 대상을 몹시 아끼고 귀중히 여기는 일. ¶조국에 대한 ~. **사랑-하다** [동]자타여 ¶나는 그 여자를 **사랑한다**. / 부디 나라 **사랑하는** 마음을 잃지 마라.
사랑의 보금자리 [주] 서로 사랑하는 사람끼리 만드는 새 가정.
사랑²(舍廊) [명] 집의 안채와 떨어져, 바깥주인이 거처하며 손님을 접대하는 곳. =외당·외실.
사랑-니 [명] [이성(異性)에 대한 관심이 많을 시기에 첫사랑을 몹시 아프게 나누는 이라는 뜻에서][생] 17세에서 21세 사이에 입의 맨 안쪽 구석에 나는 뒤어금니. =지치(智齒).
사랑-방(舍廊房) [명] 사랑으로 쓰는 방.
사랑-스럽다[-따] [형]비<-스러우니, -스러워> (어떤 대상이) 사랑을 느끼게 하는 데가 있다. ¶**사랑스러운** 어린이. **사랑스레** [부]
사랑-싸움 [명] 주로 젊은 연인들이나 부부 사

이에 사랑으로 일어나는, 악의 없는 다툼. **사랑싸움-하다** 图困

사랑-양반(舍廊兩班)[-냥-] 图 **1** 남의 남편을 그의 부인 앞에서 일컫는 말. 回바깥양반. **2** 전날, 그 집의 남자 주인을 하인 앞에서 일컫던 말.

사랑옵다[-따] 圈⟨사랑오우니, 사랑오워⟩'사랑스럽다'를 예스럽게 이르는 말.

사랑-채(舍廊-) 图 사랑으로 쓰이는 집채.

사래 图 묘지기나 마름이 수고의 보수로 얻어서 부쳐 먹는 논밭. =사경(私耕).

사래-논 图 묘지기나 마름이 보수로 얻어서 부쳐 먹는 논. =사경답(私耕畓). ×사래답.

사래-답(-畓) 图 '사래논'의 잘못.

사래-밭[-받] 图 묘지기나 마름이 보수로 얻어서 부쳐 먹는 밭. =사경전(私耕田). ×사래전.

사래-전(-田) 图 '사래밭'의 잘못.

사래-질 图 키 따위로 곡식을 담고 흔들어서 굵은 것과 잔 것을 따로 가려내는 일. **사래질-하다** 图困

사:략(史略) 图 간략하게 쓴 역사.

사:레 图 잘못 삼킨 음식물이 기도(氣道)로 들어갔을 때 반사 작용으로 튀어 나오면서 기침을 하는 상태.

사:레-들다 图⟨~드니, ~드오⟩=사레들리다. ¶사레들겠다, 천천히 먹어라.

사:레-들리다 图困 음식을 잘못 삼켜 기도가 약간 막히면서 반사적으로 기침을 하다. =사레들다. ¶물을 급히 마시단다~.

사려(思慮) 图 (주로 '사려(가) 깊다'의 꼴로 쓰여) 어떤 일에 대해 여러 가지로 헤아리고 생각하는 것. ¶~가 깊은 사람. **사려-하다** 图困

사려-물다 图团 '사리물다'의 잘못.

사:력¹(死力) 图 (주로 '사력을 다하다'의 꼴로 쓰여) 죽음을 각오하여 내는 힘. 또는, 낼 수 있는 최대한의 힘. 回죽을힘. ¶~을 다하여 싸우다.

사력²(沙礫·砂礫) 图 =자갈.

사:력³(事力) 图 일의 형세와 재력(財力).

사:력⁴(社歷) 图 **1** 회사의 역사. 또는, 회사 창립 이래의 햇수. **2** 입사(入社) 후의 햇수.

사련(邪戀) 图 떳떳하지 못하거나 도리에 벗어난 남녀간의 사랑. ¶그들 두 ~의 주인공은 결국 함께 자살하였다.

사령¹(司令) 图[군] **1** 군대나 함선 등을 지휘·감독하는 것. **2** 연대급 이상 단위 부대의 일직(日直)·주번(週番)의 책임 장교. ¶일직~. **사령-하다**¹ 图困 군대나 함선 등을 지휘·감독하다.

사:령²(四齡) 图 누에의 석 잠 잔 후로부터 넉 잠 잘 때까지의 동안. ¶~잠(蠶).

사:령³(死靈) 图 죽은 사람의 영혼. ↔생령.

사령⁴(使令) 图[역] 조선 시대에 관아에서 심부름 등 천한 일을 맡던 사람. ¶집장(執杖)~. **2** 명령하여 일을 시키는 것. **사:령-하다**² 图困 명령하여 일을 시키다.

사령⁵(辭令) 图 **1** 남을 대하는라고 쓰는 반드레한 걸치레의 말. 또는, 습관적·상투적으로 쓰는 말. **2** 문장(文章)을 꾸미는 말. **3** 임명(解任) 등의 공식적인 발령. ¶~을 받다. **4** '사령장'의 준말.

사령-관(司令官) 图[군] 군대나 함대 따위의 지휘·통솔권을 가진 사령부의 장.

사령-부(司令部) 图[군] 사령관이 소속 부대를 지휘·운영하기 위한 본부.

사령-서(辭令書) 图 =사령장(辭令狀).

사령-선(司令船) 图[군] =기함(旗艦)².

사령-장(辭令狀)[-짱] 图 관직을 임명·해임하는 뜻을 적어 본인에게 주는 문서. =사령서(辭令書). 준사령.

사령-탑(司令塔) 图 **1** [군] 군함에서 함장이 지휘를 하기 위하여 만들어 놓은, 높은 탑 모양의 시설. **2** 작전·지시 등을 하는 중추부. ¶한국 축구의~.

사:례¹(四禮) 图 관례(冠禮)·혼례(婚禮)·상례(喪禮)·제례(祭禮)의 네 가지 의례(儀禮). 回관혼상제.

사:례²(事例) 图 어떤 일에 관하여 실제로 일어난 낱낱의 사건. ¶성공 ~ / 알기 쉽게 ~를 들어 이야기하다.

사:례³(謝禮) 图 (언행으로나 물품으로) 상대편에게 고마운 뜻을 나타내는 것. 또는, 그 인사. ¶당선~ / 얼마 안 되지만 저의 ~의 표시이니 받아 주십시오. **사:례-하다** 图团 ¶일만 잘 해결해 주시면 후히 **사례하겠습니다.**

사:례-금(謝禮金) 图 사례의 뜻으로 주는 돈.

사로-자다 图困 마음을 놓지 못하고 조마조마한 마음으로 자다. ¶밤에 잠을 **사로자**고 집 안을 가끔 돌아보아.⟨이해조:구의산⟩

사로-잠그다 图团 (자물쇠나 빗장 등을) 반쯤 걸다. ×사로채우다.

사로-잡다[-따] 图团 **1** (사람이나 동물을) 산 채로 잡다. ¶간첩을 ~ / 토끼를 ~. **2** (어떤 대상이 사람의 마음을) 강한 힘으로 끌리거나 반하게 만들다. ¶그 여자의 빼어난 미모는 뭇 남자의 마음을 **사로잡았다.** / 그 소설이 나의 마음을 **사로잡았다.**

사로잡-히다[-자피-] 图困 '사로잡다'의 피동사. ¶적에게 ~ / 공포에 ~ / 여자의 미모에 ~.

사로-채우다 图团 '사로잠그다'의 잘못.

사:록(史錄) 图 역사에 관한 기록.

사론(私論) 图 개인의 사사로운 주장이나 이론. ↔공론(公論).

사롱¹(紗籠) 图 **1** '사등롱'의 준말. **2** 현판(懸板)에 먼지가 앉지 못하도록 덮어씌우는 천.

사롱²(sarong) 图 인도네시아·말레이시아·폴리네시아·스리랑카 등지에서 남녀 구분없이 입는, 스커트와 비슷한 의상.

사뢰다[-뢰-/-뤠-] 图团 웃어른께 삼가 말씀을 드리다. ¶할아버지께 집안 형편을 ~ / **사뢰고** 싶은 말씀 많사오나 이만 줄입니다.

사:료¹(史料) 图 역사의 연구·편찬에 재료가 되는 문헌이나 유물. =사재(史材).

사료²(思料) 图 생각하여 헤아리는 것. **사료-하다** 图团 **사료-되다** 图困 ¶내일 행사에는 많은 사람들이 참여할 것으로 **사료되는** 바 철저한 사전 준비가 요망됨.

사료³(飼料) 图 가축에게 주는 먹이. 回먹이. ¶배합~.

사료^작물(飼料作物)[-짱-] 图 사료로 쓰기 위하여 재배하는 작물.

사:륙-문/4·6문(四六文)[-륭-] 图[문] =변려문.

사:륙-반:절/4·6 반절(四六半切)[-빤-] 图[인] 사륙판의 절반이 되는 인쇄물의 규격. 또는, 그런 인쇄물.

사:륙^배:판/4·6 배판(四六倍判)[-빼-] 图[인] 책 판형의 하나. 사륙판의 갑절이 되는 인쇄물의 크기.

사:륙-변려문/4·6 변려문(四六騈儷文) [-뼌-] 명 =변려문.

사:륙-전지/4·6 전지(四六全紙) [-전-] 명 [인] 인쇄용지 규격의 하나. 가로 78.8cm, 세로 109.1cm의 양지(洋紙)의 판. =사륙판.

사:륙-제/4·6제(四六制) [-쩨-] 명 ❶ 수확한 곡식의 4할을 지주에게 주고, 나머지 6할을 소작인이 차지하는 제도. ❷ 이익이나 몫을 어느 한 쪽이 4할을 가지고 다른 한 쪽이 6할을 가지기로 하는 일. ¶이익금은 ~로 나누어 갖자. ▷삼칠제.

사:륙-판/4·6판(四六判) 명 [인] ❶=사륙전지. ❷책 판형의 하나. 가로 127mm, 세로 188mm의 크기. =사륙. ▷국판.

사:륜(四輪) 명 네 개의 바퀴.

사:륜-마차(四輪馬車) 명 바퀴가 네 개 달린 마차.

사:륜-차(四輪車) 명 바퀴가 넷인 차.

사르다 통태르 <사르니, 살라> ❶불에 태워 없애다. ¶휴지를 불에 ~. ❷불을 일으켜 붙이다. 비불사르다. ¶아궁이에 불을 ~.

어벌 활을 사루어:사루어(×)→살라(○). 르 불규칙 용언으로 어간의 끝 음절 '르'가 어미 '-아/어' 앞에서 'ㄹㄹ'로 바뀜.

사르르 부 ❶얽히거나 뭉쳤던 것이 부드럽게 풀리는 모양. ¶옷고름이 ~ 풀리다. ❷얼음이나 눈 따위가 저절로 녹는 모양. ¶봄볕에 눈이 ~ 녹아 없어지다. ❸졸음이 오거나 살며시 눈을 감거나 뜨는 모양. ¶칭얼대던 아기가 젖을 물더니 어느새 ~ 잠이 들었다. ❹살며시 순하게 움직이는 모양. ¶배가 잔잔한 물 위를 ~ 미끄러지듯 나아가다. 큰스르르.

사르륵-거리다/-대다 [-꺼(때)-] 통재 (물건이) 조금씩 마찰되거나 매끄럽게 쓸리면서 가볍게 소리를 내다.

사르륵-사르륵 [-싸-] 부 사르륵거리는 소리. 사르륵사르륵-하다 재.

사리¹ 명 ① [자립] 국수·실·새끼 등을 사리어 감은 뭉치. ¶국수 ~. ② [의존] ❶ 뭉치를 세는 단위. ¶냉면 한 ~.

사리² 명 ① [자립] 윷놀이에서, '모'나 '윷'을 두루 이르는 말. ② [의존] ❶ '모'나 '윷'을 던진 횟수를 세는 단위. ¶모를 두 ~ 치다.

사리³ 명 =한사리.

사리⁴ (私利) 명 사사로운 이익. ¶~를 취하다. ↔공리(公利).

사:리⁵ (事理) 명 사물의 이치나 도리. ¶~에 닿지 않는 말 / 아직 ~를 분별할 줄 모르는 어린아이.

사리⁶ (舍利·奢利) 명 [불] ❶ 불타나 성자(聖者)의 유골. 후세에는 화장한 뒤 나오는 작은 구슬 모양의 것만 가리킴. 비불사리(佛舍利). ❷ 불타의 법신(法身)의 유적인 경전.

사리⁷ (⑥sārī) 명 인도 여성의 민속 의상. 재단한 의복이 아니고 기다란 천으로 되어 있으며, 페티코트와 짧은 윗옷을 입은 위로 허리에 감고, 나머지는 어깨에 두르거나 머리를 덮어쓰기 위해 착용함.

사리다 통태 ❶ (국수나 새끼 따위의 긴 물건을) 헝클어지지 않게 빙빙 둘러서 둥그렇게 포개어 감다. ¶국수를 ~. ❷ (뱀 따위가 몸을) 똬리처럼 감다. ¶몸뚱이를 사린 구렁이. ❸ (박아서 나온 못 끝을) 꼬부려 붙이다. ❹ (겁을 먹은 짐승이 꼬리를) 다리 사이에 구부려 끼다. ❺ (몸을) 어떠한 일에 적극적으로

로 임하지 않고 살살 피하며 아끼다. ¶제 몸만 ~. ❻ (정신을) 바싹 죄어 가다듬다. ¶마음을 사려 먹다. 큰서리다.

사리-물다 통태 <~무니, ~무오> (이를) 악물다. ¶그는 사무치는 원한으로 이를 **사리물었**다. ×사려물다.

사리-사리¹ 부 연기가 가늘게 올라가는 모양.

사리-사리² 부 ❶ (긴 물건이) 자꾸 사려진 모양. ❷ (어떠한 감정이) 복잡하게 사려져 얽힌 모양. 큰서리서리.

사리-사욕(私利私慾) 명 사사로운 이익과 욕심. ¶~을 채우다 / ~에 눈이 어두운 비위 공직자.

사리-살짝 남이 모르는 사이에 아주 재빠르게. 큰스리슬쩍.

사리-탑(舍利塔) 명 [불] 부처의 사리를 모셔 둔 탑.

사리-풀 [식] 가짓과의 한해살이풀 또는 두해살이풀. 6~7월에 황색 꽃이 핌. 잎과 종자에 강한 독이 있어 마취 약제로 쓰임.

사:림(士林) 명 =유림(儒林).

사:림-파(士林派) 명 [역] 조선 세조 때 갈리기 시작한 유림(儒林)의 한 파. 훈구파를 비판하여 성리학의 원리로써 나라를 다스리기를 주장했음. ▷훈구파.

사립¹ '사립문'의 준말.

사립² (私立) 명 개인 또는 사법인이 공익의 사업 기관을 세워서 운영하는 일. 또는, 그 기관. ¶~학교. ▷공립·관립·국립.

사립-대학(私立大學) [-때-] 명 개인 또는 사법인이 설립하여 경영하는 대학. ▷국립.

사립-문(-門) [-립-] 명 나뭇가지로 엮어 만든 문. 오늘날, 이런 문은 사라져 가고 있어, 시골에서도 보기 어려움. =시비(柴扉). 준사립. ×싸리문.

사립-학교(私立學校) [-리팍꾜] 명 개인 또는 사법인이 설립하여 경영하는 학교. ▷공립학교·국립 학교.

사:마(駟馬) 명 하나의 수레를 끄는 네 필의 말. 또는, 네 필의 말이 끄는 마차.

사:마귀¹ 명 [의] 피부 위에 일알같이 하게 도도록히 돋은 군살. =흑자(黑子). ¶~가 나다.

사:마귀² 명 [동] 메뚜기목 사마귓과의 곤충. 몸이 크고 황갈색 또는 녹색임. 앞다리가 낫처럼 구부러져 먹이를 잡아먹기에 편리함. =당랑(螳螂)·버마재비·오줌싸개.

사마륨(samarium) 명 [화] 희토류 원소의 하나. 원소 기호 Sm, 원자 번호 62, 원자량 150.36. 회색의 고체 금속. 코발트와의 화합물은 영구 자석으로 이용됨.

사마-시(司馬試) 명 [역] =생원진사시. 준사마(司馬).

사막(沙漠·砂漠) 명 [지] 열대·온대의 대륙에서 연 강수량 200mm 이하의 건조 지대에 생기는 황야.

사막^기후(沙漠氣候) [-끼-] 명 [지] 주로 아열대에서 온대에 걸친 지역에서 볼 수 있는 건조 기후. 강수량이 매우 적고 일사량이 많아 식물이 거의 자라지 못함.

사:망(死亡) 명 (사람이) 죽는 것. 타인의 죽음에 대해 특별히 높이거나 낮추는 뜻이 없이 가장 일반적으로 쓰이는 말임. ↔출생.

사:망-하다 자여 ¶교통사고로 버스 승객 중 3명이 **사망했**다.

사:망-률(死亡率) [-뉼] 명 ❶ 어느 특정 인구에 대한 일정 기간의 사망자 수의 비율. ❷ 병

에 걸린 사람에 대한 사망자의 비율.

사ː망^보ː험(死亡保險) [명][경] 생명 보험의 하나. 피보험자가 사망하였을 때에 보험금이 지급되는 보험.

사ː망^신고(死亡申告) [명] 사람이 죽었을 때 진단서 등을 첨부하여 그 사실을 관청에 알리는 일. ↔출생 신고.

사ː망^신고서(死亡申告書) [명] 사망 신고를 할 때 관청에 제출하는 서류. ↔출생 신고서.

사ː망-자(死亡者) [명] 사망한 사람.

사ː망^진ː단서(死亡診斷書) [명][법] 사망을 증명하는 의사의 진단서. 사망 신고를 할 때 첨부해야 함.

사-매(私—) [명] 권세 있는 자가 백성을 사사로이 때리는 매. ▷린치·사형(私刑).

사매-질(私—) [명] 권세 있는 자가 백성을 사사로이 때리는 짓. **사매질-하다** [동][타][여]

사ː맥[1](事脈) [명] 일의 내력과 갈피.

사맥[2](絲脈) [명] 옛날에, 남자 의사가 지체 높은 부인의 손목에 실을 매어 따로 떨어진 곳에서 그 실을 통해 보던 맥.

사ː-맹삭(四孟朔) [명] 춘하추동의 각 첫 달. 곧, 음력의 정월·4월·7월·10월. =사맹·사맹월.

사ː면[1](四面) [명] **1** 전후좌우의 둘레. ¶~이 벽으로 막히다. **2** 네 면.

사ː면[2](赦免) [명][법] 죄를 용서하여 형벌을 면제하는 것. =사(赦). ¶~ 조치 / 특별 ~. **사ː면-하다** [동][타][여] **사ː면-되다** [동][자]

사면[3](斜面) [명] **1** 수평면에 대하여, 경사진 평면이나 지면(地面). ¶급~. **2** [수] '빗면'의 구용어.

사ː면-장(赦免狀) [—짱] [명] 죄를 사면한다는 뜻을 적은 서장(書狀). [준]면장.

사ː면-체(四面體) [명][수] 면의 수가 넷인 다면체. 각 면은 모두 삼각형임. [비]삼각뿔.

사ː면-초가(四面楚歌) [명] 〔초(楚)나라의 항우가, 사면을 포위한 한(漢)나라 군사 쪽에서 들려오는 초(楚)의 노래를 듣고, 초나라 군사가 이미 항복한 줄 알고 놀랐다는 고사에서〕 사면이 모두 적에게 포위되거나, 누구의 지지나 도움도 받을 수 없어 고립된 상태를 이르는 말.

사ː면-팔방(四面八方) [명] 모든 방면. [비]사방팔방.

사ː멸(死滅) [명] 죽어 없어지는 것. **사ː멸-하다** [동][자][여] **사ː멸-되다** [동][자] ¶지구 상에서 사멸된 동물.

사명[1](社名) [명] 회사의 이름.

사ː명[2](使命) [명] **1** 마땅히 해야 할 일로서 맡겨진 일. [비]임무. ¶~을 띠다. **2** 사신으로서 받은 명령.

사명[3](詞命·辭命) [명] **1** 임금의 말 또는 명령. **2** 사신이 명을 받들어 외교 무대에서 하는 말.

사ː명-감(使命感) [명] 주어진 임무를 책임 있게 수행하려는 의지나 마음가짐.

사ː-명일(四名日) [명] 우리나라의 사대 명일. 곧, 설·단오·추석·동지. =사명절.

사모[1](私募) [명][경] 불특정 다수의 대중을 대상으로 하지 않고, 특정 소수의 투자가, 곧 기관 투자가나 특정 개인을 상대로 행하는 증권 모집. ↔공모(公募).

사모[2](思慕) [명] **1** (이성의 상대를) 마음속으로 은근히 또는 애틋하게 생각하고 그리워하는 것. ¶~의 정을 누르지 못하다. **2** (어떤 대상을) 우러러 받들고 따르는 것. **사모-하다** [동][타][여] ¶선생님을 마음속으로 ~.

사모[3](師母) [명] **1** 목사(牧師)의 아내. **2** →사모님.

사ː모[4](紗帽) [명] 조선 시대, 문무관이 평상복에 착용하던 모자. 검은 사(紗)로 만들며, 뒤에 뿔이 2개 있음. 지금은 흔히 전통 혼례식 때 신랑이 씀.

[**사모에 갓끈이라**] 제격에 어울리지 않다.

사모-곡(思母曲) [명][문] 작자·연대 미상의 고려 가요의 하나. 아버지보다 어머니의 사랑이 더 크고 지극함을 노래하였음.

사ː모-관대(紗帽冠帶) [명] 사모와 관대. **사ː모관대-하다** [동][자][여] 사모와 관대를 갖추어 격식 있게 예장을 차리다.

사모-님(師母—) [명] **1** 남자 선생님의 아내를 높여서 부르거나 이르는 말. **2** 남의 아내 또는 윗사람의 아내를 높여서 부르거나 이르는 말. 또는, 기혼 여자를 높여서 부르거나 이르는 말. **3** 목사의 아내를 높여서 부르거나 이르는 말.

사모바르([러]samovar) [명] 러시아 전래의 특유한 주전자. 중앙에 상하로 통하는 관이 있어 그 속에 숯불을 넣고 물을 끓임.

사모아(Samoa) [명][지] 남태평양 사모아 제도의 주요부를 차지하는 나라. 수도는 아피아.

사모예드^족(Samoyed族) [명] 우랄 어족에 속하는 사모예드 어를 쓰는, 몽골계 여러 민족의 총칭. 시베리아 북서부에 삶.

사무[1](私務) [명] 사사로운 개인의 일. ↔공무.

사무[2](社務) [명] 회사의 사무(事務).

사ː무[3](事務) [명] 회사나 관공서 등에서, 문서를 정리하거나 다루는 일. 좁은 뜻으로는, 조직체에서 경영상의 의사 결정에 필요한 여러 가지 자료나 정보를 처리하기 위해 행하는, 서류의 작성 및 정리, 계산, 통신 연락 등의 활동을 가리킴. ¶행정 ~ / ~를 보다 / ~에 바쁘다 / ~를 인계하다. ▷업무.

사ː무-관(事務官) [명] 국가 공무원의 직급의 하나. 주사(主事)의 위, 서기관의 아래로 5급임.

사ː무-국(事務局) [명] 조직·단체 등에서 운영상의 여러 사무를 담당하는 부국(部局).

사ː무-기기(事務機器) [명] 사무의 합리화와 능률 향상을 위해 쓰는 기계. 타자기·복사기·계산기 따위.

사무라이([일]侍/さむらい) [명] 일본 봉건 시대의 무사.

사ː무-소(事務所) [명] 사무를 보는 곳. ¶법률 ~.

사ː무-실(事務室) [명] 사무를 보는 방.

사무엘-기(Samuel記) [명][성] 구약 성서 중의 하나. 상·하 두 권으로 되어 있음.

사ː무-용(事務用) [명] 사무를 보는 데 쓰이는 상태. 또는, 그런 목적의 대상. ¶~ 필기도구 / 책상과 의자를 ~으로 들여오다.

사ː무-원(事務員) [명] =사무직원.

사ː무^자동화(事務自動化) [명] 문서나 정보의 작성·보관·전달 등 사무실에서의 작업을 개인용 컴퓨터·워드 프로세서·팩시밀리 등의 기기를 활용하여 자동화하는 일. =오에이(OA).

사ː무-장(事務長) [명] 사무원을 지휘하고 그 사무를 책임지고 관리하는 직위. 또는, 그 직위에 있는 사람.

사ː무-적(事務的) [관][명] **1** 사무에 관한 (것). ¶~인 일. **2** 무슨 일을 하는 데 진심이나 성의가 없이 기계적이고 형식적인 (것). ¶~

인 말투 / ~으로 대하다.
사:무-직(事務職) [명] 사무실에서 사무를 보는 직책이나 직업. ▷생산직.
사:무-직원(事務職員) [명] 관청이나 회사 등에서, 일반 사무를 맡아보는 직원. =사무원(事務員).
사:무-총장(事務總長) [명] 사무국의 일을 지휘·총괄하는 사람. ¶유엔 ~.
사무치다 [동][자] **1** (어떤 감정이나 생각이 마음속에) 쉬이 떨칠 수 없을 만큼 깊이 강렬하게 느껴지다. ¶뼈에 **사무치는** 원한. **2** (병이나 추위, 아픔 등이 몸에) 깊은 곳까지 이르러 미치다. ¶병이 골수에 ~.
사:문[1](死文) [명] **1** 조문은 있으나 아무런 효력도 갖지 않는 법령이나 규칙. **2** 내용이 충실하지 않은 문장.
사문[2](沙門) [명][불] 선(善)을 권하고 악(惡)을 그친다는 뜻으로, 불문(佛門)에 들어 도를 닦는 사람, 곧 출가(出家)한 승려를 이르는 말.
사문[3](査問) [명] 조사하여 신문하는 것. **사문-하다** [동][타][여]
사문[4](師門) [명] **1** 스승의 집. **2** 스승의 문하.
사문-난적(斯文亂賊) [명] 유교, 특히 성리학에서, 교리를 어지럽히고 사상에 어긋나는 언행을 하는 사람.
사-문서(私文書) [명][법] 사인(私人)이 권리나 의무, 또는 사실 증명에 관하여 작성한 문서. ↔공문서.
사문-석(蛇紋石) [명][광] 마그네슘을 함유하는 함수 규산염으로 된 광물. 엽편상 또는 미세한 섬유상의 결정체이며, 석재나 석면을 만드는 데 쓰임.
사문-암(蛇紋巖·蛇紋岩) [명][광] 사문석을 주성분으로 하는, 녹색의 암석. 장식용 석재로 쓰임.
사문-직(斜紋織) [명] 무늬를 비스듬하게 짠 옷감.
사:문-화(死文化) [명] 법령이나 규칙 등이 실제적인 효력을 잃어버리는 것. **사:문화-하다** [동][자][타][여] **사:문화-되다** [동][자] ¶**사문화된** 조항.
사:물[1](四勿) [명] 공자가 안회(顔回)에게 가르친 것으로, 예(禮)가 아니면 보지 말며, 듣지 말며, 말하지 말며, 행하지 말라는 네 가지의 가르침.
사:물[2](四物) [명] **1** [불] 법고(法鼓)·운판(雲板)·목어(木魚)·대종(大鐘)의 총칭. **2** 농촌에서 마을 공동으로 쓰이는 네 가지 악기. 즉, 꽹과리·징·북·장구의 총칭임.
사:물[3](死物) [명] **1** 죽은 생물. ↔활물(活物). **2** 고장이 났거나 처박혀 있거나 돌보지 않아서 실제로 활용하거나 활동하지 못하는 것.
사물[4](私物) [명] 직장이나 학교, 기타 공동생활 공간 등에서, 개인이 사사로이 소유하는 물건을 구별하여 이르는 말. [비]사유물. ↔관물(官物).
사:물[5](事物) [명] **1** 세계에 객관적으로 존재하는 일체의 물체와 현상. ¶그는 ~을 보는 눈이 예리하다. **2** [법] 사건과 그 목적물.
사:물^기생(死物寄生) [명][식] =부생(腐生). ↔활물 기생.
사:물-놀이(四物-) [-롤-] [명][음] 4~6명의 사람이 꽹과리·징·장구·북의 네 가지 타악기를 가지고 연주하는 일. 또는, 그 연주 음악. 1970년대 후반에 동명의 연주단이 만들어진 뒤 본격적으로 시작됨. ▷농악.
사:물-탕(四物湯) [명][한] 아이들과 여자의 보혈(補血)을 위한 탕약의 하나. 숙지황·백작약·천궁·당귀를 달여서 만듦.
사물-함(私物函) [명] 직장이나 학교 등에서, 개인 소유의 물건을 넣어 두는 함.
사뭇[-묻] [부] **1** 심하게 마구. ¶두려움에 사로잡혀 그의 온몸이 ~ 떨리고 있었다. **2** 내내 끝까지. 또는, 줄곧 한결같이. 어떤 행동이나 상태가 달라지거나 중단되지 않고 계속됨을 나타내는 말임. ¶한 달 동안 ~ 바빴다. **3** 마음에 사무치도록 아주. ¶생각지도 않게 큰 상을 받게 되어 ~ 기쁘다. **4** 아주 딴판으로. ¶예상과는 ~ 다르다.
사미(沙彌) [명][불] 출가해서 오계와 십계를 지키고 있지만 아직 구족계를 받지 않은 남자 수행자. 행자 다음의 단계로, 구족계를 받으면 비구가 됨.
사미-니(沙彌尼) [명][불] 출가해서 오계와 십계를 지키고 있지만 아직 구족계를 받지 않은 여자 수행자. 행자 다음의 단계로, 구족계를 받으면 비구니가 됨.
사미-승(沙彌僧) [명][불] '사미'를 예비 승려로서 이르는 말.
사미인-곡(思美人曲) [명][문] 조선 선조 때 송강(松江) 정철(鄭澈)이 지은 가사. 조정에서 물러나 임금을 그리는 정을 간곡하게 읊은 것임.
사민(私民) [명] 옛날에, 귀족에게 매여 그 통제를 받던 백성. ▷공민·자유민.
사바(娑婆) [명] [<[범]sabhā] **1** [불] 중생이 살고 있는 이 세계. =사바세계·속세계·인간계. **2** 군대·감옥·유곽 등에서, 바깥의 자유로운 세계를 속되게 이르는 말.
사바나(savanna) [명][지] 열대·아열대 지방에서 볼 수 있는 건조한 초원. 건계(乾季)와 우계(雨季)가 뚜렷하며, 키가 큰 식물이 밀생함. =열대 초원.
사바나^기후(savanna氣候) [명][지] 열대 기후의 하나. 우계(雨季)와 건계(乾季)가 분명하며, 보통 열대 우림 기후와 스텝 기후에 끼여 분포함.
사바-사바([일]さばさば) [명]〈속〉 아첨하여 특혜를 받거나 뒷거래를 통해 일을 꾸미는 것. **사바사바-하다** [동][타][여]
사바-세계(娑婆世界) [-계/-게] [명][불] =사바(娑婆)**1**.
사박-거리다/-대다 [-꺼(때)-] [동][자][타] **1** 배·사과 등을 씹는 것과 같은 소리가 자꾸 나다. 또는, 그런 소리를 자꾸 내다. **2** 눈 위나 모래밭을 걷는 것 같은 소리가 자꾸 나다. 또는, 그런 소리를 자꾸 내다. [큰]서벅거리다.
사박-사박 [-싸-] [부] 사박거리는 소리. ¶눈 위를 ~ 걸어오다. [큰]서벅서벅. **사박사박-하다** [형][여]
사박-스럽다 [-쓰-따] [형][ㅂ] 〈~스러우니, ~스러워〉 (성질이) 독살스럽고 야멸치다. ¶눈을 **사박스럽게** 홉뜨고 마구 대들다. **사박스레** [부]
사:-박자(四拍子) [-짜] [명][음] 악곡의 한 마디가 네 박자로 된 것.
사:반-기(四半期) [명] =사분기(四分期).
사:반-세기(四半世紀) [명] 1세기의 4분의 1. 곧, 25년.
사발(沙鉢) [명] [1][자립] 밥이나 국을 담는 데 쓰이는, 사기로 만든 그릇. 아래는 좁고 위는 넓게 벌어졌으며 굽이 달림. 세는 단위는 개

ㅅ

사발-농사(沙鉢農事)[-롱-] 명 [사발로 짓는 농사라는 뜻] 밥을 빌어먹는 일. 비유적인 말. **사발농사-하다** 동(자여)

사발-면(沙鉢麵) 명 사발 모양의 일회용 용기 속에 든 라면. 또는, 그 용기에 뜨거운 물을 부어 즉석에서 익힌 라면. ¶컵라면.

사발-색(沙鉢-) 명 [광] 감돌·감흙·복대기 등을 사발에 넣고 물에 일어 금의 있고 없음을 시험하는 일. =사발 시금. ¶~을 보다.

사발-시계(沙鉢時計)[-계/-게] 명 사발 모양의 둥근 탁상시계.

사발-통문(沙鉢通文) 명 [역] 호소문이나 격문 등을 쓸 때, 누가 주모자인지 알지 못하게 하기 위하여 필두(筆頭)가 없이 관계자의 이름을 사발 모양으로 뻥 둘러 가며 적은 통문.

사:발허통 명 주위가 막힌 곳이 없이 훵하게 터져 매우 허전함. ¶덕돌이가 왜포 다섯 자를 바꿔 오거든 첫대 ~ 된 속곳부터 해 입히고 차차 할 수밖에 없다.《김유정:산골 나그네》 원 사발허통(四八虛通). **사:발허통-하다** 형여

사:방¹(巳方) 명 24방위의 하나. 정남(正南)으로부터 동으로 30도의 방위를 중심으로 한 15도 안. 준사(巳).

사:방²(四方) 명 1 네 방위. 곧, 동·서·남·북의 총칭. 비사방위. 2 여러 곳. 비둘레·주위. ¶~을 둘러보다. 3 =네모.

사방³(沙防·砂防) 명 [건] 산·강가·바닷가 등에서 흙이나 모래가 떠내려가거나 무너져 내리는 것을 막기 위해 나무를 심거나 둑을 쌓거나 하는 일. ¶~ 공사.

사방^댐(沙防dam) 하천에 흙이나 모래가 흘러내리지 못하도록 상류에 만든 댐. 산사태·홍수 등을 방지함.

사:방-등(四方燈) 명 육면체의 나무틀에 유리를 끼우거나 종이 또는 고운 깁을 바르고 그 안에 초나 등잔을 넣어 기둥이나 벽에 거는 등.

사방-림(沙防林)[-님] 명 산이나 바닷가의 흙·모래 등이 비에 떠내려가는 것을 막기 위한 숲.

사:-방위(四方位) 명 네 방위. 곧, 동·서·남·북. 비사방(四方).

사방^정계(斜方晶系)[-계/-게] 명 [광] 결정계(結晶系)의 하나. 길이가 다른 세 결정축이 서로 직각으로 만나는 결정계.

사:방-제기(四方-) 명 네 사람이 사방으로 벌여 서서 제기를 서로 발로 주고받으며 차는 놀이. ¶종로제기.

사:방-치기(四方-) 명 어린이 놀이의 하나. 땅바닥에 네모나 동그라미로 된 칸을 여러 개 그려 놓고, 그 안에서 납작한 돌을 한 발로 차서 차례로 다음 칸으로 옮겨 가서, 정해진 칸에 가서는 그 돌을 발등에 올려놓고 공중으로 띄워 받아 돌아오는 놀이.

사:방-침(四方枕) 명 팔꿈치를 괴고 비스듬히 기대앉게 된, 네모난 물건.

사:방-탁자(四方卓子)[-짜] 명 선반이 너덧 층 있는, 네모난 탁자.

사:방-팔방(四方八方) 명 모든 방향이나 방면. 비사면팔방. ¶~으로 수소문하다.

사:방-형(四方形) 명 [수] =사각형.

사:배¹(四拜) 명 네 번 절하는 것. **사:배-하다** 동(자여)

사:배²(賜杯) 명 1 임금이 신하에게 술잔을 내리는 일. 또는, 그 술잔. 2 국가 원수가 경기의 승자에게 내리는 우승배.

사:배-체(四倍體) 명 [생] 배우자의 염색체 수가 기본 수의 4배인 세포 또는 개체. 보통의 식물체에 콜히친 처리를 함으로써 얻어짐.

사:백¹(舍伯) 명 남에게 자기의 맏형을 이르는 말. 비사형(家伯).

사:백²(詞伯) 명 시문(詩文)에 능한 사람 또는 문사(文士)를 높여 이르는 말.

사:범¹(事犯) 명 [법] (주로, 일부 명사 다음에 쓰여) 그 명사가 나타내는 영역에 대한 범죄이거나, 그런 죄를 범한 사람임을 나타내는 말. ¶정치 ~ / 경제 ~.

사범²(師範) 명 1 유도·검도·태권도·바둑·꽃꽂이 등의 무술이나 기예 등을 가르치는 자격을 가진 사람. ¶태권도 ~. 2 학덕의 모범이 되는 스승. 3 제한된 문맥에서, '사범학교'를 줄여 이르는 말. ¶경성 ~.

사범^대:학(師範大學) 명 [교] 사범 교육을 실시하는 단과 대학. 준사대.

사범-학교(師範學校)[-꾜] 명 [교] 지난날, 초등학교 교사를 양성하던 교육 기관. 현재는 '교육 대학'으로 개편됨.

사법¹(司法) 명 [법] 삼권(三權)의 하나. 분쟁 해결을 위해서 법을 적용하여 그 적법성과 위법성 또는 권리관계를 확정·선언하는 행위. ▷입법·행정.

사법²(死法) 명 [법] 실제로 적용되지 않는 법률. 곧, 효력을 잃은 법률. ↔활법.

사법³(私法)[-뻡] 명 [법] 개인 사이의 권리·의무 관계 등 사적 생활상의 법률 관계를 규정한 법. 민법·상법 따위. =민사법. ↔공법(公法).

사법-관(司法官)[-꽌] 명 [법] 사법권의 행사에 관여하는 공무원. 법관을 이르며, 때로는 검찰관까지도 이름.

사법-권(司法權)[-꿘] 명 [법] 사법 작용을 행하는 국가 통치권의 하나. 법원이 이를 행함. ▷입법권·행정권.

사법^기관(司法機關)[-끼-] 명 [법] 국가의 법을 판단하고 적용하는 기관. ▷입법 기관·행정 기관.

사법-부(司法府)[-뿌] 명 [법] 삼권 분립에 의한 국가 통치 기구의 하나. 소송 절차에 따라 사법권을 행사하는 '법원'을 가리킴. ▷입법부·행정부.

사법^서사(司法書士)[-써-] 명 '법무사(法務士)'의 구칭.

사법^시험(司法試驗)[-씨-] 명 판사·검사·변호사·군 법무관이 되려는 사람의 학식·능력을 검정하는 국가시험. 준사시(司試). ▷고등 고시.

사-법인(私法人) 명 [법] 사법(私法)의 적용을 받는 법인. 내부 조직에 따라 사단 법인·재단 법인으로, 목적에 따라 영리 법인·공익 법인으로 나뉨. ↔공법인(公法人).

사법^재판(司法裁判)[-째-] 명 [법] 민사 및 형사 재판의 총칭. ▷행정 재판.

사법^처:분(司法處分) 명 [법] 사법 관청이 내리는 처분. ▷행정 처분.

사:변¹(四邊) 명 1 사방의 변두리. 2 주위 또는 근처. 비사위(四圍). 3 [수] 네 개의 변.

사:변²(事變) 명 1 천재(天災)나 그 밖의 큰 변고. 2 전쟁까지는 이르지 않았으나 경찰의 힘으로는 막을 수 없어 병력을 사용하게 되

는 난리. ¶~이 나다. **3** 선전 포고도 없이 무력을 쓰는 일. ¶6·25 ~ / 만주 ~.

사변³(思辨) [명] **1** 잘 생각하여 사물의 도리를 분별하는 일. **2** [철] 실천이나 경험을 개재시키지 않고, 순수한 사고·이성만으로 사물의 진상에 도달하려고 하는 일. **사변-하다** [동][자][여]

사변-적(思辨的) [관][명] 경험이나 실천을 바탕으로 하지 않고 오로지 이론이나 사유에 의한 상태인 (것).

사변^철학(思辨哲學) [명][철] 사변을 인식의 근거·방법으로 하는 철학. ↔경험 철학.

사ː변-형(四邊形) [명][수] =사각형(四角形).

사ː별(死別) [명] (배우자·부모·자식 등의 가족과) 그 사람이 죽음으로써 이별하는 것. ↔생별(生別). **사ː별-하다** [동][자][타][여] ¶아내와 ~ / 그는 어려서 부모를 **사별했다**.

사ː병¹(士兵) [명][군] 부사관의 아래 계급에 속하는 군인을 이르는 말. 곧, 이병·일병·상병·병장의 계급을 가진 군인. 예전에는 부사관도 포함하였으나 지금은 그 아래 계급만을 가리킴.

사병²(私兵) [명] 개인이 세력을 펴기 위하여 사사로이 양성·유지하고 있는 병사. ▷관군.

사ː보¹(四寶) [명] ['네 가지 보배' 라는 뜻] 붓·먹·종이·벼루를 일컫는 말. [비]문방사우.

사보²(私報) [명] **1** 개인적으로 알리는 것. **2** 사사로운 전보(電報). ↔공보(公報).

사보³(社報) [명] 기업에서 그 회사의 직원이나 그 회사 제품을 구매하는 소비자를 대상으로 하여 발행하는, 잡지나 신문 형태의 간행물. '사내보', '사외보' 로 구분하기도 함.

사보타주([프]sabotage) [명] =태업1. **사보타주-하다** [동][자][여]

사보텐(←[에]sapoten) [명][식] '선인장' 으로 순화.

사복¹(私服) [명] 학생·군인·경찰 등에게 있어서, 교복이나 제복이 아닌 평상복. ¶~ 차림 / ~ 경찰. ▷공복(公服)·관복(官服). **사복-하다** [동][자][여] 사복을 입다.

사복²(私腹) [명] 사사로운 이익이나 욕심. ¶~을 채우다.

사복-개천(司僕-川) [-깨-] [명] [사복시의 개천이 말똥 따위로 매우 더러웠던 데서] 거리낌 없이 상말을 마구 하는, 입이 더러운 사람을 낮추어 일컫는 말.

사복-시(司僕寺) [-씨] [명][역] 고려·조선 시대, 궁중의 말과 가마에 관한 일을 맡아보던 관청. [준]사복.

사복-형사(私服刑事) [-보켱-] [명] 범죄 수사나 잠복, 미행 등을 위하여 사복을 입고 근무하는 경찰관.

사ː본¹(事本) [명] 일의 근본.

사본²(寫本) [명] 원본을 그대로 베끼거나 기계로 복사하여 만든 책이나 서류. 또는, 그렇게 만드는 것. ¶주민 등록증 ~. ↔원본(原本). **사본-하다** [동][타][여]

사ː부¹(四部) [명] **1** 넷으로 나눈 것. **2** [음] '사부 합창' 의 준말. **3** [음] '사부 합주' 의 준말.

사부²(師夫) [명] 여선생님의 남편을 높여서 부르거나 이르는 말. 일반적으로, 접미사 '-님' 을 붙여서 높임말로 씀.

사부³(師父) [명] 아버지처럼 우러러 받드는 스승. 일반적으로, 접미사 '-님' 을 붙여서 '스승' 의 높임말로 씀.

사부랑-거리다/-대다 [동][자][타] 주책없이 실없는 말을 함부로 지껄이다. [큰]시부렁거리다. [센]싸부랑거리다.

사부랑-사부랑¹ [부] 사부랑거리는 소리. 또는, 그 모양. [큰]시부렁시부렁. [센]싸부랑싸부랑. **사부랑사부랑-하다**¹ [동][자][타][여]

사부랑-사부랑² [부] 여럿이 다 사부랑한 모양. [큰]서부렁서부렁. **사부랑사부랑-하다**² [형][여]

사부랑-삽작[-짝] [부] 쉽게 살짝 뛰어 건너거나 올라서는 모양. [큰]서부렁섭적.

사부랑-하다 [형][여] (묶거나 쌓은 물건이) 꼭 다붙지 않고 느슨하다. [큰]서부렁하다.

사-부인(査夫人) [명] '안사돈' 의 높임말.

사부자기 [부] 그리 힘들이지 않고 가볍게. ¶그는 몸을 날려 높은 담을 ~ 뛰어넘었다. [큰]시부저기.

사부작-사부작[-싸-] [부] 연달아 사부자기 행동하는 모양. [큰]시부적시부적. **사부작사부작-하다** [동][자][여]

사ː-부주 [명] 규격이나 격식을 갖추는 각 조건. ¶~가 꼭 짜이다.

사ː부^합주(四部合奏) [-쭈] [명][음] 소리의 높고 낮음을 조화시키기 위하여 네 가지의 악기로 하는 합주. 한 성부의 악기가 둘 이상인 점이 사중주와 다름. [준]사부.

사ː부^합창(四部合唱) [명][음] 네 개의 성부(聲部)에 의한 합창. 한 성부에 두 사람 이상인 점이 사중창과 다름. [준]사부.

사북 [명] **1** 부챗살·가위다리의 교차된 부분에 박는, 못과 같은 물건. **2** 문고리나 배목을 박는 데에 튼튼하고 보기 좋게 하기 위해 양쪽에 끼워 넣는 쇠붙이 조각. **3** '가장 중요한 곳' 의 비유.

사ː분(四分) [명] 네 부분으로 나누는 것. **사ː분-하다**¹ [동][타][여] **사ː분-되다** [동][자]

사분-거리다/-대다 [동][자] **1** 슬쩍슬쩍 우스운 소리를 하면서 끈기 있게 조르다. **2** 가만가만 가볍게 움직이거나 지껄이다.

사ː분-기(四分期) [명] 한 기간, 특히 1회계 연도를 4등분한 기간. 순서에 따라 일사분기·이사분기·삼사분기·사사분기로 부름. =사반기.

사ː분-면(四分面) [명][수] **1** 원의 4분의 1. **2** 한 평면을 직교하는 두 직선으로 나눈 네 부분 중의 하나. 구용어는 상한(象限).

사분-사분 [부] 사분거리는 모양. **사분사분-하다**¹ [동][자][여]

사분사분-하다² [형][여] (성질이나 마음이) 부드럽고 상냥하다. ¶**사분사분한** 말씨. [큰]서분서분하다.

사ː분-쉼표(四分-標) [명][음] 온쉼표의 1/4의 길이를 가지는 쉼표. 기호는 '𝄽'.

사ː분-오열(四分五裂) [명] 여러 갈래로 찢어지거나 흩어짐. **사ː분오열-하다** [동][자][여] ¶국론이 ~. **사ː분오열-되다** [동][자]

사ː분-원(四分圓) [명][수] 한 개의 원을 직교하는 두 지름으로 나눈 네 부분의 하나.

사ː분-음(四分音) [명][음] 반음(半音)을 이등분한 음.

사ː분-음표(四分音標) [명][음] 온음표의 1/4의 길이를 가지는 음표. 기호는 '♩'.

사분-하다² [형][여] 조금 사부랑하다. [큰]서분하다. **사분-히** [부]

사붓[-붇] [부] 발을 가볍게 얼른 내디디는 소리. 또는, 그 모양. [큰]서붓. [센]사뿟. [거]사풋.

사붓-사붓[-붇싸붇] [부] 가볍고 부드럽게 걷는 소리. 또는, 그 모양. [큰]서붓서붓. [센]사뿟사뿟. [거]사풋사풋.

사붓-이 튀 걸음걸이나 동작을 매우 가볍고 부드럽게. ¶∼ 절을 하다. 큰서붓이. 쎈사뿟이. 거사풋이.

사브르(sabre) 똉[체] 1 펜싱 경기의 한 종목. 베는 것을 주로 하되, 찌르기를 병용하는 것이 특징임. 2 1에서 쓰는 검. 길이 105cm, 무게 500g 이하.

사블레(sablé) 똉 프랑스 과자의 한 가지. 쿠키·비스킷 따위.

사비(私費) 똉 1 개인이 부담하는 비용. 凹자비(自費). ¶∼로 유학하다. ↔공비(公費). 2 개인이 사사로이 쓰는 비용.

사비-생(私費生) 똉 자기 개인의 돈으로 공부하는 학생. ▷관비생.

사:비-성(泗沘城) 똉[역] 성왕(聖王)이 국호를 남부여로 개칭하면서 웅진(熊津)에서 천도한 백제의 수도. 지금의 충남 부여임.

사빈(沙濱·砂濱) 똉[지] 모래가 깔려 있는 바닷가의 땅. =사빈 해안.

사뿐 튀 소리가 나지 않을 정도로 발을 가볍고 조심스럽게 내디디는 모양. 큰서뿐. 거사푼. **사뿐-히**¹ 튀 ¶가시는 걸음걸음 놓인 그 꽃을 ∼ 즈려밟고 가시옵소서.《김소월:진달래꽃》

사뿐-사뿐 튀 소리가 나지 않을 정도로 자꾸 가볍게 걷는 모양. 큰서뿐서뿐. 거사푼사푼.

사뿐-하다 혱 몸과 마음이 가볍고 시원하다. **사뿐-히**² 튀

사뿟[−뿓] 튀 '사붓'의 센말. 큰서뿟. 거사풋.

사뿟-사뿟[−뿓싸뿓] 튀 '사붓사붓'의 센말. 큰서뿟서뿟. 거사풋사풋.

사뿟-이 튀 '사붓이'의 센말. 큰서뿟이. 거사풋이.

사:사¹(私事) 똉 개인적인 일. 凹사삿일. ↔공사(公事).

사:사²(師事) 똉 (어떤 사람을) 스승으로 섬겨 가르침을 받는 것. 또는, (어떤 사람에게 무엇을) 스승으로 섬기면서 배우는 것. **사:사-하다** 甚 ¶이날치는 박유전을 **사사하**여 판소리 서편제의 법제를 계승하였다. / 소월(素月)은 안서(岸曙) 김억에게 시(詩)를 **사사하**였다.

혼동어 사사 / 사숙
'**사사**'가 직접 스승을 섬기며 그 밑에서 배우는 것이라면, '**사숙**(私淑)'은 뛰어난 사람의 작품이나 책을 통해 간접적으로 배우는 것을 가리킴.

사:사³(賜死) 똉[역] (죽일 죄인을 임금이 대우하여) 독약을 내려 스스로 죽게 하는 일. **사:사-하다**² 困回 **사:사-되다** 困

사:사건건(事事件件) [−껀껀−] Ⅰ 똉 모든 일. 또는, 온갖 사건. =건건사사. Ⅱ 튀 일마다. =건건사사·사사건건이. ¶∼ 시비를 걸다.

사:사건건-이(事事件件−) [−껀껀−] 튀 =사사건건Ⅱ.

사:사-기(士師記) 똉[성] 구약 성서 중의 한 권.

사사-롭다(私私−) [−따−] 혱ㅂ <∼로우니, ∼로워> (어떤 일이) 공적(公的)인 관계에 있지 않고 사적(私的)인 성질을 띠고 있다. ¶공무(公務)를 처리함에 있어 **사사로운** 정분에 얽매이지 않고 공정을 기하다. **사사로-이** 튀

사:-사분기/4/4분기(四四分期) 똉 일 년을 넷으로 나눈 넷째 기간. 곧, 10·11·12월의 석 달 동안을 말함.

사사-스럽다(邪邪−) [−따−] 혱ㅂ <∼스러우니, ∼스러워> 떳떳하지 못하고 나쁘다. **사사스레** 튀

사:사-오입(四捨五入) 똉[수] '반올림'의 구용. **사:사오입-하다** 困

사:사-조/4·4조(四四調) [−쪼] 똉[문] 음수율의 하나. 4음절짜리가 둘씩 짝을 이뤄 거듭되는 율조.

사:산¹(四山) 똉 사면에 둘려 있는 산들.

사:산²(死産) 똉[의] 죽은 태아를 낳는 것. 특히, 임신 4개월 이후의 경우를 가리킴. **사:산-하다** 甚 **사:산-되다** 困

사:산-분주(四散奔走) 똉 사방으로 뿔뿔이 흩어져 달아남. **사:산분주-하다** 困 어

사:산-아(死産兒) 똉[의] 죽어서 나온 태아.

사산조-페르시아(Sasan朝Persia) 똉[역] 페르시아의 한 왕조(226∼651). 아르다시르 1세가 파르티아 왕조를 넘어뜨리고 세움. 동로마 제국과 싸워 판도를 넓히는 등 전성기를 이루었으나 사라센 제국에게 멸망됨. =사산 왕조.

사:살¹ '사설(辭說)¹'의 변한말. ¶공연히 재초 배우라고 ∼을 하였더니 그 기에 맘을 먹은 것이 있든 게다.《홍명희:임꺽정》**사:살-하다**¹ 困어

사살²(射殺) 똉 (사람이나 동물을) 활이나 총 따위로 쏘아 죽이는 것. **사살-하다**² 甚 ¶적을 ∼. **사살-되다** 困

사삿-사람(私私−) [−사싸−/−삳싸−] 똉 =사사³.

사삿-일(私私−) [−산닐] 똉 사사로운 일. 凹사사(私事).

사삿-집(私私−) [−사찝/−삳찝] 똉 일반 개인의 살림집. =사가(私家).

사:상¹(史上) 똉 '역사상'의 준말. ¶∼ 최대의 비극 / ∼ 최고의 기록.

사:상²(四相) 똉[불] 사람의 일생에서 겪는 네 가지 상(相). 곧, 생(生)·노(老)·병(病)·사(死).

사:상³(四象) 똉 1 '일월성신(日月星辰)'의 총칭. 2 주역의 네 가지 상징. 곧, 태양(太陽)·소양(少陽)·태음(太陰)·소음(少陰). 3 땅속의 물·불·흙·돌.

사:상⁴(死狀) 똉 거의 죽게 된 상태.

사:상⁵(死相) 똉 1 죽은 사람의 얼굴. 2 죽을 조짐이 나타난 상.

사:상⁶(死傷) 똉 죽거나 다치는 것. 또는, 죽음과 부상. **사:상-하다** 困어

사:상⁷(事象) 똉 1 관찰할 수 있는 형체로 나타나는 사물과 현상. 2 [수] =사건(事件) 3.

사:상⁸(思想) 똉 1 사람이 품고 있는 생각이나 견해. ¶∼이 건전한 청년. 2 [철] 사물 현상에 대해 판단하고 추리하여 생긴, 체계화된 관념. 또는, 어떤 시대나 지역, 특정 집단이나 개인의 지적 활동의 소산이나 그 내용. ¶서구 ∼ / 진보 ∼.

사:상⁹(捨象) 똉 인식 활동에서, 사물을 추상(抽象)할 때 비본질적이거나 우연적인 성질이나 측면을 배제하는 작용. 또는, 어떤 요소를 배제하는 일. ▷추상(抽象). **사:상-하다**² 困甚 ¶예술의 세계는 현실계와 거리를 두고 있기는 하지만, 결코 현실계를 **사상하지**는 않는다.

사:상¹⁰(絲狀) 똉 실처럼 가늘고 긴 모양.

사상¹¹(寫像) 명 1 [물] 물체에서 나온 빛이 거울이나 렌즈에 반사·굴절된 후에 모여서 생기는 상(像). 2 [수] 어떤 집합의 임의의 원소가 다른 집합의 하나의 원소에 대응할 때, 그 두 집합 간의 대응 관계. 3 [심] 지각(知覺)이나 사고에 의해 과거의 대상이 의식에 다시 나타나는 상태.

사ː상-가(思想家) 명 사상, 특히 철학 사상에 일가를 이룬 사람.

사ː상-계(思想界) [-계/-게] 명 1 사상 활동의 분야. 곧, 학술·종교 등의 세계. 2 학자·종교가 등과 같은 사상가들의 사회.

사상균-류(絲狀菌類) [-뉴-] 명 [식] 실 모양의 균사(菌絲)를 가진 균류. 곰팡이류가 이에 속함.

사ː상-누각(沙上樓閣) 명 ['모래 위에 세운 누각'이라는 뜻] 기초가 튼튼하지 못하여 오래 견디지 못할 일이나 물건을 비유하여 이르는 말.

사ː상-범(思想犯) 명 [사] 사회 체제에 반대하는 사상을 가지고 그 개혁을 꾀하는 행위로 말미암아 성립되는 범죄. 또는, 그 범인.

사ː상-병(死傷兵) 명 전투에서 죽거나 부상한 병사. ¶많은 ~을 내다.

사ː상^의학(四象醫學) 명 [한] 사람의 체질을 태양인(太陽人)·태음인(太陰人)·소양인(少陽人)·소음인(少陰人)으로 나누어, 같은 종류의 질병이라도 체질에 따라 다른 약을 써야 한다는 학설. 조선 고종 때의 한의학자 이제마(李濟馬)가 주장함.

사ː상-자(死傷者) 명 죽은 사람과 다친 사람. ¶화재로 많은 ~가 났다.

사ː상-적(思想的) 관명 사상을 나타내는 (것).

사ː상-전(思想戰) 명 적국(敵國) 국민의 사상을 어지럽혀 전의(戰意)를 잃게 하는 것을 꾀하는, 이데올로기 선전 등의 전쟁.

사상-체(絲狀體) 명 [식] =원사체(原絲體).

사ː색¹(四色) 명 1 네 가지 빛깔. 2 [역] 조선 중기 이후의, 노론·소론·남인·북인의 네 당파. =사색당파.

사ː색²(死色) 명 죽을상이 된 창백한 얼굴빛.

사색³(思索) 명 삶이나 철학적인 문제에 대하여 깊이 생각하거나 이치를 찾는 것. ¶가을은 ~의 계절 / ~에 잠기다. **사색-하다** 동 자 타 여 ¶인생의 의미를 ~.

사색⁴(辭色) 명 말과 얼굴빛. =사기(辭氣).

사ː색-당파(四色黨派) [-땅-] 명 [역] =사색(四色)¹·².

사ː색-적(思索的) [-쩍] 관명 사람이 사색을 많이 하거나 생각하기를 좋아하는 상태에 있는 (것). ¶우울하고 ~인 소녀.

사ː색-판(四色版) 명 [인] 컬러로 된 사진이나 그림을 빨강·노랑·파랑·검정의 네 가지 색으로 각각 분해하여 만든 인쇄판. ▷삼색판·원색판.

사ː생¹(死生) 명 죽음과 삶.

사ː생²(寫生) 명 사물을 보고 실제대로 표현하거나 그리는 것. ¶~ 대회. **사생-하다** 동 타 여 ¶풍경을 ~.

사ː생-결단(死生決斷) [-딴] 명 죽고 사는 것을 돌아보지 않고 끝장을 냄. ¶~을 내다. **사ː생결단-하다** 동 자 여 ¶사생결단하고 대들다.

사ː생-관두(死生關頭) 명 죽느냐 사느냐의 위태위태한 고비. =생사관두.

사ː생-동고(死生同苦) 명 죽고 삶을 함께함. 곧, 어떤 어려움도 같이 나눔을 이르는 말.

사ː생동고-하다 동 자 여

사ː생-아(私生兒) 명 법률상 정식 부부가 아닌 사람 사이에서 태어난 아이. 비사생자(私生子). ¶~로 태어나다.

사-생애(私生涯) 명 어떤 사람의 사사로운 개인으로서의 생애. ↔공생애(公生涯).

사ː생-자(私生子) 명 법률상 정식 부부가 아닌 남녀 사이에서 난 자식. 비사생아.

사ː생-화(寫生畫) 명 [미] 자연이나 사물을 실제로 보면서 그대로 그린 그림. ↔상상화.

사-생활(私生活) 명 개인의 사사로운 생활. ¶~ 침해 / ~을 간섭하다.

사ː서¹(史書) 명 =사기(史記)².

사서²(司書) 명 도서의 수집·정리·보존 및 열람에 관한 업무 등, 도서관 운영에 필요한 지식과 자격을 갖춘 전문직. 또는, 그 직에 종사하는 사람.

사ː서³(四書) 명 유교의 경전인 논어·맹자·중용·대학. ¶~삼경.

사서⁴(私書) 명 1 =사신(私信)³. 2 비밀히 하는 편지.

사서⁵(寫書) 명 서류를 베끼는 일. 또는, 그 서류. **사서-하다** 동 타 여

사서⁶(辭書) 명 =사전(辭典)². ¶~류(類).

사ː서-삼경(四書三經) 명 사서와 삼경. 곧, 논어·맹자·중용·대학·시경·서경·주역. =칠서(七書).

사ː서-오경(四書五經) 명 사서와 오경. 곧, 논어·맹자·중용·대학·시경·서경·주역·예기·춘추.

사서-함(私書函) 명 [통] '우편 사서함'의 준말.

사ː석¹(死石) 명 바둑에서, 상대편에게 죽은 바둑 돌.

사석²(沙石) 명 모래와 돌.

사석³(私席) 명 사사로이 만난 자리. =사좌(私座). ↔공석.

사ː석⁴(捨石) 명 바둑에서, 작전상 버릴 셈치고 놓는 돌. ¶~ 작전.

사ː선¹(死線) 명 넘거나 통과하기 위해서는 죽음을 무릅써야 하는 경계선. 또는, 전쟁 등에서의 죽을 고비. ¶~을 넘다 / ~을 뚫고 포로수용소를 탈출하다.

사선²(私船) 명 1 개인 소유의 선박. 2 국제법상, 사인(私人)의 용도에 쓰이는 선박. ↔공선(公船).

사선³(私線) 명 민간에서 가설한 전선이나 철도선. ¶~ 철도. ↔관선(官線).

사선⁴(私選) 명 개인의 선택 또는 선임(選任). ¶~ 변호인. ↔국선(國選). **사선-하다** 동 타 여

사선⁵(射線) 명 1 쏜 탄알이나 화살이 지나가는 줄. 2 발사 준비를 마쳤을 때의 총신·포신의 축(軸)을 가상적으로 연장한 직선. 3 [군] 사격장에서 표적과 일정한 거리를 두고 앉거나 서서 소총 등을 쏘도록 시설한 곳.

사선⁶(斜線) 명 1 비스듬하게 그은 줄. 2 [수] 한 평면 또는 직선에 수직이 아닌 선. =빗금.

사선^변호인(私選辯護人) 명 [법] 형사 피고인측에서 선임한 변호인. ↔국선 변호인.

사ː선-상(四仙床) 명 =쌍 네 사람이 둘러앉을 만한, 네 다리가 달린 높은 음식상.

사설¹(私設) 명 개인이 설립하는 것. 또는, 그 시설. ¶~ 기관 / ~ 도서관 / ~ 운동장. ↔공설. **사설-하다** 동 타 여

사설²(私說)〖명〗한 개인으로서의 학설이나 생각.

사설³(社說)〖명〗신문·잡지 등에서 그 사(社)의 주장으로 실어 펼치는 논설. ¶~란(欄) / ~신문.

사설⁴(辭說)〖명〗**1** 지루하거나 짜증이 날 만큼 길게 늘어놓는 말. ¶~을 늘어놓다. 〖변〗사살. **2** [음] 이러니 저러니 푸념을 길게 늘어놓다. **사설-하다**〖동〗〖자〗〖여〗잔소리나 푸념을 길게 늘어놓다.

사설-시조(辭說時調)〖명〗**1** [문] 여섯 구 중에서 두 구 이상이 무제한으로 길어지는 시조. =장시조(長時調). **2** [음] 시조 창법(唱法)에서, 평시조가 아닌 긴 시조를 얹어 부르는, 엇시조·휘모리 잡가 등의 통칭. =얹음시조.

사설-탐정(私設探偵)〖명〗사사로이 탐정 업무에 종사하는 사람.

사:성¹(四姓)〖명〗=카스트(caste).

사:성²(四星)〖명〗사주단자. ¶~이 가다[오다] / ~을 받다 / ~을 보내다.

사:성³(四聖)〖명〗=사대 성인.

사:성⁴(四聲)〖명〗[언] **1** 한자의 음을 고저·장단에 따라 나누 네 가지 음조. 곧, 상성·거성·평성·입성. =사운(四韻). **2** 중세 국어에서, 상성·거성·평성·입성으로 분류하여 나타낸 네 가지 음조. 중국 한자음을 나타내는 전통적 술어를 우리말에 적용한 것으로, 방점을 찍어서 나타냈음. ▷방점.

사:성⁵(賜姓)〖명〗〖역〗임금이 공신 등에게 성(姓)을 내려 주는 일. 또는, 그 성. **사:성-하다**〖동〗〖여〗

사:성-보(四星袱) [-뽀]〖명〗사주단자를 싸는 비단으로, 붉은 단으로 만든 작은 보.

사:성-장군(四星將軍)〖명〗〖군〗계급장의 별이 네 개인 장군. 곧, 대장(大將).

사:성-점(四聲點) [-쩜]〖명〗〖언〗=방점1.

사세¹(社勢)〖명〗회사의 사업이 벋어 나가는 기세. ¶~가 확장되다.

사:세²(事勢)〖명〗일의 되어 가는 형세. ¶~가 불리하다 / ~가 여의치 않다.

사:세부득이(事勢不得已)〖부〗일의 형세가 그렇게 하지 않을 수 없어. 〖준〗세부득이. **사:세부득이-하다**〖형〗〖여〗

사소(些少) · **사소-하다**〖형〗〖여〗매우 작거나 적다. =사세(些細)하다. 〖비〗잗다랗다. ¶**사소한** 문제 / **사소한** 일로 다투다.

사-소설(私小說)〖명〗〖문〗작가가 자기 신변의 사소한 일상사를 세밀하게 그리거나, 작가 자신의 치부를 적나라하게 드러내는 특성을 가진 소설. 흔히, 일인칭 소설의 형식을 지님. ▷본격 소설·일인칭 소설.

사속(嗣續)〖명〗대(代)를 잇는 것. 또는, 대를 이을 아들. **사속-하다**〖동〗〖타〗〖여〗

사손(祀孫)〖명〗'봉사손(奉祀孫)'의 준말.

사손(嗣孫)〖명〗대를 이을 손자.

사:송(賜送)〖명〗〖역〗임금이 신하에게 물건을 내려 보내는 것. ¶~선(扇). **사:송-하다**〖동〗〖여〗

사:수¹(死水)〖명〗흐르지 않는 물. ↔활수(活水).

사:수²(死守)〖명〗죽음으로써 지키는 것. **사:수-하다**〖동〗〖타〗〖여〗¶진지(陣地)를 ~. **사:수-되다**〖동〗〖여〗

사수³(射手)〖명〗대포·총·활 등을 쏘는 사람. ¶명(名)~.

사수⁴(師受)〖명〗스승에게서 학문이나 기예의 가르침을 받는 것. **사수-하다²**〖동〗〖여〗

사수-자리(射手-)〖명〗[천] =궁수자리.

사숙(私淑)〖명〗(학문이나 예술 등에 뛰어난 인물을) 홀로 마음속으로 사모하여 그 사람의 저서나 작품 등을 통해 본받아 배우는 것. ▶사사(師事). **사숙-하다**〖동〗〖여〗¶그는 릴케를 **사숙하여** 존재 탐구의 시를 썼다.

사숙(私塾)〖명〗=글방.

사숙(舍叔)〖명〗자기 삼촌을 남에게 이르는 말.

사숙(師叔)〖명〗[불] 스승의 사형(師兄)을 일컫는 말.

사:순-절(四旬節)〖명〗[가][기] 부활 주일 전 40일간의 재기(齋期). 그리스도가 광야에서 40일간 금식하고 시험받은 것을 기념하기 위하여, 단식과 속죄를 행하도록 교회에서 규정한 기간임.

사술(邪術)〖명〗요사스러운 술법.

사술(射術)〖명〗대포·총·활 등을 쏘는 기술.

사술(詐術)〖명〗남을 속이는 수단.

사스(SARS)〖명〗[Severe Acute Respiratory Syndrome] 고열·기침·호흡 곤란 등의 호흡기 증상을 보이는, 코로나바이러스에 의한 전염병. =중증 급성 호흡기 증후군.

사스래-나무〖명〗[식] 자작나뭇과의 낙엽 교목. 꽃은 5~6월에 피며, 열매는 타원형임. 조림(造林) 또는 신탄재로 쓰임.

사슬〖명〗여러 개의 고리를 줄을 이루도록 걸어서 이은 물건. 〖비〗쇠사슬. ¶~에 묶이다.

사슬-누르미 [-루-]〖명〗꼬챙이에 꿰지 않은 누르미.

사슬-돈〖명〗싸거나 꿰지 않은 흩어진 쇠붙이 돈. =산전(散錢). 〖비〗잔돈.

사슬^모양^화^합물(- 模樣化合物) [-함-]〖명〗[화] 탄소 원자가 사슬 모양으로 결합되어 있는 유기 화합물. =쇄상 화합물·쇄식 화합물·지방족 화합물.

사슴〖명〗포유류 사슴과의 한 종. 털빛은 대개 갈색에 흰 반문이 있음. 성질은 온순하며, 되새김을 함. 수컷은 골질의 뿔이 한 쌍 있는데, 갓 나온 뿔은 '녹용'이라 하여 강장제로 쓰임.

사슴-벌레〖명〗〖동〗**1** 딱정벌레목 사슴벌렛과에 속하는 곤충의 총칭. =하늘가재. **2** 딱정벌레목 사슴벌렛과의 곤충. 몸길이 22mm 내외. 몸빛은 흑갈색이고 황색 털이 있음. 수컷의 큰 턱은 집게 모양으로 갈라져 사슴뿔 같음. 봄·여름에 나무의 진이나 등불에 모여듦.

사슴-뿔〖명〗사슴의 뿔.

사습(私習)〖명〗혼자 스스로 배워 익히는 것. **사습-하다**〖동〗〖타〗〖여〗

사:승¹(史乘)〖명〗=사기(史記)³.

사:승²(師承)〖명〗스승에게서 가르침을 받는 것. **사:승-하다**〖동〗〖타〗〖여〗

사승³(師僧)〖명〗승려가 자기의 스승을 이르거나 존경하는 승려를 이르는 말.

사:시¹(巳時)〖명〗**1** 십이시의 여섯째 시. 곧, 오전 9시부터 11시까지의 동안. **2** 이십사시의 열한째 시. 곧, 오전 9시 30분부터 10시 30분까지의 동안. 〖준〗사(巳).

사:시²(四時) **Ⅰ**〖명〗춘(春)·하(夏)·추(秋)·동(冬)의 네 철. **Ⅱ**〖부〗사철을 통하여 늘. ¶~푸른 소나무.

사:시³(司試)〖명〗'사법 시험'의 준말.

사시⁴(沙匙)〖명〗사기로 만든 숟가락.

사:시⁵(社是)〖명〗회사나 결사(結社)의 경영상의 주된 방침.

사시[6](斜視) 圀[의] 양쪽 눈의 시선이 평행하지 않은 병적인 상태. 곧, 한쪽 눈의 시선은 똑바로 목표를 향하는데, 다른 쪽 눈은 그렇지 못한 상태를 가리킴. ▷사팔뜨기.

사시-나무 圀[식] 버드나뭇과의 낙엽 활엽교목. 산 중턱 밑의 화전(火田) 터에 많이 나며, 봄에 잎보다 꽃이 먼저 핌. 상자·성냥개비·제지용 등으로 쓰임. =백양(白楊).

사시나무 떨듯 〔구〕 몸을 몹시 떠는 모양을 이르는 말.

사시-도(四時圖) 圀 사철의 풍경을 그린 그림.

사시랑이 圀 가늘고 약한 물건이나 사람. ¶~처럼 야윈 그의 몸뚱이에선 감히 범할 수 없게 준엄한 기운이 넘쳐흐르고 있었다.《김성동:만다라》

사시미(@刺身/きしみ) 圀 '생선회(生鮮膾)'로 순화.

사시-사철(四時四—) 凰 어느 계절이나 늘. 또는, 한결같이 언제나. 凰사시사철. ¶~ 푸른 나무가 이 섬은 ~ 낚시꾼들로 붐빈다.

사시-안(斜視眼) 圀[의] 양쪽의 시선이 서로 평행하지 않은 상태에 있는 눈. ▷사팔눈.

사시-장철(四時長—) 凰 사시의 어느 철이나 늘. 凰사시사철. ¶~ 눈이 녹지 않는 산꼭대기.

사시-장청(四時長靑) 圀 소나무나 대나무처럼 식물의 잎이 일 년 내내 푸름.

사시-장춘(四時長春) 圀 1 사철의 어느 때나 늘 봄과 같음. 2 '늘 잘 지냄'의 비유.

사시-적(斜視的) 阞 대상을 삐딱하게 편견을 가지고 대하는 (것). ¶~ 시각/~인 견해/~으로 바라보다.

사시-절(四時節) 圀 =사철Ⅰ.

사시-춘풍(四時春風) 圀 누구에게나 늘 좋은 낯으로 대하며 무사태평한 사람을 이르는 말. 凰두루춘풍.

사식[1](私食) 圀 교도소나 유치장에 갇힌 사람에게 사비로 들여보내는 음식. ↔관식(官食).

사식[2](寫植) 圀[인] '사진 식자'의 준말.

사식-기(寫植機) [—끼] 圀[인] '사진 식자기'의 준말.

사:신[1](四神) 圀[민] 네 방위를 맡은 신. 곧, 동쪽의 청룡(靑龍), 서쪽의 백호(白虎), 남쪽의 주작(朱雀), 북쪽의 현무(玄武). =사수(四獸). ¶~도.

사신[2](邪神) 圀 재앙을 내리는 요사스러운 귀신.

사신[3](私信) 圀 개인의 사사로운 편지. =사서(私書)·사함.

사:신[4](使臣) 圀 임금의 명을 받고 다른 나라에 파견되는 신하. ¶봉명(奉命) ~/~을 보내다.

사신[5](辭神) 圀 제사에서, 고인의 영혼을 보내는 일. 일제히 두 번 절한 뒤 지방과 축문을 불사름. **사신-하다** 困[자][여]

사:실[1](史實) 圀 역사상의 사실(事實).

사[2](私室) 圀 개인의 방.

사:실[3](事實) ⅠⒼ 1 실제로 또는 객관적으로 있거나 있었던 일이나 현상. ¶~을 밝히다/~을 바탕으로 한 소설. 2 (주로, 관형절이나 앞의 문장을 받는 관형사 다음에 쓰여) 앞에 서술된 것과 같은 그 일이나 현상이나 상황임을 가리키는 말. 凰것·점. ¶선진국일수록 국민의 독서량이 많다는 ~은 결코 우연한 일이 아니다. 3 어떤 말이나 내용이 실제의 일이나 현상과 어긋남이 없이 참인 상태. ¶그의 말은 모두 ~이다. 4 [철] 자연계의 현상으로서 필연적으로 있는 일과 가능으로서 있는 일. 5 [법] 일정한 법률 효과의 변경이나 소멸이 생기는 원인을 이루는 사물의 관계. 또는, 민사·형사 소송에서 법률 적용의 전제가 되는 사건 내용의 실체(實體) 관계.

Ⅱ凰 실제에 있어서. 또는, 진실을 말하자면. 凰사실상. ¶그 소식을 듣고 ~ 속으로는 무척 놀랐다.

사:실[4](查實) 圀 사실을 조사하는 것. **사실-하다** 困[여]

사:실[5](寫實) 圀 사물을 있는 그대로 그려 내는 것. ¶~ 묘사. **사실-하다**[2] 困[타][여]

사:실-감(事實感) 圀 사실과 들어맞는, 거짓이 아닌 참의 느낌. ¶~이 떨어지는 영화/전쟁의 비극을 ~ 있게 묘사하다.

사:실-무근(事實無根) 圀 근거가 없는 일. 또는, 전혀 사실과 다른 일. ¶그 소문은 전혀 ~이다. **사실무근-하다** 匣[여]

사:실-문제(事實問題) 圀[법] 소송 사건의 심리에 있어서, 사실 관계의 인정(認定)에 관한 일. ↔법률문제.

사:실-상(事實上) Ⅰ圀 실제로 있었던 상태. 또는, 현재에 있는 상태.

Ⅱ凰 실제에 있어서. 凰사실. ¶이 일은 ~ 끝장난 것이나 다름없다.

사:실-성(寫實性) [—썽] 圀 사실주의적인 특성. ¶이 소설은 흥미로운 소재를 다루고는 있으나 ~이 결여되어 있다.

사:실-심(事實審) 圀[법] 법원이 법률문제와 함께 공소 사실의 여부를 심리하는 일. 제1심과 제2심이 이에 해당함. ↔법률심.

사:실-적(寫實的) [—쩍] 阞 사물을 실지로 있는 그대로 그려 내려는 경향이 있는 (것). ¶풍경을 ~으로 그리다.

사:실-주의(寫實主義) [—의/—이] 圀[예] 19세기 후반에 낭만주의에 대립하여 일어난, 자연이나 현실을 있는 그대로 묘사·재현하려고 하는 예술상의 경향. =리얼리즘.

사:실주의-자(寫實主義者) [—의—/—이—] 圀 사실주의를 주장하는 사람. =리얼리스트(realist).

사:실-파(寫實派) 圀[예] 사실주의를 받드는 예술상의 파.

사:실-혼(事實婚) 圀[법] 사실상 부부이면서 법률상으로는 부부로 인정받을 수 없는 혼인. 내연(內緣) 관계 따위. ↔법률혼.

사심[1](邪心) 圀 정도(正道)에 어그러진 마음.

사:심[2](私心) 圀 사사로운 마음. ¶~을 품다[버리다]/~ 없이 공무를 집행하다.

사:심-관(事審官) 圀[역] 고려 시대, 서울에 있으면서 고향의 일에 관여하던 벼슬아치. 향직의 감독 외에 부역을 고르게 하고 풍속을 바로잡는 등의 일을 함.

사:십(四十) Ⅰ图 '마흔'과 같은 뜻의 한자어 계통의 수사. 아라비아 숫자로는 '40', 로마 숫자로는 'XL'로 나타냄. ¶나이 ~이면 자기 얼굴에 책임을 져야 한다.

Ⅱ阞 '마흔', '마흔째'의 뜻. ¶~ 개/~ 시간/~ 등.

사:십구공-탄(四十九孔炭) [—꾸—] 圀 49개의 구멍이 있는 연탄.

사:십구-일(四十九日) [—꾸—] 圀[불] 사람이 죽고 나서 다음 생을 얻을 때까지의 날수. 죽은 영혼은 이 기간 동안 7일째마다 다음

생의 과보(果報)가 결정되는데, 늦어도 일곱 번째의 7일이 되는 날에는 반드시 어느 곳에 태어난다 하여 사십구일재를 지냄. =칠칠일(七七日).

사ː십구일-재(四十九日齋)[-꾸-] 명[불] 사람이 죽은 지 49일 되는 날에 지내는 재. =사십구재·칠칠재(七七齋).

사ː십구-재(四十九齋)[-꾸-] 명[불] =사십구일재.

사씨-남정기(謝氏南征記) 명[책] 조선 숙종 때 김만중(金萬重)이 한글로 쓴 소설. 숙종이 인현 왕후를 폐위시키고 장 희빈을 왕비로 맞아들인 사실을 풍자한 것임.

사ː악¹(四惡) 명 '논어'에 나오는 말로, 위정자의 네 가지 악(惡). 곧, 가르치지 않고 죽이는 일, 훈계하지 않고 잘못을 책하는 일, 명령을 내리기를 게을리 하다가 후에야 서두르는 일, 남에게 인색하게 구는 일.

사악²(肆惡) 명 악독한 성질을 함부로 부리는 것. **사악-하다** 자여

사악³(邪惡) → **사악-하다**²(-아카-) 형여 간사하고 악하다. ¶사악한 행동 / 사람됨이 ~ / 사악한 마음을 품다.

사안¹(私案) 명 사사로이 만든 안. 또는, 개인적인 생각.

사ː안²(事案) 명 법률적으로 문제가 되어 있는 일의 안건. ¶범법(犯法)~.

사안³(査案) 명 사건을 조사하여 적은 문서.

사암(沙巖·砂巖) 명[광] 석영이나 장석의 모래알이 굳어져 된 암석. 건축 재료나 숫돌로 쓰임. =사아석.

사ː액(賜額) 명[역] 임금이 사당·서원(書院) 등에 이름을 지어 그것을 적은 현판을 내리는 것. **사ː액-하다** 자여 ¶선조가 **사액한** 도산 서원.

사ː약¹(死藥) 명 먹으면 죽는 약.

사ː약²(賜藥) 명[역] 임금이 죄를 지은 신하에게 먹고 죽을 약을 내리는 것. 또는, 그 약. **사ː약-하다** 자여

사양(仕樣) 명 자동차·기계·건축물 등의 형상·구조·치수·성능·부속물 등에 대한 규정이나 내용. 일본어 '시요(仕樣)'를 우리한자음으로 읽은 말로, 순화어는 '설명(서)', '품목', '규격'임. ¶제품 ~ / 선택 ~.

사양²(斜陽) 명 1 해질 무렵에 비스듬히 비치는 햇볕. 비석양(夕陽). 2 새로 나타나는 것에 밀려서 남은 것이 점점 몰락해 가는 것. ¶~ 산업 / ~ 기술.

사양³(辭讓) 명 (남이 권유한 것이나 무엇을 하기를) 겸손한 마음으로, 또는 예를 갖추어 응하지 않거나 받아들이지 않는 것. ¶지나친 ~은 오히려 실례가 된다. **사양-하다** 타여 ¶나는 그의 초대를 정중히 **사양했다**. / 술과 음식은 얼마든지 있으니 **사양치** 말고 드십시오.

사양-길(斜陽-)[-낄] 명 새로운 것에 밀려 점점 몰락해 가는 과정이나 방향. ¶~에 접어들다 / ~로 들어서다.

사양^산업(斜陽産業) 명 사회·경제·기술 혁신으로 인한 형세 변화에 대응하지 못하여 쇠퇴해 가는 산업.

사양-서(仕樣書) 명 '설명서', '시방서(示方書)'로 순화함.

사양지심(辭讓之心) 명 사단(四端)의 하나. 사양할 줄 아는 마음.

사-양토(沙壤土·砂壤土) 명 진흙이 비교적 적게 섞인 보드라운 흙. 농작물을 심기에 알맞음.

사ː어(死語) 명[언] 과거에는 쓰였으나 현재는 쓰이지 않게 된 언어. =폐어. ↔활어(活語).

사ː언-시(四言詩) 명[문] 한 구(句)가 넉 자로 이루어진 한시(漢詩).

사ː업(事業) 명 1 일정한 목적과 계획을 가지고 경영되는 지속적인 경제 활동. ¶~ 방식 / ~이 부진하다 / ~을 확장하다. 2 일정한 목적을 가지고 조직적으로 진행되는 비영리적 사회 활동. ¶자선 ~ / 문맹 퇴치 ~. **사ː업-하다** 자여

사ː업-가(事業家)[-까] 명 사업을 계획하고 경영하는 사람. 또는, 사업에 능한 사람.

사ː업-단(事業團)[-딴] 명 특정한 공공 목적 때문에 특별법에 의해 설립된 특수 법인. 나라의 경제 정책이나 사회 정책의 수행을 담당함. ¶방송~.

사ː업-성(事業性)[-썽] 명 사업으로서의 가치. ¶~이 떨어지다 / ~이 없다.

사ː업^소ː득(事業所得)[-쏘-] 명 농업·어업·제조업·도매업·소매업·서비스업 등에서 생기는 소득. 총수입액에서 필요 경비를 공제한 금액임.

사ː업^연도(事業年度)[-엄년-] 명[경] 업무와 결산의 편의상 정한 기간. 곧, 결산기와 결산기 사이의 기간. ¶~영업 연도.

사ː업-자(事業者)[-짜] 명 상업·공업·금융업 및 그 밖의 사업을 영위하는 자.

사ː업-장(事業場)[-짱] 명 사업을 경영하는 장소. 주로 법률적으로 사용되는 말로, 사업자 또는 사용인이 상시 주재하여 거래의 전부 또는 일부가 이루어지는 곳을 뜻함. ¶근로자 5인 이상의 ~.

사ː업-주(事業主)[-쭈] 명 경영하는 사업의 임자 또는 자본주.

사ː업-체(事業體) 명 사업하는 기관.

사ː에이치^클럽(四H club) 명[사] 1914년에 미국에서 창시된, 농촌 청소년의 조직. 생활의 개선이나 기술의 개발을 목적으로 함. 4H는 head(두뇌)·hand(손)·heart(마음)·health(건강)의 머리글자를 딴 것임.

사ː역¹(使役) 명 (사람이나 동물을) 부리어 일을 시키는 것. **사ː역-하다** 타여

사ː역²(使役) 명 1 [기] 목회자나 신도로서 소명에 따라 해야 하는 일. ¶복음 ~ / 예배 · 찬양 ~. 2 [군] 군인이 본래의 임무 외에 몸으로 해야 하는 잡다한 일. ¶~을 나가다.

사ː역-견(使役犬)[-껸] 명 충실함과 뛰어난 지능·후각·청각 등을 이용하여 인간에게 도움이 되도록 훈련시킨 개. 번견(番犬)·목양견·맹도견·경찰견과, 썰매를 끄는 개 등이 있음.

사ː역^동ː사(使役動詞)[-똥-] 명[언] =사동사(使動詞).

사역-원(司譯院) 명[역] 고려·조선 시대, 번역과 통역에 관한 일을 맡아보던 관청.

사ː연¹(事緣) 명 어떤 사람이 어떤 행동을 하게 하거나 어떤 상황에 있게 된 전후 사정과 까닭. ¶이게 어찌 된 영문인지 그 ~을 말해 보아라. / 그 여자가 혼자 살고 있는 데에는 그럴 만한 ~이 있다.

사연²(辭緣·詞緣) 명 편지 글 속에 들어 있는, 하고자 하는 이야기나 내용. ¶축하 ~ / 애달픈 ~이 담긴 편지.

사열(査閱) 명 1 조사하거나 검열하기 위하여 하나씩 쭉 살펴보는 것. ¶~판(官). 2

사열-대(查閱臺)[-때] 몡[군] 사열식 때 사열하는 사람이 올라서는 높은 단.

사열-식(查閱式) 몡[군] 군대 장병을 정렬시키거나 행진시켜 그 사기나 장비를 살피는 의식.

사영¹(私營) 몡 (기업·단체, 사업 등이) 개인이 운영하는 상태인 것. ¶~ 기업. ↔공영(公營)

사영²(射影) 몡 1 물체가 그림자를 비치는 일. 2 [수] 평면 위의 도형의 모든 점과 그 평면 외의 한 점을 잇는 직선을 긋는 일. 또는, 그것에 의하여 된 도형을 임의의 평면에서 절단하여 대응하는 도형을 얻는 일. **사영-하다** 통타여

사영³(斜影) 몡 비스듬히 비친 그림자.

사영^기하학(射影幾何學) 몡[수] 도형의 성질 중 사영과 절단 등의 변환에 의하여 변하지 않는 성질을 연구하는 기하학.

-사오-¹ 어미 선어말 자음으로 끝나는 용언의 어간이나 어미 '-았/었-', '-겠-' 아래와 'ㄴ(-ㄴ, -나, -니 등)', 'ㄹ', 'ㅁ' 및 모음으로 시작되는 어미 앞에 쓰여, '-으오-'를 더 공손하게 나타내는 선어말 어미. ¶믿~니 / 믿~리다 / 믿~면. ▷-사옵-·-오-·-으오-.

사!오²(四五) 관 사나 오. 또는, 사와 오. ¶~세.

-사오리까 어미 선어말 어미 '-사오-'에 어말 어미 '-리까'가 결합하여, '합쇼' 할 상대에게 동작이나 상태에 대한 의향을 묻는 뜻을 나타내는 종결 어미. ¶밥을 좀 먹~? ▷-오리까.·-으리까.

-사오리다 어미 선어말 어미 '-사오-'에 어말 어미 '-리다'가 결합하여, '합쇼' 할 상대에게 쓰이는 종결 어미. 1 추측이나 견해를 나타냄. ¶대나무는 남쪽에 많~. 2 자신의 의향이나 약속을 나타냄. ¶이 은혜 꼭 갚~. ▷-오리다.·-으오리다.

사!오-월(四五月) 몡 사월과 오월.

-사오이다 어미 평서형 종결 어미 '-으오이다'의 정중한 말. '-사옵니다'보다 조금 낮은 말로, 현대 국어에서는 쓰이지 않으나 역사 소설·사극 등에서 제한적으로 쓰임. ¶밥을 먹~. / 먼저 가겠~. 준-사외다·-소이다.

사!옥¹(史獄) 몡 역사에 관계되는 옥사(獄事). ▷사화(史禍).

사옥²(社屋) 몡 회사의 건물. ¶~을 신축하다 / ~을 이전하다.

-사옵- 어미 선어말 자음으로 끝나는 용언의 어간이나 어미 '-았/었-', '-겠-' 아래와 'ㄱ', 'ㄴ(-나이다, -는 등)', 'ㄷ', 'ㅅ', 'ㅈ'으로 시작되는 어미 앞에 쓰여, '-으옵-'을 더 공손하게 나타내는 선어말 어미. 현대 국어에서는 편지 글이나 기도 등에서 극히 제한적으로 쓰임. ¶앉~고 / 앉~나이다 / 앉~는 / 앉~더니 / 앉~시면 / 앉~지만. 준-삽-. ▷-사오-.·-옵-.·-으옵-.

-사옵나이까[-옴-] 어미 선어말 어미 '-사옵-'에 어말 어미 '-나이까'가 결합하여, '합쇼' 할 상대에게 공손하게 묻는 뜻을 나타내는 종결 어미. ¶병이 깊~? ▷-옵나이까.·-으옵나이까.

-사옵나이다[-옴-] 어미 선어말 어미 '-사옵-'에 어말 어미 '나이다'가 결합하여, '합쇼' 할 상대에게 현재의 동작·상태·사실을 공손하게 나타내는 종결 어미. ¶날씨가 좋~. ▷-옵나이다.·-으옵나이다.

-사옵니까[-옴-] 어미 선어말 어미 '-사오-'와 어말 어미 '-ㅂ니까'가 결합하여, '합쇼' 할 상대에게 공손하게 묻는 뜻을 나타내는 종결 어미. 현대 국어에서는 거의 쓰이지 않음. ¶무얼 찾~? ▷-으옵니까.·-옵니까.

-사옵니다[-옴-] 어미 선어말 어미 '-사오-'와 어말 어미 '-ㅂ니다'가 결합하여, '합쇼' 할 상대에게 현재의 동작·상태·사실을 공손하게 나타내는 종결 어미. 현대 국어에서는 거의 쓰이지 않음. ¶아기가 방글방글 웃~. ▷-으옵니다.·-옵니다.

-사옵디까[-띠-] 어미 선어말 어미 '-사오-'와 어말 어미 '-ㅂ디까'가 결합하여, '합쇼' 할 상대에게 지난 일을 돌이켜 공손하게 묻는 뜻을 나타내는 종결 어미. 현대 국어에서는 거의 쓰이지 않음. ¶그걸 믿~? ▷-으옵디까.·-옵디까.

-사옵디다[-띠-] 어미 선어말 어미 '-사오-'와 어말 어미 '-ㅂ디다'가 결합하여, '합쇼' 할 상대에게 지난 일을 돌이켜 공손하게 말하는 뜻을 나타내는 종결 어미. 현대 국어에서는 거의 쓰이지 않음. ¶돈을 안 받~. ▷-으옵디다.·-옵디다.

사옹-원(司饔院) 몡[역] 조선 시대, 궁중의 음식 장만에 관한 일을 맡아보던 관아.

-사와 어미 선어말 어미 '-사오-'에 어미 '-아'가 결합하여 이루어진 말. ¶믿~ / 웃~ / 있~요. ▷-와.·-으와.

사!왕¹(死王) 몡 1 죽은 왕. 2 [불] '염라대왕'의 별칭.

사왕²(嗣王) 몡 왕위를 이은 임금. =사군(嗣君).

사외(社外)[-외/-웨] 몡 회사의 외부. 또는, 회사의 직원이나 관계자가 아닌 사람. ¶~에서의 판촉 활동.

-사외다[-외/-웨-] 어미 '-사오이다'의 준말. ¶당신의 생각은 내 뜻과 같~. ▷-소이다.·-외다.·-으외다.

사외-보(社外報)[-외-/-웨-] 몡 기업에서 광고 홍보를 위해 발행하여, 소비자에게 무료로 배포하는 잡지 형태의 간행물. ↔사내보.

사외^이사(社外理事)[-외-/-웨-] 몡[경] 기업 경영의 투명성과 공공성을 높이기 위해 외부에서 영입한 비상근 이사.

사외-주(社外株)[-외-/-웨-] 몡[경] 기업 외부의 주주에 의해서 소유되고 있는 주식. ↔사내주.

사!요(史要) 몡 역사의 개요. 또는, 그것을 쓴 책. ¶경제~ / 문학~.

사욕¹(沙浴·砂浴) 몡 1 닭·오리 등이 몸에 끼는 이·벼룩 따위를 떨어내려고, 모래를 파헤치며 비벼 대는 짓. 2 해수욕장 같은 데서 모래찜질을 하는 일. 3 뜨거운 모래로 환자의 몸을 찜질하여 치료하는 일. ⓑ모래찜질. **사욕-하다** 통자여

사욕²(私慾) 몡 자기 한 개인의 이익만을 찾는 욕심. ¶사리~ / 욕심을 채우다.

사욕³(邪慾) 몡 1 그릇된 욕망. ¶~에 빠지다. 2 =육욕(肉慾).

사용¹(私用) 몡 1 공용물을 사사로이 쓰는 것. 2 개인의 소용. 또는, 그 물건. 3 개인의 용건. ↔공용(公用). **사용-하다¹** 통타여 사사로이 쓰다.

사¦용²(使用) 몡 1 (물건을) 일정한 목적으로, 또는 본래의 기능에 맞게 쓰는 것. ¶이 기계는 모터가 고장 나 ~이 불가능하다. 2 기업 등에서 사람을 부리는 일. 극히 제한된 문맥에서만 쓰임. ¶~ 증명. 사¦용-하다² 툉(타여 ¶코르크를 병마개로 ~. 사¦용-되다

사¦용-권(使用權)[-꿘] 몡 [법] 남의 땅이나 물건 등을 사용할 수 있는 권리.

사¦용-료(使用料)[-뇨] 몡 사용한 값으로 치르는 요금. ¶도로 ~ / ~를 물다.

사¦용-법(使用法)[-뻡] 몡 물건이나 시설을 사용하는 방법. ¶원고지 ~ / 이 기계의 ~ 간 간단하다.

사¦용-인(使用人) 몡 1 물건을 사용하는 사람. =사용자. 2 남에게 부림을 받는 사람.

사¦용-자(使用者) 몡 1 =사용인1. 2 [법] 근로자를 고용하는 개인이나 법인. 3 [컴] 컴퓨터를 이용하는 사람.

사¦용-주(使用主) 몡 물건을 쓰거나 사람을 부릴 권리를 가진 사람.

사¦우¹(四友) 몡 '문방사우(文房四友)'의 준말.

사우²(社友) 몡 1 같은 결사 또는 한 회사에서 함께 일하는 동료. 2 사원은 아니지만 그 회사와 친분이 있는 사람.

사우³(師友) 몡 1 스승과 벗. 2 스승으로 삼을 만한 벗.

사우나(sauna) 몡 대중목욕탕 등에서, 열기나 증기로 공기를 뜨겁게 할 수 있도록 시설한 작고 밀폐된 공간. 또는, 그 안에서 땀을 내는 일.

사우나-탕(sauna湯) 몡 사우나 시설이 되어 있는 목욕탕.

사우디아라비아(Saudi Arabia) 몡 [지] 아라비아 반도 중앙부에 있는 왕국. 수도는 리야드.

사우스포(southpaw) 몡 [체] 1 야구에서, 왼손잡이 투수. 2 권투에서, 왼손잡이 선수.

사운(社運) 몡 회사의 운명. ¶K 기업은 ~을 걸고 신제품 개발에 전력투구하고 있다.

사운드(sound) 몡 음향. 특히, 오케스트라·밴드 등 음악 연주에서 들을 수 있는 음향. ¶비엔나 오케스트라가 펼치는 신비의 ~.

사운드-트랙(soundtrack) [영] 영화 필름의 가장자리에 대사·음성·음악·효과음 등이 기록된 부분. ⓑ음구(音溝).

사원¹(寺院) 몡 1 [불] '절'을 문어적으로 이르는 말. ¶태국의 ~. 2 이슬람교·힌두교 등의 예배소를 이르는 말. ¶이슬람 ~.

사원²(私怨) 몡 사사로운 원한.

사원³(社員) 몡 1 [법] 사단 법인의 구성원. ¶~ 총회. 2 회사에 근무하는 사람. ⓑ회사원. ¶신입 ~ / ~을 모집하다.

사원-전(寺院田) 몡 [역] 고려 시대, 사원에 딸려 있던 토지. ▷사전(寺田).

사¦월(四月) 몡 한 해 열두 달 가운데 넷째 달.

사위¹ 몡 미신으로, 재앙이 올까 두려워 어떤 사물이나 언행을 꺼리는 것. 사위-하다¹ 툉 (타여)

사위² 몡 윷이나 주사위를 놀 때의 목적한 끗수. ¶~가 오르다.

사위³ 몡 딸의 남편. ¶~를 맞다 / ~로 삼다.
[사위 사랑은 장모, 며느리 사랑은 시아버지] 장모는 사위를 아끼고, 시아버지는 며느리를 귀여워하는 일반적인 경향에서 나온 말.
2 사위에 대한 호칭어, 지칭어

호 칭 어		○ 서방, ○○ 아비(아범), 여보게
	사위에게	○ 서방, 자네
	딸에게	○ 서방
	장인, 장모가 대화하면서	○ 서방, ○○ 아비(아범)
지	사위의 부모에게	○ 서방
	아들에게	○ 서방, 매부, 매형, 자형
칭	다른 딸에게	○ 서방, 형부
	며느리에게	○ 서방
어	다른 사위에게	○ 서방
	외손자, 외손녀에게	아버지, 아빠
	타인에게	사위, ○ 서방, ○○ 아버지(아빠)

사¦위⁴(四圍) 몡 사방의 둘레. ¶~가 고요하 / ~가 어두워지다.

사¦위⁵(詐僞) 몡 거짓을 꾸며 속이는 것. 사위-하다² 툉(자여)

사¦위⁶(嗣位) 몡 왕위를 이어받는 것. 사위-하다³ 툉(재여)

사위다 툉(자) (모닥불·장작불·화롯불 따위가) 다 타서 꺼지는 상태가 되다. ¶저녁나절에 벌어진 탈판은 한밤도 겨운 새벽녘 나 위서야 모닥불이 사위었다.《윤후명:돈황의 사랑》

사위-스럽다[-따] 톙(ㅂ)<-스러우니, -스러워> 미신적으로 어쩐지 불길하고 마음에 꺼림칙하다. ¶"집안에 까닭 없는 곡성이 사위스러우니 울지 말고 말을 해."《홍명희:임꺽정》 사위스레 톗

사윗-감[-위깜/-윋깜] 몡 사위로 삼을 만한 사람. ↔며느릿감.

사유¹(私有) 몡 개인의 소유. 또는, 그 소유물. ↔공유(公有). 사유-하다¹ 툉(타여)

사¦유²(事由) 몡 일의 까닭. =연고·연유·정유(情由). ¶~를 밝히다 / ~를 묻다.

사유³(思惟) 몡 이성(理性)을 통해 생각하고 이해하고 판단하는 일. ⓑ사고. ¶파르메니데스의 절대적 실재에 대한 ~는 플라톤을 비롯한 그리스 철학자에게 큰 영향을 미쳤다. 사유-하다² 툉(재여)(타여) ¶인간은 지구 상에서 사유할 수 있는 유일한 존재이다.

사유-권(私有權)[-꿘] 몡 [법] 개인의 소유로 할 수 있는 권리. ¶~의 침해.

사유-림(私有林) 몡 개인 또는 사법인이 소유하는 산림. ↔공유림.

사유-물(私有物) 몡 개인이 소유하는 물건. ⓑ사물(私物). ↔공유물.

사¦유-서(事由書) 몡 일의 까닭을 적은 문서.

사유^재산(私有財産) 몡[법] 개인 또는 사법인이 자유의사에 의하여서 관리·사용·처분할 수 있는 동산이나 부동산. ↔공유 재산.

사유-지(私有地) 몡 개인 또는 사법인이 소유하는 토지. ↔공유지.

사유^철도(私有鐵道)[-또] 몡 민간에서 부설하고 운영하는 철도. ⓒ사철(私鐵). ▷유 철도.

사유-화(私有化) 몡 (어떤 대상을) 개인의 소유로 하는 일. ▷국유화. 사유화-하다 툉(재여)(타여) ¶국유지를 ~. 사유화-되다 툉(재) ¶공기업이 ~.

사육(飼育) 圓 짐승을 먹여 기르는 것. =사양(飼養). **사육-하다** 图(타)여 ¶토끼를 ~.
사육-되다 困.
사육^동물(飼育動物) [-똥-] 圓 집에서 먹여 기르는 동물. ↔야생 동물.
사:-육신(死六臣) [-씬] 圓 [역] 조선 세조 때, 단종의 복위를 꾀하다가 잡혀 죽은 여섯 명의 충신. 곧, 이개(李塏)·하위지(河緯地)·유성원(柳誠源)·유응부(兪應孚)·성삼문(成三問)·박팽년(朴彭年). ▷생육신.
사:육신^사건(死六臣事件) [-씬-껀] 圓 [역] 세조 2년(1456)에 성삼문(成三問) 등이 단종(端宗)의 복위를 꾀하다가 실패하여 일어난 사건. =병자사화.
사육-장(飼育場) [-짱] 圓 가축이나 짐승을 먹여 기르는 곳.
사:육-제(謝肉祭) [-쩨] 圓[가] 가톨릭 국가에서 사순절(四旬節) 직전의 3일 또는 7일간 행해지는 축제. 술과 고기를 먹으며 갖가지 가면을 쓰고 즐김. =카니발.
사:은(謝恩) 圓 은혜를 감사히 여겨 사례하는 것. ¶~ 대매출. **사:은-하다** 图(자)여.
사:은-숙배(謝恩肅拜) [-빼] 圓 임금의 은혜를 사례하여 공손히 절함. **사:은숙배-하다** 图(자)여.
사:은-품(謝恩品) 圓 기업에서 고객에게 답례로 주는 물건. 판촉물의 하나로, 흔히 물건을 사거나 가입하거나 했을 때 줌.
사:은-회(謝恩會) [-회/-훼] 圓 졸업생이 스승의 은혜를 감사하는 뜻으로 스승을 모시고 베푸는 모임.
사음¹(邪淫) 圓 자기의 아내나 남편이 아닌 사람과 음행(淫行)을 하는 일. =욕사행(欲邪行).
사음²(舌音) 圓 =마름³.
사음³(寫音) 圓 글이나 부호 따위로 소리를 그대로 옮겨 적는 것. **사음-하다** 图(타)여.
사의¹(私意) [-의/-이] 圓 1 사사로운 개인의 의견. 2 사사로운 욕심을 채우려는 마음. 囲사심(私心).
사:의²(謝意) 圓 1 감사하게 여기는 마음. ¶그동안 베풀어 주신 은혜에 심심한 ~를 표합니다. 2 잘못을 비는 마음.
사의³(辭意) [-의/-이] 圓 1 사퇴·사임할 의 뜻. ¶~를 표명하다. 2 말이나 글 속에 담긴 뜻.
사-의무(私義務) 圓[법] 사법(私法) 관계에서 성립하는 의무. ↔공의무(公義務).
사이¹ 圓 1 한 곳에서 다른 한 곳까지, 또는 한 물건에서 다른 한 물건까지의 거리나 공간. 囲간(間). ¶서울과 부산 ~/~가 벌어지다/~를 떼다/~를 좁히다/구름 ~로 해가 얼굴을 내밀다. 2 어떤 때에서 다른 어떤 때까지의 동안. ¶눈 깜박할 ~/잠시 한눈을 파는 ~에 아이가 없어졌다. 3 어떤 일에 들이는 시간적 겨를이나 여유. ¶놀고 있을 ~가 없다. 4 서로 맺은 관계나 사귀는 정분. ¶친구 ~/친한 ~/~가 나쁘다. 囵새.
사이-하다 图(타)여 사이에 두다. ¶탁자를 사이하다.
사이(가) 뜨다 困 사귀는 관계가 친하지 않다.
사:이²(四夷) 圓 예전에, 중국에서 말한 사방의 오랑캐. 곧, 동이(東夷)·서융(西戎)·남만(南蠻)·북적(北狄).
사이³(さい/才) 圓(의존) 1 목재의 체적의 단위. 1사이는 사방 1치에 길이 12자임. 2 석재

의 체적 단위. 1사이는 사방 1자에 높이 1자임.
사이-갈이 圓[농] 작물이 자라는 도중에 김을 매어, 두둑 사이의 골이나 그루 사이의 흙을 부드럽게 하는 일. =중경(中耕). **사이갈이-하다** 图(타)여.
-사이다¹ 어미 모음이나 'ㄹ' 받침으로 끝나는 동사의 어간에 붙어, '합쇼' 할 상대에게 청유함을 나타내는 종결 어미. 어간 끝 음절의 'ㄹ' 받침은 탈락됨. ¶일 좀 그만 하시고 이것 좀 드~. ▷-으사이다.
사이다²(†cider) 圓 [본뜻은 '사과술'] 탄산수에 당분과 향료를 섞어 만든, 무색의 청량음료.
사이드^드럼(side drum) 圓[음] =작은북2.
사이드-라인(sideline) 圓[체] =터치라인.
사이드^미러(side mirror) 圓 자동차 등의 차체 앞쪽 옆면에 다는 거울.
사이드^브레이크(†side brake) 圓 =핸드브레이크.
사이드^스로(←sidearm throw) 圓[체] 야구에서, 투수가 지면과 거의 평행하게 팔을 뻗으며 투구하는 일. 또는, 그런 투구.
사이드^스텝(side step) 圓 1 댄스에서, 한 발을 옆으로 내고 다른 발을 끌어다 붙이는 스텝. 2 [체] 권투 경기에서, 발을 좌우로 옮기면서 상대편의 공격을 피하는 기술.
사이드-스트로크(sidestroke) 圓[체] =모잽이헤엄.
사이드^아웃(side out) 圓[체] 테니스에서, 공이 사이드라인 밖으로 나가는 일.
사이드카(sidecar) 圓 오토바이 등의 옆에 달린 운반차. 또는, 그것이 달린 오토바이.
사이렌(siren) 圓 시각이나 경보를 알리기 위하여 소리가 나게 만든 장치. 많은 공기구멍이 뚫린 원판을 고속도로 돌려 공기의 진동으로 소리가 남. =호적(號笛).
사이버(cyber) 圓 주로 일부 명사 앞에 쓰여) 그 대상이나 활동이 인터넷상의 가상공간에 존재하거나 그곳에서 이뤄지는 것임을 뜻하는 말. ¶~ 가수/~ 대학/~ 강의/~ 쇼핑몰.
사이버네틱스(cybernetics) 圓[물] 생물의 자기 제어(自己制御)의 원리를 기계 장치에 적용하여, 통신·제어·정보 처리 등의 기술을 종합적으로 연구하는 학문 분야. 인공두뇌의 실현과 오토메이션의 개량을 목적으로 함.
사이버^머니(cyber money) 圓 인터넷상에서 물건을 구입하거나 콘텐츠를 이용하거나 할 때 사용하는 무형의 돈. =전자 화폐.
사이버-섹스(cybersex) 圓 =가상섹스.
사이버-스페이스(cyberspace) 圓[컴] =가상공간.
사이보그(cyborg) 圓 [cybernetic+organism] 몸의 일부나 장기 등을 전자 장치나 기계 등으로 개조하여 생리 기능을 크게 강화한 인간.
사:이비(似而非) 圓 (일부 명사 앞에 쓰이여) 겉으로는 비슷하나 본질은 완전히 다른 것. ¶~ 학자/~ 종교.
사이-사이 Ⅰ 圓 사이와 사이. ¶빌딩 숲 ~에 몇 채의 재래 가옥들이 보인다.
Ⅱ 閉 사이마다. 囲틈틈이. ¶일하면서 ~ 휴식을 취하다. 囵새새.
사이-시옷[-옫] 圓[언] 복합 명사 또는 복합 명사에 준할 만한 말의 두 말 사이에서 뒷말

의 첫소리가 된소리가 나고 앞말이 모음으로 끝날 때 앞말에 받쳐 적는 시옷. 뒷말의 첫소리가 'ㄴ', 'ㅁ' 또는 모음일 때, 'ㄴ'이나 'ㄴㄴ' 소리가 덧날 경우에도 이에 따름. '촛불', '제삿날', '냇물', '나뭇잎' 등에서의 'ㅅ'을 이름.

사이-음(-音) 몡[음] 원음을 받음 내리거나 올린 음. 곧, 피아노·오르간의 검은건반의 음. ≒원음(原音).

사이잘-삼(sisal-) 몡[식] 용설란과의 여러해살이풀. 용설란과 비슷하게 생겼으나, 줄기가 짧고 가시가 많음. 잎에서 채취한 섬유는 어업·선박·포장 등의 밧줄을 만드는 재료로 쓰임. 열대·아열대 지방에서 재배함.

사이-좋다[-조타] 혱 서로 다정하다. ¶사이 좋은 친구〔형제〕.

사이즈(size) 몡 옷이나 신발 등의 치수. ¶라지(large) ~ / 엠(M) ~ / ~가 딱 맞다.

사이-짓기[-짇끼] 몡[농] 주되는 작물 사이에 다른 작물을 심어 가꾸는 일. =간작(間作). **사이짓기-하다** 图[자]여

사이-참 몡 '새참'의 본딧말.

사이코드라마(psychodrama) 몡[심] 집단 심리 요법의 한 가지. 환자에게 과제 해결에 필요한 드라마를 즉흥적으로 연기하게 하고, 그 연기를 통해 잠재적인 자발성과 창조성을 발휘시켜 자기표현을 행하게 하는 기법. =심리극.

사이클(cycle) 몡 ①[자럽] 1 [물] =순환 과정. 2 일정한 주기로 되풀이되어 순환되는 일. 3 자전거. 특히, 손잡이 부분이 아래쪽으로 구부러지고 바퀴의 폭이 좁은 자전거. ¶~ 경기. ②[의존][물] 진동·주파수의 단위. 현재는 '헤르츠(hertz)'를 사용함.

사이클로이드(cycloid) 몡[수] 한 원이 일직선 위를 굴러 갈 때, 이 원의 원둘레 위의 한 정점(定點)이 그리는 자취.

사이클로트론(cyclotron) 몡[물] 전자석을 이용하여 이온을 나선상으로 가속하여 고에너지의 입자선(粒子線)을 만들어 내는 장치.

사이클론(cyclone) 몡 1[기상] 인도양 벵골 만과 아라비아 해에 발생하는 강한 열대성 저기압. 태풍과 같은 성질을 지님. 2 유체(流體) 중의 고체 입자를 분리하거나 액체 방울을 기체와 분리하는, 원심력을 이용한 분리 장치.

사이클링(cycling) 몡 스포츠나 레크리에이션을 목적으로 자전거를 타고 멀리 나가는 일.

사이클 히트(†cycle hit) 몡[체] 야구에서, 타자가 한 게임에서 1루타·2루타·3루타·홈런을 모두 친 경우를 이르는 말.

사이트(site) 몡[컴] 어떤 기업·단체·개인 등이 정보를 제공하기 위해 마련해 놓은 인터넷상의 장소. ¶웹 ~ / 게임 ~ / 무료 ~.

사이펀(siphon) 몡[물] 압력 차를 이용하여 액체를 그 액면보다 높은 곳으로 일단 유도하여 낮은 곳으로 옮기는 구부러진 관. 또는, 그 장치.

사익(私益) 몡 개인의 이익. 凹사리(私利). ↔공익(公益).

사인¹(死人) 몡 =사자(死者).

사인²(死因) 몡 죽게 된 원인. ¶~ 불명 / ~을 규명하다.

사인³(私人) 몡 개인 자격으로서의 사람. =사삿사람. ↔공인(公人).

사인⁴(私印) 몡 개인이 사용하는 도장. ↔관인(官印).

사인⁵(社印) 몡 회사에서 공식적으로 쓰는 도장.

사인⁶(sign) 몡 ['서명하다', '기호·몸짓'의 뜻] 1 서류나 기타의 것에 자기 이름을 쓰는 일. 또는, 그 글자. ¶탄원서에 ~을 하다 / 영화배우의 ~을 받다. 2 몸짓·눈짓 등으로 어떤 의사를 전달하는 일. 또는, 그 동작. ¶야구 감독이 타자에게 번트 ~을 냈다. **사인-하다** 图[자]여

사인⁷(sine) 몡[수] 삼각 함수의 하나. 직각 삼각형의 한 예각의 대변과 빗변과의 비를 그 각에 대하여 일컫는 말. 기호는 sin. 구용어는 정현(正弦).

사:인-교(四人轎) 몡 앞뒤에 각각 두 사람씩 모두 네 사람이 메는 가마. 凹사린교.

사:인-남여(四人籃輿) 몡 네 사람이 사인교 메듯이 메는 남여. 凹사린남여.

사인-북(†sign book) 몡 저명인사나 친구들로부터 기념으로 남기는 짤막한 말과 함께 서명을 받아 엮어 두는 책.

사:인여천(事人如天) [-녀-] 몡[종] 천도교에서, 한울님을 공경하듯 사람도 그와 똑같이 공경하고 존중하는 일.

사인-파(sine波) 몡[물] 파형(波形)이 사인 함수로 주어지는 진행파. 파동을 해석적으로 취할 경우의 기본형임. =정현파(正弦波).

사인-펜(†sign pen) 몡 펠트(felt)로 된 섬유성 심(心)에 수성(水性) 잉크를 넣은 필기도구.

사인-회(sign會) [-회/-훼] 몡 작가나 연예인, 운동선수 등이 자기의 작품을 홍보하거나 팬을 위해 사인을 해 주는 모임. ¶팬 ~ / 극장 앞에서 주연 배우의 ~가 열렸다.

사:-일구/4·19(四一九) 몡[역] =사일구 혁명.

사:일구^의거(四一九義擧) 몡[역] '사일구 혁명'의 구용어.

사:일구^혁명(四一九革命) [-형-] 몡[역] 1960년 4월, 학생을 비롯한 국민들이 이승만 자유당 정부의 독재와 부정부패·부정 선거에 항의하여 벌인 일련의 민주 항쟁. 구용어는 사일구 의거. =사일구.

사일로(silo) 몡 1 [농] 풋바심 작물이나 목초를 채워 엔실리지를 만들기 위하여 돌·벽돌·콘크리트 등으로 만든 저장 창고. =저장탑. 2 [군] 미사일 발사 장치를 격납하기 위한 지하 설비.

사:일-성복(四日成服) 몡 사람이 죽은 지 나흘 만에 상주 이하의 복인들이 상복을 입음. **사:일성복-하다** 图[자]여

사임(辭任) 몡 맡고 있던 직무를 스스로 그만두는 것. **사임-하다** 图[자]여 ¶회장 직을

사잇-골목 [-이꼴-/-읻꼴-] 몡 양옆에 담이 늘어선 좁은 골목.

사잇-길 몡 '샛길'의 잘못.

사잇-소리 [-이쏘-/-읻쏘-] 몡[언] 두 말이 결합하여 한 덩어리를 이룰 때 그 사이에 덧생기는 소리. 뒤의 예사소리가 된소리가 되거나 뒤의 형태소가 'ㅣ', 'ㅑ', 'ㅕ' 등으로 시작될 때에는 'ㄴ' 또는 'ㄴㄴ'이 덧남. =간음(間音).

사잇소리^현상(-現象) [-이쏘-/-읻쏘-] 몡[언] 합성 명사에서, 앞의 말의 끝소리가

울림소리이고, 뒷말의 첫소리가 안울림 예사소리일 때, 뒤의 예사소리가 된소리로 변하는 일. '내과(內科)'가 [내꽈], '솜이불'이 [솜니불]로 소리 나는 따위.

사자¹(死者) 명 죽은 사람. =사인(死人). ↔생자(生者).

사자²(使者) 명 1 명령이나 부탁을 받고 심부름하는 사람. =행인(行人). ¶~로 파견되다. 2 [불] 죽은 사람의 혼을 저승으로 잡아간다는 저승의 귀신. 3 [법] 타인의 완성된 의사 표시를 전하는 사람. 또는, 타인이 결정한 의사를 상대방에게 전하는 사람.

사자³(嗣子) 명 대(代)를 이을 아들. 준사(嗣).

사자⁴(獅子) 명 [동] 포유류 고양잇과의 맹수. 몸집이 크고 기운이 세어 '백수(百獸)의 왕'으로 불림. 몸털은 짧고 황갈색이며, 수컷은 머리와 목 주위에 긴 갈기가 있음. 사바나 지대에 무리 지어 삶.
[사자 없는 산에 토끼가 왕 노릇 한다] 잘난 사람이 없으면 못난 사람이 우쭐거린다.

사자⁵(寫字) 명 글씨를 베껴 쓰는 것. **사자-하다** 짜(타)여

사자-놀음(獅子-) 명 [민] =사자놀이.

사자-놀이(獅子-) 명 [민] 음력 정월 보름날, 사자탈을 쓰고 춤을 추면서 노는 민속놀이. =사자무(獅子舞) · 사자놀음.

사자-자리(獅子-) 명 [천] 황도 십이궁의 다섯째 별자리. 큰곰자리와 처녀자리 사이에 있으며, 5월 초순에 자오선을 통과함. =사자궁.

사자-좌(獅子座) 명 [불] 부처가 앉는 자리. 또는, 고승이나 법사가 설법할 때 앉는 자리. =예좌(猊座).

사자-춤(獅子-) 명 [민] 사자탈을 쓰고 추는 춤. =사자무(獅子舞). ×사자춤.

사자-코(獅子-) 명 사자의 코처럼 생긴 들창코. 또는, 그런 코를 가진 사람. ×사자코.

사자-탈(獅子-) 명 사자의 형상을 본뜬 탈. ×사자탈.

사자-후(獅子吼) 명 ['사자의 으르렁거리는 소리'라는 뜻] 1 [불] 부처의 설법. 그의 설법에 뭇 악마가 굴복한 데서 온 말임. 2 진리나 정도를 설하여 사설(邪說)을 갈파하는 것. ¶(노사는) 쏘는 듯 형형한 눈빛 하나로 언력을 대신했으며, 입을 열면 마주 앉은 수좌의 가사섶을 흔들리게 하는 ~가 있었다. 《김성동: 만다라》 3 부르짖는 듯한 열변. ¶국회의원 입후보자들이 ~를 토하다. **사자후-하다** 동(자)여

사!잣-밥(使者-) [-자빱/-잗빱] 명 [민] 초상난 집에서 죽은 사람의 넋을 부를 때 저승사자에게 주려는 뜻으로 채반에 담아 놓는 밥. 세 그릇의 밥을 대문 밖이나 담 모퉁이에 놓았다가 발인할 때 치워 버림.

사!잣-짚신(使者-) [-자접신/-잗접신] 명[민] 초상난 집에서 사잣밥과 함께 놓는 짚신.

사!장¹(死藏) 명 (사물을) 활용하지 않고 썩혀 두는 것. ¶재능을 ~시키다. **사!장-하다** 동(타)여 **사!장-되다** 동(자)여

사!장²(私藏) 명 개인이 사사로이 간직하는 일. 또는, 그렇게 간직한 물건. **사!장-하다** 동(타)여 ¶그는 국보급 문화재를 몇 점 **사장하고 있다**.

사장³(沙場) 명 =모래사장. ¶백(白)~.

사장⁴(社長) 명 회사의 우두머리. 회사 업무의 최고 집행자로서 회사 대표의 권한을 지님.

사장⁵(社章) 명 결사(結社)할 때 서로 약속하여 정한 기념장(記念章).

사장⁶(社葬) 명 회사가 주재하여 지내는 장례.

사장⁷(査丈) 명 항렬이 높은 사돈. 특히, 자녀 배우자의 조부모나 동기 배우자의 부모를 가리킴. ¶~ 어른.

사장⁸(師長) 명 스승과 나이 많은 어른.

사장⁹(射場) 명 =활터.

사!장¹⁰(赦狀) [-짱] 명 1 형벌을 면한다는 서장(書狀). 비사면장. 2 대사(大赦) · 특사(特赦)를 명하는 서장.

사장¹¹(寫場) 명 1 사진관 안에 사진을 찍는 시설을 갖추어 놓은 곳. 비스튜디오. 2 사진관의 이름 뒤에 붙어 상호를 이루는 말. ¶극동~.

사-장석(斜長石) 명 [광] 삼사 정계에 속하는 소다 석회 장석. 나트륨 · 칼슘 · 알루미늄을 주성분으로 하며, 회색 또는 흰색을 띰.

사-장조(-長調) [-쪼] 명 [음] 으뜸음이 '사'인 장조.

사재¹(私財) 명 개인의 재산. =사산(私産) · 사자(私資). ¶~를 털어 학교를 짓다.

사재²(社財) 명 회사 재산.

사재-기 명 값이 크게 오를 것을 내다보고 필요 이상으로 사두는 일. 비매점(買占). **사재기-하다** 동(타)여

사-재다 동(타) (물건을) 값이 크게 오를 것을 내다보고 필요 이상으로 사 두다. ¶상인들은 명절을 앞두고 제수용품을 **사재었다**.

사저(私邸) 명 1 개인의 저택. 2 관리가 사사로이 거주하는 저택. →관저(官邸).

사!적¹(史的) [-쩍] 관[接] 역사에 관한 (것). 또는, 역사를 통해 이뤄지는 (것). 비역사적. ¶~ 고찰 / ~ 전개.

사!적²(史蹟 · 史蹟) 명 역사적으로 중요한 의미가 있는 곳이나 시설물. 또는, 그 가운데 국가가 문화재로 지정한 곳. 곧, 제단 · 절터 · 성곽 · 성터 · 궁터 · 고궁 · 서원 · 분묘 따위.

사!적³(史籍) 명 =사기(史記)³.

사-적⁴(私的) [-쩍] 관 개인에 관계된 (것). ¶~ 감정 / ~인 문제. ↔공적.

사!적⁵(事績) 명 일의 실적이나 공적.

사!적⁶(事跡 · 事蹟) 명 사업의 남은 자취.

사적-장(射的場) [-짱] 명 목표물을 만들어 놓고 활이나 총을 쏘는 연습을 하는 곳. ▷사격장.

사!적-지(史蹟地) [-찌] 명 역사적으로 중요한 사건이나 시설의 자취가 남아 있는 곳.

사!적 현!재(史的現在) [-쩍-] [언] 과거의 사실을 생생하게 서술하기 위해 사용하는 현재 시제. =역사적 현재.

사전¹(寺田) 명 절에 딸린 밭. ▷사원전.

사전²(沙田) 명 모래가 많이 섞인 밭. 비모래밭.

사전³(私田) 명 [역] 개인 소유의 논밭. ↔공전(公田).

사전⁴(私錢) 명 사사로이 만든 가짜 돈. ↔관전(官錢).

사!전⁵(事典) 명 사물 · 사항을 나타내는 말을 모아 일정한 순서로 배열하여 해설을 붙인 책. ¶백과~ / 인명~. ▷사전(辭典).

사!전⁶(事前) 명 어떤 일이 있기 전, 또는 어떤 일을 시작하기 전. ¶~ 승인 / ~ 준비를 철저히 하다 / ~에 통보하다. ↔사후.

사!전⁷(赦典)[명][역] 국가에 경사가 있을 때 죄인을 용서하여 주는 특전. ⦜준⦝사(赦).

사전⁸(辭典)[명] 어휘를 모아 일정한 순서로 배열하여 싣고 각각 그 표기 형태·발음·의미·어원·용법 등을 해설한 책=사림(辭林)·사서(辭書)·어전(語典). ¶대[소]/국어 ~ / ~을 편찬하다 / ~을 찾다. ▷사전(事典).

사!절¹(四節)[명] =사철¹.
사!절²(使節)[명] 나라를 대표하여 일정한 사명을 띠고 외국에 파견되는 사람. ¶외교 ~.
사!절³(謝絶)[명] (요구나 제의를) 받아들이지 않고 물리치는 것. ¶면회 / 외상 / ○○일보 ~. 사!절-하다[동][타여]
사절⁴(辭絶)[명] 사양하여 받지 않는 것. 사절-하다[동][타여]
사!절기(四節氣)[명] 춘분·하지·추분·동지의 네 절기.
사!절-단(使節團)[-딴][명] 나라를 대표하여 일정한 사명을 띠고 외국에 파견되는 사람들로 조직된 단체. ¶외교 / 친선 ~.
사!절-지(四折紙)[-찌][명] 전지(全紙)를 넷으로 접은 크기로 자른 종이.
사!점(死點)[-쩜][공] 왕복 기관에서, 피스톤·연결봉·크랭크가 일직선 상에 있고, 힘이 일시적으로 0이 되는 점.
사정¹(司正)[명] (그릇된 일을) 다스려 바로잡는 것. ¶- 위원. 사정-하다¹[동][타여]
사정²(私情)[명] 개인의 사사로운 정. ¶~이 없다 / ~을 두다.
사!정³(事情)[명] 1 일의 형편이나 까닭. ¶부득이한 ~ / ~이 딱하다 / 그가 직장을 그만둔 데에는 그만한 ~이 있었다. 2 일의 형편이나 까닭을 말하고 무엇가를 간청하는 것. ¶~도 한두 번이지 어떻게 몇 번이나 하겠느냐. 사!정-하다²[동][자타여] 일의 형편이나 까닭을 말하고 무엇을 간청하다. ¶그는 빚쟁이에게 며칠만 더 참아 달라고[참아 줄 것을] 사정하였다.
사정(을) 두다 (구) 남의 형편을 헤아려 주다.
사정⁴(査正)[명] (그릇된 것을) 조사하여 바로잡는 것. 사정-하다³[동][타여]
사정⁵(査定)[명] 조사·심사하여 결정하는 것. ¶졸업 ~ / 세액 ~ / ~ 가격. 사정-하다⁴[동][타여] 사정-되다[동][자여]
사정⁶(射亭)[명] 활량들이 어울려 놀기 위하여 활터에 세운 정자.
사정⁷(射程)[명] =사정거리.
사정⁸[생] (성숙한 남자가) 성적인 흥분이 최고에 달하여 성기의 요도구에서 정액을 내쏟듯이 밖으로 내보내는 것. =토정(吐精). 사정-하다⁵[동][자여]
사정-거리(射程距離)[명] 탄환의 발사점에서 도달점까지의 거리. =사정(射程). ¶이 미사일은 ~가 7000km이다.
사!정-말[명] 일의 형편이나 까닭을 자세히 전하는 말. ¶~을 하고 돈을 빌리다.
사!정-사정(事情事情)[명] (남에게) 자꾸 사정하는 것. 사!정사정-하다[동][자여] ¶난 그 사람에게 돈 좀 빌려 달라고 사정사정했다.
사!정-없다(事情−)[−업따][형] 남의 사정을 돌봄이 없이 무자비하다. ¶호랑이 선생님에게 걸리면 사정없이! 사!정없-이[부]¶앙상한 가지에 차가운 북풍이 ~ 몰아치다.
사제(司祭)[명][가] 1 주교(主敎)와 신부(神父)의 총칭. 2 주교의 아래이며 부제(副祭)의 위인 성직.
사제²(私第)[명] 개인 소유의 집. ⦜비⦝사택.
사제³(私製)[명] 개인이 사사로이 만드는 것. 또는, 그 물건. ¶~엽서/~ 폭탄. ↔관제(官製). 사제-하다[동][타여]
사제⁴(舍弟)[명] Ⅰ[명] 남에게 자기의 아우를 겸손하게 이르는 말. ⦜비⦝가제(家弟). ↔사형(舍兄).
Ⅱ[대][인칭] 주로 편지 글에서, 아우가 형에게 자기를 이르는 말. ↔사형(舍兄).
사제⁵(師弟)[명] 1 스승과 제자. 2[불] 법계상(法系上)으로 아우뻘이 되는 사람.
사제-간(師弟間)[명] 스승과 제자 사이. =사제지간.
사제-단(司祭團)[명] 사제들로 이루어진 단체.
사제지간(師弟之間)[명] =사제간.
사!조¹(四祖)[명] 아버지·할아버지·증조할아버지·외할아버지의 총칭.
사조²(思潮)[명] 한 시대의 일반적인 사상의 흐름. ¶시대 ~ / 문예 ~.
사조³(詞藻·辭藻)[명][문] 1 시가(詩歌)나 문장. 2 시문에 대한 재능. 3 시문의 문채(文彩)나 말의 수식.
사조⁴(飼鳥)[명] 집에서 기르는 새. ↔야조.
사-조직(私組織)[명] 개인이 사사로이 만든 조직.
사!족¹(士族)[명] 1 문벌이 좋은 집안. 또는, 그 자손. 2 선비나 무인 집안. 또는, 그 자손.
사!족²(四足)[명] 1 짐승의 네 발. 또는, 그 짐승. 2 '사지(四肢)²'를 속되이 이르는 말.
사족(을) 못 쓰다 (구) 무엇에 반하거나 혹하여 어쩔 줄을 모르다. ¶술이라면 ~.
사족³(蛇足)[명] ['뱀의 다리'라는 뜻으로, '화사첨족(畫蛇添足)'을 줄인 말] 이미 충분함에도 불구하고 쓸데없이 덧붙인 말이나 내용. ⦜비⦝군더더기. ¶~을 달다 / ~을 붙이다.
사!졸(士卒)[명] =군사(軍士).
사!종(四從)[명] 십촌뻘 되는 형제자매.
사!종-성(四種姓)[명] =카스트.
사!죄¹(死罪)[−죄/−줴][명] 1 사형에 처해야 할 범죄. 또는, 죽어 마땅한 큰 죄. 2 [가] 살인·자살·낙태 등 영혼의 생명을 빼앗는 죄.
사!죄²(赦罪)[−죄/−줴][명] 1 죄를 용서하여 죄인을 놓아주는 것. 2 [가] 고해나 다른 성사(聖事)에 의해 죄를 사하는 것. 사!죄-하다¹[동][자타여]
사!죄³(謝罪)[−죄/−줴][명] 지은 죄에 대하여 용서를 비는 것. ¶백배(百拜) ~. 사!죄-하다²[동][자타여] ¶자식의 잘못에 대해 정중히 ~.
사!죄-드리다(謝罪−)[−죄−/−줴−][동][자][타] '사죄하다'의 객체 높임말. ¶아버님께 제 잘못을 사죄드립니다.
사!주¹(四柱)[명][민] 1 사람이 태어난 연·월·일·시의 네 간지(干支). 운명의 길흉을 점치는 자료가 됨. ¶~를 잘 타고나다. 2 =사주단자. ¶~를 보내다.
사주(를) 보다 (구) 사주를 가지고 사람의 운수를 점치다.
사주²(社主)[명] 회사나 결사(結社)의 주인.
사!주³(使嗾)[명] (어떤 사람을) 부추겨 부정적인 일을 시키는 것. =사촉(唆囑). ¶회사측은 노동자들이 불순 세력의 ~를 받아 파업을 일으켰다고 주장하였다. 사!주-하다[동][타여] ¶그는 친구에게 살인을 사주한 혐의로 검거되었다.

사주⁴(沙洲·砂洲) [지] 파도나 조류의 작용으로 강이나 해안의 수면 위에 둑 모양으로 이루어진, 모래나 자갈의 퇴적 지형.

사주-단자(四柱單子) [-딴-] 명 [민] 정혼한 뒤 신랑의 사주를 적어 신부 집에 보내는 간지(簡紙). =사주·사성(四星). 준주단.

사!주-쟁이(四柱-) 명 사주 보는 일을 직업으로 하는 사람을 얕잡아 이르는 말.

사주-전(私鑄錢) 명 사사로이 돈을 주조하는 것. 또는, 그 돈. **사주전-하다** 동(자여)

사!주-점(四柱占) [-쩜] 명 [민] 사주로써 운수를 헤아려 보는 점.

사!주-팔자(四柱八字) [-짜] 명 [민] 1 사주의 간지가 되는 여덟 글자. 곧, 생년월일시를 갑자년·을축월·병인일·정묘시와 같이 나타내므로, 간지가 두 글자씩 모두 여덟 글자임. 2 사주에 의해 정해져 있는 평생의 운세. ¶~가 사납다 / ~를 잘 타고나다.

사죽(絲竹) 명[음] 현악기와 관악기를 아울러 이르는 말.

사!중(四重) 명 네 겹.

사!중-성(四重星) 명[천] 네 개의 별이 우연히 같은 방향에 있어 육안으로 하나처럼 겹쳐 보이는 별.

사!중-주(四重奏) 명[음] 실내악의 하나. 서로 다른 네 개의 독주 악기의 의한 합주(合奏). 현악 사중주·피아노 사중주 등이 있음.

사!중-창(四重唱) 명[음] 성부(聲部)가 다른 네 명의 가수에 의한 중창. 동성(同聲)·혼성(混聲)이 있음.

사증(査證) [-쯩] 명 어떤 사람이 다른 나라에 가고자 할 때 소지해야 하는, 그 나라의 출입국 관리 기관이 입국을 허가하여 발행한 증서. =비자(visa).

사!지¹(四知) 명 두 사람 사이의 비밀도 하늘이 알고 땅이 알며, 자기 알고 상대가 알고 있으므로 어느 때고 남이 알게 된다는 것.

사!지²(四肢) 명 두 팔과 두 다리. =사체(四體). ¶~가 벌벌 떨리다 / ~가 멀쩡한 녀석이 허구한 날 놀고먹기만 할 테냐.

사!지³(死地) 명 죽을 지경의 매우 위험한 곳. ¶~에 몰리다 / ~에서 벗어나다.

사지⁴(寺址) 명 =절터.

사지⁵(沙地·砂地) 명 =모래땅.

사지⁶(絲紙) 명 제사나 잔치에 쓰는 누름적·산적을 꽂은 꼬챙이 끝에 감아 늘어뜨리는, 가늘고 길게 오린 종이.

사지⁷ '서지(serge)²'의 잘못.

사!지곡직(事之曲直) [-찍] 명 일의 옳고 그름. ¶~을 가리다.

사!지오등(死之五等) 명 신분에 따라 달리 나타내는, 죽음의 다섯 가지 등급. 천자(天子)는 붕(崩), 제후(諸侯)는 훙(薨), 대부(大夫)는 졸(卒), 선비는 불록(不祿), 서인(庶人)은 사(死)라 함.

사지-춤 명[민] '사자춤'의 잘못.
사지-코 '사자코'의 잘못.
사지-탈 '사자탈'의 잘못.
사!지-통(四肢痛) 명[한] 팔다리가 쑤시고 아픈 병.

사직¹(司直) 명 법에 의하여 시비곡직을 가리는 재판관 또는 법관. ¶~ 당국.

사직²(社稷) 명 [역] 고대 중국에서, 새로 나라를 세울 때 천자와 제후가 제사를 지내던 토신(土神)과 곡신(穀神). 2 '나라' 또는 '조정'을 일컫는 말. ¶종묘~이 위태롭다.

사직³(辭職) 명 맡은 직무를 내놓고 그만두는 것. ¶권고~. **사직-하다** 동(자타여) ¶그는 신병을 이유로 **사직했다**.

사직-단(社稷壇) [-딴] 명 [역] 임금이 백성을 위하여 토신(土神)과 곡신(穀神)을 제사 지내는 제단. 준사단.

사직-서(辭職書) [-써] 명 맡은 직무를 내놓고 물러나게 해 줄 것을 청하는 서류. ⓑ사표(辭表).

사직-원(辭職願) 명 사직할 뜻을 밝히고 허락을 구하는 일. 또는, 그 문서.

사진¹(仕進) 명 [역] 벼슬아치가 규정된 시각에 출근하는 것. ↔사퇴(仕退). **사진-하다**¹ 동(자여)

사진²(沙塵) 명 모래가 섞인 먼지.

사진³(死脈) 명 맥과 연결된 실의 끝을 잡고 그 감촉으로 짚어 보는 진맥.

사진⁴(寫眞) 명 1 필름을 넣은 사진기로 물체를 찍은 뒤에, 그 필름을 이용하여 특수한 종이에 재현한 영상. ¶결혼~ / 흑백[컬러]~ / 스냅~ / ~을 박다[찍다] / ~을 현상하다 / ~이 잘 나오다 / ~이 잘 받다. 2 인물 또는 초상을 그리는 것. **사진-하다**² 동(자여) 인물 또는 초상을 그리다.

사진-결혼(寫眞結婚) 명 서로 먼 곳에 떨어져 있는 모르는 사이의 남녀가 사진으로 선을 보고 하는 결혼.

사진-관(寫眞館) 명 촬영 스튜디오를 갖추고 주로 인물 사진을 찍어 주는 일을 전문으로 하는 업.

사진-기(寫眞機) 명 =카메라1.

사진^기자(寫眞記者) 명 신문사·잡지사 등에서 사진 찍는 일을 하는 기자. =카메라맨.

사진-동판(寫眞銅版) 명 사진 등의 밝고 어두운 부분을 망점(網點)의 대소로 나타낸 인쇄용 볼록판. =망판(網版).

사진^등급(寫眞等級) 명[천] 사진으로 찍은 별의 밝기를 나타내는 등급. ▷실시 등급.

사진^렌즈(寫眞lens) 명 사진기에 쓰이는 렌즈. 굴절률이 다른 여러 개의 볼록 렌즈와 오목 렌즈의 조합으로 이루어 짐. 표준 렌즈·광각 렌즈·망원 렌즈·줌 렌즈 등이 있음.

사진-발(寫眞-) [-빨] 명 사진을 찍었을 때 얼굴이 사진에 나오는 효과. ¶~이 잘 받는 배우.

사진-사(寫眞師) 명 사진기로 어떤 대상(특히, 사람)을 찍어서 사진으로 만들어 주는 일을 직업으로 하는 사람.

사진^섬광^전구(寫眞閃光電球) 명 실내 또는 야간 사진 촬영에 쓰이는 특수 전구. 속에 알루미늄박(箔)과 산소가 들어 있어, 전류 통하면 순간적으로 연소하여 강력한 빛을 냄.

사진-술(寫眞術) 명 사진을 찍어 음화 또는 양화를 만드는 방법이나 기술.

사진^식자(寫眞植字) [-짜] 명[인] 사진 식자기의 인화지나 필름에 직접 글자를 한 자씩 인자(印字)하여 가는 일. 준사식.

사진^식자기(寫眞植字機) [-짜-] 명[인] 활자를 쓰지 않고, 음판(陰版)으로 되어 있는 유리 문자판에 의하여 활자를 한 자씩 필름이나 인화지에 촬영하여 문자 조판을 하는 기계. 준사진기.

사진의부진(辭盡意不盡) [-의-/-이-] 명 말은 다 하였으나 말하고 싶은 뜻은 아직 그대로 남아 있음. **사진의부진-하다** 형(여)

사진-작가(寫眞作家) [-까] 명 예술 사진을 전문적으로 찍는 일에 종사하는 사람.

사진^전송(寫眞電送) 圈 사진의 화상을 전기 신호로 바꾸어 유선 또는 무선으로 원격지로 보내고, 수신 측에서 이것을 다시 빛의 강약으로 바꾸어 원그림대로 재생하는 통신 방식.

사진-제:판(寫眞製版) 圈[인] 사진술을 응용하여 인쇄용의 판면(版面)을 만드는 방법. 감광약을 바른 판로서에 원고의 사진 음화(陰畫)를 밀착시켜, 약품으로 부식시키는 처리를 거쳐 만듦.

사진-첩(寫眞帖) 圈 사진을 붙여 보존하기 위해, 여러 장의 두꺼운 종이를 한쪽을 묶어 책처럼 만든 물건. =앨범. ¶낡은 ~을 들추다.

사진-틀(寫眞-) 圈 사진이나 그림을 끼워 넣어, 벽에 걸거나 책상머리에 세워 놓고 보는 틀.

사진-판(寫眞版) 圈[인] 사진 제판에 의하여 만든 인쇄판의 총칭.

사진^평판(寫眞平版) 圈[인] 사진판의 하나. 석판·아연판·알루미늄판 등에 음판(陰版)을 밀착시켜 영상을 만들고, 오프셋 인쇄에 붙임.

사질(舍姪) 圈 자기의 조카를 남에게 대하여 일컫는 말.

사질-토(沙質土) 圈 모래 성분이 많은 흙.

사:차 방정식(四次方程式) 圈[수] 미지수의 최고 차수가 4차인 방정식.

사:-차원(四次元) 圈[수] 공간의 3차원에 시간을 더한 차원.

사찰[1](寺刹) 圈[불] '절'을 문어적으로 이르는 말. ¶대(大)~.

사찰[2](私札) 圈 사사로이 하는 편지. 凹서신(私信)·사신(私信).

사찰[3](伺察) 圈 (남의 행동을) 은근히 살피는 것. **사찰-하다** 下

사찰[4](査察) 圈 어떤 일이 규정에 따라 준수되고 있는지를 조사·확인하는 것. ¶세무(稅務)~. **사찰-하다**[2] 下[타]

사창[1](私娼) 圈 당국의 허가 없이 비밀히 매음하는 창녀. ↔공창(公娼).

사창[2](社倉) 圈[역] 조선 시대에, 각 고을에 환곡(還穀)을 저장하여 두던 곳집.

사창-가(私娼街) 圈 당국의 허가 없이 창녀들이 매음 행위를 하는 집이 몰려 있는 거리.

사채[1](私債) 圈 공인된 금융 기관이 아닌, 개인에게서 빌려 쓰는 빚. ¶~을 얻다/~를 쓰다. ↔공채(公債).

사채[2](社債) 圈[법] 주식회사가 사업에 필요한 자금을 조달하기 위하여 모집하는 채무. 증권 발행의 형식에 의하여, 원금의 상환 기한과 이자 등이 약속되어 있음. =회사채. ¶~를 발행하다 / ~를 모집하다.

사채권-자(社債權者)[-꿘-] 圈[법] 사채(社債)의 채권자로서, 사채의 보유에 따르는 모든 권리를 주장할 수 있는 사람.

사채-놀이(私債-) 圈 비교적 많은 자금을 운용하여 벌이는 돈놀이.

사채^시:장(社債市場) 圈[경] 증권 시장의 하나. 주식회사가 자금을 조달하기 위해 발행한 채권을 중매인(仲買人)이 사이에 들어서 거래하는 시장.

사처[1][<하처(下處)] 고귀한 손님이 길을 가다가 묵는 것. 또는, 묵고 있는 그 집. **사처-하다** 下[자][여] ¶내가 **사처한** 데서 죄인을 잡아가려면 유수가 내게 전갈 한 마디쯤은 있어야 옳지, …. (홍명희:임꺽정)

사:처[2](四處) 圈 여러 곳. 凹사방.

사처[3](私處) 圈 개인이 사사로이 거처하는 곳.

사:천(四天) 圈 1 사철의 하늘. 곧, 봄의 창천(蒼天), 여름의 호천(昊天), 가을의 민천(旻天), 겨울의 상천(上天). 2 [불] '사천왕(四天王)'의 준말.

사천-대(司天臺) 圈[역] 고려 시대, 천문(天文)에 관한 사무를 맡아보던 관아.

사:천-왕(四天王) 圈[불] 사방을 지켜 불법에 귀의한 중생을 수호하는 네 신. 사왕천(四王天)의 주신(主神)으로, 동의 지국천왕, 남의 증장천왕, 서의 광목천왕, 북의 다문천왕을 가리킴. 준사천.

사:천왕-문(四天王門) 圈[불] 절을 지킨다는 뜻으로, 동·서·남·북의 사천왕을 만들어 좌우에 세운 문.

사:-철(四-) I 圈 봄·여름·가을·겨울의 네 철. =사계(四季)·사계절·사서(四序)·사시절·사절(四節). 凹사시(四時). ¶사시 /~의 변화.
II 본 어느 시절을 막론하고 늘. ¶~ 푸른 나무 / ~ 더운 열대 지방.

사철[2](私鐵) 圈 '사유 철도'의 준말. ↔국철.

사철(沙鐵·砂鐵) 圈[광] 암석 중에 포함되었던 자철석이 작은 알갱이가 되어 흘러서 강이나 바다 밑에 퇴적한 광상 또는 광물.

사:철-나무(四-)[-라-] 圈[식] 노박덩굴과의 상록 관목. 여름에 녹백색의 잔 꽃이 피고, 가을에 붉고 둥근 열매가 익음. 해안의 산기슭에 나는데, 정원수나 울타리 등으로 심기도 함. 나무껍질은 약으로 쓰임.

사첫-방(-房)[-빵/-첟빵] 圈[<하처방(下處房)] 윗사람이나 점잖은 손님이 묵고 있는 방.

사:체[1](四體) 圈 1[생] =사지(四肢)[2]. 2 팔다리와 머리와 몸뚱이. 곧, 온몸.

사:체[2](史體) 圈 사기(史記)의 체제. 곧, 편년체(編年體)와 기전체(紀傳體).

사:체[3](死體) 圈 사람 또는 그 밖의 동물의 죽은 몸. ¶~ 유기(遺棄) / ~ 부검. 凹시체.

사:체[4](斜體) 圈[인] 1 활자 또는 사진 식자에서, 오른쪽 또는 왼쪽으로 비스듬히 기운 자체. 2 =이탤릭체.

사:체^검:안(死體檢案) 圈[법] 죽은 원인을 밝히기 위하여, 시체를 의학적으로 검증하는 일.

사:초[1](史草) 圈[역] 사관(史官)이 기록하여 둔 사기(史記)의 초고(草稿).

사초[2](莎草) 圈 무덤에 떼를 입혀 잘 다듬는 것. **사초-하다** 下[자][여] ¶선산에(을) ~.

사초[3](飼草) 圈 가축의 사료로 쓰이는 풀.

사-초롱(紗-) 圈 여러 가지 빛깔의 깁으로 거죽을 바른 초롱.

사촉(唆囑) 圈 =사주(使嗾)[3]. **사촉-하다** 下[타][여]

사:촌(四寸) 圈 아버지의 친형제의 아들·딸. 같은 항렬이며, 할아버지가 같음. ¶~ 형 / ~ 오빠.
[사촌이 땅을 사면 배가 아프다] 남이 잘되는 것을 매우 시기함을 일컫는 말.

사추-기(思秋期) 圈 인생에 있어서 새로이 정신적·육체적 변화를 겪는 중년의 시기. '사춘기'라는 말을 본떠 만든 신조어임.

사춘-기(思春期) 圈 신체적·정신적으로 아동의 시기를 지나 청년기로 옮아가는, 13~17세가량의 시기. 신체가 급격하게 성장하여성 기관의 발달이 완성되고, 정신적으로 성숙해지며, 이성에 대한 관심이 커짐. ¶~의 소녀.

사:출(射出) 圀 **1** (액체·가스·탄알 따위를) 쏘아서 내보내는 것. **2** 한 점에서 부채꼴로 뻗어내는 것. **사출-하다** 图태여 **사출-되다** 图재

사출-나다(査出-) [-라-] 图재 조사를 당하여 진상이 드러나다.

사출^성형기(射出成形機) 圀공 실린더 속에서 가열하여 녹인 플라스틱 재료를 노즐을 통하여 폐쇄된 거푸집 속에 밀어 넣고, 냉각하여 고체의 제품을 만드는 기계. =사출기.

사출-수(射出髓) [-쑤] 圀식 나무줄기의 중심에서 사방으로 뻗어 나간 가는 줄. 주로 물과 양분을 나르는 구실을 함.

사춤 圀 **1** 벌어지거나 갈라진 틈. **2** 건 담이나 벽 따위의 갈라진 틈을 메우는 일.

사취¹(沙嘴·砂嘴) 圀지 연안류(沿岸流)나 파랑(波浪)에 의하여 운반된 자갈이 해안이나 호안(湖岸)으로부터 길쭉하게 둑 모양으로 퇴적되어 있는 지형. ▷사주(沙州).

사취²(詐取) 圀 (남의 것을) 거짓으로 속여서 빼앗는 것. **사취-하다** 图태여 ¶남의 재산을 ~.

사치(奢侈) 圀 씀씀이나 치레를 분수에 지나 칠 만큼 호화롭거나 고급스럽게 하는 것. ¶~ 풍조. **사치-하다**¹ 图재여 ¶사치하지 말고 검소하게 생활하여라. ▷사치하다.

사치-세(奢侈稅) [-쎄] 圀 사회 상식으로 보아 사치하다고 간주되는 재물·서비스에 과해지는 간접세.

사치-스럽다(奢侈-) [-따] 廧비 ⟨-스러우니, -스러워⟩ 사치한 데가 있다. ¶사치스러운 옷차림. **사치스레** 円

사치-품(奢侈品) 圀 생활의 필요 정도에 넘치거나 분수에 지나친 물품.

사치-하다²(奢侈-) 廧여 씀씀이나 치레가 분수에 지나치다. ¶사치한 생활.

사:칙¹(四則) 圀수 덧셈·뺄셈·곱셈·나눗셈의 네 가지 법칙.

사칙²(社則) 圀 회사나 결사 단체의 규칙.

사:칙^계:산(四則計算) [-꼐-/-께-] 圀 [수] 덧셈·뺄셈·곱셈·나눗셈을 응용하여 푸는 셈법. =사칙식.

사친¹(私親) 圀 **1** 서자(庶子)의 생모(生母). **2** 여 종실(宗室)로서 들어가 왕위를 이어받은 임금의 생가 어버이. 또는, 빈(嬪)으로서 임금의 생모.

사친²(思親) 圀 어버이를 그리며 생각하는 것. **사친-하다** 图재여

사:친이효(事親以孝) 圀 세속 오계의 하나. 어버이를 효로써 섬겨야 한다는 말.

사친-회(師親會) [-회/-훼] 圀교 학교를 중심으로 교사와 학부모로 이루어진 조직. 학교와 가정의 관계를 긴밀히 하여 학생의 교육 효과를 높이기 위한 것임. 5·16 군사 정변 이후 폐지되고, 기성회를 거쳐서 1970년대 후반 육성회로 발전됨. =피티에이 (PTA). ▷육성회.

사친회-비(師親會費) [-회-/-훼-] 圀 사친회의 운영을 위하여 학부모가 일정하게 내는 돈.

사칭(詐稱) 圀 부당한 이익을 얻기 위하여 이름·직업 등을 거짓으로 속여 말하는 것. **사칭-하다** 图재타여 ¶고위 공무원을 ~/기

관원으로 ~.

사카린(saccharin) 圀화 인공 감미료의 하나. 무색 반투명의 결정. 톨루엔을 원료로 하여 만들며, 단맛이 매우 강하여 설탕 대용품으로 쓰임.

사쿠라(일櫻/さくら) [`바람잡이', `한통속'의 뜻] ⟨속⟩ 변절한 사람. 특히, 여당(與黨)과 은밀하게 야합한 야당 정치인을 가리킴. ¶~ 정치인 / 야당에 ~ 세력을 심어 놓다.

사타구니 圀 `샅'을 낮추어 이르는 말. ㉗사타귀.

사타구니를 긁다 丞 알랑거리며 아첨하다.

사타귀 圀 `사타구니'의 준말.

사탄(Satan) 圀 [`적대자(敵對者)'라는 뜻] 성 악마. 또는, 악마의 우두머리, 하느님과 대립하는 악(惡)을 인격화한 것임. =사단.

사탑¹(寺塔) 圀 절에 있는 탑.

사탑²(斜塔) 圀 한쪽으로 비스듬히 기울어진 탑. ¶피사(Pisa)의 ~.

사탕(沙糖*·砂糖*) 圀 [`糖'의 본음은 `당'] **1** 엿이나 설탕을 끓여 여러 가지 모양으로 만든, 달고 단단한 과자. ¶알~ / ~을 빨아먹다. **2** =설탕(雪糖).

사탕-무(沙糖-) 圀식 명아줏과의 두해살이풀. 여름에 황록색의 잔 꽃이 피며, 열매는 공 모양의 덩어리를 이룸. 큰 뿌리에는 당분이 많이 들어 있어 그 즙을 고아 설탕을 만들며, 잎은 사료로 쓴. 열대 및 아열대 지방에서 재배함. ㉺감채(甘菜)·첨채(甜菜).

사탕-발림(沙糖*-) 圀 달콤한 말로 비위를 맞추어 살살 달래는 것. 또는, 그 말이나 짓. ¶~에 넘어가다. **사탕발림-하다** 图재여

사탕-수수(沙糖*-) 圀식 볏과의 여러해살이풀. 수수와 비슷하며, 가을에 회백색 꽃이 핌. 줄기에서 짠 즙을 고아 설탕을 만듦. 열대 및 아열대 지방에서 재배함. =감자(甘蔗).

사태¹ 圀 소의 오금에 붙은 고깃덩이. 곰국거리로 쓰임. ¶~찜.

사:태²(死胎) 圀 배 속에서 이미 죽어서 나온 태아.

사태³(沙汰·砂汰) 圀 **1** 높은 언덕이나 산비탈 또는 쌓인 눈 따위가 무너져 내려앉는 일. ¶눈~ / ~가 나다 / ~가 지다. **2** 사람이나 물건이 한꺼번에 많이 쏟아져 나오는 일의 비유. ¶시장에 수박 ~가 났다.

사:태⁴(事態) 圀 벌어진 일의 상태. 또는, 일의 되어 가는 형편. =사체(事體). ¶비상~ / ~를 수습하다 / ~를 관망하다 / ~가 호전되다.

사택¹(私宅) 圀 개인 소유의 집. ㉘사제(私第).

사택²(舍宅) 圀 기업체나 기관에서 근무하는 직원을 위하여 그 기업체나 기관에서 지은 살림집.

사택³(社宅) 圀 주로 사원들의 살림집으로 쓰기 위하여 회사에서 마련한 집.

사타그라하^운:동(Satyagraha運動) 圀 [사탸는 `진리', 그라하는 `장악'이라는 뜻] 인도의 마하트마 간디와 그의 추종자들이 영국에 대한 투쟁으로 벌인 비폭력 저항 운동.

사토(沙土·砂土) 圀 =모래흙.

사토-장이(莎土-) 圀 구덩이를 파고 무덤을 만드는 일을 직업으로 하는 사람.

사토-질(沙土質) 圀 모래 성분으로 된 토질.

사:통¹(四通) 圀 (도로·교통·통신 등이) 사방

으로 통하는 것. 사:통-하다¹ 图 困 画

사통²(私通) 图 **1** (부부가 아닌 남녀가) 몰래 정을 통하는 것. **2** 공사(公事)에 관하여 편지 등으로 사사로이 연락하는 것. 또는, 그 편지. 사통-하다² 图 困 画 画

사:통-오달(四通五達) 图 =사통팔달. 사:통오달-하다 图 困 画

사:통-팔달(四通八達) 图 [-딸] 어떤 지역이나 길이 사방팔방으로 두루 통함. =사달오통·사통오달. 사:통팔달-하다 图 困 画

사퇴(仕退) [-퇴/-퉤] 图 图 벼슬아치가 정한 시각에 사무를 마치고 퇴근하는 것. =파사(罷仕)·퇴사(退仕). ↔사진(仕進). 사퇴-하다¹ 图 困 画

사퇴²(辭退) [-퇴/-퉤] 图 **1** (어떤 일을) 그만두고 물러서는 것. ¶총~. **2** 사절하여 물리치는 것. =사사(辭謝). 사퇴-하다² 困 围 画 ¶장관 직을 ~.

사퇴-서(辭退書) [-퇴/-퉤-] 图 어떤 직책에서 물러나겠다는 뜻을 적은 문서. ¶임원들이 일괄 ~를 제출하다.

사:투¹(死鬪) 图 죽을힘을 다하여 싸우는 것. ¶적과 ~를 벌이다. 사:투-하다¹ 图 困 画

사투²(私鬪) 图 사사로운 이해나 감정 문제로 싸우는 것. 또는, 그 싸움. 사투-하다² 图 困 画

사:투리 图 어느 지방에서만 쓰이는, 표준어가 아닌 말. 표준어보다 열등한 시골말이라는 어감이 들어가 있는 말임. =토어(土語)·와언(訛言). 图방언. ¶경상도[전라도] ~.

사특(邪慝) 图 **사특-하다** [-트카-] 형 画 사스럽고 간특하다.

사파리(safari) 图 아프리카에서 야생 동물을 관찰·탐사하거나 사냥하면서 하는 여행.

사파이어(sapphire) 图 =청옥(靑玉).

사판(祠板·祠版) 图 =신주(神主)¹.

사:판-화(四瓣花) 图[식] =네잎꽃.

사:팔-눈 [-룬] 图 사팔뜨기의 눈. 곧, '사시안(斜視眼)'을 얕잡아 이르는 말. ▷사시안.

사:팔-뜨기 图 '사시(斜視:양쪽 눈의 시선이 평행하지 않은 상태)'를 얕잡아 이르는 말. 또는, '사시인 사람'을 얕잡아 이르는 말. ▷사시(斜視).

사:폐(事弊) [-폐/-페] 图 일의 폐단.

사포(沙布·砂布) 图 금강사(金剛砂)나 유리 가루 등을 발라 붙인 천이나 종이. 물체의 거죽을 반드럽게 하거나 녹을 닦는 데 쓰임. =사지(沙紙)·샌드페이퍼·연마지.

사포닌(saponin) 图 [화] 식물계에 널리 존재하는 배당체(配糖體)의 비당(非糖) 부분이 여러 고리 화합물로 이루어진 것의 총칭. 강심제·이뇨제 등으로 한약에 쓰임.

사폭(邪幅) 图 남자 바지의 허리와 마루폭 사이에 잇대어 붙이는 크고 작은 네 쪽의 폭.

사:표¹(死票) 图 선거 때, 낙선한 후보자에게 던져진 표.

사표²(師表) 图 학식과 덕행이 높아 모범이 될 만한 사람. ¶강 선생이야말로 인격으로 보나 학식으로 보나 우리의 ~가 될 만한 분이다.

사표³(辭表) 图 사임의 뜻을 적은 서면. =사장(辭狀). 围사직서. ¶~를 내다/~를 수리하다.

사푼 图 '사뿐'의 거센말. 돈서푼.

사푼-사푼 图 '사뿐사뿐'의 거센말. 돈서푼서푼.

사품 图 어떤 동작·일 등이 진행되는 바람이나 기회. ¶팡대는 아이들이 발바닥 밑으로 우르르 달려드는 ~에 깜짝 놀라서 하마터면 발을 헛딛고 떨어질 뻔하였다.《심훈:상록수》/용자는 눈을 두어 번 깜짝한다. 그 ~에 눈물 두어 방울이 삐져 흐른다.《이무영:용자소전》

사풋 [-풋] 图 '사붓'의 거센말. 돈서풋. 엔사뿟.

사풋-사풋 [-풋싸풋] 图 '사붓사붓'의 거센말. 돈서풋서풋. 엔사뿟사뿟.

사풋-이 图 '사붓이'의 거센말. 돈서풋이. 엔사뿟이.

사:풍¹(土風) 图 선비의 기풍.

사풍²(邪風) 图 **1** 정중하지 못한 태도. **2** 못된 풍습.

사풍-맞다(邪風-) [-맏따] 형 말이나 행동을 함부로 하여 경솔하다.

사풍-세우(斜風細雨) 图 비껴 불어오는 바람과 가늘게 내리는 비. =세우사풍.

사풍-스럽다(邪風-) [-따] 형 围 (~스러우니, ~스러워) 말이나 행동을 함부로 하여 경솔한 데가 있다. **사풍스레** 图

사피(蛇皮) 图 뱀 껍질.

사피즘(sapphism) 图 [그리스의 여류 시인 사포(Sappho)와 그녀의 미녀 문하생들이 즐겼다는 데서] 여자끼리의 동성애(同性愛).

사:필(史筆) 图 사관(史官)이 역사를 곧은 말로 기재한 필법.

사:필귀정(事必歸正) 图 모든 일은 반드시 바른 데로 돌아감. 사:필귀정-하다 图 困 画

사-하다¹(瀉-) 图 困 한 몸이 실증(實症)일 때, 약이나 침이나 뜸으로 사기(邪氣)를 공격하여 병을 몰아내다. ↔보하다.

사:-하다²(赦-) 图 围 (허물이나 지은 죄를) 탓하거나 벌하지 않고 용서하다. ¶죄를 ~.

사:-하다³(謝-) 图 困 围 감사·사례의 뜻으로 인사를 하다.

사:학¹(史學) 图 '역사학'의 준말. ¶~자.

사:학²(四學) 图 [역] 조선 시대, 세가자제(勢家子弟)를 가르치기 위하여 서울의 중앙 및 동·서·남의 네 곳에 세운 학교. 곧, 중학·동학·서학·남학.

사학³(私學) 图 **1** 개인이 세운 교육 기관. ¶~ 재단. **2** [역] 고려 시대의 사설 교육 기관. 구재(九齋)·문헌공도도 따위. ↔관학(官學).

사학⁴(邪學) 图 [역] 조선 시대에, 성리학(性理學)을 숭앙하는 사람들이 천주학(天主學)을 요사스러운 학문이라 하여 배척하며 이르던 말.

사학⁵(斯學) 图 이 학문. 그 방면의 학문. ¶~의 권위자.

사:학-가(史學家) [-까] 图 역사학을 연구하는 사람.

사:-한국(四汗國) 图 [역] 칭기즈 칸이 네 아들에게 분봉(分封)한 4개의 변경 국가. 곧, 킵차크한국·차카타이한국·오고타이한국·일한국.

사:합-사(四合絲) [-싸] 图 네 가닥으로 꼬아 만든 실.

사:항(事項) 图 **1** 여럿으로 벌인 하나하나의 내용이나 항목. =항(項). ¶다음 각 ~에 대해 정의를 내려 보라. (1)문화 (2)전통 **2** (한정하는 말 다음에 쓰여) 그것을 해야 할 내용이나 일. ¶주의 ~/공지 ~/지시 ~.

사:해¹(四海) 圀 1 사방의 바다. 2 온 세상.
사:해²(死骸) 圀 죽은 뒤의 육신.
사:해-동포(四海同胞) 圀 =사해형제.
사해동포-주의(四海同胞主義) [−의/−이]
  圀 =박애주의.
사:해-형제(四海兄弟) 圀 [사해 안에 있는
  사람은 모두 형제라고 한 데서] 세상 사람이
  다 형제와 같다는 뜻으로, 친밀함을 이르는
  말. =사해동포.
사핵(査覈·査核) 圀 실정(實情)을 자세히 조
  사하여 밝히는 것. **사핵-하다** 동(타여)
사행¹(邪行) 圀 옳지 못한 행위.
사행²(射倖) 圀 요행을 바라는 것. **사행-하
  다**¹ 동(자여)
사행³(蛇行) 圀 1 뱀처럼 구불구불 휘어서 가
  는 것. 2 [지] =곡류(曲流)¹. **사행-하다**²
  동(자여)
사:행-시(四行詩) 圀 [문] 한 편의 작품, 또는
  작품의 한 연(聯)이 네 개의 행으로 이루어
  진 시.
사행-심(射倖心) 圀 요행을 바라는 마음. ¶
  ~을 조장하다.
사:행정^기관(四行程機關) 圀 [물] 피스톤의
  두 왕복, 곧 4행정으로 흡입·압축·폭발·배
  기의 전 동작을 끝내는 내연 기관. ▷이행정
  기관.
사:향¹(四向) 圀 동·서·남·북의 네 방향. 回
  사방(四方).
사:향²(麝香) 圀 사향노루의 사향낭에서 얻어
  지는 향료. 흑갈색 가루이며 향기가 매우 강
  함. 강심제·각성제 등에 약재로 쓰임.
사:향-낭(麝香囊) 圀 사향노루의 수컷의 배
  꼽 뒤쪽 피하에 있는, 달걀 크기의 주머니.
  분비액이 저장되며, 이것을 잘라 말려 사향
  을 만듦. 준향낭.
사:향-노루(麝香−) 圀(동) 포유류 사슴과의
  한 종. 바위가 많은 산지에 삶. 암수 모두 뿔
  이 없음. 수컷의 배 부분에는 달걀만 한
  향 주머니에 사향이 들어 있음. =궁노루.
사헌-부(司憲府) 圀[역] 1 고려 충렬왕 24년
  (1298)과 공민왕 18년(1369)에 '사헌대'를
  고친 이름. 回 (霜臺). 준 헌부. 2 조선 시
  대의 삼사(三司)의 하나. 정치에 관하여 논
  의하고, 관리들의 비행을 조사·규탄하며, 풍
  속을 바로잡던 관청.
사:혈¹(死血) 圀[한] 타박상 등으로 몸속에
  고여 있거나 기의 흐름이 정체되어 제대로
  순환되지 않고 있는 피. 속칭은 죽은피. ▷
사혈²(瀉血) 圀[의] 병의 치료를 목적으로 환
  자의 피를 주사기를 써서 몸 밖으로 뽑아내
  는 일. **사혈-하다** 동(자여)
사혐(私嫌) 圀 개인적인 혐오.
사:형¹(死刑) 圀 1 [법] 수형자(受刑者)의 목
  숨을 끊는 형벌. 우리나라의 현행법은 교수
  형으로 정해져 있음. =생명형. 回 극형(極刑). ¶
  ~ 선고 / ~을 집행하다. 2 [역] 오형(五刑)
  의 하나. 죄인의 목숨을 끊는 형벌. **사:형-하
  다** 동(타여) **사:형-되다** 동(자여)
사형²(私刑) 圀[법] 법률에 의하지 않고 개인
  이나 사적 단체가 사사로이 범죄자 등에 가
  하는 제재(制裁). =사형벌. 回 린치.
사형³(舍兄) I 圀 남에게 자기의 형을 겸손하
  게 이르는 말. 回 가형(家兄)·사백(舍伯).
  ↔사제(舍弟).
  II 떼(인창) 주로 편지 글에서, 형이 아우에게
  자기를 이르는 말. ↔사제(舍弟).

사회 과학●923

사형⁴(師兄) 圀 1 나이나 학덕이 자기보다 높
  은 사람을 높여 이르는 말. 2 [불] 한 스승 밑
  에서 불법을 배우는 선배를 이르는 말.
사형⁵(詞兄) 圀 친구로 사귀는 학자나 문인끼
  리 서로 존경하여서 부르는 호칭.
사:형-대(死刑臺) 圀 사형을 집행하는 대.
사:형-수(死刑囚) 圀[법] 사형 선고를 받은
  죄수. =사수(死囚).
사:형-장(死刑場) 圀[법] 사형을 집행하는 장
  소. 回 형장(刑場).
사호(社號) 圀 회사의 칭호.
사:화¹(士禍) 圀[역] 조선 시대에, 조정의 신
  하나 선비들이 반대파에서 몰려 참혹한 화
  를 입은 사건. ¶기묘[을사] ~ / ~에 연루되
  다.
사:화²(史話) 圀 역사 이야기. ¶~집(集).
사:화³(史禍) 圀 1 사서(史書)에 관련된 필화
  (筆禍). 2 사필(史筆)로 말미암은 옥사(獄
  事).
사:화⁴(私和) 圀 1 송사(訟事)를 당사자끼리
  좋게 해결하는 것. 2 원한을 풀고 서로 화평
  하는 것. **사화-하다** 동(자여)
사:화⁵(詞華) 圀 '사조(詞藻)'를 달리 이르는
  말.
사:-화산(死火山) 圀[지] 구조나 암질(巖質)
  로 보아 화산임이 인정되지만, 역사상의 활
  동 기록이 없는 화산. ↔활화산. ▷휴화산.
사화-집(詞華集) 圀 =앤솔러지.
사:환(使喚) 圀 회사·관청 등에 고용되어 잔
  심부름을 해 주는 사람. 현재는 거의 사용되
  지 않는 말임. =사역(使役). 回 급사.
사:활(死活) 圀 죽기와 살기라는 뜻으로, 어
  떤 중대한 문제를 생사(生死)에 비유하여
  이르는 말. ¶회사의 ~이 걸린 사업.
사-활강(斜滑降) 圀[체] 스키에서, 사면(斜
  面)을 비스듬히 가로질러 직선으로 활강하
  는 기법.
사회¹(司會) 圀 [−회/−훼] 1 회의나 의식(儀
  式) 등을 진행하는 것. ¶~를 보다 / ~를 맡
  다. 2 '사회자'의 준말. **사회-하다** 동(자여)
사회²(社會) 圀 [−회/−훼] 1 공동생활을 영
  위하는 인간의 조직화된 집단생활의 총칭.
  가족·마을·조합·정당·회사·국가 등은 그 주
  요 형태임. ¶~에 공헌하다. 2 같은 종류의
  생물 개체 간의 상호 관계나 그것들의 집합.
  ¶꿀벌의 ~. 3 같은 부류(部類)의 집단. ¶상
  류 ~. 4 학생·군인·죄수 등이 자기가 속하
  고 있는 영역 이외의 생활 영역을 이르는 말.
  回 세상(世上). ¶~에 진출하다.
사회의 목탁(木鐸) 관용 세상 사람들을 일깨
  우고 이끄는 일. 또는, 그 일을 하는 존재.
  ¶신문은 사회의 감시자이자 ~으로서의 구
  실을 다해야 한다.
사회^간^접^자본(社會間接資本) [−회−짜
  −/−훼−짜−] 圀[경] =사회 자본.
사회^경제(社會經濟) [−회−/−훼−] 圀[경]
  1 사회를 중심으로 하여 성립되는 공동 경
  제. 생산 경제와 소비 경제가 분리되어 있으
  면서 각 경제 단위 사이의 사회성 및 상호 의
  존성이 현저한 경제 상태임. ↔고립 경제.
  2 =국민 경제.
사회^계^약설(社會契約說) [−회계−설/−훼
  게−설] 圀[사] 사회 및 국가의 기원에 관한
  학설. 사회 성립의 근거는 그 구성원인 개인
  이 자유 평등한 자격으로 합의한 계약에 있
  다고 하는 학설. =민약설. 준계약설.
사회^과학(社會科學) [−회−/−훼−] 圀 사

회 현상을 실증적 방법에 따라 분석하여, 그 객관적 법칙을 명확히 하려는 학문의 총칭. 연구 대상에 따라 정치학·경제학·경영학·법학·교육학·통계학 등으로 나뉨. ▷인문 과학·자연 과학.

사회^교¦육(社會敎育) [-회-/-훼-] [명] [교] 가정과 학교가 아닌 곳에서, 사회인으로서 필요한 사항에 대하여 일반인에게 베푸는 교육. =공중 교육.

사회-권(社會權) [-회꿘/-훼꿘] [명] [법] 국민이 생존하기 위하여 국가에 대하여 일정한 공공적(公共的)인 배려를 요구할 권리. 교육을 받을 권리, 근로의 권리, 근로자의 단결권 따위. ▷자유권.

사회^규범(社會規範) [-회-/-훼-] [명] [사] 사회 질서를 유지하고, 사회생활을 규율하는 여러 가지 규범. 법률·도덕·종교·관습 따위.

사회-단체(社會團體) [-회-/-훼-] [명] 사회 문제의 해결이나 사회 운동을 목적으로 하는 단체.

사회-면(社會面) [-회-/-훼-] [명] 신문에서 사회에 관한 기사를 싣는 지면.

사회^문¦제(社會問題) [-회-/-훼-] [명] 사회 제도나 사회 구조의 결함·모순으로 말미암아 생기는 여러 문제. 실업 문제·주택 문제·인구 문제·공해 문제·교통 문제 따위.

사회-법(社會法) [-회뻡/-훼뻡] [명] [법] 개인의 이해관계에 중점을 두는 시민법에 대하여, 집단의 전체성에 우위(優位)를 두는 법. 노동법·경제법·후생법 따위. ↔시민법.

사회^병¦리학(社會病理學) [-회-니-/-훼-니-] [명] [사] 범죄·비행·매음·자살·이혼·가출·실업·빈곤 등의 문제를 사회의 병으로 보고 이들 현상을 사회학적 방법을 써서 연구하는 학문.

사회^보¦장(社會保障) [-회-/-훼-] [명] [사] 국민의 생존권을 지킬 것을 목적으로 하는 보장. 주로 사회 보험 제도로써 질병·상해(傷害)·실업·노령(老齡)·출산·사망 등에서 생기는 생활상의 제반 문제를 보장하는 것임. ¶~ 제도.

사회^보¦험(社會保險) [-회-/-훼-] [명] [사] 사회 보장 정책의 주요 수단으로, 근로자나 그 가족을 상해·질병·노쇠·실업·사망 등의 위협으로부터 보호하기 위한 보험.

사회^복지(社會福祉) [-회-찌/-훼-찌] [명] [사] 사회 구성원들이 사회 제도를 통하여 의식주 등의 기본적인 욕구를 충족시킬 수 있도록 도움을 제공하는 사회적 활동의 총체.

사회-봉사(社會奉仕) [-회-/-훼-] [명] 사회의 이익이나 복지를 위하여 노동력이나 금품 등을 제공하는 행위.

사회-부(社會部) [-회-/-훼-] [명] 신문사 등에서, 사회 문제의 기사를 다루는 부서.

사회-사업(社會事業) [-회-/-훼-] [명] [사] 개인 또는 공사(公私)의 단체에 의하여 행하여지는 사회 공중의 생활 개선·보호 교화 등 사회 복지에 관한 사업. ¶~가(家).

사회-상(社會相) [-회-/-훼-] [명] 사회의 양상이나 실태. ¶1950년대의 한국 ~.

사회-생활(社會生活) [-회-/-훼-] [명] **1** [사] 여러 형태의 인간들이 집단적으로 모여서 질서를 유지하며 살아가는 공동생활. **2** [생] 많은 수의 생물이 모여서 각기 일을 맡아 하며 공동생활을 영위하는 일.

사회-성(社會性) [-회썽/-훼썽] [명] **1** 집단을 만들어서 생활하려는, 인간이 가진 기본적 경향. **2** 남과의 관계나 집단생활을 잘해 나가는 소질이나 능력. [비]사교성.

사회^소¦설(社會小說) [-회-/-훼-] [명] [문] 사회 문제나 사회 현실을 주제로 하여, 사회 비평·정치 비평의 의도를 내포한 일종의 경향 소설.

사회^실재론(社會實在論) [-회-째-/-훼-째-] [명] [사] 사회는 개인을 바탕으로 성립하는 것이지만 사회는 개인에 대하여 우월한 존재이며, 개인이 나고 없어짐에는 상관없이 엄연히 실재(實在)한다는 사회 본질론. ↔사회 유명론.

사회^심리학(社會心理學) [-회-니-/-훼-니-] [명] [심] 사회 속에서 행동하는 개인 또는 집단의 의식이나 행동을 연구하는 심리학.

사회-악(社會惡) [-회-/-훼-] [명] 사회가 가진 모순에서 발생하는 해악. 빈곤·범죄·도박·매음 따위. ¶~을 일소하다.

사회^운¦동(社會運動) [-회-/-훼-] [명] [사] 사회의 변혁·개량을 위하여, 또는 어떤 사회 문제의 해결을 위하여 지속적으로 행하는 집단 운동. 노동 운동·농촌 운동·여성 운동 따위.

사회^유명론(社會唯名論) [-회-논/-훼-논] [명] [사] 개인만이 실재(實在)이고, 사회란 단지 개인의 집합체, 또는 각 개인 간의 상호 작용 그 자체에 지나지 않는다는 사회 학설. =사회 명목론. ↔사회 실재론.

사회-의식(社會意識) [-회-/-훼-] [명] [사] 사회의 구성원이 공통으로 가지고 있는 사고(思考)·감정·의지 등의 총체. 도덕·관습·이데올로기·계급의식 따위.

사회^이동(社會移動) [-회-/-훼-] [명] [사] 한 개인 또는 집단이 어떤 사회적 위치에서 다른 사회적 위치로 이동하는 일.

사회-인(社會人) [-회-/-훼-] [명] [사] **1** 사회를 구성하는 사람. **2** 학생에 대해, 직업을 가지고 사회 활동을 하는 사람을 이르는 말. ¶학교를 졸업하고 훌륭한 ~이 되다.

사회-자(司會者) [-회-/-훼-] [명] 사회를 맡아보는 사람. [준]사회.

사회^자본(社會資本) [-회-/-훼-] [명] [경] 도로·항만·철도·통신·전력·수도 등의 공공 시설과 같이 간접적으로 사회 생산 활동에 기여하는 자본. =사회 간접 자본.

사회-장(社會葬) [-회-/-훼-] [명] 사회에 끼친 공로가 큰 사람이 죽었을 때, 모든 사회단체가 연합하여 지내는 장사. **사회장-하다** [동][타][여]

사회-적(社會的) [-회-/-훼-] [관][명] 사회에 관계되거나 사회의 성격을 띤 (것). ¶~ 관심사 / 청소년 범죄의 급증이 ~으로 큰 물의를 빚고 있다.

사회적 지위(社會的地位) [-회-/-훼-] [사] 사회생활을 영위하는 동물에 있어서, 각 개체 사이에 분화된 사회적인 계급. 인간에 있어서는 수입·직업·가문·교육 정도·능력 등이 이를 규정하고 있음. ¶그의 ~를 감안해 볼 때 그만한 대우는 당연하다.

사회^정¦의(社會正義) [-회-의/-훼-이] [명] 사회 윤리 면에서 일반 통념으로 생각한 올바른 도리. 법 앞에서의 평등, 정당한 보수 따위.

사회-주의(社會主義) [-회-의/-훼-이] [명]

자본주의가 낳은 경제적·사회적인 여러 가지 모순을 사유 재산제의 폐지, 생산 수단 및 재산의 공유·공동 관리에 의해 해소하고, 평등하게 조화를 이루는 사회를 실현하려고 하는 사상 및 운동. 공산주의·무정부주의·사회 민주주의 등을 포함하는 넓은 개념임.

사회^집단(社會集團) [-회-딴/-훼-딴] 명[사] 공통의 관심과 목적을 향한 역할 분담과 그것에 대응한 규범의 연대감을 가진 인간의 집합체. 가족·학교·기업·정당 따위.

사회^참여(社會參與) [-회-/-훼-] 명 개인이 사회 문제에 참여하여 어떤 영향을 주고자 하는 일. (비)앙가주망.

사회^철학(社會哲學) [-회-/-훼-] 명[철] 사회 성립의 근거를 밝히고, 현대 사회의 비판 및 미래 사회의 타당한 성립을 논하는 학문.

사회-학(社會學) [-회-/-훼-] 명 인간의 공동생활에 관한 현상이나 사회의 조직·구성상의 특징 등을 연구하는 학문.

사회-화(社會化) [-회-/-훼-] 명 1 인간의 상호 작용·상호 영향의 과정. 2 인간이 기성 사회에 동화(同化)하는 일. 3 사적(私的)인 존재나 소유를 공적(公的)인 소유로 바꾸어 가는 일. **사회화-하다** 통(자)(타)여 **사회화-되다** 통(자)

사:후¹(死後) 명 죽은 후. =몰후(歿後)·신후(身後). ¶~의 세계. ↔생전.
[사후 약방문(청심환)] 이미 그르친 일을 뒤늦게 돌이키려고 헛되이 노력하는 일을 비웃어 이르는 말.

사:후²(事後) 명 어떤 일이 발생하거나 끝난 뒤. ¶~ 처리 / ~ 승낙. ↔사전(事前).

사:후-강직(死後强直) 명 =사후 경직.

사:후-경직(死後硬直) 명[생] 죽은 후, 근육이 화학 변화에 의하여 경직하는 일. 죽은 지 2~3시간이 지나면 턱과 목의 근육에서부터 시작되어 5~6시간쯤 지나면 전신이 뻣뻣하게 굳어짐. =사후 강직.

사훈(社訓) 명 사원이 지켜야 할 회사의 방침.

사흗-날 [-흔-] 명 《(초(初)가 붙거나 단독으로 쓰여, 또는 열·스무 다음에 쓰여)》 각각 어느 달의 3일·13일·23일임을 나타내는 말. ¶이달 스무 ~은 어머님 생신이다.

사흘 명 1 하루가 세 번 있는 시간의 길이. 곧, 세 날. 2 《(초(初)·열·스무 다음에 쓰여)》 각각 어느 달의 3일·13일·23일임을 고유어로 나타내는 말. ¶삼월 초~은 삼짇날이다.
사흘이 멀다 하고 어떤 일의 도수가 몹시 잦음을 이르는 말. ¶~ 외박을 하다 / ~ 동네 아이들과 싸움질이다.

사흘-돌이 명 사흘에 한 번씩. 또는, 날마다 아니나 꽤 자주. ¶빚쟁이가 ~로 찾아와 행패를 부린다. ▷하루돌이.

삭¹ 명 1 종이 나 가위로 종이나 헝겊 따위를 단번에 베거나 써는 소리나 모양. 2 거침없이 밀거나 쓸어 나가는 모양. 3 조금도 남김없이 모두. (큰)석. (센)싹.

삭²(朔) 1(자립) '합삭(合朔)'의 준말. 2(의존) 달 수를 나타내는 말. (비)개월. ¶팔 ~ 영채가 월향이란 이름으로 기생이 되어 이 삼 ~ 전에 서울에 올라와~. (이광수:무정)

삭감(削減) [-깜] 명 (예산이나 비용, 물량 등을) 깎아서 줄이는 것. =감삭. **삭감-하다** 통(타)여 ¶경비를 ~ / 임금을 ~. **삭감-되다** 통(자) ¶예산이 ~.

삭과(蒴果) [-꽈] 명[식] 익으면 과피(果皮)가 말라 쪼개지면서 씨를 퍼뜨리는, 여러 개의 씨방으로 된 열매. 백합·붓꽃 등의 열매가 이에 속함. =삭(蒴).

삭다 [-따] (자) 1 (고체로 된 물체가) 오래되어 본바탕이 변하여 외부의 힘에 쉽게 부서지거나 찢어지거나 조각이 나는 상태가 되다. ¶비에 **삭은** 밧줄 / 옷이 **삭아서** 구멍이 났다. 2 (김치나 젓갈 따위의 음식물이) 발효하여 맛이 들다. ¶젓갈이 ~. 3 (먹다 남은 음식물이) 사람의 침의 작용으로 풀어지거나 묽어지다. ¶먹다 남긴 팥죽이 **삭아서** 못 먹게 되었다. 4 (음식물이) 배 안에서 소화되어 내려가다. ¶엊저녁 먹은 밥이 아직 **삭지** 않았다. 5 (긴장이나 화가) 가라앉아 풀리다. ¶분이 ~. 6 (사람의 얼굴이나 몸이) 싱싱한 기운을 잃다. ¶얼굴이 **삭은** 걸 보니 고생이 말이 아닌 모양이구나.

삭도(削刀) [-또] 명[불] 승려의 머리털을 깎는 칼.

삭둑 [-뚝] 부 연한 물건을 단번에 베거나 자르는 모양. 또는, 그 소리. ¶긴 머리카락을 ~ 잘라 버리다. (큰)석둑. (센)싹둑.

삭둑-거리다/-대다 [-뚝꺼-] 통(자)(타) 자꾸 삭둑 소리가 나다. 또는, 자꾸 그런 소리를 내다. (큰)석둑거리다. (센)싹둑거리다.

삭둑-삭둑 [-뚝싹뚝] 부 삭둑거리는 소리나 모양. (큰)석둑석둑. (센)싹둑싹둑. **삭둑삭둑-하다** 통(자)(타)여

삭마(削磨) [상-] 명 깎고 문지르는 것. 또는, 깎이고 닳아지는 것. **삭마-하다** 통(타)여

삭막(索莫·索寞·索漠) [상-] →**삭막-하다** [상마카-] 형여 1 (어느 곳이) 황폐하거나 쓸쓸하다. ¶**삭막한** 겨울 들녘. 2 정을 나눔이 없이 메마르다. ¶**삭막한** 인정세태. 3 기억이 나지 않아 아득하다.

삭망(朔望·朔望) [상-] 명 1 음력 초하룻날과 보름날. 2 '삭망전(朔望奠)'의 준말.

삭망-월(朔望月) [상-] 명[천] 달이 초승달에서 보름달을 지나 다시 초승달이 되기까지의 동안. 29일 12시간 44분 2초 남짓함. =태음월.

삭망-전(朔望奠) [상-] 명 상중에 매달 초하룻날과 보름에 지내는 제사.

삭모(槊毛) [상-] 명 [기](旗)·창(槍) 따위의 머리에 술이나 이삭 모양으로 만들어 다는 붉은빛의 가는 털. =상모(象毛).

삭박(削剝) [-빡] 명 1 머리털이 벗김. 또는, 닳아 벗어짐. 2 [지] 풍화(風化)·침식에 의하여 지표가 깎여 땅 밑의 암석이 드러나는 것. 또는, 그 결과로, 전면적으로 지표가 낮아지는 것. **삭박-하다** 통(타)여

삭발(削髮) [-빨] 명 1 머리털을 박박 깎는 것. 또는, 그 머리. 2 나무나 풀숲귀를 함부로 베어 버림의 비유. 3 출가(出家)하여 승려가 되는 것. **삭발-하다** 통(자)(타)여

삭발-식(削髮式) [-빨-] 명 머리를 박박 깎는 의식(儀式).

삭-삭 [-싹] 부 1 종이나 헝겊 따위를 거침없이 자꾸 베어 나가는 모양. 또는, 그 소리. ¶종이를 ~ 오리다. 2 거침없이 자꾸 가볍게 쓸거나 밀거나 비비거나 하는 모양. 또는, 그 소리. ¶두 손을 ~ 비비며 용서를 빌다. 3 조금도 남김없이 모두. ¶밥을 ~ 긁어먹다. (큰)석석. (센)싹싹.

삭삭-거리다/-대다 [-싹꺼(때)-] 통(자)(타)

삭삭 소리가 자꾸 나다. 또는, 그런 소리를 자꾸 내다. [큰]석석거리다. [센]싹싹거리다.

삭신[-씬] [명] 몸의 근육과 뼈마디. ¶~이 쑤신다 / ~이 느른하다.

삭연(索然) ➜**삭연-하다** [형][여] 쓸쓸한 데가 있다. **삭연-히** [부]

삭월(朔月) [명] 음력 초하룻날의 달. 지구에서는 달이 보이지 않음.

삭월-세(朔月貰) [명] '사글세'의 잘못.

삭은-니 [명] =충치(蟲齒).

삭-이다 [동][타] '삭다**4·5**'의 사동사. ¶분을 ~ / 위가 좋지 않아 먹은 것을 제대로 **삭이지** 못한다.

삭일(朔日) [명] 음력의 매달 초하룻날.

삭-전(-田) [-쩐] [명] 오래 경작하여 기름지지 못하고 메마른 밭.

삭정-이[-쩡-] [명] 살아 있는 나무에 말라 죽은 채 붙어 있는 작은 가지. 또는, 그것이 땅에 떨어져 있는 것. ¶우리는 나뭇잎과 ~를 주워 모아 모닥불을 피웠다. ×썩정이.

삭제(削除) [-쩨] [명] **1** 깎아 없애는 일. **2** 지워 버리는 일. **3** [컴] 화면에 표시된 문자를 지우는 일. 또는, 파일 내의 레코드를 제거하거나 기억 장치에서 프로그램을 지우는 일. **삭제-하다** [동][타][여] ¶명부에서 이름을 ~. **삭제-되다** [동][자]

삭-치다(削-) [동][타] **1** 지우거나 뭉개어 없애다. **2** 셈할 것을 서로 맞비기다.

삭탈(削奪) [명][역] =삭탈관직. **삭탈-하다** [동][타][여]

삭탈-관직(削奪官職) [명][역] 죄지은 자의 벼슬과 품계를 빼앗고 벼슬아치의 명부에서 그 이름을 지워 버림. =삭탈. [준]삭직. **삭탈관직-하다** [동][타][여]

삭풍(朔風) [명] 겨울철의 북풍. =음풍(陰風). ¶~이 몰아치다.

삭-히다[사키-] [동][타] '삭다**2**'의 사동사. ¶식혜를 ~ / 젓갈을 ~.

삯[삭] [명] **1** 품을 들여 일한 데 대하여 주는 돈이나 물건. ¶품~. **2** 어떤 물건·시설을 이용한 대가(代價). ¶뱃~ / 찻~. ▶값.

삯-꾼[삭-] [명] 삯을 받고 일하는 일꾼. =고군(雇軍).

삯-돈[삭똔] [명] 삯으로 받는 돈. =삯전.

삯-마(-馬) [명] '삯말'의 잘못.

삯-말[상-] [명] 세를 주고 빌려 쓰는 말. ×삯마.

삯-메기[상-] [명] 끼니는 제공받지 않고 품삯만 받고 하는 농사일. **삯메기-하다** [동][자][여]

삯-바느질[삭빠-] [명] 삯을 받고 해 주는 바느질. **삯바느질-하다** [동][자][여]

삯-배[삭빼] [명] 삯을 주고 빌려 쓰는 배.

삯-빨래[삭-] [명] 품삯을 받고 해 주는 빨래. **삯빨래-하다** [동][자][여]

삯-일[상닐] [명] 품삯을 받고 하는 일. ↔공일. **삯일-하다** [동][자][여]

삯일-꾼[상닐-] [명] 삯일을 하는 사람.

삯-전(-錢) [삭쩐] [명] =삯돈.

삯-짐[삭찜] [명] 삯을 받고 나르는 짐.

삯-팔이[삭-] [명] 삯을 받고 막일을 해 주는 품팔이. =삯벌이. **삯팔이-하다** [동][자][여]

삯-품[삭-] [명] 삯을 받고 파는 품.

산[1](山) [명] **1** 주위의 평지에 대해, 삼각형에 가까운 모양으로 경사를 이루면서 높이 솟아 있는 지형. 일반적으로, 나무숲을 이루며 계곡을 끼고 있는 경우가 많음. ¶설악~ / 험준한 ~ / ~이 높다[낮다] / ~에 오르다. **2** '산소(山所)[1]'의 준말. ¶~을 돌보다.

[**산에 가야 범을 잡지**] ㉠적극적으로 행동해야만 성공할 수 있다. ㉡일을 이루기 위해서는 그 선행 조건을 갖추어야 한다.

산 넘어 산이다 [구] 고생이나 어려움이 갈수록 점점 더 심해진다.

산 설고 물설다 [구] 어떤 곳이 매우 낯섦을 이르는 말. ¶**산 설고 물선** 타향.

산ː[2](算) [명] =셈[1]**1**. ¶~을 놓다 / ~을 두다 / ~이 틀리다.

산[3](酸) [명][화] 물에 녹았을 때 이온화하여 수소 이온을 만드는 물질. 청색 리트머스 종이를 붉게 변화시키며, 신맛이 남. ↔염기.

-산[4](産) [접미] 어디서 산출되거나 생산된 물건임을 나타내는 말. ¶한국~ / 외국~ / 호주~ 쇠고기.

산가[1](山家) [명] 산속에 있는 집.

산ː가[2](產家) [명] 아이를 낳은 집.

산ː-가지(算-) [-까-] [명] 옛날에, 수효를 셈하는 데 쓰던 물건. 가는 대나 뼈 따위로 젓가락처럼 만듦.

산간(山間) [명]《주로 관형어적으로 쓰여》산과 산 사이에 위치하거나 산속에 자리 잡은 것. ¶~ 마을 / ~ 지대.

산간-벽지(山間僻地) [-찌] [명] 산간에 있는 외진 곳.

산간-벽촌(山間僻村) [명] 산간에 있는 외진 마을.

산-값[-갑] [명] 물건을 사고 치른 값. ↔판값.

산-갓(山-) [명] '멧갓'의 잘못.

산ː개(散開) [명] **1** 흩어 벌리는 것. **2** [군] 밀집된 군대를 적당한 간격을 두고 넓게 벌리는 것. **산ː개-하다** [동][자][타][여] **산ː개-되다** [동][자]

산ː개^대형(散開隊形) [명][군] 전투를 위하여 군대가 일정한 간격을 두고 벌리는 대형. 사격에 유리하고 아군의 피해를 줄일 수 있음.

산ː개^성단(散開星團) [명][천] 수십 또는 수백 개의 항성이 천구 상의 한 지역에 불규칙하게 모여 있는 성단. ↔구상 성단.

산ː개-전(散開戰) [명][군] 전투 대형을 산개 대형으로 벌리고 싸우는 전투.

산거(山居) [명] 산속에서 사는 일. **산거-하다** [동][자][여]

산경(山景) [명] 산의 경치.

산계[1](山系) [-계/-게] [명][지] 거의 같은 방향으로 뻗어 있는 여러 개의 산맥들. ¶히말라야 ~.

산계[2](山鷄) [-계/-게] [명][동] =꿩.

산ː고(產苦) [명] 여자가 아이를 낳을 때에 겪는 육체적인 괴로움. =산로(產勞). ¶~를 겪다.

산고수장(山高水長) [명] 덕행이나 지조의 높고 깨끗함을 산의 높음과 강물의 긴 흐름에 비유한 말.

산고수청(山高水淸) [명] 〔산은 높고 물은 맑다는 뜻〕 경치가 좋음을 이르는 말. **산고수청-하다** [형][여] ¶…십여 리를 나아가니 **산고수청하여** 별유천지 비인간이라.《김만중:구운몽》

산곡(山谷) [명] =산골짜기.

산곡-풍(山谷風) [명][기상] =산골바람.

산ː골[1] [명][한] 구리가 나는 곳에서 나는, 청백색·황색의 쇠붙이. 접골 약(接骨藥)으로 쓰임.

산-골[2](山-) [-꼴] [명] 구석지고 후미진 깊은 산속. [비]산간(山間).

산골-바람(山-) [-꼴-] 명 [기상] 산 사이의 협곡에서 부는 바람. 이 바람이 규칙적으로 불면 좋은 날씨가 계속되며, 그렇지 않으면 날씨 이변의 전조가 됨. =산곡풍(山谷風).

산-골짜기(山-) [-꼴-] 명 산과 산 사이의 우묵하게 들어간 곳. =산곡(山谷). 준산골짝.

산-골짝(山-) [-꼴-] 명 '산골짜기'의 준말.

산과 명 [식] '산국(山菊)'의 잘못.

산ː과-겸자(産科鉗子) [-꽈-] 명 [의] 인공 분만을 시킬 때 태아의 머리를 잡아끄는, 집게 모양의 금속제 기구.

산-과실(山果實) 명 산에서 나는 과실.

산곽¹(山郭) 명 1 우뚝하게 높이 솟아 벽같이 된 산. 2 산으로 둘러싸인 마을. 비산촌(山村). 3 산중의 성곽.

산ː곽²(産藿) 명 =해산미역.

산ː관(散官) 명 [여] 일정한 직무가 없는 벼슬. =산반(散班)·산직(散職).

산ː광(散光) 명 [물] 매끄럽지 않은 물체의 면이나 부유(浮遊)하고 있는 미립자 등에 부딪혀 사방으로 흩어진 빛.

산괴(山塊) [-괴/-궤] 명 산줄기에서 따로 떨어져 있는 산의 덩어리.

산ː구(産具) 명 아이를 낳을 때에 쓰는 여러 가지 기구.

산국(山菊) 명 [식] 국화과의 여러해살이풀. 높이 60~90cm. 9~10월에 황색 꽃이 핌. 꽃은 약용·식용하고 애순은 식용함. =산국화. ×산국.

산-국화(山菊花) [-구콰] 명 [식] =산국.

산군¹(山君) 명 1 =산신령. 2 '호랑이¹'을 달리 이르는 말.

산군²(山群) 명 봉우리가 많이 모여 있는 산의 무리. ▷연봉(連峯).

산-굽이(山-) [-꿉-] 명 산이 휘어서 구부러진 곳.

산궁-수진(山窮水盡) [산이 막히고 물줄기가 끊어져 더 갈 길이 없다는 뜻] 막다른 경우에 이름. =산진수궁. **산궁수진-하다** 동(자여)

산-그늘(山-) [-끄-] 명 산이 가려서 생긴 그늘.

산근(山根) 명 산줄기가 뻗어 나가기 시작한 곳.

산금(山金) 명 [광] 암석 중의 석영맥(石英脈)에서 산출되는 자연금. 약간의 은을 함유함.

산기(山氣) 명 1 씩씩하고도 빼어난 산의 기세. 2 산속 특유의 깨끗한 공기. 또는, 산에 끼는 아지랑이.

산ː기²(産氣) [-끼] 명 아이를 낳을 기미. ¶~가 보이다.

산ː기³(産期) 명 밴 아이를 낳을 시기.

산기⁴(酸基) 명 [화] 유기·무기의 각종 산의 분자로부터 수소 이온으로서 이온화할 수 있는 수소 원자를 한 개 이상 떼어 낸 나머지 원자 또는 원자단(原子團). =산근(酸根).

산-기슭(山-) [-끼슥] 명 산의 비탈이 끝나는 아랫부분. =산각(山脚)·산록(山麓).

산-길(山-) [-낄] 명 산에 나 있는 길. =산경(山徑)·산로(山路). ¶험한 ~.

산-꼭대기(山-) 명 산의 맨 위. =산두(山頭)·산이마·산전(山巓). 비산정(山頂).

산-꽃(山-) [-꼳] 명 산에 피는 꽃. =산화(山花).

산-나리(山-) 명 백합과의 여러해살이풀. 줄기 높이 1~1.5m. 비늘줄기는 지름 약 10cm로 둥글고, 6~7월에 적갈색 반점이 있는 흰 꽃이 핌. 비늘줄기는 식용함.

산-나물(山-) 명 산에 나는 나물. =산채(山菜). 비멧나물.

산내(山內) 명 1 산의 속. 비산속·산중. 2 절의 경계 안.

산-내림(山-) 명 산에서 벤 나무를 산기슭이나 평지까지 끌어 내리는 작업. =산떨음. **산내림-하다** 동(타여)

산-누에(山-) 명 [동] 산누에나방과의 나방의 애벌레. 집누에와 비슷하나, 몸이 더 크고 무게는 4배가량임. 참나무·떡갈나무 등의 잎을 먹고 담갈색의 고치를 지음. =산잠(山蠶)·야잠(野蠶)·작잠(作蠶). ×멧누에.

산누에-나방(山-) 명 [동] 산누에나방과에 속하는 나방의 총칭. =멧누에나방·산잠아·야잠아·작잠아.

산-달¹(山-) 명 산이 있는 곳. 비산지(山地).

산ː-달²(産-) [-딸] 명 아이를 낳을 달. 비해산달. ¶~이 가까워지다.

산ː답(散畓) 명 한 사람의 소유로, 여기저기 흩어져 있는 논.

산대¹(山臺) 명 [민] 산대놀음을 하기 위하여 한길이나 빈 터에 마련한 임시 무대. 2 '산대놀음'의 준말. 변산대.

산ː대²(散大) 명 1 죽을 때가 다 되어 눈동자가 열리는 일. 2 퍼져서 커다랗게 되는 것. **산ː대-하다** 동(자여)

산대-놀음(山臺-) 명 [민] 고려 시대에 발생하여 조선 시대에 발전한 가면극. 탈을 쓴 광대가 풍악에 맞추어 춤을 추며 노래와 재담을 곁들임. 내용은 양반과 파계승에 대한 풍자, 남녀의 삼각관계, 서민 생활의 어려움 등이 주조를 이룸. =산대극·산대도감극·산대잡극. 준산대. 비산대놀음. **산대놀음-하다** 동(자여)

산대-도감(山臺都監) 명 [민] 산대놀음을 하는 단체. =산대도감극.

산대-도감극(山臺都監劇) 명 [민] =산대놀음.

산대-탈(山臺-) 명 [민] 산대놀음에 쓰이는, 바가지·종이·나무 따위로 만든 여러 가지 탈. 변산대탈.

산-더미(山-) [-떠-] 명 산처럼 큰 더미. 사물이나 일이 매우 많음을 비유하는 말. ¶숙제가 ~같이 밀렸다. / 빨랫감이 ~처럼 쌓여 있다.

산ː도¹(産道) 명 [생] 아이를 낳을 때 태아가 통과하는 통로. 산모의 생식기의 일부임.

산도²(酸度) 명 [화] 1 =산성도. 2 염기의 분자 중에서, 수용액이 되었을 때 이온이 될 수 있는 수산기의 수.

산-돌림(山-) [-똘-] 명 1 산기슭으로 내리는 소나기. 2 이리저리 돌아다니며 한 줄기씩 쏟아지는 소나기.

산돌배-나무(山-) [-똘-] 명 [식] 장미과의 낙엽 활엽 교목. 높이 10m 정도. 4~5월에 흰 꽃이 피며, 열매는 가을에 황색으로 익는데 식용함. 나무는 도구재로 쓰임. 마을 부근이나 산에도 남. =산돌배.

산-동네(山-) [-똥-] 명 산등성이나 산비탈에 자리 잡고 있는 동네.

산-돼지(山-) [-뙈-] 명 [동] =멧돼지.

산드러-지다 형 1 (태도가) 맵시 있고 경쾌

하다. 2 =간드러지다. ㉣선드러지다.
산득 囝 갑자기 놀라거나 찬 느낌을 받는 모양. ㉣선득. ㉮산뜩. **산득-하다** 혱예

산득-거리다/-대다 [-꺼(때)-] 图재 산득한 느낌이 자꾸 들다. ㉣선득거리다. ㉮산뜩거리다.

산득-산득 [-싼-] 囝 산득거리는 모양. ㉣선득선득. ㉮산뜩산뜩. **산득산득-하다** 图재혱예

산들-거리다/-대다 图재 1 서늘한 바람이 잇달아 부드럽게 불다. ¶봄바람이 **산들거리**며 귀밑을 간질인다. 2 시원스러우면서 간드러지게 행동하다. ㉣선들거리다.

산들-바람 명 1 시원하고 가볍게 부는 바람. ㉣선들바람. 2 [기상] 초속 3.4~5.4m로 부는 바람. 나뭇잎과 잔가지가 일정한 운동을 하며, 깃발이 가볍게 흔들림. 구용어는 연풍(軟風).

산들-산들 囝 산들거리는 모양. ¶바람이 ~ 불다. ㉣선들선들. **산들산들-하다** 图재예

산-등 (山-) [-뚱] 명 '산등성이'의 준말.
산-등성 (山-) [-뚱-] 명 '산등성이'의 준말.
산등성-마루 (山-) [-뚱-] 명 =산마루.
산-등성이 (山-) [-뚱-] 명 산의 등줄기. 비 산릉(山稜). ㉮산등. 산등성이·등성이.
산디 [민] '산대(山臺)'의 변한말.
산-딸기 (山-) [살] 명 산딸기나무의 열매.
산딸기-나무 (山-) 명[식] 장미과의 낙엽 활엽 관목. 높이 1~2m. 온몸에 가시가 돋아 있음. 5월에 흰 꽃이 피고, 열매는 7월에 검붉은색으로 익는데, 약용·식용함.

산뚝 囝 '산득'의 센말. ㉣선뚝. **산뚝-하다** 혱예

산뚝-거리다/-대다 [-꺼(때)-] 图재 '산득거리다'의 센말. ㉣선뚝거리다.
산뚝-산뚝 [-싼-] 囝 '산득산득'의 센말. ㉣선뚝선뚝. **산뚝산뚝-하다** 图재예

산뜻 [-뜯] 囝 가볍고 빠르고 시원스럽게. ㉣선뜻.
산뜻-산뜻 [-뜯싼뜯] 囝 매우 산뜻한 모양. ¶여럿이 모두 산뜻한 모양. ㉣선뜻선뜻. **산뜻산뜻-하다** 혱예

산뜻-하다 [-뜨타-] 혱예 1 (대상이) 깨끗하거나 단정하거나 하여 보기에 좋은 느낌이 있다. ¶산뜻한 옷차림/산뜻하게 페인트칠을 한 주택. 2 (기분이) 언짢은 데 없이 가볍고 즐겁다. ¶목욕을 하고 나니 기분이 ~. ㉣선뜻하다. **산뜻-이** 囝 ¶~ 차려입다.

산!란[1] (産卵) [살-] 명 알을 낳는 것. **산!란-하다** 图예
산!란[2] (散亂) [살-] 명[물] 파동(波動)이나 입자선(粒子線)이 물체와 충돌하여 각 방향으로 흩어지는 현상.
산!란[3] (散亂) [살-] → **산!란-하다**[2] [살-] 혱예 어수선하고 뒤숭숭하다. ¶마음이 ~. **산!란-히** 囝
산!란-관 (産卵管) [살-] 명[동] 곤충류가 알을 낳는 기관. 배 끝에 관 모양으로 발달하여 있음.
산!란-기 (産卵期) [살-] 명 알을 낳을 시기.
산!란-장 (産卵場) [살-] 명 알을 낳는 곳.
산!란-파 (散亂波) [살-] 명[물] 전리층이나 대기권에서 산란하여 전파되는 전자기파.
산!란-회유 (産卵回遊) [살-회-/살-훼-] 명[동] 물고기가 알이 부화하거나 새끼가 자라기에 알맞은 곳으로 헤엄쳐 가는 일. 뱀장어는 강에서 바다로, 송어·연어 등은 바다에서 강으로 감.

산령 (山嶺) [살-] 명 =산봉우리.
산로[1] (山路) [살-] 명 =산길.
산!로[2] (山勞) [살-] 명 =산고(産苦).
산록 (山麓) [살-] 명 =산기슭.
산록-빙하 (山麓氷河) [살-뼝-] 명[지] 산악 빙하의 하나. 골짜기를 흘러내리던 곡빙하 (谷氷河)가 산기슭에 이르러 그 너비가 넓어진 빙하.

산:륜 (散輪) [살-] 명 무거운 물건을 옮길 때, 그 밑에 깔고 굴리는 둥근 나무토막. 비굴대.
산릉 (山陵) [살-] 명 1 산과 언덕. 2 [역] 국장(國葬)을 하기 전에 아직 이름을 짓지 않은 새 능.
산릉[2] (山稜) [살-] 명 골짜기와 골짜기 사이에 있는 산봉우리의 줄기. 비산등성이.
산릉-도감 (山陵都監) [살-] 명[역] 임금이나 왕비의 능을 새로 만들 때 임시로 베푼 관아.
산림[1] (山林) [살-] 명 산에 있는 숲. ¶~ 보호/울창한 ~.

> [유의어] **산림 / 삼림**
> 둘 다 나무로 이뤄진 숲을 뜻하나, '**산림**'은 산에 이뤄진 숲만을 가리키고, '**삼림** (森林)'은 평지에 이뤄진 숲도 가리킴. 또한, '**산림**'은 울창하지 않은 것도 가리킬 수 있으나, '**삼림**'은 울창한 것만을 가리킴.

산림[2] (山林) [살-] 명 학식과 도덕이 높으나 벼슬을 하지 않고 숨어 지내는 선비를 이르는 말.
산림-녹화 (山林綠化) [살-노콰] 명 식목·산림 보호·사방 공사 등으로 산에 초목이 무성하게 하는 일. 또는, 그 운동.
산림-대 (山林帶) [살-] 명 공통의 산림 분포 특성에 따라 지구를 구분한 지대. 일반적으로 열대림·아열대림·난대림·온대림·아한대림으로 하게 나눔. =삼림대.
산림-욕 (山林浴) [살-뇩] 명 =삼림욕.
산림[2] **지대** (山林地帶) [살-] 명 =산림대.
산림-처사 (山林處士) [살-] 명 벼슬이나 세속을 떠나 산골에 파묻혀 글이나 읽고 지내는 선비.
산림-청 (山林廳) [살-] 명[법] 농림부 장관 소속하에 설치된 기관의 하나. 산림에 관한 사무를 관장함.
산림-학파 (山林學派) [살-] 명[역] 조선 연산군 때, 사화(士禍)의 고쟁을 피하여 강호 (江湖)에 묻혀 독서와 문장으로 낙을 삼던 선비들의 통칭. =강호파(江湖派).

산-마루 (山-) 명 산등성이에서 삼각형으로 솟은 부분의 꼭대기. =산등성마루·산척(山脊). ¶저녁 해가 ~에 걸려 있다.
산-마루터기 (山-) 명 산마루의 두드러진 곳. ㉮산마루턱.
산-마루턱 (山-) 명 '산마루터기'의 준말.
산마리노 (San Marino) [살-] 명[지] 이탈리아 반도의 북부에 있는, 유럽에서 가장 작고 오래된 공화국. 수도는 산마리노.
산-마을 (山-) 명 산골에 있는 마을.
산막 (山幕) 명 1 사냥꾼 또는 약초를 캐거나 숯을 굽는 사람이 임시로 쓰려고 산속에 간단히 지은 집. 2 산지에 있는 숙박 및 휴게 시설의 총칭.

산만(散漫) →**산!만-하다** [형여] 질서나 통일성이 없이 어수선하다. ¶주의가 **산만한** 아이 / 구성이 **산만한** 소설.

산!만^신경계(散漫神經系) [-계/-게] [명] [생] 체표(體表)에 산재한 신경 세포가 서로 연락하여 신경망을 구성하면서, 뇌나 신경절을 갖지 않은 신경계. 히드라 · 말미잘 등 자포동물에서 볼 수 있음. ↔집중 신경계.

산(散亡) [명] 흩어져 있는 것. **산!망-하다** [동](자여) **산!망-되다** [동](자) ¶전화(戰禍)로 많은 자료가 ~.

산!망-스럽다 [-따] [형비] <~스러우니, ~스러워> 언행이 경망하고 좀스럽다. ¶하는 짓이 **산망스럽기** 짝이 없다. **산!망스레** [부]

산매¹(山魅) [명] 요사스러운 산 귀신.
  산매(가) 들리다 [관] 요사스러운 산 귀신이 몸에 붙다.

산!매²(散賣) [명] 물건을 생산자나 도매상에서 사들여 소비자에게 직접 파는 일. ¶도(都)~. **산!매-하다** [동](타여)

산!매-상(散賣商) [명] =소매상.
산!매-업(散賣業) [명] =소매업.
산!매-점(散賣店) [명] =소매점.

산맥(山脈) [지] 여러 산이 일정한 방향으로 잇달아 길게 뻗쳐 줄기를 이룬 지대. ¶태백~.

산!-면 =산면통.
산!-면통 [명] 살아 있는 동물의 목구멍. =면통 · 산멱.

산면(山面) [명] 산의 표면.

산명수려(山明水麗) [명] 산수의 경치가 아름다움. **산명수려-하다** [형여]

산명수자(山明水紫) [명] 산수의 경치가 맑고 아름다움. (비)산자수명(山紫水明). **산명수자-하다** [형여]

산!모(産母) [명] 아이를 갓 낳은 여자. 때로, 출산이 임박해 있거나 출산 중인 여자를 가리키는 경우도 있음. =산부(産婦) · 해산어미.

산-모롱이(山-) [명] 산모퉁이의 빙 둘린 곳. ¶~를 돌아가다.

산-모퉁이(山-) [명] 산기슭의 쑥 내민 귀퉁이. ¶~를 돌아서면 마을이 보인다.

산!-목숨 [-쑴] [명] 살아 있는 목숨.

산문¹(山門) [명] 1 산의 어귀. 2 [불] 절. 또는, 절의 바깥문.

산!문²(産門) [명] [생] 해산하는 여자의 음부. =포문(胞門) · 해탈문.

산!문³(散文) [명][문] 언어 배열에 있어서 운율이나 리듬과 같은 음악적 특성을 띠지 않고, 그 전개 과정에 있어서 논리적 구성력과 추리력을 토대로 하여 쓰인 글. ↔운문.

산!문-시(散文詩) [명][문] 행(行)과 연(聯)을 나누지 않고 쓴, 산문 형식의 서정시.

산!문-체(散文體) [명][문] 산문으로 된 보통의 문체. ↔운문체.

산!물(産物) [명] 1 그 지방에서 산출되는 물건. ¶이 지방의 대표적 ~은 감귤이다. 2 어떤 것에 의하여 생겨나는 사물. (비)소산물. ¶인간 소외 현상은 현대 문명의 ~이다.

산!미¹(産米) [명] 농사를 지어 산출하는 쌀. ¶~량.

산미²(酸味) [명] 신맛.

산-바람(山-) [-빠-] [명][기상] 밤에 산의 공기가 차가워짐에 따라 산꼭대기에서 평지로 부는 바람. =산풍(山風) · 재넘이. ↔골바람.

산-박쥐(山-) [-빡쮜] [명][동] 포유류 박쥐목 애기박쥣과의 한 종. 몸은 크고 털빛은 밤색임. 나무의 구멍이나 돌틈 사이에서 떼 지어 생활함. 똥은 '오령지' 라 하여 약재로 쓰임. =멧박쥐 · 산편복.

산!발(散發) [명] (어떤 일이) 여기저기서 이따금 일어나는 것. **산!발-하다**¹ [동](자여) **산!발-되다** [동](자)

산!발²(散髮) [명] 머리를 너저분하게 풀어 헤치는 것. **산!발-하다**² [동](자여) ¶소복한 여자가 **산발한** 채 울고 있다.

산!발-적(散發的) [-쩍] [관] 여기저기서 이따금씩 일어나는 상태에 있는 (것). ¶시위가 시내 곳곳에서 ~으로 벌어졌다.

산!-발치(山-) [명] 산의 아랫부분이 되는 곳.

산-밤(山-) [-빰] [명] 산밤나무에 열린 밤.

산-밤나무(山-) [-빰-] [명] 1 산에서 저절로 자란 밤나무. 2 [식] 참나뭇과의 낙엽 활엽 교목. 5~6월에 꽃이 피고 가을에 견과가 익는데, 밤나무의 것보다 작음. 과실은 식용 및 약용하며, 재목은 땔감으로 씀.

산방(山房) [명] 1 산촌 집의 방. 2 (어떤 명사와 함께 쓰여) '서재(書齋)'의 뜻을 나타내는 말. ¶묵선(墨禪)~. 3 =산장(山莊).

산배(山背) [명] 산등성이의 뒤쪽.

산벌(山伐) [명] 산에 있는 나무를 베는 것. **산벌-하다** [동](타여)

산!법(算法) [-뻡] [명] 계산하는 방법.

산!-벼락 [명] [죽지 않을 정도로 맞는 벼락이라는 뜻] 호되게 당하는 재난. 비유적인 말임.

산!병(散兵) [명][군] 1 뿔뿔이 흩어진 병졸. =산졸(散卒). 2 밀집된 병사를 적전(敵前)에서 산개시키는 것. 또는, 그 병사. ¶~전(戰) · ~진(陣).

산!보(散步) [-뽀] [명] =산책(散策). **산!보-하다** [동](자여)

산복(山腹) [명] =산허리1.

산봉(山峯) [명] =산봉우리.

산-봉우리(山-) [-뽕-] [명] 산꼭대기의 뾰족하게 솟은 부분. =산령(山嶺) · 산봉. (준) 봉 · 봉우리.

산!부(産婦) [명] =산모(産母).

산-부리(山-) [-뿌-] [명] 산의 어느 부분이 부리같이 쑥 내민 곳.

산!부인-과(産婦人科) [-꽈] [명][의] 임신, 해산, 신생아, 부인병 등을 다루는, 의학의 한 분과. ▷부인과.

산!-부처 [명] 1 [불] 도를 통하여 부처처럼 된 승려. 2 아주 착하고 어진 사람을 비유하여 이르는 말.

산!-불(山-) [-뿔] [명] 산에 난 불. =산화(山火).

산붕(山崩) [명][지] =산사태.

산-비둘기(山-) [-삐-] [명][동] =염주비둘기.

산-비알(山-) <방> 산비탈(충청).

산-비탈(山-) [-삐-] [명] 산기슭의 비탈진 땅. ¶~을 오르다.

산사(山寺) [명] 산속에 있는 절.

산사-나무(山査-) [명][식] 장미과의 낙엽 활엽 교목. 높이 6m가량. 초여름에 흰 꽃이 피고 가을에 붉은 열매가 익음. 과실은 '산사자'라 하는데, 약용 및 식용함. 골짜기나 촌락 부근에 남. =산사(山査) · 아가위나무.

산-사람(山-) [-싸-] [명] 1 산에서 사는 사람. 2 산을 즐겨 자주 오르는 사람. 특히, 등

산-사태(山沙汰)[지] 큰비나 지진 등으로, 산중턱의 바윗돌이나 흙이 갑자기 무너져 내리는 현상. =산붕(山崩)·산태(山汰). ¶~가 나다.

산¦삭¹(删削)[명] 필요 없는 글자나 글귀를 지워 버리는 것. =산제(删除). **산¦삭-하다**[동](타여)

산¦삭²(產朔)[명] 해산달.

산¦산-이(散散-)[부] 단단한 물체가 조각조각 깨어지거나 부서지거나, 기대나 꿈 등이 여지없이 무너진 모양. ¶접시가 ~ 깨지다 / 기대가 ~ 부서지다.

산¦산-조각(散散-)[명] 아주 잘게 깨어진 여러 조각. ¶꽃병이 땅에 떨어져 ~이 났다.

산산-하다[형] 사늘한 느낌이 있어 추운 듯하다. ¶말복이 지나면 아침저녁으로 **산산한** 기운이 찾아든다. (큰)선선하다.

산삼(山蔘)[명][식] 깊은 산속에 야생하는 삼. 약효가 재배종보다 월등함. =신초(神草). ↔가삼(家蔘).

산상(山上)[명] 1 산의 위. 2 뫼 쓰는 일을 하는 곳. ↔산하(山下).

산상^수훈(山上垂訓)[명][성] 예수가 갈릴리 호숫가의 산 위에서 행한 설교. 마태복음 5~7장에 실려 있는 것으로, 윤리적 행위에 대한 예수의 가르침을 집약적으로 담고 있음.

산-새(山-)[-쌔][명] 산에서 사는 새의 총칭. =산금(山禽)·산조(山鳥).

산색(山色)[명] 1 산의 빛. 2 산의 경치. ¶~이 수려하다.

산성¹(山城)[명] 산 위에 쌓은 성.

산성²(酸性)[명][화] 산이 나타내는 기본적 성질. 신맛이 나며, 수용액에서는 pH가 7보다 작고, 청색 리트머스 종이를 적색으로 변화시킴. ↔염기성(鹽基性).

산성-도(酸性度)[명][화] 용액의 산성의 정도. 수소 이온의 농도 또는 수소 이온 지수(pH)로 표시함. =산도(酸度).

산성-비(酸性-)[명] 산성을 강하게 나타내는 비. 석탄·석유의 연소에 의하여 생기는 황산화물·질소 산화물이 원인임. 토양을 변질시키고, 동식물에 피해를 줌.

산성^식품(酸性食品)[명] 식품을 태웠을 때 그 재 속에 황·인·염소 등의 산성 성분이 많이 함유되어 있는 식품. 곡류·생선·육류 따위. 이 식품이 체액의 산성도를 높인다는 속설은 잘못된 것임. ↔알칼리성 식품.

산성-암(酸性巖·酸性岩)[명][광] 이산화규소가 많이 함유된 화성암. 화강암·유문암 따위. ↔염기성암.

산성-염(酸性鹽)[-념][명][화] 다염기산의 수소 원자의 일부분을 금속 원소로 치환한 염. 탄산수소나트륨 따위. ↔염기성 염.

산성^염¦료(酸性染料)[-념-][명][화] 색소의 분자 속에 산성기(酸性基)를 가지며, 산의 성질을 나타내는 수용성의 합성염료. =산성 물감. ↔염기성 염료.

산성-천(酸性泉)[명][지] 산성 반응을 나타내는 광천(鑛泉).

산성^토양(酸性土壤)[명][농] 산성 물질이 많이 포함된 토양. 대체로 농작물 경작에 부적당함.

산성-화(酸性化)[명] 산성으로 변함. 또는, 산성으로 변화시킴. **산성화-하다**[동](자)(타여) **산성화-되다**[동](자)

산세(山勢)[명] 산의 형세. ¶~가 험하다 / ~가 수려하다.

산소¹(山所)[명] 1 '뫼'의 높임말. ¶할아버지 ~에 성묘를 가다. 2 뫼가 있는 곳. =영역(塋域). (비)묘소(墓所)·준산.

산소²(酸素)[명][화] 무색무취의 기체 원소. 원소 기호 O, 원자 번호 8, 원자량 15.9994. 공기의 약 5분의 1의 부피를 차지하며, 생물의 호흡에 필수적인 물질임.

산소-땜(酸素-)[명][공] =산소 용접.

산¦-소리[명] 남에게 굽죄이지 않으려고 하는 큰소리. ¶저 사람 **산소리하는** 걸 보니 아직도 오기가 대단하군.

산소-마스크(酸素mask)[명] 고공(高空)이나 깊은 갱 속과 같은, 산소가 희박한 곳에서 착용하는 마스크. 산소 탱크에 연결하여 호흡을 도움.

산소-산(酸素酸)[명][화] 산소를 함유하는 무기산. 황산·질산·인산 따위. =옥시산.

산소^용접(酸素鎔接)[명][공] 산소 가스를 사용하여 철판·쇠붙이 등을 용접하는 일. =산소땜.

산소^호흡(酸素呼吸)[명][생] 산소를 소비하면서 하는 세포의 호흡. 동식물에서 볼 수 있는 일반적인 호흡법임. ↔무기 호흡.

산-속(山-)[-쏙][명] 산의 속. (비)산중. ¶ 마을 / 누무하러 깊은 ~에 들어가다.

산송(山訟)[명] 묘지에 관한 송사(訟事).

산¦-송장[명] 살아 있으나 활동력이 전혀 없어 죽은 것과 다름없는 사람을 이르는 말.

산수¹(山水)[명] 1 산과 물이라는 뜻으로, 산·계곡·강·들 따위로 이루어진 자연. 또는, 그 자연의 모습. ¶조선의 ~를 수묵으로 담아내다. 2 산에서 흘러내리는 물. 3 [미] '산수화'의 준말. ¶~에 능한 화가.

산¦수²(删修)[명] 글의 쓸데없는 자구(字句)를 삭제하고 다듬어서 잘 정리하는 것. =산정(删定). **산¦수-하다**[동](타여)

산¦수³(算數)[명][수] 1 수의 성질과 산술(算術)을 가르치던 초등학교의 교과명. 제6차 교육 과정 때 '수학(數學)'으로 그 명칭이 바뀜. (비)셈본. 2 =산술(算術).

산수-갑산(山水甲山) '삼수갑산(三水甲山)'의 잘못.

산수-도(山水圖)[명][미] =산수화.

산-수소(酸水素)[명][화] 산소와 수소의 혼합물.

산수소^불꽃(酸水素-)[-꼳][명][화] 산소와 수소의 혼합 기체를 태워서 얻는 불꽃. 약 3000℃로, 백금이나 석영을 녹일 수 있음. =산수소염.

산-수유(山茱萸)[명][한] 산수유나무의 열매. 또는, 그 씨를 말린 것. 해열·강장제로 쓰임.

산수유-나무(山茱萸-)[명][식] 층층나뭇과의 낙엽 활엽 교목. 높이 약 3m. 봄에 노란 꽃이 잎보다 먼저 피며, 가을에 길이 약 1.5cm의 긴 타원형 열매가 익음. 산과 들에 나는데, 과실과 씨는 말려서 한약재로 씀.

산수-화(山水畫)[명] 자연의 풍경을 그린 그림. 동양화의 주요 화제(畫題)로 꼽히는 것임. =산수도. (준)산수.

산¦술(算術)[명] 일상생활에 실지로 응용할 수 있는 수와 양의 간단한 성질 및 셈을 다루는 수학적 계산 방법. (비)산수(算數)·셈법.

산¦술-급수(算術級數)[-쑤][명][수] =등차급수.

산¦술급수-적(算術級數的)[-쑤-][관][명] 수

의 증가가 거듭될 때마다 일정한 수가 더해져 이뤄지는 (것). 곧, 수량의 증가가 완만히 이뤄지는 (것). ¶맬서스는 식량은 ~으로 느는데 인구는 기하급수적으로 는다고 말했다. ▷기하급수적.

산ː술-적(算術的) [-쩍] [관][명] 산술의 방식으로 이루어지는 (것). ¶~ 통계/~으로 계산하여 설명하다.

산ː술^평균(算術平均) [명][수] 여러 수의 합을 그 개수로 나눈 값. ↔기하 평균.

산스크리트^어([범]Sanskrit語) [명][언] 인도·유럽 어족 가운데 인도·이란 어파에 속하는 옛 인도·아리아 말. 전 인도의 고급 문장어로 오늘날까지 지속하는데, 불경(佛經)이나 고대 인도 문학은 이것으로 기록되었음. =범어(梵語).

산승(山僧) Ⅰ [명] 산사(山寺)에 있는 승려. Ⅱ [대][인칭] 승려가 자기를 낮추어 이르는 일인칭 대명사.

산ː식(算式) [명][수] =식(式)[2] [1]2.

산신(山神) [명][민] =산신령(山神靈).

산신-각(山神閣) [명][불] 절에서 산신을 모신 집. =산왕단(山王壇).

산신-나무(山神-) [명][민] 무덤을 보호한다고 하여 무덤 근처에 심는 나무. =산신목.

산신-당(山神堂) [명][민] 산신을 모신 당집.

산-신령(山神靈) [-실-] [명][민] 산을 수호하는 신령. =산군(山君)·산령(山靈)·산신.

산신-목(山神木) [명][민] =산신나무.

산신-제(山神祭) [명][민] 산신에게 지내는 제사. [준]산제.

산ː실[1](産室) [명] **1** 해산하는 방. =산방(産房). **2** 어떤 의미 있는 일이 생겨나거나 이루어진 곳의 비유. ¶명작(名作)의 ~.

산ː실[2](散失) [명] 흩어져 잃어버리는 것. **산ː실-하다** [동][타][여] **산ː실-되다** [동][자]

산ː아(産兒) [명] 아이를 낳는 일. 또는, 그 아이. **산ː아-하다** [동][자][여]

산ː아^제ː한(産兒制限) [명][사] 인공적인 피임 방법을 써서 출산을 조절하는 일. ¶인구 조절을 위해 ~이 절실하다. [준]산제.

산악(山岳·山嶽) [명] 높고 험준하게 솟은 산들. ¶~ 지대.

산악-국(山岳國) [-꾹] [명] 국토의 대부분이 산으로 이루어진 나라.

산악^기후(山岳氣候) [-끼-] [명][기상] 해발 고도와 지형을 주요 인자로 하는 특수한 기후형. 기온이 몹시 낮으며, 일기의 변화가 심하고, 바람이 셈. ▷고산 기후.

산악^빙하(山岳氷河) [-삥-] [명][지] 높은 산의 산마루나 산꼭대기 가까운 계곡에 이루어진 빙하. ↔대륙 빙하.

산악-인(山岳人) [명] 등산을 즐기거나 잘하는 사람.

산악-자전거(山岳自轉車) [-짜-] [명] 산악 지형 및 비포장도로에서 타기에 적합하도록 만든 자전거. 넓은 폭의 타이어와 강력한 브레이크를 사용하며 기어의 단 수가 많음. =엠티비.

산악-전(山岳戰) [-쩐] [명][군] 산악 지대에서 하는 전투. =산전(山戰).

산악^철도(山岳鐵道) [-또] [명] 아프트식 철도를 부설(敷設)한, 산악 지대의 철도. 알프스의 등산 철도 따위.

산악-회(山岳會) [-아쾨/-아퀘] [명] 등산하는 사람들로 이루어진 단체.

산안(山眼) [명][민] 묏자리의 좋고 나쁨을 알아내는 능력.

산-안개(山-) [명][지] 산의 사면을 따라 기류가 상승할 때 생기는 안개.

산앵두-나무(山-) [명][식] 진달랫과의 낙엽 활엽 관목. 높이 1m가량. 봄에 담홍색 또는 흰색의 꽃이 피며, 여름에 열매가 붉게 익음. 열매는 먹으며, 씨는 약재로 씀. 산기슭의 숲 속에 나는데, 관상용으로 정원에 심기도 함. =산앵두.

산야(山野) [명] 산과 들.

산ː약(散藥) [명] =가루약.

산양[1](山羊) [명][동] **1** =염소[1]. **2** =영양(羚羊)[2].

산양[2](山陽) [명] 볕이 잘 드는, 산의 남쪽 땅. ↔산음(山陰).

산-언덕(山-) [명] 산의, 언덕처럼 낮은 부분.

산ː업(産業) [명][경] 인간의 생활에 필요한 여러 가지 재화를 생산하는 사업. 농업·공업·수산업·임업·광업 따위. ¶기간(基幹) ~/제1차 ~/사양(斜陽) ~.

산ː업-계(産業界) [-꼐/-께] [명] 생산 사업이 행해지는 사회. ¶~를 시찰하다.

산ː업-공해(産業公害) [-꽁-] [명] 공장의 활동에서 배출된 가스·매연·폐수·소음이나 지하수를 퍼 올림으로써 생기는 지반의 침하(沈下) 등의 공해.

산ː업^구조(産業構造) [-꾸-] [명][경] 각 산업이 그 나라 전체 산업에서 차지하는 비중 및 그 상호 관계. 흔히 제1차·제2차·제3차 산업으로 분류하여 산업별 노동력·생산액을 측정함.

산ː업^도ː로(産業道路) [-또-] [명][건] 산업상의 편의를 위하여 만들어진 도로.

산ː업^디자인(産業design) [명] 공업 생산품의 의장(意匠)이나 설계. =공업 디자인.

산ː업^박람회(産業博覽會) [-빵남회/-빵남훼] [명] 산업의 진흥을 위하여, 각종 생산품을 한자리에 모아 여러 사람에게 관람·구매시키는 박람회.

산ː업-별(産業別) [-뼐] [명] 산업의 종류에 따른 구별. =산별. ¶~ 인구.

산ː업^스파이(産業spy) [명] 기업이 가진 경영이나 기술, 생산이나 판매 등에 관한 정보를 알아내는 일. 또는, 그런 일을 하는 사람.

산ː업용 로봇(産業用robot) [-엄뇽-] 컴퓨터의 제어에 의하여 종래 인간의 손 작업에 의지하고 있던 공정 작업을 대신하는 공업용 기계.

산ː업^은행(産業銀行) [명] '한국 산업 은행'의 준말.

산ː업^자금(産業資金) [-짜-] [명][경] 산업 활동에 쓰이는 자금. 설비 자금과 운전 자금으로 나뉨.

산ː업^자본(産業資本) [-짜-] [명][경] **1** 생산 과정에 투하되어 노동력과 생산의 여러 수단을 결부시켜 생산을 하고 잉여 가치의 일부를 이윤으로 취득하는 자본. 자본주의적 생산 양식에 필요한 기본적인 자본의 형태임. **2** 산업을 위하여 투입되는 자본. ↔금융 자본.

산ː업^자원부(産業資源部) [-짜-] [명] 행정 각 부의 하나. 상업·무역 및 무역 진흥·공업·에너지 및 지하자원에 관한 사무를 맡아 봄. 1998년 '통상 산업부'가 개편된 것임.

산ː업^재산권(産業財産權) [-째-꿘] [명][법] 산업상의 발명이나 고안에 대한 재산권. 특허권·의장권·실용신안권·상표권 등이 있음.

=공업 소유권.
산업^재해(産業災害)[-째-] 명[사] 노동 과정에서 업무상 일어난 사고 또는 직업병으로 말미암아 근로자가 받는 신체의 장애. =노동 재해. 준산재.
산업^재해^보상^보험(産業災害補償保險)[-째-] 명[사] 근로자가 업무와 관련하여 질병·부상·사망 등의 재해를 입은 경우 그를 보상하기 위한 보험 제도. 준산재 보험.
산업-체(産業體) 명 생산하는 업체. ¶방위~.
산업^혁명(産業革命)[-어명-] 명[건] 봉건 제도가 자본주의 제도로 전환하는 기초가 된 기술적 발달과 산업상의 여러 가지 혁신에 의한 경제·사회 조직의 비약적 변혁. 1760년 영국에서 시작되어 구미 여러 나라에서 계속 일어났음.
산업-화(産業化)[-어화] 명 산업으로 돌리는 것. 또는, 산업의 형태가 되어가는 것. **산업화-하다** 동[자여] **산업화-되다** 동[자]
산역(山役) 명 시체를 묻거나 이장(移葬)하는 일. **산역-하다** 동[자여]
산역-꾼(山役-) 명 시체를 묻거나 이장하는 일꾼.
산-열매(山-)[-녈-] 명 산에 절로 나서 자라는 나무에 열리는 열매.
산영(山影) 명 산의 그림자.
산!-영장(-永葬)[-녕-] 명[민] =허장(虛葬). 2. **산!영장-하다** 동[타여]
산옹(山翁) 명 산골에 사는 늙은이. ▷여옹.
산욕(産褥) 명 1 아이를 낳을 때에 산부가 까는 요. 2 [의] =산욕기.
산욕-기(産褥期)[-끼] 명[의] 아이를 낳은 후 생식기가 정상 상태로 회복되기까지의 기간. 보통 6~8주일이 걸림. =산욕(産褥).
산욕-열(産褥熱)[-욕녈] 명[의] 분만할 때에 생긴 생식기 속의 상처에 연쇄 구균 등이 침입하여 생기는 병.
산용(山容) 명 산의 생김새. 비산형(山形).
산운(山雲) 명 산에 낀 구름.
산!-울 명 '산울타리'의 준말.
산!-울림(山-) 명 1 지각의 변화 따위로 산이 울리는 일. 또는, 그 소리. 2 산에서 큰 소리를 내면 그 소리가 되울려오는 현상. 비메아리.
산!-울타리 명 산 나무들을 심어서 만든 울타리. 탱자나무·측백나무 등으로 함. 준산울. ▷생울타리.
산원(産院) 명 산모의 해산(解産)을 돕고, 그 산모와 아기를 돌볼 수 있는 시설을 갖춘 곳.
산월(産月) 명 =해산달.
산유(産油) 명 원유(原油)를 생산하는 것. ¶~량.
산유-국(産油國) 명 원유(原油)를 생산하는 나라.
산유-화(山有花) 명[음] =메나리.
산육(産育) 명 아이를 낳아서 기르는 것. **산육-하다** 동[타여]
산은(山銀) 명 '한국 산업 은행'의 준말.
산음(山陰) 명 볕이 잘 안 드는, 산의 북쪽 땅. ↔산양(山陽).
산음(山蔭) 명[민] 좋은 자리에 뫼를 씀으로써 그 자손이 누리는다는 복. ↔산화(山禍).
산읍(山邑) 명 산골에 있는 고을. =산군(山郡).
산-이마(山-)[-니-] 명 =산꼭대기.

산인(山人) 명 1 속세를 버리고 산속에서 은거하는 사람. =산객(山客). 2 산속에 사는 사람이라는 뜻으로, 승려나 도사를 일컫는 말.
산일(散佚·散帙·散逸) 명 (한데 모은 책이나 자료, 또는 한 질로 된 책 등이) 일부가 빠져 없어지는 것. **산!일-하다** 동[자여] **산!일-되다** 동[자] ¶자료가~.
산!입(算入) 명 셈에 넣는 일. **산!입-하다** 동[타여] ¶구속 일수를 형기에 ~. **산!입-되다** 동[자]
산!자¹(撒子) 명[건] 지붕 서까래 위나 고물 위에 흙이 떨어지지 않도록 나뭇개비 또는 수수깡을 가로 펴서 엮은 것. ¶~를 엮다.
산!자²(饊子·糤子) 명 찹쌀가루를 반죽하여 납작하게 떼어 기름에 지지고, 튀밥이나 깨 따위를 꿀과 함께 묻힌 유밀과.
산-자락(山-) 명 산의 기슭 진 부분. ¶~의 묵정밭을 일구어 경작하는 가난한 산촌 사람들.
산!자-밥풀(饊子-) 명 산자·강정 등의 겉에 붙이기 위해, 찹쌀을 쪄서 말려 기름에 튀긴 밥풀.
산자-수명(山紫水明) 명 산수의 경치가 썩 좋음. 비산명수자. **산자수명-하다** 형[여]
산장(山莊) 명 산속에 있는 별장. =산방(山房). ↔산야(山野).
산장-지기(山莊-) 명 산장에 머물러 살면서 이를 관리하는 사람.
산!재¹(産災) 명[사] '산업 재해'의 준말.
산!재²(散在) 명 여기저기 흩어져 있는 것. **산!재-하다** 동[자여] ¶인가가 산재해 있는 마을. **산!재-되다** 동[자]
산!재^보험(産災保險) 명[사] '산업 재해 보상 보험'의 준말.
산-쟁이(山-) 명 산에서 사냥과 약초 캐는 일을 직업으로 하는 사람. =산척(山尺).
산적(山賊) 명 예전에, 산속에 근거지를 두고 있던 도적. ↔해적(海賊).
산적²(山積) 명 (물건이나 일 등이) 산더미처럼 많이 쌓이거나 몰리는 것. **산적-하다** 동[자여] ¶산적한 과제 / 너른 공터에 산적해 있는 돌무더기. **산적-되다** 동[자]
산!적³(散炙) 명 쇠고기 따위를 길쭉길쭉하게 썰어 갖은 양념을 하여 꼬챙이에 꿰어서 구운 음식.
산!적-도둑(散炙-)[-또-] 명 1 맛있는 음식만 골라 먹는 사람을 놀림조로 일컫는 말. 2 친정에 와서 좋은 것만 골라 간다 하여 시집간 딸을 농으로 일컫는 말.
산전¹(山田) 명 산에 있는 밭.
산!전²(産前) 명 아이를 낳기 바로 전. ↔산후(産後).
산전-수전(山戰水戰) 명 세상을 살면서 겪은 온갖 고생과 어려움. 비유적인 말임. ¶~ 다 겪은 여자.
산정¹(山頂) 명 산의 정상. 비산꼭대기. ¶~에 오르다.
산정²(山情) 명 1 산의 정경(情景). 2 산에서 느끼는 정취.
산!정³(算定) 명 셈하여 정하는 것. ¶~ 가격. **산!정-하다** 동[타여] ¶판매 가격을 ~. **산!정-되다** 동[자]
산정-무한(山情無限) 명 산에서 느끼는 정취가 한이 없음.
산제(山祭) 명[민] '산신제(山神祭)'의 준말. ¶~를 지내다.

산ː조(散調)【음】 민속 악곡의 하나인 기악 독주 음악. 삼남 지방에서 발달한 것으로, 느린 속도의 진양조장단으로 시작하여 차차 급한 중모리장단·자진모리장단·휘모리장단으로 바뀌어 끝남. ¶가야금 ~. ↔병창(竝唱).

산ː조^가야금(散調伽倻琴)【음】 산조와 병창을 위하여 만들어진 폭이 좁은 가야금. ▷ 풍류 가야금.

산주(山主)【명】 산의 임자.

산죽(山竹)【명】 산에서 나는 대.

산-줄기(山-)[-쭐-]【명】 큰 산에서 길게 뻗어 나간 산의 줄기. ¶~를 타고 걷다. ▷산맥. ×멧발·멧줄기.

산중(山中)【명】 산의 깊숙한 안. 특히, 인적이 드문 곳. 비산촌. ¶깊은 ~에서 자라는 풀 / ~에서 길을 잃고 헤매다.

산중-귀물(山中貴物)【명】 1 산속에서만 나는 귀한 물건. 2 그 고장에서는 나지 않는 귀한 물건.

산중-호걸(山中豪傑)【명】 ['산속에 있는 호걸'이라는 뜻] '호랑이'를 일컫는 말.

산ː-증인(-證人)【명】 어떤 분야의 역사 따위를 생생하게 증언할 수 있는 사람. ¶역사의 ~.

산지(山地)【명】 1 산을 이루고 있는 땅. 비산달. ¶~가 많은 나라. ↔평지. 2 묏자리로 알맞은 땅.

산ː지²(産地)【명】 1 생산되어 나오는 곳. 비산출지. ¶~ 가격 / 사과[인삼] ~. 2 사람이 출생한 땅.

산지기(山-)【명】 남의 산이나 뫼를 맡아서 돌보는 사람. =산직(山直).

산-지니(山-)【명】 산에서 자라 여러 해가 묵은 매나 새매. =산진(山陳)·산진매. ↔수지니.

산지-대(山地帶)【지】 낙엽 활엽수가 우거져 있는 지대. 우리나라에서는 해발 1000~1500m의 층이 이에 속함.

산ː지사방(散之四方) Ⅰ【명】 사방으로 흩어짐. 또는, 그렇게 된 것. ¶피난길에 식구들이 ~으로 흩어졌다.
Ⅱ【부】 여기저기 사방으로. ¶산속에서 길을 잃고 ~ 헤매어 다니다.

산ː-지식(-知識)【명】 실생활에 직접 활용할 수 있는 지식. ¶여행을 통해 ~을 얻다.

산ː-지옥(-地獄)【명】 =생지옥.

산질(散帙)【명】 질로 된 책 가운데에서 몇 권이 빠져 없어지는 것. 비낙질. ¶~본(本). **산ː질-하다**【동】(자)(여) **산ː질-되다**【동】(자)

산-짐승(山-)[-찜-]【명】 산에서 사는 짐승. ▷ 물짐승.

산창(山窓)【명】 산에 있는 집의 창. ¶…깊은 밤 ~에 와 부딪치는 교교한 달빛…. 《김성동: 만다라》

산채¹(山菜)【명】 =산나물. ¶~무침.

산채²(山寨·山砦)【명】 1 산에 돌·목책 따위를 둘러 만든 진지. 2 산적들의 소굴.

산ː책(散策)【명】 바람을 쐬거나 기분 전환하기 위해 비교적 조용한 곳을 한가롭게 걷는 것. =산보(散步). ¶그는 ~을 하며 작품을 구상하는 습관이 있다. **산ː책-하다**【동】(자)(여)(타) ¶공원을 ~.

산ː책-로(散策路)[-챙노]【명】 산책할 수 있게 만든 길.

산척(山尺)【명】 1 산을 재는 데에 쓰는 자. 2 =산쟁이.

산천(山川)【명】 산과 내. 곧, '자연'을 이르는 말. =산택(山澤). 비산하(山河). ¶고국~ / 고향 ~.

산천-경개(山川景槪)【명】 자연의 경치.

산천초목(山川草木)【명】 산과 물과 풀과 나무. 곧, '자연'을 일컬음.

산-철쭉(山-)【식】 진달랫과의 낙엽 활엽 관목. 높이 1~2m. 늦봄에 홍자색의 꽃이 핌. 산지의 습한 곳에 나며, 관상용으로 많이 심음. =산척촉.

산체(山體)【명】 산의 생긴 모양.

산초¹(山草)【명】 1 산에 나는 풀. 2 산지(山地)의 밭에 심은 담배.

산초²(山椒)【명】 산초나무의 열매.

산초-나무(山椒-)【식】 운향과의 낙엽 활엽 관목. 8~9월에 흰색의 자잘한 꽃이 피고, 가을에 작고 동글동글한 열매가 녹갈색으로 익음. 열매는 식용함. 산기슭의 양지쪽에 남.

산촌¹(山村)【명】 산속에 있는 마을. =산동(山洞).

산ː촌²(散村)【명】【지】 인가가 밀집하지 않고 넓은 지역에 흩어져 있는 마을. ↔집촌.

산ː출(産出)【명】 〈물건을〉 생산하여 내는 것. **산ː출-하다¹**【동】(타)(여) ¶철을 산출하는 광산. **산ː출-되다¹**【동】(자) ¶쌀이 ~.

산ː출²(算出)【명】 계산하여 내는 것. **산ː출-하다²**【동】(타)(여) ¶생산 가격을 ~. **산ː출-되다²**【동】(자)

산ː출-지(産出地)[-찌]【명】 산출한 곳. 비산지(産地).

산-치성(山致誠)【명】【민】 산신령에게 정성을 드리는 것. ¶심마니는 ~을 드리고 산삼을 캐러 나선다.

산코-골다【동】(자) '헛코골다'의 잘못.

산타(←Santa Claus)【명】 =산타클로스.

산타클로스(Santa Claus)【명】 크리스마스 전날 밤에 굴뚝으로 들어와 잠자는 어린이의 양말이나 구두 속에 선물을 넣고 간다는, 붉은 외투와 모자를 쓰고 수염이 하얀 노인. =산타.

산ː탄(霰彈·散彈)【명】【군】 폭발할 때 잔 탄알이 한꺼번에 터져 나오게 된 탄알. 가까운 거리의 적이나 짐승에 대해 효력이 있음.

산ː탄-총(霰彈銃)【명】 산탄을 사용하는 총. 새나 작은 동물의 사냥 및 클레이 사격에 쓰임.

산-턱(山-)【명】 산의 경사가 져서 내려오다가 조금 두두룩한 곳.

산-토끼(山-)【동】 포유류 토낏과의 한 종. 야생하는 토끼로 집토끼와 비슷하며, 여름털은 회흑색, 겨울털은 흑갈색임. 야산에 많이 살며, 고기는 식용, 모피는 방한용으로 씀. =산토(山兎)·야토(野兎). ▷집토끼. ×메토끼.

산토닌(santonin)【약】 무색무취의 판상(板狀) 결정 또는 가루로 된 회충 구제약.

산ː통¹(疝痛)【의】 =진통(陣痛)¶.

산ː통²(算筒)【명】 소경이 점치는 데 쓰는 산가지를 넣는 통.
산통(을) 깨다【구】 다 된 일을 이루지 못하게 뒤틀다.
산통이 깨지다【구】 다 되어 가는 일이 뒤틀리다.

산ː통-점(算筒占)【명】 산통 속에 들어 있는 산가지를 좁은 구멍으로 집어내어, 그 산가지에 새겨진 숫자에 의하여 치는 점.

산파¹(産婆)【명】 1 산모가 아이를 낳을 때 곁에서 산모를 돌보면서 아이를 받아 주는 여

자. 오늘날에는 그 자격을 가진 사람을 '조산사'라고 부름. 2 어떤 일의 실현을 위하여 잘 주선해서 이루어지도록 해 주는 존재의 비유.

산파²(散播) 명[농] =흩어뿌림. **산파-하다** 통(타)여 **산:파-되다** 통(자)

산:파-술(産婆術) 명 1 [의] 해산·임부·태아 등을 다루는 기술. 2 [철] =대화법2.

산:파-역(産婆役) 명 산파의 구실. 또는, 그런 구실을 하는 사람.

산판(山坂) 명 =멧갓.

산판²(算板) 명 =수판(數板).

산패(酸敗) 명[화] 술이나 지방류(脂肪類) 등 유기물이 공기 속의 산소·빛·열·세균·효소 등의 작용에 의해 산성이 되어 불쾌한 냄새가 나고, 맛이 나빠지거나 빛깔이 변하는 현상. **산패-하다** 통(자)여 **산패-되다** 통(자)

산:포(散布) 명 흩어져 퍼지는 것. 또는, 흩어지게 퍼뜨리는 것. **산:포-하다** 통(자)(타)여 **산:포-되다** 통(자)

산-포도¹(山葡萄) 명[식] =머루.

산:포-도²(散布度) 명[수] 도수 분포에서 변량의 흩어져 있는 정도를 가리키는 값. 분산·표준 편차 따위.

산-포수(山砲手) 명 산속에서 사냥을 직업으로 하는 사람. ⑥산포.

산:표(散票) 명 투표에서 표가 한 사람에게 집중되지 않고 여러 사람에게 흩어지는 것. 또는, 그 표.

산풍(山風) 명[기상] =산바람. ↔곡풍.

산플라티나(sanplatina) 명 니켈과 크롬의 합금. 주로, 치과에서 금 대신 쓰임. 상표명인 산플라튬(Sanplatium)에서 온 말임.

산피(山皮) 명 산짐승의 가죽.

산하¹(山下) 명 =선산하(先山下). ↔산상(山上).

산하²(山河) 명 산과 큰 내. 또는, 자연의 총칭. ㉰산천. ¶그리운 조국 ~.

산하³(傘下) 명 어떤 대상이 중심적·지배적인 인물이나 기관·단체 등의 세력 아래에 딸려 있는 상태. ¶교육 인적 자원부 ~의 연구 단체.

산:학¹(産學) 명 산업계와 학계. ¶~ 협동.

산:학²(算學) 명[수] 셈에 관한 학문.

산:학^협동(産學協同) [-하꼽똥] 명[사] 산업계와 학계가 협동하는 일. 기업과 교육 기관이 제휴·협동·원조를 통하여 기술 개발과 기술자의 교육을 촉진시키는 방식임.

산해(山海) 명 산과 바다.

산해진미(山海珍味) 명 산과 바다의 산물을 다 갖추어 썩 잘 차린 진귀한 음식. =산진해미·산진해착·수륙진미.

산행(山行) 명 1 산길을 걸어가는 것. 2 운동 삼아 산에 가는 것. **산행-하다** 통(자)여

산-허리(山一) 명 1 산의 중턱. =산복(山腹) 2 산의 옆면에 구름이 끼다. 2 산등성이의 잘록하게 들어간 곳.

산협(山峽) 명 1 =두메. 2 산속의 골짜기.

산형(山形) 명 산의 생김새.

산호(珊瑚) 명 1 [동] 산호류 팔방산호 아강 산호과 자포동물의 총칭. 흰산호·붉은산호·연분홍산호 등이 있음. 깊이 100~300m의 바다 밑에 많은 산호가 모여 나뭇가지 모양의 군체(群體)를 이루고, 개체가 죽으면 그 뼈대만 남음. 2 산호과의 자포동물이 죽은 뒤에 몸의 부드러운 부분은 썩어 나가고 각질만 남아서 이루어진 뼈대. 흔히, 가공하여 장식품을 만듦.

산호-도(珊瑚島) 명[지] 산호초가 바다 위에 5m 이상 드러나서 이루어진 섬. =산호섬.

산호-색(珊瑚色) 명 산홋가지의 빛깔과 같은 연한 분홍색.

산호-초(珊瑚礁) 명[지] 산호충의 유해나 분비물로 이루어진 석회질의 암초.

산호-충(珊瑚蟲) 명[동] 자포동물 산호류에 속하는 팔방산호나 일부 육방산호류의 폴립의 총칭.

산호혼-식(珊瑚婚式) 명 서양에서, 결혼 35주년을 축하하는 의식.

산화¹(山火) 명 =산불.

산화²(山花) 명 =산꽃.

산화³(山禍) 명[민] 묏자리가 좋지 못하여 자손이 받는다는 재앙. =산음(山陰).

산:화⁴(散花·散華) 명 1 [꽃같이 진다는 뜻] 꽃다운 목숨이 전장(戰場) 등에서 죽는 것. 2 [불] 부처에게 공양하기 위하여 꽃을 뿌리는 일. 3 [식] 꽃은 피어도 열매를 맺지 못하는 꽃. **산:화-하다¹** 통(자)여 ¶적과 맞서 싸우다가 장렬하게 **산화한** 용사들.

산화⁵(酸化) 명[화] 어떤 물질이 산소와 화합하거나 수소를 잃는 반응. 또는, 어떤 원자·분자 및 이온 등이 전자를 잃는 일. ↔환원(還元). **산화-하다²** 통(자)여 **산화-되다** 통(자)

산화-마그네슘(酸化magnesium) 명[화] 마그네슘을 공기 중에서 태웠을 때에 생기는 흰색 가루. 내화재·마그네시아 시멘트 원료·의약품 등에 쓰임. =마그네시아.

산화-물(酸化物) 명[화] 산소와 다른 원소와의 화합물. =산소 화합물.

산화-수소(酸化水素) 명[화] '물¹'의 화학적 명칭.

산화-알루미늄(酸化aluminium) 명[화] 알루미늄의 산화물. 알루미늄의 제조 원료, 연마재, 내화 재료 등으로 쓰임. =반토(礬土)·알루미나.

산화-염(酸化焰) 명[화] =겉불꽃.

산화^염료(酸化染料) [-뇨] 명[화] 섬유에 스며들게 하여 산화제에 의해 섬유 위에서 산화하여 염색되는 염료.

산화-은(酸化銀) 명[화] 은의 산화물. 질산은의 용액에 수산화알칼리의 용액을 가하여 생기는 검은 가루로, 의약으로 쓰임.

산화-제(酸化劑) 명[화] 산화 작용을 일으키는 물질. 산소·오존·과산화수소·이산화망간 따위. ↔환원제.

산화^제^이철(酸化第二鐵) 명[화] 천연적으로는 적철석으로 산출되고, 인공적으로는 황산 제일철을 구워서 만드는 적색의 결정성 가루. 적색 안료나 금속·유리의 연마에 쓰임.

산화^제^일철(酸化第一鐵) 명[화] 옥살산 제일철을 공기를 끊고 가열하거나, 산화 제이철을 수소로 가열하여 얻는 흑색 가루. 공기 중에 방치하면 산소를 흡수하여 산화 제이철이 됨. =산화철.

산화-질소(酸化窒素) [-쏘] 명[화] 질소의 산화물. 즉, 일산화질소·삼산화이질소·이산화질소·오산화이질소·일산화이질소의 총칭.

산화-철(酸化鐵) 명[화] 1 철의 산화물. 즉, 산화 제일철·산화 제이철·사산화삼철 등의 총칭. 2 =산화 제일철.

산화-칼슘(酸化calcium) 명[화] 탄산칼슘의 열분해에 의하여 생기는 하얀 고체 또는 가

루. 물을 부으면 급격하게 반응하여 높은 열을 내고 수산화칼슘이 됨. 회반죽이나 모르타르, 또는 카바이드의 원료로 쓰임. =강회(剛灰)·백회(白灰)·생석회.

산화-탄소(酸化炭素) 명[화] 1 탄소의 산화물. 즉, 일산화탄소·이산화탄소의 총칭. 2 =일산화탄소.

산:회(散會) [-회/-훼] 명 회의나 모임을 마치고 흩어짐. **산:회-하다** 자여 이제 모임은 두 시간 만에 **산회하였다.**

산:후(産後) 명 해산한 뒤. ¶~ 조리(調理). ↔산전(産前).

산:후-더침(産後-) 명 아이를 낳은 뒤에 일어나는 갖가지 병증. =욕탈. 준후더침.

산:후-바라지(産後-) 명 아이를 낳은 산모를 여러 가지로 돌보아 주는 일.

산:휴(産休) 명 '출산 휴가'의 준말.

살¹ 명 1 사람이나 동물의 몸에서, 근육이나 지방질과 같이 연한 조직으로 된 부분. ¶~이 찌다 / ~을 빼다 / 며칠 동안 앓고 나니 ~이 쪽 빠졌다. 2 사람의 몸에서 맨 바깥쪽에 있는 조직. 비살가죽·살갗·피부. ¶~이 박속같다. 3 짐승이나 물고기의 고기에서, 뼈나 가시에 붙어 있는 연한 부분. 또는, 짐승의 고기에서 지방이나 힘줄을 뺀 연한 부분. ¶~이 연하다[질기다] / 생선의 ~을 발라내다. 4 조개나 소라 등의 껍데기 속의 연한 물질. ¶맛~ / 조갯~. 5 식물의 열매나 뿌리나 줄기에서, 그 껍질 안에 들어 있는 연하고 부드러운 조직. ¶배는 ~에 물이 많아 시원하다. 6 논밭에서, 작물을 심는 부분의 부드러운 흙. ¶~이 무르다.

[살이 살을 먹고, 쇠가 쇠를 먹는다] 동포 형제나 친족끼리 서로 해치려 함을 이르는 말.

살(이) **깊다** 살이 두껍다.

살로 가다 자 먹은 것이 살이 되다.

살(을) **붙이다** 자 대강의 줄거리에 여러 가지를 덧붙여 보태다.

살(을) **섞다** 자 성 관계(性關係)를 맺다. 완곡하게 이르는 말. ¶그날 밤 두 남녀는 미래를 약속하며 **살을 섞었다.**

살을 에다 자 추위나 슬픔 따위로 살을 베어 듯이 고통스럽다. ¶살을 에는 듯한 추위.

살² 명 1 부채나 연 등의 뼈대가 되는, 얇고 긴 나무. 이 위에 종이를 바름. ¶부챗~. 2 바퀴·얼레·우산 등의 축에서 방사상으로 가늘고 길게 뻗어 나간 물건. ¶~이 부러진 우산. 3 주로 전통 가옥의 문이나 창에서, 뼈대가 되는 가는 나무. 여기에 종이를 바르거나 유리를 끼움. 4 빗에서 머리털을 가지런히 하게 하는 낱낱의 가지진 부분. ¶빗~이 성기다 / 빗~이 촘촘하다. 5 '어살'의 준말. ¶살물에 ~을 치다. 6 '화살'의 준말. ¶시위를 떠난 ~ / 세월이 ~ 같이 흐르다. 7 벌이나 쐐기 등의 몸에 있는, 침 모양의 부분. 비침. ¶벌에 쏘인 자리에서 ~을 빼다. 8 빛이나 물 따위의 내뻗치는 기운. ¶햇~ / 물~. 9 떡살로 떡에 찍은 무늬. ¶~을 박다. 10 옷 따위가 구겨지거나, 얼굴이 나이 들어 생기는 줄. ¶옷의 구김~ / 얼굴의 주름~.

살(이) **잡히다** 자 1 구김살이 지다. 2 살얼음이 얼다.

살³ 명 노름판에서, 걸어 놓은 목에 덧붙여 더 태워 놓는 돈. ¶~지르다 / ~ 들어간다.

살⁴ 명(의존) 사람이나 동물의 나이를 세는 단위. 주로 고유어 수사 다음에 쓰이나, 때로 십 단위로 끝나는 한자어 수사와도 어울림. ¶예순[육십] ~ / 세 ~ 먹은 아이 / 넌 몇 ~이냐?

유의어	살 / 세
둘 다 나이를 세는 단위로 쓰이는 말이나, '살'이 웃어른에게 쓰이기 어려운 말인 데 반해, '세'는 아이와 어른 모두에게 쓸 수 있는 말임. 다만, 아이에게 '~세'라고 할 때에는 주로 글에서 쓰거나 '~세용'과 같이 상품 표시 등에 쓰임.	

살⁻⁵ 접두 일부 명사 앞에 붙어, 온전하지 못함의 뜻을 나타내는 말. ¶~눈 / ~얼음.

살⁶(煞) 명[민] 1 민간 신앙에서, 사람에게 병·재앙·변괴 따위를 일으킨다고 생각되는, 실체를 알 수 없거나 막연히 악한 귀신의 짓이라 여겨지는 해롭고 독한 기운. ¶상문(喪門) ~ / ~을 풀다. 2 부부간·형제간 등의 애정이나 우애를 나빠지게 하는 사악한 기운.

살(을) **내리다** [나가다] 자 1 사람을 해치거나 물건을 깨치는 사나운 살이 떨어져 나가다. 2 일가친척 사이에 사나운 띠앗머리가 떨어져 나가다.

살(을) **맞다** 자 초상집·제삿집·혼인집 등에 갔다가 갑자기 탈이 난 경우에 '악귀의 침범을 받다'의 뜻으로 이르는 말.

살(이) **세다** 자 일가친척 사이에 띠앗이 사납다.

살이 끼다 자 1 재앙이나 질병 등을 일으키는 나쁜 기운이나 악귀 따위가 들러붙다. 2 부부간이나 형제간의 애정이나 우애를 나빠지게 하는 사악한 기운이 들러붙다. =살(이) 붙다·살(이) 오르다.

살-가죽 [-까-] 명 몸의 살을 싸고 있는 껍질. ¶넘어져서 무릎의 ~이 벗어졌다.

살갑다 [-따] 형ㅂ 〈살가우니, 살가워〉 1 (집이나 세간 등이) 겉으로 보기보다는 속이 너르다. 2 (마음이) 상냥하고 부드럽다. ¶불현듯 고맙다는 맘이 드는 동시에, 윤기 있고 넓적한 운전댁의 얼굴에 **살갑고** 다정스러운 감을 찾아내었다. 〈강신재:파도〉 반슬겁다.

살강 명 전통 가옥의 재래식 부엌에서, 그릇이나 조리 기구 따위를 올려놓기 위해 벽면에 두어 층으로 설치한 선반.

살강-거리다/-대다 자 '살강거리다'의 여린말. ¶설겅거리다. 쎈쌀강거리다.

살강-살강 부 '살강살강'의 여린말. 큰설겅설겅. 쎈쌀강쌀강. **살강살강-하다** 자형여

살-갗 [-깓] 명 살가죽의 겉면. 비피부. ¶까칠까칠한 ~ / ~이 부드럽다.

살-같이 [-가치] 부 쏜 화살과 같이 매우 빠르게. 비쏜살같이. ¶세월이 ~ 흐르다.

살-거리 명 몸에 붙은 살의 정도와 모양. ¶~가 좋은 남자.

살-결 [-껼] 명 살갗의 결. ¶고운 ~ / ~이 거칠다.

살-결박(-結縛) 명 죄인의 옷을 벗기고 알몸뚱이로 하여 묶는 것. **살결박-하다** 동타여

살구 명 살구나무·개살구나무 등의 열매. 살은 먹고, 씨의 알맹이는 '행인(杏仁)'이라 하여 한약재로 씀.

살구-꽃 [-꼳] 명 살구나무의 꽃. =행화(杏花).

살구-나무 명[식] 장미과의 낙엽 활엽 교목. 높이 5~7m. 봄에 연분홍 꽃이 잎보다 먼저 피고, 7월에 열매가 노랗게 익음. 열매는 털

이 많고 식용하며, 핵은 약용함.
살균(殺菌) 몡 세균 등의 미생물을 죽이는 것. =멸균(滅菌). **살균-하다** 동(자)(타) ¶우유를 저온으로 ~. **살균-되다** 동(자)
살균-력(殺菌力)[-녁] 몡 세균을 죽이는 힘. ¶~이 강한 약제.
살균-제(殺菌劑) 몡[약] 살균하는 효과를 가진 약제. 석탄산·크레졸·알코올 따위.
살그니 뷘 '살그머니'의 준말.回슬그니.
살그머니 뷘 남이 알아채지 못하게 가만히. ¶나는 ~ 그의 곁으로 다가섰다. 준살그니·살그미. 回슬그머니.
살그미 뷘 '살그머니'의 준말. 回슬그미.
살근-거리다/-대다 동(자)(타) 1 (물건이) 서로 맞닿아서 자꾸 가볍게 비벼지다. 2 힘들이지 않고 살그머니 가볍게 행동하다. 回슬근거리다.
살근-살근 뷘 살근거리는 모양. ¶감자를 담은 자루를 ~ 돌려서는 머리가 배기지 않게 다시 이었다. 回슬근슬근. **살근살근-하다** 동(자)(타)
살금-살금 뷘 남이 알아채지 못하게 소리를 내지 않고 조심하여 걷거나 기어가는 모양. 回살쾀. ¶잠자리를 잡으려고 ~ 다가갔다. 回슬금슬금.
살긋-거리다/-대다[-귿꺼(때)-] 동(자)(타) 한쪽으로 배뚤어지거나 기울어지게 자꾸 움직이다. 또는, 그리되게 하다. 回실긋거리다. 셴쌀긋거리다.
살긋-살긋[-귿쌀귿] 뷘 살긋거리는 모양. 回실긋실긋. 셴쌀긋쌀긋. **살긋살긋-하다** (자)(타)
살긋-하다[-그타-] (형)여 바르게 된 물건이 약간 기울거나 배뚤다. 回샐긋하다. 回실긋하다. 셴쌀긋하다.
살-기¹[-끼] 몡 몸에 살이 붙은 정도. ¶~가 별로 없는 얼굴.
살기²(殺氣) 몡 사람의 표정이나 태도에서 느껴지는, 남을 죽이거나 해칠 것 같은 기운. ¶~를 띠다 / ~를 품다 / 그 사내는 눈에 ~가 돈다.
살기등등(殺氣騰騰) →살기등등-하다 (형)여 살기가 얼굴에 잔뜩 올라 있다.
살기-충천(殺氣衝天) →살기충천-하다 (형)여 살기가 하늘을 찌를 듯하다.
살!-길[-낄] 몡 살아가기 위한 방도. ¶~이 막막하다 / ~을 찾다.
살!-날[-랄] 몡 앞으로 세상에 살아 있을 날. ¶앞으로 ~이 얼마 남지 않았다.
살-내[-래] 몡 몸에서 나는 냄새.
살년(殺年)[-련] 몡 크게 든 흉년.
살-눈[-룬] 몡[식] 변태한 곁눈의 하나. 양분을 저장하며 다육질임. 식물의 모체에서 쉽게 땅에 떨어져 새 개체가 됨. =구아(球芽)·알눈·육아(肉芽)·주아(珠芽)·태아(胎芽).
살!다(살고/살아) 동<사니, 사오> 1 (사람이나 동물·식물이) 호흡을 하면서 음식물이나 양분을 취하여 스스로 활동하는 상태를 이루다. 또는, 그런 능력을 가지다. ¶다람쥐는 무얼 먹고 **사나요?** / 이 사람은 심하게 다치긴 했지만 아직 **살아** 있다. ↔죽다. 2 (사람이나 동물·식물이 일정한 곳에서) 그곳을 터전으로 삼아 활동하거나 생활하다. 回거주하다·거처하다. ¶내가 **사는** 아파트. 3 (사람이) 살림을 하거나 생활을 이루어 나가다. ¶품을 팔아 하루하루 ~. 4 (사람이 어느 한곳에서) 이례적(異例的)으로 많은 시간을 보내다. ¶그 학생은 요즘 도서관에서 **산다**. 5 (일정한 동안 지속하는 물체의 움직임이나 불 따위의 현상이) 계속 유지되는 상태를 보이다. ¶시계가 죽은 줄 알았더니 **살아** 있네! 6 (기세나 기운이) 뚜렷이 나타나다. ¶기가 ~ / 옷에 풀기가 **살아** 있다. 7 장기·바둑·윷놀이에서, (말이) 장기나 바둑의 판이나 말판 위에 다닐 수 있는 상태를 가지다. ¶상대는 아직 차와 포가 다 **살아** 있다. 8 (사물·현상이) 제 기능이나 구실이나 효력 등을 나타내다. ¶산 교훈 / 산 증거. 9 (그림이나 글씨 따위가) 움직일 듯이 힘차고 생동하는 상태를 보이다. ¶추사의 글씨는 한 획 한 획이 **살아** 있다. ②1 (사람이 일정한 일을) 맡거나 겪거나 치르면서 세월을 보내다. ¶머슴을 ~ / 징역을 ~. 2 ('삶'을 목적어로 하여) (사람이 어떤 삶을) 이루면서 생활을 하다. ¶고통스러운 삶을 ~. 3 (집안 살림을) 꾸려 나가다. ¶딴살림을 ~.
[**산 (사람) 입에 거미줄 치랴**] 살기가 어렵다고 섬사리 죽기야 하겠느냐는 말. '생구불망(生口不網)'과 같은 말.
살-다듬이 몡 다듬잇살이 오르도록 홍두깨에 감고 짓두드려 하는 다듬이. **살다듬이-하다**
살-담배 몡 썬 담배. =각연초(刻煙草)·절초(切草). ↔잎담배.
살-대¹[-때] 몡 '화살대'의 준말.
살-대²[-때] 몡[건] 기둥이나 벽 따위가 넘어지는 것을 막기 위해 버티는 나무. ¶~를 받치다.
살-덩어리[-떵-] 몡 살로 이루어진 덩어리. =육괴. 준살덩이.
살-덩이[-떵-] 몡 '살덩어리'의 준말.
살-돈 몡 1 무슨 일을 하여 밑졌을 때, 그 밑천이 되었던 돈. =육전(肉錢). ¶~을 축내다. 2 노름 밑천이 되는 돈. ¶~을 지르다.
살!똥-스럽다[-따] (형)(ㅂ) <-스러우니, -스러워> (말·행동이) 독살스럽고 당돌하다.
살!똥스레 뷘
살뜰-하다 (형)여 1 착실하고 실속이 있다. ¶살림을 **살뜰하게** 꾸려 나가다. 2 자상하고 다정다감하다. ¶무의탁 노인을 **살뜰하게** 보살피다. **살뜰-히** 뷘 ¶우리 부부라고는 하지만 한 번도 ~ 지내본 적이 없지요.
살랑 뷘 바람이 가볍게 부는 모양.
살랑-거리다/-대다 동 1 (자) (조금 추운 듯한 바람이) 가볍게 자꾸 불다. 2 (타) 팔을 가볍게 저어 바람을 내면서 걷다. 回설렁거리다. 셴쌀랑거리다.
살랑-살랑 뷘 살랑거리는 모양. ¶봄바람이 ~ 불어온다. 回설렁설렁. 셴쌀랑쌀랑. **살랑살랑-하다** 동(자)(타)(형)여 ¶살랑살랑한 초가을 날씨.
살랑-하다 (형)여 '쌀랑하다'의 여린말. 回설렁하다.
살래-살래 뷘 몸의 한 부분을 가볍게 잇달아 흔드는 모양. ¶머리를 ~ 젓다 / 꼬리를 ~ 흔들다. 回설레설레. 셴쌀래쌀래.
살롱(四salon) 몡 1 상류 계급이 사교를 위하여 모이는 곳. 프랑스에서 유행했음. 2 미술 단체의 정기 전람회. 3 양주 등을 파는 술집.
살롱^문학(四salon文學) 몡[문] 17~18세기에 프랑스의 귀족 계급의 살롱을 중심으로 발달한 문학. 내용의 깊이보다 재치나 형식의 아름다움을 중요시하였음.

살륙 '살육(殺戮)'의 잘못.

살-리다 [동](타) '살다'의 사동사. ¶꺼진 불을 ~ / 죽어 가는 사람을 ~ / 개성을 ~ / 경험을 ~.

살림 [명] 1 한집안을 이루어 살아가는 일. ¶~을 나다 / ~을 내다 / 시집가서 형편에 따라 나가다. 2 살아가는 상태나 형편. ¶궁색한 ~ / ~이 넉넉하다. **살림-하다** [동](자)(여)
[**살림에는 눈이 보배라**] 살림을 알뜰하게 잘하려면 일일이 잘 보살펴야 한다는 말.

살림(을) 말다 ⇨ 집안의 살림을 도맡아서 처리하다. ¶어머니가 안 계시는 동안 내가 살림을 맡아 다.

살림-꾼 [명] 1 살림을 맡아서 하는 사람. 2 살림을 알뜰히 잘 꾸려 가는 사람. ¶영숙이도 이젠 ~이 다 되었구나.

살림-방 [-房] [명] 살림하는 방.

살림-살이 [명] 1 살림을 차려서 사는 일. ¶~를 시작하다. 2 살림에 쓰이는 세간. ¶~를 장만하다 / ~가 많다. **살림살이-하다** [동](자)(여)

살림-집 [-집] [명] 살림하는 집. ↔가겟집.

살림-채 [명] 살림하는 방이나 부엌 등이 있는 집채.

살림-터 [명] 생활하는 곳.

살-막이(煞-) [명][민] '살풀이'의 잘못.

살-맛[1][-맛] [명] 남의 살과 서로 맞닿아서 느끼는 감각.

살[1]-맛[2][-맛] [명] 세상을 살아가는 재미. ¶~없는 세상 / ~을 잃다 / 신바람 나고 ~ 나는 세상.

살망-살망 [부] 살망한 다리로 걷는 모양. ⑤설명설명.

살망-하다 [형](여) 1 아랫도리가 가늘고 어울리지 않게 키만 조금 길다. 2 옷이 몸에 어울리지 않게 조금 짧다. ⑤설명하다.

살며시 [부] 가볍게 또는 드러나지 않게 넌지시. ¶~ 귀띔하다 / ~ 다가앉다. ⑤슬며시.

살멸(殺滅) [명] 죽여 없애는 것. **살멸-하다** [동](타)(여)

살멸-살멸 [-면쌀면] [명] 잇달아 살며시. ⑤슬멸슬멸. ¶자욱하던 향연이 안개 걷히듯 스러지며 얼굴만 보이던 노국 공주의 온몸이 ~ 드러나기 시작했다.《박종화 : 다정불심》

살모넬라-균(salmonella 菌) [명][의] 사람·포유류·조류 등의 장(腸)에 주로 기생하는 병원성(病原性) 세균. 운동이 활발한 간균(杆菌)으로 많은 편모가 있음. 식중독·위장염 등을 일으킴.

살모-사(殺母蛇) [명][동] =살무사.

살무사 [명][동] 파충류 뱀목 살무삿과의 한 종. 몸길이 68~71cm, 머리는 납작하게 세모지고 목이 가늘며, 등 쪽은 어두운 회색 바탕에 둥글고 검은 무늬가 있음. 산골짜기의 풀밭에 사는데, 독니가 있음. ≒복사(蝮蛇)·살모사(殺母蛇).

살-문(-門) [명] 문살을 가로세로 넣어서 짠 문.

살-바람 [명] 1 좁은 틈으로 새어 드는 찬 바람. 2 봄철에 부는 찬 바람.

살벌(殺伐) [명] 1 (병력으로) 죽이고 들이치는 것. 2 위력을 가지고 무시무시한 짓을 하는 것. **살벌-하다**[1] [동](타)(여) ▷살벌하다[2].

살벌-하다[2](殺伐-) [형](여) 행동이나 분위기가 위협을 느낄 만큼 무시무시하다. ¶분위기가 ~.

살-별 [명][천] =혜성(彗星)1.

살-보시 [-布施] [명] (여자가 승려에게) 몸을 허락하는 것. 속된 말임. **살보시-하다** [동](자)(여)

살-붙이[-부치] [명] 1 가까운 혈육. 또는, 그 사람. 보통 부모와 자식의 관계에서 씀. 2 짐승의 여러 가지 살고기.

살-비듬 [명] =인비늘. ¶얼굴에 ~이 허옇게 일어나다.

살-빛[-삧] [명] 살갗의 빛깔. ≒육색(肉色). ⓑ살색·피부색. ¶~이 검다 (희다).

살사(에)salsa) [명][음] 쿠바의 리듬에 재즈·로큰롤·솔 등을 혼합한 활기 넘치는 춤곡. 또는, 그 곡에 맞춰 추는 춤. 남녀가 몸을 밀착하여 관능적으로 추는 것이 특징임.

살살[1] [부] 1 조금 넓은 그릇의 물이 천천히 고루 끓는 모양. 2 온돌방이 은근하게 고루 더운 모양. 3 짧은 다리를 가볍게 움직여 기어 다니는 모양. 4 머리를 천천히 살래살래 흔드는 모양. ¶싫다고 머리를 ~ 흔든다. ⓔ설설. ⑤쌀쌀.

살살 기다 ⇨ 남의 앞에서 두려워 행동을 자유롭게 하지 못하다. ¶고양이 앞의 쥐처럼 살살 긴다.

살살[2] [부] 1 남이 모르게 또는 두려움을 가지고 조심하여 행동하는 모양. ¶~ 피해 다니다 / ~ 뒤를 밟다. 2 힘을 주지 않고 가만히 하는 모양. ¶~ 긁다 / ~ 만지다. 3 남을 부드러운 태도로 달래거나 꾀는 모양. ¶~ 꾀어내다 / 할머니는 우는 애를 ~ 달래었다. 4 과자나 엿 등이 입 안에서 저절로 녹아 없어지는 모양. ¶쌀밥이 기름이 자르르하여 입 안에서 ~ 녹는다. 5 눈웃음을 은근히 사람의 마음이 끌리는 데가 있게 치는 모양. ¶눈웃음을 ~ 친다. ⓔ슬슬.

살살[3] [부] 배가 조금씩 쓰리며 아픈 모양. ¶아랫배가 ~ 아프다. ⑤쌀쌀.

살살-거리다·-대다 [동](자) 1 짧은 다리를 재게 움직여 기어 다니다. 2 머리를 잇달아 가볍게 젓다. 3 마음이 들떠서 계속 돌아다니다. ¶어디를 그렇게 **살살거리고** 다니느냐. 4 상대편을 계속하여 꾀거나 잇달아 눈웃음을 치며 알랑거리다. ⑤설설거리다. ⑤쌀쌀거리다.

살살-이 [명] 간사스럽게 알랑거리는 사람 잘잘하는 이르는 말. ¶촛대 없이 ~처럼 군다.

살살-하다 [형](여) 1 교활하고 간사하다. 2 얇고 곱다. 3 아슬아슬한 고비를 겨우 면하는 상태에 있다.

살상(殺傷) [-쌍] [명] 사람을 죽이거나 상처를 입히는 것. **살상-하다** [동](여) ¶적을 ~. **살상-되다** [동](자)

살-색(-色) [-쌕] [명] 1 사람 살갗의 색깔. ⓑ살빛. ¶~이 곱다. 2 황인종의 살갗 빛깔처럼, 옅게 누르면서 불그레한 색깔. 2002년, 정부는 인종 차별적 소지를 없애기 위해, 한국 산업 규격에서 '살색' 대신 '연주황'을 사용하기로 결정한 바 있음.

살생(殺生) [-쌩] [명] 짐승이나 사람을 죽이는 것. ¶~을 금하다. **살생-하다** [동](자)(타)(여) **살생-되다** [동](자)

살생-부(殺生簿) [-쌩-] [명] [계유정난 때 수양 대군이 정적을 제거하기 위해 죽일 사람과 살릴 사람의 이름을 적었다는 장부에서 유래되어] 권력을 가진 자가 어떤 일에 부적절한 대상을 탈락시키거나 퇴출시키고자 하여 그 이름을 적어 놓은 기록. ¶정치판에는 총선 때마다 공천을 둘러싸고 ~가 등장한다.

살생-유택(殺生有擇) [-쌩-] 圏 세속 오계의 하나. 살생을 할 때는 가려서 하라는 말. 곧, 함부로 살생을 하지 말라는 말.

살서-제(殺鼠劑) [-써-] 圏[약] 쥐를 죽이는 약제. 아비산·황린 따위. 凪쥐약.

살-성(-性) [-썽] 圏 상처가 나거나 데거나 했을 때 잘 낫나 안 낫는, 살갗의 성질. ¶~이 좋다(나쁘다).

살-소매 圏 팔과 소매 사이의 빈 곳.

살-손 圏 1 무슨 일을 할 때에 연장 따위를 쓰지 않고 바로 대서 만지는 손. 2 일을 정성껏 하는 손.

살수(撒水) [-쑤] 圏 물을 흩어서 뿌리는 것. ×산수. **살수-하다** 동재여

살수^대첩(薩水大捷) [-쑤-] 圏[역] 고구려 영양왕 23년(612)에 쳐들어온 수나라 양제의 30만 대군을 을지문덕 장군이 살수에서 크게 물리쳐 이긴 싸움.

살수-차(撒水車) [-쑤-] 圏 도로나 운동장 따위에 먼지가 나지 않도록 물을 뿌리는 차. =물자동차·물차.

살신성인(殺身成仁) [-씬-] 圏 자기 몸을 희생하여 인(仁)을 이룸. **살신성인-하다** 동재여

살아-가다 동재 생활해 나가다. ¶품팔이로 하루하루를 ~ / 세 식구가 오순도순 ~

살아-나다 동재 1 죽었거나 거의 죽게 되었다가 다시 살게 되다. ¶그런다고 죽은 사람이 다시 **살아나겠느냐**. / 시든 나무가 비가 오자 다시 **살아났다**. 2 (꺼져 가던 불이) 다시 일어나다. ¶연탄불이 ~. 3 몹시 어려운 고비에서 벗어나다. 4 (기억·감정·정서 등이) 사그라졌다가 다시 떠오르다. 5 (약해졌던 세력이) 다시 성해지다. ¶기세가 ~. 6 (패었던 자리가) 도로 돌아나다.

살아-남다[-따] 동재 여럿 가운데 일부가 죽음을 모면하여 목숨을 구하다. ¶그 전에서 **살아남은** 자는 아무도 없다.

살아-생이별(-生離別) [-니-] 圏 '생이별'을 강조하는 말.

살아-생전(-生前) 圏튀 이 세상에 살아 있는 동안. ¶부모님 ~에 효도해라.

살아-오다 동재 1 목숨을 이어 오거나 생활해 오다. ¶지금까지 **살아오면서** 가장 기억에 남는 일은 무엇인가? 2 죽지 않고 돌아오다. ¶구사일생으로 ~. 3 잊었던 감정이나 기억이 되살아나다. ¶빛바랜 사진을 보는 순간 옛 추억이 생생하게 **살아왔다**. 4 어떤 일정한 일자리에서 일해 오거나 일정 기간 어떤 일을 겪어 오다. ¶교사로 30여 년을 ~. 5 어떤 종류의 인생이나 생애, 시대 등을 견디며 생활해 오다. ¶고난의 삶을 ~

살아-평생(-平生) 圏 사람이 살아가는 일생 내내의 동안.

살-얼음 圏 얇게 살짝 언 얼음. 凪박빙(薄氷). ¶~이 얼다 / ~이 잡히다.

살얼음을 밟는 것 같다 丞 위태위태하여 마음이 몹시 불안하다.

살얼음-판 圏 1 얇게 언 얼음판. 2 매우 위태롭고 아슬아슬한 지경의 비유. ¶~ 같은 집안 분위기. ×살판.

살-여울[-려-] 圏 급하고 빠른 여울.

살육(殺戮*) 圏 ('戮'의 본음은 '륙') (사람들을) 전쟁이나 난리 통 등에 마구 죽이는 것. ¶~전(戰). ×살륙. **육육-하다** 동타여 **살육-되다** 동재

살의(殺意) [ى/-이] 圏 사람을 죽이려고 마음을 먹은 상태. 또는, 그런 마음이 태도나 표정에 드러나 있는 상태. ¶~가 가득한 눈빛 / ~를 품다.

-살이 접미 '무엇에 종사하거나 기거하여 살아가는 생활'의 뜻을 나타내는 말. ¶머슴~ / 시집~ / 감옥~ / 타향~ / 더부~.

살인(殺人) 圏 사람을 죽이는 것. 특히, 법이나 윤리를 벗어난 수단·방법으로 죽이는 것을 가리킴. ¶~ 사건. **살인-하다** 동재여 흉기로 ~.

살인-강도(殺人強盜) 圏 재물을 빼앗기 위하여 사람을 죽이는 도둑.

살인^광선(殺人光線) 圏[군] 초단파 전류·고압 전류·방사선 따위를 이용하여 먼 곳에 있는 적을 죽이는 과학 무기.

살인-귀(殺人鬼) 圏 사람을 예사로 마구 죽이는 악랄한 사람을 귀신에 비유하여 이르는 말. 凪살인마.

살인-극(殺人劇) 圏 살인을 저지르는 난동. ¶처참한 ~ / ~이 벌어지다.

살인-나다(殺人-) 동재 살인 사건이 생기다.

살인-내다(殺人-) 동재 살인을 저지르다. ¶살인내고 도망치다.

살인-마(殺人魔) 圏 함부로 살인을 해 대는 악랄한 사람을 마귀에 빗대어 이르는 말. 凪살인귀.

살인-미수(殺人未遂) 圏[법] 사람을 죽이려다가 이루지 못하는 일.

살인-범(殺人犯) 圏[법] 사람을 죽인 범인. =살해범. ¶~을 체포하다.

살인-자(殺人者) 圏 사람을 죽인 사람.

살인-적(殺人的) 圏 (어떤 상황이나 상태가) 사람의 몸이 견디기 어려울 만큼 고통스럽거나 지독한 (것). ¶연일 30도를 훨씬 넘는 ~인 무더위가 계속되고 있다.

살인-죄(殺人罪) [-쬐/-쮀] 圏[법] 고의로 사람을 죽인 죄. ¶~를 범하다.

살-점(-點) [-쩜] 圏 몸뚱이나 살덩어리에서 떨어져 나오거나 베어 내거나 떼어 내거나 한, 살의 작은 조각. ¶살갗이 찢겨 ~이 떨어져 나가다.

살-조개 圏[동] =꼬막.

살-지다 圏 1 몸에 살이 많아 탐스럽다. ¶살진 암소. 2 (식물의 열매·잎·뿌리 등이) 영양이 좋아 윤기 있거나 살이 많다. ¶살진 칡뿌리. 3 (땅이) 걸고 기름지다. ¶살진 논배미.

유의어	살지다 / 살찌다
'살지다'는 형용사로서 탐스럽게 살이 많은 상태를 가리키고, '살찌다'는 동사로서 살이 붙거나 많아지는 작용을 나타냄.	

살-집[-찝] 圏 (주로 '좋다'와 함께 쓰여) 몸에 살이 오른 상태. 凪육덕(肉德). ¶~이 좋은 중년 여자.

살짜쿵 튀 '살짝'을 강조하여 이르는 말. ¶미애에는 ~ 옆구리를 찌르며 눈짓을 했다.

살짝 튀 1 남이 모르는 사이에 재빨리. ¶~ 숨다. 2 힘들이지 않고 가볍게. 또는, 심하지 않게 약간. ¶고개를 ~ 들고 보다 / 시금치를 ~ 데치다. ¶슬쩍.

살짝-곰보 [-꼼-] 圏 약간 얽은 얼굴. 또는,

그런 사람.
살짝-살짝[-쌀-]㉿ 자꾸 살짝 행동하는 모양. ⓒ슬쩍슬쩍.
살쩍 ㉿ 관자놀이와 귀 사이에 난 털. =귀밑털·빈모(鬢毛).
살-찌다 㢗 몸에 살이 많아지다. ¶하늘이 높고 말이 **살찌는** 계절 / 그 여자는 **살찌는** 게 두려워 하루에 두 끼만 먹는다. ▶살지다.
살찌-우다 ㉿㉿ '살찌다'의 사동사. ¶가축을 ~.
살-차다 ㉿ 1 혜성의 꼬리의 빛이 세차다. 2 (성미가) 붙임성이 없이 차고 매섭다.
살-창(-窓) ㉿[건] 좁은 나무나 쇠 오리로 살을 대어 만든 창. =살창문·전창(箭窓).
살천-스럽다[-따] ㉿⟨ㅂ⟩¶~스러우니, ~스러워⟩쌀쌀하고 매섭다. **살천스레** ㉿
살-촉(-鏃) ㉿ '화살촉'의 준말.
살충(殺蟲) ㉿ 벌레나 해충을 죽이는 것. ⓑ구충(驅蟲).
살충-제(殺蟲劑) ㉿[약] 해로운 벌레를 죽이기 위하여 쓰는 약제. =구충제·제충제.
살-치다 ㉿㉿ 잘못되었거나 못 쓰게 된 글이나 문서 따위에 '×' 모양의 줄을 그어 못 쓴다는 뜻을 나타낸다.
살-친구(-親舊) ㉿ 비역질의 상대가 되는 친구.
살캉-거리다/-대다 ㉿㉿ 설삶은 콩이나 밤 따위가 씹히는 것 같은 소리나 느낌이 자꾸 나다. ⓒ설컹거리다. ⓓ쌀캉거리다.
살캉-살캉 ㉿ 살캉거리는 모양. 또는, 그 소리. ⓒ설컹설컹. ⓓ쌀캉쌀캉. **살캉살캉-하다** ㉿㉿㉿
살코기 ㉿ 뼈·기름기·힘줄 따위가 섞이지 않고 살로만 된 고기. ⓑ살·정육(精肉). ¶~를 발라내다 / ~를 저미다.
살쾡이 ㉿[동] 포유류 고양잇과의 한 종. 고양이와 비슷하나 좀 크며, 갈색 바탕에 누런색의 무늬가 있음. 산과 들에 사는데, 주로 밤에 나와 꿩이나 닭 따위를 잡아먹음. =삵·야묘(野貓). ×삵괭이.
살파(撒播) ㉿ 씨를 뿌리는 것. **살파-하다** ㉿㉿㉿ ¶볍씨를 ~.
살팍-지다[-찌-] ㉿ (몸이) 실하고 다부지다. ¶몸이 단단하고 **살팍진** 청년 / 마침 지나오다 보니 **살팍진** 암소 한 마리가 어떤 외진 무덤 옆에 나부죽이 누워 있는데, …《김정한:인간 단지》
살-판[1] ㉿ =살판뜀.
살-판[2] ㉿ '살얼음판'의 잘못.
살!판-나다 ㉿ 1 좋은 일이나 재물이 생겨 썩 살기 좋아지다. ¶끼니조차 어렵던 차에 횡재를 해서 **살판났다**. 2 기를 펴고 살아갈 수 있게 되다. ¶방학이 되자 아이들은 **살판난** 듯 여기저기 싸다녔다.
살판-뜀 ㉿ 광대가 몸을 날려 넘는 재주. =살판.
살펴-보다 ㉿㉿ 깊은 관심을 가지고 하나하나 자세히 보다. ¶주위를 ~ / 자기 전에 문단속이 잘됐나 ~.
살-평상(-平牀) ㉿ 바닥에 통나무를 대지 않고, 나무오리로 일정한 사이를 띄어 죽 박아 바닥을 만든 평상.
살포[1] ㉿[농] 흙을 떠 옮겨 논의 물꼬를 트거나 막을 때 사용하는, 자루가 긴 삽같이 생긴 농기구. 논에 나갈 때 지팡이처럼 짚고 다니기도 함.
살포[2](撒布) ㉿ 1 (액체나 기체 따위의 물질이나 약품을) 공중으로 뿜어서 뿌리는 것. 2 (많은 장수의 전단 등을) 공중으로 흩어서 뿌리는 것. ×살포. **살포-하다** ㉿㉿㉿ ¶농약을 ~ / 전단을 ~. **살포-되다** ㉿㉿
살포시 ㉿ 포근하게 살며시. 또는, 드러나지 않을 정도로 가볍게. ¶나비가 ~ 날개를 접다 / 아기가 어머니의 품속에서 ~ 잠이 들다.
살-풀이(煞-) ㉿[민] 흉살(凶煞)을 미리 피하게 해 준다 하여 하는 굿. ¶~ 굿 / ~ 판. ×살막이. **살풀이-하다** ㉿㉿㉿
살-품 ㉿ 옷과 가슴 사이의 빈틈.
살-풍경(殺風景) ㉿ 1 아무 볼품이 없이 삭막하고 쓸쓸한 풍경. 2 살기를 띤 광경. **살풍경-하다** ㉿㉿㉿ ¶이렇게 **살풍경해야** 할 무덤이 꽃으로 해서 거기만은 햇볕조차 유난히 따스해 보였다.《정비석:색지 풍경》
살풍경-스럽다(殺風景-)[-따] ㉿⟨ㅂ⟩⟨~스러우니, ~스러워⟩살풍경한 데가 있다. ¶모든 세간살이가 다 빠져나간 방 안은 **살풍경스럽게** 보였다.
살피 ㉿ 1 두 땅이 맞닿은 경계를 나타낸 표. 2 물건과 물건의 틈새 또는 그 사이를 구별한 표.
살피다[1] ㉿㉿ 1 조심하여 자세히 보다. ¶눈치를 ~ / 사방을 ~. 2 어떤 현상을 살피어 관찰하거나 미루어 헤아리다. ¶국제 정세를 ~.
살피다[2] ㉿ 촘촘하지 않고 성기다. ⓒ설피다.
살-피듬 ㉿ 몸에 살이 피둥피둥한 정도. ¶~이 좋은 중년 남자.
살핏-살핏[-핃쌀핃] ㉿ 여럿이 모두 살핏한 모양. ⓒ설핏설핏. **살핏살핏-하다** ㉿㉿㉿
살핏-하다[-피타-] ㉿ (짜거나 엮은 물건이) 좀 얇고 성긴 듯하다. ⓒ설핏하다.
살해(殺害) ㉿ (사람을) 해쳐서 죽이는 것. **살해-하다** ㉿㉿㉿ **살해-되다** ㉿㉿ ¶그 여자는 목이 졸려 **살해되었다**.
살해-범(殺害犯) ㉿[법] =살인범.
삵[삭] ㉿[동] =살쾡이.
삵-괭이 ㉿[동] '살쾡이'의 잘못.
삵-피(-皮)[삭-] ㉿ 살쾡이의 가죽. =야묘피(野貓皮).
삶[삼] ㉿ 사람이 살아가거나 생활하는 일. ⓑ생(生). ¶고달픈 ~ / ~의 의욕을 잃다 / 인간다운 ~을 살다. ↔죽음.
삶-기다[삼-] ㉿㉿ '삶다'의 피동사.
삶!다[삼따] ㉿㉿㉿ 1 (익지 않은 음식을) 잠길 정도로 물을 부은 상태에서 끓여서 익게 하다. ¶**삶은** 달걀 / 국수를 ~. 2 (빨래·식기·의료기 따위를) 때를 빼거나 소독하기 위해 물속에 넣고 끓이다. ¶빨래를 ~ / 우유병을 ~. 3 (사람이 다른 사람을) 듣기 좋은 말을 하거나 무엇을 베풀거나 하여 기분을 맞춰 줌으로써 어떤 일에 대해 너그럽게 받아들이는 마음을 가지게 만들다. ⓑ구워삶다. ¶누나를 **삶아** 용돈을 얻다. 4 (논이나 밭을) 그 흙을 써레 따위로 이리저리 헤쳐 무르게 하다. ¶남의 이틀 품 들일 논을 혼자 **삶아** 놓으니까 장인님도 눈깔이 커다랗게 놀랐다.《김유정:봄봄》
삶-이[삼-] ㉿[농] 논을 삶는 일. 1 건삶이와 무삶이가 있음. 2 못자리를 따로 마련하지 않고 처음 **삶은** 논에 바로 볍씨를 뿌리는 일. **삶이-하다** ㉿㉿㉿
삼[1] ㉿[생] 태아를 싸고 있는 막과 태반(胎盤). =태보. ⓑ태(胎).

삼(을) 가르다 〖관〗 해산한 뒤에 탯줄을 자르다.

삼² 〖명〗〖의〗 병으로 눈동자에 좁쌀만 하게 생기는 희거나 붉은 점. ¶~이 선 눈.

삼³ 〖명〗〖식〗 삼과의 한해살이풀. 줄기는 온대에서는 높이 3m, 열대에서는 6m까지 자라며 세로로 골이 있음. 7~8월에 꽃이 핌. 종자는 식용·약용 등으로 쓰이며, 줄기 껍질은 섬유의 원료로 쓰임. =대마(大麻)·마(麻).

삼⁴(參) 〖명〗〖식〗 1 '인삼'과 '산삼'의 총칭. ¶~을 캐다. 2 '인삼'의 준말.

삼⁵(三·參) Ⅰ〖수〗 '셋'과 같은 뜻의 한자어 계통의 수사. 아라비아 숫자로는 '3', 로마 숫자로는 'Ⅲ'으로 나타냄. ¶~ 곱하기 이는 육. Ⅱ〖관〗 '세', '셋째'의 뜻. ¶~ 년 / ~ 학년.

삼가 〖부〗 공손하게 예의를 갖추어. 또는, 엄숙하고 경건한 마음으로. ¶~ 고인의 명복을 빕니다.

삼가다 〖동〗〖타〗 1 (말이나 행동을) 예의와 도리에 벗어나지 않게 조심해서 하다. ¶말을 ~ / 선생님 앞에서 행동을 ~. 2 (술·담배·음식 등을) 건강을 지키거나 예의를 갖추기 위해 가급적 먹거나 피우거나 하지 않다. 또는, (어떤 행동을) 이성적으로 억제하여 가급적 하지 않다. ¶그는 아직 나빠 술을 **삼가**고 있다. / 나쁜 친구와 사귀는 것을 **삼가**라. ×삼가하다.

어법 말씀 삼가하십시오:삼가하십시오 (×)→삼가십시오(○). ▶'삼가'에 '하다'를 덧붙여 쓰는 것은 잘못임.

삼가-하다 〖동〗 '삼가다'의 잘못.
삼각¹(三角) 〖명〗〖수〗 '삼각형'의 준말.
삼각²(三脚) 〖명〗 '삼각가(三脚架)²'의 준말.
삼각-가¹(三角架) [-까] 〖명〗〖화〗 삼발이 위에 올려놓는 삼각형 모양의 실험 기구. 쇠줄 또는 사기 관을 끼운 쇠줄로 만듦.
삼각-가²(三脚架) [-까] 〖명〗 =삼발이2. 준삼각(三脚).
삼각-강(三角江) [-깡] 〖명〗〖지〗 침식되어 나팔 모양으로 벌어진 강어귀.
삼각-건(三角巾) [-껀] 〖명〗〖의〗 부상자의 응급 치료에 쓰이는 삼각형의 헝겊. 정사각형의 형겊을 대각선으로 잘라서 만듦.
삼각-관계(三角關係) [-관계/-관계] 〖명〗 1 셋 사이의 관계. 2 한 여자를 두 남자가 사랑하거나, 한 남자를 두 여자가 사랑하는 미묘한 관계.
삼각-근(三角筋) [-끈] 〖명〗〖생〗 인체의 어깨의 둥근 부분에 있으며 견관절(肩關節)을 덮고 있는, 삼각형 모양의 근육. 구용어는 삼릉근(三稜筋).
삼각-기둥(三角-) [-끼-] 〖명〗〖수〗 밑면이 삼각형으로 된 각기둥. =삼각주(三角柱)·세모기둥.
삼각-대(三脚臺) [-때] 〖명〗 기관총이나 실험 기구 등을 얹어 놓는, 세 발이 달린 쇠로 된 기구.
삼각^동맹(三角同盟) [-똥-] 〖명〗 세 나라나 세 사람 사이에 맺어진 동맹.
삼각-목둘레(三角-둘-) 〖명〗 'V' 자 모양으로 터진 목둘레선. =브이넥(V neck).
삼각^무역(三角貿易) [-강-] 〖명〗〖경〗 두 나라 사이의 무역 수지가 균형을 잃을 때, 제삼국을 개입시켜 불균형을 상쇄시킴으로써 무역 수지를 균형에 가깝도록 하는 무역. ▷다각 무역.

삼각^방정식(三角方程式) [-빵-] 〖명〗〖수〗 삼각 함수의 각, 또는 각을 나타내는 식 중에서 미지수를 가진 방정식.
삼각-법(三角法) [-뻡] 〖명〗〖수〗 삼각형의 변과 각의 관계를 기초로 하여 삼각 함수도 포함한 기하학적 도형의 양적 관계, 측량 및 응용을 연구하는 수학의 한 분야. =영산(影算).
삼각-비(三角比) [-삐] 〖명〗〖수〗 직각 삼각형의 세 변 중에서 어느 두 변을 취하여 만든 비의 값.
삼각-뿔(三角-) 〖명〗〖수〗 밑면이 삼각형인 각뿔. 구용어는 삼각추. =세모뿔.
삼각-수(三角鬚) [-쑤] 〖명〗 두 뺨과 턱에 삼각형으로 난 수염.
삼각익-기(三角翼機) [-끼] 〖명〗 좌우 두 날개의 평면형이 삼각형인 비행기. 초음속(超音速)으로 나는 비행기에 이 형의 것이 많음.
삼각-자(三角-) [-짜] 〖명〗 삼각형으로 된 자. 직각 삼각자와 이등변 삼각자가 있음. =세모자.
삼각-주(三角洲) [-쭈] 〖명〗〖지〗 강물에 떠내려 온 흙·모래 따위가 강어귀에 쌓여 이루어진 충적 평야. 상류 쪽에 꼭짓점을 가진, 삼각형의 낮고 편평한 지형임. =델타.
삼각-지(三角紙) [-찌] 〖명〗 곤충을 채집할 때 쓰는 삼각형의 종이 주머니.
삼각^측량(三角測量) [-층냥] 〖명〗〖수〗 삼각형의 한 변의 길이와 두 개의 끼인각을 알면 계산에 의하여 그 삼각형의 모든 길이와 각을 알 수 있다는 원리를 이용한, 지형 측량의 기초적 방법.
삼각-파(三角波) 〖명〗 진행 방향이 다른 상태로 동시에 일어나는 둘 이상의 파도. 파장에 비해 파고(波高)가 높아서 삼각형을 이루며, 항해 중에 만나면 매우 위험함.
삼각-패(三角貝) 〖명〗 연체동물에 속하는 화석 동물. 껍데기는 두껍고 삼각형임. 쥐라기 초기에서 백악기에 걸쳐 번성하였음.
삼각-팬티(三角~panties) 〖명〗 다리는 거의 가리지 않고 성기와 엉덩이 부분만을 가리는 짧은 팬티.
삼각^함!수(三角函數) [-가캄쑤] 〖명〗〖수〗 각의 크기를 삼각비로 나타내는 함수. 사인·코사인·탄젠트·코탄젠트·시컨트·코시컨트 등이 있음. =원함수(圓函數).
삼각^함!수표(三角函數表) [-가캄쑤-] 〖명〗〖수〗 각도나 라디안의 크기 차례에 따라 삼각 함수의 값을 적어 놓은 표. 준삼각표.
삼각-형(三角形) [-가켱] 〖명〗〖수〗 일직선 위에 있지 않은 세 점을 맺는, 직선으로 이루어진 평면 도형. 비세모·세모꼴. ¶이등변 ~ / 직각 ~. 준삼각.
삼각형-자리(三角形-) [-가켱-] 〖명〗〖천〗 12월 중순 밤에 거의 우리나라 천정(天頂)을 지나는 작은 별자리. 안드로메다자리의 남동쪽에 길쭉한 이등변 삼각형을 이룸. =삼각좌(三角座).
삼간-두옥(三間斗屋) 〖명〗 몇 칸 되지 않는 작은 오막살이집.
삼간-초가(三間草家) 〖명〗 세 칸 되는 초가. 곧, 아주 작은 초가. =삼간초옥(三間草屋). 비초가삼간.
삼-간택(三揀擇) 〖명〗〖역〗 임금·왕자·왕녀의 배우자를 고를 때에 3차에 걸쳐 고른 다음에 결정하는 절차.
삼강(三綱) 명 유교의 도덕에서 기본이 되는 세 가지 근본. 곧, 군신(君臣)·부자(父子)·부부(夫婦) 사이의 도리로, 군위신강(君爲臣綱)·부위자강(父爲子綱)·부위부강(夫爲婦綱). =삼정(三正).
삼강-오륜(三綱五倫) 명 유교의 도덕에서 기본이 되는 세 가지 근본과 사람으로서 지켜야 할 다섯 가지 도리. 곧, 군위신강(君爲臣綱:임금은 신하의 근본이 됨), 부위자강(父爲子綱:아비는 자식의 근본이 됨), 부위부강(夫爲婦綱:남편은 아내의 근본이 됨)의 삼강과 군신유의(君臣有義:임금과 신하 사이에 의가 있음), 부자유친(父子有親:부모와 자식 사이에 친함이 있음), 부부유별(夫婦有別:부부 사이에 분별이 있음), 장유유서(長幼有序:어른과 아이 사이에 차례가 있음), 붕우유신(朋友有信:친구 사이에 믿음이 있음) 의 오륜을 가리킴.
삼-거리(三-) 명 세 갈래로 나뉜 길. =세거리. ¶천안 ~.
삼-거웃(-) 명 삼 껍질의 끝을 다듬을 때에 긁혀 떨어진 검불.
삼겹-살(三-)[-쌀] 명 돼지의 갈비에 붙은 살로, 굳기름과 살이 세 겹으로 되어 있는 것처럼 보이는 살.
삼경¹(三更) 명 하룻밤을 다섯으로 나눈 셋째의 부분. 밤 11시부터 새벽 1시까지의 동안. ⇒야삼경. (비)한밤중.
삼경²(三京) 명 고려 시대에, 중경(개성)·서경(평양)·동경(경주) 또는 서경·동경·남경(서울)을 이르던 말.
삼경³(三經) 명 [책] 시경(詩經)·서경(書經)·주역(周易)의 세 경서(經書). ¶사서(四書) ~.
삼계¹(三戒)[-계/-게] 명 젊어서는 여색(女色)을, 장년에는 싸움을, 늘어서는 이욕(利慾)을 경계하라는 공자의 교훈.
삼계²(三界)[-계/-게] 명 [불] 1 천계(天界)·지계(地界)·인계(人界)의 세 세계. 2 중생이 사는 세계. 곧, 욕계(欲界)·색계(色界)·무색계(無色界). 3 불계(佛界)·중생계(衆生界)·심계(心界). 4 과거·현재·미래. (비)삼세(三世).
삼계³(三計)[-계/-게] 명 일년지계(一年之計)·십년지계(十年之計)·종신지계(終身之計)의 세 가지 계획. 곧, 곡식을 심고, 나무를 심고, 현재(賢才)를 등용하는 다섯.
삼계-탕(蔘鷄湯)[-계/-게-] 명 [한] 어린 햇닭의 내장을 빼고 인삼·대추·찹쌀 등을 넣어 푹 삶은 음식. =계삼탕.
삼고¹(三考) 명 세 번 생각하는 것. 곧, 잘 생각하는 것. ▷재고(再考). **삼고-하다** 동 (타여)
삼고²(三苦) 명 [불] 고(苦)의 인연으로 받는 고고(苦苦), 즐거운 일이 무너짐으로써 받는 괴고(壞苦), 세상 모든 현상의 변화가 끝이 없음으로 받는 행고(行苦)의 세 고통.
삼고-초려(三顧草廬) 명 [중국 촉한의 임금 유비가 제갈량의 초옥을 세 번이나 방문하여 마침내 군사(軍師)로 삼은 고사에서] 어떤 인재를 맞아들이기 위하여 그의 사양에도 불구하고 여러 번 찾아가 간절하게 청하는 일.
삼골(三骨) 명 [역] 신라 때의 왕족 및 귀족의 혈통이던 성골(聖骨)·진골(眞骨)·제이 골(第二骨).

삼공(三公) 명 [역] 1 고려 시대의 태위(太尉)·사도(司徒)·사공(司空)의 총칭. 2 =삼정승.
삼공-육경(三公六卿)[-뉴꼉] 명 [역] 조선 시대의 삼정승과 육조 판서. =삼태육경.
삼-공형(三公兄) 명 [역] 조선 시대, 각 고을의 호장(戶長)·이방(吏房)·수형리(首刑吏)의 세 관속. =공형.
삼관(三觀) 명 [불] 진리를 깨달아 아는 세 가지 방법. 곧, 공관(空觀:만물은 인연에 따라 생기는 것일 뿐, 실제는 텅 비어 아무것도 없다는 이치를 깨달아 아는 것)·가관(假觀:만물은 임시적으로 모양을 갖추고 있을 뿐, 실체는 텅 빈 것임을 깨달아 아는 것)·중관(中觀:유·무의 어느 쪽에도 치우치지 않고 만물의 실제 모습을 올바르게 보는 것).
삼관-왕(三冠王) 명 1 세 종류의 칭호나 영예를 동시에 차지한 사람. 2 운동 경기에서 세 종목 또는 세 부문에 걸쳐 우승하거나 수위를 차지한 사람. ¶수영에서 ~이 탄생하다.
삼광(三光) 명 1 해와 달과 별. =삼정(三精). 2 화투에서, 솔·공산·벚꽃의 세 광.
삼교¹(三校) 명 [인] 재교(再校)의 다음에 세 번째로 보는 교정. 또는, 그 교정지. =삼준(三準).
삼교²(三敎) 명 유교·불교·도교. 또는, 유교·불교·선교(仙敎).
삼-교대(三交代) 명 필요한 시간을 셋으로 나누어 번갈아 임무를 맡는 일. ¶~로 근무하다.
삼국(三國) 명 1 세 나라. ¶~ 동맹 / ~ 협상. 2 [역] 신라·백제·고구려의 세 나라. ¶~ 통일. 3 중국 후한(後漢) 말의 위(魏)·오(吳)·촉(蜀).
삼국^간섭(三國干涉)[-깐-] 명 [역] 1895년에 러시아·프랑스·독일이 일본으로 하여금 라오둥 반도를 청나라에 돌려주게 한 사건.
삼국-사기(三國史記)[-싸-] 명 [책] 고려 인종 때 김부식(金富軾)이 기전체로 엮은, 신라·고구려·백제의 정사(正史). 삼국유사와 함께 우리나라에서 현존하는 가장 오래된 역사책임. 50권 10책.
삼국^시대(三國時代)[-써-] 명 [역] 1 고구려·백제·신라가 맞서 있던 시대. 676년 신라에 의해 통일됨. 2 중국의 위(魏)·촉(蜀)·오(吳)가 맞서 있던 시대. 220년 위나라 건국 때부터 280년 진(晉)나라에 의한 재통일 때까지를 가리킴.
삼국-유사(三國遺事)[-궁뉴-] 명 [책] 고려 충렬왕 때 승려 일연(一然)이 지은 역사책. 신라·고구려·백제의 역사 외에 단군의 사적(史跡)·신화·전설·설화·향가 등이 풍부히 수록된 귀중한 자료임. 5권 3책.
삼국^협상(三國協商)[-구쎱쌍] 명 1 세 나라가 어떤 문제에 관하여 협약하는 의논. 2 [역] 제1차 세계 대전 전부터 대전 중의 영국·프랑스·러시아 3국의 협력 체제.
삼군(三軍) 명 1 [군] 전체의 군대. (비)전군(全軍). 2 [군] 육군·해군·공군의 총칭. ¶~ 사관학교. 3 [역] 옛 군제에서 좌익(左翼)·중익(中翼)·우익(右翼), 또는 상군(上軍)·중군(中軍)·하군(下軍)의 총칭. 4 [역] 고려 시대의 군 체제. 좌군(左軍)·우군(右軍)·중군(中軍)의 세 군대.
삼군-부(三軍府) 명 [역] '의흥삼군부'의 준말.
삼권(三權)[-꿘] 명 [법] 입법권·사법권·행정권의 총칭.
삼권^분립(三權分立)[-꿘불-] 图[법] 국가 권력을 입법·사법·행정의 삼권으로 분리하여 서로 견제하게 함으로써 권력의 남용을 막고, 국민의 권리·자유를 확보하기 위한 국가 조직상의 원리.
삼-귀의(三歸依)[-의/-이] 图[불] 불(佛)·법(法)·승(僧)의 삼보(三寶)에 돌아가 의지함.
삼극(三極) 图 1 =삼재(三才)¹. 2 [물] 전기의 양극·음극·그리드의 세 극.
삼극^진공관(三極眞空管)[-찐-] 图[물] 이극 진공관의 필라멘트와 플레이트 사이에 그리드라는 극을 넣어 증폭·발진·검파를 할 수 있게 만든 진공관.
삼금(三笒) 图[음] 대금·중금·소금의 세 가지 악기. =삼죽(三竹). 웬삼함(三含).
삼급-수(三級水)[-쑤] 图 하천의 수질(水質) 등급의 하나. 황갈색의 탁한 물. 바닥에 모래와 자갈이 깔려 있으며, 붕어·잉어·메기·메기장어·미꾸라지 등이 살 수 있음.
삼-꽃[-꼳][한] 어린아이의 살갗에 열기로 인하여 생기는 불긋불긋한 점. ¶~이 돋다.
삼-끈 图 삼의 줄기를 벗겨 꼰 끈.
삼-나무(杉-) 图[식] 낙우송과의 상록 교목. 높이 40m가량. 나무껍질은 적갈색이고, 잎은 바늘 모양이며, 꽃은 3월에 핌. 목재나 건축이나 가구재로 쓰임. =삼목(杉木)·삼송(杉松).
삼남¹(三男) 图 1 셋째 아들. 2 슬하에 둔 세 명의 아들.
삼남²(三南) 图 충청도·전라도·경상도의 총칭. =삼남삼도. ¶~ 지방.
삼녀(三女) 图 1 셋째 딸. 2 슬하에 둔 세 명의 딸.
삼년-상(三年喪) 图 세 해 동안의 거상(居喪). =삼년초토. ¶~을 치르다. 쥰삼상.
삼-노끈 图 삼 껍질로 꼰 노끈. =마승(麻繩)·삼노.
삼농(蔘農) 图 인삼을 심어 가꾸는 농사.
삼-눈 图[의] 눈망울에 삼이 생겨 몹시 쑤시고 눈알이 붉어지는 병. 또는, 그 눈.
삼:다¹[-따] (삼고 / 삼아) 图(타) 1 (사람이 어떤 사람을) 자기와 어떤 인연이나 관계를 가진 사람으로 만들다. ¶고아를 양자로 ~. 2 (어떤 일이나 물건을) 일정한 성격의 것으로 만들거나 여기다. ¶가르치는 일을 평생의 직업으로 ~ / 팔을 베게 **삼아** 베고 눕다.
삼:다²[-따] (삼고 / 삼아) 图(타) 1 짚신이나 미투리 따위를 만들다. ¶짚신을 ~. 2 삼이나 모시풀 같은 섬유를 찢어 그 끝을 비벼 꼬아 잇다. ¶삼을 ~.
삼다-도(三多島) 图 여자·돌·바람이 많은 섬이라는 뜻으로, '제주도'를 이르는 말.
삼-단[-딴] 图 삼을 일정한 양으로 묶은 단.
삼단 같은 머리 图 숱이 많고 긴 머리.
삼단^논법(三段論法)[-뻡] 图 전제(前提)가 둘, 결론이 하나로 이루어지는 연역적 추리법. 현대 논리학에서는, 특히 A이면 B, B이면 C, 고로 A이면 C라는 형태의 것을 이름. =추론식(推論式).
삼단-뛰기(三段-) 图[체] =세단뛰기.
삼-단전(三丹田) 图 도가(道家)에서 말하는 상·중·하의 세 단전. 곧, 뇌, 심장, 배꼽 아래의 세 곳. 쥰단전.
삼-당숙(三堂叔) 图 아버지의 팔촌 형제. 비

삼종숙(三從叔).
삼당숙-모(三堂叔母)[-숭-] 图 아버지의 팔촌 형제의 아내. ▷당숙모·재당숙모.
삼대¹[-때] 图 삼의 줄기. =마경(麻莖).
삼대²(三代) 图 1 아버지와 아들과 손자의 세 대. =삼세(三世). ¶~가 한집에 살다. 2 [역] 중국 고대의 하(夏)·은(殷)·주(周)의 세 왕조.
삼덕(三德) 图 1 지(智)·인(仁)·용(勇). 2 [가][기] 믿음·소망·사랑.
삼도(三道) 图 1 부모를 섬기는 세 가지 도리. 봉양하는 일, 상사(喪事)에 근신하는 일, 제사를 받드는 일. =삼행(三行). 2 [군] 군사를 쓰는 세 가지 방법. 곧, 정병(正兵)·기병(奇兵)·복병(伏兵). 3 [불] 수행하는 사람이 지나는 세 단계. 곧, 견도(見道:처음으로 지혜를 얻어 번뇌와 미혹을 벗어나 진리를 보는 단계)·수도(修道:번뇌의 속박에서 벗어나려고 수행하는 단계)·무학도(無學道:모든 번뇌를 끊고 진리를 깨달아 더 배울 것이 없는 단계).
삼도^수군통제사(三道水軍統制使) 图[역] 조선 시대, 경상·전라·충청도의 수군을 통솔하기 위하여 두었던 종2품의 무관 벼슬. =수군통제사. 쥰통제사.
삼도^육군통어사(三道陸軍統禦使)[-꾼-] 图[역] 조선 시대에 충청·전라·경상 삼도의 육군을 통솔하던 무관직. 충청도의 병마절도사가 겸함. 쥰통어사.
삼도^통어사(三道統禦使) 图[역] 조선 시대에 경기·충청·황해 삼도의 수군을 통솔하던 무관직. 경기 수군절도사가 겸함. 쥰통어사.
삼동(三冬) 图 1 겨울의 석 달. 2 세 해의 겨울.
삼-동네(三-) 图 이웃에 있는 가까운 동네.
삼두-마차(三頭馬車) 图 세 마리의 말이 끄는 마차.
삼두-박근(三頭膊筋)[-끈] 图[생] 위팔의 뒤쪽에 있는 큰 근육. 셋으로 갈라진 두부가 합쳐 큰 힘줄이 되어 팔꿈치 끝에 붙음. 팔꿈치를 펴는 작용을 함.
삼두육비(三頭六臂)[-삐] 图 [머리가 셋, 팔이 여섯이라는 뜻] 엄청나게 힘이 센 사람의 비유. ▷삼면육비.
삼두^정치(三頭政治) 图[역] 고대 로마에서 두 차례에 걸쳐 행해진, 세 사람에 의한 전제 정치. 공화정에서 제정(帝政)으로 넘어가는 과도기적인 정치 형태임.
삼등(三等) 图 (주로 일부 명사나 한자 어근 앞에 쓰여) 수준이나 등급이 가장 낮은 부류임을 나타내는 말. ¶~간/~ 선실. ▷일등·이등.
삼-등분(三等分) 图 셋으로 똑같이 나누는 것. **삼등분-하다** 图(타여) ¶빵을 ~.
삼등-실(三等室) 图 선박이나 열차 등에서, 가장 낮은 등급의 시설을 갖춘 방. =삼등칸.
삼등-칸(三等-) 图 =삼등실.
삼-디(三D) 图 [dirty, dangerous, difficult 의 세 단어의 첫 글자가 d인 데서 온 말] 근로자 또는 노동 인력이 더럽고, 위험하고, 어려운 일을 기피하는 사회적 현상. ¶~ 업종.
삼라-만상(森羅萬象)[-나-] 图 우주 속에 있는 온갖 사물과 현상. ¶~이 잠든 듯이 고요한 밤.
삼락(三樂)[-낙] 图 군자의 세 가지 즐거움. 곧, 부모가 살아 계시고 형제가 무고한 것, 하늘과 사람에게 부끄러울 것이 없는 것, 영재(英才)를 얻어 가르치는 것.
삼령¹(三齡) [-녕] 몡 누에의 두 잠이 깬 뒤부터 세 잠을 잘 때까지의 사이. ¶~잠(蠶).
삼령²(三靈) [-녕] 몡 **1** 천(天)·지(地)·인(人). (비)삼재. **2** 천·지·인의 신(神). **3** 일(日)·월(月)·성신(星辰).
삼로(三老) [-노] 몡 상수(上壽)·중수(中壽)·하수(下壽)의 노인. 곧, 100세·80세·60세의 노인.
삼론(三論) [-논] 몡[불] 삼론종의 주요 경전 세 가지. 나가르주나가 지은 '중론(中論)', '십이문론(十二門論)'과 그의 제자인 데바가 지은 '백론(百論)'을 일컬음.
삼론-종(三論宗) [-논-] 몡[불] 불교의 한 종파. 삼론에 의거하여 무상개공(無相皆空)을 베푸는 것을 목적으로 함.
삼루(三壘) [-누] 몡[체] **1** 야구에서, 이루와 본루 사이에 있는 셋째 베이스. =서드 베이스. **2** '삼루수'의 준말.
삼루-수(三壘手) [-누-] 몡[체] 야구에서, 삼루를 지키는 선수. 준삼루.
삼루-타(三壘打) [-누-] 몡[체] 야구에서, 타자가 한 번에 삼루까지 나갈 수 있게 친 안타.
삼류(三流) [-뉴] 몡 어떤 부류에 있어서 정도나 수준이 가장 낮은 층. ¶~ 극장 / ~ 소설.
삼륙-판/3·6판(三六判) [-뉴-] 몡[인] 책의 규격의 하나. 가로 103mm, 세로 182mm로 소형 보급판임.
삼륜(三輪) [-뉸] 몡 세 개의 바퀴.
삼륜-차(三輪車) [-뉸-] 몡 바퀴가 세 개 달린 자동차.
삼릉-석(三稜石) [-능-] 몡[지] 사막이나 해안에서 일정한 방향의 바람에 날리는 모래에 깎여 비슷한 크기의 세 개의 면과 모서리를 이룬 돌.
삼림(森林) [-님] 몡 넓은 지역에 걸쳐 나무가 우거져 이룬 숲. ¶~ 보호 / ~ 자원. ▶산림(山林).
삼림-대(森林帶) [-님-] 몡[지] 삼림을 기후 조건의 변화에 따라 띠 모양으로 배열한 것. 온도 변화에 따른 삼림대에는 위도에 따른 수평적 삼림대와 해발 고도에 따른 수직적 삼림대가 있다.
삼림-욕(森林浴) [-님뇩] 몡 숲 속을 거닐면서 숲의 기운을 쐬는 일. 삼림이 방출하는 피톤치드의 살균 효과와 녹색으로 인한 정신적 해방 효과 등이 있음. =산림욕. **삼림욕-하다** 동(자)(여)
삼림욕-장(森林浴場) [-님뇩짱] 몡 삼림욕을 할 수 있도록 조건을 갖추어 놓은 곳. =산림욕장.
삼림^철도(森林鐵道) [-님-또] 몡 임산물을 운송하기 위하여 특별히 부설한 철도.
삼림-학(森林學) [-님-] 몡 임업에 관한 이론과 운영 방법을 연구하는 학문. =산림학. 준임학(林學).
삼망(三望) [-역] **1** 벼슬아치를 발탁할 때 세 사람의 후보자를 임금에게 추천하는 일. **2** 시호를 정할 때 세 가지를 들어 그중 하나를 택하는 일.
삼매(三昧) 몡 [<㉿Samādhi] **1**[불] 잡념을 떠나서 한 가지 일에만 정신을 집중시키는 일. =삼매경. **2** 어떤 일에 열중하여 몰두하고 있는 상태. 비유적인 말임. ¶독서~에 빠지다.

삼매-경(三昧境) 몡[불] =삼매1.
삼면(三面) 몡 세 방면. ¶한국은 ~이 바다로 둘러싸인 반도국이다.
삼면-경(三面鏡) 몡 거울 세 개가 나란히 붙은 경대. 가운데 것은 고정되어 있고, 양옆의 것은 접었다 폈다 할 수 있음.
삼면육비(三面六臂) [-뉵삐] 몡 ['세 개의 얼굴과 여섯 개의 팔'이라는 뜻] 한 사람이 여러 사람 몫의 일을 함. ▷삼두육비.
삼모-작(三毛作) 몡[농] 한 해에 세 가지 농작물을 같은 논밭에서 차례로 심어 거두는 일. ▷삼모.
삼무-도(三無島) 몡 도둑과 거지와 대문이 없는 섬이라는 뜻으로, '제주도'를 이르는 말.
삼문(三門) 몡 **1** 대궐이나 관청·사당 등의 건물 앞에 세운 세 문. 곧, 정문(正門)·동협문(東夾門)·서협문(西夾門). **2**[불] 절 입구의 문을 세 가지 해탈에 이르는 문이라는 뜻으로 이르는 말. 여기서 세 가지 해탈은 공(空)·무상(無相:차별과 대립을 넘어선 상태)·무작(無作:열반)을 가리킴.
삼민-주의(三民主義) [-의/-이] 몡[정] 1905년에 중국의 쑨원(孫文)이 제창한, 중국 혁명의 기본 이념. 민족주의·민권주의·민생주의의 3원칙으로 이루어짐.
삼바(samba) 몡[음] 브라질 흑인계 주민의 춤곡. 2/4박자로 매우 빠르고 정열적임. 또는, 그 곡에 맞춰 추는 춤. ¶브라질의 ~ 축제.
삼박 閉 잘 드는 칼에 쉽게 베어지는 모양. 큰섬벅. 센삼빡. 쌈박. 쌈빡.
삼박-거리다/-대다 [-꺼-] 동(자)(타) '쌈박거리다'의 여린말.
삼박-삼박¹ [-쌈-] 閉 '쌈박쌈박'의 여린말. 큰섭벅섭벅. **삼박삼박-하다**¹ 동(자)(여)
삼박-삼박² [-쌈-] 閉 잘 드는 칼에 쉽게 자꾸 베어지는 모양. ¶무가 ~ 잘라지다. 큰섬벅섬벅. 센삼빡삼빡. 쌈박쌈박·쌈빡쌈빡. **삼박삼박-하다**² 동(자)(여)
삼박-이다 동(자)(타) '쌈박이다'의 여린말. 큰섭벅이다.
삼-박자(三拍子) [-짜] 몡 **1**[음] 3박이 한 단위가 되는 박자. 보통 강약약(强弱弱)의 꼴을 가짐. **2** 어떤 대상에 있어야 할 중요한 세 가지 요소. ¶춤·노래·연기의 ~를 고루 갖춘 뮤지컬 스타.
삼-반규관(三半規管) 몡[생] =반고리관.
삼발-이 몡 **1** 둥근 쇠테에 발이 세 개 달린 기구. 화로에 세우고 그릇을 얹어 음식을 끓임. =동그랑쇠. **2** 세 발이 달린 받침대. 나침반·망원경·사진기 등을 올려놓는 데 쓰임. ▷삼각가(三脚架).
삼발-점(三-點) [-쩜] 몡 문장의 귀결부(歸結符)로 쓰는 '∴'의 이름.
삼방^정계(三方晶系) [-계/-게] 몡[광] 3회 대칭축을 주축으로 하여 이에 직교하는 평면과 120°로 교차되는 3개의 길이가 같은 축을 가진 결정계.
삼-밭¹ [-받] 몡 삼을 재배하는 밭.
삼-밭²(蔘-) [-받] 몡 인삼을 재배하는 밭. =삼장(蔘場).
삼배(三拜) 몡 **1** 세 번 절하는 것. **2**[불] 세 번 무릎을 꿇고 배례하는 것. **삼배-하다** 동(자)(여)
삼배-체(三倍體) 몡[생] 염색체 수가 기본 수의 3배인 생물체. 씨 없는 과일의 육성에 이용됨.

삼백예순-날(三百一)[-뺑네-] 명 '일 년 동안 내내'의 뜻. ¶자식 하나 있는 게 저 모양이니 ~ 마음 편할 날이 없다.

삼-법인(三法印) 명 [불] 소승 불교에서, 불교의 세 가지 근본 교의(敎義). 곧, 제행무상인(諸行無常印)·제법무아인(諸法無我印)·열반적정인(涅槃寂靜印).

삼-베 명 삼실로 짠 피륙. =마포(麻布). 준베.

삼베-옷[-옫] 명 삼베로 지은 옷. =마의(麻衣).

삼-별초(三別抄) 명 [역] 고려 고종 때 최우(崔瑀)가 창설한 특수 군대. 곧, 야별초(夜別抄)의 좌우 부대인 좌별초와 우별초 및 신의군(神義軍)의 총칭.

삼보(三寶) 명 **1** 귀·입·눈. **2** 자(慈)·검(儉)·겸(謙). **3** 토지·국민·정치. **4** [불] 불자들이 삶의 지표이자 수호의 대상으로 받드는 세 가지 보배. 곧, 불(佛, 부처)·법(法, 부처의 가르침)·승(僧, 승려 또는 불교의 교단). *[귀의(歸依)-.

삼복(三伏) 명 **1** '초복', '중복', '말복'의 총칭. =삼경(三庚). **2** 여름철의 몹시 더운 기간. ¶~더위.

삼복-더위(三伏-)[-떠-] 명 삼복 무렵의 몹시 심한 더위. 준복더위.

삼부¹(三府) 명 행정부·사법부·입법부의 총칭. ¶~요인(要人).

삼부²(三部) 명 세 부분이나 부류. ¶~작 / ~합창.

삼-부자(三父子) 명 아버지와 두 아들.

삼부^합주(三部合奏)[-쭈] [음] 세 가지의 악기를 여러 개 합쳐 연주하는 일. '삼중주'를 뜻하기도 함.

삼부^합창(三部合唱) 명 [음] 각 성부(聲部)마다 두 사람 이상씩 세 성부로 이루어지는 합창. 소프라노·메조소프라노·알토의 삼부 합창이 대표적임.

삼분(三分) 명 셋으로 나누는 것. **삼분-하다** 타여 /재산을 ~. **삼분-되다** 자

삼분-법(三分法)[-뻡] 명 [논] 대상이 되는 개념을 셋으로 나누는 구분 방법. 대·중·소, 상·중·하, 천(天)·지(地)·인(人) 따위.

삼분-오열(三分五裂) 명 여러 갈래로 갈려 흩어짐. **삼분오열-하다** 자여 **삼분오열-되다** 자

삼분-정립(三分鼎立)[-닙] 명 천하가 삼분되어 세 나라가 정립함. **삼분정립-하다** 자여

삼분-천하(三分天下) 명 한 나라를 세 사람의 군주나 영웅이 나누어 차지함. **삼분천하-하다** 자여

삼불(三佛) 명 [불] 서방 정토의 주불인 아미타불, 사바세계의 교주인 석가모니불, 염불하는 중생의 왕생을 보증하는 제불(諸佛)을 이르는 말.

삼-불거(三不去) 명 칠거지악(七去之惡)을 범한 아내라도 버리지 못하는 세 경우. 곧, 갈 데가 없거나, 부모상을 같이 치렀거나, 가난한 때 같이 고생하다가 뒤에 부귀하게 된 경우임.

삼-불혹(三不惑) 명 혹하여 빠지지 말아야 할 세 가지. 곧, 술·여자·재물.

삼-불효(三不孝) 명 세 가지 불효. 곧, 부모를 불의(不義)에 빠지게 하는 일, 부모가 늙고 집이 가난하여도 벼슬에 나가지 않는 일, 자식이 없어 제사를 끊어지게 하는 일.

삼-불후(三不朽) 명 언제까지나 썩지 않는 세 가지. 곧, 덕(德)·공(功)·언어(言語).

삼비^정책(三B政策) 명 19세기 말부터 제1차 세계 대전까지 독일이 강행했던 제국주의적 근동(近東) 정책. 베를린(Berlin)·비잔티움(Byzantium)·바그다드(Baghdad)를 철도로 연결하여 페르시아 만으로 진출함으로써 러시아의 남하 정책 및 영국의 삼시 정책(三C政策)에 맞섬. ▷삼시 정책.

삼빡 투 '삼박'의 센말. 준섬빡. 젠쌈빡.

삼빡-삼빡 투 '삼박-'의 센말. 준섬빡섬빡. 젠쌈빡쌈빡. **삼빡삼빡-하다** 자여

삼사¹(三史) 명 중국의 세 가지 역사책. 곧, '사기(史記)', '한서(漢書)', '후한서(後漢書)'. 또는, '요사(遼史)', '금사(金史)', '원사(元史)'.

삼사²(三司) 명 [역] **1** 고려 초에 국가의 전곡(錢穀)의 출납과 회계를 맡아보던 기관. **2** 조선 시대, 사헌부(司憲府)·사간원(司諫院)·홍문관(弘文館)의 총칭.

삼사³(三思) 명 여러 번 생각하는 것. **삼사-하다** 타여

삼사⁴(三四) 관 삼이나 사. 또는, 삼과 사. ¶~ 명 / ~ 개월.

삼-사분기/3/4분기(三四分期) 명 일 년을 넷으로 나눈 셋째 기간. 곧, 7·8·9월의 석 달 동안을 말함.

삼사-월(三四月) 명 삼월과 사월.

삼사월 긴긴 해 관 음력으로 3월이나 4월의 낮이 매우 긴 것을 이르는 말.

삼사^정계(三斜晶系)[-계/-게] 명 [광] 결정계(結晶系)의 하나. 세 결정축의 길이가 모두 다르고, 축각(軸角)도 모두 달라서 경사진 각을 이루며 서로 얽혀 있는 결정계.

삼사조/3·4조(三四調)[-쪼] 명 [문] 음수율(音數律)의 하나. 삼음구(三音句)와 사음구(四音句)가 차례로 되풀이되는 음조.

삼산화-비소(三酸化砒素) 명 [화] 황비산광(黃砒酸鑛)을 공기 중에서 태워 만든 흰 가루. 독성이 강하여 방부제·쥐약 따위로 쓰임. =비석(砒石)·아비산·무수 아비산·삼산화이비소.

삼살-방(三煞方) 명 [민] 세살(歲煞)·겁살(劫煞)·재살(災煞)이 끼어 불길한 방위.

삼삼(三三) 명 바둑판의 가로세로 각각 제3선이 만나는 네 귀의 점. ▷화점(花點).

삼삼오오(三三五五) 투 서너 사람 또는 너더댓 사람이 여기저기 떼를 지어 다니거나 무슨 일을 하는 모양. ¶학생들이 ~ 떼 지어 가다.

삼삼-하다¹ 형여 잊히지 않아 눈에 어리다. ¶고향에 계신 부모님 얼굴이 눈에 ~. **삼삼-히**¹ 투

삼삼-하다² 형여 **1** (음식이) 조금 성거운 듯하면서 맛이 있다. ¶삼삼한 동치미 국물. 큰심심하다. **2** <속> (사물의 됨됨이나 생김새가) 마음에 끌리게 그럴듯하다. ¶저 여자 아주 삼삼하게 생겼는걸. **삼삼-히**² 투

삼상(三喪) 명 **1** '삼년상'의 준말. **2** 초상(初喪)·소상(小祥)·대상(大祥).

삼상^교류(三相交流) 명 [물] 전압이 같고, 전류의 주파수와 진폭이 각각 같으며, 서로 120°의 위상차를 가지는 세 개의 사인파(sine波) 교류.

삼색(三色) 명 **1** 세 가지 빛깔. **2** =삼원색. **3**

'삼색과실'의 준말.
삼색-과실(三色果實)[-과-] 명 제사에 쓰는 세 가지 과실. 곧, 밤·대추·잣 또는 밤·대추·감. 준삼색·삼색과.
삼색-기(三色旗)[-끼] 명 1 세 빛깔로 된 기. 2 프랑스의 국기. 청색·백색·적색으로, 자유·평등·박애를 표시함.
삼색-판(三色版) 명[인] 컬러로 된 사진이나 그림을 빨강·노랑·파랑의 삼원색으로 각각 분해하여 만든 인쇄판. ▷사색판·원색판.
삼생(三生) 명[불] 전생(前生)·현생(現生)·후생(後生)의 총칭.
삼생-아(三生兒) 명 세쌍둥이인 아이. 비삼태(三胎).
삼생^연분(三生緣分)[-년-] 명 삼생을 두고 끊어지지 않을 깊은 연분. 곧, 부부간의 인연. ▷천생연분.
삼생^원수(三生怨讐) 명 과거 여러 생에 걸쳐 맺어진, 끊을 수 없는 원수.
삼선(三選) 명 선거에 세 번 당선되는 것. ¶~의원. **삼선-하다** 동(재여) **삼선-되다** 동(재)
삼성¹(三省) 명 매일 세 번씩 자신을 반성하는 것. ¶일일(一日)~. **삼성-하다** 동(타여)
삼성²(三省) 명[역] 중국 당나라 초기 및 우리 나라 고려 시대의 중앙 최고 의정 기관인 중서성(中書省)·문하성(門下省)·상서성(尙書省)의 총칭.
삼성³(三聖) 명[역] 1 우리나라 상고 시대의 세 성인. 곧, 환인(桓因)·환웅(桓雄)·환검(桓儉). 2 세계의 세 성인. 곧, 석가·공자·예수.
삼성-교(三聖敎) 명[종] 환인·환웅·환검을 받드는 우리나라 고유의 종교.
삼성-사(三聖祠) 명 환인·환웅·환검을 모신 사당.
삼성^장군(三星將軍) 명[군] 별 세 개를 단 장군이라는 뜻에서, '중장(中將)'을 이르는 말.
삼성-혈(三姓穴) 명[지] 제주시 동문(東門) 밖의 땅에 있는 세 개의 구멍. 탐라국의 개조인 고(高)·부(夫)·양(良) 삼신이 나왔다는 전설이 있음.
삼세¹(三世) 명 1=삼대(三代)¹. 2 (교포의 세대를 구별하는 문맥에 맞추어) 이민을 처음 간 세대의 손자나 손녀를 이르는 말. ¶교포~. 3 주로 서양에서, 같은 이름으로 같은 자리에 번째로 오른 교황이나 황제의 이름 뒤에 붙이는 말. ¶헨리~. 4 주로 서양에서, 할아버지와 같은 성명을 가진 손자의 성 뒤에 붙이는 말. ¶록펠러~. 5 [불] 과거·현재·미래. 또는, 전세·현세·내세. =삼계(三界)·삼제(三際).
삼세²(三稅) 명[역] 조선 시대의 세 가지 조세였던 대동(大同)·전세(田稅)·호포(戶布).
삼-세번(三一番) 명 더도 덜도 아니고 꼭 세 번.
삼-세판(三一) 명 더도 덜도 말고 꼭 세 판. ¶~으로 승부를 내다. ▷삼세번.
삼-손우(三損友) 명=손자삼우. ↔삼익우.
삼수¹(三修) 명 입학시험에 두 번 실패하고 또 다시 이듬해의 시험을 공부하는 것. **삼수-하다** 동(재)
삼수²(三壽) 명 세 가지의 장수(長壽). 곧, 상수(上壽)인 100세, 중수(中壽)인 80세, 하수(下壽)인 60세의 총칭.
삼수-갑산(三水甲山) 명[지] [조선 시대의 귀양지인 함경남도의 삼수와 갑산 지방을

삼십오 밀리 카메라

가리키는 말] (주로, '가더라도', '갈망정', '가는 한이 있어도' 등의 말과 함께 쓰여) 어떤 결심을 단단히 하는 문맥에서, 무릅쓰거나 각오해야 할 최악의 상황을 강조하여 이르는 말. ¶나중에 ~에 가더라도 내 권리를 결코 포기하지 않겠다. ×산수갑산.
삼수-병(三手兵) 명[역] 조선 선조 27년 (1594)에 설치한 훈련도감에 두었던, 포수(砲手)·사수(射手)·살수(殺手)의 총칭. =삼수.
삼순(三旬) 명 1 그달의 상순(上旬)·중순(中旬)·하순(下旬)의 총칭. =삼한(三澣). 2 서른 날. 3 삼십 세.
삼순-구식(三旬九食) 명 [서른 날에 아홉 끼니밖에 못 먹는다는 뜻] 끼니를 잇기 어려울 만큼 몹시 가난한 상태. ¶~의 비참한 생활.
삼승(三乘) 명[수] '세제곱'의 구용어.
삼시¹(三始) 명 [연·월·일의 처음이란 뜻] 정월 초하루의 아침을 이르는 말. =삼원(三元)·삼조.
삼시²(三施) 명[불] 세 가지의 보시. 곧, 물질을 베푸는 재시(財施), 설교하는 법시(法施), 병자나 외로운 이를 위로하는 무외시(無畏施).
삼시³(三時) 명 1 아침·점심·저녁의 세 끼니. 또는, 세 때. ¶~ 밥 처먹구 뜨듯하니 입구 하다니 제가 젠 상실은 개지.(이무영:농민) 2 농사에 중요한 세 시절. 곧, 논밭을 갈고 씨 뿌리는 봄, 김매는 여름, 곡식을 거두어 들이는 가을의 세 철.
삼시^정책(三C政策) 명[역] 제1차 세계 대전 전에 영국이 펼쳤던 제국주의 정책의 한 노선. 케이프타운(Cape Town)·카이로(Cairo)·캘커타(Calcutta)의 세 도시를 잇는, 인도양을 낀 대영 제국의 구성을 목표로 함. ▷삼비 정책.
삼식(三食) 명 아침·점심·저녁 세 끼의 식사.
삼-신¹ 명 생삼으로 거칠게 삼은 신.
삼신²(三辰) 명 해와 달과 별, 특히 북두칠성의 세 가지. 비삼광(三光).
삼신³(三身) 명[불] 부처의 세 가지 모양. 곧, 법신(法身)·보신(報身)·응신(應身).
삼신⁴(三神) 명 1 환인·환웅·환검의 세 신인(神人). 비삼성(三聖). 2 [민] 아이를 점지한다는 세 신령. =산신(產神).
삼-신산(三神山) 명 중국 전설에 나오는 봉래산(蓬萊山)·방장산(方丈山)·영주산(瀛州山). 불로불사(不老不死)의 약초가 있어 신선이 산다고 함. 우리나라에서는 금강산·지리산·한라산을 일컬음. 준삼산.
삼신-할머니(三神-) 명 [민] 삼신이 할머니 모습을 하고 있다는 데서, '삼신(三神)²'를 달리 이르는 말.
삼신-할미(三神-) 명 '삼신할머니'를 낮추어 이르는 말.
삼심^제도(三審制度) 명[법] 재판의 판결에 불복하는 경우에 한 사건에 대하여 세 번 재판을 받을 수 있는 제도.
삼십(三十) I 명 '서른'과 같은 뜻의 한자어 계통의 수사. 아라비아 숫자로는 '30', 로마 숫자로는 'XXX'로 나타냄. ¶~ 나누기 ~.
II 관 '서른', '서른째'의 뜻. ¶~ 년 / ~ 초룰.
삼십오^밀리^카메라(三十五←millimeter camera) 명[영] 35mm 필름을 사용하는 소형 카메라. 표준형 카메라로서 가장 많이 보

급됨.

삼십육-계(三十六計) [-심뉵꼐/-심뉵께] [명] **1** 옛 병법에서, 서른여섯 가지의 계략. **2** 〔삼십육계 주위상책(三十六計走爲上策:36가지 계략 가운데 도망치는 것이 상책이라는 뜻)에서 온 말. 출전은 자치통감〕《주로, '놓다', '치다' 등과 함께 쓰여》 아주 불리하거나 위급한 상황에 처하여 도망을 치는 일. 구어체의 말임. [비]뺑소니. ¶걸음아 날 살려라 하고 ~를 놓다. **3** 물주가 어떤 것을 맞힌 사람에게 살돈의 36배를 주는 노름.
〔**삼십육계 줄행랑이 제일**〕 위태한 때에는 도망하여 화를 피하고 몸을 보전함이 상책이라는 말.

삼십이분-쉼표(三十二分一標) [명][음] 온쉼표의 32분의 1의 길이를 나타내는 쉼표.

삼십이분-음표(三十二分音標) [명][음] 십육분음표의 반의 길이. =삼십이분음부.

삼-씨 [명][한] 삼의 씨. 난산(難産)·공수병(恐水病)·변비 등에 약으로 쓰임. =대마인·마분(麻蕡)·마인(麻仁)·마자(麻子).

삼-악도(三惡道) [-또] [명][불] 육도(六道) 중에서, 악인이 죽어서 간다는 세 괴로운 세계. 곧, 지옥도(地獄道)·축생도(畜生道)·아귀도(餓鬼道). [준]삼도.

삼-악성(三惡聲) [-썽] [명] 세 가지의 흉한 소리. 곧, 사람이 죽었을 때, 불이 났을 때, 도둑이 들었을 때 외치는 소리. ↔삼희성(三喜聲).

삼언-시(三言詩) [명][문] 한 구가 석 자로 된 한시(漢詩).

삼엄(森嚴) **➔삼엄-하다** [형][여] 질서가 바로 서고 무서우리만큼 엄숙하다. ¶**삼엄한** 경계망 / **삼엄한** 분위기. **삼엄-히** [부]

삼-에스(三S) [명] 〔sports, screen, sex(또는 speed)의 머리글자를 딴 말〕 운동과 영화·연예 및 성 해방 또는 속도의 셋을 가리키는 말. ¶~를 좇게 하는 우민 정책.

삼에프^폭탄(三F爆彈) [명][군] 수소 폭탄의 겉을 우라늄 238로 싼 방사능 무기의 하나. 핵분열(fission)→핵융합(fusion)→핵분열(fission)의 순서로 반응이 진행되므로 3F라고 함.

삼역(三役) [명] 세 가지 역할. ¶일인 ~.

삼엽-충(三葉蟲) [명][동] 고생대에 바다에서 살았던 화석 동물. 몸은 편평한 타원형으로 머리·가슴·꼬리로 나누어지며, 가슴은 많은 마디로 되어 있음.

삼오칠언-시(三五七言詩) [명][문] 한 구(句) 중에 삼언구(三言句)·오언구(五言句)·칠언구(七言句)를 각각 두 개씩 갖춘 한시(漢詩).

삼오-판/3·5판(三五判) [명][인] 책 판형의 하나. 가로 8.4cm, 세로 14.8cm의 크기.

삼왕(三王) [명][역] 중국 고대의 세 임금. 곧, 하(夏)나라의 우왕(禹王), 은(殷)나라의 탕왕(湯王), 주(周)나라의 문왕(文王).

삼외(三畏) [-외/-웨] [명] '논어'에서 군자가 두려워해야 할 것으로 내세운, 천명(天命) 및 대인(大人)·성인(聖人)의 말.

삼요(三樂) [명] '논어'에서 사람이 좋아하는 세 가지의 것. 예악(禮樂)과 사람의 착함과 어진 벗이 많음의 세 가지를 좋아함은 익자삼요(益者三樂), 분에 넘치는 것과 노는 것과 주색의 세 가지를 좋아함은 손자삼요(損者三樂)라 함.

삼우[1](三友) [명] **1** 흔히 함께 따르는 세 가지 운치. 곧, 시(詩)와 술과 거문고. **2** =세한삼우(歲寒三友). **3** 산수(山水)·송죽(松竹)·금주(琴酒)의 세 가지.

삼우[2](三虞) [명] 장사 지낸 뒤에 세 번째 지내는 제사. =삼우제. ▷초우(初虞)·재우(再虞).

삼우-제(三虞祭) [명] =삼우(三虞)[2].

삼-원색(三原色) [명] 모든 빛깔의 바탕이 되는 세 원색. 그림물감에서는 빨강·노랑·파랑, 빛에서는 빨강·녹색·파랑임. =삼색.

삼월(三月) [명] 한 해의 열두 달 가운데 셋째 달.

삼위(三位) [명][가][기] 성부(聖父)·성자(聖子)·성령(聖靈).

삼위-일체(三位一體) [명] **1** 세 가지의 것이 하나의 목적을 위하여 연관·통합되는 일. ¶민관군이 ~가 되어 난국을 극복하다. **2** [가][기] 성부(聖父)·성자(聖子)·성령(聖靈)의 세 위격이 하나의 실체인 하느님 안에 존재한다는 교의.

삼은(三隱) [명][역] 고려 말기의 성리학자인 포은(圃隱) 정몽주(鄭夢周), 목은(牧隱) 이색(李穡), 야은(冶隱) 길재(吉再)의 세 사람을 아울러 일컫는 말.

삼-이웃(三一) [-니욷] [명] 이쪽저쪽의 가까운 이웃. ¶공연한 짓을 해서 ~이 시끄럽다.

삼-익우(三益友) [명] =익자삼우. ↔삼손우.

삼인성호(三人成虎) [명] 〔세 사람이 짜면 호랑이가 거리로 나왔다는 거짓말도 사실처럼 될 수 있다는 뜻〕 근거 없는 말도 여럿이 하면 곧이듣게 됨. =시호(市虎).

삼인-조(三人組) [명] 어떤 행동을 같이하기 위한 무리가 세 사람으로 이루어진 상태. 또는, 그 무리. ¶~ 특공대 / ~ 강도.

삼인-칭(三人稱) [명][언] =제삼 인칭.

삼인칭^소!설(三人稱小說) [명][문] 주인공이 삼인칭 대명사로 된 소설. ▷일인칭 소설.

삼인칭^시!점(三人稱視點) [-쩜] [명][문] 이야기 속에 등장하지 않는 화자(話者)가 이야기 속에 등장하는 모든 인물에 대하여 서술하는 방식. ▷일인칭 시점.

삼일(三日) [명] **1** 해산하거나 혼인한 지 사흘째 되는 날. **2** =삼짇날.

삼일-신행(三日新行) [명] 혼례를 마친 지 사흘 만에 하는 혼행(婚行).

삼일^예배(三日禮拜) [-례-] [명][기] 주일의 삼 일 후인 수요일 저녁에 갖는 예배.

삼일^운!동/3·1 운동(三一運動) [명][역] 1919년 3월 1일, 손병희 등 33인이 주동이 되어 독립 선언문을 낭독하고 일제로부터의 해방과 민족의 독립을 외친 일. =기미독립운동·기미운동.

삼일-장(三日葬) [명] 죽은 지 사흘 만에 지내는 장사. ▷오일장·구일장.

삼일-절/3·1절(三一節) [-쩔] [명] 삼일 운동을 기념하는 국경일. 3월 1일.

삼일-정신/3·1정신(三一精神) [명] 3·1 운동 때, 온 민족이 단결하여 우리의 자주독립과 세계 평화를 실현하려 한 정신.

삼일-천하(三日天下) [명] **1** 아주 짧은 기간의 집권을 비유하는 말. **2** [역] 갑신정변 때, 정권을 잡은 개화당이 3일 만에 실각한 일을 이르는 말.

삼일치^법칙(三一致法則) [명][연] 극(劇)은 하나의 사건이 같은 장소를 배경으로 하루 안에 완결되도록 해야 한다는 법칙. 17세기 프랑스 고전주의 연극의 이론으로 신봉됨.

삼자(三者) 명 1 '제삼자(第三者)'의 준말. 2 세 사람. ¶~ 회담.
삼자-대면(三者對面) 명 서로 주장이 달라 다툼이 있을 때 시비를 가리기 위해 그 일에 관계있는 세 사람을 대면시키는 일. 삼자대면-하다 동(자)여
삼자^범!퇴(三者凡退) [-되/-뒈] 명[체] 야구에서, 타자 셋이 연달아 출루하지 못하고 물러남.
삼-자승(三自乘) 명[수] '세제곱'의 구용어.
삼작-노리개(三作-) [-장-] 명 부인의 장신구의 하나. 밀화(蜜花)·산호·옥·금·은 으로 만든 세 벌의 패물을 황색·적색·남색 의 세 가닥 진사(眞絲) 끝에 색을 맞추어 단 것임. 옷고름·안 고름·허리띠 등에 닮. ㈜ 삼작.
삼장(三藏) 명[불] 1 세 가지의 불교 경전. 곧, 경장(經藏)·율장(律藏)·논장(論藏). =경률론(經律論). 2 경(經)·율(律)·논(論)의 세 가지에 통달한 승려. ¶~ 법사. 3 연각(緣覺)·보살·성문(聲聞).
삼장^법사(三藏法師) [-싸] 명[불] 1 경(經)·율(律)·논(論) 삼장에 정통한 법사. 2 당나라의 고승인 '현장(玄奘)'의 속칭.
삼장-선(三檣船) 명 돛대가 세 개인 배. =삼범선(三帆船).
삼재¹(三才) 명 1 천(天)·지(地)·인(人). =삼극(三極)·삼원(三元). 2 [민] 관상에서, 이마와 턱과 코.
삼재²(三災) 명 1 [불] 세계가 파멸할 때 일어나는 큰 재난으로, 화재(火災)·수재(水災)·풍재(風災)를 이르는 말. 2 병난(兵難)·질역(疾疫)·기근(飢饉). 3 [민] 십이지(十二支)로 따져 보는 불길한 운수. ¶~가 들다.
삼절(三絶) 명 1 뛰어난 세 존재. ¶송도(松都)~. 2 세 가지 뛰어난 재주. 또는, 그런 재주를 가진 사람.
삼정(三政) 명[역] 조선 후기에, 국가 재정의 주축을 이루었던 세 가지 수취(收取) 제도. 곧, 전정(田政)·군정(軍政)·환곡(還穀).
삼-정승(三政丞) 명[역] 영의정·좌의정·우의정의 세 정승. =삼공(三公)·태정(台鼎).
삼제¹(三諦) 명[불] 공제(空諦)·가제(假諦)·중제(中諦) 또는 진제(眞諦)·속제(俗諦)·중제(中諦)의 세 가지 진리.
삼제²(芟除) 명 베어 없애 버리는 것. 삼제-하다 타여
삼조(三朝) 명 1 =삼시(三始). 2 그달의 제3일. 3 삼대의 조정(朝廷). 4 갓난아이가 태어난 지 3일째.
삼족(三族) 명 1 부모와 형제와 처자. 2 부계(父系)·모계(母系)·처계(妻系)의 세 족속. ¶옛 왕조 시대에는 역모(逆謀)의 죄인에 대하여 ~을 멸했다고 한다.
삼존(三尊) 명 받들어 모셔야 할 세 사람. 곧, 군(君)·사(師)·부(父).
삼종(三從) 명 =팔촌(八寸).
삼종-매(三從妹) 명 팔촌 누이.
삼종-손(三從孫) 명 칠촌 조카의 아들.
삼종-숙(三從叔) 명 아버지의 팔촌 형제. 곧, 구촌 아저씨. ㈜삼당숙(三堂叔).
삼종-씨(三從氏) 명 1 남의 삼종형제를 높여 이르는 말. 2 자기의 삼종형을 다른 사람에게 말할 때 쓰는 말.
삼종-제(三從弟) 명 팔촌 동생.
삼종-조(三從祖) 명 할아버지의 육촌 형제.

삼종지도(三從之道) 명 봉건 시대의 여자가 지켜야 할 세 가지 도리. 어려서는 아버지를, 시집가서는 남편을, 남편이 죽은 후에는 자식을 좇아야 하는 것. =삼종의탁·삼종지의.
삼종-질(三從姪) 명 팔촌 형제의 아들.
삼종-형(三從兄) 명 팔촌 형.
삼종-형제(三從兄弟) 명 팔촌 형제.
삼죽(三竹) 명 1 저(笛)·필률(觱篥)의 세 관악기. 2 =삼금(三笒).
삼중(三重) 명 1 세 겹. ¶~ 유리. 2 세 가지가 겹친 것. ¶~ 추돌 사고.
삼중^결합(三重結合) 명[화] 분자 내의 두 원자가 세 개의 원자가(原子價) 단위로 이루어진 결합. CH≡CH 따위.
삼중-고(三重苦) 명 세 가지 고통이 겹치는 일. 특히, 소경·귀머거리·벙어리의 고통을 다 가지고 있는 것을 말함.
삼중^수소(三重水素) 명[화] 수소의 동위 원소의 하나. 질량수 3으로 가장 무거우며, 방사성 추적자(追跡子)로 쓰임. 기호는 ^3H 는 T. =트리튬.
삼중^양성자(三重陽性子) [-냥-] 명[화] 수소의 동위 원소인 삼중 수소 ^3H의 원자핵. 한 개의 양성자와 두 개의 중성자가 결합한 것으로, 적은 에너지의 β방사선을 방사함. =트리톤.
삼중-점(三重點) [-쩜] 명 1 [수] 한 개의 곡선이 셋으로 나뉘어 갈라져서 통과하는 동일점(同一點). 2 [물] 어떤 물질의 상태도(狀態圖)에서의 고체상·액체상·기체상의 세 상(相)이 평형 상태에 있는 점. 또는, 그 때의 온도·압력.
삼중-주(三重奏) 명[음] 실내악의 하나로, 서로 다른 세 개의 악기에 의한 합주. 피아노·바이올린·첼로에 의한 피아노 삼중주, 바이올린·비올라·첼로에 의한 현악 삼중주 따위. ㈜트리오. ¶~곡(曲).
삼중-창(三重唱) 명[음] 성부(聲部)가 다른 세 사람의 가수에 의한 중창. ㈜트리오.
삼지니(三-) 명[동] 세 살이 된 매나 새매. 동작이 느려 사냥에 부적당함.
삼지-창(三枝槍) 명 1 끝이 세 갈래로 갈라진 창. ㈜당파창(钂鈀槍). 2 <속> 포크(fork).
삼진(三振) 명[체] =스트라이크 아웃.
삼질-날(三-) [-진-] 명[민] 음력 3월 초사흗날. =삼월 삼짇·삼월 삼짇날·삼일·상사(上巳). ㈜삼질.
삼질(三-) 명[민] '삼짇날'의 준말.
삼차¹(三叉) 명 세 가닥. 또는, 세 갈래.
삼차²(三次) 명[수] 정식(整式)·대수 방정식·대수 곡선 등의 차수(次數)가 3인 것. ¶~ 함수.
삼차^방정식(三次方程式) 명[수] 미지수의 최고 차수가 3차인 방정식.
삼차^산!업(三次產業) 명[경] =제삼차 산업.
삼차-색(三次色) 명[미] 두 색을 섞은 이차색에 다른 색을 한 가지 더 섞은 색. ▷이차색.
삼차^신경(三叉神經) 명[생] 뇌신경의 하나. 뇌신경 중 가장 크며, 시신경(視神經)·상악 신경(上顎神經)·하악 신경(下顎神經)의 세 가지로 나뉘며, 두부 및 안면의 대부분의 감각과 저작 운동(咀嚼運動)을 지배함.
삼-차원(三次元) 명 가로·세로·높이의 세 차원을 지닌 입체적 공간.
삼차원^영화(三次元映畫) [-녕-] 명[영] =입체 영화.

삼창(三唱) 세 번 부르는 일. ¶만세 ~. **삼창-하다** 동(타여) ¶구호를 ~.

삼채(三彩) 명 낮은 온도에서 녹는 유약을 표면에 발라 녹색·황색·청색의 세 가지 빛깔로 무늬를 나타낸, 신라 시대의 토기.

삼척-동자(三尺童子)[-똥-] 명 키가 아직 석 자밖에 자라지 않은 아이. 곧, 어린아이를 가리킴. ¶이순신 장군 하면 ~도 다 아는 우리나라의 위인이다.

삼천-갑자(三千甲子)[-짜] 명 **1** 60갑자의 삼천 배. 곧, 18만 년. **2** [민] 꼭두각시놀음에 나오는 검은 머리의 늙은이.

삼천갑자 동방삭(東方朔) 구 중국 전한(前漢)의 동방삭을 18만 년이나 살았다 하여 부르는 속칭. 장수자(長壽者)의 대명사로 쓰임.

삼천^궁녀(三千宮女) 명 [역] 백제가 망할 때, 왕족과 더불어 낙화암에서 백마강에 투신자살했다는 많은 궁녀.

삼천-리(三千里)[-철-] 명 함경북도의 북쪽 끝에서 제주도의 남쪽 끝까지 약 3000리가 된다고 하여, 우리나라의 땅을 이르는 말. ¶~ 방방곡곡.

삼천리-강산(三千里江山)[-철-] 명 우리나라의 강산을 일컫는 말. =삼천리강토.

삼천리-강토(三千里疆土)[-철-] 명 =삼천리강산.

삼천지교(三遷之教) 명 =맹모삼천지교.

삼-첨판(三尖瓣) 명 [생] 포유류의 심장의 우심실과 우심방 사이에 있는, 앞과 안쪽의 세 판막(瓣膜). 심실이 수축할 때 피가 심방으로 역류(逆流)하는 것을 막음.

삼첩-기(三疊紀)[-끼] 명 [지] =트라이아스기(Trias紀).

삼첩-반상(三─飯床)[-빤-] 명 밥·국·김치·간장을 기본 음식으로 하여, 생채·숙채·구이(또는 조림)의 3가지 반찬을 갖춘 상차림. 또는, 그 그릇 한 벌.

삼첩-지(三疊紙=三貼紙)[-찌] 명 백지보다 두껍고 길이와 폭이 크고 누르께한 종이. 질이 낮음.

삼청¹(三靑)[미] 그림 그릴 때 쓰는 진채(眞彩)의 하나. 빛깔이 하늘빛같이 푸름.

삼청²(三請) 명 노래 따위를 한 사람에게 잇달아 세 번째 청하는 것. **삼청-하다** 타여

삼청-냉돌(三廳冷突) 명 [금군(禁軍)의 삼청이 겨울에도 불을 때지 않아 추웠다는 데서] '차디찬 방'을 비유하여 일컫는 말.

삼체(三體) 명 **1** 세 개의 형체나 물체. **2** [물] 물질의 세 가지 상태. 곧, 고체·기체·액체. **3** 서도(書道)에서, 해서(楷書)·초서(草書)·행서(行書)의 세 서체.

삼초-룰(三秒rule) 명 [체] 농구에서, 공을 가지고 있는 팀의 선수가 상대편의 바스켓에 가까운 쪽의 구역 안에 3초 이상 머무를 것을 금지하는 규칙. 위반하면 반칙이 됨.

삼촌(三寸) 명 아버지의 형제. 특히, 미혼일 때 사용하는 말임. 호칭 및 지칭으로 쓰이음. 비아저씨. ¶작은 데 다니는 ~, 이것 좀 만들어 줘. ×삼춘.

삼촌-댁(三寸宅)[-땍] 명 '작은어머니'을 낮게 이르는 말.

삼촌-설(三寸舌) 명 [평원군의 식객 노릇을 하던 모수(毛遂)가 세 치의 혀로 초나라로 하여금 구원병 20만을 파견하게 했다는 고사에서] 길이는 세 치에 불과하지만 상대를 설복시키는 강력한 힘을 가진 것이라는 뜻

에서, 사람의 혀를 이르는 말.

삼-총사(三銃士) 명 [프랑스의 소설가 뒤마가 지은 소설의 제목, 또는 그 소설에 나오는 세 명의 주인공을 가리키는 말에서] 서로 단짝을 이루는 세 사람. 또는, 아주 친하여 늘 함께 어울려 다니는 세 사람. 비유적인 말임. ¶미녀 ~ / 의리의 ~.

삼추(三秋) 명 **1** 가을의 석 달. **2** 세 해의 가을이라는 뜻으로, 3년의 세월을 이르는 말. **3** '긴 세월'의 비유. ¶하루가 ~ 같다.

삼춘¹(三春) 명 **1** 봄의 석 달. 곧, 맹춘·중춘·계춘. **2** 세 해의 봄.

삼춘² '삼촌(三寸)'의 잘못.

삼출(滲出) 명 **1** 액체가 스며 나오는 것. **2** [의] 혈관·림프관 등의 맥관(脈管)의 내용물이 밖으로 스며 나오는 일. **삼출-하다** 동(재)

삼출-액(滲出液) 명 [의] 염증이 있을 때 핏줄 밖으로 나와 병소(病巢)에 모인 액체.

삼취(三娶) 명 **1** 세 번째 장가드는 것. **2** 세 번째 장가들어 맞은 아내. =삼실(三室). ▷재취(再娶). **삼취-하다** 동(자여)

삼층-밥(三層-)[-빱] 명 삼 층이 되게 지은 밥. 솥의 밥이 중간은 제대로 되었으나, 맨 위는 설거나 질고, 맨 밑은 탄 상태를 익살스럽게 이르는 말.

삼층-장(三層欌)[-짱] 명 삼 층으로 된 옷장.

삼층-집(三層-)[-찝] 명 삼 층으로 지은 집.

삼치 명[동] 고등엇과의 바닷물고기. 몸길이 1m 안팎. 몸이 가늘고 길며, 작은 비늘로 덮여 있음. 몸빛은 연청색(鉛靑色)에 무늬가 있으며 배는 흰빛임. 맛이 좋음.

삼-치기(三-)〈속〉 한 사람이 여러 개의 동전이나 구슬을 두 손에 넣고 흔들다가 한 손에 일부를 쥔 뒤, 상대에게 그것이 1, 2, 3 중 어느 수에 해당하는지 알아맞히게 하는 놀이.

삼칠-일(三七日) 명[민] =세이레.

삼칠일 금기(禁忌) 구 아이를 낳은 지 세이레 동안 지키는 여러 가지 금기.

삼칠-제(三七制)[-쩨] 명 **1** 수확한 곡식의 3할을 지주에게 소작료로 주고, 소작인이 7할을 가지는 제도. **2** 이익이나 몫의 한쪽이 3할을 가지고 다른 한쪽이 7할을 가지기로 하는 일. ▷사륙제.

삼-칼(三-) 명 삼을 잎을 치는 나무칼.

삼키다 동(타) **1** (입속에 든 음식이나 어떤 물질·물건을) 목구멍으로 넘기다. ¶군침을 ~ / 음식을 오래 씹은 뒤에 ~. **2** (불길이나 파도 따위의 거센 기운이 어떤 대상을) 사라지게 하거나 휩쓸어 가다. ¶거센 불길이 귀한 인명과 재산을 ~ / 성난 파도가 조각배를 순식간에 삼켜 버렸다. **3** (세력을 가진 존재가 어떤 것을) 힘에 의해 부당하게 자기의 것으로 만들다. ¶재벌이 중소기업을 ~. **4** (사람이 눈물이나 웃음 등을) 밖으로 나오지 않도록 하며서 억누르다. 비참다·억제하다. ¶울분을 ~ / 그는 울음을 **삼키느라** 입을 앙다물었다.

삼태(三胎) 명 세쌍둥이를 잉태하는 일. 또는 그 아이.

삼태기 명 대오리·싸리·짚 등으로 엮어 만든, 흙이나 쓰레기, 거름 따위를 담아 나르는 데에 쓰는 기구.

삼태-생(三胎生) 명 한 배에서 한꺼번에 세

아이를 낳는 일. 또는, 그 아이.
삼태-성(三台星)[명][천] 큰곰자리 중에 있는 상태성·중태성·하태성.
삼투(渗透)[명] 1 스며드는 것. 2 [물] 농도가 다른 두 액체를 반투막(半透膜)으로 막아 놓았을 때, 농도가 낮은 쪽에서 높은 쪽으로 용매(溶媒)가 옮겨 가는 현상. ¶~ 작용. **삼투-하다**[자여] **삼투-되다**[자여]
삼투-압(渗透壓)[명][물] 반투막으로 막아 용매와 용액을 두었을 때, 용매의 일부가 막을 투과하여 용액 쪽으로 이동한 것이 평형에 달했을 때 양 액 사이에 생기는 압력차. =침투압.
삼파-전(三巴戰)[명] 셋이 어우러져 서로 싸우는 일. 또는, 그 싸움. ¶~이 벌어지다 / 차기 회장 선거는 ~이 될 것 같다.
삼판-선(三板船)[명] 중국이나 동남아시아의 연안이나 하천에서 사용되는, 작고 갑판이 없이는 흘수가 얕은 배. 대개는 노로 저음. ≒삼판.
삼판-양승(三-兩勝)[-냥-][명] 승부를 겨룰 때 세 판 중에서 두 판을 먼저 이기는 편이 승리하는 일. ≒삼판이승. ¶~제. **삼판양승-하다**[자여]
삼판-이승(三-二勝)[명] =삼판양승. **삼판이승-하다**[자여]
삼팔-따라지(三八-)[명] 1 노름판에서, 세 끗과 여덟 끗을 합하여 된 한 끗. 아주 낮은 끗수임. 2 삼팔선 이북에서 월남한 사람을 놀림조로 이르는 말. ≒따라지. ¶~ 인생.
삼팔-선(三八線)[-썬][명][지] 제2차 세계 대전 직후, 우리나라가 남북으로 나뉘게 된 경계선인 북위 38°선을 이르는 말. =삼십팔도선.
삼팔-주(三八紬)[-쭈][명] 중국에서 생산되는, 올이 고운 명주. ⓒ삼팔.
삼포¹(三浦)[역] 조선 세종 때, 왜인에 대한 회유책으로 개항한, 웅천의 내이포, 동래의 부산포, 울산의 염포의 세 항구.
삼포²(蔘圃)[명] =삼밭.
삼포식 농업(三圃式農業)[농] 농지를 셋으로 나누어 그 1/3씩을 해마다 번갈아 가며 휴경지로 하여 지력(地力)을 회복시키는 경작 방식. ⓒ삼포식.
삼하(三夏)[명] 1 여름 석 달. 2 세 해의 여름.
삼'-하다[형여] (어린아이의 성질이) 순하지 않고 사납다.
삼한(三韓)[명] 상고 시대, 우리나라 남쪽에 있던 세 나라. 곧, 마한·진한·변한.
삼한-갑족(三韓甲族)[-쪽][명] 우리나라의 대대로 문벌이 높은 집안.
삼한 사'온(三寒四溫)[명][기상] 겨울철에 우리나라와 중국 동북부 등지에서 3일가량 추운 날씨가 계속되다가, 다음 4일가량은 따뜻한 날씨가 이어지는 주기적인 기후 현상.
삼한-통보(三韓通寶)[역] 고려 숙종 때 만들어 쓰던 엽전의 하나.
삼-할미[명] 출산 때 아이를 받는 노파.
삼합(三合)[명] 세 가지가 잘 어울려 딱 들어 맞는 일. **삼합-하다**[자여]
삼행-시(三行詩)[명] 세 줄로 이루어진 시. ¶이름 석 자로 ~를 짓다.
삼헌(三獻)[명] 제사 때에 술잔을 세 번 올리는 일. 곧, 초헌(初獻)·아헌(亞獻)·종헌(終獻). **삼헌-하다**[자여]
삼현(三絃)[명][음] 세 가지 현악기. 곧, 거문고·가야금·향비파. ▷육각(六角).

삼현-금(三絃琴)[명][음] 현이 셋인 거문고.
삼현^육각(三絃六角)[-뉴각][명][음] 삼현과 육각을 아울러 이르는 말.
삼-화음(三和音)[명][음] 어떤 음을 기초음으로 하여 그 위에 3도·5도의 음을 겹쳐 만든 화음. ¶으뜸~.
삼황(三皇)[명] 중국 고대 전설에 나오는 세 임금. 천황씨(天皇氏)·지황씨(地皇氏)·인황씨(人皇氏). 또는, 복희씨(伏羲氏)·신농씨(神農氏)·수인씨(燧人氏). ¶~오제(五帝).
삼-회장(三回裝)[-회-/-훼-][명] 여자 저고리의 깃·끝동·겨드랑이의 세 부분에 다른 빛깔의 천을 대어 장식한 것. ¶~저고리.
삼효(三孝)[명] 세 가지의 효행. 어버이를 우러러 받들고, 어버이를 욕되게 하지 않으며, 어버이를 잘 봉양하는 일.
삼-희성(三喜聲)[-히-][명] 세 가지의 기쁜 소리. 곧, 다듬이질 소리, 글 읽는 소리, 갓난아이의 우는 소리. ↔삼악성(三惡聲).
삽¹[명] ① (자립) 땅을 파고 흙을 뜨는 데 쓰는 연장. 세는 단위는 자루·정(挺). ¶모종~. ② (의존) 흙이나 모래 등의 분량을 그것이 담긴 삽의 수로 헤아리는 말. ¶흙 한 ~ / 석탄 두 ~.
-삽²[어미](선어말) '-사옵-'의 준말. ¶먹~고 / 잘 있~고. ▷-잡-.
삽-날[삼-][명] 삽의 날.
삽목(揷木)[삼-][명][농] =꺾꽂이. **삽목-하다**[자여]
삽사리[-싸-][명] 1 메두기목 메두깃과의 곤충. 몸길이 20~30mm. 몸빛은 누르스름함. 수컷은 앞날개가 짧고 끝이 뭉툭하나 암컷은 꼬리 끝에까지 달한. 여름에 풀밭에서 옳. 2 =삽살개.
삽살-개[-쌀-][명] 몸과 얼굴에 긴 털이 많이 나 있는 우리나라 토종 개. ≒삽사리.
삽삽¹(颯颯)[-쌉] →**삽삽-하다**¹ =싸파~. [형여] (부는 바람이) 몸으로 느끼기에 쌀쌀하다.
삽삽²(澁澁)[-쌉] →**삽삽-하다**²[-싸파-] [형여] 1 (맛이) 매우 떫다. 2 매끄럽지 않고 껄껄하다. 3 (말이나 글이) 분명하지 못하여 이해하기 어렵다.
삽상(颯爽)[-쌍] →**삽상-하다**[-쌍-][형여] 바람이 시원하게 불어 마음이 아주 상쾌하다. ¶삽상한 가을 날씨.
삽수(揷穗)[-쑤][명] =꺾꽂이모.
삽시¹(揷匙)[-씨][명] 제사에서, 메의 중앙에 숟가락을 세워서 꽂는 일. 첨작 다음의 절차임. **삽시-하다**[자여]
삽시²(霎時)[-씨][명] '삽시간'의 준말. ¶기대가 ~에 무너지다.
삽시-간(霎時間)[-씨-][명] 아주 짧은 시간. ≒순시(瞬時)·편각, 비경각(頃刻)·순식간·일각(一刻)·일순간. ¶불이 ~에 온 마을로 번졌다. ⓒ삽시.
삽입(揷入)[명] 1 (물체 사이에 다른 물체를) 끼워 넣는 것. 2 (어떤 대상에 다른 내용을) 안에 들어 있게 하는 것. **삽입-하다**[타여] ¶신문에 **삽입한** 광고지 / 계약서에 단서 조항을 ~. **삽입-되다**[자여]
삽입-곡(揷入曲)[-꼭][명] =에피소드3.
삽입-구(揷入句)[-꾸][명] 1 [언] 문장을 보충적으로 설명하기 위하여, 그 문장의 다른 성분에 직접 관계됨이 없이 삽입된 구(句). 2 [음] =에피소드3.

삽입-표(插入標) 명 [언] =끼움표.
삽-자루[-짜-] 명 삽날에 끼우는 자루.
삽지¹(插枝) [-찌] 명 [식] 식물의 가지를 자른 뒤 흙에 꽂아 뿌리 내리게 하는 일. 비꺾꽂이. **삽지-하다**² 동 자 여
삽지²(插紙) [-찌] 명 [인] 인쇄할 때에 기계에 종이를 먹이는 것. **삽지-하다**² 동 자 여
삽-질[-찔] 명 삽으로 땅을 파거나 흙을 떠내는 일. **삽질-하다** 동 자 여
삽-차(-車) 명 =포클레인.
삽탄(插彈) 명 총기에 탄알을 재는 것. **삽탄-하다** 명
삽혈(歃血) [사펼] 명 서로 맹세할 때, 짐승의 피를 입가에 바르는 일. **삽혈-하다** 동 자 여
삽화¹(插畫) [사퐈] 명 =에피소드1.
삽화²(插畫) [사퐈] 명 [인] 서적·신문·잡지 등에서, 내용을 보충하거나 기사의 이해를 돕기 위해 넣는 그림. =삽도(插圖). ¶-가 많이 들어 있는 책.
삽화-가(插畫家) [사퐈-] 명 삽화를 그리는 것을 직업으로 하는 사람.
삿-갓[삳깓] 명 1 대오리나 갈대로 거칠게 엮어서 비나 볕을 피하기 위하여 쓰는 갓. ¶대~/~을 쓰다. 2 [식] 버섯의 균산(菌傘).
삿갓-가마[삳깓까-] 명 초상(初喪) 중의 상제가 타는 가마. 가장자리에 흰 휘장을 두르고 위에 큰 삿갓을 덮음. =초교(草轎)
삿갓-구름[삳깓꾸-] 명 외딴 산봉우리의 꼭대기 부근에 걸리는, 삿갓 모양의 구름.
삿갓-장이[삳깓짱-] 명 삿갓을 만드는 것을 직업으로 하는 사람.
삿갓-쟁이[삳깓쨍-] 명 삿갓을 쓰고 다니는 사람.
삿!대[삳때] 명 배를 물가에서 떼거나 물가로 댈 때, 또는 물이 얕은 곳에서 깊은 곳으로 배를 밀어 갈 때에 쓰는 긴 막대. =사앗대·상앗대.
삿!대-질[삳때-] 명 1 삿대로 배를 움직이게 하는 일. 2 말다툼할 때, 주먹이나 손가락 따위로 상대의 얼굴을 향하여 쿡쿡 내지르는 짓. =상앗대질. ¶이 사람이 누구 앞에서 ~이야. **삿!대질-하다** 동 자 여
삿-되다¹(私-)[사뙤-/삳뙤-/사뛔-/삳뛔-] 형 보기에 하는 짓이 사사롭다.
삿-되다²(邪-)[사뙤-/삳뙤-/사뛔-/삳뛔-] 형 보기에 하는 짓이 떳떳하지 못하고 나쁘다.
삿-자리[삳짜-] 명 갈대를 엮어서 만든 자리. 준삿.
상¹(上) 명 1 "임금"의 높임말. ¶~께서 위중하시니. 2 차례나 등급을 둘 또는 셋으로 나누었을 때, 맨 첫째에 해당하는 차례나 등급. ▷중·하. 3 (공간이나 위치를 나타내는 명사 뒤에 쓰여) 그 공간이나 위치의 '위'임을 나타내는 말. ¶일직선 ~의 두 점/지구 ~에는 수천 가지의 언어가 있다.
상²(床) 명 1 음식을 차려 놓고 먹을 수 있도록 나무나 그 밖의 재료로 위는 평평하게 갖고 아래에는 다리를 같은 높이로 만든 물건. 또는, 그 물건에 음식을 차려 놓은 것. 비밥상·소반·식탁. ¶~을 차리다/~을 보다/~을 치우다. 2 물건을 놓거나 얹기 위해, 또는 사람이 앉거나 눕기 위해 나무 등으로 위를 평평하게 하고 아래에 다리를 달아 만든 물건의 총칭. 소반·평상·연상(硯床)·책상·걸상·제상(祭床) 따위. 오늘날에는 '상' 단독으로는 '평상'이나 '걸상'을 가리키기는 어려움.
상³(相) 명 1 관상학에서, 얼굴이나 체격의 됨됨이. ¶저 아이는 장차 크게 될 ~이다. 2 온갖 종류의 모양과 태도. 3 그때그때 얼굴에 나타나는 모양새. ¶죽을~/오만~을 찌푸리다. 4 [물] 물리적·화학적으로 균질(均質)한 물질의 부분. 기체상·액체상·고체상 따위. 5 (을) =동작상(動作相).
상(을) 보다 관 사람의 얼굴·골격·체격 따위의 생김새나 지세를 보고 그 길흉을 점치다.
상⁴(祥) 명 소상(小祥)과 대상(大祥)의 총칭.
상⁵(商) 명 [음] 오음(五音) 중 둘째 음.
상⁶(喪) 명 1 '거상(居喪)'의 준말. 2 부모, 승중(承重)의 조부모·증조부모·고조부모와 맏아들의 상사(喪事)에 대한 의례.
상⁷(象) 명 장기짝의 하나. '象(상)' 자를 새긴 것으로, 선 한 칸을 간 다음에 대각선으로 두 칸을 가게 되어 있음. 한 편에 둘씩 있음.
상⁸(想) 명 작품을 만드는 작자의 생각. ¶기발한 ~이 떠오르다.
상⁹(像) 명 1 사람이나 물건의 형체를 본떠서 만들거나 그린 것. 2 [물] 광선의 반사 또는 굴절로 말미암아 생기는 물체의 형상. 실상(實像)과 허상(虛像)의 두 가지가 있음.
상¹⁰(賞) 명 잘한 일을 칭찬하거나 칭송하기 위하여 어떤 단체나 기관 등에서 주는, 증서나 돈이나 값어치 있는 물건. ¶개근~/노벨~을 타다.
-상¹¹(上) 접미 주로 추상 명사에 붙어, '…에 있어서', '…의 측면(에서)', '…의 관계(로)', '…의 추상적 공간' 등의 뜻을 나타내는 말. ¶역사~ 최초의 발견/통계~의 허점/편의~/존칭은 생략함/인터넷~의 동영상 자료.
-상¹²(狀) 접미 '모양', '상태'의 뜻을 나타내는 말. ¶방사(放射)~/나선(螺旋)~/연쇄~.
-상¹³(商) 접미 '장사', '장수'의 뜻을 나타내는 말. ¶도매~/고물~/노부~.
상가¹(商家) 명 장사를 업으로 하는 집.
상가²(商街) 명 상점이 많이 늘어서 있는 거리. ¶지하~/~건물.
상가³(喪家) 명 1 사람이 죽어 장례를 치르는 집. =상갓집. 비초상집. 2 상제의 집.
상가-아파트(商街←apartment) 명 건물의 일부를 각각 상가와 주택으로 사용할 수 있도록 만든 건축물. 지상에 가까운 층에는 상가나 사무실이, 고층에는 주택이 있음.
상간(相姦) 명 (남녀가) 서로 정을 통하거나 간음하는 것. ¶~자/근친~. **상간-하다** 자 여
상!감¹(上監) 명 "임금"의 높임말.
상감²(象嵌) 명 1 금속·도자기 등의 겉면에 무늬를 새기고 거기에 금·은·자개 등을 박아 넣는 기술. 또는, 그 작품. ¶~기법/~세공. 2 [인] 연판 판면의 오자(誤字)를 꿰뚫어 беги 옳은 활자를 끼워 넣는 일.
상!감-마마(上監媽媽) 명 '상감'을 더욱 높여 호칭하는 또는 지칭하는 말.
상감^청자(象嵌靑瓷) 명 [미] 겉면에 여러 가지 무늬를 새기고, 백토나 도토를 메워 넣은 청자.
상!-갑판(上甲板) 명 선박의 이물에서 고물까지 통하는 갑판 중 제일 위층에 있는 갑판.
상갓-집(喪家-)[-가쩝/-갇쩝] 명 =상가

(喪家)³¹.
상강(霜降) 24절기의 하나. 10월 23일경으로, 한로(寒露)와 입동(立冬) 사이에 있음.
상:객¹(上客) 圀 **1** 지위가 높은 손님. 또는, 상좌에 모실 만한 손님. =상빈(上賓). **2** 전통 혼례에서, 신랑 또는 신부를 데리고 가는 사람.
상객²(常客) 圀 **1** 늘 찾아오는 손님. 圓단골. **2** =고객(顧客).
상거(相距) 圀 어느 곳에서 얼마의 거리가 떨어짐. 또는, 떨어져 있는 두 곳의 거리. **상거-하다** 㢰재어 ¶청사는 역에서 약 2km를 상거한 곳에 있다.
상-거래(商去來) 圀 상업상의 거래. ¶~ 질서를 확립하다.
상:-거지(上-) 圀 아주 비참할 정도로 불쌍한 거지. ¶거지 거지 해도 저런 ~는 처음 본다.
상-것(常-) [-껃] 圀 **1** 예전에, 양반 계급이 평민을 얕잡는 뜻으로 이르던 말. **2** 남을 심하게 욕으로 이르는 말. 셴쌍것.
상:게¹ 閈 《방》 아직 (평안).
상:게²(上揭) 圀 위에 게재(揭載)하거나 게시하는 것. **상:게-하다** 㢰태어
상:게-서(上揭書) 圀 논문·학술 서적 등의 각주에서, 인용한 출처가 바로 앞에서 밝힌 책과 같은 책임을 나타내는 말. '위의 책'이라고도 함. ▷전게서.
상격(相格) 圀 〔민〕 관상에서, 얼굴 됨됨이의 격. ¶천박한 ~.
상견(相見) 圀 서로 만나 보는 것. **상견-하다** 㢰재어 ¶사돈 될 사람끼리 처음 ~.
상견-례(相見禮) [-녜-] 圀 **1** 서로 공식적으로 만나 보는 예. **2** 결혼식에서, 신랑 신부가 동등한 예를 지켜 마주 절하는 일.
상:경(上京) 圀 지방에서 서울로 올라오는 것. =상락(上洛)·출경(出京). **상:경-하다** 㢰재어 ¶무작정 ~.
상:계¹(上界) [-계/-게] 圀 〔불〕 '천상계(天上界)'의 준말. ↔하계(下界).
상:계²(上計) [-계/-게] 圀 가장 좋은 계교. 圓상수(上數)·상책(上策).
상:계³(上啓) [-계/-게] 圀 조정이나 윗사람에게 아뢰는 것. **상:계-하다**¹ 㢰태어
상계⁴(相計) [-계/-게] 圀 〔법〕 채무자가 채권자에 대하여 자기도 같은 종류의 채권을 가지는 경우에, 당사자 일방의 의사 표시에 의하여 쌍방의 채무를 같은 액수만큼 소멸시키는 일. =상쇄(相殺). 圓엇셈. **상계-하다**² 㢰태어
상계⁵(商界) [-계/-게] 圀 '상업계'의 준말.
상:고¹(上古) 圀 **1** 오랜 옛날. ▷근고(近古). **2** 〔역〕 역사의 시대 구분의 하나. 문헌에 의존할 수 있는 한에서의 가장 오랜 옛날을 이름.
상:고²(上告) 圀 **1** 윗사람에게 아뢰는 것. **2** 〔법〕 제2심 판결에 대한 상소(上訴). =불복상고. ¶~를 기각하다. **상:고-하다**¹ 㢰태어 ¶고등 법원의 판결에 불복하여 대법원에 ~.
상고³(相考) 圀 서로 견주어서 고찰하는 것. **상고-하다**² 㢰태어
상고⁴(商高) 圀〔교〕 '상업 고등학교'의 준말.
상고⁵(商賈) 圀 =장수¹.
상고⁶(喪故) 圀 =상사(喪事)⁸.
상고⁷(詳考) 圀 자세하게 참고하거나 검토하

는 것. **상고-하다**³ 㢰태어
상고대 圀 나무에 내린 눈이 추위에 얼어붙은 것. =무송(霧淞)·수빙(樹氷)·수상(樹霜). ¶~가 끼다.
상고-머리 圀 옆머리와 뒷머리를 치올려 깎고 앞머리는 가르마 없이 내리 빗은 상태에서 일자로 가지런히 자른 머리.
상고-배(商賈輩) 圀 =장사치.
상고-사(上古史) 圀〔역〕 상고 시대의 역사. 우리나라에서는 단군 시대로부터 삼한(三韓) 시대까지의 역사임.
상고-선(商賈船) 圀 장사할 물건을 싣고 다니는 작은 배.
상:고^시대(上古時代) 圀〔역〕 상고의 시대. =상대(上代). 㯲상고대.
상고-심(上告審) 圀〔법〕 상고한 소송 사건의 심판.
상공¹(上空) 圀 어떤 지역의 위에 있는 공중. ¶수도권 ~.
상공²(相公) 圀〔역〕 '재상(宰相)'의 높임말.
상공³(商工) 圀 '상공업'의 준말.
상공⁴(常貢) 圀〔역〕 세공(歲貢)으로 바치는 상례적인 공물. ↔별공(別貢).
상-공업(商工業) 圀 상업과 공업. 㯲상공.
상공^회:의소(商工會議所) [-회의-/-훼이-] 圀 상공업자들이 그 지방의 상공업의 개량·발전을 도모하기 위하여 조직한 특수 법인. 㯲상의(商議).
상과(商科) [-꽈] 圀〔교〕 상업에 관한 교과목.
상과^대:학(商科大學) [-꽈-] 圀〔교〕 상업 및 경제에 관한 전문 학술과 경영 기술을 가르치는 단과 대학. 㯲상대.
상:관¹(上官) 圀 윗자리의 관리. ¶직속~. ↔부하·하관.
상관²(相關) 圀 **1** 서로 관련을 가지는 것. 또는, 그 관계. **2** 남의 일에 간섭하는 것. **3** 〔수〕 두 개의 양이나 현상이 어느 정도 규칙적으로 동시에 변화되어 가는 성질. **상관-하다** 㢰재태어 **1** 서로 관련을 가지다. **2** 남의 일에 간섭하다. ¶네가 **상관할** 일이 아니다. **상관-되다** 㢰재
상관^계:수(相關係數) [-계-/-게-] 圀〔수〕 두 양 또는 현상 사이에 상관적인 관계를 나타낸 개수.
상관-관계(相關關係) [-계/-게] 圀 **1** 두 가지 것의 한쪽이 변화하면 다른 쪽도 따라서 변화하는 관계. **2** 〔수〕 한쪽이 증가하면 다른 쪽도 증가하거나 반대로 감소되는 경향을 인정하는, 두 양(量) 사이의 통계적 관계.
상-관습(商慣習) 圀 옛날부터 행하여지고 있는 상사(商事)에 관한 관습.
상관-없:다(相關-) [-업따] 휑 =관계없다. ¶그것은 너와 **상관없는** 일이니 간섭하지 마라. ¶지붕을 고쳤으니 폭우가 쏟아져도 ~. **상관없:이** 閈
상관-있:다(相關-) [-읻따] 휑 =관계있다. ¶이 일은 네 미래와 ~.
상관-적(相關的) 관명 서로 관련을 가지는 (것).
상구(喪具) 圀 장례 때에 쓰는 여러 가지 도구.
상:구-보:리(上求菩提) 圀〔불〕 보살이 깨달음을 얻기 위하여 노력하는 일. ↔하화중생.
상:국(上國) 圀 작은 나라로부터 조공(朝貢)을 받는 큰 나라.
상궁(尙宮) 圀〔역〕 **1** 고려 시대, 여관(女官)

의 하나. 2 조선 시대, 여관(女官)의 정5품 벼슬. ¶제조(提調)~.

상:권¹(上卷) 圏 두 권 또는 세 권으로 가른 책의 첫째 권. ▷중권·하권.

상권²(商圈) [-꿘] 圏[경] 상업상의 세력 범위. ¶~이 형성되다.

상권³(商權) [-꿘] 圏 1 [법] 상업상의 권리. 2 상업상의 주도권.

상궤(常軌) 圏 늘 좇아야 할 바른길. ¶~를 벗어난 행동.

상규(常規) 圏 1 일반적인 규정이나 규칙. 또는, 사물의 표준. 2 늘 변하지 않는 규칙.

상그레 凰 소리 없이 귀엽고 부드럽게 눈웃음을 짓는 모양. (큰)성그레. (센)쌍그레. **상그레-하다** 재

상극(相剋) 圏 1 [민] 음양오행설에서, 만물을 이루는 오소인 쇠[金]·물[水]·나무[木]·불[火]·흙[土] 중 어느 요소끼리 서로 억누르고 극하는 일. 곧, 쇠는 나무를 자르고[金剋木], 나무는 흙을 뚫고 나오고[木剋土], 흙은 물의 흐름을 막고[土剋水], 물은 불을 끄고[水剋火], 불은 쇠를 녹이는 일[火剋金]. ↔상생(相生). 2 둘이서 서로 사이가 좋지 않아 갈등을 일으키는 상태. 또는, 동시에 섭취했을 때 탈이 나거나 나쁜 결과가 나타나는 음식과 음식의 관계. ¶두 사람은 ~이라 노상 싸운다. / 장어와 복숭아는 ~이다.

상근(常勤) 圏 매일 일정한 시간을 근무하는 것. ↔비상근. **상근-하다** 재

상글-거리다/-대다 자 소리 없이 귀엽고 부드럽게 자꾸 눈웃음치다. (큰)성글거리다. (센)쌍글거리다.

상글-방글 凰 상글거리면서 방글거리는 모양. (큰)성글벙글. (센)쌍글빵글. **상글방글-하다** 재

상글-상글 凰 상글거리는 모양. (큰)성글성글. (센)쌍글쌍글. **상글상글-하다** 재 ¶그는 두 눈이 여자같이 상글상글하고 아래턱이 쪽 빠진 삼십 미만의 젊은 사람으로 ….〈김동리: 사반의 십자가〉

상금¹(賞金) 圏 상으로 주는 돈. ¶~을 걸다 / ~을 타다.

상금²(尙今) 凰 아직까지. ¶그러나 그가 찾고 있는 돈이요 양심적인 동자는 … 나타나지 않고 있는 것이다.〈손창섭: 잉여 인간〉

상급¹(上級) 圏 (일부 명사 앞에 관용어적으로 쓰이거나 독립하여 쓰여) 등급이나 계급을 크게 둘로 나눌 때 높은 쪽의 등급이나 계급. ¶~생 / ~ 학교 / ~ 관청. ↔하급.

상급²(賞給) 圏 상으로 주는 것. 또는, 그 물건. **상급-하다** 재

상급-반(上級班) [-빤] 圏 =윗반1.

상급^법원(上級法院) [-뻡-] 圏 하급의 법원을 감독하는 법원. 지방 법원에 대해서는 고등 법원, 고등 법원에 대해서는 대법원임. ↔하급 법원.

상급-생(上級生) [-쌩] 圏 학년이 높은 학생. ↔하급생.

상급-자(上級者) [-짜] 圏 더 높은 등급이나 계급에 있는 사람. ¶~의 지시를 따르다. ↔하급자.

상긋 [-귿] 凰 소리 없이 귀엽게 살짝 웃는 모양. (큰)성긋. (센)상끗·쌍긋·쌍끗. **상긋-하다** 재 **상긋-이** 凰

상긋-거리다/-대다 [-귿꺼(때)-] 재 잇달아 소리 없이 귀엽게 살짝 웃다. (큰)성긋거리다. (센)상끗거리다·쌍긋거리다·쌍끗거리다.

상긋-방긋 [-귿빵귿] 凰 상긋거리면서 방긋거리는 모양. (큰)성긋벙긋. (센)상끗방끗·쌍긋빵긋·쌍끗방끗. **상긋방긋-하다** 재

상긋-상긋 [-귿쌍귿] 凰 상긋거리는 모양. (큰)성긋성긋. (센)상끗상끗·쌍긋쌍긋·쌍끗쌍끗. **상긋상긋-하다** 재

상:기(上記) 圏 위나 앞에 어떤 내용을 적는 것. 또는, 그 내용. ↔하기. **상:기-하다** 재여 ¶상기한 바와 같이 한국 경제의 발전은 빠르게 이루어졌다.

상:기(上氣) 圏 1 (얼굴이) 설렘·긴장·홍분·수치심 등으로 불그레해지는 것. 또는, 그렇게 불그레해지면서 표정이 다소 굳어지는 것. 2 [한] 피가 머리로 말려 얼굴이 붉어지고, 두통·이명(耳鳴) 등이 일어나는 현상. **상:기-하다**² 재여 **상:기-되다**¹ 재 ¶붉게 상기된 얼굴.

상기(喪期) 圏 상복(喪服)을 입는 동안.

상기⁴(詳記) 圏 자세히 적는 것. 또는, 그 기록. **상기-하다**³ 타여

상:기(想起) 圏 (지난 일을) 다시 생각해 내는 것. **상:기-하다**⁴ 타여 ¶6·25의 비극을 ~. **상:기-되다**² 재

상기다 혭 '성기다'의 작은말.

상:-길[-낄] 圏 같은 종류 가운데 등급이 상(上)에 속하는 상태. 또는, 그 물건이나 존재. =상질(上秩). ¶이 소는 우시장에서 ~로 친다. ↔하길. ▷중길.

상깃-상깃[-긷쌍긷] 圏 '성깃성깃'의 작은말. **상깃상깃-하다** 혭여

상깃-하다[-기탄-] 혭여 '성깃하다'의 작은말.

상끗[-끋] 凰 '상긋'의 센말. (큰)성끗. (센)쌍끗. **상끗-하다** 재여 **상끗-이** 凰

상끗-거리다/-대다[-끋꺼(때)-] 재 '상긋거리다'의 센말. (큰)성끗거리다. (센)쌍끗거리다.

상끗-방끗[-끋빵끋] 凰 '상긋방긋'의 센말. (큰)성끗벙끗. (센)쌍끗빵끗. **상끗방끗-하다** 재

상끗-상끗[-끋쌍끋] 凰 '상긋상긋'의 센말. (큰)성끗성끗. (센)쌍끗쌍끗. **상끗상끗-하다** 재

상:납(上納) 圏 1 (세물 따위를 권력이나 권한을 가진 자에게) 바치는 것. 2 옛날에, (조세나 특산물을 나라에) 바치는 것. **상:납-하다** 타여 ¶고위 공무원에게 뇌물을 ~ / 조정에 약초를 ~.

상:납-금(上納金) [-끔] 圏 윗사람에게 바치는 돈.

상냥-스럽다[-따] 혭ㅂ 〈-스러우니, -스러워〉 상냥한 데가 있다. **상냥스레** 凰

상냥-하다 혭여 (성질이) 사근사근하고 부드럽다. 상냥한 마음씨. **상냥-히** 凰 ¶미경이는 누구에게나 ~ 군다.

상년(常-) 圏 1 지난날, 신분이 낮은 여자를 낮추어 이르던 말. 2 본데없이 막된 여자라는 뜻으로 욕하는 말. (센)쌍년.

상:념(想念) 圏 마음속에 품은 여러 가지 생각. ¶깊은 ~에 잠기다.

상노(床奴) 圏 밥상을 나르거나 잔심부름을 하는 아이.

상:-노인(上老人) 圏 =상늙은이.

상-놈(常-) 圏 1 지난날, 신분이 낮은 남자를 낮추어 이르던 말. =상한(常漢). 2 본데

없이 막된 남자라는 뜻으로 욕하는 말. (센) 쌍놈.
상:-늙은이(上-) 명 늙은이들 가운데 가장 나이가 많은 늙은이. =상노인.
상-다리(床-)[-따-] 명 상에 붙어서 그 상을 받치는 다리. ¶~가 휘어지게 음식을 차리다.
상:단(上段) 명 1 페이지의 위쪽 부분. ¶45페이지 ~ 둘째 줄. 2 여러 단으로 된 것의 위에 있는 단. ¶냉장고 ~. ↔하단.
상:단(上端) 명 위쪽의 끝. ↔하단(下端).
상:달(上-) -말 '시월상달'의 준말.
상:달²(上達) 명 (윗사람에게 아랫사람의 뜻을) 말이나 글로 전하여 알리는 것. ¶하의(下意)~. ~하달(下達). **상:달-하다** 재타
상담¹(相談) 명 (어려운 문제를 전문가나 윗사람과) 이야기하면서 해결하는 답을 찾는 것. 또는, 어려운 문제를 전문가나 윗사람(에게) 물으면서 조언이나 충고를 구하는 것. ¶전화~ / 인생~ / ~에 응하다. **상담-하다**¹ 동타여 ¶변호사와 [에게] 유산 문제를~.
상담²(商談) 명 (상대와) 상업상의 거래를 위해 이야기를 하는 것. ¶외국 바이어와 ~을 나누다. **상담-하다**² 동자여
상담-소(相談所) 명 어떤 일에 관하여 묻고 의논할 수 있도록 설치된 사회 시설이나 업소. ¶법률~ / 결혼~.
상담-실(相談室) 명 학교·회사·기관 등에서, 상담하는 일을 하는 부서. 또는, 그 방. ¶고객~ / 청소년~.
상담-역(相談役)[-녁] 명 상담의 상대가 되는 역. 특히, 여러 가지 어려운 일에 대하여 조언하는 사람.
상담-원(相談員) 명 개인의 생활이나 적응 문제 등에 관하여 개별적으로 지도하고 조언하는 사람. ~카운슬러.
상:답(上畓) 명 '상등답(上等畓)'의 준말.
상당(相當) 명 1 어떤 물건이 어떤 값어치에) 해당하거나 그만한 값이 있는 것. ¶10만 원 ~의 시계. 2 (어떤 일이 어떤 경우나 상태에) 알맞거나 합당한 상태를 이루는 것. **상당-하다**¹ 동자여 ¶100만 원에 **상당하는** 상품 / 능력에 **상당하는** 대우. ▷상당하다².
상당-수(相當數) 명 어지간히 많은 수. ¶이 학교는 학생의 ~가 안경을 쓰고 있다.
상당-액(相當額) 명 1 어지간히 많은 금액. ¶잃어버린 돈이 ~에 달하다. 2 어떠한 기준에 가까운 금액. ¶월급의 ~을 물품으로 지급하다.
상당-하다²(相當-) 형 (대상의 능력·수준·정도·수량 등이) 보통의 경우를 어지간히 넘어선 상태에 있다. ¶**상당한** 실력 / 그 여자는 **상당한** 미인이다. **상당-히** 부 ¶시험 문제가 ~ 어렵다.
상:대¹(上代) 명 1 = 윗대. 2 [역] = 상고 시대 (上古時代).
상대²(相對) 명 1 서로 마주 대하는 것. 또는, 그 대상. ¶말~. 2 서로 겨루는 것. 또는, 겨룰 만한 대상. ¶그는 만만찮은 ~다. / 그는 힘으로나 기술로나 나하고는 ~가 안 된다. 3 서로 대비시키는 것. 4 [철] 다른 것과 관계가 있어 그것과 떨어져 존재할 수 없는 것. ↔절대(絶對). **상대-하다** 동자타여 ¶그런 사람은 **상대하지** 마라. **상대-되다** 동자
상대³(商大) 명[교] '상과 대학'의 준말.

상대^개:념(相對概念) 명[논] 다른 개념과의 비교에 의하여 그 뜻이 보다 확실해지는 개념. 낮과 밤, 여자와 남자 따위. ↔절대 개념.
상대-국(相對國) 명 외교 교섭의 상대가 되는 국.
상대^높임법(相對-法)[-뻡] 명[언] 높임법의 하나. 일정한 종결 어미를 선택함으로써 상대방을 높이는 것으로, 해라체·하게체·하오체·합쇼체 등이 있음. =공손법. ▷객체 높임법.
상대^도:수(相對度數)[-쑤] 명[수] 통계에서, 각 계급의 도수를 총도수로 나눈 것.
상:-대등(上大等) 명[역] 신라 법흥왕 18년 (531)에 둔 신라의 최고 벼슬. 또는, 그 사람. =상신(上臣).
상대-방(相對方) 명 어떤 사람에 대해, 마주 대하고 있거나 맞서 겨루고 있거나 한 사람. (비)상대편. ¶~의 의사를 존중하다.
상대-별곡(霜臺別曲) 명[문] 조선 초기에 권근(權近)이 지은 경기체가. 상대(霜臺), 곧 사헌부의 집무 광경, 집무를 마친 뒤의 연락(宴樂) 등을 5연에 걸쳐 노래함.
상대-성(相對性)[-썽] 명[철] 사물이 그 자체로 독립적으로 존재하지 않고 다른 사물과 의존적인 관계를 가지는 성질.
상대성^원리(相對性原理)[-썽월-] 명[물] 서로 운동하는 좌표계에 있어서 물리의 기본 법칙의 형은 변하지 않는다는 원리. ▷광속도 불변의 원리.
상대성^이:론(相對性理論)[-썽-] 명[물] 아인슈타인이 확립한 물리학의 기초 이론. 상대성 원리를 전제로 하며, 특수 상대성 이론과 일반 상대성 이론으로 이루어짐.
상대^속도(相對速度)[-또] 명[물] 운동하고 있는 물체를 운동하고 있는 관측자가 볼 때의 속도.
상대^습도(相對濕度)[-또] 명[물] 현재 대기 중에 포함되어 있는 수증기의 양과 그 온도에서의 포화 수증기의 양과의 비.
상대-어(相對語) 명[언] = 반의어(反義語).
상대-역(相對役) 명 연극·영화 등에서, 어떠한 역에 대하여 상대가 되는 역. 특히, 여[남]주인공에 대한 남[여]주인공의 역.
상대^연령(相對年齡)[-녈-] 명[지] 지질학적 시간을 측정하는 방법의 하나. 화석에 나타난 지질학적 큰 변화만을 기준으로 하여 상대적인 선후 관계를 밝힌 것. =상대 연대. ↔절대 연령.
상대-자(相對者) 명 어떤 일을 할 때 상대가 되는 사람. ¶마땅한 결혼 ~가 없다.
상대-적(相對的) 관[명] 다른 것과 비교·대립 등의 관계에 있는 (것). ¶~ 가치 / 지상에서 높이 올라갈수록 ~으로 기온은 낮아진다. ↔절대적.
상:-대정맥(上大靜脈) 명[생] 상반신의 피를 모으는 정맥계의 근본 줄기로, 좌우의 완두정맥(腕頭靜脈)이 합류하는 정맥. ↔하대정맥(下大靜脈).
상대-주의(相對主義)[-의/-이] 명[철] 인식론이나 논리학에서, 진리나 가치의 절대성을 부정하고 상대성을 주장하는 설. =상대설. ↔절대주의.
상대-측(相對側) 명 = 상대편.
상대-편(相對便) 명 어느 편에 대해, 서로 대하고 있거나 맞서 겨루고 있는 편. =상대측. (비)상대방. ¶~ 선수에게 반칙을 하다.
상대^평:가(相對評價)[-까] 명[교] 일정한

집단 내에서 개인의 학력의 상대적 위치를 나타내는 평가 방법. ↔절대 평가.
상도[1](常道) [명] **1** 변하지 않는 떳떳한 도리. **2** 언제나 지켜야 할 도리.
상도[2](商道) [명] =상도덕.
상¦도[3](想到) [명] (어떤 일이나 사실에) 생각이 미치는 것. **상¦도-하다** [동][자][여] ¶조용히 내면 깊숙이 침잠하다 보면 문득 인생은 엄숙한 것이라는 사실에 **상도하게** 된다.
상도-꾼(喪徒─) [명] '상두꾼'의 잘못.
상-도덕(商道德) [명] 상업 활동에서 지켜야 할 도덕. 특히, 상업자 상호 간의 도의. =상도·상도의.
상-돌(床─) [─똘] [명][민] =상석(床石)[2].
상¦동[1](上同) [명] 서류·문서 등에서, 같은 내용을 다시 쓰는 것을 피하기 위해 '위에 적은 사실과 같음'의 뜻으로 쓰는 말. =동상(同上).
상동[2](相同) [명] **1** 서로 같은 것. **2** [생] 생물의 기관이 겉으로는 다르나 그 발생의 기원과 기본 구조는 같은 것. 새의 날개와 짐승의 앞다리 따위. ▷상사(相似).
상동^기관(相同器官) [명][생] 상동 관계에 있는 생물의 기관. 사람의 팔과 고래의 가슴지느러미 따위.
상동^염¦색체(相同染色體) [─념─] [명][생] 모양과 크기가 같은 한 쌍의 염색체. 감수 분열 때 서로 접합하여 이가 염색체를 만듦.
상-되다(常─) [─뙤─/─뛔─] [형] (말이나 행동이) 예의가 없고 천하다. [센]쌍되다.
상두(喪─) [명] '상여[1]'을 속되게 이르는 말.
상두-꾼(喪─) [명] 상여를 메는 사람. [비]상여꾼. ×상도꾼·향도꾼.
상두-복색(喪─服色) [─쌕] [명] **1** 상여를 꾸미는 오색 비단의 휘장. [준]복색. **2** 겉은 번듯하나 속이 보잘것없는 일이나 사람의 비유.
상¦등[1](上等) [명] 높은 등급. ↔하등.
상¦등[2](上騰) [명] (물가 따위가) 오르는 것. ↔하락(下落). **상¦등-하다**[1] [동][자][여]
상등[3](相等) ➜**상등-하다**[2] [형][여] 서로 비슷하거나 같다. ¶기량이 ~.
상¦등-답(上等畓) [명] 토질이 썩 좋은 논. [준]상답.
상¦등-병(上等兵) [명][군] =상병(上兵)[1].
상¦등-품(上等品) [명] 품질이 썩 좋은 물품. ↔하등품.
상¦란(上欄) [─난] [명] 위의 난. ↔하란.
상¦략(上略) [─냑] [명] 어떤 글을 인용하거나 할 때, 길이 관계로 앞부분을 생략하는 것. 흔히, 줄인 부분에 '상략'이라고 씀. ▷중략·하략. **상¦략-하다** [동][타][여]
상¦량[1](上樑) [─냥] [명][건] **1** 기둥에 보를 얹고 그 위에 마룻대를 올리는 것. **2** =마룻대. **상¦량-하다**[1] [동][자][여]
상량[2](商量) [─냥] [명] 헤아려 생각하는 것. **상량-하다**[2] [동][타][여]
상¦량[3](爽涼) [─냥] ➜**상¦량-하다**[3] [─냥─] [형][여] (기후가) 느낌이 좋게 서늘하다. ¶**상량한** 가을 날씨.
상¦량-대(上樑─) [명][건] '마룻대'의 잘못.
상¦량-도리(上樑─) [명][건] '마룻대'의 잘못.
상¦량-식(上樑式) [─냥─] [명] 상량할 때에 베푸는 의식.
상련(相憐) [─년] [명] 서로 가엾게 여겨 동정하는 것. ¶동병~. **상련-하다** [동][자][여]
상¦례[1](上例) [─네] [명] 위에 든 예.
상례[2](常例) [─네] [명] 보통 있는 예. ¶본시 현장에선 맨 앞장 짝패로선 노동력 좋은 사람들을 시키는 것이 ~이다.《유승휴:한》
상례[3](常禮) [─네] [명] 보통의 예법.
상례[4](喪禮) [─네] [명] 상중(喪中)에 행하는 모든 예절. =흉례(凶禮).
상록(常綠) [─녹] [명] 나뭇잎이 일 년 내내 늘 푸름.
상록^관¦목(常綠灌木) [─녹꽌─] [명][식] 일 년 내내 늘 잎이 푸른 관목. =늘푸른떨기나무.
상록^교목(常綠喬木) [─녹꾜─] [명][식] 일 년 내내 늘 잎이 푸른 교목. =늘푸른큰키나무.
상록-수(常綠樹) [─녹쑤] [명][식] 일 년 내내 늘 잎이 푸른 나무. 소나무·대나무 따위. =늘푸른나무. ↔낙엽수.
상록^활엽수(常綠闊葉樹) [─노콸─쑤] [명][식] 일 년 내내 잎이 늘 푸른 활엽수. =늘푸른넓은잎나무.
상론[1](相論) [─논] [명] 서로 의논하는 것. [비]상의(相議). **상론-하다**[1] [동][타][여]
상론[2](詳論) [─논] [명] 자세히 논하는 것. 또는, 자세한 논의. **상론-하다**[2] [동][타][여]
상¦류(上流) [─뉴] [명] **1** 강 따위의 흐르는 물의 근원에 가까운 곳. [비]물위. ¶한강 ~. **2** 사회적 지위나 생활 정도가 높음. ▷중류·하류.
상¦류^계급(上流階級) [─뉴계─/─뉴게─] [명] 사회적 지위나 생활 정도가 높은 계층.
상¦류^사회(上流社會) [─뉴─회/─뉴─훼] [명] 상류 계급에 속하는 사람들의 사회. =상층 사회.
상¦류-층(上流層) [─뉴─] [명] 상류의 생활을 하고 있는 사회 계층.
상¦륙(上陸) [─뉵] [명] 배에서 내려 육지로 오르는 것. **상¦륙-하다** [동][자][여]
상¦륙^작전(上陸作戰) [─뉵짝쩐] [명][군] 해상으로부터 적지에 상륙하여 기동하는 공격 작전. ¶인천 ~.
상륜(相輪) [─뉸] [명][불][건] 불탑의 꼭대기를 이루는 장식 부분. 보주·용차·수연·보개·앙화 등으로 이뤄져 있음.
상¦리[1](上里) [─니] [명] =윗마을. ↔하리(下里).
상리[2](商利) [─니] [명] 장사하여 얻은 이익.
상리[3](商理) [─니] [명] 장사하는 도리. 또는, 그 이치.
상리^공¦생(相利共生) [─니─] [명][생] 종류가 다른 생물이 공생에 의해 서로 이익을 얻고 있는 관계. 집게와 말미잘, 개미와 진딧물 따위. ↔편리 공생.
상린-관계(相隣關係) [─닌─계/─닌─게] [명][법] 서로 이웃한 부동산의 소유자 또는 이용자 상호 간의 권능을 조절한 법률관계.
상마[1](─馬) [명] 다 자란 수말. ↔피마.
상¦마[2](上馬) [명] 좋은 말. [비]준마(駿馬).
상¦마[3](上馬) [명] 말에 올라타는 것. ↔하마(下馬). **상¦마-하다**[1] [동][자][여]
상마[4](相馬) [명] 말의 생김새를 보고 그 말의 좋고 나쁨을 감정하는 것. ¶~학(學). **상마-하다**[2] [동][자][타][여]
상마지교(桑麻之交) [명] 전원에 은거하여 농사꾼들과 사귀며 지냄의 비유.
상막-하다 [─마카─] [형][여] 기억이 분명하지 않고 아리송하다.
상-말(常─) [명] 점잖지 못하고 상스러운 말. [비]속어. [센]쌍말. **상말-하다** [동][자][여]

상:망(想望) 명 1 사모하여 우러러보는 것. 2 일이 이루어지기를 바라는 것. 비기대. **상: 망-하다** 동(타여)

상-머리(床-) 명 상의 앞이나 옆.

상-머슴(上-) 명 힘든 일을 잘하는 장정 머슴.

상:면[1](上面) 명 =윗면. ↔하면.

상면[2](相面) 명 1 서로 대면하는 것. 2 서로 처음으로 만나 인사하고 알게 되는 것. **상면-하다** 동(자여) ¶김 선생님과는 지난번에 이미 **상면**하였다.

상:명[1](上命) 명 상부의 명령. ¶~ 하달(下達). 2 =어명(御命).

상:명[2](爽明) →**상:명-하다** 형여 시원하고 밝다. ¶**상명**한 가을 날씨.

상:명-하복(上命下服) 명 윗사람은 일방적으로 명령하고 아랫사람은 철저히 복종하는 일. ¶~의 조직 논리 / ~의 행정 판행.

상모[1](相貌) 명 얼굴의 생김새. 비면상(面相)·용모(容貌).

상모[2](象毛) 명 1 벙거지 꼭지에다 참대와 구슬로 장식하고 끝에다 백로의 털 혹은 긴 백지 오리를 붙인 것. ¶~를 돌리다. 2 =삭모(槊毛).

상모-돌리기(象毛-) 명 농악에서, 전복(戰服)을 입고 털 상모나 열두 발 상모를 돌리면서 추는 춤.

상:목[1](上木) 명 1 품질이 썩 좋은 무명. 2 목질이 썩 좋은 나무.

상목[2](常木) 명 품질이 별로 좋지 못한 무명.

상몽(祥夢) 명 상서로운 꿈. =상몽(上夢). 비길몽(吉夢).

상:무[1](尙武) 명 무예를 숭상하는 것. ↔상문(尙文). **상:무-하다** 동(자여)

상무[2](常務) 명 1 일상의 업무. 2 '상무이사'의 준말.

상무-이사(常務理事) 명 재단이나 회사 등의 이사 가운데 일상 업무를 집행하는 이사. 준상무.

상:문[1](上文) 명 1 위의 글. 2 처음 부분의 글.

상:문[2](尙文) 명 문예를 숭상하는 것. ↔상무(尙武). **상:문-하다** 동(자여)

상문[3](喪門) 명(민) 몹시 흉한 방위(方位).

상문-살(喪門煞) [-쌀] 명(민) 사람이 죽은 방위로부터 퍼진다는 살.

상문-풀이(喪門-) 명(민) 초상집에서 그 집에 드나드는 사람이 부정 타지 않도록 장님집에 가서 경을 읽는 일. **상문풀이-하다** 동(자여)

상-물림(床-) 명 '큰상물림'의 준말.

상:미(上米) 명 품질이 좋은 쌀. ▷중미·하미.

상:민(常民) 명 양반(兩班)이 아닌 평민. 비상사람. ↔양반.

상:박(上膊)[-생] '위팔'을 전문적으로 이르는 말. ↔하박(下膊).

상:박-근(上膊筋) [-끈] 명(생) 위팔의 근육. =상완근(上腕筋).

상:반[1](上半) 명 절반으로 나눈 것 중 위쪽. ↔하반(下半).

상:반[2](上盤) 명(광) 광맥의 위쪽에 있는 모암(母巖). ↔하반(下盤).

상반[3](相反) 명 서로 반대되거나 어긋나는 것. **상반-하다** 동(자여) ¶이해가 ~. **상반-되다** 동(자) ¶**상반**되는 의견 / 두 사람은 **상반**되는 성격을 가졌다.

상반[4](相半) 명 서로 반반인 것. ¶이득과 손실이 ~이다. **상반-하다**[2] 동(여)

상반[5](相伴) 명 서로 짝이 되는 것. 또는, 서로 함께하는 것. **상반-하다**[3] 동(자여)

상:-반각(上反角) 명 앞에서 비행기의 날개를 바라볼 때, 수평보다 날개가 위로 치올라가 보이는 각도.

상:-반기(上半期) 명 어느 기간을 둘로 나눈 그 앞쪽의 반이 되는 동안. ↔하반기.

상:-반부(上半部) 명 위쪽 절반 부분. 비상부. ↔하반부.

상:-반신(上半身) 명 사람 몸의 허리부터 위의 부분. ¶~을 그린 초상화. ↔하반신.

상-반(床-)[-빤] 명 상에 갖추어서 파는 밥. =상반(床飯).

상반-집(床-) [-빱찝] 명 상밥을 파는 음식집.

상:방[1](上方) 명 위쪽의 방향. ↔하방(下方).

상:방[2](上房) 명 바깥주인이 거처하는 방.

상배[1](床排) 명 음식상을 차리는 일. 비상차림. ¶~을 보다.

상:배[2](喪配) 명 '상처(喪妻)' 또는 '아내 상(喪)'을 격을 갖추어 이르는 말. 주로 부음에 많이 쓰는 말임. ¶한국 대학 김영배 교수 ~. **상:배-하다** 동(자여)

상배[3](賞杯) 명 상으로 주는 잔이나 컵.

상벌(賞罰) 명 잘한 것에는 상을 주고 잘못한 것에는 벌을 주는 일. ¶~ 규정. **상벌-하다** 동(타여)

상법[1](相法) [-뺍] 명 관상을 보는 방법.

상법[2](商法) [-뺍] 명 1 장사의 이치. 2 (법) 넓은 뜻으로는 상사(商事)에 관한 법규의 총칭. 좁은 뜻으로는 상사(商事)에 관한 사권(私權)의 관계를 규정한 법률. 3 =상법전(商法典).

상법[3](常法) [-뺍] 명 1 변하지 않는 법. 또는, 일정한 규칙. 2 보통의 방법.

상법-전(商法典) [-뺍쩐] 명 상업(商業)에 관한 일반 기본 법규를 통일적·체계적으로 편찬한 성문법. =상법(商法).

상-변화(相變化) 명(화) 물질의 상태가 온도·압력·외부 자기장 등 일정한 외적(外的) 조건에 따라 한 상(相)에서 다른 상으로 이행하는 현상. 융해·고화·기화·응결 따위. =상전이(相轉移).

상:병(上兵) 명(군) 국군 계급의 하나. 사병에 속하는 계급으로, 일병의 위, 병장의 아래임. =상등병.

상병(傷兵) 명 부상당한 병사. 비전상병.

상보[1](床褓) [-뽀] 명 음식을 차려 놓은 상을 덮는 보자기. =상건(床巾).

상보[2](相補) 명 서로 보충하는 것. **상보-하다**[1] 동(타여)

상보[3](詳報) 명 자세히 보고하거나 보도하는 것. 또는, 자세한 보고나 보도. 비세보(細報). ↔약보(略報). **상보-하다**[2] 동(타여)

상보-성(相補性) [-썽] 명(물) 전자 등의 미소한 입자는 위치를 확정하면 운동량이 불확정해지고, 운동량을 확정하면 위치가 불확정하게 되는 관계를 나타내는 말. ▷불확정성 원리.

상복[1](常服) 명 약을 일상적으로 늘 복용하는 것. **상복-하다** 동(타여) ¶간장약을 ~.

상:복[2](祥服) 명 상서로운 일과 복된 일.

상복[3](喪服) 명 상중(喪中)에 있는 사람이 입는 예복. 전통 상복은 보통 거친 삼베로 지음. =복(服)·흉복(凶服). 비소복(素服). ¶~을 입다.

상복⁴(賞福)[-뽁] 명 상을 받는 복. ¶~이 있다[없다] / ~이 터지다.

상:봉¹(上峯) 명 높은 산봉우리. ¶히말라야 ~에 태극기를 꽂다. ▷상상봉(上上峯).

상봉²(相逢) 명 (둘 이상의 사람이, 또는 사람과[이] 사람이[과]) 오랫동안 헤어져 있다가 서로 만나는 것. 상봉-하다[자타여] ¶이산가족이 40년 만에 ~.

상:봉-하솔(上奉下率) 명 웃어른을 모시고 처자를 거느림. 준봉솔. 상:봉하솔-하다[자여]

상:부¹(上部) 명 1 위쪽 부분. 2 보다 위의 관청이나 직위. ¶~에 보고하다. ↔하부(下部).

상부²(相扶) 명 서로 돕는 것. 상부-하다¹[자여]

상:부³(喪夫) 명 남편의 죽음을 당하는 것. ↔상처(喪妻). 상:부-하다²[자여]

상:부^구조(上部構造)[-쪼] 명[철] 마르크스주의에서, 사회 형성의 토대인 경제 제도나 경제 구조에 대해, 그 위에 세워진 정치·종교·예술·학문 등의 제도나 기구를 가리키는 말. =상층 구조. ↔하부 구조.

상부-상조(相扶相助) 명 서로서로 돕는 것. ¶~의 미덕 / ~의 정신. 상부상조-하다[자여]

상비¹(常備) 명 늘 갖추어 두는 것. ¶~ 식량 / ~ 약품. 상비-하다[타여] ¶구급약을 ~. 상비-되다[자]

상비²(喪費) 명 장사 지내는 데 드는 비용. =상수(喪需).

상비-군(常備軍) 명 1 [군] 유사시에 대비하여 평시에 늘 편성·유지하고 있는 군대. 2 경기에 대비하여 평시에 늘 편성·유지하고 있는 스포츠 팀. ¶올림픽 ~.

상비-금(常備金) 명 유사시에 대비하여 늘 마련하여 두는 돈.

상비-약(常備藥) 명 가정이나 병원 등에 늘 준비해 두는 약. ¶가정 ~.

상:빈(上賓) 명 =상객(上客)¹.

상:사¹(上士) 명[군] 국군 계급의 하나. 부사관에 속하는 계급으로, 중사의 위, 원사의 아래임.

상:사²(上司) 명 직장이나 군대에서 자기보다 지위나 계급이 위인 사람.

상사³(相似) 1 모양이 서로 비슷한 것. 2 [생] 종류가 다른 생물의 기관이 발생적으로 그 기원은 다르나 그 기능이나 작용이 서로 일치하는 일. 새의 날개와 벌레의 날개 등의 경우. ▷상동(相同). 3 [수] '닮음'의 구용어. 상사-하다[형여] 모양이 서로 비슷하다.

상사⁴(相思) 명 남녀간에 서로 그리워하는 것. 또는, (이성을) 그리워하는 것. 상사-하다²[자여] ¶진이를 **상사**해서 총각이 죽었다는 소문이 진이의 귀로 들어왔다.《박종화:황진이의 역천》

상사⁵(商社) 명 1 상업상의 결사. 2 [법] '상사회사(商事會社)'의 준말.

상사⁶(商事) 명 상업에 관한 일.

상사⁷(常事) 명 =예사(例事)².

상사⁸(喪事) 명 초상이 난 일. =상고(喪故)·상변(喪變). ¶~가 나다.

상사-곡(相思曲) 명[문] =상사별곡.

상사^기관(相似器官) 명[생] 서로 종류가 다른 생물에 있어서 발생적으로는 그 기원이 다르나 그 형상이나 기능·작용이 서로 일치하는 기관.

상사뒤야 감 =상사뒤요.

상사뒤요 감 '농부가'의 후렴의 일부. =상사뒤야.

상-사람(常-)[-싸-] 명 조선 중엽 이후에 평민을 일컫던 말. =상인(常人)·소민. [비]상민. ↔양반.

상사-몽(相思夢) 명 남녀 사이에 서로 사모하여 꾸는 꿈.

상사-별곡(相思別曲) 명[문] 조선 시대의 십이 가사의 하나. 생이별한 남녀의 애절한 정을 읊은 것임. =상사곡.

상사-병(相思病)[-뼝] 명 이성의 상대를 몹시 그리워하나 그 사랑을 이룰 수 없어 생기는 병.

상사-일념(相思一念)[-렴] 명 서로 그리워하는 한결같은 생각.

상사^회:사(商事會社)[-회-/-훼-] 명[법] 상행위를 목적으로 설립된 사단 법인. 준상사.

상:상(想像) 명 1 (실제로 겪거나 대하지 않은 어떤 일을) 머릿속으로 미루어 생각하거나 머리에 어떤 현상으로 그려 보는 것. ¶불과 half 세기 전만 해도 인간이 달나라에 간다는 건 ~도 못할 일이었다. 2 [심] 현재 눈앞에 없거나 지각하고 있지 않는 사물을 과거의 경험에 근거하여 재생하거나 사고에 의해 새로운 심상(心象)으로 만들어 내는 일. 상:상-하다[타여] ¶10년 후의 미래를 ~자, 우리가 달나라에 왔다고 **상상**해 보자.

상상의 날개를 펴다[곤] 사람이 머릿속으로 어떤 상상을 자유롭게 이루어지게 하다. ¶어두운 밤 책상 앞에 홀로 앉아 맘껏 ~.

상:상-력(想像力)[-녁] 명 상상하는 능력. 과거의 경험을 재생하는 것과 전혀 새로운 심상(心象)을 창조하는 것 등으로 대별됨. ¶~을 발휘하다 / ~이 풍부하다.

상:상-봉(上上峯) 명 여러 봉우리 가운데 가장 높은 봉우리. ▷상봉(上峯).

상:상-외(想像外)[-외/-웨] 명 생각이나 짐작 밖. ¶~의 행동 / 그가 시험에 떨어졌다니 ~이다.

상:상^임:신(想像妊娠) 명[의] 임신을 몹시 원하는 여성이 실제로 임신한 것이 아닌데도 입덧이나 태동의 자각 등 임신과 비슷한 느낌적 증상을 나타내는 일.

상:상-품(上上品) 명 좋은 물건 가운데에서도 가장 좋은 물건. [비]최상품.

상:상-화(想像畫)[-미] 명 실물을 보지 않고 상상하여 그리는 그림. =상상도. ↔사생화.

상생(相生) 명 1 [민] 음양오행설에서, 만물을 이루는 다섯 가지 요소인 쇠(金)·물(水)·나무(木)·불(火)·흙(土)이 순환하는 것을 이르면서 서로 좋은 영향을 주고받는 일. 곧, 쇠가 물을 낳고[金生水], 물이 나무를 낳고[水生木], 나무가 불을 낳고[木生火], 불이 흙을 낳고[火生土], 흙이 쇠를 낳는 (土生金). ↔상극(相剋). 2 서로 돕고 화합함으로써 함께 발전하고 번영하는 것. ¶~의 정치. 상생-하다[자여] ¶여야가 **상생**하는 정치.

상:서¹(上書) 명 웃어른에게 편지를 올리는 것. 또는, 그 편지. ¶아버님 전 ~. ↔하서(下書). 상:서-하다[자여]

상:서²(尙書) 명 =서경(書經)¹.

상서³(祥瑞) 명 복되고 좋은 일이 일어날 조짐.

상서-롭다(祥瑞-)[-따] [형여]<-로우니, ~로워> 복되고 좋은 일이 있을 것 같은 상

태에 있다. ¶상서로운 조짐. **상서로이** 🖣

상ː석¹(上席) 명 일터·모임·계급 등에서의 윗자리. ↔말석.

상석²(床石) 명[민] 제사 음식을 차려 놓기 위해 무덤 앞에 돌로 상처럼 네모나게 만들어 고정시켜 놓은 물체. =상돌·석상(石床).

상석³(象石) 명[민] 능(陵)·원(園)에 사람이나 짐승의 모양으로 만들어 세운 석물(石物).

상선(商船) 명 상업상의 목적에 쓰이는 배. 여객선·화물선 따위. =상박(商舶).

상설¹(常設) 명 언제든지 이용할 수 있도록 시설을 갖추어 놓는 것. ¶~ 매장. **상설-하다** 동(타여) ¶출장소를 ~. **상설-되다** 동(자)

상설²(詳說) 명 자세하게 설명하는 것. 또는, 그 설명. **상설-하다**² 동(타여)

상설-관(常設館) 명 언제든지 이용할 수 있도록 시설을 갖추어 놓은 건물.

상ː성(上聲) 명[언] 1 사성(四聲)의 하나. 처음이 낮고 나중이 높은 소리. 글자에 표시할 때 왼쪽에 점 두 개를 찍음. 2 한자의 사성(四聲)의 하나. 처음이 낮고 차차 높아지다가 가장 높게 되었을 때 그치는 소리. 이에 딸린 글자를 측자(仄字)라 함.

상성²(喪性) 명 1 본래의 성질을 잃어서 딴사람같이 되는 것. 2 몹시 보채는 것. **상성-하다** 동(자여)

상세(詳細) →**상세-하다** 형(여) (글이나 말 들이) 내용에 있어서 작은 부분에까지도 분명하게 밝혀 주는 상태에 있다. =위세(委細)하다. 비자세하다·세밀하다. ¶**상세한** 설명 / 약도를 **상세하게** 그리다. **상세-히** 부 ¶성공 사례를 ~ 소개하다.

상ː소¹(上疏) 명[역] 신하가 임금에게 건의·진정·비판 등의 내용을 담은 글을 올리는 일. 또는, 그 글. =주소(奏疏)·진소. ¶탄핵 ~. **상소-하다**¹ 동(자여)

상ː소²(上訴) 명[법] 하급 법원의 판결에 따르지 않고 상급 법원에 재심을 요구하는 일. **상ː소-하다**² 동(자여)

상-소리(常-) [-쏘-] 명 상스러운 말. 또는, 상스러운 소리. 센쌍소리.

상ː소-문(上疏文) 명 상소하는 글.

상ː소-심(上訴審) 명[법] 상소 사건에 대한 상소 법원의 심리. 항소심·상고심·항고심 등이 있음.

상속(相續) 명 1 뒤를 잇는 일. 2[법] 일정한 친족 관계가 있는 사람 사이에서 한쪽이 죽었을 때 다른 한쪽이 호주권 또는 재산상의 권리·의무 일체를 이어받는 일. **상속-하다** 동(타여) **상속-되다** 동(자)

상속-권(相續權) [-꿘] 명[법] 상속인이 가지는 법률상의 권리. 호주 상속권과 재산 상속권이 있음.

상속-법(相續法) [-뻡] 명[법] 상속에 관한 법률. 실질적 의미로는 상속에 관한 법률 관계를 통틀어 말하고, 형식적 의미로는 민법 가운데 상속편(相續編)을 일컬음.

상속-세(相續稅) [-쎄] 명[법] 국세의 한 가지. 상속받은 재산에 부과하는 세금.

상속-인(相續人) 명[법] 상속받는 사람의 법률상의 호칭. =상속자. ↔피상속인.

상쇄(相殺) 명 =상계(相計)⁴. 2 상반되는 것이 서로 영향을 미쳐서 효과가 없어지는 것. **상쇄-하다** 동(타여) ¶손익(損益)이 **상쇄하고** 나니 남는 것이 없다. **상쇄-되다** 동(자)

상ː쇠[-쇠/-쉐] 명 <상수(上手)> 두레패·굿중패·걸립패·농악대 따위에서 전체를 지휘하는, 꽹과리를 제일 잘 치는 사람.

상ː수¹(上手) 명 높은 수나 솜씨. 또는, 그런 사람. =윗수·일수(一手). 비고수(高手). ↔하수(下手).

상ː수²(上水) 명 1 수도관을 통해 보내어지는, 사람이 먹고 사용하는 맑은 물. ↔하수(下水). 2 '상수도'의 준말.

상ː수³(上壽) 명 1 보통 사람보다 훨씬 많은 나이. 또는, 그 노인. 2 장수(長壽)한 것을 상·중·하로 나눌 때의 제일 많은 나이. 곧, 100세 또는 그 이상의 나이. ▷중수(中壽)·하수(下壽). **상ː수-하다** 동(자여) ¶상수를 누리다.

상ː수⁴(上數) 명 가장 좋은 꾀. 비상계(上計)·상책(上策).

상수⁵(常數) 명 1 일정한 수. 또는, 정해진 수량. 2 정해진 운명. 3[수] 어떤 관계를 통해서도 변하지 않는 일정한 값을 가진 수 값. 원주율·탄성률 따위. 구용이는 정수(定數). =항수(恒數). ↔변수. 4[물][화] 물질의 물리적·화학적 성질을 표시하는 수치. 즉, 일정한 상태에 있는 물질의 성질에 관하여 일정량을 보이는 수.

상ː수-도(上水道) 명 식수 등을 관을 통하여 각 지역에 공급하는 설비. 준수도·상수. ↔하수도.

상ː수도-관(上水道管) 명 수돗물을 공급하고 분배하는 데 쓰는 관. ¶매서운 추위로 ~ 이 동파되다.

상ː수리 명 상수리나무의 열매. =상실(橡實).

상ː수리-나무 명[식] 참나뭇과의 낙엽 교목. 높이 20~25m. 꽃은 5월에 피고, 열매인 '상수리'는 다음 해 10월에 익는데 묵을 만들어 먹음. 재목은 단단하여 가구 등의 재료로 쓰임. =상목(橡木)·참나무.

상ː수-원(上水源) 명 상수도로 공급할 물을 지속적으로 얻는 곳. 보통, 댐을 만들어 강물을 저장하는 곳을 가리킴. ¶수도권의 젖줄인 팔당 ~.

상수-항(常數項) 명[수] 방정식이나 다항식을 어떤 변수에 대하여 정리하였을 때, 그 변수를 포함하지 않은 항.

상ː순(上旬) 명 초하루부터 초열흘까지의 사이. =상완(上浣)·상한(上澣)·초순(初旬). ▷중순·하순.

상ː술¹(上述) 명 위에 또는 앞부분에 말하거나 적는 것. **상ː술-하다**¹ 동(자)(타)(여) ¶우리나라의 수출 현황은 **상술한** 바와 같다.

상술²(商術) 명 장사하는 수완. ¶~이 좋다.

상술³(詳述) 명 자세히 설명하여 말하는 것. ↔개술. **상술-하다**³ 동(타여) ¶지면 관계상 그 내용을 **상술하기** 어렵다.

상-스럽다(常-) [-쓰-따] 형(여) <~스러우니, ~스러워> 말이나 행동이 낮고 천한 데가 있다. ¶그들은 차마 입에 담기 어려운 **상스러운** 말을 거침없이 내뱉었다. 센쌍스럽다. **상스레** 부

상습(常習) 명 늘 하는 버릇. ¶~ 절도[도박].

상습-범(常習犯) [-뻠] 명[법] 어떤 범죄를 상습적으로 저지름으로써 성립하는 범죄. 또는, 그런 죄를 지은 사람.

상습-적(常習的) [-쩍] 관(명) 좋지 않은 일을 버릇처럼 일삼는 (것). ¶거짓말을 ~으로

하다.

상승¹(上昇) 명 1 (물체나 물질이) 낮은 데에서 높은 곳으로 옮겨 가는 것. ¶~ 비행. ↔하강. 2 (어떤 대상이) 수준·등급·가치·정도 등이 높아지거나 올라가는 것. ¶물가 ~ / 신분 ~. ↔하락. **상승-하다¹** 동(자여) ¶기온이 ~. **상승-되다** 동(자)

상승²(相乘) 명[수] 두 개 이상의 수를 서로 곱하는 것, 또는, 그 곱. **상승-하다²** 동(타여)

상승³(常勝) 명 늘 이기는 것. **상승-하다³** 동(자여)

상승 가도(街道)를 달리다 관 상승하는 기세를 몰아 계속 나아가다.

상ː승^기류(上昇氣流) 명[기상] 대기 속에서 위쪽으로 향하는 공기의 흐름. 구름을 만들고 비를 내리게 하는 일이 많음. ↔하강 기류.

상ː승-세(上昇勢) 명 물가·주가·운세 등이 위로 올라가는 기세. (비)오름세. ¶국운이 ~를 타다. ↔하락세.

상ː승-일로(上昇一路) 명 오로지 한길로 계속 올라감. ¶~를 달리다.

상승^작용(相乘作用) 명 몇 가지 원인이 함께 겹쳐 작용하면 하나씩 작용할 때의 합(合)보다 더 큰 효과를 나타내는 현상.

상승-장군(常勝將軍) 명 적과 싸워서 늘 이기는 장군.

상승-효과(相乘效果) 명 1 여러 요인이 함께 작용하여 하나씩 작용할 때보다 더 커지는 효과. 2 [약] 두 종류 이상의 약물을 병용하였을 때, 하나씩 썼을 때보다 더 강해지는 효과.

상시(常時) I 명 1 임시가 아닌 보통 때. =항시(恒時). 2 '평상시'의 준말.
II 부 보통 때에 늘. ¶~ 명심하여라.
[상시에 먹은 마음 취중(醉中)에 난다] 술에 취하게 되면 평소에 가졌던 생각이 말이나 행동으로 나타난다.

상ː식¹(上食) 명 상가(喪家)에서, 아침저녁으로 궤연(几筵)에 드리는 음식.

상식²(常食) 명 늘 먹는 일. 또는, 그 음식. **상식-하다** 동(타여)

상식³(常識) 명 보통 사람이 가지고 있는, 또는 가져야 할 지식이나 판단력.

상식-가(常識家) 명 1 상식이 풍부한 사람. 2 세상의 보편적인 사고방식을 따르거나 평범한 행동을 하는 사람.

상식-선(常識線) [-썬] 명 상식적으로 인정하거나 허용하는 한계. ¶~에서 무난히 합의가 이루어지다.

상식-적(常識的) [-쩍] 관명 상식이 되는 (것), 또는, 상식에 속하는 (것). ¶이번 일은 ~으로 납득이 가질 않는다.

상식-화(常識化) [-시콰] 명 상식적인 것이 되거나 되게 하는 것. **상식화-하다** 동(자)(타여) **상식화-되다** 동(자)

상ː신(上申) 명 윗사람이나 관청 등에 일에 대한 의견·사정 등을 말이나 글로 여쭈는 것. **상ː신-하다** 동(타여) ¶부하의 승진을 상부기관에 ~.

상실¹(桑實) 명 =오디.

상실²(喪失) 명 (지위·자격·권리·기억·의욕·감각 따위를) 잃어버리는 것. ¶기억을 ~. **상실-하다** 동(타여) ¶자격을 ~ / 시력을 ~. **상실-되다** 동(자)

상실-감(喪失感) 명 무엇인가를 잃어버린 후의 느낌이나 감정 상태. ¶~에 빠지다.

상심(傷心) 명 실패나 실수나 기타 좋지 않은 일로 인해 절망이나 마음의 아픔을 느끼는 상태가 되는 것. **상심-하다** 동(자여) ¶한 번의 실수는 병가상사라 했다. 너무 **상심하지** 말고 용기를 내라.

상ː씨름(上-) 명 씨름판에서 결승을 다투는 씨름. =소걸이.

상아(象牙) 명 코끼리의 위턱에 나서 입 밖으로 길게 뻗어 나온 두 개의 엄니. 썩 단단하고 엷은 황백색임. 여러 가지 공예품의 재료로 쓰임.

상아-색(象牙色) 명 상아의 빛깔. 곧, 엷은 황백색. =상앗빛·아이보리색.

상아-질(象牙質) 명[생] 척추동물의 치아의 주성분을 이루는 황백색의 단단한 물질.

상아-탑(象牙塔) 명 현실의 실천적인 문제를 외면한 채 이론적 연구에 몰두하는 곳으로서의 '대학'을 비판조로 이르는 말. 또는, 세속에 물들지 않고 진리만을 탐구하는 곳으로서의 '대학'을 이르는 말. ¶~에 묻혀 공허한 관념에 매달리는 학자들 / 학문과 진리를 탐구하는 ~.

상ː악(上顎) 명[생] =위턱. ↔하악.

상ː악-골(上顎骨) [-꼴] 명[생] =위턱뼈. ↔하악골.

상앗-대 [-아때/-앝때] 명 =삿대.

상앗대-질 [-아때-/-앝때-] 명 =삿대질. **상앗대질-하다** 동(자여)

상앗-빛(象牙-) [-아뻗/-앝뻗] 명 =상아색.

상약(常藥) 명 보통 가정이나 개인이 경험에 의하여 쓰는 약. ▷민간약.

상어 명[동] 연골어류 악상어목(目)에 속하는 물고기의 총칭. 몸길이 약 40cm에서 18m까지 종류에 따라 다름. 몸은 방추형이고, 피부는 방패 비늘로 덮여 있음. 지느러미가 발달하고, 날카로운 이가 있으며, 민첩하고 사나움. 난생(卵生)과 난태생이 있음. 고기는 식용함. =교어(鮫魚)·사어(沙魚).

상업(商業) 명 상품을 사고팖으로써 이익을 얻는 일.

상업-계(商業界) [-꼐/-께] 명 상업의 사회. 또는, 상인들의 사회. 준상계.

상업^고등학교(商業高等學校) [-꼬-꾜] 명[교] 상업에 관한 지식과 기술의 전문 교육을 주로 하는 실업 고등학교. 준상고.

상업^미술(商業美術) [-엄-] 명 응용 미술의 하나. 광고 도안·포장 등 주로 상업상의 필요에 의한 미술.

상업^방송(商業放送) [-빵-] 명 상업 선전의 광고 수입으로 운영되는 방송. ▷공영 방송·국영 방송.

상업^부기(商業簿記) [-뿌-] 명[경] 상업의 회계에 쓰이는 부기. 상품을 사고팖으로써 생기는 손익 계산을 목적으로 함.

상업-성(商業性) [-썽] 명 상업으로서의 이윤을 중요시하는 특성. ¶지나치게 오락성과 ~만을 추구한 영화.

상업^어음(商業-) [-엄] 명[경] 기업이나 상인이 상거래를 할 때 대금 결제를 위해 발행하는 어음. (비)진성 어음.

상업-영어(商業英語) [-엄녕-] 명 상거래나 무역 업무에서 주로 쓰이는 영어.

상업-주의(商業主義) [-쭈의/-쭈이] 명 무엇이든지 돈벌이의 대상으로 보는 영리 본위의 사고방식. ¶~가 팽배하다 / ~에 물든 사회.

상업^혁명(商業革命)[-어평-] 명 [역] 15세기 말엽, 신대륙·신항로의 발견과 더불어 대항해 시대에 일어난 세계 무역 구조의 대변혁.

상-없다(常-)[-업따] 형 (행동이) 보통의 도리에서 벗어나 막되다. ¶"사람의 자식이 나이 열칠팔 세나 된 것이 밤낮 **상없는** 장난으로 달을 보낸단 말이냐!"〈홍명희:임꺽정〉 **상없-이** 부

상여(喪輿) 명 장례 때, 여럿이 메어 시신을 운반할 수 있도록 만든 기구. 세는 단위는 틀. 승행(行喪). ☆~ / ~를 메다.

상여²(賞輿) 명 1 상으로 금품을 주는 것. 또는, 그 금품. 2 관청이나 회사 등에서, 직원에게 매월 급료와는 별도로 업적이나 공헌도에 따라 금전을 주는 것. 또는, 그 돈. **상여-하다** 동(타)여

상여-금(賞輿金) 명 상여로 주는 돈. ≒보너스. ¶~을 지급하다.

상여-꾼(喪輿-) 명 상여를 메는 사람. 비상두꾼.

상:연¹(上演) 명 (연극 따위를) 무대에서 행하여 관객에게 보이는 일. ☆~ 기간/~ 작품. **상:연-하다¹** 동(타)여 ¶국립 극장에서 춘향전을 ~. **상:연-되다** 동(자)

상:연²(爽然) →**상연-하다²** 형(여) 1 매우 시원하다. 2 몸과 마음이 다 상쾌하다. **상:연-히** 부

상:연-권(上演權)[-꿘] 명 [법] 공연권의 하나. 연극이나 악극의 각본을 상연할 수 있는 권리.

상-염색체(常染色體)[-념-] 명 [생] 염색체 중에서 성염색체(性染色體) 이외의 염색체. ▷성염색체

상여-소리(喪輿-)[-여쏘-/-연쏘-] 명 상여꾼들이 상여를 메고 가면서 부르는 구슬픈 소리. ≒만가(挽歌).

상여-집(喪輿-)[-여찝/-연찝] 명 상여와 그에 딸린 제구를 넣어 두는 초막. 마을 옆이나 아래의 외딴곳에 지음. ≒곳집.

상:영(上映) 명 (영화관 등에서 영화를) 영사기로 막에 영상이 나타나게 하여 관객에게 보이는 것. ¶~ 시간/동시 ~. **상:영-하다** 동(타)여 ¶영화관에서 무술 영화를 ~. **상:영-되다** 동(자)

상:영-관(上映館) 명 객석·스크린·음향 시설 등을 갖추고 영화를 상영하는 업소. ¶복합 ~ / 미국 영화 전용 ~ / 미국 영화가 전국 대부분의 ~을 싹쓸이하고 있다. ▶영화관.

상:영-권(上映權)[-꿘] 명 [법] 공연권의 하나. 영화를 상영할 수 있는 권리.

상:오(上午) 명 =오전(午前)1. ↔하오(下午).

상온(常溫) 명 1 늘 일정한 온도. =항온(恒溫). 2 일 년 동안의 기온을 평균한 온도. 3 자연 그대로의 기온. 보통 15℃를 가리킴. ¶~에서 1주일 정도 보존이 가능한 식품.

상:완(上腕) 명 [생] =위팔.

상:왕(上王) 명 왕위를 물려준 뒤 생존해 있는 전왕(前王).

상용¹(常用) 명 늘 쓰는 일. 또는, 일상적으로 사용하는 일. **상용-하다** 동(타)여 ¶그는 두통약을 **상용하고** 있다. **상용-되다** 동(자)

상용²(商用) 명 1 상업상의 용무. 2 상업상으로 쓰거나 쓰이는 것. ¶~ 소프트웨어.

상용-로그(常用log) 명 [수] 10을 밑으로 하는 로그. 구용어는 상용대수.

상용-시(常用時) 명 [천] 평균 태양시로서, 하루를 밤 12시에서 다음 날 밤 12시까지의 시간으로 하는 법. ↔천문시.

상용-어(常用語) 명 일상생활에서 늘 쓰거나 쓰이는 말. ▷학술어.

상용-한자(常用漢字)[-짜] 명 일상생활에서 널리 사용하는 한자. ▷교육한자.

상용-화¹(常用化) 명 어떤 물건이 널리 보급되어 일상적으로 쓰이게 되는 것. 또는, 그렇게 되게 하는 것. **상용화-하다¹** 동(자)(타)여 **상용화-되다¹** 동(자) ¶휴대 전화가 **상용화된** 지는 few년 안 되지 않는가.

상용-화²(商用化) 명 어떤 물건이 상업용으로 만들어지는 것. 또는, 그렇게 되게 하는 것. **상용화-하다²** 동(자)(타)여 **상용화-되다²** 동(자) ¶그 신약은 내년쯤 **상용화되어** 시판될 예정이다.

상우다(傷-) 동(타) 상하게 하다. ¶그런 일로 마음을 **상우지** 마시오.

상우-례(相遇禮) 명 결혼한 신랑이 처가의 친척과, 또는 신부가 시가의 친척과 정식으로 처음 만나 보는 예식. **상우례-하다** 동(자)여

상:원¹(上元) 명 명절의 하나. 음력 정월 보름날. 비대보름.

상:원²(上院) 명 [정] 양원제 국회에서, 하원(下院)과 더불어 국회를 구성하는 또 하나의 의원(議院). 영국의 상원처럼 특권 계급의 대표자로 구성되는 것과, 미국의 상원처럼 각 주의 대표로 구성되는 것 등이 있음. ¶~ 의원(議員). ↔하원.

상:위¹(上位) 명 높은 순위나 등급이나 위치. ¶성적이 ~에 들다. ↔하위(下位).

상위²(相違) 명 서로 틀리거나 어긋나는 데가 있는 것. ¶이 등본(謄本)은 원본과 대조하여 ~가 없다. **상위-하다** 형(여)

상:위^개:념(上位概念) 명 [논] 다른 개념보다 큰 외연(外延)을 가지는 개념. 외연이 크기 때문에 외연이 작은 다른 개념을 그 개념에 포함하고 있음. '책'은 '사전'에 대하여 상위 개념이고, '사전'은 '국어사전'에 대하여 상위 개념임. =고급 개념. ↔하위 개념.

상:위-권(上位圈)[-꿘] 명 상위에 속하는 범위. ¶성적이 ~에 들다. ↔하위권.

상:음(上音) 명 [물] 1 기본음에 대하여 진동수가 많고 높은 음. 그 강도에 따라 음색이 결정됨. 2 =배음(倍音)².

상응(相應) 명 1 서로 응하거나 기맥을 통하는 것. 2 서로 맞아 어울리는 것. **상응-하다** 동(자)여 ¶노력에 **상응하는** 보수를 받다. **상응-되다** 동(자)

상:의¹(上衣)[-의/-이] 명 '윗옷'을 문어적으로 이르는 말. ↔하의.

상:의²(上意)[-의/-이] 명 1 웃어른이나 지배자의 마음. 2 임금의 마음. ↔하의(下意).

상의³(相議·商議)[-의/-이] 명 (어떤 이 다른 사람, 또는 둘 이상의 사람이 어떤 문제를) 서로 의논하는 것. 비상론(相論). **상의-하다** 동(타)여 ¶부모님과 잘 **상의하여** 결정해라.

상의⁴(詳議)[-의/-이] 명 상세하게 의논하는 것. 또는, 그 의논. 비상론(詳論). **상의-하다** 동(타)여

상:의-하달(上意下達)[-의-/-이-] 명 윗사람의 뜻이나 명령을 아랫사람에게 전함. ↔하의상달.

상:이¹(桑耳·桑栮) 명 [식] 뽕나무에 나는 버

섯. =뽕나무버섯.
상이²(傷痍)[명] 전투 등에 참가했다가 몸의 일부가 다쳐 제대로 쓸 수 없게 된 상태. ¶~군경.
상이³(相異)→상이-하다 [형여] 서로 다르다. ¶의견이 ~.
상이-군인(傷痍軍人)[명] 전투 시나 군사상 공무 집행 시에 부상을 당해 장애인이 된 군인. =백의용사.
상이-용사(傷痍勇士)[명] 군에서 복무하다가 부상을 입고 장애인이 되어 제대한 군인.
상이-점(相異點)[-쩜] [명] 서로 다른 점. ¶나와 그 친구는 성격에서 ~이 많다.
상인¹(常人)[명] =상사람. ¶~ 계급.
상인²(商人)[명] 장사하는 사람. 비장수. 소매(小賣).
상'-인방(上引枋)[명] [건] 창이나 문짝의 상부에 가로지르는 인방. =윗중방. 준상방. ↔하인방.
상일(常-)[-닐] [명] 별로 기술을 요하지 않는 막일. ¶~로 생계를 잇다. **상일-하다** [동][자여]
상일-꾼(常-)[-닐-] [명] 상일을 업으로 하는 사람. ▷막일꾼.
상임(常任)[명] 일정한 일을 늘 계속하여 맡는 것. **상임-하다** [동][타여]
상임^위원(常任委員)[명] 1 일정한 임무를 항상 담당하는 위원. =상설 위원. 2 [법] 국회에서, 상임 위원회를 구성하는 위원. 준상위(常委).
상임^위원회(常任委員會)[-회/-훼] [명] [법] 국회에서, 각 전문 분야로 나누어 조직한 상설의 위원회. =국회 상임 위원회. 준상위.
상임^이사국(常任理事國)[명] [정] 1 어떤 국제적인 모임에서 이사국의 지위를 가지는 나라. 2 국제 연합의 안전 보장 이사회에 항상 대표자를 참석시키고 있는 나라. 곧, 미국·영국·러시아·프랑스·중국의 5개국. ↔비상임 이사국.
상자(箱子)[명] 1[자립] 물건을 담아 놓기 위해 나무나 두꺼운 종이 등으로 만든, 직육면체의 꼴로 된 물건. =박스. ¶선물 ~ / 종이 ~. 2[의존] 물건이 담긴 상자를 세는 말. =박스. ¶사과 한 ~.
상-자성(常磁性)[명] [물] 물질의 자성의 하나. 자기장(磁氣場) 안에 놓으면 자기장과 같은 방향으로 자력(磁力)을 띠는 물질의 성질. ▷반자성(反磁性).
상자성-체(常磁性體)[명] [물] 상자성을 띠는 물질. 산소·망간·알루미늄·백금 따위. ▷반자성체.
상잔(相殘)[명] 서로 싸우고 해치는 것. ¶동족~의 비극 / 골육~. **상잔-하다** [동][자여]
상'장¹(上場)[명] [경] 주식이나 어떤 물건을 매개 대상으로 하기 위하여 거래소에 일정한 자격이나 조건을 갖춘 거래 물건으로서 등록하는 일. ¶~ 기업체. **상'장-하다** [동][타여] **상'장-되다** [동][자여] ¶증권 거래소에 상장된 주식.
상'장²(喪杖)[명] 상제가 짚는 지팡이. 부상(父喪)에는 대나무, 모상(母喪)에는 오동나무를 씀.
상장³(喪章)[명] 거상(居喪)이나 조상(弔喪)의 뜻을 나타내기 위하여 옷깃이나 소매 등에 다는 표. 검은 헝겊이나 삼베 조각을 씀. ¶~을 달다.
상장⁴(賞狀)[명] -짱] 상(賞)으로 주는 증서. ¶~과 부상 / ~을 받다.
상'장-주(上場株)[명] [경] 유가 증권 상장 규정에 따라 소정의 절차를 밟고 증권 시장에 상장되어 매매되고 있는 주식. ↔비상장주.
상'장^회사(上場會社)[-회-/-훼-] [명] 발행 주식이 증권 시장에 상장되어 있는 회사.
상'재¹(上梓)[명] 목판에 올린다는 뜻] 출판할 책을 찍는 것. =상목(上木). **상'재-하다** [동][타여] ¶소설을 단행본으로 ~. **상'재-되다** [동][자여]
상재²(霜災)[명] 서리가 내려서 곡식이 해를 입는 일. =상이(霜異). 비상해(霜害). ¶~을 입다.
상재³(桑―)[불] '상좌(上佐)'의 잘못.
상쟁(相爭)[명] 서로 다투는 것. ¶골육~. **상쟁-하다** [동][자여]
상-쟁이(相-)[명] '관상쟁이'의 준말.
상적(相敵)→**상적-하다** [-쩌카-] [형여] 양쪽의 힘이 서로 비슷하다.
상'전¹(上典)[명] 예전에, 종에 대하여 그 주인을 이르던 말.
상전²(桑田)[명] 뽕밭.
상전-벽해(桑田碧海)[-벼캐] [명] [뽕나무밭이 변하여 푸른 바다가 된다는 뜻] 세상일의 변천이 심함을 이름. =벽해상전. ¶~라더니 몰라보게 달라진 고향의 모습은 낯설기만 했다. 준상해.
상'전-옥답(上田沃畓)[-땁] [명] 좋은 밭과 기름진 논.
상점(商店)[명] 일정한 시설을 갖추고 물건을 파는 곳. =상포(商鋪). ¶~을 열다 / ~을 내다.
상접(相接)[명] 서로 한데 닿거나 붙는 것. **상접-하다** [동][자여] ¶피골이 ~.
상'정¹(上程)[명] 토의할 안건을 회의에 내놓는 것. **상'정-하다** [동][타여] ¶그 안건은 회기 내에 상정하여 처리할 예정이오. **상'정-되다** [동][자]
상정²(常情)[명] 사람에게 공통적으로 있는 보통의 인정이나 본성(本性). ¶인지(人之) ~.
상'정³(想定)[명] 어떤 상황을] 상상하여 가정하는 것. **상'정-하다²** [동][타여] ¶100년 후의 세계를 ~. **상'정-되다²** [동][자여]
상'제¹(上帝)[명] 하늘에 있으면서 만물을 맡아 다스린다고 하는 존재. 비하느님. ¶옥황 ~.
상제²(喪制)[명] 1 부모 또는 승중(承重) 조부모의 거상 중에 있는 사람. =극인(棘人)·상인(喪人). 2 상중(喪中)의 복제(服制).
상제³(喪祭)[명] 상례(喪禮)와 제례(祭禮).
상조(相助)[명] 서로 돕는 것. ¶상부~. **상조-하다** [동][자여]
상'존¹(尙存)[명] 아직 존재하는 일. **상'존-하다¹** [동][자여]
상'존²(常存)[명] 언제나 존재하는 일. **상'존-하다²** [동][자여]
상종(相從)[명] 서로 따르며 친하게 교제하는 것. ¶유유(類類)~. **상종-하다** [동][자여] ¶그런 소인배와는 상종하지 않는 것이 좋다.
상'-종가(上終價)[-까] [명] [경] 증권 거래소에서, 하루에 오를 수 있는 최고 한도까지 올라간 주가(株價). ↔하종가(下終價).
상'좌¹(上佐)[불] 1 =행자(行者). 2 사승(師僧)의 대를 이을 여럿 가운데에서 가장 높은 사람. 3 절에서, '제자(弟子)'를 이르는 말. ¶나는 지암 스님의 ~가 된 것이었다.《김성동:만다라》×상재.
상:좌²(上座) ⃞명 1 정면에 설치한, 가장 높은 사람이 앉는 자리. ⃞비 윗자리. ¶~에 앉다. ↔하좌(下座). 2 [불] 절의 주지·강사·선사(禪師)·원로(元老) 들이 앉는 자리.
상:주¹(上奏) ⃞명 임금에게 말씀을 아뢰는 것. =주상(奏上). ¶~문(文). **상:주-하다¹** ⃞[타여]
상주²(常住) ⃞명 1 항상 살고 있는 것. 2 [불] 생멸 변화가 없이 늘 있는 것. ¶~불법. **상주-하다²** ⃞[자여] 항상 살고 있다. ¶서울에 상주하며 부산에는 한 달에 한 번씩 내려간다.
상주³(常駐) ⃞명 언제나 주둔·주재하고 있는 것. ¶~군(軍) /~ 공관. **상주-하다³** ⃞[자여]
상주⁴(喪主) ⃞명 주(主)가 되는 상제. 대개 장자(長子)가 됨. ⃞비 만상제.
상주⁵(詳註) ⃞명 상세한 주해(註解).
상주⁶(賞酒) ⃞명 상으로 주는 술. ↔벌주(罰酒).
상주-인구(常住人口) ⃞명 한 지역에 상주하는 인구. 일시적 거주자를 제외하며, 일시적 부재자를 포함함.
상중(喪中) ⃞명 상제로 있는 동안.
상:중하(上中下) ⃞명 1 위와 가운데와 아래. 2 등급에서, 상과 중과 하.
상:지¹(上肢) ⃞[명생] =팔¹. ▷하지(下肢).
상지²(相持) ⃞명 양보하지 않고 서로 자기의 견을 고집하는 것. ¶입장권을 사기 전에 윤직원 영감과 춘심이 사이에는 또 한바탕 ~가 생겼습니다.《채만식:태평천하》 **상지-하다** ⃞[자여]
상:직(上直) ⃞명 벼슬아치가 당직이 되어 관가에서 자는 것. **상:직-하다** ⃞[자여]
상:직-꾼(上直-) ⃞명 집 안에서 부녀(婦女)의 시중을 드는 노파. =상직파(上直婆).
상:질¹(上秩) [-찔] ⃞명 =상길. ↔하질(下秩). ▷중질(中秩).
상:질²(上質) ⃞명 상(上)에 속하는 품질. ¶~지(紙). ↔하질(下質). ▷중질(中質).
상징(象徵) ⃞명 1 사회적인 제도나 규약에 따라 추상적인 것을 구체적 사물로 나타내는 일. 또는, 그렇게 나타낸 표지(標識)·기호·물건 따위. 십자가가 크리스트교를, 태극기가 한국을 나타내는 따위. 2 [문] 어떤 관념이나 사상을 구체적인 사물이나 심상(心像)을 통해 암시하는 일. 또는, 그 사물이나 심상. =심벌. **상징-하다** ⃞[타여] ¶국기는 국가를 **상징한다**. / 한용운의 '님'이 **상징하는** 것은 조국일 수도 있고 불타일 수도 있으며 진리 자체일 수도 있다. **상징-되다** ⃞[자여]
상징-시(象徵詩) ⃞[명문] 서술적 표현에 의하여 직접적으로 주제를 나타내지 않고, 음악적·암시적인 수법으로 정조(情調)를 상징화하여 표현하는 시. 19세기 말 프랑스 시단(詩壇)을 휩쓺.
상징-어(象徵語) ⃞[명언] 의성어나 의태어와 같이 소리나 움직임을 나타내는 말. '멍멍', '땡땡', '출렁출렁' 따위.
상징-적(象徵的) ⃞관 상징의 성질을 띠는 (것). ¶~ 표현 / 이 사건은 현대 사회의 모순을 ~으로 보여 준다.
상징-주의(象徵主義) [-의/-이] ⃞[명문] 19세기 말, 프랑스에서 자연주의에 대한 반동으로 일어난, 내면적이고 신비적인 세계를 상징으로 표현하려고 하는 문예상의 한 경향. =심벌리즘·표상주의. ▷상징파.
상징-파(象徵派) ⃞[명문] 상징주의를 신봉하는 문예상의 한 파.
상징-화(象徵化) ⃞명 (어떤 대상을) 상징이 되게 하는 것. **상징화-하다** ⃞[타여] ¶인간 정신의 승리를 **상징화한** 작품. **상징화-되다** ⃞[자여]
상:차(上車) ⃞명 (짐 따위를) 차에 싣는 일. ↔하차(下車). **상:차-하다** ⃞[자타여] ¶이삿짐을 안전하게 ~.
상-차림(床-) ⃞명 우리나라의 전통적인 음식상을 차리는 형식의 총칭.
상:찬¹(上饌) ⃞명 매우 좋은 반찬.
상찬²(賞讚) ⃞명 (어떤 일이나 대상을) 기리어 칭찬하는 것. **상찬-하다** ⃞[타여] ¶업적을 ~.
상참(常參) ⃞[명역] 의정(議政)을 비롯한 중신들이 날마다 편전(便殿)에서 임금에게 국무를 사뢰는 일. **상참-하다** ⃞[자여]
상:창(上唱) ⃞명 1 뛰어난 창(唱). 2 높은 소리로 창하는 것. ×상청. **상:창-하다** ⃞[타여]
상채(喪債) ⃞명 상사(喪事)를 치르기 위하여 진 빚.
상채기 ⃞명 '생채기'의 잘못.
상:책(上策) ⃞명 어떤 일을 이루는 가장 좋은 방법. ⃞비 상계(上計). ¶건강 유지에는 규칙적인 생활과 섭생이 ~이다. ↔하책.
상:처¹(喪妻) ⃞명 아내가 죽어 혼자가 되는 것. =상우(喪偶). ⃞돌상배(喪配). ↔상부(喪夫). **상:처-하다** ⃞[자여] ¶그는 젊어서 **상처한** 뒤 지금까지 홀아비로 지내고 있다.
상처²(傷處) ⃞명 1 살갗이 다쳐서 찢어지거나 벗어지거나 한 상태. 또는, 그 자리. ¶~를 입다 / ~가 나다 / ~가 아물다. 2 배신당하거나 미움을 받거나 비난받거나 했을 때, 마음속으로 느끼는 쓰라림이나 괴로움. ¶마음의 ~를 안고 살아가다 / 실연의 ~를 술로 달래다. 3 전쟁·재난 등으로 인해 생긴 정신적·물질적 피해. ¶전쟁의 ~.
상처-투성이(傷處-) ⃞명 몸에 상처가 많이 나 있는 상태.
상:천(上天) ⃞명 1 =하늘¹. 2 [종] =하느님¹. 3 사철의 하늘 중에서, 겨울 하늘.
상:청¹(上廳) ⃞명 =위청.
상청²(喪廳) ⃞명 '궤연(几筵)'을 속되게 이르는 말.
상:청³(上-) ⃞명 '상창(上唱)'의 잘못.
상:체(上體) ⃞명 허리를 경계로 하여 그 위쪽의 몸. 곧, 머리·가슴·어깨·팔 등이 있는 부분. ⃞비 윗몸. ¶~가 발달하다.
상:총(上寵) ⃞명 임금의 총애 또는 은총.
상추 ⃞[명식] 국화과의 한해살이 또는 두해살이풀. 높이 1m에 달하며, 잎은 타원형으로 크고, 6~7월에 담황색 꽃이 핌. 잎은 식용하며, 야채로서 밭에서 재배함. ×상치.
상추-쌈 ⃞명 상추에 밥을 한 술 정도 된장이나 고추장과 함께 얹어서 싸 먹는 음식. ×상치쌈.
상춘¹(常春) ⃞명 항상 봄이 계속되는 것.
상춘²(賞春) ⃞명 봄의 경치를 구경하며 즐기는 것. ¶~ 인파. **상춘-하다** ⃞[자여]
상춘-객(賞春客) ⃞명 봄의 경치를 구경하며 즐기는 사람.
상춘-곡(賞春曲) ⃞[명문] 조선 성종 때 정극인(丁克仁)이 지은 가사(歌辭). 우리나라 최초의 가사로 침.
상충(相衝) ⃞명 맞지 않고 서로 어긋나는 것.

상충-하다 통(자여) ¶의견이 ~. 상충-되다 통(자여)
상:측(上側) 명 =위쪽. ↔하측(下側).
상:층(上層) 명 1 =위층. 2 위의 계급. (비)상류층. ↔하층.
상:층^계급(上層階級) [-끕/-께-] 명 사회의 상층에 있는 계급. 자본가·고급 관리 등. ↔하층 계급.
상:층^기단(上層氣團) 명[기상] 고기압권 내의 상공에서 하강 기류 때문에 생기는 온난하고 건조한 기단.
상:층-운(上層雲) 명[기상] 상층에 높이 있는 구름. 지상에서 5~13km의 높이에 미세한 얼음의 결정으로 이루어짐. 권운·권적운·권층운이 이에 속함. =위턱구름. ↔하층운.
상:-치¹(上-) 명 같은 종류 가운데서 가장 좋은 물건. (비)상품(上品). ↔하치.
상치²(値値) 명 두 가지 일이 공교롭게 마주치는 것. 상치-되다¹ 통(자) ¶제삿날과 출장일이 ~.
상치³(相馳) 명 (일이나 뜻이) 서로 어긋나는 것. 상치-하다² 통(자여) 상치-되다² 통(자) ¶두 사람의 의견이 ~.
상치⁴(常置) 명 늘 설치하여 두는 것. 상치-하다³ 통(타여)
상치⁵(식) '상추'의 잘못.
상:침(上針) 명 1 질이 좋은 바늘. 2 박옷이나 보료·방석 따위의 가장자리를 실밥이 겉으로 드러나게 꿰매는 일.
상:쾌-하다(爽快-하다) 형(여) (기분이) 시원하고 유쾌하다. ¶상쾌한 아침 / 목욕을 하고 나니 기분이 상쾌했다. 상:쾌-히 부
상큼 부 짧은 다리를 가볍게 높이 들어 걷는 모양. (큰)성큼.
상큼-상큼 부 발을 잇달아 상큼 내디디는 모양. (큰)성큼성큼.
상큼-하다 형(여) 1 아랫도리가 윗도리보다 어울리지 않게 길쭉하다. 2 여름옷이 풀이 서고 발이 가늘어 시원하다. (큰)성큼하다.
상큼-하다² 형(여) 1 (음식 맛이나 냄새가) 향기롭고 신선하여 좋다. ¶냉이무침이 ~ / 상큼한 허브 향. 2 (젊은 여자가) 모습이 깨끗하고 해맑다. ¶풋풋하고 상큼한 소녀. 3 (공기가) 시원하고 깨끗하여 상쾌하다. ¶새벽 공기가 ~. 4 (출발이) 순조롭게 이뤄져 상쾌하다. ¶한국은 첫 경기에서 대승을 거두며 상큼하게 출발했다.
상:탁하부정(上濁下不淨) [-타카-] 윗물이 흐리면 아랫물도 깨끗하지 못하다는 뜻, 윗사람이 부패하면 아랫사람도 부패하게 된다는 말.
상태¹(狀態) 명 사물·현상이 처해 있는 형편이나 모양. ¶혼수~ / 건강 ~가 좋다.
상태²(常態) 명 평상시의 모양이나 형편.
상:토¹(上土) 명[농] 농사짓기에 썩 좋은 땅. ▷하토.
상토²(床土) 명[농] =모판흙.
상:토하사(上吐下寫) 명 위로 토하고 아래로 설사함. (준)토사. 상:토하사-하다 통(자여)
상:통¹(相) 명 '얼굴'을 속되게 이르는 말.
상:통²(上通) 명 아랫사람이 윗사람에게 의사(意思)를 통하는 것. ¶~ 하달(下達). 상:통-하다¹ 통(타여)
상통³(相通) 명 1 서로 막힘이 없이 길이 트이는 것. 2 (마음과 뜻이) 서로 통하는 것. 3 어떤 일에 서로 관계되는 바가 있는 것. 상통-하다² 통(자여) ¶기맥이 ~. 상통-되다 통(자여)

상투¹ [<중上頭] 1 예전에, 남자의 머리털을 끌어 올려 정수리 위에 소댕 꼭지처럼 뾰족하게 틀어서 묶은 머리 모양. 또는, 그 머리의 뾰족한 부분. 장가든 뒤에 하는 머리 모양으로, 흔히 여기에 망건을 쓰고 동곳을 꽂음. ¶~를 틀다 / ~를 쫓다. 2 (주로 '잡다'와 함께 쓰여) 주식 시장에서 최고의 가격에서 이뤄진 상태. 속된 말임. ¶막차 탔다가 ~만 잡았다. ▷천장.
[상투 위에 올라앉다] 상대를 만만히 보고 기어오르는 행동을 함을 이르는 말.
상투²(常套) 명 예사로 늘 하는 투.
상투-꼬부랑이 명 '상투쟁이'의 잘못.
상투메 프린시페(←São Tomé and Príncipe)[지] 아프리카 기니 만 동남부에 있는 공화국. 수도는 상투메.
상투-어(常套語) 명 늘 써서 버릇이 되다시피 한 말. ¶그 작가의 수필에는 '고독'이니 '사랑'이니 하는 진부한 ~가 잔뜩 나열되어 있다.
상투-쟁이 명 상투를 튼 사람을 놀리는 말. ×상투꼬부랑이.
상투-적(常套的) 관명 늘 버릇이 되다시피 한 (것). ¶~ 문구 / ~인 수법.
상팀(중centime) 명 프랑스·스위스 등의 화폐 단위. 1프랑의 1/100.
상:-판¹(上-) 명 =첫판. ↔하판.
상:-판²(相-) 명 '상판대기'의 준말. ×쌍판.
상판³(床板) 명[건] 1 차도의 사이 기둥을 지탱하기 위한 마루 상단부에 놓이는 낌이나 토대. 2 판 형상의 평평한 구조체. 3 교량에서, 교각과 교각 위에 걸쳐 놓는 바닥판.
상-판대기(相-) [-때-] 명 '얼굴'을 비속하게 이르는 말. (준)상판. ×쌍판대기.
상:-팔십(上八十) [-씹] 명 [옛날 중국의 강태공이 80년 동안 가난하게 살다가 그 뒤 80년 동안은 정승을 하였다는 고사에서] 가난하던 80년을 이르는 말.
상:-팔자(上八字) [-짜] 명 썩 좋은 팔자. ¶무자식 ~. (속담)
상:패¹(上牌) 명 골패·화투·트럼프 등에서의 좋은 패.
상패²(賞牌) 명 상으로 주는 패. ¶상장과 ~.
상:-편(上篇) 명 두 편 또는 세 편으로 된 책의 첫째 편. ▷중편·하편.
상평-창(常平倉) 명[역] 고려 성종 12년(993)에 설치한 물가 조절 기관. 생활필수품을 물가가 떨어질 때 나라에서 비싼 값으로 사들였다가 오르면 싼 값으로 되팔.
상평-통보(常平通寶) 명[역] 조선 시대에 쓰던 엽전 이름. 인조 11년(1633)부터 조선 말기 신식 화폐가 나올 때까지 200년 이상 통용.
상포(喪布) 명 초상(初喪) 때에 쓰는 포목.
상포-계(喪布契) [-계/-게] 명 초상 때 드는 비용을 서로 돕기 위한 계.
상표(商標) 명[경] 상품의 생산·가공·증명·양도 등을 다루는 업자가 그 상품에 대하여, 경쟁자의 것과 구별하기 위하여 사용하는 기호·문자·도형 따위의 일정한 표지. =트레이드마크. ¶~ / ~를 도용하다.
상표-권(商標權) [-꿘] 명[법] 어떤 상표를 독점 사용할 수 있는 권리. 공업 소유권의 하나로, 상표를 특허청에 등록함으로써 발생함.

상표-명(商標名)[명] 단어나 문자나 숫자 등으로 표시된 상표의 이름.
상:품[上品][명] 1 상등의 품위. 2 질이 좋은 물품. (비)하등. 3 [불] 극락정토의 최상급.
상품²(商品)[명] 팔기 위해 파는 물건. 또는, 매매를 목적으로 한 재화(財貨). ¶~을 판매하다 / ~을 진열하다.
상품³(賞品)[명] 상으로 주는 물품. ¶~을 받다〔주다〕 / ~을 타다.
상품-권(商品券)[-꿘][명] 액면에 상당하는 상품과 교환할 수 있는, 백화점이나 상점 등에서 발행하는 무기명 유가 증권. ¶문화 ~.
상품-명(商品名)[명] 매매할 상품의 이름.
상품^작물(商品作物)[-짝-][명][농] 시장에 내다 팔기 위하여 재배하는 농작물.
상품-화(商品化)[명] 상품이 되거나 상품으로 만드는 것. **상품화-하다**[동](자)(여) ¶발명품을 ~. **상품화-되다**[동](자)
상품^화폐(商品貨幣)[-폐/-페][명][경] 화폐로 쓰이는 상품. 물물 교환 시대의 짐승 가죽·곡물·가축 따위. =물품 화폐.
상:피¹(上皮)[명][생] 외면(外面)을 덮은 가죽. ▷외피(外皮).
상피²(相避)[명] 1 친족 또는 기타의 관계로 같은 곳에서의 벼슬·청송(聽訟)·시관(試官) 따위로 피해야할 관계. 유복친이나 일가친척끼리의 성적(性的) 관계. ¶~ 나다 / ~ 붙다. **상피-하다**[동](자)(여)
상피-병(象皮病)[-뼝][명][의] 피부와 피하 조직에 림프가 막혀 결합 조직의 증식이 가져오는 병. 사상충(絲狀蟲)이나 그 밖에 세균의 감염으로 인해 일어나며, 환부는 팽창·경화하여 코끼리의 살가죽처럼 됨.
상:피^조직(上皮組織)[명][생] 몸의 표면이나 소화기·호흡기 따위 기관의 내표면(內表面)을 싸고 있는 조직. 보호·분비·배설·흡수 및 자극에 대한 감응 작용을 함. =표피 조직.
상:하¹(上下)[명] 1 위와 아래. ¶~를 둘러보다. 2 윗사람과 아랫사람.
상하²(常夏)[명] 늘 계속되는 여름.
상:-하권(上下卷)[명] 두 권으로 된 책의 상권과 하권. ¶~으로 나뉜 소설.
상:하노소(上下老少)[명] 윗사람·아랫사람·늙은이·젊은이. 곧, 모든 사람.
상-하다(傷-)[1][자] 1 (물건이나 물체가) 부분적으로 깨지거나 금이 가거나 긁히거나 하여 흠이 생기다. ¶높은 곳에서 떨어져 뼈가 ~. 2 (음식물이) 변질되어 먹을 수 없는 상태가 되다. (비)부패하다. ¶우유가 ~. 3 (사람의 몸이나 몸 안의 기관이) 건강하지 않은 상태가 되거나, 그런 결과로 야윈 상태가 되다. ¶마음고생이 심했는지 얼굴이 많이 **상했다**. 4 (마음이나 기분이) 언짢은 상태가 되다. ¶속이 ~ / 비위가 ~. 5 (가깝게 맺고 있는 관계가) 틀어져 나빠지다. ¶친구 사이에 돈 때문에 의가 ~. [2][타] 1 (사람의 몸이나 몸 안의 기관을) 건강하지 않은 상태로 되게 하다. ¶독한 약을 장복하여 위를 **상했다**. 2 (마음이나 기분을) 언짢게 하다. ¶남의 기분을 **상하지** 않게 부드럽게 말하다.
상:-하수도(上下水道)[명] 상수도와 하수도.
상:-하장(上下葬)[명] 부부를 같은 묏자리의 위아래에 묻는 장사.
상:학(上學)[명] 학교에서 그날의 공부를 시작하는 것. 오늘날에는 잘 쓰지 않는 말임. ↔하학(下學). **상:학-하다**[동](자)(여) ¶"이 선생, 왜 이렇게 교실이 소요하오? 다른 교실에서 **상학할** 수가 없구려."《이광수:무정》

상학²(相學)[명] 사람의 얼굴이나 몸에 나타난 특징으로 그의 성격·운명 등을 연구하는 학문. 관상학·수상학(手相學)·골상학(骨相學) 따위.
상:-학종(上學鍾)[-쫑][명] 상학 시간을 알리는 종. ↔하학종.
상:한¹(上限)[명] 1 위아래로 일정한 범위를 이루고 있을 때, 위쪽의 한계. ↔하한(下限). 2 [수] 어떤 집합에 속하는 어느 요소보다도 작지 않은 수 중에서 가장 작은 것.
상한²(常漢)[명] =상놈1.
상한³(傷寒)[명][한] 1 추위로 생기는 병. 감기·폐렴·급성 열병 따위. 2 과도한 성행위 또는 금욕(禁慾)으로 생기는 병.
상:한-가(上限價)[-까][명][경] 하루에 오를 수 있는 가격의 상한선까지 오른 주가. ↔하한가.
상:한-선(上限線)[명] 더 이상 올라갈 수 없는 한계선. ¶아파트 분양가의 ~이 완화되다. ↔하한선.
상합(相合)[명] 1 서로 맞는 일. 2 서로 만나 결합하는 것. **상합-하다**[동](자)(여)
상항(商港)[명] =무역항.
상해¹(傷害)[명] (남의 몸에) 상처를 내어 해를 입히는 것. ¶~을 입히다. **상해-하다**¹[동](타)(여)
상해²(詳解)[명] 자세히 해석하는 것. 또는, 그 해석. **상해-하다**²[동](타)(여)
상해³(霜害)[명] =서리 피해. ¶~를 입다.
상해^보험(傷害保險)[명][법] 우발적인 사고에 의하여 피보험자가 입게 된 신체상의 상해에 대하여 보험금을 지급하는 인보험(人保險).
상해-죄(傷害罪)[-쬐/-쮀][명][법] 남의 신체나 외모에 손상을 주는 죄. ▷폭행죄.
상해-치:사(傷害致死)[명] 고의로 남의 몸에 상처를 입혀 생명을 잃게 함. ¶~죄.
상:행(上行)[명] 1 위쪽으로 올라가는 것. 2 지방에서 서울로 올라가는 것. ¶~ 열차. ↔하행. **상행-하다**[동](자)(여)
상:행-선(上行線)[명] 지방에서 서울로 올라가는 철도나 도로. ↔하행선.
상-행위(商行爲)[명] 영리를 목적으로 하는 매매·교환·운수(運輸)·임대 등의 행위.
상:향(上向)[명] 1 위쪽을 향하는 것. 2 (질·수준·수량 따위가) 좋아지거나 오르거나 커지는 쪽으로 향하는 것. ¶~세(株) / 수출 물량을 ~ 조정하다. ↔하향(下向). **상:향-하다**[동](자)(여)
상:향-등(上向燈)[명] 불빛을 멀리 나가게 하기 위하여 위로 향하게 한, 자동차의 전조등.
상:현(上弦)[천] 매달 음력 7~8일경에 나타나는 달의 형태. 신월(新月)과 만월(滿月)의 중간으로 나타나는 반달로, 둥근 쪽이 아래로 향함. =초현(初弦).
상:현-달(上弦-)[-딸][명] 상현 때의 반원형의 달. ↔하현달.
상:혈(上血)[명] 1 =토혈(吐血). 2 (흥분하거나 열이 나거나 힘을 써서) 피가 위로 치솟는 것. ¶가냘픈 몸이라 ~이 되어 두 볼이 새빨갛게 색색거린다.《김유정:산골 나그네》 **상혈-하다**[동](자)(여) **상혈-되다**[동](자)
상형(象形)[명] 1 어떠한 물건의 형상을 본뜸. 2 육서(六書)의 하나. 사물의 모양을 본떠서 만든 글자. '日', '月', '山', '木' 따위. 3 [언] '상형 문자'의 준말.

상형 문자(象形文字) [-짜] 명 〔언〕 물체의 모양을 본뜬 그림에서 성립되었다고 보는 표의 문자의 총칭. 한자(漢字)의 일부와 고대 이집트 문자 따위. =그림글. 준상형.

상:호¹(上戶) 명 연호법(煙戶法)의 등급의 하나. 서울에서는 호주(戶主)가 1품이나 2품의 지위에 있는 집. 시골에서는 식구가 15인 이상이 되는 집.

상호²(相互) 명 피차가 서로. =호상(互相). ¶~ 관계/~의 이익을 도모하다.

상호³(相好) 명 서로 좋아하는 것. **상호-하다**

상호⁴(商號) 명 상점이나 회사의 이름.

상호^동화(相互同化) 명 〔언〕 인접하는 두 음이 서로 영향을 주고받아 동화하는 현상. '독립(獨立)'이 '동닙'으로, '사이'가 '새'로, '아이'가 '애'로 되는 따위. ↔순행 동화·역행 동화.

상호^방위^조약(相互防衛條約) 명 2개국 또는 그 이상의 나라 사이에 외국의 침략을 받았을 때, 서로 군사적으로 원조하기로 한 조약.

상호^부:금(相互賦金) 명 〔경〕 일정한 기간을 정하여 그 중도나 만료 시에 한편의 당사자가 가입자에게 일정한 금액을 급부할 것을 약정하고, 가입자는 그 기간 안에 일정 기간마다 일정액의 부금을 급부할 것을 약정하는 계약.

상호^부조(相互扶助) 명 공동생활에서 개인들끼리 서로 돕는 일.

상호^신:용^금고(相互信用金庫) 명 〔경〕 서민 금융 회사의 하나. 영세 상공인을 위한 금전 융통, 상호 신용계의 구성, 어음 할인, 대출 등에 관한 업무를 취급함. 이용자가 목돈을 쓰고 푼돈으로 갚는 것이 특징임.

상호-유도(相互誘導) 명 〔물〕 하나의 코일 속의 전류가 변화할 때, 근처의 다른 코일 속의 전류에 동전력(動電力)이 유도되어 일어나는 현상. =상호감응. ↔자체 유도.

상호-주의(相互主義) [-의/-이] 명 〔법〕 자국인(自國人)이 외국에서 법률상·조약상 부여받고 있는 권리의 범위 내에서, 외국인에게도 같은 정도의 권리를 인정하는 주의.

상혼(商魂) 명 어떻게 해서든 이익만을 얻으려고 하는 상인의 속셈이나 태도. ¶동심을 울리는 얄팍한 ~.

상혼-낙담(喪魂落膽) [-땀] 명 =낙담상혼. **상혼낙담-하다** 재여

상화(霜花) 명 꽃같이 고운 서릿발.

상환¹(相換) 명 서로 바꾸는 것. =인환. ¶물품 ~. **상환-하다** 타여 **상환-되다** 재

상환²(償還) 명 빚을 갚는 것. ¶5년 거치 10년 ~. **상환-하다**² 타여 **상환-되다**² 재

상환^기금(償還基金) 명 〔경〕 공채·사채의 계획적 상환을 위하여, 국고에 집어넣거나 기업 내부에 유보하는 일정액의 자금.

상환-증(相換證) [-쯩] 명 〔경〕 서로 맞바꾸는 증서. =인환증.

상황¹(狀況) 명 일이 되어 가는 형편이나 모양. ¶진척 ~/~이 불리하다/~에 따라 대처하다.

상황²(桑黃) 명 〔식〕 뽕나무버섯과의 버섯. 반원형 또는 말굽 모양이며, 표면은 단단한 목질로서 둥근 혹과 가로세로 홈이 나 있음. 주로 뽕나무와 활엽수의 줄기에서 자람. 암의 치료용으로 쓰임. =상황버섯.

상황-버섯(桑黃-) [-섣] 명 〔식〕 =상황².

상황-실(狀況室) 명 계획·통계·기록·도표 등 모든 상황을 파악할 수 있는 상황판과 그 밖의 시설이 갖추어진 방.

상황-판(狀況板) 명 어떤 일의 상황을 한눈에 알아보도록 도표로 나타낸 판. ¶교통 ~/작전 ~.

상:회¹(上廻) [-회/-훼] 명 (어떤 기준을) 웃도는 것. ↔하회(下廻). **상:회-하다** 타여 ¶예년 수준을 훨씬 상회하는 수확량.

상회²(商會) [-회/-훼] 명 몇 사람이 모여 영업을 하는 기업체·상점·상사(商社) 등의 이름에 덧붙여 쓰는 말.

상:후-하박(上厚下薄) 명 윗사람에게는 후하고 아랫사람에게는 박함. ↔하후상박. **상:후하박-하다** 재여

상훈(賞勳) 명 1 상과 훈장. 2 훈공을 칭찬하고 상을 주는 것. **상훈-하다** 타여

상흔(傷痕) 명 다친 자리의 흔적. 비흉터. ¶귀를 만져 본다. 찢어졌던 귓바퀴를 꿰맨 ~이 사마귀처럼 두툴하다.《전광용:사수》

상힐(相詰) 명 서로 트집을 잡아 비난하는 것. **상힐-하다** 타여

샅[삳] 명 1 두 다리가 갈라지는 곳. =고간(股間). 2 두 물건의 틈.

샅-바[삳빠] 명 1 〔체〕 씨름을 할 때 허리와 다리에 매어 상대편의 손잡이로 쓰게 하는, 무명으로 만든 띠. 2 〔역〕 죄인의 다리를 묶는 바.

샅바-씨름[삳빠-] 명 〔체〕 샅바를 걸고 하는 씨름.

샅바-지르다[삳빠-] 동 재르 〈~지르니, ~질러〉 다리를 샅바로 묶다. =샅바채우다.

샅바-채우다[삳빠-] 동 =샅바지르다.

샅샅-이[삳싸치] 부 틈이 있는 곳마다. 또는, 빠짐없이 모조리. ¶약초를 찾기 위해 온 산을 ~ 뒤진다.

샅-폭(-幅)[삳-] 명 바지 따위의 샅에 대는 좁다란 형겊.

새¹ 명 〔광〕 광석 속에 금의 성분이 들어 있는 알갱이.

새² 명 〔식〕 1 띠·억새 따위의 볏과 식물의 총칭. 2 볏과의 여러해살이풀. 높이 30~120cm. 여름에서 가을에 걸쳐 담녹색의, 작은 이삭으로 된 꽃이 핌. 초원이나 무덤가에서 자라며, 목초(牧草)로 쓰임. ≒야고초(野古草). 3 '억새'의 준말.

새³ 명 '사이'의 준말. ¶~가 벌어지다.

새(가) 뜨다 1 사이가 벌어져서 틈이 있다. 2 (관계가) 소원(疏遠)하다.

새⁴ 명 몸에 깃털이 나 있고 다리가 둘이며 날개로 하늘을 비교적 오랫동안 날 수 있는 짐승. 난생 동물임. ¶~가 날다/~가 지저귀다.

유의어	새/조류
둘 다 깃털과 날개가 있고 다리가 둘인 짐승을 가리키나, '새'는 공중에 날 수 있는 짐승만을 가리키는 데 반해 '조류(鳥類)'는 '닭'이나 '집오리'처럼 날 수 없는 것도 가리킴. 한편, '박쥐'는 날개로 나는 동물이나 깃털이 없고 포유류이므로 '새'가 아님.	

[새 까먹은 소리] 근거 없는 말을 듣고 퍼뜨린 헛소문. [새 발의 피] 하찮은 일이나 분량이 아주 적음을 뜻하는 말. '조족지혈(鳥足之血)'과 같은 말.

새⁵ 의존 피륙의 날을 세는 단위. 날실 80올

을 한 새로 침. =승(升). ¶석 ~ / 넉 ~.

새⁶ 〔관〕 명사 앞에 쓰이어 그 뒤에 오는 사물이나 사람이 처음의 상태에 있거나 처음의 의미를 가지는 뜻을 나타내는 말. ¶~ 책 / ~ 옷 / ~ 소식을 듣다. ↔헌.

[새 바지에 똥 싼다] 엄청없는 짓을 한다.

새-⁷ 〔접두〕 어간의 첫 음절이 양성 모음이고 첫소리가 안울림소리인 일부 색채 형용사의 앞에 붙어, 빛깔이 짙으면서도 새뜻하거나 밝음을 나타내는 말. ¶~파랗다 / ~빨갛다 / ~하얗다. 〔큰〕시-. ▷샛-.

-새⁸ 〔접미〕 일부 명사나 용언의 명사형에 붙어, '됨됨이', '상태', '모양', '행동' 등의 뜻을 나타내는 말. ¶꾸밈~ / 모양~ / 짜임~.

새-가슴 〔명〕 1 가슴뼈가 볼거져 있어 새의 가슴처럼 불룩한 가슴. 2 겁이 많거나 도량이 좁은 사람의 마음을 비유하여 이르는 말.

새-것[-걷] 〔명〕 1 새로 나오거나 만든 것. ¶냉장고를 ~으로 바꾸다. 2 아직 쓰지 않은 물건. 3 낡지 않은 것. ¶이 양복은 입은 지 3년이나 되었는데도 아직 ~이다. ↔헌것.

새겨-듣다[-따] 〔타〕ㄷ〈~들으니, ~들어〉 1 잊지 않도록 정신을 차려 듣다. ¶선생님의 말씀을 잘 ~. 2 말하고자 하는 의도를 잘 헤아려 듣다.

새경 〔명〕 지난날, 농가에서 한 해 동안 일해 준 대가로 머슴에게 주던 돈이나 물건. =사경.

새곰-새곰 〔부〕 '새콤새콤'의 여린말. 〔큰〕시굼시굼. **새곰새곰-하다** 〔형여〕

새곰-하다 〔형여〕 '새콤하다'의 여린말. 〔큰〕시굼하다.

새그무레-하다 〔형여〕 조금 새큼한 듯하다. ¶덕에는 봉네의 머리에서 풍기는 **새그무레한** 땀내를 맡았다.〔이범선:학마을 사람들〕 〔큰〕시그무레하다. 〔거〕새크무레하다.

새:-그물 〔명〕 새를 잡는 그물. =조라(鳥羅)·조망(鳥網).

새근-거리다/-대다¹ 〔자〕〔타〕 1 (배가 부르거나 분이 치밀어) 가쁜 숨소리가 조금 거칠게 자꾸 나다. 또는, 그런 소리를 내다. 〔큰〕시근거리다. 2 어린아이가 곤히 잠들어서 조용히 숨을 쉬다. ¶젖먹이의 **새근거리는** 숨소리가 들렸다. 〔센〕쌔근거리다.

새근-거리다/-대다² 〔동〕〔자〕 '새큰거리다'의 여린말. 〔큰〕시근거리다.

새근덕-거리다/-대다[-꺼(떠)-] 〔동〕〔자〕〔타〕 몹시 새근거리다. 〔큰〕시근덕거리다. 〔센〕쌔근덕거리다.

새근덕-새근덕[-쌔-] 〔부〕 새근덕거리는 모양. 〔큰〕시근덕시근덕. 〔센〕쌔근덕쌔근덕. **새근덕새근덕-하다** 〔동〕〔자〕〔타〕

새근-발딱 〔부〕 숨이 차서 새근거리며 할딱이는 모양. 〔센〕쌔근벌딱. **새근발딱-하다** 〔동〕〔자〕〔타〕

새근발딱-거리다/-대다[-꺼(떠)-] 〔동〕〔자〕〔타〕 자꾸 새근발딱하다. 〔센〕쌔근벌딱거리다.

새근-새근¹ 〔부〕 새근거리는(새근거리다¹) 모양. 〔큰〕시근시근. 〔센〕쌔근쌔근. **새근새근-하다**¹ 〔동〕〔자〕〔타〕

새근-새근² 〔부〕 '새큰새큰'의 여린말. 〔큰〕시근시근. **새근새근-하다**² 〔동여〕

새근-하다 〔형여〕 '새큰하다'의 여린말. 〔큰〕시근하다.

새금-새금 〔부〕 '새큼새큼'의 여린말. 〔큰〕시금시금. **새금새금-하다** 〔형여〕

새금-하다 〔형여〕 '새큼하다'의 여린말. 〔큰〕시

금하다.

새기다¹ 〔동〕〔타〕 1 (어떤 글자나 형상 따위를 나무나 돌 등의 단단한 물체에) 칼이나 정 따위로 파거나 쪼아서 도드라지거나 옴폭한 상태로 나타나게 하다. ¶도장을 ~. **새긴** 불상. 2 (어떤 글자나 형상 따위를) 자수를 하거나 자개를 박거나 하여 나타나게 하다. ¶자개로 이름을 **새긴** 명패. 3 (어떤 말이나 일을 마음속에) 쉬 잊히지 않게 간직하거나 기억하다. 비유적인 말임. 〔비〕명심하다·유념하다. ¶선생님의 말씀을 마음에 ~.

새기다² 〔동〕〔타〕 1 (어려운 말이나 글의 뜻을) 알기 쉽게 풀다. 또는, (말이나 글의 속뜻이나 참뜻을) 미루어 헤아리거나 이해하다. ¶철학 책은 정독하면서 그 뜻을 잘 **새겨야** 한다. 2 (한문이나 한자의 뜻을) 우리말로 쉽게 풀이하다. ¶'溫故知新'을 우리말로 **새기면** 옛것을 익혀 새로운 것을 안다는 뜻이다.

새기다³ 〔동〕〔타〕 (소나 양과 같은 짐승이 일단 먹어 ır 배 속에 있는 것을) 입 안에 다시 내어 씹다. 〔비〕되새기다·되씹다·반추하다·새김질하다. ¶소가 먹은 것을 **새기고** 있다.

새기다⁴ 〔동〕〔타〕 나무·돌·쇠붙이 등에 글씨나 형상을 새기는 일. 또는, 그 물건.

새김² 〔명〕 1 글의 뜻을 풀이함. 또는, 풀이하여 놓은 글. 2 낱낱의 한자(漢字)를 읽을 때, 한자의 음(音) 앞에 풀이하여 놓은 뜻. '하늘 천(天)', '사람 인(人)'에서 '하늘', '사람' 따위.

새김-질¹ 〔명〕 나무·돌 따위에 글씨나 형상 따위를 새기는 일. **새김질-하다** 〔동〕〔자〕〔타〕

새김-질² 〔명〕〔동〕 =반추(反芻)1. **새김질-하다** 〔동〕〔타〕

새김-칼 〔명〕 새김질에 쓰는 칼. =각도(刻刀).

새-까맣다[-마타] 〔형ㅎ〕〈~까마니, ~까마오, ~까매〉 1 아주 짙게 까맣다. ¶**새까만** 눈동자. 〔큰〕시꺼멓다. 〔거〕새카맣다. 2 아득하게 멀다. ¶(마라톤에서) 1위 선수가 크게 앞질러 2위 선수가 **새까맣게** 뒤처져 있다. 3 어떤 사실에 대해 알거나 기억하지 못하는 상태에 있다. ¶아버지 제삿날을 **새까맣게** 잊고 있었다. 4 (주로 '새까만'의 꼴로 쓰여) (어떤 사람이) 다른 사람에 대해 연령·지위·서열 등이 아주 어리거나 낮은 단계에 있다. ¶**새까만** 졸병 / **새까만** 후배. 5 모여든 사람이나 동물의 무리가 엄청나게 많은 상태에 있다. ¶수만의 군사가 **새까맣게** 몰려오다. ✕샛까맣다.

새까매-지다 〔동〕〔자〕 새까맣게 되다. ¶고기가 너무 타서 ~ / 시골로 들일을 갔던 용식이가 **새까매진** 얼굴로 돌아왔다. 〔큰〕시꺼메지다. 〔거〕새카매지다.

새-꽤기 〔명〕 억새·갈대·띠 따위의 껍질을 벗긴 가는 줄기. 〔준〕꽤기.

새끼¹ 〔명〕 짚 두 가닥을 하나로 꼬아서 길게 이어지게 만든 물건. 세는 단위는 사리·고팽이·다발·뭉구리·타래, 길이의 단위는 바람·발. ¶~를 꼬다.

새끼² 〔명〕 1 짐승의 어린것. ¶토끼 ~ / 돼지가 ~를 낳다 / 암캐가 ~를 배다. 2 '자식'을 낮추어 이르는 말. 때로, 자기 자식이나 손자·손녀에 대해 귀엽게 이르는 뜻으로 사용하는 경우도 있음. ¶ 예뻐도 못난 사람이 어디 있겠나. 3 어떤 사람, 특히 남자를 경멸하여 욕할 때 그를 낮추어 이르는 말. '놈'이나 '녀석'보다 심한 욕임. ¶망할 놈의 ~.

새끼(를) 치다 〔관〕 본디 있는 것을 바탕으로

그 수효나 가지를 늘어나게 하다. ¶돈을 굴렸더니 제법 **새끼를 쳐서** 적지 않은 돈이 되었다.
새끼-가락 몡 새끼손가락과 새끼발가락.
새끼-똥구멍[-꾸-] 몡 똥구멍 위에 조금 옴폭 들어간 부분.
새끼-발 몡 '새끼발가락'의 준말.
새끼-발가락[-까-] 몡 다섯 발가락 중에 가장 작은 발가락. =계지(季指)·소지. 쥰새끼발.
새끼-발톱 몡 새끼발가락의 발톱.
새끼-벌레 몡 =애벌레.
새끼-손 몡 '새끼손가락'의 준말.
새끼-손가락[-까-] 몡 다섯 손가락 중에 가장 작은 손가락. =계지(季指)·소지. 쥰새끼손.
새끼-손톱 몡 새끼손가락의 손톱.
새끼-줄 몡 새끼로 된 줄.
새끼-집 몡 짐승의 아기집.
새끼-틀 몡 새끼를 꼬는 기계.
새:-나다 동(자) (비밀이) 밖으로 드러나다. ¶기밀이 ~.
새-나무 몡 억새·띠 따위의 땔감.
새-날 몡 1 새로 밝아 오는 날. 2 새로운 시대. 또는, 닥쳐올 앞날.
새-내기 몡 대학이나 단체 등에 갓 들어온 사람. 근래에 대학가에서 쓰이기 시작한 신조어임.
새:다¹ 동(태) 1 (액체나 기체, 가루 같은 알갱이 상태의 물질이) 공간을 가진 물체나 용기(容器)의 작은 틈을 통해 조금씩 바깥으로 나오다. 또는, (공간을 가진 물체나 용기가) 작은 틈이 있어 액체·기체·가루·알갱이 등의 물질이 그 틈 바깥으로 나오는 상태가 되다. ¶냄비가 구멍이 나 물이 ~ / 공의 바람이 ~. 2 (빛이) 작은 틈을 통해 비쳐 나오거나 나가다. ¶문틈으로 불빛이 ~. 3 (소리가) 둘러막힌 공간의 틈 사이로 언뜻언뜻 들리는 상태가 되다. ¶두 사람의 웃음소리가 이따금 문밖으로 **새어** 나왔다. 4 (재물이나 물건이) 주인이나 관리하는 사람이 모르는 사이에 다른 데로 가거나 없어지다. ¶회사의 공금이 ~. 5 (비밀이나 정보 따위가) 일정한 영역 밖의 사람에게 알려지다. ¶군사 기밀이 ~. 6 (사람이) 어떤 모임이나 대열 등에서 몰래 빠져나가다. 속된 말임. ¶회의 도중에 ~.
새:다² 동(자) (날이) 동쪽 하늘이 훤히 밝는 때에 이르다. 또는, (밤이) 끝나 어둠이 걷히는 때에 이르다. ¶밤이 **새도록** 술을 마시다 / 벌써 날이 **새는지** 새벽닭이 길게 운다.
새다³ 동(태) '새우다'의 잘못.
새-달 몡 이달에 이어 새로 맞는 달. 비내달.
새:-대가리 몡 1 연의 '꼭지'의 딴 이름. 2 우둔한 사람을 새의 머리에 빗대어 이르는 말.
새-댁(-宅) 몡 1 '새색시'의 높임말. 2 혼인 때 혼가(婚家)끼리 서로 부르는 말.
새-되다[-되-/-뒈-] 혱 (소리가) 높고 날카롭다. ¶…성루 위에서 급변을 알리는 **새된** 나팔 소리가 밤하늘의 별이라도 떨어뜨릴 듯이 날카롭게 울리었다.《김동리:사반의 십자가》
새:-동주리 몡 짚이나 나뭇가지 따위로 만든 새의 보금자리.
새득-새득[-쌔-] 튀 좀 시들고 말라서 윤기가 없는 모양. 큰시득시득. **새득새득-하다** 혱예

새:-들다 동(태) (~드니, ~드오) 1 물건을 사는 사람과 파는 사람 사이에 들어, 흥정을 붙이다. 2 혼인을 중매하다. ¶이 혼사는 내가 **새들어서** 이루어졌다.
새들-새들 튀 조금 시들어 힘이 없는 모양. 큰시들시들. **새들새들-하다** 혱예
새:-때 몡 끼니와 끼니 사이의 때.
새:-똥 몡 새의 똥.
새뜻-하다[-뜨타-] 혱예 새롭고 산뜻하다. **새뜻-이** 튀 ¶옷을 ~ 차려입다.
새-로 튀 1 지금까지 있은 적이 없이 처음으로. ¶~ 산 화장품. 2 전과 달리 새롭게. ¶집을 ~ 수리하다. 3 12시를 넘긴 시각 앞에 쓰여, 시각이 다시 시작됨을 뜻하는 말. ¶~ 한시.
새로에 조 '는', '은'의 밑에 붙어서, '고사하고', '커녕'의 뜻을 나타내는 보조사. ¶나아지기는 ~ 더 나빠지다.
새로이 튀 1 새롭게 다시 고쳐서. ¶~ 단장한 건물. 2 전에 없던 것이 처음으로. ¶~ 탄생한 박사.
새록-새록[-쌔-] 튀 1 새로운 일이 잇달아 자꾸 생기는 모양. 2 거듭 새로움을 느끼는 모양. ¶우정을 ~ 느끼게 하는 친구.
새-롭다[-따] 혱ㅂ (~로우니, ~로워) 1 지금까지 있은 적이 없다. ¶**새로운** 기계 / **새로운** 시도. 2 지금까지의 것과 다르다. ¶**새로운** 친구 / **새로운** 교실. 3 전과 다르게 느껴지거나 더 생생하게 느껴지는 맛이 있다. ¶고향에 오니 옛 추억이 ~. 4 아주 절실하게 필요하거나 아쉽다. ¶단돈 100원이 ~.
새롱-거리다/-대다 동(자) 경망스럽게 지껄이며 계속 까불다. 큰시룽거리다.
새롱-새롱 튀 새롱거리는 모양. 큰시룽시룽. **새롱새롱-하다** 동(자)
새마을˘금고(-金庫) 몡 자금의 조성 및 이용과 회원의 경제적·사회적 지위의 향상 및 지역 사회 개발을 위하여 설립된 비영리 법인.
새마을˘운동(-運動) 몡 1970년에 시작된 우리나라의 범국민적 지역 사회 개발 운동. 근면·자조·협동 정신을 바탕으로, 생활환경의 개선과 소득 증대를 도모함.
새:-막(-幕) 몡 새를 쫓기 위하여 논이나 밭 가에 간단히 지은 막.
새-말 몡 새로 생긴 말. 비신어(新語).
새:-매 몡동 독수릿과의 텃새 또는 떠돌이새. 몸길이 28~38cm, 등은 회색, 아랫면은 흰색으로 온몸에 암갈색의 가로무늬가 있음. 수컷을 '난추니', 암컷을 '익더귀'라고 함. =도롱태.
새무룩-하다[-루카-] 혱예 1 못마땅하게 여겨 말없이 보로통해 있다. 2 날이 흐려 그늘지다. 큰시무룩하다. 쎈쌔무룩하다. **새무룩-이** 튀
새:-무리 몡동 =조류(鳥類)¹.
새-문(-門) [다른 문(門)보다 늦게 새로 지었다는 뜻] '돈의문(敦義門:서대문)'의 별칭.
새-물 몡 1 새로 갓 나온 과실·생선 따위의 총칭. ¶~ 수박. 2 빨래하여 갓 입은 옷.
새물-거리다/-대다 동(자) 1 이가 빠진 노인이 입 언저리를 연방 움직여 먹는다. 2 는, 입술을 약간 샐그러뜨리며 소리 없이 자꾸 웃다. 큰시물거리다. 쎈쌔물거리다.
새물-내[-래] 몡 빨래하여 갓 입은 옷에서 나는 냄새.

새물-새물 甲 새물거리는 모양. ㉰시물시물. ㈀쌔물쌔물. **새물새물-하다** 동

새물-청어(-靑魚) 명 1 새로 갓 나온 청어. 2 새로 와서 경험이 없는 사람.

새-바람 명 새롭게 변하는 풍조. ¶교육계에 ~이 불다 / ~을 불러일으키다.

새:발-뜨기 명 옷의 단을 처리하거나 장식을 목적으로, 새의 발자국처럼 'ㅅ'자 모양으로 바느질하는 일. **새:발뜨기-하다** 동타

새:발-장식(-裝飾) 명 새의 발처럼 만들어 문짝에 박는 쇠장식.

새-밭[-받] 명 억새가 무성한 곳.

새벽¹ 명 1 동쪽 하늘에 어둠이 걷히기 시작하여 해가 뜨기 전까지의, 날이 어슴푸레한 동안. 2 밤 12시를 지나 해가 뜨기 전까지의 동안. ¶~ 한시.

새벽² 명 [〈사벽(砂壁)〕 1 누른 빛깔의 차지고 고운 흙. 2 [건] 누른 빛깔의 차진 흙에 고운 모래나 말똥 따위를 섞어 초벽에 덧바르는 흙. 3 [건] '새벽질'의 준말. **새벽-하다** 동여 새벽질하다. ¶아이들은 **새벽**한 것이 미처 마르기 전부터 모여들었다.〈심훈: 상록수〉

새벽-같이[-까치] 튀 동이 트기가 무섭게 아주 일찍이. ¶~ 일어나서 다녀오너라.

새벽-길[-낄] 명 날이 샐 무렵에 일찍 걷는 길. ¶~을 떠나다.

새벽-녘[-변녁] 명 새벽 무렵. =신명(晨明)·효천(曉天). ¶밤새 뒤척이다가 ~에야 잠이 들었다. ×새벽녁.

새벽-달[-딸] 명 음력 하순의 새벽에 보이는 달.

새벽-닭[-딱] 명 새벽녘에 우는 닭.

새벽-동자[-똥-] 명 새벽에 밥을 짓는 것. **새벽동자-하다** 동자여

새벽-바람[-빠-] 명 새벽에 부는 찬 바람.

새벽-밥[-빱] 명 새벽에 짓거나 먹는 밥.

새벽-별[-뼐] 명 [천] '샛별'의 잘못.

새벽-빛[-삗] 명 날이 새려고 먼동이 트는 빛. =서색(曙色). ㈁서광. ¶~이 부옇게 밝아 오다.

새벽-안개 명 날이 샐 무렵에 끼는 안개. ¶호수에는 자욱한 ~가 끼어 있었다.

새벽-일[-닐] 명 새벽에 하는 일.

새벽-잠[-짬] 명 새벽에 자는 잠. ¶~을 설치다. 2 습관적으로 새벽에 깊이 드는 잠. ¶노인이라 ~이 없다.

새벽-종(-鐘)[-쫑] 명 새벽에 치는 종.

새벽-질[-찔] 명 [건] 벽이나 방바닥에 새벽을 바르는 일. ㈜새벽. **새벽질-하다** 동자여

새벽-차(-車) 명 새벽에 떠나거나 도착하는 차. ¶~로 서울에 도착하다.

새-봄 명 겨울을 보내고 새 기분으로 맞이하는 첫봄. =신춘(新春). ¶~ 단장을 한 주택.

새-빨갛다[-가타] 형ㅎ〈~빨가니, ~빨가오, ~빨개〉 아주 진하게 빨갛고 새뜻하다. ¶**새빨간** 구두 / **새빨갛게** 익은 사과. ㉰시뻘겋다. ㈀샛빨갛다.

새빨간 거짓말 판 전혀 터무니없는 거짓말. ¶그가 대학을 나왔다는 건 ~이다.

새빨개-지다 동자 새빨갛게 되다. ¶부끄러워 얼굴이 ~.

새-뽀얗다[-야타] 형ㅎ〈~뽀야니, ~뽀야오, ~뽀얘〉 빛깔이 산뜻하고 뽀얗다. ㉰시뿌옇다.

새뽀얘-지다 동자 새뽀얗게 되다. ㉰시뿌예지다.

새-사람 명 1 새로 시집온 사람을 손윗사람이 일컫는 말. ¶~이 들어오다. 2 이전의 나쁜 생활 태도를 버리고 새로운 마음가짐으로 생활하는 사람. ¶~이 되다. 3 [기] 성령의 힘을 입어 회개하고 거듭난 사람.

새-살 명 부스럼이나 상처가 나은 자리에 새로 돋아난 살. =생살. ¶까진 무릎에 딱지가 떨어지고 ~이 돋다.

새살-거리다/-대다 동자 실없이 지껄이면서 자꾸 웃다. ㈀시설거리다.

새살-궂다[-굳따] 형 매우 새살스럽다. ㈀새실궂다·시설궂다.

새살-떨다 동자〈~떠니, ~떠오〉 새살스럽게 행동하다. ㈀새실떨다·시설떨다.

새-살림 명 결혼하여 처음 시작하는 살림. ¶~을 차리다. **새살림-하다** 동자여

새살-새살 튀 새살거리는 모양. ㈀시설시설. **새살새살-하다** 동자여

새살-스럽다[-럽따] 형ㅂ〈~스러우니, ~스러워〉 실없이 수선 부리는 태도가 있다. ㈀새실스럽다·시설스럽다. **새살스레** 튀

새삼 튀 1 이미 알고 있는 사실에 대하여 느껴지는 감정이 새롭게. 2 지난 일을 공연히 다시 들추어내어 갑작스러운 느낌이 들게. =새삼스레.

새삼-스럽다[-럽따] 형ㅂ〈~스러우니, ~스러워〉 1 이미 알고 있는 사실에 대하여 느껴지는 감정이 갑자기 새롭다. ¶부모님의 사랑을 **새삼스럽게** 느끼다. 2 지난 일을 공연히 다시 들추어 내는 느낌이 있다. ¶그 얘기는 **새삼스럽게** 왜 하는가? ×생급스럽다. **새삼스레** 튀 =새삼. ¶~ 무슨 말이냐?

새:-새¹ 명튀 '사이사이'의 준말. ¶다복솔로 장끼가 기어 다닌다. / 공부하는 ~ 운동도 한다.

새새² 튀 '새실새실'의 준말.

새새-거리다/-대다 동자 실없이 까불며 자꾸 웃다. ¶새새거리며 알랑방귀를 뀌다. ㈀시시거리다.

새:-틈틈 명 모든 사이와 모든 틈.

새-색시[-씨] 명 새로 시집온 여자. =각시. ㈜색시. ㈁새댁·새아기씨.

새-서방(-書房) 명 '신랑(新郞)'을 속되게 이르는 말.

새:-소리 명 1 새의 울음소리. =조성(鳥聲). 2 '놀소리'의 잘못.

새-순(-筍) 명 새로 나온 애순. ¶~이 돋아나다.

새시(sash) 명 금속제로 된 창틀. ¶알루미늄 ~. ×샤시.

새-신랑(新郞)[-실-] 명 갓 결혼한 신랑.

새실-거리다/-대다 동자 실없이 까불며 자꾸 웃다. ㈀시실거리다.

새실-궂다[-굳따] 형 매우 새실스럽다. ㈀시설궂다. ㈀새살궂다.

새실-떨다 동자〈~떠니, ~떠오〉 새실스럽게 행동하다. ㈀시설떨다. ㈀새살떨다.

새실-새실 튀 새실거리는 모양. ㈜새새. ¶그녀는 어디다 들어왔느냐는 물음에 대답은 않고 ~ 웃고만 있다. ㈀시실시실. **새실새실-하다** 동자여

새실-스럽다[-럽따] 형ㅂ〈~스러우니, ~스러워〉 성질이 차분하지 못하고 실없이 수선 떠는 태도가 있다. ㈀시설스럽다. ㈀새살스럽다. **새실스레** 튀

새-싹 명 1 새로 돋은 싹. =신아(新芽). ¶

이 돋다. 2 사물의 근원이 되는 새로운 시초. 凹맹아(萌芽). ¶어린이는 나라의 ~이다.
새-아가 깝 시부모가 갓 시집온 며느리를 친근하게 부르는 말.
새-아기 凹 시부모가 갓 시집온 며느리를 친근하게 이르는 말.
새-아기씨 凹 '새색시'의 높임말. 준새아씨.
새-아씨 凹 '새아기씨'의 준말.
새-아주머니 凹 갓 시집온 형수나 제수 또는 숙모뻘 되는 사람.
새:-알 凹 1 참새의 알. 2 새의 알.
새:알-꼽재기 [-째-] 凹 1 새알처럼 아주 작은 물건이나 분량을 비유하여 이르는 말. 2 좀스럽고 옹졸한 사람을 낮추어 이르는 말.
새:알-사탕(-沙糖*) 凹 새알만 하게 만든 사탕. ▷눈깔사탕.
새:알-심(-心) 凹 찹쌀가루나 수수 가루로 새알만 하게 동글동글한 덩어리를 만들어 팥죽에 넣은 것. ¶찹쌀로 ~을 빚어 넣은 동지 팥죽. 준샐심.
새암 凹 '샘²'의 잘못.
새암-바르다 휑 '샘바르다'의 잘못.
새암-바리 凹 '샘바리'의 잘못.
새양 凹 =생강(生薑).
새양-머리 凹 조선 시대에 나인이 예장할 때 하던 머리. 머리를 두 갈래로 땋은 후, 그것을 다시 틀어 올려 위아래로 두 덩이가 지게 하고 댕기로 중간을 묶음. 준생머리.
새양-뿔 凹 =생강뿔.
새양-손이 凹 손가락이 갈라져서 새양처럼 뭉뚝하게 된 사람을 일컫는 말. ×생강손이.
새양-쥐 凹동 '생쥐'의 잘못.
새-어머니 凹 새로 시집온, 아버지의 후처.
새-언니 凹 갓 시집온, 오빠의 아내를 이르는 말.
새-엄마 凹 어린아이가 '새어머니'를 호칭 또는 지칭하는 말.
새열(鰓裂) 凹 =아가미구멍.
새옹 凹 놋쇠로 만든 작은 솥.
새옹지마(塞翁之馬) 凹 [옛날에 중국 북방에서 살던 노인의 말이 도망쳐서 낙심하였는데, 그 말이 준마를 한 마리 데리고 와서 훌륭한 말을 얻게 되었으나, 아들이 그 말을 타다가 떨어져서 다리가 부러졌는데, 그 바람에 오히려 전쟁에 끌려 나가지 않게 되어 죽음을 면했다는 고사에서] 인생의 길흉화복은 변화가 많아 예측하기 어렵다는 말. ¶인간 만사 ~.
새우 凹동 갑각강 십각목 장미 아목(長尾亞目)의 총칭. 몸은 딱지로 덮이고 머리가슴 부분과 배 부분으로 나뉨. 머리가슴 부분에는 5쌍의 걷는 다리가 있고, 배 부분은 7마디로 되어 있어 자유로이 구부릴 수 있음. 보리새우·중하·생이 등 그 종류가 많음.
[새우 싸움에 고래 등 터진다] 남의 싸움에 관계없는 사람이 해를 입는다.
새우다¹ 팀 (사람이 밤을) 잠을 자지 않고 보내다. 凹밝히다. ¶공부하느라고 밤을 ~. ×새다.
새우다² 팀 샘을 내다.
새우-등 凹 새우의 등처럼 구부러진 사람의 등.
새우등-지다 동 등이 새우처럼 구부러지다.
새우-잠 凹 비좁은 곳에서 새우처럼 몸을 모로 꼬부리고 불편하게 자는 잠. ¶~을 잤더니 온몸이 찌뿌드드하다.

새우-젓 [-젇] 凹 잔 새우로 담근 젓. 준새젓. ×백하젓.
새우-튀김 凹 새우를 통째로 기름에 튀긴 음식.
새-잎 [-입] 凹 새로 돋아난 초목의 잎.
새-잡이 凹 1 어떤 일에 새로이 처음으로 손을 대는 사람. 2 새로 다시 하는 일.
새:-장(-欌) 凹 새를 넣어 기르는 장. =어리 조롱(鳥籠) ▷-에 갇힌 새.
새-장가 凹 남자가 새로 하는 결혼. ¶~를 들다.
새전(賽錢) 凹 신불(神佛) 앞에 돈을 바치는 것. 또는, 그 돈. 새전-하다 동자에.
새:-점(-占) 凹민 새장 속에 여러 개의 패사(卦辭)를 적은 쪽지를 넣고 새로 하여금 그중의 하나를 물어 내게 하여 그것을 가지고 길흉화복을 판단하는 점.
새:-조개 凹동 연체동물 부족류 새조갯과의 한 종. 껍데기의 겉은 매끈매끈하며 물결 모양의 방사상의 맥이 있고 잔털이 있음. 안쪽은 붉고 보드라우며 살은 엷은 갯빛임. 만(灣) 안의 진흙 섞인 모래땅 속에 삶. 흔히 횟감으로 쓰임.
새줄랑이 凹 소견 없이 방정맞고 경솔한 사람.
새:-중간(-中間) 凹 '중간'의 힘줌말. ¶~에 끼어 입장이 난처하다.
새:-집¹ 凹 1 새로 장만하여 든 집. 2 새로 맺은 사돈의 집. 3 '새색시'를 허물없이 일컫는 말.
새:-집² 凹 새가 깃들이는 집.
새:-참 凹 농부나 육체노동을 하는 사람이 일을 하다가 잠시 쉬는 동안에 먹는 간단한 음식. 또는, 일을 하다가 잠시 쉬는 동안. =곁참. 본사이참.
새척지근-하다 [-찌-] 휑에 (음식이) 쉬어서 신맛이 조금 나다. 준새치근하다. 큰시척지근하다.
새:-총(-銃) 凹 1 새를 잡는 데 쓰는 공기총. =조총(鳥銃). 2 'Y' 자 모양의 쇠붙이나 나뭇가지에 고무줄을 매고 작은 조약돌을 끼워 고무줄을 늘였다가 놓음으로써 돌이 튀어 나가게 하는 장난감.
새:-치 凹 젊은 사람의 검은 머리에 섞여 난 흰 머리카락.
새치근-하다 휑에 '새척지근하다'의 준말. 큰시치근하다.
새:-치기 凹 1 순서를 어기고 남의 자리에 끼어드는 짓. 2 맡은 일 사이에 가끔 다른 일을 하는 짓. 새치기-하다 동자에.
새치롬-하다 휑에 '새치름하다'의 잘못.
새치름-하다 휑에 좀 새침하게 굴다. 큰시치름하다. ×새치롬하다. 새치름-히 튀.
새침-데기 [-떼-] 凹 새침한 태도가 있는 사람.
새침-하다 휑에 짐짓 쌀쌀하게 대하는 태도가 있다. ¶새침한 성격.
새-카맣다 [-마타] 휑ㅎ<-카마니, -카마오. -카매> '새까맣다'의 거센말. ¶새카만 얼굴. 큰시커멓다.
새카매-지다 동자 '새까매지다'의 거센말. 큰시커메지다.
새콤달콤-하다 휑에 약간 시면서 맛깔스럽게 달다. ▷새큼달큼하다.
새콤-새콤 튀 여럿이 다 새콤한 모양. 또는, 몹시 새콤한 모양. 큰시쿰시쿰. 여새콤새콤. 새콤새콤-하다 휑에

새콤-하다 [형여] (음식이나 먹는 물질이) 다소 시면서도 그런대로 맛깔스러운 데가 있다. ¶새콤한 살구의 맛. 〈큰〉시큼하다. 〈여〉새금하다.

새크무레-하다 [형여] '새그무레하다'의 거센말. 〈여〉시크무레하다.

새큰-거리다/-대다 [동자] (뼈마디가) 자꾸 새큰하거나. 〈큰〉시큰거리다.

새큰-새큰 [부] 새큰거리는 모양. 〈큰〉시큰시큰. 〈여〉새근새근. **새큰새큰-하다** [형여]

새큰-하다 [형여] (뼈마디가) 좀 시다. ¶개울을 뛰어넘다 접질린 발목이 ~. 〈큰〉시큰하다. 〈여〉새근하다.

새큼달큼-하다 [형여] 약간 새큼하면서 맛깔스럽게 달다. ¶새큼달큼한 자두의 맛.

새큼-새큼 [부] 여럿이 다 새큼한 모양. 또는, 매우 새큼한 모양. 〈큰〉시큼시큼. 〈여〉새금새금. **새큼새큼-하다** [형여]

새큼-하다 [형여] (음식이나 물질이) 조금 신맛이 있다. 〈큰〉시큼하다. 〈여〉새금하다.

새-털 [명] 새의 털.

새털-구름 [명][기상] =권운(卷雲).

새통-맞다 [-맏따] [형] 어처구니없이 새삼스럽다.

새통-스럽다 [-따] [형ㅂ] <-스러우니, ~스러워> 새통맞은 데가 있다. **새통스레** [부]

새통-이 [명] 밉살스럽고 경망한 짓. 또는, 그런 사람.

새틴 (satin) [명] 견직물의 하나. 광택이 나고 보드라운 수자직(繻子織)의 옷감.

새-파랗다 [-라타] [형ㅎ] <~파라니, ~파라오, ~파래> 1 (빛깔이) 짙고 새듯하게 파랗다. ¶새파란 가을 하늘. 2 (얼굴이나 입술 따위가) 춥거나 겁에 질려 매우 파랗다. ¶추워서 입술이 **새파랗게** 질리다. 〈큰〉시퍼렇다. 3 (사람이, 또는 사람의 나이가) 아직 충분히 성숙하지 못하거나 삶의 경험을 제대로 쌓지 못한 상태에 있다. ¶**새파란** 나이에 과부가 되다 / **새파랗게** 젊다. ×샛파랗다.

새파래-지다 [동자] 새파랗게 되다. ¶겁에 질려 얼굴이 ~. 〈큰〉시퍼래지다.

새-판 [명] 1 새로 벌어진 일의 판. 또는, 새로운 판국. 2 노름·바둑·장기 따위의 새로 시작된 판.

새-하얗다 [-야타] [형ㅎ] <~하야니, ~하야오, ~하얘> 매우 하얗다. ¶**새하얀** 손 / 눈 덮인 들판이 ~. 〈큰〉시허옇다.

새하얘-지다 [동자] 새하얗게 되다. ¶눈이 내려 세상이 온통 **새하얘졌다**. 〈큰〉시허예지다.

새-해 [명] 새로 시작되는 해. 어느 해의 말에 그다음 해를 가리키거나, 어느 해의 초에 그 해를 가리켜 쓰는 말임. =개춘(改春)·신년·신세(新歲). ¶~을 맞이하다 / ~ 복 많이 받으십시오. ↔묵은해.

새해-맞이 [명] 새해를 맞이하는 일. 〈비〉설맞이.

색[1] [광] 감돌·복대기·감흙 따위를 조금 빻고 갈아서 사발 같은 데에 넣고 물에 일어서, 금분이 있고 없음을 시험하는 일. ¶~을 보다.

색[2] [부] 좁은 틈으로 김이나 바람이 세차게 나오는 소리. 〈큰〉식.

색[3] (色) [명] 1 빛의 반사와 흡수의 결과로 눈에 느껴지는, 사물의 밝고 어두움이나 빨강·파랑·노랑 따위의 물리적 현상. 또는, 그것을 나타내는 물감의 안료. ¶붉은 ~ / ~이 옅다[짙다] / ~을 칠하다. 2 같은 부류를 가리키는 말. 3 [역] 사무의 한 분장(分掌). 관청의 과(課)·계(係) 따위. =빗. ¶승전(承傳)~. 4 '색사(色事)'나 '색정'의 뜻. ¶~을 탐하다 / ~이 동하다. 5 [불] 감각으로 인식되는 모든 존재나 물질이나 현상. =공(空).

색을 쓰다 [구] 1 성교를 하다. 2 성적인 교태를 부리는 일을 속되게 이르는 말.

색[4] (sack) [명] 물건을 넣어 어깨에 메고 다닐 수 있게 만든 자루.

색각 (色覺) [-깍] [명][생] 시각(視覺) 중에서 빛의 파장의 차이에 의해 빛깔을 식별하는 감각. =색신(色神)·색채 감각.

색-갈이 (色-) [-까-] [명] 봄에 곡식을 꾸어 주었다가 가을에 햇곡식으로 바꾸어 받는 일. 또는, 그 곡식. **색갈이-하다** [타여]

색감 (色感) [명] 색채의 감각. 또는, 빛깔에서 받는 느낌. ¶~이 뛰어나다 / ~이 좋다.

색골 (色骨) [-꼴] [명] 색을 지나치게 탐하는 사람. 〈비〉호색가·호색꾼.

색광 (色狂) [-꽝] [명] 색에 미쳐 비정상적인 행동을 하는 사람. =색마(色魔)·색정광.

색깔 (色-) [명] 1 색의 여러가지 성분·상태. 〈비〉빛깔. ¶~이 진한 옷 / 도화지에 파란 ~을 칠하다. 2 고유한 특성이나 특질. 또는, 개성적 취향. ¶뚜렷한 자기 ~이 없다. 3 정치 이념적 성향, 또는, 좌파 또는 우파의 성향. ¶~ 논쟁 / ~이 의심스럽다 / ~을 덮어씌워 용공으로 몰다.

색-다르다 (色-) [-따-] [형르] <~다르니, ~달라> 보통것과 다른 특색이 있다. ¶색다른 경기 / **색다른** 요리.

색달리 (色-) [-딸-] [부] 색다르게. ¶평범한 옷도 모델이 입으니 ~ 보인다.

색-대 (色-) [-때] [명] 가마니나 섬 속에 든 곡식을 찔러서 빼 보는 연장. =간색대·태관(兌管).

색도 (色度) [-또] [명][물] 광학적인 수치로 표시된 빛깔의 성질 및 그 수치.

색도-계 (色度計) [-또계/-또게] [명][물] 색도를 측정하는 기계. 흔히, 3색 색도계를 사용함.

색동 (色-) [-똥] [명] 오색 비단 조각을 잇대어서 만든 어린이의 저고리 소맷감.

색동-옷 (色-) [-똥옫] [명] 색동을 대서 만든 옷.

색동-저고리 (色-) [-똥-] [명] 색동으로 소매를 대어서 만든 어린이의 저고리.

색등 (色燈) [-뜽] [명] 빨강·파랑·노랑 따위의 빛깔로 비치는 등.

색-떡 (色-) [명] 여러 가지 색으로 물들여 만든 떡. 갖은색떡과 민색떡이 있음. =색병(色餠).

색마 (色魔) [생] [명] =색광(色狂).

색맹 (色盲) [-맹] [명] 색깔을 가리지 못하거나 다른 색깔로 잘못 보는 상태. 또는, 그러한 증상이 있는 사람. =색소경. ¶~ 검사.

색목-인 (色目人) [생-] [명] 중국 원나라 때, 터키·이란·아라비아·중앙아시아 등 서역(西域)에서 온 외국인의 총칭.

색별 (色別) [-뼐] [명] 1 종류가 다른 것마다 다른 빛깔로 구별하는 일. 2 종류에 따라 구별하는 일. **색별-하다** [타여]

색-분필 (色粉筆) [-뿐-] [명] 흰색 이외의 색을 내는 분필.

색^분해 (色分解) [-뿐-] [명][인] 컬러 인쇄를 하기 위해 원고로부터 4색으로 가른 네거티브를 만드는 일. =컬러 분해.

색사¹(色事)[-싸] 圀 남녀가 육체적으로 관계를 맺는 일. **색사-하다** 圄(재)여

색사²(色絲)[-싸] 圀 =색실.

색상(色相)[-쌍] [미] 圀 **1** 색의 세 가지 속성의 하나. 유채색으로, 색을 다른 색과 구별하는 근거가 되는 특질. 곧, 빨강·파랑·녹색 등으로 구별되는 특성. ¶밝은 ~의 옷. 명도·채도. **2** [불] 육안으로 볼 수 있는 모든 물질의 형상. **3** [불] 불신(佛身)의 모습.

색상-환(色相環)[-쌍-] 圀[미] 색상에 따라 계통적으로 둥그렇게 배열한 것. 마주 보는 두 색은 서로 보색(補色) 관계에 있음.

색색¹[-쌕] 團 숨을 가느다랗게 쉬는 소리. ¶아기가 등에 업혀 ~ 잘도 잔다. 图식식. 圙쌕쌕. **색색-하다** 圄(재)여

색색²(色色)[-쌕] 圀 **1** 여러 가지 빛깔. ¶~으로 수를 놓는다. **2** 여러 가지. 圕가지각색.

색색-거리다/-대다[-쌕꺼(때)-] 쟤(타 자꾸 색색 소리를 내다. ¶어린이가 뛰어와서 **색색거리며** 말했다. 圕식식거리다. 圙쌕쌕거리다.

색색-이(色色-)[-쌕-] 團 **1** 여러 가지 빛깔로. ¶색종이를 ~ 오려 붙이다. **2** 여러 가지로.

색소(色素)[-쏘] 圀 색깔을 나타나게 하는 근원이 되는 물질. ¶식용 ~ / 유해 ~.

색소-체(色素體)[-쏘-] 圀[식] 식물 세포의 세포질 안에 들어 있는 색소를 함유하는 소체(小體). 엽록체·백색체·유색체로 나뉨. =색깔치.

색소폰(saxophone)[-] 圀[음] 세로로 부는 금속제의 목관 악기. 리드가 1개인 마우스피스를 가지며, 아래쪽은 굵고 구부러져 있으며, 소프라노 색소폰은 직선형이 일반적임. 음색이 부드럽고 음량이 풍부하여 재즈곡에 많이 쓰임.

색^수차(色收差)[-쑤-] 圀[물] 렌즈를 통하여 물체의 상(像)을 만들 때, 생기는 상의 위치가 물체에서 나오는 색에 따라 달라지는 현상.

색-스럽다(色-)[-쓰-따] 혭ㅂ <-스러우니, -스러워> 여러 가지 색깔로 꾸며 잘 어울리는 데가 있다. ¶음식 위에 고명을 **색스럽게** 얹었다 / 자투리 천을 모아 **색스럽게** 짓은 아이옷.

색스혼(saxhorn) 圀[음] 금관 악기의 하나. 취주악의 중심이 되는 악기로, 관(管)이 몇 겹으로 구부러졌으며 음역이 넓음.

색슨^족(Saxon族) 圀 게르만 족의 한 부족. 5세기에 일부가 앵글 족과 함께 브리튼 섬으로 건너가 앵글로·색슨 왕국을 건설하였고, 오늘날의 영국인의 근간을 이루었음. ▷앵글로·색슨.

색ː**시**[-씨] 圀 **1** '새색시'의 준말. **2** 시집을 가지 않은 젊은 여자. 圕규수(閨秀). ¶참하고 얌전한 ~. **3** 술집 등의 접대부를 속되게 이르는 말. **4** 전날에, 젊은 아내를 호칭 또는 지칭하던 말. ¶~야, 내 말 좀 들어 봐.

색ː**시-걸음**[-씨-] 圀 새색시처럼 아주 점 전하고 조심스럽게 걷는 걸음.

색ː**시-장가**[-씨-] 圀 결혼한 일이 없는 젊은 여자에게 장가드는 일.

색시-증(色視症)[-씨쯩] 圀[의] 실제로는 빛깔이 없는 물건이 빛깔이 있는 것처럼 보이는 증상. 園색시.

색신(色身) 圀[불] **1** 색상(色相)이 있 는 몸. 곧, 육체. **2** 석가모니나 보살의 육신.

색-실(色-)[-씰] 圀 물감을 들인 실. =색사(色絲).

색심(色心)[-씸] 圀 **1** 색욕(色慾)이 일어나는 마음. ~이 일다. **2** [불] 색법(色法)과 심법(心法). 곧, 유형의 물질과 무형의 정신을 이름.

색ː**시-감**[-씨깜/-씬깜] 圀 =신붓감.

색ː**시-집**[-씨찝/-씬찝] 圀 **1** 접대부를 두고 술을 파는 집. **2** '처가'를 속되게 이르는 말.

색-안경(色眼鏡) 圀 색깔이 있는 유리를 낀 안경. 圕선글라스.

 색안경(을) 쓰다 团 좋지 않은 감정이나 주관적인 선입관으로 대하다. ¶아직도 우리 사회는 청소년들의 이성 교제를 **색안경을 쓰고** 보는 경향이 강하다.

색약(色弱) 圀[생] 색맹보다 정도는 낮으나 색을 판별하는 힘이 약한 현상.

색-연필(色鉛筆)[생년-] 圀 심에 광물질의 물감을 섞어 빛깔이 나게 만든 연필.

색-온도(色溫度) 圀[물] 발광체(發光體)의 온도를 나타내는 방법의 하나. 또는, 그 수치. 아주 높은 온도의 물체나 별 등의 온도를 그 빛깔에서 추정할 때에 쓰임.

색욕(色慾) 圀 색정을 일으키는 욕망. 圕성욕·색정(色情)·정욕. ¶~에 빠지다 / ~을 일으키다.

색-유리(色琉璃)[생뉴-] 圀 금속 또는 금속의 산화물을 써서 여러 가지 색으로 물들인 유리. 장식용이나 사진의 필터, 신호 등에 쓰임. ⇒착색유리.

색인(索引) 圀 책 속에 다루어진 중요한 단어나 용어를 독자가 쉽게 찾을 수 있도록 페이지를 밝혀 벌여 적은 것. =인덱스·찾아보기. ¶~를 찾다. ▷목차.

색전-증(塞栓症)[-쩐쯩] 圀[의] 혈관 및 림프관 속으로 운반되어 온 부유물(浮遊物)이 혈관 내로 들어가 혈관의 협착 또는 폐색을 일으키는 증세.

색정(色情)[-쩡] 圀 성적인 자극을 받는 마음의 상태. 圕색욕. ¶~에 사로잡히다.

색정-광(色情狂)[-쩡-] 圀 =색광(色狂).

색정ː**도**ː**착증**(色情倒錯症)[-쩡-쫑] 圀[심] =성도착증.

색정-적(色情的)[-쩡-] 圀困 색정에 쏠리는 (것). ¶~ 표현.

색조(色調)[-쪼] 圀 **1** 빛깔의 조화. **2** 빛깔의 강하고 약함, 짙고 엷음 따위의 정도. 圕톤(tone). ¶부드러운 ~의 풍경화.

색-종이(色-)[-쫑-] 圀 물들인 갖가지 색의 종이. 접기나 오려 붙이기 등에 쓰임. =색지(色紙).

색주-가(色酒家)[-쭈-] 圀 예전에, 몸 파는 여자를 둔 술집을 이르던 말. =색줏집.

색줏-집(色酒-)[-쭛찝/-쭏찝] 圀 =색주가.

색즉시공(色卽是空)[-쯕씨-] 圀[불] 반야경에 있는 말로서, 유형(有形)의 만물인 색은 모두 인연의 소생(所生)으로서 그 본성은 공(空)이라는 뜻.

색지(色紙)[-찌] 圀 =색종이.

색ː**지수**(色指數)[-찌-] 圀[천] 별 등의 빛깔을 수량적으로 나타낸 것. 사진 등급에서 실시 등급을 뺀 차로 표시함.

색-지움(色-)[-찌-] 圀[물] 렌즈·프리즘 따위의 색 수차(色收差)를 없애는 일. =소색(消色).

색지움^렌즈(色-lens)[-찌-] 명 [물] 굴절률이 다른 유리로 만든 몇 개의 렌즈를 짝 지어서 색 수차를 보정(補正)한 렌즈. =소색렌즈·아크로마트.

색채(色彩) 명 ❶어떤 물체나 물질이 띠고 있는 색의 상태. 비빛깔·색깔. ¶밝은 ~. ❷사물의 표현이나 대하는 자세 등에서 나타나는 일정한 성질·경향 또는 맛. ¶보수적 ~가 짙은 정당.

색채-감(色彩感) 명 색채가 잘 조화되고 못 된 데에 대한 느낌.

색책(塞責) 명 책임을 면하기 위하여 겉으로만 둘러대어 꾸미는 것. **색책-하다** 톰 [자여]

색청(色聽) 명 [심] 어떤 소리를 들을 때, 본래의 청각 외에 일정한 색채 감각이 따라 일어나는 현상. =색채 청각.

색출(索出) 명 (문제가 되는 대상을) 뒤져서 찾아내는 것. **색출-하다** 톰 [타여] ¶범법자를 ~/밀입국자를 ~. **색출-되다** 톰 [자]

색칠(色漆) 명 어느 곳에 어떤 색을 칠하는 것. 또는, 그 칠. 비도색(塗色). **색칠-하다** 톰 [자타여] ¶바탕을 파랗게 ~.

색탐(色貪) 명 여색을 탐하는 것. **색탐-하다** 톰 [자여]

색태(色態) 명 ❶여자의 곱고 아리따운 자태. ❷빛깔의 맵시.

색판¹(色板) 명 색칠한 판자.

색판²(色版) 명 [인] 채색을 하여 인쇄한 출판물.

색한(色漢) [새칸] 명 ❶여색을 몹시 좋아하는 사내. 비호색한. ❷=치한(癡漢).

색향(色鄕) [새캉] 명 미인이 많이 나거나 기생이 많은 고을. ¶평양은 자고이래로 ~로 유명하다.

샌!-님 ['생원(生員)님'이 준 말] 명 ❶옛날에, 양반 집안의 남자 어른을 높여 이르던 말. ¶남산골 ~/나라 상감님도 모르시고 하시는 일을 ~이 걱정하신다고 안 될 일이 되겠습니까.《박경리:토지》 ❷얌전하고 소심하며 융통성이 없는 남자를 얕잡아 이르는 말. ¶그 여자는 선본 남자가 나약하고 앞뒤 꽉 막힌 ~이라서 싫다고 했다.

샌!님-탈 명 [민] 산대놀음에서 쓰는 탈의 하나. 대개 늙은 선비의 모습임.

샌드-백(sandbag) 명 [체] 권투에서, 주먹 단련을 위하여 천장에 매달아 놓고 치는, 모래를 넣은 자루. ¶~을 치다.

샌드위치(sandwich) 명 ❶얇게 썬 두 조각의 빵 사이에 고기·달걀·채소류·치즈 등을 넣은 서양식 음식. ❷서로 대립되거나 상반되는 사람이나 대상의 중간에 끼어 곤란한 처지가 된 상태. 비유적인 말임. ¶한국은 고품질의 제품을 만드는 선진국과 값싼 제품을 만드는 동남아 국가 사이에서 ~ 신세를 면치 못하고 있다.

샌드위치-맨(sandwich man) 명 몸의 앞뒤에 광고판을 달고 거리를 다니는 사람.

샌드페이퍼(sandpaper) 명 =사포(沙布).

샌들(sandal) 명 바닥에 달린 끈으로 발등을 매어 신는 신발. 발등이 거의 드러나며, 주로 여름철에 신음.

샌퍼라이징(Sanforizing) 명 [공] 직물, 특히 면직물의 수축을 방지하는 가공법. 상표임.

샐그러-뜨리다/-트리다 톰 [타] 샐그러지게 하다. ¶입술을 ~. 큰실그러뜨리다. 센쌜그러뜨리다.

샐그러-지다 톰 [자] 한쪽으로 배뚤어지거나 기울다. ¶어머니의 꾸중을 들은 아이는 금방 눈이 샐그러져 밖으로 뛰어나갔다. 큰실그러지다. 센쌜그러지다.

샐긋-거리다/-대다 [-귿께(때)-] 톰 [자타] 샐그러질 듯이 잇달아 움직이다. 또는, 그리되게 하다. ¶가겟집 아주머니는 입술을 샐긋거리며 말한다. 큰실긋거리다. 센쌜긋거리다.

샐긋-샐긋 [-귿쌜귿] 부 샐긋거리는 모양. 큰실긋실긋. 센쌜긋쌜긋. **샐긋샐긋-하다** 톰 [자타여]

샐긋-하다 [-그타-] 형여 물건이 한쪽으로 배뚤어져 있다. 비샐굿하다. 큰실긋하다. 센쌜긋하다. **샐긋-이** 부

샐기죽-거리다/-대다 [-꺼(때)-] 톰 [자타] 약간 샐그러지게 계속하여 천천히 움직이다. 또는, 그리되게 하다. ¶못마땅하여 입을 ~. 큰실기죽거리다. 센쌜기죽거리다.

샐기죽-샐기죽 [-쎌-] 부 샐기죽거리는 모양. 큰실기죽실기죽. 센쌜기죽쌜기죽. **샐기죽샐기죽-하다** 톰 [자타여]

샐기죽-하다 [-주카-] 형여 물건이 약간 샐그러져 있다. 큰실기죽하다. 센쌜기죽하다.

샐!-녘 [-력] 명 날이 샐 무렵.

샐!-닢 [-립] 명 ('쇠천 반 푼'의 뜻) 매우 적은 액수의 돈. ¶쇠천 ~도 없다.

샐러드(salad) 명 야채에 과일·달걀·햄 등을 곁들여 마요네즈나 드레싱 등을 쳐서 맛을 낸 서양 요리.

샐러드-드레싱(salad dressing) 명 샐러드에 쓰이는 드레싱의 총칭.

샐러드-유(salad油) 명 샐러드에 쓰이는 기름. 올리브유·유채 기름·땅콩기름 따위가 원료가 됨.

샐러리-맨(†salary man) 명 =봉급생활자 (俸給生活者).

샐룩 부 근육의 일부분이, 또는 일부분을 갑자기 움직이는 모양. 큰실룩. 센쌜룩. **샐룩-하다** 톰 [자타여]

샐룩-거리다/-대다 [-꺼(때)-] 톰 [자타] 잇달아 샐룩하다. ¶아기가 잠을 자면서 토실토실한 볼을 연방 샐룩거린다. 큰실룩거리다. 센쌜룩거리다.

샐룩-샐룩 [-쎌-] 부 샐룩거리는 모양. 큰실룩실룩. 센쌜룩쌜룩. **샐룩샐룩-하다** 톰 [자타여] ¶선생님의 꾸중을 들은 아이의 입술이 샐룩샐룩하더니 급기야 눈물이 볼을 적시기 시작했다.

샐룩-이다 톰 [자타] 근육의 한 부분이 샐그러지게 움직이다. 큰실룩이다. 센쌜룩이다.

샐비어(salvia) 명 [식] ❶꿀풀과의 여러해살이풀. 높이 50~80cm. 여름에 자색 꽃이 핌. 잎은 약용 또는 향료로 서양 요리에 씀. ❷=깨꽃.

샐샐 부 소리를 내지 않고 실없이 또는 비위를 맞추며 웃는 모양. ¶얄밉게 ~ 웃다. 큰실실. **샐샐-하다** 톰 [자여]

샐샐-거리다/-대다 톰 [자여] 소리를 내지 않고 실없이 또는 비위를 맞추며 자꾸 웃다. 큰실실거리다.

샐쭉 부 ❶어떤 감정의 표현으로서 입이나 눈을 한쪽으로 샐쭉하고 움직이는 모양. ❷마음에 차지 않아 약간 고까워하는 태도를 짓는 모양. ¶~ 토라지다. 큰실쭉. **샐쭉-하다** 톰 [자타여] **샐쭉-이** 부

샐쭉-거리다/-대다 [-꺼(때)-] 톰 [자타] 잇

달아 샐쭉하다. ¶무엇이 시뻐서 그러는지 입술을 샐쭉거린다. ⓔ실쭉거리다.
샐쭉-샐쭉 [-쌜-] 甼 샐쭉거리는 모양. ⓔ실쭉실쭉. 샐쭉샐쭉-하다㉧⒜㉠
샘¹¹ 몡 1 물이 땅에서 솟아 나오는 곳. ¶~파다 / ~이 솟다. 2 '샘터'의 준말. 3 ㉳ 생물체의 몸속에서 액체 물질을 분비 및 배설하는 기능을 갖고 있는 상피 조직성의 기관. 땀샘·침샘 따위가 있음. =선(腺).
샘¹² 몡 남의 일이나 물건을 탐내거나, 자기보다 나은 처지에 있는 사람이나 적수를 미워하고 싸우는 마음. 또는, 그런 짓. ㉧시기(猜忌)·질투. ¶~이 나다 / ~을 부리다 / ~이 많다. ×새암. **샘¹-하다**㉧⒯㉠
샘¹-구멍 [-꾸-] 몡 샘하는 구멍.
샘¹-나다 동㉧ 샘하는 마음이 생기다.
샘¹-내다 동㉧⒯ 샘하는 마음을 먹다. 또는, 샘을 부리다.
샘¹-물 몡 샘에서 나오는 물. =천수(泉水). ¶~을 긷다.
샘¹-바르다 혱㉹<~바르니, ~발라> 샘이 심하다. ×새암바르다.
샘¹-바리 몡 샘이 많아 안달하는 성질이 강한 사람. ×새암바리.
샘¹-솟다 [-솓따] 동㉧ 1 힘·용기 따위가 줄기차게 솟아나다. ¶희망이 ~ / ~새로운 힘이 가슴속에서 **샘솟아** 오른다.
샘¹-터 몡 샘물이 솟아 나오는 곳. 또는, 그 언저리. ⓔ샘.
샘플(sample) 몡 =견본. ¶신제품의 ~.
샘플러(sampler) 몡㉦ 자연계의 온갖 소리를 디지털 방식으로 저장해 놓았다가 가공·재생할 수 있어 연주에 이용하는 장치.
샘플링(sampling) 몡㉦ =표본 추출.
샛- [샌] ㉦ 어간의 첫 음절이 양성 모음이고 첫소리가 울림소리인 일부 색채 형용사의 앞에 붙어, 빛깔이 짙으면서도 새뜻하거나 밝음을 나타내는 말. ¶~노랗다 / ~말갛다. ⓔ싯-. ▷새-.
샛-가지 [새까-/새까-] 몡 가지 사이에 난 가지.
샛-강(-江) [새깡/샏깡] 몡 강의 본류(本流)에서 갈라져 가운데에 섬을 이루고, 다시 하류에서 본류에 합쳐지는 지류(支流).
샛-골목 [새꼴-/샏꼴-] 몡 골목들 사이에 난 작은 골목.
샛-길 [새낄/샏낄] 몡 큰길에서 갈린, 또는 큰길로 통하는 작은 길. ¶~로 질러가다 / ~로 빠져 앞지르다. ×사잇길.
샛-까맣다 혱㉧ '새까맣다'의 잘못.
샛-노랗다 [샌-라타] 혱㉹ =노라니, =노라요, ~노래> 더할 나위 없이 노랗다. ¶**샛노란** 은행잎 / **샛노란** 개나리꽃. ⓔ싯누렇다.
샛노래지다 [샌-] 동㉧ 샛노랗게 되다. ⓔ싯누레지다.
샛-눈 [샌-] 몡 감은 듯하면서 살짝 뜨고 보는 눈. ㉧뜬눈. ¶~을 뜨다 / ~으로 보다.
샛-말갛다 [샌-] 혱㉹<~말가니, ~말갛요, ~말개> 매우 말갛다. ¶원쪽 거리도 금세 비 갠 후처럼 **샛말갛게** 씻어져 있는 듯하였다.《이호철: 소시민》ⓔ싯멀겋다.
샛-말개지다 [샌-] 동㉧ 샛말갛게 되다. ⓔ싯멀게지다.
샛-문(-門) [샌-] 몡 1 정문 외에 따로 만든 작은 문. 2 방과 방 사이에 있는 작은 문.
샛-바람 [새빠-/샏빠-] 몡 '동풍(東風)'을 뱃사람이 일컫는 말.
샛-밥 몡 '곁두리'의 잘못.
샛-방(-房) [새빵/샏빵] 몡 방과 방 사이에 있는 작은 방.
샛-벽(-壁) [새뼉/샏뼉] 몡㉯ 방과 방 사이를 막는 벽. ¶~을 내다.
샛-별 [새뼐/샏뼐] 몡 1 ㉰ 새벽에 동쪽 하늘에서 반짝이는 '금성(金星)'을 이르는 말. ㉧계명성(啓明星)·명성(明星)·신성(晨星)·효성(曉星). ×새벽별. 2 어떤 분야나 영역에서 장래가 촉망되어 주목받고 있는 사람. 비유적인 말임. ¶영화계의 ~로 떠오르다.
샛-빨갛다 혱㉧ '새빨갛다'의 잘못.
샛-서방(-書房) [새써-/샏써-] 몡 남편이 있는 여자가 남편 몰래 관계하는 남자. =간부(間夫)·사부(私夫). ¶~을 두다.
샛-파랗다 혱㉧ '새파랗다'의 잘못.
생¹¹ 몡 =생강.
생²(生) 몡 인간이 목숨을 유지하고 있는 상태. ㉧삶. ¶~의 철학 / ~을 보람 있게 살다. ↔사(死).
생³(生) 몡 '생황(笙簧)'의 준말.
생⁴(生) ㉨ 웃어른에게 자기를 낮추어 이르는 말. 흔히 편지에 씀. ¶~은 열심히 학문에 전념하고 있습니다.
생-⁵(生) ㉦ 1 과실·곡식·음식물 따위가 익지 않았거나 또는 그것을 익히지 않았음을 나타내는 말. ¶~김치 / ~감자. 2 나무 따위가 아직 마르지 않은 상태임을 나타내는 말. ¶~나무 / ~가지. 3 아무런 가공도 하지 않았거나 손을 대지 않은 그대로의 상태임을 나타내는 말. ¶~가죽 / ~머리. 4 피륙을 빨거나 누이지 않았음을 나타내는 말. ¶~모시 / ~당목. 5 무리하거나 애매하거나 공연한 억지임을 나타내는 말. ¶~고생 / ~야단. 6 불행하거나 억울하게 겪은 것임을 나타내는 말. ¶~이별 / ~과부. 7 '실제로 낳은'의 뜻을 나타내는 말. ¶~부모 / ~아버지. 8 현실과 같이 생생함을 나타내는 말. ¶
-생⁶(生) ㉦ 1 성(姓) 밑에 붙어, 젊은 사람임을 나타내는 말. ¶김(金) ~. 2 연월일이나 간지 다음에 쓰여, 그때에 태어났음을 나타내는 말. ¶1950년 3월 1일 ~ / 병인(丙寅) ~. 3 햇수 다음에 쓰여, 그만한 햇수 동안 자란 식물임을 나타내는 말. ¶2년 ~ 소나무. 4 학년 다음에 쓰여, 그 학년의 학생임을 나타내는 말. ¶중학교 1학년 ~.
생가(生家) 몡 1 어떤 사람이 태어난 집. 2 '본생가(本生家)'의 준말. ↔양가(養家).
생-가슴(生-) 몡 공연한 근심 걱정 때문에 상하는 마음. ¶~을 태우다.
생가슴(을) 뜯다【얇다】⒞ 무리하거나 공연한 일로 속을 태우다.
생-가죽(生-) 몡 다루지 않은, 벗긴 채로의 가죽. =생피(生皮).
생-가지(生-) 몡 살아 있는 나무의 가지.
생각 몡 1 사람이 머리를 써서 사물을 헤아리고 인식하며 판단하는 작용. ¶인간은 ~을 할 줄 아는 동물이다. 2 어떤 것에 대한 의견이나 느낌. ¶제 ~은 이렇습니다. 3 머릿속으로 그리거나 상상하거나 상념. ¶~조차 못 했던 일. 4 어떤 것에 대한 기억. ¶~이 안 난다. 5 마음속으로 작정하거나 각오하는 것. ¶모든 걸 잊고 공부에 전념할 ~이다. 6 사리를 분별하는 것. ¶~ 없이 말을 내뱉다. 7 어떤 것에 대한 관심이나 욕구. ¶금방 점심을 먹었더니 아무 ~이 없는데. **생각-하다** 팀(자)(타)(여) ¶옛일을 ~ / 파스칼은 "인간은 **생각하는** 갈대다."라고 말했다. **생각-되다** 팀(자) ¶범인으로 **생각되는** 사람.

어법 미처 생각치 못한 일:생각치(×) → 생각지(○), 생각하지(○). ¶어간의 끝 음절 '하'가 아주 줄 적에는 준 대로 적을 수 있음 (맞40).

생각다 못하여 쿠 아무리 생각해도 별로 신통한 수가 없어서. ¶~ 부모님께 고백하기로 했다.
생각이 꿀떡 같다 쿠 무엇을 하고 싶은 생각이 매우 간절하다.
생각-나다(-)[-강-] (재) 생각이 떠오르다. ¶어제 일이 ~ / 원두막에서 수박 먹던 어린 시절이 **생각난다**.
생-갈이(生-) 뗑[농] '애벌갈이'의 잘못. **생갈이-하다** 팀(타)(여)
생강(生薑) 뗑 **1**[식] 생강과의 여러해살이풀. 덩이줄기는 황색 육질이고 향긋한 냄새와 매운맛이 있음. 덩이줄기의 각 마디에서 줄기가 곧게 자라서 높이 30~50cm에 이름. 열대성 작물이며, 채소로 재배됨. **2** **1**의 뿌리. 맵고 향기가 좋아서, 향신료·건위제(健胃劑)로 쓰임. 세는 단위는 접·동(10접). = 새앙·생.
생강-나무(生薑-) 뗑[식] 녹나뭇과의 낙엽 활엽 관목. 초봄에 노란 꽃이 피고, 9월쯤 둥근 열매가 붉게 익음. 향기가 좋아 꽃은 생화(生花)로 쓰고, 가지는 약으로 쓰며, 열매는 기름을 짬. 어린싹은 작설차로 씀. =새앙나무·생나무.
생강-뿌(生薑-) 뗑 **1** 생강 뿌리의 뿌다구니. **2** 두 개가 모두 짧게 난 소의 뿔. =새앙뿔·생뿔.
생강-손이(生薑-) 뗑 '새앙손이'의 잘못.
생강-엿(生薑-)[-녓] 뗑 생강즙을 넣고 고아서 만든 엿.
생강-즙(生薑汁) 뗑 생강의 즙. =강즙(薑汁).
생-강짜(生-) 뗑 공연히 부리는 강짜.
생강-차(生薑茶) 뗑 생강을 넣어 달인 차. = 새앙차.
생-거름(生-) 뗑 잘 썩지 않은 거름.
생-걱정(生-)[-쩡] 뗑 대수롭지 않은 일을 가지고 공연히 걱정하는 것. 또는, 그 걱정. **생걱정-하다** 팀(자)(여) ¶공연한 오해로 **생걱정했네**.
생-건지황(生乾地黃) 뗑[한] 날로 말린 지황의 뿌리. 열을 내리고 심장을 편하게 하며, 보혈·지혈(止血) 등의 약재로 쓰임. =건하(乾苄). 준건지황.
생겁(生怯) 뗑 대수롭지 않은 것에 공연히 내는 겁.
생-것(生-)[-껏] 뗑 고기·열매·채소 등의, 익히지 않은 것. 땐날것. ¶낙지를 ~으로 먹다.
생게망게-하다 혱(여) 뜻밖에 갑작스러워 어리둥절하거나, 전혀 엉뚱하여 이해하기 어렵다. ¶건성으로 울고 있던 상제는 서리병아리 같은 상놈 아이가 산신 제물에 입맛 뛰어들듯 창더니 읍조(泣哭)를 하자, **생게망게해서** 맥을 놓고 바라보았다.《김주영: 객주》
생겨-나다 팀(자) 없던 것이 있게 되다. 땐발생하다·출생하다. ¶머리에 혹이 ~

생견(生繭) 뗑 말리지 않은 고치. =생고치.
생경(生硬) → **생경-하다** 혱(여) **1** 세상 물정에 어둡고 완고하다. **2** (글의 표현이) 낯설고 어색하다. ¶**생경한** 표현 / 한문 투의 **생경한** 관념어를 남발한 시(詩).
생계(生計)[-계/-게] 뗑 사람이 굶거나 헐벗지 않고 하루하루 먹고 살아가는 방도. =생도(生道)·생로(生路)·생애. ¶~이 어렵다 / ~를 잇다 / 직장을 잃어 ~가 막연하다 / 소녀가장이 ~를 꾸려 가다.
생계-무책(生計無策) 뗑 살아갈 방책이 없다. **생계무책-하다** 혱(여)
생계-비(生計費)[-계-/-게-] 뗑 기본적인 살림을 꾸려 나가는 데에 드는 비용. 땐생활비.
생고(生苦) 뗑[불] 살아가는 동안에 겪는 고통.
생-고기(生-) 뗑 =날고기.
생-고무(生-) 뗑 라텍스를 아세트산으로 굳힌 원료 고무. 탄성이 풍부하나 높은 온도에서는 엿같이 되고, 낮은 온도에서는 딴딴하게 되어 탄성을 잃음. =천연고무.
생-고사(生庫紗) 뗑 생명주실로 짠 비단의 하나. ↔숙고사(熟庫紗).
생-고생(生苦生) 뗑 공연히 하는 고생. ¶눈이 오는 날 등산을 갔다가 ~만 했다. **생고생-하다** 팀(자)(여)
생-고집(生固執) 뗑 이유도 없이 억지로 부리는 고집. ¶밥을 안 먹겠다고 ~을 부리다.
생-고치(生-) 뗑 =생견(生繭).
생곡(生穀) 뗑 **1** 곡식이 나는 것. **2** 익히지 않은 곡식. **생곡-하다** 팀(자)(여) 곡식이 나다.
생-과(生果) 뗑 =생과실(生果實)'의 준말.
생-과부(生寡婦) 뗑 **1** 남편과 생이별한 여자. **2** 갓 결혼하여 남편이 죽어서 혼자 된 여자. ¶나이 이십에 ~가 되다. ▷청상(靑孀).
생-과실(生果實) 뗑 아직 덜 익은 과실. =생실. 준생과.
생-과자(生菓子) 뗑 수분을 함유시켜 무르게 만든 과자.
생광(生光) 뗑 **1** 빛이 나는 것. **2** 영광스러워 낯이 나는 것. ¶출판 기념회에 참석해 주시면 ~이겠습니다. **3** 아쉬울 때에 쓰게 되어 보람이 있는 것. **생광-하다** 혱(여)
생-광목(生廣木) 뗑 짜낸 후, 아직 잿물로 삶아 내지 않은 광목.
생광-스럽다(生光-)[-따] 혱(비) <-스러우니, -스러워> **1** 영광스러워 낯이 나는 점이 있다. ¶제 자식의 결혼식에 참석해 주셔서 정말 **생광스럽습니다**. **2** 아쉬울 때에 쓰게 되어 보람을 느낄 만하다. ¶아쉽던 차에 시골에서 돈을 부쳐 와 여간 **생광스럽지** 않다.
생광스레 튀
생-굴(生-) 뗑 익히지 않은 굴.
생그레 튀 소리 없이 지긋이 눈웃음만 치는 모양. 큰싱그레. 쎈쌩그레. **생그레-하다** 팀(자)(여)
생글-거리다/-대다 팀(자) 소리 없이 부드럽고 정답게 자꾸 눈으로 웃다. 큰싱글거리다. 쎈쌩글거리다.
생글-방글 튀 생글거리면서 방글거리는 모양. 큰싱글벙글. 쎈쌩글빵글. **생글방글-하다** 팀(자)(여)
생글-뱅글 튀 생글거리면서 뱅글거리는 모양. 큰싱글빙글. 쎈쌩글뺑글. **생글뱅글-하다** 팀(자)(여)
생글-생글 튀 생글거리는 모양. ¶~ 웃고 있

생금¹(生金)[광] 캐낸 채로 정련하지 않은 황금.

생금²(生擒)[명] (사람이나 동물을) 산 채로 잡는 일. [비]생포(生捕). **생금-하다**[동][타][여]

생급-스럽다[-쓰-따][형][ㅂ]〈-스러우니, -스러워〉**1**(하는 일이나 짓이) 뜻밖이고 갑작스럽다. **2**(하는 말이) 엉뚱하다. **3**'새삼스럽다'의 잘못. **생급스레**[부]

생긋[-귿][부] 소리 없이 살짝 정답게 눈웃음만 치는 모양. [큰]싱긋. [센]생끗·쌩긋·쌩끗. **생긋-하다**[동][자][여] **생긋-이**[부]

생긋-거리다/-대다[-귿꺼(때)-][동][자] 자꾸 생긋 웃다. [큰]싱긋거리다. [센]생끗거리다·쌩긋거리다·쌩끗거리다.

생긋-뱅긋[-귿뺑귿][부] 생긋거리면서 뱅긋거리는 모양. [큰]싱긋빙긋. [센]생끗뺑끗·쌩긋뺑긋·쌩끗뺑끗.

생긋-생긋[-귿쌩귿][부] 생긋거리는 모양. ¶~ 웃기를 잘하는 아가씨. [큰]싱긋싱긋. [센]생끗생끗·쌩긋쌩긋·쌩끗쌩끗. **생긋생긋-하다**[동][자][여]

생기¹(生起)[명] 생겨나는 일. 또는, 일어나는 일. [비]발생(發生). **생기-하다**[동][자][여] **생기-되다**[동][자][여]

생기²(生氣)[명] 싱싱하고 힘찬 기운. [비]생채·활기. ¶~가 돌다 / ~가 넘치다 / ~을 잃다 / ~가 없는 아이.

생기다 Ⅰ[동][자] **1**(어디에 없던 것이) 새로 있게 되다. ¶얼굴에 여드름이 ~. **2**(어떤 것이) 자기의 소유가 되다. ¶집이 ~ / 돈이 ~. **3**(어떤 일이나 현상이) 나타나거나 있게 되다. [비]발생하다·일어나다. ¶교통사고가 ~. **4**(사람에게 어떤 마음이나 욕구가) 일어나 있게 되다. ¶욕심이 ~. **5**됨됨이가 어떠하게 되어 있다. ¶예쁘게 ~.
Ⅱ[형][보조] (어미 '-게' 아래에 쓰여) 어떠한 지경에 이르게 되다. ¶얼마나 맞았던지 죽게 생겼다.

생기-론(生氣論)[명][철] 생명 현상은 물질적 요인과 자연법칙만으로는 설명할 수 없고, 그와는 원리적으로 다른 독자적인 요인이 필요하다는 이론. =생기설·활력설.

생기발랄(生氣潑剌)→**생기발랄-하다**[여] 생기가 넘치고 명랑하다. ¶생기발랄한 젊은이.

생-김(生-)[명] 굽거나 양념을 하지 않은 김.

생김-새[명] 어떤 특징이나 인상을 나타내는, 사람 얼굴이나 동식물 등의 모양. [비]모습·형태. ¶얼굴 ~ / ~가 우락부락하다 / 별주부전에 보면 토끼의 ~를 묘사하는 대목이 있다.

생김-생김[명] 이모저모로 보는 생김새. ¶~이 마음에 쏙 든다.

생-김치(生-)[명] =날김치.

생끗[-끋][부] '생긋'의 센말. [큰]싱끗. [센]쌩끗. **생끗-거리다/-대다**[-끋꺼(때)-][동][자] '생긋거리다'의 센말. [큰]싱끗거리다. [센]쌩끗거리다.

생끗-뺑끗[-끋뺑끋][부] '생긋뺑긋'의 센말. [큰]싱끗빙끗. [센]쌩끗뺑끗. **생끗뺑끗-하다**[동][자][여]

생끗-생끗[-끋쌩끋][부] '생긋생긋'의 센말. [큰]싱끗싱끗. [센]쌩끗쌩끗. **생끗생끗-하다**[동][자][여]

생-나무(生-)[명] **1** 살아 있는 나무. **2** 벤 채로 아직 마르지 않은 나무. =생목(生木). [비]날목. ↔마른나무.

생-나물(生-)[명] 익히지 않은 것으로 무친 나물.

생-난리(生亂離)[-날-][명] 아무 까닭도 없이 몹시 시끄럽게 들볶아 대는 판. ¶~가 나다 / ~를 치다.

생남(生男)[명] 아들을 낳는 것. =생자(生子). [비]득남. ↔생녀(生女). **생남-하다**[동][자][여]

생남-례(生男禮)[-네][명] 아들을 낳은 자축(自祝)으로 턱을 내는 일. =생남턱. **생남례-하다**[동][자][여]

생남-턱(生男-)[명] =생남례.

생녀(生女)[명] 딸을 낳는 것. [비]득녀(得女). ↔생남(生男). **생녀-하다**[동][자][여]

생년(生年)[명] 출생한 해. ↔몰년·졸년.

생년월일(生年月日)[명] 출생한 해와 달과 날. ↔졸년월일.

생년월일시(生年月日時)[-씨][명] 출생한 해와 달과 날과 시.

생-논(生-)[명][농] 갈이가 잘되지 않은 논.

생-니(生-)[명] 탈 없는 성한 이.

생-담배(生-)[명] 피우지 않는 상태에서 타고 있는 담배.

생도¹(生徒)[명][교] **1** 군의 교육 기관, 특히 사관학교의 학생. ¶사관(士官) ~. **2** 전에, 중등학교 이하의 학생을 이르던 말.

생도²(生道)[명] =생계(生計).

생-돈(生-)[명] 공연한 일에 드는 돈. ¶~을 쓰다 / ~이 들어가다.

생동(生動)[명] **1** 생기 있게 살아 움직이는 것. **2** (그림·글씨, 또는 기타 예술 작품이) 썩 잘되어, 살아 움직이는 것과 같이 보이는 것. **생동-하다**[동][자][여] ¶만물이 **생동**하는 봄.

생동-감(生動感)[명] 힘차게 살아 움직이는 것과 같은 느낌. ¶~ 넘치는 묘사.

생동생동-하다[형][여] 기운이 꺾이지 않고 본디 그대로 남아 있다. [큰]싱둥싱둥하다.

생-되다(生-)[-뙤-/-뛔-][형] 일에 익숙하지 않아 서투르다.

생득(生得)[명] 태어나면서부터 가짐. 또는, 타고남.

생득-적(生得的)[-쩍][관][명] 성질이나 능력 등이 태어나면서 갖추어져 있는 (것).

생디칼리슴(프syndicalisme)[명][사] 19세기 말기에서 20세기 초기에 프랑스·이탈리아 등지에서 일어난 노동조합 지상주의 운동과 사상. 노동조합에 의한 경제 투쟁과 직접 행동을 중시하며, 최종적으로는 총파업으로 혁명을 성취하려 함.

생-딱지(生-)[-찌][명] 아직 덜 나은 헌데의 딱지.

생-딴전(生-)[명] 엉뚱한 딴 짓. ¶하라는 일은 하지 않고 ~을 피우다.

생-땅(生-)[명] 전에 판 적이 없는 본디의 굳은 땅. =생지(生地).

생때-같다(生-)[-갇따][형] 몸이 튼튼하여 병이 없다. ¶"죽기는 왜 죽어, **생때같이** 살아만 있다던다…."〈현진건: 운수 좋은 날〉

생-떼(生-)[명] 당치도 않은 억지를 억거나 떼를 부리는 짓. ¶~를 쓰다.

생-떼거리(生-)[명] '생떼'를 속되게 이르는 말. ¶돈을 내놓으라고 ~를 쓰다.

생뚱-맞다[-맏따][형] 말이나 행동의 앞뒤가 맞지 않아 매우 엉뚱하다.

생뚱-스럽다 [-따] 형ㅂ〈-스러우니, ~스러워〉 말이나 행동의 앞뒤가 맞지 않아 매우 엉뚱한 데가 있다. **생뚱스레** 부

생뚱-하다 형여 (말이나 짓이) 앞뒤가 맞지 않고 엉뚱하다.

생래(生來) [-내] 명부 1 세상에 태어난 이래. 2 성정(性情)을 타고남. ¶~의 호탕한 성격.

생래-적(生來的) [-내-] 관명 태어난 이래 가지고 있는 (것). ¶인간은 누구나 ~인 고독을 안고 살아간다.

생략(省略) [-냑] 명 (어떤 부분이나 내용을) 간단하게 줄이거나 빼는 것. ¶이하 ~. 준약(略). **생략-하다** 동타여 ¶철차를 ~. 준약(略)하다. **생략-되다** 동자

생략-법(省略法) [-냑뻡] 명문 수사법의 하나. 문장의 어느 부분을 일부러 생략함으로써 함축미나 암시·여운 등을 느끼게 하는 방법.

생략-표(省略標) [-냑-] 명언 =줄임표1.

생량(生涼) [-냥] 명 가을이 되어 서늘한 기운이 생기는 것. **생량-하다** 동자여

생량-머리(生涼-) [-냥-] 명 초가을이 되어 서늘해질 무렵. ¶그래도 제철은 속일 수 없어서 아침저녁으로 산들하니 나날이 달라가는-에….《염상섭:취우》

생력-화(省力化) [-녀콰] 명경 산업의 기계화·자동화·무인화를 촉진시켜 노동력을 줄이는 일. **생력화-하다** 동자타여 **생력화-되다** 동자

생령(生靈) [-녕] 명 1 =생명1. 2 =생민(生民). ↔사령(死靈).

생로(生路) [-노] 명 =생계(生計).

생로병사(生老病死) [-노-] 명불 중생이 반드시 겪어야 하는 네 가지 고통. 곧, 나고, 늙고, 병들고, 죽는 일.

생률(生栗) [-뉼] 명 1 =날밤². 2 제상(祭床)이나 잔칫상에 올리는, 나부죽하게 쳐서 깎은 날밤.

생률(을) **치다** 관 껍질을 벗긴 날밤을 나부죽하게 쳐서 깎다. ¶생률을 쳐서 제상에 올리다.

생리¹(生利) [-니] 명 이익을 내는 것. **생리-하다** 동자여

생리²(生理) [-니] 명 1 생물체의 생물학적 기능과 작용. 또는, 그 원리. ¶~ 현상. 2 [생] '생리학'의 준말. 3 생활하는 습성이나 본능. ¶나와 맞지 않는다. 4 [생] =월경².

생리-대(生理帶) [-니-] 명 월경으로 흘러나오는 피를 흡수시키기 위하여 샅에 대는 물건. 비개짐·패드(pad).

생리-사별(生離死別) [-니-] 명 살아서 이별함과 죽어서 이별함. **생리사별-하다** 동자여

생리^식염수(生理食鹽水) [-니-] 명약 사람의 혈액·체액과 삼투압이 같게 한 0.9%의 식염수. 수혈(輸血)·보액(補液)의 목적으로 사용되며, 각종 주사의 기제(基劑)가 됨. 준식염수.

생리-일(生理日) [-니-] 명 월경(月經)이 있는 날.

생리^작용(生理作用) [-니-] 명생 생물의 생활하는 작용. 곧, 혈액 순환·호흡·소화·배설·생식 등에 관한 작용의 총칭.

생리-적(生理的) [-니-] 관명 1 생리에 관계되거나 근거하는 (것). ¶~ 작용 / ~ 조건. 2 이치나 사리로서가 아니라, 본능적·육체적인 (것). ¶~으로 싫어하는 일.

생리-통(生理痛) [-니-] 명의 월경 때 하복부나 자궁 등에 생기는 통증. =월경통.

생리-학(生理學) [-니-] 명생 주로 기능적인 면에서 생명 현상의 영위를 자연 과학적으로 구명하는 학문. 준생리.

생리^휴가(生理休暇) [-니-] 명 근로 기준법에 의하여 일정한 조건 아래에서 월경 때에 여성 근로자에게 주는 휴가.

생-매장(生埋葬) 명 1 (사람을) 산 채로 땅속에 묻는 것. 2 멀쩡한 사람을 허물을 씌워 사회적 지위에서 몰아내는 것. **생매장-을** 타여 ¶정적(政敵)을 ~. **생매장-되다** 동자

생-맥주(生麥酒) [-쭈] 명 살균 처리를 하지 않은, 양조된 그대로의 맥주.

생맥줏-집(生麥酒-) [-쭈찝/-쭏찝] 명 생맥주를 전문으로 파는 술집.

생-머리(生-) 명 1 파마를 하지 않은 자연 그대로의 머리. 특히, 직모, 때로, 곱슬머리를 파마로 곧게 편 머리를 가리키기도 함. ¶긴 ~ 소녀. 2 멀쩡하다가 공연히 아프게 되는 머리를 가리키는 말. ¶~를 앓다.

생면(生面) [-면] 명 1 '생면목'의 준말. 2 생색을 내는 것. **생면-하다** 동자여 생색을 내다.

생-면목(生面目) 명 처음으로 대하는 얼굴. ¶심 봉사 반같기는 반가우나 눈을 뜨고 보니 도리어 ~이라. 《심청전》 준생면.

생면부지(生面不知) [-면-] 명 서로 만나 본 일이 없어 도무지 알지 못함. 또는, 그러한 사람.

생멸(生滅) [-멸] 명불 우주 만물의 생김과 없어짐. **생멸-하다** 동자여

생명(生命) [-명] 명 1 사람이 살아서 숨 쉬고 활동할 수 있게 하는 힘. =생령·성명(性命). 비목숨. ¶~의 은인 / ~을 구하다 / ~을 잃다 / ~이 위태롭다 / ~을 앗아가다. 2 여자의 자궁 속에 자리 잡아 장차 사람으로 태어날 존재. ¶~을 잉태하다. 3 동물과 식물은, 생물로서 살아 있게 하는 힘. ¶~의 기원. 4 사물의 존립(存立)에 가장 중요한 점. ¶화려한 색채가 그 그림의 ~이다. 5 사물이 유지되는 기간. ¶인기에 편승한 작품일수록 ~이 짧다.

> **유의어 생명 / 목숨**
> 둘 다 살아 있는 현상이나 힘을 가리키나 '생명'이 사람을 비롯한 모든 생물의 것을 포함하는 반면, '목숨'은 식물을 포함하지 않으며 동물, 특히 사람의 것을 가리킴. 또한, '목숨'이 삶의 최저선이자 최후의 요소라는 어감이 강한 반면, '생명'은 그러한 어감이 약함. 가령, "목숨만 살려 주세요. / 목숨이 경각에 달려 있다."에서 '목숨'을 '생명'으로 바꾸기 어려움.

생명^공학(生命工學) 명 생명 현상·생물 기능 그 자체를 인간을 위하여 조작하는 기술의 총칭. =바이오테크놀로지.

생명^과학(生命科學) 명 생명 현상을, 생물학·화학·물리학 등의 기초적인 면과, 의학·심리학·인문 사회 과학·농학·공학 등의 응용 면에서 종합적으로 연구하는 학문.

생명-권(生命權) [-꿘] 명 인권의 하나로, 생명을 불법으로 침해당하지 않을 권리.

생명-나무(生命-) 명 1 열매가 사람을 영생케 한다는, 에덴동산에 있는 나무. 2 나뭇잎이 병을 치료한다는, 하늘의 도시 예루살렘에 있는 나무. =생명수(生命樹).

생명-력(生命力) [-녁] 명 1 생명을 유지하

려고 하는 힘. ¶강인한 ~/잡초의 질긴 ~. 2 사물 현상의 본질적 기능이나 영향력 등을 발휘하는 힘. ¶~을 잃은 학설.

생명^보^험(生命保險) 명[경] 사람의 사망 또는 일정 연령까지의 생존을 조건으로 하여 일정 금액을 지급할 것을 약정하는 보험.

생명-선(生命線) 명 1 생명을 유지하는 데 필요한 중요한 존재나 방도. 2 [민] 수상(手相)에서, 생명의 길이를 나타내는 손금. 엄지손가락과 집게손가락 사이에서 손목 쪽으로 둥글게 휘어진 형태의 선임. ¶~이 길어 오래 살겠다.

생명-수¹(生命水) 명 ['영원한 영적 생명에 필요한 물'이라는 뜻] [기] 그리스도의 복음의 비유. =생수(生水).

생명-수²(生命樹) 명 1 [종] 생명력의 원천, 또는 풍요·생산의 상징으로 숭배되는 나무. =세계수. 2 [성] =생명나무.

생명-점(生命點) 명 [一쩜] 덜미의 바로 위, 꼭뒤 아래의 약간 오목한 곳. 호흡 중추와 심장 중추가 있는데, 이곳을 바늘로 찌르면 죽음.

생-명주(生明紬) 명 생사로 짠 명주. ⑧생주.
생명-철학(生命哲學) 명[철] =생의 철학.
생명-체(生命體) 명 생명이 있는 존재. ¶배 속에서 귀한 ~가 자라고 있다.

생명-표(生命表) 명 생명 보험의 보험 사고가 발생할 연령별 위험도[사망률]를 나타낸 통계표. 보험료 산출의 근거가 됨.

생모(生母) 명 자기를 낳은 어머니. 凹생어머니·친어머니.

생-모시(生-) 명 잿물에 삶아 물에 빨아 말리지 않은, 생것 그대로의 모시. =생저(生苧).

생^목¹(-木) 명 =당목(唐木).
생목²(生-) 명 위(胃)에서 입으로 올라오는 삭지 않은 음식물이나 시큼한 위액. ¶~이 오르다.
생목³(生木) 명 =생나무. ¶~ 장작.
생-목숨(生-) 명 [-쑴] (주로, '끊다/버리다/잃다/빼'앗으다'와 같은 동사와 함께 쓰여) 억울하거나 공연한 목숨을 이르는 말. ¶전쟁이 일어나 무고한 백성들이 ~을 잃다.

생몰(生沒·生歿) 명 태어남과 죽음. 凹죽살이. ¶~ 연대(年代).

생-몰년(生沒年) [-련] 명 태어난 해와 죽은 해. =생졸년(生卒年). ¶~ 미상(未詳).

생-무지(生-) 명 어떠한 일에 익숙하지 못한 사람. ¶장사에는 ~올시다.

생물(生物) 명 1 생명을 가진 것. 증식·성장·물질대사·자극 반응성·조절성 등을 나타내는 것의 총칭. 동물·식물·미생물로 나뉨. ↔무생물. 2 [생] '생물학'의 준말.

생물-계(生物界) [-게/-게] 명 생물의 세계. ⑧생계.
생물^공학(生物工學) 명[생] =생체 공학.
생물-체(生物體) 명[생] 동물이나 식물처럼 살아 있는 존재.
생물-학(生物學) 명[생] 생물 또는 생명 현상을 연구하는 과학. ⑧생물.
생물학^무^기(生物學武器) [-항-] 명[군] 병원성을 나타내는 세균이나 바이러스 등을 적지에 살포함으로써 인축(人畜)·식물을 가해·살상하려고 하는 무기. =생물 무기·세균 무기.
생물학적 산소^요^구량(生物學的酸素要求量) [-쩍-] [생] 물의 오염을 나타내는 지표의 하나. 호기성 미생물이 일정 기간 동안에 수중의 유기물을 산화·분해할 때에 소비하는 용존 산소량. ppm으로 나타냄.

생물학-전(生物學戰) [-쩐] 명[군] 생물학 무기를 사용하는 전쟁. =세균전(細菌戰).

생물^화^학^무^기(生物化學武器) [-항-] 명[군] 생물학 무기와 화학 무기의 총칭. =비시(BC) 무기.

생-미역(生-) 명 바다에서 따서 물기를 말리지 않은, 젖은 상태의 미역. =물미역. ↔마른미역.

생민(生民) 명 살아 있는 백성. =생령(生靈). 凹민생(民生).

생반(生飯) 명[불] 밥을 먹기 전에 아귀(餓鬼), 또는 새와 들짐승 등에게 주기 위해 조금씩 떠내는 밥. =어동밥.

생-밤(生-) 명 =날밤.
생방(生放) 명 '생방송'의 준말.
생-방송(生放送) 명 방송 프로그램을 미리 녹음하거나 녹화하지 않고 스튜디오나 현장에서 진행되는 상태 그대로 그 즉시 보거나 들을 수 있도록 전파에 실어 보내는 일. 또는, 그 방송. ¶월드컵 축구 실황을 ~으로 보내 드리겠습니다. ⑥생방. ↔녹음 방송·녹화 방송. **생방송-하다** 톤(타)여 =생방송되다 자

생배-앓다(生-) [-알타] 톤(자) 1 까닭 없이 생으로 배를 앓다. 2 남이 잘되는 것을 시기하다. ¶사돈이 땅을 산다니까 생배앓는다.

생-백신(生vaccine) 명[약] 병원성(病原性)을 약하게 된, 살아 있는 병원균으로 만든 백신. 비시지(BCG)·두묘(痘苗) 백신 따위.

생-베(生-) 명 잿물에 삶아서 바래지 않은 베. =생포(生布).

생-벼락(生-) 명 =날벼락.
생별(生別) 명 '생이별'의 준말. ↔사별. **생별-하다** 자(타)여

생병(生病) 명 무리한 일을 하다가 생으로 얻은 병. ¶~을 앓다 / 그만 좀 쉬어라. 그러다가 ~ 나겠다.

생부(生父) 명 자기를 낳은 아버지. 凹생아버지·친아버지.

생-부모(生父母) 명 '본생부모'의 준말.
생-분해(生分解) 명 물질이 미생물에 의해서 분해되는 일. **생분해-되다** 톤(자) ¶생분해되는 세제(洗劑).

생불(生佛) 명[불] 살아 있는 부처라는 뜻으로, 덕행이 뛰어난 승려를 이르는 말. =활불(活佛).

생불여사(生不如死) [살아 있음이 차라리 죽는 것만 못하다는 뜻] 몹시 어려운 형편에 빠져 있다는 말.

생-뿔(生-) 명 =생강뿔.
생사¹(生死) 명 삶과 죽음. 凹죽살이. ¶~ 불명 / ~가 걸린 문제 / ~를 같이하다.
생사²(生絲) 명 삶지 않은 명주실. =생명주실.

생사-고락(生死苦樂) 명 삶과 죽음과 괴로움과 즐거움. ¶~을 함께한 전우.
생사-관두(生死關頭) 명 =사생관두.
생-사람(生-) 명 1 아무 잘못이 없는 사람. ¶애매하게 ~을 끌고 간다. 2 아무 관계가 없는 사람. ¶왜 ~을 가지고 시비냐? 3 생때 같은 사람. ¶~이 그렇게 허망하게 쓰러지다니.

생사람(을) 잡다 판 아무 잘못이나 관계가 없는 사람에게 누명을 씌우다. ¶내가 언제

생사-존망(生死存亡) 뗑 살아 있음과 죽어 없어짐. =사생존망·사생출몰. ¶~이 달린 중대 문제.

생사-탕(生蛇湯) 뗑[한] 산 뱀을 달인 탕약.

생산(生產) 뗑 1 [경] 인간이 자연에 작용을 가하여 어떤 효용을 가진 재화나 서비스를 만들어 내는 활동. ↔소비. 2 아이를 낳는 것. 예스러운 표현으로, 현재는 '출산(出產)'을 주로 씀. **생산-하다** 통(타)여 ¶공장에서 자동차를 ~ / 자녀를 생산함은 조만(早晚)이 없나니….《김만중:사씨남정기》 **생산되다** 통(자)

생산-가(生產價) [-까] 뗑[경] '생산 가격'의 준말. ¶공장 ~.

생산^가격(生產價格) [-까-] 뗑[경] 생산비에 평균 이윤을 더한 금액. 준생산가.

생산-고(生產高) 뗑[경] 1 =생산액. 2 =생산량.

생산^도시(生產都市) 뗑 생산 활동이 중심적 기능으로 되어 있는 도시. 공업 도시·광업 도시·수산 도시 따위. ↔소비 도시.

생산-량(生產量) [-냥] 뗑 생산되는 양. =생산고(生產高). ¶~이 많다[적다]. ↔소비량.

생산-력(生產力) [-녁] 뗑[경] 물질적 재화를 생산할 수 있는 능력. ¶~의 저하.

생산-물(生產物) 뗑[경] 생산되는 물건.

생산-비(生產費) 뗑[경] 어떤 재화를 생산하는 데에 드는 비용. 가변 비용과 불변 비용으로 나뉨. =코스트. ¶~의 절감 / ~로 충당하다.

생산-성(生產性) [-썽] 뗑[경] 어떤 생산 요소가 생산에 이바지한 정도나 그 효율성. 토지나 자본의 생산성도 있으나 일반적으로 노동 생산성을 가리킴. ¶~ 향상 / ~을 높이다.

생산^수단(生產手段) 뗑[경] 재화를 생산하는 데 필요한 모든 요소. 곧, 도구·기계·노동력·건물 등 노동 수단과, 토지·삼림·지하 매장물 등.

생산-액(生產額) 뗑[경] 일정한 기간에 생산되어 나오는 재화의 수량. =생산고.

생산-업(生產業) 뗑 생산하는 일에 관계된 업종이나 직업.

생산^요소(生產要素) [-뇨-] 뗑[경] 재화를 생산하는 데 필요한 요소. 크게 토지·노동·자본으로 분류됨.

생산-자(生產者) 뗑 1 재화의 생산에 종사하는 사람. ↔소비자. 2 [생] 어느 공간의 먹이 사슬에서 무기물로부터 유기물을 합성할 수 있는 독립 영양 생물의 총칭. 보통은 녹색 식물이 이에 해당함.

생산자^가격(生產者價格) 뗑[경] 생산자가 생산물을 상인이나 기타 중간 업자에게 판매할 때의 가격. ↔소비자 가격.

생산^자본(生產資本) 뗑[경] 생산 요소, 즉 노동력 및 생산 수단의 형태로서 생산 과정에서 작용하는 자본. ↔소비 자본·유통 자본.

생산-재(生產財) 뗑[경] 생산의 과정에서 쓰이는 재화. 넓은 뜻으로는 자본재와 같으나, 좁은 뜻으로는 원재료처럼 한 번의 생산에서 소비되어 버리는 것을 말함. ↔소비재.

생산-적(生產的) 관뗑 1 생산에 관계있거나, 생산성이 많은 (것). 2 그것이 바탕이 되어 새로운 것이 생겨나는 (것). 비건설적. ¶~인 사고방식. ↔비생산적.

생산-지(生產地) 뗑 어떤 물건이 생산되는 곳. ↔소비지.

생산-직(生產職) 뗑 물건을 직접 생산하는 업무를 맡아보는 직책이나 직업. ▷사무직.

생산-품(生產品) 뗑[경] 생산되는 물품.

생-살¹(生-) 뗑 1 =새살. ¶~이 돋아난다. 2 아무 탈이 없는 성한 살. ¶~을 째야 한다니, 얼마나 아플까?

생살²(生殺) 뗑 살리는 일과 죽이는 일. =활살(活殺). **생살-하다** 통(타)여

생살-권(生殺權) [-꿘] 뗑 살리거나 죽이거나 할 수 있는 권한. =생살지권.

생살-여탈(生殺與奪) [-려-] 뗑 [살리고 죽임, 주고 빼앗음의 뜻] 남의 목숨과 재물을 좌지우지하는 일. ¶~을 마음대로 하던 무서운 독재자. **생살여탈-하다** 통(타)여

생삼-사칠(生三死七) 뗑[민] 사람이 난 뒤 사흘 동안과 죽은 뒤 이레 동안을 부정하다고 꺼리는 일.

생-새우(生-) 뗑 말리거나 익히거나 절이지 않은 새우.

생색(生色) 뗑 (주로, '나다', '내다', '쓰다' 등과 함께 쓰여) 도움이나 은혜 등을 베푼 일을 짐짓 남에게 드러내거나 그런 일이 알려지게 됨으로써 서게 되는 체면.

생색-나다(生色-) [-생-] 통(자) 도움이나 은혜 등을 베푼 일을 남이 알아줌으로써 체면이 서게 되거나 만족감을 가지게 되다. =낫내다.

생색-내다(生色-) [-생-] 통(자) 도움이나 은혜 등을 베푼 일을 남이 알아주기를 바라면서 짐짓 드러내다. =낫내다.

생생-하다 혱여 1 시들거나 상하지 않고 싱싱하다. ¶다른 나무는 진작 낙엽이 지고 느티나무만 **생생하게** 바람을 막고 있었다.《오유권:절도》 ⑧싱싱하다. 쎈쌩쌩하다. 2 (기억이나 현상이) 눈앞에 보는 것같이 또렷하다. ¶그때의 일은 아직도 기억에 ~. 3 현실적으로 분명하다. ¶**생생한** 증거 / 인물을 **생생하**게 묘사하다. **생생-히** 튀

생-석회(生石灰) [-서쾨/-서퀘] 뗑[화] =산화칼슘. 준생회.

생선(生鮮) 뗑 바다에서 잡아서 햇볕에 말리거나 소금에 절이지 않은, 비교적 싱싱한 식용·판매 대상의 물고기. 세는 단위는 마리·뭇(10마리)·두름(20마리)·짝. =생어(生魚)·선어(鮮魚).

생선-국(生鮮-) [-꾹] 뗑 생선을 넣어 끓인 국. =어탕(魚湯).

생선-묵(生鮮-) 뗑 =어묵.

생선-초밥(生鮮醋-) 뗑 초밥에 생선회를 얹은 일본 요리.

생선-회(生鮮膾) [-회/-훼] 뗑 싱싱한 생선을 살만 저며 간장이나 초고추장에 찍어 먹는 음식. =어회(魚膾).

생성(生成) 뗑 1 (사물이) 생겨나는 것. 또는, 생기게 하는 것. ¶~물 / 태양계의 ~ 과정. 2 [철] 사물이 그 상태를 바꾸어 다른 상태로 변하는 일. **생성-하다** 통(자)(타)여 **생성되다** 통(자)

생성-열(生成熱) [-녈] 뗑[화] 화합물 1몰(mol)에서, 각 구성 요소의 홑원소 물질로부터 화합물을 만들 때의 반응열.

생소(生疏) →생소-하다 혱여 1 (어떤 대상이) 별로 대한 적이 없어 심리적으로 멀게

느껴지거나 서먹함을 느끼는 상태에 있다. [비]낯설다. ¶처음 가는 곳이라 모든 것이 ~. **2** (어떤 사물이) 익숙하지 못하여 서투르다. ¶기계 방면에는 ~.

생-소나무(生—) [명] **1** 살아 있는 소나무. **2** 벤 지 얼마 안 되어 아직 마르지 않은 소나무. =생솔.

생-소리(生—) [명] **1** 이치에 맞지 않는 생판 엉뚱한 말. ¶~로 사람 잡겠네. **2** 노래를 할 때 가다듬어서 내는 소리가 아니라 목에서 나오는 대로 소리를 내는 것. 또는, 그 소리. **생소리-하다** [동][자][여]

생-소산(生燒散) [명][불] 자기 몸을 불에 태워 부처에게 공양하는 일. =생화장(生火葬). **생소산-하다** [동][타][여]

생-손 [명][한] '생인손'의 준말.

생-솔(生—) [명] =생소나무. ¶~ 가지.

생수(生水) [명] **1** 샘에서 솟아 나오는 물. ¶등산 길에 ~를 마시다. **2** '광천수'를 통속적으로 이르는 말. **3** [기] =생명수(生命水)[1].

생시(生時) [명] **1** 태어난 시간. **2** 자지 않고 깨어 있을 때. ¶이게 꿈이냐 ~냐. **3** 살아 있을 때.

생식[1](生食) [명] 음식물을 익히지 않고 날로 먹는 것. ↔화식(火食). **생식-하다**[1] [동][자][타][여]

생식[2](生殖) [명][생] 생물이 자기와 닮은 개체를 만들어 종족을 유지하는 현상. 유성 생식과 무성 생식으로 크게 나뉨. **생식-하다**[2] [동][자][여]

생식-기[1](生殖期) [—끼] [명][생] 생식이 행해지는 시기. 또는,생식에 적합한 시기. ▷번식기.

생식-기[2](生殖器) [—끼] [명][생] =생식 기관.

생식^기관(生殖器官) [—끼—] [명][생] 생물이 유성 생식을 하기 위하여 갖춘 기관의 총칭. 동물의 수컷에는 정소·수정관·전립선·음경 등이 있고, 암컷에는 난소·나팔관·자궁·질 등이 있음. 또, 식물의 암술·수술 등이 이에 속함. =생식기·교접기. [비]성기(性器).

생식-력(生殖力) [—싱녁] [명] 개개의 생물이 태어날 때부터 가지고 있는 잠재적인 종족 재생산 능력.

생식-샘(生殖—) [—쌤] [명][생] 배우자를 형성하는 기관. 수컷에서는 정소(精巢), 암컷에서는 난소(卵巢)를 말함. =생식선·성선(性腺).

생식-선(生殖腺) [—썬] [명][생] =생식샘.

생식^세¦포(生殖細胞) [—쎄—] [명][생] 생식을 위하여 특히 형성되는 세포. 다음 대(代)의 생물 개체의 출발점이 되며, 암컷의 난자(卵子), 수컷의 정자(精子) 또는 꽃가루를 말함. =성세포. ▷체세포.

생식-소(生殖巢) [—쏘] [명][생] 생식 세포를 형성하는 부분. 정소(精巢)·난소(卵巢) 따위. =성소.

생신[1](生辰) [명] '생일(生日)'의 높임말. ¶내일이 아버님 ~이다.

생신[2](生新) ➡**생신-하다** [형][여] 산뜻하고 새롭다.

생심(生心) [명] 무슨 일 따위를 하려는 생각을 내는 것. 또는, 그런 생각. =생의(生意). **생심-하다** [동][자][여]

생-쌀(生—) [명] 익히지 않은 쌀. [비]날쌀.

생-아버지(生—) [명] 양자로 간 사람이 친아버지를 이르는 말. [비]생부. ↔양아버지.

생안-발 [명][한] '생인발'의 잘못.

생안-손 [명][한] '생인손'의 잘못.

생애(生涯) [명] **1** 살아온 한평생 동안. ¶그는 지난여름 80세를 일기로 독립 운동가로서의 한 많은 ~를 마쳤다. **2** =생계(生計).

생-야단(生惹端) [—냐—] [명] **1** 공연히 야단스럽게 굴거나 야단스럽게 꾸짖는 일. ¶별로 잘못한 일도 없는데 ~이시다. **2** 아주 곤란하게 된 일. ¶눈이 많이 내려 꼼짝 못하게 되었으니 ~이다. **생야단-하다** [동][자][여] ¶늦게 귀가한 딸에게 무턱대고 **생야단하시는** 어머니.

생약(生藥) [명][약] 식물·동물·광물 등을 그대로 쓰거나, 성질을 바꾸지 않는 정도로 절단·파쇄·건조하여 가공·조제한 약. 한방약·민간약·의약품 원료 등으로 쓰임.

생-어머니(生—) [명] 양자로 간 사람이 친어머니를 이르는 말. [비]생모(生母). ↔양어머니.

생-억지(生—) [—찌] [명] 까닭도 없이 무리하게 쓰는 억지. 또는, 생판으로 쓰는 억지. ¶없는 물건을 내놓으라고 ~를 쓰다.

생업(生業) [명] 살아가기 위하여 가지는 직업. ¶농사를 ~으로 삼다.

생욕(生辱) [명] 아무 까닭 없이 당하는 욕.

생-우유(生牛乳) [명] **1** 끓이지 않은, 소에서 짜낸 그대로의 우유. **2** 분유에 대해, 멸균한 액체 우유를 이르는 말. [준]생유.

생-울타리(生—) [명] '산울타리'의 잘못.

생원(生員) [명][역] **1** 조선 시대에 소과인 생원과의 과거에 합격한 사람. =상사(上舍). **2** 나이 많은 선비를 대접하여 그 성 밑에 붙여 부르는 말. ¶김 ~.

생원-진사시(生員進士試) [명][역] 조선 시대에 생원·진사를 뽑던 과거. =감시(監試)·사마시(司馬試)·소과(小科).

생월-생시(生月生時) [명] 태어난 달과 태어난 시.

생유(生乳) [명] **1** '생우유'의 준말. **2** 끓이지 않은 우유·양젖 따위의 총칭. =생젖.

생육[1](生肉) [명] =날고기.

생육[2](生育) [명] **1** 낳아서 기르는 것. =생양(生養). **2** (생물이) 살아서 자라는 것. ¶벼의 ~ 기간. **생육-하다** [동][자][타][여] **생육-되다** [동][자]

생-육신(生六臣) [—씬] [명][역] 조선 시대, 세조가 단종으로부터 왕위를 빼앗자 세상에 뜻이 없어 벼슬을 버리고 절개를 지킨 여섯 신하. 곧, 이맹전(李孟專)·조여(趙旅)·원호(元昊)·김시습(金時習)·성담수(成聃壽)·남효온(南孝溫). ▷사육신.

생-으로(生—) [부] **1** 익거나 마르거나 삶지 않은 채로. [비]날로. ¶낙지를 ~ 먹다. **2** 저절로 되지 않고 무리하게. ¶까닭 없이 사람을 ~ 볶아친다.

생의(生意) [—의/—이] [명] =생심(生心). **생의-하다** [동][자][여]

생의 철학(生—哲學) [—의—/—에—] [철] 체험으로서의 생(生)을 직접적으로 포착하려 한 철학. 19세기 후반에서 20세기에 걸쳐 유럽에서 일어남. 니체·딜타이·베르그송 등의 철학이 그 대표적인 예임. =생명 철학.

생이 [명][동] 갑각강 십각목 새뱅잇과의 한 종. 몸길이 3cm가량. 몸빛은 암컷은 갈색이며 배에는 흑갈색 무늬가 있고, 수컷은 무늬가 뚜렷하지 않음. 냇물·연못 등 민물에 삶. 젓을 담거나 말려 먹음. =토하(土蝦).

생이-가래 [명][식] 생이가랫과의 한해살이풀.

무논·연못 등의 물 위에 떠서 자람. 줄기는 가늘고 길며 잔털이 배게 남. 잎은 3개씩 돌려나지만 2개는 물 위에 뜨고 1개는 물속에서 뿌리 구실을 함.

생-이별(生離別)[-니-] 圀 부부나 부모 자식, 형제 사이에서 어쩔 수 없는 사정으로 만날 기약 없이 헤어지는 것. 준생별. **생이별-하다** 围(자)(타)(여) ¶전쟁으로 말미암아 남편과 ~.

생인(生因) 圀 사물이나 현상이 발생한 원인.

생인-발 圀[한] 발가락 끝에 종기가 나서 곪는 병. 생안발. ×생인발.

생인-손 圀[한] 손가락 끝에 종기가 나서 곪는 병. ¶~을 앓다. 준생손. ×생안손.

생일(生日) 圀 어떤 사람이 세상에 태어난 것을 해마다 한 번씩 기념하거나 축하하는, 태어난 그달 그날. 태어난 그 이듬해에 첫째 일을 맞게 됨. 비생일날. ¶~ 선물 / ~을 맞다. 생신(生辰).

생일-날(生日-)[-랄] 圀 '생일'을 좀 더 구어적으로 이르는 말.

[**생일날 잘 먹으려고 이레를 굶는다**] 어떻게 될지도 모를 일에 미리부터 지나치게 기대한다.

생일-상(生日床)[-쌍] 圀 생일을 쇠기 위해 음식을 차려 놓은 상.

생일-잔치(生日-) 圀 생일에 베푸는 잔치. =수연(晬宴).

특별한 생일잔치

나이	잔치 이름
2세	돌잔치
61세	환갑잔치 / 회갑연(回甲宴)
62세	진갑 잔치
70세	칠순 잔치 / 고희연(古稀宴)
77세	희수연(喜壽宴)
80세	팔순 잔치
88세	미수연(米壽宴)
90세	구순 잔치
99세	백수연(白壽宴)

생-입(生-)[-닙] 圀 쓸데없이 놀리는 입. ¶~을 놀리다.

생자¹(生子) 圀 =생남(生男). **생자-하다** 围(자)(여)

생자²(生者) 圀 1 살아 있는 사람. ↔사자(死者). 2 [불] 생명이 있는 모든 것.

생자-필멸(生者必滅) 圀 생명이 있는 것은 반드시 죽음. 인생의 무상(無常)을 이르는 말. ▷성자필쇠.

생장(生長) 圀 (동물이나 식물 등이) 나서 자라는 것. ¶식물의 ~ 기간. **생장-하다** 围(자)(여)

생장-률(生長率)[-뉼] 圀[생] 단위 시간당 생물의 체중 증가율. 세균 따위의 경우에는 증식 속도를 일컬음.

생장^운:동(生長運動) 圀[식] 식물의 각 부분에서 생장 속도의 차이 때문에 일어나는 운동. 줄기의 굴광성(屈光性)이나 뿌리의 굴지성(屈地性) 따위. =성장 운동.

생-장작(生長斫) 圀 마르지 않은 장작.

생장-점(生長點)[-쩜] 圀[식] 식물의 줄기나 뿌리 끝에 있는, 식물이 자라는 부분. 활발히 세포 분열을 하며 식물의 생장을 이룸. =성장점·자람점.

생장^호르몬(生長hormone) 圀[동] 뇌하수체 전엽(前葉)에서 분비되어, 주로 성장을 촉진하는 호르몬. =성장 호르몬.

생-재기(生-) 圀 종이나 피륙 따위의 성한 곳. 또는, 자투리가 아닌 부분. ¶이 부분은 아직 ~ 그대로인데 모두 버리다니, 지나친 낭비이다.

생전(生前) Ⅰ圀 살아 있는 동안. ¶선생이 ~에 이루신 업적은 후세에 길이 빛날 것이다. ↔사후(死後).
Ⅱ凰 지금까지 전혀 경험하지 못했음을 강조하는 말. ¶이렇게 큰 배는 ~ 처음 본다.

생-젖(生-)[-젇] 圀 1 =생유(生乳). 2 억지로 일찍 떼는 젖. ¶~을 떼다.

생존(生存) 圀 1 (사람이나 동물·식물이) 생명을 위협하는 악조건이나 위험 속에서 죽지 않고 살거나 남아있는 것. ¶~을 위한 싸움. 2 (노년층의 사람이) 아직 살아 있는 것. **생존-하다** 围(자)(여) ¶항공기 사고에서 기적적으로 **생존한** 사람.

생존^경:쟁(生存競爭) 圀 1 [생] 다윈의 진화론에서, 생물이 다음 세대를 남기기 위하여 환경에 보다 잘 적응하려고 하면서 동종 또는 이종 간에 서로 경쟁하는 일. 적응하지 못하는 개체는 자연도태됨. 2 인간 사회에서, 생활의 존속이나 지위의 획득을 둘러싸고 일어나는 경쟁. ¶~이 심하다 / ~에서 탈락하다.

생존-권(生存權)[-꿘] 圀[법] 인간의 기본적인 자연권의 하나. 사회의 각 개인이 완전한 사람으로서의 생존을 누릴 권리.

생존-자(生存者) 圀 살아 있는 사람. 또는, 끝까지 살아남은 사람.

생졸-년(生卒年)[-련] 圀 =생몰년.

생-죽음(生-) 圀 제명대로 살지 못하고 죽는 것. 횡사·자살·타살 따위. ¶불의의 교통사고로 ~을 당하다. **생죽음-하다** 围(자)(여)

생중(生中) 圀 술에 취하지 않았을 때. ¶~에 먹은 마음 취중(醉中)에 나온다. ↔취중.

생-중계(生中繼)[-계/-게] 圀 스포츠나 행사 등의 실황을 동시적으로 중계방송하는 일. **생중계-하다** 围(타)(여) ¶WBC 타이틀전을 ~. **생중계-되다** 围(자)

생:-쥐 圀[동] 포유류 쥣과의 한 종. 몸길이 6~10cm로 쥐 종류 중에서 가장 작음. 주로 인가에 사는데, 곡물·채소 따위에 해를 입힘. 유전학·의학·생리학 등의 실험용으로 기름. ×새앙쥐.

[**생쥐 볼가심[입가심]할 것도 없다**] 먹을 것이 없고 살림이 몹시 궁하다는 말. [**생쥐새끼 같다**] 생김새가 몹시 작고 약삭빠르다.

생즙(生汁) 圀 식물의 날것을 짓찧어서 짜낸 액체. ¶당근의 ~을 마시다.

생-지옥(生地獄) 圀 지옥과 같이 처참할 정도로 아주 고통스러운 곳. 또는, 그런 상태. =산지옥.

생질(甥姪) 圀 누이의 아들. =택상(宅相).

생-질녀(甥姪女)[-려] 圀 누이의 딸.

생-질부(甥姪婦) 圀 누이의 며느리.

생-질서(甥姪壻) 圀 누이의 사위.

생-짜(生-) 圀 익히거나 말리거나 삶지 않은, 아직 날것 그대로의 것.

생채¹(生彩) 圀 생생한 빛이나 기운. 비생기.

생채²(生菜) 圀 익히지 않고 날로 무친 나물. ¶무 ~ / 오이 ~. =숙채.

생-채기 圀 손톱 따위에 할퀴어지거나 무엇에 긁혀 생긴 작은 상처. ¶남의 얼굴에 ~를 내다. ×상처기.

생¦철[1](-鐵) [명] 안팎에 주석을 입힌 얇은 철판. 통조림이나 석유통 등을 만드는 데 쓰임. [비]양철. ×서양철.
생철[2](生鐵) [명][광] =주철(鑄鐵).
생청(生淸) [명] 벌의 꿀통에서 떠낸, 가공하지 않은 그대로의 꿀.
생체(生體) [명] 생물의 몸. 또는, 살아 있는 몸. ¶~ 검사 / ~ 해부.
생체^공학(生體工學) [명][생] 생물이 가진 뛰어난 기능, 예를 들면 정보 처리·인식·운동·에너지 변환·저장 등을 공학적으로 실현시켜 활용하려는 학문. =바이오닉스(bionics)·생물 공학.
생체^리듬(生體rhythm) [명][생] =바이오리듬(biorhythm).
생체^반¦응(生體反應) [명][생] **1** 살아 있는 세포 안에서만 일어나는 발색 반응과 침전 반응. 세포의 생사(生死)를 판별하는 데 이용됨. **2** =생활 반응.
생초(生草) [명] =생풀[2].
생-초상(生初喪) [명] 사고 따위로 제명대로 살지 못하고 죽은 사람의 초상.
생코(生-) [명] 《'생코를 골다'의 꼴로 쓰여》 **1** 깨어 있으면서도 일부러 자는 척하면서 고는 코. **2** 크게 고는 코.
생-크림(生cream) [명] 우유에서 갓 분리한 신선한 크림.
생탈(生頉) [명] 일부러 만들어 낸 탈.
생태[1](生太) [명] 말리거나 얼리지 않은, 잡은 그대로의 명태. [비]선태(鮮太). ▶명태.
생태[2](生態) [명] **1** 살아가는 모양. **2** [생] 생물의 생활 상태. ¶어류의 ~를 조사하다.
생태-계(生態系) [-계/-게] [명][생] 어느 환경 안에서 생육하는 생물군과 그 생물들을 제어하는 제반 요인을 포함한 복합 체계. 생태학의 대상이 됨.
생태-학(生態學) [명][생] 생물학의 한 분야. 생물의 생활 상태와 환경에 대한 관계를 과학적으로 연구하는 학문.
생-트집(生-) [명] 아무 까닭도 없이 일부러 트집을 잡는 것. 또는, 그 트집. ¶~을 잡다 / 공연한 일로 ~을 부리다. **생트집-하다** [동][자][여]
생-파리(生-) [명] 남이 조금도 가까이할 수 없을 만큼 성미가 뾰롱뾰롱한 사람을 놀림조로 이르는 말.
생판(生-) Ⅰ[명] (어떤 일에 대하여) 전혀 모르거나 손을 대지 않음. 또는, 그런 것이나 사람. ¶나는 그런 일에는 아주 ~인데 잘 좀 도와주시오.
Ⅱ[부] **1** 아주 생소하게. ¶~ 처음 듣는 말 / ~ 낯선 사람. **2** 터무니없이 무리하게. [비]백지(白地). ¶가지고 있지도 않은 것을 내놓으라고 ~ 떼를 쓴다.
생포[1](生布) [명] =생베.
생포[2](生捕) [명] 산 채로 잡는 것. [비]생금(生擒). **생포-하다** [동][타][여] ¶적을 ~. **생포-되다** [동][자] ¶**생포된** 짐승.
생-풀[1](生-) [명] 밀가루나 쌀가루를 맹물에 타서 그냥 쓰는 풀.
생-풀[2](生-) [명] 마르지 않은 싱싱한 풀. =생초(生草).
생-피[1](生-) [명] 살아 있는 동물의 몸에서 갓 빼낸 피. =생혈(生血).
생피[2](生皮) [명] =생가죽.
생-핀잔(生-) [명] 아무 까닭 없이 주는 핀잔. ¶~을 주다 / ~을 듣다.
생필-품(生必品) [명] '생활필수품'의 준말.
생-합성(生合成) [-썽] [명][생] 생물체 내에서 세포의 작용에 의한 유기 물질의 합성. ↔화학 합성.
생-호령(生號令) [명] 아무 까닭 없이 하는 호령. [비]강호령. **생호령-하다** [동][자][여]
생화[1] [명] **1** 벌이나 직업. ¶해방이 되자, 고리대금이 전당국 대신으로 터놓고 하는 큰 ~가 되었지마는, ….《염상섭:두 파산》 **2** 장사하는 일. **생화-하다** [동][자][여] 장사하다.
생화[2](生花) [명] 살아 있는 나무나 화초에서 꺾은 꽃. ↔조화(造花).
생-화학(生化學) [명][화] 생물체의 구성 물질 및 생물체 내에서의 화학 반응을 해명하고 생명 현상을 연구하는 학문. =생물 화학.
생환(生還) [명] **1** 살아서 돌아오는 것. ¶~자. **2** [체] 야구에서, 주자가 본루에 돌아와 한 점을 얻는 것. **생환-하다** [동][자][여] ¶죽을 고비에서 ~. **생환-되다** [동][자]
생활(生活) [명] **1** 사람이 일정한 환경에서 어떤 활동을 하면서 살아가는 일. ¶사회~ / 문화~ / 취미 ~ / 즐거운 ~. **2** 주로 물질적 측면에서, 사람이 먹고 입고 쓰면서 사는 일. ¶~이 어렵다. **3** 《조직체나 집단을 나타내는 말 다음에 쓰여》 그 조직체나 집단의 구성원으로서 활동하는 일. ¶학교~ / 직장~. **4** 생물, 특히 동물이 제 기능과 구실을 하면서 살아가는 일. ¶야생 동물의 ~을 관찰하다. **생활-하다** [동][자][여] ¶농촌에서 ~ / 이 월급으로는 **생활해** 나가기가 어렵다.
생활^감¦정(生活感情) [명] 어떤 사회나 집단이나 계층 등에 속한 사람이 어떤 사물에 대해 생활 속에서 느끼는 생각이나 감정. ¶한국인과 미국인은 풍습과 ~이 서로 다르다.
생활-고(生活苦) [명] 경제적 빈곤 때문에 생기는 생활상의 괴로움. ¶극심한 ~ / ~에 시달리다 / ~를 겪다.
생활-공간(生活空間) [명] 일상생활을 해 나가는 장소. ¶~이 넓다.
생활^공¦동체(生活共同體) [명] 긴밀한 관계를 가지고 생활하는 공동체. 가족·촌락·민족 등이 그 예임. ¶가정(家庭)은 최소 단위의 ~이다.
생활-권(生活圈) [-꿘] [명] 통근·통학·구매(購買)·문화 등 사람들의 생활에 필요한 여러 요소들이 밀접하게 결합되어 있는 공간적 범위. ¶교통의 발달로 전국이 일일~ 안에 들어 있다.
생활-급(生活給) [명] 근로자의 최저 생활의 보장을 전제로 하여 주는 기본 임금. =생활 임금. ¶~의 보장을 촉구하다. ▷능률급.
생활^기능(生活機能) [명] 생물의 생활을 해 나가는 기능. ¶환경오염으로 ~이 마비될 위기에 놓이다.
생활^기록부(生活記錄簿) [-뿌] [명][교] 학생의 학교생활 및 성적 등을 기록하여 학교에 비치하는 장부. =학적부.
생활-난(生活難) [-란] [명] 물질적인 면에서의 생활상의 어려움. ¶~을 겪다.
생활-력(生活力) [명] **1** 사람이 사회생활에 적응하면서 생계를 꾸려 나갈 수 있는 능력. ¶~이 강하다. **2** 생명체가 살아서 자라거나 생명을 유지하는 힘.
생활^반¦응(生活反應) [명] 사람이 살아 있을 때에만 나타나는 반응. =생체 반응.
생활-비(生活費) [명] 생활하여 나가는 데 필요한 모든 비용. [비]생계비. ¶월급날은 아직

멸었는데 ~가 다 떨어졌다.
생활-사(生活史)[-싸] 圀 **1** [생] 생물의 개체가 발생하여, 생육 후 다음 세대를 만들고 죽을 때까지의 생활 과정. =라이프 사이클. **2** 문화 인류학에서, 한 문화 속에서 자란 개인의 역사를 이르는 말.
생활-상(生活相)[-쌍] 圀 생활해 나가는 모양. ¶이 다큐멘터리는 기아와 질병에 시달리는 아프리카 난민의 ~을 담고 있다.
생활^설계사(生活設計士)[-게-/-게-] 圀[경] =보험 모집인.
생활-수준(生活水準) 圀 소득 수준·소비 수준 등에 의하여 화폐적 또는 수량적으로 측정되는 생활의 내용 또는 정도의 높이. ¶~이 높다 / ~이 향상되다.
생활-신조(生活信條) 圀 생활을 해 나가는 데 있어 굳게 믿어 지키고자 하는 생각. ¶정직과 성실을 ~로 삼다.
생활-양식(生活樣式)[-량-] 圀 어떤 사회 또는 집단의 성원이 공유하고 있는 생활 방법에 대한 인식이나 행동의 양식. ¶전통적인 ~ / ~의 변천.
생활-연령(生活年齡)[-령-] 圀[심] 출생을 기점으로 한 달력상의 연령. =역연령(曆年齡). ↔정신 연령.
생활-욕(生活慾)[-뇩] 圀 생활에 대한 의욕. ¶~이 강하다.
생활-용수(生活用水)[-룡-] 圀 일상생활에 쓰이는 물.
생활-인(生活人) 圀 생활을 해 나가는 사람. 인간의 생활을 사회적인 역할이 아닌 가정의, 주로 경제 면에서 파악한 말임. ¶~의 지혜.
생활-체(生活體) 圀 생활하는 개체로서의 생물체.
생활^체육(生活體育) 圀 일반인이 건강을 위하여 부담 없이 즐기면서 할 수 있는 운동.
생활-통지표(生活通知表) 圀[교] 학교에서 학습자의 지능·생활 태도·학업 성적·출석 상태 등을 적어 가정에 보내는 표. 준통지표.
생활-필수품(生活必需品)[-쑤-] 圀 일상생활에 반드시 필요한 물품. 준생필품.
생활-하수(生活下水) 圀 일상생활을 하는 데 쓰이고 난 뒤 하천으로 내려오는 물. ¶공장 폐수와 ~로 하천이 오염되다.
생활-한복(生活韓服) 圀 전통 한복을 개량하여 활동하기에 편리하도록 만든 옷. =개량한복.
생활-형(生活型) 圀[생] 생물, 특히 식물이 환경 조건에 적응한 생활 방식을 형태 내지 구조상의 특성에 따라 유형화한 것.
생활-화(生活化) 圀 (어떤 일을) 생활 속에서 늘 실천하거나 생활 습관이 되게 하는 것. **생활화-하다** 图 타여 ¶질서를 ~. **생활화-되다** 图 재
생활-환경(生活環境) 圀 대기(大氣)·물·대지(大地)·공간 등에 의하여 구성된 인간의 일상생활 장소로서의 환경.
생황(笙簧·笙篁) 圀[음] 아악(雅樂)에 쓰이는 관악기의 하나. 둥근 통 위에 17개의 죽관(竹管)을 돌려 세우고, 주전자의 귀때 비슷한 부리로 불게 되어 있음. 준생(笙).
생후(生後) 圀 태어난 후. 또는, 출생한 후. ¶~ 6개월 된 아기.
생흔(生痕)[-흔] 圀[생] 과거에 살았던 생물의 생활 현상과 생명 현상의 흔적. 발자취, 기어

섀미 ●981

간 자취, 살던 동굴 따위.
생-흙(生-)[-흑] 圀 **1** 생땅의 흙. **2** 물에 잘 풀리거나 이기지 않는 흙.
샤를의 법칙(Charles—法則)[-의-/-에-] 圀 일정량의 기체의 부피는 압력이 일정하면 절대 온도에 비례한다는 법칙. =게이뤼삭의 제1법칙. ▷보일·샤를의 법칙.
샤머니즘(shamanism) 圀 원시 종교의 한 형태. 샤먼이 초자연적 존재와의 직접적 교류에 의하여 점복(占卜)·예언, 병 치료 등을 하는 종교 현상. =무술(巫術). ▷무속·무신(巫信).
샤먼(shaman) 圀[종] 샤머니즘에서, 신령·정령·사령(死靈) 등과 영적(靈的)으로 교류하는 능력을 가지고 치료·예언·악마 제거·공수 등을 하는 사람. 무당·박수·영매(靈媒) 따위.
샤베트 圀 '셔벗(sherbet)'의 잘못.
샤시 圀 '새시(sash)'의 잘못.
샤쓰(←シャツ) 圀[<shirt] =셔츠.
샤워(shower) 圀 샤워기를 이용하여 몸에 물을 뿌리면서 몸을 씻는 일. **샤워-하다** 图 재
샤워-기(shower器) 圀 한쪽 끝 부분에 물뿌리개처럼 작은 구멍이 많이 뚫려 있어 그곳을 통해 여러 줄기의 물이 뿜어져 나오게 되어있는, 목욕할 때 쓰이는 도구.
샤콘(㉻chaconne) 圀[음] 16세기에 에스파냐에서 생겨난, 3/4박자의 느린 춤곡. 바로크 시대의 대표적인 기악 변주곡임.
샤프¹(sharp) 圀 **1** [음] =올림표. **2** '샤프펜슬'의 준말.
샤프²(sharp) 圀여 →**샤프-하다** 圀여 '명석하다'로 순화. ¶두뇌가 샤프한 젊은이.
샤프-심(sharp心) 圀 샤프펜슬에 넣어 쓰는 가는 심.
샤프-펜슬(↑sharp pencil) 圀 연필심을 넣고 윗부분을 눌러 심을 조금씩 밀어내어 쓰게 만든 필기도구. 상표명인 '에버 샤프펜슬'에서 온 말임. 준샤프.
샬레(㉻Schale) 圀 의학·약학 검사 등에 쓰는, 둥以고 운두가 낮은 유리그릇. 뚜껑이 달림.
샴-쌍둥이(Siam雙—) 圀 기형적으로 몸의 일부가 서로 붙은 채로 태어난 일란성 쌍둥이. =샴쌍생아.
샴페인(champagne) 圀 이산화탄소를 함유한 백포도주. 원래 프랑스 샹파뉴 지방의 특산물로 거품이 많은 것이 특징임.
샴푸(shampoo) 圀 머리를 감는 데 쓰는 액체의 세제. **샴푸-하다** 图 재여 머리를 샴푸로 감다.
샷(shot) 圀 **1** [체] 골프에서, 공을 한 번 치는 일. ×숏. **2** [영] '숏(shot)¹'의 잘못.
샹들리에(㉻chandelier) 圀 천장에 매달아 드리우게 된, 꽃 모양이나 여러 개의 가지가 방사형으로 나 있는 화려한 장식의 등. =펜던트.
샹송(㉻chanson) 圀[음] 프랑스 대중 사이에서 널리 불리는 가요.
섀도-복싱(shadowboxing) 圀[체] 권투에서, 상대가 있다고 가상하여 공격·방어·풋워크 등의 동작을 혼자 연습하는 일.
섀도^캐비닛(shadow cabinet) 圀[정] 정권 교체에 대비하여, 야당에서 정권을 잡을 경우를 예상하고 조직하는 내각.
섀미(chamois) 圀 염소·양 등의 무두질한 부

드러운 가죽.
새시(chassis) 명 1 자동차 등의 차대(車臺). 2 라디오 등을 꾸미는 대.
서¹ 명 [음] 향피리·세피리·당피리·생 따위의 입소 부분에 붙여, 공기를 불어 넣어 진동시킴으로써 소리를 나게 하는, 대나무나 갈대나 금속 따위로 만든 얇은 조각. =황(簧)·황엽. 삐리드(reed). ×혀.
서:² 관 ('돈, 말, 발, 푼, …' 등의 단위성 의존 명사 앞에 쓰여) 수량이 '셋'임을 나타내는 말. ¶금 ~ 돈 / 쌀 ~ 말 / 새끼 ~ 발 / 두부 ~ 모.
서³ 조 1 '에서¹·2'의 준말. ¶어디 ~ 오는 길이오? 2 '혼자', '둘이', '셋이', '넷이' 등의 사람의 수를 나타내는 체언에 붙어, '해당 인원으로'의 뜻을 나타내는 주격 조사. ¶둘이 ~ 청소를 하다.
-서⁴ 1 →-아서²·-어서². 2 →-라서². 3 →-고서¹. 4 →-로서.
서⁵(西) 명 =서쪽. ↔동(東).
서:⁶(序) 명 1 사적(事跡)의 요지(要旨)를 기록하는 문장의 한 체. 2 '서문(序文)²'의 준말.
서:⁷(署) 명 '경찰서', '세무서' 등의 관서(官署)를 줄여서 이르는 말.
서:⁸(庶) 접두 본처가 아닌 몸에서 난 사람을 나타내는 말. ¶~삼촌 / ~동생 / ~자녀.
서가¹(書架) 명 문서나 서적을 얹어 두는 시렁. =서각(書閣). ¶~에 책이 꽂히다.
서가²(書家) 명 글씨를 잘 쓰는 사람. =서공(書工).
서간(書簡·書柬) 명 '편지'를 문어적으로 이르는 말. ¶신학자 본회퍼의 옥중 ~.
서간-문(書簡文) [문] 명 =서한문(書翰文).
서간-집(書簡集) 명 편지를 모아 엮은 책.
서간-체(書簡體) 명 서한문 형식의 문체. =~ 문학.
서:거(逝去) 명 사회적으로 지위가 높거나 유명한 사람의 '죽음'을 높여 이르는 말. **서:거-하다** 동(자여) '죽다'의 높임말.
서걱-거리다/-대다 [-꺼-] 동(자타) 1 연한 과자나 사과·배 따위를 씹을 때와 같은 소리가 자꾸 나다. 또는, 그런 소리를 자꾸 내다. 2 갈대 같은 것이 마찰하는 소리가 자꾸 나다. 또는, 그런 소리를 자꾸 내다. ㉘사각거리다. ㉞써걱거리다.
서걱-서걱 [-써-] 무 서걱거리는 소리. 또는, 그 모양. ¶사과를 ~ 베어 먹다. ㉘사각사각. ㉞써걱써걱. **서걱서걱-하다** 동(자)(타여)
서:경¹(西京) 명 [역] 고려 시대의 삼경(三京)이자 사경(四京)의 하나. 지금의 평양.
서경(西經) 명 [지] 본초 자오선을 0°로 하여 서쪽으로 180°까지의 경선. ↔동경(東經).
서경(書經) 명 중국 오경(五經)의 하나. 요순 때부터 주나라 때까지의 역사 기록을 공자가 정리하여 편찬한 것이라고 함. =상서(尙書).
서:경⁴(敍景) 명 경치를 글로 적어 나타내는 것. **서:경-하다** 동(자여)
서:경-별곡(西京別曲) 명[문] 작자·연대 미상의 고려 가요. 평양에서 사랑하는 사람을 송별하는 여인의 애틋한 심정이 담겨 있음.
서:경-시(敍景詩) 명[문] 자연의 풍경을 읊은 시. ▷서사시·서정시.
서고(書庫) 명 책을 넣어 두는 곳집. =문고(文庫).

서:곡(序曲) 명 1 [음] 가극·성극(聖劇)·모음곡 등의 막을 열기 전이나 주요한 부분을 시작하기 전에 연주하는 기악곡. 2 [음] 대체로 소나타 형식을 써서 단악장으로 맺게 된 악곡 형식. =서악(序樂). 3 어떤 큰일의 시초. 비유적인 말임. ¶그 일은 장차 벌어질 비극의 ~에 불과했다. ▷전주곡.
서관(書館) 명 =서점(書店)².
서:광¹(瑞光) 명 1 상서로운 빛. 2 좋은 일이 있을 징조. =상광(祥光).
서:광²(曙光) 명 1 새벽에 동이 틀 때의 빛. 삐새벽빛. 2 좋지 못하던 상태에서 조금 나타나 보이는 희망의 징조. ¶남북통일의 ~이 비치다.
서교(西敎) 명 서양의 종교. 곧, 크리스트교를 이르는 말.
서구¹(西矩) 명[천] 외행성이 태양의 90° 서쪽의 위치에 보일 때. 또는, 그 자리. =하구(下矩). ↔동구(東矩).
서구²(西歐) 명[지] 1 서유럽을 중심으로 한 유럽과 미국을 중심으로 한 북아메리카의, 선진 문명을 가진 지역. ¶~ 문명 / ~에서 들어온 예술 양식. 2 =서유럽. ¶~ 연합. ↔동구(東歐).
서구-적(西歐的) 관명 서구의 특징을 지니고 있는 (것). ¶~인 외모 / ~ 사고방식.
서궤¹(書几) 명 =책상.
서궤²(書櫃) 명 1 책을 넣어 두는 궤짝. 삐책궤. 2 아는 것이 많은 사람의 비유.
서그러-지다 동(자) 마음이 너그럽고 서글서글하게 되다. ¶김덕순이가 본래 탈속한 사람의 환란을 겪은 뒤로 더욱이 속이 **서그러져서** 양반의 티가 조금도 없었다.《홍명희: 임꺽정》
서근서근-하다 형여 1 (성질이나 생김새가) 부드럽고 친절하여 붙임성이 있다. 2 사과나 배처럼 씹기에 연하다. ㉘사근사근하다.
서근서근-히 부
서글서글-하다 형여 (성질이나 생김새가) 너그럽고 부드럽다. 삐어글어글하다. ¶눈매가 ~. ㉘사글사글하다.
서글프다 형(서글프니, 서글퍼)1 (마음이) 허전하고 슬프다. ¶마음이 ~ / 서글픈 신세. 2 어떤 일이 한심하거나 통탄스러워 언짢다. ¶요즘 젊은이들의 무규범적 행동을 보고 있노라면 **서글픈** 생각을 금할 수 없다.
서글피 부
서글픔 명 서글픈 마음이나 느낌. ¶갑자기 늘어난 흰머리에 ~을 느끼다.
서기(西紀) 명 (주로, 어느 해를 나타낸 숫자 앞에 쓰여) 그해가 예수가 태어난 때를 기원으로 한 것임을 나타내는 말. ¶~ 2003년.
서기(書記) 명 1 단체·회의 같은 데에서 문서나 기록을 맡아보는 사람. 2 [역] 조선 말기에 각 관청에서 서무에 종사하던 판임관(判任官)의 하나. 3 국가 공무원의 직급의 하나. 주사보의 아래, 서기보의 위로 8급임.
서:기³(暑氣) 명 더운 기운. ↔한기(寒氣).
서:기⁴(瑞氣) 명 상서로운 기운. ¶~가 감돌다.
서기-관(書記官) 명 국가 공무원의 직급의 하나. 부이사관의 아래, 사무관의 위로 4급임.
서기-보(書記補) 명 국가 공무원의 직급의 하나. 일반직 공무원 가운데 가장 낮은 계급으로, 서기의 아래이며 9급임.

서기-장(書記長)⟨명⟩ 주로 사회주의 정당에서, 중앙 집행 위원회에 딸린 서기국의 장(長).

서까래⟨명⟩〔건〕 마룻대에서 도리 또는 보에 걸쳐 지른 나무. 그 위에 산자를 얹음. =연목(椽木). 준서.

서껀⟨조⟩ 어떤 대상이 여럿의 대상에 함께 포함됨을 나타내는 보조사. '도', '랑/이랑'과 비슷한 뜻을 가진 말로, 구어체에서 쓰였으나 요즈음에는 잘 쓰이지 않음. ¶어제 모임에 오 선생~ 참석했어요. / 떡, 과자~ 많이 먹었다.

서낙-하다[-나카-]⟨형여⟩ 장난이 심하고 극성맞다. 준선하다. **서낙-히**⟨부⟩

서남(西南)⟨명⟩ 서쪽을 기준으로 하여 서쪽과 남쪽 사이의 방위. '남서'와 같은 뜻이나, '남서'가 남북을 기준으로 한 서양식 방위로 오늘날 널리 쓰이는 데 반해, '서남'은 동서를 기준으로 한 동양식 방위로 전통적으로 쓰여 오고 있음. ↔동북. ▷남서.

서-남서(西南西)⟨명⟩ 서쪽과 남서쪽의 중간 되는 방위.

서남-아시아(西南Asia)⟨명⟩〔지〕 중앙아시아와 인도를 제외한 아시아의 남서부 지역. 이란 지방, 아라비아 지방, 소아시아 반도의 터키 지방을 가리킴.

서남-쪽(西南-)⟨명⟩ '남서쪽'을 전통적 동양식 방위로 이르는 말. ↔동북쪽. ▷남서쪽.

서남-풍(西南風)⟨명⟩ '남서풍'을 전통적 동양식 방위로 이르는 말. ↔동북풍. ▷남서풍.

서낭⟨명⟩〔민〕 **1** 서낭신이 붙어 있다는 나무. **2** '서낭신'의 준말. 원성황(城隍).

서낭-단(-壇)⟨명⟩〔민〕 서낭신을 제사하는 단.

서낭-당(-堂)⟨명⟩〔민〕 서낭신을 모신 당.

서낭-신(-神)⟨명⟩〔민〕 한 마을의 터를 지켜 준다는 신. 또는, 한 마을의 수호신. 준서낭.

서낭-제(-祭)⟨명⟩〔민〕 서낭신에게 지내는 제사.

서-너⟨관⟩ 셋이나 넷. ¶~ 사람 / ~ 근(斤).

서너-째⟨수관⟩ 셋째나 넷째. ¶내 친구는 ~쯤 무대에 나올 거야.

서넛[-넏]⟨수⟩ 셋이나 넷.

서:녀(庶女)⟨명⟩ 첩에게서 난 딸. ↔적녀.

서-녘(西-)[-녁]⟨명⟩ '서쪽'을 시적·문어적으로 이르는 말. ↔동녘.

서느렇다[-러타]⟨형⟩〈서느러니, 서느러오, 서느레〉 서늘한 느낌을 주는 데가 있다. ¶바람이 ~ / 싸늘한 대기가 열에 뜬 문장왕기의 이마를 **서느렇게** 식혀 준다.《박종화:다정불심》 ⟨작⟩사느랗다. ⟨센⟩써느렇다.

서느레-지다⟨동여⟩ 서느렇게 되다. ⟨작⟩사느래지다. ⟨센⟩써느레지다.

서늘-바람⟨명⟩ 첫가을에 부는 서늘한 바람.

서늘-하다⟨형여⟩ **1** (기온이나 바람 등이) 약간 추운 느낌을 주는 상태에 있다. ¶**서늘한** 가을 날씨. ▷시원하다. **2** (가슴이) 놀라거나 두려워 추운 느낌이 있다. ¶시퍼런 칼날을 보니 가슴이 ~. **3** (눈매나 눈빛이) 시원하고 선선하다. ¶넓은 이마에 **서늘한** 눈매를 가진 청년. ⟨작⟩사늘하다. ⟨센⟩써늘하다. **서늘-히**⟨부⟩

서다①⟨자⟩ **1** (사람이) 두 발바닥을 땅에 댄 상태로 윗몸과 다리가 일직선이 되게 하다. 때로, 일부 네발짐승이 그와 유사한 자세를 취하기도 함. ⟨비⟩기립(起立)하다. ¶차려 자세로 ~ / 곰이 뒷다리로 **서서** 재주를 부린다. ↔앉다. **2** (네발짐승이) 네 발바닥을 땅에 댄 상태로 다리를 쭉 뻗고 몸을 곧게 하다. 다소 제한적으로 쓰임. ¶기린이 큰 키로 **서서** 나뭇잎을 따 먹는다. **3** (부피를 가진 물체가) 땅 위에 수직의 상태로 있게 되다. ⟨비⟩솟다. ¶길가에 전봇대가 **서** 있다. **4** (한 곳에서 다른 곳으로 가던 대상이) 어느 곳에서 멈추다. ⟨비⟩정지(停止)하다. ¶기차가 역에 ~. **5** (사람이나 짐승의 위치나 처지에) 있게 되거나 놓이다. ¶운명의 기로에 ~. **6** (나라나 기관 따위가) 이루어져 그 기능을 나타내게 되다. ¶학교가 ~ / 1919년 상하이(上海)에 대한민국 임시 정부가 **섰다**. **7** (장이 서는 곳에) 물건을 사고팔 수 있도록 베풀어지다. ¶마을에 장이 ~. **8** (어느 곳에 어떤 모습이나 현상이) 이루어져 보이다. ¶비 갠 하늘에 오색 무지개가 ~ / 눈에 핏발이 ~. **9** (무딘 것, 또는 처져 있는 것이) 날카롭게 되거나 빳빳하게 위로 향하게 되다. ¶시퍼렇게 날이 **선** 칼날 / 귀가 쫑긋 **선** 토끼. **10** (계획·결심·자신감 등이) 마음속에 이루어지다. ¶치밀한 계획이 ~ / 성공할 수 있다는 확신이 ~. **11** (질서나 규율, 체계나 논리 등이) 올바르게 되거나 짜임새 있게 갖추어지다. ¶교통질서가 ~. **12** (체면이) 깎이지 않고 유지되다. ¶면목이 ~ / 위신이 ~. **13** (아이가) 배 속에 생기기 시작하다. ¶아이가 **서느라** 입덧이 심하다. ②⟨타⟩ **1** (어떤 역할을) 맡아서 하다. ¶불침번을 ~ / 중매를 ~. **2** (사람이 줄을) 이루도록 다른 사람과의 위치를 맞추다. ¶2열 종대로 줄을 ~.

어법 너 이놈, 게 섯거라 : 섯거라(×)→섰거라. ◈ '섰거라'는 '서 있거라'가 준 말임.

설 자리를(땅을) **잃다**⟨구⟩ 존재 의의나 존립 기반을 잃다. ¶점차 **설 자리를 잃어** 가는 고급 예술.

설 자리가(땅이) **없다**⟨구⟩ 존재 의의나 존립 근거가 없다. ¶국내 농산물은 이제 ~.

서단(西端)⟨명⟩ 서쪽 끝. ↔동단.

서당(書堂)⟨명⟩ = 글방. ▷도령.

[**서당 개 삼 년에 풍월을 한다**] 무식한 사람이라도 유식한 사람과 같이 오래 지내면 자연히 식견이 생긴다. '당구(堂狗) 삼 년에 폐풍월(吠風月)'과 같은 말.

서더리⟨명⟩ '서덜²'의 잘못.

서덜⟨명⟩ **1** 냇가·강가 등의 돌이 많은 곳. **2** 생선의 살을 발라내고 남은 뼈·대가리·껍질 따위. ×서더리.

서도(西道)⟨명⟩〔지〕 황해도·평안도 지방의 통칭. ⟨비⟩서관(西關). ▷~잡이.

서도²(書道)⟨명⟩ **1** 글씨를 쓰는 올바른 도(道). **2** 예전에, '서예(書藝)'를 이르던 말.

서도^민요(西道民謠)⟨명⟩〔음〕 평안도와 황해도 지방에서 불리는 민요. 수심가·난봉가·몽금포 타령 따위.

서독(西獨)⟨명⟩〔역〕 1949년 9월에 독일의 서부 지역에 수립되었던 연방 공화국. 수도는 본(Bonn). 1990년 동독과 통합하여 독일 연방 공화국을 이룸.

서동(書童)⟨명⟩ 글방에서 글을 배우는 아이. ⟨비⟩학동(學童).

서동-요(薯童謠)⟨명⟩〔문〕 서동(薯童)이 신라의 선화 공주를 사모하여 지은 4구체 향가.

서:두¹(序頭)⟨명⟩ **1** 어떤 일이나 차례의 첫머리. **2** 할 말의 첫머리. ¶할 말이 너무 많아 어디서부터 ~를 꺼내야 할지 모르겠다.

서두²(書頭) 명 어떤 글의 본론에 들어가기 전의 첫머리. 비글머리. ¶~를 잘 다듬다.

서두르다 동(자)르 〈서두르니, 서둘러〉 (사람이 일을) 급히 하려고 바빠 움직이거나 빨리 진행하다. ¶채비를 ~ / 출근 준비를 ~. 준서둘다.

서둘다 동(자)(타) 〈서두니, 서두는〉 '서두르다'의 준말. ¶너무 서둘지 말고 차근차근히 해라.

> **어법** 일을 서둘어서 하다가 그르치는 경우가 많다: 서둘어서(×)→서둘러서(○)
> ▶ 모음 어미가 연결될 때에는 준말의 활용형을 인정치 않음 (표16).

서라벌(徐羅伐) 명 1 '신라'의 옛 이름. 2 '경주(慶州)'의 옛 이름.

서랍 명 책상·장롱·경대 등에 달린, 빼었다 끼웠다 하는 뚜껑 없는 상자. ¶~을 열다 [닫다]. ×설합.

서랍-장(-欌) [-짱] 명 서랍만으로 이루어진 장.

서:랑(壻郞) 명 남의 사위의 높임말.

서:랭(徐冷) 명 천천히 식거나 식히는 것. 서:랭-하다 (자)(타)(여)

서:러움 명 =설움.

서:러워-하다 동(타)(여) 서럽게 여기다. =설위하다. ¶이별을 몹시 ~.

서:럽다 [-따] 형(ㅂ) 〈서러우니, 서러워〉 원통하거나 억울하거나 불우한 처지에 있거나 하여 슬프고 싶은 느낌이 있다. =슬프다. ¶부모를 잃고 서럽게 울다 / 그마저 내 마음을 몰라주니 너무나도 ~. ×설다.

서력(西曆) 명 해를 나타낼 때 예수 그리스도가 탄생한 해를 기원으로 하는 방식.

서력-기원(西曆紀元) [-끼-] 명 예수 그리스도가 탄생한 해를 기원으로 하는 일. 학자들에 의하면, 실제로는 기원보다 4년 앞서 탄생하였다고 함.

서력기원-전(西曆紀元前) [-끼-] 명 =기원전(紀元前).

서령 툄 '설령(設令)'의 잘못.

서로 Ⅰ 툄 관계되는 둘 이상의 것 사이에서, 각기 그 상대에 대하여. 또는, 쌍방이 번차례로. 비마주. ¶~ 돕고 살다 / 영수와 순희는 ~ 사랑한다.
Ⅱ 명 짝을 이루거나 관계를 맺고 있는 상대. ¶~의 행복을 빌며 굳은 악수를 나누다.

서로-서로 툄 '서로'의 힘줌말. ¶~ 양보하는 미덕을 갖자. / ~ 손을 잡고 원을 그리며 춤을 추었다.

서로-소(-素) [-쑤] 명 여러 개의 수들 사이에 1 이외의 공약수가 없음을 일컫는 말.

서:론(序論·緖論) 명 본론에 들어가기 전의, 본론의 실마리가 되는 논설. =머리말. ▷본론·결론.

서류¹(書類) 명 글자로 기록한 문서의 총칭. ¶비밀 ~ / ~를 작성하다.

서류²(庶流) 명 서자(庶子)의 계통.

서류-철(書類綴) 명 여러 가지 서류를 한데 모아 매어 두는 것. 또는, 그렇게 된 책. =파일.

서류-함(書類函) 명 서류를 넣어 두는 함.

서른 ㊀ 1 열의 세 곱절. 고유어 계통의 수사임. ¶열이 셋이면 ~이다. ▷삼십. 2 사람이나 사물의 수량을 셀 때, 열의 세 곱절에 해당하는 수효. ¶나이가 벌써 ~이다.
Ⅱ 관 ¶~ 명.

서름서름-하다 형(여) 매우 서름하다.

서름-하다 형(여) 1 남과 가깝지 못하다. ¶고등학교를 3년간 같이 다녔는데도 어쩐지 그와는 서름한 사이이다. 2 사물에 익숙하지 못하다. ¶아직은 기계에~.

서리¹ 명 1 [기상] 공기 중의 많은 양의 수증기가 기온이 영하로 내려갈 때 지면이나 지면 위의 물체에 닿아서 얼어붙은 흰 가루 모양의 잔 얼음. ¶~가 내리다. 2 머리털의 일부가 희끗희끗 센 상태를 비유적으로 이르는 말. ¶머리에 ~가 앉은 초로의 신사.
서리(를) 맞다 관 (권력이나 난폭한 힘 등에 의하여) 타격이나 피해를 입고 힘을 잃다. ¶경기 불황으로 관광 산업이 서리를 맞고 있다.
서리(를) 이다 관 머리카락이 하얗게 세다. ¶머리에 ~.

서리² 명 주로 농촌에서, 밭에서 기르는 작물의 열매나 집에서 기르는 닭 따위의 가축을 여러 사람이 함께 장난삼아 주인 몰래 훔치는 일. 또는, 그렇게 훔친 것을 함께 먹는 일. 이러한 풍습은 주인의 아량과 관용 속에 얼마간 용인되었던 것으로, 근래에는 거의 사라져 가고 있음. ¶닭 ~ / 수박 ~ 맞다.
서리-하다 동(타)(여) ¶창호는 동네 친구들과 참외를 서리하다가 주인한테 들켜 혼줄이 났다.

서리³ 명 무엇이 많이 모여 있는 무더기의 가운데.

서:리⁴(胥吏) 명 [역] 중앙과 지방 관아에 속하여 말단의 행정 실무에 종사하는 하급 관리. =아전(衙前)·이서(吏胥)·하전(下典)·하리(下吏). ▷관속(官屬).

서:리⁵(書吏) 명 [역] 조선 시대, 경아전(京衙前)의 하나. 주로 서책(書冊)을 보관하는 업무를 맡은 하급의 서리(胥吏).

서:리⁶(署理) 명 어떤 조직에서 결원(缺員)이 생겼을 때, 그 직무를 대리하는 것. 또는, 그 사람. ¶국무총리 ~. 서:리-하다² (타)(여)

서리-꽃 [-꼳] 명 유리창 등에 서린 수증기가 얼어서 꽃처럼 엉긴 무늬. ¶~이 창문마다 가득하다.

서리다¹ 동(자) 1 (수증기가 어디에) 찬 기운을 받아 물방울을 지어 엉기다. ¶안경에 김이 ~ / 강변에 새벽안개가 뽀얗게 ~. 2 (어떤 기운이 표정 등에) 어리어 나타나다. ¶그의 얼굴에는 범치 못할 위엄이 서려 있었다. 3 (어떤 생각이 마음속에) 깊이 자리 잡아 가직하다. ¶한(恨)이 ~ / 가슴속에 서린 원한을 풀다. 4 (어떤 가느다란 것이) 한곳에 많이 일어리다. ¶거미줄이 ~. ¶거미줄~.

서리다² 동(타) (길고 잘 감기는 물건을) 동그랗게 포개어 감다. ¶독사가 몸을 ~. ㉢사리다.

서리-병아리 명 1 이른 가을에 깬 병아리. 2 힘없고 추레한 것을 이르는 말.

서리-서리 툄 1 (긴 물건이) 자꾸 서려진 모양. ¶~ 몸을 감은 구렁이 / 왕은 천천히 족두리를 벗기고 낭자를 끌러 봉비녀를 빼냈다. 헤비의 치렁거리는 머리채는 ~ 보료 위로 떨어진다.《박종화: 다정불심》 2 (어떤 감정이) 마음속에 서려 얽힌 모양. ¶~ 얽힌 원한. ㉢사리사리.

서리-피해(-被害) 명 [농] 봄의 늦서리나 가을의 올서리 등, 보통 거의 서리가 내릴 염려가 없는 시기에 서리가 내려 농작물과 초목이 받는 피해. =상해(霜害). ¶배추가

서림(書林) 圄 ['책을 많이 모아 두는 곳'이라는 뜻] 주로, 서점의 상호 끝에 붙이는 말. ¶문화 ~.

서리-바람[-리빠--/-릳빠-] 圄 서리 내린 아침의 쌀쌀한 바람.

서릿-발[-리빨/-릳빨] 圄 겨울철에 땅속의 수분이 얼어 성에처럼 되어 기둥 모양으로 뻗어 있는 것. 또는, 그로 말미암아 지면이 부풀어 오르는 현상. ¶~을 밟아 주어야 가뭄을 타지 않고 보리가 잘 자란다. ▷추상(秋霜).

서릿발 같다 閏 매우 매섭고 준엄하다.

서릿발(이) 치다 閏 1 서릿발을 이루다. 2 기세가 매우 당당하고 준엄하다.

서리-점(-點) [-리쩜/-릳쩜] 圄 [기상] 대기 가운데의 수분이 냉각되어, 서리가 되기 시작한 때의 온도.

서막(序幕) 圄 1 [연] 연극 따위에서, 처음에 인물과 사건 등을 예비적으로 보여 주는 막. ¶오페라의 ~ / ~을 올리다. 2 일의 처음 부분. ¶올림픽의 ~이 올랐다.

서-맥(徐脈) 圄 [생] 심장의 느린 맥박. 보통 1분간의 맥박수가 60 이하인 경우를 말함.

서머-스쿨(summer school) 圄 =여름학교.

서머^타임(summer time) 圄 낮시간을 잘 이용하는 일의 능률을 올리고자 표준 시간보다 한 시간 빠르게 했다가 늦은 여름에 다시 표준 시간으로 돌림. =일광 절약 시간·하기 시간.

서먹서먹-하다[-써머카-] 麗囲 매우 서먹하다. ¶언제부터인지 두 사람 사이가 **서먹서먹해졌더라**.

서먹-하다[-머카-] 麗囲 익숙하지 않아 어색하다. ¶초면이라 좀 ~.

서멧(cermet) 圄 세라믹의 내마모성(耐磨耗性)·내열성과 금속의 인성(靭性)을 함께 지닌 복합 재료. 세라믹 재료의 분말과 금속의 분말을 배합 소결(燒結)하여 얻음. 제트 엔진이나 경질 공구 등에 사용함.

서면(書面) 圄 1 글씨를 쓴 지면(紙面). 2 일정한 내용을 적은 문서. ¶~으로 답하다.

서면^계약(書面契約) [-계-/-게-] 圄 [법] 서면으로써 의사 표시를 하여 맺는 계약. ↔구두 계약.

서명¹(書名) 圄 책의 이름. ⓗ책명.

서명²(署名) 圄 자기의 이름을 써넣는 것. 또는, 써넣은 그것. ⓗ사인(sign). ¶저자의 ~이 든 책을 기증받다. **서명-하다** 囲困 ¶계약서에 ~.

유의어   **서명 / 기명**
둘 다 어떤 문서에 해당자의 이름을 적어 넣는 것을 뜻하나, '**서명**'은 반드시 본인이 자신의 필체로 쓰는 것을 뜻하는 데 반해, '**기명**(記名)'은 타인이 쓰거나 고무인·타이프 등을 사용하는 것도 포함함.

서명^날인(署名捺印) 圄[법] 문서상에 이름 또는 상호(商號)를 표시하고 도장을 찍는 일.

서명^운동(署名運動) 圄[사] 어떤 주장·의견에 대한 찬성의 서명을 얻기 위한 운동. ¶~을 벌이다.

서모(庶母) 圄 아버지의 첩. ▷계모(繼母). ×첩어미.

서모스탯(thermostat) 圄[물] =온도 조절기

(溫度調節器).

서목(書目) 圄 1 책의 내용에 대한 목록. 2 각종 도서를 분류한 목록. 3 보고서에서 중요한 부분을 대강 뽑아 따로 덧붙인 지면.

서무(庶務) 圄 특별한 명목이 없는 여러 가지 일반적인 사무. 또는, 그 일을 맡은 사람. ¶~계(係).

서무-실(庶務室) 圄 주로 학교 따위에서 일반 사무를 맡아 처리하는 방.

서문¹(西門) 圄 성곽이나 궁 등의 서쪽으로 난 문. ↔동문(東門).

서문²(序文) 圄 1 머리말. 2 한문체(漢文體)의 하나인 서(序)의 체로 된 글. ⓢ서(序). ↔발문(跋文).

서민(庶民) 圄 1 아무 벼슬이 없는 일반 평민. =서인(庶人). ⓗ백성. 2 사회적 특권이나 경제적인 부를 누리지 못하는 일반 사람.

서민-적(庶民的) 阿 서민에 특유한 (것). 또는, 서민과 같은 (것). ¶꾸밈이 없는 ~인 생활 태도.

서민-층(庶民層) 圄 서민에 속하는 계층.

서바이벌^게임(survival game) 圄 총알을 맞추면 물감이 묻어나게 되어 있는 모의 총으로 전쟁놀이를 즐기는 레저 스포츠. 1990년대에 들어서 쓰이기 시작한 말임.

서반(西班) 圄[역] =무반(武班). ↔동반.

서-반구(西半球) 圄[지] 지구를 경도 0° 및 180°에서 동과 서로 나눈 경우의 서쪽 부분. ↔동반구.

서반아(西班牙) 圄[지] '에스파냐'의 음역어.

서방¹(西方) 圄 1 서쪽 방향이나 지역. ↔동방(東方). 2 서유럽의 자유주의 국가들. ¶~자유 진영. 3 [불] '서방 극락'의 준말.

서방²(書房) 圄 1 '남편'을 낮추어 이르는 말. ¶저 어쩌는 제 ~밖에 모른다니까. 2 관직이 없는 사람을 부를 때, 성 밑에 붙이는 말. ¶김 ~. 3 성에 붙어, 사위나 매제(妹弟), 아래 동서(同壻) 등의 호칭 또는 지칭으로 쓰이는 말.

서방(을) 맞다 閏 남편을 얻다.

서방-가다(書房-) 囲困 '장가가다'의 잘못.

서방^국가(西方國家) [-까] 圄 미국과 서유럽의 자유주의 국가를 이르는 말. =서방 세계.

서방^극락(西方極樂) [-긍낙] 圄[불] 사바세계에서 서쪽으로 십만억 불토(佛土)를 지나서 있다는 아미타불의 극락정토. =서방 세계·서방 정토. ⓢ서방.

서방-님(書房-) 圄 1 전날에, '남편'을 높여 부르던 말. 2 결혼한 시동생에 대한 호칭. ▷도련님·아주버님. 3 [역] 벼슬이 없는 젊은 사람을 상사람이 높여 부르던 말.

서방^세계(西方世界) [-계/-게] 圄 1 =서방 국가. 2 [불] =서방 극락.

서방-질(書房-) 圄 제 남편이 아닌 남자와 몰래 정을 통하는 짓. ⓗ화냥질. ↔계집질. **서방질-하다** 囲困

서버(server) 圄 1 [체] 테니스·탁구·배구 등에서, 서브하는 쪽. 또는, 그 사람. ↔리시버. 2 [컴] 네트워크로 연결된 여러 컴퓨터들에 정보를 제공하고 관리하는 구실을 하는 컴퓨터. ¶~에 접속해서 필요한 파일을 내려 받다. ↔클라이언트.

서벅-거리다/-대다 [-꺽(때)-] 囲困타 1 연한 배·사과 또는 바람이 든 무 따위를 씹는 것 같은 소리가 자꾸 나다. 또는, 그런 소리를 자꾸 내다. 2 모래밭을 걸어가는 것 같

서벅-서벅[-써-] 튀 서벅거리는 모양. 또는, 그 소리. 작사박사박. **서벅서벅-하다** 형여

서법¹(書法)[-뻡] 명 글씨 쓰는 법. ¶추사(秋史)의 독특한 ~을 익히다.

서법²(敍法)[-뻡] 명[언] 문장의 내용에 대한, 말하는 사람의 심적 태도를 나타내는 동사의 어형 변화. 의문법·청유법 따위. =법(法).

서변(西邊) 명 어떤 지역의 서쪽 가장자리.

서부(西部) 명 1 어떤 지역의 서쪽 부분. ↔동부. 2 [역] 고려·조선 시대에 5부 가운데 서쪽 행정 구역. 또는, 그 구역을 관할하던 관청.

서부-극(西部劇) 명[영] =서부 활극.

서부렁-서부렁 튀 여럿이 모두 서부렁한 모양. 또는, 몹시 서부렁한 모양. 작사부랑사부랑. **서부렁서부렁-하다** 형여 ¶꾸러미들이 모두 ~.

서부렁-섭적[-쩍] 튀 힘들이지 않고 선뜻 건너뛰거나 올라서는 모양. 작사부랑섭적.

서부렁-하다 형여 묶거나 쌓은 것이 든든하게 다붙지 않고 느슨하다. ¶지게에 진 나뭇짐이 ~. 작사부랑하다.

서부^영화(西部映畫) 명[영] 미국 서부 지방의 카우보이 등의 활약을 주제로 한 영화.

서-부터 조 '에서부터'의 준말. ¶여기~ 벽돌을 쌓아라.

서부^활극(西部活劇) 명[영] 개척 시대의 미국 서부 지방을 배경으로 하여, 개척인의 활약상을 다룬 활극조의 영화. =서부극.

서북(西北) 명 서쪽을 기준으로 하여 서쪽과 북쪽 사이의 방위. '북서'와 같은 뜻이나, '북서'가 남북을 기준으로 한 서양식 방위로 오늘날 널리 쓰이는 데 반해, '서북'은 동서를 기준으로 한 동양식 방위로 전통적으로 쓰여 오고 있음. ↔동남. ▷북서.

서북^방언(西北方言)[-빵-] 명 평안남북도 전역에서 사용되는 방언.

서북-쪽(西北-) 명 '북서쪽'을 전통적 동양식 방위로 이르는 말. ↔동남쪽. ▷북서쪽.

서북-풍(西北風) 명 '북서풍'을 전통적 동양식 방위로 이르는 말. ↔동남풍. ▷북서풍.

서분서분-하다 형여 (성질이나 마음씨가) 친절하고 부드럽다. 작사분사분하다.

서분-하다 형여 1좀 서부렁하다. 작사분하다. 2 '서운하다'의 잘못.

서붓 튀 '사붓'의 큰말. 셴서뿟. 거서풋.

서붓-서붓[-붇써붇] 튀 '사붓사붓'의 큰말. 셴서뿟서뿟. 거서풋서풋.

서붓-이 튀 '사붓이'의 큰말. 셴서뿟이. 거서풋이.

서브(serve) 명[체] 탁구·배구·테니스 등에서, 공격 측이 먼저 공을 상대편 코트에 쳐 넣는 일. 또는, 그 공. =서비스. ↔리시브. **서브-하다** 동재여

서브-권(serve權) 명[체] 탁구·배구·테니스 등에서, 서브를 할 수 있는 권리.

서브타이틀(subtitle) 명 1 =부제(副題)². 2 =설명자막. ↔메인타이틀.

서비스(service) 명 1개인적으로 남을 위하여 여러 가지로 봉사하는 것. 특히, 장사에서 손님을 접대하고 편의를 제공하는 것. ¶~ 정신이 부족하다 / ~가 좋은 상점. 2 †장사에서, 값을 깎아 주든지 덤을 붙여 주든지 하여 고객에게 이익을 베푸는 것. 3 [체] =서브. 4 =용역(用役). **서비스-하다** 동재타여 ¶자동차 구입자에게 시트커버를 ~.

서비스^라인(service line) 명[체] 테니스에서, 서비스 박스의, 네트에 평행하는 선. =서브선.

서비스^박스(service box) 명[체] 테니스에서, 서브를 그 안에 넣어야 하는 직사각형의 구획.

서비스-업(service業) 명[사] 산업을 크게 분류할 때의 한 분야. 여관 등의 숙박 설비 대여업, 광고업, 자동차 등의 수리업, 영화·연극 등의 흥행업 및 기타 비영리 단체 등이 포함됨.

서비스^에이스(service ace) 명[체] 테니스·배구·탁구 등에서, 서브한 공을 상대편이 제대로 받지 못하여 득점하는 일. =에이스.

서빙(serving) 명 ['접대'의 뜻] 음식점·카페 등에서 음식을 나르며 시중을 드는 일. **서빙-하다** 동타여

서뿐 튀 '사뿐'의 큰말. 거서푼.

서뿐-서뿐 튀 '사뿐사뿐'의 큰말. 거서푼서푼.

서뿟[-뿓] 튀 '서붓'의 센말. 작사뿟. 거서풋.

서뿟-서뿟[-뿓써뿓] 튀 '서붓서붓'의 센말. 작사뿟사뿟. 거서풋서풋.

서뿟-이 튀 '서붓이'의 센말. 작사뿟이. 거서풋이.

서:사¹(序詞) 명 책 따위의 첫머리에 그 취지나 내용을 적은 글. 비머리말.

서:사²(敍事) 명 일련의 사실이나 사건 등의 이야기나 언어나 영상 등으로 진술하는 일. 좁은 뜻으로는 소설·서사시·극·신화·역사 등과 같이 언어를 통해 기록하는 것을 가리키나, 넓은 뜻으로는 영화·연극·발레·오페라와 같이 그림·영상 등에 이야기를 담는 것도 가리킴.

서사³(書士) 명 대서(代書)나 필사(筆寫)를 직업으로 하는 사람.

서:사-문(敍事文) 명[문] 일련의 사실이나 사건 등의 이야기를 객관적으로 서술한 글. ▷서정문.

서:사-물(敍事物) 명[예] 일련의 사실이나 사건 등의 이야기를 언어나 영상(映像) 등으로 진술한 기록물. 소설·서사시·신화·영화·연극 따위.

서:사-시(敍事詩) 명[문] 시의 갈래의 하나. 역사적 사실이나 신화, 전설, 영웅의 사적 등을 장시(長詩)로 꾸며 읊은 시. ▷서정시·극시.

서:사-체(敍事體) 명[문] 일련의 사실이나 사건 등의 이야기를 객관적으로 서술하는 양식.

서산(西山) 명 서쪽에 있는 산. ¶일락(日落) ~ / ~에 지는 해.

서산-낙일(西山落日) 명 1 서산에 지는 해. 2 세력·힘 등이 기울어져 멸망하게 된 판국.

서산-마루(西山-) 명 서쪽에 있는 산의 꼭대기.

서:-삼촌(庶三寸) 명 서숙(庶叔).

서:상(瑞祥) 명 상서로운 조짐. =서조.

서:색(曙色) 명 1 =새벽빛. 2 서광을 받은 산천의 빛. 곧, 새벽녘의 경치.

서생¹(書生) 명 1 예전에, 유교 경전을 읽으며 공부하는 사람(특히, 젊은 남자)을 이르

던 말. ¶백면(白面)~. 2 남의 집에서 일해 주며 공부하는 사람.
서:생²(庶生) 圀 첩의 소생. 回서출(庶出).
서:-생원(鼠生員) 圀 '쥐'를 의인화해서 속되게 일컫는 말.
서:서(徐徐) ➡서:서-하다 阇어 움직임이 느리거나 더디다. 回천천하다. **서:서-히** 團 ¶~ 몸을 일으키다 / 차를 ~ 몰다.
서:설¹(序說) 圀 머리말로서의 논설.
서:설²(瑞雪) 圀 상서로운 눈.
서:성(瑞星) 圀 상서로운 일의 조짐이 되는 별. 태평성대에 나타난다고 함. =경성(景星).
서성-거리다/-대다 图째태 한곳에 서 있지 않고 서서 왔다 갔다 하다. ¶문밖에서 **서성거리지** 말고 들어오너라. / 그는 초조한 마음을 누르지 못하고 방 안을 **서성거렸다**.
서성-서성 團 서성거리는 모양. **서성서성-하다** 图째어
서성-이다 图째어 서서 그저 왔다 갔다 하다.
서:세(逝世) 圀 '별세'를 높여 이르는 말. 回서거(逝去). **서:세-하다** 图째어
서:속(黍粟) 圀 기장과 조.
서:손(庶孫) 圀 서자의 아들. 또는, 아들의 서자. ↔적손(嫡孫).
서:수(序數) 圀[수] 사물의 순서를 나타내는 수.
서:-수사(序數詞) 圀[언] 차례를 나타내는 수사. 첫째·둘째… 등의 고유어 계통과 제일·제이…등의 한자어 계통이 있음. ↔양수사.
서:숙(庶叔) 圀 할아버지의 서자. =서삼촌.
서:술(敍述) 圀 사물의 사정이나 생각 등을 차례를 쫓아 기술하는 것. ¶~ 방식. **서:술-하다** 图태어 **서:술-되다** 图째 ¶요점만 간단하게 **서술되어** 있는 책.
서:술-격(敍述格) [-껵] 圀[언] 어떤 체언이 문장 속에서 서술어의 기능을 가지고 있음을 나타내는 격.
서:술격^조사(敍述格助詞) [-껵쪼-] 圀[언] 체언 또는 용언의 명사형 아래에 붙어, 그 말로 하여금 서술어가 되게 하는 조사. '이다' 하나뿐임. 다른 조사와는 달리 '이고', '이냐', '이니', '이면' 등으로 활용되며, 모음 아래에서는 어간 '이'가 생략되기도 함. ▷지정사(指定詞).
서:술-부(敍述部) 圀[언] 서술어와 그에 딸린 목적어·보어 및 이들에 딸린 수식어를 아울러 일컫는 말. 논술부. ↔주어부.
서:술-어(敍述語) 圀[언] 한 문장 속에서 주어의 성질·상태·움직임을 서술하는 말. =설명어·술어·풀이말. ↔주어.
서:술-절(敍述節) 圀[언] 한 문장 안에서 술부가 되는 절. 가령, "철수가 눈이 크다." 와 같은 문장에서 '눈이 크다' 따위.
서스디드^게임(suspended game) 圀[체] 야구에서, 시간 제한이나 조명의 고장 등에 의하여 시합을 계속할 수 없을 때, 훗날 속행할 것을 조건으로 하여 일시 정지된 시합.
서스펜션(suspension) 圀 1[화] 콜로이드 입자의 크기보다 큰 고체 입자가 분산되어 있는 용액. =현탁액(懸濁液). 2 자동차에서, 차체의 무게를 받쳐 주는 장치. 노면으로부터의 진동이 차에 전해지는 것을 막음.
서스펜스(suspense) 圀 영화·드라마·소설 등의 줄거리의 전개가 관객이나 독자에게 주는 불안감과 긴박감. ¶스릴과 ~가 넘치는 액션 영화.

서슬 圀 1[자립] 1 쇠붙이 연장이나 유리 조각 등의 날카로운 부분. 또는, 그 부분에 서리는 기운. ¶~이 시퍼런 날칼. 2 세력이나 기세가 날카롭고 등등한 상태. ¶~이 시퍼런 명문 세가. 2[의존] (주로 '-는 서슬에'의 꼴로 쓰여) 어떤 결과의 원인이 되는 행동이 날카로운 기세로 이뤄지는 상태임을 나타내는 말. ¶바람. ¶미친 듯이 대드는 ~에 겁을 먹고 달아났다.
서슬이 시퍼렇다 渾 '서슬이 푸르다'를 세게 나타내는 말. ¶조선 말 **서슬이 시퍼렇던** 여흥 민씨 세도.
서슬(이) 푸르다 渾 권세·기세 따위가 아주 대단하다. ¶이호준은 문장과 학식이 높지만 **서슬 푸른** 김씨네 세도로 해서 과거에 차례가 가지 못했다.《박종화:전야》
서슴-거리다/-대다 图째 말이나 행동을 자꾸 서슴다.
서슴다[-따] 图째태 (말이나 행동을) 망설이거나 어려워하거나 조심하여 소극적으로 하다. 주로, 부정적인 말과 함께 쓰임. ¶**서슴지** 말고 네 생각을 말해 보아라.

> **어법** 서슴치 말고 말씀하세요:서슴치 (×)→서슴지(○). ➡ '서슴치'는 '서슴하다'를 기본형으로 인정한 것이므로 옳지 않음.

서슴-서슴 團 서슴거리는 모양. **서슴서슴-하다** 图째어
서슴-없다[-업따] 阇 서슴거리는 태도가 없다. 回기탄없다. **서슴없-이** 團 ¶그는 자기가 보고 느낀 바를 ~ 말했다.
서:시(序詩) 圀[문] 1 책의 첫머리에 서문 대신으로 쓴 시. 2 긴 시에서 머리말 구실을 하는 부분.
서식(書式) 圀 증서·원서·신고서 등을 작성하는 일정한 법식. =서례(書例). ¶~에 따르다.
서:식²(棲息) 圀 동물이 어떤 곳에 깃들여 사는 것. =서숙(棲宿). ¶~처(處). **서:식-하다** 图째어 ¶이 숲 속에는 많은 종류의 곤충이 **서식하고** 있다.
서:식-지(棲息地) [-찌] 圀 동물이 깃들여 사는 곳.
서신(書信) 圀 '편지'를 문어적으로 이르는 말. ¶~ 왕래 / 무역 ~ / ~ 상담.
서실(書室) 圀 =서재(書齋)¹.
서-아시아(西Asia) 圀[지] 아시아의 서남부를 가리키는 통칭. 아라비아 반도를 포함한 동쪽의 아프가니스탄으로부터 서쪽의 터키까지의 지역을 이름.
서안¹(西岸) 圀 서쪽 연안. ¶미시시피 강 ~에 있는 도시. ↔동안(東岸).
서안²(書案) 圀 1 책을 얹는 책상. 2 문서의 초안(草案).
서:약(誓約) 圀 맹세하고 약속하는 것. **서:약-하다** 图태어 ¶다시는 약속을 어기지 않겠다고 ~.
서:약-서(誓約書) [-써] 圀 서약하는 글. 또는, 그 문서. =서문·서서(誓書)·서약문·서장(誓狀).
서양(西洋) 圀 유럽과 아메리카의 지역. 回구미(歐美)·태서(泰西). ¶~ 문명 / 눈이 파랗고 코가 큰 ~ 사람. ↔동양(東洋).
서양-목(西洋木) 圀 =당목(唐木).
서양-사(西洋史) 圀 서양 여러 나라의 역사. ↔동양사.

서양-사²(西洋紗) [명] 가는 무명 올로 폭이 넓고도 설피게 짠 피륙. [준]양사. [변]생사.
서양-식(西洋式) [명] 서양에서 들어온 양식(樣式)·격식. [준]양식(洋式). ↔동양식.
서양^음악(西洋音樂) [명][음] 서양에서 발생하여 발달한 음악. 오페라·오페레타·오케스트라·실내악 따위. [준]양악.
서양-인(西洋人) [명] 서양 여러 나라의 사람. [준]양인. ↔동양인.
서양-장기(西洋將棋) [명] =체스(chess).
서양-적(西洋的) [관][명] 서양의 특징을 지니고 있는 (것). ↔동양적.
서양-철(西洋鐵) [명] '생철¹'의 잘못.
서양-풍(西洋風) [명] 서양에서 하는 양식을 본뜬 모양. ¶~의 건물 / ~에 물들다. [준]양풍. ↔동양풍.
서양-화(西洋畫) [명][미] 서양에서 발달된 그림. 유화·수채화·파스텔화·연필화·펜화 따위. [준]양화. ↔동양화.
서양화-가(西洋畫家) [명] 서양화 그리는 일을 직업으로 하는 사람. ↔동양화가.

혼동어	서양화가 / 서양 화가
	'서양화가' 는 서양화를 그리는 화가를 뜻하고, **'서양 화가'** 는 서양의 화가를 뜻함.

서어(齟齬·鉏鋙) ➡**서어-하다** [형][여] **1** 어긋남이 있어 탐탁하지 않다. ¶이렇게 생각하매 지금까지 생각하던 것이 다 쓸데없는 듯하여 불현듯 **서어한** 마음이 생긴다.《이광수: 무정》 **2** 익숙하지 않아 서름서름하다. ¶남에게 처음 인사하듯 대단히 **서어한** 인사를 하다가 서로 분명한 말을 듣더니, ….《이인직: 혈의 누》 **서어-히** [부]
서ː언¹(序言·緖言) [명] =머리말1.
서ː언²(誓言) [명] 맹세하는 말.
서ː얼(庶孼) [명] 서자와 그 자손.
서역(西域) [명][역] 중국의 서방 지역에 있는 여러 나라의 총칭. 넓게는 중앙아시아·서아시아 전역(때로는 인도를 포함시킴), 좁게는 타림 분지(동부 투르키스탄)를 가리킴.
서ː열(序列) [명] 어떤 기준에서, 순서를 따라 늘어섬. 또는, 그 순서. ¶연공(年功) ~.
서ː염(暑炎) [명] 몹시 심한 더위.
서예(書藝) [명] 한자나 한글을 붓에 의해 조형적으로 쓰는 예술.
서예-가(書藝家) [명] 서예로 일가를 이룬 사람. 또는, 직업적으로 붓글씨를 쓰는 예술가.
서ː운¹(瑞雲) [명] 상서로운 구름.
서ː운²(曙雲) [명] 새벽녘의 구름.
서운-관(書雲觀) [명][역] **1** 고려 시대에, 천문·역수(曆數)·측후(測候)·각루(刻漏)의 일을 맡아보던 관청. **2** 조선 시대에, 천문·재상(災祥)·역일(曆日)·추택(推擇) 등의 일을 맡아보던 관청.
서운-하다 [형][여] 마음에 모자라 섭섭한 느낌이 있다. ¶좀 더 놀다 가지, 벌써 떠난다니 **서운하구나**. ×서분하다. **서운-히** [부] ¶파티에 초대받지 못한 것을 너무 ~ 여기지 마라.
서울 [명] **1** 한 나라의 중앙 정부가 있는, 가장 중심적인 도시. =경도(京都)·경락(京洛)·경부(京府)·경사(京師)·경조(京兆)·도부(都府). [비]국도(國都)·도읍(都邑)·수도(首都)·수부(首府). **2** 우리나라의 수도.
[**서울 가서 김 서방 찾는다**] 무턱대고 막연하게 찾아간다.
서울-까투리 [명] 수줍음이 없고 숫기가 많은 사람.
서울-깍쟁이[-쨍-] [명] 시골 사람이 서울 사람의 까다롭고 인색한 모양을 꼬집어 하는 말. ×서울깍정이.
서울-내기[-래-] [명] 서울에서 태어나고 자란 사람을 이르는 말. ↔시골내기. ×서울나기.
서울-뜨기 [명] 서울 사람을 놀림조로 일컫는 말. ↔시골뜨기.
서울-말 [명] 서울 사람이 쓰는 말. 표준어의 기초가 됨. ▷방언(方言).
서원¹(書院) [명][역] 조선 시대에 선비들이 모여 학문을 강론하거나 훌륭한 선비의 위패를 모셔 놓고 제사하던 곳.
서ː원²(署員) [명] '서(署)' 자가 붙은 관서에 근무하는 사람.
서ː원³(誓願) [명] **1** 신불(神佛)이나 자기 마음속에 맹세하여 소원을 세우는 것. 또는, 그 소원. **2** [불] 보살이 수행의 목적·원망(願望)을 밝히고, 달성을 서약하는 일. **3** [가] 하느님에게 보다 선하고 훌륭하게 살겠다고 약속하는 일. 특히, 수도자들이 수도 생활을 하겠다고 하느님에게 약속하는 공식적인 행위. **서ː원-하다** [동][타][여]
서-유럽(西Europe) [명][지] 유럽 서부의 지역. 곧, 영국·프랑스·독일·오스트리아·네덜란드·스위스 등의 지역을 가리킴. =서구(西歐)·서구라파. ↔동유럽.
서융(西戎) [명][역] 사이(四夷)의 하나. 중국에서, 한인(漢人)이 서방 이민족을 일컫던 말. =서이(西夷)·융(戎).
서이 [명][부] '셋이'의 잘못.
서인¹(西人) [명][역] 사색당파의 하나. 조선 선조 때 심의겸(沈義謙)을 중심으로 한 당파. 또는, 그 당파에 속한 사람. ↔동인(東人).
서ː인²(庶人) [명] =서민1.
서ː임(敍任) [명] 벼슬자리를 내리는 것. **서ː임-하다** [동][타][여]
서ː자(庶子) [명] 첩에게서 난 아들. =별자(別子)·얼자(孼子). ↔적자(嫡子).
서ː-자녀(庶子女) [명] 첩이 낳은 아들과 딸.
서장¹(書狀) [명] **1** '편지'를 문어적으로 이르는 말. **2** [역] '서장관(書狀官)'의 준말.
서ː장²(署長) [명] '서(署)' 자가 붙은 관서의 우두머리. ¶경찰서 ~ / 세무서 ~.
서장-관(書狀官) [명][역] 조선 시대에 외국에 보내는 사신을 따라가는 임시 벼슬인 기록관(記錄官). [준]서장.
서재¹(西齋) [명][역] 성균관이나 향교의 명륜당 서쪽에 있는 집. 유생이 거처하며 공부하는 곳임.
서재²(書齋) [명] **1** 책을 갖추어 두고 글을 읽거나 쓰는 방. =서각(書閣)·서실(書室). [비]문방(文房). **2** =글방.
서재-인(書齋人) [명] 서재에만 박혀 있어 세상 물정에 어둡거나 교제가 적은 사람. 곧, 학자나 문필가를 말함.
서적(書籍) [명] 제품 또는 물체로서의 '책(冊)'을 이르는 말. 또는, 《주로 명사 뒤에 쓰여》 그 명사의 특성을 띤 '책'임을 가리키는 말. ¶외국 ~ / 전문 ~ / 신간 ~.
서전¹(書典) [명] =책(冊)¹[1]1.
서전²(書傳) [명][책] '서경(書經)³'에 주해를 달아 편찬한 책. 송(宋)나라 때 주희(朱熹)가 제자 채침(蔡沈)을 시켜 만듦.
서ː전³(緖戰) [명] 전쟁이나 시합에서 첫 번째 싸움. ¶~을 승리로 장식하다.

서:절(暑節) 명 여름의 더운 계절. 곧, 삼복(三伏) 때.

서점(西漸) 명 (어떤 세력이나 영향 등이) 점점 서쪽으로 옮겨 가는 것. ↔동점. 서점-하다 통(자여)

서점(書店) 명 책을 파는 가게. =서관(書館)·서사(書肆)·서포(書鋪)·책방·책사. (비)서림(書林).

서정¹(抒情·敍情) 명 1 자연이나 사물에 접하여 마음속에 일어나는 감정. ¶전원적[도시적]~을 노래한 시. 2 [문] 문학 장르의 하나. 자아가 세계를 주관적으로 바라보면서 일정한 리듬을 가진 절약된 언어로 표현하는 양식. 시·시조·향가·장가·경기체가 따위가 이에 속함.

서정²(庶政) 명 여러 가지 방면의 정사(政事). ¶~을 쇄신하다.

서정-문(抒情文) 명 [문] 작가의 주관적인 감정이나 정서를 표현한 글. ▷서사문.

서정-쇄신(庶政刷新) 명 여러 가지 정치상의 폐단을 말끔히 고쳐 새롭게 함.

서정-시(抒情詩) 명 [문] 시의 갈래의 하나. 작가의 감정이나 정서를 주관적으로 표현한, 길이가 비교적 짧고 이야기 줄거리가 없는 시. ▷서사시·극시.

서정-적(抒情的) 관명 서정의 성격을 띤 (것). ¶~인 노래.

서정적 자아(抒情的自我) [문] 시(詩)에서 감정을 표현하는 주체(主體). 작품 속의 자아로서, 시인 자신과는 구별됨. ¶'산유화'에서 '저만치 혼자서 피어 있는 꽃'은 ~의 고독한 운명을 깨닫게 하는 매개물로 작용하고 있다.

서제(庶弟) 명 서모에게서 난 아우.

서제-막급(噬臍莫及) [-끕] 명 [사람에게 잡힌 사향노루가 배꼽의 향내 때문에 잡혔다고 제 배꼽을 물어뜯었다는 데서] 일이 잘못된 뒤에는 후회하여도 이미 늦다는 말.

서조(瑞兆) 명 =서상(瑞相).

서족(庶族) 명 서자의 자손으로 이어진 겨레붙이. ↔좌족(左族).

서주(序奏) 명 [음] 뒤에 나올 중요한 부분의 악곡을 도입하는 준비로서 연주되는 전주(前奏).

서주-부(序奏部) 명 [음] 악곡의 주요 부분에 들어가기 전에 도입하는 의미로 마련한 부분. 비교적 느린 템포로 연주하며, 교향곡이나 소나타의 머리 부분에 해당. =도입부.

서중(書中) 명 책이나 글의 내용 가운데.

서증(書證) 명 [법] 문서로써 하는 재판상의 증거.

서지¹(書誌) 명 1 어떤 인물·제목 등에 관한 문헌 목록. 2 책이나 문서의 형식이나 체제·성립·전래(傳來) 등에 관한 사실. 또는, 그것을 기록한 것.

서지²(serge) 명 무늬가 씨실에 대하여 45도로 된 모직물. 본래는 능직의 소모 직물을 말한 것인데, 견사·면사·마사·화학 섬유로도 짬. 학생복 등에 쓰임. ▷사지.

서지-학(書誌學) 명 도서(圖書)를 연구 대상으로 하여 분류·해제(解題)·감정(鑑定) 등을 과학적으로 행하는 학문. ▷문헌학.

서진¹(西進) 명 서쪽으로 나아가는 것. ↔동진(東進). 서진-하다 통(자여)

서진²(書鎭) 명 책장이나 종이쪽이 바람에 날리지 않도록 누르는 물건. =문진(文鎭).

서질(書帙) 명 1 =책(冊) ¶1. 2 책을 한 권 또는 여러 권을 한목에 싸서 넣어 두기 위하여 헝겊으로 만든 싸개.

서-쪽(西-) 명 해가 지는 쪽의 방향. 또는, 그 지역. =서(西). (비)서녘·서방(西方). ¶해가 ~으로 기울다.

서쪽에서 해가 뜨다 관 상대가 예상 밖의 일을 하려고 하거나 하였을 때 놀랍다거나 믿어지지 않는다는 뜻으로 이르는 말. ¶천하의 구두쇠인 네가 자청해서 술을 산다니 서쪽에서 해가 뜨겠다.

서:차(序次) 명 =차례 ¶1.

서:차-법(序次法) [-뻡] 명 [문] 문장 표현법의 하나. 가까운 것에서 먼 것으로, 쉬운 것에서 어려운 것으로, 아는 것에서 모르는 것으로 발전하여 가는 식으로 순서를 세워서 서술하는 방법.

서찰(書札) 명 '편지'를 예스럽게 이르는 말. ¶친필 ~ / 옳거니, 이것이 정녕 어느 역적 놈과 내통하는 ~이렷다!

서창(西窓) 명 서쪽으로 난 창. ↔동창.

서:창(敍唱) 명 [음] =레시터티브.

서책(書冊) 명 =책(冊) ¶1.

서천(西天) 명 서쪽 하늘. ↔동천.

서:천¹(曙天) 명 새벽 하늘.

서첩(書帖) 명 이름난 사람의 글씨를 모아 꾸며 만든 책. =묵첩(墨帖).

서체¹(書體) 명 1 글씨를 써 놓은 모양. (비)필체. 2 특히, 붓글씨에서 글씨를 쓰는 일정한 격식이나 양식. 한자에서 해서·행서·초서·예서·전서, 한글에서 궁체 따위. 3 활자나 인쇄 문자, 컴퓨터 화면의 글자 등의, 자형(字形)의 양식. 명조·송조·청조·고딕 따위. =글씨체.

서:체²(暑滯) 명 [한] 더위로 인하여 생기는 체증(滯症).

서촌(西村) 명 1 서쪽 마을. 2 예전에, 서울 안에서 서쪽에 있는 동네를 이르던 말. ↔동촌(東村).

서:출(庶出) 명 첩에게서 태어난 아들과 딸. (비)서출생(庶出). ↔적출(嫡出).

서치라이트(searchlight) 명 =탐조등.

서캐 명 이의 알.

서커스(circus) 명 마술, 여러 가지 곡예, 어릿광대의 우스갯짓, 동물의 묘기 등을 보여 주는 흥행물.

서클(circle) 명 같은 이해관계·직업·취미 등에 의하여 결합된 사람들. 또는, 그러한 단체. ¶~ 활동 / 지하 ~에 가입하다.

서클-렌즈(circle lens) 명 눈동자가 닿는 부분의 가장자리를 검게 처리해 눈동자를 크고 또렷하게 보이도록 해 주는 콘택트렌즈.

서킷(circuit) 명 1 [물] =전기 회로. 2 자동차·오토바이 등의 경주용 환상(環狀) 도로.

서킷^브레이커(circuit breaker) 명 [경] 주가의 등락 폭이 갑자기 심하게 커질 경우, 시장에 미칠 엄청난 충격을 고려하여 주식 매매를 일시적으로 정지시키는 일.

서:퇴(暑退) 명 더위가 물러가는 것. 서:퇴-하다 통. 서:퇴-되다 통

서투르다 (형여) <서투르니, 서툴러> 1 일에 익숙하지 못하여 다루기가 섣부르다. ¶서투른 솜씨 / ~. 2 낯이 익지 못하여 어색하다. ¶어떤 여자 분하고 왔다 나가면서 낯이 서투른 손님이 오거든 좀 늦을지 모르니 기다려 달라고 그러더라는 것이다. 《전영택:크리스마스 전야의 풍경》 3 앞뒤를 재지 못하고 섣부르다. ¶서투른 수작 하지 마라. (준)서

툴다.
[서투른 무당이 장구만 나무란다] 기술이 부족한 사람이 자기 능력은 모르고 도구만 나쁘다고 탓한다.
서:툴다 (형)〈서투니, 서툰〉'서투르다'의 준말. ¶비록 서툴지만 정성을 들인 작품.

어법 그의 영어 회화는 매우 서툴었다: 서툴었다(×)→서툴렀다(○). ▶모음 어미가 연결될 때에는 준말의 활용형을 인정치 않음(표16).

서파 (庶派) 명 서자(庶子)의 자손. ↔적파(嫡派).
서편 (西便) 명 서쪽 편. ↔동편.
서편-제 (西便制) 명 [음] 판소리에서, 조선 말기의 명창 박유전(朴裕全)의 법제(法制)를 이어받은 유파. 비교적 계면조를 많이 쓰고 발성을 가볍게 하며 소리의 꼬리를 길게 늘이는 특징을 보임. 전라도의 서남 지역에서 성함. ▷동편제·중고제(中高制).
서평 (書評) 명 책 내용에 대한 평. ¶신간(新刊) ~을 쓰다.
서포터 (supporter) 명 ['지지자', '원조자'의 뜻] 1 스포츠·의료 등에서 국부·관절 등의 보호용으로 사용하는, 천에 고무를 넣어 만든 밴드. 2 등산에서, 수송·취사·경계·연락 등의 임무를 맡은 지원대. 3 특정 운동 팀을 지지하는 사람.
서폭 (書幅) 명 붓글씨를 쓰는 천이나 종이 등을 글씨의 조형미를 나타내는 곳으로서 이르는 말. ▷화폭(畫幅).
서표 (書標) 명 책 읽던 곳을 쉽게 찾을 수 있도록 책장 사이에 끼워 두는 종이 오리. =표지(表紙). 비책갈피.
서:푼¹ 명 ['한 푼짜리 엽전 세 개'라는 뜻] 아주 보잘것없는 것.
서푼² 명 '서뿐'의 거센말. 짝사푼.
서푼-서푼 튀 '서뿐서뿐'의 거센말. 짝사푼사푼.
서:푼-어치 명 =서푼짜리. ¶~도 안 되는 물건.
서:푼-짜리 명 값어치가 서 푼밖에 안 된다는 뜻으로, 아주 보잘것없는 대상을 이르는 말. =서푸어치, ¶~ 소설.
서품 (敍品) 명 [가] 안수에 의하여 주교·사제·부제를 임명하는 일. ¶~식(式).
서풋 [-푿] 튀 '서붓', '서뿟'의 거센말. 짝사풋.
서풋-서풋 [-푿서푿] 튀 '서붓서붓', '서뿟서뿟'의 거센말. 짝사풋사풋.
서풋-이 튀 '서붓이'의 거센말. 짝사풋이. 센서뿟이.
서풍¹ (西風) 명 서쪽에서 불어오는 바람. ↔하늬바람.
서풍² (書風) 명 붓글씨로 글씨를 쓰는 방식이나 양식. ▷화풍(畫風).
서핑 (surfing) 명 1 =파도타기. 2 [음] 미국에서 생긴 재즈의 하나. 3 [컴] =웹 서핑. ¶인터넷 ~.
서하 (西夏) 명 [역] 중국의 한 왕조(1032~1227). 이원호(李元昊)가 지금의 간수성(甘肅省)에서 내몽골에 걸쳐 세웠음. =하(夏).
서학 (西學) 명 1 서양의 학문. 비신학(新學). 2 조선 시대에 '천주교'를 이르던 말.
서한 (書翰) 명 편지 가운데 특히 공식적인 편지를 이르는 말. ¶대통령께 보내는 공개 ~.
서한-문 (書翰文) 명 [문] 편지에 쓰이는 문체. 또는, 그런 문체로 쓴 글. =서간문.
서한^문학 (書翰文學) 명 [문] 서한체 형식으로 쓰인 문학. '젊은 베르테르의 슬픔'이 그 대표적 작품임. =서간 문학.
서한-체 (書翰體) 명 =서간체.
서함 (書函) 명 1 '편지'를 예스럽게 이르는 말. 2 책을 넣는 상자. 3 편지를 넣는 통.
서해 (西海) 명 1 서쪽에 있는 바다. 2 [지] 우리나라 '황해(黃海)'를 이르는 말. ↔동해.
서해-안 (西海岸) 명 서해의 해안.
서행¹ (西行) 명 1 서쪽으로 가는 것. 2 [불] 서방 극락에 왕생하는 일. 서행-하다¹ 자연
서:행² (徐行) 명 (자동차 열차 등이) 느린 속도로 가는 것. ¶제차(諸車) ~ / ~ 운전.
서:행-하다² 자연 ¶교차로에서 우회전할 때에는 도로의 우측 가장자리를 따라 서행한다.
서향 (西向) 명 서쪽을 향하는 것. 또는, 그 방향. ↔동향. 서향-하다 자연
서향-집 (西向-) [-찝] 명 대청이 서쪽을 향하고 있는 집. ↔동향집.
서:형 (庶兄) 명 서모(庶母)에게서 난 형. ↔적형(嫡兄).
서:혜 (鼠蹊) 명 [의] '샅¹'을 전문적으로 이르는 말.
서:혜^림프샘 (鼠蹊lymph-) [-헤-/-헤-] 명 [생] 서혜부에 있는 림프샘. =서혜선.
서:혜-부 (鼠蹊部) [-헤-/-헤-] 명 [생] 불두덩 옆에 오목하게 된 곳.
서화¹ (書畫) 명 글씨와 그림. ¶~ 전시회.
서:화² (瑞花) 명 '눈¹'을 달리 이르는 말. =설화(雪花).
서화-가 (書畫家) 명 글씨와 그림에 능한 사람. 또는, 그것을 직업으로 하는 사람.
서화-상 (書畫商) 명 그림과 글씨를 전문으로 사고파는 장사. 또는, 그 사람.
서화-첩 (書畫帖) 명 글씨와 그림을 모은 책.
서:회 (敍懷·舒懷) [-회/-훼] 명 회포를 풀어 말하는 것. 서:회-하다 자연
서:훈 (敍勳) 명 훈공에 따라 훈장을 내리는 것. 서:훈-하다 타연

석¹ 관 ('냥, 되, 섬, 자, 달, 대, 잔, 장, …' 등의 단위성 의존 명사 앞에 쓰여) 수량이 '셋'임을 나타내는 말. ¶법전 ~ 냥 / 쌀 ~ 되 / 벼 ~ 섬 / ~ 자 다섯 치 / ~ 달 열흘 / 매 ~ 대 / ~율 ~ 잔 / ~율 ~ 장. ▷서·세.
석² 튀 1 칼이나 가위로 종이나 헝겊 등을 단숨에 베거나 써는 모양. 또는, 그 소리. 2 거침없이 밀거나 쓸어 나가는 모양. 3 조금도 남김없이 모두. 비삭. 셀썩.
석³ (石) 명[의존] =섬²2. ¶공양미 삼 백 ~.
석⁴ (席) 명[의존] '좌석'을 세는 단위로 이르는 말. ¶오백 ~을 갖춘 강당.
-석⁵ (席) 접미 명사 뒤에 붙어, '자리'의 뜻을 나타내는 말. ¶경로~ / 내빈~ / 연회~ / 특별~.
석가 (釋迦) 명 -까- ['능력 있는 자'라는 뜻] 1 고대 인도의 크샤트리아 계급에 속하는 종족의 하나. 석가모니도 이 종족에 속함. 2 [불] '석가모니'의 준말.
석가-모니 (釋迦牟尼) [-까-] 명 [불] 불교의 개조(624? B.C.~544? B.C.). 네팔의 룸비니에서 태어나 29세에 출가하여 35세에 득도하였으며, 그 뒤 인도 각지를 돌아다니며 설법하다가 80세에 입적함. =모니(牟尼)

석씨(釋氏). ㈜석가.
석가모니-불(釋迦牟尼佛)[-까-] 몡[불] 부처로서 모시는 석가모니. ㈜모니불.
석가모니-여래(釋迦牟尼如來)[-까-] 몡[불] '석가모니'를 신성하게 이르는 말. ㈜석가여래·여래.
석-가산(石假山)[-까-] 몡 정원 등에 돌을 모아 쌓아서 만든 산. ㈜가산.
석가-세존(釋迦世尊)[-까-] 몡[불] '석가모니'를 높여 이르는 말. ㈜석존·세존.
석가-여래(釋迦如來)[-까-] 몡[불] '석가모니여래'의 준말.
석가-탄!신일(釋迦誕辰日)[-까-] 몡[불] =부처님 오신 날.
석가-탑(釋迦塔)[-까-] 몡[불] 석가의 치아·머리털·사리 등을 모셔 둔 탑.
석각¹(石角)[-깍] 몡 돌의 뾰족 나온 모서리.
석각²(石刻)[-깍] 몡 돌에 글이나 글씨를 새기는 일. 또는, 그 조각품. ▷목각(木刻). **석각-하다** 통타여
석각-화(石刻畫)[-까콰] 몡 돌에 새긴 그림.
석간(夕刊)[-깐] 몡 '석간신문'의 준말. ↔조간.
석간-수¹(石間水)[-깐-] 몡 바위틈에서 나는 샘물. =석천(石泉).
석간-수²(石澗水)[-깐-] 몡 돌이 많은 산골짜기를 흐르는 맑은 시냇물.
석간-신문(石刊新聞)[-깐-] 몡 저녁때에 발행하는 신문. =석간지(夕刊紙). ㈜석간. ↔조간신문.
석간-주(石間硃)[-깐-] 몡[광] 분말로 된 안료. 붉은 산화철을 포함하여 있어 붉은빛을 띰. 산수화나 도자기를 만들 때에 많이 쓰임. =대자(代赭)·자토·적토·주토(朱土)·토주(土朱).
석간-지(夕刊紙)[-깐-] 몡 =석간신문.
석감(石龕)[-깜] 몡[불] 불상을 모셔 두는, 돌로 만든 방.
석검(石劍)[-껌] 몡[고고] =돌검.
석경¹(夕景)[-껑] 몡 저녁 경치. =모경(暮景).
석경²(石徑·石逕)[-껑] 몡 돌이 많은 좁은 산길. =돌사닥다리.
석경³(石磬)[-껑] 몡[음] 돌로 만든 경쇠.
석경⁴(石鏡)[-껑] 몡 1 유리로 만든 거울. 2 =면경(面鏡).
석계(石階)[-꼐/-꼐] 몡 =섬돌.
석고(石膏)[-꼬] 몡[광] 황산칼슘과 물을 주성분으로 한 광물. 무색 또는 백색의 결정이며, 가열하여 소석고를 만듦. 분필·시멘트·조각 재료 등에 사용함.
석고-대죄(席藁待罪)[-꼬-죄/-꼬-쮀] 거적을 깔고 엎드려 처벌을 기다림. **석고대죄-하다** 자여
석고^붕대(石膏繃帶)[-꼬-] 몡[의] =깁스붕대.
석고-상(石膏像)[-꼬-] 몡 석고로 만든 초상.
석곡(夕哭)[-꼭] 몡 상제가 소상(小喪) 때까지 저녁때마다 신주 앞에서 소리 내어 우는 일. **석곡-하다** 통여
석공(石工)[-꽁] 몡 1 =석수(石手)¹. 2 '석공업'의 준말.
석공-업(石工業)[-꽁-] 몡 돌·콘크리트·벽돌 등을 다루는 직업. ㈜석공.

석곽(石槨)[-꽉] 몡 돌로 만든, 관을 담는 궤.
석곽-묘(石槨墓)[-꽝-] 몡[고고] =돌덧널무덤.
석관(石棺)[-꽌] 몡 =돌널.
석광(石鑛)[-꽝] 몡[광] 광물이 바위 속에 든 광산. =석혈(石穴).
석괴(石塊)[-꾀/-꿰] 몡 =돌덩이.
석교(石橋)[-꾜] 몡 =돌다리¹.
석굴(石窟)[-꿀] 몡 바위에 뚫린 굴. =암굴(巖窟)·암혈(巖穴).
석궁(石弓)[-꿍] 몡 1 고대 중국의 무기의 하나. 용수철을 사용하여 돌을 발사하거나 대형의 활. 2 소총과 같이 생긴 몸체에 활을 부착하고 방아쇠를 당겨 화살을 발사하는 무기.
석권(席卷·席捲)[-꿘] 몡 [돗자리를 만다는 뜻] 1 굉장한 기세로 영토를 남김없이 차지하여 세력 범위를 넓히는 것. 2 (넓은 세력 범위를) 거침없는 기세로 우위나 정상을 차지하여 휩쓰는 것. **석권-하다** 통타여 ¶수영에서 전 종목을 ~.
석기¹(石基)[-끼] 몡 1 돌의 토대. 2 [광] 화성암의 반상(斑狀) 구조에 있어서, 반정(斑晶) 이외의 미세 결정이 모인 부분.
석기²(石器)[-끼] 몡 돌로 만든 도구. 특히, 선사 시대에 만들어진 석제(石製)의 유물. ㈜연모.
석기³(炻器)[-끼] 몡 도자기의 하나. 초벌구이를 하지 않고 단번에 만들되, 잿물에 철분을 넣고 열을 약하게 하여 구움. 흡수성이 거의 없고 투명하지 못함. 토관(土管)·화로 등에 쓰임.
석기^시대(石器時代)[-끼-] 몡[역] 인류 문화 발달의 첫 단계. 돌을 이용하여 칼·도끼 같은 도구를 만들어 쓰던 시대. 구석기 시대와 신석기 시대로 나뉨.
석녀(石女)[성-] 몡 생식 기관 등의 이상으로 아이를 낳지 못하는 여자. ㈜돌계집.
석년(昔年)[성-] 몡 1 여러 해 전. 2 =지난해.
석노(石砮)[성-] 몡 석기 시대에 쓰던 돌로 만든 살촉.
석다[-따] 통자 1 쌓인 눈이 속으로 녹다. 2 술이나 식혜 등이 익을 때 괴는 물방울이 속으로 사라지다.
석단(石壇)[-딴] 몡 돌로 만든 단.
석대(石臺)[-때] 몡 돌을 쌓아 만든 밑받침.
석도(石刀)[-또] 몡 =돌칼.
석-돌[-똘] 몡 '푸석돌'의 준말.
석두(石頭)[-뚜] 몡 =돌대가리.
석둑[-뚝] 무 연한 물건을 단번에 베거나 자르는 모양. 또는, 그 소리. (작)삭둑. (센)썩둑.
석둑-거리다/-대다[-뚝거(때)-] 통자타 자꾸 석둑 소리가 나다. 또는, 그런 소리를 자꾸 내다. (작)삭둑거리다. (센)썩둑거리다.
석둑-석둑[-뚝썩뚝] 부 석둑거리는 소리. 또는, 그 모양. (작)삭둑삭둑. (센)썩둑썩둑. **석둑석둑-하다** 자타여
석등(石燈)[-뜽] 몡 절이나 능묘 등에 세우는, 돌로 만든 등. ▷장명등.
석란(石欄)[성난] 몡 =돌난간.
석록(石綠)[성녹] 몡 1 [광] =공작석(孔雀石). 2 그림을 그릴 때에 '녹색'을 이르는 말.
석류(石榴)[성뉴] 몡 1 [식] 석류나뭇과의 낙엽 활엽 교목. 5~6월에 짙은 주홍색의 꽃이

피고, 가을에 열매인 석류가 둥글게 익음. 나무껍질과 뿌리, 열매의 껍질은 말려서 약으로 씀. =석류나무. 2 1의 열매. 익으면 껍질이 저절로 터지고, 속에는 맛이 신 분홍빛의 씨가 들어 있음.

석류-나무(石榴-)[성뉴-] 명 [식] =석류1.

석류-석(石榴石)[성뉴-] 명 [광] 철·망간·마그네슘·칼슘 등을 포함한 규산염 광물의 일군(一群). 빛깔은 황색·갈색·적색·흑색 등이며, 주로 연마재로 쓰이나 고운 것은 장식용으로 쓰임.

석리(石理)[성니] 명 육안으로 볼 수 있는 암석의 겉모습. 비돌결.

석마(石馬)[성-] 명 귀인(貴人)의 능묘(陵墓) 앞에 세우는, 돌로 만든 말.

석면(石綿)[성-] 명 사문석 또는 각섬석이 섬유질로 변한 광물. 광택이 나며 열과 전기가 잘 통하지 않으므로, 방열·방화재로 쓰임. =돌솜·석융(石絨)·아스베스토스.

석면-사(石綿絲)[성-] 명 석면의 섬유를 무명이나 명주, 삼 등의 섬유와 섞어 짜서, 이들 섬유를 태워 없앤 실. 열에 강하며 전기가 잘 통하지 않음.

석명(釋明)[성-] 명 (어떤 사실을) 해명하여 확실하게 밝히는 것. **석명-하다** 동 타여 ¶그는 검찰에 출두하여 자신의 억울함을 **석명하겠다**는 입장을 밝혔다.

석명-서(釋明書)[성-] 명 어떤 사실을 해명하여 확실하게 밝히는 글. ¶윤 의원은 자신의 행동에 대한 ~를 당 지도부에 제출했다.

석묵(石墨)[성-] 명 [광] =흑연(黑鉛)².

석문¹(石文)[성-] 명 비석·벽돌·기와 따위에 새긴 글.

석문²(石門)[성-] 명 돌로 만든 문.

석문³(石紋)[성-] 명 =돌무늬.

석물(石物)[성-] 명 무덤 앞에 돌로 만들어 놓는 물건. 상석·석주·석인(石人)·돌짐승 따위. =묘석(墓石).

석반(夕飯)[-빤] 명 =저녁밥.

석방(釋放)[-빵] 명 [법] (구속되어 있거나 형을 살고 있는 사람을) 법에 따라 자유롭게 하는 것. 비방면(放免). ¶무죄로 ~. **석방-하다** 동 타여 ¶포로를 ~. **석방-되다** 동 자 ¶모범수들이 대통령 특사로 ~.

석-별(惜別)[-뻘] 명 바위틈에 집을 짓고 사는 벌. 이 벌이 친 꿀을 '석청(石淸)'이라 고 함.

석벽(石壁)[-뼉] 명 1 돌로 쌓은 담이나 벽. 2 언덕에 바람벽처럼 깎아지른 듯이 서 있는 바위.

석별(惜別)[-뼐] 명 아쉬운 이별. 또는, 이별을 아쉬워함. ¶오랜 친구들과 ~의 정을 나누다. **석별-하다** 동 자여

석별-연(惜別宴)[-뼐-] 명 서로 헤어지는 것을 아쉬워하여 베푸는 연회.

석복(惜福)[-뽁] 명 검소하게 생활하여 복을 길이 누리도록 하는 것. **석복-하다** 자여

석부¹(石斧)[-뿌] 명 =돌도끼.

석부²(石趺)[-뿌] 명 조각물이나 비석 등의, 돌로 만든 받침.

석불(石佛)[-뿔] 명 =돌부처1.

석비(石碑)[-삐] 명 =돌비.

석-비례(石-)[-삐-] 명 푸석돌이 많이 섞인 흙.

석-빙고(石氷庫)[-뼁-] 명 [역] 경상북도 경주에 있는, 신라 때부터 얼음을 넣어 두던 창고.

석사(碩士)[-싸] 명 1 [교] 학위의 하나. 학사(學士)의 학위를 가진 사람으로서 대학원 과정을 마치고 논문이 통과된 사람에게 수여하는 학위. 또는, 그 학위를 받은 사람. ¶ ~ 과정. ▷박사·학사. 2 예전에, 벼슬이 없는 선비를 높여 이르던 말.

석산(石山)[-싼] 명 돌로 이루어진 산. =돌산.

석-삼년(-三年)[-쌈-] 명 여러 해 또는 오랜 시일을 이르는 말. ¶그렇게 하다가는 이 걸려도 끝이 나지 않겠다.

석상¹(石像)[-쌍] 명 돌로 만든, 사람이나 동물의 형상.

석상²(席上)[-쌍] 명 여러 사람이 모인 자리. 비좌상(座上). ¶회의 ~.

석새-베[-쌔-] 명 '석새삼베'의 준말.

석새-삼베[-쌔-] 명 240올의 날실로 짠 삼베. =삼승포(三升布). 준석새베.

석석[-썩] 부 1 칼이나 가위 따위로 종이·피륙 등을 거침없이 베거나 써는 모양. 또는, 그 소리. ¶두꺼운 천을 ~ 자르다. 2 거침없이 가볍게 비비거나 쓸거나 하는 모양. 또는, 그 소리. ¶~ 문지르다. 작삭삭. 센쓱쓱.

석석-거리다/-대다[-썩꺼(때)-] 동 자 타 자꾸 석석 소리가 나다. 또는, 자꾸 석석 소리를 내다. 작삭삭거리다. 센쓱쓱거리다.

석-쇠[-쐬/-쒜] 명 고기 따위를 굽는 기구. 굵은 쇠 테두리에 가는 철사나 구리선 따위로 잘게 그물처럼 엮어 네모지거나 둥글게 만듦. =적철(炙鐵).

석수¹(石手)[-쑤] 명 돌을 정 따위로 쪼거나 하여 어떤 형상을 빚거나 다루는 일을 직업으로 하는 사람. =돌장이·석각장이·석공(石工)·석장.

석수²(石數)[-쑤] 명 곡식의 섬의 수효.

석수³(石獸)[-쑤] 명 무덤 속이나 둘레에 세우는, 돌로 만든 짐승의 형상. =돌짐승.

석수⁴(汐水)[-쑤] 명 저녁때에 밀려 들어왔다가 나가는 바닷물. =석조(夕潮). ↔조수(潮水).

석수어(石首魚)[-쑤-] 명 [동] =조기².

석수-장이(石手-)[-쑤-] 명 '석수'를 낮추어 이르는 말.

석순(石筍)[-쑨] 명 [광] 종유굴(鍾乳窟) 안의 천장에 있는 종유석에서 떨어진 탄산석회의 용액이 굳어 죽순 모양으로 된 돌기물. =돌순.

석순²(席順)[-쑨] 명 =석차(席次)1.

석식(夕食)[-씩] 명 =저녁밥.

석신(石神)[-씬] 명 신으로 받들어 섬기는 돌.

석실(石室)[-씰] 명 [고고] =돌방.

석실-분(石室墳)[-씰-] 명 [고고] =돌방무덤.

석양¹(夕陽) 명 1 저물녘의 해. 또는, 그 햇빛. =낙양(落陽)·사일(斜日)·사조(斜照)·석일(夕日)·석조(夕照)·석휘. 비낙조·사양(斜陽). ¶~에 타는 놀. 2 해가 저물 무렵. ¶일이 끝났을 때는 이미 ~ 무렵이었다. 3 노년(老年)의 시기를 비유하여 이르는 말. 비황혼.

석양²(石羊) 명 왕릉이나 무덤 앞에 돌로 만들어 세운 양(羊) 모양의 조각물.

석양-별(夕陽-)[-뼐] 명 저녁때의 햇볕.

석양-빛(夕陽-)[-삗] 명 저녁때의 햇빛.

석양-판(夕陽-)圀 해 질 무렵. 또는, 석양볕이 비치는 곳.
석연(釋然) →석연-하다 혱여 (주로, 부정(否定)을 나타내는 말과 함께 쓰여) 어떤 일에 대한 의심이 깨끗이 풀려 시원스럽다. ¶그가 왜 갑자기 회사를 그만두었는지 **석연**치 않은 점이 있다. **석연-히** 튄
석엽(腊葉)圀 종이나 책 사이에 넣어서 눌러 말린 식물의 잎사귀·가지 등의 표본.
석영(石英)圀[광] 이산화규소로 이루어진 육방 정계의 광물. 종 모양 또는 기둥 모양을 하고 있으며, 유리 광택이 있음. 순수한 것은 무색투명하며 수정이라고 함. 광학 기기·유리·도기(陶器)의 재료로 쓰임. =차돌.
석영-사(石英沙·石英砂)圀[광] =규사(硅沙).
석유(石油)圀[광] 천연으로 지하에서 산출되는 액체 탄화수소. 또는, 그것을 정제하여 얻은 물질. 천연 그대로의 것은 원유라 하고, 정제한 것은 정유라고 하는데, 정유에는 휘발유·등유·경유·중유 등이 있음. 연료와 화학 공업의 원료로 쓰임.
석유-난로(石油暖爐)[-날-]圀 등유를 사용하는 난로.
석유-등(石油燈)圀 석유를 넣고 불을 켜는 등잔.
석유-램프(石油lamp)圀 광원으로 등유를 사용한 조명 기구.
석유^수출국^기구(石油輸出國機構)[-끼-]圀 석유 가격 안정과 생산량 조정 및 석유 수입국에 대한 집단적 교섭 등을 위하여 1960년에 결성된 기구. 중동 산유국을 중심으로 13개 산유국이 가맹하고 있음. =오펙(OPEC).
석유-통(石油桶)圀 석유를 담는 통. 흔히 플라스틱이나 양철로 만듦.
석유-풍로(石油風爐)[-노-]圀 등유를 연료로 하여 쓰는 풍로. 전에, 주로 부엌에서 요리용으로 사용하였음.
석유^화학^공업(石油化學工業)[-꽁-]圀[공] 석유 또는 천연가스를 원료로 하여 연료나 윤활유 이외의 화학 제품을 만드는 공업.
석이(石耳·石栮)圀[식] 지의류 석이과의 한 종. 몸은 원반형으로 겉쪽은 번들번들하고 잿빛이며, 안쪽은 검고 거칠거칠함. 깊은 산의 바위 위에 남. 맛과 향기가 좋아 식용함. =석이버섯.
석-이다 툉탄 '석다'의 사동사.
석이-버섯(石耳-)[-섣]圀[식] =석이.
석인¹(石人)圀 능(陵) 앞에 세우는, 돌로 만든 사람의 형상. 문인석·무인석·동자석(童子石) 따위. ▶인석(人石). ☞문무석인.
석인²(石印)圀 돌에 새긴 도장.
석인-석수(石人石獸)[-쑤]圀 무덤 앞에 세우는, 돌로 만든 사람이나 짐승의 형상. ▷석물(石物).
석일(昔日)圀 옛적.
석임圀 빚어 담근 술이나 식혜가 부글부글 괴면서 방울이 속으로 석는 것. **석임-하다** 툉재여
석자[-짜]圀 철사로 잘게 그물처럼 엮어서 만든 그릇. 바가지 모양과 비슷하고 자루가 달려 있어 튀김 따위를 건져 낼 때 씀.
석장¹(石匠)[-짱]圀 =석수(石手)¹.
석장²(錫杖)[-짱]圀[불] 승려가 짚고 다니는 지팡이. 윗부분에 큰 고리가 있는데, 거기에 작은 고리를 여러 개 달아 소리가 나게 되어 있음.
석-장승(石-)[-짱-]圀[민] 돌로 된 장승.
석재¹(石材)[-째]圀 토목·건축 및 그 밖의 석기 제작의 재료로 쓰이는 돌.
석재²(碩材)[-째]圀 학문에 대한 뛰어난 재능. 또는, 그런 재능을 지닌 사람.
석전¹(夕奠)[-쩐]圀 염습 때부터 장사 때까지 매일 저녁에 신위 앞에 제물(祭物)을 올리는 의식.
석전²(石田)[-쩐]圀 1 돌이 많은 척박한 밭. 2 쓸모없는 것의 비유.
석전³(石戰)[-쩐]圀[민] =석전놀이. **석전-하다** 툉재여
석전-놀이(石戰-)[-쩐-]圀[민] 음력 정월 대보름날 각 지방들이 남자들이 하던 돌 던지기 놀이. 편을 나누어 돌팔매질을 하는 것으로, 패하여 달아나는 편이 짐. =돌싸움·석전(石戰)·투석전·편싸움. **석전놀이-하다** 툉재여
석전-제(釋奠祭)[-쩐-]圀 음력 2월과 8월의 상정일(上丁日)에 문묘(文廟)에서 공자에게 지내는 제사. 준석전.
석정¹(石井)[-쩡]圀 벽을 돌로 쌓은 우물. =돌우물.
석정²(石鼎)[-쩡]圀 =돌솥.
석조¹(石造)[-쪼]圀 돌로 물건을 만드는 일. 또는, 그 물건. ¶-건물.
석조²(石彫)[-쪼]圀 돌에 조각함. 또는, 조각한 그 물건.
석조-전(石造殿)[-쪼-]圀 돌로 지은 궁전이나 전당.
석존(釋尊)[-쫀]圀[불] '석가세존'의 준말.
석존-제(釋尊祭)[-쫀-]圀[불] 석가세존의 탄생을 축하하는 의식. 음력 4월 8일에 행함.
석좌^교^수(碩座敎授)[-쫘-]圀 기업이나 개인이 기부한 기금으로 계속 연구를 하도록 대학에서 지정한 교수.
석주(石柱)[-쭈]圀 돌로 만든 기둥. 圓돌기둥.
석죽(石竹)[-쭉]圀[식] =패랭이꽃.
석질(石質)[-찔]圀 돌의 본바탕이나 성질.
석차(席次)圀 1 자리의 차례. =석순(席順). 2 성적의 차례. ¶-를 매기다.
석창(石槍)圀 돌로 된 창.
석천(石泉)圀 =석간수(石間水)¹.
석청(石淸)圀 석벌이 산속 나무나 돌 사이에 집을 짓고 모아 놓은 꿀. 꿀 중에 상품(上品)으로 침. =석밀(石蜜).
석촉(石鏃)[고고]圀 =돌살촉.
석총(石塚)圀 돌을 쌓아 올려 만든 무덤. 만주 지안 현(集安縣) 일대의 고구려 고분(古墳) 등이 대표적인 것임. =돌무덤.
석축(石築)[-쭉]圀 1 돌로 쌓아 만든 시설. 2 돌로 쌓아 만든 옹벽(擁壁). 사태 등의 방지 또는 토대(土臺)의 흙이 무너지지 않도록 가장자리에 돌로 쌓음.
석출(析出)圀 1[화] 액체 상태의 물질에서 고체를 분리해 내거나, 화합물을 분석하여 어떤 물질을 분리해 내는 것. 2 통계 자료 같은 것을 분석하여 전반적인 경향을 알아내는 것. **석출-하다** 툉탄여 **석출-되다** 툉재
석탄(石炭)圀 태고 때의 식물이 땅속에 묻힌 후 오랜 세월에 걸쳐 땅의 열과 압력을 받아 생성된 흑색 또는 갈색의 가연성(可燃性)의 퇴적암. 연료와 화학 공업의 원료가 됨. =매탄(煤炭). 준탄.

석탄^가스(石炭gas) [명][화] 석탄을 밀폐된 용기 속에서 가열할 때 생기는 가연성의 기체. 주성분은 메탄·수소·일산화탄소이며, 연료용·등불용임. =매기(煤氣).

석탄-계(石炭系) [-계/-계] [명][지] 석탄기(石炭紀)에 이루어진 지층.

석탄-기(石炭紀) [명][지] 고생대 중에서 데본기의 뒤, 페름기 앞의 기. 곤충류·거미류·양서류 등이 나타나고 양치식물이 번성함.

석탄-재(石炭-) [-째] [명] 석탄이 다 타고 남은 재. ㊿탄재.

석탄-층(石炭層) [명][광] =탄층.

석탑(石塔) [명] 돌로 쌓은 탑. ㈁돌탑. ¶5층 ~.

석태(石苔) [명][식] =돌김.

석판(石板) [명] 석판석을 얇게 깎아 만든 판. 그 위에 석필로 글씨를 씀. =석반(石盤).

석판²(石版) [명][인] 1 석판 인쇄에서, 글씨를 쓰거나 그림을 그리는 인쇄판. 2 =석판 인쇄.

석판-석(石板石) [명][광] 석판의 재료인 점판암(粘板巖).

석판^인쇄(石版印刷) [명][인] 석판석을 판재(版材)로 하는 평판 인쇄. =석판.

석판-화(石版畵) [명][미] 석판으로 박은 그림.

석패(惜敗) [명] 경기 등에서 약간의 차이로 아깝게 지는 일. ㈁분패. **석패-하다** [자여]

석편(石片) [명] 돌의 깨어진 조각.

석필(石筆) [명] 1 서화(書畵)를 그리는 기구. 검은색 또는 붉은색의 점토를 단단하게 붓처럼 만들어 종이에 끼워 씀. 2 납석(蠟石) 따위를 납작한 연필 모양으로 만들어 석판(石板)에 글씨·그림을 그리는 데 쓰는 문방구.

석학(碩學) [석칵] [명] 학문이 아주 깊은 경지에 이른 사람을 우러르는 뜻에서 이르는 말. ¶아널드 토인비는 역사학에 있어서 세계적인 ~이다.

석함(石函) [석캄] [명] =돌함.

석핵^석기(石核石器) [서캑써끼] [명][고고] 돌을 깨뜨릴 때 떨어져 나오는 돌 조각을 버리고, 가운데 남은 돌(몸돌)을 가공하여 만든 석기. =몸돌석기.

석현(昔賢) [서켠] [명] 옛 현인.

석혈(石穴) [서켤] [명][광] =석광(石鑛).

석호¹(石虎) [명] 왕릉 주위에 세우는, 돌로 만든 호랑이의 형상. 호석(虎石).

석호²(潟湖) [서코] [명][지] 사취(沙嘴)·사주(沙洲)·삼각주 등에 의하여 외해(外海)와 분리되어 생긴 호수.

석화¹(石火) [서콰] [명] 부시로 부싯돌을 쳤을 때 일어나는 불. 또는, 돌과 돌을 서로 부딪쳤을 때 일어나는 불.

석화²(石化) [서콰] [명][생] 생물의 유해(遺骸)가 땅속에 묻혀 있는 동안에, 규산이나 탄산칼슘 등이 각 조직 사이에 침투하여 화석이 되는 일. **석화-하다** [자여]

석화³(石花) [서콰] [명][동] =굴².

석화⁴(石貨) [서콰] [명] 돌로 만든 돈. 20세기 초까지 미크로네시아의 여러 섬에서 사용되었음.

석화⁵(石畵) [서콰] [명] 1 돌에 그린 그림. 2 돌에 새긴 조각물.

석화-광음(石火光陰) [서콰-] [명] 세월이 아주 빠름을 비유하여 이르는 말.

석회(石灰) [서쾨/서퀘-] [명][화] 1 생석회와 소석회의 총칭. ㊿회. 2 =탄산칼슘. 3 =수산화칼슘.

석회-동(石灰洞) [서쾨-/서퀘-] [명][지] =종유굴(鍾乳窟).

석회-동굴(石灰洞窟) [서쾨-/서퀘-] [명][지] =종유굴.

석회-분(石灰分) [서쾨-/서퀘-] [명] 석회의 성분.

석회-석(石灰石) [서쾨-/서퀘-] [명][광] =석회암.

석회-수(石灰水) [서쾨-/서퀘-] [명][화] 수산화칼슘을 물에 녹인 무색투명의 액체. 이산화탄소를 흡수하면 부옇게 됨. 소독·살균제로 쓰임.

석회-암(石灰巖·石灰岩) [서쾨-/서퀘-] [명][광] 탄산칼슘을 주성분으로 하는 퇴적암. 시멘트 원료·석회·비료 원료로 쓰임. =석회석·횟돌.

석회-질(石灰質) [서쾨-/서퀘-] [명] 석회 성분을 주로 가진 물질. ㊿회질.

석후(夕後) [서쿠] [명] 저녁밥을 먹고 난 뒤.

석휘(夕暉) [서퀴] [명] =석양(夕陽)¹.

섞-갈리다 [석깔-] [동][자] 갈피를 잡지 못하게 여러 가지가 한데 뒤섞이다. ¶기억과 ~ / 정신이 ~.

섞다 [석따] [동][타] 1 (어떤 물질에 다른 물질을) 넣은 뒤 젓거나 이리저리 뒤집거나 하여 고루 함께 있는 상태가 되게 하다. 또는, (여럿의 대상에 어떤 대상을, 또는 둘 이상의 대상을) 함께 들어 있게 하다. ¶쌀에 잡곡을 **섞어** 밥을 짓다 / 남자와 여자를 한 교실에 **섞어** 앉히다. 2 (어떤 말이나 행동에 다른 말이나 행동을) 함께 나타내다. ¶그는 우스갯소리를 **섞어** 가며 무용담을 늘어놓았다.

섞-바꾸다 [석빠-] [동][타] 서로 다른 것으로 섞어서 바꾸다.

섞바뀌다 [석빠-] [동][자] '섞바꾸다'의 피동사. ¶신발이 ~ / 가지고 갈 선물이 **섞바뀌었다**.

섞박-지 [석빡찌] [명] 절인 배추와 무를 넓적하게 썰고 파·마늘·생강·고춧가루·조기젓국으로 버무려 익힌 김치.

섞-사귀다 [석싸-] [동][자] 지위·처지가 다른 사람들끼리 서로 가깝게 사귀다.

섞어-짓기 [-짇끼] [명][농] 한곳에 두 가지 이상의 작물을 심는 것. =혼작(混作). **섞어짓기-하다** [타여]

섞어-찌개 [명] 고기와 여러 가지 야채를 섞어서 끓인 찌개.

섞-이다 [동][자] '섞다'의 피동사. ¶쌀에 뉘와 돌이 ~ / 행동에 장난기가 ~ / 물과 기름은 **섞이지 않는다**.

섟¹ [석] [명] 서슬에 불끈 일어나는 노엽거나 좋지 않은 감정. ¶말 한마디에 ~이 풀어지다.

섟(이) 삭다 [관] 불끈 일어났던 노엽거나 좋지 않은 감정이 풀리다. ¶상대편이 머리를 숙이고 들어오자 금방 **섟이 삭고** 말았다.

섟² [석] [명][의존] ('-는', '-ㄹ' 뒤에서 '섞에'의 꼴로 쓰여) '마땅히 그리하지는 못할망정 도리어'의 뜻을 나타내는 말. ¶잘못을 빌어야 할 ~에 큰소리를 친다. / 돈을 갚아야 하는 ~에 또 빚을 졌다.

선¹ [명] 결혼을 앞둔 남녀나 그 부모 등이 상대가 되는 사람이 마땅한지 어떤지 사람 됨됨이나 여러 가지 조건 등을 직접 만나거나 간접으로 살펴 알아보는 일. 오늘날에는 당사자들끼리 직접 만나는 '맞선'이 일반화되어 있음. ¶~을 보다 / ~을 보

선:-²(접두) '익숙하지 못한', '격에 맞지 않아 서투른', '덜 된'의 뜻을 나타내는 말. ¶~무당 / ~소리 / ~잠 / ~하품.
선³(先)명 1 바둑·장기 따위를 시작할 때 상대편보다 먼저 두는 일. 또는, 그 사람. ¶~을 정하다. 2 화투를 칠 때, 패를 돌라 주고 먼저 패를 떼는 사람. ¶~을 뺏다.
선¹⁴(善)명 착하고 올발라 도덕적 기준에 맞는 것. 반악(惡).
선⁵(腺)명 =샘³.
선⁶(線)명 1 일정한 면 위에, 필기도구 따위로 그리거나 인쇄 따위로 찍거나 하여, 가늘고 길게 이어서 나타낸 흔적. 비줄·금. ¶자를 대고 ~을 반듯하게 긋다. 2 어떤 수치나 정도를 기준으로 한 한도나 한계. ¶주가가 900~이 무너지다. 3 어떤 일을 이루는 수단이 되는 어떤 인물이나 단체와 맺고 있는 관계. ¶고위층에 ~이 닿다. 4 전기나 전화 등이 주된 것으로부터 이어지는 상태. ¶전화는 주인 집에서 ~을 끌어다 쓰고 있어요. 5 미적(美的) 대상으로서의, 물체의 윤곽. ¶~이 아름다운 한복. 6 [수] 한 점이 연속적으로 움직여 이루어진 자취. 직선·곡선 따위.
선을 긋다판 사물을 구별하여 이것과 저것으로 가르다. ¶때로는 무엇이 선이고 무엇이 악인지 분명히 선을 긋기가 어렵다.
선을 넘다판 (부부가 아닌 남녀가) 성관계를 맺다. ¶넘어서는 안 될 ~.
선을 대다판 연계를 가지다.
선이 가늘다판 1 생김새가 연약하고 섬세하다. 2 성격이 꼼꼼하고 잘다.
선이 굵다판 1 생김새가 크고 투박하다. ¶**선이 굵은** 얼굴. 2 성격이 잘지 않고 통이 크다.
선¹⁷(選)명 시험이나 심사에 든 사람을 뽑는 일. ¶~에 들다.
선¹⁸(膳)명 호박·오이·가지·배추·두부 등의 식물성 식품에 소를 넣어 만든 찜 요리의 하나. 때로, 소의 양(䑋)이나 생선의 살 등을 써서 익힌 요리를 가리키기도 함.
선⁹(禪)명 [불] 1 마음을 가다듬고 정신을 통일하여 무아 정적(無我靜寂)의 경지에 몰입하는 일. 비선정(禪定). 2 '선종(禪宗)³'의 준말. 3 '좌선(坐禪)'의 준말.
선-¹⁰(先)접두 1 '돌아간'의 뜻을 나타내는 말. ¶~대왕(大王) / ~대부인. 2 '앞선', '먼저'의 뜻을 나타내는 말. ¶~이자(利子) / ~보름.
-선¹¹(船)접미 '배'의 뜻을 나타내는 말. ¶여객~ / 화물~ / 유람~ / 해적~ / 증기~.
-선¹²(線)접미 철도나 항공 등의 노선임을 가리키는 말. ¶경부~ / 국제~.
-선¹³(選)접미 1 작품이나 글을 골라 뽑은 것임을 나타내는 말. ¶수필~ / 단편~. 2 여럿 가운데 뽑힌 횟수나 차례를 세는 단위. ¶3~의원.
선가(船架)명 소형 선박을 수리할 때 땅 위로 끌어 올리면서 싣는 선대(船臺). 또는, 끌어 올리기 위한 대차(臺車)나 활주대 위에서 선체(船體)를 지지하는 가대(架臺).
선가²(禪家)명 [불] 1 참선하는 승려. =선객(禪客). 2 참선하는 집.
선각(先覺)명 1 (사물의 변천, 앞으로 다가올 일 등을) 남보다 앞서서 깨닫는 것. 2 '선각자'의 준말. **선각-하다**동타여

선각-자(先覺者) [-짜] 명 시대의 변화나 앞날의 일을 남보다 앞서서 깨닫고 사회적으로 훌륭한 일을 했거나 하려고 한 사람. ¶겨레의 ~. 준선각.
선간(線間)명 줄과 줄의 사이.
선개-교(旋開橋)명 [건] 교각 위에서 교체(橋體)가 수평으로 회전하여 열렸다 닫혔다 하여 선박을 통과시키는 가동교(可動橋). =회선교(回旋橋).
선객(船客)명 배를 탄 손님.
선거¹(船渠)명 [건] 선박의 건조나 수리, 또는 하물을 싣고 부리기 위한 설비. =독(dock).
선!거²(選擧)명 어떤 조직이나 집단의 대표자 등을 뽑기 위해 그 구성원들이 투표와 같은 일정한 절차를 밟는 일. ¶보통 ~ / 공명 ~ / 대통령 ~ / ~에 출마하다. **선!거-하다**
동타여
선!거-공약(選擧公約)명 선거 때에 정당이나 입후보자가 공중 앞에 제시하는, 당선 후 펴 나갈 시책에 관한 공적인 약속. ¶~을 내걸다.
선!거^관리^위원회(選擧管理委員會) [-괄-회/-괄-훼] 명 선거와 국민 투표의 공정한 관리 및 정당에 관한 사무를 관장하는 기관. 준선관위.
선!거-구(選擧區)명 [정] 의원을 선출하는 단위로서, 전국을 지역적으로 구분한 구역. ¶~대-.
선!거-권(選擧權) [-꿘] 명 [법] 선거에 참여하여 투표할 수 있는 권리.
선!거-법(選擧法) [-뻡] 명 각종 선거에 관한 법률.
선!거^사^범(選擧事犯) 명 [법] 각종 선거법에 저촉되거나, 선거법을 위반함으로써 성립되는 범죄. 또는, 그 범인. =선거 범죄.
선!거^운^동(選擧運動) 명 선거에서, 당선을 위해 유권자에게 지지를 호소하는 활동.
선!거-인(選擧人) 명 [법] 선거권을 가진 사람. 비유권자(有權者).
선!거-일(選擧日) 명 선거를 하는 날.
선!거-전(選擧戰) 명 선거에 입후보한 사람들이 당선되기 위해 벌이는 경쟁.
선-걸음 명 이미 내디뎌 걷고 있는 그대로의 걸음. 또는, 이왕 내디딘 걸음. ¶앉을 것 없이 ~에 다녀올 것이니 여기서 기다리시오.
선견¹(先見)명 닥쳐올 일을 미리 내다보고 아는 것. ¶~이 있는 사람.
선견²(先遣)명 먼저 파견하는 것. ¶~대(隊). **선견-하다**타여
선견-자(先見者) 명 1 앞날의 일을 미리 짐작하는 사람. 2 =선지자(先知者)1.
선견지명(先見之明) 명 닥쳐올 일을 미리 짐작하는 밝은 지혜. ¶~이 있다.
선결(先決)명 다른 문제보다 앞서 해결하는 것. ¶~ 과제. **선결-하다**동타여 **선결-되다**동재
선경(仙境)명 1 신선이 산다는 곳. =선계(仙界)·선향(仙鄕). 2 경치가 신비스럽고 좋은 곳.
선계¹(仙界) [-계/-게] 명 =선경1. ↔속계(俗界).
선계²(船契) [-계/-게] 명 배를 장만하거나 수리할 때에 쓸 돈을 마련하기 위한 계.
선고¹(先考)명 남에게 '돌아가신 자기 아버지'를 이르는 말. 비선친(先親).
선고²(先姑)명 돌아가신 시어머니.

선고³(宣告) 圀 1 선언하여 널리 알리는 것. 2 [법] 공판정에서 재판의 판결을 공표하는 일. **선고-하다** 팀여 ¶무죄를 ~. **선고-되다** 통자

선고-장(先考丈) 圀 남의 돌아가신 아버지를 높여 이르는 말. 비선대인. 준선장.

선고-형(宣告刑) 圀[법] 법정형에 법률상의 가중·감경(減輕)을 한 처단형(處斷刑)의 범위 안에서 법관이 형량을 정하여 선고하는 형. ▷법정형.

선:곡(選曲) 圀 (부르거나 연주하거나 들려 주거나 할 노래나 곡을) 고르는 일. **선:곡-하다** 통자타여 **선:곡-되다** 통자

선골(仙骨) 圀 ['신선의 골격'이라는 뜻] 비범한 골상(骨相)을 이르는 말.

선공(先攻) 圀[체] 운동 경기 등에서, 먼저 공격하는 것. 또는, 그 편짝. ¶상대 팀의 ~으로 경기가 시작되었다. **선공-하다** 통자타여

선공-감(繕工監) 圀[역] 고려·조선 시대에 건축물의 신축·수리 및 토목에 관한 일을 맡아보던 관아.

선공후사(先公後私) 圀 공적인 일을 먼저 하고 사사로운 일은 뒤로 돌림.

선과(善果) 圀[불] 좋은 과보(果報). 또는, 착한 일에 대한 갚음. =선보(善報). ↔악과.

선관(仙官) 圀 1 선경(仙境)의 관원. 2 [민] 양반 출신의 무당.

선:관위(選管委) 圀[법] '선거 관리 위원회'의 준말.

선:광(選鑛) 圀[광] 캐낸 광석의 품질을 높이기 위하여 잡된 것을 가려내는 일. **선:광-하다** 통자타여 **선:광-되다** 통자

선교¹(仙敎) 圀 선도(仙道)를 닦는 종교.

선교²(宣敎) 圀 종교를 전도하여 널리 펴는 것. 특히, 크리스트교에 널리 쓰는 말임. ¶~ 사업 / ~ 활동. ▷포교. **선교-하다** 통자타여 ¶아프리카에서 기독교를 ~.

선교³(船橋) 圀 1 =배다리. 2 큰 선장이 항해·통신 따위를 지휘하는, 상갑판에 높게 잡은 자리. =브리지.

선교⁴(禪敎) 圀[불] 1 선종(禪宗)과 교종(敎宗). 2 선학(禪學)과 교법(敎法).

선교-사(宣敎師) 圀 1 [종] 종교를 널리 전도하는 사람. 2 [기] 외국에 파견되어 기독교의 전도에 종사하는 사람.

선교-회(宣敎會) 圀[-회/-훼][기] 선교를 목적으로 조직한 회.

선구¹(先驅) 圀 '선구자'의 준말.

선구²(船具) 圀 배에서 쓰는 기구. 노·닻·키·돛 따위.

선:구³(選球) 圀[체] 야구에서, 타자가 투수가 던진 공이 스트라이크인지 볼인지 가려내는 것. **선:구-하다** 통자여

선구-동물(先口動物) 圀[동] 동물의 계통 분류에서, 삼배엽성 동물 중 원구(原口)가 그대로 성체(成體)의 입이 되고, 항문은 원구의 반대쪽에 생기는 동물. 환형동물·연체동물·절지동물 등. ↔후구동물.

선:구-안(選球眼) 圀[체] 야구에서, 타자가 투수가 던진 공이 스트라이크인지 볼인지 가려내는 능력.

선구-자(先驅者) 圀 1 말을 탄 행렬에서 맨 앞에 선 사람. 2 어떤 일이나 사상에서 그 시대의 다른 사람보다 앞선 사람. ⇒선구.

선구-적(先驅的) 관명 시대의 맨 앞에 서는 (것). ¶주시경 선생은 우리말과 글을 체계화하는 데 ~인 노력을 다하였다.

선:국(選局) 圀 수신기를 조절하여 방송국을 고르는 것. ¶~ 다이얼. **선:국-하다** 통자타여

선군(先君) 圀 1 =선왕(先王) 1. 2 =선친.

선-굿[-굳] 圀[민] 무당이 서서 뛰놀면서 하는 굿.

선근(善根) 圀[불] 1 좋은 과보(果報)를 얻을 수 있는 원인. =선본(善本)·선인(善因). 2 온갖 선을 낳는 근본.

선글라스(←sunglasses) 圀 주로 야외에서 강한 햇빛으로 눈이 부실 때 눈을 보호하기 위해 쓰는, 렌즈에 색이 들어간 안경. 때로, 그냥 멋으로 쓰기도 함. 비색안경. ¶검은색 ~를 끼다.

선금(先金) 圀 물건 값이나 품삯 등의 지불 기한이 되기 전에 그 전부나 일부를 먼저 치르는 돈. =전금(前金). ¶~을 받다 / ~을 걸다. ×선돈.

선급¹(先給) 圀 품삯 또는 물건의 값을 미리 치르는 것. =선하(先下). **선급-하다** 통타여

선급²(船級) 圀 '선박 급수'의 준말.

선급-금(先給金) 圀[-끔] 圀 미리 치러 주는 돈. =전도금. ▷선수금(先受金).

선기(船旗) 圀 배에 다는 기.

선남(善男) 圀[불] 1 성품이 착한 남자. 2 [불] 불법(佛法)에 귀의한 남자. ↔선녀(善女).

선남-선녀(善男善女) 圀[불] 1 선량한 보통 사람들. 특히, 미혼의 젊은 남녀를 가리킴. ¶~가 만나 사랑을 꽃피우다. 2 [불] 불법에 귀의한 남녀.

선납(先納) 圀 기한 전에 미리 돈을 바치는 것. =전납(前納). 비예납(豫納). **선납-하다** 통자타여 **선납-되다** 통자

선납-금(先納金) 圀[-끔] 圀 기한 전에 미리 바치는 돈.

선내(船內) 圀 배의 안.

선녀(仙女) 圀 선경(仙境)에 사는 여자 신선. =선아(仙娥)·옥녀. ¶천상(天上) ~.

선녀(善女) 圀[불] 1 성품이 착한 여자. 2 [불] 불법에 귀의한 여자. ↔선남(善男).

선다-님 圀 '선달'을 높여 이르는 말.

선:다-형(選多型) 圀[교] 객관식 시험 문제 형식의 하나. 세 개 이상의 항목 중에서 정답 또는 가장 적당한 항을 고르는 형식. ¶사지(四肢) ~.

선단¹(仙丹) 圀 신선이 만든다는 장생불사의 영약. =금단(金丹)·선약(仙藥).

선단²(先端) 圀 앞쪽의 끝.

선단³(船團) 圀 어떤 일을 공동으로 하는 배의 무리. =선대(船隊). ¶해상에서 조업하는 ~.

선단-식(船團式) 圀 재벌이 규모의 확장을 꾀하여 여러 기업을 거느리고 운영하는 방식. 비유적인 말임. ¶~ 부실 경영.

선달(先達) 圀[역] 문무과(文武科)에 급제하였으나 아직 벼슬을 받지 못한 사람. ¶봉이 김 ~.

선대¹(先代) 圀 조상의 세대. =선세(先世). ¶~로부터 물려받은 문화유산. ↔후대.

선대²(先貸) 圀 나중에 치르기로 하고 돈을, 치르는 한 기일 이전에 꾸어주는 것. **선대-하다** 통자타여

선대³(船臺) 圀 배를 건조(建造)할 때, 선체를 올려놓는 대.

선-대부인(先大夫人) 圀 남의 돌아가신 어머니를 높여 이르는 말. ▷선비(先妣).

선-대왕(先大王) 圀 죽은 전왕(前王)을 높여

이르는 말.
선-대인(先大人) [명] 남의 돌아가신 아버지를 높여 이르는 말. ▷선고(先考).
선-대칭(線對稱) [명][수] 도형 중의 서로 대응하는 어느 두 점을 연결하는 직선이 모두 주어진 직선에 의하여 수직으로 2등분되는 위치 관계. ▷면대칭·점대칭.
선!덕(善德) [명] 바르고 착한 덕행.
선도¹(仙桃) [명] 선경(仙境)에 있다는 복숭아.
선도²(仙道) [명] 신선이 되고자 닦는 도.
선도³(先渡) [명] 거래 매매에서, 계약 후 일정 기한이 지난 뒤 화물을 인도하는 일.
선도⁴(先導) [명] 앞에 서서 인도하는 것. ¶~자(者). **선도-하다**¹ [동][타][여]
선!도⁵(善導) [명] (어떤 사람을) 올바른 행동을 하도록 이끄는 것. ¶청소년 ~에 앞장서다. **선!도-하다**² [동][타][여] ¶문제 아동을 ~.
선도⁶(鮮度) [명] 채소·어육(魚肉) 따위의 신선한 정도.
선도⁷(禪道) [명][불] **1** 참선(參禪)하는 도. **2** =선종(禪宗)³.
선도-적(先導的) [관][명] 앞에 서서 인도하는 (것). ¶~ 위치.
선-도지(先賭地) [명][농] 가을에 받을 것을 당겨서 봄이나 여름에 미리 받는 도지.
선-돈(先─) [명] '선금(先金)'의 잘못.
선-돌 [명][고고] 신석기 시대의 거석 기념물의 하나. 커다란 자연석을 수직으로 세워 놓은 것으로, 묘비 또는 주술적인 것으로 짐작되나 확실하지는 않음. =입석(立石)·멘히르(Menhir).
선동(煽動) [명] (사람을) 언동이나 문서 등으로 부추겨 좋지 않은 일을 하게 하거나 그런 일에 동조하게 하는 것. [비]충동질. ¶~자(者). **선동-하다** [동][타][여] ¶대중을 **선동하여** 데모를 일으키다. **선동-되다** [동][자]
선동-가(煽動家) [명] 군중의 감정을 부추겨 그들로 하여금 좋지 않은 일을 하게 하는 사람.
선동-적(煽動的) [관][명] 남을 부추겨 좋지 않은 일을 하게 하거나 그런 일에 동조하게 하는 (것). ¶~인 언동.
선두¹(先頭) [명] 맨 앞. ¶~에 서다 / ~를 달리다[고수하다].
선두²(船頭) [명] =이물¹. ↔선미(船尾).
선두리 [명][동] =물방개.
선-둥이(先─) [명] 쌍둥이 중에서 먼저 난 아이. ↔후둥이. ×선동이.
선드러-지다 [형] (태도가) 맵시 있고 경쾌하다. [작]산드러지다.
선득 [부] 갑자기 놀라거나 찬 느낌을 받는 모양. ¶~ 한기가 들다. [작]산득. [센]선뜩. **선득-하다** [형][여]
선득-거리다/-대다[─꺼(때)─] [동][자] 선득한 느낌이 자꾸 들다. [작]산득거리다. [센]선뜩거리다.
선득-선득[─썬─] [부] 선득거리는 모양. [작]산득산득. [센]선뜩선뜩. **선득선득-하다** [동][자][형][여]
선들-거리다/-대다 [동][자] **1** 서늘한 바람이 잇달아 부드럽게 불다. **2** 시원스러우면서 간드러지게 행동하다. [작]산들거리다.
선들-바람 [명] 시원하고 가볍게 부는 바람. [작]산들바람.
선들-선들 [부] 선들거리는 모양. ¶바람이 ~ 불다. [작]산들산들. **선들선들-하다** [동][자][여]
선등(先等) [명] 남보다 앞서 하는 것. **선등-하다** [동][자][여]
선!-떡 [명] 잘 익지 않은 떡.
선!-똥 [명] 너무 많이 먹어서 완전히 삭지 않고 나오는 똥.
선뜩 [부] '선득'의 센말. [작]산뜩. **선뜩-하다** [형][여]
선뜩-거리다/-대다[─꺼(때)─] [동][자] '선득거리다'의 센말. [작]산뜩거리다.
선뜩-선뜩[─썬─] [부] '선득선득'의 센말. [작]산뜩산뜩. **선뜩선뜩-하다** [동][자][형][여] ¶단풍놀이도 지금 한창일 것이, 요사이 아침저녁에는 제법 **선뜩선뜩하기**조차 하다.《박태원: 천변 풍경》
선뜻[─뜯] [부] 가볍고 빠르고 시원스럽게. ¶마음이 ~ 내키지 않는다. [작]산뜻.
선뜻-선뜻[─뜯썬뜯] [부] 매우 선뜻한 모양. 또는, 여럿이 모두 선뜻한 모양. [작]산뜻산뜻. **선뜻선뜻-하다** [형][여]
선뜻-하다[─뜨타─] [형][여] 깨끗하고 시원하다. [작]산뜻하다. **선뜻-이** [부]
선량¹(線量)[─냥] [명][물] 방사선이나 엑스선의 에너지 양.
선!량²(選良)[설─] [명] **1** 뛰어난 인물을 뽑는 것. 또는, 선출된 인물. **2** '국회의원'의 별칭.
선!량³(善良)[설─] ➡**선!량-하다**[설─] [형][여] (사람이) 법이나 도덕에 어긋남이 없이 바르게 살아가는 상태에 있다. ¶**선량한** 시민. ↔불량하다.
선려(鮮麗)[설─] ➡**선려-하다**[설─] [형][여] 산뜻하고 아름답다.
선령(船齡)[설─] [명] 새로 만든 배를 처음으로 물에 띄운 때로부터 경과한 햇수.
선례(先例)[설─] [명] **1** =전례(前例)³. ¶~에 따르다 / ~를 남기다. **2** [법] 일정한 판결에 나타난 취지나 원칙이 그 후의 판결에 의해 답습하는 경우, 앞의 판결을 이르는 말.
선로¹(船路)[설─] [명] 배가 다니는, 바다의 일정한 통로. [비]뱃길. ¶~를 따라 항해하다.
선로²(線路)[설─] [명] **1** 열차나 전차가 다닐 수 있게 긴 쇠를 두 줄로 나란하게 놓은 통로. [비]레일·궤도·철로. ¶~ 부설 공사 / ~ 이탈. **2** 송전선·전신선 등 옥외의 유선 전기 회로. ¶~ 고장.
선루(船樓)[설─] [명] 배의 이물·중앙 또는 고물의 상갑판 위에 만든 구조물. 여객실·선원실 따위가 있음.
선루프(sunroof) [명] 빛이나 공기가 차 안으로 들어올 수 있게 승용차의 천장에 낸, 여닫을 수 있게 된 창.
선류(蘚類)[설─] [명][식] 선태식물의 한 강(綱). 잎과 줄기의 구별이 뚜렷하며, 숲 바닥이나 못과 늪 주변의 습지에서 잘 번식함. 솔이끼·물이끼 등이 있음. ▷태류(苔類).
선!린(善隣)[설─] [명] 이웃이나 이웃 나라와 사이좋게 지내는 것. 또는, 그런 이웃. ¶~ 정책 / ~ 외교.
선!망(羨望) [명] 부러워하는 일. ¶~의 눈길을 보내다 / ~의 대상이 되다. **선!망-하다** [동][타][여] **선!망-되다** [동][자]
선망후실(先忘後失) [명] 자꾸 잊어버리기를 잘 함. **선망후실-하다** [동][타][여]
선매¹(先買) [명] 남보다 먼저 사는 일. **선매-하다**¹ [동][타][여]
선매²(先賣) [명] =예매(豫賣)². **선매-하다**² [동][타][여]
선-머리(先─) [명] **1** 차례로 진행하는 일의 맨 처음. **2** 행렬 따위의 앞부분. ¶~에 서서 걸음을 재촉하다. ↔후머리.
선:-머슴 차분하지 못하고 몹시 덜렁거리는 사내아이. ¶계집애가 마치 ~처럼 군다. ×풋머슴.
선명¹(宣明) 명 어떤 사실을 분명히 밝혀 선언하는 것. **선명-하다**¹ 통여
선명²(鮮明)→**선명-하다**² 형여 (어떤 대상이) 또렷하여 분명하게 알 수 있거나 느껴지는 상태에 있다. ¶**선명한** 빛깔 / 기억이 ~. **선명-히** 부 ¶짙은 안개가 걷히면서 산봉우리가 ~ 드러났다.
선모(腺毛) 명 [생] 식물의 표피 세포로 생긴 털로, 대개 선단(先端)이 구상(球狀)으로 불룩해져 그 속에 분비물이 들어 있는 것. 꽃의 꿀샘의 털, 벌레잡이 식물의 소화액을 분비하는 털 따위.
선:모²(羨慕) 명 부러워하고 사모하는 것. **선:모-하다** 타여
선모-충(旋毛蟲) 명 [동] 대형동물(袋形動物) 선충류 선모충과의 기생충. 길이 1~4mm이고 실 모양이며, 사람·돼지·개·쥐 따위에 기생함.
선묘(線描) 명 선만으로 그리는 것. **선묘-하다** 타여
선무¹(先務) 명 먼저 처리해야 할 요긴한 일. ¶급(急)~ / 대책 수립이 ~이다.
선무²(宣撫) 명 흥분된 민심을 어루만져 가라앉히는 것. **선무-하다** 통타여 ¶그건 당의 정치 군대로서 인민을 **선무해야** 하는 기본 전략의 하나이기도 했다.〈조정래:태백산맥〉
선:-무당(民) 서투르고 미숙한 무당.
[**선무당이 사람 잡는다**[죽인다]] 미숙한 사람이 잘하는 체하다가 일을 그르쳐 놓는다.
선문¹(先文) 명 벼슬아치가 지방에 출장할 때 그 도착 날짜를 미리 통지하는 공문.
선문(을) 놓다 관 미리 알리다. ¶동혁 씨는 왜 온다 온다 하고 **선문만** 놓고 아니 올까.〈심훈:상록수〉
선문²(禪門) 명 [불] 1 =선종(禪宗)³. 2 =불가(佛家)¹.
선-문답(禪問答) 명 1 [불] 참선하는 사람들끼리 진리를 찾기 위해 묻고 답하는 대화. 스승과 제자 사이에 이뤄지기도 하고 선사들끼리 주고받기도 함. 이 문답을 통해 제자의 깨달음의 경지를 헤아리기도 함. 2 진의를 알기 어려운 알쏭달쏭한 말을 하거나 주고받는 일. 또는, 그 말. 못마땅하게 여기는 어감이 담긴 말임. ¶그 정치인은 기자들의 질문에 시종 ~으로 일관했다.
선물¹(先物) 명 [경] 거래소(去來所)의 거래에서, 장래의 일정한 시기에 현품을 넘겨줄 조건으로 매매 계약을 하는 거래 종목. ↔실물(實物).
선:물²(膳物) 명 (남에게 물품을) 사랑·고마움·인사의 표시로서 주는 것. 또는, 그 물품. ¶생일 ~ / ~ 꾸러미. **선:물-하다** 통타여 ¶그 여자는 나에게 넥타이를 **선물했다**.
선물^거래(先物去來) 명 [경] 장래의 일정한 기일을 인수·인도할 것을 조건으로 하여 매매 약정을 맺는 거래. =선물 매매. ↔현물 거래.
선물-환(先物換) 명 [경] 인수·인도의 시기, 외화(外貨)의 종류, 금액, 환시세 등의 거래 조건을 미리 정해 놓은 외국환. ▷현물환.
선미(船尾) 명 =고물³. ↔선두(船頭).
선미-등(船尾燈) 명 배의 고물에 다는 흰빛

의 항해등.
선:민¹(善民) 명 선량한 인민. ㈃양민(良民).
선:민²(選民) 명 1 [성] 하느님의 특별한 은총을 입어 '거룩한 백성'으로 택함을 받은 이스라엘 백성을 이르는 것. 2 한 사회에서 특별한 혜택을 받고 잘사는 소수의 사람.
선:민-의식(選民意識) 명 세계의 온 백성 중에서 유일신(唯一神)을 믿는 자기 백성만이 여호와의 택함을 받고 있다고 믿는, 이스라엘 사람의 민족적·종교적 우월감.
선-밀도(線密度) [-또] 명 [물] 실이나 철사 같은 가늘고 긴 물체의 단위 길이당의 질량.
선-바람 명 차리고 나선 그대로의 차림새. ¶~으로 후딱 갔다 오너라.
선:바람-쐬다 [-쐬-/-쒜-] 통자 낯선 지방으로 돌아다니다.
선박(船舶) 명 '배²'를 이르는 말. 특히, 상당히 큰 규모로 만들어진 배를 가리킴. ¶~을 건조하다.
선박^급수(船舶級數) [-끕쑤] 명 외국 항로에 취항하는 선박에 부여되는 국제적 등급. 선박의 성능·구조·설비 등에 따라 선급 협회가 인정함. ㉣선급.
선반¹ 명 물건을 얹어 두기 위해 널빤지·철판 따위를 벽에 달아 만든 것. ¶조립식 ~ / ~을 매다. 원현반(懸盤).
선반²(旋盤) 명 [공] 각종 금속 소재를 회전 운동을 시켜서 깎거나 파내거나 도려내는 데 쓰는 금속 공작 기계.
선-발¹ 집 안에서 종일 일하느라고 서서 돌아다니는 발.
선발²(先發) 명 1 남보다 먼저 출발하거나 시작하는 것. ↔후발(後發). 2 [체] 야구에서, 경기의 1회부터 출전하는 것. **선발-하다** 통자여
선:발³(選拔) 명 (우수하거나 뛰어난 대상을) 많은 가운데서 택하여 뽑는 것. ¶신입생 ~. **선:발-하다**² 통타여 **선:발-되다** 통자 ¶대표 선수로 ~.
선발-대(先發隊) [-때] 명 먼저 출발한 패거리 부대. ↔후발대.
선:발-전(選拔戰) [-쩐] 명 많은 선수 중에서 우수한 선수를 가려 뽑는 시합. ¶국가 대표 ~.
선발^투수(先發投手) 명 [체] 야구에서, 1회부터 출전하는 투수. ¶~로 기용되다.
선:방¹(善防) 명 (공격을) 잘 막아 내는 것. ¶골키퍼의 ~. **선:방-하다** 통타여
선방²(禪房) 명 [불] 참선하는 방. =선실(禪室).
선배(先輩) 명 1 같은 분야에서, 지위·나이·학예·경험 등이 자기보다 앞선 사람. 직장 ~. 2 자기 출신 학교를 먼저 거친 사람. =전배(前輩). ㈃선진(先進). ¶대학 ~. ↔후배.
선-번호(線番號) 명 철사·전선 등의 굵기를 나타내는 번호. ㉣선번.
선법¹(旋法) [-뻡] 명 [음] 일정한 양식을 지니는 선율을 구성하는 여러 음을 가려내어 음계 형태로 정리한 것.
선법²(禪法) [-뻡] 명 [불] 참선하는 법.
선-변¹(-邊) 명 빌려 쓴 돈에 대하여 다달이 갚는 이자. =누운변.
선변²(先邊) 명 =선이자.
선:별(選別) 명 (대상을) 어떤 기준에 따라 구별하여 택하는 것. 또는, 기준에 따라 택하여 구별하는 것. ¶~ 작업 / ~ 처리. **선:**

선-하다[통타여] ¶조사 대상자를 연령과 지역을 안배하여 ~. **선:별-되다**[통자]

선:별-적(選別的)[관명] 어떤 일을 어떤 기준에 따라 구별하여 행하는 (것). ¶~ 도입 / ~ 조처 / 배아 복제의 ~ 허용.

선병(腺病)[명][의] 삼출성(滲出性)이거나 림프성 체질을 가진 어린아이에게서 흔히 보는 결핵성 전신병(全身病).

선병-질(腺病質)[명][의] 선병의 경향이 있는 약한 체질. ¶소녀는 ~의 체격으로 바탕이 여려쁘긴 하나 응달에서 맺힌 꽃봉오리처럼 창백한 얼굴에 눈을 피곤한 듯이 깜박이고 있었다. 《이태준:제2의 운명》

선:-보다[통자타](결혼을 앞둔 남녀나 그 부모 등이) 상대가 되는 사람을 배우자로서 마땅한지 어떤지를 직접 또는 간접으로 살펴 알아보다. ¶사윗감을 ~ / 선미는 어제 어머니의 성화에 못 이겨 **선보러** 갔었다.

선-보름(先-)[명] 한 달의 앞의 보름 동안. 곧, 1일부터 15일까지. =선망(先望). ↔후보름.

선:보-이다[통타] 1 '선보다'의 사동사. ¶딸을 ~. 2 (새로운 상품이나 물건을) 세상에 처음 내놓아 알리거나 살피게 하다. ¶신제품을 ~. [준]선뵈다.

선복(船腹)[명] 1 배의 중간 허리. 2 배의, 짐을 싣는 중간 허리 부분. 또는, 그 적재량.

선봉(先鋒)[명] 맨 앞장. ¶저 사람이 파업의 ~에 섰던 사람이다.

선봉-대(先鋒隊)[명] 선봉에 서는 대열이나 부대.

선봉-대장(先鋒大將)[명] 선봉군을 지휘하는 장수. [준]선봉장.

선봉-장(先鋒將)[명] '선봉대장'의 준말.

선봉-적(先鋒的)[관명] 선봉에 서는 (것). ¶~ 역할.

선:뵈다[-뵈-/-베-][통타] '선보이다'의 준말.

선부[1](先夫)[명] 죽은 남편.
선부[2](先父)[명] 돌아가신 아버지. [비]선친.
선부[3](船夫)[명] 뱃사공.

선-부군(先父君)[명] '선고(先考)'의 존칭.

선분(線分)[명][수] 직선 위에서 그 위의 두 점에 한정된 부분. =유한 직선.

선:-불[명] 설맞은 총알. ↔된불.
  선불(을) **걸다** 1 섣불리 건드리다. 2 관계없는 일에 참견하여 해를 입다.
  선불(을) **놓다**[구] 어설픈 타격을 주다.
  선불(을) **맞다**[구] 치명적이 아닌 어설픈 타격을 받다.

선불[2](仙佛)[명] 1 신선과 부처. 2 선도(仙道)와 불도(佛道).

선불[3](先拂)[명] 돈을 미리 지불하는 것. ↔후불(後拂). **선불-하다**[통타여] ¶이자를 ~ / 대금을 ~.

선비[1][명] 1 조선 시대 또는 그 이전에, 유교적 교양과 학식과 인품을 갖춘 사람을 이르던 말. 2 학문을 닦는 사람을 예스럽게 이르는 말. ¶~ 집안 출신이다. 3 어질고 순한 사람을 비유하여 이르는 말.

선비[2][명] 자루가 길어, 서서 쓸게 된 비.

선비[3](先妣)[명] 돌아가신 어머니. =전비(前妣). [비]선친(先親). ↔선고(先考).

선비[4](船費)[명] 1 =뱃삯. 2 선박을 운항하는 데 소요되는 경비.

선비[5](鮮卑)[명][역] 고대 북아시아의 몽골 족에 속하는 유목 민족. 흉노가 쇠퇴하자 대신하여 몽골을 제압하고 2세기 중기에는 대국이 됨.

선사[1](先史)[명] 역사 시대 이전. ¶~ 시대.
선사[2](先師)[명] 1 돌아가신 스승. 2 =선철(先哲).
선사[3](善事)[명] 1 (윗사람을) 잘 섬기는 것. 2 신불(神佛)에게 공양하는 것. 3 착한 일. 또는, 좋은 일. **선:사-하다**[1][통타여]
선:사[4](膳賜)[명] 1 (남에게 물건을) 정성스러운 마음의 표시로서 주는 것. 2 (좋은 일이 어떤 사람에게 기쁨·즐거움·행복 등을) 가져다주는 것. **선:사-하다**[2][통타여] ¶자필로 된 액자를 친지에게 ~ / 상호의 합격 소식은 온 가족에게 기쁨을 **선사하였다**.
선사[5](禪寺)[명][불] 선종의 절. =선림·선원(禪院)·선찰·선찰(禪刹).
선사[6](禪師)[명][불] 1 선종(禪宗)의 법리(法理)에 통달한 승려. 2 '승려'의 높임말.
선^시대(先史時代)[명][역] 고고학에서의 시대 구분의 하나. 보통 석기 시대와 청동기 시대를 말하는 것으로, 문헌적 사료가 전혀 없는 시대임. ▷역사 시대.

선삭(旋削)[명] 선반(旋盤)으로 하는 작업에서, 둥근 모양의 공작물을 회전시키면서 그 표면을 절삭 공구로 깎아 가공하는 방식.

선산(先山)[명] 1 =선영(先塋). 2 조상의 무덤이 있는 산.

선산-하(先山下)[명] 선산의 아래쪽. =산하(山下)·선영하(先塋下).

선상[1](扇狀)[명] =부채꼴.
선상[2](船上)[명] 항해 중인 배의 안. ¶~ 반란 / ~에서 쓴 편지.
선상[3](船商)[명] 1 배를 사고파는 영업. 또는, 그 장사치. 2 배에 물건을 싣고 다니며 장사하는 사람.
선상[4](線上)[명] '선(線)의 위'라는 뜻으로, 어떤 상태에 있음을 이르는 말. ¶수사 ~.
선상[5](線狀)[명] 선(線)처럼 가는 줄을 이룬 모양. [비]선형(線形).

선상-지(扇狀地)[명][지] 내가 산지에서 평지로 흘러나오는 골짜기 어귀에 자갈이나 모래가 퇴적하여 이루어진 부채꼴의 지형.

선생(先生)[명] 1 학생을 가르치는 일을 하는 사람. 오늘날, 교사·교수 등이 이에 속함. ¶담임 ~ / 국어 ~. [속]꼰대. 2 사회적으로 덕망이 높거나 우러러볼 만한 사람에 대해, 객관적인 거리를 가지고 그를 높여 이르는 말. ¶김구 ~ / ~께서는 평생을 독립 운동에 바치셨다. 3 '하오' 할 상대에 대해, 격식을 갖추어 그를 대접해 이르는 말. ¶이 점을 어떻게 생각하시오? 4 일에 경험이 많거나 잘 아는 사람의 비유. ¶낚시에는 내가 ~.

선생-님(先生-)[명] 1 학생이나 남을 가르치는 사람을 높여 이르는 말. 2 타인에 대해, 격식을 갖추어 그를 높여 이르는 말. ¶~ 말씀은 제가 충분히 알겠습니다.

선생-질(先生-)[명] 학생을 가르치는 일을 낮잡아 이르는 말. **선생질-하다**[통자여]

선서(宣誓)[명] 1 어떤 앞에 맹세를 세워서 말하는 것. ¶~문(文). 2[법] 증언에 앞서 증인·감정인·통역인 등이 정해진 형식에 따라 진술의 진실, 또는 감정·통역을 성실히 할 것을 맹세하는 일. 3[법] 공무원이 어떤 직위에 취임할 때, 법령을 성실하게 준수하고 공무를 공정하게 집행할 것을 맹세하는 일. ¶대통령 취임 ~. **선서-하다**[통타여] ¶나는 양심에 따라 진실만을 말할 것을 엄숙히 **선**

서합니다.

선서-식(宣誓式) 명 선서를 하는 의식.
선선-하다 형여 1 시원한 느낌이 들 만큼 서늘하다. ¶선선한 가을바람. 작 산산하다. 2 성질이 시원스럽고 쾌활하다. ¶선선하고 책임감 있는 청년. 3 (응하는 태도가) 까다롭지 않거나 주저함이 없다. ¶그는 내 제안을 **선선하게** 받아들였다. **선선-히** 부 ¶부탁을 ~ 들어주다.
선성(先聲) 명 전부터 알려져 있는 명성.
선세(先貰) 명[법] 임차인(賃借人)이 임대료의 지불 및 임대차 계약상의 채무를 담보할 목적으로 임대인에게 주는 보증금.
선-셈(先-) 명 물건을 받기 전이나 기한 전에 치르는 셈. **선셈-하다** 동 타여
선-소리¹ 명 여러 소리꾼이 흥겹게 춤을 섞어 가면서 서서 부르는 잡가. =입창(立唱). ¶~꾼. ↔앉은소리. **선소리-하다**¹ 동 자여
선-소리² 명 이치에 맞지 않는 덜된 소리. ¶~ 그만 해라. **선소리-하다**² 동 자여
선소리-치다(先-) 동 자 맨 앞에 서서 소리를 치다.
선속(船速) 명 선박의 항해 속도.
선-손(先-) 명 =선수(先手)¹.
　선손(을) 걸다 관 =선수(를) 걸다.
　선손(을) 쓰다 관 =선수(를) 쓰다.
선손-질(先-) 명 먼저 손찌검하는 짓. **선손질-하다** 자여
선수¹(先手) 명 1 남이 하기 전에 앞질러 하는 행동. =선손. 2 바둑·장기에서, 먼저 놓거나 두는 일. 또는, 상대편이 어떤 수를 쓰기 전에 그 판국에 먼저 놓는 일. ¶~로 끝내기하다. ↔후수(後手).
　선수(를) 걸다 관 남이 하기 전에 먼저 상대에게 행동하여 나서다. =선손(을) 걸다.
　선수(를) 쓰다 치다 관 남보다 먼저 손을 대어 시작하다. =선손(을) 쓰다.
선수²(船首) 명 =이물.
선-수³(善手) 명 솜씨가 아주 좋은 사람.
선-수⁴(選手) 명 1 경기나 시합에 출전하는 사람. 또는, 직업적으로 스포츠를 하는 사람. ¶야구 ~ / 국가 대표 ~. 2 어떤 일을 능숙하게 하거나 버릇으로 자주 하는 사람을 빗대어 이르는 말. ¶그는 술에는 ~다.
선수-권(選手權)[-꿘] 명 경기에서 우승한 선수·단체에 주는 자격. =타이틀. ¶전국 ~ 대회 / ~ 보유자 / ~ 쟁탈전.
선수-금(先受金) 명 용역이나 상품의 대가를 분할하여 받기로 하였을 때 먼저 받은 돈. 또는, 그 계정. =전수금. ▷선급금.
선-수-단(選手團) 명 어떤 경기의 선수들로 조직된 단체. ¶체조 ~ / 올림픽에 ~을 파견하다.
선수-촌(選手村) 명 선수들이 집단적으로 숙식할 수 있는 시설을 갖추어 놓은 일정한 지역.
선술-집[-찝] 명 술청 앞에 선 채로 술을 마시게 되어 있는 술집. 二모토리.
선^스펙트럼(線spectrum) 명[물] 원자(原子) 또는 이온이 빛을 낼 때의 단색광(單色光)에 의한 썩 가느다란 많은 선으로 이루어진 스펙트럼. =원자 스펙트럼.
선승¹(先勝) 명 여러 번 하는 경기에서 먼저 이기는 것. ¶~을 거두다. **선승-하다** 자여 ¶리그전에서 ~.
선승²(禪僧) 명[불] 선종(禪宗)의 승려. 또는, 참선 수행을 통해 깨달음을 얻고자 하는 승려. ▷학승.

선식(禪食) 명 1 절에서 선승들이 먹는, 곡류와 채소 위주의 음식. 2 여러 가지 곡류를 날것으로 빻거나 갈아서 섞어 만든 가루 음식. 근래에 건강식으로 이용되고 있음.
선신-세(鮮新世) 명[지] =플라이오세.
선실¹(船室) 명 배 안에서 승객들이 쓰도록 만든 방.
선실²(禪室) 명[불] 1 =선방(禪房)². 2 '승려'를 높여 이르는 말.
선-심¹(善心) 명 1 선량한 마음. 2 남에게 베푸는 후한 마음. 3 [불] 자기 스스로와 남에게 부끄러움·탐욕·성냄·어리석음이 없는 마음. ↔악심.
　선심(을) 쓰다 관 남을 도와주는 착한 마음을 베풀다. ¶온 마을 사람들에게 술과 떡을 내어 ~.
선-심²(線審) 명[체] 테니스·축구·배구 등에서, 경기장의 선(線)에 관한 규칙의 적용을 맡아보는 보조 심판. =선심판.
선-심판(線審判) 명[체] =선심(線審)².
선:-악(善惡) 명 선(善)과 악(惡). ¶~을 분별할 나이.
선:악-과(善惡果)[-꽈] 명[성] 먹으면 선악을 알게 한다는, '선악과나무'의 열매. 아담과 하와가 하느님의 계율을 어기고 이 먹음으로써 에덴동산에서 쫓겨났다고 함. 비금단의 열매.
선:악과-나무(善惡果-)[-꽈-] 명[성] 선악과가 달렸던 에덴동산의 과실나무. =선악수(善惡樹).
선암(腺癌) 명[의] 선(腺)을 구성하고 있는 세포에서 생기는 암. 위암·장암·대장암 따위.
선약¹(仙藥) 명 1 효험이 썩 좋은 약. 2 =선단(仙丹)¹.
선약²(先約) 명 먼저 약속하는 일. 또는, 그 약속. =전약(前約). ¶~이 있다. ↔후약. **선약-하다** 동 타여 **선약-되다** 동 자
선양¹(宣揚) 명 (명예·명성 등을) 널리 떨치거나 드날리는 것. **선양-하다** 동 타여 ¶국위(國威)를 ~. **선양-되다** 동 자
선양²(禪讓) 명 (왕위를 어떤 사람에게) 누리어 가지도록 물려주는 것. 비선위(禪位)·양위(讓位). **선양-하다**² 동 타여 ¶왕위를 세자에게 ~.
선어(鮮魚) 명 =생선.
선어말^어:미(先語末語尾) 명[언] 어말 어미에 선행되어 나타나는 어미. '-시 / 으시-', '-옵 / 으옵-'과 같은 경어(敬語)에 관한 것과, '-았 / 었-', '-ㄴ / 는-', '-더-', '-겠-'과 같은 시상(時相)에 관한 것 등이 있음. 종래의 '보조 어간'에서 피동·사동·강세의 요소들을 제외한 형태들이 이에 딸림.
선언(宣言) 명 1 널리 펴서 말하는 것. 2 국가나 단체가 필요에 따라 그들의 방침·주장·의견 등을 외부에 정식으로 표명하는 것. ¶독립 ~. 3 어떤 회의의 진행에 한계를 두기 위하여 하는 말. ¶개회 [폐회] ~. **선언-하다** 동 타여 ¶탈퇴를 ~. **선언-되다** 동 자
선언-문(宣言文) 명 선언하는 취지를 적은 글. ¶~을 낭독하다.
선언-서(宣言書) 명 어떤 일을 선언하여 공표하는 문서. ¶독립 ~.
선:언-적(選言的) 관 명[논] 몇 개의 배타적 개념이나 빈사(賓辭) 중에서 선택될 것임을 나타낸 (것). ▷가언적·정언적.

선¦언적 명¦제(選言的命題)[논] 각종 사태를 일괄하여, 그중의 하나가 성립됨을 주장하는 명제. '내일은 비가 오거나 또는 바람이 분다.'는 따위.

선¦언적 삼단^논법(選言的三段論法)[-뻡] [논] 전통적 형식 논리학에서의 삼단 논법의 하나. 대전제에 선언적 판단을 두고, 소전제에서 하나를 부정하여, 결론에서 다른 하나를 긍정하는 추리(推理). 'A는 B나 C이어야 하지만 그러나 B는 아니다. 그러므로 A는 C이다.'라는 따위.

선¦언적 판단(選言的判斷)[논] 주사(主辭)가 두 개 이상의 빈사(賓辭) 중의 하나와 일치 또는 불일치한다는 판단. 'A는 B나 C나 D 중의 하나이다.' 따위.

선¦업(善業) [명][불] 좋은 응보를 가져다주는 선한 일이나 행동. ¶~을 쌓다. ↔악업(惡業).

선¦연[1](善緣) [명] 좋은 인연.

선연[2](嬋娟) ➡**선연-하다**[1] [형][여] (얼굴이) 곱고 예쁘다.

선연[3](鮮姸) ➡**선연-하다**[2] [형][여] 산뜻하고 아름답다.

선연[4](鮮然) ➡**선연-하다**[3] [형][여] 실제로 보는 것같이 생생하다. [비]뚜렷하다. ¶삼십 년 전의 일이 **선연하게** 떠오르다. **선연-히** [부]

선열[1](先烈) [명] **1** 나라를 위하여 싸우다가 죽은 열사(烈士). ¶순국~. **2** 선조(先祖)·전대(前代)의 큰 공적.

선열[2](禪悅) [명][불] 선정(禪定)의 경지에 들어선 기쁨.

선염-법(渲染法)[-뻡] [명][미] 동양화에서 화면에 물을 칠하여 마르기 전에 붓을 댐으로써 물감이 번져 몽롱하고 침중(沈重)한 묘미를 나타내는 기법. =선염.

선영(先塋) [명] 조상의 무덤. =선묘·선산.

선영-하(先塋下) [명] =선산하(先山下).

선예-도(線銳度) [명][사진] 사진의 선명한 정도. 렌즈와 필름의 해상력에 의해 결정됨.

선왕(先王) [명] **1** 선대의 임금. =선군(先君). ¶~의 치적. **2** 옛날의 어진 임금.

선¦왕-재(善往齋) [명][불] 죽은 사람을 좋은 세계에 태어나게 하기 위해 부처 앞에 공양하는 재.

선¦외(選外)[-외/-웨] [명] 응모한 작품이 뽑히는 범위 안에 들지 못함. ¶아깝게 ~로 밀려난 작품.

선¦외-가작(選外佳作)[-외-/-웨-] [명] 입선은 되지 않았으나 꽤 잘된 작품. [비]가작(佳作).

선¦용(善用) [명] **1** 좋은 일에 쓰는 것. **2** 알맞게 잘 쓰는 것. ↔악용(惡用). **선¦용-하다** [동][타][여] ¶여가를 ~. **선¦용-되다** [동][자]

선우후락(先憂後樂) [명] 세상의 근심할 일은 남보다 먼저 근심하고, 즐거워할 일은 남보다 나중에 즐거워함. 곧, 지사(志士)나 어진 사람의 마음씨. **선우후락-하다** [동][자][여]

선운(船運) [명] (사람·물건 등을) 배로 실어 나르는 것. **선운-하다** [동][타][여]

선¦-웃음 [명] 우습지도 않으면서 꾸며 웃는 웃음. ¶~을 치다.

선원[1](船員) [명] 항해 중인 배 안에서 운항과 승객 관리에 관한 일을 맡아보는 사람.

선원[2](禪院) [명][불] **1** =선사(禪寺)[5]. **2** 선정(禪定)을 닦는 도량(道場). =선림(禪林).

선위(禪位) [명] 임금의 자리를 물려주는 것. [비]선양(禪讓)·양위(讓位). **선위-하다** [동][자][여] ¶태조가 정종에게 ~.

선유[1](先儒) [명] 옛 선비. 또는, 선대(先代)의 유학자.

선유[2](宣諭) [명][역] 임금의 훈유(訓諭)를 널리 백성에게 알리는 것. **선유-하다**[1] [동][타][여]

선유[3](船遊) [명] =뱃놀이. **선유-하다**[2] [동][자][여]

선율(旋律) [명][음] 높이가 다른 음이 리듬을 동반하여 연속적으로 이어지면서 어떤 음악적 내용을 이룬 것. [비]가락. ¶클래식의 감미로운 ~이 흐르다.

선의[1](船醫)[-의/-이] [명] 항해 중인 선박에서 승무원이나 선객의 건강을 보살피는 일을 맡아보는 의사.

선¦의[2](善意)[-의/-이] [명] **1** 좋은 의도나 의미. 또는 선한 뜻. ¶~의 경쟁 / 남의 ~를 그렇게 무시할 수 있니? / 사람은 때로 ~의 거짓말을 할 경우도 있다. / 그의 행동을 제발 ~로 해석해 주세요. ↔악의(惡意). **2** 《주로 명사 앞에 쓰이거나 '선의의'의 꼴로 쓰여》 고의나 악의가 없음. 특히, 법률적으로 문제가 된 일이나 피해 등이 사실을 잘 알지 못한 상태에서 이뤄진 것임을 나타내는 말. ¶~ 취득 / ~의 피해를 입다.

선-이자(先利子)[-니-] [명] 빚을 얻을 때에 본전에서 미리 떼어 내는 이자. =선리(先利)·선변(先邊). ¶~를 떼다.

선인[1](仙人) [명] **1** =신선(神仙)[1]1. **2** 도를 닦는 사람. [비]도사(道士).

선인[2](先人) [명] **1** 돌아가신 아버지. **2** 전대(前代)의 사람. ↔후인(後人).

선인[3](船人) [명] **1** =뱃사람. **2** =뱃사공.

선¦인[4](善人) [명] 선량한 사람. ↔악인(惡人).

선¦인[5](善因) [명][불] =선근(善根)1. ↔악인.

선¦인-선¦과(善因善果) [명][불] 선업(善業)을 쌓으면 반드시 좋은 과보(果報)가 있음. ↔악인악과.

선인-장(仙人掌) [명][식] 선인장과에 속하는 식물의 총칭. 줄기는 다육질이고 겉면에 잎이 변한 가시가 있으며, 여러 빛깔의 꽃이 핌. 아메리카 대륙의 열대·아열대의 건조 지대에서 자라는데, 관상용으로도 많이 재배함. =백년초(百年草)·패왕수(霸王樹).

선-일[-닐] [명] 서서 하는 일. ¶하루 종일 ~을 했더니 다리가 몹시 아프다. ↔앉은일. **선일-하다** [동][자][여]

선임[1](先任) [명] 어떤 임무를 먼저 맡는 것. 또는, 그 임무나 사람. ¶~ 부사관. ↔후임(後任). **선임-하다**[1] [동][타][여]

선임[2](船賃) [명] =뱃삯.

선¦임[3](選任) [명] 사람을 가려 뽑아서 직무를 맡기는 것. **선¦임-하다**[2] [동][타][여] ¶사장은 그를 영업부장으로 **선임했다**. **선¦임-되다** [동][자] ¶유엔 사무총장에 ~.

선임-자(先任者) [명] 어떤 임무나 직무를 먼저 맡아 하던 사람.

선입-감(先入感)[-깜] [명] =선입관.

선입-견(先入見)[-껸] [명] =선입관.

선입-관(先入觀)[-꽌] [명] 어떤 일이나 대상에 대하여, 미리 어떠어떠하다거나 어떠어떠할 것이라고 믿는, 예전부터 굳어져 있는 관념이나 견해. 주로, 부정적인 뜻으로 쓰임. =선입견·선입감. ¶일체의 ~을 배제하다 / ~ 없이 사물을 보다.

선자[1](先慈) [명] 세상을 떠난 어머니. [비]망모(亡母)·선비(先妣).

선¦자[2](選者) [명] 많은 작품 중에서 좋은 것을 골라 뽑는 사람.
선!-잠 깊이 들지 못하거나 흡족하게 이루지 못한 잠. ¶~이 들다 / 아이가 ~을 깨서 울다.
선장¹(船匠) 몡 배를 만드는 목수.
선장²(船長) 몡 배의 항행과 배 안의 사무를 통할하는 선원의 우두머리.
선장³(禪杖) 몡 1 승려의 지팡이. 2 참선할 때 조는 승려를 깨우는 데 쓰는, 대로 만든 지팡이.
선저(船底) 몡 배의 밑바닥.
선적¹(船積) 몡 배에 짐을 싣는 것. **선적-하다** 통(타)여 ¶화물을 ~. **선적-되다** 통(자)
선적²(船籍) 몡[법] 선박의 국적(國籍). ¶쿠웨이트 ~의 배.
선적-항(船積港) 몡 화물을 선적하는 항구. =적출항(積出港).
선전¹(宣傳) 몡 주의·주장이나 사물의 존재·효능 따위를 많은 사람에게 이해시켜 공감을 얻을 목적으로 잘 설명하여 널리 알리는 일. ¶~비 / ~ 효과 / 자기 ~. **선전-하다**¹ 통(타)여 ¶새 상품을 텔레비전을 통해 대대~. **선전-되다**¹ 통(자)여
선전²(宣戰) 몡[법] 한 나라가 다른 나라에 대하여 전쟁을 개시한다는 의사를 밝혀 나타내는 것. **선전-하다**² 통(자)여
선전³(善戰) 몡 전투·경기 등에서, 실력을 발휘하여, 또는 최선을 다하여 잘 싸우는 것. ¶~ 분투. **선!전-하다**³ 통(자)여 ¶강팀을 만나 선전하였으나 아깝게 패하고 말았다.
선전-문(宣傳文) 몡 선전의 내용이나 취지를 적은 글.
선전-용(宣傳用) [-뇽] 몡 선전하는 데 쓰이는 상태. 또는, 그런 목적의 대상. ¶~ 포스터 / 팸플릿을 ~으로 제작하다.
선전-탑(宣傳塔) 몡 선전·계몽을 목적으로 일정 기간 동안 세우는 높은 건조물.
선전-포!고(宣戰布告) 몡 상대국과 전쟁 상태에 들어감을 선언·공포함.
선점(先占) 몡 남보다 앞서서 차지하는 것. **선점-하다** 통(타)여
선!정¹(善政) 몡 바르고 착하게 다스리는 것. 또는, 그런 정치. ¶~을 베풀다. ↔악정(惡政). **선!정-하다**¹ 통(자)여
선정²(煽情) 몡 글·그림·영화·방송·공연 등이 보는 사람에게 말초적인 흥미나 성적인 흥분을 불러일으킴. ¶~성 / 인터넷 성인 방송이 ~ 시비를 낳고 있다.
선!정³(選定) 몡 가려서 정하는 것. =택정(擇定). **선!정-하다**² 통(타)여 ¶스포츠 기자단은 이승엽 선수를 올해의 최우수 선수로 선정하였다. **선!정-되다** 통(자)여
선정⁴(禪定) 몡[불] 번뇌를 가라앉히고 마음을 하나로 집중하여 흐트러짐이 없게 하는 일. 비선(禪). ¶~에 들어 있는 듯 지그시 눈을 감고 있는 노사(老師)의 얼굴은 여전히 아름다웠고 여전히 준엄했다.《김성동: 만다라》 **선정-하다**³ 통(자)여
선!정-비(善政碑) 몡 선정을 베푼 관원의 덕을 기념하여 세운 비석.
선정-적(煽情的) 관몡 글·그림·영화·방송·공연 등이 말초적인 흥미나 성적인 흥분을 불러일으키는 특성이 있는 (것). ¶~인 기사 / 지면을 채우는 황색 신문 / 댄서의 춤동작이 아주 ~이다.
선정-주의(煽情主義) [-의/-이] 몡 글·그림·영화·방송·공연 등에서 말초적인 흥미나 성적 흥분을 불러일으키려고 애쓰는 태도나 경향. =센세이셔널리즘. ¶상업적 ~에 빠진 비뚤어진 공연 문화 / 정도를 벗어난 언론으로 ~ 보도.
선제¹(先制) 몡 선수(先手)를 써서 상대방을 견제하는 것. **선제-하다** 통(타)여
선제²(先帝) 몡 '선황제(先皇帝)'의 준말.
선제-골(先制goal) 몡[체] 축구나 하키 등의 구기 경기에서, 한 팀이 상대 팀보다 먼저 넣은 첫 골. ¶~을 터트리다.
선제-공격(先制攻擊) 몡 상대편을 견제하기 위하여 선수를 써서 공격하는 일. ¶~을 가하다. **선제공격-하다** 통(타)여
선조¹(先祖) 몡 먼 대의 조상.
선조²(先朝) 몡 =전조(前朝)².
선조³(線條) 몡 1 [물] =필라멘트. 2 요소들이 이어져 이루는 줄.
선종¹(腺腫) 몡[의] 생물체 내에서 분비 작용을 하는 기관인 선(腺)의 세포가 증식하여 생기는 양성(良性)의 종양. 흔히, 위장·자궁의 점막에 생김.
선!종²(選種) 몡[농] 충실하고 좋은 씨를 고르는 것. **선!종-하다** 통(자)(타)여 ¶법씨를 ~.
선종³(禪宗) 몡[불] 불교의 한 종파. 이심전심의 묘법으로 참선에 의해 본성을 터득함을 중요시함. =선도·선문. ↔교종(敎宗). 준선.
선주¹(先主) 몡 선대의 군주. ↔후주(後主).
선주²(船主) 몡 배의 임자.
선-주민(先住民) 몡 전에 거주하던 사람.
선지 몡 짐승, 특히 소를 잡아서 받은 피. =선지피.
선지²(先知) 몡 1 앞일을 미리 알고 있는 것. 2 남보다 일찍 깨달아 아는 것. 비선각(先覺). 3 [성] '선지자²'의 준말. **선지-하다** 통(타)여
선지-자(先知者) 몡 1 남보다 먼저 깨달아 아는 사람. =선견자. 2 [성] 예수 이전에 나타나 예수의 강림과 하느님의 뜻을 예언하던 사람. =예언자. 준선지.
선지-피 몡 1 =선지¹. 2 다쳐서 선지처럼 쏟아져 나오는 피. ¶동맥이 끊어져 ~가 마구 흐른다.
선지-후행설(先知後行說) 몡[철] 먼저 이치를 알고 난 뒤에 행해야 한다는 설. ↔지행합일설.
선진¹(先陣) 몡 본진(本陣) 앞에 자리 잡거나 앞장 서서 나아가는 군사의 진. 비전군(前軍)·전진(前陣). ↔후진(後陣).
선진²(先進) 몡 1 어느 한 분야에서 연령·지위·기량 등이 앞서 있는 일. 또는, 그 사람. 비선배. 2 발전의 단계나 진보의 정도가 다른 것보다 앞서는 일. 또는, 앞서 있는 일. ¶~ 국가 / ~ 문명. ↔후진(後進).
선진-국(先進國) 몡 정치·경제·문화 등이 발달하여, 타국의 원조 따위에 의존함이 없이 자립하는 나라. ↔후진국.
선진-적(先進的) 관몡 발전의 단계가 앞서 있는 (것). ¶~ 사상.
선!집(選集) 몡 한 사람 또는 여러 사람의 작품 중 몇 가지를 추려 모은 책. ¶현대 문학 ~.
선짓-국 [-지꾹/-짇꾹] 몡 선지를 넣어 끓인 국.
선차(先次) 몡 차례에서 먼저. 비지난번. ↔후차.
선착(先着) 몡 먼저 도착하는 것. 또는, 어떤

기준에 먼저 다다르는 것. **선착-하다** 图㉠
㉣ ¶이번 대회에서 우리 팀이 4강 고지에
선착했다.
선-착수(先着手) [-쑤] 图 어떤 일에 남보다
먼저 손을 대는 것. ㉰선착. **선착수-하다**
图㉡㉣
선착-순(先着順) [-쑨] 图 먼저 와 닿는 차
례. ㉯도착순. ¶지원서를 ~으로 접수하다.
선착-장(船着場) [-짱] 图 배가 와서 닿는
곳.
선참(先站) 图 먼저 길을 떠나는 것. **선참-하
다** 图㉣
선창¹(先唱) 图 1 맨 먼저 주창하는 것. 2 (노
래나 구령 따위를) 맨 먼저 부르는 것. **선창-
하다** 图㉡㉣ ¶만세를 ~.
선창²(船窓) 图 배의 창문.
선창³(船艙) 图 1 물가에 다리처럼 만들어,
배가 닿을 수 있게 한 곳. =창(艙). 2 =배
다리.
선채¹(先債) 图 전에 진 빚.
선채²(先綵) 图 혼례 전에 신랑 집에서 신부
집으로 보내는 채단.
선ː책(善策) 图 좋은 방책.
선ː처(善處) 图 (어떤 문제를) 좋은 방향으로
잘 처리하는 것. ¶제 자식놈이 이번에 큰 실
수를 저질렀습니다만 젊은 놈의 장래를 생
각하여 ~를 바랍니다. **선ː처-하다** 图㉡㉣
¶이 문제를 **선처해** 주시면 감사하겠습니다.
선ː처-되다 图㉤
선천(先天) 图 태어날 때부터 몸에 갖추어져
있음. ↔후천(後天).
선천-성(先天性) [-썽] 图 본래부터 타고난
성질. ¶~ 질환. ↔후천성.
선천성^기형(先天性畸形) [-썽-] 图[의] 날
때부터 신체에 기형을 나타내는 일. 곧, '배
냇병신'의 의학적 명칭임.
선천성^면ː역(先天性免疫) [-썽-] 图[의]
사람이나 동물이 특정의 병원체에 대하여
모체로부터 받은 선천적인 저항성(抵抗性).
=자연 면역. ↔후천성 면역.
선천-적(先天的) 관图 1 날 때부터 이미 갖
추고 있는 성질의 (것). ¶~ 소질 / 그의 예
술적 재능은 ~이다. 2 [철] =아 프리오리(a
priori). ↔후천적.
선철¹(先哲) 图 옛날의 어질고 사리에 밝은
사람. =선민(先民)·선사(先師)·선현(先
賢).
선철²(銑鐵) 图[광] =주철. ▷시우쇠.
선체(船體) 图 1 배의 몸체. 2 실은 물건과 부
속물을 제외한 선박 그 자체.
선축(先蹴) 图[체] 축구 따위에서, 경기를 시
작할 때 공격권을 얻은 팀이 공을 먼저 차는
일. **선축-하다** 图㉡㉣
선ː출(選出) 图 (어떤 사람을 어떤 직위의 사
람으로, 또는 어떤 직위의 사람을) 일정한
절차를 거쳐 여럿 가운데서 뽑는 것. **선ː출-
하다** 图㉡㉣ ¶회장을 ~. **선ː출-되다** 图
㉤ ¶선출된 임원.
선취(先取) 图 (권리·지위·점수 등을) 남보
다 먼저 차지하는 것. ¶~ 골 / ~ 득점. **선
취-하다** 图㉡㉣ ¶치열한 공방전 끝에 우리
팀이 한 점을 **선취했다**. **선취-되다** 图㉤
선취-권(先取權) [-꿘] 图[법] '선취 특권'의
준말.
선취-점(先取點) [-쩜] 图 운동 경기 등에
서, 먼저 딴 점수.
선취^특권(先取特權) [-꿘] 图[법] 특수한

채권자가 다른 채권자에 앞서 채무자의 재
산에서 변제를 받는 권리. ㉰선취권.
선친(先親) 图 남에게 '돌아가신 자기의 아버
지'를 이르는 말. =선군. ㉯선고(先考). ↔
선비.
선캄브리아-대(先Cambria代) 图[지] 지질
시대에서, 캄브리아기에 앞선 최초의 시대.
시생대와 원생대로 구분됨.
선-크림(sun cream) 图 햇볕에 그을리는 것
을 방지하고 햇살의 자외선으로부터 피부를
보호하기 위해 바르는 크림.
선-키 图 섰을 때의 키. ↔앉은키.
선ː탄(選炭) 图 채굴된 석탄에서 불순물을 가
려내어 품질이 좋은 석탄으로 만드는 일.
선태(鮮太) 图 갓 잡은 신선한 명태. ㉯생태
(生太).
선태-류(蘚苔類) 图[식] =선태식물.
선태-식물(蘚苔植物) [-씽-] 图[식] 식물계
의 한 문(門). 흔히 이끼라고 불리는 것으
로, 뿌리·줄기·잎의 구별이 없으며, 뚜렷한
세대 교번을 함. 선류(蘚類)와 태류(苔類)
로 나뉨. =선태류.
선ː택(選擇) 图 (둘 이상의 대상 가운데에서
필요하거나 적합한 대상을) 가리어 택하는
것. **선ː택-하다** 图㉡㉣ ¶직업을 ~ / 배우자
를 ~. **선ː택-되다** 图㉤
선ː택^과목(選擇科目) [-꽈-] 图[교] 선택
하여 학습하거나 시험을 치를 수 있는 학과
목이나 교과목. =수의 과목. ↔필수 과목.
선ː택-권(選擇權) [-꿘] 图 1 선택할 권리. 2
[법] 선택 채권에서, 여러 개의 변제물 가운
데 하나를 채무자가 선택·결정하는 권리.
선ː택-형(選擇型) [-태경] 图 미리 제시된
여러 개의 답 가운데서 물음이나 지시에 따라
알맞은 답을 고르도록 하는 시험 문항 형식.
선탠(suntan) 图 살갗을 햇볕에 알맞게 그을
려서 고운 갈색으로 만드는 일.
선탠-로션(suntan lotion) 图 살갗을 고운 갈
색으로 태우는 데 쓰이는 화장수(化粧水).
선탠-오일(suntan oil) 图 피부를 볕에 고루
알맞게 태우는 데 쓰이는, 유제(油劑) 타입
의 화장품.
선ː투(善投) 图 공 따위를 잘 던지는 것. **선ː
투-하다** 图㉠㉡㉣
선팅(✝sunting) 图 [sun+tinting] 햇빛의
통과를 부분적으로 줄이기 위해 건물이나
자동차 등의 창유리에 색깔 있는 얇은 필름
막을 붙이는 일. 안이 잘 들여다보이지 않게
하거나 햇빛에 의한 눈부심을 방지하기 위
한 것임.
선-팽창(線膨脹) 图[물] 고체에 열을 가하면
그 길이가 늘어나는 현상. ▷체적 팽창.
선팽창^계ː수(線膨脹係數) [-계-/-게-]
图[물] 고체의 열팽창에 의한 길이의 증가
비율을 온도 차로 나눈 값. =선팽창률. ▷체
적 팽창 계수.
선편¹(先便) 图 앞선 편. 또는, 지난번의 편.
▷후편(後便).
선편²(船便) 图 =배편. ¶~이 끊어지다 / ~
으로 짐을 보내다.
선포(宣布) 图 세상에 널리 알리는 것. **선포-
하다** 图㉡㉣ ¶헌법을 제정하여 ~. **선포-되
다** 图㉤ ¶계엄령이 ~.
선폭(船幅) 图 배에서 가장 넓은 부분을 잰
폭.
선표(船票) 图 배를 탈 수 있는 표. ㉯배표.
선풍¹(仙風) 图 선인(仙人)과 같은 기질이나

풍채. ¶~도골(道骨) / 옥안(玉顔) ~.
선풍²(旋風) 명 1 [기상] =회오리바람. 2 어떤 일이나 현상이 돌발적으로 사회에 강한 영향을 끼치는 상태를 비유하여 이르는 말. ¶겨거 ~이 불다 / 요즘 복고풍의 의상이 ~을 일으키고 있다.
선풍³(颼風) 명 [기상] 온대 및 한대 지방에 발생하는 저기압계의 회오리바람. 북반구에서는 오른쪽으로 돌며, 남반구에서는 왼쪽으로 돎. 흔히, 폭풍과 눈·비를 수반함.
선풍-기(扇風機) 명 작은 전동기의 축에 날개를 달아, 그 회전으로 바람을 일으키는 장치.
선풍-적(旋風的) 관명 회오리바람처럼 돌발적으로 발생하여 사회에 큰 영향을 미치거나 관심의 대상이 될 만한 (것). ¶그 노래는 세상에 발표된 지 몇 달 만에 ~인 인기를 얻었다.
선하¹(先下) 명 =선급(先給)¹. **선하-하다** 동 (타)여
선하²(船荷) 명 =선화(船貨)².
선:-하다¹ 형여 잊혀지지 않고 눈앞에 선명히 보이는 듯하다. ¶생전의 어머니 모습이 아직도 눈에 ~. **선:-히** 부
선-하다²(先-) 동(자)여 1 바둑·장기·고누 등에서, 상대방보다 먼저 두다. 2 화투에서, 패를 돌라 주고 먼저 치는 자격을 가지다. ¶네가 **선할** 차례다.
선:-하다³(善-) 형여 (사람의 마음이나 행동이) 모질지 않고 바르고 어질다. ¶**선한** 사람 / **선한** 일을 하다. ↔악하다. **선:-히** 부
선하-주(船荷主) 명 배에 실은 짐의 임자. ▷하주(荷主).
선하^증권(船荷證券) [-꿘] 명 [경] =선화증권.
선:-하품 명 몸에 이상이 있거나, 흥미 없는 일을 할 때 나오는 하품. ¶그제야 심심하게 앉아 있던 영감은 몇 번 ~을 하다가 그만 누워 잠이 들어 버린다.《박경수:멸소기》
선학(仙鶴) 명 [동] =두루미¹.
선학¹(先學) 명 학문상의 선배. ↔후학.
선학²(禪學) 명 [불] 선(禪)에 관한 학문.
선행¹(先行) 명 1 남보다 앞서 가는 것. ¶~부대. 2 딴 일에 앞서서 행하는 것. ¶~ 작업. **선행-하다** 동(자)여 앞서거나 앞에 되는 것. **선한** 일을 하다. ↔악하다. **착:-히** 부
선:행²(善行) 명 착하고 어진 행실. ↔악행.
선행^조건(先行條件) [-껀] 명 1 선행해야 할 조건. 2 [법] 권리를 이전하기 전에 일어난 조건.
선향¹(先鄕) 명 =본관(本貫)².
선향²(線香) 명 가늘고 긴 선 모양의 향.
선험-적(先驗的) 관명 [철] 1 경험하기 이전에 인간에게 있는 (것). 2 경험에 앞서서 인식(認識)의 주관적 형식이 인간에게 주어져 있다고 주장하는 (것).
선험-주의(先驗主義) [-의/-이] 명 [철] 1 칸트 및 신칸트파(新Kant派)의 비판주의의 입장. 인식(認識)을 사실의 발생에서가 아니라 그것이 가능하게 되는 근거에서 문제로 삼음. 2 직관이나 초감각적인 것을 중시하는 에머슨(R.W. Emerson) 등의 초월주의. =선험론·초월론. ▷비판 철학.
선-혜엄 명 물속에서 서서 치는 헤엄. ↔앉은헤엄.
선현¹(先賢) 명 =선철(先哲)¹.
선현²(船舷) 명 =뱃전.
선혈(鮮血) 명 몸에서 막 흘러나온 붉은 피.

¶~이 낭자하다.
선형¹(扇形) 명 부채의 형상.
선형²(船形) 명 배의 모양.
선형³(線形) 명 선처럼 가늘고 긴 모양. 町선상(線狀).
선형-동물(線形動物) 명 [동] 대형동물(袋形動物)의 선충류·선형충류·구두충류의 3강(綱)을 합쳐 한 문(門)으로 했을 때의 명칭. 몸은 대체로 가는 선 모양이며, 횡단면은 원형임. 혈관·호흡기가 없고, 자웅 이체로 기생도 함.
선혜-청(宣惠廳) [-혜-/-혜-] 명 [역] 조선 시대에 대동미(大同米)·대동목(大同木)의 출납을 관장하던 관청.
선호(船號) 명 배의 이름.
선:호²(選好) 명 (어떤 대상을) 특별히 가려서 좋아하는 것. ¶남아(男兒) ~ 사상. **선:호-하다** 동(타)여 ¶젊은이들이 **선호하는** 색상 / 무공해 식품을 ~.
선:호-도(選好度) 명 어떤 대상을 특별히 가려서 좋아하는 정도. ¶제품의 ~를 조사하다.
선-홍색(鮮紅色) 명 산뜻한 다홍빛.
선화¹(仙化) 명 노인이 병 없이 곱게 죽는 것. **선화-하다** 동(자)여
선화²(船貨) 명 배에 싣고 운송하는 짐. =선하(船荷).
선화³(線畫) 명 [미] 색칠을 하지 않고 선으로만 그린 그림. 동양화의 백묘화(白描畫)가 이에 해당함.
선화^증권(船貨證券) [-꿘] 명 [경] 해상 운송에서 화물의 인도 청구권을 표시한 유가 증권. =선하 증권·비엘(B/L).
선황(先皇) 명 '선황제'의 준말.
선-황제(先皇帝) 명 선대의 황제. 준선황·선제(先帝).
선회(旋回) [-회/-훼] 명 1 (비행기나 새 따위가) 공중에서 원을 그리며 돌거나, 반원을 그리며 방향을 바꾸는 것. 2 정책이나 방침 등을 다른 방향으로 바꾸어 추진하는 것. **선회-하다** 동(자)여 ¶비행기가 하늘을 ~ / 여당이 강경 자세로 ~.
선후(先後) 명 1 먼저와 나중의 차례. 町전후(前後). ¶무릇 모든 일에는 ~가 있는 법이다. 2 (기준이 되는 일을) 앞서거니 뒤서거니 하는 것. **선후-하다** 동(타)여 앞서거니 뒤서거니 하다. ¶10시를 **선후하여** 사람이 회의장에 입장하다.
선:후²(善後) 명 뒷갈망을 잘하는 것.
선-후배(先後輩) 명 선배와 후배.
선:후-지책(善後之策) 명 뒷갈망을 잘하려는 계책. 준선후책.
선:후-책(善後策) 명 '선후지책'의 준말.
설:-달[-딸] 명 음력 십이월. =극월. ¶~ 그믐날.
설:달-그믐[-딸-] 명 음력으로 한 해의 마지막 날. =제일(除日).
설:달-받이[-딸바지] 명 음력 섣달 초순경 동해로 알바다로 몰려오는 명태의 떼.
설:-부르다[-뿌-] 형여 <-부르니, ~불러> 솜씨가 설고 어설프다. ¶**설부르게** 농사만 짓고 있다간 결국 비렁뱅이밖에는 더 못 된다.《김유정:금 따는 콩밭》
설:불리[-뿔-] 부 섣부르게. ¶~ 다루다가는 크고다친다.
설¹¹ 명 1 명절인 새해 첫날. 이날은 웃어른께 세배를 올리며 흔히 떡국을 먹음. 보통 음력

1월 1일을 가리킴. 지난날, 정부가 양력 1월 1일을 명절로 공식화했던 시절에는 양력의 것을 '신정', 음력의 것을 '구정' 이라고 하여 구별했으나, 현재는 음력의 것만을 설이라고 함. [비]설날·원단. ¶~을 쇠다. **2** 새해의 첫머리. =세시(歲時)·연수(年首)·연시(年始). [비]정초(正初)·세수(歲首)·세초(歲初)·연두(年頭)·연초(年初).

설-[2] [접두] 동사나 동사로 된 명사 앞에 붙어, '불충분'의 뜻을 나타내는 말. ¶~익다 / ~깨다 / ~데치다 / ~구이.

설[3](說) [명] 견해·주의·학설 등을 이르는 말. ¶그 말의 어원에 대해서는 학자마다 ~이 다르다.

-설[4](說) [접미] 일부 명사 뒤에 붙어, '견해', '학설', '풍설' 등의 뜻을 나타내는 말. ¶진화~ / 지동~.

설거지 [명] **1** 먹고 난 뒤의 그릇을 씻어 치우는 일. =뒷설거지. ×뒷개. **2** '비설거지'의 준말. ×설겆이. **설거지-하다** [동][자][타][여]

설거지-물 [명] =개숫물.

설거지-통(-桶) [명] =개수통.

설겅-거리다/-대다 [동][자] '설컹거리다'의 여린말. [작]살강거리다. [센]썰겅거리다.

설겅-설겅 [부] '설컹설컹'의 여린말. [작]살강살강. [센]썰겅썰겅. **설겅설겅-하다** [동][자][형][여]

설겆-이 [명] '설거지'의 잘못.

설경[1](舌耕) [명] 강연·변호 등과 같이 말을 하는 것을 생업으로 삼는 일. **설경-하다** [동][자][여]

설경[2](雪景) [명] 눈이 내리거나 눈이 쌓인 경치. =설광(雪光)·설색(雪色).

설계(設計) [-계/-게] [명] **1** 건설·제작·공사 등에 있어서 그 목적에 따라 실제적인 계획을 세우고, 도면 등으로 명시하는 일. ¶건축 ~. **2** (앞으로 이룩할 일에 대하여) 계획을 세우는 것. 또는, 그 계획. **설계-하다** [동][타][여] ¶장밋빛 미래를 ~. **설계-되다** [동][자]

설계-도(設計圖) [-계-/-게-] [명] **1** 설계한 구조·형상·치수 등을 일정한 규약에 따라서 그린 도면. ¶공사 ~. **2** 앞으로 이룩할 일에 대한 계획.

설계-사(設計士) [-계-/-게-] [명] 설계를 업으로 하는 기사(技士). ¶건축 ~.

설광(雪光) [명] **1** =눈빛[2]. **2** =설경(雪景)[2]. ¶조춘(早春) ~.

설교(說教) [명] **1** 목회자나 승려 등이 종교의 교리나 그 교리를 바탕으로 한 어떤 내용의 말을 신자에게 설명하여 일깨우는 것. **2** (어떤 사람에게) 잘못을 나무라거나 하면서 마땅히 이렇게 저렇게 행해야 된다고 가르치고 타이르는 것. **설교-하다** [동][자][타][여] ¶목사가 성경 말씀을 ~ / 너 지금 나한테 **설교하**는 거냐?

설교-조(說教調) [-쪼] [명] 설교하듯 가르치고 타이르는 투.

설-구이 [명][공] =초벌구이. **설구이-하다** [동][타][여]

설국(雪國) [명] 온통 눈으로 뒤덮인 세상. 주로 문학적 표현에 쓰임. ¶간밤에 큰 눈이 내려 온 누리가 은빛 ~으로 변했다.

설근[1](舌根) [명] =혀뿌리.

설근[2](舌筋) [명][생] 혀를 이루고 있는 근육.

설기 [명] '백설기'의 준말.

설-깨다 [동][자] (잠이) 다 깨지 못하다. ¶잠이 **설깨어** 정신을 차리지 못한다.

설ː-날 [-랄] [명] '설1'을 좀 더 구어적으로 이르는 말.

설-늙은이 [-륵-] [명] 나이는 많지 않으나, 기력이나 체질이 노쇠한 사람.

설ː다[1] (설ː고 / 설어) Ⅰ [동][자] <서니, 서오> **1** (밥이나 떡 등이) 열이 충분히 가해지지 않아 덜 익다. ¶밥이 ~. **2** (잠이) 모자라거나 깊이 들지 않다. ¶간밤에는 잠이 **설었던** 탓인지 머리가 무겁다.

Ⅱ [형] <서니, 서오> (어떤 사람이나 사물 또는 말 등이) 예전에 별로 보거나 듣지 못한 상태에 있다. ¶눈에 **선** 풍경 / 손에 **선** 연장 / 낯이 ~.

설ː다[2] [형] '섧다'의 잘못.

설-다루다 [동][타] 서투르게 다루다. 또는, 불충분하게 처리하다.

설단(舌端) [-딴] [명] =혀끝.

설단-음(舌端音) [-딴-] [명][언] =혀끝소리.

설-데치다 [동][타] 조금 덜 데치다. ¶시금치를 ~.

설도[1](舌刀) [-또] [명] ['칼날 같은 혀'라는 뜻] 날카로운 말.

설도[2](說道) [-또] [명] 도리(道理)를 설명하는 것. **설도-하다** [동][자][여]

설-되다 [-되-/-뒈-] [동][자] 충분하지 않게 되다. ¶밥이 ~.

설두[1](舌頭) [-뚜] [명] =혀끝.

설두[2](設頭) [-뚜] [명] 남에게 앞서서 일을 주선하는 것. **설두-하다** [동][타][여]

설득(說得) [-뜩] [명] (어떤 사람을[에게]) 어떤 일을 하도록 말로 알아듣게 구슬리거나 이끄는 것. ¶아들은 부모의 끈질긴 ~으로 다시 공부를 시작했다. **설득-하다** [동][타][여] ¶가출 청소년을 **설득하여** 귀가시키다. **설득-되다** [동][자]

설득-력(說得力) [-뚱녁] [명] 설득하는 힘. ¶그의 주장은 ~이 있어 보인다.

설-듣다 [-따] [동][타][ㄷ] <~들으니, ~들어> 충분하게 듣지 않다. ¶얘기를 **설들어** 무슨 뜻인지 도무지 알 수 없다.

설랑 [조] 격 조사 '서'와 보조사 'ㄹ랑'이 결합한 격 조사. ¶여기~ 서 있지 마라. ▷에설랑.

설렁 [명] 옛날에, 처마 끝 같은 곳에 달아 놓아, 사람을 부를 때 줄을 잡아당기면 소리를 내게 하던 방울. [원]현령(懸鈴).

설렁-거리다/-대다 [동] [1][자] 좀 서늘한 느낌이 들 만큼 바람이 자꾸 가볍게 불다. [2][타] 팔을 가볍게 저어 바람을 내면서 걷다. [작]살랑거리다. [센]썰렁거리다.

설렁-설렁 [부] 설렁거리는 모양. ¶가을바람이 ~ 불다. [작]살랑살랑. [센]썰렁썰렁. **설렁설렁-하다** [동][자][타][형][여] ¶**설렁설렁한** 것이 꼭 가을날 같군.

설렁-줄 [-쭐] [명] 설렁을 울릴 때에 잡아당기는 줄.

설렁-탕(-湯) [명] 사골·도가니·우족·쇠머리·사태·내장 등을 국물이 뽀얗게 되도록 푹 고아서 밥을 만 음식.

혼동어	설렁탕 / 곰탕
두 음식의 가장 큰 차이는 재료에 있음. 곧, '**설렁탕**'은 뼈를 넣고 고지만, '**곰탕**'은 뼈를 넣지 않고 고기와 내장만 넣어서 곰. 또한, '**설렁탕**'은 국물이 뽀얗고 담백한 반면, '**곰탕**'은 진하고 기름짐.	

설렁-하다 [형][여] '썰렁하다'의 여린말. [작]살

설레 관(의존) 《명사나 동사의 어미 '-는' 아래에 조사 '에'와 함께 쓰여》 어수선하게 설레거나 몰아치는 상황이나 기세임을 나타내는 말. 비바람. ¶아이들 ~에 일을 할 수 없다. / 직공을 뽑는 ~에 업순네도 열른 응하고 나섰었다.《채만식:병이 낫거든》

설레다 동(자) 1 (마음이) 들떠서 두근거리다. ¶오랫동안 헤어졌던 가족과 다시 만날 걸 생각하니 마구 가슴이 **설레였다**. 2 가만히 있지 못하고 자꾸 이리저리 움직이다. ¶밤열 시가 넘으니까 행인도 드물어지고 거센 바람만이 거리와 골목을 **설레면서** 먼지를 뿌리고….《김남천:이리》 3 (물 따위가) 설설 끓거나 일렁거리다. ×설레이다.

> 어법 설레이는 마음, 설레임을 누르다:설레이는(×)→설레는(○), 설레임(×)→설렘(○). ▶ '설레이다', '설레임'은 비표준어임.

설레-발 명 몹시 서두르며 부산하게 구는 짓.
설레발-놓다[-로타] 동(자) 몹시 서두르며 부산하게 굴어 대다. 비설레발치다.
설레발-치다 동(자) 몹시 서두르며 부산하게 굴다. 비설레발놓다.
설레-설레 뷔 몸의 한 부분을 크게 잇달아 흔드는 모양. ¶머리를 ~ 젓다 / 고개를 ~ 흔들다. 작살래살래. 쎈썰레썰레.
설레-이다 동(자) '설레다'의 잘못.
설령(設令) 뷔 《가정적으로 긍정하면서도 부정할 때에 쓰여》 그러하다고 하더라도. =설사(設使)·설약(設若)·설혹(設或). ¶~ 의식을 회복하더라도 오래가지는 못할 거요. ×설령.
설록-차(雪綠茶) 명 우리나라에서 나는 녹차의 하나.
설립(設立) 명 (기관이나 조직체 등을) 새로 만드는 것. **설립-하다** 동(타여) ¶회사를 ~. **설립-되다** 동(자여) ¶정부에 의하여 **설립된** 연구소.
설립-자(設立者)[-짜] 명 기관이나 조직체를 새로 만든 사람.
설마 뷔 《부정적인 추측을 강조할 때 쓰여》 아무리 그러하기로. =설마하니·설마한들. ¶너무 걱정 말아요. ~ 산 사람 입에 거미줄이야 치겠습니까?
[설마가 사람 죽인다[잡는다]] 설마 그러리 없겠지 하고 마음을 놓는 데서 탈이 난다.
설-마르다 동(자여) <~마르니, ~말라> 덜 마르다. ¶**설마른** 빨래 / 장판이 **설말라** 니스칠하기에 이르다.
설마-하니 뷔 =설마. ¶~ 그 먼 길을 걸어왔을까.
설마-한들 뷔 =설마. ¶그가 ~ 거짓말이야 했을라고.
설-맞다[-맏따] 동(자) 1 (총알·화살 따위에) 급소에 바로 맞지 않다. ¶총을 **설맞은** 멧돼지가 사납게 날뛰다. 2 (매 따위를) 덜 맞다. ¶매를 **설맞아서** 까부는 거냐?
설:-맞이 명 설을 맞는 일. 비새해맞이. **설:맞이-하다** 동(자여)
설맹(雪盲) 명 쌓인 눈에 반사한 햇빛의 자외선이 눈을 자극하여 일어나는 눈의 염증. =설안염(雪眼炎).
설명-설명 뷔 설명한 다리로 걷는 모양. 작살망살망.

설명-하다 형여 1 아랫도리가 가늘고 어울리지 않게 길다. ¶억보는 키가 **설명할뿐더러** 가슴이 딱 바라진데다 무슨 일에 있어서든지 열의가 있다고 해.《오유권:쌀장수》 2 옷이 몸에 맞지 않게 꽤 짧다. 작살망하다.
설면(雪面) 명 1 쌓여 있는 눈의 표면. 2 눈처럼 흰 얼굴.
설면-하다 형여 1 자주 만나지 못하여 좀 설다. ¶하도 오랜만이라 왠지 ~. 2 정답지 않다.
설명(說明) 명 (어떤 일이나 대상을) 그 내용을 상대편이 잘 알수 있도록 쉽게 밝혀 말하는 것. 또는, 그 말. **설명-하다** 동(타여) ¶계획을 자세히 ~. **설명-되다** 동(자여)
설명-문(說明文) 명 독자의 이해를 목적으로 하여 어떤 사항에 대해 객관적·논리적으로 설명하는 글.
설명^문법(說明文法)[-뻡] 명(언) 문법 현상에 대해 사실을 기술하는 데 그치지 않고 그 현상을 여러 관점에서 설명하는 문법.
설명-서(說明書) 명 내용이나 이유, 사용법 등을 설명한 글. ¶전자 제품 사용 ~.
설명^의문문(說明疑問文) 명[언] 상대의 구체적인 설명을 요구하는 의문문. "어디서 만날까?"와 같은 문장. 보통, 문장 속에 의문사가 포함되어 있음.
설명-자막(說明字幕) 명 영화나 텔레비전 화면에서 설명을 돕는 보조 자막. =서브타이틀(subtitle).
설문(設問) 명 문제·물음을 내는 것. 또는, 그 문제·물음. ¶~ 조사 / ~에 답하다. **설문-하다** 동(타여)
설문-지(設問紙) 명 조사를 하거나 통계 자료 등을 얻기 위해 어떤 주제에 대해 문제를 내어 묻는 질문지.
설미지근-하다 형여 1 (음식이) 설익고 미지근하다. 2 (어떤 일에 임하는 태도가) 야무지지 않이 아주 약하다.
설:-밀[-밀] 명 =세밀.
설법(說法)[-뻡] 명[불] 불교의 교의(敎義)를 풀어 밝히는 것. ¶스님의 ~을 듣다. **설법-하다** 동(자여) ¶부처께서는 각처로 돌아다니면서 진리를 **설법하셨다**.
설-보다 동(타) (사물이나 대상을) 자세하지 않게 언뜻 보다. ¶**설보아서** 얼굴을 기억할 수 없다.
설복(說伏·說服) 명 (어떤 사람을) 알아듣게 말을 하여 어떤 뜻을 따르거나 받아들이게 하는 것. 비설득. **설복-하다** 동(타여) **설복-되다** 동(자여) ¶그는 여자의 눈물 어린 호소에 마침내 **설복되고** 말았다.
설봉(舌鋒) 명 혀의 날카로운 위세. 곧, 매서운 말재주.
설봉²(雪峯) 명 눈으로 덮인 산봉우리.
설부(雪膚) 명 눈처럼 흰 살갗.
설부-화용(雪膚花容) 명 ['눈처럼 흰 살갗과 꽃처럼 고운 얼굴'이라는 뜻] 미인의 용모를 이르는 말.
설분(雪憤) 명 분한 마음을 푸는 것. 비분풀이. **설분-하다** 동(자여)
설비(設備) 명 어떤 목적에 필요한 건물·물·장치 등을 갖추는 것. 또는, 그 갖춘 물건. ¶최신 ~를 갖추어 놓은 컴퓨터 학원. **설비-하다** 동(타여) **설비-되다** 동(자여)
설-비음 명 '설빔'의 잘못.
설비^자금(設備資金) 명[경] 기업체에서 공장·기계·점포의 창설이나 확장, 개량 등의 고정적인 설비에 쓰이는 자금. ↔운전 자금.
설비^투자(設備投資) [명][경] 기업이 건물·기계·사무소·점포 등과 같은 내구적(耐久的) 자산 자본을 위해 하는 투자.
설!-빔 설날을 맞아 차려입는 새 옷. 새 신이나 모자 등도 포함될 수 있음. ¶~을 차려 입고 세배를 하다 / 어머니가 ~을 사 오셨다. ×설비음. **설!빔-하다** [동][자][여] 설빔으로 차림을 하다.
설사¹(泄瀉) [-싸] [명][의] 배탈이 나거나 하여 묽은 똥을 누는 것. =사리(瀉痢). ¶~가 나다 / ~을 하다. **설사-하다** [동][자][여]
설사²(設使) [-싸] [부] =설령(設令). ¶사막은 거의 비가 오지 않는다. ~ 온다 하더라도 극히 소량에 지나지 않는다.
설사-약(泄瀉藥) [-싸-] [명][약] 1 설사를 멎게 하는 약. =지사제(止瀉劑). 2 설사를 하게 하는 약. =설사제.
설산(雪山) [-싼] [명] 1 눈이 쌓인 산. 2 불교와 관련된 서적 등에서, '히말라야 산'을 가리키는 말.
설삶-기다 [-삼-] [동][자] '설삶다'의 피동사.
설-삶다 [-삼따] [동][타] 충분히 삶지 않아 덜 익은 상태가 되게 하다. ¶設삶은 고구마.
설상¹(舌狀) [-쌍] [명] 혀의 모양. 또는, 혀처럼 생긴 모양.
설상²(雪上) [-쌍] [명] 눈 위.
설상³(楔狀) [-쌍] [명] 쐐기와 같은 모양.
설상-가상(雪上加霜) [-쌍-] [명] [눈 위에 서리가 덮인다는 뜻] 난처한 일이나 불행이 잇달아 일어남. ¶아버지가 사고로 돌아가시고 ~으로 어머니마저 병석에 누우셨다. ↔금상첨화.
설상-골(楔狀骨) [-쌍-] [명][생] 1 척추동물의 머리뼈 중앙부에 있는, 쐐기 모양의 뼈. 2 발뼈를 이루는 발목뼈의 일부.
설상-차(雪上車) [-쌍-] [명] 눈이나 얼음 위를 달릴수 있도록, 폭이 넓은 무한궤도를 장치한 특수 자동차.
설상-화(舌狀花) [-쌍-] [명][식] =혀꽃.
설색(雪色) [-쌕] [명] 1 눈같이 흰 빛. [비]눈빛. 2 =설경(雪景)².
설선(雪線) [-썬] [명][지] 높은 산에서 일 년 내내 눈이 녹지 않는 부분과 녹는 부분의 경계선. =항설선.
설설 [부] 1 좀 넓은 그릇에 담긴 물이 천천히 고루 끓는 모양. ¶한쪽 구공탄 불 위에는 솥을 얹어 놓았는데 국물이 ~ 끓고 있었다. 《박태순:정선 아리랑》 2 온돌방이 뭉근하게 고루 더운 모양. ¶아랫목이 ~ 끓다. 3 벌레 따위가 다리를 움직여 기어 다니는 모양. 4 머리를 천천히 설레설레 흔드는 모양. ¶고개를 ~ 흔들다. [작]살살. [센]썰썰.
설설 기다 [구] 남 앞에서 두려워 행동을 자유로이 하지 못하다. ¶그는 마누라한테 **설설 기는** 공처가이다.
설설-거리다/-대다 [동][자] 1 긴 다리로 잇달아 가볍게 기어 다니다. 2 마음이 들떠서 계속 돌아다니다. 3 머리를 잇달아 가볍게 젓다. [작]살살거리다. [센]썰썰거리다.
설수(雪水) [-쑤] [명] 눈이 녹은 물. [비]눈물·눈석임물.
설-신경(舌神經) [-씬-] [명][생] 혀의 앞부분의 점막에 분포하는, 미각과 지각(知覺)을 맡은 신경.
설암(舌癌) [-람] [명][의] 혀의 끝이나 가장자리에 생기는 암.

설야¹(雪夜) [명] 눈 내리는 밤.
설야²(雪野) [명] 눈이 덮인 들.
설왕설래(說往說來) [명] 서로 변론하느라고 옥신각신하는 것. 또는, 말이 오고 가는 것. =언왕설래. **설왕설래-하다** [동][자][여]
설욕(雪辱) [명] 상대를 이김으로써 지난번 패배의 부끄러움을 씻고 명예를 되찾는 것. =설치(雪恥). ¶~의 기회를 엿보다. **설욕-하다** [동][타][여] ¶전번의 패배를 ~.
설욕-전(雪辱戰) [-쩐] [명] =복수전.
설!움 [명] 서럽게 느껴지는 마음. =서러움. ¶~을 겪다 / ~이 북받치다.
설!워-하다 [동][타][여] =서러워하다. ¶아들의 돌연한 죽음을 ~.
설원¹(雪原) [명][지] 고산 지방 및 극지방에서, 눈이 녹지 않은 채로 늘 쌓여 있는 지역. =설전(雪田). ▷눈밭.
설원²(雪冤) [명] 원통한 사정을 풀어 없애는 것. **설원-하다** [동][타][여] ¶…사 씨는 누명을 **설원치** 못하였음에 죄인으로 자처하니…. 《김만중:사씨남정기》
설유(說諭) [명] 말로 타이르는 것. **설유-하다** [동][타][여]
설-유두(舌乳頭) [-류-] [명][생] 혀에 빽빽이 난 돌기.
설음(舌音) [언] =혓소리.
설!-음식(-飮食) [명] 설에 먹는 색다른 음식. 떡국·식혜·수정과·약밥 따위.
설의(雪意) [-의/-이] [명] 눈이 내릴 듯한 하늘의 모양.
설의-법(設疑法) [-의뻡/-이뻡] [명][문] 수사법의 하나. 내용으로 미루어 누구나 충분히 알 수 있는 사실을 의문 형식으로 표현함으로써 그 사실을 강조하는 방법. '온종일 굶었으니 얼마나 배가 고플 것인가.' 따위.
설-익다 [-릭따] [동][자] 덜 익다. ¶밥이 ~.
설-인^신경(舌咽神經) [-씬-] [명][생] 뇌신경의 하나. 연수(延髓)의 바깥쪽에서 나와 혀뿌리 및 인두에 분포하는, 지각(知覺)·운동·미각(味覺)을 전달하는 혼합 신경.
설-자다 [동][자] [잠을] 설치는 상태로 자다.
설-자리 [-짜-] [명] 활을 쏠 때에 서는 자리.
설-잡다 [-따] [동][타] 어설프게 붙잡다.
설-잡죄다 [-쬐/-쮀-] [동][타] 어설프게 잡도리하다. 또는, 잘못 잡도리하다.
설-장구 [명] 일어서서 어깨에 걸어 메고 치는 장구.
설전(舌戰) [-쩐] [명] 말로 옳고 그름을 따져 싸우는 것. =설론(舌論). [비]말다툼. ¶~을 벌이다. **설전-하다** [동][자][여]
설전-음(舌顫音) [-쩐-] [명][언] 혀끝을 윗잇몸에 연속적으로 대었다 떼었다 하여 혀끝과 잇몸 사이로 숨을 내보내는 것과 그것을 막는 것이 반복될 때 나는 소리. =전설음(顫舌音).
설정(設定) [-쩡] [명] 1 (어떤 사물을) 마련하여 정하는 것. ¶목표 ~. 2 (규칙이나 문제·주제 따위를) 내거는 것. 3 [법] 제한 물권을 새로이 발생시키는 것. **설정-하다** [동][타][여] ¶저당권을 ~. **설정-되다** [동][자]
설제¹(雪堤) [-쩨] [명] 눈사태로 인한 철도의 피해를 막기 위하여 철도 주위의 눈을 둘담처럼 쌓아 올린 것.
설제²(設題) [-쩨] [명] 문제·제목을 설정하는 것. 또는, 그 문제나 제목. **설제-하다** [동][타][여]
설주(-柱) [-쭈] [명][건] '문설주'의 준말.

설-죽다(-따)〖동〗⟨자⟩덜 죽다.
설중(雪中)[-쭝]〖명〗1 눈이 내리는 가운데. 2 눈 속.
설중-매(雪中梅)[-쭝-]〖명〗눈 속에 핀 매화.
설중-송백(雪中松柏)[-쭝-]〖명〗['눈 속의 소나무와 잣나무'라는 뜻] 높고 굳은 절개를 이르는 말.
설첨(舌尖)〖명〗=혀끝.
설-취하다(-醉-)〖동〗⟨자⟩⟨여⟩덜 취하다. ¶술이 ~.
설측-음(舌側音)〖명〗⟨언⟩=혀옆소리.
설치¹(雪恥)〖명〗=설욕(雪辱). **설치-하다**¹〖동〗⟨타⟩⟨여⟩전날의 굴욕을 ~.
설치²(設置)〖명〗1 (어떤 기계나 장치 등을 어느 곳에) 달거나 매거나 붙이거나 하여 놓아 두는 것. ¶에어컨 ~ 공사. 2 (어떤 단체나 기관에 특정한 목적의 기구나 조직이나 건물 등을) 베풀어 마련하는 것. **설치-하다**²〖동〗⟨타⟩⟨여⟩담에 철조망을 ~ / 학교에 도서실을 ~. **설치-되다**〖동〗⟨자⟩
설-치다¹〖자⟩1 몹시 날뛰다. ¶불량배들이 거리를 **설치고** 다니다. 2 찬찬하지 못하고 참을성 없이 설레다. ¶사람이 오기도 전부터 왜 그렇게 **설치고** 다니는지….
설-치다²〖자⟩1 (잠을) 자다 깨다 하여 충분히 자지 못하다. ¶잠을 **설쳤더니** 얼굴이 부석부석하다. 2 (밥을) 먹지 않아 충분히 먹지 못하다. ¶며칠 뒤에 사위 나리기 속이 거북하다고 아침밥을 **설친** 일이 있었다.⟨홍명희:임꺽정⟩
설컹-거리다/-대다〖동〗⟨자⟩설익은 밤이나 콩이 씹히는 소리가 자꾸 나다. ¶덜 구워서 **설컹거리는** 군밤 / 고구마가 덜 익어서 ~. ⟨작⟩살캉거리다.
설컹-설컹〖부〗설컹거리는 모양. ¶밥에 놓은 콩이 ~ 씹히다. ⟨작⟩살캉살캉. **설컹설컹-하다**〖동⟩⟨자⟩⟨형⟩¶밥이 덜 삶아져 ~
설탕(雪糖*·屑糖*)〖명〗['糖'의 본음은 '당'] 맛이 달고 물에 잘 녹는 무색의 결정. 사탕수수·사탕무 등을 원료로 하여 만듦. =사탕·사탕가루. ¶각(角) ~.
설탕-물(雪糖*-)〖명〗설탕을 탄물.
설탕-절이(雪糖*-)〖명〗과실이나 야채 등을 설탕물에 절이는 일. 또는, 그 식품. =사탕절이.
설태(舌苔)〖명〗⟨의⟩열병·소화기 질환 등에 의해 혀의 거죽에 끼는, 이끼 모양의 물질. ¶~가 끼다 / ~가 생기다.
설-통발(-筒-)〖명〗상류에서 내려오는 물고기를 잡으려고 강이나 개울 속에 거꾸로 놓는 통발. ⟨준⟩설통.
설파(說破)〖명〗1 사물의 내용을 밝혀 말하는 것. 2 상대편의 이론을 완전히 깨뜨려 뒤엎는 것. ⟨論破⟩. **설파-하다**〖동〗¶소크라테스는 무지(無知)의 자각이야말로 참다운 앎에 이르는 길임을 **설파하였다**. **설파-되다**〖동〗⟨자⟩
설편(雪片)〖명〗=눈송이.
설풍(雪風)〖명〗1 눈과 바람을 아울러 이르는 말. 2 눈과 함께 부는 바람. ⟨비⟩눈바람·눈보라.
설피(雪皮)〖명〗산간 지대에서, 눈에 빠지지 않도록 신 바닥에 대는, 칡·노·새끼 따위로 얽어서 만든 넓적한 물건. 또는, 장화 모양으로 만든 방한화. ¶치수는 ~를 신고 탄대를 허리에 차고 총을 들고 앞서 걷고 있었다.⟨박경리:토지⟩

설피다〖형〗1 촘촘하지 않고 성기다. ¶베가 ~ / 자리가 ~. ⟨작⟩살피다. 2 (솜씨가) 거칠고 서투르다. ¶설핀 솜씨로 바느질을 하니 바늘땀이 들쭉날쭉하지. 3 (말이나 행동이) 덜렁덜렁하고 거칠다. ¶제 딴은 잘해 보겠다고 하는데, 일하는 품이 어쩐지 좀 ~.
설핏[-핃]〖부〗해의 밝은 빛이 약해진 모양. ¶해가 ~ 기운 서쪽 하늘.
설핏-설핏[-핃섣핃]〖부⟩여럿이 모두 설핏한 모양. ⟨작⟩살핏살핏. **설핏설핏-하다**〖형⟩
설핏-하다[-피타-]〖형⟩1 짜거나 엮은 것이 좀 설피다. ¶설핏한 베. ⟨작⟩살핏하다. 2 해가 져서 밝은 빛이 약하다. ¶설핏한 저녁 노을.
설-하다(說-)〖동〗⟨타⟩⟨여⟩(도리·이치·학설 등을) 설명하여 말하다. ¶고승이 불법을 ~ / (부처님의) 미소는 팔만사천의 법문을 **설하고** 있을 터인데 나는 한마디도 알아듣을 수가 없는 것이었다.⟨김성동:만다라⟩
설하-신경(舌下神經)〖명⟩⟨생⟩뇌신경의 하나. 연수(延髓)의 아랫부분에서 나와 혀뿌리에 퍼져 있는, 혀와 턱을 움직이는 운동성의 신경. =혀밑 신경.
설하-정(舌下錠)〖명⟩⟨약⟩혀 밑에 넣어서 녹여서 먹는 알약.
설한(雪寒)〖명⟩눈이 내릴 때나 내리고 난 뒤의 추위. ¶엄동~ / 그는 ~에 이까지 딱딱거리도록 몸이 얼어 간다.⟨김유정:솥⟩
설한-풍(雪寒風)〖명⟩눈 위로, 또는 눈이 내릴 때 휘몰아치는 차가운 바람. ⟨비⟩눈바람.
설합(舌盒)〖명⟩'서랍'의 잘못.
설해(雪害)〖명⟩눈이 많이 내려서 입는 피해. ⟨비⟩설화(雪禍).
설해-목(雪害木)〖명⟩설해를 입은 나무. 특히, 쌓인 눈의 무게를 견디지 못해 가지나 줄기가 부러진 나무.
설형(楔形)〖명⟩쐐기의 모양.
설형-문자(楔形文字)[-짜]〖명⟩⟨언⟩고대 오리엔트에서 쓰였던, 쐐기 모양의 문자. 기원전 3000년 이전에서 수메르 인이 발명한 것으로, 점토판(粘土板)에 갈대 펜으로 썼음. =쐐기 문자.
설혹(設或)〖부⟩=설령(設令). ¶~ 잘못이 있더라도, 넓은 마음으로 이해하게.
설화¹(舌禍)〖명⟩1 연설·강연 등의 내용이 법률에 저촉되거나 타인을 노하게 하여 받는 재난. ¶필화(筆禍). 2 타인에 대한 중상이나 비방으로 인하여 받는 재난.
설화²(雪花·雪華)〖명⟩1 =눈송이. 2 나뭇가지에 꽃처럼 붙은 눈발.
설화³(雪禍)〖명⟩큰 눈으로 말미암은 재화(災禍).
설화⁴(說話)〖명⟩1 예로부터 어떤 민족이나 집단에 구전(口傳)되어 오는 이야기. 신화·전설·민담으로 나뉨. 2 =이야기3.
설화^문학(說話文學)〖명⟩⟨문⟩소설 문학 이전의 문학으로, 설화를 소재로 하여 문학적 형태를 갖춘 문학의 총칭. 서사적·전기적(傳奇的)·우화적·전승적(傳承的)의 요소를 가짐.
설화^석고(雪花石膏)[-꼬]〖명⟩⟨광⟩석고의 하나. 암염·석회암 등에서 층을 이루고 있는, 흰빛의 작고 치밀한 덩어리.
설화^소설(說話小說)〖명⟩⟨문⟩창작 의식과 작품의 동기(動機)에 설화를 소재로 하여 쓴 소설. '흥부전', '콩쥐팥쥐' 따위.
섫:다[설타]〖형⟩⟨ㅂ⟩⟨설우니, 설위⟩=서럽다.

¶섧게 울다 / 섧워 말고 힘을 내라. ×설다.

섬¹ 명 [1](자립) 곡식을 담는, 짚으로 엮은 멱서리. ¶벼를 ~에 담다. [2](의존) 곡식/액체의 분량을 그것이 담긴 섬의 수로 헤아리는 말. 한 섬은 대두 열 말임. =석(石). ¶벼 세 ~.

어버 콩 세 섬, 벼 네 섬:세(×)→석(○), 네(×)→넉(○). ▶ '~ 냥, ~ 되, ~ 섬, ~ 자'의 경우에는 '석'과 '넉'만 인정함 (표17).

섬² 명 1 돌층계의 계단. 2 '섬돌'의 준말.
섬:¹³ 명 [지] 바다·강·호수 등에 사방이 둘러싸인, 대륙보다 작은 육지. ¶바위~ / ~ 마을.
섬-거적 [-꺼-] 명 섬을 엮거나 뜯어낸 거적. ㉗거적.
섬광 (閃光) 명 1 순간적으로 강력히 비치는 광선. 마그네슘의 플래시 따위. ¶~을 내다 / ~이 번쩍하다. 2 형광체(螢光體)에 방사선이 충돌할 때 생기는 발광 현상.
섬광^계:수기 (閃光計數器) [-계-/-게-] 명 [물] 입자가 어떤 결정(結晶)에 부딪힐 때 일어나는 섬광을 이용하여 원자 입자를 계수(計數)하는 장치.
섬광-등 (閃光燈) 명 섬광 신호에 쓰이는 등. 야간에 등대에서 발하는 빛으로, 일정한 시간을 두고 반짝임.
섬광^신:호 (閃光信號) 명 함선 등에서 일정한 간격으로 섬광을 나타내는 신호.
섬광^전:구 (閃光電球) 명 야간·실내·역광(逆光) 등의 사진 촬영에 쓰이는 특수 전구. 전류를 통하면 순간적으로 연소되어 섬광을 냄.
섬기다 图(타) (윗사람이나 큰 나라 또는 초월적인 존재 등을) 우러러 떠받들다. 回공경하다. ¶부모를 극진히 ~ / 신을 ~. 2 '주워섬기다'. 3 '생기다'의 잘못.
섬:-나라 명 사방이 바다에 둘러싸인 나라. =도국(島國)·해국(海國). ¶~ 일본.
섬:-놈 명 '섬사람'을 얕잡아 이르는 말.
섬도 (纖度) 명 실의 굵기를 나타내는 도수.
섬-돌 [-똘] 명 집채의 앞뒤에 오르내리기 위하여 만든 돌층계. =댓돌·보석(步石)·석계(石階)·석단(石段)·석제(石梯). ㉗섬.
섬뜩-섬뜩 튀 매우 섬뜩한 느낌이 드는 모양. 섬뜩섬뜩-하다 图
섬뜩-하다 [-뜨카-] 혱여 소름이 끼칠 만큼 무섭고 끔찍하다. ¶가슴이 ~. ×섬쩟하다.
섬록-암 (閃綠巖·閃綠岩) [-녹-] 명 [광] 화성암의 한 가지. 주로 사장석(斜長石)과 각섬석(角閃石)으로 됨. 녹색 및 회녹색을 띠며, 단단하여 건축용 석재로 쓰임.
섬마-섬마 감 어린아이가 따로서기를 익힐 때, 어른이 붙들었던 손을 떼려고 하면서 내는 소리. =따로따로·따로따로따따로.
섬멸 (殲滅) 명 (적을) 모조리 무찔러 없애는 것. 섬멸-하다 태여 ¶적을 ~. 섬멸-되다 图(자)
섬모 (纖毛) 명 1 가는 털. 2 [생] 원생동물 모충의 체표(體表)나 후생동물의 섬모 상피 세포 등에서 볼 수 있는, 운동성을 가진 미소한 털 모양의 것. =물결털.
섬모^운:동 (纖毛運動) 명 [생] 섬모충의 체표나 후생동물의 체강(體腔) 등에 있는 섬모의 운동. 섬모가 일정한 방향으로 물결 모양의 운동을 하며, 몸을 옮기거나 먹이를 끌어당기거나 하는 구실을 함.
섬모-충 (纖毛蟲) 명[동] 몸에 섬모가 나 있는

원생동물의 총칭. 섬모로 물속을 헤엄쳐서 먹이를 찾음. 짚신벌레·나팔벌레·종벌레 따위.
섬벅 튀 잘 드는 칼에 쉽게 베어지는 모양. ㉙삼박. ㉛섬뻑·섬벅·섬뻑.
섬벅-섬벅 [-썸-] 튀 잘 드는 칼에 쉽게 잇달아 베어지는 모양. ㉙삼박삼박. ㉛섬뻑섬뻑·섬벅섬벅·섬뻑섬뻑. 섬벅섬벅-하다 图(자)여
섬뻑 튀 '섬벅'의 센말. ㉙삼빡. ㉛섬뻑.
섬뻑-섬뻑 [-썸-] 튀 '섬벅섬벅'의 센말. ㉙삼빡삼빡. ㉛섬뻑섬뻑. 섬뻑섬뻑-하다 图(자)여
섬:-사람 [-싸-] 명 섬에 사는 사람. 回도민(島民).
섬서-하다 혱여 지내는 사이가 썩 원만하지 않고 서먹서먹하다. ㉙삼사하다.
섬섬 (纖纖) →섬섬-하다 혱여 연약하고 가냘프다. 섬섬-히 튀
섬섬-옥수 (纖纖玉手) [-쑤] 명 가냘프고 고운 여자의 손을 이르는 말.
섬세 (纖細) →섬세-하다 혱여 1 가냘프고 가늘다. 2 매우 찬찬하고 세밀하다. ¶여성의 심리를 섬세한 필치로 그려 낸 소설. 섬세-히 튀
섬아연-석 (閃亞鉛石) 명 [광] 아연의 황화물로 이루어진 광물. 연한 황갈색이나 검은색으로 금속광택이 있으나, 순수한 것은 빛깔이 없음. 아연의 광석 광물임. 구용어는 섬아연.
섬약 (纖弱) →섬약-하다 [-야카-] 혱여 가냘프고 약하다. =연연(軟娟)하다.
섬어 (譫語) 명 1 헛소리. 2 =잠꼬대. 섬어-하다 图(자)여
섬유 (纖維) 명 미세한 실 모양의 물질. 동물의 신경 섬유·근섬유, 식물의 인피 섬유 등이 있고, 공업 섬유에는 석면이 있음.
섬유^공업 (纖維工業) 명 [공] 섬유를 생산하거나, 섬유를 원료로 사용하는 가공품을 생산하는 공업의 총칭.
섬유-소 (纖維素) 명 1 [화] =셀룰로오스. 2 [생] [화] =피브린.
섬유^작물 (纖維作物) [-장-] 명 섬유를 얻기 위하여 재배하는 식물. 목화·삼·아마·모시풀 따위.
섬유-질 (纖維質) 명 섬유로 이루어진 물질.
섬-지기 명(의존) 논밭의 넓이의 단위. 한 섬지기는 한 섬의 씨앗을 뿌릴 만한 넓이로서, 마지기의 10배임. 곧, 논은 2000평 또는 1500평, 밭은 1000평 또는 2000평 정도를 가리킴. ¶논 두 ~.
섬쩍지근-하다 [-찌-] 혱여 무섭고 꺼림한 느낌이 사라지지 않는 상태에 있다. 섬쩍지근-히 튀
섬쩟-하다 혱여 '섬뜩하다'의 잘못.
섬화 (閃火) 명 번쩍이는 불빛.
섭금-류 (涉禽類) [-끔뉴] 명[동] 조류를 생활 형태로 분류하는 한 무리. 다리·목·부리가 길어서 얕은 물속을 걸어 다니며 물고기·곤충 등을 잡아먹음. 두루미·백로·황새 따위.
섭동 (攝動) [-똥] 명 1 [천] 태양계의 천체가 다른 행성의 인력으로 타원 궤도에 변화를 일으키는 일. 2 [물] 역학계(力學系)에서 힘의 작용에 의한 운동이 부차적인 힘의 영향으로 교란되어 일어나는 운동.
섭력 (涉歷) [섬녁] 명 [물을 건너고 산을 넘는다는 뜻] 여러 가지 일을 많이 경험하는

섭렵(涉獵)[섬녑] 몡 (물을 건너고 여기저기 찾아다닌다는 뜻) (여러 가지 책을) 널리 읽는 것. **섭렵-하다** 됭(타)예 ¶동서의 고전을 두루 ~.

섭리(攝理)[섬니] 몡 1 (병에 걸린 몸을) 잘 조리하는 것. 2 대신하여 처리하고 다스리는 것. 3 [가][기] 세상과 우주 만물을 다스리는 하느님의 뜻. ¶신의 ~. 4 자연계를 지배하고 있는 원리와 법칙. ¶자연의 ~. **섭리-하다** 됭(타)예 1 잘 조리하다. 2 대신하여 처리하고 다스리다.

섭-산적(-散炙)[-싼-] 몡 쇠고기를 난도질하여 양념을 하고 반대기를 지어 구운 적.

섭-새기다[-쌔-] 됭(타)예 조각에서, 글자나 그림이 두드러지게 가장자리를 파내거나 뚫어지게 새기다.

섭새김[-쌔-] 몡 조각에서, 글자나 그림이 두드러지게 가장자리를 파내거나 뚫어지게 새기는 일. ¶~질. **섭새김-하다** 됭(타)예

섭생(攝生)[-쌩] 몡 좋은 음식을 가려서 먹는 등의 방법으로 건강을 유지하고 나아지게 하는 것. 비양생(養生). ¶~을 게을리 하다. **섭생-하다** 됭(자)예

섭섭-하다[-써파-] 혱예 1 정에 끌려 서로 헤어지기가 어렵다. ¶정든 친구와 헤어지자니 정말 ~. 2 없어지는 것이 아깝다. ¶귀중한 문헌이 불타 버린 것은 참 **섭섭한** 일이다. 3 기대에 어그러져 마음이 서운하고 불만스럽다. ¶모처럼 어렵게 부탁했는데 일언지에 거절하다니 정말 ~. ×애운하다·섭하다. **섭섭-히** 뛰

어빠 섭섭치 않게 주어 보내라:섭섭치(×)→섭섭지(○), 섭섭하지(○). ▶어간의 끝 음절 '하'가 아주 줄 적에는 준 대로 적을 수 있음 (맞40).

섭수(攝受)[-쑤] 몡 1 관대한 마음으로 남을 받아들이는 것. 2 [불] 부처가 자비심으로 일체 중생을 두둔하고 보호하는 것. **섭수-하다** 됭(타)예

섭슬리다[-쓸-] 됭(자) 함께 섞어 휩쓸리다.

섭씨(攝氏) [고سيوت 스웨덴의 셀시우스(A. Celsius)의 중국 음역어 '섭이사(攝爾思)'에서 유래] [몡] '섭씨온도'의 준말.

섭씨-온도(攝氏溫度)[-또] [물] 섭씨온도계의 눈금의 명칭. 기호는 ℃. 준섭씨. ▷화씨온도.

섭씨-온도계(攝氏溫度計)[-계/-게] 몡[물] 1기압에서 물의 어는점을 0℃, 끓는점을 100℃로 정하고, 그 사이를 100등분한 온도계.

섭외(涉外)[-외/-웨] 몡 1 외부와 연락·교섭하는 일. ¶~ 활동. 2 [법] 어떤 법률 사항이 내외국에 관계·연락되는 일. **섭외-하다** 됭(타)예 ¶광고 모델을 ~.

섭정(攝政)[-쩡] 몡 임금이 직접 통치할 수 없을 때, 임금을 대신하여 나라를 다스리는 것. 또는, 그 사람. **섭정-하다** 됭(자)예

섭취(攝取)[-쮜] 몡 1 영양이 되는 물질을 몸 안에 받아들이는 것. ¶식품의 균형 있는 ~는 건강 유지의 중요한 요소이다. 2 (긍정적 요소를) 받아들이는 것. ¶선진 문화의 ~. **섭취-하다** 됭(타)예 ¶음식을 골고루 ~ / 새로운 지식을 ~. **섭취-되다** 됭(자)

섭-하다 혱예 '섭섭하다'의 잘못.

섭행(攝行)[서팽] 몡 1 일을 대신 행하는 것. 비대행(代行). 2 일을 겸해서 행하는 것. 비겸행(兼行). 3 통치권을 대행하는 것. **섭행-하다** 됭(타)예

섯-밑[선믿] 몡 소의 혀 밑에 붙은 살코기. 웬혓밑.

섰다[섣따] 몡 화투를 두 장씩 노나 가지고 끗수로 겨루는 노름의 한 가지. 돈을 더 태우며 버틸 때 '섰다'라고 말함.

성¹ 몡 불유쾌한 충동으로 왈칵 치미는 노여운 감정. ¶~이 나다 / ~을 내다. 훈역정.
성이 머리끝까지 나다 뛰 성이 몹시 나다.

성²(의존) (어미 '-ㄴ', '-는', '-ㄹ' 아래에 '싶다', '부르다', '하다'와 함께 쓰여) '~것 같다'의 뜻으로, 막연한 추측이나 가능성을 나타내는 말. ¶그분이 내일쯤 올 ~은 싶은데 확실치는 않다.

성³(姓) 몡 출생의 계통을 나타내는, 겨레붙이의 칭호. 곧, 김(金)·박(朴)·이(李) 등. 훈성씨.
성을 갈겠다 뛰 다시는 하지 않겠다고 맹세하거나 장담·단언할 때 이르는 말. ¶내 말이 거짓말이면 ~.

성⁴(性) 몡 1 사람·사물의 본성이나 본바탕. 2 [불] 만유(萬有)의 본체. 3 [생] 남성과 여성, 암컷과 수컷의 구별. 또는, 남성 또는 여성의 육체적 특성. ¶사춘기가 되면 남녀의 특성이 뚜렷해진다. 4 남녀간의 육체적 행위(키스·애무·성교 따위)에 관계되는 일. =섹스. ¶~을 즐기다. 5 [언] 유럽어에서, 명사·대명사 등의 문법상 성질의 하나로서 남성·여성·중성으로 나뉘는 것.
성(에) 차다 뛰 흡족하게 여겨지다.

성⁵(省) 몡 1 [지] 중국의 지방 행정 구획의 이름. ¶광둥 ~. 2 [정] 일본의 중앙 행정 기관. ¶외무~.

성⁶(城) 몡 적을 막기 위하여 흙이나 돌로 높이 쌓은 큰 담. =성곽(城郭). ¶~을 쌓다.

성⁷(聖) 괸(가) 성인(聖人)으로 추앙을 받는 사람의 이름 앞에 붙이는 말. =세인트(Saint). ¶~ 베드로.

성-⁸(聖) 접튀(가)(기) 크리스트교에 관한 사물의 이름 앞에 붙여, 거룩한 뜻이나 그 관계를 나타내는 말. ¶~만찬 / ~십자가.

-성⁹(成) 접미 황금의 순도(純度)를 나타내는 말. 십성(十成)이 순금임.

-성¹⁰(性) 접미 일부 명사 뒤에 붙어, 그러한 성질·경향을 나타내는 말. ¶인간~ / 적극~ / 순수~ / 진실~.

성가(成家) 몡 1 재물을 모아 한 집안을 일으키는 것. ¶수~. 2 학문이나 기술이 뛰어나서 한 체계를 이루는 것. 3 =성취(成娶)¹. **성가-하다** 됭(자)예

성가²(聖歌) 몡 1 크리스트교의 종교 가곡. 2 [가] 미사 때와 기타 예식 때 부르는 노래.

성가(聲價)[-까] 몡 세상의 좋은 소문이나 평판. ¶그 회사 제품은 해외 시장에서 ~를 인정받았다.

성:-가극(聖歌劇) 몡[음] =오라토리오.

성:가-대(聖歌隊) 몡[가][기] 찬송가나 성가를 부르기 위하여 조직된 합창대. =찬양대.

성가시다 혱 자꾸 들볶거나 번거롭게 굴어 괴롭고 귀찮다. ¶싫다는데도 남자가 졸졸 따라다니면서 **성가시게** 군다.

성:-가정(聖家庭) 몡[가] 성모 마리아·요셉·예수로 구성되는 거룩한 가족. 크리스트교적 가족의 모범으로 삼으며, 예로부터 회화·

조각의 좋은 제재가 됨.

성-가퀴(城—) [명] 성 위에 낮게 쌓은 담. 여기에 몸을 숨기고 적을 쏘거나 침. =성첩·여장(女牆).

성간^물질(星間物質) [—찔] [명] [천] 항성(恒星)과 항성 사이의 우주 공간에 있는 희박한 물질. 성간 가스·우주진 따위.

성ː감[1](性感) [명] 성교(性交)할 때에 느끼는 육체적 쾌감.

성감[2](誠感) [명] 참된 마음으로 남의 마음을 움직이는 것. **성감-하다** [동][타][여]

성ː감-대(性感帶) [명] 자극을 받으면 성적 흥분이나 쾌감을 일으키는 신체의 부분.

성ː게 [명] [동] 극피동물 성게류의 총칭. 몸은 둥글고 가시가 나 있음. 발생학·세포학의 실험에 많이 쓰임. =섬게.

성ː격(性格) [—껵] [명] **1** 각 개인에게 특유한 감정·의지·행동 등의 경향. ¶침착한 ~ / 활동적인 ~ / ~이 모나다[원만하다]. **2** [심] 인간의 정신생활을 모든 방면에서 나타내는 전체로서의 소질. **3** 어떤 사물이나 현상이 자체로 지니고 있는 성질.

성ː격^묘ː사(性格描寫) [—껵—] [명] [문] 소설·희곡·영화 등에서 인물의 성격을 그려 내는 일.

성ː격^배우(性格俳優) [—껵빼—] [명] [연] 어떤 인물의 개성적인 성격을 교묘하고 능숙하게 잘 표현하는 재능을 가진 배우.

성ː격-파(性格派) [—껵—] [명] 《주로 '배우' 앞에 쓰여》 인물의 개성적인 성격을 능숙하게 연기해 내는 부류. ¶~ 배우.

성ː-결[1](性—) [—껼] [명] 성품의 곱거나 사나운 바탕이나 상태. ¶~이 좋지 않은 사람. [준]결.

성ː결[2](聖潔) ➡**성ː결-하다** [형][여] 거룩하고 깨끗하다.

성ː결-교(聖潔敎) [명] [기] 개신교의 한 파. 중생(重生)·성결·신유(神癒)·재림(再臨)의 사중 복음을 주로 하고, 불세례의 체험과 성결의 은혜를 강조함.

성ː경(聖經) [명] [가] [기] 크리스트교의 경전. [비]성서(聖書). ¶~ 구절을 암송하다 / ~을 손으로 옮겨 쓰다 / 어머니가 새 ~ 책을 사다 주셨다.

성ː계(姓系) [—계/—게] [명] **1** 성씨(姓氏)와 계통. **2** =계도(系圖)[1].

성ː골(聖骨) [명] [역] 신라 때 골품(骨品)의 첫째 등급. 부모가 모두 왕족인 사람. ▷진골(眞骨).

성공(成功) [명] **1** (목적으로 삼은 일에) 잘 대응하거나 최선을 다하여 뜻을 이루는 것. **2** (어떤 일이) 뜻한 대로 잘 이루어지는 것. **3** (사람이) 사회 활동의 결과로 높은 지위나 많은 재물을 얻게 되거나 크게 이름을 떨치게 되는 것. ↔실패. **성공-하다** [동][자][여] ¶사업이 크게 ~ / 아폴로 11호는 인류 최초로 달 착륙에 **성공했다.**

성공-담(成功談) [명] 어떤 일을 성공하기까지 그에 얽힌 이야기. ↔실패담.

성공-리(成功裏) [—니] [부] =성공리에.

성공리-에(成功裏—) [—니—] [부] 일이 성공적으로 잘되는 가운데. =성공리. ¶공연을 ~ 마치다.

성공-적(成功的) [관][명] 성공했다고 할 만한 (것). ¶연주회를 ~으로 마치다.

성ː-공회(聖公會) [—회/—훼] [명] [기] 개신교의 한 파. 영국 국교회의 전통과 조직을 같이 하는 교회의 총칭.

성과(成果) [—꽈] [명] 일이 이루어진 결과. ¶학술 조사에서 큰 ~를 올리다.

성과-급(成果給) [—꽈—] [명] 작업의 성과를 기준으로 하여 지급되는 임금. ↔기간급·시간급.

성곽(城郭·城廓) [명] **1** 내성(內城)과 외성(外城)을 아울러 이르는 말. **2** =성(城)[6].

성곽^도시(城郭都市) [—또—] [명] 외적을 막기 위하여 성으로 둘러싼 도시.

성관[1](成冠) [명] [역] 관례(冠禮)를 행하는 것. =성인(成人). **성관-하다** [동][자][여]

성ː관[2](盛觀) [명] 성대한 구경거리.

성ː-관음(聖觀音) [명] [불] 본래 모습의 관음. 보관(寶冠)에 아미타불이 장식되어 있고, 왼손에 연꽃을 들고 있는 모습 등으로 나타냄. =성관세음.

성광(星光) [명] =별빛.

성ː교[1](性交) [명] 남녀가 육체적으로 관계하는 것. 곧, 남자의 음경을 여자의 질 속에 삽입하는 일. =교합(交合). [비]교접·방사(房事)·색사(色事)·성행위·합궁(合宮)·합환(合歡)·관계·밤일·씹. **성ː교-하다** [동][자][여]

성ː교[2](聖敎) [명] **1** 책봉할 때 내리는 임금의 교명(敎命). **2** 성인의 가르침. **3** [가] =가톨릭. **4** [불] =불교.

성ː-교육(性敎育) [명] [교] 청소년에게 성에 관한 올바른 지식을 주기 위한 교육. ▷순결교육.

성구[1](成句) [—꾸] [명] **1** 글귀를 이루는 것. **2** [언] 하나의 뭉뚱그려진 뜻을 나타내는 글귀. 또는, 예로부터 내려오는 관용구. **3** 옛사람이 지어 널리 알려져 쓰이고 있는 글귀. ×성귀. **성구-하다** [동][자][여] 글귀를 이루다.

성ː구[2](聖句) [—꾸] [명] 성서에 있는 글귀.

성ː군(聖君) [명] 인덕(仁德)이 뛰어난 임금. =성왕(聖王)·성제(聖帝)·성주(聖主).

성군-작당(成群作黨) [—땅] [명] 여러 사람이 모여 떼를 지음. 또는, 그 무리. **성군작당-하다** [동][자][여]

성ː궁(聖躬) [명] 임금의 몸. =성체(聖體).

성귀 [명] '성구(成句)[1]'의 잘못.

성균-관(成均館) [명] [역] 고려·조선 시대에 유교의 교육을 맡아보던 곳. =태학(太學)·학궁(學宮). [준]관(館).

[**성균관 개구리**] 자나 깨나 글만 읽는 사람을 놓으로 이르는 말. '반와(泮蛙)'와 같은 말.

성그레 [부] 천연스러운 태도로 부드럽게 눈웃음을 짓는 모양. [작]상그레. [센]썽그레. **성그레-하다** [동][자][여]

성ː극(聖劇) [명] **1** [연] 종교극의 한 가지. 성경에서 소재를 따서 꾸민 연극. **2** [음] =오라토리오.

성글-거리다/-대다 [동][자] 천연스러운 태도로 소리 없이 부드럽게 눈웃음치다. [작]상글거리다. [센]썽글거리다.

성글다 [형] <성그니, 성그오> =성기다.

성글-벙글 [부] 성글거리면서 벙글거리는 모양. [작]상글방글. [센]썽글뻥글. **성글벙글-하다** [동][자][여]

성글-성글 [부] 성글거리는 모양. [작]상글상글. [센]썽글썽글. **성글성글-하다** [동][자][여]

성금[1] [명] **1** 말한 것이나 일한 것의 보람이나 효력. **2** 꼭 지켜야 할 명령.

성금이 서다 [구] 효력이 나다.

성금[2](誠金) [명] 어려운 사람을 돕는 일이나 공익 사업을 위한 일에 참여하여 자발적으로 내는 돈. ¶불우 이웃 돕기 ~ / 평화의 댐 건설 ~ / ~을 내다[걷다]. ▷헌금(獻金).

성ː-금요일(聖金曜日)[명][가] 예수가 십자가에 못 박혀 죽은 일을 기념하는 날. 성주간(聖週間)의 하루로, 부활절의 전전날임.

성ː급(性急) →**성ː급-하다**[-그파-][형여] (어떤 사람이) 어떤 일을 차분함이 없이 급하게 하는 상태에 있다. ¶성급한 행동. **성ː급-히**[부] ¶~ 굴지 말고 차분하게 기다려라.

성긋[-귿][부] 상냥한 표정으로 천연스럽게 얼핏 가볍게 눈웃음을 짓는 모양. [작]상긋. [센]성끗·썽긋·썽끗. **성긋-하다**[자여] **성긋-이**[부] ¶~ 눈웃음치다.

성긋-거리다/-대다[-귿꺼(때)-][동][자] 천연스러운 태도로 자꾸 가볍게 눈웃음치다. [작]상긋거리다. [센]성끗거리다·썽긋거리다·썽끗거리다.

성긋-벙긋[-귿뻥귿][부] 성긋거리면서 벙긋거리는 모양. [작]상긋방긋. [센]성끗벙끗·썽긋뻥긋·썽끗뻥끗. **성긋벙긋-하다**[동][자여]

성긋-성긋[-귿썽귿][부] 성긋거리는 모양. [작]상긋상긋. [센]성끗성끗·썽긋썽긋·썽끗썽끗. **성긋성긋-하다**[동][자여]

성ː기(性器)[명][생] 성교 또는 교미를 하기 위한 신체적 기관. [비]생식 기관.

성기다[형] 1 물건과 물건의 간격이 뜨다. ¶머리카락이 ~. 2 시간적으로 동안이 뜨다. ¶발길이 **성긴** 골목. 3 친하지 않고 서먹하다. =성글다. ¶그와 그는 ─삼십여 년을 사귀어 왔으되 우정은 **성기어** 본 적이 없었고, 변한 때도 없었다.《한결 김윤경 전집》[작]상기다. ↔배다.

성깃-성깃[-긷썽긷][부] 여러 군데가 모두 성깃한 모양. [작]상깃상깃. **성깃성깃-하다**[형여]

성깃-하다[-기타-][형여] 조금 성긴 듯하다. [작]상깃하다.

성ː-깔(性-)[명] 성질을 부리는 버릇이나 태도. 주로, 부정적인 문맥에 쓰임. ¶~을 부리다 / ~이 있다 / 그 친구 온순한 줄로만 알았는데 ~이 보통이 아니더군.

성ː깔-머리(性-)[명] '성깔'을 속되게 이르는 말.

성끗[-귿][부] '성긋'의 센말. [작]상끗. [센]성끗·썽끗. **성끗-하다**[동][자여] **성끗-이**[부]

성끗-거리다/-대다[-귿꺼(때)-][동][자] '성긋거리다'의 센말. [작]상끗거리다. [센]썽끗거리다·썽끗거리다.

성끗-벙끗[-귿뻥귿][부] '성긋벙긋'의 센말. [작]상끗방끗. [센]썽끗뻥끗·썽끗뻥끗. **성끗벙끗-하다**[동][자여]

성끗-성끗[-귿썽귿][부] '성긋성긋'의 센말. [작]상끗상끗. [센]썽끗썽끗·썽끗썽끗. **성끗성끗-하다**[동][자여]

성ː-나다[자] 1 노엽거나 불쾌한 감정이 나다. [비]화나다·골나다. ¶성난 얼굴. 2 흥분되어 거친 기운이 일어나다. ¶성난 파도에 휩쓸려 배가 난파되었다. 3 잘못 건드려 종기가 덧나다.

성ː난 젊은이들[명] 제2차 세계 대전 후 기성 사회의 질서·권위·제도를 날카롭게 비판한, 영국의 젊은 작가군.

성ː내(城內)[명] 성의 안. ↔성외(城外).

성ː-내다[동][자] 1 노여움을 나타내다. [비]골내다·화내다. ¶성낸다고 될 일이 아니니 마음을 가라앉히고 잘 생각해 봐라. 2 흥분되어 거친 기운을 내다.

성냥〔<석유황(石硫黃)〕 가늘고 짤막한 나뭇개비의 한쪽 끝에 황린이나 적린이나 황 따위를 겉을 거칠거칠하게 하여 문지르면 불꽃이 일어나게 만든 물건. 세는 단위는 개비·갑(匣). ¶~을 켜다. ×화곽.

성냥-갑(-匣)[-깝][명] 성냥개비를 넣는 갑.
성냥-개비[-깨-][명] 성냥의 낱개비.
성냥-불[-뿔][명] 성냥으로 켜는 불.
성냥-일[명] '대장일'의 잘못.

성ː녀(聖女)[가][명] 여자 성인(聖人).

성년¹(成年)[명][법] 신체나 지능이 완전히 발달되어 완전한 행위 능력이 있다고 보는 나이. 우리나라 민법에서는 만 20세로 성년이 되며, 미성년자가 혼인한 때에는 성년자로 봄. [비]어른. ¶~이 되다. ↔미성년.

성년²(盛年)[명] 혈기가 왕성한 한창나이. 또는 그 사람. [비]장년(壯年).

성년-식(成年式)[명] 만 20세가 되는 젊은이에게 성인으로서의 자부심과 책임감을 일깨워 주기 위해 베푸는 의식. ▷관례(冠禮). 2 미개인 사이에서, 일정한 나이에 달한 남녀에게 씨족 또는 종교나 주술(呪術) 단체 등의 성원으로서의 자격을 주는 의식.

성년의 날(成年-)[-의-/-에-] 정부가 주관하는 기념일의 하나. 만 20세가 된 젊은이들에게 성인으로서의 자부심과 책임감을 일깨워 주고 축복·격려해 줌. 5월 셋째 월요일.

성ː능(性能)[명] 어떤 물건이 지닌 성질과 기능. ¶~이 우수한 엔진 / ~ 검사.

성단(星團)[명][천] 천구 상의 군데군데 몰려 있는 별들의 집단.

성ː담-곡(聖譚曲)[음] =오라토리오.

성ː당(聖堂)[명][가] 가톨릭의 종교 의식이 행해지는 건물. [비]성전(聖殿).

성대¹[명] 성댓과의 바닷물고기. 몸은 길이 40cm 안팎으로 가늘며 길머 주둥이가 뾰족함. 몸빛은 등이 보라색인데 암적색 무늬가 흩어져 있음. 맛이 좋아 식용됨.

성ː대²(聖代)[명] =성세(聖世)². ¶태평 ~.

성대³(聲帶)[명][생] 사람의 기도(氣道) 중간에 위치하여 여닫거나 틈을 만듦으로써 목소리를 낼 수 있게 해 주는 근육의 덩어리. =목청.

성ː대⁴(盛大) →**성ː대-하다**[형여] (규모·집회·기세 따위가) 성하고 크다. [비]푸짐하다. ¶**성대한** 만찬 / **성대한** 의식. **성ː대-히**[부] ¶~ 예식을 ─ 치르다.

성대-모사(聲帶模寫)[명] 다른 사람의 목소리나 새·짐승 따위의 소리를 흉내 내는 일.

어법 완벽한 성대묘사:성대묘사(×)→성대모사(○). ▶ '모사'는 똑같이 흉내 내어 나타내는 것을 가리키고, '묘사'는 글이나 그림으로 표현하는 것을 가리킴.

성덕¹(成德)[명] 덕을 이루는 것. 또는, 그 덕. **성덕-하다**[동][자여]

성ː덕²(聖德)[명] 1 성인의 거룩한 덕. 2 임금의 덕.

성도(成道)[명] 1 도를 닦아 이루는 것. 2 학문의 참뜻의 깊이에 체득하는 일. 3 [불] 깨달아 불타(佛陀)가 되는 일. 특히, 석가모니가 음력 섣달 초여드렛날에 보리수 아래

서 큰 도를 이룬 일. **성도-하다** 통자여
성'도²(性度) 圓 성품과 도량.
성'도³(星圖) 圓〖천〗항성의 적경(赤經)·적위(赤緯)·등급 등을 표시한 그림. ¶=항성도.
성'도⁴(聖徒) 圓〖기〗'기독교 신자'를 높여 이르는 말.
성'도⁵(聖都) 圓 성스러운 도시. =영도(靈도)
성'도⁶(聖道) 圓 성인의 길.
성-도덕(性道德) 圓 남녀 사이의 성에 관한 사회적 윤리 규범. ¶~이 문란해진 사회.
성-도착(性倒錯) 圓〖심〗=성도착증.
성-도착-증(性倒錯症) [-쯩] 圓〖심〗비정상적인 자극에 의해서 성적인 만족을 얻으려는 증상. 곧, 관음증·노출증·사디즘 따위. =성도착·색정 도착증·이상 성욕.
성량(聲量) [-냥] 圓 말하거나 노래 부르거나 할 때, 목소리의 크기나 우렁찬 정도. 비불륨·음량(音量). ¶~을 조절하다 / 풍부한 ~을 가진, 가창력 있는 가수.
성'려(聖慮) [-녀] 圓 임금이 염려하는 것. 또는, 그 염려. **성'려-하다** 통타여
성력(誠力) [-녁] 圓 1 정성과 힘. 2 성실한 노력.
성'령(聖靈) [-녕] 圓〖가〗〖기〗성삼위의 하나. 신자(信者)의 영적 생활의 근본적인 힘이 되는 본체임. =성신(聖神). ▷성부·성자.
성'례(成禮) [-녜] 圓 혼인의 예식을 지내는 것. ¶~를 치르다. **성례-하다** 통자여
성루(城樓) [-누] 圓 성 위의 군데군데에 세운 다락집. =성각(城閣)·성랑(城廊).
성루²(城壘) [-누] 圓 1 성 둘레의 토담. 2 =성보(城堡)
성'리(性理) [-니] 圓〖철〗1 성명(性命)과 이운(理運). 곧, 인간의 성품과 자연의 이치. 2 주자학에서, 인간의 본성 또는 존재 원리. 인간이 가져야 할 도리를 이름.
성'리-학(性理學) [-니-] 圓〖철〗중국 송(宋)·명(明)에 성행했던 유학의 한 계통. 성명(性命)과 이기(理氣)의 관계를 논하여 유교 철학의 근간을 이룸. 남송(南宋)의 주희(朱熹)가 집대성하였음. =도학(道學)·주자학. 준이학(理學).
성립(成立) [-닙] 圓 일이나 물건이 이루어지는 것. **성립-하다** 통자여 **성립-되다** 통자 ¶매매가 ~ / 계약이 ~.
성-마르다(性-) 톙르〈-마르니, ~말라〉 참을성이 없고 성질이 조급하다. ¶성마른 성격.
성망(盛望) 圓 높고 큰 덕망.
성'-매매(性賣買) 圓 돈을 대가로 주고받고 성행위를 하는 일. ¶청소년 ~.
성'명¹(姓名) 圓 성(姓)과 이름을 아울러 이르는 말. 문어적인 말임. =씨명(氏名). 비이름. ¶주소 ~을 분명하게 기입하다.
성'명²(性命) 圓 1 인성(人性)과 천명(天命). 2 =생명1.
성'명³(盛名) 圓 떨치는 명성. 비명성(名聲). ¶선생의 ~을 오래전부터 들어 왔습니다.
성'명⁴(聖明) 圓 임금의 밝은 지혜. ¶일월(日月) 같은 ~.
성'명⁵(聖明) →**성'명-하다** 톙여 덕이 거룩하고 슬기롭다.
성'명⁶(聲名) 圓 =명성(名聲)
성'명⁷(聲明) 圓 어떤 일에 대한 입장이나 태도, 견해 따위를 글이나 말로 여러 사람에게 밝히는 것. 또는, 그 입장이나 견해. 비메시지. ¶~을 발표하다. **성'명-하다²** 통타여

성'명부지(姓名不知) 圓 성명을 알지 못함. =성부지명부지.
성'명-서(聲明書) 圓 공적(公的) 기관이나 단체 등이 일정 사항에 대하여 그의 방침·견해를 공표하는 문서.
성'명-없다(姓名-) [-업따] 톙 이름이 알려져 있지 않다.
성'명^철학(姓名哲學) 圓 성명으로 운명을 판단하는 점술을 철학에 빗대어 일컫는 말.
성'모(聖母) 圓 1 성인(聖人)의 어머니. 2 전에, 백성이 국모(國母)를 일컫던 말. 3〖가〗=성모 마리아.
성'모^마리아(聖母Maria) 圓〖가〗예수 그리스도의 어머니인 마리아를 높여 부르는 이름. =성모(聖母)
성'모-상(聖母像) 圓 성모 마리아의 조각상.
성'모-송(聖母誦) 圓〖가〗주요 기도문의 하나. 예수 그리스도의 어머니인 성모 마리아에게 바치는 기도. =아베 마리아.
성묘(省墓) 圓 조상의 산소를 찾아 돌보는 것. 또는, 그 일. 주로 설·한식·추석날에 함. =간산(看山)·참묘(參墓). **성묘-하다** 통자여 ¶추석날 부모님 산소에 ~.
성묘-객(省墓客) 圓 성묘를 하러 가는 사람.
성문¹(成文) 圓 문장이나 문서를 작성하는 것. 또는, 그 문장이나 법문(法文). ¶~ 헌법. ↔불성문. **성문-하다** 통자타여
성문²(城門) 圓 성의 출입구에 만든 문.
성문³(聲門) 圓〖생〗좌우 성대 사이에 있는 좁은 틈. 곧, 숨이 통하는 구멍.
성문⁴(聲紋) 圓 목소리를 주파수 분석 장치로 줄무늬 모양의 그림으로 바꾼 것. 범죄 수사 등에 이용함.
성문⁵(聲聞) 圓〖불〗부처의 설법을 듣고 사제(四諦)의 이치를 깨달아 아라한이 된 불제자.
성문-법(成文法) [-뻡] 圓〖법〗문자로 적어 나타내고, 문서의 형식을 갖추고 있는 법. =성문율. ↔불문율.
성문-율(成文律) [-뉼] 圓〖법〗=성문법. ↔불문율(不文律)
성문-화(成文化) 圓 문장으로 써서 나타내는 것. ¶계약 내용을 ~. **성문화-하다** 통자 ¶성문화된 규약대로 행하다.
성물(聖物) 圓 1 신성한 물건. 2〖가〗〖기〗종교적 의식에 쓰이는 여러 가지 거룩한 물건.
성'미(性味) 圓 성질과 비위. 또는, 성정과 취미. ¶괴팍한 ~ / 까다로운 ~ / ~에 맞다. **성미가 가시다** 발끈 일어난 성미가 가라앉다. ¶뒤틀어진 **성미가** 가시지 않는다.
성'미-나다(性味-) 통자 성미가 치밀어 일다.
성'미-부리다(性味-) 통자 성미대로 되지 않는다고 신경질을 내다.
성-바지(姓-) 圓 성(姓)의 종류.
성'배(聖杯) 圓 1 신성한 술잔. 2〖가〗〖기〗예수가 최후의 만찬에 쓴 술잔.
성'-범죄(性犯罪) [-죄/-쮀] 圓 성에 관계되는 범죄. 강간·강제 추행 따위.
성'벽¹(性癖) 圓 굳어진 성미나 버릇. ¶남른 ~이 있다.
성벽²(城壁) 圓 성의 담벼락.
성변(星變) 圓 별의 위치나 빛에 일어난 이상.
성'별(性別) 圓 남자인가 여자인가의 구별. ¶

응시 자격은 ~과 연령의 제한이 없음.

성병[1](成病) [명] 근심·걱정 따위로 병이 되는 것. **성병-하다** [동][자][여]

성¦병[2](性病) [-뼝] [명][의] 주로 성행위에 의하여 전염되는 병. 매독·임질 따위. =화류병(花柳病).

성보(城堡) [명] 적을 막기 위하여 임시로 쌓은 소규모의 요새. =성루(城壘).

성복[1](成服) [명] 초상이 났을 때 처음으로 상복을 입는 일. **성복-하다** [동][자][여]

성¦복[2](盛服) [명] 잘 차려입은 옷.

성복-날(成服-) [-봉-] [명] 초상이 나서 처음으로 상복을 입는 날. 곧, 초상이 난 뒤 나흘이 되는 날.

성복-제(成服祭) [-쩨] [명] 초상이 나서 처음으로 상복을 입을 때에 지내는 제사.

성부[1](成否) [명] =성불성(成不成).

성부[2](城府) [명] **1** =성시(城市)[2]. **2** 마음속에 쌓은 담. 곧, 남과 대할 때 마음을 터놓지 않음을 이름.

성¦부[3](聖父) [명][가][기] 성삼위(聖三位)의 제1위격인 하느님. ▷성자·성령.

성부[4](聲部) [명][음] 복음악(複音樂)을 구성하는 각 부분. 소프라노·알토·테너·베이스 따위. =파트(part).

성-부르다 [형][보조][르] 〈~부르니, ~불러〉 =성싶다. ¶하늘이 잔뜩 흐려 있는 걸 보니 금방이라도 비가 쏟아질 ~.

성북(城北) [명] 도성(都城)의 북쪽.

성분(成分) [명] **1** 물체를 이루는 바탕이 되는 요소. **2** [언] 하나의 문장을 구성하는 요소. 곧, 주어·서술어·목적어 따위. ¶문장의 주~. **3** 어떤 사람이 가지고 있는 사회 이념적 사상의 경향, 또는 그가 태어나거나 속해 있는 사회 계층의 성격. ¶출신 ~. **4** [화] 화합물을 구성하는 각각의 원소 또는 혼합물을 구성하는 각각의 순물질.

성분-력(成分力) [-녁] [명][물] 하나의 힘이 둘 이상의 힘의 합일 때, 그 여러 개의 각각의 힘. =분력(分力).

성분^부¦사(成分副詞) [명][언] 문장의 한 성분을 꾸며 주는 부사. 성상 부사·지시 부사·부정 부사 등이 이에 딸림. ▷문장 부사.

성분-비(成分比) [명][화] 한 물체를 구성하고 있는 여러 성분의 양의 비.

성불(成佛) [명][불] **1** 모든 번뇌를 끊고 해탈하여 불과(佛果)를 얻는 것. 곧, 부처가 되는 것. **2** 사람이 죽음을 이르는 말. **성불-하다** [동][자][여]

성불성(成不成) [-썽] [명] 일의 되고 안 되는 것. =성부(成否).

성¦비(性比) [명][생] 같은 종(種) 중에서의 암컷과 수컷의 개체 수의 비.

성사[1](成事) [명] 일을 이루는 것. 또는, 일이 이루어지는 것. ¶결혼을 ~시키다. **성사-하다** [동][자][타][여] **성사-되다** [동][자]

성¦사[2](聖事) [명] **1** 성스러운 일. **2** [가] 형상 있는 표적으로써 형상 없는 신의 은총을 드러내는 의식. 곧, 세례·견진·고백·성체·병자·신품·혼배의 일곱 가지임.

성산(成算) [명] 일이 이루어질 가능성.

성¦-삼위(聖三位) [명][가][기] 삼위일체인 하느님의 세 위격. 곧, 성부·성자·성령의 3위. =성삼.

성¦상[1](性狀) [명] **1** 사람의 성질과 행실. **2** 사물의 성질과 상태.

성상[2](星狀) [명] 별처럼 생긴 모양. 흔히, 방사상 돌기가 있는 형상.

성상[3](星霜) [명] [1][자립] **1** 긴 세월. ¶비바람에 깎인 채 서 있는 비석은 천고의 ~을 말해 주는 듯하다. **2** 《'~ 개 성상'의 꼴로 쓰여》 '해'4'를 문어적으로 이르는 말. ¶25개 ~이 흐르다. [2][의존] 《주로 '10여, 20여, 30여 …' 등의 꼴로 쓰여》 '년(年)' 또는 '년의 세월'의 뜻을 문어적으로 이르는 말. ¶50여 ~.

성¦상[4](聖上) [명] 살아 있는 자기 나라의 임금을 높여 이르는 말. [비]주상(主上).

성¦상[5](聖像) [명] **1** 성인이나 임금의 상(像). **2** [가] 그리스도나 성모 또는 성인들의 모습을 그리거나 새긴 상(像).

성¦상^관형사(性狀冠形詞) [명][언] 사물의 성질이나 상태를 나타내는 관형사. '새', '헌', '순(純)' 따위. ▷지시 관형사.

성¦-상납(性上納) [명]〈속〉 어떤 특혜나 대가를 바라고 권력을 가진 사람에게 여자가 자기의 몸을 바치는 것. 또는, 뇌물의 수단으로 여자를 바치는 것.

성¦상^부¦사(性狀副詞) [명][언] 사물의 성질이나 상태를 한정하여 꾸미는 부사. '잘', '매우', '바로', '데굴데굴' 따위. ▷지시 부사·부정 부사.

성상-체(星狀體) [명][생] 핵분열에서 방추체(紡錘體) 양극의 중심체 둘레에 존재하는 방사상의 원형질의 줄.

성¦상^형용사(性狀形容詞) [명][언] 사물의 속성이나 상태를 나타내는 형용사. '달다', '붉다', '아프다', '기쁘다' 따위. ▷지시 형용사.

성새(城塞) [명] =성채(城砦).

성색(聲色) [명] **1** 말소리와 얼굴빛. **2** 음악과 여색(女色).

성¦-생활(性生活) [명] 남녀의 육체적 교섭에 관한 생활.

성¦서(聖書) [명][가][기] 크리스트교의 경전이 되는 책. 구약 성서와 신약 성서로 이뤄짐. =바이블. [비]성경.

성¦선(性腺) [명][생] =생식샘.

성¦선-설(性善說) [명][윤] 인간의 본성은 선천적으로 착하나, 나쁜 환경이나 물욕(物慾)으로 악한 일을 저지르게 된다고 하는 설. 중국의 맹자(孟子)가 주창함. ↔성악설.

성성(星星) ➔**성성-하다** [형][여] 머리털이 대부분 세어 허옇게 된 상태에 있다. ¶백발이 **성성한** 노인.

성성-이(猩猩-) [명][동] =오랑우탄.

성¦세[1](盛世) [명] 국운이 번창하고 있는 태평한 시대. [비]성시(盛時).

성¦세[2](聖世) [명] 어진 임금이 다스리는 세상. 또는, 그 시대를 높여 이르는 말. =성대(聖代). ¶태평~.

성¦세[3](聖洗) [명][가] =영세(領洗)[2].

성세[4](聲勢) [명] 명성과 위세.

성¦-세포(性細胞) [명][생] =생식 세포.

성¦쇠(盛衰) [-쇠/-쉐] [명] 성함과 쇠퇴함. =융체(隆替). ¶흥망~.

성수[1](星宿) [명][천] 모든 별자리의 별들. =진수(辰宿).

성수[2](星數) [명] =운수(運數)[1].

성¦수[3](聖水) [명][가][기] 성례(聖禮)에 쓰기 위하여 교회의 이름으로 축성(祝聖)한 물.

성¦수-기(盛需期) [명] 어떤 물품이 한창 쓰이는 철. ¶선풍기는 여름이 ~이다. ↔비수기.

성숙(成熟) [명] **1** (농작물·과실 등이) 충분히 익는 것. **2** (몸과 마음이) 자라서 어른스럽게 되는 것. 3 경험이나 습관을 쌓아서 익숙해지는 것. 4 오랜 준비 기간을 거쳐서, 어떤 일을 시작하기 위한 적당한 시기에 이르는 것. ¶그 문제는 사회 여론의 ~을 기다려서 입법화하겠다. 성숙-하다 통(자)여 ¶성숙한 연기. 성숙-되다 통(자)

성숙-기(成熟期)[-끼] 명 1 성숙되어 가는 동안. 2 성숙된 시기. 3 사람의 육체와 정신의 발육이 한창인 때.

성숙-토(成熟土)[-][지] 유기물이 부식·분해된 표토층 및 점토가 많은 심토층과 그 아래에 모질물층(母質物層)으로 이루어진 토양. =성숙 토양.

성:-스럽다(聖-)[-따] 형日〈~-스러우니, ~-스러워〉 신성(神聖)한 상태에 있다. ¶성당은 예배를 드리는 성스러운 곳이다. 성:스레 부

성습(成習) 명 버릇이 되는 것. 성습-하다 통(자)여

성시¹(成市) 명 장이 서는 것. 또는, 시장을 이루는 것. ¶문전(門前)~. 성시-하다 통(자)여

성시²(城市) 명 성으로 둘러싸인 시가. =성부(城府).

성:시³(盛市) 명 풍성한 시장.

성:시⁴(盛時) 명 1 혈기가 왕성한 시기. 2 국운이 흥성한 때. 비성세(盛世).

성신(星辰) 명[천]=별¹.

성:신(聖神) 명[가][기]=성령(聖靈).

성실(誠實) 명 맡은 일을 정성을 다해 열심히 하는 태도가 있는 것. 성실-하다 형여 비착실하다. ¶성실한 학생. 성실-히 부 ¶~ 살고 있다.

성실-성(誠實性)[-씽] 명 맡은 일을 정성을 다해 열심히 하고자 하는 태도나 성질.

성:심¹(聖心) 명 1 성스러운 마음. 2[가] 예수와 성모의 마음.

성심²(誠心) 명 정성스러운 마음. 성실한 마음. =단념(丹念)·성관(誠款). ¶~으로 일하다.

성심-껏(誠心-)[-껀] 부 정성을 다하여. ¶맡은 일을 ~ 처리하다.

성심-성의(誠心誠意)[-의/-이] 명 정성스럽고 참된 마음과 뜻. ¶~를 다하다.

성심성의-껏(誠心誠意-)[-의껀/-이껀] 부 정성스럽고 참된 마음과 뜻을 다하여. ¶질문에 ~ 대답하다.

성-싶다[-십따] 형(보조) 〈어미 '-ㄴ', '-는', '-ㄹ' 아래에 쓰여〉 '~ 것 같다'의 뜻으로, 막연한 추측이나 가능성을 나타내는 말. =성부르다·성하다. ¶구름이 잔뜩 낀 걸 보니 비가 올 ~.

성:씨(姓氏) 명 '성(姓)'을 높이거나 격식을 갖추어 이르는 말. ¶실례지만 ~가 무엇입니까? / 우리나라에는 약 270여 개의 ~가 있다.

성악(聲樂) 명[음] 사람의 목소리로 표현하는 음악. 특히, 가곡·오페라와 같은 서양의 고전 음악을 가리킴. ↔기악(器樂).

성악-가(聲樂家)[-까] 명 가곡이나 오페라 등을 주로 노래하는 음악가.

성악-곡(聲樂曲)[-꼭] 명[음] 성악을 위해 만든 곡.

성:악-설(性惡說)[-썰] 명[윤] 인간의 본성을 이기적 욕망으로 보고, 선(善) 행위는 후천적 습득에 의해서만 가능하다고 보는 설. 중국의 순자(荀子)가 주장함. ↔성선설.

성-안¹(城-) 명 성벽이 둘린 안. =성중(城中). 비성내.

성안²(成案) 명 어떤 내용·계획·방침 등에 관한 안을 작성하는 것. 또는, 그 안. 성안-하다 통(자)여 성안-되다 통(자)

성;애(性愛) 명 남녀 사이의 성적인 애정.

성애-술 명 흥정을 도와준 대가로 내는 술. ¶귀한 물건을 싼값에 얻으셨으니 ~을 내셔야죠.

성;야(聖夜) 명 거룩한 밤. 곧, 크리스마스 전날 밤.

성어¹(成魚) 명 다 자란 물고기. ↔치어(稚魚).

성어²(成語) 명 예로부터 쓰여 관용적인 뜻으로 굳어진 말.

성:어-기(盛漁期) 명 계절적으로 고기가 많이 잡히는 때. ↔한어기.

성:언(聖言) 명 성인(聖人)의 말.

성업(成業) 명 학업·사업을 이루는 것. 성업-하다 통(자)여 성업-되다 통(자)

성:업(盛業) 명 사업이 썩 잘됨. ¶그 가게가 요사이 아주 ~ 중이더군.

성:업(聖業) 명 1 신성한 사업. 2 임금의 업적.

성에 명 1 추운 겨울에 유리나 벽 등에 수증기가 어 얼어붙는 것. ¶유리창에 ~가 피다. 2 '성엣장'의 준말.

성에-꽃[-꼳] 명 성에의 조그만 덩어리를 꽃에 비유하여 이르는 말. ¶차창에 ~이 피다.

성엣-장[-에짱/-엗짱] 명 물 위에 떠서 흘러가는 얼음덩이. =유빙(流氷). ¶강물을 따라 ~이 떠내려간다. 준성에.

성역¹(城役) 명 성(城)을 새로 쌓거나 고쳐 쌓는 일.

성:역²(聖域) 명 1 아무나 함부로 접근할 수 없는 종교적으로 신성한 지역. 2 법적인 처벌이나 제재를 가하지 못하는, 절대 권력이나 특수한 세력의 영역을 비유적으로 이르는 말. ¶~ 없는 수사를 촉구하다.

성역³(聲域) 명 사람이 노래 부를 수 있는 음성의 범위. ¶~이 넓다.

성:염(盛炎) 명 =한더위.

성-염색체(性染色體) 명[생] 암수의 성을 결정하는 데 관계하는 염색체.

성:왕(聖王) 명 =성군(聖君).

성외(城外)[-외/-웨] 명 성의 밖. ↔성내.

성;욕(性慾) 명 성적인 만족이나 쾌감을 느끼고 싶어 하는 욕구. 비정욕. ¶~ 감퇴 / 변태 ~.

성;욕^이상(性慾異常) 명[의] 심리적 원인이나 신체적 질환에 따르는 성욕의 장애.

성:용(聖容) 명 1[가] 예수의 거룩한 모습. =성면. 2 신이나 부처 등의 거룩한 자태. 3 천자의 용자(容姿).

성우(聲優) 명 라디오의 방송극이나 외화의 더빙 등에서, 모습은 나타내지 않고 목소리만으로 연기하는 배우.

성운(星雲) 명[천] 구름 모양으로 퍼져 보이는 천체. =성무(星霧).

성운-군(星雲群) 명[천] 은하계 외의 일부에 수십 개의 성운이 모여 있는 곳.

성운-설(星雲說) 명[천] 태양계의 기원에 관한 설. 원시 성운이 냉각·수축·회전 등의 작용을 거쳐 태양이나 여러 행성이 되었다는 설.

성:웅(聖雄) 명 뛰어난 영웅. ¶~ 이순신.

성원[1](成員) 團 1 어떤 단체·조직을 형성하는 사람. 凹구성원·멤버. ¶이사회의 ~. 2 회의 성립에 필요한 인원. ¶~ 미달.
성원[2](聖院) 團 이슬람교에서, 예배를 보는 건물을 이르는 말. =모스크.
성원[3](聲援) 團 1 소리를 질러 응원하는 것. 2 남이 하는 일이 잘되도록 격려하거나 도와 주는 것. **성원-하다** 匣(자)匣
성원-국(成員國) 團 어떤 조직체에 속한 개개의 국가.
성:유(聖油) 團[가] 의식·전례를 베풀 때 쓰는 축성(祝聖)한 올리브유.
성유-법(聲諭法) [-뻡] 團[언] =의성법.
성육(成育) 團 자라나는 것. **성육-하다** 匣(자)
성:은(聖恩) 團 임금의 큰 은혜. ¶~이 망극하옵니다.
성음(聲音) 團 1 =목소리1. 2 판소리에서, 어떤 특성이나 기교를 나타내는 발성.
성읍(城邑) 團[역] =고을.
성:의[1](盛儀) [-의/-이] 團 성대한 의식. 凹성전(盛典).
성:의[2](聖意) [-의/-이] 團 1 =성지(聖旨)[3]. 2 [가] 하느님의 거룩한 뜻.
성의[3](誠意) [-의/-이] 團 어떤 일을 정성껏 하는 태도나 마음. ¶~가 없다 / ~를 보이다 / 이것은 제 조그마한 ~이니 뿌리치지 말고 받아 주십시오.
성의-껏(誠意-) [-의껃/-이껃] 團 있는 성의를 다하여. ¶~ 보살피다 / ~ 만들다.
성인[1](成人) 團 1 이미 성년이 된 사람. 보통, 만 20세 이상의 남녀를 일컬음. =대인. 凹어른. 2 =성관(成冠)[1].
성인[2](成因) 團 사물이 이루어지는 원인.
성:인[3](聖人) 團 1 덕과 지혜가 뛰어나 길이 우러러 받들고 모든 사람의 스승이 될 만한 사람. =성자[3]. 2 [가] 교회에서 일정한 의식에 의해 성덕이 뛰어난 사람으로 선포한 사람.
성:인-군자(聖人君子) 團 성인과 군자처럼 언행이 바르고 높은 덕을 갖춘 사람. 비유적인 말임. ¶세상에 그분 같은 ~는 없다니까요.
성인-병(成人病) [-뼝] 團 주로 중년 이후에 나타나는 병의 총칭. 동맥 경화·심근 경색·고혈압·당뇨병·백내장 따위.
성인-용(成人用) [-뇽] 團 성인이 이용하게 되어 있는 상태. 또는, 그런 목적의 대상. ¶~ 영화 / 이 비디오테이프는 ~이다.
성:자[1](姓字) [-짜] 團 성(姓)을 나타내는 글자. ¶자기의 ~도 모르다.
성자[2](省字) [-짜] 團[역] 조선 시대, 왕세자가 군사의 문서에 찍던 '省(성)' 자를 새긴 도장.
성:자[3](聖子) 團[가] 성삼위의 하나. 곧, 예수 그리스도. ▷성령·성부.
성:자[4](聖者) 團 1 =성인(聖人)[3]. 2 [불] 모든 번뇌를 끊고 바른 이치를 깨달은 사람. 3 [가][기] 거룩한 신도나 순교자를 일컫는 말.
성:자필쇠(盛者必衰) [-쐬/-쒜] 團[불] 융성하던 것도 결국 쇠퇴해짐.
성장[1](成長) 團 1 사람·동식물이 자라서 점점 커지는 것. 2 사물의 규모가 커지는 것. ¶경제 ~ / ~이 늦다 [빠르다] / 고도(高度) ~. **성장-하다**[1] 匣(자)匣 ¶자식이 훌륭한 ~ / 그 회사는 이제 한국의 10대 기업의 하나로 **성장했다**. **성장-되다** 匣(자)

성장[2](星章) 團 별 모양으로 된 표.
성:장[3](盛粧) 團 짙은 화장과 화려한 몸단장. **성:장-하다**[2] 匣(자)匣
성:장[4](盛裝) 團 잘 차려입는 것. 또는, 그런 차림. =성식(盛飾). **성:장-하다**[3] 匣(자)匣
성장^거점(成長據點) [-쩜] 團[지] 정체 지역이나 미개발 지역의 성장을 유도하기 위한 지역 개발의 근거가 되는 중요한 지점.
성장-기(成長期) 團 1 성장하는 동안. ¶~가 길다 [짧다]. 2 성장하는 시기. ↔노쇠기.
성장-률(成長率) [-뉼] 團[경] '경제 성장률'의 준말.
성장-세(成長勢) 團 어떤 일이나 상태가 커지는 기세나 형세. ¶~가 둔화되다 / 높은 ~를 보이다.
성장-소(成長素) 團[식] =옥신.
성장-점(成長點) [-쩜] 團[식] =생장점.
성장-주(成長株) 團[경] 장래에 높은 성장이 기대되는 기업의 주식.
성장-통(成長痛) 團[의] 성장 속도가 빠른 아동에게 나타나는, 종아리와 정강이 또는 허벅지에 통증을 느끼는 증세.
성장-판(成長板) 團 활발하게 성장을 일으켜 키를 크게 하는 뼈 끝의 부분. 손목·팔꿈치·어깨·발목·무릎·대퇴골·척추 등 관절 주위에 위치함. 성인이 되면 없어짐. ¶~이 닫히다 / ~이 열려 있어서 키가 더 자랄 수 있다.
성장^호르몬(成長hormone) 團[동] =생장호르몬.
성:재(聖裁) 團 임금의 재가(裁可).
성:적[1](成赤) 團 혼인날 신부가 얼굴에 분을 바르고 연지를 찍는 일. **성:적-하다** 匣(자)匣
성적[2](成績) 團 1 하여 온 일이나 사업 등의 결과. ¶금년도 상반기의 판매 ~이 좋지 않다. 2 [교] 학생들이 배운 지식·기능·태도 등이 평가된 결과. ¶시험 ~ / ~이 우수한 ~이 오르다 [떨어지다] / ~이 좋다 / ~을 매기다.
성:적[3](性的) [-쩍] 冠團 성(性)에 관계되는 (것). ¶~ 욕망 / ~ 충동 / ~ 매력이 있는 여자.
성:적[4](聖跡·聖蹟) 團 성스러운 사적이나 고적.
성적-순(成績順) [-쑨] 團 성적의 좋고 나쁨으로 매기는 순서. ¶~으로 내신 등급을 매기다.
성적-표(成績表) 團 성적을 기록한 표. 특히, 학업 성적 일람표.
성:전[1](盛典) 團 성대한 의식. 凹성의(盛儀).
성:전[2](聖典) 團 '경전'을 성스럽다는 뜻으로 이르는 말.
성:전[3](聖殿) 團 1 신성한 전당. 2 [기] =교회2.
성:전[4](聖戰) 團 1 종교적 이데올로기에 의하여 수행되는 전쟁. 2 거룩한 사명을 띤 전쟁. ¶조국 광복을 위한 ~에 몸을 바치다.
성:-전환(性轉換) 團 남성 또는 수컷, 여성 또는 암컷이 반대의 성(性)의 특성을 나타내거나 나타낼 수 있게 하는 일이나 현상.
성:절-사(聖節使) 團[역] 조선 시대에 중국 황제의 생일을 축하하기 위하여 보낸 사절.
성:정(性情) 團 성질과 심정. 또는, 타고난 본성. =성품(性稟). ¶타고난 ~이 어질고 착하다.
성:정-머리(性情-) 團 '성정(性情)'을 속되게 이르는 말. ¶~가 고약하다.

성조¹(成鳥) 뗑 다 자라 생식력을 가진 새.
성조²(聖朝) 뗑 1 어진 임금이 다스리는 조정. 2 당대(當代)의 왕조를 백성이 높여 일컫는 말.
성조³(聲調) 뗑 1 목소리의 가락. 2 [언] 단어를 이루는 각 음절의 일정한 소리의 높이. 평성·상성·거성·입성으로 나뉘는 중국어의 사성(四聲)이 전형적인 예임.
성조-기(星條旗) 뗑 미국의 국기. 13개의 적백색의 가로줄은 독립 때의 13주를, 왼쪽 위의 직사각형의 푸른 바탕에 그려진 50개의 흰 별은 현재의 50주를 나타냄.
성좌¹(星座) 뗑 [천] =별자리. ¶오리온 ~.
성좌²(聖座) 뗑 신성한 자리. 성인이나 임금이 앉는 자리.
성주¹(-) 뗑 [민] 집을 지키고 보호한다는 신령.
성주²(城主) 뗑 1 성의 우두머리. 2 조상의 무덤이 있는 지방의 수령. 3 [역] 봉건 시대의 지방의 영주(領主).
성:-주간(聖週間) 뗑 [가] 그리스도의 수난을 기념하는, 부활절 전의 한 주간.
성:-주기(性週期) 뗑 [동] 암컷의 발정 주기. 사람에 있어서는 월경 주기.
성주-대감(-大監) 뗑 [민] '성주'을 높여 이르는 말.
성주-받이[-바지] 뗑 [민] 집을 새로 짓거나 이사한 뒤에 성주를 받아들인다고 하는 무당의 의식. =성줏굿. **성주받이-하다** 통(자여)
성주-풀이 뗑 [민] 무당이 성주받이를 할 때 복을 빌기 위해 부르는 노래. 또는, 그 굿. **성주풀이-하다** 통(자여)
성줏-굿[-주꾿/-줃꾿] 뗑 [민] =성주받이.
성중(城中) 뗑 =성안.
성지¹(城址) 뗑 =성터.
성지²(聖地) 뗑 종교적인 유적이 있는 곳. ¶~를 순례하다.
성지³(聖旨) 뗑 임금의 뜻. =성의(聖意)·성충(聖衷).
성지^순례(聖地巡禮) [-술-] 뗑 종교적 의무를 지키면서 신의 가호와 은총을 구하기 위해 성지나 본산(本山)이 있는 곳을 차례로 찾아가 참배하여 신앙을 두텁게 하는 일.
성직(聖職) 뗑 1 거룩한 직분. 2 [가][기] 교회에 의하여 정해진 규범에 따라 하느님에게 봉사하는 직무. 또는, 그런 직분.
성직-자(聖職者) [-짜] 뗑 교회에서, 신자들의 신앙을 지도하고 인도하는 직분을 가진 사람. 주교·신부·목사 등.
성질(性質) 뗑 1 마음의 바탕. ¶타고난 ~ / ~이 고약하다 / ~이 급하다. 2 사물이나 현상이 본디부터 가지고 있는 고유의 특성. ¶그 문제는 이 자리에서 논의할 ~의 것이 아니다.
성질-나다(性質-) [-라-] 통(자) 언짢거나 못마땅하거나 하여 신경질이 나다. 비화나다.
성질-내다(性質-) [-래-] 통(자) 타고난 성질을 억제하지 못하거나 밖으로 드러내어 신경질을 내다. =성질부리다. 비화내다. ¶성질낸다고 해결될 일이 아니다.
성질-부리다(性質-) 통(자) =성질내다.
성징(性徵) 뗑 남녀·자웅(雌雄)을 구별하는 형태적 특징.
성차(性差) 뗑 남성과 여성의 신체적·생리적·정신적 차이.
성찬¹(盛饌) 뗑 푸짐하게 잘 차린 음식. ¶~을 베풀다.
성찬²(聖餐) 뗑 1 [가] 성찬식 때 쓰는 음식. 2 [불] 부처 앞에 올리는 음식.
성찬-식(聖餐式) 뗑 [가] 예수의 최후를 기념하여 그 살과 피를 상징하는 빵과 포도주를 나누는 의식. =성만찬.
성찰(省察) 뗑 (자기 자신이나 자신이 한 일을) 마음속으로 되돌아보고 살피는 것. ¶차아 ~. **성찰-하다** 통(타여) ¶지난날의 삶을 깊이 ~.
성채(城砦) 뗑 성과 요새. =성새(城塞). ¶~를 쌓다.
성책(城柵) 뗑 성에 둘러친 목책.
성철(聖哲) 뗑 성인(聖人)과 철인(哲人).
성첩(城堞) 뗑 =성가퀴.
성체(成體) 뗑 [생] 다 자라서 생식 능력이 있는 동물. 또는, 그 몸. ↔유생(幼生).
성체²(聖體) 뗑 1 =성궁(聖躬). 2 [가][기] 예수의 몸. 3 [가] 성스럽게 된 빵과 포도주. 곧, 예수의 몸과 피를 가리킴.
성:총¹(聖聰) 뗑 임금의 총명.
성:총²(聖寵) 뗑 1 임금의 은총. 2 [가] '은총'의 구용어.
성:-추행(性醜行) 뗑 폭행이나 협박을 수단으로 하여 이성에게 성교 이외의 성적인 행위를 하는 일. 곧, 상대의 은밀한 부위를 강제로 만지거나 옷을 함부로 벗기거나 하는 따위의 행동. '성희롱'보다는 무겁고 '성폭행'보다는 가벼운 범죄 행위임. **성:추행-하다** 통(타여)
성축(聖祝) 뗑 성탄을 축하하는 것. **성축-하다** 통(자여)
성충(成蟲) 뗑 [동] 다 자라서 생식 능력이 있는 곤충. =어른벌레·엄지벌레·자란벌레. ↔애벌레.
성충(誠忠) 뗑 =충성(忠誠)1.
성취(成娶) 뗑 장가들어 아내를 얻는 것. =성가(成家). **성취-하다** 통(자여)
성취(成就) 뗑 목적한 바를 이루는 것. **성취-하다**² 통(타여) ¶목적을 ~ / 과업을 ~. **성취-되다** 통(자여) ¶소원이 ~.
성취-감(成就感) 뗑 목표로 한 것을 이루었을 때 느끼는 만족스러운 감정. ¶사람은 온갖 역경을 이기고 승리를 거머쥐었을 때 커다란 ~을 맛보게 된다.
성취-동기(成就動機) 뗑 어떤 일을 훌륭하게 이루어 보겠다는 내적 의욕.
성취^지수(成就指數) 뗑 [교] 교육 지수(EQ)를 지능 지수(IQ)로 나눈 것에 100을 곱한 수치. 지능에 비하여 학습이 어느 정도인가를 보여 줌. =에이큐(AQ).
성층(成層) 뗑 층을 이루는 것. 또는, 그 층. **성층-하다** 통(자여)
성층^광상(成層鑛床) 뗑 [광] 물에 녹아 있던 광물 성분이 바다나 호수 밑에 침전되어 생긴 광상. 흔히, 수성암층과 겹쳐서 지층을 이룸. =광층(鑛層).
성층-권(成層圈) [-꿘] 뗑 [기상] 대류권과 중간권 사이에 있는, 거의 안정된 대기층. 높이는 약 10~50km.
성층-암(成層巖) 뗑 [광] =퇴적암.
성층^화산(成層火山) 뗑 [지] 중심 분화(中心噴火)를 반복하여, 용암류·화쇄물(火碎物) 등이 분화구 둘레에 퇴적하여 생긴 원뿔형의 화산. =층상 화산.
성크름-하다 뎽(여) 1 바람기가 많아 쌀쌀하다. ¶성크름한 날씨. 2 (피륙의 발 등이) 가늘고 성글다. ¶성크름한 삼베 치마.
성큼 昌 1 발을 높이 들고 크게 떼어 놓는 모양. ¶~ 차에 올라서다. 2 어떤 때가 갑자기 가까워진 모양. ¶가을이 ~ 다가오다. 〔작〕상큼.
성큼-성큼 昌 발을 잇달아 높이 들고 크게 떼어 놓는 모양. 〔작〕상큼상큼.
성큼-하다 〔형여〕 키가 큰 사람의 아랫도리가 윗도리보다 썩 어울리게 길쭉하다. ¶키가 성큼한 농구 선수. 〔작〕상큼하다.
성!-탄(聖誕) 명 1 성인이나 임금의 탄생. 2 〔기〕 '성탄절'의 준말.
성!-탄-절(聖誕節) 〔가〕〔기〕 =크리스마스. ㉿성탄.
성-터(城-) 명 성이 있던 자리. =성지(城址).
성-토(聲討) 명 여러 사람이 모여서 어떤 잘못을 논의하고 규탄하는 것. ¶~ 대회. **성토-하다** 〔동〕〔타여〕농민들은 농정(農政)의 실패를 성토하고 그에 대한 시정을 강력히 촉구하였다.
성토-장(聲討場) 명 여러 사람이 모여서 어떤 잘못을 논의하고 규탄하는 곳. ¶회의장은 경영진에 대한 ~이 되었다.
성패(成敗) 명 성공과 실패.
성!-페로몬(性pheromone) 명〔생〕동물의 암수 어느 한쪽의 개체가 분비하여, 같은 종의 이성(異性)을 유인하는 물질. 곤충이 잘 알려져 있음. ▷페로몬.
성!-폭력(性暴力) [-풍녁] 명 상대가 원치 않는데도 강제적으로 성적(性的)인 언동을 하는 일. 강제로 하는 입맞춤・포옹・성교는 물론, 음란 전화나 공공연한 음담패설 등도 이에 해당함. ¶~을 당하다 / 직장 내 ~.
성!-폭행(性暴行) [-포캥] 명 폭행이나 협박을 수단으로 하여 이성과 성교를 하는 일. '성희롱'이나 '성추행'보다 무거운 범죄 행위임. 〔비〕**폭행**(暴行). **성!폭행-하다** 〔동〕〔자〕
성!-풀-이 명 성난 마음을 푸는 일. **성!풀이-하다** 〔자여〕
성!-품(性品) 명 성질과 됨됨이. ¶너그러운 ~ / 좋은 ~을 본받다.
성!품²(性稟) 명 =성정(性情).
성풍(腥風) 명 피비린내가 풍기는 바람.
성!하(盛夏) 명 한여름.
성!하(聖下) 명〔가〕'교황(教皇)'을 높여 이르는 말.
성!-하다¹ 〔형여〕 1 본디대로 온전하다. ¶옷이 낡아 성한 곳이 없다. 2 병이나 탈이 없다. ¶사지가 ~ / 몸도 **성치** 않은데 어딜 가려느냐. **성!-히** 昌 ¶몸 ~ 잘 있느냐?
성!-하다² 〔보조어〕 명 성싶다.
성!-하다³(盛-) 〔형여〕 1 (기운・세력이) 한창 왕성하다. ¶공업이 **성한** 나라 / 감기가 **성하**니 조심해라. 2 (나무나 풀이) 싱싱하게 우거지다. ¶선산에는 밤나무가 ~. **성!-히**² 昌
성!-학(聖學) 명 성인이 가르친 학문. 특히, 유학(儒學).
성!-함(姓銜) 명 '성명'을 높여서 이르는 말. ¶실례지만 ~을 말씀해 주십시오.
성!-행¹(性行) 명 성질과 행실.
성!-행²(盛行) 명 매우 왕성하게 유행하는 것. **성!행-하다** 〔자여〕 ¶밀수가 ~. **성!행-되다** 〔동〕〔자〕
성!-행위(性行爲) 명 성적(性的)인 관계를 맺는 행위. 〔비〕**성교**(性交).
성!-향(性向) 명 성질상의 경향. 〔비〕기질. ¶소비 ~ / 진보적 ~의 지식인.

성!-현(聖賢) 명 성인과 현인을 아울러 이르는 말. ¶~ 군자 / ~의 가르침.
성혈²(腥血) 명 비린내 나는 피.
성혈²(聖血) 명〔기〕 1 인류의 죄를 구속(救贖)하기 위하여, 예수가 십자가에 못 박혀 흘린 피. 2 미사나 성찬식 때, 예수의 피를 상징하는 포도주를 일컫는 말.
성형¹(成形) 명 1 외과적 수단으로 형체를 고치거나 만드는 것. 2〔공〕 그릇의 형체를 만드는 것. **성형-하다** 〔동〕〔타여〕 **성형-되다** 〔동〕〔자〕
성형²(星形) 명 별의 모양. 또는, 별과 같은 모양.
성형^수술(成形手術) 〔의〕 상해(傷害)로 인한 인체의 변형이나 선천적 기형, 또는 미관상 보기 흉한 부분을 외과적으로 교정・회복시키는 수술. =성형술.
성형-술(成形術) 〔의〕 =성형 수술.
성형-외과(成形外科) [-외꽈/-웨꽈] 명 〔의〕 인체의 겉에 나타난 선천적・후천적 기형을 정상적인 모양으로 고치거나 외모를 보기 좋게 고치는 외과.
성!-호(聖號) 〔가〕 신자가 신앙을 나타내기 위해 손으로 긋는 '十' 자 표. 오른손 손가락을 모두 펴서 한데 모아 이마와 가슴, 양어깨에 걸쳐 긋는 큰 십자 성호와, 오른손 엄지손가락으로 이마・입・가슴에 각각 십자를 긋는 작은 십자 성호가 있음. ¶~를 긋다.
성!-호르몬(性hormone) 명〔생〕 척추동물의 생식샘에서 분비되는 호르몬. 생식기의 발육・기능 유지, 제2차 성징의 발현(發現), 발정(發情) 등에 관계함.
성혼(成婚) 명 혼인을 이루는 것. **성혼-하다** 〔동〕〔자〕 **성혼-되다** 〔동〕〔자〕
성홍-열(猩紅熱) [-녈] 명〔의〕 제2종 전염병의 하나. 주로 어린아이에게 나타나는데, 갑자기 열이 나고 목이 아프며 온몸에 붉은 발진이 생김. 한의학 용어는 양독(陽毒).
성화¹(成火) 명 1 일이 뜻대로 되지 않아 답답하고 마음이 타는 것. 또는, 그런 증세. 2 매우 귀찮게 하는 일. ¶~를 부리다. **성화-하다**¹ 〔동〕〔자여〕
성화(를) 대다 〔구〕 몹시 귀찮게 굴다. ¶자전거를 사 달라고 ~.
성화(를) 바치다 〔구〕 몹시 귀찮게 굴어 속 타게 하다.
성화²(星火) 명 1〔천〕 =유성(流星)³. 2 유성이 떨어질 때의 불빛. 3 몹시 급한 일의 비유. 4 몹시 작은 숯불. 〔비〕불티.
성!화³(聖火) 명 1 신에게 바치는 신성한 불. 2〔체〕 올림픽 따위의 큰 체육 대회장에 켜 놓는 횃불. ¶~를 봉송하다 / ~를 채화하다.
성!화⁴(聖化) 명 1 성인이나 임금의 덕화(德化). 2 성스럽게 하는 것. 3〔기〕 신의 은총으로 의(義)롭게 된 사람이 성령으로 말미암아 신성한 인격을 완성하는 일. **성!화-하다**² 〔동〕〔자여〕 **성!화-되다** 〔동〕〔자〕
성!화⁵(聖花) 〔불〕 불전(佛前)에 바치는 꽃.
성!화⁶(聖畫) 〔미〕 크리스트교의 내용을 그린 종교화.
성화⁷(聲華) 명 세상에 드러난 명성.
성화-같다(星火-) [-갇따] 형 독촉 따위가 매우 심하고 다급하다. ¶빚 독촉이 ~. **성화-같이** 昌

성:화-대(聖火臺) 圀[체] 올림픽 경기나 전국 체육 대회 등에서, 경기가 진행되는 여러 날 동안 내내 성화가 타오를 수 있도록 주경기장에 설치하는 장치.

성화-독촉(星火督促) 매우 심하고 급하게 재촉하는 것. 성화독촉-하다 圄(卧)여

성황(城隍) 圀[민] '서낭'의 원말.

성:황²(盛況) 圀 성대한 상황. ¶연극 공연이 날을 이루다 / 전람회는 연일 ~이다.

성황-당(城隍堂) 圀[민] '서낭당'의 원말.

성:황-리(盛況裏) [-니-] 團 =성황리에.

성:황리-에(盛況裏-) [-니-] 閉 성황을 이룬 가운데. ¶=성황리. ¶연주회가 ~ 끝나다.

성회(成會) [-회/-훼] 圀 회칙에 정해진 요건에 따라 회의가 이루어지는 것. ↔유회(流會). 성회-하다 圄(자)여

성:회²(盛會) [-회/-훼] 圀 성대한 모임.

성:훈(聖訓) 圀 성인이나 임금의 교훈.

성:-희롱(性戲弄) [-히-] 圀 이성(異性)을 상대로 하여 음란한 말을 하거나 원치 않는 신체 접촉 등을 함으로써 굴욕감을 느끼게 하는 일. '성폭행'이나 '성추행'보다는 가벼운 범죄 행위임. 성:희롱-하다 圄(자)(卧)여 ¶부녀자를 ~.

섶¹[섭] 圀 덩굴지거나 줄기가 가냘픈 식물을 버티기 위하여 옆에 세워 두는 막대기.

섶²[섭] 圀 '옷섶'의 준말. ¶저고리 ~을 여미다.

섶³[섭] 圀 '섶나무'의 준말.
[섶을 지고 불로 들어가려 한다] 화를 자청하는 어리석은 행동을 하려 한다.

섶⁴[섭] 圀 1 =누에섶. 2 물고기가 모이도록 물속에 쌓아 놓은 나무.

섶-나무[섭-] 圀 잎나무·물거리·풋나무 등의 땔나무의 총칭. 준섶.

세¹(관) ('서'나 '석'이 어울리는 단위성 의존 명사 이외의 것과 폭넓게 어울려) 수량이 '셋'임을 나타내는 말. ¶~ 개 / ~ 명 / ~ 권 / ~ 가지 / ~ 마리 / ~ 번 / ~ 송이 / ~ 자루 / ~ 켤레. ▷서·석.
[세 살 적 버릇이 여든까지 간다] 어릴 때 몸에 밴 나쁜 버릇은 쉽게 고쳐지지 않는다.
[세 치 혀가 사람 잡는다] 세 치밖에 안 되는 짧은 혀라도 잘못 놀리면 사람이 죽게 되는 수가 있다는 뜻에서, 말을 함부로 해서는 안 됨을 이르는 말.
세 치(의) 혀 沔 '사람의 혀'를 길이는 짧지만 영향력은 강함을 강조하는 뜻으로 이르는 말. ¶~로 천하를 쥐락펴락하다.

-세² (어미) 동사의 어간에 붙어, '하게' 할 상대에게 무엇을 함께하자는 뜻을 나타내는 종결 어미. ¶여보게 김 군, 이제 그만 일어나~. / 노 ~ 노 ~ 젊어서 노 ~.

세:³(世) 圀[지] 지질 시대 구분 단위의 하나. 기(紀)를 세분화한 것임. 홍적세·충적세 따위.

세:⁴(世) 圀(의존) 한 집안의 시조로부터 아래로 대의 차례를 헤아리는 말. ¶나폴레옹 1~ / 록펠러 3~ / 춘천공 제31~. ▷대(代).

세:⁵(貰) 圀 돈을 받고 빌려 주는 일. 또는, 그 돈. ¶~를 놓다 (주다) / ~ 들어 살다.

세:⁶(稅) 圀 1 [역] 사전(私田)의 수확물을 일정한 비율로 나라에 바치던 구실. 2 '조세(租稅)'의 준말. ¶소득~ / ~ 부담이 크다.

세:⁷(勢) 圀 1 '세력'의 준말. ¶~를 부리다 / ~를 겨루다. 2 힘이나 기운.

세:⁸(歲) 圀(의존) 사람의 나이를 세는 단위. 주

세계 무역 기구 ●1019

로 한자어 수사 다음에 오며, '살'에 비해 문어적인 표현에 쓰이는 경향을 보임. ¶삼사 ~용 아동복 / 70~를 일기로 별세하다. ▶살.

세:가¹(世家) 圀 대대로 나라의 중요한 자리에 있거나 특권을 누리는 집안. =세족. ¶~호족.

세:가²(勢家) 圀 1 권세 있는 집안. =세문(勢門). ¶권문(權門)~. 2 '세력가'의 준말.

세:간¹ 圀 집안 살림에 쓰는 온갖 물건. ⓑ살림살이·가장집물. ¶~이 많다 / ~이라곤 냄비 하나에 숟가락 두 개뿐이다. ×세간살이.

세간(을) 나다 沔 함께 살던 사람이 따로 살림을 차리다. ⓑ분가하다.

세간(을) 내다 沔 함께 살던 사람을 내보내어 따로 살림을 하게 하다. ¶식을 올리는 대로 세간을 낼 작정이다.

세:간²(世間) 圀 1 세상의 많은 사람들. 또는, 많은 사람이 어우러져 사는 세상. ¶~의 화제가 된 영화 / 그의 기이한 행각이 ~의 이목을 끌고 있다. 2 [불] 끊임없이 변화하고 생멸(生滅)을 거듭하는 현상 세계.

세:간-살이 圀 '세간'의 잘못.

세:강속말(世降俗末) [-송-] 圀 세상이 그릇되어 풍속이 어지러움. 세:강속말-하다 閿여

세:객¹(勢客) 圀 권세 있는 사람. ⓑ세력가.

세:객²(說客) 圀 =유세객.

세:-거리 圀 =삼거리.

세:계¹(世系) [-계/-게] 圀 조상으로부터의 대대의 계통.

세:계²(世界) [-계/-게] 圀 1 인류가 살고 있는 지구. 또는, 인류 사회 전체. ¶~ 속의 한국. 2 사물 현상의 일정한 범위나 영역. ¶정신 ~ / 학문의 ~ / 눈부신 은빛 백설(白雪)의 ~. 3 동질적 집단이 이루는 영역이나 사회. ¶동물의 ~ / 화가들의 ~.

세:계^공:황(世界恐慌) [-계-/-게-] 圀[경] 온 세계에 걸친 경제 공황. 1929년 뉴욕 주식 시장의 주가 폭락을 계기로 진행된 공황의 대표적인 예임.

세:계-관(世界觀) [-계-/-게-] 圀[철] 세계를 하나의 통일체로 보고, 그 의의나 가치에 대하여 생각하는 사고방식.

세:계^기록(世界記錄) [-계-/-게-] 圀 기록경기에 있어서, 세계 최고의 기록. =세계신기록. ¶~ 보유자 / 100m 달리기에서 ~를 세우다.

세:계 대:전(世界大戰) [-계-/-게-] 圀 세계적인 규모로 벌어지는 큰 전쟁. 흔히, 20세기 전반기에 있었던 제1차·제2차 세계 대전을 가리킴.

세:계-력(世界曆) [-계-/-게-] 圀[천] 현행의 태양력인 그레고리력의 결함을 줄이기 위하여 한때 구상되었던 역법(曆法). 날짜와 요일을 고정되게 만든 것임.

세:계-만방(世界萬邦) [-계-/-게-] 圀 세계의 모든 나라나 모든 곳. ¶우리의 기술력을 ~에 과시하다.

세:계-무대(世界舞臺) [-계-/-게-] 圀 세계적인 범위에서의 활동 분야. ⓑ국제무대. ¶우리의 상품이 ~에 진출하다.

세:계^무:역^기구(世界貿易機構) [-계-끼-/-게-끼-] 圀 세계 125개국이 참여하여 결성된 세계적 규모의 경제 기구. 1995년 1월부터 가트(GATT)의 업무를 대신하며, 세계 무역 분쟁 조정, 관세 인하 요구,

세:계^문학(世界文學) [-계-/-게-] 명
[문] 오랜 시대에 걸쳐, 온 인류에게 널리 읽힐 수 있는 보편성을 지닌 문학.

세:계^보:건^기구(世界保健機構) [-계-/-게-] 명 보건 위생 문제를 위한 국제 협력을 목적으로 하는 국제 연합의 전문 기구. =더블유에이치오(WHO).

세:계-사(世界史) [-계-/-게-] 명 통일적인 연관성을 지닌, 하나의 전체로서의 세계의 역사.

세:계-상(世界像) [-계-/-게-] 명 일정한 세계관에 의하여 묘사되는 세계의 모습.

세:계-시(世界時) [-계-/-게-] 명 [지] 지구의 자전에 준거하여 표시되는 세계 공통의 시각. 영국의 그리니치 천문대를 통과하는 자오선을 기준으로 함.

세:계^시:장(世界市場) [-계-/-게-] 명 [경] 1 =국제 시장. 2 세계적인 무역에 의해 이루어지는 추상적 시장.

세:계-어(世界語) [-계-/-게-] 명 [언] 세계 여러 나라에서 공통으로 사용하기 위하여 만든 언어. 에스페란토 따위. =국제어·인공어·인공 언어.

세:계-열강(世界列強) [-계-/-게-] 명 세계의 여러 강대국.

세:계=은행(世界銀行) [-계-/-게-] 명 [경] =국제 부흥 개발 은행.

세:계-인(世界人) [-계-/-게-] 명 1 세계의 모든 사람. ¶~의 이목을 집중시키다. 2 세계적으로 유명한 사람. 3 =세계주의자.

세:계^인권^선언(世界人權宣言) [-계-/-게-찐-] 명 1948년에 국제 연합 총회에서 채택된, 인권에 관한 선언. 기본적 인권의 존중을 원칙으로 자유권 외에, 경제적·사회적 권리에 대해서도 규정함. =인권 선언.

세:계-적(世界的) [-계-/-게-] 관명 범위나 규모가 세계 전체에 미치는 (것). 또는, 세계에서 가장 뛰어난 (것). ¶~ 수준 / ~인 피아니스트.

세:계^종교(世界宗敎) [-계-/-게-] 명 [종] 국가·민족을 초월하여 세계적으로 널리 신봉되는 종교. 크리스트교·가톨릭·불교·이슬람교 따위.

세:계-주의(世界主義) [-계-의/-게-이] 명 개인이 자기가 소속하는 민족 또는 국가를 초월하여, 직접적으로 자기를 세계 사회의 일원으로 파악하는 사상 및 행동 양식. =만민주의·코즈머폴리터니즘.

세:계주의-자(世界主義者) [-계-의/-게-이-] 명 세계주의를 신봉하는 사람. =세계인·코즈머폴리턴.

세:계^지도(世界地圖) [-계-/-게-] 명 [지] 세계를 그린 지도. =만국 지도.

세:계-화(世界化) [-계-/-게-] 명 1 정보 통신의 급격한 발달로, 세계가 사회·경제·문화적으로 활발하게 교류하면서 하나로 통합되어 가는 현상. ¶~ 시대에 발맞추어 국제 경쟁력을 강화하다. 2 어떤 대상이 세계의 여러 대상과 교류·협력·경쟁하면서 발전되는 상태가 되는 것. 또는, 어떤 대상을 그런 상태가 되도록 만드는 것. ¶교육의 ~.
세:계화-하다 동(자)(타)(여) ¶산업 기술을 ~.
세:계화-되다 동(자) ¶국제 스포츠로서 세계화된 태권도.

세:고(世故) 명 세상의 이러저러한 일. 또는, 속세의 일. (비)세사(世事).

세:곡(稅穀) 명 조세로 바치는 곡식.

세:골-장(洗骨葬) 명 [고고] =두벌묻기.

세:공¹(細工) 명 잔손질이 많이 가는 수공(手工). ¶보석 ~.

세:공²(細孔) 명 가는 구멍.

세:공³(歲貢) 명 지난날, 해마다 바치던 공물(貢物). ¶~을 바치다.

세:공-물(細工物) 명 잔손을 많이 들여 만든 물건. =세공품.

세:공-품(細工品) 명 =세공물.

세:관¹(細管) 명 가느다란 관.

세:관²(稅關) 명 공항·항만·국경 지대에서 관세·톤세(ton稅)의 부과 징수, 수출입 화물의 단속, 수출입 화물에 대한 내국세의 부과 징수 등의 사무를 맡아보는 행정 기관.

세:관-원(稅關員) 명 세관 업무를 맡아보는 사람.

세:교(世交) 명 대대로 사귀어 온 교분.

세:궁-역진(勢窮力盡) [-넉찐-] 명 기세가 꺾이고 힘이 다 빠져 꼼짝할 수 없게 됨. **세:궁역진-하다** 동(여)

세:권(稅權) [-꿘] 명 [법] 국제 무역에서 관세 징수를 대등하게 유지하는 권리.

세:균(細菌) 명 단세포의 미생물로 핵막(核膜)이 없는 원핵생물의 한 무리. 동식물에 대하여 병원성(病原性)을 가지는 것도 있지만, 널리 생태계 속에 있어서 물질 순환에 중요한 구실을 함. =미균(黴菌)·박테리아. (비)~을 배양하다.

세:균^무:기(細菌武器) 명(군) =생물학 무기.

세:균-전(細菌戰) 명(군) =생물학전.

세:근(細根) 명[식] =잔뿌리.

세:금(稅金) 명 소득이나 소비, 보유·취득 등에 대해 국가나 지방 자치 단체에 내도록 법에 따라 매기는 일정 액수의 돈. ¶~을 내다 / ~을 거두다 / ~을 부과하다.

세:-기¹(物) 명 어떤 물질의 성질이 센 정도. =강도(強度). ¶빛의 ~.

세:기²(世紀) 명 1 (자명) 1 서력(西曆)에서, 100년을 단위로 하는 동안. 가령, 20세기는 1901년부터 2000년까지를 가리킴. 2 일정한 역사적 시대. ¶개발의 새로운 ~를 열다. 3 (주로 '세기의'의 꼴로 쓰여) 한 세기에 한 번밖에 없을 정도이거나 그 세기를 대표할 만큼 중요하거나 대단함을 이르는 말. ¶~의 대결 / ~의 영웅. ② (의존) ①의 1을 단위로 세는 말. ¶19~ / 21~.

세:기³(細技) 명 어떤 일을 섬세하거나 정교하게 해내는 기술. ¶장인의 ~가 요구되는 어려운 작업 / 저 선수는 아직 ~가 부족하지만 힘과 스피드가 있다.

세:기-말(世紀末) 명 1 한 세기의 끝. 2 유럽, 특히 프랑스에 절망적·퇴폐적 분위기가 지배하던 19세기 말. 3 사회의 몰락으로, 사상이 부패하고 도덕·질서 등이 퇴폐와 혼란에 빠지는 일.

세:기말-적(世紀末的) [-쩍] 관 세기말의 경향을 나타내는 (것). ¶~ 퇴폐풍조가 만연하다.

세:기-병(世紀病) [-뼝] 명 1 19세기 초의 유럽, 특히 프랑스의 청년층이 보이던 낭만주의적 경향에 대한 모멸적인 호칭. 2 그 세기에 특유한 병적인 경향. (비)시대병(時代病).

세:기-적(世紀的) 관명 세기를 대표할 만한

(것). ¶~인 천재 / ~ 위인.

세:-끼 하루에 세 번 먹는 밥. ¶그럭저럭 ~ 밥은 굶지 않고 산다.

-세나 [어미] '-세'보다 다소 친근한 느낌을 주는 종결 어미. ¶그만 가~.

세-나다¹ [자] (질병·상처·부스럼 따위가) 덧나다.

세:-나다² [동][자] 찾는 사람이 많아서 물건이 잘 팔린다.

세:-나절 ['한나절의 세 배'라는 뜻] 잠깐이면 끝마칠 수 있는 것을 느리게 하여 늦어지는 동안을 빈정거려 이르는 말. ¶물 한 그릇 떠오는 데 ~이나 걸리느냐.

세:-내다(貰-) [동][타] 돈을 주고 남의 것을 빌려 쓰다. ¶세낸 집 / 자동차를 ~. ↔세놓다.

세네갈(Senegal) [지] 아프리카 서안에 위치한 공화국. 수도는 다카르.

세:념(世念) [명] 세상살이에 대한 온갖 생각.

세:-놓다(貰-) [-노타] [동][타] 대가를 받고 물건을 남에게 빌려 주다. ¶집을 ~. ↔세내다.

세뇌(洗腦) [-뇌/-눼] [명] 어떤 사람의 생각과 태도를 개조하기 위해 특정한 사상이나 신념 등을 오랜 기간 동안 반복적으로 주입하는 일. ¶~ 공작 / ~ 교육. **세:뇌-하다** [동][타][자] **세:뇌-되다** [자]

세뇨-관(細尿管) [명][생] 혈액 중의 노폐물을 오줌으로 걸러 내는 신장 속의 가는 관.

세:다¹ (세:고 / 세어) [자] 1 (사람의 머리털이나 몸에 난 털이) 나이가 듦에 따라 희어지다. ¶머리가 허옇게 센 팔십 노인 / 눈썹 한 오라기 흰색이 없어지다.

세:다² (세:고 / 세어) [동][타] 1 (사물을) 수효를 알기 위해 그 대상의 하나하나를 수의 차례와 맞추어 나가다. [비]헤아리다. ¶출석한 사람의 수를 ~. 2 (수를) 일정한 순에 이르기까지 수의 차례에 따라 각각의 이름을 입밖이나 입속으로 말하다. ¶하나에서 열까지 ~.

세:다³ (세:고 / 세어) [형] 1 (사람이나 동물이 가지거나 부리는 힘이) 보통의 정도를 넘는 상태에 있다. [비]강하다. ¶팔심이 ~ / 배트로 공을 세게 때리다 / 곰은 아주 힘이 ~. 2 (사람이 겨루는 일이나 견디는 일 등이) 보통의 경우보다 잘 해내는 상태에 있다. ¶술이 ~ / 상대 팀은 우리보다 ~. 3 (사람이) 남에게 굽히거나 물러서거나 하지 않는 태도를 가진 상태에 있다. ¶그 여자는 콧대가 ~. 4 (바람·물살·불길 등의 기운이) 보통의 정도를 넘는 상태에 있다. [비]거세다·세차다. ¶바람이 세게 불어오다 / 물살이 센 울목. 5 (사람의 운명이나 집이나 묘의 터가) 좋지 않은 기운이 있어 궂은 일이나 불행이 생기는 상태에 있다. ¶팔자가 ~ / 터가 ~. 6 ⇒센물.

세다⁴ [동][타] '세우다'의 잘못.

세단(sedan) [명] 지붕이 있고, 문이 4개이며 뒤에 트렁크가 있는 가장 일반적인 형식의 5인승 자동차.

세:단-뛰기(-段-) [명][체] 육상 경기의 도약운동의 하나. 구름판을 디디어 차례로 한 발씩 앙감질하고 마지막에는 두 발을 모아 땅에 떨어지는 넓이뛰기. =삼단뛰기.

세:대¹(世代) [1][자럽] 1 공통의 시대적·사회적 경험을 토대로 동질적의 사고방식과 가치관을 가지고 있는, 일정 폭의 연령층에 속하는 사람. 또는, 그 연령층. ¶기성 ~ / 젊은 ~ / 4·19 ~ / 6·25를 체험한 ~. 2 조상에서 자손으로 이어지는 대의 서열. ¶족보는 가로로 같은 ~를 배열한다. 3 [생] 유전학에서, 어버이로부터 자손으로 이어지는 혈통의 각 단계. ¶잡종 1~에 나타나는 우성형질. [2][의존] 1 [부모가 속한 시대와 그 자녀가 속한 시대의 차이가 약 30년인 데에서] 30년 정도의 기간을 단위로 이르는 말. ¶지금으로부터 한 ~ 전만 해도 가난한 우리의 일상이었다. 2 ((세)1, 2, 3 … 등의 숫자 다음에 쓰여) 얼마의 기간마다 새롭게 발전하는 기술이나 물품에 대하여 말할 때, 발전하는 매 단계의 순서를 구별하여 이르는 말. ¶제4~ 컴퓨터 / 제3~ 이동 통신 기술.

세:대²(世帶) [자럽][의존] =가구(家口)². ¶한 집에 여러 ~가 살고 있다.

세:대^교번(世代交番) [명][생] 무성 생식을 하는 무성 세대와 유성 생식을 하는 유성 세대가 번갈아 되풀이되는 일. 양치식물 등에서 나타남. =세대 윤회.

세:대-교체(世代交替) [명] 신세대가 구세대와 교대하여 어떤 일의 주역이 됨. ¶정계의 ~ / ~를 이루다.

세:대-주(世帶主) [명] 한 세대의 주장이 되는 사람. ¶가구주.

세:도¹(世道) [명] 1 세상을 올바르게 다스리는 길. 2 세상의 도의.

세:도²(勢道) [명] 정치상의 권세. 또는, 그 권세를 마구 휘두르는 일. ¶~가 당당하다 / ~를 부리다 / ~를 쓰다. **세:도-하다** [동][자][여]

세:도-가(勢道家) [명] 정치상의 권세를 휘두르는 사람. 또는, 그러한 집안.

세도막^형식(-形式) [-마켱-] [명][음] 하나의 곡이 큰악절 세 개로 이루어진 형식. 중간부를 제외한 부분이 똑같거나 매우 비슷함. =삼부 형식.

세:도-인심(世道人心) [명] 세상의 도의와 사람의 마음.

세:도-재상(勢道宰相) [명] 권세를 쥐고 나라의 정치를 좌우지하는 재상.

세:도^정치(勢道政治) [명][역] 조선 정조 이후, 왕실의 근친이나 신하가 강력한 권세를 잡고 온갖 정사(政事)를 좌우하던 정치.

세라믹(←ceramics) [명] 고온에서 구워 만든 비금속 무기질 고체 재료. 유리·도자기·시멘트·내화물(耐火物) 등을 이름.

세라피스트(therapist) [명] 육체적·정신적·정서적인 문제가 있는 사람을 약물이나 수술이 아닌 특별한 방법으로 치료하는 전문가. 의사와는 구별됨. ¶섹스 ~ / 아로마 ~ (향기 치료사).

세레나데(serenade) [명][음] 밤에 연인의 집 창가에서 부르거나 연주하는 사랑의 노래. 뒤에 연주회용의 가곡 또는 기악곡으로 발달하였음. =소야곡·야곡(夜曲).

세:력(勢力) [명] 1 권력이나 기세의 힘. ¶~을 ~을 얻다 / ~을 떨치다. [준]세(勢). 2 어떤 속성이나 힘을 가진 집단을 이르는 말. ¶주도 ~ / 보수 ~ / 혁신 ~.

세:력-가(勢力家) [-까] [명] 세력이 있는 사람. ¶세객(勢客). [준]세가.

세:력-권(勢力圈) [-꿘] [명] 1 어떤 세력이 미치는 범위. ¶~을 벗어나다 / ~을 확장하다. 2 [동] 동물의 개체나 집단이 포식, 생식 등을 위해, 다른 개체나 집단의 침입을 허락하지 않는 점유 구역. =텃세권.

세:련-되다(洗練-) [-되-/-눼-] [형] 1 서

투르지 않고 능숙하다. ¶사람을 대하는 품이 ~. 2 깔끔하고 품위가 있다. ¶**세련된** 옷차림. 3 (말이나 글이) 군더더기가 없이 잘 다듬어져 있다. ¶유려하고 **세련된** 문장.

세:련-미(洗練味) [명] 세련된 맛. ¶~가 있다.

세:렴(細簾) [명] 가는 대로 촘촘하게 엮은 발.

세:례(洗禮) [명] 1 [종] 크리스트교·유대교 등에서, 정식으로 교인이 될 때에 베푸는 의식. 종파에 따라 방식이 달라, 머리에 물을 적시거나 머리끝까지 온몸을 물속에 잠그거나 함. [비]영세. ¶~를 받다. ▷침례. 2 원치 않는 물건이나 물질이나 타격 등이 한꺼번에 많이 몸에 쏟아지는 상태. 비유적인 말임. ¶폭탄 ~ / 질문 ~를 받다 / 주먹~를 퍼붓다.

세:례-명(洗禮名) [명][가] 세례를 받을 때에 붙여지는 이름. 성인(聖人)의 이름을 땀. =본명(本名)·성명(聖名).

세:례-식(洗禮式) [명][기] 세례를 베푸는 의식.

세:로[1] I [명] 위에서 아래로 된 방향. 또는, 그 길이. =종(縱). ¶~로 쓴 글씨 . ↔가로. II [부] 위에서 아래의 방향으로. ¶나무를 ~ 켜다. ↔가로.

세:로[2](世路) [명] 세상을 살아가는 길. [비]행로(行路).

세:로-글씨 [명] 위에서 아래로 내리쓰는 글씨. =내리글씨. ↔가로글씨.

세:로-대 [명][수] =세로축. ↔가로대.

세:로-띠 [명] 세로로 길게 떤 띠. =종대(縱帶). ↔가로띠.

세:로-무늬[-니] [명] 세로로 길게 나타난 무늬. =종문(縱紋)·종반(縱斑). ↔가로무늬.

세:로쓰-기 [명] 글씨를 세로로 쓰는 일. =내리쓰기·종서(縱書). ↔가로쓰기. **세:로쓰기-하다** [동][타][여]

세:로-줄 [명] 1 세로로 그은 줄. =종선(縱線). ↔가로줄. 2 [음] 마디를 구분하기 위하여 보표(譜表)에 그은 수직선. ▷겹세로줄.

세:로-지 [명] 1 종이나 피륙 따위의 세로로 긴 조각. 2 엮은 발로 뜬 종이를 그 결이 세로가 되게 접거나 자르거나 쓰거나 하는 때의 종이 결. [준]세지. ↔가로지.

세:로-지다 [형] 세로 방향으로 되어 있다. ↔가로지다.

세:로-짜기 [명][인] 조판(組版)에서, 활자를 위에서 아래로 읽도록 배열하는 방식. =종조(縱組). ↔가로짜기.

세:로-축(-軸) [명][수] 직각으로 교차하는 좌표에서 세로로 잡은 좌표축. 구용어는 종축(縱軸). =세로대·와이축. ↔가로축.

세:로-피리 [명][음] 세로로 쥐고 부는 피리. =종적(縱笛). ▷가로피리.

세:로-획(-畫)[-획/-훽] [명] 글자의, 위에서 아래로 세로로 긋는 획. ↔가로획.

세:록(世祿) [명] 대대로 나라에서 받는 녹봉.

세:록지신(世祿之臣)[-찌-] [명] 대대로 나라에서 녹봉을 받는 신하. [준]세신.

세:론[1](世論) [명] =여론(輿論).

세:론[2](細論) [명] 자세하게 의논하는 것. 또는, 그 의논. **세:론-하다** [동][타][여]

세:류(細柳) [명][식] =세버들.

세륨(cerium) [명][화] 희토류 원소의 하나. 원소 기호 Ce, 원자 번호 58, 원자량 140.120. 갈렴석·모나자이트 중에서 산출되며, 공기 중에서 쉽게 산화함. 발화 합금으로 쓰임.

세르비아-몬테네그로(Serbia *and* Montenegro) [명][지] 유럽 남동부 발칸 반도에 있는 연합 국가. 세르비아와 몬테네그로의 두 공화국으로 이뤄짐. 2003년 유고슬라비아가 바뀐 것임. 수도는 베오그라드.

세:리(稅吏) [명] 세금을 받는 관리. 주로 지난 시대에 쓰던 말로, 오늘날에는 '세무 공무원'이라는 말을 쓰는 것이 일반적임. ¶많은 ~와 죄인들이 예수와 그 제자들과 함께 앉았으니….《신약 마가복음》

세리신(sericin) [명][화] 생사(生絲)의 겉에 붙어 있는 아교 모양의 단백질. 열탕으로 처리하면 녹아서 피브로인을 남김.

세리프(serif) [명] 인쇄체의 로마자에서 획의 시작이나 끝 부분에 있는 작은 돌출선.

세:립(細粒) [명] 매우 잔 알갱이.

세:-마치 [명] 1 대장간에서 쇠를 불릴 때, 세 사람이 돌려 가며 치는 큰 마치. 2 [음] '세마치장단'의 잘못. **세:마치-하다** [동][자][여] 대장간에서 쇠를 불릴 때, 세 사람이 돌려 가며 마치를 치다.

세:마치-장단 [명] 〔대장간에서 세마치로 치는 것처럼 맞추어 치는 장단이라 하여 붙여진 이름〕[음] 민속악 장단의 하나. 8분의 9박자의 빠른 장단. '아리랑', '양산도' 따위.

세:말[1](細末) [명] 아주 곱게 빻은 가루. **세:말-하다** [동][타][여] 아주 곱게 가루를 빻다.

세:말[2](歲末) [명] =세밑.

세메다인(Cemedine) [명] 고체를 붙이는 데에 쓰는 합성 접착제의 하나. 상표명에서 온 말임.

세:면(洗面) [명] '세수(洗手)[3]'을 달리 이르는 말. 주로 군대 등에서 쓰이는 말임.

세:면-기(洗面器) [명] 얼굴이나 손을 씻을 수 있게 수도를 달아서 벽에 설치하는, 대야 모양의 물건.

세:면-대(洗面臺) [명] 세면기를 설치한 대.

세:면-도구(洗面道具) [명] 얼굴을 씻거나 머리를 감거나 면도 따위를 할 때 쓰이는 도구. 비누·샴푸·칫솔·치약·수건 따위. [준]세면구.

세:면-장(洗面場) [명] 세면 시설을 갖추어 놓은 곳.

세:-모[1] [명] '삼각형'을 일상적으로 이르는 말.

세:모[2](細毛) [명] 매우 가는 털.

세:모[3](歲暮) [명] =세밑. ¶거리의 ~ 풍경.

세:모-기둥 [명][수] =삼각기둥.

세:모-꼴 [명] '삼각형'을 일상적으로 이르는 말. ¶~ 눈 / ~ 무늬.

세:모-끌 [명][공] 날은 반듯하나 등이 세모를 이룬 끌. 나무를 파 때 내는 데에 씀.

세:모-나다 [형] 형태가 세모로 된 상태에 있다. [비]세모지다. ¶**세모난** 조각 케익.

세:모-뿔 [명][수] =삼각뿔.

세:모-송곳[-곧] [명] 끝이 삼각뿔 모양으로 된 송곳. 깊은 구멍을 뚫는 데 씀.

세:-모시(細-) [명] 올이 아주 가늘고 고운 모시. =세저(細苧).

세:모-지다 [형] 형태가 세모를 이룬 상태에 있다. [비]세모나다. ¶**세모진** 얼굴형.

세:-목[1](歲-) [명] 설을 앞둔 대목.

세:목[2](細目) [명] 상세하게 가른 조목. =세절목. ¶~별 / 대강만 정해졌을 뿐, ~은 정해지지 않았다.

세:목[3](稅目) [명] 조세(租稅)의 종목.

세:-몰이(勢-) [명] 선거에서, 유세 등을 통하여 자신의 지지 세력을 늘리려고 분위기를 조성하는 일. ¶국회의원 후보들이 ~에 나서다.

세:무¹(稅務) 명 세금을 매기고 거두어들이는 것에 대한 사무.
세무²명 '섀미(chamois)'의 잘못.
세무-사(稅務士) 명 세무사법에 의하여 남의 의뢰를 받아 세무 대리, 세무 서류의 작성 등을 직업으로 하는 사람.
세:무^사찰(稅務査察) 명 조세 규정을 어긴 데에 대한 강제 조사.
세:무-서(稅務署) 명 국세청에 속한 지방 관청. 내국세에 관한 사무를 맡아봄.
세:무^조사(稅務調査) 명 세무 관서가 세금을 매기기 위하여 행하는 모든 조사 활동.
세:문(細紋) 명 가는 무늬. 비잔무늬.
세:-문안(歲問安) 명 새해에 문안을 드리는 것. 또는, 그 문안. 세:문안-하다 동자여
세:물(貰物) 명 세를 받고 빌려 주는 물건.
세:물-전(貰物廛) 명 혼인이나 장사 때에 쓰이는 물건을 돈을 받고 빌려 주는 가게. =도가(都家).
세:미(稅米) 명 [역] 조세로 바치는 쌀.
세미나(seminar) 명 1 대학에서 교수의 지도 아래 특정한 주제에 대해 학생들이 토론·연구하게 하는 교육 방법. 2 전문인 등이 특정한 과제에 관하여 여는 연수회나 강습회. ¶정치학~.
세미다큐멘터리(semidocumentary) 명[영] 기록적인 것에 극적인 요소를 섞어 작품의 효과를 높이는 수법. 또는, 그러한 영화나 방송 프로그램. =반기록 영화.
세미콜론(semicolon) 명[언] =쌍반점.
세미클래식(←semiclassical music) 명[음] 클래식 중에서 좀 가볍고 규모도 작아서 대중들이 듣기 쉬운 음악.
세미파이널(semifinal) 명[체] 권투에서, 메인이벤트 바로 앞에 거행되는 경기.
세:민(細民) 명 =빈민(貧民).
세:밀(細密) 어기 ➡세:밀하다. ¶세밀한 계획 / 세밀한 치도. ↔소략하다. 세:밀-히 부 ¶곤충의 생태를 관찰하다.
세:밀-화(細密畫) 명[미] 1 세부가 복잡한 물체나 대상을 세밀하게 사실적으로 그린 삽화. 2 =미니아튀르.
세:-밑(歲-) [-믿] 명 한 해의 마지막 무렵. 섣달그믐께. 비설밑·세말·세모·연종(年終). 비연말. ↔세초(歲初).
세:-반고리관(-半-管) 명[생] =반고리관.
세:발(洗髮) 명 머리를 감는 것. ¶~제(劑). 세:발-하다 동자여
세:발-자전거(-自轉車) 명 어린아이들이 타는, 바퀴가 세 개 달린 자전거.
세:발-(-土器) 명[고고] 발이 세 개 달린 고대 토기의 이름. 선사 시대의 유적에서 발견됨. =삼족 토기.
세:방-화(世方化) 명 세계와 교류·협력·경쟁하여 발전을 꾀하는 세계화와 지역의 전통과 특색을 살려 경쟁력을 갖추는 지역화를 동시에 추구하는 일.
세:배(歲拜) 명 섣달그믐이나 정초에 웃어른에게 하는 절. =세알. ¶~를 드리다[올리다] / ~를 받다. 세:배-하다 동자여
세:배-객(歲拜客) 명 세배하러 방문한 사람.
세:배-꾼(歲拜-) 명 '세배하러 온 사람'을 좀 낮추어 이르는 말.
세:배-상(歲拜床) [-쌍] 명 세배하러 온 사람을 대접하는 음식상.
세:뱃-값(歲拜-) [-배깝/-밷깝] 명 =세뱃돈.
세:뱃-돈(歲拜-) [-배똔/-뺀똔] 명 세배한 아이들에게 세배를 받은 사람이 주는 돈. =세뱃값.
세:-버들(細-) 명[식] 가지가 매우 가는 버드나무. =세류(細柳).
세:법(稅法) [-뻡] 명[법] 조세에 관한 법의 총칭. 납세 의무, 조세의 부과·징수 등을 규정하는 법. =조세법(租稅法).
세:보(細報) 명 자세하게 보고하는 것. 또는, 그 보고. 비상보(詳報). 세:보-하다 동타여
세:-부(細部) 명 자세한 부분. ¶~ 사항.
세:-부득이(勢不得已) 부 '사세부득이'의 준말. 세:부득이-하다 형여
세:부-적(細部的) 관·명 아주 작은 부분까지 미치는 (것). ¶계획을 ~으로 검토하다.
세:분(細分) 명 자세히 분류하는 것. 또는, 여럿으로 잘게 나누는 것. 세:분-하다 동타여
세:분-화(細分化) 명 사물이 여러 갈래로 잘게 나누어지는 것. 또는, 그렇게 나누어지게 하는 것. 세:분화-하다 동자여 세:분화-되다 동자
세:-불리(勢不利) 명 형세나 상황이 불리한 상태에 있는 것. ¶~를 느끼다 조 9단이 강수로 맞받아치다.
세:불-양립(勢不兩立) [-량닙] 명 비슷한 두 세력이 함께 설 수 없음. 곧, 한 세력권 안에서 우두머리가 둘일 수 없다는 말.
세:비(歲費) 명 1 국가 기관의 1년간의 경비. =세출. 2 [법] 국회의원이 받는 보수.
세:빙(細氷) 명 공기 중의 수증기가 미세한 얼음 결정이 되어 공기 중에 떨어지거나 부유(浮遊)하는 현상. ▷빙무(氷霧).
세:사¹(世事) 명 세상의 일. 비세고(世故). ¶~에 어두운 사람 / ~에 시달리다.
세:사²(世祀) 명 대대로 지내는 제사.
세:사(細沙·細砂) 명 가는 모래. 비모새.
세:살-창(細-窓) 명 창살이 매우 가는 창문.
세:상(世上) Ⅰ 명 1 모든 사람이 살고 있는 사회의 통칭. =세간. 비세속(世俗)·천하. ¶어지러운 ~/ ~의 웃음거리가 되다. 2 한 사람이 태어나서 죽을 때까지의 동안. 비평생. ¶한 ~ 잘살아 보세. 3 마음대로 활동할 수 있는 곳. ¶제 ~을 만나다. 4 천상(天上)에 대하여 지상(地上)을 이르는 말. 5 교도소·절·수도원과 같이 제약받는 곳에서 '바깥 사회'를 이르는 말. ¶~ 소식이 궁금하다. 6 세상 사람들의 인심. 비세상인심. ¶각박한 ~/ 메마른 ~.
Ⅱ 부 (주로, 구어체에서 쓰여) 1 '도무지'·'도대체'의 뜻으로 다음에 오는 말을 강조하는 말. ¶아무리 타일러도 ~ 말을 들어야지. 2 더할 나위 없이. ¶잘되도 잘됐것다, 돈 많것다, 김 영감은 ~ 편한 사람이야.
세상(을) 떠나다[뜨다 / 버리다] 관 사람이 '죽다'를 에둘러서 일컫는 말. ¶아버지는 일찍이 세상을 떠나시고 홀어머니 밑에서 자랐다.
세상이 바뀌다 관 (일정한 범위에서, 제도·구조·조직·관계 등의 면으로 보아) 사회의 본래 상태가 근본적으로 달라지다.
세:상-눈(世上-) 명 세상 사람들이 보는 눈. ¶~ 무서운 줄 알아야지.
세:상-만사(世上萬事) 명 세상에서 일어나는 온갖 일. ¶~가 일장춘몽이다 / ~ 뜻대

세:상-맛(世上-)[-맏] 명 세상을 살아가는 재미. 또는, 살아가며 겪는 온갖 느낌.

세:상-모르다(世上-) 통(자여)〈-모르니, -몰라〉 1 세상 물정에 어두워 일상생활에서 일어나는 일을 잘 모르다. ¶세상모르는 소리만 하고 있군. 2 의식하지 못할 정도로 깊은 잠에 빠져 아무것도 모르다. ¶세상모르고 자다.

세:상-사(世上事) 명 세상의 일. 비세상일. ¶~에 무관심하다.

세:상-살이(世上-) 명 세상을 살아가는 일. ¶고달프다.

세:상-없는(世上-)[-업-] 관 세상에 다시 없는. ¶그는 ~ 착한 사람이다.

세:상-없어도(世上-) 부 무슨 일이 있더라도 꼭. 비천하였어도. ¶~ 이젠 울지 않겠다.

세:상-없이(世上-) 부 세상에 다시없이. 또는, 비할 데 없이. 비천하였이. ¶~ 좋은 물건 / ~ 고된 일이라도 자식들을 위해서라면 해내겠소.

세:상-에(世上-) 감 뜻밖의 일이나 다시없을 만한 일이 생겼을 때에 놀라는 뜻으로 쓰는 말. ¶원 ~, 희한한 일도 다 있네.

세:상-인심(世上人心) 명 세상 사람들의 마음. ¶세상 ~이 예전 같지 않다.

세:상-일(世上-)[-닐] 명 세상에서 벌어지거나 일어나는 일. 비세상사. ¶마음먹은 대로 되지 않는 게 ~이다.

세:상-천지(世上天地) '세상1' 을 강조하여 이르는 말. ¶~에 저런 효자도 없다.

세:-석기(細石器)[-끼][고고] 잔석기.

세:선(細線) 명 가는 줄. 잔선.

세:설(細雪) 명 잘게 내리는 눈. 비가랑눈.

세:섯-덩이[-섣떵-] 명[농] 김을 맬 때, 흙을 떠서 앞으로 엎는 덩어리.

세:세(世世) 명 =대대(代代). ¶부귀영화를 ~에 누리다.

세:세²(歲歲) 명[부] 해마다.

세:세³(細細) 명 세:세-하다 형여 1 아주 자세하다. ¶세세한 설명[기록]. 2 너무 잘아서 보잘것없다. ¶세세한 일. 3 매우 가늘다. 세:세-히 부 ¶좀 더 ~ 말해라.

세:세-연년(歲歲年年) 명 여러 해를 거듭하여 계속 이어짐. =연년세세.

세:속(世俗) 명 1 속된 세상. ¶~을 떠나 살다 / ~을 등지다. 2 세상의 풍속. 비세습(世襲). ¶~을 따르다 / ~이 변하다.

세:속-오:계(世俗五戒)[-계/-게] 명[역] 신라 때에 화랑의 다섯 가지 계율. 곧, 사군이충(事君以忠)·사친이효(事親以孝)·교우이신(交友以信)·임전무퇴(臨戰無退)·살생유택(殺生有擇).

세:속-적(世俗的)[-쩍] 관 세상의 풍속을 따르는 (것). ¶~인 견해 / ~ 행동.

세:속-화(世俗化)[-소콰] 명 (종교·예술·문화 등의 사물이나 현상이) 세속적인 상태로 되는 것. 또는, 그렇게 되게 하는 것. 세:속-화-하다 자(타)여 세:속화-되다 자

세:-손¹(世孫) 명 '왕세손'의 준말.

세:-손²(世孫) 명[의존] 어떤 사람이 한 집안의 시조로부터 몇 대 자손인지를 헤아리는 단위. 곧, 시조의 아들은 1세손이고, 손자는 2세손임. =대손(代孫). ¶그는 창녕 성씨의 회곡공파 26-이다. ▷대조(代祖).

세:수¹(世守) 명 여러 대(代)를 두고 지켜 내려오는 것. 세:수-하다¹ 통(타)여

세:수²(世壽) 명[불] 승려의 세속의 나이. '법랍'에 상대하여 이르는 말.

세:수³(洗手) 명 (사람이) 물을 손에 떠서 얼굴에 끼얹으면서 문지름으로써 얼굴을 씻는 것. =세면. ¶아침에 일어나 ~를 하다. ▷세안. 세:수-하다² 자여

세:수⁴(稅收) 명 '세수입'의 준말.

세:수⁵(歲首) 명 해의 첫머리. 비세초(歲初)·연두(年頭).

세:수-수건(洗手手巾) 명 세수하고 얼굴을 닦는 수건.

세:-수입(稅收入) 명 조세(租稅)로 얻는 수입. 준세수.

세:숫-대야(洗手-)[-수때-/-숟때-] 명 세수할 때 쓰는 대야.

세:숫-물(洗手-)[-순-] 명 세수하는 데에 쓰는 물.

세:숫-비누(洗手-)[-수삐-/-숟삐-] 명 세수할 때에 쓰는 비누. ▷빨랫비누.

세슘(cesium) 명[화] 은백색의 연한 금속 원소. 원소 기호 Cs, 원자 번호 55, 원자량 132.905, 전기의 양도체이며 광전관(光電管)에 쓰임.

세:습¹(世習) 명 세상의 풍습.

세:습²(世襲) 명 한 집안의 재산·신분·업무 등을 대대로 물려받는 일. 세:습-하다 통(타)여 ¶왕위를 ~. 세:습-되다 통(자)

세:습-무(世襲巫)[-슴-] 명[민] 대대로 대를 물려서 되는 무당. ▷강신무(降神巫).

세:습-적(世襲的)[-쩍] 관 한 집안의 재산·신분·업무 등을 대대로 물려받는 (것).

세:시(歲時) 명 1 =설². 2 한 해의 절기나 달이나 계절에 따른 때. 비풍속.

세:시-기(歲時記) 명 1년 중의 행사나 그때그때의 풍물 등을 사계(四季) 또는 달 순서로 적어 풀이한 책. ¶동국(東國)-.

세:신(世臣) 명 1 대대로 한 가문이나 왕가를 섬기는 신하. 2 '세록지신(世祿之臣)'의 준말.

세:심(細心) → 세:심-하다 형여 작은 일에도 꼼꼼하게 주의하여 빈틈이 없다. ¶세심한 성격 / 세심한 배려를 해 주다. 세:심-히 부

세:-쌍둥이(-雙-) 명 한 배에서 한꺼번에 태어난 세 사람. =삼쌍둥이.

세:악(細樂) 명[음] 취타가 아니라, 장구·북·피리·해금 등으로 연주하는 군악.

세:-안¹(歲-) 명 새해가 되기 전. 비세전(歲前).

세:안²(洗眼) 명 눈을 씻는 일. 세:안-하다¹ 통(자)여

세:안³(洗顔) 명 얼굴 피부의 더러움을 비누칠을 하거나 클렌징크림을 바르거나 하여 깨끗이 씻거나 닦아 없애는 것. ¶비누 ~ / ~ 크림. ▷세수. 세:안-하다² 자여

세:안⁴(細案) 명 자세하고 치밀한 안(案). ¶학습 지도 ~ / ~을 작성하다.

세:액(稅額) 명 조세의 액수.

세:업(世業) 명 대대로 물려 내려오는 직업. ¶=가업(家業)·부업(父業).

세오돌라이트(theodolite) 명 수평 및 연직 방향으로 회전할 수 있는 망원경이 붙어 있어, 방위각과 고도를 정확히 측정할 수 있는 기계. =경위의.

세:외(世外)[-외/-웨] 명 세상 밖. 곧, 속세(俗世)를 떠난 곳.

-세요¹ 어미 1 모음이나 'ㄹ' 받침으로 끝나는

동사의 어간에 붙어, '해요'할 상대에게 명령·청유·의문의 뜻을 나타내는 종결 어미. 어간 끝 음절의 'ㄹ' 받침은 탈락됨. ¶어서 오~. / 벌써 배가 고프~? 2 모음이나 'ㄹ' 받침으로 끝나는 형용사의 어간에 붙어, '해요' 할 상대에게 평서·의문의 뜻을 나타내는 종결 어미. 어간 끝 음절의 'ㄹ' 받침은 탈락됨. ㈀~셔요. ¶아주머니는 아직 고우~. / 그분은 키가 크~? ▷~으세요.

세:요²(細腰) 〔초왕(楚王)이 허리가 가는 여자를 사랑하여 궁중에서 굶어 죽은 여자가 많았다는 고사에서〕 1 =가는허리. 2 허리가 가늘고 날씬한 여자.

세우(細雨) 圓 =가랑비.

세우다 图 1 '서다'의 사동사. ¶기둥을 ~ / 학교를 ~ / 칼날을 ~. 2 강하게 내세우다. ¶고집을 ~.

세:운(世運) 圓 세상의 운수.

세워-총(-銃) 圓 제식 훈련 시 구령의 하나. 차려 자세로 오른손은 가늠쇠 위를 잡고 개머리판이 지면에 닿게 총을 세우라는 말.

세:원(稅源) 圓〔경〕세금을 매기는 근원인 소득 또는 재산.

세:월(歲月) 圓 1 해(年)나 달로 헤아릴 만한, 지나가는 시간. 일반적으로는, 몇 년, 몇 십 년의 시간을 가리키는 경우가 많음. ㈀광음(光陰). ¶~이 빠르다 / ~이 유수와 같다. 2 지내는 형편이나 재미. ¶요즘 자네 ~이 좋은 모양이군. 3 거래에서의 실속이나 벌이. ¶이런 판국에 무슨 장산들 ~이 있겠나. 4 어느 세월에 ➡어느.

[세월이 약] 크게 마음을 상하여 애통하던 일도 시간이 지나면 자연 잊게 된다 하여 이르는 말.

세월 가는 줄 모르다 ㈀ 어떤 일에 몰두하거나 탐닉하여 시간이 흐르는 것을 의식하지 못하다. ¶그는 친구들과 만나면 **세월 가는 줄 모르고** 얘기꽃을 피운다.

세월을 만나다 ㈀ 좋은 때를 만나 활개 치다.

세월이 좀먹다 ㈀ '세월이 좀먹느냐'와 같은 반어 의문문으로 쓰여, 세월이 어떻게 되기라도 하느냐의 뜻으로 이르는 말. 곧, 서두를 필요가 없다는 말. ¶**세월이 좀먹느냐**? 천천히 하렴.

세:월-없다(歲月-) [-업따] 圈 언제 끝날지 짐작이 가지 않을 정도로 일이 더디다. 세:월없-이 ㈂ ~노닥거리고만 있다.

세:월여류(歲月如流) [-려-] 圓 〔세월이 흐르는 물과 같다는 뜻〕세월이 몹시 빠름.

세:위(勢威) 圓 기세와 위엄.

세:율(稅率) 圓〔법〕'과세율'의 준말. ¶~이 높다.

세:의¹(世誼) [-의/-이] 圓 대대로 사귀어 온 정의(情誼).

세:의²(歲儀) [-의/-이] 圓 세밑에 선사하는 물건. =세찬(歲饌).

세:-이레 圓[민] 아이가 태어난 지 스무하루가 되는 날. =삼칠일.

세이브(save) 圓 1 [체] 야구에서, 경기를 리드하고 있을 때 구원 투수로 등판하여 끝까지 점수를 승리로 이끄는 일. 또는, 그 기록. ¶6승 1패 9~. 2 [컴] =저장(貯藏) 2. **세이브-하다** 통㉠여

세이빙(saving) 圓[체] 럭비에서, 상대방의 드리블 공격에 대하여 몸을 던져 공과 선수의 전진을 방해하는 일.

세정제 ●1025

세이셸(Seychelles) 圓[지] 아프리카 동부 인도양에 있는, 90여 개의 작은 섬으로 이루어진 공화국. 수도는 빅토리아.

세이프(safe) 圓 [체] 야구에서, 주자가 누(壘)에 안전하게 진출하여 아웃을 면하는 일. ↔아웃.

세이프티^번트(†safety bunt) 圓[체] 야구에서, 주자를 다음 베이스까지 나아가게 할 뿐만 아니라 타자 자신도 일루에 살아 나아가기 위하여 하는 번트. ▷보내기 번트.

세:인¹(世人) 圓 세상 사람. ¶~의 주목을 받다 / ~의 이목을 끌다.

세:인²(細人) 圓 1 =간첩. 2 =소인¹ 13.

세인트루시아(Saint Lucia) 圓[지] 서인도 제도의 남동부에 있는 섬나라. 수도는 캐스트리스.

세인트빈센트 그레나딘(←Saint Vincent and the Grenadines)[지] 서인도 제도 동쪽에 있는 섬나라. 수도는 킹스타운.

세인트크리스토퍼 네비스(←Saint Christopher and Nevis)[지] 서인도 제도의 동부 리워드 제도에 속하는 섬나라. 수도는 바스테르.

세일(sale) 圓 판매. 특히, 염가 매출의 뜻으로 주로 쓰임. ¶바겐~ / ~ 상품을 사다. **세일-하다** ㈂여

세일러-복(sailor服) 圓 등에 네모진 깃을 드리우고 삼각으로 접은 천을 가슴에서 묶게 만든 수병(水兵)의 윗옷. 또는, 그 옷을 본떠 만든 어린이·여학생용의 윗옷.

세일즈맨(salesman) 圓 =외판원.

세:입¹(稅入) 圓 조세의 수입.

세:입²(歲入) 圓[경] 국가나 지방 자치 단체의 한 회계 연도 동안의 총수입. ↔세출.

세:입-자(貰入者) [-짜] 圓 세를 내고 남의 집이나 방 따위를 빌려 쓰는 사람.

세:자¹(世子) 圓[역] '왕세자'의 준말. ¶~로 책봉되다.

세:자²(細字) 圓 =잔글씨.

세:자-궁(世子宮) 圓[역] 1 '왕세자'의 높임말. 2 왕세자가 거처하는 궁전. ㈀동궁.

세:자-부(世子傅) 圓[역] 1 고려 충렬왕 3년 (1277)에 두었던, 왕세자의 스승. 2 조선 시대, 세자시강원의 정1품 벼슬.

세:자-빈(世子嬪) 圓[역] 왕세자의 아내.

세:저(細苧) 圓 =세모시.

세:전¹(世傳) 圓 대대로 전하는 것. 또는, 대대로 전하여 내려오는 것. ¶~의 전답(田畓). **세:전-하다** ㈂㉠여 ¶세전하는 가보.

세:전²(歲前) 圓 설을 쇠기 전. ㈀세안. ↔세후(歲後).

세:전지물(世傳之物) 圓 대대로 전해 내려오는 물건.

세:-절목(細節目) 圓 =세목(細目)².

세:정¹(世情) 圓 세상의 물정. ¶~에 밝다[어둡다].

세:정²(洗淨) 圓〔물체를〕청결하고 위생적으로 씻어 주는 것. ¶~ 작용과 미백 효과가 큰 제품. / ¶이 비데는 필터로 거른 물로 국부를 세정해 주기 때문에 더욱 위생적이다.

세:정³(稅政) 圓 세무(稅務)에 관한 행정.

세:정-제(洗淨劑) 圓 1물체에 낀 때를 씻어 내는 기능을 가진 물질. ¶엔진 ~ / 주방용 ~. 2 입 안이나 안구(眼球), 여성의 질 안 등을 청결하게 씻어 주는 기능을 가진 액체. ¶구강 ~ / 안구 ~ / 질 ~.

세:제¹(世弟) 圀 '왕세제(王世弟)'의 준말.
세:제²(洗劑) 圀 몸을 씻거나 빨래하거나 청소를 할 때, 때를 씻어 내는 작용을 하도록 만든 물질. ¶주방 ~ / 합성(중성) ~.
세:제³(稅制) 圀[법] 세무에 관한 제도. ¶~ 개혁.
세:-제곱 [수] 같은 수를 세 번 곱하는 일. 또는, 그 곱. 구용어는 삼승(三乘)·삼자승·입방(立方). **세:제곱-하다** 屠㉺

세:제곱-근(-根) [-끈] 圀[수] A를 세제곱한 것이 B일 때, B에 대한 A를 이르는 말. 2는 8의 세제곱근임. 구용어는 삼승근·입방.

세:제곱근^풀이(-根-) [-끈-] 圀[수] 세제곱근을 계산하여 구하는 일. 구용어는 개방.

세:제곱-미터(-meter) 圀⟨의존⟩ 미터법에 의한 부피의 단위. 1세제곱미터는 가로·세로·높이가 각각 1미터인 정육면체의 부피임. 기호는 m^3.

세:제곱-비(-比) [-삐] 圀[수] 세 개의 같은 비로 된 복비(複比). 곧, $x \times x \times x : y \times y \times y = x^3 : y^3$의 비. 구용어는 삼승비.

세:제곱-센티미터(-centimeter) 圀⟨의존⟩ 미터법에 의한 부피의 단위. 1세제곱센티미터는 1세제곱미터의 100만분의 1임. 기호는 cm^3. =시시(cc).

세:조(世祖) 圀⟨의존⟩ =대조(代祖)³.
세:존(世尊) 圀[불] '석가세존'의 준말.
세:주(歲酒) 圀 설에 쓰는 술. =설술.
세-주다(貰-) 屠㉺ 셋돈을 받고 물건이나 집 따위를 빌려 주다. **세:춘** 가게 터 / 빈방을 ~.

세:지(世智) 圀 1 세상을 살아 나가는 지혜. 2 [불] 세속적인 지혜. =세간지(世間智).

세-째 ㉱ '셋째'의 잘못.

세:차¹(洗車) 圀 자동차의 차체나 바퀴 등에 묻은 먼지나 흙을 물로 씻어 내는 것. **세:차-하다** 屠㉺㉻

세:차²(歲差) 圀[지] 지구의 자전축이 황도의 북극을 중심으로 23.5°의 기울기를 가지면서 약 2만 5800년을 주기로 하여 도는 현상. 이 때문에 춘분점이 황도 상을 매년 약 50초씩 서쪽으로 이동함.

세:-차다 (기운이나 기세가) 보통의 정도를 훨씬 넘는 상태에 있다. ㊥세다. ¶세찬 바람 / 세찬 저항 / 불길이 ~.

세:차^운ː동(歲差運動) 圀 1 [물] 넘어지려는 팽이의 축이 그리는 원뿔 모양의 운동. 2 [지] 지구의 자전축이 궤도에 대하여 23.5°의 기울기를 가지고 자전하는 운동.

세:차-장(洗車場) 圀 세차하는 시설을 갖추어 놓은 곳.

세:찬(歲饌) 圀 세배를 하러 온 사람에게 대접하는 음식.

세:척(洗滌) 圀 1 물체에 낀 때를 씻어 내는 것. ¶식기 ~ / 엔진룸 ~. 2 (위나 대장 등을) 의료적 방법으로 씻어 내어 이물질이나 노폐물을 없애는 것. ¶장 ~ / **세:척-하다** 屠㉺㉻ ¶위(胃)를 ~. **세:척-되다** 屠㉻

세:척-기(洗滌器) [-끼] 圀 물건이나 물체를 세척하는 기기. ¶식기 ~.

세:척-력(洗滌力) [-쩡녁] 圀 물건이나 물체를 깨끗이 씻는 힘. ¶~이 뛰어난 세제.

세:척-제(洗滌劑) [-쩨] 圀 물체나 신체 부위를 세척하는 데 쓰이는 물질. ¶유리 ~ / 구강 ~.

세:초(歲初) 圀 새해의 첫머리. ㊥설·세수(歲首)·연두(年頭). ↔세밑.
세:출(歲出) 圀[경] 국가나 지방 자치 단체의 한 회계 연도 동안의 총지출. ↔세입(歲入).
세:-출입(歲出入) 圀[경] 세출과 세입.
세:칙¹(細則) 圀 으뜸이 되는 규칙을 다시 나누어 자세하게 만든 규칙. ¶시행 ~.
세:칙²(稅則) 圀 세금의 부과와 징수에 관한 규칙.
세:침(細針) 圀 가는 바늘.
세:칭(世稱) 圀 세상에서 흔히 말함. ¶~ 일류 대학을 나온 엘리트.

세컨드(second) 圀 ['둘째'라는 뜻] 1 [체] 권투에서, 경기 중 선수에게 작전을 지시하고 부상했을 때 돌보는 역할을 담당하는 사람. 2 [야] '~1'을 속되게 이르는 말. ¶~을 두다.

세:코-짚신[-집씬] 圀 앞의 양편에 약간씩 총을 터서 코를 낸 짚신.

세쿼이아(sequoia) 圀[식] 낙우송과의 상록 교목. 중생대 쥐라기에서 신생대 제삼기에 걸쳐 지구 상에 번성한 것으로 추측되며, 세계 여러 곳에서 화석이 발견되지만, 현재는 미국에서만 2종이 자람.

세크(sec) 圀[수] =시컨트(secant).

세크레틴(secretin) 圀[생] 십이지장의 점막(粘膜)에서 혈액 속에 분비되는 소화관 호르몬의 하나. 이자액의 분비를 촉진시킴.

세:탁(洗濯) 圀 1 옷이나 천으로 된 물건을 빠는 일. 문어적 표현임. 구어적 표현으로는 주로 드라이클리닝을 가리킴. ㊥빨래. ¶~ 효과가 좋은 세제 / 실크 제품의 ~. 2 범죄 행위나 불법 활동에서 생긴 돈의 출처나 소유자를 감추기 위해 금융 기관 등을 이용하여 그 돈을 합법적인 상태로 조작하는 일. ¶돈 ~ / 자금 ~. **세:탁-하다** 屠㉺㉻ ¶양복을 ~. **세:탁-되다** 屠㉻

세:탁-기(洗濯機) [-끼] 圀 빨래하는 기계. ¶가정용 ~.
세:탁-물(洗濯物) [-탕-] 圀 세탁할 물건이나 세탁한 물건. ㊥빨랫감.
세:탁-비누(洗濯-) [-삐-] 圀 =빨랫비누.
세:탁-소(洗濯所) [-쏘] 圀 세탁하는 기계를 갖추어 놓고 돈을 받고 남의 빨래나 다림질을 해 주는 곳.
세:탁-제(洗濯劑) [-쩨] 圀 빨래할 때에 쓰는 비누나 약품 따위의 총칭. ㊥세제.
세:탄(洗炭) 圀 석탄을 씻어 불순물이나 불량 탄을 제거하는 일. **세:탄-하다** 屠㉺㉻
세:태(世態) 圀 세상의 형편. =세상(世相). ¶부조리가 만연되어 있는 ~를 풍자한 만화.

세:태ː소ː설(世態小說) 圀[문] 어느 사회의 풍속·인심·유행 등의 세태를 묘사한 소설.

세터(setter) 圀 1 [동] 개의 한 품종. 영국 원산의 사냥개로 주로 습지의 새 사냥에 쓰이는데, 꼬리 아래쪽과 다리 뒤에 고운 털이 있음. 2 [체] 배구에서, 스파이커가 공격하기 쉽게 공을 토스하여 주는 선수.

세:톨-박이 圀 한 송이에 세 톨의 알이 들어 있는 밤송이.

세:-톱(細-) 圀 이가 잘고 날이 얇은 작은 톱.

세:투(歲鬪) 圀 정초에 하는 노름.

세트(set) 圀 ㈎⟨자립⟩ 1 도구·가구 따위의 한 벌. ¶응접 ~ / 커피 ~ / 선물 ~. 2 영화·텔레비전 드라마 등의 촬영용으로 꾸며진 여러 장치. ¶오픈 ~ / ~를 꾸미다. 3 [체] 테니스·배구·탁구 등에서, 1회의 승부. **2**[의존] ①1을 단위로 세는 말. ¶비누 한 ~.
세트^스코어(set score) [명][체] 테니스·배구·탁구 등에서, 쌍방이 이긴 세트의 수. ¶~ 3 대 2로 이기다.
세트^스크럼(set scrum) [명][체] 럭비에서, 가벼운 벌칙에 대하여 양편의 포워드로 하여금 짜게 하는 스크럼.
세트^올(†set all) [명][체] 테니스·탁구에서, 세트 스코어가 같아서 다음 세트를 어느 쪽이 이기느냐에 따라 승패가 결정되는 상태.
세트^포인트(set point) [명][체] 테니스·탁구 등에서, 세트의 승패를 결정하는 마지막 한 점.
세트^포지션(set position) [명][체] 야구에서, 투수가 투구 동작에 들어가기 전에 양손을 배나 가슴 위에 모은 상태에서 일시적으로 정지하여 있는 자세. ¶~을 취하다.
세트^플레이(†set play) [명][체] 축구·하키·농구·배구 등에서, 공격수들이 미리 치밀하게 짜인 전술에 따라 조직적으로 공격을 펼치는 일. 특히, 축구에서 코너킥·간접 프리 킥을 할 때 2~3명의 공격수가 정해진 작전에 따라 득점을 꾀하는 일. ¶코너킥 ~로 결승 골을 뽑아내다.
세틀먼트(settlement) [명][사] 공공 단체·종교 단체 등이 도시 영세민 지구에 숙박소·탁아소 등의 시설을 마련하여 주민의 생활 향상을 돕는 사회사업. 또는, 그러한 시설. =보린 사업(保隣事業)·인보 사업.
세팅(setting) [명] **1** 영화·드라마 촬영을 위해, 또는 무대 공연을 위해 필요한 장치나 소도구를 배치하는 일. ¶무대 ~. **2** 주로 격식 있는 상차림에서, 식탁에 식기와 음식을 배치하는 일. ¶테이블 ~. **3** 머리털을 일정한 모양으로 말아 올려 곱슬거리게 만드는 일. ¶머리 ~ / ~ 파마. **4** 장신구에 보석을 미적으로 구성·배치하는 일. **세팅-하다** [동][자][타][여] ¶머리를 헤어롤로 ~ / 중앙에 다이아몬드를 세팅한 반지.
세:파(世波) [명] 모질고 거센 세상의 풍파. ¶~에 찌든 얼굴 / 모진 ~에 시달리다.
세팍타크로(sepaktakraw) [명] =sepak[발로 차다]+†takraw[공] [체] 각 3명으로 구성된 두 팀이 네트를 사이에 두고 발을 사용하여 자기 코트에서 볼을 떨어뜨리지 않고 3회 이내의 터치로 상대편의 코트에 차 넘기는 운동 경기.
세퍼릿^코스(separate course) [명][체] 육상 경기의 단거리·장애물 달리기나 스피드 스케이팅 등에서 흰 선으로 구분되어 있는 각 선수의 주로(走路).
세페우스-자리(Cepheus-) [명][천] =케페우스자리.
세:편(細片) [명] 작은 조각.
세:평¹(世評) [명] 세상 사람들의 평판. =세설(世說). ¶~이 좋다 / 그는 청렴하고 강직한 지도자로 ~이 나 있다.
세:평²(細評) [명] 자세히 비평하는 것. 또는, 그 비평. **세:평-하다** [동][타][여].
세:포(細布) [명] 곱고 가늘게 짠 삼베.
세:포²(細胞) [명] **1** [생] 생물체의 구조상·기능상의 기본 단위. 세포질로 이루어지고, 속에 보통 한 개의 핵(核)을 가지며 세포막에 싸여 있는 하나의 극히 작은 생활체. **2** =세포 조직2.

세ː포-막(細胞膜) [명][생] 세포질의 가장 바깥층에 있고 세포의 형태를 유지하는 아주 얇은 막. =원형질막.
세ː포-벽(細胞壁) [명][식] 식물 세포의 가장 바깥쪽에 있는 튼튼한 피막.
세ː포^분열(細胞分裂) [명][생] 하나의 세포가 핵분열과 세포질 분열에 의하여 두 개 이상의 세포로 나뉘지는 현상.
세ː포-설(細胞說) [명][생] 모든 생물체는 세포를 단위로 구성되어 있고, 세포는 생물의 구조 및 기능의 단위라고 주장하는 견해.
세ː포-액(細胞液) [명][생] 액포(液胞)를 채우고 있는 액체. 보통은 식물에서 볼 수 있음.
세ː포^조직(細胞組織) [명] **1** [생] 각 세포의 연결로 이루어진 생물체의 조직. **2** 정당·단체 등의 기본 말단 조직. 특히, 공산당의 말단 조직. =세포.
세ː포-질(細胞質) [명][생] 세포를 구성하는 원형질 중 핵을 제외한 부분. 주성분은 단백질이며, 콜로이드를 이루고 있음. ▷핵질.
세ː포-판(細胞板) [명][생] 식물의 세포 분열의 종기에 두 개의 딸세포 사이에 생기는 격막. 분열 뒤에 셀룰로오스가 침착하여 세포막이 됨.
세ː-피리(細-) [명][음] 피리의 하나. 향피리와 모양이 같은데, 조금 가늘고 작음. 가사·시조 등의 연주용으로 쓰이고, 세악(細樂)에 편성됨.
세ː필(細筆) [명] 잔글씨를 쓰는 것. 또는, 잔글씨를 쓰는 가는 붓. **세ː필-하다** [동][타][여].
세ː한(歲寒) [명] 매우 심한 한겨울의 추위.
세ː한-삼우(歲寒三友) [명] 추운 겨울철에도 잘 견디는 세 벗. 곧, 소나무·대나무·매화나무. =삼우(三友).
세ː후(歲後) [명] 설을 쇤 뒤. ↔세전(歲前).
섹슈얼(sexual) →**섹슈얼-하다** [형][여] 성적 충동을 느끼게 하는 데가 있다. ¶섹슈얼한 옷차림.
섹스(sex) [명] **1** =성(性)³·⁴. **2** 성교하는 일. **섹스-하다** [동][자][여] (이성의 상대와) 성교하다.
섹스-어필(sex appeal) [명] 성적(性的)인 매력을 보이는 일. **섹스어필-하다** [동][자][여] ¶섹스어필하는 여자.
섹시(sexy) →**섹시-하다** [형][여] 성적 매력이 있다. ¶섹시한 옷차림 / 섹시한 여자.
섹터(sector) [명][컴] 자기 디스크나 플로피 디스크에서, 동심원의 트랙(track)을 여러 구획으로 나눈 부분.
섹트-주의(sect主義) [-의/-이] [명] 조직체 안의 한 파가 자기들의 주장만을 내세우고 남을 배척하는 태도.
섹티즌(†sextizen) [sex+netizen] 〈속〉 인터넷에서 음란 사이트를 즐겨 찾는 네티즌.
센ː-내기 [명][음] 센박으로부터 시작하여 그 곡에 지정된 박자의 셈여림이 일정하게 되풀이되는 곡. ↔여린내기.
센ː-둥이 [명] 털빛이 흰 동물. 특히, 강아지를 일컬음.
센ː-말 [언] 뜻은 같지만 어감을 세게 하기 위하여 된소리를 쓰는 말. '벌겋다'에 대한 '뻘겋다' 따위.
센ː-머리 [명] 하얗게 된 머리털. [비]백발(白髮).
센ː-물 [명][화] 칼슘 이온과 마그네슘 이온이 비교적 많이 녹아 있는 물. 비누가 녹지 않으므로 세탁에 이용할 수 없고 음료에도 맞지 않음. =경수(硬水). ↔단물.
센:'-바람 뗑[기상] 풍력 계급의 하나. 초속 13.9∼17.1m로 부는 바람. 나무 전체가 흔들리고, 바람을 맞서 걷는 것이 힘듦. =강풍(強風).
센:'-박(-拍) 뗑[음] 한 마디 안에서 세게 연주하는 박자. =강박. ↔여린박.
센서(sensor) 뗑 =감지기(感知器).
센서스(census) 뗑 '국세 조사', '인구 조사', '통계 조사'로 순화.
센세이셔널(sensational) →센세이셔널-하다 뗑[어] 세상 사람들을 흥분시킬 만한 상태에 있다.
센세이셔널리즘(sensationalism) 뗑 1 =인기주의. 2 [문] =선정주의.
센세이션(sensation) 뗑 많은 사람을 순식간에 흥분시키거나 관심을 불러일으키는 것. ¶그의 소설은 독서계에 ∼을 일으켰다.
센슈얼(sensual) →센슈얼-하다 뗑[어] 관능적(官能的)·감각적인 특성이 있다.
센슈얼리즘(sensualism) 뗑 1 =육욕주의(肉慾主義). 2 =관능주의.
센스(sense) 뗑 일에 대한 감각이나 판단력. ¶∼ 있게 일을 처리하다 / ∼가 뛰어나다 / ∼가 없다.
센:'입천장-소리[-넙-] 뗑[언] =구개음.
센타우루스-자리(Centaurus-) 뗑[천] =켄타우루스자리.
센터(center) 뗑 {'중앙', '중심'이라는 뜻} 1 [체] 축구·배구·농구 등의 구기에서, 중앙의 위치. 또는, 그 위치에 선 선수. ¶장신 ∼. 2 [체] '센터 필드'의 준말. ¶∼의 멋진 수비. 3 [체] '센터 필드'의 준말. ¶타구가 ∼로 날아가다. 4 상호(商號) 뒤에 흔히 붙이는 말. ¶치킨 ∼ / 분식 ∼.
센터-라인(center line) 뗑[체] 경기장의 코트 따위를 중앙에서 2분하는 선.
센터링(centering) 뗑[체] 축구·하키 등에서, 양쪽의 터치라인 근처에 있는 선수가 중앙에 있는 자기편 선수에게 공을 패스하는 일. **센터링-하다** 통(자)[어].
센터^서클(center circle) 뗑[체] 농구·축구·아이스하키 등에서, 경기장 중앙에 그어 있는 원.
센터^포워드(center forward) 뗑[체] 축구에서, 가장 앞쪽의 중견 공격수.
센터^플라이(center fly) 뗑[체] 야구에서, 중견수 쪽으로 높이 쳐 올린 공. ¶∼ 아웃.
센터-필더(center fielder) 뗑[체] =중견수. 준[센터].
센터^필드(center field) 뗑[체] 야구에서, 외야(外野)의 중앙부. 준[센터].
센터^하프(center half) 뗑[체] '센터 하프백'의 준말.
센터^하프백(center halfback) 뗑[체] 축구·하키 등에서, 3명의 하프백 가운데 중간에 위치하는 선수. 준[센터하프].
센:'-털 뗑 빛이 희어진 털.
센:'-털² 뗑 =강모(剛毛).
센트(cent) 뗑[의존] 미국·캐나다·오스트레일리아의 화폐 단위. 달러의 1/100. 기호는 ₵.
센티¹(<centimeter) 뗑[의존] '센티미터'의 준말.
센티²(<sentimental) →센티-하다 뗑[어] '센티멘털하다'의 준말.
센티-그램(centigram) 뗑[의존] 질량의 단위.

1g의 1/100. 기호는 cg.
센티-리터(centiliter) 뗑[의존] 용량의 단위. 1ℓ의 1/100. 기호는 cl.
센티멘털(sentimental) →센티멘털-하다 뗑[어] 감상적·감정적인 특성이 있다. ¶낙엽만 져도 슬퍼지는 **센티멘털한** 소녀. 준[센티하다].
센티멘털리스트(sentimentalist) 뗑 감상적인 사람.
센티멘털리즘(sentimentalism) 뗑 =감상주의(感傷主義).
센티-미터(centimeter) 뗑[의존] 길이의 단위. 1m의 1/100. 기호는 cm. 준[센티].
센티미터-파(centimeter波) 뗑[물] =초고주파(극초단파).
셀(cell) 뗑[컴] 기억 장치로서의 기능을 갖는 위치를 나타내는 단위. 즉, 한 비트, 한 바이트 또는 한 워드 같은 정보의 한 단위에 대한 기억 장소임.
셀러리(celery) 뗑[식] 미나릿과의 한해살이풀 또는 두해살이풀. 높이 60∼90cm. 6∼9월에 백색 꽃이 피며, 전체에 향기가 있어 재배하여 식용함. 습지에서 자생함.
셀렌(⑤Selen) 뗑[화] 산소족 원소의 하나. 원소 기호 Se, 원자 번호 34, 원자량 78.96. 유리의 착색이나 광전지·정류기 등에 이용됨. =셀레늄.
셀로텍스(Celotex) 뗑[건] 사탕수수의 찌꺼기를 압축하여 만든 건축 자재. 음향·열·습기에 대하여 절연성이 커서, 벽·마루·천장 등에 쓰임. 상표명에서 온 말임.
셀로판(cellophane) 뗑 비스코스로 만든 얇은 막질의 물질. 무색투명하고 유리 모양의 광택이 있음. 포장용으로 쓰임. =셀로판지.
셀로판-지(cellophane紙) 뗑 =셀로판.
셀로판-테이프(cellophane tape) 뗑 셀로판에 점착제를 바른 접착테이프. ▷스카치테이프.
셀룰라제(cellulase) 뗑[화] 셀룰로오스의 가수 분해를 촉매하는 효소. 고등 식물의 싹, 곰팡이나 세균 외에 달팽이와 곤충에도 존재함.
셀룰로오스(cellulose) 뗑[화] 고등 식물이나 조류(藻類)의 세포막 섬유의 주성분. 목재·목화 등에서 채취되며, 종이·의류·폭약 등의 원료로 널리 쓰임. =섬유소(纖維素).
셀룰로이드(celluloid) 뗑[화] 니트로셀룰로오스에 장뇌를 섞어서 만든 플라스틱. 장난감·문방구·필름·안경테 등의 원료로 쓰임.
셀바스(Selvas) 뗑[지] 남아메리카의 아마존 강 유역의 열대 밀림 지역. 고온 다습하며, 파라고무나무의 원생지임.
셀주크^제:국(Seljuk帝國) 뗑[역] 셀주크 튀르크가 세운 나라(1037∼1157). 중앙아시아·서남아시아의 대부분을 차지하여 터키계 이슬람교도 최초의 통일 국가를 형성함.
셀주크^튀르크(Seljuk Türk) 뗑[역] 10세기에 튀르크 민족이 중앙아시아와 러시아 동남부로부터 이동하며, 셀주크라는 이름의 족장이 이끈 유목 민족.
셀프-서비스(self-service) 뗑 음식점·슈퍼마켓 등에서, 종업원의 도움을 받지 않고 고객이 직접 음식을 식탁으로 나른다든지, 살 물건을 계산대에까지 가져온다든지 하는 일. 또는, 그런 방식.
셀프-타이머(self-timer) 뗑[사진] 일정 시간 후에 자동적으로 셔터가 눌러지도록 되어 있는 카메라의 장치. =타이머.
셈¹ [1]〔자립〕**1** 수를 세는 일. =산(算). ¶덧〔뺄〕~ / ~을 놓다 / ~이 빠르다. **2** 주고받을 돈·물건 따위를 서로 따져 밝히는 일. ¶~을 치르다. **3** '셈평²'의 준말. ¶~이 펴이다. **4** 사물을 분별하는 슬기. ¶~이 들다. [2]〔의존〕**1** (주로 '-ㄴ/은 셈이다'의 꼴로 쓰여)'형편', '셈판'의 뜻을 나타내는 말. ¶약속 시간이 넘었는데 나오질 않으니 어찌 된 ~인지 알 수 없다. **2** (주로 '-ㄹ/을 셈이다', '-ㄹ/을 셈으로'의 꼴로 쓰여) '작정', '속셈'의 뜻을 나타내는 말. ¶도대체 어떻게 할 ~이냐? **3** (주로 '-ㄴ/은', '-는', '-ㄹ/을' 다음에 '셈 치다'의 꼴로 쓰여) 미루어 가정함을 뜻하는 말. ¶액땜한 ~ 치다 / 없는 ~ 치다.
셈이 흐리다〔구〕(사람이) 남에게 갚거나 주어야 할 돈을 제때에 잘 갚거나 주지 않는 태도나 습성이 있다. ¶저 사람은 워낙 **셈이 흐려서** 사람들이 돈거래 하기를 꺼린다.
셈(을) 치다〔구〕**1** 셈을 하다. **2**→**셈**[2]**3**.
셈:-나다 통(자) 사물을 분별하는 판단력이 생겨나다.
셈:-들다 통(자)〈-드니, -드오〉 사물을 분별하는 판단력이 생기다.
셈:-본 **1** 지난날, 셈을 가르치던 초등학교 교과. 명칭이 '산수'로 바뀌었다가 '수학'으로 바뀜. **2** 셈에 관한 법칙.
셈:-속[-쏙] 명 **1** 돌아가는 사실의 내용. **2** 속셈의 실상. ¶하도 음흉하여 ~을 알 수가 없다.
셈:-씨 명[언] =수사(數詞)⁵.
셈어(Sem語系) 명[언] 북아프리카에서 서아시아에 걸쳐 퍼져 있는 어족. 히브리 어·아랍 어·페니키아 어·에티오피아 어 등이 이에 속함.
셈:여림-표(-標)[-녀-] 명[음] 악보에서, 그 곡을 강하게 또는 약하게 하라고 지시하는 부호. =강약 부호.
셈:-제기 제기 놀이의 한 가지. 한 번에 계속해서 많이 찬 수효에 따라 승부를 정함.
셈:-족(Sem族) 명 성서에 나오는 노아의 맏아들인 셈의 자손이라고 전해지는 민족. 아시리아 인·아라비아 인·페니키아 인·유대 인 등.
셈:-판 명 사실의 형편. 또는, 그 원인이나 까닭. ¶어찌 된 ~인지 영 알 수가 없다.
셈:-평 **1** 타산적인 생각. ¶~이 있다[없다]. **2** 생활의 형편. ¶~이 펴이다. 준셈.
셈프레(ⓘsempre) 명[음] 악곡의 표현 방법을 나타내는 말로, '항상', '계속해서'의 뜻.
셈플리체(ⓘsemplice) 명[음] 악곡의 표현 방법을 나타내는 말로, '단순한', '평범한'의 뜻.
셈:-하다 통(타여) 수효를 세거나 액수를 따지다.
셋:[셋] 주 **1** 둘에 하나를 더한 수. 고유어 계통의 수사임. ¶하나 둘 ~. ▷삼(三). **2** 사람이나 사물의 수량을 셀 때, 둘 다음에 해당하는 수효. ¶이것을 나르려면 장정 ~은 필요하다.
셋:-겸상(-兼床)[셋껌-] 명 한 상에서 세 사람이 함께 먹을 수 있도록 차린 상.
셋:-돈(貰-)[세똔/셋똔] 명 남의 물건이나 집 등을 빌려 쓰고 그 값으로 주는 돈. =세금(貰金)·세전(貰錢).
셋:-방(貰房)[세빵/셋빵] 명 세를 내고 빌려

쓰는 방. ¶~을 얻다.
셋:방-살이(貰房-)[세빵-/셋빵-] 명 셋방을 빌려 사는 살림살이. **셋:방살이-하다** 통(자여)
셋:-붙이[셋뿌치] 명 산병(散餅)의 한 가지. 물을 들인 개피떡 세 개를 붙여서 만든 떡.
셋:-이 Ⅰ 명 '세 사람'을 이르는 말. ¶~서 놀러 갔다. ×세서.
Ⅱ 부 세 사람이 함께. ¶짐을 들고 옮겼다. ×세서.
셋:-잇단음표(-音標)[셋인딴-] 명[음] 잇단음표의 하나. 보통해야 할 음표를 3등분한 음표. =삼연음부. ▷둘잇단음표.
셋:-줄(勢-)[세쭐/셋쭐] 명 세도 있는 사람들의 힘에 기댈 수 있는 연줄. ⑭뒷줄·빽. ¶~이 든든하다.
셋:-집(貰-)[세찝/셋찝] 명 세를 내고 빌려 사는 집. =세가(貰家)·대가(貸家).
셋:-째[셋-] 수 순서를 매길 때, 둘째의 다음에 오는 수. ×세째.
셋톱^박스(set-top box) 명[컴] 디지털 위성 방송을 수신 장비. 곧, 디지털 텔레비전 방송을 일반 아날로그 텔레비전으로도 수신할 수 있게 해 주는 장치임.
셍기다 통(타) **1** 이 말 저 말을 잇달아 주워대다. **2** 남에게 일거리를 자꾸 연달아 대어 주다.
셔벗(sherbet) 명 과즙(果汁)에 물·우유·크림·설탕 등을 넣고 얼린 과자. ⨯샤베트.
-셔요 어미 모음이나 'ㄹ' 받침으로 끝나는 용언의 어간에 붙어, '해요' 할 상대에게 명령·청유·의문·평서의 뜻을 나타내는 종결 어미, 어간 끝 음절의 'ㄹ' 받침은 탈락됨. '-세요'와 뜻은 같으나 사용 빈도가 적은 편이며 좀 더 공손한 어감을 가짐. ⑭-세요. ¶시장하실 텐데 어서 드~. / 왜 자꾸 그런 말을 하~? ⑦-시어요.
셔츠(←shirt) 명 남자들이 입는 서양식 윗도리. 양복 속에 받쳐 입기도 하고 겉옷으로 입기도 함. 와이셔츠·티셔츠·남방셔츠 따위. ⨯샤스.
셔터(shutter) 명 **1** [사진] 필름 등의 감광 재료에 빛을 비추기 위해 일정 시간만 여는 카메라의 장치. ¶~를 누르다. **2** †폭이 좁은 철판을 발(簾) 모양으로 연결하여 감아올리거나 내릴 수 있도록 한 문. 방화(防火)·방범 등의 목적으로 가게 등의 출입구에 설치함. ¶~를 올리다[내리다].
셔틀-버스(shuttle bus) 명 가까운 거리를 일정 시간마다 왕복 운행하는 버스.
셔틀콕(shuttlecock) 명[체] 배드민턴 경기에 사용하는 공. 한쪽 끝이 둥근 코르크에 깃털을 꽂아 만듦.
션:찮다[-찬타] 형 '시원찮다'의 준말. ¶대답이 ~ / 손님 대접이 ~.
셰르파(Sherpa) 명 네팔 동부에 살고 있는 티베트의 한 종족. 산을 잘 타서 히말라야 등산에서 짐을 나르며 안내하는 인부로서 유명함.
셰어(←market share) 명[경] 상품의 시장 점유율.
셰어웨어(shareware) 명[컴] 일정 기간 무료로 사용해 보고 마음에 들면 값을 지불하고 사용하게 되어 있는 소프트웨어.
셰이커(shaker) 명 칵테일을 만들기 위한 음료 혼합기.
셰이크핸드^그립(shakehand grip) 명[체]

세일(shale) 명[광] 수성암의 하나. 점토(粘土)가 바다에서 되어 얇은 층으로 되어 잘 벗겨지는 성질이 있고, 빛깔은 담회색·암회색·흑갈색으로 유연함. =이판암(泥板巖)·혈암.

세퍼드(shepherd) 명[동] 개의 한 품종. 늑대와 비슷한데 퍽 영리하고 충실·용감하며, 후각이 예민함. 경찰견·군용견 등으로 쓰임.

셸락(shellac) 명[화] 동물성 수지(樹脂)의 한 가지. 깍깍지진디가 분비하는 수지를 정제한 것. 바니시 제조 및 레코드·절연 재료로 쓰임.

셸터드^워크숍(sheltered workshop) 명[사] 신체장애인을 위하여 집과 일하는 곳을 함께 마련한 곳.

소¹ 명 1[동] 몸집이 크고 머리는 짧고 굵은 두 개의 뿔이 있으며, 몸의 털은 짧게 나 있고 꼬리는 가늘고 길며 끝에 술 모양의 털이 있는 네발짐승. 포유류 솟과에 속하는 가축으로, 성질이 온순하고 힘이 세어 농사일이나 짐을 나르는 일을 시킴. 암컷은 암소, 수컷은 수소, 어린것은 송아지라고 부름. 울음 소리는 '음매'. 세는 단위는 마리·필(匹)·두(頭)를 치다. 2 일을 꾸준히 하는 열심히 불평 없이 하는 사람, 또는 어떤 일을 주 느리게 하는 사람을 비유적으로 이르는 말. ¶하는 짓이 얼마나 느려 터진지 ~야, [소 닭 보듯 닭 소 보듯] 아무런 관심도 없이 본 둥 만 둥 함을 가리키는 말. [소도 언덕이 있어야 비빈다] 의지할 곳이 있어야 무슨 일을 할 수 있다. [소 잃고 외양간 고친다] 이미 실패한 뒤에 후회해도 소용이 없다는 말.
소같이 먹다 구 엄청나게 많이 먹다. ¶무슨 밥을 그렇게 소같이 먹니?

소² 명 1 송편·만두·빵 등을 만들 때, 익히기 전에 속에 넣는 여러 가지 재료. 2 통김치·오이소박이 등의 속에 넣는 여러 가지 고명.

소-³ 접두 =쇠-.

-소⁴ 어미 자음으로 끝나는 용언의 어간이나 어미 '-았/었-', '-겠-'의 아래에 붙어, '하오' 할 상대에게 의문·평서의 뜻을 나타내는 종결 어미. 오늘날에는 주로 편지 글·소설·드라마 등의 문어에 쓰이며, 일상적 대화에서 구어로 쓰일 경우에는 사무적이거나 퉁명스러운 어감을 가질 때가 많음. ¶그건 여기 있~. / 얼마나 무겁~? ▷-오.-으오.

소¹⁵(小) 명 크기에 따라 대·중·소로 나눌 경우의 제일 작은 것.

소⁶(沼) 명 1[지] 호수보다 물이 얕고 진흙이 많으며 침수 식물이 무성한 곳. 2 =늪1.

소⁷(素) 명 음식에 고기·생선이 들지 않은 것. ¶~로 끓인 국.

소⁸(疏) 명 임금에게 올리는 글.

소⁹(訴) 명[법] 법원에 대하여 사법상의 권리·법률 관계의 존부(存否)에 대한 심판을 청구하는 행위.

소¹⁰(簫) 명[음] 아악기에 속하는 피리의 하나. 길이가 다른 16개의 대나무 관을 한데 줄로 꽂은 악기로, 두 손으로 틀을 잡고 불게 되어 있음. =봉소(鳳簫).

소¹¹(蘇) 명 '소련'을 줄여 이르는 말.

소!-¹²(小) 접두 '작은'의 뜻. ¶~사전 / ~문자 / ~제목 / ~극장. ↔대(大)-.

-소¹³(所) 접미 일부 명사에 붙어, 어떤 단체·장소·업소 등이 그 명사가 뜻하는 일을 하는 곳임을 나타내는 말. ¶인쇄~ / 발전~ / 이발~ / 연구~.

소!가(小家) 명 1 크기나 규모가 작은 집. 2 첩의 집을 높여 이르는 말.

소!-가족(小家族) 명 1[사] =핵가족. 2 식구가 적은 가족. ↔대가족.

소!-가죽 명 =쇠가죽.

소!가지 명 '심성(心性)'을 속되게 이르는 말. ¶못된 / ~가 비뚤어지다.

소가지(를) 내다 구 '성내다'를 속되게 이르는 말.

소각¹(消却·銷却) 명 1 지워 버리는 것. 2 부채(負債)·채금(債金) 등을 갚아 버리는 것. 소각-하다¹ 타[여]

소각²(燒却) 명 (어떤 물건을) 불에 태워서 없애 버리는 것. =소이(燒夷). 소각-하다² 타[여] 소각-되다 자

소각-로(燒却爐)[-강노] 명 쓰레기나 폐기물 등을 태워 버리는 시설물.

소각-장(燒却場)[-짱] 명 쓰레기나 폐기물 따위를 태워 버리는 장소.

소-간¹(-肝) 명 =쇠간.

소!간²(所幹) 명 볼일.

소!갈-딱지[-찌] 명 =소갈머리.

소!갈-머리 명 마음 또는 속에 가진 생각을 얕잡아 이르는 말. =소갈딱지. ¶이런 ~ 없는 녀석, 그래, 그깟 일로 화를 내.

소-갈비 명 =쇠갈비.

소갈-증(消渴症)[-쯩] 명[한] 목이 말라서 물이 자꾸 먹히는 병. 주로 당뇨·과로·방사·병후 쇠약 등으로 인해 일어남. =조갈증. 준소갈.

소!감(所感) 명 특별한 일, 특히 기쁜 일이나 뜻 깊은 일을 겪고 난 뒤, 마음에 느낀 바. 또는, 느낀 바의 생각. 비감상(感想). ¶당선 ~.

소!강(小康) 명 소란하던 것이 그치고 다소 잠잠한 것. 소!강-하다 형[여]

소!강-상태(小康狀態) 명 소란하던 것이 그치고 다소 잠잠한 상태. ¶~에 빠지다 / 치열하던 전투가 ~에 들어갔다.

소개¹(紹介) 명 1 (어떤 사람을 다른 사람에게) 어떠어떠한 사람임을 말하여 알게 하거나, 서로 알고 지내도록 중간에서 관계를 맺어 주는 것. ¶김 군의 ~로 최 교수를 알게 되었다. 2 어떤 대상을 다른 사람에게, 그 내용이나 정보 등을 알게 하는 것. ¶신간(新刊) ~ / 부동산 ~. 소개-하다 동[타][여] ¶나의 친구 김철수 군을 여러분에게 소개합니다 / 제3세계의 최근 문학 동향을 잡지에 ~. 소개-되다 자

소개²(疏開) 명 공습·화재 등에 대비하여 한 곳에 집중된 주민이나 시설물을 분산시키는 것. 소개-하다 동[타][여]

소!-개념(小槪念) 명[논] 정언적 삼단 논법에서, 결론의 주사(主辭)가 되는 개념. ↔대개념(大槪念).

소개-령(疏開令) 명 1 공습·화재 등에 대비하여 주민이나 시설물을 대피시키거나 분산시키는 명령. 2 적의 포화로 인한 피해를 줄이기 위해 전투 대형의 거리나 간격을 넓히게 하는 명령.

소개-비(紹介費) 명 소개받은 대가로 소개업자에게 치르는 돈.

소개-소(紹介所) 명 1 소개업을 하는 곳. 2

소개-업(紹介業)〖명〗구전을 목적으로 집·토지·직업 등의 알선이나 매매 또는 임대 등의 소개를 일삼는 업. ¶~자(者). ▷중개업.

소개-장(紹介狀)[-짱]〖명〗사람이나 사물을 소개하는 내용의 편지나 문서.

소개-팅(紹介←meeting)〖명〗〈속〉서로 모르는 남녀가 제삼자의 소개를 받아 사귀기 위해 만나 보는 것.

소거(消去)〖명〗**1** 지워 버리는 것. 또는, 사라져 없어지는 것. **2** [수] 둘 이상의 미지수를 가진 방정식에서 특정한 미지수를 없애는 일. **3** [컴]=리셋1. **소거-하다**〖동〗[타][여] **소거-되다**〖동〗[자]

소거-법(消去法)[-뻡]〖명〗[수] 둘 이상의 미지수를 가진 방정식에서 특정한 미지수를 없애는 방법. 연립 1차 방정식의 경우에는 대입법·가감법·등치법 등이 있음.

소-걸음〖명〗소처럼 느릿느릿 걷는 걸음.

소-걸이〖명〗=상씨름.

소:검(小劍)〖명〗작은 칼.

소격(疏隔)〖명〗서로 사귀는 사이가 멀어져서 왕래가 막히는 것. 비소원(疏遠). **소격-하다**〖동〗[자][여]

소격-서(昭格署)[-써]〖명〗[역] 조선 시대에 도교(道敎)에 관한 일을 맡아보던 관아.

소견(召見)〖명〗불러서 만나 보는 것. **소견-하다**〖동〗[타][여]

소:견²(所見)〖명〗사물을 살펴보고 인식하는 바의 의견이나 생각. ¶~서(書) / ~이 좁다 [얕다].

소견³(消遣)〖명〗=소일(消日)2. **소견-하다**²〖동〗[자][여]

소:견-머리(所見-)〖명〗'소견(所見)²'를 속되게 이르는 말. ¶~ 없는 녀석.

소:견-표(所見表)〖명〗[교] 학생의 학업·품행·신체 등 전반에 관한 것을 적은 서류.

소결(燒結)〖명〗[화] 가루를 압축 성형하여 녹는점 이하의 온도로 가열하였을 때, 가루가 서로 밀착하여 고결(固結)하는 현상. **소결-하다**〖동〗[자][여] **소결-되다**〖동〗[자][여]

소경〖명〗**1** 눈이 멀어 못 보는 사람. 완곡어 또는 순화어는 '시각 장애인'. 비맹인·장님·봉사. **2** 사물이나 글에 아주 어두운 사람. [소경 개천 나무란다] 자기의 잘못은 모르고 남만 탓한다. [소경 단청(丹靑) 구경] 보아도 내용을 알지 못할 사물을 보는 것의 비유. [소경 매질하듯] 옳고 그름을 판단하지 못하고 함부로 행동한다는 뜻. [소경 문고리 잡듯] 우연히 어떤 일을 이루거나 맞힌다는 뜻. [소경 잠자나 마나] 일을 하나 마나 성과가 없음.

소:계(小計)[-계/-게]〖명〗한 부분만의 합계. ↔총계.

소:고¹(小考)〖명〗(주로 논문 제목 속에 쓰여) 논하는 사물의 범위가 작은 고찰, 또는 전체적·종합적인 체계가 부족한 고찰이라는 뜻으로, 자신의 이론적 고찰을 겸손하게 이르는 말. ¶혹산도 방언 ~.

소:고²(小鼓)〖명〗**1** =작은북1. **2** 우리나라의 속악(俗樂) 민요 악기. 양면을 얇은 가죽으로 메웠으며, 운두가 낮고 작은 북으로 대개 자루가 달렸음. 나무 채로 침. =수고(手鼓).

소-고기〖명〗=쇠고기.

소:고-잡이(小鼓-)〖명〗[음] '소고재비'의 잘못.

소:고-재비(小鼓-)〖명〗[음] 농악에서 소고를 맡아 치는 사람. ×소고잡이.

소-고집(-固執)〖명〗=쇠고집.

소:곡(小曲)〖명〗[음] '소품곡'의 준말.

소:곤(小棍)〖명〗[역] 조선 시대의 형구(刑具)의 하나. 죄인의 볼기를 치는 데 쓰던 작은 곤장.

소곤-거리다/-대다〖동〗[타] 작은 목소리로 자꾸 가만히 말하다. ¶영수는 동생의 귀에 대고 무엇인가를 **소곤거렸다**. 〈큰〉수군거리다. 〈센〉쏘곤거리다. ×소근거리다.

소곤-소곤〖부〗소곤거리는 소리. 또는, 그 모양. ¶두 사람이 마주 앉아 ~ 속삭이다. 〈큰〉수군수군. 〈센〉쏘곤쏘곤. ×소근소근. **소곤소곤-하다**〖동〗[자][타][여]

소:골〖명〗=쇠골.

소곳소곳-하다[-곧쏘곧하-]〖형〗[여] 여럿이 모두 소곳하다. 〈큰〉수굿수굿하다.

소곳-하다[-고타-]〖형〗[여] **1** 약간 숙인 듯하다. ¶빌립을 따라 유다의 곁에까지 온 마리아는 수건을 쓴 채 유다의 얼굴을 거들떠보는 일도 없이 그냥 고개만 **소곳하고** 있었다. 《김동리:사반의 십자가》 **2** 흥분이 다소 가라앉은 듯하다. ¶몹시 날뛰더니 이젠 좀 **소곳해졌다**. **3** 좀 다소곳하다. ¶내 아내는 늘 별말이 없었다. 무슨 일이든지 시키는 대로 **소곳하고** 아무 소리 없이 순종하였다.《최서해:탈출기》〈큰〉수굿하다. **소곳-이**〖부〗¶~ 앉아 있다.

소:과(小科)〖역〗=생원진사시.

소:관(小官) **I** 〖명〗지위가 낮은 관리. **II** 〖대〗[인칭] 관리가 스스로를 낮추어 일컫는 말. =소직(小職).

소:관²(所管)〖명〗맡아 다스리는 것. 또는, 그 범위. ¶그 일은 우리 부서의 ~이 아니다.

소:관³(所關)〖명〗관계되는 바. ¶팔자 ~.

소:관-사(所關事)〖명〗관계되는 일. 또는, 관계되는 일. ¶그것은 나의 ~가 아니니까 관심도 없소.

소:괄호(小括弧)〖명〗묶음표의 하나. ( )의 이름. **1** 원어(原語)·연대·주석(註釋)·설명 등을 넣을 때에 씀. **2** 빈 자리임을 나타낼 때에 씀. '우리나라 수도는 ( )이다.' 따위. =손톱묶음. **3** [수] 어떤 식의 계산을 다른 계산보다 먼저 할 것을 요구할 때에 씀. ▷대괄호·중괄호.

소:교(素轎)〖명〗장례에서, 상제가 타도록 희게 꾸민 가마.

소구¹(訴求)〖명〗[법] 소송에 의하여 권리를 행사하는 일. 특히, 청구권의 행사를 말함. **소구-하다**¹〖동〗[타][여]

소구²(遡求)〖명〗[법] 어음·수표의 지급이 없거나 또는 지급이 현저하게 불확실하게 되었을 때, 그 어음·수표의 소지인이 어음의 작성이나 유통에 관여한 자에 대하여 본래의 지급을 대신하는 대상적(代償的) 지급을 청구하는 일. ¶~권 / ~ 금액. **소구-하다**²〖동〗[타][여]

소:-구치(小臼齒)〖명〗[생] =앞어금니. ↔대구치(大臼齒).

소:국(小國)〖명〗작은 나라. ↔대국(大國).

소굴(巢窟)〖명〗좋지 못한 짓을 하는 사람들이 활동의 근거지로 삼고 있는 곳. =굴혈·소혈·와굴. ¶도둑의 ~. 준굴.

소:권¹(小圈)[-꿘]〖명〗[수]=소원(小圓)'2.

소권²(訴權)[-꿘]〖명〗[법] 민사 소송법에서, 법원에 소송을 제기하여 판결을 요구할 수소·-귀 명 =쇠귀.
소’-규모(小規模) 명 일의 규모나 범위가 좁고 작은 것. ¶~ 기업. ↔대규모.
소극(消極) 명 1 태도가 수동적이고 비활동적인 상태. ¶~ 행위/~ 방어. 2 내용이 부정적이고 형식적인 상태. ¶~ 명제/~ 재산. ↔적극(積極). 3 [물] =감극(減極).
소극²(笑劇) [—끅] [연] 익살과 웃음거리를 주로 하여 관중을 웃기는 연극. 특히, 15세기 프랑스에서 성행함. =파스(farce).
소극-성(消極性) [—씽] 명 소극적인 성질이나 상태. ↔적극성.
소’-극장(小劇場) [—짱] 명 상업주의적인 대극장의 연극을 부정하고 연극 본래의 예술성의 추구, 실험 연극의 시연(試演), 관객과의 친화를 도모하는 등의 목적으로 만들어진 소규모의 극장.
소극-적(消極的) [—쩍] 관명 자진하여 나아가려는 기백이 부족하고 활동적이 아닌(것). ¶~ 자세/그는 성격이 ~이다. ↔적극적.
소극-주의(消極主義) [—쭈의/—쭈이] 명윤 행위를 하지 않음으로써 악을 피하려는 주의. 금욕주의·보수주의 따위. ↔적극주의.
소근-거리다 통[자태] '소곤거리다'의 잘못.
소근-소근 부 '소곤소곤'의 잘못.
소금¹ 명 [화] 바닷물을 증발시키거나 땅속에서 캐어서 얻는, 짠맛이 나는 흰 빛깔의 결정체. 동물에게는 생리적으로 필요 불가결한 것으로서 매일 일정량을 섭취해야 함. 식품을 저장할 때 방부제의 역할을 하며, 화학 공업의 원료로도 중요하게 쓰임. 화학명으로는 '염화나트륨', 식품명으로는 '식염'이라 불림. ≒염(鹽). ¶가는[굵은] ~ / 국에 ~을 치다[넣다].
[소금 먹은 놈이 물켠다] 무슨 일이든지 거기에는 반드시 그렇게 된 까닭이 있다. [소금이 쉴까] 어떤 일에도 굽히거나 변하지 않아 매우 미더운 사람을 이르는 말.
소’금²(小金) 명 1 대금보다 조금 작은 타악기의 하나. 2 =꽹과리.
소’금³(小笒) [음] 1 국악에서 사용하는 목관 악기의 하나. 삼금(三笒) 중 가장 작고, 구멍이 7개 뚫려 있음. 지금은 전해지지 않음. 2 중국에서 들어온 당악기로, 저의 하나. 여덟 개의 구멍이 뚫려 있고 가로로 부는데, 국악기 중 가장 높은 음역을 담당함. 원소함(小笒). ⓒ당적(唐笛).
소금-구이 명 1 바닷물을 달여서 소금을 만드는 일. 또는, 그 일을 하는 사람. 2생선·쇠고기 등에 소금을 쳐서 굽는 일. 또는, 그 고기. 소금구이-하다 통[자태]
소금-국 [—꾹] 명 1 물에 소금을 넣고 끓인 국. ¶~으로 연명하다. 2 소금을 많이 넣어 너무 짜게 된 국.
소금-기(—氣) [—끼] 명 어떤 물질 속에 들어 있는 짭짤한 맛이나 기운. 비염분(鹽分).
소금-물 명 소금을 녹인 물. 비식염수=염수.
소금-밥 명 1 '소금엣밥'의 준말. 2 소금물을 묻혀 뭉친 주먹밥. 3 소금을 섞은 밥. 농가에서 염증(炎症)을 푸는 데 고약처럼 씀.
소금-발 [—빨] 명 =염전(鹽田)³.
소금-버캐 명 엉겨서 말라붙은 소금 덩이.
소금엣-밥 [—에빱/—엗빱] 명 ['소금을 반찬으로 차린 밥'이라는 뜻] 변변하지 못하게 차린 밥. ≒염반(鹽飯). ⓒ소금밥.

소금장-이 명[동] '소금쟁이'의 잘못.
소금쟁-이 명[동] 매미목 소금쟁잇과의 곤충. 몸길이 15mm가량. 몸빛은 흑색이고, 긴 발끝에 털이 있어 물 위를 달림. 못·개천 등에 떼 지어 삶. ×소금장이.
소금-적 명 '소금적'의 잘못.
소금-절이 명 고기·채소 따위를 소금에 절이는 일. 또는, 그 고기나 채소. 소금절이-하다 통[자태]
소금-쩍 명 물건 거죽에 소금 기운이 내솟아서 엉긴 조각. ×소금적.
소급(遡及) 명 지나간 일에까지 거슬러 올라가서 미치게 하는 것. 소급-하다 통[자태어] ¶형벌 법규는 소급하여 적용할 수 없다.
소’-기¹(小器) 명 1 작은 그릇. 2 기량(器量)이 작은 사람.
소’-기²(所期) 명 (주로 '소기의'의 꼴로 쓰여) 기대한 바. ¶~의 목적을 달성하다.
소-기름 명 =쇠기름.
소’-기업(小企業) 명 규모가 작은 기업.
소’-기후(小氣候) 명 [기상] 수평적으로는 수십 km, 수직적으로는 약 1km의 범위 내의 지역에서 볼 수 있는 기후. 히트 아일랜드·해륙풍·산골바람 등의 현상. ▷대기후.
소-꼬리 명 =쇠꼬리¹.
소꼬리-채 명 =쇠꼬리챗.
소꿉 명 아이들이 살림살이의 흉내를 내며 노는 데 쓰는, 그릇을 비롯한 부엌 세간을 본떠 만든 장난감의 총칭.
소꿉-놀이 [—꿉—] 명 소꿉질하며 노는 아이들의 놀이. 소꿉놀이-하다 통[자태어]
소꿉-동무 [—똥—] 명 어릴 적에 같이 소꿉질을 하며 놀던 동무. 곧, 아주 어렸을 때의 친구. ≒소꿉친구.
소꿉-장난 [—짱—] 명 소꿉질하며 노는 장난. 소꿉장난-하다 통[자태어] ¶소꿉장난하며 같이 놀던 친구.
소꿉-질 [—찔] 명 아이들이 자질구레한 그릇 따위를 가지고 살림살이 흉내를 내는 짓. 소꿉질-하다 통[자태어]
소꿉-친구(—親舊) 명 =소꿉동무.
소나(sonar) [sound navigation and ranging] 명 음파 탐지기.
소나-기 명 1 갑자기 세차게 쏟아지다가 곧 치는 비. 흔히, 번개·천둥·강풍 등을 동반함. =소낙비·취우(驟雨). 2 (일부 명사와 합성어를 이루어) 어떤 일이 매우 세찬 기세로 급격히 이뤄지는 상태임을 이르는 말. ¶~ 펀치.
소나기-구름 명 [기상] =적란운(積亂雲).
소나기-밥 명 평소에는 얼마 먹지 않던 사람이 어쩌다가 갑자기 많이 먹는 밥.
소나기-술 명 평소에는 마시지 않다가 입만 대면 한정 없이 많이 마시는 술.
소-나무 명 [식] 1 소나뭇과 소나무속에 속하는 식물의 총칭. =솔·송목(松木)·송수(松樹). 2 소나뭇과의 상록 침엽 교목. 높이 35m가량. 나무껍질은 검붉고 비늘 모양임. 꽃은 5월에 피고, 그 해 가을에 열매인 '솔방울'을 맺음. 건축재·침목·도구재 등 용도가 많음. =육송·적송(赤松). 원솔나무.
소나-타(⑩sonata) 명 [음] 16세기 중기 바로크 초기 이후에 발달한 악곡의 형식. 기악을 위한 독주곡 또는 실내악으로 2악장 이상으로 이루어졌음. =주명곡(奏鳴曲).
소나타-형식(⑩sonata形式) 명 [음] 기악 형식의 하나. 제시부·발전부·재현부·코다의 순서로 된 복잡한 내용의 형식. 주로 소나타·교향곡·협주곡의 제1악장에 쓰임.

소나티네(Sonatine) 〔명〕〔음〕 악장의 규모가 작고 짧은 소나타. =소나티나·소주명곡.

소낙-비〔-삐〕〔명〕=소나기1.

소낭(嗉囊)〔명〕〔동〕=모이주머니.

소네트(sonnet) 〔명〕〔문〕 서양 시가(詩歌)의 한 형식. 14행의 단시(短詩)로 각 행 10음절로 이루어지며 복잡한 운(韻)으로 짜여져 있음. =십사행시.

소!녀¹(少女) Ⅰ〔명〕키나 몸이 작은 계집아이. Ⅱ〔인칭〕예전에, 여자가 웃어른에게 자기를 겸손하게 낮추어 이르던 말.

소!녀²(少女)〔명〕유아(幼兒)의 단계는 지났으나 아직 어른이 되지 못한 여자. 주로는 10대 중반의 여자를 가리키나 넓게는 6, 7세에서 17, 18세까지도 가리킬 수 있음. ¶문학~ / 수줍음이 많은 ~ / 나이 어린 성냥팔이 ~. ↔소년.

소!녀-가장(少女家長)〔명〕 부모가 없거나, 부모가 생계를 꾸려 나갈 수 없는 형편에 있어, 집안의 생계를 책임지게 된 소녀.

소!녀-단(少女團)〔명〕=걸 스카우트.

소!녀-취미(少女趣味)〔명〕 소녀들에게서 흔히 볼 수 있는 감상적·낭만적이고 아기자기한 취미.

소!녀-티(少女-)〔명〕 소녀에게서 풍기는 고유한 기색이나 태도. ¶~가 채 가시지 않은 대학 1년생.

소!년(少年) 〔명〕 **1** 유아(幼兒)의 단계는 지났으나 아직 어른이 되지 못한 남자. 주로는 10대 중반의 남자를 가리키나 넓게는 6, 7세에서 17, 18세까지도 가리킬 수 있음. ¶10대 ~ / 사춘기 ~ 그는 개울가에서 소녀를 보자 곧 윤 초시네 증손녀딸이라는 걸 알 수 있었다.《황순원:소나기》↔소녀. **2**〔법〕 소년법에서, 20세 미만의 사람. **3**《일부 명사와 함께 쓰여》젊은 사람임을 나타내거나 젊은 시절에 이루거나 하는 것임을 나타내는 말. ¶~ 과부 / ~ 재상.

소!년-가장(少年家長)〔명〕 부모가 없거나, 부모가 생계를 꾸려 나갈 수 없는 형편에 있어, 집안의 생계를 책임지게 된 소년.

소!년-고생(少年苦生)〔명〕 젊은 시절에 겪는 고생.

소!년^근!로자(少年勤勞者)〔-글-〕〔법〕 근로 기준법에 의하여 보호 대상이 되는 18세 미만의 소년·소녀 근로자.

소!년-기(少年期)〔명〕 어린이의 단계는 지났으나 아직 어른이 되지 못한 단계의 시기. 명확한 경계를 긋기는 어려우나, 일반적으로 13~18세 정도의 기간을 가리킴.

소!년-단(少年團)〔명〕=보이 스카우트.

소!년-범(少年犯)〔명〕〔법〕 소년 범죄자.

소!년^범!죄(少年犯罪)〔-쬐/-쮀〕〔명〕〔법〕 20세 미만 소년의 범죄. 소년법에 의해서 다루어짐.

소!년-원(少年院)〔명〕〔법〕 법무부 장관 소속하에 설치된 기관의 하나, 법원의 보호 처분에 의하여 송치된 소년을 수용하고, 교정 교화(矯正敎化)함.

소!년-티(少年-)〔명〕 소년에게서 풍기는 고유한 기색이나 태도.

소노시트(Sonosheet) 〔명〕 보통의 레코드보다 얇고 부드러운, 비닐·플라스틱제의 간단한 레코드. 소리 나는 잡지인 소노라마를 위해서 개발되었음.

소!-논문(小論文)〔명〕 소규모의 논문.

소!-농(小農) 〔명〕 작은 규모로 짓는 농사. 또는, 그러한 농가나 농민. ↔대농·중농.

소!-농가(小農家) 〔명〕 작은 규모로 농사를 짓는 집. ↔대농가.

소!-뇌(小腦)〔-뇌/-눼〕〔생〕 대뇌의 아래, 연수(延髓) 뒤에 있는 타원형 뇌수의 한 부분. 수의근(隨意筋)의 조절, 몸의 평형 및 운동을 맡아봄. ↔대뇌.

소다(soda) 〔화〕 금속 나트륨과 화합하여 된 염. 가성 소다·탄산소다 등이 있음.

소다^석회(soda石灰)〔-석쾨/-석퀘〕〔명〕〔화〕 수산화나트륨의 진한 용액에 산화칼슘을 섞어 가열해서 만든, 알갱이 모양의 흰색 고체. 이산화탄소의 흡수제나 흡습제·건조제로 쓰임. =착은zec.

소다-수(soda水) 〔명〕=탄산수(炭酸水).

소!-단원(小單元)〔명〕〔교〕 단원 학습에서, 대단원을 다시 몇 가지로 구분한 단원. ↔대단원.

소-달구지〔명〕 소가 끄는 수레. ⓑ우차.

소담(笑談)〔명〕 우스운 이야기. **소담-하다**¹ 〔동〕〔자여〕

소담-스럽다〔-따〕〔형ㅂ〕<~스러우니, ~스러워> 소담한 데가 있다. ¶쟁반에 떡이 **소담스럽게** 담겨 있다. **소담스레**〔부〕

소담-하다²〔형여〕**1** 생김새가 탐스럽다. ¶정원에 국화꽃이 **소담하게** 피어 있다. **2** 음식이 넉넉하여 보기에도 먹음직하다. ¶유리그릇에 과일이 **소담하게** 담겨 있다. **소담-히**〔부〕

소!대¹(小隊)〔군〕 군대 편성의 한 단위. 대개 중대(中隊)의 1/3 또는 1/4의 인원으로서, 4개의 분대(分隊)로 이루어짐.

소대²(疏待) 〔명〕=푸대접. **소대-하다**〔동〕〔타여〕

소!-대상(小大祥) 〔명〕 소상과 대상.

소!대-장(小隊長)〔명〕〔군〕 소대를 지휘·통솔하는 책임 장교. 보통 소위나 중위가 맡음.

소댕 〔명〕 솥의 뚜껑. 특히, 무쇠솥의 뚜껑을 가리킴. ⓑ솥뚜껑.

소데나시(⑫袖無し/そでなし)〔명〕'민소매'의 잘못.

소!도¹(小刀)〔명〕 작은 칼.

소!도²(小島)〔명〕 작은 섬.

소도³(蘇塗)〔명〕〔역〕 삼한 시대에, 천신(天神)에게 제사 지내던 성지(聖地).

소!-도구(小道具)〔명〕〔예〕 연극·영화에서, 무대 장치에 쓰이거나 배우가 연기할 때 이용하는, 비교적 작은 물건. 연소품.

소-도둑 〔명〕 **1** 소를 훔치는 짓. 또는, 그 도둑. **2** 《주로 '같다'와 함께 쓰여》 힘살굳고 음흉해 보이는 남자를 적대감을 가지고 이르는 말. ¶~같이 생긴 녀석.

소도둑-놈〔-둥-〕〔명〕'소도둑'을 욕하여 이르는 말.

소도록-하다〔-로카-〕〔형여〕 분량이 제법 많아서 소복하다. ⓑ수두룩하다. **소도록-이**〔부〕

소!-도시(小都市) 〔명〕 작은 규모의 도시.

소독(消毒) 〔명〕〔의〕 감염(感染) 예방을 위해 병원균을 죽이는 일. 약물·일광·끓이기·증기 등에 의한 방법이 있음. ¶일광 ~. **소독-하다**〔동〕〔타여〕 **소독-되다**〔동〕〔자〕

소독-수(消毒水)〔-쑤〕〔명〕 소독약을 풀어 놓은 물.

소독-약(消毒藥)〔-동냑〕〔명〕〔약〕 소독하는 데 쓰이는 약제. 알코올·요오드·석탄산·크레졸·포르말린 따위. ⓑ살균제.

소독-저(消毒-)[-쩌] 명 소독을 한 나무젓가락.
소독-차(消毒車) 명 소독하는 설비를 갖춘 차.
소'동¹(小童) 명 1 열 살 미만의 어린아이. 2 심부름하는 작은 아이.
소동²(騷動) 명 어떤 사건이나 문제의 발생으로 여러 사람들이 놀라거나 흥분하여 법석거리거나 소란을 일으키는 것. ¶~이 나다/큰 ~이 벌어지다. 소동-하다 동자여
소'-동맥(小動脈) 명 [생] 대동맥에서 각 기관으로 갈라져 나간 동맥. ≒소정맥.
소'두(小斗) 명 닷 되들이 말. 대두의 반 되는 분량임. ¶쌀 ~ 서 말. ▷대두(大斗).
소-두엄 명 =쇠두엄.
소듐(sodium) 명 [화] =나트륨.
소드락-질[-찔] 명 남의 재물을 빼앗는 짓. 소드락질-하다 동타여
소'득(所得) 명 1 어떤 일의 결과로 얻은 정신적·물질적 이익. 2 [경] 일정 기간 동안의 근로·사업, 또는 자산의 운영 등에서 얻는 수입. 봉급·노임·지대(地代)·이자 따위. ¶ 근로 ~.
소'득-공제(所得控除)[-꽁-] 명 [법] 과세소득액을 결정하기 위하여 총소득액으로부터 법으로 정한 금액을 빼내는 일. 기초 공제·부양가족 공제·의료비 공제 등이 있음.
소'득-세(所得稅)[-쎄] 명 [법] 개인의 1년간의 소득액을 표준으로 하여 부과하는 국세(國稅).
소득-소득[-쏘-] 부 식물 등이 몹시 시들어 마른 모양. 큰수득수득. 소득소득-하다 형여
소'득-액(所得額) 명 소득으로 들어온 돈의 액수.
소들-소들 부 식물 등이 조금 시들어서 생기를 잃고 마른 모양. 큰수들수들. 소들소들-하다 형여
소등(消燈) 명 등불이나 전등을 끄는 것. ↔점등(點燈). 소등-하다 동자여 소등-되다 동여
소-등에 명[동] =쇠등에.
소-똥 명 =쇠똥².
소-띠 명 [민] 소해에 난 사람의 띠.
소'라(螺) 명 [동] 연체동물 복족강 소랏과의 한 종. 껍데기는 높이 10cm, 지름 8cm가량으로 두껍고 단단함. 몸빛은 외면이 흑갈색, 내면은 희고 자줏빛 광택이 남. 살은 식용하고, 껍데기는 자개·단추·바둑돌을 만드는 데에 쓰임. 바다에서 삶. 2 [음] '나각(螺角)'의 잘못.
소'라²(小鑼) 명 [음] 악기의 이름. 꽹과리보다 작은 징.
소'라-딱지[-찌] 명 소라의 껍데기.
소라-색(-色)[-空/そら 色] 명 '하늘색'의 잘못.
소락-소락 부 말이나 행동을 요량 없이 경솔하게 하는 모양. 큰수럭수럭. 소락소락-하다 형여
소란(騷亂) 명 사람이 시끄럽게 떠들거나 하여 (분위기가) 어수선하고 어지러운 것. ¶~을 떨다 / ~을 피우다. 소란-하다 형여 ¶싸움이라도 났나, 바깥이 왜 이리 소란하지?
소란-스럽다(騷亂-)[-따] 형ㅂ여 <~스러우니, ~스러워> 소란한 데가 있다. 소란스레 부
소래기 명 굽 없는 접시 모양의 넓은 질그릇. 독 뚜껑이나 그릇으로 쓰임. 준소래. ×반

대기.
소략(疏略) →소략-하다 [-랴카-] 형여 (일에) 꼼꼼하지 못하고 엉성하다. ↔세밀하다. 소략-히 부
소량(少量) 명 적은 분량. ↔다량(多量).
소련(蘇聯) 명 [역] 유라시아 대륙의 북부에 존재했던 세계 최초의 사회주의 국가. 1917년 러시아 혁명을 거쳐 22년 성립됨. 1991년 각 공화국의 연방 이탈의 확대로 붕괴됨. 수도는 모스크바. =소비에트 사회주의 공화국 연방·소연방·유에스에스아르(USSR).
소'렴(小殮) 명 시체에 새로 지은 옷을 입히고 이불로 싸는 일. 소렴-하다 동타여
소'령(少領) 명 [군] 국군 계급의 하나. 영관의 맨 아래 계급으로, 대위의 위, 중령의 아래임.
소'로(小路) 명 작은 길. =세경(細徑). ↔대로(大路).
소록-소록[-쏘-] 부 1 아기가 곱게 자는 모양. ¶우리 아기 착한 아기 ~ 잠들라. 2 비가 보슬보슬 내리는 모양. 소록소록-하다 동자여
소'론¹(小論) 명 규모가 작은 논설이나 논문.
소'론²(少論) 명 [역] 조선 시대, 사색당파의 하나. 숙종 때 서인(西人) 중에서 소장파 윤증(尹拯)·조지겸(趙持謙) 등이 영수(領袖)인 송시열(宋時烈) 등과 반목하여 갈려 나온 당파. ↔노론(老論).
소'료(所料) 명 생각하여 헤아린 바.
소루(疏漏) →소루-하다 형여 (하는 생각·일 따위가) 꼼꼼하지 못하고 소홀하다. 소루-히 부
소'루쟁이 명 [식] 마디풀과의 여러해살이풀. 높이 30~80cm. 잎은 긴 피침형인데 주글주글하고, 6~7월에 연한 녹색의 꽃이 핌. 어린잎은 식용함. =양제(羊蹄)·양제초.
소르르 부 1 뭉치거나 얽히거나 걸린 물건이 잘 풀리거나 흘러내리는 모양. ¶옷고름이 ~ 풀리다. 2 부드러운 바람이 천천히 불어오는 모양. 3 물이나 가루 같은 것이 부드럽게 새어 나오는 모양. 4 졸음이 오는 모양. ¶ ~ 졸음이 오다. 큰수르르.
소'름 명 추위나 공포감을 느낄 때 살갗에 돋아나는 좁쌀 같은 것. ¶~이 돋다 / 오싹하고 온몸에 ~ 이 끼치다.
소리¹ 1 [물] 물체가 부딪치거나 빠르게 떨리거나 할 때, 사람이나 동물의 귀에 전달되어 청각(聽覺)을 일으키는 공기의 진동. 비음(音). ¶총 ~ / 파도 ~ / ~가 들리다 / ~가 크다 [작다] / 아기가 ~ 나는 쪽으로 고개를 돌린다. 2 사람이 발음 기관을 작용시켜 일으키는 일체의 공기 진동. ¶기침 ~ / 웃는 ~ / ~를 꽥 지르다. 3 동물이 발음 기관을 작용시켜 일으키는 일체의 공기 진동. ¶빼꾸기 ~ . 4 어떤 사람의 말이 못마땅하거나 뜻밖이거나 할 때, 그의 '말'을 얕잡아 이르는 말. ¶쓸데없는 ~. 5 '판소리'나 '잡가'와 같은 전통적인 노래. 또는, '노래'를 예스럽게 이르는 말. ¶어다 ~ 한 마디 해 보렴. 6 항간의 여론이나 소문, 또는 호소. ¶국민의 / 개혁을 바라는 ~가 드높다. 소리-하다 동자여 판소리나 잡가 따위를 부르다.
소리하는 것을 * 척으로 삼다.
소리를 죽이다 관 소리를 내지 않거나 매우 낮추다. ¶소리를 죽여 흐느끼다.
소리 소문도 없이 관 동작이 드러남이 없이 슬그머니. ¶ ~ 사라지다.

소!리²(小利)명 작은 이익.
소리개 명[동] '솔개'의 잘못.
소리-굽쇠[-쇠/-쉐] 명[물] 균질한 길쭉한 금속 막대를 'U' 자형으로 휘어 가운데에 자루를 단 것. 끝을 때리면 안정된 진동수를 가진 소리를 냄. 음향 측정, 악기의 조율 등에 씀. =음차(音叉).
소리-글 명[언] '소리글자'의 준말. ↔뜻글.
소리-글자(-字)[-짜] 명[언] =표음 문자. ㊣소리글. ↔뜻글자.
소리-꾼 명 판소리나 잡가 따위의 소리를 잘 하는 사람.
소리-내기 명[언] =발음(發音).
소리-마디 명[언] =음절(音節)1.
소리-소리 부 자꾸 크게 소리를 지르는 모양. ¶화가 나서 ~ 지르다.
소리-쟁이 명 노래 부르는 일을 직업으로 하는 사람을 얕잡아 이르는 말.
소리-치다 재 1 (사람이) 목청을 크게 하여 말하거나 어떤 소리를 내다. ¶"으악!" 하고 ~/아무리 소리쳐 불러도 대답이 없다. 2 소릿바람을 내다.

유의어	소리치다 / 외치다
둘 다 사람이 큰 목소리를 내는 것을 뜻하나, '소리치다'가 그 쓰임에 있어서 특별한 제약이 없는 데 반해, '외치다'는 주로 여러 사람에게 무엇을 알리거나 주의·주장을 하는 행동을 가리키는 경향이 있함. 다만, '외치다'는 '소리치다'와 달리 목적어를 취할 수 있고, 그 목적이 되는 어떤 사실을 강하게 주장하는 것을 비유적으로 나타낼 수 있음(¶재야 단체는 악법 철폐를 **외쳤다**.).	

소리-판 명 =음반(音盤).
소림(疏林) 명 나무가 듬성듬성 서 있는 숲. ↔밀림(密林).
소립(小粒) 명 썩 작은 알맹이.
소립-자(素粒子)[-짜] 명[물] 물리학에서 극미립자(極微粒子)라고 생각되고 있는 광양자·전자·양성자·중성자·중간자·중성 입자·양전자 등의 총칭.
소릿-값[-리깝/-릳깝] 명[언] =음가(音價).
소릿-결[-리껼/-릳껼] 명[물] =음파(音波).
소릿-바람[-리빠-/-릳빠-] 명 떨치는 기세와 그 반향(反響).
소!마 '오줌'을 점잖게 이르는 말.
소!마-보다 자 =소변보다.
소마-소마 부 무섭거나 두려워서 마음이 초조한 모양. **소마소마-하다** 혱여
소!만(小滿) 24절기의 하나. 5월 21일경으로, 입하(立夏)와 망종(芒種) 사이에 있음.
소말리아(Somalia) 명[지] 아프리카 대륙의 동쪽 끝에 있는 공화국. 수도는 모가디슈.
소!망(所望) 명 간절히 바라는 바. 또는, 그 바람. ¶간절한 ~/~이 이루어지다. **소!망-하다** 타여 (어떤 일을) 간절히 바라다. ¶병이 완쾌되기를 ~.
소매¹ 명 상체에 입는 옷에서, 팔을 싸는 원통 모양의 부분. =팔소매. 비옷소매. ¶짧은 ~/~를 걷다/~가 넓다.
소매를 걷고 나서다 관 몸소 어떤 일에 앞장서서 나서다. ¶남을 돕는 일이라면 ~.
소!매²(小賣) 명 (물건을) 생산자나 도매상으로부터 사들여 직접 소비자에게 파는 일. ↔도매. **소!매-하다** 타여 **소!매-되다** 자

소!매-가(小賣價)[-까] 명 =소매가격. ↔도매가.
소!매-가격(小賣價格)[-까-] 명 물건을 소매할 때의 가격. =소매가·소맷값. ↔도매가격.
소!매-상(小賣商) 명 소매하는 장사. 또는, 그 장수. =산매상(散賣商). ↔도매상.
소!매-업(小賣業) 명 소매를 하는 영업. =산매업. ↔도매업.
소!매-점(小賣店) 명 소매를 하는 상점. =산매점. ↔도매점.
소매-치기 명 1 남의 주머니나 가방 속에 들어 있는 돈이나 귀중품, 또는 남이 몸에 차거나 지니고 있는 귀금속 따위를 남이 알아채지 못하게 교묘한 손놀림으로 훔치는 짓. ¶현금을 ~당하다. 2 남의 물건을 교묘한 손놀림으로 훔치는 짓을 하는 사람. ▷날치기. **소매치기-하다** 타여
소매-통 명 소매의 폭.
소!맥(小麥) 명[식] =밀¹.
소!맥-분(小麥粉) 명 [-뿐] =밀가루.
소!맷-값(小賣-)[-매깝/-맫깝] 명 =소매가격. ↔도맷값.
소맷-귀[-매뀌/-맫뀌] 명 소맷부리의 구석 부분.
소맷-동[-매똥/-맫똥] 명 옷소매의 끝을 이은 동아리.
소맷-부리[-매뿌-/-맫뿌-] 명 옷소매의 아가리. =메구(袂口). ¶~가 닳다.
소맷-자락[-매짜-/-맫짜-] 명 옷소매의 자락.
소-머리 명 =쇠머리.
소머릿-살[-리쌀/-릳쌀] 명 =쇠머릿살.
소-먹이 명 =쇠먹이.
소!면(素麵) 명 고기붙이를 넣지 않은 국수.
소면-기(梳綿機) 명 대강 탄 솜에서 불순물이나 짧은 털을 없앤 후 섬유를 가지런히 모으고 적당한 크기로 자르는 방적기.
소멸-하다¹(消滅) 자여 사라져 없어지는 것. **소멸-되다¹** 자여
소멸²(掃滅) 명 싹 쓸어서 없애는 것. **소멸-하다²** 타여 **소멸-되다²** 자여
소멸³(燒滅) 명 불살라 없애는 것. **소멸-하다³** 타여 **소멸-되다³** 자여
소명¹(召命) 명 1 [가][기] 하느님의 일을 하도록 하느님으로부터 받는 부름. 2 어떤 사람이, 사회가 자신에게 요청하고 있다고 느끼는 임무나 책임. ¶직업에 대한 ~ 의식.
소명²(疏明·疎明) 명 1 변명하는 것. 2 [법] 재판에서, 당사자가 주장하는 사실에 대하여, 법관에게 확실하다는 생각을 가지게 하는 일. 또는, 이를 위하여 당사자가 증거를 제출하는 일. **소명-하다²** 자여 타여
소명³(昭明) →**소명-하다²** 혱여 사물을 분간함이 밝고 똑똑하다.
소!-명사(小名辭) 명[논] 소개념을 나타낸 명사. ㊣대명사.
소모¹(消耗) 명 (물질·힘·시간 등을) 써서 없애는 것. ¶연료의 ~가 큰 고급 승용차. **소모-하다¹** 타여 ¶체력을 ~/시간을 ~. **소모-되다** 자여 ¶전지가 다 **소모되어** 라디오에서 소리가 나지 않는다.
소모²(梳毛) 명 양모의 짧은 섬유는 없애고 긴 섬유만 골라 가지런하게 하는 공정(工程). 또는, 그렇게 한 긴 섬유. **소모-하다²**

소모-량(消耗量)〖명〗소모한 양.
소모-사(梳毛絲)〖명〗소모 방적 공정에 의하여 만들어진 가는 털실.
소-모임(小-)〖명〗작은 규모의 모임. ¶취미 활동을 위한 ~.
소모-전(消耗戰)〖명〗쉽게 승부가 나지 않아, 인원·병기·물자 따위가 계속 투입되는 전쟁. ¶~을 벌이다.
소모-품(消耗品)〖명〗사무용품 가운데서 쓰는 대로 닳아 없어지거나 못 쓰게 되는 물품. 종이·연필·잉크 따위. ↔비품(備品).
소-목¹(小木)〖명〗'소목장이'의 준말. ↔대목(大木).
소-목²(小目)〖명〗바둑에서, 바둑판 네 모서리의 셋째 줄과 넷째 줄이 만나는 점.
소목-장이(小木-)[-쨩-]〖명〗나무로 여러 가지 가구를 짜는 일을 직업으로 하는 사람. =소목장. 준소목(小木).
소-몰이〖명〗소를 모는 일. 또는, 그 사람. **소몰이-하다**〖동〗〖자〗〖여〗
소몰이-꾼〖명〗소몰이하는 사람을 홀하게 이르는 말.
소:묘(素描)〖명〗〖미〗형태·명암을 주로 하여 단색(單色)으로 그린 그림. =데생. **소:묘-하다**〖동〗〖타〗〖여〗
소:문(所聞)〖명〗사람들의 입에서 입으로 전해져 널리 알려진, 어떤 말이나 사실. 일반적으로, 진실 여부가 객관적으로 확실하게 밝혀지지 않은 사실을 가리킴. =성문(聲聞)·성식(聲息). ¶뜬[헛]~ / ~이 퍼지다 / ~이 돌다 / ~이 자자하다.
소:문-나다(所聞-)〖동〗〖자〗소문이 퍼지다. ¶구두쇠로 ~.
[소문난 잔치에 먹을 것 없다] 소문에 비하여 내용이 보잘것없다.
소:문-내다(所聞-)〖동〗〖타〗소문을 퍼뜨리다.
소:-문자(小文字)[-짜]〖명〗서양 문자의 작은 체의 문자. ↔대문자.
소:미(小米)〖명〗=좁쌀¹.
소밀(疏密)〖명〗성김과 빽빽함.
소-바리〖명〗소의 등에 짐을 실어 나르는 일. 또는, 그 짐.
소박¹(疏薄)〖명〗(아내를) 박대하여 육체관계를 갖지 않고 멀리하는 것. **소박-하다¹**〖동〗〖타〗〖여〗¶조강지처를 ~.
소박²(素朴)→**소박-하다²**[-바카-]〖형〗〖여〗꾸밈이나 거짓이 없이 수수하다. =박소하다. ¶소박한 옷차림 / 소박한 생활.
소박-데기(疏薄-)[-떼-]〖명〗소박을 맞은 여자.
소박-맞다(疏薄-)[-방맏따]〖동〗〖자〗남편에게 소박을 당하다. ¶첫날밤에 ~.
소박-미(素朴美)[-빙-]〖명〗꾸밈없이 수수하고 순박한 아름다움.
소-박이〖명〗1'오이소박이'의 준말. 2 소를 넣어서 만든 음식의 총칭.
소:반¹(小盤)〖명〗음식을 놓고 먹는 작은 상. 〖비〗소반(小盤).
소:반²(素飯)〖명〗=소밥.
소:-밥(素-)〖명〗고기반찬이 없는 밥. =소반(素飯)·소식(素食). ▷소찬(素饌).
소방(消防)〖명〗화재를 방지하고 불난 것을 끄는 일. ¶~ 시설. **소방-하다**〖동〗〖타〗〖여〗
소방(疏放)〖명〗(죄수를) 너그럽게 처결하여 놓아주는 것. **소방-하다²**〖동〗〖타〗 **소방-되다**〖동〗〖자〗

소방^공무원(消防公務員)〖명〗〖법〗화재의 예방·경계 또는 진압을 직무로 하는 공무원. 〖비〗소방관.
소방-관(消防官)〖명〗'소방 공무원'의 통칭.
소방-대(消防隊)〖명〗〖법〗소방 기구를 장비한 소방 공무원 및 의용(義勇) 소방대원으로 편성된 조직체.
소방대-원(消防隊員)〖명〗소방대의 구성원.
소방-도로(消防道路)〖명〗화재와 같은 재해가 발생했을 때 최소한 소방차가 드나들 수 있을 만한 너비의 도로.
소방-서(消防署)〖명〗화재를 예방·진압하는 등의 소방 업무를 시행하는 일선 소방 기관.
소방-수(消防手)〖명〗1'소방관'·'소방대원'으로 순화. 2'구원 투수'를 비유적으로 이르는 말.
소방-차(消防車)〖명〗소방 및 인명 구조에 필요한 각종 장비를 갖추고 그 임무에 쓰이는 특수차. =불자동차·불차.
소-백정(-白丁)[-쩡]〖명〗=쇠백정.
소:-법정(小法廷)[-쩡]〖명〗〖법〗대법원의 재판 기관으로서 대법원 판사 3명 이상으로 구성되는 합의체. ↔대법정.
소:변(小便)〖명〗사람의 '오줌'을 완곡하게 이르는 말. '오줌'이 '누다', '싸다' 같은 서술어와 어울리는 데 대해, '소변'은 '보다'와 어울림. ¶~이 잦다. ▷대변(大便).
소:변^검사(小便檢査)〖명〗〖의〗질환의 유무를 발견하기 위해 오줌의 양·색·혼탁·당(糖)·담즙 색소·세균·혈구 따위를 검사하는 일. =검뇨.
소:변-기(小便器)〖명〗오줌을 누게 만든 기구.
소:변-보다(小便-)〖동〗〖자〗'오줌 누다'를 점잖게 이르는 말. ▷소마보다.
소보로-빵(일そぼろ-)〖명〗'곰보빵'으로 순화.
소보록-하다[-로카-]〖형〗1 물건이 많이 담기거나 쌓여 좀 볼록하게 도드라져 있다. ¶눈이 소보록하게 쌓여 있다. 2 식물이나 털 등이 좀 빽빽하고 길다. ¶잔디가 ~. 3 살이 붓거나 찐 데가 좀 도드라져 있다.
소:복(素服)〖명〗하얗게 차려입은 한복. 흔히 상사(喪事)에 입음. ¶~ 차림의 안상주. ↔화복(華服). **소:복-하다¹**〖동〗〖자〗〖여〗소복을 입다. ¶소복한 여인.
소복²(蘇復)〖명〗병이 나은 뒤에 전과 같이 원기가 회복되거나, 회복되게 하는 것. **소복-하다²**〖동〗〖자〗〖여〗 **소복-되다**〖동〗〖자〗때까지 무리하지 말고 푹 쉬게.
소:복-단장(素服丹粧)[-딴-]〖명〗아래위를 하얗게 차리고 모양을 내어 곱게 꾸밈. **소:복단장-하다**〖동〗〖자〗〖여〗
소복-소복[-쏘-]〖부〗여럿이 모두 소복한 모양. ¶제상(祭床) 위에는 그릇마다 음식이 ~ 담겨 있다. / 뜰에 눈이 ~ 쌓인다. 〖큰〗수북수북. **소복소복-하다**〖형〗〖여〗
소복-하다³[-보카-]〖형〗〖여〗1 (물건이) 도드라지게 많이 담겨 있거나 쌓여 있다. ¶밥을 소복하게 푸다. 2 살이 찌거나 부어서 도드라져 있다. 〖큰〗수북하다. **소복-이**〖부〗¶밤새 눈이 내려 지붕 위에 ~ 쌓였다.
소:부(小部)〖명〗작은 부분.
소:-부르주아(小⊕bourgeois)〖명〗=소시민.
소:북(小北)〖명〗〖역〗조선 시대의 당파의 하나. 선조 32년(1599)에 유영경(柳永慶)·남이공(南以恭) 등을 중심으로 북인에서 갈린 당파. ↔대북.

소분¹(小分) 똉 작게 나누는 것. 또는, 그 부분. **소ː분-하다**¹ 图 타여

소분²(掃墳) 똉 [역] 경사로운 일이 있을 때 조상의 산소에 가서 무덤을 깨끗이 하고 제사를 지내는 일. **소분-하다**² 图재여 ¶"자네 조상적에야 윤 참판 집에 오면 정하배할 처지 아닌가. 이만하면 자네 고향에 가면 **소분**해야겠네그려."〈이광수: 흙〉

소-불알 똉 =쇠불알.

소ː불하(少不下) 早 적게 잡아도. ¶특별 할인을 한다더라도 하루에 ~ 십 원씀은 쳐주어야 할 테니….〈채만식: 태평천하〉

소비(消費) 똉 1 (돈이나 물품, 시간, 노력 등을) 들이거나 써서 없애는 것. 2 [경] 사람이 욕망을 충족시키기 위하여 재화를 소모하는 일. ↔생산. **소비-하다** 图타여 ¶많은 돈을 ~ / 시간과 정력을 ~. **소비-되다** 图재

소비^도시(消費都市) 똉 생산에 직접 관계되는 기능이나 시설은 적고, 소비층 주민이 대부분인 도시. 주로 정치·군사·관광 기능과 시설이 집중되어 있음. ↔생산 도시.

소비-량(消費量) 똉 물자를 소비하는 분량. ¶인구의 증대와 더불어 생활필수품의 ~이 급증하였다. ↔생산량.

소비^성ː향(消費性向) 똉 [경] 소비의 소득에 대한 비율. ↔저축 성향.

소비-세(消費稅) [-쎄] 똉 [법] 개인의 소비에 대하여 부과하는 세금.

소비에트(Soviet) 똉 '회의', '평의회' 라는 뜻; [역] '소비에트 사회주의 공화국 연방'의 준말.

소비에트^사회주의^공^화국^연방(Soviet 社會主義共和國聯邦) [-회-의-궁년-/-훼-이-궁년-] 똉 [역] =소련(蘇聯). ⓒ소비에트·소비에트 연방.

소비-자(消費者) 똉 물건을 소비하는 사람. 또는, 물건을 사는 사람. ¶~ 단체 / ~ 보호. ↔생산자.

소비자^가격(消費者價格) [-까-] 똉 [경] 1 물건의 생산자 가격에 이윤·운임 등을 넣은 가격. 2 정부가 소비자에게 파는 가격. ↔생산자 가격.

소비자^물가^지수(消費者物價指數) [-까-] 똉 [경] 소비자가 구입하는 상품이나 서비스의 가격 변동을 나타내는 지수. 통계청에서 조사하여 매월 발표함. =소비자 가격 지수·시피아이(CPI).

소비^자본(消費資本) 똉 [경] 소비자의 손에서 소비되는 재화. ↔생산 자본.

소비-재(消費財) 똉 [경] 개인의 욕망을 충족시키기 위하여 소비되는 재화. 식료품이나 소모품 따위. ↔생산재.

소비-조합(消費組合) 똉 [경] 소비자가 조직한 협동조합의 하나. 조합에서 도매상·생산자로부터 일용품을 직접 구입하여, 조합원에게 염가로 제공하고 그 이익을 적립(積立) 분배함.

소비-지(消費地) 똉 어떤 물품이 소비되는 지역. ↔생산지.

소비-지출(消費支出) 똉 [경] 소득에서 조세와 저축을 제외한 나머지 용도에 대한 지출. 식비·피복비·주거비·광열비·잡비 따위. = 소비자 지출.

소-뼈 똉 =쇠뼈.

소-뿔 똉 =쇠뿔.

소ː사(小史) 똉 줄여서 간략하게 기록한 역사.

소ː사²(小使) 똉 지난날, 학교나 회사 등에 고용되어 잔일을 하던 사람.

소ː사³(小事) 똉 작은 일. 대수롭지 않은 일. ↔대사(大事).

소사⁴(掃射) 똉 [군] 기관총 등을 상하 좌우로 휘둘러 연달아 쏘는 일. ¶기총(機銃) ~. **소사-하다**¹ 图타여

소사⁵(燒死) 똉 불에 타서 죽는 것. 圓분사(焚死). **소사-하다**² 图재여 **소사-되다** 图재

소사⁶(召史) 똉[의존] 성(姓) 아래에 붙여, 과부를 점잖게 이르는 말. ¶박 ~.

소사-나무(─) 똉 [식] 자작나뭇과의 작은 낙엽 활엽 교목. 바닷가나 섬에 자라는데, 5월에 꽃이 피고, 10월에 열매가 익음. 관상용으로 심으며, 기구재·땔감으로 쓰임. 우리나라 특산종임.

소사-스럽다[-따] 혱비 <-스러우니, ~스러워> 행동이 간사하고 좀스럽다. **소사스레** 튁

소ː-사전(小辭典) 똉 다루기에 편하도록 어휘 수를 줄이고 부피를 작게 만든 사전. ▷대사전·중사전.

소ː산¹(所産) 똉 '소산물'의 준말. ¶오늘의 우승은 인내와 노력의 ~이다.

소산²(疏散) 똉 1 서로 사이가 탐탁하지 않아 헤어지는 것. 2 특정 지역에 밀집한 주민 또는 건조물을 분산시키는 것. **소산-하다**¹ 图타여

소산³(燒散) 똉 1 불태워 흩어 버리는 일. 2 [불] =화장(火葬)². **소산-하다**² 图타여 **소산-되다** 图재

소ː산-물(所産物) 똉 1 일정한 지역에서 생산되는 물건. 2 어떤 행위나 정세 등의 결과에서 나타나 있는 현상. ¶교통지옥은 인구의 도시 집중이 빚어내는 현상이고, 그것은 산업 사회의 ~인 것이다. ⓒ소산.

소ː상¹(小祥) 똉 사람이 죽은 지 1년 만에 지내는 제사. =기년제·소기(小朞)·연상(練祥). ▷대상(大祥).

소ː상²(塑像) 똉 [미] 찰흙으로 만든 사람의 형상. ¶석고 ~.

소상³(昭詳) →**소상-하다** 혱여 분명하고 자세하다. ¶**소상한** 설명. **소상-히** 튁 ¶이유를 ~ 밝혀라.

소ː-상인(小商人) 똉 1 작은 규모로 장사하는 사람. 2 [법] 자본금이 1천만 원에 미달하는 상인으로, 회사를 이루고 있지 않는 사람.

소ː생¹(所生) 똉 자기가 낳은 아들이나 딸. ¶천첩 ~ / ~이 없어 양자를 들이다.

소생²(疏生) 똉 띄엄띄엄 성기게 나는 것. ↔밀생(密生). **소생-하다** 图여

소생³(蘇生·甦生) 똉 다시 살아나는 것. 圓회생(回生). **소생-하다**² 图재여 ¶만물이 **소생** 하는 봄.

소ː생⁴(小生) [인칭] 남자가 윗사람 앞에서 자기를 낮추어 이르는 말. 편지 글에서나 잔존할 뿐 거의 소멸되어 가고 있음. ¶불초 ~ 문안 인사 올립니다.

-소서¹ [어미] 모음이나 'ㄹ' 받침으로 끝나는 동사의 어간에 붙어, '합쇼' 할 상대에게 바라거나 시키는 뜻을 나타내는 종결 어미. 어간 끝 음절의 'ㄹ' 받침은 탈락됨. 예스러운 말로, 오늘날에는 시(詩)나 기원문 등에서 제한적으로 쓰임. ¶용서하 ~ / 주여, 어린양을 바른길로 인도하 ~. ▷-으소서.

소ː서²(小序) 똉 시문(詩文)의 각 편의 머리

따위에 쓴 짧은 서문.
소!서³(小暑) 몡 24절기의 하나. 7월 7일경으로, 하지(夏至)와 대서(大暑) 사이에 있음. ▷대서.
소-석고(燒石膏) [-꼬] 몡[화] 석고에 열을 가한 뒤 탈수하여 얻어지는 가루. 물을 더하면 다시 굳어지므로, 건축·소상·분필 등을 만드는 데 쓰임. ≒구운석고.
소-석회(消石灰) [-서쾨/-서쿼] 몡[화] =수산화칼슘.
소!선(小船) 몡 1 작은 배. 2 =거룻배.
소!-선거구(小選擧區) 몡[정] 한 선거구에서 한 사람의 의원을 뽑는 제도의 선거구. ↔대선거구.
소!설¹(小雪) 몡 24절기의 하나. 11월 22일경으로, 입동(立冬)과 대설(大雪) 사이에 있음. ▷대설(大雪).
소!설²(小說) 몡[문] 1 인간의 삶에 관한 있음 법한 사건을 작가의 상상에 의해 가공적(架空的)으로 꾸며 내어 산문으로 표현한, 문학의 한 갈래. 주제·구성·문체의 3요소로 이루어지며, 구성은 인물·사건·배경의 3요소로 이루어짐. 길이에 따라 장편·중편·단편·콩트, 서술자 시점에 따라 1인칭 소설·3인칭 소설 등으로 분류함. 세는 단위는 편(篇). ¶연애 ~ / 연재 ~ / ~을 읽다 / ~을 쓰다. 2 '책으로 만들어진 소설'을 이르는 말. ¶~을 빌리다.
소!설-가(小說家) 몡 소설을 전문적으로 쓰는 사람.
소!설-책(小說冊) 몡 소설이 실려 있는 책.
소!설-화(小說化) 몡 (어떤 사실을) 소설로 꾸미는 것. 소!설화-되다 재타여 ¶전쟁의 체험을 ~. 소!설화-되다 재여
소!성¹(塑性) 몡[물] 고체 성질의 하나. 외력(外力)을 받아 형태가 바뀐 고체가 외력을 없애도 본디의 상태로 돌아가지 않는 성질. =가소성(可塑性). ▷탄성(彈性).
소성²(燒成) 몡 (도자기 등을) 구워 만드는 것. 소성-하다 타여 소성-되다 재여
소!성^가공(塑性加工) 몡 물체의 소성을 이용하여 변형시켜서 갖가지 모양을 만드는 가공.
소!성-체(塑性體) 몡[물] 소성이 있는 물질. =가소물(可塑物). 비플라스틱.
소!세¹(小勢) 몡 1 작은 세력. 2 적은 인원.
소세²(梳洗) 몡 머리를 빗고 낯을 씻는 일. 소세-하다 재여 ¶익일(翌日)에 상서 늦게 일어나 소세하더니…. 《김만중: 구운몽》
소세지 몡 '소시지(sausage)'의 잘못.
소!소¹(小小) →소!소-하다¹ 몡 자질구레하거나 변변치 않다. ¶소소한 일에 마음 쓰지 마십시오. 소!소-히¹ 부
소!소²(小少) →소!소-하다² 형여 1 키가 작고 나이가 젊다. 2 얼마 되지 않다.
소소³(昭昭) →소소-하다³ 형여 (사리가) 밝고 뚜렷하다. 비소연(昭然)하다. 소소-히² 부
소소⁴(蕭蕭) →소소-하다⁴ 형여 바람이나 빗소리가 쓸쓸하다. 소소-히³ 부
소!소-곡절(小小曲折) [-쩔] 몡 자질구레한 여러 가지 까닭.
소소리-바람 몡 1 이른 봄에 살 속으로 스며드는 듯한 차고 매운 바람. 2 '회오리바람'의 잘못.
소!속(所屬) 몡 어떤 기관이나 단체에 딸리는 것, 또는, 그 딸린 곳. ¶~ 부대 / 민주당 ~

의 국회의원. 소!속-하다 재여 소!속-되다 재여
소!속-감(所屬感) [-깜] 몡 자신이 어떤 집단에 소속되어 있다고 느끼는 것. ¶~이 있다 [없다] / ~을 갖고 모임에 참석하다.
소손(燒損) 몡 불에 타서 부서지는 것. 또는, 불에 태워서 부수는 것. 소손-하다 재타여
소!솔(所率) 몡 딸린 식구. 비권솔.
소송(訴訟) 몡[법] 고소하는 자와 고소당하는 자를 당사자로 하여, 법원이 제삼자의 입장에서 재판을 하는 절차. 민사 소송과 형사 소송이 있음. =송사(訟事)·송소(訟訴). ¶~을 걸다 [제기하다]. 소송-하다 타여
소송-법(訴訟法) 몡[법] 소송 절차를 규정한 법규의 총칭. 형사 소송법·민사 소송법 따위.
소송^사!건(訴訟事件) [-껀] 몡[법] 소송을 일으킨 일. 사건. 준소건.
소송-장(訴訟狀) [-짱] 몡[법] =소장(訴狀).
소쇄(掃灑) 몡 비로 쓸고 물을 뿌리는 것. 소쇄-하다¹ 재타여 소쇄-되다¹ 재여
소쇄²(瀟灑) →소쇄-하다² 형여 기운이 맑고 깨끗하다.
소!수¹ 몡(의존) 몇 말, 몇 달, 몇 냥에 조금 넘음을 나타내는 말. ¶한 말 ~ / 두 달 ~ / 닷 냥 ~.
소!수²(小數) 몡[수] 0보다 크고 1보다 작은 실수(實數). 0 다음에 점을 찍어 나타냄.
소!수³(少數) 몡 적은 수효. ¶~의 의견 / ~의 인원으로 업무를 처리하다. ↔다수.
소수⁴(素數) [-쑤] 몡[수] 1과 그 수 자신 외의 자연수로는 똑떨어지게 나눌 수 없는 자연수. 곧, 2, 3, 5, 7, 11, ….
소수⁵(疏水) 몡 관개·급수·주운(舟運)·수력 발전 등을 위해 만든 수로. ¶~ 공사.
소!수-당(少數黨) 몡[정] 소수의 사람으로 조직된 정당. 또는, 국회에서 의석(議席)이 적은 정당. ↔다수당.
소!수^대!표제(少數代表制) 몡[정] 다수파의 의석(議席) 독점을 막고, 소수파도 어느 정도의 의석을 확보할 수 있도록 한 선거 제도. ↔다수 대표제.
소!수^민족(少數民族) 몡 복수 민족으로 구성되어 있는 국가에서, 지배적 세력을 가진 민족에 대하여, 상대적으로 인구가 적고 언어·관습 등을 달리하는 민족.
소수-성(疏水性) [-썽] 몡[화] 물을 빨아들이지 않는 성질. 곧, 물질·분자·원자단의 물 분자와의 친화력이 적고, 그 결과로 생기는 갖가지 성질. ↔친수성(親水性).
소!수-자(少數者) 몡 적은 수효의 사람. ↔다수자(多數者).
소!수-점(小數點) [-쩜] 몡[수] 소수의 부분과 정수(整數)의 부분을 구획하기 위하여 첫자리와 1/10 되는 자리 사이에 찍는 점. 3.5, 10.2 등의 '.'. ¶~을 찍다 / ~ 아래 세 자리.
소!수정예-주의(少數精銳主義) [-의/-이] 몡 적은 수의 우수한 사람들에 기초를 두어, 질적(質的)으로 뛰어난 집단 활동의 효과를 얻고자 하는 주의.
소수^콜로이드(疏水colloid) 몡[화] 분산매(分散媒)인 물과 콜로이드 입자의 친화력이 약한 콜로이드. ↔친수 콜로이드.
소!수-파(少數派) 몡 속하여 있는 사람의 수

소-순환(小循環)〖명〗〖생〗=폐순환(肺循環). ↔대순환.

소스¹(sauce)〖명〗서양 요리에서, 맛을 돋우기 위해 음식에 치는 걸쭉한 액체. ¶토마토~/~를 치다.

소스²(source)〖명〗['원천', '근본'이란 뜻〗정보 등의 출처. 어떤 정보를 제공하는 사람 또는 자료를 말함.

소스라-뜨리다/-트리다〖동〗〖타〗깜짝 놀라 몸을 갑자기 솟구듯이 움직이다. ¶어두운 골목길에서 갑자기 사람이 나타나자 몸을 소스라뜨리며 물러섰다.

소스라-치다〖동〗〖자〗깜짝 놀라 몸을 떠는 듯이 움직이다. ¶느닷없는 비명 소리에 **소스라치 며** 돌아보았다.

소스-치다〖동〗〖타〗(몸을) 위로 높이 올리다.

소스테누토⓪sostenuto〖명〗〖음〗악곡의 표현 방법을 나타내는 말로, '음을 끌어서', '음을 늘려서 무겁게'의 뜻.

소스^프로그램(source program)〖명〗〖컴〗=원시 프로그램.

소슬(蕭瑟)→**소슬-하다**〖형〗〖여〗**1**(바람, 특히 가을바람이) 으스스하고 서늘한 상태에 있다. ¶**소슬한** 바람. **2** 적막하고 쓸쓸하다. **소슬-히**〖부〗

소슬-바람(蕭瑟-)〖명〗 으스스하고 쓸쓸하게 부는 가을바람. ¶낙엽이 지고 ~이 부는 가을.

소승¹(小乘)〖명〗〖불〗후기 불교의 2대 유파의 하나. 수행을 통한 개인의 해탈을 가르치는 교법. 대승의 입장에서 얕잡는 뜻으로 붙여진 명칭임. ↔대승(大乘).

소승²(少僧)〖명〗젊은 승려. =노승(老僧).

소승³(小僧)〖대〗〖인칭〗승려가 자기를 낮추어 이르는 말.

소승^불교(小乘佛敎)〖명〗〖불〗소승을 주지(主旨)로 하는 교파의 총칭. 스리랑카·타이·미얀마·캄보디아 등 주로 동남아시아에 전파됨. ↔대승 불교.

소승-적(小乘的)〖관·명〗작은 일에 얽매여 대국적인 면을 보지 못하는 (것). ↔대승적(大乘的).

소승-종(小乘宗)〖명〗〖불〗소승 불교의 경전이나 교설을 신봉하는 종파.

소시(少時)〖명〗젊을 때.

소-시민(小市民)〖명〗부르주아와 프롤레타리아의 중간에 위치하는, 수공업자·소상인 및 봉급생활자·하급 공무원 등의 총칭. =프티 부르주아·소부르주아. ¶현실에 안주하려고 하는 ~ 근성.

소시지(sausage)〖명〗소나 돼지 등의 창자 또는 인공 케이싱에 양념하여 다진 고기를 채워 넣고 익힌 가공 식품. ×세시지.

소식¹(小食)〖명〗음식을 적게 먹는 일. ↔대식(大食). **소식-하다**〖동〗〖자〗

소식²(消息)〖명〗**1** 어떤 사람의 안부에 관한 기별이나 알림. ¶~이 오다/~이 끊어지다/~이 감감하다/~을 듣다. **2** 세상에 대한 상황이나 동정을 알리는 일. ¶동창회 ~/국내 ~. **3** 천지의 시운(時運)이 자꾸 바뀌어 가는 일.

소식이 깜깜 〖구〗 소식을 전혀 모르는 상태를 속되게 이르는 말. ¶여태 그것도 모르고 있었어? ~이구나.

소식-가(小食家)[-까]〖명〗음식을 보통 사람보다 적게 먹는 사람. ↔대식가.

소식-란(消息欄)[-낀]〖명〗신문·잡지 등에서 인사(人事) 및 소식을 알리는 기사를 싣는 난. =인사란.

소식-불통(消息不通)[-뿔-]〖명〗**1** 소식이 서로 끊김. **2** 어떤 일이나 사정에 대해서 도무지 알지 못함. ¶여태 그것도 몰랐나? 이 사람 정말 ~이군.

소식-자(消息子)[-짜]〖명〗〖의〗진단이나 치료를 목적으로 체강(體腔)·장기(臟器) 조직 속에 삽입하는, 대롱 모양의 기구. =존데(Sonde)·부지(bougie).

소식-지(消息紙)[-찌]〖명〗어떤 단체의 새로운 소식을 알리는 유인물.

소식-통(消息通)〖명〗어떤 뉴스나 소식을 전하는 입장에서, 그 일의 내막이나 사정을 잘 아는 사람을 이름을 밝히지 않은 상태로 가리키는 말. ¶믿을 만한 ~에 따르면….

소-신¹(所信)〖명〗어떤 일을 함에 있어서 옳다고 믿고 그에 따라 하려고 하는 생각. ¶~을 피력하다 /~을 굽히지 않다.

소-신²(小臣)〖대〗〖인칭〗신하가 임금에 대하여 '자기'를 낮추어 이르는 말.

소실¹(小室)〖명〗=첩(妾)¹. ¶~을 두다.

소실²(消失)〖명〗사라져 없어지는 것. **소실-하다**〖동〗〖타·자〗 **소실-되다**¹〖동〗〖자〗

소실³(燒失)〖명〗불에 타서 없어지는 것. **소실-하다**〖동〗〖타〗 **소실-되다**²〖동〗〖자〗¶경복궁은 임진왜란 때 **소실되었으나** 대원군이 중건하였다.

소-심¹(小心)〖명〗=쇠심.

소-심²(小心)→**소심-하다**〖형〗〖여〗(사람의 성격이나 태도가) 별일 아닌 것에 지나치게 마음을 쓰면서 매사에 걱정이 많거나 너무 조심하는 상태에 있다. ¶**소심한** 성격/**소심한** 태도. ↔대범하다. ▷세심하다. **소심-히**〖부〗

소심-스럽다(小心-)[-따]〖형〗〖ㅂ〗<-스러우니, -스러워〉소심한 데가 있다. **소심스레**〖부〗

소시-적(少時-)[-시쩍/-실쩍]〖명〗젊었을 때. 또는, 어렸을 때. ¶나도 ~에는 힘깨나 썼느데 말이야.

소-싸움〖명〗영남 지방 민속놀이의 하나. 마을이 한 단위가 되어 각각 힘이 좋은 황소를 내세워 싸움을 시킴.

소-아¹(小我)〖명〗**1**〖철〗우주 전체로서의 유일 절대인 실체(實體)에 대하여, 인간이 가진 작은 자아(自我). **2**〖불〗진실도 없고 자재(自在)도 없이, 개인적인 욕망과 망집에 사로잡힌 나. ↔대아.

소-아²(小兒)〖명〗=어린아이.

소아-과(小兒科)[-꽈]〖명〗〖의〗어린아이의 내과적인 병을 전문적으로 진찰·치료하는, 의학의 한 분과.

소아-마비(小兒痲痺)〖명〗〖의〗어린아이에게 많이 일어나는 운동 기능의 마비. 뇌성(腦性) 마비 또는 척수성(脊髓性) 소아마비가 있음.

소아베⓪soave〖음〗악곡의 표현 방법을 나타내는 말로, '고요하게', '온화하게', '부드럽게'의 뜻.

소-아병(小兒病)[-뼝]〖명〗**1**〖의〗어린아이에게 특히 많은 내과적인 병의 총칭. 백일해·디프테리아·홍역·성홍열 따위. **2**언동이 유치하고 감정에 흐르거나 극단으로 치닫기 쉬운 성향(性向).

소-아병-적(小兒病的)[-뼝-]〖관·명〗사고방식이나 행동이 유치하고 자기중심으로 치닫는 (것). ¶일본의 역사 왜곡은 참으로 ~인 태도라 아니할 수 없다.
소!-아시아(小Asia) 명 [지] 혹해·에게 해·지중해에 둘러싸인, 아시아 서쪽 끝의 반도.
소!액(少額) 명 적은 액수. 비과액(寡額). ¶~ 수표. ↔다액(多額)
소!액-환(少額換) [-애콴] 명 우편환의 하나. 환증서(換證書)를 가진 사람에게 어느 우체국에서나 증서와 바꾸어 현금을 지급함.
소!야-곡(小夜曲) 명 [음] =세레나데.
소양(素養) 명 평소에 닦아 쌓은 교양. ¶유럽 문학에 ~이 깊다.
소양배양-하다 형여 아직 어려서 날뛰기만 하고 분수나 철이 없다. ¶소양배양한 젊은 사람이 아니고 설마 배약하오리까.(김용준: 화의 혈)
소!양-인(少陽人) 명 [한] 사상 의학(四象醫學)에서 사람의 체질을 넷으로 가른 하나. 소화기가 강하고 생식기 기능이 약한 형으로, 민첩하며 비판적이지만 감정적이고 끈기가 부족한 편임. ▷사상 의학.
소양-증(瘙癢症) 명 [한] 몸 안에 열이 많거나 피가 부족하여 피부가 가려운 병증.
소!여(所與) 명 1 주어진 바. 2 연구 등의 출발점으로서 이의 없이 받아들여지는 사실이나 원리. ¶~의 명제.
소-여물 명 =쇠여물.
소!연¹(小宴) 명 조그맣게 차린 잔치.
소!연²(素鳶) 명 물감을 칠하거나 색종이를 바르지 않은 횐 연.
소연³(昭然) →소연-하다 형여 (일이나 이치가) 밝고 또렷하다. 비소소(昭昭)하다. 소연-히²
소연⁴(蕭然) →소연-하다² 형여 쓸쓸한 데가 있다. 소연-히²
소연⁵(騷然) →소연-하다³ 형여 시끄럽고 수선스럽다. 소연-히³
소-연방(蘇聯邦) 명 [역] =소련.
소염-제(消炎劑) 명 [약] 염증을 치료하는 약제의 총칭.
소!엽(小葉) 명 1 작은 잎. =잔잎. 2 [식] 겹잎을 이루는 작은 잎.
소!옥(小屋) 명 조그마한 집.
소외(疏外·疎外) [-외/-웨] 명 1 싫어하여 따돌리는 것. 2 [철] 인간의 사회적 활동에 의한 산물, 곧 노동의 생산물, 사회적 제 관계, 금전, 이데올로기 등이 오히려 인간을 지배하고, 인간의 활동 자체가 그 인간에게 속하지 않고 외적(外的)·강제적으로 나타나는 상태. 소외-하다 동타여 소외-되다 동자 ¶친구들로부터 ~.
소외-감(疏外感) [-외-/-웨-] 명 남에게 따돌림을 당한 것 같은 느낌. ¶~을 느끼다/~을 받다.
소!요¹(所要) 명 어떤 일에 요구되거나 필요한 바. ¶~ 시간/~ 인원. 소!요-하다¹ 동타여 (어떤 일에 얼마의 시간이나 비용 등을) 쓰다. ¶그는 작업 준비에 한 달을 소요했다. 소!요-되다 자여 ¶많은 예산이 소요되는 대규모 공사.
소요²(逍遙) 명 정한 곳이 없이 슬슬 거닐며 돌아다니는 것. 소요-하다² 자여
소요³(騷擾) 명 1 여럿이 떠들썩하게 들고일어나는 것. 또는, 술렁술렁 소란스러운 것. 2 [법] 여럿이 떼 지어 폭행·협박 따위를 함으로써 공공질서를 어지럽히는 일. 소요-하다³

소!요-량(所要量) 명 요구되거나 필요한 분량. ¶연간 전기 ~.
소용¹(所用) 명 어떤 일에 있어서 의미나 의의를 가지거나 쓸모가 되는 바. 대체로 부정적 문맥에서 쓰이나, 간혹 긍정적 문맥에서 쓰일 때도 있음. ¶모두 다 지나간 일인데 그런 말이 무슨 ~이 있겠소./우산은 비가 올 때 ~이 되는 물건이다. 소용-되다 동자
소용²(昭容) 명 [역] 조선 시대에 내명부(內命婦)의 하나. 왕의 후궁에게 내리던 품계로 정3품임.
소용-돌이 명 1 강이나 바다 등에서, 물이 빠르게 원을 그리며 도는 현상. 또는, 그런 현상을 이루는 물살. 그 위에 떠 있는 물체는 중심으로 끌려 들어가 가라앉게 됨. 물체가 ~에 휩쓸려 침몰하다. 2 바람·불길 따위가 원을 그리며 세차게 도는 현상. 3 사회적 현상이나 역사적 상황이 격렬하게 혼란을 보이는 상태. 비유적인 말임. ¶역사의 ~에서 빚어진 비극. 4 [물] 유체(流體) 안에서 팽이처럼 회전하는 부분. 점성(粘性) 때문에 유체의 각 부분에 운동 차가 생겨 형성되는 것임. =맴돌이·와동(渦動). 5 [미] 한 점을 중심으로 하나의 선이 둘레를 돌면서 뻗어 나가는 모양.
소용돌이-무늬 [-니] 명 소용돌이치는 모양과 비슷한 무늬. =와문.
소용돌이-치다 동자 1 물이 빙빙 돌면서 흘러 나가다. ¶겨울목의 물이 ~. 2 (힘·사상·감정 따위가) 서로 엉켜 요란스럽게 움직이다. ¶소용돌이치는 세계 정세.
소!용-없다(所用-) [-업따] 형 의의가 없거나 득이 될 것이 없다. 비쓸데없다. ¶지난 일은 아무리 후회해도 ~. 소!용없-이 부
소!우(小雨) 명 조금 내리는 비. ↔호우(豪雨)
소!-우주(小宇宙) 명 1 [철] 우주의 한 부분이면서도 마치 한 덩어리의 우주와 같은 상(相)을 나타내는 것. 특히, 인간 또는 인간의 정신을 가리킴. 비미크로코스모스. ↔대우주. 2 [천] 타원 또는 소용돌이 모양으로 우주에 점점이 존재하는 성운.
소!원¹(小圓) 명 1 작은 원. 2 [수] 구면을 그 중심을 지나지 않는 평면으로 자를 때, 자른 자리에 나타나는 원. =소권(小圈). ↔대원(大圓)
소!원²(所員) 명 연구소·출장소 등처럼 '소(所)'라고 이름 붙은 곳에 근무하는 사람.
소!원³(所願) 명 이루어지기를 간절히 원하는 바. 원하고는 있으나 쉽게 이루어지기가 어려운 일에 대해 쓰는 말임. 비원(願). ¶평생의 ~/~을 이루다/~을 풀다. 소!원-하다 동타여 ¶남북통일이 되기를 ~.
소원⁴(訴願) 명 1 호소하여 바라는 것. 2 [법] 행정 행위가 위법하거나 부당할 때 상급 관청에 대하여 처분의 취소 또는 변경을 호소하는 일. ▷소청(訴請). 소원-하다² 동타여
소원⁵(疏遠·疎遠) →소원-하다³ 형여 지내는 사이가 친하지 않고 멀다. ¶소원한 사이. 소원-히 부
소!위¹(少尉) 명 [군] 국군 계급의 하나. 위관의 맨 아래 계급으로 준위의 위, 중위의 아래임.
소!위²(所爲) 명 1 하는 일. 2 =소행(所行)¹.
소!위³(所謂) 부 세상에서 흔히 말하는 바. 비이른바. ¶오늘날과 같은 현대 사회에서도

미신과 온갖 주술 신앙이 ~ 종교라는 허울을 쓰고 번창하고 있다.

소:위원회(小委員會)[-회/-훼] 명 한 위원회의 위원 가운데 다시 몇 사람을 뽑아 어떤 일을 맡아보게 한 위원회.

소:유(所有) 명 자기 것으로 가지는 일. 또는, 그 물건. ¶국가 ~의 재산. **소:유-하다** 동(타여) ¶토지를 ~. **소:유-되다** 동(자)

소:유-격(所有格) [-껵] 명[언] =관형격.

소:유-권(所有權) [-꿘] 명[법] 목적물을 자유로이 사용·수익·처분하는 등 완전히 지배할 수 있는 권리. ¶~을 이전하다.

소:유권-자(所有權者) [-꿘-] 명[법] 소유권을 가진 사람.

소:유˚대:명사(所有代名詞) 명[언] 서구어(西歐語)에서, 소유를 나타내는 인칭 대명사. =가진대이름씨.

소:유-물(所有物) 명 자기 것으로 가지고 있는 물건.

소:유-욕(所有慾) 명 자기 것으로 만들고 싶은 욕망. ¶~이 강한 여자.

소:유-자(所有者) 명 1 무엇을 가진 사람. ¶재빠른 운동 신경의 ~. 2 소유권을 가진 자. (비)소유주.

소:유-주(所有主) 명 소유권을 가진 사람. (비)소유자. ¶빌딩의 ~.

소:유-지(所有地) 명 자기 것으로 가지고 있는 땅. ¶문중의 ~.

소음¹(消音) 명 소리를 없애는 것. **소음-하다** 동(타여)

소음²(騷音) 명 불규칙하게 뒤섞여 시끄럽게 들리는 소리. ¶~ 공해.

소음-계(騷音計) [-계/-게] 명 소음의 크기를 재는 계기.

소음-기(消音器) 명 내연 기관에서 배출되는 가스의 폭음을 없애는 장치. =머플러.

소:-음순(小陰脣) 명[생] 여성의 음순 중, 안쪽에 있고 질(膣) 전정(前庭)을 좌우에서 싸는 주름 진 시울.

소:음-인(少陰人) 명[한] 사상 의학(四象醫學)에서, 사람의 체질을 넷으로 가른 하나. 소화기가 약하고 생식기 기능이 강한 형으로, 내성적·사색적인 반면 결단력이 부족한 편임. ▷사상 의학.

소:읍(小邑) 명 작은 고을. ↔대읍.

소:의(素衣) [-의/-이] 명 색과 무늬가 없는 흰옷.

소:이(所以) 명 =까닭.

-소이까 어미 예스럽게 정중히 묻는 의미를 나타내는 종결 어미. ¶진정 떠나시겠~? / 선생께서는 그때 딱에 계시었~?

-소이다 어미 '-사오이다'의 준말. 예스러운 말투로 현대 국어에서 드물게 쓰임. ¶좋~. / 나도 가겠~. ▷-사외다.

소이-탄(燒夷彈) 명[군] 화염이나 고열로 사람이나 건조물 등을 살상·파괴하는 폭탄이나 포탄.

소:인¹(小人) Ⅰ명 1 나이가 어린 사람. ↔의 소인은 대인의 반대임. ↔대인. 2 키·몸집 등이 작은 사람. 3 도량이 좁고 간사한 사람. =세인(細人). (비)소인물. ¶자네 같은 ~과는 상종하고 싶지 않다. Ⅱ대(인칭) 윗사람에 대해 자기를 낮추어 가리키는 말. 반상(班常)이 구별되던 시대에 쓰이던 말로, 오늘날 거의 소멸되어 가고 있음. ¶~ 그만 물러가겠습니다. (봉건 시대의 말투를 흉내 낸 말)

소인²(素人) 명 어떤 일에 비전문적·비직업적이거나 익숙하지 않은 사람.

소인³(素因) 명 1 근본이 되는 까닭. 2 병에 걸리기 쉬운 내적 요인을 가지고 있는 신체상의 상태.

소:인⁴(消印) 명 1 지워 버리는 표시로 도장을 찍는 것. 또는, 그 도장. 2 우체국에서 우표 따위에 찍는, 접수 날짜·국명(局名) 등이 새겨진 도장. ¶7일자 ~이 찍힌 편지. **소인-하다** 동(타여) **소인-되다** 동(자)

소인⁵(燒印) 명 불에 달구어 물건에 찍는 쇠붙이로 된 도장.

소인⁶(騷人) 명 시인과 문사(文士). =소객.

소:인-국(小人國) 명 소인들만 살고 있다는 상상의 나라.

소:인-네(小人-) 대(인칭) '쇤네'의 본딧말.

소인-묵객(騷人墨客) [-깩] 명 시문(詩文)과 서화(書畫)를 일삼는 사람.

소:인-물(小人物) 명 도량이 좁고 쩨쩨한 사람. (비)소인(小人). ↔대인물.

소:인-배(小人輩) 명 간사하고 도량이 좁은 사람들의 무리. 또는, 그 무리에 속하는 사람. ¶당신 같은 ~와는 상종하고 싶지 않소.

소-인수(素因數) 명[수] 어떤 정수(整數)를 소수(素數)만의 곱으로 나타낼 때의 각 인수. '12=2×2×3'에서 '2'와 '3' 따위. =소인자·원인자.

소인수˚분해(素因數分解) 명[수] 합성수를 소수(素數)의 곱의 꼴로 바꾸는 일. 곧, $12=2^2×3$ 따위.

소:인-스럽다(小人-) [-따] 형(ㅂ)〈-스러우니, -스러워〉 간사하고 올곧지 못한 데가 있다. **소:인스레** 부

소:-인원(少人員) 명 적은 수의 인원.

소:인지용(小人之勇) 명 혈기에서 나오는 소인의 용기.

소일(消日) 명 1 하는 일 없이 세월을 보내는 것. 2 마음을 붙여 심심하지 않게 세월을 보내는 것. =소견(消遣). **소일-하다** 동(자여) ¶그는 정년퇴직한 뒤로 독서로 **소일하고** 있다.

소일-거리(消日-) [-꺼-] 명 그저 세월을 보내기 위하여 심심풀이로 하는 일.

소:임(所任) 명 맡은 바 직책. ¶~을 다하다.

소:입(所入) 명 무슨 일에 든 돈이나 물건.

소:자¹(小子) Ⅰ명 제자를 귀엽게 부르는 말. Ⅱ대(인칭) 1 아들이 부모에 대하여 '자기'를 낮추어 이르는 말. 2 임금이 조상이나 백성에 대하여 '자기'를 겸손하게 이르는 말.

소:자²(小字) 명 작은 글자. ↔대자(大字).

소자³(素子) 명[물] 장치·전자 회로의 구성 요소가 되는 낱낱의 부품으로, 독립된 고유의 기능을 갖고 있는 것.

소:-자본(小資本) 명 적은 자본.

소:작(小作) 명[농] 농토를 소유하지 못한 농민이 남의 땅을 빌려 농사를 짓는 것. =반작(半作). ↔자작(自作). **소:작-하다** 동(타여)

소:작-권(小作權) [-꿘] 명[법] 소작료를 치르고 남의 땅을 빌려 농사를 짓는 권리.

소:작-농(小作農) [-장-] 명 소작료를 치르고 남의 땅을 빌려 짓는 농사. 또는, 그 농민.

소:작-료(小作料) [-장뇨] 명 남의 땅을 빌려 농사를 짓는 값으로 땅임자에게 치르는 사용료. ▷도조(賭租).

소:작-인(小作人) 명 남의 땅을 빌려 농사를 짓는 사람. =작자(作者). (준)작인.

소:작-지(小作地) [-찌] 圀 소작인이 빌려서 농사를 짓는 땅.

소잔(銷殘) 圀 쇠가 녹듯이 사그라지는 것. **소잔-하다** 동(재)어

소:장(小腸) 圀(생) 위와 대장(大腸) 사이에 있는 대롱 모양의 긴 소화관. 길이 6～7m로, 연동(蠕動)·분절 운동을 하여 양분을 흡수함. =작은창자.

소:장²(少將) 圀(군) 국군 계급의 하나. 장관에 속하는 계급으로, 준장의 위, 중장의 아래임.

소:장³(所長) 圀 연구소·출장소·강습소 등과 같이 '소(所)'라고 이름 붙은 곳의 우두머리. ¶연구소 ~.

소:장⁴(所長) 圀 자기 재능 중의 가장 능한 재주. 町장기(長技).

소:장⁵(所藏) 圀 (그림·책·골동품 등의 귀중한 물건을) 제 소유물로서 일정한 곳에 잘 보관하는 것. **소:장-하다¹** 동(타)어 **소:장-되다** 동(재) ¶경주 박물관에는 삼국 시대, 특히 신라의 유물들이 많이 **소장되어** 있다.

소장⁶(消長) 圀 쇠하여 사라짐과 성하여 자라나는 것. **소장-하다²** 동(재)어

소장⁷(疏章) 圀(역) 상소(上疏)하는 글.

소장⁸(訴狀) [-짱] 圀(법) 소송을 제기하기 위하여 법원에 제출하는 서류. =소송장·소첩(訴牒).

소:장⁹(少壯) →**소:장-하다³** 형어 젊고 씩씩하다.

소:장-가(所藏家) 圀 매우 가치가 있는 그림·책·골동품 등을 소장하고 있는 사람.

소장지변(蕭牆之變) 圀 내부에서 일어난 변란.

소:장-파(少壯派) 圀 젊고 의기가 왕성한 사람들로 이루어진 파. ↔노장파.

소:장-품(所藏品) 圀 자기 것으로 간직하고 있는 물품.

소:재¹(小才) 圀 변변하지 않은 재주. 또는, 재주가 별로 없는 사람. ↔대재(大才).

소:재²(所在) 圀 1 (사람·건물·단체·물건 등이) 있는 곳. ¶~ 불명 / 수도권 ~ 대학 / 검찰은 김 씨의 ~ 파악에 나섰다. 2 (주로 '책임 소재'의 꼴로 쓰여) (책임이) 있는 대상. ¶책임 ~를 가리다. **소:재-하다** 동(재)어 (건물이나 단체 등이 어느 곳에) 자리 잡다. ¶인천에 **소재하는** 공장.

소:재³(所載) 圀 신문·잡지 따위에 기사가 실려 있는 것.

소재⁴(素材) 圀 1 (문) 예술 작품 속에 담거나 그리고자 하는, 물리적 대상이나 자연현상이나 생활상이나 역사적 사건 등의 재료. ¶어촌 사람들의 생활을 소설의 ~로 삼다 / 초가와 소나무를 ~로 한 추사의 '세한도'. 2 가공을 하지 아니한 본디 그대로의 재료.

소:재-지(所在地) 圀 건물이나 기관 등이 자리 잡고 있는 곳. ¶도청 ~.

소:저¹(小姐) 圀 지난날, '처녀'를 대접하여 이르던 말. ¶… 아미를 잠깐 숙이고 느릿 바로 먼저 잠잠하고 앉았더니….《김만중:구운몽》

소:저²(小著) 圀 1 분량이 적은 저서. 2 자기 저서의 겸칭.

소:전¹(小傳) 圀 1 줄여 간단하게 적은 전기(傳記). =약전(略傳). 2 저자의 이름 아래에나 책 끝에 저자의 경력·학력 등을 간단히 적은 글.

소:전²(小篆) 圀 한자의 팔체서(八體書)의 하나. 중국 진시황 때, 이사(李斯)가 대전(大篆)을 간략하게 변형하여 만든 글씨체임. ▷대전(大篆).

소:전³(小錢) 圀(역) 중국 청나라 때에 쓰던 동전. 우리나라에서는 '쇠천'이라 하여 비공식으로 쓰였음.

소:전⁴(所傳) 圀 글이나 말, 물건 따위로 후세에 전하여 내려오는 것.

소:전⁵(素錢) 圀 장차 주화로 만들기 위해 제조된, 아직 앞뒷면에 아무것도 새겨지지 않은 동전 형태의 금속.

소:-전제(小前提) 圀(논) 삼단 논법에서, 소개념을 가진 전제. ↔대전제.

소:절(小節) 圀 1 작은 예절. 2 대수롭지 않은 절조나 의리. 3 (음) =마디⁶.

소:정(小亭) 圀 작은 정자.

소:정²(所定) 圀 (주로 '소정의'의 꼴로 쓰여) 미리 정해진 바. ¶~의 양식에 따라 서류를 작성하다 / ~의 의료를 지불하다.

소:-정맥(小靜脈) 圀(생) 대정맥으로 모여 붙은 정맥. ↔소동맥.

소:-정자(小正字) 圀(인) 문장의 첫머리 이외에 쓰이는 알파벳의 인쇄 활자. a·b·c·d 따위. ↔대정자.

소-젖 [-젇] 圀 =쇠젖.

소:제¹(小弟) I 圀 나이가 가장 어린 아우. II (대)(인칭) 동배(同輩) 사이에 나이가 몇 살 더 위인 사람에 대하여 '자기'를 겸손하여 이르는 말. ¶"형장(兄丈)은 어찌 ~ 길동을 모르시나이까?"《홍길동》

소:제²(掃除) 圀 =청소(淸掃). **소:제-하다** 동(타)어 **소:제-되다** 동(재)

소:-제목(小題目) 圀 제목 아래에서 다시 몇 갈래로 나눈 작은 제목.

소:조¹(小潮) 圀(지) =조금². ↔대조(大潮).

소:조²(所遭) 圀 치욕이나 고난을 당하는 것. **소:조-하다¹** 동(타)어

소:조³(塑造) 圀(미) 진흙 따위의 재료를 이용하여 덧붙여 가며 만드는 조소(彫塑)의 한 방법. **소:조-하다²** 동(타)어

소조⁴(蕭條) →**소조-하다³** 형어 (분위기가) 매우 호젓하고 쓸쓸하다. **소조-히** 부

소-족(-足) 圀 =쇠족.

소:졸(小卒) 圀 힘없고 하찮은 졸병.

소:종(小宗) 圀 대종(大宗)에서 갈려 나간 방계(傍系).

소주¹(疏註) 圀 =주소(註疏)².

소주²(燒酒) 圀 곡류·고구마·당밀 등을 발효시켜 증류한 술. 물처럼 맑고 알코올 성분이 많은 대중적인 술임. 세는 단위는 잔·병·사발·고리(10사발). =노주(露酒). ¶~를 고다.

소주(를) 내리다 관 익은 술을 고아 소줏고리에서 소주를 받다.

소-주방(燒廚房) 圀(역) 조선 시대, 대궐 안의 음식을 만들던 곳.

소주-병(燒酒瓶) [-뼝] 圀 소주를 담는 병.

소주-잔(燒酒盞) [-짠] 圀 소주를 따라 마시는 데 쓰는, 운두가 얕은 작은 술잔.

소:-주주(小株主) 圀 약간의 주식을 가진 주주. ↔대주주.

소-죽 (-粥) 圀 =쇠죽.

소줏-고리(燒酒-) [-주꼬리/-주꼬리] 圀 소주를 고는 오지그릇. 囝고리.

소줏-집(燒酒-) [-주찝/-준찝] 圀 소주를 파는 술집.

소:중(所重) →**소:중-하다** 형어 (사람이나 대

상이) 중요한 의미나 가치를 가진 상태에 있다. ¶**소중한** 친구 / 가보를 **소중하게** 간직하다. **소·중-히** 튀 ¶시간을 ~ 여기다.
소!증(素症) [-쯩] 몡 오랫동안 채식을 하여 고기가 먹고 싶어 하는 것.
소지¹(小指) 몡 1 =새끼손가락. 2 =새끼발가락.
소지²(沼池) 몡 늪과 못. =소택(沼澤).
소!지³(所持) 몡 가지고 있는 것. 또는, 그 물건. **소!지-하다** 통(타)(여) ¶총기를 불법으로 ~.
소지⁴(素地) 몡 어떤 사람이나 대상이 본바탕에 있어서 어떤 일을 일으키거나 이루게 될 가능성. ¶분쟁의 ~가 있는 사건 / 그 사람은 범죄를 저지르~가 다분하다.
소지⁵(燒紙) 몡(민) 신령에게 비는 뜻으로 축문을 적은 종이를 불살라 공중으로 올리는 일. 또는, 그 종이. **소!지-하다**² 통(자)(여)
소!지-인(所持人) 몡 =소지자.
소!지-자(所持者) 몡 가지고 있는 사람. =소지인. ¶자격증 ~ / 박사 학위 ~.
소!지-품(所持品) 몡 지니고 있는 물품. ¶~ 검사.
소!직(小職) 때(인칭) =소관(小官)Ⅱ.
소진(消盡) 몡 (기운이나 물질 따위가) 줄거나 다 쓰이거나 하여 없어지는 것. 또는, (기운이나 물질 따위를) 다 써서 없애는 것. **소진-하다** 통(자)(타)(여) ¶모든 정력을 ~. **소진-되다** 통(자) ¶기력이 ~.
소진²(燒盡) 몡 다 타서 없어지는 것. **소진-하다**² 통(자)(여) **소진-되다**² 통(자)
소질(素質) 몡 사람이 태어나면서부터 갖추고 있어 발전할 가능성이 많은, 어떤 일에 대한 재능이나 바탕. ¶~을 개발하다 / 화가로서의 ~을 살리다.
소집(召集) 몡 1 (단체나 조직체의 구성원을) 불러서 모으는 것. ¶비상 ~. 2 (법) 국가가 병역 의무자 중 예비군·보충역 또는 제2국민역에 대해 현역 복무 외의 군 복무 의무를 부과하는 일. ¶방위 ~. **소집-하다** 통(타) ¶회의를 ~. **소집-되다** 통(자)
소!-집단(小集團) [-딴] 몡 구성원 서로 간의 직접적인 접촉과 친밀한 의사소통이 가능하도록 적은 수의 인원으로 이루어진 집단. 가족·친구·클럽·직장 동료 따위.
소집^명:령서(召集命令書) [-짐-녕-] 몡 국가 비상사태나 교육 훈련 등을 위하여, 예비역이나 보충역을 불러 모으려고 내리는 명령서. =소집 영장.
소집^영장(召集令狀) [-짐녕짱] 몡 =소집 명령서.
소!-집회(小集會) [-지푀/-지풰] 몡 인원수가 적은 집회.
소쩍-새 [-쌔] 몡(동) 올빼밋과의 새. 머리 양쪽에 귀 모양의 깃털이 있는, 소형의 부엉이임. 주로 갈색 줄무늬가 있고, '소쩍쩍' 또는 '소쩍다 소쩍다' 하고 우는데, 그 소리가 매우 구슬픔. 밤에 활동하는 새로 저녁부터 울기 시작함. 예로부터 이 새의 시가(詩歌)에서 다루어진 '자규', '귀촉도', '불여귀', '두우', '망제' 등은 실은 주로 낮에 활동하는 '두견이'로, 밤에 활동하는 '소쩍새'를 잘못 알고 쓴 것임.
소쩍-소쩍 [-쏙-] 튀 소쩍새가 우는 소리.
소!찬(素饌) 몡 고기나 생선이 들지 않은 반찬. ▷소밥.
소창¹ 몡 이불 따위의 속감.
소창²(消暢) 몡 갑갑한 마음을 풀어 후련하게 하는 것. **소창-하다** 통(자)
소!-창의(小氅衣) [-의/-이] 몡 조선 시대에, 사대부들이 집에서 입거나 외출 시 겉옷의 바로 밑에 입거나 서민들이 겉옷으로 입던 창의의 하나. 소매가 좁고 무가 없으며 길이가 대창의에 비하여 약간 짧음. 앞뒤가 세 자락으로 갈라짐. =소창옷·창옷.
소채(蔬菜) 몡 =채소.
소!-책자(小冊子) [-짜] 몡 자그마하게 만든 책.
소천¹(召天) 몡 〔하느님의 부름을 받았다는 뜻〕 개신교에서, '죽음'을 이르는 말. ¶이병선 집사 5월 1일 ~. **소천-하다** 통(자)(여)
소!천²(所天) 몡 유교적 관념에서, 아내가 남편을 이르는 말.
소철(蘇鐵) 몡(식) 소철과의 열대산 상록 관목. 원줄기는 잎자루로 덮이고 가지가 없으며 끝에서 많은 잎이 사방으로 젖혀짐. 8월에 수꽃과 암꽃이 원줄기 끝에 핌. 종자는 길이 4cm 정도로 편평하고 식용하며, 한방에서 통경·지사·중풍 등에 씀.
소!첩¹(少妾) 몡 나이 어린 첩.
소첩²(訴牒) 몡 =소장(訴狀)⁸.
소!첩³(小妾) 때(인칭) 옛날에, 결혼한 여자가 남편에 대하여 '자기'를 낮추어 이르던 말.
소청¹(所請) 몡 청하는 바. ¶아버님께 한 가지 ~이 있습니다.
소청²(訴請) 몡 1 하소연하여 청하는 것. 2 (법) 징계 처분 등으로 불리한 처분을 받은 공무원이 그 처분에 불복하여, 처분의 취소나 변경을 청구하는 일. **소청-하다** 통(타)(여)
소!체(小體) 몡 1 작은 몸뚱이. 2 (생) 어떤 물질의 구조 안에 있거나, 생체의 조직 속에 있는, 특수한 기능을 가진 작은 부분. ¶말피기 ~.
소!초(小哨) 몡(군) 군대에서 중요한 도로나 지점의 경계 임무를 맡은, 적은 인원의 부대.
소!촌(小村) 몡 작은 촌락.
소!총(小銃) 몡(군) 휴대용 전투 화기의 하나. 보병 전투의 기본 무기로, 단발·연발·자동·반자동 등이 있음. =라이플총. ¶~ 사격을 가하다.
소추(訴追) 몡(법) 1 검사가 특정한 사건에 관하여 공소를 제기하는 일. 2 탄핵 발의를 하여 파면을 요구하는 행위. **소추-하다** 통(타)(여)
소!춘(小春) 몡 음력 10월의 이칭.
소!출(所出) 몡 논밭에서 나는 곡식의 양. 또는, 그 형편. ¶~이 많다[적다] / 금년 ~은 평년작에 미달이다.
소!치(所致) 몡 어떤 까닭으로 생긴 바. ¶이번 일은 저의 무식(無識)의 ~로 저질러진 실수이오니 용서하시기 바랍니다.
소!침¹(小針) 몡 1 작은 바늘. 2 =시침(時針)⁵. ↔대침(大針).
소침²(消沈·銷沈) 몡 (의기나 기세 따위가) 사그라지고 까라지는 것. ¶의기~. **소침-하다** 통(자)(여)
소!침(小秤) 몡 자그마한 저울.
소켓(socket) 몡 전구 따위를 끼워 넣어 전선과 접속되게 하는 기구.
소-코 몡 =쇠코.
소-코뚜레 몡 =쇠코뚜레.
소쿠라-지다 통(자) (급한 물결이) 굽이쳐 용솟음치다. 비솔다.

소쿠리 ①[저] 가늘게 쪼갠 대로 결어서 위가 트이고 테가 있으며 밑을 둥글게 만든, 식품을 담아 말리거나 곡물·채소 등을 씻은 다음 물기를 빼는 데 사용하는 용기. 요즘에는 플라스틱 제품이 많음. ②[의] 물체의 분량을 그것이 담긴 소쿠리의 수로 헤아리는 말. ¶과일 한 ~.

소탈(疏脫·疎脫) →**소탈-하다** [형][여] 예절이나 형식에 얽매이지 않고 수수하고 털털하다. =쇄탈하다. ¶소탈한 성격 / 사람이 퍽 ~.

소:탐대실(小貪大失) [명] 작은 것을 탐하다가 큰 것을 잃음. **소:탐대실-하다** [동][여]

소:탕(素湯) [명] 고기붙이를 전혀 넣지 않은 국. 흔히 제사에 씀.

소탕²(掃蕩) [명] 휩쓸어 죄다 없애 버리는 것. ¶~령(令) / 작전. **소탕-하다** [동][타][여] ¶공비를 ~. **소탕-되다** [동][자]

소탕-전(掃蕩戰) [명][군] 적의 패잔병을 샅샅이 뒤져 없애 버리는 전투.

소태 [명] 1 [식] =소태나무. 2 '소태껍질'의 준말.
  소태 같다 [구] (맛이) 몹시 쓰다. ¶독감을 되게 앓고 났더니 입맛이 ~.

소태-껍질 [-찔] [명] 소태나무의 껍질. 맛이 매우 쓰며, 한약재로 쓰임. [준] 소태.

소태-나무 [명][식] 소태나뭇과의 낙엽 활엽 소교목. 6월에 황록색의 꽃이 피고, 잎은 가을에 황색으로 변함. 과실·나무진은 맛이 쓰며 위약·살충제 등으로 씀. 산지에서 자람. =고련·소태.

소태-맛 [-맏] [명] 소태처럼 몹시 쓴 맛.

소택(沼澤) [명] =소지(沼池)².

소택-지(沼澤地) [-찌] [명] 늪과 연못으로 둘러싸인 낮고 습한 땅.

소-털 [명] =쇠털.

소통(疏通) [명] 1 막히지 않고 잘 통하는 것. ¶차량 ~이 원활하다. 2 (상대방과 의사)가 서로 전하는 것. ¶의사 ~이 잘된다. **소통-하다** [동][자][여] ¶그는 미국인과 자유롭게 의사를 소통한다. **소통-되다** [동][자]

소팅(sorting) [명][컴] 컴퓨터에서, 데이터를 일정한 조건에 따라 분류·구분하는 일. **소팅-하다** [동][타][여]

소파¹(sofa) [명] 주로 거실이나 응접실에 배치하는, 등받이와 팔걸이가 있는 폭신한 의자. 거죽을 가죽이나 비닐, 천 등으로 입힘. 1인용·3인용, 또는 1인용·1인용·3인용으로 구성되어 있는 것이 가장 일반적인 형태임.

소파²(SOFA) [명] [Status of Forces Agreement] [법] =한미 행정 협정.

소파^수술(搔爬手術) [명][의] 진단 또는 치료의 목적으로 자궁 내막을 제거하거나 조직을 채취하는 수술. 일반적으로는 인공 임신 중절이나 유산을 할 때 자궁 내용물을 제거하는 것을 말함.

소:편(小片) [명] 작은 조각.

소:포(小包) [명] 1 조그맣게 포장한 물건. 2 '소포 우편'의 준말. 3 '소포 우편물'의 준말. ¶~를 부치다.

소:포^우편(小包郵便) [명] 서신(書信) 이외에 작은 물건을 내용으로 하는 우편. 무게·크기 등에 제한이 있음. [준] 소포.

소:포^우편물(小包郵便物) [명] 소포 우편으로 보내는 물품. =패키지. [준] 소포.

소:포-체(小胞體) [명][생] 세포질 속에 그물눈처럼 이어진 막(膜狀) 구조의 세포 소기관(小器官). 세포 내의 물질 수송의 기능을 가짐.

소:폭(小幅) Ⅰ [명] 작은 폭이나 작은 범위. ¶임금을 ~으로 올리다. ↔대폭. Ⅱ [부] 작은 폭이나 범위로. ↔대폭.

소:품(小品) [명] 1 문학·음악·미술 등에서, 길이가 짧거나 규모가 작은 작품. 2 연극·영화 등에서, 무대나 세트에 배치하는 이동 가능한 물품이나, 배우가 들거나 지니고 연기하는 데 이용하는 작은 물품. [비]소도구. 3 가구·인테리어 등에서, 부피가 작은 물품. ¶원목 ~ / 인테리어 ~ / 주방 ~.

소:품-곡(小品曲) [명][음] 작은 규모의 곡. [준] 소곡(小曲).

소풍(逍風·消風) [명] 1 학생들이 교사의 인솔하에 야외에 나가 자연의 사물을 관찰하고 여러 가지 놀이를 즐기면서 하루를 보내는 일. ¶봄 ~ / ~을 가다. 2 기분을 전환하거나 머리를 식히기 위해 밖에 나가 바람을 쐬는 일. 오늘날에는 잘 쓰지 않는 말임. **소풍-하다** [자][여] ¶신체도 피곤하고 심신도 울적하여 **소풍할** 생각도 있고….《구연학:설중매》

소풍-농월(嘯風弄月) [명] [바람에 휘파람 불고 달을 희롱한다는 뜻] 자연 풍경을 관상하며 즐김. **소풍농월-하다** [동][자][여]

소프라노(⑩soprano) [명][음] 성악에서, 여성이 낼 수 있는 가장 높은 음역(音域)의 소리. 또는, 그 음역의 가수.

소프트^렌즈(soft lens) [명] =소프트 콘택트렌즈.

소프트-볼(softball) [명][체] 가죽으로 된 부드럽고 큰 공. 또는, 그 공으로 하는 야구. 주로, 어린이나 여자들이 함.

소프트웨어(software) [명][컴] 컴퓨터 시스템을 효율적으로 운영하기 위해 개발된 프로그램의 총칭. ▷하드웨어.

소프트^콘택트렌즈(soft contact lens) [명] 종래의 콘택트렌즈의 소재를 개량하여, 렌즈의 함수율(含水率)을 높여 산소의 투과성을 높인 콘택트렌즈. =소프트 렌즈.

소프호스(⑫sovkhoz) [명] 구 소련의 국영 농장. 러시아 혁명 직후, 지주의 농장을 국가가 직접 경영하였던 것에서 비롯됨. ▷콜호스.

소:피(小避) [명] '오줌 누는 일'을 완곡하게 이르는 말. **소:피-하다** [자][여] =소피보다.

소:피-보다(小避-) [동][자][여] 오줌을 누다. =소피하다.

소피스트(sophist) [명] [그리스 어로 '현인(賢人)', '지자(知者)'란 뜻] [철] 기원전 5세기경, 주로 아테네에서 변론술을 가르치는 것을 업으로 삼던 사람. =궤변가.

소하(遡河) [명] 바닷물고기가 산란을 위해 강을 거슬러 올라가는 것. **소하-하다** [동][자][여]

소:-하물(小荷物) [명] 기차 편에 쉽게 부칠 수 있는 작고 가벼운 짐.

소하-어(遡河魚) [명][동] 생애의 대부분을 바다에서 보내고 산란기에 알을 낳기 위해 본디 태어났던 하천으로 돌아오는 물고기. 송어·연어 따위. =강하어(降河魚).

소:학(小學) [명] '소학교'의 준말. ¶~생(生).

소:-학교(小學校) [-꾜] [명][교] '초등학교'의 구칭. [준] 소학. ▷보통학교·국민학교·초등학교.

소:한(小寒) [명] 24절기의 하나. 1월 6일경으로, 동지(冬至)와 대한(大寒) 사이에 있음. 연중 가장 추운 때임.

소:할(所轄) 명 관할하는 바.
소항(遡航·溯航) 명 물의 흐름을 거슬러 올라가며 항해하는 것. 소항-하다 동(자여)
소-해¹(민) =축년(丑年)
소해²(掃海) 명(군) 바다에 부설한 기뢰 따위의 위험한 것을 제거하여 항해를 안전하게 하는 일. 소해-하다 동(타여)
소해-정(掃海艇) 명(군) 부설된 기뢰 따위의 위험물을 수색·제거하여 항로의 안전을 꾀하는 일을 담당하는 함정. =소뢰정(掃雷艇)
소¦행¹(所行) 명 해 놓은 일이나 짓. =소위(所爲). ¶~이 괘씸하다 / 수법으로 보아서 동일한 범인의 ~임에 틀림없다.
소행(素行) 명 평소의 행실.
소:-행성(小行星) 명(천) 화성과 목성 사이의 궤도에서 태양의 둘레를 공전하는 무수히 많은 작은 천체. ▷대행성.
소:-협주곡(小協奏曲)[-쭈-] 명(음) 소규모의 협주곡. =콘체르티노.
소:형¹(小形) 명 물건의 작은 형체. ↔대형(大形).
소:형²(小型) 명 같은 종류의 사물 중에서, 작은 규격이나 규모. ¶~ 자동차 / ~ 컴퓨터. ↔대형(大型).
소:형-주(小型株) 명(경) 자본금의 규모가 작은 회사의 주식. 대형주에 비해 비교적 적은 유통 자금의 의해서도 주가가 크게 움직임. ↔대형주.
소:형-차(小型車) 명 크기나 배기량이 작은 자동차.
소:호¹(小毫) 명 아주 적은 분량이나 정도.
소호²(沼湖) 명 늪과 호수. 비호수(湖沼).
소호³(SOHO) 명 [Small Office;Home Office] 소자본으로 주로 컴퓨터를 활용하여 아주 작은 사무 공간이나 자기 집의 한구석에서 전개할 수 있는 새로운 사업 형태. 특히, 정보 서비스 사업을 가리킴.
소혼-단장(消魂斷腸) 명 근심과 슬픔으로 넋이 빠지고 창자가 끊어지는 듯함. 소혼단장-하다(자여)
소홀(疏忽) →소홀-하다(형여) 대수롭지 않고 예사롭다. 또는, 탐탁하지 않고 데면데면하다. ¶경계(警戒)가 ~ / 대접이 소홀하여 죄송합니다. 소홀-히(부) ¶~ 취급하다.
소:화¹(小火) 명 작은 화재.
소화(消火) 명 불을 끄는 일. ↔점화. 소화-하다² 동(타여)
소화³(消化) 명 1(생) 먹은 음식물이 체내에 흡수될 수 있도록 잘 부수거나 화학 물질로 바꾸는 작용. ¶밥을 급히 먹었더니 ~가 안 된다. 2(배운 지식이나 기술 따위를) 충분히 익혀 자기 것으로 만드는 것. 3(주어진 일을) 해결하거나 처리하는 것. 소화-하다² 동(타여) ¶오늘 안으로 그 일을 다 소화해야 한다. 소화-되다² 동(자) ¶잘 소화되지 않는 음식.
소:화⁴(笑話) 명 우스운 이야기. 비소담(笑談).
소화⁵(燒火) 명 불에 태우거나 사르는 것. 소화-하다³ 동(타여)
소화-계(消化系)[-계/-게] 명(생) 음식물을 섭취·소화하고 그 영양분을 혈액 속에 보내는 기관(器官)의 총칭. 소화관과 부속 기관으로 이루어짐.
소화-관(消化管) 명(생) 구강(口腔)에서 시작하여 인두·식도·위·소장·대장을 거쳐 항문에서 끝나는 한 줄기의 관(管). 음식물의 소화·흡수 작용을 함.
소:-화기¹(小火器) 명(군) 개인이 휴대하고 전투할 수 있는 총기류. 소총·기관총·권총 따위.
소화-기²(消火器) 명 불이 났을 때, 불을 끄는 데 쓰는 기구.
소화-기³(消化器) 명(생) 음식물을 소화·흡수하는 기관. 동물에서는 내장(內臟)의 대부분을 차지함.
소화-력(消化力) 명 음식물을 소화할 수 있는 능력.
소:-화물(小貨物) 명 철도나 운송업체에 의뢰해 부치는 부피가 작은 화물.
소화^불량(消化不良) 명 1 과음·과식, 부패물의 섭취, 감염증, 피로 등에 의해 음식물이 충분히 소화되지 않는 상태. ¶~에 걸리다.
소화-샘(消化-) 명(생) 소화액을 분비하는 샘의 총칭. 침샘·위샘 따위. =소화선(消化腺).
소화-액(消化液) 명(생) 섭취한 음식물의 소화를 돕기 위하여 소화관에서 소화관 내로 분비되는 액체. 침·위액·담즙·장액 따위.
소화-전(消火栓) 명 소화 호스를 장치하기 위하여 상수도의 급수관에 설치하는 시설. =방화전.
소화-제(消化劑) 명(약) 소화액의 분비가 적을 때 소화를 돕는 약제. 디아스타아제·펩신 등의 제제(製劑).
소화^효소(消化酵素) 명(생) 소화관에서 분비되어 음식물의 소화를 돕는 효소의 총칭. 아밀라아제·펩신·리파아제 등.
소환¹(召喚) 명 법원이 피고인·증인·변호인 등에게 출두를 명령하는 일. =호출. ¶~에 응하다. 소환-하다¹ 동(타여) ¶증인을 소환-되다¹ 동(자여)
소환²(召還) 명 1 일을 끝마치기 전에 불러 돌아오게 하는 것. 2(법) 외교 사절·영사 등을 본국으로 불러들이는 것. 소환-하다² 동(타여) 소환-되다² 동(자) ¶주미(駐美) 대사가 본국으로 ~.
소환-장(召喚狀)[-짱] 명(법) 1 민사 소송법에서, 법원이 당사자나 그 밖의 소송 관계인에게 기일을 알려 출두를 명령하는 일을 기재한 서면. 2 형사 소송법에서, 소환의 재판을 기재한 영장(令狀). =호출장.
소환-제(召還制) 명(정) 임기 만료 전에 선거민의 투표에 의하여 공무원을 파면시키는 제도. =리콜제.
소:회(所懷)[-회/-훼] 명 마음에 품고 있는 생각. ¶외국 생활의 ~를 피력하다.
속¹¹ 명 1 부피가 있는 물체나 일정한 공간·영역의 내부를 이루는 곳. ¶굴~ / 물~에 고기가 노닐다 / 주머니 ~에 손을 넣다 / 숲 ~에 길이 나 있다. ¶겉. 2 어떤 현상이나 상황, 일의 안이나 가운데. ¶영화 ~의 주인공 / 말 ~에 뼈가 들어 있다. 3 안에 들어 있는 중심이 되는 사물. ¶이 잘 익은 수박. 4 사람의 몸에서 배의 안. ¶~이 쓰리다(거북하다) / ~이 메스껍다. 5 감추어진 일의 내용. ¶겉으로 화려한 연예인의 세계도 ~를 들여다보면 힘들고 괴로운 점이 많다. 6 사람이 마음을 쓰는 태도. ¶~이 넓다(좁다) / ~이 좋은 총각. 7 마음에 품고 있는 생각. ¶~이 빤히 들여다보이다. 8 사리를 분별할 수 있는 힘이나 정신. 또는, 줏대 있게 행동

하는 태도. ¶집안 형편도 모르고 ~도 없이 돈타령이냐? 9 [식] 식물 줄기의 중심부에 있는, 관다발에 둘러싸인 조직.

[속 각각 말 각각] 겉으로 하는 말과 생각이 다르다는 뜻. [속 빈 강정] ㉠겉만 그럴듯하고 속에는 아무 실속이 없다. ㉡주머니에 돈이 한 푼도 없다.

속(을) 긁다 남의 속이 뒤집어지게 비위를 살살 건드리다. ¶가뜩이나 화가 나는데 그 녀석까지 내 속을 긁어 놓았다.

속(을) 끓이다 일이 뜻대로 안 되거나 고민이 있어 마음의 괴로움을 겪다. ¶집안일로 ~.

속(이) 달다 ㉠ 마음이 죄이고 안타까워지다. ¶어떻게 될 것인지 걱정이 되어 ~.

속(이) 뒤집히다 1 비위가 상해서 욕지기가 날 듯하게 되다. 2 몹시 아니꼽게 느껴지다.

속(을) 떠보다 ㉠ 남의 마음을 알려고 넘겨 짚다. ¶속을 떠보려고 한 소리야.

속(이) 보이다 엉큼한 마음이 들여다보이다. ¶속 보이는 소리.

속(을) 뽑다 ㉠ 일부러 남의 마음을 떠보아 그 속내를 드러나게 하다.

속(이) 살다 ㉠ (겉으로는 수그러진 듯하나) 마음에는 반항하는 뜻이 있다. ¶저래 봬도 속이 살아서 곧잘 바른 소리를 한다.

속(이) 시원하다 ㉠ (좋은 일이 생기거나 나쁜 일이 없어져서) 마음이 상쾌하다. ¶그 문제가 해결되어 ~.

속(을) 썩이다 ㉠ 1 (뜻대로 되지 않거나 좋지 못한 일로) 몹시 괴로워하다. ¶혼자서 속을 썩이지 말고 말을 해 보아라. 2 남의 마음을 몹시 상하게 하다. ¶왜 말을 듣지 않고 내 속을 썩이느냐?

속(을) 차리다 ㉠ 1 지각 있게 처신하다. ¶속을 차릴 나이가 되었다. 2 자기의 실속을 꾸리다. ¶남 좋은 일만 하지 말고 속 좀 차려라.

속(이) 타다 걱정이 되어 마음이 달다. ¶너무 가물어서 벼가 말라 죽을까 봐 ~.

속(을) 태우다 ㉠ 1 몹시 걱정이 되어 마음을 졸이다. ¶집을 나간 아이가 돌아오지 않아 부모가 ~. 2 남의 속을 타게 하다. ¶지긋이 속을 태우고 이젠 사람 좀 되어라.

속(이) 트이다 마음이 넓고 언행이 대범하다.

속(을) 풀다 ㉠ 과음한 뒤에 해장국이나 해장술 등을 먹고 쓰리거나 울렁거리는 배 속을 편안하게 하다.

속(이) 풀리다 ㉠ 1 화를 냈거나 토라졌던 감정이 누그러지다. ¶자세한 내용을 알고 ~. 2 과음 때문에 쓰리거나 울렁거리던 배 속이 편안해지다.

속²(屬) [명] [생] 생물의 분류 단위. 과(科)와 종(種)의 중간임.
속³(束) [명] [의존] =뭇¹. 1·2·3. ¶장미 오(五) ~.
속-⁴(續) [접두] 명사 앞에 붙어서, '그 전의 것에 잇대어 될'의 뜻을 나타내는 말. ¶~대전(大典) / ~미인곡(美人曲).
속가¹(俗家) [-까] [명] 1 불교나 도교를 믿지 않는 사람의 집. 2 승려의 생가(生家).
속가²(俗歌) [-까] [명] [음] '잡가(雜歌)²'의 딴 이름.
속:-가량(-假量) [-까-] [명] 마음속으로 하는 대강대강의 셈. ↔겉가량. 속:가량-하다 [동](타여)

속:-가죽 [-까-] [명] 겉가죽 안에 있는 가죽. [비]내피(內皮). ↔겉가죽.
속간¹(俗間) [-깐] [명] =민간(民間).
속간²(續刊) [-깐] [명] 간행을 중단하였던 신문이나 잡지 등을 다시 계속하여 간행하는 것. 속간-하다 [동](타여) 속간-되다 [동](자)
속강(續講) [-깡] [명] 방학·휴일 같은 때에도 계속하여 강의하는 것. 또는, 그 강의. 속강-하다 [동](자여)
속개(續開) [-깨] [명] (일단 멈추었던 회의 따위를) 다시 계속하여 여는 것. 속개-하다 [동](타여) ¶회의를 ~. 속개-되다 [동](자) ¶속개된 임시 국회.
속객(俗客) [-깩] [명] [불] 속세에서 절에 온 손님.
속:-겨 [-껴] [명] 곡식의 겉겨가 벗겨진 다음에 나온 고운 겨. ↔겉겨.
속견(俗見) [-껸] [명] 세속적인 생각.
속결(速決) [-껼] [명] 빨리 결정하거나 처리하는 것. ¶속전(速戰)~ / 이 의안은 ~을 요한다. 속결-하다 [동](타여) 속결-되다 [동](자)
속계¹(俗戒) [-께/-계] [명] [불] 오계(五戒)·팔계(八戒) 등의 재가계(在家戒).
속계²(俗界) [-께/-계] [명] 세속의 사람이 살고 있는 현실 세계. ↔선계(仙界).
속고(續稿) [-꼬] [명] 앞에 쓴 원고(原稿)에 계속되는 원고.
속:-고갱이 [-꼬-] [명] 속 한가운데 있어 주장이 된 고갱이.
속:-고삿 [-꼬삳] [명] 초가지붕을 일 때, 이엉을 얹기 전에 먼저 지붕 위에 건너질러 잡아매는 새끼. ↔겉고삿.
속:-곡식(-穀食) [-꼭씩] [명] 겉껍질을 벗겨 낸 곡식. ↔겉곡식.
속:-곳 [-꼳] [명] '속속곳'과 '단속곳'의 총칭. =단의(單衣).
속공(速攻) [-꽁] [명] [체] 축구·농구 따위의 운동 경기에서, 지체함이 없이 재빠른 동작으로 공격하는 것. ¶~을 펴다 / ~ 작전을 쓰다. ↔지공(遲攻). 속공-하다 [동](타여)
속구(速球) [-꾸] [명] [체] 야구에서, 투수가 던지는 속도가 빠른 공. ¶강(強) ~. ↔완구(緩球).
속국(屬國) [-꾹] [명] [정] =종속국.
속:-궁리(-窮理) [-꿍니] [명] 마음속으로 궁리하는 것. 또는, 그 궁리. [비]속셈. 속:궁리-하다 [동](타여)
속:-궁합(-宮合) [-꿍-] [명] 1 [민] 사주 가운데 태어난 날과 시를 가지고 부부의 내면적 관계를 따져 보는 궁합. ↔겉궁합. 2 부부 간의 성적(性的) 만족이나 조화의 정도를 속되게 이르는 말.
속:-귀 [-뀌] [명] [생] =내이(內耳). ↔겉귀.
속:-긋 [-끋] [명] 글씨·그림 등을 처음 배우는 이에게 덮어 쓰게 하기 위하여 먼저 가늘게 그려 주는 획.
속기(俗氣) [-끼] [명] 속계의 기풍.
속기(速記) [-끼] [명] (남의 말을) 간략한 획의 부호를 이용하여 사람이 말하는 속도에 일치할 수 있게 빨리 받아 적는 것. 또는, 그 기록. 속기-하다 [동](타여) 속기-되다 [동](자)
속기-록(速記錄) [-끼-] [명] 속기에 의한 기록. 또는, 일반 사용하는 글자로 옮겨 적은 기록. ¶국회 ~.
속기-사(速記士) [-끼-] [명] 속기를 직업으로 하는 사람.
속:-꺼풀 [명] 겉꺼풀 안에 있는 꺼풀. ↔겉

속-껍더기 명 '속껍데기'의 잘못.
속-껍데기[-떼-] 명 겉껍데기 안에 겹으로 있는 껍데기. =내각(內殼). ↔겉껍데기. ×속더기.
속-껍질[-찔] 명 겉껍질 안에 겹으로 있는 껍질. =내피. ↔겉껍질.
속-내[-송-] 명 마음속에 감추거나 드러내지 않고 있는 생각. 비속내평. ¶~를 털어놓다.
속-내다[송-] 타 대패나 끌 따위의 닳은 날을 갈아 새로 날카로운 날이 서게 하다.
속-내복(-內服)[송-] 명 '내복'을 속에 입는 것임을 강조하여 이르는 말.
속-내의(-內衣)[송-의/송-이] 명 1 '내의(內衣)'를 속에 입는 것임을 강조하여 이르는 말. 2 내의 속에 껴입는 내의. 비속내복.
속-내평[송-] 명 겉으로 드러나지 않은 사정이나 실상. =내평. 비내막·속내·이면.
속념(俗念)[송-] 명 세상에 얽매인 잡다한 생각.
속-눈[송-] 명 (주로 '속눈을 뜨다'의 꼴로 쓰여) 눈을 감은 체하면서 약간 뜬 눈. 비샛눈. ¶~을 체하면서 ~을 뜨고 살피다.
속-눈썹[송-] 명 눈시울에 난 털. =첩모(睫毛). 비눈썹. ↔겉눈썹.
속다[송-] 자 (사람 또는 때로 동물이 짓거나 꾀에) 그 말이나 행동이나 대상을 참인 것으로 잘못 알거나 받아들이다. 비넘어가다. ¶사기꾼에게 ~ / 감언에 ~ / 물건을 속아 사다.
속-다짐[-따-] 명 1 마음속으로 하는 다짐. 2 =속셈1. 속:다짐-하다 통타여
속닥-거리다/-대다[-딱꺼(때)-] 통자타 여럿이 모여 작은 목소리로 은밀하게 계속 이야기하다. 큰숙덕거리다. 센쏙닥거리다.
속닥-속닥[-딱쏙딱] 부 속닥거리는 소리나 모양. 큰숙덕숙덕. 센쏙닥쏙닥. 속닥속닥-하다 통자타여
속닥-이다[-딱-] 통자타 여럿이 모여 작은 목소리로 은밀하게 이야기하다. 큰숙덕이다. 센쏙닥이다.
속단(速斷)[-딴] 명 깊이 생각하지 않고 성급하게 판단하는 것. 속단-하다 통타여 ¶물증도 없이 심증만 가지고 함부로 속단하지 마라.
속-단추[-딴-] 명 겉에 드러나지 않게 속에 다는 단추.
속달(速達)[-딸] 명 1 속히 배달하는 것. 2 '속달 우편'의 준말. ¶편지를 ~로 보내다. 속달-하다 통자타여 속달-되다 통자
속달-거리다/-대다[-딸-] 통자타 좀 수선스럽게 속닥거리다. 큰숙덜거리다. 센쏙달거리다.
속달-속달[-딸-딸] 부 속달거리는 소리나 모양. 큰숙덜숙덜. 센쏙달쏙달. 속달속달-하다 통자타여
속달^우편(速達郵便)[-딸-] 명 '빠른우편'의 구용어. 준속달.
속담(俗談)[-땀] 명 1 예로부터 민간에 전해 오는, 교훈이나 풍자를 담은 짧은 어구. 곧, "공든 탑이 무너지랴." 따위. 2 속된 이야기. ⇒세언(世諺)·속설(俗說).
속답(速答)[-땁] 명 빨리 대답하거나 해답하는 것. 또는, 그 대답이나 해답. 속답-하다 통자타여
속-대[-때] 명 푸성귀의 겉대 속에 있는 줄기나 잎. ↔겉대.

속-대장경(續大藏經)[-때-] 명 [불] =속장경(續藏經).
속!-대중[-때-] 명 속으로만 대중하는 것. 또는, 그 대중. ↔겉대중. 속!대중-하다 통타여
속!-더께[-떼-] 명 물체의 속에 찌들어 낀 때. ↔겉더께.
속도(速度)[-또] 명 1 물체가 나아가는 빠르기. ¶자동차의 ~ / 최고 ~ / 투수가 던진 공의 ~. 2 일이 진행되는 빠르기. 비템포. ¶~를 빨리하다 / 일하는 ~가 더디다. 3 [물] 물체의 단위 시간 내에 있어서의 위치 변화. 거리뿐만 아니라 방향까지도 포함하는 벡터양(vector量)이며, 그 크기는 빠르기와 같음.

유의어	속도 / 속력
둘 다 물체가 움직이는 빠르기를 나타내나, '속도'가 탈것 이외의 물체에 대해서나 일의 진행 정도의 경우에 쓸 수 있는 데 반해, '속력(速力)'은 주로 탈것에만 씀. 또한, 물리학적으로는 '속도'는 크기뿐 아니라 방향도 가지고 있는 벡터양이나, '속력'은 크기만 있고 방향은 없는 스칼라양임.

속도-감(速度感)[-또-] 명 물체가 나아가거나 일이 진행되는 빠르기의 느낌. ¶일이 ~ 있게 진행되다.
속도-계(速度計)[-또계/-또게] 명 속도를 측정하는 계기의 총칭.
속도-광(速度狂)[-또-] 명 자동차나 오토바이 등을 고속으로 운전하면서 느끼는 쾌감을 광적으로 즐기는 사람.
속-도랑[-또-] 명 땅속이나 구조물 밑으로 낸 도랑. =암거(暗渠). ¶~ 배수. ↔겉도랑.
속도-위반(速度違反)[-또-] 명 1 교통 법규상 제한되어 있는 차량의 속도를 넘어 속력을 내는 일. 2 결혼 전에 아기를 갖는 일을 우스갯소리로 이르는 말.
속독(速讀)[-똑] 명 글을 빨리 읽는 것. ¶~ 술(術). 속독-하다 통타여
속!-돌[-똘] 명 [광] =부석(浮石).
속-되다(俗-)[-뙤-/-뛔-] 형 1 (어떤 말이나 행동이) 점잖지 못하거나 품위가 없이 거칠거나 함부로 이루어진 상태에 있다. 비상스럽다·천박하다·저속하다. ¶속된 말로 미치고 팔짝 뛰겠구먼. 2 (어떤 대상이) 성스럽거나 고결함을 가지지 못하거나 욕심이나 시기나 미움이나 다툼이나 갈등 등에 싸여 있거나 그런 것들을 가진 상태에 있다. ¶속된 세상 / 속된 인간.
속등(續騰)[-뜽] 명 (물가 따위가) 계속하여 오르는 것. ↔속락(續落). 속등-하다 통자여 ¶물가가 ~. 속등-되다 통자
속!-뜨물 명 쌀이나 보리 등을 여러 번 씻어 버린 다음에 나오는 깨끗한 뜨물. ↔겉뜨물.
속!-뜻[-뜯] 명 1 마음속에 품고 있는 깊은 뜻. 비내의(內意). 2 글의 이면(裏面)에 흐르고 있는 근본 의미. ¶정독하여 ~을 알다.
속락(續落)[송낙] 명 (물가 따위가) 계속하여 떨어지는 것. ↔속등(續騰). 속락-하다 통자여 ¶원유 값이 ~. 속락-되다 통자
속량(贖良)[송냥] 명 1 [역] 몸값을 받고 종의 신분을 풀어 주어 양민이 되게 하는 것. =속신(贖身). ¶노비 ~. 2 [성] =속죄(贖罪)2. 속량-하다 통타여 속량-되다 통자
속력(速力)[송녁] 명 움직이는 물체, 특히 차

·비행기·배 등의 탈것이 이동하는 빠르기. ⓗ스피드. ¶~을 내다/~을 올리다/~을 낮추다/무서운 ~으로 달려오는 자동차. ▶속도(速度).
속령(屬領) [송녕] 圀 어떤 나라에 부속된 영토.
속례(俗例) [송녜] 圀 세속의 관례.
속론(俗論) [송논] 圀 1 세속의 의론(議論). 2 하찮은 의견. 3 통속적인 이론.
속류(俗流) [송뉴] 圀 속된 무리. =속배(俗輩).
속-마음 [송-] 圀 겉으로 드러나지 않은 참마음. ⓗ내심(內心). ¶순녀는 장쇠에게 톡톡 쏘아 대지만 ~으로는 은근히 좋아하고 있다. ⓒ속맘. ↔겉마음.
속-말 [송-] 圀 본심에서 우러나오는 말. ↔겉말. ×속소리. **속말-하다** 图재에
속-맘 [송-] 圀 '속마음'의 준말.
속명¹(俗名) [송-] 圀 1 사물이나 동식물의 정식 이름에 대하여, 민간에서 통속적으로 부르는 이름. 2 [불] 승려의 출가하기 전의 이름. 3 속된 명성.
속명²(屬名) [송-] 圀 [생] 생물을 분류할 때, 과(科)와 종(種) 사이의 속(屬)을 나타내는 이름.
속문(俗文) [송-] 圀 1 통속적인 글. 2 하찮은 글.
속물(俗物) [송-] 圀 돈이나 출세나 공명 등의 세속적인 일만을 추구하거나 관심거리로 삼는 사람. 경멸조의 말임.
속물-근성(俗物根性) [송-] 圀 돈을 벌거나 출세를 하거나 공명을 떨치거나 하는 일을 최고의 가치로 알고 오로지 그런 일에만 관심을 기울이는 태도나 성질. =스노비즘.
속-바람 [-빠-] 圀 몹시 지친 때 숨이 차고 몸이 떨리는 현상.
속-바지 [-빠-] 圀 =고쟁이.
속박(束縛) [-빡] 圀 강압적으로 얽어매거나 제한을 가하여 자유롭지 못하게 하는 것. ¶~으로부터 벗어나다. **속박-하다** 图타에 **속박-되다** 图재
속박^전자(束縛電子) [-빡-] 圀 [물] 원자 또는 분자 속에 구속되어 자유로이 이동할 수 없는 전자. ↔자유 전자.
속발¹(束髮) [-빨] 圀 1 머리털을 가지런히 하여 동여매거나 묶는 것. 2 머리털을 위로 치올려 상투를 트는 것. **속발-하다** 图타에
속발²(速發) [-빨] 圀 1 빨리 떠나는 것. 2 (효과가) 빨리 나타나는 것. **속발-하다**² 图재에
속발³(續發) [-빨] 圀 (사건·사고 등이) 계속하여 발생하는 것. **속발-하다**³ 图재 ¶화재가 ~. **속발-되다** 图재
속발-성(續發性) [-빨썽] 圀 어떤 병이 다른 병에 바로 이어서 생기는 특성. ¶~ 고혈압/~ 녹내장.
속-발톱 [-빨-] 圀 발톱에 있는 반달 모양의 하얀 부분.
속-밤 [-빰] 圀 껍데기의 속에 든 밤톨. ↔겉밤.
속방(屬邦) [-빵] 圀 =종속국(從屬國).
속-배포(-排布) [-빼-] 圀 마음속에 품고 있는 계획. ⓗ복안(腹案)·속셈.
속-버선 [-뻐-] 圀 솜버선 속에 껴 신는 버선. ↔겉버선.
속-병(-病) [-뼝] 圀 배 속의 병을 통틀어 일컫는 말. =속증. ×속앓이.

속보¹(速步) [-뽀] 圀 빠르게 걷는 걸음.
속보²(速報) [-뽀] 圀 빨리 알리는 것. 또는, 그 보도. ¶뉴스 ~. **속보-하다** 图타에
속보³(續報) [-뽀] 圀 앞의 보도에 계속하여 알리는 것. 또는, 그 보도. **속보-하다**² 图타에 **속보-되다** 图재
속-불꽃 [-뿔꼳] 圀 [화] 불꽃의 안쪽에 있는, 녹청색의 가장 밝은 부분. =내염(內焰)·환원염. ↔겉불꽃.
속사¹(俗事) [-싸] 圀 세속의 잡다한 일.
속사²(速射) [-싸] 圀 (총·포 따위를) 계속하여 빨리 쏘는 것. **속사-하다** 图타에
속사³(速寫) [-싸] 圀 1 글씨를 빨리 쓰거나 베끼는 것. 2 사진을 빨리 찍는 것. **속사-하다**² 图타에
속-사연(-事緣) [-싸-] 圀 마음속에 품고 있는, 일의 사정과 까닭. ¶~을 털어놓다.
속-사정(-事情) [-싸-] 圀 겉으로 드러나지 않고 있는 일의 형편.
속사-포(速射砲) [-싸-] 圀 [군] 1 포탄을 쉽게 장전하여 빨리 발사할 수 있는 포. 2 '기관총'의 속칭.
속삭-거리다/-대다 [-싹꺼(때)-] 图재타 자꾸 속삭이다.
속삭-속삭 [-싹쏙] 凰 속삭거리는 소리나 모양. **속삭속삭-하다** 图재타에
속삭-이다 [-싹-] ① 图재 (사람이) 목의 성대를 거의 사용하지 않고 아주 작은 소리로 말하다. ¶그는 내게 이렇게 **속삭였다**. "당신을 사랑해, 영원토록." ② 图타 (사람이 어떤 말을) 아주 작은 목소리로 하다. 특히, 사랑의 말을 정답게 나누는 행위를 가리킴. ¶사랑을 ~.
속삭-임 [-싹-] 圀 속삭이는 말이나 소리. 주로, 문학적인 표현에서 쓰임. ¶사랑의 ~/밤하늘에 빛나는 별들의 ~ (시적인 비유).
속-살 [-쌀] 圀 1 옷에 가려져 있는 부분의 살. 또는, 보통 때에 옷을 입고 있어서 외부에 잘 노출되지 않는 부분의 살. ¶옷이 얇아 ~이 비치다. ↔겉살. 2 겉으로 보기보다 속으로 실속 있게 찬 살. 3 소의 입 안에 붙은 고기.
속살(이) 찌다 图 1 속살이 올라 뚱뚱해지다. 2 겉으로는 보이지 않게 실속이 있다.
속살-거리다/-대다 [-쌀-] 图재타 자질구레한 말로 속닥거리다. ⓒ숙설거리다. ⓢ쏙살거리다.
속살-속살 [-쌀-쌀] 凰 속살거리는 소리나 모양. ¶~ 이야기하다. ⓒ숙설숙설. ⓢ쏙살쏙살. **속살속살-하다** 图재타에
속-상하다(-傷-) [-쌍-] 혱 마음이 불편하고 괴롭다. ¶직장 생활을 하다 보면 **속상하는** 일이 한두 가지가 아니다.
속-생각 [-쌩-] 圀 남모르게 마음속으로 하고 있는 생각. ¶~을 털어놓다.
속설(俗說) [-썰] 圀 1 학문적·과학적으로 증명되지 않은 채 세간에 전해 내려오는 설이나 견해. ¶그 주장은 근거 없는 ~에 불과하다. 2 =속담2.
속성¹(俗姓) [-썽] 圀 [불] 승려가 되기 전의 성. ¶의상(義湘)의 ~은 김(金)이다.
속성²(速成) [-썽] 圀 일이 빨리 이루어지는 것. ¶~ 재배. ↔만성(晩成). **속성-하다** 图재에 **속성-되다** 图재
속성³(屬性) [-썽] 圀 1 사물이 가지는 어떤 성질. ¶물은 100℃에서 끓어서 기체가 되고, 0℃에서 얼어서 고체가 되는 ~을 가지고 있

다. 2 [철] 사물의 본질을 이루는 성질. 그것이 없이는 그 사물을 생각할 수 없는 조건임.

속성-속패(速成速敗) [-썽-] 圀 급작스럽게 이루어진 것은 급히 결딴이 남. **속성속패-하다** 图困

속세(俗世) [-쎼-] 圀 종교(특히, 불교)의 관점에서, 속되어 성스럽지 못한 세상. 凹속세간. ¶~를 떠나 입산(入山).

속-세간(俗世間) [-쎼-] 圀 속인들의 세상. 凹속세.

속-셈 [-쎔] 圀 1 마음속으로 하는 궁리. =속다짐·심산(心算). 凹속배포. ¶엉큼한 ~을 품다 / 내일모레가 시험인데 어쩔 ~으로 저렇게 놀고만 있는지 모르겠다. 2 연필이나 계산기 등을 쓰지 않고 머릿속으로 하는 계산. 凹암산(暗算).

속!-셔츠(-←shirt) 圀 맨 속에 입는 셔츠. =속샤쓰.

속!-소리 [-쏘-] 圀 1 [언] 우리말의 음절 구성에서, 가운데의 모음. '산', '들' 등에서의 'ㅏ', 'ㅡ' 따위. =가운뎃소리·중성(中聲)·중음(中音). 2 '속말'의 잘못.

속속(續續) 團 자꾸 잇달아서. ¶각국의 선수단이 ~ 입국하다.

속!-속곳 [-쏙꼳] 圀 한복에서, 속바지 밑에 입는 여자용 속옷. 단속곳과 같은 형태이나 치수가 약간 작고 바대에 밑 길이는 더 깊.

속!-속들이 [-쏙뜰-] 團 깊은 속까지 샅샅이. ¶권력의 암투와 비리를 ~ 폭로한 기사(記事) / 이 범행은 집안 사정을 ~ 잘 알고 있는 자에 의해 이루어진 것 같다.

속속-히(速速-) [-쏘키] 團 썩 빠르게. ¶이럭저럭 얻은 밥이 두세 집 얻으니 족한지라 ~ 돌아와서 방문 앞에 들어오며…〈심청전〉

속!-손톱 [-쏜-] 圀 손톱에 있는 반달 모양의 하얀 부분. ⓒ반달.

속수-무책(束手無策) [-쑤-] 圀 어찌할 도리가 없어 손을 묶은 듯이 꼼짝 못함. ¶산불이 강한 바람을 타고 급속히 번지자 사람들은 ~ 으로 바라볼 수밖에 없었다.

속!-숨 [-쑴] 圀[생] 내호흡(內呼吸).

속승(俗僧) [-씅] 圀 세속의 티를 벗지 못한 승려.

속신(俗信) [-씬] 圀 민간에 전해지는 관습적인 신앙. 점·금기 따위.

속!-심[1](-心) 圀 '속마음'의 잘못.

속심[2](俗心) [-씸] 圀 명예나 이익에 끌리는 속된 마음.

속!-싸개 圀 여러 겹으로 싼 물건의 겉싸개 밑에 싸서 드러나지 않는 싸개. ↔겉싸개.

속!-쌀뜨물 圀 쌀을 여러 번 씻어 낸 다음에 받는 깨끗한 뜨물.

속!씨-식물(-植物) [-씽-] 圀[식] 종자식물 가운데 밑씨가 씨방에 둘러싸여 있는 식물. 감나무·벚나무 따위. ⓒ피자식물. ↔겉씨식물.

속악[1](俗樂) [음] 1 옛날, 아악(雅樂)을 제외한 모든 궁중 음악을 일컫던 말. ↔아악. 2 '민속악'의 잘못. ⓒ정악(正樂).

속악[2](俗惡) →**속악-하다** [-아카-] 刨団 속되고 아주 더러움. 또는, 품위가 없고 천함.

속!-앓이 [-알-] 圀 1 말 못 할 고민이 있어 속으로 끙끙 앓는 일. ¶성인 남성 중 15%가 탈모로 ~ 하고 있다. 2 '속병'의 잘못.

속어(俗語) 圀 격식이나 예절을 갖추어야 할 자리에서 쓰기 어려운, 품위가 낮고 구어적인 말. 또는, 젊은 층에서 주로 사용하는 구어적이고 속된 신어. =슬랭. 凹상말·속언(俗言). ↔아어(雅語).

속!-어림 圀 마음속으로 짐작하여 어림을 잡는 것. 또는, 그 어림. ↔겉어림. **속!어림-하다** 图問回

속언[1](俗言) 圀 속된 말. 凹속어(俗語).
속언[2](俗諺) 圀 세간에 떠도는 상스러운 말.

속!-없다 [-업따] 혱 1 생각이 줏대가 없다. 2 악의가 없다. **속!없-이** 團

속연[1](俗緣) 圀 1 속세와의 인연. ¶~을 끊다. 2 [불] 승려가 출가하기 전의 친척이나 연고자.

속연[2](續演) 圀 1 연극이 호평을 얻어 예정된 기간을 연장하여 상연하는 것. 2 1회의 상연이 끝난 뒤 간격을 두지 않고 계속하여 상연하는 것. **속연-하다** 图団回

속!^열매껍질 [-송녈-쩔-] 圀[식] 열매껍질의 가장 안쪽 씨를 싸고 있는 층. =내과피(內果皮). ↔겉 열매껍질. ▷열매껍질.

속영(續映) 圀 1 영화가 호평을 얻어 예정된 기간을 연장하여 상영하는 것. 2 1회의 상영이 끝난 뒤 간격을 두지 않고 계속하여 상영하는 것. **속영-하다** 图団回 **속영-되다** 图困

속오-군(束伍軍) 圀[역] 조선 선조 27년(1594)에 군사 조직을 새로이 편성하면서 지방군으로 설립한 군대. 평시에는 농사를 지으며 무예 훈련을 하다가, 유사시에만 소집되었음.

속!-옷 [-옫] 圀 몸에서 나는 땀·분비물을 흡수하게 하거나, 체형의 결점을 보완하거나, 겉옷의 맵시를 더하거나, 겉옷에서 속이 훤히 비치지 않게 하기 위해, 밖으로 보이지 않게 속에 입는 옷. 凹의·속내의. ↔겉옷.

속!옷-가지 [-온까-] 圀 여러 속옷들.

속요(俗謠) 圀 1 민간에 널리 떠도는 속된 노래. 2 [문] =고려 가요. 3 [음] '잡가(雜歌)'의 딴 이름.

속!-요량(-料量) [송뇨-] 圀 앞일에 대하여 마음속으로 헤아리는 것. ¶제 나름의 ~이 있겠지. ▷속짐작. **속!요량-하다** 图団回

속!-울음 圀 겉으로 나타내지 않고 속으로 우는 울음. ¶그는 애써 먼 하늘을 우러르며 ~을 삭이고 있었다.

속음[1](俗音) 圀 한자의 원음이 변하여 대중에게 통용되는 음.
속음[2](續音) 圀[언] '지속음(持續音)'의 준말.

속!-이다 图団 '속다'의 사동사. ¶부모를 ~ / 저울눈을 ~ / 남의눈을 ~ / 네 재주로 나를 속여 넘길 수 있나 어디 보자.

속인(俗人) 圀 1 평범한 사람. 2 속된 사람. 3 [불] 불가에서, 승려가 아닌 일반 사람을 이르는 말.

속인-법(屬人法) [-뻡] 圀[법] 사람이 국적이나 주소를 가지고 있는 나라의 법률.

속인-주의(屬人主義) [-의/-이] 圀[법] 1 법령, 특히 형법상의 범죄자가 외국에 가서 있고, 그 범죄 행위가 외국 땅에서 발생한 것이라도, 처벌상의 법률 적용은 본국의 법에 따라야 한다는 주장. ↔속지주의. 2 =혈통주의.

속임-수(-數) [-쑤] 圀 남을 꾀어서 속이는 짓. 또는, 그 수단. =암수(暗數)·외수(外數). ¶~를 쓰다 / ~에 넘어가다.

속!-잎 [송닙] 圀 1 배추·양배추 따위의 안쪽의 잎. 2 풀·나무의 우듬지 속에서 새로 돋아

나는 잎. ↔걸잎.
속자(俗字)[-짜] 몡 관습적으로 자획을 약간 달리하여 쓰는 한자. '竝'을 '並'으로 쓰는 따위. ↔정자(正字).
속!-잠[-짬] 몡 깊이 드는 잠. ¶~이 들다.
속!-장(-張)[-짱] 몡 책·공책에서, 표지를 제외한, 각각의 페이지를 이루는 종이. =속지. ↔겉장.
속-장경(續藏經)[-짱-] 몡 [불] 대각 국사 의천이 대장경을 결집할 때에 빠진 것을 모아 엮은 불전(佛典). =속대장경.
속!-저고리[-쩌-] 몡 속에 입는 여자의 저고리. ↔겉저고리.
속!-적삼[-쩍쌈] 몡 한복에서, 저고리 속에 입는 홑옷. 주로 땀받이용으로 입었음. 비한삼(汗衫).
속전[1](速戰)[-쩐] 몡 빨리 몰아쳐 싸우는 것. ¶~속결(速決). **속전-하다** 통 재여
속전[2](贖錢)[-쩐] 몡 죄를 면하려고 바치는 돈. =속금(贖金).
속전-속결(速戰速決)[-쩐-껼] 몡 1 싸움을 오래 끌지 않고 되도록 빨리 결판을 냄. 2 어떤 일을 빨리 진행하여 빨리 끝내는 모양. 비유적인 말임. ¶일을 ~로 처리하다. **속전속결-하다** 통 재여
속절-없다[-쩔업따] 혱 아무리 하여도 별도리가 없다. 또는, 달리는 되지 않아 하는 수 없다. ¶눈물과 한숨으로 **속절없는** 세월을 보내다. **속절없-이** 뿐 ¶~ 마음만 썩이고 있다. / 꽃다운 시절이 ~ 흘러가다.
속!-정(-情)[-쩡] 몡 1 비밀한 사정이나 내용. 2 은근하고 깊은 정. ¶~을 주다 / 겉으로는 무뚝뚝하지만 ~이 깊다.
속제(俗諦)[-쩨] 몡 [불] 속세의 실상에 따라 알기 쉽게 설명한 진리. =세제(世諦). ↔진제.
속!-종[-종] 몡 마음속에 품은 의견.
속죄(贖罪)[-쬐/-쮀] 몡 1 물질적으로나 그 밖의 방법으로 죄·과오 등을 씻는 일. 2 [성] 예수가 십자가에 못 박힘으로써 인류의 죄를 대신 씻어 구원한 일. =속량(贖良). **속죄-하다** 통 재타여 ¶잘못을 ~. **속죄-되다** 통 재
속죄-양(贖罪羊)[-쬐-/-쮀-] 몡 1 [종] 유대교도들이 속죄일에 제물로 바치는 양이나 염소. 2 남의 죄를 대신 지는 사람의 비유. 비희생양.
속주(屬州)[-쭈] 몡 어느 나라에 속하여 있는 주(州).
속!-주름[-쭈-] 몡 옷 따위의 주름에서, 속으로 주름간 주름. ↔겉주름.
속!-주머니[-쭈-] 몡 옷의 안이나 속옷에 단 주머니. ↔안주머니.
속!-지[1](-紙)[-찌] 몡 1 편지 따위의 봉투 속에 들어 있는 글 쓴 종이. 2 =속장. 3 책장 사이에 끼워 두는 흰 종이.
속지[2](屬地)[-찌] 몡 어느 나라에 속하여 있는 땅. =속토(屬土).
속지-법(屬地法)[-찌뻡] 몡 [법] 본인의 국적과 관계없이 사람이나 물건이 있는 곳에 속한 나라의 법률.
속지-주의(屬地主義)[-찌-의/-찌-이] 몡 [법] 1 한 영토 안에 있는 사람은 본인의 국적과 관계없이 누구나 그곳의 법률을 따라야 한다는 주의. ↔속인주의. 2 =출생지주의.
속진(俗塵)[-찐] 몡 속세의 티끌. 곧, 세상의 번잡한 사물. =황진(黃塵).
속!-짐작(-斟酌)[-찜-] 몡 마음속으로 짐작하는 것. 또는, 그 짐작. ↔겉짐작. ▷대중. **속!짐작-하다** 통 타여
속집(續集)[-찝] 몡 본디 있던 서책에 잇대어 모은 문집이나 시집.
속!-창 몡 구두 속에 덧까는 창.
속!-청 몡 대·갈대 등의 속에 있는 얇은 꺼풀.
속출(續出) 몡 (어떤 일이나 대상이) 잇달아 생기는 것. =속생(續生). **속출-하다** 통 재여 ¶무서운 가뭄이었다. 사람들은 문밖출입도 안 하려 하였고. 굶어 죽는 사람들이 **속출했다**.⟨유현종: 섬진강⟩ **속출-되다** 통 재
속취(俗臭) 1 세속의 더러운 냄새. 2 헛되인 명예에 집착하는 범속한 기풍. 비속기(俗氣).
속!-치레 몡 속을 잘 꾸민 치레. ↔겉치레. **속!치레-하다** 통 재여
속!-치마 몡 속에 받쳐 입는 치마. ↔겉치마.
속!-치장(-治粧) 몡 속 부분의 꾸밈새. ↔겉치장. **속!치장-하다** 통 재여
속칭(俗稱) 몡 통속적으로 일컫는 일. 또는, 그 명칭. ¶~ 여우고개. **속칭-하다** 통 타여 **속칭-되다** 통 재
속!-탈(-頉) 몡 먹은 것이 잘 삭지 않아 생기는 병. ¶~이 나다.
속!-판[1] 몡 '속마음'을 속되게 이르는 말. ¶내가 낳은 자식이지만 ~을 모르겠다.
속판[2](續版) 몡 앞서 나온 출판물에 잇대어 출판하는 것. 또는, 그 출판물. **속판-하다** 통 타여 **속판-되다** 통 재
속편(續篇) 몡 어떤 소설이나 영화나 드라마를 바탕으로 그 줄거리나 등장인물이나 기법 등을 비슷하게 하여 그 연속물로 만든 소설이나 영화나 드라마. ↔전편.
속!-표지(-表紙) 몡 [인] 책의 겉표지 다음에 붙이는 얇은 종이로 된 표지. =비지(扉紙)·안장. ↔겉표지.
속필(速筆) 몡 빨리 쓰는 글씨. 또는, 빨리 글씨를 쓰는 사람.
속-하다[1](屬-)[소카-] 통 재여 1 (사물이) 어떤 부류나 영역에 딸리어 해당하다. ¶늑대는 갯과에 **속한다**. / 게임 선포권은 대통령의 권한에 **속한다**. 2 (사람이 어떤 조직이나 기관에) 구성원으로 들어 있는 상태가 되다. ¶내가 **속해** 있는 회사 / 김 의원은 민주당에 **속해** 있다.
속-하다[2](速-)[소카-] 혱여 일의 진행이 빠르다. ¶**속한** 연락. **속-히** 뿐 ¶~ 오라는 전갈을 받았다.
속한(俗漢)[소칸] 몡 품격이 저속한 사람.
속행[1](速行)[소캥] 몡 1 빨리 가는 것. 2 빨리 행하는 것. **속행-하다**[1] 통 재타여
속행[2](續行)[소캥] 몡 (중단했던 일을) 이어서 계속하는 것. **속행-하다**[2] 통 타여 **속행-되다** 통 재 ¶비가 그쳐 중단되던 경기가 ~.
속현(續絃)[소켠] 몡 [금슬의 끊어진 줄을 다시 잇는다는 뜻] 아내를 여읜 뒤 다시 장가를 드는 일. ▷단현(斷絃). **속현-하다** 통 재여
속화[1](俗化)[소콰] 몡 속되게 변하는 것. **속화-하다** 통 재타여 **속화-되다** 통 재
속화[2](俗畫)[소콰] 몡 예술성이 없는 속된 그림.
속회(續會)[소쾨/소쾌] 몡 쉬었던 회의를 다시 계속하는 것. **속회-하다** 통 재타여 **속회-**

되다 통(자)
속효(速效)[소쿄] 명 빨리 나타나는 효과. ¶
~를 보다. ↔지효(遲效).
속효-성(速效性)[소쿄씽] 명 효과가 빨리 나
타나는 성질. ¶~ 위장약 / ~ 비료. ↔지효
성(遲效性).
솎다[속따] 통(타) 배게 나 있는 채소 따위를
군데군데 뽑아 성기게 하다. ¶배추를 ~.
솎아-베기 명 =간벌(間伐). **솎아베기-하다**
통(타여)
솎음 명 배게 난 푸성귀 등을 군데군데 솎아
내는 일. **솎음-하다** 통(타여) ¶열무를 ~.
솎음-배추 명 솎아 낸 어린 배추.
솎음-질 명 채소 등을 솎아 내는 일. **솎음질-
하다** 통(타여)
손¹ 명 1 사람이나 원숭이류의 팔 끝에 이어
져, 물건을 잡거나 만질 수 있는 부분. '손을
흔들다', '손을 들다'와 같이 어떤 동작이 팔
의 일부 또는 전체와 함께 이뤄질 때에는
'팔'을 포함해서 가리키기도 함. ¶왼[오른]
~ / 고사리 같은 ~ / ~에 들다 / ~을 펴다
/ ~으로 잡다 / ~으로 가리키다 / ~을 흔
들다. ¶발. 2 제한된 문맥에서, '손가락'을
가리키는 말. ¶~을 꼽다 / ~에 반지를 끼
다. 3 어떤 일을 하는 데 필요한 인력(人力).
비일손. ¶농번기가 닥쳐 ~이 부족하다 / ~
이 달리다. 4 어떤 일을 하는 사람의 손길이
나 노력, 기술. ¶~이 많이 가는 일 / 네 ~
을 좀 빌리자. 5 사람의 수완이나 꾀. ¶장사
꾼의 ~에 놀아나다. 6 어떤 사람의 영향력
이나 권한이 미치는 범위. ¶~에 넣다 / ~
이 미치다 / 집이 남의 ~에 넘어가다 / 일의
성패가 ~에 달려 있다. 7 →손(을) 끊다.
8 →손(이) 크다.
[손 안 대고 코 풀기] 일을 힘 안 들이고 아
주 쉽게 해치운다는 뜻. [손이 발이 되도록
빌다] 허물이나 잘못을 용서해 달라고 간절
히 빌다.
손(을) 거치다 굳 1 어떤 사람을 경유하다.
2 손을 대어 매만져지다. ¶이런 사소한 일
까지 내 손을 **거쳐야겠니**?
손(이) 거칠다 굳 1 도둑질하는 손버릇이
있다. 또는, 손버릇이 나쁘다. 2 일을 다루
는 솜씨가 세밀하지 못하다. ¶너는 손이 거
친 게 탈이다.
손(을) 끊다 굳 교제나 거래 관계를 끊다.
손(을) 나누다 굳 1 헤어지다. 2 한 가지 일
을 여럿이 나누어 하다.
손(을) 내밀다 굳 무엇을 달라고 요구하다.
¶나도 염치가 있지, 매번 부모님께 손을
내밀 수야 있나.
손(이) 넘기다 굳 1 물건을 셀 때 그 번수를
잘못 계산하다. 2 시기를 놓치다. ¶앞으로
2, 3일만 더 가물면, 금년 모내기는 손을 넘
길 것 같다.
손(이) 떨어지다 굳 일이 끝나다.
손(을) 떼다 굳 1 하고 있던 일을 그만두다.
¶이제 그 일에서 나는 손을 **뗐다**. 2 하던
일을 끝마치고 다시 손대지 않다.
손(이) 뜨다 굳 일하는 동작이 매우 굼뜨다.
¶너처럼 **손이 뜬** 사람은 처음 봤다.
손(이) 맞다 굳 함께 일을 할 때 생각이나
방법 등이 서로 맞다. ¶**손이 맞아야** 일을
같이하지.
손(이) 맵다 굳 =손끝(이) 맵다. →손끝.
손(을) 멈추다 굳 하던 동작을 잠깐 중지하
다. ¶일하던 **손을 멈추고** 뒤돌아보다.

손(을) 벌리다 굳 (돈 따위를) 귀찮게 요구
하다.
손(이) 비다 굳 1 할 일이 없어 아무 일도
하지 않고 있다. ¶누구, **손이 빈** 사람 없
나? 이리로 와서 이걸 좀 도와 다오. 2 수중
에 가진 돈이 없다. ¶어디를 가고 싶어도
손이 비어서 꼼짝할 수가 없다.
손(을) 빼다 굳 하고 있던 일에서 빠져나오
다. ¶네가 여기서 **손을 빼면** 이 많은 일을
누가 다 한단 말이냐.
손(을) 뻗치다 굳 이제까지 하지 않던 일을
벌이다.
손(이) 서투르다[설따] 굳 일하는 품이 익
숙하지 않다. ¶아직 **손이 서투르지만** 곧 익
숙해지겠지요.
손(이) 싸다 굳 손놀림이 몹시 빠르다.
손(을) 씻다 굳 부정적인 일에 대한 관계를
청산하다. ¶그는 종교에 귀의한 뒤로 범죄
조직에서 **손을 씻고** 착실히 살아가고 있다.
손에 걸리다 굳 손아귀에 잡혀 들다. ¶그놈
이 내 **손에 걸리면** 가만두지 않겠다.
손에 땀을 쥐다 굳 아슬아슬하여 마음이 조
마조마하도록 몹시 애가 달다. ¶결승전은
관중의 **손에 땀을 쥐게** 하는 역전의 연속
이었다.
손에 떨어지다 굳 어떤 세력 범위나 지배에
들어가다. 또는, 그 소유가 되다. ¶성이 적
군의 ~.
손에 붙다 굳 1 능숙해져서 능률이 오르다.
2 =손에 잡히다.
손에 잡히다 굳 차분하게 마음을 가라앉혀
일할 수 있게 되다. =손에 붙다. ¶마음이
산란하여 일이 **손에 잡히지** 않는다.
손에 쥐다 굳 무엇을 자기 소유로 만들
다. ¶부귀와 명예를 함께 ~.
손을 놓다 굳 하던 일을 그만두다. ¶오랫동
안 **손을 놓았던** 일을 다시 시작하다 / 이제
칠순이 지났으니 일에서는 그만 **손을 놓으
시지요**.
손이 나다 굳 어떤 일에서 조금 쉬거나 다른
것을 할 틈이 생기다. ¶지금은 바빠서 안
되지만 **손이 나면** 찾아가 보겠다.
손이 놀다 굳 일이 없이 쉬는 상태에 있다.
손이 닿다 굳 1 힘·능력이 미치다. ¶**손이
닿는** 데까지 힘써 보마. 2 어떤 테두리에 거
의 미치다. ¶이 약은 독약이니까 아이들 손
이 닿지 않는 곳에 둬라.
손(에) 익다 굳 손에 익숙하다. ¶이 일은 하
도 많이 해 봐서 **손에 익었다**.
손(이) 작다 굳 1 물건이나 재물의 씀씀이
가 깐깐하고 작다. 2 수단이 적다.
손(을) 주다 굳 덩굴 같은 것이 타고 올라가
도록 섶이나 막대기 따위를 대어 주다. ¶솔
가지를 엮어서 박 덩굴이 초가지붕으로 올
라가도록 **손을 주었다**.
손(이) 크다 굳 1 씀씀이가 후하고 크다. ¶
큰며느리가 그렇게 **손이 커야** 살림이 견
뎌 나겠느냐? 2 수단이 좋고 많다. ¶**손이**
큰 어른이어서 그분이 주선하는 일이라면
안 되는 일이 없다.
손(을) 타다 굳 1 사람이나 물건이 많은 사
람의 손길이 미쳐 약해지거나 나빠지다. ¶
아기가 사람들 **손을 타서** 자꾸만 안아 달라
고 한다. 2 물건의 일부가 자주 없어지다. ¶
빤히 보이는 데다가 놓아두니 **손을 타지**.
손(을) 털다 굳 어떤 일을 마침으로써 그 부
담에서 벗어나다. 또는, 미련을 버리고 그

만두다./되도록 빨리 이 일에서 **손을 털고** 싶다./그는 마지막 판돈을 날리고서야 **손을 털고** 일어섰다.

손² 〔명〕 **1** 남의 집에 와서 일시적으로 묵는 사람. **2** 주인을 찾아온 사람. ¶~을 대접하다. **3** 영업하는 집에 찾아온 사람. (비)객(客). ▶손님.

손(을) 치르다 〔구〕 큰일에 여러 손님을 대접하다. ¶아침부터 저녁까지 **손을** 열 명이나 **치렀다**.

손³ 〔명〕〔민〕 날수를 따라 네 방위로 돌아다니면서 사람의 활동을 방해한다는 귀신. ¶~이 없는 날 이사하다.

손 없는 날 〔구〕〔민〕 사람 일을 방해하는 귀신이 없어 이사하거나 혼인하거나 먼 길을 떠나기에 좋다고 믿어지는 날. 곧, 음력 9·10·19·20·29·30일. 이 귀신은 음력으로 따져 끝수가 1·2일은 동쪽에, 3·4일은 남쪽에, 5·6일은 서쪽에, 7·8일은 북쪽에 있고, 그 외의 날인 9·0으로 끝나는 날은 하늘에 올라가 아무 방해도 하지 않는다고 함.

손⁴ 〔명〕〔의존〕 손아랫사람을 일컬을 때 '사람' 보다는 낮추고 '자'보다는 좀 대접하여 쓰는 말. ¶그/젊은 ~이 왜 이렇게 정신없는 짓을 해 놓았을까?

손⁵ 〔의존〕 **1** 생선을 두 마리씩 세는 단위. 특히, 자반고등어를 큰 것의 배에 작은 것을 끼워 놓은 두 마리를 한 손이라 함. ¶자반고등어 한 ~. **2** 통배추를 두 개씩 세는 단위. **3** 미나리 같은 나물을 한 손으로 집는 분량만큼씩 세는 단위.

손⁶ 〔조〕 '-다'의 뒤에 붙고, 그 아래에 '치더라도', '치자' 따위의 말과 어울려, 양보의 뜻을 나타내는 보조사. ¶내가 그랬다 ~ 치더라도, 네가 꼭 그렇게 반격을 해야만 속이 시원하겠느냐?

손⁷(孫) 〔명〕 '후손(後孫)'의 준말. ¶명가(名家)의 ~, 귀한 집안.

손⁸(損) 〔명〕 손해나 손실을 가지게 된 상태. 문어적인 말로, 극히 제한된 문맥에서만 쓰임. ▷받기계.

손-가늠[-까-] 〔명〕 손으로 대충 길이를 재는 것. ¶"이만한 대꼬챙이 하나 없을까요?" 하고 그는 주인에게 ~을 해 보였다. **손가늠-하다**〔타여〕

손-가락[-까-] 〔명〕 손끝에 가늘고 길게 달려 있어, 굽혔다 폈다 할 수 있고 물건을 잡을 때 중요한 구실을 하는 다섯 개의 가락. 각각의 이름은 엄지손가락·집게손가락·가운뎃손가락·약손가락·새끼손가락임. =수지(手指). ¶~을 걸고 약속하다.

손가락 하나 까딱하지 않다 〔구〕 일은 하지 않고 뻔뻔스럽게 놀기만 하다. =손톱 하나 까딱하지 않다.

손가락-뼈[-까-] 〔명〕〔생〕 손가락을 이루는 14개의 뼈. 지골(指骨).

손가락-질[-까-찔] 〔명〕 **1** 손가락 중 집게손가락만 펴서 그것으로 어떤 대상을 가리키는 짓. 특히, 그 대상이 비난받아 마땅한 사람일 때 하는 행동임. **2** (어떤 사람을) 그의 좋지 않은 행동을 문제 삼아 비난하거나 흠을 보는 것. ¶남한테 ~을 받다. **손가락질-하다**〔자·타여〕

손-가마[-까-] 〔명〕〔민〕=가마타기.

손-가방[-까-] 〔명〕 손에 들고 다니는 작은 가방.

손-거스러미[-꺼-] 〔명〕 손톱의 뿌리가 박힌 자리에 일어난 거스러미. (비)거스러미. ¶~가 일다.

손-거울[-꺼-] 〔명〕 손에 들고 보는 손바닥만 한 거울. 또는, 손으로 들고 볼 수 있도록 자루가 달린 얼굴만 한 크기의 거울.

손-결[-껼] 〔명〕 손의 살결.

손-공(-功)[-꽁] 〔명〕 손의 힘이나 손재간으로 이루어 낸 공로. =수공(手功). ¶~이 많이 든 조화(造花).

손-괘(巽卦) 〔명〕 **1** 8괘의 하나. 상형(象形)은 '☴'으로 바람을 상징함. **2** 64괘의 하나. 바람 아래에 바람이 거듭됨을 상징함. ⓒ손(巽).

손-괴(損壞)[-괴/-궤] 〔명〕 다른 사람의 물건을 망가뜨려 손해를 입히는 것. 법률이나 공공문서 등에서 주로 쓰이는 말임. ¶재물 또는 문서 ~의 죄. **손괴-하다**〔통〕〔타여〕

손-구루마(-◦くるま) 〔명〕 '손수레'의 잘못.

손-국수[-쑤] 〔명〕 손으로 반죽을 밀어서 칼로 썰어 만든 국수.

손-그릇[-끄륻] 〔명〕 거처하는 자리에 가까이 두고 늘 쓰는 작은 세간. 벼룻집·반짇고리 따위.

손-금[-끔] 〔명〕 손바닥 살가죽에 줄무늬를 이룬 금. =수문(手紋). (비)수상(手相). ¶~이 좋다 (나쁘다).

손금(을) 보다 〔구〕 **1** 〔민〕 손금의 생김새로 사람의 길흉화복을 살피다. **2** 화투·골패·투전 등과 같은, 패를 손바닥에 들고 보는 노름을 하다.

손금(을) 보듯 하다 〔구〕 낱낱이 다 알다. ¶남의 집 일이지만 그 집안 사정은 **손금 보듯** 하고 있어요.

손금-쟁이[-끔-] 〔명〕 남의 손금을 보아 주는 것을 직업으로 하는 사람을 얕잡아 이르는 말.

손-기계(-機械)[-끼게/-끼계] 〔명〕 동력을 이용하지 않고 사람의 손으로 돌리는 기계. =손틀. ▷발기계.

손ˆ기술(-技術) 〔명〕〔체〕 씨름에서, 손을 사용하여 상대방을 넘어뜨리는 기술.

손-길[-낄] 〔명〕 **1** 손바닥을 펴서 내민 손. ¶산마루에 서서 바다를 굽어보니 한 척의 증기선이 마치 ~이 닿을 수 있을 가까이 오고 있다. **2** 위해 주려는 마음으로 내미는 손. ¶따스한 ~ / 불우 이웃을 돕는 사랑의 ~.

손-깍지 〔명〕 열 손가락을 맞물리게 끼워서 잡은 상태. 또는, 그 손. ¶~를 끼다 (풀다).

손-꼽다[-따] 〔명〕 [1]〔자〕 수나 차례를 세느라 손가락을 꼽다. ¶소풍날을 **손꼽아** 기다리다. [2]〔타〕 (어떤 대상을) 두드러진 존재로 지목하다. ¶우리나라 명산으로는 한라산·설악산 등을 **손꼽는다**.

손꼽-히다[-꼬피-] 〔동〕〔자〕 '손꼽다2'의 피동사.

손-끝[-끋] 〔명〕 **1** 손가락의 끝. ¶~을 날쌔게 놀리다 / 일에 쫓겨 모두들 법석을 떠는데도 그녀는 ~ 하나 움직이지 않는다. **2** 손을 놀려 하는 짓. ¶~이 야무지다.

[손끝으로 물만 튀긴다] 아무 일도 하지 않고 손 하나 까딱 않는다는 말.

손끝(이) 맵다 〔구〕 **1** (손이) 슬쩍 때려도 몹시 아픔을 주다. =손(이) 맵다. **2** 일하는 것이 야무지다.

손끝(이) 여물다 〔구〕 손으로 하는 일을 빈틈없고 뒤탈 없이 아주 잘하다.

손-나발(-喇叭) 〔명〕 **1** 손을 입에다 대고 나

팔을 부는 것같이 소리를 내는 것. **2** 멀리까지 들리도록 소리를 지를 때, 손을 입에 대고 나발 모양을 만드는 것.
손-날 명[체] 태권도에서, 엄지손가락을 구부리고 손가락을 편 공격 자세의, 새끼손가락에서 손목까지의 부분. 비수도(手刀).
손녀(孫女) 명 아들이 낳은 딸. =여손(女孫).
손녀-딸(孫女-) 명 '손녀'를 귀엽게 이르는 말.
손녀-사위(孫女-) 명 손녀의 남편. =손서(孫壻).
손-놀림 명 손을 놀리는 움직임. ¶공장 근로자들의 ~이 재다. ▷발놀림. **손놀림-하다** 동(자)여
손-누비 명 옷이나 옷감 따위를 손으로 누비는 일. 또는, 그 옷이나 옷감. **손누비-하다** 동(타)여
손-님 명 **1** 누구를 찾아오거나 어느 곳을 방문한 사람. 그를 맞는 쪽의 입장에서 하는 말임. =객인(客人). ¶~을 반가이 맞다/밖에 ~이 오셨는데요. **2** 영업상의 고객이나 승객 등을 이르는 말. 비객(客). ¶~/백화점에 ~이 많다./내리실 ~은 미리미리 준비하십시오. **3** '천연두'를 에둘러 이르는 말.

> 유의어 **손님 / 손**
> 기원적으로 '**손님**'은 '손'의 높임말이기는 하나, 오늘날 '손'의 자립성이 약화되어 거의 쓰이지 않게 됨에 따라, '**손님**'이 '**손**'의 높임말이라는 의식도 희박해진 상태에 있다.

손님-마마(-媽媽) 명 '천연두'를 에둘러 이르는 말.
손님-맞이 명 오는 손님을 맞아들이는 일. ¶~ 준비에 바쁜 종업원들. **손님맞이-하다** 동(자)여
손님-상(-床) [-쌍] 명 **1** 손님을 위하여 차린 밥상. **2** [민] 무당이 굿을 할 때 손님마마를 위하여 차린 제물상.
손님-장(-醬) [-짱] 명 간장 담글 때, 따로 특별하게 쓰려고 작은 그릇에 담그는 간장. =별간장.
손대기 명 잔심부름을 할 만한 아이.
손-대다 동(자) **1** 손으로 만지다. ¶작품에 손대지 마시오. **2** 일을 시작하다. ¶장사에 ~. **3** 어떤 일에 관계하거나 간섭하다. ¶부동산 투기에 ~. **4** 남을 때리다. ¶이 아이에게 손 댄 사람이 누구요? **5** 고치거나 매만지거나 하다. 비수정하다. ¶초고(草稿)에 ~. **6** 남의 재물을 불법하게 착복하다. ¶공금에 ~. **7** 다스리거나 처리하다.
손-대야 [-때-] 명 작은 대야.
손-대중 명 손으로 쥐어 보거나 들어 보아서 어림으로 하는 헤아림. 또는, 그 분량. ¶일일이 저울질을 하지 않아도 좋으니까 ~으로 헤아려 보려무나. **손대중-하다** 동(타)여
손-더듬이 명 손으로 더듬는 일. **손더듬이-하다** 동(타)여
손:도(損徒) 명 패륜 행위를 한 자를 남들이 내쫓는 일. **손:도-하다** 동(타)여
   손도(를) 맞다 구 패륜 행위를 하여 그 지방에서 쫓겨나다. 또는, 남에게 배척을 당하다.
손-도끼 [-또-] 명 한 손으로 쓸 수 있는 작은 도끼.
손-도장(-圖章) [-또-] 명 =지장(指章)³.
손-독(-毒) [-똑] 명 가려운 자리나 헐어진 살에 손을 대어서 생긴 독기. ¶가려워서 심하게 긁었더니 ~이 올랐다.
손돌-바람(孫乭-) 명 [고려 시대 몽골 군의 침입으로 왕이 강화로 피란할 때(음력 시월 스무날께), 자신을 해치려는 것으로 오해한 왕이 손돌이란 사공을 죽이자 매년 그 즈음이 되면 추위지고 큰 바람이 인다는 설화에서] 음력 10월 20일경에 부는 몹시 매섭고 추운 바람. =손석풍.
손돌이-추위(孫乭-) 명 음력 10월 20일경의 심한 추위. ▷손돌바람.
손-동작(-動作) [-똥-] 명 손을 놀리는 동작. ¶~가 빠르다. **손동작-하다** 동(자)여
손-들다 동(자) <~드니, ~드오> 어쩔 수가 없어 포기하다. ¶그렇게 일러 주어도 말을 듣지 않으니 나도 이젠 **손들었다.**
손-등 [-뜽] 명 손의 바깥쪽. 곧, 손바닥의 뒤. =손잔등/수배(手背). ↔손바닥.
손-때 명 **1** 손으로 만져서 묻은 때. **2** 손으로 오랜 세월을 두고 만져서 길이 들게 된 흔적. 비수택(手澤).
   손때(가) 묻다 [먹다/오르다] 구 (그릇·가구 따위에) 손이 많이 가서 길이 들다. ¶어머니의 **손때가 묻은** 장롱.
손-떠퀴 명 미신적 관념에서 이르는 말로, 무슨 일에 손을 대는 데 따르는 운수. ¶~가 사납다.
손-뜨개 명 **1** 손으로 뜨는 일. **2** 손으로 뜬 물건.
손뜨개-질 명 손으로 하는 뜨개질. **손뜨개질-하다** 동(자)여
손-뜨겁다 [-따] 형(비) <~뜨거우니, ~뜨거워> =손부끄럽다.
손:료(損料) [솔-] 명 물건을 빌려 주고 그 닳고 상한 값으로 받는 돈.
손-마디 명 손가락의 뼈마디. ¶~가 쑤시고 아프다.
손-맛 [-맏] 명 **1** 낚시에서, 입질이나 끌어당기는 힘이 손에 전해 오는 느낌. **2** 음식을 만드는 사람의 손끝에서 나오는 맛. ¶어머니의 ~을 느끼게 하는 구수한 된장찌개. **3** 물체나 물질을 손으로 만질 때 느껴지는 느낌. **4** '매맛'의 잘못.
손-모가지 명 **1** '손'을 비속하게 일컫는 말. ¶또 남의 것을 훔치면 ~를 잘라 놓겠다. **2** '손목'을 비속하게 이르는 말.
손-목 명 손과 팔이 이어지는, 다소 잘록해지는 부분. 비팔목.
   손목을 잡고 말리다 구 기어코 못 하게 말리다.
손목-뼈 [생] 사람의 손의 기부(基部)를 이루는 8개의 짧은 뼈의 총칭. 위아래 2열로 4개씩 있다. =완골(腕骨).
손목-시계(-時計) [-씨게/-씨계] 명 손목에 차는 작은 시계. ×팔목시계·팔뚝시계.
손-바꿈 명 **1** 능한 솜씨를 서로 바꾸어서 일하는 것. **2** 그날 일에 서로 사람을 바꾸어 일하는 것. =환수(換手). **손바꿈-하다** 동(타)여
손-바느질 [-빠-] 명 재봉틀을 사용하지 않고 손으로 하는 바느질. **손바느질-하다** 동(자)(타)여
손-바닥 [-빠-] 명 손의 안쪽. 곧, 손등의 반대되는 쪽. =수벽·수장(手掌). ¶~으로 뺨

을 때리다. ↔손둥.
손바닥(을) 뒤집듯 하다 관 순식간에 변하거나 노골적으로 태도를 바꾸는 경향이 있다.
손바닥만 하다 관 면적이 아주 좁다. ¶손바닥만 한 마당 / 손바닥만 한 밭뙈기.
손바닥-뼈[-빠-] 명 생 손바닥을 이루는 다섯 개의 뼈. =손뼈·장골(掌骨).
손-바람[-빠-] 명 일을 잘 치러 나가는 솜씨나 기세. ¶그 아낙네는 ~이 나게 억척같이 일하는 사람이지요.
손-발 명 손과 발. =수족(手足). ¶~을 깨끗이 씻고 오너라.
손발(이) 맞다 관 함께 일을 하는 데에 의견·수단·방법 등이 서로 맞다.
손-발톱 명 손톱과 발톱.
손-방¹ 명 (주로 '이다'나 '아니다'와 함께 쓰여) 어떤 일에 솜씨나 경험이 없어 서투른 상태. 비 맹병. ¶더군다나 농사는 이력이 있어야 하는데. 우린 아주 ~이지만…. 《심훈:상록수》
손-방² (異方) 명 1 24방위의 하나. 정동(正東)과 정남(正南)의 한가운데를 중심으로 한 15도 각도 안. 2 8방의 하나. 정동과 정남 사이의 한가운데를 중심으로 한 45도 각도 안. 준 손(巽).
손-버릇[-뻐-] 명 1 손에 익은 버릇. 2 남의 것을 훔치거나 망가뜨리는 버릇. ¶~이 나쁘다.
손버릇(이) 사납다 관 남의 것을 훔치거나 망가뜨리거나 또는 남을 때리는 버릇이 있다.
손-보다 동 타 1 (기계·도구·시설물 등을) 고장 난 것을 고치거나 문제점을 살펴서 손질하다. ¶새 차라서 특별히 손볼 데가 없다. 2 〈속〉 폭행을 가하여 혼을 내다. 주로 깡패들이 쓰는 말임.
손-복(損福) 명 복을 잃는 것. 또는, 복이 줄어드는 것. **손:복-하다** 동 자 여
손-부(孫婦) 명 =손자며느리.
손-부끄럽다[-따] 형 비 <-부끄러우니, -부끄러워> 무엇을 남에게서 받으려거나 남에게 주려고 손을 내밀었다가 허탕이 되어 무안하고 부끄럽다. =손쑥접다. ¶모처럼 드리는 것을 받지 않으신다면서 제가 **손부끄러워서** 어떻게 하라고요. **손부끄러이** 부
손-부채질 명 손을 펴서 부채처럼 부치는 일. ¶그는 더운지 ~을 해 댔다. **손부채질-하다** 동 자 여
손-비(損費) 명 어떤 비용 가운데 손해에 해당하는 비용. =손해비(損害費).
손-빨래 명 손으로 비벼 빠는 빨래. =손세탁. **손빨래-하다** 동 타 여
손-뼈 명 생 =손바닥뼈.
손-뼉 명 두 손을 마주 쳤을 때의, 손바닥과 손가락을 합친 전면의 바닥.
손뼉(을) 치다 관 어떤 일에 찬성하거나 좋아하다.
손-사래[-싸-] 명 조용히 하라거나 어떤 일을 부인하려 할 때 손을 펴서 휘젓는 일. 준 손살.
손사래(를) 치다 관 거절하거나 부인을 하며 손을 펴서 마구 휘젓다. ¶박씨는 화급하며 손으로 허공을 휘저어 **손사래를 치는** 것이었다.《김주영:천둥소리》
손-사랫-짓[-싸랫찓/-싸랟찓] 명 손사래를 치는 짓. **손사랫짓-하다** 동 자 여

손-상(損傷) 명 1 (물체를) 깨뜨리거나 상하게 하는 것. ¶차체(車體)에 ~을 입다. 2 (명예·체면·가치 등을) 떨어뜨려 해가 되게 하는 것. **손:상-하다** 동 타 여 ¶회사의 명예를 ~. **손:상-되다** 동 자 ¶독극물을 잘못 마셔 장기가 ~.
손-살[-쌀] 명 손가락 사이.
손-색(遜色) 명 서로 비교하여 보아서 못한 점. ¶이 제품은 외제 물건에 비해 조금도 ~이 없다.
손:색-없다(遜色-)[-업따] 형 서로 견주어 못한 점이 없다. ¶이번 당선작은 세계 화단에 내놓아도 **손색없는** 수작이다. **손:색없-이** 부
손-서(孫壻) 명 =손녀사위.
손-세탁(-洗濯) 명 =손빨래. **손세탁-하다** 동 타 여 ¶이불을 ~.
손-속[-쏙] 명 노름을 할 때에, 패가 손대는 대로 잘 맞아 나오는 운수. =수덕(手德). ¶그 날은 이 좋아서 판돈을 온통 자기 손에 쓸어 넣는 형세였다.
손-수 부 남의 힘을 빌리지 않고 직접 자기 손으로. ¶그 여자는 자신의 옷을 ~ 만들어 입는다. ▷몸소.
손-수건(-手巾)[-쑤-] 명 몸에 지니고 다니는 작은 수건. 세는 단위는 매, 장. ¶이마에 흐르는 땀을 ~으로 닦다.
손-수레 명 사람이 직접 손으로 끄는 수레. × 손구루마.
손-숫물[-순-] 명 손을 씻는 물. ▷ 발숫물.
손-쉽다[-따] 형 비 <-쉬우니, -쉬워> 일을 처리하기가 아주 쉽다. ¶**손쉽게** 해결하다 / **손쉬운** 일만 골라 하다.
손-시(巽時) 명 이십사시의 열째 시. 곧, 오전 8시 30분부터 9시 30분까지의 동안. 준 손.
손-시늉[-씨-] 명 손으로 하는 시늉.
손-실(損失) 명 가지고 있는 금전·물질 등을 잃거나 또는 좋지 않게 된 상태. =손. 비 손해. ¶~을 보다 / ~이 생기다 / ~을 초래하다 / 재산상(명예상)의 ~을 입다. ↔이득. **손:실-하다** 동 타 여 **손:실-되다** 동 자 여
손실^보:상(損失補償) 명 법 토지 수용(收用) 등, 국가나 공공 단체 등이 적법(適法)한 공권력의 행사에 의하여 특정인에게 재산상의 손실을 가한 경우, 그 손실을 보상하기 위하여 교부되는 공법상의 금전 급부(給付). ▶ 손해 배상.
손-심부름[-씸-] 명 신변 주위의 자질구레한 심부름. **손심부름-하다** 동 자 여
손-쓰다 동 자 <-쓰니, -써> 시기를 놓치면 안 될 일에 필요한 조치를 취하다. ¶피를 너무 많이 흘려 빨리 **손쓰지** 않으면 위험하다.
손-씻이 명 남의 수고에 보답하는 뜻으로 적은 물건을 주는 일. 또는, 그 물건. **손씻이-하다** 동 자 여
손-아귀 명 1 손을 쥘 때의, 엄지손가락과 다른 네 손가락 사이. 비 아귀. ¶~의 힘 / 도망가려다가 사내의 ~에 손목을 잡혔다. 2 대상을 움직일 수 있는 영향력의 안이나 범위. ¶그 지방의 모든 이권(利權)이 그의 ~에 들어가 버렸다. / 아무리 버둥거려도 그의 ~를 벗어나지 못할 것이다.
손아귀에 넣다 관 완전히 자기 것으로 만들다.
손-아래 명 자기보다 나이나 항렬·지위·계급 등이 낮은 관계. 또는, 그러한 사람. =수하(手下). ¶~ 동서(同壻). ↔손위.

손아래-뻘 圀 손아래가 되는 관계를 나타내는 말. ㉜아래뻘.
손아랫-사람[-래싸-/-랟싸-] 圀 손아래가 되는 사람. 재하자(在下者). ¶친구는 나를 마치 ~ 부리듯 하는군. ↔손윗사람.
손-안 圀 어떤 대상을 제 뜻대로 할 수 있는 능력의 안. 圓수중(手中).
  손안에 넣다 ㋀ (어떤 대상을) 제 뜻대로 다룰 수 있는 상태로 만들다.
손-어림 圀 손으로 대강 헤아리는 것. 또는, 그 분량. =손짐작. **손어림-하다** 圄(印)㈅
손-위 圀 자기보다 나이나 항렬·지위·계급 등이 높은 관계. 또는, 그런 사람. ↔손아래.
손윗-사람[-위싸-/-윋싸-] 圀 손위가 되는 사람. ↔손아랫사람.
손:-익(損益) 圀 1 손해와 이익. ¶~을 따지다. 2[경] 경영의 결과로 생긴 자본 총액의 감소와 증가.
손:-익^계:산(損益計算)[-게-/-께-] 圀[경] 사업의 손익을 회계적 절차에 따라 계산하여 확정하는 일. =성과 계산.
손:-익^계:산서(損益計算書)[-게-/-께-] 圀[경] 복식 부기에서, 한 회계 기간 동안의 손익 과정을 나타내기 위하여 결산 후에 작성하는 표. =손익표.
손-일[-닐] 圀 =손작업. **손일-하다** 圄(재)㈅
손자(孫子) 圀 아들이 낳은 아들. ×손주.
손-자국[-짜-] 圀 손을 댔던 흔적.
손자-며느리(孫子-) 圀 손자의 아내. =손부(孫婦).
손:자삼우(損者三友) 圀 사귀어 자기에게 손해가 되는 세 가지 부류의 벗. 곧, 편벽한 벗, 말만 잘하고 성실하지 못한 벗, 너무 착하기만 하고 줏대가 없는 벗. =삼손우. ↔익자삼우.
손자-새끼(孫子-) 圀 손자를 낮추어 일컫는 말.
손-작업(-作業) 圀 손을 움직여서 하는 일. =손일. 圓수작업. **손작업-하다** 圄(재)㈅
손-잔등[-짠-] 圀 =손등.
손-잡다[-따] 圄(재) 1 손과 손을 마주 잡다. ¶손잡고 걸어가다. 2 함께 힘을 합하여 무슨 일을 하다. ¶친구와 손잡고 동업하다. 3 소원(疏遠)하였던 관계를 청산하고 다시 친숙해지다. ¶싸움은 끝났으니 이제 그만 손잡자.
손-잡이 圀 물건에 덧붙여서 손으로 잡게 된 부분. ¶가방 ~ / ~가 달린 컵.
손-장난[-짱-] 圀 1 쓸데없이 손을 놀려서 하는 여러 가지 장난. ¶아이가 ~이 심해서 집 안에 성한 물건이 없다. 2 노름을 달리 이르는 말. 3〈속〉수음(手淫). **손장난-하다** 圄(재)㈅
손-장단 圀 손으로 맞춰 치는 장단.
손:(損財) 圀 재물을 잃어버리는 것. 또는, 그 재물. **손:재-하다** 圄(재)㈅
손-재간(-才幹)[-째-] 圀 =손재주.
손-재봉틀(-裁縫-) 圀 손으로 돌려서 바느질하는 소형의 재봉틀. ㉜손틀. ↔발재봉틀.
손:재-수(損財數)[-쑤] 圀 재물을 잃을 운수. ¶~가 있다.
손-재주[-째-] 圀 손으로 무엇을 잘 만드는 재주. =손재간·수교(手巧)·수기(手技)·수재(手才). ¶~가 있다 / ~가 좋다.
손-전등(-電燈)[-쩐-] 圀 전지(電池)를 장치하여 가지고 다닐 수 있게 만든 전등. =회중전등·플래시.

손:절-매(損切賣)[경] 가격 하락이 예상될 때, 손해를 덜 보기 위해 주식이나 부동산 등을 산 값보다 싸게 파는 일.
손주 圀 '손자(孫子)'의 잘못.
손-지갑(-紙匣)[-찌-] 圀 돈이나 신용 카드 등을 넣어 손에 가지고 다닐 수 있도록 만든 작은 지갑.
손-질 圀 1 일 또는 물건을 손을 대어 잘 매만지는 일. ¶창고에는 아직 ~이 끝나지 않은 제품이 쌓여 있다. 2 남을 함부로 때리는 일. ¶아이에게 ~을 하다. **손질-하다** 圄(印)㈅ ¶아내는 지난겨울에 입던 옷을 꺼내 손질했다.
손-짐작(-斟酌)[-찜-] 圀 =손어림. **손짐작-하다** 圄(재)㈅
손-짓[-찓] 圀 손을 놀려 어떤 사물을 가리키거나 의사를 나타내는 일. **손짓-하다** 圄(재)㈅ ¶빨리 오라고.
손-짭손[-쫀] 圀 좀스럽고 얄망궂은 손장난. ×재리. **손짭손-하다** 圄(재)㈅
손-찌검 圀 손으로 남을 때리는 일. ¶걸핏하면 ~을 한다. **손찌검-하다** 圄(印)㈅
손-차양(-遮陽) 圀 햇빛을 가리기 위해 이마에 손을 대는 것. 또는, 그때의 손 모양. **손차양-하다** 圄(재)㈅
손-치다 圄(재) 1 물건을 매만져 바로잡다. 2 정돈된 물건의 일부가 없어지거나 어지럽게 되다.
손-칼국수[-쑤] 圀 '칼국수'를 손으로 만든 것임을 강조하여 이르는 말. 또는, 손으로 만드는 칼국수를 기계로 빼는 칼국수와 구별하여 이르는 말. 근래에 음식점에서 만든.
손-톱 圀 손가락 끝의 윗부분을 덮고 있는, 뿔같이 단단한 물질. 손가락 끝을 보호함. =수조. ¶~이 길다 / ~을 깎다. ↔발톱.
  손톱도 안 들어가다 ㋀ 손톱자국도 안 날 정도로 사람됨이 무척 야무지고 인색하다. ¶아무리 하소연해도 그에게는 **손톱도 안 들어갈** 거야.
  손톱만큼도 ㋀ (뒤에 반드시 부정어가 쓰여) 극히 소량(少量)을 비유하는 말. ¶너에겐 ~ 잘못이 없다. ㋀
  손톱 여물을 썰다 ㋀ 1 무슨 일을 당하여 큰 걱정을 품고 혼자서만 애를 씀을 이르는 말. ¶"지독곰이 무서워 **손톱 여물을 썰** 사내가 아니오...".《김주영:객주》 2 음식 따위를 나누어 줄 때 아껴 조금씩 주다.
  손톱 하나 까딱하지 않다 ㋀ =손가락 하나 까딱하지 않다. →손가락.
손톱-깎이 圀 손톱이나 발톱을 깎는, 날이 달린 작은 도구.
손톱-눈[-톰-] 圀 손톱의 좌우 양쪽 가장자리와 살의 사이.
손톱-독[-똑] 圀 몸의 살이나 또는 다친 데나 헌 데를 손톱으로 꼬집거나 긁어서 생긴 탈. ¶~이 오르다.
손톱-자국[-짜-] 圀 손톱으로 다쳐 생긴 자국. 지울에~을 내다.
손-틀 圀 1 =손기계. 2 '손재봉틀'의 준말. ↔발틀.
손-티 圀 조금 곱게 얽은 얼굴의 마맛자국.
손-풀무 圀 1 궤 안에 장치하여 손잡이를 잡아당겼다 밀었다 하여 바람을 일으키는 풀무. 2 둥근 통 속에 장치하여 손잡이를 돌려 바람을 내는 풀무.
손-풍금(-風琴) 圀[음] =아코디언.

손'해(損害) 가지고 있거나 누릴 수 있는 물질이나 행복 등을 잃거나 빼앗겨 좋지 않게 된 상태. ⓑ손(損)·손실. ¶금전적 ~ / 주식에 투자하였다가 ~를 보았다. ↔이익.
손'해-되다
손'해-나다(損害-) 통(자) 손해가 생기다.
손'해^배상(損害賠償) 몡[법] 법률의 규정에 따라 남이 입은 손해를 매워 주는 일. ¶~금을 청구하다.

혼동어	손해 배상 / 손실 보상
둘 다 손해를 원래의 상태대로 복구시키는 것을 뜻하나, '손해 배상'은 위법 행위로 생긴 손해에 대해, '손실 보상'은 적법 행위로 인해 생긴 손실에 대한 보전(補塡)을 가리킴.	

손'해^보'험(損害保險) 몡[법] 불의의 사고가 생길 때에 있을 재산상의 손해를 보충받으려고 보험에 체결하는 보험. 화재 보험 따위.
손-회목[-회-/-훼-] 몡 손목의 잘록하게 들어간 부분. =수완(手腕)·팔회목.
솔'¹ 몡 1 [식] =소나무. 2 솔잎이 그려져 있는 화투짝. 1월이나 한 끗을 나타냄. =송학.
솔'² 몡 때나 먼지를 쓸거나 닦을 때 또는 바르거나 칠하기 위해 짐승의 털이나 합성수지, 가는 철사 따위를 곧추세워 만든 도구. =브러시. ¶구둣~ / 옷~.
솔'³ 몡 활을 쏠 때에 쓰는 무명 과녁.
솔⁴(이)sol) 몡[음] 1 음이름 '사'의 이탈리아어. 2 장음계에서 다섯째 음.
솔-가(率家) 몡 온 집안 식구를 거느리고 가는 것. ⓑ솔권(率眷). 솔가-하다 동(자)여
솔-가리[-까-] 몡 말라서 땅에 떨어져 쌓인 솔잎. 불쏘시개로 씀. =갈비.
솔-가지[-까-] 몡 땔감으로 쓰기 위해, 잘라 내어 말린 소나무의 잔가지. ¶~로 아궁이에 불을 지피다.
솔개 몡 수릿과의 새. 몸빛은 암갈색이며 가슴에 흑색의 세로무늬가 있음. 꽁지깃은 제비처럼 교차됨. 공중에서 날개를 편 채로 맴돌며 먹이를 노림. 우리나라에서는 겨울에 볼 수 있는 흔한 나그네새임. 울음소리는 '비오비오'. ×소리개·솔개미·솔갱이.
솔개-그늘 몡 '솔개 그림자만 한 그늘'이란 뜻으로, 아주 작게 지는 그늘.
솔개미 몡(동) '솔개'의 잘못.
솔갱이 몡(동) '솔개'의 잘못.
솔-거(率去) 몡 (여러 사람을) 거느리고 가는 것. 솔거-하다 동(타)여
솔-권(率眷) 몡 집안 식구를 거느리고 가거나 옴. ⓑ솔가(率家). 솔권-하다 동(자)여
솔-기 몡 옷이나 이불 등을 만들 때에, 두 폭의 천을 맞대고 꿰매어 생긴 줄. ¶바지 ~ / ~가 터지다. 준솔.
솔깃-하다[-기타-] 혱여 (어떤 사람의 말에) 그럴듯하게 여겨져 마음이 이끌리는 상태에 있다. ¶돈을 많이 벌 수 있다는 친구의 말에 귀가 ~. 솔깃-이 튀
솔-나무[-라-] 몡[식] '소나무'의 원말.
솔-나방[-라-] 몡[동] 나비목 솔나방과의 곤충. 편 날개 길이가 40~80mm. 몸빛은 대개 다갈색 내지 흑갈색이며 바탕에 무늬가 있고, 날개에 희거나 검은 불규칙한 줄무늬가 있음. 애벌레는 '송충이'로서 소나무류의 잎을 먹는 해충임. =송충나방.
솔'다¹ [솔고 / 솔아] 동(자) <소니, 소오> 1 (물건이) 말라서 죄어들거나 굳어지다. ¶이

약을 바르면 상처가 솔아서 진물이 갤 것입니다. 2 흐르는 물이 세차게 굽이쳐 용솟음치다. ⓑ소쿠라지다.
솔'다² [솔고 / 솔아] 동(자) <소니, 소오> '무솔다'의 준말.
솔'다³ [솔고 / 솔아] 혱 <소니, 소오> (소매나 바짓가랑이가 또는 그것의 통이나 옷의 품 따위가) 좁거나 끼는 상태에 있다. ¶저고리 품이 ~.
솔'다⁴ [솔고 / 솔아] 혱 <소니, 소오> 귀찮은 말이나 소리를 너무 들어서 귀가 아프다. ¶귀가 솔도록 들은 말.
솔'다⁵ [솔고 / 솔아] 혱 <소니, 소오> 긁으면 아프고 안 긁자니 가렵다. ⓑ헌데가 ~.
솔라닌(solanine) 몡[화] 감자의 새 눈에서 얻어지는 알칼로이드 배당체(配糖體)의 한 가지. 간혹 중독의 원인이 되기도 함.
솔래-솔래 튀 조금씩 조금씩 가만히 빠져나가는 모양.
솔레노이드(solenoid) 몡[물] 관상(管狀)으로 감은 코일의 한 가지. =원통 코일.
솔로(이)solo) 몡 1 독창(獨唱)이나 독주(獨奏). 2 관현악의 어떤 부분을 단독의 주자(奏者)가 연주하는 일.
솔로몬(Solomon) 몡[지] 태평양 남서부, 뉴기니섬 동쪽에 있는 솔로몬 제도와 산타크루즈 제도로 이루어진 나라. 수도는 호니아라.
솔루션(solution) 몡[컴] 수요자의 요구에 맞춘 소프트웨어를 개발함으로써 문제를 해결하는 일. 또는, 그 소프트웨어. ¶~ 개발 업체 / 의료 상담
솔리스트(이)soliste) 몡[음] 혼자 반주에 맞춰 노래 또는 연주를 하거나, 협주하는 도중에 혼자 노래 또는 연주를 하는 사람.
솔-뮤직(soul music) 몡 블루스 스타일에 재즈·가스펠·팝 요소를 가미한 흑인 음악.
솔-바람 몡 솔숲에 이는 바람. ⓑ송풍(松風).
솔-발(鋒*鈸) 몡 ['鋒'의 본음은 '렬'] 군령(軍令)이나 경고(警告) 따위에 쓰는 놋쇠로 만든, 종 모양의 큰 방울. =요령(鐃鈴).
솔-방울[-빵-] 몡 소나무 열매의 송이. =송실·송자(松子).
솔-밭[-받] 몡 소나무가 많이 들어서 있는 땅. =송전(松田).
솔베이-법(Solvay法) 몡[화] =암모니아 소다법.
솔봉이 몡 나이가 어리고 촌스러운 티를 벗지 못한 사람.
솔-불[-뿔] 몡 '관솔불'의 준말.
솔-뿌리 몡 소나무의 뿌리.
솔-선(率先) [-썬] 몡 남보다 앞장서서 하는 것. 솔선-하다 동(자)여 ¶그 일에 아무도 솔선하여 나설 사람이 없었다.
솔선-수범(率先垂範) [-썬-] 몡 앞장서서 하여 모범을 보이는 것. 솔선수범-하다 동(자)여
솔솔 튀 1 물·가루 등이 계속 흐르거나 새어 나오는 모양. 2 바람이 부드럽고 가볍게 부는 모양. ¶바람이 ~ 분다. 3 이슬비가 가볍게 내리는 모양. 4 말을 막힘없이 잘하는 모양. 5 엉킨 실이나 끈 등이 쉽게 잘 풀려 나오는 모양. ⓒ술술.
솔솔-바람 몡 약하게 솔솔 부는 바람.
솔솔-이 튀 솔기마다.
솔송-나무 몡[식] 소나뭇과의 상록 침엽 교목. 높이 20m 정도. 꽃은 자줏빛으로 4월에

피고, 열매는 구과(毬果)로 10월에 익음. 재목은 건축재·펄프재 등으로 쓰임. 산 중턱 이하에 나는데, 관상용으로 심기도 함.
솔-수펑이 囘 솔숲이 있는 곳.
솔-숲[-숩] 囘 소나무가 많이 우거진 숲. = 송림.
솔-이끼[-리-] 囘[식] 솔이낏과의 선태식물. 산속의 음습한 곳에 군생하는데, 줄기는 5~20cm로 직립하고 잎은 비늘 조각 모양으로 밀생함.
솔-잎[-립] 囘 소나무의 잎. =송엽(松葉).
솔잎-상투[-립쌍-] 囘 짧은 머리털을 끌어올려서 짠 상투.
솔직(率直)[-찍] →**솔직-하다**[-찌카-] 휑옌 (사람이) 마음속의 생각이나 느낌을 숨기지 않고 말하거나 드러내는 태도가 있다. ¶그 청년은 성격이 활달하여.../동료들과 솔직한 대화를 나누다. **솔직-히** 튀 잘못을 ~ 시인하다.

> [유의어] **솔직하다 / 정직하다**
> 둘 다 속이거나 숨김이 없는 태도를 가리키나, '솔직하다'가 단순히 마음속에 있는 것을 그대로 드러내는 것을 가리키는 데 반해, '정직(正直)하다'는 도덕적·윤리적으로 올바른 자세를 가지고 행동하는 것을 가리킴. ¶솔직히 말해 난 네가 싫어./그 공무원은 청렴하고 정직하다.

솔-질 囘 솔로 먼지 따위를 문질러 털거나 닦는 일. **솔-질하다** 동(자)(타)옌 ¶구두를 ~.
솔트(SALT) 囘 [Strategic Arms Limitation Talks] 미국과 소련 사이에 1969년부터 개시된 전략 무기 제한에 관한 협상 및 이를 바탕으로 한 두 나라 사이의 협정. =전략 무기 제한 협정.
솔-파(⓪sol-fa) 囘[음] =계이름부르기.
솜 囘 목화에서 씨를 빼고 남은, 흰 털 뭉치와 같은 물질. 면직물과 같은 옷감을 만드는 데 쓰거나 옷·이부자리·방석 등에 이용함. ¶~을 타다/~을 틀다.
솜-구름 囘 =적운(積雲).
솜-대 囘[식] 볏과에 속하는 대의 한 가지. 대형으로 높이 10m 정도. 죽순은 4~5월에 나오고 적갈색이며, 식용함.
솜-덩이[-떵-] 囘 솜이 뭉킨 덩어리.
솜-돗[-똗] 囘 솜반을 짓는 데 쓰는 돗자리. 솜 조각을 그 위에 펴 놓고 말아서 밟음.
솜-먼지 囘 솜이 부스러져서 일어나는 먼지.
솜-뭉치 囘 솜을 뭉뚱그린 뭉치.
솜-바지 囘 솜을 두어서 만든 바지.
솜-반[-빤] 囘 솜돗에 펴서 잠을 재운 번한 솜의 조각.
솜-방망이 囘 1 솜을 나무 막대나 쇠꼬챙이 끝에 방망이처럼 묶어 붙인 것. 기름을 적셔 불을 붙여 횃불로 씀. 2 그리 강하지 않은 주먹이나 타격. 또는, 가벼운 처벌이나 비판. 비유적인 말임. ¶그 복서는 주먹이 ~다.
솜-버선 囘 솜을 넣어서 만든 버선. =면말(綿襪).
솜브레로(⓪sombrero) 囘 에스파냐·멕시코 등지에서 쓰는, 중앙이 높고 챙이 썩 넓은 모자.
솜-사탕(-沙糖*) 囘 사탕 과자의 하나. 설탕을 불에 녹인 후 원심기로 회전시키면서 작은 구멍으로 밀어내면 외기(外氣)에 닿아서 섬유 모양으로 굳어지는데, 이것을 막대에 감아 솜 모양으로 만듦.

솟아나다 •1057

솜솜-하다 휑옌 마맛자국이 듬성듬성 얕게 얽어 있다. **솜솜-이** 튀
솜씨 囘 1 손을 놀려서 무엇을 만드는 재주. ¶요리 ~/~를 겨루다. 2 어떤 일을 해 나가는 수단이나 능력. 비수완. ¶말~/~를 발
솜-옷[-온] 囘 솜을 넣어 만든 옷. =면복(綿服)·면의(綿衣). 비핫옷.
솜-이불[-니-] 囘 솜을 두어 만든 이불. 비핫이불.
솜-저고리 囘 솜을 두어 만든 저고리. 비핫저고리.
솜-털 囘 1 솜에서 일어나는 잔털. =면모(綿毛). 2 썩 잘고 보드라운 털. 비복숭아털. ¶뽀얀 얼굴에 보송보송한 ~이 돋다/귀밑의 ~이 채 가시지 않은 홍안의 소년.
솜-틀 囘 솜을 뜯어서 부풀려 펴는 기계. =타면기(打綿機).
솜틀-집[-찝] 囘 솜 트는 일을 업으로 하는 집.
솜-화약(-火藥) 囘 정제한 솜을 황산과 질산의 혼합액에 적셔 만든 화약. 무연 화약이나 다이너마이트의 제조에 씀. =면화약·화면(火綿).
솟고라-지다[솓꼬-] 동(자) 1 용솟음치며 끓어오르다. 2 솟구쳐 오르다.
솟-구다[솓꾸-] 동(타) (몸을) 위로 솟게 하다.
솟구-치다[솓꾸-] 동(자)(타) 빠르고 세게 솟거나 솟구다. ¶분수의 물기가 높이 ~/화재 현장에는 아직도 검은 연기가 솟구치고 있었다./그는 솟구치는 분노를 참지 못하였다.
솟-국(素-)[소꾹/솓꾹] 囘 고기를 넣지 않고 끓인 국.
솟다[솓따] 동 1 (어떤 물체나 물질이) 세찬 힘을 가지고 아래에서 위로, 또는 속에서 겉으로 오르거나 나오다. ¶불길이 하늘로 ~/땅 밑에서 샘이 ~. 2 (해나 달이) 지평선이나 수평선 아래에서 하늘 가운데로 옮겨 가다. 비돋다·뜨다. ¶해야 솟아라. 말갛게 씻은 얼굴 고운 해야 솟아라.《박두진:해》 3 (물체가) 편편한 바닥 위에 높이 세워지거나 내밀어 두드러지다. ¶산이 우뚝 솟아 있다./걸상에 못이 솟아 엉덩이를 찌른다. 4 (땀이나 눈물이) 갑자기 몸이나 눈에 생기다. ¶격렬한 운동을 했더니 온몸에 땀이 ~. 5 (어떤 힘이나 기운이나 의욕 등이) 사람의 몸이나 마음속에 새차게 생기다. ¶용기가 ~/기운이 ~. 6 (정도를 가진 것이) 그 수준에 있어서 갑자기 높아지다. ¶물가가 ~/몸의 열이 40도까지 ~.
솟-대[솓때] 囘 1 마을 수호신 및 경계의 상징으로 나무로 만든 새를 꼭대기에 달아 마을 입구에 세운 장대. 2 [역] 과거에 급제한 사람을 위하여 그 마을 입구에 세우는, 붉은 칠을 한 장대. =효죽(孝竹). 3 [민] 솟대쟁이가 올라가 재주를 부리는 장대.
솟대-쟁이[솓때-] 囘[민] 탈을 쓰고 솟대 꼭대기에 올라가 재주를 부리는 사람.
솟-보다[솓뽀-] 동(타) 물건을 잘못 보고 비싸게 사다.
솟아-나다 동(자) 1 (샘물·연기·땀 등이) 솟아서 밖으로 나오다. ¶굴뚝에 연기가 ~/땅속에서 지하수가 ~. 2 (힘·기운·용기 따위가) 사람의 몸이나 마음에 생겨나다. ¶용기가 ~.

솟아-오르다 통(자)여 〈~오르니, ~올라〉 솟아서 위로 오르다. ¶불길이 하늘 높이 ~.

솟을-대문(-大門) [-때-] 명 행랑채보다 기둥을 높게 세운 대문. =고주 대문(高柱大門). ¶~이 번듯한 대갓집.

솟을-무늬 [-니] 명 피륙에 놓은 두드러진 무늬. ×솟을문.

솟을-문(-紋) 명 '솟을무늬'의 잘못.

솟-치다 [솓-] 통(타) (낮게 있는 물건을) 위로 치켜 올리다.

송¹(宋) 명 [역] 중국의 나라 이름. 1 주 대(周代)의 한 나라(?~286 B.C.). 2 남북조 시대, 남조(南朝) 최초의 왕조(420~478). 3 5대 10국을 통일한 왕조(960~1270). 조광윤(趙匡胤)이 건국하였고, 원(元)나라에게 망함.

송²(頌) 명 공덕을 찬양하는 글월.

송-가(頌歌) 명 공덕을 기리는 노래.

송간(松間) 명 소나무 사이.

송!경(誦經) 명 1 점치는 소경이 경문을 외는 것. 2 [불] 불경을 외는 것. **송!경-하다** 통(자)여

송고(送稿) 명 원고(原稿)를 보내는 것. **송고-하다** 통(자타)여

송골-매(松鶻-) 명[동] =매³.

송골-송골 부 땀·소름 따위가 자디잘게 많이 돋아나는 모양. ¶이마에 땀방울이 ~ 맺히다. **송골송골-하다** 형여

송!곳 [-곧] 명 1 작은 구멍을 뚫는 연장. 2 썰매를 탄 사람이 썰매를 움직이기 위해 양손에 쥐고 얼음을 짜는 도구. 흔히, 'T' 자 모양의 나무 끝에 긴 쇠꼬챙이를 박아 만듦.

[송곳 박을 땅도 없다] ㉠어떤 곳이 사람으로 가득 차다. ㉡자기 땅이라곤 조금도 없다.

송!곳-눈 [-곧-] 명 날카롭게 쏘아보는 눈초리.

송!곳-니 [-곧-] 명 상하 좌우의, 앞니와 어금니 사이에 있는 뾰족한 이. 육식 동물에서는 날카롭게 발달하여 엄니가 됨.

● 왜 표기가 '송곳니' 인가
어원적으로 '송곳+이[齒]' 인데, '송곳니' 라고 적는 이유는 다음과 같은 맞춤법 규정이 있기 때문임. 곧, '이[齒, 蝨]' 가 합성어나 이에 준하는 말에서 '니' 또는 '리'로 소리 날 때에는 '니'로 적음 (맞 27-붙) 3). '덧니, 사랑니, 어금니, 틀니, 가랑니, 머릿니' 등은 그 예임.

송!공(頌功) 명 그동안의 공적을 기린다는 뜻으로, 정년퇴직하는 사람에게 축의금을 전할 때 그 봉투나 단자(單子)에 쓰는 말. 비근축.

송과-선(松果腺) 명[생] 제3뇌실(腦室)의 후부에 있는 작은 솔방울 모양의 내분비 기관. 성선 자극 호르몬을 억제하는 멜라토닌을 만들어 냄. =골윗샘·송과체.

송!괴(悚愧) [-괴/-궤] →**송!괴-하다** [-괴-/-궤-] 형여 황송하고 부끄럽다. **송!괴-히** 부

송!구(送球) 명[체] 1 구기(球技)에서, 공을 던져 보내는 것. 2 =핸드볼. **송!구-하다**¹ 통(자타)여

송!구(悚懼) →**송!구-하다**² 형여 두려워서 마음이 몹시 거북하다. ¶이렇게 큰 상을 주시니 송구할 따름입니다. **송!구-히** 부

송!구-스럽다(悚懼-) [-따] 형여〈~스러우니, ~스러워〉송구한 데가 있다. **송!구스레** 부

송!구-영신(送舊迎新) 명 묵은해를 보내고 새해를 맞음. 준송영. **송!구영신-하다** 통(자)여

송그리다 통(타) (몸을) 작게 오그리다.

송근-유(松根油) [-뉴] 명 소나무의 뿌리를 건류하여 얻는 기름. 흑갈색을 띠며, 특이한 냄새가 남. 페인트·바니시 등의 용제(溶劑)로 쓰임.

송!금¹(松禁) 명 소나무를 베지 못하게 금하는 것. **송!금-하다**¹ 통(자)여

송!금²(送金) 명 돈을 부치는 것. ¶~인. **송!금-하다**² 통(자)여

송!금-수표(送金手票) 명[경] 송금에 쓰이는 수표. 대개 은행이 자기의 지점 또는 거래 은행 앞으로 발행함.

송!금-환(送金換) 명[경] 먼 곳에 돈을 부치려는 사람이 현금 대신 송금 환어음만을 보내서 우체국 또는 은행으로 하여금 대신 지불하게 하는 일.

송기(松肌) 명 소나무의 속껍질.

송기-떡(松肌-) 명 송기를 멥쌀가루에 섞어 반죽하여 만든 떡.

송낙 명 송라로 우산 모양으로 엮어 만든, 여승(女僧)이 쓰는 모자. 원송라(松蘿).

송!년(送年) 명 한 해를 보냄. ¶~의 밤.

송!년-사(送年辭) 명 묵은해를 보내면서 하는 인사말이나 이야기. ↔신년사(新年辭).

송!년-회(送年會) [-회/-훼] 명 연말에 한 해를 돌이켜보면서 새해를 맞자는 뜻으로 베푸는 모임.

송!달(送達) 명 1 (편지·서류·물품 등을) 보내 주는 것. 2 [법] 소송상의 서류를 일정한 방식에 따라 당사자 또는 소송 관계인에게 보내 주는 것. **송!달-하다** 통(타)여 ¶문서를 ~.

송!달-되다 통(자)

송당-송당 부 1 물건을 조금 자잘하게 빨리 써는 모양. ¶칼로 파를 ~ 썰다. 2 바느질을 거칠게 빨리 호는 모양. ¶대충 ~ 꿰매다. 큰숭덩숭덩. 센쏭당쏭당. **송당송당-하다** 통여

송!덕(頌德) 명 공덕을 칭송하는 것. **송!덕-하다** 통(자타)여

송!덕-문(頌德文) [-덩-] 명 공덕을 칭송하여 지은 글.

송!덕-비(頌德碑) [-삐] 명 공덕을 기리어 후세에 길이 빛내기 위하여 세운 비.

송도(松都) 명 '개성(開城)의 옛 이름.
[송도 말년의 불가사리라] 어떻게 손을 댈 수 없게 못된 짓을 하는 사람을 이르는 말.
[송도 오이 장수] 송도의 한 오이 장수가 이익을 좀 남기려고 오이 값이 비싼 곳을 찾아다니다가 오이가 썩고 말았다는 데서, 헛수고만 하고 낭패당한 사람을 이르는 말.

송도²(松濤) 명 소나무가 바람에 흔들려 물결치는 것처럼 나는 소리.

송도-삼절(松都三絶) 명 송도의 뛰어난 세 존재. 곧, 서경덕(徐敬德)·황진이(黃眞伊)·박연 폭포(朴淵瀑布).

송!독(誦讀) 명 1 (글을) 소리 내어 읽는 것. 2 (글을) 외어서 읽는 것. 비송송(誦誦). **송!독-하다** 통(타)여

송두리-째 부 있는 바 전부를 모조리. ¶노름으로 재산을 ~ 날리다.

송라(松蘿) [-나] 명 1 [식] 송라과의 지의류. 높은 산에 자라는 나무의 줄기와 가지에 실

처럼 늘어져 달리는데, 황록색이 돌며 가지가 갈라짐. 한방에서는 이뇨·거담제 및 폐결핵에 해열제로 씀. =소나무겨우살이. 2 '송낙'의 원말.
송로(松露)[-노] 똉 1 솔잎에 맺힌 이슬. 2 [식] =알버섯.
송뢰(松籟)[-뇌/-뤠] 똉 =송풍(松風)¹.
송:료(送料)[-뇨] 똉 물건을 부치는 데에 드는 요금.
송림(松林)[-님] 똉 =솔숲.
송명(松明) 똉 1 =관솔. 2 =관솔불.
송방(松房) 똉 예전에, 서울에 있는 개성 사람의 주단포목점을 이르던 말.
송백(松柏) 똉 1 소나무와 잣나무. 2 껍질을 벗겨 솔잎에 꿴 잣.
송:별(送別) 똉 (떠나는 사람을) 이별하여 보내는 것. **송:별-하다** 통타여
송:별-사(送別辭)[-싸] 똉 떠나는 사람에게 하는 인사말. =송별사.
송:별-식(送別式) 똉 떠나는 사람을 이별하여 보내는 의식.
송:별-연(送別宴) 똉 떠나는 사람을 위하여 베푸는 잔치. ¶~을 열다 / ~을 베풀다.
송:별-회(送別會)[-회/-훼] 똉 송별의 섭섭함과 앞날의 행운을 바라는 뜻으로 베푸는 모임.
송:부(送付) 똉 물건을 부쳐 보내는 것. **송:부-하다** 통타여
송:사(送辭) 똉 '송별사'의 준말.
송:사²(訟事) 똉 1 [역] 백성끼리의 분쟁을 관부에 호소하여 그 판결을 구하는 일. =소송(訴訟). **송:사-하다** 통자타여
송사리 똉 1 [동] 송사릿과의 민물고기. 몸길이 5cm 내외. 몸빛은 엷은 회갈색인데, 옆구리에 잘고 검은 점이 많음. 물살이 센 곳에서는 살지 않으며 냇물이나 연못, 논에서 삶. 2 권력이 없는 약자나 하찮은 사람을 비유하여 이르는 말. ¶폭력배 단속에 ~만 걸려들었다.
송:상(送像) 똉 텔레비전·전송 사진의 화면을 전파로 수상기에 보내는 것. ↔수상(受像). **송:상-하다** 통자여
송송 🗘 1 물건을 아주 잘게 빨리 써는 모양. ¶파를 ~ 썰다. 2 작은 구멍이 많이 뚫린 모양. ¶양말에 구멍이 ~ 났다. 3 살갗에 자디잔 땀방울이나 소름 따위가 많이 난 모양. ¶이마에 땀방울이 ~ 내돋다. (큰)숭숭. **송송-하다** 형여
송:수(送水) 똉 물을 보내는 것. **송:수-하다** 통자여
송:수-관(送水管) 똉 상수도의 물을 보내는 관.
송:-수신(送受信) 똉 송신과 수신.
송:수화-기(送受話器) 똉 1 송화기와 수화기. 2 양쪽 끝에 말하는 부분과 듣는 부분이 달린, 전화기의 한 부분. 통속적으로는 흔히 '수화기'라고 함.
송순(松筍) 똉 소나무의 새순.
송:시(頌詩) 똉 공덕을 칭송하는 시.
송:신(送信) 똉 통신을 보내는 것. ¶~ 장치. ↔수신(受信). **송:신-하다¹** 통자타여 **송:신-되다** 통자여
송:신²(送神) 똉 [민] 제사가 끝난 뒤에 죽은 사람의 혼을 보내는 일. ↔영신(迎神). **송:신-하다²** 통자여
송:신-관(送信管) 똉 출력이 10W에서 수백 kW에 이르는 대전력 발생용의 진공관.

송:신-기(送信機) 똉 무선 통신·방송 등에서 신호를 고주파의 반송파(搬送波)로, 송신 안테나로부터 송출하는 장치. =발신기. ↔수신기.
송:신-소(送信所) 똉 1 무선·유선 전신의 송신을 맡은 기관. 2 방송 전파의 송신에 관한 업무를 분장하는 방송국의 한 부서. ↔수신소(受信所).
송아리 똉 1[자립] 꽃이나 열매 따위가 잘게 한데 모여 달린 덩어리. ¶포도 ~. 2[의존] 꽃이나 열매 따위가 잘게 한데 모여 달린 덩어리를 세는 단위. (큰)숭어리. ▷송이.
송아지 똉 아직 다 자라지 않은 어린 소.
[송아지 못된 것은 엉덩이에 뿔 난다] 되지 못한 것이 엇나가는 짓을 한다.
송알-송알 🗘 1 땀·물이 방울방울 많이 맺힌 모양. ¶얼굴에 땀방울이 ~ 돋다 / 풀잎에 이슬이 ~ 맺혔다. 2 술·고추장 따위가 괴어서 끓는 모양. (큰)숭얼숭얼.
송어(松魚) 똉[동] 연어과의 바닷물고기. 몸길이 60cm 안팎. 몸빛은 등은 짙은 남빛이고, 배는 은백색임. 바다에서 살다가 산란기가 되면 강류로 거슬러 올라가 알을 낳음.
송연¹(松煙·松烟) 똉 소나무를 태운 그을음. 먹의 원료임.
송:연²(悚然·竦然) →송:연-하다 형여 두려워서 몸을 옹송그리다. ¶모골이 ~. **송:연-히** 🗘
송엽(松葉) 똉 =솔잎.
송:영(送迎) 똉 떠나는 사람을 보내고, 오는 사람을 맞는 것. 2 '송구영신'의 준말. **송:영-하다¹** 통자타여
송:영²(誦詠) 똉 시가(詩歌)를 외어 읊는 것. **송:영-하다²** 통자타여
송:영-대(送迎臺) 똉 공항에서 배웅이나 마중하는 사람을 바라다볼 수 있게 만든 대.
송운(松韻) 똉 '바람에 불리어서 나는 소나무의 맑은 소리'를 시의 운에 비유하여 이르는 말.
송유(松油) 똉 1 솔가지를 잘라서 불에 구워 소담한 학이나 오이 모양. 2 [화] =테레빈유.
송:유-관(送油管) 똉 석유나 휘발유를 다른 곳으로 보내기 위하여 시설한 관.
송이¹ 똉 1[자립] 꽃·눈·열매 등의, 낱낱의 작은 덩이나 덩어리. ¶꽃 ~ / 눈 ~ / 목화 ~ / 잣 ~. 2[의존] 꽃이나 열매의 덩어리를 세는 단위. ¶장미 한 ~ / 포도 두 ~. ▷송아리. ×송이.
송이²(松栮) 똉[식] 담자균류 송이과의 버섯. 갓의 지름 8~20cm. 겉은 엷은 다갈색이고 안쪽은 힘. 독특한 향기와 맛이 좋은, 대표적인 식용 버섯임. 주로 가을에 솔밭의 축축한 땅에 남. =송심(松蕈)·송이버섯.
송이-밤 똉 밤송이 속에 들어 있는 밤. ↔알밤.
송이-버섯(松栮-)[-섣] 똉[식] =송이².
송이-송이 🗘 송이마다.
송자(松子) 똉 1 =솔방울. 2 =잣.
송:장¹ 똉 사람이나 동물의 죽은 몸뚱이. 세는 단위는 구(具). ¶그랬다가는 ~ 치고 살인하는 격이 되어 도리어 큰 화를 당할 거요.《이기영:두만강》▶시체.
[송장 때리고 살인났다] 억울하게 큰 벌을 받게 되었음을 이르는 말.
송:장²(送狀)[-짱] 똉 1 물품을 받을 사람에게 그 물품의 내용을 적어 보내는 문서. =송증(送證). 2 [경] 매매 상품을 멀리 떨어진

송장메뚜기
곳에 발송할 때, 수하인(受荷人)에게 보내는 상품의 명세서. =인보이스.
송:장-메뚜기 명 [동] =각시메뚜기.
송:장-헤엄 명 [체] '배영(背泳)'을 통속적으로 이르는 말.
송:전(送電) 발전소에서 발생된 전력을 수요지 근처의 변전소로 보내는 일. 송:전-하다 동(자여) 송:전-되다 동(자)
송:전-선(送電線) 명 발전소에서 발생된 전력을 변전소로 보내기 위하여 시설한 전선.
송:전-탑(送電塔) 명 고압 전선을 걸기 위하여 높이 세운 철탑.
송:정(送呈) 명 (편지나 물건 등을) 보내어 드리는 것. 송:정-하다 동(타여) 송:정-되다 동(자)
송죽(松竹) 명 소나무와 대나무.
송죽매(松竹梅) [-중-] 명 소나무·대나무·매화나무. 예로부터 세한삼우(歲寒三友)라 하여 시제(詩題)나 화제(畫題)로 많이 삼아 옴.
송죽지절(松竹之節) [-찌-] 명 소나무같이 꿋꿋하고 대나무같이 곧은 절개.
송증(送證) [-쯩] 명 =송장(送狀)¹.
송지(松脂) 명 =송진(松津).
송진(松津) 명 천연수지의 하나. 소나무 등의 침엽수에서 분비되는 끈적끈적한 액체. 독특한 향기가 있으며, 고체화하면 황갈색의 무른 유리 모양이 됨. =송방(松肪)·송지(松脂).
송:채(送綵) 명 전통 혼례에서, 신랑 집에서 신부 집으로 청색과 홍색의 채단을 보내는 것. 송:채-하다 동(자여)
송:청(送廳) 명 [법] 수사 기관에서 피의자를 검찰청으로 넘겨 보내는 것. 송:청-하다 동(타여) 송:청-되다 동(자)
송:축(頌祝) 명 경사(慶事)를 기리고 축하하는 것. =송도(頌禱). 송:축-하다 동(타여)
송:춘(頌春) 명 새봄을 칭송하는 것. 송:춘-하다 동(자여)
송:출(送出) 명 (가스·액체 또는 전파 등을) 일정한 곳으로 내보내는 일. 송:출-하다 동(타여) 송:출-되다 동(자)
송:출-관(送出管) 명 가스·액체 등을 밖으로 내보내는 관. ¶가스~.
송충-이(松蟲-) 명 [동] 솔나방의 애벌레. 누에 비슷한데, 온몸에 털이 있으며 흑갈색임. 솔잎을 갉아 먹어 해를 끼침. =송충.
[송충이가 갈잎을 먹으면 떨어진다] 분수에 넘치는 짓을 하면 낭패를 본다.
송:치(送致) 명 1 보내어 그곳에 이르게 하는 것. 2 [법] 수사 기관에서 검찰청으로, 또는 한 검찰청에서 다른 검찰청으로 피의자와 서류를 넘겨 보내는 일. 송:치-하다 동(타여) 송:치-되다 동(자)
송:치(松-) 명 소나무를 켠 널빤지.
송판(松板) 명 소나무를 켠 널빤지.
송편(松-) 명 멥쌀가루를 반죽하여 소를 넣고 모시조개 모양으로 빚어 솔잎을 깔고 찐 떡. ¶~을 빚다.
[송편으로 목을 따 죽지] 하찮은 일로 같잖게 성을 내거나 분해 하는 사람을 비웃는 말.
송풍¹(松風) 명 솔숲 사이를 스쳐 부는 바람. =송뢰(松籟). 비솔바람.
송:풍(送風) 명 바람을 일으켜 보내는 것. 송:풍-하다 동(자여)
송:풍-기(送風機) 명 공기를 압축하여 압력을 올려 바람을 보내는 기계. 갱내의 환기나 용광로 등의 통풍에 쓰임.

송:하-인(送荷人) 명 운송 계약에서, 물품의 운송을 위탁하는 사람. ↔수하인.
송:학(宋學) 명 중국 송나라 때에 체계화된 새로운 유교 철학. 독자적 입장에서 경전을 해석하며 도교·불교 사상까지 받아들여 우주관·역사관·인간관을 이룩함. ▷성리학.
송화¹(松花) 명 소나무의 꽃. 또는, 그 꽃가루.
송:화²(送話) 명 전화 등으로 상대방에게 말을 보내는 것. ↔수화(受話). 송:화-하다 동(자여)
송:화-기(送話器) 명 전화기의 음파의 진동을 전기적 진동으로 바꾸는 장치. ↔수화기.
송화-색(松花色) 명 소나무의 꽃가루와 같은 엷은 노란빛.
송:환(送還) 명 도로 돌려보내는 것. 송:환-하다 동(타여) ¶포로를 ~. 송:환-되다 동(자)
송홧-가루(松花-) [-화까-/-환까-] 명 소나무의 꽃가루. 또는, 그것을 말린 가루.
솥(鼎) 명 밥을 짓거나 물이나 국 등을 끓이는 데 쓰는, 무쇠나 양은 등으로 만든 그릇. 재래식 솥은 무쇠로 된 것에 네 귀가 달리고 아가리가 오긋한 데 반해, 왜솥은 알루미늄으로 된 것에 돌려가며 전이 달리고 밑이 뾰족하며 둘레는 거의 수직을 이룸. =솥단지.
¶밥~/국~/~에 밥을 안치다.
[솥 떼어 놓고 삼 년] 오랫동안 결정을 못 짓고 망설임을 이르는 말.
솥-검댕 [솓껌-] 명 솥의 밑 부분에 붙은 그을음. ¶~이 얼굴에 묻다.
솥-귀 [솓뀌] 명 솥의 운두 위로 두 귀처럼 삐죽이 달려 있는 부분.
솥-단지 [솓딴-] 명 =솥.
솥-뚜껑 명 솥을 덮는 뚜껑. 비소댕.
솥뚜껑 운전수 굴 밥솥을 다루는 사람이라는 뜻으로, '가정주부'를 속되게 이르는 말.
솥-발 [솓-] 명 솥 밑에 달린 세 개의 발. =정족(鼎足).
솥-전¹ [솓쩐] 명 솥 몸의 바깥 중턱에 둘러 댄 전.
솥-전²(-廛) [솓쩐] 명 솥이나 냄비 같은, 부뚜막에서 쓰이는 쇠붙이 물건을 파는 가게.
쇄 부 1 나뭇가지나 물건의 틈 사이로 스쳐 부는 바람 소리. 2 비바람 소리. ¶먹구름이 하늘을 삽시간에 뒤덮더니 소나기가 ~ 소리를 내며 쏟아졌다. 3 바닷물이 물결치며 밀려오는 소리. ¶파도가 ~ 밀려왔다가 다시 밀려간다. 4 물이나 그 밖의 액체가 급히 내려가거나 나오는 소리. (센)쐐.
쇄-쇄 부 잇달아 쇄 하는 소리. (센)쐐쐐.
쇌라-쇌라 부 알아듣지 못할 외국어를 말하는 소리. 또는, 그 모양. ¶코쟁이가 뭐라고 ~ 씨부렁거리는데 한 마디도 알아들을 수가 없다. 쇌라쇌라-하다 동(자여)
쇌쐘 부 1 물이 거침없이 흐르는 소리. 또는, 그 모양. 2 가루 따위가 체의 구멍으로 빠져 내리는 소리. 또는, 그 모양.
쇄¹ 부 1 나뭇가지나 물건의 틈 사이로 바람이 몰아쳐 부는 소리. 2 소나기가 몰아쳐 내리는 소리. (센)쐐.
쇄²(刷) 명(의존) 책을 똑같은 내용으로 다시 출간할 때, 그 출간 횟수를 세는 단위. 맨 처음 출간한 경우는 1판 1쇄가 됨. ¶3판 8~. ▷판(版).
쇄-골(鎖骨) 명 [생] =빗장뼈.
쇄:-광(碎鑛) 명 [광] 광석을 부수어서 광물의 성분을 분리시키는 것. ¶~기(機). 쇄:광-하

쇄국(鎖國) 圀 다른 나라와의 통상·교역을 금지하는 것. ¶~ 정책. ↔개국(開國). 쇄국-하다 圀재어
쇄국^정책(鎖國政策) [-쩡-] 圀 다른 나라와의 통상·교역을 하지 않는 정책. ¶대원군의 ~. ↔개방 정책.
쇄국-주의(鎖國主義) [-쭈의/-쭈이] 圀 쇄국을 주장하는 주의.
쇄도(殺到) 圀 (지원·주문·응모 따위나 그런 것을 하는 사람들이) 한꺼번에 많이 몰려드는 것. 圀하다. ¶지원자가 ~ / 주문이 ~ / 문의 전화가 ~.
쇄락(灑落·洒落) → 쇄락-하다 [-라카-] 휑어 (기분이나 몸이) 상쾌하고 깨끗하다. ¶초가을의 쇄락한 기운.
쇄말-주의(瑣末主義) [-의/-이] 圀문 트리비얼리즘.
쇄빙(碎氷) 圀 얼음을 깨뜨려 부수는 것. 또는, 부서진 얼음. 쇄빙-하다 圀재어
쇄빙-선(碎氷船) 圀 얼어붙은 강이나 바다의 얼음을 깨뜨려 부수고 뱃길을 내는 특수한 장비를 갖춘 배.
쇄상(鎖狀) 圀 쇠고리를 길게 이어 놓은 것과 같은 모양.
쇄석(碎石) 圀 돌을 잘게 깨뜨려 부수는 것. 또는, 그러한 돌. 쇄석-하다 圀재어
쇄석-기(碎石機) [-끼] 圀 바위나 돌을 부수어 알맞은 크기의 자갈로 만드는 기계.
쇄선(鎖線) 圀 실선과 점선으로 이어져 일정한 간격으로 평행선을 이루는, 설계 도면 상의 선. 일점쇄선과 이점쇄선이 있음.
쇄설(碎屑) 圀 깨어진 부스러기.
쇄설-구(碎屑丘) 圀 화산이 폭발할 때 화구의 둘레에 잘게 쪼개진 용암의 파편이 쌓여서 된, 위가 잘린 원뿔형의 산.
쇄신(刷新) 圀 나쁜 폐단을 없애고 새롭게 하는 것. ¶서정(庶政) ~ / 기풍(校風) ~. 쇄신-하다 圀재어 ¶공직자의 기강을 ~. 쇄신-되다 圀재
쇄파(碎破) 圀 부수어 깨뜨리는 것. 凪파쇄. 쇄파-하다 圀재어
쇠¹ [쇠/쉐] 圀 1 철광석을 높은 열로 녹여 내어 만든, 은백색의 단단한 물질. 여러 가지 도구나 기계를 만드는 데 널리 쓰임. 전문어로는 '철(鐵)'이라고 함. ¶~를 달구다 / ~를 녹이다. 2 광물(鑛物)에서 나는 쇠붙이의 총칭. 3 '열쇠'의 준말. 4 '자물쇠'의 준말. ¶~를 잠그다 (채우다). 5 '돈'을 속되게 이르는 말. 6 '자석'을 속되게 이르는 말. 7 농악 따위에서, '꽹과리'나 '징'을 이르는 말.
[쇠가 쇠를 먹고 살이 살을 먹는다] 친족이나 동류끼리 서로 다툼을 이르는 말.
쇠² [쇠/쉐] '소(牛)'의 가 준말.
쇠-³ [쇠/쉐] 쩝모 일부 명사 앞에 붙어, 그것이 소의 부위이거나 소와 관계된 물체이거나, 소와 같은 특성이 있음을 나타내는 말. =소-. ¶~가죽/ ~고기 / ~고집.
쇠-가죽 [쇠-/쉐-] 圀 소의 가죽. =소가죽·우지.
쇠-간(-肝) [쇠-/쉐-] 圀 소의 간. =소간.
쇠-갈고리 [쇠-/쉐-] 圀 쇠로 만든 갈고리.
쇠-갈비 [쇠-/쉐-] 圀 소의 갈비. =소갈비.
쇠-고기 [쇠-/쉐-] 圀 사람의 식용 대상으로 삼는 소의 살. =소고기·우육·황육(黃肉).

쇠-고깃-국 [쇠-기꾹/쉐-긴꾹] 圀 쇠고기를 넣고 끓인 국. =소고깃국.
쇠-고랑 [쇠-/쉐-] 圀 '수갑'을 속되게 이르는 말. ¶~을 차다. 준고랑. ×고랑쇠.
쇠-고리 [쇠-/쉐-] 圀 쇠로 만든 고리.
쇠-고집(-固執) [쇠-/쉐-] 圀 몹시 검질기게 센 고집. 또는, 그러한 사람. =소고집·황소고집. ▷옹고집.
쇠-골 [쇠-/쉐-] 圀 소의 머릿골. =소골.
쇠-공이 [쇠-/쉐-] 圀 쇠로 만든 공이.
쇠-구슬 [쇠-/쉐-] 圀 쇠로 만든 구슬.
쇠-귀 [쇠-/쉐-] 圀 소의 귀. =소귀·우이. [쇠귀에 경 읽기] 아무리 가르치고 일러 주어도 알아듣지 못함. '우이독경(牛耳讀經)', '우이송경(牛耳誦經)'과 같은 말.
쇠-귀신(-鬼神) [쇠-/쉐-] 圀 1 소가 죽어서 된다는 귀신. =소귀신. 2 성질이 몹시 검질긴 사람.
쇠-기름 [쇠-/쉐-] 圀 소의 지방 조직을 정제하여 얻은 지방. 흰색의 덩어리로 특이한 냄새가 있으며, 연고류·식용유·비누 등의 제조 원료로 됨. =소기름·우유(牛油)·우지(牛脂).
쇠-기침 [쇠-/쉐-] 圀 오래도록 낫지 않아 쉰 기침.
쇠-꼬리 [쇠-/쉐-] 圀 1 소의 꼬리. =소꼬리. 2 베틀신의 끈.
쇠꼬리-채 [쇠-/쉐-] 圀 베틀에 딸린 기구의 하나. 날과 씨를 서로 오르내리게 하는 장치. =소꼬리채.
쇠-꼬창이 '쇠꼬챙이'의 잘못.
쇠-꼬챙이 [쇠-/쉐-] 圀 1 쇠로 만든 꼬챙이. 2 몹시 여위었으면서도 옹골차며 날카로움의 비유. ×소꼬창이.
쇠-꼴 [쇠-/쉐-] 圀 소에게 먹이기 위해 베는 꼴.
쇠-끝 [쇠끝/쉐끝] 圀 칼·창·화살 등의 날 끝.
쇠뇌 [쇠뇌/쉐뇌] 圀 여러 개의 화살을 잇달아 쏘게 된 활의 한 가지. =노(弩)·노포(弩砲).
쇠다¹ [쇠-/쉐-] 圀 1 채소 따위가 너무 자라 연하지 않고 억세다. ¶고사리가 ~. 2 한도를 지나쳐 점점 더 심해지다. ¶병세가 ~.
쇠다² [쇠-/쉐-] 圀타 명절이나 기념일 같은 날을 맞이하면서 지내다. ¶설을 ~.
-쇠다³ [쇠-/쉐-] 얼미 '-소이다'의 준말. ¶잘 모르겠~.
쇠-다리 [쇠-/쉐-] 圀 소의 다리. 凪쇠족.
쇠-도리깨 [쇠-/쉐-] 圀역 쇠로 도리깨 이 만든 병기(兵器)의 하나. =편(鞭). 준도리깨.
쇠-돈 [쇠-/쉐-] 圀 쇠붙이로 만든 돈. 凪철전(鐵錢).
쇠-두엄 [쇠-/쉐-] 圀 외양간에서 쳐낸 두엄. ¶~구비(廐肥)·소두엄.
쇠-등에 [쇠-/쉐-] 圀통 파리목 등에과의 곤충. 몸빛은 회록색 내지 회갈색이고, 각 배마디의 등 쪽에는 회색이 도는 황색 무늬가 있음. =우등에·소등에.
쇠-딱지 [쇠-찌/쉐-찌] 圀 어린아이의 머리에 눌어붙은 때.
쇠-똥¹ [쇠-/쉐-] 圀 쇠를 불에 달구어 불릴 때 튀는 부스러기. =설철·철설(鐵屑).
쇠-똥² [쇠-/쉐-] 圀 소의 똥. =소똥·우분. [쇠똥도 약에 쓰려면 없다] 흔하던 것도 소용이 있어 찾으면 없다.
쇠똥-구리 [쇠-/쉐-] 圀통 딱정벌레목 풍

멸잇과의 곤충. 몸빛은 검고 광택이 있음. 여름철에 쇠똥이 있는 말똥 따위를 굴려 굴속에 날라 저장하고 먹이로 하며, 그 속에 알을 낳음. =말똥구리·쇠똥벌레.
쇠뜨기[쇠-/쉐-] [식] 양치식물 속새과의 여러해살이풀. 땅속줄기는 길게 가로 벋으며, 마디에서 땅위줄기가 곧게 남. 땅위줄기에는 영양줄기와 포자경(胞子莖)이 있는데, 어린 포자경은 '뱀밥'이라 부르며 식용하고, 영양줄기는 민간에서 이뇨제로 쓰임. 들이나 밭에 흔히 남.
쇠락(衰落) [쇠-/쉐-] [명] 쇠약하여 말라서 떨어지는 것. **쇠락-하다** [동](자여)
쇠-막대기 [쇠-때-/쉐-때-] [명] 쇠로 만든 막대기.
쇠망(衰亡) [쇠-/쉐-] [명] 쇠퇴하여 망하는 것. **쇠망-하다** [동](자여)
쇠-망치 [쇠-/쉐-] [명] 쇠로 만든 망치.
쇠:-머리 [쇠-/쉐-] [명] 소의 머리. =소머리.
쇠:머리-편육(-片肉) [쇠-/쉐-] [명] 소의 머리에 붙은 고기를 삶아서 만든 편육. =소머리편육.
쇠:머릿-살 [쇠-리쌀/쇠-릳쌀/쉐-리쌀/쉐-릳쌀] [명] 소의 머리에 붙은 살코기. =소머릿살.
쇠:-먹이 [쇠-/쉐-] [명] 소에게 먹이는 먹이. 여물 따위. =소먹이.
쇠멸(衰滅) [쇠-/쉐-] [명] 쇠퇴하여 멸망하는 것. **쇠멸-하다** [동](자여) **쇠멸-되다** [동](자)
쇠-못 [쇠몯/쉐몯] [명] 쇠로 만든 못. =철정.
쇠-몽둥이 [쇠-/쉐-] [명] 쇠로 만든 몽둥이. =철퇴(鐵槌).
쇠-몽치 [쇠-/쉐-] [명] 쇠로 만든 몽치.
쇠-문¹(-門) [쇠-/쉐-] [명] 쇠로 된 문. (비)철문.
쇠문²(衰門) [쇠-/쉐-] [명] 기울어진 가문.
쇠-뭉치 [쇠-/쉐-] [명] 뭉쳐진 쇳덩어리.
쇠미(衰微) [쇠-/쉐-] →**쇠미-하다** [쇠-/쉐-] [형여] 쇠잔하고 미약하다.
쇠:발-개발 [쇠빨-/쉐빨-] [명] ['소의 발과 개의 발'이라는 뜻] 아주 더러운 발을 비유하여 일컫는 말.
쇠:-백정(-白丁) [쇠-쩡/쉐-쩡] [명] 소를 잡는 것을 직업으로 하는 사람. =소백정.
쇠:-버즘 [쇠-/쉐-] '쇠버짐'의 잘못.
쇠:-버짐 [쇠-/쉐-] [명] =백선(白癬)¹. ×쇠버즘.
쇠:-불알 [쇠-/쉐-] [명] 소의 불알. =소불알.
쇠-붙이 [쇠부치/쉐부치] [명] 1 쇠에 속하는 물질의 총칭. (비)금속. 2 철물이나 쇠의 부스러기, 쇠의 조각 따위의 총칭.
쇠:-비름 [쇠-/쉐-] [명][식] 쇠비름과의 한해살이풀. 길가나 밭에 흔히 나며, 육질이고 붉은빛이 돎. 여름에 누른 꽃이 피는데, 아침에 피었다가 한낮에 오므라짐. 사료 및 약재로 씀.
쇠:-뼈 [쇠-/쉐-] [명] 소의 뼈. =소뼈·우골.
쇠:뼈-다귀 [쇠-/쉐-] [명] '쇠뼈'를 속되게 이르는 말.
쇠:-뿔 [쇠-/쉐-] [명] 소의 뿔. =소뿔·우각. [쇠뿔도 단김에 빼랬다] [쇠뿔을 뽑으려면 불로 달구어서 달아 있는 김에 뽑아야 한다는 뜻] 무슨 일을 하려고 하였으면 망설이지 말고 곧 행동으로 옮기라는 말.
쇠-사슬 [쇠-/쉐-] [명] 쇠고리를 여러 개 죽이은 줄. =철쇄·체인. (비)사슬.
쇠살-문(-門) [쇠-/쉐-] [명][건] 쇠의 창살로 짠 문.
쇠-살창(-窓) [쇠-/쉐-] [명] 쇠로 만든 살창.
쇠:-서 [쇠-/쉐-] [명] 식육(食肉)으로서의 소의 혀.
쇠-솥 [쇠솓/쉐솓] [명] 쇠로 만든 솥.
쇠-숟가락 [쇠-까-/쉐-까-] [명] 놋쇠 따위의 쇠붙이로 만든 숟가락. 준쇠술.
쇠-술 [쇠-/쉐-] [명] '쇠숟가락'의 준말.
쇠스랑 [쇠-/쉐-] [명][농] 땅을 파헤쳐 고르거나 두엄·풀 무더기 등을 쳐내는 데 쓰는, 갈퀴 모양의 농기구. 쇠로 3~4개의 발을 만들고 자루를 박음.
쇠:-심 [쇠-/쉐-] [명] 소의 힘줄. =소심·쇠심줄.
쇠:-심줄 [쇠-쭐/쉐-쭐] [명] =쇠심.
쇠약(衰弱) [쇠-/쉐-] →**쇠약-하다** [쇠야카-/쉐야카-] [형여] (몸이) 약하여 병에 쉽게 걸리거나 자주 앓는 상태에 있다. ¶오랜 병치레로 몸이 ~.
쇠양배양-하다 [쇠-/쉐-] [형여] 1 철없이 함부로 날뛰는 경향이 있다. 2 요량이 적고 아둔하다.
쇠:-여물 [쇠-/쉐-] [명] 소에게 먹이는 여물. =소여물.
쇠-오리 [쇠-/쉐-] [명][동] 오릿과의 물새. 몸길이 35cm가량으로 오리 중 가장 작고, 수컷은 날 때에는 날개의 흰색 줄무늬를 볼 수 있으며, 암컷은 갈색의 반점이 있음. 하천·호수 등지에서 서식함.
쇠운(衰運) [쇠-/쉐-] [명] 쇠해지는 운수.
쇠-자 [쇠-/쉐-] [명] 쇠로 만든 자. (비)철자.
쇠잔(衰殘) [쇠-/쉐-] →**쇠잔-하다** [쇠-/쉐-] [형여] 기운이나 힘이 없어져 약하다. ¶오랜 병으로 몸이 **쇠잔해지다** / 늦가을 들판에는 쇠잔한 들꽃 서너 송이가 피어 있었다.
쇠-잡이 [쇠-/쉐-] [명] '쇠재비'의 잘못.
쇠:-장(-場) [쇠-/쉐-] [명] 소를 팔고 사는 장. =소장·우시장. (비)우시장.
쇠-재비 [쇠-/쉐-] [명] 농악에서 꽹과리나 징 따위를 잡고 치는 일. 또는, 그 사람. ×쇠잡이.
쇠-전(-廛) [쇠-/쉐-] [명] =쇠장.
쇠:-젖 [쇠젇/쉐젇] [명] 소의 젖. =소젖. (비)우유.
쇠:-족(-足) [쇠-/쉐-] [명] 소의 발. =소족. (비)쇠다리·우족(牛足).
쇠:좆-매 [쇠존-/쉐존-] [명] 옛날 형구(刑具)의 하나. 황소의 생식기를 말려 만든 것으로, 죄인을 때릴 때에 썼음.
쇠:-죽(-粥) [쇠-/쉐-] [명] 짚과 콩·풀 따위를 섞어 끓인 소의 먹이. =소죽·우죽. ¶~ 쑤다.
쇠:죽-가마(-粥-) [쇠-까-/쉐-까-] [명] 쇠죽을 쑤는 가마솥. =소죽가마·쇠죽솥.
쇠:-줄 [쇠-/쉐-] [명] 철사 따위의 쇠로 만든 줄.
쇠:지랑-물 [쇠-/쉐-] [명] 외양간 뒤에 괸 검붉은 쇠 오줌. 거름으로 씀. =소지랑물.
쇠진(衰盡) [쇠-/쉐-] [명] (기운·힘 등이) 빠질 대로 빠져서 없어지는 것. **쇠진-하다** [자여] ¶기력이 ~. **쇠진-되다** [동](자)
쇠-창(-槍) [쇠-/쉐-] [명] 쇠로 만든 창.
쇠-창살(-窓-) [쇠-쌀/쉐-쌀] [명] 쇠로 만든 창살.

쇠천[쇠-/쉐-] 명 '소전(小錢)'을 속되게 이르는 말.
쇠:-침[쇠-/쉐-] 명 소의 입에서 흐르는 침. =소침.
쇠-칼[쇠-/쉐-] 명 쇠로 만든 칼.
쇠:-코[쇠-/쉐-] 명 소의 코. =소코.
쇠-코뚜레[쇠-/쉐-] 명 소의 코를 꿰뚫어 끼는 고리 모양의 나무. 소를 부리기 위한 고삐를 여기에 맨. =소코뚜레. 준코뚜레.
쇠-코잠방이[쇠-/쉐-] 명 농부가 입는, 무릎까지 내려오는 짧은 잠방이.
쇠-털[쇠-/쉐-] 명 소의 털. =소털·우모.
쇠-테[쇠-/쉐-] 명 쇠로 만든 테.
쇠-톱[쇠-/쉐-] 명 쇠를 자르는 데에 쓰는 톱.
쇠-통(-桶)[쇠-/쉐-] 명 쇠로 만든 통.
쇠퇴(衰退·衰頹)[쇠퇴/쇠퉤] 명 (사물의 세력이나 형세가) 힘을 잃고 약해지거나, 세상에서 점점 없어져 가는 상태가 되는 것. ¶조선 초 억불 숭유 정책은 불교의 ~를 가져왔다. 쇠퇴-하다 통(재여) ¶문명(文明)이 ~. 쇠퇴-되다 통(재)
쇠-파리[쇠-/쉐-] 명[동] 파리목 쇠파릿과의 곤충. 몸길이 15mm 내외. 몸빛은 황갈색이고 검은 털이 빽빽하게 나 있음. 가축에 기생하여 살갗을 파고들어 피를 빨며, 거기에 알을 낳음.
쇠-판(-板)[쇠-/쉐-] 명 =철판(鐵板)².
쇠-푼[쇠-/쉐-] 명 얼마 안 되는 돈.
쇠-하다(衰-)[쇠-/쉐-] 통(재여) (힘이나 세력 따위가) 차차 줄어서 약해지다. ¶근력이 ~ / 국력이 ~ / 가세(家勢)가 점점 쇠하여 가다.
쇤:-네[쇤-/쉔-] 대(인칭) 하인·하녀가 상전에 대하여 자기를 낮추어 이르는 말. ¶마님, 그러지 마시고 ~ 말씀을 들으십시오. 본소인네.
쇰직-하다[쇰지카-/쉠지카-] 형여 (어떤 명사와 함께 쓰여) 그것보다 크기나 정도가 조금 더하거나 거의 같다. ¶늘어지게 늦잠을 잔 그는 점심 쇰직한 조반을 먹고 집을 나섰다.
쇳-가루[쇠까-/쉬까-/쉐까-/쉐까-] 명 쇠의 가루.
쇳-내[쇤-/쉔-] 명 1 음식이나 물에 우러난 쇠의 냄새. 2 몹시 숨이 차 목이 타는 듯한 느낌. ¶고만큼 뛰었는데 목에서 ~가 나며 땀이 다 배었다.《황순원:카인의 후예》
쇳-덩어리[쇠떵-/쉰떵-/쉐떵-/쉔떵-] 명 쇠붙이의 덩어리.
쇳-덩이[쇠떵-/쉰떵-/쉐떵-/쉔떵-] 명 쇠붙이의 덩이.
쇳-독(-毒)[쇠똑-/쉰똑-/쉐똑-/쉔똑-] 명 쇠붙이에 찔려 생긴 독기.
쇳-물[쇤-/쉔-] 명 1 쇠의 녹이 우러난 물. 2 높은 열에 녹아서 물같이 된 쇠. ¶용광로에서 ~이 쏟아져 나오다.
쇳-빛[쇠삗/쉰삗/쉐삗/쉔삗] 명 검푸르고 희끄무레한 빛. 비철색(鐵色).
쇳-소리[쇠쏘-/쉰쏘-/쉐쏘-/쉔쏘-] 명 1 쇠가 부딪쳐서 나는 소리. 또는, 그와 같은 소리. 비금속음·금속성(金屬聲). 2 쟁쟁 울릴 정도로 야무지고 날카로운 말소리, 또는, 야무지고 다부진 기세. ¶"댁 영감께서 전에는 일에 ~를 내셨는데 근년에는 무사태평만 제일루 여기시니 아마 연로하신 탓인가 봅니다."《홍명희:임꺽정》

쇼트 패스 ●1063

쇳-조각[쇠쪼-/쉰쪼-/쉐쪼-/쉔쪼-] 명 1 조각난 쇠붙이. =철편(鐵片)·편철(片鐵). 2 성미가 매몰차고 경망스러운 사람을 이르는 말.
쇳-줄[쇠쭐/쉰쭐/쉐쭐/쉔쭐] 명[광] '광맥'을 고유어로 이르는 말. 준줄.
쇼(show) 명 1 무대 예술에서, 춤과 노래 등 시각적 요소를 강조한 오락. ¶뮤지컬 ~ / 텔레비전 ~. 2 일부러 꾸며서 하는 일을 빗대어 이르는 말. ¶그가 미친 척하는 것도 다 ~다.
쇼-걸(showgirl) 명 쇼에 나오는 여배우.
쇼군(將軍/しょうぐん)[-군][역] 병권(兵權)과 정권을 장악한, 막부의 우두머리.
쇼^굳기계(Shore-計)[-끼계/-끼게] 명[물] 광물이나 금속의 굳기를 측정하는 시험기. 선단(先端)에 둥근 모양의 금강석을 붙인 추(錘)를 일정한 높이에서 시료(試料)의 표면에 떨어뜨려, 반발되어 튀어 오르는 높이로써 굳기를 측정함. =쇼 경도계.
쇼맨십(showmanship) 명 많은 사람들 앞에서 특이한 말이나 몸짓·표정 등으로 이목을 끌면서 사람들을 재미있고 즐겁게 하는 재능. 또는, 그렇게 하면서 자기를 드러내고 싶어 하는 기질. ¶~이 강하다 / ~을 발휘하다.
쇼비니즘(chauvinism) 명 [나폴레옹을 신과 같이 숭배한 프랑스 병사 쇼뱅(N. Chauvin)의 이름에서] 광신적이고 배타적인 애국주의.
쇼-윈도(show window) 명 가게의 진열창. 준윈도.
쇼크(shock) 명 1 예기치 않은 사태에 갑자기 느끼는 마음의 동요. 비충격. 2 [의] 말초의 혈액 순환 부전을 일으켜 급격하게 혈압 저하·의식 장애·무기력 등의 증상을 나타내는 상태.
쇼크(를) 먹다 관 충격을 받다. 속된 말임.
쇼크-사(shock死) 명[의] 외상을 입었을 때나 수술을 하였을 때, 쇼크 증상을 일으켜 죽는 일. =충격사(衝擊死).
쇼킹(shocking) 형여 →쇼킹하다 형여 (어떤 일이) 충격을 받을 만큼 놀랍다. ¶쇼킹한 뉴스 / 쇼킹한 사건.
쇼트(shot) 명 ['짧다'는 뜻] 1 [체] 탁구의 단타법(短打法). 탁구대 가까이에 있다가 공이 바운드하자마자 치는 방법. 2 [체] 골프에서, 공이 목적한 자리에 미치지 못하고 공을 친 사람 바로 앞에서 멈추는 것. 3 [물] = 단락(短絡).
쇼트닝(shortening) 명 과자나 빵을 만드는 데 쓰이는, 반고체 상태의 유지(油脂) 제품. 목화씨기름·쇠기름·콩기름 등을 섞어 굳힌 것임.
쇼트스톱(shortstop) 명[체] =유격수.
쇼트-커트(short cut) 명 1 뒷머리가 목덜미를 덮을 정도로 자르된, 단발과 달리 전체적으로 층이 지게 한 여자의 머리 모양. ▷단발(斷髮). 2 [체] 골프에서, 굽어 있는 홀 등에서, 지름길을 노리고 치는 타법. 3 [체] 탁구에서, 짧게 깎아 치는 타법.
쇼트^트랙(short track) 명[체] 트랙의 한 바퀴의 거리가 100m, 또는 125m인 작은 실내 링크에서 하는 스피드 스케이트 경기. 단거리·장거리·릴레이 등의 종목이 있음.
쇼트^패스(short pass) 명[체] 축구·농구 따위에서, 공을 짧게 주고받는 것.

쇼핑(shopping) 명 물건을 사러 백화점이나 상점에 가는 일. 町장보기. 쇼핑-하다 통(재)여

쇼핑-객(shopping客) 명 물건을 사러 백화점이나 상점을 돌아다니는 사람.

쇼핑-몰(shopping mall) 명 쇼핑하기 편리하도록 많은 소매 상점들이 들어차 있는 대형 건물이나 공간. ¶동대문의 대형 ~.

쇼핑-백(shopping bag) 명 쇼핑하여 산 물건을 담을 수 있도록, 종이나 비닐 등으로 네모지게 만들어 손잡이 끈을 단 물건. ¶백화점의 상호가 찍혀 있는 ~.

쇼핑-센터(shopping center) 명 한군데에서 여러 가지 물건을 살 수 있는, 상점이 집중된 곳.

쇼핑-카트(shopping cart) 명 슈퍼마켓이나 대형 할인점 등에서 장 본 물건을 실을 수 있도록 만든 간이 수레. 물건을 싣는 네모진 바구니 부분에 네 개의 다리와 바퀴를 달았음. =카트.

쇼핑^호스트(†shopping host) 명 텔레비전 홈 쇼핑에서, 상품 정보를 제공하면서 프로그램을 이끌어 가는 사람. '판매 진행자'로 순화.

쇼-하다(show-) 통(재)여 믿게 하려고 일부러 꾸며서 하다. ¶괜히 슬픈 척 쇼하지 마.

숄(shawl) 명 천이나 모사(毛紗) 따위로 삼각형·사각형 모양으로 만들어 어깨에 걸쳐 덮는 일종의 목도리. 여자들이 방한·장식 등의 목적으로 사용함. =어깨걸이.

숄더-백(shoulder bag) 명 어깨에 메는 가방.

숏(shot) 명 1 [영] =컷(cut) I ①. ×샷. 2 [체] '샷(shot)¹'의 잘못.

수¹ 명 성(性)이 구분되어 있는 생물에서, 정세포(精細胞)를 만들어 내거나 수꽃이 피는 성질. 또는, 그런 성질을 가진 성(性). 현대 국어에서는 자립성을 거의 상실함. ↔암.

수² 명 ① [의존] 1 (관형사형 어미 '-ㄴ', '-는', 또는 일부 관형사 뒤에 쓰여) 어떤 일을 해결하거나 처리하는 방법이나 수단. ¶뾰족한 ~가 없다. / 여비가 없이도 가는 ~가 있다. / 무슨 ~를 써서라도 상대를 이겨야 한다. 2 (관형사형 어미 '-는' 뒤에 쓰여) 필연적이지는 않으나 가능한 경우임을 나타내는 말. ¶자칫 잘못했다간 다치는 ~가 있으니 조심하여라. 3 (관형사형 어미 '-ㄹ' 뒤에 쓰여) 어떠한 능력이나 의향, 또는 가능성을 나타내는 말. ¶지쳐서 더 이상 뛸 ~가 없다. 4 (관형사형 어미 '-ㄹ' 뒤에 쓰여) 어떤 일이 확실치는 않으나 가능함을 나타내는 말. ¶내일 비가 올 ~도 있다. 5 (관형사형 어미 '-ㄹ' 뒤에 쓰여) 어떤 일을 허용하거나 용납함을 나타내는 말. ¶자격을 갖춘 사람만이 응시할 ~ 있다. ② [자립] 가장 좋은 방법이나 방도. ¶자신 없을 때에는 차라리 꽁무니를 빼는 게 ~다.

수-³ 접두 1 생물의 웅성(雄性)임을 나타내는 말. 다음에 오는 단어의 거센소리되기는 일부 단어(강아지·개·것·기와·닭·당나귀·돌쩌귀·돼지·병아리)에서만 예외적으로 인정함. ¶~노루 / ~퇘지. ▷숫-. 2 쌍을 이루는 사물에서, 웅성적·능동적이거나 볼록한 특성을 가진 상태임을 비유적으로 이르는 말. ¶~키와 / ~단추. 町수-.

수⁴(手) 명 ①[자립] 1 바둑·장기 따위에서 두는 기술. ¶~가 높다 / 솜씨가 하는 ~ 아래다. 2 남과 겨룰 때 나타나는 수완·재간. ¶~를 쓰다. ②[의존] 바둑·장기 등에서 한 번씩 번갈아 두는 번수. ¶다섯 ~ 앞을 봐야 한다.

수⁵(水) 명 1 [민] 오행(五行)의 하나. 모든 것을 간직하고 저장하는 것을 상징하는 것으로, 방위로는 북쪽, 계절로는 겨울, 색으로는 흑색에 해당함. 2 '수요일'을 줄여 이르는 말. 문장 속에서 자립적으로 쓰이기는 어려우며, 주로 달력이나 문서의 표 등에서 쓰임.

수⁶(秀) 명 [교] 성적을 매기는 등급의 하나. '수·우·미·양·가'의 5단계 평가에 있어 그 첫째 등급.

수⁷(隋) 명 [역] 중국의 한 왕조(581~618). 양견(楊堅)이 건국하여 통일 국가를 이루었으나, 당(唐)나라에게 망함.

수⁸(壽) 명 1 장수(長壽)의 뜻. 오래 삶. ¶~를 누리다. 2 '나이'를 높여 한문식으로 일컫는 말. ¶팔십 ~. 3 '수명'의 준말. ¶~를 다하다.

수¹⁹(數) 명 1 '운수'의 준말. ¶~가 나쁘다 / ~가 사납다. 2 좋은 운수. ¶~가 나다.
수(를) 때우다 관 닥쳐올 불길한 운수를, 미리 다른 고난을 겪어서 대신하다. ¶금반지를 잃어버렸다고요? 아깝지만 그걸로 수를 때운 거라고 생각하시지요.

수¹¹⁰(數) 명 1 세거나 헤아린 양(量). ¶사람 ~ / ~가 많다 / ~를 세다. 2 [수] 자연수·정수·분수·유리수·무리수·실수·허수의 총칭. 좁은 뜻으로는 자연수를 가리킴.

수의 명칭

배수	자리 이름	배수	자리 이름
1	일(一)	10³²	구(溝)
10¹	십(十)	10³⁶	간(澗)
10²	백(百)	10⁴⁰	정(正)
10³	천(千)	10⁴⁴	재(載)
10⁴	만(萬)	10⁴⁸	극(極)
10⁸	억(億)	10⁵²	항하사(恒河沙)
10¹²	조(兆)	10⁵⁶	아승기(阿僧祇)
10¹⁶	경(京)	10⁶⁰	나유타(那由他)
10²⁰	해(垓)	10⁶⁴	불가사의(不可思議)
10²⁴	자(秭)	10⁶⁸	무량대수(無量大數)
10²⁸	양(穰)		

수¹¹(繡) 명 헝겊에 색실로 그림이나 글자 따위를 바늘로 떠서 놓는 일. 또는, 그 그림이나 글자. ¶~를 놓다.

수¹²(首) 명 [의존] 1 시(詩)나 노래를 세는 단위. ¶시조 한 ~를 읊다. 2 =마리. ¶닭 오십 ~.

수-¹³(數) 접두 '여럿', '몇'의 뜻을 나타내는 말. ¶~백만 / ~천만.

-수¹⁴(手) 접미 어떤 명사 뒤에 붙어, 그 일에 종사하는 사람을 나타내는 말. ¶조타~.

-수¹⁵(囚) 접미 '죄수'의 뜻을 나타내는 말. ¶탈옥~ / 사형~.

수가(酬價) [-까] 명 보수로 주는 대가.

수각(水閣) 명 물가나 물 위에 지은 정자.

수간¹(樹幹) 명 나무의 줄기.

수간²(獸姦) 명 변태 성욕의 하나. 인간이 동물과 행하는 성교. 수간-하다 통(재)여

수:간-두옥(數間斗屋) 명 몇 칸 안 되는 아주 작은 집.

수-간호사(首看護師) 명 간호사의 우두머리.

수감(收監) 명 사람을 구치소나 교도소에 가두어 두는 것. 町투옥(投獄). 수감-하다 통

동(타여) ¶죄인을 ~. **수감-되다** 동(자)
수감-자(收監者) 명 구치소나 교도소에 갇힌 사람.
수갑(手匣) 명 죄수나 피의자의 양쪽 손목에 채우는, 쇠붙이를 가지고 한 쌍의 고리 모양으로 만든 물건. 죄수나 피의자가 자유롭게 움직이지 못하게 하기 위해 사용함. ¶~을 채우다.
수강(受講) 명 강의나 강습을 받는 것. ¶~료/~을 신청하다. **수강-하다** 동(타여) ¶2학기 전공 선택으로 한국 고전 문학을 ~.
수강-생(受講生) 명 강의·강습을 받고 있거나 받은 학생. ¶~을 모집하다.
수강-증(受講證) 명 ~쯩. 수강생임을 증명하는 문서.
수-개구리 명 개구리의 수컷. ↔암개구리.
수-개미 명 개미의 수컷. ↔암개미. ×수캐미.
수:-개월(數個月) 명 두서너 달. 또는, 여러 달.
수거(收去) 명 거두어 가는 것. ¶쓰레기 ~. **수거-하다** 동(타여)
수-거미 명 거미의 수컷. ↔암거미. ×수커미.
수걱-수걱[-쑤-] 🔄 1 말없이 꾸준하게 일하는 모양. ¶~ 따라 하다. 2 수긋하고 말없이 걷는 모양.
수-건(手巾) 명 얼굴이나 손이나 몸을 씻은 뒤에 물기를 닦기 위하여 사용하는, 면 따위의 천으로 네모지게 만든 물건. 세는 단위는 매·장. (비)타월. ¶세수~/~으로 얼굴을 닦다.
수건을 던지다 관 권투 시합에서, 경기 도중에 위기에 몰린 선수 진영에서 수건을 링 안으로 던짐으로써 패배를 인정하고 시합 포기의 뜻을 나타냄.
수:-건-돌리기(手巾-) 명 여러 사람이 빙 둘러 앉아 노래를 하면, 술래가 수건을 가지고 돌다가 한 사람 뒤에 놓고 한 바퀴 더 돌 때까지 모르고 있으면 잡히는 놀이.
수검(受檢) 명 검사나 검열 등을 받는 것. ¶~자(者). **수검-하다**¹ 동(자여)
수검(搜檢) 명 금제품(禁制品) 따위를 수색하여 검사하는 것. **수검-하다**² 동(타여)
수-게 명 게의 수컷. ↔암게.
수격^작용(水擊作用)[-짝-] 명[물] 관(管) 속을 가득 차 흐르는 물을 갑자기 멈추게 하거나 움직이게 했을 때 탄성파를 일으키는 현상.
수결(手決) 명 지난 시대에, 관직에 있는 사람이 문서에 도장 대신 붓으로 써서 나타내던 독특한 표지(標識). 주로, 자기 성명 아래에 썼으나 성명 없이 직함 밑에 쓰기도 했음. =수례(手例)·수압(手押).
수결(을) 두다 관 수결을 쓰다.
수경¹(水耕) 명[농] =물재배. **수경-하다** 동(자여)
수경²(水鏡) 명 1 [거울같이 사물을 거짓이 그대로 비친다는 뜻] 사사로움이 조금도 없고 남의 모범이 되거나 스승이 될 만한 사람을 비유하는 말. 2 '달'의 딴 이름. 3 =물안경.
수경-성(水硬性)[-씽] 명 석회나 시멘트처럼 물에 의해 굳어지는 성질.
수계¹(水系)[-계/-게] 명[지] 지표의 물이 점점 모여서 같은 물줄기를 이루며 흐르는 하천의 본류나 지류의 계통. 경우에 따라서는 이에 딸린 호수나 못도 포함시킴. ¶한강 ~.

수교 ● 1065

수계²(水界)[-계/-게] 명 1 [지] =수권(水圈)·. 2 물과 육지와의 경계. ¶-선(線).
수계³(受戒)[-계/-게] 명[불] 불교에 귀의한 사람이 지켜야 할 계를 받는 일. **수계-하다**¹
수계⁴(授戒)[-계/-게] 명[불] 불교에 귀의한 사람에게 재가자 또는 출가자로서 지켜야 할 계를 주는 일. **수계-하다**² 동(자여)
수계-사(授戒師)[-계/-게-] 명[불] 계를 주는 스님. =계사(戒師).
수:계수(數係數)[-계/-게-] 명[수] 문자와 숫자의 곱으로 된 단항식에서, 문자 수에 대하여 숫자 인수를 일컫는 말.
수:고¹ 명 어떤 일을 하느라고 힘을 들이고 애를 쓰는 것. 웃어른의 행동에 대해서는 사용하기 어려운 말임. ¶더운 날씨에 ~가 많습니다. / 번번이 ~를 끼쳐서 죄송합니다. **수:고-하다** 동(자여) ¶먼 길을 오시느라 **수고하셨습니다**. / 그럼, **수고하십시오**.
수고²(樹高) 명 나무의 높이.
수:고-롭다[-따] 형(ㅂ)(-로우니, -로워) 일을 처리하기가 괴롭고 고되다. ¶수고롭지만 심부름 좀 해 주시겠어요. **수:고로이** 🔄
수:고-비(-費) 명 수고한 대가로 받는 돈.
수:고-스럽다[-따] 형(ㅂ)(-스러우니, -스러워) 일을 하기에 수고로움이 있다. **수:고스레** 🔄
수-고양이 명 고양이의 수컷. ()수팽이. ↔암고양이. ×수코양이.
수골(手骨) 명[생] 손가락 끝에서 손목까지의 뼈. 손가락뼈·손바닥뼈·손목뼈로 이루어짐.
수-곰 명 곰의 수컷. ↔암곰. ×수콤.
수공¹(手工) 명 1 손으로 하는 공예. 2 손으로 하는 일의 품. 또는, 그 품삯. ¶~이 비싸다/왕go 돗자리는 ~이 많이 든다.
수공²(水孔) 명[식] 식물체 내의 물을 배출하는 작은 구멍. 잎맥의 말단 부근에 있음.
수공³(水攻) 명[군] 막았던 물길을 일시에 터뜨려 적지를 공격하거나 적지를 침수시키는 전법. =수공 작전.
수공-업(手工業) 명 간단한 도구와 손을 사용하여 생산하는, 작은 규모의 공업. ↔기계 공업.
수공-품(手工品) 명 손으로 만든 공예품.
수-공후(豎箜篌) 명[음] 국악기의 하나. 사다리꼴 모양의 나무틀에 21개의 줄을 맨 현악기. 하프처럼 음색이 고우며 음량이 큼.
수관¹(水管) 명 1 물을 흐르게 하는 관. 2 [동] 연체동물에서, 호흡수(呼吸水)·먹이·배설물 따위를 출입시키기 위한 관.
수관²(樹冠) 명[식] 주로 교목에서, 줄기 위쪽에 가지와 잎이 달린, 원추형·부채꼴·반구형 따위의 일정한 모습을 이루는 부분.
수관-계(水管系)[-계/-게] 명[동] 성게·불가사리 등의 극피동물에 있는, 특유한 세관(細管)으로 이루어진 구조. 그 속에는 바닷물과 체액이 가득 차 있고, 호흡·배출·운동 기관을 겸함.
수:^관형사(數冠形詞) 명[언] 사물의 수나 양을 나타내는 관형사. '두 개', '세 마리' 등에서 '두', '세' 따위. =수량 관형사.
수-팽이 명 '수고양이'의 준말.
수괴¹(水塊)[-괴/-궤] 명[지] 수온·염분·물빛·투명도·플랑크톤 분포 등이 거의 균일한 해수의 한 덩어리.
수괴²(首魁)[-괴/-궤] 명 =괴수(魁首)².
수교¹(手交) 명 손수 건네주는 것. **수교-하**

다¹ 통[타] ¶임명장을 ~.
수교²(修交) 몡 나라와 나라 사이에 외교의 관계를 맺는 것. **수교-하다²** 통자예 ¶한국은 최근 동구권의 여러 나라와 수교함으로써 북방 외교를 활발히 추구하고 있다.
수구¹(水口) 몡 물을 끌어 들이거나 흘려 내보내는 곳.
수구²(水球) 몡[체] 풀 안에서, 각각 7명씩 짠 두 편이 서로 헤엄을 치며 공을 상대편의 골에 넣어 득점을 겨루는 경기.
수구³(守舊) 몡 옛 제도나 관습을 그대로 지키고 따르는 것. **수구-하다** 통자예
수구⁴(瘦軀) 몡 빼빼 마른 몸.
수구-당(守舊黨) 몡 1 옛 제도를 지키기를 주장하는 무리. 2 [역] 조선 말기에 명성 황후와 민씨 일가를 중심으로 하여 청나라 세력에 의지, 개화당과 대립하던 보수 세력의 정치 집단. =사대당. ↔개화당.
수-구렁이 몡 구렁이의 수컷. ↔암구렁이.
수구-초심(首丘初心) 몡 [여우가 죽을 때에 머리를 저 살던 굴이 있는 언덕 쪽으로 향한다는 뜻] 1 근본을 잊지 않음. 2 고향을 그리워하는 마음을 이르는 말. =호사수구. 町구수(丘首).
수구-파(守舊派) 몡 진보적인 것을 외면하고 옛 제도나 풍습을 그대로 지키고 따르는 보수적인 무리.
수국¹(水國) 몡 1 바다의 세계. 2 =물나라.
수국²(水菊) 몡[식] 범의귓과의 낙엽 활엽 관목. 높이 1m가량. 가을에 보랏빛 꽃이 피며 결실을 하지 못함. 말린 꽃은 해열제로 씀. 관상용으로 심음. =자양화.
수군(水軍) 몡 1 [역] 조선 시대, 물 위를 방위하던 군대. =수사(水師)·주군(舟軍)·주사(舟師). 2 =해군(海軍).
수군-거리다/-대다 통자타 남이 알아듣지 못하도록 낮은 목소리로 연하여 가만히 말하다. ¶무슨 일이 생겼는지 사람들이 **수군거리고** 있다. 좍소곤거리다. 쎈쑤군거리다.
수군덕-거리다/-대다 [-꺼(때)-] 통자타 제멋대로 마구 수군거리다. ¶큰일이나 난 듯이 **수군덕거리는** 사람들. 쎈쑤군덕거리다.
수군덕-수군덕 [-쑤-] 튀 수군덕거리는 모양. 쎈쑤군덕쑤군덕. **수군덕수군덕-하다** 통자예
수군-수군 튀 수군거리는 소리. 또는, 그 모양. 좍소곤소곤. 쎈쑤군쑤군. ¶~ 얘기를 주고받다. **수군수군-하다** 통자예
수군-절도사(水軍節度使) [-또-] 몡 [역] 조선 시대에 각 도의 수군을 총지휘하던, 정3품 외직 무관. 준수사(水使)·절도사. ▷병마절도사.
수굿수굿-하다 [-굳쑤구타-] 휑예 여럿이 모두 수굿하다. 좍소곳소곳하다.
수굿-하다 [-구타-] 휑예 조금 숙은 듯하다. ¶창질하던 전염병이 ~. 좍소곳하다. **수굿-이** 튀
수궁(水宮) 몡 물속에 있다고 하는 용궁.
수궁-가(水宮歌) 몡[음] 판소리 다섯 마당가운데 하나. 토끼와 자라의 행동을 통하여 인간의 부족함을 풍자한 내용임.
수권¹(水圈) 몡[핀] 지구의 표면에서 물이 차지하고 있는 부분. 지구 전 표면적의 약 70%를 차지함. =수계(水界).
수권²(受權) 몡[핀] 정권(政權)을 이어받는 것. ¶○○당은 대통령 선거에서 승리함으로써 만년 야당을 벗어나 ~ 정당이 되었다.
수권³(授權) [-꿘] 몡[법] 일정한 자격·권리·권한 따위를 특정인에게 부여하는 일. 특히, 대리권(代理權)을 부여하는 일.
수그러-들다 통자 <~드니, ~드오> 1 (머리나 고개 등이) 안으로 굽어 들거나 기울어져 들어가다. ¶고개가 푹 ~. 2 (기세가) 점점 줄어들다. ¶더위가 ~.
수그러-지다 통자 1 (머리·고개 등이) 저절로 숙여지다. ¶가을이 깊어 가니 벼 이삭이 푹 수그러졌다. / 그의 헌신적인 봉사에 머리가 절로 수그러진다. 2 (기세가) 누그러지다. ¶불길이 ~ / 그의 완강한 태도가 얼마간 수그러졌다.
수그리다 통타 1 푹 깊이 숙이다. ¶천장이 낮으니 머리를 수그리시오. 2 기세 따위를 굽히거나 줄이다.
수근(水根) 몡 1 [농] 논에 댈 물이 생겨 나오는 곳. 2 [식] =물뿌리.
수-글 몡 1 배워서 넉살 좋게 잘 써먹는 글. 2 '한자' 또는 '한문'을 남자들이 쓰는 어려운 글이라 하여 높여 이르던 말. ↔암글.
수금(收金) 몡 받을 돈을 거두어들이는 것. ¶~ 사원 / ~이 잘 안 된다. **수금-하다** 통타예 ¶물건 값을 ~.
수금-원(收金員) 몡 받아야 할 돈을 거두어들이는 업무에 종사하는 사람. =집금원.
수급¹(收給) 몡 수입과 지급.
수급²(受給) 몡 급여·연금·배급 등을 받는 일. ¶~자(者). **수급-하다** 통타예
수급³(首級) 몡 싸움터에서 베어 얻은 적군의 머리.
수급⁴(需給) 몡 수요와 공급. ¶~ 조정(調整).
수긍(首肯) 몡 (남의 말·행동·태도 등을) 옳다거나 그럴 수 있다고 인정하는 것. ¶당신 이야길 듣고 보니 ~이 갑니다. **수긍-하다** 통타예 ¶자기주장만을 고집하려는 그의 독선적 태도를 나는 도저히 수긍할 수 없다. **수긍-되다** 통자
수기¹(手記) 몡 1 삶 속에서 어려움을 겪거나 이겨 낸 자기의 뜻있는 체험을 남들에게 알리기 위해 쓴 글. ¶생활 ~ / 일선 교사의 체험 ~. 2 (글이나 글씨를) 제 손으로 직접 쓰는 것. =수록(手錄). 3 =수표(手票)². **수기-하다** 통타예 (글이나 글씨를) 제 손으로 직접 쓰다.
수기²(手旗) 몡 1 손에 쥐는 작은 기. 2 해상에서 선박과 선박, 선박과 육지 사이, 또는 군인끼리 신호로 쓰는 작은 기. ¶~ 신호.
수기-신호(手旗信號) 몡 붉은 수기와 흰 수기를 이용한 근거리 교신(交信) 수단. 보통 선박과 선박 또는 선박과 육지 사이에서 쓰임.
수긴 몡 <궁> 수건(手巾).
수-까마귀 몡 까마귀의 수컷. ↔암까마귀.
수-꽃 [-꼳] 몡[식] 단성화(單性花)의 하나. 수술만 가진 꽃. =웅화(雄花). ↔암꽃.
수-꿩 몡 꿩의 수컷. 울음소리는 '껙껙'. =웅치(雄雉)·장끼. ↔암꿩. ×수꿩·숫꿩.
수-나귀 몡 '수탕나귀'의 준말. ↔암나귀.
수-나무 몡[식] 자웅 이주로 된 나무에서, 열매가 열리지 않는 나무. ↔암나무. ×숫나무.
수-나방 몡 나방의 수컷. ↔암나방.
수-나비 몡 나비의 수컷. ↔암나비.
수-나사(-螺絲) 몡 표면에 볼록한 곳과 오목한 홈이 있어 암나사에 끼우게 되어 있는

수난¹(水難) 명 비·홍수 등 물로 인하여 받는 재난.

수난²(受難) 명 1 겪어 내기 어려운 일을 당하는 것. ¶민족의 ~의 역사. 2 [성] 예수가 십자가에 못 박힐 때 당한 고난.

수난-곡(受難曲) [음] 예수 수난 이야기를 극적으로 나타낸 종교 음악.

수난-기(受難期) 명 수난을 겪는 시기. ¶일제 강점기는 우리 민족의 ~이었다.

수납¹(收納) 명 1 금품을 받아서 거두어들이는 것. ¶~계(係) / ~ 창구. 2 장이나 상자형 가구 등에 물건을 넣어 두는 것. **수납-하다**¹ 통(타)여

수납²(受納) 명 받아서 넣어 두는 것. **수납-하다**² 통(타)여

수납-공간(收納空間) [-꽁-] 명 물건을 넣어 두는 공간. ¶~이 부족하다.

수납-장(收納欌) [-짱] 명 물건을 정리하여 넣어 두는 장.

수녀(修女) 명 [가] 청빈·정결·복종을 서약하고 독신으로 수도하는 여자.

수녀-원(修女院) 명 [가] 수녀들이 일정한 규율 아래 공동생활을 하면서 수행(修行)을 하는 곳.

수:년(數年) 명 여러 해. ¶~이 걸리는 공사 / ~의 세월이 흐르다.

수:년-래(數年來) [-녤-] 명 여러 해 전부터 지금까지의 동안. ¶~에 서울에는 자가용의 부쩍 늘어 도심 혼잡을 가중시키고 있다.

수-노루 명 노루의 수컷. ↔암노루.

수-놈 명 1 '수컷'을 귀엽게 일컫는 말. ↔암놈. ↗숫놈. 2 의협심이 강한 사람의 비유.

수:-놓다(繡-) [-노타] 통(타)여 1 여러 가지 색실을 바늘에 꿰어 피륙에 그림·글씨·무늬 따위를 떠서 놓다. ¶공작을 아름답게 **수놓은** 병풍. 2 (비유적으로 쓰여) 색실로 수놓은 것처럼 아름다운 경치를 이루다. ¶밤하늘을 **수놓은** 별 / …개나리와 진달래는 벌써 산야를 붉고 누르게 **수놓았다**. 《현진건: 희생화》

수뇌¹(首腦) [-뇌/-눼] 명 어떤 조직·단체·기관 등에서 가장 중요한 자리의 인물. ¶~ 회담.

수뇌²(髓腦) [-뇌/-눼] 명 [생] 1 =뇌(腦). 2 척추동물의 배(胚)의 뇌포(腦胞)의 하나로 맨 뒷부분에 있는 것. 나중에 연수(延髓)로 분화된.

수뇌-부(首腦部) [-뇌/-눼-] 명 어떤 조직이나 단체, 기관의 수뇌가 되는 간부급.

수뇨-관(輸尿管) [-뇨-] 명 [생] 신장에서 방광으로 오줌을 보내는 가늘고 긴 관. =오줌관·요관(尿管).

수눅 명 버선등의 꿰맨 솔기.

수능(修能) 명 [교] '대학 수학 능력 시험'의 준말.

수니-파(ⓐSunni派) 명 [종] 이슬람교의 정통파. 수나(Sunna)를 수호하고 4대 칼리프까지를 마호메트의 정통적 후계자로 간주함. ▷시아파.

수:다¹ 명 자질구레한 일에 대해 쓸데없이 많은 이야기를 하는 것. ¶~를 늘어놓다 / ~를 떨다 / 너 참 많으냐?

수:다²(數多) → **수:다-하다** 형(여) 수효가 많다. **수다한** 문제점. **수:다-히** 튀 ¶이러러한 말들이 ~ 오갔지만 이거다 싶은 묘책은 쉽사리 찾아지지 않았다. 《조정래: 태백산맥》

수:다-스럽다 [-따] 형(ㅂ) <-스러우니, -스러워> 수다를 떠는 데가 있다. **수:다스레** 튀

수:다-쟁이 명 몹시 수다스러운 사람을 얕잡아서 일컫는 말.

수단¹(水團·水鍹) 명 쌀가루를 반죽하여 경단같이 만들어 끓는 물에 삶아 냉수에 헹구어 물기를 없앤 후에 꿀물에 넣고 실백을 띄운 음식. 주로 6월 유두에 먹음.

수단²(手段) 명 1 어떤 일을 하는 데 쓰이는, 구체적 또는 추상적 대상. 비도구·방편. ¶생산 / ~ 교통. 2 어떤 일을 이루거나 처리하기 위해 꾀하는 행동이나 재간이나 솜씨. ¶별별 ~을 다 쓰다 / ~ 방법을 가리지 않다. ▷방법.

수단³(繡緞) 명 수놓은 것같이 짠 비단.

수단⁴(←㉤soutane) 명 [가] 성직자가 제의(祭衣) 밑에 받쳐 입거나 평상시에 입는, 발목까지 오는 긴 옷.

수단⁵(Sudan) 명 [지] 아프리카 북동부에 있는 민주 공화국. 수도는 하르툼.

수단-꾼(手段-) 명 수단이 좋은 사람.

수-단추 명 똑딱단추의 암단추에 끼우는, 가운데가 볼록 튀어나온 단추. ↔암단추.

수달(水獺·水獾) 명 [동] 포유류 족제빗과의 한 종. 몸길이 63~75cm. 산기슭이나 늪가에 굴을 파고 사는데, 발가락 사이에 물갈퀴가 있어 수중 생활에 적합함. 모피는 목도리·외투 깃으로 이용됨. =물개·수구(水狗).

수달-피(水獺皮) 명 수달의 가죽. 갖옷·옷깃 등에 붙여 씀.

수담-관(輸膽管) 명 [생] 간과 쓸개에서 쓸개즙을 받아 십이지장에 보내는 관의 총칭. 준담관(膽管).

수답(水畓) 명 [농] =무논.

수당(手當) 명 정해진 봉급 외에 정기적으로 또는 수시로 지급되는 보수. ¶특근 ~ / 가족 ~. ▷기본급.

수더분-하다 형(여) (성질이) 까다롭지 않아 순하고 무던하다. ¶사람이 텁텁하고 **수더분**하게 생기었야지.

수덕(修德) 명 덕을 닦는 것. **수덕-하다** 통(재)여

수도¹(手刀) 명 [체] 새끼손가락 끝 부분에서 손목에 이르는 부분. 태권도에서 적의 급소를 치는 데 쓰임. ¶벽돌을 ~로 내려치다.

수도²(水都) 명 강·바다·호수 등을 끼고 있는 경치 좋은 도시. ¶~ 베네치아.

수도³(水道) 명 뱃길 또는 물길. ¶한려(閑麗) ~.

수도⁴(水道) 명 1 물을 공급받을 수 있도록 관을 놓고 그 끝에 꼭지를 달아 틀거나 잠글 수 있게 만든 장치. ¶~를 틀다. 2 '상수도'의 준말. ¶~ 공사 / ~ 요금.

수도⁵(首都) 명 한 나라의 중앙 정부가 있는 곳. =국도(國都)·수부(首府). 비서울. ¶~ 서울 / 미국의 ~ 워싱턴.

수도⁶(修道) 명 도를 닦는 것. ¶~ 생활. **수도-하다** 통(재)여 ¶계룡산에서 10년간 ~.

수도-고동(水道-) 명 '수도꼭지'의 잘못.

수도-관(水道管) 명 수돗물을 보내는 관. ¶~을 매설하다.

수도-권(首都圈) [-꿘] 명 수도를 중심으로 이루어지는 대도시권.

수도-꼭지(水道-) [-찌] 명 상수도에서, 물을 나오게 하거나 막기 위하여 손으로 트는 부분. ¶~를 틀다[잠그다]. ✕물고동·수도

고동.
수도-료(水道料) 명 수돗물을 사용한 데 대한 요금.
수도-사(修道士) 명[가] =수사(修士)².
수도-세(水道稅) [-쎄] 명 '수도료'를 통속적으로 이르는 말. '세(稅)'는 세금을 뜻하므로, 엄밀히 말하면 어폐가 있는 말임.
수도-승(修道僧) 명[불] 도를 닦는 승려.
수도-원(修道院) 명[가] 수사(修士)나 수녀가 일정한 규율 아래 공동생활을 하면서 수행을 쌓는 곳. 준수원.
수도-자(修道者) 명 1 도를 닦는 사람. 2 [가] 수사(修士) 또는 수녀(修女).
수도-전(水道栓) 명 =수통(水筒)².
수돗-물(水道-)[-돈-] 명 수도에서 나오는 물.
수동¹(手動) 명 기계 장치에 의해 저절로 움직이는 것이 아니고 일일이 손으로 다루어서 움직이게 하는 상태. ¶~ 변속기. ▷자동.
수동²(受動) 명 1 어떤 행동이나 작용이 자발성 없이 남의 힘이나 뜻에 의해 이뤄지는 상태. 2 [언] =피동(被動). ↔능동(能動).
수동^면역(受動免疫)[-녁][의] 다른 생체가 생성한 면역 항체를 도입함으로써 생기는 면역 상태. =피동 면역.
수동-성(受動性)[-썽] 명 자발성이 없이, 다른 것의 작용을 받아 움직이는 성질. ↔능동성.
수동-식(手動式) 명 손으로 움직여서 사용하도록 되어 있는 것. 또는, 그러한 방식. ¶~펌프. ▷자동식.
수동-적(受動的) 관명 어떤 행동을 남의 힘이나 뜻으로 행하는 상태에 있는 (것). ¶그는 명령이 떨어져야 ~으로 움직인다. 능동적.
수동-태(受動態) 명[언] 주어가 어떤 동작의 대상이 되어, 그 작용을 받는 관계를 나타내는 동사의 형태. =피동태.
수두(水痘) 명[의] 발열과 함께 전신에 수포성 발진이 나타나는, 어린이에게 많은 바이러스성 전염병. =소두. 작은마마.
수두룩-하다[-루카-] 형여 1 수량이 아주 많고 흔하다. ¶오자가 수두룩한 책이/이 호수에는 고기가 ~. 2 분량이 제법 많아서 수북하다. 작소두룩하다. ×수둑하다. 수두룩-이 부
수둑-하다 형여 '수두룩하다'의 잘못.
수드라(印sudra) 명 인도의 사성(四姓) 중에서 가장 낮은 계급인 노예 계급. 주로 농업과 도살(屠殺)에 종사했음. 음역어는 수다라(首陀羅).
수득(收得) 명 거두어들여 제 것으로 하는 것. ¶~세(稅). 수득-하다 타여
수득-수득[-쑤-] 부 (물기가 있는 것이) 마르고 시든 모양. 작소득소득. 수득수득-하다 형여
수득수실(誰得誰失)[-쑤-] 명 누가 이익을 보고 누가 손해를 보는지 분명하지 않은 형편.
수들-수들 부 (주로 뿌리 따위가) 시들어 생기가 없는 모양. 작소들소들. 수들수들-하다 형여
수:-땜(數-) 명 앞으로 닥쳐올 나쁜 운수를 미리 다른 고난을 겪어서 대신하는 것. 비액땜. ¶이번은 ~이라 생각하시고 너무 상심하지 마십시오. 수:땜-하다 통재여
수:-띠(繡-) 명 수를 놓아 장식한 띠.

수라(水刺*)〈궁〉['刺'의 본음은 '랄'] 임금에게 올리는 진지.
수라-간(水刺*間)[-깐] 명[역] 임금의 진지를 짓는 주방. =어주(御廚).
수라-상(水刺*床)[-쌍] 명 임금에게 올리는 진짓상.
수라-장(修羅場) 명 1 [불] 아수라왕이 제석천과 싸운 마당. =아수라장. 2 싸움이나 기타의 이유로 혼란에 빠진 곳, 또는, 그러한 상태. =아수라장. ¶의견 충돌로 회의장은 ~이 되었다.
수락(受諾*) 명 ['諾'의 본음은 '낙'] (요구를) 받아들여 승낙하는 것. 수락-하다 통타여 ¶회담 제의를 ~. 수락-되다 통재여 ¶우리 측의 제안이 수락되었다.
수란(水卵) 명 달걀을 깨뜨려 수란짜에 담고 끓는 물에 넣어 흰자만 익힌 음식.
수란(을) 뜨다 관 수란을 만들다.
수:란²(繡襴) 명 1 수놓은 치마. 2 [역] 궁중에서 입어 예식 때 입는 수놓은 치마.
수란-관(輸卵管) 명[생] =나팔관(喇叭管).
수란-짜(水卵-) 명 수란을 뜨는 데 쓰는, 쇠로 만든 기구.
수람(收攬) 명 (사람의 마음 등을) 거두어 잡는 것. 수람-하다 통타여
수랭-식(水冷式) 명 기계의 열 따위를 물로써 식히는 방식. ¶~ 기관. ↔공랭식.
수량¹(水量) 명 물의 분량.
수:량²(數量) 명 헤아려서 숫자로 나타낸 사물의 수효나 양. ¶~ 조사.
수럭-수럭[-써-] 부 (말이나 행동이) 씩씩하고 시원시원한 모양. 작소락소락. 수럭수럭-하다 형여
수럭-스럽다[-쓰-따] 형비 <-스러우니, -스러워> (성격·행동이) 씩씩하고 시원시원한 맛이 있다. 수럭스레 부
수런-거리다/-대다 통재 여러 사람이 한데 모여 시끄럽게 지껄이다.
수런-수런 부 수런거리는 모양. ¶어디서인가 ~ 이야기하는 소리가 들려왔다. 수런수런-하다 통재여 ¶무슨 일이 생겼는지 밤새 마을 사람들이 수런수런하고 있었다.
수렁 명 1 곤죽이 된 진흙과 개흙이 많이 괸 곳. =수녕(水濘). ¶그 일대는 ~이 되어 발을 디디면 허벅다리까지 빠져 들었다. 2 헤어나기 힘든 곤욕의 비유.
수렁-논 명 수렁처럼 무른 개흙으로 된 논.
수렁-배미[-빼-] 명 수렁처럼 무른 개흙으로 된 논배미.
수레 명 짐을 싣거나 사람을 태워서 옮기기 위한, 사람이나 마소 등이 끌도록 만들어 좌우에 바퀴를 단 기구. 세는 단위는 채. ¶~를 끌다.
수레-바퀴 명 수레 밑에 댄 바퀴. =차륜.
수려(秀麗) →수려-하다 (경치나 사람의 얼굴이) 빼어나게 아름답다. ¶경치가 ~/이목구비가 수려한 청년.
수력(水力) 명 1 물의 힘. 2 [물] 물이 가지고 있는 운동에너지 또는 위치 에너지를 이용하여 어떤 일을 하였을 때의 물의 동력, 또는, 그 에너지.
수력^발전(水力發電)[-쩐] 명 강물의 흐름을 이용하여 터빈을 돌리고, 그 힘으로 발전기를 돌려 전력을 얻는 발전 방식. ▷화력 발전.
수력^발전소(水力發電所)[-쩐-] 명 수력 발전으로 전력을 발생시키는 발전소.

수련¹(修鍊·修練) 명 (인격·기술·학문 등을) 닦아서 단련하는 것. **수련-하다** 동

수련²(睡蓮) 명[식] 수련과의 여러해살이풀. 뿌리줄기는 물 밑바닥으로 뻗고 수염뿌리가 많음. 잎은 말굽 모양으로 물 위에 뜨고, 여름에 흰 꽃이 핌. 연못이나 늪에 자람.

수련-의(修鍊醫) [-의/-이] 명[의] =전공의(專攻醫)

수련-회(修鍊會) [-회/-훼] 명 어떤 단체에서, 그 구성원들이 마음을 닦고 서로 결속을 다지기 위해 최소한 1박 2일 이상 가지는 모임. ¶교회 ~ / 교사 ~.

수렴¹(收斂) 명 1 (돈이나 물건 따위를) 거두어들이는 것. 2 오그라들게 하는 것. 3 조세를 징수하는 것. 4 (여러 의견이나 주장 등을) 한데 모으는 것. 5 [수] 변수(變數)가 일정한 값에 한없이 가까워지는 일. 6 [물] 광선의 다발이나 전류·유체 등이 한 점에 모이는 일. 5. 발산(發散). **수렴-하다**¹ 자타여 ¶민의(民意)를 **수렴**하여 정책에 반영하다. **수렴-되다** 동자

수렴²(垂簾) 명 발을 드리우는 것. 또는, 드리운 발. **수렴-하다**² 자

수렴^렌즈(收斂lens) 명[물] 광선의 다발을 수렴하는 렌즈. 볼록 렌즈 따위.

수렴-청정(垂簾聽政) 명[역] 임금이 어린 나이로 즉위하였을 때 왕대비나 대왕대비가 정사를 돌보는 일. ≒염정(簾政). **수렴청정-하다** 동자여

수렵(狩獵) 명 '사냥'을 문어적으로 이르는 말. ~ 생활. **수렵-하다** 타여

수렵^시대(狩獵時代) [-씨-] 명 인류가 야생의 짐승을 사냥하여 주식물로 삼던 원시 시대.

수렵-조(狩獵鳥) [-쪼] 명 사냥할 수 있도록 허가된 새.

수령¹(守令) 명[역] 조선 시대에, 각 고을을 맡아 다스리던 지방관. 관찰사·목사·부사·군수·현감·현령 따위. ≒원(員)·장리. ¶고을 ~.

수령²(受領) 명 (돈이나 물건 등을) 받아들이는 것. ¶~액(額). **수령-하다** 타여 ¶판매 대금을 ~ / 우편물을 ~.

수령³(首領) 명 한 당파나 무리의 우두머리.

수령⁴(樹齡) 명 나무의 나이. ¶~ 300년이 넘는 은행나무.

수령-인(受領人) 명 수령하는 사람.

수령-증(受領證) [-쯩] 명 물품이나 금전을 받았다는 표로써 쓰는 증서.

수로(水路) 명 1 =물길2. ↔육로. 2 선박이 다닐 수 있는 수면 상의 일정한 길. 비뱃길. 3 [체] 수영 경기에서, 경영자(競泳者)가 헤엄쳐 나가도록 정해 놓은 길.

수로-교(水路橋) 명[건] 길이나 철도 등을 위로 가로질러 다리를 놓아 설치한 수로.

수록(收錄) 명 1 모아서 기록하는 것. 또는, 그 기록. 2 책이나 잡지에 싣는 것. **수록-하다** 동타여 ¶유작(遺作)을 발굴하여 잡지에 ~. **수록-되다** 동자 ¶이 사전에는 약 30만 단어가 **수록되어** 있다.

수뢰¹(水雷) [-뢰/-뤠] 명[군] 위력이 강한 폭약을 단단한 용기 속에 장치하여 물속에서 폭발시켜 적의 함정을 파괴하는 무기. 어뢰와 기뢰로 나뉨.

수뢰²(受賂) [-뢰/-뤠] 명 뇌물을 받는 것. ↔증뢰(贈賂). **수뢰-하다** 동자여

수료(修了) 명 학교에서, 일정한 학업이나 학년의 과정을 마치는 것. 또는, 학원이나 강습소 등에서, 일정한 배움의 과정을 마치는 것. ¶박사 과정 ~. **수료-하다** 동타여 ¶대학 3학년 과정을 ~.

수료-생(修了生) 명 일정한 학업이나 배움의 과정을 마친 학생.

수료-식(修了式) 명 어떤 배움의 과정을 수료했음을 기념하여 베푸는 의식. ¶직업 훈련 교육 ~.

수료-증(修了證) [-쯩] 명 일정한 학업이나 배움의 과정을 마친 사람에게 주는 증서.

수룡(水龍) 명 물속의 용.

수루(戍樓) 명 적군의 동정을 살피기 위하여 성 위에 지은 망루.

수류(水流) 명 물의 흐름.

수-류탄(手榴彈) 명 손으로 던져 폭발시킴으로써 적을 살상하는 소형 폭탄. 근접 전투에 사용함. ¶~을 투척하다.

수륙(水陸) 명 1 물과 뭍. 곧, 바다와 육지. 2 수로와 육로.

수륙-만리(水陸萬里) [-릉말-] 명 바다와 육지를 사이에 두고 멀리 떨어짐. ¶~ 머나먼 길을 가다.

수륙^양!용(水陸兩用) [-륭냥-] 명[군] 육지와 물에서 다 활용할 수 있는 것. ¶~의 장갑차.

수륙-진미(水陸珍味) [-찐-] 명 =산해진미(山海珍味).

수르르 부 1 뭉치거나 얽히거나 걸린 물건이 잘 풀리거나 흘러내리는 모양. 2 부드러운 바람이 천천히 불어오는 모양. 3 물이나 가루 같은 것이 부드럽게 새어 나오는 모양. 4 졸음이 오는 모양. 작소르르.

수리¹ 명[동] 맷과 수리속(屬)에 속하는 사나운 새의 총칭. 몸이 크며 힘이 셈. 크고 끝이 굽은 부리와 굵고 날카로운 발톱을 지녔으며, 눈이 매우 예리함. 산악·평야에 사는데, 성질이 사나우며 낮에 들쥐·토끼 따위를 잡아먹음.

수리²(水利) 명 1 수상(水上) 운송상의 편리. 2 물을 식수·관개용·공업용 등으로 이용하는 일. ¶관개 ~ 시설.

수리³(受理) 명 서류를 받아서 처리하는 것. **수리-하다**¹ 동타여 **수리-되다**¹ 동자 ¶사표(辭表)가 ~.

수리⁴(修理) 명 (물건이나 물체를) 고장 나거나 허름한 데를 손보아 고치는 것. **수리-하다**² 동타여 ¶낡은 집을 ~. **수리-되다**² 동자 ¶기계가 **수리되는** 즉시로 작업을 재개하라.

수:리⁵(數理) 명 수학의 이론이나 이치. ¶~에 밝다(어둡다).

수리-공(修理工) 명 고장 나거나 허름한 데를 손보아 고치는 일을 맡아 하는 기능공. ¶자동차 ~ / 시계 ~.

수리남(Surinam) 명[지] 남아메리카의 북부에 있는 공화국. 수도는 파라마리보.

수리-비(修理費) 명 수리하는 데에 드는 비용.

수리-수리 부 눈이 흐려 보이는 것이 희미하고 어렴풋한 모양. **수리수리-하다** 형여

수리^안전답(水利安全畓) 명[농] 수리·관개 시설이 설치되어 가뭄에도 안전하게 농사를 지을 수 있는 논.

수리취 명[식] 국화과의 여러해살이풀. 줄기는 80~100cm이고 흰 털이 빽빽하게 나 있음. 9~10월에 흰빛 또는 자줏빛 꽃이 핌. 어

린잎은 식용함.
수리-학(水理學) 몡 유체 역학에 기초를 두고, 토목 공학·기계 공학 등에 응용하기 위해 물의 역학적 문제를 연구 대상으로 하는 학문.
수림(樹林) 몡 나무가 우거진 숲. '숲'과 거의 같은 뜻이나 문어적인 말임.
수립(樹立) 몡 (국가·정부·제도·계획 등을) 이룩하여 세우는 것. **수립-하다** 통(타)여 ¶공화정을 ~. **수립-되다** 통(자) ¶새 정부가 ~.
수마¹(水魔) 몡 수해(水害)를 마귀에 비유하여 이르는 말. ¶~가 할퀴고 간 뒤에 많은 가옥이 침수되고 막대한 전답이 유실되었다.
수마²(睡魔) 몡 졸지 말아야 할 상황에서 '못 견디게 쏟아지는 졸음'을 마귀에 빗대어 이르는 말. ¶그야말로 실직 칠 개월을 ─ 와 싸운 세월이었다. …졸음이 그렇게 고통스러울 줄이야.〈현기영:아내와 개오동〉
수막(髓膜) 몡[생] 뇌와 척수를 싸고 있는 결합 조직의 막. =뇌척수막.
수-막새[-쌔] 몡[건] '막새'로 된 수키와. ↔암막새.
수막-염(髓膜炎) [-땸념] 몡[의] =뇌척수막염.
수¹**만**(數萬) Ⅰ㈜ 여러 만. ¶~의 군중. Ⅱ관 ¶~ 가지 / ~ 명.
수¹**-많다**(數-) [-만타] 혱 (주로 '수많은'의 꼴로 쓰여) (대상이) 그 수효가 아주 많다. ¶수많은 별 / 사람이 일생을 살아가려면 수많은 어려움과 싸워야만 한다. =숱하다.
수-말¹ 몡 말의 수컷. =모마(牡馬). ↔암말.
수말²(水沫) 몡 1 =수포(水泡). 2 =물보라.
수말³(首末) 몡 1 머리와 끝. 비수미(首尾). 2 일의 시작과 끝.
수매(收買) 몡 거두어 사들이는 것. ¶추곡(秋穀) ~ 가격. **수매-하다** 통(타)여 **수매-되다** 통(자)여
수매-화(水媒花) 몡[식] 물의 매개로 화분(花粉)을 수정하는 꽃. ▷풍매화·충매화.
수맥(水脈) 몡 1 강이나 바다에서 배가 다니는 길. 2 [지] 땅속을 흐르는 지하수의 줄기. =수리(水理).
수명 몡 논에 물을 대거나 빼기 위하여 길 둑이나 방축 따위의 밑으로 놓는 구멍.
수메르(Sumer) 몡[역] 고대 메소포타미아 남부 지방 및 그 민족. 세계 최고(最古)의 문명이 발상한 지역으로, 기원전 3000년경부터 도시 국가를 건설하고 설형 문자를 발명함.
수면¹(水面) 몡 물의 표면. =물면. ¶거울같이 잔잔한 ~ / ~에 비친 모습 / ~에 어리 산 그림자.
 수면 위로 떠오르다 ㊀ (감추어졌거나 은밀하게 이뤄지던 일이) 세상에 드러나는 상태가 개헌 논의가 ~.
수면²(睡眠) 몡 1 잠자는 일. ¶~ 부족 / ~을 취하다. 2 활동을 쉬고 있는 상태의 비유. **수면-하다** 통(자)여
수면-계(水面計) [-계/-게] 몡 증기관(蒸氣罐) 내부의 수면의 높이를 밖에서 보아 알 수 있도록 만든 장치. =워터 게이지.
수면-병(睡眠病) [-뼝] 몡 아프리카에서 볼 수 있는 풍토병. 트리파노소마의 감염으로 발병하며, 체체파리가 이 병을 매개함. 두통이 나고 전신이 부어오르며 수면 상태에 빠져 죽음.
수면^운동(睡眠運動) 몡[식] 식물의 잎이나 꽃이 밤이 되면 오므라들거나 아래로 처지는 운동. =취면 운동.
수면-제(睡眠劑) 몡[약] 중추 신경 기능을 억제하고 수면 상태로 되게 하는 약. =최면제.
수명(壽命) 몡 1 생물의 목숨. 또는, 살아 있는 연한(年限). ¶~이 길다[짧다] / ~을 연장하다 / 한국인의 평균 ~. ㈜수(壽). 2 물건이 사용에 견디는 기간. ¶이 기계는 ~이 짧다.
수명-장수(壽命長壽) 몡 수명이 길어 오래 삶. 어린아이의 명이 길어 오래 살기를 빌 때에 씀.
수모¹(手母) 몡 전통 혼례 때, 신부의 단장 및 그 밖의 일을 곁에서 거들어 주는 여자. ×수부.
수모²(受侮) 몡 남에게 모욕을 당하는 것. ¶~를 겪다 / 그는 빚쟁이들한테 붙들려 먹살을 잡히고 뺨까지 얻어맞는 ~를 당했다. **수모-하다** 통(자)여
수모³(首謀) 몡 1 우두머리가 되어 어떤 일을 꾀하는 것. 2 '수모자'의 준말. **수모-하다** 통(자)여 우두머리가 되어 어떤 일을 꾀하다.
수-모기 몡 모기의 수컷. ↔암모기.
수모-자(首謀者) 몡 주모자 중의 우두머리.
㈜수모.
수목(樹木) 몡 1 식물로서 살아 있는 나무. ¶~이 우거지다. 2 [식] 목본 식물의 총칭.
수목-원(樹木園) 몡 많은 종의 나무들을 심어 그 생태를 연구하면서 동시에 일반에게 공개하는 장소. '식물원' 과 거의 같으나 목본 식물을 주로 다룬다는 점에서 약간 차이가 있음.
수몰(水沒) 몡 (땅 위의 건축물 따위가) 물속에 잠기는 것. ¶~ 지역. **수몰-하다** 통(자)여 **수몰-되다** 통(자) ¶댐 건설로 마을이 ~.
수무(手-) 몡 '수모(手母)'의 잘못.
수-무지개 몡 쌍무지개 중 안쪽의 것으로, 빛이 더 곱고 맑은 무지개. =일차 무지개. ↔암무지개.
수묵(水墨) 몡 빛이 엷은 먹물.
 수묵(이) 지다 ㊀ 그림이나 글씨의 획이나 점 가장자리에 수묵이 어려 나타나다.
 수묵(을) 치다 잘못된 곳에 수묵을 슬쩍 발라 감추다.
수묵-색(水墨色) [-쌕] 몡 엷은 먹물의 빛깔.
수묵-화(水墨畫) [-무콰] 몡[미] 동양화에서, 채색을 쓰지 않고 수묵의 짙고 옅음의 조화(調和)로 형상을 표현하는 그림.
수문¹(水門) 몡[건] 물의 흐름을 막거나 유량(流量)을 조절하기 위한 구조물. =물문·수갑(水閘). ¶~을 열다.
수문²(守門) 몡 문을 지키는 것. **수문-하다** 통(자)여
수문수답(隨問隨答) 몡 묻는 대로 거침없이 대답함. **수문수답-하다** 통(자)여
수문-장(守門將) 몡 1 [역] 성문이나 궁문을 지키는 무관직(武官職). 또는, 대문을 지키는 신장(神將)의 하나. 2 '골키퍼'를 비유적으로 이르는 말.
수미¹(首尾) 몡 사물의 머리와 꼬리. 곧, 처음과 끝. 비두미(頭尾).
수미²(愁眉) 몡 근심에 잠긴 눈썹. 곧, 근심스러운 기색.
수미³(壽眉) 몡 노인의 눈썹 중 가장 긴 눈썹.
수미-산(須彌山) 몡[불] 불교의 우주관에서, 세계의 중앙에 솟아 있다는 산.

수미-상응(首尾相應) 명 1 서로 응하여 도와 줌. 2 양 끝이 서로 응함. 수미상응-하다 통(자)
수미-상접(首尾相接) 명 1 서로 이어 끊이지 않음. 2 양 끝이 서로 이어 접함. 수미상접-하다 통(자)
수밀(水密) 명[물] 수조(水槽)·관(管) 따위가 그 속의 물을 조금도 흘리지 않고 수압에 견디게 하는 것. 또는, 그 작용.
수밀^격벽(水密隔壁) [-뼉] 명 배의 외부가 파괴되어 물이 들어올 때, 그 침수(浸水)를 일부분에만 그치게 하고자 내부를 여러 방향으로 갈라 막은 벽.
수밀-도(水蜜桃) [-또] 명 껍질이 얇고 살과 물이 많으며 맛이 단 복숭아.
수:-바늘(繡-) 명 수를 놓을 때 쓰는 바늘.
수:박¹ 명 1 [식] 박과의 한해살이 덩굴풀. 여름에 담황색 꽃이 피며, 열매는 둥글고 씨는 검거나 붉음. 2 1의 열매. 맛이 달고 물이 많음. 세는 단위는 통. =수과(水瓜).
[수박 겉 핥기] 사물의 이해나 접근이 본질이나 참뜻에 이르지 못하고 피상적인 상태에 그침을 이르는 말.
수박²(手搏) 명 맨손으로 격투하여 승부를 겨루는 경기. 지금의 권투 같은 것.
수:박-색(-色) [-쌕] 명 수박의 껍질과 같은 짙은 초록빛.
수:박-씨 명 수박의 씨.
수반(水盤) 명 물을 담아 꽃을 꽂거나 괴석(怪石) 등을 넣고 보는 물건. 대개 사기나 쇠붙이로 되어 있는데, 바닥이 평평하고 운두가 낮음.
수반(首班) 명 1 어떤 반열(班列)의 첫째. 2 행정부의 우두머리. ¶행정 ~ / 내각 ~.
수반³(隨伴) 명 (어떤 일이 다른 일을) 함께 일어나게 하는 것. 또는, (어떤 일에 다른 일이) 함께 일어나는 것. 수반-하다 통(자)(타)어 ¶물질문명에 수반하는 여러 가지 폐해 / 겨울 등반은 많은 위험을 수반한다. 수반-되다 통(자)
수-반구(水半球) 명 [지] 지구를 수륙(水陸) 분포에 의해 둘로 나눌 경우, 육지보다 바다가 많이 차지하는 반구. 수륙의 면적 비는 9대 1임. =해반구. ↔육반구(陸半球).
수발(거동이 불편하거나 병이 들거나 한 사람을) 곁에서 제대로 먹거나 입거나 행동할 수 있도록 도와주는 것. (비)시중. ¶~을 들다. 수발-하다¹ 통(타)어
수발²(秀拔) →수발-하다² 형어 뛰어나게 훌륭하다.
수발-들다 통(타) 〈-드니, ~드오〉여러 가지로 시중을 들다.
수방(水防) 명 수해(水害)를 막는 것. 또는, 그 일. 수방-하다 통(자)어
수:-방석(繡方席) 명 수를 놓은 천으로 꾸민 방석. ▷꽃방석
수배(手配) 명 1 (어떤 사람을) 범죄의 혐의가 있다고 보고 수사하기 위해 찾는 것. ¶지명 / 현상 ~ / 공개 ~. 2 (어떤 일에 필요한 인력이나 장비를) 널리 찾는 것. 수배-하다 통(자)(타)어 ¶용의자를 ~ / 개발 인력을 ~. 수배-되다 통(자)
수배-자(手配者) 명 범죄의 혐의가 있어 수사 기관에서 찾고 있는 사람.
수:백(數百) I 주 여러 백. ¶~에 이르다 / ~, 수천에 달하다.
II 관 ¶~ 명 / 우표를 ~ 장 모았다.

수:-백만(數百萬) [-뺑-] I 주 여러 백만. ¶~의 군중이 모이다 / ~에 달하다.
II 관 ¶~ 달러.
수-벌 명 벌의 수컷. ↔암벌. ×수펄.
수-범¹ 명 범의 수컷. ↔암범. ×수펌.
수범²(首犯) 명 어떤 범죄에서 우두머리가 되는 범인. ▷주범.
수범³(垂範) 명 모범을 보이는 것. ¶솔선~. 수범-하다 통(자)어
수법(手法) [-뻡] 명 1 일을 다루는 방법이나 재간. ¶범죄 ~. 2 예술 작품을 만드는 기교나 표현 방법. ¶초현실주의적 ~.
수²법(數法) [-뻡] 명 셈의 방법.
수³법(繡法) [-뻡] 명 수를 놓는 방법.
수병(水兵) 명 [군] 해군의 병사.
수병²(戍兵) 명 수비하는 군사.
수:-보다(數-) 통(자) 점쳐서 운수나 재수를 보다.
수복(收復) 명 잃었던 땅을 되찾는 것. ¶국토 ~ / ~ 지구. 수복-하다 통(타)어 ¶1950년 9월 28일 국군과 유엔군은 북한 공산군을 몰아내고 수도 서울을 수복하였다. 수복-되다 통(자)
수복²(壽福) 명 오래 사는 것과 복을 누리는 것.
수복-강녕(壽福康寧) [-깡-] 명 오래 살고 복을 누리며 건강하고 마음이 편안함.
수:-본(繡本) [-뽄] 명 수를 놓기 위하여 어떤 형상을 종이나 헝겊 따위에 그려 놓은 도안.
수봉(收捧) 명 1 세금을 거두는 것. =수쇄(收刷). 2 남에게 빌려 준 돈을 거두어들이는 것. 수봉-하다 통(타)어
수부¹(水夫) 명 1 배에서 허드렛일을 맡아 하는 선원. 2 뱃사람.
수부²(首府) 명 1 = 수도(首都). 2 [역] 한 도(道)의 감영(監營)이 있는 곳.
수북-수북 [-쑤-] 부 여럿이 모두 수북한 모양. ¶밥을 ~ 담다. 자소복소복. 수북수북-하다 형어
수북-하다 [-부카-] 형어 1 (물건 따위가 많이) 담겨 있거나 쌓여 있다. ¶책상 위에 먼지가 ~. 2 살이 부어 두드러져 있다. 자소복하다. 수북-이 부 ¶며칠 쉬었더니 일감이 ~ 쌓였다.
수분(水分) 명 어떤 물건이나 물질이 포함하고 있는 물의 성분. 비물기. ¶~이 많은 과일.
수분²(水盆) 명 물을 담아 화초나 괴석(怪石) 등을 놓는 물건. ▷수반(水盤).
수분³(受粉) 명 [식] 종자식물에서 수술의 화분(花粉)이 바람·곤충·새 등에 의해, 또는 인공적으로 암술머리에 옮겨지는 일. =가루받이. 수분-하다 통(자)어
수불(受拂) 명 받는 것과 치르는 것. 수불-하다 통(타)어
수불석권(手不釋卷) [-꿘] 명 손에서 책을 놓지 않음. 곧, 늘 글을 읽음. 수불석권-하다 통(자)어
수비¹(水飛) 명 곡식 가루나 그릇 만들 흙 따위를 물속에 넣고 휘저어 잡물을 없애는 것. 또는, 그런 일을 하는 사람. 수비-하다¹ 통(타)어
수비²(守備) 명 1 (성이나 진지 등을) 침입하지 못하도록 지키는 것. ¶국경의 ~를 강화하다. 2 운동 경기 등에서, 상대에게 점수를 잃지 않기 위한 소극적 행동. ¶상대의 ~를 돌파하다. ↔공격. 수비-하다² 통(타)어 ¶국

경을 ~.
수비-군(守備軍) 명 수비를 주임무로 하는 군대.
수비-대(守備隊) 명 수비를 위하여 두는 군대.
수-비둘기 명 비둘기의 수컷. ↔암비둘기.
수비-망(守備網) 명 수비하려고 여러 곳에 펼쳐 놓은 조직망.
수비-벽(守備壁) 명 운동 경기에서, 상대편의 공격을 지켜 막는 조직. ¶~을 뚫고 득점하다.
수비-수(守備手) 명[체] 운동 경기에서, 주로 수비를 맡는 선수. ↔공격수.
수비-율(守備率) 명[체] 야구에서, 수비의 성적을 보이는 비율. 수비 선수가 타자를 직접·간접으로 아웃시킨 횟수를, 이 횟수와 실책의 합계로 나눈 백분율임.
수비-진(守備陣) 명 수비하는 측의 진영. 또는, 수비하기 위한 진. ↔공격진.
수빙(樹氷) 명 상고대.
수-빠지다(手-) 동(자) 언행을 실수하여 남에게 약점을 잡히다.
수사[1](水使) 명[역] '수군절도사'의 준말.
수사[2](修士) 명[가] 청빈·정결·복종의 세 가지를 서약하고 독신으로 수도하는 남자. =수도사.
수사[3](修辭) 명 말이나 글을 꾸며 보다 아름답고 정연하게 하는 일. 또는, 그 기술. **수사-하다** 동(자여)
수사[4](搜査) 명[법] 검사 또는 사법 경찰관이 공소(公訴)를 제기하기 위하여 범인을 찾거나 범죄에 관한 증거를 수집하는 것. ¶초동(初動) ~ / ~ 공개. **수사-하다**[2] 동(타여) ¶살인 사건을 ~.
수사[5](數詞) 명[언] 품사의 하나. 사물의 수량이나 차례를 나타내는 단어. 양수사(量數詞)와 서수사(序數詞)가 있음. '하나''둘', '첫째' '둘째' 따위. =셈씨.
수사-관(搜査官) 명 범죄 수사에 종사하는 관리.
수사^기관(搜査機關) 명[법] 범죄를 수사할 권한을 가진 국가 기관. 검사·사법 경찰관 따위.
수:-사납다(數-) [-따] 형(ㅂ) <-사나우니, -사나워> 운수가 나쁘다.
수사-대(搜査隊) 명 군대나 경찰에서, 범인이나 용의자 등을 찾고 조사하는 일을 맡은 부대.
수-사돈(-査頓) 명 사위 편의 사돈. ↔암사돈. ×숫사돈.
수사-력(搜査力) 명 수사를 하는 능력이나 역량. ¶증거를 찾는 데 ~을 모으다.
수사-망(搜査網) 명 마치 그물을 쳐 놓은 것처럼 수사관을 배치하여 놓은 수사의 조직. ¶~을 좁히다 / 물샐틈없는 ~을 펴다.
수사-법(修辭法) 명[문] 말이나 글을 효과적으로 표현하기 위한 특별한 기교나 방법. 흔히, 비유법·강조법·변화법 등으로 크게 나눔. ▷수사학.
수사-본부(搜査本部) 명 중대한 범죄의 수사를 위하여 관할 경찰서에 임시로 설치하여 그 수사의 지휘를 맡은 본부.
수-사슴 명 사슴의 수컷. ↔암사슴.
수-사자(-獅子) 명 사자의 수컷. ↔암사자.
수사-진(搜査陣) 명 범죄 수사를 위하여 구성된 수사관의 진용.
수사-학(修辭學) 명[문] 상대에게 영향을 끼칠 수 있도록 말이나 글을 유려하면서도 짜임새 있고 설득력 있게 표현하는 기술. 또는, 그것을 체계화한 지식. =레토릭. ▷수사법.
수산(水産) 명 '수산물'의 준말.
수산-기(水酸基) 명[화] 수소와 산소 각각 한 원자로 이루어진 원자단. 기호는 -OH. =히드록시기.
수산-물(水産物) 명 바다·강에서 얻을 수 있는 물고기·해초 등의 산물. 준수산.
수산-업(水産業) 명 수산물의 어획·양식·채취·가공 등의 사업.
수산업^협동조합(水産業協同組合) [-어핍똥-] 명 수산업자의 영리 및 경제적·사회적 지위 향상과 수산업 생산력 증강을 목적으로 설립된 조합. 준수협.
수산화-나트륨(水酸化Natrium) 명[화] 식염수를 전기 분해 하여 얻는 흰색의 결정. 물에 잘 녹으며 강한 염기성을 나타냄. 합성섬유나 비누의 제조, 석유 정제 등에 널리 사용함.
수산화-물(水酸化物) 명[화] 수산기(水酸基)를 가지는 무기 화합물의 총칭.
수산화-칼륨(水酸化Kalium) 명[화] 염화 칼륨의 수용액을 전기 분해 하여 얻는 흰색의 결정. 물에 잘 녹으며 강한 염기성을 나타냄. 광학용 칼륨 유리의 원료, 의약품 등에 쓰임. =가성 칼리.
수산화-칼슘(水酸化calcium) 명[화] 산화칼슘에 물을 가하면 생기는, 흰색의 가루. 산성 토양의 중화제, 표백분의 원료, 모르타르의 재료로 씀. =분회·석회(石灰)·소석회·수화석회.
수-삼(-蔘) 명 삼의 수포기. ↔암삼.
수삼[1](水蔘) 명 밭에서 캐낸 후 말리지 않은 상태의 인삼. =생삼(生蔘). ↔건삼(乾蔘). ×무삼.
수:삼[3](數三) 관 두서너. 또는, 여러. ¶~ 배(杯) / ~ 필의 소.
수삽(羞澁) →**수삽-하다**[-사파-] 형(여) 부끄럽거나 수줍어 어찌해야 좋을지 모르는 상태에 있다. ¶정서분은 잠시 주저하였으나 얼른 사과 쪽을 이 박사의 입에 넣어 주고는 마치 십육칠 세의 어린 처녀 모양으로 **수삽하여** 고개를 숙여버렸다. 《이광수·흙》
수상[1](手相) 명 1 손바닥에 나타나 있는 금. ⓑ손금. 2 손금이나 손의 모양 등을 보고 그 사람의 운수와 길흉을 판단하는 점. ¶~을 보다.
수상[2](水上) 명 1 물의 위. ¶~ 가옥. 2 흐르는 물의 상류.
수상[3](受像) 명[물] 영상 전파나 영상 광선을 받아서 화상으로 변환시키는 것. ↔송상(送像). **수상-하다**[1] 동(자여)
수상[4](受賞) 명 상을 받는 것. ¶~ 소감. ↔수상(授賞). **수상-하다**[2] 동(자여)
수상[5](首相) 명 군주 국가나 공산 국가의 내각 최고 직위를 이르던 말. 현재는 일반적으로 '총리(總理)'로 부름.
수상[6](授賞) 명 상을 주는 것. ↔수상(受賞). **수상-하다**[3] 동(자여)
수상[7](樹上) 명 나무의 위.
수상[8](隨想) 명 그때그때 일어나는 느낌이나 생각. 또는, 그것을 적은 글. ▷수필.
수상[9](殊常) →**수상-하다**[4] 형 (행동이나 사람이) 좋지 않은 점에서 의심이 가는 상태에 있다. ¶행동이 ~ / **수상한** 사람을 경찰에 신고하다. **수상-히** [부] ¶~ 여기다.
수상`경!기(水上競技)[명][체] 물 위에서 하는 운동 경기의 총칭. 경영(競泳)·다이빙·수구(水球)·싱크로나이즈드 스위밍 따위.
수상`경!찰(水上警察)[명] 항만·하천·운하에서 방범·구조·선박의 교통정리 등을 담당하는 경찰. =해상 경찰.
수상-관(受像管)[명][물] 텔레비전 수상용의 대형 음극선관. 흔히, 브라운관을 말함.
수상-기(受像機)[명] 방송된 전파를 받아 영상으로 나타내는 장치. ¶텔레비전 ~.
수상^돌기(樹狀突起)[명][생] 신경 세포에 있는 짧은 돌기. 흥분을 받아들이는 작용을 함. ↔축삭 돌기.
수상-록(隨想錄)[-녹] [명] 수상을 기록한 책. ¶몽테뉴의 ~.
수상^비행기(水上飛行機)[명] 물 위를 활주하여 뜨고 내리는 비행기. 또는, 비행정(飛行艇)을 이름. ㉹수상기.
수상-스럽다(殊常-)[-따] [형][ㅂ]<~스러우니, ~스러워> 수상한 데가 있다. **수상스레**[부]
수상^스키(水上ski)[명][체] 모터보트에 맨 로프를 쥐고 보트에 끌려가며 스키로 수면을 활주하는 스포츠.
수상-자(受賞者)[명] 상을 받는 사람.
수상-작(受賞作)[명] 상을 받은 작품. ¶신춘 문예 ~.
수상-쩍다(殊常-)[-따] [형] 수상한 데가 있다. ¶젊은 사람의 거동이 ~ 했더니 세상을 시끄럽게 했던 바로 그 유괴범이었다.
수-새 [명] 새의 수컷. ↔암새.
수색¹(水色)[명] =물빛.
수색²(搜索)[명] 1 더듬어 찾는 것. 2 [법] 범인·증거물 따위를 찾기 위하여 신체·주택 따위를 조사하는 일. ¶몸 ~ / 가택 ~. **수색-하다**[동][타여]
수색³(愁色)[명] 근심스러운 기색.
수색-대(搜索隊)[-때] [명][군] 적의 위치나 병력, 화력 등을 수색하기 위하여 파견되는 군대.
수색-망(搜索網)[-생-] [명] 수색하기 위하여 각 방면으로 펼쳐 놓은 조직망. ¶~을 펴다.
수색^영장(搜索令狀)[-생녕짱] [명][법] 검사나 사법 경찰관이 수색할 때에 제시하는 영장. 검사의 신청에 의하여 판사가 발부함.
수생(水生)[명] (동물이나 식물이) 물속이나 수면에서 사는 일. **수생-하다**[동][자여]
수생^동!물(水生動物)[명][동] 물속에서 사는 동물의 총칭. =수중 동물. ↔육생 동물.
수서¹(手書)[명] 1 손수 쓴 글이나 편지. 2 손윗사람이 손아랫사람에게 쓰는 자기의 편지를 이르는 말. =수간(手簡)·수찰(手札)·수한(手翰)·수함(手函).
수서²(水棲)[명] 물에서 사는 일. ¶~ 생물. ↔육서(陸棲). **수서-하다**[동][자여]
수서-양단(首鼠兩端)[명] [구멍에서 머리만 내밀고 좌우를 살피는 쥐'라는 뜻] 어찌할 바를 몰라 진로나 거취를 결정짓지 못하는 상태.
수석¹(水石)[명] 1 물과 돌. 2 주로 물과 돌로 이루어진 자연의 경치. =천석. 3 =수석(壽石)³.
수석²(首席)[명] 1 서열에 있어서 맨 윗자리. ¶~ 연구원. 2 시험 등에서, 순위가 첫째인 상태. =수좌(首座). ¶~ 합격 / 대학 입시에서 ~을 차지하다. ↔말석(末席).
수석³(壽石)[명] 형태나 색채, 무늬 등에서 자연의 아름다움과 정취를 맛볼 수 있는 자연석(自然石). 산수의 온갖 풍경을 연상시킨다든가 기묘한 형상을 나타냄으로써 감상의 대상이 됨. =수석(水石).
수석-대표(首席代表)[-때-] [명] 여러 대표 가운데 우두머리.
수선¹[명] 사람의 정신을 어지럽게 만드는 부산한 말이나 짓. ¶~을 떨다 / ~을 부리다 / ~ 피우지 말고 얌전히 있어라. **수선-하다¹**[형][여] 언행이 부산하여 어지러운 상태에 있다.
수선²(水仙)[명] 물속에 산다는 신선.
수선³(手選)[명][광] 광석이나 석탄 등을 손으로 골라내는 일. **수선-하다²**[동][타여]
수선⁴(垂線)[수] 어떤 직선 또는 어떤 평면과 직각을 이루는 것. =수직선·연직선.
수선⁵(修繕)[명] 낡거나 헌 물건을 고치는 것. **수선-하다³**[동][타여] ¶헌 옷을 ~. **수선-되다**[동][자여]
수선-거리다/-대다[동][자] 1 수선스럽게 자꾸 떠들다. ¶온 동리는 이 뜻하지 않은 기괴한 일에 물 끓듯 **수선거린다**.《박종화:황진이의 역천》 2 시끄러워서 정신이 산란해지다.
수선-공(修繕工)[명] 낡은 물건을 고치는 일을 하는 사람. ¶구두 ~.
수선-비(修繕費)[명] 낡은 물건을 고치는 데 드는 비용.
수선-수선[부] 수선거리는 모양. **수선수선-하다**[동][자][형][여]
수선-스럽다[-따] [형][ㅂ]<~스러우니, ~스러워> 수선한 데가 있다. **수선스레**[부]
수선-쟁이[명] 몹시 수선을 떠는 사람.
수선-화(水仙花)[명][식] 수선화과의 여러해살이풀. 잎은 좁고 길며, 이른 봄에 노란 꽃이 핌. 관상용이고 비늘줄기는 약재로 쓰임. =배현(配玄).
수성¹(水性)[명] 1 물의 성질. 2 물에 녹기 쉬운 성질. ¶~ 잉크. ↔유성(油性). 3 [민] 오행에서 수(水)를 사람의 생년월일에 배정하여 이르는 말.
수성²(水星)[천] 태양계의 첫 번째 행성. 공전 주기 88일. 해가 진 직후 또는 해 뜨기 직전에 잠시 볼 수 있음. =진성(辰星).
수성³(守城)[명] 적의 공격이나 침략을 막기 위해 성을 지키는 것. **수성-하다**[동][자여]
수성⁴(首星)[명][천] =알파성.
수성⁵(獸性)[명] 1 짐승의 성질. 2 육체의 욕정. 3 야만적이거나 잔인한 성질.
수성^가스(水性gas)[명][화] 고온으로 가열한 수증기를 통하여 얻은 수소와 일산화탄소의 혼합 가스. 기체 연료·수소 가스의 원료로 쓰임.
수성-암(水成巖)[명][광] =퇴적암.
수성^페인트(水性paint)[명] 물에 풀거나 희석하여 쓰는 도료. 주로 건축물 내부의 도장(塗裝)에 쓰임.
수세¹[명][역] 남자가 여자에게 주는 이혼 증서. ㉭휴서(休書).
수세(를) 베어 주다[구] [하류층의 사람이 아내와 이혼할 때에 글을 모르기 때문에 수세 대신으로 옷고름을 베어 준 데서] 아내와 갈라서다.
수세²(水洗)[명] 물로 씻는 것. **수세-하다¹**[동][타여]
수세³(水稅)[명] '보수세(洑水稅)'의 준말.

수세⁴(水勢) 명 물이 흘러내리는 힘. 또는, 그 형세.

수세⁵(收稅) 명 세금을 거두어들이는 것. **수세-하다**² 동(자여)

수세⁶(守勢) 명 적을 맞아 지키는 형세. 또는, 그 군세. ¶~에 몰리다. ↔공세(攻勢)

수세⁷(守歲) 명[민] 음력 섣달 그믐날 밤에 등불을 밝히고 밤을 새우는 풍습. 이날 밤에 자면 눈썹이 센다고 함. **수세-하다**³ 동(자여)

수세미 명 짚이나 수세미외의 열매 속 따위로 만들어 설거지할 때 그릇을 씻는 물건. 또는, 그것과 비슷하게 화학 섬유로 만든 물건.

수세미-외[-외/-웨] 명[식] 박과의 한해살이 덩굴풀. 줄기는 덩굴손으로 다른 물건을 감고 올라감. 여름에 노란 꽃이 피며, 긴 원통형의 열매가 열림. 열매 속의 섬유로는 수세미를 만들며, 줄기의 액즙으로는 화장수를 만듦. =사과(絲瓜)

수세-식(水洗式) 명 변소에 급수 장치를 하여 오물이 물에 씻겨 내려가도록 처리하는 방식. ¶~ 변소.

수소¹ 명 소의 수컷. =모우(牡牛). ↔암소. ▷황소. ×숫소.

수소²(水素) 명[화] 냄새와 맛과 빛깔이 없고, 가장 가벼운 기체 원소. 원소 기호 H, 원자 번호 1, 원자량 1.00797. 다른 원소와 화합하여 다량으로 널리 존재하며, 산소와 화합하여 물이 됨. 산화물의 환원, 산수소 불꽃 등에 쓰임.

수소^결합(水素結合) 명[화] 산소나 질소 등 전기 음성도가 큰 원자 사이에 수소 원자가 끼어 있는 화학 결합.

수-소문(搜所聞) 명 세상에 떠도는 소문을 두루 찾아 살피는 것. **수소문-하다** 동(타여) ¶그의 행방을 사방으로 **수소문해** 봤지만 아는 사람은 아무도 없었다.

수소^이온(水素ion) 명[화] 수소 원자가 전자 한 개를 잃은 1가의 양이온. 용액 중에서 산성을 나타내는 원인이 됨. 기호는 H⁺.

수소^이온^농도(水素ion濃度) 명[화] 용액 속의 수소 이온 또는 옥소늄 이온의 농도. 보통, 수소 이온 지수 pH로써 표시함.

수소^이온^지수(水素ion指數) 명[화] 수소 이온의 농도를 나타내는 수치. 기호는 pH. =수소 이온 농도 지수.

수소-탄(水素彈) 명 '수소 폭탄'의 준말.

수소^폭탄(水素爆彈) 명 수소 동위 원소의 핵융합 반응을 이용하여 만든 폭탄. 준수폭탄.

수속¹(手續) 명 어떤 일을 수행하거나 처리함에 있어서 그 전에 거쳐야 할 과정이나 단계. 비절차(節次). ¶입국[출국] ~ / ~이 까다롭다 / ~을 마치다 / ~을 밟다. **수속-하다**¹ 동(타여)

수속²(收束) 명 1 한데 모아서 묶는 것. 2 다잡아 결말을 내는 것. **수속-하다**² 동(타여)

수송(輸送) 명 (기차·항공기·배·자동차 등으로) 사람이나 물건을 실어 옮기는 것. ¶대량 ~ / 항공 ~ / ~ 기관. **수송-하다** 동(타여) ¶보급품을 ~ / 귀향 인파를 ~. **수송-되다** 동(자)

수송-기(輸送機) 명 자재·인원·화물의 수송을 주목적으로 설계된 항공기. ¶여객 ~ / 군용 ~.

수송-량(輸送量)[-냥] 명 교통 기관이 실어 나르는 인원이나 화물의 양.

수송-로(輸送路)[-노] 명 수송하는 길.

수송-선(輸送船) 명 사람·화물 등을 실어 나르는 데 쓰이는 배. ¶화물 ~.

수-송아지 명 송아지의 수컷. ↔암송아지.

수-쇠[-쇠/-쉐] 명 1 맷돌 아래짝의 뾰족한 쇠. 2 자물쇠 안의 뾰족한 쇠. ↔암쇠. 3 =수톨쩌귀.

수수¹ 명 [식] 볏과의 한해살이 재배 식물. 여름에 이삭이 나와 꽃이 피고, 열매는 백색·황갈색·적갈색·흑색 등의 편편한 원형 또는 타원형으로 가을에 익음. 줄기는 비나 건축재 등으로 쓰임. 2 이의 열매. 밥을 짓는 외에 엿·과자·떡·술 등의 원료로 쓰임. =고량(高粱)·촉서(蜀黍).

수수²(收受) 명 1 거두어서 받는 것. 2 [법] 무상으로 금품을 취득하는 일. 또는, 그러한 행위. 형법상 수뢰죄 및 장물죄를 이루는 요건이 됨. **수수-하다**¹ 동(타여)

수수³(授受) 명 주고받고 하는 것. 비여수(與受). **수수-하다**² 동(타여) ¶금품을 ~.

수수-경단(-瓊團) 명 찰수수 가루를 반죽하여 동글동글하게 빚어 삶아 내어 팥고물을 묻힌 음식.

수수-깡 명 수수의 줄기. 또는, 수수나 옥수수의 줄기의 껍질을 벗긴 심. =수숫대.

수수께끼 명 1 어떤 사물을 빗대어 말하여 알아맞히는 놀이. =미어(謎語). ¶~를 내다[풀다]. 2 사물이 복잡하고 이상하여 알 수 없는 일. ¶~의 여자 / ~ 같은 살인 사건.

수수-떡 명 찰수수 가루로 만든 떡.

수수러-지다 동(자) 돛 따위가 바람에 부풀어 둥글게 되다.

수수-롭다(愁愁-)[-따] 형(ㅂ여) <~로우니, ~로워> 마음이 서글프고 산란하다. ¶오작 칠십 생애에 희로애락을 싣고 각축하다가 한 움큼 부토(腐土)로 돌아가는 것이 인생이라 생각하니, 의지 없는 나그네의 마음은 암연히 ~.<정비석:산정무한> **수수로이** 부

수수-료(手數料) 명 국가나 공공 단체 또는 공공 기관이 남을 위하여 행한 공적인 일에 대하여 그 보상으로 징수하는 요금. ¶등기 ~ / ~가 붙다 / ~를 내다[물다].

수수-밥 명 찰수수로만 짓거나 수수쌀을 섞어서 지은 밥.

수수-방관(袖手傍觀) 명 [팔짱을 끼고 보고만 있다는 뜻] 간섭하거나 거들지 않고 그대로 버려둠. **수수방관-하다** 동(타여) ¶사람이 다 죽어 가는데 무슨 수를 써야지 **수수방관**하고만 있을 거냐.

수수-밭[-밭] 명 수수를 심어 가꾸는 밭.

수수-비 명 수수의 줄기를 묶어서 만든 비.

수수-쌀 명 수수 열매를 대껴 껍질을 벗긴 알맹이. =고량미(高粱米)·당미(糖米).

수수-엿[-엳] 명 수수쌀로 고아 만든 엿.

수수-팥떡[-팓-] 명 수수 가루에 팥고물을 켜켜이 얹어 찐 시루떡.

수수-하다³ 형(여) 1 (물건의 품질이나 겉모양 또는 사람의 옷차림 등이) 그리 나쁘지 않고 어지간하다. ¶**수수한** 옷차림. 2 (사람의 성질이) 꾸밈이나 거짓이 없고 무던하다. **수수-히** 부

수숙(嫂叔) 명 형제의 아내와 남편의 형제.

수순(手順) 명 '차례', '순서', '절차'로 순화.

수-술¹ 명[식] 수술대와 꽃밥으로 이루어진 종자식물의 웅성 생식 기관. =수꽃술·웅예(雄蕊). ↔암술.

수술²(手術)[명] **1**[의] 피부나 기타 몸의 일부를 외과 기구로 자르거나 째거나 하여 병을 치료하는 일. ¶맹장 ~. **2** 어떤 결함을 근본적으로 고치는 일의 비유. ¶권력형 부정의 척결을 위하여는 권력 구조 그 자체에 대한 일대 ~이 필요하다. **수술-하다**[동](타)(여) ¶심장을 ~.

수술-대¹[-때][명][식] 수술의 꽃받침 고 있는 가느다란 줄기. =꽃실·화사(花絲).

수술-대²(手術臺)[명] 수술을 하기 위하여 설비한 대.

수술대에 오르다[구] (어떤 대상이) 그 내용이나 구조나 체계 등이 뜯어고쳐지는 상황에 처하다. ¶권력 기관의 비리와 병폐가 ~.

수술-머리[명][생] 수술의 맨 위의 부분.

수술-비(手術費)[명] 수술을 하는 데에 드는 비용.

수술-실(手術室)[명] 수술을 하기 위하여 필요한 설비를 갖추어 둔 방.

수술-의(手術醫)[-의/-이][명] 수술을 담당한 의사.

수숫-대[-수때/-순때][명] =수수깡.

수슬-수슬[부] 천연두나 헌데 따위가 딱지가 붙을 정도로 조금 마른 모양. **수슬수슬-하다**[형여]

수습¹(收拾)[명] **1** 흩어진 물건을 주워 정돈하는 것. =수쇄(收刷). **2** 어수선한 사태를 거두어 바로잡는 것. ¶사태가 너무 악화되어 ~이 불가능하다. **3** 산란한 마음을 가라앉히는 것. **수습-하다**[동](타)(여) ¶사태를 ~. **수습-되다**[동](자) ¶모든 일이 원만히 ~.

수습²(修習)[명] (학업·실무 따위를) 배워 익히는 것. ¶~ 기간. **수습-하다**[동](타)(여)

수습-공(修習工)[-꽁][명] 기술을 배워 익히는 과정에 있는 공원(工員).

수습-기자(修習記者)[-끼-][명] 수습 과정에 있는 기자.

수습-사원(修習社員)[-싸-][명] 수습 과정에 있는 사원.

수습-책(收拾策)[명] 사건을 수습하는 방책. ¶사후 ~을 논의하다.

수시¹(收屍)[명] 시신을 거두어 머리와 팔다리를 바로잡는 것. **수시-하다**[동](타)(여)

수시²(隨時)[명] 때를 따라 하는 것. ¶~ 접수.

수시-로(隨時-)[부] 아무 때나 늘. ¶기계를 ~ 점검하다 / 변하는 여자의 마음.

수시-변통(隨時變通)[명] 그때그때의 형편에 따라 처리함. **수시변통-하다**[동](타)(여)

수식¹(修飾)[명] **1** 겉모양을 꾸미는 것. **2**[언] 문장에서 체언과 용언에 말을 덧붙여 뜻을 자세하게 꾸미는 일. **3** 문장의 표현을 화려하게 또는 기교 있게 꾸미는 것. **수식-하다**[동](타)(여) **수식-되다**[동](자) ¶미사여구로만 수식된 문장.

수'식²(數式)[명][수] 수 또는 양을 나타내는 숫자나 문자를 계산 기호로 연결한 식.

수식-어(修飾語)[명][언] **1** =수식언. **2** 표현을 아름답고 강렬하게 또는 명확하게 하기 위하여 꾸미는 말. ¶~를 남발한 수필.

수식-언(修飾言)[명][언] 체언이나 용언의 의미를 수식·한정하기 위해 첨가되는 문장 성분. 활용하지 않으며, 관형사와 부사가 이에 속함. =꾸밈말·꾸밈씨·수식사·수식어.

수'-신¹(繡-)[명] 수를 놓은 비단으로 만든 신. =수혜(繡鞋).

수신²(水神)[명] 물을 다스리는 신.

수신³(受信)[명] **1** 우편물·전보 등의 통신을 받는 것. **2** 유선 또는 무선 통신에서 그 신호를 받는 것. ¶~ 장치 / ~ 상태가 고르지 않다. ↔발신·송신. **수신-하다¹**[동](자)(타)(여) **수신-되다**[동](자)

수신⁴(受信)[명][경] 금융 기관이 고객으로부터 받는 신용. ↔여신(與信).

수신⁵(修身)[명] 마음과 행실을 바르게 닦아 수양하는 일. ¶~제가. **수신-하다²**[동](자)(여)

수신-기(受信機)[명] 외부로부터의 신호를 받아 필요한 정보를 얻는 장치. 일반적으로 무선 통신기를 가리킴. ↔송신기.

수신-사(修信使)[명][역] 조선 말기 일본에 내던 외교 사신. 전 이름은 '통신사(通信使)'.

수신-소(受信所)[명] 무선 통신에서 송신소의 전파를 수신하는 곳. ↔송신소.

수신-인(受信人)[명] **1** 우편물 등의 통신물을 받는 사람. **2** 유선 또는 무선 통신에서 신호를 받는 사람. =수신자. ↔발신인.

수신-자(受信者)[명] =수신인(受信人). ¶~ 부담 전화.

수신-제가(修身齊家)[명] 몸과 마음을 닦아 수양하고 집안을 다스리는 일. ¶~ 치국평천하(治國平天下). **수신제가-하다**[동](자)(여)

수신-함(受信函)[명] 보내오는 우편물을 받기 위하여 대문 같은 곳에 마련해 두는 통.

수-신호(手信號)[명] **1** 철도 신호의 하나. 사람이 낮에는 기(旗), 밤에는 등불을 가지고 하는 신호. **2** 차량에 대하여 경찰관·신호원이 손으로 하는 신호.

수:-실(繡-)[명] 수를 놓는 데 쓰는 실.

수심¹(水心)[명] **1** 수면의 중심. **2** 강이나 호수 등의 한가운데.

수심²(水深)[명] 물의 깊이. ¶~이 깊다[얕다].

수심³(垂心)[명][수] 삼각형의 각 꼭짓점에서 대변(對邊)에 내린 세 개의 수선(垂線)이 서로 만나는 점.

수심⁴(愁心)[명] 시름이나 걱정으로 어둡고 그늘이 진 마음. 또는, 그것이 얼굴에 나타난 상태. =수의. ¶~에 잠기다 / 얼굴에 ~이 어리다 / ~이 가득한 표정.

수심⁵(獸心)[명] 짐승처럼 사납고 야만스러운 마음. ¶인면(人面) ~.

수심-가(愁心歌)[명][음] 서도 민요의 하나. 장단이 일정치 않은 구슬픈 노래로, 인생의 허무함을 한탄하거나 임 그리는 정회를 읊는 사설을 보임.

수:십(數十) **I**[수] 여러 십. ¶~ 장 / ~ 년.
II[관]

수:-십만(數十萬)[-심-] **I**[수] 여러 십만. ¶~의 관객을 동원하다.
II[관] ¶그 책은 출간되자마자 ~ 부가 팔렸

수압(水壓)[명] 물에 의해 생기는 압력.

수압-계(水壓計)[-꼐/-께][명][물] 액체의 압력을 측정하는 계기.

수압-기(水壓機)[-끼][명] 물의 압력을 이용하여 작은 힘으로 큰 힘을 얻어 프레스·절단·압착 등의 일을 하는 기계의 총칭.

수액¹(水厄)[명] 물로 인하여 생긴 재액.

수액²(樹液)[명] **1** 땅속에서 나무의 줄기를 통해 잎으로 올라가는 액. **2** 나무껍질 등에서 분비되는 액. 고무나무의 유액(乳液) 따위.

수액³(髓液)[명][생] 뇌와 척수의 표면을 싸고

수양¹(收養) 명 '아들/딸…' 등과 함께 쓰어) 남의 자식을 데려다가 자식으로 삼은 사람임을 나타내는 말. 또는, ('부모/아버지/어머니…' 등과 함께 쓰어) 자기를 낳지 않았으나 자식으로 삼아 기르는 사람임을 나타내는 말. ¶~딸/~부모.

수양²(修養) 명 몸과 마음을 단련하여 품성이나 지혜, 도덕을 높은 경지로 끌어올리는 것. ¶~을 쌓다/~이 부족하다. 수양-하다(타여)

수-양³(-羊) 명 '숫양'의 잘못.

수양-녀(收養女) 명 =수양딸.

수양-딸(收養-) 명 남의 자식을 데려다가 기른 딸. =수양녀·양녀·양딸.

수양-버들(垂楊-) 명 [식] 버드나뭇과의 낙엽 활엽 소교목. 가지가 가늘고 길게 늘어지며, 잎은 길쭉함. 봄에 노란 꽃이 피고, 여름에 열매가 익음. 풍치목으로 심음.

수양-부모(收養父母) 명 수양아버지와 수양어머니. 곧, 자기를 낳지 않았으나 데려다가 길러 준 부모.

수양-아들(收養-) 명 남의 자식을 데려다가 기른 아들. =수양자.

수양-아버지(收養-) 명 낳지는 않았으나 길러 준 아버지. =수양부·의부(義父).

수양-어머니(收養-) 명 낳지는 않았으나 길러 준 어머니. =수양모·의모(義母).

수양-자(收養子) 명 =수양아들.

수어¹(守禦) 명 외적의 침입을 막는 것. 수어-하다¹(타여)

수:어²(數語) 명 두어 마디의 말. ¶황천왕동이가 인사성으로 주인과 ~ 수작하고 바깥방으로 나왔다.《홍명희:임꺽정》 수:어-하다²(자여)

수어지교(水魚之交) 명 1 아주 친밀하여 떨어지려야 떨어질 수 없는 사이. 2 임금과 신하 사이의 아주 친밀함을 이르는 말. 3 부부의 화목함을 이르는 말.

수어-청(守禦廳) 명 [역] 조선 시대에 남한산성을 지키고 기좌(畿左)와 광주(廣州)의 여러 진을 다스리던 군영.

수:-억(數億) I 수 여러 억. ¶~의 인구.
II 관 ~ 인구.

수:-억만(數億萬) [-영-] I 수 여러 억만.
II 관 ~ 원.

수업¹(受業) 명 학생이 학교에서 학업의 가르침을 받는 것. 수업-하다¹(자여)

수업²(修業) 명 기술이나 학업을 익혀 닦는 것. ¶작가~/무술~. 수업-하다²(타여)

수업³(授業) 명 (주로, 교사가) 학생들을 대상으로 일정한 교과 내용을 가르치는 것. ¶~ 시간/~을 받다/~을 시작하다. ▷강의. 수업-하다³(타여)

수업-료(授業料) [-엄뇨] 명 가르침을 받는 데 대한 보수로 학생이 내는 돈.

수업^일수(授業日數) [-수] 명[교] 학교 교육에서, 일정 기간에 수업하여야 할 것을 규정한 일수. ¶~가 모자라다/~를 채우다.

수:-없다(數-) [-업따] 형 헤아릴 수 없이 많다. 수:-없이 [-업-] 부 ¶많은 사람들/밤하늘에 ~ 많은 별들이 반짝인다.

수여(授與) 명 상장이나 훈장 따위를 주는 것. ¶~식(式). 수여-하다(타여) ¶인류의 복지에 공헌한 학자에게 노벨상을 ~. 수여-되다(자여) ¶훈장이 ~.

수-여우 명 여우의 수컷. ↔암여우.

수역¹(水域) 명 수면의 일정한 구역. ¶위험~/전관~.

수역²(獸疫) 명 짐승의 돌림병. 광견병 따위.

수연¹(水煙) 명 1 물방울이 퍼져 자욱한 물연기. 2 [건] 불탑에서, 보륜의 윗부분에 불꽃 모양으로 조각된 부분.

수연²(壽宴·壽筵) 명 장수를 축하하는 잔치. 특히, 환갑 또는 그 이상의 생일잔치. ¶축(祝)~(환갑이나 그 이상의 생일잔치에 축의금을 보낼 때, 그 봉투나 단자에 쓰는 말).

수연³(愁然) →수연-하다(형여) 시름이 어린 상태에 있다.

수:열(數列) 명 [수] 일정한 규칙에 따라 한 줄로 배열된 수의 열. $a_1, a_2, a_3, …, a_n$의 꼴로 배열한 것으로, {a_n}으로 나타냄. 등차수열·등비수열·조화수열 등이 있음.

수염(鬚髥) 명 1 10대 후반의 나이가 되면서부터 남자의 입 주위나 턱 또는 뺨에 나는 털. =나룻. ¶콧~/턱~/~이 나다/~을 깎다/~이 텁수룩하다. 2 개·고양이·쥐 따위의 동물의 입 주위에 다소 굵고 길게 나는 몇 가닥의 털. 또는, 염소와 같은 동물의 턱 밑에 길게 나는 털. ¶고양이 ~. 3 메기·미꾸라지 따위의 물고기의 주둥이 옆에 길거나 짧게 뻗은 돌기. ¶메기의 긴 ~. 4 벼·보리·옥수수 따위의 낟알 끝이나 사이에 가늘게 난 까끄라기 또는 털 모양의 것. ¶옥수수 ~.
[수염이 대 자라도 먹어야 양반이다] 배가 불러야만 체면도 차릴 수 있다.

수염-발(鬚髥-) [-빨] 명 길게 길러서 늘어뜨린 수염의 채.

수염-뿌리(鬚髥-) 명 [식] 원뿌리와 곁뿌리의 구별이 없이 뿌리줄기에서 수염처럼 많이 뻗어 나온 뿌리. =수근(鬚根).

수-염소 명 '숫염소'의 잘못.

수영¹(水泳) 명[체] (사람이) 주로 스포츠나 놀이로서 물속에서 팔과 다리를 일정한 방법으로 움직이면서 몸을 뜨게 하여 나아가는 일. 비 헤엄. ¶~ 선수. 수영-하다(자여)

유의어	수영/헤엄
둘 다 물에서 몸을 뜨게 하여 움직이는 동작을 가리키나, '수영'은 사람만이 하는 것을 가리키며, '헤엄'은 사람을 포함하여 동물이 하는 것을 가리킴. 또한 '수영'은 일정한 방법을 익혀서 하는 것인 반면, '헤엄'은 본능적으로 하는 것을 가리킴.	

수영²(水營) 명[역] 조선 시대에 수군절도사가 있던 군영.

수영^경기(水泳競技) 명[체] 수영의 실력을 겨루는 운동 경기. 경영(競泳)과 다이빙 경기로 크게 나뉨. ¶~ 대회.

수영-모(水泳帽) 명 수영할 때에 쓰는 모자.

수영-복(水泳服) 명 수영할 때에 입는 옷. ¶비키니 ~.

수영-장(水泳場) 명 수영하면서 놀거나, 수영 경기 등을 할 수 있도록 시설을 갖춘 곳. =풀장.

수예(手藝) 명 뜨개질이나 자수와 같이 주로 천과 실을 이용하여 여러 가지 가정 장식품을 만드는 일. ¶~점(店).

수예-품(手藝品) 명 주로 천과 실을 이용하여 만든 여러 가지 가정 장식품. 자수품·테이블보·레이스 소품 따위.

수오지심(羞惡之心) 명 사단(四端)의 하나.

불의를 부끄러워하고 착하지 못함을 미워하는 마음.
수온(水溫) 명 물의 온도.
수온-계(水溫計) [-계/-게] 명 물의 온도를 재는 계기.
수완(手腕) 명 1 =손목목. 2 일을 꾸미거나 처리해 나가는 재간. ¶~이 좋다 / ~이 뛰어나다.
수완-가(手腕家) 명 수완이 아주 좋은 사람.
수요(水曜) 명 (주로, 일부 명사 앞에 쓰여) '수요일'을 줄여 이르는 말. ¶~ 집회.
수요(需要) 명 [경] 어떤 상품이나 서비스 등을 일정한 가격으로 사려고 하는 욕구. ¶~가 늘다(줄다). ↔공급.
수요^공^급의 법칙(需要供給-法則) [-의/-에-] [경] 경쟁 시장에 있어서, 일정 상품에 대한 수요와 공급의 차인 초과 수요가 플러스이면 값이 오르고 마이너스이면 값이 내린다는 법칙.
수요-량(需要量) 명[경] 수요의 크기를 나타내는 양. ↔공급량.
수요의 법칙(需要-法則) [-의/-에-] [경] 가격이 높아지면 수요가 줄어들고, 가격이 낮아지면 수요가 늘어난다는 법칙. ↔공급의 법칙.
수-요일(水曜日) 명 한 주일의 요일의 하나. 화요일의 다음, 목요일의 전에 있음.
수요-자(需要者) 명 필요해서 사고자 하는 사람. ¶실(實) ~ / ~가 급증하다.
수요-층(需要層) 명 어떤 물건을 사고자 하는 사람들. ¶~이 늘다 / ~이 얇다.
수요^탄^력성(需要彈力性) [-략-썽] 명[경] 소비자의 상품에 대한 수요량이 소득이나 가격의 변화로 어느 정도 변화하는가를 나타내는 지표.
수욕¹(受辱) 명 남에게서 모욕을 당하는 것. **수욕-하다** 됨(자)여
수욕²(獸慾) 명 짐승과 같은 음란한 욕망. ¶~을 채우다.
수욕-주의(獸慾主義) [-쭈의/-쭈이] 명 기성의 도덕·윤리를 무시하고 본능에 따라 동물적 욕망만을 채우려는 퇴폐적인 태도. ≒애니멀리즘.
수용¹(收用) 명 거두어들여 쓰는 것. **수용-하다**¹ 됨(타)여 **수용-되다**¹ 됨(자)
수용²(收容) 명 (사람이나 물품 등을 어느 장소나 시설에) 받아들이거나 거두어 모여 있거나 모아져 있게 하는 것. ¶~ 인원 / ~능력. **수용-하다**² 됨(타)여 ¶이 경기장은 1만 명의 관중을 수용할 수 있다. **수용-되다**² 됨(자)
수용³(受容) 명 (남의 문물이나 의견 등을) 인정하거나 용납하여 받아들이는 것. **수용-하다**³ 됨(타)여 ¶외래문화를 ~.
수용⁴(需用) 명 사물을 꼭 써야 할 곳에 쓰는 것. 또는, 그러한 일이나 물건. ¶~가(家). **수용-하다**⁴ 됨(타)여
수용-기(受容器) 명[생] 눈·귀·코 따위와 같이 동물체가 외부로부터의 자극 및 체내에서 생기는 자극을 받아들여 뇌에 전달하는 감각 기관. ⓑ감각기.
수용-성(水溶性) [-썽] 명 어떤 물질이 물에 녹는 성질. ↔지용성(脂溶性).
수용성 비타민(水溶性vitamin) [-썽-] [화] 물에 녹는 성질을 가진 비타민. 보조 효소로서 생체 내 효소 반응에 관계하고 물질 대사에 중요한 역할을 함. 비타민 B 복합체·비타민 C 따위. ▷지용성 비타민.
수용-소(收容所) 명 많은 사람을 집단적으로 한곳에 가두거나 넣어 두고 맡는 곳. ¶포로 ~ / 피난민 ~.
수용-액(水溶液) 명 어떤 물질을 물에 녹인 액체. 식염수 따위.
수용-자(需用者) 명 구하여 쓰는 사람.
수운¹(水運) 명 물건·사람 등을 배로 실어 나르는 것. 또는, 뱃길을 통한 운수(運輸). **수운-하다**¹ 됨(타)여 **수운-되다**¹ 됨(자)
수운²(愁雲) 명 근심스러운 기색.
수운³(輸運) 명 =운수(運輸)². **수운-하다**² 됨(타)여 **수운-되다**² 됨(자)
수운-교(水雲教) 명[종] 1923년 서울에서 동학(東學)을 기반으로 창립된 종교.
수원¹(水源) 명 물이 흘러나오는 근원.
수원²(隨員) 명 =수행원(隨行員).
수원수구(誰怨誰咎) 명 [누구를 원망하고 누구를 탓하랴의 뜻] 남을 원망하거나 탓할 것이 없음을 이르는 말. ≒수원숙우.
수원-지¹(水源地) 명 물이 흘러나오는 근원이 되는 곳.
수원-지²(水源池) 명 상수도에 보낼 물을 모아 두는 곳.
수-월(數月) 명 여러 달.
수월-내기 [-래-] 명 다루기 쉬운 사람을 놀림조로 이르는 말.
수월-수월 뷔 모두 썩 수월하게. ¶이어 생각보다 ~ 풀렸다. **수월수월-하다** 형여 ¶무엇하나도 걸리는 데가 없이, 모든 일이 ~.
수월-스럽다 [-따] 형(ㅂ)< ~스러우니, ~스러워> 수월한 데가 있다. **수월스레** 뷔
수월찮다 [-찬타] 형 수월하지 않다. ¶일이 ~. **수월찮-이** 뷔 ¶비용이 ~ 들다.
수월-하다 형여 힘들지 않아 하기가 쉽다. ¶손으로 하는 것보다는 기계로 하는 편이 훨씬 ~. **수월-히** 뷔
수위¹(水位) 명 강·바다·호수·저수지 등의 물의 높이. ¶위험 ~.
수위를 조절하다 어떤 일을 처리하는 수준이나 정도를 조절하다. ¶시장 동향을 보아 가면서 공급의 ~.
수위²(守衛) 명 1 지키는 일. 2 관청·회사·공장·학교 등의 경비를 맡아보는 사람. **수위-하다** 됨(타)여 지키다.
수위³(首位) 명 등급·직위 등의 첫째가는 자리. ¶~에 오르다 / ~를 차지하다.
수위-실(守衛室) 명 수위가 있는 방.
수위^타자(首位打者) 명[체] 야구에서, 타율이 가장 높은 타자.
수유¹(受由) 명 말미를 받는 것. 또는, 그 말미. **수유-하다**¹ 됨(자)여
수유²(授乳) 명 젖먹이에게 젖을 먹이는 것. ¶~ 시간. **수유-하다**² 됨(자)여
수유³(須臾) 명 = 잠시. ¶천년 사직이 남가일몽이었고, 태자 가신 지 또다시 천년이 지났으니, 유구한 영겁으로 보면 천년도 ~던가! 《정비석: 산정무한》
수유-기(授乳期) 명 젖을 먹여 기르는 기간.
수육¹ 명 삶아 익힌 쇠고기. 웬숙육(熟肉).
수육²(獸肉) 명 먹을 수 있는, 짐승의 고기.
수은(水銀) 명[화] 은백색의 무거운 금속 원소. 원소 기호 Hg, 원자 번호 80, 원자량 200.59. 상온(常溫)에서 액체인 유일한 금속이며 유독함. 주요 광물은 진사(辰砂)임. 아말감의 제조, 온도계·기압계·수은등·화학 약품 등에 쓰임.

수은^기압계(水銀氣壓計) [-께/-께]
[물] 기압계의 하나. 유리관 속의 수은의 무게가 기압과 균형을 이루도록 하여, 그 높이로 기압을 잼.

수은-등(水銀燈) 명[물] 아크등의 하나. 수은 증기를 진공관에 가득 채워 방전시킴으로써 빛을 얻음. 광학 기기의 시험이나 의료·조명 등에 쓰임.

수은^온도계(水銀溫度計) [-계/-게] 명 [물] 하부를 부풀게 한 가는 유리관에 수은을 넣어, 그 팽창·수축을 이용하는 액체 온도계.

수은-전'지(水銀電池) 명 양극은 탄소와 수은의 산화물, 음극은 아말감 아연, 전해질은 수산화칼륨 등을 사용한 전지. 소형이며, 카메라·탁상 컴퓨터·보청기 등에 널리 씀.

수은-주(水銀柱) 명[물] 수은 온도계나 수은 기압계의 유리 대롱에 수은으로 채워진 부분. 그 높이로 온도를 잼.

수-은행나무(-銀杏-) 명 수꽃만 피고 열매를 맺지 않는 은행나무. ↔암은행나무. ×숫은행나무.

수음(手淫) 명 손이나 물건으로 자기의 성기를 자극하여 성적 쾌감을 얻는 짓. =마스터베이션·오나니슴·자위(自慰). ⓗ용두질. 수음-하다 冏(자)여

수응(酬應) 명 남의 요구에 응하는 것. 수응-하다 冏(자)(타)여

수의¹(囚衣) [-의/-이] 명 죄수가 입는 옷. =죄수복. ¶푸른 ~.

수의²(壽衣) [-의/-이] 명 염습(殮襲)할 때 시체에 입히는 옷.

수의³(隨意) [-의/-이] 명 자기의 마음대로 하는 것.

수:의⁴(繡衣) [-의/-이] 명 수를 놓은 옷.

수:의⁵(獸醫) [-의/-이] 명[의] '수의사'의 준말.

수의^계'약(隨意契約) [-의계/-이게-] 명[법] 경쟁이나 입찰에 의하지 않고 일방적으로 상대방을 골라 체결하는 계약.

수의과^대'학(獸醫科大學) [-의꽈-/-이꽈-] 명[교] 수의학을 연구·강의하는 단과 대학. ⓒ수의대.

수의-근(隨意筋) [-의-/-이-] 명[생] 뇌척수 신경의 지배를 받아 의지에 따라서 움직일 수 있는 근육. 골격근, 항문 괄약근, 혀·인두·후두의 근 따위. 형태적으로는 횡문근에 속함. =맘대로근. ↔불수의근.

수의-대(獸醫大) [-의-/-이-] 명[교] '수의과 대학'의 준말.

수-의사(獸醫師) [-의-/-이-] 명[의] 가축에 생기는 여러 가지 질병의 진찰·치료를 맡아보는 의사. ⓒ수의.

수:의-야행(繡衣夜行) [-의-/-이-] 명 [비단옷을 입고 밤길을 걷는다는 뜻] 영광스러운 일이 남에게 알려지지 않음. ⓗ금의야행.

수의-학(獸醫學) [-의-/-이-] 명 가축 질병의 치료 및 위생·사육·관리·경영에 관해 연구하는 학문.

수이 囝 '쉬이¹'의 잘못.

수이-보다 囝 '쉬이보다'의 잘못.

수이-여기다 冏(타) '쉬이여기다'의 잘못.

수익¹(收益) 명 1 이익을 거두어들이는 것. 또는, 그 이익. ¶~을 올리다. 2[경] 기업이 경제 활동의 대가로서 얻은 경제 가치. ¶판매 / 영업 ~. 수익-하다 冏(자)(여) 이익을 거두어들이다.

수익²(受益) 명 이익을 얻는 것. 수익-하다² 冏(자)여

수익-권(受益權) [-꿘] 명 1 이익을 받을 권리. 2[법] 국가에 대하여 특정한 이익을 받을 수 있도록 요구할 수 있는 국민의 권리. 교육을 받을 권리, 근로권 따위.

수익-금(收益金) [-끔] 명 이익으로 얻은 돈.

수익-성(收益性) [-썽] 명[경] 이윤을 거둘 수 있는 정도. ¶~이 높다 [낮다].

수익-자(受益者) [-짜] 명 1 이익을 얻는 사람. 2[경] 신용장에 따라 어음을 발행할 권한이 있는 사람.

수익자^부'담(受益者負擔) [-짜-] 명[경] 공기업이나 공공 단체가 특정한 공익사업의 경비를 충당하기 위해, 그 사업으로 인하여 특별한 이익을 받는 사람에게 지우는 부담.

수인¹(手印) 명 1 손바닥을 도장처럼 찍어서 증거를 삼음. 2 자필의 서명 또는 문서. 3 [불] 불보살의 서원이나 깨달음의 덕 등을 상징적으로 나타내는 손의 모양. 양손의 손가락을 특별한 모양으로 구부리거나 펴서 나타낸 것으로, 불상(佛像)의 특징적 요소로서의 의미를 띠기도 함. 수행자가 참선을 할 때 이것을 맺음으로써 불보살의 깨달은 힘을 받아들이고자 하는 뜻이 있음.

수인²(囚人) 명 감옥에 갇힌 사람. ⓗ죄수. ¶~ 번호.

수:인³(數人) 명 두서너 사람.

수-인사(修人事) 명 1 인사를 차리는 것. ¶선배 직원들과 ~를 나누다. 2 사람의 힘으로 할 수 있는 일을 다하는 것. 수인사-하다 冏(자)여

수인사대천명(修人事待天命) 사람의 힘으로 할 수 있는 일은 다하고, 그 후에 하늘의 지시를 기다림.

수인성^전염병(水因性傳染病) [-썽-뼝] 명[의] 물·음식물에 들어 있는 세균에 의하여 전염되는 질환. 이질·장티푸스·콜레라 따위.

수인-씨(燧人氏) 명 중국 고대 전설상의 삼황(三皇)의 하나. 불을 쓰는 법과 음식물의 조리법을 전하였다고 함. ▷복희씨·신농씨.

수:일(數日) 명 여러 날. ⓗ며칠. ¶~ 후에 돌아오마.

수-읽기(手-) [-일끼] 명 바둑이나 장기에서, 착수(着手) 뒤의 변화를 궁리하는 일.

수임(受任) 명 1 임명이나 임무를 받는 것. 2 [법] 위임 사무를 처리할 의무를 지는 것. 수임-하다 冏(타)여

수입¹(收入) 명 1 돈·물품 따위를 거두어들이는 것. 또는, 그 물품이나 돈. ¶잡(雜)~ / ~이 없다 / ~이 늘다. 2[경] 개인·국가·단체 등이 합법적으로 얻어 들이는 금액. ¶경상 ~. ↔지출(支出). 수입-하다¹ 冏(타)여 수입-되다¹ 冏(자)

수입²(輸入) 명 1 외국의 물품을 사들이는 것. ¶~ 개방 / ~ 초과. 2 외국의 사상·문화 등을 배워 들여오는 것. ¶~ 문학. ↔수출(輸出). 수입-하다² 冏(타)여 수입-되다² 冏(자) ¶중국에서 수입된 전통 도자기.

수입^관세(輸入關稅) [-관-] 명[경] 수입품에 대하여 매기는 관세. =수입세. ↔수출관세.

수입-국(輸入國) [-꾹] 명 물품 따위를 수입하는 나라. ¶밀 ~. ↔수출국.

수입-상(輸入商)[-쌍] 명 외국 물품을 수입하는 장사. 또는, 그 상인. ¶양곡 ~. ↔수출상.

수입-세(輸入稅)[-쎄] 명[경] =수입 관세. ↔수출세.

수입^신고서(輸入申告書)[-씬-][경] 상품의 수입 허가를 받기 위하여 세관에 제출하는 서류. ↔수출 신고서.

수입-원(收入源) 명 수입이 되는 원천. ¶~이 불분명한 호화 생활자.

수입^인지(收入印紙) 명[법] 국고 수입이 되는 조세·수수료 등을 징수하기 위하여 국가가 발행하는, 우표 모양의 증표.

수입^자유화(輸入自由化)[-짜-] 명[경] 수입품의 금액이나 수량 등에 대한 제한을 철폐하고, 자유로운 수입 활동을 하는 일.

수입^초과(輸入超過) 명[경] 일정 기간 동안에, 한 나라의 수입 총액이 수출 총액을 초과하는 일. 준입초. ↔수출 초과.

수입-품(輸入品) 명 수입한 물품. ↔수출품.

수입^할당^제ː도(輸入割當制度)[-이팔땅-][경] 정부가 일정 상품에 대하여 국내 산업을 보호할 목적으로, 미리 수입 총량·각국별 수입 할당량을 결정하는 제도. =수입 쿼터제.

수입-환(輸入換)[-이퐌][경] 수입품에 대하여 대금을 지급할 목적으로 수입상이 사들이는 환어음. ↔수출환.

수자 '숫자(數字)'의 잘못.

수자리(戍-) 명 국경을 지키는 임무. 또는, 그 민병(民兵). =위수(衛戍). ¶~ 살다. **수자리-하다** 통자여

수-자원(水資源) 명 농업·공업·발전(發電) 등에 이용하는, 자원으로서의 물.

수자-직(繻子織) 명 옷감을 짜는 방법의 하나. 날줄이 적고 씨줄이 많게 하여, 두껍고 윤이 나, 비단 옷감을 짤 때 주로 쓴다.

수자폰(sousaphone) 명[음] 금관 악기의 하나. 튜바의 일종으로, 관이 둥글게 말려 있고 지름 60cm 남짓한 큰 나팔꽃 모양을 하고 있으며, 어깨에 걸치고 연주함.

수작¹(秀作) 명 뛰어난 작품. ¶젊은이들의 정신적 고뇌와 방황을 그린 ~.

수작²(酬酌) 명 「잔을 권하고 술을 따른다는 뜻」 1 (어떤 사람에게) 계획적이거나 좋지 않은 의도나 생각을 가지고 말을 붙이거나 거는 것. ¶~을 걸다 / ~을 떨다 / ~을 부리다 / ~을 붙이다. 2 좋지 않은 의도를 가지고 교묘한 말이나 행동으로 상대를 누르거나 해를 주려고 하는 것을 얕잡아 이르는 말. ¶허튼 ~ / 그까위 ~에 넘어가지 않는다. **수작-하다** 통자여

수-작업(手作業) 명 손으로 직접 하는 작업. 비손작업.

수ː-잠 '-잠 = 겉잠.

수장¹(水葬) 명 1 시체를 물속에 넣어 장사하는 것. 2 물속으로 가라앉히는 것. ▷토장(土葬). **수장-하다¹** 통타여 **수장-되다¹** 통자

수장²(收藏) 명 거두어서 깊이 간직하는 것. ¶~품. **수장-하다²** 통타여 ¶고서(古書)를 ~. **수장-되다²** 통자

수장³(首長) 명 위에 서서 집단이나 단체를 지배·통솔하는 사람. 비우두머리. ¶부족의 ~.

수장⁴(修粧) 명 집이나 기구 등을 손질하고 꾸미는 것. **수장-하다³** 통타여 **수장-되다³** 통자

수재¹(水災) 명 홍수 등으로 인한 재난. 비수해(水害). ¶~ 의연금 / ~를 당하다.

수재²(秀才) 명 1 머리가 뛰어나게 좋은 사람. 2 전날에, 미혼 남자를 존경하여 붙이던 호칭.

수재-민(水災民) 명 홍수나 장마 등으로 재해를 당한 사람.

수저¹ 명 1 숟가락과 젓가락을 아울러 이르는 말. 세는 단위는 벌. =시저(匙箸). 2 '숟가락'을 달리 이르는 말.

수저²(水底) 명 물의 아래.

수저-선(水底線) 명 물 밑에 부설한 전화선이나 전신선.

수저-질 명 숟가락과 젓가락을 써서 음식을 먹는 일. ¶~이 서툴다. **수저질-하다** 통

수저-통(-筒) 명 수저를 담거나 꽂아 두는 통.

수적¹(水賊) 명 바다나 큰 강 위를 옮겨 다니면서 남의 재물을 빼앗는 도둑. ▷해적(海賊).

수ː-적²(數的)[-쩍] 관 숫자상으로 보는 (것). ¶~으로 우세하다 / ~으로 불리다.

수전¹(水田) 명 =무논.

수전²(水戰) 명 물 위에서 하는 싸움. ¶산전(山戰) ~. **수전-하다** 통자여

수전-노(守錢奴) 명 돈을 모을 줄만 알고 쓰는 데에는 몹시 인색한 사람을 낮추어 이르는 말.

수전-증(手顫症)[-쯩][한] 물건을 잡을 때 자꾸 손이 떨리는 증세.

수절(守節) 명 1 절의를 지키는 것. 2 정절(貞節)을 지키는 것. ↔실절(失節). **수절-하다** 통자여 ¶그 여자는 20세의 나이로 청상과부가 된 뒤 평생 **수절하였다**.

수젓-집[-저찝/-젇찝] 명 수저를 넣어 두는 주머니.

수정¹(水晶) 명[광] 무색투명한 석영. 육방 정계의 결정이며, 여러 가지 불순물이 섞임에 따라 자색·흑색·황색·홍색 등을 띰. 도장·장식품·광학 기기 등에 쓰임. =크리스털·파리(玻璃). ¶자(紫) ~.

수정²(受精) 명[생] 암수의 생식 세포가 새로운 개체(個體)를 이루기 위해 하나로 합쳐지는 일. =정받이. **수정-하다¹** 통자여 **수정-되다¹** 통자

수정³(修正) 명 (잘못된 것을) 바로잡아 고치는 것. **수정-하다²** 통타여 ¶원고를 ~. **수정-되다²** 통자 ¶계획이 ~.

수정⁴(修訂) 명 (이미 발행한 책을) 다음 판에서 그 내용을 고치거나 바로잡는 것. ¶~판(版). **수정-하다³** 통타여

수정⁵(修整) 명 1 고쳐 정돈하는 것. 2 사진술에서, 인화(印畫)를 선명하게 하거나, 화상(畫像)을 꾸미기 위하여 음화에 약을 발라 연필로 고치는 일. **수정-하다⁴** 통타여

수-정과(水正果) 명 계피와 생강을 달인 물에 설탕이나 꿀을 타서 식힌 뒤, 곶감을 넣고 잣을 띄운 음료.

수정-관(輸精管) 명[생] 정소(精巢)에서 만든 정충을 정낭으로 보내는 관. =정관(精管).

수정-란(受精卵)[-난] 명[동] 정충을 받아들여 수정을 한 난자. ↔무정란.

수정-막(受精膜) 명[생] 난세포가 수정된 직후 그 주위에 형성되는 얇은 막. 수정란을

보호함.

수정ˆ시계(水晶時計) [-계/-게] 명 수정 발진기에서 얻은 안정된 주파수를 이용한 정밀 시계. 매우 정확해서 천문대의 표준 시계, 방송국의 시보 등에 이용됨.

수정-안(修正案) 명 원안(原案)의 잘못된 부분을 고친 의안. ¶~을 제출하다.

수정-유리(水晶琉璃) [-뉴-] 명 =크리스털 글라스.

수정ˆ자본주의(修正資本主義) [-의/-이] 명 실업·공황 등 자본주의의 제반 모순을 국가 권력의 개입으로서 완화하고, 경제의 민주화와 사회화를 도모하려는 사상 또는 경제 원리. =신자본주의.

수정-주의(修正主義) [-의/-이] 명(사) 마르크스주의의 혁명적 요소를 수정하여 새로운 정세에 따르려는 입장. 계급투쟁의 포기, 프롤레타리아 독재의 부정, 의회주의로의 이행등을 주장함. =수정 마르크스주의·수정과 사회주의. ▷교조주의.

수정-체(水晶體) 명(생) 눈알의 눈동자 바로 뒤에 붙은, 볼록 렌즈 모양의 투명체. 빛을 굴절시켜 망막 위에 상(像)을 맺음.

수제¹(手製) 명 손으로 만드는 일. 또는, 그 물건. ¶~ 폭탄. 수제-하다 동(타)여

수제²(首題) 명 공문서의 첫머리에 쓰는 제목. ¶~의 건(件)에 관하여 조사 보고하기 바람.

수제비 명 밀가루를 반죽하여 맑은장국 등에 적당한 크기로 떼어 넣어 익힌 음식.

수제비(를) 뜨다 관 1 반죽한 밀가루를 조금씩 떼어 끓는 장국에 넣다. 2 =물수제비 뜨다. ¶시냇가 경주를 하고 시냇가에 서면 납작한 돌을 집어 물 위에 수제비를 뜨기 일쑤다.(이효석:들)

수제비-태껸 명 어른에게 버릇없이 대들어 말다툼하는 일. 수제비태껸-하다 동(재)여

수-제자(首弟子) 명 여러 제자 중에서 배움이 가장 뛰어난 제자.

수제-품(手製品) 명 손으로 만든 물품.

수조¹(手爪) 명 =손톱.

수조²(水槽) 명 물을 담아 두는 큰 통.

수족(手足) 명 1 =손발. ¶그는 전신 마비로 ~도 움직이지 못하고 있다. 2 손발처럼 마음대로 부리는 사람의 비유.

수족(을) 놀리다 관 손발을 움직여 활동하다.

수족-관(水族館) [-꽌] 명 물속에 사는 여러 가지 동물을 기르는, 유리로 사방을 막아 물을 담게 되어 있는 용기나 구조물. 관상(觀賞)이나 생태 연구, 활어 보존 등 여러 가지 목적으로 쓰임.

수종¹(水腫) 명(의) 혈액 중의 액체 성분이 혈관벽을 통과하여 신체 조직 속이나 조직과 조직 사이의 체강(體腔)에 괸 상태.

수!종²(數種) 명 몇 가지 종류.

수종³(樹種) 명 나무의 종류.

수종⁴(隨從) 명 남을 따라다니며 곁에서 심부름 따위의 시중을 드는 것. 또는, 그 사람. 수종-하다 동(타)여

수좌(首座) 명 1 =수석(首席)². 2(불) 절에서 참선하는 수행승.

수!죄(數罪) [-죄/-줴] 명 1 여러 가지 죄. 2 범죄 행위를 들추어 열거하는 것. 수!죄-하다 동(타)여

수주¹(水柱) 명 =물기둥.

수주²(受注) 명 (물건의 생산 등을) 주문받는 일. ↔발주(發注). 수주-하다 동(타)여 ¶건설 공사를 ~.

수주-대토(守株待兎) 명 [중국 송나라의 한 농부가 밭일을 하다가 우연히 나무 그루터기에 토끼가 부딪혀 죽은 것을 잡은 후 또 그와 같이 토끼를 잡을까 하여 일도 하지 않고 그루터기만 지키고 있었다는 고사에서] 한 가지 일에만 얽매어 변통을 모르는 어리석음의 비유. =수주(守株).

수!-주머니(繡-) 명 수를 놓아 만든 비단 주머니. =수낭(繡囊).

수준(水準) 명 1 사물의 가치나 등급이나 질의 높고 낮은 정도. 또는, 가치·등급·질에 있어서, 세상에서 인정되는 기준. 비레벨. ¶생활~ / 문화 ~의 기준 ~/ 미달의 습작. 2 수면(水面)의 위치. 육지의 높이를 재는 기준으로 함. 3 '수준기'의 준말.

수준-급(水準級) [-끕] 명 실력이나 가치 따위가 상당한 수준에 있는 상태. ¶그의 그림 실력은 ~이다.

수준-기(水準器) 명 면(面)의 수평을 정하거나 기울기를 조사하는 데 쓰이는 기구. =수평기(水平器). 준수준.

수준-원점(水準原點) [-쩜] 명 측량에서 높이의 기준이 되는 원점.

수준-작(水準作) 명 상당한 수준에 도달한 작품.

수준-점(水準點) [-쩜] 명 지형이나 구조물 등의 높이를 측정하는 기준으로서 설치한 표지. 수준 원점으로부터의 높이를 재어서 표시해 놓은 것임.

수준ˆ측량(水準測量) [-층냥] 명 지구 상의 각 지점 간의 높낮이의 차이를 구하는 측량.

수줍다 [-따] 형 (사람이) 숫기가 없어 다른 사람, 특히 낯선 사람 앞에서 말이나 행동을 활발하게 하지 못하며 어려워하거나 조심하는 상태에 있다. ¶수줍은 19살 처녀 / 얼굴을 붉히며 수줍게 웃는다. ↔부끄럽다.

수줍어-하다 동(재)여 부끄러워하는 기색을 하다. ¶수줍어하지 말고, 큰 소리로 노래해 봐요.

수줍-음 명 수줍어하는 일. ¶~을 잘 타는 성격.

수중¹(水中) 명 =물속. ¶~ 촬영 / ~ 탐사.

수중²(手中) 명 1 손의 안. 2 자기의 소유 또는 자기 세력이나 권력을 부릴 수 있는 범위. 비손아귀·손안. ¶~에 넣다 / ~에 돈이라고는 한 푼도 없다.

수중-경(水中莖) 명(식) =물속줄기.

수중-고혼(水中孤魂) 명 물에 빠져 죽은 사람의 외로운 넋.

수중-다리 명(의) 병으로 퉁퉁 부은 다리.

수중-발레(水中㉻ballet) 명(체) =싱크로나이즈드 스위밍.

수중-보(水中洑) 명(건) 하천의 수량과 흐름을 조절하기 위해 물속에 만든, 둑 모양의 시설물.

수중ˆ식물(水中植物) [-씽-] 명(식) 식물체의 전체 또는 일부가 물속에서 생육하는 식물의 총칭. =수생 식물.

수중익-선(水中翼船) [-썬] 명 선체의 밑에 날개를 단 배. 배가 속력을 내면 날개의 양력(揚力)으로 선체가 떠올라 물의 저항을 덜고 높은 속력을 낼 수 있음.

수중ˆ청음기(水中聽音器) 명 수중음을 청취하기 위한 장치. 함선의 기관음, 추진기의 소리, 물고기 떼의 소리를 청취하여 그 소재

수중^카메라(水中camera) 물속에서 사용할 수 있도록 방수 처리를 한 카메라.

수중^파괴반(水中破壞班)[-괴-/-꿰-] 명[군] 해안 정찰 및 물속에 설치된 장애물을 폭파하거나 제거하는 임무를 수행하도록 편성된 해군 부대. =유디티(U.D.T.).

수중-혼(水中魂) 명 물에 빠져 죽은 사람의 넋.

수-취 명 '숫쥐'의 잘못.

수-증기(水蒸氣) 명 기체 상태로 되어 있는 물. 또는, 이것이 공기 중에서 응결하여 매우 작은 물방울로 된 것. 준증기.

수증기-압(水蒸氣壓) 명[지] 수증기의 압력. 밀리바(mb) 또는 헥토파스칼(hPa)로 나타냄.

수지¹(手指) 명 1=손가락. 2〈궁〉손¹.
수지²(收支) 명 수입과 지출. ¶국제 ~ / 무역 ~.
수지³(樹脂) 명 1 식물, 특히 침엽수로부터 분비되는 점도(粘度)가 높은 액체. 또는, 그것이 공기에 닿아 산화하여 굳어진 것. 송진·호박 따위. 천연수지라고도 함. 2 천연수지와 합성수지의 총칭. ¶~ 가공 / 합성~.
수지⁴ 명 '휴지(休紙)²'의 잘못.

수지니(手-) 명 사람의 손으로 길들인 매나 새매. =수진(手陳)·수진매. ↔산지니.

수지-맞다(收支-)[-맏따] 동 1 장사 등에서, 돈을 이익이 남을 만큼 벌는 상태가 되다. ¶수지맞는 장사. 2 뜻밖에 큰 이익을 얻는 상태가 되다. ¶세뱃돈을 그렇게나 많이 받았어? 야, 수지맞았네.

수지-상(樹枝狀) 명 여러 가닥으로 벋어 나가 나뭇가지처럼 된 모양.

수지-침(手指鍼) 명[한] 손가락·손바닥·손등에는 온몸의 각 기관에 대응하는 부위가 있어서 그곳에 침을 놓거나 자극을 줌으로써 몸의 질병을 치료하는 일. 또는, 그 침.

수직¹(手織) 명 손으로 피륙을 짜는 것. 또는, 그 피륙. ¶~포(-布). **수직-하다**¹ 동(타)여.
수직²(守直) 명 (건물·물건 등을) 맡아서 지키는 것. 또는, 그 사람. **수직-하다**² 동(타)여.
수직³(垂直) 명 1 물체를 실에 매달아 드리웠을 때 그 실이 보이는 방향. =직립. ¶~으로 낙하하다 / 말뚝을 ~으로 세우다. ↔수평. 2 [수] 직선과 직선, 직선과 평면, 평면과 평면 등이 서로 만나 직각을 이루는 상태. 비연직(鉛直).

수직-권(垂直圈)[-꿘] 명[천] 천정(天頂)·천저(天底)를 지나서 지평선에 수직을 이루는 천구상의 대원(大圓).

수-직기(手織機)[-끼] 명 사람의 손발로 움직여 피륙을 짜는 기계.

수직^꼬리^날개(垂直-) 비행기의 꼬리에 수직으로 붙은 날개. 수직 안정판과 방향키로 이루어짐. =수직 미익.

수직-면(垂直面)[-찡-] 명 =연직면(鉛直面).

수직^분포(垂直分布)[-뿐-] 명[생] 땅의 높이나 물의 깊이 등의 관계에서 본 생물의 분포. ↔수평 분포.

수직-선¹(垂直線)[-썬] 명 =수선(垂線)⁴.
수:-직선²(數直線)[-썬] 명[수] 직선 상의 기점 0의 양쪽에 같은 간격의 눈금을 찍고 각 점마다 하나씩 실수(實數)를 대응시킨 직선.

수직^이등분선(垂直二等分線) 명[수] 평면상에서 어떤 선분을 수직으로 이등분하는 직선.

수직^이착륙기(垂直離着陸機)[-창뉵끼] 명 활주하지 않고 수직으로 이착륙할 수 있는 비행기.

수진-본(袖珍本) 명 소매 속에 넣고 다닐 만한 작은 책. =수진.

수질¹(水質) 명 물에 포함된 불순물의 질적·양적인 성질. 그 물이 어떤 용도에 적합한 것인지 아닌지를 총괄적으로 표현할 때에 쓰는 말임. ¶~ 검사.

수질²(首絰) 명 상복(喪服)을 입을 때 머리에 두르는, 삼을 꼬아 만든 둥근 테. ▷요질(腰絰).

수질³(髓質) 명[생] 하나의 기관에서 외층(外層)과 내층(內層)이 구조상으로나 기능상으로 다를 경우에 내층을 이르는 말. 대뇌 수질·부신 수질 따위. ↔피질(皮質).

수질^오염(水質汚染) 명 오물이나 폐수로 인하여, 하천·호소(湖沼)·항만·연안 해역 등이 오염되는 일.

수집¹(收集) 명 거두어 모으는 것. **수집-하다**¹ 동(타)여 **수집-되다**¹ 동(재)
수집²(蒐集) 명 (어떤 물건이나 자료를) 취미나 연구를 위하여 여러 가지로 찾아 모으는 것. ¶고서(古書) ~ / 우표 ~. **수집-하다**² 동(타)여 ¶논문을 쓰기 위해 자료를 ~. **수집-되다**² 동(재)
수집³(蒐輯) 명 여러 가지 자료를 찾아 모아서 책을 편집하는 것. **수집-하다**³ 동(타)여 **수집-되다**³ 동(재)

수집-광(蒐集狂)[-꽝] 명 무엇이든 수집하려고 드는 병적인 버릇. 또는, 그러한 사람.

수집-벽(蒐集癖)[-뼉] 명 수집하기를 좋아하는 버릇.

수집-상(蒐集商)[-쌍] 명 고서(古書)·희서(稀書)·골동품 등을 모아 파는 장사. 또는, 그 장수.

수-쪽 명 채권자(債權者)가 가지는, 어음의 오른쪽 조각. ↔암쪽.

수차¹(水車) 명 1=물레방아. 2=무자위.
수차²(收差) 명[물] 한 점에서 나온 빛이 렌즈나 거울에 의하여 상(像)을 만들 때, 광선이 한 점에 완전히 모이지 않아 상이 흐려지거나 비뚤어지거나 굽거나 하는 현상. 구면 수차·색 수차 등이 있음.

수:차³(數次) 명부 =수차례. ¶~에 걸쳐 그의하다 / 미국을 ~ 방문하다.

수:-차례(數-) 명부 여러 차례. =수차. ¶~의 시도 / 그는 그 일로 내게 ~ 전화하였다.

수창(水脹) 명[한] 체내에 수분의 대사가 원활하지 못하여 몸이 붓는 증상. 물소리가 나며 배가 불러 오고 숨이 차는 증상이 나타남. =복창증.

수채 명 집 안에서 버린 허드렛물이나 빗물이 흘러 나가도록 만든 시설.

수:-채움(數-) 명 일정한 수효를 채우기 위하여 보태는 것. 준수챔. **수:채움-하다** 동(타)여

수채-통(-筒) 명 수채에 버린 물이 흘러 나가도록 땅속에 묻은 통. =수각통·하수통.

수채-화(水彩畵) 명[미] 서양화의 하나. 물에 적신 붓으로 물감을 풀어서 그리는 그림. ▷유화(油畵).

수:-챔(數-) 명 '수채움'의 준말. **수:챔-하다**

수챗-구멍[-채꾸-/-챈꾸-] 명 수채의 허드렛물이 빠져나가는 구멍. ¶~이 막히다.
수:처(數處) 명 두서너 곳. 또는, 몇 군데.
수척(瘦瘠) ➡**수척-하다** [-처카-] 형(여) (얼굴이나 몸이) 야위어 건강하지 않게 보이는 상태에 있다. ¶수척한 얼굴.
수:천(數千) Ⅰ㈜ 여러 천. ¶운동장에 집결한 학생은 ~을 헤아릴 만큼 많았다. Ⅱ관 ¶~ 명의 관객 / ~ 권의 책.
수:-천만(數千萬) Ⅰ㈜ 여러 천만. ¶~의 사람들을 떠올렸다. Ⅱ관 ¶그는 ~ 원을 모았다.
수첩(手帖) 명 늘 가지고 다니면서 기억해 두어야 할 내용을 적을 수 있도록 만든 조그마한 공책. =필첩(筆帖).
수청(守廳) 명[역] 1 높은 벼슬아치 밑에서 시키는 대로 따르며 심부름을 하는 일. 2 아녀자나 기생이 높은 벼슬아치에게 몸을 바쳐 시중을 들던 일. 3 =청지기.
수청(을) **들다** 1 높은 관리 밑에서 시키는 대로 수종하다. 2 기생이 지방 수령에게 잠시 몸을 바치다.
수초¹(手抄) 명 손수 추려 쓰는 일. 또는, 그 기록. **수초-하다** 동(타여)
수초²(水草) 명[식] 물속이나 물가에 자라는 풀. =물풀. ¶~가 무성한 연못.
수초³(髓鞘) 명[생] 신경 섬유에서 중축(中軸)을 이루는 축색의 둘레를 싸고 있는 칼집 모양의 피막(被膜).
수축(收縮) 명 오그라들거나 주는 것. ↔팽창. **수축-하다**¹ 동(자여) ¶근육이 ~. **수축-되다**¹ 동(자)
수축²(修築) 명 건축물을 고쳐 쌓는 것. ¶~ 공사. **수축-하다**² 동(타여) ¶축대를 ~. **수축-되다**² 동(자)
수축-색(收縮色) [-쌕] 명[미] 배경 속으로 빨려 뒤로 물러나 보이는 것 같은 색. 녹색・청색 따위의 한색(寒色) 계통의 색. ↔팽창색.
수축-포(收縮胞) 명[동] 원생동물의 몸 안에 있는 배설기. 주기적으로 늘어났다 줄어들었다 하면서 배설 작용을 하는 작은 세포임. 아메바・짚신벌레 따위에서 볼 수 있음.
수출(輸出) 명 국내의 상품・기술 따위를 외국으로 팔아 내보내는 것. ¶~ 진흥책. ↔수입. **수출-하다** 동(타여) ¶자동차를 ~. **수출-되다** 동(자)
수출^관세(輸出關稅) 명[경] 외국에 수출하는 물품에 매기는 관세. =수출세. ↔수입 관세.
수출-국(輸出國) 명 물품 따위를 수출하는 나라. ¶원유 ~. ↔수입국.
수출^면!장(輸出免狀) [-짱] 명[경] 수출을 허가하는 문서. 세관에서 발급함.
수출-상(輸出商) [-쌍] 명[경] 국내 상품을 수출하는 상인. ↔수입상.
수출-세(輸出稅) [-쎄] 명[경] =수출 관세. ↔수입세.
수출^신고서(輸出申告書) 명[경] 수출 허가를 얻기 위하여 세관 및 외환 은행에 제출하는 서류. ↔수입 신고서.
수-출입(輸出入) 명 수출과 수입.
수출^자유^지역(輸出自由地域) 명 외국인의 투자를 유치하여 수출을 진흥하려는 목적에서, 정부가 면세 등의 혜택을 주는 특정한 지역. 주로 바닷가에 위치함.

수출^초과(輸出超過) 명[경] 일정한 기간의 수출품의 총액이 수입품의 총액보다 많은 일. ㈜출초. ↔수입 초과.
수출-품(輸出品) 명 외국에 수출하는 물품. ↔수입품.
수출-환(輸出換) 명[경] 수출상이 수출 상품의 대금을 받기 위하여 외국 수입상을 지급인으로 하는 어음을 발행하여 환은행에 그 매수를 의뢰하는 어음. ↔수입환.
수취(收取) 명 거두어들여 가지는 것. **수취-하다**¹ 동(타여)
수취²(收聚) 명 거두어 모으는 것. **수취-하다**² 동(타여)
수취³(受取) 명 받아 가지는 것. ¶~ 증서. **수취-하다**³ 동(타여) ¶우편물을 ~.
수취-인(受取人) 명 1 서류나 물건을 받는 사람. ¶~ 불명. 2[법] 발행인으로부터 어음이나 수표를 교부받아 지닌 최초의 사람.
수:치¹ 명 소금에 절여 말린 민어의 수컷. ↔암치. ×숫치.
수치²(羞恥) 명 당당하거나 떳떳하지 못하여 느끼는 부끄러움. ¶질서의 파괴는 문화인의 ~.
수:치³(數値) 명[수] 1 대상의 상태・정도・수준 등을 계산하거나 측정하여 나타낸 수. ¶성적을 ~로 나타내다. 2 =값6.
수치-감(羞恥感) 명 당당하거나 떳떳하지 못하여 부끄러운 느낌. ¶~에 얼굴이 붉어지다 / 모욕적인 언사에 ~을 느끼다.
수치-스럽다(羞恥-) [-따] 형(ㅂ여) ¶<-스러우니, -스러워> 수치를 느낄 만한 데가 있다. ¶수치스러운 과거. **수치스레** 부
수치-심(羞恥心) 명 당당하거나 떳떳하지 못하여 부끄러움을 느끼는 마음. ¶벌거벗고 있어도 ~을 모르는 원시인.
수-치질(-痔疾) 명[의] 항문 밖으로 두드러져 나오는 치질. =모치(牡痔)・외치(外痔). ↔암치질. ×숫치질.
수:치-화(數値化) 명 (어떤 대상을) 수치의 상태로 나타내는 것. **수:치화-하다** 동(타여) ¶인구 증가를 ~. **수:치화-되다** 동(자)
수칙(守則) 명 행동・절차에 관하여 지켜야 할 사항을 정한 규칙. ¶안전 ~ / 근무 ~.
수침¹(水沈) 명 물속에 가라앉는 것. **수침-하다** 동(자여) **수침-되다** 동(자)
수침²(水枕) 명 =물베개.
수:침³(繡枕) 명 수놓은 베개.
수캉아지 명 강아지의 수컷. ↔암캉아지. ×숫강아지.
수캐 명 개의 수컷. ↔암캐. ×숫개.
수캐미 명 '수개미'의 잘못.
수커미 명 '수거미'의 잘못.
수컷 [-컫] 명 새끼나 알을 배거나 부화시킬 수 있도록 정액을 내보낼 수 있는 성(性)을 가진 동물. ↔암컷. ×숫것.
수케 명 '수게'의 잘못.
수코양이 명 '수고양이'의 잘못.
수코타이^왕국(Sukhothai王國) 명[역] 13세기 중엽, 타이 북부 지방에 타이 족이 세운 왕국(1256~1350). 중국 문물을 수입하여 문화를 발달시켰으나, 아유타야 왕조에 멸망함.
수콤 명 '수곰'의 잘못.
수쿠렁이 명 '수구렁이'의 잘못.
수쿵 명 '수꿩'의 잘못.
수크령 명[식] 볏과의 여러해살이풀. 높이 30~80cm. 뿌리는 억세고, 9월에 잎 사이에서

이삭이 나오는데, 빛깔은 흑자색임. 들이나 양지바른 곳에 저절로 남.

수크로오스(sucrose) 명[화] 사탕수수·사탕무 등에 함유되어 있는 단사 정계의 결정. 물에 잘 녹으며 단맛이 남. 캐러멜·흡착제의 원료 등에 쓰임. =사카로오스·자당(蔗糖).

수키와 명 암키와 사이를 엎어 잇는 기와. =동와(童瓦)·모와(牡瓦)·부와(夫瓦). ↔암키와. ✕숫기와.

수타-면(手打麵) 명 손으로 밀가루 반죽을 판에 탁탁 두들겨 가면서 뽑는 국수.

수탁(受託) 명 남의 부탁이나 촉탁 등을 받는 것. **수탁-하다** 통(타)여 ¶가옥 이전 등기의 대행(代行)을 수탁하였다.

수탁^판매(受託販賣) 명[경] 남의 위탁을 받아 위탁자의 계산으로 하되, 자기의 명의로 물품을 파는 일.

수탄(獸炭) 명[화] 활성탄(活性炭)의 하나. 짐승의 피·고기·뼈 등을 건류(乾溜)하여 만든 검은색 탄소질 물질의 총칭. 흡착제로서 약용 또는 탈취·탈색용으로 쓰임. 골탄(骨炭)·혈탄(血炭) 따위.

수탈(收奪) 명 (부패한 관료나 정부 기관 등이 재물을) 부당하게 빼앗는 것. ¶~자. **수탈-하다** 통(타)여 ¶일제(日帝)는 토지 조사 사업이라는 이름을 내걸고 농민의 토지를 **수탈하였다. 수탈-되다** 통(자)여

수탉[-탁] 명 닭의 수컷. =웅계(雄鷄). ↔암탉. ✕숫닭.

수탐(搜探) 명 수사하고 탐지하는 것. ¶왜 그 때에 평양 갔던 길에 더 ~을 하여 보지 아니하였던가.〈이광수:무정〉**수탐-하다** 통(타)여

수탕나귀 명 당나귀의 수컷. ❀수나귀. ↔암탕나귀.

수태(受胎) 명 (아기나 새끼를) 배 속에 가지게 되는 것. 비임신·잉태. **수태-하다** 통(자)(타)여 **수태-되다** 통(자)

수태^고지(受胎告知) 명[성] 마리아가 성령(聖靈)에 의하여 잉태하였음을 천사 가브리엘이 마리아에게 알려 준 일.

수택¹(水澤) 명 물이 질퍽하게 괸 진펄.

수택²(手澤) 명 오래 지녀 자주 손을 대는 책이나 물건에 손때가 묻어서 생기는 윤기. 비손때.

수토(水土) 명 '물과 흙'이라는 뜻 1 지역의 물과 풍토. ¶~가 바뀌다. 2 도자기의 원료가 되는 흙의 한 가지. 경기도 광주(廣州)에서 남.

수-토끼 명 토끼의 수컷. ↔암토끼. ✕숫토끼.

수톨쩌귀 명 암톨쩌귀에 꽂는, 촉이 달린 돌쩌귀. ↔수쇠. ↔암톨쩌귀. ✕숫돌쩌귀.

수통¹(水桶) 명 =물통1.

수통²(水筒) 명 1 물이 통하는 관. 2 상수도의 물을 따라 쓰게 만든 장치. =수도전(水道栓).

수통-스럽다(羞痛-)[-따] 형비<-스러우니, ~스러워> 수통한 데가 있다. ¶"…몰골 사납구려 **수통스러운** 말이 나구 안 나는 게 형님께 달렸으니 생각해 하시우.〈홍명희:임꺽정〉**수통스레** 분

수탉지 명 돼지의 수컷. ↔암퇘지. ✕숫돼지.

수퉁-니 명 크고 굵고 살찐 이.

수:-틀(繡-) 명 수놓을 때 바탕을 팽팽하게 하기 위하여 끼우는 틀.

수-틀리다 통(자) 일이 생각대로 이뤄지지 않거나 마음에 들지 않은 상태가 되다. 속된 어감의 구어임. ¶그는 **수틀리면** 마구 때리고 욕한다.

수:판(數板) 명 셈을 하는 데 쓰는 도구. =산판(算板)·주판.

수판을 놓다 관 어떤 일에 관하여 이해득실을 따지다.

수:판-셈(數板-) 명 수판으로 하는 셈. =주산. **수:판셈-하다** 통(자)여

수:판-알(數板-) 명 수판셈을 하는 단위가 되는 작은 알맹이. =주판알.

수판알을 튕기다 관 이해타산을 따져 보다.

수:판-질(數板-) 명 1 수판을 다루는 일. 2 타산을 따지는 일. =주판질. **수:판질-하다** 통(자)여

수펄 명 '수벌'의 잘못.

수펌 명 '수범'의 잘못.

수편(隨便) 명 편한 것을 따르는 것. **수편-하다** 통(자)여

수평(水平) 명 1 정지(靜止)한 수면처럼 평평한 상태. ↔수직. 2 지구 중력의 방향과 직각을 이루는 일. 또는, 그 방향.

수평-각(水平角) 명[수] 각의 두 변이 다 수평면 위에 있는 각.

수평^꼬리^날개(水平-) 명 비행기의 꼬리에 수평으로 붙은 날개. 수평 안정판과 승강키로 이루어지고 세로 방향의 안정을 유지함. ❀수평 미익.

수평-면(水平面) 명 중력(重力)의 방향과 직각을 이루는 면.

수평-보기(水平-) 명[건] 건물이나 시설물 등의 수평 여부를 측정하기 위하여 수준기(水準器)를 써서 살펴보는 일. =물올림.

수평^분포(水平分布) 명[생] 지구의 위도(緯度)와 평행하게 나타나는 생물의 분포. ↔수직 분포.

수평-선(水平線) 명 1 하늘과 바다가 멀리 맞닿아 경계를 이루는 선. ¶~ 너머로 가물가물 사라지는 고깃배. ❀지평선. 2 중력의 방향과 직각을 이루는 선. ↔연직선.

수평-실(水平-) 명 수평을 알기 위하여 표준틀에 맨 실.

수평아리 명 병아리의 수컷. ❀수평. ↔암평아리. ✕숫병아리.

수평^자기력(水平磁氣力) 명[물] 지구 자기장의 수평 방향의 성분.

수폐(水肺)[-폐/-페] 명[생] 해삼류의 호흡 기관. =호흡수(呼吸樹).

수포¹(水泡) 명 1 물이 출렁거리거나 물체에 부딪거나 할 때 생기는 거품이나 작은 방울. 2 애써 노력한 것이 헛된 결과가 된 상태를 비유적으로 이르는 말. =수말(水沫). 비물거품. ¶모든 노력이 ~로 돌아가다.

수포²(水疱) 명[의] 살가죽이 좁쌀·콩알·호두알만 하게 부풀어 올라 속에 물이 잠긴 것. =물집. 비꽈리·물집.

수포-군(守鋪軍) 명[역] 밤에 궁궐 문을 지키는 군사.

수-포기 명[식] 수꽃이 피는 포기. ↔암포기. ✕숫포기.

수포-진(水疱疹) 명[의] 피부에 수포가 생기는 증상.

수폭(水爆) 명[군] '수소 폭탄'의 준말.

수표¹(手票) 명[경] 은행에 당좌 예금을 가진 사람이 그 은행을 지급인으로 하여 특정인 또는 소지인에게 일정 금액을 지급할 것을 위탁하는 유가 증권. ¶자기앞 ~ / ~를 발

행하다.
수표²(手標) 명 돈·물품 따위를 대차(貸借)·기탁(寄託)할 때에 주고받는 증서. =수기(手記).
수:표³(數表) 명[수] 사물의 양이나 성질 등을 나타낸 수치를 목적에 따라 이용하기 쉽도록 만든 표.
수풀 명 1 덤불과 풀과 작은 나무들이 무성하게 한데 엉킨 곳. ¶~을 헤치고 나아가다. 2 '숲'의 본딧말. 오늘날에는 '숲'에 비해 그 쓰임이 제약되어 있음. ▶숲.
수프(soup) 명 서양 요리에서, 고기·야채 등을 삶아서 맛을 낸 국물. ¶야채~/크림~.
수피¹(樹皮) 명 나무껍질.
수피²(獸皮) 명 짐승의 가죽.
수필(隨筆) 명[문] 인생의 체험에 대한 작자의 내면적인 생각이나 느낌을 특별한 형식에 얽매임이 없이 자유롭게 산문으로 표현한, 문학의 한 갈래. 일기·편지·기행문·독후감 따위가 이에 속함. ¶만문(漫文)·상화(想華)·에세이. ¶~문학.
수필-가(隨筆家) 명 수필로 일가를 이룬 사람.
수필-집(隨筆集) 명 수필을 모은 책.
수하¹(手下) 명 =손아래. ¶~자(者)/~의 군사/~ 사람을 시켜서 일을 처리하다.
수하²(誰何) Ⅰ대[인칭] '누구²'를 극히 제한된 문맥에서 쓰는 말. ¶이를 어긴 자는 ~를 막론하고 엄벌에 처할 것이다.
Ⅱ명[군] 경비 임무를 맡은 군인이 밤중에 인기척이 있을 때, 경계하는 마음으로 누구냐고 소리쳐 상대편의 정체를 묻거나, 약속한 암호를 묻는 것. 또는, 그때 외치는 소리. **수하-하다** 동자여
수-(壽-) 명자여 오래 살다. ¶누대(累代)로 **수하**는 집안.
수하-물(手荷物) 명 철도·비행기·배 등을 이용하는 여행객이 타고 내릴 때 손에 들고 다닐 수 있는 짐. ¶수화물.
수하-인(受荷人) 명 운송 계약에서, 화물을 인도 받는 사람. ↔송하인(送荷人).
수하-좌(樹下座) 명[불] 수행승이 나무 아래 앉아서 수도하는 일.
수하-친병(手下親兵) 명 1 자기에게 직접 딸린 병졸. ¶~ 300을 거느리고 포진하다. 2 자기의 수족처럼 쓰는 사람. ¶수병(手兵).
수학¹(受學) 명 학문을 배우는 것. **수학-하다** 동타여
수학²(修學) 명 학업을 닦는 것. **수학-하다**² 동타여 ¶이탈리아에서 음악을 **수학하고** 돌아오다.
수:학³(數學) 명[수] 주로 수량 및 공간의 성질에 관하여 연구하는 학문. 산수·대수학·기하학·해석학 및 이를 응용하는 학문의 총칭. ¶응용~/~ 공식.
수학-여행(修學旅行) [-항녀-] 명[교] 학생들이 문화 유적지 등에 실제로 가서 직접 보고 배우도록 하기 위해, 교사의 인솔로 실시하는 여행. ¶경주로 ~을 떠나다.
수한(水旱) 명 장마와 가뭄.
수합(收合) 명 거두어 합하는 것. **수합-하다** 동타여 ¶갹출금을 ~. **수합-되다** 동자
수항(受降) 명 항복을 받는 것. **수항-하다** 동타여
수해¹(水害) 명 홍수로 인한 재해. =수패(水敗)·수화(水禍). (비)수재(水災). ¶~ 대책/~ 지구.

수해²(受害) 명 해를 입는 것. **수해-하다** 동자여
수해³(樹海) 명 울창한 삼림의 광대함을 바다에 비유한 말.
수행¹(修行) 명 1 행실·학문·기예 등을 닦는 것. ¶~을 쌓다. 2[불] 불도의 가르침을 배우고 실천하는 일. 3 생리적 욕구를 금하고 정신 및 육체를 훈련함으로써, 정신의 정화나 신적(神的) 존재와의 합일을 얻으려고 하는 종교적 행위. **수행-하다** 동자여
수행²(遂行) 명 계획한 대로 해내는 것. ¶임무[공무] ~. **수행-하다**² 동타여 ¶책임을 충실히 ~. **수행-되다** 동자
수행³(隨行) 명 1 일정한 임무를 띠고 따라가는 것. 2 따라 행하는 것. **수행-하다**³ 동타여 ¶많은 기자들이 취재차 대통령을 ~.
수행⁴(獸行) 명 1 짐승과 같은 행실. 2 수욕(獸慾)을 채우려는 행위.
수행-원(隨行員) 명 높은 지위에 있는 사람을 따라다니며 그를 돕거나 신변을 보호하는 사람. =수원(隨員). ¶백여 명의 ~과 함께 내한한 미국 대통령.
수험(受驗) 명 시험을 치르는 것. ¶~ 자격/~ 준비.
수험-료(受驗料) [-뇨] 명 시험을 치르는 사람이 수수료로 내는 돈.
수험-생(受驗生) 명 시험을 치르는 학생.
수험-서(受驗書) 명 시험을 치르기 위하여 미리 공부할 수 있도록 만든 책.
수험-표(受驗票) 명 시험을 치르는 사람임을 증명하는 표. ¶~를 가슴에 달다.
수혈¹(竪穴) 명 지표에서 수직으로 파 내려간 구멍. ¶~ 주거(住居).
수혈²(輸血) 명 1[의] 건강한 사람으로부터 채취한 혈액 또는 혈액 성분을 환자의 정맥 내에 주입하는 것. 2 부족한 자금을 끌어다가 메워 넣는 것. 비유적인 말임. **수혈-하다** 동타여 ¶수술 환자에게 ~. **수혈-되다** 동자 ¶자금난을 겪고 있는 기업에 긴급 자금이 ~.
수협(水協) 명 '수산업 협동조합'의 준말.
수형¹(水刑) 명 물을 억지로 먹이거나 콧구멍에 넣어 고통을 주는 고문. **수형-하다**¹ 동타여
수형²(受刑) 명 형벌을 받는 것. **수형-하다**² 동타여
수형-자(受刑者) 명[법] 형(刑)이 확정되어 구금(拘禁)이 수반되는 형의 집행을 받고 있는 자. =기결수(旣決囚).
수혜(受惠) [-혜/-헤] 명 혜택을 받거나 이득을 보는 것. ¶연금 ~ 실태/~의 폭을 늘리다.
수혜자¹(水鞋子) [-혜-/-헤-] 명[역] 비 올 때 신는 무관의 장화.
수혜-자²(受惠者) [-혜-/-헤-] 명 혜택을 받는 사람.
수호¹(守護) 명 지키고 보호하는 것. **수호-하다**¹ 동타여 ¶조국을 ~. **수호-되다** 동자
수호²(修好) 명 사이좋게 지내는 것. **수호-하다**² 동자여 ¶양국이 적대 관계를 청산하고 **수호한** 지 3년이 되었다.
수-호랑이 명 호랑이의 수컷. ↔암호랑이.
수호-신(守護神) 명 개인이나 가정·국가 등을 보호하는 신.
수호^조약(修好條約) 명[법] 국제법상의 여러 가지 원칙을 아직 이행할 수 없는 나라와 통교할 때, 미리 일정한 규약을 명시하여 준

수할 것을 약속하는 조약.
수호-천사(守護天使) [명] [가] 사람을 착한 길로 인도하여 보호할 사명을 맡은 천사.
수홍-색(水紅色) [명] 쨋빛이 나는 연한 홍색.
수화¹(水火) [명] 물과 불.
수화²(水化) [명] [화] 물질이 물과 화합하거나 결합하여 수화물이 생기게 하는 일. **수화-하다**¹ [동] [자여]
수화³(水和) [명] [화] 1 수용액 중에서 용질(溶質)의 분자·이온 또는 콜로이드 입자가 주위의 물 분자와 결합하여 하나의 집단을 형성하는 일. 2 결정(結晶) 중에서, 결정수(結晶水)가 무수물(無水物)을 구성하는 원자 또는 이온과 결합하는 일. **수화-하다**² [동] [자여]
수화⁴(手話) [명] 귀로 들을 수 없어 입으로도 말할 수 없는 사람들 사이에서 손과 팔의 동작이나 손가락 모양을 통해 의사를 전달하는 일. 또는, 그 방법. **수화-하다**³ [자여]
수화⁵(受話) [명] 전화를 받는 것. ¶~자(者). ↔송화(送話). **수화-하다**⁴ [동] [자여]
수화⁶(燧火) [명] 1 =햇불. 2 부시를 쳐서 낸 불.
수화-기(受話器) [명] 1 전화기나 무선기 따위에서 전류를 음성으로 바꾸는 장치. ¶전화~ / ~를 들다[놓다]. ↔송화기. 2 '송수화기'를 관용적으로 이르는 말.
수화-물¹(水化物) [명] [화] 물질에 물 분자가 결합한 것. 물 분자의 수에 따라 '일수화물(一水化物)·이수화물…'이라 함.
수-화물²(手貨物) [명] =수하물.
수화-법(手話法) [명] [교] 농아 교육에서, 손짓으로 말하는 법. =지화법(指話法).
수화-상극(水火相剋) [명] 물과 불이 서로 용납하지 못한다는 뜻. 서로 원수같이 지냄.
수화^작용(水化作用) [명] [광] 암석이 풍화할 때, 광물이 물을 흡수하여 함수 광물로 변하는 작용.
수확(收穫) [명] 1 (곡식을) 거두어들이는 것. 또는, 그 소출. ¶쌀 ~이 예년보다 줄었다. 2 어떤 일에 대한 성과를 비유하여 이르는 말. ¶이번 세미나에서 얻은 ~은 크다. **수확-하다** [타여] ¶보리를 ~. **수확-되다** [동자]
수확-고(收穫高) [-꼬] [명] =수확량.
수확-기(收穫期) [-끼] [명] 농작물을 거두어들이는 시기.
수확-량(收穫量) [-황냥] [명] 수확한 분량. =수확고.
수확^체감의 법칙(收穫遞減-法則) [-의-/-에] [경] 생산 요소인 토지·자본·노동력 중에서 어떤 생산 요소만을 증가시키고 다른 생산 요소의 양을 일정하게 하면, 생산량의 증가분이 차츰 감소한다는 법칙.
수회¹(收賄) [-회/-훼] [명] 뇌물을 받는 것. 비수뢰. ↔ 증회(贈賄). **수회-하다** [타여] ¶그 공무원은 기업인으로부터 거금을 **수회**한 혐의를 받고 있다.
수회²(愁懷) [-회/-훼] [명] 근심스러운 회포.
수:회³(數回) [-회/-훼] [명] 여러 번. ¶~에 걸친 교섭 / ~ 시도했으나 실패하였다.
수:효(數爻) [명] 사물의 낱낱의 수. ¶~를 세다[헤아리다].
수훈¹(垂訓) [명] 후세에 전하는 교훈. ¶산상(山上) ~.
수훈²(受勳) [명] 훈장을 받는 것. **수훈-하다**¹ [동] [자여]

수훈³(首勳) [명] 첫째가는 큰 공훈.
수훈⁴(殊勳) [명] 뛰어난 공훈. ¶~ 선수 / 결승전에서 ~을 세우다.
수훈⁵(樹勳) [명] 공훈을 세우는 것. **수훈-하다**² [동] [자여]
수회(隨喜) [-히] [명] [불] 마음으로 귀의(歸依)하여 참기쁨을 느끼는 것. **수회-하다** [동] [자여]
숙고(熟考) [-꼬] [명] 잘 생각하는 것. ¶심사(深思)~. **숙고-하다** [타여] ¶오랫동안 숙고한 끝에 결단을 내리다.
숙-고사(熟庫紗) [-꼬-] [명] 숙사(熟紗)로 짠 고사. ¶생고사(生庫紗).
숙과(熟果) [-꽈] [명] '숙실과(熟實果)'의 준말.
숙군(肅軍) [-꾼] [명] 기강이 서 있지 않은 군을 숙정(肅正)하는 것. **숙군-하다** [동] [자여]
숙녀(淑女) [숭-] [명] 1 교양과 예의를 갖춘 정숙한 여자. ¶요조(窈窕)~. 2 성년이 된 여자의 미칭. ¶예비 ~. ↔신사.
숙녀-복(淑女服) [숭-] [명] 숙녀들이 입는 옷.
숙다 [-따] [자] 1 (머리·고개·허리 등이) 앞으로 기울어지다. ¶벼 이삭이 ~. 2 (기운이나 기세가) 꺾이거나 줄다. ¶기세가 숙어들다.
숙달(熟達) [-딸] [명] (어떤 일에) 능숙하게 통달하는 것. 또는, (어떤 일을) 능숙하게 하는 것. ¶~자(者). **숙달-하다** [자여] ¶영어에 ~. **숙달-되다** [동자] ¶숙달된 조교가 시범을 보이다.
숙당(肅黨) [-땅] [명] 정당이 내부의 부패를 바로잡는 일. **숙당-하다** [동자여]
숙덕(宿德) [-떡] [명] 오래도록 쌓은 덕.
숙덕-거리다/-대다 [-떡꺼(때)-] [동] [자타] 여럿이 모여 작은 목소리로 은밀하게 이야기하다. ¶사람들이 대문 앞에서 **숙덕거리고** 있었다. [작]속닥거리다. [센]쑥덕거리다.
숙덕-공론(-公論) [-떡꽁-] [명] 남몰래 숙덕거리는 의론. ¶아침부터 골방에 모여 웬 ~이냐? [센]쑥덕공론. **숙덕공론-하다** [동] [자타] [여]
숙덕-숙덕 [-떡쑥떡] [부] 숙덕거리는 모양. [작]속닥속닥. [센]쑥덕쑥덕. **숙덕숙덕-하다** [동] [자타] [여]
숙덕-이다 [-떡-] [동] [자타] 여럿이 모여 작은 목소리로 은밀하게 이야기하다. [작]속닥이다. [센]쑥덕이다.
숙덜-거리다/-대다 [-떨-] [동] [자타] 여럿이 모여 자꾸 주위를 살피며 가만가만이 이야기하다. [센]쑥덜거리다.
숙덜-숙덜 [-떨-떨] [부] 숙덜거리는 모양. [작]속달속달. [센]쑥덜쑥덜. **숙덜숙덜-하다** [동] [자타] [여]
숙독(熟讀) [-똑] [명] 1 익숙해지도록 읽는 것. 2 글의 뜻을 잘 생각하면서 읽는 것. **숙독-하다** [타여] ¶성경을 ~. ▷다독·난독.
숙란(熟卵) [숭난] [명] 삶아 익힌 달걀.
숙랭(熟冷) [숭냉] [명] 1 =숭늉. 2 제사 때 올리는 냉수.
숙련(熟練·熟鍊) [숭년] [명] 어떤 일에 익숙해져 잘하는 상태가 되는 것. ¶~을 요하는 일. **숙련-하다** [동자타여] ¶일단 **숙련하면** 그리 어려운 일은 아니다. **숙련-되다** [동자] ¶숙련된 솜씨.
숙련-공(熟練工) [숭년-] [명] 기술이 숙련된 직공. ¶~을 양성하다.
숙로(熟路) [숭노] [명] 익숙하게 잘 아는 길.

숙망(宿望)[숭-] 圈 1 오래도록 품은 소망. ¶고시 합격의 ~을 이루다. 2 오래된 명망.

숙맥(菽麥)[숭-] 圈 [숙맥불변(菽麥不辨)에서 온 말] 사리 분별을 못하는 어리석은 사람을 놀림조로 또는 얕잡아 이르는 말. ¶굴러 들어오는 복을 제 발로 차 버려? 이 사람 정말 ~이로구먼. ×쑥맥.

숙맥불변(菽麥不辨)[숭-뿔-] 圈 콩인지 보리인지 분간하지 못할 만큼 어리석음.

숙면(熟眠)[숭-] 圈 깊이 잠이 드는 것. 또는, 그런 잠. ¶~을 취하다. **숙면-하다** 邵邵

숙명(宿命)[숭-] 圈 날 때부터 정해진 운명. ¶그 여자는 불행으로 점철된 자신의 기구한 일생을 ~으로 받아들이고 그에 묵종하였다.

숙명-론(宿命論)[숭-논] 圈[철] =운명론.

숙명-적(宿命的)[숭-] 圈 이미 정해진 운명에 의한 (것). ¶~인 라이벌 관계.

숙모(叔母)[숭-] 圈 숙부(叔父)의 아내를 이르는 말. 田작은어머니. ▷백모(伯母)·계모(季母).

숙박(宿泊)[-빡] 圈 (여관·호텔 등에서) 머물러 잠을 자는 것. ¶~ 시설. **숙박-하다** 邵邵 ¶민가(民家)에서 ~.

숙박-계(宿泊屆)[-빡꼐/-빡께] 圈 =숙박신고(宿泊申告).

숙박-료(宿泊料)[-빵뇨] 圈 여관·호텔 등에서 숙박한 값으로 주는 요금.

숙박-부(宿泊簿)[-빡뿌] 圈 숙박인의 주소·성명·행선지 따위를 적는 장부.

숙박-신고(宿泊申告)[-빡씬-] 圈 여관 같은 데서 숙박인의 명부를 관할 경찰에 신고함. 또는, 그 서류. =숙박계.

숙박-업(宿泊業)[-빠겁] 圈 여관·호텔 등과 같이 손님을 숙박시키고 요금을 받는 영업.

숙배(肅拜)[-빼] 圈 1 삼가 공손히 절하는 것. 2 한문 투의 편지 끝에, 공경하여 말을 끊고 인사를 올린다는 뜻으로 쓰는 말. [역] =하직. 3. **숙배-하다** 邵邵 삼가 공손히 절하다.

숙변(宿便)[-뻔] 圈 장(腸) 속에 오래 머물러 있는 대변.

숙병(宿病)[-뼁] 圈 오래된 병. =숙아(宿痾)·숙질(宿疾).

숙부(叔父)[-뿌] 圈 아버지의 남동생을 이르는 말. 田작은아버지. ▷백부(伯父)·계부(季父).

-숙-부드럽다[-뿌-따] 圈邵 <~부드러우니, ~부드러워> 1 노글노글 부드럽다. 2 (사람의 심정이) 참하고 부드럽다. 3 얌전하고 점잖다.

숙-부인(淑夫人)[-뿌-] 圈[역] 조선 시대, 정3품 당상관의 아내의 봉작(封爵).

숙불환생(熟不還生)[-뿔-] 圈 [한번 익힌 음식은 날것으로 되돌아갈 수 없다는 뜻] 장만한 것을 남에게 권할 때 쓰는 말. ¶~이니 사양 마시고 많이 드십시오.

숙비(淑妃)[-삐] 圈[역] 고려 초기의 내명부(內命婦)의 정1품 품계.

숙사¹(宿舍)[-싸] 圈 1 숙박하는 집. 2 여러 사람이 집단으로 살고 있는 집.

숙사²(熟思)[-싸] 圈 깊이 생각하는 것. **숙사-하다** 邵邵

숙석(宿昔)[-썩] 圈 그리 멀지 않은 옛날.

숙설(熟設)[-썰] 圈 잔치 때 음식을 만드는 것. **숙설-하다** 邵邵

숙설-간(熟設間)[-썰깐] 圈 잔치 때 음식을 만드는 곳. =숙수간·숙수방. 田과방(果房).

숙설-거리다/-대다[-썰-] 邵邵邵 말소리를 낮추어 수다스럽게 숙덕거리다. ¶경애 모친은 컴컴한 속에서 아범과 **숙설거리고** 있는 것이 싫어 사랑문으로 향한다.《염상섭:삼대》邵속살거리다. 邵쑥설거리다.

숙설-숙설[-썰-썰] 圈 숙설거리는 모양. 邵속살속살. 邵쑥설쑥설. **숙설숙설-하다** 邵邵邵

숙성¹(熟成)[-썽] 圈 1 충분히 익숙해진 상태가 되는 것. 2 발효된 것이 잘 익는 것. 특히, 된장이나 술 등의 향미(香味)를 내는 일. **숙성-하다** 邵邵邵 **숙성-되다** 邵邵

숙성²(夙成)[-썽] → **숙성-하다²**[-썽-] 圈邵 발육이나 지각이 나이에 비하여 빠르다. 田조숙(早熟)하다. ¶**숙성한** 아이 / 말하는 걸 보면 여간 **숙성한** 게 아니다. ×숙지다.

숙소(宿所)[-쏘] 圈 제집을 떠난 사람이 임시로 머물러 묵는 곳. ¶~를 정하다《옮기다》. **숙소-하다** 邵邵

숙수(熟手)[-쑤] 圈 잔치 때 음식을 만드는 사람. 또는, 그 일을 직업으로 하는 사람. 田조리사.

숙수그레-하다[-쑤-] 圈邵 (조금 굵은 물건으로서) 크기가 그만그만하게 많다. ¶햇감자를 한 소쿠리 **숙수그레하게** 담아서 말네 집에 보냈다. 邵속소그레하다. 邵쑥수그레하다.

숙시¹(熟枾)[-씨] 圈 나무에 달린 채 무르녹게 잘 익은 감.

숙시²(熟視)[-씨] 圈 눈여겨 자세히 보는 것. **숙시-하다** 邵邵邵 ¶사태의 추이를 ~.

숙시숙비(熟是熟非)[-씨-삐] 圈 누가 옳고 누가 그른지 분명하지 않음.

숙시-주의(熟柿主義)[-씨-의/-씨-이] 圈 익은 감이 저절로 떨어지기를 기다리듯, 호기(好機)가 오기를 아무것도 하지 않고 기다리는 태도.

숙식(宿食)[-씩] 圈 1 자고 먹는 것. ¶~비 / ~을 무료로 제공하다. 2 먹은 뒤 밤이 지나도록 삭지 않는 음식. **숙식-하다** 邵邵邵

숙신-산(←succinic酸) 圈[화] 호박(琥珀)의 건류(乾溜)에 의해 발견된 카르복시산의 한 가지. 천연의 조개류, 미숙한 과실, 발효 제품 중에 함유되어 있으며, 조미료로 씀. 田호박산.

숙-실과(熟實果)[-씰-] 圈 유밀과(油蜜果)를 실과에 견주어 일컫는 말. 邵숙과.

숙씨(叔氏) 圈 남의 셋째 형이나, 셋째 아우에 대한 존칭.

숙어(熟語) 圈[언] 두 개 이상의 낱말이 합하여 하나의 뜻을 이루는 말. 또는, 관용적으로 특유한 뜻을 나타내는 성구(成句). 田익은말·관용어·성어(成語). ¶한자 ~ / 영어 ~ 사전.

숙어-지다 邵邵 1 앞쪽으로 기울어지다. 2 기세가 꺾여 줄어지다.

숙연¹(宿緣) 圈 1 오래 묵은 인연. 2 [불] 지난 세상에서 맺은 인연.

숙연²(肅然) → **숙연-하다** 圈邵 고요하고 엄숙하다. ¶**숙연한** 분위기 / **숙연한** 자세로 묵념하다. **숙연-히** 邵 ¶~ 경청하다.

숙용(淑容) 圈[역] 조선 시대, 종3품 내명부

숙원¹(宿怨) 몡 오래 묵은 원한. ¶~을 풀다.
숙원²(宿願) 몡 오랫동안 품어 온 바람이나 소원. ¶마을의 ~ 사업을 이루다.
숙원³(淑媛) 몡 [역] 조선 시대, 종4품 내명부의 품계.
숙유(宿儒) 몡 학식과 덕행이 높은 선비.
숙은(肅恩) 몡 은혜를 정숙히 사례하는 것. ¶~ 사배(四拜). **숙은-하다** 툉(타)(여)
숙의(淑儀) [-의/-이] 몡 [역] 조선 시대, 종2품 내명부의 품계.
숙의(熟議) [-의/-이] 몡 깊이 생각하여 충분히 의논하는 것. ¶~를 거듭하다. **숙의-하다** 툉(타)(여) ¶사업 계획을 ~.
숙-이다 툉(타) '숙다'의 사동사. ¶고개를 ~.
숙인(淑人) 몡 [역] 조선 시대에 정3품의 당하관 및 종3품의 종친 및 문무관의 아내에게 내리던 품계.
숙자(熟字) 몡 두 자 이상의 한자(漢字)가 합하여 한 뜻을 나타내는 글자. 임(林)·명(明) 따위.
숙적(宿敵) 몡 오래전부터의 적(敵).
숙정(肅正) -[정] 몡 엄하게 다스려 부정을 없애는 것. **숙정-하다** 툉(타)(여) ¶군기(軍紀)를 ~.
숙제(宿題) [-쩨] 몡 1 학교에서 배운 것의 복습과 예습을 목적으로 내주는 과제. ¶방학 ~ / ~를 내다. 2 앞으로 두고 생각하여 볼 문제. ¶우리 민족은 남북통일이라는 거대하고 엄숙한 ~를 안고 있다. 3 묵은 문제. ¶정부의 오랜 ~이던 부동산 투기 방지를 위한 획기적인 방안이 검토되고 있다.
숙주¹[-주] 몡 '숙주나물'의 준말. ¶~ 무침.
숙주²(宿主) 몡 [생] 기생 생물이 기생하는 동물 또는 식물. =기주(寄主) ▷중간 ~.
숙주-나물 [-쭈-] 몡 1 녹두에 물을 주어 싹나게 한 나물. ㉺숙주. 2 숙주를 양념하여 무친 반찬.
숙주^식물(宿主植物) [-쭈싱-] 몡 [식] 기생 식물의 숙주가 되는 식물. =기주 식물(寄主植物).
숙지¹(宿志·夙志) [-찌] 몡 오래전부터 마음에 품어 온 뜻.
숙지²(熟知) [-찌] 몡 (어떤 사실이나 내용 등을) 익히 잘 아는 것. **숙지-하다** 툉(타)(여) ¶우리 경제가 수출에 크게 의존하고 있음은 누구나 다 숙지하는 사실이다.
숙지근-하다 [-찌-] 휑(여) 맹렬하던 형세가 차츰 줄어든 느낌이 있다.
숙-지다¹ [-찌-] 툉(자) 어떤 현상이나 기세 따위가) 차차 수그러들다. ¶아침저녁에 선선한 바람기가 생기었건만 더위가 채 숙지 아니한 때다.《홍명희: 임꺽정》
숙-지다² '숙성하다'의 잘못.
숙직(宿直) [-찍] 몡 관청·회사 등의 직장에서 잠을 자며 지키는 일. 또는, 그 사람. ↔일직(日直). ▷당직. **숙직-하다** 툉(자)(여)
숙직-실(宿直室) [-찍씰] 몡 숙직하는 사람이 자는 방.
숙질(叔姪) [-찔] 몡 아저씨와 조카를 동시에 이르는 말.
숙질-간(叔姪間) [-찔-] 몡 아저씨와 조카 사이.
숙채(熟菜) 몡 익힌 나물. ↔생채(生菜).
숙청(肅淸) 몡 엄하게 다스려 잘못이나 그릇된 일을 치워 없애는 것. 또는, 그런 사람을 없애는 것. 특히, 독재 정치 등에서 반대파를 추방하는 일. ¶피의 ~ / 무자비한 ~. **숙청-하다** 툉(타)(여) ¶반대파를 ~. **숙청-되다** 툉(자)
숙체(宿滯) 몡 [한] 오래 묵은 체증.
숙취(宿醉) 몡 이튿날까지 깨지 않은 취기. ¶~ 미성 / ~로 머리가 아프다.
숙친(熟親) →숙친-하다 휑(여) 오래 사귀어 정분이 아주 가깝다. **숙친한** 벗.
숙항(叔行) [수캉] 몡 아저씨뻘이 되는 항렬.
숙호충비(宿虎衝鼻) [수코-] 몡 [자는 호랑이의 코를 찌른다는 뜻] 공연히 건드려서 화를 입거나 일을 불리하게 만듦.
숙환(宿患) [수쾐] 몡 오랫동안 앓아 온 병. ㈀숙병. ¶~으로 별세하다.
순¹ 閂 욕할 때에 '아주'의 뜻으로 쓰는 말. ¶몹쓸 놈 같으니라고. / 넌 ~ 거짓말쟁이야.
순²(巡) 몡 ①[자립] 1'순행(巡行)'의 준말. ¶~을 돌다. 2 돌아오는 차례. 3 활을 쏘는 경기나 시험에서, 여러 사람이 각각 화살 다섯 대를 돌아가며 쏘는 일. ¶첫 번째 ~이 끝나다. ②[의존] 1 3을 세는 단위로 이르는 말. ¶3~ / 10~.
순³(筍·笋) 몡 나뭇가지나 풀줄기로 된, 길게 돋은 싹. ¶~이 돋다 / ~을 치다.
순⁴(純) 괸 잡물이 섞이지 않은, 순전한. ¶~ 한국식 가옥 / ~ 백지상태에서 출발하다.
-순⁵(順) 젭미 어떤 명사 뒤에 붙어, 차례를 나타냄. ¶키순대로 / 원고 도착 ~.
순간¹(旬刊) 몡 (신문·잡지 따위들) 열흘 간격으로 발행하는 일. 또는, 그 발행물. ¶~ 잡지. ▷월간·주간. **순간-하다** 툉(타)(여)
순간²(旬間) 몡 1 음력 초열흘께. 2 열흘 동안.
순간³(瞬間) 몡 1 극히 짧은 시간. ¶역사적인 ~. 2 어떤 일이 일어난 바로 그때. 선행문(先行文)의 사건과 후행문의 사건이 거의 동시에 이루어짐을 나타낸 말. ㈀찰나. ¶골목을 막 벗어나려는 ~ 누군가 내 등을 탁 쳤다.
순간-순간(瞬間瞬間) Ⅰ 몡 순간과 순간. 곧, 매 순간. ¶~을 열심히 살다. Ⅱ 閂 매 순간에. ¶그는 환부에 ~ 견디기 어려운 통증을 느꼈다.
순간-온수기(瞬間溫水器) 몡 관(管) 안의 물이 흐름과 동시에 가스버너에 점화되어 수통에서 온수가 나오게 된 기구.
순간-적(瞬間的) 괸 눈 깜짝할 사이에 있는 (것). ¶~ 쾌락 / ~으로 일어난 사고.
순간^풍속(瞬間風速) 몡 [기상] 어떤 시각에 있어서의 풍속.
순강(巡講) 몡 여러 곳으로 돌아다니며 강의나 강연을 하는 것. 또는, 그 강의나 강연. **순강-하다** 툉(자)(여)
순검(巡檢) 몡 1 순찰하며 살피는 것. 2 [역] 밤마다 순장(巡將)과 감군(監軍)이 맡은 구역 안을 돌며 통행을 감시하는 일. 3 [역] 조선 말에 경무청에 딸렸던 경리(警吏). **순검-하다** 툉(타)(여)
순결(純潔) 몡 1 (마음이) 순수하고 깨끗한 상태에 있는 것. 2 여자가 성적(性的)인 경험을 하지 않고 처녀의 몸을 유지하는 상태. ¶~을 잃다 / 강제로 ~을 빼앗기다. ▷동정(童貞). 3 (남자나 여자가) 문란하거나 부도덕한 성관계를 맺지 않아 정신적·육체적으로 깨끗한 상태에 있는 것. **순결-하**

순결교육(純潔敎育) 명[교] 올바른 성지식(性知識)을 가르쳐 남녀 사이의 도덕을 확립하는 것을 목적으로 하는 교육. ▷성교육(性敎育)

순결무구(純潔無垢) →순결무구-하다 형여 마음과 몸가짐이 깨끗하여 조금도 더러운 티가 없다. ¶**순결무구**한 아기의 눈동자.

순경(巡更) 명 밤에 도둑·화재 따위를 경계하기 위하여 돌아다니는 것. ¶~을 돌다. **순경-하다** 자여

순경²(巡警) 명 1 돌아다니며 경계하는 것. (비)순찰. 2 경찰관의 최하 계급. **순경-하다²** 동태여 돌아다니며 경계하다.

순경³(順境) 명 환경이나 경제적 조건 등이 좋아서 모든 일이 뜻대로 이루어지는 상황. ↔역경(逆境).

순경-음(脣輕音) 명 [언] 고어에서 입술을 거쳐 나오는 가벼운 소리. 'ㅸ', 'ㅹ', 'ㆄ'이름. =가벼운입술소리.

순계(純系) [-게/-계] 명 [생] 일정한 형질에 관여하는 유전자가 모두 호모 접합이며 다른 형질이 뚜렷한 변이를 나타내지 않는 개체로 이루어지는 계통.

순계^분리(純系分離) [-게불/-계불-] 명[생] 재배 식물이나 가축 등에서, 여러 계통이 뒤섞인 품종 가운데 순계를 골라내는 품종 개량법.

순계-설(純系說) [-게-/-계-] 명[생] 이미 순계를 이룬 상태에서는 변이 개체를 선택하여 자가 수정해도 그 자손은 같은 계통으로만 변이를 나타내므로 순계에 대한 선택은 무효라고 하는 학설.

순교(殉敎) 명[종] 자기가 믿는 신앙을 지키기 위하여 목숨을 바치는 것. **순교-하다** 동자여

순교-자(殉敎者) 명 순교한 사람.

순국(殉國) 명 나라를 위하여 목숨을 바치는 것. **순국-하다** 동자여

순국-선열(殉國先烈) [-썬-] 명 나라를 위하여 목숨을 바친 윗대의 열사. ¶~을 추모하다.

순국-열사(殉國烈士) [-궁널싸] 명 나라를 위하여 목숨을 바쳐 장렬하게 싸운 사람.

순금(純金) 명 잡물이 섞이지 않은 순수한 금. =본금(本金)·정금(正金). (비)이십사금. ↔반지.

순!기(順氣) 명 1 풍작이 예상되는 순조로운 기후. 2 도리에 맞는 올바른 기상. 3 기후에 순응하는 것. 4 순조로운 기분.

순!-기능(順機能) 명 사물에 좋은 방향으로 작용하는 기능. ¶산업 발전의 ~과 역기능.

순대 명 돼지의 창자 속에 쌀·두부·파·숙주나물 등을 넣고 삶아 익힌 음식. ×골집.

순도¹(純度) 명 어떤 물질 중에, 그 주성분인 순물질이 차지하는 비율. ¶~ 99%의 금(金).

순도²(殉道) 명 동양 종교에서, 종교적 진리를 위하여 목숨을 바치는 것. **순도-하다** 동자여 ¶천주교 교조인 최제우는 사도(邪道)로 세상을 어지럽혔다는 죄로 1864년 41세의 나이로 **순도**하였다.

순동(純銅) 명 다른 쇠가 섞이지 않은 순수한 구리.

순!-되다(順-) [-뙤-/-뛔-] 형 사람됨이 순수하고 진실하다. ¶다만 **순되고** **순된** 어머니의 자애로운 빛이 한 점 티끌을 머무르지 않은 채 의젓하게 넘쳐흘렀다.《박종화: 다정불심》

순-두부(-豆腐) 명 눌러서 굳히지 않은 두부. =수두부(水豆腐).

순!-둥이(順-) 명 순한 아이를 귀엽게 이르는 말.

순라(巡邏) [술-] 명 1 [역] 순라군이 도둑·화재 등을 경계하기 위해 도성 안을 돌아다니던 일. =졸경. 2 '술래'의 원말.

순라-군(巡邏軍) [술-] 명 [역] 조선 시대에, 도둑·화재 등을 경계하기 위해 밤에 사람의 통행을 금하고 순찰을 돌던 군졸. =졸경군(卒更軍).

순량(純良·醇良) [술-] →순량-하다¹ [술-] 형여 순진하고 선량하다. ¶**순량한** 백성 / 마음이 ~.

순!량²(順良) [술-] →순!량-하다² [술-] 형여 성질이 부드럽고 무던하다. ¶**순량한** 처녀 / **순량한** 시골 인심.

순례(巡禮) [술-] 명 [종] 종교적으로 의미 있는 곳을 찾아다니며 참배하는 것. ¶성지(聖地) ~. **순례-하다** 동태여

순례-자(巡禮者) [술-] 명 성지(聖地)를 순례하는 사람.

순!로(順路) [술-] 명 1 평탄한 길. 2 사물의 당연하고 올바른 순서. ↔역로(逆路).

순록(馴鹿) [술-] 명 [동] 포유류 사슴과의 한 종. 몸높이 1~1.4m. 암수 모두 뿔이 있고, 털빛은 여름에 암갈색, 겨울에 회색을 띰. 썰매를 끌게 하는 외에 고기와 젖은 먹고 가죽은 의복·천막 따위를 만듦. 북극 지방의 툰드라 지대에 무리를 이루어 삶. =토나카이.

순!류(順流) [술-] 명 1 물이 아래로 흐르는 것. 2 물이 흐르는 쪽으로 좇는 것. ↔역류(逆流). **순!류-하다** 동자여

순!리(順理) [술-] 명 마땅히 지키거나 따라야 할 도리나 이치. ¶세상을 ~대로 살아야지 매사를 그렇게 억지로 하려 들면 되겠느냐?

순!리-적(順理的) [술-] 관명 이치에 따르는 (것). ¶~으로 해결하다.

순망(旬望) 명 음력 초열흘과 보름.

순망-간(旬望間) 명 음력 초열흘로부터 보름까지의 동안.

순망치한(脣亡齒寒) 명 서로 밀접한 관계에 있어서 하나가 망하면 다른 하나도 그 영향을 받음. '입술이 없으면 이가 시리다'와 같은 말.

순-매도(純賣渡) 명[경] 주식 거래에 있어서, 어떤 투자가, 또는 어떤 종목의 매도가 매수보다 많을 경우에 매도에서 매수를 뺀 나머지 거래량이나 거래액. 또는, 매도가 매수보다 많은 거래 상태. ↔순매수. **순매도-하다** 동태여

순-매수(純買收) 명[경] 주식 거래에 있어서, 어떤 투자가, 또는 어떤 종목의 매수가 매도보다 많을 경우에 매수에서 매도를 뺀 나머지 거래량이나 거래액. 또는, 매수가 매도보다 많은 거래 상태. ¶기관 투자가들이 ~로 돌아서면서 주가가 상승세를 타고 있다. ↔순매도. **순매수-하다** 동태여 ¶외국인은 금융주를 조정기에 **순매수**했다.

순면(純綿) 명 면사(綿絲)로만 짠 직물. ¶~ 바지 / ~ 양말.

순모(純毛) 명 면사나 화학 섬유 따위가 섞이

지 않은 순수한 털실이나 모직물. ¶~ 코트.

순-무¹ 명 1 [식] 십자화과의 한해살이풀 또는 두해살이풀. 무의 하나로, 뿌리는 둥글고 흰색·적색·자색이며, 봄에 노란 꽃이 핌. 뿌리와 잎은 비타민을 많이 함유한 중요한 채소임. 2 1의 뿌리. 통통하며 물이 많음. 흔히 찬거리로 쓰는데, 날로 먹기도 함.

순-무² (巡撫) 명 여러 곳으로 다니며 백성의 마음을 달래고 위로하는 것. **순무-하다** 톰 태여

순무-사 (巡撫使) 명 [역] 조선 시대에, 반란과 전시(戰時)의 군무(軍務)를 맡아보던 임시 벼슬. =순무대장.

순-물 명 순두부를 누를 때에 나오는 물.

순박 (淳朴·淳樸·醇朴) →**순박-하다** [-바카-] 형 순수고 꾸밈이 없다. ¶**순박한** 인심 / **순박한** 시골 청년.

순발-력 (瞬發力) 명 1 [체] 근섬유의 순간적인 수축에 의하여 나타나는 근육의 힘. 순간적으로 몸을 움직여 곧 힘을 낼 수 있는 능력. ¶~이 뛰어난 단거리 선수. 2 뜻밖의 일이나 어려움에 순간적으로 재빠르게 대처하는 능력. 비유적인 말임. ¶유창한 화술과 ~이 돋보이는 엠시.

순방¹ (巡房) 명 여러 방을 돌아다니며 살피는 것. **순방-하다** 톰 재여

순방² (巡訪) 명 차례로 방문하는 것. ¶~ 외교 / 교황의 중동 ~. **순방-하다**² 톰 태여 ¶동남아 7개국을 ~.

순배 (巡杯) 명 술자리에서 술잔을 차례로 돌리는 것. 또는, 그 술잔. ¶술이 한 ~ 돌다. **순배-하다** 톰 재여

순백¹ (純白) 명 '순백색'의 준말. ¶~의 웨딩 드레스.

순백² (純白) →**순백-하다** [-배카-] 형여 1 순수하게 희다. ¶**순백한** 색. 2 마음이 더럽지 않고 깨끗하다. ¶**순백한** 마음.

순-백색 (純白色) 명 다른 빛이 섞이지 않은 순수한 흰빛. ㉰순백.

순·번 (順番) 명 차례로 갈아드는 번. 또는, 그 순서. ¶~을 기다리다 / ~을 정하다.

순보 (旬報) 명 열흘에 한 번씩 발행하는 신문. ¶한성(漢城) ~.

순분 (純分) 명 금화·은화 또는 지금(地金)에 들어 있는 순금·순은의 분량.

순-뽕 (筍-) 명 새순이 돋아 핀 뽕잎.

순사 (巡査) 명 [일제] 경찰관의 최하위 계급. 지금의 순경(巡警)에 해당함.

순사² (殉死) 명 1 나라를 위하여 목숨을 바치는 것. ㉠순절(殉節). 2 임금이나 남편의 뒤를 따라 자살하는 것. **순사-하다** 톰 재여 ¶**순사한** 충신지사.

순산 (順産) 명 아무런 탈 없이 순조롭게 아이를 낳는 것. =안산(安産). ↔난산(難産). **순산-하다** 톰 태여

순상-지 (楯狀地) 명 [지] 고대 지질 시대에 지각 운동을 받아 뭉쳐진, 대륙의 중앙부를 형성하는 방패 모양의 땅덩이. 로렌시아 순상지 등.

순상^화산 (楯狀火山) 명 [지] 유동성이 큰 용암이 완만하고 얇게 널리 분출하여, 방패 모양을 이룬 화산. =아스피테(Aspite).

순색 (純色) 명 1 [미] 색상(色相) 중에서 채도(彩度)가 가장 높은 빛깔. 2 순수한 빛깔.

순·서 (順序) 명 1 여러 대상을 벌이나 늘어놓는 일정한 질서. ㉠차례. ¶~가 바뀌다. 2 어떤 일들이 행해지거나 이뤄질 때, 어느 것이 먼저이고 어느 것이 나중인가에 대한 구분. ¶~를 지키다 / 모든 일에는 다 ~가 있다.

순·서-도 (順序圖) 명 [컴] 컴퓨터로 처리하고자 하는 문제를 분석하거나 그 처리 순서를 단계화하여 상호 간의 관계를 약속된 기호와 흐름선을 사용하여 알기 쉽게 나타낸 그림.

순·서-수 (順序數) 명 [수] 사물의 순서를 나타내는 수. 첫째·둘째 따위.

순·성 (順成) 명 아무 탈 없이 순조롭게 이루는 것. **순·성-하다** 톰 태여 ¶기적자리 위에 신랑 색시가 마주 서서 큰절 한 번으로 인륜의 대례를 **순성하였다**.〈홍명희:임꺽정〉

순-소득 (純所得) 명 전체 소득에서 소득을 얻기 위하여 들인 비용을 뺀 순수한 소득.

순수¹ (巡狩) 명 임금이 나라 안을 살피며 돌아다니는 것. =순행. **순수-하다**¹ 톰 태여

순수² (純粹) 명 1 잡된 것이나 이질적인 것이 섞이지 않은 것. 2 사사로운 욕심이나 못된 생각이 없는 것. 3 학문에서 경제적 내용이나 응용(應用)을 포함하지 않은, 형식만을 다루는 이론적 부문. 순수 수학 등. **순수-하다** 형여 1 잡된 것이나 이질적인 것이 섞임이 없다. ¶**순수한** 물 / **순수한** 금. 2 사사로운 욕심이나 못된 생각이 없다. ¶**순수한** 애정 / **순수한** 마음.

순수^문학 (純粹文學) 명 [문] 1 대중적인 오락 위주의 문학이 아닌, 순수한 예술성을 지향하는 문학. ↔통속 문학. 2 시·소설·희곡 등과 같이 상상력에 의한 창작 문학을, 역사·철학 등과 같은 넓은 뜻의 문학에 상대하여 이르는 말. =순문학.

순수^배양 (純粹培養) 명 [생] 한 가지의 생물[세균]만을 분리하여 다른 생물이 섞이지 않도록 배양하는 일.

순수-비 (巡狩碑) 명 [역] 임금이 순수한 곳을 기념하기 위하여 세운 비석. ¶진흥왕 ~.

순수-시 (純粹詩) 명 [문] 1 교훈·관념 등의 산문적 요소를 배제하고 언어의 음악성이나 회화성에 주력하는 시. 2 어떤 이념이나 주장을 배제하고 순수한 서정을 지향하는 시. ↔참여시.

순수^이성 (純粹理性) 명 [철] 칸트 철학에서, 경험에 앞서, 감각 표상(感覺表象)과는 관계없이 사물을 선천적으로 인식하는 능력. ▷실천 이성.

순·순¹ (順順) →**순·순-하다** 형여 1 (성질이) 고분고분하고 순하다. 2 (음식의 맛이) 순하다. **순·순-히**¹ 투 — 물러가다.

순순² (諄諄) →**순순-하다**² 형여 (타이르는 태도가) 다정스럽고 친절하다. **순순-히**² 투

순순환^소수 (純循環小數) 명 [수] 소수 첫자리부터 순환하는 소수. ▷순환 소수.

순시¹ (巡視) 명 돌아다니며 사정을 보살피는 것. 또는, 그 사람. ¶대통령의 연두(年頭) ~ / 각 도(道)를 ~.

순시² (瞬時) 명 =삼시간.

순시-선 (巡視船) 명 해상(海上)의 안전과 치안의 확보 따위에 관한 업무를 맡아보는 특수선.

순식-간 (瞬息間) [-깐] 명 눈을 한 번 깜짝하거나 숨을 한 번 쉴 정도의 극히 짧은 동안. 일시. ¶~에 벌어진 사건 / 불길이 ~에 사방으로 번지다.

순실¹ (純實) →**순실-하다**¹ 형여 순직하고 참되다.

순실² (淳實) →**순실-하다**² 형여 순박하며 참

순애¹(純愛)[명] 순수한 사랑.
순애²(殉愛)[명] 사랑을 위하여 모든 것을 바치는 것. **순애-하다**[동][자여]
순애-물(純愛物)[명] 영화·연극·소설 따위에서 순수한 애정을 주제로 한 작품.
순양(巡洋)[명] 해양을 순찰하는 것. **순양-하다**[동][자여]
순양-함(巡洋艦)[명][군] 군함의 하나. 전함과 구축함의 중간 단계의 배로, 정찰·경계·공격 등의 여러 목적에 쓰임.
순!역(順逆)[명] 1 순종과 거역. 2 순리(順理)와 역리(逆理).
순!연¹(順延)[명] 차례로 기일을 늦추는 것. **순!연-하다¹**[타여] ¶우천(雨天)일 경우에 일정을 순연하다. 순!연-되다[자여]
순연²(純然) →**순연-하다²** [형여] 다른 것의 섞임이 조금도 없이 제대로 온전하다. =순호하다. 순연-히[부]
순!열(順列)[명] 1 차례대로 늘어선 줄. 2 [수] 주어진 물건 중에서 몇 개를 취하여 어떤 순서로 나열한 것. 서로 다른 n개 중에서 r개를 취한 순열의 수는 $_nP_r=n(n-1)(n-2)\cdots(n-r+1)=n!/(n-r)!$로 표시됨.
순!위(順位)[명] 차례를 나타내는 자리. ¶~결정전 / ~ 고사 / ~를 매기다.
순유(巡遊)[명] 여러 곳으로 돌아다니며 노는 것. **순유-하다**[동][자여]
순은(純銀)[명] 잡물이 섞이지 않은 순수한 은. =정은(正銀).
순음(脣音)[명] =입술소리.
순-음악(純音樂)[명][음] 음악 외의 다른 예술의 표상이나 관념과 직접 연결되지 않고 음의 구성 면에 집중하려는 음악. =절대 음악. ↔표제 음악.
순!응(順應)[명] 1 환경이나 경우의 변화에 익숙해지는 것. 2 [생] 생물체의 기능·성질·상태가 주어진 새로운 조건의 지속적인 변화에 따라 변화하는 것. 3 [심] 감각 기관이 같은 자극을 연속하여 수용하는 것과 그에 대한 감수성이 저하되는 현상. 냄새에 대한 후각의 순응이나 시각의 명순응·암순응 따위. **순!응-하다**[동][자여]
순의(殉義)[-의/-이][명] 의(義)를 위하여 죽는 것.
순-이익(純利益)[-니-][명] 총이익 중에서 영업비·잡비 등 총비용을 빼고 남은 순전한 이익. 준순리·'순이익'의 준말.
순익(純益)[명] →'순이익'의 준말.
순일¹(旬日)[명] 1 음력 초열흘. 2 열흘 동안.
순일²(純一) →**순일-하다** [형여] 다른 것의 섞임이 없이 순수하다.
순-잎(筍-)[-닢][명] 순이 돋아 핀 잎.
순장(殉葬)[명][역] 임금이나 귀족이 죽었을 때, 살아 있는 그의 아내나 신하 또는 종을 함께 장사 지내는 일. **순장-하다**[동][타여] **순장-되다**[동][자]
순!장-바둑(順將-)[명] 우리나라 고유의 바둑. 17개의 화점(花點)에 흑돌과 백돌을 각 8개씩 대칭으로 놓고, 중앙의 화점인 장점(丈點)에 판마다 흑백이 번갈아 가며 두기 시작하는 바둑.
순전(純全) →**순전-하다** [형여] (주로 어떤 명사 앞에서 '순전한'의 꼴로 쓰여) 그 명사가 나타내는 특성이나 속성을 전적으로 가진 상태에 있다. ¶네가 그렇게 생각하는 건 순전한 오해다. **순전-히**[부] ¶이번 사고는 ~ 네 탓이다.
순절(殉節)[명] 충절이나 정절을 지켜 죽는 것. **순절-하다**[동][자여]
순!접(順接)[명][언] 앞뒤 문장이 논리적 모순 없이 이유·원인·조건 등의 관계로 순조롭게 이어지는 일. '그리고', '그래서', '그러니', '그러므로' 따위가 쓰임. ↔역접(逆接).
순정¹(純正)[명] 1 순수하고 올바른 것. 2 학문에서 응용이나 경험에는 관계없이 주로 이론이나 형식을 중히 여기는 것. ¶~ 수학 / ~ 미술. ▷응용.
순정²(純正) →**순정-하다** [형여] (성질이) 순수하고 올바르다.
순정³(純情)[명] 순결한 애정. ¶~을 바치다 / 소녀의 ~을 그린 소설.
순정-적(純情的)[관][명] 순정 그대로인 (것). ¶~인 사람.
순정-조(純正調)[-쪼][명][음] 수학적 계산에 의하여 음률을 정한 조율. 각 음 사이의 진동수 비를 2분의 3으로 하는 피타고라스의 방법 등이 있음.
순!조-롭다(順調-)[-따][형][ㅂ][여] (~로우니, ~로워) 일이 탈이나 말썽 없이 예정대로 잘되어 가는 상태에 있다. ¶순조로운 항해 / 모든 일은 **순조롭게** 되어 갔다. **순!조로이**[부] ¶공장 기계는 ~ 돌아가고 있으니까 안심하세요.
순종¹(純種)[명][생] 딴 계통과 섞이지 않은 순수한 종(種). ¶~의 진돗개. ↔잡종.
순!종²(順從)[명] (어떤 사람에게, 또는 그의 말에 [을]) 순순히 따르는 것. **순!종-하다**[동][자][타][여] ¶선생님 말씀에 [을] ~ / 부모님께 ~.
순지르-기(筍-)[명] 초목의 곁순을 잘라 내는 일. =곁순치기. **순지르기-하다**[동][자여]
순-지르다(筍-)[동][자][르][<~지르니, ~질러> 초목의 곁순을 잘라 내다.
순직¹(殉職)[명] 직무를 수행하는 중에 목숨을 잃는 것. **순직-하다¹**[동][자여] ¶김 형사는 범인을 검거하려다 그가 휘두르는 흉기에 맞아 순직하셨다.
순직²(純直) →**순직-하다²**[-지카-] [형여] (마음이) 순박하고 곧다. ¶순직한 농부.
순진(純眞) →**순진-하다** [형여] 1 (사람, 특히 어린이가) 마음이 꾸밈이 없이 순박하고 참되다. ¶때 묻지 않은 **순진한** 어린이. 2 (사람, 특히 성년이 된 사람이) 세상 물정에 어두워 어수룩하다. 얕잡는 말. ¶사람 참 **순진하기는**. 그렇게 원리 원칙만 따지다가는 아무것도 못 한다니까.
순진무구-하다(純眞無垢-)[형여] 티 없이 순진하다. ¶**순진무구한** 표정을 짓다.
순!차(順次)[명] 돌아오는 차례.
순!차-적(順次的)[관][명] 순서를 따라 차례차례하는 (것). ¶쉬운 것부터 ~으로 풀다.
순찰(巡察)[명] 두루 돌아다니면서 사정을 살피는 것. ¶~을 돌다. **순찰-하다**[동][타여]
순찰-대(巡察隊)[-때][명] 순찰할 목적으로 조직된 부대나 경찰대. ¶기동 ~ / 고속도로 ~.
순찰-사(巡察使)[-싸][명][역] 1 조선 시대, 전시에 왕명으로 지방의 군무를 순찰하는 임시직. 2 조선 시대, 각 도의 군비 태세를 살피던 벼슬. 관찰사가 겸직함. 준순사.
순찰^지구대(巡察地區隊)[명][법] 경찰서 관할 구역을 3~5개 권역으로 나누어, 순찰 활동을 효율적으로 펼 수 있도록 편성한 치안

경찰 조직.

순찰-차(巡察車) 圀 헌병·경관 등이 타고 범죄나 사고의 방지 등을 위하여 순회하는 자동차. =패트롤카.

순철(純鐵) 圀[화] 불순물이 조금도 섞이지 않은 철. 전자기·진공관·합금 등의 재료 및 내식관(耐蝕üst) 등으로 쓰임.

순치(馴致) 圀 **1** (짐승을) 길들이는 것. **2** 점차 어떠한 목표의 상태에 이르게 하는 것. **순치-하다** 图(타여) **순치-되다** 图(자)

순-치다(筍-) 图(타여) 식물의 발육을 좋게 하기 위하여 순을 자르다. 비순지르다.

순치-음(脣齒音) 圀[언] 아랫입술과 윗니 사이에서 나는 소리. 영어의 'v', 'f' 따위.

순치지국(脣齒之國) 圀 입술과 이가 서로 밀접한 관계를 가지는 것처럼, 이해관계가 밀접한 두 나라. ▷순망치한.

순치지세(脣齒之勢) 圀 입술과 이처럼 서로 의지하고 돕는 형세. ▷순망치한.

순!-탄(順坦) →**순!-탄-하다** 圀(여) **1** 성질이 까다롭지 않다. ¶**순탄**한 어조. **2** 길이 평탄하고 넓어 다니기 좋다. ¶**순탄**한 길. **3** 아무 탈 없이 순조롭다. ¶**순탄**한 인생 항로. **순!-탄-히** 團

순-톤수(純ton數) 圀 총톤수에서 선원실·기관실 등 선박 자체의 운항에 필요한 부분의 용적을 뺀 나머지의 용적. 톤세(ton稅)나 수수료 계산 등의 기준이 됨.

순통[純通] 圀 책을 외고 그 내용에 통달하는 것. **순통-하다**[1] 图(타여)

순!-통[2](順通) 圀 일이 순조롭게 잘 통하는 것. **순!-통-하다**[2] 图(자여)

순!-편(順便) →**순!-편-하다** 圀(여) 일이 거침새 없이 편하다. **순!-편-히** 團

순!-풍(順風) 圀 **1** 순하게 부는 바람. **2** 배가 가는 쪽으로 부는 바람. ¶~에 돛을 달다. ↔역풍.

순풍-미속(淳風美俗) 圀 인정이 두텁고 아름다운 풍속 또는 습관.

순!-하다(順-) 圀(여) **1** (성질·태도가) 남이 시키는 대로 잘 따르거나 남의 뜻을 잘 받아들이는 상태에 있다. 비온순하다. ¶**순한** 양 / 우리 아이는 성질이 **순해서** 남과 싸울 줄을 몰라요. **2** (맛이) 독하지 않다. ¶**순한** 술. **3** 일이 쉽고 까다롭지 않다. ¶일이 순하게 풀렸다. **4** 배가 가는 방향과 바람 부는 방향이 맞다. ¶바람이 **순하면** 3시간이면 배가 닿을수 있을 거요.

순항[1](巡航) 圀 배나 항공기를 타고 여러 곳을 돌아다니는 것. **순항-하다**[1] 图(타여) ¶태평양 연안을 ~.

순!-항[2](順航) 圀 **1** 순조롭게 항행하는 것. **2** 바람이나 조류를 뒤로 받으면서 항행하는 것. **순!-항-하다**[2] 图(자여)

순항^미사일(巡航missile) 圀[군] 컴퓨터 제어에 의한 제트 추진의 유익(有翼) 미사일. 명중률이 높고, 초저공 비행이나 우회 항행을 할 수 있기 때문에 레이더에 의한 포착이 아주 어려움. =크루즈 미사일.

순행[1](巡行) 圀 여러 곳으로 돌아다니는 것. 쥰순(巡). **순행-하다**[1] 图(타여)

순!-행[2](巡幸) 圀 =순수(巡狩)[1]. **순!-행-하다**[2] 图(자여)

순!-행[3](順行) 圀 **1** 차례로 가는 것. **2** 거스르지 않고 행하는 것. **순!-행-하다**[3] 图(자여)

순!행^동화(順行同化) 圀[언] 동화의 한 가지. 음이 앞에 오는 음의 영향을 받는 음운 현상. '칼날'의 '날'이 '랄'로, '공로'의 '로'가 '노'로 동화되는 따위. ▷상호 동화·역행 동화.

순-허수(純虛數) 圀[수] 실수부(實數部)가 0인 복소수.

순혈(純血) 圀 순수한 혈통. ↔혼혈.

순홍(純紅) 圀 '순홍색'의 준말.

순-홍색(純紅色) 圀 순수한 다홍빛. 쥰순홍.

순화[1](純化) 圀 불순한 것을 없애 순수하게 하는 것. **순화-하다**[1] 图(타여) **순화-되다**[1] 图(자)

순화[2](馴化) 圀[생] 지역·기후가 다른 곳에 옮겨진 생물이 점차로 그 환경에 적응하는 체질로 변해 가는 일. **순화-하다**[2] 图(타여) **순화-되다**[2] 图(자)

순화[3](醇化) 圀 **1** 정성 어린 가르침의 감화. **2** 잡스러운 것을 걸러 순수한 것이 되게 하는 것. ¶국어 ~ 운동. **3** [미] 재료를 취사선택하여 불순 요소를 없애는 것. **순화-하다**[3] 图(타여) ¶불량 학생을 ~. **순화-되다**[3] 图(자)

순화-어(醇化語) 圀 지나치게 어려운 말이나 비규범적인 말, 또는 외래어 등을 알기 쉽고 규범적인 상태로, 또는 아름다운 고유어로 순화한 말.

순환(循環) 圀 **1** (어떤 물체나 물질이) 일정한 곳을 주기적으로 되풀이하여 도는 것. ¶혈액 ~ / ~ 버스. **2** 어떤 상태에서 변화의 과정을 거쳐 다시 본래의 상태로 되돌아오는 것. 또는, 그런 일을 되풀이하는 것. ¶물의 ~ / 계절의 ~. **3** [컴] =루프(loop)[3]. **순환-하다** 图(타여) **순환-되다** 图(자)

순환-계(循環系) 圀 [-계/-계] 圀[생] 신체의 각 부분에 체액(體液)을 흐르게 하는 관계(管系). 혈관계와 림프계가 있음.

순환-과정(循環過程) 圀[물] 물체가 놓여 있는 상태를 여러 가지로 변화시켰다가 다시 먼저 상태로 되돌아갈 때까지의 과정. =사이클.

순환-기(循環器) 圀[생] 혈액을 순환시켜 섭취한 영양분·산소 등을 몸의 각 조직에 나르고 노폐물을 모아 배설하기 위하여 운반하는 기관. 심장·혈관·림프관 따위.

순환^논증(循環論證) 圀[논] 논점 선취(論點先取)의 허위의 하나로 논증해야 하는 결론을 잠재적·현재적(顯在的)으로 논증의 전제로 하는 논증법. =순환 논법.

순환^도로(循環道路) 圀 일정한 지역을 순환할 수 있도록 닦아 놓은 도로. ¶남산 ~.

순환^마디(循環-) 圀[수] 순환 소수에서, 같은 차례로 되풀이되는 몇 개의 숫자의 마디. 3.141414…에서의 14 따위.

순환-매(循環買) 圀[경] 증권 시장에서, 한 종목에서 다른 종목으로, 또는 한 업종에서 다른 업종으로 대상이 순환적으로 바뀌면서 매입이 이뤄지는 현상.

순환-선(循環線) 圀 기차·전차 따위가 한 바퀴 돌아서 떠난 자리로 와서 다시 돌게 된 선로. 또는, 그렇게 운행되는 기차·전차 따위.

순환^소수(循環小數) 圀[수] 소수 부분에 몇 가지의 수가 같은 순서로 계속 되풀이되는 소수. 1/3=0.3333…, 7/22=0.318181… 따위.

순환적 정!의(循環的定義) [-의/-이] [논] 어떤 개념을, 다른 동일한 또는 비슷한 말로 바꾸어 말했을 뿐이어서, 언뜻 보기에는 정의가 된 듯하지만 사실은 아무런 알맹이가 없는 거짓 정의.

순회(巡廻) [-회/-훼] 圀 여러 곳으로 돌아다니는 것. ¶지방 ~를 떠나다. **순회-하다**

동(타)여 ¶유럽을 ~.
순회-공연(巡廻公演)[-회-/-훼-] 명 여러 곳을 돌며 공연하는 것. 또는, 그 공연. ≒순연. **순회공연-하다** 동(타)여 ¶전국 각지를 순회공연하던 극단.
순회-도서관(巡廻圖書館)[-회-/-훼-] 명 도서관이 없는 지방을 순회하며 독서의 장려·보급을 위하여 소장의 도서를 빌려 주는 소규모의 도서관. ≒이동도서관.
순후(淳厚·醇厚) → **순후-하다** 형여 양순하고 인정이 두텁다. ¶**순후한 촌부**(村婦).
숟-가락[-까-] 명 ① (자립) 사람이 밥이나 국을 떠먹을 때 쓰는, 납작하면서도 약간 오목하게 들어간 타원형의 부분에 긴 자루가 달린 도구. 은, 액체나 가루 상태의 물질을 뜨거나 젓는 데 쓰는 같은 모양의 도구. 흔히, 금속이나 나무, 또는 플라스틱으로 만들며, 크기는 용도에 따라 다름. ᙖ수저·스푼. ¶밥~/~으로 밥을 뜨다. ② (의존) 수저로 음식을 뜨는 횟수나 분량을 세는 단위. =술. ¶밥 한 ~. ㉣숟갈. ×숫가락.

┌─────────────────────────────────┐
│ ● 왜 표기가 '숟가락' 인가 │
│ '젓가락'은 '저'에 ㅅ 받침을 했는데, '숟 │
│ 가락'은 왜 '수'에 ㄷ 받침을 했는가? '젓 │
│ 가락'은 그 구성이 '저+ㅅ(사이시옷)+ │
│ 가락' 인 반면에, '숟가락'은 기원적으로 │
│ '술(밥 한 술에서의 술)+가락'으로, │
│ '술'이 '가락'과 어울릴 적에 'ㄷ' 소리로 │
│ 바뀌므로 'ㄷ'으로 적음(맞29). │
└─────────────────────────────────┘

숟가락(을) 놓다 관 죽다. 완곡하게 이르는 말임. ¶그 머번이 영감이 무슨 병이 들었는지 그만 숟가락을 놓았다는군.
숟가락-질[-까-찔] 명 숟가락을 써서 음식물을 떠먹는 일. ¶아직 어려서 ~이 서투르다. ㉣숟갈질. **숟가락질-하다** 자여
숟가락-총[-까-] 명 숟가락의 자루.
숟-갈[-깔] 명 '숟가락'의 준말.
숟갈-질[-깔-] 명 '숟가락질'의 준말. **숟갈질-하다** 자여
술¹ 명 알코올 성분이 있어 마시면 취하는 액체. ᙖ곡차(穀茶)·약주. ¶독한 ~ / ~을 빚다 / ~에 [이] 취하다 / ~을 깨다 / ~을 끊다.
[**술 받아 주고 뺨 맞는다**] 남을 대접하고도 도리어 욕을 입는다.
술 먹은 개 관 술 취한 사람을 멸시하는 말.
술이 고래다 관 술을 아주 많이 마실 수 있는 주량을 가지다.
술이 떡이 되게 마시다 관 술을 정신을 차릴 수 없을 정도로 많이 마시다.
술이 술을 먹는다 관 취할수록 술을 더 마신다.
술² 명 가마·기(旗)·띠·끈이나 여자의 옷 위에 장식으로 다는 여러 가닥의 실.
술³ 명 책이나 피륙의 포갠 부피.
술⁴ [의존] =숟가락② ¶한 ~ 뜨시오.
술⁵(戌) 명 십이지(十二支)의 열한째. 개를 상징함.
-**술**⁶(術) 접미 '기술', '재주'의 뜻을 나타내는 말. ¶화장~ / 비행~ / 최면~ / 연금~.
술가(術家) 명 음양·복서(卜筮)·점술에 정통한 사람. ≒술객(術客)·술사(術士).
술-값[-갑] 명 술 마신 값. =주가(酒價).
술-고래 명 술을 많이 마시는 사람을 놀림조로 이르는 말. ×술꾸러기·술보·술부대.

푸대.
술-구기[-꾸-] 명 독이나 항아리에서 술을 뜰 때 쓰는 기구.
술-구더기[-꾸-] 명 걸러 놓은 술에 뜬 밥알. =녹의(綠蟻)·주의(酒蟻).
술-국[-꾹] 명 술집에서 안주로 쓰는 토장국. =주탕(酒湯).
술-기(-氣)[-끼] 명 =술기운.
술-기운[-끼-] 명 술에 취한 기운. =술기. ᙖ주기·취기. ¶~이 오르다 / ~이 가시다.
술-김[-낌] 명 술에 취한 김. ¶~에 큰소리 친다.
술-꾸러기 명 '술고래'의 잘못.
술-꾼 명 술을 좋아하여 잘 마시는 사람.
술-내 명 술 냄새. ¶~를 풍기다.
술년(戌年)[-련] 명 (민) 태세(太歲)의 지지(地支)가 술(戌)로 된 해. 무술년·임술년 따위. =개해.
술-대[-때] 명 (음) 거문고나 향비파를 타는 데 쓰는 단단한 대로 만든 채.
술-대접(-待接) 명 손님에게 술을 대접하는 일. ¶제자에게서 후한 ~을 받다. **술대접-하다** 동(타)여
술렁-물렁 부 매사에 경거망동함을 이르는 말.
술-도가(-都家)[-또-] 명 술을 양조하여 도매하는 집. =주조장(酒造場).
술-독¹[-똑] 명 ① 술을 빚어 담아 두는 독. ② 술을 많이 마시는 사람을 놀림조로 이르는 말.
술-독²(-毒)[-똑] 명 술 중독으로 얼굴에 나타나는 붉은 점이나 빛. =주독(酒毒).
술-동이[-똥-] 명 술을 담는 데 쓰는 동이.
술-떡 명 막걸리를 섞은 떡이라는 뜻으로, '증편'을 달리 이르는 말.
술래 명 술래잡기에서 숨은 아이들을 찾아내는 아이. ⓔ순라(巡邏).
술래-잡기[-끼] 명 여럿 가운데 한 아이가 술래가 되어 숨은 아이들을 찾아내는 놀이의 하나. **술래잡기-하다** 자여
술렁-거리다/-대다 자 어수선하게 소란이 일다. ¶그 소식에 좌중은 술렁거리기 시작했다.
술렁-술렁 부 술렁거리는 모양. **술렁술렁-하다** 동(자)여
술렁-이다 동(자) 어수선하게 설레다. ¶연말이 가까워지니 공연히 마음이 술렁인다.
술-망나니 명 술주정이 몹시 심한 사람을 욕으로 이르는 말.
술명-하다 형여 수수하고 쓸쓸하다. ¶술명한 옷차림. **술명-히** 부 ¶…소금은 조금 팔고 술은 ~ 먹어서 보들서는 꼽는 장사를 하였다. 《홍명희: 임꺽정》
술-밑[-믿] 명 누룩을 섞어 버무린 지에밥. 술을 만드는 원료임. =주모(酒母).
술-밥[-빱] 명 ① 술을 담글 때에 쓰는 지에밥. ¶~을 찌다. ② 쌀에다는 술·간장·설탕 등을 넣어 지은 밥. =주반(酒飯).
술방(戌方) 명 24방위의 하나. 정서(正西)로부터 북으로 30도의 방위를 중심으로 한 15도 각도 안. ㉣술.
술-배[-빼] 명 ① 평소에 술을 많이 마셔서 찐 배. ¶~가 나오다. ② 술을 마실 수 있는 배. ¶~가 크다.
술배를 곯다 관 마시고 싶은 술을 오랫동안 마시지 못하다.
술-버릇[-빼륻] 명 술을 마시고 부리는 버

릇. ¶김 씨는 ~이 고약해서 술만 마셨다 하면 기물을 부순다.
술-법(術法) [-뻡] 몡 복술(卜術)·둔갑술·축지법 등의 방법이나 그 기술.
술-벗 [-뻗] 몡 술로 사귄 벗. =주붕(酒朋)·주우(酒友). ⓑ술친구.
술-병¹(-病) [-뼝] 몡 술을 많이 마셔서 생기는 병.
술-병²(-甁) [-뼝] 몡 술을 담는 병의 총칭.
술-보 몡 '술고래'의 잘못.
술부(述部) [-] 몡 =서술부. ↔주부(主部).
술-부대(-負袋) 몡 '술고래'의 잘못.
술-빚 [-삗] 몡 1 술값을 내지 않아 진 빚. 2 남에게 술을 얻어먹고 자기도 그에게 술을 대접해야겠다고 느끼는 마음의 부담.
술사(術士) [-싸] 몡 1 =술가. 2 술책을 잘 꾸미는 사람.
술-살 [-쌀] 몡 술을 마시고 오른 살.
술-상(-床) [-쌍] 몡 술과 안주를 차려 놓은 상. =주안상. ¶~을 보다.
술서(術書) [-써] 몡 술법에 관한 책.
술-손님 [-쏜-] 몡 술을 마시려고 오는 사람.
술수(術數) [-쑤] 몡 1 [민] 음양·복서(卜筮) 등에서 길흉을 점치는 방법. 2 =술책. ¶권모~에 능한 사람.
술술 뿐 1 물·가루 등이 잇달아 흐르거나 자꾸 새어 나오는 모양. 2 가는 비가 가볍게 내리는 모양. 3 얽힌 끈이나 실 따위가 잘 풀려 나오는 모양. 4 말이 막힘이 없이 잘 나오는 모양. ¶비밀을 숨김없이 ~ 털어놓다. 5 바람이 부드럽게 부는 모양. ㉤솔솔. 6 어떤 문제가 쉽게 풀리는 모양. ¶문제가 ~ 풀리다.
술시(戌時) [-씨] 몡 1 십이시의 열한째 시. 곧, 오후 7시부터 9시까지의 동안. 2 이십사시의 스물한째 시. 곧, 오후 7시 반부터 8시 반까지의 동안. ㈜술.
술-심부름 몡 술 마시는 사람들 옆에서 술을 받아 오거나 잔이나 안주를 가져오는 일.
술-안주(-按酒) 몡 술을 마실 때에 곁들여 먹는 음식. =안주. ¶좋은 ~가 있으니 한잔 하세.
술어¹(述語) 몡 1 [언] =서술어. 2 [논] 논리의 판단·명제에서, 주사(主辭)에 대하여 긍정 또는 부정의 입언(立言)을 하는 개념.
술어²(術語) 몡 '학술어'의 준말.
술어-절(述語節) 몡 [언] 술어의 구실을 하는 절. ¶하루에 한 번은 꼭 ~주어절.
술-자리 [-짜-] 몡 술을 마시며 노는 자리. 또는, 술상을 베푼 자리. =술좌석·주석(酒席)·주연(酒筵). ¶~를 마련하다 / ~가 벌어지다.
술-잔(-盞) [-짠] 몡 술을 따라 마시는 그릇. =주배(酒杯). ⓑ잔. ¶~을 채우다 / ~을 들다 / ~을 들다 / ~을 비우다.
　술잔을 기울이다 ㈜ =잔을 기울이다.
　술잔을 나누다 ㈜ 같이 술을 마시다. ¶너와 술잔을 나눈 지도 꽤 오래 된 것 같구나.
술-잔치 몡 술을 마시며 즐기는 간단한 잔치. =주연(酒宴). ¶축하의 ~를 베풀다.
술-장사 몡 술을 파는 영업. **술장사-하다** 동 재여
술-장수 몡 술장사를 하는 사람.
술-좌석(-座席) [-쫘-] 몡 =술자리.
술-주자(-酒榨) [-쭈-] 몡 술을 짜내거나 거르는 틀. =주자(酒榨)·주조(酒槽).
술-주정(-酒酊) 몡 술을 마시어 즐기는 주정. '주정'을 술로

숨 • 1093

인한 것임을 강조하여 이르는 말. **술주정-하다** 동 재여
술주정-꾼(-酒酊-) [-쭈-] 몡 '주정꾼'을 술의 뜻을 강조하여 이르는 말.
술-주정뱅이(-酒酊-) [-쭈-] 몡 '주정뱅이'를 술의 뜻을 강조하여 이르는 말.
술-지게미 몡 =지게미1.
술-질 몡 음식을 먹을 때 숟가락을 쥐고 놀리는 일. **술질-하다** 동 재여
술-집 [-찝] 몡 술을 파는 집. =주가(酒家)·주점(酒店). ✕매춧집.
술-찌끼 몡 =재강.
술책(術策) 몡 어떤 일을 꾸미는 꾀나 방법. =술계·술수. ¶사람을 기만하는 ~.
술-청(-廳) 몡 선술집 등에서, 술을 마시는 목로 주위의 공간이나 자리. 또는, 널빤지로 된 긴 목로. ¶…모여든 촌사람들로 좁다란 ~은 몸을 돌릴 수 없을 정도로 북적대었다. <이무영: 농민>
술-추렴 몡 1 술값을 여러 사람이 분담하여 술을 마시는 일. ¶흔히 모임이 끝나면 ~을 벌이곤 했다. 2 차례로 돌아가며 술을 내어 마시는 일. **술추렴-하다** 동 재여
술-친구(-親舊) 몡 술을 함께 마시면서 사귄 친구. ⓑ술벗.
술-타령 몡 다른 일은 다 제쳐 놓고 술만 찾거나 먹는 일. ¶그는 사업에 실패한 뒤로 날이면 날마다 ~이다. **술타령-하다** 동 재여
술탄(sultan) 몡 [역] 이슬람 전제 군주의 칭호. ¶오스만 제국의 ~.
술-탈(-頉) 몡 술로 인하여 생긴 탈.
술-통(-桶) 몡 술을 담아 두는 큰 통. ¶그 녀석은 요즈음 ~에 빠져서 지낸다는군.
술파다이아진(sulfadiazine) 몡 [약] 술파제의 하나. 희거나 누르스름한 결정성 가루약. 폐렴 구균·연쇄 구균 따위의 세균성 질환에 쓰임. ㈜다이아진.
술파-제(sulfa劑) 몡 [약] 술파닐아미드 유도체의 화학 요법제. 그람 양성 구균·그람 음성 구균 및 일부의 음성 간균에 유효함. =설파제.
술-판 몡 술자리가 벌어진 판.
술-푸대 몡 '술고래'의 잘못.
술회(述懷) 몡 마음에 품고 있는 생각이나 느낌을 말하는 것. 또는, 그 말.
술회-하다 동 재타여 ¶그는 자신의 회고록에서 한평생을 후회 없이 살았노라고 **술회하고** 있다.
숨 몡 1 사람이나 동물이 살아 있는 상태를 이어 가기 위해 끊임없이 코나 입을 통해 공기를 들이마시고 내쉬는 일. 또는, 그렇게 하여 지속되고 있는 생명. ⓑ호흡. ¶~을 쉬다 / ~이 가쁘다[차다] / 죽지 않고 ~이 붙어 있다. 2 채소나 나물 따위가 삶거나 소금에 절이기 전에 가지고 있는 빳빳한 기운이나 성질. ¶간물로 배추의 ~을 죽이다.
　숨(이) 가쁘다 ㈜ 어떠한 일이 매우 급박하다. ¶숨 가쁘게 돌아가는 세계 정세.
　숨(을) 거두다 ㈜ 죽다. 완곡하게 이르는 말임. ¶그는 89세로 **숨을 거두었다**.
　숨(이) 끊어지다 ㈜ 죽다. 비유적인 말임.
　숨(을) 돌리다 ㈜ 1 가쁜 숨을 가라앉히다. ¶달리기가 끝나고 ~. 2 바쁜 중에 잠시 휴식을 취하다. ¶숨 돌릴 새도 없이 바쁘다.
　숨(이) 막히다 ㈜ 1 숨을 쉴 수 없을 정도로 답답함을 느끼다. 2 상황이 심한 긴장감이나 압박감을 주다. ¶세계 정상의 두 복서가

펼치는 숨 막히는 대결.
숨(을) 쉬다 관 살아서 움직이거나 활동하다.
숨 쉴 사이 없다 관 조금 쉴 만한 시간적 여유가 없다. ¶일에 쫓겨 ~.
숨이 턱에 닿다[차다] 관 매우 숨이 차다.
숨(이) 죽다 관 1 (야채가) 소금에 절어 싱싱한 기운을 잃다. 2 기세나 기운이 수그러들다.
숨¹-결[-껼] 명 1 숨 쉬는 속도나 높낮이. ¶거친 ~이 고르지 못하다. 2 사물 현상의 어떤 기운이나 느낌을 생명체에 비유하여 이르는 말. ¶가지에 돋은 새순에서 봄의 ~을 느낄 수 있다.
숨¹-골[-꼴] 명 =연수(延髓)³.
숨¹-구멍[-꾸-] 명 1 =숫구멍. 2 어떤 답답한 상태를 조금은 완화해 주는 것의 비유. ¶자금 압박이 심했는데 이제 은행에서 대출을 좀 받게 되어 ~이 트이어did. 3 [동] =기문(氣門)². 4 [식] =기공(氣孔)³¹.
숨¹-기(-氣)[-끼] 명 숨을 쉬는 기운.
숨-기다 타 1 '숨다'의 사동사. ¶범인을 집에 **숨겨 주다**. 2 (어떤 사물이나 사실을) 감추거나 드러내지 않다. 비은닉(隱匿)하다·은폐하다. ¶보물을 땅속에 ~ / 신분을 ~.
숨¹-기척[-끼-] 명 숨 쉬는 기척.
숨김-없다[-엄따] 형 숨기는 일이 없다. 숨김없-이 부 ¶그 남자는 자기가 지은 죄를 신부님께 ~ 고백했다.
숨김-표(-標) 명[언] 안드러냄표의 하나. 알면서도 고의로 드러내지 않음을 나타낼 때 사용하는 '××', '○○' 등의 이름. 1 금기어나 공연히 쓰기 어려운 비속어의 경우, 그 글자의 수효만큼 씀. 2 비밀을 유지할 사항일 경우에 그 글자의 수효만큼 씀. '육군 ○○ 부대' 따위.
숨¹-넘어가다 자 숨이 끊어져 죽다. ¶숨넘어가는 듯한 외마디 소리.
숨¹-다[-따][숨:고 / 숨어] 자 1 (상대의 눈에 잘 띄지 않거나 상대가 잘 찾을 수 없는 곳에) 자기 몸을 감추다. 비은신(隱身)하다. ¶이 집에 범인이 **숨어** 있다. 2 (주로 '숨은'의 꼴로 쓰이어)(어떤 일이나 대상이) 세상이나 남에게 잘 드러나지 않는 상태로 있다. ¶숨은 노력 / 숨은 인재.
숨¹-대롱[-때-] 명 잠수한 상태에서 입에 물고 숨을 쉴 수 있도록 만든 대롱 모양의 물건. =스노클.
숨바꼭-질[-찔] 명 1 숨은 사람을 찾아내는 아이들의 놀이. 2 무엇을 숨었다 보였다 하는 일. ¶구름 속으로 ~을 하던 해는 어느덧 서산에 걸렸다. ⑥숨박질. **숨바꼭질-하다** 자여 ¶애들아, **숨바꼭질하자**.
숨¹-소리[-쏘-] 명 숨을 쉴 때 나는 소리. ¶거친 ~ / 모두들 ~를 죽이고 그의 말에 귀를 기울였다.
숨숨-하다 형여 얼굴에 얽은 자국이 듬성듬성 있다. 직숨숨하다.
숨¹쉬기^운:동(-運動) 명[체] 맨손 체조의 하나. 숨을 깊이 들이마시고 내쉬는 운동.
숨어-들다 자 〈-드니, ~드오〉 몰래 기어들다. ¶무장간첩이 민가에 ~.
숨은그림-찾기[-찯끼] 명 복잡하게 그려진 그림 속에서 교묘하게 감추어진 어떤 그림을 찾아내는 놀이. 또는, 그런 놀이를 할 수 있도록 의도적으로 어떤 그림을 감추어서 그린 복잡한 그림. 흔히, 신문·잡지 등에 실림. ¶~를 하면서 무료한 시간을 보내다.
숨은-눈 명[식] 보통 때에는 발달하지 않고 있다가 가지나 줄기를 자르면 비로소 성장하기 시작하는 눈. =잠복아(潛伏芽).
숨은-열(-熱)[-녈] 명[물] 고체가 액체로, 또는 액체가 기체로 변화할 때, 그 물질의 온도는 더 높이지 못하고 상태만을 변화시키는 데 소비되는 열. =잠열(潛熱).
숨¹-죽이다 동(자) 1 숨을 멈추다. 2 숨소리가 들리지 않게 조용히 하다. ¶**숨죽이고** 귀를 기울여 엿듣다.
숨¹-줄[-쭐] 명[동] =기관(氣管)²¹.
숨¹-지다 동(자) 숨이 끊어져 죽다. 비운명하다. ¶교통사고로 ~.
숨¹-차다 형 숨이 가빠서 숨 쉬기가 어렵다. ¶급히 달려왔더니 몹시 ~.
숨¹-탄-것[-건] 명 [숨을 불어 넣음을 받은 것이라는 뜻] '동물'을 이르는 말.
숨¹-통(-筒) 명[생] =기관(氣管)²¹. ¶~이 막히다.
숨¹-표(-標) 명[음] 악보에서, 쉼표가 없는 곳에서 숨을 쉬라는 뜻으로, 동기나 마디의 위에 적는 표. 기호는 ',' 또는 'V'.
숫¹-[순] 접두 '다른 것이 섞이거나 더럽혀지지 않고 본디 생긴 그대로'라는 뜻을 나타내는 말. ¶~백이 / ~보기.
숫²-[순] 접두 일부 동물 이름에 붙어, 웅성(雄性)임을 나타내는 말. ¶~양 / ~염소 / ~쥐 / ~수~.
숫-강아지 명 '수캉아지'의 잘못.
숫-개 명 '수캐'의 잘못.
숫-것 명 '수컷'의 잘못.
숫-구멍[숟꾸-] 명 갓난아이 정수리의 발딱발딱 뛰는 곳. =숨구멍·정문(頂門).
숫-기(-氣)[숟끼] 명 남들을 대하거나 남과 어울릴 때 수줍어하거나 주눅이 들거나 하지 않고 활달하고 씩씩하게 행동하는 기질이나 태도. ¶저 아이는 ~가 없어서 남 앞에서 자기 의사를 제대로 표현하지 못한다.
숫기(가) 좋다 관 (어떤 사람이) 남 앞에서 수줍어하지 않고 활달하고 씩씩하다.
숫-기와 명 '수키와'의 잘못.
숫-꿩 명 '수꿩'의 잘못.
숫-나사(-螺絲) 명 '수나사'의 잘못.
숫-놈 명 '수놈'의 잘못.
숫-눈[순-] 명 눈이 와서 쌓인 채 그대로 있는 눈.
숫눈-길[순-낄] 명 눈이 내려 쌓인 뒤 아직 아무도 지나가지 않은 길.
숫-닭 명 '수탉'의 잘못.
숫-당나귀(-唐-) 명 '수탕나귀'의 잘못.
숫-돌[숟똘] 명 칼 따위를 갈아서 날을 세우는 데 쓰는 돌. =지석. ¶~에 칼을 갈다.
숫-돌찌귀 명 '수톨쩌귀'의 잘못.
숫-돼지 명 '수퇘지'의 잘못.
숫-되다[숟뙤- / 숟뛔-] 형 순진하고 어수룩하다. ¶**숫된** 시골 처녀.
숫-병아리 명 '수평아리'의 잘못.
숫-보기[순뽀-] 명 1 숫된 사람. ¶~로만 알았더니 여간내기가 아니구먼. 2 숫총각이나 숫처녀.
숫-사돈(-査頓) 명 '수사돈'의 잘못.
숫-사람[순싸-] 명 거짓이 없고 숫된 사람.
숫-색시[순쌕씨] 명 =숫처녀.
숫-소 명 '수소'의 잘못.
숫-양(-羊)[순냥] 명 양의 수컷. ↔암양. ×수양.

숫-염소[순념-] 뗑 염소의 수컷. ↔암염소. ×수염소.

숫-은행나무(-銀杏-) 뗑[식] '수은행나무'의 잘못.

숫-음식(-飮食)[순-] 뗑 만든 채 고스란히 있는 음식.

숫자(數字)[수짜/숟짜] 뗑 1 수를 나타내는 글자. 1, 2, 3, … 또는 一, 二, 三, … 따위. ¶로마 ~/아라비아 ~. 2 금전·예산·통계 등의 숫자로 표시되는 사항. 수량적인 사항. ¶~에 밝다[어둡다]. ×수자.

숫자-놀음(數字-)[수짜-/숟짜-] 뗑 통계·회계 등에서, 실제의 현실과 동떨어진 채 숫자상으로만 아귀가 맞게 처리하거나 조작하는 일. 비난조의 말임. ¶~으로 회사의 수익을 뻥튀기하다.

숫-접다[숟접따] 혱ㅂ <~저우니, ~저위> 순박하고 수줍어하는 태도가 있다.

숫제[숟쩨] 틘 1 숫접게. 2 처음부터 차라리. 또는, 아예 전적으로. ¶일을 건성으로 하려면 ~ 하지 마라.

숫-쥐[숟쮜] 뗑 쥐의 수컷. ↔암쥐. ×수쥐.

숫-지다[숟찌-] 혱 순박하고 인정이 두텁다.

숫-처녀(-處女)[숟-] 뗑 남자와 성적(性的) 관계가 없는 처녀. =숫색시. 비동정녀(童貞女)·정녀(貞女)·처녀. ↔숫총각.

숫-총각(-總角)[숟-] 뗑 여자와 성적(性的) 관계가 없는 총각. 비동정남(童貞男)·정남(貞男). ↔숫처녀.

숫-토끼 '수토끼'의 잘못.

숫-티[숟-] 뗑 숫된 몸가짐이나 모양.

숫-하다[수타-] 혱여 순박하고 어수룩하다.

숭경(崇敬) 뗑 높여 존경하고 사모하는 것. **숭경-하다** 屠(타)여

숭고(崇高) →**숭고-하다** 혱여 숭엄하고 고상하다. ¶숭고한 희생정신 / 조국을 위해 산화한 선생의 숭고한 넋.

숭굴숭굴-하다 혱여 1 (얼굴이) 귀염성 있고 덕성스럽다. 2 (성질이) 너그럽고 원만하다. ¶숭굴숭굴하게 생긴 중년 남자.

숭늉 뗑 누룽지가 있는 밥솥에 물을 붓고 끓인 물. 구수한 맛이 있으며, 대개 밥을 다 먹은 뒤에 마심. =수랭(熟冷). ¶~은 오늘날에는 전기밥솥이나 압력솥의 보급으로 점차 우리 생활에서 자취를 감추어 가고 있다.

숭덩-숭덩 틘 1 물건을 굵직하고 거칠게 빨리 써는 모양. ¶무를 ~ 썰다. 2 바느질할 때 거칠게 호는 모양. ¶꿰매어 입다. 砂송당송당. 센쑹덩쑹덩. **숭덩숭덩-하다** 屠(타)여

숭례-문(崇禮門)[-네-] 뗑 조선 시대의 한양(漢陽) 도성의 남쪽 정문. 국보 제1호임. 비대문.

숭배(崇拜) 뗑 1 우러러 공경하는 것. 2 신이나 부처 등을 우러러 신앙하는 것. ¶우상 ~. **숭배-하다** 屠(타)여 ¶조상을 ~. **숭배-되다** 屠(자)

숭불(崇佛) 뗑 부처·불교를 숭상하는 것. **숭불-하다** 屠(자)여

숭사(崇祀) 뗑 숭배하여 제사 지내는 것. **숭사-하다** 屠(자)여

숭상(崇尙) 뗑 (어떤 대상을) 높여 소중히 여기는 것. **숭상-하다** 屠(타)여

숭숭 틘 1 물건을 듬성듬성 빨리 써는 모양. ¶호박을 ~ 썰다. 2 조금 큰 구멍이 많이 뚫린 모양. ¶창호지를 바른 문에 아이들이 구멍을 ~ 뚫어 놓았다. 3 살갗에 큰 땀방울이나 소름 따위가 많이 난 모양. 砂송송. **숭숭-하다** 혱여

숭앙(崇仰) 뗑 높여 우러러보는 것. ¶전 국민의 ~을 받는 지도자. **숭앙-하다** 屠(타)여

숭어 뗑[동] 숭엇과의 물고기. 몸은 길이 70cm 안팎으로 측편하고, 머리는 폭이 넓음. 몸빛은 등이 회청색, 배가 은백색이며, 온몸에 빳빳한 비늘이 있음. 어린 것은 '모쟁이'라고 부름. =수어(秀魚).

숭어-뜀 뗑 광대가 넘는 재주의 하나. 손을 땅에 짚고 잇달아 거꾸로 뛰어넘음.

숭어리 1 (자립) 열매나 꽃 따위가 굵게 모여 달린 덩어리. 2 (의존) 1을 세는 단위로 이르는 말. 砂송아리.

숭얼-숭얼 틘 1 숭어리가 여러 개 엉킨 모양. 2 땀·물이 방울방울 많이 맺힌 모양. ¶이마에 땀방울이 ~ 맺히다. 砂송알송알.

숭엄(崇嚴) →**숭엄-하다** 혱여 숭고하고 존엄하다.

숭유(崇儒) 뗑 유교를 숭상하는 것. ¶~ 정책. **숭유-하다** 屠(자)여

숭이 '송이'의 잘못.

숯[숟] 뗑 땔감으로 쓰기 위해, 나무를 가마 속에 넣어서 구워 낸 검은 덩어리. =목탄(木炭). ¶~을 굽다 / ~을 피우다.

[**숯이 검정 나무란다**] 자기 허물을 생각하지 않고 남의 잘못을 들추어댄다.

숯-가마[숟까-] 뗑 숯을 구워 내는 가마.

숯-검정[숟껌-] 뗑 숯에서 묻은 검정.

숯-내[순-] 뗑 숯불에서 나오는 가스의 냄새. ¶~를 맡다 / ~가 나다.

숯-덩이[숟떵-] 뗑 숯으로 뭉쳐 만든 덩이. ¶빨간 ~가 담긴 화로 / ~ 같은 눈썹.

숯-등걸[숟떵-] 뗑 숯이 타고 난 나머지의 숯.

숯-막(-幕)[숟-] 뗑 숯을 굽는 곳에 지은 움막.

숯-머리[순-] 뗑 숯내를 맡아서 아픈 머리. ¶~를 앓다.

숯-먹[순-] 뗑 소나무를 태울 때 생기는 그을음으로 만든 먹. =솔먹·송연묵(松烟墨).

숯-불[숟뿔] 뗑 숯이 타는 불. =탄화(炭火).

숯불-갈비[숟뿔-] 뗑 숯불에 구운 갈비.

숯-장수[숟짱-] 뗑 1 숯을 파는 장수. 2 얼굴이 검은 사람을 농으로 이르는 말.

숯-쟁이[숟쨍-] 뗑 숯을 굽는 사람을 얕잡아 이르는 말.

술[숟] 뗑 머리털 따위의 부피나 분량. ¶~이 많다[적다].

술-지다[숟찌-] 혱 술이 많다. ¶술진 머리 / 눈썹이 ~.

술-하다[수타-] 혱여 썩 많다. ¶그는 전쟁터에서 사람이 죽는 걸 **술하게** 보았다.

숲[숩] 뗑 많은 나무, 특히 교목들이 무성하게 우거진 곳. ¶솔~ / 푸른 ~ / ~이 우거지다.

유의어
숲 / 수풀
중세어 '수풀'은 현대어 '숲'과 같이 나무가 우거진 곳을 뜻했으나, 오늘날 '수풀'은 그 뜻으로 쓰이기보다는 무성하게 엉켜 있는 덤불과 풀을 가리키는 뜻으로 주로 쓰임. 가령, '소나무 숲 이나 숲 속에 사는 일곱 난쟁이'에서 '숲'을 '수풀'로 바꾸기 어렵고, '수풀을 헤치고 나아가다'에서 '수풀'을 '숲'으로 바꾸기 어려움.

숲-길[숩낄] 뗑 숲 속에 있는 길.

숲-정이[숩쩡-] 圀 마을 근처에 있는 수풀.
쉬¹ 囝 닭이나 참새 등을 쫓는 소리. =쉬이. 凹휘이. ×저.
쉬이 囝 =쉬.
쉬¹ 圀 파리의 알. ¶파리가 생선에다 ~를 슬어 놓았다.
쉬¹² Ⅰ 圀〈유아〉 오줌이나 오줌을 누는 일. =쉬야. ¶엄마, 나 ~ 마려워.
Ⅱ 囝 어린아이에게 오줌을 누일 때 하는 소리. =쉬야.
쉬¹³ 凷 '쉬이'의 준말. ¶산이 험해서 ~ 넘을 수가 없다.
쉬¹⁴ 囝 상대에게 시끄럽게 하거나 소리를 내지 말라는 뜻으로 내는 소리. 흔히, 집게손가락을 펴서 입술 가운데에 세로로 대는 동작을 함께 보임. ¶~, 조용히 해. ▷쉿.
쉬:다¹ 〈쉬고 / 쉬어〉 回㉕ (음식이) 오래 두거나 하여 맛이 시큼하게 변하여 먹을 수 없는 상태가 되다. 주로, 밥이나 국, 익힌 나물 등에 대해 쓰는 말임. 凹상하다·썩다. ¶쉰 나물무침이 ~.

> 어법 김치가 쉬다:쉬다(×)→시다(○).
> ▶ 김치가 시큼한 맛을 띠게 되는 것은 발효 작용에 의한 것이므로, 부패의 의미를 가지는 '쉬다'가 아님.

쉬:다² 〈쉬고 / 쉬어〉 回㉕ 소리를 마구 지르거나 목을 지나치게 쓰거나 목청에 탈이 생기거나 하여, (목소리가) 탁하고 거칠고 잘 나지 않는 상태가 되다. ¶목이 ~.
쉬:다³ 〈쉬고 / 쉬어〉 回㉕㉧ 1 (사람이) 육체적·정신적인 일이나 운동을 하다가 멈추고 몸이 힘들지 않고 편안한 상태가 되게 하다. ¶하던 일을 멈추고 의자에 앉아 ~. 2 (회사나 가게, 학교나 관청 등이) 하루 또는 그 이상의 날을 문을 닫고 일을 하지 않다. ¶오늘은 회사가 쉬는 날이다. 3 (사람이) 매일 다니거나 나가는 일터를 하루 또는 그 이상의 날 동안 나가지 않거나 아주 그만두다. ¶김 과장은 몸이 아파 회사를 쉬었다. 4 (사람이 어느 곳에서) 일시적으로 머무르다. ¶작은아들 집에서 며칠 쉬기로 했다. 5 (사람이) 잠을 자면서 피로를 풀다. ¶잠자리를 마련해 놓았으니 편히 쉬십시오. 6 (물체나 물질이) 움직임을 멈추다. ¶쉬지 않고 흐르는 강물.
쉬:다⁴ 〈쉬고 / 쉬어〉 回㉧ 1 (사람이나 동물이 숨을) 생명을 이어 가기 위해 코나 입을 통해 들이마셨다 내었다 하기를 되풀이하다. ¶숨을 ~ / 물속에서 숨을 쉬지 않고 참다. 2 (사람이 한숨을) 코나 입을 통해 몸 밖으로 내보내다. ¶"후유—." 하고 한숨을 길게 ~.
쉬르레알리슴(㊊surréalisme) 圀〈예〉 =초현실주의.
쉬:쉬-하다 回㉧㉠ 남이 알까 두려워하여 숨기다. ¶소문이 새어 나갈까 ~.
쉬-슬다 回㉕ 〈~스니, ~스오〉 파리가 알을 여기저기 낳다.
쉬야 Ⅰ 圀〈유아〉 = 쉬². 쉬야-하다 回㉕㉠ =쉬하다.
Ⅱ 囝 =쉬¹.
쉬어 囝 제식 훈련 시 구령의 하나. '열중쉬어'의 자세에서 손을 풀고 보다 편한 자세를 가지라는 말.
쉬엄-쉬엄 凷 1 쉬어 가며 천천히 하는 모양. ¶일을 ~ 하다. 2 그쳤다 계속되었다 하는 모양. ¶비가 ~ 온다.
쉬이 凷 1 쉽게. ¶그 정도는 누구나 ~ 할 수 있는 일이다. ×수이. 2 오래지 않아. ¶임은 ~ 돌아오마고 약속하고 떠났다. 㖰쉬.
쉬이-보다 回㉠ 가볍게 또는 쉽게 보다. ×수이보다.
쉬이-여기다 回㉠ 쉽게 생각하다. ×수이여기다.
쉬지근-하다 [쩡] 〈냄새가〉 조금 쉰 듯한 상태에 있다.
쉬척지근-하다[-찌-] [쩡] 〈냄새가〉 몹시 쉰 듯한 상태에 있다.
쉬-파리 圀〈동〉 쉬파릿과에 속하는 곤충의 총칭. =왕파리·창승(蒼蠅).
쉬:-하다 回㉕㉠〈유아〉 오줌을 누다. =쉬하다.
쉰 Ⅰ ㊅ 1 열의 다섯 곱절. 고유어 계통의 수사임. ¶열을 다섯 배 하면 ~이다. ▷오십. 2 사람이나 사물의 수량을 셀 때, 열의 다섯 곱절에 해당하는 수효. ¶나이가 ~이다.
Ⅱ ㊌ ¶~ 개 / ~ 명.
쉰:-내 圀 음식 등이 쉬어서 나는 시금한 냄새. ¶밥에서 ~ 가 난다.
쉰:-둥이 圀 쉰 살에 낳은 늦둥이.
쉰:-밥 圀 쉬어서 쉰내가 나거나 시큼하게 된 밥.
쉼:-터 圀 쉬는 장소.
쉼:-표(-標) 圀 1〈언〉반점·모점·가운뎃점·쌍점·빗금의 총칭. 흔히는, 반점만을 가리킴. 2〈음〉악보에서 쉼을 나타내는 기호. =휴지부.
쉽:다[-따] 〈쉽고 / 쉬워〉 [쩡] 〈쉬우니, 쉬워〉 1 〈어떤 일을〉 하거나 다루기에 적은 힘이나 노력으로 가능한 상태에 있다. 凹수월하다·용이하다. ¶문제가 ~ / 말하기는 쉽지만 실천하기는 어렵다. 2 ('-기(가) 쉽다'의 꼴로 쓰여〉 앞뒤 문맥으로 미루어 어떻게 될, 또는 어떠할 가능성이 많은 상태에 있다. ¶깨지기 쉬운 유리그릇 / 틀리기 쉬운 문제. 3 (말이나 글이) 무슨 뜻을 나타내는지 얼른 이해할 수 있는 상태에 있다. ¶쉬운 말로 풀어서 얘기하다 / 이 철학서는 비교적 쉽게 씌어 있다. ↔어렵다.
쉽:-사리[-싸-] 凷 아주 쉽게. 순조롭게. ¶그 구두쇠가 기부금을 내놓을 리가 없다.
쉿 〈쉳〉 囝 상대에게 소리를 내지 말라는 뜻으로 급하게 내는 소리. '쉬'와 거의 같은 기능과 동작을 가진 말이나, 보다 다급한 상황에서 짧게 나는 소리임. ¶~, 놈들이 오고 있다!
슈미즈(㊊chemise) 圀 여성의 양장용 속옷의 하나. 원피스 모양으로 소매가 없고 끈이 달려 있으며, 길이는 허벅다리까지 내려옴.
슈반-초(Schwann鞘) 圀〈생〉말초 신경계 신경 섬유의 가장 바깥층에 있는 얇은 막. =신경초.
슈-크림(†㊊chou+cream) 圀 반죽한 밀가루를 구워 내어 그 속에 크림을 넣어 만든 서양 과자.
슈투름 운트 드랑(㊍Sturm und Drang) ['질풍노도'라는 뜻〉 18세기 후반, 독일에서 일어난 문학 운동. 계몽주의에 대한 반동으로, 감정의 해방, 개성의 존중을 부르짖음.
슈트(shoot) 圀〈체〉야구에서, 직구(直球)로 들어오다가 타자 바로 앞에서 뜨거나 휘거나 떨어지는 변화구.

슈팅(shooting) 몡 1 [체] 구기(球技)에서, 골이나 바스켓에 공을 차거나 던져서 넣는 일. 2 [영] 영화에서, 촬영을 개시하는 일.

슈팅-가드(shooting guard) 몡 [체] 농구에서, 가드의 역할을 하면서 기회가 생기면 슈팅을 하는 포지션. 또는, 그 선수.

슈퍼(←super*market*) 몡 '슈퍼마켓'의 준말.

슈퍼^라이트급(super light級) 몡 [체] 프로 권투 체급의 하나. 61.23~63.504kg임.

슈퍼마켓(supermarket) 몡 고객이 손수 매장에서 상품을 고른 뒤, 대금은 계산대에서 치르게 하는 대규모 소매점. 준슈퍼.

슈퍼맨(superman) 몡 정신적·육체적으로 놀라울 만큼 뛰어난 능력을 가진 사람. 凹초인(超人).

슈퍼^미들급(super middle級) 몡 [체] 프로 권투 체급의 하나. 72.57~76.2kg임.

슈퍼바이저(supervisor) 몡 '감독자', '관리자'로 순화.

슈퍼^밴텀급(super bantam級) 몡 [체] 프로 권투 체급의 하나. 53.52~55.34kg임.

슈퍼-스타(superstar) 몡 많은 사람들에게 우상화되다시피 한 가수나 배우나 스포츠 선수.

슈퍼스테이션(superstation) 몡 지방 텔레비전 방송국의 프로그램을 통신 위성을 이용하여 전국 각지의 케이블 방송국에 배급하는 서비스. 또는, 그런 서비스를 하는 방송국.

슈퍼-에고(superego) 몡 [심] =초자아(超自我).

슈퍼우먼(superwoman) 몡 정신적·육체적으로 놀라울 만큼 뛰어난 능력을 가진 여성. 특히, 가정 일과 직업상의 일을 모두 성공적으로 이뤄낸 여성.

슈퍼^웰터급(super welter級) 몡 [체] 프로 권투 체급의 하나. 66.68~69.85kg임.

슈퍼-컴퓨터(supercomputer) 몡 [컴] 대량의 데이터를 초고속으로 처리할 수 있는 컴퓨터.

슈퍼-파워(superpower) 몡 '초강대국', '초강자'로 순화.

슈퍼^페더급(super feather級) 몡 [체] 프로 권투 체급의 하나. 57.15~58.969kg임.

슈퍼^플라이급(super fly級) 몡 [체] 프로 권투 체급의 하나. 50.8~52.16kg임.

슈퍼^헤비급(super heavy級) 몡 [체] 아마추어 권투 체급의 하나. 91kg 이상임.

슛(shoot) 몡 [체] 농구·축구 등에서, 바스켓이나 골을 향하여 공을 던지거나 차는 일. ¶~ 골인/헤딩~/원발 ~이 성공하다. **슛-하다** 태여 ¶어시스트해 준 볼을 ~.

스가랴-서(←Zechariah書) 몡 [성] 구약 성서 중의 한 권.

스낵-바(snack bar) 몡 가볍게 먹고 마실 수 있는 간이식당.

스냅(snap) 몡 1 =똑딱단추. 2 [사진] '스냅사진'의 준말. ¶공원 벤치에 앉아 있는 노인의 모습을 ~으로 잡다. 3 [체] 야구 등의 구기에서, 공을 던질 때의 손목의 움직임. 또는, 그 힘.

스냅^사진(snap寫眞) 몡 [사진] 인위적으로 연출하지 않은 장면을 즉흥적으로 찍은 사진. 준스냅.

스냅-숏(snapshot) 몡 [영] 시사적인 인물이나 사건을 순간적으로 찍은 장면.

스노모빌(snowmobile) 몡 앞바퀴 대신 썰매를 단 눈 자동차.

스노보드(snowboard) 몡 널빤지 위에 몸을 싣고 눈이 쌓인 비탈을 미끄러지듯 내려오는 운동. 또는, 그 널빤지. 옆으로 선 자세로 탐.

스노비즘(snobbism) 몡 =속물근성.

스노클(snorkel) 몡 =숨대롱.

스노클링(snorkeling) 몡 =스킨 다이빙.

스노-타이어(snow tire) 몡 눈길 주행용으로 만든 타이어. 노면과의 접촉 면에 홈이 많고 깊어서 제동 거리가 짧고, 미끄러질 위험이 적음.

스님 몡 [불] '승려'를 높여서 호칭 또는 지칭하는 말. 법호(法號)나 직명 다음에 붙여 쓰기도 함.

스라소니 몡 [동] 포유류 고양잇과의 한 종. 살쾡이 비슷한데, 몸길이는 1m가량임. 앞발보다 뒷발이 길며, 귀가 크고 뾰족함. 깊은 삼림에 살며, 나무에 잘 오르고 헤엄을 잘 침. =토표(土豹).

스란 몡 치맛단에 금박을 박아 선을 두른 것. 폭은 15~20cm이며, 용(龍)·봉(鳳) 등의 무늬를 놓음.

스란-치마 몡 스란을 단 긴치마. 입으면 발이 보이지 않을 만큼 폭이 넓고 긺.

스러지다 돔[자] 1 나타난 형체가 차차 희미해지면서 없어지다. ¶새벽빛에 별이 ~/목욕이란 한낱 햇빛에 **스러지는** 이슬과 같은 것이다. 2 (어떤 감정이나 생각 등이) 누그러지거나 약해져 없어지다. ¶미움과 원망이 어느덧 ~. 잘사라지다. 3 불기운이 약해져서 꺼지다. ¶숯을 더 묻지 않으면 불씨가 **스러질** 것 같구나.

-스럽다 [-따] 졉미 명사 아래에 붙어, 그러한 느낌이나 요소가 있다는 뜻의 형용사를 만드는 말. 미흡성(未洽性)의 어감을 가지는 말로, 가령 '행복하다'에 대해 '행복스럽다'는 조금 덜 행복하다는 어감을 가짐. ¶평화~/사랑~/자랑~/다정~.

> 어법 자랑스런 나의 조국:자랑스런(×) →자랑스러운(○). ▶ '-스럽다'는 '-스러운/-스러우니/-스러워'와 같이 비음 불규칙 활용을 함.

-스레하다 졉미 =-스름하다. ¶붉~.

스로인(throw-in) 몡 [체] 농구·축구에서, 터치라인 밖으로 나간 공을 두 손으로 높이 들어 경기장 안으로 던지는 일. **스로인-하다** 타여

스루-패스(through pass) 몡 [체] 축구에서, 상대편 사이를 통과해서 전방으로 보내 주는 패스.

스르르 閏 1 얽히거나 뭉쳤던 것이 부드럽게 풀리는 모양. ¶매듭이 ~ 풀리다. 2 얼음이나 눈 따위가 저절로 녹는 모양. ¶눈처럼 입 속에서 ~ 녹는 솜사탕의 맛. 3 자기도 모르게 잠이 들거나 졸음이 오는 모양. ¶이 생각 저 생각 하다가 ~ 잠이 들었다. 4 눈이 저절로 감기거나 눈을 자기도 모르게 감는 모양. ¶졸려서 눈이 ~ 감긴다. 5 아주 슬며시, 가만가만 움직이는 모양. ¶문이 ~ 열리다. 잘사르르.

-스름하다 졉미 어떤 빛깔이나 형상을 나타내는 말 아래에 붙어, 빛깔이 옅거나 그 형상과 비슷하다는 뜻을 나타내는 말. =-스레하다. ¶붉~/둥그~.

스리랑카(Sri Lanka) 몡 [지] 인도 반도의 남

동쪽에 있는 섬으로 이루어진 공화국. 수도는 스리자야와르데네푸라.
스리런 홈런(three-run home run)[체] 야구에서, 주자가 두 명 진루해 있을 때 타자가 치는 홈런. 3점을 득점함.
스리-슬쩍 [부] 남이 모르는 사이에 아주 재빠르게. [작]사리살짝.
스리^아웃(three out) [명][체] 야구에서, 공격 측의 선수가 세 사람 아웃되는 일. 공격과 수비가 교대됨.
스리^쿠션(←three cushions) [명] 당구에서, 제 공을 쳐서 나머지 두 공을 맞히되, 그 사이에 3회 이상 쿠션에 닿아야만 득점이 되는 경기 방식.
스리쿼터(three-quarter) [명] **1** 지프와 트럭의 중간급의 자동차. 적재량이 3/4톤임. **2** [체] '스리쿼터 백'의 준말.
스리쿼터^백(three-quarter back) [명][체] 럭비에서, 하프백과 풀백의 중간에 위치하는 선수. [준]스리쿼터.
스리피스(three-piece) [명] 세 가지가 갖추어진 한 벌의 양복. 남자용은 재킷·조끼·바지, 여자용은 재킷·조끼〔블라우스〕·스커트〔바지〕.
스릴(thrill) [명] 간담을 서늘하게 하거나 아슬아슬하게 하는 느낌. ¶~이 있는 사건 / ~이 넘치는 액션 영화 / ~ 만점인 추리 소설.
스릴러(thriller) [명] 영화·연극·소설 등에서 괴기하고 스릴이 있는 작품. ¶~ 영화.
스마트(smart) ➔**스마트-하다** [형][여] (모양이) 단정하고 말쑥하다. ¶**스마트한** 신사 / **스마트한** 옷차림.
스매시(smash) [명][체] 테니스·탁구·배구 등에서, 공을 네트 너머로 세게 내려치는 일. =스매싱. **스매시-하다** [동][타][여]
스매싱(smashing) [명][체] =스매시. **스매싱-하다** [동][타][여]
스멀-거리다/-대다 [동][자] (몸이) 살갗에 작은 벌레가 기는 것처럼 근질거리다. ¶속옷에 이가 들끓어 온몸이 ~.
스멀-스멀 [부] 스멀거리는 모양. **스멀스멀-하다** [동][자][여]
스며-들다 [동][자] 〈~드니, ~드오〉 (바람·가스·물·냄새·추위 따위가) 틈이 있는 곳을 통해 안으로 들어오다. ¶물이 천장으로 ~ / 냄새가 옷에 ~ / 추위가 뼛속까지 ~.
스모([일]相撲·角力/すもう) [명] 일본의 전통적인 씨름.
스모그(smog) [명] 〔smo*ke*+*fog*〕 일정한 지역의 공기가 오염되어 안개가 낀 것처럼 뿌옇게 흐려져 있는 현상. 또는, 그 공기.
스모르찬도([이]smorzando) [명][음] 악곡의 표현 방법을 나타내는 말로, '차차 꺼져 가는 듯이'의 뜻. 기호는 smorz.
스모킹(smocking) [명] 유럽풍의 자수에서, 천에 잔주름을 잡고 장식 스티치를 하여 무늬를 나타내는 기법.
스무 [관] '스물'의 뜻. ¶~ 개 / ~ 장 / ~ 번.
스무-고개 [명] 스무 번의 질문으로 어떤 문제를 알아맞히는 오락.
스무-날 [명] 그달의 스무째 되는 날.
스무-남은 [관][명] 스물 남짓한 (수).
스무드(smooth) ➔**스무드-하다** [형][여] '순조롭다', '부드럽다'로 순화. ¶**스무드한** 출발 / 만사가 **스무드하게** 처리되다.
스무-째 [수][관] 차례를 매길 때, 열아홉째의 다음에 오는 수.
스물 [수] **1** 열의 갑절. 고유어 계통의 수사임. ¶열이 둘이면 ~이다. ▷이십. **2** 사람이나 사물의 수량을 셀 때, 열의 갑절에 해당하는 수효. ¶~만 되면 곧장 떠나자.
스미다 [동][자] **1** (물 따위의 액체가 종이나 천이나 흙이나 기타의 물질에) 작은 틈을 통해 들어가다. ¶땅에 빗물이 ~. **2** (기체·바람·한기 따위가) 속으로 흘러들다. ¶찬 바람이 옷 속으로 ~. **3** (어떤 감정이 마음에) 자리 잡거나 생기다. [비]사무치다. ¶가슴 깊이 **스미는** 외로움. **4** (마음이나 정 따위가 어떤 대상에) 담겨 있다. ¶어머니의 사랑이 **스며** 있는 도시락.
스바냐-서(←Zephaniah書) [명][성] 구약 성서 중의 한 권.
스산-스럽다[-따] [형][ㅂ]〈~스러우니, ~스러워〉 스산한 데가 있다. ¶불에 그슬린 장텃골은 귀신이라도 나올 듯 을씨년스럽고 **스산스러워** 보였다.《백도기:등잔》
스산-하다 [형][여] **1** 몹시 어수선하고 쓸쓸하다. ¶낙엽이 뒹구는 **스산한** 거리. **2** (날씨가) 흐리고 으스스하다. ¶며칠째 **스산한** 날씨가 계속되니 마음도 울적하다. **3** (마음이) 가라앉지 않고 어수선하다. ¶마음이 ~.
스스럼-없다[-업따] [형] 스스러운 마음이 없다. **스스럼없-이** [부] ¶이웃집 김 씨네와는 가족처럼 ~ 지낸다.
스스럽다[-따] [형][ㅂ]〈스스러우니, 스스러워〉 **1** 사귀어 지내는 사이가 그리 두텁지 못하여 조심스럽다. ¶그는 지나치게 예의가 깍듯하여 지내기가 좀 ~. **2** 수줍고 부끄러운 데가 있다. ¶조선 습관으로 말하면 혼인 갓 한 신랑 신부는 서로 말도 잘 아니 하고 마주 앉지도 못하여 가장 **스스러운** 체하는 법이오, ….《최찬식:추월색》
스스로 Ⅰ [부] **1** 제 힘으로. ¶남의 손을 빌리지 말고 너 ~ 해라. **2** 자진하여. ¶누가 시키기 전에 ~ 하다. **3** 저절로. ¶바람도 없는데 문이 ~ 닫혔다.
Ⅱ [명] 자기 자신. ¶너는 지금 너 ~를 속이고 있다.
스승 [명] 자기를 가르쳐 이끌어 주는 사람. =사부(師傅). [비]선생. ¶~의 은혜 / ~의 가르침을 받다.
스승의 날[-의-/-에-] 스승의 은혜를 되새기고 스승의 길을 다짐하는 뜻에서 설정한 날. 5월 15일.
스시([일]鮨/すし) [명] '초밥'으로 순화.
스와데시([힌]Swadeshi) [명] 〔'자국(自國)'의 뜻〕 20세기 초기에 인도에서 전개되었던 독립 운동의 표어의 하나. 영국 상품을 배척하고, 국산품의 애용과 장려를 주장함. ▷스와라지.
스와라지([힌]Swaraj) [명] 〔'자치(自治)'의 뜻〕[정] 1906년에 인도에서 일어난 자치 운동. 영국인을 물리쳐 인도인 스스로 인도를 다스리자는 주장임. ▷스와데시.
스와질란드(Swaziland) [명][지] 아프리카의 남부, 남아프리카 공화국과 모잠비크의 경계에 있는 작은 입헌 군주국. 수도는 음바바네.
스와핑(swapping) [명] **1** [컴] 주기억 장치의 영역과 보조 기억 장치의 영역을 바꾸어 주는 일. **2** 둘 이상의 부부가 서로 배우자를 교환해 성 관계를 맺는 일.
스웨덴(Sweden) [명][지] 북유럽, 스칸디나비아 반도의 동부에 있는 입헌 군주국. 수도는 스톡홀름.

스웨이드(suede) 명 새끼 양이나 새끼 소의 속가죽을 보드랍게 보풀린 가죽. 또는, 그것을 모방하여 짠 직물.

스웨터(sweater) 명 털실로 짠, 소매가 긴 상의. 흔히 머리로부터 뒤집어서 입는 것을 가리키나, 카디건을 가리키기도 함.

스위스(Suisse) 지 중부 유럽에 있는 연방 공화국. 수도는 베른.

스위치(switch) 명 전기 회로를 이었다 끊었다 하는 장치. 보통, 전등·라디오·텔레비전 등의 전기 기구를 손으로 누르거나 틀어서 작동시키는 부분을 말함. ≒개폐기. ¶자동 ~/~를 넣다[트다].

스위치히터(switch-hitter) 명[체] 야구에서, 공을 좌우 어느 쪽 타석에서도 칠 수 있는 타자.

스위트-룸(suite room) 명 호텔 등에서 욕실이 딸려 있는 침실, 거실 겸 응접실 따위가 하나로 붙어 있는 특별실을 이르는 말. ¶~에 묵다.

스위트-피(sweet pea) 명[식] 콩과의 한해살이 덩굴풀. 높이 1~2m. 5월에 담홍색·흰색·자주색 및 얼룩점이 있는 나비 모양의 꽃이 피는데, 향기가 있고 열매인 꼬투리는 완두와 비슷함. 관상용으로 재배함.

스위퍼(sweeper) 명 ['청소부'라는 뜻][체] 1 축구에서, 골키퍼의 바로 앞에 위치한 최후의 수비 선수. 2 볼링에서, 핀을 옆으로 쓸어 내듯이 넘어뜨리는 볼.

스윙¹(swing) 명[체] 1 권투에서, 수평으로 크게 반원을 그리듯이 주먹을 휘두르는 동작. 2 야구에서, 타자가 배트를 휘두르는 동작. 3 골프에서, 골프채를 휘두르는 동작. **스윙-하다** 동{자여

스윙²(swing) 명[음] 정열적이고 감미로운 재즈 연주 스타일. 1930~1940년대에 미국에서 유행함.

스적-거리다/-대다[-쩍(때)-] 동{자여 1 물건이 서로 맞닿아 비벼지는 소리가 자꾸 나다. 또는, 그런 소리를 자꾸 내다. 2 쓰레질을 대강대강 하다. 쎈쓰적거리다.

스적-스적[-쩍-] 부 스적거리는 모양. 쎈쓰적쓰적. **스적스적-하다** 동{자여

스쳐-보다[-처-] 동[타] 세밀하지 않게 슬쩍 보다. ¶몇 년 전에 **스쳐본** 얼굴이라 뚜렷하게 생각나지 않는다.

스치다 동{자여 1 서로 약간 닿으면서 지나가다. ¶옷깃을 ~/어깨를 **스치며** 지나가다. 2 (냄새·소리·바람 등이) 약하게 잠시 느껴지다. ¶찬 바람이 얼굴을 ~/고소한 냄새가 코끝을 ~. 3 어떤 생각이나 표정 등이 퍼뜩 떠올랐다가 사라지다. ¶얼굴에 실망의 빛이 **스치고** 지나가다/그의 말을 듣는 순간 문득 10년 전의 일이 머리를 **스쳤다**.

스카우트(scout) 명 1 보이 스카우트나 걸 스카우트를 줄여 이르는 말. 2 (유망한 선수나 연예인, 인재 등을) 물색하여 뽑는 것. **스카우트-하다** 동[타]여 (유망한 선수나 연예인, 인재 등을) 물색하여 뽑다. ¶우수 선수를 ~. **스카우트-되다** 동{자여 ¶김 감독에 의해 주연으로 ~.

스카이-다이버(skydiver) 명 스카이다이빙을 하는 사람.

스카이-다이빙(skydiving) 명[체] 절벽이나 고층 건물 같은 높은 곳에서, 또는 비행 중인 항공기에서 낙하산을 착용한 채 뛰어내려 목표 지점에 착륙하는 공중 스포츠.

스카이-라운지(†sky lounge) 명 고층 빌딩의 맨 위층에 베푼 휴게실.

스카이라인(skyline) 명 산·건물 등이 하늘과 구획하는 윤곽.

스카이랩(Skylab) 명 [sky+laboratory] 1973년 미국에서 쏘아 올린 소형 우주 정거장. 우주 생활의 의학적 실험, 태양 관측 등에 이용됨.

스카이박스(skybox) 명 '특별 관람석', '전용 관람석'으로 순화.

스카이^서브(sky serve) 명[체] 탁구에서, 공을 높이 위로 띄웠다가 공이 내려올 때 탁구채로 돌려서 치는 서브.

스카이웨이(skyway) 명 산마루를 따라 이어지는 관광 도로. ¶북악 ~.

스카치(Scotch) 명 '스카치위스키'의 준말.

스카치-위스키(Scotch whisky) 명 스코틀랜드 특산의 위스키. ⓒ스카치.

스카치-테이프(Scotch tape) 명 접착용 셀로판테이프. 상표명에서 온 말임.

스카프(scarf) 명 주로 여성이 방한용·장식용으로 목에 감거나 머리에 쓰는, 보자기만 한 얇은 천.

스칸듐(scandium) 명[화] 희토류 원소의 하나. 원소 기호 Sc, 원자 번호 21, 원자량 44.956. 회백색의 금속으로, 공기 중에서는 암회색이 됨.

스칼라(scalar) 명[수] 1 하나의 수치만으로 완전히 표시되는 양. 방향의 구별이 없는 물리적 수량임. 질량·에너지·밀도·전기량 따위.

스캐너(scanner) 명 1 [컴] 그림이나 사진의 화상, 또는 문자나 바코드 등을 읽어 들이는 입력 장치. 2 텔레비전의 주사기. 3 [인] 색도 분해기의 일종. 상표명에서 유래됨.

스캐닝(scanning) 명 ⇒스캔1·2.

스캔(scan) 명 1 원하는 파일이나 프로그램을 검색하고 찾아내는 일. 2 사진·그림·문자 등을 스캐너로 읽어 들이는 일. ≒스캐닝. 3 [물] =주사(走査)⁴. **스캔-하다** 동[타]여 ¶사진을 스캔해서 하드디스크에 저장해 두다.

스캔들(scandal) 명 매우 충격적이고 부도덕한 사건. 또는, 치욕적인 평판이나 소문. 비추문(醜聞)·물의(物議). ¶정치적 ~/~을 일으키다/~이 많은 여배우.

스캘핑(scalping) 명[경] 투자 위험을 극소화하기 위해 아주 작은 이익을 목적으로 매매하는 투기성 선물환 거래.

스커트(skirt) 명 허리로부터 하반신을 덮는, 서양식 치마. ¶미니 ~/타이트 ~.

스컬(scull) 명[체] 좌우의 노를 한 사람이 젓는 좁고 기다랗고 가벼운 경조용(競漕用) 보트. 또는, 그 보트로 하는 경기.

스컹크(skunk) 명[동] 족제빗과에 속하는 동물의 총칭. 몸길이 약 40cm. 온몸이 긴 털로 덮였으며, 몸빛은 검고 뒷머리에서 등 쪽으로 흰 띠무늬가 있음. 땅속 구멍에 살며 밤에 활동하는데, 적을 만나는 항문에서 냄새가 고약한 액체를 뿜어냄.

스케르찬도(◎scherzando) 명[음] 악곡의 표현 방법을 나타내는 말로, '익살스럽게'의 뜻.

스케르초(◎scherzo) 명[음] 해학적이며 빠르고 경쾌한 기악곡. =해학곡(諧謔曲).

스케이트(skate) 명 구두 바닥에 쇠날을 붙이고 얼음판 위를 지치는 운동 기구. ¶피겨

스케이트-보드(skateboard) 몡 위에 올라서서 언덕 따위를 미끄러져 내리며 노는, 바퀴가 달린 판때기.

스케이트-장(skate場) 몡 스케이팅을 위한 설비를 갖춘 곳. ¶실내 ~.

스케이팅(skating) 몡[체] 스케이트를 신고 얼음판 위를 지치는 일. **스케이팅-하다** 동(자여)

스케일(scale) 몡 1 일이나 계획 등의 규모. ¶~이 방대한 사업〔계획〕. 2 인물의 도량이나 됨됨이. ¶~이 큰 인물.

스케일링(scaling) 몡[의] 치석(齒石)을 제거하는 일. **스케일링-하다** 동(타여)

스케줄(schedule) 몡 시간에 따라 구체적으로 세운 계획. 또는, 그 계획표. 凹일정. ¶꽉 짜인 ~ / ~에 없는 일 / ~을 잡다.

스케치(sketch) 몡[미] 1 대상을 세부적으로 묘사하지 않고 빨리 그리는 것. 또는, 그 그림. 보통, '사생(寫生)', '사생화'의 뜻으로 쓰임. 2 [음] 묘사적인 소곡(小曲). **스케치-하다** 동(타여) ¶풍경을 스케치하러 야외로 나가다.

스케치-북(sketchbook) 몡 스케치를 할 수 있도록 도화지 따위를 여러 장 한데 모아 맨 책.

스케치-판(sketch板) 몡[미] 그림을 그릴 때 밑에 받치는 화판.

스코어(score) 몡 1 [체] 경기의 득점. =득점표. ¶타이~ / ~차가 크게 벌어지다 / 3:1의 ~로 우리 팀이 이겼다. 2 [음] 모음 악보.

스코어-보드(scoreboard) 몡 운동 경기장 등에서, 경기의 득점·경과 등을 알리는 게시판. =득점판.

스콜(squall) 몡[기상] 강풍·우레를 수반하는 열대 지방의 소나기.

스콜라^철학(㉠schola哲學) 몡[철] 중세 유럽에서, 성당이나 수도원의 스콜라(부속학교)를 중심으로 형성된 신학·철학의 총칭. =번쇄철학(煩瑣哲學).

스쿠너(schooner) 몡 2~4개의 돛대가 있고 세로 돛을 장치한 서양식 범선.

스쿠버(scuba) 몡 자급식(自給式) 잠수 호흡 장치. 압축 공기통을 등에 지고 압력 자동 조절기를 통하여 마우스피스로 호흡하게 만든 것. ▷아퀄렁.

스쿠버-다이빙(scuba diving) 몡[체] 압축 공기통을 멘 상태에서 물안경과 오리발을 착용하고 비교적 깊은 물속에서 오랫동안 헤엄치는 일. ▷스킨 다이빙.

스쿠터(scooter) 몡 1 소형 오토바이의 하나. 원동기를 좌석 밑에 두고 작은 바퀴 둘을 단 것임. 2 아이들이 한쪽 발을 올려놓고 땅 위에서 지치듯 타는 외발 롤러스케이트.

스쿠프(scoop) 몡 신문·잡지의 기자가 남을 앞질러서 특종 기사를 찾아내는 일. 또는, 그런 특종 기사. **스쿠프-하다** 동(타여)

스쿨-버스(school bus) 몡 학생들이 등하교 때에 이용하는, 학교의 버스.

스쿼시(squash) 몡 1 과즙을 소다수로 묽게 하고 설탕을 넣은 음료수. ¶레몬 ~. 2 [체] 사방이 벽으로 둘러싸인 코트에서, 라켓으로 단단한 고무공을 벽에 맞혀 공이 마루에 두 번 튕기기 전에 되받아 치는 구기 경기.

스퀘어^댄스(square dance) 몡 여덟 사람이 둘씩 짝을 지어 마주 서서 사각을 이루면서 추는 단체 댄스. ▷포크 댄스.

스퀴즈^번트(squeeze bunt) 몡[체] 야구에서, 희생 번트의 하나. 무사(無死) 또는 1사(死)에서 3루 주자의 득점을 목적으로 행하는 번트.

스퀴즈^플레이(squeeze play) 몡[체] 야구에서, 스퀴즈 번트로 득점을 도모하는 전술. =짜내기 전법.

스퀴지(squeegee) 몡[미] 실크 스크린에서, 그림이나 글씨가 찍히도록 잉크를 눌러서 밀어내는 기구.

스크랩(scrap) 몡 신문·잡지 등에서 필요한 글이나 사진을 오려 내는 일. 또는, 그 오려 낸 것. **스크랩-하다** 동(타여) ¶신문에 난 기사를

스크랩-북(scrapbook) 몡 신문·잡지 등에서 필요한 부분을 오려 내어 붙인 책.

스크럼(scrum) 몡 1 [체] 럭비에서 반칙 후 경기를 속행할 때, 3명 이상의 양편 선수가 맞겨루듯 서로 마주한 상태에서 각각 어깨와 상체를 밀착하여 한 덩어리가 되는 자세를 취하는 일. 그 사이로 굴려 넣은 공을 자기편 쪽으로 빼냄. =루스(loose). 2 여럿이 팔을 꽉 끼고 뭉치는 일. ¶시위대가 ~을 짜고 경찰과 대치하다.

스크롤-바(scroll bar) 몡[컴] 컴퓨터 모니터에 보이는 화면을 상하 좌우로 움직이면서 보고자 할 때, 마우스를 눌러 사용하는 막대 모양의 표시. 보통 화면의 오른쪽과 아래쪽에 있음.

스크루(screw) 몡 ('나사(螺絲)'의 뜻) 선박에서 원동기의 회전력을 추진력으로 바꾸는 프로펠러형 추진 장치.

스크루^볼(screw ball) 몡[체] 야구에서, 투수가 공을 나선 모양으로 돌면서 날아가도록 던져 타자가 치기 어렵게 하는 변화구의 한 가지.

스크린(screen) 몡 영사기나 환등기로 필름이나 슬라이드의 상을 비추는 흰색의 막. 또는, 상이 비춰진 면. 凹영사막.

스크린^쿼터(screen quota) 몡[영] 영화관에서 1년에 기준 일수 이상 의무적으로 국산 영화를 상영하게 한 제도. 정부가 국산 영화를 보호·육성하기 위하여 만든 제도임.

스크린-플레이(screenplay) 몡[체] 농구에서, 자기편 선수를 앞세워 상대의 수비를 제지하게 하고 그 뒤에서 득점을 노리는 공격법.

스크립터(scripter) 몡 영화나 텔레비전, 라디오 등의 대본 작가. =스크립트 라이터(script writer).

스크립트(script) 몡 영화나 방송의 대본(臺本)이나 각본(脚本).

스키(ski) 몡 1 눈 위를 지치는 데 쓰는, 좁고 긴 판상(板狀)의 기구. 신발이 부착되어 있으며 2개의 지팡이를 짚고 달림. 2 [체] 1을 이용하여 눈 위를 달리고 활강하고 점프하는 운동.

스키드 마크(skid mark) 급브레이크를 밟거나 했을 때 자동차가 미끄러지면서 노면에 남기게 되는, 타이어의 검은 자국.

스키-장(ski場) 몡 스키를 탈 수 있는 시설을 갖춘 곳.

스키타이(Scythai) 몡 기원전 6~3세기에 걸쳐 흑해·카스피 해 연안에서 활약한 이란계의 유목 기마 민족.

스키트^사격(skeet射擊) 몡[체] 클레이 사격

경기에서, 사수(射手)의 좌우에 있는 높고 낮은 두 곳에서 동시에 방출되는 하나 또는 두 개의 클레이 피전을 명중시키는 경기.

스킨ˆ다이버(skin diver) 〖명〗물안경·오리발·숨대롱 정도의 장비를 갖추고 스포츠로서의 잠수를 즐기는 사람.

스킨ˆ다이빙(skin diving) 〖명〗공기통을 메지 않은 상태에서 오리발과 숨대롱과 물안경을 착용하고 비교적 깊지 않은 물속에서 헤엄치는 일. =스노클링. ▷스쿠버 다이빙.

스킨-로션(skin lotion) 〖명〗피부 보호에 쓰는 중성의 화장수.

스킨십(†skinship) 〖명〗피부의 상호 접촉에 의한 애정의 교류.

스킨-케어(skin care) 〖명〗화장품이나 약품으로 피부를 가꾸는 일. '피부 관리'로 순화.

스타(star) 〖명〗['별'이라는 뜻〗1 대중들로부터 높은 인기를 얻고 있는 연예인이나 운동선수를 이르는 말. ¶톱~/인기~. 2 장성(將星)의 계급인 별을 통속적으로 이르는 말. 또는, 장성을 가리키기도 함. ¶투(two)

스타덤(stardom) 인기 스타의 지위 또는 신분. ¶~에 오르다.

스타디움@stadium) 〖명〗육상 경기장·야구장 등 주위에 관람석이 있는 대경기장.

스타-루비(star ruby) 〖명〗연마(硏磨)하면 여섯 줄의 별빛을 내쏘는 루비.

스타워즈ˆ계획(Star Warsˆ計劃) [-계획/-계휙] 〖군〗'전략 방위 구상'의 별칭.

스타일(style) 〖명〗사물의 일정한 양식. 1 [예] 미술·건축·음악·문학 등에서, 어떤 유파나 시대를 대표하는 특유한 양식. ¶바로크~의 건축. 2 [문] 문학 작품의 구성이나 형식, 또는 문체. ¶헤밍웨이의 하드보일드 ~의 소설. 3 복식(服飾)이나 두발(頭髮)의 형(型). ¶헤어~/최신 유행~.

스타일(을) 구기다 〖〗〈속〉체면이나 위신이 깎이다.

스타일리스트(stylist) 〖명〗1 글을 쓸 때 문체에 많은 관심을 기울이는 사람. 2 텔레비전 광고 촬영 현장에서 모델의 의상·분장·헤어스타일·액세서리 등을 결정하는 사람.

스타카토@staccato) 〖명〗〖음〗한 음표씩 끊어서 연주하는 일. 또는, 그 기호. 음표의 위 또는 아래에 ''을 붙임. =끊음표·단음 기호·단주(斷奏).

스타카티시모@staccatissimo) 〖명〗〖음〗음을 아주 짧게 끊어서 연주하는 일. 또는, 그 기호.

스타킹(stocking) 〖명〗1 나일론 등으로 만들어 얇고 신축성이 강한, 목이 긴 여자용 양말. ¶망사~/팬티~. 2 야구·축구 또는 등산할 때 신는, 바닥이 없이 발바닥에 조금 걸치게만 되고 목이 길며 두툼한 양말. 세는 단위는 족·켤레.

스타터(starter) 〖명〗1 =점검관. 2 자동차 엔진 등의 시동 장치.

스타트(start) 〖명〗'시작', '출발'로 순화. ¶~가 좋지 않아 기록이 저조했다.

스타트ˆ라인(†start line) 〖명〗=출발선.

스타팅ˆ멤버(starting member) 〖명〗〖체〗선수 교대를 할 수 있는 단체 경기에서, 처음에 출장하는 선수. =선발 멤버.

스타팅ˆ블록(starting block) 〖명〗〖체〗육상 경기의 단거리 달리기에서, 스타트할 때 발을 걸치게 하는 기구.

스타-플레이어(star player) 〖명〗인기 있는 운동선수.

스태그플레이션(stagflation) 〖명〗[stagnation+inflation] 〖경〗경기 불황 상태에서도 물가가 계속 오르는 현상.

스태미나(stamina) 〖명〗어떤 활동을 지속적으로 할 수 있는 육체적인 힘. 圓원기·정력. ¶왕성한~/~가 부족한 복서/~를 보강하는 식품.

스태프(staff) 〖명〗1 영화·연극·방송 등에서, 배우나 연기자를 제외한 제작진. 곧, 감독·음악·촬영·조명 따위를 맡은 사람. 2 경영 관리 조직에서, 전문 지식을 활용하여 경영자와 관리자에게 조언 및 권고를 하는 부문. 또는, 그 부문에 종사하는 사람. ×스탭.

스탠드(stand) 〖명〗1 물건을 세우는 대(臺). ¶잉크~. 2 경기장의 계단식 관람석. ¶~를 꽉 메운 관중. 3 †=전기스탠드. 4 음식점·술집 등에서, 카운터를 향하여 의자를 설치해 놓은 자리.

스탠드ˆ레슬링(stand wrestling) 〖명〗〖체〗레슬링에서, 서서 상대방을 넘기는 수법.

스탠드-바(†stand bar) 〖명〗서양식의 간이 술집. 긴 스탠드 앞에 의자를 늘어놓았음. =바(bar).

스탠드-칼라(stand collar) 〖명〗중국 옷이나 전의 남학생 교복의 깃처럼 목둘레가 선 칼라.

스탠딩ˆ스타트(standing start) 〖명〗〖체〗육상 경기의 중거리 및 장거리 경주에서, 선 자세로 출발하는 방법. =서서 출발.

스탠바이(←stand-by) 〖명〗〖방송〗1 프로듀서가 방송이 시작되기 직전에 스태프와 출연자에게 준비하라는 뜻으로 외치는 말. 2 돌발 사태로 예정된 방송이 이뤄지지 못할 경우를 대비한 임시 프로그램.

스탠스(stance) 〖명〗〖체〗1 골프·야구·테니스 등에서, 공을 칠 때의 두 발의 위치나 벌린 폭. 2 권투에서, 상대 선수와 마주 섰을 때의 발을 벌린 자세나 거리.

스탬프(stamp) 〖명〗잉크를 묻혀 눌러 찍는 고무도장.

스탬프-잉크(stamp ink) 〖명〗고무도장 따위를 찍을 때에 쓰는 잉크.

스탭 '스태프(staff)'의 잘못.

스턴트-맨(stunt man) 〖명〗〖영〗영화·텔레비전 드라마의 위험하고 아슬아슬한 장면에서, 주연 배우의 대역을 하는 전문 배우.

스테고돈(stegodon) 〖명〗〖동〗장비류(長鼻類) 코끼릿과에 속하는 화석 동물. 현재의 코끼리와 마스토돈의 중간형으로, 제3기 중기부터 제4기 중기에 걸쳐 살았으며, 동남아시아 각지에서 발견됨.

스테디-셀러(steady seller) 〖명〗오랜 기간에 걸쳐 꾸준히 팔리는 책.

스테레오(stereo) 〖명〗방송이나 레코드 등의 입체 음향 재생 방식. 또는, 그 장치.

스테레오ˆ방ˆ송(stereo放送) 〖명〗=입체 방송(立體放送).

스테레오ˆ타입(stereo type) 〖명〗창의성이 없이 판에 박은 방식. ¶~에서 벗어나지 못하는 멜로드라마.

스테로이드(steroid) 〖명〗〖화〗탄소 6원자로 된 환상 구조 3개와 탄소 5원자로 된 환상 구조 1개를 함유하는 구조를 기본 골격으로 하는 유기 화합물의 총칭. 동식물체에 널리 분포하며, 빌산·성호르몬·부신 피질 호르몬 등이 이에 속함.

스테아르-산(←stearic酸) 명 [화] 유지류의 주요 성분을 이루는 고급 포화 지방산의 하나. 냄새가 없고 빛깔이 흰 결정체임. 비누·양초의 원료로 쓰임. =경지산.

스테이션-왜건(station wagon) 명 승용차 차체의 형(型)의 하나. 좌석을 접었다 폈다 할 수 있으므로, 차내의 뒷부분에 짐을 실을 수 있음. =왜건.

스테이지(stage) 명 '무대(舞臺)²'로 순화.

스테이크(steak) 명 1 고기를 굽거나 프라이한 서양 요리의 하나. 2 '비프스테이크'의 준말.

스테이플러(stapler) 명 =호치키스.

스테이플^파이버(staple fiber) 명 인조 섬유를 짧게 잘라 양털 또는 솜처럼 정제·방사(紡絲)한 섬유. 또는, 그 섬유로 짠 옷감이 날. 준파이버.

스테인드-글라스(stained glass) 명 색유리를 쓰거나 색을 칠하여 무늬나 그림을 나타낸 판유리. 성당·교회 등의 유리창에 쓰임.

스테인리스(stainless) 명 '스테인리스강'을 일상적으로 이르는 말.

스테인리스-강(stainless鋼) 명 니켈·크롬 등을 많이 넣어 녹슬지 않고 약품에도 부식되지 않도록 한 강철. =스테인리스 스틸. × 스텐.

스테인리스^스틸(stainless steel) 명 =스테인리스강.

스텐 명 [stainless+steel] '스테인리스강'의 잘못.

스텐실(stencil) 명 1 [미] 판화나 공예품에 무늬를 넣는 기법의 하나. 무늬 부분을 도려낸 두꺼운 종이를 천이나 종이·나무·유리 등에 올려놓고, 붓으로 아크릴 물감을 찍어 두드리거나 문지르듯이 하여 무늬를 나타냄. 2 '스텐실 페이퍼'의 준말.

스텐실^페이퍼(stencil paper) 명 =등사 원지. 준스텐실.

스텔라이트(stellite) 명 [공] 코발트에 크롬·텅스텐·철·탄소 등을 섞은 합금. 내열성이 뛰어나 내연 기관이나 각종 공구에 널리 사용됨.

스텝¹(step) 명 ['걸음'이라는 뜻] 댄스에서, 발동작의 한 단위. ¶워킹 ~ / ~을 밟다.

스텝²(steppe) 명 [지] 1 유럽 러시아의 동남부나 시베리아 서남부의 밤부낙은 흑색토에 발달한 광대한 초원. 2 내륙부의 반건조 지대로, 북아메리카의 프레리, 남아메리카의 팜파스, 남아프리카의 초원 등 온대 초원 전역을 가리킴.

스텝^기후(steppe氣候) 명 [지] 스텝 지역의 기후. 사막 기후의 주변대에서 볼 수 있으며, 스텝 기후보다는 다소 비가 내려서 덜 건조함. =초원 기후.

스토리(story) 명 소설·영화·연극 등의 이야기 줄거리. ¶~ 위주의 통속 소설.

스토리-텔러(storyteller) 명 스토리를 흥미진진하게 잘 풀어 나가는 소설가를 '이야기꾼'이라는 뜻으로 이르는 말.

스토리-텔링(storytelling) 명 소설·영화 등에서, 작가가 스토리를 전개해 나가는 일.

스토브(stove) 명 =난로. ¶전기 ~.

스토아-주의(Stoa主義) [-의/-이] 명 [철] 1 스토아학파의 주장. 특히, 그 도덕관. 2 엄격한 극기·금욕의 생활 태도. =스토이시즘.

스토아^철학(Stoa哲學) 명 [철] 스토아학파의 철학. 윤리를 중심 문제로 하고 욕망을 억제하여 자연의 법도에 따를 것을 주장함.

스토아-학파(Stoa學派) 명 [철] 기원전 4세기 말에 그리스의 철학자 제논이 창시한 그리스 철학의 한 파. 금욕과 극기를 통하여 자연에 순종하는 현자(賢者)의 이성적 생활을 이상(理想)으로 내세웠음. =극기파.

스토커(stalker) 명 특정한 사람을 일방적으로 좋아하거나 흠모하여 병적으로 집요하게 따라다니며 귀찮게 하는 사람.

스토킹(stalking) 명 특정한 사람을 일방적으로 좋아하거나 흠모하여 병적으로 집요하게 따라다니며 귀찮게 하는 일.

스톡^론(stock loan) [경] =대주(貸株)⁵.

스톡^옵션(stock option) 명 [경] 기업에서 임직원에게 자사의 주식을 액면가나 시세보다 낮은 가격으로 살 수 있는 권리를 주는 일. 주가가 상승하면 상당한 차익을 얻을 수 있으므로, 임직원의 근로 의욕을 북돋우거나 우수한 인력을 확보하는 수단으로 활용됨.

스톨(stole) 명 여성용의 긴 솔(shawl).

스톱(stop) 명 1 움직임을 멈추는 것. 또는, 멈추라는 뜻으로 외치는 말. ¶"~! ~!" 그는 황급히 택시를 불러 세웠다. 2 [음] 파이프 오르간·리드 오르간 따위에서 각종의 음관(音管)으로 들어가는 바람의 입구를 개폐하는 장치. =음전(音栓). **스톱-하다** 동㈜엥 움직임을 멈추다. ¶버스가 ~.

스톱워치(stopwatch) 명 =초시계(秒時計).

스튜(stew) 명 고기에 감자·당근·양파를 넣고 버터에 볶아서 끓인 서양 요리.

스튜디오(studio) 명 1 사진사·화가·조각가의 작업실. 2 영화 촬영소. 3 방송국의 방송실.

스튜어디스(stewardess) 명 항공기 안에서 승객에게 서비스하는 여자 승무원.

스트라이커(striker) 명[체] 축구·배구에서, 공격력·득점력이 있는 선수.

스트라이크¹(strike) 명 1 = 동맹 파업. 2 = 동맹 휴학. ¶"...무슨 이유를 물론하고 학생의 학교에 대한 ~는 좋지 못한 일이외다." 《이광수:무정》 **스트라이크-하다** 동㈜엥 동맹 파업을 벌이다.

스트라이크²(strike) 명[체] 1 야구에서, 투수가 던진 공이 스트라이크 존을 지나가는 일. 타자가 공을 헛친 것이나 파울 팁(foul tip)도 스트라이크로 침. 2 볼링에서, 제1투로 핀을 전부 쓰러뜨리는 것.

스트라이크^아웃(strike-out) 명[체] 야구에서, 타자가 세 번 스트라이크를 당하여 그대로 아웃되는 것. =삼진(三振).

스트라이크^존(strike zone) 명[체] 야구에서, 투수가 던진 공이 스트라이크로 판정되는 범위. 곧, 타자가 타격 자세를 취했을 때 겨드랑이와 무릎 사이에 해당하는 높이의 홈 베이스 위의 공간임.

스트레스(stress) 명 1 괴로움을 주는 상황이나 적응하기 어려운 환경에 처했을 때 느끼는 심리적·신체적 긴장 상태. ¶~가 쌓이다 / ~를 해소하다 / ~를 받다. 2 [언] =강세(強勢). 3.3 [물] =변형력(變形力).

스트레이트(straight) 명 ['직선', '곧장'의 뜻] 1 어떤 상황이 동일하게 계속되는 것. ¶3세트를 ~로 이기다. 2 [체] 포볼로 타자를 1루에 내보내는 것. 3 [체] =직구(直球). 4 [체] 권투에서, 팔을 일직선으로 쭉 뻗어 타격하는 동작. ¶롱(long) ~. 5 양주에 물을 타지 않고 그냥 마시는 일. 또는, 그 술.

스트레이트-파마(†←straight permanent) 명 머리털을 곧게 하기 위한 콜드파마.

스트레치(stretch) 명[체] 1 경기장·경마장 등의 직선 코스. ¶홈~. 2 보트의 노를 한 번 젓는 거리.

스트레칭(stretching) 명[체] 팔·다리·가슴·허리 등의 신체 부위를 힘껏 뻗거나 펴 줌으로써, 근육의 긴장을 풀어 주고 관절이 잘 움직일 수 있게 해 주는 일. 근육통의 예방과 해소, 운동 시 부상 방지 등에 효과가 있음. ¶~ 체조.

스트렙토마이신(streptomycin) 명[약] 방선균의 일종인 스트렙토미세스속(屬)에서 분리된 항생 물질. 결핵의 특효약임. ㉜마이신.

스트로(straw) 명 =빨대.

스트로보(←stroboscopic light) 명[사진] 사진을 찍을 때에 쓰는 플래시의 한 가지. 태양 광선에 가장 가까운 섬광을 발하며, 반복 사용이 가능함.

스트로보스코프(stroboscope) 명[물] 회전체의 회전 속도나 회전 중의 운동 상태를 측정하는 장치.

스트로크(stroke) 명 1 [체] 조정(漕艇)에서, 노를 한 번 젓는 일. 곧, 노를 물에 넣어 젓기 시작할 때부터 젓기를 끝낼 때까지의 1회전. 2 [체] 골프에서, 클럽으로 공을 치는 일. 3 [체] 테니스에서, 라켓으로 공을 치는 일. 4 [체] 수영에서, 팔和 물을 끌어당기는 동작. 5 [공] 왕복 운동 기관에서, 피스톤이 기통(氣筒) 속을 오르내리는 동작 그 거리.

스트론튬(strontium) 명[화] 천연으로 산출되는 은백색의 금속 원소. 원소 기호 Sr, 원자 번호 38, 원자량 87.62. 특수 합금이나 진공관의 게터 재료 등에 쓰임.

스트리밍(streaming) 명[통] 인터넷에서 데이터를 연속적으로 전송하여 실시간으로 재생하는 일. ¶~ 기술을 이용한 실시간 화상 회의.

스트리킹(streaking) 명 벌거벗고 대로(大路)나 대학 구내 등 공공장소를 달리는 짓. **스트리킹-하다** 동[자]여

스트리퍼(stripper) 명 스트립쇼에 출연하는 사람.

스트린젠도(⊙stringendo) 명[음] 악곡의 표현 방법을 나타내는 말로, '점점 서두르며'의 뜻.

스트립-쇼(strip show) 명 무용수가 음악에 맞추어 춤을 추면서 옷을 하나씩 벗어 나가는 선정적인 쇼.

스티렌(styrene) 명[화] 자극적인 냄새가 있는 무색의 액체. 에틸벤젠으로부터 탈수소 반응을 일으켜 제조하며, 스티렌 수지·합성 고무 따위의 제조 원료로 쓰임. =스티롤(Styrol).

스티렌^수지(styrene樹脂) 명[화] 스티렌의 중합체. 열가소성이 있으며 유기 용매에 녹는, 무색의 고체임. 용기·전기 절연재 등으로 쓰임. =스티롤 수지·폴리스티렌·폴리스티롤.

스티로폴(←⊙Styropor) 명 '스티로폼'의 잘

스티로폼(Styrofoam) 명 속에 작은 기포를 무수히 지닌 가벼운 합성수지. 단열재나 포장 재료 등으로 이용됨. 상표명에서 온 말임. =발포 스티렌 수지. ×스티로폴.

스티롤(⊙Styrol) 명[화] =스티렌.

스티치(stitch) 명 서양 바느질에서, 바늘로 뜨거나 박거나 꿰맨 한 땀이나 한 코. 또는, 그러한 방법.

스티커(sticker) 명 1 선전이나 어떤 표지(標識)로서 붙이는 작은 종잇조각. 앞면에는 글이나 그림이 들어 있고, 뒷면에는 풀칠이 되어 있음. ¶주차 ~/광고 ~. 2 †교통경찰이 교통 법규 위반자에게 발부하는 범칙금부과 서류. ¶경찰이 속도위반 차량에 대해 ~를 발부하다.

스틱(stick) 명 1 '지팡이'로 순화. 2 [체] 하키에서 쓰는 타봉(打棒).

스틸¹(steal) 명[체] =도루(盜壘).

스틸²(steel) 명 =강철1.

스틸³(still) 명 선전을 목적으로 영화의 한 장면을 나타낸 사진.

스틸^테이프(steel tape) 명 강철로 만든 측량용 자의 하나. 띠 모양인데, 말아서 둥근 케이스에 넣게 되어 있음.

스틸^하우스(steel house) 명 철재로 된 골조에 우레탄 등을 발포시켜 만든 벽체를 조립하여 지은 주택. 내진성·내구성이 있음.

스팀(steam) 명 ['수증기', '김'의 뜻] 증기를 통하여 열을 내는 난방 장치. ¶~이 들어오다 /~이 꺼지다.

스파게티(⊙spaghetti) 명 국수 모양의 이탈리아 음식. 국수 가락 가운데 구멍이 없는 것이 마카로니와 다름.

스파르타^교육(Sparta教育) 명 1 고대 그리스의 스파르타에서 행하여진 몹시 엄격한 국가주의적 교육. 2 [교] 스파르타의 엄격한 교육을 본뜬 교육 방법의 총칭.

스파링(sparring) 명[체] 권투에서, 헤드기어를 쓰고 실전과 같은 형식으로 하는 연습 경기. ¶공개 ~ / ~ 파트너.

스파이(spy) 명 =간첩(間諜). ¶산업 ~.

스파이-웨어(spyware) 명[컴] 무료로 배포되는 소프트웨어를 인터넷 등으로 내려받을 때, 그 속에 숨어 있다가 자동으로 사용자의 컴퓨터에 설치되어 그의 개인 신상 정보를 스파이처럼 빼내 가는 프로그램.

스파이커(spiker) 명[체] 배구에서, 스파이크를 하는 사람.

스파이크(spike) 명[체] 1 배구에서, 네트 가까이 띄운 공을 상대편 코트로 세게 내리치는 공격법. ¶강(強) ~. 2 '스파이크 슈즈'의 준말. ~를 신다. **스파이크-하다** 동[자]여

스파이크^슈즈(spike shoes) 명[체] 바닥에 뾰족한 징이나 못을 박은 운동화. ㉜스파이크.

스파크(spark) 명[물] 방전(放電)할 때 생기는 불꽃. =전기 불꽃. ㉠불꽃. ¶~가 일어나다.

스판덱스(spandex) 명 고무와 비슷한 탄성을 지닌 폴리우레탄 합성 섬유. 잘 늘어나고 가볍고 질겨서, 여성용 하의·수영복·양말·스포츠 의류 등에 쓰임.

스패너(spanner) 명 볼트·너트 등을 풀거나 죄는 공구. =렌치.

스팸^메일(spam mail) 명[통] 원치 않는데도 일방적으로 보내어지는 광고성 이메일. =정크 메일.

스팽글(spangle) 명 반짝거리는 얇은 장식 조각. 금속·플라스틱·합성수지 등으로 만들며, 무대 의상·야회복·핸드백·구두 등에 붙임. ㉠반짝이.

스퍼트(spurt) [체] 달리기나 경영(競泳) 등에서 전 속력을 내는 일. 순화어는 '전력 질주'. ¶라스트 ~. **스퍼트-하다** 图짜어 ¶500m를 남기고 ~.

스펀지(sponge) 圀 생고무나 합성수지로 해면처럼 만든 물건. 쿠션이나, 물체를 닦는 물건 등으로 이용됨. ¶~ 요. ✕스폰지.

스펀지-케이크(sponge cake) 圀 밀가루·달걀·설탕을 주재료로 하여, 스펀지처럼 속이 성기게 구운 서양식 빵.

스페어(spare) 圀 긴급한 경우에 바꾸어서 사용할 수 있도록 늘 준비하여 두는, 같은 종류의 물건. 凹여벌.

스페어-타이어(spare tire) 圀 자동차의 펑크에 대비한 예비 타이어.

스페이드(spade) 圀 트럼프 패의 하나. 검은 빛의 나뭇잎 모양의 무늬가 인쇄되어 있음.

스페이스(space) 圀 **1** 어떤 장소의 남은 공간. **2** 신문이나 책 등의 지면(紙面)의 여백. ¶기사가 넘쳐 칼럼을 실을 ~가 없다.

스페이스-바(space bar) 圀 글자 사이를 띌 때 누르는, 타자기나 컴퓨터 자판의 가로로 긴 키.

스페이스^셔틀(space shuttle) 圀 =우주 왕복선.

스페인(Spain) 圀[지] =에스파냐.

스페인^어(Spain語) 圀[언] =에스파냐 어.

스펙터클(spectacle) →**스펙터클-하다** 톙어 '웅장하다', '웅대하다', '거대하다'로 순화.

스펙터클^영화(spectacle映畵) 圀 호화스러운 의상과 세트, 대규모의 트릭, 많은 엑스트라 등을 써서 장대하게 제작한 영화.

스펙트럼(spectrum) 圀 **1**[물] 가시광선·자외선·적외선 따위를 분광기로 분해했을 때 파장의 순서에 따라 배열된 성분. **2** 의견·생각·현상 등에 있어서 다양성의 범위나 폭. ¶모든 보수를 수구 반동으로 재단할 수 없으며 그거에게는 다양한 ~이 존재하고 있다.

스펙트럼^분석(spectrum分析) 圀[물] =분광 분석.

스펠(spell) 圀 =스펠링.

스펠링(spelling) 圀 표음 문자, 특히 유럽 어를 바르게 철자(綴字)하는 일. 또는, 그 방식. =스펠. ¶보트의 ~은 b·o·a·t이다.

스포르찬도(sforzando) [음] 악곡의 표현 방법을 나타내는 말로, '특히 세게'의 뜻. 기호는 *sfz*. =스포르차토.

스포이트(⑭spuit) 圀 잉크·물약 따위를 옮겨 넣을 때에 쓰는, 고무 주머니가 달린 유리관.

스포일러(spoiler) 圀 **1** 항공기의 주날개 위쪽에 부착되어, 양력(揚力)을 줄이고 항력(抗力)을 증가시킴으로써 하강을 돕는 장치. **2** 차체 뒤쪽 상부에 부착하여 자동차가 고속으로 달릴 때 차가 위쪽으로 들리는 것을 막아 주는 바람받이 판.

스포츠(sports) 圀 여가 활동이나 경기, 체력 단련을 위하여 하는 신체 운동의 총칭. ¶~ 뉴스~를 즐기다.

스포츠-맨(sportsman) 圀 운동에 능숙하여 운동 경기에 참가하는 사람. 凹운동선수.

스포츠맨-십(sportsmanship) 圀 정정당당하고 공명하게 승부를 겨루는 정신. ¶~을 지키다.

스포츠-머리(sports-) 圀 앞머리만 조금 남기고 옆과 뒤를 바짝 깎은, 남자의 머리.

스포츠^센터(sports center) 圀 **1** 각종 운동 시설을 갖춘 큰 체육관. **2** 각종 경기장이 모여 있는 곳.

스포츠-카(sports car) 圀 스피드를 내는 것에 중점을 두어 만든 오락용·경주용의 소형 자동차.

스포츠-캐스터(sportscaster) 圀[방송] 스포츠 실황을 중계하는 일을 하는 사람. =캐스터.

스포트-라이트(spotlight) 圀 **1** [연] 극장 무대의 한 부분이나 한 인물만을 특히 밝게 비추는 조명. **2** (주로 '받다'와 함께 쓰여) 세상 사람의 주목·관심 등을 비유하여 이르는 말. 순화어는 '각광', '주시'. ¶매스컴의 ~를 받다.

스포티(sporty) →**스포티-하다** 톙어 (어떤 대상이) 경쾌함과 활동성을 갖추고 있다. ¶스포티한 옷차림 / 차(車)의 모양이 아주 ~.

스폰서(sponsor) 圀 **1** 행사·자선 사업 따위에 기부금을 내어 돕는 사람. 凹후원자. ¶권투 경기의 ~ / ~를 찾다 / ~가 되어 주다. **2** 라디오·텔레비전 방송에서 프로그램을 제공하는 광고주.

스폰지(sponge) '스펀지(sponge)'의 잘못.

스폿^광고(spot廣告) 圀 라디오나 텔레비전 방송에서, 프로그램 사이에 하는 짧은 광고.

스폿^뉴스(spot news) 圀 라디오·텔레비전 방송에서 프로그램 사이에 내보내는 짤막한 뉴스.

스폿^펀드(spot fund) 圀[경] 투자 신탁에서, 만기일 이전이라도 미리 정해진 목표 수익률을 달성하면 해지하여 수수료 없이 상환할 수 있는 투자 상품.

스푼(spoon) 圀 **1**(자립) 주로 서양 음식을 먹을 때 사용하는 숟가락. 또는, 커피나 차를 마실 때 사용하는 작은 숟가락. =양숟가락. ¶티(tea) ~. **2** [체] 골프에서, 3번 우든 클럽. **2**(의존) **1**에 담긴 커피나 설탕 등의 분량을 세는 단위.

스풀(spool) 圀 **1** 카메라의 필름을 되감는 틀. **2** 릴(reel)에 낚싯줄이 감기는 실패.

스프레이(spray) 圀 **1** =분무기. **2** 머리를 드라이기로 말린 뒤 머리 형태를 고정시키기 위해 뿌리는 물질.

스프롤^현상(sprawl現象) 圀 대도시의 교외가 무계획적이고 무질서하게 발전하는 현상.

스프린터(sprinter) 圀 육상·수영 등에서, 단거리 선수.

스프린트(sprint) 圀[체] 육상 경기·수영 경기·스피드 스케이팅 등의 단거리 레이스. 또는, 단거리를 전력(全力)으로 달리거나 수영하는 일.

스프링(spring) 圀 =용수철.

스프링보드(springboard) 圀[체] =도약판1.

스프링보드^다이빙(springboard diving) 圀[체] 높이 1m 또는 3m의 도약판에서 뛰어내리는 다이빙 경기.

스프링^캠프(spring camp) 圀 프로 야구·프로 축구 등에서, 봄의 정규 리그가 시작되기 전에 집중적으로 가지는 합숙 훈련. 또는, 그 장소.

스프링-코트(†spring coat) 圀 봄·가을에 입는 가벼운 외투.

스프링클러(sprinkler) 圀 작물이나 잔디에 물을 주거나, 화재 시 작동하도록 건물의 천장에 설치하는, 물을 사방으로 분사하는 장치.
스피넬(spinel) 圀 [광] 알루미늄과 마그네슘의 산화물로 이루어진 팔면체의 결정. 무색 또는 적색·청색·녹색·황색 등 종류가 많으며, 순수한 것은 보석으로 쓰임. =첨정석.
스피드(speed) 圀 물체의 움직임이나 어떤 일의 진행의 빠르기. 비속력·속도. ¶~ 시대/자동차의 ~를 올리다 / ~를 내서 공정(工程)을 최대한 단축하다.
스피드^건(speed gun) 圀 움직이는 물체의 속도를 재는, 권총 모양의 기구. 흔히, 투수가 던지는 공이나 달리는 자동차의 속도를 재는 데 이용함.
스피드-광(speed狂) 圀 자동차나 오토바이를 아주 빠른 속도로 모는 것을 즐기는 사람.
스피드^스케이팅(speed skating) 圀[체] 일정한 거리의 얼음 위를 활주하여 그 속도를 겨루는 스케이팅 경기.
스피디(speedy) ➡스피디-하다 ⑱ '빠르다'로 순화. ¶수비에서 공격으로의 전환이 아주 스피디한 경기.
스피로헤타(@spirochaeta) 圀[식] 가늘고 긴 나사 모양의 미생물의 총칭. 분열에 의해 증식하며, 재귀열·와일병·매독 등의 병원체가 되지만 병원성(病原性)이 아닌 것도 있음.
스피츠(spitz) 圀[동] 개의 한 품종. 온몸이 희고 긴 털로 덮여 있으며, 얼굴이 뾰족하고 귀가 위로 솟아 있음. 애완용으로 기름.
스피치(speech) 圀 회합 등에 모인 사람들을 앞에 두고 어떤 주제에 대해 비교적 짤막하게 발표하는 말. ¶즉석 ~ / 3분 ~.
스피카토(@spiccato) 圀 바이올린 등 현악기를 연주할 때, 손목을 움직여 활을 튀게 함으로써 음을 가늘고 짧게 끊는 연주법.
스피커(speaker) 圀 1 건축·텔레비전·라디오·녹음기 등에서, 소리가 나오는 장치. 2 =확성기. ¶~에서 울려 나오는 유행가.
스핀(spin) 圀 ['회전'이라는 뜻][체] 1 구기(球技) 종목에서, 공이 회전하는 일. ¶~을 준 볼. 2 피겨 스케이팅에서, 한 지점에 외발로 서서 몸을 회전시키는 것.
스핏-볼(spitball) 圀[체] 야구에서, 투수가 공의 일부에 침을 발라 던지는 변화구. 반칙 투구임.
스핑크스(Sphinx) 圀[신화] 1 고대 오리엔트 신화에 나오는, 머리는 사람이고 몸은 사자인 괴물. 이집트에서는 왕(王)의 권력을 상징하여, 신전·분묘 등의 입구에 석상으로 세웠음. 2 그리스 신화에 나오는 괴물. 상반신은 여자이고 하반신은 날개가 돋친 사자의 모습으로, 행인에게 수수께끼를 내어 풀지 못하면 죽였다고 함.
슬(瑟) 圀[음] 중국 고대 아악기의 하나. 앞은 오동나무, 뒤는 밤나무로 만들어 25줄을 매었음.
슬개-건(膝蓋腱) 圀[생] 대퇴 사두근의 말단부에서 종지뼈에 붙고, 다시 뻗어 정강이뼈 상단부에 붙는 힘줄.
슬개-골(膝蓋骨) 圀[생] =종지뼈.
슬겁다[-따] ⑱⑮〈슬거우니, 슬거워〉1 (집이나 세간 따위가) 겉으로 보기보다는 속이 너르다. 2 (마음이) 너그럽고 미덥다. ¶열두 살밖에 안 된 순덕은 어른처럼 슬겁고, 양배추처럼 속이 꽉 차 있었다.《문순태:징소리》 ㉫살갑다.
슬그머니 ㉮ 1 남이 모르거나 드러나지 않게

가만히. ¶그는 가족이 잠든 틈에 ~ 밖으로 나왔다. 2 혼자 마음속으로 은근히. ¶그의 성공담을 듣다가 ~ 부러운 생각이 들었다. ㉫슬그니·슬그미. ㉨살그머니.
슬근-거리다/-대다 ⑧㉴ 1 물건이 서로 맞닿아서 자꾸 가볍게 비벼지다. 2 힘들이지 않고 슬그머니 거볍게 행동하다. ㉨살근거리다.
슬근-슬근 ㉮ 슬근거리는 모양. ¶~ 톱질을 하다. ㉨살근살근. **슬근슬근-하다** ⑧㉴ㅇ
슬금-슬금 ㉮ 남이 모르게 또는 두려운 마음을 가지고 조심스럽게 행동하는 모양. ㉫슬슬. ¶척주는 나한테 된통 혼난 뒤로는 나만 보면 ~ 피해 다닌다. ㉨살금살금.
슬금-하다 ⑱ 겉으로 보기에는 미련해 보이지만 마음속은 슬기롭고 너그럽다.
슬기 圀 사물의 이치를 잘 깨닫고 일을 바르고 정확하게 처리할 방도를 생각해 내는 재능. 비지혜(智慧). ¶지난 시대의 문화유산 속에는 조상들의 ~가 오롯이 담겨 있다.
슬기-롭다[-따] ⑱⑮〈~로우니, ~로워〉슬기가 있다. 비지혜롭다. ¶위기를 슬기롭게 극복하다. **슬기로이** ㉮ ¶~ 빛나는 눈.
슬다¹ ⑧㉴〈스니, 스오〉1 푸성귀 따위가 진딧물 같은 것에 못 견디어 시들어 가다. 2 몸에 돋았던 부스럼이나 소름의 자국이 없어지다.
슬다² ⑧ ①㉮〈스니, 스오〉 (벌레나 물고기 따위가 알을) 깔겨 놓다. ¶파리가 알을 ~. ②㉴ 1 (쇠붙이에 녹이) 생기다. ¶갈에 녹이 ~. 2 (곰팡이가) 생기다. ¶식빵에 곰팡이가 ~.
슬라브^족(Slav族) 圀 유럽의 동부 및 중부에 거주하며 슬라브 어를 사용하는 민족의 총칭.
슬라이더(slider) 圀[체] 야구에서, 투수의 공이 타자 근처에서 미끄러지듯 바깥쪽으로 흐르는 상태. 또는, 그런 상태의 공. ¶~를 던지다 / 위력적인 ~를 구사하다.
슬라이드(slide) 圀 환등기에 넣어 비출 수 있도록 테두리를 씌워 만든 포지티브 필름. ¶~를 통한 시청각 교육.
슬라이드^글라스(slide glass) 圀[물] 현미경의 대물렌즈 아래에 끼워 받치는 유리판. =깔유리·받침 유리. ↔커버 글라스.
슬라이딩(sliding) 圀[체] 1 야구에서, 수비가 공을 잡거나 주자(走者)가 베이스를 터치할 때 미끄러지듯 몸을 던지는 동작. ¶~ 세이프 / ~ 캐치. 2 배구에서, 상대가 공격한 공을 몸을 날리듯 미끄러지면서 리시브하는 일. **슬라이딩-하다** ⑧㉴
슬라이딩^태클(sliding tackle) 圀[체] 축구에서, 상대편이 가진 공을 빼앗기 위하여, 미끄러져 들어가는 동작.
슬라이스(slice) 圀 1 식품 등을 얇게 저미는 일. 또는, 그런 조각. ¶~ 치즈. 2 [체] 골프에서, 타구가 바깥쪽으로 휘어져 나가는 일. 3 [체] 테니스나 탁구에서, 공을 깎듯이 쳐서 아래로 회전시키는 타법.
슬래그(slag) 圀[광] 광물을 제련할 때, 광석에서 금속을 빼내고 남은 찌꺼기. =고로재·광재(鑛滓).
슬래브(slab) 圀 건축에서, 바닥이나 지붕을 한 장의 바위처럼 콘크리트로 부어 만든 구조. ¶~ 지붕.
슬랙스(slacks) 圀 평상복 바지.
슬램^덩크(slam dunk) 圀[체] 농구에서, 강

력하거나 극적인 덩크 슛.

슬랭(slang) 명 =속어(俗語).

슬러거(slugger) 명[체] 야구에서, 장타를 많이 날릴 수 있는 힘을 가진 타자.

슬럼(slum) 명 빈민(貧民)이 모여 사는 도시의 한 지역. 비빈민가.

슬럼프(slump) 명 1 제 실력을 발휘하지 못하는 부진 상태가 비교적 길게 계속되는 일. ¶늘 4할 대를 기록하던 강타자 K 선수가 몇 달째 ~에 빠져 있다. 2 경기(景氣)가 침체되어 있는 현상.

슬렁-슬렁 부 1 꼼꼼하지 않게 대충 해치우는 모양. ¶일을 그렇게 ~ 해서 어쩌하느냐? 2 느릿느릿 굼뜨게 움직이는 모양. ¶~ 걸어도 5분이면 갈 수 있다.

슬레이트(slate) 명 지붕을 이는 데 쓰이는 점판암의 얇은 판. 또는, 석면(石綿)에 시멘트를 섞어 만드는 얇은 판. ¶~ 지붕.

슬렌탄도(0|slentando) 명[음] 악곡의 속도를 지시하는 말로, '차차 느리게'의 뜻.

슬로건(slogan) 명 =표어. ¶'하나뿐인 지구를 살리자'를 ~으로 내걸다.

슬로^모션(slow motion) 명[영] 고속도 촬영으로 인해 화면 속에서 실제 속도보다 느리게 보이는 피사체의 움직임. ¶~으로 화면을 비추다.

슬로바키아(Slovakia) 명[지] 유럽의 중앙 내륙, 폴란드·헝가리·우크라이나·체코에 둘러싸인 국가. 1993년 체코슬로바키아에서 분리·독립함. 수도는 브라티슬라바.

슬로베니아(Slovenia) 명[지] 유럽 남동부, 발칸 반도 북서부에 있는 공화국. 1991년, 유고슬라비아 사회주의 연방 공화국에서 분리·독립함. 수도는 류블랴나.

슬로^볼(slow ball) 명[체] 야구에서, 투수가 던지는 느린 공. =완구(緩球).

슬로-비디오(slow video) 명 비디오테이프 재생의 한 수법. 빠른 움직임을 느린 움직임으로 바꾸어 편집 재생한 일련의 화면. 운동 경기 중계나 기술 분석 등에 이용됨.

슬로프(slope) 명 스키·눈썰매 등을 탈 수 있도록 조성한, 눈 덮인 경사면. ¶초보자용 ~ / ○○ 리조트는 국내 최대 규모인 총 30면의 ~을 갖추고 있다.

슬롯-머신(slot machine) 명 동전을 넣고 기계를 조작하여 정해진 짝을 맞추면 일정 액수의 돈이 나오는, 상자 모양의 자동 도박기.

슬리퍼(slipper) 명 주로, 맨발로 다니기 거북한 실내에서 신거나, 집 밖의 가까운 곳에 갈 때 신는, 발등만을 덮거나 발가락만 끼울 수 있게 비닐·가죽·천 등으로 만든 신발. ¶~를 질질 끌다.

슬리핑-백(sleeping bag) 명 겹으로 된 천 사이에 솜·깃털 등을 넣고 자루 모양으로 만든 침구. 주로, 야영(野營)할 때 사용함. =침낭(寢囊).

슬림-형(slim形) 명 '얇은 형', '소형²'로 순화. ¶~ 디자인 / ~ 노트북 컴퓨터.

슬립(slip) 명 여성의 양장용 속옷의 하나. 어깨에서부터 입으며, 길이는 위에 입는 드레스보다 짧음.

슬립^다운(slip down) 명[체] 권투에서, 미끄러져 넘어지는 일. 다운으로 인정하지 않음. ¶~을 선언하다.

슬릿(slit) 명 1 광선 또는 입자선의 나비를 제한하기 위하여, 두 장의 날을 나란히 마주 보게 하여 만든 좁은 틈. 2 =트임.

슬며시 부 1 드러나지 않게 넌지시. ¶~ 귀띔을 해 주다 / 그는 내 곁으로 ~ 다가섰다. 작살며시. 2 어떤 감정 따위가 속에서 천천히 은근하게 일어나는 모양. ¶~ 울화가 치밀다.

슬몃-슬몃[-면쏠면] 부 잇달아 슬며시. ¶~ 눈치를 살피다. 작살몃살몃.

슬슬 부 1 두려움을 가지고 조심스럽게 행동하는 모양. ¶~ 피하다 / ~ 눈치를 보다. 2 드러내지 않고 슬그머니. ¶엉큼하게 여자 손을 ~ 만지다. 3 남을 교묘하게 달래거나 꾀는 모양. ¶사탕발림으로 ~ 구슬리다. 4 서두르지 않고 천천히. ¶아직 시간이 넉넉하니 ~ 걸어가세. 작살살.

슬쩍 부 1 남이 모르는 사이에 재빨리. ¶~ 쪽지를 전하다. 2 표 나지 않게 넌지시. ¶그는 아무도 없는 틈을 타서 내게 ~ 말을 걸었다. 3 심하지 않게 약간. ¶시금치를 ~ 데치다. 4 특별히 유의하거나 정성을 들이지 않고 빠르게. ¶그것은 ~ 보아 넘길 수 없는 중대 문제이다. 작살짝. **슬쩍-하다** 동[타]〈속〉 남의 물건을 몰래 훔치다.

슬쩍-슬쩍[-쏠-] 부 1 남의 눈을 피하여 잇달아 재빠르게 하는 모양. ¶~ 떡을 집어먹다. 2 힘들이지 않고 모두 거뜬히 하는 모양. ¶서류를 ~ 보아 넘기다. 작살짝살짝.

슬퍼-하다 동[타][여] 슬프게 여기다. ¶친구의 죽음을 ~.

슬프다 형〈슬프니, 슬퍼〉 1 (사람의 마음이) 가슴 아프거나 불쌍한 생각이 들거나 하여 울고 싶은 상태에 있다. 비서글프다·서럽다·섧다·쓸쓸하다. ¶슬픈 이야기 / 슬픈 영화. ↔기쁘다. 2 (어떤 일이) 바람직하지 않아 우울하거나 가슴 아프거나 언짢은 느낌을 주는 상태에 있다. ¶오늘날 우리 사회에 황금만능주의가 팽배해 가는 것은 슬픈 일이다.

슬픔 명 슬픈 마음이나 느낌. ¶망국(亡國)의 ~ / ~에 잠기다 / 깊은 ~에 빠지다 / 술로 ~을 달래다. ↔기쁨.

슬피 부 슬프게. ¶~ 울다.

슬하(膝下) 명 ['무릎 아래'라는 뜻] 거느리는 겉이나 품안. 주로, 부모의 보호 영역을 이름. ¶~에 자식이 없다 / 부모의 ~를 떠나다.

씀벅 부 '씀벅'의 여린말. **씀벅-하다** 동[자][타][여]

씀벅-거리다/-대다[-꺼(때)-] 동[자][타] '씀벅거리다'의 여린말. ¶덕구는 도화의 여윈 얼굴을 보고 눈을 씀벅거려 가며 놀래었다. 《김이석:실비명》 작삼박거리다.

씀벅-씀벅[-씀-] 부 '씀벅씀벅'의 여린말. 작삼박삼박. **씀벅씀벅-하다** 동[자][타][여]

씀벅-이다 동[자][타] '씀벅이다'의 여린말. 작삼박이다.

씀베 명 칼·호미·낫 따위의 자루 속에 박히는 뾰족하면서 얄팍한 부분.

습격(襲擊)[-껵] 명 (적의 무리를, 또는 그 무리가 있는 곳을) 갑자기 침입하여 공격하는 것. ¶~대(隊). **습격-하다** 동[타][여] ¶밤의 적진을 ~.

습곡(褶曲)[-꼭] 명[지] 수평으로 퇴적한 지층이 상하 또는 옆으로부터의 압력을 받아 물결 모양으로 되는 현상.

습곡^산맥(褶曲山脈)[-꼭싼-] 명[지] 습곡으로 인하여 이루어진 산맥. 알프스 산맥·히 습관(習慣)[-꽌] 몡 어떤 행동이 오랫동안 되풀이하여 행해져서 어떤 조건이나 상황에서 으레 그 행동을 하게 된 상태. 또는, 그 행동. ¶나쁜 ~ / 일찍 자고 일찍 일어나는 ~을 붙이다.
습관-성(習慣性)[-꽌썽] 몡 몇 번씩이나 되풀이하여 일어나는, 또는 행하는 성질.
습관-적(習慣的)[-꽌-] 괜몡 버릇이 되어 있는 (것).
습관-화(習慣化)[-꽌-] 몡 버릇으로 되거나 버릇이 되게 하는 것. 습관화-하다 재타 ¶새벽 운동이 처음엔 힘이 들겠지만 습관화하면 즐거운 일과의 하나가 될 것이다. 습관화-되다 통재
습구(濕球)[-꾸] 몡물 건습구 습도계의 두 개의 구부(球部) 중 젖은 헝겊으로 싼 쪽의 것. ↔건구(乾球).
습기¹(習氣)[-끼] 몡불 여러 생을 사는 동안 몸속에 뿌리박혀 있어 끊어 내기 어려운 습성이나 습관. ¶철저한 수행에서 ~를 녹여야 자성을 볼 수 있다.
습기²(濕氣)[-끼] 몡 어떤 물체나 물질에 배어 있는 축축한 기운. ¶계속되는 장마로 방에 ~가 많이 차 있다.
-습네[슴-] 어미 'ㄹ' 이외의 자음으로 끝나는 용언의 어간이나 어미 '-았/었-', '-겠-'의 아래에 붙어 다른 문장에 인용구나 인용절로 안기는 형태로만 쓰여, 어떤 것을 내세움을 못마땅한 투로 이르는 종결 어미. ¶그는 돈이 많~ 하고 자랑한다. ▷-ㅂ네.
-습닌다[슴닌-] 어미 'ㄹ' 이외의 자음으로 끝나는 용언의 어간이나 어미 '-았/었-', '-겠-'의 아래에 붙어, 틀림없는 사실이나 진리를 '하오' 할 상대에게 일러 줄 때 쓰는 종결 어미. ▷-ㅂ닌다. ×-읍닌다.
-습니까[슴-] 어미 'ㄹ' 이외의 자음으로 끝나는 용언의 어간이나 어미 '-았/었-', '-겠-'의 아래에 붙어, '합쇼' 할 상대에게 물음을 나타내는 종결 어미. ¶밖에 누가 오셨~? ▷-ㅂ니까. ×-읍니까.
-습니다[슴-] 어미 'ㄹ' 이외의 자음으로 끝나는 용언의 어간이나 어미 '-았/었-', '-겠-'의 아래에 붙어, '합쇼' 할 상대에게 동작이나 상태·사실을 설명하는 종결 어미. ¶나는 그의 결백을 믿~. ▷-ㅂ니다. ×-읍니다.
습도(濕度)[-또] 몡물 공기 중에 포함되어 있는 수증기의 양을 나타낸 수치. 보통, 백분율로 나타냄.
습도-계(濕度計)[-또계/-또게] 몡물 대기 중의 습도를 재는 계기. =검습기.
습득¹(拾得)[-뜩] 몡 (남이 잃어버리거나 버리거나 한 물건을) 우연히 주워서 얻거나 가지고 있는 것. 습득-하다 타여 ¶길에서 손목시계를 ~.
습득²(習得)[-뜩] 몡 (지식·관념·기술 등을) 비교적 긴 시간 동안 배우고 익혀서 얻게 되는 것. 습득-하다² 통타여 ¶새로운 기술을 ~ / 외국어 능력을 ~. 습득-되다 통재
습득^관념(習得觀念)[-뜩꽌-] 몡철 경험에 의해 얻어지는 관념. ↔본유 관념.
습득-물(拾得物)[-뜽-] 몡 주워서 얻은 물건. ¶~ 보관소.
-습디까[-띠-] 어미 'ㄹ' 이외의 자음으로 끝나는 용언의 어간이나 어미 '-았/었-', '-겠-'의 아래에 붙어, '하오' 할 상대에게 그가 경험한 사실을 묻는 뜻으로 나타내는 종결 어미. ¶대회장에 사람이 많~? ▷-ㅂ디까. ×-읍디까.
-습디다[-띠-] 어미 'ㄹ' 이외의 자음으로 끝나는 용언의 어간이나 어미 '-았/었-', '-겠-'의 아래에 붙어, '하오' 할 상대에게 자기가 경험한 일을 설명하는 종결 어미. ¶연말이라 그런지 거리에 사람이 많~. ▷-ㅂ디다. ×-읍디다.
-습딘다[-띤-] 어미 'ㄹ' 이외의 자음으로 끝나는 용언의 어간이나 어미 '-았/었-', '-겠-'의 아래에 붙어, '하오' 할 상대에게 과거의 일을 회상하여 일러 주는 평서형 종결 어미. ▷-ㅂ딘다. ×-읍딘다.
습벽(習癖)[-뼉] 몡 =버릇1.
습사(習射)[-싸] 몡 활쏘기를 익히는 것. 습사-하다 통재여
습생(濕生)[-쌩] 몡식 식물이 축축한 곳에서 자라나는 것. ¶~ 식물. 습생-하다 통재여
습선(濕癬)[-썬] 몡한 =진버짐. ↔건선(乾癬).
습-선거(濕船渠)[-썬-] 몡 항만 설비의 하나. 육지를 파내어 수면을 만든 후 안벽(岸壁)을 두르고, 부두와 잔교를 갖추어 바람과 조수에 관계없이 배가 들어와서 짐을 싣거나 내릴 수 있게 만든 시설. =습독(濕dock). ↔건선거.
습성¹(習性)[-썽] 몡 1 어떤 사람이 자기도 모르게 반복적으로 나타내는 일정한 행동. 비버릇·습관. ¶그는 여자 앞에서 말을 더듬는 ~이 있다. 2 같은 종류의 동물이 생활하면서 공통적으로 나타내는 행동 특성. ¶딱따구리는 부리로 나무를 쪼는 ~이 있다.
습성²(濕性)[-썽] 몡 공기 중에서 잘 마르지 않고 젖어 있는 성질. ↔건성(乾性).
습속(習俗)[-쏙] 몡 습관이 된 풍속.
습습(習習)[-씁] ➡습습-하다¹[-쓰파-] 헝여 (바람이) 산들산들하게 부는 상태에 있다. 습습-히 뿌
습습-하다²[-쓰파-] 헝여 사내답게 활발하고 너그럽다.
습식(濕式)[-씩] 몡 용액이나 용제 따위의 액체를 써서 하는 방식. ¶~ 제련법. ↔건식(乾式).
습윤(濕潤) ➡습윤-하다 헝여 젖어서 질척질척하다. ¶습윤한 땅.
습윤^기후(濕潤氣候) 몡지 강수량이 증발량보다 많은 기후. ↔건조 기후.
습자(習字)[-짜] 몡 글씨 쓰기를 익히는 것. 또는, 붓글씨를 연습하는 일. 습자-하다 통재여
습자-지(習字紙)[-짜-] 몡 습자에 쓰이는 얇은 종이.
습작¹(習作)[-짝] 몡 (시·소설·그림 등을) 연습 삼아 짓는 것. 또는, 그런 작품. ¶~으로서 본 소설. 습작-하다¹ 통재여
습작²(襲爵)[-짝] 몡 작위를 물려받는 것. 습작-하다² 통재여
습작-기(習作期)[-짝끼] 몡 본격적인 작가나 화가가 되기 전에 시·소설·그림 등을 연습 삼아 짓거나 그리면서 실력을 쌓아 가는 시기나 기간. ¶오랜 ~를 거쳐 마침내 문단에 데뷔하다.
습-전지(濕電池)[-전-] 몡물 전해액(電解液)을 사용하여 만든 전지. ↔건전지.
-습죠[-쬬] 어미 '-습지요'의 준말. ¶제가 그를 만나 단판을 지었~. ▷-ㅂ죠.

습지(濕地) [-찌] 圀 축축한 땅.

-습지요[-지-] [어미] '르' 이외의 자음으로 끝나는 용언의 어간이나 어미 '-았/었-', '-겠-'의 아래에 붙어, '합쇼' 할 상대에게 확실하다고 믿는 사실을 말할 때 쓰는 평서형 또는 의문형 종결 어미. ¶비가 많이 왔〜. ⓒ-습죠. ▷-ㅂ지요.

습진(濕疹) [-찐] 圀(의) 옴벌레 등에 의하여 살갗에 생기는 염증. 홍반(紅斑), 구진(疹), 작은 물집 등이 생기며 가렵고 짓무름.

습판(濕板) 圀 사진 감광판의 하나. 유리판의 한 면에 콜로디온액과 요오드화물과의 혼합액을 발라 얇은 막을 만든 감광 재료. 문서의 복사나 도면 촬영 등에 쓰임. ▷건판.

습포(濕布) 圀 물 또는 약액에 적신 헝겊을 환부(患部)에 대서 염증을 치료하는 일. 또는, 그 헝겊. **습포-하다** 国(재)

습-하다¹(襲-) [스파-] 国(타)여 시체를 씻기고 수의를 입히다.

습-하다²(濕-) [스파-] 囦여 메마르지 않고 축축하다. ¶濕한 땅 / 장마철이라서 방이〜.

승¹(乘) 圀(수) ①어떤 수를 곱하는 일. ↔제(除). ②밑수를 지수가 나타내는 번수만큼 곱함을 뜻하는 말. ¶2의 3〜은 8이다.

승²(僧) 圀(불) 삼보(三寶)의 하나. 불도를 행하는 비구·비구니·사미·사미니의 총칭. 넓은 뜻으로, 재가자를 포함한 불교 교단 전체를 가리킴. 비승려.

승³(升) 圀(의존) =되¹².

승⁴(乘) 圀(의존) 수레 따위를 세는 단위. 비대. ¶병거 삼백〜.

승⁵(勝) 圀(의존) 운동 경기·게임·바둑 등에서, 겨루어 이긴 횟수를 세는 단위. ¶챔피언은 41전 39〜 1무 1패의 전적을 가지고 있다. / 배구 경기에서 3〜 1패로 결승전에 진출했다. ↔패(敗).

승가¹(僧伽) 圀 [<⑭samgha] (불) 1 =승려. 2 불교의 교단.

승가²(僧家) 圀 1 승려의 집. 2 승려의 사회.

승가람마(僧伽藍摩) 圀(불) 승려가 살면서 불도를 닦는 곳. ⓒ가람.

승강¹(昇降) 圀 오르고 내리는 것. **승강-하다**¹ 国(재)여

승강²(乘降) 圀 기차·자동차 따위를 타고 내리는 것. **승강-하다**² 国(재)(타)여

승강-구(昇降口) 圀 열차나 버스 등의 타고 내리는 출입구.

승강-기(昇降機) 圀 =엘리베이터.

승강-대(昇降臺) 圀 오르내릴 수 있도록 만든 층계. ¶기차의 〜.

승강-이(昇降-) 圀 서로 자기주장을 고집하여 옥신각신하는 일. ¶사소한 일로 〜를 벌이다 / 번잡한 길거리에서 〜를 할 수도 없고 해서 만기는 시키는 대로 차에 오를 수밖에 없었다. 《손창섭: 잉여 인간》 ▶실랑이. **승강이-하다** 国(재)여

승강이-질(昇降-) 圀 승강이를 하는 짓. **승강이질-하다** 国(재)여

승강-장(昇降場) 圀 정거장의 차를 타고 내리는 곳.

승강-키(昇降-) 圀 비행기의 뒷날개에 달려 있는 키. 비행기가 뜨고 내릴 때나 안정을 위한 조종에 쓰임. =승강타.

승개-교(昇開橋) 圀(건) 양쪽 교각에 철탑을 세우고 그 꼭대기에 도르래를 설치하여, 대형 선박이 통과할 때 다리의 바닥판을 들어올릴 수 있게 만든 다리. =승강교.

승객(乘客) 圀 배·차·비행기 등을 타는 손님.

승격(昇格) [-껵] 圀 (어떤 대상을) 자격이나 지위를 높이는 것. **승격-하다** 国(재)(타)여 ¶단과 대학을 종합 대학으로 〜. **승격-되다** 国(재) ¶읍(邑)에서 시(市)로 〜.

승경(勝景) 圀 뛰어나게 좋은 경치. ¶천하제일의 〜.

승계¹(昇階·陞階) [-계/-게] 圀 품계가 오르는 것. **승계-하다**¹ 国(재)여

승계²(承繼) [-계/-게] 圀 =계승(繼承)². **승계-하다**² 国(타)여

승과(僧科) 圀 고려·조선 시대에 승려에게 시험을 보여 뽑던 과거.

승교(乘轎) 圀 =가마⁵.

승구(承句) [-꾸] 圀 한시(漢詩)에서 절구(絶句)의 제2구. 또는, 율시(律詩)의 제3구 및 제4구.

승군(僧軍) 圀 승려들로 조직된 군대. =승병(僧兵).

승급¹(昇級·陞級) 圀 등급이 오르는 것. ¶〜 시험. **승급-하다** 国(재)여 **승급-되다**¹ 国(재)

승급²(昇給) 圀 급료가 오르는 것. **승급-하다**² 国(재)여 **승급-되다**² 国(재)

승기(勝機) 圀 경기·전투 등에서, 이길 수 있는 기회. ¶상대 선수의 체력이 급격히 떨어졌을 때 결정적인 〜를 잡다.

승낙(承諾) 圀 (청하는 바를) 들어주는 것. 비허락. ¶부모님의 〜을 받다. ×승락. **승낙-하다** 国(타)여 ¶출연 제의를 쾌히 〜. **승낙-되다** 国(재)

승냥이 圀(동) 포유류 갯과의 한 종. 몸길이 76〜100cm. 이리와 비슷한데, 주둥이와 다리는 짧고 꼬리가 긺. 몸빛은 적색을 띤 회갈색에서 황갈색·홍갈색 등으로 변하고, 성질이 사나움.

승니(僧尼) 圀(불) 남자 승려와 여자 승려.

승단(昇段) 圀 태권도나 바둑 따위의 단수가 오르는 것. **승단-하다** 国(재)여

승당(僧堂) 圀(불) 승려가 좌선하며 거처하는 집.

승도(僧徒) 圀(불) 수행·습학(習學)하고 있는 승려의 무리. =치의.

승락 圀 '승낙(承諾)'의 잘못.

승랍(僧臘) [-납] 圀 승려로서 살아온 햇수.

승려(僧侶) [-녀] 圀(불) 출가하여 불법을 믿고 불도를 닦는 사람. '중'에 비해 문어적이며 격식을 갖춘 말임. =걸사(乞士)·범납(梵衲)·부도(浮屠)·상문(桑門)·석씨(釋氏)·승가(僧伽). 비승.

승력(僧歷) [-녁] 圀(불) 승려로서의 이력. ¶입산 10년의 〜.

승률(勝率) [-뉼] 圀 경기 따위에서 이기는 비율. ¶그 야구팀은 77승 32패 1무로 〜 0.706을 마크했다.

승리(勝利) [-니] 圀 (전쟁·경기에서) 겨루어서 이기는 것. ¶최후의 〜 / 〜를 거두다. **승리-하다** 国(재)여

승리-감(勝利感) [-니-] 圀 승리한 데서 오는 흐뭇한 느낌이나 기분.

승리-자(勝利者) [-니-] 圀 승리한 사람. 또는, 승리한 쪽. ↔패배자.

승리-투수(勝利投手) [-니-] 圀(체) 야구의 한 경기에서 팀의 승리에 가장 공헌한 투수. ↔패전 투수.

승마(乘馬) 圀 1 말을 타는 것. 비기마. 2 (체) 사람이 말을 타고 그 말에게 정해진 여러 가

지 동작을 하게 하는 것. 또는, 그것을 겨루는 경기. **승마-하다** [동][자][여]
승마-복(乘馬服) [명] 말을 탈 때에 입는 옷.
승마-술(乘馬術) [명] 말을 타고 부리는 재주. [비]마술.
승명(僧名) [명][불] =법명(法名).
승무(僧舞) [명] 민속 무용의 하나. 흔히 남색 치마에 흰 장삼을 입고 어깨에 붉은 가사를 걸치며 흰 고깔을 쓰고 춤.
승무-원(乘務員) [명] 열차·여객선·여객기 등에서, 승객의 안내와 안전 등을 맡아보거나, 그 탈것을 운전 또는 조종하는 사람. =탑승원. ¶비행기의 객실 ~.
승문(僧門) [명][불] **1** =불가(佛家)[2]1. ¶~에 들다. **2** 같은 절, 같은 스승 밑에서 공부하는 제자들.
승발(承發) [명][역] 지방 관아의 구실아치 밑에서 잡무에 종사하는 사람.
승방(僧房) [명][불] **1** 절에서 승려들이 거처하는 건물. **2** '여승방(女僧房)'의 준말.
승벽(勝癖) [명] '호승지벽(好勝之癖)'의 준말. ¶~을 부리다.
승병(僧兵) [명] =승군(僧軍).
승보[1](勝報) [명] 싸움·경기에 이긴 보고. 또는, 그 보도. ↔패보(敗報).
승보[2](僧寶) [명][불] '승(僧)[2]'를 삼보(三寶)의 하나로 이르는 말. ▷삼보.
승복[1](承服) [명] **1** (어떤 의견·주장·결정·결과 등에) 받아들여 따르는 것. **2** (죄를) 자백하는 것. 지난 시대에 쓰이던 말임. **승복-하다** [동][자][타][여] ¶심판의 판정에 ~/그는 의금부에 끌려가 모진 문초를 받고 죄를 **승복하였다**.
승복[2](僧服) [명] 승려의 옷. =승의(僧衣).
승부(勝負) [명] 경기나 경쟁 등에서, 이기고 지는 것. 또는, 이기고 짐을 가리거나, 이기고 짐이 가려지는 것. ¶~가 나다/~를 내다/~를 겨루다/비정한 ~의 세계. ▷승패(勝敗).
승부-사(勝負師) [명] 경기나 경쟁에서, 패할 위험을 무릅쓰고 근성과 뱃심으로 과감하게 승부를 거는 특성이 있는 사람. ¶오뚝이 ~ 이창호/냉혹한 ~의 세계/~ 기질을 발휘하다.
승부-수(勝負手) [명] 바둑이나 장기에서, 판국의 승패를 좌우하는 경우에 결단을 내려 두는 수.
승부-욕(勝負慾) [명] 상대와 경쟁을 하여 승부를 내려고 하는 욕심. 특히, 그 경쟁에서 이기려고 하는 욕심. ¶~이 강하다.
승부-차기(勝負—) [명][체] 축구에서, 무승부로 경기가 끝났을 때 양 팀 키커가 상대편 골키퍼와 일대일 상황에서 번갈아 공을 차 넣음으로써 승부를 내는 일. 양 팀이 각각 다섯 번 킥을 하게 되어 있으나, 이미 승부가 확실해졌을 때에는 남은 킥은 하지 않으며, 킥을 다 하고도 무승부일 때는 승부가 날 때까지 한 명씩 더 번갈아 가면서 킥을 함.
승사(承嗣) [명] 뒤를 잇는 것. [비]계승(繼承). **승사-하다** [동][타][여]
승산(勝算) [명] 시합·경쟁·전투 등에서, 이길 가망. ¶이번 시합은 선수들의 기량이나 투지에 있어서 우리 팀에 ~이 거의 없다.
승상(丞相) [명][역] 중국의 옛 벼슬 이름. 우리나라의 정승에 해당함.
승-새(升—) [명] 피륙의 올. 또는, 피륙의 세로난 올과 올 사이. ¶치마는 ~가 굵어서 어레미집 같으니 구차한 집 처자인 것이 분명하고, ….《홍명희: 임꺽정》
승석(僧夕) [명] 이른 저녁때.
승선[1](承宣) [명][역] **1** 고려 시대에, 왕명의 출납을 맡아보던 정3품 관직. **2** 승정원 승지(承旨)의 별칭.
승선[2](乘船) [명] 배를 타는 것. ↔하선(下船). **승선-하다** [동][자][여]
승세[1](乘勢) [명] 유리한 형세나 기회를 타는 것. **승세-하다** [동][자][여]
승세[2](勝勢) [명] 이길 기세. ¶만루 홈런으로 ~를 굳히다. ↔패세(敗勢).
승소(勝訴) [명] 소송에서 이기는 것. ↔패소(敗訴). **승소-하다** [동][자][여] ¶원고가 ~.
승속(僧俗) [명] 승려와 속인.
승수[1](乘數) [—쑤] [명][수] 곱셈에서, 어떤 수에 곱하는 수. 3×2=6에서 '2' 따위. =곱수. ↔피승수.
승수[2](勝數) [—쑤] [명][체] 어떤 팀이나 선수가 일정 기간 동안 치른 경기에서 이긴 수. ¶박찬호 선수는 2000년도의 경기에서 18승의 ~를 기록했다. ↔패수.
승순(承順) [명] 웃어른의 명을 잘 좇는 것. **승순-하다** [동][타][여]
승승-장구(乘勝長驅) [명] 싸움에 이긴 여세를 몰아 계속 몰아침. **승승장구-하다** [동][자][여] ¶나폴레옹은 유럽 정복 전쟁에서 **승승장구하였으나** 러시아 원정에 실패한 뒤로 몰락의 길을 걸었다.
승압(昇壓) [명] 전류 따위의 압력을 높이는 것. ↔강압(降壓). **승압-하다** [동][자][타][여] **승압-되다** [동][자]
승압-기(昇壓器) [—끼] [명] '승압 변압기'의 준말.
승압^변¦압기(昇壓變壓器) [—뼌—끼] [명] 선로(線路)의 선간(線間) 전압을 높이는 변압기. [준]승압기.
승야-도주(乘夜逃走) [명] 밤을 틈타서 도망치는 것. **승야도주-하다** [동][자][여]
승어부(勝於父) [명] 자식이 아버지보다 낫거나 뛰어남을 이르는 말. **승어부-하다** [형][여]
승용-마(乘用馬) [명] 사람이 타고 다니는 데에 쓰는 말.
승용-차(乘用車) [명] 주로 10인 이하의 인원을 운송하기 적합하게 만들어진 자동차. ¶소형 ~/고급 ~.
승운(勝運) [명] 이길 운.
승원(僧院·僧園) [명] 승려가 수도하는 곳.
승은(承恩) [명] **1** 신하가 임금으로부터 특별한 은혜를 받는 것. **2** 여자가 임금의 총애를 받아 밤에 모시는 것. **승은-하다** [동][자][여]
승인[1](承認) [명] **1** 정당하다고 인정하는 것. 또는, 사실임을 인정하는 것. ¶~을 받다. **2** [법] 국가나 정부 등에 대하여 국제법상의 지위를 인정하는 것. **승인-하다** [동][타][여] ¶독립을 ~. **승인-되다** [동][자]
승인[2](勝因) [명] 이긴 원인. ↔패인(敗因).
승자(勝者) [명] 경기나 싸움에서 이긴 사람. 또는, 이긴 편. ↔패자(敗者).
승자-전(勝者戰) [명] 운동 경기나 바둑 따위에서 이긴 사람이나 이긴 편끼리 승부를 겨루는 시합. ↔패자전.
승자-총통(勝字銃筒) [—짜—] [명] 임진왜란 때 사용했던 휴대용 화기(火器). 1578년에 김지(金墀)가 발명함.
승적(僧籍) [명][불] 승려의 신분을 등록한 명부.

승전(勝戰) 圀 싸움에 이기는 것. =승첩. (비)전승(戰勝). ↔패전. **승전-하다** 동어

승전-가(勝戰歌) 圀 싸움이나 경기에서 이기고 부르는 노래.

승전-고(勝戰鼓) 圀 지난 시대에, 전투에 이겼을 때 치던 북. ¶~을 울리다.

승전-비(勝戰碑) 圀 승전을 기념하여 세운 비.

승점(勝點) [-쩜] 圀 운동 경기에서, 승패(勝敗)를 숫자화하여 나타낸 점수. ¶우리나라 월드컵 축구팀은 현재 2승 1무 1패로 ~ 5를 기록하고 있다.

승정-원(承政院) 圀 [역] 조선 시대에 왕명의 출납을 맡아보던 관아.

승중[1](承重) 圀 장손(長孫)으로 아버지와 할아버지를 대신하여 조상의 제사를 지내는 일. **승중-하다** 동어

승중[2](僧衆) 圀 승려의 무리.

승중-상(承重喪) 圀 아버지를 여읜 맏아들로서, 조부모가 돌아가셔서 당한 상.

승지[1](承旨) 圀[역] **1** 고려 시대, 밀직사의 좌승지·우승지·좌부승지·우부승지의 총칭. **2** 고려 시대, 광정원(光政院)의 종6품 벼슬. **3** 조선 시대, 승정원에 딸려 왕명의 출납을 맡아보던 정3품의 당상관. 도승지·좌승지·우승지·좌부승지·우부승지·동부승지의 총칭.

승지[2](勝地) 圀 경치가 좋은 이름난 곳. (비)경승지·명승지.

승직[1](昇職·陞職) 圀 벼슬이나 직위가 오르는 것. ↔강직(降職). **승직-하다** 동어 **-되다**

승직[2](僧職) 圀[불] 절의 운영이나 의식 등을 맡아보는 승려의 직무.

승진(昇進·陞進) 圀 직위가 오르는 것. **승진-하다** 동어 **-되다** ¶계장에서 과장으로 ~.

승차[1](乘車) 圀 차를 타는 것. ↔하차. **승차-하다** 동어

승차[2](陞差) 圀 한 관청 안에서 윗자리로 벼슬이 오르는 것. **승차-하다**[2] 동어

승차[3](勝差) 圀[체] 리그전으로 치러지는 시합 등에서 이기고 진 경기 수의 차. ¶~를 좁히다 / ~가 벌어지다.

승차-감(乘車感) 圀 달리는 차 안에 앉아 있는 사람이 차체의 흔들림이나 쏠림에 따라 몸으로 느끼게 되는 안락감의 정도. ¶~이 떨어지다 / ~이 나쁘다 / ~이 좋은 고급 승용차.

승차-권(乘車券) [-꿘] 圀 열차·전철·버스 등을 탈 때, 차비를 냈음을 증명하거나 차를 탈 수 있음을 나타내기 위해 내거나 보이는 표. (비)차표. ¶열차 ~ / ~을 예매하다.

승창 圀 걸상 비슷한 물건. 긴 네모꼴의 가죽 조각의 두 끝에, 네모진 다리를 대어 접고 펼 수 있게 만듦. =승상(繩牀).

승천(昇天) 圀 **1** 하늘에 오르는 것. (비)등천(登天). **2**[성] 예수가 부활한 후 하늘로 올라간 일. **3**[가] 가톨릭 신자가 죽는 일. **승천-하다** 동어

승첩(勝捷) 圀 =승전. **승첩-하다** 동어

승통[1](承統) 圀 종가(宗家)의 대를 잇는 것. **승통-하다** 동어

승통[2](僧統) 圀 **1**[역] 승군(僧軍)을 통솔하는 승의 직함. **2**[불] 고려 시대, 승려의 법계의 하나. 교종(敎宗)의 으뜸 벼슬.

승패(勝敗) 圀 전투나 경기에서, 이기거나 지는 것. ¶~를 가르다 / 군사의 사기와 용맹성에 ~가 달려 있다. ▷승부(勝負).

승평(昇平·承平) ➡승평-하다 형어 나라가 태평하다.

승하(昇遐) 圀 임금이 세상을 떠나는 것. (비)붕어(崩御). **승하-하다** 동어

승-하다[1](乘-) 형어 (어떤 것이) 두드러지거나 뛰어나다. ¶부모들도 이제는 양인(兩人)의 지식이 자기네들보다 **승한** 줄을 속으로는 인정했다. ¶이광수:소년의 비애〉

승-하선(乘下船) 圀 승선(乘船)과 하선(下船). **승하선-하다** 동어

승합(乘合) 圀 =합승 1.

승합-자동차(乘合自動車) [-짜-] 圀 주로 11인 이상을 운송할 수 있게 만들어진 자동차. =승합차.

승합-차(乘合車) 圀 =승합자동차.

승홍(昇汞) 圀[화] =염화 제이수은.

승홍-수(昇汞水) 圀[약] 염화 제이수은의 수용액. 독성이 매우 강하며, 살균 소독약으로 쓰임.

승화(昇華) 圀 **1**[물][화] 고체가 액체 상태를 거치지 않고 곧바로 기체로 변하는 현상. 상온(常溫)에서는 나프탈렌·드라이아이스 등에서 그 예를 볼 수 있음. ▷기화(氣化). **2** 사물이 한 단계 고상한 영역으로 높아지는 일. ¶정신적 고뇌를 시로 ~시키다. **3**[심] 정신 분석에서, 사회적으로 인정되지 않는 충동·욕구를 예술 활동이나 종교 활동 등의 사회적·정신적 가치가 있는 것으로 치환하여 충족시키는 일. **승화-하다** 동어 **승화-되다**

승화-열(昇華熱) 圀[물][화] 물질이 승화할 때 흡수되는 열.

승후(承候) 圀 웃어른에게 문안을 드리는 것. **승후-하다** 동어

시[1] 갑 못마땅하거나 마음에 차지 않을 때 내뱉는 말. ¶~, 재는 많이 주면서 난 겨우 요거야. (센)씨.

시-[2] 접두 어간의 첫 음절이 음성 모음이고 첫소리가 안울림소리인 일부 색채 형용사의 앞에 붙어, 빛깔이 짙으면서도 우중충하거나 다소 어두움을 나타내는 말. ¶~퍼렇다 / ~뻘겋다 / ~푸르뎅뎅하다. (작)새-. ▷싯-.

-시-[3] 어미 (선어말) 모음이나 'ㄹ' 받침으로 끝나는 어간에 붙는 선어말 어미. 어간 끝 음절의 'ㄹ' 받침은 탈락됨. **1** 행동이나 상태를 나타내는 서술어의 주체를 존대하는 뜻을 나타냄. ¶할머니께서 오~었다. / 이분은 목사님이~다. **2** 이중 주어 문장에서, 상위 주어가 인물이고 그 인물의 신체나 그 일부, 또는 소유물 등이 하위 주어일 때, 그 인물을 존대하는 뜻으로 서술어의 어간에 붙이는 말. 때로, 상위 주어는 생략되기도 함. ¶할아버지가 수염이 기~다. / 우리 선생님은 집이 크~다. ▷-으시-.

시[4](市) 圀 도(道)의 관할 구역 안에 두는, 하급 지방 자치 단체의 하나. 도시의 형태를 갖추고 있는, 인구 5만 명 이상의 지방 행정 구역임.

시[5](是) 圀 옳음. ¶~와 비(非)를 가리다. ↔비(非).

시[6](時) 圀 [1]자립 사람이 난 시각. ¶생년월일과 ~을 대라. [2]의존 **1** 하루 시간의 길이를 스물넷으로 똑같이 나누었을 때, 어느 시점이 그 가운데의 하나임을 나타내는 말. 흔히, 오전 1시~12시, 오후 1시~12시로 나타내는데, 때로 0시~23시로 나타내기도 함. ¶

정각 12~ / 지금 몇 ~지? **2** (일부 명사나 어미 '-을' 뒤에 쓰여) '때'의 뜻. ¶이를 어겼을 ~에는 처벌을 받을 것이다.
시도 때도 없다 ⟮주⟯ 행함에 있어 정해진 때가 없다. 곧, 때를 가려서 하는 분별이 없다. ¶넌 어찌 된 애가 **시도 때도 없이** 남의 집을 드나드니?

시⁷(詩) ⟮명⟯ 정서와 사상을 운율적이고 함축적인 언어로 표현한, 문학의 한 갈래. 형태에 따라 정형시·자유시·산문시로, 내용에 따라 서정시·서사시·극시로 나뉨. 시문(詩文)을 세는 단위는 편·수(首). ¶~를 읊다 / ~를 짓다.

시-⁸(媤) ⟮접두⟯ '시집'의 뜻을 나타내는 말. ¶~어머니 / ~누이.

-시⁹(視) ⟮접미⟯ 명사나 명사적 어근에 붙어, '-로 여김, -하게 봄'의 뜻. ¶등한~ / 적대~ / 백안~ / 사갈~.

시¹⁰(C) ⟮명⟯ **1** 학점이나 사물의 단계를 나타내는 기호의 하나. A, B 다음가는 것을 나타냄. ¶~ 학점 / ~ 급. **2** [음] 음이름의 하나. '다' 음. **3** 섭씨온도를 나타내는 기호. ¶4~.

시¹¹(ⓘsi) [음] **1** 음이름 '나'의 이탈리아어. **2** 장음계에서 일곱째 음.

시가¹(市街) ⟮명⟯ **1** 도시의 큰 길거리. ¶~행진. **2** 상점이 죽 늘어선 거리. ⟨비⟩저잣거리.

시가²(市價) [-까] ⟮명⟯ 시장의 가격.

시가³(始價) [-까] ⟮명⟯ ⟮경⟯ 주식 시장에서 당일 입회 중 최초로 형성된 가격. ↔종가(終價).

시가⁴(時價) [-까] ⟮명⟯ 현재의 물건 값. =시세(時勢). ¶~보다 비싸게 사다.

시가⁵(媤家) ⟮명⟯ 시부모가 사는 집. 또는, 남편 쪽의 집안. ⟨비⟩시집.

시가⁶(詩歌) ⟮명⟯ **1** 시 문학(詩文學)의 총칭. **2** 시와 노래.

시가⁷(cigar) ⟮명⟯ =엽궐련.

시:**가-전**(市街戰) ⟮명⟯ 시가지에서 하는 전투.
시:**가전-하다** ⟮동⟯⟮자여⟯

시:**가-지**(市街地) ⟮명⟯ 시가를 이룬 지역.

시:**가-행진**(市街行進) ⟮명⟯ 시가를 통하여 행진하는 일. ¶국군의 ~을 보기 위해 많은 시민이 연도에 늘어서 있다. **시**:**가행진-하다** ⟮동⟯⟮자여⟯

시각¹(時刻) ⟮명⟯ **1** 시간의 어떤 순간에서의 시점(時點). 나타내는 단위는 초(秒)·분(分)·시(時). ¶~에 시간. ¶출발 ~은 9시 정각. **2** 짧은 시간. ¶~을 다투는 일 / ~을 지체하지 마라.

시:**각**²(視角) ⟮명⟯ **1** 물체의 양쪽 끝으로부터 눈에 이르는 두 직선이 이루는 각. **2** 사물을 관찰·파악하는 기본적인 자세의 비유. ¶부정적인 ~으로만 보지 마라.

시:**각**³(視覺) ⟮명⟯ 외계(外界)의 빛이 자극하여 일어나는 감각. 빛이 눈의 망막(網膜)을 자극하고, 그때 생긴 신경 흥분이 대뇌의 시각야(視覺野)에 전달될 때 일어남. =시감(視感) / ~ 장애 / ~을 돌리다.

시:**각**^**언어**(視覺言語) ⟮명⟯⟮언⟯ 문자에 의하지 않고 색채나 도형 따위로 뜻을 전달하는 기능을 지닌 언어. 수화(手話)·상징 도형·표지 따위.

시:**각-차**(視角差) ⟮명⟯ 사물을 관찰하고 파악하는 기본적인 자세의 차이. ¶~를 좁히다 / ~를 드러내다.

시각-표(時刻表) ⟮명⟯ =시간표2.

시:**각-화**(視覺化) [-과] ⟮명⟯ (보이지 않는 것을) 일정한 형태로 나타내어 보이는 것. **시**:**각화-하다** ⟮동⟯⟮자여타⟯ **시**:**각화-되다** ⟮동⟯⟮자⟯

시간(時間) ⟮명⟯ ① **1** 어떤 시각에서 어떤 시각과의 사이. ¶경과된 ~ / ~이 많이 걸렸다. **2** 어떤 행동을 할 틈. ¶일에 쫓겨 독서할 ~이 없다. **3** =시각(時刻)¹. ¶출발 ~ / 내 시계는 ~이 잘 맞지 않는다. **4** 어떤 일을 하기로 정해진 사이. ¶수업 ~ / 국어 ~. **5** 때의 흐름. ¶기다리는 ~ / 그 문제는 ~이 해결해 줄 것이다. ② ⟮의존⟯ 하루의 1/24의 동안을 나타내는 말. ¶여기서 서울까지 두 ~이 걸린다.

시간 가는 줄 모르다 ⟮주⟯ 바쁘게 몰아치거나 몰두하여 시간이 흘러가는 것을 알지 못하다. ¶독서삼매경에 빠져 ~.

시간을 벌다 ⟮주⟯ 시간적인 여유를 확보하다. ¶시험이 연기되었으니 그만큼 **시간을 번** 셈이다.

시간(을) 죽이다 ⟮주⟯ 보람 없이 시간을 흘려보내다. ¶우두커니 앉아 **시간만 죽이고** 있다.

시간^**강사**(時間講師) ⟮명⟯ 초중고 또는 대학에서, 시간당 일정액의 급료를 받기로 하고 계약적으로 고용된 강사.

시간-관념(時間觀念) ⟮명⟯ 시간을 소중히 여기거나 철저히 지키려는 의식. ¶~이 희박하다[철저하다].

시간-급(時間給) ⟮명⟯ **1** 노동한 시간에 따라 지급되는 임금. 월급·주급·일급 등이 있음. **2 1** 시간당 임금. 주로 임시 고용자에게 적용됨. ⟨준⟩시급. ↔성과급.

시간-기록계(時間記錄計) [-계/-계] ⟮명⟯ 회사원의 출퇴근을 자동으로 기록하는 기계. =타임리코더.

시간-대(時間帶) ⟮명⟯ 하루 중에서 어느 시각에서 어느 시각까지의 일정한 폭의 시간. ¶텔레비전의 황금 ~.

시간-문제(時間問題) ⟮명⟯ 결과가 뻔하여 일정한 시간이 주어지면 해결될 문제. ¶범인을 잡는 것은 ~이다.

시간-미(時間美) ⟮명⟯ 음악·무용 등과 같이 시간의 연속에 의하여 표현되는 미. ↔공간미.

시간-밥(時間-) [-빱] ⟮명⟯ 날마다 일정한 시각에 먹을 수 있도록 짓는 밥.

시간^**부**^**사**(時間副詞) ⟮명⟯⟮언⟯ 동작의 시간을 나타내는 부사. 곧, '일찍', '금방', '항상', '자주' 따위.

시간^**예술**(時間藝術) [-녜-] ⟮명⟯ 시간적 과 속에 표현되는 예술. 또는, 시간적인 운동이나 계기(繼起) 관계에서 인지(認知)되는 예술. 음악·무용·영화 등. ↔공간 예술.

시간^**외**^**근**^**무**(時間外勤務) [-외-/-웨-] ⟮명⟯ 정해져 있는 노동 시간 이외의 근무.

시간-적(時間的) ⟮관⟯⟮명⟯ 시간상의 (것). ¶~인 여유가 없다.

시간차^**공격**(時間差攻擊) ⟮명⟯⟮체⟯ 배구에서, 한 사람의 공격수가 공격하는 체하고 뛰어올라 상대 팀의 블로킹을 유도한 뒤에 다른 공격수가 약간의 시간차를 두고 블로킹이 없는 상태에서 공격하는 전법.

시간-표(時間-) ⟮명⟯ **1** 일정한 시간 배당을 적어 넣은 표. ¶수업 ~. **2** 기차·자동차·여객선 따위의 출발과 도착 시각을 나타낸 표. =시각표. ¶열차 ~.

시감(詩感) ⟮명⟯ 시적 감흥.

시:**강**(侍講) ⟮명⟯⟮역⟯ **1** 왕 또는 세자 앞에서 학

문을 강의하는 것. 또는, 그런 사람. =진강(進講). **2** 조선 말엽에 경연원 또는 홍문관의 한 벼슬.

시-건방지다 형 (어떤 사람이) 나이나 신분이나 자격 등에 어울리지 않게 분수없이나 주제넘은 행동을 하여 마땅찮게 여겨지는 상태에 있다. ¶누구 앞에서 또박또박 말대꾸나? 시건방진 녀석 같으니.

시계 명 전날에, 시장에서 거래되던 곡식. 또는, 그 시세.

시계-전(-廛) 명 시장에서 곡식을 파는 노점.

시겟-금 [-께끔/-껟끔] 명 시장에서 파는 곡식의 시세.

시겟-돈 [-께똔/-껟똔] 명 시장에서 판 곡식 값으로 받는 돈.

시격(詩格) 명 시의 격식이나 풍격(風格).

시경(詩經) 명[책] 중국 최고(最古)의 시집으로 오경(五經)의 하나. 공자(孔子)가 편찬했다고 전해지나 미상임. 춘추 시대의 가요를 수록함.

시:계¹(市界) [-계/-게] 명 시의 지리적 경계.

시계²(時計) [-계/-게] 명 시각을 나타내거나 시간을 재는 기계나 장치의 총칭. ¶손목 ~ / 괘종 ~ / ~가 빠르다 [늦다] / ~를 보다 / ~를 맞추다.

시:계³(視界) [-계/-게] 명 일정한 위치에서, 앞이 가로막히거나 가려지지 않은 상태로 비교적 멀리 볼 수 있는 사물의 범위. 비시야(視野). ¶~가 탁 트이다 / 짙은 안개가 ~를 가리다.

시계-불알(時計-) [-계-/-게-] 명 **1** '시계추'를 속되게 이르는 말. **2** 쓸데없이 왔다 갔다 하는 사람을 비유하여 이르는 말. 비바깥간.

시계-자리(時計-) [-계-/-게-] 명[천] 에리다누스자리의 동쪽에 있으며, 남쪽 하늘의 지평선 가까이에서 볼 수 있는 작은 별자리.

시계-추(時計錘) [-계-/-게-] 명 괘종시계에 매달린 추. 좌우로 흔들림에 따라 태엽이 풀리게 되어 있음.

시계-탑(時計塔) [-계-/-게-] 명 멀리서도 볼 수 있도록 시계를 장치한 탑.

시계-포(時計鋪) [-계-/-게-] 명 시계를 사고팔거나 고치는 가게.

시곗-바늘(時計-) [-계빠-/-겟빠-/-곈빠-/-겐빠-] 명 시간·분·초 등을 가리키는 시계의 바늘.

시곗-줄(時計-) [-계쭐/-계쭐/-곈쭐/-겐쭐] 명 신체에 차거나 다른 곳에 걸기 위해 시계에 매단 줄. =시그르다.

시고(詩稿) 명 시의 초고(草稿). 또는, 시의 원고.

시-고모(媤姑母) 명 남편의 고모.

시-고모부(媤姑母夫) 명 남편의 고모부.

시골 명 **1** 도시에서 떨어져 있어, 비교적 한적하고 사람들이 주로 농사를 짓고 살며 자연의 정취를 쉽게 접할 수 있는 곳. 비전원(田園)·지방·촌(村). ¶~ 사람. **2** 고향을 떠나 대도시, 특히 서울에 나와 사는 사람이 자기 고향을 이르는 말. =향촌. ¶산소 벌초하러고 ~에 내려가다.

시골-고라리 [-꼬-] 명 어리석고 고집 센 시골 사람을 얕잡아 이르는 말. 준고라리.

시골-구석 [-꾸-] 명 '시골'을 얕잡아 이르는 말. 비촌구석. ¶나라고 평생 ~에 처박혀 살란 법 있어?

시골-나기 명 '시골내기'의 잘못.

시골-내기 [-래-] 명 시골에서 태어나서 자란 사람. ↔서울내기. ×시골나기.

시골-뜨기 명 '시골 사람'을 얕잡아 하는 말. 비촌뜨기. ↔서울뜨기.

시골-말 명 시골 사람이 쓰는 말. 곧, 사투리.

시골-집 [-찝] 명 시골에 있는 집. 비촌가(村家). **2** 고향에 있는 자기 집.

시골-티 명 시골 사람의 촌스러운 모양이나 태도. 비촌티. ¶~가 나다 / ~를 벗지 못하다.

시:공¹(施工) 명 공사를 실시하는 것. ¶~자(者) / ~ 일자. 시:공-하다 됨[태]여.

시공²(時空) 명 시간과 공간을 아울러 이르는 말.

시-공간(時空間) 명[물] 보통 삼차원 공간과, 그 세 방향에 독립적인 한 방향으로서 시간을 더한 사차원의 공간. =시공 세계.

시공^세계(時空世界) [-계/-게] 명[물] =시공간(時空間).

시:관(試官) 명[역] 조선 시대, 과거 시험에 관계되는 모든 관원의 총칭.

시:구¹(始球) 명[체] 야구에서, 경기를 시작하기 전에 저명인사가 처음으로 포수에게 공을 던지는 일. ¶시장을 ~로 전국 고교 야구 대회가 시작되었다. 시:구-하다 됨[자]여.

시구²(詩句) [-꾸] 명 시의 구절. ¶~를 외다. ×시귀·싯귀.

시:구-식(始球式) 명[체] 야구에서, 경기를 시작하기 직전에 저명인사가 처음으로 포수에게 공을 던지는 의식.

시:국¹(市國) 명 하나의 시(市)만으로 형성된 나라. ¶바티칸 ~.

시국²(時局) 명 현시의 국내 및 국제 정세. ¶~ 비상 ~ / ~이 어수선하다.

시국-관(時局觀) [-꽌] 명 시국을 내다보는 관점. ¶박사님의 ~을 듣고 싶습니다.

시국-담(時局談) [-땀] 명 시국에 관한 이야기.

시:굴(試掘) 명[광] 광상의 채굴 가부(可否)를 조사하기 위하여 시험적으로 광맥을 파 보는 것. 시:굴-하다 됨[태]여. ¶석유를 ~.

시굼-시굼 튀 '시큼시큼'의 여린말. 잭새곰새곰. 시굼시굼-하다 혱여.

시굼-하다 혱여 '시큼하다'의 여린말. ¶시굼한 묵은 김치. 잭새곰하다.

시궁 명 더러운 물이 잘 빠지지 않고 썩어서 질척질척하게 된 도랑창.

시궁-쥐 명[동] =집쥐2.

시궁-창 명 시궁의 바닥. 또는, 그 속. ¶~을 치다.

시귀 명 '시구(詩句)²'의 잘못.

시그널^뮤직(signal music) 명 정기적·연속적인 방송 프로그램에서 그 방송의 직전과 직후에 일종의 신호로서 연주하는 음악.

시그러-지다 됨 **1** (뻗친 힘이) 사라지다. **2** (흥분 상태가) 가라앉다.

시그마^σ(sigma) 명[수] 같은 종류의 수치의 합계를 나타내는 기호인 'Σ'의 이름.

시그무레-하다 혱여 조금 시금하다. 잭새그무레하다. 큰거무레하다.

시극(詩劇) 명[연] 운문(韻文)으로 씌어진 극. 또는, 부분적으로 산문(散文)을 섞은 운문극. 광의로는 시적 정서가 풍부한 극을 포함함. ▷극시.

시근-거리다/-대다¹ 됨[자]태 배가 부르거나

분이 치밀어 숨소리가 자꾸 가쁘고 거칠게 나다. 또는, 그런 소리를 자꾸 내다. ¶아직도 화가 풀리지 않았는지 **시근거리고** 있다. 〖잭〗새근거리다. 〖쎈〗씨근거리다.

시근-거리다/-대다² 〖동〗〖재〗'시큰거리다'의 여린말. 〖잭〗새근거리다.

시근덕-거리다/-대다 [-꺼(때)-] 〖동〗〖자〗〖타〗몹시 거칠게 시근거리다. 〖잭〗새근덕거리다. 〖쎈〗씨근덕거리다.

시근덕-시근덕 [-씨-] 〖부〗시근덕거리는 모양. 〖잭〗새근덕새근덕. 〖쎈〗씨근덕씨근덕. **시근덕시근덕-하다** 〖동〗〖자〗〖타〗〖여〗

시근-벌떡 〖부〗몹시 숨이 차서 시근거리며 헐떡이는 모양. 〖잭〗새근발딱. 〖쎈〗씨근벌떡. **씨근펄떡. 시근벌떡-하다** 〖동〗〖자〗〖여〗

시근벌떡-거리다/-대다 [-꺼(때)-] 〖동〗〖자〗〖타〗숨이 차서 계속 시근거리며 헐떡거리다. 〖잭〗새근발딱거리다. 〖쎈〗씨근벌떡거리다. 〖거〗씨근펄떡거리다.

시근-시근¹ 〖부〗시근거리는(시근거리다) 모양. 〖잭〗새근새근. 〖쎈〗씨근씨근. **시근시근-하다¹** 〖동〗〖자〗〖타〗〖여〗

시근-시근² 〖부〗'시큰시큰'의 여린말. 〖잭〗새근새근. **시근시근-하다²** 〖형〗〖여〗

시근-하다 〖형〗〖여〗'시큰하다'의 여린말. 〖잭〗새근하다.

시글-시글 〖부〗우글우글 들끓는 모양. **시글시글-하다** 〖형〗〖여〗

시금(試金) 〖명〗광석이나 합금의 성분을 분석하는 것. 또는, 그에 의하여 그 품위·품질을 정하는 것. **시금-하다** 〖동〗〖타〗〖여〗

시금떨떨-하다 〖형〗〖여〗맛이 조금 시고 떫다. 〖거〗시금털털하다.

시금-석(試金石) 〖명〗 1〖광〗귀금속의 순도(純度)를 판정하는 데 쓰이는, 검은빛의 현무암이나 규질(硅質)의 암석. =층샛돌. 2 어떤 일의 가치·수준·가능성 등을 판정하는 기준이 되는 사물. 비유적인 말임. ¶엥겔지수는 문화 수준을 판가름하는 ~이다.

시금-시금 〖부〗'시큼시큼'의 여린말. 〖잭〗새금새금. **시금시금-하다** 〖형〗〖여〗¶초장이 ~.

시금쏠-하다 〖형〗〖여〗맛이 시금하고 쏠쏠하다. 〖거〗시큼쏠쏠하다.

시금-치 〖명〗〔〖중〗赤根菜〕〖식〗명아줏과의 한해살이풀 또는 두해살이풀. 뿌리는 육질이며 굵고 붉음. 잎에 비타민이나 철분이 많아 데쳐서 무쳐 먹거나 국으로 끓여 먹음. 채소로 재배함.

시금털털-하다 〖형〗〖여〗'시금떨떨하다'의 거센말. ¶개살구가 ~.

시금-하다² 〖형〗〖여〗'시큼하다'의 여린말. ¶김치가 ~. 〖잭〗새금하다.

시급(時急) →**시급-하다** [-그파-] 〖형〗〖여〗 (어떤 일이) 시간적으로 빨리 해결하거나 처리해야 할 상태에 있다. 〖비〗급하다·절박하다. ¶**시급한** 문제 / 제도의 개혁이 ~. **시급-히** 〖부〗¶~ 해결해야 할 식수난.

시¦기¹(始期) 〖명〗어떤 일이 시작되는 시기(時期). ↔종기(終期).

시기²(時期) 〖명〗어떤 일이나 현상이 진행되는 때. ¶오뉴월이면 여러 가지 과일이 한창 나올 ~이다.

시기³(時機) 〖명〗알맞은 때나 기회. ¶~를 기다리다[놓치다] / ~가 나쁘다 / ~에 적절하다.

시기⁴(猜忌) 〖명〗(어떤 사람이 자기보다 뛰어난 사람을, 또는 그 뛰어난 능력 등을) 샘하여 미워하는 것. **시기-하다** 〖동〗〖타〗〖여〗¶사람들은 그의 뛰어난 재능을 **시기했다**.

시¦기⁵(試技) 〖명〗〖체〗 1 역도 경기의 인상·용상 종목에서, 자기가 신청한 중량의 바벨을 들어 올리려고 하는 일. 세 번 행함. 2 육상 경기의 뛰기와 던지기 종목에서 기록을 내는 일. 선수의 수와 종목에 따라 세 번에서 여덟 번까지 행함.

시기-상조(時機尙早) 〖명〗어떤 일을 함에 있어서, 때가 아직 이름. ¶전면적 수입 개방은 우리 산업의 여건상 ~이다. 〖준〗상조.

시기-심(猜忌心) 〖명〗남을 샘하는 마음. ¶~이 많다.

시김새 〖음〗 1 판소리에서, 소리를 하는 방법이나 상태. 2 국악에서, 주된 음의 앞과 뒤에서 꾸며 주는 음.

시-꺼멓다 [-머타] 〖형〗〖ㅎ〗〈~꺼머니, ~꺼메오, ~꺼메〉아주 짙게 꺼멓다. ¶고기가 **시꺼멓게** 타다. 〖잭〗새까맣다. 〖거〗시커멓다.

시꺼메-지다 〖동〗〖자〗시꺼멓게 되다. 〖잭〗새까매지다. 〖거〗시커메지다.

시끄럽다 [-따] 〖형〗〈시끄러우니, 시끄러워〉 1 (소리가) 지나치게 커서 귀에 거슬리거나 듣기 싫은 상태에 있다. 또는, (어떤 공간이) 귀에 거슬릴 정도로 큰 소리가 들리는 상태에 있다. 〖비〗떠들썩하다·소란하다·시끌벅적하다·요란하다. ¶**시끄러운** 음악. 2 어떤 집단이나 사회에 말썽이나 문제가 생겨 이러쿵저러쿵하는 말이 듣기 싫을 만큼 많이 오가는 상태에 있다. ¶비자금 문제로 정가가 ~. 3 상대의 말이 못마땅하거나 언짢거나 할 때, 상대에게 그런 말을 하지 말라는 뜻으로 하는 공격적인 말. '닥치다'보다는 덜 공격적인 말임. ¶**시끄러워**! 아무 말 말고 가만히 있어.

시끈-가오리 〖명〗〖동〗시끈가오릿과의 바닷물고기. 몸이 둥글고 눈이 작음. 몸빛은 등은 회갈색이고 군데군데 검은 무늬가 있으며, 배는 흼. 머리와 가슴지느러미 사이에 한 쌍의 발전 기관(發電器官)이 있어 몸에 전기를 통하게 하여 외적을 막음. =전기가오리.

시끌벅적-하다 [-쩌카-] 〖형〗〖여〗시끄럽고 북적거려 요란하다. ¶시장은 장사꾼들의 고함 소리로 온통 **시끌벅적하였다**.

시끌시끌-하다 〖형〗〖여〗 1 정신이 어지럽도록 시끄럽다. ¶귀성객으로 **시끌시끌한** 역 대합실. 2 이 일 저 일이 얽혀 정신이 어지럽다.

시나리오(scenario) 〖명〗 1〖문〗영화 상영을 전제로 극적인 사건을 대사·지문·해설을 통하여 표현한, 문학의 한 갈래. 일련의 '장면[scene]'들로 구성되며, 장면은 다시 '컷(cut)'들로 이루어짐. =영화 각본. 2 어떤 사건에서 앞으로 일어나리라고 예상되는 구체적인 경과나 가상적인 결과. ¶양국 사이에 전쟁이 일어날 수 있다는 최악의 ~도 생각해 볼 수 있다.

시나브로 〖부〗모르는 사이에 조금씩 조금씩. ¶나뭇잎이 ~ 떨어져 쌓이다 / 화톳불이 ~ 사위어 가다 / 대통으로 앞은 날짜는 며칠 되지 않았어는 ~ 누워 뒹굴 지는 그럭저럭 달포가 넘는 셈이었다.(이무영:농민)

시나위 〖명〗〖음〗속악(俗樂)의 하나. 향피리·대금(大笒)·해금(奚琴)·장구로 편성되는 합주로, 남도의 무악(巫樂)임.

시난-고난 〖부〗병이 심하지는 않으면서 오래 가는 모양. ¶학질에 ~ 하면서도 미친 듯이 매달리는 고 서방네를 몰강스럽게 떠밀어

버리며 순사는 기어이 고 서방을 끌고 갔다.〔김정한:사하촌〕
시:내¹ 골짜기나 평지에서 흐르는 자그마한 내.
시:내²(市內) 몡 도시의 안. 또는, 시의 구역 안. ↔시외(市外).
시:내-버스(市內bus) 몡 시내에서 일정한 구간을 운행하는 버스. ↔시외버스.
시냅스(synapse) 몡〔생〕신경 세포의 신경 돌기의 말단이 다른 신경 세포에 접합하는 부위.
시:냇-가〔-내까/-낻까〕몡 시냇물 가의 땅. 뎨뇨, 시내의 가.
시:냇-물〔-낸-〕몡 시내에 흐르는 물.
시너(thinner) 몡〔화〕유성(油性) 도료를 도장하기 알맞은 점도(粘度)로 묽게 하기 위한 희석제. ×신너.
시너지(synergy) 몡 둘 이상의 요소나 사물이 결합하여 함께 작용했을 때, 그 각각이 따로 작용한 결과를 합한 것보다 더 커져 나타내는 힘이나 효과. 순화어는 '상승효과'. ¶긴밀한 상호 협조를 통하여 ~ 효과를 얻다.
시네라리아(cineraria) 몡〔식〕국화과의 한해살이풀 또는 두해살이풀. 높이 40~60cm. 온몸이 흰 솜털로 덮이고 초여름에서 초가을에 걸쳐 홍색·자색·남색·백색 등의 꽃이 핌. 온실에서 관상용으로 재배함.
시네라마(Cinerama) 몡〔영〕와이드 스크린 방식에 의한 영화의 하나. 3대의 특수 영사기를 동시에 가동하여 세 방향에서 영사함으로써 화면의 뛰어난 입체감을 살리고 6개의 사운드트랙으로 완전한 입체 음향을 재현시킨 것임. 상표명에서 온 말임.
시네마-스코프(Cinema Scope) 몡〔영〕대형 영화의 하나. 보통 영사기에 특수 렌즈를 써서 넓은 범위를 압축 촬영하고 이를 같은 렌즈를 써서 다시 확대하여 영사함. 상표명에서 온 말임.
시:녀(侍女) 몡 지체 높은 사람의 가까이에 있으면서 시중을 드는 여자.
시놉시스(synopsis) 몡 드라마·영화 등의 개요. 흔히, 주제·등장인물·줄거리 등을 간단히 적은 글을 말함.
시누-올케(媤-) 몡 '시누이올케'의 준말.
시-누이(媤-) 몡 여자가 남편의 누나나 누이동생을 이르는 말. 춘시누·시뉘. ↔올케.
시누이-올케(媤-) 몡 시누이와 올케. 춘시누올케.
시-뉘(媤-) 몡 '시누이'의 준말.
시늉 몡 어떤 움직임이나 모양을 흉내 내는 짓. ¶죽으라면 죽는~이라도 해라. / 그는 밥맛을 잃었는지 먹는 ~만 하고 있다.
시늉-말 몡 =흉내말.
시름-시름 위 '시름시름'의 잘못.
시니시즘(cynicism) 몡 1〔철〕=견유주의. 2 세상을 냉소적으로 바라보는 태도.
시니컬(cynical) →시니컬-하다 혱여 냉소적인 태도가 있다. ¶시니컬하게 웃다.
시다 혱 1 (음식이나 과일 등의 맛이) 식초의 맛과 비슷한 상태에 있다. ¶신 김치 / 포도가 ~. 2 (이가) 상하거나 이상이 있어 차거나 신 음식 또는 찬 바람이 닿았을 때 시린 느낌을 받는 상태에 있다. ¶귤을 먹으면 이가 ~. 3 (뼈의 관절 등이) 삐거나 이상이 생겨 그 부위를 움직일 때 신경을 건드려 약간

의 아픔을 느끼는 상태에 있다. 삐시큰거리다. ¶발목이 ~ / 무릎이 ~. 4 (눈이) 강한 빛을 받아 잘 뜰 수 없는 상태에 있다. ¶햇살이 강렬해 눈이 ~. 5 (코허리가) 슬픔을 느끼거나 감격하여 싸하거나 매캐한 상태에 있다. ¶슬픈 장면을 보니 코허리가 ~.
시단(詩壇) 몡 시인들의 사회. ▷문단(文壇).
시:달(示達) 몡 상부(上部)에서 하부(下部)로 명령·통지 등을 문서로 전달하는 일. **시:달-하다** 타여 ¶작업 계획을 ~. **시:달-되다** 자여
시달리다 자여 (어떤 일이나 대상에) 괴로움을 당하다. 삐휘달리다. ¶빚에 ~ / 병에 ~.
시달림 몡 괴로움이나 성가심을 당하는 일. ¶~을 받다.
시답다〔-따〕혱 (주로, 부정하는 말과 함께 쓰여) 만족할 만하거나 대수롭다. ¶시답지 않은 얘기.
시답잖다〔-짢타〕혱 보잘것없어 마음에 차지 않다. ¶그는 내가 쓴 원고를 죽 읽어 보더니 시답잖은 표정을 지었다.
시-당숙(媤堂叔) 몡 남편의 당숙.
시대(時代) 몡 1 어떤 기준에 의하여 구분한 일정한 기간. 또는, 특정한 일이나 물건과 결부되어 의식되는 한 시기. ¶암흑 ~ / 조선 ~. 2 지금 있는 그 시기. 또는, 화제로 삼고 있는 그 시기. ¶~의 총아 / ~에 뒤떨어지다 / ~를 앞서 가다.
시대-감각(時代感覺) 몡 자기가 살고 있는 시대의 흐름과 특성 등을 이해하고 파악할 줄 아는 감각. ¶~이 뒤진 사람.
시대-극(時代劇) 몡 역사상 어떤 시대의 일을 가지고 꾸민 연극이나 극영화.
시대-물(時代物) 몡 역사상의 사건 등에서 취재·각색한 시대 소설·시대극 따위. ↔현대물.
시대-병(時代病)〔-뼝〕몡 시대 풍조에 따라 일어나는 건전하지 못한 폐해 또는 유행병. 삐세기병.
시대-사조(時代思潮) 몡 한 시대의 주류나 특색을 이루는 사상 경향.
시대-상(時代相) 몡 어떤 시대의 되어 가는 모든 형편. 또는, 한 시대의 사회상.
시대-소:설(時代小說) 몡〔문〕통속성을 띤 역사 소설.
시대-적(時代的) 관몡 1 ('시대적(인)…'의 꼴로 쓰여) 그 시대의 (것). ¶~ 상황 / ~ 사명 / ~인 흐름. 2 ('시대적으로'의 꼴로 쓰여) '시대의 특성으로', '시대에 따라', '시대로부터' 등을 뜻하는 말. ¶~으로 불우한 시기에 태어나다 / ~으로 요구되는 일 / ~으로 뒤떨어진 일.
시대-정신(時代精神) 몡 어떤 시대의 사회에 널리 퍼져 그 시대를 지배하거나 특징짓는 정신.
시대-착오(時代錯誤) 몡 변화된 새로운 시대의 풍조에 낡고 뒤떨어진 생각이나 생활 방식으로 대처하는 일. =아나크로니즘.
시대착오-적(時代錯誤的) 관몡 시대착오의 성질을 띤 (것). ¶~ 발상.
시댁(媤宅) 몡 '시집¹'의 높임말.
시:도¹(示度) 몡 1 계기(計器)가 가리키는 눈금의 숫자. 2〔기상〕기압계가 나타내는 기압의 높이.
시:도²(市道) 몡 도로 종류의 하나. 시내의 도로로서 시장이 그 노선을 인정하고 시비(市費)로 건설·관리·유지하는 도로.

시도³(試圖) 圓 (어떤 일을) 이루려고 꾀하거나, 시험 삼아 하는 것. ¶첫 ~가 큰 성공을 거두다. **시도-하다** 国国 ¶강스파이크를 **시도했으나** 상대의 블로킹에 걸리고 말았다. **시도-되다** 国国

시동¹(始動) 圓 1 처음으로 움직이는 것. 또는, 움직이게 하는 것. 2 발전기·전동기·증기 기관·내연 기관 등의 발동을 걸거나 돌리는 것. =기동(起動). ¶자동차의 ~을 걸다. **시동-하다** 国(자)타

시동²(侍童) 圓 귀인(貴人) 밑에서 심부름을 하는 아이.

시-동생(媤同生) 圓 여자가 남편의 남동생을 이르는 말.

시드(seed) 圓 1 [체] 토너먼트식 경기에서, 처음부터 강한 선수나 팀끼리 맞붙지 않게 대진표를 짜는 일. ¶~ 배정을 받다. 2 바둑에서, 본선에서 성적이 우수한 자에게 주는 차기 본선으로의 진출권.

시드럭-부드럭[-뿌-] 囝 (꽃·풀 등이) 차차 시드는 모양. 준시득부득. **시드럭부드럭-하다** 휑언

시드럭-시드럭[-씨-] 囝 (꽃·풀 등이) 시들고 말라서 윤기가 없는 모양. 준시득시득. **시드럭시드럭-하다** 휑언

시득-부득[-뿌-] 囝 '시드럭부드럭'의 준말. **시득부득-하다** 휑언

시득-시득[-씨-] 囝 '시드럭시드럭'의 준말. 쩐새득새득. **시득시득-하다** 휑언

시들다 国(자)(시드니, 시드오) 1 (식물의 잎이나 꽃 등이) 싱싱함을 잃고 물기 없이 마른 상태가 되거나 색깔이 누렇게 되다. ¶목련꽃이 ~ / 잎이 누렇게 ~. 2 (사람의 얼굴이나 몸이) 늙거나 고생을 많이 하거나 하여 생기를 잃거나 기력이 쇠해지다. 비유적인 말임. ¶늙고 병들어 **시들어** 버린 몸뚱이. 3 (어떤 일에 대한 의욕이나 열정이나 기세 등이) 줄어들거나 사그라지다. ¶그는 나이가 들면서 학문에 대한 열정이 **시들어** 버렸다.

어법 시들은 장미 : 시들은(×)→시든(○). ▶ 어간의 끝소리가 'ㄹ'인 말이 어미 'ㄴ'과 결합할 때에는 규칙적으로 'ㄹ'이 탈락됨.

시들먹-하다[-머카-] 휑언 (기운이나 의욕이) 시들한 데가 있다. ¶내 제안이 마음에 내키지 않는지 그는 **시들먹한** 대답을 한다.

시들-뱅이 圓 시들은 사물을 우습게 여겨 이르는 말.

시들-병(-病)[-뼝] 圓 몸이 만성적으로 시들어 쇠약해지는 병. =위병(萎病).

시들-부들 囝 시들어 생기가 없는 모양. ¶감기 기운도 나을 만하다가는 도지고 도지고 하여 이제는 ~ 쇠하여 버렸다.《염상섭 : 삼대》 **시들부들-하다** 휑언

시들-시들 囝 약간 시들어 힘이 없는 모양. ¶잎이 ~ 마르다. 쩐새들새들. **시들시들-하다** 휑언

시들-하다 휑언 (어떤 일이) 그에 대한 의욕이나 흥미를 잃어 시시하고 하찮은 상태에 있다. ¶철수는 친구가 멀리 떠난 뒤로 그렇게도 신명 나던 연날리기도 팽이치기도 모두 시들해졌다.

시디¹(CD) 圓 고음질의 음악이나 대량의 정보를 수록해 놓은, 보통의 레코드보다 작은 플라스틱 원반. 저장된 데이터는 레이저 광선을 이용해 재생함. =콤팩트디스크. ¶음악 ~ / 비디오 ~.

시디²(CD) 圓 [certificate of deposit] [경] = 양도성 예금 증서.

시디-롬(CD-ROM) 圓 [compact disk read-only memory] [컴] 컴퓨터가 읽기만 할 수 있고 내용을 지우거나 변경할 수 없는, 대량의 정보를 수록한 시디. 수십 권의 백과사전을 한 장에 담을 수 있다는 장점 때문에, 전자 출판이나 데이터베이스, 멀티미디어 분야에서 급속히 보급되고 있음.

시디롬^드라이브(CD-ROM drive) 圓[컴] 시디롬에 저장된 데이터나 프로그램을 읽어 주는 장치.

시디롬^타이틀(CD-ROM title) 圓[컴] 시디롬에 담겨 있는 소프트웨어.

시디-시다 휑언 맛이 몹시 시다. ¶풋사과가 ~ / **시디신** 석류 열매.

시디-아이(CD-I) 圓 [compact disk interactive] 사용자가 대화식으로 활용할 수 있도록, 음성뿐 아니라 정지 화상·동화상(動畫像)·그래픽·문장·대사·프로그램 등이 함께 저장된 시디. 주로, 학습용이나 게임용 프로그램이 많다.

시디-지(CD-G) 圓 [compact disk graphics] 문자나 정지 화상을 넣어 음악과 동시에 재생할 수 있게 한 시디. 노래방용으로 많이 사용되고 있음.

시디-플레이어(CD player) 圓 [CD:compact disk] 시디를 재생하기 위한 장치.

시뜻-하다[-뜨타-] 휑언 1 마음이 내키지 않아 시들하다. 2 물리거나 지루해져서 싫증나는 데가 있다. ¶공놀이도 한참 하니 ~. 国시틋하다. **시뜻-이** 囝

시래기 圓 무청이나 배추 잎을 말린 것. 흔히, 농촌에서는 무청을 짚으로 엮어서 말림. ▷우거지.

시래깃-국[-기꾹/-긷꾹] 圓 시래기를 넣어 끓인 토장국.

시량(柴糧) 圓 땔나무와 먹을 양식을 아울러 이르는 말.

시러베-아들 圓 =시러베자식. ×실업의아들.

시러베-자식(-子息) 圓 실없는 사람을 낮추어 이르는 말. =시러베아들.

시러베-장단 圓 실없는 언행을 홀하게 이르는 말.

시럽(syrup) 圓 당밀(糖蜜)에 타르타르산·시트르산 따위를 섞어 신맛이 있게 하여 향료와 색소를 넣은 음료.

시렁 圓 1 물건을 얹어 놓을 수 있도록 방이나 광 등의 벽과 벽 사이에 두 개의 긴 통나무를 가로질러 서까래처럼 설치한 구조물. 요즘의 가옥에서는 보기 어려움. ¶안방의 ~에 이불을 얹어 놓다. ▷살강. 2 '선반'을 달리 이르는 말. 오늘날에는, 주로 노인들에 의해 제한적으로 쓰이는 말임. ¶엄마는 보따리는 다 ~에다 얹고 나를 (기차의) 유리창 가에 앉게 했다.《박완서 : 엄마의 말뚝》

시렁-가래[-까-] 圓 시렁을 매는 데에 쓰는 긴 나무.

시력(視力) 圓 물체의 형태를 분간하는 눈의 능력. =안력(眼力)·안총(眼聰). ¶~이 나쁘다(좋다) / ~을 잃다.

시력^검사(視力檢査)[-껌-] 圓[의] 시력의 좋고 나쁨을 검사하는 일.

시련(試鍊·試練) 圓 겪기 어려운 시험이나 단련. ¶가혹한 ~ / ~을 겪다.

시론¹(時論) 圐 1 한 시대의 여론. 2 그때그때 일어나는 시사(時事)에 대한 평론. 3 [역] 조선 정조 때 벽론(僻論)과 맞서던 시파(時派)의 당론(黨論). ↔벽론. ▷시파.

시론²(詩論) 圐 시의 일반의 본질·양식 등에 관한 이론. 또는, 그 평론.

시론³(試論) 圐 어떤 문제에 대해 시험적으로 접근한 논설이나 논의. 또는, 그 논문. ¶한국 문화사 연구~.

시료¹(施療) 圐 무료로 치료하는 것. ¶~ 환자. **시료-하다** 瓲函函

시료²(試料) 圐[화] 시험·검사·분석 등에 쓰이는 물질이나 생물. =검체.

시루 圐 떡·쌀 등을 찌는 데 쓰는, 김이 통하도록 바닥에 구멍이 여러 개 뚫려 있는 질그릇.
[시루에 물 퍼 붓기] 공을 들이고 노력을 해도 효과가 없는 일을 이르는 말.

시루-떡 圐 시루에 쌀가루를 넣고 고물을 얹어 켜켜이 안쳐 찐 떡.

시룻-밑[-룬밑] 圐 시루의 구멍을 막아 시루 안의 것이 새지 않도록 하는 물건. 대개는 가는 새끼 따위를 둥글게 엮어서 만듦.

시룻-번[-루뻔/-룯뻔] 圐 시루를 솥에 앉힐 때 그 틈에서 김이 새지 않도록 둘러서 바르는, 밀가루나 멥쌀가루 등의 반죽. ¶~을 붙이다. 囹번.

시룽-거리다/-대다 瓲函 실없이 까불거리며 지껄이다. 母새롱거리다.

시룽-새룽 튀 실없이 방정맞게 까불며 자꾸 지껄이는 모양. **시룽새룽-하다** 瓲函函

시룽-시룽 튀 시룽거리는 모양. ¶가까이 가서 ~ 말을 건 것도 그리 어색하지 않고 자연스러웠다. (이효석·들) 母새롱새롱. **시룽시룽-하다** 函函

시류(時流) 圐 그 시대의 풍조·유행. ¶~에 영합하다/~에 편승하다.

시르-죽다[-따] 瓲 1 기운이 빠져 생기나 활기를 잃다. ¶시르죽은 비렁뱅이가 지하도에 주그리고 앉아 한 푼을 구걸하고 있다.

시름 圐 오래전부터 해결하지 못한 어려운 문제 때문에 마음이 무겁고 우울한 상태. ¶~을 잇다/~에 잠기다/~에 싸이다/그 여자는 장애인 외아들 때문에 늘 ~에 젖어 산다. ¶걱정.

시름-겹다[-따] 囹囲 <~겨우니, ~겨워> 감당하지 못할 정도로 시름이 많다.

시름-시름 튀 병세가 더하지도 않고 낫지도 않으면서 오래 끄는 모양. ¶~ 앓은 지 3년. ✕시늠시늠.

시름-없다[-업따] 囹 1 근심 걱정으로 맥이 없다. 2 아무 생각이 없다. **시름없-이** 튀 ¶~ 먼 산을 바라보다.

시리다 囹 (사람의 몸의 일부가) 찬 기운에 접하여 추위를 느끼는 상태에 있다. ¶발이 ~/손이 ~/물이 어찌나 찬지 이가 **시릴** 지경이다.

시리아(Syria) 圐[지] 서아시아의 지중해 연안에 있는 공화국. 수도는 다마스쿠스.

시리얼 넘버(serial number) '제조 번호', '일련번호'로 순화.

시리우스(Sirius) 圐[천] 큰개자리의 으뜸가는 별. 밤하늘에서 볼 수 있는 가장 밝은 별임. =천랑성(天狼星).

시리즈(series) 圐 1 같은 종류의 연속 기획물. 연속 출판물이나 방송 프로의 연속물 따위. ¶공상 과학 ~/환경오염의 실태를 5회에 걸쳐 ~로 엮어 심층 보도하다. 2 어떤 특정 종목을 차례를 따라 일정한 기간에 계속하는 운동 경기. ¶코리안 ~ / 월드 ~.

시ː립¹(市立) 圐 시에서 설립하여 관리·유지하는 것. ¶~ 병원 / ~ 공원.

시ː립²(侍立) 圐 윗사람을 모시고 서는 것. **시ː립-하다** 瓲函

시릿-하다[-리타-] 囹函 조금 시린 듯하다. ¶이가 **시릿하여** 찬 것을 못 먹겠다.

시마(sima) 圐 [주요 원소가 규소(Si)와 마그네슘(Mg)인 데서] [지] 지구의 내부에서 시알(sial)의 밑. 지하 수십 km에서 약 1200 km에 이르는 층으로, 주로 현무암질임. ▷시알.

시ː말(始末) 圐 처음과 끝. 旬수미(首尾)·시종(始終).

시ː말-서(始末書)[-써] 圐 사고나 과실이 있을 때, 당사자가 그 일의 전부를 자세히 적는 문서. =전말서(顚末書).

시ː망-스럽다[-따] 囹囲 <~스러우니, ~스러워> 몹시 짓궂다. **시ː망스레** 튀

시맥¹(翅脈) 圐[동] 곤충류의 날개에서 볼 수 있는 맥. 무늬처럼 갈라져 있는 맥.

시맥²(詩脈) 圐 시의 문장 흐름과 줄기. 또는, 시의 맥락(脈絡).

시먹[건] 단청에서, 먹으로 가는 획을 그어 두 부분의 경계를 나타내는 일. 또는, 그 선. =세묵(細墨). **시먹-하다** 瓲函函

시ː-먹다[-따] 囹 주제넘고 건방지다. ¶요새 아이들은 **시먹어** 통 말을 안 듣는다.

시멘트(cement) 圐[건] 진흙이 섞인 석회석을 주원료로 하여 여기에 소량의 석고를 넣어서 가루로 만든, 토목·건축 재료로 쓰는 접합제. 물에 이긴 것을 말리면 돌처럼 단단해지는 회색의 가루로서, 이것을 모래·자갈 등과 함께 물에 반죽하면 콘크리트가 됨. =양회(洋灰).

시멸(示滅) 圐[불] 1 부처나 보살이 중생을 교화하기 위한 방편으로 열반을 나타내 보이는 일. 2 =시적(示寂). **시멸-하다** 瓲

시ː모(媤母) 圐 =시어머니.

시ː묘(侍墓) 圐 부모의 거상 중 3년간 그 무덤 옆에서 막을 짓고 사는 일. **시ː묘-하다** 瓲

시ː무(始務) 圐 1 어떤 일을 맡아보기 시작하는 것. 2 관공서 등에서 연초에 근무를 시작하는 것. ¶~일(日). ↔종무(終務). **시ː무-하다** 瓲函

시무룩-하다[-루카-] 囹函 좋지 않은 일로 풀이 죽어 활치지 못하거나 우울한 표정이 있다. ¶**시무룩한** 표정 / 다른 아이들은 재미있게 놀고 있는데 너는 왜 혼자 **시무룩해** 있느냐? 母새무룩하다. 쎈씨무룩하다. **시무룩-이** 튀

시ː무-식(始務式) 圐 연초에 근무를 시작할 때 행하는 의식. ↔종무식(終務式).

시문(詩文) 圐 시가(詩歌)와 산문을 아울러 이르는 말.

시문-집(詩文集) 圐 시가와 산문을 모아 엮은 책.

시ː문학(詩文學) 圐 시가에 관한 문학.

시ː물(視物) 圐 눈으로 물건을 보는 것. ¶아비 무자 생신(戊子生辰) 삼십 안에 안맹(眼盲)하여 ~을 못하오니…. (심청전) **시ː물-하다** 瓲函函

시물-거리다/-대다 瓲函 1 입술을 약간 실

그러뜨리며 소리 없이 자꾸 웃다. **2** 한데 어울리지 않고 능청스럽게 굴다. ㉑새물거리다. ㉒씨물거리다.
시물-새물 튄 입 언저리를 몹시 오물거리며 무어라 지껄이는 모양. ㉒씨물씨물. **시물새물-하다** 图㉓
시물-시물 튄 시물거리는 모양. ㉑새물새물. ㉒씨물씨물. **시물시물-하다** 图㉓
시뮬레이션(simulation) 圀 비용 문제나 그 밖의 이유로 실제로 수행할 수 없는 일을 컴퓨터로 모형화하여 모의로 실험하는 일.
시뮬레이션^액션(simulation action) 圀[체] =할리우드 액션.
시뮬레이터(simulator) 圀[컴] 복잡한 작동 상황 등을 컴퓨터를 사용하여 실제 장면과 같도록 재현하는 장치. 항공기의 조종, 원자로 운전 등의 훈련이나 시험 연구 등에 사용됨.
시:민(市民) 圀 **1** 시의 주민. ¶서울 ~. **2** 서양에서, 국정에 참여할 지위에 있는 국민. ㊁공민(公民).
시민의 발 ㊀ 버스·지하철과 같은 도시의 대중교통 수단.
시:민-계급(市民階級) [-계-/-게-] 圀[사] 정치적으로는 근대 민주주의의 이념을 내걸고 봉건 체제를 타파하며, 경제적으로는 산업 혁명을 수행하여 근대 자본주의 경제 체제를 확립한 사람들의 총칭. ㊁부르주아지.
시:민-권(市民權) [-꿘] 圀[법] **1** 일반 국민이나 주민이 누려 갖는 권리. 인권(人權)·민권(民權)·공권(公權)과 같은 뜻으로 쓰임. **2** 시민으로서의 행동·사상·재산·신앙의 자유가 보장되며, 거주하는 도시나 국가의 정치에 참가할 수 있는 권리.
시:민-단체(市民團體) 圀 시민들의 자발적 참여에 의해 시민운동을 벌이는 단체.
시:민-문학(市民文學) 圀[문] 18~19세기의 자본주의의 발전과 더불어 일어난 근대 시민 계급을 반영한 문학. =부르주아 문학. ↔프롤레타리아 문학.
시:민-법(市民法) [-뻡] 圀[법] **1** 고대 로마 시민에게 적용되던 실정법(實定法). **2** 근대 시민 사회를 규율(規律)하는 법체계. 사법(私法)을 중핵으로 함. 좁은 뜻으로는 민법(民法)을 가리킴. ↔사회법.
시:민^사회(市民社會) [-회/-훼] 圀[정] 신분적 구분에 의하여 지배되지 않으며, 자유롭고 평등한 개인의 이성적 결합으로 이루어진 사회. =부르주아 사회.
시:민-운동(市民運動) 圀 시민의 입장에서 행해지는 정치·사회운동.
시:민^혁명(市民革命) [-혁-] 圀[역] 봉건 사회에서 근대 자본주의 사회로 이행할 즈음의 신흥 시민 계급이 주체가 되어 행한 급격한 사회적 변혁. 프랑스 혁명·청교도 혁명이 대표적임. =부르주아 혁명.
시바(Siva) 圀[종] 힌두교의 세 주신(主神)의 하나. 파괴 및 생식의 신으로, 과거·현재·미래를 투시하는 3개의 눈이 있고, 목에 뱀과 송장의 뼈를 감은 모습임.
시:반(屍斑) 圀 사람이 죽은 후 1~10시간 사이에 피부에 생기는 자홍색(紫紅色) 또는 자청색(紫靑色)의 반점.
시:발(始發) 圀 맨 처음 떠나는 것. ↔종발.
시:발-하다 图㉓
시:발-역(始發驛) [-력] 圀 한 열차 노선에서 기점(起點)이 되는 역. 경부선의 서울역 같은 것. ↔종착역.
시:발-점(始發點) [-쩜] 圀 첫 출발을 하는 지점. ↔종착점.
시방[1](十*方) [十'의 본음은 '십'] 圀[불] 사방(四方)·사유(四維: 동북·동남·서남·서북의 네 방위)·상하(上下)의 총칭.
시방[2](時方) 튄 =지금(只今)[1].
시방-서(示方書) 圀 순서를 적은 문서. 특히, 설계가 복잡한 구조물이나 주문품의 내용이나 그림을 기록한 서류.
시방-세계(十*方世界) [-계/-게] 圀[불] 온 세계.
시방-정토(十*方淨土) 圀[불] 시방에 있는 무수한 여러 부처의 정토.
시백(詩伯) 圀 시인 가운데의 대가(大家).
시범(示範) 圀 모범을 보이는 것. ¶~ 경기.
시:범-하다 图㉓
시베리아^기단(Siberia氣團) 圀[기상] 시베리아 고기압 권내에 생기는 한랭하고 건조한 기단. 겨울철에 찬 공기를 불어 내어 북서 계절풍이 되어 우리나라의 날씨를 지배함.
시벽(詩癖) 圀 시(詩)를 몹시 좋아하는 버릇.
시보[1](時報) 圀 **1** 표준 시간을 라디오나 통신에 의하여 일반 사람들에게 알리는 일. ¶정오 ~. **2** 그때그때의 보도. 또는, 그 보도를 실은 잡지 따위. ¶경제 ~.
시:보[2](試補) 圀 어떤 관직에 정식으로 임명되기 전에 실지로 그 일에 종사하여 익히는 일. 또는, 그 직책. ¶사법관 ~.
시:봉(侍奉) 圀 (부모를) 모셔 받드는 것. 또는, (상좌가 스승을) 모셔 받드는 것. ¶~과세(過歲) / ~을 드리다. **시:봉-하다** 图㉑ ¶대종사님을 ~.
시부[1](媤父) 圀 =시아버지.
시부[2](詩賦) 圀 시와 부.
시부렁-거리다/-대다 图㉓ 쓸데없는 말을 함부로 자꾸 지껄이다. ¶무슨 말을 그렇게 **시부렁거리느냐**? ㉑사부랑거리다. ㉒씨부렁거리다.
시부렁-시부렁 튄 시부렁거리는 모양. ㉑사부랑사부랑. ㉒씨부렁씨부렁. **시부렁시부렁-하다** 图㉓㉑
시-부모(媤父母) 圀 시아버지와 시어머니. ¶~구고(舅姑).
시부저기 튄 별로 힘들이지 않고 거의 저절로. ㉑사부자기.
시부적-시부적 [-씨-] 튄 연달아 시부저기 행동하는 모양. ㉑사부작사부작. **시부적시부적-하다** 图㉓
시분할^시스템(時分割system) 圀[컴] 많은 수의 사용자가 단일 전산기 체계에서 동시에 작업할 수 있도록 하는 기술. =티에스에스(TSS).
시:비[1](市費) 圀 시가 부담하는 비용. 또는, 시의 경비.
시:비[2](侍婢) 圀 곁에서 시중을 드는 계집종.
시:비[3](是非) 圀 **1** 일의 옳고 그름. ㊁시시비비·잘잘못. ¶~를 가리자. **2** 어떤 일에 옳게 옮다느니 그르다느니 잘했느니 문제 삼아 말하는 것. ¶~를 걸다 / 왜 네가 나서서 ~야? **시:비-하다**[1] 图㉓
시:비[4](施肥) 圀[농] =거름주기. **시:비-하다**[2] 图㉓㉑ **시:비-되다** 图㉓
시비[5](詩碑) 圀 시를 새긴 비석.
시:비-곡직(是非曲直) [-찍] 圀 옳고 그르고

굽고 곧음. ¶~을 따지다.
시:비-조(是非調)[-쪼] 명 시비하는 듯한 투. ¶그는 눈을 부라리고 사뭇 ~로 말했다.
시:비지심(是非之心) 명 사단(四端)의 하나. 시비를 가릴 줄 아는 마음.
시:빗-거리(是非-)[-비꺼/-빋꺼-] 명 옳으니 그르니 하는 말다툼의 내용이 될 만한 것. ¶사소한 ~로 다투다.
시뻐-하다 동(타여) 시쁘게 여기다. ¶노승은 짐짓 점잖은 체하고 나무라면서도 눈에는 시뻐하는 빛과 독기가 얼씬거린다.《김정한:》
시-뻘걸다[-거타] 형(ㅎ)<~뻘거니, ~뻘겋오, ~뻘게> 몹시 뻘겋다. ¶시뻘건 불기둥이 솟아오르다 / 화가 나서 얼굴이 ~. 잘새빨갛다.
시뻘게-지다 동(자) 시뻘겋게 되다. 잘새빨갛지다.
시-뿌옇다[-여타] 형(ㅎ)<~뿌여니, ~뿌여오, ~뿌예> 아주 뿌옇다. 잘새뽀얗다.
시뿌예-지다 동(자) 아주 뿌예지다. 잘새뽀얘지다.
시쁘다 형<시쁘니, 시뻐> 마음에 차지 않다. 또는, 대수롭지 않다. ¶시쁜 표정을 짓다.
시뻐 부 시쁘게. ¶작은 선물이라고 ~ 여기지 말아 주세요.
시:사¹(示唆) 명 (어떤 사실을) 뚜렷하게 드러내지 않은 상태로 알게 하거나 깨닫게 하는 것. ¶역사는 우리에게 많은 교훈과 ~를 던져 준다. 시:사-하다¹ 동(타여) ¶독일의 통일은 같은 분단국인 우리에게 뭔가 시사하는 바가 크다.
시사²(時事) 명 그때그때 세상에서 일어나 사람들의 주목을 끄는 일이나 사건. ¶~ 문제 / ~ 해설.
시:사³(試射) 명 1 활·총포 등을 시험 삼아 쏘아 보는 것. 2 [역] 활 잘 쏘는 사람을 시험을 보아 뽑는 것. 시:사-하다³ 동(타여)
시:사⁴(試寫) 명 영화 등을 일반에게 공개하기 전에 관계자·비평가 등 특정인들에게 영사해 보이는 일. 시:사-하다⁴ 동(타여)
시사-만평(時事漫評) 명 그때그때의 세상일에 대해 특별한 체계 없이 하는 비평.
시사-만화(時事漫畫) 명 그때그때의 사회적 관심거리를 해학과 풍자로 그리는 만화.
시사-물(時事物) 명 시사 문제를 다룬 기사나 방송 프로그램이나 간행물.
시사-성(時事性)[-썽] 명 시사로서의 특징을 가지고 있는 성질. ¶~을 띤 만화.
시사-용어(時事用語) 명 시사에 관련된 용어.
시:사-회(試寫會)[-회/-훼] 명 새 영화를 개봉에 앞서 특정인에게 보이는 행사.
시:산(試算) 명 1 시험 삼아 하는 계산. 2 계산이 맞는가 틀리는가를 검사하는 것. 시:산-하다 동(타여)
시:산-표(試算表) 명[경] 복식 부기에서, 분개장에서의 기록 및 원장으로의 전기(轉記)를 대차 평균의 원리에 의하여 검증하는 수학적 검산표.
시:살(弑殺) 명 =시해(弑害). 시:살-하다 동(타여)
시-삼촌(媤三寸) 명 남편의 삼촌. ×시아춘.
시삼촌-댁(媤三寸宅)[-땍] 명 1 시삼촌의 집. 2 시삼촌의 아내.
시:상¹(施賞) 명 (어떤 사람에게 상을) 주는 것. 특히, 식을 베푼 자리에서 상장이나 상품, 상금 등을 주는 일을 가리킴. 시:상-하다 동(타여)
시:상²(視床) 명[생] 간뇌의 뒤쪽에 있는 달걀 모양의 회백질(灰白質)로, 후각 이외의 지각(知覺) 신경이 대뇌로 가는 도중의 접속 부분.
시상³(詩想) 명 1 시를 짓는 데 필요한 시인의 착상이나 구상. ¶~이 떠오르다 / ~을 가다듬다. 2 시에 나타난 사상이나 감정. 3 시적인 생각이나 상념.
시:상-대(施賞臺) 명 주로 운동 경기 등에서, 등수에 든 선수들이 올라가서 상을 받도록 만든 대. ¶~에 오르다.
시:상-식(施賞式) 명 시상할 때 베푸는 의식.
시:상^하:부(視床下部) 명[생] 시상의 앞쪽 아래와 연결되어, 간뇌의 밑 부분을 형성하는 부분. 자율 신경계의 중추로서 체온 조절·수면·생식·물질대사 등 생명 유지에 중요한 통제적 기능을 함.
시:상-화석(示相化石) 명[지] 어느 지층이 어떤 기후나 환경에 있었는지를 아는 데 도움이 되는 화석. 특정 환경 조건에서만 서식하는 생물의 화석을 가리킴. ▷표준 화석.
시:새 명 =세사(細沙)³.
시새다 동(타) '시새우다'의 준말.
시새우다 동(타) 1 (자기보다 나은 사람을) 공연히 미워하고 싫어하다. ¶남이 잘되는 것을 공연히 시새워 헐뜯지 말고, 스스로 노력하여 잘되도록 하여라. 2 남보다 낫기 위하여 서로 다투다. ¶형이 학교에서 그린 그림을 보더니, 이 녀석도 시새워 그림을 그리겠다고 야단이에요. 준시새다.
시새움 명 시새우는 것. 또는, 그러한 마음. 준시샘. 시새움-하다 동(타여)
시샘 명 '시새움'의 준말. ¶~을 느끼다. 시샘-하다 동(타여)
시:생(侍生) 대(인칭) 웃어른에게 자기를 낮추어 일컫는 말.
시:생-대(始生代) 명[지] 지질 시대의 선캄브리아대를 둘로 나눌 때, 그 첫째 시대. 약 25억 년 이전으로 추정되며, 변성암(變成巖)이 널리 분포되어 있고, 미생물의 화석을 볼 수 있음. ▷선캄브리아대·원생대.
시:생대-층(始生代層) 명[지] 시생대에 이루어진 지층. 화석이 매우 드물게 포함되어 있음. =시생계.
시서(詩書) 명 시와 글씨를 아울러 이르는 말. ¶~에 능하다.
시:석(矢石) 명 옛날, 전쟁에 쓰이던 화살과 돌.
시:선¹(視線) 명 1 눈동자의 중심점과 외계의 주시점(注視點)을 잇는 선. 2 눈이 가는 방향. 비눈길·눈초리. ¶따가운 ~ / ~을 돌리다 / ~을 끌다 / ~을 피하다 / 두 사람의 ~이 마주쳤다.
시선²(詩仙) 명 1 선인(仙人)의 기질을 지닌 천재적 시인. 2 시 짓는 일에 몰두하여 세상일을 잊은 사람. 3 중국 당나라 때의 시인 '이백(李白)'을 일컫는 말.
시선³(詩選) 명 시를 뽑아 모음.
시선-집(詩選集) 명 시를 뽑아 엮은 책. ¶서정주 ~.
시:설¹(柿雪) 명 곶감 겉면에 생기는 흰 가루. =시상(柿霜).
시:설²(施設) 명 (설비·장치 등을) 베풀어 차리는 것. 또는, 그 차려 놓은 것. ¶오락 ~ / 교육 ~ / 최첨단의 ~을 갖춘 병원 / ~이

잘되어 있는 일류 극장. **시:설-하다** 동타여
시:설-되다 동
시설-거리다/-대다 동자 실있이 웃으면서 수다스럽게 자꾸 지껄이다. 잭새살거리다.
시설-궂다[-굳따] 형 매우 시설스럽다. 잭새살궂다·새실궂다.
시설-떨다 동자 <~떠니, ~떠오> 시설스럽게 행동하다. 잭새살떨다·새실떨다.
시:설-물(施設物) 명 시설해 놓은 일정한 구조물.
시설-스럽다[-따] 형비 <~스러우니, ~스러워> 수선부리기를 좋아하여 보기에 실없다. 잭새살스럽다·새실스럽다. **시설스레** 부
시설-시설 부 시설거리는 모양. 잭새살새살. **시설시설-하다** 동형여
시성¹(詩聖) 명 1 고금(古今)에 뛰어난 위대한 시인. ¶~ 타고르. 2 중국 당나라 때의 시인 '두보(杜甫)'를 일컫는 말.
시:성²(諡聖) 명 [가] 로마 교황이 이미 죽은 사람 중에서 성덕이 뛰어나다고 인정된 사람을 성인(聖人)으로 선포하는 것. **시:성-하다** 동타여
시:성-식(示性式) 명 [화] 분자 내에 포함된 원자단(原子團)을 나타낸 화학식. 구조식을 간략화한 것으로, 유기 화합물을 표시할 때에 씀. 에탄올을 C₂H₅OH라고 하는 따위.
시:세¹(市勢) 명 1 도시의 인구·시설·재정 등의 종합적인 상태. 2 [경] 시장에서의 수요·공급 관계의 원활한 정도.
시세²(時勢) 명 1 그때의 형세. 또는, 세상의 형편. 2 =시가(時價)⁴. ¶~가 떨어지다 / ~의 변동이 심하다.
[시세도 모르고 값을 놓는다] 물건의 내용도 모르고 평가하다.
시세(가) 닿다 관 값이 시세에 맞다. ¶시세가 닿지 않아 흥정이 이루어지지 않았다.
시소(seesaw) 명 긴 널빤지의 한가운데를 괴어 양 끝에 사람이 타고 오르락내리락하게 만든 놀이 기구.
시소-게임(seesaw game) 명 형세가 서로 엇비슷한 일진일퇴의 경기.
시소러스(thesaurus) 명 [컴] 1 단어를 의미에 따라 분류·배열한 일종의 유의어(類義語) 사전. 2 컴퓨터 등의 정보 검색에서 적확한 정보를 가려내기 위하여 사용되는 검색어의 어휘집.
시속¹(時俗) 명 그 시대의 풍속. ¶~을 따른 혼례식.
시:속²(時速) 명 한 시간에 달리는 속도. ¶~ 60km로 자동차를 몰다.
시숍(sysop) 명[통] 피시 통신·인터넷에서, 전자 게시판을 운영하는 사람. =운영자(運營者)
시숙(媤叔) 명 남편의 형제.
시:술(施術) 명 1 (의사가 환자에게) 의술, 특히 수술을 베푸는 것. ¶무료 ~. 2 (어떤 사람에게) 최면술 따위의 도술을 베푸는 것. **시:술-하다** 동자타여 ¶심장병 어린이에게 무료로 ~.
시스템(system) 명 1 체계적인 방법이나 조직, 또는 제도. ¶효율적인 판리 ~ / 새로운 교육 ~을 도입하다. 2 [컴] 중앙 처리 장치·기억 장치·입출력 장치·통신 회선 등의 유기적 결합.
시:승(試乘) 명 (탈것을) 시험 삼아 타 보는 것. **시:승-하다** 동타여 ¶시장이 새로 개통되는 지하철을 ~.

시아버지 ●1119

시시(cc) 명 의존 [cubic centimeter] =세제곱센티미터. ¶1000~짜리 우유.
시시각각(時時刻刻)[-깍-] 명 부 시각마다 변화의 차이나 진행의 정도를 뚜렷이 느낄 만한 상태(로). =일각일각(一刻一刻). ¶계곡의 물이 ~으로 불어나다 / 위험이 ~ 다가오다.
시시-거리다/-대다 동자 실없이 까불며 자꾸 웃다. 잭새새거리다.
시시껄렁-하다 형여 시시하고 형편없다. '시시하다'를 속되게 이르는 말임. ¶시시껄렁한 잡담 / 시시껄렁한 대학에 다니다.
시시닥-거리다/-대다[-꺼때-] 동자 '시시덕거리다'의 작은말.
시시덕-거리다/-대다[-꺼때-] 동자 실없이 웃고 떠들어 대다. ¶일은 하지 않고 시시덕거리기만 한다. 작시시닥거리다.
시시덕-이 명 시시덕거리기를 잘하는 사람의 별명.
시시때때-로(時時-) 부 '때때로'의 힘줌말.
시시-로(時時-) 부 =때때로.
시:시-비비(是是非非) 명 어떤 일에 대한 잘잘못. 또는, 일의 잘잘못을 따져서 가리거나 다투는 것. 베시비. ¶~를 가리다 / 세상의 ~에서 벗어나고 싶다. **시:시비비-하다** 자타여 ¶더 이상 그 문제를 가지고 시시비비하고 싶지 않다.
시시종종(時時種種) 명 때때로 있는 여러 가지. ¶~의 금석맹약을 식(食)하였다 하여 일본의 무신(無信)을 죄하려 아니 하노라. 《기미 독립 선언문》
시시-콜콜 부 1 시시하여 고리고 배린 모양. 2 시시하고 자질구레한 것까지 낱낱이 다 따지거나 다루는 모양. ¶~ 간섭하다. **시시콜콜-하다** 형여 ¶남자라면 좀 활달한 이면 되어야지, 자네처럼 시시콜콜해서야 원! **시시콜콜-히** 부 ×지지콜콜이.
시:시^티브이(CCTV) 명 [closed-circuit television] =폐회로 텔레비전.
시시풍덩-하다 형여 시시하고 실답지 않다. ¶그 여자는 밑 질기게 앉아서 온갖 시시풍덩한 얘기를 늘어놓는다.
시시-하다 형여 1 신통한 데가 없고 하찮다. ¶야, 우리 그따위 시시한 얘기 집어치우고 술이나 마시자. 2 좀스럽고 쩨쩨하다. ¶시시하게 돈 몇 푼 가지고 벌벌 떠다.
시식¹(時食) 명 그 계절에 특별히 있는 음식. 또는, 그 시절에 알맞은 음식.
시:식²(試食) 명 (음식을) 맛이나 요리 솜씨를 알아보기 위해 시험 삼아 먹는 것. **시:식-하다** 동타여 ¶요리를 ~.
시:신(屍身) 명 죽은 사람의 몸. ¶~을 수습하다 / ~을 가증하다 / 영안실에 ~을 안치하다. ▶시체.
시:-신경(視神經) 명[생] 뇌신경의 하나. 망막(網膜)이 받은 빛의 자극을 뇌로 전달하는 신경. ¶~ 마비.
시:신-세(始新世) 명 [지] =에오세.
시실-거리다/-대다 동자 실없이 웃거나 쓸데없이 지껄이다. 잭새실거리다.
시실-시실 부 시실거리는 모양. 잭새실새실. **시실시실-하다** 동형여
시심(詩心) 명 시를 짓고자 하는 마음이나 욕구. 베시정(詩情). ¶~이 일다 / ~을 가다듬다. ▷시흥(詩興)
시-아버님(媤-) 명 '시아버지'의 높임말.
시-아버지(媤-) 명 남편의 아버지. =시부

(媤父).

시아버지에 대한 호칭어, 지칭어

호칭어		아버님
지칭어	시조부모에게	아버님(아버지)
	시아버지에게	아버님
	시어머니에게	아버님
	남편에게	아버님
	자녀에게	할아버지(할아버님)
	남편의 동기에게	아버님
	동서에게	아버님
	시댁 친척에게	아버님, [그들이 부르는 대로]
	친정 쪽 사람에게	시아버님, 시아버지, ○○ 할아버지(할아버님)
	타인에게	(시)아버님, ○○ 할아버지(할아버님)

시-아비(媤—) [명] '시아버지'를 낮추어 이르는 말.

시아이(CI) [명] 〔corperate identity〕 기업이나 단체의 이미지를 심벌마크·로고·캐릭터 등을 통하여 시각적으로 체계화·단일화하는 일.

시아이에이(CIA) [명] 〔Central Intelligence Agency〕 =미국 중앙 정보국.

시-아주버니(媤—) [명] 남편의 형을 지칭하는 말.

시아-파([아]Shiah派) [명][종] 이슬람교의 2대 분파(分派)의 하나. 마호메트의 사위인 알리('Ali)를 그 정통적 후계자로 봄. ▷수니파.

시ː악(恃惡) [명] 자기의 모질고 악독한 성품을 믿는 것. **시ː악-하다** [동][자][여]

시ː안¹(試案) [명] 시험적으로 미리 세운 계획. ¶표준어 개정 ~을 검토하다.

시안²([네]cyaan) [명][화] 무색의 자극적인 냄새가 나는 맹독(猛毒) 기체. 도금·야금 및 군사용으로 씀. =청소(靑素).

시안화-법([네]cyaan化法) [—뻡] [명] 금·은의 대표적인 습식 제련법. 광석을 분쇄하여 시안화알칼리 수용액에 공기를 불어 넣어 녹이고, 여기에 산소를 제거한 다음, 아연분을 더하여 금·은을 석출(析出)시킴. =청화법(靑化法).

시안화-수소([네]cyaan化水素) [명][화] 물에 잘 녹는 무색의 액체. 반응성이 강하고, 살충제 및 아크릴계 섬유나 수지(樹脂)의 합성 원료로 쓰임. =청산(靑酸).

시안화수소-산([네]cyaan化水素酸) [명][화] 시안화수소의 수용액. =청산.

시안화-칼륨([네]cyaan化[독]Kalium) [명][화] 흰색의 조해성(潮解性)이 있는 고체. 독성이 매우 강함. 금·은·구리의 전기 도금이나 야금·농약 등에 이용됨. =청화가리.

시알(sial) [명] 〔주요 원소가 규소(Si)와 알루미늄(Al)인 데서〕[지] 지각(地殼)의 맨 위층에 주로 화강암질 암석으로 된 부분. ▷시마(sima).

-시압 [어미] 모음이나 'ㄹ' 받침으로 끝나는 동사의 어간에 붙어, 알리는 글 등에서 다수의 사람에게 어떤 일을 청하는 뜻을 나타내는 종결 어미. 어간 끝 음절의 'ㄹ' 받침은 탈락됨. ¶아래의 내용을 참고하~. ▷-으시압.

시앗[—앋] [명] 남편의 첩. ¶~을 보다. **[시앗을 보면 길가의 돌부처도 돌아앉는다]** 부처같이 어진 부인도 시앗을 보면 마음이 변하여 시기하고 증오한다. **[시앗이 시앗 꼴을 못 본다]** 시앗이 제 시앗을 더 못 본다.

시액(詩額) [명] 시를 쓰거나 새겨서 거는 현판(懸板).

시ː야(視野) [명] **1** 시선이 미치어 사물을 볼 수 있는 범위. [비]시계(視界). ¶높은 건물이 ~를 가리다. **2** 세상의 사물 현상을 이해하거나 살필 수 있는 지적인 능력의 범위. 비유적인 말임. ¶여행을 많이 하다 보면 ~가 넓어지게 마련이다.

시ː야비야(是也非也) [명] 옳고 그름을 말함. **시ː야비야-하다** [동][타][여] ¶다 지난 일을 이제 와서 **시야비야해서** 뭘 하나?

시ː약¹(施藥) [명] **1** 환자에게 약을 쓰는 것. **2** 무료로 약을 지어 주는 것. 또는, 그 약. **시ː약-하다** [동][자][여]

시ː약²(試藥) [명][화] 분석이나 합성 등의 화학적 실험에 사용하는 비교적 순도(純度)가 높은 화학 약품. 또는, 특정 물질의 검출·분석에 사용되는 화학 약품.

시어(詩語) [명] 시에 쓰는 말. 또는, 시에 있는 말.

시-어른(媤—) [명] 시댁의 어른. 문맥에 따라 시부모만을 가리키기도 하고 시부모를 포함하여 시댁의 다른 어른을 가리키기도 함.

시-어머니(媤—) [명] 남편의 어머니. =시모(媤母).

시어머니에 대한 호칭어, 지칭어

호칭어		어머님, 어머니
지칭어	시조부모에게	어머니(어머님)
	시어머니에게	어머님, 어머니
	시아버지에게	어머님, 어머니
	남편에게	어머님
	자녀에게	할머니(할머님)
	남편의 동기에게	어머님
	동서에게	어머님
	시댁 친척에게	어머님, [그들이 부르는 대로]
	친정 쪽 사람에게	시어머님, 시어머니, ○○ 할머니(할머님)
	타인에게	(시)어머님, ○○ 할머니(할머님)

시-어머님(媤—) [명] '시어머니'의 높임말.

시-어미(媤—) [명] '시어머니'를 낮추어 이르는 말.

-시어요 [어미] '-셔요'의 본딧말. 선어말 어미 '-시-'와 어미 '-아요 / 어요'가 결합한 말임. ¶어서 오~. ▷-으시어요.

시^언어(C言語) [명][컴] 프로그램을 기계어 명령에 가까운 형으로 기술할 수 있는 언어. 연산자와 자료 구조가 풍부하여 구조화 및 모듈러 프로그래밍이 용이함.

시ː업(始業) [명] (영업·학업 따위를) 시작하는 것. ¶~식. ↔종업. **시ː업-하다** [동][타][여]

시에라리온(Sierra Leone) [명][지] 아프리카 서쪽 해안에 있는 공화국. 수도는 프리타운.

시에이^티브이(CATV) [명] 〔community antenna television〕 **1** 도시 빌딩이나 산간벽지 등 텔레비전 난시청 지역에서, 전파를 각 가정으로 분배하기 위한 공동 청취 안테나 시설. **2** =케이블 티브이(cable TV).

시에프(†CF) [명] 〔commercial film〕 광고 선

전용의 텔레비전 필름. ¶~ 모델 / ~ 촬영.
시엠(CM) 몡 [commercial message] 상업 방송에서 하는 광고·선전 문구.
시엠-송(†CM song) 몡 [CM:commercial message] 광고 선전용의 노래.
시-여¹(施與) 조 호격 조사 '여'를 더 높인 말. ¶황제~, 신에게 자비를 베풀어 주옵소서. ▷이시여.
시:여²(施與) 몡 남에게 물건을 거저 주는 것. **시:여-하다** 동타여.
시:역¹(始役) 몡 공사나 역사(役事)를 시작하는 것. **시:역-하다¹** 동타여.
시:역²(弑逆) 몡 =시해(弑害). **시:역-하다²** 동타여.
시:연¹(侍宴) 몡 대궐 안의 잔치에 모든 신하가 자리를 함께 하는 일. **시:연-하다¹** 동자여.
시:연²(試演) 몡 무용·연극 등을 일반에게 공개하기 전에 시험적으로 상연하는 일. ¶~회(會). **시:연-하다²** 동타여.
시:영¹(市營) 몡 시(市)에서 하는 경영. ¶~버스.
시:영²(始映) 몡 극장에서 영화를 상영하기 시작하는 것. **시:영-하다** 동타여.
시오니즘(Zionism) 몡 세계 여러 곳에 흩어져 있던 유대 인이 그들 조상의 땅인 팔레스타인에 유대 민족 국가를 건설하려는 민족주의 운동. 1948년 이스라엘의 독립으로 실현됨. =유대주의·유태주의.
시오디(COD) 몡 [chemical oxygen demand] =화학적 산소 요구량.
시옷[-옫] 몡[언] 한글 자음 'ㅅ'의 이름 (2117쪽 '한글 자모' 참고).
시옷^불규칙^용언/ㅅ 不規則 用言(ㅅ不規則用言)[-옫뿔-칭농-] 몡[언] 시옷 불규칙 용언을 하는 용언.
시옷^불규칙^활용/ㅅ 不規則 活用(ㅅ不規則活用)[-옫뿔-치롱-] 몡[언] 어간의 끝 'ㅅ'이 어미의 모음 앞에서 탈락하는 활용. '잇다'가 '이으니', '이어'로 활용되는 따위. =시옷 변칙 활용.
시왕(十*王) 몡 ['十'의 본음은 '십'] 불] 저승에서 죽은 사람을 재판한다고 하는 10위(位)의 왕. =십대왕(十大王)·제왕(諸王).
시:외(市外)[-외/-웨] 몡 시의 구역 밖의 근처 지역. ¶~ 전화. ↔시내.
시:외가(媤外家)[-외-/-웨-] 몡 남편의 외가.
시:외-버스(市外bus)[-외-/-웨-] 몡 어떤 시내에서 특정한 시외 노선으로만 운행하는 버스. ↔시내버스.
시-외삼촌(媤外三寸)[-외-/-웨-] 몡 남편의 외삼촌.
시외삼촌-댁(媤外三寸宅)[-외-땍/-웨-땍] 몡 1 남편의 외숙모. 2 시외삼촌의 집.
시-외조모(媤外祖母)[-외-/-웨-] 몡 =시외할머니.
시-외조부(媤外祖父)[-외-/-웨-] 몡 =시외할아버지.
시-외할머니(媤外-)[-외-/-웨-] 몡 남편의 외할머니. =시외조모.
시-외할아버지(媤外-)[-외-/-웨-] 몡 남편의 외할아버지. =시외조부.
시:용¹(施用) 몡 베풀어서 사용하는 것. **시:용-하다¹** 동타여.
시:용²(試用) 몡 시험 삼아 써 보는 것. **시:용-하다²** 동타여. ¶다른 약을 **시용해** 보다.

시용-향악보(時用鄕樂譜)[-뽀] 몡 [책] 조선 시대, 편자·연대 미상의 가곡집. 명종 이전에 간행된 것으로 추정됨. 26수의 가사가 원형대로 실려 있음.
시우(詩友) 몡 함께 시를 짓는 벗.
시우-쇠[-쇠/-쉐] 몡 무쇠를 불려서 만든 쇠붙이의 하나. =숙철(熟鐵)·유철(柔鐵).
시운¹(時運) 몡 어느 시대에 태어나거나 삶으로써 가지게 되는 운수. ¶~을 잘 타고난 사람.
시운²(詩韻) 몡 1 시의 운율. 2 시의 운자(韻字).
시:-운동(視運動) 몡[천] 지구 위에서 본 천체의 외관상의 운동. 태양이 날마다 동쪽에서 서쪽으로 운동하는 것처럼 보이는 현상 따위. →겉보기 운동.
시:-운전(試運轉) 몡 기차·배·기계 등을 만들어 사용하기 전에 시험적으로 운전하는 일. **시:운전-하다** 동타여. ¶새로 설치한 터빈을 ~.
시울 눈이나 입 등의 언저리. ¶눈~이 붉어지다.
시:원(始原) 몡 처음 또는 원시(原始).
시원섭섭-하다[-써퍼-] 형여 (어떤 일이) 한편으로는 시원하면서도 다른 한편으로는 섭섭하다. ¶과년한 딸을 시집보내고 나니 ~.
시원-스럽다[-따] 형ㅂ <~스러우니, ~스러워> 시원한 태도나 느낌이 있다. ¶그 아가씨의 **시원스러운** 눈이 인상적이었다. **시원스레** 튀.
시원시원-하다 형여 1 (사람이) 성격이 좀스럽지 않고 시원하고 통이 크다. ¶그 사람 성격이 **시원시원해서** 좋다. 2 (태도가) 망설임이나 감추는 데가 없이 적극적이고 분명하다. ¶우물주물하지 말고, **시원시원하게** 대답해라. 3 (사람의 생김새가) 눈·코·입 등이 크고 또렷하여 보기 좋은 상태에 있다. ¶이목구비가 **시원시원한** 미인. **시원시원-히** 튀. ~대답하다.
시원찮다[-찬타] 형 마음에 흡족하지 않다. ¶대답이 ~ / 벌이가 ~. ㉠선찮다.
시원-하다 형여 1 (몸이 더워진 상태에서, 바람이나 물, 기타의 물질이) 더운 상태를 가시게 할 만큼 상쾌하게 차다. ¶**시원한** 바람 / **시원한** 음료수. ▷서늘하다. 2 마음을 무겁게 하던 것이 해결되어 홀가분하고 가뿐하다. ¶빚을 완전히 청산하니 ~. 3 거침새가 없어 마음이 거뿐하다. ¶갑갑하던 담을 헐어 버리니까 앞이 탁 트여 ~. 4 마음이 후련하게 새롭거나 신통하다. ¶답답한 정계(政界)에서 무슨 **시원한** 뉴스라도 나오면 좋겠다. 5 가렵거나 트릿했던 것이 말끔하게 사라져 기분이 좋다. ¶내 등을 **시원하게** 긁어 주지 않겠니? 6 ('시원하지'의 형태로 '않다', '못하다'의 앞에 쓰여) 기대·희망·욕구에 충분할 만큼 만족하다. ¶불이 **시원치** 않아 아직도 국이 끓지 않았다. / 되어 가는 꼴이 **시원치** 않다. 7 서글서글하고 친절하다. ¶그 의사는 사람에 **시원하여** 환자의 답답한 마음을 풀어 준다. 8 (음식이) 차고 산뜻하거나, 뜨거우면서 개운한 맛이 있다. ¶**시원한** 냉면 / **시원한** 조개탕 국물. 9 지저분한 것이 없이 깨끗하고 미끈하다. ¶쓰레기 더미를 **시원하게** 쳐냈다. **시원-히** 튀.
시월(十*月) 몡 ['十'의 본음은 '십'] 한 해의 열두 달 가운데 열째 달. ×십월.

시월-상달(十*月上-)[-딸] [명] 햇곡식을 신에게 드리기에 가장 좋은 달이라는 뜻으로, 10월을 예스럽게 일컫는 말. [준]상달.

시위[1] [명] '활시위'의 준말.

시위[2] [명] 많은 비로 강물이 넘쳐 육지를 침범하는 일. 또는, 그 물. [비]홍수(洪水). ¶~가 나다.

시:위[3](示威) [명] **1** 위력이나 기세를 드러내어 보이는 것. ¶그는 단식을 통해 아내에게 무언의 ~를 벌였다. **2** =시위운동. ¶독재 정부 반대 ~를 벌이다. **시:위-하다**[1] [동][자][타][여]

시:위[4](侍衛) [명] 임금을 곁에서 모시고 호위하는 것. 또는, 그 사람. **시:위-하다**[2] [동][타][여]

시:위-대[1](示威隊) [명] 시위하는 대오. ¶~가 시청 앞까지 진출했다.

시:위-대[2](侍衛隊) [명][역] 조선 말기에 임금을 호위하던 군대.

시:위-소찬(尸位素餐) [명] 제사 때 신위 대신 앉히던 어린아이처럼, 하는 일 없이 자리만 차지하고 앉아 녹(祿)만 먹는 것을 비유하여 일컫는 말. **시:위소찬-하다** [동][자][여]

시:위-운동(示威運動) [명] 사람들이 일정한 의사·요구를 내걸고, 그 실현을 위하여 집회나 행진을 하는 일. =시위. [비]데모. ¶민주화 ~.

시위적-거리다/-대다[-꺼(때)-] [동][자] 힘들이지 않고 되는대로 천천히 일을 하다.

시위적-시위적[-씨-] [부] 시위적거리는 모양. **시위적시위적-하다** [동][자][여]

시:유[1](市有) [명] 시의 소유. ¶~림(林) / ~재산.

시:유[2](市乳) [명] 원유(原乳)를 소비자가 마실 수 있도록 살균·포장하여 파는 우유.

시:유-지(市有地) [명] 시가 소유하는 토지.

시율(詩律) [명] 시의 율격 또는 운율(韻律).

시음[1](詩吟) [명] 시를 읊는 것. **시음-하다**[1] [동][자][여]

시:음[2](試飮) [명] (음료수·술 따위를) 맛보기 위하여 마셔 보는 것. **시:음-하다**[2] [동][타][여]

시의[1](時宜)[-의/-이] [명] 그때의 사정에 맞는 것. ¶~에 맞는 정책 / ~ 적절하다.

시의[2](猜疑)[-의/-이] [명] 시기하고 의심하는 것. **시의-하다** [동][타][여]

시의[3](詩意)[-의/-이] [명] 시의 뜻.

시:-의원(市議員) [명] '시의회 의원'의 준말.

시:-의회(市議會)[-회/-훼] [명] 지방 자치 단체로서의 시의 의결 기관.

시:의회^의원(市議會議員)[-회-/-훼-] [명] 시의회의 구성원. 임기는 4년. [준]시의원.

시이오(CEO) [명] 〔chief executive officer〕 기업의 최고 경영자.

시:인[1](是認) [명] (자기가 보거나 듣거나 알거나 행한〔행할〕 일이나 사실이 정말인지 아닌지에 대한 물음에 대해서) 그러하다고 인정하거나 긍정하는 것. ↔부인(否認). **시:인-하다** [동][타][여] ¶피의자가 경찰의 조사에서 범행 사실을 ~.

시인[2](詩人) [명] 시를 전문적으로 짓는 사람. ¶여류 ~.

시일(時日) [명] **1** 때와 날. [비]날짜. ¶~과 장소를 정하다. **2** 기일 또는 기한. ¶짧은 ~에 많은 일을 했다.

시임(時任) [명] **1** =현임(現任). **2** 현재의 관원.

시:자(侍者) [명] **1** 귀한 사람을 모시고 시중드는 사람. **2** [불] 스승이나 장로를 모시고 시중드는 사람.

시:작[1](始作) [명] 어떤 일이나 대상이 시간적·공간적으로 처음의 단계에 있는 상태. 또는, 어떤 일이나 대상을 처음의 단계에 있게 하는 행동이나 작용. ¶작업 ~을 알리는 벨소리 / ~도 끝도 없는 윤회생사. **시:작-하다**[1] [동][여] [1][타] (사람이나 동물, 기타의 대상이 어떤 일을) 처음 이루어지는 단계에 있게 하다. 때로, 명사형 어미 '-기' 다음에 쓰이기도 함. ¶근로자들이 9시부터 작업을 ~ / 그 여자는 갑자기 울기 **시작했다**. ×시초잡다. [2][자] **1** (어떤 일이) 시간적으로 처음의 단계에 있게 되다. 때로, 명사형 어미 '-기' 다음에 쓰이기도 함. ¶새 역사가 ~ / 비가 오기 ~. **2** (길이를 가진 대상이) 공간적으로 처음의 단계에 있게 되다. ¶두만강은 백두산에서 **시작하여** 동해로 흘러든다. **시:작-되다**[1] [동][자] ¶새 학기가 ~.
[**시작이 반이다**] 일은 처음에 시작하기가 어렵지, 일단 시작하면 끝마치는 것은 그리 어렵지 않다는 말.

시작[2](詩作) [명] 시를 짓는 일. **시작-하다**[2] [동][자][여]

시:작[3](試作) [명] 시험 삼아 만들어 보는 것. 또는, 그 작품. **시:작-하다**[3] [동][타][여] **시:작-되다**[2] [동][자]

시:작-종(始作鐘)[-쫑] [명] 공부나 일 등의 시작 시각을 알리는 종. ¶수업 ~이 울리다.

시장[1] [명] 배가 고픈 것. **시장-하다** [형][여] ¶종일 굶었으니 오죽 **시장할꼬**?
[**시장이 반찬**] 배가 고프면 반찬이 없어도 밥이 맛있다는 말.

시:장[2](市長) [명] 시의 행정을 책임지는 최고의 직위. 또는, 그 직위에 있는 사람.

시:장[3](市場) [명] **1** 매일 또는 정기적으로 많은 상인들이 모여서 찬거리를 비롯한 일상 잡화를 파는 장소. 특히, 오늘날에는 백화점·쇼핑센터 등이 아닌, 동네에서 가깝고 비교적 값이 싼, 소규모의 가게가 밀집한 곳을 가리킴. ¶수산 ~ / 상설 ~ / ~이 서다 / ~을 보다. ▷장(場). **2** [경] 재화나 용역이 거래되어 가격이 결정되는 추상적인 영역이나 공간. ¶국내〔국제〕 ~ / 금융〔증권〕 ~.

시:장^가격(市場價格)[-까-] [명][경] 시장에서의 경쟁과 수요·공급의 관계를 통하여 형성되는 상품·서비스의 가격. [비]시가(市價).

시장-갓(柴場-) [명] '나뭇갓'의 잘못.

시:장^경제(市場經濟) [명][경] 개개의 경제 주체는 자유롭게 경제 활동을 하고, 사회 전체의 재화의 수요와 공급은 가격을 바로미터로 하는, 시장 기구에 의해 조절되는 경제.

시장-기(-氣)[-끼] [명] 배가 고픈 느낌. ¶~가 들다.

시:장-바구니(市場-)[-빠-] [명] =장바구니.

시:장-성(市場性)[-썽] [명][경] 상품이 시장에서 팔리거나 유통될 수 있는 가능성.

시장-시장 [감] 어린아이를 시장질할 때에 내는 소리.

시:장^점:유율(市場占有率) [명][경] 경쟁 시장에서, 특정 기간 내에 있어서의 어떤 상품의 총매상량 중, 한 기업의 상품이 차지하는 매상 비율.

시-장조(C長調)[-쪼] [명][음] =다장조.

시:장^조사(市場調査) [명][경] 기업이 재화나 서비스의 생산·유통·수요에 관하여, 사실의

수집·기록·분석 등을 하는 일. =마케팅 리서치.
시장-질(명) 어린아이를 세워 두 손을 잡고 '시장시장' 소리를 하면서 앞뒤로 밀었다 당겼다 하는 짓. **시장질-하다**(동)(타여)
시재¹(時在)(명) **1** 당장에 가지고 있는 돈이나 곡식·물품 등의 액수나 수량. **2** =현재(現在)Ⅰ1.
시재²(詩才)(명) 시를 짓는 재주.
시적(示寂)(명)[불] 불보살이나 고승이 죽는 것. =시멸. **시적-하다**(동)(자여) ¶지천 국사가 천마산 적멸암에서 **시적하여** 다비로 모셨다.
시-적(詩的)[-쩍](관)(명) 사물이 시의 정취를 지닌 (것). ¶~ 분위기.
시적-거리다/-대다[-꺼(때)-](동)(자) 마음에 없어 억지로 느릿느릿 말이나 행동을 하다.
시적-시적[-씨-](부) 시적거리는 모양. ¶~ 걷다. **시적시적-하다**(동)(자여)
시:전¹(市廛)(명) **1**[역] 조선 시대, 종로를 중심으로 한 도로변에 있었던 점포. **2** 시장 거리의 가게. =시사(市肆).
시전²(詩傳)(명)[책] '시경(詩經)'의 주해서.
시절(時節)(명) **1** =계절. ¶겨울이 가고 꽃 피는 ~이 찾아왔다. **2** 일정한 시기나 때. ¶~이 어수선하다 / 지난 ~을 돌이켜 보다. **3** 사람의 일생을 여럿으로 구분한 어느 한 동안. ¶청년 ~.
시절-가(時節歌)(명)[음] =시조(時調)².
시:점¹(始點)[-쩜](명) **1** 일련의 동작·운동이 시작되는 점. (비)출발점·기점(起點). ↔종점(終點). **2**[수] A에서 B로 가는 유향선분(有向線分)에 있어서의 A를 이르는 말.
시점²(時點)[-쩜](명) 시간의 흐름 위에서의 특정한 때. ¶현재의 ~ / 사건이 일어난 ~.
시점³(視點)[-쩜](명) **1** 물체 위에 시력의 중심이 가 닿는 위치. =주시점. **2**[미] 화면에 대하여 시선이 수직으로 닿는 점. **3**[수] 투시 화법에서 물체를 보는 단안(單眼)이 존재하는 점. **4**[문] 소설에서, 작가가 이야기를 서술하는 방식이나 관점. 곧, 이야기를 구성하고 있는 인물·행위·사건 등을 제시하는 작중 화자가 1인칭이냐 3인칭이냐 하는 따위.
시:접(명) 옷솔기의 속으로 접혀 들어간 부분. ¶~을 넣다 / ~을 두다.
시:접(匙楪)(명) 제사 때 수저를 담는 놋그릇.
시:정¹(市井)(명) **1** 인가가 모인 곳. =가구(街衢)·방간(坊間). ¶~의 부랑배. **2** '시정아치'의 준말.
시:정²(市政)(명) 시의 행정. =감사.
시:정³(始政)(명) 정치를 시작하는 것. **시:정-하다**¹(동)(자여)
시:정⁴(是正)(명) 잘못된 것을 바로잡는 것. ¶잘못된 곳을 ~을 요구하다. **시:정-하다**²(동)(타여) ¶결함을 ~. **시:정-되다**(동)(자여) ¶현실에 맞지 않는 악법은 마땅히 **시정되어야** 한다.
시:정⁵(施政)(명) 정치를 시행하는 것. 또는, 그 정치. ¶~ 연설 / ~ 방침. **시:정-하다**³(동)(자여)
시:정⁶(視程)(명) 공기의 혼탁한 정도를 나타내는 척도의 하나. 육안으로 목표를 분간할 수 있는 최대 거리를 말함.
시정⁷(詩情)(명) 시적인 정취. =시취(詩趣). ¶~이 넘치다 / ~을 느끼게 하는 가을 들녘.
시정-기(時政記)(명) 사관(史官)이 나라의 일 가운데 역사에 남을 만한 자료를 추려 적은 기록.
시:정-배(市井輩)(명) =시정아치.
시:정-아치(市井-)(명) 시장에서 장사하는 사람의 무리. =시정배. (준)시정.
시:정-잡배(市井雜輩)[-빼](명) 시중의 부랑배.
시제¹(時制)[언] 말하는 시간을 중심으로 사건이 일어난 시간. 앞뒤를 표시하는 문법 범주. 우리말 시제에는 과거·현재·미래가 있음. 활용어의 종결 어미나 관형사형 어미로 나타냄. =때매김·텐스(tense).
시제²(時祭)(명) =시향(時享).
시:제³(試製)(명) 시험 삼아 만들어 보는 것. **시:제-하다**(동)(타여)
시:제⁴(試題)(명)[역] 과거 시험의 글제.
시제⁵(詩題)(명) 시의 제목. 또는, 시의 제재(題材).
시:제-품(試製品)(명) 시험적으로 만든 제품.
시:조¹(始祖)(명) **1** 나라나 왕조나 성씨(姓氏) 등을 처음 세우거나 일으킨 사람. ¶우리나라의 ~는 단군이다. **2** 어떤 사상이나 학문 등을 처음 개척하거나 일으킨 사람. (비)비조(鼻祖). ¶주자학의 ~.
시조²(時調)(명) **1**[문] 고려 중기에 발생하여 말기에 형태가 확립되었으며 조선 시대에 이르러 꽃을 피운 일종의 정형시. 보통 평시조(平時調)를 가리키는데, 3장 6구 45자 내외의 기본 형태를 가지며, 4음보의 안정된 율격을 보임. ▷평시조. **2**[음] 조선 시대에 확립된 정형시의 3장 형식에 관련 반주 없이 일정한 가락을 붙여 부르는 노래. 세는 단위는 수(首). =시절가. (비)단가(短歌). ▷가곡(歌曲). **시조-하다**(동)(자여) **1** 시조를 읊거나 부르다. **2** 말이나 행동을 느릿느릿하게 하다. 얕잡아 이르는 말임.
시-조모(媤祖母)(명) =시할머니.
시-조부(媤祖父)(명) =시할아버지.
시:조-새(始祖-)(명)[동] 조류 최고(最古)의 조상이라고 생각되는 화석 동물. 쥐라기 석회암 속에서 발견됨. 이가 있고 날개에 발톱이 있다는 점에서 조류가 파충류에서 진화되었음을 나타내는 것이라 여겨짐. =시조조(始祖鳥).
시:종¹(始終) Ⅰ(명) 처음과 끝. (비)종시(終始). **시:종-하다**(동)(자여) 처음부터 끝까지 한결같이 하다. ¶회의는 엄숙한 분위기에서 **시종하**였다. **시:종-되다**(동)(자여)
Ⅱ(부) 처음부터 끝까지. ¶정수는 선생님의 말씀을 ~ 말없이 듣기만 했다.
시:종²(侍從)(명)[역] 조선 말기, 궁내부의 시종원(侍從院)의 주임관 벼슬. 임금 옆에서 임금의 옷과 임금이 쓰는 물건을 나누어 맡았음.
시:종-무관(侍從武官)(명)[역] 조선 말엽 광무 8년(1904)에 베푼, 궁내부의 시종무관부에 딸려 임금을 호종하던 무관.
시:종-여일(始終如一)[-녀-](명) →**시:종일-하다**[-녀-](형여) 처음부터 끝까지 변함없이 한결같다. =종시여일하다. ¶그 여류 화가는 **시종여일하게** 꽃만을 제재로 하여 그림을 그려 왔다.
시:종-일관(始終一貫) Ⅰ(명) 처음부터 끝까지 한결같이 함. =종시일관. **시:종일관-하다**(동)(자여) ¶그의 편지는 절절한 사랑 고백

으로 시종일관했다.
Ⅱ[부] 처음부터 끝까지 한결같이. =종시일관. ¶그 피의자는 ~ 묵비권을 행사하였다.

시ː주[1](施主)[명][불] 승려에게 또는 절에 물건을 베풀어 주는 사람. 또는, 그 일. =단나(檀那)·화주(化主). **시ː주-하다**[동][타][여] ¶공양미를 ~.

시ː주[2](試走)[명] 1 자동차 따위를 시험적으로 타 봄. 2 [체] 경주에서, 뛰기 전에 컨디션을 시험함.

시ː주-승(施主僧)[명] 시주 전곡(錢穀)을 얻으러 다니는 승려.

시ː준(視準)[명][물] 망원경의 축을, 보려고 하는 물체의 방향에 평행이 되게 맞추는 일.

시ː준-선(視準線)[명][물] 망원경의 대물렌즈의 중심과 대안렌즈의 초점을 잇는 선.

시중[1][명] (받들어 모시거나 돌봐야 할 사람을) 곁에서 도와주거나 여러 가지 심부름을 하는 일. ¶병~ / 할아버지 ~을 들다. **시중-하다**[동][타][여] ¶부모를 극진히 ~.

시ː중[2](市中)[명] 도시의 안. ¶최근 ~에는 이상한 유언비어가 나돌고 있다.

시ː중[3](侍中)[명][역] 1 신라 때, 집사성의 으뜸 벼슬. 2 고려 시대, 광평성·내사 문하성·중서문하성·문하부의 종1품 벼슬. 3 조선 초기의 문하부의 정1품 벼슬.

시ː중^금리(市中金利)[-니][명][경] 중앙은행의 금리(공정 이율)에 대하여 일반 시중 은행의 금리를 이르는 말. 보통은 대출 금리를 말함.

시중-꾼[명] 윗사람의 곁에서 온갖 시중을 드는 사람.

시중-들다[동][타]〈~드니, ~드오〉 옆에서 보살피거나 심부름을 하다. ¶환자를 **시중드느라고** 밤을 새웠다.

시ː중-은행(市中銀行)[명] 대도시에 본점이 있고 전국에 지점을 둔 일반 은행. ▷지방 은행.

시즌(season)[명] 매년 어떤 활동, 특히 행락·레저·스포츠 행사 등이 활발히 이루어지는 시기. ¶프로 야구의 ~이 시작되다 / 관광 회사들이 행락 ~을 맞아 성업 중이다.

시즌-오프(†season off)[명] 어떤 활동이나 행사가 열리지 않는 시기. ¶프로 야구가 ~ 에 들어갔다.

시지(柴地)[명] 땔나무를 공급해 주는 임야. ▷전지(田地).

시지근-하다[형][여] (음식이) 쉬어서 맛이 조금 시금하다.

시ː-지름(視-)[명][천] 천체의 외관상의 지름. =시직경.

시지에스^단위계(CGS單位系)[-계/-게][명][물] 단위계의 하나. 길이는 센티미터(cm), 질량은 그램(g), 시간은 초(s)로 나타냄.

시ː진[1](視診)[명][한] 눈으로 몸을 보고 그 외부의 변화로 병을 진단하는 일. =망진(望診). **시ː진-하다**[1][동][타][여]

시진[2](澌盡)[명] 기운이 빠져 없어지는 것. **시진-하다**[2][동][자][여] ¶여러 날 굶어서 기운이 ~ / 울다가 울다가 목도 잠겼고 또 울 기운조차 **시진한** 것 같다.〈현진건: 운수 좋은 날〉

시-집[1](媤-)[명] 1 여자의 입장에서, 시부모를 중심으로 한 남편의 집안을 이르는 말. [비]시가(媤家). ¶~ 식구. [높]시댁. 2 (주로, '가다', '오다', '보내다' 등의 동사와 함께 쓰여) 여자가 혼인하는 일. ↔장가.

시집[2](詩集)[명] 시를 모아 엮은 책. ¶서정 ~을 내다.

시집-가다(媤-)[-까-][동][자] (여자가) 결혼하다. [비]출가(出嫁)하다.

시집-보내다(媤-)[-빼-][동][타] (여자를) 결혼을 시키다. ¶큰딸을 지난해에 **시집보냈다**.

시집-살이(媤-)[-싸-][명] 1 여자가 시집에서 하는 살림살이. ↔친정살이. 2 남의 밑에서 그 감독·간섭을 받으면서 하는 고된 일을 비유하는 말. **시집살이-하다**[동][자][여]

시집-오다(媤-)[동][자] 여자가 결혼하여 아내가 되어 오다. ¶큰며느리는 제주도에서 **시집왔다**.

시차[1](時差)[명] 1 [천] =균시차(均時差). 2 [지] 지구 상의 두 지점의 지방시(地方時)의 차이. ¶~ 조절. 3 어떤 일을 하는 시간·시각에 차가 지게 하는 일. ¶~를 두다.

시ː차[2](視差)[명] 1 관측 위치의 차이에서 생기는 물체의 시각상(視覺像)이나 방향의 차이. 2 [천] 관측자가 어떤 천체를 동시에 두 지점에서 보았을 때의 방향의 차.

시ː차^운ː동(視差運動)[명][천] 태양계의 공간 운동에 의하여 생기는 천체의 외관상의 운동.

시차-제(時差制)[명] 어떤 일을 하는 데 시간에 차이를 두는 제도. ¶~ 출근.

시ː찰(視察)[명] 돌아다니며 실제의 사정을 살피는 것. ¶산업 ~. **시ː찰-하다**[동][타][여] ¶현장을 ~.

시ː찰-단(視察團)[-딴][명] 두루 돌아다니며 실제의 사정을 살피기 위해 조직한 사람들의 무리.

시ː창[1](始唱)[명] 1 처음으로 부르는 것. 2 학설 등을 처음으로 주장하는 것. ¶~자(者). **시ː창-하다**[동][타][여] ¶진화론을 ~.

시ː창[2](視唱)[명][음] 악보를 보고 노래를 부르는 방법. =보고부르기.

시ː책(施策)[명] 국가나 행정 기관이 실행하는 정책. ¶사회 복지에 대한 정부의 ~.

시ː책(時策)[명] 시국(時局)에 대처할 정책.

시척지근-하다[-찌-][형][여] 음식이 쉬어서 비위에 거슬리게 신맛이 있다. [준]시치근하다. [작]새척지근하다.

시ː청[1](市廳)[명] 시의 행정 사무를 맡아보는 곳.

시ː청[2](視聽)[명] (텔레비전·비디오 등을) 보고 듣는 일. **시ː청-하다**[1][동][타][여] ¶텔레비전을 ~.

시ː청[3](試聽)[명] 녹음 내용·연주 따위를 시험 삼아 들어 보는 것. ¶~회(會). **시ː청-하다**[2][동][타][여]

시ː청-각(視聽覺)[명] 시각과 청각. ¶~ 자료.

시ː청각^교ː육(視聽覺教育)[-꾜-][명][교] 학습 능률을 높이기 위해 실물·지도·표본·사진·슬라이드·레코드·비디오테이프·영화 등의 자료를 활용하는 교육.

시ː청-료(視聽料)[-뇨][명] 텔레비전을 보는 데 대하여 내는 요금.

시ː청-률(視聽率)[-뉼][명] 텔레비전의 어떤 프로그램이 시청되는 비율. ¶~을 높이기 위한 방송사 간의 경쟁 / ~이 50%를 웃도는 인기 드라마.

시ː청-자(視聽者)[명] 텔레비전의 방송 프로그램을 시청하는 사람.

시ː체[1](屍體)[명] 죽은 사람이나 동물의 몸. 세는 단위는 구(具). =시구(屍軀). ¶~를 화장하다 / 가라앉은 선체 내에서 아홉 구의 ~를 인양했다.

> **유의어** 시체 / 사체 / 송장 / 주검 / 시신
> 모두 죽어 있는 몸을 가리키나, '시체'가 비교적 중립적인 어감을 가지는 데 비해, '사체(死體)'는 법률적인 문맥에서 좀 더 쓰이며, '송장'은 구어적인 문맥에서 혐오의 어감을 가지고 쓰임. 한편, '주검'은 문어적인 문맥에서 완곡한 어감을 가지고 쓰이며, '시신(屍身)'은 사람만의 죽은 몸을 가리키되 격을 높인 뜻으로 쓰임. ¶**시체**를 발견하다 / **사체**를 부검하다 / 어디서 **송장** 썩는 냄새가 난다. / 그는 영안실에 차디찬 **주검**으로 누워 있었다. / 그의 **시신**을 염하다.

시체²(時體) 명 1 그 시대의 풍습이나 유행. ¶~ 물건. 2 '그 시대의 새로운 지식을 받아들이거나 풍습·유행을 따름'의 뜻.
시체³(詩體) 명[문] 시를 짓는 격식.
시ː체-실(屍體室) 명 병원에서, 시체를 수용하는 방.
시쳇-말(時體-)[-첸-] 명 요즘 흔히 쓰이거나 유행하는 말. 특히, 속된 어감의 말. 비요샛말. ¶웃통을 벗어젖힌 그의 몸은 ~로 장난이 아니었다.
시ː초¹(始初) 명 1 맨 처음. ¶사건의 ~ / 이 일은 ~부터 잘못되었다. 2 [경] 증권 시장에서 당일의 첫 입회.
시초²(柴草) 명 땔나무로 쓰는 풀.
시초³(詩草) 명 시의 초고(草稿).
시ː초-선(始初線) 명[수] 직선이 한 점의 주위를 회전할 때, 그 출발점의 위치를 정하는 일정한 직선. 구용어는 수선(首線).
시ː초-잡다(始初-) 타 '시작(始作)하다¹ 1'의 잘못.
시ː추(試錐) 명[광] 광상 탐사·지질 조사 등을 위하여 땅에 깊이 구멍을 뚫는 일. =보링. ¶~-기(機) / ~ 작업. **시ː추-하다** 통타 여 **시ː추-되다** 통자
시ː추-공(試錐孔) 명 지질 조사나 광상(鑛床)의 탐사 등을 하기 위하여 뚫은 구멍.
시추에이션(situation) 명 ['장소', '상황'의 뜻] 소설·연극·영화 등에서, 극적(劇的)인 장면이나 상황.
시추에이션^코미디(situation comedy) =시트콤.
시ː취¹(屍臭) 명 시체의 썩는 냄새.
시ː취²(詩趣) 명 1 시적 취미. 2 =시정(詩情)².
시치근-하다 형 여 '시척지근하다'의 준말. 좌새치근하다.
시치다 타 천을 두 겹 이상 맞대어 듬성듬성 걸과 안의 바늘땀의 길이가 다르게 꿰매다. ¶이불 홑청을 ~.
시치름-하다 형 여 좀 시침하다. 좌새치름하다.
시치미 명 1 매의 임자를 표시하여 매의 꽁지 털 속에 매어 단 네모난 뿔. 2 (주로 '시치미를 떼다', '시치미를 따다'의 꼴로 쓰여) 자기가 하고도 하지 않은 체하거나 알고도 모르는 체하는 태도. ¶~ 떼지 말고 누가 그랬는지 어서 말해!
시침¹ 명 '시치미'의 준말.
시침² 명 '시침질'의 준말.
시ː침³(侍寢) 명[역] 임금을 모시고 자는 것. **시ː침-하다¹** 통타 여

시ː침⁴(施鍼) 명 몸에 침을 놓는 것. **시ː침-하다²** 통자 여
시침⁵(時針) 명 시계에서, 시를 나타내는 짧은 바늘. =단침(短針)·소침(小針).
시침-바느질 명 양복 따위를 지을 때 몸에 맞는지 어떤지를 보기 위하여 완성 전에 대강 시쳐 하는 바느질. =가봉(假縫). **시침바느질-하다** 통타 여
시침-질 명 바늘로 시치는 일. 준시침. **시침질-하다** 통타 여
시-커멀다[-머타] 형ㅎ <~커머니, ~커머오, ~커메> '시꺼멓다'의 거센말. ¶얼굴이 ~ / 뱃속이 시커먼 사나이. 좌새카맣다.
시커메-지다 통자 '시꺼메지다'의 거센말. ¶얼굴이 ~. 좌새카매지다.
시컨트(secant) 명[수] 삼각 함수의 하나. 직각 삼각형의 빗변과 한 예각을 낀 밑변과의 비를 그 각에 대하여 이르는 말. 구용어는 정할(正割). =세크(sec). ↔코사인.
시쿰-시쿰 부 여럿이 다 시쿰한 모양. 또는, 몹시 시쿰한 모양. 좌새콤새콤. 여시굼시굼. **시쿰시쿰-하다** 형 여 ¶김치 맛이 ~.
시쿰-하다 형 여 (음식이나 먹는 물질이) 다소 시면서도 입맛이 썩 끌리지 않는 상태에 있다. 좌새콤하다. 여시굼하다.
시퀀스(sequence) 명 ['연속', '쇄'의 뜻] 1 영화·텔레비전에서, 몇 개의 장면이 모여 하나의 에피소드를 이루는 단위. 2 [교] 학습 단원의 배열.
시크무레-하다 형 여 '시그무레하다'의 거센말. 좌새크무레하다.
시큰-거리다/-대다 통자 (뼈마디가) 자꾸 시큰하다. ¶발목이 삐어 ~. 좌새큰거리다. 여시근거리다.
시큰둥-이 명 시큰둥한 사람.
시큰둥-하다 형 여 1 주제넘고 건방지다. 2 달갑지 않거나 못마땅하여 시들하다. ¶그는 노름판에서 마지막 판돈마저 날리자 **시큰둥**한 얼굴로 일어섰다.
시큰-시큰 부 시큰거리는 모양. 좌새큰새큰. 여시근시근. **시큰시큰-하다** 형 여 ¶갑자기 심한 운동을 했더니 무릎이 ~.
시큰-하다 형 여 (뼈마디가) 좀 시다. ¶팔목[발목]이 ~ / 코허리가 ~. 좌새큰하다. 여시근하다.
시클라멘(cyclamen) 명[식] 앵초과의 여러해살이풀. 알뿌리에서 잎과 꽃줄기가 나며, 겨울에서 봄에 걸쳐 백색·자홍색·홍색·담홍색 등의 꽃이 핌.
시큼-시큼 부 여럿이 다 시큼한 모양. 또는, 매우 시큼한 모양. 좌새큼새큼. 여시금시금. **시큼시큼-하다** 형 여 ¶열매가 모두 ~.
시금쏠쏠-하다 형 여 '시금쏠쏠하다'의 거센말.
시큼-하다 형 여 (음식이나 물질이) 입맛에 맞지 않게 조금 시다. ¶**시큼**한 맛이 도는 과일 / 김장 김치가 **시큼**해졌다. 좌새큼하다. 여시금하다.
시키다¹ 타 **1** 타 (사람이 다른 사람이나 동물에게 어떤 일이나 행동을) 하게 하다. 또는, (사람이 다른 사람을) 자기 뜻에 따라 어떤 일을 하게 만들다. ¶선생님이 학생에게 심부름을 ~ / 부모가 자식에게 공부를 ~. **2** 음식점 등에서, (손님이 주인이나 종업원에게 음식을) 만들어 오거나 가져오도록 주문하다. ¶나는 중국집에서 자장면을 **시켜** 먹었다. **2** (보조) (동사의 어미 '-게

(끔)', '-도록' 아래에 쓰여) 어떤 사람이 상대에게 어떤 행동을 하도록 작용을 가하거나 영향을 미치는 뜻을 나타내는 말. ¶아버지가 아들에게 심부름을 다녀오게 ~ / 선생님이 학생들에게 열심히 공부하도록.

-시키다² [접미] '-하다'가 붙을 수 있는 동작성 어근에 붙어, 사동(使動)의 뜻, 곧 '하게 하다'의 뜻을 갖게 하는 말. ¶상대를 나에게 굴복~ / 운전사에게 차를 정지~.

시:탕(侍湯) 명 부모의 병에 약시중을 드는 일. 시:탕-하다 동자타여

시태(時態) 명 그때의 세상 형편.

시-테크(時←technology) 명 시간을 전략적으로 활용하고 시간의 효율을 극대화하는 기술.

시토(SEATO) 명 =동남아시아 조약 기구.

시토크롬(cytochrome) 명[화] 세포 속에 존재하는 헴 단백질의 일군. 생체 내에서의 전자의 이동(산화 환원 반응)에 중요한 역할을 함.

시통-머리 명 주제넘고 건방진 것을 속되게 이르는 말.

시통머리 터지다 구 하는 짓이 주제넘고 건방짐을 속되게 이르는 말.

시통머리-스럽다[-따] 형ㅂ<~-스러우니, ~-스러워> 매우 시통스럽다.

시통-스럽다[-따] 형ㅂ<~-스러우니, ~-스러워> 시통한 데가 있다. 시통스레 부

시통-하다 형여 주제넘고 건방지다.

시트¹(seat) 명 1 자동차·기차·비행기·극장 등의 좌석. 2 [체] 야구·배구 등에서, 선수의 수비 위치.

시트²(sheet) 명 침대의 매트리스에 씌우는 얇은 천. 흔히, 무명이나 리넨으로 만듦.

시트르-산(←citric酸) 명[화] 레몬이나 밀감 속에 있는 염기성 산. 무색무취의 결정체로 인체 중에서는 TCA 회로의 일원임. 청량음료·의약 등에 씀. =구연산·레몬산.

시트-커버(†seat cover) 명 좌석의 등받이 덮개. 특히, 자동차의 시트에 덧씌우는 천이나 가죽.

시트콤(sitcom) 명 등장인물과 무대는 같으나 매회 독립된 소재를 다루는 방송 코미디. =시추에이션 코미디.

시틋-하다[-트타-] 형여 '시뜻하다'의 거센말. 시틋-이 부

시티(CT) 명 [computed tomography][의] 인체의 횡단면을 촬영하여 각 방향에서의 상을 컴퓨터로 처리하는 의료 기기. 엑스선 이외에 입자선·초음파 등과 컴퓨터를 조합시킨 것임.

시티^촬영(CT 撮影) 명 [CT:computed tomography][의] 시티를 이용한 컴퓨터 단층 촬영법. 엑스선이나 초음파를 여러 각도에서 비추어, 투영된 인체 내부 영상을 컴퓨터로 해석하여 화상으로 처리한 뒤 단면의 모습을 재생함으로써 종양 등을 검출해 내는 기술임. =컴퓨터 단층 촬영.

시파(時派) 명 조선 후기에 일어난 당파의 하나. 사도 세자를 동정한 남인(南人) 계열로, 벽파(僻派)와 대립함. ↔벽파. ▷시론(時論).

시:판(市販) 명 (상품을) 시장이나 시중에서 일반에게 판매하는 일. =시중 판매. ¶~ 가격. 시:판-하다 동타여 ¶새로운 기획 상품을 ~. 시:판-되다 동자

시-퍼렇다[-러타-] 형ㅎ<~-퍼러니, ~-퍼러오, ~-퍼래> 1 (빛깔이) 짙고 다소 어둡게 퍼렇다. ¶깎아지른 절벽 아래로 시퍼런 바다가 펼쳐져 있다. 2 (얼굴이나 입술 따위가) 춥거나 겁에 질려 매우 퍼렇다. ¶추위에 얼굴이 ~. 3 (날이) 아주 날카로워 두려움을 주는 상태에 있다. ¶시퍼런 칼날을 목에 들이대다. 4 서슬이 시퍼렇다 →서슬.

시퍼렇게 살아 있다 구 죽지 않고 멀쩡하게 살아 있음을 강조하는 말.

시퍼레-지다 동자 시퍼렇게 되다. 작파래지다

시편¹(詩篇) 명 낱낱의 시 작품. 또는, 여러 시 작품. ¶그는 그간에 발표했던 ~을 묶어 시집을 펴냈다.

시편²(詩篇) 명[성] 구약 성서 중의 한 권.

시평¹(時評) 명 1 시사(時事)에 관한 평론. 2 어떤 현상이나 대상에 대해 그때그때 행하는 비평.

시평²(詩評) 명 시에 대한 비평.

시폐(時弊) [-폐/-페] 명 그 시대의 폐단.

시폰(chiffon) 명 매우 얇고 매끄러운 직물. 비단이나 인조견의 직물로, 베일·모자의 장식 등에 쓰임.

시푸르뎅뎅-하다 형여 썩 짙게 푸르뎅뎅하다.

시푸르죽죽-하다[-쭈카-] 형여 썩 푸르죽죽하다.

시풍(詩風) 명 한 시인의 시에 나타나는 독특한 기풍. ¶~낭만주의적~.

시프다 형 '헤프다'의 잘못.

-시피 →다시피.

시피유(CPU) 명 [central processing unit] =중앙 처리 장치.

시:필(試筆) 명 [시험 삼아 붓을 놀린다는 뜻] 글씨를 쓰거나 그림을 그려 보는 것. =시호(試毫). ¶신년 ~. 시:필-하다 동자여

시:하(侍下) 명 부모나 조부모를 모시고 있는 사람. ¶엄부 ~ / 층층 ~.

시하²(時下) 명 '이때', '요즈음'의 뜻으로, 한문 투의 편지에 쓰는 말. ¶~ 맹순지절에 가내 두루 평안하신지요.

시:하-인(侍下人) 명 지난날, 한문 투의 편지 겉봉에 'ㅇㅇㅇ 시하인'의 꼴로 쓰여, 'ㅇㅇㅇ이라는 사람을 아래에서 모시고 있는 사람'의 뜻으로 이르던 말. 지난날에는 편지를 받는 이가 지위가 있는 사람이거나 웃어른일 경우, 직접 받아 보자고 하기가 어려워 아랫사람이 받아 전해 달라는 뜻으로 이와 같은 표현을 사용하였음. =집사(執事). ¶이 진사 ~ / 개탁(開坼).

시학(詩學) 명[문] 시의 본질·형식·기법 등을 연구하는 학문.

시한(時限) 명 일정하게 한정된 기간이나 시간. ¶~ 내에 일을 마치다.

시한-부(時限附) 명 조건이나 상황이 일정한 기간이 정해져 있거나 시간의 한계를 두고 있는 상태. ¶~ 파업 / 암 선고를 받은 ~ 인생.

시한-폭탄(時限爆彈) 명 시한 장치에 의하여 일정한 시간이 지난 뒤 터지게 되어 있는 폭탄.

시:-할머니(媤-) 명 남편의 할머니. =시조모(媤祖母).

시:-할아버지(媤-) 명 남편의 할아버지. =시조부(媤祖父).

시합(試合) 명 재주를 겨루어 이기고 짐을 다

투는 일. ¶~장(場) / 권투 ~ / ~에 출전하다. **시합-하다** 동(타)여 ¶나는 재영이와 달리기를 **시합했다**.

시:해(弑害) 명 부모나 임금을 죽이는 것. ≒시살(弑殺)·시역(弑逆). **시:해-하다** 동(타)여 **시:해-되다** 동(자)

시:행¹(施行) 명 1 실제로 행하는 것. 2 [법] 법령의 효력을 실제로 발생시키는 것. **시:행-하다**¹ 동(타)여 ¶법령대로 ~ / 분부대로 ~. **시:행-되다** 동(자)

시:행²(試行) 명 1 시험적으로 행하는 것. 2 [수] 확률에서, 주사위를 던지는 일과 같이 반복할 수 있는 실험이나 관측을 시도하는 일. **시:행-하다**² 동(타)여

시:행-령(施行令) [-녕] 명 [법] 법률 시행에 필요한 자세한 규정을 내용으로 하는 법규명령.

시:행-착오(試行錯誤) 명 어떤 목표를 추구하는 과정에서 좀 더 좋은 방법을 발견할 때까지 실패를 겪으면서 여러 가지 방법을 시도하는 일. ¶~ 끝에 성공을 거두다.

시향(時享) 명 1 음력 2월·5월·8월·11월에 집안의 사당에 지내는 제사. 2 음력 10월에 5대 이상의 조상 산소에 가서 지내는 제사. ≒시사(時祀)·시제(時祭).

시-허옇다[-여타] 형(ㅎ) <-허여니, -허여오, ~허예> 더할 수 없이 허옇다. ¶시허연 머리. [작] 새하얗다.

시허예-지다 동(자) 시허옇게 되다. [작] 새하얘지다.

시헌-력(時憲曆) [-녁] 명 [역] 중국 명(明)·청(淸) 대에 쓰던 역법의 하나. 태음력에 태양력의 원리를 적용하여 24절기의 시각과 하루의 시각을 정밀하게 계산하여 만듦.

시험(試驗) 명 1 배운 지식이나 기술·기능 등의 수준이나 정도를 일정한 방법이나 절차에 따라 알아보는 일. [비] 평가. ¶입학 ~ / 문제 / ~을 보다 / ~을 치다. 2 사물의 성질이나 기능, 상태 등을 알아보기 위해 실제로 다루거나 하는 일. ¶~ 운전 / ~ 비행 / ~ 재배. 3 크리스트교에서, 인간의 믿음이나 도덕성을 확인하거나 강화하기 위해 신(神)이 시련이나 사탄이 던지는 악의 유혹. 또는, 인간이 신을 의심하여 신의 뜻이나 반응을 떠보려고 하는 일. ¶우리를 ~에 들게 하지 마옵시고 ···.《신약 마태복음》 **시험-하다** 동(타)여 ¶재능을 ~ / 자동차의 성능을 ~.

시험-공부(試驗工夫) 명 시험을 치기 위하여 하는 공부. ¶밤새워 ~.

시험-관¹(試驗官) 명 시험장의 감독이나 시문(試問)을 하는 사람.

시험-관²(試驗管) 명 [화] 화학·의학 등의 실험에 쓰는, 한쪽 끝이 막힌 길쭉하고 투명한 유리관. =시관(試管).

시험관^아기(試驗管-) 명 [의] 난자(卵子)를 몸 밖으로 꺼내어 유리관 속에서 정자와 수정시킨 뒤, 60시간이 지난 후 모체의 자궁에 옮겨 완전하게 발육시킨 아기.

시험-대(試驗臺) 명 1 물리·화학 따위 학문의 실험 연구를 할 수 있도록 만든 대. 2 가치·기량 따위를 시험하는 자리.
  시험대에 오르다 [구] 첫 시험의 대상으로 되다.

시험-장(試驗場) 명 1 시험을 치르는 곳. 2 농업이나 공업 등에서, 개량·발명 등에 관하여 실지로 시험할 수 있도록 시설을 갖추어 놓은 곳. ¶임업 ~.

시험-적(試驗的) 관·명 시험 삼아 행하는 (것). ¶~ 단계.

시험-지(試驗紙) 명 1 시험 문제가 쓰여 있는 종이. 때로 답을 쓰는 칸이 함께 있기도 함. 2 [화] 용액이나 기체의 성질을 시험하여 밝히는 데 쓰는 종이. ¶리트머스 ~.

시험-지옥(試驗地獄) 명 시험의 경쟁이 심하여, 응시자가 몹시 어려움을 겪음을 비유적으로 이르는 말.

시:현(示現) 명 1 (어떤 일을) 나타내 보이는 것. 2 신불(神佛)이 영험(靈驗)을 나타내는 일. 3 [불] 석가모니가 중생의 제도를 위해 육신을 이 세상에 나타낸 일. **시:현-하다** (어떤 일을) 나타내 보이다.

시형(詩形) 명 시의 형식.

시:혜(施惠) [-혜/-헤] 명 은혜를 베푸는 것. 또는, 그 은혜. **시:혜-하다** 동(자)여

시호¹(詩號) 명 시인의 아호.

시호²(諡號) 명 임금·정승·유현(儒賢) 들이 죽은 뒤에 그들의 공덕을 기리어 주는 이름. ¶이순신 장군에게 충무(忠武)를 ~로 내리다.

시혼(詩魂) 명 시를 짓는 마음.

시:홍-소(視紅素) 명 [생] =로돕신.

시화¹(詩化) 명 (어떤 소재나 내용을) 시로 쓰거나 만드는 것. 또는, (어떤 소재나 내용이) 시로 쓰이거나 만들어지는 것. **시화-하다** 동(타)여 ¶일상사의 권태를 ~ / 우주에 대한 성찰과 사색이 ~. **시화-되다** 동(자)

시화²(詩話) 명 1 시에 관한 이야기. 2 한문학에서 시(詩)의 비평과 시인의 일화 따위를 적은 책.

시화³(詩畫) 명 1 시와 그림. 2 시를 곁들인 그림.

시:화-법(視話法) [-뻡] 명 발음할 때의 입술이나 혀의 움직임을 보고 발음법을 익히는 방법. 말더듬이 등 발음의 이상을 고치는 데 쓰임.

시화-전(詩畫展) 명 시와 그림을 전시하는 전람회.

시:황(市況) 명 상품·주식 등의 매매나 거래의 상황.

시회(詩會) [-회/-훼] 명 시를 짓거나 시에 대한 토론·감상·연구 등을 위한 모임.

시효(時效) 명 [법] 어떠한 권리를 취득하게 하거나 소멸시키는 법률적인 기간. ¶~ 정지 / ~가 지나다.

시흥(詩興) 명 시를 짓고 싶은 충동이나 감흥. ¶~이 일다 / ~을 돋우다 / ~이 도도해지다.

식¹ 명 좁은 틈으로 김이나 바람이 세차게 나오는 소리. 또는, 그 모양. [작] 색.

식²(式) 명 ① [자립] 1 어떤 일을 기념하거나 축하하거나 기리거나 하기 위해, 정해진 절차와 관례적인 격식에 따라 행사를 치르는 일. ¶기념 ~ / 결혼 ~ / ~을 거행하다. 2 [수] 둘 이상의 수나 문자를 +, -, ×, ÷ 등의 연산 기호로 연결해 놓은 것. =산식(算式). ¶~을 세우다 / ~을 풀다. ② [의존] (관형사형 어미 '-는', '-ㄴ' 또는 일부 관형어 뒤에 쓰여) 일정한 일을 하는 '방식' 임을 나타내는 말. ¶그런 ~으로 하지 마라. / 나는 내 ~으로 하겠다.

-식³(式) [접미] '방식'이나 '법식'의 뜻을 나타내는 말. ¶자동 ~ / 개폐 ~ / 한국 ~.

식각(蝕刻)[-깍] 몡 =부각(腐刻). **식각-하다** 동타여

식간(食間)[-깐] 몡 끼니때와 끼니때의 사이.

식객(食客)[-깩] 몡 1 예전에, 세력가의 집에 얹혀서 문객(門客) 노릇을 하던 사람. 2 하는 일 없이 남의 집에 얹혀 밥만 얻어먹고 사는 사람.

식견(識見)[-견] 몡 사물에 대한 지식과 판단력. 비지견(知見). ¶~을 넓히다 / ~을 기르다 / 김 박사는 국제 정세에 대하여 높은 ~을 가지고 있다.

식경(食頃)[-꼉] 몡 《주로, '한/두어/서너…식경'의 꼴로 쓰여》 밥을 먹을 만한 정도의 시간 동안. ¶오늘은 일부러 구경꾼을 기다리는지 장죄을 잡아다 끓어앉혀 놓고도 ~이나 김 승지는 보이지 않는다. (이무영:농민)

식곤-증(食困症)[-꼰쯩] 몡 음식을 먹은 뒤 몸이 나른하고 졸음이 오는 증세.

식구(食口)[-꾸] 몡 1 같은 집에서 살며 끼니를 함께하는 사람. ¶군~ / 집안 ~ / ~가 많다. 2 '한 조직체에서 함께 일하는 사람'을 친밀감을 가지고 이르는 말. ¶우리 부서에 새 ~가 들어왔다.

식권(食券)[-꿘] 몡 식당이나 음식점에서 내면 음식을 주도록 되어 있는 표. ¶~을 끊다.

식균^작용(食菌作用)[-꾼-] 몡[생] =식세포 작용.

식기(食器)[-끼] 몡 음식을 담아 먹는 그릇. 밥그릇·국그릇·찬그릇 따위. 세는 단위는 개·벌·죽(10개).

식-나무[-식] 몡[식] 층층나뭇과의 상록 활엽 관목. 높이 3m 정도. 봄에 자줏빛의 꽃이 피며, 열매는 가을에 붉게 익음. 따뜻한 지방의 산지에 나며, 흔히 관상용으로 심음.

식년¹(式年)[싱-] 몡[역] 과거(科擧) 보는 시기를 정한 해. 자(子)·묘(卯)·오(午)·유(酉) 따위의 간지(干支)가 드는 해로서 3년에 한 번씩 돌아옴.

식년²(蝕年)[싱-] 몡[천] 태양이 황도(黃道)와 백도(白道)의 교점을 지나 다시 그 교점에 돌아오기까지의 시간. 주기는 약 346.62일임.

식다[-따] 동재 1 (높은 열을 가진 물질이나 물체, 또는 몸 따위가) 열을 잃어 낮은 온도를 나타내다. ¶국이 ~. 비냉각되다. ¶밥이 식지 않게 아랫목에 묻어 두다. 2 (사람의 정열·열기·의욕이나, 또는 열띤 분위기 따위가) 세찬 기운을 잃고 줄거나 가라앉다. ¶애정이 ~ / 관중들의 열기가 ~. 3 (땀이) 더위를 느끼지 않을 만큼 말라서 없어지거나 더 흐르지 않게 되다. ¶자, 이제 웬만큼 땀도 식고 했으니 다시 시작해 볼까?
[식은 죽 먹기] 아주 하기 쉽다는 말.
식은 죽 먹듯 〔子〕거리낌 없이 아주 쉽게 예사로 하는 모양. ¶거짓말을 ~ 하다.

식단(食單)[-딴] 몡 가정·기숙사·구내식당 등에서, 일정한 기간 동안에 먹을 음식의 종류를 날짜와 끼니별로 정해 놓은 계획표. =식단표.

식단-표(食單表)[-딴-] 몡 =식단(食單).

식당(食堂)[-땅] 몡 1 식사할 수 있는 시설을 갖춘 방. 2 음식·요리 등을 만들어 파는 가게.

식당-차(食堂車)[-땅-] 몡 열차에서 식당 설비를 갖추고 있는 찻간.

식대(食代)[-때] 몡 1 음식에 대하여 치르는 값. 비밥값. 2 공역(公役)을 치르는 사람이 차례대로 교대하여 음식을 먹는 일.

식도¹(食刀)[-또] 몡 =식칼.

식도²(食道)[-또] 몡[생] 인두(咽頭)에서 위(胃)에 이르는 관상(管狀)의 소화 기관. 소화액은 분비하지 않으나 연동 운동에 의해 음식물을 입에서 위로 보내 주는 통로가 됨. =밥줄·식관(食管).

식-도락(食道樂)[-또-] 몡 맛있거나 진귀한 음식을 취미 삼아 먹는 즐거움. ¶~에 빠지다.

식도락-가(食道樂家)[-또-까] 몡 맛있거나 진귀한 음식을 맛보는 것을 즐거움으로 삼는 사람.

식도-암(食道癌)[-또-] 몡[의] 식도 상피(上皮)에 생기는 악성 종양.

식량(食糧)[싱냥] 몡 사람이 음식을 만들어 먹을 수 있는 곡식이나 감자·고구마 따위. 비양식(糧食).

식량-난(食糧難)[싱냥-] 몡 식량이 부족하여 생기는 어려움. ¶극심한 ~에 시달리다.

식료(食料)[싱뇨] 몡 음식의 재료.

식료-품(食料品)[싱뇨-] 몡 음식의 재료가 되는 물품.

식리(殖利)[싱니] 몡 이익을 늘리는 것. =요리(要利). **식리-하다** 동재여

식모¹(食母)[싱-] 몡 남의 집에 고용되어 주로 부엌일을 맡아 하는 여자. 예전에 쓰이던 말로, 현재는 주로 '가정부'로 불림.

식모²(植毛)[싱-] 몡 털을 옮겨 심는 일. **식모-하다** 동재여

식모-살이(食母-)[싱-] 몡 남의 집에 고용되어 주로 부엌일을 맡아 하는 생활이나 일. **식모살이-하다** 동재여

식목(植木)[싱-] 몡 나무를 심는 것. 또는, 그 나무. =식수(植樹). 비식수(植樹). **식목-하다** 동재타여

식목-일(植木日)[싱-] 몡 나무를 많이 심고 아껴 가꾸도록 권장하려고 국가에서 정한, 나무 심는 날. 4월 5일.

식물(植物)[싱-] 몡[생] 일반적으로, 운동 기관이 없어 자유롭게 움직일 수 없고 광합성을 할 수 있어 세포에 세포벽이 있는 생물의 하나. 고등한 것은 뿌리·잎·줄기를 갖추고 있으며, 일생 동안 계속 성장할 수 있음. ↔동물.

식물-계(植物界)[싱-게/싱-게] 몡[식] 식물이 생존하는 범위나 세계. ↔동물계.

식물구-계(植物區系)[싱-게/싱-게] 몡[지] 지구 상의 각지의 식물상을 비교하여 각각 특징이 있는 식물종(植物種)에 따라 생물지리학적으로 구획한 단위.

식물-극(植物極)[싱-] 몡[생] 후생동물의 알에서 주축에 의하여 생기는 두 개의 극 중의 하나. 단황란에서는 보통 이 극 쪽에 난황(卵黃)이 치우쳐 있음. ↔동물극.

식물-대(植物帶)[싱-] 몡[지] 식물이 일정하게 분포하고 있는 지대. 주로 온대의 산지에서 볼 수 있음.

식물-도감(植物圖鑑)[싱-] 몡 어떤 범위의 식물들에 대해 그림이나 사진으로 형상을 나타내고 해설을 붙인 책.

식물-상(植物相)[싱-쌍] 몡 특정 지역에서 생육하는 식물의 모든 종류.

식물-성(植物性)[싱-썽] 몡 1 식물에게 특

식물성^유지(植物性油脂)[싱-씽뉴-] 명 식물의 씨나 열매에서 짠 기름. 참기름·야자유·올리브유·아마인유 따위. =식물성유. ▷동물성 유지.

식물-원(植物園)[싱-] 명 식물의 연구 및 식물에 관한 지식을 보급하기 위해, 온갖 종류의 식물을 모아 기르면서 사람들이 관찰할 수 있게 꾸며 놓은 곳. ▷동물원.

식물-인간(植物人間)[싱-] 명 대뇌의 손상으로 의식과 운동 기능은 상실한 채, 숨 쉬고, 먹고, 배설하는 기능만을 유지하고 있는 사람. ▶뇌사.

식물-질(植物質)[싱-찔] 명 식물체를 이루는 물질.

식물-체(植物體)[싱-] 명 식물로서의 유기체(有機體). ▷동물체.

식물-학(植物學)[싱-] 명 식물을 연구 대상으로 하는 생물학의 한 분야. ▷동물학.

식민(植民)[싱-] 명 주로, 국외의 영토나 미개지에 자국민의 이주·정착을 촉진하여 개발과 지배를 진전시키는 일. 또는, 그 이주민. **식민-하다** 동자여

식민^사관(植民史觀)[싱-] 명역 한반도의 식민 통치를 정당화하기 위해 일제의 학자들이 중심이 되어 구축한, 한국 역사에 대한 왜곡된 사관.

식민^정책(植民政策)[싱-] 명정 식민지를 다스리기 위해 베푸는 모든 정책.

식민-지(植民地)[싱-] 명 정치적·경제적으로 다른 나라의 지배를 받아 국가로서의 주권을 갖고 있지 않은 나라.

식반(食盤)[-빤] 명 음식을 올려놓는 상.

식별(識別)[-뼐] 명 (대상을) 무엇인지 알아보거나, (다른 대상과) 그 차이를 알아 구별하는 것. 비변별. ¶~력(力). **식별-하다** 동태여 ¶아군기와 적기를 ~ / 이 위조지폐는 진짜인지 가짜인지 **식별하기** 어려울 만큼 정교하게 만들어졌다.

식보(食補)[-뽀] 명 좋은 음식을 먹어 원기(元氣)를 돕는 것. **식보-하다** 동자여

식복(食福)[-뽁] 명 뜻밖에 음식을 먹게 되는 재수. =식수(食數). ¶~이 터지다.

식비(食費)[-삐] 명 먹는 데 드는 비용.

식-빵(食-) 명 주로 토스트·샌드위치 등으로 먹는, 네모 상자 모양의 긴 빵. 밀가루에 효모와 약간의 소금·설탕 등을 넣고 반죽하여 굽는데, 위쪽을 볼록볼록하게 부풀리기도 하고 납작하게 만들기도 함.

식사¹(式辭)[-싸] 명 식장(式場)에서 주례자나 내빈(來賓) 등이 그 식에 대하여 인사로 하는 말. **식사-하다**¹ 동자여

식사²(食事)[-싸] 명 끼니로 음식을 먹는 것. 또는, 그 음식. ¶아침 ~. **식사-하다**² 동자여

식상(食傷)[-썅] 명 1 같은 음식만 자꾸 먹어 물리는 것. 2 똑같은 일을 되풀이하여 싫증이 나는 것. **식상-하다** 동자여 ¶기름기 많은 음식에 ~ / 대중들은 허구한 날 사랑 타령을 일삼는 가요에 이미 **식상해** 있다.

식생(植生)[-쌩] 명생 어떤 장소에 모여 살고 있는 특유의 식물의 집단.

식-생활(食生活)[-쌩-] 명 먹고 사는 생활. ¶~ 개선. ▷의생활·주생활.

식서(飾緖)[-써] 명 =변폭(邊幅)1.

식성(食性)[-썽] 명 음식을 종류에 따라 좋아하여 잘 먹거나, 싫어하여 잘 안 먹는 입맛의 습성. ¶~이 변하다 / ~이 까다롭다.

식-세포(食細胞)[-쎄-] 명생 세균이나 이물질을 자기 몸 안에 잡아들여 소화·분해하는 세포.

식세포^작용(食細胞作用)[-쎄-] 명생 식세포가 세균이나 이물질을 자기 몸 안에 잡아들여 소화·분해하는 작용. =식균 작용.

식-소라(食-) 명 '밥소라'의 잘못.

식솔(食率)[-쏠] 명 집안에 딸린 식구. 비권솔(眷率). ¶~을 거느리다.

식수¹(食水)[-쑤] 명 먹는 물. 비음료수.

식수²(植樹)[-쑤] 명 나무를 심는 것. 또는, 그 나무. 비식목(植木). ¶기념~. **식수-하다** 자타여

식수-난(食水難)[-쑤-] 명 식수의 부족으로 겪는 어려움. ¶가뭄으로 인하여 ~이 심하다.

식순(式順)[-쑨] 명 의식(儀式)을 진행하는 차례. ¶~에 따라 국민의례가 있겠습니다.

식스^맨(←sixth man)[-쓰-] 체 농구에서, 5명의 선발 선수에는 들지 못하나 위기 때 최우선적으로 투입되는 후보 선수. 승패에 큰 영향을 미치기 때문에 중요한 의미를 가짐.

식-습관(食習慣)[-씁꽌] 명 음식을 먹는 태도나 기호 등에서 비롯되는, 식생활의 습관. ¶부모는 어린 자녀들이 바른 ~을 가지도록 잘 지도해야 한다.

식식[-씩] 부 숨을 매우 가쁘게 쉬는 소리. 작색색. 센씩씩. **식식-하다** 자타여

식식-거리다/-대다[-씩꺼(때)-] 동자태 자꾸 식식 소리를 내며 가쁘게 숨 쉬다. ¶숨이 차서 ~. 작색색거리다. 센씩씩거리다.

식언(食言) 명 약속한 말을 지키지 않는 것. **식언-하다** 동자여

식염(食鹽) 명 식용으로 하는 소금.

식염-수(食鹽水) 명 1 식염을 탄 물. 비소금물. 2 '생리 식염수'의 준말.

식염-천(食鹽泉)[-지] 명 물속에 염분이 1000분의 1 이상 들어 있는 광천. 병의 치료에 씀. =염천(鹽泉).

식욕(食慾) 명 음식을 먹고 싶어 하는 욕망. 비밥맛. ¶~을 돋우다 / ~이 왕성하다 / ~을 잃다.

식욕^부진(食慾不振)[-뿌-] 명 식욕이 줄어드는 상태.

식용(食用) 명 먹을 것으로 쓰는 일. **식용-하다** 동태여 **식용-되다** 동자

식용^달팽이(食用-) 명동 식용으로 하는 달팽이의 하나. 껍데기의 높이와 지름이 약 45mm이고 담황색에 구형(球形)임. 프랑스에서는 포도밭에서 기르는데, 그 요리는 유명함.

식용^색소(食用色素)[-쏘] 명 음식물을 물들이는, 몸에 해롭지 않은 색소.

식용-유(食用油)[-뉴] 명 음식에 넣거나 음식을 튀기거나 부치거나 할 때 사용하는 기름. 참기름·콩기름·들기름·땅콩기름 따위.

식용-육(食用肉)[-뉵] 명 식용으로 하는 고기. 곧, 쇠고기·돼지고기·닭고기 따위. 준식육.

식용^작물(食用作物)[-장-] 명농 식용을 목적으로 재배하는 농작물. 곡류·채소 따위.

식육(食肉) 명 1 고기를 먹는 것. 비육식(肉食). 2 '식용육'의 준말. **식육-하다** 동자여

고기를 먹다.

식은-땀 [명] **1** 몸이 쇠약하여 병적으로 나는 땀. =냉한(冷汗). **2** 정신의 긴장으로 흐르는 땀. ¶비밀이 탄로 날까 봐 마음이 조마조마하여 ~이 난다. ×찬땀.

식음(食飮) [명] 먹고 마시는 일. ¶~을 전폐하다. **식음-하다** [동][타][여]

식읍(食邑) [역] 임금이 왕족이나 공신 등에게 조세를 받아 쓰도록 하사한 고을. =식봉(食封).

식이(食餌) [명] **1** =먹이. **2** 조리한 음식물.

식이^요법(食餌療法) [-뻡] [명] [의] 일상 섭취하는 음식의 품질·성분·분량 등을 과학적인 연구 방법으로 조절하여 직접 질병을 치료하거나 예방하는 데 활용하는 일. =영양요법.

식인(食人) [명] 사람을 잡아먹는 일. 미개인의 관습의 하나로 신성한 의식으로 여김.

식인-종(食人種) [명] 사람을 잡아먹는 풍습이 있는 미개 인종.

식자¹(植字) [-짜] [명] [인] 활판 인쇄에서 문선공이 뽑아 놓은 활자로 원고에 맞추어 판(版)을 짜는 일. ¶~공(工). **식자-하다** [동][타][여] **식자-되다** [동][자]

식자²(識字) [-짜] [명] 글이나 글자를 아는 사람.

식자³(識者) [-짜] [명] 사물을 잘 깨달아 알고 있는 사람. 또는, 학식과 견문이 있는 사람.

식자-기(植字機) [-짜-] [명] [인] 인쇄용 문자 제판에서 식자 작업을 기계적으로 하는 장치.

식자-우환(識字憂患) [-짜-] [명] 학식이 있는 것이 도리어 근심을 사게 됨.

식장(式場) [-짱] [명] 식을 거행하는 곳.

식재(植栽) [-째] [명] (화초나 나무를) 심어서 재배하는 것. ¶조경(造景) ~ 공사. **식재-하다** [동][타][여] **식재-되다** [동][자]

식전¹(式典) [-쩐] [명] =의식(儀式)³.

식전²(式前) [-쩐] [명] 식을 거행하기 전. ¶~ 행사 / ~ 이벤트. ↔식후(式後).

식전³(食前) [-쩐] [명] **1** 밥을 먹기 전. ¶~에 약을 복용하다. ↔식후(食後). **2** 아침밥을 먹기 전. 곧, 이른 아침. ¶~부터 웬 수선이냐?

식전-바람(食前-) [-쩐빠-] [명] 아침 식사를 하기 전의 이른 때.

식-주인(食主人) [-쭈-] [명] 나그네를 재우고 밥을 파는 집의 주인.

식-중독(食中毒) [-쭝-] [명] [의] 음식물을 섭취함으로써 급성으로 일어나는 중독 내지 감염증. 설사·구토·복통·발열 등의 증상을 보임.

식지¹(食指) [-찌] [명] =집게손가락.

식지²(食紙) [-찌] [명] 밥상과 음식을 덮는 데 쓰는 기름 먹인 종이.

식채(食債) [명] 외상 음식을 먹고 생긴 빚.

식체(食滯) [명][한] 먹은 음식이 소화가 잘 되지 않는 증상.

식초(食醋) [명] 액체 조미료의 하나. 약간의 초산이 들어 있어 신맛이 남. =초(醋).

식충(食蟲) [명] **1** 식충류가 벌레를 잡아먹는 일. **2** =식충이.

식충^식물(食蟲植物) [-싱-] [명][식] =벌레잡이 식물.

식충-이(食蟲-) [명] **1** 밥만 먹고 하는 일 없이 지내는 사람을 경멸조 또는 비난조로 이르는 말. [비]밥벌레. **2** 밥을 많이 먹는 사람을 경멸조 또는 비난조로 이르는 말. =식충. [비]먹보.

식-칼(食-) [명] 부엌에서 쓰는 칼. =식도(食刀). [비]부엌칼.

식탁(食卓) [명] 음식을 차려 놓고 식사를 하도록 만든 탁자.

식탁-보(食卓褓) [-뽀] [명] 식탁에 까는 널따란 보.

식탈(食頉) [명] 음식을 잘못 먹어 생기는 병.

식탐(食貪) [명] 음식을 욕심 사납게 탐내는 일. **식탐-하다** [동][자][여]

식판(食板) [명] 넓적한 플라스틱·스테인리스 등에 몇 개의 오목한 부분을 만들어 밥이나 국, 반찬 따위를 담아서 먹을 수 있도록 만든 그릇. 주로 구내식당 등에서 사용함.

식품(食品) [명] 사람이 먹을 수 있는, 천연의 상태이거나 가공 또는 조리한 상태의 물품. ¶인스턴트 ~ / 천연 ~ / 가공 ~ / 불량 ~.

식품^의약품^안전청(食品醫藥品安全廳) [명][법] 보건 복지부 장관 소속하에 설치된 기관의 하나. 식품·의약품·의약 부외품·마약 등에 관한 사무를 맡아봄.

식품-점(食品店) [명] 각종 식품을 파는 가게.

식품^첨가물(食品添加物) [명] 식품을 조리·가공·제조할 때 첨가하는 물질. 조미료·착색료 등.

식피-술(植皮術) [명][의] 화상 또는 외상으로 결손된 피부에 환자 자신 또는 다른 사람의 건강한 피부 조직을 옮겨 붙이는 방법.

식해(食醢) [시캐] [명] 소금으로 절인 생선을 토막을 쳐서 쌀밥이나 조밥과 고춧가루를 넣어 버무린 뒤 삭힌 반찬. =생선젓.

식혜(食醯) [시케] [명] 쌀밥에 엿기름 가루를 우린 물을 부어 삭힌 뒤에 설탕을 넣고 끓여 식힌 다음 건져 둔 밥을 띄운 음료.

식후¹(式後) [시쿠] [명] 식을 거행한 후. ¶~ 행사. ↔식전(式前).

식후²(食後) [시쿠] [명] 밥을 먹은 뒤. ¶이 약은 ~ 30분에 드십시오. ↔식전(食前).

식후-복(食後服) [시쿠-] [명] 음식을 먹은 뒤 잠간 있다가 약을 먹는 것. **식후복-하다** [동][타][여]

식-히다 [시키-] [동][타] **1** '식다'의 사동사. ¶열을 ~ / 땀을 ~. **2** (머리를) 복잡한 생각을 떨쳐서 편안한 상태가 되게 하다. ¶조용한 음악을 들으면서 머리를 ~.

신¹ [명] 사람이 땅을 밟고 걸어 다닐 때에 발을 보호하기 위해 신는 물건. 흔히, 구두·운동화 등을 가리킴. 세는 단위는 짝·켤레·족, 치수의 단위는 문(文)·밀리미터. [비]신발. ¶짚 ~ / 고무 ~ / 꽃 ~ / ~을 신다. [붓다].

신² [명] 어떤 일에 열성과 재미가 생겨 퍽 좋아진 기분. ¶~이 나다.

신이야 넋이야 한다 [구] =넋이야 신이야 한다. →넋.

신³(申) [명] 십이지(十二支)의 아홉째. 원숭이를 상징함.

신⁴(辛) [명] 천간(天干)의 여덟째.

신⁵(神) [명] **1** 종교의 대상으로 초인간적 또는 초자연적 위력을 가지고 인간에게 화복을 내린다고 믿어지는 존재. ¶~의 섭리 / 앞날에 ~의 가호가 있기를 빕니다. **2** '귀신'의 준말. **3** [종] =하느님.

신(이) 내리다 [구] 무당에게 신이 붙어 동작을 하다.

신⁶(臣) [대][안칭] 신하가 임금에 대하여 자기를 일컫는 말.

신-⁷(新)[접두] '새로운'의 뜻을 나타내는 말. ¶~제품 / ~무기 / ~여성. ↔구(舊)-.

신⁸(scene)[명][영] =장면(場面) 2. ¶키스 ~ / 러브 ~.

신간(新刊)[명] 책을 새로 내는 것. 또는, 새로 간행한 책. ¶~ 안내 / ~ 서적. ↔구간(舊刊). **신간-하다**[동](타) **신간-되다**[동](자)

신간-회(新幹會)[—회/—훼][역] 1927년에 조직된 민족 운동 단체. 민족주의자들이 항일 투쟁에 민족 단일 전선을 펴는 것을 목적으로 결성함.

신갈-나무[—라—][명][식] 참나뭇과의 낙엽 활엽 교목. 높이 30m, 지름 1m에 달함. 꽃은 6월에 피고 견과(堅果)는 9월에 익음. 재목은 농기구, 차량, 철도 침목 등에 쓰임.

신검(身檢)[명] '신체검사'의 준말.

신격(神格)[—격][명] 신으로서의 자격. 또는, 신의 품격. ▷인격(人格).

신격-화(神格化)[명] (어떤 대상을) 신과 같은 존재로 여기는 상태가 되는 것. **신격화-하다**[동](타)(여) ¶권력자를 ~. **신격화-되다**[동](자)

신경(神經)[명] **1**[생] 중추(中樞)의 흥분을 몸의 각 부분에 전하거나, 몸의 각 부분으로부터의 자극을 중추에 전하여 각 기관의 작용을 행하는 실 모양의 기관. ¶~이 굵다. **2** 어떤 일이나 현상을 느끼고 의식하는 마음이나 감각의 작용. 구어체의 말임. ¶~이 무디다 / ~이 날카롭다 / ~이 예민하다 / ~에 거슬린다.

신경(을) 쓰다[구] (어떤 일에) 지나치게 의식이 미치거나, 세심하게 관심을 가지다. 구어체의 말임. ¶그런 대수롭지 않은 일에 **신경을 쓸 필요는** 없다.

신경-계(神經系)[—계/—게][명][생] 신경을 구성하는 한 계통의 기관. 중추 신경계·말초 신경계·자율 신경계로 이루어짐. =신경계통.

신경-과민(神經過敏) 사소한 자극에도 민감한 반응을 보이는, 신경계의 불안정한 상태.

신경과민-증(神經過敏症)[—쯩][명][의] 신경이 과민한 반응을 나타내는 병적인 증세.

신경^단위(神經單位)[명][생] =뉴런(neuron).

신경-성(神經性)[—썽][명] **1** 어떤 병이나 증세가 신경 계통의 이상에서 오는 성질. **2** '심인성(心因性)'을 통속적으로 이르는 말. ¶뚜렷한 원인이 없는 ~ 두통.

신경^세:포(神經細胞)[명][생] 뉴런에서 돌기를 제외한 부분. 핵과 그 주위를 에워싼 세포질로 이루어짐.

신경^쇠약(神經衰弱)[—쇠—/—쉐—][명][의] 신체·정신의 과로, 특히 불쾌 정서(不快情緖)를 수반할 때에 보이는 증후군. 자극에 대하여 과민하게 반응하며, 피로감·불면증·현기증 등이 나타남.

신경^안정제(神經安定劑)[명][약] 신경 쇠약·노이로제·불면증 따위의 신경증을 다스려 안정시켜 주는 약. =정신 안정제.

신경-외과(神經外科)[—외꽈/—웨꽈][명][의] 뇌, 척수, 말초 신경의 병을 수술적 치료로 고치려는, 외과의 한 분야.

신경-전(神經戰)[명] **1** 경쟁 또는 대립 관계에 있는 개인이나 단체 사이에서, 상대를 누르기 위해 심리적인 면에서 신경을 자극하는 일. 또는, 그런 싸움. **2**[군] 적극적으로 공격하지 않고, 모략·선전 등으로 서서히 상대방의 신경을 피로하게 하여 사기를 잃게 하는 전술. 또는, 그러한 전술에 의한 싸움. ¶~을 벌이다.

신경-절(神經節)[명][생] 말초 신경 세포의 집합체. 혹처럼 두드러졌음.

신경^정신과(神經精神科)[—꽈][명][의] 정신 장애인의 진단·치료를 행하는, 의학의 한 분야. =신경과·정신과.

신경^조직(神經組織)[명][생] 뉴런이 모인 조직. 곧, 신경 세포와 이것으로부터 나온 축색 돌기와 수상 돌기로 이루어진 조직. 자극을 전달하는 작용을 함.

신경^중추(神經中樞)[명][생] 신경 세포가 모여 있는 부분. 말초 신경으로부터 자극을 받고 통제하며, 명령을 전달함. =굿대 신경. (준)중추.

신경-증(神經症)[—쯩][명] 심리적인 원인으로 두통·동계(動悸)·불면 등이 생기는 질환. 노이로제·신경 쇠약·히스테리 따위.

신경-질(神經質)[명] **1** 신경이 과민한 성질. 또는, 그러한 성질을 보이는 일. **2** 일방적으로, 걱정하거나 마음을 쓰지 않아도 될 사소한 일에 자꾸 정신을 쓰는 성질. 또는, 그러한 상태. ¶~을 내다 / ~을 부리다.

신경질-쟁이(神經質—) 신경질을 잘 부리는 사람을 얕잡아 이르는 말.

신경질-적(神經質的)[—쩍][관][명] 신경질을 부리는 성질이 있는 (것).

신경-초(神經鞘)[명][생] =슈반초.

신경-통(神經痛)[명][의] 신경의 분포 영역에 일어나는 발작성의 통증.

신-경향(新傾向)[명] 사상·풍속 등의 새로운 경향. ¶~ 소설.

신경향-파(新傾向派)[명][문] 1920년을 전후하여 우리나라 문단에 등장한 사회주의 문학파.

신고¹(申告) 상사(上司)나 회사·학교·관청 등의 공적(公的) 사무를 다루는 부서에 일정한 사실을 알리는 일. 특히, 국민이 법령의 규정에 따라 행정 관청에 일정한 사항을 밝혀 알리는 일. ¶전입~ / 출생 ~ / 가출 ~ / 도난 ~ / 자진 ~. **신고-하다¹**[동](타)(여) **신고-되다¹**[동](자)

신고²(辛苦)[명] 어려운 일을 당하여 몹시 쓰는 것. 또는, 그 고통이나 고생. ¶~를 겪다. **신고-하다²**[동](자)(여)

신고-식(申告式)[명] 어떤 조직에 신참자가 처음 들어올 때 고참자에게 신고하는 의식. 흔히, 고참자가 모욕과 학대를 가하는 습속임.

신-고전주의(新古典主義)[—의/—이][명] **1**[예] 17~18세기 문학·미술상의 '고전주의'를 르네상스의 고전 중시 경향과 구별하기 위해 '신(新)'을 붙인 이름. ▷고전주의. **2**[문] 19세기의 낭만주의에 대한 반동으로 20세기 초에 유럽에서 일어난 문학 경향의 하나. **3**[음] 20세기 초, 낭만주의에 의하여 상실된 고전적인 형식미를 되찾으려는 음악 사조. =네오클래시시즘.

신곡¹(新曲)[명] 새로 지은 곡. ¶~ 발표회.

신곡²(新穀)[명] 햇곡식. ↔구곡(舊穀).

신곡-머리(新穀—)[—공—][명] 햇곡식이 날 즈음.

신-골[—꼴][명] 신을 만드는 데 쓰는 골. ¶~을 치다.

신공(神功)[명] **1** 신령의 공덕. **2** 신령과 같은

영묘한 공덕.

신관[1] [명] 남을 높여 그의 '얼굴'을 이르는 말.

신ː관[2](信管) [명] 포탄·폭탄 등에 장치하여 작약(炸藥)을 점화·폭발시키는 장치.

신관[3](新官) [명] **1** 새로 임명된 벼슬아치. **2** 새로 부임한 벼슬아치. ¶~ 사또. ↔구관(舊官).

신관[4](新館) [명] 비슷한 용도로 쓰이는 두 건물 중에서 새로 지은 건물. ↔구관(舊館).

신ː관[5](腎管) [명][동] 거머리·지렁이 등의 환형동물의 각 체절(體節)에 있는 배설기. =환절기.

신교(新敎) [명][기] =프로테스탄트. ↔구교.

신-교육(新敎育) [명][교] **1** 옛날의 한학(漢學) 교육에 대하여, 학교를 중심으로 한 새로운 교육. ¶~을 받다. **2** 종래의 형식적·획일적·주지적 교육에 대하여, 피교육자의 흥미와 경험을 기본으로 삼아 자유·개성·환경을 존중하는 교육.

신구(新舊) [명] 새것과 헌것. 또는, 새로운 대상과 예전의 대상. ¶~ 사상 / ~ 서적 / ~ 세대 간의 갈등.

신-국면(新局面) [-궁-] [명] 새로운 국면. ¶~에 접어들다 / ~이 전개되다.

신권[1](神權) [-꿘] [명] **1** 신에게서 받은 신성한 권력. **2** [가] 성직자가 행사하는 직권.

신권[2](新券) [-꿘] [명] **1** 화폐 개혁을 통해 새로 발행한 화폐. **2** 새 디자인으로 바꾸어 발행한 화폐. **3** 빳빳한 새 지폐. ↔구권.

신규(新規) [명] 어떤 일이 어떤 규정에 따라 새롭게 이뤄지는 상태에 있는 것. ¶~ 사업 / 사원을 ~ 채용하다 / 학생증을 ~로 발급하다.

신극(新劇) [명][연] 1920년대에 창극이나 신파극에 대항하여, 서구 근대극의 요소를 도입한 새로운 연극. ▷신파극.

신기[1](身氣) [명] 몸의 기력(氣力).

신기[2](神技) [명] 완성의 극치에 이른 기술. 또는, 뛰어난 재주나 기술. ¶그의 솜씨는 ~에 가깝다.

신기[3](神氣) [명] **1** 만물 생성의 원기(元氣). **2** 불가사의한 이상한 운기(雲氣). ¶~가 감돌다. **3** 정신과 기운. ¶아씨의 ~가 이렇게 좋기란 결혼 이후에 처음일 것이다.《염상섭: 전화》

신기[4](神器) [명] **1** 신에게 제사 지낼 때 쓰는 그릇. **2** 임금의 자리. =대기(大器).

신기[5](神機) [명] **1** 신묘한 계기. **2** 헤아릴 수 없는 기략(機略)이나 신령한 활동.

신기[6](神奇) ➔**신기-하다**[1] [형][여] 신비롭고 기이하다. ¶**신기한** 우주의 세계 / 점쟁이의 말이 **신기하게**도 딱 들어맞았다. **신기-히**[1] [부]

신기[7](新奇) ➔**신기-하다**[2] [형][여] 새롭고 별나기이하다. ¶전에 보지 못하던 **신기한** 물건. **신기-히**[2] [부]

신기-군(神騎軍) [명][역] 고려 숙종 때, 윤관(尹瓘)이 여진을 정벌하기 위해 조직한 별무반(別武班)의 기병.

신기-누설(神機漏泄) [명] 비밀에 속하는 일을 누설함. **신기누설-하다** [동][자][여]

신-기다 [동][타] '신다'의 사동사. ¶양말을 ~ / 아기에게 신을 ~.

신-기록(新記錄) [명] 성적을 수치로 나타내는 운동 경기 등에서, 종래에 없던 새로운 최고 기록. ¶세계 ~ / ~ 보유자 / ~을 세우다 [수립하다].

신기-롭다[1](神奇-) [-따] [형][ㅂ] <~로우니, ~로워> 신묘하고 기이한 느낌이 있다. ×신기스럽다. **신기로이**[1] [부]

신기-롭다[2](新奇-) [-따] [형][ㅂ] <~로우니, ~로워> 새롭고 기이한 느낌이 있다. ×신기스럽다. **신기로이**[2] [부]

신기료-장수 [명] 헌 구두나 신을 깁는 일을 직업으로 하는 사람.

신ː기루(蜃氣樓) [명] **1** 대기 중의 빛이 이상 굴절을 하여 바다·사막 등의 수면이나 지면 위쪽에 멀리 다른 곳에 있는 물체가 반사되어 나타나 보이는 현상. ¶사막 여행자들은 때때로 오아시스가 공중에 떠 있는 ~를 보곤 한다. **2** 현실의 토대가 없는 공상이나 망상. 또는, 공상이나 망상 속에서만 가능한 사물. [비]공중누각. ¶일확천금의 ~를 좇는 투기꾼.

신-기술(新技術) [명] 새로운 기술. ¶~을 개발하다.

신기-스럽다[1](神奇-) [형][ㅂ] '신기(神奇)롭다[1]'의 잘못.

신기-스럽다[2](新奇-) [형][ㅂ] '신기(新奇)롭다[2]'의 잘못.

신-기원(新紀元) [명] **1** 새로운 기원. **2** 획기적인 사실로 인하여 나타나는 새 시대. ¶~에 도전하다 / ~을 이루다 / ~을 열다.

신기-전(神機箭) [명][역] 조선 세종 때 제조된 무기의 하나. 심지에 불을 붙여 쏘는, 화살 모양의 로켓포.

신나 [명][화] '시너(thinner)'의 잘못.

신-날 [명] 짚신이나 미투리 따위의 바닥에 세로 놓는 날.

신남-산(←cinnamic酸) [명][화] 계피유를 산화시켜 만든, 무색의 바늘 모양 결정. 인조 향료로 화장품의 원료가 됨. =계피산(桂皮酸).

신-낭만주의(新浪漫主義) [-의/-이] [명][문] 19세기 말기에서 20세기 초기에 걸쳐 독일을 중심으로 하여 일어난 문예 사조. 자연주의에 반항하여, 주체적·자발적인 심정의 복권(復權)을 주장한 것이 특징임. =네오로맨티시즘.

신년[1](申年) [명][민] 태세(太歲)의 지지(地支)가 신(申)으로 된 해. 갑신년·무신년 따위. =원숭이해.

신년[2](新年) [명] =새해. ¶근하(謹賀)~. ↔구년(舊年).

신년-사(新年辭) [명] 새해를 맞이하여 하는 공식적인 인사말. ↔송년사.

신ː념(信念) [명] 자기가 생각하는 바나 행하려고 하는 바에 대해 옳다거나 이룰 수 있다고 믿는 마음의 상태. ¶~이 강한 사람 / 굳은 ~.

신농-씨(神農氏) [명] 중국의 전설상의 제왕으로 삼황(三皇)의 한 사람. 백성에게 경작을 가르쳤다고 하며, 불의 덕으로 왕이 된 데서 염제(炎帝)라고도 함.

신ː다[-따] (신ː고 / 신어) [동][타] (사람이 신이나 양말, 버선 따위를) 자기의 발, 또는 발과 다리에 감싸지거나 씌워지게 하다. [비]착용하다. ¶신을 ~ / 구두를 ~ / 양말을 ~. ↔벗다.

신-다윈설(新Darwin說) [명][생] 독일의 바이스만이 다윈의 진화설을 수정한 학설. 획득 형질의 유전을 부정하고 자연선택 만능(萬能)을 주장함. =네오다위니즘.

신단(神壇) [명] 신령에게 제사 지내는 단.

신ː-단위(腎單位) [명][생] =네프론(neph-

신답(新畓) 圀 개간하거나 사거나 하여 새로 생긴 논.
신답-풀이(新畓-) 圀 새로 논을 푸는 일.
신당¹(神堂) 圀 신령을 모셔 놓은 집.
신당²(新黨) 圀 새로 조직한 당.
신-대륙(新大陸) 圀[지] 남북아메리카 대륙. 넓은 의미로는 오스트레일리아 대륙도 포함함. ↔구대륙.
신데렐라(Cinderella) 圀 1 유럽 옛 동화에 나오는 여주인공. 계모와 그녀의 딸들에게 구박을 받던 중 궁중 무도회에서 잃어버린 유리 구두가 인연이 되어 왕자와 결혼하게 됨. 2 하루아침에 고귀한 신분이 되거나 유명하게 된 여자를 비유적으로 이르는 말.
신데렐라^콤플렉스(Cinderella complex) 圀[심] 여성이 일시에 자신의 인생을 화려하게 변모시켜 줄 왕자와 같은 남자의 출현을 기다리는 심리적 의존 상태.
신-도¹(信徒) 圀 종교를 믿는 사람. 비신자(信者). ¶불교 ~.
신-도²(神道) 圀 1 '귀신'의 높임말. 2 영묘한 도리. 3 무덤 근처에서 그 무덤으로 가는 큰 길. 4[종] 일본 고유의 종교.
신-도³(新都) 圀 새로 정한 도읍. ↔구도(舊都).
신-도시(新都市) 圀 대도시의 근교에 계획적으로 개발한 신주택지. 인구 과밀·교통 체증·주택난 등을 해결하기 위한 것임. ¶정부는 분당·일산 등의 ~에 대단위 아파트를 건립하였다.
신-돌이 圀 신의 가장자리에 댄 장식.
신동(神童) 圀 재주와 지혜가 남달리 뛰어난 아이.
신동-부러지다 圀 지나치게 주제넘다. =신둥지다.
신동-지다 圀 =신둥부러지다.
신드롬(syndrome) 圀 일련의 질병적인 징후. 또는, 바람직하지 않은 행동이나 의식을 나타내는 일정한 경향. 비증후군(症候群). ¶피터 팬 ~.
신-들리다(神-) 圀[자] 1 (사람이) 귀신이나 신과 접하게 되어 본래의 제정신이 아닌 상태에서 초자연의 능력을 나타내는 상태가 되다. ¶**신들린** 무당. 2 어떤 일, 특히 예술적 활동이나 작업에 몰아의 지경으로 열중하는 상태가 되다. 비유적인 말임. ¶바이올린을 연주하는 그의 모습은 마치 **신들린** 것처럼 보였다.
신디케이트(syndicate) 圀[경] 1 기업의 독점 형태의 하나. 지배력이 가장 강한 카르텔에서 시장 통제를 하나의 공동 판매 기관에 의하여 행하는 일. 2 공채·사채·주식 등의 인수에서, 위험을 분산할 목적으로 금융업자가 조직하는 단체.
신-딸(神-) 圀[민] 늙은 무당의 수양딸이 되어 대를 잇는 젊은 무당. ↔신어미.
신라(新羅) 圀[실-] 圀[역] 한반도의 일부를 차지하던, 고대 국가의 하나(57 B.C.~A.D. 935). 시조는 박혁거세(朴赫居世). 진흥왕 때 가야를 병합하였으며, 태종 무열왕 때 한반도 최초의 통일 국가를 형성함. 고려 태조 왕건에게 멸망함.
신라-방(新羅坊) 圀[실-] 圀[역] 통일 신라 시대에 당나라에 설치되었던, 신라인의 집단 거류지.
신라-소(新羅所) 圀[실-] 圀[역] 통일 신라 시대에 당(唐)나라에 거주하는 신라 거류민의 자치적 행정 기관.
신라-원(新羅院) 圀[실-] 圀[역] 통일 신라 시대에, 신라 사람이 중국 당나라의 신라방에 세운 절.
신랄(辛辣) [실-] →**신랄-하다** [실-] 圀[여] 1 (맛이) 몹시 쓰고 맵다. 2 (사물의 분석이나 비평이) 매우 날카롭다. ¶**신랄한** 비평. **신랄-히** 閉.
신랑(新郞) [실-] 圀 1 갓 결혼하였거나, 결혼하는 남자. ↔신부(新婦). 2 신혼 초의 '남편'을 지칭하는 말.
신랑-감(新郞-) [실-감] 圀 신랑이 될 만한 인물. 또는, 신랑이 될 사람. =낭재(郎材). ¶신붓감.
신랑달-기(新郞-) [실-] 圀[민] 신랑이 신부 집에 갔을 때, 신부의 젊은 일가친척이나 마을 청년들이 신랑을 거꾸로 매달아 놓고 발바닥을 때리며 곤욕을 주는 일.
신래(新來) [실-] 圀 1 새로 오는 것. 2 [역] 과거(科擧)에 새로 급제한 사람. =신은(新恩).
신력¹(神力) [실-] 圀 1 신의 위력. 2 신통한 힘. 또는, 그 힘의 영묘한 작용.
신력²(新曆) [실-] 圀 1 새 책력. 2 =태양력(太陽曆). ↔구력(舊曆).
신령¹(神靈) [실-] 圀[민] 풍습으로 섬기는 모든 신. ¶산~. 준영(靈).
신령²(神靈) [실-] →**신령-하다** [실-] 圀[여] 신기하고 영묘하다.
신령-님(神靈-) [실-] 圀[민] '신령'을 공대하여 일컫는 말. =검님.
신령-스럽다(神靈-) [실-따] 圀[ㅂ]<-스러우니, -스러워> 신령한 데가 있다. **신령스레** 閉.
신록(新綠) [실-] 圀 늦봄이나 초여름에 새로 나온 잎의 푸른빛. ¶~의 계절 / ~이 우거진 숲 속.
신뢰(信賴) [실뢰/실뤠] 圀 상대의 능력이나 태도를 믿고 의지하는 것. **신뢰-하다** 圀[타][여] ¶아랫사람을 ~.
신뢰-감(信賴感) [실뢰-/실뤠-] 圀 믿고 의지하는 마음. =신뢰심. ¶~을 주다.
신뢰-도(信賴度) [실뢰-/실뤠-] 圀 신뢰하는 정도.
신뢰-성(信賴性) [실뢰-씽/실뤠-씽] 圀 신뢰할 수 있는 성질. 비믿음성.
신뢰-심(信賴心) [실뢰-/실뤠-] 圀 =신뢰감. ¶그의 확신에 찬 태도는 나에게 깊은 ~을 심어 주었다.
신료(臣僚) [실-] 圀 1 모든 신하. 2 신하의 동료.
신-맛[-맏] 圀 식초나 포도·귤·사과 등을 먹을 때 느끼는 것과 같은 맛. =산미(酸味). ¶~이 있다 [나다].
신!망(信望) 圀 믿고 기대하는 것. 또는, 믿음과 덕망. ¶~이 높다 / ~이 두텁다. **신!망-하다** 圀[타][여] ¶간디는 인도 사람들이 **신망**하는
신-면목(新面目) 圀 아주 달라진 새로운 면목.
신명¹ 圀 어떤 일을 하면서 흥겹고 신이 나는 상태. ¶~을 내다 / 일손에 ~이 붙다 / 뜻 맞고, 손발 맞는 처남 장치덕이와 함께이고 보니 하는 일에 더욱 ~이 났다.《안수길: 북간도》
신명²(身命) 圀 몸과 목숨. =구명(軀命). ¶

~을 바쳐 일하다.
신명³(神明) 圀 천지의 신령. ¶비나이다, 비나이다. 천지 ~께 비나이다.
신명-기(申命記) 圀[성] 구약 성서 중의 한 권.
신명-지다 阌 신이 나서 멋들어지다.
신묘(辛卯) 圀 60갑자의 스물다섯째.
신묘(神妙) 圀 ⇒신묘하다 阌에 신기하고 묘하다. ¶제갈량의 신묘한 계책.
신:문¹(訊問) 圀[법] 민사 또는 형사 소송법에서, 검사·변호인·법관이 법정에서 피고인·증인·당사자 등을 상대로 사실 관계를 확인시키기 위해 직접 묻는 일. 또는, 검찰이 피의자나 증인 등을 출석시켜 질문을 통해 사건을 조사하는 일. ¶대질 ~ / 증인 ~ / 검찰 측 추가 신청 ~이 끝나고 변호인의 반대 ~이 시작되다. ▷심문. **신:문-하다** 圄퇘어 ¶피의자를 ~.
신문²(新聞) 圀 1 사회 전반에 대한 새 소식과 화제를 신속하게 보도·해설하고 논평하는 정기 간행물. 수효를 세는 단위는 매·장·부(部). ¶일간 ~. 2 '신문지'의 준말.
신문-고(申聞鼓) 圀[역] 조선 태종 때, 대궐의 문루(門樓)에 달아 두어 백성이 억울한 일을 호소할 때 치게 한 북. =등문고(登聞鼓).
신문^기자(新聞記者) 圀 신문에 실을 기사의 취재·수집·집필·편집에 종사하는 사람.
신-문명(新文明) 圀 새 시대의 새로운 문명. 봉건 시대의 문명에 대하여 자본주의적 문명을 이르는 말임. ¶~에 접하다.
신문-사(新聞社) 圀 신문을 발행하는 회사.
신문-지(新聞紙) 圀 신문 기사가 인쇄된 종이. 기사를 읽기 위한 대상으로서의 가치를 잃고, 단순히 일정한 크기의 물질로서의 종이를 가리킴. 囹신문.
신문-철(新聞綴) 圀 여러 장의 신문을 철하기 위한 기구. 또는, 거기에 철한 신문. ¶신문을 ~에 꽂다.
신문-팔이(新聞-) 圀 길거리나 열차·버스 등에서 신문을 들고 다니면서 파는 사람.
신-문학(新文學) 圀[문] 갑오개혁 이후의 개화사상에 따라 서구의 문예 사조를 받아들여 이루어진 새로운 형식과 내용의 문학. 고대 문학과 현대 문학 사이에 위치한 과도기 문학임.
신문화^운동(新文化運動) 圀[역] 1917~21년에 유교적인 제도·문화에 반대하여 후스(胡適)·루쉰(魯迅)·천두슈(陳獨秀) 등을 중심으로 전개된, 중국의 문화 운동.
신-물¹ 圀 1 먹은 것이 체하여 트림할 때 넘어오는 시척지근한 물. =산패액(酸敗液). 2 지긋지긋하고 진절머리가 나는 일.
신물(이) 나다 囹 몹시 귀찮고 지긋지긋한 느낌이 들다. ¶이제 시험이라면 생각만 해도 **신물이 난다**.
신:-물²(信物) 圀 =신표(信標).
신미(辛未) 圀 60갑자의 여덟째.
신미-양요(辛未洋擾) 圀[역] 조선 고종 8년(1871)에 미국 군함 5척이 통상을 강요하고자 강화도를 침입한 사건.
신민(臣民) 圀 군주국의 신하와 백성.
신민-회(新民會) 圀[회/-훼][역] 1907년에 안창호(安昌浩)가 양기탁·신채호 등과 함께 조직한 배일(排日) 비밀 결사.

신-바람[-빠-] 圀 일이 잘되거나 좋은 일이 있거나 하여 기분이 좋고 기운이 솟는 마음의 상태. 囹어깻바람. ¶~이 나다 / 걸판진 풍악 소리에 맞추어 무당의 ~ 도지는 춤이 한바탕 어우러졌다.《조정래:태백산맥》
신발 圀 '신'을 보다 구어적으로 이르는 말. ¶아이에게 ~을 신기다 / ~이 헐렁헐렁해서 자꾸 벗어진다.
신-발명(新發明) 圀 새로운 발명. 또는, 새로 발명하는 일. **신발명-하다** 圄퇘어 **신발명-되다** 圄어.
신발-장(-欌)[-짱] 圀 =신장¹.
신발-주머니[-쭈-] 圀 =신주머니.
신발-짝 圀 '신발'을 얕잡아 이르거나 품격이 낮게 이르는 말. ¶헌 ~ 버리듯이 애인을 버리다.
신방¹(申方) 圀 24방위의 하나. 정서(正西)로부터 남으로 30도의 방위를 중심으로 한 15도 각도 안. 囹신(申).
신방²(辛方) 圀 24방위의 하나. 정서(正西)로부터 북으로 15도의 방위를 중심으로 한 15도 각도 안. 囹신(辛).
신방³(新房) 圀 1 신랑, 신부가 첫날밤을 치르도록 꾸민 방. =동방(洞房). 囹화촉동방. ¶~에 들다. 2 신랑, 신부가 거처하도록 새로 꾸민 방.
신벌(神罰) 圀 신이 내리는 벌.
신법(新法)[-뻡] 圀 새로 만든 법. ↔구법(舊法).
신변(身邊) 圀 몸의 주변. 또는, 몸. ¶~ 보호 / ~이 안전하다 / ~이 위태롭다 / ~을 정리하다.
신변-잡기(身邊雜記)[-끼] 圀 자신의 주변에서 일어나는 여러 가지 일을 적은 수필체의 글.
신병¹(身柄) 圀 체포·구금·보호 등의 대상이 되는, 사람의 몸. ¶범인의 ~을 확보[인도]하다.
신병²(身病) 圀 몸에 생긴 병. =신양(身恙).
신병³(神兵) 圀 ['신이 보낸 군사' 라는 뜻] 신출귀몰하여 적이 맞서 싸울 수 없는 강한 군사를 비유하여 이르는 말.
신병⁴(新兵) 圀 새로 입대한 병사.
신보(新報) 圀 새로운 보도. 또는, 새 소식.
신보(新譜) 圀 1 새로운 곡의 악보. 2 새로 취입한 레코드.
신복(臣僕) 圀 =신하(臣下).
신-볼[-뽈] 圀 신의 폭.
신-봉(信奉) 圀 (교리나 사상 등을) 옳다고 믿고 받드는 것. ¶~자. **신:봉-하다** 圄퇘어 ¶자유 민주주의를 ~. **신:봉-되다** 圄.
신부(神父) 圀[가] 가톨릭의 사제(司祭).
신부(新婦) 圀 갓 결혼했거나, 결혼하는 여자.
신:-부전(腎不全) 圀[의] 신장의 기능이 저하된 상태. 고혈압, 빈혈, 노폐물의 축적 등을 보임.
신분(身分) 圀 1 개인의 사회적 지위나 서열. ¶학생 ~ / ~을 감추다 / ~에 맞지 않는 행동을 하다. 2 [법] 사람의 법률상 지위나 자격.
신분-법(身分法)[-뻡] 圀[법] 사법(私法) 가운데 신분 관계에 관한 법규의 총칭. 친족법·상속법 따위. ↔재산법. ▷가족법.
신분^제:도(身分制度) 圀[사] 봉건 시대에 숙명적·세습적으로 고정된 계급 제도.

신분제^의회(身分制議會) [-회/-훼] [역] 중세 말기의 유럽에 형성되어 절대 국가의 성립 때까지 존재했던 의회. 성직자·귀족·시민의 신분별로 구성되었다.

신분-증(身分證) [-쯩] 명 어떤 사람의 신분을 증명하는, 명함 크기의 카드. =아이디카드. ¶그 회사에 들어가려면 입구에서 ~을 제시해야 한다.

신분-증명서(身分證明書) 명 관청·학교·회사·기관에서 그 공무원·학생·사원·직원임을 증명하는 문서.

신불(神佛) 명 신령과 부처.

신붓-감(新婦-) [-부깜/-붇깜] 명 신부가 될 만한 인물. 또는, 신부가 될 사람. =색싯감. ¶참한 ~. ↔신랑감.

신비(神祕) 명 사람의 힘이나 지혜로는 도저히 이해할 수 없는 신묘한 비밀. 또는, 보통의 이론과 인식을 초월한 일. ¶자연의 ~ / ~에 싸이다. **신비-하다** 형여 ¶**신비한** 우주의 세계.

신비-감(神祕感) 명 신비스러운 느낌. ¶자연의 섭리에 대해 ~을 느끼다.

신비-경(神祕境) 명 신비스러운 지경.

신비-롭다(神祕-) [-따] 형ㅂ <-로우니, -로워> 신비한 상태에 있다. **신비로이** 부

신비-스럽다(神祕-) [-따] 형ㅂ <-스러우니, ~스러워> 신비한 데가 있다. **신비스레** 부

신비-주의(神祕主義) [-의/-이] 명 절대자·신 등의 초월적 실재를, 일상적 감각 세계를 벗어난 내적인 직관에 의해 직접 체험하려고 하는 종교·철학상의 입장.

신-비평(新批評) [문] 1930~50년대에 미국에서 주류를 이루었던 문예 비평. 작품을 작가나 시대 상황으로부터 독립되어 있는 자율적인 것으로 보아, 언어의 기능과 의미의 세부를 치밀하게 분석하는 태도에 보임. =뉴 크리티시즘.

신:빙(信憑) 명 믿어서 근거나 증거로 삼는 것. **신:빙-하다** 타여 ¶**신빙할** 만한 자료. **신:빙-되다** 동자

신:빙-성(信憑性) [-썽] 명 믿어서 근거나 증거로 삼을 수 있는 성질.

신사¹(辛巳) 명 육십갑자의 열여덟째.

신:사²(紳士) 명 1 사람됨이나 몸가짐이 점잖고 교양이 있으며, 예의 바른 남자. 2 '일반 남자'의 미칭. =젠틀맨. ¶~용 / ~ 숙녀 여러분. ↔숙녀.

신사³(神社) 명 일본의 고유 종교인 신도(神道)의 신령을 모셔 놓고 제사를 지내는 곳. ¶~ 참배.

신:사-도(紳士道) 명 신사로서 마땅히 지켜야 할 도리. ¶~에 벗어난 행동.

신-사륙판(新四六判) 명 [인] 책 판형의 하나. 가로 124mm, 세로 176mm의 크기. 사륙판보다 길이와 너비가 조금씩 작음.

신:사-복(紳士服) 명 성인 남자용의 가장 보편적인 평상 양복. ¶~ 차림.

신-사상(新思想) 명 새로운 사상. ↔구사상.

신-사실주의(新寫實主義) [-의/-이] 명 1 [예] 사실주의의 단순한 묘사에서 한 걸음 나아가 인생의 내면적 진리를 파악하려고 하는 예술상의 태도나 주의. 2 [미] 추상 미술의 지나친 주관에 반발하여 현대 소비 사회의 현실을 구체적이고 일상적으로 오브제를 통해 표현하려 한, 유럽의 전위 미술 운동. =누보 레알리슴. 3 [영] 제2차 세계 대전 후에 이탈리아에서 일어난 영화 예술 운동. =네오리얼리즘.

신:사^유람단(紳士遊覽團) 명 [역] 조선 고종 18년(1881)에 새로운 문물제도의 시찰을 위하여 일본에 파견된 시찰단.

신:사-적(紳士的) 관명 신사다운 (것). 곧, 정중하거나 점잖게 행동하는 (것). ¶~으로 대하다 / ~으로 해결하다.

신:사-협약(紳士協約) 명 1 법적 구속력을 가지지 않는, 비공식적인 국제 협정. 2 서로 상대방을 믿고 맺는 사적(私的)인 비밀 협정. =신사 협정.

신산(辛酸) 명 1 맵고 심. 2 세상살이의 고됨과 쓰라림. ¶…생의 ~을 맛본 사람처럼 공허하게 웃는 것이었는데….《김성동: 만다라》 **신산-하다** 형여

신산-스럽다(辛酸-) [-따] 형ㅂ <-스러우니, ~스러워> 고생스럽고 을씨년스럽다. **신산스레** 부

신상¹(身上) 명 한 사람의 신변에 관계된 형편. ¶~에 관한 일 / 내 말을 안 들으면 ~에 해로울걸.

신상²(神像) 명 신의 형상을 나타낸 그림이나 조각.

신상³(紳商) 명 상도(商道)를 지키는 훌륭한 상인. 또는, 상류층의 상인.

신상-명세서(身上明細書) 명 개인의 신상에 관한 경력과 상황을 자세히 적은 기록.

신-상품(新商品) 명 새로 개발한 상품. ¶□ 기업에서 ~을 내놓다.

신:상-필벌(信賞必罰) 명 [상을 줄 만한 공이 있는 사람에게는 꼭 상을 주고, 벌을 줄 만한 죄가 있는 사람에게는 꼭 벌을 준다는 뜻] 상벌을 규정대로 공정하고 엄중하게 하는 일.

신색(神色) 명 남을 높여 그의 '안색(顏色)'을 이르는 말. ¶약을 드신 후로 ~이 한결 좋아지셨습니다.

신생(新生) 명 1 새로 생기거나 태어나는 일. ¶~국. 2 생활이나 마음의 상태 등이 전과는 아주 다르게 새로워지는 것. **신생-하다** 동자여

신생-대(新生代) [지] 지질 시대 중에서 가장 새로운 시대. 약 6500만 년 전부터 현재까지를 이름. 속씨식물·포유류의 전성시대이며, 말기에 인류가 나타났음.

신생대-층(新生代層) [지] 신생대의 지층.

신생-아(新生兒) 명 갓 태어난 아이. 일반적으로 출생한 뒤 2주까지의 시기에 있는 아이를 가리킴.

신생아-기(新生兒期) [-끼] 명 [의] 사람이 출생한 뒤 2주까지의 시기.

신생아^황달(新生兒黃疸) 명 [의] 생후 2~3일 되는 갓난아이에게 나타나는 생리적 황달. 7~10일 사이에 자연히 없어짐.

신-생활(新生活) 명 새 시대에 알맞게 새로운 정신과 방법으로 영위하는 생활.

신서¹(信書) 명 '편지'를 문어적으로 이르는 말.

신서²(新書) 명 1 새로 나온 책. =신서적. ↔고서(古書). 2 '신서판'의 준말.

신서-판(新書判) 명 책 판형(判型)의 하나. 가로 103mm, 세로 182mm의 크기. 준신서.

신석기^시대(新石器時代) [-끼-] 명 [고고] 구석기 시대 이후부터 청동기 시대 이전까지의 시대. 약 1만 년 전에 시작되어 고대 문명에 의하여 종료됨. 인간이 정착 생활을 영

위하였고, 간석기가 보급되었으며, 생산 단계가 목축·농경으로 이행하던 시대임. ▷구석기 시대.

신선¹(神仙) 뗑 1 중국의 신선 사상과 도교의 이상(理想)으로 여기는 인간상. 곧, 인간계를 떠나 산속에 살며, 불로불사(不老不死)의 기술을 닦고 신통력을 얻은 사람. =선자(仙子)·선자(仙者)·선인(仙人). 2 세속적인 상식에 구애되지 않는, 무욕(無慾)한 사람. ≒선개.

신선²(新鮮) ➡신선-하다 [형여] 1 더러움이 없이 깨끗하다. ¶신선한 물 / 신선한 새벽 공기. 2 (채소·열매·고기 등이) 생기를 잃지 않고 싱싱하다. ¶신선한 채소 / 바다에서 갓 잡은 신선한 생선. 3 새롭고 싱그럽다. ¶신선한 충격 / 기성 작가에게서 볼 수 없는 신선한 문체.

신선-놀음(神仙-) 뗑 생활의 근심이나 시름을 잊고 재미나 즐거움에 흠뻑 빠져 있는 일. [신선놀음에 도낏자루 썩는 줄 모른다] 재미있는 일에 정신이 팔려서 세월 가는 줄 모름.

신선-도¹(神仙圖) 뗑[미] 신선이 노니는 모양을 추상하여 그린 그림.

신선-도²(新鮮度) 뗑 신선한 정도. ㈑선도(鮮度).

신선-로(神仙爐) [-설-] 뗑 상 위에 놓고 열구자탕을 끓이는, 구리·놋쇠 등으로 굽 높은 대접 비슷하게 만든 그릇. 또는, 그것에 끓인 음식. 그릇 가운데에 숯불을 담는 통이 있고, 통 둘레에 음식을 담아서 끓임.

신선-미(新鮮味) 뗑 새롭고 산뜻한 맛.

신설¹(伸雪) 뗑 '신원설치(伸冤雪恥)'의 준말. 신설-하다¹ 동자여.

신설²(新設) 뗑 새로 설치하거나 설비하는 것. ¶신설 학교. 신설-하다² 동타여 ¶공장을 ~. 신설-되다 동자.

신성¹(神性) 뗑 신의 성격 또는 속성(屬性).

신성²(神聖) 뗑 1 신의 숭고하고 존엄함. ¶~ 모독. 2 함부로 할 수 없는 존귀하고 엄숙한 것. 신성-하다 [형여] ¶신성한 제단 / 신성한 배움의 터전.

신성³(晨星) 뗑[천] =샛별.

신성⁴(新星) 뗑 1 [천] 전에는 보이지 않던 별이 갑자기 환하게 빛나다가 얼마 후 다시 빛이 약해지는 별. =일시성(一時星). 2 연예계에 갑자기 나타나 인기를 모은 사람.

신성^문자(神聖文字) [-짜-] 뗑 =히에로글리프.

신성-불가침(神聖不可侵) 뗑 거룩하고 존엄하여 함부로 건드릴 수 없음. ¶~ 조약.

신성-시(神聖視) 뗑 신성으로 여기는 일. 신성시-하다 동타여 신성시-되다 동자 ¶인도에서는 소가 신성시되고 있다.

신세(身世) 뗑 1 주로 불행한 일과 관련된 일신상의 처지와 형편. ¶불쌍한 [가련한] ~ / 그는 한순간의 실수로 ~를 망쳤다. 2 남에게 도움을 받거나 괴로움을 끼치는 일. ¶~를 갚다 / ~를 끼치다 / 하룻밤 ~ 좀 지겠습니다. / 그동안 ~ 많이 졌습니다.

신-세계(新世界) [-계/-게] 뗑 1 =신대륙(新大陸). ≒구세계. 2 아직 경험하지 못했거나 처음 경험해 보는 새로운 세계. ¶미지의 ~.

신-세기(新世紀) 뗑 새로 맞고 있거나 맞게 될 세기. ¶~를 맞다.

신-세대(新世代) 뗑 지금 자라나고 있는 젊은 세대. 일반적으로, 20대 이하의 세대를 가리킴. ¶~의 독창적이고 유연한 사고. ↔구세대.

신세-타령(身世-) 뗑 불우한 신세를 한탄하여 늘어놓는 일. 또는, 그 이야기. ¶그는 술만 마시면 ~을 한다. 신세타령-하다 동자여.

신-소리¹[-쏘-] 뗑 신을 끌면서 걸을 때에 나는 발소리.

신-소리² 뗑 상대자의 말을 받아 엉뚱한 말로 놓하는 말. 가령, "감사합니다." 하면 "감사 오지 말고 사과 사 와." 하고 받아넘기는 말 따위. ➡흰소리. 신소리-하다 동자여.

신-소설(新小說) 뗑[문] 갑오개혁 이후의 개화기를 시대 배경으로 하여 창작된 일군의 소설. 고대 소설과 현대 소설 사이의 과도기의 소설로서 봉건 타파와 개화·계몽, 자주독립, 미신의 신사조 등이 그 주요 내용임. 이인직의 '혈(血)의 누(淚)'가 그 대표작임. ▷고대 소설.

신-소재(新素材) 뗑 종래의 재료인 금속·플라스틱 등에 없는 뛰어난 특성을 가진 새로운 재료. 뉴 세라믹스·형상 기억 합금·광섬유 따위.

신¹-소체(腎小體) 뗑[생] 신장의 피질 속에 존재하며, 신세동맥(腎細動脈)으로부터 오줌의 성분을 걸러 내는 신장 기능의 최소 단위. =말피기 소체.

신¹-속(迅速) ➡신속-하다 [-소카-] [형여] 매우 빠르고 날쌔다. ¶신속한 이동 / 뉴스를 신속하게 보도하다. 신¹-속-히 부 ¶서류를 ~ 처리하다.

신수¹(身手) 뗑 1 용모와 풍채. ¶~가 멀쩡한 사람이 구걸하다니. 2 사람의 얼굴에 드러난 건강 상태의 빛. ¶병을 앓고 나더니 ~가 말이 아니다.

신수가 훤하다 ㈜ 용모가 맑고 풍채가 시원스럽다.

신수²(身數) 뗑 사람의 운수. ¶~를 보다 / ~가 불길하다.

신수-점(身數占) 뗑[민] 사람의 운수를 알아보기 위해 치는 점.

신승(辛勝) 뗑 (경기 등에서) 겨우 이기는 것. ↔낙승(樂勝). 신승-하다 동자여.

신시¹(申時) 뗑 1 십이시의 아홉째 시. 곧, 오후 3시부터 5시까지의 동안. 2 이십사시의 열일곱째 시. 곧, 오후 3시 30분부터 4시 30분까지의 동안. ㈜신(申).

신시²(辛時) 뗑 이십사시의 스무째 시. 곧, 오후 6시 30분부터 7시 30분까지의 동안. ㈜신.

신시³(神市) 뗑[역] 환웅(桓雄)이 태백산 신단수(神壇樹) 밑에 베풀었다는 도시.

신시⁴(新詩) 뗑 1 사상적·형식적으로 새로운 방향을 지향하는 시. 2 [문] =신체시(新體詩).

신-시가(新市街) 뗑 구시가(舊市街)에 대하여 새로 발달한 시가. ↔구시가.

신-시가지(新市街地) 뗑 새롭게 형성된 시가지. ¶~ 개발 사업 / ~를 형성하다.

신-시대(新時代) 뗑 새로 맞고 있거나 맞게 될 시대. ¶~의 조류 / ~가 활짝 열리다. ↔구시대.

신시사이저(synthesizer) 뗑[음] 건반을 눌러 여러 가지 악기 음을 비롯하여 자연계의 소리, 환상의 소리 등의 다양한 음향을 내는 전자 악기.

신식(新式) 圀 새로운 격식이나 형식. ¶~ 결혼 / ~ 무기. ↔구식(舊式).
신신(新新) →신신-하다 혱예 1 (과일·푸성귀 따위가) 아주 신선하다. 2 새로운 데가 있다. 3 (태도가) 시원스럽다. ▷싱싱하다. **신신-히** 閈
신신-당부(申申當付) 圀 (어떤 일을) 몇 번이고 거듭하여 간절히 당부하는 것. 闬신신부탁. **신신당부-하다** 탬여 ¶어머니께서 몸조심하라고 **신신당부하셨다**.
신신-부탁(申申付託) 圀 (어떤 일을) 몇 번이고 거듭하여 간절히 부탁하는 것. 闬신신당부. **신신부탁-하다** 탬여 ¶그는 이 말을 꼭 전해 달라고 **신신부탁하고** 갔다.
신ː실(信實) →신ː실-하다 혱예 믿음성이 있고 진실하다.
신ː심(信心) 圀 1 종교를 믿는 마음. ¶~이 두터운 크리스천. 2 옳다고 꼭 믿는 마음.
신안(新案) 圀 새로운 제안이나 고안.
신안^특허(新案特許)[-트커] 圀 '실용신안특허'의 준말.
신ː앙(信仰) 圀[종] 절대자를 믿고 따르며 교의(敎義)를 받들어 지키는 일. 闬믿음. ¶~을 가지다. **신ː앙-하다** 탬예
 신앙의 자유(自由) 군 =종교의 자유. →종교.
신ː앙^고ː백(信仰告白) 圀[가][기] 미사나 예배 때, 신자들이 그리스도에 대한 자신의 믿음을 고백하는 뜻으로 사도 신경을 외는 일.
신ː앙-심(信仰心) 圀 신이나 부처를 믿는 마음. ¶~이 깊다.
신ː약(信約) 圀 믿음으로써 약속하는 것. **신ː약-하다** 탬여
신약²(神藥) 圀 신기한 효험이 있는 약.
신약³(新約) 圀 1 새로운 약속. 2[가][기] 하느님이 예수를 통하여 신자들에게 한 새 약속. 3[성] '신약 성서'의 준말. ↔구약(舊約).
신약⁴(新藥) 圀 새로 발명된 약. 곧, 기존의 의약품과 다른 신물질을 함유한 약품을 가리킴. ¶~ 개발에 성공하다.
신약^성ː서(新約聖書)[-씽-] 圀[성] 그리스도 탄생 후의 신(神)의 계시를 기록한 크리스트교의 경전(聖典), 모두 27권으로 이루어짐. =신약 성경. 준신약. ▷구약 성서.
신약^시대(新約時代)[-씨-] 圀[가][기] 예수가 세상에 난 때부터 재림할 때까지의 시대. ↔구약 시대.
신양(身恙) 圀 =신병(身病)².
신어(新語) 圀 새로 생긴 말. 또는, 새로 귀화(歸化)한 외래어. 闬신조어.
신-어머니(神—) 圀[민] =신어미.
신-어미(神—) 圀[민] 젊은 무당을 수양딸로 삼아 신의 계통을 전해 주는 늙은 무당. =신어머니. 闬신딸.
신언서판(身言書判) 圀 인물을 평가하는 기준이 되는, 용모와 풍채, 말씨와 언변, 글자주와 글씨를 쓰는 솜씨, 사물에 대한 판단력의 네 가지 조건. 지난날, 관리를 뽑을 때 근거가 되는 조건으로 삼음.
신-여성(新女性)[-녀-] 圀 일제 강점기에, 신식 교육을 받거나 개화 문명에 영향을 받은 여성을 이르던 말.
신역¹(身役) 圀 1 몸으로 치르는 노역(勞役). ¶고된 ~을 치르다. 2[역] 공천(公賤)·사천(私賤)이 치르는 구실.

신역²(新譯) 圀 새로 번역하는 것. 또는, 그 번역. ↔구역(舊譯). **신역-하다** 탬여 **신역-되다** 탬자
신연(新延) 圀[역] 도(道) 나 군(郡)의 장교(將校)이속 들이 새로 부임하는 감사나 사령을 그 집에 가서 맞는 일. **신연-하다** 탬여
신열(身熱) 圀 병으로 인하여 오르는 몸의 열. ¶~이 나다 / ~이 오르다. 준열.
신예(新銳) 圀 새롭고 기세나 힘이 빼어남. 또는, 그러한 것이나 사람. ¶~ 전투기 / ~ 작가.
신예-기(新銳機) 圀 새로 제작된, 성능이 좋은 항공기.
신ː용(信用) 圀 1 남의 언동이나 일들을 틀림없다고 받아두는 것. 2 틀림없다고 받아들여지는 사람이나 사물이 갖는 가치나 평판. ¶~이 있다 / ~이 떨어지다 / ~을 잃다 / 장사는 ~이 제일이다. 3[경] 사람이 타인을 신뢰함으로써 성립되는 급부(給付)와 반대 급부 사이에 시간적인 격차가 있는 거래. ¶~ 판매. **신ː용-하다** 탬여 ¶그의 말을 **신용할** 수 없다.
신ː용^거ː래(信用去來) 圀[경] 1 매매·고용 따위의 계약에서, 화폐의 지급을 뒷날로 정하는 거래. 2 증권 회사가 고객으로부터 일정한 보증금을 받고 고객의 주식 매수 대금을 융자하거나 유가 증권을 대여하는 매매 거래.
신ː용^대ː출(信用貸出) 圀[경] 채무자를 믿고, 담보나 보증이 없이 돈이나 물건을 빌려 주는 일.
신ː용-장(信用狀)[-짱] 圀[경] 수입업자나 해외여행자가 고용주에게 그 거래 은행이 그들의 신용을 제삼자에 대하여 보증하기 위해 발행하는 서류. =엘시(L/C). ¶수입업자가 외국환 은행에 ~ 개설을 의뢰하다.
신ː용^카드(信用card) 圀[경] 상품이나 서비스의 대금을 일정 기간 후에 지불할 수 있도록 유예하는, 신용 판매 제도에 이용되는 카드. =크레디트 카드.
신ː용^협동조합(信用協同組合)[-똥-] 圀[경] 상호 유대가 있는 사람끼리 서로 협력하여 자금을 마련하고 이용하고자 조직한 비영리 법인.
신ː우(腎盂) 圀[생] 척추동물의 신장 안에 있는 빈 곳. 오줌이 여기에 모였다가 방광으로 빠짐.
신원¹(身元) 圀 개인이 자라 온 과정과 관련되는 자료. 곧, 주소·본적·신분·직업 따위. ¶~이 확실하다.
신원²(伸冤) 圀 원통한 일을 푸는 것. **신원-하다** 탬여
신원^보증(身元保證) 圀[법] 고용 계약에서, 피고용자가 고용주에게 손해를 끼칠 경우 그 배상을 시킬 목적으로 일정한 금전을 담보로 내게 하거나 보증인을 내세워 배상의 의무를 지게 하는 일.
신원-설치(伸冤雪恥) 圀 원통함을 풀고 부끄러운 일을 씻어 버림. =설분신원(雪憤伸冤). 준신설(伸雪). **신원설치-하다** 탬자여
신월(新月) 圀 1 =초승달. 2 달과 해의 황경(黃經)이 같아질 때, 곧 음력 초하루에 보이는 달.
신위(神位) 圀 죽은 사람의 영혼이 의지할 자리. 지방(紙榜)이나 고인의 사진 따위.
신유(辛酉) 圀 60갑자의 쉰여덟째.

신유-박해(辛酉迫害) [-바캐] 명 [역] 조선 순조 1년(1801)인 신유년에 있었던, 천주교도에 대한 박해 사건. 중국인 신부 주문모(周文謨)를 비롯하여 남인(南人)에 속한 많은 신자가 죽거나 귀양을 갔음.

신음(呻吟) 명 1 (병이나 고통으로) 앓는 소리를 내는 것. ¶통증을 못 이겨 끙끙 ~ 소리를 내다. 2 괴로움이나 고통으로 허덕이며 고생하는 것. **신음-하다** 자여 ¶식량난으로 굶주리며 **신음하는** 북한 동포.

신!의¹(信義) [-의/-이] 명 믿음과 의리. ¶~가 있는 친구/~를 지키다/그는 ~를 저버릴 사람이 아니다.

신의²(神意) [-의/-이] 명 신의 뜻.

신의³(神醫) [-의/-이] 명 아주 뛰어난 의사.

신이(神異) →**신이-하다** 형여 신기하고 이상하다.

신인¹(神人) 명 1 신과 사람. 2 신처럼 숭고한 사람.

신인²(新人) 명 1 어떤 분야에 새로 등장한 사람. ¶~ 작가/유망한 ~을 발굴하다. 2 [고고] 현생의 사람과 같은 종으로 생각되는 화석 인류. 약 3만 년 전에 출현하여 후기 구석기 시대의 문화를 이룸. ▷구인(舊人)

신!인-도(信認度) 명 어떤 국가나 기업에 대한, 믿고 인정할 만한 정도. ¶국가 ~.

신-인문주의(新人文主義) [-의/-이] 명 [문] 18세기 후반에 독일에서 계몽주의에 반대하여 일어난 문화·문예 사조. 고대 그리스와 르네상스를 이상으로 하여 인간의 전면적인 발전과 완성을 추구함. =네오휴머니즘.

신-인상주의(新印象主義) [-의/-이] 명 [미] 19세기 말기에 프랑스에서 인상파의 수법을 더욱 과학적으로 추구하여 일어난 회화 경향. 색조의 분할을 철저히 한 점묘법(點描法)을 특징으로 삼았음. 대표자는 쇠라·시냐크 등임. =점묘주의·푸앵티이슴.

신-인상파(新印象派) [명][미] 작은 점들을 찍어 사물을 그리던, 신인상주의 화가의 일파. =점묘파.

신인-왕(新人王) 명[체] 1 프로 권투에서, 신인전에서 우승한 선수. 또는, 그 타이틀. 2 프로 야구에서, 시즌 중 활약이 가장 눈부셨던 신인 선수에게 주어지는 타이틀.

신!임¹(信任) 명 맡긴 일을 잘한다고, 또는 잘하리라고 믿는 것. 또는, 그렇게 믿고 일을 맡기는 것. ¶~을 얻다/~을 잃다/~이 두텁다. **신!임-하다**¹ 타여 ¶김 부장은 매사에 철두철미하여 사장이 **신임하고** 있다. **신!임-되다**¹ 자여

신!임²(新任) 명 (관직 등에) 새로 임명되거나 취임하는 것. 또는, 그 사람. ¶~ 장관/~ 교사. **신임-하다**² 자여 **신임-되다**² 자여

신!임-장(信任狀) [-짱] 명[법] 특정인을 외교 사절로 파견하는 취지와 그 사람의 신분을 접수국에 통고하는 문서.

신입(新入) 명 어떤 단체나 모임에 새로 들어오는 것. ¶~ 사원. **신입-하다** 자여

신입-생(新入生) [-쌩] 명 새로 입학한 학생. ¶~ 환영회/~ 모집.

신자¹(臣子) 명 =신하(臣下). ↔군부(君父)

신!자²(信者) 명 종교를 믿는 사람. 비교도(教徒). ¶기독교 ~/불교 ~.

신-자유주의(新自由主義) [-의/-이] 명 [사] 자유방임적인 자유주의의 결함에 대하여 국가에 의한 사회 정책의 필요를 인정하면서도, 자본주의의 자유 기업의 전통을 지키려는 사상.

신작(新作) 명 (작품 등을) 새로 지어 만드는 일. 또는, 그 작품. ¶~ 소설/~ 발표회. ↔구작(舊作). **신작-하다** 타여

신작-로(新作路) [-장노] 명 1 ['새로 만든 길'이라는 뜻] 자동차가 다닐 수 있을 정도로 넓게 새로 닦은 길. 개화기 이후 한동안 쓰였으나, 오늘날에는 잘 쓰이지 않는 말임. ↔구로(舊路). 2 =큰길.

신-장¹(-欌) [-짱] 명 신을 넣어 두는 장. =신발장.

신장²(身長·身丈) 명 =키¹. ¶~ 170cm.

신장³(伸長) 명 (길이 따위를) 길게 늘이는 것. 또는, (길이 따위가) 길게 늘어나는 것. **신장-하다**³ 동여 **신장-되다**³ 자여

신장⁴(伸張) 명 (세력이나 역량이나 규모 따위를) 이전보다 늘리거나 커지게 하는 것. ¶민권 ~. **신장-하다**² 타여 ¶체력을 ~ / 수출을 ~ / 여론을 ~. **신장-되다**² 자여 ¶국력이 ~.

신장⁵(神將) 명 1 신병(神兵)을 거느리는 장수. 2 귀신처럼 전략·전술에 능한 장수. 3 [민] 여러 방위에 따른 권속 신을 거느리고 나쁜 귀신을 물리치고 쫓아내는 신.

신장⁶(新粧) 명 건물 등을 새로 단장하는 것. 또는, 그 단장. **신장-하다**³ 타여 **신장-되다**³ 자여

신장⁷(新裝) 명 설비나 외관 등을 새로 장치하는 것. 또는, 그 장치. **신장-하다**⁴ 타여 **신장-되다**⁴ 자여

신!장⁸(腎臟) 명[생] 척추동물의 비뇨기계 장기(臟器)의 하나. 좌우에 한 쌍 있는데, 사람의 경우에는 강낭콩 모양을 이룸. 체내에 생긴 불필요한 물질을 오줌으로 배설하는 구실을 함. =내신(內腎)·신경(腎經)·콩팥. ¶~ 이식. ⓒ 신(腎).

신장-개업(新裝開業) 명 점포를 새로 만들거나 꾸며 하는 개업. **신장개업-하다** 동여 타여

신!장-병(腎臟病) [-뼝] 명[의] 신장에 생기는 병의 총칭. 신장염·신석·신결핵 따위.

신!장-염(腎臟炎) [-념] 명[의] 신장에 생기는 염증. 부종·단백뇨·혈뇨·고혈압 등의 증상이 나타남.

신저(新著) 명 새로 지은 책.

신-전¹(-廛) 명 신을 파는 가게.

신전²(神前) 명 신령의 앞. ¶~에 빌다.

신전³(神殿) 명 신을 모신 전각(殿閣). ¶그리스의 파르테논 ~.

신접¹(神接) 명 귀신이 몸에 접하는 것. **신접-하다**¹ 자여

신접²(新接) 명 1 새로 살림을 차려 사는 것. 2 다른 곳에서 새로 이사해 와서 사는 것. **신접-하다**² 자여

신접-살림(新接-) [-쌀-] 명 처음으로 차린 살림살이. =신접살이. **신접살림-하다** 동여

신접-살이(新接-) [-쌀-] 명 =신접살림. **신접살이-하다** 자여

신정¹(神政) 명[정] 신의 대리자인 제사장이 지배권을 가지고 종교적 원리에 따라 다스리는 정치.

신정²(新正) 명 지난날, 정부가 양력 설을 명

절로 공식화했던 시절에 양력 1월 1일을 이르던 말. 전통적인 음력 설과 대비하는 뜻으로 쓰였음. ↔구정.
신정³(新訂) 명 새로 고치는 일. ¶~ 증보판. **신정-하다** 탄여
신정⁴(新情) 명 새로 사귄 정. ↔구정(舊情).
신제¹(新制) 명 =신제도. ↔구제(舊制).
신제²(新製) 명 새로 만드는 일. 또는, 그 물건. 비신조(新造). **신제-하다** 통탄여 **신제-되다** 통자
신-제도(新制度) 명 새로운 제도. =신제. ↔구제도.
신-제품(新製品) 명 새로 만든 물건.
신'조¹(信條) 명 1 [종] 신앙의 조목. 2 꼭 믿는 일. ¶근검절약을 생활~로 삼다.
신조²(新造) 명 새로 만드는 일. **신조-하다** 통탄여 **신조-되다** 통자
신조-어(新造語) 명 새로 만들어진 단어. 비신어(新語).
신종(新種) 명 1 새로운 종류. 2 새로 발견되거나 인공적으로 만들어진 생물의 종류.
신종^기업^어음(新種企業-) 명 [경] 기업의 단기 자금 조달을 쉽게 하기 위한 어음 형식. 금리를 자율 결정하는 점이 특징임. =시피(CP).
신주¹(神主) 명 죽은 사람의 위패. =사판(祠板). ¶~를 모시다.
  신주 모시듯 관 조심스럽고 몹시 소중하게 다루는 모양. ¶백 선생은 가보로 내려오는 도자기를 ~ 한다.
신주²(新株) 명[경] 주식회사가 증자(增資)나 합병 때에 발행하는 주식. ↔구주(舊株).
신주³(新鑄) 명 새로 주조하는 것. **신주-하다** 통탄여
신주-락(新株落) 명[경] 증권 시장에서, 증자신주의 할당 기일이 지나서 구주(舊株)에 할당되는 신주 취득의 권리가 없어진 상태. 또는, 그에 의해서 하락하는 주가(株價).
신-주머니[-쭈-] 명 신을 넣어 들고 다니는 주머니. =신발주머니.
신주-보(神主褓)[-뽀] 명 =독보(櫝褓)².
신춧-단지(神主-)[-주딴-·-줃딴-] 명 [민] 신주를 모시는 그릇. 보통 장손의 집에서 대바구니·항아리 따위에 할머니·할아버지의 이름을 써넣어 안방의 시렁 위에 두고 위함.
신'중(愼重) 명 (어떤 일을 하는 태도가) 주의 깊고 조심스러운 것. ¶~을 기하다. **신중-하다** 혱여 ¶**신중한** 판단. **신중-히** 부 ¶이번 일은 매우 중요한 일이므로 ~ 생각해서 결정해야 한다.
신'중-론(愼重論)[-논] 명 어떤 일에 아주 신중하게 대처하고자 하는 입장이나 이론. ¶대북 정책에 ~을 펴다.
신'증(信證) 명 믿을 만한 증거.
신지(臣智) 명[역] 삼한(三韓)의 여러 부족 국가 가운데 큰 읍락(邑落)의 군장(君長)의 칭호.
신-지식(新知識) 명 새로운 지식.
신-지식인(新知識人) 명 학력과 관계없이 부가 가치가 높은 실용적 지식이나 기술을 창출해 내는 사람. 엘리트주의에 입각한 전통적 지식인과 구별하는 뜻에서, 국민의 정부에서 슬로건으로 내세운 새로운 형태의 지식인임.
신진(新進) 명 1 어떤 사회에 새로 나아가는

것. 또는, 그 사람. ¶~ 세력 / ~ 작가. 2 새로 벼슬에 오르는 것. **신진-하다** 통자여
신진-대사(新陳代謝) 명 1 [생] =물질대사(物質代謝). 2 묵은 것이 없어지고 새것이 대신 생기는 일.
신-짝 명 1 신의 짝. 2 '신'을 홀하게 이르는 말.
신차(新車) 명 1 새 차. 2 새로운 모델로 개발된 차. ¶~ 발표회.
신착(新着) 명 새로 도착하는 것. 또는, 그 물건. **신착-하다** 통자여
신참(新參) 명 1 어떤 사람이 어떤 단체나 부류에 들어오거나 참가한 지 얼마 안 된 상태. 또는, 그 사람. ¶~병(兵) / ~ 사원. ↔고참(古參). 2 새로 벼슬한 사람이 처음으로 관청에 들어가는 것.
신참-내기(新參-) 명 어떤 단체나 부류에 새로 들어오거나 참가하는 사람을 다소 낮추어 이르는 말. ¶~ 은행원 / ~ 의사.
신-창 명 신 바닥의 창.
신'천옹(信天翁) 명[동] =앨버트로스1.
신-천지(新天地) 명 새로운 세상. ¶~를 개척하다 / ~가 열리다.
신첩(臣妾) 대인칭 왕비나 후궁이 임금에게 대하여 스스로를 이르는 말.
신청¹(申請) 명 1 (어떤 일이나 물건을) 알려 청구하는 것. ¶~인. 2 [법] 사인(私人)이 국가 기관·법원 또는 공공 단체의 기관에 대하여 어떤 사항을 청구하기 위해 그 의사를 표시하는 일. **신청-하다** 통탄여 ¶장학금을 ~ / 휴가를 ~. **신청-되다** 통자
신청²(神廳) 명[민] 무당이 도를 닦는 곳.
신청부-같다[-갇-] 혱 1 근심 걱정이 많아서 사소한 일을 돌아볼 마음의 여유가 없다. 2 사물이 너무 작거나 모자라서 마음에 차지 않은 상태에 있다.
신청-서(申請書) 명 신청하는 뜻을 나타내는 문서. ¶수강 ~.
신체¹(身體) 명 사람의 형상을 이루는, 머리에서 발끝까지의 부분. 주로, 건강이나 성장·발육과 관련하여 이르는 경우가 많음. 비몸·육신·육체. ¶~가 건강하다 / ~를 단련하다 / ~의 발육이 왕성하다.
  신체의 자유(自由) 관 기본권의 하나. 법률에 의하지 않고는 체포·구금·신문·처벌 등을 받지 않는 자유.
신체²(神體) 명 신령을 상징하는 신성한 물체.
신체-검사(身體檢査) 명 건강이나 신체의 외적인 상태를 알기 위하여 질병 유무나 체중·키·시력 등을 검사하는 일. ¶학교에서 ~를 받다. 준신검(身檢). **신체검사-하다** 자여
신체발부(身體髮膚) 명 몸과 머리털과 피부. 곧, 몸의 전체.
신체-시(新體詩) 명[문] 우리나라 신문학 운동의 초창기에 나타난 새로운 형식의 시. 창가(唱歌)와 자유시의 사이에 나타난 과도기적 형태의 것으로, 현대시의 출발점이 됨. 최남선의 '해에게서 소년에게'가 효시임. =신시(新詩).
신체-장애인(身體障礙人) 명 태어날 때부터, 또는 병이나 부상 등에 의해서 신체에 장애가 있는 사람. 근래에 쓰이기 시작한 말로, '불구자'의 완곡한 표현임.
신-체제(新體制) 명 개혁되거나 재조직된 새로운 체제. ↔구체제.

신-체조(新體操) 명[체] =리듬 체조.
신체-형(身體刑) 명[법] 죄인에게 육체적 고통을 주는 형벌. 태형(笞刑) 따위. 비체형
신-총 명 짚신이나 미투리의 총.
신축¹(辛丑) 명 60갑자의 서른여덟째.
신축²(伸縮) 명 늘고 주는 것. 또는, 늘이고 줄이는 것. 신축-하다 동(자여)
신축³(新築) 명 (집 따위를) 새로 짓는 것. ¶~ 부지. 신축-하다² 동(타여) ¶아파트를 ~.
신축-되다 동(자) ¶신축된 빌딩.
신축-성(伸縮性) [-썽] 명 1 늘어나고 줄어드는 성질. ¶~이 좋은 옷감. 2 일의 형편에 따라 적절하게 대처할 수 있는 성질. ¶~ 있는 정책.
신춘(新春) 명 =새봄.
신춘-문예(新春文藝) 명 매년 연말에 각 신문사에서 아마추어 작가들을 대상으로 문예 작품을 공모하여 새해 초에 당선 작품을 발표하고 시상하는 제도.
신출(新出) 명 1 새로 나온 인물이나 물건. ¶~ 문제. ~ 품종. 2 곡식이나 과일 등에서 그해에 들어 처음 거두어들인 것. 비맏물. ¶~ 딸기. 신출-하다 동(자여) 새로 나오다.
신출-귀몰(神出鬼沒) 명 (귀신같이 나타났다가 사라진다는 뜻) 자유자재로 출몰하여 그 변화를 쉽사리 알 수 없음. 신출귀몰-하다 동(자여)
신출-내기(新出-) [-래-] 명 어떤 일에 처음 나서서 일이 서툰 사람. ¶~가 뭘 알겠나. ×신출나기.
신칙(申飭) 명 단단히 타일러 경계하는 것. 신칙-하다 동(타여)
신-코 명 신의 앞쪽의 뾰족하게 나온 곳.
신:탁¹(信託) 명 1 믿고 맡기어 부탁하는 것. 2 일정한 목적에 따라 재산의 관리와 처분을 남에게 맡기는 것. ¶~ 계약 / ~ 증서 / ~을 받다. 신:탁-하다 동(타여)
신탁²(神託) 명 신이 사람을 매개자로 하여 그의 뜻을 나타내어 인간의 물음에 대답하는 일. =선탁(宣託)
신:탁^통:치(信託統治) 명[정] 국제 연합의 위탁을 받은 나라가 국제 연합의 감독하에 일정한 지역을 통치하는 것.
신:탁^통:치^이:사회(信託統治理事會) [-회/-훼] 명[정] '국제 연합 신탁 통치 이사회'의 준말.
신탄(薪炭) 명 땔나무와 숯.
신토불이(身土不二) 명 [사람의 몸과 사람이 태어난 땅은 둘이 아니라 하나라는 뜻으로, 1980년대 말에 농협이 우리 농산물 애용 운동을 벌이면서 내건 말] (주로, 관형어적으로 쓰여) 어떤 물품이나 대상이 우리나라에서 생산된 것이거나 우리 고유의 산물임을 나타내는 말. 우리 것임을 강조하는 광고성 문구에 주로 쓰임. ¶~ 우리 농산물 / ~ 한우.
신통(神通) 명 모든 것을 신기롭게 통달하는 것. 신통-하다¹ 동(자여) ▷신통하다².
신통-력(神通力) [-녁] 명 무슨 일이든지 해낼 수 있는 영묘한 힘.
신통방통-하다(神通-通-) 형여 매우 대견하고 칭찬해 줄 만하다. ¶우리 막내가 신통방통하게도 1등을 했지 뭐에요.
신통-스럽다(神通-) [-따] 형(ㅂ) <-스러우니, ~스러워> 신통한 데가 있다. ¶그의 예언은 신통스럽게도 잘 맞았다. 신통스레 부

신통-하다²(神通-) 형여 1 신기할 정도로 묘하다. ¶그 성우의 목소리는 이 박사와 신통하게 닮았다. 2 (효과 따위가) 놀라울 만큼 대단하다. ¶약 한 첩에 신통하게도 고질병이 싹 나았다. 3 칭찬해 줄 만하게 대견하다. ¶천자문을 줄줄 외는 걸 좀 봐. 어린것이 신통하기도 하지. 4 별다른 데가 있거나 마음에 들 만큼 마땅하다. ¶응모는 많았으나 신통한 작품이 없다. 신통-히 부
신-트림 명 시큼한 냄새나 신물이 목구멍으로 넘어오면서 나는 트림. ¶속이 거북하더니 ~이 나온다. 신트림-하다 동(자여)
신-틀 명 미투리나 짚신 따위를 삼을 때 신날을 걸어 놓는 틀.
신파(新派) 명 1 새로운 유파. ↔구파. 2 [연] '신파극'의 준말.
신파-극(新派劇) 명[연] 재래의 창극(唱劇)의 테두리를 벗어나 풍속과 인정, 비화 등을 제재로 한 통속적인 연극. 고대극과 신극 사이의 과도기적 형태임. 준신파.
신판(新版) 명 1 새로 출판된 책. ↔구판. 2 과거의 어떤 사실·인물·작품 등과 일치하는 새로운 사물이나 인물. ¶~ 흥부전.
신편(新編) 명 새로운 편집. 또는, 새로이 편집한 책. ¶~ 명심보감.
신:표(信標) 명 뒷날에 보고 서로 표적이 되게 하기 위하여 주고받는 물건. =신물(信物). ¶두 남녀는 헤어지면서, 후일을 기약하는 ~로 금가락지를 나눠 끼었다.
신-풀이(神-) 명[민] 귀신 들린 사람을 위하여 푸닥거리를 하는 일. 신풀이-하다 동(자여)
신품¹(神品) 명 1 아주 뛰어난 물품이나 작품. 비일품(逸品). 2 [가] '신품 성사'의 준말.
신품²(新品) 명 새로 개발된 물품. ▷중고품
신품^성:사(神品聖事) 명[가] 그리스도의 대리자로서 사제에게 교회의 성사를 집행할 수 있는 신권(神權)을 주는 성사. 준신품.
신풍(新風) 명 1 신선한 바람. 2 새로운 유풍(流風)
신필(神筆) 명 아주 뛰어나게 잘 쓴 글씨.
신하(臣下) 명 임금을 섬기어 벼슬하는 사람. =신복(臣僕)·신자(臣子)·인신(人臣).
신학¹(神學) 명[종] 종교상의 신(神), 특히 크리스트교의 진리에 대하여 신앙의 입장에서 이론적으로 연구하는 학문.
신학²(新學) 명 '신학문'의 준말.
신학-교(神學校) [-꾜] 명[교] 신학을 가르치는 학교. 대학 과정에 준함.
신-학문(新學問) [-항-] 명 재래의 한학(漢學)에 대하여 근래 서양에서 들어온 새로운 학문을 이르는 말. 준신학. ↔구학문.
신해(辛亥) 명 60갑자의 마흔여덟째.
신해-혁명(辛亥革命) [-형-] 명[역] 1911년 청조(淸朝)를 무너뜨리고 중화민국을 수립한 부르주아 민주주의 혁명.
신행(新行) 명 =우귀(于歸). ¶~길 / ~을 가다. 신행-하다 동(자여)
신험(神驗) 명 신비한 영험.
신형(新型) 명 새로운 형. ¶~ 자동차. ↔구형(舊型)
신:호(信號) 명 서로 떨어져 있는 곳에서 이미 약속된 일정한 부호를 써서 의사를 통하는 방법. 또는, 그 부호. ¶공격 ~ / 교통 ~ / ~를 보내다. 신:호-하다 동(자타여) ¶손짓

신호-기¹(信號旗) 명 신호하는 데 쓰이는 기.
신호-기²(信號機) 명 1 도로 교통에서, 문자나 기호 또는 등화로서 진행·정지·방향 전환·주의 등의 신호를 표시하기 위하여 사람이나 전기의 힘에 의해 조작되는 장치. 2 철도 교통의 안전을 위하여 신호를 내보내는 장치.
신호-나팔(信號喇叭) 명 신호하는 데 쓰이는 나팔. 또는, 신호를 알리기 위하여 부는 나팔. ¶집합하라는 ~을 불다.
신호-등(信號燈) 명 교통 신호를 하기 위하여 켜는 등.
신호-탄(信號彈) 명[군] 신호를 알리기 위하여 쓰는 탄알. 연기나 강렬한 빛을 냄.
신혼(新婚) 명 갓 결혼한 것. ¶~ 생활. 신혼-하다 통[자여]
신혼-부부(新婚夫婦) 명 갓 결혼한 부부. ¶깨가 쏟아지는 ~.
신혼-살림(新婚-) 명 갓 결혼하여 꾸미는 새살림.
신혼-여행(新婚旅行) [-녀-] 명 결혼식을 마치고 신혼부부가 함께 가는 여행. =밀월여행. 비허니문.
신화¹(神化) 명 1 신기한 변화. 2 신의 조화(造化). 3 신으로 변하는 것. 신화-하다 통
신화²(神話) 명 1 우주의 기원, 신이나 영웅의 사적(事績), 민족의 태곳적 역사 등, 고대인의 사유나 표상이 반영된 신성한 이야기. ¶단군~ / 그리스~ / 건국~. ▷민담·전설·설화. 2 절대적이고 획기적인 업적을 비유적으로 이르는 말. ¶불모의 사막을 옥토로 바꾸는 ~을 창조하다. ▷전설.
신화-시대(神話時代) 명 역사가 있기 이전의 신화 속에서만 존재하던 시대.
신효(神效) 명 신기한 효험이. 신효-하다 형[여] 신통한 효험이 있다.
신후(愼候) 명 병중의 웃어른의 안부. ¶~를 여쭈어 보다.
신흥(新興) 명 (사회적 현상이나 사실이) 새로 일어나는 것. ¶~ 재벌 / ~ 도시 / ~ 종교. 신흥-하다 통[자여]
싣다[-따] (싣:고, 실어〉 통[타디]〈실으니, 1 (차·배·비행기·수레 등에 으로 무게가 나가는 물체를〉 운반하기 위해 올리다. 비적재하다. ¶트럭에 이삿짐을 ~. 2 (사람이 차·배·비행기 등의 탈것에 자기 몸을 어느 곳을 가기 위해 오르다. ¶새벽 첫차에 몸을 ~. 3 (편집자가 책·잡지·신문 등에 어떤 글이나 그림·사진을) 내용으로 다루어 인쇄된 상태이 되게 하다. 비게재하다. ¶신문에 특집 기사를 ~. 4 (구름이나 바람 따위가 어떤 기운을) 움직이면서 머금거나 가진 상태가 되다. ¶먹구름이 비를 가득 싣고 오다 / 바닷바람이 비릿하고 짠 냄새를 실어 왔다. 5 (논이나 보에 물을) 괴게 하다. ¶논에 물을 ~.
실¹ 명 고치·털·솜·삼 따위를 가늘고 길게 자아내어서 꼰 것. 흔히 피륙을 짜거나 바느질을 하는 데 쓰임. 세는 단위는 타래·퉁거리·꾸리·토리·올·님·테·가닥·오리·바람. ¶~이 엉키다 / ~을 뽑다.
[실 가는 데 바늘도 간다] 둘이 떨어지지 않고 꼭 같이 다닌다.
실:-² 접두 일부 명사 앞에 쓰이어, '가느다란'·'썩 작은'·'엷은'의 뜻을 나타내는 말. ¶~

실긋거리다

개천 / ~버들 / ~핏줄.
실³(失) 명 1 노름판에서 잃은 돈. 2 =손실. ¶득보다 ~이 많다. ↔득(得).
실⁴(室) 명 ①[자럼] 회사나 관청의 사무 분담 부서의 하나. 과(課)나 부(部)의 위임. 우두머리는 실장. ¶기획~ / 홍보~. ②[의존] 호텔·여관 등의 객실 수를 세는 단위. ¶객실이 300~이 넘는 고급 호텔.
실⁵(實) 명 1 실질의 내용. 비알맹이. ¶써와 ~ / 명분보다 ~을 취하다. 2 [한] 인체에 저항력이 상당히 있으면서 병이 들어와 있는 상태. ↔허(虛).
-실(室) 접미 일정한 목적에 쓰이는 방을 뜻하는 말. ¶숙직~ / 양호~ / 사무~.
실가(實價) [-까] 명 1 실제의 값. 2 에누리 없는 값.
실:-가지 명 실처럼 가느다란 나뭇가지. ¶휘휘 늘어진 ~.
실각(失脚) 명 권력 투쟁·혁명·선거 등에 해 권력이나 정치적 지위를 잃는 것. 실각-하다 통[자여] ¶덩 샤오핑(鄧小平)은 1976년 천안문 사건으로 실각했다가 이듬해에 복권되었다. 실각-되다 통[자]
실감(實感) 명 실지로 체험하는 듯하게 느끼는 것. ¶그 영화는 전쟁터의 처참한 광경을 ~ 나게 표현하였다. / 내 작품이 최우수작으로 당선되었다니 도무지 ~이 나지 않는다. 실감-하다 통[타여] 실감-되다 통[자]
실:-감개 명 실을 감아 두는 물건.
실:-개천 명 작은 개천. =소류(小流).
실격(失格) [-껵] 명 1 격식에 맞지 않는 것. 2 자격을 잃는 것. ¶~자(者). 실격-하다 통[자여] 실격-되다 통[자]
실격-패(失格敗) [-껵-] 명[체] 운동 경기에서, 정해진 규칙을 어겨서 지는 일. ¶~를 당하다.
실경(實景) 명 실제의 경치나 광경. 비진경.
실:-고추 명 실같이 가늘게 썬 고추. 고명으로 씀.
실:-골목 명 폭이 매우 좁고 긴 골목.
실과¹(實果) 명 먹을 수 있는 초목의 열매. 비과실(果實).
실과²(實科) [-꽈] 명[교] 예전에, 초등학교 과목의 하나. 일상생활에 필요한 의식주와 직업에 대한 기초 지식과 기능을 내용으로 함.
실:-구름 명 실처럼 가늘고 긴 구름.
실:-국수[-쑤] 명 발이 가는 국수. =사면(絲麵)·세면(細麵).
실권¹(失權) [-꿘] 명 권리나 권세를 잃는 것. ↔복권(復權). 실권-하다 통[자여] 실권-되다 통[자]
실권²(實權) [-꿘] 명 실제로 행사할 수 있는 권리나 권세. ¶~을 잡다.
실그러-뜨리다/-트리다 통[타] 실그러지게 하다. 잘샐그러뜨리다. 센씰그러뜨리다.
실그러-지다 통[자] 한쪽으로 비뚤어지거나 기울어지다. 잘샐그러지다. 센씰그러지다.
실근(實根) 명[수] 로그 방정식의 근으로 실수(實數)인 것. ↔허근(虛根).
실:-금¹ 명 1 그릇 따위가 터지거나 깨어져서 생긴 가는 금. 2 실같이 가늘게 그은 금.
실금²(失禁) 명 대소변을 참지 못하고 싸는 것. 실금-하다 통[자여]
실긋-거리다/-대다 [-귿꺼(때)-] 통[자타] 한쪽으로 비뚤어지거나 기울어지게 자꾸 움직이다. 또는, 그리되게 하다. 잘살긋거리

다·샐긋거리다. ㈜쌜긋거리다.
실긋-샐긋[-귿쌜긷][부] 실긋거리고 샐긋거리는 모양. ㈜쌜긋쌜긋. **실긋샐긋-하다**[동](자)(여)
실긋-실긋[-귿씰긷][부] 실긋거리는 모양. ㈜샐긋샐긋. ㈜쌜긋쌜긋. **실긋실긋-하다**[동](자)(타)(여)
실긋-하다[-그타-][형여] 물건이 한쪽으로 조금 비뚤어지거나 기울어져 있다. ㈜샐긋하다·샐긋하다. ㈜쌜긋하다. **실긋-이**[부]
실기¹(失期)[명] 어떤 시기를 놓치는 것. **실기-하다**[동](자)(여)
실기²(失機)[명] 기회를 놓치는 것. **실기-하다**²[동](자)(여)
실기³(實技)[명] 실지의 기술. ¶~ 평가.
실기⁴(實記)[명] 실지의 사실을 적은 기록.
실기죽-거리다/-대다[-꺼(때)-][동](자)(타) 한쪽으로 조금 비뚤어지거나 기울어지게 잇따라 조금씩 움직이다. 또는, 그리되게 하다. ㈜샐기죽거리다. ㈜쌜기죽거리다.
실기죽-샐기죽[-쌜-][부] 실기죽거리고 샐기죽거리는 모양. ㈜쌜기죽쌜기죽. **실기죽샐기죽-하다**[동](자)(타)(여)
실기죽-실기죽[-씰-][부] 실기죽거리는 모양. ㈜샐기죽샐기죽. ㈜쌜기죽쌜기죽. **실기죽실기죽-하다**[동](자)(여)
실기죽-하다[-주카-][형여] 물건이 약간 실그러져 있다. ㈜샐기죽하다. ㈜쌜기죽하다.
실'-꾸리[명] 둥글게 감아 놓은 실.
실'-날[-랄][명] 실의 올.
실'-날-같다[-랄깓따][형] 1 아주 가늘다. 2 (목숨이나 희망 따위가) 미미하여 끊어지거나 사라질 듯 위태롭다. ¶**실날같은** 목숨을 부지하다 / **실날같은** 희망을 버리지 못하다.
실'날같-이[부]
실내(室內)[-래][명] 1 건물이나 방의 안. ¶~경기 / ~ 운동장 / ~ 온도. ↔실외. 2 남의 아내를 이르는 말.
실내-등(室內燈)[-래-][명] 실내에 설치한 등. ↔옥외등.
실내-복(室內服)[-래-][명] 실내에서 입는 옷.
실내-악(室內樂)[-래-][명][음] 한 악기로써 한 성부(聲部)씩 맡는 기악의 합주 음악. 성부 수에 따라 2중주·3중주·4중주·5중주 등으로 나누어짐.
실내악-단(室內樂團)[-래-딴][명][음] 실내악을 연주하는 2~10명의 소규모 악단.
실내^장식(室內裝飾)[-래-][명] 실내의 분위기를 가꾸기 위하여 아름답게 꾸미는 일.
실내-화(室內靴)[-래-][명] 실내에서 신는 신.
실농(失農)[-롱][명] 1 농사를 실패하는 것. 2 농사의 시기를 놓치는 것. **실농-하다**[동](자)(여)
실'-눈[-룬][명] 1 가늘고 작은 눈. 2 가늘게 뜬 눈. ¶~을 뜨고 바라보다.
실'-눈썹[-룬-][명] 실처럼 가는 눈썹. ¶~ 같은 그믐달.
실담(實談)[-땀][명] 1 진실한 말. 또는, 거짓이 없는 말. 2 실제로 있던 이야기.
실-답다(實-)[-따][형ㅂ] ¶~다우니, ~다워] 꾸밈이나 거짓이 없이 참되다.
실덕(失德)[-떡][명] 1 덕망을 잃는 것. 또는, 그러한 행실. 2 점잖은 사람의 허물. **실덕-하다**[동](자)(여) 덕망을 잃다. ¶**실덕한** 정치가.
실'-도랑[명] 좁고 작은 도랑.

실떡-거리다/-대다[-꺼(때)-][동](자) 실없이 웃고 쓸데없는 말을 자꾸 하다.
실떡-실떡[-썰-][부] 실떡거리는 모양. **실떡실떡-하다**[동](자)(여)
실뚱머룩-하다[-루카-][형여] 마음에 시들하게 여겨지고 덤덤하다.
실'-뜨기[명] 실의 두 끝을 맞매어서 양쪽 손가락에 얼기설기 얽어 가지고 두 사람이 주고받으면서 여러 가지 모양을 만드는 놀이.
실'-뜨기-하다[동](자)(여)
실'-띠[명] 실을 꼬아서 만든 띠.
실랑이[명] 이러니저러니 하며 남을 못살게 굴거나 괴롭히는 일. ¶그는 술만 마셨다 하면 애매한 사람을 붙들고 ~를 벌이곤 했다. **실랑이-하다**[동](자)(여)

유의어	실랑이 / 승강이
둘 다 서로 대립되어 갈등 관계를 이루는 것이나 '**실랑이**'는 한 편이 상대편을 괴롭히는 경우에 쓰이고, '**승강이**'는 양편이 제 주장을 굽히지 않고 팽팽히 맞서는 경우에 쓰임.	

실랑이-질[명] 실랑이를 하는 짓. **실랑이질-하다**[동](자)(여)
실력(實力)[명] 1 실제의 역량. ¶영어 ~이 뛰어나다 / ~을 기르다 / 이 학생은 S대학에 들어가기에는 ~이 모자란다. 2 강제력이나 무력(武力)을 이르는 말. ¶경찰은 ~을 행사하여 시위대를 해산시켰다.
실력-가(實力家)[-까][명] 실력이 있는 사람. ¶그 학자는 사계의 ~다.
실력-다짐(實力-)[-따-][명] 1 실력을 더욱 굳히는 것. 2 실력으로 겨루어 남을 굴복시키는 것. **실력다짐-하다**[동](자)(여)
실력-자(實力者)[-짜][명] 실질적인 권력이나 역량을 가지고 있는 사람. ¶정계의 막후(幕後) ~.
실력-파(實力派)[명] 실력을 잘 갖춘 부류의 사람. ¶그 학생은 영어를 자유자재로 구사하는 ~다.
실례¹(失禮)[명] 말이나 행동이 예의에 벗어나는 것. 또는, 그러한 말이나 행동. ⓑ결례(缺禮). ¶손님을 맨발로 맞는 것은 ~다. / ~지만 연세가 어떻게 되십니까? / ~를 무릅쓰고 신세 좀 지겠습니다. **실례-하다**[동](자)(여) ¶바빠서 이만 **실례하겠습니다**. **실례-되다**[동](자)
실례²(實例)[명] 실제의 예. ¶~을 들다.
실-로(實-)[부] =참으로. ¶이것이 ~ 얼마만의 만남인가.
실로폰(xylophone)[명] 타악기의 하나. 대(臺) 위에 조율된 여러 나무토막을 길이와 두께의 차례로 배열해 놓고 2개의 채로 쳐서 소리를 냄. =목금(木琴).
실록(實錄)[명] 1 어떤 인물이나 역사적 사실에 대해 믿을 만한 자료를 바탕으로 구성한 글. ¶~ 박정희 / ~ 대하소설. 2 임금의 재위 기간 동안에 있었던 일을 연대순으로 기록한 것. ¶세조 ~ / 조선 왕조 ~.
실루리아-기(←Siluria紀)[명][지] 고생대 중에서 오르도비스기의 뒤, 데본기 앞의 기. 지질은 석회암·사암으로 되었고, 식물은 해조류, 동물은 산호충·필석류·삼엽충류 따위가 살았음. =고틀란드기.
실루민(silumin)[명][화] 주조용(鑄造用)의 알루미늄 합금. 알루미늄과 규소의 합금으로 가볍고 바닷물에 젖어도 잘 변하지 않아 항공기·자동차의 부품 제조에 쓰임.
실루엣(silhouette) 〖명〗빛을 등진 물체를 빛을 안는 방향에서 바라보았을 때, 그림자처럼 윤곽 안이 검게 보이는 물체의 형상. 특히, 그런 형상을 나타낸 그림이나 사진. ¶동상을 역광으로 촬영한 ~ 사진.
실룩 〖부〗근육의 한 부분이 실그러지게 움직이는 모양. 〖작〗샐룩. 〖센〗씰룩. **실룩-하다** 〖동〗
실룩-거리다/-대다[-꺼(때)-] 〖동〗〖자〗〖타〗자꾸 실룩하다. 〖작〗샐룩거리다. 〖센〗씰룩거리다.
실룩-샐룩[-쌜-] 〖부〗실룩거리면서 샐룩거리는 모양. 〖센〗씰룩쌜룩. **실룩샐룩-하다** 〖동〗〖자〗〖타〗〖여〗
실룩-실룩[-씰-] 〖부〗실룩거리는 모양. ¶영감의 얼굴이 치미는 노기로 해서 별창껏 들여지며 ~ 경련을 일으켰다.〈황순원:일월〉〖작〗샐룩샐룩. 〖센〗씰룩씰룩. **실룩실룩-하다** 〖동〗〖자〗〖타〗〖여〗¶그 아가씨는 내 말이 아니꼽다는 듯이 얼굴을 연해 **실룩실룩하고** 있었다.
실룩-이다 〖동〗〖자〗〖타〗근육의 한 부분이 실그러지게 움직이다. ¶입을 ~. 〖작〗샐룩이다. 〖센〗씰룩이다.
실리(實利) 〖명〗현실적인 이익. 〖비〗실익(實益). ¶명분보다 ~를 추구한다.
실리다 〖동〗〖1〗〖자〗'싣다'의 피동사. ¶잡지에 나의 글이 **실렸다**. 〖2〗〖타〗'싣다'의 사동사. ¶부상자를 병원 구급차에 **실려** 보내다.
실리-주의(實利主義)[-의/-이] 〖명〗〖1〗〖윤〗=공리주의(功利主義). 〖2〗〖법〗형벌은 사회 방위의 수단으로서, 사회의 필요와 실익(實益)에 기인한다는 법리상의 주의.
실리카^겔(silica+Gel) 〖명〗〖화〗비결정성(非結晶性)의 규산. 무색 또는 흰색으로, 가스나 수증기·물 등에 대한 흡착성이 강하여, 탈수제·건조제·흡착제 등으로 씀.
실리콘(silicone) 〖명〗=규소 수지.
실린더(cylinder) 〖명〗〖공〗증기 기관·내연 기관 등의 주요 부분의 하나. 속이 빈 원통 모양이고, 그 내부에서 피스톤이 왕복 운동을 함. =기통(氣筒).
실링(shilling) 〖명〗〖의전〗〖1〗영국의 옛 화폐 단위. 〖2〗우간다·케냐·탄자니아 등의 화폐 단위. 1실링은 100센트(cent).
실^-마디 〖명〗실에 생긴 마디.
실^-마리 〖명〗〖1〗엉키거나 감겨 있는 실의 첫 부분. 〖2〗일이나 사건을 풀어 나갈 수 있는 단서. =단초. ¶사건 해결의 ~가 좀처럼 풀리지 않는다.
실망(失望) 〖명〗(어떤 사물에 대해) 바라는 대로 되지 않거나, 또는 (어떤 사람에게) 기대가 어그러져, 마음이 좋지 않은 상태가 되는 것. 〖비〗낙심. ¶기대가 크면 ~도 큰 법이다.
실망-하다 〖동〗〖자〗〖여〗¶시험에 실패했다고 해서 너무 **실망하지** 마라.
실망-감(失望感) 〖명〗실망했을 때의 기분이나 감정. ¶~을 느끼다 / 얼굴에 ~이 역력하다.
실망-스럽다(失望-)[-따] 〖형〗〖ㅂ〗<-스러우니, -스러워> 실망이 되는 점이 있다. ¶믿었던 너마저 실패하다니 적이 ~.
실^-매듭 〖명〗실을 감아 맨 자리의 매듭. ¶바느질을 끝내는 ~을 짓다.
실명¹(失名) 〖명〗어떤 작품이나 일을 해 놓은 사람의 성명이 전해지지 않아 알 길이 없는 것. ¶작자(作者) ~. **실명-하다**¹ 〖동〗〖자〗〖여〗
실명²(失明) 〖명〗시력을 잃는 것. **실명-하다**² 〖동〗〖자〗〖타〗〖여〗 ¶한쪽 눈을 ~ / 교통사고로 ~.
실명-되다 〖동〗〖자〗
실명³(失命) 〖명〗목숨을 잃는 것. **실명-하다**³ 〖동〗〖자〗〖여〗
실명⁴(實名) 〖명〗진짜 이름. 〖비〗본명. ↔가명.
실명-씨(失名氏) 〖명〗=무명씨(無名氏).
실명-제(實名制)〖명〗〖경〗=금융 실명제.
실무(實務) 〖명〗실제의 업무. ¶~ 경험이 많다 / ~에 종사하다 / ~에 밝다.
실무-가(實務家) 〖명〗실무에 밝은 사람. ▷실무자.
실무-율(悉無律) 〖명〗〖생〗생물체에 가한 자극이 일정한 수치 이하에서는 반응이 전혀 없다가, 일정한 정도에 이르면 최대의 반응을 보이지만, 그 이상은 아무리 강도를 높여도 변화가 없다는 법칙. 신경 섬유·근섬유 등에 적용됨.
실무-자(實務者) 〖명〗어떤 사무를 실지로 담당하는 사람. ¶구체적인 문제는 ~에게 맡기다. ▷실무가.
실무-적(實務的) 〖관〗실무에 관계되는 (것). ¶사업 계획의 대강은 결정되었고 ~인 문제만 남았다.
실물¹(失物) 〖명〗물건을 잃는 것. 또는, 그 물건. **실물-하다** 〖동〗〖자〗〖여〗
실물²(實物) 〖명〗〖1〗사진·영상·그림 등이 아닌, 실제의 인물이나 물건. ¶~ 크기의 모형 / 이렇게 만나서 보니까 사진보다 ~이 낫네요. 〖2〗〖경〗주식이나 물품 따위의 실제의 상품. 〖비〗현물. ↔선물(先物).
실물^거래(實物去來) 〖명〗〖경〗=현물 거래.
실물^경제(實物經濟) 〖명〗〖경〗〖1〗=자연 경제. 〖2〗이론이 아니라 실제의 동향으로서의 경제.
실물-대(實物大) 〖명〗실물과 꼭 같은 크기. ¶~로 확대한 사진.
실물^임금(實物賃金) 〖명〗화폐가 아닌, 물건으로 지급되는 임금.
실미적지근-하다[-찌-] 〖형〗〖여〗〖1〗조금 식어서 미지근하다. 〖2〗어떤 일이 마음에 내키지 않아 열성이 없다.
실미지근-하다 〖형〗〖여〗〖1〗더운 기운이 있는 듯 마는 듯하다. 〖2〗열기나 열성이 적다. **실미지근-히** 〖부〗
실^-바람 〖명〗〖1〗솔솔 부는 바람. 〖2〗〖기상〗초속 0.3~1.5m로 부는 바람. 풍향계에 의해서는 알 수 없으며, 연기의 이동에 의하여 풍향을 알 수 있을 정도임.
실^-반대[-빤-] 〖명〗뽑아낸 고치실을 둥글게 사려 놓은 뭉치.
실^-밥[-빱] 〖명〗〖1〗옷이나 수술한 곳을 꿰맨 실의 드러난 부분. ¶~이 풀어지다 / ~을 뽑다. 〖2〗옷 솔기 따위에서 뜯어낸 실의 보무라지. ¶옷에 ~이 붙어 있다.
실백(實柏) 〖명〗=실백잣. ¶수정과에 ~을 띄우다.
실백-잣(實柏-)[-짣] 〖명〗껍데기를 벗긴 맹이 잣. =실백·실백자.
실^-뱀장어(-長魚) 〖명〗뱀장어의 새끼.
실^-버들 〖명〗가늘고 길게 늘어진 버들. 곧, '수양버들'의 이칭.
실버-산업(silver産業) 〖명〗('silver'는 '은빛'이란 뜻으로, 백발의 노인을 비유한 말) 고령자를 대상으로 한 상품을 제조하거나 판매하는 산업. 건강식품·의료·휴양 및 관광 등의 사업이 이에 해당함.
실버-타운(silver town) 〖명〗노인을 대상으로 돈을 내고 살아갈 수 있도록 주거 시설·휴양

시설 따위를 갖춘 지역.
실범(實犯)[명][법]=정범.
실¹-보무라지[-뽀-][명] 실의 부스러기. =사설(絲屑).
실부(實父)[명] 친아버지.
실-부모(實父母)[명]=친부모.
실²-비¹ 실같이 가늘게 내리는 비. ¶봄을 재촉하는 ~가 보슬보슬 내린다.
실비²(實費)[명] 이익이나 수당 등을 제외하고 실제로 드는 비용. ¶~ 제공.
실사¹(實事)[-싸][명] 사실로 있는 일.
실사²(實査)[-싸][명] 실지에 대하여 검사하는 것. 또는, 실제상의 조사. ¶~ 보고서. **실사-하다¹**[동][타][여] **실사-되다**[동][자]
실사³(實寫)[-싸][명] 실물·실경(實景)·실황 등을 그리거나 촬영하는 것. 또는, 그 그림이나 사진. **실사-하다²**[동][타][여]
실사⁴(實辭)[-싸][명][언]=실질 형태소. ↔허사.
실사-구시(實事求是)[-싸-][명][철] 사실에 토대를 두어 진리를 탐구하는 일. 문헌학적인 고증의 정확을 존중하는 과학적·객관주의적 학문 태도를 이르는 말임.
실-사회(實社會)[-싸회/-싸훼][명] 실제의 사회. 소설 등으로 꾸며지거나, 학창 시절에 상상하던 것과는 다른 현실의 사회를 이름.
실-살(實-)[-쌀][명] 겉으로 드러나지 않은 실이익. ㉙실속.
실상¹(實狀)[-쌍] Ⅰ[명] 실제의 상태나 정황(情況). ¶~는 겉으로 웃고 있었지만 ~은 피눈물을 흘리고 있었다.
Ⅱ[부]=실제로. ¶사람들이 날 의심하는 모양인데 ~ 나는 그 일에 아무 관계도 없다.
실상²(實相)[-쌍][명] 1 실제의 모양이나 내용. ¶북한의 ~. 2[불] 모든 것의 있는 그대로의 참모습. =본체(本體).
실상³(實像)[-쌍][명] 1[물] 빛이 렌즈나 거울 등으로 굴절·반사한 후 다시 한 점에 모여 만든 상(像). 2 겉모양을 떨쳐 버린 진실된 모습을 비유적으로 이르는 말. ¶정부의 부동산 정책, 무엇이 문제인가? 그 ~과 허상을 벗긴다. ↔허상.
실색(失色)[-쌕][명] 놀라서 얼굴빛이 변하는 것. ¶아연[대경] **실색-하다**[동][자][여] 그러나 판세가 엉뚱하게 어제와는 사뭇 달라져 있는 바람에 **실색했다**.《김성홍: 굿이나 보며》
실-샘 [동] 1 나비·벌 등 곤충의 애벌레에 잘 발달되어 있는 한 쌍의 분비 기관. 고치나 집을 짓는 실을 분비함. =견사선(絹絲腺). 2 거미류의 배 속에 있는 외분비선. 그 분비물은 거미집을 만드는 실이 됨.
실-생활(實生活)[-쌩-][명] 이론이나 공상이 아닌 실제의 생활. ¶~과 동떨어진 공리공론.
실선(實線)[-썬][명] 제도(製圖)에서, 끊어진 곳이 없이 이어져 있는 선. ▷점선.
실섭(失攝)[-썹][명] 몸조리를 잘 못하는 것. **실섭-하다**[동][자][여]
실성¹(失性)[-썽][명] 정신에 이상이 생기는 것. **실성-하다**[동][자][여] ¶**실성한** 사람처럼 히죽히죽 웃는다.
실성²(實性)[-썽][명]=본성(本性)².
실세¹(失勢)[-쎄][명] 세력을 잃는 것. ↔득세. **실세-하다**[동][자][여]
실세²(實勢)[-쎄][명] 1 실제의 세력. 또는, 그 기운. 2 실제의 시세. ¶~ 가격.

실소(失笑)[-쏘][명] 어처구니가 없어 자기도 모르게 웃음이 나오는 것. 또는, 그 웃음. **실소-하다**[동][자][여]
실-소득(實所得)[명][경]=가처분 소득.
실-속(實-)[-쏙][명] 1 실제의 속 내용. ¶~이 없는 강의. 2 겉으로 드러나지 않은 알짜 이익. ㉙실살. ¶~을 차리다.
실속(實速)[-또][명] 실제의 속도. =실속도.
실속-파(實-派)[-쏙-][명] 실속을 잘 차리는 부류의 사람. ¶겉치레나 체면 따위는 거들떠보지 않는.
실수¹(失手)[-쑤][명] 부주의로 잘못을 저지르는 것. 또는, 그 잘못. ¶~ 연발 / ~를 저지르다. **실수-하다**[동][자][타][여] ¶말을 ~.

유의어	실수 / 실패
둘 다 일이 잘못된 상태를 가리키나, '실수'가 대단치 않거나 가벼운 부주의나 지나친 긴장 등으로 뜻하지 않게 잘못한 상태를 가리키는 반면, '실패(失敗)'는 상당한 노력이 필요한 중요한 일을 능력 부족이나 어려운 여건 등의 이유로 이루지 못한 상태를 가리킴.	

실수²(實收)[-쑤][명] 실제의 수입이나 수확.
실수³(實需)[-쑤][명] '실수요'의 준말.
실수⁴(實數)[-쑤][명] 1 실제의 수효. 2[수] 유리수와 무리수의 총칭. ↔허수(虛數).
실-수요(實需要)[명] 실제로 소비하기 위한 수요. ㉙가수요.
실수요-자(實需要者)[명] 실제로 필요하여 사거나 얻고자 하는 사람. ¶부동산 투기를 막아 ~를 보호하다.
실-수익(實收益)[-쑤-][명] 실제로 얻은 수익.
실-수입(實收入)[-쑤-][명] 실제의 수입.
실습(實習)[-씁][명][교] 이미 배운 이론을 토대로 실제로 해 보고 익히는 것. ¶가사(家事) ~ / 현장 ~. **실습-하다**[동][타][여]
실습-생(實習生)[-씁쌩][명] 실습을 하는 학생. ¶교육 ~.
실습-실(實習室)[-씁씰][명] 실습을 하는 교실. ¶어학 ~.
실습-지(實習地)[-씁찌][명] 실습을 위하여 마련된 땅. 또는, 그곳. ¶농업 ~.
실시(實施)[-씨][명] 실제로 시행하는 것. ㉙실행. **실시-하다**[동][타][여] ¶훈련[교육]을 ~ / 버스 요금 인상은 오는 10월 1일부터 **실시**할 예정임. **실시-되다**[동][자]
실-시간(實時間)[명][컴] 입력된 데이터를 순식간에 처리하여 그 즉시 출력하는 상태. 또는, 네트워크로 연결된 컴퓨터 사이에 생력이 거의 동시에 이뤄지는 상태. =리얼타임. ¶~ 온라인 시스템 / 언제 어디서나 ~으로 상품을 주문할 수 있는 전자 상거래.
실시^등급(實視等級)[-씨-][명][천] 육안으로 보이는 별의 밝기를 등급으로 나타낸 것. =겉보기 등급. ▷절대 등급.
실시^쌍성(實視雙星)[-씨-][명][천] 망원경 따위로 그 궤도 운동을 실제로 볼 수 있는 쌍성. =실시 연성. ↔분광 쌍성.
실신(失神)[-씬][명] 병이나 충격 따위로 의식을 잃는 상태에 이르는 것. ㉚상신(喪神). ¶~ 상태. **실신-하다**[동][자][여] ¶갑작스런 충격으로 ~.
실실[부] 소리를 내지 않고 실없이 어리석은 듯하게 웃는 모양. ¶~ 웃으면서 이죽거리

다. (작)샐샐. **실실-하다** (동)(자여)
실실-거리다/-대다 (자) 소리를 내지 않고 실없이 어리석은 듯하게 자꾸 웃다. (작)샐샐거리다.
실심(失心)[-씸] (명) 근심으로 마음이 산란하고 맥이 빠지는 것. =상심(喪心). **실심-하다** (동)(자여) ¶허 생원의 이야기로 **실심**해한 끝이라 동이의 어조는 한풀 수그러진 것이었다.(이효석:메밀꽃 필 무렵)
실쌈-스럽다[-따] (형)(ㅂ) <-스러우니, ~스러워> 1 매우 착실하고 부지런하다. 2 말이나 행동이 부산하고 수다스러운 데가 있다. **실쌈스레** (부)
실액(實額) (명) 실제의 금액.
실어(失語) (명) 1 잘못 말하는 것. 2 말을 잊어버리거나 바르게 하지 못하는 것. **실어-하다** (동)(자여)
실어-증(失語症)[-쯩] (명)(의) 뇌의 언어 중추의 장애로 말을 하지 못하거나 알아들을 수 없게 되는 병증.
실언(失言) (명) 실수로 하지 말아야 할 말을 하는 것. 또는, 그 말. (비)말실수. ¶그 정치인은 이따른 ~으로 정가에 파문을 일으켰다. **실언-하다** (동)(자여) ¶용서하십시오. 제가 **실언**했습니다.
실업¹(失業) (명) 1 생업(生業)을 잃는 것. 2 (경) 노동력을 가진 사람이 일할 기회를 얻지 못하거나 일자리를 잃는 것. **실업-하다** (동)(자여)
실업²(實業) (명) 농업·공업·상업·수산업 등 생산 경제에 관한 사업.
실업-가(實業家)[-까] (명) 규모가 큰 생산·경영 등 경제적 사업을 영위하는 사람. (비)사업가.
실업-계¹(實業系)[-께/-께] (명) 실업의 범위나 영역. ¶~ 학교 / ~ 교과서.
실업-계²(實業界)[-께/-께] (명) 실업가들로 이루어진 사회적 분야.
실업^고등학교(實業高等學校)[-꼬-꾜] (명)(교) 실업 교육을 위주로 하는 고등학교.
실업-률(實業率)[-뉼] (명) 노동력을 가진 인구에 대하여 실업자가 차지하는 비율.
실업^보험(失業保險)[-뽀-] (명) 근로자가 실업하였을 경우, 일정한 금액을 지급하여 생활을 구제하는 것을 목적으로 하는 보험.
실업의-아들 (명) '시러베아들'의 잘못.
실업^인구(失業人口) (명) 노동할 의사와 능력을 가지고 있으나, 현실적으로는 취업하지 못하고 있는 인구.
실업-자(失業者)[-짜] (명) 직업을 잃거나 얻지 못한 사람.
실업-학교(實業學校)[-어팍꾜] (명)(교) 실업 교육을 실시하는 학교.
실-없다(實-)[-업따] (형) (말이나 하는 짓이) 공연하거나 쓸데없어 실답지 않다. ¶**실없는** 소리 그만 해라. **실없-이** (부) 있으면 낮잠이나 자지 왜 ~ 남의 일에 참견이나?
실연¹(失戀*)/-(*['戀'의 본음은 '련'] 연애에 실패하는 것. ¶남자에게 ~을 당하다. **실연-하다**¹ (동)(자여) ¶**실연**한 여자.
실연²(實演) (명) 1 실제로 해 보이는 것. 2 (연) 배우가 무대에서 연기하는 것. **실연-하다**² (동)(자타여)
실¹-오라기 (명) 낱낱으로 구별되는 실의 동강. =실오리. ¶그 여배우는 베드신에서 ~ 하나 걸치지 않고 연기를 했다.

실¹**-오리** (명) =실오라기.
실온(室溫) (명) 일반적인 실내의 온도. 보통 20℃ 전후임.
실외(室外)[-외/-웨] (명) 방의 밖. ¶~ 운동. ↔실내.
실용(實用) (명) 실생활에 사용되거나 소용되는 것. ¶~ 영어 / 이 물건은 장식은 화려하지만 ~ 가치가 없다. **실용-하다** (동)(타여) **실용-되다** (동)(자여)
실용^단위(實用單位) (명)(물) 기본 단위나 유도 단위와는 달리, 실용에 있어서 습관적으로 쓰이는 단위. 마력(馬力)·킬로와트 따위.
실용-문(實用文) (명) 실생활의 필요에 따라 쓰는 글. 공문·통신문·서간문 따위.
실용-서(實用書) (명) 내용이 생활에 실제적인 쓸모가 있는 책.
실용-성(實用性)[-씽] (명) 실생활에 알맞은 성질이나 특성.
실용-신안(實用新案) (명) 물품의 형상·구조·조립에 관하여 산업상으로 이용이 가능한 고안(考案).
실용신안^특허(實用新案特許)[-트커] (명)(법) 실용신안에 대하여 독점적이며 배타적인 제작·판매의 권리를 허가하는 일. (준)신안 특허·실용 특허.
실용-적(實用的) (관) 실생활에 알맞은 (것). ¶이 물통은 접을 수 있을 뿐만 아니라 야영 시 베개로도 사용할 수 있어 아주 ~이다.
실용-주의(實用主義)[-의/-이] (명)(철) 19세기 후반 미국을 중심으로 하여 일어난 반형이상학적인 철학 사상. 행동을 중시하며, 사고·관념의 진리성은 객관적으로 타당한 것이어야 한다고 주장함. =프래그머티즘.
실용-품(實用品) (명) 실용적 가치가 있는 물품.
실용-화(實用化) (명) (어떤 물건을) 실생활에 널리 쓰이게 만드는 것. ¶인터폰의 개발이 ~ 단계에 들어섰다. **실용화-하다** (동)(타여) **실용화-되다** (동)(자)
실-은(實-) (부) 사실대로 말하자면. ¶아까는 아무 말도 안 했지만 ~ 모두 제가 한 짓입니다.
실의(失意)[-의/-이] (명) 뜻이나 의욕을 잃는 것. ¶~에 빠지다 / ~에 젖다 / 그는 사업에 실패한 뒤로 ~에 찬 나날을 보내고 있다. **실의-하다** (동)(자여)
실익(實益) (명) 실제의 이익. (비)실리(實利).
실인(室人) (명) '자기 아내'를 일컫는 말.
실-인심(失人心) (명) 인심을 잃는 것. ↔득인심. **실인심-하다** (동)(자여)
실자(實字)[-짜] (명) 한자에서, 형상이 있는 것을 본뜬 글자. 日·月·川·山·木 따위. ↔허자(虛字).
실장(室長)[-짱] (명) 부서로서의 실(室)의 우두머리.
실¹-장갑(-掌匣) (명) 실로 결어 만든 장갑.
실재(實在)[-째] (명) 1 실제로 존재하는 것. ¶~ 인물. ↔가공(架空). 2 (철) 사유로서나 상상·환각 등 단지 주관이 만들어 낸 것과는 구별되며, 객관적으로 독립하여 확실하게 존재하는 것. 또는, 사물의 참모습이라는 뜻으로, 현실적으로 변전(變轉)하는 현상의 배후에 있는 궁극적인 실체. ↔가상(假象). **실재-하다** (동)(자여)
실재-론(實在論)[-째-] (명)(철) 인식론에서, 의식이나 주관과는 다른 독립된 객관적 존재자를 인정하고 그것을 올바른 인식의 대상 또는 기준으로 삼는 것. =리얼리즘. ↔관념론.

실재-성(實在性) [-째썽] 몡 의식으로부터 독립하여 있는 객관적 존재성.

실재-적(實在的) [-째-] 관몡 실재하거나, 실재로서의 특성을 가진 (것).

실적(實績) [-쩍] 몡 실제의 업적이나 공적. ¶~을 수 ~ 판매 ~ ~을 올리다.

실전(實戰) [-쩐] 몡 실제의 전투. ¶~ 경험 / ~을 방불케 하는 훈련 / ~에 강하다 / ~에 약하다.

실절(失節) [-쩔] 몡 절개를 굽히는 것. =실정(失貞). ↔수절(守節). **실절-하다** 동재여

실점(失點) [-쩜] 몡 운동 경기나 승부 등에서 점수를 잃는 것. 또는, 그 점수. ¶~을 만회하다. ↔득점. **실점-하다** 동재여

실정¹(失政) [-쩡] 몡 정치를 잘못하는 것. 또는, 잘못된 정치. ¶거듭되는 ~으로 도탄에 빠진 백성. **실정-하다** 동재여

실정²(實情) [-쩡] 몡 실제의 사정이나 정세. ¶~을 파악하다 / 그는 오랫동안 해외 생활을 해 오다가 최근에 귀국했기 때문에 국내 ~에 어둡다.

실정-법(實定法) [-쩡뻡] 몡 [법] 사회에서 현실적으로 시행되고 있는 법. 제정법·판례법·관습법 따위. ↔자연법.

실제¹(實弟) [-쩨] 몡 =친아우.

실제²(實際) [-쩨] Ⅰ 몡 현실의 경우나 형편. ¶이론은 ~에 응용하다 / 그의 ~의 나이는 호적상의 나이보다 두 살 많다.
Ⅱ 뮈 =실제로. ¶~ 그는 그곳에 가지 않았다.

실제-로(實際-) [-쩨-] 뮈 거짓이나 상상이 아니고 현실적으로. =실상(實狀)·실제·실지·실지로. 비사실(事實). ¶이 드라마는 ~ 있었던 일을 소재로 한 것이다.

실제-적(實際的) [-쩨-] 관몡 실제의 형편을 중시하거나 실제의 상황에 토대를 둔 (것). ¶~ 사고(思考).

실조(失調) [-쪼] 몡 조화나 균형을 잃는 것. ¶영양 ~ / 무역 ~.

실족(失足) [-쪽] 몡 1 발을 잘못 디디는 것. 또는, 잘못 디뎌 떨어지는 것. 2 잘못된 행동을 하거나 죄에 빠지는 것. 비유적인 말임. **실족-하다** 동재여 ¶계단에서 ~ / 주님과 함께 동행하면 **실족하지** 않으리라.

실족-사(失足死) [-쪽싸] 몡 높은 곳에서 발을 잘못 디뎌 떨어져 죽는 일. **실족사-하다** 동재여

실존(實存) [-쫀] 몡 1 실제로 존재하는 것. 2 [철] 구체적 상황에 있는 인간의 유한성·불안·허무와, 그것을 초월하여 본래적인 자기를 구하는 인간의 운동. **실존-하다** 동재여 실제로 존재하다. ¶그는 현재 **실존하는** 인물이다.

실존-주의(實存主義) [-쫀-의/-쫀-이] 몡[철][문] 인간은 궁극적으로 허무하고 부조리한 세계 속에 있으면서, 자기가 스스로를 정립하는 자유로운 존재라고 보는 철학 또는 문학상의 입장이나 태도. ▷실존

실존^철학(實存哲學) [-쫀-] 몡[철] 합리주의나 실증주의에 반대하며, 인간을 이성(理性)이나 과학으로써는 파악할 수 없는 독자적인 존재라 하여 그 인간 실존의 구조와 문제성을 밝히려는 철학.

실종(失踪) [-쫑] 몡 종적을 잃어 소재나 생사를 알 수 없게 되는 것. ¶~ 신고. **실종-되다** 동재 ¶조난 사고로 2명이 ~.

실종-자(失踪者) [-쫑-] 몡 1 실종된 사람. 2 [법] 법원에서 실종 선고를 받은 사람.

실증(實證) [-쯩] 몡 사실에 근거를 두어서 증명하는 것. 또는, 그 증거. **실증-하다** 동태여 ¶그 사람이 범인임을 **실증할** 만한 결정적 단서가 없다. **실증-되다** 동재

실증-적(實證的) [-쯩-] 관몡[철] 단지 사고(思考)에 의하여 논증되는 것이 아니고, 경험적 사실의 관찰·실험에 의하여 적극적으로 증명되는 (것).

실증-주의(實證主義) [-쯩-의/-쯩-이] 몡[철] 현상(現象)의 배후에서 형이상학적 원인을 찾으려는 사변(思辨)을 배제하고, 관찰이나 실험으로써 검증할 수 있는 지식만을 인정하려는 입장. =실증론·적극주의.

실지(實地) [-찌] Ⅰ 몡 1 어떤 사물의 실제의 경우나 처지. ¶~ 훈련 / ~ 경험을 쌓다. 2 사물이 현재 있는 곳. ¶~의 답사.
Ⅱ 뮈 =실제로. ¶~ 겪은 이야기.

실지-로(實地-) [-찌-] 뮈 =실제로. ¶~ 사격을 해 보다.

실직¹(失職) [-찍] 몡 직업을 잃는 것. ¶~자 / ~ 상태. **실직-하다** 동재 ¶그는 **실직하여** 몇 달째 집에서 놀고 있다. **실직-되다** 동재

실직²(實直) [-찍] →**실직-하다**² [-찌카-] 혱 성실하고 정직하다.

실질(實質) [-찔] 몡 1 실제의 본바탕. 비실체(實體). ¶~ 소득. 2 [생] 기관의 본바탕을 이루는 필수적 기능 조직. ¶막~.

실질^임:금(實質賃金) [-찔-] 몡[경] 임금의 실질적인 가치를 나타내는 금액. 곧, 명목 임금을 물가 지수로 나눈 액수. ↔명목 임금.

실질-적(實質的) [-찔쩍] 관몡 실질의 내용을 이루는 (것). ¶봉급이 인상되더라도 물가가 뛰면 ~으로 소득 향상은 이뤄지지 않는 셈이다. ↔형식적.

실질^형태소(實質形態素) [-찔-] 몡[언] 구체적인 대상이나 동작·상태와 같은, 실질적인 의미를 나타내는 형태소. 곧, "철수는 밥을 먹었다."에서 '철수'·'밥'·'먹'을 가리킴. =개념어·실사(實辭). ↔형식 형태소.

실쭉 뮈 1 어떤 감정의 표현으로서 눈이나 입을 한쪽으로 조금 움직이는 모양. ¶~ 웃다. 2 마음에 차지 않아 조금 고까워하는 태도를 나타내는 모양. 쟉샐쭉. **실쭉-하다** 동재타
실쭉-이 뮈

실쭉-거리다/-대다 [-꺼(때)-] 동재타 1 (눈이나 입을) 자꾸 한쪽으로 실그러뜨리다. 2 마음에 차지 않아 고까워하다. 쟉샐쭉거리다.

실쭉-샐쭉 [-쌜-] 뮈 실쭉거리며 샐쭉거리는 모양. ¶막내가 제 옷을 사 주지 않았다고 ~ 야단이다. **실쭉샐쭉-하다** 동재타

실쭉-실쭉 [-쎌-] 뮈 실쭉거리는 모양. 쟉샐쭉샐쭉. **실쭉실쭉-하다** 동재타여

실책(失策) 몡 잘못된 계책. =실계(失計)·오계(誤計).

실천(實踐) 몡 (마음먹은 것이나 말한 바를) 실제로 행하는 것. 비실행(實行). ¶결심을 ~에 옮기다. **실천-하다** 동태여 ¶입으로만 떠들지 말고 그것을 **실천해라**. **실천-되다**

[동][자]

실천-가(實踐家) [명] 할 일을 실천에 잘 옮기는 사람.

실천-궁행(實踐躬行) [명] 실제로 몸소 이행함. **실천궁행-하다** [동][자][여]

실천-력(實踐力)[-녁] [명] 실천하는 능력. ¶말만 번지르르할 뿐 ~이 없다.

실천^이ː성(實踐理性) [명][철] 목적의 실현을 위하여 행위를 통어(統御)하는 이성. 또는, 도덕적 법칙에 따라 의지(意志)를 규정하는 이성. ▷순수 이성.

실천-적(實踐的) [관][명] 단지 머리로 생각하는 것만이 아니고 구체적으로 옮기는 (것). ¶~ 판단.

실천^철학(實踐哲學) [명][철] 윤리·종교·법률·경제·정치·기술 등 제반 영역에 걸쳐 의지(意志) 결정의 행위를 포함한 실천적 사항에 관한 철학.

실체(實體) [명] **1** 사물의 본체. [비]실질(實質). ¶사건의 ~를 파헤치다. **2** [철] 사물이 가진 가지가지 성질·상태·작용·관계 등의 근저에 있으면서 동일성을 가지고 자재(自在)하는 것. ¶우주의 ~.

실체-법(實體法)[-뻡] [명][법] 권리·의무의 실체를 규정하는 법률. 민법·상법 따위. =주법(主法). ↔절차법.

실체-화(實體化) [명][철] 단순한 속성(屬性)이나 추상적인 개념의 내용을 객관화하여 독립적 실체로 간주해 버리는 일. **실체화-하다** [동][타][여] **실체화-되다** [동][자]

실추(失墜) [명] (명예나 위신을) 떨어뜨리거나 잃는 것. **실추-하다** [동][타][여] **실추-되다** [동][자] ¶교사의 권위가 ~.

실축(失蹴) [명][체] 축구 등에서, 경기자가 공을 실수로 엉뚱하게 차는 일. **실축-하다** [동][타][여] ¶수비수가 공을 **실축하는** 바람에 자살골이 되었다.

실측(實測) [명] 실제로 측량하는 것. ¶~ 면적. **실측-하다** [동][타][여] **실측-되다** [동][자]

실컷[-컫] [부] 마음에 하고 싶은 대로 한껏. ¶~ 울고 나니 속이 후련하다 / ~ 먹고 마시며 놀다.

실ː-켜다 [동][자] 누에고치에서 실을 뽑아내다.

실크(silk) [명] 견사(繭絲). 또는, 그 실로 짠 피륙. ¶~ 넥타이[블라우스].

실크^로드(Silk Road) [명][역] =비단길.

실크^스크린(silk screen) [명][인] =실크 스크린 인쇄.

실크^스크린^인쇄(silk screen印刷) [명][인] 등사판과 유사한 공판인쇄의 하나. 결이 거친 명주를 틀에 붙이고, 인쇄하지 않을 부분을 갖풀이나 형지(型紙)로 덮어 가리고, 그 위에서 고무 롤러로 잉크를 눌러 인쇄함. =실크 스크린.

실크-해트(silk hat) [명] 남자가 쓰는 정장용 서양 모자. 춤이 높고 챙이 좁으며 원통형임.

실큼-하다 [형][여] 싫어하는 생각이나 태도가 있다.

실-타래 [명] 아주 긴 실을 필요할 때 풀어서 쓰기 좋도록 가지런하게 사리어 놓은 것. 필요한 만큼 실패에 감아서 씀. ¶엉킨 ~를 차근차근 풀다.

실탄(實彈) [명] 쏘았을 때 실효를 나타내는 탄알. ¶~을 장전하다 / ~을 발사하다.

실태[1](失態) [명] 본디의 면목을 잃음. 또는, 그러한 모양.

실태[2](實態) [명] 있는 그대로의 상태. 또는, 실제의 모양. ¶태풍 피해의 ~를 조사하다.

실토(實吐) [명] (숨기고 있던 일을) 사실대로 말하는 것. **실토-하다** [동][타][여] ¶그는 그동안 내게 숨겨 온 모든 사실을 **실토했다**.

실-토정(實吐情) [명] 사실대로 진정을 말하는 것. **실토정-하다** [동][타][여]

실ː-톱 [명] 얇은 널빤지에 여러 가지 모양을 만들어 내기 위하여 도림질을 할 때 쓰는, 실같이 가늘고 긴 톱.

실ː-톳[-톧] [명] 방추형으로 감아 놓은 실뭉치. 피륙을 짤 때에 북에 넣어서 씀.

실투(失投) [명][체] 야구 등에서, 공을 잘못 던지는 일. **실투-하다** [동][자][여]

실ː-파 [명][식] 모판에서 길러 낸, 가는 줄기의 어린 파. =세총(細葱).

실팍-지다[-찌-] [형] 실팍한 모양이 있다.

실팍-하다[-파카-] [형][여] 사람이나 물건이 보기에 매우 실하다. ¶그는 키가 작달막하지만 몸집이 ~. / 추녀 끝이 덩실한 집들이 규모 있게 서 있고 울타리도 돌로 **실팍하게** 둘러 있었다.《오유권:절도》

실ː-패[1] [명] 실을 감아 두는 물건.

실패[2](失敗) [명] **1** (목적으로 삼은 일에) 제대로 대응하지 못하거나 능력이 부족하거나 조건이 불리하거나 하여 뜻을 이루게 되지 못하는 것. **2** (어떤 일이) 뜻한 대로 이뤄지지 못하거나, 망하거나 결딴나는 상태가 되는 것. ↔성공. ▶실수. **실패-하다** [동][자][여] ¶사업이 ~ / 결혼에 ~.

실패-담(失敗談) [명] 어떤 일에 실패하게 된 데 대한 이야기. ↔성공담.

실패-작(失敗作) [명] 실패한 작품.

실ː-핏줄[-피쭐/-핃쭐] [명][생] =모세 혈관(毛細血管).

실-하다(實-) Ⅰ [동][타][여] 떡고물로 쓸 깨를 물에 불려 껍질을 벗기다.
Ⅱ [형][여] **1** 든든하고 튼튼하다. ¶**실한** 장정. **2** 재산이 넉넉하다. ¶살림이 **실하여** 걱정 없이 살고 있다. **3** 허실 없이 옹골차다. ¶그곳까지 10리 길은 **실하게** 될 거요. **실-히** [부] ¶그 콩이 ~ 한 말은 되겠다.

실학(實學) [명] **1** 실제로 소용이 되는 학문. 상학(商學)·공학(工學)·의학(醫學) 따위. **2** [역] 조선 영조·정조 때, 당시의 전통 유학에서 벗어나 실생활의 유익을 목표로 한 학문. 실사구시(實事求是)와 이용후생(利用厚生), 기술의 존중과 국민 경제 생활의 향상에 관하여 연구함.

실학-자(實學者)[-짜] [명][역] 조선 중엽에 일어난 실학을 주장한 사람.

실학-파(實學派) [명][역] 조선 중엽에 실학 사상을 주장한 학파. 이덕무(李德懋)·박지원(朴趾源)·정약용(丁若鏞)·이익(李瀷) 등이 이에 속함.

실함(失陷) [명] 어떤 곳을 공략당하여 잃는 것. **실함-하다** [동][자][타][여] **실함-되다** [동][자]

실행(實行) [명] **1** 실제로 행하는 것. [비]실시(實施). ¶그는 언제나 말뿐이지 ~이 없다. **2** [법] 형법상 범죄 구성 요건에 해당하는 행위를 행하는 것. 범죄 수행의 최종적 단계임. ¶~ 행위. **3** [컴] 컴퓨터를 프로그램에 따라서 작동시키는 것. **실행-하다** [동][타][여] ¶약속대로 ~. **실행-되다** [동][자]

실향(失鄕) [명] 고향을 잃거나 빼앗기는 것. **실향-하다** [동][자][여]

실향-민(失鄕民) [명] 전란이나 정치적 상황으로 고향을 잃고 타향살이를 하는 백성.

실험(實驗) 圏 1 실제로 시험하는 것. 특히, 자연 과학에서, 특정 현상이나 관계를 연구하기 위해 인공적인 일정한 조건을 설정하고 현상을 일으켜서 관찰하고 측정하는 일. 2 예술에서, 새로운 형식이나 방법을 시도하는 일. ¶~ 작가 / ~ 정신. 실험-하다 图(他)여 ¶약의 효능을 ~.

실험^극장(實驗劇場) [-짱] 명 새로운 연극을 시도하기 위하여 영리를 떠나 실험적으로 운영하는 극장.

실험-대(實驗臺) 명 실험의 대상물이나 기구를 얹고, 그 위에서 실험하기 위한 대.

실험^물리학(實驗物理學) 명[물] 실험적 연구에 중점을 둔 물리학. ↔이론 물리학.

실험-식(實驗式) 명[화] 화합물의 조성을 원소기호를 이용해 가장 간단하게 표시하는 화학식.

실험-실(實驗室) 명 실험을 하기 위한 장치와 설비 등을 갖추어 놓은 방.

실험^심리학(實驗心理學) [-니-] 명[심] 생물체의 정신 현상 및 행동의 연구에서 실험적 방법을 쓴 심리학. 19세기 후반에 독일의 철학자 분트가 창시함.

실험-적(實驗的) 관 실험에 의한 (것). 또는, 실험의 속성을 띤 (것). ¶~ 단계 / 전위적이고 ~ 인 작품.

실험-학교(實驗學校) [-꾜] 명[교] 새로운 교육의 이론이나 방법을 실제로 연구·실험하기 위하여 설립한 학교.

실현(實現) 명 (어떤 일을) 실제로 이루거나 현실로 나타내는 것. 실현-하다 图(他)여 ¶꿈을 ~ / 인생은 이상을 실현해 가는 긴 과정이다. 실현-되다 图(自)

실현-성(實現性) [-썽] 명 실현될 가능성. ¶그 계획은 ~이 희박하다.

실형(實刑) 명 집행 유예가 아닌, 실제로 받는 형벌. ¶3년 ~ 을 선고하다.

실혼(失魂) 명 몹시 두려워 정신을 잃는 것. 실혼-하다 图(自)여

실화¹(失火) 명 잘못하여 불을 내는 것. 또는, 그 불. ▷방화. 실화-하다 图(自)여

실화²(實話) 명 실지로 있었던 사실의 이야기. ¶~에 바탕을 둔 영화.

실황(實況) 명 실제의 상황. ¶~ 을 파악하다 / 경기 ~ 을 중계방송하다.

실황^방:송(實況放送) 명 실제 상황을 현장으로부터 직접 방송하는 일.

실효¹(失效) 명 효력을 잃는 것. 실효-하다 图(自)여 실효-되다 图(自)

실효²(實效) 명 실제의 효력. ¶~ 를 거두다.

실효-성(實效性) [-썽] 명 실제의 효력을 가지는 성질. ¶~이 없는 정책.

싫다[실타] 혱 1 어떤 일이나 대상이) 마음에 들지 않거나 나쁘게 생각하여 가까이하거나 가지거나 받아들이고 싶지 않은 상태에 있다. ¶나는 그의 과잉 친절이 ~. ↔좋다. 2 (어떤 일을 하기가) 내키지 않거나 의욕이 없는 상태에 있다. ¶꼴도 보기 싫으니 썩 물러가라. / 먹기 싫으면 억지로 먹지 마라.

싫어-하다[실어-] 图(他)여 싫게 여기다. ¶수학을 ~ / 그는 화장이 짙은 여자를 싫어한다.

싫-증(-症) [실쯩] 명 달갑지 않게 여기는 마음. 回염증(厭症). ¶~ 을 내다 / 똑같은 음식을 자주 먹으면 ~이 난다.

심¹ 명 소의 힘줄.

심²(心) 명 1 죽에 곡식 가루를 잘게 뭉쳐 넣은 덩이. 팥죽의 새알심 따위. 2 종기 구멍 등에 약을 발라 찔러 넣는 헝겊이나 종잇조각. 3 나무의 고갱이. 4 무 등의 뿌리 속에 섞인 질긴 줄기. 5 양복저고리의 어깨나 깃 같은 데를 빳빳하게 하기 위하여 넣는 헝겊. ¶와이셔츠 깃에 ~을 넣다. 6 연필 따위의 한복판에 들어 있는 빛깔을 내는 부분. ¶연필 ~이 부러지다.

-심³(心) 접미 어떤 명사 뒤에 붙어, 그 마음을 뜻하는 말. ¶자만~ / 영웅~.

심각(深刻) ➡심각-하다 [-가카-] 혱여 (상태나 정도가) 매우 혹독하거나 중대하다. 또는, 절박함이 있다. ¶재정난이 ~. 심각-히 图 ¶~ 생각하다.

심각-성(深刻性) [-썽] 명 심각한 상태를 띤 성질. ¶서울시의 교통난은 나날이 더 심화되어 가고 있다는 데에 그 ~이 있다.

심간(心肝) 명 1 심장(心臟) 과 간(肝). 2 깊이 감추어 둔 마음.

심겁(心怯) 명 마음이 약하여 대단하지 않은 일에도 겁을 잘 내는 것. 심겁-하다 혱여

심경(心境) 명 마음의 상태. ¶~의 변화.

심계(心界) 명 1 마음의 세계. 2 마음이 편하고 편하지 못한 형편.

심고(心告) 명[종] 천도교인들이 모든 동작을 할 때마다 먼저 한울님에게 마음으로 고(告) 하는 일. 심고-하다 图(自)여

심곡¹(心曲) 명 간절하고 애틋한 마음. =충곡(衷曲).

심:곡²(深谷) 명 깊은 골짜기.

심교(深交) 명 정분이 깊게 사귀는 것. 또는, 그런 교제. 심교-하다 图(自)여

심:구(深究) 명 깊이 연구하는 것. 심:구-하다 图(他)여

심근(心筋) 명[생] 심장의 벽을 이루는 두꺼운 근육. =심장근.

심근^경색증(心筋梗塞症) [-쯩] 명[의] 관상 동맥에 혈전이 생겨 혈액의 순환 장애가 일어나 그 부분의 심근이 괴사(壞死) 하는 질환.

심금(心琴) 명 '마음속의 거문고' 라는 뜻. 감동을 일으키는 마음속의 부분.

심금(을) 울리다 관 (어떤 말·글·작품·행동 등이) 마음의 감동을 일으키다. ¶온 세상 사람들의 심금을 울렸던 감동의 드라마.

심급(審級) 명[법] 같은 사건을 반복 심판하는, 각각 급(級) 이 다른 법원 사이의 심판 순서, 또는, 그 상하의 관계.

심기(心氣) 명 마음으로 느끼는 기분. ¶~가 언짢다 / ~가 불편하다.

심-기다 图(自) '심다'의 피동사. ¶잘 심긴 나무.

심기-일전(心機一轉) [-쩐] 명 어떤 계기로 그 전까지의 생각을 뒤집듯이 바꿈. 심기일전-하다 图(自)여 ¶심기일전하여 새 출발을 하다.

심:난(甚難) ➡심:난-하다 혱여 몹시 어렵다. 비지난(至難) 하다.

심뇌(心惱) [-뇌/-뉘] 명 마음으로 근심하는 것. 또는, 그 근심. 심뇌-하다 图(自)여

심:다[-따] (심고 / 심어) 图(他) 1 (식물의 뿌리나 씨앗 등을) 뿌리를 내리거나 싹이 트서 자랄 수 있도록 흙 속에 묻다. ¶산에 나무를 ~. 2 (사람이 어떤 사람을 어느 일터나 부서에) 어떤 의도를 가지고, 또는 장래를 내다보고 자리 잡아 일하게 하다. ¶라이벌 회사에 몰래 자기 심복을 심어 두다. 3 (사

이나 대상이 어떤 사람의 마음속에 소중한 생각이나 태도를) 확고하게 자리 잡게 하다. ¶선생님은 내게 문학에 대한 열정을 **심어** 주셨다. 4 (인체의 어느 부위에 털을) 이술의 방법으로 박아서 자라게 하다. (비)식모(植毛)하다·이식(移植)하다. ¶두부(頭部)에 머리털을 ~. 5 (활판에 활자를) 꽂아서 배열하다. (비)식자(植字)하다. ¶납 활자를 판에 ~.

심담(心膽) 명 심지(心地)와 담력(膽力).
심ː대(甚大) → **심ː대-하다** 형여 몹시 크다. ¶**심대한** 영향력 / 피해가 ~.
심덕(心德) 명 너그럽고 착한 마음의 덕. ¶사려가 깊고 ~이 고운 여자.
심도(深度) 명 1 사물의 깊은 정도. 특히, 생각이나 학문 등의 깊이. ¶비행 청소년 문제를 ~ 있게 분석한 글. 2 [사진] =피사계 심도.
심-돋우개(心-) 명 등잔의 심지를 돋우는 쇠꼬챙이. ×불돋우개.
심ː동(深冬) 명 =한겨울.
심드렁-하다 형여 1 마음에 탐탁하지 않으며 관심이 거의 없다. ¶그는 나의 질문에 **심드렁하게** 대답했다. 2 병이 대단치 않게 오래 끌면서 그만저만하다. ¶병이 더하지는 않지만 그렇다고 해서 낫지도 않고, 그저 ~. **심드렁-히** 부
심란(心亂) [-난] → **심란-하다** [-난-] 형여 마음이 어수선하다. =심산하다. ¶여기저기 벌여 놓은 일이 모두 시원치 않아 **심란하기**만 하다.
심ː량(深量) [-냥] 명 깊이 헤아리는 것. **심ː량-하다** 동타여
심려(心慮) [-녀] 명 마음으로 염려하는 것. 또는, 그 염려. ¶일이 잘될 테니 ~를 놓으십시오. / ~를 끼쳐 드려 죄송합니다. **심려-하다** 동타여 ¶너무 **심려하지** 마십시오. **심려-되다** 동자
심력(心力) [-녁] 명 1 마음과 힘. 2 마음의 작용. 또는, 마음이 미치는 힘.
심령(心靈) [-녕] 명 1 마음의 작용을 일으키는 근원적인 존재. (비)심혼(心魂)·정신. 2 [철] 육체를 떠나서 존재한다고 생각되는 마음의 주체. 3 [심] 정신과학으로는 설명할 수 없는 신비하고 불가사의한 심적 현상.
심령-술(心靈術) [-녕-] 명 특이한 심령 현상을 일으키는 여러 가지 기술.
심로(心勞) [-노] 명 마음을 수고스럽게 쓰는 것. 또는, 그런 수고. **심로-하다** 동자여
심리¹(心理) [-니] 명[심] 1 마음의 작용과 의식의 상태. ¶교사는 학생의 ~를 잘 파악해야 한다. 2 '심리학'의 준말.
심리²(審理) [-니] 명 1 사실이나 조리(條理)를 자세히 조사하여 처리하는 일. 2 [법] 재판에 필요한 사실 관계 및 법률 관계를 명확히 하기 위하여 법원이 조사를 하는 행위. **심리-하다** 동타여 ¶사실을 ~.
심리-극(心理劇) [-니-] 명 1 [연] 섬세한 심리를 묘사한 대화(對話)를 주체로 하여 꾸민 연극. 2 [심] =사이코드라마.
심리^묘사(心理描寫) [-니-] 명[문] 소설 따위에서, 인물의 내면 심리의 움직임을 그려 나타내는 것.
심리^요법(心理療法) [-니-뻡] 명[의] 최면·암시·정신 분석 등의 심리학적인 기술을 이용하여 병을 치료하는 방법. =정신 요법(精神療法).

심리-적(心理的) [-니-] 관명 1 심리가 작용한 (것). ¶~ 갈등 / ~으로 위축되다. 2 심리에 관한 (것). ¶~ 분석 / ~ 고찰.
심리-전(心理戰) [-니-] 명 명확한 적대 행동(敵對行動)은 취하지 않으면서 상대방 국민의 심리에 작용하게 하여 외교·군사 관계 등을 자기 나라에 유리한 작전으로 이끌게 하는 전법에 의한 싸움.
심리-주의(心理主義) [-니-의/-니-이] 명[철] 철학이나 정신과학의 여러 가지 문제를 인간의 심적·주관적 과정으로 환원하여 심리학적 견지에서 생각하는 입장.
심리-학(心理學) [-니-] 명 인간이나 동물의 심리와 행동을 과학적으로 연구하는 학문. 준심리.
심마니 명 깊은 산에 들어가 산삼 캐는 것을 업으로 하는 사람. =채삼꾼.
심마니-말 명 심마니들만이 서로 쓰는 변말. '산삼'을 '부리시리', '쌀'을 '모새'라고 하는 등.
심막(心膜) 명[생] =위심낭(圍心囊).
심문¹(心門) 명[생] 혈액이 심장으로 출입하는 문.
심문²(審問) 명[법] 법관이 당사자나 이해 관계자에게 개별적으로 소송 사건에 관하여, 입으로 또는 문서로 하고 싶은 말이 있는지 묻는 일. 당사자에게 진술의 기회를 주는 행위라 할 수 있음. ▷신문(訊問).
심문-하다 동타여 ¶영장 실질 심사 제도란 판사가 피의자를 **심문하여** 구속의 적부(適否)를 판단하는 제도이다.
심미(審美) 명 미(美)와 추(醜)를 살펴 미의 본질을 밝히는 것. ¶~관(觀) / ~ 비평.
심미-안(審美眼) 명 미(美)를 살펴 찾는 안목. ¶그는 그림에 대한 ~이 있다.
심-박동(心搏動) [-똥] 명[생] 심장이 주기적으로 줄었다 늘어났다 하는 운동.
심박-수(心搏數) [-쑤] 명 심장 박동의 횟수.
심ː발^지진(深發地震) 명[지] 진원(震源)이 땅속 약 100km 이상의 깊이에서 일어나는 지진.
심방¹(心房) 명[생] 심장의 상반부를 차지하고 체순환 및 폐순환의 혈액을 받는 부분. 양서류 이상의 고등 동물에서는 격벽에 의해 좌심방과 우심방으로 나뉨. ▷심실(心室).
심방²(尋訪) 명 방문해 찾아보는 것. =심문(尋問). **심방-하다** 동타여 ¶목사가 신도의 집을 ~.
심벌(symbol) 명 1 =상징. ¶비둘기는 평화의 ~이다. 2 =기호(記號)¹.
심벌-마크(↑symbol mark) 명 정당이나 단체가 운동 방침·주장 혹은 행사 따위를 상징하기 위하여 만들어 낸 표지.
심벌즈(cymbals) 명[음] 쇠붙이로 둥글넓적하게 만든 타악기. 두 짝을 마주 쳐서 소리를 냄. 취주악이나 오케스트라에 쓰임.
심벽(心壁) 명[건] 흙으로 둑을 쌓을 때, 물이 밖으로 새지 못하도록 진흙 같은 재료로 만들어 그 가운데에 넣는 벽체.
심병(心病) 명 1 마음속의 근심. 2 [의] 극도로 흥분했을 때에 까무러치는 병.
심-보(心-) [-뽀] 명 =마음보. ¶~가 고약한 사람 / ~가 사납다.
심복¹(心服) 명 '심열성복(心悅誠服)'의 준말. **심복-하다** 동자여
심복²(心腹) 명 ['심장(또는 가슴)과 배'라는

심복 ●1149

심복지인

뜻) 무슨 일이든 믿고 맡길 수 있는 충성스러운 부하. =심복지인. (비)충복. ¶~을 보내 적정을 살피다.

심복지인(心腹之人) [-찌-] 명 =심복(心腹)².

심-봤다[-받따] 감 심마니가 산삼을 발견했을 때 세 번 외치는 소리.

심:부(深部) 명 깊은 곳.

심:부름 명 다른 사람이 시켜서 그 사람 대신에 어느 곳에 물건을 사거나 전하거나 가지러 가거나 갔다 오는 것. ¶잔~/~을 보내다. **심:부름-하다** 통(자여) ¶심부름하는 아이를 두다.

심:부름-꾼 명 심부름하는 사람.

심:부름-센터(-center) 명 수수료를 받고 남의 잔심부름을 해 주는 곳.

심-부전(心不全) 명의 심근 변성·심장 판막증·고혈압증·심막염 등으로 인해 심장이 신체에서 필요로 하는 혈액을 충분히 내보낼 수 없는 상태.

심사¹(心思) 명 1 어떤 일에 대해 기뻐하거나 슬퍼하거나 언짢아하거나 괴로워하거나 노여워하거나 하는 마음의 작용. ¶~이 편치 않다/술로 괴로운 ~를 달래다. 2 맞갖지 않아 어깃장을 놓고 싶은 상태의 마음. (비)심술·심통. ¶~가 나다/~를 부리다.

심사(가) 사납다 관 마음보가 나쁘고 심술궂다.

심:사²(深思) 명 깊이 생각하는 것. 또는, 그 깊은 생각. **심:사-하다**¹ 통(타여)

심사³(審査) 명 적부(適否), 당락이나 합격 여부, 등급 등을 가리기 위하여 자세히 살피고 조사하는 것. ¶신춘문에 ~ 위원/서류 ~를 받다. **심사-하다**² 통(타여) ¶작품을 ~.

심사-되다 통(자)

심사^도법(心射圖法) [-뻡-] 명[지] 지도 투영법의 하나. 시점을 지구 중심에 두고, 지구 표면에 접하는 평면에 경위선을 투영하는 방법. 항로도·항공도 등에 이용함.

심:사-숙고(深思熟考) [-꼬] 명 깊이 잘 생각함. **심:사숙고-하다** 통(타여)

심사-원(審査員) 명 심사를 맡은 사람.

심산¹(心算) 명 =속셈1. ¶나를 속이려 ~으로 그런 소릴 했지?

심:산²(深山) 명 깊고 험한 산.

심:산-계곡(深山溪谷) [-계-/-게-] 명 깊은 산속의 골짜기.

심:산-유곡(深山幽谷) [-뉴-] 명 깊은 산의 으슥한 골짜기.

심상¹(心狀) 명 마음의 상태.

심상²(心喪) 명 상복은 입지 않고 마음으로 근칭하는 일.

심상³(心象·心像) 명[심] 1 상상력에 의하여 구체적인 정경(情景)을 마음속에 그리는 일. 2 이전에 감각에 의하여 얻어졌던 것이 마음속에서 재생한 것. =이미지. (비)표상(表象).

심상⁴(心想) 명 마음속의 생각.

심상⁵(尋常) ➔**심상-하다** 형(여) 대수롭지 않고 예사롭다. (비)범상(凡常)하다. (동태가) **심상치 않다**. ↔비상(非常)하다. **심상-히** 부 ¶오늘의 사태는 ~ 보아 넘길 일이 아니다.

심성(心性) 명 1 본디부터 타고난 마음씨. ¶~이 곱다/~이 좋은 아이. 2[불] 참되고 변하지 않는 마음의 본체(本體).

심:성-암(深成巖·深成岩) 명[광] 마그마가 지하 깊은 곳에서 천천히 굳어 이루어진 화성암. 일반적으로 결정 상태이며, 조암 광물로 이루어짐. 화강암·섬록암·반려암 따위.

심수(心受) 명 마음으로 받는 것. 곧, 깨닫는 것. (비)납득(納得). ¶구전(口傳)~. **심수-하다** 통(타여)

심술(心術) 명 1 온당하지 않게 고집을 부리며. ¶공연한 ~로 남을 괴롭히다. 2 남을 골리기 좋아하거나 남이 잘못되는 것을 좋아하는 마음보. ¶~을 떨다/~을 피우다/~이 많다/~이 나다. ×심청.

심술(을) 놓다 관 남을 방해하려고 심술궂은 일을 꾸미다.

심술(이) 사납다 관 심술이 많고 모질다.

심술궂은 짓.

심술-궂다(心術-) [-굳따] 형 심술이 몹시 많다. **심술궂은 짓**.

심술-기(心術氣) [-끼] 명 심술을 부리고 싶은 마음. 또는, 표정에서 느낄 수 있는 심술의 기운. ¶~가 발동하다/~가 얼굴에 가득하다.

심술-꾸러기(心術-) 명 심술이 아주 심한 사람.

심술-딱지(心術-) [-찌] 명 '심술'을 속되게 이르는 말.

심술-부리다(心術-) 통(자) 짐짓 심술궂은 행동을 하다.

심술-쟁이(心術-) 명 심술을 잘 부리는 사람을 얕잡아 이르는 말. ¶~ 놀부.

심술-주머니(心術-) [-쭈-] 명 1 심술이 많은 사람을 놀림조로 이르는 말. 2 심술이 잔뜩 들어 있는 마음보.

심술-통이(心術-) 명 '심술통이'의 잘못.

심술-퉁이(心術-) 명 심술이 아주 많은 사람. ×심술통이.

심술-패기(心術-) 명 심술이 있는 아이.

심신¹(心身) 명 마음과 몸. ¶~ 수양/~을 단련하다/~이 피로하다.

심신²(心神) 명 마음과 정신.

심신^미약(心神微弱) 명[법] 심신 상실보다는 정도가 가벼우나, 정신 기능이 쇠약하여 선악을 식별할 능력이 극히 미약한 상태. 형법상으로는 형이 감경(減輕)되고, 민법상으로는 한정 치산의 원인이 됨. =심신 박약.

심신^미약자(心神微弱者) [-짜] 명[법] 심신 미약의 상태에 있는 사람. =심신 박약자.

심신^박약(心神薄弱) 명[법] =심신 미약.

심신^박약자(心神薄弱者) [-짜] 명[법] =심신 미약자.

심신^상실(心神喪失) 명[법] 정신 기능의 장애로 선악을 식별할 능력이 없거나 의사를 결정할 능력이 없는 상태. 심신 미약보다 정도가 심함. 민법상으로는 금치산(禁治産)의 원인이 되고, 형법상으로는 범죄 행위도 처벌되지 않음.

심신^상실자(心神喪失者) [-짜] 명[법] 심신 상실의 상태에 있는 사람.

심신^장애인(心神障礙人) 명[법] 정신 기능에 장애가 있는 사람. 심신 상실자와 심신 미약자 또는 박약자로 나누어짐.

심실(心室) 명[생] 심장의 하반부를 차지하여 혈액을 내보내는 부분. 조류·포유류에서는 격벽에 의해 좌심실과 우심실로 나뉨. =염통집. 참심방.

심:심¹(甚深) ➔**심:-하다**¹ 형(여) (마음의 표현 정도가) 매우 깊다. ¶**심심한** 사의를 표하다. **심:심-히** 부

심:심²(深深) ➔**심:-하다**² 형(여) 아주 깊다.

심:심-히² 甲

심:심-산골(深深山-) [-꼴] 명 아주 깊은 산골.

심:심-산천(深深山川) 명 아주 깊은 산천.

심:심-소일(-消日) 명 심심풀이로 무슨 일을 함. 또는, 그 일. **심심소일-하다** 자여

심심찮다[-찬타] 형 어떤 일의 빈도가 꽤 잦다. ¶도난 사고가 **심심찮게** 일어나다 / 오늘은 고기가 **심심찮게** 입질을 한다.

심심-파적(-破寂) 명 무료하고 지루한 시간을 보내기 위해 취미나 재미 삼아 어떤 일을 하는 것. 비심심풀이·파적. ¶선비가 ~을 하느라 사군자를 그리다 / 그 정치가는 ~으로 시를 쓰고 있다. **심심파적-하다** 동자여

심심-풀이 명 심심함을 잊거나 없애기 위한 방편. 또는, 그 방편이 되는, 마음의 부담이 없이 가볍고 즐겁게 할 수 있는 어떤 일. 비심심파적. ¶~로 화투를 치다.

심심-하다³ 형(음식이) 짠맛을 보통의 상태보다 덜 가진 상태에 있다. ¶찌개를 **심심하게** 담그다. 작삼삼하다. **심심-히³** 甲

심심-하다⁴ 형여 할 일이 없어 시간 보내기가 지루하고 재미없다. ¶어제는 **심심해서** 영화 구경을 갔었다. **심심-히⁴** 甲

심:악(甚惡) → **심:악-하다**[-아카-] 형여 1 몹시 나쁘다. 2 가혹하고 야박하다.

심:악-스럽다(甚惡-) [-쓰-따] 형田 〈-스러우니, -스러워〉 심악한 데가 있다. **심:악스레** 甲

심안(心眼) 명 사물을 살펴 분별하는 마음의 힘이나 또는 그 작용. ↔육안(肉眼).

심:야(深夜) 명 깊은 밤. =심경(深更). 비한밤중. ¶~ 방송.

심약(心弱) → **심약-하다**[-야카-] 형여 마음이 약하다. ¶그는 워낙 **심약한** 위인이라 매사에 맺고 끊지를 못한다.

심:연(深淵) 명 1 물이 깊은 못. 비소(沼). 2 빠져나오기 어려운 깊은 구렁을 비유하는 말. ¶절망의 ~. 3 뛰어넘을 수 없는 깊은 간격을 비유하는 말.

심열성복(心悅誠服) 명 충심으로 기뻐하며 성심을 다하여 순종함. 준심복. **심열성복-하다** 동자여

심:오(深奧) → **심:오-하다** 형여 (이론 따위가) 깊고 오묘하다. ¶**심오한** 교리 / **심오한** 이치.

심외(心外) [-외/-웨] 명 생각 또는 마음의 밖.

심우(心友) 명 마음이 서로 통하는 벗.

심:원(深遠) → **심:원-하다** 형여 (내용이) 쉽게 헤아릴 수 없이 깊다. ¶**심원한** 사상.

심음(心音) 명[생] 심장이 수축할 때와 확장할 때에 나는 소리.

심:의(審議) [-의/-이] 명 심사하고 토의하는 것. **심:의-하다** 동타여 ¶새 법안을 ~. **심:의-되다** 자여

심:의-회(審議會) [-의회/-이훼] 명 어떤 사항을 심의하기 위하여 모인 회.

심인¹(心因) 명 정신적·심리적인 원인. ↔외인(外因).

심인²(尋人) 명 사람을 찾는 것. 또는, 찾는 사람. ¶~ 광고. **심인-하다** 동자여

심인-성(心因性) [-썽] 명여 어떤 병이나 증세가 정신적·심리적인 원인에서 오는 성질. ¶~ 위장 장애. ▷신경성.

심:장¹(心臟) 명 1[생] 순환계의 중추 기관. 혈액을 혈관 속에 밀어내어 순환시키는 역할을 함. 사람의 심장은 흉강 내의 중앙보다 왼쪽에 있고 주먹보다 조금 큼. =염통. 2 사물의 중심이 되는 곳을 비유하여 이르는 말. ¶엔진은 자동차의 ~이라고 할 수 있다. 3 '마음'을 비유하여 이르는 말.

심장에 파고들다 甲 어떤 일이나 말이 마음 속 깊이 새겨져 자극된다.

심장이 강하다 甲 비위가 좋고 뱃심이 세다.

심장이 뛰다 甲 맥박이 빨라지면서 흥분하다.

심장이 약하다 甲 마음이 약하고 숫기가 없다.

심:장²(深長) → **심:장-하다** 형여 깊고 함축성이 많다. ¶의미**심장한** 말.

심장^마비(心臟痲痺) 명[의] 여러 가지 원인으로 심장의 기능이 갑자기 멈추는 일. 대개는 사망함. ¶~을 일으키다.

심장-병(心臟病) [-뼝] 명[의] 심장에 생기는 여러 가지 병의 총칭. 심장 내막염·심장 판막증·심장염·심장 파열 따위.

심장-부(心臟部) 명 1 심장이 있는 부분. ¶~를 진찰하다. 2 중심이 되는 가장 중요한 부분을 비유하여 이르는 말. ¶적의 ~에 침투하다.

심장-사(心臟死) 명[의] 1 심장병으로 갑자기 죽는 일. 2 심장의 기능이 영구히 정지되어 심장 박동이 더 이상 이뤄지지 않는 상태로서의 죽음. ▷뇌사.

심장^판막증(心臟瓣膜症) [-쯩] 명[의] 심장 판막의 기능이 지속적으로 장애를 받아 생기는 질환. 동계(動悸)·피로감·호흡 곤란·부종(浮腫)·부정맥 등의 증상이 나타남.

심장-형(心臟形) 명 심장과 같이 생긴 모양.

심재(心材) 명 나무줄기의 중심부인 단단한 부분. 또는, 그것으로 된 재목. 보통 홍색·황색·흑갈색이며, 수분(水分)은 변재(邊材)보다 적음. =속재목. ↔변재.

심-적(心的) [-쩍] 관[명] 마음에 느끼거나 마음에 관한 (것). ¶~ 고통 / ~ 작용. ↔물적(物的).

심전-계(心電計) [-계/-게] 명[의] 심장의 활동 전류나 활동 전위(活動電位)의 시간적 변동을 신체의 두 점의 차이로 기록하는 장치의 총칭.

심전-도(心電圖) 명[의] 심장의 수축에 따른 활동 전류와 활동 전위차를 파상(波狀) 곡선으로 기록한 도면.

심정(心情) 명 마음에 품은 생각과 감정. ¶괴로운 ~을 털어놓다 / 대상(大賞)의 영광을 안으셨는데 지금 ~이 어떠십니까?

심-줄 [-쭐] 명 '힘줄'의 변한말.

심:중¹(心中) 명 =마음속. ¶~을 헤아리다.

심:중²(深重) → **심:중-하다** 형여 1 생각이 깊고 무게가 있다. ¶**심중하게** 처신하다. 2 아주 중대하고 심각하다. ¶**심중한** 의미를 담은 작품. **심:중-히** 甲

심증(心證) 명 1 마음에 받는 인상. 2 [법] 법관이 소송 사건 심리에서 마음에 얻게 된 인식이나 확신. ¶~을 굳히다 / 그가 범인이라는 ~이 가는데 증거가 없다.

심지¹(心-) [<심지兒] 1 등잔·남포·초 따위에 실·헝겊을 꼬아서 불을 붙이게 된 물건. =등심(燈心). ¶~를 돋우다 / ~에 불을 붙이다. 2 남포·폭탄 따위를 터뜨리기 위하여 불을 달게 되어 있는 줄. 3 구멍이나 틈바구니에 박는 솜이나 헝겊 등의 총칭. ¶수술한 자리에 ~를 박다. 4 '제비'의 잘못.

심지²(心地) 圀 마음의 본바탕. 凹마음자리. ¶~가 곱다.
심지³(心志) 圀 마음에 품은 의지. ¶~가 굳다 / ~가 나약하다.
심지어(甚至於) 凰 심하다 못하여 나중에는. ¶우리는 12시가 넘어서 집에 들어가기 일쑤였고 ~ 며칠씩 들어가지 않는 경우도 없지 않았다.
심창(深窓) 圀 **1** 깊숙이 있는 창. **2** 깊숙한 방.
심천(深淺) 圀 깊음과 얕음.
심청 圀 '심술'의 잘못.
심청-가(沈淸歌) 圀[음] 판소리 다섯 마당 가운데 하나. 효녀 심청의 이야기를 판소리로 짠 것임. 창법은 계면조가 많음.
심청-전(沈淸傳) 圀[책] 조선 시대에 쓰여진, 작자·연대 미상의 고대 소설의 하나. 효녀 심청이 지극한 효성으로 소경인 아버지의 눈을 뜨게 하였다는 내용임.
심축(心祝) 圀 진심으로 축원하는 것. **심축-하다** 동(타여).
심취(心醉) 圀 (어떤 일·사물 등에) 깊이 빠져 마음을 쏟는 것. **심취-하다** 동(자여) ¶문학에~. **심취-되다** 동(자여).
심층(深層) 圀 속의 깊은 층. ¶~ 심리(心理) / ~ 취재(取材).
심층^심리학(深層心理學) [-니-] 圀[심] 인간의 정신 활동에서 의식되어 있지 않은 부분을 연구 대상으로 하여, 인간의 의식 생활이나 행동을 무의식에 의하여 설명하려는 심리학.
심토(心土) 圀[농] 표토(表土) 아래층의 토양. 농기구로 갈아지지 않는 부분임.
심통¹(心-) 圀 '마음을 쓰는 바탕' 또는 '못마땅하여 골이 나 있거나 골부림을 하는 마음의 상태'를 속되게 이르는 말. ¶~을 부리다 / ~이 사납다 / ~이 나다.
[심통이 놀부 같다] 놀부처럼 심통이 사납다.
심통²(心痛) →**심통-하다¹** 형(여) 마음이 괴롭고 아프다.
심통³(深痛) →**심통-하다²** 형(여) **1** 몹시 아프다. **2** 몹시 슬퍼하다.
심판¹〈방〉셈판(경남).
심판²(審判) 圀 **1** 문제가 되는 안건을 심의하여 판결을 내리는 일. ¶세론(世論)의 ~을 받다. **2**[체] 스포츠 경기 등에서, 규칙의 적부(適否)·우열·승부를 판정하는 일. 또는, 그것을 하는 사람. ¶~에 항의하다. **3**[가][기] 하느님이 인간과 세상의 죄를 제재하는 일. ¶최후의 ~. **4**[법] 사건을 심리하여 판단. 또는 판결하는 것. **심판-하다** 동(타여).
심판-관(審判官) 圀[법] 군 판사(軍判事)와 함께 군사 법원을 구성하는 재판관의 하나. 법에 소양이 있고 재판관으로서의 인격과 학식을 구비한 장교 중에서 관할관이 임명함.
심판-대(審判臺) 圀 **1**[체] 경기의 심판을 하는 데 편리하도록 만든 대. **2** 선악 가부간의 판단이 내려지는 자리. ¶~에 오르다.
심폐(心肺) [-페 / -폐] 圀 심장과 폐.
심폐-사(心肺死) [-페- / -폐-] 圀[의] 호흡, 심장 활동, 뇌의 활동이 모두 정지된 상태로서의 죽음. 죽음의 판정에 있어서 '뇌사'와 대비되는 말임. ▷뇌사.
심포니(symphony) 圀[음] =교향곡.

심포니^오케스트라(symphony orchestra) 圀[음] =교향악단.
심포지엄(symposium) 圀 특정한 문제에 대하여 두 사람 이상의 전문가가 서로 다른 각도에서 의견을 발표하고 참석자의 질문에 답하는 형식의 토론회. ¶공해 대책에 대한 ~.
심플(simple) →**심플-하다** 형(여) '단순하다'로 순화. ¶심플한 디자인.
심¹-하다(甚-) 형(여) (어떤 현상이나 사물이나 언행 등의 상태나 정도가) 바람직하지 않게 강하거나 지독하거나 지나치다. ¶바람이 심하게 불다 / 두통이 ~ / 장난이 ~.
심해(深海) 圀 깊은 바다. 보통 수심 200m 이상의 깊은 곳을 말함. ¶~ 어업. ↔천해.
심해^성층(深海成層) 圀[지] 태양 광선이 전혀 꿰뚫지 못하는 암흑의 심해 지층. 보통 깊이가 1000~2000m의 바다 밑을 이름.
심해-어(深海魚) 圀[동] 수심 200m 이상의 깊은 바다에 사는 어류의 총칭.
심해-파(深海波) 圀[지] 수심이 파장의 1/2보다 깊을 때 생기는 파도. ↔천해파.
심허(心許) 圀 진정한 마음으로 허락하는 것. **심허-하다** 동(타여).
심혈(心血) 圀 **1** 심장의 피. **2** 온갖 정성과 힘. ¶~을 쏟다 / 그 그림은 내가 ~을 기울여 그린 작품이야.
심²-호흡(心呼吸) 圀 폐 속에 공기를 될 수 있는 대로 많이 드나들게 하는 호흡법. **심호흡-하다** 동(자여).
심혼(心魂) 圀 마음이나 정신.
심홍(深紅) 圀 =심홍색.
심홍-색(深紅色) 圀 짙은 다홍색. =심홍.
심화¹(心火) 圀 **1** 마음속에 울적하게 일어나는 화. ¶~가 나다 / ~를 이기지 못하다 / ~가 끓다. **2** 마음에 치받쳐서 나는 병. =심화병.
심화²(深化) 圀 **1** 어떤 현상이 차차 깊어지거나 깊어 가게 하는 것. **2** 심오해지거나 심오하게 하는 것. **심화-하다** 동(자)(타여) ¶심화하는 빈부의 격차. **심화-되다** 동(자여) ¶이번 사건으로 양국의 적대감이 한층 심화되었다.
심화-병(心火病) [-뼝] 圀 =심화(心火)². **심회**(心懷) [-회 / -훼] 圀 마음속에 느껴 품고 있는 생각. ¶서글픈 ~.
심흉(心胸) 圀 가슴속 깊이 간직한 마음.
심²-히(甚-) 凰 정말로 몹시. ¶집의 마음이 ~ 괴롭도다 / 이번 사태에 대하여 ~ 유감스럽게 생각한다.
십(十) **I** ㊅ '열'과 같은 뜻의 한자어 계통의 수사. 아라비아 숫자로는 '10', 로마 숫자로는 'X'로 나타냄. ¶~ 나누기 이는 오. **II**관 '열', '열째'의 뜻. ¶~ 리 / ~ 년 / ~ 원 / ~.
[십 년 묵은 체증이 내리다] 어떤 일 때문에 더할 나위 없이 속이 후련함을 느낀다는 말. [십 년이면 산천(山川)(강산(江山))도 변한다] 세월이 흐르면 세상에서 변하지 않는 것은 없다.
십간(十干) [-깐] 圀 그 포괄하는 수가 모두 열(갑·을·병·정·무·기·경·신·임·계)이라는 데에서 '천간(天干)'을 달리 이르는 말.
십걸(十傑) [-껄] 圀 어떤 분야에서 능력이 뛰어난 열 사람의 인물. ¶타격 ~.
십경(十經) [-꼉] 圀 유가(儒家)의 열 가지 경서. 곧, '주역(周易)', '상서(尙書)', '모시

(毛詩)', '예기(禮記)', '주례(周禮)', '의례(儀禮)', '춘추좌씨전(春秋左氏傳)', '공양전(公羊傳)', '곡량전(穀梁傳)' 및 '논어(論語)' 또는 '효경(孝經)'을 합친 것의 총칭.

십계¹(十戒) [-꼐-] 명 사미와 사미니가 지켜야 할 열 가지 계율. 곧, 오계(五戒:살생하지 말 것, 훔치지 말 것, 음행하지 말 것, 거짓말하지 말 것, 술 마시지 말 것)를 포함하여, 꽃다발을 쓰거나 향을 바르지 말 것, 노래하고 춤추고 풍류를 즐기지 말 것, 높고 큰 평상에 앉지 말 것, 제때가 아니면 먹지 말 것, 재물을 모으지 말 것 따위. ▷오계.

십계²(十誡) [-꼐/-꼐] 명 '십계명'의 준말.

십-계명(十誡命) [-꼐-/-꼐-] 명성 하느님이 모세에게 계시한 열 가지의 계명. 곧, 다른 신을 섬기지 말 것, 우상을 섬기지 말 것, 하느님의 이름을 망령되이 하지 말 것, 안식일을 지킬 것, 어버이를 공경할 것, 살인하지 말 것, 간음하지 말 것, 도둑질하지 말 것, 거짓말하지 말 것, 이웃의 것을 탐내지 말 것. 유대교와 크리스트교의 근본 계율이 됨. ⓒ십계.

십구공-탄(十九孔炭) [-꾸-] 명 19개의 구멍이 뚫린 연탄.

십년-감수(十年減壽) [심-] 명 [수명이 10년이나 줄었다는 뜻] 심한 공포·위험 등을 겪고 하는 말. **십년감수-하다** 동(자여) ¶얼마나 무서웠던지 십년감수했다.

십년-공부(十年工夫) [심-] 명 오랜 세월을 두고 쌓은 공.
[십년공부 도로 아미타불(나무아미타불)] 오랫동안 공을 쌓아 오던 일이 허사가 됨을 이르는 말.

십년지계(十年之計) [심-계/심-게] 명 십년을 내다보는 원대한 계획.

십년-지기(十年知己) [심-] 명 오래전부터 사귀어 온 친구. ¶그는 나의 ~이다.

십-대왕(十大王) [-때-] 명[불] =시왕(十王).

십만(十萬) [심-] Ⅰ준 만(萬)의 열 곱절. Ⅱ관 ¶~ 대군(大軍).

십목소시(十目所視) [심-쏘-] 명 [여러 사람이 다 보고 있는 바라는 뜻] 세상 사람을 속일 수 없음을 이르는 말.

십방(十方) [-빵] 명 여러 방면. ¶~으로 생각해 봐도 뾰족한 도리가 없다.

십벌지목(十伐之木) [-뻘-] 명 아무리 뜻이 굳은 사람이라도 여러 번 유혹하면 결국은 마음이 변한다는 말. '열 번 찍어 아니 넘어가는 나무 없다'와 같은 말.

십분(十分) [-뿐] 부 아주 충분히. ¶실력을 ~ 발휘하다 / 너의 심정을 ~ 이해한다.

-십사 [-싸] 어미 모음이나 'ㄹ' 받침으로 끝나는 동사의 어간에 붙어, '바람[所望]'을 나타내는 합쇼체의 종결 어미. 어간 끝 음절의 'ㄹ' 받침은 탈락됨. 흔히 인용절로 안김. ¶부디 참석하시어 자리를 빛내 주~ 간곡히 부탁드립니다. ▷-으십사.

십상¹[-쌍] 명부 일이나 물건이 마침맞게 썩 알맞은 것. ¶그 공터는 아이들의 놀이터로 ~ 좋았다. / 매운탕, 졸임뿐 아니라 튀김용에도 붙어야 ~이다. 〈곽학송:방어〉 원십성(十成).

십상²(十常) [-쌍] 명부 '십상팔구'의 준말. ¶그렇게 놀다가는 낙제하기 ~이다.

십상-팔구(十常八九) [-쌍-] 명부 어떤 일의 가능성이 매우 높음을 이르는 말. 田십중팔구. ¶그의 집을 찾아가도 그를 만나지 못하기 ~이다. ⓒ십상.

십생구사(十生九死) [-쌩-] 명 위태로운 지경을 겨우 벗어남. 田구사일생. **십생구사-하다** 동(자여)

십선(十善) [-썬] [불] 1 십악(十惡)을 행하지 않는 일. 또는, 십계를 지키는 일. 2 전세에 십악을 행하지 않은 과보(果報)로 현세에서 받는다고 하는 천자(天子)의 지위.

-십시다 [-씨-] 어미 모음이나 'ㄹ' 받침으로 끝나는 동사의 어간에 붙어, '합쇼' 할 상대에게 청유의 뜻을 나타내는 종결 어미. 어간 끝 음절의 'ㄹ' 받침은 탈락됨. ¶그의 말대로 하~. ▷-으십시다.

-십시오 [-씨-] 어미 모음이나 'ㄹ' 받침으로 끝나는 동사의 어간에 붙어, '합쇼' 할 상대에게 명령·부탁의 뜻을 나타내는 종결 어미. 어간 끝 음절의 'ㄹ' 받침은 탈락됨. ¶지금 당장 떠나~. / 편히 쉬~. ▷-으십시오.

십시일반(十匙一飯) [-씨-] [열 술이면 한 사람분의 먹을 양식이 된다는 뜻] 여럿이 힘을 합하면 한 사람을 돕기 쉽다는 비유.

십실-구공(十室九空) [-씰-] 명 [열 집 중 아홉 집이 텅 비었다는 뜻] 재난으로 인하여 많은 사람이 뿔뿔이 흩어지거나 죽어 없어짐.

십악(十惡) 명[불] 몸과 입과 마음으로 짓는 열 가지 죄악. 곧, 살생(殺生)·투도(偸盜)·사음(邪淫)·망어(妄語)·기어(綺語)·양설(兩舌)·악구(惡口)·탐욕(貪慾)·진에(瞋恚)·사견(邪見).

십오-야(十五夜) 명 음력 보름날 밤. ¶~ 밝은 달.

십월 명 '시월(十月)'의 잘못.

십육-강(十六強) [심뉵깡] 명 운동 경기에서, 준준결승에 진출할 자격을 가리기 위해 싸워야 할 16개의 팀이나 16명의 선수.

십육-방위(十六方位) [심뉵빵-] 명 동서남북을 다시 16의 방향으로 나눈 방위.

십육분-쉼표(十六分-標) [심뉵뿐-] 명[음] 온쉼표의 1/16의 길이를 가지는 쉼표. 기호는 '𝄿'.

십육분-음표(十六分音標) [심뉵뿐-] 명[음] 온음표의 1/16의 길이를 가지는 음표. 기호는 '𝅘𝅥𝅯'.

십이-가사(十二歌詞) 명[문] 조선 후기에 널리 불리던 열두 편의 가사. 곧, '백구사(白鷗詞)', '죽지사(竹枝詞)', '어부사(漁父詞)', '행군악(行軍樂)', '황계사(黃鷄詞)', '춘면곡(春眠曲)', '상사별곡(相思別曲)', '권주가(勸酒歌)', '처사가(處士歌)', '양양가(襄陽歌)', '수양산가(首陽山歌)', '매화 타령'.

십이-궁(十二宮) 명 1[천] '황도 십이궁'의 준말. 2[민] 사람의 생년·월·일·시를 별자리에 배당한 것. 곧, 명궁(命宮)·형제궁(兄弟宮)·처첩궁(妻妾宮)·자궁(子宮)·재백궁(財帛宮)·질액궁(疾厄宮)·천이궁(遷移宮)·노복궁(奴僕宮)·관궁(官宮)·전택궁(田宅宮)·복덕궁(福德宮)·부모궁(父母宮).

십이륙-사ː태/10·26 사태(十二六事態) [-싸-] 명 1979년 10월 26일에 박정희 대통령이 중앙 정보부장 김재규에게 피살된 사건. 이 사건으로 유신 체제가 붕괴되었음.

십이-분(十二分) 부 정도가 넘칠 만큼 충분함을 나타내는 말. '십분(十分)'을 더욱 강조하는 말임. ¶실력을 ~ 발휘하다.
십이^성좌(十二星座) 圀[천] =황도 십이궁.
십이-시(十二時) 圀 하루를 12등분하여 십이지(十二支)의 이름을 붙여 일컫는 열두 시.
십이-신(十二神) 圀[민] 구나(俱儺) 때, 쥐·소·호랑이·토끼·용·뱀·말·양·원숭이·닭·개·돼지의 형상의 탈을 쓴 나자(儺者)들.
십이^연기(十二緣起) 圀[불] 과거의 지은 업에 따라서 현재의 과보(果報)를 받으며, 현재의 업을 따라서 미래의 고(苦)를 받는 열둘의 인연. 곧, 무명(無明)·행(行)·식(識)·명색(名色)·육입(六入)·촉(觸)·수(受)·애(愛)·취(取)·유(有)·생(生)·노사(老死). =십이 인연.
십이-월(十二月) 圀 한 해의 열두 달 가운데 열두째 달. 음력 십이월은 '섣달'이라고 함.
십이-율(十二律) 圀[음] 동양 음계의 12음계. 곧, 육률(六律)과 육려(六呂)로 이루어짐.
십이-음(十二音) 圀 한 옥타브 안에 있는 12개의 반음(半音). 반음계를 구성함.
십이음^음계(十二音音階) [-계/-게] 圀 [음] 12개의 반음으로 이루어지는 음계. 원음(原音)과 파생음의 구별을 짓지 않고 전 12음을 동등하게 다룸. =반음 음계.
십이-제;자(十二弟子) 圀[성] 예수가 선택한 열두 명의 제자. 곧, 베드로·안드레(세베대의 아들)·야고보·요한·빌립·바돌로메·도마·마태·야고보(알패오의 아들)·다대오·시몬·유다. =십이 사도·열두 제자.
십이-지(十二支) 圀 그 수에 해당하는 수가 모두 열둘(자·축·인·묘·진·사·오·미·신·유·술·해)이라는 데에 '지지(地支)'를 달리 이르는 말. ¶십간(十干)~.

십이지	동물	십이지	동물	십이지	동물
자(子)	쥐	진(辰)	용	신(申)	원숭이
축(丑)	소	사(巳)	뱀	유(酉)	닭
인(寅)	호랑이	오(午)	말	술(戌)	개
묘(卯)	토끼	미(未)	양	해(亥)	돼지

십이지^신상(十二支神像) 圀[민] 십이지를 12종의 동물로 상징하여 각각 방향과 시간을 맡아 지키고 보호하는 수면 인신상(獸面人身像).
십이지-장(十二指腸) 圀[생] 소장 가운데 위의 유문(幽門)에 이어지는 부분. 길이 약 30cm이며, 'C' 자 모양으로 굽음. =샘창자.
십이지장-충(十二指腸蟲) 圀 대형동물 선충류 구충과(鉤蟲科)의 기생충. 몸길이 약 1cm, 몸빛은 젖빛임. 사람의 입이나 피부를 통하여 들어가며, 처음에는 십이지장에서 발견되었으나 보통 공장(空腸)에 기생함.
십이첩-반상(十二-飯床)[-빤-] 圀 밥·국·김치·찌개(2가지)·찜(2가지)·간장·초간장·초고추장을 기본 음식으로 하여, 생채(2가지)·숙채(2가지)·구이(2가지)·조림·전·편육·마른찬(또는 젓갈)·회(2가지)의 12가지 반찬을 갖춘 상차림. 또는, 그 그릇 한 벌.
십인-십색(十人十色)[-쌕] 圀 사람이 좋아하는 것이나 생각하는 바가 저마다 달라 가지각색임. ¶사람의 생각은 ~이다.
십일-월(十一月) 圀 한 해의 열두 달 가운데 열한째 달. 음력 십일월은 '동짓달'이라고 함.
십일-조¹(十一租)[-쪼] 圀 1 [역] 중세 유럽의 교회가 교구민에게 과세 대상의 1/10의 비율로 징수한 세. =십일세. 2 [기] =십일조(十一條)².
십일-조²(十一條)[-쪼] 圀[기] 교인이 교회에 바치는, 자기 수입의 십분의 일에 해당하는 재물. =십일조(十一租). ¶~를 바치다.
십자(十字)[-짜] 圀 '十(십)'의 자형(字形).
십자-가(十字架)[-짜-] 圀 1 고대 서양에서 죄인을 사형하던 '十(십)' 자 모양의 형구. 2 [예수가 못 박혀 죽은 데서] [가][기] 크리스트교도가 희생과 속죄의 표상으로 예배하고 장식으로 쓰는 '十(십)' 자 모양의 표지.
십자가를 지다 団 남을 대신하여 고난의 짐이나 희생의 역할을 떠맡다. ¶모두 하지 않겠다면 내가 **십자가를 지지**. ▷총대(를) 메다. →총대.
십자-고상(十字苦像)[-짜-] 圀[가] 십자가에 못 박힌 그리스도의 수난(受難)을 묘사한 그림이나 조각상. 囹고상.
십자-군(十字軍)[-짜-] 圀 1 [역] 중세 유럽의 크리스트교도가 팔레스타인과 예루살렘을 이슬람교도로부터 다시 찾기 위하여 감행한 대원정에 참가한 군대. 2 어떤 이상·신념에 토대하여 전투를 하는 군대. ¶평화의 ~.
십자-드라이버(十字driver)[-짜-] 圀 십자 못을 돌려 박거나 틀어 빼는 데 쓰는 연장. =십자나사돌리개.
십자-로(十字路)[-짜-] 圀 '十(십)' 자 모양으로 네 갈래로 갈라지는 길. ⓑ네거리.
십자-말풀이(十字-)[-짜-] 圀 =크로스워드퍼즐.
십-자매(十姉妹)[-짜-] 圀[동] 납부리샛과의 작은 새. 몸길이 12〜13cm. 참새와 비슷함. 몸빛은 희며 가슴에 갈색 띠가 있고 눈동자는 붉음. 가정에서 많이 기름.
십자-못(十字-)[-짜몯] 圀 대가리에 '十(십)' 자 모양의 홈이 있는 나사못.
십자-수(十字繡)[-짜-] 圀 =크로스스티치(cross-stitch).
십자-썰기(十字-)[-짜-] 圀 야채를 써는 방법의 하나. 감자·왜무 등을 세로 십자로 썰고 다시 가로 써는 것으로, 감자조림·찌개 등에 쓰임. ⓑ얄팍썰기·어슷썰기.
십자-집(十字-)[-짜-] 圀[건] 지붕의 용마루가 '十(십)' 자로 된 집.
십자^포화(十字砲火)[-짜-] 圀 1 [군] 전후좌우에서 한곳을 향해 총과 대포를 쏘는 공격. =십자화. 2 집중적인 공격이나 비난. 비유적인 말임. ¶악덕 기업이 언론으로부터 ~를 맞다.
십자-형(十字形)[-짜-] 圀 '十(십)' 자 모양으로 된 형상.
십장(什長)[-짱] 圀 1 인부를 직접 감독하는 두목. ¶노동판의 ~. 2 [역] 병졸 열 사람의 두목.
십-장생(十長生)[-짱-] 圀 장생불사한다는 열 가지. 곧, 해·산·물·돌·구름·소나무·불로초·거북·학·사슴. ⓑ수놓은 병풍.
십전-대보탕(十全大補湯)[-쩐-] 圀[한] 원기를 돕는 약. 숙지황·백작약·천궁·당귀·인삼·백출·백복령·감초·황기·육계를 조합하여 만듦.
십종^경;기(十種競技)[-쫑-] 圀[체] 육상 경기의 남성 혼성 경기. 한 사람이 10종목을 2일 동안 겨루어 총득점으로 승부를 가림. 첫날에는 100m 달리기·멀리뛰기·포환던지기·높이뛰기·400m 달리기를, 둘째 날에는 110m 허들·원반던지기·장대높이뛰기·창던지기·1500m 달리기를 함. ▷오종 경기.

십중-팔구(十中八九)[-쭝-] 명부 [열 가운데 여덟이나 아홉이 그러하리란 뜻] 거의 예외 없이 그러할 것이라는 추측을 나타내는 말. 비십상팔구(十常八九). ¶그따위 무모한 계획이란 ~는 실패할 것이다.

십진급-수(十進級數)[-찐-쑤] 명수 십진법으로 얻은 여러 가지의 단위에 붙는 이름. 십·백·천·만·억, 또는 할·푼·리·모 따위.

십진-법(十進法)[-찐뻡] 명수 숫자 0, 1, 2, 3, 4, 5, 6, 7, 8, 9를 써서 10씩 모아서 윗자리로 올려 나아가는 표기법. 구음어는 십승법.

십진-수(十進數)[-찐-] 명수 십진법으로 나타낸 수.

십초^룰(十秒rule) 명체 1 농구에서, 자유투(自由投)를 하는 사람이 공을 받았을 때부터 10초 안에 던져야 하는 규칙. 2 농구에서, 수비하던 팀이 공격으로 전환할 때 10초 안에 프런트 코트로 공을 가져가야 하는 규칙.

십촌(十寸) 명 고조부의 친형제의 고손자·고손녀. 같은 항렬이며, 5대조가 같음. 비사종(四從).

십팔-금(十八金) 명 순금의 금분(金分)을 24라 할 때, 금분이 18인 금. ¶~ 반지.

십팔-기(十八技) 명 중국에서 전해 온 열여덟 가지 무예. =십팔반무예.

십팔-번(十八番) 명 [일본어 '十八番(주하치반)'에서 온 말로, 일본의 이치카와(市川) 가문에 전해 내려오는 교겐(狂言)이라는 극이 18가지가 있었다는 데에서] (속) 어떤 사람이 가장 즐겨서 잘 부르는 노래. ¶내 ~은 최희준의 '하숙생' 이다.

유의어 **십팔번 / 애창곡**

둘 다 즐겨 부르는 노래를 가리키나 '**십팔번**' 은 가장 잘 부르는 한 곡을 가리키는 경향이 강한 반면, '**애창곡**' 은 반드시 한 곡만을 가리키지 않음. 또한, 전자는 한 개인이 즐기는 노래를 가리키는 반면, 후자는 어떤 부류나 집단의 것도 가리킬 수 있음. 그러나 '**십팔번**' 은 일본식 말에서 온 속어이므로 사용을 피하는 것이 바람직함.

싯-[싣] 접두 어간의 첫 음절이 음성 모음이고 첫소리가 울림소리인 일부 색채 형용사의 앞에 붙어, 빛깔이 짙으면서도 우중충하거나 다소 어두움을 나타내는 말. ¶~누렇다 / ~멀겋다.

싯-귀 명 '시구(詩句)' 의 잘못.

싯-누렇다[싣-러타] 형ㅎ〈~누러니, ~누러오, ~누렇소〉매우 노랗다.

싯누레-지다[싣-] 동자 싯누렇게 되다. ¶꽃잎이 ~. 좌샛노래지다.

싯-멀겋다[싣-거타] 형ㅎ〈~멀거니, ~멀거오, ~멀겋소〉〈빛깔이〉매우 멀겋다. 좌샛말갛다.

싯멀게-지다[싣-] 동자 싯멀겋게 되다. 좌샛맑게지다.

싯-발(詩-)[시빨/싣빨] 명 시를 지을 때 다는 운자(韻字). ¶~을 달다.

싱가포르(Singapore) 명지 말레이 반도의 동남단에 있는 공화국. 수도는 싱가포르.

싱건-김치 명 김장 때 삼삼하게 담근 무김치.

싱겁다[-따] 형ㅂ〈싱거우니, 싱거워〉1 (간을 맞추어 맛을 내는 음식이) 짠맛이 보통의 정도보다 덜해 소금이나 간장 등이 더 들어가야 할 상태에 있다. =심심하다·밍밍하다. ¶국이 ~ / 음식을 **싱겁게** 먹다. ↔짜다. 2 (술이나 담배 등이) 그 맛이나 독한 정도에 있어서 기대하거나 원하는 정도에 미치지 못한 상태에 있다. ¶독한 술인 줄 알았더니 마셔 보니 ~. 3 (무슨 내용이) 기대한 바와 달리 알찬 데가 다소 영성하거나 허술하다. ¶그 영화는 마지막에 가서 **싱겁게** 끝나 버렸다. 4 (사람이) 말이나 행동에 있어서 제격에 어울리지 않게 엉뚱한 데가 있다. ¶**싱겁게** 키만 훌쭉한 사나이 / 저 친구는 가끔가다 **싱거운** 소리를 잘한다. **싱거이** 부

싱경싱경-하다 형여 1방이 차고 썰렁하다. ×싱둥싱둥하다. 2 '싱둥싱둥하다' 의 잘못.

싱그럽다[-따] 형ㅂ〈싱그러우니, 싱그러워〉1싱싱하고 생기 있다. ¶소년의 해맑고 **싱그러운** 미소. 2 신선하고 향긋하다. ¶**싱그러운** 라일락 향기가 코에 스민다.

싱그레 부 소리 없이 슬며시 눈만 움직여서 웃는 모양. 좌생그레. 센씽그레. **싱그레-하다** 동자여

싱글(single) 명 1 한 개. 비단일(單一). ¶~홈런. 2 체 ~단식 경기. 3 '싱글브레스트' 의 준말. 4 '독신(獨身)', '미혼' 으로 순화.

싱글-거리다/-대다 자 은근히 눈만 움직여 자꾸 소리 없이 웃음 짓다. 좌생글거리다. 센씽글거리다.

싱글-벙글 부 싱글거리면서 벙글거리는 모양. 좌생글방글. 센씽글뻥글. **싱글벙글-하다** 동자여

싱글-베드(single bed) 명 일인용의 침대. ↔더블베드.

싱글-브레스트(←single-breasted) 명 재킷이나 외투의 여미는 부분이 앞의 중앙에 있으면서 옷섶의 겹치는 부분이 좁고 외줄 단추로 된 형식의 옷. 또는, 그런 형식의 옷. 비홑자락. 준싱글. ↔더블브레스트.

싱글-빙글 부 싱글거리면서 빙글거리는 모양. 좌생글뱅글. 센씽글삥글. **싱글빙글-하다** 동자여

싱글-싱글 부 싱글거리는 모양. 좌생글생글. 센씽글씽글. **싱글싱글-하다** 동자여

싱긋[-귿] 부 정답게 살짝 눈웃음치는 모양. ¶그는 나와 눈이 마주치자 ~ 웃었다. 좌생긋. 센씽긋·씽긋. **싱긋-하다** 동자여

싱긋-이 부 '싱긋' 과 같은 뜻.

싱긋-거리다/-대다[-귿(때)-] 자여 자꾸 싱긋하다. 좌생긋거리다. 센씽긋거리다·씽긋거리다·씽끗거리다.

싱긋-벙긋[-귿벙귿] 부 싱긋거리면서 벙긋거리는 모양. 센씽끗뻥끗. **싱긋벙긋-하다** 동자여

싱긋-빙긋[-귿삥귿] 부 싱긋거리면서 빙긋거리는 모양. 좌생긋뱅긋. 센씽긋삥긋·씽끗뻥끗·씽끗삥끗. **싱긋빙긋-하다** 동자여

싱긋-싱긋[-귿-귿] 부 싱긋거리는 모양. 좌생긋생긋. 센씽긋씽긋·씽끗씽끗·씽끗씽끗. **싱긋싱긋-하다** 동자여

싱끗[-끋] 부 '싱긋' 의 센말. 좌생끗. 센씽끗. **싱끗-하다** 동자여

싱끗-거리다/-대다[-끋때(때)-] 동자여 '싱긋거리다' 의 센말. 좌생끗거리다. 센씽끗거리다.

싱끗-벙끗[-끋뻥끋] 부 '싱긋벙긋' 의 센말.

싱끗벙끗-하다 [재여]
싱끗-빙끗 [-끋삥끋] 閉 '싱긋빙긋'의 센말. ㉠생끗뱅끗. ㉡씽끗삥끗. **싱끗빙끗-하다** 동 [재여]
싱끗-싱끗 [-끋씽끋] 閉 '싱긋싱긋'의 센말. ㉠생끗생끗. ㉡씽끗씽끗. **싱끗싱끗-하다** 동 [재여]
싱둥싱둥-하다 [형여] **1** 기운이 줄지 않고 본디대로 아직 남아 있다. ㉠생동생동하다. × 싱경싱경하다. **2** '싱경싱경하다' 의 잘못.
싱둥-하다 [형여] **1** 싱싱하게 생기가 있다. **2** 부끄럼을 타지 않거나 시큰둥하다.
싱숭-생숭 閉 마음이 들떠 어수선하고 갈팡질팡하는 모양. =싱릉생릉. **싱숭생숭-하다** [형여] ¶봄이 되니 공연히 마음이 ~.
싱싱-하다 [형여] **1** 시들거나 상하지 않고 생기가 있다. ¶**싱싱한** 과일 / 생선이 ~. **2** (초목이) 자라는 힘이 왕성하다. ¶나무가 **싱싱하게** 자라다. **3** (빛깔이) 맑고 산뜻하다. =끼끗하다. ¶6월은 **싱싱한** 초록빛 계절. ㉠생생하다. ㉡씽씽하다. **싱싱-히** 閉
싱아 阁 [식] 마디풀과의 여러해살이풀. 높이 1m 이상. 산·들에 나며, 6~9월에 흰 꽃이 핌. 어린잎과 줄기는 신맛이 있으므로 먹음.
싱어송라이터 (singer-songwriter) 阁 '가수 겸 작곡가'로 순화.
싱커 (sinker) 阁 [체] 야구에서, 투수의 공이 큰 회전 없이 타자의 몸 쪽으로 가라앉는 상태. 또는, 그런 상태의 공.
싱크-대 (sink臺) 阁 조리할 재료를 다듬거나 가열하거나 설거지를 하거나 씻은 그릇을 넣어 두거나 할 수 있도록 만든 부엌 시설. 조리대·개수대·가스대·식기장 등으로 이루어짐.
싱크로나이즈드^스위밍 (synchronized swimming) 阁 [체] 음악에 맞추어 헤엄치면서 동작 기술의 정확함과 표현의 아름다움을 겨루는 수영 경기의 하나. =수중 발레.
싱크로-사이클로트론 (synchro-cyclotron) 阁[물] 싱크로트론의 가속 원리를 사이클로트론에 응용한 가속기의 하나. 자기장의 세기는 일정하게 하고 입자의 질량 증가에 대응하여 고주파 전기장의 주파수를 점차로 낮추는 것으로 가속함.
싱크로트론 (synchrotron) 阁[물] 가속기(加速器)의 하나. 사이클로트론에서는 도달할 수 없는 고(高)에너지까지 전자 또는 양성자로 가속할 수 있음.
싱크-탱크 (think tank) 阁 정치·경제·사회 등 모든 영역에 걸쳐 아이디어와 조언을 제공하는 전문가 집단. 또는, 그런 전문가 집단으로 이루어진 연구소. '두뇌 집단' 으로 순화.
싶다 [십따] 톙 [I] (의존 명사 '듯', '성' 의 다음에 쓰이어) 일이 어떠하거나 어찌 될 가능성이 꽤 큰 것으로 추측됨을 나타내는 말. ¶하늘을 보니 비가 곧 올 듯~ / 하는 양이 큰사람이 될 성~. [II] (보) **1** (주로, 동사의 어미 '-고' 아래에 쓰이어) 어떤 일을 하기를 바라는 상태에 있음을 나타내는 말. ¶나는 냉면을 [냉면으] 먹고~. **2** (어미 '-ㄴ가/은가/는가', '-지', '-다' 등의 아래에 쓰이어) 앞에 오는 내용에 대하여 확신은 가지 아니하지마는 어느 정도 그러하리라 생각함을 나타내는 말. 다만, 조사 '이다' 가 '-ㄴ가' 와 결합하는 구성에서는 얼마간의 불신을, '아니다' 가 '-ㄴ가' 와 결합하는 구성에서는 얼마간의 확신을 나타냄. ¶누가 싸우는가 싶어 가 보았다. / 물이 깊은가 싶어서 더 들어가지 않았다. / 지금쯤이면 도착했지 ~. **3** (어미 '-ㄹ까/을까' 아래에 쓰이어) 앞에 오는 내용에 대해 어느 정도 가지고 있거나, 그렇게 될까 걱정하거나 두려워함을 나타내는 말. ¶설마 그 사람이 그런 짓을 할까 ~. **4** ('-았/었/였-' 을 가지는 동사나 형용사의 어미 '-면/으면' 아래에 쓰이어) 앞의 내용에 대해 그렇게 되거나 그러하였으면 좋겠다는 희망을 가정적으로 나타내는 말. ¶주위가 좀 더 조용했으면 ~.

ㅆ

-ㅆ- [어미](선어말) 'ㅏ', 'ㅓ'로 끝나는 어간 아래에서, '-았/었-' 의 '아/어' 가 탈락된 꼴. ¶가~다 / 건너~다. ▷-았/~었-.
싸가지 阁 **1** 〈방〉싹수(강원·전라). **2** (주로 '싸가지(가) 없다'의 꼴로 쓰여) '예의범절' 을 속되게 이르는 말. ㉥버르장머리. ¶~가 없는 녀석.
싸각-거리다/-대다 [-꺼(때)-] [형] [자타] '사각거리다'의 센말. ㉡써걱거리다.
싸각-싸각 閉 '사각사각' 의 센말. ㉡써걱써걱. **싸각싸각-하다** 형
싸-개 阁 **1** 물건을 싸는 종이나 헝겊. ¶발-/책-. **2** '싸개통' 의 준말.
싸개-질 阁 **1** 물건을 포장하는 짓. **2** 의자나 침대 등의 앉을자리를 헝겊이나 가죽으로 싸는 짓. **싸개질-하다** 동 [타여]
싸개-통 阁 여러 사람이 둘러싸고 다투며 승강이를 하는 상황. ¶~에 걸려들다. ㉣싸개.
싸개-판 阁 싸개통이 벌어진 판.
싸고-돌다 동 [타] 〈~도니, ~도오〉 **1** 무엇을 중심으로 하여 그 둘레에서 자꾸 움직이다. **2** 누구를 두둔하며 행동하다. ¶아이를 그렇게 **싸고돌기**만 하면 아이의 버릇이 나빠지지 않았어요? ㉣싸돌다.
싸구려 I 阁 장사치가 손님을 끌려고 값이 싸다는 뜻으로 외치는 말. ¶~ ~ 에엣 ~, 십오 전에 두 가지, 십오 전에 두 가지씩. 〈김유정: 봄과 따라지〉
II 阁 값이 싼 질이 낮은 물건. ¶~ 옷.
싸구려-판 阁 싸구려 물건을 파는 판.
싸느랗다 [-라타] [형여] 〈싸느라니, 싸느라오, 싸느래〉 싸늘한 느낌을 주는 데가 있다. ¶날씨가 ~. ㉡써느렇다. ㉠사느랗다. × 싸느렇다.
싸느래-지다 동 [자] 싸느랗게 되다. ㉡써느레지다, ㉠사느래지다.
싸느렇다 [형여] '싸느랗다' 의 잘못.
싸늘-하다 [형여] **1** (기운이나 바람 등이) 약간 추운 느낌을 주는 상태에 있다. ¶**싸늘한** 가을바람. **2** (가슴이) 놀라거나 두려워하는 느낌이 있다. **3** (물체의 온도가) 차가운 느낌을 주는 상태에 있다. ¶**싸늘하게** 식은 찻잔. **4** (표정 따위가) 따뜻하거나 부드럽지 않고 차가운 느낌을 주는 상태에 있다. ¶**싸늘한** 표정. ㉡써늘하다. ㉠사늘하다. **싸늘-히** 閉
싸다¹ 동[타] **1** (어떤 물체를 넓이를 가진 물체에 [로]) 둘러서 가려지거나 담기게 하다.

(비)포장하다. ¶선물을 포장지로 예쁘게 ~ / 귀를 목도리로 ~. 2 (어떤 물건을) 다른 곳으로 옮기기 좋게 담는 도구에 넣거나 끈으로 묶거나 종이나 천으로 두르다. ¶이삿짐을 ~ / 도시락을 ~. 3 (어떤 것의 둘레를) 둥글게 막거나 두르다. 또는, (사람이 대상의 둘레를 어떤 것으로) 둥글게 막거나 두르다. ¶기사(記事)를 박스로 ~ / 농장을 울타리로 ~. 4 →감싸다·싸고돌다.

싸다² 퇃(타) 1 (사람이 똥이나 오줌을) 참지 못하거나 제대로 가리지 못하여 이불이나 옷 등에 나오게 하다. ¶철수가 지난밤에 오줌을 **쌌다**. 2 '누다'를 속되게 이르는 말. ¶술을 잔뜩 먹고는 길거리에 오줌을 ~. 3 (몸 속의 정액을) 몸 밖으로 나오게 하다. 속된 말. (비)사정하다.

싸다³ 톙 1 (불기운이) 이용하기에 정도가 세다. ¶싼 불에 물을 끓이다. 2 (움직이는 정도가) 보통의 경우보다 빠르다. 아직은 방언에 가까운 말로, 전라도나 충청도에서 주로 쓰임. ¶밥을 **싸게** 먹다. 3 입(口) 싸다 →입.

싸다⁴ 톙 1 (물건의 값이나 어떤 일에 대한 비용이) 비교 대상이나 보통의 경우보다 적게 나가거나 드는 상태에 있다. (비)값싸다·헐하다. ¶옷을 **싸게** 사다. ↔비싸다. 2 (주로 동사의 어미 '-아/어' 뒤에 쓰여) (사람이 벌을 받거나 욕을 먹거나 좋지 않은 일을 당하는 것이) 그의 잘못된 행동에 비추어 보아 당연하거나 마땅함의 뜻을 도다. ¶그 못된 놈! 천벌을 받아 ~.

[**싼 것이 비지떡**] 값이 싼 물건은 품질이 나쁘다는 말.

싸-다니다 톰(자타) (사람이 있어야 할 곳에 있지 않고 여기저기를 마구 다니다. 얕잡는 어감을 가진 말임. (비)싸돌아다니다·쏘다니다. ¶밤이 늦도록 어디를 **싸다니다** 이제 오느냐. 준싸대다.

싸-다듬이 몡 매나 몽둥이로 함부로 때리는 짓. 싸다듬이-하다 톰(타)여

싸-대다 톰(자타) '싸다니다'의 준말.

싸-데려가다 톰(자) 신랑 쪽에서 모든 혼수를 장만하여 혼인하다. ¶혼처가 웬만하면 시집을 보낼 일이지, 과년(過年)한 딸을 놓아두면 누가 **싸데려가**기라도 한담.

싸-돌다 톰(타) 〈~도니, ~도오〉'싸고돌다'의 준말.

싸-돌아다니다 톰(자타) (사람이) 있어야 할 곳에 있지 않고 여기저기를 마구 돌아다니다. 얕잡는 어감을 가진 말임. (비)싸다니다. ¶다 큰 계집애가 어디를 그렇게 **싸돌아다니**느냐?

싸라기 몡 1 쌀의 부스러기. 2 '싸라기눈'의 준말.

싸라기-눈 몡 빗방울이 갑자기 찬 바람을 만나 얼어 떨어지는 눈. 준싸라기·싸락눈.

싸라기-밥 몡 싸라기가 많이 섞인 쌀로 지은 밥.

[**싸라기밥을 먹었나**] 상대방이 반말 투로 나올 때에 반박하여 이르는 말.

싸락-눈 [-랑-] 몡 '싸라기눈'의 준말.

싸리 몡(식) 콩과의 낙엽 활엽 관목. 높이 2m 내외. 잎은 세 잎이 나오고, 한여름에 짙은 자색이나 홍자색 꽃이 핀다. 잎은 사료로, 나무껍질은 섬유로 씀. 산지에 남. =소형(小荊)·싸리나무.

싸리-나무 몡(식) =싸리.

싸리-말 몡(민) 싸리로 결어 만든 말. 마마의 역신(疫神)을 쫓을 때 씀.

싸리말(을) 태우다 꾸 예전에 천연두에 걸려 12일 또는 13일째가 되면 싸리말을 태워 보내던 풍습에서, '쫓아내다'의 곁말.

싸리-문 [-門] 몡 1 싸리로 결어 만든 문. 2 '사립문'의 잘못.

싸리-버섯 [-섣] 몡(식) 담자균류 싸리버섯과의 버섯. 높이와 폭은 7~15cm. 굵은 흰 자루 위에 싸리나무 모양의 가지를 치고, 끝은 담홍색 또는 담자색을 띠어 마치 산호와 같음. 내부는 꽉 차 있고 육질이며 잘 부스러짐. 침엽수·활엽수의 숲 속에 나며, 널리 알려진 식용 버섯임.

싸리-비 몡 싸리로 만든 비. 마당비로 쓰임.

싸릿-개비 [-리깨-/-릳깨-] 몡 싸리의 한 줄기나 쪼갠 한 토막.

싸릿-대 [-리때/-릳때] 몡 싸리의 줄기.

싸-매다 톰(타) 보자기 따위로 물건을 싸고 꼭 묶다. ¶수건으로 머리를 **싸매고** 누워 있다.

싸목-싸목 閉(방) 천천히 (전남).

싸부랑-거리다/-대다 톰(자재) '사부랑거리다'의 센말. 큰씨부렁거리다.

싸부랑-싸부랑 閉 '사부랑사부랑'의 센말. 큰씨부렁씨부렁. 싸부랑싸부랑-하다 톰(자타)여

싸-안다 [-따] 톰(타) (두 팔로 무엇을) 감싸 안다.

싸우다 톰(자재) 1 (사람이 동물이 다른 사람이나 동물과) 몸의 힘이나 무기나 입으로 하는 말을 가지고 서로 공격하여 이기려고 하다. (비)겨루다·다투다. ¶개가 으르렁거리며 ~ / 영수는 철수와 치고 패고 하면서 **싸웠다**. 2 (나라와 나라, 아군과 적군, 정부군과 반란군 등이) 무기를 가지고 상대를 이기려거나 무찌르려고 공격하다. (비)전쟁하다·전투하다. ¶백제와 신라가 ~ / 미국과 이라크가 ~. 3 운동 경기에서, (선수나 팀이) 상대와 실력을 겨루어 이기려고 하다. ¶우리 팀이 아깝게 지기는 했지만 최선을 다해 **싸운** 경기였다. 4 (닥쳐온 어려움이나 병이나 유혹 따위와) 맞서거나 부딪치는 힘을 이겨 내기 위해 노력하다. ¶이를 악물며 추위와 ~ / 모진 병마와 ~. 5 어떤 목적을 이루기 위해 어려움을 무릅쓰거나 시련을 견디다. (비)투쟁하다. ¶조국의 독립을 위해 ~.

유의어	**싸우다 / 다투다**
	둘 다 상대를 이기려고 하는 행위를 가리키나, '**싸우다**'가 완력과 무기, 또는 말로 하는 것을 모두 포함하는 데 반해, '**다투다**'는 말로 하는 것만을 가리킴. 또한 말로 하는 경우에 있어서도, '**다투다**'가 주로 감정 대립의 상태에서 이뤄지는 것만을 가리키는 데 반해, '**싸우다**'는 그것을 포함하면서 시시비비의 의견 대립의 상태도 가리킬 수 있음(¶부부가 **다투다** [말로 **싸우다**] / 저 친구는 어찌나 입심이 센지 말로 **싸워서** 당해 낼 수가 없다니까.).

싸울-아비 '무사(武士)'의 고유어. 현대 국어에서는 거의 쓰이지 않는 예스런 말임.

싸움 뗑 싸우는 일. 준쌈. **싸움-하다** 톰(자재)여

[**싸움은 말리고 흥정은 붙이랬다**] 나쁜 일은 말리고 좋은 일은 권함이 옳다는 말.

싸움-꾼 몡 싸움을 잘하는 사람. 준쌈꾼.

싸움-닭 [-딱] 몡 닭싸움에 이용하는 닭. 흔

붓대를 걸쳐 잡음. =쌍구법. ↔단구(單鉤). 2 글씨를 베낄 때에 글자의 윤곽을 따라 가는 선으로 그려 내는 법. ¶~전묵.

쌍-구균(雙球菌)[-] [의] 구균 중에서, 두 개씩 짝을 이루어 신장 모양이나 잠두 모양을 하고 있는 구균. 임균·폐렴 쌍구균 따위.

쌍-권총(雙拳銃)[명] 양손에 쥐고 쏘는 두 개의 권총. ¶~을 차다.

쌍-그네[명] 하나의 그네에 두 사람이 마주 서서 뛰는 그네.

쌍그렇다[-러타] [형ㅎ]〈쌍그러니, 쌍그러오, 쌍그런〉 1 찬 바람이 불 때에 베옷 같은 것을 입은 모양이 매우 쓸쓸하다. 2 서늘한 기운이 있다. ¶버들눈썹 아래 호수 같은 맑은 눈이 **쌍그렇게** 위엄을 풍긴다.〈박종화: 다정불심〉

쌍그레 [부] '상그레'의 센말. ¶예쁜 얼굴에 웃음까지 짓다. 큰썽그레. **쌍그레-하다** [동](자여)

쌍글-거리다/-대다 [동](자) '상글거리다'의 센말. 큰썽글거리다.

쌍글-빵글 [부] '상글방글'의 센말. 큰썽글뺑글. **쌍글빵글-하다** [동](자여)

쌍글-쌍글 [부] '상글상글'의 센말. 큰썽글썽글. **쌍글쌍글-하다** [동](자여)

쌍긋[-귿] [부] '상긋'의 센말. 큰썽긋. (센)**쌍긋-이** [부]

쌍긋-거리다/-대다[-귿꺼(때)-] [동](자) '상긋거리다'의 센말. 큰썽긋거리다. (센)**쌍끗거리다**.

쌍긋-빵긋[-귿-귿] [부] '상긋방긋'의 센말. 큰썽긋뺑긋. (센)**쌍끗빵끗**. **쌍긋빵긋-하다** [동](자여)

쌍긋-쌍긋[-귿-귿] [부] '상긋상긋'의 센말. 큰썽긋썽긋. (센)**쌍끗쌍끗**. **쌍긋쌍긋-하다** [동](자여)

쌍-기역(雙-)[명](언) 한글 합성 자음 'ㄲ'의 이름. =된기역.

쌍-까풀(雙-)[명] =쌍꺼풀.

쌍-꺼풀(雙-)[명] 두 겹으로 된 눈꺼풀. =쌍까풀. ¶~ 수술./~이 지다.

쌍꺼풀-눈(雙-)[-룬] [명] 쌍꺼풀이 진 눈. 또는, 그런 눈을 가진 사람.

쌍-끌이(雙-)[명](수산) 두 척의 동력선이 하나의 그물을 함께 나란히 끌되, 그물이 바다 밑바닥에 닿게 하여 물고기를 잡는 방식. 또는, 그런 방식의 어업.

쌍끗[-끋] [부] '상긋', '상끗'의 센말. 큰썽끗. **쌍끗-이** [부]

쌍끗-거리다/-대다[-끋꺼(때)-] [동](자) '상긋거리다', '상끗거리다', '쌍긋거리다'의 센말. 큰썽끗거리다.

쌍끗-빵끗[-끋-끋] [부] '상긋방긋', '상끗방끗', '쌍긋빵긋'의 센말. 큰썽끗뺑끗. **쌍끗빵끗-하다** [동](자여)

쌍끗-쌍끗[-끋-끋] [부] '상긋상긋', '상끗상끗', '쌍긋쌍긋'의 센말. 큰썽끗썽끗. **쌍끗쌍끗-하다** [동](자여)

쌍날-칼(雙-)[명] 양쪽으로 모두 날이 있는 칼.

쌍-년[명] '상년²'의 센말.

쌍-놈[명] '상놈²'의 센말.

쌍동-딸(雙童-)[명] 쌍둥이로 난 딸. =쌍녀(雙女)·쌍생녀(雙生女).

쌍동-밤(雙童-)[명] 한 톨에 두 쪽이 들어 있는 밤. ×쪽밤.

쌍동-아들(雙童-)[명] 쌍둥이로 난 아들. =쌍생자(雙生子).

쌍동-중매(雙童仲媒)[명] 짝을 지어 다니며 직업적으로 하는 중매. ×형제주인엄.

쌍-되다[-뙤/-뛔-] [형] '상되다'의 센말. ¶행실이 몹시 ~.

쌍두-마차(雙頭馬車)[명] 말 두 마리가 끄는 마차.

쌍-둥이(雙-)[명] 한 배에서 한꺼번에 태어난, 둘 또는 그 이상의 사람. =쌍동. (비)쌍생아. ¶이란성(二卵性) ~ / ~ 형제. ×쌍동이.

쌍둥이-자리(雙-)[-] [명](천) 황도 십이궁의 셋째 별자리. 황소자리와 게자리 사이에 있으며, 3월 초순에 자오선을 통과함. =쌍자궁.

쌍-디귿(雙-)[명](언) 한글 합성 자음 'ㄸ'의 이름. =된디귿.

쌍-떡잎(雙-)[-떵닙] [명](식) 한 개의 배(胚)에서 나온 두 개의 떡잎. =복자엽·쌍자엽. ↔외떡잎.

쌍떡잎-식물(雙-植物)[-떵닙씽-] [명](식) 속씨식물의 한 아강(亞綱). 마주 붙어 난 두 개의 떡잎이 있고 줄기가 비대하며, 잎맥은 그물 모양이다. 국화·도라지 따위가 이에 속함. =쌍자엽식물. ↔외떡잎식물.

쌍룡(雙龍)[-뇽] [명] 한 쌍의 용.

쌍륙(雙六)[-뉵] [명] 오락의 한 가지. 주사위 둘을 던져, 나오는 사위대로 말을 써서 먼저 궁에 들어보내는 편이 이기는 놀이. ¶~판 /~을 놓다. (원)상륙(象陸).

쌍륜(雙輪)[-뉸] [명] 앞뒤 또는 양쪽 옆에 달린 두 개의 바퀴.

쌍립(雙立)[-닙] [명] 바둑에서, 한 줄을 사이에 두고 두 개씩 마주 붙어 있는 같은 편의 돌. 또는, 그런 형세.

쌍-말[명] '상말'의 센말. **쌍말-하다** [동](자여)

쌍-망이(雙-)[명](광) 광산에서, 바위에 구멍을 뚫을 때 정을 때리는 쇠망치. ×쌍맹이.

쌍-맹이(雙-)[명](광) '쌍망이'의 잘못.

쌍무¹(雙務)[명] 계약 당사자 쌍방이 서로 지는 의무. ¶~ 계약 /~ 협정. ↔편무(片務).

쌍무²(雙舞)[명] 둘이 쌍을 이루어 추는 춤.

쌍-무지개(雙-)[명] 한꺼번에 위아래로 두 개가 나란히 선 무지개.

쌍미(雙眉)[명] 좌우의 두 눈썹. (비)양미(兩眉).

쌍-바라지(雙-)[명] 좌우로 열어젖히도록 두 짝으로 만든 바라지.

쌍-반점(雙半點)[명](언) 가로쓰기 문장 부호의 하나인 ';'의 이름. 문장을 일단 끊었다가 이어서 설명을 더 계속할 경우에 씀. =세미콜론.

쌍-받침(雙-)[명](언) 똑같은 자음이 겹쳐서 된 된소리 받침. '볶다', '있다' 등에서 'ㄲ', 'ㅆ' 따위. ▷겹받침·홀받침.

쌍발(雙發)[명] 1 발동기가 두 대 달린 것. ¶~식 비행기. 2 총알이 나가는 구멍이 둘인 것. ¶~ 엽총. ↔단발(單發).

쌍발-기(雙發機)[명] 발동기를 두 대 가지고 있는 비행기. ▷단발기·다발기.

쌍방(雙方)[명] =양방(兩方)¹. ¶피해자와 가해자 ~이 원만하게 합의를 보다.

쌍-방향(雙方向)[명] =양방향. ¶인터넷을 통한 ~ 교육 프로그램.

쌍벌-죄(雙罰罪)[-죄/-쭤] [명](법) 어떤 행위에 관련되어 있는 양쪽 당사자 모두를 처벌하는 죄. 간통죄·뇌물죄 따위.

쌍벽(雙璧)[명] '한 쌍의 둥근 옥(玉)'이라는 뜻] 두 사람이나 사물이 두각을 나타낼 만큼 뛰어나되 서로 우열을 가리기 어려운 상태. ¶퇴계와 율곡은 조선조 성리학에 있어서 ~을 이룬 위대한 학자이다.
쌍봉(雙峯) 명 나란히 선 두 개의 봉우리.
쌍봉-낙타(雙峯駱駝) [-따] 명 포유류 낙타과의 한 종. 몸높이 1.8m 내외. 등에 육봉(肉峯)이 둘 있음. 몸빛은 회갈색으로 털이 길고 촘촘함. 성질이 온순하며 한랭·기갈에 잘 견뎌 사막의 교통수단으로 쓰임. ≒쌍봉약대. ▷단봉낙타.
쌍분(雙墳) 명 같은 묏자리에 나란히 쓴 부부의 두 무덤.
쌍-비읍(雙-) 명 [언] 한글 합성 자음 'ㅃ'의 이름. ≒된비읍.
쌍생(雙生) 명 동시에 두 아이를 낳는 것. 또는, 두 아이가 태어나는 것. **쌍생-하다** 자타여
쌍생-아(雙生兒) 명 한 배에서 한꺼번에 태어난 두 아이. 비쌍둥이.
쌍성(雙星) 명 [천] 서로의 인력 작용으로 끌어당겨 공통의 무게 중심의 주위를 공전하고 있는 2개의 항성. ≒연성(連星).
쌍성-총관부(雙城摠管府) 명 [역] 고려 고종 45년(1258)에 원(元)나라가 지금의 함경남도 영흥인 화주(和州) 이북 지역을 통치하기 위하여 설치한 관청.
쌍-소리[-쏘-] 명 '상소리'의 센말.
쌍-소켓(雙socket) 명 '쌍가지 소켓'의 준말.
쌍수(雙手) 명 오른손과 왼손의 두 손. ¶너의 제안을 ~를 들어 환영한다.
쌍수-검(雙手劍) 명 양손에 한 자루씩 가지는 검. 두 자루의 검(兩刀). 준쌍검.
쌍수-도(雙手刀) 명 [역] **1** 군기(軍器)의 하나. 양손에 쥐고 검술을 익히는 칼. **2** 십팔기(十八技)의 하나. 준쌍도.
쌍-스럽다[-쓰-따] 형비 〈~스러우니, ~스러워〉 '상스럽다'의 센말. ¶쌍스러운 욕.
쌍스레 부
쌍시(雙枾) 명 속에 작은 감이 들어 있는 감.
쌍-시옷(雙-) [-온] 명 [언] 한글 합성 자음 'ㅆ'의 이름. ≒된시옷.
쌍-심지(雙心-) 명 한 등잔에 있는 두 개의 심지.
쌍심지(를) 켜다 관 몹시 화를 내어 눈에 열화를 띠다. ¶눈에 **쌍심지를 켜고** 덤벼들다.
쌍심지-나다(雙心-) 동자 =쌍심지서다.
쌍심지-서다(雙心-) 동자 두 눈에 불이 날 만큼 몹시 화가 나다. ≒쌍심지나다·쌍심지오르다.
쌍심지-오르다(雙心-) 동자르 〈~오르니, ~올라〉 =쌍심지서다.
쌍십-절(雙十節) [-쩔] 명 1911년의 신해혁명과 1912년의 정부 수립을 기념하는 중화민국의 축일. 10월 10일.
쌍쌍(雙雙) 명 둘 이상의 쌍.
쌍쌍-이(雙雙-) 부 둘씩 둘씩 쌍을 지은 모양. ¶남녀가 어울려 ~ 춤을 추다.
쌍쌍-파티(雙雙party) 명 남녀가 쌍을 이루어 참석하는 파티. ¶그는 여자 대학 ~에 선영의 파트너로 참석했다.
쌍-안경(雙眼鏡) 명[물] 두 개의 망원경을 나란히 붙여서 양 눈으로 멀리까지 볼 수 있는 광학 기기. ↔단안경(單眼鏡).
쌍-알(雙-) 명 노른자가 둘 들어 있는 달걀.
쌍알(이) 지다 관 두 사물이 겹쳐서 서로 상충(相衝)이 되다.

쌍올-실(雙-) 명 두 올을 겹으로 하여 꼰 실.
쌍-욕(-辱) [-뇩] 명 쌍스러운 욕설.
쌍일(雙日) 명 짝이 맞는 날. 곧, 우수의 날. ≒짝숫날. ↔편일(片日).
쌍-자엽(雙子葉) [식] =쌍떡잎.
쌍전(雙全) →쌍전-하다 형여 두 쪽 또는 두 가지 일이 모두 완전하다.
쌍절-곤(雙節棍) 명 두 개의 짧은 막대기를 끈이나 사슬로 연결한 중국 전통 무기. 한쪽 막대기를 잡고 다른 쪽 막대기를 휘둘러서 상대를 공격함.
쌍점(雙點) 명 [언] 문장 부호 가운데 쉼표의 하나인 ':'의 이름. 내포되는 종류를 들거나, 소표제 뒤에 간단한 설명을 붙이거나, 저자명 다음에 저서명을 보이거나, 시(時) 분(分), 장(章)과 절(節) 등을 구별하거나 둘 이상을 대비할 때에 씀. ≒그침표·콜론·포갤점.
쌍정(雙晶) 명 [광] 같은 종류의 두 결정 개체(結晶個體)가 어느 면이나 축에 대하여 대칭 관계를 가지고 서로 접하여 있는 일. 또는, 그런 물질. ¶~면 / ~축.
쌍-지읒(雙-) [-읃] 명 [언] 한글 합성 자음 'ㅉ'의 이름. ≒된지읒.
쌍-지팡이(雙-) 명 두 다리가 성하지 못한 사람이 짚는 두 개의 지팡이.
쌍지팡이(를) 짚고 나서다 관 참견을 잘하는 사람을 비꼴 때 덧얹어 쓰는 말로, 잘 나서다. ¶"젠장헐 자식! 저 자식이 나하구 무슨 대천지원수기에 내 말이라면 번번이 **쌍지팡일 짚구 나선다는** 거야 응?" 하고 핏대를 올린다.《이무영:농민》
쌍창(雙窓) 명 문짝이 둘 달린 창문.
쌍-칼(雙-) 명 양손에 한 자루씩 가지는 칼. 또는, 그런 칼을 쓰는 사람.
쌍-코피(雙-) 명 두 콧구멍 모두에서 흘리는 코피. ¶~가 터지다.
쌍태(雙胎) 명 한 태 안에 태아가 둘 있음. 또는, 그 태아. ¶~ 임신 / ~를 배다.
쌍-판(雙-) 명 '상판²'의 잘못.
쌍-판대기 명 '상판대기'의 잘못.
쌍학-흉배(雙鶴胸背) [-하큥-] 명 [역] 문관인 당상관의 관복 앞뒤에 붙이는, 한 쌍의 학을 수놓은 흉배. ▷단학흉배.
쌍호-흉배(雙虎胸背) 명 [역] 무관인 당상관의 관복 앞뒤에 붙이는, 한 쌍의 호랑이를 수놓은 흉배. ▷단호흉배.
쌍화-점(雙花店) 명 [문] 작자·연대 미상의, 고려 가요의 하나. 당시의 퇴폐한 성윤리(性倫理)를 노골적이고 색정적인 표현으로 노래함으로써 통렬한 풍자를 보여 줌. ≒상화점(霜花店).
쌍화-탕(雙和湯) 명 [한] 백작약·숙지황·황기·당귀·천궁 등으로 조제한 탕약. 피로 회복과 허한(虛汗)을 거두는 데 효력이 있음.
쌍-희자(雙喜字) [-히짜] 명 그림이나 자수 등에 쓰는 '囍'의 형상.
쌓다[싸타] 동타 **1** (많은 물체를) 아래에서 위로 놓아 가면서 점점 높아지게 하다. 포개다. ¶책을 책상 위에 **쌓아** 두다. **2** (어떤 구조물을) 일정한 크기의 물체를 아래에서 위로 하곡차곡 놓아 가면서 이뤄지게 하다. 비축조하다. ¶벽돌로 담을 ~. **3** (능력이나 바탕이나 업적 등을) 탄탄하게 기르거나 충실하게 갖추다. 또는, 그렇게 되기 위해 (훈련이나 수양 등을) 계속하여 해 나가다. ¶기초를 ~ / 수양을 ~.

쌓-이다[싸-] 동(자) 1 '쌓다'의 피동사. ¶산처럼 **쌓인** 노적가리. 준쌔다. 2 한꺼번에 많이 겹쳐지다. ¶일이 ~ /피로가 ~.

째근-거리다/-대다 동(자)(타) '새근거리다'의 센말. 큰씨근거리다.

째근덕-거리다/-대다[-꺼(때)-] 동 '새근덕거리다'의 센말. 큰씨근덕거리다.

째근덕-째근덕 부 '새근덕새근덕'의 센말. 큰씨근덕씨근덕. **째근덕째근덕-하다** 동(자)(타)여

째근-발딱 부 '새근발딱'의 센말. 큰씨근벌떡. (거)쌔근팔딱. **째근발딱-하다** 동(자)(타)여

째근발딱-거리다/-대다[-꺼(때)-] 동(자)(타) '새근발딱거리다'의 센말. 큰씨근벌떡거리다. (거)쌔근팔딱거리다.

째근-째근[1] 부 '새근새근'의 센말. 큰씨근씨근. **째근째근-하다** 동(자)(타)여

째근-째근[2] 부 어린아이가 곤하게 자면서 숨을 가쁘고 거칠게 쉬는 모양. 또는, 그 소리. ¶~ 잠든 아기. 큰씨근씨근.

째근-팔딱 부 '쌔근발딱'의 거센말. 씨근펄떡. **쌔근팔딱-하다** 동(자)(타)여

째근팔딱-거리다/-대다[-꺼(때)-] 동(자)(타) '쌔근발딱거리다'의 거센말. 씨근펄떡거리다.

쌔:다[1] 동(자) 1 '쌓이다1'의 준말. 2 (주로, '쌔'', '쌘', '(쌔고) 쌨다'의 꼴로 쓰이어) 쌓여 있을 만큼 퍽 흔하게 있다. ¶그만한 미인은 **쌔**고 **쌨**다. / 그런 약초는 우리 마을 뒷산에 **쌔** 버렸다.

쌔:다[2] 동(자) '싸이다'의 준말.

쌔무룩-하다[-루카-] 형여 '새무룩하다'의 센말. 쌔무룩-이

쌔물-거리다/-대다 동(자)(타) '새물거리다'의 센말. 큰씨물거리다.

쌔물-쌔물 부 '새물새물'의 센말. 큰씨물씨물. **쌔물쌔물-하다** 동(자)(타)여

쌔비다 동 <속> 남의 물건을 슬쩍 훔치다.

쌕 부 한 번 얼른 눈웃음치고 그만두는 모양. ¶~ 웃고 고개를 숙였다.

쌕쌔기 명 메뚜기목 여칫과의 곤충. 습기가 있는 풀밭이나 논에 사는데, 여치보다 작고 앞날개는 긺. 몸은 연둣빛이며, 배는 원뿔꼴로 산란관이 짧음.

쌕쌕 부 '색색'의 센말. 씩씩. **쌕쌕-하다** 동(자)(타)여

쌕쌕-거리다/-대다[-꺼(때)-] 동(자)(타) '색색거리다'의 센말. 씩씩거리다.

쌕쌕-이 명 '제트기(jet機)'를 속되게 이르는 말.

쎌그러-뜨리다/-트리다 동(타) '샐그러뜨리다'의 센말. 씰그러뜨리다.

쎌그러-지다 동(자) '샐그러지다'의 센말. 씰그러지다.

쎌긋-거리다/-대다[-근꺼(때)-] 동(자)(타) '샐긋거리다'의 센말. 씰긋거리다.

쎌긋-쎌긋[-귿-] 부 '샐긋샐긋'의 센말. 큰씰긋씰긋. **쎌긋쎌긋-하다** 동(자)(타)여

쎌긋-하다[-그타-] 형여 '샐긋하다'의 센말. ¶언짢은 소리를 듣고는 **쎌긋**해서 앉아 있다. 큰씰긋하다. **쎌긋-이** 부

쎌기죽-거리다/-대다[-꺼(때)-] 동(자)(타) '샐기죽거리다'의 센말. 큰씰기죽거리다.

쎌기죽-쎌기죽 부 '샐기죽샐기죽'의 센말. 큰씰기죽씰기죽. **쎌기죽쎌기죽-하다** 동(자)여

쎌기죽-하다[-주카-] 형여 '샐기죽하다'의 센말.

쎌룩 부 '샐룩'의 센말. 큰씰룩. **쎌룩-하다** 동(자)(타)여

쎌룩-거리다/-대다[-꺼(때)-] 동(자)(타) '샐룩거리다'의 센말. 큰씰룩거리다.

쎌룩-쎌룩 부 '샐룩샐룩'의 센말. 큰씰룩씰룩. **쎌룩쎌룩-하다** 동(자)(타)여

쎌룩-이다 동(자)(타) '샐룩이다'의 센말. 큰씰룩이다.

쎔:-통 명 (조사 '이다'와 함께 쓰이어) 남이 낭패를 보았을 때 고소해하는 뜻으로 이르는 말. ¶나를 놀리더니 고거 참 ~이다.

쎙 부 세찬 바람이 매몰차게 스쳐 지나거나, 무엇에 부딪혀 나는 소리. ¶바람이 ~ 불다. 큰씽.

쎙그레 부 '생그레'의 센말. 큰씽그레. **쎙그레-하다** 동(자)여

쎙글-거리다/-대다 동(자)(타) '생글거리다'의 센말. 큰씽글거리다.

쎙글-뺑글 부 '생글방글'의 센말. 큰씽글뻥글. **쎙글뺑글-하다** 동(자)여

쎙글-뺑글 부 '생글뺑글'의 센말. 큰씽글뻥글. **쎙글뺑글-하다** 동(자)여

쎙글-쎙글 부 '생글생글'의 센말. 큰씽글씽글. **쎙글쎙글-하다** 동(자)여

쎙긋 부 '생긋'의 센말. ¶~ 웃다. (센)쎙끗. **쎙긋-하다** 동(자)(타)여 **쎙긋-이** 부

쎙긋-거리다/-대다[-귿꺼(때)-] 동(자)(타) '생긋거리다'의 센말. 큰씽긋거리다. (센)쎙끗거리다.

쎙긋-뺑긋[-귿-귿] 부 '생긋뺑긋'의 센말. 큰씽긋뺑긋. (센)쎙끗뺑끗. **쎙긋뺑긋-하다** 동(자)여

쎙긋-쎙긋[-귿-귿] 부 '생긋생긋'의 센말. 큰씽긋씽긋. (센)쎙끗쎙끗. **쎙긋쎙긋-하다** 동(자)여

쎙끗[-끋] 부 '생긋', '쎙긋'의 센말. 큰씽끗. **쎙끗-하다** 동(자)(타)여 **쎙끗-이** 부

쎙끗-거리다/-대다[-끋꺼(때)-] 동(자)(타) '생긋거리다', '쎙긋거리다'의 센말. 큰씽끗거리다.

쎙끗-뺑끗[-끋-끋] 부 '생긋뺑긋', '생긋뺑긋', '쎙긋뺑긋'의 센말. 큰씽끗뻥끗. **쎙끗뺑끗-하다** 동(자)여

쎙끗-쎙끗[-끋-끋] 부 '생긋생긋', '생긋생긋', '쎙긋쎙긋'의 센말. ¶~ 웃는 아기의 모습이 예쁘다. 큰씽끗씽끗. **쎙끗쎙끗-하다** 동(자)여

쎙-쎙 부 바람이 빠르고 세차게 스쳐 지나거나 물체가 바람을 세차게 일으키며 빠르게 움직일 때 나는 소리. 또는, 그 모양. ¶인적 없는 길을 ~ 달리는 자동차. 큰씽씽.

쎙쎙-하다 형여 '생생하다'의 센말. 큰씽씽하다.

쎙이-질 명 '씨양이질'의 준말. **쎙이질-하다** 동(자)여

써 부 '그것을 가지고', '그것으로 인하여'의 뜻을 나타내는 구투(舊套)의 접속 부사. ¶…장어랑의 혼령을 불러 ~ 조카의 죄를 사례하고 사위의 맘을 위로하리니….《김만중:구운몽》

써-거리다/-대다[-꺼(때)-] 동(자)(타) '서걱거리다'의 센말. (작)싸각거리다.

써걱-써걱 부 '서걱서걱'의 센말. (작)싸각싸각. **써걱써걱-하다** 동(자)(타)여

써-내다[-내-] 1 글씨나 글을 써서 내놓다. ¶논문을 ~. 2 '켜내다'의 잘못.

써-넣다[-너타] 통(타) 글씨를 적어 넣다. ¶괄호 안에 알맞은 말을 **써넣으시오**.

써느렇다[-러타] 형여〈써느러니, 써느러오, 써느레〉'써느렇다'의 센말. ¶**써느렇게** 식은 방바닥 / 오늘은 날씨가 ~. 작싸느랗다.

써늘-하다 형여 '서늘하다'의 센말. ¶**써늘한** 바람. 작싸늘하다. 큰부

써다¹ 통(자) 조수(潮水)가 밀려 나가거나 괸 물이 새어서 줄다.

써다² 통(자) '켜다'의 잘못.

써레 명농 갈아 놓은 논바닥을 고르거나 흙덩이를 잘게 부수는 농기구. 긴 각목(角木)에 둥글고 끝이 빤 살을 7~10개 박고 위에 손잡이를 대었는데, 각목 양쪽에 끈을 달아 말이나 소가 끌게 되어 있음. =초파(耖耙).

써레-질 명농 써레로 논바닥을 고르거나 흙덩이를 잘게 부수는 일. **써레질-하다** 통(자)여

써리다 통[농] 써레질을 하다. =썰다. ¶써레로 ~.

써-먹다 통(타) 어떤 목적에 이용하다. ¶영어를 ~ / 아들이라고 하나 있는 게 어디 **써먹을** 데가 있어야지.

썩¹ 부 1 어떤 기준보다 훨씬 뛰어나게. ¶순희는 노래를 ~ 잘 부른다. 2 지체 없이 빨리, 또는, 거침없이. ¶한 걸음 뒤로 ~ 물러서다 / 꼴도 보기 싫으니 ~ 나가거라.

썩² 부 '석²'의 센말. ¶사과를 한 입 ~ 베먹다.

썩다[-따] 통 ①(자) 1 (유기물이) 균에 의해 본래의 성질을 잃고 나쁜 냄새를 내며 힘을 가했을 때 쉽게 부스러지거나 해지거나 뭉개어지는 상태가 되다. 비부패하다·상(傷)하다. ¶**썩은** 생선. 2 (사람 몸의 일부가) 균의 작용으로 그 기능을 잃어 가는 상태가 되다. ¶어금니가 ~. 3 (쇠가) 녹이 심하게 슬어 부스러지기 쉬운 상태가 되다. 비삭다. ¶양철 지붕이 ~. 4 (물건이나 재주나 능력, 또는 재주나 능력을 가진 사람이) 쓰여야 할 때에 제대로 쓰이지 못한 상태로 있게 되다. ¶귀중한 책들이 창고에서 **썩고** 있다. / 아까운 재능이 **썩고** 있다. 5 (사람의 정신이) 도덕적으로 올바르지 못한 상태에 있게 되거나, (사회의 조직이나 기관 등이) 그 구성원이 부정이나 비리를 저지르는 상태가 되다. ¶**썩어** 빠진 정신 상태 / **썩은** 공직 사회. 6 (마음이) 걱정·근심으로 몹시 힘들고 괴로운 상태가 되다. ¶자식 때문에 속을 푹푹 ~. 7 (사람의 얼굴이) 건강을 잃어 혈색이 나쁜 상태가 되다. 구어체의 말임. ¶술에 절어 얼굴이 **썩었다**. ②(타) 1 근심·걱정으로 속을 태우다. ¶그는 자식 때문에 평생 속을 **썩었다**.

[썩어도 준치] 값어치가 있는 물건은 썩거나 헐어도 어느 정도 본디의 값어치를 지니고 있다는 뜻.

썩둑[-뚝] 부 '석둑'의 센말. ¶~ 베다 / 자르다. 작싹둑.

썩둑-거리다/-대다[-뚝꺼(때)-] 통(자)(타) '석둑거리다'의 센말. 작싹둑거리다.

썩둑-썩둑[-뚝-뚝] 부 '석둑석둑'의 센말. ¶호박을 ~ 썰다. 작싹둑싹둑. **썩둑썩둑-하다** 통(자)(타)여

썩-썩 부 '석석'의 센말. 작싹싹.

썩썩-거리다/-대다[-꺼(때)-] 통(자)(타) '석석거리다'의 센말. 작싹싹거리다.

썩썩-하다[-써카-] 형여 '싹싹하다'의 큰말.

썩-이다 통(타) '썩다①6'의 사동사. ¶부모 속 좀 작작 **썩여라**. ▶썩히다.

썩-정이[-쩡-] 명 1 썩어 빠진 물건. 2 '삭정이'의 잘못.

썩-초(-草) 명 빛깔이 검고 품질이 나쁜 담배.

썩-히다[써키-] 통(타) '썩다①1·4'의 사동사. ¶거름을 ~ / 우수한 인재를 ~.

혼동어 **썩히다 / 썩이다**

'**썩히다**'는 물질을 썩게 하거나 인재나 재능 등을 제대로 쓰지 않는 것을 뜻하고, '**썩이다**'는 정신적·심리적으로 괴롭게 하는 것을 뜻함. ¶고기를 **썩히다** / 글재주를 **썩히다** / 골치를 **썩이다**.

썰겅-거리다/-대다 통(자) '설겅거리다'의 센말. 작쌀강거리다. 거썰컹거리다.

썰겅-썰겅 부 '설겅설겅'의 센말. 작쌀강쌀강. 거썰컹썰컹. **썰겅썰겅-하다** 통(자)형여

썰다 통〈써니, 써오〉1 (두께나 길이가 있는 물체를 톱이나 칼 등으로) 누르는 힘을 가하면서 앞뒤로 움직여 조금씩 잘라지게 하거나, (그 물체를 칼로) 잘게 토막 내다. ¶나무를 톱으로 ~ / 가래떡을 길죽하게 ~. 2 =써리다.

썰렁-거리다/-대다 통(자)(타) '설렁거리다'의 센말. 작쌀랑거리다.

썰렁-썰렁 부 '설렁설렁'의 센말. 작쌀랑쌀랑. **썰렁썰렁-하다** 통(자)(타)형여

썰렁-하다 형여 1 (건물·방 등의 안이나 바깥공기 등이) 몸에 다소 춥게 느껴지는 상태에 있다. ¶불기운이 없어 방 안이 ~. 여설렁하다. 2 (거리나 비교적 넓은 공간 등이) 텅 비어 쓸쓸하다. ¶명절날 도심의 거리에 사람이 없어 ~. 3 (분위기가) 갑자기 어색하고 냉랭하거나 서먹하다. ¶두 사람이 한바탕 말다툼을 벌이고 나자 분위기가 **썰렁해졌다**.

썰레-썰레 부 '설레설레'의 센말. 작쌀래쌀래.

썰-리다 통 ①'썰다'의 피동사. ¶칼이 무디어 파가 잘 **썰리지** 않는다. ②(타) '썰다'의 사동사.

썰매 명 1 눈 위나 얼음판 위를 사람을 태우거나 짐을 싣고 갈 수 있게 만든 탈것. 잘 미끄러질 수 있도록 바퀴 대신에 스키 모양의 물체를 밑에 깔. 흔히, 개·순록·말 등이 앞에서 끎. ¶산타클로스는 한밤중에 사슴이 끄는 ~를 타고 온다. 2 얼음판 위에서 아이들이 올라앉아 미끄러짐을 탈 수 있게 만든 물건. 보통, 네모진 널판의 바닥에 굵은 철사를 달거나 스케이트의 날을 달아서 만듦. 양손에 송곳을 쥐고 얼음을 찍으면서 나아감.

썰-물 명[지] 달의 인력으로 바닷물이 밀려 나가서 해면이 낮아지는 현상. 또는, 그 밀물. =낙조·퇴조. ↔밀물. ×날물.

썰썰 부 '설설'의 센말. ¶~ 끓는 방바닥 / 머리를 ~ 흔들다. 작쌀쌀.

썰썰-거리다/-대다 통(자) '설설거리다'의 센말. 작쌀쌀거리다.

썰썰-하다 형여 속이 빈 것처럼 출출하다.

썰컹-거리다/-대다 통(자) '설겅거리다'의 센말. 작쌀캉거리다.

썰컹-썰컹 부 '썰겅썰겅'의 거센말. 작쌀캉쌀캉. **썰컹썰컹-하다** 통(자)(타)형여

썸벅 부 '섬벅'의 센말. 작쌈박. 센썸뻑.

썸벅-썸벅 뷔 1 '섬벅섬벅'의 센말. 좌쌈박쌈박. 셴썸뻑썸뻑. 2 '쓤벅쓤벅'의 잘못. **썸벅-하다** 동자타

썸뻑 뷔 '섬벅', '섬뻑', '썸벅'의 센말. 좌쌈빡.

썸뻑-썸뻑 뷔 '섬벅섬벅', '섬뻑섬뻑', '썸벅썸벅'의 센말. 좌쌈빡쌈빡. **썸뻑썸뻑-하다** 동자타

씽그레 뷔 '성그레'의 센말. 좌쌍그레. **씽그레-하다** 동자여

씽글-거리다/-대다 동 '성글거리다'의 센말. 좌쌍글거리다.

씽글-빙글 뷔 '성글벙글'의 센말. 좌쌍글빵글. **씽글빙글-하다** 동자여

씽글-씽글 뷔 '성글성글'의 센말. 좌쌍글쌍글. **씽글씽글-하다** 동자여

씽긋 [-귿] 뷔 '성긋'의 센말. 좌쌍긋. 셴씽끗. **씽긋-하다** 동자타 **씽긋-이** 뷔

씽긋-거리다/-대다 [-귿꺼-] 동 '성긋거리다'의 센말. 좌쌍긋거리다. 셴씽끗거리다.

씽긋-빙긋 [-귿-귿] 뷔 '성긋벙긋'의 센말. 좌쌍긋빵긋. 셴씽끗빙끗. **씽긋빙긋-하다** 동자여

씽긋-씽긋 [-귿-귿] 뷔 '성긋성긋'의 센말. 좌쌍긋쌍긋. 셴씽끗씽끗. **씽긋씽긋-하다** 동자여

씽끗 [-끋] 뷔 '성긋', '성끗', '씽긋'의 센말. 좌쌍끗. **씽끗-하다** 동자타 **씽끗-이** 뷔

씽끗-거리다/-대다 [-끋꺼-] 동 '성긋거리다', '성끗거리다', '씽긋거리다'의 센말. 좌쌍끗거리다.

씽끗-빙끗 [-끋-끋] 뷔 '성긋벙긋', '성끗벙끗', '씽긋빙긋'의 센말. 좌쌍끗빵끗. **씽끗빙끗-하다** 동자여

씽끗-씽끗 [-끋-끋] 뷔 '성긋성긋', '성끗성끗', '씽긋씽긋'의 센말. 좌쌍끗쌍끗. **씽끗씽끗-하다** 동자여

쏘가리 명동 농엇과의 민물고기. 몸길이 40~50cm. 머리가 길고 입이 크며, 몸 전체에 불규칙한 보라·회색의 다각형 반문이 밀포하여 매우 곱게 보임. 식용함.

쏘개-질 명 있는 일 없는 일을 얽어서 일러바치는 일. 고자질. **쏘개질-하다** 동타

쏘곤-거리다/-대다 동자타 '소곤거리다'의 센말. 큰쑤군거리다.

쏘곤-쏘곤 뷔 '소곤소곤'의 센말. 큰쑤군쑤군. **쏘곤쏘곤-이** 뷔귓속말로 ~.

쏘:다 (쏘고/쏘아) 동 [1]타 1 (활이나 총이나 대포 등을) 일정한 곳을 향하게 한 뒤 시위를 당겼다 놓거나 방아쇠를 당기거나 화관에 불을 붙이거나 하여 화살이나 총알이나 포탄 등이 나가게 하다. 또는, (활·총·대포 등으로 목표물을) 맞히기 위해 화살·총알·포탄 등이 나가게 하다. ¶활을 ~/포수가 엽총으로 새를 ~. 2 (일부 벌레가 사람이나 동물의 몸을) 제 몸의 침과 같은 것으로 찔러서 아픔을 느끼게 하다. ¶벌이 손등을 쏘아 퉁퉁 부었다. 3 (어떤 물질이나 음식의 냄새나 맛이) 코나 혀를 찌를 듯이 강하게 자극하다. ¶고약한 냄새가 코를 ~/날마늘을 씹는 순간 매운맛이 혀를 쏜다. 4 〈속〉기분을 낸다는 뜻에서 남에게 음식이나 술을 사거나 유흥비를 혼자서 내다. ¶오늘 점심은 내가 쏜다! [2]자 (상대방에게) 움찔함을 느끼도록 공격적으로 말하다. ¶그 여자는 톡톡 쏘는 것이 오히려 매력이다. ¶

버릇없이 굴기에 한마디 톡 쏘아 주었다.

쏘-다니다 동자타 (사람이) 한곳에 있지 않고 계속해서 여기저기를 다니다. 비싸다니다. ¶온종일 어디를 그렇게 쏘다녔느냐? 준쏘대다.

쏘-대다 동자타 '쏘다니다'의 준말.

쏘삭-거리다/-대다 [-꺼-(때)-] 동 1 자꾸 들추고 뒤지며 쑤시다. ¶화롯불이 시원찮아서 부젓가락으로 쏘삭거려 보았으나 불이 더 일기는커녕 사그라져 버렸다. 2 가만히 있는 사람을 자꾸 꾀거나 추켜서 들썩이다. ¶공부하는 친구를 쏘삭거려 놀러 나가다. 큰쑤석거리다.

쏘삭-쏘삭 뷔 쏘삭거리는 모양. 큰쑤석쑤석. **쏘삭쏘삭-하다** 동자타

쏘삭-이다 동타 1 좀스럽게 함부로 들추거나 쑤시다. 2 은근히 충동질하여 마음이 들썩이게 하다. 큰쑤석이다.

쏘시개 명 '불쏘시개'의 준말.

쏘시개-나무 명 불쏘시개로 쓰는 나무.

쏘아-보다 동타 (상대를) 공격적인 눈길로 날카롭게 보다. 비노려보다.

쏘아-붙이다 [-부치-] 동타 쏘는 것처럼 날카로운 말투로 상대방을 공격하다. ¶걸핏하면 쏘아붙이는 사람. 준쏴붙이다.

쏘-이다¹ 동 '쏘다[2]'의 피동사. ¶벌에 ~/쐐기에 ~. 준쐬다.

쏘이다² 동타 = 쐬다¹.

쏘-지르다 동자르 <~지르니, ~질러> '쏘아니다'를 속되게 이르는 말.

쏙 뷔 1 몹시 내밀거나 들어간 모양. ¶눈이 ~ 들어가다/머리를 ~ 내밀다. 2 깊이 빠지는 모양. ¶물속에 ~ 빠지다. 3 매우 탐닉하는 모양. ¶책에 ~ 빠지다. 4 제외되거나 참여하지 않는 모양. ¶명단에 내 이름만 ~ 빠졌다. 5 (때가) 깨끗이 없어지는 모양. ¶때가 ~ 빠지다. 6 언행이 경솔하고 기탄없는 모양. ¶어른들 말씀하시는데 ~ 나서다. 7 (용모가) 아주 매끈한 모양. ¶새 옷을 ~ 빼입다.

쏙닥-거리다/-대다 [-딱꺼(때)-] 동자타 '속닥거리다'의 센말. ¶아이들이 뭐라고 쏙닥거리더니 우르르 몰려 내닫는다. 큰쑥덕거리다.

쏙닥-쏙닥 [-딱-딱] 뷔 '속닥속닥'의 센말. 큰쑥덕쑥덕. **쏙닥쏙닥-하다** 동자타여

쏙닥-이다 [-딱-] 동자타 '속닥이다'의 센말. 큰쑥덕이다.

쏙달-거리다/-대다 [-딸-] 동자타 '속달거리다'의 센말. 큰쑥덜거리다.

쏙달-쏙달 [-딸-딸] 뷔 '속달속달'의 센말. 큰쑥덜쑥덜. **쏙달쏙달-하다** 동자타여

쏙독-새 [-똑쌔] 명동 쏙독샛과의 새. 몸길이 29cm가량. 입이 크고, 부리와 다리는 짧음. 몸빛은 흑갈색이며, 복잡한 무늬가 있음. 숲 속에 살며, 저녁 무렵에 나와 작은 곤충을 잡아먹는 이로운 새임.

쏙살-거리다/-대다 [-쌀-] 동자타 '속살거리다'의 센말. ¶밤이 늦었는데 잠도 자지 않고 무얼 그렇게 쏙살거리니? 큰쑥설거리다.

쏙살-쏙살 [-쌀-쌀] 뷔 '속살속살'의 센말.

쏙-쏙 뷔 1 여러 군데가 다 쏙 내밀거나 들어간 모양. ¶속잎이 ~ 돋아나고 있다. 2 자꾸 쏙 집어넣거나 뽑아내는 모양. ¶흰 머리털을 ~ 뽑아내다. 3 바늘로 자꾸 쑤시듯이 아픈 모양. ¶뼈마디가 ~ 쑤시다. 4 말을 거리

낌 없이 해대거나 나서는 모양. **5** 기억이나 인상이 아주 선명하게 이루어지는 모양. ¶김 선생님의 강의는 머리에 ~ 들어온다. [큰]쑥쑥.

쏜살-같다[-갈따] [형] 쏜 화살과 같이 매우 빠르다. **쏜살같-이** [부] ¶자동차가 거리를 ~ 질주하다. ×쏜살로.

쏜살-로 [부] '쏜살같이(➜쏜살같다)'의 잘못.

쏟다[-따] [동][타] **1** (액체나 물질을) 그것이 들어 있는 용기(容器)를 급격하게 거꾸로 하여, 한꺼번에 아래로 떨어지게 하다. 또는, (액체나 물질을) 그것이 들어 있는 용기를 실수로 쓰러뜨리거나 엎거나 하여, 모두 용기의 바깥으로 나오게 하다. ¶양동이의 물을 독에 ~ / 덤프트럭이 자갈을 땅바닥에 **쏟아** 내다. ▶따르다². **2** (눈물이나 땀, 피 등을) 많이 흘리다. ¶코피를 ~ / 눈물을 하염없이 ~. **3** (마음이나 정신, 정열이나 정성 등을 어떤 대상이나 일에) 많이 기울이거나 들이다. ¶심혈을 **쏟은** 작품 / 자식에게 애정을 ~. **4** (마음속에 품고 있는 말이나 생각을) 모두 밖으로 나타내다. [비]털어놓다. ¶불평을 **쏟아** 놓다. **5** (구름이나 해가 비나 햇빛을) 많이 또는 강하게 내리게 하거나 비치게 하다. ¶먹구름이 마침내 세찬 빗줄기를 **쏟아** 놓는다.

쏟-뜨리다/-트리다 [동][타] '쏟다'의 힘줌말.

쏟아-지다 [동][자] **1** (액체나 물질이) 그것이 들어 있는 용기(容器)에서 한꺼번에 흘러나오거나 떨어지다. ¶컵이 쓰러져 물이 ~. **2** (눈물이나 땀, 피 따위가) 많이 흐르다. ¶눈물이 걷잡을 수 없이 ~. **3** (어떤 일이나 대상, 현상이) 한꺼번에 많이 몰리거나 생기다. ¶일감이 정신을 못 차리게 ~. **4** (비나 눈, 햇빛 따위가) 많이 또는 강하게 내리거나 비치다. ¶소나기가 ~.

쏠ː다 (쏠ː고 / 쏠아) [동][타] 〈쏘니, 쏘오〉 (쥐·좀 따위가) 잘게 물어뜯거나 갉다. ¶쥐가 찬장을 ~ / 좀이 옷감을 ~.

쏠리다 [동][자] **1** (물체가) 기울어지면서 한쪽으로 몰리다. ¶타이어가 터지면 자동차의 차체가 한쪽으로 **쏠리게** 마련이다. **2** (시선이나 마음이) 어떤 대상에 끌려 기울어지거나 집중되다. ¶갑자기 사람들의 시선이 내게로 **쏠렸다**.

쏠쏠-하다 [형][여] (품질·수준·정도 따위가) 어지간하여 쓸 만하다. ¶월포댁의 걸쭉한 입심 탓인지 장날에는 그런대로 장사가 **쏠쏠하였다**.《김원일:바람과 강》 [큰]쑬쑬하다. **쏠쏠-히** [부]

쏭당-쏭당 [부] '송당송당'의 센말. ¶파를 ~ 썰다 / 아무렇게나 ~ 꿰매 두어라. [큰]쑹덩쑹덩. **쏭당쏭당-하다** [동][타][여]

쏴 [부] '솨'의 센말.

쏴-붙이다[-부치-] [동][타] '쏘아붙이다'의 준말.

쏴-쏴 [부] '솨솨'의 센말.

쐐 [부] '쇄¹'의 센말.

쐐ː기 [명] 물건의 틈에 박아서 사개가 물러나지 못하게 하거나 물건들의 사이를 벌리는 데 쓰이는 물건. ¶레일을 ~로 고정하다.

쐐기(를) 박다 [구] **1** 뒤탈이 없도록 미리 단단히 다짐을 두다. ¶그는 기일까지 돈을 갚지 않으면 재산을 압류하겠다고 **쐐기를 박았다**. **2** 남을 이간하기 위하여 훼방을 놓다.

쐐ː기^문자(-文字)[-짜] [명][언] =설형 문자(楔形文字).

쐬ː다¹[쐬-/쒜-] (쐬ː고 / 쐬어) [동][타] **1** (바람·연기·햇볕 따위를) 그 기운이 몸에 미치게 받다. ¶찬 바람을 ~ / 머리가 무거우니 바람 좀 **쐬고** 오겠소. **2** (자기의 물건을) 남에게 평가받기 위하여 보이다. =쏘이다.

쐬ː다²[쐬-/쒜-] (쐬ː고 / 쐬어) [동][자] '쏘이다¹'의 준말. ¶벌에 ~.

쑤군-거리다/-대다 [동][자][타] '수군거리다'의 센말. [작]쏘곤거리다.

쑤군덕-거리다/-대다[-꺼(때)-] [동][자][타] '수군덕거리다'의 센말.

쑤군덕-쑤군덕 [부] '수군덕수군덕'의 센말. **쑤군덕쑤군덕-하다** [동][자][타][여]

쑤군-쑤군 [부] '수군수군'의 센말. ¶귓속말을 ~ 주고받다. [작]쏘곤쏘곤. **쑤군쑤군-하다** [동][자][타][여]

쑤다 [동][타] 곡식의 알이나 가루를 물에 끓여 익히다. ¶죽을 ~ / 풀을 ~.

쑤석-거리다/-대다[-꺼(때)-] [동][타] **1** 자꾸 들추고 뒤지며 쑤시다. ¶화로의 불을 ~. **2** 가만히 있는 사람을 자꾸 꾀거나 추겨서 들썩이다. [작]쏘삭거리다.

쑤석-쑤석 [부] 쑤석거리는 모양. [작]쏘삭쏘삭. **쑤석쑤석-하다** [동][타][여]

쑤석-이다 [동][타] **1** 함부로 들추거나 쑤시다. **2** 은근히 꾀거나 충동질하여 마음이 들썩이게 하다. [작]쏘삭이다.

쑤시다¹ [동][자] (사람의 관절이나 근육이나 머리 등이) 병적(病的)인 원인으로 바늘로 자꾸 찌르는 것 같은 아픔을 느끼다. ¶팔다리가 ~ / 과로한 탓인지 온 삭신이 **쑤신다**.

쑤시다² [동][타] **1** (가늘고 긴 물체로 다른 물체의 구멍이나 틈을) 더 벌어지거나 뚫리게 이리저리 밀어 넣다. 또는, 그렇게 하여 (속에 든 것을) 밖으로 나오게 하다. ¶이쑤시개로 이를 ~ / 주머니에 돈을 **쑤셔** 넣다. **2** (사람이 여러 사람의 틈을) 헤치거나 비집다. ¶만원 버스 속을 **쑤시고** 들어가다. **3** (속에 감추어진 사실을) 알아내기 위해 이리저리 살피거나 조사하다. ¶신문 기자가 정계의 비리를 ~. **4** (회사나 기관 등을) 일자리를 찾거나 어떤 관계를 맺거나 하기 위해 비집고 들다. ¶일자리라도 얻을까 하여 몇몇 회사를 **쑤셔** 보다.

쑥¹ [명] 너무 순진하거나 어리석은 사람을 이르는 말. ¶사람이 영 ~이구먼.

쑥² [명][식] 국화과의 여러해살이풀. 잎은 뒷면에 젖빛 솜털이 있고 향기가 있으며, 늦여름에 분홍빛 꽃이 핌. 어린잎은 먹고, 줄기·잎자루는 약재로 쓰임. =다북쑥·봉애(蓬艾)·봉호(蓬蒿).

쑥³ [부] **1** 몹시 내밀거나 들어간 모양. ¶~ 들어간 눈 / 목을 ~ 빼고 사방을 두리번거리다. **2** 깊이 밀어 넣거나 빠지거나 길게 뽑아내는 모양. ¶물건을 안으로 ~ 밀어 넣다 / 입을 ~ 내밀다. **3** 갑자기 올라가거나 내려가는 모양. ¶성적이 ~ 올라가다. **4** 말이 경솔하고 기탄없는 모양. ¶그는 아무 말이나 ~ 내뱉는 버릇이 있다. **5** (용모가) 아주 미끈한 모양. ¶양복을 ~ 빼입다 / 몸매가 ~ 빠졌다. [작]쏙.

쑥-갓[-깟] [명][식] 국화과의 한해살이풀 또는 두해살이풀. 여름에 노란색·흰색 꽃이 핌. 식용 재배 식물로서 냄새가 향긋하여 쌈을 싸 먹거나 생선찌개 등에 넣어 먹음.

쑥-국[-꾹] [명] 어린 쑥을 데쳐 곱게 이긴 뒤에 고기 익은 것과 섞어 빚어, 달걀을 씌우고 맑은장국에 넣어 끓인 국. =애탕(艾湯).
쑥-대[-때] 圕 쑥의 줄기.
쑥-대강이[-때-] 圕 머리털이 마구 흐트러져서 몹시 산란한 머리. =쑥대머리.
쑥대-머리[-때-] 圕 =쑥대강이.
쑥대-밭[-때받] 圕 **1** 쑥이 우거져 자라는 땅. **2** 폐허가 된 상태를 비유적으로 이르는 말. ¶폭격을 받아 그 일대가 ~이 되었다. 倦쑥밭.
쑥덕-거리다/-대다[-떡거-(때-)] 圄 邓邰 '숙덕거리다'의 센말. 㘡쑥덕대다.
쑥덕-공론(-公論)[-떡꽁논] 囘 '숙덕공론'의 센말. **쑥덕공론-하다** 邓邰
쑥덕-쑥덕[-떡-떡] 囝 '숙덕숙덕'의 센말. ¶그 사람에 대해서 ~ 뒷말을 하다. 㘡쏙닥쏙닥. **쑥덕쑥덕-하다** 邓邰
쑥덕-이다[-떡-] 圄 '숙덕이다'의 센말. ¶그들이 쑥덕이는 말을 가만히 엿듣다. 㘡쏙닥이다.
쑥덜-거리다/-대다[-떨-] 圄 邓邰 '숙덜거리다'의 센말. 㘡쏙달거리다.
쑥덜-쑥덜[-떨-떨] 囝 '숙덜숙덜'의 센말. 㘡쏙달쏙달. **쑥덜쑥덜-하다** 邓邰
쑥-돌[-똘] 囘 〔광〕 =화강암(花崗巖).
쑥-떡 囘 쑥을 넣어 만든 떡.
쑥-뜸 囘 쑥으로 뜨는 뜸.
쑥-맥 囘 '숙맥(菽麥)'의 잘못.
쑥-밭[-빹] 囘 '쑥대밭'의 준말. ¶전쟁으로 마을이 ~이 되어 버렸다.
쑥-버무리 [-뻐-] 囘 쌀가루와 쑥을 한데 버무려서 시루에 찐 떡.
쑥-부쟁이[-뿌-] 囘 〔식〕 국화과의 여러해살이풀. 땅속줄기로 번식하며, 줄기는 자줏빛을 띰. 7~10월에 열은 자줏빛의 꽃이 피며, 어린잎은 먹음.
쑥-색(-色)[-쌕] 囘 마른 쑥의 빛깔. 곧, 회색 바탕에 짙은 녹색.
쑥설-거리다/-대다[-썰-] 圄 邓邰 '숙설거리다'의 센말. 㘡쏙살거리다.
쑥설-쑥설[-썰-썰] 囝 '숙설숙설'의 센말. 㘡쏙살쏙살. **쑥설쑥설-하다** 邓邰
쑥-스럽다[-쓰-따] 혱ㅂ <-스러우니, ~스러워> (하는 짓이나 모양이) 어색하여 부끄럽다. ¶저토록 칭찬해 주시니 정말 쑥스럽습니다. **쑥스레**
쑥-쑥 囝 **1** 여러 군데가 다 쑥 내밀거나 들어간 모양. ¶죽순이 ~ 돋아나다. **2** 잇달아 잘 빠지거나 뽑히거나 밀어 넣는 모양. ¶하수도 물이 ~ 잘 빠진다. **3** 여럿이 갑자기 올라가거나 내려가는 모양. 또는, 갑자기 많이 올라가거나 내려가는 모양. ¶물가가 ~ 올라가다. **4** 말을 거리낌 없이 해대거나 나서는 모양. ¶건방지게 ~ 나서지 마라. **5** 바늘로 자꾸 쑤시듯이 아픈 모양. ¶온몸이 ~ 쑤신다.
쑥-탕(-湯) 囘 약쑥을 우린 목욕물.
쑬쑬-하다 혱여 (품질·수준·정도 따위가) 어지간하여 괜찮다. ¶쑬쑬한 남녀 양복과 외투들이 십여 벌은 된다.《염상섭:어머니》 㘡쏠쏠하다. **쑬쑬-히**
쑹덩-쑹덩 囝 '숭덩숭덩'의 센말. ¶아무렇게나 ~ 꿰매 입은 저고리. 㘡쏭당쏭당. **쑹덩-하다** 邓邰
쒜-쒜 囧 어린아이의 다친 데나 아픈 곳을 만져 주며 달랠 때에 내는 소리. ¶~, 다 나았다.
쓰-개 囘 머리에 쓰는 물건의 총칭.

쓰개-치마 囘 예전에 부녀자가 나들이할 때, 내외를 하기 위하여 머리로부터 몸의 윗부분을 가려 쓰던, 치마 비슷한 쓰개.
쓰기 囘〔교〕 언어 학습에서, 자신이 표현하고자 하는 바나 남에게 전달하고자 하는 것을 글로 짓는 일. ▷읽기.
쓰다¹ 囘邰 <쓰니, 써> **1** (사람이 펜·연필·붓 등의 필기도구로 글자를) 종이나 그 밖의 평평한 면에 일정한 획을 그어 어떤 모양으로 이루어지게 하다. 비적다·기록하다·필기하다. ¶글씨를 정성을 다하여 / 한자를 잘 ~. **2** (일정한 내용과 형식을 가진 글을) 머릿속에서 생각해 내어 종이 등에 글씨로 나타내다. 비짓다·창작하다. ¶시를 ~ / 일기를 매일 ~. **3** (곡을) 머릿속에서 생각해 내어 일정한 기호로 악보 위에 나타내다. 비작곡하다. ¶그 작곡가는 작년에 여러 편의 곡을 **썼다**.

유의어 쓰다 / 적다

둘 다 글씨를 기록하는 것을 가리키나, **쓰다**가 획을 그어 가는 과정이나 글씨 자체의 조형미를 관심의 초점으로 할 수 있는 데 반해, **적다**는 오로지 글의 내용에만 관심이 있음.

쓰다² <쓰니, 써> **1** 邰 (머리에 모자 따위를) 덮어서 고정되게 하다. ¶신부가 면사포를 ~ / 머리에 모자를 ~. **2** (얼굴에 어떤 물건을) 덮어서 가리거나 걸려있게 하다. ¶안경을 ~ / 탈을 쓰고 춤을 추다. ↔벗다. **3** (우산이나 양산 따위를) 편 상태로 자기 머리 위의 일정한 높이에 있게 하다. 비받다. ¶우산을 쓰고 학교에 가다. **4** (먼지 따위를) 몸이나 몸체에 덮은 상태이다. ¶인부들이 먼지를 쓰고 일하다. ▷뒤집어쓰다. **5** (형구나 굴레 따위를) 목에 넣어 걸다. ¶옥에 갇혀 칼을 쓰고 있는 죄수. **6** (누명이나 죄를) 가지거나 받게 되다. ¶억울하게 누명을 ~.

쓰다³ <쓰니, 써> ①邰 **1** (어떤 물건이나 대상을) 어떤 일을 하는 데 그 도구나 재료나 수단이 되게 하다. 비사용하다. ¶국산품을 ~ / 전화를 좀 써도 될까요? **2** (어떤 물건을 일정한 목적의 대상으로) 삼아 역할이나 기능을 가지게 하다. ¶아랫방을 서재로 ~ / 칼을 흉기로 ~. **3** (시간이나 돈을) 어떤 일을 하는 데 들이다. ¶여행 경비로 백만 원을 ~ / 그 수험생은 계산 문제에 너무 많은 시간을 써 버렸다. **4** (사람을) 돈을 주고 일정한 곳에서 하는 일을 하게 하다. 비부리다. ¶김 씨를 고용원으로 ~. **5** (어떤 말이나 언어를) 어떤 뜻이나 생각을 나타내는 수단으로 삼다. ¶어려운 문자를 ~ / 거친[고운] 말을 ~. **6** (어떤 일에 마음이나 힘이나 머리 등을) 기울이거나 들이거나 짜다. ¶기운을 ~ / 남의 일에 신경 쓰지 마라. / 힘으로만 하려 들지 말고 머리를 써라. **7** (주로 부정적인 말과 함께 쓰여) (몸의 일부를) 놀리거나 움직이다. ¶할머니는 빙판 길에서 넘어지신 뒤로 허리를 못 쓰신다. **8** (떼나 억지를) 강하게 나타내다. ¶생떼를 ~ / 억지를 ~. **9** (주로 '한턱'이나 '턱'이 끝에 오는 말과 함께 쓰여) 베풀거나 내다. ¶생남턱을 ~ / 내가 한턱 쓸 테니 모두 나가자. **10** 인상(을) 쓰다 → 인상(人相). ②邓 (반문하거나 부정하는 말의 서술어로 쓰여) 그렇게 사람의 도리에 맞거나 바른 상태가 되다. ¶그렇게 상스러말을 하면 쓰니?

어법 돈을 쓸려거든 제대로 써라:쓸려거든(×)→쓰려거든(○). ▶ 어미 '-ㄹ려거든'은 '-려거든'의 비표준어임.

쓰다⁴ [동](타)〈쓰니, 써〉 시체를 묻고 무덤을 만들다. ¶명당자리에 뫼를 ~.

쓰다⁵ [동](타)〈쓰니, 써〉 윷·장기 등에서, 말을 옮기다. ¶말을 잘못 ~.

쓰다⁶ [형]〈쓰니, 써〉 1 (먹거나 마시는 대상이) 혀로 느끼기에 한약이나 쓸개 또는 소태의 맛과 같다. ¶쓴 약 / 삼 뿌리를 씹으니 입에 ~. ↔달다. 2 몸이 아프거나 몸의 상태가 나쁘거나 하여 음식을 먹고 싶지 않은 상태에 있다. ¶입맛이 ~. 3 (어떤 일이) 괴로움이나 언짢음을 가져다주는 상태에 있다. ¶인생의 쓴 경험을 맛보다.
[쓴 달다 말이 없다] 도무지 상관을 하지 않고 의견을 말하지 않는다. [쓰면 뱉고 달면 삼킨다] 신의를 돌보지 않고 제게 이로우면 취하고 그렇지 않으면 버린다.

쓰다듬다[-따] [동](타) 1 손으로 쓸어 어루만지다. ¶턱수염을 ~ / 아이의 머리를 쓰다듬어 주다. 2 (마음을 가라앉히려고) 살살 달래다.

쓰디-쓰다 [형] 〈~쓰니, ~써〉 몹시 쓰다.

쓰라리다 [형] 1 (다친 자리가) 쓰리고 아리다. ¶상처가 ~. 2 (마음이) 몹시 괴롭다. ¶쓰라린 과거.

쓰라림 [명] 쓰라린 느낌이나 마음. ¶패배의 ~을 경험하지 않고서는 삶의 참뜻을 터득할 수 없다.

쓰러-뜨리다 / -트리다 [동](타) 쓰러지게 하다. ¶다리를 걸어 상대를 ~ / 쿠데타를 일으켜 정부를 ~.

쓰러-지다 [동](자) 1 (사람이) 외부의 힘을 받거나 기진맥진하거나 병·부상 등을 원인으로 하여, 몸의 균형을 잃고 지면이나 바닥에 길게 누워지거나 엎드려진 상태가 되다. ¶고혈압으로 ~ / 과로로 ~ / 술에 취해 ~. 2 (높이가 있는 물체가) 외부의 힘을 받거나 내부 구조의 불균형으로 인하여 한쪽으로 쏠리면서 몸체의 윗부분이 바닥에 닿거나 그에 가까운 상태가 되다. ¶폭풍으로 나무가 ~ / 다 쓰러져 가는 초가집. 3 (국가·회사·기관 등이) 제 기능을 잃고 망한 상태가 되다. ¶회사가 부도를 내고 ~ / 내란으로 왕조가 ~.

유의어 쓰러지다 / 넘어지다
둘 다 균형을 잃고 몸이 바닥에 닿는 상태를 가리키나, 사람의 경우, '넘어지다'는 발바닥 이외의 몸이 바닥에 닿는 상태를 가리키는 반면, '쓰러지다'는 몸 전체가 길게 바닥에 닿는 상태를 가리킴. 또, '넘어지다'가 물리적인 균형의 상실만을 원인으로 한다면, '쓰러지다'는 내부적 균형 감각의 마비까지도 원인으로 함.

쓰렁-쓰렁 [부] 1 남이 모르게 비밀히 하는 모양. 2 일을 건성으로 하는 모양.

쓰렁쓰렁-하다 [형](여) 1 (어느 곳이) 쓸쓸하고 썰렁하다. ¶오랫동안 한약이나 쓸개 또는 절간이나 산골 깊숙이 처박혀 있었던 새끼네 사람들은 쓰렁쓰렁한 빈 움막에 돌아오자, ….《문순태: 타오르는 강》 2 서로 사이가 멀어 서먹서먹하고 어색하다.

쓰레기 [명] 비로 쓸어 내는 먼지나 내다 버릴 물건의 총칭. ¶~를 쳐내다 / ~를 버리다.

쓰레기-꾼 [명] 쓰레기를 쳐내는 일을 하는 일꾼.

쓰레기-봉투 (-封套) [명] 쓰레기를 담아서 버리는 데 쓰는 봉투.

쓰레기-차 (-車) [명] 쓰레기를 운반하여 버리는 차.

쓰레기-통 (-桶) [명] 쓰레기를 담는 통.

쓰레-받기[-끼] [명] 비로 쓸어 모은 쓰레기를 다른 곳에 버리기 위해 담는 기구.

쓰레-장판 유지 장판으로 만든 쓰레받기.

쓰레-질 비로 쓸어 집 안을 깨끗하게 하는 일. 쓰레질-하다 [동](타)(여)

쓰르라미 [명](동) =저녁매미.

쓰람-쓰람 [부] 저녁매미의 울음소리.

쓰리¹ 겨울 낚시에서 붕어·잉어 따위를 낚아 올리기 위하여 얼음을 끄는 쇠꼬챙이.

쓰리² (←掏摸/すり) [명] '소매치기¹'로 순화.

쓰리-꾼 (←掏摸/すりー) [명] '소매치기²'로 순화.

쓰리다 [형] 1 다친 살에 매운 기가 닿을 때처럼 아프다. ¶상처가 ~. 2 (마음이) 날카로운 것으로 쑤시는 듯이 아프다. ¶자식을 잃은 쓰리고 아픈 가슴. 3 몹시 시장하여 허기지다. ¶몹시 배가 고파 속이 ~.

쓰메키리 (®爪切り/つめきり) [명] '손톱깎이'로 순화.

쓰-이다¹ [1](자) 1 글씨가 써지다. ¶글씨가 잘 쓰이는 만년필. 2 '쓰다¹'의 피동사. ¶그 자백서는 강제로 쓰인 것이오. [2](타) '쓰다¹'의 사동사. ¶동생에게 쓰인 글씨. (준)씌다.

쓰-이다² [동](자) '쓰다²'의 피동사. ¶모자가 너무 작아 잘 쓰이지 않는다. (준)씌다.

쓰-이다³ [동](자) '쓰다³'의 피동사. ¶창고로 쓰이는 집. (준)씌다.

쓰임-새 [명] 쓰임의 수량이나 정도. ¶~가 많은 기구.

쓱적-거리다 / -대다[-꺼(때)-] [동](자)(타) '스적거리다'의 센말.

쓱적-쓱적 [부] '스적스적'의 센말. 쓱적쓱적-하다 [동](자)(타)(여)

쓱 [부] 1 슬쩍 사라지는 모양. ¶어느새 ~ 없어졌군. 2 척 내닫거나 나서는 모양. 3 빨리 지나가는 모양. 4 슬쩍 문지르는 모양. 또, 그 소리. ¶수염을 ~ 쓰다듬다. 5 넌지시 슬쩍 행동하는 모양. ¶주위를 한번 ~ 둘러보다.

쓱싹 [부] 1 톱으로 켜거나 줄질을 할 때 나는 소리. 2 어떤 일을 얼버무려 해치우는 모양. ¶일을 상의도 없이 ~ 해치웠다. 3 남의 돈이나 물건을 슬쩍 가지는 모양. ¶공금을 ~ 빼돌리다. 쓱싹-하다 [동](타)(여) ¶전해 달라고 한 돈을 중간에서 ~.

쓱싹-거리다 / -대다[-꺼(때)-] [동](자)(타) 자꾸 쓱싹 소리가 나다. 또는, 그런 소리를 내다.

쓱싹-쓱싹 [부] 쓱싹거리는 소리. 쓱싹쓱싹-하다 [동](자)(타)(여)

쓱-쓱 [부] 1 자꾸 쓱 문대거나 비비는 모양. ¶그는 흙 묻은 손을 바지에 ~ 문지르고는 그 손으로 막걸리 사발을 들었다. 2 일을 손쉽게 거침없이 해치우는 모양. ¶그는 별로 힘들지 않게 그 일을 ~ 해치우고는 남의 일을 도와주었다.

쓴-맛[-맏] [명] 한약이나 소태 등을 먹을 때 느끼는 것과 같은 맛. =고미(苦味). ¶~이 나는 약.
[쓴맛 단맛 다 보았다] 세상의 괴로움과 즐거움을 다 겪었다는 말.
쓴-웃음 [명] 어처구니가 없거나 마땅치 않거나 씁쓸하거나 하여 입을 다물거나 거의 벌리지 않고 웃는 듯 마는 듯하게 짓는 웃음. =고소(苦笑). ¶~을 짓다 / ~을 웃다.
쓴-잔(-盞) [명] 1 쓴맛이 나는 액체가 든 잔. 2 실패나 패배 등의 쓰라린 경험을 비유하여 이르는 말. 비고배. ¶~을 마시다 / 패배의 ~을 들다.
쓸개 [명][생] 간 아래쪽에 있는 주머니 모양의 기관. 쓸개즙을 일시적으로 괴게 하고 농축함. =담(膽囊).
[쓸개에 가 붙고 간에 가 붙는다] 자기에게 이로우면 지조 없이 이쪽에 붙었다 저쪽에 붙었다 한다.
쓸개(가) 빠지다 [구] (어떤 사람이) 줏대와 자존심을 갖추지 못하다. 비난조의 말임. ¶이런 쓸개 빠진 놈! 넌 오기도 없냐?
쓸개-즙(-汁) [명][생] 척추동물의 간에서 만들어져 쓸개에 저장되었다가 십이지장으로 가는 소화액. 지방의 소화를 도움. =담액(膽液)·담즙(膽汁).
쓸까스르다 [동][타] <쓸까스르니, 쓸까슬러> 남을 추어올렸다 내렸다 하여 비위를 거스르게 하다. ¶남은 진심으로 하는 말에, 한편에서는 자꾸만 이죽거리며 쓸까스르기만 하니까 영신은 발끈하고 정말 성미가 났다. 〈심훈:상록수〉
쓸다¹ [동][타] <쓰니, 쓰오> 1 (비 따위로 어느 곳의 바닥에 쌓이거나 널린 작은 물체나 가루 상태의 물질을) 비를 바닥의 표면에 대고 일정하게 움직임으로써 한곳으로 가거나 모이게 하다. 또는, (비 따위로 어느 곳에) 쌓이거나 널린 물체나 물질이 한곳에 모이게 하여 치우다. ¶방을 비로 쓸고 걸레로 닦다. 2 (사람이 사물이나 몸의 어느 부분을 손바닥으로) 일정한 넓이가 닿게 하여 만지거나 문지르다. ¶아픈 배를 손으로 ~ / 어머니는 돌아가신 아버지의 옷들을 한 가지씩 들고 가만히 손바닥으로 쓸어 보고는 장롱 안에 넣었습니다. 〈주요섭:사랑 손님과 어머니〉 3 (어느 정도 넓이가 있는 물체가 바닥을) 질질 끌듯이 스치다. 해학적인 표현임. ¶치마가 길어 온 마당을 쓸고 다닌다. 4 (한 세력을 가진 대상이 어느 곳이나 일정 범위의 대상을) 매우 강한 힘으로 그의 세력 아래 있게 하거나 모두 혼자 차지하다. 비휩쓸다. ¶뇌염이 전국을 ~ / 태풍이 온 마을을 쓸고 갔다.
쓸다² [동][타] <쓰니, 쓰오> 줄 따위로 문질러서 닳게 하다. ¶줄로 ~ / 톱날을 ~.
쓸-데 [때] 쓰일 자리. 또는, 써야 할 곳. ¶급히 ~ 가 있으니 돈 좀 빌려 주세요.
쓸데-없다 [-떼업따] [형] 실제에 아무런 가치나 의의가 없다. 비소용없다. ¶내가 다 알아서 할 테니 쓸데없는 걱정은 하지 마라. **쓸데없-이** [부] ¶남의 일에 ~ 참견하지 마라.
쓸리다¹ [동][자] (풀이 센 옷 등에) 살이 문질려 살갗이 벗겨지다.
쓸리다² [동][자] (한쪽으로) 비스듬히 기울어지다.
쓸-리다³ [동][자] '쓸다²'의 피동사. ¶이 비로 쓸면 잘 쓸린다.
쓸-리다⁴ [동][자] '쓸다²'의 피동사. ¶줄에 쓸린

쓸-모 [명] 이용하거나 활용하거나 취하여 쓸 만한 가치. 비쓰임새·효용. ¶~가 많다 / ~.
쓸모-없다 [-업따] [형] 쓸 만한 가치가 없다. ¶그따위 쓸모없는 고물 자전거를 누가 탐낸담? **쓸모없-이** [부].
쓸쓸-하다 [형][여] 1 외롭고 적적하다. ¶쓸쓸한 겨울 바다 / 자식들이 모두 출가해 집안이 ~. 2 날씨가 조금 차고 으슬하다. 작쌀쌀하다. **쓸쓸-히** [부] ~ 지내고 있다.
쓸어-내리다 [동][타] (수염이나 머리카락 등을) 아래로 쓸면서 만지다. ¶머리를 ~.
쓸어-버리다 [동][타] (부정적인 것을) 모조리 없애다. ¶잡념을 ~ / 불순분자를 말끔히 ~.
쓸어-안다 [-따] [동][타] 1 (사람이나 동물을) 사랑이나 연민의 감정을 가지고 안다. ¶그 때에 우리는 서양 풍속으로 서로 쓸어안고 입을 맞추리라. 〈이광수:무정〉 2 (물체를) 슬픔·쓸쓸함·그리움 등의 이유로 팔로 쓸면서 감싸 안다. ¶비석을 쓸어안고 오열하다. 3 (자신의 가슴이나 배를) 팔로 감싸면서 어루만지다. 또는, (쓸쓸하거나 허전한 마음을) 스스로 달래거나 참다. ¶허기진 배를 쓸어안고 잠이 든 아이들 / 그는 텅 빈 가슴을 쓸어안고 발길을 돌렸다.
쓿다 [쓸타] [동][타] 거친 쌀·조·수수 등을 찧어 깨끗하게 하다. ¶쌀을 ~.
쓿은-쌀 [쓸-] [명] 쓿어서 곱게 된 쌀. 비정백미.
씀바귀 [명][식] 국화과의 여러해살이풀. 높이 25~50cm. 산과 들에 저절로 나며, 초여름에 노란 꽃이 핌. 줄기와 잎에 흰 즙이 있고 쓴맛이 남. 뿌리와 애순은 봄에 나물로 먹음. =고채(苦菜).
씀벅 [부] 눈꺼풀을 움직여 눈을 한 번 감았다 뜨는 모양. 예슴벅. **씀벅-하다** [동][자][타][여].
씀벅-거리다/-대다 [-꺼(때)-] [동][자][타] 눈꺼풀을 움직여 자주 눈을 감았다 떴다 하다. ¶눈을 ~. 작쌈박거리다. 예슴벅거리다.
씀벅-씀벅 [부] 씀벅거리는 모양. 작쌈박쌈박. 예슴벅슴벅. ×썸벅썸벅. **씀벅씀벅-하다** [동][자][타][여].
씀벅-이다 [동][자] 눈꺼풀을 움직여 눈을 감았다 뜨다. 작쌈박이다. 예슴벅이다.
씀씀-이 [명] 1 어떤 사람이 평소 돈이나 물자를 쓰는 정도나 규모. ¶~가 크다 [헤프다]. 2 남에게 도움을 베풀거나 남의 입장을 헤아리거나 하는, 마음을 쓰는 태도. =용도. ¶마음 ~가 눈물겹게 고맙다.
씁쓰레-하다 [형][여] 맛이 조금 씁쓸한 듯하다. =씁쓰름하다. ¶씁쓰레하면서도 향긋한 도라지나물. 작쌉싸래하다.
씁쓰름-하다 [형][여] =씁쓰레하다.
씁쓸-하다 [형][여] 1 (맛이) 조금 쓰다. 작쌉쌀하다. 2 (사람의 마음이) 언짢거나 못마땅하거나 불유쾌한 일을 맞닥뜨려 그에 대하여 언짢은 기분을 누르거나 한심스럽게 여기거나 어쩔 수 없어 서글프게 여기는 상태에 있다. ¶씁쓸한 표정 / 씁쓸한 웃음. **씁쓸-히** [부].
씌:다¹ [씨-] [동][자] 귀신이 접하다. ¶물귀신에 씌어서 물에 빠져 죽다.
씌:다² [씨-] [동][자][타] '쓰이다'의 준말.
씌:다³ [씨-] [동][타] '쓰이다'의 준말.
씌:다⁴ [씨-] [동][타] '쓰이다'의 준말.
씌:다⁵ [씨-] [동][타] '씌우다'의 준말.

씌우-개[씨-] 명 덮어씌우는 물건.
씌우다[씨-] 통(타) '쓰다'의 사동사. ¶모자를 ~ / 누명을 ~. 준씌다.
씨¹ 명 1 식물의 열매 속에 들어 있는 것으로, 땅에 뿌려지면 싹이 터서 다시 같은 식물로 자라게 될, 비교적 단단한 물질. 비씨앗·종자. ¶법~/호박~/~를 뿌리다 / ~ 없는 수박. 2 동물의 암컷의 난자가 수정하기 위하여 필요한, 수컷의 몸에서 만들어지는 물질. 때로, 사람에 대해서도 속된 어감을 담아 씀. ¶수퇘지에게서 ~를 받다 / 자손이 없어 외간 남자의 ~를 받다. 3 사람의 혈통이나 자손을 비속하게 이르는 말. ¶넌 누구의 ~냐. / ~는 못 속여! 4 세상에 남아 있는 어떤 종류나 부류의 사람이나 생물이나 물건의 존재. 역학적인 ~를 말리다 / 요즘 그 꽃은 ~가 말라 가고 있다. 5 점점 커지거나 발전하여 어떤 결과를 빚게 될, 처음의 원인. ¶악의 ~를 뿌리다 / 말이 ~가 되는 법.
씨를 말리다 관 어떤 종류의 것을 하나도 남기지 않고 죄다 없애다. ¶장님이 너무 극성한 때문 종친 중에 똑똑한 인물은 다 **씨를 말리려** 하니 한심하시단 분부까지 내리었습니다.《박종화: 전야》
씨(가) 먹다 관 말이 조리가 닿아 설득하는 힘을 가지다. ¶씨가 먹지 않는 소리.
씨² 명[언] =품사(品詞).
씨³ 감 '시'의 센말.
-씨⁴ 접미 '태도', '버릇'의 뜻을 나타내는 말. ¶마음~ / 말~.
씨⁵(氏) I 명[의존] 성년(成年)이 된 사람의 성(姓)이나 성명이나 이름 아래에 쓰여) 그 사람을 낮추거나 대접하여 부르거나 이르는 뜻을 나타내는 말. 대체로 동료나 아랫사람에게 쓰는 말로, 공식적·사무적인 자리에서 가 아니면 윗사람에게 쓰기 어려움. ¶김 ~, 나 좀 봐. / 혜순~, 사랑합니다. ▶-씨.
Ⅱ 대[인칭] 주로 글에서, 성년이 된 사람을 성이나 성명을 생략한 채로 이르는 존칭. 앞에서 성명을 이미 밝힌 경우에 쏠 수 있는 말임. ¶~의 주장은 여러 가지 논리적 결함을 가지고 있다.
-씨⁶(氏) 접미 성(姓)을 나타내는 명사 뒤에 붙어, 그 성 자체를 나타내는 말. '-가(哥)'에 비해 좀 더 높이는 어감이 있음. ¶밀양 박~ / 우리나라 사람 가운데 김~가 가장 많다.▷-가(哥).

혼동어	이씨 / 이 씨

붙여 쓴 '**이씨**'는 이씨 성 자체를 가리키고, 띄어 쓴 '**이 씨**'는 '이○○ 씨'를 줄인 말로, 특정인을 가리킴. 전자의 '씨'는 접미사이고, 후자의 '씨'는 의존 명사임. ¶내 아내의 성은 **이씨**다. / **이 씨**는 평상시에 말수가 적다.

씨-감자 명 씨앗으로 쓸 감자.
씨그둥-하다 형[여] 귀에 거슬러 달갑지 않다.
씨근-거리다/-대다 통[자][타] '시근거리다'의 센말. 작쌔근거리다.
씨근덕-거리다/-대다[-꺼(때)-] 통[자][타] '시근덕거리다'의 센말. ¶분을 참지 못한 그는 한참이나 **씨근덕거렸다**. 작쌔근덕거리다.
씨근덕-씨근덕 부 '시근덕시근덕'의 센말. 작쌔근덕쌔근덕. **씨근덕씨근덕-하다** 통[자][타][여]

씨근-벌떡 부 '시근벌떡'의 센말. ¶화난 친구가 ~ 달려왔다. 작쌔근발딱. (귀)씨근펄떡. **씨근벌떡-하다** 통[자][타][여] ¶…어린애에게 함부로 말할 수 없어서 할 말을 다 못하고 **씨근벌떡하고 있다**.《염상섭: 어머니》
씨근벌떡-거리다/-대다[-꺼(때)-] 통[자][타] '시근벌떡거리다'의 센말. 작쌔근발딱
씨근-씨근¹ 부 씨근거리는 모양. ¶뛰어오느라고 ~ 상기된 얼굴. 작쌔근쌔근. **씨근씨근-하다**¹ 통[자][여]
씨근-씨근² 부 어린아이가 곤하게 자며 숨쉬는 소리. 또는, 그 모양. ¶소풍에서 돌아온 아이는 피곤했는지 저녁밥을 먹자마자 ~ 잠들어 버렸다. 작쌔근쌔근. **씨근씨근-하다**² 통[자][여]
씨근-펄떡 부 '시근벌떡', '씨근벌떡'의 거센말. 작쌔근팔딱. **씨근펄떡-하다** 통[자][타][여]
씨근펄떡-거리다/-대다[-꺼(때)-] 통[자][타] '시근벌떡거리다', '씨근벌떡거리다'의 거센말. 작쌔근팔딱거리다.
씨-껍질[-껍] 명[식] 씨를 싸고 있는 껍질. 겉씨껍질과 속씨껍질이 있음. =종피(種皮).
씨-내리 명 1 '내림'의 낮은말. 2 전에, 남편에게 자손이 없어 대(代)를 잇지 못할 때, 남편 대신 외간남하여 아이를 배게 하던 일. 또는, 그 남자. ▷씨받이.
씨-눈 명[생] =배(胚)².
씨-닭 [-닥] 명 =종계.
씨-담그기 명[농] 씨앗의 싹이 빨리 트도록 물에 담가 불리는 일. =침종(浸種).
씨-도둑 관 → **씨도둑은 못 한다**) 남의 씨[혈통]를 훔칠 수 없다는 뜻으로, 아무리 감추거나 부인하려 해도 자식은 외모나 성격에 있어서 유전적으로 부모를 닮을 수밖에 없다는 말.
씨도리-배추 명 씨를 받기 위하여 밑동을 남기고 잘라 낸 배추. 준씨도리.
씨-돼지 명 씨를 받으려고 기르는 돼지. =종돈(種豚).
씨르래기 명[동] =여치.
씨르륵-씨르륵 부 여치의 울음소리. **씨르륵씨르륵-하다** 통[자][여]
씨름 명 1 [체] 두 사람이 샅바를 넓적다리에 걸어 서로 잡고 재주를 부려 상대를 땅에 넘어뜨리는, 우리나라 고유의 경기. =각력(角力)·각저(角抵)·각희·상박(相撲). ¶~ 대회 / ~ 장사. 2 무엇을 이루려고 끈기 있게 노력하는 일. ¶닥터 우는 이 근원을 파악하기 위하여 남녀의 체질의 차를 가지고 여러 해 동안 ~을 해 왔다.《허윤석: 구관조》
씨름-하다 통[자][여] ¶책과 ~.
씨름-꾼 명 씨름하는 사람. 또는, 힘이 세고 체구가 좋거나 씨름을 잘하는 사람의 별명.
씨름-판 명 씨름을 하는 판. ¶~이 벌어지다.
씨-말 명 =종마(種馬).
씨무룩-하다[-루카-] 형[여] '시무룩하다'의 센말. ¶**씨무룩해진** 얼굴. 작쌔무룩하다. **씨무룩-이** 부 ¶풀이 죽어 ~ 앉아 있다.
씨물-거리다/-대다 통[자] '시물거리다'의 센말. 작쌔물거리다.
씨물-씨물 부 '시물시물'의 센말. **씨물씨물-하다** 통[자][여]
씨-받이[-바지] 명 1 =채종(採種)¹. 2 전에,

대(代)를 이을 아이를 다른 여자가 대신 낳아 주던 일. 또는, 그 여자. ▷씨내리.

씨-방(-房)[명][식] 암술대 밑에 붙은 통통한 주머니 모양의 부분. 그 속에 밑씨가 들어 있음. =자방(子房).

씨부렁-거리다/-대다[동](자)(타) '시부렁거리다'의 센말. ¶입속으로 뭐라고 ~. 짝싸부랑거리다.

씨부렁-씨부렁[부] '시부렁시부렁'의 센말. 짝싸부렁싸부렁. **씨부렁씨부렁-하다**[동](자)

씨-뿌리기[명][농] 논밭에 곡식의 씨앗을 뿌리는 일. =부종(付種)·종파(種播)·파종(播種).

씨-소[명] =종우(種牛).
씨-수말[명] 씨를 받을 수말. =종모마(種牡馬). ↔씨암말.
씨-수소[명] 씨를 받을 수소. =씨황소·종모우(種牡牛). ↔씨암소.
씨-수퇘지[명] 씨를 받을 수퇘지. =종모돈(種牡豚). ↔씨암퇘지.
씨식잖다[-잔타][형] 같잖고 되잖다. ¶그게 무슨 **씨식잖은** 소리냐? ⓒ씩잖다.
씨-실[명] 피륙을 가로 건너 짜는 실. =위사(緯絲). ↔날실.
씨아[명] 목화의 씨를 빼는 기구. =교거(攪車)·연거(碾車).
씨아-질[명] 씨아로 목화의 씨를 빼는 일. **씨아질-하다**[동](자)
씨-알[명] 1 =종란(種卵). 2 [광] 광물의 잔 알갱이. 3 곡식 등의 종자로서의 낱알.
씨알이 먹다[구] '씨(가) 먹다'를 속되게 이르는 말.
씨알-머리[명] 사람의 종자를 욕으로 이르는 말. ¶"이년! 바른대로 말해라, 대관절 네년의 배 속에 든 씨가 뉘 놈의 ~냐?"《최인욱: 전봉준》
씨-암말[명] 씨를 받을 암말. =종빈마(種牝馬). ↔씨수말.
씨-암소[명] 씨를 받을 암소. =종빈우(種牝牛). ↔씨수소.
씨-암탉[-탁][명] 씨를 받으려고 기르는 암탉. ¶사위가 온다고 ~을 잡다.
씨암탉-걸음[-탁껄-][명] 아기작아기작 천천히 걷는 걸음.
씨-암퇘지[명] 씨를 받을 암퇘지. =종빈돈(種牝豚). ↔씨수퇘지.
씨앗[-앋][명] 곡식이나 채소의 씨. ¶~을 뿌리다.
씨양이-질[명] 한창 바쁠 때 쓸데없는 일로 남을 귀찮게 구는 짓. ⓒ쌩이질. **씨양이질-하다**[동](자)(여)
씨억씨억-하다[-어카-][형](여) 성질이 굳세고 활발하다.
씨우적-거리다/-대다[-꺼(때)-][동](자) 마음에 못마땅하여 불평스럽게 씨부렁거리다.
씨우적-씨우적[부] 씨우적거리는 모양. **씨우적씨우적-하다**[동](자)(여)
씨-조개[명] 씨를 받기 위하여 기르는 조개. =종패(種貝).
씨족(氏族)[명][사] 원시 사회에서 공동의 조상을 가진 혈족 단체. ⇒부족(部族).
씨족^사회(氏族社會)[-싸회/-싸훼][명][사] 씨족 제도를 바탕으로 하는 원시 사회. ▷부족 사회.
씨-종[명] 대대로 전하여 내려가며 종노릇을 하는 사람.

씨-줄[명][지] =위선(緯線). ↔날줄.
씨-짐승[명] =종축(種畜).
씨-토끼[명] =종토(種兔).
씨팔[감][관] 상대를 저주하거나 불평·불만을 나타낼 때에 내뱉는 아주 심한 욕설. 금기어임.
씩[1][부] 한 번 소리 없이 싱겁게 웃는 모양. ¶멋쩍게 ~ 웃다.
-씩[2][접미] 수사나 수량·정도를 나타내는 말에 붙어, 여럿이 다 같은 수량이나 정도로 나뉘거나, 매번 같은 수량이나 정도로 되풀이됨을 나타내는 말. ¶조금~ / 얼마~ / 빵~ 한 사람 앞에 하나~ 나누어 주다 / 그는 한 달에 두 번~ 산에 오른다.

씩둑-거리다/-대다[-뚝(때)-][동](자) 부질없는 말을 자꾸 수다스럽게 지껄이다.
씩둑-꺽둑[-뚝-뚝][부] 이런 말 저런 말로 씩둑거리는 모양. **씩둑꺽둑-하다**[동](여) ¶술이 취하면 낮에 있었던 일을 아내에게 **씩둑꺽둑할** 것이 걱정스러워 따돌렸기 때문이었다.《김국태: 어두운 출구》
씩둑-씩둑[-뚝-뚝][부] 씩둑거리는 모양. **씩둑씩둑-하다**[동](자)
씩씩[부] '식식'의 센말. 짝쌕쌕. **씩씩-하다**[동](자)(타)(여)
씩씩-거리다/-대다[-꺼(때)-][동](자)(타) '식식거리다'의 센말. ¶화가 나서 ~ 숨이 차서 ~. 짝쌕쌕거리다.
씩씩-하다[2][-씨카-][형](여) 굳세고 당당하다. ¶씩씩한 젊은이. **씩씩-히**[부]
씩잖다[-짠타][형] '씨식잖다'의 준말. ¶대학생이 **씩잖게** 초등학생과 싸움을 하다니 부끄럽지도 않으냐.
씰그러-뜨리다/-트리다[타] '실그러뜨리다'의 센말. ¶그 아이는 입술을 **씰그러뜨리**더니, 기어코 울음보를 터뜨렸다. 짝쌜그러뜨리다.
씰그러-지다[동](자) '실그러지다'의 센말. 짝쌜그러지다.
씰긋-거리다/-대다[-귿(때)-][동](자)(타) '실긋거리다'의 센말. 짝쌀긋거리다·쌜긋거리다.
씰긋-쌜긋[-귿-귿][부] '실긋샐긋'의 센말. **씰긋쌜긋-하다**[동](자)(타)(여)
씰긋-씰긋[-귿-귿][부] '실긋실긋'의 센말. 짝쌀긋쌀긋·쌜긋쌜긋. **씰긋씰긋-하다**[동](자)(타)(여)
씰긋-하다[-그타-][형] '실긋하다'의 센말. 짝쌀긋하다·쌜긋하다. **씰긋-이**[부]
씰기죽-거리다/-대다[-꺼(때)-][동](자)(타) '실기죽거리다'의 센말. 짝쌜기죽거리다.
씰기죽-씰기죽[부] '실기죽실기죽'의 센말. 짝쌜기죽쌜기죽. **씰기죽씰기죽-하다**[동](자)(타)(여)
씰기죽-하다[-주카-][형](여) '실기죽하다'의 센말.
씰룩[부] '실룩'의 센말. 짝쌜룩. **씰룩-하다**[동](자)(타)(여) ¶그녀는 입을 **씰룩하더니**, 토라져서 말문을 닫아 버렸다.
씰룩-거리다/-대다[-꺼(때)-][동](자)(타) '실룩거리다'의 센말. ¶입을 ~. 짝쌜룩거리다.
씰룩-쌜룩[부] '실룩샐룩'의 센말. **씰룩쌜룩-하다**[동](자)(타)(여)
씰룩-씰룩[부] '실룩실룩'의 센말. 짝쌜룩쌜

룩. **씰룩씰룩-하다** 동(자)(타)(여)
씰룩-이다 동(자)(타) '실룩이다'의 센말. 좍쌜룩이다.
씹 명 1 어른의 '보지'를 비속하게 이르는 말. 때로, '질(膣)'만을 가리키기도 함. 일반적 상황에서 절대로 쓸 수 없는 금기어임. ↔좆. 2 (사람이 이성의 사람과) 성교를 하는 것. 일반적 상황에서 절대로 쓸 수 없는 금기어임. **씹-하다** 동(자)(여) (사람이 이성의 사람과) 성교를 하다. 금기어임.
씹-구멍[-꾸-] 명 여자의 '질(膣)'을 비속하게 이르는 말. 일반적 상황에서 절대로 쓸 수 없는 금기어임.
씹다[-따] 동(타) 1 (사람이나 동물이 음식이나 물건을) 위아래의 이(특히, 어금니) 사이에 넣고 여러 번 이를 힘주어 맞닿게 하여, 잘게 부서지거나 부드러운 상태가 되게 하다. 비저작(咀嚼)하다. ¶밥을 꼭꼭 **씹어** 먹다 / 껌을 ~ / 염소가 종이를 **씹어서** 삼키다. 2 (사람이 어떤 사람이나 그의 행동을) 여러 사람 앞에서 나쁘게 말하다. 속된 말임. 비헐뜯다. ¶남을 공연히 ~.
씹어-뱉다[-밷따] 동(자)(타) 말을 아무렇게나 되는 대로 지껄이다. 속된 말임. ¶막말을 서슴없이 ~.
씹-히다[씨피다] 동 1(자) '씹다'의 피동사. ¶밥에 섞인 돌이 ~. 2(타) '씹다'의 사동사.
씻-기다[씯끼-] 동 1(자) '씻다'의 피동사. ¶오랜 세월을 물결에 **씻겨** 닳고 닳은 조약돌 / 접시에 기름기가 많이 묻어 잘 **씻기지** 않는다. 2(타) '씻다'의 사동사.
씻김-굿[씯낌꾿] 명(민) 전라남도 지방(주로 진도)에서 행해지는, 죽은 영혼의 부정(不淨)을 씻어 주어 극락왕생하게 하고, 자손의 복을 비는 굿.
씻-나락 명〈방〉볍씨(경상·전라).
씻다[씯따] 동(타) 1 (물체나 몸을 물로) 그 표면이 깨끗해지게 하다. 특히, (대상을) 물에 담그거나 물을 묻게 한 상태로 손 따위로 문지르거나 하면서 표면의 더러운 물질이 없어지게 하다. 2 (휴지나 손수건 따위로 몸의 어떤 부분을) 깨끗해지게 하다. 비닦다. ¶휴지로 밑을 ~. 3 (누명·치욕·죄과 따위를) 깨끗하게 벗다. ¶범인이 잡혀서 누명을 **씻게** 되었다. 4 (원한 따위를) 풀어서 없어지게 하다. ¶천추에 **씻지** 못할 원한.
씻은 듯 부신 듯 구 아무것도 남지 않을 만큼 아주 말끔하게 없어진 모양.
씻은 듯이 구 아주 깨끗하게. ¶약을 먹었더니 아프던 곳이 ~ 나았다.
씽 부 바람이 세차게 스쳐 지나거나 물체가 세차게 바람을 일으키며 나아갈 때에 나는 소리. 또는, 그 모양. ¶고공(高空)을 ~ 날아오르는 제트기. 좍쌩.
씽그레 부 '싱그레'의 센말. ¶~ 웃다. 좍쌩그레. **씽그레-하다** 동(자)(여)
씽글-거리다/-대다 동(자) '싱글거리다'의 센말. 좍쌩글거리다.
씽글-뻥글 부 '싱글벙글'의 센말. 좍쌩글빵글. **씽글뻥글-하다** 동(자)(여)
씽글-뼁글 부 '싱글빙글'의 센말. 좍쌩글뼁글. **씽글뼁글-하다** 동(자)(여)
씽글-씽글 부 '싱글싱글'의 센말. 좍쌩글쌩글. **씽글씽글-하다** 동(자)(여)
씽긋[-귿] 부 '싱긋'의 센말. ¶그는 ~ 웃는 것으로 내 말에 동의해 주었다. 셍씽끗. **씽긋-하다** 동(자)(여) **씽긋-이** 부 ¶~ 웃다.
씽긋-거리다/-대다[-귿꺼(때)-] 동(자) '싱긋거리다'의 센말. 좍쌩긋거리다. 셍씽끗거리다.
씽긋-뼁긋[-귿-귿] 부 '싱긋빙긋'의 센말. ¶뭔가 좋은 일이 생겼다는 듯 그들은 ~웃으며 나를 맞아 주었다. 좍쌩긋뺑긋. 셍씽끗뼁끗. **씽긋뼁긋-하다** 동(자)(여)
씽긋-씽긋[-귿-귿] 부 '싱긋싱긋'의 센말. 좍쌩긋쌩긋. 셍씽끗씽끗. **씽긋씽긋-하다** 동(자)(여)
씽끗[-끋] 부 '싱긋', '씽긋', '씽긋'의 센말. **씽끗-하다** 동(자)(여)
씽끗-거리다/-대다[-끋꺼(때)-] 동(자) '싱긋거리다', '싱긋거리다', '씽긋거리다'의 센말. 좍쌩끗거리다.
씽끗-뼁끗[-끋-끋] 부 '싱긋빙긋', '싱끗빙끗', '씽긋뼁긋'의 센말. 좍쌩끗뼁끗. **씽끗뼁끗-하다** 동(자)(여)
씽끗-씽끗[-끋-끋] 부 '싱긋싱긋', '싱끗싱끗', '씽긋씽긋'의 센말. 좍쌩끗쌩끗. **씽끗씽끗-하다** 동(자)(여)
씽-씽 부 바람이 세차게 스쳐 지나거나 물체가 세차게 바람을 일으키며 나아갈 때에 잇달아 나는 소리. 또는, 그 모양. ¶고속도로를 ~ 달리는 자동차. 좍쌩쌩.
씽씽-하다 형(여) '싱싱하다'의 센말. 좍쌩쌩하다.

ㅇ

ㅇ →이응.

아[1] 명[언] 한글 모음 'ㅏ'의 이름.
['아' 해 다르고 '어' 해 다르다] 같은 내용의 이야기도 이렇게 말하여 다르고 저렇게 말하여 다르다.

아[2] 감 1 놀람·당황함·초조함 등을 나타내거나 급할 때에 내는 소리. ¶~, 어쩌나. / ~, 큰일 났다. 2 남에게 말하려 할 때 주의를 환기하기 위해 내는 소리. ¶"~, 우리나라가 독립을 했어요, 독립을. 그걸 아직도 모르고 있어요?"《이범선:학마을 사람들》 3 감동적인 느낌을 나타내거나 한탄할 때 내는 소리. ¶~, 슬프다. / ~, 가을이 깊어 가누나.

아[3] 부 입 안이 들여다보일 만큼 크게 벌린 모양. ¶치과 의사 앞에서 입을 ~ 벌렸다.

아[4] 조 받침이 있는 명사 아래에 붙어, 부름을 나타내는 호격 조사. ¶미경~, 놀자. / 달~달~ 밝은 달~. ▷야.

-아[5] 어미 끝 음절의 모음이 'ㅏ', 'ㅑ', 'ㅗ'인 용언의 어간에 붙는 연결 또는 종결 어미. 단, 선어말 어미 '-았-' 다음에는 '-어-'가 붙음. 'ㅏ'로 끝나는 어간 아래에서는 탈락됨. 1 용언의 어간에 붙어, 보조 용언에 연결되게 하거나, 이유·근거 등을 나타내는 연결 어미. ¶물이 얕~ 그냥 건너도 된다. 2 동사의 어간에 붙어, 시간상의 선후 관계를 나타내는 연결 어미. ¶그를 찾~ 길을 떠났다. 3 동사의 어간에 붙어, 방법을 나타내는 연결 어미. 비-아서. ¶밥을 물에 말~ 먹다. 4 용언의 어간에 붙어, 어떤 사실을 서술하거나 물음을 나타내는 반말 투의 종결 어미. ¶네가 옳~. / 무얼 찾~? 5 동사의 어간에 붙어, 명령이나 청유를 나타내는 반말 투의 종결 어미. ¶깨끗이 닦~. / 나와 놀~. 6 형용사의 어간에 붙어, 감탄의 뜻을 나타내는 종결 어미. ¶아이, 좋~! 7 동사의 어간에 붙어, 집단에 명령을 내리는 군대식 구령에 쓰이는 종결 어미. ¶앞으로가! / 준비, 쏴! ▷-어.

아-[6] (亞) 접두 1 '다음가는'의 뜻. ¶~열대(熱帶) / ~한대(寒帶). 2 [화] '아~산'의 꼴로 쓰여, 산화 상태가 기준이 되는 것보다 낮으나 '하이포아-'보다 높은 것임을 나타내는 말. ¶~염소산[HClO₂]. ▷과(過)-·하이포아-.

-아[7] (兒) 접미 1 '어린아이'의 뜻을 나타내는 말. ¶신생~ / 미숙~. 2 '장정' 또는 '남아'의 뜻. ¶행운~ / 풍운~ / 기린~.

아가[1] I 명 '아기'를 귀여움의 대상으로서 이르는 말. ¶~야, 까꿍! / ~의 맑고 또랑또랑한 눈.
II 감 1 아기를 부르는 말. ¶~, 이리 온. 2 시부모가 젊은 며느리를 친근하게 부르는 말. 주로 아이를 낳기 전에 쓰는 말임.

아가[2] (雅歌) 명[성] 구약 성서 중의 한 권.

아가리 명 1 '입'을 비속하게 이르는 말. ¶그놈의 ~ 좀 닥치지 못할까? 2 용기(容器) 따위의, 물건을 넣고 내고 하는 어귀. ¶병 ~.
  아가리(를) 놀리다 관 '말하다'를 비속하게 이르는 말. ¶아가리를 함부로 놀리지 마라.

아가리-질 명 1 '말질'을 비속하게 이르는 말. 2 '악다구니'를 비속하게 이르는 말. **아가리질-하다** 동 (자여)

아가미 명[동] 물속에서 사는 동물, 특히 어류에 발달한 호흡 기관. 붉은 참빗 모양으로 여러 갈래로 잘게 나뉘어, 그 속의 혈관에 흐르는 피와 물이 접하여 가스 교환이 이루어짐.

아가미-구멍 명[동] 아가미 뒤쪽에 있는, 물이 나오는 구멍. 경골어류에는 1쌍, 상어나 가오리류에서는 5~7쌍 있음. =새공(鰓孔)·새열(鰓裂)·아감구멍.

아가미-덮개 [-떱깨] 명[동] 경골어류의 머리 양쪽에 있는, 아가미를 보호하고 물이 드나들게 하는, 골질의 얇은 판. =아감딱지.

아가사창(我歌査唱) 명 [내가 부를 노래를 사돈이 부른다는 뜻] 꾸짖음이나 나무람을 들어야 할 사람이 도리어 큰소리를 침.

아가씨 명 1 지난날, 지체 있는 집안의 처녀를 신분이 낮은 사람이 높여서 호칭 또는 지칭하던 말. ¶유모:대답하세요, 갑분~.《오영진:맹진사댁 경사》 2 미혼의 젊은 여자를 윗사람이나 비슷한 나이의 사람이 호칭 또는 지칭하는 말. 주로, 그다지 안면이 없거나 가까운 사이가 아닐 때 씀. ¶~, 길 좀 물읍시다. 3 손아래 시누이를 호칭 또는 지칭하는 말.

아가페(◎agapē) 명 인간에 대한 신(神)의 절대적이고 무조건적인 사랑. 또는, 대상을 바라지 않고 베푸는 인간의 희생적인 사랑.

아갈-머리 명 '입'을 비속하게 이르는 말.

아갈-잡이 명 소리를 지르지 못하도록 입속에 천 따위를 가득 틀어넣은 뒤, 입 주위를 긴 천으로 둘러 묶는 짓. ¶깨어 있고 겉이 있는 이들은 이미 ~당하고 손발이 묶여 있다.《현기영:겨우살이》 **아갈잡이-하다** 동 (타여)

아감-구멍 [-꾸-] 명[동] =아가미구멍.

아감-딱지 [-찌] 명[동] =아가미덮개.

아:강(亞綱) 명[생] 생물 분류학상의 한 단위. 강(綱)과 목(目)의 사이.

아고라(◎agora) 명[역] 고대 그리스의 도시 국가에 있던 공동(公共)의 광장. 공공건물이 서 있고, 회의·재판·시장 등이 열렸음. 로마의 포룸에 해당함.

아:과(亞科) [-꽈] 명[생] 동식물 분류상의 한 단위. 과(科)와 속(屬)의, 어떤 경우에는 족(族)과의 사이.

아관(俄館) 명[역] 조선 말기에 서울에 있었던 러시아 공사관.

아관^파천(俄館播遷) 명[역] 조선 말기인 1896년 2월 11일부터 다음 해 2월 25일까지 고종과 세자가 러시아 공사관에서 거처한 사건. 친러파와 러시아 공사 베베르가 짜고 일으킨 일로, 이 기간에 친러파 내각이 집권

했음.
아교(阿膠) 명 쇠가죽을 끈끈하도록 고아서 말린 접착제. =갖풀·아교풀.
아교-질(阿膠質) 명 아교와 같이 끈적끈적한 성질. 또는, 그런 물질.
아교-풀(阿膠-) 명 =아교.
아구-찜 명 '아귀찜'의 잘못.
아구-창(鵝口瘡) 명 [한] 어린아이의 입술과 잇몸이 헐어서 흰 반점이 군데군데 생기는 병.
아구-탕(-湯) 명 '아귀탕'의 잘못.
아국(我國) 명 우리의 나라. =아방(我邦). ⓑ우리나라.
아군(我軍) 명 우리 편의 군대. ↔적군(敵軍).
아궁 '아궁이'의 준말.
아궁이 명 가마나 방·솥·구덩이 같은 데에 불을 때기 위하여 만든 구멍. ¶부엌 ~/~에 불을 지피다. ⓒ아궁. ×아궁지.
아궁지 명 '아궁이'의 잘못.
아귀¹ 명 1 드물게 '손아귀'를 달리 이르는 말. ¶그는 손이 크고 ~의 힘이 세다. 2 두루마기나 여자 속곳의 옆을 트 놓은 구멍. ¶~를 트다. 3 씨의 싹이 트고 나오는 곳. ¶~가 트다. 4 활의 줌통과 오금이 닿은 오긋한 부분.
아귀(가) 맞다 귀 논리적으로 앞뒤의 관계가 들어맞다. 또는, 숫자·수효 등이 계산상 들어맞다.
아귀(를) 맞추다 귀 논리적으로 앞뒤의 관계가 들어맞게 하다. 또는, 숫자·수효 등이 계산상 틀림이 없게 맞추다. ¶5백 원만 더 하여 만 원이 되게 **아귀 맞춰** 주세요.
아귀² 명 [동] 아귓과의 바닷물고기. 몸길이 100cm 안팎. 몸빛은 회갈색이고 엷은 빛깔의 반점이 산재함. 암초나 해초가 있는 바다 밑에 살며, 몸이 넓적하고 입이 큼. 비늘이 없이 피질 돌기로 덮였으며 맛이 좋음. =안강(鮟鱇).
아귀³ (餓鬼) 명 1 [불] 생전에 인색하고 탐욕을 많이 부려, 죽은 뒤에 굶주림의 고통을 받는 귀신. 2 염치없이 먹을 것을 탐하는 사람의 비유. ¶그는 얼마나 굶었는지 걸신들린 ~처럼 먹어 댔다.
아귀-다툼 명 서로 헐뜯고 기를 쓰며 사납게 다투는 일. **아귀다툼-하다** 통ⓐ
아귀-세다 형 1 남에게 잘 꺾이지 않을 만큼 마음이 굳세다. =아귀차다. 2 손으로 잡는 힘이 세다.
아귀-아귀 甲 음식을 욕심껏 입 안에 넣고 마구 씹어 먹는 모양. ¶며칠 굶은 사람처럼 ~ 먹어 대다.
아귀-찜 명 아귀에 콩나물·미나리·미더덕 등의 재료와 함께 고춧가루·녹말물 등을 넣고 걸쭉하게 찐 음식. ×아구찜.
아귀-차다 형 =아귀세다.
아귀-탕(-湯) 명 아귀를 토막 쳐서 콩나물·파 등을 넣고 맵게 끓인 찌개. =아귀매운탕. ×아구탕.
아귀-힘 명 손아귀에 잡고 쥐는 힘.
아그 <방> 아이¹(전남).
아그레망(agrément) 명 [정] 대사·공사 등 외교 사절을 파견할 때, 정식으로 임명하기 전에 상대국에 요청하는 승낙. ¶~을 받다/~을 요청하다.
아그배-나무 명 [식] 장미과의 낙엽 활엽 교목. 봄에 담홍색 꽃이 피고, '아그배'라는 열매가 가을에 익음. 관상용이며, 목재는 가구재나 땔감 등에 쓰임.
아근-바근 甲 1 짝 맞춘 자리가 벌어져서 움직이는 모양. 2 말과 일이 서로 맞지 않는 모양. ⓔ어근버근. **아근바근-하다** 형ⓐ ¶그는 늘 뜻이 맞지 않아 **아근바근한다.**
아금-받다[-따] 형 알뜰하고 다부지다. ¶계집의 마음까지 사로잡아 **아금받아서** 우습게 알았다간 어느 타관에서 무슨 봉욕을 당하게 할지 모를 계집이었다.〈김주영:객주〉
아긋-아긋[-귿-귿] 甲 1 물건의 각 조각이 이가 맞지 않아서 끝이 조금씩 어긋나 있는 모양. 2 무게·부피·길이 등이 어떤 기준에 조금 어그러져 있는 모양. ⓔ어긋어긋. **아긋아긋-하다**
아긋-하다[-그타-] 형ⓐ 1 물건의 각 조각이 이가 맞지 않아 끝이 조금씩 벌어져 있다. 2 무게·부피·길이 등이 어떤 기준에 조금 어그러져 있다. ⓔ어긋하다.
아기 명 1 젖을 먹고 자라고 있는 정도의 어린 사람. ¶귀여운 ~/~를 등에 업다. ▶어린이. 2 어머니의 배 속에서 자라고 있는 생명체. ¶어머니, ~를 배다. 3 나이 어린 딸이나 며느리를 귀엽게 이르는 말. ¶새 ~. 4 짐승이나 사물의 이름 앞에 쓰여, 짐승의 어린 새끼나 작은 사물을 귀엽게 이르는 말. ¶~ 곰/~ 별. ▷아가. ×애기.
아기-능(-陵) 명 어린 세자나 세손의 무덤.
아기뚱-거리다/-대다 困 (몸집이 작은 사람이) 자꾸 몸을 좌우로 기우뚱거리며 우스꽝스럽게 느릿느릿 걷다. ⓔ어기뚱거리다.
아기뚱-아기뚱 甲 아기뚱거리는 모양. ¶배를 내밀고 ~ 걷다. ⓔ어기뚱어기뚱. **아기뚱-하다** 困ⓐ
아기뚱-하다 형ⓐ 남달리 교만한 태도가 있다. ¶오늘은 눈살이 패앵팽하 가지고 **아기뚱하니** 버티고 서서 있다.〈채만식:쑥국새〉 ⓔ어기뚱하다.
아기-씨 명 1 지난날, 지체 있는 집안의 처녀를 신분이 낮은 사람이 높여서 호칭 또는 지칭하던 말. 2 지난날, 갓 시집온 색시를 신분이 낮은 사람이 높여서 호칭 또는 지칭하던 말. 3 손아래 시누이를 호칭 또는 지칭하는 말. ⓑ아기시.
아기-자기 甲 1 여러 가지가 어울려 아름답고 예쁜 모양. 2 오밀조밀하게 잔재미가 있고 즐거운 모양. 3 재미나 흥미를 느껴 마음이 자릿자릿한 모양. **아기자기-하다** 형ⓐ ¶구수하고 **아기자기한** 옛이야기/**아기자기한** 신혼 생활.
아기작-거리다/-대다[-꺼때-] 통困 다리를 마음대로 놀리지 못하고 부자연스럽게 억지로 움직이며 천천히 걷다. ⓒ아깆거리다. ⓔ어기적거리다.
아기작-아기작 甲 아기작거리는 모양. ⓒ아깆아깆. ⓔ어기적어기적. **아기작아기작-하다** 통ⓐ
아기-잠 명 누에가 처음으로 자는 잠. ×애기잠.
아기족-거리다/-대다[-꺼때-] 통困 다리를 마음대로 놀리지 못하고 약간 바라지게 거우듬하게 걷다.
아기족-아기족 甲 아기족거리는 모양. ⓔ어기죽어기죽. **아기족아기족-하다** 통ⓐ
아기-집 명 [생] =자궁(子宮).
아깆-거리다/-대다[-긷꺼때-] 통困 '아기작거리다'의 준말. ⓔ어깆거리다.

아깃-아깃 [-긷-긷] 閉 '아기작아기작'의 준말. 圈어깃어깃. 아깃아깃-하다 匿困어

아까 Ⅰ閉 현재로부터 약간의 시간 전에. 몇 시간 이내의 비교적 가까운 과거를 가리키나, '방금'과 같은 아주 가까운 과거는 아님. =과경(過頃)에. ¶~ 네 친구한테서 전화가 왔었다.
Ⅱ閉 현재로부터 약간의 시간 전. ¶~는 죄송했습니다.

아까시-나무 閉[식] 콩과의 낙엽 교목. 높이 20m에 달하고, 턱잎이 변한 가시가 있음. 5~6월에 흰 꽃이 피는데, 향기가 강함. 북아메리카 원산이며, 열대 지방에서 나는 아카시아와는 다른 것임. =아카시아.

아까워-하다 匿匡여 아깝게 여기다. 또는, 아까운 생각을 가지다. ¶잃어버린 돈을 **아까워한들** 무슨 소용이 있나.

아깝다 [-따] 匿匣 <아까우니, 아까워> 1 (잃거나 없어지거나 버리거나 놓치거나 한 대상이) 가치 있는 것이어서 섭섭하거나 서운하다. ¶다 잡은 물고기를 **아깝게** 놓쳤다. / 그토록 훌륭한 사람이 일찍 세상을 떠나다니 참으로 **아까운** 일이다. 2 (어떤 대상이) 가치 있는 것이어서 함부로 쓰거나 버리거나 내놓거나 하기가 싫다. ¶돈이 **아까워서** 별벌 떠는 구두쇠 / 아직 멀쩡해서 버리기가 ~ / 목숨이 **아깝거든** 가진 걸 다 내놓아라. 3 (가치 있는 대상이) 제대로 쓰이거나 다루어지지 못해 안타깝다. ¶두뇌가 ~ / 재주가 ~ / 귀중한 고서들이 **아깝게도** 개인의 서가에 처박혀 있다.

아끼다 匿匡 1 (물건이나 돈·시간 등을) 함부로 쓰거나 아무렇게나 다루지 않고 아깝게 생각하거나 귀중하게 여기다. ¶돈을 ~ / 시간을 ~ / 물을 **아껴** 써라. / 이 도자기는 아버지가 무척 **아끼시는** 물건이다. 2 (사람이 아랫사람이나 평교간의 사람을) 소중하게 여겨 관심 있게 보살피거나 위하는 마음을 가지다. ¶**아끼는** 제자 / 사장이 사원들을 친자식처럼 **아낀다.** / 김 대리는 아내를 끔찍이도 **아낀다.** 3 (몸을) 움직여 일하기를 꺼려하거나, (노력을) 들이기를 소극적으로 하다. ¶몸을 ~ / 노력을 **아끼지** 않고 전력투구하다.

아낌-없다 [-업따] 匿 1 (사람의 태도가) 물건이나 돈을 쓰는 데 있어 아깝게 여김이 없다. 2 어떤 일을 함에 있어 주저함이나 소극적인 태도가 없다. ¶**아낌없는** 성원을 보내다. 아낌없이-이 閉 ¶내게 있는 것은 너에게 ~ 다 주었다.

아나¹ 匤 상대의 분수에 맞지 않는 희망이나 꿈에 대해서 비웃거나 조롱하여 이르는 말. ¶"난 이다음에 판사가 될 거야." "~, 판사. 공부나 잘하면서 그런 소리 하지."

아나² 匤 <방> 옜다 (경남).

아나고 (@穴子/あなご) 閉 '붕장어'로 순화.

아나운서 (announcer) 閉 1 방송국에서 뉴스 보도, 사회, 실황 중계방송 등을 맡아 하는 사람. 또는, 그 직업. 2 경기장·극장·역 등에서 안내 방송을 하는 사람.

아나키스트 (anarchist) 閉=무정부주의자.

아나키즘 (anarchism) 閉[사] =무정부주의.

아낙 閉 1 부녀자가 거처하는 곳을 점잖게 이르는 말. =내정(內庭). ¶여보 유 서방, 이불 덮고 불 끄고 자오. 나는 ~에 들어가 자겠소. <이해조: 빈상설> 2 '아낙네'의 준말.

아낙-군수 (-郡守) [-꾼-] 閉 늘 집 안에만 들어박혀 있는 사람을 농으로 이르는 말. ▷ 안방샌님.

아낙-네 [-낭-] 閉 부녀자 특히 시골의 부녀자를 이르는 말. ¶텃밭에서 채소를 가꾸는 젊은 ~들이 냇가에 옹기종기 모여 앉아 빨래를 하고 있다. 㖨아낙.

아날로그 (analogue) 閉[물] 물질·시스템 등의 상태를 연속적으로 변화하는 물리량(物理量)으로 나타내는 것. ▷디지털.

아날로그-시계 (analogue時計) [-계/-게] 閉 문자판에 바늘로 시간을 나타내는 시계. ▷디지털시계.

아날로그^컴퓨터 (analogue computer) 閉 [컴] 길이·전압·전류 등과 같은 연속적인 양을 계산하는 컴퓨터. 데이터의 변환 없이 직접 입력이 가능하므로 연산 속도가 빠름. =아날로그 계산기. ▷디지털 컴퓨터.

아내 閉 결혼하여 남자의 짝이 된 여자를 그 남자에 대하여 이르는 말. =처(妻)·와이프. ↔남편. ×안해.

[아내가 귀여우면 처갓집 말뚝 보고도 절한다] ㉠아내가 좋으면 아내에 딸린 하찮은 것까지도 좋게 보인다. ㉡한 가지가 마음에 들면 다른 것까지도 좋아 보인다.

아내에 대한 호칭어, 지칭어

호칭어	신혼 초	여보, ○○ 씨, 여봐요[허용]
	자녀가 있을 때	여보, ○○ 엄마, ○○ 어머니
	장·노년	여보, 임자, ○○ 어머니, ○○ 엄마, ○○ 할머니
지칭어	아내에게	당신, ○○ 씨[신혼 초], 임자[장·노년]
	친부모에게	(○○) 어미(어멈), 그 사람
	장인, 장모에게	○○ 어미(어멈, 엄마), 집사람, 그 사람, 안사람
	형에게	○○ 엄마, 집사람, 안사람, 처
	동생에게	○○ 엄마, 형수
	누나에게	○○ 엄마, 집사람, 안사람, 처
	여동생에게	○○ 엄마, (새) 언니
	형수, 매부, 제수에게	○○ 엄마, 집사람, 안사람, 처
	손위 처남에게	○○ 엄마, 집사람, 안사람, 처
	손아래 처남에게	○○ 엄마, 누나
	처남의 댁에게	○○ 엄마, 집사람, 안사람, 처
	처형에게	○○ 엄마, 집사람, 안사람, 처
	처제에게	○○ 엄마, 언니
	동서에게	○○ 엄마, 집사람, 안사람, 처
	자녀에게	어머니, 엄마
	며느리에게	어머니
	사위에게	장모
	아내 친구에게	그 사람, 집사람, 안사람, 애어머니, 애엄마
	아내 회사에 전화를 걸 때	○○○ 씨, [성이나 성과 직함을 부른다]
	아내 회사 사람에게	그 사람
	친구에게	그 사람, 집사람, 안사람, 아내
	아는 사람에게	○○ 엄마, 집사람, 아내, 안사람, 처
	모르는 사람에게	집사람, 아내, 안사람, 처

아냐 匤 '아니야'의 준말. ¶"그 짓을 한 건 바

로 너지?" "난 ~!"

아네로이드^기압계(aneroid氣壓計) [-꼐/-께] [물] 내부를 진공으로 한 금속제 용기가 기압 변화에 따라 팽창하거나 수축하는 것을 지레에 의해 지침에 전달하여, 그 바늘의 움직임으로 기압을 측정하는 기계.

아네모네(anemone) 명[식] 미나리아재빗과의 여러해살이풀. 알뿌리 식물로, 봄에 줄기 끝에 적색·자색·황색·백색 등의 꽃이 핌. 지중해 지방이 원산지이고, 분이나 화단에 관상용으로 기름.

아녀-자(兒女子) 명 1 어린이와 여자. 2 여자를 낮추어 이르는 말. ¶이는 일은 ~가 나설 일이 아니다. ⓒ아녀.

아노락(anorak) 명 후드가 달린, 방한용·방풍용 상의.

아노미(ⓔanomie) 명 1 [사] 사회의 동요·해체에서 생기는 개인의 행동·욕구의 무규제 상태. 노이로제·비행(非行)·범죄·자살 등의 형태를 취함. ¶~ 현상. 2 [심] 불안·자기 상실감·무력감 등에서 볼 수 있는 부적응 현상.

아뇨 '아니요'의 준말.

아느작-거리다/-대다 [-꺼(때)-] 동제 부드럽고 가느다란 나뭇가지나 풀잎 등이 잇달아 춤추듯 흔들리다. ⓒ아늑거리다.

아느작-아느작 튀 아느작거리는 모양. ⓒ아늑아늑. **아느작아느작-하다** 동ⓔ어

아늑-하다 [-느카-] 형ⓔ 주위가 행하니 터져 있지 않고 포근히 둘러싸여 편안하고 평온한 느낌을 주는 상태에 있다. ¶**아늑한** 분위기의 찻집 / 집터가 ~. 튀으늑하다. **아늑-히** 튀

아늘-거리다/-대다 동자 빠르고 가볍게 아늘작거리다.

아늘-아늘 튀 아늘거리는 모양. **아늘아늘-하다** 동ⓔ어

아니[1] 튀 1 (용언 앞에 쓰여) 그 말의 동작이나 작용, 상태나 속성을 부정하는 뜻을 나타내는 말. 단순히, 어떤 행동이나 상태가 이뤄지지 않음을 나타내는 것 외에도, 행동 주체가 어떤 일을 하지 않겠다는 의지를 나타내기도 함. 현대 국어에서는 일반적으로, 준말인 '안'이 더 널리 쓰임. ¶~ 먹다 / 몸이 안 좋다 / 하고. ~ 하고는 네 뜻에 맡겨라. ⓒ안. ▷못. 2 어떤 사실을 서술하면서 그 정도나 범위를 특히 강조하고자 할 때 쓰여, 정도나 범위의 차이가 있는 두 개의 말을 벌이고 앞의 것을 부정함으로써 뒤의 것의 정도나 범위를 더욱 강조하는 말. ¶이 물건은 천만금, ~ 억만금을 준다 해도 팔 수 없다.

[아니 땐 굴뚝에 연기 날까] 원인이 없이 결과가 있을 수 없다는 말.

아니 할 말로 튀 차마 해서는 아니 될 극단적인 말로. 일반적으로, 극단적으로 좋지 않은 표현을 쓰러고 할 때 미리 양해를 구하거나 무마하려는 뜻에서 하는 말임. ¶~ 내가 널 도둑놈이라고 불러도 넌 할 말이 없다.

아니[2] 감 1 긍정 또는 부정의 답을 요구하는 물음에 대해서, 부정의 뜻으로 대답하는 반말 투의 말. ¶"네가 그랬니?" "~, 안 그랬어." ⓒ아뇨. 2 어떤 일이 뜻밖에 나타내어진 것일 때, 말하는 사람이 놀라움을 나타내어 하는 말. ¶~, 네가 여기에 웬일이냐? / ~, 그럴 수가.

아니꼽다 [-따] 형ⓑ <아니꼬우니, 아니꼬

워) 1 비위가 뒤집혀 토할 듯하다. 2 (하는 짓이나 말이) 건방지고 되바라져서 불쾌하다. ¶하는 짓이 **아니꼬워** 상대를 못 하겠다.

아니꼽살-스럽다 [-쌀-따] 형ⓑ <-스러우니, -스러워) 몹시 아니꼬운 데가 있다. **아니꼽살스레** 튀

아니다 형 어떤 사실을 부정하는 뜻을 나타내는 말. 앞에 오는 '체언+이/가'는 보어 성분임. ¶그는 학생이 ~. / 나는 환자가 **아니야**. / 가만히 보니 네가 갈 마음이 전혀 없는 건 **아니로구나**.

[아니 밤중에 홍두깨] 예기하지 못한 말을 불쑥 꺼내거나 뜻밖의 일을 갑자기 당하는 경우에 이르는 말.

아니나 다를까 [다르랴] 튀 과연 예측한 바와 같다는 뜻을 나타낼 때에 하는 말. ¶~, 또 허탕을 치고 말았다.

아닌 게 아니라 튀 아니라고 부정할 수 없게. 어떤 사실에 대한 강한 긍정이나 사실 확인에서 오는 새삼스러운 느낌을 나타냄. ¶듣고 보니 ~ 네 말이 맞다.

아닌 밤중에 튀 뜻하지 않은 밤중에. 뜻밖의 때에. ¶~ 이 무슨 날벼락인가.

아니리 명[음] 판소리에서, 창을 하는 사이사이에 가락을 붙이지 않고 이야기하듯 엮어 나가는 말. =사설. ▷발림.

아니마(ⓔanima) 명[심] 남성의 무의식 속에 잠재해 있는 여성적 특성. 심리학자 융의 용어임.

아니마토(ⓘanimato) 명[음] 악곡의 표현 방법을 나타내는 말로, '생기 있게', '힘차게'의 뜻.

아니무스(ⓔanimus) 명[심] 여성의 무의식 속에 잠재해 있는 남성적 특성. 심리학자 융의 용어임.

아니-야 감 아랫사람이나 대등한 관계에 있는 사람이 묻는 말에 부정하여 대답할 때 쓰는 말. ¶"너 거기 갔었지?" "~, 난 집에 있었어." ⓒ아냐.

아니-요 감 긍정 또는 부정의 답을 요구하는 물음에 대해서, '해요' 할 상대에게 부정의 뜻으로 대답하는 말. ¶"너 숙제 다 했니?" "~, 아직 덜 했어요." / "영수 안 왔니?" "~, 왔어요." ⓒ아뇨. ▷아니.

혼동어	아니요 / 아니오
'아니요'는 감탄사 '아니'에 비격식체의 존재를 나타내는 보조사 '요'가 붙은 것이고, '아니오'는 형용사 '아니다'의 어간에 하오체 종결 어미 '-오'가 붙은 것임. ¶"밥 먹었니?" "**아니요**, 아직 안 먹었어요." / 내 말은 그게 **아니오**.	

아니-참 어떤 생각이 문득 떠올랐을 때 그 말 앞에 쓰이는 말. ¶~, 이제 생각이 나네.

아니-하다 동(보조)[보조]어 '않다[2]·[3]'의 본딧말.

아닐린(aniline) 명[화] 독특한 비린내가 나는 무색의 유상(油狀) 액체. 공업적으로는 니트로벤젠을 환원하여 얻음. 염료·화학 약품 등의 원료로 쓰임.

-아다 어미 '-아다가'의 준말. ¶그놈을 잡아 닦달하면 실토할 거다. ▷-아-어다.

-아다가 어미 끝 음절의 모음이 'ㅏ', 'ㅗ'인 동사의 어간에 붙어, 어떤 동작을 다음 동작과 순차적으로 이어 주는 종속적 연결 어미. 'ㅏ'로 끝나는 어간 아래에서는 '아'가 탈락됨. ¶고기를 잡~ 어항에 넣었다. ⓒ

아다지에토(@adagietto) 명[음] 악곡의 속도를 지시하는 말로, '아다지오보다 조금 빠르게'의 뜻.

아다지오(@adagio) 명[음] 악곡의 속도를 지시하는 말로, '매우 느리게'의 뜻. 라르고보다는 조금 빠르고 안단테보다는 느낌.

아달린(⑤Adalin) 명[의] 쓴맛이 있고 냄새가 없는 흰 가루. 최면제·진정제로 씀.

아담¹(雅淡·雅澹) → 아담-하다 형여 1 (집이나 방이나 정원 등이) 호화롭게 크지 않으면서도 깨끗하고 균형을 갖춘 상태에 있다. ¶아담한 정원 / 서울 근교에 아담한 이 층 양옥을 마련하다. 2 <속> (키·체구·크기 등이) 자그마한 상태에 있다. 근래에 쓰이기 시작한 구어체의 속어임. ¶아담한 체구. 아담-히 부

아담²(Adam) 명 [히브리 어로 '사람'이라는 뜻][성] 구약 성서에 나오는 인류의 시조. 하느님이 자기 형상대로 흙으로써 지었다는 남자의 이름. 그 짝은 '하와'임.

아담-스럽다(雅淡-) [-따] 형ㅂ(~스러우니, ~스러워) 아담한 데가 있다. 아담스레 부

아데닌(adenine) 명[화] 뉴클레오티드나 핵산의 구성 성분이 되는 유기 염기.

-아도 어미 끝음절의 모음이 'ㅏ','ㅑ','ㅗ'인 용언의 어간에 붙어, 그 사실을 인정하나 그 다음 말과는 상관이 없음을 나타내는 종속적 연결 어미. 'ㅏ'로 끝나는 어간 아래에서는 '아'가 탈락됨. ¶키는 작~ 야무지다. / 아무리 보~ 무엇인지 모르겠다. ▷ -도. -도.

아동(兒童) 명 1 신체적·지적으로 미숙한 단계에 있는, 어린 사람. 일반적으로 초등학교에 다니는 시기의 사람을 가리키나, 넓게는 그 이하의 사람을 포함할 때도 있음. 2 [법] 아동 복지법에서, 18세 미만의 사람.

아동-극(兒童劇) 명[연] 어린이를 관객으로 하여, 어린이 스스로 또는 어른이 하는 연극. 준동극.

아동^문학(兒童文學) 명[문] 어린이를 대상으로, 어른이 그들의 교육과 정서를 위하여 창작한 문학. 동요·동시·동화·아동극 따위.

아동방(我東方·我東邦) 명 지난날, 우리나라가 중국의 동쪽에 있다 하여 스스로를 가리켜 이르던 말. 준아동 (我東).

아동-복(兒童服) 명 어린이가 입도록 만든 옷.

아동-시(兒童詩) 명 어린이가 지은 시. =동시(童詩).

아동^심리학(兒童心理學) [-니-] 명[심] 어린이의 정신 현상과 의식 발달을 비교 연구하는 심리학의 한 분과. 발달 심리학의 한 부문임.

아동-용(兒童用) [-뇽] 명 아동이 이용하게 되어 있는 상태. 또는, 그런 목적의 대상. ¶이 책은 ~으로 만든 것이다.

아동-주졸(兒童走卒) 명 철없는 아이들과 어리석은 사람들.

아동-화(兒童畫) 명 아동들이 그린 그림.

아둔-패기 명 '아둔한 사람'을 얕잡아 이르는 말. 준둔패기.

아둔-하다 형여 지혜롭지 못하고 어리석다. ¶아둔한 사람 / 그는 워낙 아둔해서 말귀를 못 알아듣는다.

아드-님 명 남을 높여 그의 '아들'을 이르는 말. 비자제. ↔따님.

아드득 부 1 이를 한 번 야무지게 가는 소리. 2 작고 단단한 물건을 힘껏 깨물어 깨뜨릴 때에 나는 소리. 큰으드득. 아드득-하다 동짜타여

아드득-거리다/-대다 [-꺼(떼)-] 동짜타 자꾸 아드득 소리가 나다. 또는, 자꾸 아드득 소리를 나게 하다.

아드득-아드득 부 아드득거리는 소리. 또는, 그 모양. ¶사탕을 ~ 깨물어 먹다. 큰으드득으드득. 아드득아드득-하다 동짜타여

아드등-거리다/-대다 동짜 제 생각만 서로 고집하여 굽히지 않고 바득바득 다투다. ¶모이기만 하면 아드등거리는 형제. 큰으드등거리다.

아드등-아드등 부 아드등거리는 모양. 큰으드등으드등. 아드등아드등-하다 동짜여

아드레날린(adrenaline) 명[화] 척추동물의 부신 수질에서 분비되는 호르몬. 혈당량을 조절하며, 심장 기능을 강하게 하여 혈압을 올림. 강심제·지혈제로 이용됨.

아득-바득 [-빠-] 부 몹시 고집을 부리거나 애를 쓰는 모양. ¶끝까지 ~ 우기다. 아득바득-하다 동짜여

아득아득-하다 [-드카-] 형여 정신이 까무러졌다가 깨어나는 듯하는 상태에 있다.

아득-하다 [-드카-] 형여 1 (물체가) 매우 멀리 떨어져 있어 가물가물하게 보이는 상태에 있다. 또는, 거리상으로 매우 멀리 떨어진 상태에 있다. ¶아득한 지평선 / 갈 길이 ~. 2 (소리가) 거리상으로 매우 멀어서 들릴 듯 말 듯한 상태에 있다. ¶누군가 우릴 부르는 소리가 아득하게 들려왔다. 3 (시점이) 아주 오래전인 상태에 있다. ¶아득한 옛날. 4 (어떤 일이) 뾰족한 수가 없어 막연하다. ¶살아갈 일이 아득하기만 하다. 큰어득하다. 아득-히 부 ~ 멀다.

아들 명 1 성(性)이 남자인 자식. ¶첫~. 2 어떤 공동체에서 태어나거나 길러진 남자(주로, 젊은이)인 사람을 비유적으로 또는 친밀감을 가지고 이르는 말. ¶늠름하고 씩씩한 대한의 ~. ↔딸.

[아들 못난 건 제집만 망하고 딸 못난 건 양 사돈이 망한다] 여자가 못되면 시가와 친가 모두에게 화를 미친다.

아들-내미 명 '아들'을 귀엽게 또는 정겹게 이르는 말. 구어적인 말로, 남의 아들에 대해서는 격의 없는 사이일 때 쓰임. ↔딸내미.

아들-놈 [-롬] 명 1 '아들자식'을 겸손하게 이르는 말. ¶애가 제 ~입니다. 2 '아들'을 낮추어 이르는 말. ↔딸놈.

아들-딸 명 아들과 딸. 비자녀(子女).

아들-아이 명 남에게 자기 아들을 이르는 말. 준아들애. ↔딸아이.

아들-애 명 '아들아이'의 준말. ↔딸애.

아들-자 명[수] 길이나 각도를 잴 때 가장 작은 눈금의 끝수를 보다 정밀하게 재려고 덧붙여서 쓰는 보조자. 구용어는 부척(副尺). =버니어. ↔어미자.

아들-자식(-子息) 명 남에게 자기 아들을 이르는 말. ↔딸자식.

아등(我等) 대[인칭] 固=우리.

아등그러-지다 동짜 1 바싹 말라서 배틀어지다. 2 날씨가 흐려 점점 찌푸러지다. 큰으등그러지다.

아등-바등 부 몹시 억지스럽게 자꾸 애를 쓰

거나 우겨 대는 모양. ¶어떻게 해서든 살아 보려고 ~ 애를 쓰다. **아등바등-하다** 통 재여

아딧-줄[-디쭐/-딛쭐] 명 바람의 방향을 맞추기위하여 돛에 매어 쓰는 줄. ㉠앗줄.

아따 감 무엇이 몹시 심하여 못마땅할 때 내는 소리. ¶~, 덥다. / ~ 귀찮게 구네. / ~, 말도 많다. ㉠어따.

아뜩아뜩-하다[-뜨카-] 형여 어지러워 자꾸 까무러칠 듯한 상태에 있다. 튄어뜩어뜩 하다.

아뜩-하다[-뜨카-] 형여 갑자기 어지러워 까무러칠 듯한 상태에 있다. ¶충격적인 소식에 정신이 ~ / 몸을 일으키다가 눈이 **아뜩하여** 앞이 캄캄해졌다.《김동인:대수양》 ㉠어뜩하다. 아뜩-히 튄

-아라 어미 1 '가다'와 '가다'로 끝나는 동사, '오다'와 '오다'로 끝나는 동사를 제외하고 끝 음절의 모음이 'ㅏ', 'ㅗ'인 동사의 어간에 붙어, '해라' 하는 상대에게 명령의 뜻을 나타내는 종결 어미. ¶꼭 잡~. / 잘 보~. 2 끝 음절의 모음이 'ㅏ', 'ㅑ', 'ㅗ'인 형용사의 어간에 붙어, 감탄의 뜻을 나타내는 종결 어미. ¶참 달도 밝~. ▷-어라.

아라베스크(arabesque) 명 '아라비아풍' 이라는 뜻) 1 미 아라비아에서 창안된, 직선·당초무늬 등을 융합한 환상적인 무늬. 2 음 환상적·장식적인 내용의 악곡. 3 체 한 발로 서서 한 손은 앞으로, 다른 한 손과 다리는 뒤로 뻗는 고전 발레에서의 자세.

아라비아^숫^자(Arabia數字) [-수짜/-순짜] 수 오늘날 전 세계적으로 가장 널리 쓰이는, 0, 1, 2, 3, 4, 5, 6, 7, 8, 9의 숫자. 원래 인도에서 만들어진 것으로, 아라비아에 전해져 널리 쓰이다가 이것이 다시 유럽으로 전해진 것임. =산용(算用) 숫자. ▷로마 숫자.

아라비아^어(Arabia語) 명 [언] =아랍 어.
아라비아^인(Arabia人) 명 =아랍 인.
아라사(俄羅斯) 명 '러시아'의 음역어. =아국(俄國). ¶~ 공관.

아라한(阿羅漢) 명 [< 범 arhan] 불 1 소승 불교에서, 온갖 번뇌를 끊고 깨달음을 얻어 공덕을 갖춘 성자(聖者)를 이르는 말. 2 생사를 이미 초월하여 배울 만한 법도가 없게 된 경지의 부처. 응진(應眞). ㉣나한(羅漢).

아락-바락[-빠-] 튄 성이 나서 기를 쓰고 대드는 모양. ¶형에게 ~ 대들다.

아람 명 밤·상수리 따위가 나무에 달린 채 저절로 충분히 익은 상태. 또는, 그 열매. ¶~이 벌다. / 밤은 ~이 굵고 대추는 볼이 붉구 나.《최남선:가을》

아람-치 명 자기의 차지. ㉥낭탁(囊橐).

아랍^어(Arab語) 명 [언] 아라비아 반도, 중동 일부 지역, 북아프리카에서 쓰이는 언어. 셈 어족에 속함. =아라비아어.

아랍^에미리트(Arab Emirates) 명 [지] 페르시아 만 남쪽 기슭에 있는 연방국. 수도는 아부다비.

아랍^연맹(Arab聯盟) 명 [정] 1945년 이집트·이라크·시리아·레바논·사우디아라비아·예멘·요르단의 아랍 7개국이 결성한 연맹. 뒤에 리비아·쿠웨이트 등이 가맹하여 총 22개국이 됨. 아랍 민족의 독립과 국제적 지위 향상을 내세움.

아랍^인(Arab人) 명 셈 어족으로 아랍 어를 사용하는 인종. 중동·북아프리카에 분포하고, 대부분이 이슬람교도임. =아라비아 인.

아랑곳[-곧] 명 어떤 일을 마음에 두거나 상관하는 것. **아랑곳-하다** 통자타여 ¶남의 시선을 **아랑곳하지** 않다 / 내가 무슨 일을 하건 네가 **아랑곳할** 바 아니다.

아랑곳-없다[-곧업따] 형 어떤 일을 마음에 두거나 상관함이 없다. **아랑곳없-이** 튄 ¶그는 남의 비웃음도 ~ 자기 뜻대로 밀고 나 갔다.

아래 명 1 어떤 기준이나 중간보다 낮은 위치. 또는, 그 위치에 있는 부분. ¶산 ~ / 허리 ~ / 차가 언덕 ~로 구르다. 2 신분·지위·연령·등급·정도 따위에서, 어떠한 것보다 낮은 자리나 위치. ¶아랫사람 / 성적이 ~에서 맴돌다 / 그는 나이가 나~다. 3 글 위에서, 뒤에 들 내용. ¶주의 사항은 ~와 같다. 4 조건이나 영향 따위가 미치는 범위. ¶그런 상황 ~에서는 어쩔 수가 없다. 5 '음부(陰部)'를 완곡하게 이르는 말. ¶~만 살짝 가린 나부. ↔위.

아래-대 명 예전에, 서울 도성(都城) 안의 남동쪽 지역, 곧 동대문과 광희문 부근의 동네들을 이르던 말. ↔우대.

아래-알 명 수판의 가름대 아래의 알. ↔윗알. ×아랫알.

아래-옷[-옫] 명 허리 아래에 입는 옷. ㉥하의. ↔윗옷.

아래-위 명 아래와 위. ㉥위아래·상하(上下). ¶그는 나를 ~로 훑어보았다.

아래위-턱 명 아랫사람과 윗사람의 구별. ¶자네는 ~도 모르나?

아래윗-벌[-뼐/-원뻘] 명 옷의 아랫벌과 윗벌.

아래윗-집[-찝/-원찝] 명 아랫집과 윗집.

아래-짝 명 위아래로 한 벌로 이루는 물건의 아래에 있는 짝. ↔위짝.

아래-쪽 명 아래가 되는 쪽. =하측(下側). ↔위쪽.

아래-채 명 1 '뜰아래채'의 준말. 2 여러 채가 있는 집에서 아래쪽에 있는 채. ↔위채.

아래-청(-廳) 명 윗사람을 섬기고 있는 사람이 따로 잡고 있는 아래. ↔위청.

아래-층(-層) 명 여러 층으로 된 것의 아래에 있는 층. =밑층·하층(下層). ↔위층.

아래-치마 명 갈퀴의 뒤초리 쪽으로 초리가 풀리지 않게 대나무를 가로 대고 가는 새끼로 묶은 가장 짧은 부분. ↔위치마.

아래-턱 명 아래쪽의 턱. =하악(下顎). ↔위턱.

아래턱-뼈 명 [생] 아래턱을 이루는 말발굽 모양의 뼈. =하악골(下顎骨). ↔위턱뼈.

아래-통 명 물건의 아랫부분의 둘레나 굵기. ↔위통.

아래-팔 명 팔꿈치로부터 손목까지의 부분. =전박(前膊)·전완(前腕). ㉥팔뚝. ↔위팔.

아래팔-뼈 명 [생] 아래팔을 이루는 뼈. =전박골·전완골·하악골. ↔위팔뼈.

아래-편짝(-便-) 명 아래로 치우친 편쪽. ↔위편짝.

아랫-간(-間) [-래깐/-랟깐] 명 잇달아 있는 두 방 가운데 아래쪽의 방. ↔윗간.

아랫-것[-래껃/-랟껃] 명 지체가 낮은 사람을 낮추어 이르는 말.

아랫-길[-래낄/-랟낄] 명 1 아래쪽에 있는 길. 2 품질이 그만 못함. 또는, 그런 물품. ¶

아랫-녘[-랜녁] 몡 경상도와 전라도를 일컫는 말.

아랫-눈썹[-랜-] 몡 아래쪽의 속눈썹. ↔윗눈썹.

아랫-니[-랜-] 몡 아랫잇몸에 난 이. ↔윗니.

아랫-다리[-래따-/-랜따-] 몡 다리의 아랫부분.

아랫-단[-래딴/-랜딴] 몡 옷의 아래 가장자리를 안으로 접어 붙이거나 감친 부분.

아랫-당줄[-래땅쭐/-랜땅쭐] 몡 망건편자 끝에 단 당줄. ↔윗당줄.

아랫-대(-代)[-래때/-랜때] 몡 =후대(後代). ↔윗대.

아랫-도리[-래또-/-랜또-] 몡 1 '아랫옷'을 좀 더 구어적으로 이르는 말. =아랫도리옷. ↔윗도리. 2 허리 아래의 부분, 또는 성기가 있는 부분을 구어적으로 이르는 말. 비하체. ¶~만 겨우 가린 원시인.

아랫도리-옷[-래또-온/-랜또-온] 몡 =아랫도리1.

아랫-돌[-래똘/-랜똘] 몡 아래쪽에 있는 돌. ↔윗돌.

[**아랫돌 빼서 윗돌 괴고 윗돌 빼서 아랫돌 괴기**] 일이 급할 때 임시변통으로 이리저리 둘러맞추어 일하거나 행함을 이르는 말. '하석상대'와 같은 말.

아랫-동[-래똥/-랜똥] 몡 '아랫동아리1'의 준말.

아랫-동강이 '종아리'의 잘못.

아랫-동네[-래똥-/-랜똥-] 몡 어떤 동네에 대하여, 아래쪽에 있는 동네. ↔윗동네.

아랫-동아리[-래똥-/-랜똥-] 몡 1 물건의 아래쪽 동아리. 준아랫동. ↔윗동아리. 2 '아랫도리2'를 속되게 이르는 말.

아랫-마기[-랜-] 몡 아랫도리에 입는 옷. ↔윗마기.

아랫-마을[-랜-] 몡 어떤 마을에 대하여, 아래쪽 또는 지대가 낮은 쪽에 있는 마을. ↔윗마을.

아랫-막이[-랜-] 몡 물건의 아래쪽 머리를 막은 부분. ↔윗막이.

아랫-머리[-랜-] 몡 아래위가 같은 물건의 아래쪽 끝 부분. ↔윗머리.

아랫-면(-面)[-랜-] 몡 아래쪽의 면. =하면(下面). ↔윗면.

아랫-목[-랜-] 몡 구들 놓은 방에서, 아궁이에 가까운 쪽의 방바닥. ↔윗목.

아랫-몸[-랜-] 몡 허리 아래의 몸. 비하체. ↔윗몸.

아랫-물[-랜-] 몡 흘러가는 강이나 시내의 아래쪽의 물. ↔윗물.

아랫-바람[-래빠-/-랜빠-] 몡 1 하류(下流) 쪽에서 불어오는 바람. 2 연을 날릴 때의 '동풍(東風)'을 이르는 말. ↔윗바람.

아랫-바지[-래빠-/-랜빠-] 몡 아랫도리에 입는다는 뜻으로서의 바지.

아랫-반(-班)[-랜-] 몡 1 아래 학년의 학급. 2 학업 수준 등이 낮은 반. ↔윗반.

아랫-방(-房)[-래빵/-랜빵] 몡 1 이어져 있는 두 방 가운데 아궁이에서 가까운 쪽의 방. ↔윗방. 2 '딸랫방'의 준말.

아랫-배[-래빼/-랜빼] 몡 배꼽 아래쪽의 배. =하복(下腹)·소복(小腹). ¶~가 살살 아프다/~에 힘을 주다. ↔윗배.

아랫-벌[-래뻘/-랜뻘] 몡 한 벌 옷의 아랫도리에 입는 옷. ↔윗벌.

아랫-변(-邊)[-래뻔/-랜뻔] 몡[수] 사다리꼴에 있어서의 아래의 변. ↔윗변.

아랫-부분(-部分)[-래뿐/-랜뿐] 몡 전체 가운데 아래에 해당하는 부분. ↔윗부분.

아랫-분[-래뿐/-랜뿐] 몡 어떤 사람을 높여, 그의 아랫사람을 이르는 말. ¶할아버지께서 훌륭하시니 ~들도 다 훌륭하시네요. ↔윗분.

아랫-사람[-래싸-/-랜싸-] 몡 나이나 지위 등이 자기 또는 어떤 사람보다 적거나 낮은 사람. 비손아랫사람. ¶~을 잘 보살피다. ↔윗사람.

아랫-사랑(-舍廊)[-래싸-/-랜싸-] 몡 아래채에 있는 사랑. ↔윗사랑. =작은사랑.

아랫-세장[-래쎄-/-랜쎄-] 몡 지게나 걸채 등에서 아랫부분에 가로질러 박은 나무. ↔윗세장.

아랫-수(-手)[-래쑤/-랜쑤] 몡 =하수(下手). ↔윗수.

아랫-수염(-鬚髥)[-래쑤-/-랜쑤-] 몡 아래턱에 난 수염. ↔윗수염.

아랫-알 몡 '아래알'의 잘못.

아랫-입술[-랜닙쑬] 몡 아래쪽의 입술. =하순(下脣). ↔윗입술.

아랫-잇몸[-랜닌-] 몡 아랫니가 나는 잇몸. =하치은(下齒齦). ↔윗잇몸.

아랫-자리[-래짜-/-랜짜-] 몡 1 낮은 곳의 자리. 2 아랫사람이 앉는 자리. 비하좌. 3 낮은 지위의 자리. 비하위. 4 십진법에서 어느 자리의 다음 자리. ↔윗자리.

아랫-중방(-中枋)[-래쭝-/-랜쭝-] 몡 =하인방(下引枋).

아랫-집[-래찝/-랜찝] 몡 아래쪽에 이웃하여 있거나 지대가 낮은 곳에 있는 집. ↔윗집.

아:량(雅量) 몡 너그럽고 깊은 마음씨. ¶~이 넓다/~을 베풀다. ▷度量(도량).

아레스(Ares) 몡[신화] 그리스 신화에 나오는 군신(軍神). 제우스와 헤라의 아들로 흉포함, 로마 신화의 마르스(Mars)에 해당함.

아련-하다 혱 똑똑히 분간하기 어렵게 아렴풋하다. 비오련하다. ¶아련한 추억에 잠기다. 아련-히 튀 ¶~ 떠오르는 옛 친구의 모습.

아렴풋-하다[-푸타-] 혱옙 1 기억이 분명하지 않다. ¶어린 시절의 일이 ~. 2 또렷하게 보이거나 들리지 않다. ¶총소리가 아렴풋하게 들리다. 3 잠이 깊이 들지 않다. 비어렴풋하다. 아렴풋-이 튀 ¶잠이 ~ 들다.

아:령(啞鈴) 몡[체] 운동 기구의 하나. 쇠붙이나 나무로 양쪽 끝을 공처럼 만듦. 두 개가 한 벌임. 비덤벨.

아로롱-다로롱 튀 여기저기 성기고 고르지 않게 아롱진 모양. 큰어루룽더루룽. **아로롱다로롱-하다** 혱옙

아로롱-아로롱 튀 여기저기 성기고 고르게 무늬가 아롱진 모양. 큰어루룽어루룽. **아로롱아로롱-하다** 혱옙

아로-새기다 톰 1 (어떤 형상을) 또렷하게 파서 새기다. ¶벽옥으로 사자를 **아로새긴** 향로에선 향연이 그윽한 향기를 배알으며…(박종화:다정불심) 2 (어떤 일을 마음속에) 또렷하게 기억되게 하는 것. 비유적인

말임. ¶추억을 마음속에 ~.
아롱 [명] '아롱이'의 준말. [큰]어룽.
아롱-거리다/-대다 [동][자] 점이나 줄이 연하여 고르게 무늬져 아른거리다. ¶따사로운 봄 햇살에 아지랑이가 ~. [큰]어룽거리다.
아롱-다롱 [부] 점이나 줄이 여기저기 고르지 않게 아롱진 모양. [큰]어룽더룽. **아롱다롱-하다** [형][여] ¶**아롱다롱한** 커튼의 무늬.
아롱-무늬[-니] [명] 점이나 줄로 고르게 총총히 이루어진 무늬.
아롱-사태 [명] 쇠고기 뭉치사태의 한가운데에 붙은 살덩이. ▷뭉치사태.
아롱-아롱 [부] 아롱거리는 모양. [큰]어룽어룽. **아롱아롱-하다** [형][여] ¶아지랑이가 ~.
아롱-이 [명] 아롱진 점. 또는, 그런 점이 있는 짐승이나 물건. [준]아롱. [큰]어룽이.
아롱-지다 Ⅰ [형] 아롱아롱한 무늬가 있다. ¶온갖 색으로 **아롱진** 꽃밭. [큰]어룽지다. Ⅱ [동][자] 아롱아롱한 무늬가 생기다. [큰]어룽지다.
아뢰다[-뢰-/-뤠-] [동][타] **1** 말씀드려 알리다. ¶**아뢰올** 말씀은 다음과 같사오니 양지하시기 바랍니다. **2** 윗사람 앞에서 풍악을 연주하여 드리다. ¶종묘 제사 때 **아뢰는** 제례악.
아ː류(亞流) [명] **1** 둘째가는 사람이나 사물. **2** 문학·예술·학문 등에서, 독창성이 없이 모방하는 일이나 그렇게 한 것. 또는, 그런 일을 하는 사람. ¶그 실험시는 이상(李箱) 문학의 ~에 불과하다.
아르(are) [명][의존] 넓이의 단위. 1아르는 100 m^2임. 기호는 a.
아르곤(argon) [명][화] 희유기체 원소의 하나. 원소 기호 Ar, 원자 번호 18, 원자량 39.948. 무색무취의 비활성 기체임. 백열전구·형광등·진공관 등의 봉입 가스로 사용됨.
아르기닌(arginine) [명][화] 단백질을 구성하는 염기성 아미노산의 하나. 핵단백질인 프로타민에 많이 들어 있으며 생합성됨.
아르^누보([프]art nouveau) [명] 〔'새로운 예술'이라는 뜻〕 19세기 말부터 20세기 초에 걸쳐 프랑스를 중심으로 유럽에서 유행한, 건축·공예·회화 등 예술 양식의 하나. 덩굴풀 등의 유동적인 곡선을 사용한 것이 그 특징임. =신예술.
아르렁 [부] '으르렁'의 작은말. **아르렁-하다** [동][자][여]
아르렁-거리다/-대다 [동][자] '으르렁거리다'의 작은말.
아르렁-아르렁 [부] '으르렁으르렁'의 작은말. **아르렁아르렁-하다** [동][자][여]
아르르 [부] **1** 춥거나 아스스하여 몸이 떨리는 모양. **2** 애처롭거나 아까워서 떨다시피 하는 모양. [큰]으르르. **아르르-하다**[1] [동][자][여]
아르르-하다[2] [형][여] 조금 알알한 느낌이 있다. ¶뜨거운 국에 덴 손이 ~.
아르메니아(Armenia) [명][지] 이란·터키와 접경하고 있는 공화국. 수도는 예레반.
아르바이트([독]Arbeit) [명] 〔'일', '노동', '연구'의 뜻〕 학생이나 주부나 직업인이 학업이나 가사나 본업 이외에 돈을 벌기 위해 하는 임시적인 일. [비]부업. ¶~ 학생 / ~로 학비를 보태다. **아르바이트-하다** [동][자][여]
아르에스시(RSC) [명] 〔referee stop contest〕 [체] 아마추어 권투 경기에서, 한쪽 선수가 실력이 너무 기울거나 부상을 당했을 때, 주심이 선수 보호 차원에서 경기를 정지시키는 일.
아르에이치식 혈액형(Rh式血液型) [-애컹] [생] Rh 인자의 유무에 따라 나눈, 사람의 혈액형. Rh 인자를 가진 것을 Rh 플러스, 갖지 않은 것을 Rh 마이너스라고 함.
아르엔에이(RNA) [명] 〔ribonucleic acid〕 [생] 리보오스를 함유하는 핵산. 식물 바이러스, 일부의 동물 바이러스 및 동식물 세포의 핵과 세포질에 존재하며, 단백질 합성에 관여함. =리보 핵산. ▷디엔에이.
아르오티시(ROTC) [명] 〔Reserve Officer's Training Corps〕 [군] 대학생에게 군사 훈련을 실시하여 졸업과 동시에 장교로 임명하는 제도. =학생 군사 교육단.
아르코([이]arco) [명][음] 현악기의 활. =악궁.
아르키메데스의 원리(Archimedes-原理) [-의월-/-에월-] [물] 액체나 기체 속에 있는 물체는 그 물체가 밀어 낸 액체나 기체의 무게만큼의 부력(浮力)을 받는다는 법칙.
아르테미스(Artemis) [명][신화] 그리스 신화에 나오는 달과 사냥의 여신. 제우스의 딸임. 로마 신화의 디아나(Diana)에 해당함.
아르페지오([이]arpeggio) [명][음] =펼침화음.
아르헨티나(Argentina) [명][지] 남아메리카 남부, 대서양 연안에 있는 공화국. 수도는 부에노스아이레스.
아른-거리다/-대다 [동][자] **1** 무엇이 눈에 희미하게 보이다 말다 하다. ¶수평선 멀리 **아른거리는** 고깃배 하나. **2** 그림자가 희미하게 움직이다. ¶창문에 검은 물체가 **아른거렸다**. **3** 물이나 거울에 비친 그림자가 흔들리다. ¶호수에 비친 탑 그림자가 ~. [큰]어른거리다.
아ː른-스럽다[-따] [형][ㅂ] <~스러우니, ~스러워> '어른스럽다'의 작은말로, 홀하게 또는 품격이 낮게 이르는 말. **아ː른스레** [부]
아른-아른 [부] 아른거리는 모양. ¶그리운 너의 모습이 눈에 ~ 떠오른다. [큰]어른어른. **아른아른-하다** [동][자][여]
아름 [명] [1][자립] 두 팔을 벌려 껴안은 둘레의 길이나 물건의 양. ¶꽃을 ~으로 따다. [2][의존] 두 팔을 벌려 껴안은 둘레의 길이나 물건의 양을 세는 단위. ¶둘레가 세 ~이나 되는 은행나무.
아름-거리다/-대다 [동][자][타] **1** (말이나 행동을) 똑똑하지 않고 우물쭈물하는 상태로 하다. **2** (일을) 엉터리로 하여 눈을 속이다. [큰]어름거리다.
아름다움 [명] 눈이나 귀에, 또는 마음에 아름답게 느껴지는 현상. [비]미(美). ¶외모의 ~보다 내면의 ~을 추구하다.
아름-답다[-따] [형][ㅂ] <~다우니, ~다워> **1** (대상의 모습이) 균형과 조화를 이루어 눈으로 보기에 즐거움을 주는 상태에 있다. 주로, 여자의 모습이나 물체의 형상이나 경치 등의 상태를 주어로 하여 쓰임. [비]예쁘다·곱다. ¶얼굴이 **아름다운** 여인 / **아름다운** 한 떨기 장미 / 금강산은 경치가 빼어나게 ~. **2** (음향이나 목소리 등이) 귀로 듣기에 상쾌함을 주는 상태에 있다. ¶**아름다운** 노랫소리. **3** (어떤 대상이) 훌륭하거나 갸륵하여 기쁨을 주는 상태에 있다. ¶**아름다운** 시(詩) / 그의 희생정신은 참으로 ~.
아름-드리 [명] 《주로 나무를 뜻하는 명사 앞에서 관형어적으로 쓰여》 둘레가 한 아름이 넘음. 곧, 아주 굵음을 나타내는 말. ¶~ 소나무. ~ 느티나무.
아름-아름 튀 아름거리는 모양. ㉣어름어름.
아름아름-하다 통(자)(타)(여)
아름작-거리다/-대다[-꺼(때)-] 통(자)(타) 느리게 아름거리다. ㉣어름적거리다.
아름-차다 형 1 힘에 겹다. ¶그것은 나에게 너무나 **아름찬** 과제였다. 2 보람 있고 알차다. ¶**아름찬** 미래를 꿈꾸다.
아리까리-하다 형여 1 '알쏭달쏭하다'의 잘못. 2 '아리송하다'의 잘못.
아리다 형 1 알알하여 혀끝을 찌르는 듯한 느낌이 있다. ¶김치가 너무 매워서 혀가 ~. 2 상처나 살갗이 찌르는 듯이 아프다. ¶칼에 베인 상처가 몹시 ~.
아리땁다[-따] 형(비)〈아리따우니, 아리따워〉(생김새나 몸가짐이) 사랑스럽고 아름답다. ¶**아리따운** 처녀 / 춤을 추고, 거문고를 타고, 노래를 부르는 젊은 궁녀들의 **아리따운** 교태….《박종화:다정불심》
아리랑 명 우리나라의 대표적인 민요의 하나. 기본 장단은 세마치이나 지방에 따라 가사와 곡조가 약간씩 다름. =아리랑 타령.
아리랑-치기 명〈속〉밤거리에서 술에 취해 몸을 잘 가누지 못하는 사람의 금품을 터는 범행.
아리랑^타!령 명음 =아리랑.
아리송-하다 형여 긴가민가하여 또렷하게 분간하기 어렵다. =알쏭하다. ¶그가 한 말이 무슨 뜻인지 ~. / 답이 2번에 맞는 것 같기도 하고 3번에 맞는 것 같기도 하여 ~. ㉣어리숭하다. ☞아리까리하다.
아리아(ⓔaria) 명음 1 오페라에서, 오케스트라의 반주가 있는 서정적 독창곡. =영창(詠唱). 2 서정적인 소곡(小曲).
아리아리-하다 형여 1 모두가 아리송하다. ¶뭐가 뭔지 **아리아리하여** 모르겠다. ㉣어리어리하다. 2 계속하여 아린 느낌이 있다. ¶혀끝이 ~.
아리아^인(Arya人) 명 인도·유럽 어족에 속하는 언어를 쓰고, 기원전 1500년경 중앙아시아로부터 인도나 이란에 이주한 고대 민족. ☞아리안.
아리오소(ⓔarioso) 명음 1 오페라나 칸타타에서 불리는, 반주가 있는 레시터티브. 선율적이면 표정이 풍부한 성격을 지님. 2 1곡 같은 성격을 지닌 짧은 기악곡.
아리잠직-하다[-지카-] 형여 (사람, 특히 여자가) 키가 작고 얌전하며 어진 상태에 있다. ¶젊어서는 먹다리라고 불렸지만 지금은 오히려 **아리잠직한** 몸집이다.《한무숙:생인손》
아릿-거리다/-대다[-릳꺼(때)-] 통(자) 1 아름풋하게 자꾸 눈앞에 어려 오다. 2 말과 행동이 좀 활발하지 못하고 생기 없이 움직이다. ㉣어릿거리다.
아릿-아릿[-릳-릳] 튀 아릿거리는 모양. ㉣어릿어릿. **아릿아릿-하다** 통(자)(여)
아릿-하다[-리타-] 형여 조금 아리다. ¶혀끝이 ~ / 독이 오른 억새풀에 찔릴 때마다 피부가 **아릿하였다**.《정한숙:조용한 아침》㉣어릿하다.
아마[1] 튀 확실히 단정할 수는 없지만 미루어 짐작하거나 생각해 보건대. 개연성이 꽤 높을 때 쓰는 말이나, '틀림없이'보다는 확신의 정도가 낮은 말임. (비)십중팔구. ¶잘은 모르지만 ~ 그럴 거야. / 아침 일찍 떠났으니 ~ 지금쯤은 목적지에 도착했을 것이다.

아마[2](亞麻) 명[식] 아마과의 한해살이풀. 줄기는 높이 1m가량으로 길고 가늘며 속이 비었음. 5~7월에 푸른 자줏빛 꽃이 핌. 껍질의 섬유로는 리넨 등의 피륙을 짜고, 씨는 '아마인'이라 하여 기름을 짜며 약재로도 씀.
아마[3](←amateur) 명 '아마추어'의 준말. ¶~ 3단 / ~ 전적(戰績)이 화려하다.
아마겟돈(←Harmagedon) 명[성] 요한 계시록에 나오는, 천군(天軍)과 악마의 군이 만나 최후의 결전을 행할 싸움터.
아마-도 튀 '아마'의 힘줌말. ¶~ 내일쯤이면 그 사람한테서 소식이 올 거야.
아마릴리스(amaryllis) 명[식] 수선화과의 여러해살이풀. 남아메리카 원산의 교배종. 온실에서 12월에서 3월까지 적색·담홍색·흰색 등의 꽃이 피고, 잎은 꽃이 진 후 무더기로 나옴.
아마빌레(ⓘamabile) 명[음] 악곡의 표현 방법을 나타내는 말로, '우아하게', '사랑스럽게'의 뜻.
아마인-유(亞麻仁油)[-뉴] 명 아마의 씨로 짠 건성유. 도료·리놀륨·인쇄 잉크·유포(油布) 등의 원료로 쓰임. =아마유.
아마추어(amateur) 명 예술이나 스포츠, 기술 등에 관계된 일을 직업적으로가 아니라 즐거움이나 취미를 목적으로 하여 하는 사람. (비)애호가·비전문가. ¶~ 권투 선수 / ~ 바둑 대회 / 글 솜씨가 이미 ~ 수준을 훨씬 넘어섰다. ㉰아마. ↔프로.
아마추어^무선사(amateur無線士) 명 국가가 인정하는 자격을 갖추고 비영리적 목적으로 무선 장비를 통해 통신을 하는 사람. =햄(ham).
아:만(我慢) 명[불] 자신을 뽐내며 남을 업신여기는 마음.
아말감(amalgam) 명[화] 수은과 다른 금속과의 합금. 금·은의 야금과 거울의 반사면 및 치과용 충전재(充塡材)로 쓰임.
아:망 명 힘이나 능력도 없이 막무가내로 부리는 오기. 주로, 어린아이를 대상으로 하여 쓰는 말임. ¶~을 떨다 / ~을 부리다.
아:망-스럽다[-따] 형비〈-스러우니, -스러워〉아망을 부리는 데가 있다. ¶애가 **아망스럽게** 생겼다. **아:망스레** 튀
아메리슘(americium) 명[화] 은백색의 금속 원소. 원소 기호 Am, 원자 번호 95, 원자량 243. 플루토늄에 중성자를 쬐어 만든 인공 방사성 원소임.
아메리카(America) 명[지] 1 북아메리카와 남아메리카를 합쳐 이르는 말. =아메리카주. 2 =미국(美國).
아메리카^주(America洲) 명[지] '아메리카'를 주(洲)로서 일컫는 말. =미주(美洲).
아메리카^합중국(America合衆國)[-쭝-] 명[지] =미국(美國).
아메리칸-드림(American dream) 명 1 미국 사람들이 갖고 있는 미국적인 이상 사회를 이룩하려는 꿈. 곧, 자유·평등·민주주의의 이상향으로서의 미국. 2 기회의 땅 미국에서 온갖 어려움을 이겨 내고 크게 성공하려는 꿈. ¶그는 ~을 일궈 낸 이민 1세대이다.
아메바(amoeba) 명[동] 근족류의 단세포 원생동물. 크기가 0.02~0.5mm인 가장 원시적인 동물로, 위족(僞足)을 돌출시켜 먹이 다니면서 먹이를 싸서 먹음.
아메바^운동(amoeba運動) 명[동] 아메바처럼 원형질의 유동에 따라 위족(僞足)을 형

아멘(⑤amen) 〖감〗[가][기] 기도나 찬송 또는 설교 끝에, 그 내용에 동의하거나 그것이 이루어지기를 바란다는 뜻으로 쓰는 말. ¶예수 그리스도의 이름으로 기도드립니다. ~.
아명(兒名) 〖명〗 아이 때의 이름. ↔관명.
아모레(①amore) 〖명〗[음] 악곡의 표현 방법을 나타내는 말로 '애정을 가지고'의 뜻.
아모스-서(Amos書) 〖명〗[성] 구약 성서 중의 한 권.
아:목(亞目) 〖명〗[생] 동물 계통 분류의 한 단계. 목(目)과 과(科)의 중간임.
아몬드(almond) 〖명〗[식] =편도(扁桃)².
아:무 I 〖대〗(인칭) 1 말하는 사람이 대상이 되는 사람을 특정한 범위에 한정시키지 않고 가리킬 때 쓰는 부정칭 대명사. 일반적으로 부정의 뜻을 가진 서술어와 호응하나, '나', '라도'와 같은 조사와 함께 쓰일 경우에는 긍정의 뜻을 가진 서술어와도 호응함. ¶어 태껏 ~도 오지 않았니? / 이 일은 ~ 나 하는 게 아니야. / ~라도 좋으니 저 좀 도와주세요. 2 《성(姓) 아래에 붙어》 사람의 이름을 굳이 밝힐 필요가 없거나 감추려 할 때, 그 이름을 대신하여 이를 때 쓰는 말. ¶박 ~네 학교.
II 〖관〗 뒤에 오는 명사와 관련된 대상의 범위를 전혀 제한하지 않거나 굳이 한정하지 않음을 나타내는 말. 囲어떤·아무런. ¶~ 소용없는 일 / ~ 때나 와도 좋다.
아:무-개 〖대〗 사람의 이름으로 말해야 할 자리에, 그 이름을 대신하여 이르는 말. ¶~ 보다는 그가 낫다. / 조금 전에 이 ~라는 사람이 찾아왔어.
아:무-것[-걷] 〖대〗(지시) 1 그 어떤 것. ¶나는 가진 거라곤 튼튼한 몸말고는 ~도 없다. / 덕수는 먹성이 좋아 ~이나 잘 먹는다. 2 《주로, '아니다'의 부정형과 함께 쓰여》 그다지 대단하거나 특별한 것. ¶그는 성질이 괴팍해서 ~도 아닌 걸 가지고 화를 낸다.
아:무래도 〖부〗 1 아무리 생각해 보아도. 또는, 아무리 이리저리 하여 보아도. ¶~ 이번에는 성공하기 어렵다. / ~ 저놈이 수상하다. 2 →아무렇든1.
아:무러면 〖부〗《주로 의문문 속에 쓰여》 1 있기 어려운 경우나 상태를 가정하는 뜻을 나타내는 말. 어떤 사실에 대한 확신을 받아 의문문으로 나타낼 때 쓰임. 囲설마. ¶~ 내가 너한테 질까 보냐? 2 →아무렇든1.
아:무러-하다 〖형〗여 =아무렇다.
아:무런 〖관〗《주로, '없다', '않다', '못하다' 등의 부정적인 말과 함께 쓰여》 뒤에 오는 명사와 관련된 대상의, 있을 수 있는 모든 범위를 나타내는 말. ¶~ 말도 하지 않고 떠나다 / 그 일을 하는 데는 ~ 문제도 없다.
아:무렇게[-러타] 〖형〗ㅎ《아무러니, 아무오, 아무래》 1 (사물이) 어떠한 상태나 조건에 놓여 있다. ¶가문이야 아무러면 어때, 사람만 똑똑하면 됐지. / 옷이야 아무렇든 무슨 상관이겠니? / 욕을 먹든 매를 맞든 난 아무래도 괜찮다. 2 (사물이) 특별히 문제가 되는 상태에 있다. ¶잘못을 저지르고도 아무렇지도 않게 생각하다. 3 (일이나 행동이) 어떤 통제나 제약이나 절제가 없는 상태에 있다. =아무러하다. ¶그림을 아무렇게나 그리다.
아:무러나 〖감〗 아무렇게나 하고 싶은 대로 하라고 승낙하는 말. ¶"이제 가도 되겠습니까?" "~, 자네 좋을 대로 하게."
아:무러니 〖감〗 그렇게 되지 않기를 바라면서 '설마'의 뜻을 나타내는 말.
아:무렴 〖감〗 상대의 말에 강한 긍정을 보일 때 쓰여, 말할 나위 없이 그렇다는 뜻을 나타내는 말. ¶"사과는 역시 대구산이 최고라니까?" "~, 그렇고말고." 준암.
아:무리 I 〖부〗 정도가 매우 심함을 나타낼 때 쓰이는 말. =암만. ¶~ 바빠도 이번 모임에는 꼭 참석해야만 한다. / ~ 배가 고플 망정 비굴하게는 살지 않는다.
II 〖감〗 어떤 형편이 결코 그럴 리가 없다는 뜻으로 쓰는 말. ¶~, 그가 그런 말을 했을까?
[아무리 바빠도 바늘허리 매어 쓰지는 못한다] 아무리 바쁘더라도 꼭 필요한 순서를 어기거나 격식을 무시하고는 일을 제대로 할 수 없다.
아:무-아무 I 〖대〗(인칭) 한 사람 이상을 꼭 지정하지 않고 이르는 말. 囲모모(某某). ¶이번 부(部) 대항 탁구 시합에는 ~가 나가기로 되었다.
II 〖관〗 어떤 사물을 지정하지 않고 거듭 감추어 이를 때 쓰는 말. ¶그가 ~ 데에 다니고 있다고?
아:무-짝 〖명〗 아무 방면. ¶~에도 소용없는 물건 / ~에도 쓸모가 없는 사람이다.
아:무-쪼록 〖부〗 여하간에 부디. 말하는 사람의 부탁·바람을 나타내는 문장 앞에 쓰여, 그 부탁이나 바람이 간절한 것임을 나타내는 말임. =모쪼록. ¶~ 왕림하여 주시기를 바랍니다. / ~ 몸 건강하시길 바랍니다.
아:무튼 〖부〗 일이나 사정이 어찌 되었든 간에. 囲하튼·어쨌든·어찌하든·하여튼. ¶~ 이번 한 번만은 더 그를 믿어 봅시다. 준암튼. ×아뭏든.
아:무튼지 〖부〗 '아무튼'을 좀 더 구어적으로 이르는 말. ¶~ 일은 끝내고 보자.
아:문¹(亞門) 〖명〗[생] 동식물 분류의 한 단위. 문(門)과 강(綱)의 중간임.
아문²(衙門) 〖명〗[역] 1 상급의 관청. 2 관청의 총칭.
아물-거리다/-대다 〖동〗재 1 눈이나 정신이 희미해져 아지랑이가 낀 것처럼 느껴지다. ¶정신이 ~ / 그녀의 모습이 눈앞에 아물거린다. 2 말이나 행동을 시원스럽게 하지 못하고 꼬물거리다.
아물다 〖동〗재《아무니, 아무오》(부스럼이나 상처가) 나아 살가죽이 맞붙다. ¶상처가 깊어서 빨리 아물지 않는다.
아물-리다 〖동〗타 1 '아물다'의 사동사. ¶상처를 잘 아물려야 덧나지 않는 법이다. 2 (일이나 셈 등을) 끝을 짓다. ¶그는 우물우물하면서 말을 아물리지 못하고 얼굴을 붉혔다. 3 (벌어진 일을) 잘되도록 어우르다. ¶아물리지도 못할 일을 잔뜩 벌여만 놓았다.
아물-아물 〖부〗 아물거리는 모양. ¶수평선 너머로 고깃배가 ~ 사라지다. 아물아물-하다 〖동〗재여 ¶눈앞이 아물아물하여 잠시 눈을 감고 서 있었다.
아뭇든 〖부〗 '아무튼'의 잘못.
아미(蛾眉) 〖명〗 1 ['누에나방의 눈썹'이라는 뜻] 젊은 여자의 '눈썹'의 미칭. ¶초승달 같은 ~. 2 '미인(美人)²'의 미칭. ¶하하, 새 방 복 입구 ~ 데리구 오올달 날 좋은 날 시외루 놀러 가구…. 《채만식:탁류》
아미를 숙이다 〖관〗 젊은 여자가 다소곳이 머

리를 숙이다. 고풍스럽고 우아한 표현임. ¶발그레 뺨을 붉힌 채 **아미를 숙이고** 있는 젊은 처자.

아미노-기(amino基) [명][화] 암모니아에서 수소 원자를 1개 없앤 형태의 기(基). =아미노.

아미노-산(amino酸) [명][화] 분자 내에 아미노기와 카르복시기를 가진 유기 화합물의 총칭. 단백질을 가수 분해 하여 얻으며, 글리신·아스파라긴·글루탐산·리신 등이 대표적인 것임. ▷단백질.

아미타(阿彌陀) [명] [<[범]Amitābha] [불] =아미타불.

아미타-불(阿彌陀佛) [명][불] 대승 불교 정토교(淨土敎)의 중심을 이루는 부처. 극락세계에 머물면서 설법(說法)을 하고 있는데, 중생이 이 부처의 이름으로 염불을 하면 극락에 갈 수 있다고 함. =아미타·아미타여래·일불(一佛). [준]미타·미타불.

아미타-여래(阿彌陀如來) [명][불] =아미타불.

아민(amine) [명][화] 암모니아의 수소 원자를 탄화수소기로 치환한 화합물의 총칭.

아밀라아제([독]Amylase) [명][화] **1** 녹말을 가수 분해 하여 엿당과 소량의 덱스트린으로 만드는 효소제. **2** =디아스타아제.

아밀로오스(amylose) [명][화] 녹말을 구성하는 주성분의 하나. 녹말의 20~30%를 차지하며, 요오드 녹말 반응으로는 청자색을 나타냄.

아밀로펙틴(amylopectin) [명] 녹말의 70~80%를 차지하는 주성분. 물에 녹지 않으나, 뜨거운 물에는 녹아서 찰기를 띰.

아바-마마(-媽媽) [명]〈궁〉 임금이나 임금의 아들딸이 자기 아버지를 이르는 말.

아바타(avatar) [명] ['화신', '분신'의 뜻][컴] 인터넷 채팅이나 머드 게임 등에서, 사용자가 자신의 역할을 대신하는 존재로 내세우는 애니메이션 캐릭터.

아ː방(我邦) [명] =아국(我國). ↔이방(異邦).

아방가르드([프]avant-garde) [명] ['전위대(前衛隊)'라는 뜻][예] 제1차 세계 대전 무렵부터 프랑스 등에서 일어난 예술 운동. 기성의 예술 관념이나 형식을 부정하고 혁신적 예술을 주장함. =전위파(前衛派).

아방게르([프]avant-guerre) [명] =전전파(戰前派). ↔아프레게르.

아방-궁(阿房宮) [명] [중국 진시황이 지은 거대하고 호화로운 궁전의 이름] 아주 크고 호화로운 집을 비난조로 이르는 말. ¶~ 같은 대저택.

아버-님 [명] **1** '아버지1'을 높여 호칭 또는 지칭하는 말. 자기 아버지에 대해서는 돌아가신 경우나 편지 글에서가 아니면 '아버님'이라 하기 어려움. ¶자네 ~께서는 안녕하신가? / ~ 전 상서(편지 글). **2** '시아버지'를 호칭 또는 지칭하는 말. ↔어머님.

아버지 [명] **1** 자기를 낳은, 어머니의 남편. 또는, 자식을 가진 남자를 자식에 대한 관계로 이르는 말. 호칭 및 지칭으로 쓰임. ¶그는 엄한 ~ 밑에서 자랐다. [속]꼰대. **2** 자녀의 이름 뒤에 붙여, 자기 남편을 호칭 또는 지칭하는 말. ¶여봐요, 창수 ~! **3** 어떤 일을 처음 이루거나 완성한 사람. ¶바흐는 서양 근대 음악의 ~이다. **4** [가][기] 삼위일체의 제일위인 '하느님'을 친근하게 호칭 또는 지칭하는 말. ¶하늘에 계신 ~시여.

아버지에 대한 호칭어, 지칭어

		살아 계신 아버지	돌아가신 아버지
호칭어	어릴 때	아버지(아빠)	
호칭어	성장 후	아버지	
지칭어	부모, 조부모에게	아버지(아빠)	아버지
지칭어	친척에게	아버지(아빠)	아버지(아버님)
지칭어	남편에게	친정(지역 이름) 아버지	친정아버지(아버님)
지칭어	아내, 형제, 자매, 처가 쪽 사람에게	아버지	아버지(아버님)
지칭어	시댁 쪽 사람에게	친정(지역 이름) 아버지, ○○ 외할아버지	친정아버지(아버님), ○○ 외할아버지(외할아버님)
지칭어	타인에게: 아들, 미혼의 딸이	아버지	아버지(아버님)
지칭어	타인에게: 기혼의 딸이	(친정) 아버지, ○○ 외할아버지	친정아버지(아버님), ○○ 외할아버지(외할아버님)

아범 [명] **1** '아비1·2·3·4·5'를 약간 대접하여 이르는 말. ¶~은 어디를 갔느냐? / 어머님, ~한테서 편지가 왔습니다. **2** 지난날, 중년 정도의 나이가 된 남자 하인을 조금 대접하여 이르던 말. ¶~, 이걸 좀 해 주게. ↔어멈.

아베^마리아([라]Ave Maria) [명] **1** [가] =성모송. **2** [음] 성모 마리아를 찬미하는 악곡.

아베스타([페]Avesta) [명][종] 조로아스터교의 경전.

아베크-족([프]avec族) [명] ['avec'는 '~와 함께'를 뜻하는 전치사] 젊은 한 쌍의 남녀. 특히, 연인(戀人) 관계의 남녀. ¶그 공원에는 ~들이 많이 모인다.

아벨(Abel) [명][성] 구약 성서 '창세기'에 나오는, 아담과 하와의 둘째 아들. 형 카인의 질투로 살해되었음.

아보가드로-수(Avogadro數) [명][화] 물질 1그램분자 중에 들어 있는 분자 수. 또는, 1그램원자 중에 들어 있는 원자 수. 6.022×10^{23}. =몰 분자수.

아보가드로의 법칙(Avogadro-法則) [-의-/-에-][화] 모든 기체는 같은 온도·압력 아래서는 같은 부피 속에 같은 수의 분자가 포함되어 있다는 법칙.

아부(阿附) [명] (자기보다 지위가 높은 사람이나 아쉬운 소리를 해야 할 상대에게) 그의 마음을 사기 위해 짐짓 그의 기분을 좋게 할 만한 말이나 행동을 하는 것. ¶그는 ~ 근성이 있다. **아부-하다** [동][자][여] ¶상사에게 ~.

아브라함(Abraham) [명][성] 구약 성서 '창세기'에 나오는 이스라엘 민족의 시조.

아비 [명] ['아버지'를 낮추어 이르는 말] **1** 할아버지나 할머니, 또는 그 이상의 집안 어른 앞에서 '아버지'를 지칭하는 말. 현재는 매우 드물게 쓰이며, '아버지', '아빠'가 널리 쓰임. **2** 손자·손녀, 또는 그 이하의 집안 자손에게 그들의 아버지인 아들을 지칭하는 말. ¶~ 어디 갔니? **3** 자식 있는 여자가 시부모나 친정 부모 앞에서 아이들 아버지인 남편을 지칭하는 말. **4** 며느리에게 그의 남편이자 손자·손녀의 아버지인 아들을 지칭하는 말. **5** 결혼하여 자식을 둔 아들을 호칭 또는 지칭하는 말. **6** 남자가 자식들에게 자기 자신을 지칭하는 말. ↔어미. ✕애비.

아비-규환(阿鼻叫喚) 圕 **1** [불] 아비지옥(끊임없이 고통을 받는 지옥)과 규환지옥(가마솥에서 삶기거나 뜨거운 불 속에 던져져 고통을 견디지 못하여 울부짖는 지옥). **2** 여러 사람이 비참한 지경에 빠져 울부짖는 참상(慘狀)을 형용하는 말.

아빠 圕 **1** 어린아이가 '아버지'를 호칭 또는 지칭하는 말. 오늘날에는 이 말을 쓰는 사람이 어린아이에 국한되지 않고 10대는 물론 20~30대(특히 여성)에까지 확대되는 추세에 있음. '아버지'에 비해 좀 더 친근한 어감을 가짐. ¶~가 사 주신 크레파스. **2** 어린 자녀 이름 뒤에 붙어, 자기 남편을 호칭 또는 지칭하는 말. 자녀 이름을 붙이지 않고 '아빠'라고 하는 것은 비규범적인 말임.

아뿔싸 邯 일을 잘못하였음을 깨닫고 뉘우칠 때 내는 소리. ¶~, 미처 그걸 생각 못 했구나. / ~, 이 일을 어쩐단 말. 圆어뿔싸. 켄하뿔싸.

아:사(餓死) 圕 굶어 죽는 것. 비기사(飢死). ¶~ 직전. **아:사-하다** 圄(자)옌 ¶그해의 흉년에는 **아사하는** 사람이 참 많았다.

아사달(阿斯達) 圕[역] 단군 조선 개국 당시의 도읍. 평양 부근의 백악산(白岳山), 또는 황해도의 구월산(九月山)이라고 함.

아:사-선상(餓死線上) 圕 굶어 죽게 된 지경. =아사지경. ¶~을 헤매는 난민.

아:사-자(餓死者) 圕 굶어 죽은 사람.

아:사지경(餓死之境) 圕 =아사선상. ¶~에 놓이다.

아삭 用 연하고 싱싱한 과실이나 채소 따위를 깨물 때 나는 소리. 또는, 그 모양. 圆어석. 켄아싹. **아삭-하다** 圄(자)(타)옌

아삭-거리다/-대다[-꺼(때)-] 用 잇달아 아삭하는 소리가 나다. 또는, 잇달아 아삭하는 소리를 내다. 圆어석거리다. 켄아싹거리다.

아삭-아삭 用 아삭거리는 소리. 또는, 그 모양. ¶사과를 ~ 베어 먹다. 圆어석어석. 켄아싹아싹. **아삭아삭-하다** 圄(자)(타)옌

아삼륙(←圝二三六)[-뉵] 圕 **1** 마작에서, 골패의 쌍진아·쌍장삼·쌍준륙의 세 쌍. '쌍비연(雙飛燕)'이라 하여 끗수를 세 곱으로 침. **2** 서로 꼭 맞는 짝. ¶못된 놈들과 ~으로 어울려 다닌다.

아시[1] 邯 아랫사람에게 그렇게 말하지 말라는 말. ✕앗아.

-아서[2] [어미] 끝 음절의 모음이 'ㅏ', 'ㅑ', 'ㅗ'인 용언의 어간에 붙는 연결 어미. 'ㅏ'로 끝나는 어간 아래에서는 '아'가 탈락됨. **1** 이유·근거를 나타냄. ¶기회를 보~ 가겠다. / 이 유리는 얇~ 조심스럽게 운반해야 한다. **2** 동사의 어간에 붙어, 시간적 전후 관계를 나타냄. ¶가서 잡아 오다. **3** 동사의 어간에 붙어, 방법을 나타냄. 비-아. ¶잉어를 고~ 먹다. ▷-아서.

아:서라 '해라' 할 사람에게 그렇게 하지 말라고 막는 말. ¶~, 다칠라. ✕앗아라.

아성[1](牙城) 圕 **1** 대장군을 상징하는 아기(牙旗)를 세운, 주장(主將)이 거처하는 성. **2** 상대와의 싸움이나 경쟁에서, 지켜야 할 가장 중요한 곳. ¶적의 ~을 무너뜨리다.

아:성[2](亞聖) 圕 ['성인(聖人)에 버금가는 이'의 뜻] 공자(孔子)에 대하여 맹자(孟子) 또는 안연(顏淵)을 일컫는 말.

아세아(亞細亞) 圕[지] '아시아'의 음역어.

아세아-주(亞細亞洲) 圕[지] =아시아 주. 囵아주(亞洲).

아세테이트(acetate) 圕 **1** =아세테이트 섬유. **2** [화] =아세틸셀룰로오스.

아세테이트^섬유(acetate纖維) 圕 아세틸셀룰로오스로 만드는 반합성 섬유. 광택·감촉은 실크와 비슷하고 탄력성·보온성이 좋으나 열에 약함. =아세테이트·초산 견사.

아세톤(acetone) 圕[화] 특이한 냄새가 있는 무색의 휘발성 액체. 목초산(木醋酸)에 들어 있으며, 프로필렌 등으로부터 얻음. 인화성이 강하고 용제(溶劑)로 쓰임.

아세트-산(←acetic酸) 圕[화] 지방산의 하나. 자극적인 냄새가 있고 신맛이 나는 무색의 액체. 알코올음료를 방치하면 발효에 의해 생김. =초산(醋酸).

아세트산-균(←acetic酸菌) 圕[생] 에탄올을 산화시켜 아세트산을 만드는 세균의 총칭. 간균(杆菌)이며 운동성이 없음. =초산균.

아세트산^발효(←acetic酸醱酵) 圕[화] 아세트산균에 의하여 에탄올이 산화되어 아세트산이 되는 현상. =초산 발효.

아세트-알데히드(acetaldehyde) 圕[화] 자극적인 냄새가 나는 무색의 액체. 공업적으로는 에틸렌을 산화시켜 만듦. 유기 화학 공업의 원료, 플라스틱·합성 고무의 중간체로 중요함.

아세틸렌(acetylene) 圕[화] 가연성(可燃性)이 있는 무색의 기체. 탄화칼슘에 물을 부으면 생김. 조명·용접 등에 이용하며, 화학 공업 원료로 중요함.

아세틸살리실-산(←acetylsalicylic酸) 圕[화] 살리실산을 아세트산 무수물로 아세틸화하여 얻는 흰색의 결정. 해열·진통제로 쓰임. 상표명은 아스피린.

아세틸-셀룰로오스(acetyl cellulose) 圕[화] 셀룰로오스와 아세트산의 에스테르. 아세테이트 인견·필름·래커·플라스틱 등으로 이용함. =아세테이트·초산 섬유소.

아셈(ASEM) 圕 [Asia Europe Meeting] 아시아 유럽 간 정치·경제·사회·문화 등 제반 분야에서 포괄적 협력을 도모하는 회의체. 1996년에 타이에서 1차 회의가 열리면서 발족됨.

아수라(阿修羅) 圕 [<옘asura] [불] 팔부중(八部衆)의 하나. 항상 제석천과 싸우기를 좋아하는 악신(惡神). 囵수라.

아수라-장(阿修羅場) 圕 **1** [불] =수라장1. **2** =수라장2. ¶화재 경보가 울리자 건물 안은 순식간에 ~으로 변했다.

아쉬움 圕 아쉬운 상태. 또는, 아쉬운 마음. ¶일을 마치긴 하였으나 더 잘할 수 있었는데 하는 ~이 남아 있다.

아쉬워-하다 圄(타)옌 필요할 때 모자라거나 없어서 안타깝고 불만스럽게 여기다. ¶이별을 ~ / 돈을 펑펑 쓰다가 없을 땐 **아쉬워한다**.

아쉽다[-따] 囼⑤ <아쉬우니, 아쉬워> **1** 필요할 때 없거나 모자라서 만족하지 못하고 안타깝다. ¶없을 때는 쌀 한 줌이 **아쉬운 법**이다. / **아쉬운** 대로 이거라도 쓰시지요. **2** 미련이 남아 서운하다. ¶정든 고장을 떠나기가 **아쉬워** 발길이 떨어지지 않는다.

아쉬운 소리 ㄲ 필요한 것을 남에게서 얻거나 빌리기 위하여 사정하는 말. ¶남에게 ~

는 않고 산다.

아스라-하다 [형여] 1 아슬아슬하게 높거나 까마득하게 멀다. ¶63빌딩을 밑에서 올려다 보니 꼭대기가 **아스라했다**. 2 (기억이) 어렴풋하다. **아스라-이** [부] ¶어린 시절의 추억이 ~ 떠오른다.

아스러-뜨리다/-트리다 [동](타) 덩어리를 깨뜨려 잘게 여러 조각이 나게 만들다. [큰]으스러뜨리다.

아스러-지다 [동](자) 1 덩어리가 깨져 여러 조각이 되다. ¶어머니는 내 얼굴을 다시 세수시켜 주고 머리도 다시 땋고 그리고 나서는 나를 **아스러지도록** 한 번 몹시 껴안았다가 놓아주었습니다.<주요섭:사랑 손님과 어머니> 2 살갗이 무엇에 부딪혀 벗겨지다. [큰]으스러지다.

아스스 [부] 찬 기운이나 싫은 물건이 몸에 닿았을 때 소름이 끼치는 듯한 모양. ¶추위에 몸이 ~ 떨린다. [큰]으스스. **아스스-하다** [형여]

아스코르브-산(←ascorbic酸) [명][화] 수용성 비타민의 하나. 엘-아스코르브산은 '비타민 C'라고도 함. ▷비타민 시.

아스키-코드(ASCII code) [명] [ASCII: American Standard Code for Information Interchange][컴] 미국 표준화 협회가 제정한 컴퓨터의 정보 교환용 표준 코드.

아스타일(astile) [명][건] 석유 아스팔트·석면·합성수지·안료 등을 가열·혼합하여 얇은 판자 모양으로 만든 건축 재료. 마루를 까는 데 쓰임.

아스타틴(astatine) [명][화] 방사성 원소의 하나. 원소 기호 At, 원자 번호 85, 원자량 210. 화학적 성질은 요오드와 비슷하나 금속성이 강함.

아스텍^문명(Aztec文明) [명][역] 14세기 이후 멕시코 고원에서 번성하던 아스텍 왕국의 문명. 그림 문자·거석 건조물·역법(曆法) 등이 발달하였음.

아스트린젠트(astringent) [명] 수렴성이 큰 화장수. 피지(皮脂)나 땀의 분비를 저하시키고, 피부를 탄력 있게 함.

아스파라거스(asparagus) [명][식] 백합과의 여러해살이풀. 잎은 비늘 같고 초여름에 흰색의 꽃이 핌. 열매는 둥글고 붉게 익으며, 종자는 검음. 어린줄기와 순은 식용함.

아스파라긴(asparagine) [명][화] 아미노산의 하나. 무색투명한 결정이며, 아스파라거스나 식물의 싹에 많이 들어 있음. 분해하면 아스파르트산이 됨.

아스파르트-산(←aspartic酸) [명][화] 아미노산의 하나. 아스파라긴산을 가수 분해 하여 얻을 수 있으며, 생체의 물질대사에 중요한 구실을 함. =아스파라긴산.

아스팍(ASPAC) [명] [Asian and Pacific Council] =아시아 태평양 이사회.

아스팔트(asphalt) [명] 1 [화] 탄화수소를 주성분으로 하는 흑색의 고체 또는 반고체. 천연으로는 석유층에 함유되고, 석유 정제 때에 잔류물로 얻음. 도로 포장·절연재·건축 재료 등으로 이용됨. =역청·지역청(地瀝青)·토역청·피치. 2 1로 포장한 도로.

아스피린(aspirin) [명][약] '아세틸살리실산'의 상표명.

아스피테(⑤Aspite) [명][지] =순상 화산.

아슬랑-거리다/-대다 [동](자)(타) 몸이 작은 사람이나 짐승이 몸을 흔들며 찬찬히 걸어 다니다. [큰]어슬렁거리다.

아슬랑-아슬랑 [부] 아슬랑거리는 모양. [큰]어슬렁어슬렁. **아슬랑아슬랑-하다** [동](자)(타)(여)

아슬-아슬 [부] 1 몸에 소름이 끼치도록 차가운 느낌이 자꾸 드는 모양. [큰]오슬오슬·으슬으슬. 2 몹시 위태로워 몸에 소름이 끼치도록 두려움을 느끼는 모양. **아슬아슬-하다** [형여] ¶**아슬아슬한** 묘기 / 위태로운 순간을 **아슬아슬하게** 넘기다.

아슴푸레 [부] 1 (빛이 약하거나 멀어서) 조금 어둑하고 희미한 모양. 2 또렷하게 보이거나 들리지 않고 희미한 모양. 3 기억이 분명하게 나지 않고 희미한 모양. 아슴푸레. **아슴푸레-하다** [형여] ¶등대의 불빛이 ~ / 어릴 때의 일이 **아슴푸레하게** 떠오른다.

아승기(阿僧祇) [I] [명] [<asamkhya] [불] 수로 표현할 수 없는 가장 많은 수. 또는, 시간. [비]무량(無量)·무한(無限).
[II] [수] 십진급수의 하나. 항하사(恒河沙)의 만 배, 나유타(那由他)의 만분의 일. 곧, 10^{56}.

아시리아(Assyria) [명][지] 아시아 서남부, 티그리스 강·유프라테스 강 상류 지역의 옛 이름. 또는, 이곳에 세운 셈계(Sem系) 아시리아 인의 제국.

아시아(Asia) [명][지] 육대주의 하나. 동반구의 북부를 차지함. 세계 육지의 약 1/3에 해당하며, 유럽과 함께 유라시아 대륙을 이룸. 음역어는 아세아(亞細亞). =아시아 주.

아시아^개발^은행(Asia開發銀行) [명] 아시아 및 극동 지역의 경제 개발과 협력을 증진하기 위하여 자금의 융자·기술 원조 등을 행하는 국제 은행. =에이디비(ADB).

아시아^경기^대회(Asia競技大會) [-회/-훼] [명] 아시아 여러 나라의 우호 증진과 평화를 목적으로 아시아 경기 연맹이 주최하는 운동 경기 대회. 1951년 이후로 4년에 한 번씩 국제 올림픽 대회의 중간 해에 개최함. =아시안 게임.

아시아-달러(Asia-dollar) [명][경] 싱가포르 등 동남아시아의 외환·금융 시장에 모여 있는 달러 자금.

아시아^인종(Asia人種) [명] =황인종.

아시아^주(Asia^洲) [명][지] '아시아'를 주(洲)로서 일컫는 말. =아세아주.

아시아^태평양^이^사회(Asia太平洋理事會) [-냥-회/-냥-훼] [명] 아시아·태평양 지역의 연대(連帶)와 국제 협력을 목적으로 한국의 제창에 의해 1966년에 발족된 기구. 1973년 사실상 해체됨. =아스팍(ASPAC).

아시안^게임(Asian game) [명] =아시아 경기 대회.

아싹 [부] '아삭'의 센말. [큰]어썩. **아싹-하다** [동](자)(타)(여)

아싹-거리다/-대다 [-꺼(때)-] [동](자)(타) '아삭거리다'의 센말. [큰]어썩거리다.

아싹-아싹 [부] '아삭아삭'의 센말. ¶사과를 ~ 깨물어 먹다. [큰]어썩어썩. **아싹아싹-하다** [동](자)(타)(여)

아쓱 [부] 갑자기 무섭거나 차가울 때 몸이 움츠러드는 모양. [큰]으쓱. **아쓱-하다** [형여]

아:씨 [명] 전날에, 하인이나 신분이 낮은 사람이 상전이나 지체가 높은 집의 어리거나 젊은 여자를 높여서 호칭 또는 지칭하던 말.

아-아 [감] 1 감격하거나 탄식할 때 내는 소리. ¶~ 기어이 해내고야 말았구나. 2 뜻밖의 일을 당하였을 때 내는 소리. ¶~ 이게 어찌 된 일인가? 3 떼 지어 싸울 때, 기운을 돋우려고 내는 소리.

아:악(雅樂) 몡[음] 궁중에서 연주되고 의식(儀式)에서 쓰이던 음악. =아부악(雅部樂). ↔속악(俗樂). ▷당악·향악.

아:악-기(雅樂器) [-끼] 몡[음] 아악에 쓰이는 악기.

아야¹ 갑 갑자기 아픔을 느끼고 내는 소리. ¶~, 왜 꼬집고 그래?

-아야² 어미 끝 음절의 모음이 'ㅏ', 'ㅑ', 'ㅗ'인 용언의 어간에 붙는 연결 어미. 1 뒷말에 대한 어떤 조건이 꼭 필요함을 나타냄. ¶먹어 보~ 맛을 안다. / 마음이 맞~ 같이 일하지. 2 아무리 크게 가정(假定)을 하여도 결과에 큰 영향이 없음을 나타냄. ¶아무리 졸라 보~ 소용없다. / 아무리 찾~ 없을걸. ▷-어야·-여야.

-아야만 →-아야²·만³.

-아야지 어미 끝 음절의 모음이 'ㅏ', 'ㅑ', 'ㅗ'인 용언의 어간에 붙는 반말 투의 종결 어미. 단, 선어말 어미 '-았-' 다음에는 '-어야지'가 붙음. 'ㅏ'로 끝나는 어간 아래에서는 '아'가 탈락됨. 1 혼잣말로 다짐하는 뜻을 나타냄. ¶범인을 반드시 내 손으로 잡~. 2 상대에게 부드럽게 어떤 사실을 환기 또는 촉구하거나 동의를 구하는 뜻을 나타냄. ¶늦었는데 얼른 가 보~? ▷-지·-어야지·-여야지.

아얌 몡 겨울에 부녀자들이 나들이할 때 춥지 않도록 머리에 쓰던 물건. 위는 터져 있으며 이마만 덮고 귀는 내놓음.

아양 몡 주로 여자나 아이가 귀염을 받으려고 알랑거리는 말이나 짓. ¶~을 부리다 / ~을 피우다 / 잘 보이려고 ~을 떨다.

아양-스럽다 [-따] 형ㅂ 〈-스러우니, -스러워〉 아양을 부리는 태도가 있다. 아양스레

아:어(雅語) 몡 바르고 우아한 말. =아언(雅言). ↔속어(俗語).

아역(兒役) 몡 연극이나 영화에서, 어린이의 역. 또는, 어린이의 역을 맡은 배우.

아연¹(亞鉛) 몡[광] 청백색의 금속 원소. 원소 기호 Zn, 원자 번호 30, 원자량 65.39. 전극, 도금 재료, 놋쇠·양은 등의 합금 재료로 쓰임.

아연²(俄然) 븐 급작스러운 모양. ¶…최루탄이 터지고 투석질로 이에 맞서면서 시위는 ~ 격렬해지기 시작했다. 〈현기영: 겨울살이〉

아연-하다¹ 형여 아연-히¹

아연³(啞然) 븐 너무 놀라거나 어이가 없거나 기가 막혀 입을 딱 벌리고 말을 못 하는 모양. 아연-하다² 형여 ¶그의 어처구니없는 요구에 아연하여 할 말을 잊었다. 아연-히²븐 ¶어이가 없어 상대방을 ~ 바라보다.

아연-실색(啞然失色) [-쌕-] 몡 뜻밖의 일에 너무 놀라 얼굴빛이 변함. 아연실색-하다 자여 ¶정치인의 무책임한 망언에 국민들은 아연실색하였다.

아:-열대(亞熱帶) 몡[지] 열대와 온대의 중간 지대. 대체로 남북 위도 각각 20~30° 사이의 지대임. 일반적으로 건조 지역이 많음. =난대(暖帶).

아:열대^기후(亞熱帶氣候) [-때-] 몡[지] 아열대 지역 특유의 기후. 열대적인 여름과 맑은 겨울이 있어 4계절의 변화를 볼 수 있음.

아:열대-림(亞熱帶林) [-때-] 몡[지] =난대림.

아:열대^우:림(亞熱帶雨林) [-때-] 몡[지] 아열대의 다우 지역에 발달하는 삼림. 모밀잣나무·녹나무 등의 상록수, 빈랑나무나 목생 양치식물 등이 섞어 자람.

아예 븐 (부정적인 뜻의 서술어와 함께 쓰여) 어떤 행동이 처음부터 단호함을 나타내는 말. ¶밥을 ~ 먹지 않다 / 그런 녀석하고는 ~ 상종도 하지 마라.

아오자이(âoasê) 몡 ['긴 옷'이라는 뜻] 베트남 여성의 민속 옷. 기다란 상의와 헐렁한 바지로 이루어짐.

아옹¹ 븐 고양이가 우는 소리.

아옹² 갑 얼굴을 가리고 있다가 손을 떼면서 어린아이를 어르는 소리. 佂 야옹.

아옹-개비 몡 〈유아〉 고양이.

아옹-거리다/-대다 자여 1 소견이 좁은 사람이 자기 뜻에 맞지 않아 투덜거리다. 2 사이가 좋지 못하여 서로 다투다. ¶애들은 만나기만 하면 아옹거리며 싸운다. 3 (고양이가) 자꾸 울다.

아옹-다옹 븐 조그마한 시빗거리로 서로 자꾸 다투는 모양. ¶형제끼리 서로 안 지려고 ~ 싸운다. 아옹다옹-하다 자여

아옹-아옹 븐 고양이가 자꾸 우는 소리. 佂 아옹-하다 자여

아옹-하다 형여 1 (굴이나 구멍 등이) 쏙 오므라져 들어가 있다. 佂 야옹하다. 2 속이 좁은 사람이 성에 안 차서 달갑지 않게 여기는 티가 있다.

-아요 어미 끝 음절의 모음이 'ㅏ', 'ㅑ', 'ㅗ'인 용언의 어간에 붙어, 서술·의문·명령·청유의 뜻을 나타내는, '해요체'의 종결 어미. 'ㅏ'로 끝나는 어간 아래에서는 '아'가 탈락됨. ¶이걸 받~. / 어서 와서 저길 보~. ▷-어요.

아우 몡 같은 부모한테서 태어난 남자 사이에서, 나이가 많은 쪽 남자에 대해 나이가 적은 쪽 남자를 이르거나 부르는 말. 때로, 자매 사이에서 나이가 적은 쪽 여자를 가리키는 경우도 있으나 일반적인 쓰임은 아님. 호칭으로 쓰일 경우에는 조사 '야'가 붙음. 佂 동생(同生). ¶형만 한 ~ 없다.(속담) / ~야, 내 부탁 좀 들어다 다오. ↔형.

아우(를) 보다 쿤 아우가 생기다. ¶이 애도 어서 아우를 봐야 할 텐데.

아우(를) 타다 쿤 어머니가 아이를 배었거나 해산한 뒤에 젖이 줄어 젖먹이가 몸이 여위다.

아우-님 몡 '아우'를 높여 이르는 말.

아우라(aura) 몡 '분위기', '후광(後光)' 등으로 순화.

아우러-지다 자여 여럿이 한 동아리나 한 덩어리를 이루게 되다. 佂 어우러지다.

아우르다 타르 〈아우르니, 아울러〉 1 여럿을 조화하여 한 덩어리나 한 판이 되게 하다. ¶여럿이 힘을 ~. 2 윷놀이에서, 두 바리 이상의 말을 같이 합치다. ¶아울러 가다. 佂 어우르다.

아우성(-聲) 몡 여럿이 함께 기세를 올려 부르짖는 소리. ¶자유를 외치는 민중의 ~.

아우성-치다(-聲-) 자여 여럿이 함께 기세를 올려 부르짖다. ¶살려 달라고 ~.

아우트라인(outline) 몡 1 사물의 테두리를 이루는 선. 또는, 명암 없이 윤곽만 그린 스케치. 2 사물의 간추린 줄거리. 佂 개요. ¶기

아욱 [식] 아욱과의 두해살이풀. 높이 60~90cm. 6~7월에 백색 또는 담홍색의 작은 꽃이 핌. 줄기와 잎은 식용함.

아울러 [부] 동시에 함께. ¶필기도구와 ~ 수첩표를 반드시 지참할 것 / 용기와 덕을 ~ 갖추다.

아울리다 [동](자) 1 '아우르다'의 피동사. 2 여럿이 서로 조화되어 자연스럽게 보이다. (큰)어울리다.

아웃¹ (out) [명][체] 1 구기(球技)에서, 공이 규정선 바깥으로 나가는 일. ¶~을 선언하다. ↔인(in). 2 야구에서, 타자나 주자가 공격할 자격을 잃는 일. ↔세이프. **아웃-되다** [동](자).

-아웃² [접미] '-가웃'의 잘못.

아웃렛 (outlet) [명] 상설 할인 판매점. ¶최근 철 지난 제품을 싸게 파는 ~ 매장이 여기저기 생겨나고 있다.

아웃-복싱 (↑out boxing) [명][체] 권투에서, 상대자와 일정한 거리를 유지하면서 유효한 타격을 노리는 전법. =아웃파이팅. ↔인파이팅.

아웃-사이더 (outsider) [명] 1 [경] 동업자의 협정이나 조합에 참가하지 않은 사람. 2 사회의 기성 틀에서 벗어나서 독자적인 사상을 지니고 행동하는 사람. (비)국외자(局外者)·제삼자·이방인. 3 경마에서, 인기가 없는 말.

아웃-사이드 (outside) [명][체] 테니스·배구 등에서, 공이 일정한 경계선 밖으로 떨어지는 일. ↔인사이드.

아웃사이드^킥 (outside kick) [명][체] 축구에서, 발등의 바깥쪽으로 공을 차는 일.

아웃소싱 (outsourcing) [명][경] 기업이 생산·유통·포장·용역 등을 외주를 하는 방식으로 기업 외부에서 조달하는 일.

아웃-커브 (outcurve) [명][체] 야구에서, 투수가 던진 공이 타자 앞에 와서 갑자기 바깥쪽으로 꺾이는 일. 또는, 그런 공. ↔인커브.

아웃-코너 (←outside corner) [명][체] 야구에서, 타자 쪽에서 보아, 홈 베이스의 중앙부의 바깥쪽 부분. =외각(外角). ↔인코너.

아웃-코스 (↑out course) [명][체] 1 야구에서, 타자로부터 먼 쪽으로 지나가는 공의 길. 2 육상 경기·스피드 스케이팅 등에서, 트랙의 바깥쪽 코스. ↔인코스.

아웃^포커스 (↑out focus) [명][영] 영화에서, 일부러 초점을 맞추지 않고 촬영하는 기교.

아웃-필더 (outfielder) [명][체] =외야수. ↔인필더.

아웃-필드 (outfield) [명][체] =외야(外野)1.

아웅 [감] 얼굴을 가리고 있다가 손을 때면서 어린아이를 어르는 소리. (작)아웅.

아유 [감] 1 뜻밖에 일어난 일에 대한 놀라움을 나타낼 때에, 이렇게 웬일일까. 2 힘에 부치거나 피곤할 때에 내는 소리. ¶~, 무겁기도 해라. (비)아이고. (큰)어유.

아음 (牙音) [명][언] =어금닛소리.

아:-음속 (亞音速) [명][물] 음속보다는 약간 느린 속도.

아이¹ [명] 1 나이가 어린 사람. ¶~들은 흙장난을 좋아한다. 2 배 속에서 아직 태어나지 않거나 막 태어난 사람. ¶~를 배다 / ~를 낳다 / ~가 서다. 3 결혼하지 않은 자식을 부모 입장에서 지칭하는 말. (비)자식. ¶이 ~가 저희 집 둘째입니다. 4 어른이 아닌 제삼 자를 예사롭게 또는 얕잡아 지칭하는 말. ¶요즘 ~들은 버르장머리가 없다니까. (준)애. ▶어린이.

[아이 보는 데는 찬물도 못 먹는다] 아이 앞에서는 행동을 삼가야 한다. **[아이 싸움이 어른 싸움 된다]** 작은 일이 차차 커진다는 말.

아이(를) 지우다 [구] 태아가 달이 차기 전에 죽어서 나오게 하다.

아이² [감] 1 남에게 무엇을 재촉하거나, 무엇이 마음에 선뜻 내키지 않을 때 내는 소리. ¶~, 빨리 와요. / ~, 그러지 말아요. 2 '아이고¹'의 준말. 3 ~, 깜짝이야.

아이고 [감] 1 몹시 아프거나, 힘들거나, 놀라거나, 원통하거나, 기막힐 때 내는 소리. (비)아유. ¶~, 분해! / ~, 내 팔자야! (준)아이. (큰)어이구. 2 우는 소리. 특히, 상중(喪中)에 곡하는 소리. (준)애고.

아이고-머니 [감] '아이고'의 힘줌말. ¶~, 이걸 어쩌나! (큰)어이구머니. (준)애고머니.

아이고-아이고 [감] 상제가 곡하는 소리. (준)애고애고.

아이-년 [명] '계집아이'를 낮추어 이르는 말. (준)애년.

아이-놈 [명] '사내아이'를 낮추어 이르는 말. (준)애놈.

아이누 (Ainu) [명] 일본의 홋카이도 및 러시아의 사할린에 사는 종족. 인종학상 백인종의 한 분파에 황인종의 피가 섞인 종족임.

아이덴티티 (identity) [명][심] =자기 동일성.

아이디 (ID) [컴] [identification] 컴] 사용자가 컴퓨터 시스템이나 통신망에 들어갈 때 입력하게 되어 있는 자기의 고유 이름. 문자·숫자·기호 등의 배열로 이루어짐.

아이디어 (idea) [명] 어떤 일에 대한 착상이나 구상. ¶참신한 ~를 내다.

아이디어-맨 (idea man) [명] 뛰어난 아이디어를 생각해 내는 사람.

아이디에이 (IDA) [명] [International Development Association] =국제 개발 협회.

아이디-카드 (ID card) [명] [ID:identification] =신분증.

아이-라이너 (eye liner) [명] 눈의 윤곽을 그리는 화장품.

아이-라인 (eye line) [명] 눈을 크게 보이기 위한 화장법으로, 눈언저리에 그리는 선.

아이러니 (irony) [명] 1 =반어(反語)¹. 2 예상 밖의 결과가 빚은 모순이나 부조화. ¶승자와 패자의 자리가 뒤바뀌는 역사의 ~. **아이러니-하다** [형여].

아이로니컬 (ironical) →**아이로니컬-하다** [형여] 아이러니의 속성이 있다. ¶제 꾀에 제가 속아 넘어가다니 **아이로니컬한** 일이다.

아이론 (←iron) [명] '다리미'로 순화.

아이리스 (iris) [명][식] 붓꽃과의 한 속(屬). 높이 30~60cm. 재배초(栽培草)로 봄에 자색·백색 등의 창포 비슷한 꽃이 핌.

아이리스^아웃 (iris out) [명][영] 영화의 화면이, 주위로부터 가운데 또는 특정 부분으로 둥글게 몰려들며 차차 어두워지는 일. =아이오(IO). ↔아이리스 인.

아이리스^인 (iris in) [명][영] 영화의 화면이, 한가운데에서부터 주위로 둥글게 확 퍼져 전체가 나타나는 일. =아이아이(II). ↔아이리스 아웃.

아이보리-색 (ivory色) [명] =상아색(象牙色).

아이브로-펜슬(eyebrow pencil) 명 눈가나 눈썹에 선을 그어 모양을 다듬는 데 쓰는, 연필 모양의 화장 도구.

아이비아르디(IBRD) 명 [International Bank for Reconstruction and Development] [경]=국제 부흥 개발 은행.

아이-섀도(eye shadow) 명 눈이 아름답게 보이도록 눈두덩에 바르는 화장품의 하나.

아이-쇼핑(†eye shopping) 명 물건을 사지는 않고 눈으로 구경만 하는 일.

아이스^댄싱(ice dancing) 명[체] 피겨 스케이팅 종목의 하나. 남녀 1쌍이 댄스 스텝을 기본으로 하여 음악에 맞추어 연기함.

아이스^링크(ice rink) 명 실내 스케이트장.

아이스-박스(icebox) 명 얼음을 넣어 그 냉기로 음식물을 냉각시키는 상자.

아이스^쇼(ice show) 명 얼음판에서 스케이트를 타고 벌이는 곡예, 댄스, 가벼운 연극 따위의 구경거리.

아이스-커피(ice coffee) 명 얼음을 넣어 차게 한 커피. 비냉커피.

아이스-케이크(†ice cake) 명 설탕이나 사카린을 넣은 물을 얼려서 막대기를 꽂은 과자. 오늘날에는 사어화되어 거의 쓰이지 않으며, 그 대신 '하드'나 '아이스크림'으로 부름.

아이스-크림(ice cream) 명 우유·달걀·향료·설탕 등을 섞은 물을 얼린 먹을거리.

아이스하켄(⑤Eishaken) 명 빙벽을 등산할 때, 밧줄을 걸기 위하여 박아 두는 큰 쇠못처럼 생긴 기구.

아이스-하키(ice hockey) 명[체] 얼음판에서 각 팀 6명의 경기자가 스케이트를 타고 하는 경기. 끝이 구부러진 긴 막대기를 가지고 고무로 된 퍽을 쳐서 상대 팀 골에 많이 넣는 팀이 이김. =빙구. ㉰하키. ▷필드하키.

아이슬란드(Iceland) 명[지] 북대서양의 유럽과 그린란드의 중간에 있는 공화국. 수도는 레이캬비크.

아이시(IC) 명 1 [integrated circuit][컴] =집적 회로. 2 [interchange] =인터체인지.

아이시비엠(ICBM) 명 [Intercontinental Ballistic Missile][군] =대륙 간 탄도 유도탄.

아이시^카드(IC card) 명 [IC:integrated circuit] 집적 회로(IC)를 넣은 플라스틱형 카드. 자기(磁氣) 카드보다 기억 용량이 크고 처리 기능도 갖추며, 잔액 처리를 포함한 각종의 지불과 병력(病歷)을 기록한 카르테 용 등이 있음.

아이아르비엠(IRBM) 명 [Intermediate Range Ballistic Missile][군] =중거리 탄도 유도탄.

아이아르시(IRC) 명 [International Red Cross] =국제 적십자.

아이-아버지 명 1 어린 자식을 가진 남자를 호칭 또는 지칭하는 말. 2 아이 있는 여자가 자기의 남편을 남에게 말할 때 지칭하는 말. ㉰애아버지.

아이-아범 명 1 '아이아버지'의 낮춤말. 2 자식을 가진 아들이나 사위를 가리켜 이르는 말. ㉰애아범.

아이-아빠 명 '아이아버지'를 친근하게 이르는 말. ㉰애아빠.

아이아이(II) 명 [iris in] [영] =아이리스 인.

아이-어머니 명 1 어린 자식을 가진 여자를 호칭 또는 지칭하는 말. 2 아이가 있는 남자가 자기의 아내를 남에게 말할 때 지칭하는 말. ㉰애어머니.

아이-어멈 명 1 '아이어머니'의 낮춤말. 2 아이를 가진 딸이나 며느리를 가리켜 이르는 말. ㉰애어멈.

아이언^클럽(iron club) 명[체] 골프에서, 헤드가 금속제로 된 클럽. ▷우든 클럽.

아이-엄마 명 '아이어머니'를 친근하게 이르는 말. ㉰애엄마.

아이에스디엔(ISDN) 명 [integrated service digital network] =종합 정보 통신망.

아이에스비엔(ISBN) 명 [International Standard Book Number] 도서·자료 정리를 위해 만든 국제적인 기호. ISBN의 4글자에 이어 10글자 번호로 구성되며, 국적·출판사·서명·체제용의 4부로 됨. =국제 표준 도서 번호.

아이에스오(ISO) 명 [International Standardization Organization] =국제 표준화 기구.

아이에스피(ISP) 명 [Internet Service Provider][컴] 인터넷 접속 서비스를 제공하는 업체. 우리나라의 경우, 천리안·하이텔·유니텔 따위를 가리킴.

아이에이이에이(IAEA) 명 [International Atomic Energy Agency] =국제 원자력 기구.

아이엘오(ILO) 명 [International Labor Organization] =국제 노동 기구.

아이엠에프(IMF) 명 [International Monetary Fund] =국제 통화 기금.

아이오(IO) 명 [iris out] [영] =아이리스 아웃.

아이오시(IOC) 명 [International Olympic Committee] =국제 올림픽 위원회.

아이유(IU) 명 [international unit] =국제 단위.

아이제이(IJ) 명 [internet jockey] =인터넷 자키.

아이젠(⑤Eisen) 명 등산할 때, 얼음 따위에 미끄러지지 않도록 구두 같에 덧신는 쇠로 만든 도구. =슈타이크아이젠.

아이-참 집 기대에 어그러지는 일이 있거나, 못마땅하거나, 초조하거나, 부끄러워 어쩔 줄 모르거나 할 때 하는 말. ¶ ~ 야단 났네. / ~ 쑥스럽게 자꾸 왜 이래?

아이코 집 몹시 부딪치거나 갑자기 놀랐을 때 내는 소리. ¶ ~, 큰일 났다. / ~, 머리야! 센어이쿠. ×아이쿠.

아이콘(icon) 명 1 '상(像)', '초상'의 뜻 [종] 그리스 정교회나 러시아 정교회에서 예배의 대상으로 삼는, 예수·성모·성도·순교자의 초상. 2 [컴] 컴퓨터에 주는 명령을 문자 또는 기호로 화면 위에 표시한 것. 그 부분을 마우스 등으로 지정하여 명령을 실행 시킴.

아이쿠 집 '아이코'의 잘못.

아이큐(IQ) 명 [intelligence quotient] =지능 지수.

아이템(item) 명 1 상품·자료 등의 품목이나 항목. ¶자료를 ~별로 분류하다. 2 어떤 기획이나 개발이나 창작 등의 바탕이 되는 소재. ¶시장성이 있는 기발한 ~을 찾아내다. 3 [컴] 한 단위로 다루어지는 데이터의 집합.

아이티¹(IT) 명 [information technology] [컴] 정보를 신속·정확하고 효율적으로 수집·처리하고 전달하기 위한 유형·무형의 기술의 총칭. 구체적으로 컴퓨터 하드웨어·소프트웨어, 통신 장비 관련 서비스와 부품을 생산하는 기술을 가리킴. =정보 기술.
아이티²(Haiti) 閔[지] 히스파니올라 섬의 서부를 차지하는 공화국. 수도는 포르토프랭스.
아이피¹(IP) 閔 [internet protocol] [통] 서로 독립적인 통신망을 연결하여 함께 사용할 수 있게 하는 통신 규약.
아이피²(IP) 閔 [information provider] [통] 통신망을 통하여 사용자들에게 정보를 제공하고 일정액의 사용료를 받아 운영하는 업체.
아이피^주ː소(IP住所) 閔 〔IP:internet protocol〕[컴] 숫자로 나타낸 인터넷 사이트 주소. 0부터 255까지의 숫자 4개로 구성되며, 각 숫자들은 ‘·’ 으로 구분됨. 기억하기 어려운 단점이 있음. ▷도메인.
아인시타이늄(einsteinium) 閔[화] 핵반응 과정에서 생기는 인공 방사성 원소의 하나. 원소 기호 Es, 원자 번호 99, 원자량 254. 미국의 물리학자 아인슈타인의 이름에서 온 말임.
아일랜드(Ireland) 閔[지] 아일랜드 섬의 북동부를 제외한 지역을 차지하는 공화국. 수도는 더블린. 음역어는 애란(愛蘭).
아작 閔 조금 단단한 물건을 깨물어 바스러뜨릴 때 나는 소리. 黑아지작. 큰어적·으적. 쎈아짝. 아작-하다 图(자)(타)(여)
아작-거리다/-대다 [-꺼 (때)-] 图(자)(타) 달아 아작 소리가 나다. 또는, 그런 소리를 내다. 黑아지작거리다. 큰어적거리다·으적거리다. 쎈아짝거리다.
아작-아작 閉 아작거리는 소리. 黑아지작아지작. 큰어적어적·으적으적. 쎈아짝아짝.
아작아작-하다 图(자)(타)(여)
아장-거리다/-대다 图(자) 1 키가 작은 사람이나 짐승이 찬찬히 걸어가다. 2 한가한 태도로 거닐다. 큰어정거리다. 관아창거리다.
아장-걸음 閔 아장아장 걷는 걸음.
아장-바장 閔 일없이 이리저리 아장거리는 모양. 큰어정버정. 아장바장-하다 图(자)여
아장-아장 閉 아장거리는 모양. ¶아기가 ~ 걸어가다. 큰어정어정. 관아창아창. 아장아장-하다 图(자)여
아재 閔 ‘아저씨’, ‘아주버니’의 낮춤말.
아재비 閔 ‘아저씨’의 낮춤말.
아쟁(牙箏) 閔[음] 7현(七絃)으로 된 현악기의 하나. 전면은 오동나무, 후면은 밤나무로 만들고, 개나리나무로 된 활을 앞뒤로 문질러 소리를 냄.
아저씨 閔 1 부모와 같은 항렬에 있는, 아버지의 친형제를 제외한 남자를 이르는 말. 가령, 고모부·이모부·외삼촌·종숙·재종숙 등을 호칭 또는 지칭하는 말임. 2 결혼하지 않은, 아버지의 남동생을 이르는 말. 3 성인 남자를 예사롭게 이르는 말. 상대가 말하는 사람과 특별한 관계가 없고, 또 마땅한 호칭이나 지칭이 별달리 없을 때 사용하는 말임. 다만, 이 말은 노인이 젊은 남자에 대하여 쓰기 어렵고, 또한 상대가 신분이 높거나 예우해야 할 존재인 경우에도 쓰기 어려움. 또아재·아재비·아주비. ↔아주머니.
아전(衙前) 閔[역] 조선 시대의 ‘서리(胥吏)’의 딴 이름.
아ː전인수(我田引水) 閔 자기에게만 유리하도록 함. ‘제 논에 물 대기’와 같은 말.
아제르바이잔(Azerbaidzhan) 閔[지] 서아시아 카스피 해의 서안 지역에 있는 공화국. 수도는 바쿠.
아젠다 閔 ‘어젠다(agenda)’의 잘못.
아ː조(我朝) 閔 우리 왕조.
아조^염료(azo染料) [-뇨] 閔 아조기(基)를 발색단(發色團)으로 가진 염료의 총칭. 현재 가장 많이 사용하는 합성염료임.
아조토박터(azotobacter) 閔[생] 진균류 호기성 세균의 한 속(屬). 토양·수중에 분포하며 유리 질소를 질소 화합물로 고정하는 작용을 가지고 자연계에서의 질소 순환 구실을 함.
아ː종(亞種) 閔[생] 생물 분류상의 단위. 종(種)의 아래인데, 종으로 독립시킬 만큼 크지는 않지만 변종(變種)으로 하기에는 서로 다른 점이 많은 한 무리의 생물에 쓰임.
아주¹ 閉 1 (형용사나 관형사나 다른 부사, 또는 정도를 나타낼 수 있는 일부 명사나 동사 앞에 쓰여) 정도에 있어서 보통의 경우보다 훨씬 넘어선 상태로. ¶영희는 노래를 ~ 잘 부른다. / 오늘은 날씨가 ~ 좋다. 2 (주로, 동사 앞에 쓰여) 어떤 행동이나 작용이 완전히 이루어져 변경하거나 더 이상 어찌할 수 없는 상태에 있음을 나타내는 말. 뗴전혀·완전히. ¶그는 신앙을 가진 뒤부터 ~ 딴사람이 되었다. / 두 사람은 대판 싸우고 ~ 헤어졌다. ▶매우. ×영판.
아ː주² 閉 남의 잘하는 체하는 말이나 행동을 조롱하는 말. ¶~, 제법 어른 같은 말은 하는군.
아주³(亞洲) 閔[지] ‘아세아주’의 준말.
아주까리 閔[식] =피마자1.
아주까리-기름 閔 =피마자유.
아주-낮춤 [-낟-] 閔[언] 1 인칭 대명사에서 가장 낮추어 이르는 말. 너·저·소인 따위. =극비칭·최비칭. 2 종결 어미를 쓸 때, 말 듣는 이를 아주 낮추는 것. ‘해라’ 등을 씀. ↔아주높임.
아주-높임 閔[언] 1 인칭 대명사에서 가장 높여 이르는 말. 어르신·각하 따위. =극존칭·최존칭. 2 종결 어미를 쓸 때, 말 듣는 이를 아주 높이는 것. ‘합니다·합쇼’ 따위를 씀. ↔아주낮춤.
아주머니 閔 1 부모와 같은 항렬의 여자를 이르는 말. 가령, 고모·이모·외숙모·종숙모·재종숙모 등을 호칭 또는 지칭하는 말임. 2 남자가 같은 항렬의 형뻘이 되는 남자의 아내에 대해 이르는 말. 가령, 형수나 아내 오빠의 부인 등에 대해 호칭 또는 지칭하는 말임. 3 결혼한 여자를 예사롭게 이르는 말. 상대가 말하는 사람과 특별한 관계가 없고, 마땅한 호칭이나 지칭이 별달리 없을 때 사용하는 말임. 黑아주미. ↔아저씨.
[**아주머니 떡[술]도 싸야 사 먹지**] 모든 일은 이해관계가 앞섰다는 말.
아주머님 閔 ‘아주머니’의 경칭.
아주미 閔 ‘아주머니’의 낮춤말.
아주버니 閔 남편과 항렬이 같은 사람 가운데 남편보다 나이가 많은 사람에 대한 지칭 또는 호칭. 뗴시숙. 黑아주버님. 낮아재·아주비.
아주버님 閔 ‘아주버니’의 높임말.
아주비 閔 ‘아저씨’, ‘아주버니’의 낮춤말.
아줌마 閔 ‘아주머니3’을 달리 또는 좀 더 허물없이 호칭 또는 지칭하는 말. 또는, ‘주부,

특히 30~40대의 주부'를 부정적인 뜻으로 이르는 말. ¶~, 여기 김치 좀 더 주세요.(식당 여종업원에게) / ~, 안녕하세요.(어린아이가 이웃집 여자 어른에게) / 결혼해서 애 낳더니 ~가 다 됐구나.

아지랑이 [명] 봄날 햇빛이 강하게 쬘 때, 공기가 공중에서 아른아른 움직이는 것처럼 보이는 현상. =야마(野馬)·양염(陽炎)·유사(遊絲). ¶~가 피어오르다. ×아지랭이.

아지랭이 [명] '아지랑이'의 잘못.

-아지이다 [어미] 끝 음절의 모음이 'ㅏ', 'ㅗ'인 용언의 어간에 붙어, 무엇을 기원하는 뜻을 나타내는 종결 어미. ¶평화의 새날이 밝~. ▷-어지이다·-여지이다.

아지작 [부] '아작'의 본딧말. [큰]으지적. **아지작-하다** [동][자][타][여]

아지작-거리다/-대다[-꺼(때)-] [동][자][타] '아작거리다'의 본딧말. [큰]으지적거리다.

아지작-아지작 [부] '아작아작'의 본딧말. [큰]으지적으지적. **아지작아지작-하다** [동][자][타][여]

아지직 [부] 단단히 짜여진 물건이 바스러져 깨어지거나 짜그라지는 소리. [큰]으지직. **아지직-하다** [동][자][타][여]

아지직-거리다/-대다[-꺼(때)-] [동][자][타] 자꾸 아지직 소리가 나다. 또는, 자꾸 아지직 소리를 내다. [큰]으지직거리다.

아지직-아지직 [부] 아지직거리는 소리. 또는, 그 모양. [큰]으지직으지직. **아지직아지직-하다** [동][자][타][여]

아지타토([이]agitato) [명][음] 악곡의 표현 방법을 나타내는 말로, '격하게', '급속히'의 뜻.

아지트(←[러]agit*punkt*) [명][사] 비합법적 활동, 특히 좌익 활동의 비밀 본부. 또는, 비합법 운동가나 조직적 범죄자의 은신처. ¶모(某) 요정을 ~로 삼다.

아직 [부] 어떤 일이 이루어지거나 어떻게 되기까지 시간이 더 지나야 함을 나타내거나, 어떤 일이나 상태가 끝나지 않고 지속되고 있음을 나타내는 말. ¶일을 ~ 끝내지 못하다 / 모임은 7시인데 ~ 3시밖에 안 되었다. / 그에게서는 ~ 아무 소식이 없다. ▷여태.

아직-껏[-껃] [부] 아직까지. ¶~ 한 번도 먹어 본 적이 없는 음식.

아ː-질산(亞窒酸)[-싼] [명][화] 무기산의 하나. 수용액으로서만 존재하는 약한 일염기산. 공기 속의 산소에 의해 쉽게 산화되어 질산이 됨.

아ː질산-균(亞窒酸菌)[-싼-] [명] 토양 세균의 하나. 암모니아를 섭취하여 산화시켜 아질산을 만들고, 그 반응에서 생기는 에너지로 생활하는 무기 영양 세균의 총칭. ▷질산균.

아질-아질 [부] 현기가 나서 자꾸 어지러워지는 모양. [큰]어질어질. [센]아찔아찔. **아질아질-하다** [형][여]

아ː집(我執) [명] **1** 제 생각만 옳다고 믿고 고집하는 기질이나 성격. ¶~에 빠지다 / ~을 버리다. **2** [불] 심신 중에 사물을 주재하는 상주불멸의 실체가 있다고 믿는 집착.

아짝 [부] '아작'의 센말. [큰]어쩍. **아짝-하다** [동][자][타][여]

아짝-거리다/-대다[-꺼(때)-] [동][자][타] '아작거리다'의 센말. [큰]어쩍거리다.

아짝-아짝 [부] '아작아작'의 센말. [큰]어쩍어쩍. **아짝아짝-하다** [동][자][타][여]

아찔-아찔 [부] '아질아질'의 센말. [큰]어찔어찔. **아찔아찔-하다** [형][여]

아찔-하다 [형][여] 갑자기 어지럽고 정신이 아득하다. ¶벼랑이 어찌나 가파른지 내려다보기만 해도 ~. [큰]어찔하다.

아차 [감] 무엇이 잘못된 것을 갑자기 깨달을 때 내는 소리. ¶~, 문을 잠그지 않고 나왔군. / ~, 또 속았구나.

아차차 [감] '아차'를 거듭하는 소리. ¶~, 내 정신 좀 봐!

아창-거리다/-대다 [동][자] '아장거리다'의 거센말. [큰]어청거리다.

아창-아창 [부] '아장아장'의 거센말. [큰]어청어청. **아창아창-하다** [동][자][여]

아첨(阿諂) [명] 남의 환심을 사거나 잘 보이려고 알랑거리는 것. =아유. [비]아부. **아첨-하다** [동][자][여] ¶윗사람에게 ~.

아첨-꾼(阿諂-) [명] 남에게 아첨을 잘하는 사람을 홀하게 이르는 말.

아첼레란도([이]accelerando) [명][음] 악곡의 속도를 지시하는 말로, '점점 빠르게'의 뜻. ↔리타르단도.

아총(兒塚) [명] 어린아이의 무덤. =애총.

아ː취(雅趣) [명] 아담한 정취. 또는, 그러한 취미. ¶~를 자아내다 / ~가 있다.

-아치[1] [접미] 어떤 일을 나타내는 일부 명사에 붙어, 그 일에 종사하는 사람임을 나타내는 말. ¶벼슬~ / 동냥~ / 반빗~ / 동자~.

아치[2](牙齒) [명][생] =어금니.

아ː치[3](雅致) [명] 아담한 풍치. ¶정원수와 화초가 자못 ~ 있게 다듬어져 있다.

아치[4](arch) [명] **1** [건] 건축 기법의 한 가지. 창이나 문 또는 다리의 위쪽을 활 모양의 곡선으로 쌓아 올린 것. =공문(拱門). ▷홍예(虹霓). **2** 축하·환영 등의 뜻으로 호형으로 만든 광고물. ¶환영 ~를 세우다.

아치-교(arch橋) [명] 본체가 아치로 되어 있는 다리.

아치랑-거리다/-대다 [동][자] (키가 좀 작은 사람이) 거칠게 아슬랑아슬랑 걷다. [준]아칠거리다. [큰]어치렁거리다.

아치랑-아치랑 [부] 아치랑거리는 모양. [준]아칠아칠. [큰]어치렁어치렁. **아치랑아치랑-하다** [동][자][여]

아치-형(arch形) [명] 천장 따위가 활 모양의 곡선으로 된 형태나 형식. ¶~ 건물 / ~ 교량.

아칠-거리다/-대다 [동][자] '아치랑거리다'의 준말. [큰]어칠거리다.

아칠-아칠 [부] '아치랑아치랑'의 준말. [큰]어칠어칠. **아칠아칠-하다** [동][자][여]

아침 [명] **1** 날이 새면서부터 오전 반나절쯤까지의 동안. ¶~ 문안 / ~ 일찍 일어나다. **2** 사람이 자고 일어나 해가 뜰 무렵에 먹는 끼니. ¶~을 거르다 / ~을 들다. ↔저녁.

아침-거리[-꺼-] [명] 아침 끼니를 만들 거리. ¶쌀이 떨어져 내일 ~도 없다. ↔저녁거리.

아침-결[-껼] [명] 아침인 동안. ¶~에 얼른 다녀오너라.

아침-나절 [명] 아침 무렵의 한동안. ¶내일 ~에 가 뵙겠습니다. ↔저녁나절.

아침-녘[-녁] [명] 아침 무렵.

아침-노을 [명] 아침 하늘이 햇살로 벌겋게 보이는 현상. =조하(朝霞). [준]아침놀. ↔저녁노을.

아침-놀 [명] '아침노을'의 준말. ↔저녁놀.

아침-때 [명] 시간이 아침인 때. 또는, 아침을 먹을 무렵인 때. ¶~가 되다 / ~가 훨씬 지나다. ↔저녁때.

아침-뜸 [명][지] 아침 무렵 해안 지방에서 육풍(陸風)과 해풍(海風)이 교체될 때 잠시 바람이 자는 현상. ↔저녁뜸.

아침-밥 [-빱] [명] 사람이 아침에 끼니로 먹는 밥. =조반(朝飯)·조식(朝食). ↔저녁밥.

아침-상(-床) [-쌍] [명] 아침밥을 차린 밥상. ↔저녁상.

아침-쌀 [명] 아침밥을 지을 쌀. ↔저녁쌀.

아침-잠 [-짬] [명] 아침에 자는 잠. 2 습관적으로 아침 늦게까지 자는 잠. =조침(朝寢). ¶~이 많아 지각이 잦다.

아침-저녁 [명] 아침과 저녁. [비]단석(旦夕)·조석(朝夕). ¶부모님께 ~으로 문안을 드리다.

아침-참 [명] 1 주로 농사일을 할 때에, 아침나절에 잠시 쉬는 동안. 또는, 그때에 먹는 음식. 2 아침 무렵.

아카데미(academy) [명] [플라톤이 창설한 아카데메이아(Acadēmeia)에서 유래] 1 서양 여러 나라에서 학문·예술에 관한 지도적이고, 권위 있는 단체. 한림원·학술원·학사원(學士院) 따위. 2 대학·연구소 등 학문·예술의 중심이 되는 단체·기관의 총칭.

아카데미-상(academy賞) [명][영] 미국의 영화상. 미국의 영화 예술 과학 아카데미가 해마다 가장 우수한 작품·배우·감독, 외국 우수 영화 등의 각 부문에 수여함. =오스카상.

아카데믹(academic) →**아카데믹-하다** [형여]'학구적이다', '학문적이다'로 순화. ¶아카데믹한 화풍(畫風).

아카시아(acacia) [명][식] 1 콩과의 아카시아속 나무의 총칭. 잎은 깃모양 겹잎이며 가지에 가시가 있고, 황색 또는 백색의 꽃이 핌. 꽃아카시아·삼각아카시아 등이 있음. 2 =아까시나무.

아^카펠라(ⓘa cappella) [명][음] 무반주 합창곡.

아케이드(arcade) [명] 1 [건] 아치를 연속적으로 기둥 위에 가설한 것. 또는, 그 공간. 2 아치형의 지붕이 있는 통로. 특히, 양쪽에 상점이 있는 통로를 이름.

아코디언(accordion) [명][음] 양손으로 든 상태에서 주름상자를 폈다 접었다 하면서 양끝에 있는 건반과 버튼을 눌러 연주하는 악기. 경음악에 쓰임. =손풍금·핸드 오르간.

아퀴 일을 마무르는 끝매듭.
　아퀴(를) 짓다 [구] 일을 끝마무리하다. ¶두 사람의 장래에 관한 것을 이번에는 아주 아퀴를 짓고 떠나려 함이었다.《심훈:상록수》

아크-등(arc燈) [명][물] 아크 방전에 따른 발광을 이용한 광원. 탐조등, 영사용 광원, 사진 제판용 광원 등에 이용됨. =호광등·호등(弧燈).

아크로폴리스(Acropolis) [명] 고대 그리스의 여러 폴리스에서, 시민 결합의 중심을 이룬 언덕. 아테네의 언덕이 가장 유명함.

아크릴(←acrylic) [명] 1 [화] '아크릴산 수지'의 준말. 2 ~ 간판. 2 '아크릴 섬유'의 준말.

아크릴로-니트릴(acrylonitrile) [명] 독특한 냄새가 나는 무색의 액체. 아크릴 섬유 따위의 제조 원료, 접착제 등으로 이용함.

아크릴산^수지(←acryl酸樹脂) [명][화] 아크릴산 및 그 유도체의 중합에 의하여 만들어지는 합성수지. 투명도가 높고 가볍고 튼튼함. 유기 유리·치과 재료·접착제 등에 쓰임. ⓐ아크릴.

아크릴^섬유(―acrylic纖維) [명] 아크릴로니트릴을 주성분으로 하는 합성 섬유의 총칭. 양모와 비슷해서 가볍고 부드러우며 보온성이 좋음. ⓐ아크릴.

아크^방전(arc放電) [명][물] 양과 음의 단자에 고압의 전위차를 가할 경우에 발생하는 밝은 전기 불꽃. =전호(電弧)·아크.

아킬레스-건(Achilles腱) [명] 1 [생] =아킬레스 힘줄. 2 [아킬레우스의 신화에서] 치명적인 약점을 비유하여 이르는 말.

아킬레스^힘줄(Achilles―) [-쭐] [명][생] 발뒤꿈치의 뼈 위에 붙어 있는 힘줄. 인체에서 가장 강한 힘줄로, 보행 운동에 중요함. =아킬레스건.

아킬레우스(Achilleus) [명][신화] 그리스 신화에 나오는 영웅. 호메로스의 서사시 '일리아드'의 주요 인물로 불사신이었는데, 유일한 약점인 발뒤꿈치를 화살에 맞고 죽음.

아테나(Athena) [명][신화] 그리스 신화에 나오는 지혜·전쟁의 여신. 제우스의 딸이며, 아테네의 수호신임. 로마 신화의 미네르바(Minerva)에 해당함.

아^템포(ⓘa tempo) [명][음] 악곡의 속도를 지시하는 말로, '본디 빠르기로'의 뜻.

아톰(atom) [명][화][철] =원자(原子)².

아트-지(art紙) [명] 인쇄용지의 한 가지. 광물성의 백색 안료와 접착제 등을 섞은 도료를 바르고 매끄럽고 치밀한 지면으로 만든 양지(洋紙). 재현성(再現性)이 좋아 사진 인쇄 등에 널리 쓰임.

아틀라스(Atlas) [명][신화] 그리스 신화에 나오는 거인 신. 그 일족이 제우스 신과 싸워 패하자, 천계를 어지럽혔다는 죄로 하늘을 두 어깨로 떠받쳐야 하는 벌을 받음.

아틀란티스(Atlantis) [명][신화] 플라톤의 '크리티아스(Critias)' 등에 묘사된 전설상의 왕국. 높은 문화를 자랑하였는데, 지진 때문에 하룻밤에 바다 속에 가라앉았다고 함. '이상향(理想鄕)'의 뜻으로도 씀.

아틀리에(ⓕatelier) [명] 1 화가·조각가의 작업실. [비]화실(畫室). 2 사진관의 촬영실. [비]스튜디오.

아파르트헤이트(apartheid) [명] =인종 격리 정책.

아파시오나토(ⓘappassionato) [명] 악곡의 표현 방법을 나타내는 말로, '열정적으로', '정열적으로', '격심한'의 뜻.

아파치^족(Apache族) [명] 미국 남서부에 사는 아메리카 인디언의 한 종족.

아파트(←apartment) [명] 공동 주택의 하나. 5층 이상의 건물을 층마다 여러 집으로 일정하게 구획하여 각각에 독립된 가구가 생활할 수 있도록 만든 주거 형태. ¶맨션~ / 고층 ~ / ~를 분양하다. ▷공동주택.

아파-하다 [동](재)(타)[여] 아프게 느끼다. ¶너무 마음 **아파하지** 말게. / 남의 불행을 자신의 일처럼 ~.

아편(阿片·鴉片) [명] 양귀비의 덜 익은 열매를 에어서 분비되는 젖 모양의 진을 건조시켜 얻는, 고무 모양의 물질. 마취·진통 작용이 있어 의약품으로 쓰이지만, 계속하여 쓰면 중독이 되는 마약임.

아편-굴(阿片窟) [명] 금지령을 어기고 몰래 아편을 먹거나 피우거나 주사를 맞는 불법 비밀 장소.
아편-쟁이(阿片—) [명] '아편 중독자'를 홀하게 이르는 말. [비]침쟁이.
아편^중독(阿片中毒) [명] 마약인 아편을 계속하여 복용하거나 흡입함으로써 일어나는 증상. 야위고 피부가 창백해지며 안광(眼光)이 흐려지고 환각 등의 신경 증상을 수반함.
아포리즘(aphorism) [명] 깊은 진리를 간결하게 표현한 말이나 글. 격언·금언(金言)·잠언(箴言)·경구(警句) 따위.
아포스트로피(apostrophe) [명] 영어에서, 생략 또는 소유격을 나타내는 기호 '''의 이름.
아^포코([이]a poco) [명][음] 악곡의 표현 방법을 나타내는 말로, '조금씩', '차차'의 뜻.
아폴로(Apollo) [명] **1** [신화] '아폴론'의 라틴어·영어명. **2** 미국 우주선의 이름.
아폴로^계ː획(Apollo計劃) [—계획/—게훽] [명] 미국 항공 우주국(NASA)에 의한 달 착륙 유인(有人) 비행 계획. 1969년 아폴로 11호가 인류 최초로 달에 착륙하였음.
아폴로^눈병(Apollo—病) [—뼝] [명][의] '출혈성 결막염'의 속칭. 1969년 아폴로 11호 우주선이 지구로 돌아온 무렵에 유행하였다 하여 붙은 이름임.
아폴론(Apollon) [명][신화] 그리스 신화에 나오는 태양·예언·의료·음악의 신. 로마 신화의 아폴로(Apollo)에 해당함.
아폴론-형(Apollon型) [명] 니체가 정식화(定式化)한 예술에 있어서의 한 유형. 몽상적·정관적(靜觀的)이며, 단정·엄격·질서·조화 등을 특징으로 함. ↔디오니소스형.
아프가니스탄(Afghanistan) [명][지] 아시아의 남서부에 있는 민주 공화국. 수도는 카불. [준]아프간.
아프간[1](afghan) [명] 아프간바늘을 써서, 대바늘뜨기와 코바늘뜨기의 기술을 혼합, 왕복 두 번의 동작을 되풀이하여 가며 뜨는 입체적인 뜨개질 방식. 또는, 이러한 방식으로 짠 편물.
아프간[2](←Afghan*istan*) [명][지] '아프가니스탄'의 준말.
아프간-바늘(afghan—) [명] 긴 대바늘의 한쪽 끝이 미늘 모양으로 된 뜨개바늘의 한 가지.
아프다 [형]〈아프니, 아파〉 **1** (몸의 어느 부분이) 다치거나 맞거나 날카로운 자극을 받아 괴로움을 느끼는 상태에 있다. 또는, 병적인 원인으로 신경이 자극을 받아 어느 순간에 괴로움을 느끼는 상태에 있다. ¶무릎이 까져 ~ / 아이가 이가 **아파** 울고 있다. **2** (몸이) 병이 나거나 들어서 앓는 상태에 있다. ¶몸이 **아파** 결근하다. [높]편찮다. **3** (마음이) 슬픔이나 연민이나 쓰라림 등을 느껴 괴로운 상태에 있다. ¶가슴 **아픈** 추억 / 자식에게 제대로 해 주지 못해 마음이 ~. **4** (머리가) 해결하기 어려운 일이나 복잡한 문제로 생각을 이끌어 나가기에 벅차거나 괴로운 상태에 있다. ¶골치 **아픈** 문제 / 빚을 어떻게 갚아 나갈까 생각하니 머리가 ~.
아프레게르([프]après-guerre) [명] =전후파(戰後派). ↔아방게르.
아프로디테(Aphrodite) [명][신화] 그리스 신화에 나오는 미(美)와 사랑의 여신. 로마 신화의 베누스(Venus)에 해당함.
아^프리오리([라]a priori) [명] ['앞선 것으로부터'의 뜻][철] 인식·개념 등이 후천적 경험에 의존하지 않고, 그것에 논리적으로 앞선 것으로서 부여된 것. =선천적.
아프리카(Africa) [명][지] 육대주의 하나. 유라시아 대륙의 남서쪽에 있으며 동으로는 인도양, 서로는 대서양, 북은 지중해에 면하는 세계 제2의 대륙. 적도(赤道)가 거의 중앙부에 있고 열대·아열대 기후를 나타냄. =아프리카 주.
아프리카^주(Africa洲) [명][지] '아프리카'를 주(洲)로서 일컫는 말. =아주(阿洲).
아프리카-코끼리(Africa—) [명][동] 포유류 코끼릿과의 한 종. 인도코끼리보다 훨씬 크며 어깨 높이 약 3.5m, 몸무게 약 7.5톤임. 귀는 커서 어깨가 덮이며, 성질이 사나워 길들이기가 힘듦. ▷인도코끼리.
아프터-서비스 [명] '애프터서비스(after service)'의 잘못.
아프트식 철도(Abt式鐵道) 급경사면에 설치된 기어식 철도. 궤도의 중앙에 깐 기어형 레일과 기관차의 기어가 맞물리게 하여 오르내릴 때의 미끄러짐을 방지함. 스위스의 아프트가 고안함.
아플리케([프]appliqué) [명] 천으로 여러 가지 무늬를 오려, 다른 천에 꿰매거나 붙이는 수예(手藝).
아픔 [명] **1** 몸의 어느 부분이 아픈 상태. 다치거나 맞거나 찔리거나 꼬집히거나 할 때, 또는 병적인 원인으로 느끼는 감각임. [비]통증. ¶마취 주사를 맞아 ~을 느끼지 못한다. **2** 마음이 괴롭거나 쓰라린 상태. ¶사람은 누구나 ~을 안고 살아간다.
아하 [감] 미처 생각하지 못한 것을 깨달아 느낄 때에 내는 소리. ¶~, 그래서 그가 화를 냈구나. [큰]어허.
아하하 [부] 거리낌 없이 큰 소리로 웃는 소리. [큰]어허허.
아ː-한대(亞寒帶) [명][지] 온대와 한대의 중간으로, 위도 50~70°의 기후대. 겨울은 춥고 장기간에 걸쳐 눈에 뒤덮이며, 여름이 짧음. =냉대·냉온대.
아ː한대^기후(亞寒帶氣候) [명][지] 온대와 한대 사이에 끼여 있는 아한대 지방의 일반적인 기후. 겨울은 몹시 춥고, 한동안 계속 눈이 옴. 북반구 북부 대륙에서만 볼 수 있음.
아ː한대-림(亞寒帶林) [명][지] 아한대의 특징적인 삼림. 가문비나무·낙엽송 등의 침엽수가 주종을 이룸. =냉대림.
아함-경(阿含經) [명][불] **1** 석가모니의 언행록. **2** 소승 불교의 경전(經典)의 총칭.
아ː헌(亞獻) [명] 제사에서, 두 번째 술잔을 올리는 일. 종가의 맏며느리나 제주의 근친(近親)이 올림. ▷초헌·종헌. **아ː헌-하다** [동][자][타][여]
아ː형(雅兄) [대][인칭] 남자 친구끼리 상대방을 경애하는 뜻으로 부르는 말.
아ː호(雅號) [명] 문인·예술가 등의 호(號)나 별호(別號)를 높여 이르는 말.
아홉 Ⅰ[수] **1** 여덟에 하나를 더한 수. 고유어 계통의 수사임. ▷구(九). **2** 사람이나 사물의 수량을 셀 때, 여덟 다음에 해당하는 수효. ¶~만 남고 모두 돌아갔다.
Ⅱ[관] ¶~ 장 / ~ 명.
아홉-수(—數) [—쑤] [명] 9, 19, 29, 39 등과 같이 아홉이 든 수. 민간에서는 남자 나이에 이 수가 들면 결혼·이사 등을 꺼리는 풍습이 있음.
아홉-째 [수][관] 차례를 매길 때, 여덟째의 다음에 오는 수.
아ː-황산(亞黃酸) [명][화] 이산화황을 물에 녹여 만든 불안정한 이염기산(二鹽基酸). 산성이 약하며, 황산을 가하면 분해되어 이산화황이 발생함. 환원제·표백제로 쓰임.

아황산-가스(亞黃酸gas) 명〔화〕=이산화이황(二酸化黃).

아후라^마즈다(Ahura Mazda) 명 '아후라'는 신, '마즈다'는 지혜라는 뜻〔종〕조로아스터교의 주신(主神).

아흐레 명 1하루가 아홉 번 있는 시간의 길이. 곧, 아홉 날. ¶그는 꼭 ~만에 돌아왔다. 2(초(初)·열·스무 다음에 쓰여) 각각 어느 달의 9일·19일·29일임을 고유어로 나타내는 말. ¶이달 초~에 일을 일이구먼.

아흐렛-날[-렌-] 명 (초(初)가 붙거나 단독으로 쓰여, 또는 열·스무 다음에 쓰여) 각각 어느 달의 9일, 19일, 29일임을 나타내는 말. ¶이번 달 열~이 잔칫날이다.

아흔 Ⅰ㈜ 1열의 아홉 곱절. 고유어 계통의 수사임. ¶~에서 열을 빼면 여든이다. ▷구십. 2사람이나 사물의 수량을 셀 때의 열의 아홉 곱절에 해당하는 수효. ¶~이 넘도록 살다.
Ⅱ관 ¶~살 / ~번.

악 명 극도의 위기에 몰리거나 아주 심하게 학대받거나 억눌리거나 했을 때, 있는 힘을 다하여 그에 맞서거나 반항하려고 하는 독한 마음이나 기운. ¶~만 남다 / ~으로 버티다 / ~이 나서 닥치는 대로 집어던지다.
악에 받치다 구 악이 몹시 나다. ¶**악에 받쳐** 소리를 지르다.

악² 감 1놀라도록 갑자기 지르는 소리. 2놀랐을 때 무의식적으로 지르는 소리. ¶"~!" 하는 비명 소리가 들려왔다.

악³(惡) 명 1바르지 못함. ¶~을 행하다. 2〔윤〕양심을 좇지 않고 도덕률을 어기는 일. ¶사회 ~. ↔선(善).

악-감정(惡感情)[-깜-] 명 상대를 나쁘게 여겨 미워하거나 싫어하는 감정. =악감(惡感). ¶그에 대해 ~을 품다 / ~을 가지다. ↔호감정.

악곡(樂曲)[-꼭] 명 1음악의 곡(曲) 일반을 이르는 말. 곧, 성악곡·기악곡 등의 총칭.

악공(樂工)[-꽁] 명 1음악을 연주하는 사람. 2〔역〕조선 시대, 주악(奏樂)에 종사하던 장악원(掌樂院)의 잡직.

악과(惡果)[-꽈] 명〔불〕나쁜 짓에 대한 갚음. =악보(惡報). ¶악인(惡因)~. ↔선과(善果).

악-관절(顎關節)[-꽌-] 명〔생〕턱관절.

악구¹(惡口)[-꾸] 명 =험구(險口).

악구²(樂句)[-꾸] 명〔음〕음악 주제가 비교적 완성된 두 소절에서 네 소절 정도까지의 구분. =프레이즈.

악귀(惡鬼)[-뀌] 명 1몹쓸 귀신. ¶~를 쫓다. 2악독한 행동을 하는 사람을 욕하여 이르는 말.

악극(樂劇)[-끅] 명〔연〕오페라가 성악적인 기교에만 치우치는 것을 배격하고, 극적 내용의 표현에 합치시킨 음악극. 바그너가 제창하였음.

악극-단(樂劇團)[-끅딴] 명〔연〕악극을 상연할 목적으로 조직된 단체. ㈜악단.

악기(樂器) 명 음악을 누르거나 두드리거나 흔들거나 문지르거나 퉁겨서, 어떤 높이나 길이나 세기나 음색을 가진 소리가 나도록 일정한 형태로 만든 기구의 총칭. 곧, 나팔·피아노·북·탬버린·바이올린·기타 따위. ¶~를 연주하다.

악기-도감(樂器都監)[-끼-] 명〔역〕조선 세종 때, 음악을 맡아보던 임시 관아.

악-기류(惡氣流)[-끼-] 명〔기상〕순조롭지 못한 대기의 유동(流動).

악기-점(樂器店)[-끼-] 명 여러 가지 악기를 파는 가게.

악녀(惡女)[앙-] 명 성질이 악독한 여자.

악다구니 명 사납게 성을 내며 욕하거나 소리를 지르는 짓. 또는, 그 소리. ¶~를 퍼붓다 / 어디선가 술 취한 사내의 고함소리와 함께 여자의 째지는 ~가 들려왔다.

악다구니-하다 통자여

악-다물다[-따-] 통타〈~다무니, ~다무오〉힘을 주어 꼭 다물다.

악단¹(樂團)[-딴] 명 1음악 연주를 목적으로 조직된 단체. 2〔연〕'악극단'의 준말.

악단²(樂壇)[-딴] 명 음악가들의 사회. =악계(樂界).

악담(惡談)[-땀] 명 남을 비방하거나 못되도록 저주하는 말. ¶~을 퍼붓다. ↔덕담(德談). **악담-하다** 통자여

악당(惡黨)[-땅] 명 1악한 무리. =악도(惡徒). 2나쁜 짓을 일삼는 사람. ㈖악한(惡漢).

악대¹[-때] 명 1불깐 짐승. 2'악대소'의 준말.

악대²(樂隊)[-때] 명 기악(器樂)의 합주대. 주로 취주악의 단체.

악대-말[-때-] 명 불깐 말.

악대-소[-때-] 명 =불친소. ㈜악대.

악대-양(-羊)[-때-] 명 불깐 양.

악덕(惡德)[-떡] 명 1못된 마음씨. 2도덕에 어긋나는 나쁜 짓. ¶~상인. **악덕-하다** 형여

악덕-한(惡德漢)[-떠칸] 명 1마음씨 사나운 사람. 2도덕에 어그러진 짓을 하는 사람.

악독(惡毒)[-똑] →**악독-하다**[-또카-] 형여 마음이 악하고 독살스럽다. ¶악독한 여자. **악독-히** 부

악독-스럽다(惡毒-)[-똑쓰-때] 형ㅂ〈~스러우니, ~스러워〉악독한 데가 있다. **악독스레** 부

악-돌이[-똘-] 명 악을 쓰며 모질게 덤비기 잘하는 사람.

악동(惡童)[-똥] 명 1행실이 나쁜 아이. 2=장난꾸러기.

악랄(惡辣)[앙날] →**악랄-하다**[앙날-] 형여 악독하고 잔인하다. ¶**악랄한** 방법으로 남을 해치다. **악랄-히** 부

악력(握力)[앙녁] 명 손아귀로 무엇을 쥐는 힘. ¶~이 세다.

악력-계(握力計)[앙녁께/앙녁게] 명〔체〕손아귀 힘을 재는 기구.

악령(惡靈)[앙녕] 명 원한을 품고 재앙을 내린다는 영혼. ¶~에 사로잡히다.

악률(樂律)[앙뉼] 명〔음〕1음악의 가락. 2음을 음률의 높낮이에 따라 이론적으로 정돈한 체계. 십이율·평균율 따위.

악마(惡魔) 명 1〔불〕불도를 방해하는 악신(惡神). 2악·불의·암흑을 의인화한 것. 사람을 악으로 유혹하고 멸망시키는 것. 유대교·크리스트교에서는 신의 적대자임. 3남을 못살게 구는 아주 흉악한 사람이나 악령(惡靈).

악-마디(惡-)[앙-] 명 결이 몹시 꼬여서 모질게 된 마디.

악매(惡罵)[앙―] 명 모진 꾸지람. **악매-하다** 통(타여)

악-머구리[앙―] 명 '참개구리'를 요란스럽게 잘 우는 개구리라는 뜻으로 이르는 말. ¶일정의 귀에는 모든 것이 ~ 같아서 진정으로 듣기가 싫었다.《심훈:탈춤》

악머구리 끓듯 쿠 여러 사람이 요란하게 떠드는 모양을 이르는 말.

악명(惡名)[앙―] 명 악랄하거나 흉악하거나 질이 나쁘다고 하는 소문이나 평판. ¶~ 높다 / ~을 떨치다 / 그는 빌린 돈을 안 갚는 사람으로 ~이 나 있다.

악몽(惡夢)[앙―] 명 무섭거나 기피하거나 불길한 꿈. ¶밤새 ~에 시달리다 / 시련의 연속이었던 지난 1년간은 내게 ~과도 같은 것.

악-물다[앙―] 통(타) <~무니, ~무오> 몹시 아프거나 성나거나 참아 견디거나, 또는 단단히 결심하다 하면서 아래위의 이를 꽉 마주 물다. ¶이를 **악물고** 공부하다. 흰윽물다.

악-물리다[앙―] 통(재) '악물다'의 피동사. 흰윽물리다.

악-바리[―빠―] 명 1성미가 강퍅하고 모진 사람. 2지나치게 똑똑하고 영악한 사람.

악법(惡法)[―뻡] 명 사회에 해를 끼치는 나쁜 법률. ¶~을 철폐하다.

악보(樂譜)[―뽀] 명 음악의 곡조를 일정한 기호를 써서 기록한 것. =곡보(曲譜)·보곡(譜曲)·음보(音譜).

악부(樂府)[―뿌] 명 1한시(漢詩)의 한 형식. 인정·풍속을 읊은 것으로 글귀에 장단이 있음. 2 =악장(樂章)¹.

악사(樂士)[―싸] 명 술 파는 업소나 길거리 등에서 악기를 연주하는 사람. 흰밤무라.

악상¹(惡喪)[―쌍] 명 젊어서 부모보다 앞서 죽는 사람의 상사(喪事).

악상²(樂想)[―쌍] 명 1음악의 주제·구성·곡풍(曲風) 등에 관한 작곡상의 착상. ¶~이 떠오르다. 2음악 속에 표현되어 있는 사상.

악-상어[―쌍―] 명(동) 악상엇과의 바닷물고기. 몸길이 3m 정도. 몸은 방추형이며 등은 쪽이 회청색이고, 옆구리 밑은 흰빛임. 아래위의 턱에 삼각형의 이가 있고 성질이 사나움.

악서(惡書)[―써] 명 해를 끼치는 나쁜 책. ↔양서(良書).

악-선전(惡宣傳)[―썬―] 명 남에게 해를 끼치기 위하여 하는, 악의에 찬 선전. **악선전-하다** 통(자여) ¶그가 자네를 사기꾼이라고 **악선전하고** 다니더군.

악설(惡舌·惡說)[―썰] 명 1나쁜 말. 2남을 해치려는 나쁜 말. **악설-하다** 통(자여)

악성¹(惡性)[―썽] 명 1[의] 질환이나 종양이 수술이나 약물 등으로 치료하기가 불가능하거나 매우 어려운 상태인 것. ¶~ 종양 / ~ 빈혈. 2어떤 일이 바로잡기 매우 어려울 만큼 지독하거나 나쁜 상태인 것. ¶~ 루머 / ~ 인플레이션.

악성²(惡聲)[―썽] 명 1듣기 싫은 소리. 2 =악평(惡評).

악성³(樂聖)[―썽] 명 음악계에서 성인(聖人)이라고 할 만큼 썩 뛰어난 음악가. ¶~ 베토벤.

악-세다[―쎄―] 형 1악착스럽고 세다. 2식물의 줄기나 잎이 빳빳하게 세다. 흰윽세다.

악센트(accent) 명 1[언] 말 가운데 어떤 음절, 또는 글 가운데 어떤 말을 강세(强勢)·음조(音調), 음의 길이 등의 수단으로 높이거나 힘주는 일. 2[음] 악곡의 특정한 자리가 강조되어 어떤 음을 다른 음보다 크고 힘있게 내는 일. 대개 마디에서는 제1박에 놓임. 3 복장·건축·도안 등의 디자인에서 전체의 조화를 어느 한 점에 의하여 강조하는 일. 또는, 그 물건. ¶색의 대비로 ~를 두다.

악셀 '액셀러레이터(accelerator)'의 잘못.

악수¹[―쑤] 명 물을 퍼붓듯이 세차게 쏟아지는 비. 흰억수.

악수²(握手)[―쑤] 명 (두 사람이, 또는 사람과 [이] 사람이) 오랜만에 만나거나 처음 대면하여 인사를 나눌 때, 또는 축하하거나 화해하거나 할 때, 반가움이나 친근함을 나타내기 위해 오른손을 마주 내어 잠시 잡는 것. ¶~를 청하다 / 화해의 ~를 하다. **악수-하다** 통(자여) ¶참석자들과 일일이 ~.

악수³(惡手)[―쑤] 명 바둑이나 장기에서 잘못 두는 나쁜 수. ↔호수(好手).

악-순환(惡循環)[―쑨―] 명 1순환이 좋지 않고 자꾸 나쁘게 되풀이되는 것. 2[경] 밀접한 관계가 있는 것들이 서로 관련하여 한없이 악화되는 일. 인플레이션 말기의 물가와 임금·통화의 증발(增發) 등의 관계 따위.

악습(惡習)[―씁] 명 나쁜 습관. ¶~을 타파 [일소]하다.

악식¹(惡食)[―씩] 명 맛없고 거친 음식. 또는, 그 음식을 먹는 일. ↔호식(好食). **악식-하다** 통(자여)

악식²(樂式)[―씩] 명[음] 악곡의 형식. 리드·변주곡·론도·소나타·푸가 등의 형식이 있음.

악신(惡神)[―씬] 명 사람에게 재앙을 준다는 She(神).

악심(惡心)[―씸] 명 나쁜 마음. 유악의(惡意). ↔선심(善心).

악-쓰다[―쓰―] 통(자) <~쓰니, ~써> 위기나 학대나 억눌림 등에 맞서거나 반항하여 있는 힘을 다해 독한 마음이나 기운을 쓰다. 또는, 그렇게 독한 마음으로 소리를 크게 지르다.

악악-거리다/-대다[―끄(때)―] 통(자) 불만이나 화가 나서 연해 소리를 치다.

악어(鰐魚)[―] 명(동) 파충류 악어목에 속하는 동물의 총칭. 모양은 도마뱀 비슷하나 몸은 훨씬 커서 10m에 이르는 것도 있음. 몸은 각질의 비늘로 덮이고, 주둥이는 넓고 길며 튼튼함. 가죽은 널리 이용됨.

악어와 악어새 쿠 [악어새는 악어의 이 사이에 낀 음식 찌꺼기를 빼어 먹음으로써 이를 얻고, 악어는 이로써 입 안을 청소하게 된다는 데에서] 서로 뗄 수 없는 공생의 관계를 이르는 말. ¶한때 권력과 주먹 세계는 ~의 관계를 이루고 있다.

악어의 눈물 [악어가 먹이를 잡아먹을 때 눈물을 흘린다는 데에서] 강자나 가해자가 약자나 피해자 앞에서 보이는 거짓 눈물이나 위선적인 동정.

악업(惡業) 명[불] 나쁜 응보를 가져다주는 악한 일이나 행동. ↔선업(善業).

악역¹(惡役) 명 놀이·연극·영화 따위에서, 악인으로 분장하는 배역. =악인역. ¶~ 배우.

악역²(惡疫) 명[의] 악성 유행병의 총칭.

악역-무도(惡逆無道)[―영―] 명 비길 데 없이 악독하고 도리에 어긋남. **악역무도-하다**

악연¹(惡緣)〔명〕**1**〔불〕악으로 이끄는 바람직하지 않은 상황. **2** 서로에게 불행이나 악영향을 주는 나쁜 인연. 또는, 서로 미워하거나 마음의 상처를 주면서도 질기어 이어지는 남녀 관계의 인연. ¶어쩌면 너와 난 첫 만남부터 ~이었는지도 모른다.

악연²(愕然) ➔**악연-하다**〔형여〕몹시 놀라 정신이 아찔하다. **악연-히**〔부〕

악연-실색(愕然失色)[-쌕]〔명〕깜짝 놀라 얼굴빛이 달라짐. **악연실색-하다**〔동자여〕

악-영향(惡影響)〔명〕나쁜 영향.

악용(惡用)〔명〕**1** 잘못 쓰는 것. **2** 나쁘게 이용하는 것. ↔선용(善用). **악용-하다**〔타여〕¶남의 약점을 ~. **악용-되다**〔동자〕

악운(惡運)〔명〕사나운 운수. ↔호운(好運).

악음(樂音)〔명〕〔음〕고른음.

악의(惡意)[-의/-이]〔명〕**1** 남을 해치려 하거나 싫어하는 마음. =악기(惡氣). 악심. ¶~를 품다 / ~에 찬 비난. **2** 옳지 않거나 좋지 않은 의미. ¶~로 해석하다. ↔선의.

악의-악식(惡衣惡食)[-의-씩/-이-씩]〔명〕거친 옷과 음식. 또는, 그런 생활을 함. ↔호의호식(好衣好食). **악의악식-하다**〔동자여〕

악의-적(惡意的)[-의-/-이-]〔관명〕남을 해치거나 해롭게 하려는 마음을 가진 (것). ¶~인 행동 / ~ 허위 보도.

악-이용(惡利用)〔명〕(어떤 일이나 대상을) 악의적으로 이용하는 것. **악이용-하다**〔동타여〕¶남의 호의를 ~.

악인¹(惡人)〔명〕악한 사람. ↔선인.

악인²(惡因)〔명〕〔불〕나쁜 결과를 낳는 원인. ↔선인(善因).

악인³(樂人)〔명〕악사(樂師)·악공·가동(歌童) 따위의 총칭.

악인-악과(惡因惡果)[-꽈]〔명〕〔불〕나쁜 일을 하면 반드시 나쁜 결과가 따름. ↔선인선과.

악장¹(岳丈)[-짱]〔명〕=장인(丈人)¹.

악장²(樂長)[-짱]〔명〕주악(奏樂) 단체의 우두머리.

악장³(樂章)[-짱]〔명〕〔음〕**1** 조선 초기에 발생한 시가 형태의 하나. 나라의 제전이나 연례(宴禮) 때에 쓰는 주악의 가사. 주로, 조선의 건국과 선대 임금의 공덕을 기린 것임. =악부. **2** 소나타·교향곡 등과 같이 몇 개의 소곡(小曲)이 모여서 큰 악곡이 되는 경우의 각 소곡. ¶제1~.

악장-가사(樂章歌詞)[-짱-]〔명〕〔책〕고려 시대로부터 조선 초기까지의 속요·가곡 등이 수록된 시가집. 편찬자와 편찬 연대는 분명하지 않음. '처용가', '청산별곡', '가시리' 등 24편의 시가가 수록되어 있어 고대 시가 연구의 귀중한 자료가 됨.

악장-치다[-짱-]〔동자〕악을 쓰며 싸우거나 떼를 쓰다. ¶영들이가 밤마다 엄마를 부르며 **악장**을 **치더라** 보기 딱하여 즈 큰집으로 맡기러 갔는지도 모른다.《김유정: 가을》

악재(惡材)[-쩨]〔명〕〔경〕증권 거래에서, 시세 하락의 원인이 되는 재료. ↔호재(好材).

악전¹(惡戰)[-쩐]〔명〕매우 어려운 조건을 무릅쓰고 죽을힘을 다하여 싸우는 싸움. ¶~(고전)을 면치 못하다. **악전-하다**〔동자여〕

악전²(樂典)[-쩐]〔명〕〔음〕박자·속도·음정 따위 악곡에 쓰이는 모든 규범을 설명한 책. 또는, 그 규범.

악전-고투(惡戰苦鬪)[-쩐-]〔명〕불리한 상황에서 몹시 힘든 싸움을 벌이거나, 곤란과 역경을 힘겹게 헤쳐 나감. ¶~ 끝에 등정에 성공하다. **악전고투-하다**〔동자여〕

악절(樂節)[-쩔]〔명〕〔음〕선율 구조상 어떤 악상을 나타내는 단위. 작은악절과 큰악절이 있음.

악정(惡政)[-쩡]〔명〕국민을 몹시 괴롭히고 나라를 그르치는 정치. ¶~에 신음하는 국민 / ~에 시달리다. ↔선정(善政).

악-조건(惡條件)[-쪼껀]〔명〕어렵거나 힘들거나 불리한 조건이나 여건. ¶산악 기후의 ~을 무릅쓰고 강행하다. ↔호조건.

악종(惡種)[-쫑]〔명〕**1** 나쁜 종류. **2** 성질이 흉악한 사람이나 동물. =악물.

악지¹[-찌]〔명〕'억지'의 작은말로, 홀하게 또는 귀엽게 낮게 이르는 말. ¶~가 세다 / ~를 부리다 / ~를 쓰다.

악지²(惡地)[-찌]〔명〕사람이 살기에 부적당한 땅.

악지-스럽다[-찌-따]〔형ㅂ〕<~스러우니, ~스러워> '억지스럽다'의 작은말. **악지스레**〔부〕

악질(惡疾)[-찔]〔명〕고치기 힘든 나쁜 병. =악병·악증(惡症).

악질(惡質)[-찔]〔명〕**1** 못되고 나쁜 성질. 또는, 그런 사람. **2** 좋지 못한 바탕. ↔양질(良質).

악질-분자(惡質分子)[-찔-]〔명〕악질적으로 행동하여 타인에게나 사회에 해독을 끼치는 사람.

악질-적(惡質的)[-찔쩍]〔관명〕바탕이 좋지 않은 (것).

악착(齷齪)〔명〕**1** 사소한 일에 매우 끈기 있고 모진 것. ¶~을 떨다 / ~을 부리다. **2** 도량이 몹시 좁은 것. **3** 잔인하고 끔찍스러운 것. 囧억척. **악착-하다**〔형여〕

악착-같다(齷齪-)[-깓따]〔형〕끈기가 있고 모질다. ¶**악착같은** 사람. 囧억척같다. **악착같-이**〔부〕¶~ 덤비다 / ~ 매달리다 / ~ 일을 하다.

악착-빼기(齷齪-)〔명〕몹시 악착스러운 아이. 囧억척빼기.

악착-스럽다(齷齪-)[-쓰-따]〔형ㅂ〕<~스러우니, ~스러워> 작은 일에 힘을 다하여 쉬지 않고 애를 쓰는 태도가 있다. 囧억척스럽다. **악착스레**〔부〕

악착-이(齷齪-)〔명〕악착스러운 사람. 囧억척이.

악처(惡妻)〔명〕마음이 바르지 못하고 사나운 아내. ↔양처(良妻).

악-천후(惡天候)〔명〕몹시 나쁜 날씨. ¶~를 무릅쓰고 경기를 진행하다.

악충(惡蟲)〔명〕해롭고 나쁜 벌레.

악취(惡臭)〔명〕고약한 냄새. ¶~를 풍기다 / ~가 코를 찌르다.

악-취미(惡趣味)〔명〕**1** 좋지 못한 취미. **2** 괴벽스러운 취미.

악티늄(actinium)〔명〕〔화〕은백색의 금속 원소. 원소 기호 Ac, 원자 번호 89, 원자량 227. 동위 원소는 모두 방사성이며, 화학적 성질은 란탄과 비슷함.

악티늄^계열(actinium系列)[-계-/-게-]〔명〕자연 방사성 원소의 붕괴 계열의 하나. 질량수 235의 우라늄을 출발점으로 하여 납의 원소로 끝나는 계열.

악-패듯[-듣]〔부〕사정없이 몹시 심하게. ¶어린애는 ~ 울고 오주는 미친 사람같이 중얼거리었다.《홍명희:임꺽정》⑤억패듯.
악평(惡評) 몡 나쁜 평판이나 평가. =악성(惡聲). ¶작품이 ~을 받다. ↔호평(好評). **악평-하다** 图(타)옌 ¶남을 이유 없이 ~.
악폐(惡弊) [-폐] 몡 나쁜 폐단. ¶~를 근절시키다 [바로잡다].
악풍(惡風) 몡 1 나쁜 풍속. =악속(惡俗). ↔양풍(良風)·미풍(美風). 2 모진 바람.
악필(惡筆) 몡 1 마구 갈겨써서 알아보기 힘든 글씨. 또는, 보기 싫게 쓴 글씨. 2 품질이 나쁜 붓.
악-하다(惡-) [아카-] 혭옌 (사람의 마음이나 행동이) 도덕적으로 옳지 않거나 남에게 해를 주는 상태에 있다. 回사악하다·악독하다·악랄하다. ¶성미가 불같아서 그렇지 그렇게 **악한** 사람은 아니다. ↔선(善).
악학-궤범(樂學軌範) [아각꿰-] 몡[책] 조선 성종 때, 성현(成俔) 등이 임금의 명을 받들어 편찬한 악전. 음악 원리·악기 배열·무용 절차·악기 등에 대해 서술되어 있으며, 백제 가요 '정읍사'와 고려 가요 등이 실려 있음. 9권 3책.
악한(惡漢) 몡 악독한 짓을 하는 사람. 回악당·흉한.
악한^소:설(惡漢小說) [아칸-] 몡[문] 16세기에 에스파냐에서 발생하여 유럽에서 유행한, 악한을 주인공으로 하는 소설. 악한의 모험을 사실적으로 묘사한 것으로, 뚜렷한 플롯이 없이 여러 가지 에피소드의 나열로 이루어졌음. ≒피카레스크 소설.
악행(惡行) [아캥] 몡 악독한 행위. ¶~을 저지르다. ↔선행(善行).
악혈(惡血) [아켤] 몡[한] 혈관 밖으로 나와 조직 사이에 몰려 있는 죽은 피.
악형(惡刑) [아켱] 몡 모질고 잔인한 형벌에 처하는 것. 또는, 그 형벌. **악형-하다** 图(타)옌
악화¹(惡化) [아콰] 몡 어떤 상태·성질·관계 따위가 나쁘게 변해 가는 것. ¶경제 상태가 ~ 일로에 있다. ↔호전(好轉). **악화-하다** 图(자)옌 **악화-되다** (자)옌 ¶병이 ~.
악화²(惡貨) [아콰] 몡 지금(地金)의 가격이 법정 가격보다도 낮은 화폐. ↔양화(良貨). ▷그레셤의 법칙.
❀**악화는 양화를 구축한다** [영국의 재정가 그레셤이 한 말로, 가치가 낮은 화폐가 큰 세력을 지녀서 가치가 높은 화폐를 유통되지 못하게 만든다는 뜻] 좋지 않거나 바람직하지 못한 것이 오히려 좋거나 바람직한 것을 몰아내는 것을 이르는 말.
악희(惡戱) [아키] 몡 못된 장난.
안¹ 몡 1 둘러싸인 그 속이나 가운데로 향한 곳이나 쪽. ¶서랍 ~/극장 ~으로 들어가다. 2 일정한 표준이나 한계에 미치지 못한 정도. ¶시간 ~에 일을 끝낼 예정이다. 3 집이나 조직, 나라를 벗어나지 않는 영역. 4 남편을 뜻하는 '밖'에 상대되는 말로 '아내'를 이르는 말. ↔밖. 5 집 안에서 부인이 거처하는 방. 回내실(內室)·안방. 6 '안쩝'의 준말. ¶저고리에 명주솜 ~을 넣다.
안² 閉 '아니'의 준말. ¶왜 ~ 먹니? / 그는 구두쇠라 돈을 ~ 쓴다.
안³(案) 몡 1 '안건(案件)'의 준말. ¶첫째 ~를 표결에 부치다. 2 머리로 짜낸 생각이나 계획. ¶구체적인 ~을 세우다. 3 앞을 막아서 가리는 산·고개 또는 담·벽 따위의 총칭.
안가¹(安家) 몡 청와대나 국가 정보원 등의 정부 기관이 어떤 일을 비밀리에 도모하기 위해 사용하는, 외부에 알려지지 않은 일반 가옥.
안가²(安價) [-까] 몡 값싸거나 가치가 적은 상태. ¶사람들은 쉽게 ~의 감상에 젖거나 ~의 눈물을 흘리는 경우가 많다. **안가-하다** 혭옌 ¶안가한 동정 / 안가한 상품.
안-간힘 [-깐-] 몡 불만·고통·울화 따위를 참으려고 하나 저절로 자꾸 나오는 간힘. ¶~을 다하다 / 그는 눈물을 참으려고 ~을 썼다.
안-감 [-깜] 몡 1 옷 안에 받치는 감. =안집. ¶양복 ~/~을 대다. 2 물건의 안에 대는 감. ↔겉감.
안강(安康) →**안강-하다** 혭옌 편안하고 건강하다. **안강-히** 閉
안강-망(鮟鱇網) 몡 아귀를 잡는 데 쓰는, 눈이 굵은 그물. ¶~ 어선.
안갖춘-꽃 [-간-꼳] 몡[식] 꽃받침·꽃잎·수술·암술 등을 완전히 갖추지 못한 꽃. =불완전화(不完全花). ↔갖춘꽃.
안갖춘-잎 [-간-닙] 몡[식] 잎새·잎자루·턱잎 중의 어느 것을 갖추지 않은 잎. 오이의 잎 따위. =불완전엽. ↔갖춘잎.
안-갚음 몡 1 까마귀 새끼가 자라서 늙은 어미에게 먹이를 물어다 주는 것. 2 자식이 커서 부모를 봉양하는 것. =반포(反哺). **안-갚음-하다** 图(자)옌
안:개 몡 1 지표면 가까이에 아주 작은 물방울들이 앞을 잘 볼 수 없을 만큼 부옇게 떠 있는 현상. ¶밤~/자욱한 ~/~가 끼다/~가 걷히다. 2 어떤 사실이나 대상이 감추어져 있거나 밝혀지지 않아 도무지 알 수 없는 상태. 비유적으로 말함. ¶~ 정국 / ~ 속에 휩싸여 있는 사건.
안:개-구름 몡[기상] =층운(層雲).
안:개-꽃 [-꼳] 몡[식] 석죽과의 내한성 한해살이풀. 높이 40~50cm. 5~6월경 많은 가지가 갈라져 그 끝에 자잘한 흰 꽃이 많이 핌. 원예·꽃꽂이용으로 재배함.
안:개-등(-燈) 몡 짙은 안개가 끼거나 눈 또는 비가 내릴 때, 운전 시야를 확보함과 동시에 다른 차에 자신의 존재를 알리기 위해 켜는 자동차 조명등.
안:개-비 몡 =가랑비.
안거(安居) 몡 1 평안하게 지내는 것. =안존. 2 [불] 승려들이 일정 기간 동안 한곳에 모여 일절 외부에 가지 않고 참선 수행하는 일. 때로, 재가 불자들이 하기도 함. 하안거·동안거 등이 있음. ▷동안거·하안거. **안거-하다** 图(자)옌
안건(案件) [-껀] 몡 토의하거나 조사하여야 할 사실. 鯵안(案).
안-걸이 몡[체] =안다리 걸기. ↔밭걸이. **안걸이-하다** 图(자)옌
안:검(按檢) 몡 조사하여 살피는 것. **안:검-하다** 图(타)옌
안:경(眼鏡) 몡 시력이 나쁜 눈을 잘 보이게 하기 위해, 둥그런 테에 렌즈를 끼우고 다리를 달아 눈 앞에 걸칠 수 있게 만든 물건. 때로, '색안경'이나 '물안경' 따위를 포함하는 뜻으로도 쓰임. ¶~을 쓰다[벗다] / ~을 끼다.
안:경-다리(眼鏡-) [-따-] 몡 안경테의 좌우에 달아 귀에 거는 것.
안:경-사(眼鏡士) 몡 시력 보정용 안경의 제조 및 판매 업무를 할 수 있는 자격을 가진

사람.

안!경-알(眼鏡-) 몡 안경테에 끼우는 렌즈. 비알.

안!경-원(眼鏡院) 몡 안경사 자격을 가진 사람이 안경을 전문으로 파는 집. 비안경점.

안!경-잡이(眼鏡-) =안경쟁이.

안!경-쟁이(眼鏡-) 몡 안경을 쓴 사람을 홀하게 이르는 말. =안경잡이.

안!경-점(眼鏡店) 몡 안경을 파는 집. 점차 '안경원'으로 명칭이 바뀌고 있음.

안!경-집(眼鏡-) [-찝] 몡 안경을 넣는 갑.

안!경-테(眼鏡-) 몡 안경알을 끼우는 테두리. =테.

안!계(眼界) [-계/-게] 몡 1 눈으로 바라볼 수 있는 범위. 2 생각이 미치는 범위.

안!고수비(眼高手卑) 뜻이 크고 안목은 높으나 재주가 따르지 못함. **안!고수비-하다** 혱여

안-골 몡 1 골짜기의 깊은 속. 2 골짜기 안에 있는 마을.

안!공(眼孔) 몡생 =눈구멍2.

안!과(眼科) [-꽈] 몡의 눈병을 연구하고 치료하는, 의학의 한 분과.

안!과-의(眼科醫) [-꽈의/-꽈이] 몡 안과를 전문으로 하는 의사.

안!광(眼光) 몡 1 눈의 정기. =안채(眼彩). 비눈빛. 2 사물을 보는 힘. ¶~이 날카롭다. **안광이 지배**(紙背)**를 철**(徹)**하다** 꾸 눈빛이 종이를 뚫는다는 뜻으로, 통찰력이 뛰어남을 형용하는 말. =안투시력.

안!구(眼球) 몡생 사람의 눈의 주요 부분을 이루는 공 모양의 기관. 비눈알. ¶~를 기증하다.

안!구^건조증(眼球乾燥症) [-쯩] 몡의 결막이나 공막의 겉껍질이 두꺼워지고 굳어져 눈알이 눈물에 젖지 않고 하얀 은빛을 내는 병. 비타민 에이의 결핍으로 일어남.

안!구-근(眼球筋) 몡생 눈알과 눈시울에 붙어서 눈의 방향을 돌리는 기능을 하는 가로무늬근의 총칭. 준안근.

안!구-은행(眼球銀行) 몡 각막(角膜) 이식을 위해 안구 제공자의 등록, 안구의 적출(摘出)·보존 등을 행하는 기관.

안!근(眼筋) 몡생 '안구근(眼球筋)'의 준말.

안-기다 통 ① 재 '안다'의 피동사. ¶어머니의 품에 **안겨** 잠든 아기. ② 타 1 '안다'의 사동사. ¶엄마에게 아기를 ~. 2 당하게 하거나 들어오게 하다. ¶죄인에게 곤장을 ~ / 날벼락(물벼락)을 ~.

안긴-문장(-文章) 몡언 안은문장 속에 절의 형태로 포함되어 있는 문장. '내가 빌려 준 책을 다 읽었니?'에서 '내가 빌려 준' 따위. ▷안은문장.

안-깃 [-낃] 몡 저고리·두루마기 따위의 안 자락으로 들어가는 깃. ↔겉깃.

안-낚시 몡체 '안다리 걸기'의 잘못.

안-날 몡 바로 전날.

안내(案內) 몡 1 (어느 곳의 사정을 잘 모르는 사람을) 가고자 하는 곳으로 데려다 주거나, 그렇게 하면서 그곳의 사정이나 알고자 하는 것을 알려 주는 것. ¶관광 ~. 2 (어떤 내용이나 사정을) 소개하거나 알려 주는 것. ¶~ 방송 / ~ 광고. **안!내-하다** 통타여 ¶등록 절차를 ~ / 손님을 사장실로 ~. **안!내-되다** 통재

안!내-도(案內圖) 몡 안내하는 내용을 그린 그림. ¶주요 관광지 ~ / 시내 ~.

안!내-서(案內書) 몡 안내하는 내용을 적은 책이나 글. ¶관광 ~.

안!내-소(案內所) 몡 어떤 장소나 사물에 부설되어, 그 장소나 사물에 대한 안내를 맡아하는 곳.

안!내-양(案內孃) 몡 1 손님을 안내하는 젊은 여자. 2 예전에, 버스의 여차장(女車掌)을 대접하여 이르던 말.

안!내-원(案內員) 몡 안내하는 것을 임무로 하는 사람.

안!내-인(案內人) 몡 어느 곳의 사정을 잘 모르는 사람에게 안내를 해 주는 역할을 하는 사람. 비안내자. ¶행사장 ~.

안!내-자(案內者) 몡 1 길이나 장소 등을 안내하는 사람. 2 또는, 오랜 경험이나 뛰어난 능력으로 어떤 일을 잘해 나가도록 도와주는 사람이나 대상. 비안내인. ¶길 ~ / 정신적 ~ / 이 포털 사이트는 인터넷을 탐험하고자 하는 이들에게 훌륭한 ~가 되어 줄 것입니다.

안!내-장(案內狀) [-짱] 몡 안내하는 내용을 적어 보내는 서면.

안!내-판(案內板) 몡 안내하는 내용을 적거나 그린 판. ¶교통 ~.

안녕¹(安寧) Ⅰ 몡 1 사회나 국가가 안전하고 태평한 것. ¶국가의 ~을 비는 기도회. Ⅱ 감 서로 만나거나 헤어질 때 하는 인사말. 주로 어린이들이 쓰거나 어린이를 대상으로 하여 쓰는 말이지만, 때로 작품 제목이나 노래 가사 등에 쓰이는 경우도 있음. ¶철수야, ~! / 서울이여 ~.

안녕²(安寧) →**안녕-하다** 혱여 아무 탈 없이 몸이 건강하고 마음이 편안하다. 안부를 전하거나 묻거나, 또는 평안을 빌거나 할 때에 쓰임. ¶댁내 모두 **안녕하신지요**? **안녕-히** 뷔. ¶주무십시오.

안-노인(-老人) 몡 한 집안의 여자 노인. ↔바깥노인.

안!다 [-따] (**안고** / **안아**) 통타 1 (사람이 다른 사람이나 동물이나 물건을) 두 팔 또는 한 팔로 둘러 자기 가슴 쪽으로 힘있게 끌어당기다. 또는, 그렇게 하여 (대상을) 자기 품 안에 있게 하다. 비품다. ¶아기를 품에 ~ / 그 여자는 강아지를 **안고** 다닌다. 2 (사람이 비교적 센 바람이나 그런 바람을 동반한 비나 눈, 또는 햇빛 따위를) 앞으로 나아가면서 몸의 앞면을 향하게 받는 상태가 되다. ¶마라톤 선수가 바람을 **안고** 달리다. ↔지다. 3 (남의 빚이나 책임 따위를) 자기의 것으로 가지거나 무릅쓰다. ¶ㄱ기업이 ㄷ기업을 부채를 **안고** 인수하다. 4 (새나 닭이 알을) 까기 위해 가슴과 배 부분으로 덮다. ¶어미 닭이 알을 ~. 5 (어떤 생각이나 감정 따위를) 마음속에 가지다. ¶푸른 꿈을 **안고** 상경하다 / 희망(슬픔)을 **안고** 살아가다. 6 (사람이 벽 따위를) 향하여 가슴 가까이에 있게 하다. ¶벽을 **안고** 돌아눕다.

안다리-걸!기 [-따-] 몡체 씨름에서, 상대의 왼쪽 다리의 무릎 뒤를 자기 오른쪽 다리로 걸고 다리샅바와 허리샅바를 당기며 가슴과 어깨로 상대의 상체를 밀어서 넘어뜨리는 기술. =안걸이. ▷밭다리 걸기. × 안낚시.

안다리^후리기 [-따-] 몡체 씨름에서, 오른쪽 다리를 상대자의 다리 사이로 넣어서 오른쪽 다리를 걸고, 왼쪽으로 돌며 다리를

안:다미-로 〖튀〗 담은 것이 그릇에 넘치도록 많게. ¶쌀을 바가지에 ~ 담아서 주다.
안다미-시키다 〖태〗 '안다미씌우다'의 잘못.
안:다미-씌우다 〖태〗 (어떤 일을 남에게) 떠넘겨 하게 하다. ¶한 번 회에 안가는데 결전이 오 전, 뿐만 아니라 공연한 부역까지 **안다미씌우는** 것이 이 동리의 전례였다.《김유정:솔》 ⓒ다미씌우다. ✕안다미시키다
안단테(⑩andante) 〖명〗〖음〗악곡의 속도를 지시하는 말로, '느리게'의 뜻. 모데라토와 아다지오의 중간 속도.
안단테^칸타빌레(⑩andante cantabile) 〖명〗〖음〗악곡의 속도와 표현 방법을 나타내는 말로, '느린 빠르기로 노래하듯이'의 뜻.
안단티노(⑩andantino) 〖명〗〖음〗악곡의 속도를 지시하는 말로, '안단테보다 빠르게', '조금 느리게'의 뜻.
안달 〖명〗 속을 태우며 조급하게 구는 짓. ¶~을 부리다 / ~이 나서 견디지 못하다. **안달-하다** 〖동〗〖여〗¶집에 돌아가고 싶어 ~.
안달-뱅이 〖명〗 1 결핏하면 안달하는 사람. 2 소견이 없고 인색한 사람. ⓒ안달이.
안달복달-하다 [-달-딸-] 〖동〗〖자〗〖여〗 몹시 속을 태우며 조급하게 볶아치다. ¶막내아들이 자전거를 사 달라고 ~.
안달-이 '안달뱅이'의 준말.
안달-재신(-財神) 〖명〗 몹시 속을 태우며 여기저기로 다니는 사람.
안:대(眼帶) 〖명〗 1 눈병이 났을 때 아픈 눈을 가리는 거즈 등의 천 조각. 2 쉽게 잠들지 못하거나 빨리 잠이 잘 들게 하기 위해 눈을 가리는 물건. ¶수면용 ~.
안-대문(-大門) [-때-] 〖명〗 바깥채와 안채 사이에 있는 대문.
안:댁(-宅) [-땍] 〖명〗 남의 부인을 높여 이르는 말.
안도(安堵) 〖명〗 걱정이나 불안에서 벗어나 마음을 놓는 것. ¶~의 한숨을 쉬다 / ~의 표정을 짓다. **안도-하다** 〖동〗〖자〗〖여〗¶그 여자는 아이가 무사하다는 연락을 받고서야 겨우 **안도하는** 듯했다.
안도-감(安堵感) 〖명〗 안심이 되는 마음. ¶~을 느끼다.
안도라(Andorra) 〖명〗〖지〗 프랑스와 에스파냐의 국경, 피레네 산맥 가운데 있는 작은 내륙국(內陸國). 수도는 안도라라벨라.
안돈(安頓) 〖명〗 사물을 잘 정돈하는 것. **안돈-하다** 〖동〗〖타〗〖여〗¶주변을 ~. **안돈-되다** 〖동〗〖자〗
안:동(眼同) 〖명〗 1 사람을 따르거나 하거나 물건을 지니고 가는 것. 2 =입회인(立會人). **안:동-하다** 〖동〗〖타〗〖여〗 1 (사람을) 따르게 하다. ¶그러나 오늘 저녁부터는 이 애더러 바래다 달라고, 그 알뜰한 삼남이를 **안동해** 보냈습니다.《채만식:태평천하》 2 (물건을) 지니고 가거나 오다.
안동-답답이(按棟-) [-답땁-] 〖명〗 기둥을 안은 것처럼 가슴이 답답한 사람.
안동^도호부(安東都護府) 〖명〗〖역〗 고구려가 망한 뒤, 그 영토를 다스리기 위하여 평양에 두었던 당나라의 통치 기관.
안-되다[^1] [-되-/-뒈-] 〖동〗〖자〗 일·현상·물건 따위가 좋게 이루어지지 않다. ¶아버지는 요즘 장사가 **안돼서** 걱정이 많으시다.
[안되는 사람은 뒤로 넘어져도 코가 깨진다] 일이 안되려면 보통 생각할 수 없는 실

안면박대● 1197

패와 재난이 거듭된다. [안되면 조상 탓] 제 잘못을 남에게 전가시킨다는 말.
안-되다[^2] [-되-/-뒈-] 〖형〗 1 섭섭하거나 가엾어 마음이 언짢다. ¶저렇게 고생하는 걸 보니 정말 마음이 **안됐어**. 2 근심이나 병 따위로 얼굴이 많이 상하다. ¶몸살을 심하게 앓더니 얼굴이 **안됐구나**.
안:두(案頭) 〖명〗 =책상머리.
안-뒤꼍[-뒤꼍] 〖명〗 안채 뒤에 있는 뜰이나 마당, 또는 밭의 총칭.
안-뒷간(-間) [-뛰깐/-뛴깐] 〖명〗 안채에 딸린 부녀자용의 뒷간.
안드러냄-표(-標) 〖명〗〖언〗 숨김표·빠짐표·줄임표의 총칭. =잠재부(潛在符).
안드로겐(androgen) 〖명〗〖화〗 남성 호르몬 및 이와 비슷한 생리 작용을 갖는 물질의 총칭.
안드로메다-자리(Andromeda-) 〖명〗〖천〗 북쪽 하늘의 별자리. 11월 27일경의 오후 8시 무렵에 남중(南中) 한다.
안-뜨기 〖명〗 편물의 대바늘뜨기에서 가장 기본이 되는 뜨개질법. 겉뜨기의 안쪽처럼 코를 안으로만 감아 떠 나가는 방법임. ▷ 겉뜨기.
안-뜰 〖명〗 안채에 있는 뜰. =내정(內庭). ↔바깥뜰.
안락(安樂) [알-] →**안락-하다**[알라카-] 〖형〗〖여〗 몸과 마음이 편안하고 즐겁다. ¶**안락한** 생활 / 그는 부유하고 **안락한** 환경에서 자랐다.
안락-사(安樂死) [알-싸] 〖명〗〖법〗 도저히 살아날 가망이 없는 환자를, 본인 또는 가족의 요구에 따라 고통이 적은 방법으로 인공적으로 죽음에 이르게 하는 일. =안사술. ⓒ안사.
안락-의자(安樂椅子) [알-] 〖명〗 팔걸이 있고 앉아서 편하게 기댈 수 있는 의자.
안:력(眼力) [알-] 〖명〗 =시력(視力).
안료(顔料) [알-] 〖명〗 색채가 있고 물이나 그 밖의 용제(溶劑) 에 녹지 않는 미세한 분말. 첨가제와 함께 물이나 기름으로 이겨 도료나 화장품을 만듦.
안:마[^1] (按摩) 〖명〗 손으로 몸을 두드리거나 주물러서 피의 순환을 도와주는 일. =마사지.
안:마-하다 〖동〗〖타〗〖여〗
안:마[^2] (鞍馬) 〖명〗〖체〗 말 모양으로 만든 대(臺) 위에 두 개의 손잡이를 부착시킨 기계 체조 용구. 또는, 그 용구를 이용해서 하는 남자 체조 경기 종목.
안:마-기(按摩器) 〖명〗 안마로 피로를 풀거나 병을 치료하도록 만든 기구.
안-마당 〖명〗 집 안에 있는 마당. 또는, 안채에 있는 마당. ↔바깥마당.
안-마루 〖명〗 안채에 놓인 마루.
안:마-사(按摩師) 〖명〗 안마를 할 수 있는 자격을 갖춘 사람.
안:막(眼膜) 〖명〗〖생〗 =각막(角膜).
안면[^1] (安眠) 〖명〗 편안히 잠을 자는 것. =안침(安枕). **안면-하다** 〖동〗〖자〗〖여〗
안면[^2] (顔面) 〖명〗 1 얼굴의 면. ¶~의 근육. 2 서로 얼굴을 알 만한 친분. ¶~이 있다[없다].
안면 바꾸다 잘 알던 사람을 새삼스럽게 짐짓 모른 체하다. ¶왜 갑자기 **안면을 바꾸고** 그러나?
안면-근(顔面筋) 〖명〗〖생〗 얼굴에 있는 근육의 총칭.
안면-박대(顔面薄待) [-때-] 〖명〗 잘 아는 사람

을 푸대접함. **안면박대-하다** 통타여 ¶둘도 없는 친구마저 나를 **안면박대하다니**.
안면-방해(安眠妨害) 명 남이 잠잘 때 요란스럽게 굴어서 잠을 자지 못하게 함. **안면방해-하다** 타여
안면부지(顔面不知) 명 얼굴을 모름. 또는, 그 사람. ¶~의 인물.
안면^신경(顔面神經) 명 뇌신경의 하나. 주로 안면근에 분포하여 얼굴의 표정 운동을 관장하는 운동 신경으로 미각이나 침의 분비를 맡아보는 신경 섬유를 포함함.
안면-치레(顔面-) 명 얼굴을 알고 있는 사람에 대해서 체면이나 차리는 것.
안!목(眼目) 명 사물을 보고 분별하는 견식. =면안. ¶~이 있다[없다] / ~을 기르다 / 미술품을 감상하는 ~이 높다.
안!무(按舞) 명연 음악에 따르는 무용을 구상하고 창작하는 것. 또는, 그것을 무용수에게 가르치는 일. ¶~자. **안!무-하다** 타여
안!무-가(按舞家) 명 안무를 전문으로 맡아 하는 사람.
안!무-사(按撫使) 명역 1 조선 시대에, 함경도 경성(鏡城) 이북의 고을을 다스리던 외관직. =북감사. 2 지방에 재난·변란이 있을 때 왕명으로 파견되어 백성을 안무하는 임시 벼슬.
안-문(-門) 명 1 안으로 통하는 문. 2 안쪽의 창이나 문. ↔바깥문.
안민(安民) 명 1 민심을 어루만져 진정시키는 것. 2 백성을 편안히 살게 하는 것. **안민-하다** 자여
안민-가(安民歌) 명문 신라 경덕왕 때 승당사(忠談師)가 지은 10구체 향가. 치국안민(治國安民)의 도리를 읊은 노래임.
안반 명 떡을 칠 때에 쓰는 두껍고 넓은 나무판. =떡판.
안반 같다 관 (등이나 엉덩이 등이) 크고 넓다. ¶안반 같은 등.
안반-짝 명 '안반'을 속되게 이르는 말.
안반짝 같다 관 '안반 같다'를 속되게 이르는 말. ¶"이러! 이 소 쯔쯔" **안반짝 같은** 소 엉덩이에 철썩 물푸레 회초리가 운다.《이무영:제1과 제1장》
안!방(-房) 명 1 한옥에서, 주인 부부가 잠을 자고, 안주인이 평상시 생활하는, 집에서 가장 중심이 되는 방. 흔히, 부엌과 벽을 사이에 두고 붙어 있으며, 바깥채와 안채의 구별이 있을 때는 안채에 있음. =규방·내방(內房). ↔바깥방. 2 양옥·아파트에서, 주인 부부가 잠을 자는 가장 큰 방.
[안방에 가면 시어머니 말이 옳고 부엌에 가면 며느리 말이 옳다] 모두의 말에 일리가 있어 시비를 가리기가 어렵다.
안!방-극장(-房劇場) [-빵-짱] 명 '텔레비전을 보는 각 가정의 방'을 극장에 비유하는 말.
안!방-마님(-房-) [-빵-] 명 안방에 거처하며 가사(家事)의 권한을 쥐고 있는, 옛날 양반집의 마님을 일컫는 말.
안!방-샌님(-房-) [-빵-] 명 안방에만 들어박혀 바깥출입이 없는 남자.
안!배¹(按排·按配) 명 알맞게 잘 배치하거나 처분하는 것. **안!배-하다** 타여 ¶각자에게 알맞은 역할을 ~. **안!배-되다** 자
안!배²(眼杯) 명생 발생 초기에 간뇌(間腦)의 일부가 돌출하여 술잔처럼 되는 좌우 한 쌍의 개체. 발생 진행됨에 따라 망막(網膜)이 됨.
안!벽¹(-壁) [-빽] 명 안쪽의 벽. =내벽. ↔겉벽·바깥벽.
[안벽 치고 발벽 친다] ⊙겉으로는 도와주는 체하고 속으로는 방해한다. ⓒ두 사람 사이에서 서로 다른 말을 하여 이간을 붙인다.
안!벽²(岸壁) 명 1 깎아지른 듯이 험한 물가. 2 항만이나 운하의 가에 배를 대기 좋게 쌓은 벽.
안보(安保) 명 1 편안히 보전하는 것. 2 [정] '안전 보장'의 준말. ¶국가 ~. **안보-하다** 통자여 ¶부디 몸을 가볍게 버리지 말고 **안보하여** 좋게 지내라.《홍길동전》
안보-리(安保理) 명정 '안전 보장 이사회'를 줄여 이르는 말.
안-봉투(-封套) 명 겹으로 된 봉투의 속에 든 얇은 봉투. ↔겉봉투.
안부¹(安否) 명 어떤 사람이 탈 없이 편안하게 지내는지 그렇지 않은지에 대한 소식. 또는, 인사로 그것을 전하거나 묻는 일. ¶~ 전화 / ~가 궁금하다 / 그가 네 ~를 묻더라. **안부-하다** 자여 ¶시골에 계시는 부모님께 전화로 ~.
안!부²(雁夫) 명 =기럭아비.
안!부³(鞍部) 명 산마루가 말안장처럼 움푹 들어간 부분.
안-부모(-父母) [-뿌-] 명 '어머니'의 지칭. ↔바깥부모.
안-부인(-婦人) [-뿌-] 명 남의 부인을 높여 이르는 말.
안!부!정문(否定文) 명언 '…이 아니다', '-지 아니하다', '안' 등에 의하여 성립된 부정문. ▷못 부정문.
안분¹(安分) 명 편안한 마음으로 제 분수를 지키는 것. **안분-하다**¹ 자여
안!분²(按分) 명 일정한 비율에 따라 고르게 나누는 것. **안!분-하다**² 타여
안분-지족(安分知足) 명 편한 마음으로 제 분수를 지키며 만족함을 앎. **안분지족-하다** 통자여
안빈(安貧) 명 가난한 가운데서도 편안한 마음으로 지내는 것. **안빈-하다** 통자여
안빈-낙도(安貧樂道) [-도] 명 가난한 생활을 하면서도 편안한 마음으로 분수를 지키며 지냄. **안빈낙도-하다** 통자여 ¶대자연에 파묻혀 **안빈낙도하며** 유유자적하다.
안-사돈(-査頓) [-싸-] 명 딸의 시어머니나 며느리의 친정어머니를 양편 사돈집에서 서로 이르는 말. =사돈댁. 높사부인. ↔바깥사돈.
안-사람 (-싸-) 명 '아내'를 예사롭게 또는 낮추어 지칭하는 말. ↔바깥사람.
안-사랑(-舍廊) [-싸-] 명 안채에 딸린 사랑.
안산¹(安産) 명 =순산(順産). **안산-하다** 통타여
안!산²(案山) 명민 풍수지리에서, 집터나 묏자리의 맞은편에 있는 산.
안산-암(安山巖·安山岩) 명광 화산암의 한 가지. 사장석·각섬석·흑운모·휘석 등을 함유하며, 불에 강하고 세공하기가 쉬워 건축·토목에 쓰임.
안-살림 [-쌀-] 명 '안살림살이'의 준말.
안살림-살이 [-쌀-] 명 안식구들에 의한 집안의 살림살이. 준안살림.
안상(安詳) →**안상-하다** 형여 성질이 찬찬하

고 자세하다. **안상-히** [부]
안-상제(-喪制) [-쌍-] [명] 여자 상제. ↔바깥상제.
안색(顔色) [명] 건강이나 감정의 상태가 나타나는 얼굴의 빛깔이나 표정. [비]얼굴빛. ¶~이 나쁘다〔좋다〕/ ~이 변하다 / ~이 창백하다.
안색을 살피다 [구] 상대방의 표정을 살펴 그의 심정을 알아내려고 하다.
안¦서(雁書) [명] 〔한나라의 사신 소무(蘇武)가 흉노 족에게 붙잡혀 있을 당시 기러기의 다리에 편지를 매어 한나라로 보냈다는 고사에서〕 먼 곳에 소식을 전하는 편지.
안¦석(案席) [명] 엉덩이를 바닥에 대고 앉을 때, 벽에 세우고 몸을 뒤로 기대는 데 쓰는 등받이. 주로 전통 한옥 생활에서 쓰이는 것으로, 오늘날에는 점차 사라져 가고 있음.
안성-맞춤(安城-) [-맏-] [명] 〔경기도 안성(安城)에 유기를 주문하여 만든 것과 같다는 데서〕 조건이나 상황이 어떤 일에 딱 들어맞게 된 것을 비유적으로 이르는 말. ¶날씨가 등산하기엔 ~이군.
안-섶 [-썹] [명] 두루마기나 저고리의 안으로 들어간 섶. ↔겉섶.
안-소리 [명][음] 다성(多聲) 악곡에서 안쪽의 성부(聲部). 혼성 사부에서는 알토와 테너임. ↔바깥소리.
안-손님 [-쏜-] [명] 여자 손님. 특히, 안주인을 찾아온 손님. 요즘에는 잘 쓰지 않는 말임. ↔바깥손님.
안¦수(按手) [명][가][기] 기도를 할 때나 기타 교회 예식에서 주례자가 신자의 머리 위에 자신의 손을 얹는 일. **안¦수-하다** [동][자][여]
안¦수^기도(按手祈禱) [명][가][기] 주례자가 기도 받는 사람의 머리 위에 손을 얹고 기도하는 일.
안스럽다 [형][ㅂ] '안쓰럽다' 의 잘못.
안-슬프다 [형] '안쓰럽다' 의 잘못.
안식[1](安息) [명] 근심 걱정 없이 편안하게 쉬는 것. ¶마음의 ~을 얻다. **안식-하다** [동][자][여]
안¦식[2](眼識) [명] 안목과 식견.
안-식구(-食口) [-씩꾸] [명] **1** 여자 식구. ↔바깥식구. **2** 자기 아내를 낮추어 이르는 말.
안식-일(安息日) [명][종] **1** 유대교에서, 일주(一週)의 제7일. 지금의 금요일 일몰에서 토요일의 일몰까지를 말함. 일체의 업무·노동을 정지하고 휴식을 취함. **2** 크리스트교에서, 일요일. 일을 쉬고 예배 의식을 행함.
안식-처(安息處) [명] 편히 쉬는 곳.
안-심[1] [명] 소의 갈비 안쪽 고기. 부드럽고 연함.
안심[2](安心) [명] **1** 아무 걱정 없이 마음을 편히 가지는 것. [비]방심(放心). **2** [불] 아미타불에 귀의하여 염불에만 전념, 극락왕생의 믿음을 가지는 일. **안심-하다** [동][자][여] ¶이 약은 부작용이 없어 **안심하고** 복용할 수 있다. / 이 길은 너무 외져서 밤에는 **안심하고** 다닐 수가 없다. **안심-되다** [동][자]
안-심부름 [-씸-] [명] 집안 부녀자의 심부름. ↔바깥심부름. **안심부름-하다** [동][자][여]
안심-입명(安心立命) [-임-] [명][불] 믿음으로 마음의 평안을 얻어 하찮은 일에 마음이 흔들리지 않는 경지에 이른 상태. ¶불교에 귀의하여 ~을 얻다.
안심찮다(安心-) [-찬타] [형] **1** 남에게 폐를 끼쳐 마음이 꺼림하다. **2** 안심이 되지 않고 걱정스럽다. ¶혼자 가는 길이라 ~.
안쓰러워-하다 [동][타][여] 안쓰럽게 여기다.
안쓰럽다 [-따] [형][ㅂ] 〈안쓰러우니, 안쓰러워〉 **1** 아랫사람이나 약자에게 폐를 끼쳐 퍽 미안하고 딱하다. **2** 아랫사람이나 약자의 딱한 사정이 마음에 언짢고 가엾다. ¶애들이 배고파하는 것을 더는 **안쓰러워** 못 보겠다. ×안스럽다·안슬프다.
안아-맡다 [-맏따] [동][타] 남의 일을 맡아 책임지다.
안아^조르기 [명][체] 유도에서, 굳히기 기술에 있어서의 조르기 기술의 한 가지.
안¦압(眼壓) [명][생] 각막과 공막(鞏膜)에 둘러싸여 있는 안구 내부의 일정한 압력.
안¦약(眼藥) [명][약] 눈병을 치료하는 데 쓰는 약. 특히, 눈에 직접 넣는 액체 상태의 약. =눈약.
안양(安養) [명][불] 마음을 편하게 지니고 몸을 쉬게 하는 것. **안양-하다** [동][자][여]
안어울림-음(-音) [명][음] 둘 이상의 음이 동시에 날 때 서로 융합하지 않아 불안정한 느낌을 주는 화음. =불협화음(不協和音). ↔어울림음.
안어울림^음정(-音程) [명][음] 서로 어울리지 않는 두 음 사이의 음정. =불협화 음정. ↔어울림 음정.
안업(安業) [명] 편안한 마음으로 업무에 종사하는 것. **안업-하다** [동][자][여]
안¦연(晏然) ➜**안¦연-하다** [형][여] 마음이 편안하고 태평스럽다. **안¦연-히** [부]
안¦-연고(眼軟膏) [-년-] [명][약] 안질에 쓰는 연고.
안¦염(眼炎) [명][의] 눈에 생기는 염증.
안온(安穩) ➜**안온-하다** [형][여] **1** 조용하고 평안하다. ¶**안온한** 나날을 보내다. **2** 바람이 없이 따뜻하고 푸근하다. ¶**안온한** 날씨. **안온-히** [부]
안-옷고름 [-옫꼬-] [명] 옷의 안깃을 여미어 매는 옷고름. ↔겉옷고름.
안외쿠메네([독]Anökumene) [명][지] 지구 위에서 인류가 정주할 수 없는 지역. 즉, 해양·고산·극지·사막 따위. =비거주 지역. ↔외쿠메네.
안울림-소리 [명][언] 성대를 진동시키지 않고 내는 소리. 곧, 자음의 ㄱ·ㄷ·ㅂ·ㅅ·ㅈ·ㅊ·ㅋ·ㅌ·ㅍ·ㅎ 따위. =맑은소리·무성음(無聲音)·양성(陽聲)·청음(淸音). ↔울림소리.
안위[1](安危) [명] 안전함과 위태함. ¶국가 ~에 직결되는 일.
안위[2](安慰) [명] 몸을 편하게 하고 마음을 위로하는 것. **안위-하다** [동][타][여]
안은-문장(-文章) [명][언] 주어와 서술어의 관계가 두 번 이상 이루어지며 성분절(成分節)을 가진 문장. "지구가 둥글다는 것은 오래전에 증명되었다."에서 '지구가 둥글다는 것' 은 안긴문장이고, 전체의 문장은 안은문장임. =포유문(包有文). ▷안긴문장.
안이(安易) ➜**안이-하다** [형][여] 너무 쉽게 여기는 태도가 있다. ¶**안이한** 생각 / 일을 계획성 없이 **안이하게** 처리하다.
안-일[1] [-닐] [명] 집안에서 주로 여자들이 하는 일. ¶~을 거들다. ↔바깥일.
안일[2](安逸) [명] 애쓰지 않고 편안함만을 누리려 하는 것. ¶~을 추구하다. **안일-하다** [형][여] 편안하게만 하려 할 뿐 애씀이 없다. ¶감이 입 안에 떨어지기만을 바라는 **안일한** 자세.

안-자락[-짜-] 圀 저고리·두루마기·치마 등을 여밀 때 안쪽으로 들어가는 옷자락. ↔겉자락.

안자일렌(⑤Anseilen) 圀 암벽 등반에서, 여러 사람이 안전하게 등반할 수 있도록 서로의 몸을 로프로 연결하는 일.

안잠자-기[-짬-] 圀 남의 집에서 안잠자며 일하는 여자.

안잠-자다[-짬-] 图재 (여자가) 남의 집에서 자면서 일을 해 주고 살다. ¶시골 여자가 서울에 가서 **안잠**을 **자** 주면 몇 해 후에는 집까지 얻어 갖는 수가 있는데, ….《김유정: 소낙비》

안장(安葬) 圀 편안하게 장사 지내는 것. =영장(永葬). **안장-되다** 图재

안·장²(鞍裝) 圀 1 사람이 올라앉을 수 있도록 말의 등에 얹는 제구. ¶말-. 2 자전거 등의 앉게 된 자리.

안장-코(鞍裝-) 圀 안장 모양으로 콧등이 잘록하게 들어간 코. 또는, 그런 사람.

안저지 圀 어린아이를 보살피는 여자 하인.

안-전¹(-殿)[-쩐-] 圀 궁궐 안의 임금이 거처하는 집. =내전(內殿).

안전²(安全) 圀 사고나 재해를 당할 위험이 없는 상태. ¶교통-/나라의 -을 위태롭게 하는 사태/-을 도모하다. **안전-하다** 휑예 ¶고속버스보다 철도를 이용하는 편이 -. **안전-히** 튀

안·전³(案前) 圀 존귀한 사람이 앉아 있는 자리의 앞. ¶어느 -이라고 거짓을 아뢰오리까.

안·전⁴(眼前) 圀 =눈앞1. ¶아아, 신천지(新天地)가 - 에 전개되도다.《가미 독립 선언문》

안전-감(安全感) 圀 편안하여 조금도 위태로움이 없는 느낌.

안전-거리(安全距離) 圀 1 안전 운행을 위해 유지해야 하는, 차와 차 사이의 최소한의 거리. ¶- 미확보로 인한 추돌 사고. 2 =안전시거.

안전-기(安全器) 圀[물] 파손 및 화재를 방지하기 위하여 전기 회로 가운데 끼우는 장치. 일정량 이상의 전류가 흐르면 그 속의 퓨즈가 녹아 자동적으로 회로를 절단하게 되어 있음. ⑫두꺼비집.

안전-도(安全度) 圀 사물의 안전한 정도. ¶자동차의 -를 검사하다.

안전-등(安全燈) 圀 광산 같은 곳의 갱 안에서 광부들이 쓰는 등. 가스에 점화되지 않도록 철망을 씌웠음.

안전-띠(安全-) 圀 =안전벨트.

안전-망(安全網) 圀 높은 건물을 지을 때, 그 곳에서 일하는 사람의 안전이나 그 밑을 지나는 사람의 안전을 위하여 치는 그물.

안전-면도기(安全面刀器) 圀 살을 벨 염려가 없도록 얇은 직사각형의 면도날을 쇠로 된 작은 틀에 끼워서 쓰는 면도기.

안전-모(安全帽) 圀 공장·작업장 또는 운동 경기 등에서 머리를 상하지 않도록 보호하기 위하여 쓰는 모자.

안전-밸브(安全valve) 圀 증기관(蒸氣罐)의 안전장치의 한 가지. 압력이 규정 이상으로 오르면 저절로 밸브가 열려 초과 증기를 밖으로 빼내는 장치. =안전판(安全瓣).

안전-벨트(安全belt) 圀 자동차·항공기 따위에서 충격으로부터 보호하려고 사람을 좌석에 고정시키는 띠. =안전띠.

안전^보:장(安全保障)[정] 외부의 침략이나 공격으로부터 국가와 국민의 안전을 지키는 일. ¶국가 -/집단 -. ⓒ안보.

안전^보:장^이:사회(安全保障理事會)[-회/-훼][정] '국제 연합 안전 보장 이사회'의 준말.

안전-봉(安全棒) 圀[물] 제어봉의 한 가지. 원자로 안에서 중성자가 늘어 폭주(暴走)를 일으킬 위험이 있을 때 노심(爐心)에 삽입하는 막대.

안전-사:고(安全事故) 圀 공장이나 공사장 등에서 안전교육의 미비, 또는 부주의 등으로 일어나는 사고.

안전-선(安全線) 圀 전철의 플랫폼 등에 승객의 안전을 위해 움직이는 열차에 너무 가까이 다가가지 못하도록 그어 놓은 선.

안전-성(安全性)[-썽] 圀 안전하거나 안전을 보장하는 성질. ¶수입 농산물의 -을 검사하다/이 건물은 -에 심각한 문제가 있다.

안전-시:거(安全視距) 圀 굽은 길이나 고개 등에서, 맞은편에서 오는 차가 처음 발견되는 거리. =안전거리.

안전-시:설(安全施設) 圀 운수 기관·생산업소·건설 공사장 등에서, 재해를 막기 위하여 설치한 시설.

안전-유리(安全琉璃)[-뉴-] 圀 파손되더라도 파편이 튀지 않아 다칠 위험이 적은 유리.

안전-장치(安全裝置) 圀 1 쉴 때에 기계가 작동하지 못하도록 해 두는 장치. 2 [군] 총의 방아쇠가 움직이지 못하도록 잠그는 장치.

안전^전:류(安全電流)[-절-] 圀[물] 전선에 전류가 안전하게 흐를 수 있는 수치의 전류. 그 수치를 넘으면 전선이 탐.

안전-지대(安全地帶) 圀 1 도로를 횡단하는 보행자의 안전을 위해 안전표지나 그 밖의 이와 비슷한 공작물로써 안전한 지대임을 표시한 도로 위의 부분. 2 어떤 재해에 대하여 안전한 곳. ¶홍수에 대비하여 -로 대피하다.

안전-판(安全瓣) 圀 1 =안전밸브. 2 다른 사람의 위험이나 파멸을 막는 구실을 하는 것. ¶사회의 - 구실을 하다.

안전-표지(安全標識) 圀 교통의 안전에 필요한 주의·규제·지시 등을 표시하는 표지판 또는 도로의 바닥에 표시하는 기호나 문자 또는 선 등에 사용되는 표지.

안전-핀(安全pin) 圀 1 타원형으로 구부러서 끝을 안전하게 집어넣은 핀. 2 포탄·폭탄 또는 소화기 따위가 돌발적으로 터지지 못하도록 신관(信管)에 꽂는 핀.

안절부절-못하다[-모타-] 图재예 마음이 초조하고 불안하여 어찌할 바를 모르다. ¶그는 아들이 수술받고 있는 동안 **안절부절못하고** 복도를 서성거렸다. ×안절부절하다.

안절부절-하다 图재예 '안절부절못하다'의 잘못.

안·점(眼點)[-쩜] 圀 1 [동] 원생동물이나 하등 무척추동물들의 간단한 빛 감각 기관. 편모충류·해파리·흡충류에서 볼 수 있음. 2 [미] 눈을 나타내는 점. 3 모눈종이 등의 눈금마다 나타내는 점.

안접(安接) 圀 편안히 머물러 사는 것. **안접-**

하다 통자여
안정¹(安定) 명 1 흔들림이 없이 안전하게 자리 잡는 것. ¶물가 / 생활의 ~을 얻다 / ~을 잃다. 2 [물] 어떤 계(系)가 외부의 작용에 의하여 미소한 변화를 받아도 본디의 상태로부터 별로 벗어나지 않고 일정한 범위 이내에 있는 상태. 3 [화] 홑원소 물질이나 화합물이 화학 변화를 쉽게 일으키지 않거나 반응 속도가 느린 상태. **안정-하다**¹ 통자여 **안정-되다** 통자 ¶**안정된** 직장 / 주가(株價)가 ~.
안정²(安靜) 명 육체적 또는 정신적으로 편안하고 고요한 것. ¶마음이 ~을 얻다. **안정-하다**²
안정³(安靜) 명 병을 치료하기 위하여 몸의 활동을 피하고 조용히 쉬는 것. ¶절대 ~을 요함. **안정-하다**³ 통자여
안정⁴(眼睛) 명 =눈동자.
안정-감¹(安定感) 명 안정된 느낌. ¶~을 느끼다 / 좌우 균형이 안 맞아 ~이 없다.
안정-감²(安靜感) 명 육체적 또는 정신적으로 편안하고 고요한 것.
안정-권(安定圈) [-꿘] 명 안전히 자리 잡은 범위. ¶합격 ~에 들다.
안정-기(安定期) 명 안정된 상태가 계속되는 기간. ¶정국(政局)이 ~에 접어들다.
안정-도(安定度) [물] 물체가 안정 상태를 유지하는 정도.
안정-성(安定性) [-썽] 명 바뀌어 달라지지 않고 일정한 상태를 유지하는 성질. ¶~이 높은 직장.
안정-세(安定勢) 명 1 안정된 세력. ¶의석수에서 ~를 확보하다. 2 안정 상태를 유지하는 시세.
안정-제(安靜劑) 명 [약] '정신 안정제'의 준말.
안존¹(安存) 명 =안거(安居)1. **안존-하다**¹ 통자여
안존²(安存) →안존-하다² 여 (성품이) 얌전하고 조용하다. **안존-히** 부
안좌(安坐) 명 1 편하게 앉는 것. 2 [불] 부처를 법당에 봉안(奉安)하는 것. 3 [불] 부처 앞에서 무릎 꿇고 앉는 것. **안좌-하다** 통자타여
안주¹(安住) 명 1 자리 잡고 편안하게 사는 것. 2 더 나아지고자 하는 의욕을 잃고 현재의 상태에 처지에 만족하는 것. **안주-하다** 통자여 ¶기성도덕과 질서에 ~ / 안정된 직장과 안락한 가정생활에 ~.
안주²(按酒) 명 =술안주.
안-주머니 [-쭈-] 명 옷 따위의 안쪽에 달린 주머니. 町속주머니. ↔겉주머니.
안주-상(按酒床) [-쌍] 명 안주를 차려 놓은 상.
안-주인(-主人) [-쭈-] 명 여자 주인. =주인댁. ↔바깥주인.
안줏-감(按酒-) [-주깜/-준깜] 명 안주가 될 만한 음식물. 町안줏거리.
안줏-거리(按酒-) [-주꺼-/-준꺼-] 명 1 술을 마시면서 곁들여 먹는 먹을거리. 町안줏감. 2 어떤 일에 곁다리로 따라붙는 일.
안중(眼中) [-쭝] 명 1 눈 속. 2 (부정하는 말과 함께 쓰여) 생각하거나 관심을 두고 있는 범위. ¶그 여자는 눈이 높아 봉급쟁이 따위는 ~에도 없다. / 그는 일만 열심히 했을 뿐 돈 같은 것은 ~에 두지 않았다.
안-중문(-中門) [-쭝-] 명 안뜰로 들어가는 중문(中門).
안-지름 [-찌-] 명 관(管) 등의 안쪽으로 잰 지름. =내경(內徑). ↔바깥지름.
안!진(雁陣) 명 1 줄지어 날아가는 기러기의 행렬. 2 기러기 행렬같이 진을 치던 옛 진법(陣法)의 하나.
안질(眼疾) 명 [의] 눈에 생긴 질환. 町눈병.
안-집 [-찝] 명 1 =안채. 2 한 집에서 둘 이상의 가구가 살 때, 주인집을 이르는 말. 3 전에, 하인들이 주인집을 이르던 말.
안-짝 명 1 일정한 거리나 수에 미치지 못하는 범위. ¶값이 비싸 봐야 십만 원 ~일 것이다. 2 두 짝으로 이루어지는 물건의 안에 있는 짝. ↔바깥짝.
안짱-걸음 명 두 발끝을 안쪽을 향해 들여 모아 걷는 걸음. ▷팔자걸음.
안짱-다리 명 두 발끝이 안쪽으로 우긋한 다리. 또는, 그런 다리를 가진 사람. ↔밭장다리.
안-쪽 명 안으로 향한 부분. =내측(內側). ↔바깥쪽.
안-찝 명 1 =안감1. ¶"애기 할아버지 두루매기도 ~이 만치나 않아서 애쓰시고 그러시오." 《홍명희·임꺽정》 ㈜안. 2 소·돼지의 내장. 3 옷장을 놓는 널.
안-차다 형 겁이 없고 깜찍하다. ¶**안찬** 계집아이.
안차고 다라지다 판 겁 없이 깜찍하고 당돌하다.
안착(安着) 명 탈 없이 도착하는 것. **안착-하다** 통자여 ¶비행기가 활주로에 ~. **안착-되다** 통자
안-창 명 신 안에 까는 가죽이나 헝겊.
안창-치기 명 주로 저고리 안주머니를 터는 소매치기.
안-채 명 여러 채로 된 집의, 안에 있는 채. =안집. ↔바깥채.
안!채다 통자 1 앞으로 들이치다. 2 맡아서 당하게 되다.
안!출(案出) 명 생각하여 내는 것. **안!출-하다** 통타여 ¶묘책을 ~ / 방책을 ~. **안!출-되다** 통자
안치(安置) 명 1 상(像)·위패·시신(屍身) 등을 잘 모셔 두는 것. 2 [역] 귀양 간 죄인을 가두어 두는 것. ¶위리(圍籬) ~. **안치-하다** 통타여 ¶불상을 ~ / 영안실에 시신을 ~. **안치-되다** 통자
안치다 타 (밥이나 떡이나 국이나 찌개 등을) 만들기 위해 솥이나 시루나 냄비 등에 그 재료를 넣고 열을 가하여, 익히거나 찌거나 끓이거나 하다. 때로, 음식 재료를 용기에 넣는 것만을 뜻할 경우도 있음. ¶쌀을 씻어서 밥을 **안쳐** 놓다 / 옹솥에 쌀을 **안치고** 불을 때웠다. 《이청환·샛강》
안치-소(安置所) 명 안치하여 두는 곳. ¶시체 ~.
안-치수(-數) [-치쑤] 명 [건] 안쪽으로 잰 길이의 치수. ↔바깥치수.
안타(安打) 명 [체] 야구에서, 타자가 베이스에 나아갈 수 있도록 공을 치는 일. =히트(hit). ¶~를 치다 / 10타수 3 ~.
안타까워-하다 통타여 안타깝게 여기다. ¶사람들은 그가 미처 그의 재능을 꽃피워 보기도 전에 세상을 떠난 것을 **안타까워했다**.
안타깝다 [-따-] 형 〈안타까우니, 안타까워〉 뜻대로 되지 않거나 딱하여 애가 타고 마음이 답답하다. ¶구멍 밧줄이 닿을 듯 닿

을 듯하면서도 손에 미치지 않자 보는 사람들은 **안타까워** 발을 굴렀다. **안타까이** 튄.
안타깝-이 명 걸핏하면 안타까워하는 사람.
안태[1](安胎) 명 태아가 움직여 임신부의 배와 허리가 아프고 낙태의 염려가 있는 것을 다스려 편안하게 하는 것. **안태-하다**[1] 타여
안태[2](安泰) 명 하 평안하고 태평한 것. **안태-하다**[2] 형여
안태-본(安胎本) 명 태중에 있을 때부터 가지는 본관. 곧, 선조 때부터의 고향.
안택(安宅) 명 [민] 집안에 탈이 없도록 터주를 위로하는 것. **안택-하다** 통자여
안테나(antenna) 명 [물] 무선 전신·라디오·텔레비전 등의 전파를 송신 또는 수신하기 위하여 높이 세우는 도선 장치. =공중선. ¶텔레비전 ~.
안테나-선(antenna線) 명 안테나로 사용하는 선.
안토시안(anthocyan) 명 [식] 식물의 꽃·잎·열매 등의 세포액 중에 퍼져 있는 색소.
안-통 명 1 그릇 안쪽의 넓이. 2 '속마음'을 속되게 이르는 말.
안-투지배(眼透紙背) 명 [안광(眼光)이 종이 뒷면까지 꿰뚫는다는 뜻] 책을 정독하여 그 이해가 깊고 날카로움을 이르는 말. =안광이 지배를 철하다. →안광. **안-투지배-하다** 통자여
안-틀다 통자 <~트니, ~트오> 일정한 수효나 한도 내이다.
안티몬(독Antimon) 명 [화] 은백색의 금속 원소. 원소 기호 Sb, 원자 번호 51, 원자량 121.75. 광택이 있으며 유독함. 활자 합금·반도체 재료로 쓰임.
안티-사이트(anti-site) 명 [컴] 어떤 대상을 반대할 목적으로 개설한 인터넷 사이트.
안티옥신(antiauxin) 명 [생] 옥신의 작용과 반대로, 생물의 성장을 억제시키는 작용을 하는 물질. ↔옥신.
안티테제(독Antithese) 명 [철] =반정립(反定立). ↔테제.
안티피린(antipyrine) 명 [약] 해열·진통약의 하나. 과민한 사람이 복용하면 발진을 일으키는 수가 있음.
안-팎[-팍] 명 1 사물이나 영역의 안과 밖. ¶집의 ~을 돌아보다 / ~으로 입을 수 있는 점퍼. 2 (수량을 나타내는 말 다음에 쓰이어) 그 수량에 거의 가까워 벗어나더라도 약간 넘거나 못 미치는 상태임을 나타내는 말. 비내외(內外). ¶스물 ~의 청년 / 만 원 ~의 비용. 3 부부를 안사람과 바깥사람의 뜻으로 이르는 말. ¶그 집은 ~이 다 교수다.
안팎-곱사등이[-팍꼽싸-] 명 1 가슴과 등이 병적으로 솟아 나온 사람. =귀흉귀배(龜胸龜背). 2 하는 일이나 처지가 앞뒤로 막혀 옴치고 뛸 수 없게 된 처지.
안팎-벽(-壁)[-팍뼉-] 명 안벽과 바깥벽.
안팎-살림[-팍쌀-] 명 안살림과 바깥 살림.
안팎-식구(-食口)[-팍씩꾸] 명 안식구와 바깥식구.
안팎-일[-팡닐] 명 안일과 바깥일. ¶그 여자는 ~을 혼자 도맡아 한다.
안팎-장사[-팍짱-] 명 이곳에서 물건을 사서 다른 곳에 팔고, 그 돈으로 그곳의 물건을 사서 이곳에 가져다 파는 장사.
안팎-채[-팍-] 명 안채와 바깥채.
안!포(眼胞) 명 척추동물의 배(胚)에서 전뇌 (前腦)의 양쪽 주머니 모양으로 부풀어 나온 것으로, 장차 눈을 형성하는 부분.
안!표(眼標) 명 나중에 알아볼 수 있게 어떤 표를 하는 일. 또는, 그 표. **안!표-하다** 통
안!하(眼下) 명 ['눈 아래'의 뜻] 내려다보이는 아래. ¶다시 눈을 들어서 ~를 굽어보면 일면에 깔린 송초(松梢)….(김동인:광화사)
안!하-무인(眼下無人) 명 ['눈 아래 사람이 없다'는 뜻] 방자하고 교만하여 주위 사람을 업신여김. ¶그는 부잣집 외아들로 귀염만 받고 자라 도대체 ~이다.
안!하-무인-격(眼下無人格)[-껵] 명 방자하고 교만하여 주위 사람을 업신여기는 모양. ¶~으로 행동하다.
안!항(雁行) 명 남의 형제를 높여 이르는 말. ¶~이 몇이십니까? ✕안행.
안-해[1] 명 바로 전해. 비전년(前年)·지난해.
안해[2] 명 '아내'의 잘못.
안행 명 '안항(雁行)'의 잘못.
안-형제(-兄弟) 명 여자 형제.
앉다[안따] 통자 1 (사람이나 동물이) 윗몸을 세운 상태에서, 엉덩이를 몸무게가 실리게 하여 바닥이나 다른 물건 위에 올려놓다. 또는, (사람이) 윗몸을 세운 상태에서 무릎이나 정강이가 바닥에 닿도록 무릎을 구부려 엉덩이를 다리나 발 위에 올려놓거나, 윗몸을 앞쪽으로 약간 비스듬히 기울인 상태에서 발바닥을 바닥에 붙인 자세로 엉덩이를 낮추고 무릎을 구부리다. ¶선생님 앞에서 무릎을 꿇고 ~ / 어렵게 생각지 말고 편히 앉게. ↔서다. 2 (새나 날벌레 등이 일정한 곳에) 날기를 그치고 발을 디디다. ¶새가 나뭇가지에 ~. ▷내려앉다. 3 (집 따위가) 어떤 방향으로 자리를 잡다. ¶그 집은 남향으로 앉았다. 4 (사람이 어떤 직위나 자리에) 있게 되다. ¶대학 동창이 대기업의 높은 자리에 ~. 5 (공기 중의 먼지나 먼지처럼 엷게 덮이는 물질, 또는 물속의 앙금 따위가) 어떤 물건 위나 밑바닥에 내려 쌓이다. ¶앙금이 ~ / 양복 깃에 비듬이 허옇게 ~ / 장롱 위에 먼지가 뽀얗게 앉았다. 6 (이끼나 때 따위가) 물체 위에 덮이거나 끼다. ¶퍼렇게 이끼가 앉은 기와. 7 (배추 따위의 통이) 속이 꽉 차다. ¶통이 앉은 김장 배추. 8 (주로, '앉아(서)'의 꼴로 쓰여) 어떤 일을 위해 적극적으로 나서지 않다. ¶가만히 앉아만 있어서야 일이 해결되겠소?
[앉아 주고 서서 받는다] 빌려 주기는 쉬우나 받기는 어렵다. [앉은 자리에 풀도 안 나겠다] 사람이 너무 깔끔하고 매서울 만큼 냉정하다.
앉아서 벼락 맞다 관 가만히 있다가 화를 당하다. 또는, 뜻밖에 화를 당하다.
앉은-걸음 명 앉은 채 걷는 걸음걸이.
앉은-굿[-굳] 명 [민] 장구와 춤이 없이 하는 굿.
앉은-뱅이 명 앉기는 하여도 서지 못하는 불구자. =좌객(坐客).
[앉은뱅이 용쓴다] 불가능한 일에 헛되이 애만 쓴다.
앉은뱅이-걸음 명 앉은 채 걷는 걸음걸이.
앉은뱅이-저울 명 받침판에 물건을 올려놓고 무게를 재는 저울. ✕앉은저울.
앉은뱅이-책상(-冊床)[-쌍] 명 의자 없이 바닥에 앉아서 사용하도록 만든 책상.
앉은-소리 명 [음] 잡가(雜歌)에서, 자리에 앉아서 부르는 방식. 또는, 그러한 방식으로

부르는 소리. =좌창(坐唱). ↔선소리. **앉은소리-하다** 통재여

앉은-일[-닐] 몡 자리에 앉아서 하는 일. ↔선일. **앉은일-하다** 통재여

앉은-자리 몡 어떤 일을 벌이고 있는 바로 그 자리. ¶그 사람은 ~에서 국수 서너 그릇쯤 문제없이 해치운다.

앉은-장사 몡 일정한 곳에 가게를 내고 하는 장사. =좌상(坐商). ↔도붓장사

앉은-장수 몡 앉은장사를 하는 사람. ↔도붓장수

앉은-저울 몡 '앉은뱅이저울'의 잘못.

앉은-절 몡 허리를 굽히고 꿇어앉으면서 정중하게 하는 절. ¶시부모께 ~을 올리다.

앉은-키 몡 사람이 등을 곧게 세우고 앉았을 때, 엉덩이가 닿는 면에서 머리 끝에 이르는 길이. =좌고(坐高). ↔선키.

앉은-혜엄 몡 앉은 자세로 치는 혜엄. ↔선헤엄

앉을-자리[-짜-] 몡 물건이 자리에 놓이게 된 밑바닥. ¶장농의 ~를 고르다.

앉음-새 몡 자리에 앉아 있는 모양새. =앉음앉음. ¶학생이 고개를 치켜들며 ~를 고쳐 잡았다.《조정래:태백산맥》

앉음-앉음 몡 =앉음새.

앉-히다[안치-] 통타 1 '앉다'의 사동사. ¶아이를 의자에 ~ / 사장은 김갑돌 씨를 기획실장의 자리에 **앉혔다**. 2 (버릇을) 가르쳐서 몸에 익히다. ¶공손히 인사하는 버릇을 ~. 3 (문서에 사항을) 따로 잡아 기록하다. 4 (시루를 솥에) 올려놓고 그 닿는 부분에 밀가루 반죽 등을 빙 둘러 발라 틈새 없이 걸쳐지게 하다. 또는, (솥을 부뚜막에) 전이 걸리게 올려놓다. 町동 1시루 바닥과 둘레가 딱 맞는 솥을 골라 물을 붓고 시루를 ~ / 부뚜막에 무쇠 솥을 ~.

않다[안타] Ⅰ 통 1 타 (주로 구어체에서, '하다'가 붙어 동사를 이루는 명사를 목적으로 하는 구조에 쓰여) (어떤 일을) 행동으로 이루지 아니하다. ¶두 번 다시 사랑만은 **않겠**어요. / 말은 **않지만** 속으로 얼마나 답답하겠소? 2 보조 (동사의 어미 '-지' 아래에 쓰여) 그 동사의 의미를 부정하는 뜻을 나타내는 말. ¶내일은 학교에 가지 **않는다**. 본아니하다.

Ⅱ 형 보조 (형용사의 어미 '-지' 아래에 쓰여) 그 형용사의 의미를 부정하는 뜻을 나타내는 말. ¶마음이 기쁘지 ~. 본아니하다.

> 어법 좋지 않느냐:않느냐(×)→않으냐 (O), 맞지 않으냐(×)→않느냐(O). ▶ '않다'가 동사일 때에는 '않느냐', 형용사일 때에는 '않으냐'가 옳음.

알¹ 몡 Ⅰ 자립 1 조류(鳥類)나 뱀·거북, 또는 벌레·물고기 등의 암컷이 낳는, 새끼나 애벌레가 될 둥근 모양의 물질. ¶개구리 ~ / ~을 밴 생선 / ~을 까다 / 암탉이 ~ 을 낳다 / 쉬파리가 ~을 슬다 / 새가 ~을 품다. 2 낱게로서의 작고 둥근 식물의 열매. 특히, 크기나 굵기에 초점을 둘 때 쓰는 말임. ¶콩~ / 쌀~ / 호두~ / 감자~ / ~이 굵다[잘다]. 3 (주로 일부 명사 다음에 쓰여) 작고 둥근 물건을 이르는 말. ¶눈~ / 바둑~ / 주판~ / 모래~. 4 안경 렌즈를 구어적으로 이르는 말. 町안경알. ¶~이 깨지다 / ~이 없는 안경. 5 배추의 고갱이를 싸고 여러 겹으로 뭉친 덩이. ¶~이 찬 배추. 6 근육이 딴딴하게 뭉쳐 둥글게 된 상태. ¶어제 너무 많이 걸었더니 종아리에 ~이 뱄다. 7 [생] 암컷의 생식 세포. 수정(受精) 후 발달하여 배(胚)를 형성함. =난(卵)·난자·난세포·알세포. 2 의존 새의 알이나 작고 둥근 물건을 세는 단위. ¶달걀 한 ~ / 사탕 두 ~ / 몇 ~의 곡식.

알-² 접투 1 일부 명사 앞에 붙어, 벗거나 벗겨진 상태임을 나타내는 말. ¶~몸 / ~곡 / ~밤. 2 일부 명사 앞에 붙어, '순전한', '진짜', '실속 있는'의 뜻을 나타내는 말. ¶~거지 / ~깍쟁이 / ~부자. 3 일부 명사 앞에 붙어, 알처럼 둥글둥글한 것임을 나타내는 말. ¶~사탕 / ~약. 4 일부 명사 앞에 붙어, 둥글면서 작은 것임을 나타내는 말. ¶~뚝배기 / ~요강 / ~항아리.

알-개미 몡 아주 작은 개미.

알갱이 몡 1 열매 같은 것의 낱개. 町낟알. ¶~가 굵다. 2 작고 둥글둥글한 물질이나 물체. 町입자.

알-거지 몡 재산을 모두 잃어버려 가진 것이 전혀 없는 사람. 얕잡거나 조롱하는 말임. ¶사업이 망하여 하루아침에 ~가 되다.

알-건달(-乾達) 몡 형편없는 진짜 건달.

알겨-내다 통타 소소한 남의 것을 좀스러운 짓으로 어루꾀어서 빼내다. ¶어린이의 코 묻은 돈을 **알겨내는** 장사꾼.

알겨-먹다[-따] 통타 약한 사람의 자잘한 것을 알겨내어 자기 것으로 하다.

알고리듬(algorithm) 몡 어떤 문제를 풀어 답을 얻어 내는 구체적인 방법이나 과정이나 절차. 프로그램을 만드는 기초가 됨. ¶방정식을 풀기 위한 컴퓨터.

알-고명 몡 달걀흰자와 노른자를 각각 번철에 얇게 부쳐 잘게 썬 고명.

알-곡(-穀) 몡 1 쭉정이나 잡것이 섞이지 않은 곡식. 2 낟알로 된 곡식. 3 깍지를 벗긴 콩이나 팥 따위의 총칭.

알-곡식(-穀食)[-씩] 몡 =알곡1.

알골(ALGOL) 몡 [algorithmic language] [컴] 과학 계산을 주목적으로 하는 디지털 컴퓨터용 알고리듬을 표준화하기 위해 1965년 국제 표준 기구 회의에서 채택한 언어.

알-과(戛過) 몡 1 친한 사람의 집을 지나면서 들르지 않고 지나쳐 버리는 것. 2 그냥 지나가는 것. **알과-하다** 통타여

알-과녁 몡 과녁의 한복판.

알-괘(-卦)[-꽤] 몡 알 만한 일. 町알조. ¶하는 짓을 보면 그의 인품을 ~다.

알구지 몡 지겟뿔대기의 아귀진 부분.

알-궁둥이 몡 옷으로 가리지 않은 상태의 궁둥이.

알근달근-하다 형여 맛이 조금 맵고 달다. 큰얼근덜근하다.

알근-하다 형여 1 매워서 입 안이 조금 알알하다. 2 술기운이 몸에 돌기 시작하는 상태에 있다. 큰얼근하다. 센알큰하다. **알근-히** 튀

알금-뱅이 몡 얼굴이 알금알금 얽은 사람. 또는, 그런 사람의 별명. 큰얼금뱅이.

알금-삼삼 튀 얕게 얽은 자국이 드문드문 있는 모양. 町알금솜솜. **알금삼삼-하다** 형여

알금-솜솜 튀 얕게 얽은 자국이 배게 있는 모양. 町알금삼삼. 큰얼금숨숨. **알금솜솜-하다** 형여

알금-알금 튀 얕게 얽은 자국이 생긴 모양. 큰얼금얼금. **알금알금-하다** 형여

알기다 [동][타] 조금씩 갉아 내거나 빼내 가지다. ¶그놈 우리 집 판 돈까지 **알겨** 가지고 달아난 그런 몹쓸 놈이에요.《염상섭: 삼대》

알긴-산(algin酸) [명][화] 물기 없는 바닷말에서 빼내는 끈기 있는 산. 접착제·유화제(乳化劑)·필름 제조에 쓰임.

알-까기 [명][생] =부화(孵化)².

알-깍쟁이[-쨍-] [명] **1** 성질이 다부지고 모진 사람. **2** 아이 깍쟁이. 또는, 어려서부터 깍쟁이인 사람. ×알깍정이.

알-껍데기[-떼-] [명][생] 동물의 알의 맨 바깥층의 난막(卵膜)이 단단하게 굳은 것. =난각(卵殼).

알-꼴 [명] =달걀꼴.

알-끈 [명][생] 알의 노른자위를 싸고 양쪽 옆으로 뻗쳐 있는 기관. 노른자위의 자리가 변하지 않게 하며, 배반(胚盤)의 위치가 늘 위로 향하도록 함.

알나리-깔나리[-라-라-] [감] 아이들이 남을 놀릴 때 하는 말. ¶~ 오줌 쌌다네.

알ː다 (알ː고/알아) [동][타] <아니, 아오> **1** (어떤 사실이나 현상을) 의식이나 감각으로 느끼거나 깨닫다. [비]감지하다·의식하다. ¶그는 밖에 나와서야 비로소 날씨가 춥다는 것을 **알았다**. **2** (어떤 사실이나 정보를) 머릿속에 가지다. 또는, (사물을) 헤아리거나 정보를 통해 어떠한 상태인지 깨닫다. [비]인지(認知)하다·파악하다·이해하다. ¶첩자를 통해 적의 동태를 ~/나도 네 마음 다 **안다**. **3** (어떤 심리적 상태를) 마음속으로 느끼거나 깨닫다. ¶부모의 은혜를 ~. **4** (어떤 지식이나 사물의 내용을) 배우거나 궁리하여 그 참뜻을 깨닫다. [비]인식하다. ¶낱말의 뜻을 ~. **5** (사람이 어떤 사람을) 만나거나 본 적이 있어 누구인지 가릴 수 있게 되거나 사귐을 가지다. 또는, (그 사람을) 어떤 성격을 가졌고 본바탕은 무엇인지, 어떻게 살아왔고 또 살고 있는지 등에 대해 꽤 보고 들은 바를 가지다. ¶너 내가 누구인지 **알겠니**?/두 사람은 전부터 **알고** 지내는 사이이다. **6** ('-ㄹ/을 줄' 다음에 쓰여) (사람이 어떤 일을) 행할 능력을 가지다. ¶그 여자는 운전을 할 줄 **안다**. **7** (주로 부정적인 서술어와 함께 쓰여) 어떤 일에 대해 관여하거나 관심을 가지다. ¶네가 뭘 하든 내가 **알** 바 아니다. ↔모르다. **8** (대상을 어떤 존재로, 또는 어떤 상태로) 여기거나 이해하다. [비]간주하다. ¶그는 나를 세상에서 가장 친한 벗으로 **알고** 있다./그 남자는 농약을 음료수로 **알고** 마셔 버렸다. **9** (사람이 어떤 일을) 어떻게 할지 스스로 정하다. [비]판단하다. ¶내가 다 **알아서** 할 테니 너는 걱정 마. **10** (보조사 '만' 다음에 쓰여) (어떤 대상을) 가장 소중한 것으로 여기다. ¶돈만 **아는** 구두쇠/자기만 **아는** 이기주의자. **11** (잘 모르던 대상을) 비로소 그 좋은 점을 깨달아 갖고자 하거나 가까이하려 하다. ¶조그만 녀석이 벌써부터 돈을 **알아** 가지고 어쩌려고 그래? **12** 상대의 명령이나 요청에 대해 그대로 하겠다는 뜻을 나타내는 말. ¶"너 심부름 좀 다녀오너라." "예, **알았어요**."

[**아는 것이 병**] 알기 때문에 걱정하게 된다는 말. [**아는 길도 물어 가랬다**] 쉬운 일도 신중하게 최선을 다해야 한다. [**알기는 칠월 귀뚜라미**] 온갖 일을 잘 아는 듯이 나서는 사람을 놀리는 말. [**알아야 면장을 하지**] 무슨 일을 하려면, 특히 윗사람이 되려면, 실력과 견식이 있어야 한다는 말.

알게 모르게 [구] 알기는 하나 거의 의식하지 않은 상태에서. ¶대사를 치르느라 ~ 돈이 많이 들었다.

알다가도 모를 일 [구] 어떤 일이 하도 뜻밖이어서 선뜻 이해가 가지 않음을 이르는 말. ¶1, 2등만 다투던 그가 불합격이라니 ~이다.

알데히드(aldehyde) [명][화] 알데히드기(基)를 가지는 화합물의 총칭. 자극적인 냄새가 나고 휘발하기 쉬움. 환원제·향료·마취제 등에 쓰임.

알-돈 [명] 알짜가 되는 돈. 또는, 중요한 돈.

알-둥지 [명] 날짐승이 알을 낳는 둥지.

알딸딸-하다 [형][여] 술을 마셔 다소 취한 기운을 느끼는 상태에 있다. [비]알근하다. ¶초저녁부터 마신 술로 **알딸딸해진** 볼이 찬 바깥 공기에 닿자 기분 좋게 시원했다.《최일남: 순결 학교》

알-땅 [명] **1** 비바람을 막을 준비가 되어 있지 않은 땅. **2** 초목이 없는 헐벗은 땅. =나지(裸地).

알-뚝배기[-빼-] [명] 작은 뚝배기.

알뜰 [명] (주로 일부 명사 앞에 쓰여) 생활비를 아끼며 규모 있는 살림을 하는 일. ¶~ 주부/~ 시장.

알뜰-살뜰 [부] 살림을 아끼며 정성껏 규모 있게 꾸려 가는 모양. ¶돈 모으며 ~ 산다. **알뜰살뜰-하다** [형][여] **알뜰살뜰-히** [부] ¶~ 살아가다.

알뜰-하다 [형][여] 일이나 살림을 정성스럽고 규모 있게 하여 빈틈이 없다. ¶저 여자는 쌀 한 톨도 함부로 버리지 않을 만큼 **알뜰한** 주부이다. **알뜰-히** [부] ¶살림을 ~ 잘하다.

알라¹ [감] 이상할 때 내는 소리.

알라²([이]alla) [명][음] '…조(調)', '…풍(風)'의 뜻.

알라³(Allah) [명][종] 이슬람교의 유일·절대·전능의 신.

알라꿍-달라꿍 [부] 어수선하게 몹시 알락달락한 모양. [큰]얼러꿍덜러꿍. **알라꿍달라꿍-하다** [형][여]

알라르간도([이]allargando) [명][음] 악곡의 표현 방법을 나타내는 말로, '천천히', '점점 느리고 폭넓게'의 뜻.

알라차 [감] **1** 경쾌한 것을 나타낼 때 내는 소리. **2** '알라'와 '아차'를 어우른 말.

알락 [명] 본바탕에 다른 빛깔이나 점이 조금 섞인 모양이나 자취. [큰]얼럭.

알락-달락[-딸-] [부] 여러 빛깔의 점이나 줄이 고르지 못하게 무늬를 이룬 모양. [큰]얼럭덜럭. **알락달락-하다** [형][여] ¶**알락달락한** 옷/**알락달락하게** 색칠을 하다.

알락-알락 [부] 여러 빛깔의 점이나 줄이 고르게 이룬 무늬가 밴 모양. [큰]얼럭얼럭. **알락알락-하다** [형][여]

알랑-거리다/-대다 [동][자] 교묘한 말과 짓으로 남의 비위를 맞추다. [비]알씬거리다. ¶그는 상관에게 **알랑거리기**를 잘한다. [큰]얼렁거리다.

알랑-똥땅 [부] '얼렁뚱땅'의 작은말. **알랑똥땅-하다** [동][타][여]

알랑-방귀 [명] '알랑거리는 짓'을 속되게 이르는 말.

알랑방귀(를) 뀌다 [구] 알랑거리며 아첨을 떨다. 속된 말임.

알랑-쇠[-쇠/-쉐] [명] 알랑거리는 사람. [큰]

얼렁쇠.
알랑-수[-쑤] 圀 알랑똥땅하여 교묘히 남을 속이는 수단. ¶~를 써서 물건을 팔다. 囹얼렁수.
알랑-알랑 囝 알랑거리는 모양. 囹얼렁얼렁.
알랑알랑-하다 동(자)여 ¶"서가의 집을 뺏겼으니까, 아버지께 **알랑알랑**하고 집이나 한 채 얻어 들려는 거지." 〈염상섭:만세전〉
알량-하다 훤 시시하고 보잘것없다. ¶그 **알량한** 지식을 가지고 아는 체한다. ✕잘량하다.
알레고리(allegory) 圀[문] 표면적인 이야기나 묘사 뒤에 어떤 정신적·도덕적 의미가 암시되어 있는 비유. =풍유(諷諭).
알레그레토(ⓘallegretto) 圀[음] 악곡의 속도를 지시하는 말로, '조금 빠르게', '알레그로보다 조금 느리게'의 뜻.
알레그로(ⓘallegro) 圀[음] 악곡의 속도를 지시하는 말로, '빠르게'의 뜻.
알레그로^콘^브리오(ⓘallegro con brio) 圀[음] 악곡의 표현 방법과 속도를 나타내는 말로, '힘차게 빨리'의 뜻.
알레그리시모(ⓘallegrissimo) 圀[음] 악곡의 속도를 지시하는 말로, '가장 빠르게'의 뜻.
알레르기(⑧Allergie) 圀 **1**[생] 특수 체질을 가진 사람이 꽃가루, 동물의 털, 음식 등의 특정한 물질에 대해 비정상적으로 나타내는 과민 반응. 콧물·두드러기·호흡 곤란 등의 증상이 있음. **2** 어떤 사물을 머리에서 거부하는 심리적 반응.
알레르기-성(⑧Allergie性) 圀[의] 어떤 병의 증상이 알레르기로 말미암아 일어나는 성질. 비염 / ~ 체질.
알레르기성^질환(⑧Allergie性疾患) 圀[의] 알레르기에 의한 질병. 기관지 천식·알레르기성 비염·두드러기·화분증(花粉症) 따위.
알렐루야(ⓘalleluia) 圀[성] =할렐루야.
알력(軋轢) 圀 [수레바퀴가 삐걱거린다는 뜻] 의견이 맞지 않아 서로 충돌하는 것. ¶그 조직은 각 파벌 사이에 ~이 심하다.
알로기 '얼루기'의 작은말.
알로-까다 훤 '몹시 약다'는 뜻을 얕잡아 이르는 말. ¶**알로까져서** 순박한 맛이 없다.
알록-달록[-딸-] 囝 여러 가지 밝은 빛깔의 점이나 줄 따위가 조금 성기고 고르지 않게 무늬를 이룬 모양. 囹얼룩덜룩. **알록달록-하다** 훤여
알록-알록 囝 여러 가지 밝은 빛깔의 점이나 줄 따위가 고르게 무늬를 이룬 모양. 囹얼루룩얼루룩. **알록알록-하다** 훤여
알롱-달롱 囝 여러 가지 빛깔의 또렷한 점이나 줄 따위가 고르지 않고 조금 성기게 무늬를 이룬 모양. 囹얼룽덜룽. **알롱달롱-하다** 훤여
알롱-알롱 囝 여러 가지 빛깔의 작고 또렷한 점이나 줄 따위가 고르고 조금 성기게 무늬를 이룬 모양. 囹얼룽얼룽. **알롱알롱-하다** 훤여
알로에(ⓛaloe) 圀[식] 백합과 알로에속의 식물의 총칭. 잎은 칼 모양으로 가장자리에 가시가 있고, 꽃은 겨울에서 봄까지 핌. 관상용으로 재배하며, 즙액은 위(胃)에 좋음.
알로하-셔츠(←aloha shirt) 圀 하와이에서 비롯된 여름용 셔츠. 화려한 무늬가 있고 소매가 짧으며 바지 위에 늘어뜨려 입음. =남방셔츠. 囹알로하.

알록-달록[-딸-] 囝 여러 빛깔의 점이나 줄이 고르지 않게 이룬 무늬가 밴 모양. 囹얼룩덜룩. **알록달록-하다** 훤여 ¶**알록달록한** 이불보.
알록-알록 囝 여러 빛깔의 점이나 줄이 고르게 이룬 무늬가 밴 모양. 囹얼루룩얼루룩. **알록알록-하다** 훤여
알록-지다[-찌-] 동(자) 알록달록하게 되다.
알롱-달롱 囝 여러 가지 빛깔의 작고 또렷한 점이나 줄 따위가 고르지 않고 촘촘하게 무늬를 이룬 모양. 囹얼룽덜룽. **알롱달롱-하다** 훤여
알롱-알롱 囝 여러 가지 빛깔의 작고 또렷한 점이나 줄 따위가 고르고 촘촘하게 무늬를 이룬 모양. 囹얼룽얼룽. **알롱알롱-하다** 훤여
알롱-이 圀 알롱알롱한 점이나 무늬. 또는, 그런 점이나 무늬가 있는 짐승이나 물건. 囹알롱.
알루마이트(alumite) 圀[화] 알루미늄의 표면에 산화알루미늄의 피막을 만들어 내식성(耐蝕性)·내마모성·내열성이 향상되도록 처리한 것의 상표명.
알루미나(alumina) 圀[화] =산화알루미늄.
알루미늄(aluminium) 圀[화] 은백색의 연하고 가벼운 금속 원소. 원소 기호 Al, 원자 번호 13, 원자량 26.9815. 가공하기 쉽고 내식성이 있으며 무해하므로, 건축·화학·가정용 제품 따위에 널리 쓰임.
알루미늄-박(aluminium箔) 圀[화] 알루미늄을 얇게 편 것. 내식성이 뛰어나고 무해하여 포장 재료·단열재 등으로 널리 쓰임.
알른-거리다/-**대다** 동 **1** 무엇이 조금씩 보이다 말다 하다. **2** 잔무늬나 비치는 그림자 등이 물결 지어 자꾸 움직이다. 囹얼른거리다.
알른-알른 囝 알른거리는 모양. ¶아주머니가 말할 적에는 금으로 씌운 송곳니가 ~ 보였다.〈박경리:불신 시대〉囹얼른얼른. **알른알른-하다** 동(자)여
알-리다 동 '알다'의 사동사. ¶많은 사람들에게 기쁜 소식을 ~.
알리바이(alibi) 圀[법] 범죄 사건이 발생한 시간에 피의자가 그 현장에 있지 않았음을 뒷받침하는 증거나 사실. =부재 증명·현장 부재 증명. ¶~가 입증되다 / ~를 증명하다.
알림-장(-狀)[-짱] 圀 알려야 할 내용을 적은 글발.
알림-판(-板) 圀 여러 사람에게 알리는 내용을 적거나 적은 것을 붙이는 판.
알¹-맞다[-맏따] 훤 {무엇이, 또는 누가 어떤 일이나 경우에} 그 기준이나 정도에 있어서 모자람이나 지나침이 없이 좋다. 町적당하다. ¶소풍 가기에 **알맞은** 날씨 / 술도 **알맞게** 마시면 약이 된다. 囹얼맞다.

|어법| **알맞는** 답을 고르시오:**알맞는**(✕) →**알맞은**(○). ▶형용사는 어미 '-는'이 아닌 '-은'과 어울려 활용함.

알¹-맞추[-맏-] 囝 알맞게. ¶~ 간을 하다.
알매[건] =알매흙.
알매-흙[-흑] 圀[건] 산자(橵子) 위에 받는 흙. =알매.
알맹이 圀 **1** 껍데기나 껍질에 싸인 비교적 작은 크기의 고체 물질. 町내용물. ¶호두의 ~ / ~가 없는 빈 껍데기. **2** 사물에 들어 있어야 할, 중요하거나 가치 있는 내용. ¶~가

빠진 문서 / ~가 없는 글.
알-몸 圐 1 아무것도 입지 않은 사람의 몸. 回나신(裸身)·나체(裸體)·맨몸. ¶아이들이 냇가에서 ~으로 먹을 감다. 2 재산이나 재물이 전혀 없는 사람의 비유.
알-몸뚱이 圐 '알몸'을 낮추어 이르는 말.
알-무 '총각무'의 잘못.
알-바늘 圐 실을 꿰지 않은 바늘.
알바니아(Albania) 圐[지] 발칸 반도 남서부에 위치하는 인민 공화국. 수도는 티라나.
알-박기[-끼] 圐〈속〉 재건축 또는 재개발 예정지에 속한 땅이나 건물을 산 뒤, 사업자에게 터무니없이 비싼 값을 요구하며 팔지 않고 버티는 일. ¶~ 수법으로 엄청난 차익.
알-박이 圐 '알배기'의 잘못.
알-반대기 圐 달걀을 번철에 부쳐서 만든 반대기. 回알고명·지단.
알-받이[-바지] 圐 기르기 위하여 새·물고기·벌레 따위의 알을 받는 일.
알-밤 圐 1 밤송이에서 빼내거나 떨어진 밤톨. ¶~을 줍다. 2 주먹을 쥔 상태에서 가운뎃손가락을 약간 내밀어 그 부분으로 머리를 때리는 일. 回꿀밤. ¶~을 먹이다 / 선생님은 "또 장난칠래?" 하시며 영수에게 ~을 주었다.
알-방구리 圐 물을 긷거나 술을 담는 데 쓰는 작은 질그릇.
알배기 圐 1 알이 들어 배가 부른 생선. × 알박이. 2 겉보다 속이 야무진 상태.
알-배다 圐(자) 1 알을 가지다. ¶알밴 닭. 2 곡식의 알이 들다. ¶벼가 알배기 시작하다.
알-버섯[-섣] 圐 담자균류 복균 알버섯과의 버섯. 공 모양으로 생겼고, 겉껍질은 회나 뒤에 누르스름해진. 봄에 바닷가 솔밭의 모래땅에 남. 솔 향기가 있고, 식용함. = 송로(松露).
알-부랑자(-浮浪者) 圐 아주 못된 부랑자.
알부민(albumin) 圐[화] 단순 단백질의 한 가지. 생물체 중에 널리 분포하며, 혈청·유즙·콩·달걀흰자 등에 많음.
알-부자(-富者) 圐 겉보기와는 달리 실속이 있는 부자. ¶저 사람, 행색은 남루하지만 ~라고 소문났다.
알-불 圐 무엇에 싸이거나 담기지 않은 불덩이.
알비노(albino) 圐 선천적으로 피부·모발·눈 등의 멜라닌 색소가 결핍 또는 결여된 비정상적인 개체. 피부색은 백색, 모발은 황백색, 눈동자는 적색이며, 지능 장애·발육 장애 등이 따르는 수가 많음.
알-뿌리 圐[식] 지하에 있는 식물체의 일부인 뿌리·줄기·잎 등이 알 모양으로 비대하여, 양분을 저장한 것. = 구근(球根).
알뿌리^식물(-植物)[-씅-] 圐[식] 알뿌리를 가지는 식물의 총칭. 튤립·글라디올러스 따위. = 구근류·구근 식물.
알-사탕(-沙糖*) 圐 알 모양의 작고 동글동글한. ※구슬사탕.
알-살 알몸의 살. ¶등골에 솜털이라도 솟을 만한 흥분을 일으키면서 슬며시 여자의 깊은 ~이 그리워지는 것이다.《이광숙·탈속
알선(斡旋)[-썬] 圐 1 남의 일을 잘되도록 주선해 주는 것. 2 [법] 장물인 줄 알면서 매매를 주선해 주고 수수료를 받는 행위. 3 노동 쟁의가 당사자 사이에서 해결이 곤란한

경우에 노동 위원회가 지명한 사람이 당사자 사이를 중재하여 쟁의 해결을 도와주는 일. ▷ 조정·중재. **알선-하다** 圐(타)(여) ¶직장을 ~. **알선-되다** 圐(여)
알성-과(謁聖科)[-썽-] 圐[역] = 알성시.
알성^급제(謁聖及第)[-썽-제] 圐[역] 알성시에 합격함. 또는, 그 사람.
알성-시(謁聖試)[-썽-] 圐[역] 조선 시대, 임금이 문묘에 참배한 뒤 성균관에서 보이던 과거. = 알성과.
알^세뇨(이al segno) 圐[음] '기호가 있는 곳까지'의 뜻.
알소(訐訴)[-쏘] 圐 남을 헐뜯으려고 사실을 날조하여 윗사람에게 고해바치는 것. **알소-하다** 圐(타)(여)
알-심[-씸] 圐 1 은근히 동정하는 마음. 2 보기보다 야무진 힘. 3 [식] '고갱이1'의 잘못.
알싸-하다 圐(여) (매운맛이나 냄새 등으로) 혀나 코의 속이 알알하다. ¶초가집 추녀 끝마다 조반 짓느라고 마른 솔가지 태우는 **알싸한** 냄새가 풍겨 왔다.《현기영·길》
알쏭-달쏭 🅱️ 1 여러 가지 빛깔로 된 줄이나 점이 고르지 않게 무늬를 이룬 모양. 目얼쑹덜쑹. 2 생각이 자꾸 헛갈려 분간할 수 있을 듯하면서도 얼른 분간이 안 되는 모양. **알쏭달쏭-하다** 圐(여) ▷ **알쏭달쏭한** 문제. ×아리까리하다.
알쏭-알쏭 🅱️ 1 여러 가지 빛깔로 된 줄이나 점이 규칙적으로 무늬를 이룬 모양. 2 생각이 자꾸 헛갈려 분간할 수 없이도 알아지지 않는 모양. 目얼쑹얼쑹. **알쏭알쏭-하다** 圐(여) ¶답이 무엇인지 ~.
알쏭-하다 圐(여) = 아리송하다. 目얼쑹하다.
알씬 🅱️ 작은 것이 눈앞에 얼른 나타났다가 사라지는 모양. 目얼씬.
알씬-거리다/-대다 圐(자) 1 떠나지 않고 눈앞에서 뱅뱅 돌다. 2 보기 싫으니 내 앞에서 **알씬거리지** 말고 썩 꺼져 버려! 2 교묘한 말과 행동으로 잇따라 남의 비위를 딱. 回알랑거리다. 目얼씬거리다.
알씬-알씬 🅱️ 알씬거리는 모양. 目얼씬얼씬. **알씬알씬-하다** 圐(자)(여)
알아-내다 圐(타) 어떤 방법을 통해 모르던 것을 새로 알다. ¶두 사람의 관계를 ~.
알아-듣다[-따] 圐(타)〈~들으니, ~들어〉 1 남의 말을 듣고 그 뜻을 알다. ¶알아듣기 어려운 말로 지껄이다. 2 어떤 소리를 분간하여 듣다. ¶나는 어머니의 발자국 소리를 **알아듣는다**.
알아-맞추다 圐(타) '알아맞히다'의 잘못.
알아-맞히다[-마치-] 圐(타) 요구된 답을 알아서 맞게 대다. ¶수수께끼를 ~. × 알아맞추다.
알아-먹다[-따] 圐(타) '알아듣다', '알아보다'를 속되게 이르는 말. ¶몇 번씩 얘기했는데도 말귀를 **알아먹어야** 말이지.
알아-보다 圐(타) 1 조사하거나 살펴보다. ¶교통편을 **알아봐라**. / 회사의 재정 상태를 ~. 2 잊어버리지 않고 기억하다. ¶그는 아직도 내 얼굴을 **알아보더라**. 3 무엇을 보고 분간하다. ¶짙은 안개로 지척에 있는 물체조차 **알아볼** 수 없다. 4 어떤 가치나 사람의 능력 따위를 밝히어 알다. ¶해 놓은 일을 보니 너도 다 **알아봤다**.
알아-주다 圐(타) 1 남의 장점을 인정해 주다. 2 남의 사정을 이해하여 주다. ↔몰라주다.
알아-차리다 圐(타) 1 미리 알고 정신을 차리

거나 깨닫다. ¶내가 한쪽 눈을 찡긋찡긋하자 그제서야 그는 자기가 실언을 했다는 사실을 **알아차렸다**. 2 =알아채다.
알아-채다 [동](타) 낌새를 미리 알다. =알아차리다. ¶적들은 기습 공격을 **알아채고** 그에 대비해 함정을 파 놓고 기다리고 있었다.
알알-이 [부] 한 알 한 알마다. ¶~ 여문 옥수수 / 이 마을 전설이 주저리주저리 열리고 먼 데 하늘이 꿈꾸며 — 들어와 박혀.《이육사:청포도》
알알-하다 [형](여) 1(몹시 맵거나 독한 것이 혀끝에 닿을 때처럼) 아리고 쏘는 느낌이 있다. ¶고추가 어찌나 매운지 혀가 ~. 2(상처 따위가) 꽤 아리다. ¶일광욕을 했더니 등이 ~ / 매를 맞은 자리가 ~. 큰얼얼하다.
알-약(-藥)[-략] [명] 가루나 액체 상태가 아닌 알갱이 형태로 만든 약. 정제와 환약을 포괄하여 이르는 말임. ▷가루약.
알은-척 [명] =알은체. **알은척-하다** [동](자)(타)(여)
알은-체 [명] 1(남의 일에) 관심을 가지고 끼어들거나 나서서 거드는 것. 비간섭. 2(어떤 사람이) 다른 사람에게 인사를 건네면서 그를 안다는 표정을 짓거나 반가움을 나타내는 것. 주로, 낯설거나 친하지 않은 사람을 주어로 하나, '알은체도 안 한다'와 같이 부정적으로 쓰일 때에는 잘 알고 있는 사람이 주어로 옴. =알은척. **알은체-하다** [동](자)(타)(여) ¶남의 일에 공연히 **알은체하지** 마라. / 길을 가는데 웬 사내가 다가와 악수를 청하면서 **알은체했다**.

> 어법 그는 글줄이나 읽었다고 툭하면 알은체한다 : 알은체하다(×)→아는 체하다(○). ▶ '아는 체하다'는 지식을 과시하고 싶어 하는 태도나 어떤 사실을 모르면서도 알고 있는 것처럼 행동하는 태도를 나타낼 때 쓰임.

알음 [명] 1사람끼리 서로 아는 일. ¶전부터 ~이 있던 사람. 2알고 있는 것. 3신(神)의 보호. 또는, 신이 보호하여 준 보람.
알음-알음 [명] 1서로 아는 관계. ¶~으로 취직을 부탁하다. 2서로 가진 친분. ¶그 사람과는 어릴 때 한동네에 살아 ~이 없지도 않다.
알음-알이 [명] 1꾀바른 수단. 2서로 가까이 아는 사람.
알-자리 [짜-] [명] 새 따위가 알을 낳거나 품고 있는 자리.
알-전구(-電球) [명] 갓 따위의 가리개가 없는 전구. 또는, 전선 끝에 매달려 있는 맨전구.
알-젓 [-젇] [명] 생선의 알을 담근 것. =난해(卵醢). ¶조기 ~.
알제리(Algérie) [지] 아프리카 대륙 북부의 공화국. 수도는 알제.
알:-조 [-쪼] [명] 알 만한 일. 비알괘. ¶부모가 그 모양이니 자식은 보지 않아도 ~다.
알-종아리 [명] 옷으로 가리지 않고 맨살을 드러낸 종아리. ¶노인은 허옇게 ~를 내놓고 다니는 처녀를 보고는 이맛살을 찌푸렸다.
알-주머니 [-쭈-] [명](생) 알을 싸고 있는 얇고 질긴 껍질. =난낭(卵囊).
알-줄 [명] =나선(裸線).
알-줄기 [식] 땅줄기의 하나. 주축(主軸)을 이루는 줄기의 밑 부분이 녹말 등의 양분을 많이 저장하여 살이 쪄서 공 모양을 이

룬 것.
알-지단(-②鷄蛋) [명] 지단을 달걀로 부쳐 만든 것이라 하여 분명히 일컫는 말.
알-집 [-찝] [명](생) 난소(卵巢).
알짜 [명] 1중요하거나 핵심이 되는 것. ¶~ 정보 / 자료에서 ~만 골라내다. 2(일부 명사 앞에 관형어적으로 쓰여) 실속이나 실익이 있음. ¶~ 기업 / 감남의 ~땅 / ~ 피서를 떠나자. 3(일부 명사 앞에 관형어적으로 쓰여) 더도 덜도 아닌 진짜. ¶~ 건달 / 오 서방은 송곳 하나 꽂을 땅이 없는 ~ 소작인이었다.《채만식:소년은 자란다》
알짜-배기 [명] '알짜'를 속되게 이르는 말.
알짝지근-하다 [-찌-] [형](여) 1살이 알알하게 아프다. 2알맞게 취하다. ¶**알짝지근한** 취기. 3 정이 약간 매운 듯하다. 4살붙이의 관계나 알음알음이 있어 좀 인연이 있는 듯하다. 준알찍근하다. 큰얼찍지근하다.
알짬 [명] 여럿 가운데 가장 중요한 내용. 또는, 그 대상. ¶대소가 여러 집 세간의 ~을 뽑아내서 짐들을 만들었다.《홍명희:임꺽정》
알짱-거리다/-대다 [동](자)(타) 1알랑거리며 자꾸 남을 속이다. 2공연히 자꾸 아장거리다. ¶내 눈앞에서 **알짱거리지** 말고 썩 꺼져라. 큰얼쩡거리다.
알짱-알짱 [부] 알짱거리는 모양. 큰얼쩡얼쩡. **알짱알짱-하다** [동](자)(타) ¶하루 종일 내 눈앞에서만 **알짱알짱하고** 있다.
알쭌-하다 [형](여) 다른 것이 섞이거나 보태진 것이 없이 순수하거나 순전하다. ¶…현금 많고 남의 빚 없고 자손 적고 잘 나다니지 않는 박 작작의, 아는 사람은 어느 귀족, 어느 부자보다도 더 **알쭌하게** 쳤다.《이태준:제2의 운명》
알-찌개 [명] 달걀 등을 깨어 고기와 여러 가지 양념을 넣고 찐 찌개.
알찐-거리다/-대다 [동](자) 바싹 붙어서 자꾸 알랑거리다. ¶치근치근하게 따라다니며 ~. 큰얼찐거리다.
알찐-알찐 [부] 알찐거리는 모양. 큰얼찐얼찐. **알찐알찐-하다** [동](자)(타)
알-차다 [형] 내용이 아주 충실하다. 또는, 속이 꽉 차다. ¶**알찬** 내용의 책 / 배추의 속이 ~.
알-천 [명] 1재산 가운데 가장 값나가는 물건. 2음식 가운데 가장 맛있는 음식.
알츠하이머-병(Alzheimer病) [명](의) 뇌신경 세포 안팎에 아밀로이드라는 독성 단백질이 쌓여 뇌세포를 죽임으로써 기억력이 떨어지고 뇌 기능이 약해지는, 노인 특유의 질환.
알칼로이드(alkaloid) [명](화) 식물체 속에 존재하는, 질소와 탄소를 함유하는 염기성 유기 화합물의 총칭. 니코틴·모르핀·카페인 등이 대표적인 것으로, 진통·진해·마취 작용을 함.
알칼리(alkali) [명](화) 염기(鹽基) 중에서 물에 녹는 물질의 총칭. 수산화나트륨·수산화칼륨 등이 이에 속하며, 수용액은 붉은 리트머스 종이를 청색으로 변화시킴.
알칼리^금속(alkali金屬) [명](화) 주기율표 1A족에 속하는 리튬·나트륨·칼륨·루비듐·세슘·프랑슘의 여섯 금속 원소의 총칭.
알칼리-성(alkali性) [명](화) 알칼리를 나타내는 성질. 만염기성. ▷염기성.
알칼리성^식품(alkali性食品) [명] 식품을 태웠을 때 그 재 속에 칼슘·칼륨·나트륨 등의 알칼리성 성분이 많이 함유되어 있는 식품. 야채·과일·우유 따위. 이 식품이 체액의 산

성도를 떨어뜨린다는 속설은 잘못된 것임. ↔산성 식품.
알칼리^전^지(alkali電池) 〖화〗 충전(充電)이 가능한 2차 전지의 하나. 전해액으로 알칼리 용액, 양극으로 수산화니켈, 음극으로 철 또는 카드뮴을 사용함. 가볍고 수명이 긺.
알칼리^토금속(alkali土金屬) 〖화〗 주기율표 2A족에 속하는 베릴륨·마그네슘·칼슘·스트론튬·바륨·라듐의 여섯 금속 원소의 총칭.
알켄족^탄^화수소(alkene族炭化水素) 〖화〗=에틸렌계 탄화수소.
알코올(alcohol) 1 〖화〗 탄화수소의 수소 원자를 수산기(水酸基)로 치환한 형태의 화합물의 총칭. 무색의 휘발하기 쉬운 액체로 타기 쉽고, 유기물을 잘 녹임. 연료·용메 외에 주류(酒類)나 의약품 제조 등에 쓰임. 2 〖화〗=에탄올. 3 '술'의 대명사로 쓰이는 말. ¶~의존자. 4 1로 만든 소독용 약품을 이르는 말.
알코올-램프(alcohol lamp) 〖명〗 알코올을 연료로 하는 램프. 그을음이 없고 화력이 세어, 화학 실험 등에 쓰임.
알코올-발효(alcohol醱酵) 〖명〗〖화〗 효모·세균 등 미생물에 의해서 당류(糖類)가 알코올과 이산화탄소로 분해되는 현상. 맥주·포도주의 양조나 알코올 공업에 응용됨. ≒주정 발효(酒精醱酵).
알코올-버너(alcohol burner) 〖명〗 알코올을 연료로 하는 휴대용 가열 기구.
알코올-성(alcohol性) 〖명〗 알코올이 들어 있는 성질. ¶~ 음료.
알코올^온도계(alcohol溫度計) [-계/-게] 〖명〗 묽게 물들인 에틸알코올 유리관 속에 봉입한 액체 온도계. 열팽창(熱膨脹)을 이용하여 온도를 측정함.
알코올-음료(alcohol飮料) [-뇨] 〖명〗 알코올을 함유하는 음료. 곧, '술'을 달리 이르는 말.
알코올^의존자(alcohol依存者) 〖명〗〖의〗 알코올 의존증에 빠진 사람. 구용어는 알코올 중독자.
알코올^의존증(alcohol依存症) [-쯩] 〖명〗〖의〗 술을 장기간에 걸쳐 마시는 동안 습관성이 되어 그만두려 해도 그만둘 수 없게 된 상태. 술을 먹지 않으면 금단 증세를 일으킴. 세계 보건 기구의 제의에 따라, '알코올 중독'을 대신하여 쓰이는 말.
알코올^중독(alcohol中毒) 〖명〗〖의〗 '알코올 의존증'의 구용어.
알코올^중독자(alcohol中毒者) [-짜] 〖명〗〖의〗 '알코올 의존자'의 구용어.
알콩-달콩 〖부〗 잔재미가 있고 즐겁게. ¶두 사람은 결혼에 성공해서 ~ 살아가고 있다. **알콩달콩-하다** 〖형여〗 ¶연인들의 **알콩달콩한** 사랑 이야기.
알큰-하다 〖형여〗 '얼근하다'의 거센말. ¶생선찌개의 국물이 ~. ⓗ얼큰하다. **알큰-히** 〖부〗
알타리-무 〖명〗 '총각무'의 잘못.
알타이^어^족(Altai語族) 〖명〗〖언〗 튀르크 어족·몽골 어족·퉁구스 어족의 총칭. 모음조화와 교착성(膠着性)을 보이며, 어두(語頭)에 r음이 오지 않는다는 등의 특징이 있음. 한국어와 일본어를 여기에 넣는 학설도 있음.
알토(ⓘalto) 〖명〗〖음〗 1 성악에서, 여성이 낼 수 있는 가장 낮은 음역(音域)의 소리. 또는, 그 음역의 가수. =콘트랄토. 2 보통 관악기에서, 알토 음역의 악기. 알토 색소폰 따위.
알-토란(-土卵) 〖명〗 껍질을 벗겨 깨끗하게 다듬은 토란.
알토란 같다 〖구〗 (살림·재산 등이) 옹골차게 실속이 있다. ¶**알토란 같은** 재산을 다 날리다.
알-통 〖명〗 사람의 몸에서 근육이 불거져 나온 부분. 특히, 팔을 굽힌 상태에서 힘을 주었을 때, 위팔 안쪽에 둥글게 불거지는 근육.
알파/α(ⓐalpha) 〖명〗 어떤 미지수. ¶기본급에 ~를 더 지급하겠소.
알파와 오메가 〖구〗 1 처음과 마지막. 2 전부 또는 총체.
알파벳(alphabet) 〖명〗 그리스 문자·로마자 등 구미(歐美) 언어의 표기에 쓰이는 문자의 총체. 보통, 로마자를 가리킴.
알파벳-순(alphabet順) 〖명〗 로마자의 ABC 순. ¶~으로 배열하다.
알파^붕괴(ⓐalpha崩壞) [-괴/-궤] 〖명〗〖물〗 방사성 원자핵이 알파 입자를 방출하여 다른 종류의 원자핵으로 변하는 과정.
알파-선(ⓐalpha線) 〖명〗〖물〗 방사선의 하나. 방사성 원소의 알파 붕괴로 방출되는 알파 입자의 흐름.
알파-성(ⓐalpha星) 〖명〗〖천〗 각 별자리 가운데 가장 밝은 별. =수성(首星).
알파인^종^목(alpine種目) 〖명〗〖체〗 스키 경기에서, 활강·회전·대회전 종목 및 그것의 복합 경기. ↔알펜 경기. ▷노르딕 종목.
알파^입자(ⓐalpha粒子) [-짜] 〖명〗〖물〗 알파 붕괴 때에 방출되는 헬륨 원자핵. 두 개의 양성자와 두 개의 중성자가 결합된 것임.
알파카(alpaca) 〖명〗 1 〖동〗 포유류 낙타과의 한 종. 양과 비슷하나, 목과 몸통이 훨씬 길고 귀가 서 있음. 흑갈색의 길고 부드러운 털은 옷감으로 쓰이며, 고기는 먹음. 2 1의 털로 만든 실이나 천. 가볍고 질겨 여름 옷감과 안감으로 쓰임.
알파-파(ⓐalpha波) 〖명〗〖생〗 정상적인 성인이 눈을 감고 몸을 이완시키면서 편안히 쉴 때 발생하는, 주파수 7~13헤르츠의 뇌파.
알^피네(ⓘal fine) 〖명〗〖음〗 악곡의 표현 방법을 나타내는 말로, '끝까지'의 뜻.
알피니스트(alpinist) 〖명〗=등산가.
알피니즘(alpinism) 〖명〗 오직 산에 오르는 것만을 목적으로 하는 스포츠로서의 등산. 또는, 그러한 등산에 대한 사고방식.
알현(謁見) 〖명〗 지체가 높고 귀한 사람을 찾아뵙는 일. **알현-하다** 〖자타여〗 ¶황제를 ~.
알형(軋刑) 〖명〗 죄인을 수레바퀴 밑에 깔아 뼈를 부수어 죽이던 고대의 형벌.
앍다 [악따] 〖동자〗 1 얼굴에 마마의 자국이 생기다. 2 물건의 거죽에 흠이 많이 나다. ⓗ얽다.
앍둑-빼기 [악뚝-] 〖명〗 얼굴이 보기 흉하게 앍둑앍둑 앍은 사람. ⓗ얽둑빼기.
앍둑-앍둑 [악뚝악뚝] 〖부〗 얼굴에 잘고 깊이 얽은 자국이 성기게 난 모양. ⓗ얽둑얽둑. **앍둑앍둑-하다** 〖형여〗
앍작-빼기 [악짝-] 〖명〗 얼굴이 앍작앍작 앍은 사람. ⓗ얽작빼기.
앍작-앍작 [악짝악짝] 〖부〗 잘고 굵은 것이 섞여 얕게 앍은 자국이 밴 모양. ⓗ얽적얽적. **앍작앍작-하다** 〖형여〗
앍족-앍족 [악쪽악쪽] 〖부〗 잘고 굵은 것이 섞여 앍은 자국이 곱게 밴 모양. ⓗ얽죽얽죽.

앍족앍족-하다 [형][여]
앎[암] [명] 아는 일. [비]지식. ¶배움은 ~이다.
앓다[알타] [동][자][타] 1 (병을) 가지고 있어 몸의 괴로움을 느끼다. 또는, (특정한 몸의 부위를) 병으로 괴롭게 느끼다. ¶배를 ~. 2 마음에 근심이 있어 괴로움을 느끼다. ¶골머리를 ~ / 혼자서 끙끙 **앓지** 말고 내게 얘길 해라.
[**앓느니 죽지**] 어떤 일을 궁여지책으로 하느니보다는 차라리 하지 않는 편이 낫다.
[**앓던 이 빠진 것 같다**] 걱정거리가 없어져 시원하다. '여발통치(如拔痛齒)'와 같은 말.
앓아-눕다[알-따] [동][자][ㅂ] <-누우니, -누워> 앓아서 자리에 눕다. 또는, 자리에 누워 있어야 할 만한 상태로 되다. ¶김 영감은 노환으로 **앓아누운** 지 벌써 몇 달이 됐다.
암[1] [명] 성(性)이 구분되어 있는 생물에서, 새끼나 알을 배어 낳을 수 있거나, 열매를 맺을 수 있는 성질. 또는, 그런 성질을 가진 성(性). 옛말에서는 자립성이 뚜렷했으나, 현대 국어에서는 그렇지 못하여 격 조사가 붙기 어려우며, '암수'와 같은 합성어의 경우에서나 명사의 기능을 엿볼 수 있을 뿐임. ↔수.
암[2] [명] '암죽'의 잘못.
암[3] [감] '아무렴'의 준말. ¶~, 그렇게 해야지. / ~, 그렇고말고.
암[4](癌) [명] 1 [의] 몸속의 조직 세포가 급속도로 무제한의 증식을 하여 종양을 이루는 난치의 병. 궁극적으로는 주위의 조직을 침범하거나 다른 장기(臟器)에 퍼져 죽음에 이르게 함. ¶위-/-이 진행되다. 2 고치기 어려운 사회적인 병리 현상. 비유적인 말임. ¶마약은 인간의 정신을 황폐화시키고 사회를 혼란에 빠뜨리는 고질적인 -이다.
암-[5] [접두] 1 생물에서, 자성(雌性)임을 나타내는 말. 다음에 오는 단어의 거센소리되기는 일부의 단어(강아지·개·것·기와·닭·당나귀·돌쩌귀·돼지·병아리 따위)에서만 예외적으로 인정함. ¶~꽃 / ~퇘지 / ~벌. 2 쌍을 이루는 사물에서, 자성적·수동적이거나 오목한 특성을 가진 상태임을 비유적으로 이르는 말. ¶~나사 / ~단추 / ~무지개.
-암[6](庵) [접미] 암자(庵子)의 뜻을 나타내는 말. ¶관음~.
-암[7](巖) [접미] 어떤 종류의 암석임을 나타내는 말. ¶퇴적~ / 변성~ / 화강~.
암:-갈색(暗褐色) [-쌕] [명] 어두운 갈색.
암-개구리 [명] 개구리의 암컷. ↔수개구리.
암-개미 [명] 개미의 암컷. ↔수개미. ×암캐미.
암거(暗渠) [명] =속도랑. ↔개거·명거.
암:-거래(暗去來) [명] 법을 어기면서 몰래 무엇을 사고파는 짓. =암매매. ¶장물의 ~ / 밀수품의 ~.
암:거래-하다 [동][타][여] **암:거래-되다** [동][자]
암-거미 [명] 거미의 암컷. ↔수거미. ×암커미.
암-게 [명] 게의 암컷. ↔수게.
암계(暗計) [-계/-게] [명] 몰래 꾀하는 일. 또는, 비밀히 꾀. **암:계-하다** [동][타][여]
암-고양이 [명] 고양이의 암컷. ↔수고양이. ×암코양이.
암-곰 [명] 곰의 암컷. ↔수곰. ×암콤.
암-구렁이 [명] 구렁이의 암컷. ↔수구렁이.
암굴(巖窟) [명] =석굴(石窟).

암권(岩圈) [-꿘] [지] 지구의 가장 바깥층. 지각과 맨틀 상부를 합한 것으로, 단단함. =암석권.
암-글 [명] 1 배워서 알기는 하나 실제로 쓸 줄 모르는 글의 지식. 2 '한글'을 여자들이나 배우는 글이라 하여 낮추어 이르던 말. ↔수글.
암:기[1](-氣) [-끼] [명] 암상궂은 마음. [비]시기심. ¶감매는 그리 사납지 않으나 - 좀 섞여 보이는 듯한 그 낯빛이 넉히 사람깨나 잡을 듯하다. <김유정: 솥>
암:기[2](暗記) [명] 사물을 외어 잊지 않는 것. ¶~법. **암:기-하다** [동][타][여] ¶단어를 ~.
암:기-력(暗記力) [명] 사물을 외어 잊지 않는 힘. ¶뛰어난 ~ / - 테스트.
암-기와 [명] '암키와'의 잘못.
암-까마귀 [명] 까마귀의 암컷. ↔수까마귀.
암-꽃 [-꼳] [명][식] 밤나무·호박 따위와 같이 암술만이 있는 꽃. =자화(雌花). ↔수꽃.
암-꿩 [명] 꿩의 암컷. =까투리. ↔수꿩. ×암쿵.
암-나귀 [명] '암탕나귀'의 준말. ↔수나귀.
암-나무 [명][식] 자웅 이주로 된 나무에서 열매를 맺을 수 있는 나무. ↔수나무.
암-나방 [명] 나방의 암컷. ↔수나방.
암-나비 [명] 나비의 암컷. ↔수나비.
암-나사(-螺絲) [명] 수나사를 끼울 수 있도록 나선형으로 나사골을 판 나사. ↔수나사.
암:-내[1] [명] 발정기에 암컷의 몸에서 나는 냄새. ¶-가 나다 / -를 내다 / -를 피우다.
암:-내[2] [명] 겨드랑이에서 나는 좋지 못한 냄새. [비]액취(腋臭). ×곁땀내.
암-노루 [명] 노루의 암컷. [비]느렁이. ↔수노루.
암:-녹색(暗綠色) [-쌕] [명] 어두운 녹색.
암-놈 [명] 동물의 암컷을 귀엽게 이르는 말. ↔수놈.
암-단추 [명] 수단추가 들어가서 걸리게 된 단추. ↔수단추.
암:-달러(暗dollar) [명] 암시장에서 몰래 거래되는 달러 화폐.
암:달러-상(暗dollar商) [명] 암시장에서 몰래 달러를 사고파는 일. 또는, 그런 장사꾼.
암-닭 [명] '암탉'의 잘못.
암담(暗澹) → **암:담-하다** [형][여] 1 어두컴컴하고 쓸쓸하다. 2 희망이 않이 막막하다. ¶일제 치하의 **암담하던** 시기 / 직장에서 해고되어 먹고살 길이 ~.
암-당나귀 [명] '암탕나귀'의 잘못.
암-되다 [-뙤/-뛔-] [형] (남자가) 여자처럼 소극적이고 수줍음이 많다. ¶사람이 본시 **암되니깨** 그런 거라우. <박경리: 토지>
암:루(暗淚) [-누] [명] 소리 없이 흘리는 눈물.
암:류(暗流) [-뉴] [명] 1 물 바닥의 흐름. 2 겉으로 드러나지 않게 은근히 다투는 분위기의 움직임.
암릉(巖稜) [-능] [명] 경사가 비교적 완만한 바위 능선. 경사가 수직에 가까운 '암벽'과는 구별됨. ¶~ 등반 / - 코스.
암릉-화(巖稜靴) [-능-] [명] 암릉 등반에 사용하기 적합하게 만든 신발. 신발 바닥이 바위 면에 잘 밀착되는 특성이 있음.
암:-막새 [-쌔] [명][건] '내림새'를 '막새'로 일컫는 말. ↔수막새.
암:만[1] [명] 밝힐 필요가 없는 값이나 수량 따위를 일컬을 때 쓰는 말. ¶이번에 ~의 돈을 벌었다. / 책값이 ~이라고 그랬지?

암만²〔副〕=아무리. ¶~ 말해도 안 듣는다. **암만-하다** 〔동〕〔여〕 ¶**암만해도** 수상하다.
암!만-암만 〔명〕 밝힐 필요가 없는 값이나 수량 따위가 두 자리 이상의 단위로 이야기될 때 이르는 말.
암-말¹ 〔명〕 말의 암컷. ↔수말.
암!말² '아무 말'이 준 말. ¶~ 말고 따라와.
암!매¹(暗買) 〔명〕 물건을 몰래 사는 것. **암!매-하다**〔동〕〔타〕〔여〕장물을 ~.
암!매²(暗賣) 〔명〕 물건을 몰래 파는 것. =잠매 (潛賣). **암!매-하다²**〔동〕〔타〕〔여〕
암!-매매(暗賣買) 〔명〕 =암거래. **암!매매-하다** 〔동〕〔타〕〔여〕 ¶밀수품을 ~. **암!매매-되다** 〔동〕〔자〕
암!-매장(暗埋葬) 〔명〕 (시체를) 몰래 땅속에 묻는 것. (비)암장. **암!매장-하다**〔동〕〔타〕〔여〕 ¶살해한 시체를 ~. **암!매장-되다**〔동〕〔자〕
암맥(巖脈) 〔명〕〔지〕 화성암의 마그마가 다른 암석 사이로 들어가서 굳은 줄기.
암!면¹(暗面) 〔명〕 =암흑면(暗黑面). ¶삶의 ~을 묘사한 소설.
암면²(巖綿) 〔명〕〔공〕 =암석 섬유.
암-모기 〔명〕 모기의 암컷. ↔수모기.
암모나이트(ammonite) 〔명〕〔동〕 연체동물 두족강의 화석 조개. 고생대 데본기에서 중생대 백악기까지의 지층에서 발견되며, 중생대의 표준 화석임. =국석(菊石)·암몬조개.
암모늄(ammonium) 〔명〕〔화〕 질소 1원자와 수소 4원자로 결합되는 염기성의 1가의 기(基). 산과 화합하여 염류를 만듦.
암모니아(ammonia) 〔명〕〔화〕 자극적인 악취가 나는 무색의 기체. 질소와 수소의 화합물로, 석탄을 건류할 때 생기거나 인공적으로 합성함. 질소 비료·요소 수지 등의 제조에 쓰임.
암모니아^소다법(ammonia soda法) 〔명〕〔화〕 탄산나트륨의 제조법. 포화 식염수에 암모니아를 주입하고, 이산화탄소를 가압 용해하면 탄산수소나트륨이 침전하는데, 이것을 분리·가열하여 탄산나트륨을 얻음. =솔베이법.
암모니아-수(ammonia水) 〔명〕〔화〕 암모니아를 물에 녹인 용액. 무색의 액체로, 시약(試藥)·용약 등으로 쓰임.
암-무지개 〔명〕 쌍무지개에서 빛이 엷고 흐린 무지개. =이차 무지개. ↔수무지개.
암!묵(暗默) 〔명〕 자신의 태도나 뜻을 겉으로 드러내거나 말로 표현하지 않는 것. ¶~의 양해. **암!묵-하다**〔동〕〔자〕〔여〕
암!묵-리(暗默裏) [-니] 〔부〕 =암묵리에.
암!묵리-에(暗默裏-) [-뭉니-] 〔부〕 자신의 태도나 뜻을 겉으로 드러내거나 말로 표현하지 않는 가운데. =암묵리. ¶~ 동조하다.
암!묵-적(暗默的) [-쩍] 〔관형〕 어떤 일이 자신의 태도나 뜻을 겉으로 드러내지 않은 상태에서 이뤄지는 (것). ¶~인 지지[동의].
암!묵-지(暗默知) [-찌] 〔명〕 개인적 경험에 의해 얻어지나, 명확히 정의되거나 표현되기 어려운 주관적 지식. 대체로 공개되어 있지 않아 비공식적 경로로 접근할 수밖에 없음. ▷형식지.
암반(巖盤) 〔명〕 바위로 이루어진 지층이나 지반. ¶~ 천연수.
암반-수(巖盤水) 〔명〕 암반을 뚫어서 끌어 올린 물. ¶지하 ~.
암!-반응(暗反應) 〔명〕〔생〕 광합성에서, 빛과 관계없는 반응 부분. ↔명반응.
암-벌 〔명〕 벌의 암컷. ↔수벌. ×암펄.
암-범 〔명〕 범의 암컷. ↔수범. ×암펌.
암벽(巖壁) 〔명〕 바위가 깎아지른 듯이 높이 솟아 수직의 벽을 이룬 것. ¶~ 등반 / ~을 타다 / ~을 기어오르다.
암!부(暗部) 〔명〕〔천〕 태양 흑점 중심의 검은 부분. =암흑부. ↔반암부(半暗部).
암-비둘기 〔명〕 비둘기의 암컷. ↔수비둘기.
암-사내 〔명〕 여자처럼 소극적이고 수줍음이 많은 사내.
암-사돈(-查頓) 〔명〕 며느리 쪽의 사돈. ↔수사돈.
암-사슴 〔명〕 사슴의 암컷. ↔수사슴.
암-사자(-獅子) 〔명〕 사자의 암컷. ↔수사자.
암!산¹(暗算) 〔명〕 (수 계산을) 수판이나 계산기로 하지 않고, 또는 숫자를 종이 등에 써서 하지 않고 머릿속으로 하는 것. (비)속셈. ↔필산(筆算). **암!산-하다**〔동〕〔타〕〔여〕 ¶덧셈을 ~.
암산²(巖山) 〔명〕 바위가 많은 산. ↔토산(土山).
암살¹ '염살'의 작은말로 흘하게 또는 품위가 낮게 이르는 말. **암살-하다¹**〔동〕〔자〕〔여〕
암!살²(暗殺) 〔명〕 (사람, 특히 정치적으로 중요한 인물을) 몰래 죽이는 것. =도살(盜殺). ¶요인 ~ / ~을 기도하다. **암!살-하다²**〔동〕〔타〕〔여〕 ¶정적을 ~. **암!살-되다²**〔동〕〔자〕
암-삼(-蔘) 〔명〕 암꽃만 있는 삼. ↔수삼.
암!상¹ 〔명〕 남을 미워하고 샘을 잘 내는 잔망스러운 심술. ¶~을 떨다 / ~을 부리다 / ~을 피우다 / 영주는 그만 신명이 풀려서 되레 ~이 나 가지고 톡 쏘아 버린다.《채만식:명일》 **암!상-하다**〔형〕〔여〕 샘하는 마음이 많다. ¶**암상한** 계집애.
암상²(巖床) 〔명〕〔지〕 마그마가 지층 사이로 들어가서 명석 모양으로 굳은 것.
암!상-굿다 [-굳따] 〔형〕 몹시 암상스럽다. ¶**암상굿게** 굴다.
암!상-꾸러기 〔명〕 암상을 잘 부리는 사람.
암!상-스럽다 [-따] 〔형〕〔여〕 ~스러우며, ~스러워〕 암상한 데가 있다. ¶여전히 입만 뽀로통해 가지고 **암상스러운** 눈을 까뒤집고 서서 허세를 보일 뿐이다.《염상섭:취우》 **암!상-스레** 〔부〕
암!-상인(暗商人) 〔명〕 법을 어기고 몰래 상품을 매매하는 사람.
암!-상자(暗箱子) 〔명〕〔물〕 =어둠상자.
암-새 〔명〕 새의 암컷. ↔수새.
암!색¹(暗色) 〔명〕 어두운 빛깔.
암!색²(暗索) 〔명〕 '암중모색'의 준말. **암!색-하다**〔동〕〔타〕〔여〕
암석(巖石) 〔명〕〔지〕 지구의 표면을 덮고 있는 단단한 물질.
암석^섬유(巖石纖維) [-썸-] 〔명〕〔공〕 현무암·안산암 등을 녹여 만든 섬유 같은 물질. 열 절연체로서 보온·보냉(保冷) 및 흡음재로 쓰임. =암면(巖綿).
암설(巖屑) 〔명〕 풍화 작용으로 파괴되어 생긴 바위 부스러기.
암설-토(巖屑土) 〔명〕〔지〕 암설이 주성분을 이루는 토양.
암!-세포(癌細胞) 〔명〕〔의〕 암을 형성하는 세포.
암-소 〔명〕 소의 암컷. =빈우(牝牛). ↔수소·황소.
암!송(暗誦) 〔명〕 (글을) 보지 않고 외는 것.

암:송-하다 [동][타][여] ¶시를 ~.
암-송아지 [명] 송아지의 암컷. ↔수송아지.
암-쇠 [-쇠/-쉐] [명] 1 열쇠·자물쇠 등의 수쇠가 들어갈 구멍에 박은 쇠. 2 맷돌 위짝 가운데에 박힌, 구멍이 뚫린 쇠. ≒수쇠.
암-수¹ 암컷과 수컷. =자웅(雌雄). ¶~ 한 쌍 / ~ 감별.
암-수² (暗數) [명] =속임수. ¶~를 쓰다.
암수-딴그루 [명][식] =자웅 이주. ↔암수한그루.
암수-딴몸 [명][동] =자웅 이체. ↔암수한몸.
암수-한그루 [명][식] =자웅 동주. ↔암수딴그루.
암수-한몸 [명][동] =자웅 동체. ↔암수딴몸.
암:-순응 (暗順應) [명][생] 밝은 곳에서 갑자기 어두운 곳에 들어갔을 때, 처음에는 아무것도 안 보이나 차차 어둠에 눈이 익어 주위가 보이게 되는 현상. ↔명순응.
암-술 [식] 종자식물의 꽃 속에 있는, 종자를 만드는 자성(雌性) 기관. 암술머리·씨방·암술대의 세 부분으로 이루어짐. =암꽃술·자예(雌蕊). ↔수술.
암술-대 [-때] 암술머리와 암술의 씨방을 연결하는 둥근기둥 모양의 가늘고 긴 부분. =화주(花柱).
암술-머리 (暗示) 암술의 꼭대기에 있어 꽃가루를 받는 부분. =주두(柱頭).
암:시 (暗示) [명] 1 (어떤 사람이 어떤 일이나 사실을) 꼬집어 말하거나 나타내지는 않으나 간접적으로 짐작할 만하게 말하거나 나타내는 것. 또는, (어떤 일이나 사실이 그와 관계되는 다른 일이나 사실을) 짐작하거나 연상하여 알게 하는 것. ¶~를 주다. =명시(明示). 2 [심] 언어 그밖의 자극으로서 이성(理性)에 호소함이 없이 타인의 관념·결심·행동 등을 유발하는 일. ¶자기 ~를 걸다. **암:시-하다** [동][타][여] ¶무언가 ~는 듯한 말을 남기다. **암:시-되다** [동][자]
암:-시세 (暗時勢) [명] 암거래의 시세.
암:-시장 (暗市場) [명] 암거래가 이루어지는 시장. =블랙마켓.
암:실 (暗室) [명] 1 빛이 들어오지 못하도록 꾸민 캄캄한 방. 사진 현상이나 화학 실험을 할 때 사용함. 2 교도소에서, 중죄인(重罪人)을 가두는 감방.
암암 (巖巖) →**암암-하다**¹ [형][여] (산이) 솟은 모양이 높고 험하다. ¶…청산은 **암암하고** 녹수(綠水)는 양양한데…《홍길동전》 **암암-히** [부]
암:-암리 (暗暗裏) [-니] [부] =암암리에.
암:암리-에 (暗暗裏-) [-니-] [부] 남이 모르는 사이에. ¶~ 계획을 추진하다.
암:암-하다² (暗暗-) [형][여] 잊혀지지 않고 가물가물 보이는 상태에 있다.
암:암-하다³ (暗暗-) [형][여] 어두운 밤.
암:약 (暗躍) [명] (어떤 세력이) 비밀리에 숨어서 활동하는 것. =암중비약. **암:약-하다** [동][자][여] 대도시를 무대로 각종 범죄 조직이 **암약하고** 있다.
암:-양 (-羊) [-냥] [명] 양의 암컷. ↔숫양.
암-여우 [명] 여우의 암컷. ↔수여우.
암:연¹ (暗然) →**암:연-하다**¹ 의지할 곳 없는 나그네의 마음은 ~ 수수(愁愁)롭다.《정비석: 산정무한》
암:연² (黯然) →**암:연-하다**² 이별할 때 서러워서 정신이 아득하다. **암:연-히** [부]
암염 (巖鹽) [명][광] 광물로서 천연으로 산출되는 소금. 염화나트륨이 주성분인 결정(結晶)으로 무색 또는 흰빛임. 식염의 제조 원료로 중요함. =산염(山鹽)·석염(石鹽)·돌소금·경염(硬鹽).
암-염소 [-념-] [명] 염소의 암컷. ↔숫염소.
암:영 (暗影) [-녕-] [명] 1 어두운 그림자. 2 어떤 일에 지장을 주거나 방해가 되는 나쁜 징조. ¶그의 앞날에 ~이 깔리다 / 사업의 전망에 ~을 던지다.
암:우 (暗愚) →**암:우-하다** [형][여] 사리에 어둡고 어리석다.
암:운 (暗雲) [명] 1 곧 비가 내릴 것 같은 검은 구름. 2 위험·파탄이 일어날 듯한 기미. ¶~이 감돌다 / 정국(政局)에 ~이 드리워지다.
암:울 (暗鬱) →**암:울-하다** [형][여] 암담하고 침울하다. ¶**암울했던** 일제(日帝)의 강점(強占) 시대.
암-은행나무 (-銀杏-) [명] 열매가 열리는 은행나무. ↔수은행나무.
암자 (庵子) [불] 1 큰 절에 딸린 작은 절. 2 승려가 임시로 거처하며 도를 닦는 집.
암:-자색 (暗紫色) [명] 어두운 자줏빛.
암:장 (暗葬) [명] 남몰래 장사를 지내는 것. [비] 암매장. **암:장-하다** [동][타][여]
암:-적 (癌的) [-쩍] [관][명] 큰 장애나 고치기 힘든 나쁜 병폐가 되고 있는 (것). ¶땅 투기꾼들은 우리 사회의 ~ 존재이다.
암:-적갈색 (暗赤褐色) [-깔쌕] [명] 어두운 적갈색.
암:적색 (暗赤色) [-쌕] [명] 검붉은 빛.
암:전 (暗轉) [명][연] 연극에서, 막을 내리는 대신 무대의 조명을 끄고 장면을 바꾸는 일. =다크 체인지. ↔명전. **암:전-하다** [동][자][여]
암:종 (癌腫) [명] 표피·점막·선 조직(腺組織) 등의 상피 조직에 생기는 악성 종양.
암:-죽 (-粥) [명] 곡식이나 밤의 가루로 묽게 쑨 죽. 어린아이에게 젖 대신으로 먹임. ¶~을 쑤다. ×암.
암:죽-관 (-粥管) [-꽌] [명] 1 암죽을 먹이는 데 쓰는 고무나 사기 따위로 만든 관. 2 [생] 소장 안벽의 융모 속 또는 둘레에 분포되어 있는 림프관. 이 관을 통해 소화된 음식물이 흡수됨. =유미관(乳糜管).
암:중 (暗中) [명] 1 어두운 속. 2 은밀한 가운데. ~ 공작(工作).
암:중-모색 (暗中摸索) [명] 1 (물건을) 어둠 속에서 더듬어 찾음. 2 어림으로 무엇을 알아내거나 찾아내려 함. ¶실마리를 찾기 위해 ~을 계속하다. (준)암색. **암:중모색-하다** [동][타][여]
암:중-비약 (暗中飛躍) [명] =암약. **암:중비약-하다** [동][자][여]
암-쥐 [-쮜] [명] 쥐의 암컷. ↔숫쥐.
암지 (巖地) [명] 바위가 많은 땅.
암-지르다 [동][여] 〈~지르니, ~질러〉 으뜸 되는 것에 덧붙여서 하나가 되게 하다.
암-쪽 [명] 채무자가 가지는, 어음의 왼쪽 조각. ↔수쪽.
암천 (巖泉) [명] 바위틈에서 솟아나는 샘.
암:-청색 (暗青色) [명] 검푸른 빛.
암체 (暗體) [물] 스스로 빛을 내지 못하는 물체. ↔발광체.
암:초 (暗礁) [명] 1 바다나 큰 호수의 수면 바로 아래에 보이지 않게 잠겨 있어 배와 충돌할 위험이 있는 바위나 산호. ¶배가 ~에 부딪혀 좌초되다. 2 뜻밖의 어려움이나 장애. 비유적인 말임. ¶계획이 ~에 걸리다 [부딪

암-치 [명] **1** 소금에 절여 말린 암민어. ↔수치. **2** 소금에 절여 말린 민어의 통칭.
암-치질(-痔疾) [명][의] 항문 속에 나는 치질. =내치(內痔).
암강아지 [명] 강아지의 암컷. ↔수캉아지.
암캐 [명] 개의 암컷. ↔수캐.
암-개미 [명] '암개미'의 잘못.
암커나 '아무러하거나'가 준 말. ¶돈이 없다고? ~ 기일까지는 꼭 내야 돼.
암커미 [명] '암거미'의 잘못.
암-컷[-컫] [명] 새끼나 알을 배어 낳을 수 있는 성(性)을 가진 동물. ↔수컷.
암케 [명] '암게'의 잘못.
암코양이 [명] '암고양이'의 잘못.
암곰 [명] '암곰'의 잘못.
암쿠렁이 [명] '암구렁이'의 잘못.
암꿩 [명] '암꿩'의 잘못.
암키와 [명] 지붕의 고랑이 되도록 젖혀 놓는 기와. =반(反)·빈와(牝瓦)·앙와(仰瓦)·여와(女瓦). ↔수키와.
암탉[-탁] [명] 닭의 암컷. =빈계(牝鷄). ↔수탉.
[암탉이 울면 집안이 망한다] 집안에서 여자가 남편을 제쳐 놓고 간섭하면 집안일이 잘되지 않는다.
암탕나귀 [명] 당나귀의 암컷. 준암나귀. ↔수탕나귀. ×암당나귀.
암-토끼 [명] 토끼의 암컷. ↔수토끼.
암톨쩌귀 [명] 문확의 수톨쩌귀를 끼는 구멍 뚫린 돌쩌귀. ↔수톨쩌귀.
암퇘지 [명] 돼지의 암컷. ↔수퇘지.
암:투(暗鬪) [명] (주로 조직 내부에서, 어떤 사람이나 세력이) 상대를 눌러 이기려고 겉으로 드러내지 않게 투쟁하는 것. ¶라이벌 간의 ~ / ~가 벌어지다. **암:투-하다** [통] [자]
암:투-극(暗鬪劇) [명] 암투를 하는 상황. ¶~을 벌이다.
암튼 [부] '아무튼'의 준말. ¶~ 최선을 다해 보자.
암팡-스럽다[-따] [형][ㅂ]<~스러우니, ~스러워> 암팡진 데가 있다. **암팡스레** [부]
암팡-지다 [형] (몸집이 작거나 나이가 어린 사람, 특히 여자가, 또는 그의 행동이나 태도가) 무르거나 만만한 데가 없이 세차고 사납다. 비야무지다. ¶암팡지게 대들다 / 암팡지고 다라진 여자.
암펄 [명] '암범'의 잘못.
암펌 [명] '암범'의 잘못.
암페어(ampere) [명][의존][물] 전류의 세기를 재는 국제 기준 단위. 1암페어는 매초 1쿨롱의 전기량이 흐를 때의 전류의 세기임. 기호는 A.
암페어-시(ampere時) [명][의존][물] 전기량을 나타내는 단위. 1암페어시는 1암페어의 전류가 1시간 흐르는 전기량임. 기호는 Ah.
암평아리 [명] 병아리의 암컷. 준암평. ↔수평아리.
암-포기 [명][식] 암꽃이 피는 포기. ↔수포기.
암:표(暗票) [명] 불법적으로 웃돈을 붙여 몰래 파는, 입장권·차표 따위의 표. ¶~상(商) / ~를 팔다.
암:표-상(暗票商) [명] 입장권·차표 등을 사들인 뒤, 불법적으로 웃돈을 붙여 몰래 파는 사람.
암:합(暗合) [명] 사물이 우연히 서로 맞거나 합치되는 것. **암:합-하다** [통][자] **암:합-되다** [통][자]
암:행(暗行) [명] (어떤 목적을 위하여) 자기의 정체를 숨기고 돌아다니는 것. ¶감사(監査). **암:행-하다** [통][자][여] ¶공직자 기강 확립을 위해 사정(司正) 위원들이 ~.
암:행-어사(暗行御史) [명][역] 조선 시대, 임금의 명을 받아 지방 정치의 잘잘못과 백성의 사정을 비밀리에 살피던 임시 관직. 또는, 그 관직에 있던 사람. 준어사. ¶~ 출두야!
암혈(巖穴) [명] =석굴(石窟).
암:호(暗號) [명] **1** 비밀을 유지하기 위하여 당사자끼리만 알 수 있도록 꾸민 약속 기호. ¶~문(文) / ~를 풀다[밝히다] / ~를 대라. **2** [컴] 데이터 파일에 붙어 있는 비밀 기호.
암-호랑이(暗-) [명] 호랑이의 암컷. ↔수호랑이.
암:-황색(暗黃色) [명] 검은빛을 띤 노랑.
암:-회색(暗灰色) [-회/-훼-] [명] 어두운 재색.
암:흑(暗黑) [명] **1** 빛이 없어 어둡고 캄캄한 상태. ¶불이 나가자 순식간에 세상이 암흑으로 변했다. **2** 정신상 또는 생활상 암담하거나 비참한 상태. 비유적인 말임. ¶~의 땅에서 기아와 중노동에 시달리다.
암:흑-가(暗黑街) [-까] [명] 치안 상태가 좋지 않아 범죄나 불법 행위가 자주 발생하는 지역. 또는, 폭력배나 범죄 조직이 활개 치는 추상적 지역이나 세계. ¶~를 누비다 / ~를 주름잡는 폭력배.
암:흑-기(暗黑期) [-끼] [명] 도덕이나 이성, 문명이 쇠퇴하고 세상이 어지러운 시기. 비암흑시대. ¶중세의 ~ / 일제 강점(强占)의 ~.
암:흑-대륙(暗黑大陸) [-때-] [명] '아프리카'를 문명이 뒤진 어둠의 대륙이라는 뜻으로 이르는 말.
암:흑-면(暗黑面) [-훙-] [명] 사물의 어둡고 추한 면. =암면(暗面).
암:흑-사회(暗黑社會) [-싸회/-싸훼] [명] 광명이 없고 암담한 사회. ¶온갖 범죄와 빈곤에 시달리는 ~.
암:흑-상(暗黑相) [-쌍] [명] 어둡고 참담한 양상. ¶전제주의의 ~을 그린 소설.
암:흑^성운(暗黑星雲) [-썽-] [천] 은하(銀河)의 군데군데에 어둡게 보이는 별의 무리. 불투명한 가스 모양의 물질이 있어, 별빛을 가로막으므로 어둡게 보임.
암:흑-세계(暗黑世界) [-쎄게/-쎄게] [명] **1** 어둠의 세계. **2** 범죄나 부도덕으로 가득 찬 세계. 비암흑천지.
암:흑-시대(暗黑時代) [-씨-] [명] **1** 압정·전란 등으로 사회가 혼란하고 문화가 쇠퇴한 시대. 비암흑기. **2** [역] 유럽 역사에서, 중세를 가리키는 말. =다크~.
암:흑-천지(暗黑天地) [명] **1** 하늘과 땅이 어둡고 캄캄한 상태. **2** 부도덕한 행위나 범죄 행위가 많은 암담하고 불안한 사회. 비암흑세계.
압각(壓覺) [-깍] [명][생] 피부 감각의 하나. 피부가 외부의 힘에 눌렸을 때에 생기는 감각. =눌림 감각.
압권(壓卷) [-꿘] [고대 중국의 관리 등용 시험에서, 가장 뛰어난 답안지를 다른 답안지 위에 얹어 놓았다는 고사에서] **1** 많은 책이나 작품 가운데에서 가장 잘 지은 책이나 작품. 또는, 같은 책이나 작품 가운데에서 가장 잘 지은 부분. ¶'산유화'는 소월(素月) 문학의 ~이다. 2 예술적·기술적인 여러 일이나 대상 가운데에서 가장 뛰어나 인상이 깊은 것. ¶그의 노래가 그날 행사의 ~이었다.

압기(壓氣) [-끼] 몡 1 기세를 누르는 것. 2 기세에 눌리는 것. **압기-하다** 통(자)(타)(여)

압도(壓倒) [-또] 몡 (우세한 힘이나 재주로) 꼼짝 못하게 누르는 것. **압도-하다** 통(타)(여) ¶기량 면에서 상대방을 ~. **압도-되다** 통(자)(여) ¶상대방의 기세에.

압도-적(壓倒的) [-또-] 관·몡 아주 뛰어나게 우세하여 남을 눌러 버릴 만한 (것). ¶~ 승리를 거두다 / ~인 표 차이로 당선되다.

압력(壓力) [암녁] 몡 1 어떤 물체가 다른 물체를 누르거나 미는 힘. ¶기체의 ~ / ~을 가하다 / 둑이 불어난 물의 ~을 견디지 못하고 무너져 버렸다. 2 권력이나 세력에 의해 강제적으로 타인을 자기 의지에 따르게 하는 힘. 비유적인 말임. ¶관계 기관에 ~을 넣다 / 정치적 ~을 가하다.

압력-계(壓力計) [암녁꼐/암녁게] 몡 액체 또는 기체의 압력을 재는 계기의 총칭. =검압기·마노미터.

압력^단체(壓力團體) [암녁딴-] 몡 특정의 이익이나 주의(主義)를 달성하기 위하여 국회·정당·행정 관청 등에 정치적 압력을 가하는 사회 집단. ¶~의 로비 활동.

압력-솥(壓力-) [암녁쏟] 몡 용기 안의 압력을 높일 수 있도록 밀폐하는 구조로 된 솥. 빠른 시간 내에 조리를 할 수 있음.

압령(押領) [암녕] 몡 1 죄인을 데리고 오는 것. 2 물건을 호송하는 것. ៲압냥. **압령-하다** 통(타)(여)

압류(押留) [암뉴] 몡 법 국가 권력으로 특정한 물건 또는 권리에 대하여 개인의 처분을 금하는 행위. ¶~ 명령. **압류-하다** 통(타)(여) ¶재산을 ~. **압류-되다** 통(자)

압맥(壓麥) [암-] 몡 =납작보리.

압박(壓迫) [-빡] 몡 1 강한 힘으로 내리누르는 것. 2 기운을 못 펴게 세력으로 내리누르는 것. ¶생활의 ~ / 강대국의 ~을 받다. **압박-하다** 통(타)(여) ¶붕대로 복부를 ~ / 알 수 없는 불안과 초조감이 그를 **압박하고** 있었다. **압박-되다** 통(자)

압박-감(壓迫感) [-빡깜] 몡 압박을 받는 느낌. ¶정신적인 ~에서 벗어나다.

압박^붕대(壓迫繃帶) [-빡뿡-] 몡 의 심한 출혈이나 헤르니아 등이 일어났을 때, 이를 막기 위하여 국소를 압박하는 붕대.

압박^축구(壓迫蹴球) [-빡-꾸-] 몡 체 상대가 공격할 수 있는 공간을 최소화하기 위해 강력한 수비 전술을 펴는 축구.

압사(壓死) [-싸] 몡 무엇에 눌려 죽는 것. **압사-하다** 통(자) ¶바위 밑에 깔려 ~. **압사-되다** 통(자)

압사²(壓沙) [-싸] 몡 역 =압슬.

압살(壓殺) [-쌀] 몡 눌러 죽이는 것. **압살-하다** 통(타)(여) **압살-되다** 통(자)

압송(押送) [-쏭] 몡 죄인을 잡아 보내는 것. ៲호송(護送). **압송-하다** 통(타)(여) ¶범인을 서울로 ~. **압송-되다** 통(자)

압수(押收) [-쑤] 몡 법 법원이 증거물 또는 몰수해야 할 것으로 인정되는 물건의 점유를 강제로 취득하는 일. ¶~ 영장. ▷몰수(沒收). **압수-하다** 통(타)(여) ¶밀수품을 ~. **압수-되다** 통(자)

압슬(壓膝) [-쓸] 몡 역 조선 시대에, 죄인을 자백시키기 위해 행하던 고문. 죄인을 기둥에 묶어 사금파리를 깔아 놓은 자리에 무릎을 꿇게 하고 그 위에 널빤지를 대고 무거운 돌을 올려 자백을 강요하였다. =압사·압슬형.

압슬-형(壓膝刑) [-쓸-] 몡 역 =압슬.

압승(壓勝) [-씅] 몡 압도적으로 이기는 것. ¶~을 거두다. **압승-하다** 통(자)(여)

압연(壓延) [-] 몡 공 롤(roll)을 회전시켜 그 사이에 금속 재료를 지나게 하여 판·봉(棒)·관 등의 모양으로 성형·가공하는 것. ¶~(機). **압연-하다** 통(타)(여) **압연-되다** 통(자)

압운(押韻) 몡 문 시행(詩行)의 첫머리 중간 또는 끄트머리에 동일한 운(韻)을 규칙적으로 다는 일. =라임(rhyme). **압운-하다** 통(자)(여)

압인(壓印) 몡 찍힌 부분이 도드라져 나오거나 들어가도록 만든 도장.

압-전기(壓電氣) [-전-] 몡 물 수정·전자석 등의 광물을 압축하거나 길게 늘일 때, 양극에 음양의 전위차가 일어나는 현상. 마이크·수화기·확성기 등에 이용됨. =피에조 전기.

압점(壓點) [-쩜] 몡 생 피부에 분포되어 압각을 느끼게 하는 감각점.

압정¹(押釘) [-쩡] 몡 손가락으로 눌러 박는, 대가리가 둥글넓적하고 크며 촉이 짧은 쇠못. =누름못.

압정²(壓政) [-쩡] 몡 권력으로 억누르는 정치. =압제 정치. ¶폭군의 ~에 시달리다.

압제(壓制) [-쩨] 몡 권력으로 강제로 누르는 것. ¶일제(日帝)의 ~에 항거하다. **압제-하다** 통(타)(여)

압제-자(壓制者) [-쩨-] 몡 남을 압제하는 사람. 또는 압제 정치를 하는 사람.

압존-법(壓尊法) [-쫀뺍] 몡 언 대상이 화자보다는 높지만 청자보다 낮을 때, 그 대상을 높여서 말하지 못하는 어법. 가령, "할아버지, 아버지가 아직 안 왔습니다."라고 하는 따위. (참고) 표준 화법에서는 화자보다 고 청자보다 낮은 대상을 높이는 것도 언어 현실로 인정하여 허용하고 있음. 따라서, 위의 문장은 "할아버지, 아버지가 아직 안 오셨습니다."와 같이 말할 수도 있음.

압지(押紙·壓紙) [-찌] 몡 잉크나 먹물 따위로 쓴 것이 번지거나 묻어나지 않도록 위에 눌러서 물기를 빨아들이는 종이. =흡묵지(吸墨紙).

압착(壓搾) 몡 1 눌러 짜내는 것. 2 압력을 가해서 물질의 밀도를 높이는 것. **압착-하다** 통(타)(여) **압착-되다** 통(자)

압축(壓縮) 몡 1 기체나 물체 따위에 압력을 가하여서 그 부피를 줄이는 것. ¶~기(機) / ~가스. 2 (문장·내용·범위 등이) 짧아지거나 작아지게 하는 것. **압축-하다** 통(타)(여) ¶공기를 ~ / 글의 내용을 100자 이내로 ~ / 포위망을 ~ / 파일을 ~. **압축-되다** 통(자) ¶가전제품 시장이 3파전으로 ~ / 시(詩)는 **압축된** 형식미로써 인생과 체험을 표현한다.

압축^공기(壓縮空氣) [-꽁-] 몡 물 고압을 가하여 부피를 줄인 공기. 다시 팽창할 때의 힘을 에어 브레이크·에어 해머나 문의 자동 개폐기 등에 이용함. =압착 공기.

압축-기(壓縮機) [-끼] 몡 공기나 그 밖의

기체를 압축하여 압력을 높이는 기계.
압출(壓出) 몡 (좁은 구멍 따위로) 눌러서 밀어내는 것. **압출-하다** 동(타)(여) **압출-되다** 동(자)
압통(壓痛) 몡 압박하였을 때 느끼는 아픔.
압통-점(壓痛點) [-쩜] 몡(의) 압박하였을 때 아픔을 특히 강하게 느끼는 부위.
압-핀(押pin) 몡 =압정(押釘).
압흔(壓痕)[아픈] 몡(의) 부종(浮腫)에서, 근육을 손가락으로 누르면 눌린 자리가 원상태로 돌아가지 않고 한동안 그대로 있는 흔적.
앗[앋] 깜 다급하거나 놀라서 내는 소리. ¶~, 큰일 났다!
앗-기다[앋끼-] 통(타) '앗다¹'의 피동사. ¶놈들에게 모든 걸 **앗기고** 빈털터리가 되었다.
앗다¹[앋따] (앗*고* / 앗아) 동(타) 1 빼앗거나 가로채다. ¶수마(水魔)는 많은 인명과 재산을 순식간에 **앗아** 갔다. 2 (수수·팥 따위의) 껍질을 벗기고 씨를 빼다. ¶수수를 ~. 3 깎아 내다. ¶모서리를 ~.
앗다²[앋따] (앗*고* / 앗아) 통(타) 일을 하여 주고 일로 갚게 하다. ¶품(을) ~. ▷ 품앗이.
앗아 깜 '아서'의 잘못.
앗아라 깜 '아서라'의 잘못.
-았-[앋] 어미(선어말) 끝 음절의 모음이 'ㅏ', 'ㅑ', 'ㅗ'인 용언의 어간에 붙어, 주로 과거의 시제를 나타내는 선어말 어미. 1 일이 과거에 일어났음을 나타냄. ¶그는 어제 월척을 낚~다. 2 일이 과거부터 이루어져 현재에까지 미침을 나타냄. ¶몇 해 동안의 노력이 마침내 결실을 보~다. 3 현재의 상태를 나타냄. ¶결전의 날이 다가왔다. 4 미래의 사실을 확신을 가지고 표현할 때 쓰는 말. ¶숙제를 안 했으니 너 선생님한테 매 맞~다. 5 일이 실현될 수 없게 되었음을 반어적으로 이르는 말. ¶빚쟁이가 도망갔으니 돈은 이제 다 받~다. ▷ -었-.
-았었-[-얻] 어미(선어말) 끝 음절의 모음이 'ㅏ', 'ㅑ', 'ㅗ'인 용언의 어간에 붙어, 과거의 사건 내용이 현재와 비교하여 다르거나 단절되어 있음을 나타내는 선어말 어미. ¶몇 년 전만 해도 이 저수지에서 잉어를 낚~다.
-았자[앋짜] 어미 끝 음절의 모음이 'ㅏ', 'ㅑ', 'ㅗ'인 용언의 어간에 붙어, '그 행동이나 상태가 이루어지거나 그것을 인정한다 할지라도' 의 뜻으로 상반되는 결과가 있을 수밖에 없음을 나타내는 연결 어미. ¶지금 가 보~ 이미 늦었다. / 돈이 아무리 많~ 무슨 소용이야, 공수래공수거인걸. ▷ -었자·-였자.
앙¹ 뿌 개 따위가 물려고 덤빌 때 내는 소리.
앙² 1 뿌 어린아이의 울음소리. 2 남을 놀라게 하려고 지르는 소리.
앙가-발이 몡 1 다리가 짧고 굽은 사람. 2 남에게 잘 달라붙는 사람.
앙-가슴 몡 두 젖 사이의 가슴. ¶~을 풀어 헤치다.
앙가조촘 뿌 '엉거주춤'의 작은말. **앙가조촘-하다** 동(자)형(여)
앙가주망(⟶engagement) 몡 ['약속', '구속', '저당 잡히기'의 뜻][철] 인간이 사회·정치 문제에 관계하고 참여하면서, 자유롭게 자기의 실존을 성취하는 일. =사회 참여.
앙각(仰角) 몡 1 [수] =올려본각. ↔ 부각(俯角). 2 포구(砲口)가 위로 향했을 때, 포신(砲身)이 수평면과 이루는 각.
앙감-질 몡 한 발은 들고 한 발로만 뛰어가는 동작. **앙감질-하다** 동(자)(여)
앙-갚음 몡 남이 저에게 해를 준 대로 저도 그에게 해를 주는 일. =보구(報仇)·보수(報讎)·보원(報怨)·복보수. 비복수·복수. ¶~을 당하다. **앙갚음-하다** 동(타)(여) ¶지난날 당했던 수모를 ~.
앙견(仰見) 몡 =앙시(仰視). **앙견-하다** 동(타)(여)
앙고라(Angora) 몡 1 앙고라토끼의 털로 짠 직물. 광택이 있고 보온성이 풍부함. 2 앙고라염소의 털로 짠 모헤어.
앙고라-토끼(Angora-) 몡(동) 터키의 앙카라 지방 원산인, 집토끼의 한 품종. 희고 긴 털이 양털보다 가볍고 아름다워, 앙고라 직물에 쓰임.
앙골라(Angola) 몡(지) 아프리카의 남서부에 있는 인민 공화국. 수도는 루안다.
앙괭이 몡 1 [민] 정월 초하룻날 밤에 자는 아이의 신 중에서 발에 맞는 신을 신고 간다는 귀신. 신을 잃어버리면 그해는 운수가 불길하다 함. =약왕귀(藥王鬼). 2 얼굴에 먹이나 검정 따위를 함부로 칠하여 놓은 모양.
앙구다 동(타) 1 음식 따위를 식지 않게 불에 놓거나 따뜻한 데에 묻어 두다. 2 =곁들이다. 3 사람을 안동하여 보내다.
앙그러-지다 형 1 하는 짓이 퍽 어울리고 짜인 맛이 있다. 2 모양이 어울려서 보기 좋다. 3 (음식이) 먹음직스럽다. ¶앙그러진 밥상.
앙글-거리다/-대다 동(자) 1 어린아이가 소리 없이 자꾸 귀엽게 웃다. 2 무엇을 속이려는 마음을 가지고 잇달아 꾸며서 웃다. 엥엥글거리다.
앙글-방글 뿌 어린아이가 앙글거리면서 탐스럽게 웃는 모양. 큰엥글벙글. **앙글방글-하다** 동(자)(여)
앙글-앙글 뿌 앙글거리는 모양. 큰엥글엥글. **앙글앙글-하다** 동(자)(여)
앙금 1 액체의 바닥에 가라앉은 가루 상태의 물질. 비침전물. ¶~을 거르다 / ~이 앉다. 2 싸우거나 다투거나 한 뒤에 마음속에 남아 있는 미움·원망·분노의 감정을 비유하여 이르는 말. ¶가슴에 남아 있는 ~을 털어 버리다.
앙금-앙금 뿌 어린아이나 다리가 짧은 동물이 굼뜨게 걷거나 기어가는 모양. 큰엉금엉금. 거센앙큼앙큼. **앙금앙금-하다** 동(자)(여)
앙꼬(←일 あんこ) 몡 1 [광] 다이너마이트를 남폿구멍에 넣고 그 위에다 다져 넣는 진흙 같은 물질. 2 '팥소'로 순화.
앙-다물다 동(타) ⟨~다무니, ~다무오⟩ (입을) 힘을 주어 꽉 다물다. ¶그는 입을 **앙다물** 고 상태를 노려보았다.
앙당그러-지다 동(자) 1 (물체가) 마르거나 졸아들거나 굳어지면서 조금 뒤틀리다. ¶송판이 ~. 2 춥거나 겁이 나서 몸이 조금 움츠러지다. ¶어깨가 자꾸 ~. 큰응등그러지다.
앙당-그리다 동(타) 춥거나 겁이 나서 몸을 움츠리다. ¶어깨를 ~. 큰응등그리다.
앙등(昂騰) 몡(물가 따위가) 오르는 것. 비등귀(騰貴). ¶물가 ~. **앙등-하다** 동(자)(여)
앙똥-하다 형 '엉뚱하다'의 작은말.
앙망(仰望) 몡 1 우러러 바라는 것. 주로 편지 따위에서 씀. 2 =앙시(仰視). **앙망-하다**

앙:모(仰慕) 명 우러러 사모하는 것. **앙:모-하다** 동(타)여 ¶스승을 ~.

앙바틈-하다 형여 짤막하고 딱 바라져 있다. ¶**앙바틈한** 체구. ⓑ엉버틈하다. **앙바틈-히** 부

앙-버티다 동(자) 끝까지 대항하여 버티다. ¶그는 마지막 남은 자존심 때문에 더 이상 밀리지 않으려고 **앙버텼다**.

앙:부-일구(仰釜日晷) 명 [천] =앙부일영.

앙:부-일영(仰釜日影) 명 [천] 조선 세종 19년(1437)에 만든, 해시계의 하나. 모양이 가마와 비슷하며, 안쪽으로 24절기를 적은 눈금을 새겼음. =앙부일구.

앙분(怏憤) 명 원통하게 여겨 앙심을 품는 것. **앙분-하다**¹ 동(자)여

앙:분²(昂奮) 명 매우 흥분하는 것. **앙:분-하다**² 동(자)여

앙:사-부육(仰事俯育) 명 위로 어버이를 섬기고 아래로 처자를 보살핌. **앙:사부육-하다** 동(자)여

앙살 엄살을 부리며 반항하는 것. 또는, 그러한 태도. ¶~을 피우며 죽는소리를 하다 / ~을 부려 봐야 네 손해다. **앙살-하다** (자)여

앙살-스럽다[-따] 형ㅂ <~스러우니, ~스러워> 앙살하는 태도가 있다. ¶**앙살스러운** 계집아이. **앙살스레** 부

앙상-궂다[-굳따] 형 몹시 앙상하다. ¶잎이 진 나무가 ~ / 뼈만 남아 **앙상궂게** 보이다. ⓑ엉성궂다.

앙상블(ensemble) 명 1 [음] 2인 이상에 의한 가창(歌唱)이나 연주. 2 [음] 주로 실내악을 연주하는 소인원의 합주단·합창단. 3 연주나 연극 따위의 통일적 효과나 조화. 4 복장이나 배색(配色)이 이루는 조화. 5 드레스와 코트, 또는 스커트와 재킷을 같은 천으로 만들어 조화가 된 벌의 여성복.

앙상-하다 형여 1 짜이지 못하여 어설프다. 2 나뭇잎이 지고 가지만 남아서 스산하다. ¶가지만 **앙상한** 겨울나무. 3 뼈만 남은 것처럼 빼빼하다. ¶뼈만 **앙상한** 아프간 난민. ⓑ엉성하다. **앙상-히** 부

앙-세다 형 몸은 약하게 보여도 다부지다.

앙숙(怏宿) 명 서로 미워하여 잘 싸우거나 자주 다툼을 일으키는 관계에 있는, 두 사람의 사이. ¶두 사람은 서로 ~이다.

앙:시(仰視) 명 존경하는 마음으로 우러러보는 것. =앙견(仰見)·앙망. **앙:시-하다** (타)여

앙시앵^레짐(ancien régime) 명 [역] 1789년의 프랑스 혁명에 의해서 타도된 정치·경제·사회의 구체제.

앙심(怏心) 명 원한을 품고 앙갚음하려고 벼르는 마음. ¶~을 먹다 / ~을 품다.

앙알-거리다/-대다 자 윗사람에 대하여 원망하는 뜻으로 종알거리다. ⓑ엉얼거리다.

앙알-앙알 앙알거리는 소리나 모양. ¶~ 떼를 쓰다. ⓑ엉얼엉얼. **앙알앙알-하다** 동(자)여

앙앙¹ 부 어린아이가 크게 우는 소리. 또는, 그 모양. ~울다. ⓑ엉엉. **앙앙-하다**¹ 동(자)여

앙앙²(怏怏) →**앙앙-하다**² 형여 매우 마음에 차지 않거나 야속하다. **앙앙-히** 부

앙앙-거리다/-대다 자 1 어린아이가 소리를 크게 내어 울거나 자꾸 보채며 우는 소리를 하다. 2 앙탈을 부리며 자꾸 보채다. ⓑ엉엉거리다.

앙앙불락(怏怏不樂) 명 마음에 차지 않아 못마땅하게 여김. **앙앙불락-하다** 형여 김이 얼굴에 서너 가지 색깔의 얼룩을 두며 **앙앙불락하는** 모양을 보다 못해 내가 먼저 넌지시 말을 건네어 볼 마음이 되었다.《이문구: 남의 여자》

앙:양(昂揚) 명 (정신·열의·사기 등을) 드높이는 것. **앙:양-하다** 동(타)여 ¶애국심을 ~. **앙:양-되다** 동(자)여

앙얼(殃孼) =앙화(殃禍). ¶~을 입다.

앙연(怏然) → **앙연-하다** 형여 원망하거나 미워하는 빛이 있다. **앙연-히** 부

앙:원(仰願) 명 우러러 바라는 것. **앙:원-하다** 동(타)여

앙잘-거리다/-대다 동(자) 잔소리로 앙알거리다. ⓑ엉절거리다.

앙잘-앙잘 앙잘거리는 소리나 모양. ⓑ엉절엉절. **앙잘앙잘-하다** 동(자)여

앙:장(仰帳) 명 천장이나 상여 위에 치는 휘장.

앙증-맞다[-맏따] 형 크기가 아주 작으면서도 갖출 것은 다 갖추어져 깜찍하고 귀엽다.

앙증-스럽다[-따] 형ㅂ <~스러우니, ~스러워> 크기가 아주 작으면서도 갖출 것은 다 갖추어져 깜찍하고 귀여운 데가 있다. **앙증-스레** 부

앙증-하다 형여 1 모양이 제격에 어울리지 않게 작다. 2 작으면서도 깜찍하고 귀엽다.

앙짜 명 1 앳되게 점잔을 빼는 짓. ¶~를 부리다. 2 성질이 깐작깐작하고 암상스러운 사람.

앙:천(仰天) 명 하늘을 우러러보는 것. **앙:천-하다** 동(자)여

앙:천-대소(仰天大笑) 명 하늘을 쳐다보고 크게 웃음. **앙:천대소-하다** 동(자)여

앙:청(仰請) 명 우러러 청하는 것. **앙:청-하다** 동(타)여

앙:축(仰祝) 명 우러러 축하하는 것. **앙:축-하다** 동(타)여 ¶고희연을 진심으로 **앙축하옵니다**.

앙칼-스럽다[-따] 형ㅂ <~스러우니, ~스러워> 앙칼진 데가 있다. ¶**앙칼스러운** 여자. **앙칼스레** 부

앙칼-지다 형 (사람, 특히 여자의 목소리나 말소리가) 공격적일 만큼 날카롭다. 또는, (여자의 행동이) 사납고 공격적인 상태에 있다. ¶**앙칼진** 목소리 / **앙칼지게** 대들다.

앙케트(㈜enquête) 명 사람들의 의견을 조사하기 위해 같은 질문을 여러 사람에게 물어 회답을 받는 것. 또는, 그런 조사 방법. ¶~ 조사.

앙코르(㈜encore) 명 ['다시 한 번'의 뜻으로] 1 출연자의 훌륭한 솜씨를 찬양하여 박수 등으로 재연을 요구하는 일. ⓗ재청(再請). ¶~ 곡 / ~를 받다. 2 호평을 받는 연극·영화 등을 다시 한 번 상영하거나 방송하는 것.

앙큼-상큼 부 작은 걸음으로 가볍고 기운차게 걷는 모양. ⓑ엉큼성큼.

앙큼-스럽다[-따] 형ㅂ <~스러우니, ~스러워> 앙큼한 데가 있다. ⓑ엉큼스럽다. **앙큼스레** 부

앙큼-앙큼 '앙금앙금'의 거센말. ⓑ엉큼엉큼. **앙큼앙큼-하다** 동(자)여

앙큼-하다 [형여] (사람, 특히 여자가) 교묘하게 속마음을 감추고 나쁜 짓이나 못된 짓을 하는 태도가 있다. 비난조의 말임. 뗀감칙하다. ¶이 발칙하고 **앙큼한** 년 같으니! 큰엉큼하다.

앙탈 [명] 생떼를 쓰며 고집을 부리거나 말을 듣지 않는 것. ¶~을 부리다 / 저런, 발칙한 것 같으니! 감히 뉘 앞에서 ~이냐. **앙탈-하다** [동자여]

앙트레(프entrée) [명] 서양 요리에서, 생선 요리와 로스트 사이에 나오는 요리. 주로 조수(鳥獸)의 고기를 사용하며, 야채를 곁들임.

앙티-로망(프anti-roman) [명][문] 1950년대에 프랑스에서 일어난, 전통적인 소설 형식이나 관습을 부정하고 전위적인 수법을 시도한 실험적 소설. =누보로망·반소설(反小說).

앙페르의 법칙(Ampère-法則) [-의-/-에-][물] 전류에 의해 생기는 자기장의 방향과 크기를 나타내는 법칙. =암페어의 법칙.

앙-하다 [형여] 속에 맺힌 것이 풀리지 않아 앙심을 품은 기색이 있다.

앙혼(仰婚) [명] 자기보다 지체가 높은 사람과 결혼하는 것. 또는, 그 결혼. ↔강혼(降婚). **앙혼-하다** [동자여]

앙화(殃禍) [명] 지은 죄의 앙갚음으로 받는 재앙. =앙얼(殃孼).

앞 [압] [명] 1 사람이나 기타의 대상이 향하고 있는 방향. 또는, 그 방향에서 그 방향에서 대상과 가까운 공간. ¶~으로 나아가다 / 동상 ~에서 친구를 기다리다 / ~을 똑바로 보아라. / 집 ~에 개울이 흐르고 있다. 2 방향을 가진 물체에서, 향하고 있는 쪽에 있는 부분. ¶충돌 사고로 ~이 찌그러진 승용차. ↔뒤. 3 시간상으로나 차례에 있어서 먼저인 것이나 적. ¶~에서다 / ~을 다투다 / ~에서 살펴본 바와 같이…. 4 장차 올 시간. ¶~을 내다볼 줄 아는 혜안 / ~으로 자주 만납시다. 5 어떤 현실이나 조건, 상황의 가운데. ¶인간은 누구나 죽음 ~에서 초연하기 어려운 법이다. 6 차례에 따라 오는 몫. ¶사과가 한 사람 ~에 한 개 꼴로 돌아간다. 7 이 뒤 행위의 목적 대상이 되는 쪽. ¶학교 ~으로 편지를 보내다 / 술값은 내 ~으로 달아 놓아라. 8 편지·초대장 등의 봉투에서, 손아랫사람의 이름 밑에 써서, 그가 받는 사람임을 나타내는 말. ¶김철수 ~ 귀하. 9 신체의 전면(前面). 특히, 젖가슴이나 음부(陰部)를 가리킴. ¶~만 살짝 가린 나부.

앞이 캄캄하다 관 앞으로 어찌해야 좋을지 생각이 떠오르지 않아 답답하다.

앞-가르마 [압까-] [명] 앞머리 한가운데로 반듯하게 탄 가르마. ▷뒷가르마·옆가르마.

앞-가리개 [압까-] [명] 앞가슴이 드러나지 않게 목 아래 대는 바대.

앞-가림 [압까-] [명] 제 앞에 닥친 일이나 처리할 만큼. ¶제 ~도 못 하는 아이. **앞가림-하다** [동자여]

앞-가슴 [압까-] [명] 1 '가슴'의 힘줌말. 2 윗옷의 앞자락. ¶~을 여미다. 3 [동] 곤충의 가슴 부분 중 앞의 부분. =전흉(前胸). ↔뒷가슴.

앞-가지 [압까-] [명][언] =접두사.

앞-갈이 [압깔-] [명][농] 그루갈이에서 먼저 재배하는 것. 또는, 그런 농사. **앞갈이-하다** [동타여]

앞-거리 [압꺼-] [명] 앞쪽 길거리. ↔뒷거리.

앞-그루 [압끄-] [명][농] 그루갈이를 할 때 먼저 재배하는 농작물. =전작(前作). ↔뒷그루.

앞-길¹ [압낄] [명] 1 앞에 난 길. ¶마을 ~을 넓히다. 2 가는 길. 또는, 가야 할 길. ¶누군가 뛰쳐나와 우리의 ~을 가로막았다. 3 장차 나아갈 길. =전정(前程). 뗀전도(前途). ¶~이 창창한 청년.

[**앞길이 구만 리 같다**] 아직 나이가 젊어서 얼마든지 기회가 있다.

앞-길² [압낄] [명] 저고리·두루마기 따위의 앞쪽에 대는 길. ↔뒷길.

앞-꾸밈음 [-음] [명][음] 본음표 앞에 붙여 그 길이를 본음표에서 끌어 오는 꾸밈음. =전타음(前打音).

앞-날 [암-] [명] 1 앞으로 맞게 될 날. ¶밝은 ~ / ~이 창창하다 / 두 사람의 ~을 축복하다. 2 정해진 때까지 앞으로 남은 날. =여일(餘日).

유의어	앞날 / 뒷날 / 훗날

모두 '미래'를 가리키나, '앞날'이 어떤 가능성(특히, 희망적 가능성)과 결부된 미래를 뜻하는 데 반해, '뒷날'은 지금이 아닌 다음 기회나 차례의 의미를 가짐(따라서 '앞날이 구만 리 같은 젊은이'의 '앞날'을 '뒷날'로 바꿀 수 없음). 한편, '훗날'은 언제라고 정하기 어려운 먼 후의 미래를 막연하게 이르는 말임.

앞-날개 [암-] [명] 1 [동] 곤충의 날개 가운데 앞에 있는 한 쌍의 날개. 2 비행기 등의 앞쪽에 있는 날개. ↔뒷날개.

앞-니 [암-] [명] 앞쪽으로 아래위에 각각 네 개씩 난 이. =문치(門齒). ¶~가 빠지다.

앞-다리 [압따-] [명] 1 네발짐승의 앞쪽에 있는 다리. ¶개가 ~를 들다 / 토끼는 ~가 짧다. 2 두 다리를 앞뒤로 벌렸을 때 앞쪽에 있는 다리. =전지(前肢). 3 책상·의자 따위의 앞쪽의 다리. ¶뒷다리. 4 이사할 때 새로 갈 집. 5 여러 사람이 이어서 일할 때, 바로 앞에 있는 사람.

앞-당기다 [압땅-] [동타] 이미 정해진 시간을 앞으로 당기다. ¶완공 기일을 ~.

앞-대문 (-大門) [압때-] [명] 집의 정문(正門). ↔뒷대문.

앞-동네 [압똥-] [명] 앞쪽에 있는 동네. ↔뒷동네.

앞-동산 [압똥-] [명] 집 또는 마을 앞에 있는 동산. ↔뒷동산.

앞-두다 [압뚜-] [동타] (닥쳐올 때나 곳·일 따위를) 앞에 두거나 바라보다. ¶시험을 앞둘.

앞-뒤 [압뛰] [명] 1 앞과 뒤. =전후(前後). ¶몸을 ~로 흔들다. 2 일의 전체적인 상황. 또는, 말이나 글의 전체적인 문맥. ¶~를 가리지 않고 설치다 / ~가 안 맞는 얘기.

앞뒤가 막히다 관 융통성이 없어 답답하다. ¶**앞뒤가** 꽉 **막힌** 사람.

앞뒤를 재다 관 너무 신중히 따지고 계산하다. ¶그렇게 **앞뒤를 재다가** 언제 일을 하겠느냐?

앞뒤-갈이 [압뛰-] [명][농] =두벌갈이.

앞뒤-짱구 [압뛰-] [명] 이마와 뒤통수가 앞뒤로 많이 튀어나온 머리. 또는, 그런 머리를 가진 사람.

앞-뒷면(-面)[압뛴-] 圀 앞면과 뒷면을 아울러 이르는 말.
앞-뒷문(-門)[압뛴-] 圀 앞문과 뒷문을 아울러 이르는 말.
앞-뒷집[압뛰찝/압뛷찝] 圀 앞집과 뒷집을 아울러 이르는 말. ¶~에 살던 사이.
앞-들[압뜰] 圀 마을 앞에 있는 들판. ↔뒷들.
앞-뜰[압-] 圀 집채 앞에 있는 뜰. =앞마당·전정(前庭) ↔뒤뜰.
앞-마당[암-] 圀 =앞뜰. ↔뒷마당.
앞-마을[암-] 圀 앞쪽에 있는 마을. ↔뒷마을.
앞-막이[암-] 圀[체] 검도에서, 아랫도리를 보호하려고 앞을 가리는 일.
앞-말[암-] 圀 **1** 앞에서 한 말. ¶그 얘기는 ~과 뒷말이 맞지 않아 도무지 종잡을 수 없다. ↔뒷말. **2** 앞으로 할 말. ¶~을 재촉하다.
앞-머리[암-] 圀 **1** 정수리 앞쪽 부분의 머리. **2** 머리의 앞쪽에 난 머리털. ↔뒷머리. **3** (긴 물건이나 행렬의) 앞부분. ¶열차의 ~.
앞머리-뼈[암-] 圀[생] 머리뼈의 전두부(前頭部)를 구성하는 뼈. =전두골.
앞-면(-面)[암-] 圀 앞쪽의 면. =전면(前面). ↔뒷면.
앞-모습[암-] 圀 앞에서 본 모습. ↔뒷모습.
앞-모양(-模樣)[암-] 圀 앞으로 본 모양.
앞-몸[암-] 圀 네발짐승의 몸의 앞부분. 곧, 머리에서 허리 앞까지의 부분. ↔뒷몸.
앞무릎^치기[암-릅-] 圀[체] 씨름에서, 맞 닿은 어깨를 떼는 동시에 앞으로 나오는 상 대방의 오른쪽 무릎을 오른손으로 치면서, 오른쪽으로 상대방의 윗몸을 틀어 넘어뜨리는 기술.
앞-문(-門)[암-] 圀 집이나 방의 앞쪽에 있는 문. =전문(前門). ↔뒷문.
앞-바다[압빠-] 圀 영해 예보에서, 서해·남해는 해안선에서 20해리 이내, 동해는 해안선에서 12해리 이내의 해역을 이르는 말. ▷ 먼 바다.
앞-바닥[압빠-] 圀 신 바닥의 앞쪽 부분. ↔뒷바닥.
앞-바람[압빠-] 圀 **1** =마파람. **2** =역풍1.
앞-바퀴[압빠-] 圀 수레나 차 따위의 앞에 있는 바퀴. ↔뒷바퀴.
앞-발[압빨] 圀 **1** 네발짐승의 앞쪽에 있는 두 발. **2** 두 발을 앞뒤로 벌릴 때 앞쪽에 놓인 발. ↔뒷발.
앞발-굽[압빨꿉] 圀 마소 따위의 앞발의 굽. ↔뒷발굽.
앞발-질[압빨-] 圀 네발짐승이 앞발로 걸어차거나 치는 짓. ↔뒷발질. **앞발질-하다** 国圀㉿.
앞-밭[압빧] 圀 집의 앞쪽 밭. ↔뒷밭.
앞-볼[압뽈] 圀 버선을 기울 때 바닥의 앞쪽에 덧대는 헝겊. ↔뒷볼.
앞-부리[압뿌-] 圀 어떤 물건의 뾰족한 앞부분.
앞-부분(-部分)[압뿌-] 圀 **1** 물체의 앞쪽에 있는 부분. **2** 어떤 일이나 형식, 상황 등의 앞을 이루는 부분. ↔뒷부분.
앞-사람[압싸-] 圀 **1** 앞에 있는 사람. 또는, 먼저 사람. **2** 앞 세대의 사람. ㉠전인. ↔뒷사람.
앞-산(-山)[압싼] 圀 마을이나 집의 앞쪽에 있는 산. =전산(前山). ↔뒷산.

앞-서[압써] 凰 **1** 다른 사람·일보다 먼저. ¶남보다 ~ 걷다 / 남을 원망하기에 ~ 스스로를 반성해라. **2** 지금으로부터 이전에. ¶~살펴본 바와 같다.
앞-서다[압써-] 国㉿ **1** 공간적으로 앞에 서다. ¶그는 아내보다 몇 걸음 **앞서서** 걸었다. **2** (어떤 일이 다른 것보다) 시간적으로 먼저인 상태가 되다. ¶작업을 계획보다 열흘 **앞서서** 끝내다 / 말보다 행동이 ~. **3** (능력이나 수준이) 더 뛰어난 수준이나 상태가 되다. ¶매달 경쟁에서 우리나라가 일본을 ~.
앞서거니 뒤서거니 군 앞에 서기도 하고 뒤에 서기도 하며. ¶선수들이 ~ 달리다.
앞-섶[압썹] 圀 옷의 앞자락에 대는 섶.
앞세우다[압쎄-] 国㉿ **1** (자식이나 손자 등을) 먼저 죽게 하다. ¶자식을 **앞세운** 노인. **2** '앞서다'의 사동사. ¶말만 ~ / 태극기를 **앞세우고** 행진하다.
앞-앞이[압-] 凰 각 사람의 앞에.
앞-어금니[압-] 圀[생] 송곳니 뒤에 있는 두 개씩의 이. 상하 좌우 합쳐서 8개임. =소구치(小臼齒). ↔뒤어금니.
앞으로-가 깁 제식 훈련 시 구령의 하나. 발을 곧게 디디며 줄지어 앞으로 걸어가라는 말.
앞으로-나란히 깁 팔을 앞으로 뻗어 앞사람과 적당한 간격을 두고 줄을 맞추어 정렬하라는 구령.
앞-이마[암니-] 圀 양옆에 비해 다소 내민, 이마의 앞쪽 부분. ¶~가 톡 튀어나오다.
앞-일[암닐] 圀 앞으로 닥쳐올 일. ¶~을 모르다 / ~을 예측하다.
앞-자락[압짜-] 圀 옷의 앞쪽 자락.
앞-자리[압짜-] 圀 앞쪽에 있는 자리. ↔뒷자리.
앞-잡이[압짜-] 圀 **1** 앞에서 인도하는 사람. ¶길~. **2** 남의 시킴을 받고 끄나풀 노릇을 하는 사람. =주구(走狗). ¶비밀경찰의 ~가 되다.
앞-장[압짱] 圀 여럿이 나아갈 때 맨 앞자리.
앞장-서다[압짱-] 国㉿ **1** 맨 앞에 서다. ¶장군이 **앞장서고** 부하들이 그 뒤를 따랐다. **2** 가장 적극적으로 참여하거나 활동하다. ¶어려운 일에는 늘 그가 **앞장선다**.
앞장세우다[압짱-] 国㉿ '앞장서다'의 사동사. ¶대형 태극기를 **앞장세우고** 입장하다.
앞-정강이[압쩡-] 圀 '정강이'의 힘줌말.
앞-주머니[압쭈-] 圀 바지의 앞쪽에 있는 주머니. ↔뒷주머니.
앞-줄[압쭐] 圀 앞쪽에 있는 줄. ¶~에 앉다.
앞지르-기[압찌-] 圀 뒤에 가는 차가 앞서서 주행하는 차의 앞으로 나아가는 일. =추월(追越). **앞지르기-하다** 国㉿.
앞지르기^차로(-車路)[압찌-] 圀 앞차를 앞질러 갈 수 있는 길을 나타내는 차로.
앞-지르다[압찌-] 国㉿㉣<~지르니, ~질러> 빨리 나아가서 남보다 먼저 앞을 차지하다. ¶지름길로 **앞질러** 가다 / 택시가 버스를 ~. ×따라먹다.
앞-집[압찝] 圀 앞쪽에 있는 집. ↔뒷집.
[**앞집 처녀 믿다가 장가 못 간다**] 남은 생각지도 않는데 저 혼자 지레짐작으로 믿고만 있다가는 낭패를 보게 된다.
앞짧은-소리[압-] 圀 장래성이 별로 없거나

장래의 불행을 뜻하게 된 말마디.

앞-짱구[압-] 圐 이마가 남달리 많이 튀어나온 머리통. 또는, 그런 머리통을 가진 사람. ▷뒤짱구.

앞-쪽[압-] 圐 어떤 사물의 앞 방면. =전방(前方). ↔뒤쪽.

앞-차(-車)[압-] 圐 **1** 앞 차례의 차. ¶난 천천히 갈 테니 ~로 먼저 가거라. **2** 앞에 있거나 앞에서 달리는 차. ¶~를 들이받다. ↔뒤차.

앞^차기[압-] 圐쳬 태권도에서, 무릎을 앞가슴에 닿을 정도로 다리를 높이 올리고, 발을 목표와 직선이 되도록 뻗으며 상대방을 차는 발기술.

앞-창[압-] 圐 신 따위의 앞쪽에 대는 창. ↔뒤창.

앞-채[압-] 圐 한 울안의 몸채 앞에 있는 집채. ↔뒤채.

앞-채²[압-] 圐 가마·상여 등의 앞에서 메는 채. ↔뒤채.

앞-총 '엄지총'의 잘못.

앞-치마[압-] 圐 요리·설거지·작업 등을 할 때 몸의 앞쪽 전체나 하반신 앞쪽만을 가릴 수 있게 두르는 물건. 圓에이프런. ¶~를 두르다. ▷행주치마.

앞-치배(-輩)[압-] 圐음 농악에서, 앞에서 장구를 연주하는 사람. ▷뒤치배.

앞-태(-態)[압-] 圐 앞쪽에서 본 몸매나 모양. ↔뒤태.

앞-트임[압-] 圐 옷자락의 앞을 트는 것. 또는, 그 부분. ↔뒤트임.

앞-편짝(-便-)[압-] 圐 앞으로 있는 편짝. ↔뒤편짝.

앞-폭(-幅)[압-] 圐 **1** 옷의 앞쪽에 대는 천. **2** 나무로 짜는 세간의 앞쪽에 대는 널조각. **3** 물건의 앞의 너비. ↔뒤폭.

앞-표지(-表紙)[압-] 圐 책의 앞쪽 표지. ↔뒤표지.

앞-품[압-] 圐 윗옷의 앞자락의 너비. ▷뒤품.

애¹ 圐언 한글 모음 'ㅐ'의 이름.

애² 圐 **1** 이뤄져야 할 일이 이뤄지지 않고 있거나, 또는 이뤄지지 않을 것 같아 조바심이 나거나 초조함을 느끼는 마음의 상태. ¶~가 타다 / ~를 태우다. **2** 어떤 일이 잘 이뤄지지 않아 겪는 어려움. 또는, 어떤 일을 잘 이루기 위해 들이는 노력. ¶~를 먹다 / ~를 쓰다.

애(가) 터지다 뒤 이뤄져야 할 일이 이뤄지지 않고 있거나, 또는 이뤄지지 않을 것 같아 속이 터질 것 같은 상태가 되다. ¶아이고, **애 터져**. 도대체 왜 이렇게 안 오는 거야.

애³ 圐 '아이'의 준말. ¶~를 낳다 / ~를 보다 / ~를 업다.

애⁴ 갑 업신여기는 뜻을 나타내는 말. 圓애개. 에.

-애⁻⁵ 젚미 형용사 '없다'의 어간에 붙어, 그 상태가 일어나게 함을 나타내는 말. ¶없~.

-애⁶(愛) 젚미 일부 명사에 붙어, 그 명사가 나타내는 대상에 대한, 또는 그 대상의 '사랑' 임을 나타내는 말. ¶인간~ / 동포~ / 조국~ / 모성~.

애가(哀歌) 圐 슬픈 노래. 圓엘레지.

애-간장(-肝腸) 圐 ['애'는 창자, '간장'은 '간(肝)'을 뜻하는 데에서] (주로, '긇이다/

녹이다/태우다/녹다/타다' 등과 함께 쓰여) 근심하거나 걱정하거나 안타까워할 때, 마음의 고통으로 해를 입는다고 생각되는 몸속의 장기(臟器). ¶자식 걱정으로 ~을 태우다.

애-같이 圐[농] =애벌같이. **애갈이-하다** 토타에

애개 갑 **1** 뉘우치거나 탄식할 때 아주 가볍게 내는 소리. **2** 또 틀렸네. **2** 대단치 않은 것을 업신여겨 내는 소리. 圓애. ¶~, 겨우 요것뿐이야?

애개개 갑 '애개'를 거듭할 때나, 그보다 크게 느낄 때 내는 소리. ¶~, 벌꿀 다 보겠네.

애걸(哀乞) 圐 슬프게 하소연하며 비는 것. **애걸-하다** 토자타에 ¶살려 달라고 ~.

애걸-복걸(哀乞伏乞)[-껄] (-껄] 圐 (어떤 부탁이나 소원을 들어 달라고) 애처로울 정도로 굽실거리며 사정사정하는 것. **애걸복걸-하다** 토자에 ¶그 여자는 자기를 두고 떠나지 말라고 남자에게 매달려 **애걸복걸했다**.

애견(愛犬) 圐 개를 귀여워하는 것. 또는, 그 개. ¶~가(家). **애견-하다** 토자에

애고 갑 '아이고'의 준말. ¶~, 내 팔자야. 큰에구. ×애구.

애고-대고 뷔 소리를 함부로 내어서 우는 모양. 큰에구데구. **애고대고-하다** 토자에

애고머니 갑 '아이고머니'의 준말. ¶~, 돈을 두고 왔으니 이걸 어째. 큰에구머니.

애고-애고 갑 '아이고아이고'의 준말.

애고-지고 뷔 소리 내어 매우 슬프게 우는 모양.

애곡(哀哭) 圐 슬피 우는 것. **애곡-하다** 토자에

애관(礙管·碍管) 圐 =부싱(bushing).

애교¹(愛校) 圐 학교를 사랑하는 것. 또는, 사랑하는 학교. ¶~심(心). **애교-하다** 토자에

애교²(愛嬌) 圐 말이나 행동을 상냥하고 사분사분하게 하여 귀엽고 사랑스러운 상태. 또는, 그 말씨나 행동. 주로 여자의 언행에 대해 이르는 말임. ¶~가 있다 / ~를 떨다 / ~를 부리다 / ~가 철철 넘치다 / ~가 만점이다. ▷아양.

애교-스럽다(愛嬌-)[-따] 혱ㅂ<-스러우니, -스러워> 남에게 귀엽고 사랑스럽게 보이는 태도가 있다. ¶애교스러운 말투 / 그녀는 부탁을 하며 **애교스럽게** 살짝 웃었다.

애구 갑 '애고'의 잘못.

애국(愛國) 圐 자기 나라를 사랑하는 것. **애국-하다** 토자에

애국-가(愛國歌)[-까] 圐음 **1** 나라 사랑하는 마음을 일깨우기 위한 노래. **2** 안익태가 작곡하고 작사자는 미상인, 나라 사랑을 담은 노래. 1948년 8월 15일 정부 수립 이후 국가로 준용되어 오고 있음.

> **유의어 애국가 / 국가**
> 나라 사랑하는 마음을 담은 모든 노래가 '**애국가**'라면, '**국가**'는 나라를 상징하는 노래로서 국가가 공식적으로 제정한 것을 가리킴.

애국-심(愛國心)[-씸] 圐 나라를 사랑하는 마음.

애국-자(愛國者)[-짜] 圐 자기 나라를 사랑하는 사람.

애국-지사(愛國志士)[-찌-] 圐 나라를 위하여 제 몸과 마음을 다 바쳐 공헌하는 사람.

애급(埃及) 몡[지] '이집트'의 음역어. =애굽.
애!기¹(愛己) 몡 자기를 사랑하는 것. 凹이기(利己). ↔애타(愛他). 애!기-하다 통자연
애!기²(愛妓) 몡 사랑하는 기생.
애기³ 몡 '아기'의 잘못.
애꾸 몡 1 '애꾸눈'의 준말. 2 '애꾸눈이'의 준말.
애꾸-눈 몡 한쪽이 먼 눈. 준애꾸.
애꾸눈-이 몡 한쪽 눈이 먼 사람. =외눈박이. 凹반소경. 준애꾸. ×외눈퉁이/외대박이.
애-꽂다[-꼳따] 혱 1 아무런 잘못 없이 억울하다. ¶애꽂게 꾸중을 듣다. 2('애꽂은'으로 쓰여) 그 일과는 아무런 상관이 없다. ¶그는 안절부절못하고 애꽂은 담배만 연방 피워 댔다.
애꽂-이 튀 애꽂게. ¶엉뚱한 사람을 ~ 나무라다.
애!-끊다[-끈타] 통자 마음이 몹시 슬퍼서 창자가 끊어질 듯하다. ¶애끊는 슬픔/애끊는 듯한 여인의 울음소리. ▶애끊다.
애-끝 몡 커다란 끝. =큰끝.
애!-끓다[-끌타] 통자 몹시 답답하거나 안타까워 속이 끓는 듯하다. 凹에타다. ¶애끓는 절규/김 노인은 애끓는 이산의 한을 술로 달랬다.

혼동어 애끓다 / 애끊다
'애끓다'는 걱정·분노·울분·원망(願望) 등으로 속이 끓거나 타는 듯한 상태를 가리키고, '애끊다'는 슬픔이 극한에 이르러 마음이 쓰리고 아픈 상태를 가리킴.

애-나무 몡 어리고 작은 나무.
애널리스트(analyst) 몡 '증시 분석가'로 순화.
애!-년 몡 '아이년'의 준말.
애!-놈 몡 '아이놈'의 준말.
애!-늙은이 몡 하는 짓이나 체질이 늙은이 같은 아이를 놀림조로 이르는 말.
애니메이션(animation) 몡[영] 동작이나 모양이 조금씩 다른 많은 그림이나 인형을 한 장면씩 촬영하여 영사하였을 때 화상이 연속하여 움직이는 것처럼 보이게 하는 것. 凹동화(動畫).
애니미즘(animism) 몡[종] 사물에는 영혼 등 영적·생명적인 것이 두루 퍼져 있어, 여러 가지 현상은 그것의 작용이라는 세계관. 또는, 원시 종교·민간 신앙에서의 잡다한 신령에 대한 신앙.
애!-달다 통자 <~다니, ~다오> 마음이 쓰여 속이 달치는 듯하게 되다. ¶막차가 끊어지자 그녀는 애달아 발을 동동 굴렀다.
애달프다 혱 <애달프니, 애달파> (어떤 일이) 안타깝도록 마음이 쓰리고 아프다. ¶애달픈 사연/애달픈 소식. ×애닯다.
애달피 튀 애달프게. ¶~ 울다/~ 여기다.
애닯다 혱 '애달프다'의 잘못.
애-당초 (-當初) I 몡 어떤 일의 맨 처음의 단계. ¶애당초. ¶실행하지 못할 계획은 ~부터 세우지 마라.
II 튀 어떤 일의 처음 단계에. ¶일은 ~ 시작부터가 잘못이었다. ×애시당초.
애도(哀悼) 몡 사람의 죽음을 슬퍼하는 것. ¶~사(辭)/삼가 ~의 뜻을 표하다. 애도-하다 통타연 ¶그의 죽음을 애도하는 조문객이 줄을 잇다.

애!독(愛讀) 몡 특별히 좋아하여 즐겨 읽는 것. 애!독-하다 통타연 ¶추리 소설을 ~.
애!독-되다 통자
애!독-서(愛讀書) [-써] 몡 애독하는 서적. 특히, 즐겨 읽는 책.
애!독-자(愛讀者) [-짜] 몡 어떤 책이나 신문, 잡지 등을 특별히 좋아하여 즐겨 읽는 사람.
애-동지(-冬至) 몡 음력 11월 10일 이전에 드는 동지. ↔늦동지.
애드-리브(ad lib) 몡 1[음] 재즈에서, 일정한 코드 진행과 테마에 의거하여 연주자가 즉흥적으로 행하는 연주. 2[연] 연극·방송에서, 출연자가 대본에 없는 대사나 연기를 즉흥적으로 넣어서 하는 일. 또는, 그 대사.
애드벌룬(adballoon) 몡 광고하는 글·그림 등을 매달아 공중에 띄우는 풍선. ¶~을 띄우다.
애디슨-병(Addison病) 몡[의] 부신(副腎)의 기능 장애로 생기는 병. 빈혈, 소화 및 신경 장애가 있고, 피부 및 점막이 흑갈색이 됨.
애-띠다 혱 '앳되다'의 잘못.
애!련¹(哀憐) 몡 애처롭고 가엾게 여기는 것. 애!련-하다¹ 혱타연
애!련²(哀戀) 몡 슬픈 사랑.
애!련³(愛憐) 몡 어리거나 약한 사람을 도탑게 사랑하는 것. 애!련-하다² 통타연
애!련⁴(愛戀) 몡 사랑하여 그리워하는 것. 애!련-하다³ 통타연
애!련-하다⁴(哀憐-) 혱연 애처롭고 가엾다. ¶참으로 애련한 곡조로 외쳐 대는 어린 찹쌀떡 장수의 목소리는 그날 따라 사뭇 울고 있었다.《천승세: 감루 연습》 애련-히 튀
애로(隘路) 몡 1좁고 험한 길. 2어떤 일을 하는 데 가로막히는 장애. ¶~ 사항/~가 많다.
애!마(愛馬) 몡 자기가 사랑하는 말.
애!매(曖昧) →애!매-하다¹ 몡 희미하여 확실하지 못하다. ¶태도가 ~ /애매하게 대답하다. 애!매-히¹ 튀
애!매-모호(曖昧模糊) →애!매모호-하다 혱연 말이나 태도 등이 희미하고 흐려 분명하지 않다.
애!매-성(曖昧性) [-썽] 몡 1희미하여 분명하지 아니한 성질. 2[문] 지구 따위에서의 단어나 문장이 단일하지 아니하고 복합적이고 다의적인 의미를 갖는 성질.
애!매-하다² 혱연 아무 잘못도 없이 원통한 책망을 받아 억울하다. ¶애매하게 죄를 뒤집어쓰다. 준앰하다. 애!매-히² 튀
애!-먹다[-따] 통자 속이 상하도록 어려움을 겪다. ¶이 일을 수습하자면 애먹게 생겼다.
애!먹-이다 통타 '애먹다'의 사동사. ¶말썽을 부려 부모를 ~.
애먼 관 1엉뚱하게 딴. ¶~ 짓 하지 마라. 2애매하게 딴. ¶~ 사람 욕먹게 하다.
애면-글면 튀 힘에 겨운 일을 이루려고 애를 쓰는 모양. ¶식구들 뒷바라지하느라 ~ 애를 쓰다. 애면글면-하다
애모¹(哀慕) 몡 죽은 사람을 슬프게 사모하는 것. 애모-하다¹ 통타연
애!모²(愛慕) 몡 사랑하여 그리워하는 것. ¶그대를 향한 끝없는 ~의 정. 애!모-하다² 통타연
애!무(愛撫) 몡 (주로, 이성의 몸을) 성적인 감정을 가지고 어루만지는 것. 애!무-하다

동타예 ¶그는 여자의 몸을 뜨겁게 **애무하**였다.
애-물¹(-物) 명 1 애를 태우는 물건 또는 사람. 2 나이 어려서 부모보다 먼저 죽은 자식.
애:물²(愛物) 명 사랑하여 소중히 여기는 물건.
애:물-단지(-物-)[-딴-] 명 '애물'을 속되게 이르는 말.
애-바르다〈~바르니, ~발라〉재물과 이익을 좇아 덤비는 데 발밭다.
애-바리 명 애바른 사람.
애버리지(average) 명[체] 볼링에서, 1개임 당 평균 득점.
애:-벌 명 같은 일을 되풀이할 때에 그 첫 번째 차례. =초벌. ¶~ 갈다 / ~ 빨래.
애벌-갈이[-리] 명[농] 논이나 밭을 첫 번 가는 일. =애갈이·초경(初耕). ×생갈이. **애벌갈이-하다** 동태여 ¶논을 ~.
애벌-구이 명[공] =초벌구이. **애벌구이-하다** 동태여
애벌-논[-론] 명 첫 번째 매는 논.
애:-벌레 명[동] 알에서 나온 후 아직 다 자라지 않은 벌레. =새끼벌레·유충(幼蟲)·자충(仔蟲). ↔성충. ×어린벌레.
애벌-빨래 명 첫 번째로 대강 하는 빨래.
애비 명 '아비'의 잘못.
애사¹(哀史) 명 개인이나 국가의 슬픈 역사. ¶단종(端宗)~
애사²(哀詞) 명 사람의 죽음을 슬퍼하여 지은 글, 그 말.
애:사³(愛社) 명 자기가 근무하는 회사를 아끼고 사랑하는 것. ¶~ 정신. **애:사-하다** 동재여
애:사-심(愛社心) 명 자기가 근무하는 회사를 아끼고 사랑하는 마음. ¶~이 강하다.
애상¹(哀想) 명 슬픈 생각.
애상²(哀傷) 명 1 죽은 사람을 생각하고 마음을 상하는 것. 2 슬퍼하고 가슴 아파하는 것. **애상-하다**¹ 동재여
애상³(愛賞) 명 풍경·물건 따위를 사랑하며 칭찬하는 것. **애상-하다**² 동태여
애:-새끼 명 '자식'을 비속하게 이르는 말.
애석(哀惜) →**애석-하다**[-서카-] 형여 (어떤 일이 바라던 대로 이뤄지지 않아) 슬프고 아깝다. ¶애석하게 한 점 차로 지다. **애석-히** 부
애:-성이 명 분하거나 성이 나서 몹시 안달하고 속이 타는 일. 또는, 그런 감정. ¶동생의 나무람과 어머니의 꾸지람을 함께 받은 윤총이 ~ 나서 눈물을 흘리는데, ….《홍명희:임꺽정》
애소(哀訴) 명 슬프게 호소하는 것. **애소-하다** 동태여 ¶선처를 ~.
애-솔 명 어린 소나무. =애송.
애:-송(愛誦) 명 글이나 노래를 즐겨서 외는 것. ¶시(詩). **애:송-하다** 동태여 ¶그는 늘 소월의 시를 **애송했다**. **애:송-되다** 동재
애-송이 명 1 아직 어린 상태를 벗어나지 못한 사람' 또는 '능력이나 수준이 비할 바가 못 되는 사람'을 얕잡아 이르는 말. ¶그까짓 ~즘은 백 명이 덤벼도 무서울 것 없다. ×애숭이.
애수(哀愁) 명 가슴에 스며드는 슬픈 근심과 시름. ¶~ 어린 얼굴 / ~에 잠기다 / ~를 자아내다.
애-순(-筍) 명 나무나 풀의 새로 나는 어린 싹. =어린순.

애-숭이 명 '애송이'의 잘못.
애시-당초(-當初) 명 '애당초'의 잘못.
애:-쓰다 재〈~쓰니, ~써〉마음과 힘을 다하여 무엇을 이루기 위하여 힘쓰다. ¶애써 일한 것이 헛일이 되었다.
애:-아버지 명 '아이아버지'의 준말.
애:-아범 명 '아이아범'의 준말.
애:-아빠 명 '아이아빠'의 준말.
애애¹(皚皚) →**애애-하다**¹ 형여 서리나 눈이 내려 깨끗하고 희다. ¶백설 **애애한** 세계가 눈앞에 펼쳐지다. **애애-히** 부
애애²(靄靄) →**애애-하다**² 형여 1 구름이나 안개 따위가 많이 끼어 있다. 2 평화로운 기운이 있다. ¶화기(和氣) **애애한** 분위기. **애애-히**² 부
애:-어른 명 하는 짓이나 생각이 어른과 같은 어린아이.
애:-어머니 명 '아이어머니'의 준말.
애:-어멈 명 '아이어멈'의 준말.
애:-엄마 명 '아이엄마'의 준말.
애:연¹(愛煙) 명 담배를 즐겨 피우는 것. **애:연-하다**¹ 재여
애연²(哀然) →**애연-하다**² 형여 슬픔이나 서글픔을 자아내는 상태에 있다. **애연-히** 부
애:연-가(愛煙家) 명 담배를 즐겨 피우는 사람.
애오라지 부 달리 어찌지 못하고 다만. 또는, 부족한 대로 겨우. '오로지', '오직' 등과 비슷한 말이나 예스러운 말임. ¶그는 한평생을 ~ 땅을 일구며 살아왔다. / 그에게는 ~ 독서가 유일한 낙이자 위안이다.
애옥-살이[-쌀-] 명 가난에 쪼들려 고생하며 사는 살림살이. **애옥살이-하다** 동재여 ¶그곳은 시세 있을 때 잔뜩 그러모았다가 선거에 되 지저 먹고 늦게 **애옥살이하는** 정계 퇴물들이나 자주 들르던 동네였다. 《이문구:강동 만필》
애:완(愛玩) 명 사랑하여 가까이 두고 다루거나 보며 즐기는 것. **애:완-하다** 동태여
애:완-견(愛玩犬) 명 주로 실내에서 애완으로 기르는 개. 스피츠·테리어·치와와 따위.
애:완-동물(愛玩動物) 명 애완을 목적으로 집에서 기르는 동물. 잉꼬·구관조·금붕어·개·고양이 따위의 가축·가금·조류·어류, 그 밖에 곤충류 등이 있다.
애:완-용(愛玩用)[-뇽] 명 사랑하여 가까이 두고 다루거나 보며 즐기기 위한 것. ¶~ 개.
애욕(愛慾) 명 1 애정과 욕심. 2 이성에 대한 성애(性愛)의 욕심. ▷色欲(情慾).
애:용(愛用) 명 (어떤 물건을) 즐겨 자주 사용하는 것. **애:용-하다** 동태여 ¶국산품을 ~. **애:용-되다** 동재
애운-하다 형여 '섭섭하다'의 잘못.
애원(哀怨) 명 슬프게 원망하는 것. **애원-하다**¹ 동태여
애원(哀願) 명 (어떤 일을) 애처롭게 사정하여 간절히 바라는 것. **애원-하다**² 동태여 ¶한 번만 더 도와달라고 ~.
애원-조(哀願調)[-쪼] 명 애처롭게 사정하여 바라는 말투. ¶며칠만 더 기한을 연장해 달라고 ~로 사정하다.
애:음(愛飮) 명 (술을) 즐겨서 마시는 것. [비] 애주(愛酒). **애:음-하다** 동태여
애읍(哀泣) 명 슬프게 우는 것. **애읍-하다** 동재여
애:인(愛人) 명 1 이성(異性)으로서 사랑하는 사람. 쌍방이 사랑하고 있을 때에만 사용

할 수 있는 말임. ¶~ 구함 / ~을 삼다 / 저 여자는 창수의 ~이다. **2** 남을 사랑하는 것. ¶경천(敬天)~. **애!인-하다** 통(자)여 남을 사랑하다.

유의어	애인 / 연인
둘 다 사랑하는 사람을 가리키나 '**애인**'은 주로 구어(口語)에서, '**연인**(戀人)'은 문어(文語)에서 쓰이는 경향이 강함. 그러나 양자의 결정적인 차이는, '**애인**'이 사랑하는 사람을 동시에 가리킬 수 없는 반면, '**연인**'은 그 두 사람을 동시에 가리킬 수 있다는 데 있음. 즉, "두 사람은 행복한 **연인**이다."는 가능하나 "두 사람은 행복한 **애인**이다."는 불가능.	

애자¹(哀子) 명 어머니가 죽었을 때 상제가 자신을 일컫는 말. ▷고애자(孤哀子)
애자²(礙子·碍子) 명 전선을 지탱하고 절연하기 위하여 전봇대 따위에 다는 여러 모양의 기구. 사기·유리·합성수지 등으로 만듦. =뚱딴지.
애잔-하다 형여 (어떤 대상이) 그 모습이나 상태가 여리거나 나약하거나 하여 슬픔을 느끼게 하거나 가슴 아프게 하는 상태에 있다. ¶눈물이 그렁그렁한 **애잔한** 눈빛 / 길가에 두어 송이 핀 **애잔한** 들꽃. **애잔-히** 부
애!장(愛藏) 명 (어떤 물건을) 소중히 간수하는 일. ¶~품(品). **애!장-하다** 통(타)여
애재(哀哉) 감 '슬프도다'의 뜻으로, 슬퍼서 울고 싶은 상태일 때 하는 말. ¶오호~라!
애-저(-豬) 명 고기로 먹을 어린 돼지.
애-저녁 명 '애초'의 잘못.
애절(哀切) → **애절-하다** 형여 안타깝도록 슬프고 절절하다. ¶**애절한** 사연 / 가사와 멜로디가 / 끝내 이루지 못한 **애절한** 사랑. **애절-히** 부
애-젊다[-점따] 형 매우 앳되게 젊다.
애-젊은이 명 아주 젊은 사람.
애정¹(哀情) 명 가엾게 여기는 마음. 또는, 슬픈 심정(心情).
애!정²(愛情) 명 **1** 다른 사람이나 대상을 따뜻한 정이나 각별한 관심을 가지고 사랑하거나 대하는 일. 또는, 그러한 정이나 관심. ¶작품에 ~을 쏟다 / 부모 없이 자라 ~에 굶주린 아이들. **2** 특히, 남녀간의 성(性)에 토대를 둔 사랑. ¶~이 식다 / ~이 없는 결혼 생활.
애!-제자(愛弟子) 명 특별히 아끼고 사랑하는 제자.
애조(哀調) 명 시·노래·음악 등에서 느껴지는 슬픈 기분이나 분위기. ¶~를 띤 가락.
애!족(愛族) 명 겨레를 사랑하는 것. ¶애국~정신. **애!족-하다** 통(자)여
애!주(愛酒) 명 술을 몹시 좋아하는 것. 비애음(愛飮). **애!주-하다** 통(자)여
애!주-가(愛酒家) 명 술을 몹시 좋아하는 사람.
애!중(愛重) 명 사랑하고 소중히 여기는 것. **애!중-하다** 통(타)여 **애!중-히** 부
애증(愛憎) 명 사랑과 미움. =증애(憎愛). ¶~으로 인한 번민.
애!지중지(愛之重之) 부 (사람이나 물건을) 매우 사랑하거나 소중히 여기는 모양. **애!지중지-하다** 통(타)여 ¶골동품을 ~ / 외아들 ~.
애!착(愛着) 명 몹시 끌리거나 아껴 집착하는 것. ¶~이 가는 물건 / 삶에 ~을 가지다.
애!착-하다 통(자)여

애!착-심(愛着心)[-씸] 명 애착하는 마음. ¶삶에 대한 ~.
애!창(愛唱) 명 시나 노래를 즐겨 부르는 것. **애!창-하다** 통(타)여 ¶가곡을 ~. **애!창-되다** 통(자)여 ¶널리 **애창되고** 있는 명곡.
애!창-곡(愛唱曲) 명 어떤 사람 또는 어떤 부류의 사람이 즐겨 부르는 곡. ¶나의 ~은 '보리밭'이다. ▶십팔번.
애!처(愛妻) 명 아내를 사랑하는 것. 또는, 사랑하는 아내. **애!처-하다** 통(자)여
애!처-가(愛妻家) 명 유난히 아내를 아끼고 사랑하는 남자.
애처-롭다[-따] 형ㅂ〈~로우니, ~로워〉(나약하거나 연약한 대상이 처한 어렵거나 딱한 상황이) 동정심을 불러일으키거나 마음을 아프게 하는 상태에 있다. ¶배고픔에 울다 지쳐 잠든 아기의 모습이 **애처롭기** 그지없다. **애처로이** 부 ¶~ 여기다.
애!첩(愛妾) 명 사랑하고 아끼는 첩.
애!-청자(-者) **애!청-하다** 통(타)여 ¶애청하는 라디오 프로그램.
애초(-初) 명 어떤 일이 시작되는 맨 처음. 비당초·애당초. ¶결과가 ~의 의도와 다르게 나타나다 / 그러기에 ~에 내 뭐라던? 그런 위험한 일은 하지 말랬지? ×애저녁.
애!-총(-塚) 명 =아총(兒塚)
애최[-최/-췌] '애초에'가 준 말.
애추(崖錐) 명[지] =테일러스.
애!칭(愛稱) 명 본명 또는 정식의 이름 대신에 친근하게 부르는 이름. ¶'로니'는 '로널드'의 ~이다.
애퀄렁(aqualung) 명 고압 압축 공기가 든 수중(水中) 호흡기. 잠수할 때 등에 메고 활동함. ▷스킨 다이빙. 스쿠버.
애!타(愛他) 명 남을 사랑하는 것. ↔애기. **애!타-하다** 통(자)여
애!-타다 통(자) 이루어져야 할 일이 이뤄지지 않고 있거나, 또는 이뤄지지 않을 것 같아 속이 타는 것 같은 상태가 되다. 비애긇다. ¶임을 **애타게** 그리워하다 / 집 나간 딸이 돌아오기를 **애타게** 기다리다.
애!타-심(愛他心) 명 남을 사랑하는 마음.
애!타-주의(愛他主義)[-의/-이] 명 =이타주의(利他主義).
애!-태우다 통 '애타다'의 사동사.
애!-통¹ 명 '애'를 속되게 이르는 말. ¶~ 터지다.
애통²(哀痛) 명 몹시 슬퍼하는 것. **애통-하다**¹ 통(자)여
애통-하다²(哀痛-) 형여 몹시 애달프고 슬프다. ¶꽃다운 나이에 세상을 뜨다니 **애통한** 일이다. **애통-히** 부
애틋-하다[-튿타-] 형여 안타까워 애가 타는 듯하다. ¶두 남녀의 **애틋한** 사랑 이야기 / 세월이 흐를수록 **애틋하게** 그리워지는 어머니의 정. **애틋-이** 부
애-티 명 어린 모양이나 태도. ¶~가 흐르는 얼굴. ¶~를 벗다.
애프터^리코딩(after recording) 명[영] =후시 녹음.
애프터-서비스(†after service) 명 상품을 판매한 후, 제조업자가 그 상품에 대해 수리·설치·점검 등의 봉사하는 일. =에이에스(AS). ×아프터서비스.
애플-파이(apple pie) 명 설탕을 넣고 조린 사과를, 밀가루에 달걀·버터 등을 넣어 넓게

만든 것으로 싸서 찐 양과자.
애해 〖감〗 우스운 일이거나 기막힌 일을 볼 때에 내는 소리. 큰헤헤.
애햄 〖감〗 점잔을 빼거나 인기척을 내려고 일부러 기침하는 소리. 큰에헴.
애:향(愛鄕) 〖명〗 자기의 고향을 아끼고 사랑하는 것. 애:향-하다〖자여〗
애:향-심(愛鄕心) 〖명〗 고향을 아끼고 사랑하는 마음.
애:호¹(愛好) 〖명〗 (어떤 일을) 취미로서 좋아하고 즐기는 것. 애:호-하다¹〖타여〗¶음악을 ~.
애:호²(愛護) 〖명〗 (동물이나 사물을) 사랑하고 보호하는 것. ¶동물 ~. 애:호-하다²〖타여〗
애:호-가(愛好家) 〖명〗 어떤 사물을 몹시 사랑하고 즐기는 사람.
애-호박 〖명〗 덜 자란 어린 호박. 주로 길둥근 것을 가리키는데, 전을 부치거나 볶아서 나물로 하거나 찌개에 넣어서 먹음.
애화(哀話) 〖명〗 슬픈 이야기. 비비화(悲話).
애환(哀歡) 〖명〗 슬픔과 기쁨. ¶삶의 ~.
애:휼(愛恤) 〖명〗 불쌍히 여겨 은혜를 베푸는 것. 애:휼-하다〖타여〗
액¹ 속이 불편하거나 비위에 맞지 않아 먹은 음식을 토할 때 내는 소리.
액²(厄) 〖명〗 모질고 사나운 운수. ¶~을 막다 / ~을 때우다 / ~을 면하다.
액³(液) 〖명〗 물·기름처럼 유동하는 물질. ¶말간 ~ / 끈끈한 ~.
-액⁴(額) 〖접미〗 명사 뒤에 붙어서, 수량·액수를 나타내는 말. ¶초과~ / 수출~.
액내(額內) [-내] 〖명〗 **1** 일정한 수의 안. **2** 집안 사람. **3** 한패에 든 사람. ↔액외.
액년(厄年) [-년] 〖명〗 **1** 운수가 사나운 해. **2** [민] 사람의 일생 중에 재난을 만나게 될 것이라고 하는 나이. 남자는 25, 42, 50세, 여자는 19, 33, 37세.
액-때우다(厄-) 〖자〗 앞으로 닥쳐올 액을 다른 가벼운 곤란으로 미리 겪어 넘기다.
액때움(厄-) 〖명〗 '액땜'의 본딧말. 액때움-하다〖자여〗
액땜(厄-) 〖명〗 앞으로 올 액을 다른 곤란을 겪는 것으로 미리 막는 일. 비수땜. 본액때움. 액땜-하다〖자여〗
액량(液量) [-냥] 〖명〗 **1** 액체의 분량. **2** 액체의 양을 되는 단위. 갤런 따위. ↔건량(乾量).
액-막이(厄-) [-앵-] 〖명〗 [민] 앞으로 닥칠 액을 미리 막는 것. 또는, 그렇게 하는 일. =도액(度厄). 액막이-하다〖자여〗
액막이-굿(厄-) [-앵-굳] 〖명〗 [민] 그해의 재액을 막기 위하여 하는 굿. 흔히 정월 보름 전에 함. 액막이굿-하다〖자여〗
액면(額面) [-앵-] 〖명〗 **1** [경] 화폐나 유가 증권 등의 앞면. **2** [경] '액면 가격'의 준말. **3** '말이나 글의 표현된 그대로의 것'을 비유하여 이르는 말. ¶그 말을 ~ 그대로 믿다.
액면-가(額面價) [-앵-까] 〖명〗[경] =액면가격.
액면^가격(額面價格) [-앵-까-] 〖명〗[경] **1** 유가 증권 등의 표면에 적힌 가격. ¶~ 10만 원짜리 채권. **2** 화폐의 면에 표기된 금액. = 액면가·표가(表價). 준액면가.
액면-주(額面株) [-앵-] 〖명〗[경] 정관(定款)에 한 주(株)의 금액에 대한 규정이 있고, 주권(株券)에 액면 가격이 기재되어 있는 주식. ↔무액면주.

액모(腋毛) [-앵-] 〖명〗 겨드랑이에 난 털.
액비(液肥) [-삐] 〖명〗 [농] 액체로 된 거름. = 물거름·수비(水肥).
액상¹(液狀) [-쌍] 〖명〗 물질이 액체로 되어 있는 상태.
액상²(液相) [-쌍] 〖명〗 [화] =액체상(液體相).
액세서리(accessory) 〖명〗 **1** 옷을 입었을 때 돋보이도록 하기 위해 옷이나 몸에 달거나 걸치거나 쓰거나 하는 여러 가지 물건. 곧, 목걸이·귀걸이·팔찌·브로치·모자·스카프·핸드백·구두 따위. **2** 어떤 기구의 본체에 덧붙이거나 일부를 갈아 끼우거나 하여 그 기능이나 효과를 변화·강화시키는 물건. ¶카메라 ~ / 카(car) ~.
액세스(access) 〖명〗[컴] =접근5.
액세스-권(access權) 〖명〗 **1** 일반 시민이, 나라·자치체 등이 가진 문서·정보의 내용 등을 공개하게 하여 알 수 있는 권리. **2** 매스 미디어를 이용하여 의견 광고나 반론을 발표하는 권리.
액셀(←accelerator) 〖명〗 =액셀러레이터.
액셀러레이터(accelerator) 〖명〗 발로 밟게 된, 자동차의 가속 장치. =가속 페달·액셀. ×악셀.
액션(action) Ⅰ〖명〗'행동', '동작'의 뜻. 〖명〗 배우의 연기. 특히, 격투 등의 거친 연기. ¶~스타.
Ⅱ〖감〗 촬영을 시작할 때, 영화감독이 배우에게 연기를 시작하라는 뜻으로 외치는 말.
액션-물(action物) 〖명〗 격투 등의 거친 연기를 주로 다룬 영화 작품.
액션^페인팅(action painting) 〖명〗[미] 캔버스 위에 물감을 흘려서 떨어뜨리거나 뿌리거나 하여 화면을 구성하는, 그려진 결과보다도 그리는 행위 자체를 중요시하는 회화 수법. 제2차 세계 대전 이후 미국에서 일어난 추상 회화 운동임.
액수(額數) [-쑤] 〖명〗 돈이 얼마인지를 나타낸 수. ¶손해 ~ / 상당한 ~의 돈.
액신(厄神) [-씬] 〖명〗 재앙을 내린다는 악신(惡神).
액외(額外) [-외/-웨] 〖명〗 **1** 일정한 수의 밖. **2** 한집안 밖의 사람. **3** 한패에 들지 않은 사람. ↔액내.
액운(厄運) 〖명〗 액을 당할 운수. ¶~을 만나다. ↔길운.
액일(厄日) 〖명〗 음양도(陰陽道)에서, 재난이 닥칠지 모르니 삼가고 조심해야 된다는 날.
액자(額子) [-짜] 〖명〗 그림이나 사진 따위를 끼우는 틀. =액틀.
액정(液晶) [-쩡] 〖명〗[물] 액체와 고체의 중간적인 상태의 물질. 액체의 유동성을 나타내면서 결정(結晶)의 규칙성을 가지며 광학적 이방성(異方性)을 나타냄. 시계·계산기의 문자 표시나 텔레비전 화면 등에 응용됨. = 액상 결정.
액정-서(掖庭署) [-쩡-] 〖명〗[역] 조선 시대에 왕명의 전달, 임금이 쓰는 붓과 벼루의 공급, 대궐 열쇠의 보관, 대궐 뜰의 설비 등에 관한 일을 맡아보던 관청.
액즙(液汁) [-쯥] 〖명〗 =즙(汁).
액체(液體) 〖명〗[물][화] 물질의 세 가지 상태 중 하나. 유동성이 있어 자유롭게 변형되지만 부피가 일정하여 압축하기 어려운 상태의 물질. 물·기름 따위. ▷고체·기체.
액체^공기(液體空氣) 〖명〗[물] 액화한 공기. 담청색을 띠며, 질소·산소·희유기체 등의 분류(分溜) 제조에 원료로 쓰임.
액체(液)^비:중계(比重計) [-계/-게] 〖물〗액체 중의 추의 무게와 그 추에 작용하는 부력을 균형 잡히게 하여 그 액체의 비중을 재는 계기. =부칭(浮秤).
액체-상(液體相) 〖명〗액체의 어느 부분을 취해도 물리적·화학적으로 균일한 성질을 나타내는 상태. =액상(液相)·액태.
액체^연료(液體燃料) [-열-] 〖명〗 상온·상압 아래에서 액체 상태인 연료. 석유 및 그 분류(分溜) 성분, 동식물성 기름, 알코올류 따위.
액체-화(液體化) 〖명〗〖화〗〖물〗=액화(液化)¹.
액체화-하다(液體化-) 〖동〗(자)(타)〖명〗 **액체화-되다** 〖동〗(자)
액취(腋臭) 〖명〗 겨드랑이에서 나는 냄새. =액기(腋氣). 비암내.
액티브(active) →**액티브-하다** 〖형〗(어) '활동적이다', '적극적이다'로 순화. ¶그는 성격이 퍽 ~.
액포(液胞) 〖명〗〖식〗 식물질 원형질 안에 있는, 속이 빈 세포. =공포(空胞).
액화¹(厄禍) 〖애콰〗〖명〗 액으로 입는 재앙.
액화²(液化) 〖애콰〗〖명〗〖화〗〖물〗 1 기체가 냉각·압축되어 액체로 변하는 현상. 또는, 그렇게 만드는 일. =액체화. 비응축(凝縮). 2 고체가 액체로 변하는 현상. 비용해(融解). ▷ 기화(氣化). **액화-하다** 〖동〗(자)(타)〖명〗 **액화-되다** 〖동〗(자)
액화^석유^가스(液化石油gas) [애콰-] 〖명〗 석유 정제의 부산물로 나오는 프로판·부탄 등의 탄화수소를 주성분으로 하는 기체를 상온에서 가압하여 액화한 것. 가정용·공업용·자동차용 연료로 쓰임. =엘피 가스·엘피지(LPG).
액화-열(液化熱) [애콰-] 〖명〗〖화〗〖물〗 기체가 액체로 변할 때 발생하는 열.
액화^천연가스(液化天然gas) [애콰-] 〖명〗〖화〗 메탄을 주성분으로 하는 천연가스를 냉각, 액화한 것. 도시가스용·발전용 연료, 화학 공업 원료로 쓰임. =엘엔지(LNG).
액회(厄會) 〖애쾨/애퀘〗 재앙이 닥치는 불길한 고비.
앤생이 잔약한 사람이나 보잘것없는 물건.
앤솔러지(anthology) 〖명〗 한 명 또는 여러 명의 시 또는 문장을 추려 모은 책. =사화집.
앤티가=바부다(Antigua and Barbuda) 〖지〗 동카리브 해에 있는 섬나라. 수도는 세인트존스.
앤티노크-제(antiknock劑) 〖명〗〖화〗 =내폭제.
앤티크(antique) 〖명〗〖인〗 활자체의 하나. 획이 굵으나 고딕보다 부드러운. 사전의 표제자 등에 쓰임.
앨리(alley) 〖명〗〖체〗 볼링에서, 공을 굴리는 대(臺). =레인.
앨리데이드(alidade) 〖명〗〖지〗 평판(平板) 측량 기기의 하나. 수준기(水準器)·조준 장치·자를 갖추고 방향과 경사를 측정하여 도시(圖示)함.
앨버트로스(albatross) 〖명〗 1 〖동〗 앨버트로스과의 바닷새의 총칭. 거위와 모습이 비슷하나 좀 더 커서 편 날개 길이가 2~3.5m에 이르며, 해면 가까이를 날개를 편 상태로 낢. 중·고위도 해역에 분포함. =신천옹(信天翁). 2 〖체〗 골프에서, 한 홀의 기준 타수보다 3타수 적은 기록으로 공을 홀에 넣는 일. ▷버디·이글.
앨범(album) 〖명〗 1 =사진첩. 2 여러 곡을 수록한 엘피 레코드나 시디. 비음반.
앰뷸런스(ambulance) 〖명〗 =구급차.
앰풀(ampule) 〖명〗〖의〗 1회분의 주사약을 넣고 봉한 유리 용기.
앰프(←amplifier) 〖명〗 소리를 크게 만들어 멀리 전달할 수 있도록 하는 전기 장치. 비증폭기.
앰!-하다 〖형〗〖여〗 '애매하다'의 준말. ¶"보두 못버구 앰한 소릴 해 그래, 눈말들이 멀라구?"《김유정: 솟》
앳-되다 [애뙤/앳뙤/애뛔/앳뛔-] 〖형〗 (얼굴이나 목소리 등이) 어리게 보이거나 느껴지는 데가 있다. ¶앳된 목소리/십오륙 세가량의 앳된 소녀/머리를 짧게 자르니까 아주 앳되 보인다. × 애띠다.
앵¹ 〖부〗 모기·벌 따위의 날벌레가 빨리 날 때에 나는 소리.
앵² 〖감〗 성나거나, 분하거나, 딱하거나, 짜증이 날 때 내는 소리. 큰앵.
앵글(angle) 〖명〗 ['각도(角度)'라는 뜻〗 1 =카메라 앵글. ¶~을 맞추다. 2 사물을 보는 관점. 3 'ㄱ'자 모양으로 구부린 철제 쇠붙이.
앵글로·색슨(Anglo-Saxon) 〖명〗 5세기경 독일에서 영국으로 건너가 여러 왕국을 세운 게르만 족의 일부. 앵글 족·색슨 족으로 이루어졌음. 현재 영국 국민의 주된 혈통임. ▷색슨 족.
앵데팡당(®indépendants) 〖명〗 ['독립한 사람들'의 뜻〗 〖미〗 정부가 주최하는 미술 전람회에 대항하여 창설된, 프랑스의 미술가 협회. 1884년 이래 무심사(無審査)·무상(無賞)의 전람회를 개최함.
앵도(櫻桃) 〖명〗 '앵두'의 잘못.
앵-돌아서다 〖자〗 토라져서 홱 돌아서다. ¶내 말에 기분이 상했는지 그녀는 **앵돌아서**가 버렸다.
앵-돌아앉다 [-안따] 〖자〗 마음이 토라져서 홱 돌아앉다. ¶그는 내가 거절하자 **앵돌아앉아** 말도 하지 않으려 했다.
앵-돌아지다 〖자〗 1 마음이 토라지다. ¶그녀는 **앵돌아져서** 이불을 뒤집어쓰고 누워 버렸다. 2 틀려서 홱 돌아가다.
앵두 〖명〗 [<앵도(櫻桃)〗 앵두나무의 열매. 작고 둥글며 빨간빛을 띰. ¶~ 같은 입술. × 앵도.
앵두-꽃 [-꼳] 〖명〗 앵두나무의 꽃. =앵두화.
앵두-나무 〖명〗〖식〗 장미과의 낙엽 활엽 관목. 높이 약 3m. 4월에 흰 꽃이 잎보다 먼저 피며, 6월에 작고 둥근 열매가 빨갛게 익음.
앵둣-빛 [-두삗/-둗삗] 〖명〗 앵두처럼 붉은 빛.
앵무-새(鸚鵡-) 〖명〗〖동〗 앵무과에 속하는 새 중 비교적 큰 새의 총칭. 몸빛은 주로 희거나 검고, 머리에 도가머리가 있으며 꽁지깃이 짧음. 높은 나무 위에 살며, 과실·곡물을 먹고 삶. 다른 동물의 소리나 사람의 말을 잘 흉내 냄. =앵무.
앵무-조개(鸚鵡-) 〖명〗〖동〗 1 연체동물 두족강 앵무조갯과에 속하는 조개의 총칭. '살아 있는 화석'으로 고생대 캄브리아기에 출현, 현재는 소수만이 생존함. 2 앵무조갯과의 바닷조개. 조가비의 주둥이가 앵무새 부리와 비슷함. 깊은 바다에 살며, 누두(漏斗)로 물을 뿜어 이동함.
앵-벌이 〖명〗 〈속〉 지하도나 육교나 전철 안이나 길거리 등에서, 갓난아이를 업거나 불구의 몸을 내보이거나 하면서 구걸하는 사람이나, 조직의 사주를 받아 껌 따위를 팔러 다니는 아이.
앵속(罌粟) [명][식] =양귀비.
앵-앵 [부] 모기·벌 따위가 빨리 날 때에 연하여 나는 소리. **앵앵-하다** [동][자여]
앵앵-거리다/-대다 [동][자] (모기·벌 따위가) 날면서 앵앵 소리를 내다. ¶밤이 되니 모기가 앵앵거리며 극성을 부린다.
앵커(anchor) [명] ['닻'이라는 뜻] 1 [체] 릴레이 경주의 마지막 주자나 영자(泳者). 2 시계의 톱니바퀴와 맞물려 회전을 제어하는, 닻 모양의 장치. 3 전차의 가공선을 적당하게 놓기 위하여 전주에 매어 둔 철사. 4 =앵커맨.
앵커-맨(anchorman) [명] 방송의 뉴스 프로그램에서, 기자들이 직접 보도하는 여러 뉴스를 짧게 논평하면서 이어 가는 진행자. =앵커.
앵커-우먼(anchorwoman) [명] 방송의 뉴스 프로그램에서, 여러 뉴스를 짧게 논평하면서 이어 가는 여자 진행자.
앵클-부츠(ankle boots) [명] 발목까지 덮이는 짧은 부츠.
앵포르멜(㊀informel) [명] ['비정형 회화(非定形繪畫)'라는 뜻][미] 제2차 세계 대전 후, 프랑스를 중심으로 유럽에서 일어난 추상 회화의 한 경향. 기하학적 추상에 대한 반동으로 생겨난 것으로, 격정적이며 주관적인 특징을 가짐. =비정형파.
앵-하다 [형][여] 손해를 보아서 마음이 분하고 아깝다.
야[¹] [명][언] 한글 모음 'ㅑ'의 이름.
야[²] [감] 1 매우 놀랍거나 반가울 때 내는 소리. ¶~, 정말 놀랐는데. / ~, 오랜만이다! 2 어른이 아이를 부르거나, 아이들끼리 서로 부를 때 쓰는 말. 비애. ¶~, 나 좀 보자. 3 '에'의 잘못.
야³ [조] 1 모음으로 끝나는 말에 붙어, 해당하는 대상이나 사실을 특별히 강조하는 뜻을 나타내는 보조사. ¶너~ 공부를 잘하니 무슨 걱정이냐? / 밤이 깊어서~ 돌아오다 / 기어이 해내다... 말겠다. 2 해라체의 종결 어미에 붙어, 듣는 사람에게 어떤 사실을 환기하는 뜻을 나타내는 보조사. ¶비가 많이 온다~. / 돼지 저금통이 꽤 무겁네~. 3 모음으로 끝나는 체언 뒤에 붙는 호격 조사. ¶철수~, 이리 오너라. / 새~ 새 파랑새~ 녹두밭에 앉지 마라.
-야⁴ [어미] '이다', '아니다'의 어간에 붙어, 어떤 사실을 서술하거나 물을 때에 쓰이는 반말 투의 종결 어미. ¶소문은 그런데 사실은 그게 아니~. / 웃어른한테 그게 무슨 짓이~?
-야⁵ [어미] →-아야²·-어야.
야⁶(野) [명] '야당'을 줄여 이르는 말. ¶~ 3 여(與)와 ~ 대립하다. ↔여(與).
야간(夜間) [명] 1 어떤 일을 하는 시간으로서의, 밤 동안. 비밤사이. ¶~작업 / ~열차 / ~에 경비를 서다. 2 때로, 달빛 해변에 밤이, 파도가 ~에 경비를 서다. 2 때로, 달빛 '아간 학교'를 줄여서 이르는 말. ¶낮에는 일하고 밤에는 ~을 다닌다. ↔주간.
야간^경기(夜間競技) [체] 야구·축구 등에서, 밤에 조명등을 켜고 진행하는 경기. =나이트 게임.
야간^대학(夜間大學) [명][교] 낮에 직장에 다니는 사람들을 위해 밤에 공부할 수 있도록 개설한 대학.
야간-도주(夜間逃走) [명] 남의눈에 뜨이지 않도록 밤에 몰래 달아나는 것. 비야반도주. **야간도주-하다** [동][자여]
야간-부(夜間部) [명] 밤에 공부를 하는, 중고등학교·대학교의 부속 교육 기관. =이부(二部).
야간-열차(夜間列車) [-녈-] [명] 밤에 운행되는 열차.
야간-작업(夜間作業) [명] 야간에 하는 작업. 비밤일. **야간작업-하다** [동][자여]
야간^학교(夜間學校) [-교] [교] 밤에 수업하는 학교. =야학교. 준야학.
야거리 [명] 돛대가 하나 달린 작은 배.
야견(野犬) [명] =들개1.
야경¹(夜景) [명] 밤의 경치. =야색(夜色). ¶서울의 ~을 담은 사진.
야경²(夜警) [명] 밤사이에 화재·범죄가 없도록 살피고 지키는 것. **야경-하다** [동][자여]
야경³(野景) [명] 들의 경치.
야경-꾼(夜警-) [명] 방범·방화를 목적으로 야간에 경계·순찰을 도는 사람.
야경-스럽다(夜警-) [-따] [형][비] <~스러우니, ~스러워> 밤중에 떠들썩하다. **야경스레** [부]
야고보-서(←Jakobus書) [성] 신약 성서 중의 한 권.
야곡(夜曲) [음] =세레나데.
야곰-야곰 [부] '야금야금'의 잘못.
야공(夜攻) [군] 밤을 이용하여 적을 치는 것. =야간 공격. **야공-하다** [타여]
야광(夜光) [명] 1 어떤 물체가 불에 타거나 전기 작용에 의하지 않고 어둠 속에서 제 형태를 드러낼 만큼 스스로 빛을 내는 상태. 또는, 그런 물체. ¶~ 시계. 2 '달'의 딴 이름.
야광-운(夜光雲) [명][기상] 고위도 지방에 드물게 나타나는 푸른빛을 띤 은빛 구름. 높이 70~83km의 성층권 부근에 일출 전이나 일몰 후에 나타남.
야광-주(夜光珠) [명] 어둠 속에서 스스로 빛을 낸다는 구슬. =야명주.
야광-충(夜光蟲) [명][동] 원생동물 편모충류의 한 종. 몸은 구형(球形)으로 지름 1~2mm이며, 담홍색 해변에 살며, 파도가 치면 청백색 빛을 냄. 적조(赤潮) 현상의 원인이 됨.
야구(野球) [명][체] 9명씩으로 이루어진 두 팀이 각각 9회씩 서로 공격과 수비를 되풀이하며 득점을 다투는 구기(球技). 공격 측은 상대편의 투수가 던진 공을 방망이로 쳐서, 1·2·3루를 돌아 본루에 들어오면 1점을 얻게 됨.
야구-공(野球-) [명] 야구에 쓰이는 공. 코르크나 고무에 실을 감고 가죽으로 걸을 싼 것으로, 흰빛의 둥근 공임.
야구^방망이(野球-) [명] 야구 경기를 할 때, 공을 치는 방망이. 비배트(bat).
야구-장(野球場) [명] 야구 경기를 할 수 있도록 마련된 운동장.
야구-화(野球靴) [명] 야구 할 때 신는 운동화. 가죽으로 가볍게 만들어 앞뒤 축에 세 발 달린 징을 박음.
야권(野圈) [-꿘] [명] 야당에 속하는 정치인의 범위. ¶~ 인사 / ~ 통합. ↔여권.
야근(夜勤) [명] 밤에 근무하는 것. **야근-하다** [동][자여]

야:금¹(冶金)[명][공] 광석에서 금속을 골라내는 일. 또는, 골라낸 금속을 정제(精製)하거나 합금을 만들거나 가공하거나 하는 일. 야:금-하다 [동](타여)

야:금²(夜禽)[명] 낮에는 쉬고 밤에 활동하여 먹이를 찾는 야생의 새. 부엉이·올빼미 따위.

야:금³(野禽)[명] 산이나 들에서 사는 새. (비)들새·야조(野鳥). ↔가금(家禽)

야금-거리다/-대다[동](타) 1 무엇을 입 안에 넣고 조금씩 찬찬히 먹어 들어가다. 2 조금씩 자꾸 축나거나 소비하다.

야:금-술(冶金術)[명] 야금하는 기술.

야금-야금[-냐/-그먀-][부] 야금거리는 모양. ¶과자를 ~ 먹다 / 돈을 ~ 써 버리다. ×야곰야곰. 야금야금-하다

야굿-야굿[-근냐굳/-그댜귿][부] 톱날같이 높고 낮은 차이가 적고 어숫비슷한 모양. 야굿야굿-하다 [형여]

야:기(夜氣)[명] 밤의 차고 눅눅한 기운. ¶~가 차니 어서 방으로 드십시오.

야기(惹起)[명] (사람이나 집단 등이 부정적인 일이나 사건 등을) 생기게 하는 것. 야기-하다 [동](타여) ¶문제를 ~ / 분쟁을 ~. 야기-되다 [동](자) ¶중대 사건이 ~.

야기죽-거리다/-대다[-끼(때)-][동](자) 밉살스럽게 재깔이며 자꾸 짓궂게 빈정거리다. (준)야죽거리다·약죽대다. (비)이기죽거리다.

야기죽-야기죽[-중냐-/-주갸-][부] 야기죽거리는 모양. (준)야죽야죽·약죽약죽. (비)이기죽이기죽. 야기죽야기죽-하다 [동](자여)

야끼-만두(←燒き/やき 饅頭)[명] '군만두'로 순화.

야:뇨-증(夜尿症)[-쫑][명][의] 밤에 자다가 무의식중에 오줌을 자주 싸는 증세. =유뇨증(遺尿症).

야누스(Janus)[명][신화] 로마 신화에 나오는, 성이나 집의 문을 지키며 앞뒤 두 얼굴을 가진 신(神). 전쟁과 평화를 나타냄.

야누스의 얼굴 표리부동한 태도나 성격을 비유하여 이르는 말.

야:단(惹端)[명] 1 떠들썩하게 일을 벌이거나 매우 부산하게 법석거리는 것. ¶빚쟁이들이 몰려와 돈을 갚으라고 ~ 이다. 2 소리를 높여 마구 꾸짖는 일. ¶선생님께 ~을 맞았다. 3 난처하거나 딱한 일. ¶폭우가 계속되면 ~인데. 야:단-하다 [동](자여) ¶별것도 아닌 것 가지고 ~.

야:단-나다(惹端-)[동](자) 1 떠들썩한 일이 벌어지다. ¶허허, 고기를 굽는다, 전을 부친다, 야단났구먼. 2 몹시 곤란하거나 난처한 일이 생기다. ¶수술비를 못 구해 야단났다.

야:단-맞다(惹端-)[-맏따][동](자) 꾸지람을 듣다. ¶시험 성적이 나빠서 아버지에게 ~.

야:단-받이(惹端-)[-바지][명] 남의 꾸지람을 받는 일. 또는, 그 사람.

야:단-법석(惹端-)[-썩][명] 야단스럽게 법석을 떠는 것.

야:단-스럽다(惹端-)[-따][형](ㅂ)<-스러우니, -스러워> 매우 소란하고 떠들썩하다. 야단스레 [부]

야:단-야단(惹端惹端)[-냐-][명][부] 1 함부로 떠들어 대는 모양. 2 마구 꾸짖는 모양. ¶약속 시간에 늦었다고 ~이다. 야:단야단-하다 [동](자여)

야:단-치다(惹端-)[동](자타) 마구 꾸짖다. ¶공부도 안 하고 딴 짓만 하는 녀석은 따끔하게 야단치세요.

야:담(野談)[명] 야사(野史)의 이야기.

야:당(野黨)[명] 정당 정치에서, 현재 정권을 잡고 있지 않은 정당. ↔여당(與黨)

야:독(夜讀)[명] 밤에 글을 읽는 것. ¶주경(晝耕)~. 야:독-하다 [동](타여)

야드(yard)[의주] 야드파운드법의 길이의 단위. 1야드는 3피트로, 91.44cm임. 기호는 yd. =마(碼).

야드르르[부] 윤이 나고 보드라운 모양. ¶윤기가 ~ 나는 머릿결. (비)이드르르. 야드르르-하다 [형여] ¶야드르르한 피부.

야드를[부] '야드르르'의 준말. ¶윤이 ~ 흐르는 붉은 입술. (비)이드를. 야드를-하다 [형여]

야드파운드-법(yard pound法)[명] 기본 단위로서 길이에 야드, 질량에 파운드, 부피에 갤런, 시간에 초, 온도에 화씨온도를 사용하는 단위계. 주로 영국·미국 등 영어권 나라에서 쓰이고 있음.

야들-야들[-랴-/-드랴-][부] 윤이 나고 보들보들한 모양. (큰)이들이들. 야들야들-하다 [형여] ¶야들야들한 옷감.

야로¹[명] 감추어진 음흉한 속셈이나 꾀. 속된말임. (비)흉계·흑막. ¶이번 일에는 분명히 무슨 ~가 있는 것 같다.

야:로²(野老)[명] 시골에 사는 늙은이.

야:료(惹鬧)[명] ['鬧'의 본음은 '뇨'] 까닭 없이 트집을 잡고 함부로 떠들어 대는 것. ¶젊은애들이 와서 ~를 부리다 / "가라면 갔지 그래 남의 집으로 п를 지어 와서 웬 ~야? 백 원을 줘두 안 팔 테니 철 대루를 해." 《심훈:황공의 최후》 야:료-하다 [동](자여)

야릇-하다[-륻-][형여] (어떤 상태나 현상이) 무엇이라 표현하기 어렵거나 그 뜻을 쉽게 알기 어려운 상태에 있다. (비)묘하다. ¶여자의 손목을 잡으니 기분이 ~. / 그 여자는 나를 보더니 ~ 미소를 지었다.

야리꾸리-하다[형여]<속> 야릇하고 기묘하다. ¶야리꾸리한 옷차림 / 야리꾸리한 음담패설.

야리다[형] '여리다'의 작은말.

야마(llama)[명][동] =라마(lama)².

야마리[명] =얌통머리. ¶~가 없다.

야:만(野蠻)[명] 미개하여 문화가 뒤떨어진 상태. 또는, 그런 종족.

야:만-스럽다(野蠻-)[-따][형](ㅂ)<-스러우니, -스러워> 야만의 상태에 있다. 야:만스레 [부]

야:만-인(野蠻人)[명] 1 지능이 미개하고 문화의 정도가 낮은 사람. =번인·토매인·호인(胡人). (비)만인(蠻人). ↔문명인·문화인. 2 교양이 없고 무례한 사람을 비난조로 이르는 말.

야:만-적(野蠻的)[관][명] 야만스러운 (것). ¶~ 행위.

야-말로[조] 모음으로 끝나는 체언에 붙어, '그것이야 참말로'의 뜻을 나타내는 보조사. ¶한자~ 세계에서 가장 어려운 문자다. ▷이야말로.

야:망(野望)[명] 1 큰일을 이루고자 하는 소망. ¶~을 품다 / 그는 ~에 불타는 젊은이다. 소년들이여, ~을 가져라! 2 그릇된 야심을 품은 욕망. ¶헛된 ~에 사로잡다.

야:맹-증(夜盲症)[-쯩][명][의] 망막에 있는 간상세포(杆狀細胞)의 능력이 감퇴하여 밤에는 사물이 잘 보이지 않는 증상. 후천적으

야멸-스럽다 [-따] 혱ㅂ<~스러우니, ~스러워> 야멸친 데가 있다. ¶그는 **야멸스럽게** 내 부탁을 거절했다. **야멸스레** 튀.
야멸-차다 혱 '야멸치다'의 잘못.
야멸-치다 혱 1 남의 사정은 돌보지 않고 자기만 생각하는 태도가 있다. 2 태도가 차고 매섭다. ¶야멸치게 쏘아붙이다 / 그는 내 부탁을 **야멸치게** 거절했다. ×야멸차다.
야무-지다 혱 (성격이나 태도가) 어수룩함이 없이 올차고 똑똑하다. ¶일을 **야무지게** 잘하다 / 그는 체구는 작지만 여간 **야무지지** 않다. 큰여무지다.
야물-거리다/-대다 툉자타 (어린아이나 염소·토끼 따위가) 무엇을 씹느라고 입을 귀엽게 움직이다.
야물다 Ⅰ 툉자 (야무니, 야무오) (곡식이) 알이 들어 단단하게 익다. 큰여물다. Ⅱ 형 1 (씀씀이가) 헤프지 않고 알뜰하다. ¶살림을 **야물게** 하다. 2 일이 잘되어 뒤탈이 없다. ¶일을 **야물게** 처리하다. 큰여물다. 3 (사람됨이) 빈틈이 없이 야무지다. ¶체구는 작아도 아주 ~.
야물딱-지다 혱<방> 야무지다(경남).
야물-야물 [-랴-/-먀무-] 튀 야물거리는 모양. ¶토끼가 풀을 ~ 먹고 있다. **야물야물-하다** 툉자타.
야미 (일闇/やみ) 명 '뒷거래'로 순화.
야-바위 명 1 교묘한 속임수로 물주가 돈을 따는 노름의 하나. 2 협잡의 수단으로 그럴듯하게 꾸미는 일의 총칭.
야바위(를) 치다 관 옳지 않은 방법으로 남의 눈을 속이다.
야바위-꾼 명 야바위 치는 사람을 얕잡아 일컫는 말.
야바위-판 명 여러 사람이 야바위 치는 판국.
야뱃-속 [-위쏙-원쏙] 명 속임수로 협잡을 꾸미는 속내.
야박 (野薄) →**야박-하다** [-바카-] 혱여 야멸치고 인정이 없다. ¶**야박한** 세상인심 / 부탁을 **야박하게** 거절하다. **야박-히** 튀.
야박-스럽다 (野薄-) [-쓰-따] 혱ㅂ<~스러우니, ~스러워> 야박한 데가 있다. **야박스레** 튀.
야반 (夜半) 명 =밤중1. ¶~의 총소리.
야반-도주 (夜半逃走) 명 사람의 눈을 피해 한밤중에 도망하는 것. 비야간도주. ×야밤도주. **야:반도주-하다** 툉자여 ¶연놈이 눈이 맞아 ~.
야발 명 야살스럽고 되바라진 태도. 또는, 그런 말씨.
야:발-단지 [-딴-] 명 =야발쟁이.
야:발-스럽다 [-따] 혱ㅂ<~스러우니, ~스러워> 야살스럽고 되바라지다. **야:발스레** 튀.
야발-장이 명 '야발쟁이'의 잘못.
야:발-쟁이 명 야발스러운 사람. =야발단지. ×야발장이.
야:-밤 명 깊은 밤.
야:밤-도주 (夜-逃走) 명 '야반도주'의 잘못.
야:밤-중 (夜-中) [-쭝] 명 =한밤중.
야:-별초 (夜別抄) 명 고려 고종 때, 최우 (崔瑀)가 조직한 특별 부대. 도둑을 막기 위하여 설치한 것으로, 뒤에 좌별초·우별초로 나뉨.
야:비 (野卑·野鄙) →**야:비-하다** 혱여 (성질이나 행동이) 상스럽고 천하다. ¶말씨가 ~ / 연약한 여자에게 **야비하게** 폭력을 쓰다.
야:비-다리 명 교만한 사람이 일부러 검손한 체하는 태도를 보이는 일.
야:사 (野史) 명 민간에서 사사로이 기록한 역사. 비외사(外史). ¶~집. ↔정사(正史).
야:산 (野山) 명 들 근처의 나지막한 산. ¶~을 일구어 밭을 만들다.
야:살 얄망궂고 되바라진 말씨나 태도. ¶~을 떨다 / ~을 부리다 / ~을 피우다. ▷얄개.
야살(을) 까다 관 야살스럽게 행동하다.
야:살-스럽다 [-따] 혱ㅂ<~스러우니, ~스러워> 얄망궂고 잔재미가 있다. ¶**야살스런** 수다쟁이. **야:살스레** 튀.
야:살-쟁이 명 야살스러운 사람. 준야살이.
야:-삼경 (夜三更) 명 =삼경(三更)¹. 준야경 (夜更).
야:상-곡 (夜想曲) 명 =녹턴 (nocturne).
야:생 (野生) 명 1 (동물이나 식물이) 산이나 들에서 저절로 나거나 자라는 것. 2 (주로 파생어를 이루어) 사람이 순하게 길들지 않은 상태. ¶~ 노루 / ~아(兒). **야:생-하다** 툉자여 ¶진달래는 우리나라에 **야생하는** 꽃이다.
야:생^동물 (野生動物) 명동 산과 들에 절로 나서 자라는 동물. ¶~사육 동물.
야:생-마 (野生馬) 명 야생하는 말.
야:생-적 (野生的) 관명 산이나 들에서 저절로 자라, 가꾸어지거나 길들지 않은 (것). ¶~ 습성.
야:생-종 (野生種) 명 산과 들에 저절로 나는 동식물의 종류.
야:생-화 (野生花) 명 산과 들에 저절로 피는 화초(花草). 비들꽃.
야:설 (冶說) 명<속> '야한 이야기'라는 뜻. 음란한 소설. 인터넷상에서 쓰이는 통신 언어임.
야:성 (野性) 명 길들여지지 않은 자연 또는 본능 그대로의 성질.
야:성-미 (野性美) 명 거친 성질이나 본능적인 행동에서 풍기는 멋.
야:성-적 (野性的) 관명 자연 또는 본능 그대로의 거친 성질을 지닌 (것).
야:소 (耶蘇) 명 '예수'의 음역어.
야:속 (野俗) →**야:속-하다** [-소카-] 혱여 (무정한 행동이나 그런 행동을 한 사람이) 섭섭하게 여겨져 언짢다. ¶그는 **야속하게** 내 간절한 부탁을 뚝 잘라 거절했다. / 순임이는 한 마디 말도 없이 떠나 버린 그 남자가 **야속하기** 짝이 없었다. **야:속-히** 튀.
야:속-스럽다 (野俗-) [-쓰-따] 혱ㅂ<~스러우니, ~스러워> 야속한 데가 있다. **야:속스레** 튀.
야:수¹ (野手) 명[체] 야구에서, 내야수와 외야수의 총칭.
야:수² (野獸) 명 1 길들지 않은 야생의 사나운 짐승. ¶탐험대가 아프리카 밀림에서 ~의 습격을 받다. ▷들짐승. 2 몹시 거칠고 사납게 행동하는 사람을 비유적으로 이르는 말.
야:수^선택 (野手選擇) 명[체] 야구에서, 야수가 타구(打球)를 잡아 1루에 던지면 아웃시킬 수 있었으나 선행 주자를 아웃시키려다가 실패하여 모두 살려 주는 일.
야:수-파 (野獸派) 명[미] 20세기 초기에 프랑스에서 일어난 회화의 한 유파. 강렬한 색

채의 대비와 대담한 필치가 그 특징임. 마티스·루오 등이 그 대표적 화가임. =포비슴.
야!숙(野宿) 圀 들에서 자는 것. 旧노숙(露宿). **야!숙-하다** 图⒜⒠
야!순(夜巡) 밤에 경계(警戒)를 위하여 순찰하는 것. **야!순-하다** 图⒜⒠
야스락-거리다/-대다[-꺼(때)-] 图⒜ 입담 좋게 자꾸 말을 늘어놓다. 㐍야슬거리다.
야스락-야스락[-랴냐-/-랴갸-] 團 야스락거리는 소리나 모양. 㐍야슬야슬. **야스락 야스락-하다** 图⒜⒠
야슬-거리다/-대다 图⒜ '야스락거리다'의 준말.
야슬-야슬[-랴-/-스랴-] 團 '야스락야스락'의 준말. **야슬야슬-하다** 图⒜⒠
야!습(夜襲) 圀 밤에 적을 덮쳐 공격하는 것. **야!습-하다** 图⒯⒠¶적을 ~.
야!시(夜市) 圀 =야시장.
야!-시장(夜市場) 圀 밤에 벌이는 시장. =야장·야시.
야!식(夜食) 圀 밤에 음식을 먹는 것. 또는, 그 음식. ▷밤참. **야!식-하다** 图⒜⒠
야!심¹(野心) 圀 1 옳지 못하거나 그릇된 일을 이루거나 꾀하려고 하는 마음. ¶그 사내는 순영이에게 ~을 품고 있다. / 히틀러는 세계 정복의 ~을 가지고 전쟁을 도발했다. 2 대담하고 획기적인 것을 시도하려는 생각이나 마음. ¶~에 찬 젊은 사업가.
야!심²(夜深) ➡**야!심-하다** 圈⒠ 밤이 깊다. ¶야심한 시각에 어딜 가시오?
야!심-가(野心家) 圀 야심을 품고 있는 사람.
야!심만만(野心滿滿) ➡**야!심만만-하다** 圈⒠ 야심이 가득 찬 상태에 있다. ¶야심만만한 청년. **야!심만만-히** 團
야!심-작(野心作) 圀 대담하고 획기적인 것을 시도하려고 마음먹은 작품. ¶중견 작가가 오랜 침묵 끝에 내놓은 ~.
야!심-적(野心的) 圀 야심을 품은 (것).
야!업(夜業) 圀 야간에 작업하는 것. 旧밤일. **야!업-하다** 图⒜
야!영(野營) 圀 천막 따위를 치고 야외에서 잠. 또는, 그렇게 하는 생활. =노영(露營). 旧캠핑. **야!영-하다** 图⒜⒠¶산에서 ~.
야!영-객(野營客) 圀 휴양이나 훈련을 하기 위해 야외에서 천막을 치고 생활하는 사람.
야!영-장(野營場) 圀 야영할 수 있도록 조성해 놓은 곳.
야!영-지(野營地) 圀 야영하는 곳.
야옹 圀 고양이가 우는 소리.
야옹-야옹[-냐-] 團 고양이가 자꾸 야옹 소리를 내는 모양. 또는, 그 소리. ¶고양이가 ~ 울다.
야옹-이 圀〈유아〉고양이.
야!외(野外) [-외-/-웨-] 圀 1 시가지에서 좀 떨어져 있는 들. 또는, 그런 지역. ¶~로 소풍을 가다. 2 옥외나 노천(露天)을 이르는 말. ¶~ 음악당.
야!외-극장(野外劇場) [-외-짱/-웨-짱] 圀 거리의 광장이나 마을의 빈 터 등에 특별한 시설이 없이 세운 극장.
야!외-무대(野外舞臺) [-외-/-웨-] 圀 거리의 광장이나 마을의 빈 터 등에 마련한 무대. ¶공원 ~에서 콘서트가 벌어지다.
야!욕(野慾) 圀 옳지 못하거나 그릇된 일을 이루거나 꾀하려는 욕심. ¶여자를 꾀어 ~을 채우다.
야율-야율[-랴-/-우랴-] 團 불이 조용하게

야전 침대●1227

타는 모양. ¶불길이 둔덕을 따라 ~ 번져 가다. ▣여울여울.
야위다 图⒜ (몸이나 얼굴이) 살이 빠져서 앙상한 상태가 되다. ¶근심 걱정으로 몸이 야위어 가다. ▣여위다.
야!유¹(野遊) 圀 =들놀이. **야!유-하다**¹ 图⒠
야!유²(揶揄) 圀 남을 빈정거려 놀리는 것. 또는, 그런 말이나 짓. ¶수비 선수가 고의로 반칙을 범하자 관중석에서 일제히 ~가 터져 나왔다. **야!유-하다**² 图⒯⒠
야!유-조(揶揄調) [-쪼] 圀 빈정거리며 놀리는 투.
야!유-회(野遊會) [-회/-훼] 圀 야외에 나가 노는 모임. ¶~를 개최하다.
야!음¹(夜陰) 圀 밤의 어두운 때. ¶~을 타서 도망하다.
야!음²(夜飮) 圀 밤에 술을 마시는 것. **야!음-하다** 图⒜⒠
야!인(野人) 圀 1 교양이 없고 예절을 모르는 사람. 2 벼슬살이를 하지 않는 사람. ¶벼슬을 버리고 ~으로 돌아가다. 3 순박한 시골 사람. 4 예전에, 압록강과 두만강 이북에 살던 만주족. ▶ 정벌.
야!-자¹〈속〉어떤 사람이 다른 사람과 서로 해라체의 말을 하게 되는 상태. ¶~를 놓다 / 우리 이제부터 ~를 트고 지내자.
야!자²(椰子) 圀 1 〔식〕=야자나무1. 2 야자나무의 열매.
야!자-나무(椰子-) 圀〔식〕1 야자나뭇과에 속하는 대추야자·기름야자·부채야자 등의 총칭. =야자·야자수. 2 야자나뭇과의 상록교목. 열대 지방에서 남. 높이 10~30m. 잎은 길이 2~4m이고 원줄기 끝에서 돌려남. 열매는 먹으며, 줄기는 재목으로 쓰이, 배젖을 말린 코프라로 비누·인조버터 등을 만듦. =코코야자.
야!자-수(椰子樹) 圀〔식〕=야자나무1.
야!자-유(椰子油) 圀 야자의 씨에서 짠 기름. 비누·양초의 원료로 씀.
야!자-타임(-time) 圀〈속〉야유회나 여럿이 어울리는 자리에서, 평소에 높임말을 써야 하는 윗사람에게 해라체의 말을 쓸 수 있도록 허용하는 시간. ¶선후배가 모이는 술자리에서 10분 동안 ~을 가지다.
야!적(野積) 圀 임시로 한데에 쌓아 두는 것. 旧노적(露積). **야!적-하다** 图⒯⒠¶볏단을 논둑에 ~. **야!적-되다** 图⒜
야!적-장(野積場) [-짱] 圀 곡식 단이나 물건을 임시로 한데에 쌓아 두는 곳.
야!전¹(夜戰) 圀〔군〕밤에 하는 전투. =야간전투.
야!전²(野戰) 圀〔군〕1 산이나 들에서 하는 전투. 2 공성전(攻城戰)·시가전·요새전 이외의 육상에서 하는 전투.
야!전-군(野戰軍) 圀〔군〕산이나 들에서의 전투 임무를 맡고 있는 군대.
야!전ˆ병원(野戰病院) 圀〔군〕부상병을 일시적으로 수용·치료하기 위하여 전투 지역과 가까운 후방에 설치하는 병원.
야!전-잠바(野戰-ⓐジャンパ) 圀 전투하는 때 군인이 입을 수 있도록 만든, 두툼하고 내피가 달린 잠바. 예전에는 물을 들여서 민간인이 입기도 했음.
야!전ˆ침대(野戰寢臺) 圀〔군〕접었다 폈다 할 수 있는 나무틀에 즈크를 댄, 야전용의 간이침대.

야!전-포(野戰砲)[명][군] 야전에 쓰는 대포. 곡사포·평사포 따위. 준야포.
야젓잖다[-젇짠타][형] '의젓잖다'의 작은말.
야젓-하다[-저타-][형여] '의젓하다'의 작은말. 야젓-이[부]
야!조(野鳥)[명] 야생의 새. 비들새·야금(野禽). ↔사조(飼鳥).
야죽-거리다/-대다[-끼(때)-][동자] '야기죽거리다'의 준말. 큰이죽거리다.
야죽-야죽[-중냐-/-주갸-][부] '야기죽야기죽'의 준말. 큰이죽이죽. 야죽야죽-하다[동][자여]
-야지¹[어미] 끝 음절의 모음이 'ㅏ', 'ㅓ'인 용언의 어간 아래에서 '-아야지', '-어야지'의 '아', '어'가 탈락한 꼴. ¶어서 가~./물을 건너~.
야!지²(野地)[명] 산이 적고 들이 많은 지방.
야지³(일野次/やじ)[명] '야유(揶揄)²'로 순화.
야지랑[명](일부 동사와 함께 쓰여)얄밉도록 능청맞고 천연스러운 태도. ¶~을 떨다/~을 부리다/~을 피우다. 큰이지랑.
야지러-지다[동자] 한쪽 귀퉁이가 떨어져 없어지다. 큰이지러지다.
야짓[-짇][부] 차근차근하게 모조리. ¶무섭지 5권을 처음부터 ~ 읽어 나간다.
야!차(夜叉)[명] 1[민] 사나운 귀신의 하나. 비두억시니. 2 [<읍yaksa][불] 팔부중(八部衆)의 하나. 모습이 추악하고 잔인한 귀신. 하늘을 날아다니며 사람을 괴롭힌다고 함.
야!찬(夜餐)[명] =야밤.
야!채(野菜)[명] '채소'를 주로 식용 대상으로 이르는 말. 기르거나 가꾸는 작물의 개념으로는 사용하기가 어려움. ¶~샐러드.
야!채-수프(野菜soup)[명] 감자·당근·양파·양배추 등을 썰어서 냄비에 넣고 육수를 부어 끓인 수프.
야!천(野川)[명] 들 가운데를 흐르는 내.
야청(-靑)[명] 검은빛을 띤 푸른빛. =야청빛.
야청-빛(-靑-)[-삗][명] =야청.
야!초(野草)[명] 들에 저절로 나는 풀.
야!취(野趣)[명] 1 아름다운 자연에서 느끼는 홍취. 2 소박한 취미.
야코-죽다[-따][동자] '기죽다'를 속되게 이르는 말.
야코죽-이다[동타] '야코죽다'의 사동사.
야쿠자(일八九三/やくざ)[명] 일본의 조직 폭력 집단.
야크(yak)[명][동] 포유류 솟과의 한 종. 어깨높이 약 2m. 소와 비슷하나 몸 아랫면에 긴 털이 나 있음. 티베트 고원이나 히말라야 지방 원산임. 사역에 이용되고, 고기와 젖은 식용, 털은 직물을 짜는 데에도 쓰임.
야타-족(-族)[속] 자가용 승용차를 몰고 유흥가를 돌면서, 배회하는 여자를 태워 엽색 행각을 벌이는 부유층의 젊은 남자. 1990년대에 생긴 신조어임. ▷오렌지족.
야트막-하다[-마카-][형여] 높이가 좀 얕은 듯하다. ¶천장이 ~. 야트막한 고개. 준야틈하다. 야트막-이[부]
야틈-하다[형여] '야트막하다'의 준말. 큰이틈하다.
야!포(野砲)[명][군] '야전포'의 준말. ¶~병.
야!포-대(野砲隊)[명][군] 야포를 중심으로 구성된 부대.

야!-하다¹(冶-)[형여] 1 (옷차림이나 화장 따위가) 천하게 느껴질 만큼 화려하거나 성적(性的)으로 자극하는 상태에 있다. ¶가슴이 깊게 판 블라우스/화장이 ~. 2 (글이나 그림이나 이야기가) 성적(性的)인 내용을 담고 있어 부끄러움을 주는 상태에 있다. ¶야한 농담/야한 소설/야한 영화.
야!-하다²(野-)[형여] 1 품위가 없어 상스럽다. 2 박정할 만큼 이끗에만 밝다.
야!학(夜學)[명] 1[교] '야간 학교'의 준말. ¶~을 열다/~에 다니다. 2 밤에 공부하는 것. 야!학-하다[동자여]
야!-학교(夜學校)[-교][명][교] =야간 학교.
야!합(野合)[명] 1 부부 아닌 남녀가 서로 정을 통하는 것. 2 좋지 못한 목적 아래 서로 어울리는 것. ¶~합-하다[동자여]¶불순 세력과 ~. 야!합-되다[동]
야!행(夜行)[명] 1 밤에 길을 가는 것. ¶~열차. 2 밤에 활동하는 것. ¶~ 동물. ↔주행(晝行). 야!행-하다[동자여]
야!행-성(夜行性)[-썽][명][동] 낮에는 쉬고 밤에 활동하는 동물의 습성. ↔주행성.
야호[감] 등산하는 사람이 동료에게 자기의 위치를 알리거나 그에 답할 때 외치는 소리. 또는, 산 정상이나 봉우리 등에 올라 상쾌감이나 기쁨을 나타내어 지르는 소리.
야!화¹(夜話)[명][문] 밤에 모여서 하는 가벼운 이야기. 또는, 그것을 기록한 책. ¶천일~
야!화²(野花)[명] 1 들에 나는 풀의 꽃. 비들꽃. 2 하층 사회나 화류계의 미인의 비유.
야!회(夜會)[-회/-훼][명] 밤에 가지는 모임. 특히, 서양식의 사교적인 모임. 야!회-하다[동자여]
야!회-복(夜會服)[-회/-훼-][명] 서양식의 야회 때 입는 옷. 남자용은 연미복, 여자용은 이브닝드레스임.
야훼(Yahweh)[명][가] '여호와'를 가톨릭에서 이르는 말.
약¹[명] 1 고추·담배 등의 식물이 지닌 자극적인 성분. 2 다른 사람의 못마땅한 행동으로 화가 난 감정의 상태.
약(이) 오르다[구] 1 고추·담배 따위가 잘 자라 자극적인 성분이 많아지다. ¶고추에 약이 올라 맵다. 2 다른 사람의 못마땅한 행동으로 화가 나다.
약(을) 올리다[구] 약이 오르게 하다. ¶그는 나만 보면 내 별명을 부르며 약을 올린다.
약(約)[명] 화투·마작 등에서, 특별한 끗수를 얻을 수 있는 특권이 생기는 일. 또는, 그 특권.
약³(略)[명] '생략'의 준말. ¶이하 ~.
약⁴(藥)[명] 1 병을 치료·예방하거나 상처를 낫게 하기 위하여 먹거나 바르거나 주사하는 물질. ¶알~/가루~/위장~/내복~/~을 먹다/~을 짓다. 2 염초(焰硝), 곧 질산칼륨을 기본 재료로 한 폭발성 물질. 비화약/총포. 3 건전지. 또는, 건전지의 전기를 내는 힘. ¶~이 다 닳아 플래시에 불이 들어오지 않는다. 4 해충·세균·짐승 등을 없애는 데에 쓰는 물질. 농약·소독약·쥐약 따위. ¶벌~/~을 치다. 5 윤을 내기 위해 바르는 물질. 유약·구두약 따위. ¶구두에 ~을 칠하다. 6 마약·아편·술 등을 빗대어 하는 말. 7 몸이나 마음에 이로운 것의 비유. ¶먹어 두면 ~이 된다. 8 '뇌물'을 속되게 이르는 말. ¶관계 직원에게 ~을 쓰다.
[**약에 쓰려도 없다**] 아무리 애써 구하여도 조금도 구할 수가 없다.
약(을) 팔다㋺ 이것저것 끌어대어 이야기를 늘어놓거나 입담 좋은 말로 수다를 떨다. 속된 말임.
약⁵(約) 수량을 나타냄에 쓰여, 정확하지는 않으나 거의 그 수치에 가까움을 나타내는 말. 차례를 나타내는 말 앞에서는 쓰일 수 없음. ⓑ대강·대략·대충. ¶~ 20미터 / 그곳에 모인 사람은 ~ 천 명쯤 된다.
약간(若干)[-깐] Ⅰ 얼마 되지 않는 양이나 정도. ¶~의 식량.
Ⅱ㋭ 양이나 정도에 있어 얼마 되지 않거나 그리 심하지 않게. ¶배가 ~ 부르다 / 국에 간장을 ~ 치다.
약-값(藥-)[-깝] 몡 약을 복용하는 데 드는 돈. =약가(藥價)·약대(藥代).
약골(弱骨)[-꼴] 몡 1 몸이 약한 사람. ⓑ약질(弱質). ¶그는 태어날 때부터 ~이어서 병치레가 잦다. 2 약한 골격. =잔골(孱骨).
약과(藥果)[-꽈] 몡 1 밀가루를 기름과 꿀에 반죽한 뒤 과줄판에 박아서 기름에 지진 유밀과. =과줄. 2 '그쯤 당하는 일은 아무것도 아님'의 뜻으로 이르는 말. ¶시집보내야 할 딸이 둘씩이나 된다고? 그건 ~일세. 난 차 그마치 넷 아닌가?
약관¹(約款)[-꽌] 몡 조약·계약 등에서 정해진 하나하나의 조항. ¶보험 ~ / ~에 위배되다.
약관²(弱冠)[-꽌] 몡 남자의 나이 20세를 이르는 말. 좀 더 넓은 뜻으로는, 20세 전후의 나이를 가리키기도 함. ¶~의 나이에 문단에 데뷔하다.
약국¹(弱國)[-꾹] 몡 국력이 약한 나라. ↔강국(強國).
약국²(藥局)[-꾹] 몡 약사가 의사의 처방에 따라 약을 조제하거나 의약품을 판매하는 곳. ▷약방.
약-그릇(藥-)[-끄른] 몡 약을 담거나 따라 마시는 그릇.
약기(略記)[-끼] 몡 간단하게 적는 것. 또는, 그 기록. =생기(省記). **약기-하다** 동(타여)
약다[-따] 혱 1 (사람이) 제게 이롭게 꾀를 부리는 수단이 좋다. ¶약아 빠지다 / 저 친구, 남들 열심히 일할 때 빈둥거리면서 상사 비위나 맞추는 걸 보면 여간 **약은** 게 아니냐. 2 꾀가 많고 눈치가 빠르다. ⓑ영리하다. ¶다섯 살짜리치고는 꽤 ~. ⓔ역다.
약대(藥大)[-때] 몡[교] '약학 대학'의 준말.
약도(略圖)[-또] 몡 1 간단하게 줄여 대충 그린 그림. 2 어떤 집이나 장소 등의 위치를 나타내기 위해 그곳에 이르는 길과 그 주위의 주요 건물 등을 간략하게 그린 지도.
약독¹(弱毒)[-똑] 몡 독성이나 병원체의 성질을 약하게 함. 또는, 그렇게 한 것. ¶~ 백신.
약독²(藥毒)[-똑] 몡 약의 독기.
약동(躍動)[-똥] 몡 생기 있고 활발하게 움직이는 것. **약동-하다** 동(재여) ¶**약동하는** 젊음 / 만물이 **약동하는** 계절.
약동-감(躍動感)[-똥-] 몡 생기 있고 활발하게 움직이는 느낌.
약-두구리(藥-)[-뚜-] 몡 1 탕약을 달이는 데에 쓰는, 자루가 달린 놋그릇. ⓔ두구리.

2 늘 골골 앓아서 약만 먹고 사는 사람을 놀리는 말.
약-둥이(藥-)[-뚱-] 몡 약고 똑똑한 아이.
약략(略略)[양냑] ➡ **약략-하다**[양냐카-] 혱 1 매우 간략하다. 2 매우 약소하다. **약략-히** ㋭
약략-스럽다(略略-)[양냑쓰-따] 혱ㅂ<~스러우니, ~스러워> 약략한 데가 있다. **약략스레** ㋭
약량(藥量)[양냥] 몡 약을 쓰는 분량.
약력(略歷)[양녁] 몡 간단히 줄여서 나타낸, 어떤 사람의 학력·경력 따위의 이력. ¶저자 ~ / ~을 소개하다.
약령(藥令)[양녕] 몡 봄·가을에 약재(藥材)를 팔고 사는 장. =약령시, ⓓ영(令).
약령-시(藥令市)[양녕-] 몡 =약령(藥令).
약론(略論)[양논] 몡 간단하게 줄여 논하는 것. **약론-하다** 동(타여)
약리(藥理) [양니] 몡 약물에 의하여 일어나는 생리적 변화. ¶~ 작용.
약-막대기(藥-)[양-때-] 몡 탕약을 짤 때 약수건을 비트는 데 쓰는 막대기.
약명(藥名)[양-] 몡 약의 이름.
약물¹(約物)[양-] 몡[인] 특수한 어휘를 대용(代用) 혹은 생략하기 위하여 만들어진 도형·문자·부호 등의 활자.
약-물²(藥-)[양-] 몡 1 약을 타거나 달이거나 우린 물. 2 탕약을 달일 물. 3 먹어서 몸에 약이 된다는 샘물. ⓑ약수(藥水).
약물³(藥物)[양-] 몡 약재(藥材)가 되는 물질. =치료.
약물^의존(藥物依存)[양-] 몡 =약물 중독.
약물^중독(藥物中毒)[양-] 몡[의] 어떤 약물을 억제하기 어려운 욕구에 따라 지속적 또는 주기적으로 섭취하는 상태. 흔히, 마약·진통제·진정제 등을 계속하여 또는 과다하게 복용할 때 일어남. =약물 의존.
약물-터(藥-)[양-] 몡 =약수터.
약박(弱拍)[-빡] 몡[음] =여린박. ↔강박.
약-발(藥-)[-빨] 몡 약을 복용한 뒤에 나타나는 약의 효력. ¶~이 세다 / ~을 톡톡히 받다.
약-밥(藥-)[-빱] 몡 물에 불린 찹쌀을 시루에 찐 뒤에 진간장·흑설탕·대추·밤·참기름·잣 따위를 섞어 시루에 찌거나 중탕하여 만든 음식. =약식(藥食).
약방(藥房)[-빵] 몡 1 '약국(藥局)'을 달리 이르는 말. 주로 나이가 많은 세대들이 쓰는 말임. 2 약사가 약종상 면허 없이 양약을 소매하는 가게. 3 지난날, '한약국'을 이르던 말.
[**약방에 감초**] 한방에 꼭 들어가는 약재인 감초처럼, 어떤 일에나 빠짐없이 끼어드는 사람이나 물건을 이르는 말.
약방-문(藥方文)[-빵-] 몡 약을 짓기 위하여 약의 이름과 분량을 적은 종이. =약화제(藥和劑). ¶~을 내다. ⓓ방문.
약병(藥瓶)[-뼝] 몡 약을 담는 병.
약-병아리(藥-)[-뼝-] 몡 =영계¹.
약보¹(略報)[-뽀] 몡 개략적인 보고 또는 보도. ↔상보(詳報). **약보-하다** 동(타여)
약보²(略譜)[-뽀] 몡[음] 오선보(五線譜)에 대하여 숫자로 음계를 나타낸 악보.
약-보합(弱保合)[-뽀-] 몡[경] 주식 등의 시세가 약간 하락한 상태에서 보합 상태를 유지하는 것. ↔강보합.
약-복지(藥袱紙)[-뽁찌] 몡 첩약을 싸는 데에 쓰는 네모반듯한 종이. ⓓ복지.

약-봉지(藥封紙)[-뽕-] 명 약을 담는 봉지.

약분(約分)[-뿐] 명 [수] 분수의 분모와 분자를 공약수로 나누어 간단하게 하는 일. =맞줄임·통약(通約). **약분-하다** 통(타)여 **약분-되다** 통(자)

약-비(藥-)[-삐] 명 ('약이 되는 비'라는 뜻) 꼭 필요한 때에 내리는 비를 일컫는 말.

약비-나다[-삐-] 통(자) 정도가 너무 지나쳐 싫증이 나다.

약-빠르다 형(르)<~빠르니, ~빨라> 약고 재빠르다. ¶잇속에 밝고 **약빠른** 사람/**약빠르게** 행동하다. 준역빠르다.

약빠리 '약빠른 사람'을 얕잡아 일컫는 말.

약빨리 튀 약빠르게.

약사¹(略史)[-싸] 명 간단히 줄여 기록한 역사. ¶대한민국 ~.

약사²(藥事)[-싸] 명 [법] 의약품·의약 부외품(醫藥部外品)·화장품·의료 용구 및 위생 용품의 제조·조제·감정·보관·수출입·판매와 기타 약학(藥學) 기술에 관련된 사항.

약사³(藥師)[-싸] 명 자격증을 가지고 의사의 처방에 따라 약을 조제하거나 의약품을 판매하는 사람. 구칭은 약제사.

약-사발(藥沙鉢)[-싸-] 명 1 약을 담는 사발. 2 옛날에, 사약(賜藥)을 내릴 때, 독약을 담던 그릇.

약사-여래(藥師如來)[-싸-] 명 [불] '약사유리광여래'의 준말.

약사유리광여래(藥師瑠璃光如來)[-싸-너-] 명 [불] 중생을 질병에서 구원해 주고, 법약(法藥)을 준다는 부처. 준약사·약사여래.

약삭-빠르다[-싹-] 형(르)<~빠르니, ~빨라> 1 꾀가 있고 눈치가 빠르다. ¶조 선생은 눈으로 좌우를 경계하는 표정이더니 외투 주머니에서 봉투를 꺼내어 **약삭빠르게** 준다.《염상섭:삼대》 2 남의 마음을 알아채고 제 잇속을 차리기 위해 눈치 빠르게 행동하는 태도가 있다. ¶사람이 얄밉도록 ~.

약삭빨리[-싹-] 튀 약약삭빠르게.

약삭-스럽다[-싹ㅅ-따] 형(ㅂ)<~스러우니, ~스러워> 약삭빠른 데가 있다. **약삭스레** 튀

약산(弱酸)[-싼] 명 [화] 수용액 중에서 이온화도가 작은 산. 아세트산·붕산 따위. ↔강산(強酸).

약-상자(藥箱子)[-쌍-] 명 약을 넣어 두는 상자.

약-샘(藥-)[-쌤] 명 약물이 나는 샘.

약석(藥石)[-썩] 명 ('약과 침'이라는 뜻) 여러 가지 약의 총칭. 또는, 온갖 치료를 이르는 말.

약설(略說)[-썰] 명 간략하게 줄여 설명하는 것. 또는, 그 설명. **약설-하다** 통(타)여

약성(藥性)[-썽] 명 약재의 성질.

약세(弱勢)[-쎄] 명 1 약한 세력. 2 [경] 시세가 하락하는 경향에 있는 것. 또는, 그런 장세(場勢). ¶증권 시세가 ~를 보이다. ↔강세.

약소¹(弱小)[-쏘] 명 약하고 작은 것. **약소-하다**¹ 형(여)

약소²(略少)[-쏘] → **약소-하다**²[-쏘-] 형(여) 내용이 적고 변변하지 못하다. ¶**약소합니다**만 제 성의이니 받아 주십시오.

약소-국(弱小國)[-쏘-] 명 정치·경제·군사적으로 힘이 약한 나라. =약소국가. ↔강대국.

약소-국가(弱小國家)[-쏘-까] 명 =약소국. ↔강대국가.

약-소금(藥-)[-쏘-] 명 [한] 눈을 씻거나 양치질하는 데 쓰기 위하여 볶아서 곱게 빻은 소금.

약소-민족(弱小民族)[-쏘-] 명 힘이 약하여 강대국의 지배를 받는 민족.

약속(約束)[-쏙] 명 (어떤 사람이 장래에 다른 사람과, 또는 다른 사람에게 어떤 일을 할 것을) 미리 정하여 두는 것. 또는, 그 내용. ¶~시간(장소)/~을 지키다/~을 하다/~을 어기다. **약속-하다** 통(타)여 ¶갑부이와 결혼하을 ~/일요일 오후 2시에 그 여자와 다방에서 만나기로 **약속했다**. **약속-되다** 통(자)

약속^어음(約束-)[-쏙-] 명 [경] 발행한 사람이 그 어음을 가지고 있는 사람에게 일정한 금액을 지급할 것을 약속하는 어음.

약-손(藥-)[-쏜] 명 1 '약손가락'의 준말. 2 만지면 아픈 곳이 낫는다고 하면서 아픈 데를 어루만져 주는 손을 이르는 말. ¶어머니 손은 ~.

약-손가락(藥-)[-쏜까] 명 엄지손가락부터 세어 넷째손가락. =무명지·약지(藥指). 준약손.

약-솜(藥-)[-쏨] 명 기름기와 불순물을 없애고 소독한 솜. ⓑ탈지면.

약수¹(約數)[-쑤] 명 [수] 어떤 수나 식을 나누어 나머지가 없이 떨어지는 수나 식. ¶3은 6의 ~이다. ↔배수.

약수²(藥水)[-쑤] 명 먹거나 몸을 담그거나 하면 약효가 있는 샘물. ⓑ약물.

약-수건(藥手巾)[-쑤-] 명 탕약을 거르거나 짜는 데 쓰는 베 헝겊.

약수-터(藥水-)[-쑤-] 명 약수가 나는 곳. =약물터.

약-술(藥-)[-쑬] 명 1 약으로 먹는 술. 2 약재를 넣어 빚은 술. ⓑ약주(藥酒).

약술(略述)[-쑬] 명 간단하게 논술하는 것. =약서. **약술-하다** 통(타)여 **약술-되다** 통(자)

약시(弱視)[-씨] 명 시력이 약한 것. 치료·훈련 혹은 안경으로 교정해도 통상의 시력을 얻을 수 없는 상태. 또는, 그런 시력을 가진 사람.

약-시시(藥-)[-씨-] 명 앓는 사람을 위하여 약을 쓰는 일. **약시시-하다** 통(자)여

약-시중(藥-)[-씨-] 명 앓는 사람의 옆에서 약의 시중을 드는 일. **약시중-하다** 통(자)(타)여

약식¹(略式)[-씩] 명 정식의 복잡한 절차를 일부 빼거나 줄인 간단한 방식. ¶행사를 ~으로 치르다.

약식²(藥食)[-씩] 명 =약밥.

약식^기소(略式起訴)[-씩끼-] 명 [법] 공판을 열지 않고 서면 심리에 의해 재판하는, 간이 재판소의 기소 절차.

약실(藥室)[-씰] 명 1 =약제실. 2 [군] 총포의 탄약을 장전하는 부분.

약-쑥(藥-) 명 약재로 쓰는 쑥. '산쑥'을 일컬음.

약액(藥液) 명 약으로 쓰는 액체.

약약-하다[-야가-] 형(여) 싫증이 나는 것을 억지로 하는 상태에 있다. ¶산 중턱을 채 오르기 전에 황천왕동이의 아내가 다리가 아파서 한 걸음 떼어 놓기가 **약약한데** 산꼭대기는 눈에 보이지도 아니하여…《홍명희:임꺽

정》
약어(略語)[명][언]=준말.
약여(躍如*)[명]'躍'의 본음은 '녁'. →**약여-하다**[형여] 1 생기 있게 뛰는 것 같다. 2 눈앞에 사실처럼 생생하게 나타나는 것 같다. **약여-히**[부]
약연(藥碾*)[명]'碾'의 본음은 '년'. [한] 약재(藥材)를 갈아 가루로 만드는 기구. 단단한 나무나 돌·쇠 등으로 만듦. 준연(碾).
약-염기(弱鹽基)[양념-][명] 수용액 중 이온화도가 작은 염기. 수산화알루미늄·아닐린 따위. ↔강염기.
약용(藥用)[명] 약으로 쓰는 일. ¶~ 작물. **약용-하다**[동][타] **약용-되다**[동][자]
약용^비누(藥用-)[명] 장뇌·페놀·붕산 등의 약품을 가하여 만든 비누. 관장·소독·화장 등에 쓰임.
약육-강식(弱肉强食)[-깡-][명] 약한 자는 강한 자에게 먹힘. ¶~의 논리.
약음(弱音)[명] 약한 음. 또는, 약한 소리.
약음-기(弱音器)[음][음] 악기에 붙여 음을 작게 하거나 부드럽게 하는 장치. 현악기에는 얇은 판을, 관악기에는 원통형의 금속물을 씀. =소르디노.
약음^페달(弱音pedal)[명][음] 피아노에서 음을 부드럽게 할 때에 쓰는, 피아노의 하부 좌측에 달린 페달. =소프트 페달.
약자¹(弱者)[-짜][명] 힘이나 능력 따위가 약한 자. ¶~의 편에 서다. ↔강자(强者).
약자²(略字)[-짜][명] 정자(正字)에 대하여, 글자의 획수를 줄여 간단하게 한 한자(漢字). 가령, '寶'를 '宝'로 쓰는 따위. =반자(半字).
약장¹(略章)[-짱][명] 약식의 문장(紋章)·훈장 따위의 총칭. ↔정장(正章).
약장²(藥欌)[-짱][명] 약재(藥材)를 갈라서 따로따로 넣어 두는 장.
약-장수(藥-)[-짱-][명] 1 약을 파는 사람. 2 이것저것 끌어대어 이야기를 잘하는 사람을 속되게 이르는 말.
약재¹(弱材)[-째][명] '약재료(弱材料)¹'의 준말.
약재²(藥材)[-째][명] '약재료(藥材料)²'의 준말.
약-재료¹(弱材料)[-쩨-][명][경] 증권 시장에서, 시세를 내리는 원인이 되는 사항. 준약재.
약-재료²(藥材料)[-쩨-][명] 약을 짓는 데 쓰는 재료. =약종(藥種). 준약료·약재.
약재-상(藥材商)[명] 약재료, 주로 한약재를 파는 장사 또는 장수.
약-저울(藥-)[-쩌-][명]=분칭(分秤).
약전¹(弱電)[-쩐][명] 1 통신 등에 쓰이는 약한 전류. 2 통신 등을 다루는 전기 공학 부문을 통틀어 일컫는 말. ↔강전(强電).
약전²(略傳)[-쩐][명]=소전(小傳)¹.
약전³(藥典)[-쩐][명][법] 국가가 약품에 대해 그 원료·제법·순도·성질 등을 기재하여, 약제의 처방의 기준을 정한 책.
약전⁴(藥箋)[-쩐][의]=처방전(處方箋).
약점(弱點)[-쩜][명] 어떤 사람에게 있어서, 부족하거나 떳떳하지 못하여 감추고 싶거나 기를 펴지 못하게 되는 점. ¶~을 잡다 / 남의 ~을 이용하다 / 재능은 있으나 끈기가 없는 것이 그의 ~이다. ↔강점. ▶단점.
약정(約定)[-쩡][명] 1 약속하여 정하는 일. 2 [경] 증권 시장에서 거래원 사이에 매매가 성립된 것. **약정-하다**[동][타][여] ¶지불

약정화●1231

방법을 ~. **약정-되다**[동][자] ¶약정된 사항.
약정-가(約定價)[-쩡까][명][경]=약정 가격.
약정^가격(約定價格)[-쩡까-][명][경] 매매 계약이 체결된 가격. =약정가.
약정-고(約定高)[-쩡-][명][경] 어느 증권 회사에서 일정 기간 동안 주식을 매매한 총액. ¶주식 시장이 안정을 되찾으면서 증권사들의 ~가 크게 늘고 있다.
약정-서(約定書)[-쩡-][명] 약정한 내용을 기록한 문서.
약정^이자(約定利子)[-쩡-][명][경] 당사자의 계약에 의하여 정해진 이자. ↔법정 이자.
약제(藥劑)[-쩨][명] 여러 가지 약재(藥材)를 섞어 조제한 의약품. 또는, 약재를 가공하여 약으로 쓸 수 있도록 한 것.
약제-사(藥劑師)[-쩨-][명] '약사(藥師)³'의 구칭.
약제-실(藥劑室)[-쩨-][명] 병원이나 약국에서 약사가 약을 조제하는 곳. =약실. 비조제실.
약조(約條)[-쪼][명] 1 조건을 붙여 약속하는 일. 2 약속하여 정한 조항. ¶~를 지키다. **약조-하다**[동][타] 조건을 붙여 약속하다. **약조-되다**[동][자]
약조-금(約條金)[-쪼-][명]=계약 보증금.
약졸(弱卒)[-쫄][명] 약한 군졸. ¶용장(勇將) 밑에 ~은 없다.
약종-상(藥種商)[-쫑-][명] 약재를 파는 장수. 또는, 그 장사.
약주¹(弱奏)[-쭈][명][음] 약하게 연주하는 일. 악보의 위나 아래에 'p'라고 적혀 있음. **약주-하다**[동][자][여]
약주²(藥酒)[-쭈][명] 1 맑은술. 2 약재를 넣어 빚은 술. 비약술. 3 상대를 높여, 그가 마셨거나 마시는 '술'을 가리켜 이르는 말. ¶~가 과하시군요. / 제가 ~ 한잔 대접하겠습니다.
약-주릅(藥-)[-쭈-][명] 지난날, 약재의 사고파는 일을 중개하던 사람.
약주-상(藥酒床)[-쭈쌍][명] '술상'을 점잖게 일컫는 말.
약죽-거리다/-대다[-쭉거(때)-][동][자] '야기죽거리다'의 준말.
약죽-약죽[-쭝-쭉―쭈쭉][부] '야기죽야기죽'의 준말. **약죽약죽-하다**[동][자]
약지(藥指)[-찌][명]=약손가락.
약진¹(弱震)[-찐][명][지] 진도 3의 지진. 집이 흔들리고 창문이 울리며 그릇의 물 표면이 움직일 정도의 지진.
약진²(躍進)[-찐][명] 1 힘차게 앞으로 뛰어나아가는 것. 2 매우 빠르게 발전하거나 나아가는 것. **약진-하다**[동][자][여] ¶세계로 **약진하는** 한국.
약진-상(躍進相)[-찐-][명] 급속히 발전해 가는 모습.
약질(弱質)[-찔][명] 허약한 체질. 또는, 그런 체질을 가진 사람. 비약골(弱骨).
약차약차(若此若此)→**약차약차-하다**[형여]=이러이러하다.
약체¹(弱體)[명] 1 허약한 몸. 2 실력이 약한 팀이나 조직. ¶우루과이는 ~ 볼리비아를 5대 0으로 대파했다.
약체²(略體)[명] 1 정식 체재를 간단히 줄인 것. 2 자획을 줄인 글씨체.
약체-화(弱體化)[명] 어떤 조직체가 본래보다 약해지는 것. 또는, 약하게 하는 것. **약체화-**

하다 동(자)(여) 약체화-되다 동(자)
약초(藥草) 명 약의 재료로 쓰이는 풀. =약풀. ¶~를 캐다.
약취(略取) 명[법] 폭행·협박 등의 수단으로 다른 사람을 자기 또는 제삼자의 실력적 지배하에 두거나 후려 들이는 행위. **약취-하다** 동(타)(여) 약취-되다 동(자)
약-치료(藥治療) 명 약으로 병을 고치는 것. **약치료-하다** 동(자)(타)(여)
약-칠(藥漆) 명 1 아프거나 다친 곳을 치료하기 위하여 약을 바르는 것. 2 물건에 광택을 내기 위하여 약을 바르고 문지르는 것. **약칠-하다** 동(자)(타)(여) ¶구두에 ~.
약칭(略稱) 명 간략하게 줄여서 일컫는 것. '축구 협회'를 '축협'이라고 일컫는 따위. **약칭-하다** 동(타)(여)
약탈(掠奪) 명 (남의 것을) 폭력을 써서 강제로 빼앗는 것. =양탈. (비)겁략. ¶일제의 토지 ~과 양곡 수탈로 농민의 생활은 파탄에 이르렀다.
약탈^농업(掠奪農業) [-룽-] 명[농] 비료를 주지 않고 토지의 지력(地力)으로 하는 원시적으로 지력이 소모하면 버리고 다른 땅으로 옮김. 화전(火田) 따위.
약탈-혼(掠奪婚) 명[사] 원시 사회나 미개 민족 사이에서, 다른 부족의 여자를 약탈하여 아내로 삼는 일.
약탕(藥湯) 명[한] 1 병의 치료를 위하여 약재를 넣어 끓인 욕탕. 2 =탕약(湯藥).
약-탕관(藥湯罐) 명 =약탕기.
약-탕기(藥湯器) [-끼] 명 탕약을 달이는 데 쓰는 질그릇. =약탕관.
약통(藥桶) 명 약을 담는 통.
약-팀(弱team) 명 전력(戰力)이 약한 팀. ↔강팀.
약포¹(藥包) 명 화포(火砲)에 쓰는 발사용 화약. 적당량의 무연 화약을 나누어 싼 것.
약포²(藥圃) 명 약초를 심는 밭.
약표(略表) 명 대략을 나타낸 간단한 표.
약-풀(藥-) 명 =약초(藥草).
약품(藥品) 명 1 제약한 약을 물품으로 이르는 말. 2 화학 작용을 일으키는 데 사용하거나 그 작용에 의해 만들어지는 고체·액체 등의 물질. ¶화학 ~.
약필(略筆) 명 1 중요한 문구 이외는 생략하여 쓰는 일. 또는, 그 문장. 2 문자의 획을 생략하여 쓰는 것. **약필-하다** 동(타)(여)
약-하다¹(弱-) [야카-] 형(여) 1 (힘의 정도가) 작다. ¶바람이 ~/이 개울은 물살이 **약하고** 깊지 않다. 2 견디는 힘이 작다. ¶이 옷감은 열에 ~/그 남자는 여자의 유혹에 ~. 3 (몸이) 건강하지 못하고 여리다. ¶그 아는 몸이 **약해서** 힘든 일은 못 한다. 4 정신적으로 굳지 못하고 여리다. ¶의지가 **약해서** 결심이 사흘을 못 간다. 5 (자극 등이) 미미하다. ¶가을 햇살은 여름 햇살보다 ~. 6 (무엇에) 미숙하거나 서투르다. ¶나는 수학 과목에 ~. ↔강하다.
약-하다²(略-) [야카-] 동(타)(여) '생략하다'의 준말.
약-하다³(藥-) [야카-] 동(자)(타)(여) 1 약으로 쓰다. ¶**약하려고** 둔 약초를 버리다니. 2 약으로 효험을 보다.
약학(藥學) [야칵] 명 의약품의 개발·제조·관리 등을 목표로 하여, 여기에 필요한 기초학을 체계화한 학문.
약학^대학(藥學大學) [야칵때-] 명[교] 약학에 대한 전문적인 원리와 지식을 연구·습득하는 대학. 준약대.
약해(略解) [야개] 명 간략하게 대강의 뜻만 풀어 밝히는 것. 또는, 그 책. **약해-하다** 동(타)(여)
약행(弱行) [야캥] 명 1 실행력이 약한 것. 또는, 일을 하는 데 굳은 의지가 없는 것. ¶박지(薄志)~. 2 바로 걷지 못하고 절름거리는 사람. **약행-하다** 형(여) 실행력이 약하다.
약호(略號) [야코] 명 알기 쉽고 간략하게 만든 부호(符號).
약혼(約婚) [야콘] 명 (남자와 여자가, 또는 어떤 사람이 이성의 상대와) 장차 혼인하기로 약속하는 것. 또는, 그 약속. ¶~반지. ↔파혼. **약혼-하다** 동(자)(여) ¶김영수 씨는 이달 말에 여류 화가와 **약혼한다**.
약혼-녀(約婚女) [야콘-] 명 약혼한 여자. =피앙세(fiancée).
약혼-식(約婚式) [야콘-] 명 약혼할 때에 베푸는 의식.
약혼-자(約婚者) [야콘-] 명 약혼한 여자나 남자.
약화(弱化) [야콰] 명 (세력·힘 따위가) 약해지거나 약하게 하는 것. ↔강화(强化). **약화-하다** 동(자)(타)(여) 약화-되다 동(자) ¶적의 공세가 ~.
약-화제(藥和劑) [야콰-] 명 =약방문(藥方文). 준화제.
약효(藥效) [야쿄] 명 약이 병을 낫게 하는 작용이나 정도. ¶~가 나다/~가 떨어지다.
얀정 '인정(人情)'을 얕잡아 쓰는 말. ¶~이 없다.
얀정-머리 '인정머리'를 얕잡아 쓰는 말. ¶~가 없다.
얄개 장난기가 많고 짓궂은 짓을 잘하는 사람을 놀림조로 이르는 말.
얄-궂다[-굳따] 형 야릇하고 짓궂다. ¶**얄궂은** 운명/날씨 ~.
얄긋-거리다/-대다[-귿꺼(때)-] 동(자) 짜인 물건의 사개가 맞지 않고 느슨하여 자꾸 움직이다. =얄긋거리다.
얄긋-얄긋[-근냘긋/-그날긋] 부 얄긋거리는 모양. 큰일긋일긋. **얄긋얄긋-하다** 동(자)(여)
얄긋-하다[-그타-] 형(여) 한쪽으로 조금 쏠려 비뚤어진 상태에 있다. 큰일긋하다.
얄기죽-거리다/-대다[-끼(때)-] 동(자)(타) 입이나 허리를 이리저리 느리게 조금씩 자꾸 움직이다. =얄기죽이다.
얄기죽-얄기죽[-중냘/-주량-] 부 얄기죽거리는 모양. 큰일기죽일기죽. **얄기죽얄기죽-하다** 동(자)(여)
얄따랗다[-라타] 형(ㅎ) 〈얄타랗니, 얄따라오, 얄따래〉 꽤 또는 퍽 얇다. ↔두껍다랗다.
얄따래-지다 동(자) 얄따랗게 되다.
얄라차 감 잘못됨을 이상아릇하게 또는 신기하게 여길 때에 내는 소리.
얄랑-거리다/-대다 동(자) 작은 것이 물에 떠서 물결에 따라 이리저리 자꾸 흔들리거나 움직이다. 큰일렁거리다.
얄랑-얄랑[-냥/-얄-] 부 얄랑거리는 모양. 큰일렁일렁. **얄랑얄랑-하다** 동(자)(여)
얄-굳다[-굳따] 형 (성질이) 요망하고 까다롭고 얄밉다. ¶누구와 무슨 얘기를 하고 있다가도 도현이 나타나면 노파는 말을 뚝 그치고 **얄망굳게** 웃어 보였다.《손창섭:낙서족》

얄망-스럽다[-따] 헝비〈~스러우니, ~스러워〉얄망궂은 데가 있다. **얄망스레** 뷔

얄-밉다[-따] 헝비〈~미우니, ~미워〉(어떤 사람을, 또는 그가 하는 짓이) 비위에 거슬리게 하는 데가 있게 밉다. 또는, 지나치게 완벽하거나 뛰어나 오히려 밉다. ¶**얄미운** 사람 / **얄밉게** 굴다.

얄밉상-스럽다[-쌍-따] 헝비〈~스러우니, ~스러워〉얄미운 데가 있다. **얄밉상스레** 뷔

얄브스름-하다 헝여 조금 얇은 데가 있다. ⓒ엷브스름하다. **얄브스름-히** 뷔

얄쌍-하다 헝여 '얄팍하다'의 잘못.

얄쭉-거리다/-대다[-꺼때] 통짜타 허리를 이리저리 조금씩 자꾸 내어 흔들다. 일쭉거리다.

얄쭉-얄쭉[-쭝냘-/-쭈갹-] 뷔 얄쭉거리는 모양. ⓒ일쭉일쭉. **얄쭉얄쭉-하다** 통짜

얄찍-하다[-찌카-] 헝여 대체로 얇다고 여겨지는 상태에 있다. **얄찍-이** 뷔

얄팍-수[-쑤] 명 얄팍한 수.

얄팍-썰기 명 칼질의 한 방법. 무·감자·오이·두부 따위를 얄팍하게 써는 일.

얄팍-얄팍[-퍙냐-/-퍙갹-] 뷔 여러 개가 모두 얄팍한 모양. **얄팍얄팍-하다** 헝여

얄팍-하다[-파카-] 헝여 1 (두께가) 조금 얇다. ¶생선 살을 **얄팍하게** 저미다. 2 (사람됨이) 깊은 맛이 없고 속이 빤히 들여다보이다. ¶**얄팍한** 생각. × 얄쌍하다.

얇¹다[얄따] 헝 1 부피를 가진 물체의 두께가 보통의 정도로, 또는 기준 대상의 것을 미치지 못하는 상태에 있다. ¶**얇은** 옷 / 이 잡지는 저 사전보다 ~. 2 층의 상태를 이루는 사물의 높이나 집단의 규모가 보통의 정도를 미치지 못하는 상태에 있다. ¶공기층이 ~ / 선수층이 ~. ↔두텁다. 3 바둑에서, (어떤 수나 형세가) 기반이 약하다. ↔두껍다. (참고)'얇-'은 자음으로 시작하는 어미 앞에서는 [얄]로 소리 남. 곧, '얇고/얇지'는 [얄꼬/얄찌]로 소리 남.

얇-다랗다 헝ⓢ '얄따랗다'의 잘못.

얇¹디-얇다[얄띠얄따] 헝 매우 얇다. ↔두껍디두껍다.

얌냠〈유아〉'냠냠'의 잘못.

얌냠-거리다 통짜〈유아〉'냠냠거리다'의 잘못.

얌냠-이〈유아〉'냠냠이'의 잘못.

얌냠-하다 통타여〈유아〉'냠냠하다'의 잘못.

얌생이 명 남의 물건을 조금씩 슬쩍슬쩍 훔쳐내는 짓을 속되게 이르는 말.

얌생이-꾼 명 얌생이를 잘하는 사람을 속되게 이르는 말.

얌심 명 몹시 샘바르고 시기하는 마음.

얌전 명 공손하고 조심스럽게 삼가는 태도. ¶~을 떨다 / ~을 부리다 / ~을 피우다 / ~을 빼다.

얌전-스럽다[-따] 헝비〈~스러우니, ~스러워〉얌전한 데가 있다. **얌전스레** 뷔

얌전-이 명 '얌전한 사람'을 별명 삼아 이르는 말.

얌전-하다 헝여 1 (사람이, 또는 그의 언행이) 공손하고 조심스럽게 삼가는 태도가 있다. ¶김 선생은 평소에는 **얌전한** 사람이지만 화가 나면 무섭다. ▷음전하다. 2 (꾸밈새나 모양새가) 차분하고 단정하여 점잖다. ¶

한복을 **얌전하게** 차려입다. 3 (일솜씨가) 꼼꼼하고 정성을 들인 데가 있다. ¶바느질 솜씨가 ~. **얌전-히** 뷔 ¶까불지 말고 ~ 앉아 있어라.

얌체 명 얌치가 없는 사람을 얕잡아 이르는 말.

얌체-족(-族) 명 얌체 짓을 하는 무리.

얌치 명 마음이 깨끗하여 부끄러움을 아는 태도. ⓒ염치.

얌치-머리 명 '얌치'를 속되게 이르는 말.

얌치-없다[-업따] 헝 얌치를 아는 마음이 없다. ⓒ염치없다.

얌통-머리 명 '얌치'를 속되게 이르는 말. = 야마리.

얍삽-하다[-싸파-] 헝여〈속〉(사람이) 얕은꾀를 쓰면서 제 이익만을 취하려는 태도가 있다. ¶남을 이용하려고만 하는 **얍삽한** 사람.

얏[얃] 갑 힘을 불끈 주거나 정신을 모을 때 내는 소리.

양¹의존 1 (어미 '-ㄴ', '-는' 아래에 쓰여) 거짓 꾸밈의 상태, 또는 실제로는 아니나 주관적으로 그렇게 여기는 상태를 나타내는 말. ¶모든 것을 다 아는 ~ 행세하다. 2 (동사 어미 '-ㄹ' 아래에 '양으로', '양이면'의 꼴로 쓰여) 의향·의도의 뜻을 나타내는 말. ¶대학에 갈 ~이면 공부를 해라. 3 (동사 어미 '-ㄹ' 아래에 '양이면'의 꼴로 쓰여) 그런 상황임을 나타내는 말. ¶그녀는 나와 눈이라도 마주칠 ~이면 얼굴을 붉히곤 했다.

양²(羊) 명 1 [동] 포유류 솟과의 한 종. 성질은 온순하고 떼 지어 살며, 오래전부터 가축으로 길러 왔음. 얇고 긴 곱슬털은 '양모'라 하며 모직물의 원료로 쓰이고, 고기·젖·가죽도 이용함. 세는 단위는 마리·수(首). = 면양(緬羊). 2 [인] '인간은 약한 존재라는 뜻에서'[기] '신자(信者)'를 비유하여 이르는 말. ¶길 잃은 ~.

양³(良) 명[교] 성적을 매기는 등급의 하나. '수·우·미·양·가'의 5단계 평가에 있어 그 넷째 등급.

양⁴(胖) 명 '소의 위'를 먹을거리로서 이르는 말.

양⁵(陽) 명 1 [철] 태극(太極)이 나뉘인 두 가지 성질·기운의 하나. 적극적이고 능동적인 방면을 상징함. 2 [수] '양수(陽數)⁴'를 나타내는 말. 3 [물] '양극(陽極)²'의 준말. ↔음(陰).

양⁶(量) 명 1 세거나 재거나 할 수 있는 사물의 크기. 한자어와 합성어를 이루어 어말에 놓일 때에는 '량'으로 표기함. ¶생산량 / ~보다 질(質) / ~이 많다[적다]. 2 어떤 사람이나 동물이 음식을 먹을 수 있는 알맞은 한도나 최대의 한도. ¶그는 본래 ~이 적다. / ~에 차지 않으면 더 먹어라. ↔질(質).

양⁷(樣) 명의존 (어미 '-는' 다음에 쓰여) 사람이 어떤 일이나 행동을 하는 '모습'이나 '태도'를 이르는 말. ¶일하는 ~을 보아하니 신출내기는 아닌 듯하다.

양⁸(孃) 명의존 (어리거나 젊은 미혼의, 가족이나 친척이 아닌 손아래 여자의 성이나 성명이나 이름 아래에 쓰여) 그 여자를 격식을 갖추어 친근하게 또는 대접하여 부르거나 이르는 뜻을 나타내는 말. ¶김은정 ~은 이 다음에 무엇이 되고 싶어요? / 이 ~, 아까 부탁한 서류 다 됐나요?

양⁹(穰) 명 십진급수의 하나. 자(秭)의 만 배,

구(溝)의 만분의 일. 곧, 10^{28}.
양[1]10(兩) 관 '두', '양쪽편' 등의 뜻을 나타내는 말. ¶ ~ 국가 / ~ 진영 / ~ 선수.
양-[11](洋) [접두] '서양의', '서양식의', '서양 원산의' 등의 뜻을 나타내는 말. ¶ ~ 과자 / ~ 담배 / ~ 악기 / ~ 배추.
양:-[12](養) [접두] 남의 자녀를 데려다 길러 자신의 자식으로 만들 때 그 상호 관계를 나타내는 데 쓰는 말. ¶ ~ 부모 / ~ 딸.
-**양**[13](洋) [접미] '대양(大洋)'을 나타내는 말. ¶ 태평 ~ / 대서 ~ / 인도 ~ / ~ 해(海).
-**양**[14](孃) [접미] 어떤 일을 나타내는 일부 명사에 붙어, 그러한 일을 직업으로 하는 여자(일반적으로 미혼)임을 나타내는 말. ¶ 교환 ~ / 안내 ~.
양가[1](良家) 명 1 양민의 집. 2 지체가 있는 좋은 집안. =양갓집. ¶ ~ 규수(閨秀) / ~ 의 자제.
양:**가**[2](兩家) 명 양편의 집. 양쪽의 집. ¶ ~ 부모를 모시고 결혼식을 올리다.
양:**가**[3](養家) 명 양자로 들어간 집. ↔본생가 · 생가(生家).
양-**가죽**(羊-) 명 양의 가죽. =양피(羊皮).
양각[1](羊角) 명 1 양의 뿔. 한방에서 약재로 쓰임. 2 = 회오리바람.
양:**각**[2](兩脚) 명 양쪽 다리. 두 다리.
양각[3](陽角) 명[수] =양의 각. ↔음각(陰角).
양각[4](陽刻) 명[미] 그림이나 문자 따위를 도드라지게 새기는 것. =돋을새김 · 부각 · 초각. ↔음각(陰刻). **양각-하다** 타연 **양각-되다** 동자.
양-갈보(洋-) 명 기지촌에서 주로 미군을 상대로 몸을 파는 여자를 경멸조로 이르는 말.
양감(量感) 명[미] 화면에 대상의 부피나 무게의 느낌이 나도록 그리는 일. 또는, 그런 느낌. 비볼륨. ⋅ 질감.
양갓-집(良家-) [-가집/-갇찝] 명 = 양가(良家)[1].
양갱(羊羹) 명 = 단팥묵.
양건^**예**:**금**(兩建預金) [-네-] 명[경] 은행에서 자금을 대출해 줄 때, 대출의 조건으로 들게 하는 정기 예금 또는 적금 등의 예금. 불공정 금융 관행으로, '꺾기'로 속칭되기도 함. =양립 예금.
양:**견**(兩肩) 명 = 양어깨.
양경-**잡놈**(-雜-) '도적'을 속되게 이르는 말.
양:**계**[1](兩界) [-게/-게] 명[역] 고려 · 조선 시대의 특별 행정 구역. 평안도 지방인 서계(西界)와 함경도 지방인 동계(東界)를 일컫는 말.
양계[2](陽界) [-게/-게] 명 사람이 사는 세상. 또는, 이 세상. ↔음계(陰界).
양:**계**[3](養鷄) [-게/-게] 명 닭을 먹여 기르는 것. **양**:**계**-**하다** 자연
양:**계**-**장**(養鷄場) [-게-/-게-] 명 설비를 갖추어 닭을 대량으로 기르는 곳.
양-고기(羊-) 명 양의 고기.
양곡(糧穀) 명 양식으로 쓰는 곡식. ¶ ~ 상(商) / ~ 수매.
양골-**뼈**(陽骨-) 명 '양지머리뼈'의 잘못.
양공(良工) 명 1 재주가 뛰어난 공인(工人). 2[불] 가사(袈裟)를 짓는 침공(針工).
양-공주(洋公主) 명 '양갈보'를 비꼬아 이르는 말.
양과(洋菓) 명 서양식으로 만든 과자. 케이크 · 파이 · 빵 등의 생과자와 비스킷 · 초콜릿 · 사탕 · 껌 등의 건과자로 크게 나뉨. =양과자. ▷한과(韓菓).
양-과자(洋菓子) 명 = 양과.
양관(洋館) 명 1 서양식으로 지은 집. 비양옥. 2 서양 각국의 공관(公館).
양:**괄**-**식**(兩括式) 명[문] 산문 구성 방식의 하나. 글의 중심 내용이 글의 첫머리와 마지막에 반복하여 나타나는 형태. =쌍괄식(雙括式). ▷두괄식 · 미괄식.
양광[1](佯狂) 명 거짓으로 미친 체하는 것. 또는, 그러한 행동. **양광**-**하다** 동자.
양광[2](陽光) 명 1 태양의 빛. 2 진공 방전 때 중앙 부근에 나타나는 고운 광망(光芒).
양:**국**(兩國) 명 두 나라. ¶ ~ 의 경제협력.
양:**군**(兩軍) 명 1 양편의 군사. 2 운동 경기에서의 양편 팀.
양궁(洋弓) 명 서양식의 활. 또는, 그 활로 겨루는 경기.
양귀비(楊貴妃) 명[식] 양귀비과의 한해살이풀 또는 두해살이풀. 높이 50~150cm. 5~6월에 백색 · 홍색 · 홍자색 · 자색 등의 꽃이 핌. 열매는 달걀 모양인데, 덜 익었을 때 유즙을 뽑아 건조시켜 아편을 추출하며, 씨는 식용함. 약용 또는 관상용으로 재배함. =아부용(阿芙蓉) · 앵속(罌粟).
양-**그릇** 명[농] = 그릇갈이.
양:**극**[1](兩極) 명 1[지] 북극과 남극. 2[물] 양극과 음극. 3 = 양극단(兩極端).
양극[2](陽極) 명[물] 전기 기기에서, 서로 대립하는 두 전극 중 전위(電位)가 높은 쪽의 전극. =양전극. [준]양(陽). ↔음극(陰極).
양:-**극단**(兩極端) [-딴] 명 두 사물 사이에 매우 심하게 거리가 있거나 서로 상반되는 일. =양극(兩極).
양극-**선**(陽極線) [-썬] 명[물] 진공 방전 때, 양극에서 음극으로 흐르는 양전기를 띤, 양이온 또는 원자핵으로 이루어지는 입자선(粒子線). ↔음극선.
양:**극**^**체제**(兩極體制) 세계가 미국과 소련을 중심으로 두 진영으로 갈라져 날카롭게 대립하고 있던 상태.
양극-**판**(陽極板) 명[물] 진공관의 양극으로 쓰이는 금속판. = 플레이트.
양:**극**-**화**(兩極化) [-그롸] 명 서로 점점 더 달라지고 멀어지는 것. ¶ 이념의 ~ 가 극심해지다. **양**:**극화**-**하다** 동자연 **양**:**극화**-**되다** 동자.
양근(陽根) 명 = 음경(陰莖).
양금(洋琴) 명[음] 1 = 피아노[1]. 2 국악기의 하나. 사다리꼴의 판면(板面) 위에 놋쇠로 만든 14벌의 줄을 얹어, 대나무로 만든 채로 두드려 소리를 냄.
양금-**채**(洋琴-) 명 1 양금을 치는, 대나무로 만든 가늘고 연약한 채. 2 가냘픈 것 또는 고운 목소리를 이르는 말.
양기[1](陽氣) 명 1 햇볕의 기운. 2 만물이 소생 · 활동하려는 기운. 3 남자의 성적인 기운이나 기력. 비정력. ¶ ~ 가 부족하다. ↔음기(陰氣).
양기[2](揚棄) 명[철] = 지양(止揚). **양기**-**하다** 동타연 **양기**-**되다** 동자.
양:**기**[3](養氣) 명 심신의 원기(元氣)를 기르는 것. **양**:**기**-**하다** 자연.
양-껏(量-) [-껃] 부 할 수 있는 양의 한도까지. ¶ 드십시오.
양:**끝**-**못**(兩-) [-끈몯] 명 양 끝이 뾰족한 못. 나무의 양면을 박음.

양'난(兩難) 圕 이러기도 어렵고 저러기도 어려운 것. ¶진퇴(進退)~ / 기막히고 안타까운 노릇이었다. 이 길도 취할 수 없고 저 길도 취할 수 없는 ~의 처지였다.《김동인:대수양》 **양'난-하다** 톙여

양'-날(兩-) 圕 양쪽에 날이 있는 것.
양'날-톱(兩-) 圕 양쪽에 날이 있는 톱.
양냥-거리다 탄 만족하지 못하여 짜증을 내며 자꾸 종알거리다.
양냥-이 圕 1 '입'을 속되게 이르는 말. 2 군것질할 거리.
양냥이-줄 자전거의 앞뒤 기어를 연결하는 쇠줄. 뷔체인.
양'녀(養女) 圕 1=수양딸. 2 [법] 입양(入養)에 의하여 혼인 중 출생한 딸로서의 신분을 획득한 사람.
양'년(兩年) 圕 두 해.
양념 圕 1 맛을 돋우기 위해 음식에 조금 넣는 소금·간장·깨소금·참기름·된장·고추장 따위의 물질. 분량을 나타내는 단위는 자밤. ¶~을 넣다 / 갖은 ~을 하여 무친 나물. 2 흥이나 재미를 더하는 요소를 비유적으로 이르는 말. **양념-하다** 톤(자타여 1 (음식에) 양념을 넣거나 치다. ¶**양념한** 쇠고기를 볶다 / 생선을 **양념해서** 굽다. 2 (이야기에) 살을 붙여 재미있고 다채롭게 꾸미다.
양념-간장(-醬) 圕 =양념장.
양념-감[-깜] 圕 양념으로 쓰는 재료. =양념거리.
양념-거리[-꺼-] 圕 =양념감.
양념-장(-醬) 圕 여러 가지 양념을 한 간장. =양념간장.
양'-다리(兩-) 圕 사람의 왼쪽과 오른쪽의 두 다리.
양'다리(를) 걸치다[걸다] 관 양쪽에서 이익을 보려고 두 편에 모두 관계를 가지다.
양'단¹(兩端) 圕 두 끝. ¶좌우 ~ / 직선의 ~ 을 각각 A, B로 표시한다.
양'단²(兩斷) 圕 하나를 둘로 나누거나 끊는 것. ¶일도(一刀)~. **양'단-하다** 톤타여 **양'단-되다** 톤자
양단³(洋緞) 圕 은실이나 색실로 여러 가지 무늬를 놓고 겹으로 두껍게 짠 고급 비단.
양'단-간(兩端間) 圕 두 끝. 이렇게 되든지, 또는 두 가지 중. 뷔좌우간. ¶~에 선택해라. / 되든 안 되든 ~ 곧 결정이 나겠지.
양달(陽-) 圕 어느 곳에 볕이 들고 있는 상태에 있는 것. 또는, 그곳. 뷔양지. ¶~이 지다 / 아이들이 ~에 옹기종기 모여 놀고 있다. ↔응달.
양-담배(洋-) 圕 서양에서 만든 담배. 특히, 미국제 담배.
양'답(良畓) 圕 =옥답(沃畓).
양'당(兩堂) 圕 남의 부모를 높여 이르는 말.
양'대(兩大) 圕 두 큰. 양쪽이 다른. ¶~ 산맥 / ~ 세력.
양도¹(洋刀) 圕 서양식으로 만든 칼. 뷔나이프
양도²(洋島) 圕 [지] '대양도(大洋島)'의 준말. ↔육도(陸島).
양도³(糧道) 圕 1 양식의 씀씀이. 2 군량을 운반하는 길.
양'도⁴(讓渡) 圕 권리·재산·법률상의 지위 등을 남에게 넘겨주는 것. ↔양수(讓受). **양'도-하다** 톤타여 **양'도-되다** 톤자
양'도성^예'금^증서(讓渡性預金證書) [-쎵-] 圕[경] 정기 예금 가운데 제3자에게 양도할 수 있도록 발행한 무기명 예금 증서. 은행에서 발행되는데, 그곳에서 직접 살 수도 있고 증권사나 종합 금융 회사에서 유통되기도 하여 살 수도 있음. =시디(CD).
양'도^소'득세(讓渡所得稅) [-쎄] 圕[법] 토지·건물 등을 유상으로 양도하여 얻은 양도 차익에 대하여 부과하는 조세.
양'도-인(讓渡人) 圕 권리·재산·법률상의 지위 등을 남에게 넘겨주는 사람. ↔양수인.
양'-도체(良導體) 圕[물] =도체(導體).
양'돈(養豚) 圕 돼지를 먹여 기르는 것. ¶~ 업 / ~ 농사. **양'돈-하다** 톤자여
양'-돈사(兩-) 圕 한 냥에 몇 돈을 더한 금액.
양-동이(洋-) 圕 함석 따위로 바닥이 둥글고 판판하며 위쪽이 비스듬히 벌어지게 만들어, 반원형으로 구부린 굵은 철사를 손잡이로 단, 물 따위를 긷는 데 쓰는 물건.
양동^작전(陽動作戰) [-쩐] 圕[군] 자기편의 의도를 숨기기 위하여 본래의 작전과는 관계없는 움직임을 강조하여 적을 속이는 작전. 또는, 그것과 비슷한 행위.
양-돼지(洋-) 圕 1 서양종의 돼지. 요크셔종·버크셔종 따위. 2 살진 사람을 비꼬아 이르는 말.
양'두(讓頭) 圕 지위를 남에게 넘겨주는 것. **양'두-하다** 톤타여
양두-구육(羊頭狗肉) 圕 [양의 머리를 걸어놓고 실제로는 개고기를 판다는 뜻] 겉으로는 그럴듯하게 내세우나 내용은 변변치 못함. 또는, 겉으로는 훌륭한 체하나 속으로는 음흉한 짓을 함.
양'두^정치(兩頭政治) 圕[정] 두 사람의 우두머리가 같이 다스리는 정치.
양'-딸(養-) 圕 =수양딸.
양-딸기(洋-) 圕[식] =딸기1.
양'명-구름(羊-) 圕[민] =고적운.
양-띠(羊-) 圕[민] 양해에 난 사람의 띠.
양'란¹(洋亂) [-난] 圕[역] =양요(洋擾).
양란²(洋蘭) [-난] 圕[식] 꽃을 관상하기 위하여 온실에서 재배하는 난과 식물의 총칭. 열대·아열대 원산으로, 주로 유럽에서 품종 개량된 것임. 카틀레야·덴드로뷰 등 많은 종류가 있음. ▷洋蘭.
양력¹(揚力) [-녁] 圕[물] 유체(流體) 속을 운동하는 물체에, 그 운동 방향과 직각인 방향으로 작용하는 힘. 비행기가 공중을 날 수 있는 것은 날개에서 생긴 이 힘 때문임.
양력²(陽曆) [-녁] 圕 '태양력(太陽曆)'의 준말. ↔음력(陰曆).
양'로(養老) 圕 노인을 보살펴서 편안하게 지내게 하는 것. **양'로-하다** 톤자여
양'로^보'험(養老保險) [-노-] 圕[경] 생명 보험의 하나. 피보험자가 일정한 나이에 이를 때까지 살면 보험금이 지급되고, 그 기간 안에 죽으면 보험금은 유족에게 지급됨.
양'로-원(養老院) [-노-] 圕[사] 의지할 곳 없는 노인을 수용하여 돌보아 주는 곳.
양'론(兩論) [-논] 圕 두 가지의 서로 대립되는 의론. ¶찬반(贊反) ~.
양륙(揚陸) [-뉵] 圕 1 배의 짐을 뭍으로 운반하는 것. 2 물속에 잠긴 물건을 뭍으로 건져 꺼내는 것. **양륙-하다** 톤타여
양'립(兩立) [-닙] 圕 1 두 가지의 것이 동시에 따로 성립하는 것. 2 둘이 서로 굽힘 없이 맞서는 것. **양'립-하다** 톤자여 ¶공산주의와 자본주의는 서로 **양립할** 수 없는 이데올로

기다. **양립-되다**(兩立-)[통](자)

양막(羊膜)[명][생] 포유류의 태아를 둘러싼 반투명의 얇은 막. 속에는 양수가 들어 있음. ⇒모래집.

양말(洋襪·洋韈)[명] 발과 다리 아랫부분에 걸쳐 신을 수 있도록 면이나 나일론 등의 섬유로 짠, 두 짝의 물건. 흔히, 신발을 신을 때 그 속에 함께 신으며, 방 안에서는 이것만 신기도 함. 세는 단위는 짝·켤레·타(打)·죽(10켤레). ¶면~/나일론~/~을 신다[벗다].

양말-대님(洋襪-)[명] 신은 양말이 아래로 흘러내리지 않도록 졸라매거나 거는 서양식 대님.

양말-목(洋襪-)[명] 양말에서, 발목 위쪽을 덮는 긴 부분. ¶~이 헐거워져 흘러내린다.

양말-짝(洋襪-)[명] '양말'을 얕잡아 이르거나 품격이 낮게 이르는 말.

양-머리(洋-)[명] 서양식으로 단장한 여자의 머리.

양!면(兩面)[명] **1** 사물의 두 면. 또는, 겉과 안. ¶~ 인쇄. **2** 표면에 나타난 점과 숨은 점. ¶~ 정치. **3** 두 가지 방면. ¶물심(物心)~.

양!면-성(兩面性)[-썽][명] 한 가지 사물에 서로 맞서는 두 가지의 성질.

양!면^작전(兩面作戰)[-쩐][명] **1** 전쟁에서, 두 방면에서 동시에 하는 작전. ¶동부 전선과 서부 전선에서 ~을 벌이다. **2** 어떤 목적을 달성하기 위하여, 정면과 이면에서, 또는 두 가지 수단을 이용하여 일을 진전시키는 것. ¶협박과 하소연의 ~을 펴다.

양!면-테이프(兩面tape)[명] 안팎의 두 면 모두 접착이 가능한 테이프.

양명[1](揚名)[명] 이름을 드날리는 것. ¶입신~. ↔낙명(落名). **양명-하다**[1][통][자][여].

양명[2](陽明)→태양(太陽)[1].

양명[3](陽明)→양명-하다[3][형][여] 볕이 환하게 밝다.

양명[4](亮明)→양명-하다[3][형][여] 환하게 밝다.

양명-학(陽明學)[명][철] 중국 명나라 때의 왕양명(王陽明)이 주창한 신유교 학설. 주자학의 주지주의적·이상주의적 경향에 대하여 현실주의적 비판을 가하여, 주체적 실천을 중시함. 지행합일·치량지(致良知) 등을 주요 학설로 함. ▷지행합일설.

양모[1](羊毛)[명] =양털.

양모[2](養母)[명] =양어머니.

양몰-이(羊-)[명] 놓아먹이는 양 떼를 모는 일. 또는, 그 일을 하는 사람.

양묘-기(揚錨機)[명] 배의 닻을 끌어 올리고 내리는 장치를 한 기계.

양문(陽文)[명] 양각(陽刻)한 인장·명(銘) 등의 문자. ↔음문(陰文).

양물(陽物)[명] **1** =음경(陰莖). **2** '양기 있는 사람'을 농으로 이르는 말.

양미[1](兩眉)[명] 두 눈썹. [비]쌍미(雙眉).

양미[2](糧米)[명] 양식으로 쓰는 쌀.

양미-간(兩眉間)[명] 두 눈썹 사이. ¶~을 찌푸리다. ㈜미간.

양미리[명][동] 까나릿과의 바닷물고기. 몸이 가늘고 길며, 배지느러미는 없음. 몸빛은 등은 갈색, 배는 은백색임.

양민(良民)[명] **1** 선량한 백성. ¶~을 학살하다. **2**[역] 양반과 천민의 중간 계층. 천역(賤役)에 종사하지 않는 백성임. =양인(良人).

양!반(兩班)[명] **1**[역] 조선 시대에 문반(文班)과 무반(武班)을 아울러 이르던 말. 뒤에 가서 과거 급제 여부에 상관없이 모든 사족(士族)을 가리키게 됨. ↔상민(常民)·상사람. **2** 점잖고 착한 사람. ¶그 사람이야말로 ~이지. **3** 자기 남편을 제삼자에게 지칭하는 말. ¶우리 집 ~. **4** 남자를 범연히 또는 홀하게 이르는 말. ¶이런 싱거운 ~이 있나. **5** 사정이나 형편 등이 좋아진 상태를 이르는 말. ¶옛날 견습생 시절에 비하면 지금이야 ~이죠.

[**양반은 물에 빠져도 개헤엄은 안 한다**] 아무리 다급한 경우라 하더라도 체면을 유지하려고 노력한다. [**양반은 얼어 죽어도 짚불[겻불]은 안 쬔다**] 아무리 궁하거나 다급한 경우를 만나도 체면에 어울리지 않는 일은 하지 않는다.

양!반-걸음(兩班-)[명] 다리를 크게 떼어 느릿느릿 걷는 걸음.

양!반-전(兩班傳)[명][문] 조선 정조 때 박지원(朴趾源)이 지은 한문 소설. 몰락하는 양반 계급의 위선과 무능력을 통하여 이완된 사도(士道)를 바로잡을 것을 강조한 내용임.

양!-발(兩-)[명] 사람의 왼쪽과 오른쪽의 두 발.

양!방[1](兩方)[명] 이쪽과 저쪽. 이편과 저편. =쌍방(雙方).

양방[2](洋方)[명] 우리나라 전통 의술에 대하여, 서양에서 들어온 의술을 이르는 말. ¶~ 치료. ↔한방.

양!-방향(兩方向)[명] 한쪽만으로의 방향이 아닌, 이쪽에서 저쪽, 저쪽에서 이쪽의 두 방향. =쌍방향. ¶~ 화상 회의/~ 서비스.

양-배추(洋-)[명][식] 십자화과의 두해살이풀. 잎이 두껍고 녹색을 띤 흰색이며, 5~6월에 잎의 중앙에서 줄기가 뻗고 그 끝에 꽃이 핌. 고갱이가 뭉쳐 큰 공 모양을 이루고 있음. 식용함. =캐비지.

양-버들(洋-)[명] 버드나뭇과의 낙엽 활엽 교목. 높이 30m 정도. 미루나무와 비슷하나, 잎이 더 넓고 가지가 위로 향하여 자람. 가로수로 심고, 성냥개비·펄프·건축재 등으로 씀. ▷미루나무.

양!변(兩邊)[명] **1** 양쪽의 가장자리. **2**[수] 등호나 부등호의 양쪽을 아울러 이르는 말.

양-변기(洋便器)[명] 걸터앉아서 대소변을 보게 된, 서양식의 수세식 변기. ↔좌변기.

양병[1](洋瓶)[명] 배가 부르고 목이 좁고 짧은 오지병.

양!병[2](養兵)[명] 군사를 양성하는 것. **양!병-하다**[통][자][여] ¶십만 대군을 ~.

양!보(讓步)[명] **1** (남에게 좌석이나 길이나 물건 따위를, 사양하여 물러나는 것. **2** 자기의 주장을 굽혀 남의 의견을 좇는 것. **3** 남을 위하여 자신의 이익을 희생하는 것. ¶~심. **양!보-하다**[통][타][여] ¶노약자에게 자리를 ~.

양복(洋服)[명] **1** 서양식 의복. ↔한복. **2** 남성이 입는 서양식 정장(正裝). 재킷과 바지로 이루어지며, 조끼가 포함되기도 함. 흔히, 와이셔츠를 받쳐 입고 넥타이를 맴. ¶~을 한 벌 맞추다.

양복-감(洋服-)[-깜][명] 양복을 지을 옷감. =양복지.

양복-바지(洋服-)[-빠-][명] 양복의 아랫도리옷.

양복-장(洋服欌)[-짱] 圀 양복을 넣거나 걸어 둘 수 있게 만든 가구.
양복-장이(洋服-)[-짱-] 圀 양복을 만드는 일을 직업으로 하는 사람.
양복-쟁이(洋服-)[-쨍-] 圀 양복 입은 사람을 홀하게 이르는 말.
양복-저고리(洋服-)[-쩌-] 圀 양복의 윗도리.
양복-점(洋服店)[-쩜] 圀 양복을 만들거나 파는 가게.
양복-지(洋服地)[-찌] 圀 =양복감.
양‸볼록^렌즈(兩-lens) 圀[물] 양쪽 면이 모두 볼록한 렌즈. =양철렌즈.
양ː봉¹(養蜂) 圀 꿀을 얻기 위하여 벌을 치는 것. 또는, 그 벌. ¶~업. **양ː봉-하다** 宮[재연].
양ː봉제비(兩鳳齊飛) [두 마리의 봉황이 나란히 날아간다는 뜻] 형제가 함께 출세함을 이르는 말.
양부¹(良否) 圀 좋음과 나쁨.
양ː부²(養父) 圀 =양아버지.
양ː-부모(養父母) 圀 양자로 들어간 집의 부모. =양어버이.
양-부인(洋婦人) 圀 1 서양 사람의 부인. 2 '양갈보'를 비꼬아 이르는 말.
양-부호(陽符號) 圀[수] 양수(陽數)임을 나타내는 부호. 곧, '+'. =양호(陽號)·정호(正號). ↔음부호.
양ː분¹(兩分) 圀 둘로 가르거나 나누어지는 것. 圀이분(二分). **양ː분-하다** 宮[타연] **양ː분-되다** 宮[세계는 자유 진영과 공산 진영으로 **양분되어** 있다.
양ː분²(養分) 圀 영양이 되는 성분. 圀영양분. ¶~이 많은 식품 / ~을 섭취하다.
양ː비-론(兩非論) 圀 어떤 주장이나 입장이 서로 대립해 있을 때, 양쪽 모두 옳지 않다고 비판하는 일. ¶강자의 폭압이 극에 이를 때 ~를 취하는 것은 결국 강자의 편을 드는 것과 다를바 없다. ▷양시론.
양사¹(羊舍) 圀 양을 가두어 기르는 우리.
양ː사²(兩司) 圀[역] 조선 시대의 사헌부(司憲府)와 사간원(司諫院)을 함께 이르는 말.
양산¹(洋傘) 圀 서양식의 헝겊 우산.
양산²(陽傘) 圀 주로 여자들이 얼굴 등의 살결이 타지 않도록 햇볕을 가리기 위해 쓰고 다니는, 우산과 같은 구조의 물건. 圀파라솔. ¶~을 쓰고 나들이를 하다.
양산³(量産) 圀 (물건을) 대량으로 생산하는 것. **양산-하다** 宮[타연] **양산-되다** 宮[재]
양산-도(陽山道) 圀[음] 경기 민요 선소리의 하나. 세마치장단에 맞추어 부르는 경쾌한 노래.
양상¹(良相) 圀 훌륭한 재상.
양상²(樣相) 圀 사물 현상의 모양이나 상태. ¶~이 달라지다 / 복잡한 ~을 나타내다.
양상-군자(梁上君子) [후한(後漢)의 진식(陳寔)이 들보 위에 숨어 있는 도둑을 가리켜 한 말에서] '도둑'을 듣기 좋게 이르는 말.
양-상추(洋-) 圀[식] 국화과의 한해살이풀 또는 두해살이풀. 잎이 둥글고 넓으며 양배추처럼 결구성(結球性)인 개량종 상추임. 사철 재배하며, 식용함.
양ː생(養生) 圀 1 병에 걸리지 않도록 건강관리를 잘하는 것. =섭양(攝養). 圀보양(保養)·섭생(攝生). 2 [건] 콘크리트를 굳힐 때, 가마니 따위를 덮고 물을 뿌려, 충격·건조 등이 없도록 보호하는 일. **양ː생-하다** 宮[재]

양서¹(良書) 圀 내용이 좋고 유익한 책. =선서(善書). ¶~를 골라 읽다. ↔악서(惡書).
양ː서²(兩棲) 圀 동물이 물속이나 땅 위의 양쪽에서 다 사는 것. ¶~동물.
양서³(洋書) 圀 서양에서 출판된 책. 또는, 서양 말로 된 책.
양ː서-류(兩棲類) 圀[동] 척추동물의 한 강(綱). 어류와 파충류의 중간으로, 땅과 물에서 동시에 살 수 있음. 어릴 때는 물속에서 아가미 호흡을 하지만 변태 후에는 폐호흡을 함. 난생을 하며 변온 동물임. 개구리·도롱뇽 따위. =개구리강.
양ː성¹(良性) 圀[의] 질환이나 종양이 치명적이지 않고 수술이나 치료 등에 의해 치료가 가능한 상태인 것. ¶~ 종양 / 위염 / 위궤양과 같은 ~ 위 질환. ▷악성.
양ː성²(兩性) 圀 1 남성과 여성. 2 [생] 웅성(雄性)과 자성(雌性). ↔단성(單性). 3 사물의 서로 다른 두 가지 성질. 4 [화] =양쪽성.
양성³(陽性) 圀 1 양(陽)의 성질. 곧, 적극적이고 활동적인 성질. 2 [의] '양성 반응'의 준말. ↔음성(陰性).
양ː성⁴(養成) 圀 (인재를) 가르쳐서 기르는 것. 圀육성(育成). ¶인재 ~. **양ː성-하다** 宮[타연] ¶후진을 ~. **양ː성-되다** 宮[재]
양성^모음(陽性母音) 圀[언] 음색·어감이 밝고 산뜻한 모음. 비교적 입을 크게 벌려서 소리를 냄. 'ㅏ', 'ㅗ', 'ㅑ', 'ㅛ', 'ㅐ', 'ㅘ', 'ㅚ', 'ㅒ'가 있음. =강모음(強母音). ↔음성 모음.
양ː성^반응(陽性反應) 圀[의] 병을 진단하기 위하여 화학적·생물학적으로 검사를 한 결과 특정한 반응이 나타나는 일. =포지티브. 園양성. ↔음성 반응.
양ː성^생식(兩性生殖) 圀[생] 유성 생식 중, 자웅의 배우자의 수정에 의해 새로운 개체를 낳는 생식. ↔단위생식.
양성-자(陽性子) 圀[물] 소립자의 하나. 전하(電荷)는 양의 전기를 가지며, 중성자와 더불어 핵자(核子)라 불리고 원자핵을 구성함. 기호는 P.
양ː성^잡종(兩性雜種) 圀[생] 두 개의 유전자 자리에 각각 다른 대립 유전자를 호모(homo)로 갖는 개체 간의 잡종.
양ː성-화¹(兩性花) 圀[식] 한 꽃 속에 수술과 암술을 모두 갖추어 가진 꽃. 벚꽃·진달래꽃 따위. ↔단성화.
양성-화²(陽性化) 圀 (이미 있어 온 음성적·부정적·불법적 현상을) 현실로 받아들여 법이나 제도상으로 정당한 것이 되게 하는 것. ¶무허가 주택 ~. ↔음성화. **양성화-하다** 宮[타연] **양성화-되다** 宮[재]
양속(良俗) 圀 아름다운 풍속. 圀양풍(良風). ¶미풍 ~.
양ː-손(兩-) 圀 왼쪽과 오른쪽의 두 손.
양ː손-잡이(兩-) 圀 왼손과 오른손을 모두 능숙하게 쓰는 사람. =양수잡이.
양-송이(洋松栮) 圀[식] 담자균류 주름버섯과의 버섯. 여름과 가을에 잔디밭이나 퇴비 더미 주위에 군생함. 처음에는 구형이나 점차 편평해지며, 갓은 백색·담황색임. 식용 버섯으로, 품종이 다양함.
양수¹(羊水) 圀[생] 양막(羊膜) 안의 액(液). 태아를 보호하며, 출산할 때 흘러나와 분만을 쉽게 함. =모래집물·포의수(胞衣水).
양ː수²(兩手) 圀 양쪽 손. 圀양손.

양수³(揚水) 몡 물을 위로 퍼 올리는 것. 또는, 그 물. ¶~ 시설. **양수-하다**¹ 툉 재에

양수⁴(陽數) 몡[수] 0보다 큰 수. ↔음수(陰數).

양수⁵(陽樹) 몡[식] 1 어릴 때 햇볕에서는 잘 자라지만 그늘에서는 잘 자라지 못하는 나무. 자작나무·버드나무 따위. 2 자웅 이주의 수목에서, 수꽃만이 달리는 나무. ↔음수(陰樹).

양:수⁶(讓受) 몡 타인의 권리·재산·법률상의 지위 등을 넘겨받는 일. ↔양도(讓渡). **양:수-하다**² 툉타에

양:수-거지(兩手―之) 몡 두 손을 마주 잡고 서 있음. **양:수거지-하다** 툉재에

양:수-걸이(兩手―) 몡 1 일을 이루기 위하여 일의 이해관계를 두 군데로 걸어 놓음. 2 바둑·장기 등에서, 한 수로 상대편의 말 중 둘을 겨냥해 최소한 하나는 잡을 수 있는 수.

양:수-겸장(兩手兼將) 몡 장기에서, 두 개의 말이 동시에 장을 부르게 되는 일.

양수-기¹(揚水機) 몡 1 =무자위. 2 모터의 힘으로 물을 퍼 올리는 기계.

양수-기²(量水器) 몡 수도(水道) 등의 사용한 분량을 헤아리는 기계. =수량계(水量計).

양-수사(量數詞) 몡[언] 사물의 수효를 나타내는 수사. '하나', '둘', '열', '스물', '일', '이', '삼' 등. =기수사(基數詞). ↔서수사(序數詞).

양:수-인(讓受人) 몡 타인의 권리·재산 및 법률상의 지위 등을 양도받는 사람. ↔양도인(讓渡人).

양수-척(楊水尺) 몡[역] =무자리.

양수-표(量水標) 몡 강·저수지의 수위(水位)를 측정하기 위하여 설치하는, 눈금이 있는 표지. 준수표(水標).

양순(良順) → **양순-하다** 형여 어질고 순하다. ¶**양순한** 아이. **양순-히** 튀

양:순-음(兩脣音) 몡[언] =입술소리.

양:시-론(兩是論) 몡 어떤 주장이나 입장이 서로 대립해 있을 때, 양쪽 모두 일리가 있다고 긍정하거나 인정하는 일. ▷양비론.

양식¹(良識) 몡 도덕적·윤리적으로 건전한 생각이나 판단. ¶명색이 선생이라는 자가 그런 말을 하다니 그의 ~이 의심스럽다.

양식²(洋式) 몡 '서양식'의 준말.

양식³(洋食) 몡 서양 특유의 음식. 비양요리.

양식⁴(樣式) 몡 1 일정한 모양과 방식. ¶생활 ~. 2 일정한 시대·민족 등의 예술 작품이 공통적으로 지니고 있는 독특한 형태. ¶바로크 ~.

양:식⁵(養殖) 몡 이용 가치가 높은 물고기·해조(海藻)·버섯 따위를 인공적으로 길러서 번식시키는 일. ¶~업 / 인공 ~. **양:식-하다** 툉타에

양식⁶(糧食) 몡 1 끼니를 이을 곡식. 비식량(食糧). ¶일용할 ~ / ~이 떨어지다. 2 정신적인 성장에 도움을 주는 지식이나 사상을 비유적으로 이르는 말. ¶책을 읽어 마음의 ~을 쌓다.

양식-거리(糧食―) [―꺼―] 몡 양식으로 할 거리.

양:식-업(養殖業) 몡 물고기·해조(海藻)·버섯 등의 양식을 전문으로 하는 생산업.

양:식-장(養殖場) [―짱] 몡 물고기·해조(海藻) 등의 양식을 전문으로 하는 곳.

양식-집(洋食―) [―찝] 몡 서양 음식을 전문으로 파는 가게. =양식점.

양실(洋室) 몡 서양식으로 꾸민 방.

양심¹(良心) 몡 자기의 행위에 대하여 옳고 그름, 선과 악의 판단을 내리는 도덕적 의식. ¶~의 가책을 느끼다 / 자신의 ~을 속이다.

양심의 자유(自由) 구 자유권의 하나. 외적(外的)인 압박에 굴복하지 않고 자기의 양심에 따라 행동하는 자유.

양심²(兩心) 몡 두 마음.

양심-범(良心犯) 몡 사상·신념을 내세워 행동한 이유로 투옥·구금되어 있는 사람. =양심수(良心囚).

양심-선언(良心宣言) 몡 감추어져 온 잘못이나 허물을 양심에 따라 많은 사람들 앞에서 고백하는 일. 특히, 권력 기관의 비리(非理)나 부정을 잘 알고 있거나 그에 연루되어 있는 사람이 그 사실을 양심에 따라 사회적으로 드러내어 알리는 일. **양심선언-하다** 툉재타에

양심-수(良心囚) 몡 =양심범.

양심-적(良心的) 관몡 양심에 비추어 보아 거리끼거나 부끄럽지 않은 (것). ¶~인 사람 / ~으로 행동하다.

양-쌀(洋―) 몡 서양에서 나는 쌀.

양:-아들(養―) 몡 =양자(養子)¹.

양:-아버지(養―) 몡 양자로 들어가서 섬기는 아버지. =양부(養父). ↔생아버지.

양-아욱(洋―) 몡[식] =제라늄.

양-아치(洋―) 몡 '거지'를 속되게 이르는 말.

양악(洋樂) 몡[음] '서양 음악'의 준말.

양-악기(洋樂器) [―끼] 몡 서양 음악을 연주하는 데에 사용하는 악기. 피아노·바이올린 따위.

양:안¹(兩岸) 몡 강·하천 등의 양쪽 기슭.

양:안²(兩眼) 몡 두 눈. =쌍안. ↔단안(單眼).

양안³(量案) 몡[역] 조선 시대의 토지 대장. 논밭의 소재지·자호(字號)·위치·등급·형상·면적·사표(四標)·소유주 등을 기록하였음. =전적(田籍).

양약¹(良藥) 몡 매우 효험이 있는 약.

양약²(洋藥) 몡 1 서양 의술로 만든 약. ↔한약(韓藥). 2 서양에서 수입한 약.

양약-고구(良藥苦口) [―꼬―] 몡 [좋은 약은 입에 쓰다는 뜻] 충언(忠言)은 귀에 거슬리나 자신에게 이롭다는 말.

양약-국(洋藥局) [―꾹] 몡 양약을 조제하거나 파는 가게.

양양¹(洋洋) → **양양-하다**¹ 형여 1 바다가 한없이 넓다. ¶**양양한** 대해. 2 사람의 앞길이 발전할 여지가 매우 너르다. ¶전도가 **양양한** 청년. **양양-히**¹ 튀

양양²(揚揚) → **양양-하다**² 형여 득의의 빛을 외모와 행동에 나타내는 태도가 있다. ¶~기(意氣) ~. **양양-히**² 튀

양양-거리다/-대다 툉재 어린아이가 우는 소리를 내며 자꾸 보채다.

양양-자득(揚揚自得) 몡 뜻을 이루어 꺼드럭거림. 또는, 그런 태도를 보임. **양양자득-하다** 툉재에

양:어(養魚) 몡 물고기를 인공적으로 길러 번식시키는 것. 또는, 그 물고기. **양:어-하다** 툉재에

양:-어깨(兩―) 몡 사람의 왼쪽과 오른쪽의 두 어깨. =양견(兩肩).

양:-어머니(養―) 몡 양아들로 들어가서 섬

기는 어머니. =양모(養母). ↔생어머니.
양:어-장(養魚場) 명 물고기를 인공적으로 번식시키고 기르는 곳.
양언(揚言) 명 소리를 높여 공공연하게 말하는 것. **양언-하다** 통(자여)
양:여(讓與) 명 자기 소유를 남에게 넘겨주는 것. **양:여-하다** 통(타여)
양엽(陽葉) 명[식] 햇빛을 충분히 받고 자란 잎. 짙은 녹색으로, 작고 두꺼움. ↔음엽(陰葉).
양:-옆(兩-) [-녑] 명 좌우 양쪽 옆.
양옥(洋屋) 명 1 서양의 건축 양식으로 지은 건물. ¶정동 전와 석실 ~에 유하는…《독립신문(1897)》 2 외형이나 내부 구조를 서양의 가옥 형태를 본떠 지은 단독 주택. =양옥집. ¶슬래브를 올린 이 층 ~. ↔한옥(韓屋).
양옥-집(洋屋-) [-찝] 명 =양옥(洋屋)
양요(洋擾) 명[역] 서양 사람에 의하여 일어난 난리. 조선 고종 3년(1866)에 일어난 병인양요와 고종 8년(1871)에 일어난 신미양요가 있음. =양란(洋亂).
양:-요리(洋料理) [-뇨-] 명 서양에서 발달한 요리의 총칭. 비양식(洋食).
양:용(兩用) 명 양쪽 방면에 쓰이는 것. ¶수륙 ~ 장갑차. **양:용-하다** 통(타여) **양:용-되다** 통(자)
양우(良友) 명 좋은 벗.
양:원(兩院) 명[법] 양원 제도를 택하는 나라의, 의회에서의 두 의원(議院). 상원과 하원, 또는 참의원과 민의원 따위. =이원(二院).
양:원-제(兩院制) 명[법] 국회의 구성을 양원으로 하는 것. =양원 제도·이원제(二院制). ↔단원제.
양:위[1](兩位) 명 1 '양위분'의 준말. 2[불] 죽은 부부.
양:위[2](讓位) 명 임금의 자리를 물려주는 것. 비선위(禪位). **양:위-하다** 통(자)(타여)
양:위-분(兩位-) 명 부모나 부모처럼 섬기는 사람의 내외분. =양위.
양:육(養育) 명 (아이를) 보살펴서 기르는 것. ¶자녀 ~. **양:육-하다** 통(타여) ¶아이를 ~. **양:육-되다** 통(자) ¶그는 어렸을 때 할머니 손에 의해 **양육되었**다.
양:육-권(養育權) [-꿘] 명 아이를 양육할 법적인 권리.
양:육-비(養育費) [-삐] 명 양육하는 데에 드는 비용.
양:육-원(養育院) 명 혼자 살아갈 능력이 없는 어린이·노인·과부 등을 수용하여 돌보아 주는 사회사업 시설.
양은(洋銀) 명 1 구리·아연·니켈을 합금하여 만든 금속. 빛이 회고 녹슬지 않으며 가공하기 쉬우므로 식기·장식품 등에 쓰임. ¶~솥 / ~ 냄비. 2 '양은전(洋銀錢)'의 준말.
양은-그릇(洋銀-) [-륻] 명 양은으로 만든 그릇.
양은-솥(洋銀-) [-솓] 명 양은으로 만든 솥.
양-은전(洋銀錢) 명 서양의 은전. 준양은·양전.
양의[1](良醫) [-의/-이] 명 의술이 뛰어난 의사. 비명의(名醫).
양:의[2](兩儀) [-의/-이] 명[철] 양(陽)과 음(陰). 또는, 하늘과 땅. =이의(二儀).
양:의[3](洋醫) [-의/-이] 명 1 서양의 의술. 2 '양의사'의 준말.

양의 각(陽-角) [-의/-/-에-] [수] 삼각형에서, 돌아가는 직선이 시계의 바늘과 반대 방향으로 돌아서 생긴 각. 구용어는 정각(正角). =양각(陽角). ↔음의 각.
양:-의사(洋醫師) 명 1 서양 의술을 베푸는 의사. 2 서양인 의사. 준양의.
양:이[1](洋夷) 명 서양 오랑캐. 곧, 서양인을 얕보고 이르는 말.
양:이[2](攘夷) 명 외국 사람을 얕보고 배척하는 것. **양:이-하다** 통(자여)
양-이온(陽ion) 명[화] 양전기를 띤 이온. Na⁺, Ba²⁺ 등. ↔음이온.
양:익(兩翼) 명 1 좌우 양쪽의 날개. 2 [군] 중간에 있는 군대를 기준으로 했을 때 좌우 양쪽에 있는 군대.
양인[1](良人) 명 1 착하고 좋은 사람. 2 [역] =양민(良民). 3 부부가 서로 상대를 일컫는 말.
양:인[2](兩人) 명 두 사람.
양인[3](洋人) 명 '서양인'의 준말.
양:일(兩日) 명 두 날. ¶19일과 20일, ~에 걸쳐 체육 대회가 열린다.
양:일-간(兩日間) 명 두 날 동안. 또는, 두 날 사이. ¶토요일과 일요일, ~에 작업을 마치다.
양:자[1](兩者) 명 두 사람. 또는, 두 개의 사물. ¶~의 합의하에 일을 처리하다.
양자[2](陽子) 명[물] '양성자(陽性子)'로 순화.
양자[3](量子) 명[물] 어떤 물리량(物理量)이 어떤 일정한 단위량의 정수배(整數倍)의 값으로 표시될 때, 그 최소의 단위량.
양:자[4](養子) 명 1 아들 없는 집에서 대(代)를 잇기 위하여 동성동본 중에서 데려온 조카뻘 되는 남자 아이. =계자(繼子)·양아들. 2 [법] 입양에 의해서 자식의 자격을 얻은 사람. **양:자-하다** 통(타여) 양자를 정하여 데려오다.
양자(로) 가다 구 양자로 작정되어 양가에 가다. ¶자식이 없는 집에 ~.
양자(를) 들다 구 남의 집의 양자가 되다.
양자(를) 세우다 [들이다] 구 양자를 작정하여 들여세우다.
양자[5](樣姿) 명 겉으로 나타난 모양이나 모습.
양자^가:설(量子假說) 명[물] 독일의 물리학자 플랑크가 열복사(熱輻射) 현상을 설명하기 위하여 도입한 가설로, 빛을 복사하거나 흡수하는 물체의 원자·분자 등의 에너지는 불연속적인 값을 취한다는 가설.
양자-론(量子論) 명[물] 물질의 미시적(微視的) 구조·기능을 양자의 관점에서 해명하는 이론.
양-자리(羊-) 명[천] 황도 십이궁의 첫째 별자리. 물고기자리와 황소자리 사이에 있으며, 12월 하순에 자오선을 통과함. =백양궁(白羊宮).
양자^역학(量子力學) [-여칵] 명[물] 소립자·원자·분자 등의 미시적(微視的)인 계(系)에 적용되는 역학. 입자가 가지는 파동성과 입자의 이중성, 측정에 있어서의 불확정 관계 따위를 모순 없이 설명함.
양:자-택일(兩者擇一) 명 둘 중 하나를 택함. =이자택일. **양:자택일-하다** 통(자여) ¶굴종이냐, 자유냐? **양자택일하라.**
양:잠(養蠶) 명 누에를 치는 것. ¶~업 / ~농가. **양:잠-하다** 통(자여)

양장¹(羊腸) 명 1 양의 창자. 2 꼬불꼬불하고 험한 길의 비유. 回구절양장.

양장²(洋裝) 명 1 (여자가) 옷을 서양식 정장으로 차려입는 것. 또는, 그 옷. ¶~ 차림 / 그 여자는 ~이 잘 어울린다. 2 서양식 장정(裝幀)의 하나. 철사 또는 실로 꿰맨 본문을 두꺼운 종이·헝겊·가죽 따위의 표지로 싸 붙임. 본문보다 약간 크며, 주로 사전류에 이용됨. **양장-하다** 돈(자)(타)(여) ¶양장한 부인.

양장-미인(洋裝美人) 명 양장한 미인. 주로, 예전에 쓰던 말임.

양장-본(洋裝本) 명 양장으로 장정된 책.

양¦장^시조(兩章時調) 명 [문] 시조의 한 형식. 중장이 없고, 초장·종장만으로 된 시조.

양장-점(洋裝店) 명 여자의 양장 옷을 짓고 파는 상점. 근래에는 '의상실'이란 말을 주로 씀.

양재(洋裁) 명 양복을 재단·재봉하는 일. ¶~ 학원 / ~ 기술. **양재-하다** 돈(여)

양-재기(洋-) 명 양은이나 알루미늄으로 만든 그릇. 원양자기(洋瓷器).

양재-사(洋裁師) 명 양복을 재단·재봉하는 일을 직업으로 하는 사람.

양-잿물(洋-) [-잰-] 명 빨래하는 데 쓰이는 수산화나트륨. 준잿물.

양-적(量的) [-쩍] 관 양에 관계되는 (것). ¶~인 성장 / ~으로 훨씬 우세하다. ↔질적.

양전¹(良田) 명 좋은 밭.

양전²(量田) 명 1 논밭을 측량하는 것. 2 [역] 고려·조선 시대에 경작 상황을 파악하기 위하여 토지의 넓이를 측량하던 일.

양-전기(陽電氣) 명[물] 유리 막대를 헝겊에 문질렀을 때, 유리 막대 쪽에 생기는 전기. 또는, 그와 같은 성질의 전기. '+' 부호로 표시함. =정전기(正電氣)·양전(陽電). ↔음전기.

양-전자(陽電子) 명[물] 질량·스핀이 전자와 같으나 양전하(陽電荷)를 띠는 소립자. ↔음전자.

양-전하(陽電荷) 명[물] 양전기의 전하. ↔음전하.

양정(量定) 명 헤아려 정하는 일. **양정-하다** 돈(타)(여)

양-젖(羊-) [-젇] 명 양의 젖. =양유(羊乳).

양제(洋制) 명 서양의 제도. 또는, 서양식의 제도.

양¦조¹(兩朝) 명 1 앞뒤의 두 왕조. ¶고려와 조선, ~의 복식 문화 비교. 2 앞뒤 두 임금의 시대. ¶영조와 정조, ~에 걸쳐 조선 왕조 문화의 중흥을 이룩하였다. 3 두 나라의 왕조.

양¦조²(釀造) 명 (술·간장·식초 등을) 담가 만드는 것. ¶~업. **양조-하다** 돈(타)(여)

양¦조-간장(釀造-醬) 메주를 발효시켜 얻은 간장. 메주를 소금물에 담가 발효시켜 맛을 들인 다음, 된장과 간장을 분리한 뒤 간장만을 달여 만듦. ▷화학간장.

양¦조-장(釀造場) 명 술·간장·식초 등을 양조하는 공장.

양¦조-주(釀造酒) 명 곡류나 과실 따위를 발효시켜서 만든 술. 포도주·맥주·청주 따위.

양¦주¹(兩主) 명 〔'바깥주인과 안주인'이라는 뜻〕 부부를 이르는 말.

양주²(洋酒) 명 1 서양에서 들여온 술. 2 알코올 도수가 높은, 서양식 양조법의 증류주. 위스키·브랜디·진 따위.

양주-잔(洋酒盞) [-짠] 명 양주를 마실 때 쓰는 유리잔.

양¦즙(胖汁) 명 소의 양(胖)을 잘게 썰어 짓이겨 중탕(重湯)으로 끓이거나 볶아서 짜낸 물. 몸을 보하기 위하여 먹음.

양증(陽症) 명 1 활발하고 명랑한 성질. 2 [한] 열성(熱性)으로 맥이 빠르고 안색이 붉으며 목이 몹시 마른 병증의 하나. 성질이 찬 약제를 써서 다스림. ↔음증(陰症).

양지¹(良知) 명 1 사람이 나면서부터 가지고 있는 지능. 2 양명학에서, 마음의 본체(本體).

양지²(洋紙) 명 1 서양에서 들여온 종이. 2 서양식으로 만든 종이. 주로 목재 펄프를 원료로 하며, 신문·인쇄·노트·포장용지 등으로 나뉨.

양지³(陽地) 명 볕이 바로 드는 땅. 비양달. ↔음지(陰地).

〔**양지가 음지 되고 음지가 양지 된다**〕 세상 일의 성하고 쇠함은 서로 바뀌게 마련이라는 뜻.

양지⁴(諒知) 명 (어떤 사실이나 사정을) 헤아려서 아는 것. **양지-하다** 돈(타)(여) ¶열차가 다소 연착하겠으니 승객 여러분께서는 이 점 널리 **양지하시기** 바랍니다.

양지-꽃(陽地-) [-꼳] 명 [식] 장미과의 여러해살이풀. 높이 30~50cm. 봄에 노란 꽃이 피고 잎은 뿌리에서 무더기로 남. 어린잎은 식용함.

양지-머리(陽地-) 명 소의 가슴에 붙은 살. 국을 끓이거나 편육을 만드는 데 씀.

양지머리-뼈 명 양지머리의 뼈. =양골(陽骨). ×양골뼈.

양지-바르다(陽地-) 형르 〈~바르니, ~발라〉 (땅이) 볕이 잘 드는 상태에 있다. ¶양지바른 곳에 묘를 쓰다. ¶해바르다.

양지^식물(陽地植物) [-싱-] 명[식] 해가 잘 드는 장소를 좋아하여 생육하는 식물의 총칭. 농작물·잡초 등의 초본, 적송·자작나무 등의 양수(陽樹) 따위. ↔음지 식물.

양지-아문(量地衙門) 명[역] 조선 말기에 탁지부에 딸려 토지 측량의 일을 맡아보던 관서.

양지-쪽(陽地-) 명 볕이 잘 드는 쪽.

양¦진(兩陣) 명 전투나 운동 경기에서, 서로 대하고 있는 두 편의 진.

양질(良質) 명 좋은 품질. ¶~의 종이. ↔악질(惡質).

양질-호피(羊質虎皮) 명 〔속은 양이고 겉은 범이라는 뜻〕 본바탕이 곱지 못한 사람이 외양만 꾸미는 것을 가리키는 말.

양¦-짝(兩-) 명 두 짝.

양¦-쪽(兩-) 명 두 쪽. ¶~ 손 / 길 ~에 늘어선 가로수.

양¦쪽-성(兩性) [-썽] 명[화] 물질이 산 또는 염기 어느 쪽과도 반응하는 성질. =양성(兩性).

양¦쪽성^산화물(兩性酸化物) [-썽-] 명[화] 산(酸)에 대하여는 염기성(鹽基性)을, 염기에 대하여는 산성을 나타내는 산화물. 산화알루미늄 따위. =양성 산화물.

양¦차(兩次) 명 두 번. 두 차례. ¶~에 걸친 회담.

양찬(糧饌) 명 양식과 반찬.

양찰(諒察) 명 (아랫사람의 사정 따위를) 헤아리거나 미루어 살피는 것. =양촉(諒燭).

양찰-하다 통(타)여
양책(良策) 명 뛰어나게 좋은 계책.
양처¹(良妻) 명 착한 아내. ¶현모~. ↔악처.
양:처²(兩處) 명 두 곳.
양철(洋鐵) 명 안팎에 주석을 입힌 얇은 철판. 통조림통·석유통 등을 만드는 데 쓰임. (비)생철. ×양서철.
양철-집(洋鐵-) [-찝] 명 지붕을 양철로 인 집.
양철-통(洋鐵桶) 명 양철로 만든 통. =생철통.
양첩(良妾) 명 양민 출신의 첩.
양-초(洋-) 명 서양식의 초. 동물의 지방이나 석유의 찌꺼기를 정제하여, 심지를 속에 넣고 만듦. 세는 단위는 자루·정(挺).
양초²(洋醋) 명 화학 약품으로 만든 서양식의 식초.
양총(洋銃) 명 서양식의 총.
양춘(陽春) 명 1 따뜻한 봄. 2'음력 정월'의 별칭.
양춘-가절(陽春佳節) 명 따뜻하고 좋은 봄철. ¶~에 백년가약을 맺다.
양-춤(洋-) 명 서양식의 춤을 속되게 이르는 말. 발레·사교춤 따위.
양:측(兩側) 명 1 두 편. (비)양방(兩方). ¶~의 입장/~이 비용을 반씩 부담하다. 2 양 쪽의 측면.
양치 명 약물이나 물로 입 안을 가시는 것. 또는, 이를 닦는 것. ¶형식도 숭늉을 한입 물어 소리 안 나게 ~를 한다.《이광수:무정》[養齒'는 취음] 양치-하다 통(자)여
양치기(羊-) 명 양을 치는 일. 또는, 그 사람. 양치기-하다 통(자)여
양치-류(羊齒類) 명[식] =고사리류.
양치-식물(羊齒植物) [-씽-] 명[식] 식물계의 한 문(門). 은화식물의 한 무리로 뿌리·줄기·잎의 분화가 분명하며, 물관부·체관부의 구별이 있는 관다발이 발달되어 있음. 솔잎란류·석송류·속새류·고사리류로 나뉨.
양치-질 명 양치하는 일. 특히, 칫솔 따위로 이를 닦는 일. 양치질-하다 통(자)여 ¶하루에 세 번 ~.
양:친¹(兩親) 명 아버지와 어머니. ¶~이 모두 살아 계시다.
양:친²(養親) 명 1 길러 준 부모. 2 양자로 간 집의 부모. 3 부모를 봉양하는 것. 양:친-하다 통(자)여 부모를 봉양하다.
양칠-간죽(洋漆竿竹) 명 빨강·노랑·파랑의 빛깔로 알록지게 칠한 담뱃설대.
양칫-물[-친-] 명 양치할 때 쓰는 물이나 약물.
양-코(洋-) 명 1 서양 사람의 코 또는 서양 사람의 코를 높이어 이르는 말. 2 큰 코나 그런 코를 가진 사람을 놓이어 이르는 말.
양코-배기(洋-) 명 '서양 사람'을 큰 코를 가진 사람이라는 뜻으로 놀림조로 이르는 말.
양키(Yankee) 명 [원래 미국 동북부, 특히 뉴잉글랜드(영국 이민들이 처음 상륙했던 메인·뉴햄프셔·버몬트·매사추세츠·로드아일랜드·코네티컷 등의 지역) 출신의 사람이라는 뜻] '미국 사람'을 경멸조로 이르는 말. ¶~고 홈!"하고 반미 구호를 외치다.
양-탄자(洋-) 명 =융단(絨緞).
양태¹(洋-) 명[동] 양탯과의 바닷물고기. 몸길이 50cm 이상. 몸은 아래위로 넓적하고 배는 평평하며, 머리는 크고 꼬리는 가늚. 몸빛은 등이 암갈색, 배가 흰색임. 난해성 어종으로 모랫바닥에 삶.
양태²(樣態) 명 사물의 존재 상태와 양상.
양태-부:사(樣態副詞) 명[언] 문장 부사의 한 가지. 화자(話者)의 태도를 나타내는 기능을 가짐. '과연·실로·모름지기…' 등은 민음이나 단정을 나타내고, '설마·아마…' 등은 의심스러움을 나타내며, '제발·아무쪼록·부디…' 등은 희망을 나타냄.
양-털(羊-) 명 양에서 깎은 털. 모사나 모직물의 원료가 됨. =양모(羊毛). (비)울(wool).
양토(壤土) 명[농] 점토(粘土)가 25~37.5% 함유된 흙, 배수·보수력·통기성이 적당하여 모든 작물 재배에 알맞음.
양-파(洋-) 명[식] 백합과의 여러해살이풀. 잎은 가늘고 길며 원통 모양임. 땅속의 비늘줄기에 매운맛과 특이한 향기가 있어서 널리 식용함. =옥총(玉葱). ×둥근파.
양판 명 대패질할 때 밑에 받쳐 놓는 판판하고 길쭉한 나무판자.
양판-점(量販店) 명 대량으로 상품을 판매하는 대형 소매점.
양:-팔(兩-) 명 사람의 왼쪽과 오른쪽의 두 팔. ¶~간격, 좌우로나란히!
양:-편(兩便) 명 두 편. ¶~ 대표.
양:-편짝(兩便-) 명 =양편쪽.
양:편-쪽(兩便-) 명 =양편짝.
양푼 명 음식을 담거나 데우는 데 쓰는 놋그릇. 모양은 반병두리 같으나 큼.
양품-점(洋品店) 명 옷·화장품·액세서리 등을 파는 가게. 근래에 와서는 여자 옷만을 주로 팖.
양풍¹(良風) 명 좋은 풍속. (비)양속(良俗). ↔악풍(惡風).
양풍²(洋風) 명 '서양풍(西洋風)'의 준말.
양풍³(凉風) 명 1 서늘한 바람. 2 북풍 또는 남서풍.
양피(羊皮) 명 =양가죽. ¶~ 장갑/~ 구두.
양피-지(羊皮紙) 명 양의 가죽을 펴 약품 처리한 후 표백하여 말린, 글씨를 쓰는 재료.
양-하다 통(보조)여 〔어미 '-ㄴ', '-는' 아래에 쓰이어〕 거짓으로 꾸미어 짐짓 행동함을 나타내는 말. ¶그는 날 아는 양하며 인사를 했다. /그 사람은 전철을 제 집 안방인 양하며 떠들어 댔다.
양학(洋學) 명 서양의 학문.
양-함수(陽函數) [-쑤] 명[수] 종속 변수의 값이 독립 변수의 값으로 직접 산출되는 함수. example 하여 $y=2x+3$처럼, 일반적으로 $y=f(x)$의 꼴로 된 함수. ↔음함수.
양항(良港) 명 좋은 항구.
양:-해¹(兩-) 명[민] =미년(未年).
양해(諒解) 명 문제가 되는 사정이나 상황을 잘 살펴서 너그럽게 받아들이는 것. (비)이해(理解). ¶상대의 ~를 구하고 담배를 피우다. 양해-하다 통(타)여 ¶피치 못할 사정으로 모임에 불참하오니 부디 양해하여 주시기 바랍니다. 양해-되다 통(자)

어법 손님 여러분께 양해 말씀 드리겠습니다:양해 말씀 드리겠습니다(×)→사과 말씀 드리겠습니다(○)/양해를 구하겠습니다(○). '양해 말씀'은 '양해하는 말씀' 또는 '양해하는 말씀'과 같은 표현으로, 손님이 아닌 화자가 양해한다는 뜻이 되므로 잘못임.

양행(洋行) 명 1 서양으로 가는 것. 2 외국과

무역 거래를 하는 회사나 상점. **양행-하다**
양:현-고(養賢庫) 명 [역] 1 고려 시대에, 국학의 재정 관리에 관한 일을 맡아보던 관아. 2 조선 시대에, 성균관의 유생에게 주는 식량에 관한 일을 맡아보던 관아.
양혜(洋鞋)[-혜/-헤] 명 =구두¹.
양:호¹(養護) 명 1 기르고 보호하는 일. 2 학교에서 학생의 건강이나 위생에 돌보아 주는 일. ¶~ 교사. **양:호-하다¹** 타여
양호²(良好)→**양호-하다²** 형여 (사물이나 대상의 질·기능·수준·정도 등이) 만족할 만한 상태에 있다. 비좋다. 괜찮다. ¶건강 상태가 ~ / 그 학생은 성적이 **양호한** 편이다.
양:호-대치(兩虎對峙) 명 1 두 마리의 호랑이가 마주 노려봄. 2 강한 두 편이 맞서 버팀. ¶~의 진세(陣勢)
양:호-실(養護室) 명 양호 교사 등이 학생의 보건 관리에 관한 일을 취급하는 곳.
양호-필(羊毫筆) 명 양털로 촉을 만든 붓. 준 양호.
양화¹(良貨) 명 품질이 좋은 화폐. 실제 가격과 법정 가격의 차이가 적은 화폐를 이름. ¶악화는 ~를 구축한다. ↔악화(惡貨).
양화²(洋畫) 명 '서양화(西洋畫)'의 준말.
양화³(洋靴) 명 =구두¹.
양화⁴(陽畫) 명 음화(陰畫)를 인화지에 박은 사진. 명암·흑백이 실물과 똑같이 보임. ↔음화.
양:화⁵(釀禍) 명 재앙을 빚어내는 일. 또는, 화를 만드는 일. **양:화-하다** 동자여
양:화구복(禳禍求福) 명 재앙을 물리치고 복을 구함. **양:화구복-하다** 동자여
양화-점(洋靴店) 명 구두를 파는 가게. 비구둣방.
양회(洋灰)[-회/-훼] 명[건] =시멘트.
얕다[얕따] 형 (어떤 대상이) 위·수면·지면 등에서 밑에 이르는 거리나 바닥에서 위·꼭대기 등에 이르는 거리가 보통의 정도 또는 비교 대상보다 가깝다. ¶**얕은** 개울 / 천장이 ~. 2 (생각이나 마음 쓰는 일이) 중요한 부분에 이르지 못하거나 너그럽지 못한 상태에 있다. ¶생각이 ~. 3 (학문이나 지식, 기술 따위가) 쌓은 바가 적어, 그 수준이 보통이나 비교 대상보다 못하다. ¶**얕은** 솜씨 / **얕은** 지식. 4 (잠이) 깨기 쉬운 상태에 있다. ¶**얕은** 잠. 팬열다. ↔깊다.
[**얕은** 내도 깊게 건너라] 모든 일을 언제나 조심해서 하라는 말.
얕디-얕다[얕띠얃따] 형 매우 얕다.
얕-보다[얕뽀-] 타 (상대를) 실제보다 그의 능력이나 수준이나 가치 등을 낮게 보다. 비깔보다. ¶상대를 ~ / 겁으로 어수룩해 보인다고 **얕보고** 덤볐다간 큰코다친다.
얕보-이다[얕뽀-] 동 '얕보다'의 피동사. ¶그는 체구가 작아 **얕보이기** 일쑤다.
얕은-꾀[-꾀/-꿰] 명 속이 들여다보이는 낮은 수준의 꾀. ¶~를 쓰다 / 흥, 나는 네가 짓 놈의 ~에 넘어갈 줄 알아? ×물탄꾀.
얕은-맛[-맏] 명 진하지 않은 담박한 맛.
얕은-수 명 속이 훤히 들여다보이는 수. ¶~를 쓰다 / ~에 넘어가다.
얕-잡다[얕짭따] 타 낮추어 하찮게 대하다. ¶그를 어리다고 **얕잡아** 보지 마라.
얕추[얕-] 부 얕게. ¶~ 보다.
애¹ 명[언] 한글 모음 'ㅐ'의 이름.

애:² Ⅰ[감] 1 어리거나 젊은 사람이 동년배의 사람을 부를 때 쓰는 말. 또는, 손윗사람이 손아래인 어리거나 젊은 사람을 부를 때 쓰는 말. 일반적으로 여자들이 많이 쓰는 말임. 비야. ¶~, 이거 가니? 2 서로 말을 놓는 동년배의 어리거나 젊은 여자들끼리 대화할 때 별 뜻 없이 문장 끝에 붙이는 말. ¶어머, 정말 반갑다~.
Ⅱ'이 애'가 준 말. 어리거나 젊은 사람이 동년배의 가까운 거리에 있는 사람을 가리켜, 또는 손윗사람이 가까운 거리에 있는 손아랫사람에게 이르는 말. 상대에게 이르는 말. ¶어머니, ~가 철수예요. / ~가 우리 집 맏이올시다. ▷개·재.
애:기 '이야기'의 준말. ¶옛날 / ~를 늘어놓다. **애:기-하다** 자타여 ¶지난 일을 ~. **애:기-되다** 자
애:기-꽃[-꼳] 명 '이야기꽃'의 준말.
애:기-꾼 명 '이야기꾼'의 준말.
애:기-책(-冊) 명 '이야기책'의 준말.
애:기-판 명 '이야기판'의 준말.
애:깃-거리[-기꺼/-긷꺼] 명 '이야깃거리'의 준말.
애:깃-주머니[-기쭈/-긷쭈-] 명 '이야깃주머니'의 준말.
어¹ 명[언] 한글 모음 'ㅓ'의 이름.
어² 감 1 가볍손 놀람이나 당황한 느낌 따위를 나타내는 소리. ¶~! 지갑을 놓고 왔네. 2 남에게 말하려 할 때 주의를 환기하기 위해 내는 소리. 3 감동적인 느낌을 나타내는 말. ¶~, 그림 참 잘 그렸다!
-어³ [어미] 끝 음절의 모음이 'ㅏ', 'ㅑ', 'ㅗ'가 아닌 용언의 어간이나 선어말 어미 '-았-'에 붙는 연결 또는 종결 어미. 'ㅓ'로 끝나는 어간 아래에서는 탈락됨. 1 용언의 어간에 붙어, 보조 용언과 연결되게 하거나 이유·근거 등을 나타내는 연결 어미. ¶밤이 깊~ 간다. / 많이 먹~ 배부르다. 2 동사 어간에 붙어, 시간적 선후 관계를 나타내는 연결 어미. ¶종이를 접~ 학을 만들었다. 3 동사의 어간에 붙어, 방법을 나타내는 연결 어미. 비-어서. / 양념을 넣~ 맛을 낸다. 4 용언의 어간에 붙어, 어떤 사실을 서술하거나 물음을 나타내는 반말 투의 종결 어미. ¶난 네 말 믿~. / 무엇 먹~? 5 동사 어간에 붙어, 명령이나 청유를 나타내는 반말 투의 종결 어미. ¶깊이 묻~. / 함께 읽~. 6 형용사의 어간에 붙어, 감탄의 뜻을 나타내는 종결 어미. ¶아이, 예뻐~. 7 동사의 어간에 붙어, 집단에 명령을 내리는 군대식 구령(口슈)에 쓰이는 종결 어미. ¶열중쉬~! ▷-아.
어⁴(敔) 명 옛날 궁중에서 쓰이던 타악기의 하나. 엎드린 범의 형상 같은데, 등에 27개의 톱니가 있어 그것을 견으로 긁어서 소리를 냄. 음악을 그치게 할 때 썼음.
-어⁵(語) [접미] 명사에 붙어, '말'의 뜻을 나타내는 말. ¶외국~ / 외래~.
어:가(御駕) 명 임금이 타는 수레. =승여(乘輿).
어가(漁歌) 명 어부가 부르는 노래.
어간¹(於間) 명 시간이나 공간의 일정한 사이. ¶내가 대학에 다닌 건 1970년대 후반 ~ 이었다. / 그의 고향은 설악산과 오대산 ~에 있는 양양군이다.
어간²(語幹) 명[언] 활용어의 활용에서 변하지 않는 부분. '읽는다, 읽느냐, 읽고, 읽지, …' 등에서의 '읽-'. ↔어미(語尾).

어!간-대청(-大廳) 圐 방과 방 사이에 있는 대청.
어!감(語感) 圐 말소리 또는 말투의 차이에 따라 말이 주는 느낌과 맛. 비말맛. ¶~의 차이 / ~이 좋지 않은 표현.
어개(魚介) 圐 1 물고기와 조개. 2 바다에서 나는 동물의 총칭.
어!거(馭車) **-하다** 图[타] 1 수레를 메운 소나 말을 몰다. 2 거느려서 바른길로 나가게 하다. 비제어(制御)하다.
어거지 圐 '억지'의 잘못.
어!격(語格) [-껵] 圐 말하는 격식. 비어법(語法).
어겹 圐 한데 뒤범벅이 됨. **어겹-되다** 图[자].
어!계(語系) [-계/-게] 圐[언] 언어의 계통.
어골(魚骨) 圐 물고기의 뼈. 또는, 생선의 가시.
어교(魚膠) 圐 =부레풀.
어!구(語句) 圐 말의 마디나 구절. ×어귀.
어구²(漁具) 圐 고기 잡는 데 쓰는 도구.
어구³(漁區) 圐 수산물을 잡거나 따거나 또는 가공하기 위하여 특별히 정한 구역.
어구머니 團 '어이구머니'의 준말.
어군¹(魚群) 圐 물고기의 떼.
어!군²(語群) 圐[언] 지리적 또는 기타의 관계에 의하여 분류한 언어의 무리.
어군^탐지기(魚群探知機) 圐 어선 바닥에서 내는 초음파의 반사에 의하여 물속의 어군의 존재나 수량·종류 등을 분석하는 장치.
어귀¹ 圐 드나드는 목의 첫머리. ¶강~ / 동네~.
어귀² 圐 '어구(語句)'의 잘못.
어귀-어귀 團 음식을 욕심껏 입 안에 많이 넣고 마구 씹는 모양. ¶병화는 주기가 차차 도니만큼 불쾌스럽게 대꾸를 하고 오뎅을 ~먹는다.《염상섭:삼대》 아귀아귀.
어그러-뜨리다/-트리다 图[타] 어그러지게 하다. ¶약속을 ~.
어그러-지다 图[자] 1 짜여야 할 것이 물러나거나 틀어져서 맞지 않다. ¶사개가 ~. 2 예상이나 기대가 빗나가가 이루어지지 않다. ¶기대에 어그러진 결과. 3 사이가 나쁘게 되다. ¶친구와 사이가 ~.
어!근(語根) 圐 한 단어를 형성하는 둘 이상의 형태소 중에서, 접사나 어미가 아닌, 의미의 중심이 되는 형태소. '놀다', '먹이', '사내답다' 등에서 '놀-', '먹-', '사내-' 따위. =뿌리.
어근-버근 團 1 짝을 맞춘 자리가 벌어져 움직이는 모양. 2 마음이 서로 맞지 않는 모양. 图아근바근. **어근버근-하다** 图[자애].
어글어글-하다 图 1 (눈이) 커서 시원스럽다. ¶콧날이 서서 성미가 좀 까다로울성 싶으나 눈이 크고 어글어글해서 성격의 조화를 시킨다.《심훈:영원의 미소》 2 (생김새나 성질이) 너그럽고 부드럽다. 비서글서글하다.
어금-니 圐 송곳니의 안쪽으로 있는 모든 큰이. 가운데가 오목한데, 음식물을 잘게 부수는 역할을 함. =아치(牙齒).
어금니를 악물다 쿤 고통·분노 따위를 참느라고 이를 힘주어 굳게 문다. ¶어금니를 악물고 견디다.
어금닛-소리 [-니쏘-/-닡쏘-] 圐[언] 훈민정음에서 'ㄱ', 'ㅋ', 'ㅇ', 'ㅋ'을 이르는 말. =아음(牙音).
어금버금-하다 图[어] =어금지금하다. ¶그런 마지막 한 판이 어금버금해서 손에 땀 쥐게 하더니 한차례의 마지막 용으로 두 역사가 함께 넘어졌다는 거다.《최해군:달인의 죽음》
어금지금-하다 图[어] 서로 어슷비슷하여 정도나 수준에 큰 차가 없다. =어금버금하다. ¶저 두 사람은 실력이 ~.
어긋-나가다 图 어긋나게 나가다. ¶사춘기 이후로 아이는 어긋나가는 듯했다.
어긋나-기 [-근-] 圐[식] 식물의 잎이 마디마다 방향을 달리하여 하나씩 어긋맞게 나는 잎차례의 하나. =호생(互生).
어긋-나다 [-근-] 图[자] 1 서로 엇갈리다. ¶생각이 서로 ~ / 기대에 ~ / 길이 어긋나서 못 만나다. 2 서로 꼭 맞지 않다. ¶집게가 ~. 3 (말이나 행동이) 일정한 기준에서 벗어나다. ¶규칙에 ~ / 가르침에 ~ / 도리에 어긋난 짓. 4 (서로의 마음이) 틈이 생기다. ¶그들 사이가 어긋나기 시작한 것은 지난해부터였다.
어긋-맞다 [-근만따] 屬 이쪽저쪽 어긋나게 마주 있다. ¶함박꽃나무는 잎이 어긋맞게 나며 모양이 길둥글다.
어긋-매끼다 [-근-] 图[타] 어긋나게 맞추다. 图엇매끼다.
어긋-물다 [-근-] 图[타] 〈~무늬, ~무오〉 서로 어긋나게 물다. 图엇물다.
어긋물-리다 [-근-] 图[자] '어긋물다'의 피동사. 엇물리다.
어긋-버긋 [-귿빋긋] 團 여럿이 고르지 못하고 어그러져서 버그러진 모양. **어긋버긋-하다** 图[어].
어긋-어긋 [-귿-귿] 團 1 물건의 각 조각이 이가 맞지 않아 끝이 조금씩 어긋나 있는 모양. 2 무게·부피·길이 등이 어떤 기준에 어그러져 있는 모양. 图아긋아긋. **어긋어긋-하다** 图[어].
어긋-하다 [-귿하-] 图[어] 1 물건의 각 조각이 이가 맞지 않아 끝이 조금씩 벌어져 있다. 2 무게·부피·길이 등이 어떤 기준에 어그러져 있다.
어!기¹(語氣) 圐 말하는 기세. 또는, 말의 기운. 비세(語勢). ¶"겁두 없이, 이 밤중에 어딜 돌아다니는 거야?" 김작수의 목소리는 거칠면서 달래는 ~였다.《염상섭:취우》
어기²(漁期) 圐 고기 잡는 시기. 또는, 고기가 많이 잡히는 시기.
어기다 图 (약속이나 법·규칙, 또는 명령 등을) 지키거나 따르지 않고 거스르다. 비역하다·위반하다. ¶법을 ~ / 약속 날짜를 ~ / 부모의 뜻을 ~. ↔지키다.
어기-대다 图[자] 말이나 행동에 있어서, 선선함이 없이 삐딱하게 맞서거나, 까다롭게 굴면서 뻗대다. ¶"어째 왔소?" 하고 물었다. "내가 못 올 데 왔나?" **어기대지** 말구 말하우.《홍명희:임꺽정》
어기뚱-거리다/-대다 图[자] (몸집이 큰 사람이) 자꾸 몸을 좌우로 기우뚱거리면서 우스꽝스럽게 느릿느릿 걷다. 图아기뚱거리다.
어기뚱-어기뚱 團 어기뚱거리는 모양. ¶~걷다. 图아기뚱아기뚱. **어기뚱어기뚱-하다** 图[자].
어기뚱-하다 图[어] 1 남달리 교만한 태도가 있다. 2 좀 엉뚱하고 주제넘은 데가 있다. 图아기뚱하다.
어기야 圄 '어기야디야'의 준말.
어기야-디야 圄 뱃사람이 노를 저을 때에 흥

겨워서 내는 소리. ¶~, 노를 저어라. 준어기야·이야디야·에야디야.
어기여차 갑 여럿이 힘을 합할 때 일제히 내는 소리. =어여차. ¶하나, 둘, ~!
어기적-거리다/-대다 [-꺼(때)-] 통재 다리를 마음대로 놀리지 못하고 부자연스럽게 억지로 움직이며 천천히 걷다. 준어깃거리다
어기적-어기적 부 어기적거리는 모양. 준어깃어깃. 작아기작아기작. **어기적어기적-하다** 재여
어기죽-거리다/-대다 [-꺼(때)-] 통재 다리를 마음대로 놀리지 못하고 약간 바라지게 겨우 걷다. 작아기족거리다.
어기죽-어기죽 부 어기죽거리는 모양. 작아기족아기족. **어기죽어기죽-하다** 통재여
어기-차다 형 (성질이) 매우 굳세다. ¶일을 **어기차게** 하다.
어김-없다 [-업따] 형 1 어기는 일이 없다. ¶그는 한번 약속하면 **어김없는** 사람이다. 2 틀림이 없다. ¶소문은 **어김없는** 사실로 밝혀졌다. **어김없이** 부 ¶상부의 명령은 ~ 실행하다.
어깃-장 [-기짱/-긴짱] 명 [진] 널문을 짤 때 널쪽을 맞추어서 띳장을 대고 못을 박은 뒤, 그 못짝이 일그러지지 않게 대각선으로 붙인 띳장.
어깃장(을) 놓다 쿠 다른 사람의 말이나 행동에 조화를 이루도록 맞추지 않고 일부러 그에 어긋나는 말이나 행동을 하다. ¶그는 뭐가 못마땅해서인지 다 된 밥에 재 뿌리는 식으로 삐딱하게 **어깃장을** 놓았다.
어깃-거리다/-대다 [-긴깃-] 통재 '어기적거리다'의 준말.
어깃-어깃 [-긴-깃-] 부 '어기적어기적'의 준말. 작아깃아깃. **어깃어깃-하다** 통재여
어깨 명 1 사람의 몸에서, 목의 아래 끝에서 팔의 위 끝에 이르는 부분. ¶~가 쑤시다/~가 빠근하다/~가 떡 벌어진 청년/추워서 ~를 움츠리다/~를 피고 활기차게 걸어가다. 2 짐승의 앞다리 위쪽 부분. 또는, 새의 날개가 붙은 몸통 위쪽 부분. 3 사람의 옷에서, 깃이나 목둘레를 이루는 곳의 위쪽 끝에서 소매의 위쪽 끝까지의 부분. ¶~에 심을 넣은 양복. 4 〈속〉어느 집단에서, 다른 사람을 억누르면서 주먹을 잘 휘두르는 사람. 비불량배·깡패. ¶쟤는 우리 학교 ~다.
어깨가 가볍다 쿠 무거운 책임에서 벗어나 마음이 홀가분하다.
어깨가 무겁다 쿠 무거운 책임을 저서 마음의 부담이 크다. ¶분에 넘치는 직책을 맡고 보니 ~.
어깨가 움츠러들다 쿠 떳떳하지 못하고, 창피하고 부끄럽게 여겨지게 되다.
어깨가 으쓱거리다 쿠 떳떳하고 자랑스러워서 으쓱거리는 기분이 되다. ¶시험에 합격하니 **어깨가** 저절로 **으쓱거린다**.
어깨가 처지다 쿠 힘이 빠져 어깨가 축 늘어지다. 기운을 잃거나 낙심하는 모양을 일컬음. ¶그는 사업에 실패한 뒤로 **어깨가** 축 **처져** 있다.
어깨를 겨누다 쿠 (어떤 사람과) 대등한 위치에 서다. 비어깨를 겨루다·어깨를 나란히 하다. ¶그는 너와 **어깨를 겨눌** 만한 상대다.
어깨를 겨루다 쿠 (상대와) 대등한 위치에서 실력을 겨루다. 비어깨를 겨누다.
어깨를 나란히 하다 쿠 1 나란히 서다. 또는, 나란히 서서 걷다. 2 (상대와) 실력이 비슷한 상태가 되다. 비어깨를 겨루다.
어깨를 으쓱거리다 쿠 1 어깨를 자꾸 위아래로 들먹거리다. 2 우쭐거리며 뽐내다.
어깨를 짓누르다 쿠 의무나 책임, 제약 등이 중압감을 주다. ¶시험에 대한 부담이 ~.
어깨-걸이 명 =숄(shawl).
어깨-끈 명 옷이나 가방 등에서, 어깨에 걸치거나 매게 되어 있는 끈 모양의 부분. ¶~ 없는 브라 / ~이 있는 가방.
어깨너머-로 부 남이 하는 것을 옆에서 보거나 들거나 함으로써. ¶~ 배운 바둑.
어깨너멋-글 [-머끌/-먿끌] 명 남이 공부하는 옆에서 얻어들어 배운 글.
어깨-동갑 (-同甲) 명 =자치동갑.
어깨-동무 명 1 서로 상대방의 어깨에 팔을 얹어 끼고 나란히 하는 일. 또는, 그렇게 하고 노는 아이들의 놀이. 2 나이나 키가 비슷한 동무. **어깨동무-하다** 통재여 서로 상대방의 어깨에 팔을 얹어 끼고 나란히 하다. ¶셋이서 **어깨동무하고** 걷다.
어깨-띠 명 한쪽 어깨 위에서 대각선으로 반대쪽 옆구리 부분에 오게 매는 띠. ¶~를 두르고 시위를 벌이다.
어깨-번호 (-番號) 명 [인] 표제어나 본문의 글자 오른쪽 위에 작게 매긴 번호.
어깨-뼈 명 [생] 척추동물의 상지골과 몸통을 연결하는 등의 위쪽에 있는 한 쌍의 뼈. 새의 것은 가늘고 납작하고, 포유류의 것은 대개 삼각형임. 비갑골·견갑골 (肩胛骨)·견골·죽지뼈.
어깨-선 (-線) 명 1 어깨의 외곽이 이루는 선. 상적인 곡선. 2 바느질에서 앞길과 뒷길을 잇는, 어깨 부분을 이루는 선.
어깨-차례 명 1 순서를 중간에 거르지 않고 돌아가는 차례. 2 =키순.
어깨-총 (-銃) 감 명 제식 훈련 시 구령의 하나. 총을 어깨에 메라는 말.
어깨-춤 명 신이 나서 어깨를 위아래로 으쓱거리는 일. 또는, 어깨를 으쓱거리며 추는 춤. ¶~을 덩실덩실 추다.
어깨-통 명 두 어깨 사이의 너비.
어깨-판 명 어깨의 넓적한 부분.
어깨-허리 명 여자 한복에서, 어깨에 걸치는 부분이 있는 치마허리. ▷끈허리·치마허리.
어깻-바람 [-깨빠/-깯빠-] 명 신이 나서 어깨를 으쓱거리며, 활발하여 동작하는 기운. 비신바람. ¶아들의 합격 소식을 듣고 어머니는 ~이 저절로 났다.
어깻-부들기 [-깨뿌-/-깯뿌-] 명 어깨의 언저리.
어깻-숨 [-깨쑴/-깯쑴] 명 어깨를 들먹이면서 가쁘게 쉬는 숨. ¶헐레벌떡 뛰어온 그는 ~을 가쁘게 몰아쉬었다.
어깻-죽지 [-깨쭉지/-깯쭉찌] 명 팔이 어깨에 붙은 부분. ¶짐을 좀 졌더니 ~가 뻐근하다.
어깻-짓 [-깨찐/-깯찐] 명 어깨를 흔들거나 움직이는 짓. ¶~을 하며 춤을 추다. **어깻짓-하다** 통재여
어꾸수-하다 형여 '엇구수하다'의 잘못.
어:-녹다 [-따] 통재여 =얼녹다.
어:눌 (語訥) →**어:눌-하다** 형여 (말하는 것이) 술술 이뤄지지 못하여 자주 막히고 주의를 끌지 못할 만큼 재미없는 상태에 있다. ¶기천은 벌써 말이 **어눌해지도록** 취했다.《심

훈:상록수)
어느 관 **1** 주어진 여러 사물이나 사람 가운데 대상으로 삼는 것이 무엇이거나 누구인지 묻거나 의문을 가지는 뜻을 나타내는 말. 단, 사람의 경우에는 극히 제한적이며, '어느 사람'과 같은 말도 '누(가)', '누구'로 쓰이는 경향이 강함. ¶자유와 굴종 가운데 ~ 것을 택할 것인가? **2** ('정도', '만큼' 등의 명사 앞에 쓰여) 정도나 수량의 크기를 묻거나, 웬만한 상태임을 나타내는 말. ¶키가 ~ 정도냐? / 술을 ~ 만큼 먹었소? **3** 주어진 사물이나 사람 가운데 대상이 되는 것을 확실히 밝히지 않고 가리킬 때 쓰이는 말. ¶~ 해 겨울 / 이 물건은 아마 오신 손님 가운데 누가 맡긴 것이다. **4** (뒤에 오는 명사에 '나/이나', '든(지)/이든(지)', '라도/이라도' 등의 조사가 붙어) 관련되는 대상이 특별히 제한되지 않음을 나타내는 말. ¶당신이 가는 곳이라면 ~ 곳이라도 따라가겠소. / 오고 싶으면 ~ 때나 찾아오너라.
[어느 구름에서 비가 올지] ㉠어느 때 어떠한 일이 생길지 모른다는 말. ㉡일의 결과를 미리 짐작하기 어렵다는 뜻. **[어느 장단에 춤추랴]** 한 가지 일에 참견하는 사람이 많아, 어느 말을 따라야 할지, 어떻게 해야 할지 난처함을 이르는 말.
어느 겨를[틈·하가(何暇)·해가]에 관 어느 사이에. ¶~ 그 많은 일을 해냈느냐?
어느 누구 관 '누구'를 강조할 때 쓰는 말. ¶~인들 그런 일을 당하고서 당황하지 않을 수 있으랴.
어느 세월[년]에 관 얼마나 뒤에. ¶놀 것 다 놀고 쉴 것 다 쉬어 가면서 ~ 일을 마칠꼬?
어느-덧 [-덛] 부 어느 사이에. ≒어사간에. 비어언간. ¶~ 10년이 흘러갔다.
어느-새 부 어느 틈에 벌써. ¶검은 먹구름이 저만치서 몰려오는가 싶더니 ~ 머리 위에서 굵은 빗방울을 떨어뜨리기 시작했다.
어!는-점(-點) 명[물] 물과 얼음이 1기압에서 평형 상태에 있을 때의 온도. 곧, 물이 얼기 시작하거나 얼음이 녹기 시작할 때의 온도. 섭씨 0도를 이름.
-어다 어미 '-어다가'의 준말. ¶꽃을 꺾~ 화관을 만들었다. ▷-아다.
-어다가 어미 끝 음절의 모음이 'ㅏ', 'ㅗ'가 아닌 동사의 어간에 붙어, 어떠한 동작을 다음 동작과 순차적으로 이어 주는 연결 어미. 'ㅓ'로 끝나는 어간 아래에서 '어'가 탈락됨. ¶빚을 얻~ 사업을 시작하였다. 준-어다. ▷-아다가.
어댑터(adapter) 명 기계·기구 등을 다목적으로 사용하기 위한 부가 기구(附加器具). 또는, 그것을 부착시키기 위한 보조 기구.
-어도 어미 끝 음절의 모음이 'ㅏ', 'ㅑ', 'ㅗ'가 아닌 용언('아니다' 제외)의 어간에 붙어, 그 사실을 인정하나 그 다음 사실과는 상관없음을 나타내는 연결 어미. 'ㅓ'로 끝나는 어간 아래에서 '어'가 탈락됨. ¶못생겼~ 마음은 착하다. ▷-아도.
어동육서(魚東肉西) [-뉵써] 명 제사상을 차릴 때, 어찬(魚饌)은 동쪽에, 육찬(肉饌)은 서쪽에 놓음. ▷홍동백서(紅東白西).
어!두(語頭) 명 말의 처음. 비말머리.
어두귀면(魚頭鬼面) 명 ('물고기 대가리에 귀신 상판대기'라는 뜻) 흉한 얼굴을 일컫는 말.

어드밴티지 룰 ●1245

어두봉미(魚頭鳳尾) 명 =어두육미.
어두움 명 '어둠'의 본딧말.
어두육미(魚頭肉尾) [-윰-] 명 물고기는 머리, 짐승은 꼬리 쪽이 맛이 있다는 말. ≒어두봉미.
어두일미(魚頭一味) 명 물고기는 머리 쪽이 맛이 있다는 말. ▷어두육미.
어두커니 부 새벽 어둑어둑할 때에.
어두컴컴-하다 형여 (어느 공간이) 빛이 거의 없어 컴컴하다. ¶**어두컴컴한** 지하실.
어둑-새벽 [-쌔-] 명 어둑어둑한 새벽.
어둑-어둑 부 사물을 뚜렷이 분간하기 어려울 만큼 어두운 모양. **어둑어둑-하다** 형여 ¶해가 지자 사방이 **어둑어둑해**졌다.
어둑-하다 [-두카-] 형여 **1** 제법 어둡다. ¶깊은 숲 속이라 낮인데도 ~. **2** 되바라지지 않고 어수룩하다.
어!둔(語鈍) → **어!둔-하다** 형여 말이 둔하다.
어둠 명 빛이 없어 매우 어둡거나 깜깜한 상태. ¶칠흑 같은 ~ / ~이 걷히다 / ~이 내리다. 본어두움.
어둠-길 [-낄] 명 날이 어두워진 길.
어둠-별 [-뻘] 명 해가 진 뒤에 서쪽 하늘에 반짝거리는 금성(金星).
어둠-살 [-쌀] 명 어둑어둑한 어둠의 기운. ¶사방에 ~이 끼기 시작하다.
어둠-상자(-箱子) [-쌍-] 명[사진] 밖에서 빛이 새어 들어오지 못하게 만든, 사진기의 렌즈와 감광판이 붙은 상자. ≒암상자(暗箱子).
어둠침침-하다 형여 (등불 또는 공간이) 빛이 아주 약하여 사물을 제대로 구별할 수 없는 상태에 있다. ¶**어둠침침한** 방 안. **어둠침침-히** 부.
어둡다 [-따] 형여〈어두우니, 어두워〉 **1** (불빛이) 사물을 또렷이 비출 수 없을 만큼 약하다. 비희미하다. ¶**어두운** 등잔불 / 가로등 불빛이 ~. **2** (어떤 공간이) 빛이 없거나 약하여 사물을 제대로 구별할 수 없는 상태에 있다. ¶방 안이 **어두워서** 책의 글자가 잘 안 보인다. **3** (색깔이) 검은빛에 가까운 상태에 있다. 또는, (어떤 색깔이) 검은빛의 요소를 많이 가진 상태에 있다. ¶저 여자는 **어두운** 색의 옷을 주로 입는다. **4** (눈이나 귀가) 잘 보이거나 들리지 않는 상태에 있다. ¶귀가 **어두워** 남의 말을 잘 못 알아듣는다. **5** (사람이 어떤 일에 통하지 못하여) 잘 모르는 상태에 있다. ¶그 학자는 외국 생활을 오래 하여 국내의 사정에 ~. **6** (사람의 표정이) 우울하거나 근심이 어린 상태에 있다. 또는, (사람의 성격이) 비관적이고 염세적인 상태에 있다. ¶그는 종일 **어두운** 얼굴을 하고 있다. **7** (사물의 내용이) 부정적이거나 건전하지 못하거나 참담한 상태에 있다. ¶**어두운** 과거를 청산하다 / 수출 전망이 ~. ▷밝다.
[어두운 밤중에 홍두깨 내밀듯] 별안간 생각지도 않은 일을 쑥 내놓는다는 말.
어둥둥 감 '어허둥둥'의 준말.
어드레스(address) 명 **1**[체] 골프에서, 공을 치기 전에 스탠스(stance)를 잡고 클럽을 땅에 댄 자세. **2** [컴] =번지(番地)².
어드바이스(advice) 명 '조언', '도움말', '충고'로 순화.
어드밴티지(advantage) 명[체] 테니스·탁구에서, 듀스가 된 다음에 어느 편이든지 먼저 한 점을 얻는 일.
어드밴티지-룰(advantage rule) 명[체] 축구

·핸드볼·럭비 등에서, 가벼운 반칙이 일어났으나 상황은 반칙을 당한 쪽에 유리할 때 심판이 경기를 계속 진행시키는 규칙.

어드밴티지^리시버(advantage receiver) 명[체] 테니스에서, 듀스가 된 후에 서브를 받는 쪽이 먼저 한 점을 얻는 일. =어드밴티지 아웃. ↔어드밴티지 서버.

어드밴티지^서버(advantage server) 명[체] 테니스에서, 듀스가 된 후에 서브를 넣는 쪽이 먼저 한 점을 얻는 일. =어드밴티지 인. ↔어드밴티지 리시버.

어득-하다[-드카-] 형여 '아득하다'를 어감이 크고 무겁게 이르는 말. 작아득하다.
어득-히 부

어디 Ⅰ 대(지시) 1 말하는 사람이 모르는 장소를 가리켜 그곳의 위치나 성격, 이름 등을 묻는 의문 대명사. ¶넌 ~를 가고 있니? / 여기가 ~입니까? 2 어떤 장소를 특정한 곳으로 국한하지 않고 막연하게 가리킬 때 쓰이는 부정칭(不定稱) 대명사. ¶네가 가고 싶다면 ~든 가거라. 3 잘 모르거나 알더라도 굳이 밝히고 싶지 않은 장소를 가리킬 때 쓰이는 부정칭 대명사. ¶"왜 이렇게 늦었느냐?" "~ 좀 다녀오는 길입니다." 4 '어떤 점이나 요소'의 뜻을 나타내는 부정칭 대명사. ¶너는 그 여자의 ~가 좋아서 그렇게 따라다니느냐? 5 (반어 의문문으로 쓰여) 수량 따위가 꽤 대단하다는 뜻을 나타내는 말. ¶흉년에 보리 닷 되가 ~냐?
Ⅱ 감 1 설의적(設疑的)으로 반문할 때 쓰는 말. ¶그게 ~ 말이나 되는 소리야? 2 다짐하거나 벼를 때 이르는 말. ¶네 이놈, ~ 두고 보자! 3 상대의 의견을 반박할 때 하는 말. ¶"이게 더 낫지 않아?" "~! 그건 절대 그렇지가 않아."
[어디 개가 짖느냐 한다] 남이 하는 말을 무시하여 들은체도 않는다.

어디여 감 1 소가 길을 잘못 들려고 할 때 꾸짖어서 바른 길로 모는 소리. ¶~, 이놈의 소. 2 소를 오른편으로 가게 모는 소리. 준어디. ↔저라.

어따[1] 감 무엇이 몹시 심하여 마음에 못마땅할 때에 내는 소리. ¶~, 큰소리는 잘 치네. 작아따.
어따[2] '얻다'의 잘못.
어따가 '얻다가'의 잘못.
어때 '어떠해'가 준 말. ¶~, 그곳 날씨는 좋아? / 형이 없으면 ~, 우리끼리 가자.
어떠어떠-하다 형여 (어떤 성질이나 상태가) 어떠하고 어떠하다. 구체적으로 말할 수 없거나 밝힐 필요가 없을 때 씀.
어떠-하다 형여 '어떻다'의 본딧말. 비여하다. ¶네 생각은 **어떠한지** 말해 보렴.
어떡-하다[-떠카-] '어떠하게 하다'가 준 말. ¶난 **어떡하면** 좋지?
어떤 관 ['어떠한'이 준 말) 1 뒤에 오는 명사의 특성이나 내용이나 상태나 성격이 무엇인지 묻거나 의문을 가지는 뜻을 나타내는 말. ¶네가 사귀는 남자는 ~ 사람이냐? 2 주어진 여러 사물 중 대상으로 삼는 것이 무엇인지를 묻거나 의문을 가지는 뜻을 나타내는 말. 비어느. ¶너는 이 중에서 ~ 물건을 갖고 싶으냐? 3 대상을 누구라거나 무엇이라고 뚜렷이 밝히지 않고 가리킬 때 쓰이는 말. ¶아까 ~ 사람이 널 찾아왔다. 4 (뒤에 오는 명사에 '나/이나', '든(지)/이든(지)', '라도/이라도' 등의 조사가 붙어) 관련되는 대상이 특별히 제한되지 않음을 나타내는 말. ¶~ 말이라도 좋으니 제발 한마디만 해 다오.

어떨-다[-떠타] 형(ㅎ) <어떠니, 어떠오, 어때> 의견이나 일의 성질·상태 따위가 어찌 되어 있다. ¶내가 **어떻게** 도와줄까? / 건강은 좀 **어떠니**? / 좀 놀면 **어때**. 본어떠하다.

> **어법** 아유, 이걸 어떻게 해: 어떻게 해(×)→어떻게 해(○), 어떡해(○).

어떻든[1][-떤-] 부 일이나 사정이 어찌 되었든 간에. 비아무튼·어쨌든·여하튼·하여튼.
어떻든[2][-떤-] '어떠하든'이 준 말.
어떻든지[1][-떤든-] 부 '어떻든'을 좀 더 구어적으로 이르는 말. 비아무튼지.
어떻든지[2][-떤든-] '어떠하든지'가 준 말.
어뜩 부 지나치는 바람에. 비언뜻. ¶그런 말 ~ 들은 것 같다.
어뜩-비뜩[-삐-] 부 1 행동이 바르지 못한 모양. 2 자리가 한 줄에 가지런히 놓이지 못한 모양. **어뜩비뜩-하다** 형여
어뜩-어뜩 부 그림자가 어른거리는 모양. **어뜩어뜩-하다** 형여
어뜩어뜩-하다[2][-뜨카-] 형여 어지러워 자꾸 까무러칠 듯한 상태에 있다. 작아뜩아뜩하다.
어뜩-하다[-뜨카-] 형여 갑자기 어지러워 까무러칠 듯한 상태에 있다. 작아뜩하다.

-어라 어미 1 끝 음절의 모음이 'ㅏ', 'ㅗ'가 아닌 동사의 어간에 붙어, '해라' 할 상대에게 명령의 뜻을 나타내는 종결 어미. ¶어서 먹~. 2 끝 음절의 모음이 'ㅏ', 'ㅑ', 'ㅗ'가 아닌 형용사('아니다' 제외)의 어간에 붙어, 감탄의 뜻을 나타내는 종결 어미. ¶저 어린 나이에 부모를 다 잃다니 에그, 가엾~. ▷ -라-·-아라.

어란(魚卵) 명 소금을 쳐서 말린 생선의 알.
어람(御覽) 명 임금이 보는 일. =상람(上覽). **어람-하다** 동태 ¶양소유를 별전으로 불러 보고 글을 강론하오리니 그 위언을 **어람하소서**.《김만중·구운몽》
어런-더런 부 여러 사람이 시끄럽게 오락가락하는 모양. **어런더런-하다** 형여
어럽쇼[-쑈] 감 뜻밖의 일이 벌어졌을 때 다소 놀라서 하는 말. '어', '어어'와 비슷한 말이나 속된 어감을 가짐. ¶~, 죽은 줄 알았더니 살아 있네.
어레미 명 바닥의 구멍이 큰 체. ¶굵은 가루라 ~로 쳐도 된다.
어레인지(arrange) 명 1 '각색(脚色)'으로 순화. 2 '편곡(編曲)'으로 순화.
어렝이 명 광산에서 쓰는 삼태기. 보통의 삼태기보다 작으며, 통싸리로 만듦.
어려움 명 어떠한 일이 어려운 상태. ¶~을 이겨내다.
어려워-하다 동타 1 웃어른을 어렵게 생각하다. ¶**어려워하지** 말고 편히 앉게. 2 일할 때 힘이 들어 애를 쓰다. ¶그는 특히 수학을 **어려워한다**.
어려이 부 어렵게. ¶~ 빚을 갚다.
어련무던-하다 형여 1 그리 언짢을 것이 없다. 2 별로 흠이 없고 무던하다. **어련무던-히** 부
어련-하다 형여 (수사 의문문 속에 의문형으로 쓰여) 오죽하거나 여간 훌륭하다. 대상을 긍정적으로 칭찬하는 뜻으로 쓰이는 말이나, 때로 반어적으로 비아냥거리는 뜻을 나

타내기도 함. ¶우리나라에서 내로라하는 화가가 그린 그림이니 **어련하겠습니까**? **어련-히** 〔부〕¶소문난 효자인데 부모에게 ~ 잘 알아서 효도를 할까?

어렴-성[-썽] 〔명〕남을 어려워하는 기색. ¶서로 ~ 없이 곧 친숙해지다.

어렴풋-하다[-푸타-] 〔형여〕 1 기억이 또렷하지 않다. ¶**어렴풋한** 유년의 기억. 2 잘 보이거나 들리지 않다. ¶**어렴풋하게** 들리는 목소리. 3 잠이 깊이 들지 않아 의식이 있는 듯 만 듯하다. =의미하다·의희하다. 〔작〕아렴풋하다. **어렴풋-이** 〔부〕¶옛 친구의 얼굴이 ~ 생각난다.

어렵(漁獵) 〔명〕 1 =고기잡이1. 2 고기잡이와 사냥.

어렵다[-따] 〔형ㅂ〕〈어려우니, 어려워〉 1 (어떤 일이) 적은 힘이나 노력으로는 이루어지지 않거나 해결되지 않는 상태에 있다. ¶**어려운** 수학 시험 / 그는 워낙 성격이 까다로워 비위를 맞추기가 ~. 2 (주로 '-기(가) 어렵다'의 꼴로 쓰여) (어떤 일이) 이루어질 가능성이 적다. ¶이번에 헤어지면 다시 만나기 **어려울** 것이다. 3 (말이나 글이) 무슨 뜻을 나타내는지 이해가 잘 안 가는 상태에 있다. 〔비〕난삽하다·난해하다. ¶**어려운** 철학 서적. ↔쉽다. 4 (살림이) 가난하여 살아가기가 힘든 상태에 있다. ¶그는 쥐꼬리만한 봉급으로 **어렵게** 살고 있다. 5 (상대가 되는 사람이) 두렵거나 거리감이 있어 마음 놓고 대하거나 거리낌 없이 얘기를 나눌 수 없는 상태에 있다. ¶사원들이 사장님 앞이라 **어려워서** 말을 못 한다.

어렵사리[-싸-] 〔부〕매우 어렵게. ¶~ 일을 끝내다.

어령칙-하다[-치카-] 〔형여〕(기억이나 형상 따위가) 긴가민가하여 뚜렷하지 않다. 〔작〕아령칙하다. **어령칙-이** 〔부〕

어로¹(御路) 〔명〕
어로²(漁撈) 〔명〕수산물을 잡거나 채취하는 것. ¶~ 작업 / ~ 금지[보호] 구역. **어로-하다** 〔자〕

어ː록(語錄) 〔명〕 1 유학자나 고승 등의 학설·교리에 관한 말들을 기록해 놓은 책. ¶주자(朱子)~. 2 위인이나 유명인의 짤막하면서도 기억할 만한 말들을 모은 기록. 또는, 그 책. ¶처칠 ~.

어롱(魚籠) 〔명〕물고기를 낚아서 담아 두는 작은 다래끼.

어뢰(魚雷) [-뢰/-뤠] 〔명〕〔군〕군함·잠수함 등을 목표물로 하여 발사되는, 물고기 모양의 수중 폭발물. =어형 수뢰. ¶~를 발사하다.

어뢰-정(魚雷艇) [-뢰-/-뤠-] 〔명〕〔군〕어뢰를 주공격 무기로 하는 해군 함정. =수뢰정.

어룡(魚龍) 〔명〕 1 물고기와 용. 2 물속에 사는 동물의 총칭. 3 〔동〕어룡류의 화석 파충류. 중생대의 쥐라기부터 백악기에 걸쳐 바다에 살았음. 몸은 돌고래와 비슷하고, 길이 3m를 넘으며, 오징어류를 주식으로 하는 육식성임.

어루-더듬다[-따] 〔동타〕 1 손으로 만져 더듬다. ¶어둠 속에서 **어루더듬어** 자리끼를 찾다. 2 마음속으로 이것저것 짐작하여 헤아리다. ¶상대의 생각을 **어루더듬어** 보다.

어루러기 〔명〕〔의〕피부병의 한 가지. 많이 흔한 사람의 몸에 사상균(絲狀菌)의 기생으로 생기는데, 처음에는 원형 또는 타원형의 작은 점으로 시작하여 차차 퍼지면 황갈색 또는 검은빛으로 변함. 한의학 용어는 전풍(癜風).

어루러기-지다 〔자〕얼룩얼룩하게 되다. 〔비〕얼룩지다.

어루룽-더루룽 〔부〕짙은 빛깔의 점이나 줄로 된 무늬가 고르지 않고 성긴 모양. 〔작〕아로롱다로롱. **어루룽더루룽-하다** 〔형여〕

어루룽-어루룽 〔부〕짙은 빛깔의 점이나 줄로 된 무늬가 고르고 성긴 모양. 〔작〕아로롱아로롱. **어루룽어루룽-하다** 〔형여〕

어루-만지다 〔동타〕 1 (사람이 다른 사람이나 동물의 몸의 일부를) 그 사람이나 동물을 사랑하거나 좋아하거나 귀여워하여, 손을 편 상태로 가볍게 만지다. ¶선생님은 아이들의 머리를 자애롭게 **어루만져** 주셨다. 2 (사람이나 초월적인 존재가 어떤 사람의 슬프거나 괴롭거나 한 마음을) 사랑하고 이해하는 마음으로 달래다. 비유적인 말임. ¶그분은 내가 깊은 실의에 빠져 있을 때 나의 마음을 따뜻하게 **어루만져** 주었다.

어룽 〔명〕'어룽이'의 준말. 〔작〕아롱.

어룽-거리다/-대다 〔자〕(점이나 줄이나 물체 등이) 무늬를 이루듯 뚜렷하지 않게 어른거리다. ¶…하얀 벽 위에 푸른 나무 그늘이 **어룽거리는** 아름다운 집이었다.《이태준: 결혼의 악마성》〔작〕아룽거리다.

어룽-더룽 〔부〕점이나 줄로 된 무늬가 고르지 않게 어룽진 모양. 〔작〕아룽다룽. **어룽더룽-하다** 〔형여〕¶**어룽더룽한** 천.

어룽-어룽 〔부〕어룽거리는 모양. 〔작〕아룽아룽. **어룽어룽-하다** 〔형여〕¶…아내의 눈물 흔적이 **어룽어룽한** 얼굴을 물끄러미 바라보며 겨우 심신이 가뿐하였다.《현진건: 빈처》

어룽-이 〔명〕어룽진 점. 또는, 그런 점이 있는 짐승이나 물건. 〔준〕어룽. 〔작〕아룽이.

어룽-지다 Ⅰ 〔동자〕어룽어룽한 무늬가 생기다. ¶실패와 좌절로 **어룽진** 과거 / 등잔불에 **어룽지는** 천장을 쳐다보는 그의 눈동자에는….《심훈: 상록수》〔작〕아룽지다.
Ⅱ 〔명〕어룽어룽한 무늬가 있다. 〔작〕아룽지다.

어류(魚類) 〔명〕〔동〕척추동물 중 어상강(魚上綱)에 속하는 동물의 총칭. 일생을 수중에 살고, 지느러미로 운동하며, 아가미로 호흡함. 대부분은 난생(卵生)임. =어족(魚族).

어ː르다¹ 〔동타〕〈어르니, 얼러〉 1 어린아이를 귀엽게 다루거나 달래어 기쁘게 하여 주다. ¶아기를 ~. 2 (사람이나 짐승을) 놀리며 장난하다. ¶고양이가 쥐를 **어르고** 있다.
[어르고 뺨 치기] 그럴듯한 말로 꾀어서 은근히 남을 해침.

어ː르다² 〔동자타〕〈어르니, 얼러〉'어우르다'의 준말. ¶일행은 … 짐꾼까지 **얼러** 십여 명이었다.《안수길: 북간도》

어ː르신 〔명〕'어르신네'의 준말. ¶자네 ~께서는 안녕하신가?

어ː르신-네 〔명〕 1 남의 아버지를 높여 이르는 말. ¶~의 환후가 어떠하십니까? 2 아버지뻘이 되거나 그 이상 되는 어른을 높여 이르는 말. ¶그저 ~만 믿겠습니다. 〔준〕어르신.

어ː른 〔명〕 1 다 자란 사람. 또는, 다 자라 자기 일이나 행동에 책임질 수 있는 사람. 〔비〕성인(成人). ¶빨리 커서 ~이 되고 싶어요. 2 일정한 나이가 되어 인생의 한 단계로서 결혼을 한 어엿한 존재. ¶나이가 서른이라도 장가를 들어야 ~이 되는 법이다. 3 지위·항렬·나이 따위가 자기보다 높거나 많은 사람. ¶

내가 두 살 더 많으니 너보다 ~이다. 4 한 집안에 나이가 많고 위엄이 있는 사람. 또는, 한 동네에 나이가 많고 경륜이 많아 존경을 받는 사람. 비어르신. ¶집안에 ~이 없어 아이들이 버르장머리가 없다.

어른 뺨치다 관 아이가 어른도 못 당할 만큼 영악스럽다. ¶그놈 나이는 적어도 힘은 **어른 뺨치는군**.

어른-거리다/-대다 통재 1 무엇이 보이다 말다 하다. ¶어릴 때 떠난 고향 마을이 눈에 ~. 2 그림자가 희미하게 움직이다. ¶어스름한 달빛에 무언가 **어른거리고** 지나갔다. 3 물이나 거울에 비치는 듯이 흔들려 안정하지 못하다. 좌아른거리다.

어:른-스럽다[-따] 형비<-스러우니, ~스러워> (아직 어른이 되지 못한 사람이) 말이나 행동을 어른과 같이 의젓하게 점잖게 하는 데가 있다. ¶나이에 비해 ~. 좌아른스럽다. **어:른스레** 부

어른어른 부 어른거리는 모양. 좌아른아른. **어른어른-하다** 통재여

어:름[1] 명 1 두 지역이 서로 맞닿거나 경계를 이루는 곳. 또는, 그 근처. ¶두 강이 어우러지는 ~에 산다. 2 어떤 시기나 때가 되는 시점의 경계나 그 가까이. ¶새벽 1시 ~에 잠을 깨다 / 계절이 어느덧 겨울 ~에 접어

어:름[2] 명 [민] 광대·재인(才人)들의 재주의 하나인 줄타기.

어름-거리다/-대다 통재 1 말이나 행동을 우물쭈물하며 똑똑하게 하지 못하다. ¶창밖에서 늙은 부인 한 분이 **어름거리고** 서 있다. 2 일을 엉터리로 하여 눈을 속이다. 좌아름거리다.

어름-어름 부 어름거리는 모양. ¶말을 딱 부러지게 안 하고 ~ 넘어가려고 한다. 좌아름아름. **어름어름-하다** 통재타여

어름적-거리다/-대다[-꺼~] 통재타 어리숭한 말이나 짓으로 느릿느릿하게 어름거리다. 좌아름작거리다.

어름치 명[동] 잉엇과의 민물고기. 몸길이 25cm 내외로 몸은 옆으로 편평하고 몸빛은 은색 바탕에 등 쪽은 암갈색, 배 쪽은 흰색이며, 옆구리에 흑점의 세로줄이 7~8개 있음. 우리나라 특산물.

어리 명 1 싸리 따위의 가는 나뭇가지로 반구형에 가깝게 촘촘히 걸어 병아리들을 가두어 둘 수 있게 만든 물건. 흔히, 농가에서 마당에서 기르는 병아리가 멀리 흩어지지 않게 하고 다른 동물의 습격으로부터 병아리를 보호하기 위한 목적으로 사용함. 2 닭 장수가 닭을 운반하여 다닐 때, 여러 마리를 둘 수 있게 닭장처럼 만든 물건. 3 =새장.

어리광 명 아이가 어른에게 귀여움을 받고 싶어서 짐짓 아주 어린아이의 말투나 태도를 흉내 내는 일. ¶~을 떨다 / 부리지 않고 점잖게 있어라. / 막내라 귀여워줬더니 커서도 ~을 피운다. ▷응석. **어리광-하다** 통

어리광-스럽다[-따] 형비<-스러우니, ~스러워> 어리광을 부리는 태도가 있다. **어리광스레** 부

어리-굴젓[-쩓] 명 고춧가루 따위로 버무린 생굴에 소금 간을 하여 삭힌 것.

어리-눅다[-따] 통재 일부러 어리석은 태도를 나타내다. ¶어리눅다 굴다.

어리다[1] 통재 1 (눈물이 눈에) 솟아 약간 괸

상태가 되다. ¶합격 통지서를 받는 순간 그의 눈에 눈물이 **어렸다**. 2 (공기 중의 물기가 물체의 표면에) 엉기어 덮이다. ¶항아리에 물기가 ~. 3 (어떤 현상·기운이) 은근히 나타나다. ¶입가에 미소가 ~. 4 (정성이나 감정 등이) 담겨 있거나 배어 있다. ¶정성 어린 선물. 5 (빛이나 그림자가) 희미하게 비치다. ¶수면에 **어린** 산 그림자. 6 (모습이 눈에) 어른어른 떠오르다. ¶두고 온 고향 산천이 눈에 **어린다**.

어리다[2] 형 1 (사람이) 세상에 태어난 지 얼마 안 되어 나이가 10대 전반을 넘지 않은 상태에 있다. ¶**어린** 시절 / 나이 **어린** 소녀. 2 (나이가) 비교 대상보다 적은 상태에 있다. ¶동생은 나보다 두 살이 ~. 3 (동물이나 식물이) 세상에 나온 지 얼마 안 되어 다 자라지 않은 상태에 있다. ¶**어린** 송아지 / **어린** 묘목. 4 (사람의 행동이나 생각이) 나이와 경험이 적어 완전하지 않은 상태에 있다. 비유치하다. ¶초등학생이나 하는 짓이 ~.

어리다[3] 형 1 밝거나 현란한 빛으로 눈이 부시다. ¶찬란한 빛에 눈이 ~. 2 황홀하거나 도취되어 정신이 얼떨떨하다. ¶부드러운 바람이 그 가벼운 분홍 옷자락을 펄럭거릴 때마다 사람을 **어리게** 하는 향기가 풍기는 것 같았다.(이광수: 꿈)

어리-대다 통재 1 남의 눈앞에서 귀찮게 어정거리다. ¶공부하는 형 앞에서 **어리대지** 말고 밖에 나가 놀아라. 2 굼뜨게 어름거리다. ¶문밖에서 누군가 **어리대고** 있다.

어리둥절-하다 형여 어떤 사람의 말이나 행동, 주위의 상황 등에 대해, 순간적으로 그 의미를 깨닫지 못하거나 뭐가 뭔지 잘 몰라 멍한 상태에 있다. ¶영문을 몰라 ~. **어리둥절-히** 부

어리뚝-하다[-뚜카-] 형여 말이나 하는 짓이 똑똑하지 못하다. =어리뻥뻥하다. ¶큰 녀석이 왜 그리 **어리뚝하냐**?

어리-마리 부 잠이 든 둥 만 둥 한 모양. **어리마리-하다** 형여

어리벙벙-하다 형여 어리둥절하여 갈피를 잡을 수 없다. ¶갑작스런 질문에 **어리벙벙하여** 눈만 끔벅이고 있다. 쎈어리뻥뻥하다. **어리벙벙-히** 부 ¶뭘 그리 ~ 앉아 있어?

어리-보기 명 판단력이 모자라 행동이 어리석은 사람. 얄팍은 말임. 비얼뜨기.

어리뻥뻥-하다 형여 '어리벙벙하다'의 센말. **어리뻥뻥-히** 부

어리뻥뻥-하다 형여 1 정신이 얼떨떨하여 갈피를 잡을 수 없다. ¶갑자기 당하는 일이라 ~. 2 =어리뚝하다. **어리뻥뻥-히** 부

어리석다[-따] 형 슬기롭지 못하여 행동이나 판단을 바르게 못하게 하는 상태에 있다. =우하다. 비우둔하다·우매하다. ¶어리석은 짓.

어리숙-하다 형여 '어수룩하다'의 잘못.

어리숭-하다 형여 1 보기에 어리석은 듯하다. ¶그는 **어리숭해** 보이지만 실은 영악한 사람이다. 2 비슷비슷한 것이 뒤섞여 있어 분간하기 어렵다. =얼쑹하다. 좌아리송하다.

어리어리-하다 형여 여러 가지가 모두 어리숭하다. ¶왁자지껄 떠드는 소리에 정신이 ~ / 너무 현란스러워 눈앞이 ~. 좌아리아리하다.

어리-장사 명 1 닭·오리 등을 어리나 장에 넣어서 지고 다니며 파는 장사. 2 '얼렁장사'의

잘못. 어리장사-하다 통(자)여
어리-장수 명 어리장사를 하는 사람. 또는, 닭의어리 같은 그릇에 잡화를 담아 지고 다니며 파는 황아장수.
어리-치다 자 독한 냄새나 심한 자극으로 정신이 흐릿해지다. ¶내 온몸으로 쏟아지는 빛의 세례로 잠시 **어리쳤다**.《조성기:라하트하헤렙》
어린(魚鱗) 명 물고기의 비늘.
어린-것[-걷] 명 '어린아이'나 '어린 자식'을 홀하게 또는 예사롭게 이르는 말. ¶~을 등에 업고 양손에는 보따리를 든 아낙 / ~이 무얼 안다고 나서느니.
어린-나무 명 나서 한두 해쯤 자란 나무. =유목(幼木)·치목(稚木)·치수(稚樹).
어린-놈 명 나이가 어린 사내아이를 낮추어 이르는 말. ¶~이 말하는 게 맹랑하구나.
어린-벌레 명 '애벌레'의 잘못.
어린-뿌리 명 아직 성장하지 못한 뿌리. =유근(幼根).
어린-순(-筍) 명 애순.
어린-싹 [식] 종자의 배(胚)의 일부분으로, 발아(發芽)하여 줄기·잎이 되는 부분. =유아(幼芽).
어린-아이 명 나이가 어린 아이. =소아(小兒)·영해(嬰孩)·해동(孩童)·해아(孩兒). 비아동. 준어린애. ×언나.
[**어린아이 말도 귀담아들어라**] 어린아이의 말도 모두 쓸모없는 것은 아니라는 뜻.
어린-애 명 '어린아이'의 준말.
[**어린애 매도 많이 맞으면 아프다**] 조그만 손해도 거듭 당하면 큰 손해가 된다.
어린-양(-羊)[-냥] 명 ❶[가톨릭] 인류의 죄를 대신 속죄한 구세주인 예수를 가리키는 말. =고양(羔羊). ❷남을 위하여 자기를 희생하는 사람을 일컫는 말.
어린-이 명 나이 어린 사람. 특히, 4, 5세부터 초등학생까지의 아동을 대접하거나 또는 격식을 갖추어 이르는 문어 투의 말임. 일반적으로, 성인이 아동을 지칭하여 쓰는 말로, 글이나 공식적인 자리에서가 아닌 한, 특정 개인을 가리키기보다는 무리의 아동을 가리킴. 비아동(兒童). ¶~는 나라의 새싹.

<table>
<tr><td colspan="2">유의어   어린이 / 아기 / 아이</td></tr>
<tr><td colspan="2">모두 나이가 어린 사람을 가리키나 연령의 폭에 약간의 차이가 있음. '어린이'가 4, 5세 정도에서 중학교 가기 전까지의 연령에 있는 사람을 가리킨다면, '아기'는 주로 젖먹이를 가리키되, 태아(胎兒)나 3, 4세까지의 사람도 포함할 수 있고, '아이'는 '아기'와 '어린이'를 두루 이르는 말이되, 때로 어른이 되기 전까지의 어린 사람을 가리킬 수도 있음.</td></tr>
</table>

어린이-날 명 어린이를 소중히 여기고 바르고 훌륭하게 기르자는 뜻에서 지정한 기념일. 5월 5일.
어린이-집 명 6세 미만의 어린이를 보호자의 위탁을 받아 일정 기간 동안 매일 맡아서 돌보아 주는 시설.
어린이^헌ː장(-憲章) 명 [사] 인간으로서 어린이들의 권리와 복지를 보장해 줄 것을 어른들 전체의 이름으로 서약한 헌장. 1957년 5월 5일에 선포하였음.
어린-잎[-닙] 명 새로 나온 연한 잎.
어린-진(魚鱗陣) 명 [군] 물고기의 비늘이 벌어진 모양으로 치는 진. ↔학익진(鶴翼陣)

어림 명 대강 짐작으로 헤아리는 것. ¶공사비가 얼마나 들지 도무지 ~이 서지 않는다. 어림-하다 통(타)여 ¶소요 경비를 **어림해** 보다.
어림 반 푼어치도 없다 관 아주 부당하거나 터무니없는 소리를 한다는 뜻으로 이르는 말.
어림-셈 명 대강 짐작으로 하는 셈. 구용어는 개산(槪算). ¶~으로 따져도 백만 원은 되겠다. 어림셈-하다 통(타)여
어림-수(-數)[-쑤] 명 [수] 반올림·버림·올림 등을 하여 어림잡아 나타낸 수. 구용어는 개수(槪數).
어림-없다[-업따] 형 ❶너무 많거나 커서 어림조차 할 수 없다. ❷도저히 될 수 없거나 당할 수 없다. ¶나를 속이겠다니 **어림없는** 수작이야. 어림없-이 부
어림-잡다[-따] 통(타) 대강 짐작으로 헤아려 보다. =어림치다. ¶하객이 **어림잡아** 백 명은 올걸세.
어림-짐작(-斟酌) 명 어림잡아 대강 헤아리는 짐작. =가량(假量). ¶~으로 계산해 보다. 어림짐작-하다 통(타)여
어림-치다 통(타) =어림잡다. ¶**어림쳐서** 계산하다.
어릿-간(-間)[-리깐/-릳깐] 명 말·소 따위를 들여 매어 놓기 위하여 사면을 둘러막은 곳.
어릿-거리다/-대다[-릳꺼(때)-] 통(자) ❶어렴풋하게 자꾸 눈앞에 어려 오다. ¶그의 흐릿한 시야에는 네 자식의 얼굴과 노모와 아내의 얼굴이 **어릿거리고** 있었다.《홍명희:임꺽정》 ❷말과 행동이 활발하지 못하고 생기 없이 움직이다. 좍아릿거리다.
어릿-광대[-릳-] 명 ❶얼럭광대의 재주가 시작되기 전에 먼저 나와서 우스운 이야기나 짓을 하여 판을 어울리게 하는 사람. ▷얼럭광대. ❷무슨 일에 앞잡이로 나서서 그 일을 시작하기 좋게 해 주는 사람. ¶악당들의 ~짓을 하다. ❸우스운 짓이나 말로 남을 잘 웃기는 사람.
어릿-어릿[-릳-릳] 부 어릿거리는 모양. 좍아릿아릿. 어릿어릿-하다 통(자)여 ¶봉우는 선잠을 깬 사람처럼 **어릿어릿한** 표정으로 익준을 쳐다보았다.《손창섭:잉여 인간》
어릿-하다[-리타-] 형여 혀끝이 몹시 쓰리고 따갑다. 좍아릿하다.
어마 감 주로 여자가 몹시 놀랐을 때 내는 소리. 은어머.
어마나 감 '어마'의 힘줌말. ¶~, 그게 참말이니? 은어머나.
어마-뜨거라 감 매우 무섭거나 꺼리는 것을 만났을 때 놀라 지르는 소리.
어마-마마(-媽媽) 명 〈궁〉임금 또는 임금의 아들딸이 그 어머니를 부르는 말.
어마어마-하다 형여 엄청나고 굉장하다. ¶**어마어마한** 규모 / **어마어마하게** 큰 배. 준어마하다.
어마지두-에 부 무섭고 놀라워서 정신이 얼떨떨한 판에.
어마-하다 형여 '어마어마하다'의 준말.
어ː말(語末) 명 [언] 단어의 끝.
어ː말^어ː미(語末語尾) 명 [언] 활용 어미에 있어서 낱말의 으뜸 선어말 어미에 상대하여 일컫는 말로, 종결 어미·연결 어미·전성 어미 등으로 나뉨. '하다', '하였고', '했음'에서 '다', '고', '음' 따위.
어망(漁網·魚網) 명 물고기를 잡는 그물. ¶

~을 치다. / ~으로 고기를 잡다.
어:맥(語脈) 명 [언] 말과 말의 유기적인 관련.
어머 갑 주로 여자가 몹시 놀랐을 때 내는 소리. 잡어마.
어머나 갑 '어머'의 힘줌말. ¶~, 이 일을 어쩌지. 잡어마나.
어머니 명 1 자기를 낳은 여자. 또는, 자식을 낳은 여자를 자식에 대한 관계로 이르는 말. 호칭 및 지칭으로 쓰임. ¶~의 따뜻한 사랑 / 여자는 약하나 ~는 강하다. 높어머님. 낮어멈·어미. 2 '시어머니'를 호칭 또는 지칭하는 말. '어머님'에 비해 격식을 덜 갖춘 말임. 3 자녀의 이름 뒤에 붙여, 자기 아내를 호칭 또는 지칭하는 말. ¶영희 ~, 방으로 좀 들어오구려. 4 사물이 생겨나는 근본. 비유적인 말임. ¶실패는 성공의 ~이다.

어머니에 대한 호칭어, 지칭어

호 칭 어		살아 계신 어머니	돌아가신 어머니
	어릴 때	어머니(엄마)	
	성장 후	어머니	
지 칭	부모, 조부모에게	어머니(엄마)	어머니
	친척에게	어머니(엄마)	어머니
	남편에게	친정(지역 이름) 어머니	친정어머니(어머님)
	아내, 형제, 자매, 처가 쪽 사람에게	어머니	어머니(어머님)
	시댁 쪽 사람에게	친정(지역 이름) 어머니, ○○ 외할머니	친정어머니(어머님), ○○ 외할머니(외할머님)
어 타 인 에 게	아들, 미혼의 딸이	어머니	어머니(어머님)
	기혼의 딸이	(친정)어머니, ○○ 외할머니	친정어머니(어머님), ○○ 외할머니(외할머님)

어머-님 명 '어머니1·2'를 높여 호칭 또는 지칭하는 말. 자기 어머니에 대해서는 돌아가신 경우나 편지 글에서가 아니면 '어머님'이라 하기 어려움. ¶자네 ~께서는 안녕하신가? / ~ 전 상서(편지 글). ↔아버님.
어머-머 갑 '어머'의 힘줌말.
어멈 명 1 '어미1·2·3·4·5·6'을 약간 대접하여 이르는 말. ¶~이 어디 나갔습니까? / 애, ~아. 2 지난날, 중년 정도가 된 여자 하인을 대접하여 이르던 말. ¶행랑~. ↔아범.
어:명(御命) 명 임금의 명령. =군명(君命)·대명(大命)·상명(上命)·어령·주명(主命). 비왕명·칙명. ¶~을 내리다 / ~을 받들다.
어-묵(魚-) 명 생선의 살을 으깨어 소금·조미료 등을 넣고 반죽한 뒤 가열·응고시킨 음식. =생선묵.
어:문(語文) 명 말과 글. 비언문(言文).
어:-문학(語文學) 명 어학과 문학.
어물(魚物) 명 생선 또는 생선을 가공하여 말린 것. ¶건(乾)~.
어물-거리다/-대다 동(자) 1 눈앞에서 보일 듯 말 듯하게 자꾸 조금씩 움직이다. ¶길에서 **어물거리지** 말고 어서 집으로 가거라. 2 말이나 행동을 똑똑히 하지 못하고 우물쭈물하다. ¶부탁의 말을 꺼내지 못하고 자꾸 ~.
어물다 형 <어무니, 어무오> 사람의 성질이 여무지지 못하다.
어물-상(魚物商) [-쌍] 명 어물을 거래하는 장사나 장수. 또는, 그 가게.
어물-어물 부 어물거리는 모양. ¶난처한 질문을 받고 ~ 넘기다. **어물어물-하다** 동(자) 예 ¶**어물어물하는** 바람에 좋은 기회를 놓쳤다.
어물-전(魚物廛) 명 어물을 전문으로 파는 가게.
[어물전 망신은 꼴뚜기가 시킨다] 못난 자일수록 같이 있는 동료를 망신시킨다.
어물쩍 부 말이나 행동을 일부러 슬쩍 어물거려 넘기는 모양. ¶불리하니까 ~ 넘기려 ~.
어물쩍-거리다/-대다 [-꺼(때)-] 동(자) 꾀를 부리느라고 말이나 행동을 모호하게 하다.
어물쩍-어물쩍 부 어물쩍거리는 모양. **어물쩍어물쩍-하다** 동(자)예
어물쩍-하다 [-쩌카-] 동(자)예 어물거려 넘기다. ¶**어물쩍해서** 넘어가려고 자꾸 둘러대는데 그렇게는 안 된다.
어:미¹ ('어머니'를 낮추어 이르는 말) 1 할아버지나 할머니, 또는 그 이상의 집안 어른 앞에서 어머니를 지칭하는 말. 현재는 매우 드물게 쓰이며 '어머니', '엄마(어린이인 경우)'가 널리 쓰임. 2 손자·손녀, 또는 그 이하의 집안 자손에게 그들의 어머니인 며느리를 지칭하는 말. 3 자식 있는 남자가 부모나 장인·장모 앞에서 아이들 어머니인 아내를 지칭하는 말. 4 아들에게 그의 아내이자 손자·손녀의 어머니인 며느리를 지칭하는 말. 5 사위에게 그의 아내이자 외손자·외손녀의 어머니인 딸을 지칭하는 말. 6 결혼하여 자식을 둔 딸을 호칭 또는 지칭하는 말. 7 여자가 자기 자식을 지칭하는 말. ¶~ 속 좀 그만 썩여라. ↔아비. 8 새끼를 낳은 암짐승. ¶~ 곰 / ~의 젖을 빠는 송아지. ×애미.
어:미²(語尾) 명 [언] 용언 및 서술격 조사의 어간에 붙어, 그 쓰임에 따라 여러 가지로 형태가 바뀌어서 다른 말과의 문법적 관계를 나타내는 말. 선어말 어미와 어말 어미로 나뉨. '하고, 하니까, 하겠다'에서 '-고, -니까, -겠-, -다' 따위. =끝·씨끝. ↔어간(語幹).
어:미-변화(語尾變化) 명 [언] =활용2.
어미-자 명 아들자에 대하여, 고정되어 있는 자. 큰 치수를 재는 데 쓰임. 구용어는 주척(主尺). ↔아들자.
어미-젖 [-젇] 명 어미의 젖. 비모유(母乳).
어민(漁民) 명 어업에 종사하는 사람. 집합체를 가리키는 말로서, 특정 개인을 가리키기는 어려움. 비어부.
어박(魚粕) 명 기름을 짜고 남은 물고기의 찌꺼기. 비료·사료 등으로 쓰임.
어버리-크다 형 '대담(大膽)하다'의 잘못.
어버이 명 아버지와 어머니를 아울러 이르는 말. 비부모. ¶~ 은혜 / ~의 사랑.
어버이-날 명 어버이에 대한 은혜를 되새기고, 어른과 노인에 대한 공경심을 기르자는 뜻으로 정한 날. 5월 8일. '어머니날'을 개칭한 것임.
어벌쩡 부 남을 속이거나 난처함 등을 면하려고 슬쩍 어물거려 넘기는 모양. **어벌쩡-하다** 동(자)예 ¶그는 상대가 다그치듯 따져 묻자 **어벌쩡하면서** 말을 바꾸었다.
어:법(語法) [-뻡] 명 [언] 말의 일정한 법칙. =말법. ¶~에 어긋나다.

어벙-하다 [형여] 똘똘하지 못하고 멍청하다. 속된 말임.
어별(魚鼈) [명] 1 물고기와 자라. 2 해산(海産) 동물의 총칭.
어보¹(魚譜) [명] 물고기·조개·해초(海草)에 관하여 계통과 순서를 따라 기술한 책.
어'보²(御寶) [명] =국새(國璽)2. 준(寶).
어복¹(於腹) [명] 바둑판에서, 한가운데 점을 중심으로 한 중앙 지역. =어복(魚腹).
어복²(魚腹) [명] 1 물고기의 배. 2 =장딴지. 3 =어복(於腹).
어복-점(於腹點) [-쩜] [명] =배꼽점.
어부(漁夫·漁父) [명] 고기잡이를 직업으로 하는 사람. 비고기잡이·어민.
어부바 I [유아] 업거나 업히는 일. 준부바. 어부바-하다 [동자여] 어린아이를 업거나 업히다.
II [감] [유아] 어린아이가 업어 달라고 하는 소리. 어린아이에게 업히라는 뜻으로 하는 소리. 준부바.
어부-사(漁父詞) [명] [문] 조선 명종 때 이현보(李賢輔)가 고려 가요 '어부가'를 개작한 연시조. 늙은이의 즐거움을 그린 내용임.
어부-사시사(漁父四時詞) [명] [문] 조선 효종 때 윤선도(尹善道)가 지은 연시조. 강촌에서 자연과 일치를 이루어 사는 어부의 생활을 우리말로 아름답게 읊은 것임. 춘·하·추·동 각각 10수씩 모두 40수.
어-부슴(魚-) [명] [민] 음력 정월 보름날, 그 해의 액막이나 발원(發願)의 뜻으로 조밥을 강물에 던져 고기가 먹게 하는 일. 어부슴-하다 [동자여]
어부지리(漁夫之利) [명] [도요새와 무명조개가 다투는 틈을 타서 어부가 둘이 다투는 고사에서] 양자(兩者)가 다투는 바람에 엉뚱한 제삼자가 이익을 보게 됨을 이르는 말. =어인지공. ¶두 사람이 싸우는 바람에 엉뚱한 사람이 이익을 얻었다. ▷견토지쟁·방휼지쟁.
어부한-이(漁夫干-) [명] '어부'를 속되게 이르는 말.
어분(魚粉) [명] 물고기를 찌거나 말려서 빻은 가루. 비료·사료·식료에 쓰임.
어'불성설(語不成說) [명] 조리가 맞지 않아 도무지 말이 되지 않음. ¶맨손으로 호랑이를 잡는다는 것은 ~이다. 준불성설.
어'비 [명] [유아] 에비.
어비(魚肥) [명] 말린 물고기를 빻아 만든 비료. 질소·인산이 풍부함.
어빡-자빡 [-짜빡] [부] 여러 개 포갠 것이 고르지 않은 모양. 어빡자빡-하다 [형여]
어뿔싸 [감] 잘못되었을 깨닫고 크게 뉘우쳐 탄식하는 소리. 좌아뿔싸. 거허뿔싸.
어'사¹(御史) [명] [역] 1 왕명으로 특별한 임무를 맡아 지방에 파견되는 임시직 관리. 2 '암행어사'의 준말. 동어사또.
어'사²(御使) [명] 임금의 심부름꾼.
어'사³(御賜) [명] 임금이 아랫사람에게 금품을 내리는 일. ¶~-검(劍). 어'사-하다 [타여]
어'사⁴(語辭) [명] =말¹1.
어'사-대(御史臺) [명] [역] 고려 성종 14년 (995)에 사헌대(司憲臺)를 고친 이름.
어'사-또(御史-) [명] '어사(御史)'의 높임말. 원어사도(御史道).
어'사-출두(御史出頭) [-뚜] [명] [역] 조선 시대에, 암행어사가 중요한 사건을 처리하기 위하여 좌기(坐起)를 벌이던 일. 준출두.
어'사-화(御賜花) [명] [역] 조선 시대에 문무과의 급제자에게 임금이 내리던 종이꽃. =모화(帽花).
어-살(魚-) [명] 물고기를 잡기 위하여 물속에 둘러 꽂은 나무 울. =어箭.
어살(을) 지르다 [관] 어살을 물속에 세우다.
어'삽(語澁) →어'삽-하다 [-사파-] [형여] 말이 잘 나오지 아니하다.
어상반(於相半) →어상반-하다 [형여] 서로 비슷하다. 준어반하다.
어'색(語塞) →어'색-하다 [-새카-] [형여] 1 서먹서먹하거나 쑥스러운 데가 있어 멋적거나 거북하다. ¶어색한 분위기. 2 서투르거나 어울리지 않아 부자연스럽다. ¶외국인이 북장단에 맞춰 어색하게 우리 전통 춤을 추었다. 3 답변할 말이 막힌 상태에 있다. 어'색-히 [부]
어서¹ [부] '빨리', '곧'의 뜻으로 행동을 재촉하는 말. ¶~ 가자. / ~ 빨리 해라.
-어서² [어미] 끝 음절의 모음이 'ㅏ', 'ㅑ', 'ㅗ'가 아닌 용언('아니다' 제외)의 어간에 붙는 연결 어미. 'ㅓ'로 끝나는 어간 아래에서는 '어'가 탈락됨. 1 이유·근거를 나타냄. ¶국이 너무 묽~ 맛이 없다. ▷-라서. 2 동사의 어간에 붙어, 시간적 전후 관계를 나타냄. ¶웃옷을 벗~ 어깨에 걸치다. 3 동사의 어간에 붙어, 방법을 나타냄. 비-어. ¶구워서 잡수세요. ▷-아서.
어서-어서 [부] '어서'를 더 강조하는 말.
어석 [부] 싱싱하고 연한 과실 따위를 힘 있게 깨물어 바스러뜨리는 소리. 또는, 그 모양. 좌아삭. 센어썩. ¶사과를 한입 ~ 베어 물다. 어석-하다 [동자타여]
어석-거리다/-대다 [-꺼(때)-] [동자타] 계속하여 어석 소리가 나다. 또는, 계속하여 어석 소리를 내다. 좌아삭거리다. 센어썩거리다.
어석-소 [-쏘] [명] '어스럭송아지'의 준말.
어석-송아지 [-쏭-] [명] '어스럭송아지'의 준말.
어석-어석 [부] 어석거리는 소리. 또는, 그 모양. ¶황포는 주홍빛이 감도는 싱싱한 복숭아를 깎지도 않고 ~ 깨물었다.《이봉구: 꿈은 아직도》 좌아삭아삭. 센어썩어썩. 어석-하다 [동자타여]
어선¹(魚船) [명] =낚싯배.
어선²(漁船) [명] 고기잡이를 하는 배. =고깃배·고기잡이배·어로선. 트통г망~.
어'설프다 [형] 〈어설프니, 어설퍼〉 1 꼭 짜이지 못하여 조밀하지 않다. 2 하는 일이 몸에 익지 않아 서투르다. ¶일하는 게 ~.
어'설피 [부] 어설프게. ¶~ 덤벼들었다간 낭패를 볼 거다.
어섯 [-선] [명] 1 사물의 한 부분에 지나지 않을 정도. 2 완전하게 다 되지 못한 정도.
어섯-눈 [-선-] →어섯눈이 뜨다 [관] 사물의 대강을 이해하게 되다. ¶학문에 ~.
어'성(語聲) [명] =말소리1.
어'세(語勢) [명] 말의 억양과 높낮이의 기세. 비어기(語氣)·어조(語調).
어셈블러(assembler) [명] [컴] 어셈블리 언어를 기계어로 번역해 주는 프로그램. ▷인터프리터·컴파일러.
어셈블리-언어(assembly 言語) [명] [컴] 기계어를 인간의 자연 언어에 가깝게 기호화한 언어. 기계 중심의 언어이기 때문에 기계 자체에 대한 지식이 없이는 프로그램을 작성하기가 어려움.

어!수[1](御水) 명 임금에게 올리는 우물물.

어!수[2](御手) 명 임금의 손. 비옥수(玉手).

어수룩-하다[-루카-] 형여 **1** (말이나 행동이) 숫되고 후하다. ¶사람이 **어수룩해야** 친구도 있는 법이다. **2** 되바라지지 않고 조금 어리석은 듯하다. ¶그렇게 **어수룩해서**야 어찌 험한 세상을 살아가겠나? 작아수룩하다. ×어리숙하다.

어수선산란-하다(-散亂-)[-살-] 형여 몹시 얽히고 뒤섞여 어지럽고 뒤숭숭하다.

어수선-하다 형여 **1** (사물이) 얽히고 뒤섞여 어지럽고 수선스럽다. ¶방 안에 책과 원고 나부랭이가 **어수선하게** 널려 있다. **2** (마음이) 뒤숭숭하고 산란하다. ¶마음이 **어수선하여** 일이 손에 잡히지 않는다. **어수선-히** 부

어!순(語順) 명 말이나 글에서, 주어·술어·목적어·수식어 등이 배열되는 순서.

어숭그러-하다 형여 **1** (일이) 꽤 잘되어 순조롭다. **2** 그리 까다롭지 않고 수수하다.

어스(earth) 명[물] =접지(接地)[1]**2**.

어스러기[1] 명 옷의 솔기 따위가 어스러진 곳.

어스러기[2] 명 '어스럭송아지'의 잘못.

어스러-지다 동자 **1** (말이나 행동이) 정상적인 상태에서 벗어나다. **2** 옷의 솔기가 어슷하게 되다.

어스럭-송아지[-쏭-] 명 중소가 될 만큼 자란 큰 송아지. 준어석소·어석송아지. ×어스러기.

어스레-하다 형여 빛이 조금 어둑하다. =어스름하다. 비어슬하다. ¶**어스레한** 달빛.

어스름 명 날이 저물 무렵이나 동이 트기 전에 햇빛이 거의 비치지 않아 물체가 희미하게 보일 만큼 어두운 상태. ¶저녁〔새벽〕~.

> **혼동어** 어스름 / 으스름
>
> '**어스름**'은 밤이 되기 전의 어두운 상태를 가리키고, '**으스름**'은 빛이 침침하고 흐릿한 상태를 가리킴. ¶**어스름**이 깔리다 / **으스름**달밤.

어스름-밤[-빰] 명 조금 어둑어둑한 저녁.

어스름-하다 형여 =어스레하다.

어스-선(earth線) 명[물] =접지선(接地線).

어슥-어슥 부 여러 개가 모두 한쪽으로 조금씩 비뚤어진 모양. **어슥어슥-하다** 형여

어슬렁-거리다/-대다 동자타 (몸집이 큰 사람이나 짐승이) 몸을 조금 흔들며 천천히 걸어 다니다. ¶그는 뒷짐을 지고 사무실을 **어슬렁거리고** 다녔다. 작아슬랑거리다.

어슬렁-어슬렁 부 어슬렁거리는 모양. ¶곰이 ~ 다가왔다. 준어슬어슬. 작아슬랑아슬랑. **어슬렁어슬렁-하다** 동자타여

어슬-어슬[1] 부 (날이) 어두워지거나 밝아지는 모양. ¶밝은 무거운 구름 밑에 ~ 어둠이 내리깔리고 있었다.《황순원: 일월》 **어슬어슬-하다**[1] 형여

어슬-어슬[2] 부 '어슬렁어슬렁'의 준말. **어슬어슬-하다**[2] 동자타여

어슬핏-하다[-피타-] 형여 조금 어스레하다. ¶해가 **어슬핏해지자** 땅거미가 짙어졌다.

어슬-하다 형여 조금 어둡다. 비어스레하다. ¶아침 일찍 밖에 나갔다가 날이 **어슬해서**야 돌아오다.

어슴-새벽 명 어스레하게 밝아 오는 새벽.

어슴푸레 부 **1** (빛이 약하거나 멀어) 어둑하고 희미한 모양. **2** 뚜렷하게 보이거나 들리지 않고 희미하고 흐릿한 모양. **3** (기억이) 분명하게 떠오르지 않고 희미한 모양. 작아슴푸레. **어슴푸레-하다** 형여 ¶항구의 불빛이 ~ / 기억이 ~.

어슷-거리다/-대다[-슫꺼(때)-] 동자 기운 없이 어정거리다.

어슷비슷-하다[-슫삐스타-] 형여 **1** 큰 차이 없이 서로 비슷하다. ¶실력〔경력〕이 ~. **2** 이리 쏠리고 저리 쏠려 가지런하지 않다.

어슷-썰기[-슫-] 명 무나 배추 등을 한쪽으로 비스듬하게 써는 일. ▷십자썰기.

어슷-어슷[1][-슫-슫] 부 어슷거리는 모양. **어슷어슷-하다**[1] 동자여

어슷-어슷[2][-슫-슫] 부 여럿이 다 어슷한 모양. **어슷어슷-하다**[2] 형여 ¶오이를 **어슷어슷하게** 썰다.

어슷-하다[-스타-] 형여 물건이 한쪽으로 조금 기울어지거나 비뚤다.

어!승-마(御乘馬) 명 임금이 타는 말.

어시스트(assist) 명[체] **1** 축구·농구·아이스하키 등에서, 득점하기에 알맞은 위치에 있는 선수에게 공을 보내는 일. 또는, 그런 선수. **2** =보살(補殺)[2]. **어시스트-하다** 동타여 ¶레프트 윙이 **어시스트한** 볼을 정확하게 골안으로 차 넣다.

어-시장(魚市場) 명 생선 등의 어물(魚物)을 파는 시장. 준어시.

어시호(於是乎) 부 '이제야'의 뜻.

어신(魚信) 명 낚시질에서, 물고기가 미끼를 따짝거리며 입질을 할 때, 찌·낚싯줄·낚싯대에 일어나는 변화나 전해지는 감촉.

어심-에(於心-) 부 마음속에. ¶여보 이손, 오늘은 신신치도 않은 일로 서로 다투게 되어 ~ 미안하구려.《현진건: 무영탑》

어썩 부 '어석'의 센말. 작아싹. **어썩-하다** 동자타여

어썩-거리다/-대다[-꺼(때)-] 동자타 '어석거리다'의 센말. 작아싹거리다.

어썩-어썩 부 '어석어석'의 센말. 작아싹아싹. **어썩어썩-하다** 동자타여

어!안[1] ➡**어안이 벙벙하다** 구 뜻밖에 놀랍거나 기막힌 일을 당하여 어리둥절하다. ¶낯선 사내가 다짜고짜 멱살을 잡자 청년은 영문을 몰라 **어안이 벙벙했다**.

어안[2](魚眼) 명 물고기의 눈.

어안^렌즈(魚眼lens) 명[사진] 카메라 앵글이 180° 이상으로 반원주 시계(半圓周視界)를 촬영할 수 있게 설계된 특수 렌즈.

-어야 어미 끝 음절의 모음이 'ㅏ', 'ㅑ', 'ㅗ'가 아닌 용언('아니다' 제외)의 어간에 붙는 연결 어미. **1** 뒷말에 대한 어떤 조건이 꼭 필요함을 나타냄. ¶물이 깊~ 고기가 모인다. **2** 가정을 아무리 크게 하여도 결과에 큰 영향이 없음을 나타냄. ¶네까짓 녀석이 뛰~ 벼룩이다. ▷-아야·-여야.

어야-디야 감 '어기야디야'의 준말.

-어야만 ➡-어야·만[3].

-어야지 어미 끝 음절의 모음이 'ㅏ', 'ㅑ', 'ㅗ'가 아닌 용언의 어간이나 선어말 어미 '-었-'에 붙는 반말 투의 종결 어미. **1** 혼잣말로 다짐하는 뜻을 나타냄. ¶오늘은 겨우 내 덮었던 이부자리 좀 내다 먼지를 떨~. **2** 상대에게 부드럽게 어떤 사실을 환기 또는 촉구하거나 동의를 구하는 뜻을 나타냄. ¶휴지는 휴지통에 버려야지. ▷-지·-아야지·

-여야지.
어-어 [감] 1 뜻밖에 일이 그릇되거나 이상하게 될 때 내는 소리. ¶~, 이상하다. 여기다 두었는데 어디 갔지? 2 떼 지어 쌓을 때 기운을 돋우려고 내는 큰 소리. ㉰아아.
어언(於焉) [부] 알지 못하는 동안에 어느덧. =어언간. ¶고향을 떠난 지도 ~ 20년이 지났다.
어언-간(於焉間) [부] =어언.
어업(漁業) [명] 영리를 목적으로 수산 동식물을 잡거나 이를 양식하는 사업. ¶근해 ~ / 원양 ~.
어업-권(漁業權) [-꿘] [명] [법] 일정한 수면(水面)을 공용하거나 또는 전용하여 어업을 경영할 수 있는 권리. =어로권.
어업^전관^수역(漁業專管水域) [-전-] [명] 영해(領海) 밖의, 연안국이 배타적·우선적인 어업권을 가지고 있는 일정 수역. 영해로부터 200마일이라고 함.
어여-머리 [명] 조선 시대, 부인이 예장할 때 머리에 얹던, 다리로 만든 커다란 머리. 쪽 찐 머리 위에 어염족두리를 쓰고, 그 위에 다리로 된 머리를 얹은 다음, 옥판을 앞에, 화잠을 양옆에 꽂아 꾸밈. ㉰어유머리.
어여쁘다 〈어여쁘니, 어여뻐〉 '예쁘다'의 예스러운 말. ¶꽃처럼 **어여쁜** 얼굴 / 네 뜻이 정녕 **어여쁘구나.**
어여삐 [부] 어여쁘게. ¶~ 여기다 / 부족한 점이 있더라도 ~ 보아주세요.
어여차 [감] =어기여차.
어연-하다 [형여] '엔간하다'의 본딧말. **어연간-히** [부]
어연번듯-하다 [-드타-] [형여] 세상에 드러내기에 번듯하고 의젓하다. ¶**어연번듯한** 가문의 자손. **어연번듯-이** [부]
어염시수(魚鹽柴水) [명] 생선·소금·땔나무·물. 곧, 생활에 필요한 물품의 총칭.
어엿-하다 [교-] [형여] 당당하고 떳떳하다. ¶학교를 졸업하고 **어엿한** 사회인이 되다. **어엿-이** [부] ¶"이 자식아, 그렇게두 말귀를 못 알아들어. … 공부할 처지가 돼서 대학 엘 댕긴대문 좋단 말이다…."《손장섭:철쌍》
어!영-대장(御營大將) [명] 조선 시대, 어영청의 으뜸 벼슬. 종2품임. ㉰어장(御將).
어영-부영 [부] 적극성이 없이 나태하게 행동하는 모양. ¶하는 일 없이 ~ 세월만 보내다. **어영부영-하다** [동재여]
어!영-청(御營廳) [명] [역] 조선 시대의 군영(軍營) 삼군문(三軍門)의 하나.
어옹(漁翁) [명] 고기잡이하는 늙은이.
-어요 [어미] 1 서술격 조사 '이다' 또는 '아니다'의 어간에 붙어, 서술·의문을, '해요체'에 해당하는 종결 어미. '-에요'와 뜻이 같으나 예스러워 그리 많이 쓰이지 않는 말임. [비]-에요. ¶그분은 참 훌륭한 분이~. 2 끝 음절의 모음이 'ㅏ', 'ㅑ', 'ㅗ'가 아닌 용언의 어간에 붙어, 서술·의문·명령·청유의 뜻을 나타내는, '해요체'의 종결 어미. 'ㅣ'로 끝나는 어간 아래에서는 '어'가 탈락됨. ¶어서 밝~ / 함께 앉~. ▷-아요.
어!용(御用) [명] 1 임금이 쓰는 일. 2 나라에서 쓰는 일. 3 권력에 영합하여 그 이익을 위해서 자주성 없이 행동하는 것. ¶~ 단체 / ~ 학자.
어!용^신문(御用新聞) [명] 정부의 비호를 받고, 정부의 정책을 지지·옹호하는 신문. =어용지.

어의 ●1253

어우러-지다 [동재] 여럿이 조화되어 한 덩어리나 한 판을 이루게 되다. ¶선생님과 학생이 한데 **어우러져** 흥겹게 논다. ㉰아우러지다.
어우렁-더우렁 [부] 여러 사람과 어울려 정신없이 엄벙덤벙 지내는 모양. **어우렁더우렁-하다** [동재여]
어우르다 [동타르] 〈어우르니, 어울러〉 1 여럿을 모아서 한 덩어리나 한 판이 되게 하다. ¶씨름을 ~. 2 윷놀이에서, 두 바리 이상의 말을 한데 합치다. 3 '성교하다'를 에둘러 이르는 말. ㉰어르다. ㉰아우르다.
어!운(語韻) [명] 말의 운(韻).
어울리다 [동재] 1 (사람이 사람과) 서로 사귀는 관계를 가지면서 함께 다니거나 놀거나 하다. ¶이웃과 잘 ~ / 불량배들과 어울려 다니다. 2 (어떤 사람·물건이 다른 사람·물건과[에 / 에게]) 서로 조화를 이루어 좋은 상태를 나타내다. ¶옷에 잘 **어울리는** 액세서리 / 정부와 언니는 잘 **어울리는** 한 쌍이다. ㉰얼리다. ㉰아울리다.
어울림-음(-音) [명] [음] 동시에 울린 두 개 이상의 음이 잘 조화되어 듣기 좋은 화음. =협화음(協和音). ↔안어울림음.
어울림^음정(-音程) [명] [음] 두 개의 음이 함께 울렸을 때 진동수의 비(比)가 단순하여 잘 어울리는 음정. =협화 음정. ↔안어울림음정.
어웅-하다 [형여] 1 (굴이나 구멍 등이) 속이 훵하고 컴컴하다. ¶**어웅하게** 뚫려 있는 굴 속. ㉰아웅하다. 2 (사람의 눈이) 쑥 들어가 보이는 상태에 있다. ¶**어웅하니** 그 순하디순한 눈엔 언제나 정이 솔깃한 미소를 머금고…. 《새만식:회》
어!원(語源·語原) [명] [언] 어떤 말이 생겨난 근원. 또는, 개개의 단어가 갖는 근원적인 어형(語形)이나 뜻. =말밑. ¶~을 밝히다.
어웨이^경기(away競技) [명] [체] 프로 야구·축구·농구 따위에서, 상대 팀의 연고지에서 하는 경기. =어웨이 게임. ↔홈경기.
어유[1] [명] 1 뜻밖에 일어난 일에 대한 놀라움을 나타내는 소리. 2 몸에 부치거나 피곤할 때에 내는 소리. [비]이구. ㉰아유.
어유[2](魚油) [명] 정어리·청어 등 물고기를 쪄서 압착하여 얻는 기름. 식품·비누 등의 원료로 씀.
어육(魚肉) [명] 1 생선의 고기. 2 생선과 짐승의 고기. 3 '남에게 짓밟힘'의 비유. ¶나라가 적군에 유린되자 국민은 ~이 되었다.
어음[1] [경] 일정한 시기에 일정한 장소에서 일정한 금액을 지급하겠다고 약속한 유가 증권. 지급 어음과 환어음이 있음. ¶부도 ~ / ~을 발행하다 / ~을 할인하다. [여] 돈 치르기를 약속하는 표 쪽. 수결이나 도장을 지르고 한가운데를 짜개어 채무자와 채권자가 한 쪽씩 나누어 가짐.
어!음[2](語音) [명] 말의 소리.
어!음^대출(-貸出) [명] [경] 금융 기관이 행하는 금전 대출의 한 방법. 차용 증서 대신에 차용인에게 이 은행을 수취인으로 하는 약속 어음 또는 환어음을 떼게 하는 일.
어음^할인(-割引) [명] [경] 은행이 어음 소지인의 의뢰에 의하여 만기일까지의 이자를 할인한 금액으로 어음을 사들이는 일. ㉰할인.
어!의[1](御衣) [-의/-이] [명] 임금이 입는 옷. =어복(御服).

어:의²(御醫) [-의/-이] 명 임금의 병을 치료하는 의원.

어:의³(語義) [-의/-이] 명 말의 뜻. 비말뜻. ¶~를 캐다.

어이¹ 부 '어찌'의 예스러운 말. ¶~ 내가 그걸 모르랴.

어이² 감 '어이구'의 준말. ¶~, 힘들다.

어:이³ 감 평교(平交) 이하의 사람을 부르는 소리. ¶~, 자네 이리 좀 와 보.

어이-곡(一哭) 명 상중(喪中)에, 부모상과 종손(宗孫)의 조부모상 이외에 하는 곡. '어이어이' 하고 곡을 함.

어이구 감 아프거나 힘들 때, 놀랍거나 기막힐 때, 상쾌하거나 반가울 때 내는 소리. 비어유. ¶~, 허리야. / ~, 시원하다. 준어이. 작아이고.

어이구나 감 '어이구'의 힘줌말.

어이구-머니 감 '어이구'의 힘줌말. ¶~, 내 정신 좀 봐. 준어구머니·에구머니. 작아이고머니.

어이-딸 명 어머니와 딸. 비모녀(母女).

어이-어이 감 상중(喪中)에, 상제(喪制)를 제외한 복인(服人)이나 조객(弔客)이 곡하는 소리.

어이-없다[-업따] 형 일이 너무 뜻밖이어서 기가 막힐 지경이다. 비어처구니없다. ¶어이없어 말이 안 나와. 어이-없이 부 ¶방심하다가 ~ 한 판을 지다.

어이쿠 감 다른 물체에 몹시 세게 부딪치거나 갑자기 놀랐을 때에 내는 소리. ¶~, 큰 실수를 했구먼.

어이-하다 재타여 '어찌하다'의 예스러운 말. ¶어허, 이 일을 어이할꼬?

어인 관 '어찌 된'을 예스럽게 이르는 말. ¶"내 아까 분명 방중에 들어왔거늘 산은 ~ 산이며, 물은 ~ 물인고?"〈홍길동전〉

어:자(御者·馭者) 명 1 마차를 부리는 사람. 2 사람이 탄 말을 모는 사람.

어장(漁場) 명 1 고기잡이를 하는 곳. 2 [지] 풍부한 수산 자원이 있고, 어업을 할 수 있는 수역(水域). ¶멸치(다시마) ~ / 동해 ~

[어장이 안되려면 해파리만 끓는다] 일이 안되려면 귀찮은 일만 생긴다.

어저귀 명 [식] 아욱과의 한해살이풀. 높이 1.5m가량. 전체가 털로 덮였으며, 8~9월에 노란 꽃이 핌. 줄기로는 로프와 마대를 만들고, 씨는 '경실(苘實)'이라 하여 한약재로 쓰임. 비백마(白麻).

어저께 명부 '어제'를 보다 구어적으로 이르는 말. ¶까치 까치 설날은 ~고요… / ~ 친구랑 산에 놀러 갔다.

어적¹ 부 꽤 단단한 물건을 깨물어 단번에 부스러뜨릴 때 나는 소리. 작아작. 센어쩍. 어적-하다¹ 자타여

어:적²(禦敵) 명 외적의 침략을 막는 것. 어:적-하다 자여

어적-거리다/-대다[-꺼(때)-] 자타 계속하여 어적 소리가 나다. 또는, 그런 소리를 내다. 작아작거리다. 센어쩍거리다.

어적-어적 부 어적거리는 소리. ¶무를 통째로 ~ 씹어 먹다. 작아작아작. 센어쩍어쩍.

어적어적-하다 자타여

어:전¹(御前) 명 임금의 앞. ¶~ 회의 / ~에 나아가다.

어:전²(御殿) 명 임금이 있는 곳.

어:전³(語典) 명 [언] 1 어법(語法)을 설명한 책. 비문전(文典). 2 =사전(辭典).

어:절(語節) 명 [언] 문장을 이루는 도막도막의 마디. 문장 성분의 최소 단위로서 띄어쓰기의 단위가 됨. 가령, "영호가 동화를 읽었다."의 문장은 세 어절로 이루어진 것임. = 말마디·문절(文節).

어정-거리다/-대다 자타 키가 큰 사람이나 짐승이 한가로이 이리저리 천천히 걷다. ¶하는 일 없이 어정거리다 하루해를 보냈다. 작아장거리다. 거어청거리다.

어정-뜨다 형〈~뜨니, ~떠〉 마땅히 해야 할 일을 건성으로 해 넘겨 탐탁하지 않거나 확실하지 못한 데있다. ¶"어허, 이 어린 새끼는 살라 버리고 태(胎)를 잘못 길렀나 위인이 어정뜨기는?…"〈김주영:객주〉

어정-버정 부 일 없이 한가롭게 이리저리로 어정거리는 모양. 작아장바장. 어정버정-하다 자타 ¶여러 사람은 평소와 같이 조기회가 끝난 뒤에도 헤어지기가 섭섭한 듯이 어정버정하여 동혁을 바라본다.〈심훈:상록수〉

어정-어정 부 어정거리는 모양. ¶시내를 ~ 돌아다니다. 작아장아장. 거어청어청. 어정-하다 자여

어정-잡이 명 1 됨됨이가 변변치 못하여 겉모양만 꾸민 사람. 준어정. 2 됨됨이가 좀 모자라 제 맡은 일을 끝맺지 못하는 사람.

어정쩡-하다 형여 분명하지 않고 모호하거나 어중간하다. ¶그는 이러지도 저러지도 못하고 어정쩡한 태도를 지녔다. 어정쩡-히 부 ¶~ 서 있다.

어정-칠월(一七月) 명 농사철로 보아 바쁜 때라 음력 칠월은 어정거리다 지나가 버린다는 말.

[어정칠월 동동팔월] 농가에서 음력 칠월은 어정거리다가 가고, 팔월은 추수에 바빠 동동거리는 사이에 지나가 버린다는 말.

어제¹ I 명 1 오늘의 바로 전날. =작일(昨日). 비어저께. ¶~는 뭘 했느냐? 2 과거(過去)를 비유적으로 이르는 말. ¶그는 ~의 그가 아니다.
II 부 오늘의 바로 전날에. 비어저께. ¶나는 ~ 시골에 다녀왔다.

어:제²(魚梯) 명 하천의 폭포·둑 등이 있는 곳에, 경사면이나 계단을 만들어 물길을 통하고 물고기가 아래위로 지나다닐 수 있게 만든 장치.

어제-오늘 명 가까운 요 며칠. 곧, 아주 최근. ¶공해(公害)는 ~의 문제가 아니다. / 그런 소문이 퍼지기 시작한 것은 ~의 일이 아니다.

어제-저녁 명 어제의 저녁. 준엊저녁.

어젠다(agenda) 명 사회적·정치적인 중요 과제나 정책. 또는, 논의해야 할 문제. 순화어는 '과제', '의제'. ¶국가적 ~ / 야당은 전략 수립과 ~ 설정에서 실패함으로써 선거에 패배했다. ×아젠다.

어젯-밤[-젣빰/-젠빰] 명 어제의 밤. =작소(昨宵)·작야·전야(前夜). ¶~ 꿈속에 돌아가신 어머님이 나타나셨다.

어:조(語調) 명 말하는 사람의 어떤 감정을 나타내 주는, 말의 억양이나 목소리의 상태. 비어세(語勢). ¶격한〔슬픈〕 ~로 말하다.

어:조-사(語助辭) 명 [언] 한문의 토. 실질적인 뜻은 없고 다른 글자의 보조로만 쓰임.

'焉', '也', '於', '乎' 따위. =조어(助語).
㊀조사.

어족¹(魚族) [명][동] =어류(魚類).

어!족²(語族) [명][언] 세계의 언어를 가르고, 그 계통을 연구하여 같은 기원에서 파생하였다고 보이는 언어를 일괄하여 일컫는 말. 인도·유럽 어족, 알타이 어족, 셈 어족 따위.

어종(魚種) [명] 물고기의 종류. ¶이 강에는 다양한 ~이 살고 있다.

어!좌(御座) [명] 1 임금이 앉는 자리. 2 =왕위(王位)¹.

어!주(御酒) [명] 임금이 신하에게 내리는 술.

어!줍다[-따] [형] 1 (말이나 행동이) 익숙지 않아 서투르고 어설프다. ¶외국인이 **어줍은** 발음으로 우리말을 더듬거렸다. 2 (몸의 일부가) 저리거나 굽거나 하여 움직임이 부자유스럽거나 부자유하다. ¶손이 곱아서 글씨 쓰기가 ~. 3 어떻게 해야 할지 몰라 겸연쩍거나 어색하다. ¶쭈뼛거리며 **어줍게** 말하다.

어줍잖다 [형] '어쭙잖다'의 잘못.

어중간(於中間) →**어중간-하다** [형][어] 〔'어중간'은 거의 중간이 되는 데라는 뜻〕 1 사물의 정도가 아주 모자라는 것도 아니고 아주 넘치는 것도 아니어서 어떻게 하기가 어렵다. 또는, 대상의 상태가 이것도 아니고 저것도 아니어서 어떻게 하기가 어렵다. ¶지금 출발하기에는 시간이 ~. ×어지중간하다. **어중간-히** [부] ¶~ 공부하려면 아예 그만두는 편이 낫다.

어중-되다(於中-) [-뙤-/-뛔-] [형] 정도가 넘고 처져서 알맞지 않다. ¶양이 **어중되어** 혼자 먹자니 많고 둘이 먹자니 적다.

어!중이 [명] 제대로 할 줄 아는 것이 별로 없어 쓸모가 없는 사람.

어!중이-떠중이 [명] 각 방면에서 마구 모인 탐탁하지 못한 여러 사람. =유상무상(有象無象). ¶~들이 모여서 될 한다고 저 야단들인데 도무지 미덥지가 않다.

어지간-하다 [형][여] 1 일정한 표준에 거의 근사하다. ¶인물은 그만하면 **어지간한** 셈이다. 2 뛰어나지 못하나 보통 수준에 있다. ¶**어지간한** 사람 가지고 해낼 일이 아니다. 3 생각보다는 무던하다. ¶그걸 참다니 너도 참 ~. **어지간-히** [부] ¶~ 잘 참는다. 제법.

어지러-뜨리다/-트리다 [타] 어지럽게 하다. ¶누가 이렇게 방을 **어지러뜨렸니**?

어지럼 [명] =현기(眩氣).

어지럼-증(-症) [-쯩] [명] =현기증.

어지럽다[-따] [형] 〈어지러우니, 어지러워〉 1 사물이 빙빙 도는 것 같이 몸을 가누기가 어렵다. ¶빈혈 때문에 앉았다가 일어서면 세상이 노래지면서 **어지러워진다**. 2 (사물이) 질서 없이 흩어져 어수선하다. ¶방 여기저기에 책 나부랭이가 **어지럽게** 널려 있다. 3 (사물 현상이) 뒤얽혀 갈피를 잡을 수 없다. ¶지난날의 악몽이 머릿속에 **어지럽게** 맴돌다. 4 (나라나 사회가) 편안하거나 태평하지 못하고 혼란한 상태이다. ¶나라가 ~. 5 (품행이) 바르지 못하고 너절하다. ¶복잡한 사생활과 **어지러운** 여자관계. **어지러이** [부] ¶책들이 ~ 널려 있다.

어지럽-히다 [-러피-] [동] [타] '어지럽다'의 사동사. ¶방을 ~.

어지르다 [동][타] 〈어지르니, 어질러〉 정돈되어 있는 일이나 물건을 함부로 놓다. ¶방을 **어지르지** 좀 마라.

어지-빠르다 [형][르] 〈~빠르니, ~빨라〉 정도가 넘고 처져서 어느 한쪽에도 맞지 않다. [비]어중되다. ¶시간이 ~. ㉰엇빠르다.

-어지이다 [어미] 끝 음절의 모음이 'ㅏ', 'ㅗ'가 아닌 용언의 어간에 붙어, 기원하는 뜻을 나타내는 종결 어미. ¶뜻이 하늘에서 이룬 것같이 땅에서도 이루~. ▷-아지이다.·-여지이다.

어!지-자지 [명] 1 남자와 여자의 생식기를 한 몸에 겸하여 가진 사람이나 동물. =고녀(睾女). 2 제기차기에서, 두 발을 번갈아 가며 차는 것.

어지중간-하다(於之中間-) [형][여] '어중간(於中間)하다'의 잘못.

어!진(御眞) [명] 임금의 화상이나 사진.

어진-혼(-魂) [명] 착하고 어진 사람이 죽은 영혼.
  어진혼(이) 나가다 [관] 몹시 놀라거나 시끄러워서 정신을 잃다.

어질다 [형] 〈어지시, 어지오〉 성품이 인자하고 덕행이 높다. ¶어진 임금.

어질더분-하다 [형][여] 어질러 놓아 지저분하다.

어질-머리 [명][한] '어질병'의 잘못.

어질-병(-病) [-뼝] [명][한] 정신이 어질어질해지는 병. ×어질머리.

어질-어질 [부] 현기가 나서 눈이 캄캄해지고 자꾸 어지러운 모양. ㉺아질아질. ㉿어찔어찔. **어질어질-하다** [형][여] ¶찌푸렸던 눈살이 절로 펴지고 **어질어질하던** 머리가 쭉 풀려 그는 취하도록 감은 눈을 뜰 줄 몰랐다. 《김남천 : 요지경》

어질-증(-症) [-쯩] [명] 어질병의 증세. [비]현기증.

어째 [부] '어찌하여'의 준말. ¶~ 이렇게 늦었니?

어째서 '어찌하여서' 가 준 말. ¶~ 너는 그 모양이냐?

어쨌건 [-쨌껀] Ⅰ[부] 사태가 어떻게 되었든 관계없이. ¶사정이야 ~ 네가 늦은 건 사실이다.
Ⅱ '어찌하였건'이 준 말. ¶내가 그 돈을 ~ 넌 상관할 바 없다.

어쨌든¹ [-쨌뜬] [부] 일이나 사정이 어찌 되었든 간에. 이러한든·이렇든·이하든·하여튼. ¶~ 모든 걸 운명에 맡기는 수밖에 없다.

어쨌든² [-쨌뜬] '어찌하였든', '어찌 되었든'이 준 말. ¶행실이야 ~ 미모만은 뛰어나다.

어쨌든지¹ [-쨌뜬-] [부] '어쨌든'을 좀 더 구어적으로 이르는 말.

어쨌든지² [-쨌뜬-] '어찌하였든지', '어찌 되었든지'가 준 말. ¶과거야 ~ 현재가 중요하다.

어쩌고-저쩌고 [부] 어떤 사실에 대해 이런저런 말로 설명하거나 이야기를 늘어놓는 상태를 구어적으로 이르는 말. ¶이러쿵저러쿵. ¶~ 해도 여름엔 수박이 제일이다. **어쩌고저쩌고-하다** [동][자][여]

어쩌다¹ [동][자][여] '어찌하다'의 준말. ¶이 일을 **어쩐다**? / 좋아서 **어쩔** 줄을 모른다.

어쩌다² '어쩌다가'의 준말. ¶~ 시간이 나면 안부 전화를 한다.

어쩌다가 [부] 1 뜻밖에 우연히. ¶~ 그 자리에 있게 되었다. 2 이따금 또는 가끔가다가. ¶~ 오는 손님. ㉰어쩌다.

어쩌면 Ⅰ[부] 1 확실하지 않지만 짐작하건대. ¶~ 그 사람이 내일 올지 몰라. 2 도대체 어떻게 해서. ¶~ 그렇게 예쁠까? ㉤어쩜.
Ⅱ'어찌하면'이 준 말. ¶~ 좋을지 모르겠다.
어쩍 🅟 '어적'의 센말. ㉣아짝. **어쩍-하다** 🅟㉠㉡㉣
어쩍-거리다/-대다 [-꺼(때)-] 🅟㉠㉡ '어적거리다'의 센말. ㉣아짝거리다.
어쩍-어쩍 🅟 '어적어적'의 센말. ㉣아짝아짝. **어쩍어쩍-하다** 🅟㉠㉡㉣
어쩐지 🅟 어찌 된 까닭인지. ¶~ 좀 이상하더라니.
어쩜 🅟 '어쩌면'의 준말. ¶~ 그리도 낯이 두꺼울까?
어쭙잖다 [-짠타] 🅟 1 (언행이) 분수에 넘치거나 주제넘어 되지 않은 상태에 있다. ¶남의 일에 **어쭙잖게** 끼어들어 감 놔라 대추 놔라 하지 마라. 2 (대상이) 드러내어 내세우기에 보잘것없거나 어설픈 상태에 있다. ¶**어쭙잖은** 지식. ×어줍잖다.
어찌 🅟 1 어떠한 이유로. ¶네 ~ 그런 짓을 할 수 있단 말이냐? 2 어떠한 방법으로. ¶먼 길을 ~ 갈꼬. 3 어떠한 정도로. ¶~ 바람이 세던지 날아갈 뻔했다.
어찌나 🅟 '어찌'의 힘줌말. ¶어젯밤은 ~ 더운지 잠을 한숨도 못 잤다.
어찌-씨 🅟㉠ =부사(副詞)².
어찌어찌 🅟 이러저래 어떻게 하다. ¶**어찌어찌해서** 간신히 그의 집을 찾았다.
어찌-하다 🅟㉠㉡㉣ 어떻게 하다. ¶이번 일은 나도 **어찌해** 볼 도리가 없다. ㉤어찌다.
어찌-하여 🅟 어떠한 이유나 원인으로. ¶~ 하루아침에 마음이 변했을까. ㉤어째.
어찔-어찔 🅟 '어질어질'의 센말. ¶~ 현기증이 일다. **어찔어찔-하다** 🅟㉡
㉣ ¶63빌딩 전망대에서 아래를 내려다보니 눈앞이 ~.
어찔-하다 🅟㉡ 갑자기 어지럽고 머리가 내둘리다. ㉣아찔하다.
어차어피-에 (於此於彼-) 🅟 =어차피.
어차-에 (於此-) 🅟 여기에서. 또는, 이때에 있어서.
어차피 (於此彼) 🅟 이렇게 하든지 저렇게 하든지. 또는, 이렇게 되든지 저렇게 되든지. =어차어피에. ¶~ 갈 것이라면 당장 가거라.
어찰 (御札) 🅟 임금의 편지.
어처구니 🅟 상상 밖의 엄청나게 큰 사람이나 물건. ¶아니 양대 금광에는 ~ 기계가 있다는데 대관절 어떻게 생겼기에 ~라나요. 《이기영:두만강》
어처구니-없다 [-업따] 🅟 터무니없거나 말이 안 돼 기가 막힐 지경이다. 🅱이없다. ¶그는 **어처구니없는** 주장을 해 대면서 자기 뜻에 따를 것을 강요했다. **어처구니없-이** 🅟 나가떨어지다.
어청-거리다/-대다 🅟㉠㉡ '어정거리다'의 거센말. ㉣아창거리다.
어청-어청 🅟 '어정어정'의 거센말. ¶농꾼들은... 유령같이 ~ 걸어 나와서 제각기 물꼬를 보러 나갔다. 《이기영:고향》 ㉣아창아창. **어청어청-하다** 🅟㉠㉡㉣
어촌 (漁村) 🅟 고기잡이를 하는 사람들이 모여서 사는 마을. 🅱갯마을.
어치¹ 🅟㉡ 까마귓과의 새. 비둘기보다 조금 작으며 몸은 포도색, 머리털은 적갈색임. 목소리가 고우며 다른 새들의 소리를 잘 흉내 냄. 우리나라에서는 흔한 텃새임. =어치.
-어치² 🅟㉢ 그 값에 상당하는 분량이나 정도. ¶천 원~의 과자 / 고기 만 원~을 사다.
어치렁-거리다/-대다 🅟㉠ 키가 좀 큰 사람이 힘없이 걸어가다. ㉣어칠거리다. ㉣아치렁거리다.
어치렁-어치렁 🅟 어치렁거리는 모양. ㉣어칠어칠. ㉣아치랑아치랑. 어치렁어치렁-하다 🅟㉠
어칠-거리다/-대다 🅟㉠ '어치렁거리다'의 준말. ㉣아칠거리다.
어칠-비칠 🅟 어칠거리고 비칠거리는 모양. **어칠비칠-하다** 🅟㉠㉡
어칠-어칠 🅟 '어치렁어치렁'의 준말. ㉣아칠아칠. **어칠어칠-하다** 🅟㉠㉡
어탁 (魚拓) 🅟 물고기의 탁본을 뜨는 것. 또는, 그 탁본. **어탁-하다** 🅟㉡
어-투 (語套) 🅟 =말투.
어-파 (語派) 🅟㉠ 한 어족(語族)에서 같은 시기에 분화된 여러 언어의 총칭. ▷어군(語群).
어패럴^산업 (apparel産業) 🅟 모피(毛皮) 제품을 제외한 모든 의류 제품을 디자인하여 만드는 산업.
어패-류 (魚貝類) 🅟 어류와 조개류의 총칭.
어퍼컷 (uppercut) 🅟㉢ 권투에서, 상대와 근접한 거리에서 싸울 때 턱이나 명치 부근을 주먹으로 올려 치는 공격법.
어폐 (語弊) [-폐/-폐] 🅟 (주로, '어폐가 있다'의 꼴로 쓰여) 말이 적절치 않아 생기는 모순이나 잘못. ¶이렇게 말하면 ~가 있을지 모르지만 옛날 전쟁은 오늘날에 비하면 낭만적인 데가 있었다.
어포 (魚脯) 🅟 생선을 얇게 저며서 갖은 양념을 하여 말린 포.
어푸-어푸 🅟 물에 빠져서 괴롭게 물을 켜며 내는 소리. 또는, 그 모양. **어푸어푸-하다** 🅟㉠
어프로치 (approach) 🅟 1 학문이나 연구 등에서, 대상에 접근하는 일. 2 [체] 스키의 점프 경기나 멀리뛰기·높이뛰기 등에서, 스타트에서 도약점까지의 사이. 3 [체] 골프에서, 그린 지대의 홀을 향하여 공을 치는 방법.
어필¹ (御筆) 🅟 임금이 쓴 글씨. =어서(御書).
어필² (appeal) 🅟 [호소(呼訴)한다는 뜻] 1 호소하는 힘이 있는 것. 곧, 마음을 끄는 힘이 있는 것. ¶섹스~. 2 [체] 운동 경기에서, 선수가 심판의 판정에 대한 이의를 제기하는 것. **어필-하다** 🅟㉠ ¶심판에게 판정에 대해 격렬하게 ~ / 그 영화는 새로운 영상 미학으로 젊은이들에게 강하게 **어필하였다**.
어-하다 🅟㉡㉣ 어린아이의 응석을 받으며 떠받들어 주다. ¶자꾸 **어해** 주니까 점점 버릇이 없어진다.
어-학 (語學) 🅟 1 [언] 어떤 나라의 언어, 특히 문법을 연구 대상으로 하는 학문. =말갈. ¶~ 교육. 2 외국어를 연구하거나 습득하기 위한 학문. ¶저 친구는 ~ 실력이 상당하다. 3 [언] '언어학'의 준말.
어학-자 (語學者) [-짜] 🅟 '언어학자'의 준말.
어-한 (禦寒) 🅟 추위에 언 몸을 녹이는 것. ¶날도 추운데 어디 가서 요기도 좀 하고 ~이나 하다 가지. **어한-하다** 🅟㉡㉣
어한-기 (漁閑期) 🅟 고기가 잘 잡히지 않는

시기. ↔성어기(盛漁期).

어항¹(魚缸) [명] **1** 금붕어나 열대어 따위의 관상용 물고기를 넣어 기르는, 투명한 유리로 둥글거나 네모지게 만든 용기(容器). **2** 주로 내에서 물고기를 잡을 때 쓰는 유리 용기. 안에 된장이나 깻묵 등을 넣고 물에 담가 두면 물고기가 들어왔다가 나가지 못함.

어항²(漁港) [명] 어선이 근거지로 삼아 정박하고, 출어 준비와 어획물의 양륙을 하는 항구.

어허 [감] **1** 미처 생각하지 못하던 어떤 것을 깨달아 느꼈을 때 내는 소리. ¶~, 벌써 시간이 다 됐으니 큰일 났구먼! [작]아하. **2** 상대 (주로 아랫사람)의 행위가 좀 못마땅할 때 제지하거나 나무라는 뜻으로 내는 소리. ¶~, 어른 앞에서 그 무슨 짓이냐.

어허-둥둥 [감] =어화둥둥. [준]어둥둥.

어허야-어허 [감] 땅을 다질 때 동작이나 힘을 맞추려고 내는 소리.

어허허 [부] 조금 무게 있게 너털웃음을 웃는 소리. [작]아하하.

어험 [감] 짐짓 위엄을 내어 기침하는 소리. =으흠.

어험-스럽다 [-따] [형][ㅂ] 〈~스러우니, ~스러워〉 **1** 위엄이 있어 보이다. **2** 텅 비고 우중충하다. **어험스레**.

어혈(瘀血) [명] 피가 제대로 순환되지 않고 뭉쳐 있는 상태. 또는, 그 피. 타박상을 입거나 기가 허하거나 기의 흐름이 정체되어 있거나 할 때 발생함. ¶~을 풀다 / ~이 맺치다 / 부딪친 곳에 ~이 맺혀 시퍼렇게 멍들었다.

어!형(語形) [명] [언] 말이나 단어의 형태.

어!화¹ [감] 기쁜 마음을 나타내어 노래로 누구를 부르는 소리. ¶~, 벗님네야.

어화²(漁火) [명] 어선(漁船)에 켜는 등불이나 횃불.

어화-둥둥 [감] 노래를 겸하여 아기를 어르는 소리. =어허둥둥. ¶~, 내 사랑아.

어!환(御患) [명] 임금의 병환.

어황(漁況) [명] 어떤 어장(漁場)에서의, 물고기의 종류·어획량 등의 고기잡이 상황. ¶~이 좋지 않다.

어회(魚膾) [-회/-훼] [명] =생선회.

어획(漁獲) [-획/-훽] [명] 수산물을 잡거나 채취하는 것. 또는, 그 물건. **어획-하다** [동][타][여].

어획-고(漁獲高) [-획꼬/-훽꼬] [명] 어획한 수산물의 총량. 또는, 그 가격의 총액.

어획-량(漁獲量) [-횡냥/-훵냥] [명] 잡은 물고기의 수량.

어!휘(語彙) [명] **1** 일정한 범위 안에서 쓰이는 낱말의 총체. ¶기본 ~ / 풍부한 ~를 구사하다. ▶단어(單語). **2** [언] 어떤 종류의 말을 간단한 설명을 붙여 순서대로 모아 적어 놓은 글. =사휘(辭彙).

어!휘-력(語彙力) [명] 어휘를 구사(驅使)할 수 있는 능력. ¶~을 신장하다.

어흥 [감] **1** 호랑이가 우는 소리. **2** 어린애를 겁나게 하기 위하여 호랑이의 우는 소리를 흉내 내는 소리.

어흥-이 [명] 〈유아〉 호랑이.

억¹ [감] 갑자기 놀라거나 쓰러질 때 내는 소리.

억²(億) **Ⅰ** [주] 만(萬)의 만 배.
Ⅱ [관] ¶일 ~ 원을 장학금으로 기탁하다.

억겁(億劫) [-껍] [명] [불] 무한히 긴 오랜 세상 또는 세월. ¶~의 세월 동안 모진 비바람

에 씻기고 깎인 바위 절벽.

억견(臆見) [-껸] [명] 억측하여 헤아리는 소견. =억상(臆想).

억년(億年) [엉-] [명] 매우 긴 세월.

억-누르다 [엉-] [동] 〈~누르니, ~눌러〉 억지로 마구 내리누르다. ¶격정을 ~ / 약자를 ~.

억눌리다 [엉-] [동][자] '억누르다'의 피동사. ¶침략자에게 **억눌려** 산다.

억단(臆斷) [-딴] [명] 억측으로 판단하는 것. =억판(臆判). **억단-하다** [동][타][여]

억대(億-) [-때] [명] 억으로 헤아릴 만함. ¶~의 부자.

억류(抑留) [엉뉴] [명] (사람을 어느 곳에) 억지로 머물러 하게 하는 것. ¶~ 생활. **억류-하다** [동][여] **억류-되다** [동][자][여] ¶사할린에 **억류되**어 있는 우리 동포들.

억만(億萬) [엉-] [관] '억(億)²Ⅰ'를 강조하여 이르는 말, 또는, 헤아릴 수 없이 많은 상태를 이르는 말. ¶~ 가지 시름.

억만-금(億萬金) [엉-] [명] 엄청나게 많은 돈. ¶그 일은 ~을 준다 해도 하기 싫다.

억만-년(億萬年) [엉-] [명] 무궁한 세월.

억만-장자(億萬長者) [엉-] [명] 엄청나게 많은 재산을 가지고 있는 사람. '백만장자'의 '백만'을 '억만'으로 바꾸어 좀 더 강조한 말임.

억매-흥정(抑買-) [엉-] [명] 부당한 값으로 억지로 사려고 하는 흥정. **억매흥정-하다** [동][여]

억배 [-빼] [명] 한량없이 마시는 술의 양. 또는, 그렇게 많은 술을 마셔 심하게 취한 상태. ¶그날 석규는 동료 중 누구 한 사람에게 올려 ~으로 취하고 싶었지만 아무도 위의 술잔을 사는 사람은 없었다.《현기영:아내와 개오동》

억-보 [-뽀] [명] 억지가 센 사람의 별명.

억분(抑憤) [-뿐] [명] 억울하고 분한 것. 또는, 그런 마음. ¶치밀어오르는 ~을 참지 못하다. **억분-하다** [형][여]

억불(抑佛) [-뿔] [명] 불교를 억제하는 것. **억불-하다** [동][자][여]

억!새 [-쌔] [명] [식] 볏과의 여러해살이풀. 높이 1~2m. 잎은 긴 선형(線形)임. 7~9월에 황갈색 꽃이 핌. 잎은 베어 지붕을 이는 데나 마소의 먹이로 씀. [준]새.

억!새-밭 [-쌔받] [명] 억새가 우거진 곳.

억!새-풀 [-쌔-] [명] '억새'를 구어적으로 이르는 말.

억색(臆塞) [-쌕] →**억색-하다** [-쌔카-] [형][여] 몹시 원통하거나 슬퍼서 가슴이 막히는 느낌이 있다. ¶그 일을 생각하면 흉중이 **억색하여** 견딜 수 없다.

억설(臆說) [-썰] [명] 근거도 없이 억지로 우겨 내는 말. ¶항간에 ~이 구구하다. **억설-하다** [동][타][여]

억-세다 [-쎄-] [형] **1** 결심한 바를 이루려는 뜻이 굳고 세차다. ¶**억센** 의지 / 그는 어떤 일이든 시작하면 **억세**게 밀고 나간다. **2** 식물의 잎이나 줄기가 뻣뻣하고 세다. ¶아욱이 벌써 **억세**졌다. [작]악세다. **3** 운수 따위의 좋고 나쁜 정도가 심하다.

억수 [-쑤] [명] 물을 퍼붓듯이 세차게 내리는 비. [비]호우(豪雨). ¶~로 퍼붓는 장대비. [작]악수.

억실억실-하다 [-씰-씰-] [형][여] (얼굴 모양이나 눈 등이) 선이 굵거나 크거나 하여

시원스러운 데가 있다. ¶눈이 **억실억실**하고 양볼이 통통한 점순이.
억압(抑壓) 몡 1 (사람을) 자기의 뜻대로 또는 자유롭게 행동하지 못하도록 억누르는 것. 또는, 행동이나 자유 등을 억지로 억누르는 것. ¶일제의 ~. 2 [심] 정신 분석 용어의 하나. 불쾌한 생각이나 감정을 무의식중에 눌러 의식에 떠오르지 않게 하는 것. **억압-하다** 툉〔태〕예〔반체제 지식인을 ~. **억압-되다** 툉〔재〕
억압-적(抑壓的) [-쩍] 관·명 뜻대로 행동하지 못하도록 억누르는 특성이 있는 (것). ¶~ 태도 / 죄 없는 사람을 ~으로 감금하다.
억양(抑揚) 몡 1 혹은 억누르고 혹은 찬양하는 것. 2 [언] 이어진 말의 일정한 단위에 나타나는 소리의 높낮이와 변동의 유형. 말이 가지는 원래의 뜻 이외에 화자(話者)의 태도를 나타내는 기능을 가짐. =인토네이션. **억양-하다** 툉〔태〕예 혹은 억누르고 혹은 찬양하다.
억양-법(抑揚法) [-뻡] 몡 [문] 수사법의 하나. 대상을 앞에서 긍정적으로 표현하고 뒤에서 부정적으로 표현하든지, 또는 그 반대의 순서로 표현하는 방법. "얼굴은 예쁜데 마음씨가 고약하다." 따위.
억울(抑鬱) → **억울-하다** 혱〔여〕 애매한 일을 당해서 원통하고 답답하다. ¶**억울**하게 누명을 쓰다. **억울-히** 뮈
억장(億丈) [-짱] 몡 썩 높은 것. 또는, 그 길이.
억장이 무너지다 귄 극심한 슬픔이나 절망 등으로 몹시 가슴이 아프고 괴로운 상태가 되다. ¶비명에 간 자식 생각을 하면 지금도 **억장이** 무너진다.
억제(抑制) [-쩨] 몡 1 흥분되려는 감정, 격렬한 욕망, 충동적인 행동 등을 내리눌러 멎게 하는 것. 2 급하게 세차게 나아가려는 것을 억눌러 멎게 하는 것. 〔비〕제지(制止). ¶인플레의 ~. **억제-하다** 툉〔태〕예¶감정을 ~. **억제-되다** 툉〔재〕
억제^유전자(抑制遺傳子) [-쩨-] 몡 [생] 다른 곳에 있는 변이형(變異型) 유전자의 작용을 억제하여 정상형(正常型)의 표현형(表現型)으로 만드는 유전자.
억제^재:배(抑制栽培) [-쩨-] 몡 [농] 작물의 자연 생육·성숙의 시기를 인공적으로 억제하여 생산·출하 시기를 조절하는 재배 방법. 〔↔촉성 재배.
억조(億兆) [-쪼] I 준 억과 조.
II 관 셀 수 없을 만큼 많은 수를 비유하여 이르는 말.
억조-창생(億兆蒼生) [-쪼-] 몡 수많은 백성. ¶도탄에 빠진 ~을 구하다.
억지[-찌] 몡 생각이나 행동을 무리하게 해내려는 고집. ¶~를 부리다 / ~ 쓴다고 될 일이 아니다. 〔잗〕악지. ×어거지.
[억지가 사촌보다 낫다] 남에게 의존하기보다는 억지로라도 제힘으로 하는 것이 낫다.
억지 춘향 귄 '춘향전'에서 변 사또가 춘향으로 하여금 억지로 수청 들라고 강요한 데서 나온 말〕 일이 순리대로 이루어진 것이 아니라 억지로 하여 겨우 이루어진 것을 이르는 말. ¶~나마 일을 끝내긴 했다.
억지(抑止) [-찌] 몡 억눌러 제지하는 것. **억지-하다** 툉〔태〕예
억지-다짐 [-찌-] 몡 억지로 받는 다짐.
억지-력(抑止力) [-찌-] 몡 한쪽이 공격하

려고 하여도 상대편의 반격이 두려워서 공격하지 못하도록 하는 힘.
억지-로 [-찌-] 뮈 무리한 정도로. ¶안 넘어가는 밥을 ~ 먹다.
억지-소리 [-찌-] 몡 조리가 닿지 않는 말. ¶~만 늘어놓다 / ~로 우겨 대다.
억지-스럽다 [-찌-따] 혱〔ㅂ〕〔~스러우니, ~스러워〕 억지를 부리는 데가 있다. ¶그 배우의 연기에는 **억지스러운** 데가 있다. 〔잗〕악지스럽다. **억지스레** 뮈
억지-웃음 [-찌-] 몡 웃기 싫은 것을 억지로 웃는 웃음. ¶공연스레 웃으라니 ~을 웃을 밖에.
억척 몡 끈덕지고 억센 태도. 또는, 그런 사람. ¶~을 떨다 / ~을 부리다 / 새벽부터 밤까지 ~으로 일하다. 〔잗〕악착.
억척-같다 [-깓따] 혱 아주 끈덕지고 억세다. ¶사람이 ~. 〔잗〕악착같다. **억척같-이** 뮈
억척-꾸러기 몡 매우 억척스러운 사람. 〔잗〕악착꾸러기.
억척-빼기 몡 매우 억척스러운 아이. ¶그 애는 누구에게도 지지 않으려는 ~이다. 〔잗〕악착빼기.
억척-스럽다 [-쓰-따] 혱〔ㅂ〕〔~스러우니, ~스러워〕 모질고 굳은 태도가 있다. 〔잗〕악착스럽다. **억척스레** 뮈
억척-이 몡 억척스러운 사람. 〔잗〕악착이.
억측(臆測) 몡 이유와 근거가 없는 추측. ¶~이 난무하다 / 행방불명된 유명 인사를 두고 갖가지 ~이 떠돌고 있다. / 그의 불투명한 태도가 ~을 낳고 있다. **억측-하다** 툉〔태〕예
억탈(抑奪) 몡 억지로 빼앗는 것. **억탈-하다** 툉〔태〕예 **억탈-되다** 툉〔재〕
억판 몡 매우 가난한 처지.
억-하다[어카-] 혱〔여〕 감정이 복받쳐 가슴이 답답하다. ¶그는 가슴이 **억해** 오는 듯 잠시 말을 끊었다.
억하-심정(抑何心情) [어카-] 몡 대체 무슨 마음으로 그리하는지 알기 어렵다는 뜻. ¶무슨 ~으로 그런 말을 하오?
언감생심(焉敢生心) 몡 감히 그런 마음을 품을 수도 없음. =안감생심. ¶종의 신세를 못 벗어난 것도 좋고 정처(正妻) 같은 건 ~에 바라지도 않고, 소실이 못 되어도 좋았다.〈백도기: 등잔〉
언감-히(焉敢-) 뮈 어찌 감히.
언거번거-하다 혱〔여〕 쓸데없는 말이 많고 수다스럽다.
언걸 몡 1 다른 사람 때문에 당하는 해. 2 큰 고생. 〔준〕얼.
언걸-먹다 [-따] 툉〔재〕 1 다른 사람 때문에 해를 당하여 골탕을 먹다. 2 큰 고생을 하다. 〔준〕걸먹다.
언걸-입다 [-립따] 툉〔재〕 남 때문에 해를 당하다. ¶저 화근(禍根)을 그냥 뒀다간 반드시 자네나 나나 **언걸입고** 말 걸세.〈김주영: 객주〉 〔준〕걸입다.
언관(言官) 몡〔역〕 =간관(諫官).
언:교(諺敎) 몡〔역〕 언문(諺文)으로 쓴 왕후의 교서(敎書).
언구럭 몡 교묘한 말로 발라맞추거나 농락하는 일. ¶~을 부리다 / 나잇살이나 처먹은 놈이 ~ 피우는 꼬락서니가 보통 아니지 않는가?〈김주영: 객주〉
언권(言權) 몡〔관〕 '발언권'의 준말.
언급(言及) 몡 (어떤 문제에 대하여) 어떤 의

견을 나타내거나 판단을 내려 말하는 것. ¶~을 회피하다 [통](타여) ¶사장은 회의 석상에서 회사의 중장기 계획을 **언급**했다. **언급-되다** [통](자)
언나 [명] '어린아이'의 잘못.
언니 [명] 1 같은 부모한테서 태어난 여자 사이에서, 나이가 적은 쪽 여자에 대해 나이가 많은 쪽 여자를 이르거나 부르는 말. ¶~가 동생보다 착해. / ~, 그 책 좀 빌려 줘. 2 일가친척 가운데 항렬이 같은 여자 사이에서, 나이가 적은 쪽 여자에 대해 나이가 많은 쪽 여자를 이르거나 부르는 말. ¶사촌 ~. ↔동생. 3 나이가 약간 차이 나는 남남끼리의 여자 사이에서, 나이가 적은 쪽 여자가 나이가 많은 쪽 여자를 가리켜 대접하는 뜻으로, 또는 정다움을 나타내어 이르거나 부르는 말. 4 오빠의 아내를 이르거나 부르는 말.
언더그라운드(underground) [명][예] 상업성을 무시한 전위 예술(前衛藝術) 또는 실험 예술의 풍조. 또는, 그 예술. 1960년대에 미국에서 영화를 중심으로 일어남.
언더-라인(underline) [명] '밑줄'로 순화. ¶~을 치다.
언더-스로(←underhand throw) [명][체] =언더핸드 스로.
언더웨어(underwear) [명] 내의류(內衣類)의 총칭.
언더^파(under par) [명][체] 골프에서, 기준 타수(打數)인 파 72 이하로 18홀을 한 바퀴 도는 일. =언더.
언더핸드-스로(underhand throw) [명][체] 야구에서, 팔을 어깨 밑으로부터 위쪽으로 치켜 올리면서 공을 던지는 방법. =언더스로.
언덕 [명] 평지보다 높고 산보다는 낮은, 비교적 완만하게 비탈이 진 땅. ¶~을 오르다.
언덕-길[-낄] [명] 산길·고개 따위의 좀 높고 비탈진 길.
언덕-바지[-빠-] [명] =언덕배기.
언덕-배기[-빼-] [명] 언덕의 꼭대기. 또는, 언덕의 몹시 비탈진 곳. =언덕바지.
언덕-지다[-찌-] [형] 길이나 물건 따위가 평탄하지 못하고 높낮이가 있어 비탈지다.
언도(言渡) [명][법] 재판장이 판결을 알림. '선고(宣告)'로 순화. **언도-하다** [통](타여) ¶사형을 ~. **언도-되다** [통](자)
언동(言動) [명] 사람이 어느 경우에 또는 어느 곳에서 하는 말과 행동. ¶~이 불손하다.
언뜻[-뜯] [부] 1 보거나 보이는 것이 아주 짧은 순간에 이뤄지는 모양. 2 =보기에는 언뜻 같지만 사실은 가짜다. 2 생각이나 기억 등이 문득 떠오르는 모양. [비]얼핏. ¶좋은 생각이 ~ 떠오르다. ×펀뜻.
언뜻-언뜻[-뜯-뜯] [부] 잇달아 언뜻 보이거나 생각나는 모양. [비]얼핏얼핏. ¶구름 사이로 ~ 보이는 푸른 하늘.
언로(言路)[얼-] [명] 신하나 백성이 임금에게 말을 할 수 있는 길. '요로(要路)에 의견을 개진할 수 있는 길'의 뜻으로도 쓰임. ¶~가 열리다.
언론(言論)[얼-] [명] 1 개인이 타인에게 어떤 문제에 대하여 말이나 글이나 전파 등을 통해 자기의 생각을 표현하거나 발표하는 일. 2 신문·라디오·텔레비전·통신·잡지 등을 통해 뉴스나 어떤 사실을 널리 알리거나 어떤 문제에 대하여 여론을 형성하는 활동. =매체.
언론의 자유(自由) [구] 기본권의 하나. 개인이 그 사상 또는 의견을 말로 발표할 수 있는 자유.
언론-계(言論界) [얼-계/얼-게] [명] 언론에 종사하는 사람들의 사회.
언론^기관(言論機關) [얼-] [명] 언론을 담당하는 기관. 신문사·방송국 따위.
언론-사(言論社) [얼-] [명] 언론을 담당하는 회사. 신문사·방송국 따위.
언론-인(言論人) [얼-] [명] 언론 기관에 관계하여 언론으로써 그 업(業)을 삼는 사람.
-언마는 [어미] '-건마는'의 예스러운 말.
-언만 [어미] '-건만'의 예스러운 말.
언명(言明) [명] 1 말로써 의사나 태도를 분명히 나타내는 것. 2 =입언(立言) 3. **언명-하다** [통](타여) ¶그는 외신 기자와의 인터뷰에서 조국의 민주화를 위해 끝까지 싸울 것임을 **언명한** 바 있다. **언명-되다** [통](자)
언문¹(言文) [명] 말과 글. [비]어문.
언문²(諺文) [명] [상말을 적는 글자'라는 뜻] '한글'을 한문(漢文)에 상대하여 낮추어 일컫던 말. ¶~ 편지. ▷진서(眞書).
언문-일치(言文一致) [명] 실제로 쓰는 말과 글로 쓰는 말이 일치함. =어문일치.
언밸런스(unbalance) [명] 사물이 균형이 잡히지 않음. [비]불균형·부조화. ↔밸런스. **언밸런스-하다** [형](여)
언변(言辯) [명] 남 앞에서 말을 막힘이 없이 잘하는 능력. [비]구변(口辯). ¶~이 좋다〔없다〕.
언사(言辭) [명] 말하는 사람의 말씨. =언담(言談). ¶불손한 ~를 쓰다 / ~가 지나치다.
언색(言色) [명] 언어와 안색.
언설(言說) [명] 말로써 설명하는 것. 또는, 그 설명하는 말. **언설-하다** [통](타여)
언성(言聲) [명] 말의 소리. [비]말소리. ¶~을 높이다.
언약(言約) [명] (어떤 일을) 말로 약속하는 것. 또는, 그 약속. ¶굳은 ~ / ~을 받다 / ~을 지키다. **언약-하다** [통](타여) ¶우리는 결혼을 **언약한** 사이다.
언어(言語) [명] 1 사상·감정을 나타내고 의사를 소통하기 위한, 음성·문자 따위의 수단. 또는, 그 음성이나 문자의 사회 관습적인 체계. ¶~생활 / ~ 순화. 2 동물의 의사소통의 체계. ¶꿀벌의 ~ / 동물의 ~는 인간의 그것과 본질적으로 다르다.

유의어	언어 / 말
둘 다 사람의 의사를 표현 또는 전달하기 위한 기호를 가리키나, '**언어**'가 음성의 것을 포함하여 문자의 것까지 가리키는 데 반해, '**말**'은 음성의 것만을 가리킴. 또한, '**언어**'는 동물의 의사소통 체계도 가리킬 수 있으나, '**말**'은 그럴 수 없음. 한편, '**언어**'는 주로 문어에서 사용되나, '**말**'은 구어에서 널리 쓰임.	

언어^능력(言語能力) [-녁] [명][언] 언어 사용자가 무한히 많은 수의 문법적인 문장을 만들어 낼 수 있는 잠재적인 능력. 변형 생성 문법의 기본 개념의 하나임. ▷변형 생성 문법.
언어-도단(言語道斷) [명] [말문이 막힌다는 뜻] 어이가 없어서 말하려 해도 말할 수 없음. ¶자식이 부모를 업신여기다니 ~이다.
언어^예술(言語藝術) [명] 말로 나타내는 예술. 시·소설·희곡 따위.

언어-유희(言語遊戲)[-히] 圓 1 =말놀이. 2 실질적인 내용도 없이 미사여구나 현학적인 말을 늘어놓는 일. ¶~에 빠진 고답적인 서정시.

언어^장애(言語障礙) 圓 말을 정확하게 발음할 수 없거나 이해할 수 없게 되는 장애. 발음의 불명료, 실어증, 말더듬증 따위.

언어-폭력(言語暴力)[-폭녁] 圓 말로써 온갖 음담패설을 늘어놓거나 욕설·협박 등을 하는 일. ¶~에 시달리다.

언어-학(言語學) 圓[언] 언어의 본질을 과학적으로 밝히는 학문. 음운·문자·문법·어휘 등에 관하여 연구함. ⓒ어학.

언어학-자(言語學者)[-짜] 圓 언어학을 연구하는 학자. ⓒ어학자.

언왕설래(言往說來) =설왕설래(說往說來). **언왕설래-하다** 통(자)

언외(言外)[-외/-웨] 圓 말에 나타난 뜻의 밖. 말한 이외. ¶~의 뜻과 여운의 미(美).

언!월-도(偃月刀)[-또] 圓 1 옛날 무기의 하나. 초승달 모양으로 생긴 큰 칼. ⓒ월도. 2 '청룡 언월도'의 준말.

언쟁(言爭) 圓 =말다툼. ¶~을 벌이다. **언쟁-하다** 통(자)

언저리 圓 둘레의 근방. 또는, 주위의 부근. ¶입-/눈-에 멍이 들다.

-언정 어미 '이다'의 어간 밑에서 '-ㄹ지언정'의 뜻으로 쓰이는 연결 어미. ¶불감청(不敢請)이언정 고소원(固所願)이오이다.

언!제¹ I ⓟ 1 어느 때에. 어떤 일이 이루어지는 때나 이루어진 때를 물을 때 쓰이는 말. ¶~ 다시 만날까? 2 미래의 어느 때에 가서. ¶~ 시간 나면 놀러 갈게. 3 (조사 '는'과 함께 쓰여) 과거의 어느 때에. ¶~는 같이 살자더니 이제 와서 헤어지자고? 4 (조사 '나', '든', '든지', '라도' 등과 함께 쓰여) 어느 시간에 특별히 제약되지 않음을 나타내는 말. ¶~나 와도 좋다. /~든 놀러 오너라. Ⅱ (대)(지시) 어느 때. 어떤 일과 관련된 때를 묻는 데 쓰이는 말임. ¶방학은 ~부터지?

언!제² (堰堤) 圓 =댐(dam).

언!제-나 ⓟ 모든 시간의 범위에 걸쳐서. 또는, 때에 따라 달라짐이 없이 늘. 삐항상. ¶태양은 ~ 동쪽에서 떠서 서쪽으로 진다. × 노다지. ¶아빠한테 가서야. ¶나는 저렇게 큰 집에서 살아 볼까?

언!젠-가 ⓟ 1 미래의 어느 때에 가서는. ¶~ 제 잘못을 뉘우칠 날이 있겠지. 2 과거의 어느 때에. ¶그 지방에는 ~ 한 번 가 본 적이 있다.

언죽-번죽[-뻔-] ⓟ 조금도 부끄러워하는 기색이 없고 뻔뻔한 모양. ¶매월이 ~ 내뱉는 말이 저고리 한 나중 치고라는, 단속곳 벗어던진 다음 다시 매기란 놈 허물 벗듯 치마조차 지체 없이 벗어던지는 데는 봉삼도 그 당장 어찌할 경황이 없었다.《김주영: 객주》 **언죽번죽-하다** 형여

언중¹(言中) 圓 말 가운데.
언중²(言衆) 圓 동일한 언어를 사용하고 있는 사회 안의 대중.

언중-유골(言中有骨)[-뉴-] 圓 예사로운 말 속에 단단한 뼈 같은 속뜻이 있다는 말.

언중-유언(言中有言)[-뉴-] 圓 말 속에 어떤 풍자나 암시가 들어 있다는 말.

언질(言質) 圓 어떤 일에 대해 약속하거나 허락하여 말하는 일. 특히, 나중에 다른 말을 할 수 없게 만드는 것으로서의 약속을 가리킴. ¶사전에 어떤 ~을 받았니? / 오 사장은 김 과장에게 승진에 대한 확실한 ~을 주지 않았다.

언짢다[-짠타] 형 마음에 들지 않거나 불쾌하다. ¶내 말을 **언짢게** 생각지 마라.

언짢아-하다[-짠-] 통(자)여 언짢게 여기다. ¶그만한 일에 **언짢아하면** 어떻게 하니?

언책(言責) 圓 말로 하는 책망.

언청이 圓 윗입술이 선천적으로 찢어진 사람. 또는, 그 찢어진 입술. ⓒ=결순.

언치 圓 말이나 소 등에 덮어 주는 방석이나 담요.

언커크(UNCURK) 圓 [United Nations Commission for Unification and Rehabilitation of Korea] 한국을 통일하여 민주적인 독립 국가를 수립하자는 목적 아래 1950년 10월 7일 유엔 총회의 결의에 따라 설치되었으던 기구. 1973년 11월에 해체됨. =국제 연합 한국 통일 부흥 위원회.

언턱 圓 1 물건 위에 턱처럼 층이 생긴 곳. 2 언덕의 턱.

언턱-거리[-꺼-] 圓 남에게 무턱대고 무리하게 떼를 쓸 만한 핑계. ⓒ턱거리.

언투(言套) 圓 =말버릇.

언틀-먼틀 ⓟ 바닥이 들쭉날쭉하여 반듯하지 못한 모양. **언틀먼틀-하다** 형여 ¶**언틀먼틀하게** 깔린 잣자리.

언표(言表) 圓 (어떤 사실을) 말로 나타내는 것. 또는, 그 말. **언표-하다** 통(타)여 **언표-되다** 통(자)

언필칭(言必稱) ⓟ 말을 할 때마다 반드시. 어떤 사람이 실상과는 달리 듣기 좋거나 허울 좋은 말을 자꾸 내세우는 상태에 있음을 나타내는 말임. ¶많은 인사들이 ~ 애국 애국하지만 진짜 애국자는 드물다.

언-하에(言下-) ⓟ 말이 떨어지자 바로. ¶~ 거절하다.

언!해(諺解) 圓 한문을 한글로 번역하는 것. 또는, 그 책. ¶두시(杜詩) ~. **언!해-하다** 통(타)여

언행(言行) 圓 사람이 평소에 하는 말과 행동. ¶~이 바르다/~이 일치되다.

언행-록(言行錄)[-녹] 圓 어떤 사람의 언행을 적은 책.

언행-일치(言行一致) 圓 말과 행동이 같음.

얹다[언따] 통(타) 1 (물건을 다른 물건 위에) 올려놓다. ¶난로에 주전자를 ~. 2 (일정한 양이나 액수의 물건이나 돈에 작은 양이나 액수의 것을) 더 얹어 하다. ¶사과를 열 개 샀더니 한 개를 **얹어** 주더라. 3 윷놀이에서, 한 말을 다른 말에 어우르다. 4 (활에 시위를) 걸어서 화살을 쏠 수 있는 상태가 되게 하다. ⓒ부리다.

얹은-머리 圓 여자의 머리를 땋아서 위로 둥글게 둘러 얹은 머리.

얹혀-살다[언처-] 통(자)(~사니, ~사요) 남에게 의지하여 붙어살다. ¶그는 아직도 부모에게 **얹혀살다니**.

얹-히다[언치-] 통(자) 1 '얹다'의 피동사. ¶장롱 위에 **얹힌** 상자. 2 남에게 붙어살다. ¶그는 하는 일 없이 형에게 **얹혀** 지내고 있다. 3 (먹은 음식이) 체하다. ¶저녁 먹은 것이 잔뜩 **얹힌** 것 같다.

얻!다[-따] 통(타) 1 (어떤 물건을) 남이 주어서 제 것으로 받아 가지다. ¶친구에게서 **얻은** 옷. 2 (자기에게 없는, 물건이 아닌 대상을) 구하거나 찾아서 가지다. ¶책으로부터

지식을 ~ / 새 직장을 ~. **3** (어떤 일에서 긍정적인 심리 상태나 좋은 결과를) 가지거나 누리게 되다. ¶봉사 활동에서 기쁨을 ~ / 전투에서 승리를 ~. **4** (어떤 사람이 어떤 일에 있어서 다른 사람들로부터 긍정적인 태도나 반응을) 가지게 되다. ¶부모의 허락을 **얻어** 결혼하다. **5** (돈이나 물건 등을) 이자나 세를 주고 빌리다. ¶전세방을 ~ / 빚을 **얻어** 사업을 하다. **6** (남편·아내·사위·며느리, 또는 아들·딸 등을) 새 식구로 가지다. ¶참한 며느리를 **얻으셨군요**. **7** (병을) 몸에 가진 상태가 되다. ¶그 여자는 연일 과로한 탓으로 병을 **얻고** 말았다.

얻다²[-따] '어디에다'가 준 말. ¶그 많은 돈을 다 ~ 썼느냐? ✕어따.

얻다³[-따] '어디에다가'가 준 말. ¶그걸 ~ 두었더라? ✕어따가.

얻!어-걸리다 통(자) 어찌하다가 우연히 물건이나 일이 생기다.

얻!어-듣다[-따] 통(타)<-들으니, -들어> 남한테서 우연히 듣고 알다. ¶이민 간 친구 소식을 인편에 ~.

얻어들은 풍월 정식으로 배운 것이 아니라 남에게 자주 들어 아는 지식. ¶나도 이거 ~이지 뭐.

얻!어-맞다[-맏따] 통(자타) **1** 남에게 매를 맞다. ¶한 대 ~ / 그는 싸움터에서 **얻어맞아** 퍼렇게 멍이 들었다. **2** 언론이나 여론의 비난을 받는 것을 비유적으로 이르는 말. ¶K 기업이 방송에서 **얻어맞았다**.

얻!어-먹다[-따] 통(자타) **1** (남이 주거나 베푸는 음식을) 거저 얻어서 먹다. 또는, (사람이) 생활 능력이 없어서 먹는 일을 남에게 의지하여 해결하다. ¶밥을 ~ / 친구한테서 저녁을 ~. **2** (남에게서 욕을) 듣는 상태가 되다. ¶욕을 ~.

얻!어-터지다 통(자타) '얻어맞다'을 속되게 이르는 말.

얻!은-잠방이 명 남에게 얻은 것으로 그다지 신통하지 않은 물건.

얼¹ 명 **1** 밖으로 드러난 홈. ¶옥에도 티가 있다는데 가을 하늘에는 ~ 하나 없구나.〈이희승:청추 수제〉 **2** '언결'의 준말.

얼¹² 명 정신의 줏대. 町넋·혼. ¶한국인의 ~이 담긴 전통문화.

얼(을) 빼다 귀 얼이 빠지게 하다.

얼-³ [접두] **1** 명사 위에 붙어서, '되다가 덜 된', '똑똑하지 못한'의 뜻을 나타내는 말. ¶~개화 / ~시조. **2** 동사 위에 붙어서, '여러 가지가 뒤섞여', '분명하지 못하게'의 뜻을 나타내는 말. ¶~넘어가다 / ~버무리다.

얼-간 명 소금을 조금 뿌려서 약간 간을 절이는 것. =담염(淡鹽). ¶~ 고등어 / ~ 자반.

얼간-하다 통(여)

얼간-망둥이 명

얼간-이 명 [대충 간을 맞춘 것처럼 조금 모자란다는 뜻] 됨됨이가 변변하지 못하고 모자라는 사람을 낮추보아 이르는 말. =얼간망둥이.

얼-갈이 명 **1** 논밭을 겨울에 대강 갈아엎는 일. **2** 푸성귀를 겨울에 심는 일. 또는, 그 푸성귀. **얼!갈이-하다** 통(타)(여)

얼!갈이-김치 명 얼갈이배추로 담근 김치.

얼!갈이-배추 명 겨울에 심어 가꾸는 배추.

얼개 명 사물의 짜임새나 구조. ¶기계의 ~ / 소설의 기본적 ~를 잡다.

얼거리 명 일의 골자만을 대강 추려 잡은 전체의 윤곽.

얼결-에[-껼-] 뷔 '얼떨결에'의 준말. ¶하도 조르는 바람에 ~ 승낙하고 말았다.

얼굴 명 **1** 사람의 눈·코·입·이마·턱 및 두 뺨과 두 귀 등이 있는 머리의 앞면. 또는, 그 전체적 윤곽이나 생김새. =용안(容顔). 町안면(顔面). ¶잘생긴 ~ / 복스러운 ~ / ~이 예쁘다. **2** 사람의 감정이나 체면 등을 드러내는 부분으로서의 머리 앞면. 町낯·체면·면목. ¶~을 맞다 / ~을 세워 주다 / 네 아버지 ~을 봐서 이번만은 용서해 주겠다. **3** 어떤 존재로서의 '인물'을 달리 이르는 말. ¶영화계의 새 ~. **4** 어느 곳에서의 사람의 모습. ¶학교 앞 카페에 가면 으레 아는 ~을 몇 명쯤 만날 수 있다. **5** 사물을 대표하거나 그 진면목을 보여 주는 존재. ¶서울은 대한민국의 ~이다.

유의어	얼굴 / 낯

'**낯**'이 머리의 앞면 전체를 미분화된 상태로만 이르는 말이라면, '**얼굴**'은 국부적(局部的)인 상태에 대해서도 이를 수 있음. (¶**얼굴**에 점이[흉터가] 있다.(○) / **낯**에 점이[흉터가] 있다.(✕)) 그리고 '**얼굴**'이 전체적 윤곽이나 생김새를 가리킬 수 있는 반면, '**낯**'은 그럴 수 없음. (¶**얼굴**이 둥글다[예쁘다](○) / **낯**이 둥글다[예쁘다](✕)) 또, '**낯**'이 다소 비하하는 어감을 가져서 윗사람에 대해서는 사용할 수 없는 반면, '**얼굴**'은 윗사람과 아랫사람에게 모두 사용할 수 있음.

[**얼굴에 모닥불을 담아 붓듯**] 매우 부끄러운 일을 당하여 얼굴이 뜨거움의 비유.

얼굴(이) 붉히다 귀 부끄럽게 여기거나 화를 내어 얼굴빛을 붉게 하다. ¶사소한 일로 ~.

얼굴에 똥칠[먹칠]을 하다 귀 명예·체면을 손상시키는 짓을 하다.

얼굴에 철판을 깔다 귀 염치나 체면도 없이 몹시 뻔뻔스럽다. ¶**얼굴에 철판을 깔지** 않고서야 어떻게 그런 짓을 할 수 있겠는가.

얼굴에 침 뱉다 귀 맞대 놓고 모욕을 주다.

얼굴을 고치다 귀 화장을 새로 하다. ¶거기서 그녀는 핸드백을 열고 천천히 **얼굴을 고쳤다**.〈황순원:일월〉

얼굴을 깎다 귀 체면을 잃게 만들다. ¶남의 흉을 보는 것은 스스로 제 **얼굴을 깎는** 짓이다.

얼굴을 내밀다 귀 모습을 나타내다. ¶영화판에 ~.

얼굴을 하다 귀 (어떤) 표정을 짓다. ¶화난 ~.

얼굴이 두껍다 귀 부끄럼이나 거리낌이 없이 뻔뻔하다.

얼굴이 뜨겁다 귀 부끄러운 일을 당하여 남을 대할 면목이 없다. ¶그가 내 치부를 들추는 바람에 **얼굴이 뜨거워** 혼났다.

얼굴이 반쪽이 되다 귀 앓거나 고통을 겪거나 하여 얼굴이 몹시 수척해지다.

얼굴이 팔리다 귀 세상에 널리 알려지게 되다. 유명해지다.

얼굴이 피다 귀 얼굴에 살이 오르고 화색이 돌다. ¶**얼굴이 핀** 것을 보니 형편이 좋아진 모양이다.

얼굴-값[-깝] 명 (주로 '하다', '못하다'와 함께 쓰여) **1** 잘생긴 얼굴에 걸맞거나 어울림직한 바른 행동. 町인물값. ¶그는 제 ~도 못하는 놈이야. **2** (반어적으로 쓰여) (주로 여자가) 예쁜 얼굴을 가지고 좋지 못한 행실을 보이는 상태. ¶"세상에 시집도 안 간 게 집애가 아기를 낳다니…얼굴이 반반하게 생겼다 했더니 기어코 ~을 하는구먼."《최인욱:전봉준》

얼굴-마담 (-🅂madame) 몡 **1** 술집이나 다방에서 얼굴이 예쁘고 경험이 많아 손님을 끄는 구실을 하는 마담. **2** 실권은 없으나 대의명분상 대표 구실을 하는 사람. ¶그는 말이 회장이지 사실은 ~에 불과하다.

얼굴-빛 [-삗] 몡 얼굴에 나타나는 표정이나 얼굴의 빛깔. =면색(面色)·얼굴색. ⓑ낯빛·안색(顔色). ¶~이 희다 / 돈 얘기를 꺼내자 그는 금세 ~이 변했다.

얼굴빛이 붉으락푸르락하다 귀 극도의 분노와 흥분을 참지 못해서 안색이 상기되었다 창백해졌다 하다. ¶화가 나서 ~.

얼굴-색 (-色) 몡 =얼굴빛.

얼굴-형 (-型) 몡 얼굴 외곽의 특징적인 형태. ¶둥근 / 네모난 ~.

얼근덜근-하다 혱여 (맛이) 맵고도 달다. 짝얄근달근하다.

얼근-하다 혱여 **1** 매운맛으로 입 안이 얼얼하다. ¶얼근한 찌개 국물. **2** 술기운이 몸에 돌기 시작하는 상태에 있다. 짝얄근하다. 얼근-히 튀¶술에 ~ 취하다.

> 유의어 **얼근하다 / 거나하다**
> 둘 다 술에 취한 상태를 가리키나, '얼근하다'가 몇 잔 정도 마신 뒤에 취기를 느끼기 시작하는 상태를 가리키는 데 비해, '거나하다'는 술을 꽤 마신 상태에서 정신적 판단력을 웬만큼 유지하면서 기분 좋을 만큼 취한 것을 가리킴.

얼금-뱅이 몡 얼굴이 얼금얼금 얽은 사람. 짝얄금뱅이.

얼금-숨숨 튀 굵고 얕게 얽은 자국이 밴 모양. 짝얄금솜솜. **얼금숨숨-하다** 혱여

얼금-얼금 튀 굵고 얕게 얽은 자국이 여기저기 성긴 모양. ¶얼굴이 ~ 얽다. 짝얄금얄금. **얼금얼금-하다** 혱여

얼기-설기 튀 실같이 연하고 가는 것이 이리저리 얽힌 모양. ¶저만치 골목 막다른 곳에 누런 시멘트 부대 종이를 흰 실로 ─ 얽어맨 철호네 집 방문이 보였다.《이범선:오발탄》 짝알기살기. 귀얼키설키. **얼기설기-하다**

얼김-에 [-낌-] 튀 어떤 일이 벌어지는 바람에 자기도 모르게. ¶다들 부산스레 하나씩 사는 것을 보고 ~ 나도 하나 사 버렸다.

얼-넘기다 [-럼-] 동타 (일을) 대충 얼버무려 넘기다.

얼-녹다 [-록따] 동자 얼다가 녹다가 하다. =어녹다.

얼ː다 {얼고 / 얼어} 동자 《어느, 이오》 **1** (물이나 액체 상태의 물질, 또는 물기를 가진 물체가) 영하의 온도에 의해 고체 상태의 물질로 굳어지다. ¶얼음이 꽁꽁 ~. **2** (사람의 몸이) 추위로 뻣뻣해질 만큼 차가워지다. ¶손발이 ~. **3** (어떤 사람이) 두려움이나 긴장을 일으키는 분위기나 사람 앞에서 자연스럽게 나 행동이 활발하지 못하고 부자연스럽게 되다. ⓑ위축되다. ¶그는 마이크 앞에 서자 **얼어서** 말이 안 나왔다. **4** (허가) 술에 취하여 굳어지다. ¶만취하여 혀가 ~. **5** [농] 누에게 주기 위하여 따 놓은 뽕잎이 시들다.

[언 발에 오줌 누기] 잠시의 효력은 있으나 곧 그 효력이 없어지고 마는 짓의 비유.

얼어 죽다 귀 못마땅하게 여겨 얼토당토않다는 뜻으로 하는 말. ¶네까짓 놈이 대학은 무슨 ~ 대학이냐?

얼-더듬다 [-따] 동재 이 말 저 말 뒤섞어 잘 알아들을 수 없는 말을 하다. ¶그는 뭔가 켕기는 게 있는지 횡설수설하며 **얼더듬었다**.

얼떨결-에 [-껼-] 튀 정신이 얼떨떨한 판에. ¶~ 승낙하다. 짝얼결에. ✕얼떨김에.

얼떨김-에 튀 '얼떨결에'의 잘못.

얼떨떨-하다 혱여 정신이 매우 얼떨하다. =떨떨하다. ¶그녀는 내 청혼이 하도 뜻밖이라 **얼떨떨한지** 나를 빤히 쳐다보기만 했다.

얼떨-하다 혱여 **1** 뜻밖이어서 어리둥절하거나, 판단을 내리지 못할 만큼 정신이 흐리멍덩하다. **2** 골이 울리고 아프다.

얼-뜨기 몡 흐리멍덩하고 어리석은 사람. 경멸적인 말. ⓑ어리보기.

얼ː-뜨다 혱 {~뜨니, ~떠} (사람이) 야무진 데가 없이 흐리멍덩하고 어리석다. ¶"그따위 **얼뜬** 짓 하러 다니느라 이 추위에 목도리까지 빠뜨리고 다니냐?"《염상섭:삼대》

얼락-녹을락 [-랑-] 튀 (얼었다 녹았다 한다는 뜻) 어떤 대상을 다잡았다 늦추었다, 칭찬했다 깎아내렸다, 가까이했다 멀리했다 하는 모양. **얼락녹을락-하다** 동재

얼러꿍-덜러꿍 튀 수수선하게 몹시 얼룩덜룩한 모양. 짝알라꿍달라꿍. **얼러꿍덜러꿍-하다** 혱여

얼ː러-맞추다 [-맏-] 동타 그럴듯하게 남의 비위를 맞추다. ¶적당한 말로 ~.

얼러-방망이 몡 '올러방망이'의 잘못.

얼ː-붙다 [-붇따] 동자 여럿이 어우러져 한데 붙다.

얼ː러-치다 동타 **1** 둘 이상의 것을 한꺼번에 때리다. **2** 둘 이상의 것의 값을 함께 셈하다.

얼럭 본바탕에 다른 빛깔이나 점이 섞이 모양이나 자취. 짝알락.

얼럭-광대 [-꽝-] 몡 '어릿광대'에 대하여, 본격적인 연희를 하는 광대를 이르는 말.

얼럭-덜럭 [-떨-] 튀 여러 빛깔의 점이나 줄이 고르지 못하게 무늬를 이룬 모양. 짝알락달락. **얼럭덜럭-하다** 혱여 ¶털빛이 **얼럭덜럭한** 강아지.

얼럭-말 [-렁-] 몡 =얼룩말.

얼럭-소 [-쏘] 몡 =얼룩소.

얼럭-얼럭 여러 빛깔의 점이나 줄이 고르게 이룬 무늬가 밴 모양. 짝알락알락. **얼럭얼럭-하다** 혱여

얼럭-지다 [-찌-] 동자 **1** 얼럭이 생기다. **2** 일의 처리가 공평하지 못하게 되다.

얼렁-거리다/-대다 동재 교묘한 말과 짓으로 남의 비위를 맞추다. ⓑ얼씬거리다. 짝알랑거리다.

얼렁-뚱땅 튀 남이 잘 의식하지 않는 사이에 슬쩍 속이거나 적당히 넘겨 버리는 모양. ⓑ엄벙뗑. ¶이번 일은 ~ 넘어가지 않을 걸세. **얼렁뚱땅-하다** 동타재

얼렁-쇠 [-쇠/-쉐] 몡 얼렁거리는 사람. 짝알랑쇠.

얼렁-수 [-쑤] 몡 얼렁뚱땅하여 교묘히 남을 속이는 수단. ¶그따위 ~에 내가 또 넘어갈 줄 알아? 짝알랑수.

얼렁-얼렁 튀 얼렁거리는 모양. 짝알랑알랑. **얼렁얼렁-하다** 동재

얼ː렁-장사 몡 여러 사람이 밑천을 어울러서

하는 장사. ×어리장사.
얼레 몡 연줄·낚싯줄 따위를 감는 데 쓰는 기구. ¶~를 감다[풀다].
얼레-빗[-빋] 몡 빗살이 굵고 성긴 빗. =월소(月梳). ↔참빗.
얼레지 몡[식] 백합과의 여러해살이풀. 초봄에 홍자색의 꽃이 핌. 어린잎은 먹으며, 비늘줄기는 약으로 씀. 산의 기름진 땅에 절로 남.
얼레짓-가루[-지까-/-진까-] 몡 얼레지의 땅속줄기에서 뽑아낸 녹말. 흔히 물에 타서 먹음.
얼루기 몡 얼룩얼룩한 무늬나 점. 또는, 그러한 짐승이나 물건. 좐알로기.
얼루룩-덜루룩[-떨-] 用 여러 가지 어두운 빛깔의 점이나 줄 따위가 조금 성기고 고르지 않게 무늬를 이룬 모양. 좐알로록달로록. **얼루룩덜루룩-하다** 혱여
얼루룩-얼루룩 用 여러 가지 어두운 빛깔의 점이나 줄 따위가 조금 성기고 고르게 무늬를 이룬 모양. 좐알로록알로록. **얼루룩얼루룩-하다** 혱여 ¶커튼의 무늬가 ~.
얼루룽-덜루룽 用 여러 가지 빛깔의 크고 뚜렷한 점이나 줄 따위가 고르지 않고 조금 성기게 무늬를 이룬 모양. 좐알로롱달로롱. **얼루룽덜루룽-하다** 혱여
얼루룽-얼루룽 用 여러 가지 빛깔의 크고 뚜렷한 점이나 줄 따위가 고르고 조금 성기게 무늬를 이룬 모양. 좐알로롱알로롱. **얼루룽얼루룽-하다** 혱여
얼룩 몡 어떤 물체의 바탕에 다른 빛깔의 액체 따위가 젖거나 스미거나 하여 잘 지워지지 않게 남은 자국이나 더러움. ¶옷에 ~이 생기다[지다] / ~을 빼다.
얼룩-덜룩[-떨-] 用 여러 빛깔의 점이나 줄이 고르지 않게 이룬 무늬가 밴 모양. 좐알록달록. **얼룩덜룩-하다** 혱여 ¶벽이 빗물로 ~ / 그는 얼룩덜룩한 옷을 즐겨 입는다.
얼룩-말[-룽-] 몡[동] 포유류 말과 얼룩말속의 짐승의 총칭. 말보다는 조금 작으며, 흰색 또는 담황색 바탕에 검은 줄무늬가 있음. 초원에 떼 지어 사는데, 성질이 사나움. =얼럭말·화마(花馬). ×워라말.
얼룩-무늬 몡 얼룩진 무늬.
얼룩-빼기 몡 겉이 얼룩진 동물이나 물건.
얼룩-소[-쏘] 몡 털빛이 얼룩얼룩한 소. =얼럭소. ¶엄마 소도 ~, 엄마 닮았네.
얼룩-송아지[-쏭-] 몡 털빛이 얼룩얼룩한 송아지.
얼룩-얼룩 用 여러 빛깔이나 줄로 고르게 이루어진 무늬가 밴 모양. 좐알록알록. **얼룩얼룩-하다** 혱여
얼룩-이 몡 '얼루기'의 잘못.
얼룩-점(-點)[-쩜] 몡 물건에 박힌 얼룩얼룩한 점. 좐알록점.
얼룩-지다[-찌-] 톤(자) 1 거죽에 얼룩이 생기다. 뎨어루러지다. ¶눈물로 **얼룩진** 얼굴 / 땀으로 **얼룩진** 옷. 2 (추상적 대상이) 좋지 못한 것이 섞여 말끔하지 않은 상태가 되다. ¶눈물과 한숨으로 **얼룩진** 세월.
얼룽-덜룽 用 여러 가지 빛깔의 크고 뚜렷한 점이나 줄 따위가 고르지 않고 촘촘하게 무늬를 이룬 모양. 좐알롱달롱. **얼룽덜룽-하다** 혱여
얼룽-얼룽 用 여러 가지 빛깔의 크고 뚜렷한 점이나 줄 따위가 고르고 촘촘하게 무늬를 이룬 모양. 좐알롱알롱. **얼룽얼룽-하다** 혱여

얼룽-이 몡 얼룽얼룽한 점이나 무늬. 또는, 그런 점이나 무늬가 있는 짐승이나 물건. 준얼룽.
얼른 用 시간을 끌지 말고 곧. ¶늦었으니 ~ 가자. / 식기 전에 ~ 먹어라.
얼른-거리다/-대다 톤(자) 1 무엇이 자꾸 보이다 말다 하다. 2 큰 무늬나 비치는 그림자 등이 물결 지어 자꾸 움직이다. 좐알른거리다.
얼른-얼른 用 얼른거리는 모양. 좐알른알른. **얼른얼른-하다** 톤(자)여
얼른-얼른[2] 用 '얼른'의 힘줌말. ¶일을 ~ 끝내고 퇴근합시다.
얼!-리다[1] 톤 1 '어울리다'의 준말. ¶친구들과 잘 ~. 2 (연이) 서로 얽히게 되다. [2] 톤 어울리게 하다.
얼-리다[2] 톤(타) '얼다¹'의 사동사. ¶물을 ~ / 생선을 얼려 보관하다.
얼마 1 말하는 사람이 수량·분량 등을 모를 때, 그 수치적 크기를 묻는 뜻으로 쓰는 말. 주로 값·시간적 길이·공간적 길이·무게·부피·넓이·압력 등의 수량·분량을 가리킴. ¶이 책은 ~요? / 나보고 ~를 더 기다리라는 말이오? 2 수량·분량 등을 뚜렷이 밝히지 않고 말할 때 쓰는 말. 또는, 수량이나 분량 등을 뚜렷이 밝히지는 않으나 비교적 적은 것임을 가리키는 말. ¶나는 값이 ~라는 것만 알 뿐 내용은 모른다. / 나는 거기서 일을 다 보고도 ~를 더 기다렸다. 3 수량이나 정도를 특별히 한정하지 않음을 나타내는 말. ¶돈은 ~를 벌든지 상관 않겠다. / 나는 ~든지 널 용서할 수 있다.
얼마-간(-間) 몡 일정한 수에서 얼마만큼을 이르는 말. ¶~의 여유를 주시오.
얼마-나 用 (반어 의문문 속에 쓰이거나 '-ㄴ지 모른다'와 함께 쓰여) 서술어를 강한 긍정의 뜻으로 꾸며 주는 말. ¶그리던 어머니를 만났으니 ~ 반가울까?
얼!-마르다 톤(자)른 <~마르니, ~말라> 얼어가며 차차 마르다.
얼-마큼 '얼마만큼'이 준 말. ¶인원이 ~ 더 필요하냐?
얼-맞다[-맏-] 혱 정도에 넘치거나 모자라지 않다. 좐알맞다.
얼멍-덜멍 用 죽이나 풀 따위가 잘 풀어지지 않고 덩어리져 있는 모양. **얼멍덜멍-하다** 혱여
얼멍-얼멍 用 1 죽이나 풀 따위가 잘 풀어지지 않은 모양. 2 실이나 털로 짠 물건의 밑바닥이 곱지 못하고 거친 모양. **얼멍얼멍-하다** 혱여
얼밋-얼밋[-믿-믿] 用 1 (일이나 기한을) 자꾸 어름거리며 미루는 모양. 2 자기의 허물을 남에게 넘기려고 하는 모양. 좐알밋알밋. **얼밋얼밋-하다** 톤(자)여
얼-버무리다 톤(타) 1 답변하기가 어려워 말을 분명하지 않게 하거나 적당히 대충 하다. ¶나는 그의 서슬 퍼런 추궁에 임기응변으로 대답을 **얼버무렸다**. 2 (어떤 일을) 분명하게 처리하지 않고 얼렁뚱땅 넘기다. ¶그들은 그 사건을 적당히 **얼버무리려** 들었다. 3 (음식을) 잘 씹지 않고 삼키다.
얼!-보다 톤(타) 1 똑똑하게 보지 못하다. ¶**얼보아서** 범인의 얼굴을 기억할 수 없다. 2 바로 보지 못하다.
얼!보-이다 톤(자) '얼보다'의 피동사.

얼¹-부풀다 〖자〗〈~부푸니, ~부푸오〉얼어서 부풀어 오르다. ¶강과 산이 **얼부풀어** 둥글되었고 하늘과 땅은 백설로 덮여 있다.《박종화:매화·설매·매화주》

얼¹-비치다 〖자〗빛이 눈에 반사되게 비치다.

얼¹-빠지다 〖자〗정신이 없어지다. 정신이 혼란해지다. ¶**얼빠진** 소리 그만 해라./**얼빠진** 사람처럼 멍하니 앉아 있다.

얼-뺨 →**얼뺨을 붙이다** 〖구〗얼떨결에 뺨을 때리다. ¶화가 난 남편은 소리를 지르며 아내의 **얼뺨을** 붙였다.

얼싸 〖감〗1 흥겨워 내는 소리. ¶~ 좋네. 2 =얼씨구2.

얼싸-둥둥 Ⅰ〖감〗흥겨워 아기를 어르는 소리. ¶~ 우리 아기.
Ⅱ〖부〗남의 운에 끌려 멋모르고 행동하는 모양. ¶~ 태평이네.

얼싸-안다[-따]〖동〗〖타〗두 팔을 벌리어 껴안다. ¶전장터에서 살아 돌아온 아들을 **얼싸안고** 눈물을 흘리다.

얼싸-절싸 〖부〗1 흥겨워 뛰노는 모양. 2 중간에서 양편이 다 해롭지 않도록 주선하는 모양. **얼싸절싸-하다** 〖자여〗

얼수 〖감〗탈춤을 출 때, 춤을 추는 사람이나 관객이 흥에 겨워 내는 소리.

얼쑹-덜쑹 〖부〗여러 가지 빛깔로 된 점이나 줄이 고르지 않게 무늬를 이룬 모양. 〖작〗알쏭달쏭. **얼쑹덜쑹-하다** 〖형여〗

얼쑹-얼쑹 〖부〗1 여러 가지 빛깔로 된 점이나 줄이 고르게 무늬를 이룬 모양. 2 보기에나 생각하기에 희미해서 분명하지 않은 모양. 〖작〗알쏭알쏭. **얼쑹얼쑹-하다** 〖형여〗

얼씨 〖감〗1 흥겨워 떠들 때 가볍게 장단을 맞추며 내는 소리. ¶~ 좋다. /~ 경사 났네. 2 보기에 아니꼬울 때에 조롱으로 하는 소리. ≒얼싸. ¶~ 잘들 논다.

얼씨구나 〖감〗'얼씨구'의 힘줌말.

얼씨구나-절씨구나 〖감〗'얼씨구절씨구'의 힘줌말.

얼씨구-절씨구 〖감〗흥겨워 장단으로 내는 소리. ¶~ 지화자 좋다.

얼씬 〖부〗무엇이 눈앞에 얼른 나타나는 모양. 〖작〗알씬. ¶이 근처엔 ~ 못 하도록 단단히 야단을 쳤다. **얼씬-하다** 〖자여〗¶다시는 내 눈앞에 **얼씬하지** 마라.

얼씬-거리다/-대다 〖동〗〖자〗1 눈앞에 자꾸 나타나다. ¶요즘은 우리 집에 **얼씬거리지도** 않는다. 2 교활한 말과 행동으로 잇따라 남의 비위를 똑 맞추다. 〖비〗얼렁거리다. 〖작〗알씬거리다.

얼씬-얼씬 〖부〗얼씬거리는 모양. 〖작〗알씬알씬. **얼씬얼씬-하다** 〖자여〗¶저만치 가서 놀지, 왜 앞에서 귀찮게 **얼씬얼씬하니**?

얼어-붙다[-붙따]〖동〗〖자〗(물건·동작 따위가) 얼어서 꽉 들러붙다. ¶공포로 온몸이 ~ /너무 추워서 강물이 꽁꽁 **얼어붙었다**.

얼얼-하다 〖형여〗1 맵거나 독하여 혀끝이 몹시 아리고 쏘는 느낌이 있다. ¶고추가 너무 매운지 혀가 ~. 2 (부딪거나 맞은 자리가) 둔하게 아리다. ¶얻어맞은 뺨이 ~. 〖작〗알알하다.

얼¹-없다¹[-업따]〖형〗조금도 틀리지 않고 똑같다. **얼¹없-이**〖부〗

얼¹-없다²[-업따]〖형〗제정신이 아니게 멍하다. **얼¹없-이**²〖부〗¶길진이는 아내를 곱게 눕힌 뒤에도 또 한참 ~ 앉았었다.

얼-요기(-療飢)[-료-]〖명〗충분치 못하나마 대강 하는 요기. ¶밥이 될 때까지 인절미로 ~나 하시지요.

얼-음 〖명〗물이 얼어 굳어진 물질. ¶~이 얼다〖녹다〗/~을 깨다.

얼음(이) 박이다 〖구〗어느 신체 부위에 동상이 생기다. ¶발가락에 ~.

얼음-과자(-菓子)〖명〗=빙과(氷菓).

얼음-길[-낄]〖명〗얼음이 깔려 있는 길. ¶~에서 미끄러지다.

얼음-낚시[-낙씨]〖명〗겨울에 강이나 저수지의 얼음을 둥그렇게 뚫고 하는 낚시.

얼음-덩이 〖명〗=얼음의 덩어리.

얼음-물 〖명〗1 얼음을 넣어 차게 한 물. 2 얼음처럼 차가운 물.

얼음-베개 〖명〗머리를 차게 하기 위하여 베는 베개. 고무 따위로 만들어 그 속에 얼음을 넣음. =빙침(氷枕).

얼음-사탕(-沙糖*)〖명〗얼음 조각같이 결정시켜 만든 사탕. ≒빙당(氷糖).

얼음-장[-짱]〖명〗넓은 조각의 얼음.

얼음장 같다 〖구〗매우 차다. ¶손이 ~ /방바닥이 ~ /그 사람은 냉정하기가 ~.

얼음-주머니 〖명〗속에 얼음을 넣어 열이 높은 환자의 머리나 상처에 대는 주머니.

얼음-지치기 〖명〗얼음 위를 지치는 운동이나 놀이. **얼음지치기-하다** 〖자여〗

얼음-집[-찝]〖명〗=이글루1.

얼음-찜질 〖명〗찜질의 하나. 몸의 어느 부분에 얼음을 대어 열을 내리게 하는 일. **얼음찜질-하다** 〖자여〗

얼음-판 〖명〗얼음이 넓게 얼어 있는, 길이나 땅 등의 바닥. 〖비〗빙판. ¶~에서 미끄러지다.

얼-짱 〖명〗〖속〗어떤 집단이나 사이버 공간에서 얼굴이 가장 예쁘거나 잘생긴 사람.

얼쩍지근-하다[-찌-]〖형여〗1 살이 얼얼하게 아프다. 2 음식의 맛이 조금 맵다. ¶김치찌개가 ~. 3 술이 알맞게 취하다. 4 사람과의 관계나 알음알음이 있어 조금 인연이 있는 듯하다. 〖준〗얼쩍근하다. 〖작〗알짝지근하다.

얼쩡-거리다/-대다 〖동〗〖자타〗1 얼렁거리며 남을 속이다. 2 하는 일도 없이 자꾸 돌아다니다. ¶공연히 **얼쩡거리지** 말고 집에 돌아가거라. 〖작〗알쩡거리다.

얼쩡-얼쩡 〖부〗얼쩡거리는 모양. 〖작〗알쩡알쩡. **얼쩡얼쩡-하다** 〖자타여〗

얼쯤 〖부〗주춤거리는 모양. **얼쯤-하다** 〖동〗〖자여〗

얼쯤-얼쯤 〖부〗잇달아 주춤거리는 모양. **얼쯤얼쯤-하다** 〖자여〗

얼찐-거리다/-대다 〖동〗〖자〗가까이 붙어서 자꾸 아첨하는 태도를 보이다. 〖작〗알찐거리다.

얼찐-얼찐 〖부〗얼찐거리는 모양. 〖작〗알찐알찐. **얼찐얼찐-하다** 〖자여〗

얼¹-차려 군대에서, 군기를 바로잡기 위해 상급자가 하급자에게 때리지는 않는 상태에서 육체적 고통을 가하는 일. 〖비〗기합.

얼추 〖부〗1 어지간한 정도로 대충. ¶기초 공사를 ~ 해 놓다. 2 어떤 기준에 거의 가깝게. ¶약속 시간이 ~ 되 있다.

얼추-잡다[-따]〖동〗〖타〗(대상의 수량을) 대강 짐작하여 가늠하다. 〖비〗어림잡다. ¶**얼추잡아**도 손님이 백 명은 넘을 거야.

얼-치기 〖명〗1 이것도 저것도 아닌 중간치기. ¶일본 군복을 뜯어 만든 광조의 옷은 한복도 아니고 양복은 더구나 아닌 ~였다.《조정래:태백산맥》2 탐탁하지 않은 사람. 3 이것저것 조금씩 섞인 것.

얼크러-뜨리다/-트리다 〖동〗〖타〗얼크러지게

하다.
얼크러-지다 통(자) 일이나 물건이 이리저리 몹시 얽히다. ¶털실이 ~.
얼큰-하다 형여 '얼근하다'의 거센말. ¶찌개 국물이 ~. 짝알큰하다. **얼큰-히** 부 ¶~ 취하다.
얼키-설키 부 '얽기설기'의 거센말. **얼키설키-하다** 형여
얼토당토-아니하다 형여 1 전혀 관계가 없다. ¶**얼토당토아니한** 사람이 범인으로 몰리다. 2 전혀 합당하지 않다. ¶**얼토당토아니한** 말. 준얼토당토않다.
얼토당토-않다 [-안타] 형 '얼토당토아니하다'의 준말. ¶**얼토당토않은** 소문.
얼핏 [-핃] 부 어느 순간에 잠깐. 비언뜻. ¶그의 얼굴을 먼발치로 ~ 보다.
얼핏-얼핏 [-핃핃] 부 어느 순간마다 잠깐 잠깐. 비언뜻언뜻. ¶그 순간 그의 머릿속에는 여러 가지 생각이 ~ 스치고 지나갔다.
얽다¹ [억따] 통 1 얼굴에 마맛자국이 생기다. ¶얼굴이 살짝 ~. 2 물건의 겉에 흠이 많이 나다. 짝알다. 참고 '얽-'은 다음에 오는 어미의 첫소리가 ㄱ일 때에는 [얼로, 그 외의 자음일 경우에는 [억]으로 소리 남. 곧, '얽고'는 [얼꼬], '얽지'는 [억찌]로 소리 남.
얽다² [억따] 통(타) 1 (노끈이나 줄 따위로) 이리저리 걸어서 묶다. 2 없는 일을 있는 것처럼 이러저러하게 꾸미다. ¶그는 엉뚱한 사건에서 나를 **얽어** 넣었다. (참고) '얽-'은 다음에 오는 어미의 첫소리가 ㄱ일 때에는 [얼로, 그 외의 자음일 경우에는 [억]으로 소리 남. 곧, '얽고'는 [얼꼬], '얽지'는 [억찌]로 소리 남.
얽둑-빼기 [억뚝-] 명 얼굴이 흉하게 얽둑얽둑 얽은 사람. 짝암둑빼기.
얽둑-얽둑 [억뚝억뚝] 부 굵고 깊게 얽은 자국이 성기게 난 모양. 짝암둑암둑. **얽둑얽둑-하다** 형여 ¶마맛자국이 **얽둑얽둑한** 얼굴.
얽-매다 [엉-] 통(타)
얽매-이다 [엉-] 통(자) '얽매다'의 피동사. ¶직장에 ~ / 돈에 ~ / 그는 무슨 일에나 **얽매이는** 것을 싫어한다.
얽-빼기 [억-] 명 얼굴에 얽은 자국이 많은 사람.
얽어-매다 통(타) 1 얽어서 동여매다. ¶죄인을 포승으로 단단히 ~. 2 마음대로 할 수 없도록 구속하다. =얽매다. ¶장릿벼로 소작인들을 ~.
얽적-빼기 [억적-] 명 얼굴이 얽적얽적 얽은 사람. 짝암작빼기.
얽적-얽적 [억적억적] 부 얼굴에 잘고 굵은 것이 섞여 얕게 얽은 자국이 밴 모양. 짝암작암작. **얽적얽적-하다** 형여
얽죽-얽죽 [억쭉억쭉] 부 얼굴에 잘고 굵은 것이 섞여 깊이 얽은 자국이 밴 모양. 짝암족암족. **얽죽얽죽-하다** 형여
얽히고-설키다 [얼키-] 통(자) (일·생각이) 몹시 복잡하게 되다. ¶**얽히고설킨** 인간관계.
얽-히다 [얼키-] 통(자) 1 '얽다'의 피동사. ¶잠자리가 거미줄에 ~ / 뇌물 수수 사건에 **얽혀** ~. 3 얽어 감기다. ¶실이 ~. 4 (일·생각 등이) 복잡해지다. ¶사건이 묘하게 **얽혔다.** 5 어떤 사실이 관련되다. ¶수선화에 **얽힌** 사연.

엄부렁하다 •1265
엄 명[경] '어음'¹의 잘못.
엄격 (嚴格) [-격] →**엄격-하다** [-껴카-] 형여 (말·태도·규율 등이) 매우 엄하고 철저하다. 비엄준(嚴峻). ¶**엄격한** 규칙 / 가정교육이 ~. **엄격-히** 부 ¶~ 다스리다.
엄금 (嚴禁) 명 (어떤 일을) 엄하게 금지하는 것. ¶출입 ~ / 화기(火氣) ~. **엄금-하다** 통(타)여 ¶음주 운전을 ~. **엄금-되다** 통(자)여
엄!-니 명[생] 매우 크고 날카롭게 발달한 포유동물의 이. 호랑이·멧돼지·사자 등은 송곳니가 발달한 것이고, 코끼리는 앞니가 발달한 것임.
엄단 (嚴斷) 명 (어떤 일이나 대상을) 엄중히 처단하는 것. **엄단-하다** 통(타)여
엄달 (嚴達) 명 엄히 명령을 내리는 것. **엄달-하다** 통(타)여
엄!-대 [-때] 명 예전에, 외상으로 물건을 팔 때 물건 값을 표시하던, 길고 짧은 금을 새긴 막대기.
엄!대-질 [-때-] 명 엄대를 가지고 하는 외상 거래. **엄!대질-하다** 통(자)여
엄동 (嚴冬) 명 몹시 추운 겨울. =융동.
엄동-설한 (嚴冬雪寒) 명 눈이 오고 몹시 추운 겨울.
엄두 명 (주로 부정적인 말과 쓰여) 감히 무엇을 하려는 마음. ¶~를 못 내다 / 너무 추워 밖에 나갈 ~가 안 난다.
엄마 명 1 어린아이가 '어머니'를 호칭 또는 지칭하는 말. 오늘날에는 이 말을 쓰는 사람이 어린아이에 국한되지 않고 청장년층에까지 확대되는 추세에 있음. '어머니'에 비해 좀 더 정감 있는 어감을 가짐. ¶우리 ~는 피아노를 잘 치십니다. 2 어린 자녀 이름 뒤에 붙여, 자기 아내를 호칭 또는 지칭하는 말. ¶미란 ~가 오늘쯤 찾아뵐 겁니다.
엄매 부 =음매.
엄명 (嚴命) 명 엄하게 명령하는 것, 또는 그 명령. ¶~을 내리다. **엄명-하다** 통(타)여
엄밀 (嚴密) →**엄밀-하다** 형여 1 매우 비밀하다. 2 엄중하고 세밀하여 빈틈이 없다. ¶**엄밀한** 조사 / 경기의 심판은 **엄밀하게** 보다. **엄밀-히** 부 ¶법을 ~ 집행하다.
엄발-나다 [-라-] 통(자) 빗나가는 태도가 있다. ¶**엄발나는** 사람 없이 모두 협력하다.
엄벌 (嚴罰) 명 엄하게 벌을 주는 것, 또는 그 벌. ¶~에 처하다. **엄벌-하다** 통(타)여
엄벙-덤벙 부 차분함이나 신중함이 없이 되는대로 대충 하는 모양. ¶일을 ~ 처리하다.
엄벙덤벙-하다 통(자)여 ¶**엄벙덤벙하지** 말고 처음부터 차근차근 말해 보아라.
엄벙-뗑 부 모르는 체하면서 슬쩍 넘어가거나 속이는 모양. ¶얼렁뚱땅. ¶~ 넘어가다.
엄벙뗑-하다 통(자)여 ¶"공연히 김 의판이 들쑤셔 내서 **엄벙뗑하고** 돈푼이라도 갚아먹으려고 그러는 것을, 그걸 왜 짐작을 못 하셔?"《염상섭:삼대》
엄벙-하다 형여 1 말이나 짓이 실속이 없이 과장되어 있다. 2 일을 슬쩍 넘겨 어름어름 하는 상태에 있다.
엄부 (嚴父) 명 엄한 아버지. ▷자모(慈母).
엄부럭 명 어린아이처럼 철없이 부리는 억지나 엄살 또는 심술. ¶~을 떨다 / ~을 부리다.
엄부렁-하다 형여 실속은 없이 겉만 부피가 크고 엉성하다. ¶"집들은 **엄부렁하게** 지어 놨지만, 이젠 내용이 그만큼 충실하게 돼야 해요."《심훈:상록수》

엄비(嚴祕) 명 굳게 지켜야 할 비밀.

엄살 명 고통이나 어려움을 거짓 꾸미거나 실지보다 보태어서 나타내는 태도. ¶~을 부리다 / ~을 피우다 / ~이 심하다 / 별로 아프지도 않으면서 공연히 ~이다. 짱암살. × 옴살. **엄살-하다** 동재여

엄살-궂다[-굳따] 형 엄살스러운 데가 있다.

엄살-꾸러기 명 엄살이 아주 심한 사람.

엄살-떨다 동재〈~떠니, ~떠오〉엄살을 몹시 부리다. ¶아내는 살짝 꼬집기만 해도 눈을 크게 뜨며 **엄살떠는** 남편을 사랑스런 눈길로 흘겨보았다.

엄살-스럽다[-따] 형ㅂ〈~스러우니, ~스러워〉엄살을 부리는 태도가 있다. **엄살스레** 부

엄살-쟁이 명 엄살을 잘 부리는 사람을 얕잡아 이르는 말.

엄선(嚴選) 명 (어떤 대상을) 엄하고 철저하게 가려 뽑는 것. **엄선-하다** 동타여 ¶올림픽에 참가할 국가 대표 선수를 ~. **엄선-되다** 동재 ¶**엄선된** 자료.

엄수(嚴守) 명 어김없이 꼭 지키는 일. ¶차선 ~. **엄수-하다** 동타여 ¶시간을 ~ / 규칙을 ~. **엄수-되다** 동재

엄수[2](嚴修) 명 (의식 따위를) 엄숙하게 치르는 것. **엄수-하다** 동타여

엄숙(嚴肅) →**엄숙-하다**[-수카-] 형여 1 장엄하고 정숙하다. ¶**엄숙한** 분위기. 2 위엄이 있고 정중하다. ¶**엄숙한** 태도 / **엄숙한** 표정. **엄숙-히** 부 ¶허위 증언을 않겠다고 ~ 선서하다.

엄숙-주의(嚴肅主義)[-쭈의/-쭈이] 명 윤 도덕률이나 원리·원칙 등을 매우 엄격하게 고집하는 사고방식이나 입장.

엄습(掩襲) 명 1 (적을) 갑작스레 습격하는 것. 2 (부정적인 현상이 어느 곳이나 사람의 몸이나 마음을) 갑자기 덮치는 상태가 되는 것. **엄습-하다** 동재타여 ¶한파(寒波)가 ~ / 자리에 드니 피로가 **엄습해** 왔다.

엄-시하(嚴侍下) 명 아버지만 살아 계신 처지. ¶~에서 자라다. ↔자시하(慈侍下).

엄¦엄[1](奄奄) →**엄¦엄-하다**[1] 형여 숨이 곧 끊어지려고 하는 상태에 있다. **엄¦엄-히** 부

엄엄[2](嚴嚴) →**엄엄-하다**[2] 형여 매우 엄하다. **엄엄-히** 부[2]

엄연(儼然) →**엄연-하다** 형여 1 사람의 겉모양이나 언행이 엄숙하고 점잖다. ¶소년의 용모가 **엄연하고** 언사가 활달하며….〈구인학 : 설울매〉 2 현상이 뚜렷하여 누구도 감히 부인할 수 없다. ¶지구가 태양의 주위를 돌고 있다는 사실은 **엄연한** 진리이다. **엄연-히** 부 ¶~ 살아 있는 사람을 두고 죽었다는 소문이 돌다.

엄위(嚴威) 명 엄하여 두려운 위풍. **엄위-하다**(嚴威)

엄:이도령(掩耳盜鈴) 명 〔귀를 막고 방울을 훔친다는 뜻〕 모든 사람이 그 잘못을 다 알고 있는데 얄은꾀로 남을 속이려 하니 아무 성과가 없음을 이르는 말.

엄장[1] 명 풍채가 좋은 큰 덩치. ¶하는 짓을 보면 ~이 아깝다.

엄장[2](嚴壯) →**엄장-하다** 형여 1 몸을 가지는 태도가 엄하고 장하다. 2 몸집이 크고 씩씩하다.

엄:적(掩迹) 명 잘못된 형적을 가려 덮는 것. **엄¦적-하다** 동타여

엄¦전-스럽다[-따] 형ㅂ〈~스러우니, ~스러워〉엄전한 데가 있다. **엄¦전스레** 부

엄¦전-하다 형여 하는 짓이 정숙하고 점잖다.

엄절(嚴切) →**엄절-하다** 형여 성질이 매우 엄격하여 맺고 끊은 듯하다. **엄절-히** 부

엄정(嚴正) →**엄정-하다** 형여 엄격하고 바르다. ¶**엄정한** 재판. **엄정-히** 부

엄정-중립(嚴正中立)[-닙] 명 국외중립(局外中立)의 지위를 엄격하게 지켜 전쟁 중인 나라의 어느 쪽도 도와주지 않는 일.

엄존(嚴存) 명 엄연하게 존재하는 것. **엄존-하다** 동재여

엄준(嚴峻) →**엄준-하다** 형여 엄하고 준열하다. 비엄격하다. **엄준-히** 부

엄중(嚴重) →**엄중-하다** 형여 1 엄격하고 정중하다. 2 몹시 엄하다. ¶**엄중한** 처단. 3 예사로 용서할 수 없을 만큼 중대하다. ¶**엄중한** 과오. **엄중-히** 부 ¶다시는 실수 없도록 ~ 경고하다.

엄지 명 '엄지가락'의 준말.

엄지-가락 명 엄지손가락이나 엄지발가락. =거지(巨指). 준엄지.

엄지머리-총각(一總角) 명 일생을 총각으로 지내는 사람. ▷떠꺼머리총각.

엄지-발 명 '엄지발가락'의 준말.

엄지-발가락[-까-] 명 발가락 중 가장 굵은 첫째 발가락. =장지(將指). 준엄지발.

엄지-발톱 명 엄지발가락의 발톱.

엄지-벌레 명 [동]=성충(成蟲)[1].

엄지-손 명 '엄지손가락'의 준말.

엄지-손가락[-까-] 명 손가락 중 가장 굵고 짧은 첫째 손가락. =대지(大指)·무지(拇指)·벽지(擘指). 준엄지손.

엄지-손톱 명 엄지손가락의 손톱.

엄지-족(一族) 명 〈속〉 휴대 전화로 문자 메시지를 보내거나 게임하는 것을 즐기는 부류의 사람. 엄지손가락을 주로 사용한다고 하여 붙인 이름임.

엄지-총 명 짚신이나 미투리의 코빼기 양쪽에 굵게 박은 총.

엄징(嚴懲) 명 엄중히 징벌하는 것. =통징(痛懲). **엄징-하다** 동타여 **엄징-되다** 동재

엄책(嚴責) 명 엄하게 꾸짖는 것. 또는, 그 꾸짖음. **엄책-하다** 동타여

엄처-시하(嚴妻侍下) 명 아내에게 쥐여사는 사람을 조롱하여 일컫는 말.

엄청 부 더할 나위 없이 심하거나 대단하게. '엄청나게'보다 좀 더 구어적인 말임. ¶얼굴이 ~ 예쁘시네요. / 불량배한테 ~ 두드려 맞었어.

엄청-나다 형 정도가 놀라울 정도로 심하거나 대단하다. 또는, 충격적일 만큼 중대하다. ¶백화점에 사람이 **엄청나게** 많다. / 그 여자는 **엄청난** 미인이다. / 1994년 성수 대교가 붕괴되는 **엄청난** 사고가 일어났다.

엄친(嚴親) 명 ['엄한 아버지'라는 뜻〕 남에게 자기의 아버지를 격식체로 이르는 말. ↔자친(慈親).

엄탐(嚴探) 명 엄밀하게 탐지하는 것. **엄탐-하다** 동타여

엄:토(掩土) 명 흙이나 덮어서 겨우 지내는 장사(葬事). **엄:토-하다** 동타여

엄-파 명 '움파'의 잘못.

엄평-소니 명 의뭉스럽게 남을 속이거나 골리는 솜씨 또는 짓. **엄평소니-하다** 동타여

엄¦폐(掩蔽) [-폐/-페] 명 1 가리어 숨기는

일.2 [천] 달이나 행성이 항성(恒星)을 가리는 현상. =엄(掩). **엄!폐-하다** 통(타여) ¶진상을 ~. **엄!폐-되다** 통(자)

엄!폐-호(掩蔽壕) [-폐-/-페-] 명[군] 적에게 보이지 않도록 위를 덮어서 만든 참호. =엄호·벙커. ▷방공호.

엄!포 명 실속 없는 말로 남을 위협하거나 호령하는 짓. ¶그의 협박은 ~에 지나지 않는다. **엄!포-하다** 통(자)

엄포(를) 놓다 귀 실속 없는 말로 남을 위협하거나 호령하다. ¶그는 당장 돈을 갚지 않으면 고소하겠다고 **엄포를 놓았다**.

엄-하다(嚴-) [형여] 1 규율이나 예절을 따지는 데에 매우 딱딱하고 바르다. ¶**엄하신** 아버지. 2 잘못되지 않도록 주의가 심하다. ¶**엄한** 훈계 / 단속이 ~. 3 몹시 심하고 냉정하다. ¶**엄한** 형벌. **엄-히** 閉 ¶~ 다스리다.

엄형(嚴刑) 명 엄한 형벌을 내리는 것. 또는, 그 형벌. **엄형-하다** 통(타여)

엄!호(掩護) 명[군] 적의 공격으로부터 자기 편을 보호하는 것. ¶~ 사격. **엄!호-하다** 통(타여)

엄혹(嚴酷) → **엄혹-하다** [-호카-] 형여 (시련·억압 등이) 매섭고 혹독하다. =엄각하다. ¶군부 독재의 서슬이 시퍼렇던 **엄혹한** 시대. **엄혹-히** 閉

업¹ 명[민] 한 집안의 살림을 보호하고 늘게 한다는 동물이나 사람. ¶그 아이가 우리 집의 ~이지요.

업²(業) 명 1 생계의 수단으로 삼는 일. 비업무. ¶무슨 ~에 종사하십니까? 2 [불] 인간이 마음속으로 생각하거나 입으로 말하거나 몸으로 행동하는, 선악의 온갖 행위. 3 [불] 과거의 선하고 악한 행위로 말미암아 미래에 받게 되는 응보(應報). =카르마(karma). 4 부여된 과업. ¶옛날 고구려 무사의 말달리고, 활 쏘던 대평원은, 단군 三천 년의 ~을 일으건 땅이었다.《김동인: 대수양》

-업³(業) [접미] '산업' 또는 '사업'의 뜻을 나타내는 말. ¶관광~ / 건설~ / 출판~.

업계(業界) [-꼐-/-께] 명 같은 산업이나 상업에 종사하는 사람의 사회. ¶~의 움직임 / ~의 반응.

업-구렁이 [-꾸-] 명[민] 집안에서 업의 구실을 한다는 구렁이.

업그레이드(upgrade) 명 1 [컴] 하드웨어나 소프트웨어의 성능을 기존 제품보다 향상시키는 일. 2 '향상', '개선'으로 순화. **업그레이드-하다** 통(타여) ¶펜티엄Ⅱ를 펜티엄Ⅲ으로 ~. **업그레이드-되다** 통(자)

업다 [-따] 통(타) 1 (사람이 다른 사람을) 등에 올려놓고 손으로 받치거나 띠 같은 것으로 매어 떨어지지 않게 하다. 드물게, 동물이 제 새끼를 등에 매달려 있게 하는 일을 가리킬 때가 있음. ¶아낙네가 젖먹이를 등에 ~. (어떤 세력이나 사람을) 자기가 어떤 일을 하는 데 뒤에서 힘이 되어 주는 존재로 가지다. ¶외척의 세력을 **업고** 횡포를 부리다. 3 (남을 업는 식으로) 자기에게 유리하도록 끌고 들어가다. ¶애먼 사람을 **업고** 들어가다. 4 (남의 물건을) 허락 없이 가지다. 구어체의 말임. ¶친구네 집에서 그림을 한 점 **업어** 왔다. 5 윷놀이에서, (다른 말을) 함께 데어 어우르다. ¶걸에 있는 말이 뒷개에 있는 말을 ~. 6 연이 얼렸을 때 얼른 줄을 감아 남의 연을 빼앗다.

[**업은 아이 삼 년 찾는다**] 가까운 데에 있

는 것을 모르고 다른 곳에 가서 찾는다.

업어 가도 모르다 귀 잠이 깊이 들어 웬만한 소리나 일에는 깨어나지 않다. ¶그는 한번 잠이 들면 누가 **업어 가도 모른다**.

업데이트(update) 명[컴] 기존의 정보나 데이터를 수정·변경하거나 최신의 정보나 데이터를 추가하는 일. 비갱신. **업데이트-하다** 통(타여) ¶자료를 매주 ~. **업데이트-되다** 통(자)

업-두꺼비 [-뚜-] 명[민] 업의 구실을 한다는 두꺼비.

업-둥이 [-뚱-] 명 자기 집 문 앞에 버려져 있었거나 우연히 얻거나 하여 기르는 아이.

업라이트^피아노(upright piano) 명[음] 현(絃)을 세로로 친 직립형의 피아노. 가정용·연습용임. ▷그랜드 피아노.

업로드(upload) 명[통] 인터넷이나 컴퓨터 통신을 통하여 정보를 관리하는 컴퓨터에 파일이나 프로그램을 전송하는 일. ↔다운로드.

업무(業務) [-무] 명 직장에서 의무나 직분에 따라 맡아서 하는 일. ¶과중한 ~에 시달리다.

업보(業報) [-뽀] 명[불] 선악의 행업으로 말미암은 과보. =업과(業果). ¶이렇듯 혹독한 고초를 겪는 것은 다 나의 전생의 ~이다.

업소(業所) [-쏘] 명 일정한 시설을 갖추고 영업을 하는 곳. 특히, 유흥업이나 요식업, 기타 소규모의 자영업을 하는 곳을 가리킴. ¶야간 ~ / 식품 위생법 위반 ~.

업!신-여기다 [-썬녀-] 통(타) 교만한 마음에서 남을 낮추보거나 멸시하다. ¶고아라고 함부로 **업신여기지** 마라.

업!신여김 [-썬녀-] 명 남을 업신여기는 일. ¶가난하다고 ~을 받다 / 대학을 안 나왔다고 ~을 당하다. 준업심.

업!심 [-씸] 명 '업신여김'의 준말. ¶~을 받다.

업어^치기 명[체] 1 씨름에서, 몸을 돌려 궁둥이를 상대방의 배에 들이대고 업듯이 하여 둘러메치는 기술. 2 유도에서, 메치기 기술 중의 손 기술의 하나. 상대를 자기 뒤로 업어서 어깨 너머로 넘기는 기술.

업원(業冤) 명[불] 전생에 지은 죄 때문에 이생에서 받는 괴로움.

업인(業因) 명[불] 선악의 과보(果報)를 일으키는 원인.

업자(業者) [-짜] 명 영업이나 사업을 하는 사람.

업저버 명 '옵서버(observer)'의 잘못.

업저지 [-쩌-] 명 어린아이를 업고 돌보는 계집 하인.

업적(業績) [-쩍] 명 어떤 일을 하여 이룬 성과나 공적. ¶~을 남기다 / ~이 크다.

업종(業種) [-쫑] 명 영업이나 사업이나 산업의 종류. ¶무슨 ~에 종사하고 있습니까?

업주(業主) [-쭈] 명 영업하는 집의 주인. 비영업주(營業主).

업진(-전) 명 소의 가슴에 붙은 고기.

업체(業體) 명 사업이나 기업의 주체. ¶민간 ~ / 부실 ~.

업해(業海) 명[어패] [불] 갖가지 업보의 원인을 바다에 비유하여 이르는 말.

업황(業況) [어쾅] 명 업계의 경기(景氣) 상태. ¶~이 호조를 띰에 따라 흑자 전환이 기대된다.

업-히다 [어피-] 통 1 (자) '업다'의 피동사. ¶

아기가 엄마에게 **업혀** 잠이 들었다. ②(타) '업다'의 사동사. ¶순이에게 아이를 **업혀** 보냈다.

없:다 [업:따] 〔형〕 1 (사람이나 사물 등이 어느 곳에) 공간이나 자리를 차지하지 않은 상태에 있다. ¶구름 한 점 **없는** 하늘 / 집 안에 아무도 ~. 2 (어떤 사람이나 사물이) 실재(實在)로서 존재하지 않은 상태에 있다. ¶이 세상에 귀신이란 ~. 3 (어떤 사실이나 현상 등이) 현실로 존재하지 않은 상태에 있다. ¶기쁨이 **없는** 생활 / 나는 그런 말을 한 사실이 ~. 4 (사람이나 동물이) 어떤 대상이나 현상·성질·능력 등을 가지지 않은 상태에 있다. 또는, (사람이나 동물에게 어떤 대상이나 현상·성질·능력 등이) 갖추어지거나 주어지지 않은 상태에 있다. ¶그는 영어 사전이 ~. / 그 영어 선생은 실력이 ~. 5 (어떤 대상에 다른 대상이) 그 일부로서 달리거나 붙거나 속하지 않은 상태에 있다. ¶갈라 **없는** 옷 / 잎이 하나도 **없는** 겨울나무. 6 (어떤 일이) 생기거나 벌어지지 않은 상태에 있다. ¶오늘은 수업이 ~. / 그동안 별일 **없었니**? 7 (사람이나 생물이 어느 곳에) 머무르거나 살지 않은 상태에 있다. ¶우리나라에 **없는** 식물 / 김병국 씨는 서울에 ~. 8 (어떤 것이) 많지 않거나 변변치 않은 상태에 있다. ¶**없는** 살림을 꾸려 나가느라 고생이 많다. 9 (사람이나 사물이) 드문 상태에 있다. ¶세상에 그런 효자는 ~. 10 명령하는 사람이 상대를 위압하여, '가만두지 않겠다'는 뜻으로 을러메는 말. ¶한 번만 더 그따위 거짓말을 하면 **없어**! 11 (주로, '-ㄹ 수 없다'의 꼴로 쓰여) 어떤 일을 이루는 것이 불가능하거나 용납하기 어려움을 나타내거나, 어떤 일이 생기는 것이 불가능하거나 용납되기 어려움을 나타내는 말. ¶이룰 수 **없는** 꿈 / 나는 그렇게 파렴치한 짓을 양심상 할 수 **없다**. ↔있다.

[**없는 놈이 찬밥 더운밥을 가리랴**] 급하고 아쉬울 때면 무엇이나 다 고맙게 여기고 좋고 나쁜 것을 가리지 않는다는 말.

없는 것이 없다 〔구〕 무엇이든지 다 있다.

없!-애다 [업쎄-] 〔동〕(타) 1 (어떤 대상·사물을) 없는 상태이게 하다. ¶노름으로 많은 재산을 ~. 2 (어떤 사람이 다른 사람을) 죽여서 세상에서 사라지게 하다. 주로, 범죄인들이 쓰는 말임. ¶놈을 쥐도 새도 모르게 **없애** 버려.

없!-이 [업씨] 〔부〕 1 없는 상태로. ¶이번 행사는 아무 사고 ~ 끝났다. 2 가난하게. ¶~ 살아도 아쉬운 소리는 않는다.

없!-이-하다 [업씨-] 〔동〕(타) 없어지게 하다. ¶집을 **없이하**고, 재산을 **없이하**고, 마침내 몸을 **없이하**였는가.(이광수:무정)

엇- [얻] 〔접두〕 1 주로, 일부 동사나 명사 앞에 붙어, '어긋나게', '비뚜로', '비스듬하게' 등의 뜻을 나타내는 말. ¶~나가다 / ~갈리다 / ~베다 / ~결 / ~보. 2 주로, 일부 형용사나 명사 앞에 붙어, 형용사가 나타내는 상태나, 명사가 나타내는 대상에 꽤 또는 어느 정도 가까운 상태에 있음을 나타내는 말. ¶~구수하다 / ~비슷하다 / ~송아지.

엇-가다 [얻까-] 〔동〕 1 언행이 사리에 어그러지게 나가다. 2 =엇나가다1·2.

엇-각 (-角) [얻깍] 〔명〕〔수〕 한 직선이 다른 두 직선과 만날 때 서로 반대쪽에서 상대하는 각. 구용어는 착각(錯角). ▷동위각.

엇-갈리다 [얻깔-] 〔동〕(자) 1 (움직이는 두 체가) 서로 마주 보고 오다가 한 지점에서 순간적으로 만났다가 서로 다른 방향으로 갈리다. ¶기차가 **엇갈리는** 시간. 2 (마주 오고 가는 사람의 길이) 서로 어긋나 만나지 못하는 상태가 되다. ¶벌써 오셨군요? 마주 나갔다 오는 길인데, 길이 **엇갈린** 모양이죠. 3 (서로 대비되거나 모순되는 것들이) 동시에 겹치거나 함께 존재하다. ¶희비가 ~.

엇-걸다 [얻껄-] 〔동〕(타) 〈~거니, ~거오〉 서로 마주 걸다.

엇걸-리다 [얻껄-] 〔동〕(자) '엇걸다'의 피동사.

엇-견디다 [얻껸-] 〔동〕(타) 〈~견으니, ~견어〉 서로 어긋매끼어 견디다. ¶머리털을 세 가닥으로 나누어 **엇견어** 땋다.

엇-결 [얻껼] 〔명〕 나무의 비꼬이거나 엇나간 결.

엇결-리다 [얻껼-] 〔동〕(자) '엇결다'의 피동사. ¶두 깃발이 **엇결려** 드리워져 있다.

엇구수-하다 [얻꾸-] 〔형〕 1 음식 맛이 꽤 구수하다. 2 하는 말이 이치에 그럴듯하다. 3 하는 짓이나 차림이 수수하면서도 은근한 맛이 있어 마음을 끄는 데가 있다. ¶···선홍이는 그 여자의 시원시원하고 인정 많은 꼴에 저도 모르게 **엇구수한** 정이 들어 버렸던 것이다.(황석영: 장길산)

엇-나가다 [얻-] 〔동〕(자) 1 줄 따위가 비뚤어지다. 2 일 따위가 계획했던 것과 달리 잘못되어 가다. =엇가다. ¶하는 일이 모두 ~. 3 (비위가 틀려서) 말과 행동이 이치에 어긋나게 비뚜로 나가다. ¶지나치게 나무라면 오히려 **엇나가기** 쉽다.

엇-대다 [얻때-] 〔동〕(타) 1 어긋나게 대다. ¶판자를 **엇대어** 박다. 2 비꼬아 빈정거리다. ¶**엇대어** 말하다.

엇-뜨다 [언-] 〔동〕(타) 〈~뜨니, ~떠〉 눈동자가 한쪽으로 몰아 박혀 빗떠보다.

엇-매끼다 [언-] 〔동〕(타) '어긋매끼다'의 준말.

엇-먹다 [언-] 〔동〕(타) 1 (톱 또는 칼로 나무를 켜거나 자를 때) 날이 어슷하게 먹다. ¶톱날이 ~. 2 말과 행동이 이치에 어긋나게 비뚜로 나가다.

엇-메다 [언-] 〔동〕(타) 한쪽 어깨에서 다른 겨드랑이 밑으로 걸어서 메다. ¶탄띠를 ~.

엇-모리 〔명〕〔음〕'엇모리장단'의 잘못.

엇모리-장단 [언-] 〔명〕〔음〕 산조(散調)나 판소리에 쓰이는 장단의 하나. 2박과 3박이 뒤섞인 빠른 10박 장단임.

엇-물다 [언-] 〔동〕(타) 〈~무니, ~무오〉 '어긋물다'의 준말.

엇물-리다 [언-] 〔동〕(자) '어긋물리다'의 준말. ¶나사가 **엇물려** 돌아가다.

엇-바꾸다 [얻빠-] 〔동〕(타) 1 서로 마주 바꾸다. ¶두 사람은 가지고 있던 물건을 서로 **엇바꾸어** 들었다. 2 서로 어긋나게 바꾸다. ¶머리를 두 갈래로 땋아 **엇바꾸어** 올려 매다.

엇바뀌다 [얻빠-] 〔동〕(자) '엇바꾸다'의 피동사. 〔본〕엇바꾸이다.

엇-박다 [얻빡따] 〔동〕(타) 1 서로 엇갈리게 박다. ¶떡에 잣과 대추를 **엇박아** 무늬를 놓다. 2 어슷하게 박다.

엇-베다 [얻뻬-] 〔동〕(타) 어슷하게 베다.

엇-보 (-保) [얻뽀] 〔명〕 두 사람이 한곳에서 빚을 얻을 때 서로 서는 보증.

엇-부루기 [얻뿌-] 〔명〕 아직 큰 소가 되지 못한 수송아지.

엇-붙다 [얻뿥따] 〔동〕(자) 비스듬하게 맞닿다.

엇붙-이다 [얻뿌치-] 〔동〕(타) '엇붙다'의 사동사.

엇비뚜름-하다[언뻬―] [형여] 조금 비뚜름하다. **엇비뚜름-히** [부]
엇비스듬-하다[언뻬―] [형여] 조금 비스듬하다. **엇비스듬-히** [부] ¶ 기대앉다.
엇비슥-하다[언뻬스카―] [형여] 한쪽으로 조금 기울어져 있다. **엇비슥-이** [부]
엇비슷-하다[언뻬스타―] [형여] 1 어지간히 비슷하다. 2 두 사람은 키가 ~. 2 약간 비스듬하다. **엇비슷-이** [부] ¶ 답이 ~ 맞다 / 액자가 ~ 걸려 있다.
엇-서다[언써―] [동][자] 지거나 양보하지 않고 맞서 대항하다.
엇-섞다[언썩따] [동][타] 서로 어긋매끼어 섞다.
엇섞-이다[언썩―] [동][자] '엇섞다'의 피동사.
엇-셈[언쎔] [명] 1 서로 주고받을 것을 비겨서 없애는 셈. 2 제삼자에게 셈을 넘겨서 당사자끼리는 서로 비겨 없애는 셈. **엇셈-하다**
엇-시조(旕時調)[언씨―] [명][문] 초장·중장·종장 6구 중에서 종장의 제1구를 제외한 어느 한 구가 평시조보다 길어진 시조. =중시조.
-었-[언] [어미](선어말) 끝 음절의 모음이 'ㅏ', 'ㅑ', 'ㅗ'가 아닌 어간에 붙어 주로 과거의 시제를 나타내는 선어말 어미. 1 일이 과거에 일어났음을 나타냄. ¶ 나는 이광수의 '무정'을 읽~다. 2 일이 과거부터 이루어져 현재에까지 미침을 나타냄. ¶ 꽃봉오리가 오늘 아침 활짝 피~다. 3 현재의 상태를 나타냄. ¶ 공사가 끝나려면 아직 멀~다. 4 미래의 사실을 확신을 가지고 표현할 때 쓰는 말. ¶ 너 이제 아이들한테 욕먹~다. 5 일이 실현될 수 없게 되었음을 반어적으로 이르는 말. ¶ 배탈이 났으니 산해진미는 다 먹~구먼. ▷ -았-.
-었었-[언] [어미](선어말) 끝 음절의 모음이 'ㅏ', 'ㅑ', 'ㅗ'가 아닌 어간에 붙어, 과거의 사건 내용이 현재와 비교하여 다르거나 단절되어 있음을 나타내는 선어말 어미. ¶ 그는 왕년에 축구 선수이~다. / 그해에는 몹시 가물~다.
-었자[언짜] [어미] 끝 음절의 모음이 'ㅏ', 'ㅑ', 'ㅗ'가 아닌 용언의 어간에 붙어, '그 행동이나 상태가 이루어졌거나 그것을 인정한다 할지라도'의 뜻으로 상반되는 결과가 있을 수밖에 없음을 나타내는 연결 어미. ¶ 아무리 떠들~ 내 입만 아플 뿐이다. ▷ -았자-였자.
엉¹ [부] 개 따위가 물려고 덤빌 때 내는 소리. **엉-하다** [동][자여]
엉² [감] 1 뜻밖에 놀라운 일을 당하거나 갑자기 무엇을 깨달았을 때 내는 소리. ¶ ~, 그게 사실인가? 2 주로 아랫사람의 잘못을 따지거나 다짐을 둘 때 내는 소리. ¶ 너 정말 자꾸 거짓말할 테냐, ~.
엉거주춤 [부] 1 앉지도 서지도 않고 몸을 반쯤 굽히고 있는 모양. ¶ 빙판 길에 넘어지지 않으려고 ~ 섰다. 2 일을 딱 잘라 하지 못하고 망설이는 모양. [작] 앙가조촘. **엉거주춤-하다** [동][자여여] ¶ 이러지도 저러지도 못하고 **엉거주춤**하게 서 있다.
엉겁결-에[―껄―] [부] 갑작스러워 자기도 모르는 사이에. ¶ 놀라서 ~ 비명을 질렀다.
엉겅퀴 [명][식] 국화과의 여러해살이풀. 높이 50~100cm. 전체에 흰 거미줄 같은 털이 있으며, 6~8월에 자주색 꽃이 핌. 잎은 식용하며, 뿌리는 '대계(大薊)'라 하여 한약재로 씀. 산이나 들에 절로 남.
엉구다 [동][타] 여러 가지를 모아 일이 되도록 하다.
엉글-거리다/-대다 [동][자] 어린아이가 소리 없이 자꾸 웃다. 2 무엇을 속이면서 자꾸 억지로 웃다. [작] 앙글거리다.
엉글-벙글 [부] 어린아이가 소리는 내지 않고 귀엽게 웃는 모양. [작] 앙글방글. **엉글벙글-하다** [동][자여]
엉글엉글 [부] 엉글거리는 모양. [작] 앙글앙글. **엉글엉글-하다** [동][자여]
엉금-엉금 [부] 몸집이 큰 사람 또는 동물이 느리게 걷거나 기는 모양. ¶ 거북이가 ~ 기어간다. [작] 앙금앙금. [거] 엉큼엉큼. **엉금엉금-하다** [동][자여]
엉기다 [동][자] 1 (끈기가 있는 액체가) 한데 뭉쳐 굳어지다. ¶ 피가 ~. / 기름이 식어 **엉겨** 붙다. 2 (물기 있는 가루나 흙 따위가) 말라서 굳다. ¶ 창틀에 흙먼지가 **엉겨** 있다. 3 (무엇이) 한데 얽히다. ¶ 그 집 담벼락에는 담쟁이덩굴이 서로 **엉겨** 있다. 4 여럿이 떼를 지어 들러붙다. ¶ 빵 부스러기에 개미 떼가 **엉겨** 있다. 5 한 덩어리가 되어 어울리다. ¶ 그의 주위에는 청년이 모이고 친구가 **엉기었다**.《김윤경: 환산 이윤재 언니를 그리워함》 6 일을 척척 하지 못하고 허둥거리다. 7 간신히 기어가다.
엉기-정기 [부] 질서 없이 여기저기 벌이어 놓은 모양.
엉김 [화] 액체 또는 기체 중에 분산되어 있는 미립자가 모여 큰 입자가 되어 침전하는 현상. =응결(凝結)·응고(凝固).
엉너리 [명] 남의 환심을 사려고 어벌쩡하게 서두르는 짓. ¶ ~를 치다 / 길남은 아주머니의 말을 얼렁뚱땅 ~를 떨며 받아넘겼다.《김용성: 도둑 일기》
엉너릿-손[―리쏜/―릳쏜] [명] 엉너리로 사람을 후리는 솜씨.
엉ː덩-머리 [명] '엉덩이'를 속되게 이르는 말.
엉ː덩-방아 [명] 엉덩이로 바닥을 쿵 구르는 짓. 곧, 넘어져 털썩 주저앉는 짓. ¶ 얼음판에서 미끄러져 ~를 찧다.
엉ː덩-뼈 [명][생] =골반(骨盤).
엉ː덩이 [명] 사람이나 짐승의 허벅다리 뒤쪽 위로부터 허리까지의 신체 부분. 특히, 그 가운데 좌우로 볼록 내민 살덩이를 '볼기'라고 하며, 사람이 앉을 때 바닥에 닿는 부분을 '궁둥이'라고 함. =히프. [비]둔부. ¶ ~가 펑퍼짐하다 / 의자에 ~를 걸치고 앉다.
[엉덩이에 뿔이 났다] 어린 사람이 옳은 가르침을 받아들이지 않고 빗나간다.
엉덩이가 근질근질하다 [구] 일어나 활동하고 싶어 가만히 앉아 있을 수가 없다. ¶ 종일 방에만 앉아 있었더니 ~.
엉덩이가 무겁다 [구] 한번 앉으면 좀처럼 일어날 줄 모른다.
엉덩이를 붙이다 [구] 자리 잡고 앉다. ¶ 너무나 바빠서 **엉덩이를 붙이고** 있을 시간도 없다.
엉ː덩이-뼈 [명][생] =엉치등뼈.
엉ː덩-춤 [명] 엉덩춤.
엉ː덩잇-바람[―이빠―/―읻빠―] [명] 신이 서 엉덩이를 흔들며 걷는 일.
엉ː덩잇-짓[―이찓/―읻찓] [명] 엉덩이를 흔드는 짓. **엉ː덩잇짓-하다** [동][자여]
엉ː덩-짝 [명] '엉덩이'를 속되게 이르는 말.

엉덩-춤 명 신이 나서 엉덩이를 들썩이는 짓. =엉덩이춤. ¶~이 절로 나오다/~을 추며 기뻐하다.

엉덩-판 명 엉덩이의 넓적한 부분.

엉두덜-거리다/-대다 통자 불만이 있거나 원망스러워 중얼거리고 두덜거리다.

엉두덜-엉두덜 튀 엉두덜거리는 모양. 엉두 덜엉두덜-하다 통자

엉뚱-스럽다[-따] 형ㅂ <-스러우니, -스 러워> 엉뚱한 데가 있다. 엉뚱스레 튀

엉뚱-하다 형여 1 말이나 행동이 분수에 맞지 않게 지나치다. ¶학생 신분에 사업을 하겠다니, 참 **엉뚱한** 녀석이야. 좽앙뚱하다. 2 상식적으로 생각하거나 짐작하는 것과 전혀 다르다. ¶묻는 말에는 대답하지 않고 **엉뚱한** 소리만 한다.

엉망 명 일이나 물건이 헝클어지고 뒤섞여 갈피를 잡을 수 없을 만큼 결딴나거나 어수선한 상태. ¶어머니가 안 계시니 집안 꼴이 ~이다.

엉망-진창 명 '엉망'의 힘줌말. ¶온종일 진흙탕에서 놀았는지 신발이 ~이 되어 가지고 들어왔다.

엉성-궂다[-굳따] 형 몹시 엉성하다. 좽앙 상궂다.

엉성-하다 형여 1 꼭 짜이지 못하여 어울리는 맛이 없다. ¶작품 구성이 ~/하는 짓이 ~. 2 빼하지 못하고 성기다. ¶**엉성한** 머리카락. 3 뼈만 남도록 비쩍 마르다. 좽앙상하다. 엉성-히 튀

엉세-판 명 가난하여 살아가기에 어려운 판.

엉얼-거리다/-대다 통자 원망하는 뜻으로 자꾸 앙알거리다.

엉얼-엉얼 튀 엉얼거리는 모양. 좽앙알앙알. 엉얼엉얼-하다 통자여

엉엉 튀 목 놓아서 크게 우는 소리. 또는, 그 모양. ¶부둥켜안고 ~ 울다. 좽앙앙. **엉엉-하다** 통자여

엉엉-거리다/-대다 통자 1 계속해서 목 놓아 엉엉 울다. 2 엄살을 부리며 괴로운 처지를 자주 하소연하다. 좽앙앙거리다.

엉절-거리다/-대다 통자 원망하는 뜻을 작은 소리로 잇달아 나타내다. 좽앙잘거리다.

엉절-엉절 튀 엉절거리는 모양. 좽앙잘앙잘. 엉절엉절-하다 통자여

엉정-벙정 튀 쓸데없는 것을 너절하게 벌여 놓은 모양. **엉정벙정-하다** 통자여 ¶안으로 들어가 보니까 저녁밥 때에 솥 치다꺼리가 겁쳐서 우환 있는 집 같지도 않게 **엉정벙정하고** 야단이다.《염상섭·만세전》

엉치-등뼈 명[생] 허리등뼈 아래에 있는 삼각형의 뼈. 5개의 천추(薦椎)가 융합되어 이루어지며, 2개의 궁둥이뼈 사이에서 쐐기 모양을 하고 있음. =엉덩이뼈·천골(薦骨).

엉클다 타 <엉크오> 1 (실·줄·덩굴·머리털 등을) 이리저리 얽히게 하다. ¶실을 **엉클어** 놓다. 커형클다. 2 (일을) 뒤얽히게 하여 갈피를 잡을 수 없게 하다.

엉클-리다 통자 '엉클다'의 피동사. ¶실이 ~/일이 ~.

엉클어-뜨리다/-트리다 통타 (실·줄·덩굴·머리털 등이나 일을) 엉클어지게 하다. 커헝클어뜨리다.

엉클어-지다 통자 1 (실·줄·덩굴·머리털 등이) 서로 얽히어 풀기 어렵게 되다. ¶털실이 ~/**엉클어진** 낚싯줄을 풀다. 커헝클어지다. 2 (일이) 뒤얽혀 갈피를 잡을 수 없게 되다. ¶계획이 **엉클어져** 엉망이 되었다.

엉금-성금 튀 큰 걸음으로 거볍고 기운차게 걷는 모양. 좽앙금상금.

엉금-스럽다[-따] 형ㅂ <-스러우니, -스러워> 엉큼한 데가 있다. 좽앙큼스럽다. 엉큼스레 튀

엉금-엉금 튀 '엉금엉금'의 거센말. 좽앙큼-앙큼. 엉금엉금-하다 통자여

엉큼-하다 형여 (사람이) 남에게 제 마음을 감추거나 거짓으로 꾸미고 교묘하게 어떤 욕심이나 속셈을 이루려는 태도가 있다. 비난조의 말임. ㅂ음흉하다. ¶**엉큼한** 생각을 품다. 좽앙큼하다.

엉키다 통자 1 (실·줄·머리털·그물 따위가) 이리저리 얽혀 꼬이거나 뭉친 상태가 되다. ㅂ엉кли다. ¶머리카락이 **엉켜서** 잘 빗어지지 않는다. 2 (어떤 일이나 생각 등이) 해결하거나 갈피를 잡기 어렵게 복잡한 상태가 되다. ¶잡다한 생각이 머릿속에 **엉켜** 있다. 3 (여러 사람이나 동물 등이) 서로 몸을 이리저리 어지럽게 덮치거나 얽는 상태가 되다. ¶수많은 뱀들이 **엉켜** 꿈틀거리다.

엉터리 명 1 터무니없는 말이나 행동. 또는, 그런 말이나 행동을 하는 사람. 2 허울만 있고 내용이 빈약하거나 실제와 어긋나는 것. ¶걷만 번드르르했지 사실은 ~다. 3 대강의 윤곽. ¶~가 잡히다.

엉터리-없다[-업따] 형 이치에 닿지 않다. ¶그따위 **엉터리없는** 소리랑 집어치워! **엉터리없-이** 튀 ¶~ 굴다.

엊-그저께[얻ㄲ-] 1명 며칠 전. =엊그제. ¶~만 해도 멀쩡하던 사람이 실성을 하다니! Ⅱ튀 며칠 전에. =엊그제. ¶저분은 ~ 만났던 사람이다.

엊-그제[얻ㄲ-] 명튀 =엊그저께. ¶~는 고향에를 다녀왔다.

엊-저녁[얻쩌-] 명 '어제저녁'의 준말. ¶~에는 무얼 했느냐?

엎-누르다[엄-] 통타르 <-누르니, -눌러> '엎어누르다'의 준말.

엎다[업따] 통타 1 (물체를) 거꾸로 돌려 위로 향한 면을 밑으로 향하게 하다. ㅂ뒤집다. ¶책을 **엎어** 놓고 나가다. 2 (그릇 따위를) 부주의로 넘어뜨려 속에 들었던 것이 쏟아지게 하다. ¶국그릇을 ~. 3 (사람이나 물건, 제도 따위를) 제대로 있는 것을 힘이나 실력으로 쓰러뜨리거나 넘어지게 하다. ¶구시대의 낡은 제도를 ~. ¶그 남자는 툭하면 밥상을 **엎었다**. 4 (이미 있어 온 이론이나 주장, 일 등을) 깨뜨리거나 바꾸거나 효력이 없는 것이 되게 하다. ¶기존 학설을 ~/계획을 ~.

엎더-지다[업떠-] 통자 '엎드러지다'의 준말. ¶방바닥에 **엎더져** 울다.

엎드러-뜨리다/-트리다[업뜨-] 통타 앞으로 넘어지게 하다. ¶다리를 걸어 ~.

엎드러-지다[업뜨-] 통자 잘못하여 앞으로 넘어지다. ㅂ엎더지다.

엎드려-뻗쳐[업뜨-처] 감명 두 손바닥과 발끝으로 몸을 받치고 곧게 뻗쳐 엎드리라는 구령. 또는, 그 구령에 따라 하는 동작.

엎드려-뻗치다[업뜨-] 통자 엎드려 두 손과 두 발끝으로 몸을 지탱하고, 곧게 몸을 뻗치다.

엎드리다[업뜨-] 통자 1 몸의 앞부분을 바닥에 대거나 그에 가깝게 숙이다. ¶총탄을

피해 땅에 ~ / 책상에 **엎드려** 잠이 들다. **2** 위험을 피해 한곳에만 틀어박힌 채, 활동하지 않고 지내다. 좀 속된 말임. ㉰엎다.
[**엎드려 절 받기**] 상대방은 생각도 하지 않는데 이편에서 이런저런 방법을 써서 상대방으로 하여금 자기에게 유리한 행동을 하도록 한다는 말.

엎디다[업띠―] 통㉗ '엎드리다'의 준말.

엎어-누르다 통㉘<~누르니, ~눌러> 억지로 내리눌러 못 일어나게 하다. ¶상대 선수를 ~. ㉰엎누르다.

엎어-뜨리다/-트리다 통㉕ 엎어지게 하다.

엎어-삶다[―삼따] **1** 그럴듯한 말로 남을 속이다. **2** 노름판에서, 그 판에서 이겨 차지할 돈 전부를 그대로 태워 놓고 다음 승부를 겨루다.

엎어-지다 통㉗ **1** 앞으로 넘어지다. ㉟엎드러지다. ¶문지방에 걸려 ~. **2** 위아래가 뒤집히다. ¶윷가락이 ~. **3** 일이 가망 없이 망쳐지다. ¶마침내 사업이 불황으로 **엎어지고** 말았다.
[**엎어지면 코 닿을 데**] 매우 가까운 거리를 이르는 말.

엎-지르다[업찌―] 통㉕<~지르니, ~질러>(그릇 속에 담긴 액체를) 밖으로 쏟아지게 하다. ¶우유를 ~.

엎지른 물 ㉠ 다시 바로잡거나 돌이킬 수 없는 일의 비유. ¶이미 ~인데 생각하면 뭘 하나.

엎질러-지다[업찔―] 통㉗ (액체가) 그릇 밖으로 쏟아져 나오다. ¶잉크가 ~.

엎-치다 통 **1**㉓ 배를 바닥 쪽으로 깔다. **2**㉕ '엎다'의 힘줌말.

엎친 데 덮치다 ㉠ 어렵거나 불행한 일이 겹쳐 닥치다.

엎치락-뒤치락[―뛰―] 분 **1** 몸을 엎치었다 뒤치었다 하는 모양. **2** 자꾸 이랬다저랬다 하는 모양. **3** 양편 세력이 서로 비슷하면서 겨루어 나가는 모양. =뒤치락엎치락. ¶경기가 ~ 역전을 거듭하다. **엎치락뒤치락-하다** 통㉗㉕ ¶잠을 이루지 못하고 ~.

에¹ 명㉗ 'ㅔ'의 이름.

에² 감 **1** 뜻에 맞지 않을 때 역정으로 내는 소리. ¶~, 참 재수 없네. ㉱애. **2** 가볍게 거절하거나 나무랄 때 내는 소리. ¶~, 무슨 일을 이렇게 할까? **3** 기분이 좋거나 상쾌할 때 내는 소리. ¶~, 이제야 끝났군.
[**'에' 해 다르고 '애' 해 다르다**] 비록 작은 차이라도 말씨에 따라 상대에게 주는 느낌은 크게 다르다.

에³ 감 뒷말이 곧 나오지 않아 뜸을 약간 들일 때 내는 소리. ¶~, 그게 그러니까….

에⁴ ㉰ **1** 처소를 나타내는 부사격 조사. ¶들에 핀 꽃 / 바닷가~ 살다. **2** 때를 나타내는 부사격 조사. ¶다섯 시~ 만나자. **3** 진행 방향이나 지향점을 나타내는 부사격 조사. ¶친구를 맞으러 공항~ 갔다. **4** 원인을 나타내는 부사격 조사. ¶미모~ 반하다 / 바람~ 날리는 낙엽. **5** 어떤 동작이나 행동의 영향을 입은 대상을 나타내는 부사격 조사. 대상이 식물이나 물체, 기관·집단 등의 무생물(無情物)임. ¶화초~ 물을 주다 / 회사~ 업무 결과를 보고하다. **6** 어떤 행동이나 사태가 이루어지는 데 필요한 간접적인 대상을 나타내는 부사격 조사. ¶깊은 생각~ 잠기다. **7** 어떤 경우를 나타내는 부사격 조사. ¶이 약은 신경통~ 좋다. **8** 단위나 비율을 나타냄. ¶약을 하루~ 두 번 먹다. **9** 일정한 기준을 나타내는 부사격 조사. ¶맞춤법~ 어긋나는 표기. **10** 두 가지 이상의 체언을 같은 자격으로 이어 주는 접속 조사. ¶밥~ 고기~ 잔뜩 먹었네. ▷애·예.

에게 ㉰ 사람 또는 동물과 관련된 체언에 붙어 쓰이는 부사격 조사. '한테'와 뜻이 거의 같으나 다소 문어적임. **1** 앞에 오는 체언이 어떤 행동이나 작용이 미치는 대상임을 나타냄. ¶사람들~ 알리다 / 개~ 집을 지키게 하다. **2** 문장 주어가 어떤 행동이나 작용을 당하거나 입는 뜻을 가지는 문장에서, 앞에 오는 체언이 그런 행동이나 작용을 일으키는 주체임을 나타냄. ¶토끼가 호랑이~ 잡아먹히다 / 김 대리가 오 부장~ 욕을 먹었다. **3** 앞에 오는 체언이 무엇이 존재하거나 있는 대상임을 가리킴. ¶책임은 나~ 있다. **4** 앞에 오는 체언이 어떤 일이나 사실을 판단하는 대상임을 나타냄. ¶그 구두쇠~는 돈만이 최고다. ㉰게. ▷더러.

에게-다 ㉰ 격 조사 '에게'에 보조사 '다'가 결합한 말. ¶아이를 누구~ 맡겨야 마음이 놓일까?

에게-로 ㉰ 사람 따위의 활동하는 대상에 쓰여, 무엇에 닿아 감을 나타내는 부사격 조사. ㉯한테로. ¶그~ 가다 / 책임을 모두 그~ 돌리다.

에게^문명(←Aegean文明) 명[역] 기원전 30세기부터 기원전 12세기에 에게 해 주변에 번영한 청동기 문명의 총칭.

에게-서 ㉰ 사람 따위의 활동하는 대상에 쓰여, 어떤 행위의 출발점 및 탈퍼의 뜻을 나타내는 부사격 조사. ㉯한테서. ¶그~ 듣다 / 그녀~ 편지가 오다. ㉰게서.

에계[―계/―게] 감 **1** 뉘우치거나 탄식할 때 내는 소리. ¶~, 이 일을 어전담. **2** 작은 것을 업신여겨 하는 소리. ¶~, 겨우 요것뿐이냐?

에계계[―계계/―게게] 감 '에계'를 거듭한 것이 줄어 된 말. ¶~, 그게 무슨 소리야?

에고(ego) 명 =자아(自我)2.

에고이스트(egoist) 명 =이기주의자.

에고이즘(egoism) 명 =이기주의(利己主義).

에구 감 매우 상심하거나 놀랐을 때에 저절로 나오는 소리. ㉯어이구. ¶~, 내 팔자야. ㉱애고.

에구구 감 '에구'를 잇따라 내는 소리. ¶~, 이 노릇을 어쩌나. ㉯에쿠쿠.

에구-데구 분 소리를 마구 지르며 우는 모양. ㉱애고대고. **에구데구-하다** 통㉗㉕

에구머니 감 '어이구머니'의 준말. ¶~, 우산을 차에 놓고 내렸네. ㉱애고머니.

에구-에구 감 몹시 슬피 우는 소리.

에그 감 가엾거나 섬뜩하거나 징그러울 때 내는 소리. ¶~, 가엾어라! / ~, 이게 뭐야!

에그그 감 매우 놀랐을 때 저절로 나오는 소리. ¶~, 밥이 다 타 버렸네.

에!기 감 마음에 마땅찮을 때 내는 소리. ¶~, 이게 무슨 짓이냐? ㉰게. ㉲네네고.

에꾸 감 깜짝 놀랐을 때 내는 소리. ㉯에쿠.

에끼¹ 감 갑자기 놀랐을 때 내는 소리. ㉯에키.

에!끼² 감 '에기'의 센말.

에끼다 통㉕ (주고받을 물건·일을) 서로 비겨 없애다. ㉯상쇄하다.

에나멜(enamel) 명 **1** 안료(顔料)를 포함하는

도료(塗料)의 총칭. 광택이 있고 목공품이나 피혁 제품을 비롯하여 기계·차량 등의 외부 도장에 쓰임. **2** =법랑(琺瑯).
에나멜-선(enamel線) [명] 구리선이나 알루미늄선을, 에나멜로 만든 껍질을 입혀 만든 전선.
에너지(energy) [명] **1** 일을 할 수 있는 원기. [비]정력. **2** [물] 물리량의 하나. 물체나 물체계(物體系)가 가지고 있는, 일을 하는 능력의 총칭. **3** 동력 자원을 이르는 말. ¶~의 절약.
에너지-난(energy難) [명] 전기·석유·석탄 등의 에너지가 부족해서 겪는 어려움.
에너지^대:사(energy代謝) [명][생] 생물의 물질대사와 함께 이루어지는 에너지의 출입이나 교환. 식물은 광합성에 의해서 빛에너지를 화학 에너지로 바꾸고, 동물은 동식물을 섭취하여 화학 에너지를 기계 에너지나 열에너지로 변화시켜 운동이나 일을 하고 체온을 유지함.
에너지^보:존^법칙(energy保存法則) [명][물] 에너지가 어떤 일을 함으로써 변환(變換)하는 경우, 외부로부터의 영향을 완전히 차단하면 전체의 에너지 양은 항상 일정하다는 법칙. 무(無)에서 에너지를 창조할 수 없다는 물리학의 근본 원리임. =에너지 불멸의 법칙.
에너지^불멸의 법칙(energy不滅-法則) [-의-/-에-][물] =에너지 보존 법칙.
에너지^산:업(energy産業) [명] 열·빛·동력을 발생시키는 원료가 되는 석탄·석유·가스·전력 등을 생산·공급하는 산업.
에너지-원(energy源) [명] 에너지의 근원.
에너지^자원(energy資源) [명] 에너지 공급의 원료가 되는 기초 물질. 석탄·석유·천연가스·핵연료(核燃料) 따위.
에네르지코([이]energico) [명][음] 악곡의 표현 방법을 나타내는 말로, '힘차게'의 뜻.
에누리 [명] **1** 받을 값보다 더 얹어서 부르는 일. 또는, 그 값. =월가(越價). ¶이 땀 흘리고 ~ 없이 일할 수 있나?《김유정: 총각과 맹꽁이》 **2** 자기에게 유리하도록 사실보다 보태거나 줄이는 일. **3** 값을 깎는 일. ¶~ 없는 장사가 어디 있어?. **에누리-하다** [동][타][여] ¶값을 ~ / 천 원만 **에누리합시다**.
에:다[1] (에:고 / 에어) [동][타] **1** 날카로운 연장으로 도려내다. ¶살을 **에는** 듯한 추위. **2** 칼로 도려내듯 마음을 아프게 하다. ¶가슴을 **에는** 슬픔.

> **혼동어** 에다 / 에이다
> '**에다**'가 칼로 도려냄을 뜻하는 반면, '**에이다**'는 칼로 도려냄을 당하는 것을 뜻함. 전자는 능동사이면서 타동사이고, 후자는 피동사이면서 자동사임. ¶바람이 살갗을 **에는** 듯하다 / 바람에 살갗이 **에이는** 듯하다.

에-다[2] [조] '에다가'의 준말.
에-다가 [조] **1** 일정한 위치를 나타내는 격 조사. 격 조사 '에'에 보조사 '다가'가 결합한 말임. ¶짐은 여기~ 갖다 놓아라. **2** 더해지는 대상을 나타내는 격 조사. 격 조사 '에'에 보조사 '다가'가 결합한 말임. ¶물~ 꿀을 타다. [준]에다.
에덴(Eden) [명] 〔히브리 어로 '기쁨'이라는 뜻〕[성] 구약 성서 창세기에서, 인류의 시조 아담과 하와를 위해 하느님이 만든 낙원. =에덴동산.
에덴-동산(Eden東山) [명][성] =에덴.
에델바이스([독]Edelweiss) [명][식] 국화과의 여러해살이풀. 높이 10~20cm. 유럽 알프스산의 고산 식물로 전체가 흰 솜털로 덮여 있으며, 줄기 끝에 몇 개의 흰 꽃이 핌.
에:-돌다 [동][자][타] 〈~도니, ~도오〉 **1** 곧바로 나아가지 않고 멀리 돌거나, 어떤 주위를 돌다. ¶그 강은 들과 마을을 **에돌아** 흐른다. **2** 접근하지 않고 피하거나 거리를 두다. ¶집안일에는 관심이 없고 밖으로만 **에돈다**.
에:-두르다 [동][타][르] 〈~두르니, ~둘러〉 **1** 에워서 둘러막다. ¶철조망으로 **에둘러** 싸다. **2** 바로 말하지 않고 둘러서 말하여 짐작하게 하다. ¶그렇게 **에두를** 것 없이 바로 말해라.
에듀테인먼트(edutainment) [명][교] 게임하듯이 즐기면서 학습할 수 있도록, 교육에 오락성을 가미하여 만든 소프트웨어나 프로그램.
에-뜨거라 [감] '혼날 뻔하였다'는 뜻으로 내는 소리.
에라[1] [감] **1** 단념이나 실망의 뜻을 나타내는 소리. ¶~, 나도 모르겠다. 될 대로 되라지. **2** 아이에게 그리 말라는 뜻으로 나무라는 소리. ¶~, 이놈들! **3** '에루화'의 준말.
-에라[2] [어미] 특히 선어말 어미 '-았/었-' 따위의 뒤에서, 감탄의 뜻을 나타내는 종결 어미. ¶새 날이 밝았~.
에러(error) [명] 〔'실수', '실책'의 뜻〕 **1** [체] 야구에서, 잡을 수 있는 타구나 송구를 잡지 못해 주자를 살게 하는 것. **2** [컴] =오류(誤謬)3.
에로(←erotic) [명] 《일부 명사나 형태소 앞에 쓰여》 성욕을 자극하는 내용을 담고 있는 상태임을 나타내는 말. ¶~물(物) / ~ 소설.
에로스[1]([그]eros) [명] **1** [철] 참된 실재인 이데아(idea)를 동경하는 사랑. 플라톤에 의해 쓰인 말임. **2** 성적(性的)인 사랑.
에로스[2](Eros) [명] **1** [신화] 그리스 신화에 나오는 사랑의 신. 날개가 있고 활과 화살을 가지고 다님. 로마 신화의 큐피드에 해당함. **2** [천] 화성과 목성 사이에 긴 타원형 궤도를 가진 소행성.
에로티시즘(eroticism) [명] 주로 문학·미술 등의 예술에서, 성적(性的) 요소나 분위기를 강조하는 경향.
에로틱(erotic) →**에로틱-하다** [형][여] (대상이) 성적인 욕망이나 감정을 자극하는 특성이 있다. ¶**에로틱한** 소설[영화].
에루화 [감] 노래할 때 흥겨움을 나타내는 소리. [준]에라.
에르그(erg) [명][의존][물] 일이나 에너지의 CGS 단위. 1에르그는 1다인(dyn)의 힘이 물체에 작용하여 그 힘의 방향으로 1cm 움직일 때 그 힘이 행한 일이며, 10^{-7}줄(J)과 같음. 기호는 erg.
에르븀(erbium) [명][화] 희토류 원소의 하나. 원소 기호 Er, 원자 번호 68, 원자량 167.260. 은백색의 고체 금속으로, 물에는 녹지 않으나 산(酸)에는 녹음.
에르스텟(oersted) [명][의존][물] 자기장의 세기를 나타내는 단위. 1에르스텟은 단위 자기극(單位磁氣極)에 1다인(dyn)의 힘이 작용했을 때의 세기임. 기호는 Oe.
에리트레아(Eritrea) [명][지] 아프리카의 중서부, 홍해(紅海) 남서안에 있는 공화국. 1993년에 독립함. 수도는 아스마라.

에머리(emery) [명][광] 자철석·적철석·스피넬 등이 섞인 흑색·회흑색의 강옥(鋼玉). 입상(粒狀)으로 매우 단단하여 연마재로 많이 쓰임.
에멀션(emulsion) [명][화] 미세한 입자로 된 액체가 다른 액체 속에 분산하여 젖 모양을 이룬 것. =유제(乳劑)·유탁액.
에메랄드(emerald) [명][광] 육각기둥 모양의 결정을 이루고 있는 진한 녹색의 투명한 보석. =녹옥(綠玉)·취옥(翠玉).
에메랄드-그린(emerald green) [명] 에메랄드같이 맑고 아름다운 녹색.
에멜무지-로 [부] **1** 물건을 단단하게 묶지 않은 채. **2** 헛일하는 셈 치고 시험 삼아. ¶~ 한번 해 보다.
에뮤(emu) [명][동] 에뮤과의 새. 키는 약 1.8m. 타조와 비슷하게 생겼으며 깃털은 어두운 잿빛, 머리와 멱은 푸른색임. 날개와 꽁지는 퇴화하고, 다리는 길고 튼튼하여 잘 뜀. 오스트레일리아 특산으로 지구 상에 1종뿐임.
에미 [명] '어미[1]'의 잘못.
에버-글레이즈(†ever glaze) [명][공] 면이나 화학 섬유에 수지 가공을 하고 그것에 내구성을 준 피륙.
에베소-서(←Ephesus書) [명][성] 신약 성서 중의 한 권.
에보나이트(ebonite) [명] 생고무에 30~50%의 황을 넣고 장시간 가열하여 얻는 물질. 검은색의 단단한 물질로 탄성이 적음. 전기 저항이 높아 절연체로 쓰임. =경질 고무.
에부수수-하다 [형][여] **1** 참참하게 짜이지 못하고 거칠고 엉성하다. **2** (물건이) 속이 차 있지 못하다. [거]에푸수수하다.
에비 [명][감] 어린아이에게 '무서운 것'이라는 뜻으로 놀라게 하는 말. 또는, 그런 가상적인 것. ¶울면 ~가 온다. / ~, 만지지 마라.
에서 [조] **1** 어떤 행동이나 상태가 일어나고 있는 처소를 나타내는 부사격 조사. ¶학교~ 운동회가 있다. **2** 어떤 행동의 출발점을 나타내는 부사격 조사. ¶요람~ 무덤까지. [준]서. **3** 단체를 나타내는 명사에 붙는 주격 조사. ¶우리 회사~ 경비를 부담한다.
에서-부터 [조] '에서'와 '부터'가 겹쳐진 보조사. 움직임의 출발점을 나타냄. ¶여기~ 저기까지 뛰어라. [준]서부터.
에설랑 [조] 격 조사 '에서'와 보조사 'ㄹ랑'이 결합한 격 조사. ¶그곳~ 꼼짝 말고 기다려라. ▷설랑.
에세이(essay) [명][문] =수필(隨筆). ¶~집.
에센스(essence) [명] ['물체의 본질', '정수(精髓)'의 뜻] 식물의 꽃 따위에서 뽑아낸 향료. 화장품·비누·식품 등에 방향 성분으로 쓰임.
에스(S) [명] **1** [South] 자석·나침반 등에서, 남쪽을 나타내는 기호. **2** [small] 의류(衣類) 등의 치수·크기가 표준보다 작음을 표시하는 기호. ¶~ 사이즈. ▷엠(M)·엘(L).
에스겔-서(←Ezekiel書) [명][성] 구약 성서 중의 한 권.
에스^극(S極) [명][물] =남극1.
에스더-기(←Esther記) [명][성] 구약 성서 중의 한 권.
에스디아르(SDR) [명] [special drawing rights] [경] =특별 인출권.
에스디아이(SDI) [명] [Strategic Defence Initiative] [군] =전략 방위 구상.
에스라-기(←Ezra記) [명][성] 구약 성서 중의 한 권.
에스-램(SRAM) [명][컴] 전원 공급이 계속될 때까지는 기억된 내용이 사라지지 않는 램. =정적 램. ↔디램.
에스에이치에프(SHF) [명] [superhigh frequency] [물] =초고주파(超高周波).
에스에프(SF) [명] [science fiction] [문] =공상 과학 소설.
에스오에스(SOS) [명] 1906년에 국제 무선 전신 회의에서 결정된 조난 신호. 선박·항공기 등이 위험하게 되었을 때 구조를 요청하는 신호. ¶~를 발하다.
에스컬레이터(escalator) [명] 동력으로 사람이나 화물을 위아래 층으로 운반하는, 계단 모양의 승강 장치. =자동계단.
에스코트(escort) [명] ['호위병', '보호자'의 뜻] 어떤 개인이나 단체가 무사하도록 유도·호위하는 일. **에스코트-하다** [동][타][여] ¶외국 원수를 **에스코트하는** 경찰 호위대.
에스키모(Eskimo) [명] 아시아 대륙의 베링 해협 연안에서 북아메리카·그린란드 동안에 이르는 북극 지대에 사는 몽골계 인종. 주로 수렵·어로로 생활함.
에스테르(ester) [명][화] 산(酸)과 알코올 또는 페놀이 작용하여 탈수 반응을 일으켜 생긴 화합물의 총칭.
에스토니아(Estonia) [명][지] 라트비아와 러시아에 접하고 발트 해·핀란드 만에 면하고 있는 국가. 수도는 탈린.
에스트로겐(estrogen) [명][생] 여성 호르몬의 하나. 난소의 여포 등에서 생성되며, 여성의 제2차 성징을 발현시켜, 여성을 발정하게 하는 작용을 함. =발정 호르몬·여포 호르몬·난포 호르몬.
에스-파(S波) [명][지] 지진파의 하나. 파동의 진행 방향에 직각인 방향으로 진동하는 횡파. P파(종파)보다 전파 속도가 느림. ▷피파(P波).
에스파냐(España) [명][지] 유럽의 남서부, 이베리아 반도의 대부분을 차지하고 있는 입헌 군주국. 수도는 마드리드. 음역어는 서반아(西班牙). =스페인.
에스파냐^어(España語) [명][언] 에스파냐 및 중남미 여러 나라(브라질·아이티 등은 제외)에서 쓰이는 언어. 인도·유럽 어족의 이탤릭 어파에 속하며, 라틴 어에서 갈려 나온 로망 어의 하나임. =스페인 어.
에스페란토(Esperanto) [명][언] 1887년 폴란드의 자멘호프가 만든 인공 국제어. 28자의 자모(子母)가 있으며, 문법 체계는 간단함.
에스프레소(◎espresso) [명] 작은 잔에 따라 마시는, 맛과 향이 아주 진한 커피. 뜨거워진 수증기가 커피 분말을 순간적으로 통과하면서 커피가 추출되는 방식으로 만들어짐.
에스프레시보(◎espressivo) [명][음] 악곡의 표현 방법을 나타내는 말로, '표정을 풍부하게', '정감이 넘치게'의 뜻.
에스프리([프]esprit) [명] [정신·기지(機智)의 뜻] 예술에서의 발랄한 지성이나 번뜩이는 재치.
에스피-반(SP盤) [명] [SP:standard playing] 1분간 78회전 하는 음반. ▷엘피반·이피반.
에야-디야 [감] '어기야디야'의 준말.
에어(air) [명] 공기. 특히, 압축 공기.
에어로빅(†aerobic) [명] '에어로빅댄스'의 준말.

에어로빅-댄스(aerobic dance) 명 미용 체조의 하나. 심장이나 폐를 자극하여 혈액 순환 작용을 촉진시키고 산소 소비량을 증대시키는 운동을 춤으로 구성한 것. 준에어로빅.

에어로빅스(aerobics) 명 =유산소 운동.

에어로졸(aerosol) 명 1 [화] 대기 중에 떠도는 고체 또는 액체의 미세한 입자. 안개나 구름의 입자, 연무(煙霧) 따위. 2 밀폐된 용기에 액화 가스와 함께 봉입한 미세한 가루 약품을 가스의 압력으로 연무 상태로 뿜어내어 사용하는 방식. 또는, 그것.

에어-백(air bag) 명 자동차가 충돌할 때 순간적으로 공기 주머니가 튀어나와 팽창함으로써 충격을 완화시켜 탑승자의 머리·가슴을 보호하는 장치.

에어^브레이크(air brake) 명 압축 공기를 이용하여 차량의 속도를 조절하거나 멈추게 하는 장치. 대형 차량에 많이 쓰임. =공기 브레이크·공기 제동기(空氣制動機).

에어-쇼(↑air show) 명 비행기가 공중에서 펼쳐 보이는 연기(演技). 전시 비행·곡예비행 따위.

에어^커튼(air curtain) 명 냉난방 장치가 있는 건물의 출입구 따위에 공기의 막을 만들어 공기의 흐름을 차단함으로써 바깥공기나 먼지가 들어오는 것을 막는 장치.

에어컨(←air conditioner) 명 여름에 실내 공기의 온도·습도를 조절하는 장치. ¶~을 틀다. 본에어컨디셔너.

에어컨디셔너(air conditioner) 명 '에어컨'의 본딧말.

에어-쿠션(air cushion) 명 공기를 넣어 푹신하게 만든 등받침이나 쿠션.

에어^펌프(air pump) 명 =공기 펌프.

에어^포켓(air pocket) 명 공중에 부분적으로 하강 기류가 흐르고 있는 구역. 비행기가 이곳에 들어가면 양력(揚力)이 감소되어, 갑자기 낙하하거나 요동을 함.

에여라차 '어여차'를 받아넘기는 소리.

에오-세(←Eocene世) 명 [지] 신생대 제3기 중에서 팔레오세의 뒤, 올리고세 앞의 세. 부족류(斧足類)가 번성하였고, 산림이 무성하여 많은 석탄층이 퇴적되었음. =시신세.

에오신(eosin) 명 [화] 적색의 산성 염료의 하나. 레이크 안료·분석용 시약·적색 잉크 등에 쓰임.

-에요 어미 서술격 조사 '이다' 또는 '아니다'의 어간에 붙어, 서술·의문을 나타내는, '해요체'에 해당하는 종결 어미. '-어요'와 뜻이 같으나 훨씬 널리 쓰이는 말임. 비-어요. ¶저는 나쁜 사람이 아니~. / 저 사람이 사...

에우다 동(타) 1 (사물을) 사방으로 빙 둘러싸다. ¶첩첩한 산이 마을을 에우고 있다. 2 (길을) 돌려서 가다. ¶길을 에워서 가다. 3 장부 등에서, (필요 없는 부분을) 지워서 없애다. ¶명단에서 그 이름을 ~. 4 (끼니를) 때워서 넘기다. ¶풀뿌리로 끼니를 ~.

에움-길[-낌] 굽은 길.

에워-싸다 동(타) 사방을 둘러서 싸다. ¶산이 마을을 ~ / 사고 현장을 구경꾼들이 ~.

에워싸-이다 동(자) '에워싸다'의 피동사.

에-의 [-의/-에] (조) '…에 대한'의 뜻을 나타내, 격 조사 '에'와 격 조사 '의'가 결합한 관형격 조사. ¶무도회~ 초대.

에이 감 1 실망하여 단념할 때에 내는 소리. ¶~, 깨끗이 잊어버리자. 2 '에이끼'의 준말.

에이²(A) 명 1 학점(學點)이나 사물의 단계를 나타내는 기호의 하나. 최상위를 나타냄. ¶~ 학점. 2 [음] 음이름의 하나. '가' 음.

에이그 감 아주 밉거나 한탄스러울 때 내는 소리. ¶~, 지지리도 못난 녀석.

에이-급(A級) 명 1 가장 뛰어나거나 우수한 등급. 비일급. ¶목이 좋은 ~ 점포 / 이 제품은 품질이 ~이다.

에이끼 감 손아랫사람을 못마땅하여 꾸짖거나 속이 상할 때 내는 소리. ¶~, 이 고얀 녀석. 준에이.

에-이다 동(피)(자) 1 '에다'의 피동사. ¶살을 에이는듯한 추위. 2 '에다'의 잘못. ▶에다.

에이-디¹(A.D.) 명 [원]Anno Domini] =기원후(紀元後). ↔비시(B.C.).

에이디²(AD) 명 [assistant director] [방송] =조연출(助演出).

에이디에스엘(ADSL) 명 [Asymmetric Digital Subscriber Line] [통] 기존의 전화선을 사용하여 인터넷과 일반 전화를 동시에 이용할 수 있는, 가입자와 전화국 간의 데이터 교환 속도가 다른 시스템. 다운로드의 속도는 빠르나 업로드의 속도는 느림. =비대칭 디지털 가입자 회선.

에이레(Eire) 명 [지] '아일랜드'의 구칭.

에이비시(ABC) 명 영어 알파벳의 처음 석 자로, 초보 또는 입문(入門)을 뜻하는 말.

에이비시^무기(ABC武器) 명 [ABC:atomic, biological and chemical] =화생방 무기.

에이비엠(ABM) 명 [anti-ballistic missile] [군] =탄도탄 요격 미사일.

에이비오식 혈액형(ABO式血液型) [-애켱] [의] 사람의 혈액형의 하나. A 및 B의 응집원과 항(抗) A 및 항 B의 응집소의 유무에 의하여 A형·B형·O형·AB형의 네 가지로 나뉨.

에이비-형(AB型) 명 [생] ABO식 혈액형의 하나. AB형인 사람은 A형·B형·O형·AB형인 사람에게서 각각 수혈받을 수 있고, AB형인 사람에게만 수혈할 수 있음.

에이스(ace) 명 1 일(一). 트럼프나 주사위 따위의 한 끗. 2 [체] =서비스 에이스. 3 [체] 야구에서, 팀의 주전 투수.

에이스리/A3 명 종이 규격의 하나. 297mm ×420mm의 크기임.

에이아르에스(ARS) 명 [Automatic Response Service, Audio Response System] [통] 컴퓨터가 사람을 대신하여 합성된 음성으로 응답하게 되어 있는 시스템. =음성 자동 응답 시스템. ¶~ 전화.

에이아이디(AID) 명 [Agency for International Development] 1961년에 종래의 여러 원조 기관을 통합 흡수하여 발족한, 미국의 해외 원조 기관. =국제 개발처.

에이에스(↑AS) 명 =애프터서비스.

에이에이엠(AAM) 명 [air-to-air missile] [군] 적의 항공기를 목표로 항공기에서 쏘는 미사일. =공대공(空對空) 미사일.

에이엘비엠(ALBM) 명 [air-launched ballistic missile] [군] 항공기에서 지상을 향하여 발사하는 탄도 미사일. =공대지(空對地) 미사일.

에이엠¹(AM) 명 [amplitude modulation] [물] =진폭 변조.

에이엠²(A.M., a.m.) 명 [원]ante meridiem] 오전(午前). 시각을 나타내는 숫자 앞에 덧붙여 '오전 …시'의 뜻을 나타냄. ↔피엠

(P.M.).

에이엠^방ː송(AM放送) [AM:amplitude modulation] [방송] 진폭 변조 방식에 의한 방송.

에이전시(agency) 명 어떤 전문적인 영역의 일을 대행해 주는 업체. 순화어는 '대행사'. ¶광고 ~ / 홍보 ~ / 모델 ~.

에이전트(agent) 명 '대리인', '대행인'으로 순화.

에이즈(AIDS) 명 [Acquired Immune Deficiency Syndrome][의] 면역력이 극도로 저하되어 신체가 병원체에 대하여 무방비 상태에 이르는 병. 성교·수혈·혈액 제제(製劑)의 사용 등에 의해 남녀가 같이 감염됨. 사망률이 매우 높음. =후천성 면역 결핍증.

에이치(H) 명 [hard] 연필심의 경도(硬度)를 나타내는 기호. H, 2H, 3H 등 숫자가 커질수록 단단함. ▷비(B).

에이치디^티브이(HD TV) 명 [high-definition television] =고선명 텔레비전.

에이치비(HB) 명 [hard black] 연필심의 경도(硬度)를 나타내는 기호. 별로 단단하지도 무르지도 않은 중간것.

에이치아르-도(H-R圖) 명 [H-R圖] 절대 광도를 세로축에, 스펙트럼형(또는 색 지수)을 가로축에 잡고 항성(恒星)을 배열한 도표. 덴마크의 헤르츠스프룽과 미국의 러셀이 작성함.

에이커(acre) 명[의존] 야드파운드법의 면적의 단위. 1에이커는 4047m²임. 기호는 ac.

에이큐(AQ) 명 [achievement quotient] [교] =성취 지수.

에이-판(A判) 명[인] 인쇄용지 규격의 한 계열. 0번(841mm×1189mm)에서 10번(26mm×37mm)까지의 11종. ▷비판(B判).

에이펙(APEC) 명 [Asia Pacific Economic Council] 환태평양 지역의 자유 무역 확대, 경제 협력 등을 목적으로 1989년에 창설된 기구. =아시아 태평양 경제 협력체.

에이포/A4 종이 규격의 하나. 210mm×297mm의 크기임. ¶~ 용지.

에이프런(apron) 명 요리나 설거지 등을 할 때 옷이 더럽혀지지 않도록 몸의 앞쪽, 곧 가슴에서 무릎 부근까지를 가릴 수 있게 되어 있는, 천으로 만든 물건. [앞치마.

에이-형(A型) 명[생] ABO식 혈액형의 하나. A형인 사람은 A형과 O형인 사람에게서 수혈받을 수 있고, A형과 AB형인 사람에게 수혈할 수 있음.

에인절피시(angelfish) 명[동] 시클리드과의 열대어. 몸길이 10~15cm. 몸은 납작하고 등지느러미·배지느러미·꼬리지느러미가 길게 뻗어 있음. 연한 회색에 검고 굵은 가로무늬가 몇 개 있는 것이 특징임. 관상용으로 기름.

에잇 [-읻] 비위에 거슬려 마음이 불쾌할 때에 내는 소리. ¶~, 못된 것!

에지(edge) 명[체] 1 =에지볼. 2 골프에서, 그린·벙커·홀 등의 가장자리. 3 =블레이드 4 스키의 양쪽 모서리 부분.

에지-볼(edge ball) 명[체] 탁구에서, 공이 탁구대의 모서리에 맞는 일. 정규 타구로 인정함. =에지.

에참 감 뜻에 맞지 않으나 어쩔 수 없을 때에 스스로 내는 소리.

에취 튀 재채기할 때 나는 소리.

에칭(etching) 명[인] 동판 위에 질산에 부식되지 않는 일종의 밀을 칠하고, 그 표면에 바늘로 그림이나 글을 새겨, 이것을 질산에 넣어 부식시켜 만드는 오목판 인쇄술. 또는, 그 인쇄물. =부식 동판.

에케르트^도법(Eckert圖法) [-뻡] 명[지] 1906년에 독일의 에케르트가 고안한 정적 도법의 하나. 극(極)을 적도의 1/2의 길이로 나타내고, 모든 위선을 적도와 극선(極線)에 평행한 직선으로 그림.

에코(Echo) 명[신화] 그리스 신화에 나오는 숲의 요정. 미소년 나르키소스를 사랑했으나 거절당하고 슬픔 때문에 몸은 없어지고 메아리가 되었다고 함.

에콰도르(Ecuador) 명[지] 남아메리카의 태평양 연안, 적도(赤道)의 남북에 걸쳐 있는 공화국. 수도는 키토.

에쿠 감 '에꾸'의 거센말.

에쿠쿠 감 '에구구'의 거센말.

에큐(ECU) 명 [European Currency Unit] [경] 유럽 공동체 안에서 공통으로 쓰는 통화 계산 단위. =유럽 통화 단위.

에크 감 갑자기 몹시 놀랐을 때에 내는 소리. ¶~, 뜨거워라.

에크나 감 '에크'의 힘줌말.

에키 감 '에끼'의 거센말.

에탄(ethane) 명[화] 메탄계 탄화수소의 하나. 천연가스나 석탄 가스 속에 함유되어 있는 무색무취의 기체.

에탄올(ethanol) 명[화] 무색투명한 액체. 보통 녹말로 만들어 술의 주성분임. 휘발성이며, 잘 타고 방향(芳香)이 있음. 여러 가지 화학 약품의 합성 원료로 쓰임. =알코올·에틸알코올·주정(酒精).

에테르(ether) 명[화] 2개의 탄화수소기가 산소 원자에 의하여 결합한 구조를 가진 유기 화합물의 총칭. 2 [화] =에틸에테르.

에토스(㉠ethos) 명 1 [철] 성격·습성 등, 개인의 지속적인 특질. 2 사회 집단·민족 등을 특징 짓는 기풍·관습. 3 예술 작품에 담긴 도덕적·이성적인 특성. ↔파토스(pathos).

에튀드(㉯étude) 명 1 [음] 주로 기악의 연습을 위하여 만든 악곡. 2 그림이나 조각 등에서, 습작(習作)·시작(試作).

에티오피아(Ethiopia) 명[지] 아프리카 동북부, 홍해(紅海)에 면한 인민 민주 공화국. 수도는 아디스아바바.

에티켓(㉯étiquette) 명 남을 상대할 때 지켜야 할 예절. ¶~을 지키다 / ~에 어긋나다 / 약속는 것이 ~이다.

에틸렌(ethylene) 명[화] 에틸렌계 탄화수소의 하나. 무색의 가연성(可燃性) 기체. 공업적으로는 석유의 크래킹으로 얻음. 폴리에틸렌 등 유기 화학 제품의 원료가 됨. =생유기(生油氣).

에틸렌계 탄ː화수소(ethylene系炭化水素) [-계/-/-계-] [화] 이중 결합을 한 개 가지는 사슬식 탄화수소의 총칭. 에틸렌·프로필렌·부틸렌 따위.

에틸-알코올(ethyl alcohol) 명[화] =에탄올(ethanol).

에틸-에테르(ethyl ether) 명[화] 에탄올에 진한 황산을 넣고 증류해서 만드는, 무색의 액체. 특유한 향기가 있으며 휘발성이 강함. 유기 용제·마취제 따위로 쓰임. =에테르.

에페(épée) 명[체] 1 펜싱 경기의 한 종목. 온몸을 대상으로 하고 찌르기를 주로 함. 2 1에서 쓰는 검. 무게 770g, 길이 90cm임.

에프(F) [명] **1** 학점(學點)을 구분하는 기호의 하나. 낙제를 뜻함. **2** [음] 음이름의 하나. '바' 음. **3** [Fahrenheit] 화씨온도를 표시하는 기호. **4** [focal] 렌즈의 밝기나 조리개의 크기를 표시하는 기호. 수치가 작을수록 밝음. **5** [fine] 연필심의 경도(硬度)를 나타내는 기호. HB와 H의 중간임.

에프비아이(FBI) [명] [Federal Bureau of Investigation] 미국 정부의 법무부 안에 설치된 비밀경찰 기관. 전국적인 범죄 수사 외에 스파이 및 연방(聯邦)의 이해(利害)에 관계되는 문제의 정보 탐지를 주요 임무로 함. =미국 연방 수사국.

에프-수(f數) [명][사진] 렌즈의 밝기를 나타내는 수. 초점 거리와 렌즈 구경(口徑)의 비로 나타내며, 일반적으로 이 값이 작을수록 밝음. =에프넘버.

에프아이(FI) [명] [fade-in] [연] =페이드인. ↔에프오(FO).

에프에이오(FAO) [명] [Food and Agriculture Organization] =국제 연합 식량 농업 기구.

에프엠[1](FM) [명] [frequency modulation] [물] =주파수 변조.

에프엠[2](FM) [명] [field manual] **1** [군] 야전 훈련 교범. **2** 〈속〉 원리 원칙. ¶그는 매사를 ~대로 처리한다.

에프엠^방!송(FM放送) [명] [FM:frequency modulation] [방송] 주파수 변조 방식에 의한 방송. 잡음이 없고 혼신을 일으키지 않으며, 스테레오화나 다원 방송을 할 수 있음.

에프오(FO) [명] [fade-out] [연] =페이드아웃1·2. ↔에프아이(FI).

에프-층(F層) [명][지] 지상으로부터 200~300km 사이에 있는 전리층(電離層).

에피소드(episode) [명] **1** 이야기나 사건의 줄거리에 끼인 짤막한 토막 이야기. =삽화(插話). **2** 남에게 알려지지 않은 재미있는 이야기. [비]일화. **3** [음] 악곡의 2개의 주부(主部) 사이에 삽입된 부분. =삽입곡·삽입구.

에필로그(epilogue) [명] **1** [연] 연극의 맨 마지막에, 배우가 관객에게 하는 폐막의 인사말. **2** 드라마·영화·소설 등에서, 결말에 해당하는 부분. ↔프롤로그.

에헤 [감] **1** 가소롭거나 기막힌 일을 당할 때에 내는 소리. ¶~! 웃기는군. [작]애해. **2** 노랫소리를 홍청거려 내는 소리. ¶~ 금강산 일만 이천 봉마다 기암이요.

에헤야 [감] 노래에서 '에헤'를 멋있게 맺는 소리. ¶~ 가다 못 가면 ~ 쉬었다 가지.

에헤헤 [부] **1** 가소롭다는 듯이 웃는 웃음소리. **2** 천하고 비굴하게 웃는 웃음소리.

에헴 [감] 짐짓 점잔을 빼거나 자기의 출현을 알리기 위하여 일부러 내는 헛기침 소리. [작]애햄.

엑 [감] '에기'의 준말.

엑기스(←[일]エキス) [명] [<extract] '진액(津液)2'로 순화.

엑스(X) [명] **1** 수학에서, 미지수(未知數)를 나타내는 기호. 보통, 소문자 이탤릭체로 씀. **2** 가새표 ×를 달리 일컫는 말. ¶오~문제. ↔오.

엑스-각(X脚) [명][의] 양쪽 무릎이 비정상적으로 접근되어 있어서 'X' 자처럼 되어 있는 다리. =외반슬(外反膝). ↔오각(O脚).

엑스-레이(X-ray) [명] **1** [물] =엑스선(X線). **2** =엑스선 사진.

엑스-선(X線) [명][물] 전자기파 중에서 파장이 0.01~100옹스트롬 범위의 것. 물질에 대한 투과력이 세어 물질 연구·재료 시험·의료 따위에 이용함. =뢴트겐·뢴트겐선·엑스광선·엑스레이.

엑스선^사진(X線寫眞) [명] X선을 물체에 조사(照射)하여 투과광을 촬영한 투과 사진. 인체 내부의 이물의 발견, 질병의 진단, 금속 재료의 내부 구조의 해명 등에 쓰임. =뢴트겐 사진·엑스레이.

엑스^세!대(X世代) [명] **1** 미국에서, 1965년 이후에 태어난 세대. 더글러스 쿠플런드의 소설(1991) 제목에서 비롯됨. **2** 뜻이 바뀌어, 자기주장이 강한 신세대.

엑스엑스엑스(XXX) [명] 무선 전신에 의한 만국 공통의 긴급 신호. 에스오에스(SOS) 다음가는 제2급의 위난(危難)에 발신함.

엑스^염!색체(X染色體) [명][생] 암컷과 수컷의 성염색체에 공통으로 들어 있는 염색체. 암컷에는 2개, 수컷에는 1개가 있음. ▷와이염색체.

엑스터시(ecstasy) [명] 감정이 고조되어 자기 자신을 잊고 도취 상태가 되는 현상. 신비주의에서는 인간과 신이 합일된 열락의 신비적 경지를 이름.

엑스트라(extra) [명] 역할이 미미하여 대개 대사가 없고 화면의 구도를 위한 보조자 구실을 하는 연기자. 흔히, 행인·군중 등으로 등장함. ▷단역.

엑스포(Expo) [명] [Exposition] =만국 박람회(萬國博覽會).

엑슬란(Exlan) [명] 아크릴계 합성 섬유의 하나. 가볍고 보온성이 좋음. 상표명에서 온 말임.

엔[1](N) [명] [North] 자석·나침반 등에서 북쪽을 나타내는 기호.

엔[2]([일]円/えん) [명][의존] 일본의 화폐 단위. 기호는 ¥ 또는 Y.

엔간찮다[-찬타] [형] 엔간하지 않다. ¶보기보다 하는 짓이 ~.

엔간-하다 [형][여] 사물의 정도가 일정한 기준이나 보통의 경우에서 그리 벗어나지 않은 상태에 있다. ¶**엔간해서**는 그의 고집을 꺾을 수 없다. [본]어연간하다. **엔간-히** [부] ¶그 녀석 참 ~ 보챈다.

엔-고([일]円/えん 高) [명][경] 국제 환시세(換時勢)에서 일본 화폐인 엔의 값이 다른 나라 화폐에 비하여 상대적으로 높아진 현상.

엔!굽이-치다 [동][자] 물이 굽이쳐 뭍으로 빙 돌아서 흐르다. ¶**엔굽이쳐** 흐르는 급류.

엔^극(N極) [명][물] =북극1.

엔!-담 [명] 가장자리를 빙 둘러서 싼 담.

엔도르핀(endorphin) [명][생] 신경 세포의 작용을 조절함으로써 모르핀과 같은 진통 작용을 하는, 뇌하수체 전엽에서 분비되는 물질.

엔드^라인(end line) [명][체] 테니스·배구·농구 등의 직사각형 코트에서 짧은 쪽의 구획선. ▷사이드라인.

엔들 [조] 명사 다음에 붙어 반어(反語)의 뜻을 나타내는 보조사. ¶어느 곳~ 못 가랴.

엔^세!대(N世代) [명] [N:net] [사] 디지털 기술과 함께 성장하여 디지털 기기를 능숙하게 다룰 줄 아는 신세대.

엔실리지(ensilage) [명][농] 목초·옥수수 등의 다즙질(多汁質) 사료 작물을 사일로에 쌓아 밀폐하여 젖산 발효시켜 저장한 사료. =사일리지(silage).
엔오시(NOC) 圐 [National Olympic Committee] =국가 올림픽 위원회.
엔조이(enjoy) →엔조이-하다 동재여 '즐기다'로 순화. ¶인생을 ~.
엔지(N.G.) 圐 [no good] [영][방송] 영화·텔레비전·라디오 등에서 촬영·녹화·녹음 등이 의도대로 잘되지 않아 실패한 상태가 되는 일. 예-가 나다 / ~을 내다.
엔지니어(engineer) 圐 기계·전기·토목 등의 기술자.
엔지니어링(engineering) 圐 =공학(工學).
엔지오(NGO) 圐 [nongovernmental organization] 정치·경제·환경·인권·복지 등의 문제를 해결하기 위해 민간단체가 중심이 되어 조직한 비정부(非政府) 국제 단체.
엔진(engine) 圐 연료를 태워 기계를 움직이는 힘을 내게 하는 기계 장치. 비기관(機關). ¶~이 꺼지다.
엔진-룸(↑engine room) 圐 자동차에서, 엔진이 장착되어 있는 공간.
엔진^오일(engine oil) 圐 내연 기관에 쓰는 윤활유.
엔카(⑨えんか/演歌) 圐 애조를 띤 가락의 일본 대중가요.
엔탈피(enthalpy) 圐[물] 열역학에서 사용하는 물리량(物理量)의 하나. 계(系)가 밖에서 가해진 압력과 그것에 의하여 변화한 부피의 곱을, 계의 내부 에너지에 더한 양(量). 기호는 H.
엔터^키(enter key) 圐[컴] 컴퓨터의 자판(字板)에서, 입력을 완료시키거나 명령을 실행시키는 키. 비리턴 키.
엔테로키나아제(Enterokinase) 圐[생] 단백질 분해 효소의 하나. 고등 동물의 장(腸), 특히 십이지장의 점막에서 분비됨.
엔트로피(entropy) 圐 1[물] 열량과 온도에 관계되는 물질계의 상태를 나타내는 열역학적 양(量)의 하나. 2 정보 이론에서, 정보의 불확실함의 정도를 나타내는 양.
엔트리(entry) 圐 1[체] 경기·경연 등의 참가의 등록. 또는, 참가자 명부. 2 사전의 표제어.
엔피티(NPT) 圐 [nuclear non-proliferation treaty] =핵 확산 금지 조약.
엔-화(⑨円/えん貨) 圐 엔을 화폐 단위로 하는 돈.
엘(L) 圐 [large] 의류(衣類) 등에서, 대형 치수를 나타내는 기호. ¶~ 사이즈. ▷에스(S)·엠(M).
엘-니뇨(⑨el Niño) 圐[기상] 남아메리카 서해안을 따라 흐르는 차가운 페루 해류 속에 이상 난류(異常暖流)가 갑자기 흘러드는 현상. 플랑크톤이나 멸치의 감소, 연안 지역의 집중 호우·홍수 등을 가져옴. ▷라니냐.
엘디(LD) 圐 [laser disk] =레이저 디스크.
엘레간테(⑨elegante) 圐[음] 악곡의 표현 방법을 나타내는 말로, '우아하게'의 뜻.
엘레지(⑨élégie) 圐 슬픔을 노래한 악곡·가요·시가(詩歌).
엘렉트라^콤플렉스(Electra complex) 圐[심] 정신 분석학 용어. 딸이 무의식적으로 어머니를 미워하고 아버지를 따르는 경향. ▷오이디푸스 콤플렉스.
엘리베이터(elevator) 圐 동력을 사용하여 사람이나 화물을 아래위로 나르는 장치. =승강기(昇降機). ¶~를 타다.

엘리베이터-걸(elevator girl) 圐 백화점이나 고층 빌딩 등에서, 엘리베이터를 작동하면서 층별 위치 안내를 하는 여자.
엘리트(⑨élite) 圐 어떤 사회에서 우수한 능력이 있다고 인정된 사람. 또는, 사회적으로 높은 지위에 올라 지도적 역할을 하는 사람. 비선량(選良). ¶~ 사원 / ~ 집단.
엘리트-주의(⑨élite主義) [-의/-이] 圐 1 소수의 엘리트가 사회나 국가를 지배하고 이끌어야 한다고 믿는 태도나 입장. 2 어떤 사람이 엘리트로서의 자부심이나 우월감을 가지는 태도.
엘보(↑elbow) [의] 과도한 운동으로 팔꿈치의 근육이나 힘줄이 손상되어 통증을 일으키는 증상. ¶테니스 ~.
엘살바도르(El Salvador) 圐[지] 중앙아메리카 태평양 연안에 있는 공화국. 수도는 산살바도르.
엘시(L/C) 圐 [letter of credit] [경] =신용장.
엘시엠(L.C.M.) 圐 [least common multiple] [수] =최소 공배수.
엘에스디(LSD) 圐 [lysergic acid diethylamide] [약] 맥각(麥角) 중의 알칼로이드에서 얻는 무미·무취의 강력한 환각 유발제.
엘에스아이(LSI) 圐 [large scale integration] [컴] =고밀도 집적 회로.
엘엔지(LNG) 圐 [liquefied natural gas] =액화 천연가스.
엘-파(L波) 圐[지] 지진파의 하나. 진원(震源)이 수백 km 이상 떨어진 곳에서 P파, S파 다음에 전파되는 큰 파. 지표면을 따라 전파되는 파동이므로 표면파라고도 함.
엘피^가스(LP gas) 圐 [LP:liquefied petroleum] =액화 석유 가스.
엘피-반(LP盤) 圐 [LP:long playing] 1분에 33⅓ 회전하는 장시간 연주용 음반. =롱플레잉 레코드. ▷에스피반·이피반.
엘피지(LPG) 圐 [liquefied petroleum gas] =액화 석유 가스.
엠(M) 圐 [medium] 의류(衣類)의 치수가 표준임을 나타내는 기호. ¶~ 사이즈. ▷에스(S)·엘(L).
엠바고(embargo) 圐 1 정부가 상선에 대해 내리는 출입항 금지 명령. 2 기사(記事)의 보도 시점 제한.
엠보싱(embossing) 圐[미][인] 요철이 있는 철판이나 프레스로 종이·금속·플라스틱 등의 한쪽 면을 눌러 일정한 형태의 무늬가 도드라지게 만드는 일. ¶~ 화장지.
엠브이피(MVP) 圐 [most valuable player] [체] 운동 경기, 특히 프로 야구나 농구에서 그 시즌 중에 가장 우수한 성적을 올린 선수. =최우수 선수.
엠블럼(emblem) 圐 어떤 단체나 대상을 상징적으로 나타낸 도형.
엠비에이(MBA) 圐 [Master of Business Administration] 경영학 석사.
엠시(MC) 圐 [master of ceremonies] 연예 공연이나 퀴즈·쇼·인터뷰 등의 방송 프로그램을 진행하는 사람.
엠아르비엠(MRBM) 圐 [medium range ballistic missile] 사정거리 1000km 내외의 미사일. =준중거리 탄도 미사일.
엠아르아이(MRI) 圐 [magnetic resonance imager] [의] 체내의 원자에 핵자기 공명을 일으켜 얻은 정보를 컴퓨터로 영상화하는 질병 진단 장치. =자기 공명 영상 장치·핵자기 공명 장치.
엠아르에이^운동(MRA運動) 몡 [MRA: Moral Re-Armament] [사] =도덕 재무장 운동.
엠앤드에이(M&A) 몡 [mergers and acquisitions] 기업 합병 및 인수. 곧, 두 개 이상의 기업이 하나의 기업이 되는 합병과 한 기업이 다른 기업의 주식이나 자산을 취득하면서 경영권을 획득하는 인수를 동시에 일컫는 말임. 순화어는 '인수 합병'.
엠케이에스^단위계(MKS單位系) [-계/-게] 몡 [MKS:meter-kilogram-second] [물] 단위계의 하나. 길이는 미터(m), 질량은 킬로그램(kg), 시간은 초(s)로 나타냄.
엠티(†MT) 몡 [membership+training] 주로 대학생 사회에서, 같은 과나 서클에서 구성원들의 친목을 도모하고 단합을 꾀하기 위해 수련회를 갖는 일.
엠티비(MTB) 몡 [mountain bike] =산악자전거.
엠펙(MPEG) 몡 [Motion Picture Expert Group][컴] 컬러 동화상의 압축 방식에 대한 국제 표준화 작업을 추진하는 조직.
엠피(MP) 몡 [Military Police] [군] =헌병.
엠피-반(MP盤) 몡 [MP:medium playing] LP반과 회전수는 같으나 홈의 넓이가 커서 풍부한 음량의 녹음을 할 수 있는 레코드.
엠피-스리/MP3(MP three) 몡 [MEPG-1 Audio Layer 3] 압축 기술을 사용하여 시디(CD) 음반의 음질을 거의 유지하면서 데이터의 크기를 10분의 1가지 줄인 파일. 또는, 그 파일에 채택된 압축 방식. ¶~ 플레이어.
엥 깜 뉘우치거나, 성나거나, 딱하거나, 싫증이 날 때에 내는 소리. ¶~, 내 참 더러워서. (작)앵.
엥겔^계^수(Engel係數) [-계/-게-] 몡 [경] 생계비 가운데 식비(食費)가 차지하는 비율. ▷엥겔 법칙.
엥겔^법칙(Engel法則) 몡 [경] 소득이 증가함에 따라 가계 지출에서 식비가 차지하는 비율이 작아진다고 하는 법칙. 독일의 통계학자 엥겔이 주장했음.
여¹ 몡 한글 모음 'ㅕ'의 이름.
여² 몡 물속에 잠겨 보이지 않는 바위. 阻암초(暗礁).
여³ 때 '여기'의 잘못. ¶물이 ~까지 찼다.
여⁴ 죄 받침 없는 체언에 붙어, 부르거나 호소하는 뜻을 나타내는 호격 조사. 주로 시나 기도문 등에 쓰이는 문어 투의 말임. ¶동포~, 일어나라, 나라를 위해. / 주~, 잘못을 용서하소서. ▷이여.
-여⁵ 얼미 '여' 불규칙 용언의 어간에 붙어, 어미 '-아'의 뜻으로 쓰이는 연결 어미. ¶과로하~ 병이 났다. ▷-아·-어.
여⁶(女) 몡 '딸'의, 기록에서의 문어적 칭호. ↔자(子).
여¹⁷(與) '여당'을 줄여 이르는 말. ¶~와 야(野). ↔야(野).
여⁸(余·予) 때(인칭) '나¹I'을 예스럽게 표현한 말. ¶~는 허리를 굽히고 스덕으로 아래를 휘저어 보았다.《김동인:광화사》
여-⁹(女) 접두 일부 명사 앞에 쓰여, '여자'의 뜻을 나타내는 말. ¶~학생/~동생/~기자.
-여¹⁰(餘) 접미 주로 한자로 된 수사 밑에 붙어, 그 수 이상이라는 뜻을 나타내는 말. ¶백~년/오십~명/이십~개.

여가(餘暇) 몡 일이 없어 한가하게 남는 시간. 阻짬·틈·겨를. ¶~ 선용/~를 즐기다.
여각(女閣) 몡[역] 조선 시대에 해산물·곡물 등의 매매를 거간하며, 또 그 물건의 임자를 묵게 하던 집. ▷객줏집.
여각²(餘角) 몡[수] 두 각의 합이 직각일 때, 그 한 각에 대한 다른 각을 이르는 말.
여간(如干) I 튐 '아니다', '않다' 등의 부정적인 서술어와 함께 쓰여 보통으로. 또는, 어지간히. ¶~ 추운 날씨가 아니다.
Ⅱ 관 (부정적인 뜻의 서술어와 함께 쓰여) 웬만한. 또는, 어지간한. ¶~ 노력으로는 그 대학에 들어갈 수 없다.
Ⅲ 몡 (주로 '아니다'를 서술어로 하여) 보통의 정도. 또는, 만만한 정도. ¶어린애가 하는 짓이 ~이 아니다. **여간-하다** 혭예 이만저만하다. 또는, 어지간하다. ¶**여간해서는** 못 푸는 문제.
여간-내기(如干-) 몡 =보통내기. ¶몸집은 작고 가냘프지만 ~가 아니다.
여-간첩(女間諜) 몡 여자 간첩.
여-감방(女監房) 몡 여자 죄수를 가두어 두는 감방. =여감(女監).
여객(旅客) 몡 비행기·배·열차·버스 등을 타고 여행하는 사람.
여객-기(旅客機) [-끼] 몡 여객을 태워 나르는 비행기.
여객-선(旅客船) [-썬] 몡 여객을 태워 나르는 배. ¶호화 ~.
여¦건(與件) [-껀] 몡 1 주어진 조건. ¶~이 척박일지라도 공부를 계속하고 싶다. 2 [논] 추리·연구의 출발점으로서 주어지거나 가정된, 논의의 여지가 없는 전제. 비소여.
여걸(女傑) 몡 호걸스러운 여자. 即여장부.
여겨-듣다 [-따] 통ㅂ연<-들으니, -들어> 정신을 차리고 기울여 듣다. ¶남의 충고를 그냥 넘기지 말고 **여겨들어라**.
여겨-보다 통티 눈에 익혀 가며 자세히 보다. 比눈여겨보다.
여¦격(與格) [-껵] 몡[언] 1 문장 속의 어떤 체언이 수여의 대상임을 나타내는 격. 2 유럽 어 등에서 볼 수 있는, 간접 목적을 나타내는 격 또는 어미변화의 형태.
여¦격^조사(與格助詞) [-껵쪼-] 몡[언] 체언 아래에 쓰여, 체언으로 하여금 무엇을 받는 자리에 서게 하는 격 조사. '에게', '께', '한테' 등.
여경(女警) 몡 여자 경찰관.
여경(餘慶) 몡 남에게 좋은 일을 많이 한 보답으로 그 자손이 누리게 되는 경사.
여계(女系) [-계/-게] 몡 여자 쪽의 혈연 계통. ↔남계.
여고(女高) [교] '여자 고등학교'를 줄여 이르는 말. ¶~ 동창.
여고-생(女高生) 몡 '여자 고등학생'을 줄여 이르는 말.
여공¹(女工) 공장에서 일하는 여자. =공녀(工女)·여직공.
여공²(女功·女紅) 몡 부녀자가 하는 길쌈질. ¶사씨 이후 ~이 민첩하여 남의 침선 방적도 하며….《김만중:사씨남정기》 **여공-하다** 통(자)여.
여¦과(濾過) 몡[화] 액체·기체 따위를 걸러 내는 것. =거르기. **여¦과-하다** 통티여 ¶물을 **여과하여** 마시다. **여¦과-되다** 통(자) ¶필터에 니코틴이 ~.
여¦과-기(濾過器) 몡 걸러 내는 기구. =필터.

여과-지(濾過紙)[명][화]=거름종이.
여관(旅館)[명] 돈을 받고 사람에게 잠을 잘 수 있도록 방을 빌려 주는 곳. 호텔보다는 급이 낮고 여인숙보다는 급이 높음. =여사(旅舍). ¶~에 묵다 / ~에 들다. ▷호텔·여인숙.
여관-방(旅館房)[-빵][명] 여관에서 손님이 묵는 방. ¶~을 잡다 / ~에 들어가다.
여광(餘光)[명] 1 해나 달이 진 뒤의 은은한 남은 빛. 2 =여덕(餘德).
여-교사(女敎師)[명] 여자 교사. (비)여선생.
여구(如舊)→**여구-하다** [형] 모양이나 상태가 옛날과 같다. (비)여전하다. **여구-히** [부]
여군(女軍)[명][군] 여자 군인. 또는, 그 군대.
여권¹(女權)[-꿘][명] 여성의 사회상·정치상·법률상의 권리. =부권(婦權). ¶~이 향상되다.
여권²(旅券)[-꿘][명] 외국에 여행하는 사람의 신분을 증명하며, 그 나라의 보호를 의뢰하는 문서. ¶~을 발급하다.
여!권³(與圈)[-꿘][명] 여당에 속하는 정치가의 범위. ¶~ 인사(人士). ↔야권.
여권^신장(女權伸張)[-꿘-][명][사] 여성의 사회상·정치상·법률상의 권리와 지위를 높이는 일.
여근(女根)[명][생] =음문(陰門)². ↔남근.
여급(女給)[명] 카페·바 등에서 손님의 시중을 드는 여자.
여기 Ⅰ[대] [지시] 1 말하는 사람이 자기가 있는 장소나 자기보다 자기 쪽에 가까이 있는 장소를 가리켜 이르는 말. ¶~에 텐트를 치자. (준)예. 2 거론하고 있는 대상, 곧 어떤 일이나 문제 등을 '이것', '이 점', '이 부분'의 뜻으로 이르는 말. ¶너는 ~에서 손을 떼라. (준)요기. 2 [인칭] 말하는 사람이 자기 쪽에 가까이 있는 사람을 듣는 사람에게 가리켜 이르는 말. 주로, 그가 윗사람일 경우에는 사용하지 않음. ¶~는 내 친구 김동수 씨, 인사하시죠. ▷거기·저기.
Ⅱ[부] 이곳에. 말하는 사람이 있는 곳을 포함하여 자기 쪽에 가까운 데를 이르는 말임. ¶그 물건은 ~ 놔 두세요. / 너 ~ 살고 있니? (준)요기. ▷거기·저기.
여기다 [동] [자,타] (사람이 어떤 대상을 어떠한 성격이나 상태, 자격을 가진 대상으로, 또는 대상을 어떻게) 판단하여 생각하거나 간주하다. ¶부모 잃은 아이를 불쌍히 ~ / 그는 모든 일이 잘 되는 것으로 **여기고** 안심했다.
여기^상태(勵起狀態)[명][물] =들뜬상태.
여-기자(女記者)[명] 여자 기자.
여기-저기 Ⅰ[명] 부근의 여러 곳. (비)곳곳·이곳저곳. ¶산 ~에 꽃이 피어 있다. / 전국 ~를 유람하다.
Ⅱ[부] 부근의 여러 곳에. (비)이곳저곳. ¶하루 종일 ~ 다니다. (준)요기조기.
여뀌 [명][식] 마디풀과의 한해살이풀. 높이 40~80cm. 여름에 흰 꽃이 피며, 열매는 수과(瘦果)로 검음. 잎과 줄기는 짓이겨 물에 풀어서 고기를 잡는 데 쓰며, 특히 잎은 몹시 매워 조미료로도 쓰임. 들·개울가에 남.
여!낙낙-하다 [-낭나카-] [형] 성품이 곱고 부드러우며 상냥하다. ¶살갑고 **여낙낙한** 마음씨. **여!낙낙-히** [부]
여난(女難)[명] 여색(女色)이나 여인과의 교제로 말미암아 일어나는 환난(患難).

여남은 Ⅰ[수] 열 남짓한 수. ¶친구 ~이 왔다.
Ⅱ[관] ~ 개 / ~ 차례.
여남은-째 [수][관] 열째 남짓한 차례.
여년(餘年)[명] 늙은이의 죽을 때까지의 나머지 세월. 비여생.
여념(餘念)[명] 생각하고 있는 대상 이외의 다른 생각. ¶연습에 ~이 없는 운동선수들.
여느 [관] 그 밖의 다른. 또는, 다른 보통의. ¶~ 날처럼 6시에 일어나다 / ~ 꽃처럼 향기롭다 / ~ 때보다 늦게 퇴근하다. ×여늬.
여늬 [관] '여느'의 잘못.
여단(旅團)[명][군] 군대를 편성하는 단위의 하나. 보통 2개 연대로 구성되며, 사단보다는 규모가 작음.
여!-닫다[-따][동][타] 열고 닫고 하다. ¶책상 서랍을 ~ / 칠이 마를 때까지 문을 **여닫지** 마시오.
여!닫-이[-다지][명] 문틀에 고정한 경첩이나 돌쩌귀 등을 축으로 하여 열고 닫는 방식. 또는, 그런 방식의 문이나 창. ▷미닫이.
여!닫-히다[-다치-][동][재] '여닫다'의 피동사. ¶이 문은 자동으로 **여닫힌다**.
여담(餘談)[명] 용건이나 본 줄거리와 관계없이 하는 이야기.
여!당¹(與黨)[명] 정당 정치에서, 정권을 잡고 있는 정당. ↔야당(野黨).
여당²(餘黨)[명] =잔당(殘黨).
여대¹(女大)[명][교] '여자 대학'을 줄여 이르는 말.
여대²(麗代)[명][역] '고려 시대'를 줄여 이르는 말.
여대-생(女大生)[명] '여자 대학생'을 줄여 이르는 말.
여덕(餘德)[명] 나중까지 남아 있는 은덕이나 덕망. =여광(餘光).
여덟[-덜] Ⅰ[수] 1 일곱에 하나를 더한 수. 고유어 계통의 수사임. ¶~에서 하나를 빼면 일곱이 된다. =팔(八). 2 사람이나 사물의 수량을 셀 때, 일곱 다음에 해당하는 수효. ¶열의 ~은 나에게 동조할 것이다.
Ⅱ[관] ~ 개 / ~ 시 / ~ 달.
여덟-모[-덜-][명] =팔모.
여덟-째[-덜-][수][관] 차례를 매길 때, 일곱째의 다음에 오는 수.
여덟팔자-걸음(-八字-)[-덜-짜-][명] =팔자걸음.
-여도 [어미] '여' 불규칙 용언의 어간에 붙어, 어미 '-아도'의 뜻으로 쓰이는 연결 어미. ¶그렇게 사정을 하~ 눈 하나 꿈쩍 안 하더라. ▷-아도·-어도.
여독¹(旅毒)[명] 여행으로 말미암아 생긴 몸의 피로. ¶~이 쌓이다 / ~을 풀다.
여독²(餘毒)[명] 1 채 풀리지 않고 남아 있는 독기. 2 뒤에까지 남은 해로운 요소. =후독.
여동-밥[-뽑][명] =생반(生飯).
여-동생(女同生)[명] 여자 동생. ↔남동생.
여드레 [명] 1 하루가 여덟 번 있는 시간의 길이. 곧, 여덟 날. ¶~ 만에 의식을 회복하다. 2 (초)(初)·열·스무 다음에 쓰여) 각각 어느 달의 8일·18일·28일임을 고유어로 나타내는 말. ¶내달 초~면 일진이 어떻게 되나?
여드렛-날[-렌-][명] (초)(初)가 붙거나 단독으로 쓰여, 또는 열·스무에 쓰여) 각각 어느 달의 8일, 18일, 28일임을 나타내는 말. ¶지난달 ~에 절에 다녀왔다.
여드름 [명] 주로 사춘기에 이른 남녀의 얼굴·가슴 등에 도톨도톨하게 나는 작은 종기.

털구멍이나 피지선이 막혀서 생김. ¶~이 나다 / ~을 짜다.

여든 Ⅰ[수] **1** 열의 여덟 곱절. 고유어 계통의 수사임. ¶열을 여덟 배 하면 ~이다. ▷팔십. **2** 사람이나 사물의 수량을 셀 때, 열의 여덟 곱절에 해당하는 수효. ¶워낙 건강하신 어른이라 ~도 못 넘기실 줄은 몰랐다.
Ⅱ[관] ¶~ 살 / ~ 명.

여ː들-없다[-업따] [형] 하는 짓이 멋없고 미련하다. **여ː들없-이** [부]

-여라 [어미] '여' 불규칙 용언의 어간에 붙어, 명령·감탄의 뜻을 나타내는 종결 어미. ¶열심히 노력 하~. / 가엾기도 하~.

여래(如來) [명][불] '석가모니여래' 의 준말.

여러 [관] 수효가 하나나 둘이 아니고 그보다 많은. 곧, 셋 이상 열 미만 정도의. ¶~ 가지 / ~ 종류의 꽃 / ~ 번 만나다 / ~ 날이 걸리다.

여러모-로 [부] 여러 방면으로. [비]다각도로. ¶이번 일에 ~ 수고가 많았습니다. / 그것은 ~ 쓸모가 많다.

여러-분 [대](인칭) 말하는 사람이 자신이 상대하고 있는 여러 사람이나 많은 사람의 무리를 높여서 이르는 말. ¶동포 ~ / ~의 모교 방문을 환영합니다. / ~, 안녕하세요?

여러해-살이 [명][식] 식물이 뿌리나 땅속줄기가 남아 있어서 해마다 줄기와 잎이 돋아나는 것을 이르는 말. =다년생(多年生). ↔한해살이.

여러해살이-풀 [명][식] 겨울에는 땅 위의 부분이 죽어도 봄이 되면 다시 움이 돋아나는 풀. 대개 3년 이상 사는 것을 가리킴. =다년생 식물·다년생 초본·다년초·숙근초. ↔한해살이풀.

여럿[-럳] [수] 하나나 둘이 아니고 그보다 많은 수효의 사람이나 사물. 일반적으로 셋 이상 열 미만 정도의 수효를 가리킴. ¶일꾼을 ~ 얻다 / 구슬을 ~ 가운데서 골라잡다.

여럿-이 Ⅰ[명] '여러 사람' 을 이르는 말. ¶일을 ~서 분담하다.
Ⅱ[부] 여러 사람이 함께. ¶~ 힘을 합하여 성금을 모으다.

여력(餘力) [명] 어떤 일을 하고 남은 힘. 곧, 다른 일을 할 수 있는 힘. ¶자식을 대학에 보낼 ~은 있다. / ~이 있으면 나를 좀 도와다오.

여로(旅路) [명] 여행하는 길. ¶~에 오르다.

여ː론(輿論) [명] 사회의 어떠한 현상이나 정치적 문제 등에 대하여 국민들이 나타내는 공통된 의견. =세론(世論). [비]공론(公論). ¶~에 따르다 / 반대 ~에 부딪히다.

여ː론^조사(輿論調査) [명] 면접이나 질문서 등을 통하여 대중의 의견을 조사하는 일.

여ː론-화(輿論化) [명] 여론으로 나타나거나 나타내는 것. 또는, 공통된 의견이 되거나 되게 하는 것. **여ː론화-하다** [동](자)(타)(여) ¶사회의 병폐를 **여론화하여** 시정하다. **여ː론화-되다** [동](자)

여류(女流) [명] 《어떤 명사 앞에 쓰여》 그 방면에 능숙한 여성임을 나타내는 말. ¶~ 작가 / ~ 시인.

여름 [명] 한 해의 네 철 가운데 둘째 철. 봄과 가을 사이에 오며, 북반구에서는 보통 양력 6, 7, 8월에 해당함. 날씨가 덥고 녹음이 우거짐.
여름(을) 타다 [구] 여름철에 더위를 견디지 못하여 원기를 잃고 힘들어하다.

여름-꽃[-꼳] [명] 여름에 피는 꽃.

여름-날 [명] 여름철의 날. 또는, 그 날씨. =하일(夏日).

여름-내 [부] 온 여름 동안.

여름-누에 [명] 6월 하순경이나 7월 초순경에 치는 누에. =하잠(夏蠶).

여름-눈 [명][식] 여름에 나서 그해 안에 터서 자라는 눈. =하아(夏芽). ↔겨울눈.

여름-밤[-빰] [명] 여름의 밤.

여름^방학(-放學) [-빵-] [명] 여름의 한창 더울 때에 하는 방학.

여름-비[-삐] [명] 여름철에 오는 비. =하우(夏雨).

여름-살이 [명] 여름에 입는 베나 모시로 만든 홑옷.

여름-새 [명][동] 봄에서 초여름에 걸쳐 남쪽에서 날아와 번식한 뒤, 가을에 다시 남쪽으로 가는 철새. 우리나라에서는 제비·두견이 따위. ↔겨울새. ▷철새.

여름-옷[-옫] [명] 여름에 입는 옷. [비]하복(夏服).

여름-잠[-짬] [명][동] =하면(夏眠)². ↔겨울잠.

여름-철 [명] 여름 절기. =하절(夏節).

여름-털 [명] **1** 털갈이하는 동물의, 여름에 나는 털. 겨울털보다 성기며 두꺼움. =하모(夏毛). ↔겨울털. **2** 여름철에 사슴의 털이 누렇게 되어 흰 반점이 선명하게 나타난 털.

여름-학교(-學校) [-꾜] [명] 여름 방학 동안에 일정한 학과나 실습을 목적으로 열리는 학교. =서머스쿨·하기 학교.

여름-휴가(-休暇) [명] 여름철에 더위 등으로 실시하는 휴가. =하기휴가.

여리-꾼 [명] 지난날, 상점 앞에 서서 손님을 끌어들여 물건을 사게 하고, 주인으로부터 얼마의 돈을 받던 사람. ¶선전 앞에서 ~에게 붙들려서 곤경들을 치르고….《홍명희: 임꺽정》 ▷삐끼.

여리다 [형] **1** 단단하거나 질기지 않아 연하고 약하다. ¶아기는 피부가 **여려** 상처를 입기 쉽다. **2** (의지나 감정이) 모질지 못하고 무르다. ¶그렇게 **여린** 마음으로 모진 세파를 어떻게 감당하려나? **3** 기준보다 조금 부족하다. ¶두루마기를 짓기에는 감이 좀 ~. [작]야리다.

여린-내기 [명][음] 여린박부터 시작하는 곡. ↔센내기.

여린-말 [명] 센말이나 거센말에 대하여, 예사소리로 된 말. 가령, '딸까닥' 에 대하여 '달가닥' 과 같은 말.

여린-박(-拍) [명][음] 한 마디 안에서 센박 다음의 박자. 곧, 악센트가 없는 박자. =약박(弱拍). ↔센박.

여린-뼈 [명][생] =연골(軟骨).

여린입천장-소리(-天障-) [-닙-] [명][언] =연구개음(軟口蓋音).

여말(麗末) [명] 고려 시대의 말기.

여망¹(餘望) [명] 남은 희망. 또는, 앞으로의 희망. ¶내 나이가 80인데 이제 무슨 ~이 있겠소.

여ː망²(輿望) [명] 많은 사람의 기대. ¶국민의 ~에 부응하여 정치 민주화를 이룩하다.

여맥(餘脈) [명] **1** 산맥이나 산의 주된 줄기에서 이어져 나간 작은 줄기. ¶월출산 천황봉에 오르면 동쪽으로 소백산맥의 ~이 끝없이 펼쳐져 있다. **2** 세력을 거의 잃어 허울만 남아 있는 상태. ¶후백제와 후고구려가 대결하는 동안 신라는 겨우 ~을 유지하고 있었다.
여명¹(黎明) 圀 1 희미하게 날이 밝을 무렵. 떼갓밝이. ¶~의 하늘. 2 희망의 빛.
여명²(餘命) 圀 앞으로 남은 목숨. 떼잔명.
여명-기(黎明期) 圀 희망에 찬 새 시대가 갓 시작되는 시기. ¶국가 발전의 ~를 맞이하다.
여무(女巫) 圀[민] 여자 무당.
여무-지다 톙 빈틈이 없고 여물다. ¶일을 여무지게 하다. 짝야무지다.
여물 圀 마소를 먹이기 위하여 잘게 썬 짚이나 마른풀. ¶~을 썰다.
여물다 I 통(짜)〈여무니, 여무오〉 (곡식이) 다 자라 낟알이 단단하게 익다. 떼영글다. ¶보리가 ~/씨알이 ~/잘 **여문** 옥수수. 짝야물다.
II 톙 1 씀씀이 따위가 알뜰하다. 2 (어떤 현상이나 일이) 잘되어 뒤탈이 없다. ¶일을 여물게 처리하다. 짝야물다.
여물-통(-桶) 圀 1 여물을 담는 통. 2 〈은〉입(우범자의 말). 3 〈은〉식기(食器)(군인의 말).
여미다 통(타) (옷깃 따위를) 바로잡아 합쳐서 단정하게 하다. ¶옷깃을 ~.
여∶민동락(與民同樂) [-낙] 圀 임금이 백성과 함께 즐김. **여∶민동락-하다** 통자.
여∶민락(與民樂) [-밀-] 圀[음] 조선 시대, 아악의 한 가지. 임금의 거둥 때나 궁중의 잔치 때에 연주함. 노래는 부르지 않으며, 화평하고 웅대한 음률이 특색임.
여반장(如反掌) 圀 〔손바닥을 뒤집는 것 같다는 뜻〕 어떤 일이 매우 쉬움을 이르는 말.
여-배우(女俳優) 圀 여자로서 배우 생활을 하는 사람. 떼여우(女優). ↔남배우.
여백(餘白) 圀 종이와 같은 평면에 그림이나 글씨가 채워지지 않고 남은 빈 부분. ¶~을 남기다 /~의 미를 살린 한국화.
여-벌(餘-) 圀 1 가외의 것. ~부건(副件)·여건(餘件). 2 입고 있는 옷 외에 여유가 있는 남은 옷. ¶이 옷은 ~로 준비해 두었다.
여^변^칙^활용(一變則活用) [-치콰-] 圀[언] =여 불규칙 활용.
여-보 갑 1 부부 사이에 서로를 부르는 호칭어. ¶~, 그럼 다녀오리다. 2 나이가 지긋한 남자가 그리 친숙하지 않거나 잘 모르는 동년배 이하의 남자를 무뚝뚝하게 또는 퉁명스럽게 부를 때에 쓰는 호칭어. ¶~, 거 아무것도 모르면 잠자코 있구려.
여-보게 갑 나이가 지긋한 사람이 사위나 제자나 아들 친구와 같은 젊은 남자를 부르거나, 중년 이상의 남자가 자기 친구를 대접하여 부를 때 쓰는 하게체의 호칭어. ¶~ 친구, 오랜만일세. /~ 김 서방.
여-보세요 갑 1 그리 친숙하지 않거나 잘 모르는 사람을 부를 때 쓰는 해요체 또는 합쇼체의 호칭어. ¶~, 미안하지만 길 좀 가르쳐 주시겠어요[주시겠습니까]? 2 전화를 할 때 상대를 부르는 말. 상대가 윗사람이든 아랫사람이든 관계없이 사용함. ¶~, 누굴 찾으세요?
여-보시게 갑 '여보게'를 좀 더 높여 이르는 말. ¶~, 내 말도 좀 들어주시게.
여-보시오 갑 주로 중년 이상의 남자가 그리 친숙하지 않거나 잘 모르는 동년배 이하의 남자를 무뚝뚝하게 또는 퉁명스럽게 부를 때 쓰는 하오체의 호칭어. ¶~, 거 점잖은 체면에 그러면 되겠소.

여-보십시오 [-씨-] 갑 그리 친숙하지 않거나 잘 모르는 사람을 부를 때 쓰는 합쇼체의 호칭어. '여보세요'에 비해 별로 쓰이지 않는 말로 여겨봅시오.

여복¹(女卜) 圀 여자 점쟁이.
여복²(女服) 圀 1 여자의 옷. 2 남자가 여자처럼 꾸민 옷차림. ↔남복(男服). **여복-하다** 통(여) 남자가 여자처럼 옷차림을 꾸미다.
여복³(女福) 圀 =염복(艷福).
여-봅시오 [-씨-] 갑 '여보십시오'의 준말.
여-봐라 '해라' 할 상대를 부르는 말. ¶~, 게 아무도 없느냐?
여봐란-듯이 뫼 남에게 수모를 받다가 그것을 활짝 벗어나게 된 때에, 이것 좀 보라는 듯이 우쭐거리며 자랑함을 이르는 말. ¶~ 꾸며 놓고 살다.
여봐-요 갑 1 그리 친숙하지 않거나 잘 모르는 사람을 부를 때 쓰는 해요체의 호칭어. '여보세요'에 비해 무뚝뚝하거나 퉁명스러운 느낌을 줌. ¶~, 날 어떻게 보고 하는 소리예요? 2 부부간에 서로를 부르는 말. 일반적으로 신혼 초에 '여보'의 사용이 쑥스러울 때 사용함.
여∶부(與否) 圀 1 어떤 사실의 이고 아님, 그러함과 그렇지 않음. 즉, 무엇을 하고 아지 않음. ¶사실 ~/생사 ~를 알 길이 없다. 2 (주로, '있다' '없다'와 함께 쓰여) 어떤 사실이 틀리거나 의심할 여지. '있다'와 함께 쓰일 때에는 의문문을 이룸. ¶"일은 잘됐겠지?" "그야, ~가 있겠습니까?"
여∶부-없다(與否-) [-업따] 톙 어떤 사실이 조금도 틀림이 없어 의심할 여지가 없다. ¶저 녀석은 커 갈수록 **여부없는** 제 아비라니까. **여∶부없-이** 뫼
여북 뫼 주로 의문문에 쓰여, '얼마나', '오죽', '작히나' 의 뜻으로 이르는 말. ¶~ 답답하면 이런 이야기를 하겠는가.
여북-이나 뫼 '여북'의 힘줌말. ¶복권이 당첨되면 ~ 좋으랴.
여북-하다 [-부카-] 톙 (주로 '여북하면', '여북해야', '여북해서', '여북하랴' 등의 꼴로 의문문에 쓰여) '오죽 심했으면', '오죽하면' 의 뜻으로, 어떤 극한적 상황에서 그럴 수밖에 없으리라는 것을 긍정하여 이르는 말. ¶어머니를 여의었으니 그 슬픔이 **여북하랴**. / **여북하면** 내게 부탁을 하겠소.
여분¹(餘分) 圀 =나머지1. ¶~이 없다 /~이 있거든 나도 좀 주시오.
여분²(餘憤) 圀 분한 일을 당하거나 화가 난 뒤에 끝까지 풀리지 않은 기운.
여^불규칙^용^언(-不規則用言) [-칭농-] 圀[언] '여 불규칙 활용'을 하는 용언.
여^불규칙^활용(-不規則活用) [-치콰-] 圀[언] 어미 '-아' 가 '-여'로 변하는 불규칙한 어미 활용. '하다' 및 접미사 '-하다'가 붙는 모든 용언은 '여' 불규칙 활용을 함. =여변칙 활용.
여불비례(餘不備禮) 圀 예를 다 갖추지 못하였다는 뜻으로, 편지 끝에 쓰는 말. 춘여불비(餘不備).
여비¹(女婢) 圀 여자 종. ↔남노(男奴).
여비²(旅費) 圀 여행에 드는 비용. 춘왕복.
여-비서(女祕書) 圀 여자 비서.
여사¹(女史) 圀 1 결혼한 여자를 높여 이르는 말. 2 사회적으로 저명한 여자를 높여 이르

는 말. 주로 성명 아래 붙여 씀.
여사²(旅舍) 몡 =여관(旅館).
여사³(餘事) 몡 그다지 요긴하지 않은 일.
여사⁴(如斯) →여사-하다 형여 =이렇다. 여사-히 부

여-사무원(女事務員) 몡 여자 사무원.
여사여사(如斯如斯) →여사여사-하다 형여 =이러이러하다.
여-사원(女社員) 몡 여자 사원.
여-사장(女社長) 몡 여자 사장.
여삼추(如三秋) →일각(一刻)².
여상¹(女相) 몡 여자처럼 생긴 남자의 얼굴. ↔남상(男相).
여상²(女商) 몡[교] '여자 상업 고등학교'를 줄여 이르는 말.
여상³(女商) →여상-하다¹ 형여 위와 같다.
여상⁴(如常) →여상-하다² 형여 평소와 같다. 여상-히 부

여색¹(女色) 몡 1 여자와의 육체적 관계. ¶~을 탐하다[즐기다]/~에 빠지다. 2 여자의 아름다운 모습이나 얼굴빛.
여색²(餘色) 몡 1 [미] =보색(補色)1. 2 [물] 두 빛깔의 광선이 혼합한 결과 백색광이 될 때, 한쪽의 광선을 다른 광선에 대하여 이르는 말. 적색과 녹색 따위.
여생(餘生) 몡 노인의, 앞으로 얼마 남지 않은 인생. ¶~을 편안히 보내다.
-여서 어미 '여' 불규칙 용언의 어간에 붙어, 어미 '-아서'의 뜻으로 쓰이는 연결 어미. ¶공부하~ 진학하다/노력하~ 성공하다. ▷-아서→어서.
여-선생(女先生) 몡 여자 선생. 비여교사(女教師). ↔남선생(男先生).
여섯[-섣] I ㈜ 1 다섯에 하나를 더한 수. 고유어 계통의 수사임. ¶셋이 둘이면 ~이다. ▷육(六). 2 사람이나 사물의 수량을 셀 때, 다섯 다음에 해당하는 수효. ¶그 집은 식구가 모두 ~이다.
II 관 ¶~ 차례/~ 장.
여섯-째[-섣-] ㈜관 차례를 매길 때, 다섯째의 다음에 오는 수. ¶~ 줄/~ 시간.
여성¹(女性) 몡 1 아기를 직접 낳을 수 있는 성(性)에 속하는 사람. 일정한 나이가 되면 월경을 하며, 젖을 먹일 수 있는 유방과 자궁음문(陰門) 등의 생식 기관을 가짐. 일반적으로 성년(成年)에 이른 사람을 가리키거나, 구체적 개인을 가리키기는 어려움. ¶직업~/미혼 ~. 비여자·여인. 2 [언] 인도·유럽 어 등에서, 명사·대명사 등의 성(性)의 구별의 하나. 남성·중성에 대립함. ↔남성(男性).
여성²(女聲) 몡 1 여자의 목소리. 2 [음] 성악의 여성의 성부(聲部). 곧, 소프라노·알토 등. ¶~ 합창. ↔남성(男聲).
여성-계(女性界) [-계/-게] 몡 여성들의 사회. ¶~ 인사.
여성-미(女性美) 몡 여자에게 특유한 육체상 또는 성질상의 아름다움. ↔남성미.
여성-복(女性服) 몡 여성들이 입는 옷. ↔남성복.
여성-부(女性部) 몡 행정 각 부의 하나. 여성 정책 수립·조정, 여성 인권 보호, 남녀 차별 개선 및 여성 지위 향상에 관한 사무를 맡아 봄. 2001년 1월에 신설됨.
여성-상(女性像) 몡 1 여자의 모습. 또는, 그것을 표현한 그림이나 조각. 2 여자로서 갖추어야 할 모습. ¶이상적인 ~을 그려 보다.

여성-적(女性的) 관몡 여성답거나 여성과 같은 (것). ↔남성적.
여성-지(女性誌) 몡 성인 여성을 주된 독자층으로 하여 만든 잡지.
여성-학(女性學) 몡 역사적·문화적 측면에서 여성의 역할을 연구하는 학문. 1970년대에 여성 해방 운동과 함께 미국에서 대두되었음.
여성^해:방^운:동(女性解放運動) 몡 전통적인 '여성' 개념에 의한 속박으로부터 여성을 해방하고자 하는 운동. 1960년대 후반에 미국에서 시작하여 1970년대에 걸쳐 유럽 여러 나라로 퍼짐.
여성^호르몬(女性hormone) 몡[생] 여성의 난소(卵巢)에서 분비되어 제2차 성징을 나타내고, 여성 생식기의 발육을 촉진시키는 호르몬. =난소 호르몬. ↔남성 호르몬.
여세(餘勢) 몡 어떤 일을 치른 다음의 나머지 세력이나 기세. ¶연전연승하던 예선전에서의 ~를 몰아 결승전을 우승으로 이끌다.
여:소-야대(與小野大) 몡 여당의 국회의원 숫자가 야당의 국회의원 숫자보다 적은 상태. ¶불안정한 ~ 정국.
여:송-연(呂宋煙) 몡 1 필리핀의 루손 섬에서 나는 엽궐련. 독하며 향기가 좋음. 2 =엽궐련.
여수¹(女囚) 몡 여자 죄수. =여도(女徒).
여수²(旅愁) 몡 =객수(客愁). ¶~를 달래다.
여:수³(與受) 몡 주고받는 일. 비수수(授受). 여:수-하다 타여
여-순경(女巡警) 몡 여자 순경.
여승(女僧) 몡[불] 여자 승려. 비비구니(比丘尼). ↔남승.
여승-방(女僧房) 몡[불] 여승들이 사는 절. =여승당. ㈜승방.
여식(女息) 몡 남에게 자기 딸을 이르는 말.
여신¹(女神) 몡 여성인 신. ¶행운의 ~.
여:신²(與信) 몡[경] 금융 기관에서, 고객을 신용하는 일. 곧, 고객에게 돈을 빌려 주는 일. ↔수신(受信).
여신³(餘燼) 몡 타고 남은 불기운.
여실(如實) →여실-하다 형여 (어떤 대상이) 어떤 사실이나 실상을 뚜렷하게 느끼게 해 주는 상태이다. **여실-히** 부 ¶스코어가 두 팀의 실력 차를 ~ 나타내 주고 있다.
여심(女心) 몡 여자의 특유한 마음.
여아(女兒) 몡 1 성별이 여자인 아이. 비계집아이. 2 남에게 자기 딸을 이르는 말. ↔남아(男兒).
-여야 어미 '여' 불규칙 용언의 어간에 붙어, 어미 '-아야'의 뜻으로 쓰이는 연결 어미. ¶어떤 일이든지 열심히 하~ 한다. ▷-아야.→-어야.
여:야²(與野) 몡 여당(與黨)과 야당(野黨). ¶~ 총무 회담.
-여야지 어미 '여' 불규칙 용언의 어간에 붙는 반말 투의 종결 어미. 1 혼잣말로 다짐하는 뜻을 나타냄. ¶이번 시합에서는 꼭 우승을 하~. 2 상대에게 부드럽게 어떤 사실을 환기 또는 촉구하거나 동의를 구하는 뜻을 나타냄. ¶네 방 청소는 네가 하~? ▷-지.→-아야지.→-어야지.
여열(餘熱) 몡 1 큰 신열(身熱) 뒤에 남아 있는 열. 2 더운 시기가 지났는데도 남아 있는 더위. 3 열기가 남아 있는 것. 또는, 그 남아 있는 열.

여염(閭閻) 명 백성의 살림집이 많이 모여 있는 곳. =여항(閭巷).
여염-집(閭閻-) [-찝] 명 일반 백성의 살림집. =여가(閭家). 준염집. ×엠집.
여왕(女王) 명 1 여자 임금. =여주(女主). 2 어떤 영역에서 중심적 위치에 있는 여자를 비유하여 이르는 말. ¶은막의 ~ / 사교계의 ~.
여왕-개미(女王-) 명동 알을 낳을 능력이 있는 암개미. 보통 일개미보다 크며, 개미 사회의 우두머리임.
여왕-벌(女王-) 명동 사회생활을 하는 벌 떼에서 알을 낳을 수 있는 암벌. 몸이 크며, 벌 사회의 우두머리임. =봉왕(蜂王)·여왕봉·왕봉·장수벌.
여요(麗謠) 명문 '고려 가요'를 줄여 이르는 말.
여우[1] 명 1동 포유류 갯과의 한 종. 몸길이 70cm 정도. 몸이 홀쭉하고 주둥이가 길고 뾰족하며, 꼬리도 굵고 긺. 성질이 교활하며 야행성임. 털가죽은 목도리 등에 쓰임. 울음소리는 '캥캥', '깡캉'. =야호(野狐). 2 간사하고 교활한 여자를 비유하여 이르는 말. ¶그 여자는 백 년 묵은 ~야. ▷늑대. 3 하는 짓이 감찹하고 영악한 계집아이를 비유하여 이르는 말. ¶꼭 ~ 같은 짓만 하고 다닌다.
여우[2](女優) 명 '여배우'의 준말. ¶~ 주연상. ↔남우(男優).
여우-별 [-뼐] 명 궂은날 잠깐 났다가 사라지는 별.
여우-비 명 볕이 나는 날 잠깐 오다가 그치는 비.
여운(餘韻) 명 1 어떤 일이 있은 뒤에 아직 가시지 않고 남아 있는 느낌. ¶그 시는 언제 읽어도 ~이 남는다. 2 떠난 사람이 남겨 놓은 좋은 영향. 3 =여음(餘音)2. ¶기적 소리가 길게 ~을 끌며 하늘 저편으로 사라졌다.
여울 명 강이나 바다에서, 깊이가 얕거나 폭이 좁아서 물살이 세고 빠르게 흐르는 부분. 또는, 그 부분의 세고 빠른 물살. ¶개 ~ / 강 ~.
여울-목 명 여울을 이룬 곳.
여울-여울 [-려-/-우려-] 부 불이 조용하게 타는 모양. 작야울야울.
여울-지다 자 여울을 이루다. ¶여울저 흐르는 계곡의 물소리.
여위다 동자 (몸이나 얼굴이) 살이 빠져서 앙상한 상태가 되다. 비마르다. ¶여윈 손 / 며칠 앓지 않고 나더니 얼굴이 몰라보게 **여위었구나**. 작야위다.
여유(餘裕) 명 1 사물이 물질적·공간적·시간적으로 넉넉하여 남음이 있는 상태. ¶돈의 ~가 있다 / 생활에 ~가 없다 / 시간의 ~를 두고 일을 처리하다. 2 느긋하고 차분하게 생각하거나 행동하는 마음의 상태. 또는, 대범하고 너그럽게 일을 처리하는 마음의 상태. ¶~ 있는 태도를 보이다 / 한시도 지체할 마음의 ~가 없다.
여유-롭다(餘裕-) [-따] 형ㅂ ⟨~-로우니, ~로워⟩ 여유가 있다. ¶여유로운 시간을 보내다.
여유작작(餘裕綽綽) [-짝] →여유작작-하다 [-짜카-] 형여 말이나 행동이 너그럽고 침착하다. 준작유하다. ¶여유작작한 태도.
여윳-돈(餘裕-) [-유똔/-윤똔] 명 넉넉하여 남는 돈.

여음(餘音) 명 1 입으로 불리는 시가(詩歌)에서, 본 가사의 앞이나 뒤나 가운데에 별 의미 없이 들어가 감흥이나 율조를 일으키는 어절이나 구절. '아으 동동다리', '어즈버', '에헤야' 따위. 2 소리가 그친 뒤의 울림. =여운(餘韻).
여의(如意) [-의/-이] →여의-하다 [-의-/-이-] 형여 일이 마음먹은 대로 되는 상태에 있다. ¶형편이 **여의치** 못하다.
여의다 [-의-/-이-] 동타 1 죽어서 이별하다. ¶일찍이 부모를 ~. 2 멀리 떠나보내다. ¶고운 임 **여의옵고**. 3 (딸을) 결혼시켜 남의 집안사람이 되게 하다. 비시집보내다. ¶딸을 ~.
여의-봉(如意棒) [-의-/-이-] 명 바늘만한 크기에서 아주 커다란 몽둥이의 크기까지 자유자재로 늘이거나 줄일 수 있는, '서유기'의 주인공 손오공이 가지고 다녔다는 물건.
여의-의사(女醫師) 명 여자 의사. 준여의.
여의-주(如意珠) [-의-/-이-] 명불 용의 턱 아래에 있다는 구슬. 이를 얻으면 온갖 조화를 부릴 수 있다고 함. =마니·마니주·보주.
여의찮다(如意-) [-의찬타/-이찬타] 형 여의하지 않다.
-여이다 어미 '하다'의 어간 '하-'에 붙어, 듣는 사람을 극히 높이는 합쇼체의 평서형 종결 어미. 현대어에서는 쓰이지 않음. ¶성은이 망극하~.
여인(女人) 명 성년의 여자를 문어적으로 이르는 말. ¶중년 ~ / 한국의 전통적인 ~. ▷여성·여자.
여인-네(女人-) 명 여인들. 여인 일반을 두루 이르는 말임. ¶한국 ~가 겪어 온 삶의 애환.
여ː인동락(與人同樂) [-낙] 명 다른 사람과 더불어 함께 즐김. **여인동락-하다** 자여.
여인-상(女人像) 명 전형적인 여성의 모습. 또는, 여성으로서 갖추어야 할 참다운 모습. 비여상. ¶전통적인 한국의 ~ / 그녀는 나의 ~이다.
여인-숙(旅人宿) 명 규모가 작고 값이 싼 숙박업소. 호텔·여관보다 급이 낮은 곳임.
여일[1](餘日) 명 1 남은 날. 2 =앞날.
여일[2](如一) →여일-하다 형여 처음부터 끝까지 한결같다. ¶시종 ~. **여일-히** 부.
여자(女子) 명 1 아기를 직접 낳을 수 있는 성(性)을 가진 사람을 두루 이르는 말. '여성', '여인'보다 훨씬 일반적으로 쓰이는 말로, 구체적 개인을 가리킬 수 있음. 모든 연령층의 사람을 포함할 수 있으나, 특별히 성(性)의 측면이 강조될 때에는 너무 어리거나 늙은 사람에 대해서는 쓰지 않음. ¶~ 점원 / ~를 멀리하다. ▷여성·여인. 2 한 남자의 아내나 애인을 이르는 말. ¶너는 나이 서른이 되도록 ~도 없니? ↔남자.
[**여자는 사흘을 안 때리면 여우가 된다**] 여자는 간사한 짓을 한다.
여자-관계(女子關係) [-계/-게] 명 이성으로서 여자와 맺는 관계. ▷남자관계.
여자-구실(女子-) 명 주로, 여자는 아이를 낳을 수 있어야 한다는 뜻과 관련된 여자로서의 구실.
여ː자^전ː류(勵磁電流) [-쩔-] 명 발전기·전동기·변압기·전자석 등의 코일에 통하여 자기력선속을 발생시키는 전류.

여장¹(女裝) 圀 남자가 여자처럼 차리는 것. ¶~ 남자. ↔남장(男裝). **여장-하다** 困여

여장²(旅裝) 圀 여행할 때의 차림. =정의(征衣). ¶~을 꾸리다 / ~을 풀다 / ~이 가볍다.

여-장군(女將軍) 圀 1 여자 장수(將帥). 2 몸이 크고 힘이 센 여자를 놀림조로 이르는 말.

여-장부(女丈夫) 圀 남자처럼 굳세고 걸걸한 여자. 圓걸.

여재(餘財) 圀 남은 재산.

여적(餘滴) 圀 글을 다 쓰거나 그림을 다 그리고 남은 먹물.

여적-란(餘滴欄) [-정난] 圀 신문·잡지 따위에서, 여록(餘錄)이나 가십 등을 싣기 위하여 마련한 지면.

여전¹(女專) 圀[교] '여자 전문학교'를 줄여 이르는 말. ¶이화(梨花) ~.

여전²(如前) → 여전-하다 톃여 (어떤 대상이) 변함이 없이 전과 같다. =구하다. ¶그 버릇은 예나 지금이나 **여전하군**. **여전-히** 囝 ¶술은 ~ 잘 마시는군.

여-점원(女店員) 圀 여자 점원.

여정¹(旅情) 圀 여행할 때에 우러나오는 마음의 회포. ¶한 잔의 술로 ~을 달래다.

여정²(旅程) 圀 여행의 과정이나 일정(日程). ¶40일간의 긴 ~를 마치다.

여정³(勵精) 圀 마음을 가다듬고 정성을 모아 힘쓰는 것. **여정-하다** 困자여

여제(女帝) 圀 여자 황제. =여황(女皇).

여존-남비(女尊男卑) 圀 사회적 지위나 권리에 있어 여자를 남자보다 우대하고 존중하는 일. ↔남존여비.

여-종(女-) 圀 =계집종.

여-종업원(女從業員) 圀 여자 종업원. ¶다방 ~.

여죄(餘罪) [-죄/-줴] 圀 주(主)가 되는 죄 이외의 다른 죄. ¶~을 캐다 /추궁하다).

여-주인(女主人) 圀 여자 주인.

여-주인공(女主人公) 圀 소설·연극·영화 등에서 가장 중심적인 역할을 하는 여자.

여줄가리 圀 1 주된 몸뚱이나 줄기에 딸린 물건. 2 중요한 것에 곁달린 그리 대수롭지 않은 일.

여중(女中) 圀 '여자 중학교'를 줄여 이르는 말.

여중-생(女中生) 圀 '여자 중학생'을 줄여 이르는 말.

여중-호걸(女中豪傑) 圀 호협한 기상이 있는 여자.

여증(餘症) 圀 병이 나은 뒤에 남아 있는 증세. =여열(餘熱)·여기(餘氣)·여수(餘祟).

여지¹(餘地) 圀[一하] 1 (주로, 관형사형 어미 '-ㄹ/을'이나 관형격 조사 '의' 다음에 쓰여) 어떤 일을 하거나 이룰, 또는 어떤 일이 일어날, 다소의 가능성. ¶아직도 타협할 ~는 있다. /개선의 ~가 없다. 2→여지없다. 3 입추의 여지가 없다 →입추(立錐)².

여지-도(輿地圖) 圀 종합적인 내용을 그린 일반 지도. ¶대동~.

여지-없다(餘地-) [-업따] 톃 더 어찌할 나위가 없을 만큼 가차 없다. 또는, 달리 어찌할 방법이나 가능성이 없다. ¶나한테 걸리는 놈은 **여지없을** 줄 알아라! **여지없-이** 囝 ¶상대 팀에게 ~ 패하다.

-여지이다 어미 '여' 불규칙 용언의 어간에 붙어, 무엇을 기원하는 뜻을 나타내는 종결어미. ¶시험에 꼭 합격하~. ▷-아지이다·-어지이다.

여직 囝 '여태'의 잘못.

여직-껏 囝 '여태껏'의 잘못.

여-직원(女職員) 圀 여자 직원.

여진¹(女眞) 圀 10세기 이후 만주 지방 동부에 살던, 수렵·목축을 주로 하는 퉁구스 계의 민족. =여진족.

여진²(餘塵) 圀 옛사람이 남긴 자취.

여진³(餘震) 圀 [지] 큰 지진이 일어난 다음에 잇달아 일어나는 작은 지진.

여진-족(女眞族) 圀[역] =여진(女眞)¹.

여-집합(餘集合) 圀[-지팝] 圀[수] 전체 집합의 부분 집합 A에 관하여 전체 집합의 요소로서 A에 포함되지 않는 요소의 전체가 만드는 집합. A 또는 Aᶜ로 나타냄. 구용어는 보집합(補集合).

여짓-거리다/-대다 [-짇껃(때)-] 困자 무슨 말을 할 듯 할 듯 자꾸 머뭇거리다.

여짓-여짓 [-진녀진/-지더진] 囝 여짓거리는 모양. **여짓여짓-하다** 困자여 ¶말을 못하고 앞에 와서 ~.

여짭다 困타 '여쭈다'의 잘못.

여쭈다 困타 1 '묻다'의 겸양어. 문장 주어의 행위가 미치는 대상을 높여서 이르는 말임. ¶잘 모르는 게 있으면 선생님께 **여쭈어** 보아라. 2 (윗사람에게 말이나 인사 등을) 올리다. 圓여쭙다. ¶모든 사실을 부모님께 낱낱이 ~ / 이 어른께 인사 **여쭈어라**.

여쭙다 [-따] 困타 〈여쭈우니, 여쭈워〉 '여쭈다'를 더욱 겸손하게 이르는 말. ¶말씀을 **여쭙고** 양해를 구해라.

여차¹ 囘 =영차.

여차²(餘次) 圀 그리 대수롭지 않은 일이나 물건. ¶댓가지 도적이 나온 뒤에 오가가 ~가 되고 쇠도리깨 도적이 나온 뒤에 댓가지 도적이 ~가 되었다.〈홍명희:임꺽정〉

여차³(如此) →여차-하다¹ 톃여 =이렇다. **여차-히** 囝

여차⁴(如此) →여차-하다² 困자 일이 뜻대로 되지 않다. ¶동태를 살피다가 **여차하면** 도망갈 생각이다.

여차여차(如此如此) →여차여차-하다 톃여 =이러이러하다. ¶**여차여차한** 이유로 갈 수 없게 되었다. **여차여차-히** 囝

여창(女唱) 圀 1 [음] 남자가 여자의 음조로 노래 부르는 일. 또는, 그 노래. =여청. ↔남창. 2 여자가 부르는 노래.

여창-남수(女唱男隨) 圀 여자가 앞에 나서서 서두르고 남자는 뒤에서 따라만 하는 일. **여창남수-하다** 困자여

여체(女體) 圀 여자의 육체.

여축(餘蓄) 圀 쓰고 남은 물건이나 돈을 모아 두는 것. 또는, 그 물건. **여축-하다** 困타여

여출일구(如出一口) 圀 =이구동성(異口同聲).

여!치 [동] 메뚜기목 여칫과의 곤충. 몸길이 약 33mm. 몸이 통통하고 긴 촉각이 있으며, 몸빛은 녹색 또는 황갈색임. 수컷은 크게 잘 욺. 울음소리는 '씨르륵씨르륵'. =씨르래기.

여친(女親) 圀〈속〉여자 친구. 인터넷상에서 쓰이는 통신 언어임. ↔남친.

여타(餘他) 圀 그 밖의 다른 것. ¶~의 사항은 개별 문의 바람.

여!탈(輿奪) 圀 주는 일과 빼앗는 일. ¶생살 ~. **여!탈-하다** 困타여

여!탐 圀 무슨 일이 있을 때, 웃어른의 뜻을

여!탐-하다 통(타)여
여!탐-굿[-꾿] 명(민) 집안에 경사가 있을 때, 미리 조상에게 아뢰는 굿. 웬예탐(豫探)굿. **여!탐굿-하다** 통(타)여
여탕(女湯) 명 대중목욕탕에서, 여자만이 사용할 수 있도록 구분한 곳. ↔남탕.
여태 뭐 어떤 행동이나 일이 이미 끝나거나 이뤄졌어야 함에도 그렇게 되지 않은 상태에 있음을 불만스럽게 여기는 뜻을 나타내는 말. 또는, 바람직하지 않거나 부정적인 행동이나 일이 현재까지 계속되어 옴을 나타내는 말. =입때. ¶어딜 가서 ~ 무얼 했니? ▷아직. ×여직.
여태-껏[-껃] 뭐 여태까지. =이제껏·입때껏. ¶~ 놀다가 이제서야 숙제를 하니? ×여직껏.
여택(餘澤) 명 끼쳐 남은 혜택.
여투다 타(물건이나 돈을) 아껴 쓰고 나머지를 모아 두다. ¶몰래 **여투어** 두었던 돈을 요긴할 때 꺼내 놓다.
여파(餘波) 명 1 큰 풍파가 지나간 뒤에 일어나는 물결. 2 어떠한 일이 끝난 뒤에 남아 미치는 영향. ¶석유 파동의 ~로 물가가 치솟다.
여편-네(女便-) 명 1 결혼한 여자를 낮추어 이르는 말. 2 자기 아내를 낮추어 이르는 말. ¶아니, 이 ~가 아침부터 웬 잔소린가? ×예펜네.
여:포(濾胞) 명(생) 1 동물의 조직, 주로 내분비선(內分泌腺)에 있는 다수의 세포로 이루어져 완전히 닫힌 주머니 모양의 구조물. 난소·갑상선·뇌하수체 중엽에서 볼 수 있음. 2 포유류의 난소 안에 있는 주머니 모양의 세포의 모임. =난포(卵胞).
여!포^자^극^호르몬(濾胞刺戟hormone) 명(생) 뇌하수체 전엽에서 분비되는 생식선자극 호르몬. 자성(雌性) 동물의 난포의 발육 성숙을 촉진하고 무게를 증가시킴. =난포 자극 호르몬.
여피(yuppie) [Young Urban Professionals의 머리글자 YUP에 '히피(hippie)'를 본떠 IE를 붙인 미국어] 도시 주변을 주된 생활 기반으로 하여 지적 직업에 종사하는 신자유주의 지향의 젊은이들.
여필(女筆) 명 여자의 필적.
여필종부(女必從夫) 명 아내는 반드시 남편에게 순종하여야 좇아야 함.
여하(如何) 명 어떻게 하는가 하는 것, 또는 어떠한가 하는 것. 명사의 뒤에 놓여, 일의 귀추가 앞말이 나타내는 것을 어떻게 하느냐, 또는 앞말이 나타내는 것이 어떠한가에 달려 있음을 나타내는 말이. ¶성공은 노력 ~에 달려 있다. / 본 프로그램은 방송국의 사정 ~에 따라 달라질 수도 있음.
여하-간(如何間) 뭐 어떠하든지 간에. 비여간. ¶탁상공론만 할 게 아니라 ~ 부딪쳐 보자.
여-하다(如-) 형여 '같다¹'을 예스럽게 이르는 말. ¶운영 계획은 아래와 여함. **여-히** 뭐
여하-튼(如何-) 뭐 일이나 사정이 어찌 되었든 간에. 비아무튼·어쨌든·하여튼. ¶전화로 더 긴 얘기 할 것 없고 ~ 만나서 얘기하자.
여하-튼지(如何-) 뭐 '여하튼'을 좀 더 구어적으로 이르는 말. ¶~ 만나서 얘기하세.

여하-하다(如何-) 형여 《주로, 극단적·극한적 상황을 나타내는 문맥의 부사절을 이루어》(사정이나 형편이) 어떠하다. ¶여하한 일이 있어도 결정 사항을 번복할 수 없다. **여하-히** 뭐
여-학교(女學校) [-꾜] 명(교) 여자만을 가르치는 학교의 통칭.
여-학생(女學生) [-쌩] 명 여자 학생. ↔남학생.
여한(餘恨) 명 풀지 못하고 남은 원한. ¶꿈에 그리던 너를 만났으니 이제 죽어도 ~이 없다.
여행(旅行) 명 자기가 사는 곳을 떠나 객지나 외국에 가는 일. 특히, 특별한 볼일이 없이 즐기거나 견문을 넓히기 위해 탈것을 이용해 다니는 것을 가리키는 경우가 많음. ¶신혼 ~ / 무전 ~ / 수학 ~ / ~을 떠나다. **여행-하다** 통(타)여 ¶그는 한 달 동안 유럽을 **여행하**고 돌아왔다.
여행-객(旅行客) 명 여행 중인 사람을 손님으로 일컫는 말.
여행-기(旅行記) 명 여행 중의 견문이나 감상을 적은 글. 비기행문. ¶걸리버 ~.
여행-길(旅行-) [-낄] 명 여행하는 길이나 경로. 비여로(旅路)·여정(旅程)·나그넷길.
여행-사(旅行社) 명 여행자의 편의를 돌보아 주는 일을 업으로 하는 영업 기관.
여행자^수표(旅行者手票) 명 해외여행자의 편의를 위하여 환은행에서 발행하는 수표. 세계 어느 곳에서나 현금으로 바꿀 수 있음.
여행-지(旅行地) 명 여행하는 곳.
여향¹(餘香) 명 뒤에까지 남아 있는 향기. =여훈(餘薰).
여향²(餘響) 명 뒤에까지 남아 있는 음향. 비여음(餘音).
여-형제(女兄弟) 명 여자 형제. 곧, 자매.
여호수아-기(←Joshua記) 명(성) 구약 성서 중의 한 편.
여호와(←ⒽJehovah) 명 [히브리 어로 '스스로 있는 자'라는 뜻] [성] 구약 성서에 나오는, 이스라엘 민족의 유일신의 이름. =야훼.
여호와의 증인(←ⒽJehovah-證人) [-의-/-에-] [기] 19세기 후반에 미국에서 발생한, 기독교 종파의 하나. 아마겟돈의 최후의 전쟁으로 세상이 멸망하고 그리스도의 천 년 통치가 온다고 믿음.
여황(女皇) 명 =여제(女帝).
여흥(餘興) 명 1 놀이 끝에 남아 있는 흥. ¶~을 돋우다 / ~이 채 가시지 않다. 2 연회나 모임 끝에 흥을 더하기 위하여 하는 연예나 오락.
역¹(役) 명 1 영화나 연극 등에서 배우가 맡아서 하는 작중 인물에 대한 소임. =역할. ¶일인이 / 이 도령의 ~을 맡다. 2 특별히 맡은 소임. ¶감사 ~ / 상담 ~.
역²(易) 명(책) =주역(周易)².
역³(逆) 명 1 반대 또는 거꾸로임. ¶~으로 말하여 /당신과 사물이 ~이다. 2 [논] 어떤 정리(定理)의 가설과 종결을 뒤바꾸어 얻은 정리. ¶사람은 동물이다. 그러나 그 ~은 성립되지 않는다.
역⁴(譯) 명 =번역(飜譯). ¶햄릿의 한국어 ~.
역⁵(驛) 명 1 사람들이 타고 내리거나 화물을 싣고 부리기 위해 열차가 멈출 수 있도록 시설을 갖춘 곳. =철도역. ¶간이 ~ / 종착 ~

/서울~/장~/대합실.▶정거장. 2 [역] 나라의 명령이나 공문서를 전달하고, 공무(公務)로 다니는 관리들에게 말과 숙소를 제공하며 사신을 영접하는, 일종의 교통 통신 기관. =우역(郵驛).

역-⁶(逆) [접두] '거꾸로', '반대'의 뜻을 나타내는 말. ¶~효과 / ~선전.

역가(役價) [-까] [명] 일한 품삯.

역간(力諫) [-깐] [명] 힘써 간하는 것. 역간-하다 [동](타여)

역-겹다(逆-) [-껍따] [형][ㅂ] <~겨우니, ~겨워> 1 (맛이나 냄새 등이) 비위가 거슬러 토하고 싶은 느낌을 주는 상태에 있다. ¶달걀 썩는 듯한 역겨운 냄새. 2 (어떤 일이) 비위를 거스를 만큼 싫은 느낌을 주는 상태에 있다. ¶옛날 이야기 / 나 보기가 역겨워 가실 때에는 죽어도 아니 눈물 흘리오리다.《김소월: 진달래꽃》× 역스럽다.

역경¹(易經) [-경] [명] [책] =주역(周易)².

역경²(逆境) [-경] [명] 살아가는 과정에서 겪게 되는 불행하거나 힘든 상황. ¶~에 처하다 / ~과 싸우다 / 그의 승리는 ~을 딛고 일어선 것이어서 더욱 값지다. ↔순경(順境).

역공(逆攻) [-꽁] [명] 공격을 받다가 역으로 맞받아 하는 공격. ¶상대의 공을 빼앗아 재빨리 ~을 펼치다. 역공-하다 [동](타여)

역-공세(逆攻勢) [-꽁-] [명] 수세에 몰리다가 역으로 가하는 공세. ¶~을 취하다. 역공세-하다 [동](자여)

역관¹(譯官) [-꽌] [명] 1 통역을 맡아보는 관리. 2 [역] 사역원(司譯院) 관리의 총칭.

역관²(驛館) [-꽌] [명] [역] 역참에서 인마(人馬)의 중계를 맡아보는 집.

역광(逆光) [-꽝] [명] 사진 촬영이나 그림을 그리는 대상이 되는 물체의 배후에서 비치는 광선. =역광선. ¶사진을 ~으로 찍다.

역-구내(驛構內) [-꾸-] [명] 역이 차지하고 있는 일정한 구역의 안.

역군(役軍) [-꾼] [명] 1 공사장에서 삯일을 하는 사람. =역부(役夫). 2 일정한 부문에서 중요한 작용을 하는 일꾼. ¶산업의 ~

역권(力勸) [-꿘] [명] 애써 권하는 것. 역권-하다 [동](타여)

역귀(疫鬼) [-뀌] [명] 역병을 일으키는 귀신.

역-귀성(逆歸省) [-뀌-] [명] 명절 때 자식이 고향에 있는 부모를 찾아가는 것에 대하여 거꾸로 부모가 객지에 있는 자식들을 찾아가는 일.

역기(力器) [-끼] [명][체] =바벨(barbell). ¶~를 들어 올리다.

역-기능(逆機能) [-끼-] [명] 본디 목적한 것과는 반대로 작용하는 기능. ¶70년대의 고도성장은 부(富)의 편재(偏在), 계층 간의 갈등, 공해 문제 등 여러 가지 ~을 낳았다.

역-기전력(逆起電力) [-끼절-] [명][물] 회로의 전류 변화에 의해 생기는 전류와 반대 방향의 기전력.

역내(域內) [영-] [명] 구역의 안. ↔역외(域外).

역년(歷年) [영-] [명] 1 여러 해를 지내는 것. 또는, 지나온 여러 해. 2 한 왕조가 왕업을 누린 햇수. 역년-하다 [자여] 여러 해를 지내다.

역다 [-따] [형] 1 눈치가 빠르고 꾀바르다. 2 제게만 이롭게 구는 태도가 있다.〈약다.

역-단층(逆斷層) [-딴-] [명][지] 단층면을 따라 상반(上盤)의 지층이 하반(下盤)의 지층 위로 밀려 올라가 있는 단층. 옆으로부터 강하게 압력을 받았을 때에 생김. ↔정단층(正斷層).

역당(逆黨) [-땅] [명] 역적의 무리. =역도.

역대(歷代) [-때] [명] 이어 내려온 여러 대(代). ¶~ 대통령 / ~ 총장.

역대-기(歷代記) [-때-] [명][성] 구약 성서 중의 한 권. 상·하 두 권으로 되어 있음.

역도¹(力道) [-또] [명][체] 역기를 양손으로 머리 위까지 들어 올려 그 최고 중량을 겨루는 경기. =역기(力技).

역도²(逆徒) [-또] [명] =역당(逆黨).

역동-적(力動的) [-똥-] [관][명] 힘차고 활발하게 움직이는 (것). ¶국제 정세의 ~인 변화.

역두(驛頭) [-뚜] [명] =역전(驛前)⁴.

역란(逆亂) [영난] [명] =반란(叛亂).

역량(力量) [영냥] [명] 어떤 사람이 갖춘, 어떤 일에 대한 능력. 또는, 그 능력의 크기나 정도. ¶~ 있는 정치가 / ~을 과시하다 / ~이 부족하다.

역력(歷歷) [영녁] → **역력-하다** [영녀카-] [형](뚜렷하게 (자취나 낌새 등이) 또렷하다. ¶피로한 기색이 ~ / 뉘우치는 빛이 ~ / ~ 노력한 흔적이 ~. 역력-히 [부] ¶그는 몹시 흥분하고 있었다. 놀라움과 분격이 얼굴에 ~ 나타나 있었다.《유주현: 임진왜란》

역로¹(逆路) [영노] [명] 1 되짚어 오는 길. 2 역경에서 헤매는 고난의 길. 3 어떤 일의 반대되는 방향. ↔순로(順路).

역로²(歷路) [영노] [명] 지나가는 길.

역류(逆流) [영뉴] [명] 1 (물 따위가) 거슬러 흐르는 것. 또는, 그러한 물. =역수(逆水). ¶~ 현상. 2 흐름을 거슬러 올라가는 것. ¶역사의 ~ ↔순류(順流). 역류-하다 [동](자)(타여) ¶바닷물이 강으로 ~ / 강을 역류하는 연어 떼.

역리(驛吏) [영니] [명] [역] 역참에 딸린 이속(吏屬).

역린(逆鱗) [영닌] [명] [용의 턱 밑에 거슬러 난 비늘을 건드리면 용이 크게 노한다는 전설에서] '임금의 분노'를 이르는 말.

역린을 건드리다 [구] 임금이나 윗사람의 뜻을 거역하여 크게 노여움을 사다.

역마(驛馬) [영-] [명] =역말.

역마-살(驛馬煞) [영-쌀] [명] 사람이 한곳에 머물러 살지 못하고 늘 이곳저곳을 떠돌아다니게 되어 있다고 하는 모진 운수. ¶~이 끼어 한시도 집에 붙어 있을 날이 없다.

역-마차(驛馬車) [영-] [명] 서양에서, 사람이나 화물을 운반하기 위하여 정기적으로 다니던 마차.

역-말(驛-) [영-] [명][역] 각 역참에 갖추어 두고 관용(官用)으로 쓰는 말. =역마(驛馬).

역명(驛名) [영-] [명] 역의 이름.

역모(逆謀) [영-] [명] 반역을 도모하는 것. 또는, 반역하는 꾀. ¶~를 꾸미다 / ~에 가담하다. 역모-하다 [동](타여)

역-모션(逆motion) [영-] [명] 1 [체] 구기 종목에서, 움직이려고 한 방향과 반대되는 방향으로 갑자기 몸의 자세를 바꾸는 동작. 특히 야구에서 많이 쓰이는 말로, 수비수가 미처 바른 자세를 갖출 여유가 없이 공을 잡거나 잡은 공을 던질 때, 또는 주자가 급작스런 견제구에 대응할 때 이런 동작을 취함. ¶유격수가 ~으로 공을 잡다. 2 [영] 영화에서, 촬영한 것을 프린트할 때 그 순서를 거꾸로 하는 일. 높은 곳으로 뛰어오르는 장면을 실제로는 높은 곳에서 뛰어내리는 장면을 촬영하여 거꾸로 프린트하는 것 따위.

역무(役務)[영-] 圀 노역(勞役)을 하는 직무.

역무-원(驛務員)[영-] 圀 철도역에서, 안내·매표·개찰·집찰 등의 일을 맡아보는 사람. =역원(驛員).

역문(譯文)[영-] 圀 번역하여 놓은 글.

역-반응(逆反應)[-빤-] 圀화 일정한 반응에 대하여, 동시에 그와 반대 방향으로 진행되는 반응. ↔정반응(正反應).

역발산(力拔山)[-빨-] 圀 힘이 산을 뽑을 만큼 엄청나게 센 상태를 비유하는 말. ¶그 씨름 선수는 ~의 괴력을 가지고 있다.

역발산-기개세(力拔山氣蓋世)[-빨싼-] 圀 [항우가 해하(垓下)에서 한(漢)나라 군사에게 포위되었을 때, 적군들이 사방에서 초(楚)나라 노래를 부르는 것을 듣고 읊었다는 시의 한 구절에서] 힘은 산을 뽑고, 기상은 세상을 덮을 만함. =발산개세.

역방(歷訪)[-빵] 圀 여러 곳을 차례로 들러서 방문하는 일. **역방-하다** 图

역-방향(逆方向)[-빵-] 圀 어떤 방향에 대하여 반대되는 방향.

역법(曆法)[-뻡] 圀 천체의 주기적 현상을 기준하여, 시간을 구분하고 날짜의 순서를 매기는 방법.

역병(疫病)[-뼝] 圀 1 역병균의 공기 전염으로 생기는 농작물의 유행병. 2 [의] 악성(惡性)의 유행병. ¶전국적으로 ~이 돌다.

역부(驛夫)[-뿌] 圀 1 예전에, '역무원'을 이르던 말. 2 [역] =역졸(驛卒).

역부족(力不足)[-뿌-] 圀 힘이나 기량 등이 모자라는 상태에 있는 것. ¶최선을 다했으나 ~으로 패하다 / 그들과 겨룬다는 건 ~이다. **역부족-하다** 衡

역분-전(役分田)[-뿐-] 圀[역] 고려 태조가 공신들에게 그 공로에 따라 나누어 주던 토지.

역불급(力不及)[-뿔-] 圀 힘이 미치지 못하는 것. ¶그 일은 나로서는 ~이다. **역불급-하다** 衡

역사¹(力士)[-싸] 圀 뛰어나게 힘이 센 사람.

역사²(役事)[-싸] 圀 1 토목·건축 등의 공사. ¶제방을 쌓는 ~에 많은 사람들이 동원되다. 2 [성] (하느님이나 성령 등이) 어떤 일을 행하거나 이루는 것. 또는, 그 능력. **역사-하다** 图困여 ¶… 온 가족이 함께 손을 잡고 주님 앞에 나아가 찬송가를 부르도록 성신이 역사해 주시기를 간절히 간절히 비나이다.《김동리: 을화》

역사³(歷史)[-싸] 圀 1 지난날, 오랜 세월에 걸쳐 세계나 국가, 민족 등이 겪어 온 정치적·사회적·문화적 변천의 과정이나 중요한 사실·사건의 자취. 또는, 그에 대한 비판적 조사나 연구. =춘추(春秋). ¶한국의 ~ / 세종 대왕의 유달한 창제는 ~에 길이 남을 업적이다. 2 사물이 과거로부터 변천하고 발전해 온 과정이나 자취. ¶~와 전통을 자랑하는 명문 대학.

역사⁴(驛舍)[-싸] 圀 역으로 쓰는 건물.

역사-가(歷史家)[-싸-] 圀 역사를 전문으로 연구하는 사람. ㊣사가(史家).

역사˰과학(歷史科學)[-싸-] 圀[철] 1 과거에 있었던 인간 생활의 여러 사실과 사상(事象)을 대상으로 하는 과학의 총칭. 2 마르크스주의에서, 유물 사관을 이론적 기초로 삼는 역사학.

역사-관(歷史觀)[-싸-] 圀[역] 역사의 발전 법칙에 대한 체계 있는 견해. ¶유물론적 ~. ㊣사관(史觀).

역사-극(歷史劇)[-싸-] 圀[연] 사실(史實)에서 취재하여 만든 극. ㊣사극.

역사-물(歷史物)[-싸-] 圀 역사를 주제로 한 작품.

역사-상(歷史上)[-싸-] 圀 역사에 나타나 있는 바. ¶인류 ~ 전무한 사건. ㊣사상.

역사˰소설(歷史小說)[-싸-] 圀[문] 역사상의 사건·인물·풍속 등 사실(史實)을 소재로 한 소설.

역사˰시대(歷史時代)[-싸-] 圀[역] 고고학상 선사 시대 다음으로, 인류 생활에 관한 문헌 자료가 전해져 있는 시대.

역사-적(歷史的)[-싸-] 冠圀 1 역사에 관계되는 (것). 또는, 역사의 입장에서 보는 (것). 비사적. ¶~으로 고찰하다. 2 역사에 남을 만큼 중요한 (것). ¶~ 사건 / ~ 인물. 3 역사를 통하여 이야기될 만큼 시대가 오랜 (것). ¶~ 전통 / ~ 유산.

역사-책(歷史冊)[-싸-] 圀 역사를 기록한 책.

역사˰철학(歷史哲學)[-싸-] 圀[철] 역사 또는 역사학을 다루는 철학의 한 부문. 역사의 전개 원리나 본질을 밝히는 역사 존재론(存在論)과 역사학의 성립 근거나 방법론을 밝히는 역사 인식론(認識論)으로 나뉨.

역사-학(歷史學)[-싸-] 圀 역사를 연구 대상으로 하는 학문. 비역사. ㊣사학.

역사-화(歷史畫)[-싸-] 圀[미] 신화·전설을 포함하는 역사상의 사실이나 인물을 소재로 하여 그린 그림. ㊣사화.

역산(逆算)[-싼] 圀 1 [수] 어떤 계산을 한 결과를 계산하기 전의 수 또는 식으로 되돌아가게 하는 계산. 뺄셈은 덧셈의 역산, 나눗셈은 곱셈의 역산임. 2 순서를 거꾸로 해서 뒤쪽에서 앞으로 거슬러 계산하는 일. **역산-하다** 图困여 ¶나이가 ~에서 태어난 해를 ~. **역산-되다** 图困

역살(轢殺)[-쌀] 圀 차바퀴로 깔아 죽이는 것. **역살-하다** 图困여 **역살-되다** 图困

역-삼각형(逆三角形)[-쌈가켱] 圀[수] 밑변을 위로, 꼭짓점을 아래로 한 삼각형.

역서¹(易書)[-써] 圀 점(占)에 관한 것을 기록한 책.

역서²(曆書)[-써] 圀 1 =책력(冊曆). 2 역학(曆學)에 관한 서적.

역서³(譯書)[-써] 圀 번역한 책이나 글. ↔원서(原書).

역선(力線)[-썬] 圀[물] 힘의 장(場) 중에 그은 곡선. 각 점의 접선의 방향이나, 그 점에 작용하는 힘의 방향과 일치하도록 그림. 자기력선·전기력선 따위. =지력선(指力線).

역-선전(逆宣傳)[-썬-] 圀 상대의 선전에 대해, 반대의 입장에서 상대에게 불리하도록 선전하는 일. **역선전-하다** 图困여 **역선전-되다** 图困

역설¹(力說)[-썰] 圀 (어떤 일을) 힘주어 주장하는 것. **역설-하다** 图困여 ¶국민 저축의 필요성을 ~. **역설-되다** 图困

역설²(逆說)[-썰] 圀[문] 표면적으로는 모순적이고 불합리하지만, 사실은 그 속에 진실을 담고 있는 말. "도(道)를 도라고 하면 도가 아니다."(노자), "님은 갔지만 나는 님을 보내지 아니하였습니다."(한용운) 등이 그 예임. =패러독스.

역설-수면(逆說睡眠) [-썰-] 몡 인간이나 동물의 수면 중에 일어나는 특이한 형의 수면. 보통 안구(眼球)가 움직이고 심장 박동수가 증가함. =렘수면.

역설-적(逆說的) [-썰쩍] 괸 역설인 (것).

역성 [-씽] 몡 옳고 그름에 관계없이 한쪽만 편을 들어 주는 일. ¶너는 항상 그 사람 ~을 드는구나. **역성-하다** 됨(타)여

역성-들다 [-씽-] 팀(-드니, -드오) 누가 옳고 그른지는 상관하지 않고 한쪽만 편을 들어 준다. 비역성하다. ¶형과 싸우면 어머니는 언제나 형만 **역성든신다**. ×편역들다.

역성-혁명(易姓革命) [-씽형-] 몡 유교의 정치 사상의 기본적 관념의 하나. 천자는 천명(天命)에 의하여 천하를 다스리므로, 천자의 집[姓]에 부덕(不德)한 사람이 나면, 천명은 다른 유덕자(有德者)로 옮겨져 왕조가 교체된다[易姓]는 것.

역세-권(驛勢圈) [-쎈] 몡 역의 경제적·상업적 영향력이 미치는, 전철역이나 철도역을 중심으로 한 지역. ¶~ 개발 / ~ 아파트의 매매가가 가파른 상승세로 있다.

역수(逆數) [-쑤] 몡 [수] 어떤 수로 1을 나누어 얻은 몫을 그 어떤 수에 대하여 이르는 말. 예컨대, '5'의 역수는 '1/5' 임.

역-수출(逆輸出) [-쑤-] 몡 일단 수입했던 물건을 그 나라로 다시 수출하는 것. **역수출-하다** 됨(타)여 **역수출-되다** 됨(자)

역순[1](逆順) [-쑨] 몡 거꾸로 된 순서. ¶~ 번호 / 우리말 ~ 사전.

역순[2](歷巡) [-쑨] 몡 차례로 순회하는 것. **역순-하다** 됨(자)여 ¶세계의 여러 나라를 ~.

역술[1](易術) [-쑬] 몡 역점(易占)을 치는 기술이나 방법.

역술[2](曆術) [-쑬] 몡 해와 달의 운행을 재어 책력을 만드는 기술.

역술[3](譯述) [-쑬] 몡 번역하여 기술하는 것. **역술-하다** 됨(타)여

역술-가(易術家) [-쑬-] 몡 역점(易占)을 치는 일을 직업으로 하는 사람.

역-스럽다(逆-) 협ㅂ '역겹다'의 잘못.

역습(逆襲) [-씁] 몡 방어하는 입장에 서 있던 편이 반대로 공격에 나서는 일. ¶~을 받다 / 방심하다가 불의의 ~을 당하다. **역습-하다** 됨(타)여 ¶상대 선수의 허점을 노려 ~. **역습-되다** 됨(자)

역시[1](譯詩) [-씨] 몡 번역한 시.

역시[2](亦是) [-씨] 튀 1 어떤 대상의 동작이나 상태가 다른 대상에도 마찬가지로 나타나거나 작용함을 이르는 말. 비또한. ¶네가 기쁘면야 나도 ~ 기쁘다. 2 아무리 생각해도. ¶이 일은 ~ 경험이 많은 자네가 맡는 게 좋겠네. 3 예상한 바대로. 또는, 늘 그렇듯이. ¶설마 했는데 ~ 내 짐작이 맞았군. / ~ 네놈 짓이었구나.

역신[1](疫神) [-씬] 몡 1 [민] 집집마다 찾아다니며 천연두를 앓게 한다는 귀신. =호구별성. 2 '천연두'를 이르는 말. **역신-하다** 됨(자)여 ¶아이가 ~을 치르다.

역신[2](逆臣) [-씬] 몡 반역한 신하. 비적신(賊臣). ↔충신(忠臣).

역신-마마(疫神媽媽) [-씬-] 몡 1 '역신'[1] 의 높임말. 2 '천연두'를 에둘러 이르는 말.

역심(逆心) [-씸] 몡 1 반역을 꾀하는 마음. 비적심(賊心). 2 상대편의 언동에 반발하여 일어나는 역겨운 마음.

역암(礫巖) 몡 [지] 자갈이 진흙이나 모래가 섞여 굳어져서 된 퇴적암.

역어(譯語) 몡 번역할 때 쓰인 말. ↔원어(原語).

역-여시(亦如是) 튀 이것도 또한.

역연(歷然) → **역연-하다** 형여 1 (기억이) 생생하게 또렷하다. ¶어릴 적 놀던 기억이 ~. 2 (표정이나 기색, 흔적 등이) 숨길 수 없을 만큼 분명하다. ¶피로한 기색이 얼굴에 ~. **역연-히** 튀 ¶근심이 얼굴에 ~ 드러나다.

역외(域外) [-외/-웨] 몡 일정한 구역의 밖. ¶~ 반출. ↔역내(域內).

역용[1](役用) 몡 노역에 사용하는 일. ¶~ 동물. **역용-하다** 됨(타)여 **역용-되다**[1] 됨(자)

역용[2](逆用) 몡 반대로 이용하는 것. 비역이용. **역용-하다** 됨(타)여 **역용-되다**[2] 됨(자)

역우(役牛) 몡 사역에 쓰이는 소. 비일소.

역원(驛員) 몡 =역무원(驛務員).

역위(逆位) 몡 [생] 1 염색체의 일부가 잘라져서 거꾸로 되어 붙는 현상. 2 동물 체장의 좌우가 뒤바뀌어 심장의 위치나 창자의 회전이 거꾸로 되는 등의 현상.

역-이용(逆利用) 몡 반대로 이용하는 것. 비역용. **역이용-하다** 됨(타)여 **역이용-되다** 됨(자)

역임(歷任) 몡 여러 직위를 두루 거쳐 지내는 것. **역임-하다** 됨(타)여 ¶고위 관직을 ~.

역자(譯者) [-짜] 몡 번역한 사람. =옮긴이.

역작(力作) [-짝] 몡 힘을 기울여 짓는 일. 또는, 그러한 작품. ¶이 작품은 그의 필생의 ~이다. **역작-하다** 됨(타)여

역장(驛長) [-짱] 몡 역의 사무를 관장하고 지휘·감독하는 책임자.

역재(譯載) 몡 번역하여 싣는 일. **역재-하다** 됨(타)여 **역재-되다** 됨(자)

역저(力著) [-쩌] 몡 힘을 기울여 지은 저서. ¶오랜 연구 끝에 이루어진 ~.

역적(逆賊) [-쩍] 몡 자기 나라나 임금에게 반역하는 사람. ¶~으로 몰리다.

역적-모의(逆賊謀議) [-쩡-의/-쩡-이] 몡 역적들이 모여 반역을 꾀하는 것. **역적모의-하다** 됨(자)여

역적-질(逆賊-) [-쩍찔] 몡 자기 나라나 임금에게 반역하는 짓. **역적질-하다** 됨(자)여

역전[1](力戰) [-쩐] 몡 힘을 다하여 싸우는 것. 비역투(力鬪). ¶~ 분투. **역전-하다**[1] 됨(자)여

역전[2](逆轉) [-쩐] 몡 1 형세가 뒤집혀지는 것. 2 거꾸로 회전하는 것. 3 [기상] 하층의 기온이 상층의 기온보다 낮아지는 것. 또는, 그러한 상태. **역전-하다**[2] 됨(자)여 ¶형세가 **역전하여** 불리해지다. **역전-되다** 됨(자) ¶경기 종료 3분을 남기고 ~.

역전[3](歷戰) [-쩐] 몡 많은 싸움을 겪는 것. ¶~의 용사. **역전-하다**[3] 됨(자)여

역전[4](驛前) [-쩐] 몡 정거장의 앞. =역두.

역전[5](驛傳) [-쩐] 몡 [체] 장거리를 몇 구간으로 나누고 몇 사람의 경기자가 한 팀이 되어, 그 맡은 구간을 달려서 배턴을 전하는 일. ¶마라톤. **역전-하다**[4] 됨(자)여

역전^경주(驛傳競走) [-쩐-] 몡 [체] 장거리를 이어달리기하는 경기로서, 몇 사람의 경기자가 한 팀을 이루어 그 맡은 한 구간씩

을 달리는 경주. =역전 마라톤.
역전-극(逆轉劇) [-쩐-] [명] 형세가 뒤집히는 장면. ¶숨 막히는 ~이 펼쳐지다.
역전^마라톤(驛傳marathon) [-쩐-] [명][체] =역전 경주.
역전-승(逆轉勝) [-쩐-] [명] 경기 따위에서 형세가 뒤바뀌어 이기는 것. ¶~을 거두다. ↔역전패. **역전승-하다** [동][자][여] ¶후반전에서 두 골을 넣어 ~.
역전-층(逆轉層) [-쩐-] [명][기상] 기온이 보통의 경우와는 반대로 높이와 함께 상승해 있는 기층(氣層).
역전-패(逆轉敗) [-쩐-] [명] 경기 따위에서 형세가 뒤바뀌어 지는 것. ↔역전승. **역전패-하다** [동][자][여]
역점¹(力點) [-쩜] [명] **1** [물] =힘점. **2** 사물의 중심이 되는 점. ¶이번 행사는 단원 간의 친목 증진에 ~을 두었다.
역점²(易占) [-쩜] [명] 주역(周易)의 팔괘와 육십사괘에 의해 치는 점.
역접(逆接) [-쩝] [명][언] 앞뒤에 있는 A, B 두 문장 또는 구의 접속 양식의 하나. A에서 서술된 사실과 상반되는 사태거나 그와 일치하지 않는 사태가 B에서 성립함을 나타내는 것. ↔순접(順接).
역정¹(逆情) [-쩡] [명] 몹시 언짢거나 못마땅하게 여겨 내는 성. 주로, 윗사람에게 쓰는 말임. =역증(逆症). ¶~이 나다 / ~을 내다 / 아버지의 ~을 사다.
역정²(歷程) [-쩡] [명] 거치거나 지나온 과정. ¶인생 ~.
역정-스럽다(逆情-) [-쩡-따] [형][ㅂ] <~스러우니, ~스러워> 역정이 나는 데가 있다. **역정스레** [부]
역조¹(逆潮) [-쪼] [명] **1** 바람의 방향을 거슬러서 흐르는 조류. **2** 배의 진행 방향과 반대로 흐르는 조류.
역조²(逆調) [-쪼] [명] 일의 진척이 나쁜 방향으로 가는 상태. ¶대일(對日) 무역 ~.
역졸(驛卒) [-쫄] [명][역] 역에 딸려 심부름하는 사람. =역부(驛夫).
역주¹(力走) [-쭈] [명] 경주 등에서, 있는 힘을 다해 달리는 것. **역주-하다**¹ [동][자][타][여] ¶마라톤 전 구간을 끝까지 ~.
역주²(譯註) [-쭈] [명] **1** 번역과 주석. **2** 번역자가 다는 주석. **역주-하다**² [동][타][여]
역-주행(逆走行) [-쭈-] [명] 자동차가 진행 방향이 정해져 있는 차로에서 진행 방향대로 달리지 않고 그 반대 방향으로 달리는 것. **역주행-하다** [동][자][타][여]
역증(逆症) [-쯩] [명] =역정(逆情)¹.
역지사지(易地思之) [-찌-] [명] 처지를 바꾸어 생각함. **역지사지-하다** [동][자][여]
역직-기(力織機) [-찍끼] [명] 수력·전력 등의 동력으로 움직이는 베틀.
역진¹(力盡) [-찐] [명] 힘이 다하는 것. **역진-하다**¹ [동][자][여]
역진²(逆進) [-찐] [명] 반대 방향으로 나아가는 것. **역진-하다**² [동][자][여]
역진-세(逆進稅) [-찐쎄] [명][법] 과세 물건의 수량이 증가함에 따라 세율이 낮아지는 조세. =누감세(累減稅). ↔누진세.
역질(疫疾) [-찔] [명][한] '천연두'를 한의학에서 이르는 말. ¶~이 돌다.
역참(驛站) [명][역] 역마를 갈아타는 곳.
역천¹(力薦) [명] 힘써 천거하는 것. **역천-하다**¹ [동][타][여]
역천²(逆天) [명] =역천명. ¶~자(者). **역천-하다**² [동][자][여]
역-천명(逆天命) [명] 천명 또는 천리(天理)를 어기는 것. =역천(逆天). **역천명-하다** [동][자][여]
역청(瀝青) [명][화] =아스팔트1.
역청-암(瀝青巖·瀝青岩) [명][광] 유리질(琉璃質)의 화산암. 수지(樹脂) 광택을 띠나 풍화하면 곱지 않은 흑색·암녹색·적록색을 띰. =송지암(松脂巖)·역청석.
역청-탄(瀝青炭) [명][광] 석탄의 한 가지. 칠흑빛이 나며 탄소의 함량은 무연탄보다 적지만 유질(油質)이 풍부함. =연탄(軟炭)·흑탄.
역촌(驛村) [명] 역이 있는 마을.
역추진^로켓(逆推進rocket) [명] 비행을 계속하고 있는 우주선이나 인공위성의 운동에 브레이크를 걸 때 분사(噴射)하는 로켓.
역축(役畜) [명] 사역용(使役用)의 가축. 소·말·당나귀 따위.
역치(閾値) [명][생] 생체에 흥분을 일으키는데 필요한 최소한도의 자극의 세기를 나타내는 값.
역-코스(逆course) [명] **1** 보통의 진로에 역행하는 코스. **2** 역사의 진로에 역행하는 일.
역-탐지(逆探知) [명] 전파나 전화의 발신소·수신소를 탐지하는 일. **역탐지-하다** [동][타][여]
역토(礫土) [명][지] 자갈이 많이 섞인 흙.
역투¹(力投) [명][체] 야구에서, 투수가 힘껏 공을 던지는 일. **역투-하다**¹ [동][자][여]
역투²(力鬪) [명] =역전(力戰)¹. ¶분전(奮戰) ~. **역투-하다**² [동][자][여]
역풍(逆風) [명] **1** 거슬러 부는 바람. =앞바람. ¶바람이 ~으로 몰아치다. **2** 바람을 안고 가는 것. ↔순풍(順風). **역풍-하다** [동][자][여] 바람을 안고 가다.
역-하다(逆-) [여카-] [형][여] **1** 구역이 날 듯 속이 메스껍다. ¶속이 뒤집힐 만큼 냄새가 몹시 ~. **2** 마음에 거슬려 못마땅하다.
역학¹(力學) [여칵] [명] **1** [물] 물리학의 한 부문. 물체에 작용하는 힘과 물체의 운동과의 관계를 연구하는 과학. **2** 국가나 사회 집단들 사이에서 세력이나 영향력을 미치는 일. ¶국제 사회의 ~ 관계 / 해방 이후 여러 정권이 바뀌었지만 사회적 ~ 구조는 그리 달라지지 않았다.
역학²(易學) [여칵] [명][철] 주역(周易)을 연구하는 학문.
역학³(疫學) [여칵] [명][의] 어떤 지역이나 집단 안에서 일어나는 질병의 원인이나 변동 상태를 연구하는 학문. ¶~ 조사.
역학⁴(曆學) [여칵] [명] 책력(冊曆)에 관한 연구를 하는 학문.
역학적 에너지(力學的energy) [여칵쩍-] [물] 물체의 운동 또는 그 위치 등의 역학적 양에 의하여 정해지는 에너지. 운동 에너지와 위치 에너지로 나누며, 이 두 에너지의 합으로 나타냄. =기계적 에너지.
역할(役割) [여칼] [명] **1** 대상이 어떤 일에 있어서 가지는 자격이나 의무나 기능. [비]구실. ¶교사의 ~ / 햇빛은 식물의 성장에 중요한 ~을 한다. **2** =역(役)¹1. ¶방송 드라마에서 중요한 ~을 맡다.
역-함수(逆函數) [여캄쑤] [명][수] y가 x의 함수일 때, 역으로 x를 y의 함수로 본 것. 곧, 정의역과 치역을 바꾸어, 역으로의 대응 관계로 이루어진 함수. 기호 f^{-1}로 나타냄.

역해(譯解)[여캐] 명 번역하여 풀이하는 것. 역해-하다 통타여 역해-되다 통자

역행¹(力行)[여캥] 명 힘써 행하는 것. ¶무실(務實)~. 역행-하다 통타여

역행²(逆行) [여캥] 명 1 (일정한 순서·체계·방향 등을) 거슬러 행하는 것. 2 거슬러 올라가는 것. 역행-하다² 통자타여 ¶시대에 ~. 역행-되다 통자

역행^동화(逆行同化)[여캥-] 명[언] 어떤 음운이 뒤에 오는 음운의 영향을 받아서 그와 비슷하거나 그와 같게 소리가 나는 현상. ▷순행 동화·상호 동화.

역혼(逆婚)[여콘] 명 아우나 누이동생이 형이나 언니보다 먼저 혼인하는 것. =도혼(倒婚). 역혼-하다 통자여

역-효과(逆效果) [여쿄-] 명 바랐던 것과 정반대되는, 좋지 않은 효과. ¶~를 내다 / 보약도 과용하면 오히려 ~가 난다.

엮다[역따] 통타 1 (어떤 물건을 대·싸리·왕골·짚 따위의 긴 오리를 재료로 하여) 얽거나 줄로 매어서 만들다. ¶발을 ~ / 왕골로 돗자리를 ~. 2 (끈이나 줄로 여러 개의 물건을) 줄을 이루도록 하여 이것저것 꿰다. ¶짚으로 잡비를 ~ / 마늘을 한 접씩 엮어 달다. 3 (글이나 이야기 등을) 일정한 순서와 체계에 의해 이루어 짜다. 비유적인 말임. ¶책으로 이야기를 ~.

엮은-이 명 책 따위를 엮은 사람. 삐편자(編者).

엮음 명 1 엮는 일. 또는, 엮은 것. 2 [음] 민요에서 아주 잦은 박자로 부르는 창법. 또는, 그런 소리. ¶~ 시조.

엮-이다 통자 '엮다'의 피동사.

연¹(年) 명 [주로, 다른 체언 앞에 쓰여] '한 해'의 뜻을 나타내는 말. ¶~ 강우량 / ~ 평균 / ~ 600%의 보너스를 받다.

연²(鳶) 명 종이에 댓가지를 붙여 실을 매어 공중에 날리는 장난감. =지연(紙鳶). ¶가오리~.

연³(蓮) 명[식] =연꽃1.

연⁴(緣) 명 1 '연분(緣分)'의 준말. ¶~이 닿다 / 너와는 ~이 아닌가 보다. 2 [불] 원인을 도와 결과를 낳게 하는 작용. ¶전생(前生)의 ~.

연⁵(輦) 명[역] 임금이 타는 가마의 하나. 덩비슷한데 좌우와 앞에 주렴이 있고 채가 썩 깊. =난가(鸞駕)·난여(鸞輿).

연¹⁶(燕) 명[역] 중국 전국 시대의 칠웅(七雄)의 하나. 진(秦)에 의해 멸망됨.

연¹⁷(燕) 명[역] 중국 오호 십육국 시대의 나라. 전연·후연·서연·남연·북연의 다섯 나라가 있었음.

연⁸(聯) 명[문] 1 한시(漢詩)에서, 상대하는 두 구(句)를 한 짝으로 일컫는 말. 2 시의 전개의 한 단위가 되는 몇 줄씩의 시행(詩行). 한 편의 시 중의 한 연은 위에 쓰거나 인쇄했을 때 중간 중간에 행을 비워 서로 구분되게 함. 서양의 정형시에서는 일정한 압운 형식을 가짐.

연⁹(連) 명[의존] ['림(ream)의 음역어'] 양지(洋紙)를 세는 단위의 하나. 1연은 전지 500장을 가리킴. 삐림.

연¹⁰(延) 명 공사나 작업 따위가 한 사람에 의해, 또는 하루에 이루어진 것으로 보고 셈한 총수치임을 나타내는 말. ¶~ 40일 / 작업에 ~ 5만 명이 동원되었다.

연-¹¹(延) 접투 인원·일수·면적 등의 명사에 붙어, 통틀어 계산된 수치로서의 그것임을 나타내는 말. ¶~인원 / ~견평 / ~일수.

연-¹²(軟) 접투 '부드러운', '연한', '엷은'의 뜻. ¶~분홍 / ~보라.

연-¹³(連) 접투 일부 명사나 동사, 부사 '거푸' 앞에 쓰여, '계속하여', '잇대어'의 뜻을 더하는 말. ¶~이틀 / ~달다 / ~잇다 / ~거푸.

연가(年暇) 명 직장에서 직원들에게 1년에 일정한 기간을 쉬게 해 주는 유급 휴가. ¶~를 내다 / ~를 쓰다.

연가(煙家) 명[건] 굴뚝 위에 기와를 집 모양으로 올려 얹은 꾸밈새. =나(欏).

연-가³(戀歌) 명 사랑하는 사람을 그리워하며 부른 노래. =염곡(艶曲).

연-가곡(連歌曲) 명[음] 악상(樂想)이나 곡의 성격상 서로 관련을 가지고, 하나의 음악적 체계로 엮어진 일련의 가곡. 슈베르트의 '겨울 나그네' 따위.

연간(年刊) 명 1년에 한 번씩 간행하는 일. 또는, 그 간행물.

연간²(年間) 명 1 한 해 동안. ¶~ 수입 / ~ 계획. 2 어느 왕이 재위한 동안. ¶세종 ~.

연간-지(年刊誌) 명 1년에 한 번씩 발행하는, 잡지 스타일의 정기 간행물.

연-갈색(軟褐色)[-쌕] 명 연한 갈색.

연감(年鑑) 명 어떤 분야에 관한 1년간의 사건·통계 등을 실어 한 해에 한 번씩 내는 간행물. ¶미술 ~ / 출판 ~ / 경제 ~.

연갑(年甲) 명 =연배(年輩). ¶동경에는 자기와 ~ 되는 소년이 많았었다.<이팡수:무정>

연강(沿江) 명 강가를 따라서 벌여 있는 땅.

연강²(軟鋼) 명 탄소 함유량이 0.13~0.2%인 강철. 가단성(可鍛性)과 인성(靭性)이 커서 가공하기에 알맞음. 철골·교량 등에 쓰임.

연-거퍼(連-) 부 '연거푸'의 잘못.

연-거푸(連-) 부 잇달아 여러 번. ¶~ 세 번을 이기다 / ~ 재채기를 하다. ×연거퍼.

연-건평(延建坪) 명 고층 건물 등에서, 각 층의 바닥의 면적을 합친 평수.

연결(連結) 명 1 (물체를 다른 물체와) 하나로 이어지게 하는 것. 2 (대상을 다른 대상과) 서로 관계가 있게 하는 것. 연결하다 통타여 ¶섬과 육지를 연결하는 다리 / 전화선을 ~ / 두 사람을 연결하여 주다. 연결-되다 통자 ¶지하 조직과 ~.

연결-부(連結符) 명[언] =이음표.

연결^어미(連結語尾) 명[언] 어간에 붙어 다음 말에 연결시키는 구실을 하는 어미. 연결 관계에 따라 대등적 연결 어미(-고/-며/-면서…)·종속적 연결 어미(-니데/-나/-러…)·보조적 연결 어미(-아/-게/-지/-고)로 나뉨.

연결-형(連結形) 명[언] 활용어에 있어서, 연결 어미가 붙는 활용형. =접속형.

연경(煙鏡) 명 알 빛이 검거나 누런 색안경.

연계(連繫·聯繫) 명 [-계/-게] 1 이어서 매는 일. 2 관련하여 관계를 맺는 것. 또는, 그런 관계. ¶양자 사이에는 아무 ~도 없다. 3 남의 죄에 관련되어 옥에 갇히는 것. 연계-하다 통자타여 연계-되다 통자 ¶재야 세력과 ~.

연계²(軟鷄) 명 [-계/-게] '영계'의 원말.

연-고¹(軟膏) 명[약] 지방·바셀린 등에 의약품을 섞은 반고형의 외용제. 외상(外傷)·피

부 질환에 쓰임. ¶습진 ~.

연고[2](緣故) [명] **1** =사유(事由)[2]. ¶~를 대다〔말하다〕/ 그가 그런 짓을 한 데에는 반드시 무슨 ~가 있을 거야. **2** 혈통·정분 또는 법률상으로 맺어진 관계. ¶~ 관계 / 그와 나 사이에는 아무런 ~도 없다. **3** =인연(因緣)1.

연고-권(緣故權) [-꿘] [명][법] 일반적으로, 귀속 재산을 임대하거나 관리권을 가진 사람이 국가가 그 귀속 재산을 불하할 때 우선적으로 불하받을 수 있는 권리.

연고-자(緣故者) [명] 혈통·정분 또는 법률상의 관계나 인연을 맺고 있는 사람. =연변(緣邊). ¶~가 없는 행려병자.

연고-지(緣故地) [명] 혈통·정분 또는 법률상의 인연이나 관계가 맺어진 곳. 곧, 출생지·거주지 따위.

연ː골(軟骨) [명][생] 결합 조직의 하나로서, 뼈와 함께 몸을 지탱하는 무른 뼈. 탄력이 있으면서도 연하여 구부러지기 쉬움. =물렁뼈·여린뼈. ↔경골(硬骨).

연ː골-어류(軟骨魚類) [명][동] 골격이 연골로 된 원시적인 어류. 부레가 없으며, 상어·가오리·은상어 등이 이에 속함. ↔경골어류.

연공(年功) [명] **1** 여러 해 동안 근무한 공로. ¶~을 쌓다 / ~을 포상하다. **2** 여러 해 동안 익힌 기술.

연공-서열(年功序列) [명] 근속 연수(勤續年數)나 나이가 늘어 감에 따라 지위가 올라가는 일. 또는, 그 체계.

연관[1](煙管) [명] **1** =담뱃대. **2** 매연(煤煙)을 보내는 관. [비]연통. **3** 보일러 내부에 설치한, 연소 가스가 통하는 관.

연관[2](鉛管) [명] 수돗물·가스 등을 통하게 하는 데 쓰는, 납으로 만든 관. =납관.

연관[3](聯關) [명] **1** 사물 현상들 사이에 서로 관계를 이루는 것. [비]관련. ¶사적인 친분을 공적인 일에 ~ 짓지 마라. **2** [생] 둘 이상의 유전 인자가 같은 염색체 안에서 함께 유전되는 현상. 곧, 머리카락이 누르면 눈동자가 파랗게 되는 것 따위. =연쇄. **연관-하다** [동][자][타][여] **연관-되다** [동][자] ¶그 사건에는 범죄 조직이 깊이 **연관되어** 있다.

연관-성(聯關性) [-썽] [명] 연관되는 특성(特性)이나 성질.

연교-차(年較差) [명][기상] 1년 동안 측정한 기온·습도 등의 최댓값과 최솟값의 차이. ¶기온의 ~가 큰 지방. ▷일교차.

연ː구[1](研究) [명] (일이나 대상을) 깊이 있게 조사하고 생각하여 이치나 사실을 밝히는 것. ¶~ 논문 / ~ 자료. **연ː구-하다** [동][타][여] ¶고대 역사를 ~. **연ː구-되다** [동][자] ¶과학자들에 의해 새로운 에너지가 ~.

연ː구[2](軟球) [명][체] 연식 야구·연식 정구에서 쓰는 무른 고무공. =스펀지 볼. ↔경구(硬球).

연구[3](聯句) [-꾸] [명][문] 한 사람이 각각 한 구씩을 지어 이를 합하여 만든 시. =연시(聯詩). ×연귀.

연ː-구개(軟口蓋) [명][생] 입천장 뒤쪽의 연한 부분. 뒤 끝 중앙에 목젖이 있음. ↔경구개.

연ː구개-음(軟口蓋音) [명][언] 혀의 뒷부분과 연구개 사이에서 나는 소리. 'ㅇ', 'ㄱ', 'ㅋ', 'ㄲ' 따위. =여린입천장소리·후설음. ↔경구개음.

연ː구-비(研究費) [명] 어떠한 사물의 연구에 소요되는 비용.

연ː구-소(研究所) [명] 연구를 전문으로 하는 기관. ¶원자력 ~.

연ː구^수업(研究授業) [명][교] 교사들의 상호 연수를 위하여 공개 실시되는 수업. 교수법의 질을 높이고 그 개선과 효율화를 도모하기 위하여 행해짐.

연ː구-실(研究室) [명] 학교나 기관에 부설되어 어떤 사물의 연구를 전문으로 하는 기관 또는 방. ¶교수 ~.

연ː구-원[1](研究員) [명] 연구에 종사하는 사람.

연ː구-원[2](研究院) [명] 어떤 분야를 전문적으로 연구하기 위하여 설치한 기관. ¶국립 국어 ~.

연ː극(演劇) [명] **1** [연] 배우가 무대 위에서 각본에 따라 말과 동작에 의해 표현한 것을 관객에게 보이는 예술. 단락을 구분하는 단위는 막·장·편. ¶~을 상연하다. **2** 거짓을 사실처럼 그럴싸하게 꾸며서 행동하는 일. ¶그따위 ~에 속아 넘어갈 줄 아니. **연ː극-하다** [동][자][여] 거짓을 사실인 것처럼 그럴싸하게 꾸며 행동하다.

연ː극-계(演劇界) [-꼐/-께] [명] 연극에 종사하는 사람들의 사회. ¶~의 원로.

연ː극-배우(演劇俳優) [-빼-] [명] 연극을 하는 배우. ▷영화배우.

연ː극-인(演劇人) [명] 연극을 직업으로 하는 사람.

연근(蓮根) [명] 연꽃의 뿌리. 구멍이 많으며, 저냐·죽·정과(正果) 등을 만듦. =연뿌리.

연금[1](年金) [명][법] 국가나 단체가 법이나 계약에 따라 개인에게 일정 기간 또는 죽을 때까지 해마다 정기적으로 주는 금액. =은금.

연ː금[2](軟禁) [명] 신체의 자유는 구속하지 않고 다만 외부와의 연락을 제한 또는 감시하는 정도의 감금. ¶가택 ~. **연ː금-하다** [동][타][여] **연ː금-되다** [동][자]

연금^보ː험(年金保險) [명][경] 보험금이 일시불이 아니고 연금으로 피보험자의 사망 또는 일정 기간 동안 매년 일정액씩 지급되는 생명 보험.

연ː금-술(鍊金術) [명] 고대 이집트에서 시작되어 유럽에 전해진 원시적 화학 기술. 구리·납·주석 등의 비금속을 금·은 같은 귀금속으로 변화시키며, 늙지 않는 영약(靈藥)을 만들려고 했음.

연ː금술-사(鍊金術師) [-싸] [명] 연금술에 관한 기술을 가진 사람. =연금사.

연기[1](年紀) [명] **1** '나이'를 달리 이르는 말. ¶유 한림의 부부 성친한 지 벌써 십 년이 넘고 ~ 거의 삼십이 가까웠으나….《김만중:사씨남정기》 **2** 자세하게 적은 연보(年譜).

연기[2](年期) [명] **1** 1년을 단위로 하는 기간. **2** =연한(年限).

연기[3](延期) [명] (어떤 일을) 정했던 시점이나 기한을 뒤로 미루는 것. ¶무기 ~. **연기-하다**[1] [동][타][여] ¶우천으로 시합을 ~. **연기-되다**[1] [동][자]

연기[4](連記) [명] 잇대어 적는 것. ↔단기. **연기-하다**[2] [동][타][여] **연기-되다**[2] [동][자]

연기[5](煙氣) [명] 물체가 탈 때에 생기는 잿빛 또는 검은 잿빛의 기체. ¶담배 ~ / ~가 나다 / ~를 뿜다 / 자욱한 ~.

연ː기[6](演技) [명] **1** 연극이나 영화에서, 배우가 맡은 배역의 행동이나 성격을 창조하여 나타내는 일. 또는, 그 기술. ¶~가 서투르다. **2** 체조·수영·스케이팅·스키·곡예 등에서, 예술적이거나 고도의 기술적인 동작을

많은 사람 앞에서 행하여 보이는 것. ¶공중 ~ / 수중 ~. 연:기-하다³ 图자타여
연기⁷(緣起) 图[불] 1 현상 세계의 모든 것이 서로 의존하고 영향을 주고받는 관계 속에서 성립됨을 이르는 말. 2 절·불상 등이 조성된 역사나 유래. 또는, 그것을 적은 기록.
연:기-력(演技力) 图 배우의 연기 기술과 연기에 대한 역량. ¶~이 뛰어난 배우.
연기-설(緣起說) 图[불] 모든 현상은 무수한 원인이나 조건이 상호 연관하여 성립하는 것으로, 독립된 실체가 있는 것도 아니고 창조신에 의해 만들어진 것도 아니라는 설. ≒연기론.
연:기-자(演技者) 图 스크린이나 무대에 출연하여 연기를 하는 사람.
연기¹투표(連記投票) 图[법] 한 선거구에서 여러 명의 의원을 뽑을 경우, 한 장의 투표지에 둘 이상의 피선거인의 성명을 적는 투표제. ↔단기 투표.
연:기-파(演技派) 图 연극·영화에서, 맡은 배역의 행동이나 성격을 잘 드러내는 배우 무리. ¶~ 배우.
연:-길(涓吉) 图 전통 혼례에서, 사주단자를 받은 신부 집에서 신랑 집에 택일단자(擇日單子)를 보내는 일. 연:길-하다 图자여
연-꽃(蓮-) [-꼳] 图 1 [식] 수련과의 여러해살이 물풀. 뿌리줄기는 비대하고 마디가 있으며 가로 뻗음. 잎은 둥글며 물 위에 뜨고, 7~8월에 지름 20cm가량의 붉은색 또는 흰색 꽃이 핌. 땅속줄기와 어린잎은 먹고, 씨는 '연밥'이라 하며 약용함. =연. 2 1의 꽃. =연화(蓮花)·부용(芙蓉).
연-날리기(鳶-) 图 연을 공중에 띄우는 일. ≒비연(飛鳶). 연날리기-하다 图자여
연납(延納) 图 1 납입 기한을 연기하는 것. 2 기한보다 늦게 납입하는 것. 연납-하다 图타여
연내(年內) 图 올해 안. ¶그 공장은 ~에 완공될 예정이다.
연년(年年) 图图 =매년.
연년-생(年年生) 图 아이를 한 살 터울로 낳음. 또는, 그 아이. ¶~인 형과 아우.
연년세세(年年歲歲) 图图 =세세연년. ¶~ 풍년이 들다.
연년-이(年年-) 图 해마다 거르지 않고. ¶~ 증가되는 생산량 / ~ 태풍으로 피해를 보다.
연:-녹색(軟綠色) [-쌕] 图 연한 녹색.
연-놈 图 계집과 사내를 싸잡아 욕으로 일컫는 말. ¶~이 눈이 맞아 달아났다.
연:단¹(演壇) 图 연설이나 강연을 하는 사람이 올라서는 단. ≒연대(演臺). ¶~에 오르다[서다].
연:단²(鍊鍛) 图 =단련(鍛鍊). 연:단-하다 图타여 ¶연단한 목소리는 과연 자유자재로다.≪이광수:무정≫ 연:단-되다 图자
연-달다(連-) 图자타 〈-다니, -다오〉 = 잇달다. ¶연달아 총소리가 나다 / 연달아 전화가 걸려 오다.
연당(蓮塘) 图 =연못.
연대(年代) 图 지나간 긴 시간을 일정한 햇수의 단위로 나눈 것. ¶저킬 ~. ▷대(代).
연대²(連帶) 图 1 어떠한 행위의 이행에 있어서, 두 사람 이상이 공동으로 책임을 지는 것. 2 둘 이상이 서로 결속되어 있는 것. ¶~ 의식. 연대-하다 图자여
연대³(聯隊) 图[군] 군대 편성 단위의 하나. 사단의 아래, 대대의 위로, 3개 대대로 편성됨.
연대-감(連帶感) 图 한 덩어리로 결속되어 있음을 느끼는 마음.
연대-기(年代記) 图 연대의 순서를 따라 주요한 역사적 사건을 적은 기록. =기년체 사기·편년사(編年史).
연대^보증(連帶保證) 图[법] 보증인이 채무자와 연대하여 채무를 이행할 것을 약속하는 보증.
연대-순(年代順) 图 연대를 따라 벌인 순서. ¶자료를 ~으로 배열하다.
연대-장(聯隊長) 图[군] 연대의 최고 지휘관. 보통 대령이 맡음.
연대^채무(連帶債務) 图[법] 몇 사람의 채무자가 동일한 내용의 채무에 대하여 각자 모두 변제할 의무를 가지며, 그중의 한 사람이 채무를 변제하면 다른 사람의 채무도 소멸되는 채무.
연대^책임(連帶責任) 图[법] 두 사람 이상이 함께 지는 책임. ¶~을 지다.
연대-표(年代表) 图 역사상의 사건을 일어난 연대순으로 배열하여 적은 표. ¶세계사 ~. 준연표.
연대-학(年代學) 图 천문학·기후학·역학·이화학(理化學)·문헌학 등 관련된 모든 과학을 채용하여, 역사상의 사상(事象)의 절대 연대나 사상 간의 선후 관계, 곧 상대 연대를 결정하는 학문. =기년학(紀年學).
연도¹(年度) 图 사무·회계 결산 등의 처리를 위하여 편의상 구분한 1년 동안의 기간. ¶회계 ~.
연도²(沿道) 图 큰길의 좌우 근처. =연로(沿路). ¶~에 늘어선 환영 인파.
연도³(煙道) 图 연기가 빠져나가는 통로.
연도⁴(羨道) 图[고고] =널길.
연독(鉛毒) 图 납에 들어 있는 독. =납독.
연돌(煙突) 图 =굴뚝.
연동¹(聯動·連動) 图 1 기계 따위에서 한 부분을 움직이면 연결되어 있는 다른 부분도 잇달아 자동적으로 움직이는 일. ¶~ 장치. 2 사물에 어떤 작용이 가해지면 그와 연관된 다른 사물에 자동적으로 영향을 미쳐 어떤 작용이 함께 이루어지는 일. ¶국내 증시가 뉴욕 증시의 ~ 효과로 오랜만에 반등세를 보였다. 연동-하다 图자여 ¶세금 표준을 물가 변동에 연동하여 주기적으로 조정하다. 연동-되다 图자
연동²(蠕動) 图 1 지렁이 등의 벌레가 꿈틀거리며 앞으로 가는 것. 또는, 일반적으로 그러한 꿈틀거림. ¶~ 생[생]. 2 =연동 운동.
연동^운동(蠕動運動) 图[생] 근육의 수축에 의해 생긴 잘록해진 데가 물결처럼 서서히 전파(傳播)되어 가는 모양의 운동. 소화관 벽이나 혈관 벽에서 볼 수 있으며, 내용물을 아래쪽으로 보내는 역할을 함. =연동.
연두¹(年頭) 图 해의 첫머리. ㉑세수(歲首)·세초(歲初). ¶~ 기자 회견 / ~ 순시.
연:두²(軟豆) 图 =연두색. ¶~ 치마.
연두^교서(年頭敎書) 图[정] 미국의 '일반 교서'를 연두에 의회에 보낸다는 뜻에서 일컫는 말.
연:두-벌레(軟豆-) 图[동] =유글레나.
연두-사(年頭辭) 图 연초에 새해의 포부·희망·계획 등을 발표하는 말이나 글.
연:두-색(軟豆色) 图 노랑과 녹색의 중간 색깔. 완두콩의 색깔임. =연두.

연!두-저고리(軟豆-) 圀 연둣빛 비단이나 명주로 지어 자줏빛 고름을 단 여자 저고리. =녹의(綠衣).

연!둣-빛(軟豆-) [-두삗/-둗삗] 圀 연두색을 띤 사물의 빛깔.

연득-없다[-업따] 혱 (어떤 행동이) 갑자기 이뤄지는 상태에 있다. 圓갑작스럽다. **연득없-이** 튀

연등¹(連騰) 圀 물가가 연속적으로 오르는 것. ↔연락(連落). **연등-하다** 罔郊閾

연등²(燃燈) 圀[불] 1 '연등절'의 준말. ¶~행렬. 2 '연등회'의 준말.

연등-절(燃燈節) 圀 [불] ['등을 달고 불을 켜는 명절'이라는 뜻] [불] 사월 초파일. ⑥연등.

연등-회(燃燈會) [-회/-훼] 圀[불] 많은 등불을 밝혀 부처의 덕을 찬미하는 불교 행사. 고려 시대에 국가적 행사로 특히 성행하였음. 태조 때에는 정월 보름날 행해졌으나 그 뒤 음력 2월 15일, 4월 초파일로 변경되었음. 오늘날에는 석가 탄신일에 전국의 사찰이 중심이 되어 벌임. ⑥연등. ▷팔관회.

연-때(緣-) 圀 인연이 맺어지는 기회. ¶~가 맞느라고, 그 사람은 서로 첫눈에 반했다.

연!락(宴樂) [열-] 圀 잔치를 베풀고 즐기는 것. **연락-하다** 罔郊閾¶차차 좋은 때가 있지 고생인들 일상 하시겠습니까? …이런 글 옛말 삼고 웃음으로 **연락할걸요.**(이해조: 빈상설)

연락²(連落) [열-] 圀 물가가 계속하여 떨어지는 것. ↔연등(連騰). **연락-하다** 罔郊閾연등²

연락³(連絡·聯絡) [열-] 圀 1 서로 이어 대는 것. 2 서로 관계를 가지는 것. ¶~을 끊다/~이 닿다/~이 단절되다. 3 상대방에게 알리는 것. ¶~ 사항/~을 받다[취하다]. **연락-하다**³ 罔郊타閾¶전화로 ~. **연락-되다** 罔郊

연락-망(連絡網) [열랑-] 圀 연락하려고 벌여 놓은 조직 체계, 또는 무선·유선의 통신망. ¶비상 ~ / 통신 ~.

연락-병(連絡兵) [열-뼝] 圀[군] 군사 문서나 전언(傳言)을 가지고 연락 임무를 맡은 병사.

연락부절(連絡不絕) [열-뿌-] 圀 왕래가 잦아 끊이지 않음. **연락부절-하다** 罔郊

연락-선(連絡船) [열-썬] 圀 비교적 가까운 거리의 해협이나 수로(水路)를 횡단하여 왕복하는 배. ¶부관(釜關) ~.

연락-원(連絡員) [열-] 圀 연락의 임무를 맡은 사람.

연락-처(連絡處) [열-] 圀 연락을 주고받기 위하여 정하여 둔 곳.

연래(年來) [열-] 圀 어떤 계속되는 기간에서, 지난 몇 해. 또는, 여러 해 전부터. ¶~에 없었던 큰 홍수 / 그는 드디어 ~의 소망을 이루어 집을 장만했다.

연력(年力) [열-] 圀 나이와 정력.

연령(年齡) [열-] 圀 사람이 세상에 나서 현재 또는 기준이 되는 때까지 살아온 햇수. 圓나이. ¶평균 ~ / 정신 ~ / 응시자의 ~을 제한하다.

연령-층(年齡層) [열-] 圀 같은 나이 또는 가까운 나이의 사람들의 층.

연례(年例) [열-] 圀 해마다 내려오는 전례. ¶~ 총회 / ~행사.

연례-회(年例會) [열-회/열-훼] 圀 해마다 한 번씩 정기적으로 모이는 모임.

연로¹(沿路) [열-] 圀 =연도(沿道)².

연로²(年老) [열-] 圀 ➔**연로-하다**[열-] 혱 나이가 많아서 늙다. 圓연만(年晚)하다. ¶**연로하신** 부모님 / **연로해서** 거동이 자유롭지 못하다. ↔연소(年少)하다.

연료(燃料) [열-] 圀 열·빛·동력을 얻기 위하여 연소시키는 재료. 圓땔감. ¶고체[액체] ~ / 비행기에 ~를 공급하다.

연료-비(燃料費) [열-] 圀 연료 구입에 소요되는 비용.

연료-전!지(燃料電池) [열-] 圀 금속과 전해질 용액을 사용하지 않고 양극에 산소 또는 공기, 음극에 수소·알코올·탄화수소 등을 사용한 전지.

연루(連累) [열-] 圀 남이 저지른 죄에 관련되는 것. =연좌(連坐). **연루-하다** 罔郊¶독직 사건에 ~.

연루-자(連累者) [열-] 圀[법] 남이 저지른 죄에 관련된 사람.

연륙(連陸) [열-] 圀 육지에 잇닿는 일. ¶~공사. **연륙-하다** 罔郊타閾

연륙-교(連陸橋) [열-꾜] 圀 육지와 섬을 이은 다리. ¶영종 대교는 영종도와 육지를 연결하는 4.4km의 ~이다. ×연육교.

연륜(年輪) [열-] 圀 1 [식] =나이테. 2 여러 해 동안의 노력이나 경험에 의하여 이룩된 숙련의 정도. ¶업무에 ~이 쌓으다.

연리(年利) [열-] 圀[경] 1년간에 얼마로 정해진 이율. =연변(年邊). ¶~ 10%의 이율.

연리-지(連理枝) [열-] 圀[책용의 방 앞에 있던 두 그루의 나무가 가지가 붙고 결이 통하여 하나가 되었다는 데서서] 1 두 나무의 가지가 맞닿아서 결이 서로 통한 것. 2 화목한 부부 또는 남녀의 사이를 비유하여 이르는 말.

연립(聯立) [열-] 圀 둘 이상의 것이 아울러서 있는 것. 또는, 그러면서 전체적으로는 하나의 형태로 되어 있는 것. **연립-하다** 罔郊閾 **연립-되다** 罔郊

연립^내!각(聯立內閣) [열림-] 圀[정] 둘 이상의 정당 대표들로 구성되는 내각. ↔단독 내각.

연립^방정식(聯立方程式) [열-빵-] 圀[수] 둘 이상의 방정식에 둘 이상의 미지수가 있을 때, 그 미지수의 값이 주어진 방정식을 모두 만족시키는 방정식.

연립^정부(聯立政府) [열-쩡-] 圀[정] 둘 이상의 정당이나 단체의 연립에 의하여 세워진 정부. ⑥연정.

연립^주!택(聯立住宅) [열-쭈-] 圀 공동 주택의 하나. 현행법에 의하면, 4층 이하로 동당(棟當) 건축 연면적이 660㎡를 초과하는 건물을 말함. ⑥공동 주택.

연!마(研磨·練磨·鍊磨) 圀 1 (돌·쇠붙이 등을) 갈고 닦는 일. ¶~기(機) / ~장(場). 2 (학문·정신·기술 등을) 배우고 닦는 일. ¶기술 ~. **연!마-하다** 罔타閾¶심신(心身)을 ~. **연!마-되다** 罔郊

연!마-재(研磨材) 圀 연마 작업을 하는 데에 쓰이는 굳기가 높은 물질. 금강사(金剛砂)·석영 가루·유리 가루 따위.

연막(煙幕) 圀 1 [군] 자기편의 군사 행동이나 적의 사격 목표가 될 만한 것을 보이지 않으려고 약품을 써서 피워 놓은 짙은 연기. 2 교묘하게 말을 돌려 상대방이 문제의 핵심을 가려내지 못하게 하는 일. ¶너스레를 떨며 ~을 치다.

연막-작전(煙幕作戰) [-작쩐] 圀 =연막전

술2. ¶~을 펴다.

연막-전술(煙幕戰術)[-전-] 명 1 [군] 적의 관측이나 사격으로부터 아군의 군사 행동 따위를 감추기 위해 연막을 치는 전술. 2 어떤 사실을 숨기기 위해 교묘하고 능청스러운 말이나 수단을 써서 상대방이 갈피를 잡지 못하게 하는 일. 비유적인 말임. =연막작전. ¶경쟁사의 ~에 넘어가다.

연막-탄(煙幕彈) 명 폭발하면 짙은 연기를 내뿜도록 되어 있는 폭탄. 사람의 시야를 일시적으로 가릴 목적으로 씀. =발연탄.

연만(年晚·年滿) → **연만-하다** 형 여 나이가 아주 많다. 비**연로**(年老)하다.

연말(年末) 명 한 해의 마지막 때. =연모(年暮). 비세말(歲末)·세모(歲暮)·세밑. ¶~ 보너스. ↔연시·연초.

연말-연시(年末年始)[-련-] 명 한 해의 마지막 때와 새해의 첫머리. ¶~를 가족과 함께 보낸다.

연말^정산(年末精算) 명 [법] 급여 소득에서 원천 과세한 1년 동안의 소득세에 대하여, 연말에 넘기나 모자란 액수를 정산하는 일.

연-망간석(軟Mangan石) 명 약간 검은 정방 정계의 광물. 반금속 광택이 나며, 제철 및 도기·유리의 착색에 쓰임. 구용어는 연망간광.

연!맥(軟脈) 명[의] 혈압이 낮아서 긴장 정도가 약한 맥박. 심장 쇠약·저혈압 등의 경우에 나타남. ↔경맥(硬脈).

연맹(聯盟) 명 공동의 목적을 가진 단체나 개인이 같은 행동을 취할 것을 맹약하는 일. 또는, 그 조직체. ¶국제 ~ / 육상 경기 ~. **연맹-하다** 동 자 여

연맹-전(聯盟戰) 명[체] =리그전(league 戰).

연메-꾼(輦-) 명 연을 메는 사람.

연면(連綿) → **연면-하다** 형 여 끊이지 않고 계속하여 잇닿아 있다. ¶**연면한** 우리 역사 / **연면한** 혈통. **연면-히** 부

연-면적(延面積) 명 건축물 각 층의 바닥 면적을 합한 전체 면적.

연명(延命) 명 목숨을 겨우 이어 가는 것. **연명-하다**[1] 동 자 여 ¶초근목피로 근근이 ~.

연명(連名·聯名) 명 하나의 문서에 두 사람 이상이 잇달아 서명하는 것. **연명-하다**[2] 동 자 타 여

연메(連袂·聯袂)[-메/-몌] 명 행동을 같이 하는 것. **연메-하다** 동 자 여

연모[1] 명 물건을 만드는 데 쓰는 기구와 재료.

연!모[2](戀慕) 명 이성(異性)을 사랑하여 몹시 그리워하는 것. ¶애틋한 ~의 정을 느끼다. **연!모-하다** 동 타 여

연목(椽木) 명[건] =서까래.

연목구어(緣木求魚)[-꾸-] 명 [나무에 올라 물고기를 구한다는 뜻] 불가능한 일을 무리하게 하려 함을 비유하는 말.

연-못(蓮-)[-몯] 명 연꽃을 심은 못. =연지(蓮池)·연당(蓮塘).

연못-가(蓮-)[-몯까-] 명 연못의 변두리.

연무[1](煙霧·烟霧) 명 1 연기와 안개. 2 [기상] 먼지와 그을음이 공중에 떠다녀 생기는 대기의 혼탁 현상.

연!무[2](鍊武) 명 무술을 단련하는 것. **연!무-하다** 동 자 여

연!-문학(軟文學) 명[문] 쉽고 부드러운 감정을 나타낸 흥미 중심의 문학. ↔경문학.

연!미-복(燕尾服) 명 앞쪽은 짧고 뒤쪽은 두 갈래로 길게 내려와 제비 꼬리처럼 되어 있는, 결혼식 등의 공식적인 행사에 입는 남자 예복.

연민(憐憫·憐愍) 명 불쌍하고 가련하게 여기는 것. ¶~의 정을 느끼다. **연민-하다** 동 타 여

연발(延發) 명 정한 기일이나 시각을 늦추어 출발하는 것. **연발-하다**[1] 동 자 여 ¶기차가 30분이나 ~.

연발[2](連發) 명 1 연이어서 일어나는 것. ¶실수 ~. 2 (총·화살 따위를) 잇달아 쏘는 것. =연방(連放). ¶6~ 권총. 3 잇달아 말하는 것. **연발-하다**[2] 동 자 타 여 ¶그 미국인은 고려청자를 보더니 '원더풀'을 **연발하였다**. **연발-되다** 동 여

연발-총(連發銃) 명[군] 탄창 속에 여러 개의 탄환을 넣어 연발할 수 있는 총. ↔단발총.

연-밥(蓮-)[-빱] 명 연꽃의 열매. 약으로 쓰이며, 먹기도 함. =연실(蓮實)·연자(蓮子).

연밥(을) **먹이다** 관 살살 구슬려서 꼬드기다.

연방[1] 잇달아 곧. 연이어 금방. ¶손님이 ~ 들이닥치다. ×연신.

연방[2](聯邦) 명[정] 자치권을 가진 2개 이상의 주(州)나 국가가 공통의 정치 이념 아래에 결합하여 구성하는 국가. 미국·캐나다·스위스 따위. =연합 국가. ¶~ 의회 / ~헌법.

연방-제(聯邦制) 명 연방의 정치 제도.

연배(年輩) 명 서로 비슷한 나이. 또는, 그런 사람. =연갑(年甲). ¶그는 나와 비슷한 ~.

연번(連番) 명 '일련번호'의 준말.

연변(沿邊) 명 국경·강·철도·도로 따위의 언저리 일대. ¶고속도로 ~ / 한강 ~의 환경

연!병(練兵·鍊兵) 명[군] 각 병과의 전투에 필요한 여러 가지 동작과 작업 따위를 평시에 훈련하는 일. =조련(調鍊). **연!병-하다** 동 자 여

연!병-장(練兵場) 명[군] 군인들을 훈련시키기 위해, 부대 안에 닦은 넓은 장소.

연보(年報) 명 어떤 사실·사업에 대하여 한 해에 한 번씩 내는 보고. 또는, 그러한 간행물. ▷월보(月報)·일보(日報).

연보(年譜) 명 사람이 한평생 지낸 일을 연월순(年月順)으로 간략하게 적은 기록. ¶작가 ~.

연!보[3](捐補) 명 1 자기 재물을 내어 남을 도와주는 것. =연조(捐助). 2 [기] =헌금(獻金). **연!보-하다** 동 타 여

연!-보라(軟-) 명 =연보라색.

연!-보라색(軟-色) 명 연한 보라색. =연보라.

연봉[1](年俸) 명 일 년 단위로 정하여 지급하는 봉급. =연급(年給). ¶선수들의 ~을 올리다.

연봉[2](連峯) 명 죽 이어져 있는 산봉우리. ¶북한산 ~. ▷연산(連山).

연봉-제(年俸制) 명 봉급을 일 년 단위로 정하여 지급하는 제도. 종래의 월급제가 연공 서열적 성격을 띤 데 반해, 이 제도는 능력에 따른 성과급의 성격을 띰.

연부(年賦) 명 치러야 할 돈을 해마다 얼마씩 나누어 내는 일. 또는, 그 돈. =연불(年拂). ▷월부.

연부-금(年賦金) [명] 연부로 갚는 돈.
연부-역강(年富力強) [-깡] [명] 나이가 젊고 힘이 셈. **연부역강-하다** [형][여]
연분[1](年分) [명] **1** 일 년 중의 어떤 때. **2** [역] =연분구등법.
연분[2](緣分) [명] **1** 사람들 사이에 맺어지는 깊은 관계. ¶~이 닿다 / ~을 맺다. **2** 하늘이 베푼 인연. ¶천생(天生)~. [준]연(緣).
연분구등-법(年分九等法) [-뻡] [명][역] 조선 세종 때에 실시한 조세 제도의 하나. 그해의 수확을 풍흉에 따라 상상년(上上年)부터 하하년(下下年)까지 9등급으로 나누었음. =연분(年分).
연ː-분홍(軟粉紅) [명] =연분홍색. ¶~ 치마.
연ː-분홍색(軟粉紅色) [명] 연한 분홍색. =연분홍.
연ː-붉다(軟-) [-북따] [형] 연하게 붉다. ¶**연붉은** 저고리.
연비[1](連比) [명][수] 세 개 이상의 수나 양의 비.
연비[2](聯臂) [명] **1** 사이에 사람을 넣어 소개하는 것. **2** 서로 이리저리 알게 되는 것. **연비-하다** [동][자][여]
연비[3](燃費) [명] 자동차가 1*l*의 연료로 얼마의 거리를 달릴 수 있는가를 나타낸 수치. =연료 소비율. ¶~가 높은 자동차.
연비-연비(聯臂聯臂) [부] 여러 겹의 간접적 소개로. =연줄연줄. ¶~로 알게 되다.
연빙(延聘) [명] 손님을 예로써 맞는 것. **연빙-하다** [동][타][여]
연-뿌리(蓮-) [명] =연근(蓮根).
연사[1](年事) [명] 농사가 되어 가는 형편. [비]농형(農形). ¶가물이 아니라도 이 고장은 땅이 메말랐다. ~ 좋은 해에도 근검절약을 해야 했다.《안수길:북간도》
연ː사[2](演士) [명] 연설하는 사람. =변사(辯士). ¶그를 ~로 초빙하다.
연사-기(撚絲機) [명] 실을 꼬는 기계.
연사-질 [명] 교묘한 말로 남을 꾀어 그의 속마음을 말하게 하는 짓. **연사질-하다** [동][타][여]
연ː삭(研削) [명] 굳기가 높은 광물의 입자나 숫돌로 물체의 표면을 갈아 반들반들하게 만드는 일. [비]연마(研磨). **연ː삭-하다** [동][타][여]
연ː삭-기(研削機) [-끼] [명] 숫돌바퀴를 회전시켜 공작물의 면을 깎는 공작 기계. =그라인더·연마반(研磨盤).
연산[1](年產) [명] 일 년 동안의 생산고 또는 산출고. ¶~ 300만 톤.
연산[2](連山) [명] 죽 잇대어 있는 산. ¶~연봉(連峯).
연ː산[3](演算) [명][수] 식이 나타낸 일정한 규칙에 따라 계산하는 일. =운산(運算). ¶~기호. **연ː산-하다** [동][타][여]
연ː산-자(演算子) [명][수] 벡터 공간·함수 공간의 요소를 다른 요소에 대응시키는 연산 기호. 예를 들면, 미분 기호는 함수에 그 도함수(導函數)를 대응시키는 연산자임.
연-살(鳶-) [-쌀] [명] =달[2].
연상[1](年上) [명] 어떤 사람에 대하여 나이가 위인 상태. 또는, 그 위의 사람. ¶~의 아내 / 그는 나보다 십 년 ~이다. ↔연하(年下).
연ː상[2](硯床) [-쌍] [명] **1** 문방제구를 벌여 놓아두는 작은 책상. **2** =벼룻집2.
연상[3](聯想) [명][심] 한 관념으로 말미암아 관련되는 다른 관념을 생각하게 되는 현상. =관념 연합·연합(聯合). ¶~ 작용 / 자유 ~. **연상-하다** [동][타][여] ¶고향을 떠올리면 자연 옛 시절을 **연상하게** 된다. **연상-되다** [동][자] ¶가을 하면 낙엽이 **연상된다**.
연상약(年相若) ➡**연상약-하다** [-야카-] [형][여] 나이가 엇비슷하다.
연서[1](連書) [명][언] 자음자(子音字)를 상하로 어울러 쓰는 일. 순경음 ㅸ·ㅹ·ㆄ·ㅱ 및 반설경음(半舌輕音) ᄛ 따위. ▷부서(附書)·병서(竝書). **연서-하다**[1] [동][타][여]
연서[2](連署) [명] 한 문서에 여러 사람이 서명하는 것. ¶시민의 ~를 얻어 탄원서를 내다. **연서-하다**[2] [동][타][여] **연서-되다** [동][자]
연ː서[3](戀書) [명] =연애편지.
연ː석[1](宴席) [명] 연회를 베푸는 자리.
연석[2](連席) [명] 여럿이 한곳에 죽 늘어앉는 것. ¶~회의. **연석-하다** [동][자][여]
연석[3](緣石) [명] 차도와 보도 또는 차도와 가로수 사이의 경계가 되는 돌.
연선(沿線) [명] 선로에 따라서 있는 땅.
연ː설(演說) [명] 공중 앞에서 자기의 주의나 주장, 의견을 진술하는 것. ¶가두(街頭)~ / 합동 ~. **연ː설-하다** [동][자][여]
연ː설-가(演說家) [명] 연설을 썩 잘하는 사람.
연ː설-문(演說文) [명] 연설의 내용을 적은 글.
연ː설-조(演說調) [-쪼] [명] 연설하는 어조. ¶~로 이야기하다/그의 말은 언제나 ~에 가깝다.
연성[1](延性) [명][물] 물질이 탄성 한계를 넘는 힘을 받아도 파괴되지 않고 늘어나는 성질. 백금·금·은·구리·알루미늄 등에서 현저함.
연ː성[2](軟性) [명] 무르거나 부드럽고 약한 성질. ¶~ 세제(洗劑). ↔경성(硬性).
연성[3](連星·聯星) [명][천] =쌍성(雙星).
연ː성^헌ː법(軟性憲法) [-뻡] [명][법] 특별하게 엄격한 절차를 필요로 하지 않고 일반 법률과 같은 개정 절차로 개헌이 가능한 헌법. ↔경성 헌법.
연세(年歲) [명] '나이'의 높임말. 세는 단위는 세. ¶~가 지긋한 노인 / 할아버지 ~는 몇이십니까?
연소[1](延燒) [명] 불길이 이웃으로 번져서 타는 것. **연소-하다**[1] [동][자][여] **연소-되다**[1] [동][자] ¶시장에서 난 불로 인근 주택 다섯 채가 **연소되었다**.
연소[2](燃燒) [명][화] 물질이 산소와 화합할 때 다량의 빛과 열을 발하는 현상. **연소-하다**[2] [동][자][여] **연소-되다**[2] [동][자]
연소[3](年少) ➡**연소-하다**[3] [형][여] 나이가 어리다. ¶**연소한** 학생. ↔연로(年老)하다.
연소-열(燃燒熱) [명][화] 물질이 산소와 화합하여 완전 연소할 때에 생기는 열량. 보통 1g 또는 1몰(mol)에 대한 값으로 나타냄.
연소-자(年少者) [명] 나이가 어린 사람. 공연법에서는 만 18세 미만의 사람을 가리킴. ¶~ 관람 불가(영화 관람 등급 표시).
연속(連續) [명] 끊이지 않고 죽 잇거나 지속하는 것. ¶~ 방송극 / ~ 공연 / 3회 ~ 안타를 치다. **연속-하다** [동][자][여] ¶그는 **연속해서** 세 번 우승했다. **연속-되다** [동][자]
연속-극(連續劇) [-끅] [명] **1** 라디오·텔레비전 등에서 한 편의 드라마를 정기적으로 일부분씩 연속하여 방송하는 극. ¶주말[일일]~. **2** [연] =키노드라마.
연속-무늬(連續-) [-송-니] [명] 같은 모양이 한데 계속해서 이어지는 무늬.
연속-부절(連續不絕) [-뿌-] [명] 죽 이어져 끊이지 않는 것. **연속부절-하다** [동][자][여]

연속-성(連續性)[-썽] 圀 끊어지지 않고 죽 이어지거나 지속되는 성질·상태.
연속^스펙트럼(連續spectrum) 圀 [물] 파장의 어떤 범위에 걸쳐 연속적으로 나타나는 스펙트럼. ↔선 스펙트럼.
연속-적(連續的)[-쩍] 퀜圀 연달아 이어지는 (것).
연송(連誦) 圀 책 한 권을 내리 외는 것. 연송-하다 国타여 ¶천자문을 ~.
연쇄(連鎖) 圀 1 연결된 사슬. 2 사물 현상이 사슬처럼 서로 연결되어 통일체를 이룬 것. ¶~ 질인 사건. 3 [생] =연관(聯關)². 연쇄-하다 国재여 연쇄-되다 国.
연쇄-극(連鎖劇)[-연] =키노드라마.
연쇄^반응(連鎖反應) 圀 1 [물] 하나의 반응으로 생성된 화학종(化學種)이 다음 반응을 일으키고, 그로 인해 생성된 것이 또 다음 반응을 일으키는 과정을 반복하여 연속적으로 진행하는 일련의 화학 반응. 2 하나의 사건을 계기로 하여 차례차례로 관련된 사건이 생기는 일.
연쇄-상(連鎖狀) 圀 사슬처럼 생긴 모양.
연쇄^구균(連鎖狀球菌)[-연] 圀 지름 1μ 내외의 구균의 균체(菌體)가 사슬처럼 이어져 있는 화농균(化膿菌). 화농·편도선염·성홍열·폐렴 등을 일으킴. =연쇄 구균.
연쇄-점(連鎖店) 圀 동일 메이커의 상품을 취급하는 많은 소매 상점을 각처에 두고 중앙부의 통제에 따라 경영되는 점포 조직. =체인 스토어·체인점.
연수¹(年收) 圀 일 년 동안의 수입.
연수²(年數)[-쑤] 圀 =햇수. ¶근무 ~.
연수³(延髓) 圀 [생] 척추동물의 뇌의 최하부에서 척수의 상부분으로 이어지는 부분. 심장의 활동, 호흡 운동, 혈관의 수축 확장, 타액 분비, 기침·재채기의 반사 등을 지배하는 중추가 있음. ⑬숨골.
연:수⁴(研修) 圀 주로 직장인이나 사회인이 실력이나 자질을 향상시키기 위해 일정한 곳에 가서 일정 기간 동안 어떤 분야에 대해 공부하거나 수련하는 것. 때로, 학생이나 학교 이외의 곳에 가서 일정 기간 동안 수련하는 것을 가리키기도 함. ¶어학~ / 신입 사원 ~ / 교원 ~ / ~를 받다. 연:수-하다 国타여 운전을 ~.
연:수⁵(軟水) 圀[화] =단물4. ↔경수.
연:수-생(研修生) 圀 연수를 받는 사람.
연:수-원(研修院) 圀 주로 어떤 직업인을 대상으로 자질 향상을 위해 직무 교육이나 교양 교육을 전문적으로 행하는 기관. ¶사법 ~ / 교원 ~.
연-수정(煙水晶) 圀 [광] 연기가 낀 것 같은, 흑갈색의 수정.
연:-수필(軟隨筆) 圀[문] =경수필(輕隨筆).
연습¹(演習) 圀 실지로 하듯이 함으로써 익히는 것. ¶예행 ~ / 실전(實戰) ~. 연습-하다¹ 国타여
연습²(練習·鍊習) 圀 〈학문·기예 따위를〉 익숙하도록 익히는 것. ¶~ 문제 / 읽기[듣기] ~. 연습-하다² 国타여 ¶붓글씨 쓰기를 / 자꾸 연습했더니 실력이 많이 늘었어요.
연:습-곡(練習曲)[-꼭] 圀[음] =에튀드1.
연:습-기(練習機) 圀[공] 비행 기술을 익히기 위하여 연습할 때 쓰는 비행기.
연:습-량(練習量)[-냥] 圀 어떤 일에 익숙하지도록 연습하는 양. ¶~을 늘리다.
연:습-용(練習用)[-쏭] 圀 연습하는 데

쓰이는 상태. 또는, 그런 목적의 대상. ¶~원고지.
연:습-장¹(演習場)[-짱] 圀 1 연습을 할 수 있도록 일정한 설비를 갖추어 놓은 곳. ¶골프 ~ / 노래 ~. 2 [군] 지상 부대의 교육 훈련, 연습에 사용하는 특정 지역.
연:습-장²(練習帳)[-짱] 圀 연습할 때 쓰는 공책.
연승¹(連乘) 圀 [수] 여러 수나 식을 연하여 곱하는 것. 연승-하다¹ 国타여
연승²(連勝) 圀 1 연이어 이기는 것. ¶연전~ / ~ 가도를 달리다 / 결승전에서 3~을 기록하다. ↔연패. 2 '연승식'의 준말. 연승-하다² 国재여 연이어 이기다.
연승-식(連勝式) 圀 경마 등에서, 1·2착 또는 1·2·3착까지의 말을 적중시키는 방식. ⑬연승·연식. ▷단승식·복승식.
연시¹(年始) 圀 =설². ¶연말~. ↔연말.
연:시²(軟枾·軟柿) 圀 푹 익어 붉고 말랑말랑한 감. ⑬홍시.
연시³(聯詩) 圀[문] =연구(聯句)³.
연-시조(聯時調) 圀[문] 두 개 이상의 평시조가 겹쳐 있는 시조 형식.
연:식¹(軟式) 圀 무르거나 부드러운 재료·도구를 쓰는 방식. ¶~ 정구. ↔경식(硬式).
연:식²(軟食) 圀 죽·빵·국수 따위의 주식(主食)과 소화되기 쉬운 부식(副食)을 곁들인 음식물. ⑬반고형식. ▷유동식(流動食).
연:식^정구(軟式庭球)[-쩡-] 圀[체] 중앙에 네트를 치고 양쪽에서 라켓으로 고무공을 쳐서 상대편 코트에 넘기는 운동. 테니스를 모체로 하여 만들어진 운동으로, 테니스와 경기 방식이 거의 같으나 딱딱한 공 대신 부드러운 고무공을 사용하는 점이 다름. ⑬정구. ▷경식 정구.
연신 国 '연방'의 잘못.
연-실¹(鳶-)[-씰] 圀 연줄로 쓰는 실. =연사(鳶絲).
연실²(煙室) 圀 화력을 이용한 기관(汽罐)에서, 연기를 모아 굴뚝으로 빠지게 하는 곳.
연실-법(鉛室法)[-뻡] 圀[화] 황산 제조법의 하나. 연실 안에서 과산화질소를 촉매로 아황산가스와 공기 중의 산소를 화합시켜 물을 용해하여 만듦.
연:심(戀心) 圀 사랑하여 그리는 마음.
연-싸움(鳶-) 圀[민] 각각 연을 날리면서 서로의 연실을 얽어서 상대방의 연실을 끊어 버리는 싸움. 연싸움-하다 国재여
연안(沿岸) 圀 1 육지와 닿아 있는 강·바다·호수 등의 물가. ¶~ 경비대. 2 강·호수·바다의 가에 있는 지방. ¶태평양 ~ 지대.
연안-국(沿岸國) 圀[지] 연안에 있는 국가. ¶지중해 ~.
연안-류(沿岸流)[-뉴] 圀[지] 해안을 따라 흐르는 바닷물의 흐름.
연안^어업(沿岸漁業) 圀 해안에서 멀지 않은 바다에서 하는 어업. =연해 어업. ↔원양 어업.
연안-해(沿岸海) 圀 연안에 가까운 바다. 곧, 간조선(干潮線)에서 3해리 이내의 해역.
연:애(戀愛) 圀〈부부가 아닌 남녀가 상대방과〉 서로 이성으로서 사랑하는 관계를 이루는 것. ¶~ 감정 / ~시. 연:애-하다 国재여 ¶김동철 씨는 지금의 아내와 연애한 지 삼 년 만에 결혼했다.
연:애-결혼(戀愛結婚) 圀 연애에서 출발하여 이루어진 결혼. ▷중매결혼.

연:애^소:설(戀愛小說) 圏 [문] 연애 관계를 주제로 한 소설. =염정 소설.
연:애-질(戀愛-) 圏 연애하는 일. **연:애질-하다** 暠
연:애-편지(戀愛便紙) 圏 연애하는 남녀 사이에 주고받는 애정의 편지. =연문(戀文)·연서(戀書)·러브레터.
연액(年額) 圏 한 해 동안의 수입·지출·생산 따위의 금액.
연야(連夜) 團 며칠 밤을 계속하여.
연:약(軟弱) ➡**연:약-하다**[-야카-] 麉예 부드럽고 약하다. ¶마음이 ~ / **연약한** 여자의 몸으로 어떻게 그런 일을 할 수 있었을까?
연어(鰱魚) 圏[동] 연어과의 바닷물고기. 몸은 길이 약 1m로 방추형임. 등은 남회색, 배는 은백색인데, 가을에 자기가 태어난 강 상류로 올라와 모랫바닥에 알을 낳고 죽음.
연:역(演繹) 圏[논] 어떤 명제로부터 논리 규칙에 따라 결론을 이끌어 내는 것. 보통, 일반적 원리로부터 특수한 원리나 사실을 끌어내는 것을 말함. ↔귀납(歸納). **연:역-하다** 暠
연:역-법(演繹法)[-뻡] 圏[논] 연역에 의한 추리 방법. 삼단 논법(三段論法)은 그 대표적인 형식임. ↔귀납법.
연:역-적(演繹的)[-쩍] 圏[논] 연역의 방식으로 하는 (것). ↔귀납적.
연:역^추리(演繹推理) 圏[논] 연역에 의해 결론을 이끌어 내는 추리. ↔귀납 추리.
연연[1](連延) 圏 잇대어 길게 뻗는 것. **연연-하다** 暠
연:연[2](涓涓) ➡**연:연-하다**[2] 麉예 흐름이 가늘다. ¶테släbe 위에 놓인 홍차 잔에서는 **연연한** 김이 가늘게 오른다.《이광수:흙》 **연:연-히**[1] 團 ¶~ 흐르는 냇물.
연:연[3](娟娟) ➡**연:연-하다**[3] 麉예 1 빛이 엷고 곱다. ¶**연연한** 푸른 잎. 2 아름답고 어여쁘다. ¶그의 아내는 촌에서는 드물도록 **연연하고도** 예쁘게 생겼다.《김동인:배따라기》 **연:연-히**[2] 團 ¶~ 피어난 꽃.
연:연[4](軟娟) ➡**연:연-하다**[4] 麉예 =섬약(纖弱)하다.
연:연[5](戀戀) ➡**연:연-하다**[5] Ⅰ 麉예 애틋하게 그립다. ¶**연연한** 정을 품다. Ⅱ 暠 집착하여 미련을 두다. ¶권력[돈]에 ~ / 하찮은 일에 **연연하지** 마라. **연:연-히**[3] 團
연:연-불망(戀戀不忘) 圏 그리워서 잊지 못함. **연:연불망-하다** 暠
연:예(演藝) 圏 대중 앞에서 음악·무용·연극·쇼·만담 등을 보이는 일. 또는, 그 재주. **연:예-하다** 暠
연:예-계(演藝界)[-계/-게] 圏 연예인들의 사회.
연:예-인(演藝人) 圏 연예에 종사하는 배우·가수·코미디언 등의 총칭.
연:옥[1](軟玉) 圏[광] 양기석(陽起石) 또는 투각섬석(透角閃石)의 침상 결정의 집합체. 녹색 또는 회백색의 옥으로 장식돌로 쓰임. 녹색의 것을 특히 '비취'라고 함.
연:옥[2](煉獄) 圏[가] 세상에서 지은 소죄(小罪)로 천국에 바로 들지 못할 때, 불에 의해서 그 죄를 정화(淨化)하는 상태. 또는, 그 장소, 천국과 지옥 사이에 있다고 함.
연:와(燕窩) 圏 해안의 바위틈에 사는 제비인 금사연의 둥지. 물고기와 해조(海藻)를 물어다가 지은 것으로, 중국 요리의 상등 국거리임. =연소(燕巢).
연우(煙雨) 圏 안개처럼 부옇게 내리는 가는 비.
연운(煙雲) 圏 1 연기와 구름. 2 구름처럼 피어오르는 연기.
연원(淵源) 圏 사물의 근본. 回본원(本源). ¶우리 겨레의 ~을 캐다 / 씨름의 ~은 상고 시대까지 거슬러 올라간다.
연월일(年月日) 圏 해와 달과 날. ¶출생 ~.
연월일시(年月日時)[-씨] 圏 해와 달과 날과 시.
연:유(煉乳) 圏 우유를 진공 상태에서 1/2~1/3정도로 농축한 것. =당유(糖乳).
연유[2](緣由) 圏 =사유(事由)[2]. ¶어찌 된 일인지 나도 알지라. / 무슨 ~로 나를 외면하느냐? **연유-하다** 暠
연육-교 圏 '연륙교(連陸橋)'의 잘못.
연음[1](延音) 圏 1 [음] 한 음을 규정된 박자 이상으로 길게 뻗는 것. 2 [언] 한 개의 음이 길게 뻗어서 두 개의 음으로 되는 일. 또는, 그 음.
연음[2](連音)[언] 앞 음절의 끝 자음이 모음으로 시작되는 뒤 음절의 첫소리로 이어져 나는 소리. '밥이'가 '바비'로 소리 나는 따위. =연성(連聲).
연음^법칙(連音法則)[언] 앞 음절의 받침에 모음으로 시작되는 형식 형태소가 이어지면, 앞의 받침이 다음 음절의 첫소리로 발음되는 음운 법칙. '빛이'가 '비치'로 소리 나는 따위. =절음 법칙.
연:의(演義)[-의/-이] 圏 사실을 부연하여 자세하고 재미있게 설명하는 것. **연:의-하다** 暠
연:의^소:설(演義小說)[-의-/-이-] 圏 [문] 중국에서, 역사상의 사실을 부연하여 소설적인 흥미 본위로 쓴 통속 소설.
연-이율(年利率)[-니-] 圏 1년을 단위로 하여 정한 이율. ¶~ 9%.
연:인(戀人) 圏 서로 사랑하는 관계에 있는 남녀. 또는, 이성(異性)으로서 그리워 사랑하는 사람. 주로 문어(文語)에서 쓰이는 말임. ¶두 사람은 다정한 ~이다. ▶애인(愛人).
연-인원(延人員) 圏 어떤 일에 종사한 인원을, 하루에 완성한 것으로 가정하여 계산한 총수. 가령, 10사람이 5일 걸려 완성한 일의 연인원은 50명임.
연일(連日) 圏 여러 날을 계속하여 한결같이. ¶~ 성황을 이루다 / ~ 비가 내리다.
연-일수(延日數)[-쑤] 圏 어떤 일에 걸린 일수(日數)를, 한 사람이 완성하였다고 가정하여 계산한 날수.
연일-연야(連日連夜)[-련-] 圏 어떤 일을 낮이나 밤이나 계속함. ¶~로 타격 연습을 하다.
연임(連任) 圏 (어떤 사람이 임기가 정해진 직위나 직책을) 임기가 끝난 뒤에 계속하여 다시 맡는 대. ▷중임(重任). **연임-하다** 暠 ¶대법관의 임기는 6년으로 하며, 법률이 정하는 바에 의하여 **연임할** 수 있다.《대한민국 헌법》 **연임-되다** 暠
연-잇다[-닏따] (~이으니, ~이어) 연달아 죽 잇다. ¶**연이은**은 불행으로 슬픔에 빠지다 / **연이은** 산봉우리가 앞을 가로막다.
연-잎(蓮-)[-닙] 圏 연꽃의 잎.
연:자-간(研子間)[-깐] 圏 =연자맷간.

연!자-매(研子-) 圐 큰 밑돌 위에 그보다 작고 둥근 돌을 세로로 세워, 이것을 소나 말이 끌어 돌리게 하여 곡식을 찧는 큰 매. =연자매·연자방아.

연!자맷-간(研子-間) [-매깐/-맨깐] 圐 연자매를 차려 놓은 방앗간. =연자간.

연!자-방아(研子-) 圐 =연자매.

연작¹(連作) 圐 1[농] =이어짓기. ↔윤작(輪作). 2[문] =연작(聯作)². ¶~ 소설. 연작-하다¹ 圄(타)여

연작²(聯作) [문] 1 여러 작가가 한 작품을 나누어 맡아서 쓰는 것. 또는, 그 작품. ¶~ 장편 소설. 2 한 작가가 같은 주인공의 단편 소설을 몇 편 써서, 그것을 연결하여 장편 소설로 만든 것. =연작(連作). 연작-하다² 圄(타)여

연!작³(燕雀) 圐 '제비와 참새'라는 뜻. [연작이 홍곡(鴻鵠)의 뜻을 어찌 알랴] 제비와 참새가 높은 창공을 유유히 나는 기러기와 고니의 뜻을 알 수 없다는 뜻으로, 소인이나 어리석은 자가 군자나 큰 인물의 깊은 뜻을 헤아릴 수 없음을 탄식하여 이르는 말.

연장¹ 圐 1 농사일이나 목수 일, 기계 수리, 기타 수공업 등에 쓰이는 도구. ¶~을 챙기다. 2 남자의 성기를 속되게 이르는 말. (비)음경.

연장²(年長) 圐 나이가 위인 것. 또는, 그 사람. ¶그분은 나보다 10년 ~이다.

연장³(延長) 圐 1 길이·기간 등을 처음에 정한 것보다도 길게 늘리는 것. 또는, 예정한 횟수에 추가하는 것. ¶국회 회기의 ~ / 11회에서 9회 승부가 나다. ↔단축. 2 물건의 길이, 걸어간 거리 등을 일괄한 경우의 전체 길이. (비)전장. ¶~ 약 10km의 코스. 3 [수] 주어진 선분을 한쪽 방향 또는 양쪽 방향으로 늘이는 일. 4 어떤 일 그것에 계속되나 생각되는 것. 또는, 하나로 이어지는 것. ¶졸업 여행도 수업의 ~이다. 연장-하다 圄(타)여 ─ 연장-되다 圄여

복무 기한을 ~.

연장-선(延長線) 圐 사물이 다른 사물과 시간적·의미적으로 뒤이어 있는 상태.

연장-자(年長者) 圐 나이가 위인 사람.

연장-전(延長戰) 圐[체] 운동 경기에서, 정한 시간까지 승부가 나지 않을 때, 시간을 연장하여 계속하는 경기. ¶~에 들어가다.

연재(連載) 圐 소설·논픽션·만화 등을 신문·잡지 등에 오랜 기간 동안 매회 또는 일정한 때마다 계속하여 싣는 것. =속재. 연재-하다 圄(타)여 ¶만화를 스포츠 신문에 ~. 연재-되다 圄여 ¶그 소설은 삼 년째 인기리에 연재되고 있다.

연재-만화(連載漫畫) 圐 신문이나 잡지에 연재하는 만화.

연재-물(連載物) 圐 신문·잡지에 연재되는 소설·만화 따위의 총칭.

연재-소설(連載小說) 圐[문] 신문이나 잡지에 연재하는 소설.

연!적¹(硯滴) 圐 벼루에 먹을 갈 때 쓸 물을 담아 두는 그릇. =수적(水滴)·연수(硯水).

연!적²(戀敵) 圐 연애의 경쟁자나 자기의 연애를 방해하는 사람.

연전¹(年前) 圐 몇 해 전. ¶~에 큰 홍수가 있었다. / ~의 일인데 자네도 알고 있나?

연전²(連戰) 圐여 여러 번 연달아 싸우는 것. 연전-하다 圄(자)여

연전-연승(連戰連勝) [-년-] 圐 싸울 때마다 연달아 이김. ¶이순신은 왜적과의 싸움에서 ~을 거두었다. 연전연승-하다 圄(자)여

연전-연패(連戰連敗) [-년-] 圐 싸울 때마다 연달아 짐. ¶그 팀은 경기마다 ~를 거듭해 사기가 크게 떨어졌다. 연전연패-하다 圄(자)여

연접(連接) 圐 서로 잇닿는 것. 또는, 서로 맞닿게 하는 것. ¶한반도는 중국 대륙에 연접해 있다. 연접-되다 圄(자)여 ¶연접되어 있는 산봉우리.

연정(聯政) 圐[정] '연립 정부'의 준말.

연!정²(鍊正) 圐 도자기를 만들 때 흙을 개거나 갯물을 다루는 사람.

연!정³(戀情) 圐 이성을 그리워하며 사모하는 마음. ¶~을 품다[느끼다].

연!제(演題) 圐 연설이나 강연의 제목.

연조¹(年條) 圐 1 어떤 일에 종사한 햇수. ¶~가 짧은 사람. 2 사물의 역사나 유래. ¶이 건물의 유래는 오랜 ~를 가졌다. 3 어떤 해에 어떤 일이 일어났는가 하는 것을 하나하나 기록한 조목.

연!조²(軟調) 圐[사진] 현상된 음화나 인화의 상태가 명암·농담이 강하지 않아 부드러운 상태. ↔경조(硬調).

연종(年終) 圐 =세밑. ¶~제(祭).

연좌¹(連坐) 圐 1 여러 사람이 잇대어 앉는 것. ¶~데모. 2 =연루(連累). 3 [법] 한 사람의 범죄에 대하여 특정 범위의 몇 사람이 연대 책임을 지고 처벌되는 일. ¶~제. 연좌-하다¹ 圄(자)여 ¶연좌-되다¹ 圄(자) ¶역모 사건에 연좌되어 귀양을 가다.

연좌²(緣坐) 圐[역] 일가(一家)의 범죄로 인하여, 죄 없이 처벌당하는 일. 연좌-하다² 圄(자)여 연좌-되다² 圄(자)

연좌-시위(連坐示威) 圐 죽 연달아 앉아서 하는 시위. ¶거리에서 ~를 벌이다.

연좌-제(緣坐制) 圐[역] 범죄자와 일정한 친족 관계에 있는 자에게 연대적으로 그 범죄의 형사 책임을 지우는 제도. 우리나라에서는 1980년대 이후 사실상 없어짐.

연!주¹(演奏) 圐[음] (어떤 곡을) 악기를 통해 음(音)으로 나타내는 것. 또는, (어떤 악기를) 불거나 치거나 타거나 하여 곡을 나타내는 것. ¶피아노 ~ / 순회 ~. 연!주-하다 圄(타)여 ¶바이올린을 ~ / 애국가를 ~. 연!주-되다 圄(자)

연주²(連奏·聯奏) 圐[음] 2인 이상이 같은 종류의 악기를 동시에 연주하는 것. 연주-하다² 圄(타)

연!주-가(演奏家) 圐 연주를 전문으로 하는 사람.

연주^광행차(年周光行差) 圐[천] 지구의 공전 운동에 의하여 생기는 광행차.

연!주-법(演奏法) [-뻡] 圐 연주하는 방법. ¶기타 ~. 㐂주법.

연주^시차(年周視差) 圐[천] 어떤 항성을 지구에서 본 방향과 태양에서 본 방향과의 차. 항성과 지구, 항성과 태양을 연결하는 두 직선이 이루는 각도로 나타내며, 항성까지의 거리를 측정하는 데에 쓰임.

연!주-자(演奏者) 圐 연주하는 사람. 㐂주자(奏者).

연주-창(連珠瘡) 圐[한] 목 부분의 림프샘이 결핵균의 침범을 받아 여창이 생겨 곪아 터진 것. 㐂연주.

연!주황(軟朱黃) 圐 연한 주황색.

연!주-회(演奏會) [-회/-훼] 圐[음] 음악을

연주하여 청중에게 들려주는 모임. [비]콘서트.

연죽(煙竹) [명] =담뱃대.

연죽-전(煙竹廛) [-쩐] [명] 담뱃대를 파는 가게.

연-줄[1](鳶-) [-쭐] [명] 연을 매어 날리는 데에 쓰는 실.

연-줄[2](緣-) [명] 어떤 사람의 세상살이에 득을 가져다주는, 혈연·지연·학연·정분 등의 특별한 관계. 또는, 그런 관계가 이뤄지는 인연. ¶지방 대학 출신은 ~이 아니고는 서울에 취직하기 어렵던 시절이다.

연줄-연줄(緣-緣-) [-련-] [부] 거듭되는 연줄로. [비]연비연비. ¶시골 사람은 시골 사람들끼리 ~ 연락을 취할 수 있는 것을 혜경은 비로소 안 듯 은근히 기뻤다.《박노갑:춘안》

연중[1](年中) [명] 한 해 동안. ¶~ 강우량.

연중[2](連中) [명] 연달아 목표에 꼭 맞히는 것. ¶연발 ~. **연중-하다** [동][타][여] **연중-되다** [동][자]

연중-무휴(年中無休) [명] 한 해 동안 하루도 쉬는 일이 없음. ¶~로 영업하다.

연중-행사(年中行事) [명] 해마다 정기적으로 하는 행사. ¶우리 회사의 체육 대회는 ~이다.

연즉(然則) [부] '그러면', '그런즉'의 뜻을 가진 접속 부사.

연¦지[1](硯池) [명] 벼루 앞쪽의 오목한, 물을 담는 자리.

연지[2](蓮池) [명] =연못.

연지[3](臙脂) [명] **1** 여자의 볼이나 입술에 바르는 붉은빛의 화장용 물감. ¶…입술에는 빨갛게 ~를 발라 금시에 쥐를 잡아먹은 고양이 주둥아리 같고….《이광수:흙》 **2** 특히, **1**을 볼에 동그랗게 찍은 점. ¶~ 찍고 곤지 찍은 신부. **3** 자색과 적색을 혼합한 물감.

연지-벌레(臙脂-) [명][동] 둥근깍지진딧물과의 곤충. 수컷은 몸이 가늘고 적갈색이며, 암컷은 둥근 달걀꼴임. 선인장 등에 기생하며, 암컷에서 붉은색 색소인 카민을 추출함.

연직(鉛直) [명] **1** 연직선의 방향과 같은 상태. **2** 어떤 직선이 다른 직선·평면에 대하여 수직인 상태.

연직-면(鉛直面) [-징-] [명][물] 어떤 평면에 수직인 평면. 곧, 어떤 평면에 수직인 직선을 포함한 평면. =수직면.

연직-선(鉛直線) [-썬] [명] **1** [물] 지구 표면의 어떤 점에서, 그 점을 지나는 중력의 방향을 나타내는 선. ↔수평선. **2** [수] =수선[4].

연¦질(軟質) [명] 부드러운 성질. 또는, 그러한 물질. ¶~ 유리. ↔경질(硬質).

연차[1](年次) [명] **1** 나이의 차례. **2** 햇수의 차례. ¶그 계획을 ~로 실행해 나갈 작정이오.

연차[2](年差) [명][천] 지구의 궤도가 타원형이기 때문에 달에 미치는 태양의 인력도 1년을 주기로 변화하여 달의 운행이 일정하지 않게 되는 현상. =연주차(年周差).

연차^교¦서(年次敎書) [명][정] 해마다 정기적으로 의회에 보내는 교서. ↔특별 교서.

연차-적(年次的) [관][명] 햇수의 차례에 따라 단계적으로 하는 (것). ¶~ 사업 / ~으로 실시하다.

연차^휴가(年次休暇) [명][법] 해마다 종업원에게 주도록 정해진 유급 휴가. =연차 유급 휴가. [준]연휴. ▷월차 휴가.

연착(延着) [명] 정한 일시보다 늦게 도착하는 것. **연착-하다** [동][자][여] ¶기차가 1시간 ~. **연착-되다** [동][자]

연¦-착륙(軟着陸) [-창뉵] [명] **1** 우주를 비행하는 물체가 천체에 충돌하지 않고 속도를 줄여 충격 없이 착륙하는 일. **2** [경] 경기 하강이나 후퇴가 급격하지 않고 서서히 부드럽게 이뤄지는 일. ↔경착륙. **연¦착륙-하다** [동][자][여] ¶소련의 루나 9호는 최초로 달에 **연착륙하였다**. / 전문가들 사이에 미국 경제가 **연착륙하리라**는 낙관론이 우세하다. **연¦착륙-되다** [동][자]

연¦찬(硏鑽) [명] (학문 따위를) 깊이 연구하는 것. ¶그는 다년간 ~을 거듭한 끝에 학문의 깊은 경지에 이르렀다. **연¦찬-하다** [동][타][여]

연¦채(軟彩) [명][미] 중국 청나라 때 발달된, 도자기에 칠하는 연하고 고운 그림의 빛깔. ↔경채(硬彩).

연천(年淺) ➡**연천-하다** [형][여] **1** (사람이) 나이가 어리다. ¶"자네네 같은 현신이 있으니 뒷일을 무엇을 근심하리다만 세자가 하도 **연천해서** 그게 마음에 걸리는 뿐."《김동인:대수양》 **2** (어떤 일이) 시작한 지 몇 해 되지 않은 상태에 있다. ¶그 학교는 설립된 지 아직 ~.

연철[1](連綴) [명][언] 실사와 허사 등이 연결될 때, 그것을 구분하여 밝혀 적지 않고 소리 나는 대로 이어 적는 표기법. 'ᄆᆞᄅᆞᆷ애'를 'ᄆᆞᄅᆞ매'로 하는 따위. ↔분철(分綴). **연철-하다** [동][타][여] **연철-되다** [동][자]

연¦철[2](軟鐵) [명][광] 탄소 함유량이 0.02% 이하인 무른 철. 전연성(展延性)이 크며, 전자기 재료로 이용됨. ↔강철(鋼鐵).

연¦철[3](鍊鐵·練鐵) [명][광] **1** 잘 단련된 쇠. **2** 주철에 공기를 통하고 산화철에 섞어서 탄소분을 감량한 쇠. 탄소를 0.2% 이하로 함유하며, 철선이나 못을 만드는 데에 씀. =단철(鍛鐵).

연¦철-심(軟鐵心) [명][물] 연철로 만든 심. 여기에 절연한 구리줄을 감으면 전자석이 됨. =연철봉(軟鐵棒).

연체(延滯) [명] (내야 할 돈이나 반납해야 할 물건을) 정해진 기간 안에 내지 않거나 되돌려 주지 않는 것. =건체(愆滯). ¶~율 / ~ 이자. **연체-하다** [동][타][여] ¶카드 결제를 ~ / 전기 요금을 ~. **연체-되다** [동][자] ¶도서 반납이 ~.

연¦체-동물(軟體動物) [명][동] 동물계의 한 문(門). 뼈가 없고 부드러우며, 외투막에서 분비한 석회질의 껍데기로 덮인 것이 많음. 대개 물속에서 아가미로 호흡하며 삶. 달팽이·조개·문어 따위가 이에 속함.

연체-료(延滯料) [명] 정해진 기간 안에, 의무적으로 내야 할 돈을 내지 않았거나 반납해야 할 물건을 되돌려 주지 않았을 때, 그에 대한 책임으로 물리는 돈. ¶~가 붙다.

연체^이¦자(延滯利子) [명] 원금(元金)의 지불을 연체했을 때, 연체된 기한에 따라 지급해야 하는 이자. =지연 이자.

연초[1](年初) [명] 새해가 시작되는 무렵. [비]연시(年始). ↔연말(年末).

연초[2](煙草) [명] =담배1.

연¦-초록(軟草綠) [명] =연초록색.

연¦-초록색(軟草綠色) [-쌕] [명] 연한 초록색. =연초록. ¶~ 버드나무 잎.

연축(攣縮) [명] **1** 당기고 켕기어 오그라들거나 줄어드는 것. **2** [생] 순간적인 자극으로 근육이 오그라들었다가 다시 본래의 상태로

느즈러지는 과정. **연축-하다** 동(자)어 **연축-되다** 동(자)

연!출(演出) 명 1 각본을 바탕으로 하여, 배우의 연기 및 무대 장치·의상·분장·조명·음악 등의 여러 요소를 종합하여 효과적인 무대 공연을 창출하는 일. 또는, 그것을 맡은 사람. 때로, 영화의 '감독'을 가리키기도 함. 2 규모가 큰 식(式)이나 집회 따위를 총지휘하여 효과적으로 진행시키는 것. 3 (어떤 상황이나 상태를) 이루어서 만드는 것. **연!출-하다** 동(타)어 ¶영화를 ~ / 해프닝을 ~ / 체조 선수가 훌륭한 묘기를 ~. **연!출-되다** 동(자)어 ¶음모의 도시 한양은 그새 오백년간 별별 음흉한 사건이 **연출되었다.**《김동인: 광화사》

연!출-가(演出家) 명 연극이나 방송극 등의 연출을 전문으로 하는 사람. ¶연극 ~.

연!출-자(演出者) [-짜] 명 어떤 연극이나 방송극이나 방송 프로그램 등을 연출한 사람. ▷연출가.

연충(淵衷) 명 깊은 속마음.

연치(年齒) 명 '나이'의 높임말. 현재는 잘 안 쓰는 말임. ¶"그래 노장, 올에 ~가 어떻게 되셨나요?"《새만식: 두 순정》

연타(連打) 명 연속하여 때리거나 치는 것. ¶~를 맞다 / 구석으로 몰아넣고 ~ 공격을 퍼붓다. **연타-하다** 동(타)어

연!탄¹(煉炭) 명 무연탄·코크스·목탄 등의 가루를 반죽하여 원통형으로 만든 고체 연료. 세로로 여러 개의 구멍이 뚫려 있음. ¶~구멍. 준탄.

연탄²(連彈·聯彈) 명[음] 한 대의 피아노를 두 사람이 연주하는 일. **연탄-하다** 동(타)어

연!탄-가스(煉炭gas) 명 연탄의 연소 과정에서 발생하는, 일산화탄소를 주성분으로 하는 가스. ¶~ 중독 사고 / ~를 마시다.

연!탄-불(煉炭-) [-뿔] 명 연탄에 붙은 불.

연!탄-재(煉炭-) [-째] 명 연탄이 다 타고 남은 재.

연!탄-집게(煉炭-) [-께] 명 연탄불을 옮기거나 연탄불을 갈 때에 쓰는 쇠 집게.

연통(煙筒) 명 양철·슬레이트 등으로 둥글게 만든 굴뚝.

연통-관(連通管) 명[물] 두 개 이상의 용기의 밑을 이어 액체가 서로 유통할 수 있게 만든 관.

연통-제(聯通制) 명[역] 1919년에 상하이(上海)의 대한민국 임시 정부가 국내외의 업무 연락을 위하여 설립한 극비의 행정 조직.

연!투¹(軟投) 명[체] 야구에서, 투수가 느린 공을 던지는 것. **연!투-하다¹** 동(타)어

연투²(連投) 명[체] 야구에서, 한 투수가 두 게임 이상을 연속 등판(登板)하여 투구하는 것. **연투-하다²** 동(타)어

연파(連破) 명 전쟁이나 운동 경기 등에서, 상대를 연속하여 무찔러 패배시키는 것. **연파-하다** 동(타)어 ¶강팀을 **연파하고** 우승하다.

연판(鉛版) 명[인] 활자 조판의 원판에서 지형(紙型)을 뜬 다음, 납·주석·안티몬의 합금을 녹여서 부어 만든 복제판. ¶~ 인쇄 / ~을 뜨다.

연판-장(連判狀) [-짱] 명 어떤 의견이나 주장에 동의한다는 뜻으로 여러 사람이 잇대어 이름을 쓰거나 도장을 찍은 문서. ¶~을 돌리다.

연패¹(連敗) 명 싸울 때마다 연달아 패하는 것. ¶연전 ~. ↔연승(連勝). **연패-하다¹** 동(자)어

연패²(連霸) 명 잇달아 우승하는 것. 또는, 계속하여 패권을 잡는 것. **연패-하다²** 동(타)어

연-평균(年平均) 명 1년을 단위로 하여 내는 평균. ¶~ 강수량 / ~ 국민 소득.

연-평수(延坪數) [-쑤] 명 여러 층으로 된 건물에서, 각 층의 평수를 모두 합친 평수.

연폭(連幅) 명 피륙·종이 따위의 조각을 마주 이어 붙이는 것. **연폭-하다** 동(타)어

연!못-국(軟泡-) [-포꾹/-폰꾹] 명 무·두부·고기·다시마 등을 맑은 장에 넣어 끓인 국. 초상집에서 흔히 끓임. =연뭇국.

연표(年表) 명 '연대표'의 준말. ¶한국사 ~.

연!풍-대(燕風臺) 명 1 기생이 추는 칼춤의 하나. 2 기생이 노래 부를 때 빙빙 돌아다니는 곳.

연필(鉛筆) 명 주로 육각기둥이나 원기둥 모양으로 된 길고 가는 나무의 한가운데에 검거나 색깔 있는 심을 박아 넣어 그 심으로 글씨를 쓰거나 그림을 그리게 되어 있는 물건. 세는 단위는 자루·다스(12자루)·그로스(12다스). 목필(木筆). ¶~로 글씨를 쓰다 / 말로 ~을 깎다.

연필-깎이(鉛筆-) 명 연필을 깎는 데 쓰는 기구. 칼날이 든 통 속에 구멍을 통하여 연필을 끼우고 손잡이를 돌려서 깎도록 되어 있음.

연필-꽂이(鉛筆-) 명 연필·볼펜 등 필기구를 꽂아 두는 기구.

연필-심(鉛筆心·鉛筆芯) 명 연필의 중심에 넣는 심.

연필-화(鉛筆畫) 명[미] 연필로 그린 그림.

연하¹(年下) 명 어떤 사람에 대하여 나이가 아래인 상태. 또는, 그 아래인 사람. ¶그녀는 나보다 오 년 ~이다. ↔연상(年上).

연하²(年賀) 명 새해를 축하함.

연하³(煙霞) 명 1 안개와 노을. 2 고요한 산수(山水)의 경치.

연하-고질(煙霞痼疾) 명 자연을 사랑하고 즐기는 고질(痼疾)과도 같은 성벽. (비)천석고황.

연-하다¹(連-) 동(자)어 1 잇닿아 있다. 또는, 잇대어 있다. ¶두 집이 **연하여** 있다. 2 행위나 현상이 끊이지 않고 계속 이어지다. ¶그는 **연해** 고개만 끄덕일 뿐 말이 없다.

연!-하다²(軟-) 형(여) 1 (물질의 바탕이) 무르고 부드럽다. 특히, (음식물이) 부드러워 잘 씹히는 상태에 있다. ¶쇠고기 ~ / 어린애들은 뼈가 ~. ↔질기다. 2 (색깔이) 색깔을 나타내는 물질이 적어 희미하거나 흐릿하다. ¶**연한** 초록빛 / 화장을 **연하게** 하다. ↔진하다.

-연하다³(然-) 접미 '-인 체하다', '-인 것처럼 뽐내다'의 뜻을 나타내는 말. ¶대가(大家)~ / 군자~.

연하-우편(年賀郵便) 명 특별 취급 우편물의 하나. 연하장같이 새해를 축하하는 우편.

연하-장(年賀狀) [-짱] 명 새해를 축하하는 간단한 인사 편지. 또는, 새해를 축하하는 내용의 글과 그림을 종이에 인쇄한, 카드나 엽서 형태의 물건. ¶~을 보내다[받다].

연!학(研學) 명 학문을 닦는 것. **연!학-하다** 동(자)어

연한(年限) 명 작정된 햇수. =연기. ¶근무[복무] ~ / ~이 차다.

연합(聯合) 명 1 두 가지 이상의 사물이 합하여 하나의 조직체를 만드는 것. 또는, 그 조

직체. ¶국제 ~. 2[심]=연상(聯想)³. 연합-하다 통(자)(타)(여) 연합-되다 통(자)

연합-고사(聯合考査)[-꼬-] 명(교) 어떤 지역의 전체 학교가 연합하여 동시에 모든 학생에게 보이는 고사.

연합-국(聯合國)[-꾹] 명 1공동의 목적을 위하여 연합한 나라들. 2제2차 세계 대전에서, 추축국(樞軸國)과 싸운 여러 나라의 총칭.

연합ˇ국가(聯合國家)[-꾹까] 명[정]=연방(聯邦)².

연합-군(聯合軍)[-꾼] 명(군) 1두 나라 이상의 군대가 연합한 군. 2연합국의 군대.

연합ˇ뉴런(聯合neuron) 명(생) 감각 및 운동 뉴런을 연결하는 신경 단위.

연합-령(聯合領)[-합녕] 명(생) 대뇌 피질 중 감각기로부터 전달되는 정보를 처리하고, 사고·인식·기억 등 종합적인 활동을 하는 부분.

연해¹(沿海) 명 1바다에 잇닿은 지대. =연해변. 2육지에 가까운 바다. ¶명태는 우리 나라 ~에서 많이 잡힌다.

연해²(煙海) 명 1안개 따위가 끼어 흐릿하게 보이는 바다. 2바다처럼 넓게 퍼져 있는 안개.

연해³(緣海)[지] 대양(大洋)의 가장자리에 있으면서 대륙과 열도(列島)에 둘러싸인 바다. 오호츠크 해나 우리나라의 동해(東海) 등.

연해-안(沿海岸) 명 =해안(海岸)².

연해-연방(連-) 명 잇달아서 자꾸. ¶여기저기서 ~ 사고가 발생한다.

연행(連行) 명 경찰이나 검찰이 피의자를 수사 기관으로 데리고 가는 것. **연행-하다** 통(타)(여) ¶살인 용의자를 경찰서로 ~. **연행-되다** 통(자) ¶철도 혐의로 경찰에 ~.

연ˇ혁(沿革) 명 어느 기관·단체·기업·지역 등이 처음 생긴 뒤로부터 어느 시점까지 변천하여 온 내력. ¶학교의 ~을 소개한다.

연호¹(年號) 명 1[역] 군주 시대에, 군주가 나라를 다스리는 해의 차례를 나타내기 위해 붙이던 칭호. 원칙적으로 황제만 사용하고, 제후는 사용하지 못함. 중국 한 무제 때 처음 사용했으며, 우리나라와 일본·베트남 등에서도 사용했음. =다년호·원호(元號)². 고종 황제는 건양과 광무, 2개의 ~를 사용했다. 2나라에서 해(年)의 차례를 나타내기 위해 붙이는 칭호.

연호²(連呼) 명 계속하여 부르는 것. **연호-하다** 통(타)(여) ¶관중들이 선수의 이름을 **연호하며** 열광했다.

연ˇ화¹(軟化) 명 1단단한 것이 무르게 되는 것. 2완강히 고집하던 의견을 버리고 타협하는 태도로 바뀌는 것. ↔경화(硬化). **연ˇ화-하다** 통(자)(타)(여) **연ˇ화-되다** 통(자)

연ˇ화²(軟貨) 명[경] 1주요 화폐에 대하여, 지폐를 가리키는 말. 2국제 수지의 결제에서, 금 또는 각국의 화폐와 바꿀 수 없는 화폐. ↔경화.

연화³(蓮花·蓮華) 명 =연꽃²

연화-대(蓮花臺) 명 1(불) =연화좌. ⓒ연대(蓮臺). 2[역] 정재(呈才) 때에 추는 춤의 한 가지.

연화-문(蓮花紋) 명 연꽃 무늬.

연화-좌(蓮花座)[불] 연꽃 모양의 불좌(佛座). =연화대. ⓒ연좌.

연환(連環) 명 고리를 잇달아 펜 쇠사슬.

연환-계(連環計)[-계/-게] 명 [중국 삼국 시대에 주유(周瑜)가 조조(曹操)의 군사를 불로 공격할 때 방통(龐統)을 보내어 조조로 하여금 군함을 쇠고리로 연결시키게 한 고사에서] 적진에 간첩을 보내어 계교를 꾸미게 하고, 그 사이에 자기는 승리를 얻는 계교.

연회¹(年會)[-회/-훼] 명 일 년에 한 번 하는 집회.

연ˇ회²(宴會)[-회/-훼] 명 축하·위로·환영·석별 등을 위하여 여러 사람이 모여 베푸는 잔치. ¶~를 베풀다.

연-회비(年會費)[-회-/-훼-] 명 회원으로 가입한 단체나 모임에 회원의 자격을 유지하는 대가로 1년에 한 번씩 내는 일정액의 돈. ¶카드 ~.

연ˇ회-석(宴會席)[-회-/-훼-] 명 연회가 베풀어진 자리. ⓑ연석(宴席). ¶~ 완비.

연횡(連衡)[-횡/-휑] 명(역) '연횡설'의 준말. ↔합종(合從).

연횡-설(連衡說)[-횡-/-휑-] 명(역) 중국 전국 시대에 진(秦)나라의 장의(張儀)가 주장한 외교 정책의 하나. 한(韓)·위(魏)·조(趙)·초(楚)·연(燕)·제(齊)의 여섯 나라가 진나라에 대항할 게 아니라, 반대로 강한 진나라와 각각 연합하여 불가침 조약을 맺는 것이 안전한 길이라는 주장임. ⓒ연횡. ↔합종설.

연후(然後) 명(부) 그러한 뒤. ¶결혼 문제는 학업을 모두 마친 ~에 결정하겠다. / 물은 밥을 다 먹은 ~ 마셔라.

연휴¹(年休)[법] '연차 휴가'의 준말.

연휴²(連休) 명 이틀 이상 계속되는 휴일. ¶황금 ~를 즐기는 관광객들.

연흔(漣痕)[지] 1호숫가나 해안의 지층, 특히 사력암(沙礫岩)의 표면에 새겨져 있는 물결 모양의 흔적. 2바람에 의하여 모래나 눈 위에 만들어지는 물결 모양의 흔적.

연ˇ희(演戲)[-히] 명 지난날, 광대·재인 등의 예능인들이 많은 사람 앞에서 노래·춤·재담·극·묘기 등의 재주를 보이던 일. ¶~ 마당. **연ˇ희-하다** 통(자)(여)

열-아홉 I ㈜ 여덟이나 아홉.
II 관 ~ 살.

열¹ 명 도리깨·채찍 등과 같은 것의 끝에 달린 회초리나 끈의 총칭.

열² '총열'의 준말.

열³ I ㈜ 1아홉에 하나를 더한 수. 고유어 수의 수사임. ¶~을 셀 때까지 답을 맞추어 보아라. ▷십. 2사람이나 사물의 수량을 셀 때, 아홉 다음에 해당하는 수호. ¶~씩이나 가져가서 뭐하려고?
II 관 ¶~ 사람 / ~ 켤레.

[열 길 물속은 알아도 한 길 사람의 속은 모른다] 사람의 마음속은 헤아리기가 어렵다. [열 번 찍어 아니 넘어가는 나무 없다] 아무리 뜻이 굳은 사람이라도 여러 번 유혹하면 결국은 마음이 변한다. [열 손가락 깨물어 안 아픈 손가락이 없다] 혈육은 다 마찬가지로 귀하다.

열에 아홉 ㈜ 열 가운데 아홉. 곧, 거의 모두. ⓑ십중팔구(十中八九). ¶이 반 학생들은 ~은 안경을 쓴다.

열 일 제치다 ㈜ 한 가지 긴요한 일 때문에 다른 모든 일을 그만두다. ¶열 일 제치고, 내 꼭 가겠소.

열⁴(列) 명 ①(자립) 사람·물건이 죽 벌여 선

줄. ¶~을 짓다 / 질서 정연하게 ~을 서서 차에 오르다. ②[의존] 세는 단위로 이르는 말. ¶2~.

열⁵(熱) [명] 1 [물][화] 온도가 다른 두 물체 사이에서 고온 쪽에서 저온 쪽으로 이동하는 에너지. ¶태양~ / ~을 발산하다. 2 격분하거나 흥분한 상태. ¶점점 ~을 더해 가는 경기 / ~을 식히다. 3 '신열(身熱)'의 준말. ¶~이 내리다 / 머리에 ~이 있다. 4 열성 또는 열의(熱意). ¶공부에 ~을 내다.

열(을) 받다 〔구〕 사람이 감정의 자극을 받거나 흥분을 느끼다. 비교적 근자에 젊은이들 사이에서 쓰이기 시작한 말임. ¶나더러 뒤치다꺼리나 하라고? 와, 사람 **열** 받게 하네!

열에 받치다 〔구〕 몹시 흥분하거나 격분하다. ¶열에 받쳐서 악을 쓰다.

열(을) 올리다 〔구〕 (어떤 일에) 지나치게 열중하며 의욕을 보이다. 구어체의 말임. ¶왜 네가 남의 일에 나서서 **열을** 올리고 그래?

열이 식다 〔구〕 흥분이나 정열이 가라앉다. ¶한동안 머리를 싸매고 공부하더니 요즘은 **열이 식은** 듯.

열-가소성(熱可塑性) [-씽] [명] [화] 상온에서는 변형하기 어려우나, 가열하면 연화(軟化)하여 다른 모양으로 변할 수 있는 성질. 금속·유리·합성수지 등에서 볼 수 있음. ↔ 열경화성.

열가소성^수지(熱可塑性樹脂) [-씽-] [명] [화] 열가소성을 가진 합성수지의 총칭. 나일론·폴리에틸렌·폴리스티렌·폴리염화비닐 따위. ↔열경화성 수지.

열각(劣角) [명] [수] 쳘레각 중의 작은 각. 보래, 각이라고 하는 경우에는 이것을 가리킴. ↔우각. ▷쳘레각.

열강(列强) [명] 여러 강한 나라. ¶세계~.

열개(裂開) [명] 1 찢어서 벌리는 것. 또는, 찢어져 벌어지는 것. 2 [광] 광물이 일정하지 않은 방향의 면에 따라 쪼개지는 것. **열개-하다** [동](타)(여) **열개-되다** [동](자)

열거(列擧) [명] (실례나 사실을) 죽 들어서 말하는 것. **열거-하다** [동](타)(여) ¶그의 비행(非行)을 낱낱이 ~ / 성공 사례를 일일이 ~. **열거-되다** [동](자)

열거-법(列擧法) [-뻡] [명] [문] 수사법상 강조법의 한 가지. 비슷한 내용의 어구를 여러 개 늘어놓음으로써 문장의 내용을 강조하는 수법.

열경화-성(熱硬化性) [-씽] [명] [화] 상온에서는 변형하기 어려우나, 가열하면 경화(硬化)하는 성질. 플라스틱 등에서 볼 수 있음. ↔열가소성.

열경화성^수지(熱硬化性樹脂) [-씽-] [명] [화] 열경화성을 가진 합성수지의 총칭. 페놀 수지·요소 수지·멜라민 수지 따위. ↔열가소성 수지.

열고-나다 [동](자) 1 몹시 급하게 서두르다. ¶…고개 위에 불상놈 하나가 봉발을 하고 **열고나게** 기어오르고 있었다.〈김주영:객주〉 2 몹시 성화가 나다. ¶한태 어머니는 **열고나서** 퍼붓듯이 말을 하였으나….〈염상섭:어 …〉

열과(裂果) [명] [식] 건조과(乾燥果)의 하나. 익으면 껍질이 저절로 벌어져 종자가 살포되는 과실. 콩·나팔꽃의 열매 따위. ↔폐과(閉果).

열^관리(熱管理) [-괄-] [명] [공] 석탄·석유·가스·전열(電熱) 등 공업 제품을 생산하는 데 쓰이는 연료나 열원(熱源)을 가장 유효하게 이용할 수 있도록 연구, 관리하는 일.

열광(熱狂) [명] 너무 기쁘거나 감동하여 열광적으로 흥분하는 것. ¶~의 도가니 / 9회 말, 4번 타자의 만루 홈런은 관중들을 완전히 ~시켰다. **열광-하다** [동](자)(여)

열광-적(熱狂的) [명] 열광하는 기세가 있는 (것). ¶~인 응원 / ~으로 환영하다.

열-구름 [명] 지나가는 구름. =행운(行雲).

열-구자(悅口子) [명] '열구자탕'의 준말.

열구자-탕(悅口子湯) [명] 신선로에 여러 가지 어육과 채소를 색을 맞추어 넣고 그 위에 각종 과실을 넣어 끓인 음식. ㉰열구자·구자탕.

열국(列國) [명] 여러 나라. ¶~ 회의.

열권(熱圈) [-꿘] [명] [기상] 대기권 중, 중간권의 위쪽에 위치하는 영역. 고도 90~500km 사이.

열기¹(熱-) [-끼] [명] 눈동자에 드러난 정신의 담찬 기운.

열기²(熱氣) [명] 1 뜨거운 기운. ¶솥의 ~가 아직 식지 않았다. 2 열광으로 인한 흥분. ¶시합은 ~를 더해 가고 있다. / 관중들의 ~가 운동장을 가득 채웠다. 3 높은 체온. 곧, 신열(身熱). ¶머리에 맞쳐 보니 ~가 있다.

열-기관(熱機關) [명] 열에너지를 기계적 에너지로 바꾸는 원동기의 총칭. 가솔린 기관·로켓 기관 등의 내연 기관과 증기 기관·원자력 기관 등의 외연 기관으로 나뉨.

열-기구¹(熱器具) [명] 전기·가스·석유 등으로 열을 내어 난방·조리 등에 이용할 수 있는 기구. 스토브·가스레인지 따위.

열-기구²(熱氣球) [명] 공기를 버너로 가열 팽창시켜 외기와의 비중의 차로 공중에 뜨도록 만든 기구.

열-김(熱-) [-낌] [명] 가슴속에 타오르는 열의 움김. ¶경기가 치열해지자, 관중들은 ~에 큰 소리를 질러 댔다.

열-꽃(熱-) [-꼳] [명] 몸의 열이 몹시 높아져 살갗의 여기저기에 돋아나는 붉은 점. ¶온 몸에 ~이 피다.

열-나다(熱-) [-라-] [동](자) 1 몸에서 열이 나다. 2 열성이 나게 공부하다. 3 화가 나다. ¶사람 **열나게** 하지 마라.

열-나절 [-라-] [명] 일정한 한도 안에서 매우 오랫동안. ¶밥 한 술 뜨는 데 ~이나 걸리니, 원.

열녀(烈女) [-려] [명] 절개가 곧은 여자. 특히, 조선 시대에 위난을 당해 목숨을 던져 정조를 지키거나 남편이 죽은 후 수절하면서 평생 시부모를 봉양하거나 한 부녀자를 높이 기리어 일컫던 말임. =열부(烈婦). ¶~ 춘향이.

열녀-문(烈女門) [-려-] [명] 열녀를 칭찬하고 높이 받들기 위하여 세운, 큰 문처럼 생긴 기념물.

열:**다**¹ [열고 / 열어] [동](자) 〈여니, 여오〉 (어떤 식물에 열매가) 씨방이 발달하여 일정한 형태를 이루다. ㉰맺다. ¶사과나무에 탐스런 열매가 주렁주렁 **열었다**.

열:**다**² [열고 / 열어] [동](타) 〈여니, 여오〉 1 (문을) 드나들거나 바람이 통하거나 하도록 터진 상태가 되게 움직이다. ¶창문을 **열어** 환기를 시키다. 2 (뚜껑이나 마개, 서랍 등을) 그릇이나 병 등의 안의 공간이 바깥과

통하거나, 사람의 안이 나타나도록 벗기거나 따거나 빼다. ¶마개를 ~ / 책상 서랍을 ~. **3** (자물쇠를 열쇠로, 또는 어떤 조작을 가하여) 잠기지 않은 상태가 되게 하다. ¶열쇠로 자물쇠를 ~. **4** (회의나 모임 등을) 벌이어 가지다. ¶파티를 ~ / 전시회를 ~. **5** (가게나 학교 등을) 그 영업이나 업무를 시작하거나 행하다. ¶가게를 일찍 열고 손님을 맞다 / 도서 벽지에 학교를 새로 ~. ▷(을) 열다. →문(門)². **6** (사물의 통로나 진로, 나아갈 방향을) 뚫거나 제시하여 마련하다. (비)개척하다. ¶돌파구를 ~ / 희망찬 새 시대를 ~. **7** (다른 국가와의 관계를) 맺어 교류를 가지다. ¶문호를 ~ / 국교를 ~. **8** 입을 열다 →입. ↔닫다.

열대(熱帶) [-때] 명 [지] 적도를 중심으로 북회귀선과 남회귀선 사이에 있는 지대. 연평균 기온이 20℃ 이상임. ¶~ 사막 / ~ 지방.

열대^기단(熱帶氣團) [-때-] 명 [기상] 저위도 지방에 발생하는 고온의 기단.

열대^기후(熱帶氣候) [-때-] 명 [지] 일 년 내내 매우 덥고 연교차(年較差)가 적은 열대 지방의 기후. 밤과 낮의 기온 차가 크고 비가 많이 오며, 일정한 우기(雨期)가 있음.

열대-림(熱帶林) [-때-] 명 [지] 열대 지방에 있는 삼림 식물대.

열대-병(熱帶病) [-때뼝] 명 [의] 열대 지방에서 많이 볼 수 있는 병의 총칭. 수면병(睡眠病)·아메바성 이질·말라리아 따위.

열대^식물(熱帶植物) [-때-] 명 [식] 열대 지방에서 자라는 식물. 거대한 상록 활엽수가 많음. 야자나무·바나나·파파야 따위.

열대-야(熱帶夜) [-때-] 명 최저 기온이 25℃ 이상인, 아주 더운 밤.

열대-어(熱帶魚) [-때-] 명 [동] 열대 및 아열대 지방에서 사는 어류. 진기한 형태와 고운 색채를 지닌 것이 많아 관상용으로 기름. 에인젤피시·구피·네온테트라 따위.

열대^우ː림^기후(熱帶雨林氣候) [-때-] 명 [지] 열대 기후의 하나. 가장 다습한 기후로 연 강수량이 2000mm를 넘음. 키 큰 상록 활엽수가 밀림을 이루며, 정기적으로 스콜이 내림.

열대^저ː기압(熱帶低氣壓) [-때-] 명 [기상] 열대 지방의 해상에 발생하는 저기압. 발달하면 심한 폭풍우를 동반하며, 발생하는 지역에 따라 태풍·허리케인·사이클론 등으로 불림.

열대^전선(熱帶前線) [-때-] 명 [기상] 북동 무역풍과 남동 무역풍의 두 열대 기단 사이에 형성되는 전선. =대대 수렴대·적도 전선.

열대-호(熱帶湖) [-때-] 명 [지] 수온이 일 년 내내 4℃ 이상인 호수. 열대와 온대 남부에 분포함.

열도¹(列島) [-또] 명 [지] 줄을 지은 모양으로 죽 늘어서 있는 섬들. ¶알류샨 ~ / 쿠릴 ~.

열도²(熱度) [-또] 명 **1** 신열의 도수. **2** 열성의 정도. ¶토론회가 ~를 더해 가다.

열독¹(熱讀) [-똑] 명 (어떤 책이나 신문 등을) 적극성을 가지고 열심히 읽는 것. ¶~ 신문 / ~ 시간. **열독-하다¹** 동(타여) ¶그는 헤르만 헤세의 작품을 거의 빼놓지 않고 **열독했다.**

열독²(閱讀) [-똑] 명 (책 따위를) 죽 훑어 읽는 것. **열독-하다²** 동(타여) ¶참고 문헌을

~.

열두-째 [-뚜-] 수관 차례를 매길 때, 열한째의 다음에 오는 수.

열등(劣等) [-뜽] 명 평균적인 수준의 것과 비교해서 뒤떨어져 있는 것. ↔우등. **열등-하다** 형여 ¶**열등**한 학생 / 품질이 ~.

열등-감(劣等感) [-뜽-] 명 [심] 자기가 남보다 뒤떨어져 있거나 못났다고 여기면서 스스로를 비하하는 심리 상태. ¶~에 빠지다 [사로잡히다] / 그 여자는 자기 얼굴에 ~을 갖고 있다. ↔우월감.

열등-생(劣等生) [-뜽-] 명 성적이 열등한 학생. ↔우등생.

열등-의식(劣等意識) [-뜽-] 명 자기가 남보다 열등하다고 느끼는 의식. ¶~이 강하다 / ~에 사로잡히다.

열-뜨다 동(자) <-뜨니, -떠> 마음이 안정되지 못하여 주변 일에 우왕좌왕하다. ¶시험 날짜가 가까워지자 수험생들은 시험 준비에 **열떠** 있다.

열-띠다(熱-) 형 (어떤 일을 하는 태도나 분위기 등이) 열렬하거나 열기(熱氣)를 띤 상태에 있다. ¶**열띤** 응원[성원]을 보내다 / **열띤** 논쟁을 벌이다.

열락(悅樂) 명 **1** 기뻐하고 즐거워하는 것. **2** [불] 유한적(有限的)인 욕구를 넘어서서 얻는 큰 기쁨. **열락-하다** 동(자여)

열람(閱覽) 명 (책·문서 등을) 죽 훑어보거나 조사하여 보는 것. ¶~표. **열람-하다** 동(타여) ¶정기 간행물을 ~ / 등기부를 ~.

열람-실(閱覽室) 명 도서관 등에서 도서를 열람하는 방.

열량(熱量) 명 [물] 열을 에너지의 양으로 나타낸 것. 단위는 칼로리·줄(J)을 사용함. ¶~이 높은 식품.

열량-계(熱量計) [-계/-게] 명 [물] 열량을 측정하는 계기. 열용량을 알고 있는 물체에 열을 흡수 또는 복사시켜서 측정함. =칼로리미터.

열렁-거리다/-대다 동(자) (크고 긴 것이) 연하여 으럭이 흔들리다.

열렁-열렁 무 열렁거리는 모양. **열렁열렁-하다** 동(자여)

열렬(熱烈·烈烈) [-쩔] →**열렬-하다** 형여 (어떤 것에 대한 애정이나 태도가) 매우 맹렬하다. ¶**열렬한** 사랑 / **열렬한** 팬 / **열렬한** 애국지사. **열렬-히** 무 ¶~ 환영하다.

열루(熱淚) 명 마음속에 깊이 사무치거나 크게 감격하여 흘리는 뜨거운 눈물. ▷감루(感淚).

열-리다¹ 동(자) '열다'의 피동사. 곧, (어떤 식물의 열매가) 자연적으로 여는 상태가 되다. (비)맺히다. ¶감이 가지에 주렁주렁 ~.

열-리다² 동(자) '열다'의 피동사. ¶창문이 ~ / 만찬회가 ~ / 통상이 ~ / 앞길이 ~.

열린-회로(-回路) [-회-/-훼-] 명 [물] 전기 회로에서, 도선(導線)의 일부가 끊겼거나 완전히 연결되지 못한 회로. =개회로(開回路). ↔닫힌회로.

열립(列立) 명 (여럿이) 죽 벌여 서는 것. **열립-하다** 동(자여) ¶국왕 앞에 **열립**한 신하들.

열망(熱望) 명 열열히 바라는 것. **열망-하다** 동(타여) ¶평화 통일을 ~.

열매 명 **1** 식물이 수정하여 씨방이 자라서 된 것. (비)과실. ¶나무 ~ / ~를 맺다 / ~가 열다. **2** '성과(成果)'를 비유하여 이르는 말. ¶사랑의 ~ / 노력의 ~를 맺다.

열매-껍질[-찔] 몡[식] =과피(果皮).
열매-솎기[-속끼] 몡[농] 과수 재배에서, 너무 많이 달린 과실을 솎아 내는 일. =적과(摘果). 열매솎기-하다 통[타여]
열매-채소(-菜蔬) 몡 과실을 먹는 채소. 가지·오이·토마토 따위. =과채(果菜).
열명(列名) 몡 여럿의 이름을 나란히 벌여 적음. 열명-하다 통[타여]
열목어(熱目魚) 몡[동] 주둥송어과의 민물고기. 몸길이 65cm 내외. 몸빛은 은빛이나, 산란기가 되면 짙은 홍색으로 변함. 한류성 어류로 하천 상류에서 삶. =연록어.
열-무 몡 주로 잎과 줄기를 먹기 위해 여름에 뿌리가 작게 기른 무. 요즘에는 철에 관계없이 비닐하우스에서 길러 내기도 함. ¶텃밭에서 기른 ~를 뽑아다가 김치를 담그다.
열무-김치 몡 절인 열무를 파, 마늘, 생강, 고추 간 것, 소금 등으로 버무려, 밀가루를 묽게 풀 물을 흥건히 부어 익힌 김치.
열-무날 몡 무수기로 볼 때, 음력 3, 4일과 18, 19일을 일컫는 말.
열-바가지 몡 '바가지①'의 잘못.
열-박 몡 '바가지①'의 잘못.
열반(涅槃) 몡[불] 1 불도를 완전하게 이루어 일체의 번뇌를 해탈한 최고의 경지. =니르바나·멸도(滅度). ¶~의 경지에 이르다. 2 =입적(入寂)¹. ¶큰스님께서 오늘 새벽에 드셨습니다. 열반-하다 통[자여]
열반-종(涅槃宗) 몡[불] 불교의 한 종파. 열반경(涅槃經)을 그 근본 성전(聖典)으로 함. 우리나라에서는 신라 때 보덕 화상(普德和尙)이 개종하였음. =시흥종(始興宗).
열-벙거지(熱-) 몡 '열화'②'를 속되게 이르는 말. ¶매캐한 방구석에서 혼자 볶을 만치 볶다가 ~가 벌컥 오르면 종로로 뛰어나오는 것이 그의 버릇이었다.《김유정: 심…》
열변(熱辯) 몡 목소리를 높여 열렬히 주장하는 말. ¶~을 토하다 / 나라 사랑에 대한 선생의 ~은 청중을 뜨겁게 감동시켰다.
열병¹(閱兵) 몡[군] 정렬한 군대의 앞뒤를 돌면서 그 위용(威容)과 사기 상태를 검열하는 일. =관병. ¶~식. 열병-하다 통[자여]
열병²(熱病) 몡 1 높은 열을 수반하는 질병. 두통·식욕 부진 등이 수반됨. 2 '장티푸스'의 속칭. 3 어떤 일에 몹시 흥분한 상태를 비유하여 이르는 말. ¶짝사랑의 ~을 앓다.
열복(悅服) 몡 기쁜 마음으로 복종하는 것. ⓑ낙종(樂從). 열복-하다 통[자여]
열-복사(熱輻射) [-싸] 몡[물] 물체에서 열에너지가 전자기파(電磁氣波)로 방출되는 현상. 또는, 그 전자기파.
열부(烈婦) 몡 =열녀(烈女).
열-분해(熱分解) 몡[물] 열에 의하여 생기는 분해 반응. 곧, 석유를 밀폐 용기 안에 넣고 압력을 주면서 가열하여 가솔린·등유·경유·중유 등으로 나누는 것임.
열-불(熱-) 몡 '속에서 뜨겁게 치미는 울화'를 속되게 이르는 말. ¶생각해 봐. 전 재산이 당장 날아가게 생겼는데 ~이 안 나겠어?
열브스름-하다 톙[여] 약간 엷은 데가 있다. ¶열브스름한 이불. ④알브스름하다. **열브스름-히** 튀
열사¹(烈士) [-싸] 몡 나라를 위하여 맨몸으로 저항하다가 죽음으로써 높은 지조를 나타낸 사람. ¶이준(李儁) ~. ⓑ의사(義士).
열사²(熱沙·熱砂) [-싸] 몡 햇볕으로 뜨거워진 모래. ¶~의 사막 / ~의 나라.
열사-병(熱射病) [-싸뼝] 몡[의] 고온 다습한 곳에 있을 때 몸의 열을 밖으로 내보내지 못하여 생기는 병. 체온이 높아져 갑자기 의식을 잃고 쓰러짐.
열상(裂傷) [-쌍] 몡 피부가 찢어진 상처.
열새[-쌔] 몡 고운 베.
열석(列席) [-썩] 몡 그 자리에 죽 벌여 앉는 것. =열좌(列坐). 열석-하다 통[자여]
열선(熱線) [-썬] 몡[물] =적외선(赤外線).
열-섬(熱-) [-썸] 몡[기상] 주변보다 기온이 높은 도심의 지역. 지상을 덮고 있는 대기의 오염층, 도심의 건물 등에서 나오는 인공 열 등이 주요 원인임. =열도(熱島).
열성¹(劣性) [-썽] 몡[생] 대립 형질이 다른 두 품종을 교배할 때 잡종 제1대에는 나타나지 않는 형질. =잠성(潛性). ¶~ 유전 / ~ 형질. ↔우성(優性).
열성²(列聖) [-썽] 몡 대대의 여러 임금.
열성³(熱性) [-썽] 몡 1 걸핏하면 흥분되기 쉬운 성질. 2 열(熱)과 관련된 특성이나 성질. ¶~ 소아마비.
열성⁴(熱誠) [-썽] 몡 열렬한 정성. 또는, 열의와 정성. 뒤의 뜻으로 쓸 때에는 '열과 성'으로 표현하기도 함. ¶~을 다하다[보이다].
열성-껏(熱誠-) [-썽껃] 튀 열성을 다하여. ¶~ 봉사하다 / 뭐든지 ~ 하면 된다.
열성-분자(熱誠分子) [-썽-] 몡 어떠한 일에 열성을 다하는 사람을 이르는 말.
열성-적(熱誠的) [-썽-] 관몡 열성을 다하는 (것). ¶~ 당원 / ~으로 교회에 나가다.
열성-조(列聖朝) [-썽-] 몡 여러 대(代)의 임금의 시대. ¶~의 치적(治績). ⓒ열조.
열성-파(熱誠派) [-썽-] 몡 열렬한 정성으로 일을 하는 무리.
열세(劣勢) [-쎄] 몡 상대편보다 세력이 약한 상태. ¶~에 몰리다. ↔우세(優勢). 열세-하다 톙[여]
열손(熱損) [-쏜] 몡 1 열의 손실. ¶~을 방지하는 에너지 관리. 2[물] 전기 기계에서 전력이 열로 변하여 손실되는 현상.
열-쇠[-쐬/-쒜] 몡 1 자물쇠를 여는 쇠붙이. =개금(開金)·키(key)·약건(鑰件). ¶~로 열다. ⓒ쇠. 2 일을 해결하는 데 필요한 방법의 비유. ¶합격[성공]의 ~ / 해결의 ~는 당신이 쥐고 있소.
열-쇠-고리[-쐬-/-쒜-] 몡 열쇠를 끼워 보관하는 데 쓰는 고리.
열수-광상(熱水鑛床) [-쑤-] 몡[광] 열수 용액이 암석의 틈을 따라 이동하는 동안 금·은·구리·납·아연 등을 침전시켜 이루어진 광상.
열수-용액(熱水溶液) [-쑤-] 몡[지] 마그마가 식어서 각 성분을 석출(析出)한 뒤에 남는, 물의 임계 온도(374℃) 이하의 뜨거운 수용액. =열수.
열심(熱心) [-씸] 몡 어떤 일에 깊이 마음을 기울이는 것. ¶그는 요즘 영어 공부에 ~이다. **열심-히** 튀 ~ 일하다 / ~ 배우다. ×열심으로.
열심-으로(熱心-) 튀 '열심히'의 잘못.
열십-자(-十字) [-씹짜] 몡 [한자 '十'의 글자] 가로세로 수직으로 자르거나 '十' 자를 닮은 모양을 이르는 말. ¶~로 가르다 / 수박을 ~로 쪼개다.
열-쌔다 톙 매우 빠르고 날래다. ¶어머니는

자기의 옷을 빨아 말리고 다림질하는 데나 얼굴 치장을 하는 데는 **열쌨다**.《한승원:불의 딸》

열씨-온도(列氏溫度)[명][물] 열씨온도계의 눈금의 명칭. 기호는 °R. ㉜열씨. ▷섭씨온도.

열씨온도-계(列氏溫度計)[-계/-게][명] 물의 어는점을 0도로, 끓는점을 80도로 한 온도계. ▷섭씨온도계.

열악(劣惡) ➜**열악-하다**[-아카-][형여] 품질이나 능력 따위가) 몹시 떨어지고 나쁘다. ¶그 상품은 값이 싸기는 하나 품질이 ~.

열애(熱愛)[명] 열렬히 사랑하는 것. 또는, 그 사랑. ¶~에 빠지다. **열애-하다**[동](자)(타)[여] 두 사람은 3년간 **열애**한 끝에 결혼했다.

열약(劣弱) ➜**열약-하다**[-야카-][형여] 열등하고 약하다.

열어-젖뜨리다/-트리다[-전-][타] '열어젖히다'의 힘줌말.

열어-젖히다[-저치-][동][타] (문이나 창 따위를) 와락 넓게 열어 놓다. ¶창문을 **열어젖히고** 새벽의 맑은 공기를 마시다. ×열어제치다.

열어-제치다[동][타] '열어젖히다'의 잘못.

열!-없다[-업따][형] 1 어떤 일이나 사실에 대해 마음이 겸연쩍고 부끄럽다. 또는, 공연스럽고 멋쩍다. ¶창수는 선생님의 칭찬에 **열없어** 얼굴이 붉어졌다. 2 겁이 많고 담이 작다. 또는, 성질이 묽고 다부지지 못하다. ¶그 **열없는** 놈이 일색미인을 참말로나 얻어다 놓은 것이 정신이 보째 빠져서… 허둥지둥 수작을 하느라고 두서가 도모지 없더라.《이해조:빈상설》 3 어설프고 짜임새가 없다. ≒열적다·열쩍다. **열!없-이**[부]

열-에너지(熱energy)[명] 1 계(系)의 내부 에너지 가운데 계를 구성하는 원자·분자의 열운동 에너지. 2 열이 에너지의 이동 형식인 것을 강조하여 이르는 말.

열-역학(熱力學)[-려칵][명][물] 기체의 압력·체적·온도 등 거시적(巨視的)인 양과 이동하는 열량과의 관계를 다루는 학문.

열연(熱演)[명] 열렬하게 연기하는 것. 또는, 그 연기. ¶주연 여배우의 ~에 박수를 보내다. **열연-하다**[동](타)[여] ¶연극에서 주역을 맡은 ~.

열왕-기(列王記)[명][성] 구약 성서 중의 한 권. 상·하 두 권으로 되어 있음.

열외(列外)[-외/-웨][명] 1 늘어선 줄의 밖. 대열의 바깥. ㉟대오(隊伍)에서 낙오하여 ~로 처지다. 2 어떤 몫이나 축에 들지 못하는 부분. ¶하는 일이 어설퍼서 ~로 치다.

열-용량(熱容量)[-룡냥][명][물] 물체의 온도를 1℃ 올리는 데에 필요한 열량.

열원(熱源)[명][물] 열이 생기는 근원.

열위(劣位)[명] 남보다 못한 처지나 지위. ↔우위(優位).

열-음극(熱陰極)[명][물] 열전자를 방출시키기 위한 음극. 텅스텐 음극·산화물 음극 따위.

열의(熱意)[-의/-이][명] 열성을 다하는 마음. ¶일에 ~를 쏟다[보이다] / 공부에 ~가 없다.

열인(閱人)[명] 많은 사람을 겪어 보는 것. **열인-하다**[동][여]

열-적다[형] '열없다'의 잘못.

열전[1](列傳)[-전][명] 많은 사람의 전기를 차례로 벌여 기록한 책. ¶사기(史記) ~.

열전[2](熱戰)[-전][명] 1 (운동 경기 등의) 맹렬한 싸움. ㉟백열전(白熱戰). ¶~을 벌이다 / 두 팀 사이에 숨 막히는 ~이 벌어졌다. 2 무력으로 하는 격렬한 전쟁. ↔냉전.

열-전기(熱電氣)[명][물] 두 금속을 이어 만든 회로에서, 두 금속 사이의 온도가 각각 다를 때 이 회로 속에 생기는 전기.

열-전기쌍(熱電氣雙)[명][물] 두 가지 금속을 고리 모양으로 잇대어, 접점(接點) 사이의 온도 차이로 전류가 흐르게 하는 장치. =열전대·열전쌍·열전지.

열-전달(熱傳達)[명][물] 열에너지가 이동하는 현상.

열-전도(熱傳導)[명][물] 열이 물체의 고온 부분에서 저온 부분으로 이동하는 현상.

열전도-도(熱傳導度)[명][물] =열전도율.

열전도-율(熱傳導率)[명][물] 열전도에서, 열의 흐름에 수직한 단위 면적을 지나서 단위 시간에 흐르는 열량을 단위 길이당 온도 차로 나눈 값. 물체가 열을 전도하는 정도를 나타냄. =열전도도. ㉜열도도율.

열-전류(熱電流)[-절-][명][물] 두 종류의 다른 금속선을 접합하여 폐회로(閉回路)를 만든 다음 두 접합점에 온도 차를 주었을 때, 회로에 흐르는 전류.

열전-쌍(熱電雙)[-전-][명][물] =열전기쌍.

열-전자(熱電子)[명][물] 높은 온도의 금속 또는 반도체에서 방출되는 전자. 진공관 등에 쓰임.

열점(熱點)[-쩜][명][물] 주위보다 높은 온도를 가진 국소적 영역.

열정(熱情)[-쩡][명] 열렬한 정열. ¶~을 쏟다 / 작품 제작에 ~을 기울이다.

열정-적(熱情的)[-쩡-][관][명] 열정을 다하는 것.

열좌(列坐)[-좌][명] =열석(列席). **열좌-하다**[동](자)[여]

열주(列柱)[-쭈][명] 줄지어 늘어선 기둥.

열중(熱中)[-쭝][명] 한 가지 일에 정신을 쏟는 것. **열중-하다**[동](자)[여] ¶학업에 ~ / 독서에 ~. **열중-되다**[동](자)

열-중성자(熱中性子)[명][물] 중성자가 물질 속에서 원자핵과 충돌을 반복함으로써 감속(減速)되어, 그 운동 에너지가 상온(常溫)에서의 열운동 에너지 정도로 된 것.

열중-쉬어(列中-)[-쭝-어/-쭝-여][감][명] 제식 훈련 시 구령의 하나. 줄지어 선 채로 약간 편한 자세를 가지라는 말. 왼발을 약간 옆으로 벌리고 양손을 등허리에 맞잡음.

열증(熱症)[-쯩][명][의] 체온이 몹시 높아 가는 증세.

열진(烈震)[-찐][명][지] 진도 6에 해당하는 지진. 가옥이 30% 정도 무너지며, 산사태가 일어나고 땅이 갈라져 많은 사람이 서 있을 수가 없음.

열-째[수][관] 차례를 매길 때, 아홉째의 다음에 오는 수. ¶~ 번 / ~ 줄.

열-쩍다[형] '열없다'의 잘못.

열쭝이[명] 1 간신히 날기 시작한 어린 새 새끼. 2 연약하고 겁이 많은 것.

열차(列車)[명] 여러 대의 화차나 객차를 연결하여 사람을 태우거나 화물을 싣고 철로 위를 다닐 수 있게 만든 탈것. 기관차가 끄는 것은 물론, 시내를 주행하는 전철도 포함됨. ㉙기차. ¶특급 ~ / 임시 ~ / 상행[하행] ~ / ~ 시간표 / ~를 운행하다.

열차-간(列車間)[-깐][명] 열차의 찻간.

열차-표(列車票) 명 열차를 탈 때 그 요금을 냈음을 보이기 위해 제시하는 표.

열¦-창¹(-窓) 명[건] 여닫을 수 있는 창의 총칭. ↔붙박이창.

열창²(熱唱) 명 (어떤 노래를) 온 힘을 다해 열렬히 부르는 것. 또는, 그 노래. **열창-하다** 图타여 ¶성악가가 가곡을.

열-처리(熱處理) 명[물] 물질을 가열·냉각하여 굳기 등의 성질을 변화시키는 일. 주로 금속에서 담금질·뜨임·풀림 등이 그 보기임. **열처리-하다** 图타여

열¦-치다 图타 힘차게 열다. ¶창문을 열치고 맑은 공기를 마시다.

열탕(熱湯) 명 1 뜨겁게 끓인 물. 또는, 끓는 물. ¶~ 소독. 2 대중목욕탕 등에서, 탕에 채워 놓은 뜨거운 물. 또는, 그 탕.

열통(熱-) →**열통(이) 터지다** 囝 이뤄져야 할 일이 이뤄지지 않거나, 또는 이뤄지지 않을 것 같아 속이 터질 것 같은 상태가 되다. ¶어슈, **열통 터져**! 남은 바빠 죽겠는데 왜 저리 늘쩡거리는지 몰라.

열¦통-적다[-따] 형 말이나 행동이 데퉁스럽다.

열파(裂破) 명 찢어져 결딴이 나는 것. 또는, 찢어 결딴을 내는 것. **열파-하다** 图자타여

열패(劣敗) 명 (기량이나 능력·실력 등이) 부족하여 남에게 지는 것. ¶그는 인생에서 아직 ~를 경험하지 못했다. **열패-하다** 图자여

열-팽창(熱膨脹) 명[물] 물체의 온도가 올라감에 따라 부피가 늘어나는 일.

열팽창^계수(熱膨脹係數) [-계-/-게-] 명[물] 일정한 압력 아래서 물체의 열팽창의 온도에 대한 비율. =열팽창률.

열-평형(熱平衡) 명[물] 상호 간에 열의 이동이 가능한 물체 사이에서, 열의 이동이 멈춰진 상태. 열평형인 물체의 온도는 같다.

열풍¹(烈風) 명 1 세차게 부는 바람. 2 어떤 현상이 사회적으로 세차고 뜨겁게 일어나는 상태나 기세. 비유적인 말임. ¶투기 ~.

열풍²(熱風) 명 뜨거운 바람. ¶사막의 ~.

열한-째 주관 차례를 매길 때, 열째의 다음에 오는 수.

열혈(熱血) 명 1 더운 피. 2 열정으로 끓는 의기. ¶~청년 / 대한의 ~ 남아.

열혈-한(熱血漢) 명 열정으로 끓는 의기를 가진 사나이. =열철남아.

열호(劣弧) 명[수] 컬레호 중의 작은 쪽의 호. ↔우호(優弧).

열화¹(烈火) 명 맹렬히 타는 불.

열화²(熱火) 명 1 뜨거운 불길. ¶~같은 전 국민의 성원. 2 매우 급한 화증. ¶~가 치밀어 견딜 수가 없다.

열-화학(熱化學) 명[화] 화학 반응이나 상태 변화 등의 굴곡에 의하여 생기는 화학 반응을 연구하고, 여러 가지 열적(熱的)인 상태량과 화학 평형과의 관계를 탐구하는 물리 화학의 한 분야.

열-효율(熱效率) 명[물] 열기관이 1사이클을 완료하는 사이에 외부에서 일어난 일의 양을 그동안에 공급한 열량으로 나눈 값.

열흘 명 1 하루가 열 번 있는 시간의 길이. 곧, 열 날. ¶이 일은 ~ 걸린다. 2 ('초(初)'의 뒤에 쓰여) 어느 달의 열째 날을 가리키는 말. ¶내달 초~께 돌아오겠다.

열흘-날[-랄] 명 ('초(初)'가 붙거나 단독으로 쓰여) 그달의 10일임을 나타내는 말. ¶구월 초~에 혼례식을 치르기로 했다.

엷¦다[열따] 형 1 두께가 적다. 두께와 관계된 뜻으로는, '얇다'에 비해 쓰임의 빈도가 훨씬 낮으나, 쓰임의 영역도 매우 제약적임. 가령, 판자나 책을 엷다고 하기는 어려우며, '엷은 이불'도 가능하기는 하나 '얇은 이불'보다는 덜 익숙한 말임. ¶엷은 구름 / 엷은 얼음장. ↔두껍다. 2 (빛깔이나 색깔이) 진하지 않고 연하다. 또는, (햇빛이) 강하지 않고 약하다. ¶엷은 보랏빛 / 화장을 엷게 하다. 3 (농도나 밀도가) 짙지 않고 연하다. ¶엷게 낀 안개 / 미숫가루를 엷게 타다. 4 (웃음·한숨 등이) 지나치지 않고 은근하거나 가볍다. ¶입가에 엷은 미소를 띠다. [참고]'엷-'은 자음으로 시작하는 어미 앞에서는 [열]로 소리 남. 곧, '엷고/엷지'는 [열꼬/열찌]로 소리 남.

엷¦-붉다[열북따] 형 엷게 붉다.

섬¹ 명 바윗돌로 된 작은 섬. ¶밤~ / 외~.

염²(炎) 명[의] '염증(炎症)'의 준말.

염¦³(念) 명 무엇을 하려는 생각. ¶...그는 집안이 죄다 굶고 앉았는데 저 혼자만 음식을 사 먹을 생각은 ~에도 나지를 않았다.《채만식·탁류》

염도 못 내다 囝 무엇을 하려는 생각조차 내지 못하다.

염¦⁴(殮) 명 =염습(殮襲).

염⁵(鹽) 명 1 =소금. 2 [화] 산(酸)의 수소 이온을 금속 이온 또는 금속성 이온으로 치환(置換)한 화합물. 산과 염기의 중화 반응에 의해 생김.

염가(廉價) [-까] 명 =싼값. ¶~판매 / ~대매출 / ~봉사.

염교 명[식] 백합과의 여러해살이풀. 가을에 잎 사이에서 꽃줄기가 나와서 자줏빛 꽃이 핌. 비늘줄기는 매운맛이 있으며 식용함.

염기(鹽基) 명[화] 물에 녹았을 때 이온화하여 수산화물 이온이 생기는 물질. 또는, 산에서 수소 이온을 받아들이는 물질. 물에 녹는 것은 흔히 알칼리라고 함. ↔산(酸).

염기-도(鹽基度) 명[화] 산의 1분자 중에 있는 수소 이온이 될 수 있는 수소 원자의 수.

염기-성(鹽基性) [-썽] 명[화] 염기가 나타내는 기본적 성질. 수용액에서는 pH가 7보다 크고, 적색 리트머스 종이를 청색으로 변화시킴. ↔산성(酸性). ▷알칼리성.

염기성^산화물(鹽基性酸化物) [-썽-] 명[화] 산과 반응하여 염을 만드는 산화물. 금속 원소의 산화물이 이것임.

염기성-암(鹽基性巖) [-썽-] 명[광] 이산화규소의 함유량이 비교적 적고 마그네슘이나 철등의 성분이 많은 화성암. 현무암·반려암 따위. =기성암. ↔산성암.

염기성^염(鹽基性鹽) [-썽념] 명[화] 산(酸)과 염기의 중화 반응에 의해 생성된 화합물 중, 염기의 수산기 또는 수소 원자를 함유하는 염. ↔산성염.

염기성^염료(鹽基性染料) [-썽념뇨] 명[화] 색소 분자 속에 염기성기를 함유하지 않고 염기성기를 가진 염료. 색은 선명하지만 햇빛에 바래기 쉬움. ↔산성 염료.

염낭(-囊) 명 =두루주머니.

염-내(鹽-) 명 두부나 비지 따위에서 나는 간수의 냄새.

염¦념불망(念念不忘) 명 자꾸 생각이 나서 잊지 못함. **염¦념불망-하다** 图타여

염담(恬淡·恬澹) →염담-하다 **형여** 욕심이 없이 깨끗하고 담담하다. **염담-히** 부
염도(鹽度) 명 소금기의 정도. ¶~가 높은 바닷물.
염두(念頭) 명 (주로, '염두에 두다', '염두에 없다'의 꼴로 쓰여) 어떤 생각이나 관심을 가지는 곳으로서의 머리나 마음. ¶~에 없는 일 / 선생님의 가르침을 늘 ~에 두고 있다.
염라-국(閻羅國) [-나-] 명 [불] 염라대왕이 다스리는 나라. 곧, 저승.
염라-대왕(閻羅大王) [-나-] 명 [불] 염라국의 임금. 죽어서 지옥에 떨어진 인간의 생전의 행동을 심판하고 다스림. =야마(夜摩)·염마·염마대왕.
염량(炎涼) [-냥] 명 1 더위와 서늘함. 2 사리를 분별하는 슬기. ¶조금이라도 ~이 있는 사람 같으면 얼굴빛이라도 변하였을 것 같으나 …. 《나도향 : 뽕》 3 세력의 성함과 쇠함, 인정의 후함과 박함, 세태의 변천 따위를 이르는 말.
염량-세태(炎涼世態) [-냥-] 명 권세가 있을 때는 붙좇고, 권세가 없어지면 푸대접하는 세속의 인심. ¶인정의 경박함이여, ~를 탓해 무엇 하리.
염려(念慮) [-녀] 명 여러 가지로 헤아려 걱정하는 것. 또는, 그 걱정. ¶내가 알아서 할 테니 ~ 마십시오. / 다들 잘 있으니 ~ 놓으세요. **염려-하다** 동타여 ¶객지에 있는 자식의 건강을 ~. **염려-되다** 동자 ¶비행 청소년들의 장래가 **염려된다**.
염려-스럽다(念慮-) [-녀-따] 형비 <-스러우니, -스러워> 염려가 되는 점이 있다.
염려스레 부
염력(念力) [-녁] 명 [심] 초심리학에서, 마음의 힘으로 물체를 움직인다고 여겨지는 힘.
염료(染料) [-뇨] 명 섬유 등을 물들이는 색소가 되는 물질. 비물감. ¶합성~ / 천연~.
염류(鹽類) [-뉴] 명 1 염분이 들어 있는 물질의 종류. 2 [화] 산의 수소 원자를 금속으로 치환하거나, 염기의 수산기를 산기(酸基)로 치환하여 생기는 화합물.
염류-천(鹽類泉) [-뉴-] 명 [지] 식염 등의 염소 이온을 함유하는 염류가 많이 들어 있는 온천.
염마(閻魔) 명 [불] =염라대왕.
염문¹(廉問) 명 (사정·형편 따위를) 남모르게 물어보는 것. **염문-하다** 동타여
염문²(艶聞) 명 남녀간의 연애에 관한 소문. ¶~이 퍼지다 / ~을 뿌리고 다니다.
염문-꾼(廉問-) 명 염문꾼.
염반(鹽飯) 명 =소금엣밥.
염병(染病) 명 1 '장티푸스'의 속칭. ¶~에 걸리다 / ~을 앓다. 2 =전염병. **염병-하다** 동자여
[**염병에 땀을 못 낼 놈**] 열병을 앓으면서도 땀도 못 내고 죽을 놈이라는 뜻으로, 욕으로 하는 말.
염!병-할(染病-) 감관 '염병을 앓을'의 뜻으로, 욕으로 하는 말. ¶~, 날씨도 지독히 덥네.
염!복(艶福) 명 여자가 잘 따르는 복. =여복(女福).
염분(鹽分) 명 물질 속에 들어 있는 소금 성분. 비소금기.
염불¹ 명 여자의 음문(陰門) 밖으로 자궁이 병적으로 비어져 나온 것.
염!불²(念佛) 명 [불] 1 부처의 모습과 공덕을 생각하면서 '나무아미타불'을 외거나 불명(佛名)을 부르는 일. ¶~을 외다. 2 소리를 내어 경(經)을 외우는 것. ¶천수경을 외우는 사미승의 졸음으로 겨운 ~ 소리가 법당 쪽으로부터 들려오고 있었다. 《김성동 : 만다라》
염!불-하다 동자여
[**염불에는 마음이 없고 잿밥에만 마음이 있다**] 맡은 일에 정성을 들이지 않고 잇속에 있는 데에만 마음을 둔다.
염산(鹽酸) 명 [화] 염화수소의 수용액. 강한 자극적인 냄새가 나며, 순수한 것은 무색이지만 불순물이 들어 있으면 황색을 띰. 대표적인 강산(強酸)으로 공업용·의학용 등에 널리 쓰임. =청강수.
염산-키니네(鹽酸㉘kinine) 명 [화] 키니네를 염산에 화합시켜 만든, 바늘 모양의 흰 가루. 맛이 쓰며, 학질·간헐열·신경통·폐렴·감기 등에 해열제·진통제로 쓰임. 속칭은 금계랍.
염!색(染色) 명 염료를 써서 물을 들이는 것. 특히, 실·천 등에 물을 들이는 것을 일컬음. ↔탈색(脫色). **염!색-하다** 동타여 ¶머리를 ~. **염!색-되다** 동자
염!색-사(染色絲) [-싸] 명 [생] 핵 속에 있으며 염기성 색소에 염색되는, 실 모양의 물질. 세포 분열이 시작되면 주위에 기질(基質)이 생겨 염색체가 됨. =핵사(核絲).
염!색-약(染色藥) [-생냑] 명 염색을 할 때 물감과 함께 풀어서 염색을 촉진시켜 주는 약품.
염!색-체(染色體) 명 [생] 세포핵의 유사 분열 때 나타나는, 막대기 모양의 소체(小體). 염기성 색소에 잘 염색되며, 유전이나 성(性)의 결정에 중요한 역할을 함.
염!색체-지도(染色體地圖) 명 [생] 염색체 위에 있는 유전자의 배열 상태를 표시한 도표. =유전자 지도.
염!서(艶書) 명 남녀간에 사랑의 정을 써 보내는 편지. =염문(艶文).
염석(鹽析) 명 [화] 단백질이나 그 밖의 친수 콜로이드 용액에 다량의 염류를 가하여 콜로이드를 석출시키는 일. 비누의 생성·분리의 과정 등에 이용됨. **염석-하다** 동타여 **염석-되다** 동자
염!세(厭世) 명 세상이나 인생을 괴롭게 여기고 싫증을 내는 것. ↔낙천(樂天). **염!세-하다** 동자여
염!세-가(厭世家) 명 세상이나 인생을 괴롭고 귀찮은 것으로 여기는 사람. ↔낙천가.
염!세-적(厭世的) 관명 인생에 절망하고, 세상을 덧없이 여기는 경향이 있는 (것). ↔낙천적.
염!세-주의(厭世主義) [-의/-이] 명 [철] 세계 및 인생을 추악하고 괴로운 것으로 보며, 진보나 개선이 불가능하다고 보는 방식. =염세관·페시미즘. ↔낙천주의.
염!세주의-자(厭世主義者) [-의-/-이-] 명 염세주의를 신봉하거나 염세적인 태도를 가지고 있는 사람. =페시미스트. ↔낙천주의자.
염소¹ 명 [동] 포유류 솟과의 동물. 어깨 높이 60~90cm. 뿔은 대개 낫 모양이며, 수컷은 턱 밑에 긴 수염이 있음. 몸빛은 갈색·백색·흑색 등 여러 가지이고, 성질은 활발하고 민첩함. 젖과 고기는 식용, 털은 직물로 쓰

임. 울음소리는 '매', '매매'. =산양(山羊).

염소²(鹽素) [명][화] 황록색의 자극적인 냄새를 가진 기체 원소. 원소 기호 Cl, 원자 번호 17, 원자량 35.453. 표백제·소독제 외에 의약·염료의 제조에 씀.

염소-수염(-鬚髥) [명] 숱이 적고 길이가 별로 길지 않은, 염소의 수염과 비슷한 턱수염.

염소-자리 [명][천] 황도 십이궁의 열째 별자리. 남쪽물고기자리와 독수리자리 사이에 있으며, 9월 하순에 자오선을 통과함. =마갈궁·산양좌(山羊座).

염수(鹽水) [명] 소금을 녹인 물. [비]소금물.

염!습(殮襲) [명] 죽은 사람의 몸을 씻긴 뒤에 옷을 입히고 염포로 묶는 일. =염(殮). **염!습-하다** [동][타][여] =염하다².

염-알이(廉-) [명] 비밀히 염탐하는 것. **염알이-하다** [동][타][여]

염알이-꾼(廉-) [명] 비밀히 염탐하는 사람. [비]염탐꾼.

염열(炎熱) [명] 몹시 심한 더위. =염서.

염!오(厭惡) [명] 싫어서 미워하는 것. [비]혐오(嫌惡). **염!오-하다** [동][타][여]

염!외(念外) [-외/-웨] [명] 생각 밖.

염우(廉隅) [명] 품행이 바르고 절조(節操)가 굳은 품성. ¶~염치. [변]야무.

염!원(念願) [명] (어떤 일이 이뤄지는 것을) 늘 마음속으로 생각하면서 간절히 바라는 것. ¶우리 민족의 ~은 남북통일이다. **염!원-하다** [동][타][여] ¶세계의 평화를 ~.

염의(廉義) [-의/-이] [명] 염치와 의리.

염의-없다(廉義-) [-의업따/-이업따] [형] 예의를 잊고 부끄러움이 없다. **염의없-이** [부]

염장¹ ➡**염장(을) 지르다** [구] 〈속〉 부아를 돋우다. [참고]'염장'의 어원에 대해서는 여러 설이 있으나 아직 확실히 밝혀지지 않았음.

염!장²(殮葬) [명] 시체를 염습하여 장사 지내는 것. **염!장-하다**¹ [동][타][여]

염장³(鹽醬) [명] **1** 소금과 장. **2** 음식의 간을 맞추는 양념의 총칭.

염장⁴(鹽藏) [명] 소금에 절여 저장하는 것. **염장-하다**² [동][타][여]

염!-장이(殮-) [명] 염습하는 일을 직업으로 하는 사람.

염!전¹(捻轉) [명] 비틀어지는 것. 또는, 뒤틀려서 방향이 바뀌는 것. ¶장(腸) ~. **염!전-하다**¹ [동][자][여]

염!전²(厭戰) [명] 전쟁을 싫어하는 것. ¶~ 사상. **염!전-하다**² [동][자][여]

염전³(鹽田) [명] 바닷물을 끌어 들여 햇볕에 증발시켜 소금을 얻기 위하여 논처럼 만든 곳. =소금밭·염밭.

염!좌(捻挫) [명][의] =좌섬(挫閃).

염!주(念珠) [명][불] 염불할 때에 손가락 끝으로 한 알씩 넘기면서 그 횟수를 세거나, 손목 또는 목에 거는 도구. 보리자나무·모감주나무 등의 열매를 여러 개 실에 꿰어 둥글게 만듦.

염!주-비둘기(念珠-) [명][동] 비둘깃과의 새. 몸길이 28cm 정도. 몸빛은 회갈색이며 목 뒷면에 흑색 띠가 있고, 꽁지 끝에는 백색 띠가 있음. =반구(頒鳩)·산비둘기.

염증¹(炎症) [-쯩] [명][의] 외상, 화상, 세균의 침입, 약물·방사선 작용 등으로 체내에서 일어나는, 충혈·부증(浮症)·발열·통증 등의 증상. ¶~을 일으키다 / ~이 생기다. [준]염(炎).

염!증²(厭症) [-쯩] [명] 어떤 일이 지루하거나 괴로워 싫어진 상태. [비]싫증. ¶~이 나다 / 삶에 ~을 느끼다.

염!직(染織) [명] **1** 피륙에 물을 들이는 것. ¶~ 공장. **2** 염색과 직조. **염!직-하다** [동][타][여] 피륙에 물을 들이다.

염!-집[-찝] [명] '여염집'의 준말.

염찰(廉察) [명] 몰래 남의 사정을 살피는 것. [비]염탐(廉探). **염찰-하다** [동][타][여]

염천(炎天) [명] **1** 몹시 더운 날씨. ¶그때는 6월 ~이라 더운 기운이 사람을 찌는 듯하였다.《현진건:희생화》 **2** 구천(九天)의 하나. 남쪽 하늘.

염초(焰硝) [명] **1** [한] 박초(朴硝)를 개어 만든 약재. **2** [화] =질산칼륨. **3** =화약(火藥)¹.

염!출(捻出) [명] **1** (어떤 방법 등을) 어렵게 생각해 내는 것. **2** (필요한 비용 따위를) 어렵게 짜내는 것. ¶빠듯한 예산이어서 그런 큰 돈의 ~은 어렵습니다. **염!출-하다** [동][타][여] ¶필요한 자금을 ~.

염치(廉恥) [명] 남에게 신세를 지거나 폐를 끼치거나 할 때 부끄럽고 미안한 마음을 가지는 상태. ¶사람은 ~가 있어야 한다. [작]얌치.

염치가 좋다 [구] 염치가 없음을 반어적으로 이르는 말.

염치(를) 차리다 [구] 염치를 알아 부끄럽지 않게 행동하다.

염치-없다(廉恥-) [-업따] [형] 염치를 모르다. 또는, 체면도 없고 부끄러움도 없다. [작]얌치없다. **염치없-이** [부]

염탐(廉探) [명] 비밀히 남의 사정을 살펴 조사하는 것. [비]염알이·염찰(廉察). **염탐-하다** [동][타][여] ¶적정을 ~.

염탐-꾼(廉探-) [명] 염탐하는 사람. =염문꾼. [비]염알이꾼.

염탐-질(廉探-) [명] 염탐하는 행동을 낮잡아 이르는 말. **염탐질-하다** [동][타][여]

염통 [명][생] =심장(心臟)¹1.

염!포(殮布) [명] 염습할 때 시체를 묶는 베. =교포(絞布).

염!-하다¹(念-) [동][타][여] 불경이나 진언(眞言) 등을 외다. ¶진언을 ~.

염!-하다²(殮-) [동][타][여] =염습(殮襲)하다.

염화-나트륨(鹽化[독]Natrium) [명][화] '소금'의 화학명. 짠맛이 나고 물에 녹는 백색의 결정. 천연으로는 암염(巖鹽)으로 산출되는 외에 바닷물에 2.8% 함유되어 있음. 조미료·식품 보존에 쓰이며, 화학 공업의 중요한 원료 물질임.

염화-마그네슘(鹽化magnesium) [명][화] 염소와 마그네슘의 화합물. 조해성(潮解性)이 있는 무색의 결정으로, 간수의 주성분임. ▷간수.

염화미소(拈華微笑) [명] 〔석가가 연꽃을 들어 대중에게 보였을 때, 카시아파만이 그 뜻을 깨달아 미소 지었다는 데에서〕 [불] 마음에서 마음으로 전함. =염화시중(拈華示衆). [비]이심전심.

염화^비닐(鹽化vinyl) [명][화] 아세틸렌과 염화수소의 반응 등에 의하여 만드는, 무색의 기체. 염화 비닐 수지의 원료임.

염화^비닐^수지(鹽化vinyl樹脂) [명][화] 염화 비닐을 중합한 합성수지의 총칭. 시트·레더·파이프·필름·도료 등에 쓰임. ▷폴리염

염화-수소(鹽化水素)〖명〗〖화〗염소와 수소의 화합물. 상온(常溫)에서 자극적인 냄새가 나는 무색의 기체로, 수용액은 염산이라고 함. =염산가스.

염화시중(拈華示衆)〖명〗〖불〗=염화미소.

염화^제:이수은(鹽化第二水銀)〖명〗〖화〗황산제이수은과 식염의 혼합물을 가열·승화시켜 얻는, 무색의 바늘 모양 결정. 유독하며, 소독약·촉매로 쓰임. =승홍(昇汞).

염화-칼륨(鹽化Kalium)〖명〗〖화〗암염에 딸려 천연으로 산출되는, 무색의 결정. 칼륨 비료, 칼륨염의 원료로 쓰임.

염화-칼슘(鹽化calcium)〖명〗〖화〗석회암에 염산을 가하고 농축·가열하여 얻는, 백색의 결정. 건조제·한제(寒劑)·의약품 등으로 쓰임.

엽견(獵犬)[-견]〖명〗=사냥개1.

엽고-병(葉枯病)[-꼬뼝]〖명〗〖농〗벼의 병의 한 가지. 어린 황백색의 반점이 생기거나 군데군데에 여러 모양의 황백색 얼룩무늬가 줄지어 생긴 후, 그 부분이 흑갈색으로 변하며 잎털처럼 됨. =잎마름병.

엽관(獵官)[-꽌]〖명〗온갖 방법으로 서로 관직을 얻으려고 야심적으로 경쟁하는 것. ¶~을 일삼다. **엽관-하다**〖동〗〖자여〗

엽관^제:도(獵官制度)[-꽌-]〖명〗〖정〗관직의 임용을 당에 대한 충성도나 선거에서의 공헌도에 따라 결정하는 인사 제도. 행정의 전문성을 떨어뜨리고 부정부패의 원인이 될 수도 있음.

엽관-주의(獵官主義)[-꽌-의/-꽌-이]〖명〗〖정〗관직의 임용을 당에 대한 충성도나 선거에서의 공헌도 등에 따라 결정하는 태도나 입장.

엽-궐련(葉-)[-껄-]〖명〗담뱃잎을 통째로 돌돌 말아서 만든 담배. ≒여송연·시가(cigar). ¶~을 물다. ▷지궐련.

엽기¹(獵奇)[-끼]〖명〗어떤 행동이 기괴하거나 역겹거나 끔찍하여 놀라움을 느끼게 하는 상태. ¶~ 행각 / ~ 살인 / ~ 사이트.

엽기²(獵期)[-끼]〖명〗사냥이 허락되는 기간. ⓑ사냥철.

엽기소!설(獵奇小說)[-끼-]〖명〗〖문〗기이한 세계를 소재로 한 흥미 위주의 소설.

엽기-적(獵奇的)[-끼쩍]〖명〗어떤 행동이 기괴하거나 역겹거나 끔찍하여 놀라움을 느끼게 하는 (것). 또는, 그런 행동을 보이는 (것). ¶~인 연쇄 살인 / 영화 '몬도가네'에는 ~ 장면이 속출한다.

엽렵(獵獵)[염녑]→**엽렵-하다**[념녀파-]〖형〗ⓒ 1 바람이 가볍고 부드럽다. 2 매우 슬기롭고 날렵하다. ¶…올케가 일손이 **엽렵해서** 그나마 살림을 꾸려 가고 있는 처지였다.《조정래:태백산맥》3 분별 있고 의젓하다. **엽렵-히**〖부〗

엽렵-스럽다(獵獵-)[염녑쓰-따]〖형〗ⓑ<-스러우니, -스러워> 엽렵한 데가 있다. **엽렵스레**〖부〗

엽록-소(葉綠素)[염녹쏘]〖명〗〖식〗엽록체에 함유된 녹색 색소. 광합성으로 중요한 역할을 함. ≒잎파랑이·클로로필.

엽록-체(葉綠體)〖명〗〖식〗식물 잎의 녹색 조직 세포 안에 함유된 색소체의 일종. 엽록소를 함유하여 푸른빛을 띠며, 탄소 동화 작용을 하여 녹말을 만드는 중요 부분임.

엽병(葉柄)[-뼝]〖명〗〖식〗=잎자루.

엽상^식물(葉狀植物)[-쌍싱-]〖명〗〖식〗다세포체이지만 뿌리·줄기·잎 및 관다발이 분화되지 않은 식물. 이끼류·조류(藻類)·균류가 이에 속함. =세포 식물. ↔경엽 식물.

엽상-제(葉狀體)[-쌍-]〖명〗〖식〗잎·줄기·뿌리의 구별이 없는 김·미역 같은 엽상 식물에서 전체가 잎과 비슷하게 편평하여 잎과 같은 작용을 하는 것.

엽색(獵色)[-쌕]〖명〗(주로 남자가) 상대를 수시로 바꾸며 성(性)을 즐기는 것. ¶~ 행각. **엽색-하다**〖동〗〖자여〗

엽서(葉書)[-써]〖명〗간단한 사연을 써서 봉투에 넣지 않고 그냥 우편으로 보낼 수 있도록 만든, 다소 두껍고 네모난 종이. 관제엽서·사제엽서·그림엽서 등으로 구분되기도 하는데, 크기는 관제엽서를 제외하고는 약간씩 다르나 대개 에이포(A4) 용지의 4분의 1 정도임.

엽-연초(葉煙草)〖명〗=잎담배.

엽전(葉錢)[-쩐]〖명〗1 고려·조선 시대에 쇠·구리·주석 등으로 만든 돈의 총칭. 흔히 둥글고 납작하며, 가운데에 네모난 구멍이 있음. 세는 단위는 푼(1/10돈)·돈·냥(10돈)·닢·꾸러미·쾌(10꾸러미). ×잎전. 2 우리나라 사람이 스스로를 비하하여 못난 민족이라는 뜻으로 이르는 말. 일제 강점기 이후 한동안 쓰였으나 오늘날에는 별로 쓰이지 않는 말임. ▷엽전의식.

엽전-의식(葉錢意識)[-쩐-]〖명〗우리 민족은 열등한 민족이라고 생각하는 자의식. ¶일제는 교활하게도 식민지 교육을 통해 우리 민족에게 ~을 주입했다.

엽조(獵鳥)[-쪼]〖명〗사냥을 하여도 좋다고 관계 기관에서 허락한 새. ≒금렵조.

엽차(葉茶)〖명〗1 열매나 줄기가 아닌, 잎을 따서 만든 차. 2 차나무의 떡잎을 채취하여 만든 찻감. 또는, 그것을 달인 물. ▷말차(抹茶).

엽채(葉菜)〖명〗=잎채소.

엽채-류(葉菜類)〖명〗잎을 주로 먹는 채소류.

엽초(葉草)〖명〗=잎담배.

엽총(獵銃)〖명〗=사냥총.

엽치다〖동〗(타)보리·수수 따위의 겉곡식을 대강 찧다.

엽황-소(葉黃素)[여퐝-]〖명〗〖식〗엽록체 중 엽록소와 함께 존재하는 황색 색소. 가을에 잎이 누른 것은 이 색소 때문임. ≒잎노랑이.

엿¹[엳]〖명〗녹말을 함유한 곡식이나 감자 등을 엿기름 등으로 삭힌 뒤, 그것을 짜낸 물을 달여서 만든, 액체나 고체 상태의 달고 전득전득한 식품. 세는 단위는 가락·개·타래·목판.

엿 먹어라〖구〗상대방을 슬쩍 골려 주거나 속여 넘기게 될 때 이르는 말.

엿 먹이다〖구〗남을 슬쩍 골리거나 속이다.

엿²[엳]〖관〗['여섯'의 준말]('냥, 돈, 되, 말, 섬, 짐, …' 등의 단위성 의존 명사 앞에 쓰여) 수량이 '여섯'임을 나타내는 말. ¶엽전 ~ 냥 / ~ 돈 / 보리 ~ 되 / 쌀 ~ 말 / 벼 ~ 섬 / 나무 ~ 짐.

엿-³[엳]〖접두〗가만히 몰래 행함을 나타내는 말. ¶~보다 / ~듣다.

엿-가락[엳까-]〖명〗가래엿의 낱개. =엿가래.

엿-가래[엳까-]〖명〗=엿가락.

엿-가위[엳까-]〖명〗엿장수의 큰 가위.

엿기름[엳끼-] 圀 보리에 물을 부어 싹을 낸 뒤 말린 것. 녹말을 당분으로 바꾸는 효소가 들어 있음. 흔히, 맷돌에 갈아 가루로 만들어서 엿이나 식혜 등을 만들 때 재료로 씀. =맥아·엿길금. ¶~을 내다.

엿기름-가루[엳끼-까-] 圀 엿기름을 맷돌에 갈아 만든 가루.

엿-길금 圀 엿기름.

엿-당(-糖) 圀 [화] 이당류의 하나. 녹말에 엿기름 중의 아밀라제를 작용시켜 얻는, 백색의 결정. 물에 잘 녹고, 단맛은 수크로오스보다 약함. 물엿의 주성분임. =말토오스·맥아당.

엿-듣다[엳뜯따] 囘 (탸ᄃ)〈~들으니, ~들어〉(남의 말을) 그 사람이 모르게 가만히 듣다. ¶전화를 ~ / 무어라고 얘기하는지 가서 엿들어 봐라.

엿-목판(-木板) [연-] 圀 엿판.

엿-물[연-] 圀 엿기름물에 밥을 담가 삭혀서 짜낸 물. 이것을 고면 엿이 됨.

엿-반대기[엳빤-] 圀 엿자박.

엿-밥[엳빱] 圀 엿물을 짜낸 밥찌끼.

엿-보다[엳뽀-] 囘 1 (남의 행동이나 모습, 장소 등을) 그 사람이 알지 못하게 숨거나 남의눈에 띄지 않게 하고 가만히 보다. ¶문틈으로 집 안을 ~. 2 (기회나 때를) 노려 기다리다. ¶기회를 ~. 3 (남의 속생각 등을) 겉에 드러난 행동이나 말이나 차림새나 표현 등을 통해 짐작으로 살펴 알다. ¶그의 인생관을 엿볼 수 있는 작품.

엿-보이다[엳뽀-] 囘 (탸) '엿보다'의 피동사. ¶굳은 결의가 ~.

엿새[엳쌔] 圀 1 하루가 여섯 번 있는 시간의 길이. 곧, 엿 날. ¶이번 출장은 한 ~ 걸리겠다. 2 (초(初)·열·스무 다음에 쓰여) 각각 어느 달의 6일·16일·26일임을 고유어로 나타내는 말. ¶초~마다 모이기로 하였다.

엿샛-날[엳쌘-] 圀 (초(初)가 붙거나 단독으로 쓰여, 또는 열·스무 다음에 쓰여) 각각 어느 달의 6일, 16일, 26일임을 나타내는 말. ¶~이 아버님 생신이다.

엿-자박[엳짜-] 圀 둥글넓적하게 반대기처럼 만든 엿. =엿반대기.

엿-장수[엳짱-] 圀 엿을 파는 사람.

엿장수 마음대로 관 엿장수가 엿을 늘이듯이 무슨 일을 자기 마음대로 이랬다저랬다 하는 모양. ¶흥, 그게 어디 ~ 될 것 같아?

엿-치기[연-] 圀 엿가래를 부러뜨려 그 속의 구멍의 크고 작음으로 승부를 겨루는 내기. **엿치기-하다** 囘 (탸여).

엿-판(-板) [연-] 圀 엿장수가 엿을 담아 가지고 다니면서 팔 수 있도록 나무로 짠, 속이 얕은 판. =엿목판.

-였-[¹](연) [어미](선어말) '여' 불규칙 용언의 어간에 붙어, 과거 시제를 나타내는 선어말 어미. ¶맥아·엿길금.

-였-[²](연) 접사 '-이-'와 선어말 어미 '-었-'이 합쳐 줄어든 꼴. ¶높~다 / 밥을 먹~다.

-였자(연) [어미] '여' 불규칙 용언의 어간에 붙어, '그 행동이나 상태가 이루어지거나 그것을 인정한다 할지라도'의 뜻으로 상반되는 결과가 있을 수밖에 없음을 나타내는 연결 어미. ¶그렇게 후회하~ 과거는 돌아오지 않는다. ▷-았자-었자.

영¹¹ 圀 '이영'의 준말.

영¹² 圀 깨끗하고 맵시 있게 꾸민 집 안이나 방 안의 산뜻하고 생기 있는 밝은 기운. ¶~이 돌다.

영³ 뷔 전혀 또는 도무지. ¶고생을 하더니 얼굴이 ~ 딴판이 되었다. / 공부하는 게 ~ 신통치 않다.

영⁴(令) 圀 1 윗사람이 아랫사람에게 하도록 시키는 일. 빈)명령. ¶~을 내리다 / ~을 어기다. 2 '법령'의 준말. 3 '약령'의 준말.

영이 서다 관 명령이나 지시가 아랫사람이나 아래 기관에 제대로 받아들여질 만큼 권위가 있다. ¶최근 들어 관료 사회의 기강 해이로 **영이 서지** 않는다.

영⁵(英) 圀 1 [지] '영국(英國)'을 줄여 이르는 말. 2 '영어(英語)²'의 준말. ¶~한(韓) 사전.

영⁶(零) 圀 수(數)가 없는 것. '0'으로 표기함. =공(空)·제로(zero).

영⁷(嶺) 圀 =재². ¶~을 넘다.

영⁸(齡) 圀 1 [잠] 누에가 뽕을 먹고 발육하는 시기. 보통 제5령 끝에 가서 실을 토하여 고치를 짓기 시작함. ▷잠. 2 [의존] '령(齡)²'의 잘못.

영⁹(靈) 圀 1 주로 기독교에서, 인간의 비물질적 자아. 2 [가][기] 비물질적인 하느님의 존재. 곧, 성령. ¶하나님은 ~이시니 예배하는 자가 신령과 진정으로 예배할지니라.《신약요한복음》

영¹⁰(令) 圀 [의존] 가죽을 세는 말. ¶우피(牛皮) 다섯 ~.

영¹¹(永) 圀 '영영(永永)'의 준말. ¶고향을 떠난 뒤로 ~ 소식이 없다.

영가(靈歌) 圀 [음] 미국 흑인들이 부르는 일종의 종교적인 성가(聖歌). ¶흑인 ~.

영각¹ 圀 황소가 암소를 찾아 목소리를 길게 뽑아 우는 것, 또는 그 소리. **영각-하다** 囘 (쟈여).

영각(을) 켜다 관 황소가 암소를 부르느라고 크게 울음소리를 내다.

영각²(迎角) 圀 비행기가 날아가는 방향과 날개가 놓인 방향 사이의 각. 이 각을 작게 하면 고속(高速)이 됨.

영¹감¹(令監) 圀 1 [역] 정3품과 종2품의 관원을 일컫는 말. 높)영감마님. 2 남자 노인을 대접하여 이르는 말. ¶박(朴) ~ / 이웃집 ~. 3 나이가 좀 많은 남편의 호칭 또는 지칭으로 쓰이는 말. 4 군수·도지사·판검사 등 지체 있는 사람을 높여 일컫는 말. ¶군수 ~.

[영감 밥은 누워 먹고 아들 밥은 앉아 먹고 딸의 밥은 서서 먹는다] 남편 덕에 먹고사는 것이 가장 편하며, 아들 부양을 받는 것도 견딜 만하나 딸의 집에 부쳐지내는 것은 가장 견디기 힘들다는 말.

영감²(靈感) 圀 1 신의 계시를 받은 듯한 느낌. 2 창조적인 일의 계기가 되는 착상이나 자극. =인스피레이션. ¶~이 떠오르다 / ~을 받다.

영¹감-님(令監-) 圀 '영감¹² · ³ · ⁴'의 높임말.

영¹감-마님(令監-) 圀 '영감¹'의 높임말.

영¹감-쟁이(令監-) 圀 '영감¹ · ³'을 낮추어 이르는 말. ¶고집불통 ~ 같으니라고.

영¹감-탱이(令監-) 圀 '영감¹ · ³'을 얕잡아 이르는 말.

영거(領去) 圀 함께 데리고 가는 일. **영거-하다** 囘 (탸여).

영걸¹(英傑) 圀 1 영웅과 호걸. 2 영특하고 기상이 뛰어난 사람.

영걸²(英傑) → **영걸-하다** 휑(여) 영특하고 기상이 뛰어나다. **영걸-히** 뷔

영걸-스럽다(英傑-)[-따][형ㅂ]〈~스러우니, ~스러워〉영걸한 데가 있다. ¶영특한 산이 있으면 **영걸스런** 사나이를 낳고, 맑은 물이 감돌 때 아리따운 여자가 태어난다.《박종화:전야》**영걸스레**[부]

영검[명] 사람의 기원(祈願)에 대한 신이나 부처의 영묘한 감응. ¶무화의 굿이나 무당거리의 ~이 이전과 같이 신령치 않다고들 하는 사람이 하나 둘씩 생기기도 했다.《김동리:무녀도》원영검(靈驗). **영검-하다**[형여] 신이나 부처의 영묘한 감응이 있다. =영하다.

영검(靈劍)[명] 영묘한 힘을 가진 검.

영검-스럽다[-따][형ㅂ]〈~스러우니, ~스러워〉영검한 데가 있다. **영검스레**[부]

영겁(永劫)[명][불] 영원한 세월.

영결(永訣)[명] 죽은 사람과 산 사람이 영원히 이별하는 것. 비영이별. **영결-하다**[자타여]

영결-식(永訣式)[명] 장례 때, 친지들이 모여 죽은 사람과 영결하는 의식.

영계[1][-계/-게][명] 1 병아리보다 조금 큰 닭. =약병아리. 2 비교적 나이가 어린 이성(異性)의 사람을 속되게 이르는 말. 원연계(軟鷄).

영계[2](靈界)[-계/-게][명] 1 영혼의 세계. 죽은 뒤에 영혼이 가서 머문다는 곳. 2 정신 또는 정신의 작용이 미치는 범위. ↔육계(肉界).

영계-백숙(-白熟)[-계-쑥/-게-쑥][명] 영계를 털과 내장을 없애고 통째로 삶은 음식.

영고[1](迎鼓)[명][역] 부여에서, 추수를 감사하여 섣달에 지내던 제천(祭天) 의식. ▷무천(舞天).

영고[2](榮枯)[명] 성함과 쇠함. =영락(榮落).

영고-성쇠(榮枯盛衰)[-쇠/-쉐][명] 사물의 성함과 쇠함이 서로 뒤바뀜.

영공(領空)[명] 한 나라의 영토와 영해의 상공으로, 그 나라의 주권이 미치는 공간. ¶~ 침범.

영공-권(領空權)[-꿘][명][법] 영공을 지배하는 국가의 배타적인 주권. 다른 나라의 항공기는 영공에 들어올 수 없으나, 국제 민간 항공 조약에 의해 체결국의 민간 항공기는 무해 항공권(無害航空權)이 인정되고 있다.

영관[1](領官)[명][군] 소령·중령·대령의 등급. 위관의 위, 장관의 아래임.

영관[2](榮冠)[명] 1영예의 관모(冠帽). 곧, 영예로운 벼슬. 2성공·승리·명예의 비유.

영광(榮光)[명] 1훌륭함을 나타내거나 이루어 이름이 빛나고 자랑스럽게 되는 상태. ¶무상(無上)의 ~/오늘 우승컵을 타게 된 이 ~을 여러분 모두에게 돌리고자 합니다. 2훌륭한 사람을 대하게 되어 기쁘고 자랑스러움을 느끼게 되는 상태. 비광영(光榮). ¶이렇게 뵙게 되어 ~입니다.

영광-되다(榮光-)[-되-/-뛔-][형] 영광이 있다. ¶영광된 우리 조국.

영광-스럽다(榮光-)[-따][형ㅂ]〈~스러우니, ~스러워〉영광을 느낄 만하다. **영광스레**[부]

영구[1](永久)[명] ([일부 명사 앞에 쓰여]) 끝없이 오랜 세월. **영구-하다**[형여] ¶~한 영구한 세월. **영구-히**[부] ¶~ 간직하다.

영구[2](靈柩)[명] 시체를 넣은 관.

영구^기관(永久機關)[명][물] 외부로부터 에너지의 공급 없이도 영구적으로 일을 계속하는 가상의 기관.

영구-불변(永久不變)[명] 끝없이 오래도록 변하지 않음. ¶~의 진리. **영구불변-하다**[동자여] ¶영구불변하는 우주의 질서.

영구-성(永久性)[-썽][명] 오래도록 변하지 않는 성질.

영구^센물(永久-)[명][화] 칼슘·마그네슘 등의 황산염을 함유하고 있어서, 끓여도 단물로 변하지 않는 센물. =영구 경수. ↔일시 센물.

영구^자석(永久磁石)[명][물] 일단 자화(磁化)가 된 다음에는 자기(磁氣)를 영구히 보존하는 자석. ↔일시 자석.

영구-장천(永久長川)[I][명] 한없이 길고 오랜 세월. ¶~으로 하는 넉두리.
[II][부] 언제나 항상. 또는, 한없이 늘. ¶~ 근심 걱정이 떠날 날이 없다.

영구-적(永久的)[관][명] 시간적으로 오래갈 수 있는 (것). 비항구적. ¶그 시책(施策)은 일시적인 방편일 뿐 ~인 것은 못 된다. ↔일시적.

영구^조직(永久組織)[명][식] 식물의 조직 중, 줄기나 뿌리 따위의 생장점에서, 각기 세포 분열·생장이 끝나고 어떤 특별한 기능이나 형태가 이루어진 세포군. ↔분열 조직.

영구-차(靈柩車)[명] 영구를 운반하는 자동차. =장의차.

영구-치(永久齒)[명][생] 6세부터 나기 시작하여 13세에 이르러 모두 갖추어지는, 사람이 일생 동안 사용하는 이. 간니와 뒤어금니로 이루어지며, 모두 32개임. ↔젖니·간니.

영구-화(永久化)[명] 영구하게 되거나 되도록 하는 것. **영구화-하다**[동자여] **영구화-되다**[동여]

영국(英國)[명][지] 유럽의 서부 대서양 상에 있는 입헌 군주국. 수도는 런던.

영국^국교회(英國國敎會)[-국꾜회/-국꾜훼][명][종] 영국의 왕을 교회의 수장(首長)으로 하는 감독 제도의 프로테스탄트 교회. 의식(儀式)은 천주교와 비슷함. =영국 성공회(聖公會).

영국-톤(英國ton)[명][의존] 영국에서 쓰는, 질량의 단위인 톤. 1영국톤은 2240파운드. =롱톤. ▷미국톤.

영귀(榮貴) →**영귀-하다**[형여] 지체가 높고 귀하다.

영글다[동자] (곡식이나 과실 등이) 알차게, 또는 맛이 들 만큼 잘 익다. 비여물다. ¶탐스럽게 **영글어** 출렁이는 벼 / 따가운 햇살 아래 포도가 **영글어** 간다.

영금[명] 따끔하게 겪는 곤욕.

영기[1](令旗)[명] 1[역] 군령을 전하러 가는 사람이 들고 가는 기. 2[민] 줄다리기 따위에서 지휘 신호를 하거나, 농악 행진의 앞잡이로 나서는 사람이 드는 기.

영기[2](英氣)[명] 뛰어난 기상(氣象). ¶얼굴에 ~가 넘치다.

영기[3](靈氣)[명] 영묘한 기운. ¶~가 서린 명산(名山).

영남(嶺南)['조령(鳥嶺):문경 새재'의 남쪽'이라는 뜻][지] 경상남북도를 이르는 말.

영내(領內)[명] 영토의 안.

영내(營內)[명][군] 병영(兵營)의 안. ¶~ 생활. ↔영외(營外).

영년(永年)[명] 긴 세월.

영년^변화(永年變化)[명][지] 주로 지학적

(地學的) 현상에 있어서, 관측 값이 수십 년 이상에 걸쳐 서서히 증가 또는 감소의 동일 경향이 지속해서 나타나는 일.
영농(營農) 몡 농업을 경영하는 것. =경농(經農). ¶다각(多角)~/~자금/~기계화/~후계자. **영농-하다** 통
영단(英斷) 몡 **1** 뛰어난 결단. ¶지도자의 ~으로 나라를 위기에서 구하다. **2** 주저하지 않고 내리는 결정. ¶~을 내리다. **영단-하다** 통타여
영달(榮達) 몡 지위가 높고 귀하게 되는 것. ¶일신의 ~에 급급하다. **영달-하다** 통자여
영‖당(影堂) 몡 [불] 한 종파(宗派)의 조사(祖師), 한 절의 개조(開祖), 또는 덕이 높은 승려의 화상을 모신 사당. =영전(影殿).
영도¹(零度) 몡 도수를 계산하는 기점이 되는 자리. ¶기온이 ~ 이하로 내려가다.
영도²(領導) 몡 거느려 이끄는 것. **영도-하다** 통타여 **영도-되다** 통자
영도-력(領導力) 몡 영도하는 능력.
영도-자(領導者) 몡 영도하는 사람.
영동(嶺東) 몡 [지] 강원도의 대관령 동쪽의 땅. ↔영서(嶺西).
영등-할머니 몡 [민] 음력 2월 초하룻날 세상에 내려와서 집집을 돌아다니며 농촌을 살핀 후 20일 만에 다시 하늘로 올라간다는 할머니.
영락¹(零落) [-낙] 몡 **1** 초목의 잎이 시들어 떨어지는 것. **2** 세력이나 살림이 보잘것없이 찌부러지는 것. =낙탁(落魄). **영락-하다** 통자여 ¶문벌 있는 집에서는 그리 쉽게 색시를 내줄 리가 없었다. 그러므로 하는 수 없이 그 어떠한 **영락**한 양반의 딸을 돈을 주고 사오다시피 하였으니….《나도향: 벙어리 삼룡이》 **영락-되다** 통자
영락²(瓔珞) [-낙] 몡 목·팔 등에 두르는 구슬을 꿴 장식품.
영락-없다(零落-) [-낙업따] [형] (어떤 대상이) 틀림없이 그 대상이라고밖에 할 수 없다. 또는, (어떤 일이) 틀림없이 그렇게 될 수밖에 없다. ¶저 목소리는 **영락없는** 그의 목소리다. / 깜짝만 안 들었지 **영락없는** 거지다. **영락없-이** 甲 ¶이제 ~ 죽었구나 하는 생각이 들었다.
영랑(令郞) [-낭] 몡 남의 아들에 대한 높임말. 囤영식(令息). ↔영애(令愛).
영력(營力) [-녁] 몡[지] 지구의 표면을 변화시키는 힘. 풍화·침식·퇴적 작용 등의 외적 영력과 지진·화산 작용·지각 운동 등의 내적 영력이 있음. =지질영력.
영령(英靈) [-녕] 몡 **1** 죽은 사람의 영혼을 높여 이르는 말. =영현(英顯). ¶호국 (~)들의 명복을 빌다. **2** 산천의 정기를 타고난 사람.
영롱(玲瓏) [-농] →**영롱-하다** [-농-] [형여] **1** 광채가 찬란하다. ¶**영롱한** 눈빛/**영롱하게** 반짝이는 이슬/오색이 ~ **2** 금옥이 울리는 소리가 맑고 산뜻하다. ¶**영롱한** 구슬 소리. **영롱-히** 甲 ¶~ 빛나다.
영리¹(營利) [-니] 몡 재산의 이익을 도모하는 것. ¶~를 추구하다/~에 급급하다. **영리-하다**¹ 통자여
영리²(怜悧/伶悧) [-니] →**영리-하다**² [-니-] [형여] 눈치가 빠르고 지능이 뛰어나다. ¶**영리한** 소년/개가 참 ~.
영리 ̂단체(營利團體) [-니-] 몡 영리를 목적으로 하는 단체. ↔비영리 단체.

영리 ̂법인(營利法人) [-니-] 몡[법] 영리를 목적으로 하는 사단 법인. 곧, 상법상의 회사. ↔공익 법인.
영립(迎立) [-닙] 몡 (다른 곳에 있는 사람을) 맞아들여 임금으로 세우는 것. **영립-하다** 통타여 ¶폭군을 몰아내고 새 왕을 ~.
영-마루(嶺-) 몡 재의 맨 꼭대기. ¶지는 해가 ~에 걸렸다.
영매¹(令妹) 몡 남의 누이동생에 대한 높임말. 囤매씨.
영매²(靈媒) 몡[종] 신령이나 죽은 사람의 영혼과 의사가 통하여, 혼령과 인간 사이를 매개하는 사람. 곧, 무당 따위.
영매³(英邁) →**영매-하다** [형여] 영리하고 비범하다.
영맹(獰猛) →**영맹-하다** [형여] 모질고 사납다. **영맹-히** 甲
영:면(永眠) 몡 영원히 잠드는 것. 곧, 죽음. =영서(永逝). **영:면-하다** 통자여
영멸(永滅) 몡 영원히 멸망하거나 사라지는 것. **영멸-하다** 통자여
영명¹(令名) 몡 **1** 좋은 명성이나 명예. =영문(令聞)·영예(令譽). **2** 남의 이름에 대한 높임말.
영명²(榮名) 몡 =영예(榮譽).
영명³(英明) →**영명-하다** [형여] 슬기롭고 총명하다. ¶담대하고 **영명한** 군주.
영몽(靈夢) 몡 영검스러운 꿈. 또는, 신령스러운 꿈.
영묘(靈妙) →**영묘-하다** [형여] 신령스럽고 기묘하다. **영묘-히** 甲 ¶새벽빛 속에 ~ 드러난 산봉우리.
영문¹ 몡 까닭이나 형편. ¶어찌 된 ~인지 모르겠다.
영문²(英文) 몡 **1** 영어로 된 글. ¶~ 편지. **2** =영문자. ¶~ 타이프라이터.
영문³(營門) 몡 **1** 병영의 문. 준영. **2** [역] =감영(監營).
영-문법(英文法) [-뻡] 몡 영어의 문법.
영-문자(英文字) [-짜] 몡 영어를 표기하는 데 쓰는 문자. =영문(英文).
영-문학(英文學) 몡 **1** 영국의 문학. **2** 영어로 표현된 문학. 또는, 그것을 연구하는 학문.
영물(靈物) 몡 **1** 신령스러운 물건이나 짐승. **2** 약고 영리한 짐승을 이르는 말. ¶그 집 고양이가 아주 ~이더라군.
영미(英美) 몡 영국과 미국. ¶~ 문학.
영미-법(英美法) [-뻡] 몡[법] 영국 법률 및 그것을 계승한 미국 법률의 총칭. =대륙법.
영민(英敏·穎敏) →**영민-하다** [형여] 슬기롭고 민첩하다. ¶**영민한** 두뇌/사람이 ~. **영민-히** 甲
영:법(泳法) [-뻡] 몡 수영하는 방법.
영:별(永別) 몡 영구히 이별하는 것. 囤영이별. **영:별-하다** 통자타여
영봉¹(零封) 몡 경기 등에서, 상대를 득점 없이 지게 하는 것. **영봉-하다** 통타여
영봉²(靈峯) 몡 신령스런 산봉우리. 囤영산(靈山). ¶백두산 ~.
영-부인(令夫人) 몡 남을 높여 그의 아내를 이르는 말. 특히, '대통령 부인'을 가리키는 뜻으로 쓰이는 경향이 있음. =귀부인·영실(令室). ¶육영수 여사.
영빈(迎賓) 몡 귀한 손님을 맞이하는 것. ¶~관(館). **영빈-하다** 통자여
영사¹(映寫) 몡 영화나 환등 따위의 필름의 상을 영사막에 비쳐 나타내는 것. ¶~실. 영

사-하다¹ 〔동〕〔타〕〔여〕 **영사-되다**¹ 〔동〕〔자〕
영사²(領事)〔명〕〔법〕외무 공무원의 대외 직명의 하나. 외국에 주재하여 재류민(在留民)을 보호·감독하고, 통상을 촉진하는 일을 담당함. ¶총~/뉴욕 주재 한국~.
영!사³(影寫)〔명〕그림이나 글씨가 비치도록 밑에 받쳐 놓고 그 위에 덧그리거나 덧쓰는 것. **영!사-하다**³〔동〕〔타〕〔여〕 **영!사-되다**²〔동〕〔자〕
영사⁴(營舍)〔명〕군대가 머물러 있는 집. 또는, 그런 건물이 있는 일정 지역. =영소(營所).
영사-관(領事館)〔명〕영사가 주재지에서 직무를 보는 관청.
영사-기(映寫機)〔명〕영화나 환등 따위의 필름의 상을 확대하여 영사막에 비치는 기계. =시네마토그래프.
영사-막(映寫幕)〔명〕영화나 환등 따위의 상을 비추는 막. (비)스크린·은막(銀幕).
영!사-본(影寫本)〔명〕사본의 한 가지. 영사를 하여 만든 책. =임사본.
영사-실(映寫室)〔명〕영사 시설을 갖춘 방.
영사^재판권(領事裁判權)[-꿘]〔명〕〔법〕국제간의 특별한 조약에 의하여, 영사가 주재국에서 자국민에 관계된 소송을 자기 나라 법률에 의하여 재판할 권리.
영산¹(靈山)〔명〕〔민〕참혹하고 억울하게 죽은 사람의 넋. ¶복철에 작질 객사한 ~이 씌웠나.〈황석영:장길산〉
영산²(靈山)〔명〕1 신령한 산. (비)영봉(靈峯). 2 신불(神佛)을 모셔 제사 지내는 산. =신산(神山).
영!산-홍(映山紅)〔명〕〔식〕진달래과의 상록 관목. 높이 약 1m. 5~7월에 담홍색의 꽃이 핌. 관상용이며, 다수의 원예품종이 있음.
영산-회상(靈山會相)[-회-/-훼-]〔명〕〔음〕석가모니가 설법한 영산회(靈山會)의 불보살(佛菩薩)을 노래한 악곡. 여기에는 줄풍류인 현악 영산회상, 대풍류인 관악 영산회상, 줄풍류를 변조한 평조회상이 있음. =영산회상곡.
영상¹(映像)〔명〕1〔물〕광선의 굴절이나 반사에 의하여 물체의 상(像)이 비추어진 것. =영상(影像). ¶거울에 비친 ~. 2 머릿속에서 그려지는 것의 모습이나 광경. (비)이미지. ¶그때의 ~이 지워지지 않고 생생하다. 3 영사막이나 브라운관이나 모니터 등에 비추어진 상(像). ¶~ 매체.
영상²(零上)〔명〕기온이 0℃ 이상인 상태. ¶~의 날씨/~ 10℃. ↔영하(零下).
영상³(領相)〔명〕〔역〕=영의정(領議政).
영상-물(映像物)〔명〕영화·비디오·텔레비전 등의 영상 매체로 전달되는 작품의 총칭.
영상-미(映像美)〔명〕영화나 텔레비전 드라마 등에서, 영상의 아름다움. ¶~를 추구하다.
영상^미디어(映像media)〔명〕작품을 영상으로 전달하는 매체. 영화·비디오·텔레비전 따위. ¶이번 대통령 선거에서는 ~를 통한 유세가 활발했다.
영!상^카드(影像card)〔컴〕자판(字板)을 통해 컴퓨터에 입력되는 신호를 모니터에 보여 주기 위해, 중앙 처리 장치와 모니터를 연결하는 장치. =비디오 카드.
영!생(永生)〔명〕1 영원무궁한 생명. 2〔가〕〔기〕예수를 믿고 그 가르침을 행함으로써 천국에서 영원히 사는 것. **영!생-하다**〔동〕〔자〕〔여〕영원히 살다.
영!생불멸(永生不滅)〔명〕영원히 살아서 없어지지 않음. ¶신(神)은 ~의 존재이다. **영!생불멸-하다**〔자〕〔여〕

영서(嶺西)〔지〕강원도의 대관령 서쪽의 땅. ↔영동.
영선(營繕)〔명〕건축물을 새로 짓거나 수리하는 것. **영선-하다**〔동〕〔타〕〔여〕
영선-사(領選使)〔명〕〔역〕조선 고종 때, 신문화(新文化)를 받아들이기 위하여 김윤식(金允植)을 대표로 청(淸)나라에 파견하였던 사절.
영성¹(靈性)〔명〕신령한 품성이나 성질.
영성²(零星)→**영성-하다**〔형〕〔여〕수효가 적어서 보잘것없다. ¶자료가 ~.
영-성체(領聖體)〔명〕〔가〕성체(聖體)를 받아 모시는 일. **영성체-하다**〔동〕〔자〕〔여〕
영!세(永世)〔명〕영원한 세대나 세월. =영대. (비)영구. ¶~불망(不忘). **영!세-하다**¹〔형〕〔여〕세월이 오래다.
영세(領洗)〔명〕〔가〕세례 성사를 받는 일. =성세. ¶~를 받다.
영세³(零細)→**영세-하다**²〔형〕〔여〕1 작고 가늘어 변변찮다. 2 수입이 적고 생활이 군색하다. ¶자본이 영세한 기업.
영세-농(零細農)〔명〕경지(耕地)가 적어 생활이 썩 군색한 농민. 또는, 영세한 소규모의 농업.
영세-민(零細民)〔명〕영세한 백성. ¶도시 ~.
영세업-자(零細業者)[-짜]〔명〕경영 규모가 아주 작은 기업을 운영하는 사람.
영!세^중립국(永世中立國)[-닙꾹]〔명〕〔정〕국제법상 다른 국가와의 전쟁에 관여하지 않는 대신, 그 독립과 영토의 보전이 다른 국가로부터 보장되어 있는 국가. 스위스·오스트리아 따위. =영구 중립국.
영소(營所)〔명〕〔군〕=영사(營舍).
영!속(永續)〔명〕오래 계속하는 것. **영!속-하다**〔동〕〔자〕〔타〕〔여〕 **영!속-되다**〔동〕〔자〕¶권력은 영속되지 못한다.
영!속-성(永續性)[-썽]〔명〕오래 계속되는 성질.
영!속-적(永續的)[-쩍]〔관〕〔명〕오래 계속되는 (것). ¶~인 국가사업/~으로 시행하다.
영손(令孫)〔명〕남의 손자를 높여 일컫는 말.
영솔(領率)〔명〕(부하나 식솔들을) 거느리는 것. =대솔(帶率). **영솔-하다**〔동〕〔타〕〔여〕 **영솔-되다**〔동〕〔자〕
영수¹(英數)〔명〕영어와 수학.
영수²(領收·領受)〔명〕(돈이나 물품을) 받아들이는 것. **영수-하다**〔동〕〔타〕〔여〕¶위 금액을 정히 영수함.
영수³(領袖)〔명〕['옷깃과 소매'라는 뜻으로, 옷에서 가장 두드러진 곳이라는 데에서] 어떤 집단, 특히 정치적 집단의 우두머리. ¶여야 ~ 회담.
영수-인(領收印)〔명〕돈이나 물품을 받았다는 표시로 찍는 도장.
영수-증(領收證)〔명〕돈이나 물품을 받았다는 표시로 쓰는 증서.
영-순위(零順位)〔명〕어떤 일에 있어서 가장 우선적인 자격을 가지는 순위.
영시¹(英詩)〔명〕영어로 씌어진 시.
영!시²(詠詩)〔명〕시를 읊는 것. **영!시-하다**〔동〕〔타〕〔여〕
영시³(零時)〔명〕하루를 24시로 나누었을 때, 맨 첫째 시각. 곧, 자정(子正). ¶대전발 ~ 50분 열차.
영식(令息)〔명〕남의 아들에 대한 높임말. =영윤(令胤). (비)영랑(令郞). →영애(令愛).

영신¹(迎神) 圀 [민] 제사에서, 죽은 사람의 혼을 맞아들이는 일. 제상을 차리고 지방을 써 붙인 뒤 대문을 열어 놓음. ↔송신(送神). **영신-하다** 图㉠어

영신²(靈神) 圀 [민] 영검이 있는 신.

영아(嬰兒) 圀 생후 2주부터 만 2세까지의 시기에 있는 아이.

영악(獰惡) →영악-하다¹[-아카-] 혱어 모질고 악하다.

영악-스럽다[-쓰-따] 휑ㅂ <-스러우니, -스러워> 영악한 데가 있다. ¶하는 짓이 ~ / **영악스럽게 생기다**.

영악-하다²[-아카-] 혱어 순진함이 없이 얄미울 정도로 잇속을 따지는 일에 밝다. ¶**영악하고 조숙한 도회지의 아이들**.

영안-실(靈安室) 圀 병원 등의 시체 안치실.

영애(令愛) 圀 남의 딸에 대한 높임말. =영양(令孃). ↔영식·영랑.

영약(靈藥) 圀 신기하게 효험이 있는 약. ¶불로장생의 ~.

영양¹(令孃) 圀 =영애(令愛).

영양²(羚羊·麞羊) 圀 [동] 포유류 소목 솟과(科)의 소·양·염소를 제외한 한 무리의 총칭. 체형이 사슴 비슷하고, 네 다리는 가늘고 깊. 초식성이며 매우 빨리 달림. =산양(山羊).

영양³(營養) 圀 [생] 생물이 몸 밖으로부터 물질을 받아들여 생명을 유지하고 몸을 성장·발육시키는 작용. 또는, 그것을 위해 필요한 성분이나 그것을 함유한 음식물.

영양-가(營養價)[-까] 圀 [생] 식품의 영양 가치. 체내에서 이용되는 지방·단백질·탄수화물·무기 염류·비타민 등 영양소의 함유량에 의해서 결정되며, 칼로리 등으로 나타냄. ¶~ 높은 음식.

영양^기관(營養器官) 圀 [생] 생명체의 영양을 맡은 기관. 동물에서는 보통 소화 기관을 말하나, 넓은 뜻으로는 소화·호흡·순환·배설 등의 기관을 포함하며, 식물체에서는 뿌리·잎·줄기 등의 기관을 이름.

영양-분(營養分) 圀 1 영양이 되는 성분. 图 양분. 2 영양소의 분량.

영양-사(營養士) 圀 면허를 가지고, 식생활의 영양에 관한 지도에 종사하는 사람.

영양^생식(營養生殖) 圀 [식] 무성 생식의 하나. 주로 식물이 생식 기관 이외의 부분에서 새로운 개체를 만드는 현상. 뿌리줄기·덩이줄기·살눈 등에 의한 번식이 그 예임. 꺾꽂이·휘묻이 등 인위적으로도 행해짐.

영양-소(營養素) 圀 영양을 위해 생체 내에 섭취해야 하는 물질. 고등 동물에서는 탄수화물·지방·단백질·비타민·무기질 등, 고등 식물에서는 질소·칼륨·인(燐) 등. ¶~를 골고루 섭취하다.

영양-식(營養食) 圀 영양가에 치중하여 만든 음식. 또는 식사. **영양식-하다** 图㉠어

영양-실조(營養失調)[-쪼] 圀 [의] 섭취하는 영양소의 부족으로 인하여 일어나는 신체의 이상 상태. 부종(浮腫)이나 피로, 피부가 창백해지는 등의 증상이 나타남.

영양-제(營養劑) 圀 각종 영양 성분을 추출해서 배합하여 먹기 쉽고 또 체내에서 흡수 이용되기 쉬운 정제나 음료의 형태로 만든 제품.

영어¹(囹圄) 圀 '감옥'을 매우 제한된 문맥에서 완곡하게 쓰는 말. ¶~의 몸 / ~ 생활.

영어²(英語) 圀 영국·미국·캐나다·오스트레일리아를 비롯한 세계 여러 나라에서 쓰이는 언어. 인도·유럽 어족의 게르만 어파에 속함. 국제어로서의 성격이 강함. 图영.

영업(營業) 圀 [경] 영리를 목적으로 사업을 경영하는 것. 또는, 그러한 행위. ¶~시간 / ~을 허가하다. **영업-하다** 图㉠어

영업-권(營業權)[-꿘] 圀 [법] 영업을 할 수 있는 권리. 일종의 무형 재산임.

영업-소(營業所)[-쏘] 圀 1 영업 활동을 하는 곳. 2 어떤 기업에서, 영업 활동의 근거지로 삼는 사업장.

영업-용(營業用)[-엄뇽] 圀 영업하는 데 쓰이는 상태. 또는, 그런 목적의 대상. ¶~ 자동차 / 이 버스는 ~이다. ▷자가용.

영업^이익(營業利益) 圀 [경] 기업이 영위하는 주요 영업활동에서 생기는 수익. 매출액에서 매출 원가·일반 관리비·판매비를 뺀 것임. =영업 소득.

영업-장(營業場)[-짱] 圀 은행이나 증권사 등의 점포에서, 그 직원들이 영업을 행하도록 마련한 일정한 공간. 흔히, 칸막이를 하여 객장(客場)과 구분을 지음. ↔객장.

영:업-전(永業田) 圀 [역] 고려 시대, 경군(京軍)을 우대하기 위하여 마련한, 세습이 허가된 군전(軍田)의 하나.

영업^정지(營業停止)[-쩡-] 圀 [법] 영업자가 단속 규정을 위반하였을 때, 행정 처분에 의해 일정 기간 영업을 정지시키는 일. ¶~ 처분.

영업-주(營業主)[-쭈] 圀 [경] 영업상의 명의주(名義主). 비업주.

영업-집(營業-)[-찝] 圀 영업을 하는 집. ▷살림집.

영역¹(英譯) 圀 영어로 번역하는 일. ¶~본. **영역-하다** 图㉠어 ¶소월(素月)의 시를 ~. **영역-되다** 图㉠

영역²(領域) 圀 1 [법] 일국의 주권이 미치는 범위. 영토·영해·영공으로 구성됨. ¶우리 ~을 침범한 적기. 2 관계되는 분야나 범위. ¶활동 ~ / 연구하는 ~이 같은 친구.

영:영(永永) 튀 영원히 언제까지나. ¶~ 가버렸다 / ~ 소식이 없다. 图영(永).

영예(榮譽) 圀 영광스러운 명예. =영명(榮名). ¶~를 얻다 / ~를 떨치다 / ~의 대상을 받다.

영예-롭다(榮譽-)[-따] 휑ㅂ <-로우니, -로워> 영예로 여길 만하다. =영예스럽다. ¶**영예로운 자리에 오르다. 영예로이** 튀 ¶~ 은퇴하다.

영예-스럽다(榮譽-)[-따] 휑ㅂ <-스러우니, -스러워> =영예롭다. **영예스레** 튀

영외(營外)[-외/-웨] 圀 [군] 병영의 밖. ↔영내.

영욕(榮辱) 圀 영예와 치욕. ¶~의 세월.

영용(英勇) →영용-하다 혱어 영특하고 용맹하다.

영용-무쌍(英勇無雙) 영특하고 용맹하기가 비길 데 없음. **영용무쌍-하다** 혱어

영웅(英雄) 圀 지혜와 재능이 뛰어나고 무용(武勇)과 담력에도 빼어난 사람. 또는, 보통 사람으로는 도저히 불가능할 정도의 뛰어난 일을 이루어 대중으로부터 열광적으로 존경을 받는 사람.

영웅-담(英雄譚) 圀 영웅의 전설적인 행적을 담은 이야기.

영웅-시(英雄詩) 圀 [문] 각 민족이나 국민 특유의 이상(理想)의 상(像)인 영웅의 전설을

중심으로 한 운문(韻文) 형식의 문학.
영웅-심(英雄心) 용략(勇略)과 기개가 뛰어남을 나타내려는 마음.
영웅-적(英雄的) 관명 영웅다운 (것).
영웅-전(英雄傳) 명 영웅의 생애를 기록한 책. ¶플루타르크 ~.
영웅-주의(英雄主義) [-의/-이] 명 1 영웅을 숭배하거나 영웅적 행동을 좋아하여 영웅인 체하는 사람. 2 [사] 역사의 발전 과정에서 다수 민중이나 계급의 힘을 경시하거나 무시하고 영웅을 최상으로 여기는, 개인주의의 한 가지.
영웅-호걸(英雄豪傑) 명 영웅과 호걸. =영걸(英傑).
영!원(永遠) 명 1 어떤 상태가 끝없이 이어지는 것. 또는, 시간을 초월하여 변하지 않는 것. ¶~의 진리. 2 [철] 보편적인 진리처럼 그 의미나 타당성이 시간을 초월하거나, 또는, 신(神)이나 진실성처럼 시간을 초월하여 존재하는 것. **영!원-하다** 형여 ¶영원한 사랑/그의 공적은 민족과 더불어 **영원하리라**. **영!원-히** 부 ¶역사에 ~ 기록될 인물.
영!원-무궁(永遠無窮) 명 영원히 다함이 없음. **영!원무궁-하다** 형여
영!원-불멸(永遠不滅) 명 영원히 없어지지 않음. ¶~의 금자탑을 세우다. **영!원불멸-하다** 동자여
영!원-불변(永遠不變) 명 영원히 변하지 않음. **영!원불변-하다** 동자여 ¶우리의 사랑은 ~.
영!원-성(永遠性) [-썽] 명 영구히 존재하는 성질.
영위¹(營爲) 명 일을 경영하는 것. **영위-하다** 타여 ¶알찬 생을 ~.
영위²(靈位) 명 상가(喪家)에서 모시는 혼백이나 가주(假主)의 신위. 비위패(位牌).
영!유(永有) 명 영원히 소유하는 것. **영!유-하다** 동타여
영유²(領有) 명 점령하여 차지하는 것. **영유-하다**² 동타여
영육(靈肉) 명 영혼과 육체.
영윤(令胤) 명 =영식(令息).
영-의정(領議政) 명 의정부의 으뜸 벼슬. 내각을 총괄하는 최고의 지위임. =상상(上相)·수상(首相)·영상(領相)·영합(領閣).
영!-이별(永離別) [-니-] 명 다시 만나지 못하는 이별. 비영결(永訣)·영별(永別). ¶피란길에서 헤어진 것이 ~이 되었다. **영!이별-하다** 동자여 ¶작별하던 그날이 **영이별하는** 날이 될 줄이야 꿈엔들 알았겠느냐.
영!인(影印) 명 원본을 사진 제판 등의 방법으로 복제하여 인쇄하는 것. **영!인-하다** 동
영!인-본(影印本) 명 희귀본이나 고서 등의 원본을 사진 제판 등의 방법으로 복제하여 인쇄한 책. =경인본(景印本). ¶두시언해(杜詩諺解) ~.
영일¹(英日) 명 영국과 일본.
영일²(寧日) 명 일 없이 편안한 날. ¶~ 없이 바쁜 나날.
영입(迎入) 명 환영하여 맞아들이는 것. **영입-하다** 동타여 ¶신입 회원을 ~.
영자¹(令姉) 명 남의 손위 누이에 대한 높임말.
영자²(英字) [-짜] 명 영어를 써서 나타내는 글자. 비영문자. ¶~ 신문.
영!자³(影子) 명 =그림자1.
영작(英作) 명 영어로 글을 지음.

영좌●1315

영작-문(英作文) [-장-] 명 영어로 지은 글.
영장¹(令狀) [-짱] 명 1 명령의 뜻을 기록한 서장. ¶소집 ~. 2 [법] 사람 또는 물건에 대하여, 강제 처분의 명령 또는 허가를 내용으로 하여 법원 또는 법관이 발부하는 서류. 소환장·구속 영장·압수 수색 영장 따위.
영!장²(永葬) 명 =안장(安葬)¹. **영!장-하다** 동타여
영장³(營將) 명 [역] '진영장(鎭營將)'의 준말.
영장⁴(靈長) 명 아주 빼어나고 뛰어난 존재. 흔히, '사람'을 동물이나 만물에 상대하여 이르는 말임. ¶사람은 만물의 ~이다.
영장-목(靈長目) 명 [동] 포유류의 한 목. 동물계 중 가장 두뇌가 발달하였으며 인류도 포함함. 수상 생활(樹上生活)이나 보행에 적합한 몸을 가졌고, 사지는 오지형(五指型)이고 물체를 쥘 수 있음. 인류·유인원류·원류(猿類) 따위. =영장류.
영재(英才) 명 뛰어난 재능이나 높은 지능을 가진 사람. 특히, 그런 아동이나 학생. ¶~ 교육/~를 발굴하다.
영적(靈的) [-쩍] 관명 1 영감에 속하거나 영감을 통한 (것). 2 신령스러운 (것). ¶~ 세계.
영전¹(令前) 명 명령이 떨어지기 전.
영전²(迎戰) 명 오는 적을 맞아 싸우는 것. **영전-하다** 동자여
영전³(榮典) 명 [법] 국가에 뚜렷한 공적을 세운 사람에게, 그 공적을 치하하기 위해 인정한 특수한 법적 지위. 대개의 경우, 훈장이 수여됨.
영전⁴(榮轉) 명 먼저 있던 자리보다 좋은 자리나 지위로 옮기는 것. ↔좌천(左遷). **영전-하다**² 동자여 ¶이번에 **영전하셨다니** 축하합니다. **영전-되다** 동자 ¶상무로 ~.
영전⁵(靈前) 명 신이나 죽은 사람의 영혼을 모셔 놓은 앞. ¶먼저 간 이의 ~에 꽃을 바치다.
영절-스럽다 [-따] 형ㅂ <-스러우니, -스러워> 아주 그럴듯하다. ¶어쩌면 그렇게 **영절스럽게** 곁에다가 증인을 둘씩이나 두고도 벼락을 맞을 맹세까지 할 수가 있을까?《이광수:무정》 **영절스레** 부
영점(零點) [-쩜] 명 1 득점이 없음. ¶시험에서 ~을 받다. 2 [물] 섭씨·열씨온도계에서의 어는점. ¶기온이 ~ 아래로 뚝 떨어졌다. 3 어떤 일의 성과가 전혀 없는 일. 비제로. ¶그는 교육자로서는 ~이다.
영접(迎接) 명 (손님을) 맞아서 접대하는 것. =연접(延接). ¶~을 받다. **영접-하다** 동타여
영!정(令旌) 명 =신년 하객(賀客)의.
영!정(影幀) 명 1 그림으로 나타낸 어떤 사람의 얼굴 모습이나 용태. 특히, 조선 시대 이전에 그려진 옛사람의 초상화를 가리킴. =영상. ¶퇴계의 ~. 2 초상을 치르거나 제사를 지낼 때 놓아두는, 죽은 사람의 사진이나 초상화.
영제(令弟) 명 남의 아우에 대한 높임말.
영조(營造) 명 건축물을 짓는 것. =영작(營作). **영조-하다** 동타여 ¶전란에 소실된 궁궐을 ~.
영조-물(營造物) 명 1 =건축물. 2 [법] 국가나 공공 단체가 일반 대중이 이용하도록 제공하거나 공공 목적에 쓰기 위해 만든 시설. 도서관·병원·학교·철도·공원 따위.
영좌(領座) 명 한 부락이나 한 단체의 우두

머리가 되는 사람.
영좌²(靈座) 명 영위(靈位)를 모신 자리. =궤연(几筵)·영궤(靈几).
영ː주¹(永住) 명 한곳에 오래 사는 것. **영ː주-하다** 자여 ¶한국에~.
영주²(領主) 명 1 영지의 주인. 비지주(地主). 2 [역] 중세 유럽에서 장원·촌락을 직접 지배한 자.
영ː주-권(永住權)[-꿘] 명 [법] 일정한 자격을 갖춘 외국인에게 주는, 그 나라에서 영주할 수 있는 권리. ¶~을 취득하다.
영지¹(英智) 명 1 뛰어난 지혜. 또는, 깊은 지성(知性). 2 [철] 진실성이나 진리를 파악할 수 있는 최고의 인식 능력.
영지²(領地) 명 1 [법] =영토. 2 =봉토(封土).
영지³(靈芝) 명 [식] 담자균류의 버섯. 높이 약 10cm. 전체가 가죽 모양의 코르크질로서 단단하며, 전체에 옻칠을 한 것처럼 적갈색 또는 자갈색의 윤이 남. 말려서 약용함. 산속의 활엽수의 그루터기나 밑동에서 절로 남. =영지버섯·지초(芝草).
영지⁴(靈地) 명 신불(神佛)의 영검이 있는 땅.
영지⁵(靈智) 명 영묘한 지혜.
영지-버섯(靈芝-)[-섣] 명 [식] =영지(靈芝)³.
영ː차 갑 여러 사람이 힘을 합치면서 기운을 돋우려고 함께 내는 소리. =여차.
영창¹(詠唱·咏唱) 명 [음] =아리아(aria)¹.
영창²(映窓) 명 [건] 방을 밝게 하기 위하여 방과 마루 사이에 내는, 두 쪽으로 된 미닫이.
영창³(影窓) 명 유리를 끼운 창.
영창⁴(營倉) 명 [군] 법을 어긴 군인을 가두기 위해 부대 안에 설치한 시설. ¶~에 가다.
영창-살이(營倉-) 명 영창에 갇혀서 지내는 일. **영창살이-하다** 자여
영ː채(映彩) 명 환하게 빛나는 고운 빛깔. ¶눈에 ~가 돌다.
영체(靈體) 명 신령한 몸.
영초(靈草) 명 1 약으로서 영검한 효력이 있는 풀. 2 '담배¹'의 별칭.
영춘(迎春) 명 봄을 맞이하는 것. 비봄맞이. **영춘-하다** 자여
영치(領置) 명 [법] 형사 소송법상, 소유자·소지자·보관자가 임의로 제출하거나 남겨 둔 물건을 영장 없이 법원이 취득하는 행위. **영치-하다** 타여
영치-금(領置金) 명 교도소에서, 일시 맡아 두는 재감자(在監者)의 돈.
영ː치기 갑 무거운 물건을 여럿이 목도하여 운반할 때 힘을 맞추기 위하여 내는 소리. ¶영차 영차 ~영차.
영ː치기-영차 갑 힘든 일을 함께하거나 운동 경기를 할 때, 힘을 모으거나 호흡을 맞추기 위해 잇따라 내는 소리.
영ː탄(詠嘆·詠歎) 명 1 목소리를 길게 빼어 깊숙한 정회(情懷)를 읊는 것. ¶~곡. 2 =감탄(感歎). **영ː탄-하다** 자여
영ː탄-법(詠嘆法)[-뻡] 명 [문] 수사법의 하나. 감탄사나 감탄조사·강조 어미 등을 사용하여 기쁨·슬픔·놀라움 등의 감정을 강조하는 방법. "오! 사랑하는 나의 임이여!" 따위.
영ː탄-조(詠嘆調)[-쪼] 명 주로 시문에서, 기쁨·슬픔·놀라움 등의 감정을 직접적으로

드러내어 말하는 투. ¶~의 시가.
영토(領土) 명 한 나라의 통치권이 미치는 지역. 넓은 뜻으로는 영해(領海)와 영공(領空)을 포함함. =영지(領地). ¶독도(獨島)는 우리나라의 ~이다.
영통(靈通) 명 신묘하게 통하는 것. **영통-하다** 자여
영특(英特) →**영특-하다**¹[-트카-] 형여 영민하고 특출한. ¶오성 대감은 어려서부터 **영특하고** 총명하기로 이름이 높았다. **영특-히** 부
영특(獰慝) →**영특-하다**²[-트카-] 형여 성질이 모질고 사특하다.
영-판 부 '아주'의 잘못.
영패(零敗) 명 경기에서, 한 점의 득점도 없이 패하는 것. ¶겨우 ~를 면하다. **영패-하다** 자여
영하(零下) 명 기온이 0℃ 이하인 상태. ¶~ 10도 / ~의 날씨 / 기온이 ~로 떨어지다. ↔영상(零上).
영-하다(靈-) 형여 =영검하다.
영한(英韓) 명 1 영국과 한국. 2 영어와 한국어. ¶~사전.
영합(迎合) 명 자기의 독자적인 생각이나 신념을 버리고 남의 비위나 취향을 맞추거나 좇는 것. **영합-하다** 자여 ¶독자의 기호에 **영합한** 소설 / 권력층에 ~.
영해(領海) 명 [법] 영토에 인접한 해역으로서, 그 나라의 통치권이 미치는 범위. 12해리임. =영수(領水). ↔공해(公海).
영해-어업(領海漁業) 명 영해 안에서 하는 어업.
영ː향(影響) 명 어떤 사물이 다른 사물에 어떤 작용을 미치는 일. ¶악(惡)~ / ~을 받다 / 흡연은 건강에 나쁜 ~을 끼친다.
영ː향-권(影響圈)[-꿘] 명 어떤 사물의 영향이나 작용이 미치는 범위. ¶태풍의 ~에서 벗어나다.
영ː향-력(影響力)[-녁] 명 영향을 끼치는 힘. ¶~이 미치다 / ~을 발휘[행사] 하다.
영험(靈驗) 명 '영검'의 원말.
영형(令兄) 명 1 남의 형의 높임말. 2 편지에서, 친구를 높여 쓰는 말.
영혼(靈魂) 명 육체에 머물러 그것을 지배하고, 정신 현상의 근원이 되며, 육체가 없어져도 독립하여 존재할 수 있다고 믿어지는 대상. 비혼령(魂靈). ↔육체.
영화¹(映畫) 명 어떤 줄거리나 내용을 담아서 찍은 긴 필름을 영사막에 계속적으로 비추어 나타나게 한, 일련의 움직이는 영상. 전날에는 '활동사진'이라 불렸음. ¶발성 ~ / 무성 ~ / ~를 찍다[보다].
영화²(榮華) 명 귀하게 되어서 몸이 세상에 드러나고 이름이 빛나는 것. ¶부귀~ / ~를 누리다.
영화-각본(映畫脚本)[-뽄] 명 =시나리오1. 준각본.
영화-감독(映畫監督) 명 영화 제작에서, 연기(演技)·촬영·녹음·편집 등을 감독 연출하는 총책임자.
영화-계(映畫界) [-계/-게] 명 영화에 관계되는 사회. 비은막(銀幕).
영화-관(映畫館) 명 관객들이 영화를 보고 즐길 수 있도록 많은 객석과 스크린, 음향 시설 등을 갖춘 업소. ¶심심한데 우리 ~이나 갈까?

| 유의어 | 영화관 / 상영관 / 극장 |

셋 모두 영화를 상영하는 곳으로서, 같은 시설물에 대한 다른 이름임. '**영화관**'은 영화를 보고 즐기는 곳이라는 정서적 공간으로서의 어감을 더 가진 반면에, '**상영관**'은 그런 어감 없이 단순히 영화를 상영하는 곳이라는 뜻만을 가지며, '**극장**'은 가장 익숙하고 관습적인 명칭으로서의 어감을 가짐(지난날, 연극·악극 등을 공연하는 곳이던 극장이 영화도 상영하게 되면서, 영화 전용관이 생긴 이후에도 여전히 그 이름으로 쓰이게 된 것임). 따라서 "나는 **영화관**에 가는 걸 좋아한다."라는 문장에서 '**영화관**'을 '**극장**'으로 바꾸는 것은 가능하지만 '**상영관**'으로 바꾸기는 어려움. 한편, '심야 **상영관**'은 '심야 **영화관〔극장〕**'으로 바꾸는 게 가능하지만, '동시 **상영관**'은 '동시 **영화관〔극장〕**'으로 바꾸기 어려움.

영화-롭다(榮華-)[-따][형](ㅂ)〈~로우니, ~로워〉몸이 귀하게 되어 이름이 나다. ¶**영화**로운 생애. **영화로이** 囝 ¶한평생을 ~ 지내다.

영화-배우(映畫俳優)[명] 영화에 출연하는 배우. ¶신인 ~ / 인기 ~.

영화-사(映畫社)[명] 영화의 제작·배급 또는 수입·수출 등을 업으로 하는 회사.

영화-스럽다(榮華-)[-따][형](ㅂ)〈~스러우니, ~스러워〉영화로운 데가 있다. **영화스레** 囝

영화^음악(映畫音樂)[명] 영화의 주제를 표현하거나 장면의 효과를 위해 만들어지는 음악.

영화-인(映畫人)[명] 영화에 관계되는 일을 하는 사람의 총칭.

영화-제(映畫祭)[명] 많은 영화 작품을 모아서 일정 기간 내에 연속적으로 상영하는 행사. 국제 영화제 따위.

영화-화(映畫化)[명] (전기나 소설, 또는 어떤 내용을 가진 소재를) 영화로 만드는 것. **영화화-하다** 동타 ¶김동인의 '감자'를 ~. **영화화-되다** 동재

옅다[옅따][형] 1 수면(水面)에서 밑바닥에 이르는 거리가 보통의 정도에 미치지 못하는 상태에 있다. ¶개울이 ~. 2 (생각하는 것이) 중요한 부분에 이르지 못하는 상태에 있다. ¶소견이 ~. 3 (잠 따위가) 외부의 자극에 쉽게 깰 수 있는 상태에 있다. ¶**옅은** 잠을 자다. 좬얕다. 4 (대상의 색깔이) 보통의 정도보다 흐릿하게 보이는 상태에 있다. 땐연하다. ¶**옅은**은 하늘색. 5 (안개나 연기 등이) 약간 끼어 어느 정도 앞을 분간할 수 있는 상태에 있다. ¶마을에 **옅은** 안개가 끼다. 6 (냄새가) 보통의 정도보다 약한 상태에 있다. ¶그 여자한테서 화장품 냄새가 **옅게** 풍겼다. 7 (액체에 녹아 있는 물질의 양이) 보통의 정도보다 적은 상태에 있다. ¶커피를 **옅게** 타서 마시다. ↔짙다.

옆[엽][명] 왼쪽이나 오른쪽의 면. 또는, 그 근방. ¶~ 좌석 / ~에 앉다 / ~으로 눕다.

| 유의어 | 옆 / 곁 |

'**옆**'은 대상의 오른쪽이나 왼쪽인 근방을 뜻하고, '**곁**'은 대상을 중심으로 한 근방을 뜻함.

옆-가르마[엽까-][명] 머리의 옆쪽에 탄 가르마. ▷앞가르마·뒷가르마.

옆-걸음[엽껄-][명] 1 옆으로 걷는 걸음. ¶~으로 슬그머니 다가서다. 2 주가 등이 오르거나 내리지 않고 한동안 같은 수준을 유지하는 상태. 비유적인 말임. 땐횡보. ¶~ 장세.

옆걸음-질[엽껄-][명] 옆걸음을 치는 짓. ¶~게 ~을 치다 / 주가가 며칠째 ~을 계속하고 있다. **옆걸음질-하다** 동재여

옆-구리[엽꾸-][명] 갈빗대가 있는, 가슴과 등 사이의 부분. ¶~가 결리다 / 책을 ~에 끼다.

옆구리(를) 찌르다 귀 팔꿈치나 손가락으로 옆구리를 찔러서 비밀스런 신호를 보낸다.

옆구리^운^동(-運動)[엽꾸-][명] 맨손 체조의 하나. 몸의 옆구리를 좌우로 굽혔다 폈다 하는 운동.

옆-길[엽낄][명] 큰길 옆으로 따로 난 작은 길.

옆길로 새다〔빠지다〕 귀 (어떤 일이나 이야기가) 엉뚱한 방향으로 진행되다. ¶강의가 ~.

옆-넓이[엽-][명] 물체의 옆면의 넓이.

옆-눈[엽-][명] '곁눈'의 잘못.

옆눈-질[엽-][명] '곁눈질'의 잘못.

옆-댕이[엽땡-][명] '옆'을 속되게 이르는 말.

옆-들다[엽뜰-][동](타)〈~드니, ~드오〉옆에서 도와주다.

옆-막이[엽-][명] 양옆을 가로막는 나무나 물건.

옆-머리[엽-][명] 1 정수리 옆쪽 부분의 머리. ¶~가 쑤시다. 2 머리 옆쪽에 난 머리털. ¶~를 짧게 자르다.

옆머리-뼈[엽-][명][생] 머리뼈의 옆면을 이루는 뼈의 총칭. =섭유골·측두골.

옆-면(-面)[엽-][명] 1 앞뒤에 대한 양옆의 면. 2 모기둥·모뿔 등의 밑면 이외의 면.

옆-모습[엽-][명] 옆에서 본 모습.

옆-문(-門)[엽-][명] 집이나 건물의 옆에 낸 문. 땐측문(側門).

옆-방(-房)[엽빵][명] 방이 연이어 있을 때 이웃하는 방.

옆-사리미[명][농] '비켜덩이'의 잘못.

옆-얼굴[엽-][명] 옆에서 본 얼굴.

옆옆-이[엽녑-][부] 이 옆 저 옆에.

옆-줄[엽쭐][명] 1 옆으로 난 줄. 2 동 어류·양서류의 몸 양옆에 한 줄로 나란히 뻗은 선. 수류(水流)·수압 등을 아는 감각 기관임. =측선.

옆-집[엽찝][명] 옆에 있는 집.

옆-쪽[엽-][명] 옆이 되는 곳. =측방(側方).

옆-찌르다[엽-][동](르)〈~찌르니, ~찔러〉다른 사람이 눈치 채지 못하게 알려 주기 위해 손이나 팔꿈치로 상대방의 옆구리를 찌르다.

[옆찔러 절 받기] 상대방은 할 생각도 안 하는데 자기 스스로 요구하거나 알려 줌으로써 대접을 받는다는 말.

옆-트임[엽-][명] 옷의 옆 자락이 트인 것.

옆다[동]〈방〉'넣다'(강원·경상·전남·함경).

예[언] 한글 모음 'ㅖ'의 이름.

예²[명] 먼 과거를 다소 막연히 이르는 말. 격 조사의 결합이 매우 제한되어 있어, 합성어나 파생어의 꼴로 많이 쓰임. ¶~로부터 전해 오는 이야기 / 얼굴이 ~나 다름없다.

예³[대](지시) '여기¹[1]'의 준말. ¶~서 기다리시오.

예⁴(갑) 때릴 듯한 기세로 나무랄 때 하는 소리. ¶~, 이놈.
예:⁵(갑) (윗사람이나 말을 높여야 할 사람에게 사용하여) 1 상대가 묻는 말에 긍정하여 대답하는 말. ¶"이거 네것이니?" "~. 제 것입니다." 2 상대가 청하거나 명령하는 말에 긍정하여 대답하는 말. ¶"이쪽으로 앉지." "~". 3 상대의 말을 재우쳐 묻는 소리. ¶~, 뭐라고요? 4 상대에게 조르거나 사정할 때 하는 말. 비네. ¶제발 한 번만 봐주세요, ~ 선생님. ×야.
예:⁶(例) (명) 1 본보기가 될 만한 사물. ¶~를 들다 / 이것은 하나의 ~에 불과하다. 2 ('예의'의 꼴로 쓰여) '늘 있어 온 바로 그', 또는 '화자와 청자가 다 알고 있는 그'의 뜻으로 쓰는 말. ¶그녀의 ~의 히스테리가 또 발작하였다. 3 관례나 의례(依例).
예⁷(禮) (명) 1 사람이 마땅히 지켜야 할 도리. ¶~를 차리다 / 깍듯이 ~를 갖추어 대하다. 2 =예식(禮式)². ¶~를 올리다.
예:각(銳角) (명) (수) 직각보다 작은 각. ↔둔각(鈍角).
예:각^삼각형(銳角三角形) [-쌈가켱] (명) (수) 내각(內角)이 모두 예각인 삼각형.
예:감(豫感) (명) 어떤 일이 있기 전에 그에 대하여 암시적으로 또는 육감으로 미리 느끼는 것. =예각(豫覺). 불길한 ~ / 누가 올 것 같은 ~이 들다. 예:감-하다 (동)(타)(여) 죽음을 ~. 예:감-되다 (동)(자)
예:거(例擧) (명) 예를 드는 일. 예:거-하다 (동)(타)(여) ¶일제의 잔학 행위는 일일이 예거할 수 없다.
예:견(豫見) (명) (닥쳐올 일을) 미리 내다보는 것. ¶예견-하다 (동) ¶이번 사태는 예견했던 대로 전개되고 있다. 예:견-되다 (동)(자)
예:고(豫告) (명) (어떠한 사실을) 미리 알리는 일. ¶아무 ~도 없이 찾아가다. 예:고-하다 (동)(타)(여) ¶신문에 단전(斷電)을 ~. 예:고-되다 (동)(자)
예:고-편(豫告篇) (명) 영화나 텔레비전 프로를 예고하기 위하여 그 내용의 일부를 뽑아 모은 것.
예:과(豫科) [-꽈] (명)(교) 본과(本科)에 들어가기 위한 예비 과정. ↔본과.
예광-탄(曳光彈) (명)(군) 탄도(彈道)를 알 수 있도록 빛을 내며 날아가며 탄환.
예:궐(詣闕) (명) 대궐에 들어가는 것. 비입궐. 예:궐-하다 (동)(자)(여)
예:규(例規) (명) 관례로 되어 있는 규칙.
예:금(預金) (명) 금전을 금융 기관에 맡기는 것. 또는, 그 금전. 비예입금. ¶정기 ~ / ~을 찾다. 예:금-하다 (동)(타)(여) ¶은행에 ~. 예:금-되다 (동)(자)
예:금^계:좌(預金計座) [-계-/-게-] (명) (경) 은행 등에 예입하기 위해 설정한 개인명 또는 법인명의 계좌.
예:금-액(預金額) (명) 예금한 액수.
예:금-은행(預金銀行) (명)(경) 예금을 맡아서 그 자금을 상공업자에게 단기의 경영 자금으로 융자하여 주는 은행.
예:금-자(預金者) (명) 예금한 사람. =예금주.
예:금-주(預金主) (명) =예금자.
예:금-통장(預金通帳) (명) 은행 등이 예금자에게 교부하여, 예입과 지급의 내용을 기재하는 통장.
예:기(豫期) (명) '예끼'의 여린말. (센)예끼.
예:기²(銳氣) (명) 날카롭고 강한 기세.

예:기(를) 지르다 (구) 남의 예기를 꺾다.
예:기³(豫期) (명) 앞으로 올 일에 대하여 미리 기대하거나 예상하는 것. 예:기-하다 (동)(타)(여) ¶예기치 못했던 일이 생긴다. 예:기-되다 (동)(자)
예:기⁴(藝妓) (명) 가무(歌舞)·서화·시문 등 예능을 익힌 손님을 접대하는 기생.
예:기⁵(禮記) (책) 유교의 경전으로 오경(五經)의 하나. 예(禮)에 관한 해설·이론을 서술한 것. 전한(前漢)의 대성(戴聖)이 고례(古禮)에 관한 기록을 정리한 것임.
예:끼 (갑) 아랫사람이나 장년 이상의 동년배가 버릇없는 말·행동을 하거나 눈·귀에 거슬리는 짓이나 말을 했을 때, 으르거나 나무라는 뜻으로 하는 말. ¶~ 이놈 / ~ 이 사람, 그 무슨 터무니없는 말인가? (여)예기.
예:납(豫納) (명) 기한이 되기 전에 미리 납부하는 것. ¶~금. 예:납-하다 (동)(타)(여) 예:납-되다 (동)(자)
예:년(例年) I (명) 1 평상시의 해. ¶~에 수 없었던 큰비 / ~과 비슷한 작황. 2 일기예보에서, 지난 30년간의 기후의 평균적 상태를 이르는 것. ¶~평년. ¶오늘 기온은 ~에 비해 4, 5도가량 높다. ▷평년값.
II (부) 해마다 또는 매년. ¶~ 열리는 운동회.
예:능(藝能) (명) 1 음악·미술 등의 예술적 재능. ¶판소리 ~ 보유자. 2 대학에서, 음악·미술·무용·연극 영화 등의 학과. ¶~ 계열 지망자.
예-니레 (명) 엿새나 이레. ¶아버님이 다녀가신 지 한 ~ 됐습니다.
예-닐곱 I (수) 여섯이나 일곱. ¶나이가 ~은 되어 보인다.
II (관) '여섯이나 일곱'의 뜻. ¶~ 개 / ~ 살.
예닐곱-째 (수)(관) 여섯째나 일곱째.
예다 (자) '가다'를 예스럽게 이르는 말. 시어(詩語) 등에서 드물게 쓰임. ¶기러기 울어 예는 하늘 구만리.
예다-제다 (부) 여기다가 저기다가. ¶물을 ~ 흘려 놓다.
예:단¹(豫斷) (명) 미리 판단하는 것. 또는, 그 판단. 예:단-하다 (동)(타)(여) ¶설불리 예단할 일이 아니다.
예단²(禮緞) (명) 1 예물로 주는 비단. 2 신부가 결혼을 앞두고 결혼의 표시로서 시댁 어른들에게 드리는 선물. ¶시집갈 딸의 ~을 준비하다.
예:대(禮待) (명) 예로써 대우하는 것. 비예우(禮遇). 예:대-하다 (동)(타)(여)
예:대²(藝大) (명)(교) '예술 대학'의 준말.
예:라 (갑) 1 아이들이 하는 짓이 못마땅해 하는 소리. ¶~, 이 녀석아, 누가 그런 짓을 하랬어. 2 확신이 서지 않는 일을 결단할 때 내는 소리. ¶~, 모르겠다, 우선 먹고 보자.
예레미야-서(←Jeremiah書) (명)(성) 구약 성서 중의 한 권.
예레미야-애가(←Jeremiah哀歌) (명)(성) 구약 성서 중의 한 권.
예:령¹(豫令) (명) 어떤 동작을 준비하기 위한, 구령(口令)의 처음 부분. '앞으로가'에서 '앞으로'와 같은 것. ↔동령(動令).
예:령²(豫鈴) (명) 어떤 시각이 되기 얼마 전에 준비하라는 뜻으로 미리 울리는 종. ¶첫째 고사는 8시 50분에 ~이 울리고 9시에 시작 종이 울린다.
예론(禮論) (명) 예절에 관한 이론.
예:료(豫料) (명) =예측(豫測). 예:료-하다

[동][타][여] **예ː료-되다** [동][자]

예ː리(銳利) ➡**예ː리-하다** [형][여] **1** (연장 따위가) 날카롭다. ¶**예리한** 흉기로 찔리다. **2** (두뇌·판단력이) 날카롭고 정확하다. ¶**예리한** 필봉(筆鋒) / 허점을 **예리하게** 지적하다.

예망(曳網) [명] =끌줄.

예ː매[1](豫買) [명] (물건을) 미리 사는 것. ↔예매(豫賣). **예ː매-하다**[1] [동][타][여] ¶입장권을 ~ / 열차표를 ~. **예ː매-되다**[1] [동][자]

예ː매[2](豫賣) [명] (물건을) 미리 파는 것. =선매(先賣)·전매(前賣). ¶~ 창구 / 설날 귀성객을 위한 열차표 ~를 개시하다. ↔예매(豫買). **예ː매-하다**[2] [동][타][여] **예ː매-되다**[2] [동][자]

예ː매-권(豫賣券)[-꿘] [명] 예매하는 차표나 입장권 따위.

예ː매-처(豫賣處) [명] 물건이나 표를 예매하는 곳.

예멘(Yemen) [명][지] 아라비아 반도 남단에 있는 공화국. 1990년 남예멘과 북예멘이 통합되어 통일 국가를 이룸. 수도는 사나.

예ː명(藝名) [명] 예능인(藝能人)이 본명 외에 따로 지어 부르는 이름.

예모[1](禮帽) [명] 예복에 갖추어 쓰는 모자.

예모[2](禮貌) [명] 예절에 맞는 모양.

예ː문[1](例文) [명] 예(例)로서 드는 문장. ¶~이 많은 사전.

예ː문[2](例問) [명] 예(例)로서 드는 문제. ¶미적분에 대한 ~을 내다[풀다].

예문[3](禮文) [명] **1** 예법의 명문(明文). **2** 한 나라의 예법과 문물의 제도. **3** [불] 예불하는 의식.

예ː문[4](藝文) [명] **1** 학술과 문예. **2** 기예와 문필(文筆).

예물(禮物) [명] **1** 사례의 뜻이나 예의를 표하기 위하여 주는 물품. ¶~을 보내다. **2** 신부로부터 첫인사를 받은 시집 어른들이 답례로 주는 물품. **3** 결혼식에서 신랑 신부가 주고받는 기념품. ¶~ 반지 / 신랑 신부가 ~을 교환하다.

예ː민(銳敏) ➡**예ː민-하다** [형][여] (감각 등이) 예리하고 민감하다. ¶**예민한** 반응 / 신경이 ~ / 감수성이 ~.

예-바르다(禮-) [형][르] <~바르니, ~발라> 예절이 바르다.

예반(-盤) [명] 나무나 쇠붙이로 만들어 칠을 한 둥글고 납작한 그릇.

예ː방[1](豫防) [명] (질병·재해 따위를) 미리 대처하여 막는 것. ¶산불 ~ / ~ 주사. **예ː방-하다**[1] [동][타][여] ¶전염병을 ~. **예ː방-되다** [동][자]

예방[2](禮房) [명][역] 조선 시대에 예전(禮典)에 관한 일을 맡아보던, 승정원과 각 지방 관아의 육방(六房)의 하나.

예방[3](禮訪) [명] 인사차 방문하는 것. **예방-하다**[2] [동][타][여] ¶국가 원수를 ~.

예ː방^접종(豫防接種)[-쫑] [명][의] 전염병의 발생·유행을 예방하기 위하여, 백신을 접종하여 인공적으로 면역을 부여하는 일.

예ː방^주ː사(豫防注射) [명][의] 전염병을 예방하기 위한 주사. ¶~를 맞다[놓다].

예ː방-책(豫防策) [명] 예방하기 위한 계획이나 방법. ¶범죄 ~.

예배(禮拜) [명][종] 신을 숭배하여 행하는 의식. 특히, 크리스트교에서 신자들이 모여서 기도하고 교리를 듣는 일. ¶주일 ~ / ~를 보다. ▷예불·미사. **예배-하다** [동][자][타][여] ¶하느님께 ~.

예배-당(禮拜堂) [명][기] 예배를 볼 수 있게 지은 건물. [비]교회·교회당.

예법(禮法)[-뻡] [명] 예의로 지켜야 할 규범이나 법칙. =법례(法禮). ¶~에 어긋나는 행동 / ~을 지키다.

예ː보(豫報) [명] 앞으로 다가올 일을 미리 알리는 것. 또는, 그 보도. ¶일기 ~ / 단수 ~. **예ː보-하다** [동][타][여] ¶내일 날씨를 ~. **예ː보-되다** [동][자] ¶강추위가 ~.

예복(禮服) [명] 예식 때에 예를 갖추어 입는 옷. ¶결혼 ~ / 연회에 나가려고 ~ 차림을 하다.

예ː봉(銳鋒) [명] **1** 날카로운 창·칼의 끝. **2** 정예(精銳)한 선봉(先鋒). ¶적의 ~을 꺾다. **3** 날카로운 논조. ¶~을 휘두르다.

예부(禮部) [명][역] **1** 신라 때, 의례(儀禮)를 맡아보던 관아. **2** 고려 시대, 육부(六部)의 하나. 예의(禮儀)·제향(祭享)·조회(朝會)·학교·교빙(交聘)에 관한 일을 맡아봄.

예불(禮佛) [명][불] 부처에게 경배하는 의식. ¶조석(朝夕) ~ / ~을 드리다. **예불-하다** [동][자][여]

예ː비(豫備) [명] **1** 미리 준비하는 것. ¶~ 자금 / ~ 식량. **2** 더 높은 단계로 넘어가거나 정식으로 하기 전에 그 준비로 미리 초보적으로 갖추는 것. 또는, 그런 준비. ¶~ 검사. **예ː비-하다** [동][타][여]

예ː비-군(豫備軍) [명][군] '향토 예비군' 의 준말.

예ː비-비(豫備費) [명][경] 예산 편성상, 필요한 예산의 부족을 보충하거나 예산 외에 발생하는 비용을 충당하기 위하여 예비하는 비용. =예비금.

예ː비-역(豫備役) [명][군] 현역 복무를 마친 사람이 일정 기간 복무하는 병역. 평시에는 시민으로 생활하다가 비상시 또는 훈련 때에 소집되어 군무에 복무함. ↔현역.

예ː비-지식(豫備知識) [명] 어떤 사항을 연구하거나, 어떤 문제에 부딪치기 전에 그에 대하여 예비로서 알아 두어야 할 지식.

예ː비-회담(豫備會談)[-회-/-훼-] [명] 본회담에 앞서, 여러 가지 부수적인 사항을 사전에 협의하기 위한 준비적인 회담.

예ː쁘다 [형] <예쁘니, 예뻐> **1** (작거나 여리거나 섬세한 대상이) 눈으로 보기에 좋은 느낌을 주거나 사랑스러운 느낌을 주는 상태에 있다. [비]아름답다·귀엽다·곱다·어여쁘다. ¶**예쁜** 그림엽서 / 아기가 **예쁘게** 생겼다. ↔밉다. **2** (사람, 특히 여자나 아이의 행동이나 동작이) 보기에 사랑스럽거나 귀엽게 여길 만한 상태에 있다. ¶어린이가 춤을 **예쁘게** 추다. **3** (아이가) 어른의 말을 잘 듣거나 행동이 발라 흐뭇함을 주는 상태에 있다. ¶엄마 말 들어. 옳지. 아이, ~! ×이쁘다.

예ː쁘디-예쁘다 [형] <~예쁘니, ~예뻐> 아주 예쁘다. ¶**예쁘디예쁜** 소녀.

예ː쁘장-스럽다[-따] [형][ㅂ] <~스러우니, ~스러워> 예쁘장한 데가 있다. ¶얼굴이 ~. **예ː쁘장스레** [부]

예ː쁘장-하다 [형][여] 꽤 예쁘다. ¶그 애 참 **예쁘장하게** 생겼다.

예ː쁜이-수술(-手術) [명] <속> 출산 등으로 인하여 확장된 질구(膣口)를 작게 하기 위해 하는, 질 봉합 수술(縫合手術).

예ː사(例事) [명] **1** 어떤 일을 망설임이나 별다른 생각이 없이 보통으로 흔히 하는 상태. 또는, 그 일. ¶그는 손찌검하는 것이 ~다. **2**

어떤 일이 특별함이나 특이함이 없이 보통으로 흔히 생기거나 있는 상태. 또는, 그 일. =상사(常事). ¶일본에서는 웬만한 지진쯤은 예사이다.

예ː사^**낮춤**(例事-) [-낟-] 圐[언] 1 인칭 대명사에서, 예사로 낮추어 일컫는 말. '나', '자네', '저이' 따위. =보통 비칭(普通卑稱). 2 종결 어미를 쓸 때, 말 듣는 이를 예사 낮추는 것. '하게' 등을 씀.

예ː사-내기(例事-) 圐 =보통내기.

예ː사^**높임**(例事-) 圐[언] 1 인칭 대명사에서, 예사로 높여 일컫는 말. '당신', '그대', '노형', '이분', '저분' 따위. =보통 존칭(普通尊稱). 2 종결 어미를 쓸 때, 말 듣는 이를 예사 높이는 것. '하오' 등을 씀.

예ː사-로(例事-) 閉 보통으로, 아무렇지도 않게. ¶거짓말을 ~ 한다.

예ː사-롭다(例事-) [-따] 휑ㅂ<-로우니, -로워> 보통으로 흔히 볼 수 있거나 대할 수 있는 특성이 있다. 圐범상(凡常)하다. ¶이건, **예사로운** 일이 아니로군. **예ː사로이** 閉 ¶그건 ~ 생각할 문제가 아니다.

예ː사-말(例事-) 圐 1 보통으로, 예사롭게 하는 말. ¶~로 듣지 말고 잘 들어라. 2 겸양어나 공대말이 아닌 보통 말. ↔겸양어·공대말.

예ː사-소리(例事-) 圐[언] 된소리나 거센소리가 아닌 보통 소리. =평음(平音).

예ː산(豫算) 圐 1 미리 필요한 금액 따위를 계산하는 것. 또는, 그런 금액. ¶~을 세우다[짜다] / 비용이 얼마나 들겠는지 ~을 뽑아 보아라. 2 [경] 국가 또는 지방 자치 단체의 한 회계 연도에 있어서의 세입과 세출의 계획. ¶~을 추가(삭감)하다. 3 진작부터의 작정. **예ː산-하다** 圄태여 ¶나도 그렇게 하려고 **예산**해 놓고 있었다.

예ː산-안(豫算案) 圐 1 예산의 초안. 2 [법] 의회의 심의 결정을 얻기 전의 예산의 원안(原案).

예ː산-청(豫算廳) 圐 재정 경제부 장관 소속 하에 설치된 기관의 하나. 예산의 편성 및 집행에 관한 사무를 맡아봄. 1999년 기획 예산처로 통합됨.

예ː사-일(例事-) [-산닐] 圐 주위에서 흔히 볼 수 있는 평범한 일. 또는, 대수롭지 않은 보통의 일. ¶강물이 온통 시꺼멓게 썩어 가고 있으니 이거 ~이 아니다.

예ː상(豫想) 圐 어떠한 일을 당하기 전에 미리 생각하는 것. 또는, 그 생각. ¶~이 빗나가다[들어맞다] / ~을 뒤엎고 상대 팀이 승리하다. **예ː상-하다** 图태여 ¶네가 올 줄 **예상했다**. / 기상청에서는 내주부터 전국이 장마권에 들 것으로 **예상했다**. **예ː상-되다** 圄재 ¶금년 벼농사는 풍작이 **예상된다**.

예ː상-고(豫想高) 圐 수확이나 수입을 미리 대중하여 본 셈.

예ː상-사(例常事) 圐 보통 있는 일. 圐예사(例事). 圐상사.

예ː상-외(豫想外) [-왜] 圐 미리 생각해 두거나 준비하지 못한 일. ¶~의 결과가 나오다 / 소리가 ~로 멀리까지 들린다.

예새[미] 도자기의 제조에 쓰이는 나무칼. =목도(木刀).

예서¹ '여기서'가 준 말. ¶~ 멈추어라. / ~ 만나기로 했다.

예ː서²(隷書) 圐 팔체서(八體書)의 하나. 한자 서예에서, 복잡한 획의 전서(篆書)를 보다 쉽게 생략하여 만든 글씨.

예ː선¹(曳船) 圐 1 배로 끄는 것. 2 다른 배를 끄는 배. **예선-하다**¹ 圄재여 배로 끌다. **예선-되다** 圄재

예ː선²(豫選) 圐 본선(本選)에 나갈 사람이나 팀을 뽑는 것. ¶~ 탈락 / ~에 들다. ↔본선.

예ː선-전(豫選戰) 圐 본선에 나갈 선수나 팀을 가리기 위한 경기. =예선 경기.

예ː속¹(隷屬) 圐 남의 지배 아래 매이는 것. 圐종속(從屬). ~ 국가 / ~ 상태. **예ː속-하다** 圄재여 **예ː속-되다** 圄재

예속(禮俗) 圐 예의범절이나 풍속 습관.

예송(禮訟) 圐 예절에 관한 논란.

예ː수¹(豫受·預受) 圐 미리 받는 것. ¶~증(證). **예ː수-하다** 圄태여

예ː수²(Jesus) 圐 크리스트교의 창시자(4? B.C.~A.D. 30). 동정녀 마리아의 몸에서 태어나 30세쯤에 세례 요한에게 세례를 받은 뒤 복음을 전파하다가 반대파의 무고로 체포되어 십자가에 못 박혀 죽었으나 사흘 만에 부활하였다고 함. =기독(基督). 圐예수 그리스도.

예ː수-교(←Jesus敎) 圐 1 [종] =크리스트교. 2 [기] 종교 개혁으로 가톨릭에서 갈려 나온 개신교(改新敎)를 우리나라에서 이르는 말.

예ː수^**그리스도**(←Jesus Christos) 圐 예수를 그리스도, 즉 구세주로서 받아들여 일컫는 이름.

예ː수-금(豫受金) 圐 은행·증권 회사 등이 이자 지급·증권 매매 등의 조건으로 고객으로부터 받아 일시적으로 보관하거나 운용하는 돈.

예수-남은 ㈜관 예순이 좀 더 되는 (수). ¶~ 되어 보이는 노인.

예ː수-쟁이(←Jesus-) 圐 예수를 믿는 사람을 홀하게 이르는 말.

예ː수-회(←Jesus會) [-회/-훼] 圐[가] 16세기 중엽 에스파냐의 로욜라가 조직한 남자 수도회. 신교(新敎)의 세력에 대항하여 천주교의 세계적 포교에 힘썼음. =제수이트회(Jesuit會).

예순 I ㈜ 1 열의 여섯 곱절. 고유어 계통의 수사임. ¶열이 여섯이면 ~이다. ▷육십. 2 사람이나 사물의 수량을 셀 때, 열의 여섯 곱절에 해당하는 수효. ¶요즘은 ~이라는 나이가 그리 늙은 나이도 아니다. II 관 ~ 살.

예ː술(藝術) 圐 1 학예와 기술. 2 특수한 소재·수단·형식에 의하여 기교를 구사해서 미(美)를 창조·표현하려고 하는 인간 활동 및 그 작품. ¶전위 ~.

예ː술-가(藝術家) 圐 예술 작품을 창작하거나 예술을 표현하는 일을 전문적으로 하는 사람.

예ː술-가곡(藝術歌曲) 圐[음] =가곡1.

예ː술-계(藝術界) [-계/-게] 圐 예술가의 사회, 圐예원(藝苑).

예ː술^**대학**(藝術大學) 圐[교] 예술에 대한 전문적인 이론과 기술을 교수, 연구하는 대학. 준예대.

예ː술-미(藝術美) 圐 예술 활동이나 예술 작품에 의하여 표현되는 미(美).

예ː술-성(藝術性) [-썽] 圐 예술품이 지닌 또는 지녀야 하는 예술적인 성질. ¶~이 높은 작품.

예술-인(藝術人) 명 예술계에 속하여 예술에 종사하는 사람의 총칭.

예술-적(藝術的) [-쩍] 관명 예술의 특성을 갖추고 있는 (것). ¶~ 가치가 있는 그림 / ~으로 그린 작품.

예술-제(藝術祭) [-쩨] 명 음악·연극·무용·문학 등을 공연하거나 발표하는 예술 행사.

예술^지상주의(藝術至上主義) [-의/-이] 명[문] 미(美)를 예술 창조의 유일한 목적으로 하고 정치·경제·종교·과학 등에 구애됨을 배제하여 예술의 무상성(無償性)·자율성을 주장하는 입장.

예술-품(藝術品) 명 예술미가 인정되는 작품.

예!-스럽다 [-따] 형비 <-스러우니, -스러위> 옛것다운 맛이 있다. ¶**에스러운 문갑**(文匣) / **에스러운** 의상(衣裳). ×옛스럽다. **예:스레** 부

예스맨(yes-man) 명 윗사람의 명령이나 의견에 따르기만 하고 자기 의견·주장을 펴지 못하는 비굴한 사람.

예습(豫習) 명 앞으로 배울 것을 미리 익히는 것. ↔복습(復習). **예:습-하다** 통태여

예:시(例示) 명 (어떤 대상을) 예를 들어 보이는 것. **예:시-하다**[1] 통태여 ¶답안 작성 요령을 ~ / 사례(事例)를 일일이 ~. **예:시-되다**[1] 통자

예:시(豫示) 명 미리 보이거나 알리는 것. **예:시-하다**[2] 통태여 ¶환경오염은 인류의 불안한 미래를 **예시하고** 있다. **예:시-되다**[2] 통자

예:식(例式) 명 정례적인 격식. 항상 정해져 있는 일정한 방식.

예식[2](禮式) 명 예법에 의하여 행하는 식. =예(禮). ¶~을 올리다 / ~을 거행하다.

예식-장(禮式場) [-짱] 명 결혼식을 올릴 수 있도록 시설을 갖추어 놓고 결혼하는 사람에게 빌려 주는 업소. 囲결혼식장.

예심(豫審) 명[법] 구형사 소송법에 있던 제도로, 피고 사건의 공판 회부를 결정하는 데 필요한 사항 및 증거 보전을 위하여, 공판에서는 조사하기 곤란하다고 생각되는 사항의 조사를 목적으로 하는 법원의 절차. ↔결심(結審).

예악(禮樂) 명 예법과 음악.

예약(豫約) 명 (어떤 일이나 대상을) 미리 하거나 얻거나 가지기로 약속하는 것. 또는, 그 약속. **예:약-하다** 통태여 ¶좌석을 ~. **예:약-되다** 통자 ¶**예약된** 방.

예:약-금(豫約金) [-끔] 명 무엇을 예약할 때에 거는 돈.

예:약^판매(豫約販賣) 명[경] 미리 구매 신청을 받아서 신청자에게만 물품을 파는 일.

예언(豫言) 명 앞으로 다가올 일을 미리 알거나 짐작하여 말하는 것. 또는, 그 말. ¶~이 들어맞다 〔빗나가다〕. **예:언-하다** 통태여 ¶내가 **예언한** 대로가 아니냐. **예:언-되다** 통자

예:언-서(豫言書) 명 앞으로 다가올 일을 미리 짐작하는 말이 적혀 있는 책.

예:언-자(豫言者) 명 1 미래의 일을 예언하는 사람. 2 [성] =선지자(先知者) 2.

예열(豫熱) 명 미리 예비적으로 가열하거나 덥히는 일. 버너 점화나 엔진 시동 등에서, 점화나 시동을 잘되게 하기 위하여 실시함. **예:열-하다** 통태여

예!-예 감 '예'1·2를 거듭하는 말. 강한 긍정·수락의 뜻을 나타냄. 囲네네. ¶~, 즉각 시행하겠습니다. **예:예-하다** 통자여 1 (상대에게) 높이는 말을 사용하다. ¶선배한테 꼭 듯이 ~. 2 (누구에게) 지나치게 복종하는 태도를 가지다. ¶젊은 사장한테 비굴할 정도로 **예예하는** 중역들.

예:외(例外) [-외/-웨] 명 일반 규칙이나 통례에서 벗어남. 또는, 그러한 것. ¶~ 조항 / 어떤 일에는 ~는 있는 법이다.

예:외-적(例外的) [-외-/-웨-] 관명 일반의 규칙이나 정례(定例)에 벗어난 (것). ¶~ 현상 / 그 조치는 극히 ~이다.

예우(禮遇) 명 예의를 지켜 정중히 대우하는 것. ¶전관(前官) ~. **예우-하다** 통태여 ¶이웃 나라 총리를 국빈(國賓)으로 ~.

예원(藝苑·藝園) 명 예술가들의 사회. =예림(藝林).

예:의[1](銳意) [-의/-이] 명 힘 있게 하려고 단단히 차리는 마음. ¶~ 주시(注視)하다.

예의[2](禮義) [-의/-이] 명 사람이 지켜야 할 예절과 의리.

예의[3](禮儀) [-의/-이] 명 사회생활이나 사람과 사람의 관계에서 가져야 할 공손한 태도와 말씨와 몸가짐. ¶~가 바르다 / ~를 갖추다 / 깍듯이 ~를 차리다.

예의-범절(禮儀凡節) [-의-/-이-] 명 일상생활의 모든 예의와 절차. ¶~에 맞다〔어긋나다〕.

예이[1] 감 어떤 사실을 부정하거나 무엇이 못마땅할 때 내는 소리. ¶~, 나쁜 사람 같으니라고!

예:-이[2] 감 옛날에, 아랫사람이 예의를 갖추어 길게 대답하는 소리.

예인(藝人) 명 예능·곡예 등의 기술을 닦아 남들 앞에서 그 재주를 보이는 일을 직업으로 하는 사람. 특히, 전통적인 예능의 달인을 예스럽게 또는 멋스럽게 이르는 말임. ¶유랑 ~ 집단 남사당패 / 명창 임방울은 이 시대 최고의 ~이었다.

예인-선(曳引船) 명 강력한 기관을 갖추고 다른 배를 끌고 가는 배.

예:입(預入) 명 맡겨 두는 일. 또는, 기탁(寄託)하는 일. ¶~액. **예:입-하다** 통태여 ¶돈을 은행에 ~.

예:입-금(預入金) [-끔] 명 예입한 금액. 囲예금.

예:작-부(例作府) [-뿌] 명[역] 신라 때에 영선(營繕) 사무를 맡아보던 관아.

예장[1](禮狀) 명 1 =혼서(婚書). 2 사례(謝禮)로 보내는 편지.

예장[2](禮裝) 명 예복(禮服)을 입고 위엄 있는 몸가짐이나 차림새를 갖추는 것. ¶~을 차리다. **예장-하다** 통자여

예장[3](禮葬) 명 1 예절을 갖추어 치르는 장사(葬事). 2 [역] =인산(因山).

예장-함(禮狀函) 명 혼서(婚書紙)와 채단(采緞)을 넣는 함. 안에는 붉은 칠, 밖에는 검은 칠을 함. =봉치함.

예:전 명 꽤 오랜 과거를 얼러 이르는 말. ¶다시 만났으니 ~처럼 친하게 지내자. / 그 사람은 이미 ~의 그가 아니다. / 이제금 달이 설음인 줄은 ~엔 미처 몰랐어요.〈김소월: 예전에 미처 몰랐어요〉

예절(禮節) 명 예의와 범절. =의절(儀節). ¶~이 바르다.

예:정(豫定) 명 이제부터 할 일에 대하여 미리 정하여 두는 것. 또는, 미리 예상하여 두

는 것. ¶도착 · 시각 / 우리는 ~대로 출발할 계획이다. 예:정-하다 통(타)여 예:정-되다 통(자)

예:정²(豫程) 명 미리 정한 갈 길이나 진행 과정.

예:정-설(豫定說) 명[기] 일체의 사건은, 자유로운 의사나 행위까지도 포함하여 모두가 신의 예정에 의하여 이루어진다는 설. 또는, 인간이 구원을 받느냐 멸망을 당하느냐는 신에 의하여 미리 결정되어 있다는 설.

예:정-일(豫定日) 명 예정한 날짜. 또는, 예정된 날짜. ¶출산(出產) ~ / ~을 앞당기다[늦추다] / ~을 넘기다.

예:정^조화설(豫定調和說) 명[철] 라이프니츠의 철학에서, 각 단자(單子)가 독립하여 자기 발전을 하는 존재이면서, 서로 일치하여 세계의 질서를 유지하고 있는 것은, 신이 예정해 놓은 각 단자 사이의 조화에 의한 것이라는 설.

예:정-표(豫定表) 명 앞으로 할 일의 내용을 미리 정해 적어 놓은 표.

예:제¹ 명 여기와 저기. ¶~서 고함 소리가 난다.

예:제²(例題) 명 연습을 위하여 보기로서 내는 문제. ¶~가 많은 참고서 / ~를 풀어 보다.

예:제³(豫題) 명 예상한 문제. 또는, 미리 넌지시 알려 준 문제.

예제-없다 [-업따] 형 여기나 저기나 구별이 없다.

예조(禮曹) 명[역] 고려 · 조선 시대, 육조(六曹)의 하나. 예악 · 제사 · 연향(宴享) · 조빙(朝聘) · 학교 · 과거에 관한 일을 맡아보던 관아.

예:종(隷從) 명 예속하여 복종하는 것. 예:종-하다 통(자)여

예:증¹(例症) 명[의] 늘 앓고 있는 병.

예:증²(例證) 명 예를 들어 증명하는 일. ¶그는 자신의 주장을 여러 가지 ~으로 뒷받침하고 있다. 예:증-하다 통(타)여

예:지¹(銳智) 명 날카로운 지혜. ¶~가 번뜩이다.

예:지²(豫知) 명 1 일이 일어나기 전에 미리 아는 것. 2 [심] 초심리학에서, 미래의 일을 꿰뚫어 아는 초감각적 능력. 예:지-하다 통(타)여

예:지³(叡智) 명 사물의 도리를 꿰뚫어 보는 뛰어난 지혜.

예:진(豫診) 명[의] 미리 진찰하는 것. 또는, 그 진찰. 예:진-하다 통(타)여

예찬(禮讚) 명 1[불] 불(佛) · 법(法) · 승(僧) 삼보(三寶)를 예배하고, 그 공덕을 찬탄하는 것. 2 훌륭한 것, 좋은 것, 아름다운 것을 높이고 기리는 것. ¶청춘 ~. 예찬-하다 통(타)여

예:-체능(藝體能) 명 예능과 체육. ~게.

예:측(豫測) 명 (어떤 일을) 미리 짐작하는 것. =예료(豫料) · 예탁. ¶~ 불허의 대접전. 예:측-하다 통(타)여 ¶이런 일이 있으리라는 것을 예측하지 못한 바는 아니다. 예:측-되다 통(자)

예:치(預置) 명 맡겨 두는 일. 예:치-하다 통 ¶공탁금을 ~.

예:치-금(預置金) 명[경] 보조 장부를 비치하여 수지 명세를 기록하든지 원장(元帳)에 한 과목을 만들어 그것만으로 정리해도 좋은 예금.

예:컨-대(例-) 부 예를 들자면. ⓑ 이를테면.

¶크고 사나운 새, ~ 독수리나 매 등이 바로 맹금류이다.

예:탁¹(預託) 명[경] 은행 · 증권 회사 등의 금융 기관에 돈이나 유가 증권 등을 맡겨 두는 것. ¶~ 증서. 예:탁-하다 통(타)여 ¶고객이 증권 회사에 유가 증권을 ~.

예:탁²(豫度) 명 =예측(豫測). 예:탁-하다²

예:탁-금(預託金) [-끔] 명[경] 은행 · 증권 회사 등의 금융 기관에 맡겨 둔 돈. ¶고객 ~.

예:탐(豫探) 명 1 미리 탐지하는 것. 2 '여탐'의 원말. 예:탐-하다 통(타)여 예:탐-되다 통(자)

예:토(穢土) 명 ['더러운 국토'라는 뜻] [불] '이승'을 이르는 말. ↔정토(淨土).

예:통(豫通) 명 미리 알리는 것. 예:통-하다 통(타)여

예펜-네 명 '여편네'의 잘못.

예:편(豫編) 명 예비역으로 편입하는 것. 예:편-하다 통(자)여 예:편-되다 통(자)

예포(禮砲) 명 대통령 취임식, 국빈(國賓) 환영식 등 국가 의전 행사 때 환영 · 존경 · 축하의 뜻을 나타내기 위하여 쏘는 공포탄. ¶새 대통령의 취임 선서에 이어 스물한 발의 ~가 발사되었다.

예:하(隷下) 명 주장(主將)의 지휘 아래. 또는, 그 아래 딸린 자. ⓑ 휘하(麾下). ¶~ 부대 / ~ 장병.

예-하다(禮-) 통(자)여 경의를 표하기 위하여 말이나 인사를 하다. ¶여러 사람을 향하여 머리를 굽혀 ~.

예학(禮學) 명 조선 시대에 성리학이 발달하면서 나타난, 예법에 관한 학문. ▷보학(譜學).

예항(曳航) 명 다른 선박이나 물건을 끌고 항해하는 것. =인항(引航). 예항-하다 통(타)여

예:행(豫行) 명 미리 행하는 것. 또는, 예습으로서 행하는 것. 예:행-하다 통(타)여

예:행-연습(豫行演習) [-년-] 명 어떠한 행사를 개최하기 전에 그 당일과 꼭 같은 순서로 해 보는 종합적인 연습. ¶졸업식의 ~을 ~.

예:혈(預血) 명 혈액을 혈액은행에 맡겨 두는 것. 예:혈-하다 통(자)여

예:화(例話) 명 어떤 내용의 예가 되는 이야기. ¶개의 충성심에 대해 ~를 들려주다.

예:-황제(-皇帝) 명 별로 하는 일이 없이 안락하게만 지내는 황제. ¶~ 부럽지 않다.

예:회(例會) [-회/-훼] 명 정례적으로 모이는 회.

예:후(豫後) 명 1 병에 걸렸을 때에 그 병이 거치는 경과. 2 병후의 경과. ¶~가 좋지 않다.

엔-장 감 실망의 뜻을 나타낼 때 하는 소리. ¶~, 다 틀려 버렸군.

옐로-칩(yellow chip) 명[경] 중저가 우량주.

옐로-카드(yellow card) [-카-] 명[체] 운동 경기에서, 고의로 반칙한 선수에게 주심이 경고하여 보이는 노란색의 종이쪽지. 2 외국 여행 때, 방역상 필요한 모든 예방 주사나 접종을 완전히 마쳤음을 증명하는 카드.

옐로-페이퍼(yellow paper) 명 야비하고 저속한 선정적인 기사를 주로 다루는 신문. =황색 신문.

옘-집 명 '여염집'의 잘못.

옛¹[옌] 팬 지나간 때의. ¶~ 추억 / ~ 모습.

> **어법** 옛부터 전해 오는 이야기:옛부터(×)→예부터(○)·예로부터(○). ▶ 조사는 체언에 붙는 것을 원칙으로 하므로,'부터/로부터'는 관형사 '옛'이 아닌, 명사 '예'에 붙음.

옛-것[옏껃] 명 옛날의 것. ¶~을 오늘에 되살리다.
옛-글[옏끌] 명 1 옛사람의 글. ¶~을 익히다. 2 옛말을 적은 글.
옛-길[옏낄] 명 예전에 다니던 길. ¶~을 걸으니 감회가 새롭다.
옛-날[옌-] 명 1 아주 먼 과거의 날이나 시대를 막연히 가리키는 말. ¶~ 옛적에…/~ 사람들이 이곳에 ~ 한 ~에 호랑이 놀부 살았다네. 2 그리 먼 과거는 아니더라도 주관적으로 오래전이라고 느끼거나 현재와 단절되었다고 여겨지는 과거를 이르는 말. ¶~난 ~에 술 끊었어./그 친구 집에 간 지가 ~이다./우리 선생님은 ~ 사람이야.
옛날 옛적 구 매우 오래된 옛적. ¶~ 호랑이 담배 피우던 시절.
옛날-이야기[옌-리-] 명 예로부터 전해 내려오는 일정한 줄거리가 있는 이야기. 보통 '옛날 옛적에'라는 정해진 문구로 시작됨. ≒옛말·옛이야기. 비고담(古談).
옛-말[옌-] 명 1 옛날에 쓰이던 말. ≒고어(古語)·고언(古言). 2 옛사람의 말. ¶~에 이르기를 시작이 반이라고 하였다. 3 지나간 일을 돌이켜보는 말. ¶지금은 허리띠를 졸라매고 있지만 언젠가는 ~을 하며 살 날이 있겠지요. 4 옛날에나 하던 말. 곧, 지금은 그 의의를 잃은 말. ¶보릿고개란 말도 이젠 ~이 되어 버렸다.
[**옛말 그른 데 없다**] 예로부터 전해 내려오는 말은 옳지 않은 것이 없다는 말.
옛-사람[옏싸-] 명 옛날에 살았던 사람.
옛-사랑[옏싸-] 명 지난날 맺었던 사랑. 또는, 지난날 사랑하던 사람.
옛-스럽다 형 '예스럽다'의 잘못.
옛-시조(-時調)[옏씨-] 명 =고시조.
옛-이야기[옌니-] 명 =옛날이야기.
옛-일[옌닐] 명 1 옛 시대의 일. 2 지나간 과거의 일. ¶고향 집 마당에서 순이와 소꿉놀이하던 ~이 생각난다.
옛-적[옏쩍] 명 오랜 옛 시대. ≒석시(昔時)·석일(昔日). ¶옛날 ~/~ 같으면 시집갈 나이다.
옛-정(-情)[옏쩡] 명 지난날에 사귄 정. ≒구정(舊情)·전정(前情). ¶~을 잊지 못하다.
옛-집[옏찝] 명 1 옛날의 집. 또는, 오래된 집. 비고가(古家). 2 예전에 살던 집. 비고택(古宅)·구가(舊家).
옛-터[옏-] 명 옛적에 사람들이 자리를 잡고 살았거나 사건이 있었던 곳. ¶황성 ~.
옜네[옌-] 감 '여기 있네'가 줄어 된 말. '하게' 할 상대에게 무엇을 줄 때에 쓰임. ¶~, 부담 갖지 말고 가져가게.
옜다[옏따] 감 '여기 있다'가 줄어 된 말. '해라' 할 상대에게 무엇을 줄 때 쓰임. ¶~, 먹으려무나/~, 받아라.
옜소[옏쏘] 감 '여기 있소'가 줄어 된 말. '하오' 할 상대에게 무엇을 줄 때 쓰임. ¶~, 이제 다시는 오지 마오.
옜습니다[옏씀-] 감 '여기 있습니다'가 줄어 된 말. '합쇼' 할 상대에게 무엇을 줄 때에 쓰임. ¶~, 펴 보십시오.
오¹[오] 연 한글 모음 'ㅗ'의 이름.
오!² 감 1 상대의 행동이나 이야기에 수긍이나 가벼운 감탄을 나타내는 말. ¶~, 내가 이제 슬슬 꾀가 나는 모양이구나. / "이분이 바로 제 생명의 은인이십니다." "~, 그래?" 2 감탄문 등에서 탄성(歎聲)을 나타내는 말. ¶~, 아름다운 산천이여! / ~, 이럴 수가!
오!-³ 접두 '올-³'의 준말. ¶~사리/~조.
-오-⁴ 어미 (선어말) 모음이나 'ㄹ' 받침으로 끝나는 어간, 또는 어미 '-시-' 아래에, 그리고 'ㄴ', 'ㄹ', 'ㅁ' 및 모음으로 시작되는 어미 앞에 쓰여, 듣는 사람에게 겸양의 뜻을 나타내는 선어말 어미. 어간 끝 음절의 'ㄹ' 받침은 탈락됨. 현대어에서는 편지 글이나 기도 등에서 극히 제한적으로 쓰임. ¶가~니/하~리다/피~면. ▷-으오-·-사오-.
-오⁵ 어미 모음이나 'ㄹ' 받침으로 끝나는 어간, 또는 어미 '-시-' 아래에 붙어, '하오' 할 상대에게 의문·명령·평서의 뜻을 나타내는 종결 어미. 어간 끝 음절의 'ㄹ' 받침은 탈락됨. 오늘날에는 주로 편지·소설·드라마 등의 문어에서 쓰일 뿐 일상적인 구어로는 잘 쓰이지 않음. '-시오'의 꼴이 더러 쓰이고 있으나, '-세요'에 비해 딱딱하고 거리감이 있는 말임. ¶얼마나 빠르~오?/ 이제 나는 집으로 돌아가~오./이것이 인생이~오./비가 오려나 보~. ▷-으오-·-소. ▶-우⁵.
오.¹⁶(午) 명 십이지(十二支)의 일곱째. 말을 상징함.
오.¹⁷(伍) 명 1 행군할 때 다섯 사람씩 편제한 줄. 또는, 그 다섯 사람. 2 종대나 횡대에서 가로 벌인 줄(組). ¶~와 열을 맞추다.
오.¹⁸(五) Ⅰ 주 '다섯'과 같은 뜻의 한자어 계통의 수사. 아라비아 숫자로는 '5', 로마 숫자로는 'V'로 나타냄. ¶~ 빼기 이는 삼.
Ⅱ 관 '다섯', '다섯째'의 뜻. ¶~ 등 /~ 호.
오⁹(O) 명 동그라미표 ○를 달리 이르는 말. ↔엑스.
오-가다 통 ① 오기도 하고 가기도 하다. ¶오가는 따뜻한 인정 / 날씨가 추워 오가는 사람이 없다. ②타 (어디를) 오기도 하고 가기도 하다. 비내왕하다·왕래하다. ¶길을 오가는 행인들.
오가리 명 1 박·호박의 살을 길게 오려 말린 것. 2 식물의 잎이 병들거나 말라서 오글쪼글한 모양. ▷오갈.
오가리(가) 들다(지다) 구 식물의 잎 등이 병들거나 말라서 오글쪼글해지다. ≒오갈(이) 들다.
오가리-솥[-솓] 명 위가 옥은 옹솥.
오!가피(五加皮) 명[한] =오갈피. ¶~주(酒).
오!가피-나무(五加皮-) 명[식] =오갈피나무.
오!각(五角) 명 다섯 모.
오-각²(O脚) 명[의] 양쪽 무릎이 비정상적으로 떨어져 있어서 'O' 자처럼 된 다리. ≒내반슬. ↔엑스각(X脚).
오!각-기둥(五角-)[-끼-] 명[수] 밑면이 오각형으로 된 각기둥. 구용어는 오각주(五角柱).
오!각-뿔(五角-) 명[수] 밑면이 오각형인 각뿔. 구용어는 오각추(五角錐).
오!각-형(五角形)[-가경] 명[수] 모가 다섯인 도형. ≒오변형(五邊形).

오갈 명 '오가리'의 준말.
　오갈(이) 들다 구 1=오가리(가) 들다. ¶담뱃ول에 오갈 들었다. 2 두려움에 기운을 펴지 못하다.
오!갈피(五加-)[한] 오갈피나무의 뿌리나 줄기의 껍질. 간장과 신장에 좋고 힘줄과 뼈를 강하게 하는 데 씀. =오가피.
오!갈피-나무[식] 두릅나뭇과의 낙엽 관목. 높이 3~4m. 줄기에 가시가 있음. 여름에 자잘한 자주색 꽃이 뭉쳐서 피고, 가을에 열매가 까맣게 익음. 뿌리나 줄기의 껍질은 약재로 씀. =오가(五加)·오갈피나무.
오!갈피-술 오갈피 삶은 물로 담근 술. 강장약으로 장복함.
오!감(五感)[명][생] 시(視)·청(聽)·후(嗅)·미(味)·촉(觸)의 다섯 감각.
오!감-스럽다[-따] 형ㅂ<~스러우니, ~스러워> 언행이 물정에 어둡고 경망스럽다.
오!감-스레 부
오!감-하다 형여=과감(過感)하다².
오!-거리(五-) 명 길이 다섯 군데로 갈라져 있는 곳.
오!거-서(五車書) 명 다섯 수레에 실을 만한 많은 책. 곧, 많은 장서(藏書).
오!경¹(五更) 명 하룻밤을 다섯으로 나누었을 때의 다섯째 부분. 지금의 오전 3시에서 5시까지임. =무야(戊夜).
오!경²(五經) 명 다섯 가지 경서. 곧, '시경(詩經)', '서경(書經)', '주역(周易)', '예기(禮記)', '춘추(春秋)'
오!경-박사(五經博士)[-싸] 명[역] 백제 때, 석학(碩學)에게 주던 칭호. 오경에 능통한 학자에게 주었음.
오!계(五戒)[-계/-계] 명[불] 세속에 있는 불교 신자가 지켜야 할 다섯 가지 계율. 곧, 살생하지 말 것, 훔치지 말 것, 음행하지 말 것, 거짓말하지 말 것, 술 마시지 말 것 따위. 十십계.
오!곡(五穀) 명 1 찹쌀·기장(또는 차조)·차수수·검은콩·붉은팥의 다섯 가지 곡식. =오종. 2 곡식의 총칭. ¶~백과 / ~이 여무는 계절.
오!곡-밥(五穀-)[-빱] 명 오곡으로 지은 밥. 대개 음력 정월 보름에 지어 먹음.
오!곡-백과(五穀百果)[-빡꽈] 명 온갖 곡식과 여러 가지 과실. ¶~가 무르익다.
오골-계(烏骨鷄)[-게/-게] 명[동] 닭의 한 품종. 동남아시아 원산으로 털빛은 흰색·검정이나 살·가죽·뼈는 암자색임. 풍증·습증·허약증의 약으로 씀. ㉥오계.
오공(蜈蚣) 명 1[동]=지네. 2[한] 말린 지네. 독이 있으며, 빻아서 종기약으로 씀.
오!관¹ 골패나 화투로 혼자 하는 놀음.
　오관(을) 떼다 구 골패나 화투로 혼자 놀음을 하다.
오!관²(五官) 명[생] 다섯 가지 감각 기관. 곧, 눈·귀·코·혀·피부.
오!관-왕(五冠王) 명[체] 육상·수영·체조 따위 경기에서, 다섯 종목에 걸쳐 우승한 사람.
오!광(五光) 명 화투에서, 솔·벚꽃·공산·오동·비의 스무 끗짜리 다섯의 총칭.
오!광-대놀이(五-) 명[민] 영남 지방에서 음력 정월 보름에 탈을 쓰고 노는 민속놀이의 한 가지. =오광대.
오!괴(迂怪)[-괴/-궤] →오!괴-하다[-괴-/-궤-] 형여 물정에 어둡고 괴벽하다.

원 우괴하다.
오구(烏口) 명 제도(製圖)에 쓰이는 기구. 끝을 까마귀 부리 모양으로 강철로 만들어, 먹물이나 물감을 적어 줄을 긋는 데 씀. =강필(鋼筆)·가마具리.
오구-굿[-굳] 명[민] 죽은 사람의 넋을 위로하여 극락왕생을 하기를 비는 굿.
오!국(誤國) 명 나라를 잘못되게 하는 것. 오!국-하다 타여
오!-군영(五軍營) 명[역] 조선 시대, 임진왜란 후 오위(五衛)를 고쳐 둔 다섯 군영. 곧, 훈련도감(訓鍊都監)·총융청(摠戎廳)·수어청(守禦廳)·어영청(御營廳)·금위영(禁衛營). =오군문(五軍門)·오영문(五營門).
오그라-들다[자]<~드니, ~드오> 1 (물체가) 안쪽으로 오목하게 가지다. ¶앙고라 스웨터를 물에 빨았더니 오그라들었다. / 오징어가 불에 닿자마자 오그라들었다. 2 (형세나 형편이) 전보다 나쁘게 되어 가다. ¶살림이 해마다 ~. ㉥우그러들다.
오그라-뜨리다/-트리다 [타] 오그라지게 하다. ¶내가 접어 놓은 종이비행기를 동생이 오그라뜨려 놓았다. ㉥우그러뜨리다.
오그라-지다[자] 1 (물체가) 안쪽으로 오목하게 휘어져 들어가다. 2 (물체의 거죽이) 오글쪼글하게 주름이 잡히며 줄어지거나 쪼그라지다. ㉥우그러지다.
오그랑-망태(-網-) 명 아가리에 돌려 꿴 줄로 오그렸다 벌렸다 하는 망태기.
오그랑-오그랑 부 여러 군데가 모두 오그랑한 모양. ㉥우그렁우그렁. 오그랑오그랑-하다 형여
오그랑-장사 명 이익을 못 얻고 밑천을 먹어 들어가는 장사.
오그랑-족박 명 '오그랑쪽박'의 잘못.
오그랑-쪼그랑 부 여러 군데가 모두 오그라지고 쪼그라진 모양. ㉥우그렁쭈그렁. 오그랑쪼그랑-하다 형여
오그랑-쪽박[-빡] 명 1 시들어서 쪼그라진 작은 박. 2 덜 여문 박으로 만들어서 말라 오그라진 쪽박. ㉥우그렁쪽박. ×오그랑족박.
오그랑-하다 형여 안으로 조금 오그라져 있다. ¶아가리가 오그랑한 항아리. ㉥우그렁하다.
오그르르¹ 부 적은 물이 좁은 그릇에 야단스럽게 끓어오르는 소리. 또는, 그 모양. ㉥우그르르. 오그르르-하다 자여
오그르르² 부 작은 벌레 같은 것들이 한곳에 빼빼이 모여 있는 모양. ¶우그르르 아래 벌레들이 ~ 모여 있다. ㉥우그르르. 오그르르-하다² 자여
오그리다 타 (물체를) 안쪽으로 오그라지게 하다. ¶몸을 오그리고 자다 / 방이 비좁으니 다리 좀 오그려라. ㉥우그리다.
오!근(五根) 명[불] 외계를 인식하는 다섯 가지 감각 기관. 곧, 시각을 일으키는 안근(眼根), 청각을 일으키는 이근(耳根), 후각을 일으키는 비근(鼻根), 미각을 일으키는 설근(舌根), 촉각을 일으키는 신근(身根).
오글-거리다/-대다 자 1 (물이) 자꾸 오그르르 끓다. 2 한곳에 오그르르 모여 자꾸 움직이다. ¶아이들이 운동장 한구석에 오글거리며 놀고 있다.
오글-보글 부 물이나 찌개가 오글거리고 보글거리며 뒤섞여 끓는 소리. 또는, 그 모양. ¶된장찌개가 ~ 끓고 있다. ㉥우글부글. 오글보글-하다 자여

오글-오글¹ 뿌 오글거리는 모양. 큰우글우글. 오글오글-하다 통()여

오글-오글² 뿌 여러 군데가 오그라지고 주름이 많이 잡힌 모양. 오글오글-하다² 형여

오글-하다³ 뿌 '오그랑오그랑'의 준말. 오글오글-하다³ 형여

오글-쪼글 뿌 오그라지고 쪼그라진 모양. 큰우글쭈글. 오글쪼글-하다 형여 ¶오글쪼글한 얼굴 / 귤이 오래되어 ~.

오금 1 무릎의 구부러지는 안쪽의 오목한 부분. 다리와 발에 분포하는 혈관·신경·림프관은 모두 이 부분을 통과한. ¶오랫동안 무릎을 꿇고 앉아 있었더니 ~을 펴겠다. 2 '팔오금'의 준말.

[오금아 날 살려라] 급히 도망칠 때에 힘을 다하여 빨리 뛰어난을 이르는 말.

오금(을) 박다 귀 함부로 말하거나 행동하지 못하도록 닦아세우다.

오금을 못 쓰다[펴다] 귀 몹시 마음이 끌리거나 두려워 꼼짝 못하다. ¶그는 영화라면 **오금을 못 쓴다**. / 그는 아내 앞에서는 오금을 못 쓴다.

오금이 쑤시다 귀 무엇이 하고 싶어 가만히 앉아 있지 못하다. ¶밖으로 나가고 싶어 ~.

오금이 저리다 귀 자기의 잘못이 금방 탄로 나거나 재앙이 닥칠 것 같아 마음을 졸이다.

오금-탱이 몡 '오금팽이'의 잘못.

오금-팽이 몡 1 구부러진 물건의 굽은 자리의 안쪽. 2 오금, 또는 오금처럼 오목하게 팬 곳을 낮추어 이르는 말. ¶쪼그리고 앉아 일을 했더니 ~가 아프다. ×오금탱이.

오긋-오긋[-귿-귿] 뿌 여럿이 다 오긋한 모양. 큰우긋우긋. 오긋오긋-하다 형여

오긋-하다[-그타-] 형여 안으로 조금 옥은 듯하다. 큰우긋하다. 오긋이 뿌

오기¹ (傲氣) 몡 힘이나 능력이 충분하지 못하면서 남에게 지기 싫어하거나 자존심을 버리고 싶지 않은 마음. 또는, 그런 마음에서 우러나는 고집스러운 행동이나 태도. ¶~를 부리다 / ~로 버티다 / ~가 나다.

오기² (誤記) 몡 잘못 적는 것. 또는, 그 기록. 비오록(誤錄). 오기-하다 통타여 ¶주소를 오기하여 부친 편지가 되돌아왔다. 오기-되다 통자

오나-가나 뿌 어디로 가나 늘 다름없이. =가나오나. ¶~ 말썽을 일으키다 / ~ 걱정이다.

오나니슴(Bonanisme) 몡 =수음(手淫).

오!-남용(誤濫用) 몡 '오용'과 '남용'을 아울러 이르는 말. ¶약물 ~.

오나 갑 1 아랫사람의 물음이나 요청에 긍정하여 대답하는 말. ¶~, 곧 가마. 2 혼잣말로 어떤 사실을 긍정하여 속으로 다짐하는 말. ¶~, 두고 보자. 내가 가만히 있지 않을 테니.

오!나오나-하다 통()타여 어리광이나 투정 따위를 다 받아 주다.

오너 (owner) 몡 ['소유주'라는 뜻] 1 =자가운전자. 2 =기업주. ¶재벌 그룹의 ~.

오너-드라이버 (owner driver) 몡 =자가운전자.

오!년 (午年) 몡[민] 태세의 지지(地支)가 오(午)로 된 해. 갑오년·무오년 따위. =말해.

오!뇌 (懊惱)[-뇌/-눼] 몡 뉘우쳐 한탄하고 번뇌하는 것. ¶~의 청춘. 원오노(懊惱).

오!뇌-하다 통()여

오-누 몡 '오누이'의 준말.

오-누이 몡 오빠와 누이. 비남매(男妹). ¶다정한 ~ 사이. 준오누·오뉘.

오-뉘 몡 '오누이'의 준말.

오!뉴-월 (五六*月) 몡 ['六'의 본음은 '륙'] 오월과 유월. ¶~ 땡볕 / 긴긴 해.

[오뉴월 감기는 개도 아니 앓는다] 여름에 감기 앓는 사람을 조롱할 때 하는 말. [오뉴월 곁불도 쬐다 나면 서운하다] 당장에는 변변치 않게 생각되던 것도 없어진 뒤에는 아쉽다. [오뉴월 쇠불알] 사물이나 행동이 축 늘어져 활발하지 못함을 조롱하여 이르는 말.

오늘 I 몡 1 말하고 있는 사람이 지금 맞고 있는 날. 비금일(今日). ¶~이 며칠입니까? 2 현재나 현대를 비유적으로 이르는 말. 비오늘날. ¶~을 사는 지혜 / 민족이 처한 ~의 현실.
II 뿌 지금 맞고 있는 날에. ¶나는 너를 ~ 만나고 싶다.

오늘-날[-랄] 몡 지금 맞고 있는 일정한 시기나 시대. 비오늘·현대. ¶~과 같은 정보화 사회 / ~에는 찾아보기 어려운 역사 유물.

오늘-내일 (-來日)[-내-] 뿌 오늘과 내일 사이에. 곧, 빠른 시일 안에. ¶~ 가부간에 결정을 내려 주시오. / ~ 끝날 일이 아니다.

오늘내일-하다 통()여 1 죽을 때나 해산 때 따위가 다가오다. ¶임종이 ~. 2 그날이 오기를 고대하다.

오니[-니] 몡 화살의 머리를 시위에 끼도록 에어낸 부분.

오!니 (汚泥) 몡 더러운 흙. 특히, 오염 물질을 포함한 진흙.

-오니까 어미 모음이나 'ㄹ' 받침으로 끝나는 어간, 또는 어미 '-시-' 아래에 붙어, '합쇼'할 상대에게 동작이나 상태에 대한 물음을 나타내는 종결 어미. 어간 끝 음절의 'ㄹ' 받침은 탈락됨. ¶어떤 사람이~? / 얼굴이 예쁘~? ▷-으오니까.

오다 터러 <오너라> [1]자 1 (어떤 대상이 어느 곳에서 말하는 사람이 있는 쪽으로) 움직여서 위치를 옮기다. ¶이리 와. / 오늘 **오다가** 친구를 만났다. ↔가다. 2 (보낸 것이 말하는 사람이 있는 곳에) 전해지거나 옮겨지다. ¶소식이 ~ / 편지가 ~. 3 (길이나 깊이를 가진 물체가 어떤 기준이나 정도에) 이르러 닿다. ¶발목까지 **오는** 긴 스커트 / 물이 깊어 가슴까지 **온다**. 4 (비·눈·서리나 추위·더위 따위가) 생겨서 내리거나 닥치다. ¶비가 **오기** 시작한다. 5 (복무하거나 종사하기 위하여) 다른 곳에서 이곳으로 옮기다. ¶우리 학교에 교장 선생님이 새로 **오셨다**. 6 (차례나 기회가 말하는 사람 쪽에) 이르러 닿다. ¶절호의 기회가 ~. 7 (어떤 때나 철이) 말하는 시점을 기준으로 하여 현재나 가까운 미래에 닥치다. ¶가을이 가고 겨울이 ~. 8 (잠·졸음·몸살 등의 생리 현상이) 사람의 몸에 일어나거나 생기다. ¶감기가 ~ / 잠이 ~. 9 (어떤 현상이 어떤 원인이나 근거에서) 비롯하여 생겨나다. ¶소화 불량은 흔히 과식에서 **온다**. 10 (어떤 대상에 어떤 상태가) 이르러 생기다. 비도래하다. ¶고생 끝에 낙이 ~. 11 (전기가) 흘러서 불이 켜지다. 또는, (전기가) 흘러서 몸에 통하다. ¶전구가 나갔는지 불이 안 **온다**. / 손에

찌르르 전기가 ~. **12** (어떤 느낌이나 뜻이) 어떤 사람에게 전해지다. ¶작가가 뭘 그리려 했는지 그 느낌이 잘 오지 않는다. **13** (주로 '와서', '와서는', '와서야'의 꼴로 쓰여) 말하는 시점에 닥치거나 이르다. ¶이렇게 **와서** 딴소리하면 어떡하니? ②〖타〗 **1** (사람이 어떤 일을) 실현할 목적으로 말하는 사람이 있는 쪽으로 움직여 위치를 옮기다. ¶면회를 ~ / 견학을 ~. **2** (어떤 길을) 통해 말하는 사람이 있는 쪽으로 움직여 위치를 옮기다. ¶밤길을 **오**느라고 시간을 꽤 지체하였다. ③〖보조〗 (용언의 어미 '-아', '-어', '-여' 아래에 쓰여) **1** 동작이나 상태가 과거로부터 현재, 또는 과거의 기준 시점까지 계속됨을 나타내는 말. ¶그는 지금까지 불평 한 마디 없이 성실히 일해 오고 있다. **2** 일정한 시일에 가까워짐을 나타내는 말. ¶학교를 졸업한 지도 어언 10년이 되어 **온다**. **3** 일정한 상태나 현상이 이루어짐을 나타내는 말. ¶날이 밝아 ~ / 개울물이 불어 목까지 차 **온다**.

어법 이리로 빨리 와라·와라(×)→오너라(○). ➤'오다'는 너라 불규칙 용언이므로 명령형은 '오너라'가 옳음.

[**오는 말이 고와야 가는 말이 곱다**] 남이 나에게 말을 좋게 하여야 나도 그에게 말을 좋게 한다. [**오는 정이 있어야 가는 정이 있다**] 남이 나에게 잘해 주면 나도 그에게 잘해 준다. [**오라는 데는 없어도 갈 데는 많다**] 남이 긴하게 여겨 주지 않더라도 자기로서는 할 일이 많다.
오도 가도 못하다〖관〗한곳에서 자리를 옮기거나 이동할 수 없는 상태가 되다. ¶무인도에 갇혀서 **오도 가도 못하게** 되다.
오라 가라 하다〖관〗(어떤 사람이 다른 사람을) 아랫사람 다루듯이 또는 성가시게 오거나 가게 하다. ¶왜 바쁜 사람을 **오라 가라** 하는 거야?
온다 간다 말없이〖관〗자신이 어디로 가거나 다니는지를 밝히지 않고 슬그머니.
오다-가다 〖부〗 가끔 어쩌다가. 우연하게. 지나는 길에. ¶~ 만난 사람 / 그는 ~ 한 번씩 불쑥 나타나곤 한다.
오:단(誤斷) 〖명〗 잘못 판단하거나 단정하는 것. 또는, 그 판단이나 단정. 〖비〗오판(誤判). **오:단-하다**〖동〗〖타〗〖여〗
오:달-지다 〖형〗 올차고 여무져 실속이 있다. ¶나이는 어리지만 **오달지고** 총명하다. 〖준〗올지다.
오:답(誤答) 〖명〗 잘못된 대답을 하는 것. 또는, 그 대답. ¶시험 문제가 까다로워 ~이 많다. ↔정답(正答). **오:답-하다**〖동〗〖자〗〖여〗
오:대¹(五大) 〖불〗 일체의 물질에 편재(遍在)하여 그것을 이루고 있는 다섯 가지 요소. 곧, 지(地)·수(水)·화(火)·풍(風)·공(空). =오륜(五輪).
오:대²(五代) 〖역〗 **1** 중국의 당나라와 송나라와의 과도기에, 중원(中原)에 흥망한 후량(後梁)·후당(後唐)·후진(後晉)·후한(後漢)·후주(後周)의 다섯 왕조. **2** 예기(禮記)에서, 상고의 당(唐)·우(虞)·하(夏)·은(殷)·주(周)를 일컫는 말.
오:-대양(五大洋) 〖명〗 지구 상에 있는 다섯 대양. 곧, 태평양·대서양·인도양·남극해·북극해.
오:대-조(五代祖) 〖명〗 고조(高祖)의 어버이.
오:-대주(五大洲) 〖명〗〖지〗 지구의 다섯 대

류. 곧, 아시아 주·유럽 주·아프리카 주·오세아니아 주·아메리카 주.
오더(order) 〖명〗 **1** 물품을 주문하는 것. **2** '배팅오더(batting order)'의 준말.
오뎅〖일〗(おでん)〖명〗 생선묵·유부·무·곤약 등을 꼬챙이에 꿰어 장국에 익힌, 일본식 술안주 또는 반찬. 순화어는 꼬치안주.
오:도¹(悟道) 〖명〗 **1** 번뇌를 해탈하고 불계(佛界)에 들어갈 수 있는 길. **2** 불도의 진리를 깨닫는 것. **오:도-하다¹**〖동〗〖자〗〖여〗
오:도²(誤導) 〖명〗 (어떤 대상을) 그릇된 길로 이끄는 것. 또는〖타〗 ¶여론을 **오도하는** 사이비 언론. **오:도-되다**〖동〗〖자〗
오도독 〖부〗 **1** 단단한 물건을 야무지게 깨무는 소리. **2** 작은 물건이 부러지는 소리. 〖큰〗우두둑. **오도독-하다**〖동〗〖자〗〖타〗〖여〗 ¶사탕을 **오도독하고** 깨물어 먹다.
오도독-거리다/-대다 [-꺼(때)-] 〖동〗〖자〗〖타〗 오도독 소리가 계속하여 나다. 또는, 그런 소리를 연거푸 나게 하다. 〖큰〗우두둑거리다.
오도독-뼈 〖명〗 소나 돼지의 여린 뼈.
오도독-오도독 〖부〗 오도독거리는 소리. 〖준〗오독오독. 〖큰〗우두둑우두둑. **오도독오도독-하다**〖동〗〖자〗〖타〗〖여〗
오도-방정 〖명〗 '오두방정'의 잘못.
오도카니 〖부〗 맥없이 멀거니 서 있거나 앉아 있는 모양. ¶닫힌 문을 소리 없이 열고 방 안으로 들어섰으나 아랫목에 ~ 앉았던 여인은 고개를 들지 않았다.《김주영:객주》 〖큰〗우두커니.
오:독¹(汚瀆) 〖명〗 **1** 더러운 도랑. **2** 명예나 이름을 더럽히는 것. **오:독-하다¹**〖동〗〖타〗〖여〗 명예나 이름을 더럽히다. **오:독-되다**〖동〗〖자〗
오:독²(誤讀) 〖명〗 (글을) 잘못 읽거나 그릇이해하는 것. **오:독-하다²**〖동〗〖타〗〖여〗
오독-오독 〖부〗 '오도독오도독'의 준말. ¶날밤을 ~ 씹어 먹다. 〖큰〗우두둑우두둑. **오독오독-하다**〖동〗〖자〗〖타〗〖여〗
오돌또기 〖음〗 제주도 민요의 하나.
오돌-오돌 〖부〗 **1** 작고 여린 뼈나 말린 날밤처럼 깨물기에 좀 단단한 모양. **2** 작은 것이 잘 삶아지지 않은 모양. **3** 오동통하고 보드라운 모양. 〖큰〗우둘우둘. **오돌오돌-하다**〖형〗〖여〗
오돌-오돌² 〖부〗 '오들오들'의 잘못.
오돌-토돌 〖부〗 거죽이나 바닥이 고르지 않고 군데군데 도드라져 있는 모양. 〖큰〗우둘투둘. **오돌토돌-하다**〖형〗〖여〗
오동¹(烏銅) 〖명〗 검붉은 빛이 나는 구리. 장식품에 쓰임.
오동²(梧桐) 〖명〗 **1**〖식〗 =오동나무. **2** 오동나무가 그려져 있는 화투짝. 11월이나 열한 끗을 나타냄.
오동-나무(梧桐-) 〖명〗〖식〗 현삼과의 낙엽 활엽 교목. 높이 15m 정도. 5∼6월에 자주색 꽃이 피고, 열매는 달걀꼴로 10월에 익음. 재목은 가볍고 고우며, 휘거나 트지 않아 거문고·장롱·나막신을 만듦. 정원수로 심음. =오동. ※머귀나무.
오동-보동 〖부〗 몸이나 얼굴이 오동통하고 포동포동한 모양. 〖큰〗우둥부둥. **오동보동-하다** 〖형〗〖여〗 ¶얼굴이 ~.
오동-빛(烏銅-) [-삧] 〖명〗 검붉은 구릿빛.
오동-수복(烏銅壽福) 〖명〗 백동으로 만든 그릇에 검붉은 구리로 '수(壽)'나 '복(福)' 자를 박은 것.
오:-동작(誤動作) 〖명〗 =오작동(誤作動). ¶전자파 노이즈를 제거해 전자 제품 회로의 ~

오!-동지(五冬至)〖명〗음력 5월과 동짓달. 동짓달에 눈이 오는 양을 보고 이듬해 5월에 비가 오는 양을 헤아린다는 데서 상대적으로 이르는 말.

오동통-하다〖형여〗몸집이 작고 통통하다. ¶**오동통한** 아이. ⓑ우둥퉁하다.

오동-포동〖부〗오동통하고 포동포동한 모양. ¶살이 ~ 찌다. ⓑ우둥푸둥. **오동포동-하다**〖형여〗

오!-되다[-되-/-뒈-]〖자동〗'올되다'의 준말.

오두-막(-幕)〖명〗사람이 겨우 거처할 수 있을 정도로 허술하게 지은, 작고 초라한 집. 특정 양식의 집이라고는 할 수 없으나, 흙벽의 초가집이 전형적인 예일 수 있음. 때로, 통나무집을 가리키기도 함. =오두막집. ⓗ오막살이. ¶외딴 ~ / 다 쓰러져 가는 ~. ⓒ오막.

오두막-집(-幕-)[-찝]〖명〗=오두막.

오두-발광(-發狂)〖명〗몹시 방정맞게 날뛰는 짓. ¶~을 치며 야단이다.

오!두-방정〖명〗매우 방정맞은 행동. ¶~을 떨다 / 웬 ~ 이냐? ×오도방정.

오둠지〖명〗1 옷의 깃고대가 붙은 어름. 2 그릇의 윗부분.

오둠지-진상(-進上)〖명〗1 지나치게 높이 올라 붙음을 이르는 말. 2 상투나 멱살을 잡아 번쩍 들어 올리는 짓. **오둠지진상-하다**〖자타여〗

오들-오들〖부〗춥거나 무서워서 몸을 작게 떠는 모양. ¶~ 떨다. ⓑ우들우들. ×오돌오돌.

오등(吾等)〖대인칭〗'우리'를 옛 문어체로 이르는 말. =여등(余等)·여배(余輩)·오인(吾人).

오디〖명〗뽕나무의 열매. =상실(桑實).

오디세우스(Odysseus)〖명〗[신화] 그리스 신화에 나오는 영웅. 트로이 전쟁에서 목마(木馬)의 배 안에 군사를 숨기는 계략을 쓰는 등 지략(智略)의 장군으로서 그리스군을 승리로 이끌었음.

오디션(audition)〖명〗1 연기자·가수·모델 등을 선발하기 위한 실기 테스트. ¶신인 가수 선발 공개 ~ / ~을 받다. 2[방송] 라디오·텔레비전의 시험 제작 프로그램의 채택 여부나 내용 검토를 위해 관계자가 시청하거나 청취하는 일.

오디오(audio)〖명〗1 라디오·텔레비전·전축 등의 음(音)의 부분. 수신기의 음성 부문. 2 음악 감상용 음향 기기. 특히, 레코드플레이어(또는 시디플레이어)·앰플리파이어·스피커 등을 갖춘 기기. ▷비디오(video).

오디오-북(audio book)〖명〗책의 내용을 성우나 전문 엠시 등의 음성으로 담아 만든 녹음 테이프나 시디나 디지털 파일.

오똑〖부〗'오뚝'의 잘못.

오똑-이〖명〗'오뚝이'의 잘못.

오뚜기〖명〗'오뚝이'의 잘못.

오뚝〖부〗작은 물건이 도드라지게 높이 솟아 있는 모양. ¶연잎에 올라앉은 청개구리. ⓑ우뚝. ×오똑. **오뚝-하다**〖형여〗¶콧날이 ~. **오뚝-이**〖부〗

오뚝-오뚝〖부〗군데군데 아주 오뚝하게 솟은 모양. 또는, 자꾸 오뚝 서는 모양. ¶아무리 쓰러뜨려도 ~ 서는 오뚝이. ⓑ우뚝우뚝. **오뚝오뚝-하다**〖형여〗

오뚝-이[2]〖명〗아무렇게나 굴려도 오뚝 일어나는 어린아이들의 장난감. =부도옹(不倒翁). ×오뚝이·오뚜기.

오!라〖명〗도둑이나 죄인을 묶는 붉고 굵은 줄. =색등거리·오랏줄·홍사(紅絲). ¶~를 지우다 / ~에 묶이다. ▷포숭.

오!라기〖명〗[1]〖자립〗헝겊·실·종이 따위의 좁고 긴 조각. ¶실~. [2]〖의존〗세는 단위로 이르는 말. ¶새끼 한 ~ / 여인은 아기의 착 달라붙은 머리털 몇 ~를 손가락 끝에 쥐어 보았다. 《황석영 : 장길산》

오라버-니〖명〗'오빠'를 정중히 호칭 또는 지칭하는 말. 예스런 말로, 주로 나이 많은 사람이나 전통적 예절을 중시하는 집안에서 쓰일 뿐임. ⓗ오라버님. ⓔ오라범·오라비.

오라버니-댁(-宅)[-땍]〖명〗오빠의 아내를 지칭하는 말. ⓔ오라범댁.

오라버-님〖명〗'오라버니'의 높임말.

오라-범〖명〗'오라버니'의 낮춤말.

오라범-댁(-宅)[-땍]〖명〗'오라버니댁'의 낮춤말. ⓗ올케.

오라-비〖명〗1 '오라버니'의 낮춤말. 2 여자의 남자 형제를 두루 이르는 말. 3 여자가 남에게 대하여 자기의 남자 동생을 일컫는 말.

오!라-지다〖자동〗죄인이 손을 오라에 묶여 뒷짐을 지다.

오!라지-우다〖타동〗(죄인을) 오라로 묶다. ¶도둑을 오라지워 끌고 가다.

오!라-질〖감탄〗미워하는 대상이나 못마땅한 일에 대해 비난하거나 불평하여 내뱉는 말. 비속어임. =우라질. ¶~! 난 되는 일이 없다니까. / 이런 ~ 놈 같으니라고!

오라토리오(①oratorio)〖명〗종교적인 제재(題材)를 바탕으로 한 대규모의 악곡. 독창·합창·관현악을 사용함. =성가극·성극·성담곡.

오락(娛樂)〖명〗놀이·게임·노래·춤 등으로 즐겁게 노는 일. ¶~ 시간 / ~ 시설 / ~ 프로 / 실내 ~. **오!락-하다**〖자여〗

오락-가락[-까-]〖부〗1 연해 왔다 갔다 하는 모양. 2 비나 눈이 내리다 말다 하는 모양. 3 정신이 있다 없다 하는 모양. ×가락오락. **오락가락-하다**〖자타여〗¶웬 사내가 집 앞을 오락가락하고 있다.

오!락-물(娛樂物)[-랑-]〖명〗예술성이나 교양적 특성보다는 오락성이 강한, 방송 프로그램이나 영화나 비디오. ¶액션 ~ / 청소년을 대상으로 한 티브이 ~.

오!락-성(娛樂性)[-썽]〖명〗오락으로서 즐길 수 있는 특성.

오!락-실(娛樂室)[-씰]〖명〗오락에 필요한 시설이 되어 있는 방. ¶전자 ~.

오!락-회(娛樂會)[-라쾨/-라퀘]〖명〗오락을 하기 위한 모임.

오!랏-바람[-빠-/-랃빠-]〖명〗오라를 차고 나선 포졸(捕卒)의 위풍.

오!랏-줄[-쭐/-랃쭐]〖명〗[역] =오라.

오랑우탄(orangutan)〖동〗유인원과의 짐승. 키 1.4m 정도. 팔이 매우 길고 얼굴은 황흑색, 털은 황갈색임. 보르네오·수마트라 등지의 밀림 지대에서 삶. =성성이.

오랑캐〖명〗지난 시대에, 약탈과 침략을 일삼던 변방의 이민족을 얕잡아 이르던 말. 곧, 거란·여진·선비·흉노 따위. 이 말은, 중국인이 우월감을 가지고 주변의 이민족을 동이·서융·남만·북적이라고 부른 것과 비슷한 발상에서 생긴 것임. =되·만적(蠻狄)·외이

오랑캐-꽃 [-꼳] 몡[식] =제비꽃.
오래 閉 시간상으로 길게. ¶~ 살다 / 시간이 ~ 걸리다.
오래-가다 동(자) 상태나 현상이 길게 계속되거나 유지되다. ¶싸움이 ~ / 상처가 ~.
오래간-만 몡 1 오래 지난 뒤. 2 오래 된 끝. ¶~에 만난 사람 / 참 ~입니다. 준오랜만.
오래다 혱 때의 지나간 동안이 길다. ¶그 사람 만난 지가 ~ / 그 일은 끝난 지 ~.
오래-달리기 [체] 비교적 먼 거리를 달리는 육상 경기. 800미터 달리기·1000미터 달리기·마라톤 따위.
오래-도록 閉 오래 되도록. ¶~ 기억에 남는 일 / ~ 소식을 전하지 못하다.
오래-되다 [-되-/-뒈-] 혱 (어떤 물건이나 물질 등이) 생기거나 만들어진 뒤로 많은 시간이 지난 상태에 있다. ¶오래된 우유 / 오래되어 반질반질 윤이 나는 가구.
오래-오래¹ 閉 아주 오래 지나도록. ¶살머니, ~ 사세요.
오래-오래² 괌 돼지를 연해 부르는 소리. × 도레도래.
오래-전 (-前) 몡 상당한 시간이 지나간 과거. ¶~부터 뵙고 싶었던 선생님 / 그의 부모님은 ~에 돌아가셨다.
오랜 관 아주 오래 된. ¶~ 세월 / ~ 역사.
오랜-만 몡 '오래간만'의 준말. ¶참 ~일세.

여법 오랫만에 만나다: 오랫만(×)→오랜만(○). ⇒ '오래+ㅅ+만'으로 분석하기 쉬우나 사실은 '오래간만'의 준말임.

오랫-동안 [-래똥-/-랟똥-] 몡 시간적으로 썩 긴 동안. ¶~ 꿈꾸어 오던 일이 성취되었다.
오렌지 (orange) 몡[식] 감귤 종류의 하나. 열매는 맛과 모양이 감귤 비슷하지만 감귤보다는 크고, 껍질도 감귤보다 두껍고 단단함. ¶~ 주스.
오렌지-색 (orange色) 몡 =등색(橙色).
오렌지-족 (orange族) 몡〈속〉과소비를 일삼으면서 개방적인 성(性)을 즐기는 부유층의 젊은이. 1990년대에 생긴 신조어임. ▷야 타족.
오!력 (五力) 몡[불] 수행(修行)에 필요한 다섯 가지의 힘. 곧, 신력(信力:믿음의 힘)·진력(進力:정진하는 힘)·염력(念力:생각의 힘)·정력(定力:선정의 힘)·혜력(慧力:지혜의 힘).
오련-하다 혱여 1 (형태가 분명하게 나타나지 않아) 보일 듯 말 듯 희미하다. 비아련하다. 2 (빛깔이) 엷고 곱다. 큰우련하다. **오련-히** 閉
오!령 (五齡) 몡 누에가 네 번째 잠을 잔 뒤부터 섶에 올릴 때까지의 사이.
오!례 (五禮) 몡[역] 나라에서 지내는 다섯 가지 의례. 곧, 길례(吉禮)·흉례(凶禮)·군례(軍禮)·빈례(賓禮)·가례(嘉禮).
오례-쌀 몡 올벼로의 쌀. ⓒ오례.
오로라 (aurora) 몡[지] 남극과 북극 지방의 초고층 대기 중에 보이는 발광 현상. 빨강·녹색·흰색 등의 아름다운 색채를 보임. =극광(極光).
오로지 閉 오직 한 곳으로. ¶~ 너만 믿는다. / ~ 학업에 전념할 뿐이다. **오로지-하다** 혱여 오직 한 곳으로 마음을 기울이다.
오!록 (誤錄) 몡 잘못 기록하는 것. 또는, 잘못

된 기록. 비오기(誤記). **오!록-하다** 동(타)여
오롯-이¹ 閉 고요하고 쓸쓸하게. 호젓하게. ¶이십 칸 커다란 집에 시부모님과 나, 이렇게 셋이 ― 모여 앉아 살았다.《전상국: 아베의 가족》
오롯-하다 [-로타-] 혱여 모자람 없이 온전하다. **오롯-이**² 閉 ¶먼 옛날에 이미 잃어버렸던 귀중한 것이 아직 한 점 남아 있다가 ~ 가슴에서 타오르는 느낌이었다.《황순원: 카인의 후예》
오롱이-조롱이 오롱조롱하게 각기 달린 여럿을 이르는 말.
오롱-조롱 閉 몸피가 작은 물건 여럿이 모양과 크기가 각각 다른 모양. ¶~ 딸린 자식들. **오롱조롱-하다** 혱여
오!류 (誤謬) 몡 1 그릇되어 이치에 어긋남. ¶~를 범하다(=바로잡다). 2 [논] 이치에 틀린 인식. 3 [컴] 컴퓨터의 연산 처리 결과가 장치의 잘못된 동작이나 소프트웨어의 잘못에 의해 소기의 것과 다른 결과가 되는 것. =에러(error).
오!류-수정 (誤謬修正) 몡[컴] 프로그램의 오류 부분을 찾아내어 수정하는 일. =디버깅.
오!륙 (五六) 관 오나 육. 또는, 오와 육. ¶~회 / ~ 개월.
오!륜¹ (五倫) 몡 유교(儒敎)에서, 사람으로서 지켜야 할 다섯 가지의 도리. 곧, 군신유의(君臣有義)·부자유친(父子有親)·부부유별(夫婦有別)·장유유서(長幼有序)·붕우유신(朋友有信). =오상(五常)·오전(五典). ▷삼강(三綱).
오!륜² (五輪) 몡 왼쪽으로부터 청색·황색·흑색·녹색·적색의 순으로 5대륙을 상징하여 'W' 자형으로 연결한 다섯 개의 고리.
오!륜-기 (五輪旗) 몡 올림픽을 상징하는 기. 흰 바탕에 5대륙을 상징하는 청색·황색·흑색·녹색·적색의 5개의 고리가 서로 연결되어 그려져 있음. =올림픽기.
오르가슴 (ⓕorgasme) 몡 성교 때에 느끼는 쾌감의 절정. 남자는 이때 사정(射精)을 함.
오르간 (organ) 몡[음] 풍금·파이프 오르간·리드 오르간 등의 총칭.
오르골 (⃝orgel) 몡 조그만 상자 속에 고정된 음계판(音階板)을 장치하여 시계식으로 회전하는 쇠막대기에 돋친 바늘이 음계판에 닿아 자동적으로 음악이 연주되는 장난감.
오르-내리다 동(자)(타) 1 위로 올라갔다 아래로 내려갔다 하다. ¶계단을 걸어서 ~. 2 먹은 음식이 잘 삭지 않고 속이 거북하다. ¶음식이 체하였는지 속이 **오르내린다**. 3 어떤 기준보다 조금 넘었다 모자랐다 하다. ¶신열이 40도를 ~. 4 입에 오르내리다 →입.
오르다 동[불]〈오르니, 올라〉①(자) 1 (사람이나 동물이) 낮은 데에서 높은 데로 움직여서 가다. ¶산에 ~ / 다람쥐가 나무에 ~. 2 (물질이나 물체가) 위쪽을 향해 움직이다. ¶불길이 ~ / 김이 ~ / 막(幕)이 ~. 3 (사람이) 탈것에 몸을 싣다. ⓣ타다. ¶자, 어서 차에 **오르십시오**. ↔내리다. 4 (지위·정도·수량 등이) 이전보다 높아지거나 많아지다. ¶성적이 ~ / 물가가 ~ / 지위가 ~. 5 (어떤 수준에) 이르게 되다. ¶실력이 상위 수준에 ~ / 사업이 궤도에 ~. 6 (술·약 따위의 기운이) 몸 안에 퍼지다. ¶취기가 ~ / 약 기운이 ~. 7 (병균이나 독이) 피부에 옮아 작용을 나타내다. ¶옻이 ~ / 옴이 ~. 8 (독기나 약 등의 감정이) 생겨 일어

나다. ¶약이 ~. **9** (몸에 살이) 많아져 부피가 커지다. [비]찌다. ¶아기가 살이 **올라** 토실토실하다. **10** (때나 먼지가 옷이나 물건에) 묻어 더러워지다. ¶와이셔츠 깃에 때가 새까맣게 **올랐다**. **11** (어떤 일이 관심거리나 이야깃거리에) 있게 되다. ¶여성 문제가 화제에 ~. **12** (낱말이나 어구, 이름 따위가 책이나 문서에) 적히거나 실리다. ¶이름이 족보에 ~/사전에 신조어가 ~. **13** (어떤 음식이 상에) 차려지거나 놓이게 되다. ¶모처럼 밥상에 고기가 ~. **14** (사람이 비교적 먼 길에) 나서서 어떤 목적지를 향해 가는 상태가 되다. ¶귀로에 ~/망명 길에 ~. **15** (사람이나 동물이 바다에서 뭍에) 몸을 옮겨서 두다. ¶조난자가 표류 끝에 육지에 ~/자라가 토끼의 간을 구하기 위해 뭍에 ~. **16** (신이 무당의 몸에) 들려 무당이 영력(靈力)을 얻거나 신격화되다. ¶신이 ~. [2][타] (사람이나 동물이 높이가 있는 물체를) 타고 위쪽으로 움직여 가다. ¶계단을 ~/등반대가 암벽을 ~.

[**오르지 못할 나무는 쳐다보지도 마라**] 불가능한 일은 일찌감치 단념하라는 말.

오르도비스-기(Ordovice紀) [명][지] 고생대 중에서 캄브리아기의 뒤, 실루리아기 앞의 기. 삼엽충·완족류(腕足類) 등이 발달하였으며, 식물은 해조류뿐이었음.

오르되브르([프]hors-d'oeuvre) [명] 정식의 서양 요리에서 수프가 나오기 전에 식욕을 돋우기 위하여 나오는 간단한 요리. 또는, 술안주로 먹는 간단한 요리. =전채(前菜).

오르락-내리락[-랑-] [부] 계속 오르고 내리고 하는 모양. **오르락내리락-하다** [동][자][타][여] ¶엘리베이터는 종일 **오르락내리락하게** 마련이다.

오르르 [부] **1** 조그만 아이나 동물이 한꺼번에 바쁘게 내닫거나 움직이는 모양. ¶학교에서 아이들이 ~ 쏟아져 나온다. **2** 작은 물건이 무너지거나 쏟아지는 모양. **3** 작은 그릇에서 물이 끓어오르는 소리. [큰]우르르. **4** 갑자기 추워서 몸을 옹그리고 떠는 모양. ¶몸을 ~ 떨다. **오르르-하다** [동][자][여]

오르를 [부] '오르르'의 힘줌말.

오르-막 [명] **1** 길이나 지형이 위쪽으로 경사를 이룬 상태. 또는, 그런 길이나 지형. ¶~ 차로/~이 많은 마라톤 코스. **2** 형편이나 형세가 발전하거나 상승하는 상태인 것. ¶인생은 ~과 내리막의 연속이기 마련이다. ↔내리막.

오르막-길[-낄] [명] **1** 길이나 지형이 위쪽으로 경사를 이룬 길. ¶여기서부터는 ~이라 힘이 들겠다. **2** 형편이나 형세가 발전하거나 상승하는 상태. [준]오름길. ↔내리막길.

오른 [관] '오른쪽'의 뜻을 나타내는 말. =바른. ¶~ 뺨/~ 다리. ↔왼.

오른-나사(-螺絲) [명] 시곗바늘이 도는 방향과 같은 방향으로 돌리는 나사. ↔왼나사.

오른-발 [명] 오른쪽에 있는 발. =바른발·우족(右足). ↔왼발.

오른-배지기 [명][체] 씨름에서, 오른쪽 다리와 엉덩이로 상대방의 배를 공격하여 왼쪽으로 돌며 들어서 오른쪽 옆구리를 앞으로 돌려서 배를 지고 넘어뜨리는 기술. ↔왼배지기.

오른-뺨 [명] 오른쪽 뺨. ↔왼뺨.

오른-새끼 [명] 오른쪽으로 꼰 새끼. ↔왼새끼.

오른-손 [명] 오른쪽에 있는 손. =바른손·우수(右手). ↔왼손.

오른손-잡이 [명] 한 손으로 물건을 쥐거나 잡고 어떤 일을 할 때, 주로 오른손을 사용하는 사람. 또는, 어떤 동작을 할 때, 왼손보다 오른손을 능숙하게 사용하는 사람. ↔왼손잡이.

오른-씨름 [명][체] 씨름에서, 샅바를 왼쪽 다리에 끼고 고개와 어깨를 오른쪽으로 돌려 대고 하는 씨름. =바른씨름. ↔왼씨름.

오른-짝 [명] '오른편짝'의 준말. ↔왼짝.

오른-쪽 [명] 북쪽을 향했을 때의 동쪽과 같은 쪽. =오른편·바른쪽·바른편·우방(右方)·우측(右側)·우편(右便). ↔왼쪽.

오른-팔 [명] **1** 오른쪽에 달린 팔. =바른팔·우완(右腕). ↔왼팔. **2** 어떤 사람을 오랫동안 충성스럽게 섬기거나 받들어, 그로부터 가장 신임을 받는 사람. 비유적인 말임.

오른-편(-便) [명] =오른쪽. ↔왼편.

오른-편짝(-便-) [명] 오른쪽의 편짝. =바른편짝·우변(右邊). [준]오른짝. ↔왼편짝.

오름 [명]〈방〉작은 산(제주).

오름-길[-낄] [명] '오르막길'의 준말.

오름-세(-勢) [명] 시세가 오르는 형세. =등귀세(騰貴勢). [비]상승세. ¶물가가 ~를 보이다. ↔내림세.

오름차-순(-次順) [명][수] 다항식에서, 각 항을 차수(次數)가 낮은 것부터 차례로 배열하는 일. ↔내림차순.

오름-폭(-幅) [명] 주가 따위의 시세가 오른 폭. ↔내림폭.

오리[1] [명] [1][자립] 실·나무·대 따위의 가늘고 길게 오린 조각. [2][의존] [1]을 세는 단위로 이르는 말.

오ː리[2] [명][동] **1** 오릿과에 속하는 소형 물새의 총칭. 발가락 사이에 물갈퀴가 있으며 부리는 편평함. 하구·호수 등에 살며, 청둥오리·검둥오리 등이 있음. **2** '집오리'의 준말. 세는 단위는 마리·수(首).

오ː리[3](汚吏) [명] 청렴하지 못한 관리. ¶탐관~. ↔청리(淸吏).

오ː리-걸음 [명] **1** 쪼그려 앉은 자세에서 좌우의 발을 번갈아 내딛으며 앞으로 나아가는 일. 흔히, 두 손은 뒷짐을 짐. ¶아이들이 벌을 받느라 ~으로 운동장을 돌고 있다. **2** 엉덩이를 뒤로 내밀고 엉거주춤한 자세로 뒤뚱거리며 걷는 걸음. ¶허리를 다친 그 할머니는 어기적어기적 ~을 걸었다.

-오리까 [어미] 선어말 어미 '-오-' 뒤에 물음을 나타내는 어말 어미 '-리까'가 붙어, '합쇼' 할 상대에게 동작이나 상태에 대한 의향을 묻는 종결 어미. ¶제가 대신 만나~?/어찌 하~? ▷-으오리까.

오리-나무 [명][식] 자작나뭇과의 낙엽 활엽 교목. 높이 20m 정도. 3~4월에 잎보다 먼저 어두운 자갈색 꽃이 피고, 열매는 솔방울 모양이며 가을에 익음. 재목은 건축과 가구 제작에 쓰이고, 껍질과 열매는 염료로 쓰임. 산야의 습한 땅에 자람. =적양(赤楊).

오리다[1] [동][타] (종이나 천 따위를) 가위 따위로 일정한 모양이 되게 베어 내다. ¶종이를 둥글게 ~/신문에 난 기사를 ~.

-오리다[2] [어미] 선어말 어미 '-오-'에 어말 어미 '-리다'가 붙어, '합쇼' 할 상대에게 '그리하겠습니다'의 뜻으로 자기 의사를 나타내는 종결 어미. ¶제가 그리 가~./내일은 떠나~. ▷-으오리다.

오ː리무중(五里霧中) [명] [5리나 되는 짙은 안개 속에 있다는 뜻) 짙은 안개 속에서 방향을 찾지 못하는 것처럼, 무슨 일에 대하여 갈피를 못 잡고 알 길이 없음을 일컫는 말. ¶사건이 ~에 빠지다 / 그의 행방은 ~이다.

오리-발 명 1 물속에서 수영할 때 헤엄이 잘 쳐지도록 발에 신거나 끼우는, 오리 물갈퀴 모양의 물건. =물갈퀴. 2 (주로 '오리발을 내밀다'의 꼴로 쓰여) 딱 잡아떼거나 얼버무리는 태도를 보이는 것을 속되이 이르는 말. ¶철석같이 약속해 놓고는 이제 와서 ~을 내밀어?

오리엔탈리즘(orientalism) 명 [문] 1 동양의 정신문화를 고양(高揚)하는 입장. 2 동양의 언어·문학·종교 등을 연구하는 학문. ⓑ동양학.

오리엔테이션(orientation) 명 어떤 단체에 새로 들어온 사람에게, 새로운 환경에 잘 적응할 수 있도록 하기 위해 베푸는 예비 교육. 특히, 신입생·신입 사원 등에게 학교나 회사의 연혁·조직·구조·룰·운영 방침 등을 설명하는 일.

오리엔트(Orient) 명 ['해가 뜨는 곳'이라는 뜻] 로마 시대부터 동방(東方), 곧 서아시아와 이집트를 포함하는 지역을 가리키던 말. 오늘날에는 유럽과 미국에서 동양(東洋), 곧 동부 아시아의 여러 나라를 가리키는 말로 쓰임.

오리온(Orion) 명 1 [신화] 그리스 신화에 나오는 거대한 사냥꾼. 2 [천] =오리온자리.

오리온-자리(Orion-) 명 [천] 하늘의 적도 양쪽에 걸쳐 있는 별자리. 겨울에 남중쪽 하늘 높이 보임. =오리온.

오리지널(original) 명 복제·각색·모조품 등에 대하여 원작·진품(眞品) 등을 이르는 말.

오리-털 명 오리의 털. 가볍고 따뜻하여 방한복이나 베갯속, 이불 등의 재료로 씀. ¶~ 파카.

오막(-幕) 명 '오두막'의 준말.

오막-살이(-幕-) [-싸-] 명 1 아주 작고 초라한 집. ⓑ오두막. ¶갯가길 옆 ~. 2 아주 작고 초라한 집에서 사는 일. ¶언제 이 ~을 면할꼬?

오!만¹(五萬) 관 매우 많은 수량을 과장하여 이르는 말. ¶~ 욕을 다 듣다 / ~ 가지 물건이 다 있다.

오!만²(傲慢) →**오!만-하다** 형여 버릇없고 젠체하는 태도가 있다. ¶오만한 태도 / 오만하게 굴다.

오!만³(Oman) 명 [지] 아라비아 반도 남동부에 위치한 토후국(土侯國). 수도는 무스카트.

오!만-불손(傲慢不遜) [-쏜] 명 태도나 행동이 거만하고 공손하지 못함. **오!만불손-하다** 형여 **오만불손한** 언사.

오!만-상(五萬相) 명 얼굴을 잔뜩 찌푸린 형상. ¶~을 찌푸리다 [찡그리다].

오!만-소리(五萬-) 명 수다하게 지껄이는 구구한 소리. ¶~를 다 듣겠네.

오!만-스럽다(傲慢-) [-따] 형ⓑ <-스러우니, -스러워> 오만한 데가 있다. **오!만스레** 부

오!망(迂妄) 명 하는 짓이나 태도가 엉뚱하고 요망스러운 것. ¶~을 떨다 / ~을 부리다. 원우망(迂妄). **오!망-하다** 형여

오!망-스럽다(迂妄-) [-따] 형ⓑ <-스러우니, -스러워> 오망한 데가 있다. **오!망스레** 부

오매(寤寐) 명 깨어 있을 때나 자고 있을 때. ¶그 여자를 ~에도 잊지 못하다.

오매-불망(寤寐不忘) 명 자나 깨나 잊지 못함. ¶고향에 두고 온 가족을 ~ 그리워하다. **오매불망-하다** 동타여

오면-가면 부 오면서 가면서. ¶~ 들르는 술집.

오!면-체(五面體) 명 [수] 다섯 평면으로 둘러싸인 입체.

오!명(汚名) 명 더러워진 이름이나 명예. ¶매국노의 ~을 씻다 [뒤집어쓰다].

오목(五目) 명 두 사람이 바둑판에 흰 돌과 검은 돌을 번갈아 놓아, 외줄로나 모로 다섯 개를 먼저 줄지어 놓으면 이기는 놀이. ¶~을 두다.

오목^거울 [-꺼-] 명 [물] 반사면이 오목한 구면(球面) 거울. =오목면경·요경(凹鏡)·요면경. ↔볼록 거울.

오목-눈[-농-] 명 오목하게 들어간 눈.

오목눈-이[-농-] 명 1 [동] 박샛과의 새. 몸길이가 14cm 정도. 긴 꽁지를 가진 가는 몸이 특징임. 깃털은 흑색과 백색이며 등과 배는 분홍색을 띰. 곤충·거미 따위를 잡아먹는 익조(益鳥)임. 우리나라의 산림 전역에서 번식하는 흔한 텃새임. 2 눈이 오목한 사람을 놀려 이르는 말.

오목^다각형(-多角形) [-따가켱] 명 [수] 다각형의 한 변 또는 여러 번을 연장하면 그 도형 안을 통과하는 다각형. 적어도 한 각의 내각(內角)이 180°보다 커야 함. 구용어는 요다각형(凹多角形). ↔볼록 다각형.

오목^렌즈(-lens) 명 [물] 가운데가 얇고, 가장자리로 갈수록 두꺼워지는 렌즈. 빛을 발산하는 작용을 하므로 근시의 교정에 쓰임. ↔볼록 렌즈.

오목면-경(-面鏡) [-몽-] 명 [물] =오목 거울. ↔볼록면경.

오목-오목 부 바닥이 군데군데 조금씩 들어간 모양. ¶눈 위에 발자국이 ~ 나다. ⓑ우묵우묵. **오목오목-하다** 형여 ¶길바닥이 오목오목하게 패어 있다.

오목-조목 부 [-조-] 조금 큰 것과 잔 것이 오목오목하게 섞여 있는 모양. ⓑ우묵주묵. **오목조목-하다** 형여 ¶얼굴이 오목조목하게 생기다.

오목-판(-版) 명 [인] 인쇄판 형식의 하나. 인쇄할 문자나 도형 부분이 다른 면보다 옴폭하게 들어간 판. 그라비어 판 따위. =요판(凹版). ↔볼록판.

오목판^인쇄(-版印刷) 명 [인] 오목판을 사용하여 하는 인쇄. 그라비어인쇄 따위. =요판 인쇄.

오목-하다[-모카-] 형여 가운데가 조금 둥글게 깊다. ¶오목한 그릇 / 보조개가 오목하게 지다. ⓑ우묵하다.

오!묘(奧妙) →**오!묘-하다** 형여 심오하고 미묘하다. ¶자연의 오묘한 이치 / 오묘한 신의 섭리.

오!묘-스럽다(奧妙-) [-따] 형ⓑ <-스러우니, -스러워> 오묘한 데가 있다. **오!묘스레** 부

오!물(汚物) 명 더럽고 지저분한 물건. ¶~ 처리장 / ~을 치우다.

오물-거리다/-대다 동짜 1 작은 벌레나 물고기 따위가 한군데에 모여 곰지락거리다. 2 음식을 입에 넣고 시원스럽지 않게 자꾸 씹다. ¶찹쌀떡 입을 ~. 3 말을 시원스럽게 하지 않고 중얼거리다. ⓑ우물거리다.

오물딱-쪼물딱 閉〈속〉어떤 일을 제대로 하지 않고 적당히 하는 모양. ¶말단 직원이 업무를 윗사람과 의논도 없이 ~ 해치웠다. **오물딱쪼물딱-하다** 图(타)여

오!물-세(汚物稅)[-쎼] 图 쓰레기나 분뇨 등을 치워 가는 데 대한 수수료. 주로, 시나 군에서 징수함.

오물-오물 閉 오물거리는 모양. ⓔ우물우물. **오물오물-하다** 图(자)여

오므라-들다 图(자)〈~드니, ~드오〉점점 오므라져 들어가다. ¶나팔꽃은 새벽에 꽃잎이 활짝 펴고, 저녁에 해가 지면 **오므라들기** 시작한다. ⓔ우므러들다.

오므라-뜨리다/-트리다 图(타) 힘주어 오므리다. ¶한사코 입을 **오므라뜨리고**, 말하려 하지 않는다. ⓔ우므러뜨리다.

오므-라이스(←†omelet rice) 图 채소와 고기를 잘게 썰어 넣고 케첩을 섞어 볶은 밥을 얇게 부친 달걀로 싼 서양식 요리.

오므라-지다 图(자) 물건의 가장자리 끝이 한군데로 향하여 모이다. ⓔ우므러지다.

오므리다 图(타) 오므라지게 하다. ¶입을 ~ / 다리를 좀 **오므려라**. ⓔ우므리다.

오믈렛(omelet) 图 고기・양파 따위를 잘게 썰어 양념한 것을 지진 달걀로 싼 서양식 요리.

오!미(五味) 图 신맛・쓴맛・짠맛・매운맛・단맛의 다섯 가지 맛.

오!미-자(五味子) 图 [단맛・짠맛・신맛・쓴맛・매운맛의 다섯 가지 맛이 나는 열매라는 뜻] [한] 오미자나무의 열매. 기침・갈증에 쓰며, 땀과 설사를 멈추는 데도 효력이 있음.

오!미자-나무(五味子-) 图[식] 목련과의 낙엽 덩굴식물. 6~7월에 향기로운 황백색의 꽃이 피고, 가을에 붉은 열매가 익는데 한약재로 씀. 산기슭의 돌이 많은 비탈에 흔히 남.

오밀-조밀(奥密稠密) 图 **1** (솜씨나 재간이) 썩 세밀하고 교묘한 모양. **2** (마음씨가) 꼼꼼하고 자상한 모양. **오밀조밀-하다** 阆여 오밀조밀한 조각품 / 정원을 **오밀조밀하게** 꾸미다.

오바댜-서(←Obadiah書) 图[성] 구약 성서 중의 한 권.

오바이트(←†overeat) 图〈속〉과음(過飮)한 뒤 먹은 것을 게우는 일. **오바이트-하다** 图(자)여

오!발(誤發) 图 **1** (총포 따위를) 잘못하여 쏘는 것. ¶총기 ~ 사고. **2** 실수로 말을 잘못하는 것. **오!발-하다** 图(타)여 **오!발-되다** 图(자)

오!발-탄(誤發彈) 图 실수로 쏜 탄환.

오!-밤중(午-中)[-쭝] 图 =한밤중. ¶이 ~ 에 어디를 가자는 건가?

오!방¹(午方) 图 24방위의 하나. 정남(正南)을 중심으로 한 15도 각도 안. ⓔ오!方.

오!방²(五方) 图 동・서・남・북과 중앙. 곧, 사방과 가운데.

오방-떡(←@大判/おおばん-) 图 타원형의 판에 묽은 밀가루 반죽과 팥소를 넣어 만든 풀빵.

오!방-신장(五方神將) 图[민] 오방을 맡은 다섯 신. 곧, 동은 청제(青帝), 서는 백제(白帝), 남은 적제(赤帝), 북은 흑제(黑帝), 중앙은 황제(黃帝). =오제(五帝)・방위신・오방장군.

오!비¹(†over) 图 =외투.
오!비²(†over) 图 **1** 한도를 넘는 것. **2** 배우나 연기자가 과장된 연기를 하는 것. ⓔ오버센. **3** 이목을 끌기 위해 과장되거나 과잉된 행동을 하는 것. **오!비-하다** 图(자)여 ¶정원을 ~ / 너 오늘따라 오버하고 그래? **오!비-되다** 图(자) **오!비된** 연기.

오!비³(over) 瞥 무선 통신 따위에서, 한쪽 대화의 끝을 알릴 때 하는 말. ¶"여기는 독수리, 본부 나와라 ~."

오!비^네트(over net) 图[체] 배구・테니스・배드민턴에서, 선수의 손・라켓이 네트를 넘어 상대편 코트에 있는 공에 닿는 반칙.

오!비랩(overlap) 图[영] 영화에서, 한 화면에 다른 화면을 겹쳐 먼저 화면이 서서히 사라지게 하는 촬영 방법. =오엘(O.L.).

오!비-론(over loan) 图[경] 금융 기관이 예금의 한도를 넘어서 대출하는 일. =대출 초과.

오!비-센스(†over sense) 图 너무 예민하거나 지나친 생각.

오!비액션(overaction) 图 배우의 과장된 연기.

오!비코트(overcoat) 图 =외투(外套).

오!비타임(overtime) 图[체] 운동 경기에서 규정된 횟수나 시간을 초과하는 반칙.

오!비-페이스(†overpace) 图 운동을 하거나 어떤 일을 할 때, 자기의 체력이나 능력의 한도를 넘어서게 하는 일. ¶자기 페이스를 지키지 못하고 ~를 범하다.

오!비핸드^스로(overhand throw) 图[체] 야구에서, 투수가 팔을 어깨 위로 올렸다가 아래로 내리면서 공을 던지는 방법. =오버스로.

오!비히트(overheat) 图 엔진 등이 어느 한도 이상으로 고온(高溫)이 되는 일. ⓔ과열(過熱).

오벨리스크(obelisk) 图 고대 이집트의 태양 숭배의 상징으로 세워진 기념비. 네모진 거대한 돌기둥으로, 위쪽으로 갈수록 가늘어짐. =방첨탑(方尖塔).

오!보(誤報) 图 (어떤 소식을) 사실과 다르게 잘못 보도하는 것. 또는, 그 보도. ¶~를 정정하다 / 그 신문의 기사는 ~임이 밝혀졌다. **오!보-하다** 图(타)여 **오!보-되다** 图(자)

오보록-하다[-로카-] 阆여 많은 풀이나 나무 따위가 한데 뭉쳐 다보록하다. ⓔ오복하다. ⓔ우부룩하다. **오보록-이** 閉

오보에(@oboe) 图[음] 고음을 내는 목관 악기. 아름답고 부드러운 음색이 특징이며, 실내악・관현악 등에 널리 쓰임.

오!복(五福) 图 다섯 가지 복. 곧, 수(壽)・부(富)・강녕(康寧)・유호덕(攸好德:덕을 즐겨 행함)・고종명(考終命:명대로 삶).

오복-하다[-보카-] 阆여 '오보록하다'의 준말. ⓔ우북하다. **오복-이** 閉

오!분-도(五分搗) 图 현미에서 씨눈을 전부 남기되, 현미 중량의 97% 정도가 되게 도정하는 일.

오!분도-미(五分搗米) 图 현미 중량의 97% 정도가 되게 도정한 쌀.

오불관언(吾不關焉) [나는 상관하지 않는다는 뜻] 남의 일에 무관심하거나 간여하지 않으려는 태도를 이르는 말. ¶옆집에 굶는 사람이 있어도 불행한 사람이 있어도 ~다.《윤태림:어머니의 길》 **오불관언-하다** 图(타)여

오붓-하다[-부타-] 阆여 **1** 귀찮거나 불필요한 대상이 없어 흡족한 상태에다. ¶휴일을 단둘이서 **오붓하게** 지내다. **2** (살림이

나 그 밖의 대상이) 알차고 넉넉하다. ¶큰 부자는 아니지만 **오붓한** 살림이다. **오붓-이** 閈

오브제(㏂objet) 몡 ['물체'라는 뜻] 1인식의 대상이나 목적물. ¶꽃을 ~로 한 시(詩). 2[미] 자연의 물체나 기성품 또는 그 부분품으로 작품을 만든 것. 다다이즘·쉬르레알리슴에서 일반화된 예술 수법임.

오븐(oven) 몡 조리 재료를 밀폐한 후 가열하여 건열(乾熱)로 음식이 익게 만들어진 조리 기구.

오블라토(㏂oblato) 몡 녹말로 만든 반투명의 얇은 종이 모양의 물건. 끈적거리는 과자나 약을 싸서 먹기 좋게 만드는 데에 씀.

오비(OB) 몡 [old boy] (주로 졸업생과 재학생이 경기하는 문맥에 쓰여) 학교의 졸업생. 또는, 졸업생으로 이루어진 팀. ¶재학생 팀과 ~ 팀과의 친선 경기.

오비다 퇸 '우비다'의 작은말. 곈호비다.

오비-삼척(吾鼻三尺) 몡 자기 사정이 어려워 남의 사정을 돌볼 겨를이 없다는 말. '내 코가 석 자'와 같은 말.

오비이락(烏飛梨落) 몡 아무 관계없이 한 일이 우연히 다른 일과 때가 같아, 둘 사이에 무슨 관계라도 있는 것처럼 의심을 받게 된다는 말. '까마귀 날자 배 떨어진다'와 같은 말.

오비작-거리다/-대다[-꺼(때)-] 퇸 계속하여 오비다. ¶귀를 ~. 큰우비적거리다. 곈호비작거리다.

오비작-오비작 閈 오비작거리는 모양. 큰우비적우비적. 곈호비작호비작. **오비작오비작-하다** 퇸

오빠 몡 1같은 부모한테서 태어난 사람 사이에서, 여자가 자기보다 나이가 위인 남자를 이르거나 부르는 말. ¶~는 나에게 무척 잘해 준다. ↔내 말 좀 들어 봐. 2여자가 일가친척 가운데 항렬이 같으면서 나이가 위인 남자를 이르거나 부르는 말. ¶사촌 ~. ↔동생. 3나이가 약간 차이 나는 남남끼리의 관계에서, 나이가 적은 여자가 나이가 위인 남자를 가리켜 정다움을 나타내어 이르거나 부르는 말. ¶이웃집 ~. ↔누나.

오빠-부대(-部隊) 몡 〈속〉 공연장이나 경기장에 몰려다니면서 남자 대중 가수나 운동선수 등에게 열광적으로 환호하는 소녀의 무리.

오:사(誤死) 몡 형벌이나 재난을 당하여 비명에 죽는 것. **오:사-하다** 퇸 재

오:-사리 몡 1이른 철의 사리에 잡힌 해산물. 2이른 철의 사리에 잡힌 새우. 잡것이 많이 섞여 있음. 3이른 철에 농작물을 거두는 일. 또는, 그 농작물. ↔늦사리.

오:사리-잡놈(-雜-)[-잠-] 몡 [오사리를 잡아 놓은 잡것처럼 많이 섞여 나온다고 하여 생긴 말] 1온갖 못된 짓을 거침없이 하는 잡놈. 2여러 종류의 잡된 무리. =오색잡놈. ×오합잡놈.

오사바사-하다 톔 1태도가 부드럽고 사근사근하다. 또는, 그런 태도가 지나쳐 간사스럽다. ¶한데 최 일병 자신이 내게 편지하리라고는 생각할 수 없었고, 그의 아버지 또한 **오사바사하게** 편지를 낼 성격이 아니었다.⟨김국태: 떨리는 손⟩ 2정답고 살가워 잔재미가 있다. ¶다 늙어 가지고 부부 사이에 뭐 그리 **오사바사하**겠소?

오삭-거리다 톹자대 '와삭거리다'의 잘못.

오삭-오삭 閈 1=오슬오슬. 2'와삭와삭'의 잘못.

오:산(誤算) 몡 1잘못 셈하는 것. 또는, 그 셈. 2그 이해관계를 잘못 계산하는 것. 또는, 그 계산. ¶그렇게 생각한다면 ~일세. **오:산-하다** 퇸 재

오:살(五殺) 몡 [역] 사형(死刑)의 한 방법. 주로 역적(逆賊)을 처형할 때 이용한 형벌로, 죄인의 머리를 찍어 죽인 다음 팔다리를 베었음.

오:상(五常) 몡 1=오륜(五倫).¹ 2인(仁)·의(義)·예(禮)·지(智)·신(信)의 다섯 가지 덕. 3아버지는 의리로, 어머니는 자애로, 형은 우애로, 아우는 공경으로, 자식은 효도로 대해야 하는 마땅한 길. =오전(五典).

오:상-고절(傲霜孤節) 몡 [서릿발이 심한 속에서도 굴하지 않고 외로이 지키는 절개라는 뜻] '국화(菊花)'를 비유하여 이르는 말.

오:색(五色) 몡 1청색·황색·적색·백색·흑색의 다섯 가지 빛깔. ¶~ 깃발. 2여러 빛깔. ¶~ 무지개.

오:색-구름(五色-)[-꾸-] 몡 다섯 가지 빛깔로 빛나는 구름. =오운(五雲).

오:색-실(五色-)[-씰] 몡 1청색·황색·적색·백색·흑색의 다섯 가지 빛깔의 실. 2여러 가지 빛깔의 실. ¶~로 수놓은 병풍.

오:색영롱(五色玲瓏) [-생녕농] →**오:색영롱-하다** [-생녕농-] 톀 여러 가지 빛깔이 어울려 눈부시게 찬란하다. ¶**오색영롱한** 아침 이슬.

오:색-잡놈(五色雜-)[-짬-] 몡 =오사리잡놈. ¶~이 다 모였군.

오:색찬란(五色燦爛) [-찰-] →**오:색찬란-하다**[-찰-] 톀 여러 가지 빛깔이 한데 섞여 황홀하게 아름답다. ¶**오색찬란한** 금은보석.

오서독스(orthodox) →**오서독스-하다** 톀 '정통적이다', '정통파이다'로 순화. ¶**오서독스한** 복싱 스타일.

오:석(烏石) 몡 [광] =흑요암(黑曜巖).

오:선(五線) 몡 [음] 악보에 쓰이는 다섯 줄의 평행선.

오:선-지(五線紙) 몡 [음] 악보를 적을 수 있도록 오선이 그어진 종이.

오:성(悟性) 몡 [철] 사물에 대하여 개념을 만들고 판단을 내리는 인간의 능력. ▷감성·이성.

오:성^장군(五星將軍) 몡 [군] 계급장의 별이 다섯 개인 장군. 곧, 원수(元帥).

오세아니아(Oceania) 몡 [지] 육대주의 하나. 멜라네시아·미크로네시아·폴리네시아·오스트레일리아·뉴질랜드를 포함하는 섬과 대륙의 총칭. =대양주(大洋洲)·오세아니아 주.

오세아니아^주(Oceania洲) 몡 [지] '오세아니아'를 주(洲)로서 일컫는 말.

오:^소:경(五小京) 몡 [역] 통일 신라 시대의 다섯 소경. 곧, 김해의 금관경(金官京), 충주의 중원경(中原京), 원주의 북원경(北原京), 청주의 서원경(西原京), 남원의 남원경(南原京).

오소리 몡 [동] 포유류 족제빗과의 한 종. 몸길이 70~90cm. 너구리와 비슷하나, 앞발에는 큰 발톱이 있어서 땅굴을 파기에 알맞다. 낮에는 숲 속에 굴을 파고 살며, 겨울잠을 잠. 모피는 방한용, 털은 붓·솔 등을 만드는 데 씀.

오소리-감투 몡 털이 붙은 오소리의 가죽으

로 만든 벙거지.
[오소리감투가 둘이다] 일을 맡아서 처리하는 사람이 둘 있어 서로 다툼을 이르는 말.
오소소 閈 잔 물건이 소복하게 쏟아지는 모양. 원우수수. **오소소-하다** 困.
오ː손(汚損) 몡 더럽히고 손상하는 것. **오ː손-하다** 튐(여) **오ː손-되다** 튐(자)
오손-도손 閈 '오순도순'의 잘못.
오솔-길[-낄] 몡 산이나 숲 등에 나 있는, 한두 사람이 나란히 갈 만한 정도의 좁고 한적한 길. ¶숲 사이로 난 ~을 걸으며 사색에 잠기다.
오ː수¹(午睡) 몡 =낮잠. ¶~를 즐기다.
오ː수²(汚水) 몡 =구정물1.
오수-경(烏水鏡) 몡 검은 빛깔의 수정으로 된 알을 박은 안경. 오경.
오-수정(烏水晶) 몡[광] =흑수정(黑水晶).
오순-도순 閈 사람들이, 특히 식구들이 의좋게 이야기를 나누거나 행복하게 함께 살아가는 모양. ¶~ 재미있게 살다 / 온 가족이 모여 ~ 이야기꽃을 피우다. ×오손도손.
오스뮴(osmium) 몡[화] 은회색의 광택이 나는 금속 원소. 원소 기호 Os, 원자 번호 76, 원자량 190.2. 비중은 물질 중에서 최대이며, 녹는점도 텅스텐 다음으로 높음. 전기 접점(接點) 재료, 만년필의 펜촉 등에 씀.
오스스 閈 차고 싫은 기분이 몸에 스르르 느껴지는 모양. ¶갑자기 밤바람을 쐬자 ~ 이 떨렸다. 큰으스스. 쫙아스스. **오스스-하다** 휑(여) ¶늦가을 바람이 옷깃에 스며 ~.
오스카-상(Oscar賞) [영] =아카데미상.
오스트랄로피테쿠스(Australopithecus) 몡[고고] 아프리카에서 발견된 화석 인류. 원인(猿人)에 속하고, 300만 년 전 무렵에 생존했다고 생각되며, 직립 보행(直立步行)을 함.
오스트레일리아(Australia) 몡[지] 오스트레일리아 대륙의 대부분을 차지하는, 영국 연방 내의 자치국. 수도는 캔버라. 음역어는 호주(濠洲).
오스트리아(Austria) 몡[지] 중부 유럽에 있는 공화국. 수도는 빈. 음역어는 오지리(墺地利).
오슬-오슬 閈 소름이 끼칠 듯이 몸이 자꾸 움츠러지면서 추위지는 모양. =오삭오삭. ¶몸살이 나서 ~ 춥고 떨린다. 큰으슬으슬. 쫙아슬아슬. **오슬오슬-하다** 휑(여)
오ː시(午時) 몡 1 십이시의 일곱째 시. 곧, 오전 11시부터 오후 1시까지의 동안. 2 이십사시의 열셋째 시. 곧, 오전 11시 30분부터 오후 12시 30분까지의 동안. 준오(午).
오시아르(OCR) 몡 [optical character reader] [컴] =광학 문자 판독기.
오ː식(誤植) 몡[인] 활판에 활자를 잘못 꽂는 것. **오ː식-하다** 튐(여)
오ː신(誤信) 몡 그릇 믿는 것. **오ː신-하다** 튐(여)
오ː-신채(五辛菜) 몡 =오훈채(五葷菜).
오실로그래프(oscillograph) 몡[물] 기계적 진동이나 전류·전압 등의 시간적 변화를 관측·기록하는 장치.
오실로스코프(oscilloscope) 몡[물] 전압·전류의 시간적 변화를 직접 눈으로 관찰하는 장치.
오ː심¹(五心) 몡[수] 삼각형의 외심·내심·방심·무게 중심·수심의 총칭.
오심²(惡心) 몡[한] 가슴 속이 불쾌하면서 토할 듯한 기분이 생기는 현상.
오ː심³(誤審) 몡 잘못 심판하는 것. 또는, 그 릇된 심판. **오ː심-하다** 튐(타여)
오ː십(五十) I 囧 '쉰'의 한자어 계통의 수사. 아라비아 숫자로는 '50', 로마 숫자로는 'L'로 나타냄. ¶~은 오의 열 배. II관 '쉰', '쉰째'의 뜻. ¶~ 명 / ~ 년.
오ː십-견(五十肩) 몡[-견] <속> '견비통'을 50대에 주로 발병한다고 하여 이르는 말.
오ː십보-백보(五十步百步) [-뽀-뽀] 몡 [오십 보 도망친 사람이 백 보 도망친 사람을 보고 겁쟁이라고 비웃는다는 비유에서] 좀 낫고 못하고의 차이는 있으나 서로 엇비슷함. ¶이렇게 하나 저렇게 하나 결과는 ~다.
오싹 閈 무섭거나 추워서 별안간 몸이 움츠러드는 모양. ¶소름이 ~ 돋다. **오싹-하다** 튐(자여) ¶등골이 오싹하도록 무서운 괴기 영화.
오싹-오싹 閈 매우 무섭거나 추워서 몸이 자꾸 움츠러드는 모양. ¶소름이 ~ 끼치다. **오싹오싹-하다** 튐(자여) ¶감기가 들었는지 몸이 ~.
오아시스(oasis) 몡 1 사막 가운데에 샘이 솟아 오르고 식물이 자라는 곳. 2 비유적으로 쓰여, 인생의 위안이 되는 것. 또는, 그런 장소. ¶사랑의 ~을 찾아 떠나다.
오ː악(五岳·五嶽) 몡 1 우리나라의 이름난 다섯 산. 곧, 금강산·묘향산·지리산·백두산·삼각산. 2 중국의 다섯 영산(靈山). 곧, 태산(泰山)·화산(華山)·형산(衡山)·항산(恒山)·숭산(嵩山). 3 사람의 얼굴에서 이마·코·턱·좌우 광대뼈.
오ː안(五眼) 몡[불] 수행에 의하여 도를 이루어 가는 차례를 다섯으로 나눈 것. 곧, 육안(肉眼)·천안(天眼)·법안(法眼)·혜안(慧眼)·불안(佛眼).
오야붕(親分/おやぶん) '두목', '우두머리'로 순화.
오ː양 '자두'의 잘못.
오양-나무 '자두나무'의 잘못.
오ː언^고ː시(五言古詩) 몡[문] 한 구가 오언으로 된 고체시(古體詩).
오ː언-시(五言詩) 몡[문] 한 구가 다섯 글자로 된 한시(漢詩).
오ː언^율시(五言律詩) [-뉼씨] 몡[문] 오언 팔구(八句)로 된 율시. =오언율.
오ː언^절구(五言絕句) 몡[문] 오언 사구(四句)로 된 한시(漢詩). 오언 율시와 함께 근대적인 한시형(漢詩型)의 하나로, 중국 당나라 때에 성행하였음. 준오절.
오에스(OS) 몡 [operating system] [컴] =운영 체제.
오에이(OA) 몡 [office automation] =사무 자동화.
오엑스-문제(OX問題) 몡 문제를 보고 맞는 것에 'O' 표, 틀린 것에 '×' 표를 하여 답안을 작성하게 하는 시험 문제.
오엘(O.L.) 몡 [overlap] [영] =오버랩.
오엠아르(OMR) 몡 [optical mark reader] =광학 마크 판독기.
오ː역(誤譯) 몡 원문의 뜻과 다르게 잘못 번역하는 것. 또는, 그 번역. **오ː역-하다** 튐(타여) **오ː역-되다** 튐(자)
오ː연(傲然) →**오ː연-하다** 휑(여) 태도가 거만스럽다. **오ː연-히** 閈
오열¹(五列) 몡 '제오 열(第五列)'의 준말.
오열²(嗚咽) 몡 흐느끼거나 목메어 우는 것.

오열-하다 통[자][여] ¶그는 복받치는 슬픔을 더 이상 누르지 못하고 오열하였다.
오염(汚染) 명 1 어떤 물질이나 자연환경 등이) 좋지 않은 것들에 섞이거나 영향을 받아 더러워지거나 훼손되는 것. ¶대기 ~ / 방사능 ~ / ~ 물질. 2 (마음이나 생각 등이) 나쁜 영향을 받아 본래의 좋은 상태를 잃게 된 것. 비유적인 말임. 오염-되다 통[자] ¶폐수로 오염된 강물.
오염-도(汚染度) 명 오염된 정도.
오염-원(汚染源) 명 환경오염의 근원이 되는 것. 곧, 자동차의 배기가스나 공장 폐수 따위.
오예(汚穢) 명 지저분하고 더러운 것. 또는, 더러워진 것. ¶조신는 새삼스럽게 제 몸이 추악하게 생기고 마음이 ~로 찬 것을 깨달았다.《이광수:꿈》
오오열열(嗚嗚咽咽) 명 몹시 목메어 욺.
오:욕¹(五慾) 명 [불] 색(色)·성(聲)·향(香)·미(味)·촉(觸)의 오경(五境)에 집착하여 일으키는 다섯 가지 정욕.
오:욕²(汚辱) 명 명예를 더럽혀 욕되게 하는 것. ¶~으로 점철된 역사 / ~을 씻다. 오:욕-하다 통[타][여]
오:용(誤用) 명 잘못 사용하는 것. 오:용-하다 통[타][여] ¶약을 ~. 오:용-되다 통[자]
오:월(五月) 명 한 해의 열두 달 가운데 다섯째 달.
오월-동주(吳越同舟) 명 [오랫동안 적대 관계에 있었던 오나라와 월나라 군사가 한 배를 타고 풍랑을 만난다면, 서로 단합하여 풍랑과 싸울 것이라는 데서] 사이가 나쁜 사람끼리 마주치는 같은 장소·입장에 놓이게 됨. 또는, 서로 반목하면서도 같은 곤란과 이해관계에 대하여 협력함을 빗대어 이르는 말.
오:위(五衛) 명 [역] 조선 문종(文宗) 때 군제를 고쳐 정한 다섯 위(衛). 곧, 중위(中衛)로 의흥(義興), 좌위(左衛)로 용양(龍驤), 우위(右衛)로 호분(虎賁), 전위(前衛)로 충좌(忠佐), 후위(後衛)로 충무(忠武)를 두었음.
오유(烏有) 명 사물이 아무것도 없게 됨.
오:음(五音) 명 [음] 중국 음악 또는 국악에서, 한 옥타브 안에서 쓰인 다섯 음률. 곧, 궁(宮)·상(商)·각(角)·치(徵)·우(羽). 오성(五聲).
오:음^음계(五音音階) [-의/-게] [음] 오음으로 이루어진 음계. 한국·중국 음악의 기초를 이룸.
오:의(奧義) [-의/-이] 명 매우 깊은 뜻. 오지(奧旨).
오이 명 1 [식] 박과의 한해살이 덩굴풀. 덩굴손으로 감아 벋으며, 여름에 노란 꽃이 핌. 열매는 원기둥 모양이고 황갈색으로 익음. 2 1의 열매. 흔히 찬거리로 쓰며, 김치를 담그기도 함. 세는 단위는 개·거리(50개)·접(100개). 비물외. 준외.
오이-김치 명 오이로 담근 김치. 준외김치.
오이-냉국(-冷-) [-꾹] 명 오이를 잘게 썰어 간장에 절인 다음, 냉국에 넣고 파·초·고춧가루를 친 음식. =오이찬국.
-오이다 어미 모음이나 'ㄹ' 받침으로 끝나는 어간, 또는 어미 '-시-' 아래에 붙어, '합쇼' 할 상대에게 현재의 사실을 설명하는 종결어미. 어간 끝 음절의 'ㄹ' 받침은 탈락됨. ¶제 아우이~. / 황공하~. 준-외다. ▷-으오이다.

오이디푸스(Oedipus) 명 [신화] 그리스 신화에 나오는 테베 왕의 아들. 부왕을 죽이고 생모(生母)와 결혼하게 되리라는 아폴론의 신탁(神託) 때문에 버려졌으나, 결국은 그대로 되자 스스로 두 눈을 빼고 방랑함. 영어명은 에디퍼스.
오이디푸스^콤플렉스(Oedipus complex) 명 [오이디푸스 왕이 아버지를 죽이고 어머니를 아내로 맞이한 그리스 신화에서] [심] 남자 아이가 무의식적으로 어머니에게 애착을 가지며, 동성인 아버지에게는 적의(敵意)를 가지는 심리적 경향. 프로이트의 정신 분석학 용어임. ▷엘렉트라 콤플렉스.
오이-밭 [-받] 명 오이를 심어 가꾸는 밭.
오이-소박이 명 오이의 허리를 네 갈래로 에어, 갖은 양념을 한 소를 넣고 담근 김치. =오이소박이김치. 준소박이.
오이소박이-김치 명 =오이소박이.
오이시디(OECD) 명 [Organization for Economic Cooperation and Development] =경제 협력 개발 기구.
오이-씨 [-씨] 명 오이의 씨. 준외씨.
오이씨 같다 구 버선 신은 여자의 발이 갸름하고 예쁘장하다. ¶오이씨 같은 버선발.
오이엠(OEM) 명 [original equipment manufacturing] 계약에 따라 상대방의 상표를 붙인 부품이나 완제품을 제조·공급하는, 일종의 하청부 생산. =주문자 상표 부착 생산.
오이-장아찌 명 오이를 소금에 절인 다음 기름에 볶아 만들거나 날오이를 진장에 넣어 만든 반찬.
오이-지 명 오이를 독이나 항아리에 담고 소금물을 끓여 식힌 것을 부은 뒤에 익힌 반찬. 준외지.
오:인(誤認) 명 (어떤 대상을) 전혀 다른 대상으로 잘못 아는 것. 오:인-하다 통[타][여] ¶적을 아군으로 ~. 오:인-되다 통[자]
오일(oil) 명 1 피부를 촉촉하고 부드럽게 하거나 마사지할 때 몸에 바르는, 기름 비슷한 물질. ¶보디 ~. 2 기계가 잘 돌아가게 하기 위해 사용하는 미끈미끈한 물질. ¶엔진 ~. 3 드물게 '석유(石油)'를 달리 이르는 말.
오일^달러(oil dollar) 명 산유국이 원유(原油)를 팔아 벌어들인 잉여 외화.
오:일륙/5·16(五一六) [역] =오일륙 군사 정변.
오:일륙^군사^정변(五一六軍事政變) 명 [역] 1961년 5월 16일, 박정희(朴正熙) 소장을 중심으로 일단의 청년 장교들이, 4·19 혁명 이후의 정치적·사회적 혼란을 수습한다는 명분 아래 일으킨 군사 정변. =오일륙.
오일^쇼크(†oil shock) 명 =유류 파동.
오-일오칠/O-157(O一五七) 명 사람이나 동물의 장관(腸管)에 서식하여, 설사나 복통 등을 일으키는, 병원성 대장균의 일종.
오:일-장¹(五日場) [-짱] 명 5일에 한 번씩 서는 장.
오:일-장²(五日葬) 명 죽은 지 5일 만에 지내는 장사.
오:일팔^민주화^운동/5·18 민주화 운동 (五一八民主化運動) 명 10·26 사태 이후, 비상계엄령이 전국적으로 확대되면서 1980년 5월 18일 전라남도 광주에서 일어난 대규모적인 민주화 운동. =광주 민주화 운동.
오일-펜스(oil fence) 명 바다·강·호수에 석유 등이 유출되었을 때, 오염 확산을 막기

위해 수면 위에 울타리처럼 둘러치는 물건.
오:입(誤入)圀 제 아내 아닌 딴 여자와 성 관계를 가지는 것. =외도(外道)·외입(外入).
오:입-하다툉재여
오:입-쟁이(誤入-)[-쨍-]圀 오입질을 하는 남자를 흘하게 이르는 말.
오:입-질(誤入-)[-찔]圀 오입하는 짓. **오:입질-하다**툉재여
오자(誤字)圀 틀리게 씌어지거나 인쇄된 글자. ¶~가 많은 책. ▷오식.
오자미(ⓙおじゃみ)圀 콩이나 팥, 모래나 좁쌀 따위를 천에 넣어 아이 주먹만 한 크기로 꿰맨 물건. 피구와 비슷한 놀이에 사용하거나 운동회 때 박 터뜨리기, 통 안에 던져 넣기와 같은 경기 등에 사용함. 순화어는 '콩주머니', '놀이주머니'.
오작-교(烏鵲橋)[-꾜]圀민 칠석날 견우와 직녀의 두 별을 만나게 하기 위하여 까막까치가 모여 은하에 놓는다는 다리. =은하작교.
오:-작동(誤作動)[-똥]圀 기계나 전자 제품이 비정상적으로 작동하는 것. =오동작. ¶컴퓨터가 ~을 일으키다.
오작-오작 '우적우적'의 작은말. 쎈오짝오짝. **오작오작-하다**툉재여
오:장(五臟)圀한 다섯 가지 내장. 곧, 간장(肝臟)·심장(心臟)·폐장(肺臟)·신장(腎臟)·비장(脾臟). =오내(五內).
오장(을) 긁다퀸 남의 비위를 건드리다.
오장이 뒤집히다퀸 분통이 터져 견딜 수 없다. ¶오장이 뒤집히는 소리를 하네.
오:장^육부(五臟六腑)[-뉵뿌]圀 '오장과 육부'를 분노 따위의 심리 상태가 일어나는 몸 안의 곳으로 이르는 말. ¶~가 뒤틀리다 / 그가 하는 꼴을 보면 ~가 다 뒤집힌다. / 하는 짓이 꼭 ~도 없는 사람 같다. 쥔장부.
오쟁이圀 곡물을 갈무리하거나 물건을 담아 두기 위해 짚으로 엮어 만든 물건. '섬'과 비슷하나 크기가 작음.
오쟁이(를) 지다퀸 자기 아내가 다른 남자와 정을 통하다. ¶이놈아, 네 놈은 계집아지 빼앗기지 않았어? 못난 놈 같으니, 우리는 직업은 못 얻고 카페 신세는 질망정 오쟁이는 안 졌다 [이광수:흙]
오:적(五賊)圀역 조선 말기의 을사조약의 체결에 참가한 다섯 매국노. 곧, 박제순(朴齊純)·이지용(李址鎔)·이근택(李根澤)·이완용(李完用)·권중현(權重顯). =을사오적(乙巳五賊).
오:전(午前)圀 1 밤 12시부터 낮 12시까지의 동안. =상오(上午). 2 일상적인 시간관념에서, 아침부터 점심 전까지의 동안. ¶내일 ~중으로 연락해 주세요. ↔오후(午後).
오:점(汚點)[-쩜]圀 '더러운 얼룩'이라는 뜻. 어떤 사람의 삶이나 업적 등을 명예스럽지 못하게 하는 흠. ¶뇌물 사건은 그 정치가에게 씻을 수 없는 ~을 남겼다.
오:정[1](午正)圀 오시(午時)의 한가운데 시각. 곧, 낮 12시. ⍰정오(正午). ↔자정(子正).
오:정[2](五情)圀 사람이 가진 다섯 가지 감정. 곧, 기쁨[喜]·노여움[怒]·슬픔[哀]·즐거움[樂]·욕심[欲] 또는, 슬픔 대신 원망[怨].
오:정-포(午正砲)圀 정오를 알리는 대포. 쥔오포(午砲).
오:제(五帝)圀 1 역 고대 중국의 다섯 성

군. 곧, 소호(少昊)·전욱(顓頊)·제곡(帝嚳)·요(堯)·순(舜). '사기(史記)'에는 소호 대신 황제(黃帝)임. 2민 ~오방신장.
오:-조圀 일찍 익는 조.
오존(ozone)圀화 3원자의 산소로 된, 특유한 냄새가 나는 연한 청색의 기체. 산화력이 강하여 표백·살균 등에 씀.
오존-층(ozone層)圀 대기권 중의 오존 농도가 높은 층. 고도 20~25km에 분포하며, 생물에게 유해한 자외선을 흡수, 차단하는 역할을 함.
오:종^경기(五種競技)圀체 한 사람이 5종의 경기에 출전하여 총득점으로 승패를 정하는 육상 경기. 남자는 멀리뛰기·창던지기·200m 달리기·원반던지기·1500m 달리기, 여자는 100m 장애물 달리기·포환던지기·높이뛰기·멀리뛰기·200m 달리기임.
오종종-하다 1 잘고 둥근 물건이 빽빽하게 놓여 있다. 2 얼굴이 작고 옹졸스럽다. ¶코가 뭉툭하나 얼굴은 작고 눈도 작아서 어린아이처럼 **오종종한** 인상이었다.《황석영:장길산》
오죽밤 미래 시제나 의문형 어미를 가진 술어와 함께 쓰여, '얼마나'의 뜻을 나타내는 말. ¶네가 시험에 합격만 한다면 ~ 좋겠니?
오죽-이나밤 '오죽'의 힘줌말. ¶하루 종일 집에만 있으니 ~ 답답하랴.
오죽잖다[-짠타]囲 변변하지 못하거나 대수롭지 않다. ¶한철은 항상 능동적으로 앞에는 서지 못하고 뒤에 따르기만 하는 자신의 몰골이 **오죽잖게** 느껴지면서도 그대로 건일의 뒤를 따르고 있는 것이다.《전광용:태백산맥》
오죽-하다[-주카-]囲여 (주로 '오죽하면', '오죽하여', '오죽하랴' 등의 꼴로 쓰여) 정도가 매우 심하거나 대단하다. ¶콧대 높은 그 사람이 **오죽하면** 찾아와서 그런 부탁을 했을까? / 불황에 대기업도 절쩔매는데 중소기업이야 **오죽하랴**. **오죽-이**밤 ¶그 애만 빼놓고 놀러 갔으니 ~ 서운했겠니?
오줌圀 혈액 속의 노폐물이 신장에서 걸러져 방광에 일시적으로 모였다가 요도를 통해 몸 밖으로 내보내지는 액체. ⍰소변. ¶~을 누다 / ~이 마렵다 / ~을 싸다 / ~을 옷에 지리다. ▷뇨.
오줌-똥圀 오줌과 똥. ¶여태껏 ~도 가리지 못하느냐?
오줌-발[-빨]圀 오줌을 눌 때 내뻗는 오줌줄기.
오줌-보[-뽀]圀 '방광(膀胱)'을 일상적으로 이르는 말.
오줌-소태圀의 방광염이나 요도염으로 오줌이 자주 마려운 여자의 병. 한의학 용어는 삽뇨증(澁尿症).
오줌-싸개圀 1 오줌을 가리지 못하는 아이. 2 오줌을 가릴 줄 알면서도 실수로 오줌을 싼 아이를 조롱하는 말.
오줌-장군[-짱-]圀 오줌을 담아 나르는 오지나 나무로 된 용기(容器). 쥔장군.
오줌-통(-桶)圀 1 오줌을 누거나 담아 두는 통. 2생 =방광(膀胱).
오:중-주(五重奏)圀음 실내악(室內樂)의 하나로, 서로 다른 다섯 개의 악기에 의한 합주. ¶현악 ~
오:중-창(五重唱)圀음 성부(聲部)가 다른 다섯 사람의 가수에 의한 중창.
오지[1] 1 '오지그릇'의 준말. 2 '오짓물'의

준말.
오!지²(奧地) 명 해안이나 도시에서 멀리 떨어진 대륙 내부의 깊숙한 땅. ¶산간 ~ / 아프리카의 ~를 탐험하다.
오지-그릇[-륻] 명 붉은 진흙으로 만들어 볕에 말리거나 약간 구운 다음 오짓물을 입혀 다시 구운 질그릇. 검붉은 윤이 나고 단단함. ≑도기(陶器). 준오지.
오지끈 뷔 '우지끈'의 작은말. 오지끈-하다 통(자)(여)
오지끈-거리다/-대다 자 '우지끈거리다'의 작은말.
오지끈-똑딱 뷔 '우지끈뚝딱'의 작은말. 오지끈똑딱-하다 통(자)(여)
오지끈-오지끈 뷔 '우지끈우지끈'의 작은말. 오지끈오지끈-하다 통(자)(여)
오지다 형 '오달지다'의 준말. ¶야, 수박 한번 오지게 크구나.
오지랖[-랍] 명 웃옷이나 윗도리에 입는 걸옷의 앞자락.
오지랖(이) 넓다 관 주제넘게 아무 일에나 참견하다. ¶김 노인은 오지랖이 넓어 무슨 일이든 참견하지 않고는 못 배긴다.
오지리(墺地利) 명(지) '오스트리아'의 음역어.
오지직 뷔 '우지직'의 작은말. 오지직-하다 통
오지직-거리다/-대다[-꺼때-] 통(자) '우지직거리다'의 작은말.
오지직-오지직 뷔 '우지직우지직'의 작은말. 오지직오지직-하다 통(자)(여)
오지-항아리 명 오지로 만든 항아리.
오직 뷔 다른 것은 있을 수 없고 다만. ¶목표는 ─ 하나, 승리에 있다. / 혈육이라고는 ─ 그 아이뿐이다.
오!진(誤診) 명(의) 진단을 잘못하는 것. 또는, 잘못된 진단. 오!진-하다 통(타)(여)
오짓-물[-진-] 명 흙으로 만든 그릇에 발라 구우면 그릇에 윤이 나는 잿물. 준오지.
오징어 명(동) 연체동물 두족강 오징어과에 속하는 동물의 총칭. 머리 부분에 5쌍의 다리가 있고, 그중 1쌍의 촉완(觸腕)에 있는 빨판으로 먹이를 잡음. 몸통은 원통형 또는 원뿔꼴이며, 그 끝에 지느러미가 있음. 적을 만나면 먹물을 뿜어내고 달아남. 세는 단위는 마리·축(20마리).
오징어-젓[-젇] 명 생오징어를 잘게 썰어 고추가루·양념으로 무친 후 삭힌 것.
오징어-포(-脯) 명 오징어 말린 것을 기계에 넣어 얇게 편 가공 식품.
오짝-오짝 뷔 '오작오작'의 센말. 오짝오짝-하다 통(자)(여)
오!차(誤差) 명(수) 참값과 근삿값 또는 측정값과의 차.
오!차-율(誤差率) 명(수) 오차의 정도. 실지로 하는 운산(運算)한 결과와 근삿값과의 비율.
오!찬(午餐) 명 보통 때보다 잘 차려 손님을 대접하는 점심 식사. =주찬(晝餐). ¶─에 초대받다.
오!찬-회(午餐會)[-회/-훼] 명 손님에게 오찬을 대접하기 위한 모임.
오!채(五彩) 명 1 다섯 가지 아름다운 색채. 곧, 청(靑)·황(黃)·홍(紅)·백(白)·흑(黑). 2 [미]=경채(硬彩).
오!천(五天) 명 동·서·남·북 및 중앙의 하늘.
오!첩-반상(五ː飯床)[-빤-] 명 밥·국·김치·찌개·간장·초간장을 제외한 반찬으로, 생채·숙채·구이(또는 조림)·전·마른찬(또는 젓갈)의 5가지 반찬을 갖춘 상차림. 또는, 그 그릇 한 벌.
오!청(誤聽) 명 잘못 듣는 것. 오!청-하다 통(타)(여)
오!체(五體) 명 1 사람의 온몸. 2 [불] 사람의 머리와 사지(四肢).
오!체-투지(五體投地) 명 [두 무릎과 두 팔 그리고 이마, 즉 오체를 땅에 붙인다는 뜻] [불] 절하는 법의 한 가지. 먼저 두 무릎을 땅에 꿇고 두 팔을 땅에 대고, 다음에 머리를 땅에 닿도록 절을 함. 오!체투지-하다 통(자)(여)
오!촌(五寸) 명 아버지의 사촌이나 아들의 사촌과의 촌수.
오추-마(烏騅馬) 명 1 검은 털에 흰 털이 섞인 말. 2 옛날 중국의 항우(項羽)가 탔다는 준마.
오!층-탑(五層塔) 명 [불] 지(地)·수(水)·화(火)·풍(風)·공(空)의 오대(五大)를 본떠서 만든 다섯 층으로 된 탑. =오륜탑(五輪塔)·오중탑.
오!침(午寢) 명 =낮잠.
오!칭(誤稱) 명 잘못 일컫는 것. 또는, 잘못된 명칭. 오!칭-하다 통(타)(여) 오!칭-되다 통(자)
오카리나(ocarina) 명(음) 진흙 또는 사기로 만든 관악기의 하나. 비둘기 모양으로 되어 있고 구멍이 8~10개 있음.
오케스트라(orchestra) 명(음)=관현악단.
오케스트라^박스(↑orchestra box) 명(음) 무대 아래에 있는, 관현악단의 연주를 위하여 마련한 자리.
오케이(OK) Ⅰ 감 '좋아', '알았어', '틀림없어' 따위의 뜻으로 쓰는 말.
Ⅱ 명 =교료(校了). ¶─를 놓다.
오크(oak) 명 떡갈나무·참나무 따위. 또는, 그 목재. 재질이 단단하므로 가구·선박 등을 만드는 데 쓰임.
오!타(誤打) 명 타자를 칠 때에 잘못 찍는 일. 또는, 그 글자. 오!타-하다 통(타)(여)
오!탁(汚濁) →오!탁-하다[-타카-] 형(여) 더럽고 흐리다.
오!탄-당(五炭糖) 명(화) 탄소 원자 5개를 가지는 단당류(單糖類). 식물의 목질화된 부분에 들어 있는 펜토산을 가수 분해 하여 얻음.
오!탈(誤脫) 명 1 오자(誤字)와 탈자(脫字). 比낙오. 2 오류(誤謬)와 탈루(脫漏).
오토매틱(automatic) 명 '오토매틱 클러치'의 준말.
오토매틱^클러치(automatic clutch) 명 =자동 클러치. 준오토매틱.
오토메이션(automation) 명 기계 등을 전자 장치에 의하여 자동으로 조작하고 제어하는 일.
오토바이(↑auto bicycle) 명 원동기를 장치하여 그 동력으로 바퀴를 회전시키게 만든 자전거. =모터사이클.
오토자이로(autogyro) 명 프로펠러의 추진으로 기체(機體)가 활주할 때, 공기의 힘으로 회전 날개가 돌고, 이때 생긴 양력(揚力)으로 이륙하는 비행기. 헬리콥터와는 달리, 회전 날개에 엔진이 붙어 있지 않음.
오톨-도톨 뷔 물건의 거죽이나 바닥이 고르지 못하고 잘게 부풀어 오른 모양. 큰우둘두툴. 오톨도톨-하다 형(여) ¶오톨도톨한 곰보 유리면.

오트밀(oatmeal) [명] 귀리의 가루로 죽을 쑤어 소금·설탕·우유 등을 넣어 먹는 음식.
오티(†OT) [명] 〔orientation〕 신입자에게 베푸는 예비 교육. 특히, 대학 신입생을 대상으로 하여 베푸는, 예비 교육을 겸한 수련회.
오!판(誤判) [명] (어떤 일을) 잘못 판단하는 것. [비]오단(誤斷). **오!판-하다** [동][타][여]
오!판-화(五瓣花) [명][식] 꽃잎이 다섯인 꽃. 무궁화·복숭아꽃 따위. =다섯잎꽃.
오팔(opal) [명][광] =단백석(蛋白石).
오퍼(offer) [명][경] 수출업자가 상대국의 수입업자에게 내는 판매 신청. ¶외국 상사에 ~를 내다.
오퍼레이션^리서치(←operations research) [명][컴] 근대 수학이나 컴퓨터를 도입하여 기업 운영 등에 최적한 정보를 만드는 기술 시스템.
오퍼레이터(operator) [명] 기계, 특히 컴퓨터를 조작하는 사람.
오퍼-상(offer商) [명] 오퍼 업무를 전문으로 하는 수출업자. 또는, 그 영업.
오페라(opera) [명][음] 음악·연극·무용·미술 등을 종합한 음악극. 대사는 독창·중창·합창 등으로 부르며, 서곡이나 간주곡 등의 기악곡도 덧붙여짐. =가극(歌劇). ¶~ 가수.
오페라^극장(opera劇場) [—짱] [명] =오페라 하우스.
오페라-글라스(opera glass) [명] 주로 오페라 등을 관람할 때에 쓰는 소형의 쌍안경.
오페라-단(opera團) [명] 오페라를 상연하기 위하여 조직한 단체. =가극단.
오페라^하우스(opera house) [명] 오페라를 전문으로 상연하는 극장. =오페라 극장.
오페레타([이]operetta) [명][음] 가벼운 희극에 통속적인 노래나 춤을 곁들인 오락성이 짙은 음악극. =경가극(輕歌劇)·라이트 오페라.
오펙(OPEC) [명] 〔Organization of Petroleum Exporting Countries〕 =석유 수출국 기구.
오펜스(offence) [명][체] 운동 경기에서, 공격. 또는, 공격하는 사람이나 팀. ↔디펜스.
오!평(誤評) [명] 그릇 평하는 것. 또는, 그러한 평론. **오!평-하다** [동][타][여] **오!평-되다** [동][자]
오!-평생(誤平生) [명] 평생을 그르치는 것. **오!평생-하다** [동][자][여]
오!포(午砲) [명] '오정포(午正砲)'의 준말.
오푸스([라]opus) [명] 〔'작품', '저작'의 뜻〕 [음] 어떤 작곡자의 작품을 구별하기 위하여 제작 연대순으로 붙이는 작품 번호. =오피(op.).
오프너(opener) [명] '병따개'로 순화.
오프닝(opening) [명] 방송 프로그램이나 공연이나 영화 등의 첫 부분. 또는, 그 첫 부분을 시작하는 일. ¶~ 멘트 / 영화의 ~ 장면 / 축제의 ~ 행사.
오프^더^레코드(off-the-record) [명] 어떤 사람이 기자의 인터뷰에 응하거나 회견을 가지거나 관계 기관에 정보를 제공하거나 할 때, 그 내용에 대해 보도하거나 공개하지 말 것을 전제로 하는 상태. ↔온 더 레코드.
오프라인(off-line) [명] **1** [컴] 컴퓨터에서, 단말(端末)의 입출력 장치 등이 중앙 처리 장치의 직접 제어 아래에 있지 않은 상태. 또는, 그와 같은 시스템. **2** 기업 활동이나 작업 등이 인터넷을 수단으로 이용하고 있지 않은 상태. ¶~ 기업 / ~ 서점 / ~ 상담. ↔온라인.
오프사이드(offside) [명][체] 축구·럭비·하키·아이스하키·수구(水球) 등에서의 반칙의 하나. 상대방의 진영 안에서, 공·퍽보다 전방(前方)이나, 각 경기의 규칙에 정해진 침입 금지 지역에 경기자가 들어가거나, 경기 금지 지역에서 경기하는 일. ↔온사이드.
오프셋(offset) [명][인] =오프셋 인쇄.
오프셋^인쇄(offset印刷) [명][인] 평판 인쇄의 하나. 판면(版面)에 바른 잉크를 고무 블랭킷 면(面)에 전사(轉寫)하고, 이것을 다시 피인쇄체에 인쇄하는 간접 인쇄법의 총칭. =오프셋·정판(精版).
오픈(open) [명] '개장(開場)[3]', '개업', '개관[1]', '개막'으로 순화. **오픈-하다** [동][자][여] '열다[2]'로 순화.
오픈^게임(†open game) [명][체] 프로 복싱 경기 등에서, 가장 주요한 경기에 앞서서 하는 경기. ¶WBA 세계 타이틀전에 앞서 ~이 열리다.
오픈-카(open car) [명] 뚜껑 없는 자동차. 또는, 포장으로 뚜껑을 한 자동차. [비]무개차.
오픈^코스(open course) [명][체] 스케이트 경기나 육상 경기 등에서, 주로(走路)에 경기자 각자의 주로를 나타내는 흰 선을 긋지 않고 자유로 뛸 수 있게 된 코스. ▷세퍼릿 코스.
오피(op.) [명][음] =오푸스(opus).
오피스텔(†officetel) [명] 〔office+*hotel*〕 간단한 주거 시설을 갖춘 사무실. 사무실과 아파트의 기능을 겸함.
오한[1](惡寒) [명][한] 몸이 오슬오슬 춥고 떨리는 기운. ¶~이 나다.
오!한[2](懊恨) [명] =회한(悔恨). **오!한-하다** [동][타][여]
오합-잡놈(烏合雜—) [명] '오사리잡놈'의 잘못.
오합지졸(烏合之卒) [—찌—] [명] **1** 갑자기 모인 훈련되지 않은 군사. **2** 규율도 통일성도 없는 군중. =오합지중.
오합지중(烏合之衆) [—찌—] [명] 〔까마귀 떼 같이 질서 없는 무리라는 뜻〕 =오합지졸.
오!해(誤解) [명] 뜻을 잘못 해석하는 것. 또는, 그러한 해석. ¶~를 사다 / ~를 받다 / ~를 풀다 / 그건 ~예요. **오!해-하다** [동][타][여] ¶나는 여태껏 그 사람을 **오해하고** 있었다. **오!해-되다** [동][자]
오!행(五行) [명] 중국 고래의 철리(哲理)로, 만물을 조성(組成)하는 다섯 가지의 원기. 곧, 목(木)·화(火)·토(土)·금(金)·수(水).
오!행-설(五行說) [명][철] =음양오행설.
오!형[1](五刑) [명] **1** 옛날 죄인을 다스리던 다섯 가지 형벌. 곧, 태형(笞刑)·장형(杖刑)·도형(徒刑)·유형(流刑)·사형(死刑). **2** 옛날 중국의 다섯 가지 형벌. 곧, 묵형(墨刑)·의형(劓刑)·비형(剕刑)·궁형(宮刑)·대벽(大辟).
오형[2](吾兄) [명] '나의 형'이란 뜻으로, 정다운 벗 사이의 편지에서 상대를 일컫는 말.
오-형[3](O型) [명][생] ABO식 혈액형의 하나. O형인 사람은 A형, B형, AB형, O형인 사람 모두에게 수혈이 가능하나, O형에게서만 수혈받을 수 있음.
오호[1] [감] 뭔가를 새삼스럽게 깨달았을 때 내는 소리. ¶~, 그래서 네가 늦게 왔구나.
오!호[2](五胡) [명][역] 중국의 한(漢)·진(晉)나라 때, 서북방으로부터 중국 본토에 이주한

다섯 민족. 곧, 흉노(匈奴)·갈(羯)·선비(鮮卑)·저(氏)·강(羌).

오호³(嗚呼) [감] (주로 '오호라'의 꼴로 쓰여) 슬플 때나 탄식할 때 내는 소리. ¶~라, 국치민욕(國恥民辱)이 이에 이르렀구나!

오:호^십육국(五胡十六國) [-심뉵꾹] [명] [역] 중국, 4세기 초기인 진(晉)나라 말기부터 439년 북위(北魏)가 화북(華北)을 통일할 때까지 화북에 흥망했던 오호 및 한족(漢族)이 세운 열여섯 왕조의 총칭. 또는, 그 시대.

오호-애재(嗚呼哀哉) [감] (한문 투의 옛글에서, 주로 '오호애재라'의 꼴로 쓰여) '아, 슬프도다'라는 뜻으로, 슬플 때나 탄식할 때 하는 말.

오호츠크 해 기단(Okhotsk海氣團) [지] 늦은 봄에서 이른 여름에 걸쳐, 베링 해 방면에서 흘러 내려오는 찬 해수에 의해 오호츠크 해상에 발달하는 기단. 우리나라 장마철 기후에 큰 영향을 미침.

오호-통재(嗚呼痛哉) [감] (한문 투의 옛글에서, 주로 '오호통재라'의 꼴로 쓰여) '아, 비통하다'라는 뜻으로, 슬플 때나 탄식할 때 하는 말.

오호호 [부] 간드러지게 웃는 여자의 웃음소리. 또는, 그 모양. **-하다** [자여]

오:활(迂闊) ⇒**오:활-하다** [형여] 1 실제와의 관련이 멀다. 2 사리에 어둡다. 웬 우활(迂闊)하다.

오:후(午後) [명] 1 낮 12시부터 밤 12시까지의 동안. =하오(下午). 2 일상적인 시간관념에서, 점심 후부터 저녁 전까지의 동안. ¶그 사람은 항상 사원이라 ~에는 늘 자리에 없어요. ↔오전(午前).

오:-훈채(五葷菜) [명] 자극성이 있는 다섯 가지의 채소류. 곧, 불가(佛家)에서는 마늘·달래·무릇·부추·흥거, 도가(道家)에서는 부추·자총이·마늘·평지·무릇을 말함. =오신채(五辛菜).

오히려 [부] 1 일반적인 기준이나 짐작·기대와는 전혀 반대되거나 다르게. ¶도와주기는커녕 ~ 방해만 됐다. 2 그럴 바에는 도리어. ¶이렇게 사느니 ~ 죽는 게 낫다. 준외려.

옥(玉) [명] 1 연한 녹색이나 회색을 띠는, 아름답고 귀한 돌. 갈아서 보석으로 씀. 2 1을 갈아서 둥글게 만든 구슬.
[옥에도 티가 있다] 아무리 훌륭한 사람이나 물건에도 조그마한 흠은 있다. [옥에 티] 본바탕은 나무랄 데 없이 좋으나 아깝게도 흠이 있다는 말.

옥²(獄) [명] 죄인을 가두어 두는 곳. 비감옥. ¶~에 갇히다.

-옥³(屋) [접미] 음식점이나 상점의 상호에 붙여, '집'의 뜻을 나타내는 말. ¶강남~.

옥-가락지(玉-) [-찌] [명] 옥으로 만든 가락지. =옥지환(玉指環).

옥개-석(屋蓋石) [-깨-] [명] [건] 석탑에서, 탑신(塔身의 몸체)을 이루는 부분으로, 옥신석 위에 얹는 돌.

옥경(玉京) [-꼉] [명] 하늘 위에 옥황상제가 산다고 하는 가상적인 서울. =백옥경(白玉京).

옥고¹(玉稿) [-꼬] [명] 다른 사람의 원고를 높여 이르는 말.

옥고²(獄苦) [-꼬] [명] 옥살이하는 고생. ¶~를 치르다 / 일제 때 독립 운동가들은 왜경에게 붙잡혀 심한 ~를 겪었다.

옥골(玉骨) [-꼴] [명] ['옥같이 희고 깨끗한 골격'이라는 뜻] 고결한 풍채를 이르는 말. ¶~의 선비.

옥골-선풍(玉骨仙風) [-꼴-] [명] 살빛이 희고 고결하여 신선과 같은 풍채.

옥교(玉轎) [-꾜] [명] [역] 임금이 타는, 위를 꾸미지 않은 가마. =보련(寶輦).

옥내(屋內) [옹-] [명] 집의 안. ¶~ 집회 / ~ 배선. ↔옥외(屋外).

옥녀(玉女) [옹-] [명] 1 마음과 몸이 옥같이 깨끗한 여자. 2 남의 딸을 높여 이르는 말. 비영애(令愛). 3 =선녀(仙女).

옥-니 [옹-] [명] 안으로 옥게 난 이. ↔버드렁니.

옥니-박이 [옹-] [명] 옥니가 난 사람.

옥다 [-따] Ⅰ [형] 안으로 오그라져 있다. 본욱다. ↔벋다. Ⅱ [동] 장사 등에서 본전보다 밑지다.

옥답(沃畓) [-땁] [명] 기름진 논. =양답. ¶문전(門前)~.

옥당(玉堂) [-땅] [명] 1 '궁전'의 미칭. 또는, 화려한 전당. 2 [역] =홍문관(弘文館).

옥대(玉帶) [-때] [명] 벼슬아치가 공복(公服)에 두르는, 옥으로 만든 띠. =옥띠.

옥도(沃度) [-또] [명] [화] =요오드(Jod).

옥도-정기(沃度丁幾) [-또-] [의] =요오드팅크.

옥-돌(玉-) [-똘] [명] 옥이 든 돌. 또는, 가공하지 않은 옥. =옥석(玉石).

옥-돔 [-똠] [명] 옥돔과의 바닷물고기. 몸길이가 30~60cm. 몸은 옆으로 편평하며 입은 무디고 작음. 몸빛은 선명한 적색이며, 옆구리에 4~5줄의 황적색 가로띠가 있음. =오도미.

옥-동자(玉童子) [-똥-] [명] 옥같이 예쁜 어린 아들. 또는, 몹시 소중한 아들.

옥-띠 [-띠] [명] =옥대(玉帶).

옥로(玉鷺) [옹노] [명] [역] 해오라기 모양의, 옥으로 만든 장신구. 고관(高官)이나 사신(使臣)의 갓 위에 달았음.

옥루(玉漏) [옹누] [명] 1 옥으로 만든 물시계. 2 [민] 풍수지리설에서 말하는, 무덤 속의 해골에 누렇게 맺힌 이슬. 자손이 복을 받는 다고 함.

옥루-몽(玉樓夢) [옹누-] [문] 조선 말기의 작자·연대 미상의 고대 소설. 양창곡(楊昌曲)이 만국(蠻國)을 토벌하고 연왕(燕王)으로 책봉되어 호화로운 생활을 누리다가 승천하여 선관(仙官)이 되었다는 이야기임.

옥리(獄吏) [옹니] [명] [역] 감옥에서 죄수를 감시하는 일을 하는 하급 지방 관리. 또는, 형벌에 관한 일을 심리(審理)하는 하급 지방 관리.

옥문(獄門) [옹-] [명] 감옥의 문.

옥-물부리(玉-) [옹-뿌-] [명] 옥으로 만든 물부리.

옥-바라지(獄-) [-빠-] [명] 옥살이하는 사람에게 그의 가족이나 친지 등이 옷이나 음식 등을 대어 주며 보살피는 일. ¶남편의 ~에 평생을 보낸 어느 독립투사의 아내. **옥바라지-하다** [동타여] ¶남편을 ~.

옥반(玉盤) [옹-] [명] 1 옥으로 만든 쟁반이나 밥상. 2 '예반'의 미칭. ¶~에 구슬을 굴리는 듯한 목소리. 3 '달[月]'의 미칭.

옥병(玉瓶) [-뼝] [명] 옥으로 만든 병.

옥-비녀(玉-) [-뼈-] [명] 옥으로 만든 비녀. =옥잠(玉簪)·옥차(玉釵).

옥-빛(玉-)[-삗] 뗑 1 옥의 빛깔. 2 옥색을 띤 사물의 빛깔. ¶~ 바다.
옥사¹(獄死)[-싸] 똉 감옥 안에서 죽는 것. =뇌사(牢死). **옥사-하다** 통(자)에 ¶일본 감옥에서 **옥사한** 시인 윤동주.
옥사²(獄舍)[-싸] 똉 감옥으로 쓰는 집.
옥사³(獄事)[-싸] 똉 살인·반역의 중대한 범죄를 다스리는 일. 또는, 그런 사건. =죄옥.
옥사-쟁이(獄-)[-싸-] 똉[역] 옥에 갇힌 사람을 맡아 지키는 하례(下隷). =옥정(獄丁)·옥졸(獄卒). 준사쟁이. 원옥쇄장(獄鎖匠).
옥-살이(獄-)[-싸-] 똉 '감옥살이' 의 준말. **옥살이-하다** 통(자)에
옥상(屋上)[-쌍] 똉 아파트·빌딩·양옥 등에서, 사람이 출입할 수 있도록 수평으로 판판하게 만든 건물의 맨 윗부분.
옥상-가옥(屋上架屋)[-쌍-] 똉 [지붕 위에 또 지붕을 얹는다는 뜻] 불필요하게 이중으로 하는 일을 이르는 말. =옥상옥.
옥상-옥(屋上屋)[-쌍-] 똉 =옥상가옥. ¶새로운 감사 기구의 설치는 기존 부서와 업무 중첩을 초래하는 ~이 될 뿐이다.
옥상^정원(屋上庭園)[-쌍-] 똉 빌딩 등의 옥상에 만든 정원.
옥새(玉璽)[-쌔] 똉 1 옥으로 만든 국새(國璽). 2 =보새(寶璽). 3'국새'의 미칭. =옥보(玉寶).
옥색(玉色)[-쌕] 똉 파랑과 녹색의 중간 정도의 연한 색깔. ¶세모시 ~ 치마.
옥-생각[-쌩-] 똉 1 옹졸하게 하는 생각. 2 공연히 그릇되게 하는 생각. **옥생각-하다** 통(자)타에
옥서(玉書)[-써] 똉 남을 높여 그의 편지나 저서를 이르는 말. 비귀함(貴函).
옥석(玉石)[-썩] 똉 1 =옥돌. 2 옥과 돌. 3 좋은 것과 나쁜 것. ¶~을 가리다 / ~을 구별할 줄 아는 혜안(慧眼).
옥석-혼효(玉石混淆)[-써콘-] 똉 [옥과 돌이 한데 섞여 있다는 뜻] 선악이 뒤섞여 있음을 비유하는 말.
옥설(玉雪)[-썰] 똉 1 백옥같이 희고 깨끗한 눈. 2 사물의 깨끗함을 이르는 말.
옥송(獄訟)[-쏭] 똉 형사상의 송사.
옥쇄(玉碎)[-쐐] 똉 [옥처럼 아름답게 깨어져 부서진다는 뜻] 명예나 충절을 위해 깨끗이 죽는 것. ¶~를 각오하면서도 홍범도는 퇴로도 생각해 본 모양이었다.《안수길:북간도》 ↔와전(瓦全). **옥쇄-하다** 통(자)에
옥수¹(玉水)[-쑤] 똉 썩 맑은 샘물.
옥수²(玉手)[-쑤] 똉 1 임금의 손. 2 아름답고 고운 손. ¶섬섬(纖纖)~.
옥-수수[-쑤-] 똉 1 [식] 볏과의 한해살이풀. 높이 2~3m. 줄기는 한 대로 곧으며, 잎은 크고 길다. 여름에 줄기 끝에 수꽃이삭이, 잎겨드랑이에 암꽃이삭이 달림. 열매는 둥글고 길쭉한데, 낟알이 여러 줄로 박혀 있음. 2 1의 열매. 녹말이 많아 식량이나 사료로 쓰임. ≒강냉이.
옥수수-밭[-쑤-받] 똉 옥수수를 심어 가꾸는 밭.
옥수수-수염(-鬚髥)[-쑤-] 똉 옥수수 열매에 수염처럼 나 있는 털. 누르스름하다 붉은 갈색을 띰.
옥수숫-대[-쑤수때/-쑤순때] 똉 옥수수의 줄기.
옥시글-거리다/-대다[-씨-] 통(자) '욱시글거리다' 의 작은말. 준옥실거리다.

옥쟁반 ● 1339

옥시글-옥시글[-씨-씨-] 뿌 '욱시글욱시글' 의 작은말. 준옥실옥실. **옥시글옥시글-하다** 통(자)에
옥시돌(oxydol) 똉 [약] 과산화수소의 3% 수용액에 적당한 안정제를 가한 약품. 무색투명한 액체이며, 살균제·소독제·표백제로 쓰임. 상표명은 옥시풀.
옥시토신(oxytocin) 똉 [생] 뇌하수체 후엽에서 분비되는 호르몬. 자궁을 수축시키고, 젖의 분비를 촉진함.
옥신(auxin) 똉 [식] 식물 호르몬의 하나. 식물의 뿌리나 줄기의 신장(伸長)을 촉진하는 작용이 있으며, 옥수수기름, 보리 싹 등에 있음. =성장소. ↔안티옥신.
옥신-각신[-씬-씬] 뿌 1 옳으니 그르니 하고 서로 다투는 모양. ¶사소한 일로 — 언쟁을 벌이다. **옥신각신-하다** 통(자)에 ¶한동안 옥**신각신하던** 끝에 기어코 육박전이 벌어졌다.《정비석:색지 풍류》
옥신-거리다/-대다[-씬-] 통(자) 1 '욱신거리다' 의 작은말. 2 옳으니 그르니 하면서 서로 다투다.
옥신-석(屋身石)[-씬-] 똉 [건] 석탑에서, 탑신(탑의 몸체)을 이루는 부분으로, 옥개석 아래에 놓이는 네모진 돌. =탑신석(塔身石).
옥신-옥신[-씬-씬] 뿌 '욱신욱신' 의 작은말. **옥신옥신-하다** 통(자)에
옥실-거리다/-대다[-씰-] 통(자) '옥시글거리다' 의 준말. 준옥실거리다.
옥실-옥실[-씰-씰] 뿌 '옥시글옥시글' 의 준말. 준옥실옥실. **옥실옥실-하다** 통(자)에
옥안(玉顏) 똉 1 =용안(龍顏). 2 아름다운 얼굴. 또는, 미인의 얼굴.
옥-양목(玉洋木) 똉 생목보다 발이 고운 무명의 피륙. 빛이 썩 희고 얇음. 세는 단위는 필.
옥외(屋外)[-외/-웨] 똉 집의 밖. ¶~ 행사. ↔옥내(屋內).
옥외^광고(屋外廣告)[-외-/-웨-] 똉 건물 밖에 설치하는 광고.
옥외-등(屋外燈)[-외-/-웨-] 똉 집 밖에 켜는 등불. 비외등. ↔실내등.
옥음(玉音) 똉 1 임금의 음성. 2 여자의 아름다운 목소리. 3 남의 편지나 말을 높여 이르는 말. ¶~을 접하다.
옥-이다 통(타) '옥다' 의 사동사. ¶철판을 망치로 두들겨 ~.
옥인(玉印) 똉 옥으로 만든 도장.
옥자-둥이(玉子-)[-짜-] 똉 어린아이를 옥같이 귀하고 보배롭다는 뜻으로 일컫는 말.
옥작-거리다/-대다[-짝꺼(때)-] 통(자) 여럿이 한곳으로 많이 모여 복작복작하다. 큰옥적거리다.
옥작-옥작[-짝-짝] 뿌 옥작거리는 모양. 큰옥적옥적. **옥작옥작-하다** 통(자)에
옥잔(玉盞)[-짠] 똉 옥비녀.
옥잠-화(玉簪花)[-짬-] 똉 [식] 백합과의 여러해살이풀. 잎은 뿌리줄기에서 넓고 크게 나오며, 8~9월에 향기가 있는 자줏빛이나 흰 꽃이 핌. 관상용으로 심으며, 어린잎은 식용함.
옥-장이(玉-)[-짱-] 똉 옥을 다루는 사람. =옥공(玉工)·옥인(玉人)·옥장(玉匠).
옥-쟁반(玉錚盤)[-쟁-] 똉 옥으로 만든 쟁

반. ¶~에 구슬을 굴리는 듯한 목소리.
옥저(沃沮)[-쩌] 명[역] 함경도의 함흥 일대에 위치하고 있던 부여(夫餘) 계열의 한 부족. 또는, 이 부족이 세운 나라. 고구려에 복속됨.
옥적(玉笛)[-쩍] 명[음] 청옥이나 황옥으로 만든, 대금 비슷한 취악기.
옥전-옥답(沃田沃畓)[-쩐-땁] 명 기름진 논과 밭. ↔박전박답(薄田薄畓).
옥졸(獄卒)[-쫄] 명 =옥사쟁이.
옥좌(玉座)[-쫘] 명 임금이 앉는 자리. =보좌(寶座)·보탑(寶榻).
옥-죄다[-쬐-/-쮀-] 타 바짝 옥여 죄다. ¶허리를 ~. ⓒ욱죄다.
옥죄-이다[-쬐-/-쮀-] 동(자) '옥죄다'의 피동사. ¶팔이 ~/옷이 작아 **옥죄인다**. ⓒ욱죄이다.
옥중(獄中)[-쭝] 명 감옥 안. ¶~에서 순국한 유관순 열사.
옥-쥐다[-쮜-] 동(타) 옥이어 꽉 쥐다.
옥-지기(獄-)[-찌-] 명 옥을 지키는 사람.
옥체(玉體) 명 1 임금의 몸. ¶~를 보중하옵소서. 2 옥같이 아름다운 몸. 3 남을 높여 그의 몸을 이르는 말. 비존체. ¶~ 만안하옵신지.
옥타브(octave) 명[음] ①(자립) 어떤 음에서 완전 8도의 거리에 있는 음정. 또는, 그 거리. 물리학적으로는 진동수가 2배 되는 음정. ② (의존) 음정을 나타내는 단위. 1옥타브는 진동수의 비가 2가 될 때까지의 음정임. 기호는 Oc.
옥탄-가(octane價) 명[화] =옥탄값.
옥탄-값(octane-)[-갑] 명[화] 가솔린의 내폭성(耐爆性)을 나타내는 지수(指數). =옥탄가.
옥탑(屋塔) 명 주택의 옥상에 설치한 주거 공간. ¶~에 세 들어 살다.
옥탑-방(屋塔房)[-빵] 명 주택의 옥상에 만든 방.
옥토(沃土) 명 기름진 땅. ¶황무지를 ~로 일구다. ↔박토(薄土).
옥-토끼(玉-) 명 1 달 속에 산다는 전설상의 토끼. =옥토(玉兔). 2 털빛이 흰 토끼.
옥-파(玉-) 명[식] '양파'의 잘못.
옥판-선지(玉板仙紙) 명 폭이 좁고 두꺼우면서도 빛이 희고 결이 고운 고급 선지.
옥패(玉佩) 명 옥으로 만든 패물.
옥편(玉篇) 명 =자전(字典).
옥필(玉筆) 명 남을 높여 그의 필적이나 시문을 이르는 말.
옥함(玉函)[오캄] 명 옥으로 만든 함.
옥합(玉盒)[오캅] 명 옥으로 만든, 뚜껑이 있는 작은 그릇.
옥호(屋號)[오코] 명 가게나 술집의 이름.
옥황-상제(玉皇上帝)[오쾅-] 명 도가(道家)에서 말하는 하느님.
온¹ 관 전부의. 모두의. ¶~ 집안 /~ 나라 / 눈이 내려 ~ 세상이 하얗다. ×왼.
온² 접두 '꽉 찬', '완전한', '전부의' 등의 뜻을 나타내는 말. ¶~달 /~음.
온-가지 명 '온갖'의 잘못.
온각(溫覺) 명[생] 피부와 점막의 온점(溫點)이 자극을 받아서 온도가 상승했음을 느끼는 작용. ↔냉각(冷覺).
온-갖[-갇] 관 있을 수 있는 모든 종류의. 또는, 가능한 모든 경우의. ¶~ 시련 /~ 소리 /~ 수단을 다 동원하다. ×온가지.

온건(穩健) →**온건-하다** 형(여) (생각·행동·태도 등이) 지나침이나 치우침이 없이 온당하고 신중한 상태에 있다. ¶사상이 ~. ↔과격하다. **온건-히** 부
온건-파(穩健派) 명 사상이나 행동 등이 온건한 사람이나 무리. ↔과격파.
온고-지신(溫故知新) 명 옛것을 익히고 그것을 미루어 새로운 것을 앎. **온고지신-하다**
온고지정(溫故之情) 명 옛것을 살피고 생각하여 그리는 정. ¶노독(路毒)을 풀 겸 식후에 바둑이나 두면서 남포든 아래에 앉으니 ~이 불현듯 새로워졌다.《정비석:산정무한》
온-공전(-工錢) 명 한 몫에 전액을 다 주는 공전.
온기(溫氣) 명 물체나 물질이나 몸 등에서 느낄 수 있는 따뜻한 기운. ¶군불을 땠더니 방바닥에 ~가 좀 도는구나. ↔냉기(冷氣).
온난(溫暖) 명 (일부 명사 앞에 쓰여) 날씨가 따뜻하다는 뜻.
온난-전선(溫暖前線) 명[기상] 따뜻한 기단(氣團)이 차가운 기단 쪽으로 이동하여 불연속면을 타고 그 위로 오르며 형성되는 전선. 폭넓은 구름이 발생하여 비를 내리게 하며, 통과 후에는 기온이 오름. ↔한랭 전선.
온난-화(溫暖化) 명 지구의 기온이 높아지는 것. 또는, 그런 현상. ¶대기 오염으로 지구의 ~ 현상이 심화되고 있다. **온난화-하다** 동(자여) **온난화-되다** 동(자)
온-달¹ 명 꽉 찬 달.
온-달² 명 아주 둥근 달. ×원달.
온당(穩當) →**온당-하다** 형(여) 사리에 어그러지지 않고 알맞다. ¶**온당한** 처사 / **온당**치 못한 행동. **온당-히** 부
온대(溫帶) 명 한대(寒帶)와 열대(熱帶)의 중간 지역.
온대-기후(溫帶氣候) 명[지] 온대에서 볼 수 있는 기후. 일반적으로 온화하나 사철의 변화가 있음.
온대-림(溫帶林) 명[지] 온대 중 냉온대에 발달하는 수림. 참나무·밤나무 등의 활엽수와 소나무·낙엽송 등의 침엽수가 자람.
온대^몬순^기후(溫帶monsoon氣候) 명[지] 여름에는 바다로부터의 습한 계절풍으로 강수량이 많고, 겨울에는 대륙으로부터의 건조한 계절풍으로 강수량이 극히 적은 온대 기후. 한국을 비롯하여 동부 아시아·인도 북부 등에 널리 분포함.
온대^저^기압(溫帶低氣壓) 명[기상] 중위도 지대에 발생하는 저기압. 전선(前線)을 동반함.
온^더^레코드(on-the-record) 명 어떤 사람이 기자의 인터뷰에 응하거나 회견을 가지거나 관계 기관에 정보를 제공하거나 할 때, 그 내용에 대해 보도하거나 공개하는 것을 허용하는 상태. ↔오프 더 레코드.
온데간데-없다[-업따] 형 감쪽같이 자취를 감추어 찾을 수가 없다. =간데온데없다. ¶경대 위의 반지가 ~ / 조금 전까지 있던 사람이 ~. **온데간데없-이** 부 ~ 사라지다.
온도(溫度) 명 따뜻함과 차가움의 정도를 나타내는 수치. ¶실내 ~ / 최적(最適) ~ / ~가 올라가다 [내려가다] / ~를 조절하다.
온도-계(溫度計)[-계/-게] 명 온도를 재는 계기.
온도^조절기(溫度調節器) 명[물] 바이메탈 등으로 자동적으로 온도를 일정하게 유지하

온돌(溫突·溫堗)[명] 아궁이에 불을 때어 그 불기운으로 방바닥 밑에 깔린 넓적한 돌을 덥히고 그 열로 방을 따뜻하게 하는 장치. =방구들.

온돌-방(溫突房)[-빵][명] 구들장으로 온돌 장치를 한 방. =구들방.

온두라스(Honduras)[지] 중앙아메리카 중부에 있는 공화국. 수도는 테구시갈파.

온라인(on-line)[명] 1 [컴] 컴퓨터의 중앙 처리 장치와 원격지에 설치된 단말기가 통신 회선으로 연결되어 서로 데이터를 주고받는 방식. 은행의 예금, 좌석 예약, 기상 정보 등에 이용됨. 2 기업 활동이나 작업 등이 인터넷을 수단으로 이용하고 있는 상태. ¶~ 서점. ↔오프라인.

온랭(溫冷)[올-][명] 따뜻함과 차가움.

온량(溫良)[올-] ➡**온량-하다**[올-][형여] 성품이 온화하고 착하다. ¶그러나 어진 어머니의 교육 아래서 길러난 그는, 비록 직공은 되었으나 아주 **온량한** 사람이었습니다.〈김동인:광염 소나타〉

온!-마리[명](식용 대상의 동물에 대해 쓰여) 자르거나 토막 내지 않은 통째.

온면(溫麵)[명] 더운 장국에 만 국수. =국수장. ↔냉면(冷麵).

온!-몸[명] 몸의 전체. =만신(滿身)·일신(一身)·전구(全軀). (ㅂ)전신(全身)·혼신(渾身). ¶추위로 ~이 떨린다 / ~에 소름이 끼치다.

온!**-운동**(-運動)[명] =전신 운동.

온반(溫飯)[명] 1 따뜻한 밥. (ㅂ)더운밥. 2 =장국밥.

온!-밤[명] 하룻밤의 전부. ¶~을 지새우다 / ~을 뜬눈으로 보내다.

온-백색(溫白色)[-쌕][명] 조명에서, 환하고도 따뜻한 느낌을 주는 흰색.

온사이드(onside)[명] 축구·럭비·하키·아이스하키·수구(水球) 등에서 경기자가 각 경기의 규칙에 따라 정당한 위치에 있고 경기에 제약을 받지 않는 일. ↔오프사이드.

온상(溫床)[명] 1 [농] 기온이 낮을 때, 보온 설비를 갖추고 인공적으로 열을 가하여 농작물의 모종을 기르는 시설. ¶~ 모판. ↔냉상. 2 사물이나 사상 등을 발생시키거나 조장하기에 적합한 토대나 환경. ¶범죄의 ~.

온!**새미-로**[부] 가르거나 쪼개지 않고 생긴 그대로. ¶~ 식탁에 오른 통닭.

온색(溫色)[명] 1 =난색(暖色)¹. 2 온화한 얼굴빛.

온수(溫水)[명] =더운물. ↔냉수.

온수-기(溫水器)[명] 냉수(冷水)를 덥히는 장치. ¶순간 ~.

온수-난방(溫水煖房)[명] 중앙식 보일러에서 끓인 물을 건물 안의 각 방열기에 보내서 실내를 따뜻하게 하는 장치.

온수-욕(溫水浴)[명] 더운물로 목욕하는 것. (준)온욕. **온수욕-하다**[동(자여)]

온순(溫順) ➡**온순-하다**[형여] 성질이나 마음씨가 온화하고 양순하다. ¶선생님 말씀을 잘 듣는 **온순한** 아이. **온순-히**[부]

온!-쉼표(-標)[명][음] 온음표와 같은 길이의 쉼표. 기호는 '𝄻'. =전휴부(全休符).

온스(ounce)[의존] 야드파운드법의 중량의 단위. 상용 온스는 1/16파운드(28.35g), 귀금속 및 약품 계량용 온스는 1/12파운드(31.103g)임.

온실(溫室)[명] 광선·온도·습도 따위를 인공적으로 조절하여 각종 식물을 자유롭게 재배할 수 있는 구조물. ¶~ 재배.

  온실 속의 화초[구] 세상 물정을 모른 채 고생 모르고 자란 사람을 비유적으로 이르는 말.

온실^효과(溫室效果)[명][지] 대기 중의 수증기·이산화탄소·오존 등이 지표로부터 우주 공간으로의 적외선 복사를 대부분 흡수하여 온실처럼 지표의 온도를 비교적 높게 유지하는 작용.

온아(溫雅) ➡**온아-하다**[형여] 모양·성격 등이 온화하고 아담하다.

온^에어(←on the air)[명][방송] 방송국에서 프로그램을 방송 중임을 알리는 말.

온열(溫熱)[명] 1 따스하게 느껴지는 열. 2 온열 요법 등에서 33~45℃ 정도의 온도.

온욕(溫浴)[명] '온수욕'의 준말. **온욕-하다**[동(자여)]

온유(溫柔) ➡**온유-하다**[형여] (성질이) 온화하고 부드럽다. ¶**온유한** 성품.

온!-음(-音)[명][음] 장음계에서 미-파와 시-도 이외의 음정. 장2도에 해당하는, 2개의 반음을 가진 음의 간격. =전음(全音). ▷반음(半音).

온!**음-계**(-音階)[계/-게][명][음] 한 옥타브를 다섯 개의 온음과 두 개의 반음으로 분할한 7음의 음계. 장음계·단음계가 상용됨. =전음계. ▷반음계.

온!**음^음계**(-音音階)[계/-게][명][음] 반음이 전혀 없이 6개의 온음만으로 이루어진 음계.

온!**-음정**(-音程)[명][음] 두 반음정(半音程)을 합한 음정. =전음정(全音程). ▷반음정.

온!**-음표**(-音標)[명][음] 서양 음악의 기보법(記譜法)에서, 음의 길이의 기본 단위가 되는 음표. 4박자로 기호는 '𝅝'. =전음부(全音符).

온!**의**(慍意)[-의/-이][명] 성낸 마음.

온!**이-로**[부] 전체의 것으로.

온!**-장**(-張)[명] 종이·피륙의 베어 내지 않은 온통의 조각.

온장-고(溫藏庫)[명] 조리한 음식물을 따뜻한 상태로 보관하는, 상자 모양의 장치. ▷냉장고.

온!**전**(穩全) ➡**온**!**전-하다**[형여] 본바탕대로 고스란하다. ¶다친 데 없이 **온전하게** 돌아오다 / 그러고도 네가 **온전하길** 바라니? **온**!**전-히**[부] ¶없어진 물건을 ~ 되찾다.

온!**-점**¹(-點)[명][언] 가로쓰기에 사용되는 마침표의 하나인 '.'의 이름. 1 서술·명령·청유 등을 나타내는 문장의 끝에 씀. 2 아라비아 숫자만으로 연월일을 표시할 때에 씀. 1919. 3. 1. 따위. ▷고리점.

온점²(溫點)[-쩜][명][생] 피부나 점막 위에 분포되어 있어 체온 이상의 온도 자극을 특히 감수(感受)하는 감각점. ↔냉점. ▷온각(溫覺).

온정¹(溫井)[명] 1 더운물이 솟는 우물. 2 [지] =온천(溫泉)1.

온정²(溫情)[명] 따뜻한 인정. ¶~을 베풀다.

온!**-정신**(-精神)[명] 온전한 정신. 또는, 멀쩡한 정신. ¶나 지금 ~으로 하는 말이다.

온!**-종일**(-終日)[부] 아침부터 저녁때까지 하루 종일. (ㅂ)종일·진종일. ¶그 일은 ~ 해도 못 끝내겠다. / 거기에 가려면 ~이 걸린다.

온주-귤(溫州橘)[명][식] 운향과의 상록 과수. 높이 3~5m. 6월에 흰 꽃이 피며, 열매는 황적색의 납작한 공 모양으로 익음. 우리나라에서 흔히 재배함. =밀감.

온-찜질(溫-)[명] 뜨거운 물에 적신 수건이나 뜨거운 성질의 약품 따위를 써서 하는 찜질. =더운찜질. ↔냉찜질. 온찜질-하다[동](자)(타)(여)

온:-채[명] 집채의 전체. ¶~를 전세로 들다.

온:챗-집[-채찝/-챋찝][명] 한 채를 전부 쓰는 집.

온천(溫泉)[명] 1 [지] 지열(地熱)로 물이 덥혀져 땅 위로 솟아오르는 샘. 우리나라에서는 25℃ 이상으로 규정하고 있음. =온정(溫井)·탕천(湯泉). ¶유황 ~. ↔냉천(冷泉). 2 '온천장'의 준말. =노천.

온천-물(溫泉-)[명] 온천의 물. 비온천수. ¶피로로 지친 몸을 ~에 푹 담그다.

온천-수(溫泉水)[명] 온천으로서의 일정한 기준을 갖춘 물. 비온천물. ¶다량의 무기질과 황화수소를 함유한 ~.

온천-욕(溫泉浴)[-뇩][명] 요양이나 치료를 목적으로 온천에서 하는 목욕.

온천-장(溫泉場)[명] 온천에서 목욕할 수 있게 설비가 된 장소. 또는, 온천이 있는 곳. (준)온천.

온축(蘊蓄)[명] 지식이나 경험 등을 오랫동안 충실하게 쌓는 것. 또는, 그 지식이나 경험. ¶그는 수많은 저술 활동을 통해 사색의 ~을 이룩하였다. 온:축-하다[동](타)(여) ¶연구 성과를 온축한 결과물. 온:축-되다[동](자) ¶그의 책에는 소중한 경험과 삶의 지혜가 온축되어 있다.

온탕(溫湯)[명] 대중목욕탕 등에서, 탕에 채워진 따뜻한 물. 또는, 그 탕. ↔냉탕(冷湯).

온:-통[부] 통째로 전부. 있는 대로 모두. 비맨. ¶이 방은 ~ 책으로 둘러싸여 있다. / 홍수로 마을이 ~ 물바다가 되었다.

온:-통으로[부] 전부를 그대로 다.

온:-폭(-幅)[명] 피륙이나 종이의 전체 넓이. =전폭(全幅).

온:-품[명] 온 하루 일의 품. 또는, 품삯.

온풍(溫風)[명] 따뜻한 바람.

온풍-기(溫風器)[명] 따뜻한 바람을 내보내어 실내의 온도를 높이는 전기 기구.

온풍-난방(溫風暖房)[명] 연료의 연소나 온수·전열 등으로 가열한 공기를 도관을 통하여 각 실내로 보내는 난방 방법.

온-하다(溫-)[형](여)[한] 약재의 성질이 덥다. ↔냉하다.

온혈(溫血)[명] 1 [한] 약으로 먹는 사슴이나 노루의 더운 피. 2 [동] 외계의 온도에 관계없이 늘 더운 피. =더운피. ↔냉혈(冷血).

온혈^동:물(溫血動物)[명][동] =정온 동물. ↔냉혈 동물.

온화¹(溫和) →온:화-하다¹ [형](여) 1 (기후가) 따뜻하고 화창하다. ¶온화한 날씨. 2 (성질이나 태도가) 온순하고 인자하다. ¶온화한 성품.

온화²(穩和) →온:화-하다² [형](여) 조용하고 부드럽다.

온화-스럽다(溫和-)[-따][형](ㅂ)<-스러우니, ~스러워> 온화한 데가 있다. 온화스레[부]

온후(溫厚) →온후-하다 [형](여) (성질이) 부드럽고 후덕하다. ¶온후한 인품.

올¹[명] '올해'의 준말. ¶~부터 / ~ 10월.

올¹²[명] 1 [가락] 실이나 줄의 가닥. ¶~이 가늘다(굵다) / ~이 풀어지다. 2 [의존] 1을 세는 단위로 이르는 말. ¶실 한 ~.

올-³[접두] 열매의 익는 정도가 빠름을 나타내는 말. ¶~벼 / ~밤 / ~콩. (준)오-. ↔늦-.

올⁴(all)[명][체] 테니스나 탁구에서, 서로 득점이 같은 상태.

올가미[명] 1 새끼나 노·철선 같은 것으로 고를 맺어 짐승을 잡는 장치. =활고자. 2 사람이 걸려들게 꾸민 수단이나 술책. ¶그는 꼼짝없이 그들의 ~에 걸려들고 말았다.

올가미(를) 쓰다[구] 남의 꾀에 걸려들다.

올가미(를) 씌우다[구] 계략을 써서 남을 그 꾀에 걸려들게 하다. ¶어른들과 대척이 공모를 해서 수빠에게 고약한 올가미를 씌우려 하고 있다.《박완서:엄마의 말뚝》

올-가을[-까-][명] 올해 가을. =금추(今秋). ¶~에는 벼를 일찍 거둬들였다.

올-감자[명] 철 이르게 되는 감자. ↔늦감자.

올-겨울[-껴-][명] 올해 겨울. =금동(今冬). ¶~은 유난히 춥다.

올-고구마[명] 철 이르게 되는 고구마.

올-곡-하다[-고카-][형](여) (실이나 줄 따위가) 너무 꼬여서 비비 틀린 상태에 있다.

올-곧다[-따][형] 1 마음이 바르고 곧다. ¶그 사람 성품은 대쪽같이 ~. 2 줄이 반듯하다. ¶스탠드바에 이마를 올곧게 빗어 넘긴 사십 대 남자가 앉아 있었다.《강석경:숲 속의 방》

올긋-불긋[-귿불귿][부] 여러 가지 빛깔이 다른 빛깔들과 서로 조금씩 뒤섞인 모양. (큰)울긋불긋. 올긋불긋-하다[형](여)

올나이트(all-night)[명] 잠을 자지 않고 밤을 새우는 일.

올-내년(-來年)[-래-][명] 올해와 내년. 또는, 올해나 내년. ¶~만 지나면 형편이 좀 피겠다.

올-누드(all nude)[명] '전라(全裸)', '알몸'으로 순화.

올데갈데-없다[-떼-떼업따][형] (사람이) 의지할 곳이나 머물러 살 곳이 없다.

올:-되다[-되-/-뒈-][동](자) 1 (열매가) 제철보다 일찍 익다. ¶올된 감자. 2 나이에 비하여 철이 일찍 들다. ¶올된 아이. (준)오되다.

올드-미스(†old miss)[명] =노처녀.

올라-가다[동](거라)<~가거라> 1 [자] 1 낮은 데서 높은 데로 향하여 가다. ¶나무에 ~ / 가운에 ~. 2 흐름을 거슬러 상류로 가다. ¶강기슭을 끼고 ~. 3 지방에서 서울 등의 중앙으로 가다. ¶서울로 올라가더니 소식이 없다. 4 (지위가) 높아지다. ¶부장으로 ~. 5 (값이) 비싸지다. ¶땅값이 / 물가가 하늘 높은 줄 모르고 ~. 6 (밑천이나 재산이) 모두 없어지다. 7 (물에서 물으로) 옮겨 가다. (비)올라오다. 8 '죽다'를 속되게 이르는 말. 2 [타] 높은 데를 향하여 가다. ¶비탈길을 ~. ↔내려가다.

올라-붙다[-붇따][동](자) 1 (엉덩이나 가슴이) 처지지 않고 탱탱하게 내밀다. ¶히프가 보기 좋게 올라붙어 각선미가 살아난다. 2 (산의 능선이나 비탈로[에]) 접어들어 오르다. ¶일행은 계곡을 가로질러 가파른 산길로 올라붙었다.

올라-서다[동](자) 1 높은 데로 옮아 서다. ¶언덕에 ~. 2 낮은 지위에서 높은 지위로 옮아가다. ¶국장으로 ~. 3 무엇을 디디고 그 위에 서다. ¶걸상 위에 ~ / 어깨 위에 ~.

올라-앉다[-안따] [동][자] **1** 낮은 데서 높은 데로, 아래에서 위로 가 앉다. ¶책상 위에 ~. **2** 지위가 높아져서 어느 자리를 차지하다. ¶자네 이번에 부장으로 **올라앉았다면서**?

올라-오다 [동][너라] 〈~오너라〉 [1][자] **1** 낮은 데서 높은 데로 향하여 오다. ¶옥상으로 **올라오너라**. **2** 지방에서 중앙으로 옮아오다. ¶서울에 **올라온** 지 10년이 지났다. **3** (트림이나 먹은 것 따위가) 목구멍을 통하여 나오다. ¶트림이 ~ / 생목이 ~. **4** 물에서 뭍으로 옮겨 오다. [2][타] 높은 데를 향하여 오다. ¶고갯길을 **올라오는** 저 사람이 누구냐?

올라운드 플레이어(allround player) '만능 선수'로 순화.

올라-타다 [동][자][타] 탈것이나 짐승 또는 사람 등의 몸 위에 몸을 올려놓다. ¶말 위에 ~ / 버스를 ~ / 넘어진 적의 몸 위에 **올라타고** 항복을 받아 내다.

올레-산(←ole*ic*酸) [명][화] 고급 불포화 지방산의 하나. 무색무취의 유상(油狀) 액체. 동식물 유지(油脂) 중에 존재하며, 주로 비누의 제조 원료로 쓰임. =유산(油酸).

올려-놓다[-노타] [동][타] **1** 어떤 물건을 무엇의 위에 옮겨 놓다. ¶탁자에 컵을 ~ / 무릎 위에 두 손을 ~. **2** 명단 등에 이름을 적어 넣다. ¶참석자 명단에 이름을 ~. **3** 등급·직급 등이 높아지게 하다. ¶팀을 4강에 ~. **4** 정도나 수준을 높게 하다. ¶사기를 ~. **5** 물건 값을 비싸게 하다.

올려다-보다 [동][타] **1** 아래에서 위쪽을 보다. ¶지붕 위를 ~ / 꼭대기를 ~. **2** 높이 받들어 우러르다. ¶많은 사람이 **올려다보는** 지위. ↔내려다보다.

올려본-각(-角) [명][수] 낮은 곳에서 높은 곳에 있는 목표물을 올려다볼 때, 시선과 지평선이 이루는 각도. =고각(高角)·앙각(仰角). ↔내려본각.

올려-붙이다[-부치-] [동][타] **1** '거수경례를 하다'를 속되게 이르는 말. ¶경례를 ~. **2** 뺨 따위를 갈기다. ¶귀싸대기를 ~.

올록-볼록[-뽈-] [부] 물체의 면이나 거죽이 고르지 않게 높고 낮은 모양. [큰]울룩불룩. **올록볼록-하다** [형][여] ¶**올록볼록한** 종이.

올리고-세(←Oligo*cene*世) [명][지] 신생대 제3기 중에서 에오세의 뒤, 마이오세 앞의 세. 유공충류(有孔蟲類)가 번성하고 포유류·속씨식물이 발달했음. =점신세(漸新世).

올리다 [동][타] **1** '오르다'의 사동사. ¶값을 ~ / 사기를 ~ / 족보에 자손의 이름을 ~. **2** (사람이 물체나 물질을 위로) 끌거나 당기거나 밀거나 들어서 옮기다. ¶두레박으로 물을 퍼 ~ / 짐을 차 위로 ~. **3** (윗사람에게 어떤 물건을) 받게 하다. [비]드리다·바치다. ¶아버님께 진짓상을 ~ / 부장님, 제가 술 한 잔 **올리겠습니다**. **4** (윗사람이나 신과 같은 존재에게 말이나 글, 또는 어떤 행동을) 받게 하거나 받아들이게 하다. [비]드리다. ¶시골 어머니께 편지를 ~ / 하느님께 기도를 ~. **5** (의식이나 예식 등을) 열어서 행하거나 치르다. ¶결혼식을 ~. **6** (높이를 가진 물체를) 쌓아서 만들거나, 그 위에 다른 물체를 쌓아 더 높아지게 하다. ¶지붕에 기와를 ~ / 10층 건물을 12층으로 ~. **7** (주먹이나 손을 상대의 얼굴 등에) 힘 있게 부딪다. [비]날리다·때리다. ¶턱에 주먹을 ~ / 따귀를 한 대 ~. **8** (환성이나 비명 등을) 입 밖으로 나가게 하다. [비]지르다. ¶비명을 ~ / 환호성을 ~. **9** (어떤 물체에 도금이나 칠을) 입히거나 어떤 색으로 나타나게 하다. ¶금속에 금물을 ~ / 차체에 칠을 ~. **10** 인터넷이나 컴퓨터 통신을 통하여 자료실·게시판 등에 파일이나 데이터를 전송하여 싣다. ¶게시판에 글을 ~. ↔내려받다. **11** 〈궁〉먹다.

올리브(olive) [명][식] 물푸레나뭇과의 상록 교목. 높이 5~10m. 여름·가을에 황백색의 향기로운 꽃이 핌. 열매는 타원형이며 자흑색으로 익는데, 올리브유를 짬. =감람나무.

올리브-색(olive色) [명] 올리브의 열매처럼 황색을 띤 녹색. [비]감람색.

올리브-유(olive油) [명] 올리브의 열매에서 짠, 지방질이 많은 기름. 식용·약용 및 비누·화장품 등의 원료로 쓰임. =감람유.

올림[1] [명][수] 근삿값이나 어림수를 구할 때, 어떤 자리의 수에 1을 더하고 그 미만이 되는 자리의 수를 버리는 일. 이를테면, 정수 254와 256을 일의 자리에서 올리면 둘 다 260이 됨. =절상(切上). ▷버림.

올림[2] [명] 아랫사람이 윗사람에게 편지·소포 등을 보낼 때, 그것을 올린다는 뜻으로 편지의 끝이나 겉봉투에 보내는 사람 이름 다음에 쓰는 말. ¶2004년 1월 1일 김동수 ~.

> **유의어** **올림 / 드림**
>
> 둘 다 편지를 받는 상대를 높이기 위해 쓰는 말이나, '**올림**'이 '**드림**'보다 공손의 정도가 높다고 할 수 있음. 즉, '**올림**'은 부모와 자식, 스승과 제자, 사장과 사원 등의 관계처럼 상하 관계나 서열이 뚜렷한 경우에 사용하고, '**드림**'은 상하 관계는 아니나 사회적 관계를 위해 예를 갖추어 상대를 높여 주어야 할 때 주로 사용함.

올림-말 [명] =표제어(標題語)**2**.

올림-음(-音) [명][음] 올림표를 붙여서 반음 올린 음. ↔내림음.

올림-조(-調)[-쪼] [명][음] 올림표로만 나타낸 조. ↔내림조.

올림-표(-標) [명][음] 음의 높이를 반음(半音) 올리게 하는 표. 기호는 #. =샤프. ↔내림표.

올림피아드(Olympiad) [명] **1** [역] 올림피아제와 다음 올림피아제 사이의 4년간. **2** [체] =국제 올림픽 경기 대회.

올림피아-제(Olympia祭) [명][역] 고대 그리스의 올림피아에서 제우스 신에게 지내던 제전(祭典). 체육 경기가 동시에 개최되었으며, 우승자에게는 월계관이 주어졌음.

올림픽(Olympic) [명] **1** [체] '국제 올림픽 경기 대회'의 준말. ¶~ 신기록 / ~ 개최지 / ~이 열리다. **2** [체] '올림픽 경기'의 준말. **3** 운동 경기 이외에 여러 나라가 참가하는 경기에 붙이는 이름. ¶기능 ~.

올림픽^경!기(Olympic競技) [명][체] **1** 고대 그리스에서 올림피아제 때에 제우스 신전의 앞에서 열던 경기 대회. **2** '국제 올림픽 경기 대회'의 준말. [준]올림픽.

올림픽-기(Olympic旗) [명] =오륜기(五輪旗).

올막-졸막[-쫄-] [부] 작은 덩어리가 여러 개 고르지 않게 벌여 있는 모양. [큰]울먹줄먹. **올막졸막-하다** [형][여]

올망-졸망 [부] 작고 또렷한 여러 귀여운 것이 고르지 않게 벌여 있는 모양. ¶~ 진열해 놓

은 인형들. ㉰울멍줄멍. **올망졸망-하다**
형여 ¶놀이터에는 올망졸망한 아이들이 대
여섯 명 놀고 있다.
올목-졸목[-쫄-] 图 크고 작은 덩어리가 여
러 개 고르지 않게 벌여 있는 모양. ㉰울묵
줄묵. **올목졸목-하다** 형여
올몽-졸몽 图 귀엽게 생긴 크고 작은 또렷한
여러 덩어리가 배게 벌여 있는 모양. ㉰울몽
줄몽. **올몽졸몽-하다** 형여
올무 몡 새나 짐승을 잡는 올가미. ¶~를 놓
다.
올-바로 图 곧고 바르게. ¶~ 살아가는 자세
/ 마음을 ~ 먹다 / 문제를 ~ 이해하다.
올-바르다 형ㄹ〈~바르니, ~발라〉(말이나
생각, 행동이나 일 등이) 이치나 규범이나
원칙에 벗어남이 없이 바르다. 비똑바르다.
¶올바른 태도 / 올바른 교육 / **올바른** 말을
하다.
올¹-밤 몡 철이 이르게 익는 밤. ↔늦밤.
올-백(↑all back) 몡 가르마를 타지 않고 머
리를 전부 뒤로 빗어 넘김. 또는, 그 머리
모양.
올¹-벼 몡 철이 이르게 익는 벼. =조도(早
稻)·조양(早穰)·조종. ↔늦벼.
올-봄[-뽐] 몡 올해 봄. =금춘(今春). ¶~
에는 개나리가 일찍 피었다.
올빼미 몡동 올빼밋과의 새. 몸길이 38cm
정도. 부엉이와 비슷하나, 귀 모양의 깃털이
없으며 아랫면은 담색이고 많은 세로 반문
이 있음. 눈은 흑색임. 낮에는 숲에서 쉬고,
밤에 활동하여 새나 작은 짐승을 잡아먹음.
올¹-새 몡 피륙의 날실과 씨실의 총칭. 또는,
피륙의 짜임새가 가늘고 굵은 정도. ¶~가
거칠다 / ~가 뜨다 / ~가 곱다.
올¹-서리 몡 다른 해에 비하여 이르게 오는
서리. =조상(早霜). ↔늦서리.
올-스타(all-star) 몡 (주로 합성어를 이루거
나 다른 명사와 함께 쓰여) 유명한 스타가
모두 출동하거나 출연함. 또는, 그 스타. ¶
~전(戰) / ~게임.
올-스톱(all stop) 몡 '전면 중단'으로 순화.
-올습니다 어미 '올시다'의 잘못.
-올시다[-씨-] 어미 '이다', '아니다'의 어
간에 붙어, '합쇼' 할 상대에게 '-ㅂ니다'
의 뜻으로 쓰이는 평서형 종결 어미. ¶그것은
사실이 아니다. / 지나가던 나그네 ~. ×-올
습니다.
올-실 몡 '외올실'의 잘못.
올쏙-볼쏙[-뽈-] 图 조그마한 모가 여기저
기 불규칙하게 솟은 모양. ㉰울쑥불쑥. **올쏙
볼쏙-하다** 형여
올-여름[-려-] 몡 올해 여름. =금하(今
夏). ¶~은 유난히 덥다.
올연(兀然) 图 홀로 우뚝한 모양. **올연-히**
형여 **올연-히** 图 ¶솟은 멧부리.
올올(兀兀) →**올올-하다** 형여 솟은 모양이
우뚝하다. ¶하늘을 찌를 듯이 **올올한** 산봉
우리. **올올-히** 图 ¶청솔 숲 위에 ~ 좌정하고
있는 한 마리의 학.〈김성동: 만다라〉
올¹올-이 图 올마다. ¶어머니의 정성이 ~ 깃
들어 있는 스웨터.
올인원(all-in-one) 몡 브래지어·웨이스트 니
퍼(허리 조이는 속옷)·거들이 함께 붙은 여
성용 속옷.
올¹-작물(-作物) [-장-] 몡 **1** 이르게 가꾸
는 작물. **2** 다른 종류보다 이르게 익는 작물.
↔늦작물.

올¹-지다 형 '오달지다'의 준말. ¶목소리가
~.
올¹-차다 형 **1** 야무지고 기운차다. ¶**올차게**
생긴 사람 / 갓 돌을 지난 녀석이 제 참 ~. **2** 곡
식의 알이 일찍 들다. ¶**올찬** 벼 이삭 / 옥수
수 알이 ~.
올챙이 몡동 알에서 깬 개구리의 새끼. 둥
근 머리에 긴 꼬리가 달려 있으며 몸빛은 검
음. 아가미로 호흡하고 꼬리로 헤엄쳐 다님.
=과두(蝌蚪)·현어(玄魚).
올챙이-배 몡 똥똥하게 내민 배를 놀림조로
이르는 말.
올케 몡 여자가 오빠나 남동생의 아내를 이르
거나 부르는 말. 비오라범댁. ↔시누이.
올톡-볼톡[-뽈-] 图 '울툭불툭'의 작은말.
올톡볼톡-하다 형여
올통-볼통 图 '울퉁불퉁'의 작은말. **올통볼
통-하다** 형여
올-해 몡 지금 지나가는 중에 있는 해. =금
세·본년. 비금년. ¶~의 수출 목표 / ~도
거의 반이 지났다.
옭다[옥따] 타 **1** (실·노끈 따위로) 친친 잡
아매다. **2** 올가미를 씌워서 훑치다. **3** 꾀로
남을 걸려들게 하다. ¶동료를 부정 사건에
옭어 넣다.
옭-매다[옹-] 타 **1** 잘 풀리지 않도록 고를
내지 않고 마구 매다. ¶노끈을 ~. **2** =옭아
매다.
옭-매듭[옹-] 몡 고를 내지 않고 마구 맨 매
듭. ↔풀매듭.
옭매-이다[옹-] 통재 '옭매다'의 피동사. ¶
오랏줄에 두 손이 ~.
옭아-내다 타 **1** 올가미 따위를 씌워서 끌
어내다. **2** 수단을 써서 남의 것을 약빠르게
빼내다. ¶친구가 퇴직금으로 받은 돈을 ~.
옭아-매다 통타 **1** (사람·동물·물체를 줄이나
올가미 등으로) 꼼짝 못하게 묶거나 매다. ¶
죄인을 포승줄로 ~ / 올가미로 사냥감의 목
을 ~. **2** (사람을) 자유롭지 못하게 만들다.
비구속하다·속박하다. ¶어른들은 자신의
틀에 맞추어 아이들을 **옭아매려는** 경향이
있다. **3** 없는 죄를 이리저리 꾸며 씌우다. =
옭매다. ¶무고한 사람을 살인죄로 ~.
옭-히다[올키-] 통재 '옭다'의 피동사. ¶
올가미에 **옭힌** 짐승 / 사기꾼에게 **옭혀** 재산
을 날리다. **2** 어떤 일에 다른 여러 일들이 섞
갈려 관련되다. ¶벌여 놓은 사업에 **옭혀** 정
신이 없다.
옮겨-심기[옴-끼] 몡 =이식(移植)¶. **옮겨
심기-하다** 통타여
옮-기다[옴-] 타 **1** (어떤 곳에 있는 꽤 무
거운 물건, 또는 스스로 움직이기 어려운 사
람을 다른 곳으로) 가져가거나 가져와, 또는
데려가거나 데려와 그곳에 놓이거나 있게
하다. ¶책상을 창가로 ~ / 환자를 병원으로
~. **2** (사람이 있던 자리·소속·숙소 등을)
벗어나 다른 자리·소속·숙소 등에 있기 위
해 그곳으로 가다. ¶하숙을 ~ / 직장을 ~.
3 (사람이 어느 곳에서 발을) 번갈아 움직여
디디며 가다. ¶그는 집으로 무거운 발을 **옮
겼다**. **4** (한 곳에 두었던 시선을 다른 곳으
로) 미치어 버리게 하다. ¶그는 책에서 눈을
떼고 시선을 창밖으로 **옮겼다**. **5** (사람이나
동물이 병을 다른 사람이나 동물에게) 퍼뜨
려 생기게 하다. ¶모기가 사람에게 뇌염을
~. **6** (사람이 들은 말을 다른 곳에서) 그대
로 전하여 말하다. ¶그는 남의 말을 아무 데

서나 옮기길 좋아한다. **7** (어떤 생각이나 사고 작용을 행동이나 글 따위로) 나타나게 하다. ¶마음먹은 것을 실천에 ~ / 여행에서 보고 느낀 것을 글로 ~. **8** (한 나라의 언어를 다른 나라의 언어로) 같은 뜻을 살려 바꾸다. ⓑ번역하다. ¶황순원의 소설을 영어로 ~. **9** (어떤 글을 다른 곳에) 그대로 다시 쓰거나 인쇄하다. ¶보고서를 다른 종이에 옮겨 쓰다.

옮긴-이[옴-] 명 =역자(譯者).
옮!다[옴따] (옮고 / 옮아) 통(자) **1** (어떤 곳에 있던 것이) 다른 곳으로 움직여 자리를 바꾸다. ¶윗자리로 옮아 앉다 / 농촌으로 옮아 살다. **2** (불길이나 색깔이) 다른 물체에 붙거나 묻어나다. ¶불이 옆집으로 옮아 붙다 / "…그날, 도랑을 건너면서 내가 업힌 일이 있지? 그때, 네 등에서 옮은 물이다."(황순원:소나기) **3** (병·버릇·사상 등이) 다른 사람이나 동물에게 가 똑같은 상태가 생기다. ⓑ전염되다. ¶피부병이 ~.
옮아-가다 통(자) **1** 한 곳에서 다른 곳으로 자리 잡아 가다. ¶공장들이 공단으로 ~ / 도회지로 ~. **2** 차차 퍼져 가다. ¶불이 옆집으로 ~.
옮아-오다 통(자) **1** 다른 데서 이곳으로 자리 잡아 오다. **2** 차차 퍼져 오다. ¶산불이 ~ / 소문이 ~.
옰[올] 명 어떤 일을 잘못하거나 제대로 하지 않은 데 대한 대가나 갚음. ¶공부를 게을리한 ~으로 대학 입시에 낙방하다 / 남을 해코지하더니 그 ~으로 천벌을 받았다.
옳거니[올커-] 감 무슨 일을 문득 깨달았을 때, 또는 어떤 사실이 자기가 생각한 바와 일치했을 경우 등에 혼잣말로 하는 말.
옳다[올타] Ⅰ 형 (말이나 생각, 행동이나 일 등이) 진리·도덕·규범·이치·기준 등에 비추어 어그러짐이 없어 좋은 상태에 있다. ⓑ바르다·맞다. ¶역경 속에서도 옳게 살려는 의지 / 흠, 듣고 보니 네 말도 ~.
Ⅱ 감 어떤 기억이나 생각이 순간적으로 떠올랐을 때 내는 소리. ¶~, 이제야 알았다.
옳다-구나[올타-] 감 '옳다Ⅱ'를 강조하여 이르는 말. ¶~! 그가 범인이었구나!
옳소[올쏘] 감 상대의 의견에 적극적인 공감을 나타내는 하오체의 말. 주로, 청중의 입장에서 하는 말임.
옳아[올-] 감 어떤 사실을 비로소 깨닫거나 납득했을 때 내는 소리. ¶~, 그래서 슬피 울고 있었구나.
옳이[올-] 부 옳게. ¶~ 가르쳐 주다. ↔글리.
옳지[올치] 감 **1** 다른 사람의 말이나 행동이 마땅하게 여겨질 때 긍정의 뜻을 담아내는 소리. 보통, 아랫사람에 대해 쓰는 말임. ¶~, 참 잘했어. **2** 좋은 생각이 퍼뜩 떠올랐을 때 내는 소리. ¶~, 그렇게 하면 되겠구나.
옴[1] 명[한] 옴벌레의 기생으로 생기는 전염성 피부병. 손가락 사이나 발가락 사이가 짓무르기 시작하여 차차 온몸에 퍼지며 몹시 가려움. =개선(疥癬)·개창(疥瘡). ¶~이 오르다.
옴[2] (ohm) 명[의존][물] 전기 저항의 실용 단위. 1옴은 양 끝에 1볼트의 전위차가 있는 도선(導線)에서 1암페어의 전류가 흐를 때 나타내는 저항임. 기호는 Ω.
옴나위 → 옴나위 못하다 (구) 아주 비좁거나 꽉 들어차서, 또는 어쩔 도리가 없어 꼼짝달싹 못하다. ¶썩 기발한 답변을 장만해 가지고 와서 도리어 우리를 옴나위 못하게 해 놓았다.《채만식:회》
옴나위-없다[-업따] 형 꼼짝할 여유가 없다. **옴나위없-이** 부
옴나위-하다 통(자) 꼼짝할 만큼의 적은 여유밖에 없어 간신히 움직이다.
옴니버스 (omnibus) 명 〔'승합자동차'의 뜻〕 영화·드라마 등에서 몇 개의 독립된 짧은 이야기를 모아 하나의 작품으로 만든 것. ¶~ 영화 / ~ 드라마.
옴니-암니 Ⅰ 명 자질구레한 일에까지 이래저래 드는 비용.
Ⅱ 부 자질구레한 것까지 문제로 삼는 모양. ⓑ시시콜콜. ¶그렇게 ~ 따지고 들면 한이 없다.
옴-두꺼비 〔등에 옴이 오른 것 같다는 뜻으로〕 '두꺼비'를 흉보아 일컫는 말.
옴부즈맨 (ㅎombudsman) 명 〔'대리자'라는 뜻〕 정부·기업·사회 단체 등의 활동을 감시하고 견제하는 일을 하는 사람.
옴!살 명 **1** 한 몸같이 친밀한 사이. **2** '엄살'의 잘못.
옴실-거리다/-대다 통(자) 작은 벌레 따위가 많이 모여서 자꾸 움직이다. 큰움실거리다.
옴실-옴실 부 옴실거리는 모양. 큰움실움실. **옴실옴실-하다**
옴싹-달싹 부 '옴짝달싹'의 잘못.
옴쏙 부 물체의 면이나 바닥이 오목하게 들어간 모양. 옴쑥. **옴쏙-하다** 형(여)
옴쏙-옴쏙 부 여러 군데가 옴쏙한 모양. 큰움쑥움쑥. **옴쏙옴쏙-하다** 형(여)
옴씰-하다 통(자)(타) 갑자기 놀라서 몸을 옴츠리다. 큰움씰하다.
옴의 법칙 (Ohm-法則) [-의-/-에-] 〔물〕 도체를 흐르는 전류의 세기는 그 도선 양 끝의 전위차에 비례하며, 저항에 반비례한다는 법칙.
옴죽-거리다/-대다 [-꺼(때)-] 통(자)(타) 몸피가 작은 것이 몸을 계속하여 조금씩 움직이다. 또는, 몸의 한 부분을 조금 움츠리거나 펴거나 하다. ¶토끼가 입을 옴죽거리며 풀을 뜯어 먹는다. 센옴쭉거리다.
옴죽-옴죽 부 옴죽거리는 모양. 큰움죽움죽. 센옴쭉옴쭉. **옴죽옴죽-하다** 형(자)(타)
옴지락-거리다/-대다 [-꺼(때)-] 통(자)(타) 자꾸 느릿느릿 움직이다. 큰움지럭거리다.
옴지락-옴지락 부 옴지락거리는 모양. 큰움지럭움지럭. **옴지락옴지락-하다** 통(자)(타)(여) ¶발가락을 ~.
옴직-거리다/-대다 [-꺼(때)-] 통(자)(타) 연하여 자꾸 움직이다. ¶발을 ~. 큰움직거리다. 센옴찍거리다.
옴직-옴직 부 움직거리는 모양. 큰움직움직. 센옴찍옴찍. **옴직옴직-하다** 형(자) 센옴찔.
옴!-진드기 [동] 절지동물 옴진드깃과의 기생충. 몸길이 0.3~0.4mm. 사람의 피부를 뚫고 들어가 살면서 겨드랑이·음부 등에서 옴을 일으킴. =개선충(疥癬蟲).
옴질-거리다/-대다 Ⅰ 자) **1** 결단성이 없이 주저주저하다. **2** 몸피가 작은 것이 많이 모여 자꾸 굼뜨게 움직이다. Ⅱ 타) 질긴 것을 입에 넣고 오물거리며 씹다. 큰움질거리다. 센옴찔거리다.
옴질-옴질 부 옴질거리는 모양. ¶손가락 끝을 뒤로 ~ 물리면서 오이를 썰다. 큰움질움

옴짝달싹 질. ㉒옴쩔옴쩔. **옴질옴질-하다** 통재타
옴작-달싹[-딸-] 뷔 (주로. '못하다', '없다'와 함께 쓰여) 몸을 조금 움직이는 모양. ㉘꼼짝달싹. ¶밧줄에 몸이 묶여 ~도 할 수 없다. ㉒옴쭉달싹. ×옴싹달싹·옴짝달싹. **옴짝달싹-하다** 통재타

옴쭉 뷔 (주로 '못하다', '않다'와 같은 부정어와 함께 쓰여) 몸피가 작은 것이 아주 작게 움직이는 모양. ¶누가 뭐래도 ~도 않을 사람이다. ㉒옴쭉. **옴쭉-하다** 통재타 (주로 '없다', '못하다'와 같은 부정어와 함께 쓰여) ¶사람이 어찌나 많은지 **옴쭉할** 수가 없다.

옴쭉 못하다 귀 1 조금도 움직이지 못하다. 2 기를 펴지 못하다. ¶큰소리 땅땅 쳐도 마누라 앞에선 **옴쭉 못한다**.

옴쭉-거리다/-대다[-꺼(때)-] 통재타 '옴죽거리다'의 센말. ㉒옴쭉거리다.
옴쭉-달싹 뷔 '옴짝달싹'의 잘못.
옴쭉-옴쭉 뷔 '옴죽옴죽'의 센말. ㉒옴쭉옴쭉. **옴쭉옴쭉-하다** 통재타
옴찔 뷔 깜짝 놀라 갑자기 몸을 뒤로 옴츠리는 모양. ㉒옴쩔. **옴찔-하다** 통재타
옴찔-거리다/-대다 통재타 '옴질거리다'의 센말.
옴찔-옴찔 뷔 '옴질옴질'의 센말. ㉒옴쩔옴쩔. **옴쩔옴쩔-하다** 통재타
옴츠러-들다 통재 〈-드니, -드오〉 1 몸이나 몸의 일부가 오그라져 들어가거나 작아지다. ¶자라의 목이 ~. 2 겁을 먹거나 위압감 때문에 기를 펴지 못하고 주눅이 들다. ¶선생님 앞에만 가면 몸이 **옴츠러든다**. ㉒옴츠러들다.
옴츠러-뜨리다/-트리다 통타 몸을 세게 옴츠리다. ¶풀이 죽어 어깨를 ~/춤추고 **옴츠러트리지** 말고 몸을 죽 펴. ㉒옴츠러뜨리다.
옴츠러-지다 통재 옴츠려서 작아지거나 줄어지다. ㉒옴츠러지다.
옴츠리다 통재타 1 몸이나 몸의 일부를 오그려 작아지게 하다. ¶자라가 목을 ~. 2 겁을 먹거나 위압감 때문에 기가 꺾이거나 풀이 죽다. ¶그렇게 **옴츠릴** 것 없네. ㉑옴치다. ㉒옴츠리다.
옴치다 통재타 '옴츠리다'의 준말. ¶마리아의 둥글고 좀 넓은 듯한 단려한 얼굴은 피었다 **옴쳤다** 하는 연꽃을 연상시켰다.《김동리:사반의 십자가》 ㉒옴치다.
옴치고 뛸 수도 없다 귀 어떻게 할 도리가 없다.
옴켜-잡다[-따] 통타 손가락을 오그려 힘있게 잡다. ¶소매치기의 뒷덜미를 ~/아기가 엄마의 옷자락을 ~. ㉒움켜잡다. ㉑홈켜잡다.
옴켜-쥐다 통타 1 손가락을 오그려 힘 있게 쥐다. ¶손잡이를 단단히 ~. 2 일이나 사람을 수중에 넣어 마음대로 다루다. ¶막강한 권력을 ~. ㉒움켜쥐다. ㉑홈켜쥐다.
옴큼 뗑의 한 손에 옴켜쥔 만큼의 분량을 나타내는 말. ¶땅콩을 한 ~ 쥐다. ㉒움큼.
옴키다 통타 1 손가락을 오그려 물건을 놓치지 않도록 힘 있게 잡다. 2 새나 짐승 등이 무엇을 발가락으로 힘 있게 잡다. ¶솔개가 병아리를 옴켜 가다. ㉒움키다. ㉑홈키다.
옴-파다 통타 속을 오목하게 파다. ㉒움파다. ㉑홈파다.
옴팡-눈 뗑 옴폭 들어간 눈. ㉒움평눈.

옴팡눈-이 뗑 눈이 옴폭 들어간 사람. ㉒움평눈이.
옴팡-지다 헝 1 보기에 가운데가 좀 오목하게 쏙 들어가 있다. ¶눈이 **옴팡지게** 생긴 남자. 2 아주 심하거나 지독한 데가 있다. ¶바가지를 **옴팡지게** 쓰다.
옴패다 통재 '옴파이다'의 피동사. ¶오랜 세월 떨어진 낙숫물로 바위가 ~. ㉒움패다. ㉑홈패다.
옴폭 뷔 속으로 푹 들어가 오목한 모양. ¶웃으면 ~ 패는 보조개. ㉒움폭. **옴폭-하다** 헝어
옴폭-옴폭 뷔 군데군데 옴폭한 모양. ㉒움폭움폭. **옴폭옴폭-하다** 헝어

-옵- 어미 선(말) 모음이나 'ㄹ' 받침으로 끝나는 어간, 또는 어미 '-시-' 아래에서 'ㄱ', 'ㄴ', 'ㄷ', 'ㅅ', 'ㅈ'으로 시작되는 어미 앞에 쓰여, 공손함을 나타내는 선어말 어미. 어간 끝 음절의 'ㄹ' 받침은 탈락됨. 현대어에서는 편지 글이나 기도 등에서 극히 제한적으로 쓰임. ¶그리하~고 / 물러가~나이다 / 그치~더니 / 사랑하~시면 / 그러하~지만. ▷-으옵-·-사옵-.

-옵나이까[옴-] 어미 선어말 어미 '-옵-'에 어말 어미 '-나이까'가 결합하여, '합쇼' 할 상대에게 공손하게 묻는 뜻을 나타내는 종결 어미. ¶저분은 누구이~? / 어디로 가시~? ▷-으옵나이까-·-사옵나이까.

-옵나이다[옴-] 어미 선어말 어미 '-옵-'에 어말 어미 '-나이다'가 결합하여, '합쇼' 할 상대에게 현재의 동작·상태·사실을 공손하게 나타내는 종결 어미. ¶두 손 모아 비~ / 황공하~. ▷-으옵나이다-·-사옵나이다.

-옵니까[옴-] 어미 선어말 어미 '-오-'와 어말 어미 '-ㅂ니까'가 결합하여, '합쇼' 할 상대에게 공손하게 묻는 뜻을 나타내는 종결 어미. ¶집에 계시~? / 저 말씀이~? ▷-으옵니까-·-사옵니까.

-옵니다[옴-] 어미 선어말 어미 '-오-'와 어말 어미 '-ㅂ니다'가 결합하여, '합쇼' 할 상대에게 현재의 동작·상태·사실을 공손하게 나타내는 종결 어미. ¶그분이 저의 스승이~ / 저는 전연 모르~. ▷-으옵니다-·-사옵니다.

-옵디까[-띠-] 어미 선어말 어미 '-오-'와 어말 어미 '-ㅂ디까'가 결합하여, '합쇼' 할 상대에게 지난 일을 돌이켜 공손하게 묻는 뜻을 나타내는 종결 어미. ¶무슨 선물이~? / 누구라고 하~? ▷-으옵디까-·-사옵디까.

-옵디다[-띠-] 어미 선어말 어미 '-오-'와 어말 어미 '-ㅂ디다'가 결합하여, '합쇼' 할 상대에게 지난 일을 돌이켜 공손하게 말하는 뜻을 나타내는 종결 어미. ¶듣던 대로 미인이~ / 당신 말씀을 많이 하~. ▷-으옵디다-·-사옵디다.

옵서버 (observer) 뗑 〔'관찰자'라는 뜻〕 회의 등에서 정식 멤버로는 인정되지 않으나, 특별히 참석이 허용된 사람. 발언은 할 수 있으나 의결권이나 발의권은 없음. ×업저버.

옵션 (option) 뗑 〔'선택'이라는 뜻〕 1 기본 장치나 설비 이외에 구매자가 기호에 따라 추가로 또 다른 장치나 설비를 선택하는 일. 또는, 그 장치나 설비. ¶에어백은 이 자동차의 ~ 품목이다. 2 [체] 프로 스포츠에서, 선수에게 연봉 이외에 어느 수준 이상의 성적을 올릴 경우에 추가로 더 지급하는 돈. ¶연봉 18만 달러에 ~은 타율이 3할 2푼 이상일 경

우 2만 달러를 추가하는 조건으로 입단하다.
3 [경] 선물 거래(先物去來)에서 일정 기간 내에 특정 가격으로 상품·주식·채권 등을 팔거나 또는 살 수 있는 권리.
-옵서 [-쏘-] [어미] 선어말 어미 '-옵-'에 어말 어미 '-소서'가 결합하여, '합쇼' 할 대에게 정중한 부탁이나 기원을 나타내는 종결 어미.
-옵시- [-씨] [어미] (선어말) 어미 '-옵-'과 '-시-'가 결합하여 존대를 나타내는 선어말 어미.
옵티미즘 (optimism) [명] [철] =낙천주의. ↔페시미즘.
옷 [옫] [명] 사람이 몸을 보호하거나 따뜻하게 하거나 몸의 어느 부분을 가리거나 겉모습을 좋게 보이도록 하기 위해, 팔이나 다리에 꿰어 몸통의 전부나 일부의 둘레에 걸치는, 천이나 가죽 등으로 만든 물건. 세는 단위는 벌·점. [비]의복·의상(衣裳)·피복(被服). ¶비단~ / 겉~ / 새 ~을 입다 [벗다] / ~이 크다 [작다].
[**옷은 나이로 입는다**] 옷차림은 나이에 어울리게 하여야 한다. [**옷이 날개라**] 옷이 좋으면 사람이 한층 돋보인다.
옷-가슴 [옫까-] [명] 가슴에 닿는 옷의 부분. [비]가슴.
옷-가지 [옫까-] [명] 몇 가지의 옷. ¶~를 장만하다 / 보따리에 ~를 꾸리다.
옷-감 [옫깜] [명] 옷을 지을 감. ¶~을 끊어 오다 / ~을 마르다.
옷-값 [옫깝] [명] 옷의 값.
옷-갓 [옫깓] [명] 격식을 갖추어 입고 쓰는 옷과 갓. 지난날에 쓰던 말임. [비]의관(衣冠). ¶~을 벗어 놓고 갔다고 술값 낼 것을 가지고 와서 떠나겠다고 한즉.《홍명희·임꺽정》**옷갓-하다** [동](자여) 격식을 갖추어 옷을 입고 갓을 쓰다.
옷-거리 [옫꺼-] [명] 옷을 입은 맵시. ¶~가 좋다 / 아무리 좋은 옷이면 뭘 해, ~가 시원찮은데.
옷-걸이 [옫껄-] [명] **1** 옷을 걸 때, 옷이 제 모양대로 유지될 수 있도록 옷의 어깨 부분에 걸치는 물건. 대체로 삼각형이며, 위에 갈고리가 달려 있음. =의가(衣架). **2** 여러 벌의 옷을 걸어 둘 수 있도록 만든 물건. 수직 기둥에 나뭇가지 모양의 거는 부분이 달린 것과 철봉처럼 두 개의 수직 봉 사이에 수평 봉을 단 것 등이 있음. [비]행어.
옷-고름 [옫꼬-] [명] 저고리나 두루마기의 앞에 달아, 옷자락을 여며 매는 끈. ¶~을 달다 / ~을 풀다. [준]고름.
옷-기장 [옫끼-] [명] 옷의 길이. ¶~이 짧다 [길다].
옷-깃 [옫낃] [명] **1** 저고리나 두루마기 등의 목을 둘러 앞에서 여밀 수 있도록 댄 부분. =의금(衣襟). **2** 특히, 서양 의복의 '칼라 (collar)'를 이르는 말. ¶날이 추워지자 ~을 세운 행인들이 종종걸음을 친다. [준]깃.
[**옷깃만 스쳐도 인연이라**] 인간의 사소한 만남조차 불가에서 말하는 전생의 인연에서 비롯된다는 뜻으로, 다른 사람과의 만남이나 사귐을 기쁘고 소중하게 여겨 이르는 말.
옷깃을 여미다 [구] 경건한 마음으로 자세를 바로잡다. ¶**옷깃을 여미고** 영전에 분향하다.
옷-단 [옫딴] [명] 옷의 끝 가장자리를 안으로 접어 붙이거나 감친 부분. [준]단.
옷-매 [온-] [명] 옷의 모양새. ¶~가 수수하다

/ ~가 얌전하다.
옷-매무새 [온-] [명] =매무새.
옷-매무시 [온-] [명] =매무시. **옷매무시-하다** [동](자여)
옷-맵시 [온-씨] [명] 옷을 입은 맵시. ¶~가 있다 / ~를 내다 / ~가 안 난다.
옷-벌 [옫뻘] [명] 몇 벌의 옷.
옷-섶 [옫썹] [명] 두루마기나 저고리의 깃 아래쪽에 달린 긴 조각. ¶~을 여미다. [준]섶.
옷-소매 [옫쏘-] [명] '소매'를 옷에 달린 것이라 하여 좀 더 분명하게 이르는 말. ¶~을 걷다 / ~를 붙잡고 떠나지 못하게 만류하다.
옷-솔 [옫쏠] [명] 옷을 터는 솔.
옷-자락 [옫짜-] [명] 옷의 아래로 드리운 부분. ¶~이 길다 / ~을 잡고 만류하다.
옷-장 (-欌) [옫짱] [명] 옷을 넣는 장.
옷-주제 [옫쭈-] [명] 옷을 입은 주제꼴. ¶~가 사납다 / ~가 그게 뭐냐?
옷-차림 [옫-] [명] 옷을 차려입은 모양새. [비]복장(服裝)·의관(衣冠)·차림새. ¶단정한 ~ / 편안한 ~ / ~이 수수하다.
옷차림-새 [온-] [명] 옷을 입은 모양새.
옷-치레 [옫-] [명] 좋은 옷을 입어 몸을 꾸미는 일. ¶돈만 생기면 ~에 다 써 버린다. **옷치레-하다** [동](자여)
옷-핀 (-pin) [옫-] [명] 옷을 여밀 때 꽂는 핀. 주로, 안전핀을 가리키는 말임.
옹[1] (翁) [명](의존) (나이가 아주 많은 남자 노인, 특히 사회적으로 존경을 받는 사람의 성(姓)이나 성명이나 호 아래에 쓰여) 그 사람을 높여서 부르거나 이르는 뜻을 나타내는 말. ¶최 ~ / 참석헌 ~ / 간디 ~.
-옹[2] (翁) [접미] 일부 명사에 붙어, 그 명사의 특성을 가진 노인임을 나타내는 말. ¶백두(白頭)~ / 주인(主人)~.
옹:-고집 (甕固執) [명] 억지가 매우 심한 고집. ¶~을 부리다 / ~이 세다.
옹:고집-쟁이 (甕固執-) [-쨍-] [명] 옹고집이 있는 사람을 흘하게 이르는 말.
옹골-지다 [형] 실속 있게 꽉 찬 상태에 있다. ¶살림이 ~ / **옹골지게** 여물었다.
옹골-차다 [형] 옹골지고 기운차다. ¶뼈대가 ~ / 허적허적 걷는 것 같은데도 한 발 한 발 떼어 놓는 그의 걸음새가 **옹골찼다**.《김원일·바람과 강》 [준]옹차다. ↔공골차다.
옹:-관 (甕棺) [명] =도관(陶棺)[1].
옹그리다 [타] 추울 때나 겁이 날 때 몸을 오그려 작게 하다. ¶**옹그리고** 앉다. [큰]웅그리다. [거]옹크리다.
옹글다 [형] 〈옹그니, 옹그오〉 **1** 물건이 조각나거나 축나지 않고 본디대로 있다. **2** 어떤 것이 가지고 있어야 할 내용에 조금도 모자람이 없다. ¶**옹근** 열닷새 / 어린 나이지만 형 노릇을 **옹글게도** 한다.
옹긋-옹긋 [-귿-귿] [부] 크기가 비슷한 것들이 쏙쏙 불거져 있는 모양. [큰]웅긋웅긋. **옹긋옹긋-하다** [형](여)
옹긋-쫑긋 [-귿-귿] [부] 군데군데 고르지 않게 쏙쏙 불거지거나 톡톡 비어져 나온 모양. [큰]웅긋쭝긋. **옹긋쫑긋-하다** [형](여)
옹기 (甕器) [명] =옹기그릇.
옹기-그릇 (甕器-) [-른] [명] 질그릇·오지그릇을 통틀어 이르는 말.
옹기-옹기 [부] 크기가 비슷한 작은 것들이 많이 모여 있는 모양. [큰]웅기웅기. **옹기옹기-하다** [형](여)
옹기-장수 (甕器-) [명] 옹기를 파는 사람.

옹!기-장이(甕器-) 명 옹기를 만드는 것을 직업으로 하는 사람. =도공(陶工).
옹!기-전(甕器廛) 명 옹기를 파는 가게. =옹기점.
옹!기-점(甕器店) 명 1 =옹기전. 2 옹기를 만드는 곳.
옹기-종기 부 크기가 같지 않은 작은 것들이 많이 모여 있는 모양. ¶난로 가에 ~ 모여앉다 / 골목에 아이들이 ~ 모여서 놀고 있다. 圈옹기중기. 옹기종기-하다 형여
옹달-샘 명 작고 오목한 샘.
옹달-솥[-솓] 명 작고 오목한 솥. 圈옹솥.
옹당이 명 웅덩이보다 작게 옴폭 패어 물이 괸 곳. 圈옹덩이.
옹!두리 명 나뭇가지가 병이 들거나 벌레가 파서 결이 맺혀 혹처럼 불퉁해진 것. =목류(木瘤).
옹립(擁立)[-닙] 명 받들어서 임금의 자리에 모시는 일. 옹립-하다 타여 ¶신흥 사대부들은 이성계를 옹립하여 조선 왕조를 개창하였다.
올배기 명 '옹자배기'의 준말.
옹!벽(擁壁)[-뼉] 명 [건] 땅 깎기 또는 흙 쌓기를 한 비탈 면이 흙의 압력으로 무너지는 것을 막기 위해 만든 벽체(壁體). ¶~을 쌓다.
옹!색(壅塞) 명 옹색-하다 형여 1 생활이 몹시 군색하다. ¶옹색한 생활. 2 장소가 비좁다. ¶앉을 자리가 ~. 3 활달하지 못하고 옹졸하고 답답하다. ¶속이 ~.
옹!-생원(-生員) 명 성질이 옹졸한 사람을 놀려 하는 말.
옹서(翁婿) 명 장인과 사위.
옹!성(甕城) 명 큰 성문을 지키기 위해 성문 밖에 쌓은 작은 성.
옹송-그리다 자타 (몸을) 궁상스럽게 웅그리다. ¶걸을 때면 지팡이가 필요한 형편인 그 늙은이들은 낮에도 간혹 거기 나와 앉아 옹송그리곤 했다.〔임철우:붉임기〕 옹송 그리다. 困옹송크리다.
옹송망송-하다 형여 =옹송송하다.
옹송옹송-하다 형여 생각이 잘 떠오르지 않고 흐리멍덩하다. =옹송망송하다.
옹송-크리다 타 '옹송그리다'의 거센말. 圈옹숭크리다.
옹-솥[-솓] 명 '옹달솥'의 준말.
옹!-솥²(甕-)[-솓] 명 옹기로 만든 솥.
옹스트롬(angstrom) 명의존 길이의 단위. 1옹스트롬은 10^{-10}m임. 빛의 파장이나 원자의 배열 등을 측정하는 데에 씀. 기호는 Å.
옹알-거리다/-대다 자타 혼자 입속말로 똑똑하지 않게 자꾸 재깔이다. ¶자칫하면 머리에 수건을 동여매고 드러누워 옹알거리는 변덕스럽고도 인정사정 모르는 시어머니.〔김정한:인간 단지〕 圈옹알이다.
옹알-옹알 부 옹알거리는 소리. 또는, 그 모양. ¶입속말로 ~ 불평을 하다. 圈옹얼옹얼. 옹알옹알-하다 자타여
옹알-이 명 아직 말을 못 하는 갓난아이가 혼자 중얼거리는 짓. 옹알이-하다 자여
옹용(雍容) → 옹용-하다 형여 화락하고 조용하다. 옹용-히 부
옹!위(擁衛) 명 부축하여 호위하는 것. 옹!위-하다 타여 옹!위-되다 자여
옹이 명 나무에 박힌 가지의 그루터기. ¶판솔~.
옹이-눈 명 휑하고 쑥 들어간 눈.

옹-자배기 명 아주 작은 자배기. 圈옹배기.
옹잘-거리다/-대다 자타 불평·원망·탄식 따위를 입속말로 혼자 자꾸 말하다. 圈옹절거리다.
옹잘-옹잘 부 옹잘거리는 소리. 또는, 그 모양. 圈옹절옹절. 옹잘옹잘-하다 자타여
옹!졸(甕拙) → 옹!졸-하다 형여 너그럽지 못하고 소견이 좁다. ¶옹졸한 인물 / 옹졸한 생각을 버려라. 圈옹하다.
옹주(翁主) 명[역] 1 임금의 후궁(後宮)에게서 난 딸. 2 조선 중기 이전의 왕의 서녀(庶女) 및 세자빈 이외의 며느리.
옹!-차다 형여 '옹골차다'의 준말.
옹춘마니 명 소견이 좁고 마음이 꼬부라진 사람.
옹치(雍齒) 명 [중국 한(漢)나라의 고조가 '옹치'라는 사람을 미워한 데에서] 늘 밉고 싫은 사람. 圈옹추.
옹크리다 타 '옹그리다'의 거센말. ¶몸을 옹크리고 자다. 圈옹크리다.
옹!호(擁護) 명 돕거나 감싸서 지키는 것. ¶인권. ~ 옹!호-하다 타여 ¶약한 자를 ~ / 특정인을 옹호하는 발언을 하다. 옹!호-되다 자여
옻[옫] 명 1 옻나무에서 나는 진. =옻칠. 2 옻나무와 옻을 다루는 우루시올에 의한 접촉성 피부염. 빨갛게 붓거나 물집이 생기거나 하여 매우 가려움.
옻(을) 타다 관 살갗에 옻의 독기를 잘 받다.
옻-나무[온-] 명[식] 옻나뭇과의 낙엽 교목. 높이가 7~10m. 6월에 황록색 꽃이 피고 10월에 열매가 익음. 회백색이며, 껍질에 상처를 내어 뽑은 진은 옻칠의 원료가 되고, 목재는 가구재나 부목을 만듦. =칠목(漆木).
옻-닭[옫딱] 명 털을 뽑은 닭을 옻나무의 껍질과 함께 삶은 것. 여름철에 몸을 보하기 위해 먹음.
옻-오르다[옫-] 자타 (~오르니, ~올라) 살갗에 옻의 독기가 오르다.
옻-칠(-漆)[옫-] 명 1 =옻¹. 2 그릇·가구 따위에 옻을 바르는 일. 물건에 바르면 검붉은 빛을 띠고 윤이 남. 圈칠. 옻칠-하다 자타여 ¶옻칠한 가구.
와¹ 영 한글 모음 '와'의 이름.
와² 부 여럿이 한목에 움직이는 모양이나 떠드는 소리. ¶군중이 ~ 밀려오다 / ~ 함성을 지르다.
와³ 갑 '우아'의 준말.
와⁴ 조 모음으로 끝나는 체언에 붙어, 1 다른 말과 비교함을 나타내는 부사격 조사. '와' 성분이 반드시 주어 또는 목적어 뒤에 나타남. ¶너는 키가 나 ~ 같다. 2 함께 행동함을 나타내는 부사격 조사. '와' 성분이 반드시 주어 또는 목적어 뒤에 나타남. ¶나는 아버지 ~ 같이 갔다. 3 상대로 하는 대상임을 나타내는 부사격 조사. ¶친구 ~ 대화하다. 4 둘 이상의 단어를 같은 자격으로 이어 주는 접속 조사. '와' 성분이 반드시 주어·목적어·보어·부사어 앞에 나타남. 또한, 생략이 가능하며 생략된 자리에는 쉼표를 찍음. ¶오리 ~ 닭을 기르다. ⓓ과.
와⁵ '오다'의 어간 '오-'와 어미 '-아'가 합하여 된 말. ¶해야, 어서 나라.
-와⁶ 어미 선어말 어미 '-오-'와 어미 '-아'가 합하여 된 말. ¶죄송하~ 백배사죄하옵니

다. ▷-으아.

와각(蝸角) 圈 1 달팽이의 촉각. 2 아주 좁은 지경이나 매우 작은 사물의 비유.

와각-거리다/-대다 [-꺼-] 图(자)(여러 개의 단단한 물건이) 뒤섞여 자꾸 부딪히는 소리가 나다. 圈위걱거리다.

와각-와각 图 와각거리는 소리. 圈위걱위걱. **와각와각-하다** 图(자)(여)

와각지쟁(蝸角之爭) [-찌-] 圈 [달팽이의 촉각 위에서 싸운다는 뜻] 1 작은 나라끼리의 싸움. 2 하찮은 일로 승강이하는 짓.

와공(瓦工) 圈 기와 굽는 사람.

와!-공후(臥箜篌) 圈[음] 현악기의 하나. 나무로 배처럼 만들어 소나 양의 힘줄로 줄을 매는데, 보통 13현(絃)임. =누운공후.

와그르르 图 1 쌓였던 단단한 물건이 갑자기 한꺼번에 무너지는 소리나 모양. ¶돌담이 ~ 무너지다. 2 적은 물이 넓은 면적으로 야단스럽게 끓어 오르는 소리. ¶물이 ~ 끓는다. 3 아주 가까이에서 천둥이 야단스럽게 일어나는 소리. 圈위그르르. **와그르르-하다** 图(자)(여)

와그작-거리다/-대다 [-꺼(때)-] 图(자) 시끄럽게 복작거리다. 圈위그적거리다.

와그작-와그작 图 와그작거리는 모양. 또는, 그 소리. 圈위그적위그적. **와그작와그작-하다** 图(자)(여)

와글-거리다/-대다 图(자)(많은 사람이나 벌레 등이) 한곳에 많이 모여 자꾸 떠들거나 움직이다. ¶개미 떼가 ~ / 역 대합실에 많은 사람들이 와글거린다.

와글-와글 图 와글거리는 모양. 또는, 그 소리. ¶~ 떠들다. 圈위글위글. **와글와글-하다** 图(자)(여)¶사람들이 ~

와니스(일)ワニス) 圈 [<varnish] '바니시'의 잘못.

와닥닥 [-딱] 图 놀라서 갑자기 뛰어나오는 모양. 또는, 그 소리. **와닥닥-하다** 图(자)(여)

와당(瓦當) 圈[건] 1 =막새1. 2 기와의 마구리. 특히, 막새의 무늬 있는 부분.

와당-탕 图 잘 울리는 바닥에 무엇이 떨어지거나 부딪혀 요란하게 나는 소리. **와당탕-하다** 图(자)(여)¶밖에서 **와당탕**하는 요란한 소리가 났다.

와당탕-거리다/-대다 图(자) 자꾸 와당탕하다. ▷우당탕거리다.

와당탕-와당탕 图 와당탕거리는 소리. **와당탕와당탕-하다** 图(자)(여)

와당탕-퉁탕 图 와당탕거리며 퉁탕거리는 소리. 또는, 그 모양. ▷우당탕퉁탕. **와당탕퉁탕-하다** 图(자)(여)¶아이들이 마루방에서 **와당탕퉁탕**하며 놀고 있다.

와드득 图 단단한 물건을 깨물 때나 마구 부러뜨릴 때 나는 소리. ¶호두를 ~ 깨물다 / 돌이 ~ 부서지다.

와드득-거리다/-대다 [-꺼(때)-] 图(자)(타) 자꾸 와드득 소리가 나다. 또는, 그런 소리를 내다.

와드득-와드득 图 와드득거리는 소리. ¶사탕을 ~ 깨물어 먹다. **와드득와드득-하다** 图(자)(타)(여)

와드등-와드등 图 1 그릇 따위가 서로 부딪쳐 깨지는 소리. 2 잘 울리는 바닥을 마구 밟을 때 요란스럽게 울리는 소리. **와드등와드등-하다** 图(자)(여)

와들-와들 图 춥거나 겁에 질려 아주 심하게 몸을 떠는 모양. ¶추위로 몸을 ~ 떨린다. 圈왈. 왈. **와들와들-하다** 图(자)

와디(wadi) 圈[지] 건조 지대에서 볼 수 있는, 물이 없는 강. 평소에는 마른 골짜기이나 큰비가 내리면 홍수가 되어 물이 흐름. =고곡(涸谷).

와락 图 급히 대들거나 잡아당기는 모양. ¶~ 껴안다 / 개가 ~ 덤벼들다. 圈위락. ▷왈칵.

와락-와락 图 1 잇달아 와락 달려들거나 잡아당기는 모양. 2 더운 기운이 몹시 성하게 일어나는 모양. 圈위럭위럭. **와락와락-하다** 图(자)(여)

와레즈^사이트(warez site) 圈 ['warez'는 'where it is'의 구어적 표현][컴] 정품 소프트웨어의 암호를 푼 뒤 그 프로그램이나 파일 등을 올려놓음으로써 누구나 그것을 무료로 내려받을 수 있게 해 놓은 불법 사이트.

와!룡(臥龍) 圈 1 누운 용. 2 초야(草野)에 묻혀 있는 큰 인물.

와!룡-관(臥龍冠) 圈 말총으로 만든 관. 중국 삼국 시대에 제갈량이 이런 관을 썼다 함.

와!룡-촛대(臥龍-臺) [-초때/-촏때] 圈 놋쇠나 나무로 만든 촛대의 하나. 대가 길고 용틀임이 새겨져 있음. =와룡촉대.

와류(渦流) 圈 물이 소용돌이치면서 흐르는 일. 또는, 그 흐름. **와류-하다** 图(자)(여)

와르르 图 1 쌓인 것이 야단스럽게 무너지는 소리나 모양. ¶돌담이 ~ 무너지다. 2 천둥 소리가 야단스럽게 나는 소리. 3 많은 사람이 한꺼번에 몰려 움직이는 소리나 모양. ¶출입구로 사람들이 ~ 나오다. 4 많은 양이 야단스럽게 끓는 소리. ¶가마솥의 물이 ~ 끓어 넘치다. 5 담겨 있거나 피어 있던 물이 갑자기 쏟아지는 소리. ¶물이 ~ 쏟아지다. 圈위르르. **와르르-하다** 图(자)(여)

와르릉 图 천둥소리가 다소 가볍고 작게 울리는 소리. 또는, 그 모양. 圈우르릉.

와르릉-거리다/-대다 图 잇달아 와르릉 소리를 내다. 圈우르릉거리다.

와르릉-와르릉 图 와르릉거리는 모양. 圈우르릉우르릉. **와르릉와르릉-하다** 图(자)(여)

와!병(臥病) 圈 병으로 자리에 눕다. ¶그는 간경화로 오랫동안 ~ 중이다. **와!병-하다** 图(자)(여)

와사-등(瓦斯燈) 圈 지난날, '가스등(gas 燈)'을 이르던 말. '가스'의 일본 음역 한자인 '瓦斯'는 일본 발음으로 '가스(ガス)'로서, 우리 한자음으로는 '와사'로 읽힘.

와사비(일山葵/わさび) 圈[식] '고추냉이'로 순화.

와삭 图 바짝 마른 얇고 가벼운 물건이 서로 스치거나 부서질 때 나는 소리. 圈위석. (센)와싹. **와삭-하다** 图(자)(여)

와삭-거리다/-대다 [-꺼(때)-] 图(자)(타) 자꾸 와삭 소리가 나다. 또는, 그런 소리를 내다. ¶바람이 불 때마다 외딴 봉창 밖인 뒷산에서 산죽 잎새가 **와삭거리곤** 하였다.《최인욱:전봉준》 圈위석거리다. (센)와싹거리다. ×오삭거리다.

와삭-와삭 图 와삭거리는 소리. 圈위석위석. (센)와싹와싹. ×오삭오삭. **와삭와삭-하다** 图(자)(여)

와상(渦狀) 圈 소용돌이 모양으로 빙빙 도는 형상.

와!석-종신(臥席終身) [-쫑-] 圈 사람이 제 명을 다 살고 편안히 자리에 누워서 죽음. ↔비명횡사. **와!석종신-하다** 图(자)

와셀린(←일)ワセリン) 圈 [<vaseline] '바

셀린'의 잘못.

와셔(washer) 圀 [공] 볼트와 너트로 물건을 죌 때, 너트의 밑에 끼는 둥글고 얇은 쇠붙이. =자릿쇠·좌금(座金)·좌철.

와셔-액(washer液) 圀 와이퍼로 더러워진 자동차 유리를 닦을 때, 먼지가 잘 닦이게 하기 위해 창에 뿜어 올려 사용하는 액체.

와스스 閉 1 가랑잎 따위가 요란스럽게 떨어져 내리는 소리. 2 물건의 사개가 한꺼번에 물러나는 모양. 3 가벼운 물건이 요란스럽게 무너지며 흩어지는 소리. ¶토담의 이엉이 바람에 ~ 내려앉다. **와스스-하다** 동재여

와ː신-상담(臥薪嘗膽) 圀 〔중국 춘추 시대, 오(吳)의 왕 부차(夫差)가 아버지 원수를 갚기 위해 장작더미 위에서 잠을 자며 복수의 일념을 불태웠고, 그에게 패배한 월(越)의 왕 구천(句踐)이 쓸개를 핥으며 보복을 다짐한 끝에 부차를 패배시켰다는 고사에서〕 마음먹은 일을 이루기 위해 온갖 괴로움을 무릅씀을 이르는 말. ㉰상담(嘗膽). **와ː신상담-하다** 동자여

와싹 閉 '와삭'의 센말. ㉡위썩. **와싹-하다** 동자타여

와싹-거리다/-대다[-꺼(때)-] 동자타 '와삭거리다'의 센말. ㉡위썩거리다.

와싹-와싹 閉 '와삭와삭'의 센말. ㉡위썩위썩. **와싹와싹-하다** 동자타여

와-와 閉 여럿이 한꺼번에 자꾸 떠드는 소리나 모양. ¶~ 몰려오다 / ~ 떠들어 대다.

와음(訛音) 圀 잘못 전해진 글자의 음.

와이더블유시에이(YWCA) 圀 〔Young Women's Christian Association〕 =기독교 여자 청년회.

와이드^스크린(wide screen) 圀 [영] 보통의 것보다도 좌우로 확대된 대형 스크린. 또는, 그것에 영사(映寫)하는 시네라마·시네마스코프·비스타 비전·70밀리 영화.

와이드^프로(←wide program) 圀 [방송] 라디오·텔레비전의 장시간 프로.

와이-샤쓰(⑳ワイシャツ) 圀 〔<†white shirts〕 =와이셔츠.

와이-셔츠(†←white shirts) 圀 양복 바로 밑에 입는, 소매 달린 셔츠. =와이샤쓰.

와이어(wire) 圀 '와이어로프'의 준말.

와이어-로프(wire rope) 圀 =강삭(鋼索). ㉰와이어.

와이엠시에이(YMCA) 圀 〔Young Men's Christian Association〕 =기독교 청년회.

와이^염ː색체(Y染色體) 圀 [생] 수컷의 성염색체에만 들어 있는 염색체. 수컷의 성염색체는 엑스 염색체 1개와 와이 염색체 1개로 이루어짐. ↔엑스 염색체.

와이퍼(wiper) 圀 자동차의 앞 유리에 들이치는 빗방울 따위를 자동적으로 좌우로 움직여 닦아 내는 장치.

와이프(wife) 圀 '아내', '안사람', '집사람', '처'로 순화.

와인(wine) 圀 '포도주'로 순화.

와인글라스(wineglass) 圀 1 양주용의 술잔. 2 포도주, 특히 셰리를 마실 때 쓰는 유리잔을 이르는 말.

와인드업(windup) 圀 [체] 야구나 소프트볼에서, 투구의 예비 동작.

와일드(wild) → **와일드-하다** 圀여 '거칠다'로 순화. ¶성격이 ~ / **와일드한** 경기를 펼치다.

와일드-카드(wild card) 圀 1 [컴] 파일을 지정할 때, 구체적인 이름 대신에 여러 파일을 동시에 지정할 목적으로 사용하는 특수 기호. '*', '?' 따위. 2 [체] 출전 자격이 일차적 기준에서 벗어나 있는 상태에서 특별히 출전이 허용되는 선수나 팀. 또는, 그 특별한 출전 기회. ¶박성희 선수가 아시아 ~로 호주 오픈 테니스 대회에 출전했다.

와작-와작 閉 1 일을 억지로 급하게 하여 나가는 모양. 2 김치나 깍두기 따위를 마구 씹는 소리. 또는, 그 모양. ㉡우적우적. **와작와작-하다** 동자타여

와장창 閉 갑자기 한꺼번에 깨지거나 무너지거나 부서지는 모양. ¶유리창이 ~ 깨지다. **와장창-하다** 동자여

와전¹(瓦全) 圀 아무 보람 없이 헛되이 삶을 이어 가는 것. ↔옥쇄(玉碎). **와전-하다**¹ 동자여 **와전-되다**¹ 동자

와전²(訛傳) 圀 〔어떤 말을 다른 사람의 말을〕 그 본래의 뜻이나 내용을 잘못되게 바꾸어 전하는 것. **와전-하다**² 동타여 **와전-되다**² 동자 ¶말이 와전되어 오해가 생기다.

와-전류(渦電流) [-절-] 圀 [물] =맴돌이 전류.

와중(渦中) 圀 1 소용돌이치며 흐르는 물의 가운데. 2 어떤 일이 복잡하고 어지럽게 얽힌 가운데. ¶전쟁의 ~에 가족이 뿔뿔이 흩어지다.

와지끈 閉 단단한 물건이 갑자기 거세게 부러지거나 부서지는 소리. 또는, 그 모양. ¶~ 소리와 함께 나무가 뿌리째 뽑혔다. **와지끈-하다** 동자여

와지끈-거리다/-대다 동자 와지끈 소리가 잇달아 나다.

와지끈-뚝딱 閉 단단한 물건이 별안간 부서지면서 여기저기 세게 부딪치는 소리. 또는, 그 모양. **와지끈뚝딱-하다** 동자여

와지끈-와지끈 閉 자꾸 와지끈거리는 소리. 또는, 그 모양. **와지끈와지끈-하다** 동자여

와짝 閉 단번에 매우 많이씩 늘거나 줄어드는 모양.

와짝-와짝 閉 단번에 매우 많이씩 자꾸 늘거나 줄어드는 모양. **와짝와짝-하다** 동자여

와트(watt) 圀(의존) [물] 일률·전력의 단위. 1와트는 1볼트의 전위차를 가진 두 점 사이에 1암페어의 전류가 흐를 때 소비되는 양임. 기호는 W.

와트-시(watt時) 圀(의존) [물] 일의 단위. 1와트시는 1와트의 일률로 1시간 동안에 하는 일의 양을 말함. 기호는 Wh.

와하하 閉 거리낌 없이 떠들썩하게 웃는 소리. 또는, 그 모양.

와해(瓦解) 圀 〔조직·집단 등이〕 더 지속하지 못하고 깨어지거나 없어지는 것. ¶정당의 ~. **와해-하다** 동자여 **와해-되다** 동자 ¶내각이 ~.

왁달-박달[-딸-딸] 閉 행동이 단정하지 못하고 조심성 없이 수선스러운 모양. **왁달박달-하다** 동여 ¶끼니때를 짐작한 돼지들이 먹이를 달라고 구유통을 주둥이로 밀며 **왁달박달해** 댔다.《김원일:바람과 강》

왁ː댓-값[-때깝/-땟깝] 圀 자기 아내를 딴 남자에게 빼앗기고 받는 돈.

왁살-스럽다[-쌀-따] 혭비 〈-스러우니, -스러워〉 '우악살스럽다'의 준말. ¶왁살스러운 옥사장이 한 손으로 조신의 상투를 잡고….《이광수:꿈》 **왁살스레** 閉

왁스(wax) 圀 납(蠟). 특히, 마룻바닥이나

가구, 자동차 등에 윤기를 내는 데 사용하는 것과, 스키의 활주면(滑走面)에 칠하는 것을 이름.

왁시글-거리다/-대다[-씨-] 困困 (많은 사람이나 동물이) 한데 모여 어수선하고 시끄럽게 들끓다. 歷왁실거리다.

왁시글-덕시글[-씨-씨-] 囝 많은 사람이나 짐승이 어지럽게 뒤섞여 와글와글 들끓는 모양. 歷왁실덕실. **왁시글덕시글-하다** 困困

왁시글-왁시글[-씨-씨-] 囝 왁시글거리는 모양. 歷왁실왁실. **왁시글왁시글-하다** 困困

왁실-거리다/-대다[-씰-] 困困 '왁시글거리다'의 준말.

왁실-덕실[-씰-씰] 囝 '왁시글덕시글'의 준말. **왁실덕실-하다** 困困

왁실-왁실[-씰-씰] 囝 '왁시글왁시글'의 준말. **왁실왁실-하다** 困困

왁자그르르[-짜-] 囝 1 여럿이 한데 모여 시끄럽게 웃고 떠드는 모양. 또는, 그 소리. 2 소문이 퍼져 갑자기 떠들썩하거나 시끄러운 모양. 歷웍저그르르. **왁자그르르-하다** 困困

왁자지껄[-짜-] 囝 여러 사람이 모여 정신이 어지럽도록 떠들거나 지껄이는 소리나 모양. **왁자지껄-하다** 困困困 ¶조용하던 집 안이 손님들로 ~.

왁자-하다[-짜-] 困 1 정신이 어지럽도록 떠들썩하다. ¶모처럼 온 식구가 모이자 집 안이 시골 장터처럼 **왁자했다**. 2 (어느 범위의 지역이) 소문 따위로 요란하다. 旧왜자하다. ¶그가 자살했다는 소문으로 동네가 ~.

완간(完刊) 囝 (출판사 등에서 한 질을 이루는 여러 권의 책을) 모두 간행하여 제작을 완료하는 것. **완간-하다** 困困 ¶30권짜리 대백과사전을 ~. **완간-되다** 困

완강(頑強) →**완강-하다** 困囝 (상대의 요구·의견·위협 등을 받아들이지 않는 태도가) 고집스러울 만큼 강하다. ¶완강한 저항. **완강-히** 囝 ¶~ 버티다 / ~ 거부하다.

완결(完結) 囝 완전하게 결말을 짓는 것. **완결-하다** 困囝 ¶이 일은 내일까지 **완결하**겠습니다. **완결-되다** 困 ¶공사가 ~.

완고(頑固) →**완고-하다** 困囝 융통성이 없이 올곧고 고집이 세다. ¶완고한 노인 / 완고한 집안에서 자라다. **완고-히** 囝

완ː곡(婉曲) →**완ː곡-하다**[-고카-] 困囝 (말하는 투가) 듣는 사람의 감정을 상하지 않도록 모나지 않고 부드럽다. ¶완곡한 말씨[표현]. **완ː곡-히** 囝 ¶~ 거절하다.

완곡-어법(婉曲語法)[-뻡] 囝[언] 상대의 기분을 상하지 않게 하기 위해 완곡한 말을 사용하는 표현법. '유방'을 '가슴'이라고 하거나 겁이 많은 사람에게 "조심성이 많으시군요."라고도 표현하는 따위.

완공(完工) 囝 공사를 완성하는 것. 旧준공(竣工). **완공-하다** 困囝 **완공-되다** 困 ¶올림픽 경기장이 ~.

완ː구¹(玩具) 囝 =장난감. ¶봉제 ~.

완ː구²(緩球) 囝[체] =슬로 볼(slow ball). ↔속구(速球).

완ː구-점(玩具店) 囝 장난감을 파는 가게.

완ː급(緩急) 囝 일의 급함과 급하지 않음. ¶~을 가려 일을 처리하다.

완납(完納) 囝 (나누어서 낼 수 있거나 내게 되어 있는 돈을) 한꺼번에 모두 내거나 마지막으로 모두 내는 것. **완납-하다** 困囝 ¶등록금을 ~ / 할부금을 ~. **완납-되다** 困

완두(豌豆) 囝 1 [식] 콩과의 한해살이 혹은 두해살이 덩굴풀. 키는 2m가량 자라고 잎 끝은 덩굴손이 되어 지주를 감아 올라가면서 자람. 늦봄에 흰빛 또는 자줏빛의 나비 모양의 꽃이 핌. 열매는 식용하며, 잎·줄기는 가축의 사료로 씀. 2 1의 열매. 흔히 밥에 두어 먹음.

완두-콩(豌豆-) 囝 완두의 열매.

완등(完登) 囝 산의 정상이나 암벽 등을 중도에 포기하지 않고 끝까지 오르는 것. ¶에베레스트 산 ~에 성공하다.

완ː력(腕力)[왈-] 囝 1 팔의 힘. ¶~이 세다. 2 육체적으로 억누르는 힘. =여력(膂力). ¶~으로 굴복시키다 / 되도록이면 ~을 쓰지 마시오.

완료(完了)[왈-] 囝 완전히 끝마치는 것. =완제. **완료-하다** 困囝 ¶일을 ~. **완료-되다** 困 ¶공사가 ~.

완료-상(完了相)[왈-] 囝[언] 동작의 완료를 나타내는, 동작상(動作相)의 하나. '-아/어 있다'로 표시함. ▷진행상.

완ː류(緩流)[왈-] 囝 느리게 흐르는 것. 또는, 그 흐름. ↔급류(急流). **완ː류-하다** 困

완만¹(頑慢) →**완만-하다**¹ 囝囝 (성질이) 거칠고 거만하다. **완만-히**¹ 囝

완ː만²(緩慢) →**완ː만-하다**² 囝囝 1 (움직임이) 느릿느릿하다. ¶완만한 속도. 2 (경사나 커브가) 급하지 않다. ¶완만한 비탈길. **완ː만-히**² 囝 ¶~ 굽은 커브 길.

완명(頑冥) →**완명-하다** 囝囝 완고하고 사리에 어둡다. =완매(頑昧).

완벽(完璧) 囝 ('흠이 없는 구슬'이라는 뜻) 결함이 없이 완전한 것. ¶행사 준비에 ~을 기하다 / 그녀의 연주는 ~에 가까웠다. **완벽-하다** 囝囝 ¶완벽한 솜씨.

완ː보(緩步) 囝 천천히 걷는 것. 또는, 느린 걸음. **완ː보-하다** 困困 ¶미음(微吟) ~.

완본(完本) 囝 =**완질본**(完帙本)'의 준말.

완봉(完封) 囝 1 완전하게 봉쇄하는 것. 2 [체] 야구에서, 투수가 선발로 등판하여 경기를 마칠 때까지 상대 팀에게 한 점도 내주지 않으면서 투구하는 일. =셧아웃. **완봉-하다** 困囝

완봉-승(完封勝) 囝[체] 야구에서, 투수가 선발로 등판하여 경기를 마칠 때까지 투구하여 상대 팀에게 한 점도 내주지 않고 승리하는 일.

완불(完拂) 囝 남김없이 완전히 지불하는 것. **완불-하다** 困囝 ¶일부 책값을 ~. **완불-되다** 困

완비(完備) 囝 빠짐없이 완전히 갖추는 것. ¶연회석 ~. **완비-하다** 困囝 **완비-되다** 困

완ː상(玩賞) 囝 (어떤 대상을) 그 아름다움을 보고 즐기는 것. 旧감상. ¶~ 식물. **완ː상-하다** 困囝 ¶남편은 이 향로를 완상할 때 만든 곁에 앉아 있는 아내의 존재조차 잊어버리곤 하였다.〈정비석: 색지 풍경〉

완성(完成) 囝 (어떤 일이나 대상을) 완전히 다 이루는 것. ¶자기(自己) ~. **완성-하다** 困囝 ¶작품을 ~. **완성-되다** 困

완성-도(完成度) 囝 예술 작품 따위가 질적(質的)으로 완성된 정도. ¶~ 높은 영화.

완성-미(完成美)[명] 예술적으로 완성된 데에서 오는 아름다움. ¶~를 추구한 작품.

완성-품(完成品)[명] 완성된 물품.

완수¹(完遂)[명] (맡은 일을) 완전히 이루거나 해내는 것. **완수-하다**[타여] ¶책임을 ~/임무를 ~. **완수-되다**[자여]

완수²(頑守)[명] 완강하게 지키는 것. **완수-하다**² [타여]

완숙(完熟)[명] 1 열매 따위가 완전히 무르익는 것. 2 (음식 따위를) 완전히 익히는 것. ▷반숙(半熟). **완숙-하다**¹[자타여] ¶달걀을 ~. **완숙-되다**[자여]

완숙²(完熟)→**완숙-하다**²[형여] 1 사람이나 동물이 완전히 성숙하다. 2 재주나 기술 따위가 아주 능숙하다.

완숙-기(完熟期)[-끼][명] 완전히 익는 시기. ¶농작물의 ~.

완승(完勝)[명] 완전한 승리. ¶결승전에서 ~을 거두다. ↔완패(完敗). **완승-하다**[자여]

완악(頑惡)→**완악-하다**[-아카-][형여] 성질이 억세게 고집스럽고 모질다. =완(頑)

완역(完譯)[명] (비교적 긴 길이의 외국어 원문을) 발췌하거나 줄이거나 하지 않고 빠짐없이 모두 번역하는 것. 또는, 그 번역. ¶~본. 또는, 그 번역. **완역-하다**[타여] ¶아라비안나이트를 단 한 줄도 삭제하지 않고 ~. **완역-되다**[자여]

완연(宛然)→**완연-하다**[형여] 1 어떤 기운이 뚜렷하다. ¶산과 들에 봄빛이 ~. 2 모양이 서로 비슷하다. **완연-히**[부] ¶피로한 빛이 ~ 나타나다.

완자¹ 곱게 다진 쇠고기와 두부를 섞어 양념하여 동글납작하게 빚어 밀가루와 달걀을 씌워 기름에 지진 음식.

완-자²(卍字)[명] =만자(卍字).

완자-무늬(卍字-)[-니][명] =완자문(卍字紋).

완자-문(卍字紋)[명] '卍(만)' 자 모양을 이어서 만든 무늬. =완자무늬.

완자-창(卍字窓)[건] 창살을 '卍(만)' 자 모양으로 만든 창. =만자창.

완장¹(阮丈)[명] 남의 삼촌을 높여 이르는 말.

완장²(腕章)[명] 자격이나 지위 등을 나타내기 위하여 팔에 두르는 표장(標章). ¶주번(週番) ~ / 검은 ~을 두른 청년.

완재(完載)[명] 신문이나 잡지 따위에 작품을 끝까지 다 싣는 것. **완재-하다**[타여] **완재-되다**[자여]

완전(完全)[명] 모두 갖추어져 부족함이나 결함이 없는 것. ↔불완전(不完全). **완전-하다** [형여] ¶**완전한** 승리. **완전-히**[부] ¶일을 ~ 마치다.

완전^독점(完全獨占)[-쩜][명][경] 공급자가 한 사람인 완전한 독점 상태.

완전^동사(完全動詞)[언] 1 보어가 없어도 뜻이 완전한 동사. 2 활용 어미를 고루 갖추어 활용할 수 있는 동사. =갖은움직씨. ↔불완전 동사.

완전-무결(完全無缺)→**완전무결-하다**[형여] 완전하여 결점이 없다. ¶**완전무결하게** 일을 처리하다.

완전^범죄(完全犯罪)[-죄/-쮀][명] 범인이 범행의 증거가 될 만한 물건이나 사실을 전혀 남기지 않아 자기의 범행 사실을 완전하게 숨긴 범죄.

완전^변태(完全變態)[명][동] 곤충류의 변태 형식의 하나. 애벌레가 번데기의 단계를 거쳐 엄지벌레로 되는 현상. 벌·나비·파리·모기 등에서 볼 수 있음. =갖춘탈바꿈. ↔불완전 변태.

완전-식품(完全食品)[명] 건강상 필요로 하는 영양소를 모두 함유하는 단독 식품. 우유 따위.

완전^연소(完全燃燒)[-년-][명][화] 가연성 물질이 충분한 산소의 공급으로 연소하여 모든 구성 원소가 그 상태에서 가장 안정된 홑원소 물질 또는 산화물로 되는 것. ↔불완전 연소.

완전^우성(完全優性)[명][생] 두 개의 대립 유전자가 공존할 때, 한쪽 유전자만의 중복에 의하여 생기는 것과 같은 형질을 나타낼 때의 우성. ↔불완전 우성.

완전^음정(完全音程)[명][음] 음정을 구성하는 두 음의 진동수가 간단한 비(比)로 표시되어 두 음이 잘 조화되는 음정. 완전 1도·완전 4도·완전 5도·완전 8도의 네 가지가 있음.

완전^자동사(完全自動詞)[명][언] 1 어미 활용이 완전하여 여러 가지 어미가 자유로이 붙는 자동사. 2 보어가 없어도 뜻이 완전한 자동사. =갖은제움직씨. ↔불완전 자동사.

완전^제곱(完全-)[명] 어떤 정수(整數)·정식(整式)이 다른 정수·정식의 제곱인 것.

완전^타동사(完全他動詞)[명][언] 1 어미 활용이 완전하여 여러 가지 어미가 자유로이 붙는 타동사. 2 보어 없이도 뜻이 완전한 타동사. =갖은남움직씨. ↔불완전 타동사.

완전^형용사(完全形容詞)[명] 보어 없이도 뜻이 완전한 형용사. =갖은그림씨. ↔불완전 형용사.

완정(完定)[명] 완전히 작정하는 것. **완정-하다**[타여] **완정-되다**[자여]

완정-질(完晶質)[명][광] 모두 결정으로 이루어진 암석의 조직. 심성암에서 흔히 볼 수 있음. ¶유리질.

완제¹(完製)[명] 완전하게 만드는 일. 또는, 그 제품.

완제²(完濟)[명] 1 (채무를) 완전히 갚는 것. 2 =완료(完了). **완제-하다**[타여] **완제-되다**[자여]

완제-품(完製品)[명] 제작 공정을 완전히 마친 제품. ¶~을 수입하다.

완주(完走)[명] 목표한 지점까지 다 달리는 것. **완주-하다**[타여] ¶마라톤 풀코스를 ~.

완질(完帙)[명] 한 권도 빠지지 않은 질(帙). ¶낙질.

완질-본(完帙本)[명] 한 권도 빠지지 않고 모두 갖추어진 한 질의 책. 준완본.

완!충(緩衝)[명] 대립하는 것 사이에서 불화·충돌을 완화시키는 일. ¶~ 작용. **완!충-하다**[타여]

완!충-국(緩衝國)[명][정] 강국(强國)들 사이에 위치하여 그 나라들의 마찰이나 충돌을 완화시키는 역할을 하는 나라.

완!충-기(緩衝器)[명] 고무·용수철·공기·기름 등을 이용하여 급격한 기계적 충돌을 완화하는 장치. 차량·총포 등이나 각종 기계 장치에 사용하며, 자동차의 범퍼도 이 일종임. =완충 장치.

완!충^지대(緩衝地帶)[명][군] 대립하는 두

완충(緩衝) 명 나라 또는 그 이상의 나라의 충돌을 완화시키기 위하여 설치한 중립 지대.

완치(完治) 명 (병을) 완전히 고치는 것. 비전치(全治). **완치-하다** 통(타)여 **완치-되다** 통(자) ¶수술을 받고 병이 ~.

완쾌(完快) 명 (병이) 완전히 낫는 것. ¶~를 빌다. **완쾌-하다** 통(자)여 **완쾌-되다** 통(자) ¶몸이 아직 완쾌되지 않았다.

완투(完投) 명[체] 야구에서, 한 투수가 교대하지 않고 한 경기를 끝까지 던지는 것. **완투-하다** 통(자)여

완투-승(完投勝) 명[체] 야구에서, 한 투수가 교대하지 않고 끝까지 던져 이룬 승리. ¶~을 거두다.

완파(完破) 명 1 (물체를) 완전히 깨뜨리는 것. 2 주로 경기 등에서, (상대 팀을) 완전히 물리치는 것. 비격파. **완파-하다** 통(타)여 ¶한국은 축구 결승전에서 일본을 3대 0으로 완파했다. **완파-되다** 통(자) ¶폭발 사고로 공장 건물이 ~.

완판-본(完板本) 명 조선 말기에 전라북도 전주(全州)에서 간행된, 고대 국문 소설의 목판본. ▷경판본(京板本).

완패(完敗) 명 완전히 패하는 것. ¶실력 차이로 상대 팀을 우리에게 ~를 당했다. ↔완승. **완패-하다** 통(자)여 ¶총선에서 여당이 ~.

완:하-제(緩下劑) 명[약] 대변을 무르게 하거나 설사시키는 약. ▷하제(下劑).

완:행(緩行) 명 1 느리게 가는 것. 2 '완행열차'의 준말. ↔급행(急行). **완:행-하다** 통(자)여 느리게 가다.

완:행-열차(緩行列車) [-녈-] 명 빠르지 않은 속도로 운행되며, 각 역마다 정차하는 열차. 준완행·완행차. ↔급행열차.

완:행-차(緩行車) 명 '완행열차'의 준말.

완:화(緩和) 명 (어떤 일을) 긴장되거나 급박하거나 엄격한 상태에서 부드럽게 하거나 누그러뜨리는 것. **완:화-하다** 통(타)여 ¶자격 제한을 대졸에서 고졸로 ~. **완:화-되다** 통(자)

왈(曰) I 뭐 흔히 말하는 바. ¶~ 정치가란 자가 그럴 수가 있단 말인가?
II (한문 투의 말에서 쓰여) '가로되', '가라사대'의 뜻. ¶공자 ~ 맹자 ~.

왈가닥 명 남자처럼 덜렁거리며 수선스럽게 구는 여자.

왈가닥-거리다/-대다 [-꺼(때)-] 통(자)여 여러 개의 굳고 단단한 물건이 서로 거칠게 부딪쳐 소리가 자꾸 나다. 또는, 그런 소리를 내다. 준왈각거리다. 건왈카닥거리다.

왈가닥-달가닥 [-딸-] 뭐 왈가닥거리고 달가닥거리는 소리. 준왈각달각. 건왈카닥달카닥. **왈가닥달가닥-하다** 통(자)(타)여

왈가닥-왈가닥 뭐 왈가닥거리는 소리. 준왈각왈각. 건왈커덕왈커덕. 건왈카닥왈카닥. **왈가닥왈가닥-하다** 통(자)(타)여

왈가왈부(曰可曰否) 명 (어떤 일에 대하여) 옳다느니 그르다느니 하고 말함. **왈가왈부-하다** 통(자)(타)여 ¶공연히 남의 일에 왈가왈부하지 마라.

왈강-달강 뭐 여러 개의 단단한 물건이 이수선하게 잇달아 부딪치는 소리. 준월겅덜겅. 건왈캉달캉. **왈강달강-하다** 통(자)(타)여 ¶도화는 일부러 못 들은 체하며 부엌으로 들어가서 공연히 그릇들을 왈강달강하며 심사를 부리는 것이었다. 《황석영 : 장길산》

왈딱 뭐 1 먹은 것을 다 토해 내는 모양. 2 별안간 통째로 뒤집히는 모양. 준월떡. 3 물이 끓어올라 갑자기 그릇 밖으로 넘치는 모양.

왈시왈비(曰是曰非) [-씨-] 명 (어떤 일에 대하여) 옳으니 그르니 하고 말함. 비시야비야(是也非也). **왈시왈비-하다** 통(타)여

왈왈[1] 뭐 '와들와들'의 준말. **왈왈-하다** 통

왈왈[2] 뭐 개가 짖는 소리.

왈짜 명 =왈패.

왈츠(waltz) 명[음] 3/4박자의 경쾌한 춤곡. 또는, 그 춤. 남녀가 둥글게 원을 그리며 춤을 춤. =원무곡(圓舞曲).

왈카닥 뭐 1 별안간 힘껏 잡아당기거나 밀치는 모양. 2 갑작스럽게 많이 쏟아지는 모양. 준왈커덕. **왈카닥-하다** 통(자)(타)여

왈카닥-거리다/-대다 [-꺼(때)-] 통(자)(타) '왈가닥거리다'의 거센말. 준왈커덕거리다.

왈카닥-왈카닥 뭐 '왈가닥왈가닥'의 거센말. 준왈커덕왈커덕. **왈카닥왈카닥-하다** 통(자)(타)여

왈칵 뭐 1 먹은 것을 갑자기 다 토해 내는 모양. 2 별안간 통째로 뒤집히는 모양. 3 갑자기 힘껏 밀치거나 잡아당기는 모양. ¶등을 ~ 떠밀다/문을 ~ 잡아당기다. 4 급작스레 많이 쏟아지는 모양. ¶눈물이 ~ 쏟아지다. 준월컥. 5 격한 감정이 갑자기 치밀어 오르는 모양. ¶~ 성을 내다. **왈칵-하다**[1] 통(자)(타)여

왈칵-왈칵 뭐 연달아 왈칵하는 모양. 준월컥월컥. **왈칵왈칵-하다** 통(자)(타)여

왈칵-하다[2] [-카카-] 형여 성미가 몹시 급하다. ¶왈칵하는 성미라서 앞뒤 가리지 않고 일을 저지른다.

왈패(-牌) 명 말과 행동이 단정하지 못하고 수선스러운 사람의 별명. =왈짜.

왕[1](王) 명 1 나라를 세습적으로 다스리는 최고의 권력자. 중국에서는 황제보다 한 등급 아래의 통치자를 가리켰음. 비임금. ¶~의 자리에 오르다. 2 일정한 분야나 범위 안에서의 제일인자. ¶백수(百獸)의 ~ 사자/가곡의 ~ 슈베르트/장미는 꽃 중의 ~이다. 3 =장(將)[5]2.

왕-[2](王) 접두 1 동식물을 나타내는 일부 명사 앞에 붙어, '보다 큰 종류'의 뜻을 나타내는 말. ¶~개미/~게/~밤. 2 일부 명사 앞에 붙어, '매우 큰', '아주 굵은'의 뜻을 나타내는 말. ¶~방울/~소금. 3 일부 명사 앞에 붙어, '매우 심한'의 뜻을 나타내는 말. ¶~고집/~초보. 4 친족 관계를 나타내는 일부 명사에 붙어, '할아버지뻘 되는'의 뜻을 나타내는 말. ¶~고모/~부모.

-왕[3](王) 접미 일부 명사에 붙어, 어떤 부문에 있어서 제일인자임을 이르는 말. 특히, 최우수자를 선정하여 시상하고자 할 때 붙이는 말임. ¶홈런~/수학~/저축~/발명~.

왕가(王家) 명 왕의 집안. 비왕실(王室). ¶~의 자손.

왕-개미(王-) 명[동] 벌목 개밋과의 곤충. 몸길이 7~13mm. 몸은 흑색 또는 갈색에 작은 털이 빽빽하게 나 있음. 건조한 양지의 땅속에 집을 지고 삶. =말개미.

왕-거미(王-) 명[동] 호랑거밋과의 한 종. 몸은 황갈색에 다리는 적갈색으로 굵고 길며 체질이 강함. 여름에 처마 밑이나 나무 사

이에 수레바퀴 같은 그물을 침. =말거미.
왕-겨 〖명〗 벗겨 놓은 벼의 겉껍질. =매조밋겨. ↔쌀겨.
왕-고모(王姑母) 〖명〗 =고모할머니.
왕-고모부(王姑母夫) 〖명〗 =고모할아버지.
왕-고집(王固執) 〖명〗 아주 심한 고집. 또는, 그런 고집을 부리는 사람.
왕-골 〖명〗〖식〗 방동사닛과의 한해살이풀. 높이 1.5m 정도. 단면이 삼각형이고 끝에 잔 꽃이 핌. 줄기는 질기고 강하여 돗자리·방석 등을 만드는 데 쓰임.
왕골-자리 〖명〗 왕골의 껍질로 만든 자리.
왕관(王冠) 〖명〗 왕이 권위의 상징으로 머리에 쓰는, 금과 보석으로 둥글게 만든 관. ¶~을 쓰다.
왕국(王國) 〖명〗 1 왕이 다스리는 군주제의 나라. ¶고대 ~ / 프랑크 ~. 2 어떠한 세력이나 현상이 지배적으로 나타나는 영역. 비유적인 말임. ¶석유의 ~ / 축구의 ~ 브라질.
왕궁(王宮) 〖명〗 임금이 거처하는 궁전.
왕권(王權) [-꿘] 〖명〗 국왕의 권리. ¶~을 강화하다 / ~이 실추되다.
왕권-신수설(王權神授說) [-꿘-] 〖명〗 국왕의 권리는 신으로부터 받은 절대 무한한 것이므로 인민이나 의회에 의하여 제한되지 않는다는 설. =신권설(神權說)·신수설·제왕신권설.
왕기¹(王氣) 〖명〗 1 왕이 날 징조. 또는, 왕이 될 징조. 2 잘될 징조.
왕기²(王畿) 〖명〗 왕도(王都) 부근의 지역.
왕기³(旺氣) 〖명〗 1 행복스럽게 될 징조. 2 왕성한 기운.
왕녀(王女) 〖명〗 임금의 딸. ↔왕자.
왕년(往年) 〖명〗 지나간 해. 곧, 과거. =왕세(往歲). ¶~의 권투 선수 / ~엔 내게도 좋은 시절이 있었다네.
왕눈-이(王-) 〖명〗 눈이 큰 사람의 별명.
왕당(王黨) 〖명〗 왕권의 확장·유지를 주장하는 무리.
왕당-파(王黨派) 〖명〗 1 왕권의 확장·유지를 주장하는 무리로 이루어진 당. 2 집권 세력을 옹호하고 지지하는 무리를 이르는 말.
왕-대(王-) 〖명〗〖식〗 볏과에 속하는 대의 한 가지. 높이 10~20m. 줄기는 대 가운데서 가장 굵으며, 마디에는 뿌리줄기에서 자줏빛 순이 돋음. 죽순은 식용·약용하며, 줄기는 세공재(細工材)로 씀. =왕죽(王竹).
왕-대부인(王大夫人) 〖명〗 남의 할머니에 대한 높임말.
왕-대비(王大妃) 〖명〗 생존한 선왕(先王)의 비.
왕-대인(王大人) 〖명〗 남의 할아버지에 대한 높임말.
왕-대포(王-) 〖명〗 '대포'를 큰 술잔으로 마신다 하여 이르는 말.
왕도¹(王都) 〖명〗 왕궁이 있는 도시. =왕성.
왕도²(王道) 〖명〗 1 임금이 마땅히 지켜야 할 도리. 2 유가(儒家)가 이상으로 하는, 인덕(仁德)을 근본으로 천하를 다스리는 도리. ¶~ 정치 / ~로써 백성을 다스리다. ↔패도(霸道). 3 어려운 일을 아주 쉽게 이루는 방법. ¶영어 학습의 ~ / 학문에는 ~가 없다.
왕-따(王-) 〖명〗〖속〗 어떤 사람을 집단적으로 괴롭히고 따돌리는 일. 또는, 그러한 따돌림을 받는 사람.
왕래(往來) [-내] 〖명〗 1 (비교적 많은 사람이나 탈것이 어느 곳을) 꾸준히 오고 가는 것. =통래. 〖비〗발길. ¶서울역은 사람의 ~가 빈번하다. 2 (어떤 사람이나 탈것이 어느 곳을) 볼일을 보기 위해, 또는 정해진 노선으로서 왔다가 갔다가 하거나 갔다가 왔다가 하는 것. 3 서로 직접 오가거나 편지를 주고받거나 하면서 친교 또는 연락 관계를 가지는 것. ¶서신 ~ / 두 집안 간에 ~가 뚝 끊기다. **왕래-하다** 〖동〗〖자〗〖타〗〖여〗 ¶서울과 부산 간을 왕래하는 버스.
왕릉(王陵) [-능] 〖명〗 왕의 무덤.
왕림(枉臨) [-님] 〖명〗 남이 자기 있는 곳으로 찾아오는 일을 높여 이르는 말. =내림(來臨). **왕림-하다** 〖동〗〖여〗 ¶멀리서 이렇게 왕림하여 주셔서 감사합니다.
왕립(王立) [-닙] 〖명〗 국왕이나 왕족이 세우는 일. ¶~ 음악 학교.
왕-만두(王饅頭) 〖명〗 보통 만두보다 크게 빚은 만두를 이르는 말.
왕-매미(王-) 〖명〗〖동〗 =말매미.
왕명(王命) 〖명〗 임금의 명령. =준명(峻命). 〖비〗어명(御命). ¶~을 받들다 [거역하다].
왕모(王母) 〖명〗 1 편지 등의 글에서, 남에게 자신의 할머니를 높여 이르는 말. 2 임금의 어머니.
왕-모래(王-) 〖명〗 굵은 모래.
왕-바람(王-) 〖명〗〖기상〗 초속 28.5~32.6m로 부는 바람. 경험하기 매우 힘들며, 넓은 지역에 걸쳐 피해가 발생함. =폭풍.
왕-밤(王-) 〖명〗 굵은 밤.
왕방(往訪) 〖명〗 가서 찾아보는 것. **왕방-하다** 〖동〗〖타〗〖여〗
왕-방울(王-) 〖명〗 큰 방울. ¶~만 한 눈.
왕배-덕배 [-빼] 〖부〗 이러니저러니 하고 시비를 가리는 모양.
왕배야-덕배야 [-배-빼-] Ⅰ〖감〗 여기저기서 시달림을 받아 괴로움을 못 견딜 때에 부르짖는 소리. ¶아이고, ~.
Ⅱ〖부〗 여기저기서 시끄럽게 시비를 따지는 소리.
왕-벌(王-) 〖명〗〖동〗 =말벌.
왕법(王法) [-뻡] 〖명〗 국왕이 제정한 법률.
왕복(往復) 〖명〗 (어느 곳을) 갔다가 돌아오는 것. ¶~ 차표 / ~ 두 시간이 걸리다. ↔편도. **왕복-하다** 〖동〗〖타〗〖여〗 ¶버스로 서울·부산 간을
왕복^기관(往復機關) [-끼-] 〖명〗〖물〗 증기나 가스 등으로 피스톤의 왕복 운동을 회전 운동으로 바꾸는 원동기. 내연 기관 따위가 이에 속함.
왕복^운동(往復運動) 〖명〗〖물〗 일정한 거리를 갔다가 다시 그 길로 되돌아, 본디의 자리로 오는 주기적인 운동. 시계추·피스톤의 운동 따위.
왕복-표(往復票) 〖명〗 한 장으로 일정 구간을 왕복할 수 있는 표. 차표·비행기 표·배표 따위. =왕복권.
왕봉(王蜂) 〖명〗〖동〗 =여왕벌.
왕부(王父) 〖명〗 편지 등에서, 남에게 대하여 자기 할아버지를 지칭하는 말.
왕비(王妃) 〖명〗 임금의 아내. =왕후(王后).
왕사¹(王師) 〖명〗 1 제왕의 군대. =왕려(王旅). 2 임금의 스승.
왕사²(往事) 〖명〗 지나간 일.
왕-새우(王-) 〖명〗〖동〗 =대하(大蝦)².
왕생(往生) 〖명〗〖불〗 이 세상을 떠나 정토(淨土)에 가 태어나는 일. ¶극락~. **왕생-하다** 〖동〗〖자〗〖여〗

왕생-극락(往生極樂)[-궁낙][명][불] =극락왕생.

왕성¹(王城)[명] 1 =왕도(王都). 2 왕도의 성(城).

왕!성²(旺盛)→왕!성-하다[형여] 한창 성하다. =성왕(盛旺)하다. ¶혈기가 ~ / 식욕이 **왕성하게** 일다. **왕!성-히**[부] ¶~ 일을 추진하다.

왕-세손(王世孫)[명] 왕위를 이을 왕세자의 맏아들. 준세손.

왕-세자(王世子)[명] 왕위를 이을 왕자. =왕태자(王太子)·저군(儲君)·저궁(儲宮)·저사(儲嗣). 비동궁(東宮). 준세자.

왕세자-비(王世子妃)[명] '왕세자빈'의 잘못.

왕세자-빈(王世子嬪)[명] 왕세자의 정실 부인.

왕-세제(王世弟)[명] 왕위를 물려받을 왕의 아우. 준세제.

왕-소금(王-)[명] 굵은 소금.

왕손(王孫)[명] 임금의 손자 또는 후손.

왕수(王水)[명][화] 진한 염산과 진한 질산을 3 대 1의 비율로 혼합한 액체. 산에 잘 녹지 않는 금이나 백금 등을 용해시킴.

왕!시(往時)[명] 지나간 때. 비옛적.

왕실(王室)[명] 왕의 집안. 비왕가(王家). ¶~의 법도(法度).

왕업(王業)[명] 국왕의 국가 통치의 대업(大業).

왕!연¹(汪然)→왕!연-하다[형여] 1 (바다·호수가) 넓고 깊다. 2 (눈물이) 줄줄 흐르는 상태에 있다. 비현연하다. **왕!연-히**[부] ¶길이 크게 슬퍼하여 ~ 눈물을 흘리더라.《홍길동전》

왕!연²(旺然)→왕!연-하다[형여] 1 빛이 매우 아름답다. 2 사물이 몹시 왕성하다. **왕!연-히**²[부]

왕-왕¹[부] 1 물체가 귀청이 울릴 정도로 몹시 요란한 소리를 내는 모양. ¶공장의 기계가 ~ 돌아가다. 2 개가 사납고 요란스럽게 짖는 소리. ▷명령. **왕왕-하다**[동여]

왕!왕²(往往)[부] 이따금. 때때로. ¶그런 일은 ~ 있는 일이다.

왕왕-거리다/-대다[동재] 1 (물체가) 귀청이 울릴 정도로 요란한 소리를 내다. 2 (개가) 사납고 요란스럽게 짖다. 3 (사람이) 큰 소리로 듣기 싫은 말을 하다. 속된 말임.

왕!운(旺運)[명] 왕성한 운수.

왕위¹(王位)[명] 임금의 자리. =어좌(御座). 비보위(寶位). ¶~ 계승권 / ~을 잇다(계승하다) / ~에 오르다.

왕위²(王威)[명] 왕의 위세. ¶~를 떨치다.

왕자¹(王子)[명] 임금의 아들. ↔왕녀. ▷공주.

왕자²(王者)[명] 1 =임금. 2 왕도(王道)로써 천하를 다스리는 사람. 3 각 분야에서 특히 뛰어난 사람의 비유. ¶씨름의 ~. ▷패자(霸者).

왕자-군(王子君)[명][역] 임금의 서자(庶子). 공신들에게 주는 군호(君號)와 구별하기 위한 명칭.

왕자-병(王子病)[-뼝][명] 남자가 스스로를 왕자와 같이 고귀한 존재로 여겨 남들도 그렇게 대해 주기를 바라는, 병적인 심리 상태 내지 태도. 놀림조의 말임. ▷공주병.

왕정(王政)[명] 1 임금의 정치. 2 =군주 정치.

왕정-복고(王政復古)[-꼬][명] 공화제나 민주제 정치가 폐지되고 다시 그전의 군주제 정치로 되돌아가는 일.

왕제(王弟)[명] 왕의 아우.

왕조(王朝)[명] 1 왕이 직접 다스리는 나라. 2 같은 왕가(王家)에 속하는 통치자의 계통. 또는, 그 왕가가 다스리는 시대. ¶빅토리아 ~ / 조선 ~ 오백 년.

왕족(王族)[명] 임금의 일가.

왕좌(王座)[명] 1 임금이 앉는 자리. 또는, 임금의 지위. ¶~를 넘보다. 2 으뜸가는 자리. ¶바둑계의 ~를 차지하다[지키다].

왕중-왕(王中王)[명] 1 대회나 경쟁에서, 우승자끼리 겨뤄 승리한 최후의 우승자. ¶~ 대회 / ~을 가리다. 2 =만왕의 왕. →만왕(萬王).

왕중왕-전(王中王戰)[명] 서로 지역이나 시기가 다른 우승자끼리 최고의 승자를 가리기 위해 벌이는 시합이나 경쟁. ¶퀴즈 ~ / 연말 ~.

왕!진(往診)[명] (의사가) 환자 집에 가서 진찰하는 것. ¶~을 가다. ↔택진(宅診). **왕!진-하다**[동자타여]

왕창(王-)[속] 엄청나게 큰 규모로. ¶돈을 ~ 벌다 / 차가 ~ 부서지다.

왕-천하(王天下)[명] 왕이 되어 천하를 다스리는 것. 또는, 그 천하. **왕천하-하다**[동재여]

왕청-되다[-뙤-/-뛔-][형] 차이가 엄청나다. ¶신붓감이 **왕청되게** 기울다.

왕초(王-)[명] 거지·넝마주이 등의 무리의 두목을 속되게 이르는 말.

왕-초보(王初步)[명] 초보 중에서도 초보인, 가장 낮은 수준. 또는, 그 사람. ¶~ 여성 운전자.

왕-태자(王太子)[명][역] =왕세자.

왕통(王統)[명] 왕위를 잇는 혈통. ¶~을 잇다.

왕-파리(王-)[명][동] =쉬파리.

왕화(王化)[명] 임금의 덕화(德化).

왕후¹(王后)[명] =왕비(王妃).

왕후²(王侯)[명] 제왕(帝王)과 제후(諸侯).

왕후장상(王侯將相)[명] 제왕·제후·장수·재상의 총칭. 지난날, 권력층이나 지배층을 이르던 말. ¶~ 부럽지 않은 호화 생활.

[**왕후장상이 씨가 있나**] 높은 자리에 오르는 것은 가계나 혈통에 따라 저절로 되는 것이 아니고, 노력에 따라 누구라도 그렇게 될 수 있다는 말.

왜¹[명][언] 한글 모음 '내'의 이름.

왜²[I][부] 무슨 까닭으로. 어떤 행동이나 현상의 이유나 원인을 묻는 데 쓰이는 말. 비어째서. ¶남은 심각하게 말하는데 ~ 웃니? [II][감] 1 의문이나 이의를 제기할 때 쓰는 말. ¶"이따위 고물은 버릴까 봐." "~, 아직 멀쩡한데." 2 주로 확인 의문문 등에 쓰여, 어떤 사실에 대한 승인이나 확인을 촉구하는 말. ¶~, 네가 지난주에 읽던 책 있잖아? 3 부르는 말에 응답할 때 '무엇 때문에 부르느냐'의 뜻으로 하는 말. ¶"철수야!" "~!"

왜³(倭)[명] 1 '왜국(倭國)'의 준말. 2 일부 명사 앞에 쓰이어, '일본의' '일본에서 나는'의 뜻을 나타내는 말. ¶~간장 / ~모시.

왜!-가리[명][동] 백로과의 새. 몸길이 90~100cm. 정수리·목·가슴·배는 희고 등 면은 청회색임. 다리·부리는 긺. 얕은 민물에서 개구리·물고기 등을 잡아먹고 삶. 우리나라에서는 흔한 여름새임. 울음소리는 '왝왝'.

왜-간장(倭-醬)[명] 집에서 만든 재래식 간장에 대하여, 양조장에서 만든 일본식 개량

간장을 일컫는 말.
왜건(wagon)명 =스테이션왜건.
왜경(倭警)명 일제 강점기에 일본 경찰을 얕잡아 이르던 말. ¶~의 끄나풀.
왜곡(歪曲)명 (어떤 사실을) 실제와 다르게 거짓되이 바꾸거나 고치는 것. ¶~ 보도. 왜곡-하다(타여) ¶역사의 진실을 ~. 왜곡-되다(자)
왜관(倭館)명[역] 조선 시대, 왜인과 통상하기 위하여 부산에 두었던 관사(館舍). 준관(館).
왜구(倭寇)명[역] 13~16세기에 중국과 우리나라 연안에서 약탈을 일삼던 일본 해적. =일구(日寇).
왜국(倭國)명 '일본'을 얕잡아 이르는 말. 준왜(倭).
왜군(倭軍)명 '일본군'을 얕잡아 이르는 말.
왜굿다 형 '뻣뻣하다'의 잘못.
왜-나막신(-)[-씬] 명 =게다².
왜-난목(倭-木)명 =내공목(內供木).
왜-낫(倭-)[-낟] 명 날이 짧고 얇으며 가볍게 만든 낫.
왜냐-하면 부 어떤 사실을 서술한 앞의 문장에 대해, 그 이유를 논리적으로 설명하고자 할 때 쓰는 접속 부사. 보통, '때문이다'라는 서술어와 호응함. ¶사랑은 때로 아픔을 동반한다. ~ 진정한 사랑은 희생과 헌신을 통해서만이 가능하기 때문이다.
왜녀(倭女)명 일본 여자를 얕잡아 이르는 말.
왜-놈(倭-)명 일본 사람, 특히 일본 남자를 비속하게 이르는 말.
왜-된장(倭-醬)[-된-/-뗀-] 명 일본식으로 만든 된장.
왜-떡(倭-)명 밀가루나 쌀가루를 짓이겨 얇게 늘여서 구운 과자.
왜란(倭亂)명[역] '임진왜란'의 준말.
왜-말(倭-)명 일본 말을 얕잡아 이르는 말.
왜-못(倭-)[-몯] 명 가늘고 긴 원기둥 모양에 끝이 뾰족하고 대가리가 납작한 원반 모양의 쇠못을 이르던 말. 요즘에는 이런 형태의 것이 보편화되어, 흔히 '못'이라 하면 이것을 가리킴.
왜-무(倭-)명[식] 굵고 길쭉하며 살이 연한 개량종 무.
왜-밀(倭-)명 '왜밀기름'의 준말.
왜-밀기름(倭-)명 향료를 섞어서 만든 밀기름. 준왜밀.
왜-바람(倭-)명 이리저리 방향 없이 마구 부는 바람. =왜풍.
왜-반물(倭-)명 남빛에 검은빛이 섞인 물감.
왜병(倭兵)명 일본 병정을 얕잡아 이르는 말.
왜색(倭色)명 어떤 사물에서 느낄 수 있는, 일본 문화 특유의 분위기나 맛. 부정적인 어감을 가지는 말임. ¶~ 문화 / ~을 일소
왜선(倭船)명 일본 배를 얕잡아 이르는 말.
왜성(矮星)명[천] 반지름이나 광도(光度)가 작은 항성. ↔거성.
왜소-하다(矮小-)형여 (키나 체구가) 보통의 경우보다 작다. ¶왜소한 체구.
왜송¹(倭松)명[식] =누운잣나무.
왜송²(矮松)명 가지가 많아 다복하게 어린 솔. 비다복솔.
왜-솥(倭-)[-솓] 명 전이 있고 밑이 깊은 솥.
왜식¹(倭式)명 '일본식' 또는 '일본풍'을 얕잡아 이르는 말.
왜식²(倭食)명 '일식(日食)²'를 얕잡아 이르는 말.
왜인(倭人)명 일본 사람을 얕잡아 이르는 말.
왜자(矮者)명 =난쟁이.
왜자-간희(矮者看戱)[-히] 명 [난쟁이가 키가 작아 구경은 못 하고서, 앞사람의 이야기만 듣고 제가 본 체 또는 아는 체한다는 뜻] 자신은 아무것도 모르면서 남이 그렇다고 하니까 자기도 덩달아 그렇다고 하는 일. =왜인관장.
왜자기다 통 와자지껄하게 떠들다. ¶새끼 떼를 거느린 자가새들이 날개를 퍼덕이며 그 암팡진 울대로 **왜자기고** 있었던 것이다.《전상국:하늘 아래 그 자리》
왜자-하다 형여 소문이 널리 퍼져 요란하다. 비와자하다. ¶소문만 왜자한 잔치.
왜장(倭將)명 일본 장수를 얕잡아 이르는 말.
왜장-녀(-女)명 1 몸이 크고 부끄럼이 없는 여자를 이르는 말. 2 산대놀음에 쓰이는 여자의 탈. 또는, 그 탈을 쓰고 춤추는 사람.
왜장-치다(倭-)자 누구라고 꼭 집어 말하지 않고 헛되이 큰 소리로 마구 떠들다.
왜적(倭敵)명 적으로서의 일본이나 일본인.
왜정(倭政)명 일본이 침략하여 다스리던 정치. =일정(日政). ¶~ 시대.
왜포(倭布)명 =광목(廣木).
왜풍(倭風)명 1 =왜바람. 2 일본의 풍속을 얕잡아 이르는 말.
왝 1 왜가리의 울음소리. 2 토해 내는 소리. 또는, 그 모양. 큰웩.
왝-왝 부 1 왜가리가 잇달아 우는 소리. 2 자꾸 토해 내는 소리. 또는, 그 모양. 3 연하여 기를 쓰며 고함을 치는 소리. 또는, 그 모양. 큰웩웩. **왝왝-하다**(자여)
왝왝-거리다/-대다[-꺼(때)-] 통(자) 자꾸 왝 소리를 내다.
왠지 부 왜 그런지 모르게. 또는, 뚜렷한 이유도 없이. ¶뒹구는 낙엽을 보니 ~ 서글퍼진다. ×웬지.
왱 부 1 작은 날벌레가 날아갈 때 나는 소리. ¶모기가 ~ 하고 날아든다. 2 가는 철사에 바람이 세차게 불 때 나는 소리. ¶바람이 부니, 벌판의 전선이 ~ 하고 운다. 3 이명 현상을 나타내는 소리. 큰웽. 4 소방차나 구급차 같은 것이 지나가는 소리. ¶소방차가 ~ 소리를 내며 거리를 질주하다.
왱그랑-거리다/-대다 통(자타) 풍경이나 작은 방울 따위가 잇달아 흔들려 요란스럽게 소리가 나다. 또는, 자꾸 그런 소리를 내다. **왱그랑거리다**.
왱그랑-댕그랑 부 작은 종이나 풍경 따위가 서로 부딪쳐서 요란스럽게 나는 소리. 준왱강댕강·왱댕그랑. 큰웽그렁댕그렁. **왱그랑댕그랑-하다**(자타여)
왱그랑-왱그랑 부 왱그랑거리는 소리. 큰웽그렁웽그렁. **왱그랑왱그랑-하다**(자타여)
왱-왱 부 1 자꾸 왱 하는 소리. ¶전선이 ~ 울리다 / 귀에서 ~ 벌레와 우는 소리가 나다. 2 어린아이들이 높은 소리로 막힘 없이 글을 읽는 소리. **왱왱-하다**(자여)
왱왱-거리다/-대다 통(자) 자꾸 왱왱하다. ¶왱왱거리는 파리 떼 / 앰뷸런스가 왱왱거리

며 지나가다. 릠 윙윙거리다.

외¹[외/웨] 몡[언] 한글 모음 'ㅚ'의 이름.

외²[외/웨] 몡[식] '오이'의 준말.

외-³[외/웨] 쥅툅 명사 앞에 붙어, '하나만으로 되어 있음'을 뜻하는 말. ¶~길 / ~아들 [딸] / ~기러기.

외⁴(椳)[외/웨] 몡[건] 흙을 바르기 위하여 벽 속에 엮는 나뭇가지. 댓가지·수수대·싸리·잡목 따위를 가로세로 엮음.
외 얽고 벽 치다 담벼락을 쌓은 것같이 사물을 이해하지 못하다. ¶나도 그렇게 **외 얽고 벽 친** 위인은 아니라오.《조중환: 국의 향》

외⁵(外)[외/웨] 몡[의존] **1** 그 대상 말고 그것을 넘어선 범위. 빕이외(以外). ¶김동원 씨 ~ 3명 / 그는 자기 ~에는 아무도 믿지 않는다. **2** 그 작용의 한계를 넘어선 상태. 빕밖. ¶시험이 예상 ~로 까다롭다. / 그 여자 생상은 ~로 아름다웠다.

외-⁶(外)[외/웨] 쥅툅 **1** '밖', '표면'의 뜻. ¶~분비 / ~출혈. ↔내-. **2** 친족을 나타내는 말 앞에서, 어머니 또는 딸을 통해 맺어진 관계임을 나타내는 말. ¶~삼촌 / ~할머니 / ~손자. ▷친(親)-.

외!**가**(外家)[외/웨-] 몡 어머니의 친정. ¶~댁(宅). ~에 가다.

외-**가닥**[외-/웨-] 몡 외줄로 된 가닥.

외!**각**(外角)[외-/웨-] 몡 **1**[수] 다각형에서, 한 변과 그에 이웃한 변의 연장선이 이루는 각. **2**[기] 두 개의 직선이 한 직선과 각각 다른 점에서 만나서 생기는, 두 선의 바깥쪽의 각. **3**[체] =아웃코너. ↔내각(內角).

외!**간**(外間)[외-/웨-] 몡 **1** ('남자', '여자', '사람' 등의 앞에 쓰여) 자기 남편이나 아내가 아님을 뜻하는 말. ¶~ 남자와 불륜의 관계를 맺다. **2** 자기 집 밖의 다른 곳. 또는, 아무 관계가 없는 사람들 사이. ¶~에 소문이 파다하게 퍼지다.

외-**갈래**[외-/웨-] 몡 오직 한 갈래. ¶~ 길 / 머리를 ~로 땋다.

외!**갓-집**(外家-)[외가찝/외갇찝/웨가찝/웨갇찝] 몡 '외가'를 구어적으로 이르는 말.

외!**강내유**(外剛內柔)[외-/웨-] 몡 겉으로는 강하게 보이나 속은 부드러움. =내유외강. ↔외유내강. **외**!**강내유-하다** 혱여

외!**객**(外客)[외-/웨-] 몡 **1** 외부에서 온 손님. **2** 외국(外國)에서 온 손님.

외!**거-노비**(外居奴婢)[외-/웨-] 몡[역] 조선 시대에, 독립된 가정을 가지고 자기의 재산을 소유할 수 있었던 노비.

외!**견**(外見)[외-/웨-] 몡 =외관(外觀)³.

외!**견-상**(外見上)[외-/웨-] 몡 =외관상(外觀上). ¶~으로는 아무렇지도 않다.

외-**겹**[외-/웨-] 몡 겹으로 되지 않은 단 한 켜. ¶~ 치마.

외!**겹-실**[외-쎌/웨-쎌] 몡 =외올실.

외!**경**¹(外徑)[외-/웨-] 몡[수] =바깥지름. ↔내경(內徑).

외!**경**²(外經)[외-/웨-] 몡[가][기] 성서 가운데 정경(正經)에 포함되지 않은 크리스트교 서적이나 문서. =경외서·경외 성서·외전(外典).

외!**경**³(畏敬)[외-/웨-] 몡 =경외(敬畏). ¶생명에 대한 ~심(心). **외**!**경-하다** 탸여

외!**계**(外界)[외계/웨게] 몡 **1** 바깥 세계. 또는, 자기 몸 밖의 범위. **2**[철] 감각·사유(思惟)의 작용에서 떠나 독립하여 존립하는 일체의 사물. ↔내계(內界).

외!**계-인**(外界人)[외계-/웨게-] 몡 =우주인(宇宙人)1.

외!**고**(外姑)[외-/웨-] 몡 장모를 편지에서 이르는 말. ↔외구(外舅).

외!**-고집**(-固執)[외-/웨-] 몡 조금도 융통성이 없는 고집. 또는, 그런 고집을 부리는 사람. ¶그의 ~은 알아줘야 해. ▷옹고집.

외곡 몡 '왜곡(歪曲)'의 잘못.

외!**-골격**(外骨格)[외-/웨-] 몡[생] 몸의 겉 부분을 이루고 근육을 부착시키는 뼈의 짜임. 몸을 지지하거나 보호함. 곤충이나 절지동물·연체동물에서 볼 수 있음. =겉뼈대. ↔내골격.

외!**-골목**[외-/웨-] 몡 단 하나뿐인 골목.

외!**-골수**(-骨髓)[외-쑤/웨-쑤] 몡 **1** '외곬'의 잘못. **2** '한 가지에만 매달리는, 편협하고 융통성 없는 사람'을 이르는 말.

외!**-곬**[외골/웨골] 몡 **1** 단 한 곳으로만 통한 길. =외통. **2** (주로 '외곬으로'의 꼴로 쓰여) 단 한 가지 방법이나 일. ¶문제 해결을 ~으로만 생각해서는 위험하다.

외!**과**(外科)[외꽈/웨꽈] 몡[의] 신체 외부의 피부병이나 창상(創傷) 및 내장(內臟) 여러 기관의 질병에 대하여 주로 수술을 하여 치료하는, 의학의 한 분과. ↔내과(內科).

외!**과-의**(外科醫)[외꽈의/웨꽈이] 몡 외과의 치료와 수술을 전문으로 하는 의사. ↔내과의.

외!**-과피**(外果皮)[외-/웨-] 몡[식] =겉열매껍질. ↔내과피.

외!**곽**¹(外郭·外廓)[외-/웨-] 몡 **1** 성 밖으로 다시 둘러 쌓은 성. **2** 바깥 테두리. ¶도시의 ~ 지대.

외!**곽**²(外槨)[외-/웨-] 몡 =덧널.

외!**곽**^**단체**(外郭團體)[외-/웨-판-] [사] 어떤 관청이나 단체에 소속되어 활동·운영을 하나 형식적으로는 별개의 것으로 되어 있는 단체. 철도청의 홍익회, 보건복지부의 결핵 예방 협회 따위.

외!**관**¹(外官)[외-/웨-] 몡[역] 지방의 관직 또는 관원.

외!**관**²(外棺)[외-/웨-] 몡 =덧널.

외!**관**³(外觀)[외-/웨-] 몡 겉으로 본 모양. =외견(外見). 빕겉보기·보임새. ¶~으로만 모든걸 판단하면 오류를 범하기 쉽다.

외!**관-상**(外觀上)[외-/웨-] 몡 겉으로 보기에. 또는, 겉모양에 있어서. =외견상(外見上).

외!**관-직**(外官職)[외-/웨-] 몡[역] 지방 관직의 총칭. 곧, 지방에 있는 감영·부(府)·목(牧)·군(郡)·현(縣)의 병영과 수영(水營) 등에 딸린 문관·무관을 가리키는 말. =외임(外任)·외직. ↔경관직(京官職).

외!**교**(外交)[외-/웨-] 몡 **1** 국가가 다른 국가와 관계를 맺고 상호 간에 교섭하고 협상하는 활동. =외치. ¶~ 정책 / ~ 관계를 수립[단절]하다. **2** 어떤 목적을 이루기 위해 다른 사람과 관계를 맺고 교제하는 일. ¶~에 능한 사람.

외!**교-가**(外交家)[외-/웨-] 몡 **1** 외교를 직업으로 하는 사람. **2** 사교나 교섭 등에 능한 사람.

외!**교-관**(外交官)[외-/웨-] 몡 외교 통상부 장관의 감독 아래 외국에 파견되거나 주재하며 외국과의 교섭·교제 사무에 종사하

는 관직. 또는, 그 사람. 대사·공사·영사 및 그 소속하의 참사관·서기관 등의 총칭.

외교-권(外交權)[외-꿘/웨-꿘] 똉[법] 주권 국가로서 외교와 외교를 할 수 있는 권리.

외교^사절(外交使節)[외-/웨-] 똉 외국에 파견되는 국가의 대외적 대표 기관. 외국에 대하여 자기의 권리·이익을 꾀하고, 주재국의 자기 국민을 보호·감독하는 임무를 지님. 대사·공사·변리 공사·대리 공사의 4계급이 있음. 단, 오늘날 '변리 공사'를 파견하는 나라는 거의 없음. ¶-단.

외교-적(外交的)[외-/웨-] 관·명 외교에 관한 (것). ¶~ 차원.

외교^통상부(外交通商部)[외-/웨-] 똉 행정 각 부의 하나. 외교, 외국과의 통상 교류 및 통상 교섭에 관한 업무, 기타 국제 협력, 재외 국민의 보호·지원, 이민에 관한 사무 등을 맡아봄. 1998년에 '외무부'가 개편된 것임.

외교^특권(外交特權)[외-꿘/웨-꿘] 똉 [법] 외교 사절이 가지는 특권. 불가침권·치외 법권 따위.

외구¹(外寇)[외-/웨-] 똉 =외적(外敵)³. ¶~의 침략 / ~를 무찌르다.

외구²(外舅)[외-/웨-] 똉 장인(丈人)을 주로 편지에서 일컫는 말. =외고.

외국(外國)[외-/웨-] 똉 자기 나라의 영토 밖에 있는 다른 나라. =외방(外邦). 비타국(他國)·해외(海外). ¶~ 영화. ↔내국(內國).

외국^무역(外國貿易)[외궁-/웨궁-] 똉 [경] =국제 무역.

외국-법(外國法)[외-뻡/웨-뻡] 똉[법] 1 외국의 주권에 의거하여 제정된 법규. 2 국제 사법 관계의 준거법(準據法)으로서의 외국 법률. ↔내국법.

외국-산(外國産)[외-싼/웨-싼] 똉 외국에서 산출됨. 또는, 그 물건. ↔국산.

외국-어(外國語)[외-/웨-] 똉 다른 나라의 말. ¶~ 학습.

외국-인(外國人)[외-/웨-] 똉 다른 나라의 국민. =타국인. 비이방인. ¶~ 관광객. 준외인. ↔내국인.

외국^자본(外國資本)[외-짜-/웨-짜-] 똉[경] 외국이나 외국인이 투자한 자본. 또는, 외국에서 들어오는 자금. 준외자.

외국-제(外國製)[외-쩨/웨-쩨] 똉 외국에서 만든 물품. 비외국산. ¶~ 상품의 수입. 준외제.

외국-채(外國債)[외-/웨-] 똉[경] 자금 조달을 위해 외국의 자본 시장에서 발행되는 국채·지방채·사채(社債). 외화(外貨)로 표시되며, 납입과 상환 등의 업무도 외국 시장에서 행해짐. =외화채. 준외채.

외국-환(外國換)[외구퀀/웨구퀀] 똉[경] 1 현금의 수송에 따르는 위험·불편을 없애기 위해 국제간의 거래에서 생긴 대차를 채권 양도·지급 위탁 등의 방법으로 결제하는 방식. =국제환(國際換). 준내국환. ↔내국환. 2 '외국환 어음'의 준말.

외국환^시장(外國換市場)[외구퀀-/웨구퀀-] 똉[경] 외국환의 매매가 이루어져서 환시세가 형성되는 시장. =환시장. 준외환시장.

외국환^어음(外國換-)[외구퀀-/웨구퀀-] 똉[경] 국제 거래의 결제에 사용되고, 발행지와 지급지가 나라를 달리하는 환어음. =국제 어음. 준외국환·외환 어음. ↔내국환 어음.

외국환^평형^기금(外國換平衡基金)[외구퀀-/웨구퀀-] 똉[경] 자국 통화의 안정을 유지하고 투기적인 외화의 유출·유입에 따른 악영향을 막기 위해 정부가 보유·운용하는, 외환 매매 조작을 위한 자금.

외-근(外勤)[외-/웨-] 똉 직장 밖의 장소에서 일시적으로 직장 업무와 연관되는 일을 하는 것. =외무. ¶-직 / ~ 사원. ↔내근. **외근-하다** 동자예

외기(外氣)[외-/웨-] 똉 방 밖의 공기. 또는, 외부의 공기.

외기-권(外氣圈)[외-꿘/웨-꿘] 똉[지] 대기의 가장 바깥층으로, 지표로부터 약 500km 이상의 영역.

외-기러기[외-/웨-] 똉 짝이 없는 한 마리의 기러기. =고안(孤雁). ¶~ 짝사랑.

외-길[외-/웨-] 똉 1 한 군데로만 난 길. 2 단 한 가지 방법만을 택하는 태도. ¶~ 인생.

외길-목[외-/웨-] 똉 여러 갈래의 길이 모여 한 군데로 빠지게 된 목. 준외목. ×외통목.

외-꺼풀[외-/웨-] 똉 외겹으로 된 눈꺼풀. =외까풀.

외나무-다리[외-/웨-] 똉 좁은 개울에 한 개의 통나무로 걸쳐 놓은 다리. =독목교. **[외나무다리에서 만날 날이 있다]** 남과 원한을 맺으면 피하기 어려운 데서 만나는 일이 반드시 ара.

외-눈[외-/웨-] 똉 1 짝을 이루지 않은 단 하나의 눈. =척안(隻眼). ¶~ 도깨비. 2 두 눈에서 한 눈을 감고 다른 한 눈으로 볼 때 뜬 눈. 3 '애꾸눈이'의 잘못.

외눈-박이[외-/웨-] 똉 =애꾸눈이.

외눈-퉁이[외-/웨-] '애꾸눈이'의 잘못.

외다¹[외-/웨-] 〈외고 / 외어〉 동(타) 1 (사람이 같은 말을) 되풀이하여 말하다. ¶미영은 그 남자를 원망하며, '바보, 바보, …'를 몇 번씩 **외었다**. 2 '외우다'의 준말.

-외다²[외-/웨-] 어미 '-오이다'의 준말. ¶ 여러분은 나라의 동량이~. / 밤이 이슥하여 사위가 고요하~. / 참 오랜만이~.

외-다리[외-/웨-] 똉 1 하나만 있는 다리. 2 다리가 하나뿐인 사람이나 물건.

외-당숙(外堂叔)[외-/웨-] 똉 =외종숙.

외-당숙모(外堂叔母)[외-숭-/웨-숭-] 똉 =외종숙모.

외대(外待)[외-/웨-] 똉 =푸대접. **외대-하다** 동(타)여

외-대다[외-/웨-] 동(타) 사실과 반대로 일러 주다. ¶"먼저 말한 놈이 **외댔는지** 바루 댔는지 그걸 알면 내가 짐작이 나설 일이 있어 알구 싶소."〈홍명희·임꺽정〉

외대-머리[외-/웨-] 똉 정식 혼례를 하지 않고 머리를 쪽 찐 여자. 기생·갈보 등을 가리키는 말임.

외대-박이[외-/웨-] 똉 1 돛이 하나인 배. 2 배추나 무의 한 포기로 한 뭇을 만든 것. 3 '애꾸눈이'의 잘못.

외도(外道)[외-/웨-] 똉 1 바르지 않은 길이나 도리. 2 =오입(誤入). 3 주된 일에서 벗어난 다른 일. ¶그림을 그리는 것은 철도 기관사인 그로서는 ~를 하는 것이었다. **외도-하다** 동(자)여 1 =오입하다. 2 주된 일에서 벗어나 다른 일에 손을 대다.

외-돌다[외-/웨-] 동(자) 〈~도니, ~도오〉

남과 어울리지 않고 혼자 따로 떨어져 행동하다.
외-돌토리[외-/웨-] 몡 =외톨이.
외동-딸[외-/웨-] 몡 '외딸'의 애칭. ¶무남독녀 ~. =외동아들.
외동-아들[외-/웨-] 몡 '외아들'의 애칭. ¶삼대독자 ~. ↔외동딸.
외-둥이[외-/웨-] 몡 '외아들'의 애칭. ¶귀여운 ~지만 어하고 길러선 못쓰네.
외ː등(外燈)[외-/웨-] 몡 주택의 대문이나 현관, 집 앞 골목 등의 실외에 다는 등. 비옥외등. ¶골목에 ~을 달다 / 하나 없는 구석진 곳.
외-따님[외-/웨-] 몡 남의 외딸에 대한 높임말. ¶얼마나 애지중지하시는 ~이시라고.
외-따로[외-/웨-] 뷔 홀로 따로. 또는, 오직 홀로. ¶산모퉁이에 ~ 있는 시골 주막집.
외-따롭다[외-따/웨-따] 혱뷔 <~따로우니, ~따로워> 외따로 떨어진 느낌이 있다. **외따로이** 뷔 ¶멀리 ~ 서 있는 집이 보였다.
외딴[외-/웨-] 판 외따로 떨어져 있는. ¶~동네.
외딴-곳[외-곧/웨-곧] 몡 외따로 떨어져 있는 곳. ¶인적이 드문 ~에 살다.
외딴-길[외-/웨-] 몡 외따로 나 있는 작은 길. ¶인적이 드문 ~.
외딴-섬[외-/웨-] 몡 육지에서 멀리 떨어져 있는 섬. 비낙도(落島).
외딴-집[외-/웨-] 몡 외따로 떨어져 있는 집.
외-딸[외-/웨-] 몡 오직 하나밖에 없는 딸. =독녀. ¶무남독녀 ~. ▷고명딸.
외ː딸다[외-/웨-] 동짜 <~따니, ~따오> 다른 것과 잇닿아 있지 않고 홀로 떨어지다. ¶인적이 드문 곳에 **외딸아** 있는 집.
외-떡잎[외떡닙/웨떡닙] 몡[식] 한 장의 떡잎. =단자엽(單子葉). ↔쌍떡잎.
외떡잎-식물[외떡닙씽-/웨떡닙씽-] 몡[식] 속씨식물의 한 강(綱). 떡잎이 한 개인 경우가 많고, 잎은 대개 가늘고 긴 나란히맥임. 백합·난초·벼·보리 따위가 이에 속함. =단자엽식물. ↔쌍떡잎식물.
외-떨어지다[외-/웨-] 동짜 외롭게 따로 떨어지다. ¶**외떨어진** 집 / **외떨어져** 있는 산골 마을.
외ː람(猥濫)[외-/웨-] →**외ː람-하다**[외-/웨-] 혱여 (하는 생각이나 행동이) 도리나 분수에 지나친 데가 있다. =남하다. **외ː람-히** 뷔
외ː람-되다(猥濫-)[외-되/웨-뙈] 혱 보기에 외람한 듯하다. ¶**외람된** 생각. **외람되-이** 뷔 ¶~ 한 말씀 올리겠습니다.
외ː람-스럽다(猥濫-)[외-따/웨-따] 혱뷔 <~스러우니, ~스러워> 외람한 데가 있다. **외람스레** 뷔
외ː랑(外廊)[외-/웨-] 몡 집채의 바깥쪽에 달린 복도.
외ː래(外來)[외-/웨-] 몡 1 밖에서 옴. 2 외국에서 옴. ↔재래(在來). 3 환자가 입원하지 않고 병원에 다니면서 치료를 받는 것. 또는, 그 환자.
외ː래-문화(外來文化)[외-/웨-] 몡 외국에서 들어온 문화. ↔고유문화.
외ː래-어(外來語)[외-/웨-] 몡[언] 외국어가 국어 속에 들어와서 국어의 체계에 동화되어 쓰이는 단어. 좁은 뜻으로는, 중국·일본에서 들어온 한자어는 제외됨. =들온말. ↔고유어.
외ː래어^표기법(外來語表記法)[외-뻡/웨-뻡] 외래어를 우리나라의 자모인 한글로 표기하는 방법. 현행 표기법은 1958년에 제정된 '로마자의 한글화 표기법'을 개정하여 문교부가 1986년 1월에 고시한 것임.
외ː래-종(外來種)[외-/웨-] 몡 외국에서 들어온 씨나 품종. ▷재래종.
외ː래-품(外來品)[외-/웨-] 몡 외국에서 들어온 물품. ↔국산품.
외ː래^환ː자(外來患者)[외-/웨-] 몡 입원하지 않고 병원에 다니면서 치료를 받는 환자.
외ː려[외-/웨-] 뷔 '오히려'의 준말. ¶잘못해 놓고 ~ 큰소리치네. / 주인은 가만있는데 객이 ~ 야단이다.
외ː력(外力)[외-/웨-] 몡 1 외부로부터 작용하는 힘. 2[지] =외적 영력(外的營力).
외ː로[외-/웨-] 뷔 1 왼쪽으로. ¶모퉁이를 ~ 돌아서 둘째 집 / 고개를 ~ 돌리다. 2 비뚤게. 또는, 뒤바꿔서.
외로움[외-/웨-] 몡 외로운 느낌. 비고독. ¶깊은 밤 홀로 깨어 있자니 문득 ~이 엄습한다. ×외롬.
외로워-하다[외-/웨-] 동타여 외롭게 느끼다.
외롭다[외-따/웨-따] 혱뷔 <외로우니, 외로워> (사람이) 혼자라고 느껴 주위에 의지하거나 벗이 될 만한 상대가 있었으면 하고 바라는 상태에 있다. ¶**외로운** 나그네 / 김노인은 상처를 한 뒤로 10여 년을 **외롭게** 살아왔다. **외로이** 뷔 ¶늘그막에 자식도 없이 ~ 살다.
외ː륜-산(外輪山)[외-/웨-] 몡[지] 삼중 화산(三重火山)에서 중앙의 분화구를 둥글게 둘러싸고 있는 산. ↔내륜산.
외-마디[외-/웨-] 몡 1 양쪽 끝 사이가 밋밋하여 한 결로 된 동강. 2 비명이나 소리의 단 한 마디. ¶'윽' 하는 ~ 비명을 지르고 쓰러졌다.
외-마치[외-/웨-] 몡 1 혼자 치는 마치. 2[음] '외마치장단'의 잘못.
외마치-장단[외-/웨-] 몡 [대장간에서 쇠를 불릴 때 혼자서 치는 마치를 외마치라고 하던 데서][음] 북이나 장구 따위를 고저나 박자의 변동 없이 단조롭게 치는 장단.
외-며느리[외-/웨-] 몡 단 하나뿐인 며느리.
외ː면[1](外面)[외-/웨-] 몡 1 바깥으로 드러난 사물의 모습. 비겉면. 2 사람의 생김새나 말이나 행동으로 나타나는 모양. ¶~만 보고 사람됨을 판단하지 마라. ↔내면(內面).
외ː면[2](外面)[외-/웨-] 몡 상대하기를 꺼려 얼굴을 다른 쪽으로 돌려 버리는 일. **외ː면-하다** 동타여 ¶도움을 청하러 온 친구를 ~.
외ː면-적(外面的)[외-/웨-] 관 겉모양이나 사물의 외부에만 관계하는 (것). ↔내면적(內面的).
외ː면-치레(外面-)[외-/웨-] 몡 겉모양만 번드르르하게 꾸미는 것. =사당치레. 비면치레. ¶~로 하는 인사. **외ː면치레-하다** 동타여
외ː-명부(外命婦)[외-/웨-][역] 조선 시대, 왕족·종친의 여자·처 및 문무관의 처로서 남편의 벼슬에 따라 봉작(封爵)을 받은 여자의 총칭. ↔내명부.
외ː모(外貌)[외-/웨-] 몡 겉으로 나타난 모

습. ¶~가 단정하다.
외:목(外目)[외-/웨-] 명 바둑에서, 제3선과 제5선이 만나는 점.
외:무(外務)[외-/웨-] 명 1 외교에 관한 정치적 업무. ¶~ 고시 /~ 공무원. ↔내무(內務). 2 =외근(外勤). ¶~ 사원.
외:무주장(外無主張)[외-/웨-] 명 집안에 살림을 주장할 만큼 장성한 남자가 없음. ↔내무주장(內無主張).
외:문¹(一門)[외-/웨-] 명 외짝으로 된 문.
외:문²(外聞)[외-/웨-] 명 =바깥소문.
외:물(外物)[외-/웨-] 명 1 외계의 사물. 2[철] 마음에 접촉되는 객관적 세계의 모든 대상.
외-바퀴[외-/웨-] 명 짝을 이루지 않은 단 하나의 바퀴.
외:박(外泊)[외-/웨-] 명 자기가 살고 있는 집이나 일정한 숙사가 아닌 곳에서 밤에 잠을 자는 것. ¶~이 잦다 /하루걸러 ~이니 부부 싸움이 날밖에. **외:박-하다** 통재여.
외-발[외-/웨-] 명 두 발이 아닌, 한쪽만의 발.
외발-뛰기[외-/웨-] 명 외발로 뛰는 동작. 또는, 외발로 멀리 뛰는 동작.
외발-제기[외-/웨-] 명 1 한 발로 차는 제기. ↔두발제기. 2 '외알제기'의 잘못.
외:방¹(外方)[외-/웨-] 명 1 서울 밖의 모든 지방. ↔이하방. 2 =바깥쪽.
외:방²(外邦)[외-/웨-] 명 =외국(外國).
외:방³(外房)[외-/웨-] 명 1 바깥에 있는 방. 2 첩의 방.
외:방-출입(外房出入)[외-/웨-] 명 계집질을 하고 다니는 것. ¶~이 잦다. **외:방출입-하다** 통재여.
외:-밭[외받/웨받] 명 오이나 참외를 심은 밭.
외:-배엽(外胚葉)[외-/웨-] 명 [생] 후생동물의 발생 도중에 생기는 배엽 중 가장 바깥쪽의 세포층. 뒤에, 표피·신경계·감각기 등을 형성함. ▷내배엽·중배엽.
외-벌이[외-/웨-] 명 부부 가운데 어느 한 쪽만 직업을 가지고 돈을 버는 일. ¶~ 부부. ↔맞벌이.
외:벽(外壁)[외-/웨-] 명 =바깥벽. ↔내벽(內壁).
외:보(外報)[외-/웨-] 명 외국으로부터의 통신 보고.
외:봉-치다(外-)[외-/웨-] 통타 물건을 훔쳐 딴 곳으로 옮겨 놓다.
외:부(外部)[외-/웨-] 명 1 물체·몸·장치·구조물 등의 바깥쪽 부분. ¶건물 ~을 단장하다. 2 어떤 조직이나 집단의 범위 밖. ¶~ 인사(人士). ¶ 회사 기밀이 ~로 새다. ↔내부(內部).
외:부^기억^장치(外部記憶裝置)[외-짱-/웨-짱-] 명[컴] 자기 디스크나 자기 테이프 등과 같이 중앙 처리 장치에서 따로 떨어진 기억 장치. 주기억 장치의 보조적 역할을 함.
외:부내빈(外富內貧)[외-/웨-] 명 외양은 부자인 듯하나 실상은 구차하고 가난함. ↔외빈내부. **외:부내빈-하다** 형여.
외:부^저:항(外部抵抗)[외-/웨-] 명[물] 전지의 전극을 연결하는 도선(導線)에서 생기는 저항. =외저항.
외:분(外分)[외-/웨-] 명[수] 한 선분의 분점(分點)이 그 선분 안에 있지 않고 그 연장

상에 있는 일. ↔내분(內分). **외:분-하다**
외:-분비(外分泌)[외-/웨-] 명[생] 분비물이 도관을 통하여 체표(體表) 또는 소화관 내로 배출되는 현상. ↔내분비(內分泌).
외:분비-선(外分泌腺)[외-/웨-] 명[생] 외분비 작용을 하는 선(腺). 침샘·땀샘·젖샘 등. =외분비샘. ↔내분비선.
외:분-점(外分點)[외-점/웨-점] 명[수] 한 선분(線分)을 외분하는 점. ↔내분점.
외:빈(外賓)[외-/웨-] 명 외부나 외국으로부터 오는 귀한 손님. ¶~ 접대 /~을 맞이하다.
외:빈내부(外貧內富)[외-/웨-] 명 외양은 구차한 것 같으나 실상은 부유함. ↔외부내빈. **외:빈내부-하다** 형여.
외뿔소-자리[외-쏘-/웨-쏘-] 명[천] 별자리의 하나. 오리온자리의 동쪽 은하 중에 있음. =일각수좌(一角獸座).
외:사(外史)[외-/웨-] 명 사관(史官) 아닌 사람이 사사로이 기록한 역사. 비야사(野史).
외:-사촌(外四寸)[외-/웨-] 명 외삼촌의 아들이나 딸을 지칭하는 말. 비외종(外從). ¶~ 동생 [형님].
외:-삼촌(外三寸)[외-/웨-] 명 어머니의 오빠나 남동생을 호칭하거나 지칭하는 말. ×외삼춘.
[외삼촌 산소에 벌초하듯] 정성 없이 되는 대로 마구 함을 이르는 말.
외:삼촌-댁(外三寸宅)[외-땍/웨-땍] 명 어떤 사람의 '외숙모'를 지칭하는 말.
외:상¹[외-/웨-] 명 값은 나중에 치르기로 하고 물건을 사고파는 일. ¶~으로 팔다[사다].
[외상이면 소도 잡아먹는다] 당장 돈만 안 내면 무엇이든지 하고 본다.
외:상²(外床)[외-/웨-] 명 한 사람 몫으로 차린 음식상. 비독상(獨床). ¶~을 받다. ↔겸상.
외:상³(外相)[외-/웨-] 명 일본에서, 외교 업무를 담당하는 행정 부서의 우두머리.
외:상⁴(外傷)[외-/웨-] 명 폭력이나 사고 등에 의하여 생긴 몸의 상처. ¶가벼운 ~을 입다.
외:상-값[외-깝/웨-깝] 명 외상으로 거래한 물건에 대한 값. ¶~이 밀리다 /~을 떼먹다.
외:상-관례(-冠禮)[외-괄/웨-괄] 명 =외자관례. **외:상관례-하다** 통자여.
외:상-술[외-쑬/웨-쑬] 명 값은 나중에 치르기로 하고 마시는 술.
외:상-없다[외-업따/웨-업따] 형 조금도 틀림이 없거나 어김이 없다. ¶그는 한번 약속하면 ~. **외:상없-이** 부.
외:상-질[외-/웨-] 명 물건을 외상으로 사는 것. **외:상질-하다** 통타여.
외:생(外甥)[외-/웨-] 대[인칭] 편지 글에서, 사위가 장인·장모에게 자기를 이르는 말.
외:서(外書)[외-/웨-] 명 외국 글로 된 서적.
외:선(外線)[외-/웨-] 명 1 바깥쪽에 있는 선. 2 옥외에 가설한 전선. 3 관청·회사 등에서 외부에 통하는 전화. ↔내선.
외:설(猥褻)[외-/웨-] 명 글·그림·영화·공연 등이 사회의 풍속을 해칠 만큼 성적(性的)으로 노골적이고 자극적인 것. ¶~ 문학.

외ː설-물(猥褻物)[외-/웨-] 명 사회의 풍속을 해칠 만큼 성욕을 강하게 자극하는 글·그림·조각·영상·기구 따위의 총칭.

외ː설-스럽다(猥褻-)[외-따/웨-따][형ㅂ]〈-스러우니, -스러워〉(글·그림·영화 등의 표현이나 장면이) 사회의 풍속을 해칠 만큼 성적으로 노골적이고 자극적인 데가 있다. ¶외설스러운 영화 장면.

외ː성(外城)[외-/웨-] 명 이중으로 쌓은 성에 있어서 밖에 있는 성. =나성(羅城). ↔내성.

외ː세(外勢)[외-/웨-] 명 1 외국의 세력. ¶~의 침입. 2 밖의 형세.

외ː손¹ 명 한쪽 손.

외ː손²(外孫)[외-/웨-] 명 1 딸이 낳은 자식. =사손(獅孫). 2 딸의 자손.

외ː-손녀(外孫女)[외-/웨-] 명 딸이 낳은 딸. ↔친손녀.

외ː손-봉사(外孫奉祀)[외-/웨-] 명 직계 비속이 없을 때 외손이 대신 제사를 받듦. 외ː손봉사-하다 통[자][여]

외-손뼉 명 한쪽의 손바닥.

외ː-손자(外孫子)[외-/웨-] 명 딸이 낳은 아들. ↔친손자. ×외손주.

외손-잡이 명 1 한쪽 손만이 능하여 그 손만을 주로 쓰는 사람. =한손잡이. 2 [체] 씨름 등에서, 한 손은 접어 두고 다른 한 손만으로 겨루는 일.

외ː-손주(外孫) 명 '외손자'의 잘못.

외ː수¹(外需)[외-/웨-] 명[경] 외국에서의 수요. ¶~용(用) / ~가 줄다. ↔내수(內需).

외ː수²(外數)[외-/웨-] 명 =속임수.

외ː숙(外叔)[외-/웨-] 명 =외숙부.

외ː-숙모(外叔母)[외숭-/웨숭-] 명 외숙부의 아내를 호칭 또는 지칭하는 말. 예외삼촌댁.

외ː-숙부(外叔父)[외-뿌/웨-뿌] 명 어머니의 오빠나 남동생(특히, 결혼한 경우)을 지칭하는 말. =외숙. 예외삼촌.

외ː식¹(外食)[외-/웨-] 명 집 밖에 나가 음식점 등에서 음식을 사 먹는 것. 또는, 그 식사. 외ː식-하다¹ 통[자][여] ¶식구들과 ~.

외ː식²(外飾)[외-/웨-] 명 바깥쪽의 치레를 하는 것. 또는, 그 치레. 예면치레. ¶아까 내 앞에서 하던 모든 가련한 모양이 말끔 일시의 ~이로다.《이광수:무정》 외ː식-하다² 통[자][여]

외ː신¹(外臣)[외-/웨-] 대(인칭) 외국 사신이, 주재하는 나라의 임금에 대해 자기를 일컫는 말.

외ː신²(外信)[외-/웨-] 명 외국의 신문사·방송사·통신사 등의 보도를 통해 국내에 알려지는 소식. 또는, 그 소식을 알리는 신문·방송·통신. ¶긴급 뉴스가 ~을 타고 전해지다. ↔내신(內信).

외ː심(外心)[외-/웨-] 명 1 =딴마음. 2 [수] 삼각형이나 다각형의 외접원의 중심. ↔내심.

외ː-씨[외-/웨-] 명 '오이씨'의 준말.

외ː씨-버선[외-/웨-] 명 볼이 조붓하고 갸름한 먼진, 날렵하고 맵시가 나는 버선.

외-아들 명 오직 하나밖에 없는 아들. 예독자(獨子).

외알-박이 명 알이 한 개만 있는 물건. ¶~ 땅콩 / ~ 안경.

외알-제기 명 1 소 또는 말 따위가 한쪽 굽을 질질 끌며 걷는 일. 또는, 그렇게 걷는 마소. ×외발제기. 2 나귀·말 따위가 못마땅할 때 한쪽 발로 걸어차는 짓. 외알제기-하다 통[자][여]

외ː압(外壓)[외-/웨-] 명 어떤 요구에 따르도록 외부에서 가하는 압력. ¶정치권력의 ~을 뿌리치지 못하다.

외ː야(外野)[외-/웨-] 명[체] 1 야구에서, 내야 뒤쪽의 파울 라인 안의 지역. =아웃필드. 2 '외야수'의 준말. 3 '외야석'의 준말.

외ː야-석(外野席)[외-/웨-] 명[체] 야구장의 외야 쪽 펜스 뒤에 마련된 관람석. 준외야. ↔내야.

외ː야-수(外野手)[외-/웨-] 명[체] 야구에서, 외야를 지키는 선수의 총칭. 우익수·좌익수·중견수를 말함. =아웃필더. 준외야.

외ː양¹(外洋)[외-/웨-] 명 육지에서 멀리 떨어진 대양(大洋). =외해.

외ː양²(外樣)[외-/웨-] 명 =겉모양. ¶~만 번지르르하다 / ~은 그럴듯하다.

외양-간(-間)[외-간/웨-간] 명 마소를 기르는 곳. =우사. ¶소 잃고 ~ 고친다.(속담)

외ː얽-이(椳)[외-/웨-] 명 흙벽을 쌓을 때 벽 속에 댓가지·수숫대·싸리 따위를 가로세로로 얽는 일. 외얽이-하다 통[자][여]

외ː역(外役)[외-/웨-] 명 1 밖에 나가서 노역하는 것. 2 =외정(外征)¹. 외ː역-하다 통[자][여]

외ː연(外延)[외-/웨-] 명[논] 주어진 개념이 적용될 수 있는 사물의 범위. 이를테면, '꽃'의 외연은 진달래꽃·개나리꽃·철쭉꽃… 등임. ↔내포(內包).

외ː연²(外緣)[외-/웨-] 명 가장자리 또는 둘레.

외ː연³(巍然)[외-/웨-] →외연-하다[외-/웨-] [형] 외연(巍然)하다1. ¶외연한 산봉우리. 외연-히 부

외ː연⁴기관(外燃機關)[외-/웨-] 명[물] 연료를 기관 본체의 외부의 연소실에서 연소시켜 증기나 가스 등을 매체로 하여 동력을 얻는 기관. 증기 기관 따위. ↔내연 기관.

외ː열(外熱)[외-/웨-] 명 1 밖의 더운 기운. 2 [한] 몸 겉죽의 열기.

외ː염(外焰)[외-/웨-] 명[화] =겉불꽃. ↔내염(內焰).

외-올[외-/웨-] 명 여러 겹이 아닌 단 하나의 올. ¶~로 짠 베.

외올-베 명 외올 무명실 따위로 성기게 짠 베. 가제나 붕대 등으로 쓰임. =난목.

외올-실[외-/웨-] 명 한 올로 된 실. =단사(單絲)·외겹실·홑실. ×올실·홑겹실.

외ː-왕모(外王母)[외-/웨-] 명 =외할머니.

외ː-왕부(外王父)[외-/웨-] 명 =외할아버지.

외외(巍巍)[외외/웨웨] 부 →외외-하다[외외-/웨웨-] [형] 1 (산 따위가) 우뚝 높이 솟아 있다. =외연(巍然)하다·외아(巍峨)하다. 2 인격이 높고 뛰어나다. 외외-히 부

외ː-외가(外外家)[외외-/웨웨-] 명 어머니의 외가. ↔친외가.

외욕-질[외-절/웨-쩔] 명 속이 좋지 않아 욕지기를 하는 짓. 준왁질. 외욕질-하다 통

외:용(外用)[외-/웨-] 명 (약물을) 먹거나 주사하지 않고 몸의 외부에 바르거나 뿌리거나 붙이는 것. ↔내복(內服). **외:용-하다** 통(타)여 **외:용-되다** 통(자)

외:용-약(外用藥)[외-냑/웨-냑] 명[약] 몸의 외부에 바르거나 뿌리거나 붙이는 약. ↔내복약.

외우¹[외-/웨-] 부 1 외지게. 2 멀리 I.

외우²(畏友)[외-/웨-] 명 가장 아끼고 존경하는 벗.

외우다[외-/웨-] 통(타) 1 (사람이 어떤 말이나 글, 또는 어떤 사항을) 머릿속에 잊지 않고 담아 두어 나중에 다시 생각해 낼 수 있는 상태가 되게 하는. (비)암기하다·기억하다. ¶그는 관공서의 전화번호를 모두 외우고 있다. 2 (쓰) 긴 문장이나 일정한 순서로 길게 이어진 단어를) 머릿속에 기억한 뒤 그대로 한 자라도 틀리지 않게 소리 내어 말하다. ¶천자문을 큰 소리로 ~. (준)외다.

외:원(外援)[외-/웨-] 명 1 외부의 도움. 2 외국의 원조. ¶~ 물자 / ~을 받다.

외유(外遊)[외-/웨-] 명 외국에 여행하는 것. ¶오랜 ~ 생활에서 오는 향수병. **외:유-하다** 통(자)여

외:유-내강(外柔內剛)[외-/웨-] 명 겉으로는 부드럽고 순하나 속은 곧고 꿋꿋함. ≒내강외유. **외:유내강-하다** 형여

외:-음부(外陰部)[외-/웨-] 명[생] 생식기 중 몸 밖으로 드러나 있는 부분. 남성의 경우는 음경·음낭, 여성의 경우는 음순(대음순·소음순)·질전정(膣前庭) 따위. ≒외성기(外性器). ↔내성기.

외:읍(外邑)[외-/웨-] 명 외딴 시골.

외:응(外應)[외-/웨-] 명 1 (안에 있는 사람이) 밖에 있는 사람과 몰래 통하는 것. ↔내응. 2 외부의 반응. **외:응-하다** 통(자)여

외:의(外衣)[외의/웨이] 명 1 =겉옷. ↔내의. 2 [식] 속씨식물의 줄기 끝에 있는 분열 조직의 바깥층.

외:이(外耳)[외-/웨-] 명[생] 귀의 바깥쪽 부분. 귓바퀴와 외이도(外耳道)로 이루어지며, 음향을 받아서 고막에 전함. ≒겉귀. ↔내이.

외:-이도(外耳道)[외-/웨-] 명[생] 귓구멍 어귀로부터 고막에 이르는 'S' 자 모양의 관(管). ≒외청도(外聽道).

외:인¹(外人)[외-/웨-] 명 1 집안이나 단체 등의 동아리 밖에 있는 사람. ¶출입 ~. 2 어느 일에 관계없는 사람. ¶~ 출입 금지. 3 '외국인'의 준말. ¶~ 학교 / ~ 주택.

외:인²(外因)[외-/웨-] 명 1 그 이외의 원인. 2 외부에서 생긴 원인. ↔내인·심인(心因).

외:인-부대(外人部隊)[외-/웨-] 명 1 외국인으로 짜여진 부대. 주로 용병(傭兵)으로 편성됨. 2 프랑스 국적을 가지지 않은 외국인으로 편성되었던, 알제리 주둔 프랑스 보병 부대.

외:입(外入)[외-/웨-] 명 =오입(誤入). **외:입-하다** 통(자)여

외-자¹(-字)[외-/웨-] 명 한 글자. ¶~로 된 이름.

외:자²(外資)[외-/웨-] 명[경] '외국 자본'의 준말. ≒내자(內資).

외자-관례(-冠禮)[외-괄-/웨-괄-] 명 정혼하지 않고 상투만 올리는 일. ≒외상관례. 외자관례-하다 통(자)여

외자-상투[외-/웨-] 명 정혼하지 않고 틀어 올린 상투. ▷외자관례.

외-자식(-子息)[외-/웨-] 명 오직 하나뿐인 자식.

외:잡(猥雜)[외-/웨-] →**외:잡-하다**[외자파-/웨자파-] 형여 음탕하고 난잡하다.

외:장(外裝)[외-/웨-] 명 1 거죽의 포장. ¶~ 겹사. 2 겉의 장비(裝備). 또는, 바깥쪽의 장식. ¶~ 공사. ↔내장.

외:장-형(外裝型)[외-/웨-] 명 어떤 장치가 물건의 외부에 따로 설치되어 있는 유형. ¶~ 모뎀 / ~ 셋톱 박스. ↔내장형.

외:재(外在)[외-/웨-] 명 외부에 존재하는 것. 또는, 그 존재. ↔내재. **외:재-하다** 통(자)여

외:재-비평(外在批評)[외-/웨-] 명[문] 예술 작품을 하나의 사회 현상으로 보고, 사회적 입장에서 비평하는 것. ↔내재비평.

외:재-율(外在律)[외-/웨-] 명[문] =외형률(外形律).

외:적¹(外的)[외적/웨쩍] 관(명) 1 외부적인 (것). ¶~ 관련 / ~ 조건. 2 육체적인 (것). 3 물질적인 (것). ↔내적(內的).

외:적²(外賊)[외-/웨-] 명 밖으로부터의 도적. ↔내적(內賊).

외:적³(外敵)[외-/웨-] 명 외부에서 쳐들어오는 적. ≒외구(外寇). ¶~의 침입 / 나라를 ~으로부터 지키다.

외:적 영력(外的營力)[외쩍-녁/웨쩍-녁] [지] 유수(流水)·빙하·지하수·파도·바람 등 지각(地殼)의 바깥에서 작용하는 영력(營力)의 총칭. ≒외력·외부 영력.

외:전(外傳)[외-/웨-] 명 본전(本傳)에 빠진 부분을 따로 적은 전기(傳記). 곧, 주요한 부문 외의 보조가 될 만한 전기·역사·주석류.

외:접(外接)[외-/웨-] 명[수] 어떤 도형이 다른 도형의 바깥쪽에서 접하는 일. ↔내접.

외:접^다각형(外接多角形)[외-따가켱/웨-따가켱] 명[수] 1 각 변이 하나의 다른 다각형의 각 꼭짓점을 통과하는 다각형. 2 각 변이 한 원에 외접하는 다각형. ↔내접 다각형.

외:접-원(外接圓)[외-/웨-] 명[수] 1 한 점에 맞닿는 다른 원을 안에 가지고 있는 원. 2 다각형의 각 꼭짓점을 지나는 원. ↔내접원.

외:정¹(外征)[외-/웨-] 명 외국으로 출정(出征)하는 것. ≒외역(外役). **외:정-하다** 통(자)여

외:정²(外情)[외-/웨-] 명 외부 또는 외국의 사정. ↔내정(內情).

외:제(外製)[외-/웨-] 명 '외국제'의 준말. ¶~ 상품 / ~라면 무조건 좋아하는 사람.

외:제-품(外製品)[외-/웨-] 명 외국제의 품. ¶값비싼 ~을 수입하다.

외:조¹(外助)[외-/웨-] 명 1 외부로부터 받는 도움. 2 아내가 사회활동을 잘할 수 있도록 남편이 도와주는 것. ↔내조.

외:조²(外祖)[외-/웨-] 명 '외조부'의 준말.

외:-조모(外祖母)[외-/웨-] 명 '외할머니'의 문어적 지칭.

외:-조부(外祖父)[외-/웨-] 명 '외할아버지'의 문어적 지칭. (준)외조.

외:족(外族)[외-/웨-] 명 1 어머니 쪽의 일가. ≒외편(外便). 2 제 족속이 아닌 외부의 족속.

외:종(外從)[외-/웨-] 圀 외삼촌의 아들이나 딸. =표종(表從). 回외사촌.

외:-종숙(外從叔)[외-/웨-] 圀 어머니의 사촌 오빠나 남동생. =외당숙.

외:-종숙모(外從叔母)[외-/웨-숭-/웨-숭-] 圀 외종숙의 아내. =외당숙모.

외:-종제(外從弟)[외-/웨-] 圀 외종 사촌인 아우.

외:-종형(外從兄)[외-/웨-] 圀 외종 사촌인 형.

외:주¹(外注)[외-/웨-] 圀 어떤 회사가 자신의 제품을 제작함에 있어서, 작업의 일부 또는 전부를 맡기는 것. ¶~를 주다 / ~를 맡다. **외:주-하다** 퉁타여

외:주²(周周)[외-/웨-] 圀 바깥쪽의 둘레.

외주물-집[외-/웨-집/웨-찝] 圀 마당이 없이 길가에 바싹 대어 지어서 길에서 안이 들여다보이는 보잘것없는 집.

외:-줄[외-/웨-] 圀 단 한 줄. =단선(單線). ¶~ 타기.

외:-줄기[외-/웨-] 圀 1 단 한 줄기. ¶~로 뻗어 내려온 산. 2 가지가 없이 뻗은 줄기.

외:-지¹[외-/웨-] '오이지'의 준말.

외:지²(外地)[외-/웨-] 圀 1 자기 고장 또는 고향이 아닌 땅. 回타지(他地). ¶~로 돈 벌러 나가다 / ~에서 온 사람. 2 나라 밖의 땅. 回본국과는 다른 법이 시행되는 영토. 식민지 따위. ↔내지(內地). 3 본국과는 다른 법이 시행되는 영토. 식민지 따위. ↔내지(內地).

외:지³(外紙)[외-/웨-] 圀 외국에서 발행되는 신문. ¶~의 보도.

외:지⁴(外誌)[외-/웨-] 圀 외국의 잡지.

외-지다[외-/웨-] 혭 외따로 떨어져 있어 으슥하고 후미지다. ¶외진 길이라 사람 왕래가 뜸하다. ×벽지다.

외:지-인(外地人)[외-/웨-] 圀 그 고장 사람이 아닌 사람. ¶~의 발길이 끊이지 않는 관광지.

외:-직(外職)[외-/웨-] 圀[역] =외관직. ↔내직.

외:진(外診)[외-/웨-] 圀[의] 신체의 외부에서 하는 진찰. 시진(視診)·타진(打診)·청진(聽診) 따위. ↔내진(內診).

외:-집단(外集團)[외-/웨-딴/웨-딴] 圀[사] 규범·가치·습관·태도 등에 있어서 자기와 공통성이 없는 타인으로 이루어진 집단. ↔내집단.

외:-짝[외-/웨-] 圀 1 짝을 갖추지 못하고 한 짝만인 것. ¶~사랑 / ~ 양말[신발]. 2 여러 개가 아닌 한 짝만인 것. ¶~ 문(門).

외짝-다리[외-/웨-따-] 圀 1 어떤 것의 다리가 여러 개 중 하나만 남아 있는 것. 2 '다리 하나가 없는 사람'을 속되게 이르는 말.

외:-쪽[외-/웨-] 圀 1 서로 맞서 있는 두 쪽 가운데 한쪽. ¶~부모. 2 단 한 조각. ¶~마늘.

외:-채¹[외-/웨-] 圀 =외챗집.

외:채²(外債)[외-/웨-] 圀[경] '외국채'의 준말. ¶~을 갚다. ↔내채.

외챗-집[외채집/외챋찝/웨채집/웨챋찝] 圀 한 채만으로 된 집. =외채.

외:처(外處)[외-/웨-] 圀 제 본고장이 아닌 다른 곳.

외:척(外戚)[외-/웨-] 圀 1 같은 본 이외의 친척. 2 외가 쪽의 친척. ↔내척.

외:촌(外村)[외-/웨-] 圀 고을 또는 도성 밖의 마을.

외:축(畏縮)[외-/웨-] 圀 두려워서 몸을 움츠리는 것. **외:축-하다** 퉁째여 **외:축-되다** 퉁째

외:출(外出)[외-/웨-] 圀 (집이나 근무 또는 복무하는 곳에서) 볼일을 보러 집 밖으로 나가는 것. ¶~ 금지. **외:출-하다** 퉁째여 ¶이 선생님은 **외출하고** 안 계십니다.

> **유의어** 외출 / 출입 / 나들이
>
> 공통적으로, 곧 돌아올 생각으로 어떤 곳에서 잠시 나가는 행위를 가리키며, '외출'은 벗어나는 장소가 자기 집뿐만 아니라 근무처·복무처를 포함하고, '출입(出入)'과 '나들이'는 자기 집에 한정됨. 또, '나들이'는 용무가 흔히 구경이라든가 즐거움을 누리기 위한 비일상적(非日常的) 경우만을 가리키나 '출입'은 그러한 제한이 없음.

외:출-복(外出服)[외-/웨-] 圀 외출할 때 입는 옷. 回나들이옷.

외:출-증(外出證)[외-쯩/웨-쯩] 圀 군인 등과 같이 집단생활을 하는 사람에게 외출을 허가하는 증명서. ¶~을 끊다.

외:-출혈(外出血)[외-/웨-] 圀[의] 피를 밖으로 흘리는 일. ¶~이 심하다. ↔내출혈.

외:측(外側)[외-/웨-] 圀 =바깥쪽. ↔내측.

외:-층(外層)[외-/웨-] 圀 바깥쪽의 층. ↔내층(內層).

외:치¹(外治)[외-/웨-] 圀 1 =외교1. 2 [의] 살갗에 난 병을 외용약이나 수술 따위로 치료하는 일. ↔내치(內治). **외:치-하다** 퉁째타여

외:치²(外痔)[외-/웨-] 圀[한] =수치질.

외치다[외-/웨-] 퉁째타 1 (사람이 어떤 말을) 다른 사람의 주의를 끌거나 남에게 어떤 행동을 하도록 하기 위해 큰 소리로 하다. 回부르짖다·소리치다. ¶"불이야!" 하고 ~ / 사람들이 길거리에 나와 모두 만세를 ~. 2 (사람이 어떤 일을) 많은 사람들을 상대로 하여 강하게 주장하다. ¶선생은 나라의 독립을 **외치다가** 끝내 옥사하셨다. ▶소리치다.

외:침¹[외-/웨-] 圀 1 큰 소리를 지르는 일. 2 의견이나 요구 등을 강력하게 주장하는 일. ¶호소력 있는 그의 ~에 귀를 기울이다.

외:침²(外侵)[외-/웨-] 圀 다른 나라로부터의 침입. ¶조선 왕조는 임진왜란·병자호란 등의 ~을 잇달아 겪으면서 커다란 타격을 받았다.

외쿠메네(⑤Ökumene)[외-] 圀[지] 지구 상에서 인류가 거주·활동하고 있는 범위. =거주 지. ◁안외쿠메네.

외:-탁(外-)[외-/웨-] 圀 생김새나 성질 따위가 외가 쪽 사람을 닮는 것. ↔친탁. **외:탁-하다** 퉁째여

외-토리 '외톨이'의 잘못.

외:톨[외-/웨-] 圀 1 밤송이나 마늘통 따위에 한 개만 들어 있는 알. 2 외톨이.

외톨-박이[외-/웨-] 圀 밤송이나 마늘통 따위가 외톨로 된 것.

외톨-밤[외-/웨-] 圀 한 송이에 한 톨만 들어 있는 밤.

외:-톨이[외-/웨-] 圀 의지할 데도 없고 매인 데도 없이 혼자인 사람. =외돌토리·외톨. ¶가족도 친구도 없는 ~ / 모두 떠나고 나니 갑자기 ~가 된 기분이다. ×외토리.

외:통¹[외-/웨-] 圀 =외곬1.

외-통²(-通) [외-/웨-] 명 장기에서, 상대편의 장군에 궁이 꼼짝할 수 없게 된 상태. ¶~장군.

외통-목(-通-) [외-/웨-] 명 1 장기에서 외통이 되는 길목. ¶~을 보다. 2 '외길목'의 잘못.

외통-수(-通手) [외-/웨-] 명 장기에서 외통이 되는 수. ¶~를 쓰다.

외ː투(外套) [외-/웨-] 명 주로 겨울에 추위를 막기 위해 겉옷 위에 덧입는, 재킷과 비슷한 모양이면서 길이가 더 길고 두꺼운 옷. 보통은 무릎 정도까지 내려오나 더 짧거나 긴 것도 있음. =오버·오버코트. (비)코트. ¶털~/~를 걸치다/~ 깃을 세우다.

외ː투-강(外套腔) [외-/웨-] 명[동] 판새류와 같은 연체동물의 내장낭(內臟囊) 좌우의 빈 곳. 외투막에 싸여 있음.

외ː투-막(外套膜) [외-/웨-] 명[동] 조개 따위의 연체동물의 몸을 싼 막. 조개류에서는 이 막의 분비물이 껍데기를 만듦.

외-틀다 [외-/웨-] 동(타) 〈-트니, -트오〉 한쪽으로 또는 왼쪽으로 틀다.

외틀어-지다 [외-/웨-] 동(자) 한쪽으로 또는 왼쪽으로 비틀어지다. ¶외틀어진 널빤지.

외ː판(外販) [외-/웨-] 명 판매 사원이 상품 또는 그 견본이나 목록을 가지고 직접 고객을 찾아가 파는 일. ¶~ 조직/~ 사원. 외판-하다 동(타여)

외ː판-원(外販員) [외-/웨-] 명 외판에 종사하는 사람. =세일즈맨.

외-팔 [외-/웨-] 명 한쪽만의 팔.

외팔-이 [외-/웨-] 명 한쪽 팔이 없는 사람.

외ː평-채(外平債) [외-/웨-] 명[경] 외국환 평형 기금을 마련하기 위해 발행하는 채권. =외국환 평형 기금 채권.

외ː포(畏怖) [외-/웨-] 명 두려워하는 것. 외ː포-하다 동(타여)

외-풍(外風) [외-/웨-] 명 겨울에 방의 문이나 창문의 틈새로 새어 들어오는 찬 바람. ¶~이 센 방/~이 없다.

외ː피(外皮) [외-/웨-] 명 1 = 겉껍질. ↔내피. 2 [동] 동물의 몸의 거죽이나 몸 안의 여러 기관을 싸고 있는 세포층.

외ː-할머니(外-) [외-/웨-] 명 어머니의 친정어머니. 호칭 및 지칭으로 쓰임. =외왕모(外王母). (비)외조모(外祖母).

외ː-할아버지(外-) [외-/웨-] 명 어머니의 친정아버지. 호칭 및 지칭으로 쓰임. =외왕부(外王父). (비)외조부.

외ː합(外合) [외-/웨-] 명[천] 내행성이 태양을 사이에 두고 지구와 일직선 위에 놓이는 상태.

외ː항¹(外港) [외-/웨-] 명[지] 1 항구가 육지 안쪽에 깊숙이 들어와 있거나 방파제로 구분되어 있을 때 그 바깥쪽의 구역을 일컫는 말. ¶~에 정박 중인 대형 선박. ↔내항. 2 어떤 도시의 외곽에 있어서, 그 도시의 문호 역할을 하는 항구. ¶인천은 서울의 ~으로 발전하였다.

외ː항²(外項) [외-/웨-] 명[수] 비례식에서, 바깥쪽에 있는 두 항. 곧, $a:b=c:d$에서 a와 d 따위. ↔내항.

외ː항-선(外航船) [외-/웨-] 명 국제 항로에 취항하고 있는 배.

외ː해(外海) [외-/웨-] 명[지] 1 육지에 둘러싸이지 않은 바다. ↔내해. 2 = 외양(外洋)¹. ≒근해(近海).

외ː핵(外核) [외-/웨-] 명[지] 지구의 핵 중에서 지하 약 2900km에서 약 5100km 사이의 부분. 철을 주성분으로 하며, 고온·고압의 액체 상태로 되어 있다고 생각됨. ▷내핵.

외ː-행성(外行星) [외-/웨-] 명[천] 태양계의 행성 중, 지구 궤도의 바깥쪽으로 도는 행성. 화성·목성·토성·천왕성·해왕성·명왕성 따위. ↔내행성.

외ː향-성(外向性) [외-/웨-쎙] 명[심] 성격 유형의 하나. 활동적이고 감정을 겉으로 잘 나타내며, 사교적이고 외부 세계에 관심을 나타내는 성격. ↔내향성.

외ː향-적(外向的) [외-/웨-] 관[명] 성격이 활동적이고 감정을 겉으로 잘 나타내며 사교적이고 외부 세계에 관심이 많은 특성을 가진 (것). ↔내향적.

외ː형(外形) [외-/웨-] 명 1 사물의 겉모양. ¶~은 그럴듯해서 괜찮은데 품질이 어떨지 모르겠네요. 2 겉으로 드러난 형세. ¶~ 거래액.

외ː형-률(外形律) [외-뉼/웨-뉼] 명[문] 정형시(定型詩)에서, 일정한 외형의 음격(音格)에 의하여 생기는 음률. =외재율. ↔내재율.

외ː-호흡(外呼吸) [외-/웨-] 명[생] 생물이 외계로부터 산소를 몸 안에 받아들이고 이산화탄소를 배출하는 가스 교환. ↔내호흡.

외ː화¹(外貨) [외-/웨-] 명 1 [경] 외국의 화폐. 특히, 국제적인 통화를 이르는 경우가 많음. ↔한화(韓貨). 2 외국에서 들어오는 화물.

외ː화²(外華) [외-/웨-] 명 화려한 겉치레.

외ː화³(外畵) [외-/웨-] 명 = 수입, 외국에서 제작된 영화. ¶~ 수입. =외화(邦畵).

외ː화^가득률(外貨稼得率) [외-등뉼/웨-등뉼] 명[경] 상품의 수출액에서 원자재 수입액을 뺀 금액을 상품 수출액으로 나눈 비율.

외ː환¹(外患) [외-/웨-] 명 외적의 침범으로 인한 근심이나 재앙. =외우(外憂). ¶내우~. ≒내환(內憂)·내환(內患).

외ː환²(外換) [외-/웨-] 명[경] '외국환¹'의 준말.

외ː환^시ː장(外換市場) [외-/웨-] 명[경] '외국환 시장'의 준말.

왼¹[왼/웬] 관 '왼쪽의'의 뜻을 나타내는 말. ¶가장 ~ 자리에 앉아라. ↔오른.

왼² 관 '온'의 잘못.

왼-고개 [왼-/웬-] →왼고개를 젓다 (구) 부정 또는 반대의 뜻을 나타내다.

왼-나사(-螺絲) [왼-/웬-] 명 시곗바늘과 반대 방향으로 돌리는 나사. ↔오른나사.

왼-달 [왼-/웬-] '온달'의 잘못.

왼ː-발 [왼-/웬-] 명 왼쪽에 있는 발. ↔오른발.

왼ː발-잡이 [왼-/웬-] 명 공차기 등을 할 때, 오른발보다 왼발을 더 잘 쓰는 사람. ¶~ 축구 선수.

왼ː-배지기 [왼-/웬-] 명[체] 씨름에서, 왼쪽 허리나 엉덩이를 상대편의 오른쪽 다리와 왼쪽 다리 사이에 끼워 아랫배를 공격하여 배를 지고 회전시켜 넘어뜨리는 기술. ↔오른배지기.

왼ː-뺨 [왼-/웬-] 명 왼쪽 뺨. ↔오른뺨.

왼ː-새끼 [왼-/웬-] 명 외로 꼰 새끼. 민속에서, 부정을 막는다 하여 금줄에 씀. ↔오른새끼.

왼새끼(를) 꼬다 1 일이 비비 틀려 장차 어찌 될지 알 수 없다. 2 비비 꼬아서 말하거나 비아냥거리다.
왼:-소리[윈-/웬-] 명 사람이 죽었다는 소문.
왼:-손[윈-/웬-] 명 왼쪽에 있는 손. =좌수. ↔오른손.
왼:손-잡이[윈-/웬-] 명 한 손으로 물건을 쥐거나 잡고 어떤 일을 할 때, 주로 왼손을 사용하는 사람. 또는, 어떤 동작을 할 때, 오른손보다 왼손을 능숙하게 사용하는 사람. ●투수 ~. ↔오른손잡이.
왼:-씨름[윈-/웬-] 체 씨름에서, 샅바를 오른쪽 다리에 끼고 어깨를 왼편에 대고 하는 씨름. ↔오른씨름.
왼:-짝[윈-/웬-] 명 '왼편짝'의 준말. ↔오른짝.
왼:-쪽[윈-/웬-] 명 북쪽을 향했을 때의 서쪽과 같은 쪽. =좌측·좌편·왼편·좌방. ↔오른쪽.
왼:-팔[윈-/웬-] 명 왼쪽에 달린 팔. =좌완. ↔오른팔.
왼:-편(-便)[윈-/웬-] 명 왼쪽. ↔오른편.
왼:-편짝(-便-)[윈-/웬-] 명 왼쪽의 편짝. =좌변. ⓔ왼짝. ↔오른편짝.
욀-재주[욀째-/웰째-] 명 외는 재주. ¶~가 나뭇으면 한번 외어 보시오.
욋-가지(椳-)[외까-/왼까-/웨까-/웬까-] 명 외(椳)를 엮는 데 쓰이는 가느다란 나뭇가지나 수숫대 따위의 총칭.
욍[욍/웽] 부 1 작은 날벌레나 물건이 아주 빠르게 날아갈 때 나는 소리. ¶모기가 ~ 하고 날다. 2 기계의 바퀴 따위가 돌아갈 때 나는 소리. 3 거센 바람이 가느다란 철사 따위에 부딪힐 때 나는 소리. ⓔ윙.
욍-욍[욍욍/웽웽] 부 계속해서 욍 하고 나는 소리. ¶모기 떼가 ~ 날다. ⓔ윙윙. **욍욍-하다** 통(자)(여)
욍욍-거리다·-대다[욍욍-/웽웽-] 통(자) 계속하여 욍 소리를 내다. ¶벌 떼가 ~ / 장난감 자동차가 ~ ⓔ윙윙거리다.
요¹ 명(언) 한글 모음 'ㅛ'의 이름.
요² 명〔⊂阐海〕방바닥에 까는 침구의 한 가지. ¶~를 깔다.
요³ 관 '이'ⅠⅠ와 뜻이 거의 같으나, 얕잡는 어감을 갖거나 상대적으로 작고 귀여운 대상을 이를 때 쓰이는 말. 또, '이'보다 시간적·공간적으로 더 가까운 느낌을 줌. ¶~ 문제야. / ~ 며칠간 비가 많이 왔다. ⓔ이. ▷고·조.
요⁴ 조 용언의 종결 어미, 또는 단어나 구에 붙어, 화자가 청자에게 격식을 두지 않고 존대하는 뜻을 나타내는 보조사. ¶우리가 이겼어~. / 빨리~, 빨리! / "너 내 책 못 봤니?" "책~?"
-요⁵ (어미) '이다', '아니다'의 어간에 붙어, 사물이나 사실을 나열할 때 쓰이는 연결 어미. ¶이것은 감이~ 저것은 사과이다. / 그가 사는 곳은 서울도 아니~ 부산도 아니~ 이름 없는 섬 마을이다.
요⁶(要) 명 (주로 '요는'의 꼴로 쓰여) 사물의 중요한 점. =요점·요지·대요. ¶~는 네가 어떻게 하느냐 하는 것이다.
요-⁷(要) 접두 '요함'의 뜻. ¶~주의 / ~시찰인.
요⁸(窯) 명 =가마².

요⁹(遼) 명(역) 중국, 거란족의 야율아보기가 세운 나라(916~1125). 몽골·만주·화북의 일부를 지배하였으나, 금나라와 송나라의 협공을 받아 망함.
요가(yoga) 고대 인도에서 널리 행해진 종교적 실천법. 심신의 통일·훈련 등에 의하여, 물질의 속박에서 자유로워지는 것을 목표로 함. 오늘날에는 심신의 건강법으로 응용되고 있음.
요강¹ 실내에서 오줌을 누어 담아 둘 수 있도록, 사기나 놋쇠 등으로 배구공만 한 크기로 둥글넓적하게 만들어 놓은 터 놓은 물건. 주로, 방에 두고 이용하는데, 최근에는 그 이용이 크게 줄었음. =야호(夜壺). '놋~ / 도~단지.
요강²(要綱) 명 1 근본이 되는 중요 사항. 2 기본적인 줄거리나 골자. ¶정책 ~ / 입시 ~.
요개(搖改) 명 흔들어 고치는 것. **요개-하다** 통(타)(여)
요-거때(인칭)(지시) '요것'을 구어적으로 이르는 말. ¶~쯤이야. / 겨우 ~냐? ⓔ이거.
요건(要件)[-껀] 명 1 긴요한 일. 2 필요한 조건. ¶성립 ~ / ~을 갖추다.
요-것[-걷] 때(인칭)(지시) '이것'과 뜻은 같으나 얕잡는 어감을 갖거나 상대적으로 작고 귀여운 대상을 가리킬 때 쓰이는 말. 또, '이것'보다 공간적으로 더 가까운 느낌을 줌. ¶ 난 ~으로 주세요. / ~이 나이는 어리지만 얼마나 야무진지 몰라요. ⓔ이것.
요것-조것[-걷쪼걷] 명 '이것저것'의 작은말.
요격(邀擊) 명 기다리거나 잠복하고 있다가 다가오는 적을 쏘아받아치는 것. 또는, 그 일. ¶~기(機). **요격-하다** 통(타)(여) ¶적을 ~. **요격-되다** 통(자)
요격^미사일(邀擊missile) 명(군) =탄도탄요격 미사일.
요결(要訣) 명 1 어떤 일을 해결하거나 이루는 가장 중요한 방법. 2 긴요한 뜻.
요골(腰骨) 명(생) =허리뼈.
요공(要功) 명 자기의 공을 스스로 드러내어 남이 칭찬해 주기를 바라는 것. **요공-하다** 통(자)(여)
요괴¹(妖怪)[-괴/-궤] 명 요망스러운 마귀. ⓗ요마(妖魔).
요괴²(妖怪)[-괴/-궤] → **요괴-하다**[-괴-/-궤-] 형(여) 요사스럽고 괴이하다.
요괴-스럽다(妖怪-)[-괴-따/-궤-따] 형(ㅂ)〈-스러우니, -스러워〉요괴한 데가 있다. **요괴스레** 부
요구(要求) 명 1 (어떤 사람에게, 또는 단체에 마땅히 받아야 한다고 생각하는 사물을) 달라고 하는 것. 2 (어떤 사람에게, 또는 단체에 마땅히 해야 한다고 생각하는 일을) 해 달라고 하는 것. ⓗ요청. ¶출두 ~. 3 (어떤 대상이 어떤 사물을) 필요로 하는 것. **요구-하다** 통(타)(여) ¶노조는 회사 측에 임금 인상을 **요구하다**. / 사회가 인재를 **요구하고** 있다. **요구-되다** 통(자) ¶이 일은 많은 노력이 **요구된다**.
요구르트(yogurt) 명 우유·양젖 등을 살균하여 반쯤 농축시키고, 이에 유산균을 번식시켜 발효·응고시킨 음료. 맛이 새콤함.
요구불^예:금(要求拂預金)[-례-] 명(경) 언제나 입출금이 가능한 반면, 이자가 없거나 매우 낮은 예금. 보통 예금·당좌 예금 따

위.
요귀(妖鬼) 명 =요마(妖魔).
요:금(料金) 명 사용·소비·관람 또는 남의 힘을 빌릴 때, 그 대가로 치르는 돈. ¶교통[전기] / ~ / ~ 인상 / ~이 오르다[내리다].
요-기(代) '여기'를 범위를 좁혀서 이르는 말. ㉣여기.
요기(妖氣) 명 요망하고 간사스러운 기운. ¶~가 서리다 / ~가 감돌다 / ~를 부리다.
요기³(療飢) 명 약간의 음식을 먹음으로써 시장기를 면하는 것. ¶밥이 적어서 ~나 되었는지 모르겠다. **요기-하다**(재여) ¶빵 한 조각으로. **요기-되다**(재)
요기-조기 명 '여기저기'의 작은말. ¶아이가 ~ 돌아다닌다.
요긴(要緊) → **요긴-하다** 형여 =긴요하다. ¶~한 일 / 빌려 주신 돈은 **요긴하게** 썼습니다. **요긴-히** 튀 ¶얼마 안 되는 돈이지만
요깃-거리(療飢-) [-기꺼-/-긷꺼-] 명 먹어서 시장기를 면할 만한 음식. ¶밥이 될 동안 이 떡으로 ~를 해라.
요-까지로 튀 겨우 요만한 정도로. ㉣이까지로.
요-까짓 [-짇] 관 고작 요 정도밖에 안 되는. ㉣요깟.
요-깟 [-깓] 관 '요까짓'의 준말. ㉣이깟.
요나(嫋娜·嬝娜) → **요나-하다** 형여 부드럽고 길어서 날씬하고 간드러지다.
요-나마 튀 요것이나마. ¶~ 있으니 다행이다. ㉣이나마.
요나-서(←Jonah書) 명[성] 구약 성서 중의 한 권.
요-냥 튀 요 모양대로. ㉣요대로. ¶~ 세월만 보낸다. ㉣이냥.
요녀(妖女) 명 행실이 요사한 여자. = 요희(妖姬).
요-년 (代)(인칭) '요 여자'를 얕잡거나 비하하여 이르는 말. 또는, '요 여자 아이'를 귀엽게 이르는 말. ¶바로 ~이오. ㉣이년. ㉴요늠.
요-놈 ① (代)(인칭) '요 남자'를 얕잡거나 비하하여 이르는 말. 또는, '요 아이'를 귀엽게 이르는 말. ¶~이 바로 도둑놈이오. / ~이 이래 봬도 수재요. ㉣이놈. ② (지시) '요 동물'이나 '요 물건'을 귀엽게 또는 예사롭게 이르는 말. ¶~으로 주시오. ㉣이놈.
요-다음 명 바로 뒤에 이어 오는 때나 자리. ¶~ 에 만나자. ㉣요담. ㉴이다음.
요-다지 튀 1 요러한 정도로. 2 요렇게까지. ¶~ 야박할 수가 있나. ㉣이다지.
요-담¹ 명 '요다음'의 준말. ¶~ 에 보자. ㉣이담.
요담²(要談) 명 긴요한 이야기. ¶둘이서 ~을 나누다. **요담-하다**(재여)
요-대로 튀 1 요 모양으로. ¶~ 죽자니 억울하다. 2 요것과 같이. ¶~ 하면 된다. ㉣이대로.
요도¹(尿道) 명[생] 오줌을 방광으로부터 몸 밖으로 배출하기 위한 관.
요도²(腰刀) 명 1 허리에 차는 칼. = 허리칼. 2 [역] 군사(軍士)가 칼집이 없이 허리에 차는 칼. 날이 석 자 두 치, 자루는 세 치로 조금 휘우듬하며 강철로 만들었음.
요동(搖動) 명 1 (묶이거나 붙잡히거나 갇혀거나 한 사람이나 동물이) 벗어나거나 달아나거나 저항하려고 몸을 마구 틀거나 움직이는 것. ¶다리가 묶인 돼지가 ~을 치다. 2 (탈것이나 기타의 물체가) 상하 또는 좌우로 흔들리는 것. ¶파도에 배가 ~을 하다. **요동-하다**(재)(타)여 **요동-되다**(재)
요동-질(搖動-) 명 몹시 흔들리는 일. 또는, 몹시 흔드는 일. **요동질-하다**(재)(타)여
요동-치다(搖動-)(재) 1 심하게 흔들리거나 움직이다. 2 바람이나 불길, 눈보라 등의 자연 현상이 몹시 세차게 일어나다. ¶세찬 파도가 요동치는 바다.
요-뒤 명 =요의.
요들(yodel) 명[음] 스위스·오스트리아 등의 산악 지방에서 불리기 시작한, 보통의 소리와 가성(假聲)을 재빨리 교대로 혼합하는 창법의 노래. 또는, 그 창법.
요들-송(†yodel song) 명[음] 요들 창법으로 부르는 노래.
요-따위 (代)(관) '요런 것들', '요런 부류'의 뜻으로 얕잡아 이르는 말. ¶~야 문제없다 / 뭐 ~가 다 있어. ㉣이따위.
요-때기 명 '요²'를 홀하게 이르는 말. ¶낡은 ~를 말고 자라.
요란(搖亂·擾亂) 명 1 시끄럽고 떠들썩한 것. ¶밤새 ~을 떨다. 2 정도가 지나쳐 야단스러운 것. **요란-하다** 형여 ¶요란한 잔치 / 요란한 옷차림. **요란-히** 튀 ¶개구리 울음소리가 들려왔다.
요란 뻑적지근-하다(搖亂-) [-쩍찌-] 형여 '요란하다'를 강조하여 속되게 이르는 말.
요란-스럽다(搖亂-) [-따] 형비 <-스러우니, -스러워> 요란한 데가 있다. ¶요란스러운 사이렌 소리 / 요란스럽게 차려입다. **요란스레** 튀
요람¹(要覽) 명 중요한 내용만을 뽑아 간추려 놓은 책. ¶학교 ~.
요람²(搖籃) 명 1 젖먹이 어린애를 눕히거나 앉히고 흔들어 잠을 재우거나 즐겁게 해 주는 기구. ¶~ 속에서 잠든 아기. 2 사물이 처음으로 발생한 곳을 비유하여 이르는 말. ¶고대 문명의 ~ / 많은 인물을 배출한 배움
요람에서 무덤까지 관 1 제2차 세계 대전 후 영국 노동당이 비버리지 보고서에서 평생을 보장하는 사회 보장 제도의 실시를 주장하면서 내세운 슬로건. 2 태어나서 죽을 때까지. ¶배움은 ~ 멈출 수도 쉴 수도 없습니다.
요람-기(搖籃期) 명 1 요람에 들어 있던 어린 시절. ¶~의 성격 형성. 2 사물의 발달의 초창기. ¶민주주의의 ~.
요람-지(搖籃地) 명 1 요람에서 자라던 곳. ㉥고향. 2 사물이 발달하기 시작한 곳. ¶문명의 ~.
요래 '요리하여'가 준 말. ¶네 일이 궁금하여 내 ~ 왔어. ㉣이래.
요래도 '요리하여도'가 준 말. ¶~ 항복 안 해? ㉣이래도.
요래라-조래라 '요렇게 하여라 조렇게 하여라'가 준 말. ¶제삿날 옆에서 ~ 참견하지 마라. ㉣이래라저래라.
요래서 '요리하여서'가 준 말. ㉣이래서.
요랬다-조랬다[-랟따-랟따] '요리하였다 조리하였다'가 준 말. ¶말을 ~ 한다. ㉣이랬다저랬다.
요량(料量) 명 일의 형편이나 사정 등을 헤아려 어떻게 하리라고 생각하는 것. 또는, 그 생각. ¶일행을 뒤따라갈 ~으로 발걸음을

서둘러 옮기다. **요량-하다** 통(타)여
요러나-조러나 1 '요러하나 조러하나'가 준 말. 2 '요리하나 조리하나'가 준 말. ¶~ 마찬가지다. 큰이러나저러나.
요러니-조러니 '요러하다느니 조러하다느니'가 준 말. ¶~ 말도 많다. 큰이러니저러니.
요러다 통(자) 요렇게 하다. 곧, 요렇게 행동하거나 말하거나 생각하다. 주로 구어체에서 쓰임. ¶뭘 그리 꾸물거리니? 요러다 늦겠다. 큰이러다.
요러루-하다 형여 별다른 데 없이 대개 요런 정도에 있다. 큰이러루하다.
요러요러-하다 형여 요러하고 요러하다. ¶**요러요러한** 일이 있다고 귀띔해 주다. 큰이러이러하다.
요러조러-하다 형여 요러하고 조러하다. ¶**요러조러한** 사정이 있다. 큰이러저러하다.
요러쿵-조러쿵 튀 요러하다는 둥 조러하다는 둥. ¶~ 불평도 많다 / ~ 입방아들을 찧다. 큰이러쿵저러쿵. **요러쿵조러쿵-하다** 통(자)여
요러-하다 형여 '요렇다'의 본딧말. 큰이러하다.
요럭-조럭[-쪼-] 튀 1 하는 일 없이 어름어름하는 가운데. ¶~ 세월만 보낸다. 2 이러가는 대로. ¶~ 끝낸다. 3 알지 못하는 사이에 어느덧. =요렁조렁. ¶~ 십 년이 지났지 뭐니. 큰이럭저럭. **요럭조럭-하다** 통(자)여
요런 '이런'의 준말.
요렁-조렁 튀 =요럭조럭. ¶~ 오리 고을까지 끌고 가서는 이왕 왔으니 오류장 구경이나 하고 가자고 안 했소?〈이광수: 흙〉큰이렁저렁. **요렁조렁-하다** 통(자)여
요렇다[-러타] 형ㅎ〈요러냐, 요러오, 요래〉(사물의 상태나 속성이) 요와 같다. ¶진상은 ~. 큰요러하다. 큰이렇다.
요렇-듯[-러튿] 튀 '요렇듯이'의 준말. ¶~ 기구한 팔자가 있다. 큰이렇듯.
요렇-듯이[-러튿-] 튀 요러한 정도로까지. ¶~ 험할 수가 있다. 준요렇듯. 큰이렇듯이.
요령¹(要領) 명 1 사물의 긴요하고 으뜸 되는 줄거리 또는 골자. ¶~이 없는 말. 2 일을 하는 데 꼭 필요한 묘한 이치. ¶~을 알다 / ~이 생기다. 3 쉽게 또는 어물거려 넘기는 잔꾀. ¶~을 부리다[피우다] / ~껏 하다. 큰이령.
요령²(鐃鈴·搖鈴) 명 1 =솔발. 2 [불] 불가에서 법요(法要)를 행할 때 흔드는, 솔발과 비슷하나 좀 작은 기구. =영탁(鈴鐸).
요령-부득(要領不得) 명 말이나 글에서 전하고자 하는 핵심적 내용을 알 수가 없음. ¶그는 바쁜 사람을 앉혀 놓고 ~의 장광설을 늘어놓는다. **요령부득-하다** 형여
요로¹(尿路) 명[생] 오줌을 몸 밖으로 배출하기 위한 도관(導管). 신장·수뇨관·방광·요도로 이루어짐.
요로²(要路) 명 1 주요한 길. ¶교통의 ~ / 수사관을 ~에 배치하다. 2 사회적으로 막강한 영향력을 가진 자리나 기관. ¶~에 있는 사람 / 청와대 등의 관계 ~에 탄원하다.
요론(要論) 명 1 주요한 부분에 대한 의론. ¶국문학 ~. 2 긴요한 논설이나 의논.
요르단(Jordan) 명[지] 아라비아 반도 북서부에 있는 이슬람교 왕국. 수도는 암만.
요리¹ 튀 요렇게. ¶~ 해라. 큰이리. **요리하-**

다¹ 통(자)여 **요리-되다¹** 통(자)
요리² 튀 요 곳으로. 또는, 요쪽으로. ¶~ 오너라. / ~ 앉으세요. 큰이리.
요리³(要理) 명 1 긴요한 이치 또는 도리. 2 [종] 중요한 교리.
요리⁴(料理) 명 1 음식을 일정한 방법으로 맛있게 만드는 것. 또는, 그 음식. 세는 단위는 접시·상. 凹조리(調理). ¶생선 ~ / 서양〔중국〕~ / ~ 솜씨 / 일품~ / ~를 잘하다. 2 (어떤 대상을) 능숙하게 다루어 처리하는 것. **요리-하다²** 통여 ¶생선을 불에 구워 ~ / 1번 타자를 직구로 ~. **요리-되다²** 통(자)
요리-로 튀 '요리'의 힘줌말. 준욜로.
요리-법(料理法)[-뻡] 명 요리를 만드는 방법.
요리-사(料理師) 명 요리를 전문으로 하는 사람.
요리-요리¹ 튀 상태·모양·성질 따위가 요리하고 요러한 모양. ¶그가 묻는데 ~ 대답하여라. 큰이리이리. **요리요리-하다** 통(자)여 **요리요리-되다** 통(자)
요리-요리² 튀 요쪽으로 요쪽으로. ¶~ 와라. 큰이리이리.
요리-점(料理店) 명 =요릿집. ¶지금 영채는 어떤 ~에 앉아서 어떤 부랑한 남자와 손을 마주 잡고 안기어 앉으며, …〈이광수: 무정〉
요리-조리 튀 요쪽으로 조쪽으로. ¶~ 피하다 / ~ 빼기만 한다. 큰이리저리.
요리쿵-조리쿵 튀 요렇게 하자는 둥 조렇게 하자는 둥. ¶이리쿵저리쿵. **요리쿵조리쿵-하다** 통(자)여
요릿-집(料理-)[-리찝~-릳찝] 명 지난날, '요정(料亭)'을 달리 이르던 말. =요리점.
요마(妖魔) 명 요망하고 간사한 마귀. 凹요괴. ¶불은 마치 피 묻은 살을 맛있게 잘라 먹는 ~의 혓바닥처럼 날름날름 집 한 채를 삽시간에 먹어 버렸다.〈나도향: 벙어리 삼룡이〉
요마마-하다 형여 요 정도만 하다. 큰이마마하다.
요-마적 이제로부터 지나간 얼마 동안의 아주 가까운 때. 큰이마적.
요막(尿膜) 명[생] 파충류·조류·포유류 등의 배(胚)의 장(腸) 끝에서부터 보자기 모양으로 나와 있는 막.
요-만 Ⅰ관 요만한. ¶~ 일로 그렇게 싸우느냐? 큰이만.
Ⅱ튀 요 정도까지만. ¶오늘 일은 ~ 하자. 큰이만.
요만-조만 (주로, '아니다'와 함께 쓰여) Ⅰ튀 요만하고 조만한 정도로. 곧, 웬만한 정도로. ¶그는 성격이 ~ 까다로운 게 아니다. 큰이만저만.
Ⅱ 요만하고 조만한 정도. 곧, 웬만한 정도. ¶심술이 ~이 아니다. 큰이만저만. **요만조만-하다** 형여
요-만치 튀명 =요만큼.
요-만큼 Ⅰ튀 요만한 정도로. =요만치. ¶~ 가까이 오너라. 큰이만큼.
Ⅱ명 요만한 정도. =요만치. ¶거짓이라고는 ~도 없다. 큰이만큼.
요만-하다 형여 요것만 하다. ¶손해가 **요만하기** 다행이다. 큰이만하다.
요맘-때 명 1 요 시간이나 요 시기에 이른 때. ¶해마다 ~면 진달래가 핀다. 2 요만한 정도에 이른 때. 큰이맘때.
요망¹(妖妄) 명 1 요사스럽고 망령된 것. 2 언

요망 행이 경솔하고 방정맞은 것. ¶~을 떨다 / ~을 부리다. **요망-하다**¹ [형여] ¶그런 요망한 짓이 어디 있느냐.

요망²(要望) [명] (어떠한 일이나 대상을) 절실하게 여겨 원하거나 바라는 것. ¶~ 사항. **요망-하다**² [동][타][여] ¶참석해 주시기를 요망합니다. / 시대가 새 인물을 요망하여.

요망-스럽다(妖妄-) [-따] [형][비] <~스러우니, ~스러워> 요망한 데가 있다. ¶요망스러운 웃음소리. **요망스레** [부]

요면(凹面) [명] 가운데가 오목하게 들어간 면. ↔철면(凸面).

요명(要名) [명] 명예를 구하는 것. =요예. **요명-하다** [동][여]

요모-조모 [명][부] 요런 면 조런 면. 요쪽 조쪽의 여러 방면. ¶~로 따지다 [재다] / ~ 살펴보다 [뜯어보다]. 준이모저모.

요목(要目) [명] 1 중요한 조목. 2 [교] =교수요목(教授要目).

요물(妖物) [명] 사람을 호려서 정신을 못 차리게 하는 사람이나 동물이나 물건. ¶옛날 사람들은 여우를 ~이라 생각했다.

요물-단지(妖物-) [-딴-] [명] 요사스러운 사람을 속되게 이르는 말.

요미(料米) [역] 관원에게 급료로 주는 쌀.

요-번(-番) [명] 이제 돌아와 바로 요 차례. ¶~에야말로 설욕할 기회다. 준이번.

요법(療法) [-뻡] [명] 병을 고치는 방법. ¶물리[약물] ~.

요변(妖變) [명] 1 요사스럽고 변덕스럽게 행동하는 것. ¶~을 떨다 / ~을 부리다 / ~을 피우다. 2 요사스러운 변고. **요변-하다** [동][자][여]

요변-스럽다(妖變-) [-따] [형][비] <~스러우니, ~스러워> 요변을 부리는 태도가 있다. **요변스레** [부]

요부¹(妖婦) [명] 요염하면서도 사악한 여자. 비요너. ¶천하의 ~ 장 희빈.

요부²(要部) [명] 가장 중요한 부분. =요처(要處).

요부³(腰部) [명] 허리 부분.

요부⁴(饒富) →**요부-하다** [형][여] 살림이 아주 넉넉하다. =요실하다·요족하다.

요분-질(-) [명] (여자가) 성교할 때, 남자의 움직임에 맞추어 허리를 요리조리 놀리는 짓. **요분질-하다** [동][자][여]

요붕-증(尿崩症) [-쯩] [명][의] 오줌이 지나치게 많이 나오는 병. 뇌하수체 후엽의 기능 부전 또는 물질대사의 장애로 일어남.

요!사¹(夭死) [명] =요절(夭折)¹. **요!사-하다**¹

요사²(妖邪) [명] (사람, 특히 여자가) 호려서 정신을 흐리게 하는 것. ¶~를 떨다 / ~를 부리다 / ~를 피우다.

요사-꾼(妖邪-) [명] 요사를 잘 떠는 사람을 홀하게 이르는 말.

요사-스럽다(妖邪-) [-따] [형][비] <~스러우니, ~스러워> 요사한 데가 있다. ¶요사스럽고 악독한 계집. **요사스레** [부]

요-사이 [부] 이제까지의 가까운 얼마 동안. =근간. ¶~ 어떻게 지냈소? / ~는 겨울이라도 날씨가 따뜻하다. 준요새.

요사-하다²(妖邪-) [형][여] (사람, 특히 여자가) 호려서 정신을 흐리게 하는 성질이 있다. ¶천하에 **요사한** 것.

요산(尿酸) [화] 핵산 구성 성분의 하나인 푸른 화합물. 대사 산물로. 육식 동물의 피와 오줌 속에 존재하고, 사람은 오줌으로 배설됨.

요산-요수(樂山樂水) [-뇨-] [명] 산수(山水)의 자연을 즐김. ¶내가 ~에 맛을 들이게 된 것은 진정 너 금강산을 알게 되면서부터였다.《정비석:금강산 추억》 **요산요수-하다** [동][자][여]

요상-하다 [형][여] '이상하다'의 잘못.

요-새 [명][부] '요사이'의 준말. ¶~ 입는 옷 / ~는 통 장사가 안된다. 본이새.

요새²(要塞) [명] 국방상 중요한 곳에 구축하여 놓은 견고한 성채나 방어 시설. ¶난공불락의 ~ / ~를 구축하다 / ~가 함락되다.

요새-지(要塞地) [명][군] 요새를 이루고 있는 지역. ¶변방 ~ / 국경 ~.

요샛-말 [-샌-] [명] 요사이 두루 많이 쓰이는 말. 비시쳇말.

요석(尿石) [명][의] 오줌에 들어 있는 염류가 수뇨관 내부에 가라앉아 된 결석(結石).

요설(饒舌) [명] 말을 쓸데없이 많이 지껄이는 것. **요설-하다** [동][자][여]

요소¹(尿素) [명] 포유류의 오줌 속에 들어 있는 질소 화합물. 무색의 기둥 모양의 결정으로, 비료·요소 수지의 원료가 됨.

요소²(要所) [명] 중요한 장소나 지점. 비요부(要部). ¶~에 병력을 배치하다.

요소³(要素) [명] 1 사물의 성립·효력의 발생을 위하여 꼭 있어야 할 성분이나 조건. ¶구성 ~ / 생산의 3 ~. 2 그 이상 더 간단하게 나눌 수 없는 것. 비근본 ~.

요소^수지(尿素樹脂) [명][화] 요소와 포름알데히드를 축합(縮合)시켜서 얻는 열경화성(熱硬化性)의 합성수지. 접착제·도료·식기류·전기 절연재 등에 쓰임. =투명 수지.

요소-요소(要所要所) [명] 여러 중요한 장소나 지점. ¶탈주범을 잡기 위해 군경을 ~에 배치하다.

요순-시대(堯舜時代) [명] 중국 고대의 요임금과 순임금이 다스리던 시대. 곧, 덕으로 다스리던 태평한 시대. =요순시절.

요순-시절(堯舜時節) [명] =요순시대.

요술(妖術) [명] 동화나 옛날이야기 등에서, 현실 세계에서는 불가능한 신비한 현상을 일으키는 기술. ¶~ 할멈 / ~을 부리다 / ~에 걸리다. ▶마술. **요술-하다** [동][자][여]

요술-장이(妖術-) [명] '요술쟁이'의 잘못.

요술-쟁이(妖術-) [명] 요술하는 재주가 있는 사람. ×요술장이.

요승(妖僧) [명][불] 정도(正道)를 어지럽히는 요사스러운 승려.

요시찰-인(要視察人) [명][법] 사상이나 보안 문제와 관련하여 당국의 감시를 받는 사람. ¶~ 명부(名簿) / 안중근은 일본 경찰의 ~이었다.

요식¹(要式) [명] 일정한 방식이나 규정에 따를 것을 필요로 함. ¶~ 증권.

요식²(料食) [명] 1 [역] 벼슬아치에게 주는 잡급(雜給). 2 몇몫으로 나눈 밥에서, 그 한 몫이 되는 분량의 밥. =소식(所食).

요식-업(料食業) [명] 일정한 시설을 만들어 놓고, 찾아오는 손님에게 요리·음식을 파는 영업.

요식^행위(要式行爲) [-시캥-] [명][법] 서면, 기타 일정한 형식을 갖추어야 법률상 효력이 생기는 행위. 혼인 신고나 어음의 발행 따위. ↔불요식 행위.

요-실금(尿失禁) [명][의] 오줌이 자기 의지대

요약(妖惡) →요악-하다. [-아카-] 형여 요사스럽고 간악하다.
요약(要約) 명 (말이나 글 등을) 중요한 내용만을 추려 짧게 줄이는 것. =요략(要略). 요약-하다 통(타)여 ¶다음 글을 200자 이내로 요약하시오. 요약-되다 통재
요양(療養) 명 휴양하면서 치료하는 것. 또는, 그러한 치료. ¶전지 ~ / ~ 생활 / ~이 필요한 환자. 요양-하다 통(재타)여
요양-소(療養所) 명 =요양원.
요양-원(療養院) 명 요양에 대한 시설이 구비되어 있는 곳. =요양소.
요양-지(療養地) 명 온천·약수·기후 등의 자연치료 자원이 풍부하여 요양하기에 알맞은 곳.
요언(妖言) 명 요사스러운 말.
요업(窯業) 명[공] 도자기·벽돌·기와 등 흙을 구워 물건을 만드는 업의 총칭. 넓게는 유리·시멘트·단열재 등의 제조업까지 포함함. =도업.
요엘-서(Joel書) 명[성] 구약 성서 중의 한 권.
요역(徭役) 명[역] 정남(丁男)에게 부과되는 역(役)의 하나. 1년 중 일정 기간 동안 각종 공사에 동원되었음. ▷군역(軍役)
요연(瞭然·了然) →요연-하다 형여 똑똑하고 분명하다. =효연(曉然)하다. ¶일목 ~.
요염(妖艶) →요염-하다 형여 (주로 여자가) 사람을 호릴 만큼 아리땁다. ¶뭇 남성의 시선을 끄는 요염한 자태 / 요염하게 눈웃음을 치다.
요오드(⑤Jod) 명[화] 할로겐족 원소의 하나. 원소 기호 I, 원자 번호 53, 원자량 126.9044. 금속광택이 있는 암자색의 결정이며, 녹말과 반응하여 청자색을 나타냄. 해조(海藻) 등에 함유되어 있으며, 분석 시약·약품 등에 쓰임. =옥소(沃素)·옥도(沃度).
요오드-값(⑤Jod-) [-갑] 명[화] 유지(油脂) 100g이 흡수할 수 있는 요오드의 그램수. =요오드가.
요오드-팅크(←⑤Jodtinktur) 명[의] 요오드·요오드화칼륨을 알코올에 녹인 용액. 주로 소독제로 씀. =옥도정기.
요오드-포름(⑤Jodform) 명[화] 에탄올·아세톤 등에 수산화나트륨과 요오드를 넣어 가열하면 얻어지는 황색의 결정. 방부제·살균제로 씀.
요오드-화(⑤Jod化) 명[화] 어떤 물질이 요오드와 화합하는 일. =옥화(沃化). 요오드화-하다 통(재타)여 요오드화-되다 통재여
요오드화-은(⑤Jod化銀) 명[화] 요오드와 은의 화합물. 황색의 결정으로, 감광성(感光性)이 있어 사진 유제(乳劑)로 쓰임. =옥화은(沃化銀).
요외(料外) [-외/-웨] 명 생각 밖.
요요(夭夭) →요요-하다¹ 형여 1 젊고 아름답다. 2 얼굴빛이 환하고 부드럽다. 3 가냘프고 예쁘다. 요요-히¹ 부
요요(姚姚) →요요-하다² 형여 아주 어여쁘다. 요요-히² 부
요요(寥寥) →요요-하다³ 형여 몹시 쓸쓸하다. 요요-히³ 부
요요⁴(yoyo) 명 장난감의 하나. 둥근 빵 모양의 나뭇조각 두 개를 짧은 나무 막대로 꿰어 고정시키고, 그 중심의 축에 실의 한쪽 끝을 매고 다른 한쪽 끝을 손에 쥐고는 나뭇조각을 올렸다 내렸다 하면서 회전시킴.

요요-현상(yoyo現象) 명 줄어든 체중이 얼마 뒤에 다시 본래의 체중으로 되돌아가는 현상.
요운(腰韻) 명[문] 비슷한 음을 시구나 시행의 중간에 반복하여 이루어 내는 운율. ▷각운·두운.
요원¹(要員) 명 1 필요한 인원. ¶사무 ~ / 행정 ~ / 수사 ~. 2 중요한 지위에 있는 사람. ¶간부 ~.
요원(燎原) 명 불타고 있는 벌판.
요원의 불길 판 무서운 기세로 번지는 벌판의 불길. 곧, 걷잡을 수 없이 퍼지는 세력이나 기세. ¶~처럼 번지는 민주화 운동.
요원³(遙遠·遼遠) →요원-하다 형여 1 공간적으로 까마득히 멀다. 2 시간적으로 먼 훗날에나 가능한 상태에 있다. 곧, 현재나 당장에는 불가능한 상태에 있다. ¶요원한 미래의 일 / 시민 의식의 성숙 없이는 선진 입국은 ~.
요-율(料率) 명 요금의 비율이나 정도.
요의¹(-衣) [-의/-이] 명 방바닥에 닿는 쪽의 것 껍데기. =요피. ×옷의.
요의²(尿意) [-의/-이] 명 오줌을 누고 싶은 생각. ¶새벽녘 ~를 느끼고 잠을 깨다.
요인¹(妖人) 명 요사스러운 사람.
요인²(要人) 명 사회적으로 매우 중요한 자리에 있는 사람. ¶삼부(三府) ~ / ~ 암살.
요인³(要因) 명 주요한 원인. ¶분쟁 ~ / 실패의 ~을 분석하다.
요일(曜日) 명 월·화·수·목·금·토·일에 붙이어 1주일의 각 날을 나타내는 말. ¶토~ / 오늘이 무슨 ~이냐?
요-전(前) 명 요 얼마 전. ¶~에 내가 말했잖아. / 바로 ~까지도 있었는데.
요-전번(-前番) [-뻔] 명 얼마 되지 않은 전번. ¶~에는 실례가 많았습니다. =이전번.
요절¹(夭折) 명 나이 젊어서 죽는 것. =요사(夭死)·요서(夭逝)·요함(夭陷)·조사(早死)·조서(早逝)·조세(早世)·조절(早折). 요절-하다 통(재)여 ¶그는 한창 일할 나이에 아깝게도 요절하였다.
요절²(腰折·腰絶) 명 너무 우스워 허리가 끊어질 듯한 것. 요절-하다² 통(재)여
요절-나다(撓折-) [-라-] 통(재) 1 못 쓰게 될 만큼 깨어지거나 해어지다. ¶새로 사다 준 장난감이 하루도 안 되어 요절났다. 2 일이 깨어져서 실패하다. ¶그 사건 때문에 계획이 요절나고 말았다.
요절내다(撓折-) [-래-] 통(타) '요절나다'의 사동.
요절-복통(腰折腹痛) 명 몹시 우스워서 허리가 끊어지고 배가 아플 지경이 되는 것. 요절복통-하다 통(재)여 ¶들으면 요절복통할 이야기.
요점(要點) [-쩜] 명 가장 중요한 점. =절점(切點). ¶~ 정리 / 강연의 ~을 파악하다 / 만 간단히 이야기해.
요정¹(了定) 명 결판을 내어 끝마치는 것. ¶그 일이야 이미 ~이 났다. / 무슨 일이 있어도 오늘은 ~ 지어야지. / "작은 칼로 ~ 낼 것을 도끼를 가져도 나중엔 힘이 든다." 《박종화: 다정불심》 요정-하다 통(타)여
요정²(妖精) 명 1 요사스러운 정기(精氣)가 엉겨 이루어진 형체. 2 서양 전설이나 동화에 많이 나오는, 사람의 모습을 하고 불가

사의한 마력을 지닌 초자연적인 존재. ¶숲의 ~.
요정³(料亭) 명 일제 강점기 이후에 존속해 온, 아주 호화롭고 값비싼 유흥 음식점. 조선 시대의 기생집이 변형된 것으로, 미모의 젊은 여자들이 시중을 들며, 집은 대체로 한옥의 형태를 띰. 비요릿집. ¶고급 ~.
요:조(窈窕) →요:조-하다 형여 부녀의 행동이 얌전하고 정숙하다.
요:조-숙녀(窈窕淑女) [-숙-] 명 정숙하고 기품 있는 여자.
요족(饒足) →요족-하다 [-조카-] 형여 = 요부(饒富)하다.
요-주의(要注意) [-의/-이] 명 주의를 요함. ¶~인물.
요주의-자(要注意者) [-의-/-이-] 명 1 신체검사 등에서 건강상 주의할 필요가 있다고 판정이 내려진 사람. 2 감시할 필요가 있는 사람.
요-즈막 부 이제까지에 이르는 가까운 과거. ¶~엔 낄 보기가 힘들다./~ 어디 가 있었소? 준이즈막.
요-즈음 명 요 때의 즈음. 비작금·저간(這間). ¶~ 어찌 지내고 있니?/~엔 그를 만난 적이 없다. 준요즘. 준이즈음.
요즘 명부 '요즈음'의 준말. ¶~은 좀 어떠십니까?/~ 불경기라 장사가 안된다. 준이즘.
요:지¹(了知) 명 깨달아 아는 것. 요:지-하다 타여
요:지²(要地) 명 어떠한 일에 있어서 핵심이 되는 중요한 지역. ¶교통의 ~/군사상의 ~.
요:지³(要旨) 명 글 등의 핵심이 되는 중요한 뜻. ¶~를 파악하다/~를 밝히다.
요:지⁴(窯址) 명 '가마터'로 순화.
요:지⁵(楊枝/ようじ) 명 '이쑤시개'로 순화.
요:지-경(瑤池鏡) 명 1 확대경이 달린 조그만 구멍을 통하여 속의 여러 가지 그림을 돌리면서 들여다보는 장난감. 2 알쏭달쏭하고 묘한 세상일을 비유하여 이르는 말. ¶세상은 ~ 속이다.
요지부동(搖之不動) 명 흔들어도 꼼짝하지 않음. ¶누가 뭐라 해도 그의 결심은 ~이다. 요지부동-하다 동여
요직(要職) 명 1 중요한 직위. ¶~을 맡다/정부의 ~을 두루 거치다. 2 중요한 직업.
요질(腰絰) 명 상제의 허리에 띠는 띠. 삼을 꼬아 굵은 동아줄같이 만듦. ▷수질(首絰)
요-쪽 대(지시) 요리 향한 쪽을 가리켜 이르는 말. 준이쪽.
요-쯤 명부 요만한 정도. ¶~이야 문제없다./~하고 끝내자. 준이쯤.
요처(要處) 명 =요부(要部)².
요절(凹凸) 명 오목함과 볼록함. =철요. 요철-하다 형여
요청(要請) 명 1 (어떤 일을) 필요하여 청하는 것. 또는, 그런 청. ¶강연 ~을 받다/언제든지 ~만 하십시오. 2 [철] =공준(公準). 요청-하다 동타여 ¶구원을 ~. 요청-되다 동자
요체(要諦) 명 1 중요한 점. ¶학문의 ~. 2 중요한 깨달음.
요추(腰椎) 명[생] 척주에서, 흉추와 천추 사이에 있는 추골. 사람의 경우에는 5개로 구성됨. =허리등뼈.
요충¹(要衝) 명 '요충지'의 준말. ¶전략적 ~.

요충²(蟯蟲) 명[동] 선형동물 선충류 요충과의 기생충. 암컷 10~13mm, 수컷 3~5mm. 명주실처럼 희고 가늘며, 장내(腸內)에 기생함. 어린아이에게 많으며, 특히 밤에 항문에 심한 가려움증을 일으킴.
요충-지(要衝地) 명 지세(地勢)가 군사적으로 아주 중요한 곳. =요해지. ¶이곳은 옛날 국방의 ~이었다.
요-컨대(要-) 부 중요한 점을 말한다면. 결국은. ¶사랑이란 ~ 아낌없이 주는 것이다.
요크셔-종(Yorkshire種) 명[동] 돼지의 한 품종. 영국 요크서 원산으로, 털빛은 희고 육질(肉質)이 좋음. 우리나라에서 많이 사육하는 종류이며, 생육용·가공용으로 널리 쓰임.
요통(腰痛) 명 허리에 느끼는 통증.
요트(yacht) 명 돛으로 움직이는 소형의 쾌속정. 스포츠나 개인적 유람에 쓰임. 발동기 등의 추진 기관을 갖춘 것도 있음.
요트^경기(yacht競技) 명[체] 올림픽 종목의 하나로, 요트를 타고 해상에 설치된 코스를 범주(帆走)하여 승패를 겨루는 경기.
요판(凹版) 명 =오목판. ↔철판(凸版)
요-포대기 명 요로도 쓸 수 있게 만든 포대기.
요-하다(要-) 동타여 필요로 하다. ¶시간을 요하는 문제/세심한 주의를 ~/휴식을 ~.
요한^계:시록(←Johannes啓示錄) [-계-/-게-] 명[성] 신약 성서 중의 한 권. =묵시록·요한 묵시록. 준계시록.
요한-복음(←Johannes福音) 명[성] 신약 성서의 한 권.
요한-서(←Johannes書) 명[성] 신약 성서 중의 한 권. 요한 1서·2서·3서로 되어 있음.
요해-지(要害地) 명 =요충지.
요해-처(要害處) 명 1 전쟁에서, 자기편에는 꼭 필요하면서도 적에게는 해로운 지점. 2 생명에 영향을 끼치는, 몸의 중요 부분. 준요해.
요행(僥倖·徼幸) 명 뜻밖의 행운. ¶~을 바라다/그의 합격은 순전히 ~이었다.
요행-수(僥倖數) [-쑤] 명 뜻밖에 얻는 좋은 운수. ¶~를 바라고 일을 해선 안 된다.
요행-하다(僥倖·徼幸-) 형여 우연히 잘 되어 다행하다. 요행-히 부 ¶그 많은 사람 중에 내가 뽑히게 되었다.
요화(妖花) 명 '요사스러운 아름다움을 간직한 꽃'이라는 뜻〕 요염한 여자의 비유.
욕¹(辱) 명 1 (어떤 사람에게) 아주 미워하는 마음을 품고 상스러운 말을 하는 것. 비욕설. ¶처음 만끼 저 사람에게 ~을 퍼붓다. 2 (어떤 사람을) 나쁜 사람이라고, 또는 나쁜 짓을 했다고 비난하는 것. ¶사람들한테 ~을 먹다. 3〔주로, '당하다', '보이다' 등과 함께 쓰여〕몹시 수치스러운 일. 특히, 겁탈·강간을 이르는 말. ¶처녀가 괴한에게 ~을 당했다. 4 →욕보다.
-욕(欲·慾) 접미 일부 명사에 붙어, '욕구', '욕망' 등을 나타내는 말. ¶성취~/명예~.
욕-가마리(辱-) [-까-] 명 욕을 먹어 마땅한 사람.
욕-감태기(辱-) [-감-] 명 남에게 늘 욕을 먹는 사람. =욕바가지.
욕객(浴客) [-깩] 명 목욕하러 온 손님.
욕구(欲求·慾求) [-꾸] 명 본능적·충동적으로 뭔가를 구하거나 얻고 싶어 하는 생리적

·심리적 상태. ¶성(性)에 대한 ~ / 지식에 대한 ~ / ~를 채우다.

욕구^불만(欲求不滿)[-꾸-] 명 [심] 욕구하는 것이 내부 또는 외부의 원인 때문에 저해되는 상태. ≒욕구 좌절.

욕기(欲氣·慾氣)[-끼] 명 =욕심. ¶~가 나다 / ~를 부리다.

욕-꾸러기(辱-) 명 '욕감태기'의 잘못.

욕-되다(辱-)[-뙤-/-뛔-] 형 부끄럽고 명예스럽지 못하다. ¶욕된 나날 / 가문을 욕되게 하다.

욕망(欲望·慾望)[-용-] 명 어떤 일을 이루고 싶어 하거나 어떤 대상을 가지고 싶어 하거나 어떤 상태를 누리고 싶어 하는 마음. ¶~을 품다 / ~을 억누르다 / ~이 일다.

욕-먹다(辱-)[용-따] 통재 1 욕설을 듣다. ¶나 때문에 욕먹어서 어쩌지? 2 악평·비난을 듣다. ¶욕먹을 짓을 했구먼.

욕-바가지(辱-)[-빠-] 명 =욕감태기.

욕-보다(辱-)[-뽀-] 통재 (어떤 사람이) 힘들거나 어려운 일을 하면서 고생하다. 구어체의 말로, 주로 장년 이상의 사람이 아랫사람이나 동료에게 수고했다는 뜻으로 씀.

욕보-이다(辱-)[-뽀-] 통태 (부녀자를) 겁탈하여 수치스럽게 하다. ¶처녀를 욕보인 불한당.

욕사무지(欲死無地)[-싸-] 명 [죽으려 하여도 죽을 땅이 없다는 뜻] 매우 분하고 원통한 처지.

욕-사발(辱沙鉢)[-싸-] 명 한 번에 많이 하는 욕을 속되게 이르는 말. ¶~을 얻어먹다.

욕설(辱說)[-썰] 명 남의 인격을 무시하는 모욕적인 말. 또는, 남을 저주하는 말. 비욕. ¶~을 퍼붓다. **욕설-하다** 통재

욕속부달(欲速不達)[-쏙뿌-] 명 일을 급히 하고자 서두르면 도리어 이루지 못함.

욕실(浴室)[-씰] 명 '목욕실'의 준말. ¶~이 딸린 큰 방.

욕심(慾心·欲心)[-씸] 명 재물이나 잇속 따위를 도리나 분수에 벗어나게 탐내거나 차지하려는 마음. 또는, 제 능력에 벗어나거나 제 분수에 넘치는 일을 해내거나 이루기를 바라는 마음. =욕기(欲氣). ¶~을 부리다 / ~을 채우다 / 그는 제 ~만 차리는 사람이다.

욕심-껏(慾心-)[-씸껃] 부 욕심대로 최대한. ¶~ 음식을 접시에 담았다가 절반 이상을 남기고 말았다.

욕심-꾸러기(慾心-)[-씸-] 명 욕심이 아주 심한 사람. ¶그가 얼마나 ~인지 네가 몰라서 그래.

욕심-나다(慾心-)[-씸-] 통재 욕심이 생기다. ¶아주 욕심나는 집 / 그렇게 욕심나면 가져라.

욕심내다(慾心-)[-씸-] 통태 '욕심나다'의 사동사. ¶돈을 ~.

욕심-쟁이(慾心-)[-씸-] 명 욕심이 아주 심한 사람을 얕잡아 이르는 말. ¶~처럼 혼자 다 가질래?

욕-쟁이(辱-)[-쨍-] 명 욕을 잘하는 사람.

욕정(欲情·慾情)[-쩡] 명 1 충동적으로 일어나는 욕심. 2 이성(異性)에 대한 육체적 욕망. 비색욕·정욕. ¶~을 채우다 / ~이 일어나다.

욕조(浴槽)[-쪼] 명 욕실 등에서, 목욕물을 받아 놓을 수 있게 플라스틱이나 스테인리스 등으로 만든 물건. 비목욕통.

욕-지거리(辱-)[-찌-] 명 '욕설'을 속되게 이르는 말. ¶~를 해 대다 / 어디다 대고 ~야? **욕지거리-하다** 통재

욕지기[-찌-] 명 토할 듯 메슥메슥한 느낌. =토기(吐氣). 비구역. **욕지기-하다** 통재

욕지기-나다[-찌-] 통재 1 욕지기가 나오다. 2 몹시 아니꼬운 느낌이 들다. 비구역나다.

욕-질(辱-)[-찔] 명 욕하는 짓. **욕질-하다** 통재

욕창(褥瘡·蓐瘡) 명 오래 병상(病床)에 누워 지내는 환자의 내는, 자리에 닿은 곳의 살이 짓물러서 생기는 종기.

욕탕(浴湯) 명 '목욕탕'의 준말.

욕-하다(辱-)[요카-] 통재태 1 (어떤 사람에게) 아주 미워하는 마음을 품고 상스러운 말을 하다. ¶상호는 나에게 개××라고 욕했다. 2 (어떤 사람을) 나쁜 사람이라고, 또는 나쁜 짓을 했다고 말하다. ¶비겁하게 뒷전에서 그 사람을 욕하지 마라.

율랑-거리다 통재태 몸을 자꾸 가볍게 흔들며 움직이거나 출싹거리다.

율랑-율랑[-놀-/-율-] 부 가볍게 움직이거나 출싹거리는 모양. **율랑율랑-하다** 통재태

율로 부 '요리로'의 준말.

욥-기(-Job記)[욥] 명 [성] 구약 성서 중의 한 권.

욧-속[요쏙/욛쏙] 명 요에 넣는 솜·털 등의 총칭.

욧-의(-衣) 명 '요의'의 잘못.

욧-잇[욘닏] 명 요에 씌우는 홑청.

용[1] 명 (주로 '용을 쓰다'의 꼴로 쓰여) 한꺼번에 모아서 내는 센 힘. ¶그가 ~을 쓰자 꽁꽁 묶었던 밧줄이 끊어져 버렸다. / 쌈닭에게 고추장을 먹이면 병든 황소가 살모사 먹고 ~을 쓰는 것처럼 기운이 뻗친다 한다. 《김유정·동백꽃》

용[2] (茸) 명 '녹용(鹿茸)'의 준말.

용[3] (龍) 명 상상(想像)의 동물의 하나. 몸은 뱀과 비슷하나 발이 달리고 비늘로 덮여 있으며, 머리에는 뿔이 있고, 입가에 수염이 있다고 함. 평상시는 바다·호수·늪 등의 물속에 살며, 때로는 하늘로 올라가 풍운(風雲)을 일으킨다고 함.

[용 못 된 이무기] 의리나 인정은 찾아볼 수 없고 심술만 남았다는 말.

용의 초리 구 1 폭포의 내리쏟아지는 물줄기. ¶은 같은 무지개, 옥 같은 ~.《정철:관동별곡》 2 옛날 처녀·총각이 많아 늘인 긴 머리.

-용[4] (用) 접미 주로 한자어 명사에 붙어, 명사가 나타내는 일을 하는 데 쓰이거나, 명사가 나타내는 방법·방식으로 쓰이거나, 명사가 나타내는 대상의 의해 쓰이는 상태이거나 대상임을 나타내는 말. ¶개인~ / 연습~ / 영업~ / 일회~.

용!감(勇敢) →**용!감-하다** 형어 (사람이) 어떤 일을 두려움 없이, 또는 위험을 무릅쓰고 용기 있게 하는 태도가 있다. 비대담하다. ¶용감한 군인. **용!감-히** 부 ¶~ 싸우다.

용!감-무쌍(勇敢無雙) →**용!감무쌍-하다** 형어 용감하기 짝이 없다. ¶용감무쌍한 우리 국군.

용!감-스럽다(勇敢-)[-따] 형ㅂ <-스러우니, -스러워> 용감한 데가 있다. **용!감스레** 부

용:건(用件)[-껀] 몡 =볼일. ¶무슨 ~으로 오셨나요?
용고(龍鼓) 몡 [음] 국악기의 하나. 용을 그린 북통 양쪽에 고리를 박아 끈을 달고, 어깨에 메고 두 손에 퀀 채로 내려침.
용골(龍骨) 몡 1 선박 바다의 중앙을 이물에서 고물에 걸쳐 선체(船體)를 받치는 길고 큰 재목. 2 [한] 신생대에 살았던 마스토돈의 화석. 강장제로 쓰임.
용골^돌기(龍骨突起) 몡[동] 조류(鳥類)의 가슴뼈에 있는 돌기. 날개를 움직이는 근육이 붙어 있음.
용골때-질 몡 심술을 부려 남의 부아를 돋우는 짓. 용골때질-하다 몡[자여]
용골-자리(龍骨-) 몡[천] 남쪽 하늘에 있는 별자리의 하나. 큰개자리의 남쪽에 있으며, 3월 하순 저녁에 남중(南中)함. α성은 카노푸스임.
용공(容共) 몡 공산주의 또는 그 정책을 용인하는 일. ¶~ 분자 / ~ 정책. ↔반공(反共).
용광-로(鎔鑛爐)[-노] 몡[공] 철·구리·납 등의 제련에 쓰이는 노(爐). 세는 단위는 기(基).
용:구(用具) 몡 무엇을 하거나 만드는 데 쓰는 기구. ¶제도 ~.
용궁(龍宮) 몡 바다 속에 있다고 하는 용왕의 궁전.
용:기¹(用器) 몡 어떤 일에 사용하는 기구. ¶주방 ~.
용:기²(勇氣) 몡 씩씩하고 굳센 기운. ¶~를 잃다[얻다] / ~가 나다 / ~가 솟다 / ~를 내다.
용기³(容器) 몡 어떤 물질을 담을 수 있도록 만든 것. 그릇·병·통·상자 따위.
용:기-백배(勇氣百倍)[-빼] 몡 격려·응원 등에 자극을 받아 힘이나 용기를 더 냄. 용:기백배-하다 몡[자여] ¶관중의 응원 소리에 용기백배하여 싸우다.
용-꿈(龍-) 몡 꿈속에서 용을 본 꿈. 이 꿈을 꾸면 좋은 일이 생긴다고 하여 길몽으로 침. =용몽(龍夢). ¶어젯밤에 ~을 꾸더니 오늘 이런 횡재를 하는구나. ▷개꿈.
용납(容納) 몡 (부정적인 것을) 문제 삼지 않고 받아들이는 것. ¶지각은 절대 ~ 못 해. 용납-하다 몡[타여] ¶너의 무례한 행동은 도저히 용납할 수 없다. 용납-되다 몡[자] ¶시험에는 어떤 부정도 용납되지 않는다.
용녀 몡[민] 1 용왕의 딸. 2 용궁에 산다는 선녀.
용:단(勇斷) 몡 용감하게 결단하는 것. ¶~을 내리다. 용:단-하다 몡[타여]
용:달(用達) 몡 (상품이나 짐 따위를) 전문적으로 배달하는 것. 또는, 그 일. ¶~업. 용:달-하다 몡[타여]
용:달-차(用達車) 몡 상품이나 짐 등을 전문적으로 배달하는 소형의 화물 자동차.
용:담¹(用談) 몡 볼일에 관한 말.
용담²(龍膽) 몡[식] 용담과의 여러해살이풀. 높이 20~60cm. 8~10월쯤 청자색 꽃이 피고, 열매를 맺음. 관상용으로 기르며, 말린 뿌리는 달여서 건위제로 씀.
용:도(用途) 몡 쓰이는 길. 또는, 쓰이는 데. ¶~가 다양하다 / 돈의 ~을 밝히다 / 이 물건은 여러 가지 ~에 쓰인다.
용:돈(用-)[-똔] 몡 잡비로 쓰려고 몸에 지니는 돈. =용전(用錢). ¶~이 떨어지다 / ~을 벌다 / 아버지에게 ~을 타다.

용두(龍頭) 몡 1 용의 머리. 2 [건] =망새2.
용-두레 몡[농] 낮은 곳의 물을 높은 곳으로 퍼 올리는 농구(農具).
용두-머리(龍頭-) 몡 용의 머리 모양을 새겨 승교·상여·건축물 등에 다는 장식.
용두-사미(龍頭蛇尾) 몡 [머리는 용이나 꼬리는 뱀이라는 뜻] 처음은 좋으나 끝이 좋지 않음을 비유하는 말. ¶계획이 ~로 끝나다.
용두-질 몡 남성이 여성과의 육체적 결합 없이 자기의 생식기를 손이나 다른 물건으로 자극하여 쾌감을 얻는 짓. 비수음(手淫). 용두질-하다 몡[자여]
용-떡(龍-) 몡[민] 전통 혼례 때, 신랑의 큰 상에 올려놓는, 흰떡으로 빚어 만든 한 쌍의 봉황새.
용-띠(龍-) 몡[민] 용해에 난 사람의 띠.
용:략(勇略)[-냑] 몡 용기와 지략.
용:량¹(用量)[-냥] 몡 주로 약제에서, 한 번 또는 하루에 사용하거나 복용할 일정한 분량.
용량²(容量)[-냥] 몡 1 용기 안에 들어갈 수 있는 분량. ¶~이 크다[작다]. 2 [물] 일정한 상태에서 일정한 물질이 가질 수 있는 열량이나 전기량. 3 [컴] 저장할 수 있는 정보의 양. ¶컴퓨터의 기억 ~.
용:력¹(用力)[-녁] 몡 마음이나 힘을 쓰는 것. 용:력-하다 몡[자여]
용:력²(勇力)[-녁] 몡 용기와 힘.
용렬(庸劣)[-녈] →용렬-하다[-녈-] 몡[여] (사람이) 변변하지 못하고 졸렬하다. ¶사내 녀석이 하는 짓마다 어찌 그리 용렬하냐?
용렬-스럽다(庸劣-)[-녈-따] 몡[ㅂ여] <~스러우니, ~스러워> 용렬한 데가 있다. 용렬스레 튀
용:례(用例)[-녜] 몡 쓰고 있는 예. 또는, 용법의 보기. ¶~ 사전 / 풍부한 ~ / ~를 들다.
용루(龍淚)[-누] 몡 임금의 눈물.
용:립(聳立)[-닙] 몡 산이나 나무 따위가 우뚝 솟는 것. 용:립-하다 몡[자여]
용마(龍馬) 몡 1 썩 잘 달리는 훌륭한 말. 2 용같이 생겼다는 상상의 말. 중국 복희씨 때 팔괘도를 등에 싣고 나왔다는 준마임.
용-마루(龍-) 몡[건] 기와지붕의 맨 꼭대기에 20~50cm 높이로 길게 모양을 낸 부분. =옥척(屋脊)·종마루.
용-마름(龍-) 몡[건] 초가의 용마루나 토담 위에 덮는, 짚으로 길게 엮은 이엉.
용매(溶媒) 몡[화] 용액을 만들 때 용질(溶質)을 녹이는 액체. 액체에 액체를 녹일 때는 많은 쪽의 액체를 말함. =용해제. ↔용질(溶質).
용:맹(勇猛) 몡 날래고 사나움. =맹용. ¶~심 / ~을 떨치다. 용:맹-하다 몡[여] ¶용맹한 군사.
용:맹무쌍-하다(勇猛無雙-) 몡[여] 견줄 데가 없이 매우 날래고 사납다. ¶용맹무쌍한 군대.
용:맹-스럽다(勇猛-)[-따] 몡[ㅂ여] <~스러우니, ~스러워> 용맹한 데가 있다. 용:맹스레 튀
용:명(勇名) 몡 용기가 뛰어남으로써 얻은 명성. ¶~을 떨치다.
용모(容貌) 몡 얼굴 모습. =형모(形貌). ¶~가 단정하다.
용모-파기(容貌疤記) 몡 어떤 사람을 체포하려고 그 사람의 용모와 특징을 기록함. 또

는, 그 기록. **용모파기-하다** 통타여

용:무(用務) 명 =볼일. ¶~를 보다 / ~를 마치다 / 무슨 ~로 오셨습니까?

용문(龍紋) 명 용을 그린 오색 무늬.

용미(龍尾) 명 1 용의 꼬리. 2 무덤의 분상 뒤를 용의 꼬리처럼 만든 자리.

용미봉탕(龍味鳳湯) 명 맛이 썩 좋은 음식을 비유하여 이르는 말.

용:법(用法)[-뻡] 명 사용하는 방법. ¶동사의 ~.

용:변(用便) 명 똥이나 오줌을 누는 것. ¶~을 보다. **용변-하다** 자여

용:병(用兵) 명 1 (장수나 지휘관이) 전투에서 군사나 병사를 작전에 따라 부리어 쓰는 것. 2 (스포츠 팀 감독이) 시합에서 작전에 따라 선수를 부리어 쓰는 것. 비유적인 말임. **용:병-하다**[1] 자여

용:병[2](勇兵) 명 용감한 병사. =용사(勇士).

용병[3](傭兵) 명 1 봉급을 주고 병역에 복무하게 하는 일. 또는, 그 병사. ¶~ 제도. 2 스포츠에서, 팀의 전력을 높이기 위해 외국에서 데려온 선수. **용병-하다**[2] 자여

용:술(用兵術) 명 전투나 시합에서 군사나 선수 등을 부리어 쓰는 기술. ¶~에 능하다 / 뛰어난 ~로 적을 물리치다.

용:불용-설(用不用說) 명생 라마르크의 생물 진화에 관한 학설. 자주 사용되는 기관은 발달하고, 그렇지 못한 기관은 퇴화하여 소실되어 간다는 설임. =라마르크설.

용비어천가(龍飛御天歌) 명책 조선 세종 27년(1445)에 정인지(鄭麟趾)·안지(安止)·권제(權踶) 등이 조선 창업을 찬송하며 지은 악장(樂章). 훈민정음으로 씌어진 최초의 자료이며, 시가 및 고어 연구에 중요한 자료임. 모두 125장.

용:-빼다 통자 큰 힘을 쓰거나 큰 재주를 부리다.
　용빼는 재주 구 아주 뛰어난 재주. ¶제아무리 ~가 있어도 그 일만은 못 할걸.

용:사[1](勇士) 명 1 용맹스러운 사람. ¶상이-/ 사선을 넘어온 일등 ~. **용병**(勇兵)[2].

용사[2](容赦) 명 용서하여 놓아주는 것. **용사-하다** 통타여 **용사-되다** 통자

용사-비등(龍蛇飛騰) 명 붓글씨의 획에 용이 살아 움직이는 것과 같은 힘찬 기운이 있는 것. **용사비등-하다** 형여

용상[1](龍牀) 명 '용평상(龍平牀)'의 준말.

용:상[2](聳上) 명체 역도 종목의 하나. 바벨을 두 손으로 잡아 한 동작으로 가슴 위에 올린 후 곧 반동을 이용하여 머리 위까지 추어 올리는 일. ▷인상(引上).

용색(容色) 명 용모와 안색.

용서(容恕) 명 (죄나 잘못을) 꾸짖거나 벌하지 않는 것. ¶~를 빌다 / ~를 받다. **용서-하다** 통타여 ¶잘못을 ~. **용서-되다** 통자

용선(傭船) 명 배를 세내어 얻는 것. 또는, 그 배. ¶~료(料). **용선-하다** 통자

용선-로(鎔銑爐)[-노] 명 주철 공장에서 주철(鑄鐵)을 녹이는 간단한 가마.

용설-란(龍舌蘭) 명식 용설란과의 상록 여러해살이풀. 잎은 길이 1~2m로 육질이며, 가장자리에 예리한 가시가 있음. 10년 이상 묵은 포기에서는 10m 내외의 꽃줄기가 나와 담황색 꽃이 핌. 관상용으로 재배함.

용소(龍沼) 명 폭포수가 떨어지는 바로 밑에 있는 웅덩이.

용속(庸俗) →**용속-하다**[-소카-] 형여 평범하고 속되다.

용어●1373

용솟음-치다(湧-) 통 1 (샘물·온천수 따위가) 땅 밑에서 세차게 솟아오르다. 2 (용기·기운 따위가) 마음이나 몸속에서 힘 있게 솟구치다. ¶**용솟음치는** 생명의 힘 / 젊음의 뜨거운 피가 ~ / 군사들의 가슴속에는 결전의 투지가 **용솟음쳤다**.

용수[1] 명 1 술이나 장을 거르는 데에 쓰는, 싸리나 대오리 따위로 원통형으로 만든 기구. 2 죄수의 얼굴을 못 보게 머리에 씌우던 기구. 1처럼 생겼음.

용:수[2](用水) 명 1 음료수에 대하여 허드렛물을 이르는 말. 2 음료·관개·공업·발전·방화 등에 쓰기 위한 물. ¶공업~ / 관개~.

용:수-로(用水路) 명 수원(水源)에서 경작지까지 관개용수를 보내기 위한 수로.

용수-철(龍鬚鐵) 명 나선형으로 된, 탄력이 강한 쇠줄. =스프링.

용수철-저울(龍鬚鐵-) 명 용수철이 늘어남을 보고 무게를 재는 저울.

용숫-바람(龍鬚-)[-수빠-/-숟빠-] 명 [기상] =회오리바람.

용슬(容膝) 명 [무릎이나 겨우 넣는다는 뜻] 방이나 장소가 몹시 비좁아 몸을 겨우 움직이는 것. =용신. **용슬-하다** 자여

용신[1](容身) 명 1 =용슬(容膝). 2 세상에서 겨우 몸을 붙이고 살아가는 것. **용신-하다** 자여

용신[2](龍神) 명불 =용왕(龍王).

용신-제(龍神祭) 명민 유월 유둣날 용신에게 풍작을 비는 제사.

용:심 명 심술로 남을 해치려는 마음.

용:심-꾸러기 명 용심을 많이 부리는 사람. =용심쟁이.

용:심-부리다 통자 괜히 남을 미워하며 심술을 부리다.

용:심-쟁이 명 =용심꾸러기.

용:심지(-心-) 명 실·헝겊 따위를 꼬아 기름이나 밀을 발라, 초 대신으로 불을 켜는 물건.

용:-쓰다 통<~쓰니, ~써> 1 기운을 몰아쓰다. 2 힘을 들여 괴로움을 억지로 참다.

용안(龍顏) 명 임금의 얼굴. =옥안.

용암(鎔巖) 명지 마그마가 화산의 분화구로부터 분출한 것. 또는, 그것이 냉각·응고된 암석.

용암-굴(鎔巖窟) 명지 용암류(鎔巖流)의 표면이 냉각·고결하고, 내부의 용해 부분이 흘러 나감으로써 생긴 굴. =용암 터널.

용암^대지(鎔巖臺地) 명지 점성(粘性)이 낮은 현무암질의 용암이 분출하여 거의 수평으로 겹쳐져 만들어진 광대한 대지. 인도의 데칸 고원, 우리나라의 개마고원 따위. =페디오니테.

용암-류(鎔巖流)[-뉴] 명지 화산이 분화할 때, 분화구에서 흘러 나오고 있는 용암. 또는, 그것이 냉각·응고한 것.

용액(溶液) 명물화 두 가지 이상의 물질이 섞여서 균질하게 되어 있는 액체.

용:약[1](勇躍) 부 용감하게 뛰어 나가는 것. 또는, 그 모양. ¶마침내 그들은 ~ 에베레스트 등반의 장도에 올랐다. **용:약-하다**[1] 통여

용:약[2](踊躍) 명 기뻐서 뛰는 것. **용:약-하다**[2] 통자여

용:어(用語) 명 사용하는 말. 특히, 전문 분야에서 사용하는 말. ¶법률 ~ / 전문 ~ /

사전.
용!언(用言) 명[언] 문장의 주체를 서술하며, 활용을 하는 말. 곧, 동사와 형용사. 문장 안에서의 쓰임에 따라 본용언과 보조 용언으로 나뉨. =풀이씨·활어(活語). ▷체언(體言).
용!역(用役) 명[경] 재화를 생산하지는 않으나 그것을 운반·배급하거나 생산과 소비에 필요한 노무를 제공하는 일. =서비스. ¶~ 회사.
용-오름(龍-) 명[기상] 육지나 바다에서 일어나는 맹렬한 바람의 소용돌이. 해면에 닿으면 물을 빨아올리고, 육상에서는 건물이나 나무 등을 파괴함. ▷토네이도.
용왕(龍王) 명[불] 용 가운데의 임금. 궁궁을 다스리며, 구름을 일으키고 비를 내려 중생의 번뇌를 식힌다고 함. =용신(龍神).
용용¹[-농] 감 엄지손가락 끝을 제 볼에 대고 나머지 네 손가락을 너울거리며 남을 약올릴 때 내는 소리.
용용 죽겠지 관 '약이 올라 죽겠지'의 뜻으로 남의 약을 올리는 말.
용용²(溶溶) →용용-하다 형[어] 큰 강물이 흐르는 모양이 순하다. 용용-히 부
용원(傭員) 명 관청에서 임시로 채용한 사람. ¶~ 모집.
용융(鎔融·熔融) 명[화] =용해(融解). 용융-하다 통[자여] 용융-되다 통[자]
용융-점(鎔融點)[-쩜] 명[화] =녹는점.
용!의¹(用意)[-의/-이] 명 1 일을 하려고 마음을 먹는 것. 또는, 그 생각. ¶널 도와줄 ~가 있다. / 나와 함께 일할 ~는 없니? 2 미리 마음을 가다듬는 것. 용!의-하다 통[타여]
용의²(容儀)[-의/-이] 명 =의용(儀容).
용의³(容疑)[-의/-이] 명 범죄의 혐의.
용의-자(容疑者)[-의/-이-] 명[법] =피의자(被疑者). ¶~ 명단 / ~로 수배되다 / 유력한 ~가 나타나다.
용!의주도(用意周到)[-의/-이-] →용!의주도-하다[-의/-이-] 형[어] 마음의 준비가 두루 미쳐 빈틈이 없다. ¶용의주도한 행사 계획 / 그는 어떤 일에나 항상 ~.
용이(容易) →용이-하다 형[어] 퍽 쉽다. ¶목격자의 신고로 쉽고 용이하게 범인을 검거했다. / 남을 돕는다는 것은 결코 용이한 일이 아니다. 용이-히 부 ¶삼사 시간 뒤에 쫓아간 그의 백부는 유곽산 뒤에서 ~ 그를 발견하였다.《염상섭: 표본실의 청개구리》
용인¹(容認) 명 용납하여 인정하는 것. 용인-하다 통[타여] 용인-되다 통[자] ¶이미 그 일 용인된 사실이니 재론을 말자.
용인²(傭人) 명 '고용인'의 준말.
용자(容姿) 명 용모와 자태.
용장(勇將) 명 용맹스러운 장수.
용!재(用材) 명 1 건축·가구 등에 쓰이는 재목. ¶~림(林). 2 재료로 쓰이는 물건. ¶건축 ~.
용적(容積) 명 1 물건을 담을 수 있는 부피. 2 [수] =들이¹.
용적-률(容積率)[-쩡뉼] 명[건] 대지 면적에 대한 건물 연면적의 비율. ▷건폐율(建蔽率).
용!전¹(用錢) 명 =용돈.
용!전²(勇戰) 명 용감하게 싸우는 것. 또는, 그 싸움. ¶~분투(奮鬪). 용!전-하다 통[자여]

용접(鎔接) 명[공] 금속·유리·플라스틱 등의 접합 부위를 녹여서 로 잇는 일. 전기 용접·가스 용접 등이 있음. ¶~공(工). 용접-하다 통[타여] ¶금속을 ~. 용접-되다 통[자]
용접-봉(鎔接棒)[-뽕] 명 아크 용접이나 가스 용접에서, 접합부에 녹여 붙이는 녹점이 낮은 금속 막대기.
용정(舂精) 명 곡식을 찧는 일. 용정-하다 통[타여]
용제(溶劑) 명[화] 물질을 용해시키는 데 쓰는 액체. 알코올·가솔린 등.
용존^산소량(溶存酸素量) 명[생] 하천·호수 등 물속에 녹아 있는 산소의 양.
용!지¹(用地) 명 어떤 일에 쓰기 위한 토지. ¶~ 매입 / 주택 ~.
용!지²(用紙) 명 어떤 일에 쓰이는 종이. ¶인쇄 ~ / 투표 ~ / 신청 ~.
용질(溶質) 명[화] 용액에 녹아 있는 물질. 액체에 다른 액체가 녹았을 때에는 양이 적은 쪽을 가리킴. =용해질(溶解質). ↔용매(溶媒).
용집 명 발에 땀이 나서 버선 위로 내밴 더러운 얼룩. ¶~이 밴 버선.
용!채(用-) 명 '용돈'의 잘못.
용!처(用處) 명 돈·물건 따위의 쓸 곳. ¶~가 불분명한 돈.
용천(湧泉) 명 물이 솟아나는 샘.
용총-줄[-쭐] 명 돛을 내리거나 올리려고 돛대에 매어 놓은 줄. =마룻줄. ×이어줄.
용출(湧出) 명 물이 솟아나는 것. 용출-하다 통[자여]
용-춤 명 남이 추어올리는 바람에 좋아서 시키는 대로 하는 짓.
용춤(을) 추다 관 남이 추어올리는 바람에 신이 나서 하라는 대로 하다.
용코-로 부 '영락없이', '되우'를 속되게 이르는 말. ¶호랑이 선생님한테 ~ 걸렸다.
용태(容態) 명 1 얼굴 모양과 몸의 맵시. 2 병의 상태나 증세. ¶~가 중해지다.
용!퇴(勇退)[-퇴/-퉤] 명 (어떤 직위에서) 망설임 없이 용기 있게 물러나는 것. ¶그의 ~는 시의 적절하여 많은 칭송을 받았다. 용!퇴-하다 통[자여]
용-트림(龍-) 명 거드름을 피우며 크게 힘을 들여 하는 트림. 용트림-하다 통[자여]
용-틀임(龍-) 명 1 용의 모양을 틀어 새긴 장식. =교룡(交龍). ¶~이 웅장하게 새겨져 있는 정자 기둥. 2 어떤 물체가 용이 몸을 틀면서 하늘로 오르듯 이리저리 비틀거나 꼬면서 위쪽으로 향하는 상태가 되는 것. ¶수백 년 묵은 담쟁이덩굴은 ~을 하며 절벽으로 오르고…《이병기: 낙화암을 찾는 길에》 3 도약이나 본격적인 활동을 위해 힘차게 움직이는 것. 비유적으로 말임. 용틀임-하다 통 1 (어떤 물체가) 이리저리 비틀거나 꼬면서 위쪽으로 향하는 상태가 되다. 2 (어떤 집단이나 존재가) 도약이나 본격적인 활동을 위해 힘차게 움직이다. ¶거대 중국이 서서히 용틀임하고 있다.
용-평상(龍平牀) 명 임금이 정무를 볼 때 앉는 평상. 준용상.
용포(龍袍) 명[역] '곤룡포(袞龍袍)'의 준말.
용!품(用品) 명 어떤 데에 쓰이는 온갖 물품. ¶생활 ~ / 여성 ~ / 유아 ~ / 사무 ~.
용!-하다¹ 형[어] 1 (사람이) 어려운 일을 잘 해내어, 또는 해내지 못하리라고 생각했던 일을 해내어, 칭찬할 만한 상태에 있다. =

갸륵하다·장하다. ¶어려운 가정 형편에 독학으로 대학에 합격하다니 참 ~./못 올 거라고 생각했는데 용케 찾아왔구나. 2 (어떤 재주, 특히 의술이나 점술 등이) 신통하리만큼 뛰어나다. ¶용한 점쟁이 / 의술이 용한 한의사. 용!-히 [부]

용-하다²(庸—) [형][여] (사람이) 어리석을 정도로 순하거나 착하다. ¶사람이 용해 빠져서 독한 구석이라곤 하나도 없다니까.

용-해¹(龍—) [명][민] =진년(辰年).

용해²(溶解) [명] 1 녹거나 녹이는 것. 2 [화] 물질이 액체와 균일하게 녹아 액체를 만드는 일. 용해-하다¹ [동](자타)[여] 용해-되다¹ [동](자) ¶소금은 물에 잘 용해된다.

용해³(鎔解/熔解) [명] 금속이 열에 녹아서 액체 상태로 되는 일. 또는, 금속을 녹여 액체의 상태로 만드는 것. 용해-하다² [동](자타)[여] ¶무쇠를 용해해서 주물을 만들다. 용해-되다²[동](자)

용해-도(溶解度) [명][화] 일정한 온도에서 일정한 양의 용매 중에 녹을 수 있는 용질의 최대의 양.

용해-열(溶解熱) [명][화] 용매 속에 용질을 녹일 때에 발생하거나 흡수되는 열량.

용허(容許) [명] =허용(許容). 용허-하다 [동](타)[여] 용허-되다 [동](자)

용혈(溶血) [명][생] 적혈구의 막이 파괴되는 등의 원인으로 헤모글로빈이 혈구 밖으로 흘러나오는 현상. ~용혈 반응.

용혈-소(溶血素) [—쏘] [명][생] 적혈구를 파괴하고 헤모글로빈을 유출시키는 물질. 세균 독소나 뱀·벌 따위의 독소가 있고, 한랭시 자기의 적혈구를 용혈시키는 자가 용혈소 등이 있다.

용호(龍虎) [명] 1 용과 호랑이. 2 실력이 비슷한 두 영웅의 일컬음.

용호-상박(龍虎相搏) [용과 호랑이가 서로 싸운다는 뜻] 두 강자(強者)끼리 서로 싸움을 이르는 말. 용호상박-하다 [동](자)[여]

용훼(容喙) [명] 간섭하여 말참견을 하는 것. 용훼-하다 [동](자)[여]

우¹ [명][언] 한글 모음 'ㅜ'의 이름.

우² [부] 1 여럿이 한꺼번에 몰려오거나 몰려가는 모양. ¶구경꾼들이 ~ 몰려들다. 2 비나 바람이 한 방향으로 몰아치는 모양. 또는, 그 소리. ¶태풍이 ~ 몰아치다.

우¹³ [감] 야유할 때 지르는 소리.

-우-⁴ [접미] 모음으로 끝나는 동사의 어간이나 모음으로 끝나는 동사의 어간에 사동 접사 'ㅣ(-이-)'가 결합된 꼴에 붙어, 동사가 사동의 기능을 갖게 하는 어간 형성 접미사. ¶새~다 / 재~다 / 채~다 / 잠을 깨~다 / 그릇을 비~다 / 차에 태~다.

-우⁵ [어미] '이다', '있다', '없다' 또는 모음이나 'ㄹ'로 끝나는 용언의 어간, 그리고 어미 '-았/었-', '-겠-' 의 아래에 붙어, 동작이나 상태의 서술·의문·명령의 뜻을 나타내는 종결 어미. 어간 듣 음절의 'ㄹ' 받침은 탈락됨. 주로 중년 이상의 여성이 상대를 웬만큼 대접할 때 쓰는 말로, 상대가 친척이 아닌 타인일 경우에는 나이가 비슷하거나 아래이되 친척 사이인 손윗사람일 때 쓰이고, 상대가 친척일 경우에는 어머니나 언니와 같이 친밀감이 있는 손윗사람일 때 쓰이며, 종종 남편을 상대로 쓸 때도 쓰임. ¶새댁, 어디 가~? / 영의 엄마, 돈 좀 있소 ~? / 그럼 조심해서 다녀오~. / 일이 많아 얼

우계●1375

마나 힘들~. ▷-으우.

유의어 -우/-오
성년의 사람이 자기보다 나이가 아래인 사람을 대접해서 쓰는 말이라는 점에서는 서로 공통점이 있으나, '-우' 가 여성들이 격식 없이 친밀감 있게 쓰는 말인 데 반해 '-오' 는 주로 남성들이 격식을 갖추어 쓴다는 점에서 차이가 있음. 또, '-우' 는 제 한적이나마 손윗사람에게 쓸 수 있으나 '-오' 는 손윗사람에게는 쓸 수 없음.

우¹⁶(右) [명] 오른쪽의 뜻. ¶~로나란히 / ~로 돌앗! ↔좌(左).

우¹⁷(羽) [명][음] 오음(五音) 중 다섯째 음.

우⁸(愚) [명] 어리석음. ¶~를 범하다.

우⁹(優) [명][교] 성적을 매기는 등급의 하나. '수·우·미·양·가' 의 5단계 평가에 있어 그 둘째 등급.

우가(牛加) [명][역] 부여(夫餘)의 네 행정 구역인 사출도(四出道)를 각각 맡아 다스리던 사가(四加)의 하나. ▷구가·마가·저가.

우각¹(牛角) [명] =쇠뿔.

우각²(隅角) [명] 1 모퉁이 또는 구석. 2 [수] '입체각' 의 구용어.

우각³(優角) [명][수] 켤레각 중의 큰 각. ↔열각(劣角). ▷켤레각.

우각-호(牛角湖) [—가코] [명][지] 구불구불한 하천의 일부가 본래의 하천에서 분리되어 생긴, 초승달이나 쇠뿔 모양의 호수.

우간다(Uganda) [명] 동아프리카의 내륙부에 있는 공화국. 수도는 캄팔라.

우거(寓居) [명] 1 남의 집이나 타향에서 임시로 머물러 사는 것. 2 자기의 주거(住居)를 낮추어 이르는 말. 우-거하다 [동](자)[여] 남의 집이나 타향에서 임시로 머물러 살다.

우거지 [명] 무·배추 따위를 다듬을 때 떼어 낸 잎이나 줄기. 흔히, 국을 끓이는 데 쓰임. 또, 김장을 하고 나서 김치 맛이 변하지 않게 하기 위해 이것을 위에 덮기도 함. ▷시래기.

우거지다 [동](자) (풀·잎·숲 등이) 많이 자라 빽빽이 들어차다. ¶잎이 우거진 나무 / 잡초가 ~.

우거지-상(-相) [명] 잔뜩 찌푸린 얼굴의 모양을 속되게 이르는 말. ¶그는 뭐가 불만인지 ~을 하고 있다.

우거짓-국 [—지꾹/—진꾹] [명] 우거지를 넣고 끓인 국.

우걱뿔-이 [명] 뿔이 안으로 굽은 소.

우걱-우걱 [부] 짐을 진 마소가 걸음을 걸을 때마다 나는 소리. 우걱우걱-하다 [동](자)[여]

우걱-지걱 [—찌—] [부] 마소나 달구지에 실은 짐 따위가 움직이면서 나는 소리. 우걱지걱-하다 [동](자)[여]

우격-넣다 [—타] '욱여넣다' 의 잘못.

우격-다짐 [—따—] [명] 억지로 우겨서 남을 굴복시키는 것. 또는, 그 행위. ¶~을 벌이다 / 순리로 해야지, 그렇게 ~으로 해서야 되나. 우격다짐-하다 [동](자)[여]

우격-으로 [부] 억지로 무리하게. ¶"그럼 나 역시 할 수 없쇠다. ~ 될 일이 아니니까요." ⟨심훈: 상록수⟩

우경(右傾) [명] 우익 사상으로 기울어지는 것. 또는, 그런 경향. ↔좌경. 우!경-하다 [동](자)[여]

우계¹(雨季) [—계/—게] [명] =우기(雨期)³. ↔건계(乾季).

우계²(愚計) [-계/-게] 圀 1 어리석은 계략 또는 계획. 2 자기의 계략이나 계획을 겸손하게 이르는 말.

우골(牛骨) 圀 =쇠뼈.

우골-탑(牛骨塔) 圀 ['소의 뼈로 이루어진 탑'이라는 뜻] 가난한 농가에서 소를 팔아 마련한 학생의 등록금으로 건물이 섰다 하여 '대학'을 비아냥거려 이르는 말. ▷상아탑(象牙塔).

우국(憂國) 圀 나랏일을 근심하고 염려하는 것. 우국-하다 통재여

우국지사(憂國之士) [-찌-] 圀 나랏일을 근심하고 염려하는 사람.

우국지심(憂國之心) [-찌-] 圀 나랏일을 근심하고 염려하는 마음.

우국-충정(憂國衷情) 圀 나랏일을 근심하고 염려하는 참된 마음.

우ː군¹(友軍) 圀 자기와 같은 편인 군대. ¶~기(旗).

우ː군²(右軍) 圀[군] '우익군'의 준말. ↔좌군(左軍).

우ː궁(右弓) 圀 오른손으로 시위를 당겨 쏘는 활. ↔좌궁.

우귀(于歸) 圀 전통 혼례에서, 신부가 혼례식을 마치고 신방을 치른 뒤 시집으로 오는 일. =신행(新行). 우귀-하다 통재여

우그러-들다 재〈~드니, ~드오〉 1 (물체가) 안쪽으로 우그러져 들어가다. 2 (형세나 형편이) 우그러져 전보다 나쁘게 되어 가다. 짠오그라들다.

우그러-뜨리다/-트리다 통태 우그러지게 하다. 짠오그라뜨리다.

우그러-지다 재 1 (물체가) 안쪽으로 우그러 휘어지다. ¶우그러진 냄비. 2 (물체의 거죽이) 우글우글하게 주름이 잡히고 쭈그러지다. 짠오그라지다.

우그렁-우그렁 튀 여러 군데가 모두 우그렁한 모양. 준우그렁. 짠오그랑오그랑. 우그렁우그렁-하다 웽여

우그렁-족박 圀 '우그렁쪽박'의 잘못.

우그렁-쪽박[-빡] 圀 우그러진 쪽박. 짠오그랑쪽박. ×우그렁족박.

우그렁-쭈그렁 튀 여러 군데가 우그러지고 쭈그러지는 모양. 짠오그랑쪼그랑. 우그렁쭈그렁-하다 웽여

우그렁-하다 웽여 조금 우그러져 있다. 짠오그랑하다.

우그르르¹ 튀 깊은 그릇의 물이 끓어오르는 소리. 또는, 그 모양. 짠오그르르. 우그르르-하다¹ 통재여

우그르르² 튀 벌레 따위가 한곳에 많이 모여 있는 모양. 짠오그르르. 우그르르-하다² 웽여

우그리다 통태 우그러지게 하다. ¶펜치로 철사를 ~. 짠오그리다.

우글-거리다/-대다 통재 1 물이 자꾸 우그르르 끓다. 2 한곳에 많이 우그르르 모여 자꾸 움직이다. ¶곳간에 쥐들이 ~. 짠오글거리다.

우글다 웽〈우그니, 우그오〉 조금 우그러져 모양이 곱지 못하다.

우글-부글 튀 (물이나 찌개가) 우글거리고 부글거리며 끓는 소리. 또는, 그 모양. ¶된장찌개가 ~ 끓고 있다. 짠오글보글. 우글부글-하다 통재여

우글-우글¹ 튀 우글거리는 모양. 짠오글오글. 우글우글-하다¹ 통재여

우글-우글² 튀 '우그렁우그렁'의 준말. 짠오글오글. 우글우글-하다² 웽여

우글-쭈글 튀 주름 따위가 우글우글하고 쭈글쭈글한 모양. 짠오글쪼글. 우글쭈글-하다 웽여 ¶그 곱던 얼굴이 이제는 ~. / 쪼그리고 앉아 있었더니 옷이 ~.

우금(于今) 튀 지금까지. ¶장사를 하고 나서 ~ 일 년이나 그대로 문두름이 있었다는 것은 ….《채만식:탁류》

우긋-우긋[-귿-귿] 튀 여럿이 다 우긋한 모양. 짠오긋오긋. 우긋우긋-하다 웽여

우긋-하다[-그타-] 웽여 안쪽으로 조금 욱은듯하다. 짠오긋하다. 우긋-이 튀

우ː기¹(右記) 圀 세로쓰기에서, 본문의 오른쪽에 기록된 것. ¶~ 사항 참조. ↔좌기.

우ː기²(雨氣) 圀 비가 올 듯한 기운. =우의.

우ː기³(雨期) 圀 일 년 중 비가 많이 오는 시기. =우계(雨季). ¶~로 접어들다. ↔건기(乾期).

우기다 통태 (어떤 의견을) 고집스럽게 내세우다. ¶그는 자기주장을 계속 우겨 댔다. / 동생은 제 말이 옳다고 부득부득 우긴다.

우김-질 圀 우기는 짓. ¶서로가 옳다고 ~을 하다. 우김질-하다 통재여

우꾼우꾼-하다 통재여 여럿이 한꺼번에 소리를 치며 자꾸 움직이는 모양이 나타나다.

우꾼-하다 통재여 여럿이 한꺼번에 소리를 치며 움직이는 모양이 나타나다.

우ː뇌(右腦) [-뇌/-눼] 圀[생] 대뇌에서, 오른쪽 반구를 이루고 있는 부분. 주로, 공간 인식과 음악 활동 등이 이뤄짐. ↔좌뇌.

우ː는-살 圀 옛날, 전쟁 때에 쓰던 화살의 한 가지. 끝에 속이 빈 깍지를 달아 붙인 것으로, 쏘면 공기에 부딪쳐 소리가 남. =명적(鳴鏑)·효시(嚆矢).

우ː는-소리 圀 엄살을 부려 어려운 사정을 늘어놓는 말. ¶김 씨는 장사가 안된다면서 ~를 한다.

우ː단(羽緞) 圀 =벨벳.

우담바라(優曇波羅) 圀 [<영udambara] [불] 인도에서 3000년에 한 번 전륜왕이 나타날 때 꽃이 핀다고 하는 상상의 식물. =우담발라(優曇鉢羅)·우담화(優曇華).

우당탕 튀 물건이 요란하게 떨어지거나 널마루에서 뛸 때에 나는 소리. 우당탕-하다 재여

우당탕-거리다/-대다 재 연달아 우당탕 소리가 나다. ¶아이들이 복도에서 우당탕거리며 놀고 있다.

우당탕-우당탕 튀 잇달아 우당탕거리는 소리. 우당탕우당탕-하다 재여

우당탕-퉁탕 튀 우당탕거리고 퉁탕거리는 소리. 또는, 그 모양. 우당탕퉁탕-하다 통재여 ¶아이들이 마루에서 우당탕퉁탕하고 소란을 피우다.

우대¹ 圀 예전에, 서울 도성(都城) 안의 북서쪽 지역, 곧 인왕산(仁王山) 부근의 동네들을 이르던 말. ↔아래대.

우대²(優待) 圀 특별히 잘 대우하는 것. 또는, 그 대우. ¶~를 받다. 우대-하다 통태여 1 자격증 소지자를 ~. / 단골손님을 ~. 우대-되다 재여

우대-권(優待券) [-꿘] 圀 우대할 것을 밝힌 표. 상점·공연장 따위에서 발행함.

우대^금리(優待金利) [-니-] 圀[경] 은행이 선정한 신용도가 높은 특정 기업체에 적용하는, 일반 대출 이자율보다 낮은 금리.

우도-할계(牛刀割鷄)[-계/-게] 圀 〔소 잡는 칼로 닭을 잡는다는 뜻〕 1 작은 일에 어울리지 않는 큰 기구를 씀의 비유. 2 지나치게 과장된 표현이나 몸짓 따위의 비유.

우동(←饂飩/うどん) 圀 면발이 굵은 일본식 국수. 흔히, 맑고 담백한 국물에 말아서 먹는데, 이 국물은 보통 가다랑어 포를 우려 낸 물에 간장·설탕 등을 넣어서 맛을 냄. 순화어는 '가락국수'. ¶유부 ~ / 냄비 ~.

우두¹(牛痘) 圀〔의〕 천연두를 예방하기 위해 소에서 뽑은 면역 물질. ¶~ 자국 / ~를 놓다(맞다). ▷종두(種痘).

우두²(牛頭) 圀 소의 머리.

우두둑 图 1 단단한 물건을 깨무는 소리. ¶날밤을 ~ 깨물어 먹다 / 돌이 ~ 씹히다. 2 단단한 것이 부러지는 소리. 쎈오도독. **우두둑-하다** 통(자)(타)(여) ¶나뭇가지를 **우두둑하고** 분지르다.

우두둑-거리다/-대다[-꺼(때)-] 통(자)(타) 자꾸 우두둑 소리가 나다. 쎈오도독거리다.

우두둑-우두둑 图 우두둑거리는 소리. ¶사탕을 ~ 깨물다. 준우두둑. 쎈오도독오도독. **우두둑우두둑-하다** 통(자)(타)(여)

우두망찰-하다 통(자)(여) 정신이 얼떨떨하여 어찌할 바를 모르다.

우두머니 圀 '우두커니'의 잘못.

우두머리 圀 1 어떤 단체나 조직 등을 이끌거나 다스리는, 가장 높은 지위에 있는 사람. 삐두목·보스. ¶반란군의 ~ / 산적의 ~. 2 물건의 꼭대기.

우두커니 图 정신없이 또는 얼빠진 듯이 멀거니 있는 모양. ¶먼 산을 ~ 바라보다. 쎈오도카니. ×우두머니.

우둑-우둑 图 '우둑우둑우둑'의 준말. 쎈오독오독. **우둑우둑-하다** 통(자)(타)(여)

우둔¹(牛臀) 圀 소의 볼기살.

우둔²(愚鈍) → **우둔-하다** 휑여 어리석고 둔하다. ¶**우둔한** 사람.

우둘-우둘¹ 图 1 크고 여린 뼈나 말린 날밤처럼 깨물기에 조금 단단한 모양. 2 무르게 삶기지 않은 모양. 3 우둥퉁하고 부드러운 모양. 쎈오돌오돌. **우둘우둘-하다** 휑여

우둘-우둘² 图 '우들우들'의 잘못.

우둘-투둘 图 거죽이나 바닥이 고르지 않고 군데군데 두드러져 있는 모양. ¶얼굴에 여드름이 ~ 돋아나다. 쎈오돌토돌. **우둘투둘-하다** 휑여

우둥-우둥 图 여러 사람이 황망히 드나드는 모양. **우둥우둥-하다** 통(자)(여)

우둥퉁-하다 휑여 몸이 크고 퉁퉁하다. 쎈오동퉁하다.

우든^**클럽**(wooden club) 圀(체) 골프에서, 헤드가 목제인 클럽. ▷아이언 클럽.

우들-우들 图 몸이 큰 사람이 심하게 떠는 모양. ¶성이 나서 ~ 떨다. 쎈오들오들. ▷부들부들. **우들우들-하다** 통(자)(여)

우듬지 圀 나무의 꼭대기 줄기. 삐말초(末梢).

우등(優等) 圀 1 빼어나게 훌륭한 등급. ¶~ 고속버스. 2 성적 등이 뛰어난 것. 또는, 그 성적. ¶중학교를 ~으로 졸업하다. ↔열등(劣等). **우등-하다** 통(자)(여)

우등-상(優等賞) 圀 우등한 사람에게 주는 상.

우등-상장(優等賞狀)[-짱] 圀 우등한 사람에게 주는 상장.

우등-생(優等生) 圀 성적이 우수하고 품행이 단정하여 다른 학생에게 모범이 되는 학생. ↔열등생.

우뚝 图 1 높이 솟은 모양. ¶~ 솟은 산. 쎈오뚝. 2 남보다 뛰어난 모양. **우뚝-하다** 휑여 **우뚝-이** 图

우뚝-우뚝 图 여러 군데 우뚝하게 솟은 모양. ¶빌딩이 ~ 솟다. 쎈오뚝오뚝. **우뚝우뚝-하다** 휑여

우라(←裏/うら) 圀 '안감'으로 순화.

우라늄(uranium) 圀(화) 천연 방사성 원소의 하나. 원소 기호 U, 원자 번호 92, 원자량 238.03. 은백색의 금속이며, 핵연료로 중요함. ≒우란.

우라늄-광(uranium鑛) 圀(광) 우라늄을 다량 함유하고 있는 광석의 총칭.

우라-지게 图 '매우', '심하게'의 뜻으로, 대상의 어떤 상태에 대해 못마땅하게 여기거나 불평하는 뜻을 비속하게 나타내는 말. ¶날씨 한번 ~ 춥구먼.

우라-질(唐) ⇒오라질. ¶~ 것 / ~ 놈.

우락-부락[-빡-] 图 1 몸집이 크고 험상궂게 생긴 모양. 2 언동이 난폭하고 거친 모양. **우락부락-하다** 휑여 ¶생김새는 **우락부락하지만** 마음씨는 곱다.

우랄^어!족(Ural語族) 圀(언) 세계 어족의 하나. 교착성(膠着性)과 모음조화가 있는 것이 특색임. 핀란드 어·헝가리 어·사모예드 어·에스토니아 어 따위.

우람-스럽다[-따] 휑(ㅂ)(<-스러우니, ~스러워) 우람한 데가 있다. **우람스레** 图

우람-지다 휑 매우 크고 웅장한 맛이 있다.

우람-차다 휑 매우 우람스럽다.

우람-하다 휑여 (사람이나 동물, 또는 산·나무·건물 따위가) 체구 또는 부피에 있어서 보통의 경우보다 큰 상태에 있다. 삐거대하다. ¶체구가 **우람한** 씨름 선수.

우랑(牛囊*) 圀〔'囊'의 본음은 '낭'〕 소의 불알. 쎈쇠불알. 圀우낭.

우!량¹(雨量) 圀 '강우량'으로 순화.

우량(優良) 圀 뛰어나게 좋은 것. **우량-하다** 휑여

우!량-계(雨量計)[-계/-게] 圀 비가 내린 양을 재는 계기.

우량-도서(優良圖書) 圀 정서 순화와 교양 함양에 이바지할 수 있는 우수 도서.

우량-아(優良兒) 圀 건강·발육 상태가 매우 좋은 아기.

우량-종(優良種) 圀 품질이 뛰어나게 좋은 종자. 또는, 그런 종류의 것. ¶~ 젖소 / ~을 재배하다.

우량-주(優良株) 圀(경) 배당이 높고 수익·경영 내용이 좋은 회사의 주식.

우러-나다 통(자) 1 (맛·성분·빛깔 등이) 액체 속에 녹아 나오다. ¶소뼈의 진한 성분이 ~ / 찻잎에 뜨거운 물을 부으면 잠시 뒤 은은한 향과 맛이 **우러난다**. 2 (진실한 감정이 마음에서) 저절로 생겨나다. 삐우러나오다. ¶마음에서 **우러난** 선행.

우러-나오다 통(자) 1 (어떤 성분 등이 액체에) 녹아 나오다. 또는, (어떤 성분 등이 물질에서) 액체 속에 녹아 나오다. ¶소뼈의 진액이 국물에 ~ / 소뼈에서 진액이 잘 ~. 2 (생각·감정·성향 등이 사람·경험·삶 등에서) 생겨 나오다. 삐우러나다. ¶생활 속에서 **우러나온** 삶의 지혜 / 그의 희생정신은 깊은 신앙에서 **우러나온** 것이다.

우러러-보다 통(타) 1 (하늘을) 경건한 마음으

우러러보이다
로 고개를 쳐들고 바라보다. ¶삼월 하늘 가만히 **우러러보며** 유관순 누나를 생각합니다.《강소천:유관순》 2 (사람이나 어떤 대상을) 존경하는 마음이나 높이 받드는 마음을 가지고 보거나 대하다. ¶만인이 **우러러보는** 위인.

우러러보-이다 동(자) '우러러보다'의 피동사. ¶난처한 상황에서 현명하게 대처한 그가 우러러보인다.

우러르다 동(타) 〈우러르니, 우러러〉 1 ('하늘'을 목적어로 취하여) 경건한 마음으로 하늘을 향해 고개를 쳐들다. ¶하늘을 **우러러** 한 점 부끄러움이 없기를 잎새에 이는 바람에도 나는 괴로워했다.《윤동주:서시》 2 사람이나 어떤 대상에 대해 존경하는 마음이나 높이 받드는 마음을 가지다. ¶스승을 **우러러** 섬기다.

우럭-우럭 閃 1 불기운이 세차게 일어나는 모양. 2 술기운이 얼굴에 나타나는 모양. 3 병이 점점 더해 가는 모양. **우럭우럭-하다** 동(자)여

우럭쉥이 명(동) =멍게.

우렁-우렁 閃 소리가 매우 크게 울리거나 나는 모양. ¶소리는 그 동굴의 까마득히 깊고 음습한 밑바닥으로부터 ~ 울려 나오고 있었다.《임철우:사산하는 여름》 **우렁우렁-하다** 형(여) ¶**우렁우렁한** 목소리.

우렁이 명(동) 논우렁과의 고동의 총칭. 무논·웅덩이 등에 살며, 패각은 원추형으로 암녹색임. 식용함. →토라(土螺).

우렁잇-속 [-이쏙/-잇쏙] 명 내용이 복잡하여 헤아리기 어려운 일 또는 의뭉하여 헤아리기 어려운 속마음을 비유하여 이르는 말. ¶그놈의 속은 ~ 같아 뭔지 모르겠다.

우렁-차다 형 1 (소리가) 매우 크고 힘차다. ¶**우렁찬** 만세 소리 / **우렁차게** 노래를 부르다. 2 매우 당당하고 힘차다.

우:레¹ 명 꿩 사냥할 때 암꿩을 부르기 위하여 장끼의 소리를 내도록 만든 물건. 살구 씨나 복숭아씨에 구멍을 뚫어 만듦.

우레² 명 =천둥. ×우뢰.

우레(와) 같은 박수 군 매우 큰 박수를 비유하여 이르는 말. ¶훌륭한 연기에 관중은 ~를 보내 주었다.

우레탄(urethane) 명(화) 1 에틸에스테르를 주성분으로 하는 무취·무색의 결정. 청량제와 비슷한 특이한 맛이 있음. 최면제·백혈병 치료제 등에 쓰임. 2 =우레탄 고무.

우레탄^고무(urethane-) 명(화) 우레탄 결합을 가진 합성 고무의 하나. 질기고 기름이 잘 배지 않지만, 열에는 약함. 구두창·타이어·벨트 따위에 쓰임.

우레탄^수지(urethane樹脂) 명(화) 우레탄 결합을 가진 합성 고분자. 폴리우레탄 계열 합성 섬유로서 스판덱스·우레탄 고무·우레탄 도료 따위가 실용화되고 있음.

우렛-소리 [-레쏘/-렏쏘] 명 천둥 치는 소리. 비천둥소리. ×우룃소리.

우려(憂慮) 명 (어떤 일을) 잘못되지 않을까 걱정하는 것. 또는, (문제가 되는 일을) 애태우며 걱정하는 것. 또는, 그 걱정. ¶전쟁 발발의 ~를 낳다 / 그 영화는 청소년의 정서를 해칠 ~가 있다. **우려-하다** 동(타)여 ¶병이 악화되지 않을까 **우려되다** 동(자) ¶수해가 **우려되는** 지역.

우려-내다 동(타) 1 액체에 담가 성분·맛·빛깔 따위가 배어들게 하다. ¶녹차 잎을 ~ / 멸치 국물을 ~. 2 꾀거나 위협하여 돈이나 물품을 얻어 내다. ¶친구에게서 돈을 ~.

우려-먹다 [-따] 동(타) 1 (물건의 맛이나 진액을) 여러 번 우려내어 먹다. ¶쇠뼈를 너무 **우려먹어** 이젠 맹물만 나온다. 2 달래거나 위협하거나 하여 남의 금품을 억지로 빼앗다. ¶탐관오리가 불쌍한 백성들의 재산을 ~.

우:력(偶力) 명(물) =짝힘.

우련-하다 형(여) (형태나 빛깔 등이) 보일 듯 말 듯 희미하고 엷다. 잡오련하다. **우련-히** 閃

우:로지택(雨露之澤) 명 1 이슬과 비의 혜택. 곧, 자연의 혜택. 2 넓고 큰 은혜.

우론(愚論) 명 1 어리석은 의론. 2 자기의 논설이나 견해를 겸손하게 이르는 말.

우롱(愚弄) 명 사람을 바보로 여기고 놀리는 것. **우롱-하다** 동(타)여 ¶소비자를 **우롱하는** 얄팍한 상술 / 늙은이를 **우롱하려** 드느냐?

우롱-차(←중烏龍茶) 명 중국 차의 한 가지. 차의 생잎을 발효 도중에 솥에서 볶은 반발효차. 녹차의 풍미가 있음.

우뢰 명 '우레²'의 잘못.

우루과이(Uruguay) 명(지) 남아메리카 동부에 있는 공화국. 수도는 몬테비데오.

우르르 閃 1 몸집이 큰 여러 사람이나 짐승 등이 한꺼번에 몰려다니거나 움직이는 모양. ¶사람들이 ~ 몰려들다. 2 물 따위가 끓어오르거나 많은 양이 한꺼번에 쏟아지는 소리. ¶폭포수가 ~ 콸콸 쏟아지다. 3 쌓여 있던 많은 물건이 갑자기 쏟아지거나 무너지는 소리. ¶바구니에 담긴 과일이 ~ 쏟아지다. 잡으르르. 4 천둥 치는 소리. ¶천둥이 ~ 치다. **우르르-하다** 동(자)여

우르릉 閃 천둥소리가 무겁고 둔하게 울리는 소리. 또는, 그 모양. ¶~ 쾅쾅! 잡와르릉.

우르릉-거리다/-대다 동(자)여 잇달아 우르릉 소리를 내다. 잡와르릉거리다.

우르릉-우르릉 閃 우르릉거리는 모양. 잡와르릉와르릉.

우리¹ 명 짐승을 가두어 두는 곳. ¶돼지 ~ / ~에 갇힌 짐승.

우리² 명(의존) 기와를 세는 단위. 한 우리는 2천 장임. 준울.

우리³ 대(인칭) 1 말하는 사람이 자기와 주위에 있는 사람이나 자기의 동아리로 여겨지는 사람을 함께 이르는 말. '우리들'보다 가리키는 대상이 더 추상적이고 막연하며 전체로서의 의미가 강함. ¶자, ~ 힘을 합쳐 열심히 해 봅시다. / ~는 모두 잘 있으니 걱정 마십시오. 2 자기가 속한 동아리에 의지하여 '나³'을 이르는 말. =아등(我等). ¶~ 집 / ~ 아버지. 준울.

우리-글 명 우리나라의 글자라는 뜻으로, '한글'을 아끼고 사랑하자.

우리-나라 명 우리 한민족이 세운 나라를 스스로 이르는 말.

> 어법 저희 나라는 사계절이 뚜렷합니다: 저희 나라(×)→우리나라(○). ▶ 설령 외국인을 상대한 자리라 하더라도, 국가는 겸양하여 낮출 대상이 아니므로 '우리나라'라고 해야 함.

우리다¹ 동(자) 더운 볕이 들다.

우리다² 동(타) 1 물건을 액체에 담가 맛이나 성분 따위가 우러나게 하다. ¶쓴바귀를 물

에 ~. 2 달래거나 위협하거나 속է 물건 따위를 얻어 내다. ¶돈을 ~.
우리다³ 통(타) '후리다'의 잘못.
우리-들 대(인칭) 일인칭 복수 대명사. '우리'에 다시 복수 접미사 '-들'이 붙은 말. '우리'보다 가리키는 대상이 더 구체적이고 개별적인 의미가 강함.
우리-말 명 우리나라의 말. 곧, 한국어. ¶~을 갈고닦자.
우리^사주^조합(一社株組合) 명[경] 종업원들에게 자기 회사의 주식을 취득·보유하게 하여 회사의 경영 및 이익 분배에 참여하도록 하기 위해 조직한 조합.
우린-감 명 소금물에 담가서 떫은맛을 없앤 감. =침감·침시(沈枾).
우릿-간(一間) [-리간/-릳깐] 명 우리로 쓰는 칸. ¶돼지~.
우마(牛馬) 명 소와 말.
우-마차(牛馬車) 명 우차와 마차.
우매(愚昧) ➝**우매-하다** 형(여) 어리석고 몽매하다. ㉺우몽하다·우미(愚迷)하다.
우먼-파워(womanpower) 명 정치·사회·경제적인 면에서의 여성의 힘. 흔히, 여성 해방 운동과 관련하여 그 힘이 운위됨. ¶~가 거세게 일다.
우멍거지 명 귀두가 살가죽으로 덮여 있는 성인의 음경. 비포경(包莖).
우멍-하다 형(여) 1 물건 바닥이 쑥 들어가 우묵하다. ㉺오망하다. 2 '의뭉하다'의 잘못.
우:모(羽毛) 명 ¶깃¹.
우몽(愚蒙) ➝**우몽-하다** 형(여) =우매(愚昧)하다.
우무 명 =한천(寒天)².
우묵-우묵 부 군데군데 우묵하게 들어간 모양. ㉺오목오목. **우묵우묵-하다** 형(여)
우묵-주묵 [-쭈-] 부 고르지 않게 여러 군데가 우묵우묵한 모양. ㉺오목조목. **우묵주묵-하다** [-무카-] 형(여)
우묵-하다 [-무카-] 형(여) 가운데가 조금 둥글게 깊숙하다. ¶**우묵하게** 팬 땅/ 감은 눈의 **우묵한** 눈이 altında 그늘져 있었다.《황순원: 카인의 후예》㉺오목하다.
우문(愚問) 명 어리석은 질문.
우문-우답(愚問愚答) 명 어리석은 질문에 어리석은 대답.
우문-현답(愚問賢答) 명 어리석은 질문에 현명한 대답. ↔현문우답.
우물¹ 명 땅을 파서 지하수가 늘 괴어 있도록 만들어 평소에 물을 퍼서 먹이고 쓸 수 있게 한 곳. ¶~을 파다.
[**우물 안 개구리**] 바깥세상의 형편을 모르는, 견문이 좁은 사람의 비유. [**우물에 가 숭늉 찾는다**] 성미가 급하여 터무니없이 재촉하거나 서두를 때 이르는 말. [**우물을 파도 한 우물을 파라**] 무슨 일이든 한 가지 일을 꾸준히 하여야 이룰 수 있다는 말.
우물²(尤物) 명 1 가장 좋은 물건. 2 잘생긴 여자.
우물-가[-까] 명 우물과 잇닿아 있는 둘레.
[**우물가에 애 보낸 것 같다**] 마음이 몹시 걱정된다.
우물-거리다/-대다 통(자)(타)(여) 1 (많은 벌레나 물고기 등이) 한군데에 모여 몸을 꾸물거린다. 2 음식을 제대로 씹지 못하고 입속에서 이리저리 굴리며 입을 자꾸 놀리다. ¶할머니가 고기를 입에 넣고 ~. 3 말이나 행동을 제대로 하지 못하고 꾸물거리다. ¶뭘 **우물거리고 있느냐? 속 시원히 말해라. ㉺오물거리다.
우물-물 명 우물에서 나는 물. 또는, 우물에서 길어 낸 물. =정수(井水).
우물^반자 명[건] 반자틀이 정사각형인 소란반자.
우물-우물 부 우물거리는 모양. ¶~ 씹다. ㉺오물오물. **우물우물-하다** 통(자)(타)(여) ¶말을 끝으로 ~.
우물-지다 통(자) 1 뺨에 보조개가 생기다. 2 우묵하게 들어가다.
우물쩍-주물쩍 [-쩌-] 부 꾀를 부리느라고 말이나 행동을 자주 일부러 분명하게 하지 않는 모양. ¶~ 넘기다. **우물쩍주물쩍-하다** 통(자)
우물-쭈물 부 말이나 행동을 우물거리며 주저주저하는 모양. ¶~ 망설이다가 그만 기회를 놓치고 말았다. **우물쭈물-하다** 통(자)(여) ¶**우물주물하지** 말고 네 뜻을 분명히 밝혀라.
우뭇-가사리 [-무까-/-묻까-] 명[식] 홍조류 우뭇가사릿과의 해조(海藥). 줄기에 잔가지가 많이 나 나뭇가지 모양이며 몸빛은 검붉음. 바다 속 모래나 돌에 붙어사는데, 긴 쇠갈쿠리 등으로 따서 한천(寒天)을 만듦. =석화채(石花菜). ㉺우뭇가시·가사리.
우므러-들다 통(자) 〈-드니, -드오〉 점점 우므러져 들어가다. ㉺오므라들다.
우므러-뜨리다/-트리다 통(타) 힘주어 우므리다. ㉺오므라뜨리다.
우므러-지다 통(자) 물건의 가장자리의 끝이 한군데로 향하여 말려들다. ㉺오므라지다.
우므리다 통(타) 우므러지게 하다. ㉺오므리다.
우미(優美) ➝**우미-하다** 형(여) 우아하고 아름답다. ¶처음에는 아주 귀공자답게 단아하고 **우미하던** 유봉이가 날이 갈수록 차차 조야하고 횡포하여 갔다.《김동인: 김연실전》
우미다 통(타) '매만지다'의 잘못.
우민(愚民) 명 1 어리석은 백성. =우맹(愚氓). 2 통치자에 대하여 백성이 자신을 낮추어 이르는 말.
우민^정책(愚民政策) 명[정] 지배 계급이 안정적인 권력을 오래도록 유지하기 위하여 국민의 정치에 대한 관심이나 비판력을 없애려는 정책. 체육·연예·오락 등을 조장하여 국민의 관심을 그쪽으로 돌림.
우바새(優婆塞) 명 [<범Upāsaka] [불] 세속에 있으면서 불교를 믿는 남자. =거사(居士)·청신사·청신남·신사(信士). ↔우바이.
우바이(優婆夷) 명 [<범Upāsikā] [불] 세속에 있으면서 불교를 믿는 여자. =청신녀(淸信女). ↔우바새.
우:박(雨雹) 명 큰 물방울이 공중에서 갑자기 찬 기운을 만나 얼어 떨어지는 백색 덩어리. 봄·여름에 주로 내림. 비누리. ¶~이 쏟아지다 / ~으로 농작물 피해를 보다.
우:발(偶發) 명 우연히 일어나는 것. 또는, 그 일. **우:발-하다** 통(여)
우:발-범(偶發犯) 명[법] 행위자의 성격에 의하지 않고 주로 외부적 사정에 의하여 일어나는 범죄. =기회범.
우:발-적(偶發的) [-쩍] 관 명 어떤 일이 예기하지 않고 우연히 일어나는 (것). ¶~인 충돌.
우:발^채:무(偶發債務) 명[경] 현재는 채무로 되어 있지 않으나 장래 일정한 조건하에

●우방

서 채무가 될 가능성이 있는 불확정한 채무.
우:방¹(友邦)[명] 서로 우호적인 관계를 맺고 있는 나라.
우:방²(右方)[명] =오른쪽. ↔좌방(左方).
우:-백호(右白虎)[-배코][민]'백호²'를, 주산 오른쪽에 있다는 뜻으로 이르는 말. ¶좌청룡 ~.
우범(虞犯)[명] 성격이나 환경 등으로 인하여 죄를 저지를 우려가 있는 것. ¶~지역.
우범^소:년(虞犯少年)[명] 소년법 규정에 따른 일정한 불량 행적이 있고 장차 죄를 범할 우려가 있는, 12세 이상 20세 미만의 소년.
우범-자(虞犯者)[명] 죄를 저지를 가능성이 높은 사람.
우범^지대(虞犯地帶)[명][법] 범죄가 자주 일어나는 지역. 또는, 그 우려가 있는 지역.
우:변(右邊)[명] 1 오른편쪽. 2[수] 등식 또는 부등식에서, 등호 또는 부등호의 오른쪽에 적은 수나 식. ↔좌변(左邊).
우^변!칙^활용(-變則活用)[-치칼-][명][언]=우 불규칙 활용.
우부(愚夫)[명] 어리석은 남자.
우부룩-하다[-루카-][형여](많은 풀이나 나무 등이) 한데 뭉쳐 나 더부룩하다. 준우북하다.[작]오보록하다. **우부룩-이**[부]
우북-하다[-부카-][형여] '우부룩하다'의 준말.[작]오복하다. **우북-이**[부]
우분(牛糞)[명] =쇠똥².
우^불규칙^용:언(-不規則用言)[-칭농-][명]=우 불규칙 활용을 하는 용언.
우^불규칙^활용(-不規則活用)[-치칼-][명][언] 어미 '어' 위에서 어간 끝의 '우'가 탈락하는 활용 형식. '푸다'의 '푸+어'가 '퍼'로 활용됨이 따위. =우벗어난끝바꿈·우 변칙 활용.
우:비(雨備)[명] 비를 가리는 물건. 우산·비옷·삿갓·도롱이 따위. =우구(雨具).
우비다[타여] '후비다'의 여린말.[작]오비다.
우비적-거리다/-대다[-꺼(때)-][동]타 자꾸 우비다.[작]오비작거리다.[거]후비적거리다.
우비적-우비적[부] 우비적거리는 모양.[작]오비작오비작.[거]후비적후비적. **우비적우비적-하다**[동]타여
우:빙(雨氷)[명] 빗물이 찬 땅이나 나뭇가지 등에 닿아서 얇게 언 얼음.
우사¹(牛舍)[명] =외양간.
우:사²(雨師)[명] 비를 다스린다는 신.
우:산(雨傘·雨繖)[명] 비를 몸에 맞지 않도록 손에 들고 머리 위에 받쳐 쓰는, 스틱에 여러 개의 가는 살을 연결하여 접었다 폈다 할 수 있는 구조로 만든 천이나 비닐 등을 씌워 만든 물건. 박쥐우산·지우산·비닐우산 따위가 있음. ¶~을 쓰다(받다).
우산-국(于山國)[명][역] 울릉도에 있던 나라. 512년 신라에 병합.
우:산-대(雨傘-)[-때][명] 우산을 버티는 대.
우:산-살(雨傘-)[-쌀][명] 천·종이·비닐 따위로 된 우산의 덮개 부분을 받치는, 가는 대나 쇠로 된 뼈대.
우:상¹(右相)[명][역] =우의정. ↔좌상.
우:상²(羽狀)[명] 새의 깃과 같은 모양.
우:상³(偶像)[명] 1 나무·돌·쇠붙이·흙 따위로 만든 형상. 2 숭배의 대상이 되는 물건이나 사람. ¶~으로 떠받들다 / 오늘날 영화배우·운동선수는 대중의 ~으로 군림하고 있다. 3 [종] 인위적으로 만들어 놓은 신의 형상.
우:상^숭배(偶像崇拜)[명] 신(神) 이외의 사람이나 물체를 신앙의 대상으로서 숭배하는 일.
우:상-적(偶像的)[관][명] 우상과 같은 (것). ¶~인 존재.
우:상-화(偶像化)[명] (어떤 대상을) 우상으로 만드는 것. **우:상화-하다**[동]타여 무책임한 언론이 그를 ~. **우:상화-되다**[동]자
우생(愚生)[대](인칭) 자신을 겸손하게 이르는 말.
우생-학(優生學)[명][생] 인류의 유전적 소질을 향상 또는 감퇴시키는 사회적 요인을 연구하여 유전적 소질의 악화를 막고 개선을 꾀하는 것을 목적으로 한 응용 유전학의 한 분야.
우:선¹(右旋)[명] 오른쪽으로 돌거나 돌리는 것. ↔좌선(左旋). **우:선-하다¹**[동]자여
우선²(優先)[명] 어떤 일이나 대상을 특별히 다른 것에 앞서서 문제로 삼거나 다루는 것. ¶안전 운행을 ~으로 삼다 / 일도 좋지만 무엇보다 건강이 ~이다. **우선-하다²**[동]자여 ¶정부가 모든 것에 우선하여 복지 정책을 추진한다.
우선³(于先)[부] 어떤 일에 앞서서 먼저. =위선(爲先). ¶밥 먹기 전에 ~ 손부터 씻어라. / 돈 걱정은 나중에 하고 ~ 사람부터 살리고 보자.
[**우선 먹기는 곶감이 달다**] 나중에는 어찌 되든 당장 좋은 편을 취하기 시작한다는 말.
우선-권(優先權)[-꿘][명] 1 남보다 먼저 행사할 수 있는 권리. ¶~을 주다. 2 [법] 금전·물건의 취득·이익 배당 등을 다른 유권자보다 먼저 받을 수 있는 권리.
우선-멈춤(優先-)[명] 달리던 자동차가 횡단 보도 등의 앞에서 일단정지 하는 일.
우선-순위(優先順位)[명] 어떤 것을 먼저 차지하거나 사용할 수 있는 차례나 위치.
우선-적(優先的)[관][명] 우선으로 삼는 상태에 있는 (것). ¶~ 해결 과제.
우선-주(優先株)[명][경] 보통주에 앞서서 이익 배당이나 잔여 재산의 분배를 받을 수 있는 주식. ↔후배주(後配株).
우선-하다³[형여] 1 병이 좀 차도가 있는 듯하다. 2 물리거나 급박하던 형편이 한결 나아진 상태이다.
우성(優性)[명][생] 대립 형질이 서로 다른 두 품종을 교배시켰을 때 잡종 제1대에 반드시 나타나는 형질. =유전. / =형질. ↔열성(劣性).
우세¹ '남우세'의 준말. ¶식구끼리 서로 다투면 집안의 ~밖에 안 된다. **우세-하다¹**[동]자여
우:세²(雨勢)[명] 비 내리는 기세 또는 형세.
우세³(優勢)[명] 세력이나 형세가 남보다 앞서거나 나은 것. 또는, 그 세력이나 형세. ¶한일 친선 축구 대회에서 우리 팀은 시종 ~를 보였다. ↔열세. **우세-하다²**[형여] ¶A팀보다 B팀의 전력이 ~.
우세-스럽다[-따][형비]<-스러우니, -스러워> '남우세스럽다'의 준말. ¶실수를 저지르고 나니 **우세스러워** 고개를 들 수가 없다.
우세스레[부]
우세-승(優勢勝)[명][체] 유도에서의 판정승의 하나. '절반', '유효', '효과'를 얻었거나 상대에게 '경고', '주의', '지도'가 있었을 때 등의 경우에 내려짐.

우셋-거리[-세꺼-/-섿꺼-] 명 우세를 할 거리.

우송(郵送) 명 우편으로 보내는 것. 우송-하다 통(타)여 ¶편지를 ~. **우송-되다** 통(자)여 ¶우송되어 온 등기 우편.

우송-료(郵送料)[-뇨] 명 편지나 물건을 부치는 데 드는 비용. ¶소화물 ~/항공 ~.

우수¹ 명 1 일정한 수효 외에 더 받는 물건. 2 '우수리'의 준말.

우ː수²(右手) 명 =오른손. ↔좌수(左手).

우ː수³(雨水) 명 1 = 빗물. 2 24절기의 하나. 2월 19일경으로, 입춘과 경칩 사이에 있음. ¶~ 경칩에는 대동강 물이 풀린다.

우ː수⁴(偶數) 명 =짝수. ↔기수(奇數).

우수⁵(憂愁) 명 사람의 마음이 시름에 싸인 상태. 또는, 그로 말미암아 얼굴 표정이 어두운 상태. ¶~에 잠기다[젖다]/~에 가득 찬 눈/얼굴에 ~의 그림자가 드리워지다.

우수⁶(優秀) →우수-하다 형여 여럿 가운데에서 뛰어나다. ¶**우수한** 기술/학업 성적이 ~.

우수리 명 1 물건 값을 셈하고 거슬러 받는 잔돈. 비거스름돈. 2 일정한 수나 수량에 꽉 차고 남는 수나 수량. =단수(端數). ¶~가 없이 딱 맞는다./~가 많이 남았다. 준우수.

우수-성(優秀性)[-썽] 명 우수함을 나타내는 성질. ¶한글의 ~/제품의 ~.

우수수 부 1 물건이 수북하게 쏟아지는 모양. ¶선물을 ~ 쏟아 놓다. 좍오소소. 2 많은 가랑잎이 떨어지는 모양. 또는, 그 소리. ¶~ 낙엽이 지다. 3 물건의 사개나 묶어 놓은 것이 저절로 물러나는 모양. 우수수-하다 통(자)여

우ː-수영(右水營) 명[역] 조선 시대, 전라도 해남과 경상도 통영에 두었던 수군절도사의 군영. ↔좌수영.

우ː순-풍조(雨順風調) [때맞게 비가 오고 바람이 고르게 분다는 뜻] 농사에 알맞게 기후가 순조로움. 우ː순풍조-하다 형여

우ː숫-물(雨水-)[-순-] 명 우수 때에 내리는 많은 비.

우숫물(이) 지다 관 우숫물로 큰물이 지다.

우스개 명 남을 웃기려고 하는 농이나 짓. ¶그냥 ~로 해본 소리에 화를 내다니.

우스갯-소리[-개쏘-/-갣쏘-] 명 우스개로 하는 말.

우스갯-짓[-개짇/-갣짇] 명 우스개로 하는 짓.

우스꽝-스럽다[-따] 형ㅂ <-스러우니, ~스러워> (모습이나 하는 짓이) 웃음을 자아내는 데가 있거나 비웃음을 살 만한 데가 있다. ¶차림이 ~/**우스꽝스러운** 짓을 하다/피에로의 표정이 ~. ×우습광스럽다. 우스꽝스레 부

우스터-소스(Worcester sauce) 명 양파·마늘·사과 등에 조미료·향신료를 넣어 익힌 소스.

우습광-스럽다[-따] 형ㅂ '우스꽝스럽다'의 잘못.

우ː습다[-따] 형ㅂ <우스우니, 우스워> 1 웃고 싶은 느낌이 있다. 또는, 웃음이 나게 하는 상태에 있다. ¶아기의 재롱이 귀엽기도 하고 **우습기**도 하다. 2 싱겁거나 실없어 웃음을 살 만한 상태에 있다. ¶잘해 보려고 했었는데 결과는 **우습게** 되고 말았다. 3 대단치 않거나 하찮다. ¶적을 **우습게** 알다간 오

우여곡절 ●1381

히려 큰코다친다.

우습지도 않다 관 너무 어이가 없는 일이어서 기가 막히다.

우승(優勝) 명 경기·경주 등에서 첫째로 이기는 것. ¶~을 노리다/~을 다투다. 우승-하다 통(자)여 ¶전국 대회에서 ~.

우승-기(優勝旗) 명 우승한 사람이나 단체에 주는 기.

우승-배(優勝杯) 명 =우승컵.

우승-열패(優勝劣敗)[-녈-] 명 나은 자가 이기고 모자라는 자는 지는 일. 우승열패-하다 통(자)여

우승-자(優勝者) 명 우승한 사람. =챔피언.

우승-컵(優勝cup) 명 우승한 사람이나 팀에게 주는, 커다란 사발 모양의 물건. =우승배(優勝杯).

우-시장(牛市場) 명 소를 사고파는 곳. 비쇠장.

우심(尤甚) →우심-하다 형여 더욱 심하다.

우ː-심방(右心房) 명 [생] 심장 안의 오른쪽 윗부분. 대정맥에서 오는 피를 받아 우심실로 보내는 일을 함. ↔좌심방.

우ː-심실(右心室) 명 [생] 심장 안의 오른쪽 아랫부분. 우심방에서 오는 피를 깨끗이 하여 폐동맥으로 보내는 일을 함. ↔좌심실.

우아 감 1 뜻밖의 기쁨이나 놀라움을 나타내는 소리. ¶~, 이겼다./~, 그게 정말이야? 2 말이나 소를 조용히 있도록 또는 진정하도록 달래는 소리. 준와.

우아(優雅) →우아-하다 형여 고상하고 기품이 있으며 아름답다. ¶**우아한** 모습/**우아한** 말씨/그녀의 차림새는 매우 ~.

우아-우아 감 말이나 소에게 거듭 '우아' 하는 소리.

우악¹(愚惡) →우악-하다¹[-아카-] 형여 1 무지하고 포악하다. 2 미련하고 우락부락하다. ¶**우악한** 사내.

우악²(優渥) →우악-하다²[-아카-] 형여 은혜가 넓고 두텁다.

우악살-스럽다(愚惡-)[-쌀-따] 형ㅂ <-스러우니, ~스러워> '우악스럽다'의 힘줌말. 좍왁살스럽다. 우악살스레 부

우악-스럽다(愚惡-)[-쓰-따] 형ㅂ <-스러우니, ~스러워> 우악한 데가 있다. ¶**우악스럽게** 생기다/말씨가 ~. 우악스레 부

우ː안(右岸) 명 강의 하류를 향하여 볼 때의 오른쪽 강기슭. ↔좌안(左岸).

우ː애(友愛) 명 1 형제간의 사랑. ¶~가 깊다/형과 ~ 있게 지내다/그 집 형제는 ~가 남다르다. 2 친구 사이의 정분. 비우정(友情). ¶동료 사이의 ~을 돈독히 하다. 우ː애-하다 통(자)여

우ː애-롭다(友愛-)[-따] 형ㅂ <-로우니, ~로워> 우애가 있어 보이다. ¶**우애로운** 자매들. 우ː애로이 부 ¶~ 지내다.

우ː애-심(友愛心) 명 형제간에 서로 사랑하고 위하는 마음.

우어 감 소나 말을 멈추게 할 때 내는 소리.

우어-우어 감 거듭 '우어'를 외치는 소리. 준 워.

우엉 명[식] 국화과의 두해살이풀. 높이 50~150cm. 뿌리는 곧고 길며 많이 갈라짐. 7월에 자줏빛 또는 흰빛의 꽃이 핌. 뿌리와 어린잎은 먹고, 씨는 '우방자'라 하여 약재로 씀.

우여 감 새 따위를 쫓는 소리. 비쉬. ×후여.

우여-곡절(迂餘曲折)[-쩔] 명 뒤얽혀 복잡

해진 사정. ¶~을 겪다 / ~ 끝에 결혼이 성사되다.
우역(牛疫) 명 소의 전염병. =우질(牛疾).
우연[1](偶然) 명 어떤 일이 아무 인과 관계 없이, 또는 뜻하지 않게 일어난 상태. ¶~의 일치 / 그날 너를 만난 건 ~이다. ↔필연.
우연[2](偶然) →우연-하다 형여 어떤 일이 예기하지 않게 이루어져 만남. ¶**우연한** 기회에 그를 만났다. **우연-히** 부 ¶~ 그곳을 지나다가 사건을 목격하였다.
우연만-하다 형여 '웬만하다'의 본딧말.
우연-사(偶然死) 명 자기 명을 다하지 못하고 뜻밖의 일로 죽는 일. ↔자연사. **우연사-하다** 동자여
우연-성(偶然性) [-썽] 명 어떤 일이 아무 인과 관계 없이, 또는 뜻하지 않게 일어나는 성질. ↔필연성.
우연-스럽다(偶然-) [-따] 형ㅂ <-스러우니, -스러워> 우연한 데가 있다. **우연스레** 부
우연찮다(偶然-) [-찬타] 형 (어떤 일이) 우연만은 아니나 일부러 뜻한 것도 아니다. ¶꼭 한 번 만났으면 하고 바랐던 친구를 길거리에서 **우연찮게** 만났다.
우-열[1](右列) 명 오른쪽의 대열. ↔좌열.
우열[2](優劣) 명 낫고 못함. ¶~을 가리다.
우열[3](愚劣) →우열-하다 형여 어리석고 못나다. ¶**우열한** 소치.
우열의 법칙(優劣-法則) [-의/-에-] 생 단성 잡종의 제1대에 우성만이 나타나고 열성 형질은 가려진다는 법칙.
우-완(右腕) 명 =오른팔1. ↔좌완.
우-왕좌왕(右往左往) 명 이리저리 왔다 갔다 하며 일이나 나아가는 방향을 종잡지 못함. **우-왕좌왕-하다** 동자여 ¶불이 나자 **우왕좌왕하며** 어쩔 줄 모르다 / 길을 잃어 ~.
우-우[1] 1 세찬 바람 소리. 2 많은 것이 한꺼번에 한쪽으로 달려드는 모양. ¶사람들이 ~ 몰려들다.
우[2]**-우**[2] 감 야유하는 소리.
우울[1](憂鬱) 명 마음이 어둡고 가슴이 답답한 상태. ¶~에 빠지다.
우울[2](憂鬱) →우울-하다 형여 (마음이나 기분이) 걱정·근심·좌절감 등으로 아무 의욕이 없이 속에 처져 있다. 비울적하다·침울하다. ¶그는 늘 활기가 없고 ~. **우울-히** 부 ¶하루를 ~ 보내다.
우울-병(憂鬱病) [-뼝] 명[의] '우울증'을 병으로 보아 이르는 말.
우울-증(憂鬱症) [-쯩] 명 우울한 증세. 비울증.
우원(迂遠) →우원-하다 형여 1 (길이) 돌아서 멀다. 2 (일정한 요구와는 달리 방법·태도 등이) 거리가 멀다.
우-월[1](右越) 명[체] 야구에서, 타구가 1루 쪽 가까이로 날아가 오른쪽 펜스를 넘어가는 일. ↔좌월.
우월[2](優越) →우월-하다 형여 월등하게 낫다. ¶**우월한** 실력 / 그는 나보다 기술이 ~.
우월-감(優越感) 명 남보다 뛰어나다는 느낌. ¶~을 가지다 / 그녀는 자신의 미모에 대한 ~으로 가득 차 있다. ↔열등감.
우월-성(優越性) [-썽] 명 우월한 성질이나 특성. ¶민족의 ~을 보여 주다.
우위(優位) 명 1 남보다 나은 점수나 성적. ¶~를 가리다 / 점수에서 ~를 지키다. 2 낫거나 높은 자리. ¶~를 차지하다 / 그가 나보다 ~에 있다. ↔열위(劣位).
우유(牛乳) 명 소, 특히 젖소의 젖에서 나오는 백색의 액체. 또는, 그것을 사람이 먹을 수 있게 가열·살균하거나 가공한 물질. =밀크. 비쇠젖. ¶살균 ~.
우유-병(牛乳瓶) [-뼝] 명 우유를 담는 병.
우유부단(優柔不斷) →우유부단-하다 형여 어물어물하기만 하고 딱 잘라 결단을 내리지 못하다. ¶**우유부단한** 태도[성격] / 그는 매사에 ~.
우:유-성(有有性) [-썽] 명[철] 사물이 일시적으로 우연히 가지게 된 성질. =고유성.
우:유적 속성(偶有的屬性) [-썽] 명 어떤 사물이 가진 성질 중에서, 없어도 그 사물의 본질을 규정하는 데 아무런 지장이 없는 성질. ↔본질적 속성.
우유-체(優柔體) 명[문] 문체의 한 가지. 문장이 부드럽고 우아하며 섬세한 느낌을 주는 문체. ↔강건체.
우-육(牛肉) 명 =쇠고기.
우유-빛(牛乳-) [-유뼫/-운뼫] 명 우유의 빛처럼 흰 빛깔. ¶뽀얀 ~ 살결.
우:의[1](友誼) 명 친구로서 사귀는 두터운 정. 비우정. ¶~를 다지다 / ~가 깊다 / ~를 돈독히 하다 / ~를 저버리다.
우:의[2](羽衣) [-의/-이] 명 선녀나 신선이 입는다는, 새의 깃으로 만든 옷. =깃옷. 옷.
우:의[3](雨衣) [-의/-이] 명 =비옷.
우:의[4](雨意) [-의/-이] 명 우기(雨氣)[2].
우:의[5](寓意) [-의/-이] 명 다른 사물에 빗대어 어떤 의미를 암시하거나 풍자하는 것. 또는, 그 의미. **우:의-하다** 동자여
우:의-적(友誼的) [-의-/-이-] 관명 우의(友誼)가 있는 (것). ¶두 사람의 관계는 매우 ~이다.
우:의-적(寓意的) [-의-/-이-] 관명 다른 사물에 빗대어 어떤 의미를 암시하거나 풍자하고 있는 (것). ¶황조가는 실연의 감정을 ~으로 노래한 시이다.
우:-의정(右議政) 명 조선 시대, 의정부의 정1품 벼슬. =우상(右相). ↔좌의정.
우이(牛耳) 명 1 =쇠귀. 2 우두머리 또는 수령.
우이(를) 잡다 관 [옛날 중국에서 제후들이 모여 서로 맹세할 때, 맹주가 소의 귀를 베어 피를 마셨던 데서] 1 어떤 일을 좌우지하다. ¶사림파가 학문의 **우이를 잡자** 사장파는 그 입지를 잃어버렸다. 2 맹주 또는 수령이 되다.
우이-독경(牛耳讀經) [-꼉] 명 아무리 일러 줘도 알아듣지 못함. '쇠귀에 경 읽기'와 같은 말.
우이-송경(牛耳誦經) 명 아무리 일러 줘도 알아듣지 못함. '쇠귀에 경 읽기'와 같은 말.
우:-익(右翼) 명 1 자유 민주주의와 자본주의를 지지하고 신봉하는 경향. 또는, 그런 경향을 띤 단체. ¶해방 이후에 좌익과 ~이 첨예하게 대립했다. 2 이념적으로 보수적·국수적이고 전통과 자유를 중시하는 경향. 또는, 그런 경향을 띤 단체. ¶일본 ~의 선봉인 ○○ 신문. 3 비행기의 오른쪽 날개. 4 [체] 축구에서, 가장 오른쪽에 있는 공격 위치. 또는, 그 위치의 공격수. 5 [체] 야구에서, 외야의 오른쪽에 있는 수비 위치. 또는, 그 위치의 수비수. =라이트 필드. 6 [군] 오른쪽에 있는 부대. 또는, 대열의 오른쪽. ↔좌익.

우:익-군(右翼軍)[-꾼] 명 [군] 중군(中軍)의 오른쪽에 배치되어 있는 군대.

우:익-수(右翼手)[-쑤] 명 [체] 야구에서, 우익을 지키는 선수. =라이트 필더. ↔좌익수.

우인¹(友人) 명 벗 또는 친구. ¶~ 일동.

우인²(愚人) 명 어리석은 사람.

우:일(偶日) 명 짝수인 날. ↔기일(奇日).

우자(愚者) 명 어리석은 사람. ↔현자.

우자-스럽다(愚者-)[-따] 형[ㅂ]<~스러우니, ~스러워> 어리석은 데가 있다. **우자스레** 부

우:장(雨裝) 명 우비를 차리는 것. 또는, 그 우비. ¶~을 갖추다. **우:장-하다** 자여

우:장-옷(雨裝-)[-옫] 명 =비옷.

우적-우적 부 1 일을 우격다짐으로 서둘러 해 나가는 모양. ¶~ 밀고 나가다. 2 무·오이 따위를 마구 씹는 소리. 또는, 그 모양. ¶생고구마를 ~ 씹어 먹다. 3 단단하고 무거운 물건이 무너지거나 버그러지는 모양. 또는, 그 소리. 4 거침없이 나아가는 모양. 작오작오작·와작와작. 센우쩍우쩍. **우적우적-하다** 자타여

우:전(右前)[-쩐] 명 [체] 야구에서, 우익수의 앞. ¶~ 안타.

우점-종(優占種) 명 [생] 식물 군집 내에서 가장 수가 많거나 넓은 면적을 차지하고 있는 종. 그 군락의 성격을 결정하고 그것을 대표함.

우-접다[-따] 동[자타] 1 뛰어나게 되다. 또는, 나아지다. 2 선배를 이겨 내다. ×우집다

우정¹ 부 <방> 일부러(강원).

우:정²(友情) 명 벗 사이의 정분. 비우애·우의(友誼). ¶~을 나누다 / ~을 저버리다.

우정³(郵政) 명 우편에 관한 행정.

우정-국(郵政局) 명 [역] 조선 말기에 체신 사무를 맡아보던 관청. =우정총국.

우제(虞祭) 명 장사를 지낸 뒤 드리는 세 번의 제사의 총칭. 곧, 초우(初虞)·재우(再虞)·삼우(三虞).

우족(牛足) 명 각을 뜬 소의 발. 비쇠족.

우졸(愚拙) →우졸-하다 형여 어리석고 못나다.

우:주(宇宙) 명 1 무한한 공간과 유구한 시간. 2 온갖 사물을 포함한 공간. 철학적으로는 질서 있는 통일체로 생각되는 세계 전체, 물리학적으로는 물질과 복사 에너지가 존재하는 한도의 공간, 천문학적으로는 모든 천체를 포함하는 공간. 3 대기권 외의 공간.

우:-주다 타 장사판에서 이익을 남겨 주다.

우:주-론(宇宙論) 명 우주의 기원·구조·상태·변화 등에 대한 이론의 총칭.

우:주-복(宇宙服) 명 우주여행 때에 입도록 특수하게 만든 옷. 우주의 특수 상황에서 몸을 보호할 수 있도록 되어 있음.

우:주-비행사(宇宙飛行士) 명 우주 비행을 하기 위해 특별히 훈련된 비행사. =우주인.

우:주-선¹(宇宙船) 명 우주 공간을 비행할 수 있도록 만든 여러 가지 과학적인 비행 물체.

우:주-선²(宇宙線) 명 [물] 우주에서 지구로 내려 쏟는 고에너지의 방사선의 총칭.

우:주-식(宇宙食) 명 우주 비행을 할 때 먹을 수 있도록 특별히 만든 음식물. 가볍고 부피가 작으나 영양분이 골고루 들어 있음.

우:주-여행(宇宙旅行) 명 우주선 등을 타고 지구 이외의 다른 천체로 가는 여행.

우:주^왕:복선(宇宙往復船)[-썬] 명 반복하여 사용할 수 있는 유인 우주선. =스페이스셔틀.

우:주-인(宇宙人) 명 1 공상 과학 소설 등에서 지구 이외의 천체에 존재한다고 생각되는 인간형의 지적 생명체. =외계인. 2 =우주비행사.

우:주^전:파(宇宙電波) 명 우주 공간에 존재하는 잡음 전파.

우:주^정류장(宇宙停留場) 명 사람이 다른 천체로 비행할 때의 중계 기지로 고안된 대형의 인공위성.

우:주-진(宇宙塵) 명 우주 공간에 산재하는 미립자 모양 물질의 총칭.

우:주-총(宇宙銃) 명 우주 유영(宇宙遊泳) 때 자세를 바꾸거나 이동하는 데 사용하는 휴대용 가스 분사식 추진 장치의 속칭.

우:주^캡슐(宇宙capsule) 명 우주 비행 때 생물이나 사람이 들어가 필요한 기간 생존할 수 있도록 환경 조건을 갖추어 놓은 용기(容器).

우죽 명 나무나 대의 우두머리 가지.

우죽-거리다/-대다[-꺼(때)-] 동[자] 무슨 일이라도 있는 듯한 몸짓을 하면서 바쁘게 걷다.

우죽-우죽 부 우죽거리는 모양. **우죽우죽-하다** 자여

우쭐-거리다/-대다 동[자타] 몸이 큰 물체가 가볍게 율동적으로 자꾸 움직이다. 작오쭐거리다. 센우쭐거리다.

우쭐-우쭐 부 우쭐거리는 모양. 작오쭐오쭐. 센우쭐우쭐. **우쭐우쭐-하다** 자타여

우:중(雨中) 명 비가 오는 가운데. 또는, 비가 올 때. ¶~ 경기 / 이~에 어딜 가시겠다는 겁니까?

우:-중간(右中間) 명 [체] 야구에서, 우익수와 중견수의 사이. ¶~을 가르는 장타. ↔좌중간.

우:중-월(右中越) 명 [체] 야구에서, 타구가 1루와 2루 사이로 날아가 중앙 오른쪽 펜스를 넘어가는 일. ¶~ 만루 홈런.

우중충-하다 형여 1 어둡고 침침하다. ¶우중충한 날씨. 2 색이 바래어 선명하지 못하다. ¶우중충한 커튼.

우즈베키스탄(Uzbekistan) 명[지] 카자흐스탄과 투르크메니스탄 사이에 있는 공화국. 수도는 타슈켄트. =우즈베크.

우:지¹ 명 =울보.

우:지²(牛脂) 명 =쇠기름.

우지끈 부 단단하고 부피가 큰 물체가 부서지는 소리. ¶세찬 바람에 굵은 나뭇가지가 ~ 부러졌다. 작오지끈. **우지끈-하다** 동[자]여

우지끈-거리다/-대다 동[자] 우지끈하는 소리가 자꾸 나다. 작오지끈거리다.

우지끈-뚝딱 부 굵거나 크고 단단한 물건이 부러지거나 부서지면서 다른 물체에 부딪치는 소리. 또는, 그런 모양. 작오지끈똑딱. **우지끈뚝딱-하다** 자여

우지끈-우지끈 부 우지끈거리는 소리. 작오지끈우지끈. **우지끈우지끈-하다** 자여

우지직 부 1 잘 마른 밀짚이나 보릿짚 따위가 불타는 소리. ¶마른 짚이 ~ 소리를 내며 타다. 2 장작물 따위가 졸아드는 소리. 3 크고 튼튼한 솔가지 따위를 부러뜨릴 때 나는 소리. 4 조가비 같은 것이 밟혀 부서지는 소리. 작오지직. **우지직-하다** 동[자]여

우지직-거리다/-대다[-꺼(때)-] 동[자] 자

꾼 우지직 소리가 나다. ¶마른 나뭇가지가 **우지직거리며** 탄다. **좌오지직거리다.**
우지직-우지직 뭐 우지직거리는 소리. **좍오지직오지직. 우지직우지직-하다** 통짜여
우직(愚直) **❷우직-하다** [-지카-] 형여 (사람이) 약삭빠른 데가 없이 어리석을 정도로 주어진 일을 묵묵히 해내는 태도가 있다. ¶**우직한 일꾼 / 우직하게 일하다.**
우직-스럽다(愚直-) [-쓰-따] 형ㅂ <-스러우니, -스러워> 우직한 데가 있다. **우직스레** 뭐
우집다[-따] 통타 1 남을 업신여기다. 2 '우접다'의 잘못.
우-짖다[-짇따] 통자 1 (새가) 울어 지저귀다. 2 울며 부르짖다.
우쩍 뭐 단번에 거침없이 나아가거나, 또는 갑자기 늘거나 줄어드는 모양. ▷와짝.
우쩍-우쩍 뭐 '우적우적'의 센말. **우쩍우쩍-하다** 통짜타여
우쭉-우쭉 뭐 1 키나 몸이 거침없이 자꾸 커지는 모양. 2 걸어갈 때 몸을 위아래로 흔드는 모양. **우쭉우쭉-하다** 통짜여
우쭐-거리다/-대다 통[-쓰-따] ¶'우줄거리다'의 센말. **좌오쫄거리다.** 2 제가 잘났다고 자꾸 뻐기는 상태가 되다. ¶공부를 잘한다고
우쭐-우쭐 뭐 '우줄우줄'의 센말. **좌오쫄오쫄. 우쭐우쭐-하다** 통짜타여
우쭐-하다 통짜여 1 스스로를 잘난 존재로 믿고 뻐기는 상태가 되다. ¶칭찬을 들으니까 괜히 우쭐해진다. 2 물체가 율동적으로 크게 한 번 움직이다. ¶어깨를 ~.
우차(牛車) 명 소가 끄는 수레. 비소달구지.
우:-찬성(右贊成) 명여 조선 시대, 의정부의 정1품 벼슬. ↔좌찬성.
우처(愚妻) 명 자기 처의 겸칭. 비형처(荊妻)
우:천(雨天) 명 비가 오는 날씨. ¶~으로 행사가 연기되다 / ~에도 불구하고 축구 경기는 진행되었다.
우체(郵遞) 명 =우편(郵便)
우체-국(郵遞局) 명 정보 통신부에 딸려 우편·우편환·우편 대체·체신 예금·체신 보험·전신 전화 수탁 업무 등을 맡아보는 기관.
우체-부(郵遞夫) 명 =우편집배원.
우체-통(郵遞筒) 명 우편물을 넣는 통. ¶편지를 ~에 넣다.
우:-측(右側) 명 =오른쪽. ↔좌측(左側).
우:측-통행(右側通行) 명 길을 갈 때에 오른쪽으로 감. ↔좌측통행. **우:측통행-하다** 통짜여
우케 명 찧기 위해 말리는 벼.
우쿨렐레(ukulele) 명음 하와이에서 비롯된, 기타 비슷한 작은 현악기. 현(絃)이 4줄임.
우크라이나(Ukraina) 명지 러시아의 서쪽에 있는 공화국. 수도는 키예프.
우툴-두툴 뭐 물체의 거죽이나 바닥이 굵고 고르지 못하게 부풀어 오른 모양. **좌오톨도톨. 우툴두툴-하다** 형여 ¶노면(路面)이 ~.
우:파(右派) 명 1 이념적으로 보수적·국수적이고 전통과 자유를 중시하는 경향을 띤 파벌. 또는, 정당 등의 내부의 보수파. **비중도 ~ / 미국 공화당 내의 ~ 우익의 당파. ↔좌파**(左派).
우파니샤드(⊕Upaniṣad) 명종 고대 인도의 일군의 철학서. 우주의 본체인 브라만(범

(梵)]과 자아의 본체인 아트만[아(我)]이 궁극적으로 동일하다는 '범아일여'의 사상이 그 중심을 이룸. 음역어는 우바니사토(優婆泥沙土).
우:편¹(右便) 명 =오른쪽. ↔좌편(左便).
우:편²(郵便) 명통 편지나 소포 등을 우체국을 통하여 받을 사람에게 전달하는 일. 또는, 그 시스템. =우체. ¶속달 ~ / ~ 요금 / 잡지를 ~으로 보내다.
우편-낭(郵便囊) 명 우편물을 넣고 다니는 주머니.
우편-물(郵便物) 명 우편으로 전해지는 서신 및 물품의 총칭.
우편-배달부(郵便配達夫) 명 '우편집배원'의 구칭.
우편^번호(郵便番號) 명통 우편물 분류 작업의 능률화·기계화를 위하여 정보 통신부가 전국의 우편구(郵便區)마다 매긴 지역 번호.
우편^사서함(郵便私書函) 명통 우편물의 집배 사무를 다루는 우체국에 국장의 승인을 받고 비치하는 가입자 전용의 우편물을 받는 함. =사함. 준사서함.
우편-선(郵便船) 명 우편물의 운송을 맡아 하는 배. 준우선.
우편-엽서(郵便葉書) 명 [-녑써] 명통 '엽서'를 정식으로 이르는 말.
우편-저금(郵便貯金) 명 우체국에서 취급하는 저금 사업.
우편-집배원(郵便集配員) 명 [-배-] 명통 우편물을 우체통으로부터 모으거나 또는 각 집에 배달하는 직원. 구칭은 우편배달부. =체부·체전부·체전원·우체부. 준집배원.
우편-함(郵便函) 명 벽이나 대문 등에 달아두고 우편물을 넣으 하는 작은 상자.
우편-환(郵便換) 명통 우체국에서 발행하는 환증서를 이용하여 현금을 보내는 방법. 소액환·통상환·전신환이 있음.
우표(郵票) 명 우편 요금을 납부한 표시로 우편물에 붙이는 증표. 세는 단위는 매·장. =우표딱지. ¶기념 ~ / ~ 수집가 / ~를 붙이다.
우표-딱지(郵票-) [-찌] 명 =우표.
우표-첩(郵票帖) 명 우표를 수집하여 붙이기 위해 맨 책.
우피(牛皮) 명 =쇠가죽.
우:-함수(偶函數) [-쑤] 명[수] x의 함수 $f(x)$가 $f(-x) = f(x)$라는 관계를 만족시킬 때, $f(x)$를 이르는 말. =짝함수. ↔기함수.
우:향-우(右向右) 감명 제식 훈련 시 구령의 하나. 선 자세에서 오른쪽으로 90°도는 동작. ↔좌향좌.
우:현(右舷) 명 배 뒤쪽에서 뱃머리를 향하여 오른쪽의 뱃전. ↔좌현(左舷).
우:호¹(友好) 명 개인끼리나 나라끼리 서로 사이가 좋음. 또는, 그러한 사귐. ¶~국(國) / ~ 조약 / ~ 관계를 맺다.
우호(優弧) 명[수] 켤레호 중의 큰 쪽의 호(弧). ↔열호(劣弧). ▷결레호.
우:호-적(友好的) 관명 개인끼리나 나라끼리 사이가 친한 (것).
우:화¹(羽化) 명 1 번데기가 날개 있는 엄지벌레로 변하는 것. 2 '우화등선'의 준말. **우:화-하다** 통짜여
우:화²(雨靴) 명 비 따위로 땅이 질 때에 신는 신.
우:화³(寓話) 명 인격화한 동식물을 주인공으

로 등장시켜 그들의 행동 속에 풍자와 교훈의 뜻을 나타내는 이야기. ¶이솝 ~.

우:화등선(羽化登仙) [명] 도교 사상에서, 사람이 신선이 되어 하늘로 올라간다는 뜻. ㈜우화. **우:화등선-하다** [동](자)(여)

우:화^소:설(寓話小說) [명][문] 소설 전체의 구성이 우화적이거나 우화가 지배적인 역할을 하는 소설. 풍자적인 성격을 띰. '토끼전', '장끼전' 따위. ㈜우화 소설.

우:화-집(寓話集) [명] 우화를 모아 엮은 작품집. ¶이솝 ~.

우환(憂患) [명] 1 집안에 병자가 있거나 사고가 생기거나 하여 겪는 근심. ¶집안에 ~이 끊이질 않는다. 2 쓸데없는 근심 걱정. ¶식자 ~.

우환-에 [부] 언짢은 위에 또. ¶영양실조에 걸린 데다가, ~ 질병까지 얻다.

우황[1](牛黃) [명][한] 소의 쓸개 속에 병적으로 뭉친 물건. 해열·진정·강심제로 씀.

우:황[2](又況) [명] =하물며. ¶"단지 서울을 가지 못하는 그것만 해도 큰 실망인데 ~ 고대 수라니!"《채만식: 탁류》

우황-청심환(牛黃淸心丸) [명][한] 우황·인삼·산약 등을 비롯한 30여 가지의 약재로 만든 알약. 중풍으로 졸도하고 팔다리가 뻣뻣해지는 데나 간질·경풍 등에 쓰임.

우회(迂廻·迂回) [명] [-회/-훼-] 1 지름길로 가지 않고 멀리 돌아서 다른 길로 가는 것. 또는, (어느 곳을) 돌아서 먼 길로 가는 것. ¶~ 도로. 2 어떤 일을 직접적으로 의도를 드러내지 않고 간접적으로 이루고자 하는 것. ¶~ 어법 /~ 전술. **우회-하다** [동](자)(타)(여) ¶그들은 마을을 통과하지 않고 **우회해서** 갔다.

우회^생산(迂廻生産) [-회-/-훼-] [명][경] 생산 수단, 즉 도구나 기계를 만든 다음에 그것을 이용하여 소비재를 만드는 일. 대량 생산이 능률적으로 단기간에 이루어짐.

우회-적(迂廻的) [-회-/-훼-] [관] (방법·표현·태도 등이) 직접적으로 의도를 드러내지 않고 간접적으로 이뤄지는 상태에 있는 (것). ¶~인 표현 /~으로 공격하다.

우:-회전(右回轉) [-회/-훼-] [명] (차 따위가) 오른쪽으로 도는 것. ↔좌회전. **우:회전-하다** [동](자)(여)

우:후죽순(雨後竹筍) [-쑨] [명] '비가 온 뒤에 돋아나는 죽순'이라는 뜻) 어떤 대상이 일시에 많이 생겨나는 상태. 비유적인 말임. ¶유흥 업소가 ~처럼 늘어나다.

욱-기(-氣) [-끼] [명] 욱하는 성질. 또는, 사납고 괄괄한 성질. ¶그는 ~는 있지만 뒤가 없는 사람이다.

욱다 [-따] [형] 안으로 조금 우그러져 있다. ㈜옥다.

욱-대기다 [-때-] [동](타) 1 윽박질러 억누르다. 2 억지를 부려 우기다.

욱시글-거리다/-대다 [-씨-] [동](자) 여럿이 한데 모여 우글거리다. ㈜욱시글거리다. ㈜옥시글거리다.

욱시글-득시글 [-씨-씨-] [부] 어지럽게 몹시 들끓는 모양. ㈜옥시글득시글. **욱시글득시글-하다** [동](자)(여)

욱시글-욱시글 [-씨-씨-] [부] 욱시글거리는 모양. ㈜옥시글옥시글. ㈜옥시글옥시글. **욱시글욱시글-하다** [동](자)(여)

욱신-거리다/-대다 [-씬-] [동](자) 1 (머리나 상처 등이) 자꾸 쑤시는 듯이 아프다. ¶수술 자리가 ~. 2 큰 것이 여럿이 뒤섞여서 몹시 북적거리다. ㈜옥신거리다.

욱신-욱신 [-씬-씬] [부] 욱신거리는 모양. ¶이가 ~ 쑤시다. ㈜옥신옥신. **욱신욱신-하다** [동](자)(여)

욱실-거리다/-대다 [-씰-] [동](자) '욱시글거리다'의 준말. ¶벌레가 ~. ㈜옥실거리다.

욱실-득실 [-씰-씰] [부] '욱시글득시글'의 준말. **욱실득실-하다** [동](자)(여)

욱실-욱실 [-씰-씰] [부] '욱시글욱시글'의 준말. ㈜옥실옥실. **욱실욱실-하다** [동](자)(여)

욱여-넣다 [-너타] [동](타) (물건을) 구겨질 정도로, 또는 아무렇게나 마구 밀어서 넣다. ¶손수건을 주머니에 ~ / 그는 말없이 밥만 입 안에 **욱여넣었다**. ×우겨넣다.

욱여-들다 [동](자)(-드니, -드오) 주위에서 중심으로 모여들다.

욱여-싸다 [동](타) 1 한가운데로 모아들여 싸다. 2 가의 것을 욱여 안의 것을 싸다.

욱-이다 [동](타) ('욱여(서)'의 꼴로 쓰여) 우그러지게 하거나 구겨지게 하다. ¶가방 속에 옷을 억지로 **욱여서** 담다. ㈜옥이다.

욱일(旭日) [명] 아침에 돋는 해.

욱일-승천(旭日昇天) [명] 아침 해가 하늘로 떠오르는 것. 또는, 그런 기세. **욱일승천-하다** [동](자)(여)

욱적-거리다/-대다 [-쩍꺼-] [동](자) 여럿이 한곳으로 모여 북적거리다. ㈜옥작거리다.

욱적-욱적 [-쩍-쩍] [부] 욱적거리는 모양. ㈜옥작옥작. **욱적욱적-하다** [동](자)(여)

욱-죄다 [-쬐-/-쮀-] [동](타) 욱여 바싹 죄다. ¶가슴을 **욱죄는** 것 같아 답답하다. ㈜옥죄다.

욱죄-이다 [-쬐-/-쮀-] [동](자) '욱죄다'의 피동사. ㈜옥죄이다.

욱-지르다 [-찌-] [동](타)(르) (~지르니, ~질러) 윽대거나 기를 꺾다. ¶그 애는 **욱지르고** 달랜다고 들을 아이가 아니다. ㈜옥지르다.

욱질리다 [-찔-] [동](자) '욱지르다'의 피동사.

욱-하다(우카-) [동](자) 참을 수 없을 만큼 순간적으로 화가 불끈 치밀다. 또는, 참지 못하고 불같이 화를 내다. ¶그는 **욱해서** 친구와 주먹다짐을 벌였다. / 그는 **욱하는** 성미라 말 붙이기가 어렵다.

운[1] [명] 여럿이 함께 일하거나 행동하는 바람. ¶이 승지는 그 대답이 우스워서 또다시 껄껄거리고 주말이든 ~에 딸리어서 입을 벌리고 웃었다.《홍명희: 임꺽정》

운[2](運) [명] 어떤 사람의 능력이나 의지 등과 상관없이 그의 일을 잘되거나 잘못되게 한다고 막연히 믿어지는, 어떤 힘의 작용. ㈜운수. ¶~이 있다(없다) / ~이 좋다(나쁘다).

운[3](韻) [명] 1 [문] 시행(詩行)의 일정한 위치에서 규칙적으로 반복되는, 같거나 비슷한 자음이나 모음이나 음질. ▷압운. 2 한자의 음을 두 부분으로 나눌 때, 뒷부분에 해당하는 음. 곧, 초성을 제외한 나머지 부분에 해당하는 음을 가리킴. 가령, '樹(수)'에서 'ㅜ', '風(풍)'에서 'ㅜㅇ'이 운에 해당한다.

운(을) 달다 (구) 글을 지을 때 운자를 달다.
운(을) 떼다 (구) 1 운자를 떼다. 2 이야기의 첫머리를 말하거나 시작하다. ¶운을 뗀 김에, 다 말해 버리겠네.

운:고(韻考) [명] 한문 글자의 사성(四聲)의 운자를 분류하여 놓은 책. ≡운책(韻冊).

운:구(運柩) 시체를 넣은 관을 운반하는 것. ¶~ 행렬. **운구-하다** 자타여 ¶장지로 상여를 ~.

운:구-차(運柩車) 명 무덤까지 관을 운반하는 차.

운기(雲氣) 명 1 기상에 따라 구름이 움직이는 모양. 2 구름같이 공중으로 떠오르는 기운.

운:-김[-낌] 명 1 남은 기운. 2 여러 사람이 함께 한창 일할 때에 저절로 우러나는 힘. ¶하던 ~에 해치우다. 3 사람이 거처하는 곳의 따뜻한 기운. ¶불은 때지 않았으나 사람들 ~에 방 안은 그래도 견딜 만했어.

운동(運動) 명 1 사람이 몸을 튼튼하게 하기 위해 몸의 일부나 전부를 얼마 동안 움직이는 것. ¶전신 ~ / 부족 / 적당한 ~은 건강에 도움을 준다. 2 일정한 규칙과 방법에 따라 신체의 기술과 기량을 겨루는 활동. ㈅스포츠. ¶종철이는 ~에 소질이 있다. 3 물체가 시간이 지남에 따라 그 위치를 바꾸는 것. ¶천체의 ~ / 진자의 왕복 ~. 4 어떤 목적을 사회 속에서 그 구성원의 호응을 얻어 실현하려 하는 조직적 활동. ¶새마을 ~ / 학생 ~ / 독립 ~ / 선거 ~. **운동-하다** 통자여 ¶매일 규칙적으로 ~.

운동-가(運動家) 명 1체 운동을 좋아하고 잘하는 사람. 2 어떤 사업이나 사회적 운동을 하는 사람. ¶사회 ~ / 독립 ~.

운동-경:기(運動競技) 명체 일정한 규칙에 따라 속력·지구력·기능 등을 경쟁하는 운동.

운동-권(運動圈)[-꿘] 명 노동 운동·인권 운동·학생 운동 등과 같은 변혁을 위한 투쟁이나 활동에 참여하는 사람들의 범위나 영역. ¶~ 학생 / ~ 출신의 재야인사.

운동-기관(運動器官) 명생 동물이 공간적인 이동을 위하여 사용하는 기관의 총칭. 근육·골격·섬모·편모·위족(僞足) 따위.

운동^기구(運動器具) 명 운동하는 데 쓰는 기구. =운동구.

운동-량(運動量)[-냥] 명 1 물 물체의 질량과 속도의 곱으로 나타내는 물리량. 2 운동하는 세기나 운동하는 데 드는 힘의 분량.

운동량^보:존^법칙(運動量保存法則)[-냥-] 명물 일정한 조건하에서 물체의 운동량은 외력이 작용하지 않는 한 변화하지 않는다는 법칙.

운동-마찰(運動摩擦) 명물 한 물체가 다른 물체의 면에 닿아서 운동할 때, 그 운동을 저지하려고 접촉면에 작용하는 저항력. =동마찰(動摩擦). ↔정지 마찰.

운동-모(運動帽) 명 '운동모자'의 준말.

운동-모자(運動帽子) 명 운동 경기를 할 때 쓰는 모자. 준운동모.

운동-복(運動服) 명 운동할 때 입는 간편한 옷. ㈅체육복.

운동-부(運動部) 명 학교나 회사 등에서, 운동 경기를 함께하는 조직.

운동-선수(運動選手) 명 운동 경기에 뛰어난 재주가 있거나 전문적으로 운동을 하는 사람. ㈅스포츠맨.

운동-신경(運動神經) 명 1생 골격근의 운동을 지배하는 말초 신경. 2 운동을 솜씨 있게 잘 다루는 능력. ¶~이 발달하다 [둔하다].

운동^에너지(運動energy) 명물 운동하는 물체가 갖고 있는 에너지. 고전 역학에서는, 물체의 질량을 m, 속도를 v라고 하면, 물체의 운동 에너지는 $1/2mv^2$임.

운동-원(運動員) 명 어떤 목적을 이루기 위해 애쓸 임무를 띤 사람. ¶선거 ~.

운동의 법칙(運動-法則)[-의-/-에-] 물 물체의 운동을 설명하는 기본적인 법칙. 보통은 뉴턴의 운동의 3법칙을 가리킴. 제1법칙은 관성의 법칙, 제2법칙은 가속도의 법칙, 제3법칙은 작용 반작용의 법칙임. =뉴턴의 운동 법칙.

운동-장(運動場) 명 체육 및 오락을 위해 여러 가지 설비를 갖춘 일정한 지역. ㈅그라운드. ¶학교 ~ / ~에서 놀고 있는 아이들.

운동-중추(運動中樞) 명생 근육 운동을 주재하는 신경 중추. 대뇌·연수(延髓)·척수 따위.

운동-학(運動學) 명물 힘과 운동의 관계는 생각하지 않고 물체의 운동만을 기술하는 방법을 논하는 학문의 분야.

운동-화(運動靴) 명 주로 운동할 때 신기에 적합하도록 만든 신.

운동-회(運動會)[-회/-훼] 명 여러 사람이 모여 운동 경기를 하는 모임. ¶가을 ~.

운두 그릇·신 같은 물건의 둘레의 높이. ¶~가 높은 사발.

운라(雲鑼)[울-] 명음 작은 접시 모양의 징 10개를 나무틀에 매달고 나무망치로 치는 타악기. 조선 말기에 중국에서 들어옴.

운량(雲量)[울-] 명[기상] =구름양.

운:량(運糧)[울-] 명 양식을 운반하는 것. **운:량-하다** 자타여.

운:명[1](運命) 명 1 앞으로의 존망이나 생사에 관한 처지. ¶조국의 ~을 걸머지다. 2 인간을 포함한 우주의 일체를 지배하는 필연적이고도 초인간적인 힘. =명운(命運). ㈅숙명(宿命). ¶~의 장난 / 모든 걸 ~에 맡기다.

운:명[2](殞命) 명 사람의 목숨이 끊어지는 것. **운:명-하다** 통자여 ¶선생님께서는 80세를 일기(一期)로 운명하셨습니다.

운:명-론(運命論)[-논] 명철 일체의 일은 미리 정해진 필연적인 법칙에 따라 일어나므로 인간의 의지로는 변경할 수 없다는 설. =숙명론.

운:명-선(運命線) 명 수상(手相)에서, 가운뎃손가락을 향해 세로 선 손금. 사회생활의 운을 나타낸다고 함.

운:명-적(運命的) 관명 운명에 따라 정해져 있는 (것). 또는, 금후의 운명이 정해지는 (것). ¶두 사람의 ~인 만남.

운모(雲母) 명광 육각 판상(板狀)의 결정이 대부분인 규산염 광물. 얇은 판으로 갈라지는 성질이 있으며, 전기 절연물·내화재(耐火材) 등으로 쓰임. 백운모·흑운모 등이 있음.

운모^편암(雲母片巖) 명광 운모·석영·장석 등을 주성분으로 하는 결정 편암. 이질암(泥質巖)이 변성 작용에 의하여 생긴 것이 많음.

운무(雲霧) 명 구름과 안개. ¶~에 싸인 산정(山頂).

운문(雲紋) 명 구름 모양의 무늬. =구름문.

운:문[2](韻文) 명문 1 일정한 운자(韻字)를 써서 성조(聲調)를 고른 글. 시(詩)·부(賦) 등. 2 시(詩)의 형식으로 쓰인 글. 3 언어 문자 배열에 일정한 규율 또는 운율이 있는 글.

=율문(律文). ↔산문.
운:문-체(韻文體) 〔명〕〔문〕향가·속요·가사와 같이 외형적인 운율을 가진 문체. ↔산문체.
운:반(運搬) 〔명〕 1 (물건을) 탈것 따위에 실어서 옮겨 나르는 것. ¶~물. 2 〔지〕 강물이나 바람이 흙·모래·자갈 등을 옮겨 나르는 것. **운:반-하다** 〔동〕〔타여〕 ¶골재를 ~ / 강물이 모래를 삼각주로 ~. **운:반-되다** 〔자〕 ¶구호양곡이 수해 지역으로 **운반되어** 오다.
운:반-비(運搬費) 〔명〕 운반하는 데 들어가는 비용.
운:반-선(運搬船) 〔명〕 물건을 실어 나르는 배.
운봉(雲峯) 〔명〕 1 산봉우리같이 피어오르는 구름. 2 구름을 인 산봉우리.
운산¹(雲山) 〔명〕 구름이 끼어 있는 먼 산.
운:산²(運算) 〔명〕〔수〕 =연산(演算)³. **운:산-하다** 〔동〕〔타여〕
운삽(雲翣) 발인 때 영구(靈柩) 앞뒤에 세우는, 구름무늬를 그린 부채 모양의 널판. ▷불삽.
운:상(運喪) 〔명〕 상여를 메고 운반하는 것. **운:상-하다** 〔동〕〔자여〕
운상-기품(雲上氣稟) 〔명〕 세속적인 것을 벗어난 고상한 기질과 성품.
운:석(隕石) 〔명〕〔광〕 우주 공간에 떠돌던 물질이 지구에 떨어질 때 대기 중에서 다 타지 않고 땅 위에 떨어진 것.

┌─ 혼동어 ─── 운석 / 유성 ───────┐
│ 둘 다 우주를 떠돌던 물질이 지구의 대기권으로 들어온 것을 가리키나, '**운석**'이 지구에 떨어진 소행성이나 혜성으로서 대기권의 공기와 마찰하면서 타고 남은 광물을 가리키는 데 반해, '**유성**(流星)'은 밤하늘에 길게 빛을 내면서 떨어지는 것으로서 혜성이 남기고 간 작은 파편이 지구의 대기권에서 완전히 타 없어지는 것을 가리킴. ¶어떤 과학자는 거대한 **운석**이 지구와 충돌한 뒤로 공룡이 지구에서 사라졌다고 주장하고 있다. / **유성** 하나가 밤하늘에 길게 획을 그으며 떨어졌다.
└──────────────────────┘

운:세(運勢) 〔명〕 운명이나 운수가 닥쳐오는 기세. ¶~가 좋다〔나쁘다〕 / ~가 막히다.
운:송(運送) 〔명〕 주로 화물(貨物)을 운반하여 보내는 것. **운:송-하다** 〔동〕〔타여〕 ¶양곡을 철도편으로 ~. **운:송-되다** 〔자〕 ¶지방에서 짐이 **운송되어** 오다.
운:송^보:험(運送保險) 〔명〕〔법〕 운송하는 화물에 대하여 화재·수재·도난 등으로 화주(貨主)가 받는 손해를 보상하기 위한 손해 보험.
운:송-선(運送船) 〔명〕 여객·화물 따위를 운송하는 배.
운:송-업(運送業) 〔명〕 운임 또는 수수료를 받고 여객이나 화물을 운송하는 영업.
운:송-장(運送狀) [-짱] 〔명〕 1 운송인이 화물과 함께 화주에게 보내는 통지서. 2 육상 운송에서, 운송인의 청구에 의해 송하인(送荷人)이 교부하는 운송 물품 등에 관한 사항을 기재한 서면.
운:수¹(運數) 〔명〕 알 수도 없고 거부할 수도 없는 우주나 초자연적 힘에 의해, 좋은 일이 생기거나 나쁜 일을 당하거나 오래 살거나 빨리 죽거나 하는 것 등이 결정된다고 믿어지는 사람의 운명. =명분(命分)·성수(星數)·신운(身運)·운기. 旦운(運). ¶~ 대통 / ~가 좋다 / ~ 사납게도 거액의 돈을 날

치기당했다. 준수(數).
운:수²(運輸) 〔명〕 운송(運送)이나 운반보다는 규모가 크게, 여객이나 화물을 나르는 일. =수운(輸運). **운:수-하다** 〔동〕〔타여〕
운:수-소관(運數所關) 〔명〕 일이 운수에 달려 있어 사람의 힘으로는 어쩔 수 없다는 말. ¶일이 잘되고 못되고는 ~이다.
운:수-업(運輸業) 〔명〕 규모가 크게 여객이나 화물을 운반하는 영업.
운:수^회:사(運輸會社) [-회-/-훼-] 〔명〕 운수업을 하는 회사.
운:신(運身) 〔명〕 1 몸을 움직이는 것. ¶노인은 지병이 도져 ~을 할 수도 없게 되었다. 2 사회적 처신이나 활동을 하는 것. ¶이번 정치 파동으로 김 의원은 ~의 폭이 크게 줄어들었다. **운:신-하다** 〔동〕〔자여〕
운애(雲靄) 〔명〕 구름이 끼어 흐릿하게 된 기운. ¶비도 오지 않고 뽀오얗게 ~가 끼었던 하늘이 벗겨졌다.《황순원: 카인의 후예》
운:영(運營) 〔명〕 (조직이나 기구 따위를) 운용하여 경영하는 것. ¶~ 위원회. **운:영-하다** 〔동〕〔타여〕 ¶회사를 ~. **운:영-되다** 〔자〕 ¶이 도서관은 회원제로 **운영**되고 있다.
운:영-난(運營難) 〔명〕 조직이나 기구 등을 운영하는 데에 겪는 어려움. ¶회사가 ~에 빠지다.
운:영-비(運營費) 〔명〕 1 조직이나 기구 등을 운영하는 데 드는 돈. 2 어떤 대상을 관리하고 운용하는 데 드는 돈.
운:영^체제(運營體制) 〔명〕〔컴〕 프로그램의 실행을 제어하기 위한 소프트웨어. 컴퓨터를 작동시키고 시스템 전체를 감시하며 처리해야 할 데이터의 관리와 작업 계획 등을 조정하는 여러 종류의 프로그램들로 구성되어 있음. =오에스(OS)·오퍼레이팅 시스템.
운:용(運用) 〔명〕 무엇을 움직이게 하거나 부리어 쓰는 것. ¶~ 자금. **운:용-하다** 〔동〕〔타여〕
운:용-되다
운우(雲雨) 〔명〕 1 구름과 비. 2 남녀간에 육체적으로 관계함. 3 두터운 덕택이나 혜택.
운우지락(雲雨之樂) 〔명〕〔초나라 혜왕이 운몽(雲夢)에 있는 고당(高唐)으로 갔을 때 꿈 속에서 무산(巫山) 신녀(神女)와 만나 즐겼다는 고사에서〕 남녀가 육체적으로 관계하는 즐거움.
운운(云云) 〔명〕 이러쿵저러쿵하면서 말하는 것. 때로, 이런 말 저런 말을 벌이어 인용한 뒤 그 말은 생략하는 문맥에서 쓰임. ¶그는 설교조의 장광설을 늘어놓기 시작했다. 사람이란 모름지기 정직해야 한다, 돈에 집착해선 안 된다, ~. **운운-하다** 〔동〕〔타여〕 (어떤 사실을) 이러쿵저러쿵 말하다. ¶지금 개인 사정을 **운운**할 때가 아니다.
운위(云謂) 〔명〕 (어떤 문제를) 입에 올려 말하는 것. **운위-하다** 〔동〕〔타여〕 ¶발등에 불이 떨어졌는데, 한가하게 철학이나 이념을 **운위**하고 있을 때가 아니다. **운위-되다** 〔동〕
운:율(韻律) 〔명〕 운문(韻文)에서, 음의 강약·장단·고저, 또는 동음(同音)이나 유음(類音)의 반복에 의해 만들어 내는 언어의 리듬.
운:임(運賃) 〔명〕 사람이 교통 기관을 이용하거나 화물 수송을 의뢰할 때 치르는 비용. 흔히, 운송 기관·택시 등에서는 수용 거리에 따른 요금을 말함. =운송비·운송료.
운:자(韻字) [-짜] 〔명〕 한시(漢詩)에서, 운(韻)을 맞춘 자.

운:적-토(運積土) 몡 [지] 암석의 풍화물이 강물·해수·빙하·풍우·중력·화산 등의 작용으로 운반 퇴적되어 생긴 토양. =이적토. ↔정적토.

운:전(運轉) 몡 1 (자동차·열차 따위를) 나아가게 하거나 멈추게 하거나 방향을 바꾸게 하는 장치 등을 다루어 일정한 방향으로 움직이게 하는 것. ¶~을 배우다 / ~이 미숙하다. ▷조종(操縱). 2 (기계, 특히 대형 기계를) 제 기능대로 움직이도록 다루는 것. 3 (기업 따위를) 경영하여 이끌어 나가는 것. 운:전-하다 통(타)여 자동차를 운전하다.

운:전-기사(運轉技士) 몡 '운전사'를 대접하여 이르는 말. =기사(技士).

운:전-대(運轉-) [-때] 몡 자동차 등을 운전할 때 손으로 잡고 좌우로 돌려 방향을 조절하는 장치. 回핸들. ¶~를 잡다.

운:전-면허(運轉免許) 몡 도로에서 자동차나 오토바이 등을 운전할 수 있다는 자격. ¶~를 따다 / 음주 운전으로 ~가 정지되다.

운:전-병(運轉兵) 몡[군] 군대에서, 차량을 운전하는 일을 맡은 병사.

운:전-사(運轉士) 몡 자동차 등을 직업적으로 운전하는 사람. 대접하여 '운전기사' 라고도 함. ▷운전자.

운:전-석(運轉席) 몡 운전자가 앉는 좌석.

운:전-수(運轉手) 몡 '운전기사', '운전사'로 순화.

운:전-자(運轉者) 몡 자동차를 운전하는 사람.

운:전^자금(運轉資金) 몡[경] 기업의 경상적(經常的) 경영 활동에 필요한 자금. 곧, 원재료, 상품의 구입, 인건비 지급 등에 투입되는 유동적인 자본. =회전 자금. ↔설비 자금.

운:전^자본(運轉資本) 몡[경] 기업 운영에 필요한 자본.

운제(雲梯) 몡 1 높은 사다리. 2 옛날에 성(城)을 칠 때 썼던 높은 사다리.

운:지-법(運指法) [-뻡] 몡[음] 악기를 연주할 때 손가락을 쓰는 방법. =핑거링(fingering).

운집(雲集) 몡 (사람들이 어느 곳에) 구름처럼 많이 모이는 것. 운집-하다 통(자)여 ¶운집한 군중 앞에서 선거 유세를 하다. 운집-되다 통(자)

운:치(韻致) 몡 고상하고 우아한 풍치(風致). ¶못 가운데에 ~ 있게 서 있는 한 그루의 소나무.

운판(雲版) 몡[불] 절에서 부엌 등에 달아 놓고 식사 시간을 알리기 위하여 치는 기구. 청동이나 쇠로 구름 모양으로 만듦.

운^포코(⑨un poco) 몡[음] 악곡의 표현 방법을 나타내는 말로, '조금'의 뜻.

운:필(運筆) 몡 글씨를 쓰거나 그림을 그리기 위하여 붓을 놀리는 것. =용필(用筆). ¶~법(法). 운:필-하다 통(자)여

운하(運河) 몡 육지를 파서 강을 내고 배가 다니게 한 수로. ¶수에즈 ~ / ~ 지대.

운:항(運航) 몡 배나 항공기가 항로를 운행하는 것. ¶태풍으로 카페리의 ~을 중지하다. 운:항-하다 통(자타)여 ¶그 비행기는 부산과 제주를 하루 2회 운항한다.

운해(雲海) 몡 1 구름이 덮인 바다. 2 바닷물이나 호수가 구름에 닿아 보이는 먼 곳. 3 산꼭대기나 비행기 따위와 같이 매우 높은 곳에서 내려다본, 바다처럼 널리 깔린 구름. 回구름바다.

운:행(運行) 몡 1 운전하며 진행하는 것. ¶버스 ~ 노선. 2 [천] 천체가 궤도를 따라 운동하는 일. 운:행-하다 통(자타)여 ¶이 회사 버스는 파업으로 운행하지 않고 있다. 운:행-되다 통(자) ¶전철은 3분 간격으로 운행되고 있다.

운형-자(雲形-) 몡[수] 곡선을 그리는 데 쓰는 자. =곡선자.

운혜(雲鞋) [-혜/-혜] 몡 앞코에 구름무늬를 수놓은 여자의 마른신.

운:휴(運休) 몡 교통 기관이 운전·운항을 중지하는 일. 운:휴-하다 통(자타)여 ¶태풍으로 여객선이 ~.

울¹ 몡 다른 개인이나 집단에 대하여 이편의 힘이 될 만한 친척.
울(이) 세다 관 일가나 친척이 많다. ¶"천행으로 그 동무를 구해 낸다고 하더라도 그 울 센 떨거지들이 우리가 장달음을 놓는 동안 가만히 두고 보겠는가?"《김주영:객주》

울² 몡 1 '울타리'의 준말. 2 속이 비고 위가 트인 물건의 가를 둘러싼 부분.

울³ (의존) '우리'의 준말. ¶기와 한 ~.

울⁴ (인칭) '우리'의 준말. ¶~ 아버지 [아기].

울⁵ (wool) 몡 양모(羊毛). 또는, 양모로 짠 옷감. ¶~ 스웨터.

울가망 몡 답답하거나 우울하여 울상을 짓는 것. ¶"…그 책을랑은 태워 버리지 말아 주시오." 하고 가위 ~을 하며 탄원하였다.《이희승:메아리 없는 넋두리》 울가망-하다 (형여) 근심·걱정 등으로 답답하고 우울하다. ¶외양간 앞으로 돌아가 혼자 울가망하게 서서 홧담배만 피워 대는 아버지.《김정한:사하촌》

울거미 몡 1 얽어맨 물건의 거죽에 댄 테나 끈. 2 문짝 등의 가장자리를 이루는 뼈대. 3 짚신이나 미투리의 총을 꿰어 신갱기 친, 기다랗게 둘린 끈.

울걱-거리다/-대다 [-꺼(때)-] 통(타) 물을 머금고 양볼의 근육을 움직여 자꾸 소리를 내다. 回울걱이다.

울걱-울걱 (부) 울걱거리는 소리. 또는, 그 모양. (작)올각올각. 울걱울걱-하다 통(타여) ¶물을 입 안에 넣고 울걱울걱해서 뱉다.

울겅-거리다 [-껑-] 통(자) 입 안에 넣은 단단하고 미끄러운 물건이 잘 씹히지 않고 이리저리 미끄러지다. (작)올강거리다.

울겅-불겅 (부) 울겅거리고 불겅거리는 모양. (작)올강볼강. 울겅불겅-하다 통(자)여

울겅-울겅 (부) 울겅거리는 모양. (작)올강올강. 울겅울겅-하다 통(자)여

울:고-불고 (부) 울기도 하고 절통하여 울기도 하고 부르짖기도 하는 모양. ¶집안에 초상이 났나, 왜 이리 ~ 야단인가? 울:고불고-하다 (자)여

울궈-먹다 통(타) '우려먹다'의 잘못.

울근-불근¹ (부) 서로 으르대며 감정 사납게 맞서서 지내는 모양. (작)올근볼근. 울근불근-하다 (자)여

울근-불근² (부) 몸이 여위어서 갈빗대가 드러나 보이는 모양. (작)올근볼근. 울근불근-하다² (형)여

울긋-불긋 [-귿뿔근] (부) 여러 가지 짙은 빛깔이 다른 빛깔들과 야단스럽게 뒤섞인 모양. ¶~ 아름답게 물든 단풍. (작)올긋볼긋. 울긋불긋-하다 (형)여

울꺽 (부) 1 먹은 음식을 갑자기 토하려고 하는

울바자 ●1389

모양. 또는, 그 소리. 준울깍. 2 격한 감정이 갑자기 치미는 모양. 거울컥. **울꺽-하다** 통(자)(타)(여)

울꺽-거리다/-대다 [-꺼(때)-] 통(자)(타) 1 자꾸 울컥하다. 2분한 생각이 자꾸 치밀다. 거울컥거리다.

울꺽-울꺽 튀 울꺽거리는 모양. 또는, 그 소리. 준울깍울깍. 거울컥울컥. **울꺽울꺽-하다** 통(자)(타)(여)

울:다 (울고/울어) 통 <우니, 우오> ①(자) 1 (사람이) 슬프거나 아프거나, 또는 너무 기쁘거나 감동이 지나쳐, 목에서 소리를 내거나 때로 소리를 내지 않으면서 눈물을 흘리다. 비감읍(感泣)하다·낙루(落淚)하다·눈물짓다. ¶슬퍼서 엉엉 ~ / 흑흑 흐느껴 ~. 준우다. 2 (짐승이나 새나 닭, 또는 벌레 등이) 목이나 몸에 일정한 높낮이를 가진 소리를 내다. ¶고양이가 야옹야옹 ~ / 꽃 피고 새 울고. 3 (물체가) 바람의 작용을 받아 진동하면서 어떤 소리를 내다. ¶문풍지가 우는 겨울밤 / 전선이 세찬 바람에 윙윙 소리를 내며 ~. 4 (종이나 고동, 천둥 등이) 일정한 소리를 내다. ¶뱃고동이 ~ / 번개가 치고 천둥이 ~. 5 (귀가) 일정한 높이로 계속되는 소리를 실제로는 들리지 않는데도 느끼는 상태가 되다. ¶병약한 탓인지 자주 귀가 '앵' 하고 ~. 6 (도배하거나 바느질한 물건의 거죽이) 팽팽하지 못하고 우글쭈글한 상태가 되다. ¶양복의 어깨가 ~ / 풀칠을 고루 못 하여서 장판이 운다. 7 (주먹이나 칼 등이) 상대를 패리거나 공격하는 데 쓸 수가 없어 분한 마음을 느끼다. 구어체의 말임. ¶저걸 그냥, 어이구 주먹이 운다, 울어! 8 → '울:2'. (울음을 목적으로 하여) (사람이) 슬퍼하여 눈물을 흘리거나 흐느끼는 소리를 내다. ¶꽃처럼 붉은 울음을 날음 울었다. [서정주:문둥이]

[**우는 아이 젖 준다**] 무슨 일에서나 자기가 요구해야 얻을 수 있다. [**울며 겨자 먹기**] 싫으나 마지못해 행한 비유.

울:-대 [-때] 명 = 명기(鳴器)[7].

울뚝 튀 성미가 급하여 언행을 함부로 우악스럽게 하는 모양. **울뚝-하다** 통(자)(여) ¶그는 평소에는 온순하지만 가끔가다 **울뚝하는** 경우가 있다.

울뚝-뺄 [-뻴] 명 화를 벌컥 내어 언행을 함부로 우악스럽게 하는 성미. 또는, 그런 짓. ¶그는 ~이 심해서 화가 나면 무섭다.

울뚝-불뚝 [-뿔-] 성질이 좀 변덕맞고 급하여, 언행을 언제 우악스럽게 자꾸 하는 모양. ¶걸핏하면 ~ 화를 낸다. 준올똑볼똑. **울뚝불뚝-하다** 형(여)

울뚝-울뚝 성미가 급하여 참지 못하고 언행을 우악스럽게 연해 하는 모양. **울뚝울뚝-하다** 형(여)

울렁-거리다/-대다 통(자) 1몸이 놀라거나 설레거나 두려워 가슴이 두근거리다. ¶오랫동안 헤어졌던 가족과 만날 생각을 하니 가슴이 울렁거린다. 연해 흔들리다. 준올랑거리다. 3 배 속이 토할 것 같아 미식미식해지다. ¶멀미가 나서 속이 ~.

울렁-울렁 튀 울렁거리는 모양. 준올랑올랑. **울렁울렁-하다** 통(자)(여)

울렁-이다 통(자) 가슴이 설레며 크게 뛰놀다.

울렁-증 (-症) [-쯩] 명 가슴이 울렁거리는 증세.

울렁-출렁 튀 1 큰 물결이 이쪽저쪽에 부딪쳐서 오고 가고 하는 소리. 2 큰 그릇에 담긴 물이 흔들리는 모양. 준올랑촐랑. **울렁출렁-하다** 통(자)(여)

울려-오다 통(자) (동물의 울음소리나 종소리 따위가) 좀 떨어진 곳으로부터 들려오다.

울:력 명 여러 사람이 힘을 함께하여 어떤 일을 함께하는 것. 또는, 그 힘. ¶마을 사람의 ~으로 길을 닦다.

울:력-다짐 [-따-] 명 울력하여 그 기세로 일을 해치우는 행동. **울:력다짐-하다** 통(자)(여)

울:력-성당 (-成黨) [-썽-] 명 떼 지어 으르고 협박함. ×위력성당. **울:력성당-하다** 통(자)(여)

울룩-불룩 [-뿔-] 튀 물체의 면이나 거죽의 어떤 군데가 고르지 않고 높고 낮은 모양. 준올록볼록. **울룩불룩-하다** 형(여)

울룽-대다 통(타) 힘이나 말로써 남을 위협하다.

울리다 통 ①(타) 1 '울다'의 사동사. ¶아이를 ~. 2 (물체를) 치거나 불거나 하여 비교적 큰 소리가 나게 하다. ¶북을 ~ / 풍악을 ~. 3 (어떤 대상이 사람의 마음을) 감동의 상태에 이르게 하다. ¶가슴을 ~ / 심금을 울리는 소설. ②(자) 1 (어떤 물체가) 일정한 소리를 내다. ¶종이 ~. 2 (비교적 큰 소리가) 주위의 공간에 진동을 일으키다. 또는, 그 소리가 반사되어 다시 소리를 내다. ¶총성이 ~ / 메아리가 ~. 3 (땅이나 건물 등이) 외부의 큰 힘이나 소리 등으로 떨리다. ¶요란한 폭음과 함께 땅이 ~.

울림 명 1 소리가 무엇에 부딪혀 되울려 오는 현상. 또는, 그 소리. [산~]. 2 [물] = 맥놀이. 3 예술 작품이 주는 정서적 공감이나 감동. ¶~이 큰 문학.

울림-소리 명[언] 목청이 떨어 울리는 소리. 국어의 모음이나 'ㄴ, ㄹ, ㅁ, ㅇ' 등이 여기에 속함. 홀소리·콧소리·흐림소리 따위. =유성음(有聲音)·탁음·흐린소리. ↔안울림소리.

울림-통 (-筒) [-음] 현의 진동에 공명하여 그 음을 강화시키는 현악기의 통. 바이올린이나 기타 등의 몸통을 이루는 부분으로, 흔히 구멍이 있음. 공명통.

울^마크 (wool mark) 명 국제 양모 사무국이 설정한 양모 제품의 품질 보증 마크.

울먹-거리다/-대다 [-꺼(때)-] 통(자) 자꾸 울먹이다. ¶**울먹거리는** 어린애를 달래다.

울먹-울먹 튀 울먹거리는 모양. **울먹울먹-하다** 통(자)(여) ¶엄마한테 꾸중을 듣고 **울먹울먹하는** 아이.

울먹-이다 통(자) 복받치는 울음이 터져 나올 듯한 상태를 보이다. ¶길을 잃고 **울먹이는** 아이.

울먹-줄먹 [-쭐-] 튀 '울먹줄먹'의 큰말. ▷ 울묵줄묵. **울먹줄먹-하다** 형(여)

울명-줄명 튀 '울망졸망'의 큰말. ▷ 울뭉줄뭉. **울명줄명-하다** 형(여) ¶...멀리멀리 하늘 끝단 데까지 바닷물같치듯 **울명줄명한** 아득한 산과 산. [유진오:창랑정기]

울:며-불며 튀 울고불고하며. ¶~ 손발이 닳도록 빌다.

울목-줄목 [-쭐-] 명 '울목줄목'의 큰말. ▷ 울먹줄먹. **울목줄목-하다** 형(여)

울뭉-줄뭉 튀 '울뭉줄뭉'의 큰말. ▷ 울뭉줄뭉. **울뭉줄뭉-하다** 형(여)

울-바자 명 울타리에 쓰는 바자.

울-보 걸핏하면 우는 아이를 일컫는 말. =우지.
울부짖다[-짇따] 图(자) 울며 부르짖다. 圓우짖다. ¶짐승의 울부짖는 소리가 들리다 / 사 공로 죽은 선원들의 가족이 ~.
울분¹(鬱憤) 图 가슴에 가득이 쌓여 있는 분기(憤氣). ¶~을 참다 / ~을 터뜨리다.
울분²(鬱憤) 图 →울분-하다 圈어 분한 마음이 가슴에 가득하다.
울-상(-相)[-쌍] 图 울 것 같은 얼굴 표정. ¶~을 하다 / ~이 되다 / ~을 짓다.
울-섶[-썹] 图 울타리 만드는 데에 쓰는 섶나무.
울쑥-불쑥[-뿔-] 用 여기저기 불규칙하게 높이 솟은 모양. 짝올쏙볼쏙. **울쑥불쑥-하다** 圈어
울-안 图 울타리를 둘러친 안. ¶~에 피어 있는 해바라기.
울-어리 图 둘러싼 어리.
울연(蔚然) →**울연-하다** 圈어 1 (초목이) 무성하다. 2 (사물이) 흥성하다. **울연-히** 用
울울(鬱鬱) →**울울-하다** 圈어 1 (마음이) 상쾌하지 않고 아주 답답하다. 2 (나무가) 무성하다. ¶이따금 울울한 소나무 끝을 스치는 바람 소리는 시원히 들리나 숲은 아주 고요하였다.〈최서해〉
울울창창(鬱鬱蒼蒼) →**울울창창-하다** 圈어 큰 나무들이 아주 빽빽하고 푸르게 우거져 있다. 圓울창하다. ¶울울창창한 원시림.
울-음[-름] 图 1 사람이 슬프거나 아프거나 너무 기쁘거나 하여 우는 일. ¶~이 터지다 / ~을 그치다 / ~을 터뜨리다. ↔웃음. 2 짐승이나 새나 벌레 따위가 일정한 높낮이의 소리를 내는 일.
울음-기[-끼] 图 울다가 아직 가시지 않은 울음의 흔적 또는 울음의 기색. ¶~가 섞인 목소리.
울음-바다[-빠-] 图 많은 사람이 한꺼번에 울음을 터뜨려 온통 울음소리로 뒤덮인 상태를 일컫는 말. ¶이산가족이 상봉하는 만남의 광장은 ~가 되었다.
울음-보[-뽀] 图 참다못해 터뜨린 울음. ¶마침내 현보의 뒷모습이 안개(眼界)에서 사라지자, 순이는 참았던 ~가 탁 터져서 목을 놓아 통곡하였다.〈정비석: 성황당〉
울음-소리[-쏘-] 图 1 사람이 울 때 내는 소리. ¶구슬픈 ~. 2 동물이 목이나 기타의 발음 기관에서 내는 소리. ¶늑대의 ~ / 벌레의 ~.
울음-주머니[-쭈-] 图[생] 주머니처럼 생긴, 소리를 내는 기관. 개구리나 맹꽁이의 수컷 따위의 귀 뒤나 목 밑에 있음.
울음-통(-筒) 图 1 [동] =명기(鳴器). 2 '울음'을 속되게 이르는 말. ¶~이 터지다.
울적¹(鬱積)[-쩍] 图 불평불만이 발산되지 않고 겹쳐 쌓이는 것. **울적-하다**¹ 图(자)어 **울적-되다** 图(자)
울적²(鬱寂)[-쩍] →**울적-하다**²[-쩌카-] 圈어 답답하고 쓸쓸하다. 凹우울하다. ¶울적한 마음을 술로 달래다.
울증(鬱症)[-쯩] 图 가슴이 답답한 병증. 또는 우울한 증세. 비우울증.
울짱 图 1 말뚝 따위를 죽 들여 박은 울. 또는, 벌여 박은 긴 말뚝. =목책. 2 =울타리1.
울창(鬱蒼) →**울창-하다** 圈어 나무가 빽빽하게 우거지고 푸르다. 凹울창창하다. ¶울창한 숲 / 산에 나무가 ~.

울컥 用 '울걱'의 거센말. ¶먹은 음식을 ~ 토하다. 짝올칵. **울컥-하다** 图(자)(타)어
울컥-거리다/-대다[-꺼(때)-] 图(자)(타) '울걱거리다'의 거센말. 짝올칵거리다.
울컥-울컥 用 '울걱울걱'의 거센말. 짝올칵올칵. **울컥울컥-하다** 图(자)(타)어
울타리 图 1 담 대신에 풀이나 나무 등을 얽어서 집 따위를 둘러막거나 경계를 가르는 물건. =울짱·파리(笆籬). ¶싸리 ~ / 집 둘레에 ~를 치다. 2 '비교적 좁고 제한된 생활의 범위'를 비유적으로 이르는 말. ¶가정의 ~를 벗어나다.
울타리^조직(-組織) 图[식] =책상 조직.
울툭-불툭[-뿔-] 用 물체의 거죽이나 면이 고르지 않고 여기저기 나오고 들어간 모양. ¶근육이 ~ 튀어나오다. 짝올톡볼톡. **울툭불툭-하다** 圈어
울퉁-불퉁 用 물체의 거죽이나 면이 고르지 않고 크고 작게 나오고 들어간 모양. 짝올통볼통. **울퉁불퉁-하다** 圈어 ¶울퉁불퉁한 비포장도로.
울혈(鬱血) 图[의] 정맥혈의 흐름이 방해를 받아 장기(臟器)나 조직에 혈액이 고여 있는 상태.
울화(鬱火) 图 억울하거나 분하여 마음속에 화나 노여움이 일어나는 상태. ¶나는 그의 거짓말에 ~가 치밀었다.
울화-병(鬱火病)[-뼝] 图[한] 울화가 해소되지 못하고 쌓여서 생기는 병. =울화증.
울화-통(鬱火-) 图 '울화가 심하게 쌓인 상태'를 속되게 이르는 말. =화통. ¶그의 파렴치한 짓을 보면 ~이 터진다.
움¹ 图 1 나무의 가지나 줄기에 있는, 막 자라기 시작한 상태의 눈(芽). ¶~이 나다 / 봄이 되어 물 오른 가지에 ~이 트다 / …봄볕이 따스하게 꿈틀거리자 ~ 돋아나는 냉이와 할미꽃에 놀라며 자랐다.〈최태호: 눈 내리는 밤에〉 2 잘라 내고 남은 식물의 밑동이나 땅에서 파내어 거의 죽은 식물의 몸에 돋은 어린싹이나 줄기. ¶저장해 둔 무에서 ~이 자라다.
움² 图 땅을 파고 위에 짚으로 만든 지붕을 덮어 추위나 비바람을 막거나 겨울에 화초·채소 등을 넣어 두는 곳.
움³ 감 마음에 못마땅하거나 비분의 뜻으로 내는 소리.
움-돋이[-도지] 图 풀이나 나무의 베어 낸 자리에서 나오는 움.
움-딸 图 시집간 딸이 죽은 뒤에 다시 장가 든 사위의 후실.
움라우트(⑤Umlaut) 图[언] 'ㅏ·ㅓ·ㅗ·ㅜ' 등의 모음이 뒤에 오는 'ㅣ' 모음의 영향으로 'ㅐ·ㅔ·ㅚ·ㅟ'로 동화되는 현상. '겨시다'가 '계시다', '아비'가 '애비', '남비'가 '냄비'로 발음되는 것 등이 그 예임.
움-막(-幕) 图 '움막집'의 준말. ×움파리.
움막-집(-幕-)[-찝] 图 땅을 파고 위에 거적 따위를 얹고 흙을 덮어 추위나 비바람만 가릴 정도로 임시로 지은 집. 준움막.
움-벼 图 가을에 베어 낸 그루에서 움이 자라 난 벼.
움실-거리다/-대다 图(자) 벌레 따위가 많이 모여 움직이다. 짝옴실거리다.
움실-움실 用 움실거리는 모양. 짝옴실옴실. **움실움실-하다** 图(자)어 ¶구더기가 ~.
움쑥 用 물체의 면이나 바닥이 쑥 들어가 우묵한 모양. ¶장마에 ~ 팬 땅. 짝옴쏙. **움쑥-하다** 圈어

움쑥-움쑥 閉 여러 군데가 모두 움쑥한 모양. 魚움쑥음쑥. **움쑥움쑥-하다** 嗣

움씰-하다 嗣困國 갑자기 놀라 몸을 움츠리다. ¶그는 난데없이 검은 물체가 확 달려들자 움씰하면서 뒤로 物러났다. 움씰하다.

움-잎[-닢] 몡[식] 움에서 싹트는 잎. 대개 빛깔이 노르스름하고 연함.

움죽-거리다/-대다[-꺽(때)-] 嗣困國 몸집이 제법 크거나 자꾸 크게 몸짓을 하다. 또는, 몸의 한 부분을 조금 움츠리거나 펴거나 하다. 卽움죽거리다. 웹움쭉거리다.

움죽-움죽 閉 움죽거리는 모양. 魚움죽움죽. 웹움쭉움쭉. **움죽움죽-하다** 嗣困國國

움지럭-거리다/-대다[-꺽(때)-] 嗣因國 연하여 느릿느릿 움직이다. ¶몸을 ~. 卽움지럭거리다.

움지럭-움지럭 閉 움지럭거리는 모양. 卽움지락움지락. **움지럭움지럭-하다** 嗣因國國

움직-거리다/-대다[-꺽(때)-] 嗣因國 자꾸 움직이다. ¶**움직거리지** 말고 가만있어라. 卽움직거리다. 웹움찍거리다.

움직-도르래[-또-] 몡[물] 축이 고정되지 않고 이동하는 도르래. ↔고정 도르래.

움직-씨 몡[언] =동사(動詞)³.

움직-움직 閉 움직거리는 모양. 卽움직움직. 웹움찍움찍. **움직움직-하다** 嗣困國國 ¶너댓 명의 장정들이 힘껏 밀치자 육중한 바위가 **움직움직하였다**.

움직-이다 嗣 ① 國 1 (사람·동물의 몸이나 물체가) 가만히 있던 자세나 위치를 바꾸거나 옮기다. ¶눈동자가 좌우로 ~ / 열차가 서서히 **움직이기** 시작했다. 2 (사람이) 일정한 목적을 가지고 행동하거나 활동하다. ¶사원들이 회사 일을 위해 일사불란하게 ~. 3 (조직체나 공장의 기계 따위가) 제 기능과 역할을 하며 작용하다. 圓운영되다. ¶파업으로 공장의 기계가 **움직이지** 못한다. 4 (세계나 사물 현상이) 어떤 모습에서 다른 모습으로 되다. 圓바뀌다·변화하다. ¶세계는 지금 빠르게 **움직이고** 있다. 5 (사람의 마음이) 어떤 일에 대해 긍정적이거나 받아들이려고 하는 상태가 되다. ¶어제까지도 반대하던 사람이 밤사이에 마음이 **움직여** 우리 의견에 찬성을 표했다. ② 國 1 (사람이나 동물이 자기의 몸이나 어떤 물체를) 자세나 위치를 바꾸거나 옮기다. ¶토끼가 귀를 쫑긋 ~. 2 (사람이 다른 사람을) 자기 뜻에 따라 어떤 일을 하게 하다. ¶마을 유지들을 **움직여** 도로를 넓히다. 3 (조직체나 공장의 기계 따위를) 제 기능과 역할을 하도록 작용시키다. 圓운영하다·가동하다. ¶공장의 기계를 ~. 4 (어떤 사실이나 대상을) 정해지거나 굳어진 상태에서 다른 상태가 되게 하다. ¶지구가 둥글다는 건 **움직일** 수 없는 진리다. 5 (사람이 상대의 마음을) 말이나 행동을 통하여 자기가 바라는 쪽으로 달라지게 하거나 이끌리게 하다. ¶끈질긴 구애로 여자의 마음을 ~.

움직임 몡 움직이는 상태나 형편. ¶시곗바늘의 ~이 멈추다 / 증권 시장의 ~이 활발하다.

움질-거리다/-대다 嗣 ① 國 1 몸집 큰 것이 많이 모여 천천히 자꾸 움직이다. 2 주저주저하다. ② 國 질긴 것을 우물거리며 씹다. ¶오징어 다리를 **움질거리며** 씹다. 卽움질거리다. 웹움찔거리다.

움질-움질 閉 움질거리는 모양. 卽움질음질.

웹움찔움찔. **움질움질-하다** 嗣困國國

움-집[-찝] 몡 땅을 파고 그 위에 벽체 없이 짚이나 풀로 지붕만 씌운 원시적인 집. 고고학에서는 '수혈 주거'라고 함. =토막(土幕) ·토굴집.

움쭉 閉 (주로 '못하다', '않다'와 같은 부정어와 함께 쓰여) 몸의 한 부분을 세차게 움츠리거나 펴는 모양. 卽옴쪽. **움쭉-하다** 嗣困國國 (주로 '없다', '못하다'와 같은 부정어와 함께 쓰여) ¶자리가 너무 좁아서 **움쭉**할 수가 없다.

움쭉 못하다 寬 1 조금도 움직이지 못하다. 2 기를 펴지 못하다. ¶아버지 앞에서는 그 애도 **움쭉 못한다**.

움쭉-거리다/-대다[-꺽(때)-] 嗣困國 '움죽거리다'의 센말. 卽옴쪽거리다.

움쭉-달싹[-딸-] 閉 몸을 아주 조금 움직이는 모양. ¶기운이 없어서 ~ 못하겠다. 卽옴짝달싹. **움쭉달싹-하다** 嗣困國國

움쭉-움쭉 '움죽움죽'의 센말. 卽옴쪽음쪽. **움쭉움쭉-하다** 嗣困國國

움찍-거리다/-대다[-꺽(때)-] 嗣困國 '움직거리다'의 센말. 卽옴찍거리다.

움찍-움찍 '움직움직'의 센말. 卽옴찍움찍. **움찍움찍-하다** 嗣困國國

움찔 閉 갑자기 놀라 몸을 움츠리는 모양. ¶~ 놀라다. 卽옴찔. **움찔-하다** 嗣困國國 ¶뱀을 보고 ~.

움찔-거리다/-대다 嗣困國 '움질거리다'의 센말. 卽옴찔거리다.

움찔-움찔 '움질움질'의 센말. 卽옴찔움찔. **움찔움찔-하다** 嗣困國國

움츠러-들다 嗣困 〈-드니, ~드오〉 1 몸이나 몸의 일부가 몹시 오그라져 들어가거나 작아지다. ¶추위에 몸이 ~. 2 겁을 먹거나 위압감 때문에 기를 펴지 못하고 몹시 주눅이 들다. 卽옴츠러들다.

움츠러-뜨리다/-트리다 嗣國 몸을 세게 움츠리다. ¶무서움에 몸을 ~. 卽옴츠러뜨리다.

움츠러-지다 嗣困 움츠러서 작아지거나 줄어지다. ¶세찬 바람에 몸이 ~. 卽옴츠러지다.

움츠리다 嗣國 1 몸이나 몸의 일부를 몹시 오그려 작게 하다. ¶추위에 몸을 **움츠리고** 벌벌 떨다. 2 겁을 먹거나 위압감 때문에 몹시 기가 꺾이거나 풀이 죽다. 閉움치다. 卽옴츠리다.

움치다 嗣困國 '움츠리다'의 준말. 卽옴치다.

움칫[-칟] 閉 놀라서 갑자기 몸을 짧게 움직이는 모양. **움칫-하다** 嗣困國國 ¶사고를 목격하고 **움칫하고** 섰다.

움켜-잡다[-따] 嗣國 손가락을 우그려 힘 있게 잡다. ¶여자들이 머리채를 **움켜잡고** 싸우다. ㈜홈켜잡다.

움켜잡-히다[-자피-] 嗣困 '움켜잡다'의 피동사. ¶목덜미를 **움켜잡힌** 채 끌려가다. 卽옴켜잡히다.

움켜-쥐다 嗣國 1 손가락을 우그려 힘 있게 쥐다. ¶멱살을 ~. 2 (사물을) 수중에 넣고 마음대로 다루다. ¶막대한 권력을 ~. 卽옴켜쥐다. ㈜홈켜쥐다.

움큼 의명 한 손에 움켜쥔 만큼의 분량을 나타내는 말. ¶땅콩을 한 ~ 집다. 卽옴큼.

움키다 嗣國 1 손가락을 우그려 힘 있게 잡다. 2 새나 짐승 따위가 발로 무엇을 힘 있게 잡다. 卽옴키다. ㈜홈키다.

움'-트다 [통](재) (~트니, ~터) 1 (싹이나 순 따위가) 처음 나오다. ⓑ돋다. ¶새싹[새순]이 ~. 2 (어떤 일이나 현상, 마음의 작용이) 이제 막 생겨나다. ⓑ싹트다. ¶사랑이 ~ / 희망이 ~ / 벤처 산업이 ~.

움'-파 [명] 1 베어 낸 줄기에서 다시 난 파. 2 겨울에 움 속에서 자란, 빛이 누런 파. ×동-엄파.

움'파리 [명] 1 우묵하게 들어가 물이 괸 곳. 2 '움막'의 잘못.

움펑-눈 [명] 움푹 들어간 눈. ㈜옴팡눈.
움펑눈-이 [명] 눈이 움푹 들어간 사람. ㈜옴 팡눈이.

움푹 [부] 속으로 푹 꺼져 들어가 우묵한 모양. ¶~ 팬 땅 / ~ 들어간 눈. ㈜옴폭. 움푹-하다 [형](여) ¶그 여자는 웃을 때마다 보조개가 움푹하게 들어간다. 움푹-이 [부]

움푹-움푹 [부] 군데군데 움푹한 모양. ¶비 온 뒤라 땅이 물러서 밟으면 ~ 들어간다. ㈜옴폭옴폭. 움푹움푹-하다 [형](여)

웁쌀 [명] 잡곡밥 위에 조금 얹어 안치는 쌀.

웃-[온] [접투] 명사 위에 붙어, '위'의 뜻을 나타내는 말. ¶~돈 / ~어른.

[혼동어] 웃- / 윗- / 위-
'웃-'은 아래위 대립이 없는 단어와 결합하여 쓰이고, '윗-'은 아래위 대립이 있는 단어와 결합하여 쓰이며, '위-'는 아래위 대립이 있으되 된소리나 거센소리로 시작하는 단어와 결합하여 쓰임(표12). ¶웃국 / 웃기 / 웃돈 / 웃어른 / 윗눈썹 / 윗니 / 윗도리 / 윗머리 / 윗목 / 윗몸 / 위쪽 / 위층 / 위턱.

웃-간 (-間) [명] '윗간'의 잘못.

웃-거름 [온꺼-] [명](농) 씨앗을 뿌린 뒤에나 모종을 옮겨 심은 뒤에 주는 거름. 웃거름-하다 [자](여) 웃거름을 주다.

웃-국 [온꾹] [명] 간장이나 술 등에서 담근 후 맨 처음으로 떠내는 진한 국. ×윗국.

웃-기 [온끼] [명] 1 '웃기떡'의 준말. 2 과실·포·떡 등을 괸 위에 모양을 내기 위하여 얹는 재료. ¶~를 얹은 단자. ×윗기.

웃-기다 [온끼-] [통] ① [타] '웃다'의 사동사. ¶사람을 ~. ② [자] 말도 안 되는 말이나 행동으로 어이없는 웃음이 나오게 만들다. 또는, 어처구니가 없어 말이 안 되다. ¶뭐, 네가 1등을 하겠다고? 웃기지 마라.

웃기-떡 [온끼-] [명] 합이나 접시에 떡을 담고, 그 위에 모양을 내기 위하여 얹는 떡. 준웃기.

웃-길 [명] '윗길'의 잘못.

웃-넓이 [온널비] [명] '윗넓이'의 잘못.

웃-녘 [명] '윗녘'의 잘못.

웃-눈썹 [명] '윗눈썹'의 잘못.

웃-니 [명] '윗니'의 잘못.

웃'다 [운따] [통] ① [자] 1 (사람이) 어떤 일이 기쁘거나 만족스럽거나 우습거나 어처구니가 없거나 할 때 얼굴을 활짝 편 상태로 '하하', '호호'와 같은 소리를 내다. 또는, 소리는 내지 않고 얼굴만 활짝 편 상태를 보이다. ¶빙그레 ~ / 껄껄껄 큰 소리를 내며 ~. ↔울다. 2 (사람이) 다른 사람의 행동을 달갑지 않게 여기며 경멸하여, 떨떠름한 표정을 짓거나 '체', '홍'과 같은 소리를 내다. ⓑ비웃다·조소하다. ¶씁쓸하게 ~ / 이따위 돌무지 땅에서 금 덩어리가 나온다고 하면 사람들이 다 웃을걸. ② [타] ('웃음'을 목적어로 하여) 1 (사람이) 얼굴을 활짝 편 상태로 '하하', '호호'와 같은 소리를 내다. 또는, 소리는 내지 않고 얼굴만 활짝 편 상태를 보이다. ¶그는 호탕하게 큰 웃음을 웃었다. 2 (사람이) 떨떠름한 표정을 짓거나 '체', '홍'과 같은 소리를 내다. ¶씁쓸한 웃음을 ~.
[웃는 낯에 침 뱉으랴] 좋은 낯으로 접근해 오는 사람에게는 모질게 굴지 못한다는 말.

웃-당줄 [명] '윗당줄'의 잘못.

웃-대 (-代) [명] '윗대'의 잘못.

웃-도리 [명] '윗도리'의 잘못.

웃-돈 [온똔] [명] 1 본래의 값에 덧붙이는 돈. ¶~이 붙다. 2 물건을 맞바꿀 때 값이 적은 쪽에서 물건 외에 더 주는 돈. =가전(加錢). ⓑ덧두리. ¶~을 얹어 주다. ×윗돈.

웃-돌다 [온똘-] [통] (재) (-도니, -도오) 어떤 수량보다 많다. ⓑ상회(上廻)하다. ¶숫자가 예상보다 ~ / 시가 5억을 웃도는 아파트. ↔밑돌다.

웃-동아리 [명] '윗동아리'의 잘못.

웃-마을 [명] '윗마을'의 잘못.

웃-막이 [명] '윗막이'의 잘못.

웃-머리 [명] '윗머리'의 잘못.

웃-목 [명] '윗목'의 잘못.

웃-몸 [명] '윗몸'의 잘못.

웃-물 [온-] [명] 1 '윗물'의 잘못. 2 고이거나 담겨 있는 물이나 액체에서, 아래쪽과 구별되게 위쪽에 있는 물이나 액체. ⓑ걸물. ¶~을 걷어 내다.

웃-바람 [온빠-] [명] 1 겨울에 방 안에 감도는 찬 기운. =웃풍. ×윗바람. 2 '윗바람2'의 잘못.

웃-반 (-班) [명] '윗반'의 잘못.

웃-방 (-房) [명] '윗방'의 잘못.

웃-배 [명] '윗배'의 잘못.

웃-벌 [명] '윗벌'의 잘못.

웃-변 (-邊) [명] '윗변'의 잘못.

웃-분 [명] '윗분'의 잘못.

웃-비 [온삐] [명] 우기(雨氣)는 가시지 않으나, 좍좍 내리다가 그친 비. ×윗비.

웃비-걷다 [온삐-따] [통] (재) 비가 오다가 잠시 날이 들다.

웃-사람 [명] '윗사람'의 잘못.

웃-사랑 (-舍廊) [명] '윗사랑'의 잘못.

웃-세장 [명] '윗세장'의 잘못.

웃-소금 [온쏘-] [명] 된장·김장 등을 담근 뒤, 그 위에 뿌리는 소금.

웃-수염 (-鬚髥) [명] '윗수염'의 잘못.

웃-알 [명] '윗알'의 잘못.

웃어-넘기다 [통] (재) 없었던 일로 생각하고 지나가다. ¶지난 일은 웃어넘기고 잊어라.

웃-어른 [온니-] [명] 나이나 신분·지위·항렬 등이 자기보다 높아, 직접적으로나 간접적으로 자기가 모셔야 할 어른. ×윗어른.

웃-옷 [온온] [명] 몸 위쪽에 입는 겉옷. ¶~을

[혼동어] 웃옷 / 윗옷
'웃옷'은 겉옷, 특히 외투·재킷 등을 가리키고, '윗옷'은 위에 입는 옷, 즉 상의(上衣)를 가리킴. 전자는 입는 위치가 속이냐 겉이냐에 초점이 있는 반면, 후자는 위냐 아래냐에 초점이 있음. ¶그는 날도 추운데 웃옷도 안 입고 나갔다. / 바지는 딱 맞는데 윗옷이 좀 크다.

웃-음 [명] 사람이 기쁘거나 어처구니가 없어 웃는 일. 또는, 그 표정. ¶너털~ / ~을 띠다. / ~을 머금다 / ~을 짓다 / ~을 터뜨리다. ↔울음.
웃음을 사다 〈구〉 웃음거리가 되다. ¶그런 짓을 했다간 남의 **웃음을 사기** 쉽다.
웃음을 팔다 〈구〉 (여자가) 화류계 생활을 하다. 완곡한 말임. ¶거리에서 **웃음을 파는** 여자.
웃음-거리[-꺼-] 〈명〉 비웃음이나 조롱을 받을 만한 일. ¶세상의 ~가 되다.
웃음-기(-氣)[-끼] 〈명〉 사람의 표정이나 목소리에 얼마간 남아 있어 보거나 느낄 수 있는 웃음의 흔적. ¶얼굴에서 ~가 싹 가시다 / 목소리에 ~가 들어 있다.
웃음-꽃[-꼳] 〈명〉 즐거운 웃음이나 웃음판을 꽃에 비유하여 이르는 말. ¶~이 피다 / 한바탕 ~을 피우다.
웃음-바다[-빠-] 〈명〉 많은 사람이 한꺼번에 웃음을 터뜨려 온통 웃음소리로 뒤덮인 상태를 이르는 말. ¶현철이의 우스꽝스러운 몸짓에 교실은 삽시간에 ~가 되었다.
웃음-보[-뽀] 〈명〉 무진장으로 터져 나오려는 웃음. ¶~를 터뜨리다.
웃음-보따리(-褓-)[-뽀-] 〈명〉 《주로 '터지다', '풀다' 등과 함께 쓰여》 웃음이 많이 쌓여 있음을 이르는 말. ¶~를 풀다 / 그의 농담에 ~가 터졌다.
웃음-소리[-쏘-] 〈명〉 웃는 소리. =소성(笑聲). ¶~가 크다.
웃음엣-소리[-에쏘-/-엔쏘-] 〈명〉 웃느라고 하는 말. ¶~로 한 말이니 마음에 두지 말게.
웃음-판 〈명〉 여러 사람이 어우러져 웃는 자리. ¶~이 벌어지다.
웃-입술 〈명〉 '윗입술'의 잘못.
웃-잇몸 〈명〉 '윗잇몸'의 잘못.
웃-자라다[욷짜-] 〈동〉(자) 농작물 등의 줄기나 잎이 쓸데없이, 또는 지나치게 많이 자라다. ¶겨울이 너무 따뜻하여 **웃자란** 보리 싹.
웃-자람[욷짜-] 〈명〉 작물의 줄기나 가지가 보통 이상으로 길고 연하게 자라는 것. =도장(徒長). **웃자람-하다** 〈자여〉
웃-자리 〈명〉 '윗자리'의 잘못.
웃-저고리 〈명〉 '겉저고리'의 잘못.
웃-중방(-中枋) 〈명〉 '윗중방'의 잘못.
웃-집 〈명〉 '윗집'의 잘못.
웃-짝 〈명〉 '위짝'의 잘못.
웃-쪽 〈명〉 '위쪽'의 잘못.
웃-채 〈명〉 '위채'의 잘못.
웃-청(-廳) 〈명〉 '위청'의 잘못.
웃-층(-層) 〈명〉 '위층'의 잘못.
웃-치다[욷-] 〈동〉(타) 실력이나 값 따위를 기준보다 높이 평가하거나 인정하다. ¶집을 시세보다 **웃쳐서** 팔다.
우-치마 〈명〉 '위치마'의 잘못.
웃-턱 〈명〉 '위턱'의 잘못.
웃-통[욷-] 〈명〉 몸의 허리 위의 부분. ¶~을 드러내다 / ~을 벗어젖히고 일하다. ▷위통.
웃-팔 〈명〉 '위팔'의 잘못.
웃-풍(-風)[욷-] 〈명〉 =웃바람.
웅거(雄據) 〈명〉 어떤 곳에 굳세게 자리 잡고 버티는 것. **웅거-하다** 〈자여〉
웅그리다 〈동〉(타) 추울 때나 겁이 날 때 몸을 움츠려 작게 하다. 응그리다. 〈거〉웅크리다.
웅굿-쭝굿[-귿-귿] 〈부〉 굵고 잔 것들이 군데군데에 머리를 내민 모양. ¶좌우에는 구경하는 사람이 ~ 섰었으나, 사령이 백정을 치는데도 말릴 사람은, 하나가 없었다.《홍

명희:임꺽정》 〈작〉옹굿쫑굿. **웅굿쭝굿-하다** 〈형여〉
웅기-웅기 〈부〉 '옹기옹기'의 큰말. **웅기웅기-하다** 〈형여〉
웅기-중기 〈부〉 '옹기종기'의 큰말. **웅기중기-하다** 〈형여〉
웅녀(熊女) 〈명〉 [신화] 단군 신화에 나오는 단군의 어머니. 환웅과 혼인하여 단군을 낳았다 함.
웅담(熊膽) 〈명〉 [한] 곰의 쓸개. 안질·열병·심통·등창 따위에 약으로 쓴다.
웅대(雄大) →**웅대-하다** 〈형여〉 웅장하게 크다. ¶**웅대한** 모습 / **웅대한** 계획.
웅덩이 〈명〉 움푹 패어 물이 괸 곳. 늪보다 훨씬 작은 것. ¶~에 빠지다. **웅당이**.
웅덩이-지다 〈동〉(자) 비나 큰물 따위로 땅이 패어 웅덩이가 되다. 〈작〉옹당이지다.
웅도(雄圖) 〈명〉 웅대한 계획.
웅변(雄辯) 〈명〉 1 청중 앞에서 우렁찬 목소리로 막힘없이 말하는 것. 일반적으로, 어떤 주제에 대해 준비된 원고를 가지고 몸짓을 섞어 가면서 하는 말을 가리킨다. ¶~대회 / ~ 연습. 2 어떤 사실을 매우 강력하게 뒷받침할 수 있도록 말하는 것. ¶그의 청렴함은 그의 가난한 생활이 ~하고 증명하고 있다. **웅변-하다** 〈동〉(자)(타)여. ¶이번 대형 사고는 우리 사회에 만연해 있는 안전 의식의 실종을 **웅변해** 주고 있다.
웅변-가(雄辯家) 〈명〉 웅변을 잘하는 사람.
웅변-술(雄辯術) 〈명〉 웅변의 기술.
웅변-조(雄辯調)[-쪼] 〈명〉 웅변하는 것과 같은 어조나 말투.
웅보(雄步) 〈명〉 1 씩씩한 걸음. 2 큰 사업이나 일을 위하여 나아감의 비유. ¶복지 국가를 위한 ~를 내디디다.
웅비(雄飛) 〈명〉 기운차고 크게 활동하는 것. ↔자복(雌伏). **웅비-하다** 〈동〉(자)
웅성(雄性) 〈명〉 [생] 정자를 생성하여 상대의 성에게 새끼나 알을 배거나 부화시킬 수 있게 하는 성질. 또는, 그 성질을 가진 성(性). ↔자성(雌性).
웅성-거리다/-대다 〈동〉(자) 여러 사람이 모여 수군수군하며 소란을 피우다.
웅성-웅성 〈부〉 웅성거리는 모양. **웅성웅성-하다** 〈자여〉
웅숭-그리다 〈동〉(타) (추위나 두려움으로 몸을) 궁상스럽게 몹시 웅그리다. ¶옷을 다 입고 문밖으로 나오니까, 걸자는 맞은편에 기대어 **웅숭그리고** 서서 기다리는 모양이다. 《염상섭:만세전》 〈작〉옹송그리다. 〈거〉웅숭크리다.
웅숭-깊다[-깁따] 〈형〉 1 (생각이나 뜻이나 사랑 등이) 쉽게 헤아릴 수 없게 깊다. ¶**웅숭깊은** 뜻을 담고 있는 고전. 2 (목소리가) 나직하면서도 깊은 곳에서 우러나오는 듯한 힘이 있다. ¶그는 부드러우면서도 **웅숭깊은** 목소리로 천천히 입을 열었다. 3 (어떤 대상이나 장소가) 속이나 안이 잘 드러나 보이지 않게 깊숙하다. ¶산속 **웅숭깊은** 곳에 자리 잡은 마을. 4 (어떤 현상이) 겉으로 뚜렷하지 않으나 은근하게 존재하는 상태에 있다.
웅숭-크리다 〈동〉(타) '웅숭그리다'의 거센말. 〈작〉옹송크리다.
웅시(雄視) 〈명〉 1 위세를 가지고 남을 내려다보는 것. 2 영웅적인 마음을 가지고 세상을 보는 것. **웅시-하다** 〈동〉(타)여
웅얼-거리다/-대다 〈동〉(자)(타) 입속말로 자꾸

웅얼웅얼 혼자 지껄이다. ㈜웅알거리다.
웅얼-웅얼 㖾 웅얼거리는 모양. ㈜옹알옹알.
웅얼웅얼-하다 통㈜㈜㈜ ¶무얼 혼자 웅얼웅얼하고 있니?
웅용(雄勇) ➡웅용-하다 ㅎ여 뛰어나게 용맹하다.
웅자(雄姿) 몡 웅장한 모습. ¶안개가 걷히자 백두산이 그 ~를 드러냈다.
웅장(雄壯) ➡웅장-하다 ㅎ여 1 (건물이나 대자연·우주 따위가) 아주 커서 장관을 이루는 상태에 있다. ㈜웅대하다. ¶성당 안이 ~/끝 간 데 없이 웅장하게 펼쳐진 그랜드 캐니언. 2 (교향악이나 작품 구상 따위가) 굉장히 큰 규모를 가진 상태에 있다. ¶웅장한 구상/베토벤의 운명 교향곡이 웅장하게 울려 퍼지다.
웅절-거리다/-대다 통㈜㈜ 불평·탄식·원망 따위를 입속말로 혼자 자꾸 말하다. ㈜옹잘거리다.
웅절-웅절 몯 웅절거리는 모양. ㈜옹잘옹잘.
웅절웅절-하다 통㈜㈜㈜
웅지(雄志) 몡 웅대한 뜻. ¶~를 품다 / ~를 펴다.
웅진^도독부(熊津都督府) [-뿌] 몡 역 백제가 멸망한 뒤, 그 영토를 다스리기 위하여 웅진(지금의 공주)에 두었던 당나라의 통치 기관.
웅크리다 통㈜ '옹그리다'의 거센말. ¶춥다고 웅크리지 말고 어깨를 펴라. ㈜옹크리다.
웅혼(雄渾) ➡웅혼-하다 ㅎ여 (글이나 글씨 따위가) 웅장하고 막힘이 없다.
위¹ 몡㈜ 한글 모음 'ㅟ'의 이름.
위² 㖾 '우아'의 준말.
워낙 몯 1 본디부터. ㈜원래. ¶~ 재주가 없어 노력해도 안 된다. 2 두드러지게 몹시. =원체. ¶~ 힘이 모자라니 어쩔 도리가 없다.
워낭 몡 마소의 턱 밑에 늘어뜨린 쇠고리. 또는, 귀에 턱 밑으로 늘어 단 방울.
워드(word) 몡컴 몇 개의 바이트(byte)가 모인 데이터의 단위. 제어 장치는 이것을 하나의 명령어로 취급하고, 연산 장치는 한 개의 양으로 취급함.
워드^프로세서(word processor) 몡컴 컴퓨터로 문서를 작성하고 편집하기 위해 만들어진 소프트웨어.
워라-말 몡 '얼룩말'의 잘못.
워!리 㖾 사람이 개를 자기에게 오라고 부를 때 내는 소리.
워밍업(warming-up) 몡체 경기 전에 몸을 풀기 위하여 행하는 준비 운동이나 가벼운 연습.
워석 몯 '와삭'의 큰말. ㈜워썩. **워석-하다** 통㈜㈜㈜
워석-거리다/-대다 [-꺼(때)-] 통㈜㈜ '와삭거리다'의 큰말. ㈜워썩거리다.
워석-워석 몯 '와삭와삭'의 큰말. ㈜워썩워썩. **워석워석-하다** 통㈜㈜㈜
워썩 몯 '워석'의 센말. ㈜와싹. **워썩-하다** 통㈜㈜㈜
워썩-거리다/-대다 [-꺼(때)-] 통㈜㈜ '워석거리다'의 센말. ㈜와싹거리다.
워썩-워썩 몯 '워석워석'의 센말. ㈜와싹와싹. **워썩워썩-하다** 통㈜㈜㈜
워!-워 㖾 '우어우어'의 준말.
워커(walker) 몡 '군화'로 순화.
워크숍(workshop) 몡 ['작업장'의 뜻] 참가자가 자주적으로 운영·활동하는 방식의 연구 집회. 교직원의 연수, 관객 참가에 의한 연극 등.
워크아웃(workout) 몡경 금융 기관이 거래 기업의 재무 구조를 개선하고 채무 상환 능력을 높이는 일.
워키토키(walkie-talkie) 몡 휴대용의 소형 무전 송수신기.
워킹(walking) 몡체 =트래블링.
워킹^스텝(walking step) 무용에서 기본 스텝의 하나. 보통 걸음으로 걷되, 발끝으로 가볍게 걷는 스텝.
워터-마크(watermark) 몡 1 불법 복제를 막기 위해 지폐 등에 특수 기술로 인쇄한 숨은 그림이나 표시. 불빛에 비쳐 보면 숨은 그림이나 표시가 나타나도록 복사되지는 않게 되어 있음. 2 [컴] 저작권 보호를 위하여, 디지털 상태의 동영상·그림·텍스트·음악 파일 등에 보이지 않게 삽입되, 저작권자의 로고나 상표 등의 디지털 마크.
워터^슈트(water chute) 몡체 보트를 타고 급사면의 궤도를 미끄러져 내려, 아래에 있는 물 위에 뜨게 하는 놀이 시설. 또는, 그 놀이.
원¹ 몡㈜ 1962년의 통화 개혁 이후 오늘날까지 사용되고 있는, 우리나라 화폐의 단위. 1전의 100배, 기호는 W. ¶백 ~ / 만 ~.
원² 㖾 뜻밖의 일을 당하였을 때, 또는 놀라울 때나 기분이 언짢을 때에 하는 말. ¶~, 이 무슨 꼴이람. / ~ 참 별꼴 다 보겠다.
원³(元) 몡 역 중국의 한 왕조(1271～1368). 몽골 제국의 제5대 황제 쿠빌라이가 건국하여 중국·중앙아시아에 걸치는 대제국을 이루었으나, 명나라 주원장(朱元璋)에게 망함.
원⁴(怨) 몡 1 '원망(怨望)'의 준말. 2 '원한(怨恨)'의 준말.
원⁵(院) 몡 역 고려·조선 시대에, 나라에서 역(驛)과 역 사이에 두어 출장 관원(官員)을 유숙(留宿)하게 하였던 여관.
원⁶(員) 몡 역 =수령(守令)¹. ¶고을 ~.
원⁷(園) 몡 역 왕세자나 세자빈 및 왕의 사친(私親) 등의 산소. =원소(園所). ▷능(陵).
원⁸(圓) 몡 1 [수] 평면 위의 한 점을 중심으로 하여 그로부터 같은 거리에 있는 모든 점을 이은 곡선. 2 선이나 선의 특징을 갖는 사물이 나타내는, 보름달의 형태와 거의 같은 형상. ¶~을 그리며 강강술래를 돌다.
원⁹(願) 몡 바라는 것. ㈜소원(所願). ¶~을 풀다 / 죽기 전에 아들 얼굴이나 한 번 보았으면 ~이 없겠다.
원¹⁰(圓) 몡㈜ 1910년 이후 1953년 통화 개혁 이전까지 사용되었던, 우리나라 화폐 단위의 하나. 1전(錢)의 100배.
원-¹¹(元·原) 쩝두 '본디', '시초'의 뜻을 나타내는 말. ¶~주소 / ~위치 / ~이름.
-원¹²(員) 쩝미 어떤 일에 종사하는 사람임을 나타내는 말. ¶사무~ / 회사~ / 공무~.
-원¹³(院) 쩝미 일부 명사에 붙어, 학교나 병원 또는 기타 사회 공공 기관을 나타내는 말. ¶대학~ / 양로~ / 학술~.
-원¹⁴(園) 쩝미 '집', '시설' 따위를 나타내는 말. ¶동물~ / 식물~ / 유치~.
원가(原價) 몡[가] [경] 상품에 투자한 원가. 곧, 팔 상품을 만들거나 사들인 값 외에 그에 든 모든 비용을 포함함.
원-가지(原-) 몡 원줄기에 붙어 있는 가장 굵은 가지. ㈜주지(主枝).
원!-거리(遠距離) 몡 먼 거리. ㈜장거리(長

원ː격(遠隔)【명】(일부 명사 앞에 쓰여) 시간이나 공간적으로 멀리 떨어져 있는 것. ¶~조종. 원ː격-하다 [형여]

원ː격^제ː어(遠隔制御)[-쩨-]【명】떨어진 곳에 있는 기기·장치류를 신호를 보내어 자유롭게 제어하는 것. =원격 조작·리모트 컨트롤.

원ː격^진ː료(遠隔診療)[-질-]【명】[의] 인터넷 등의 통신 수단을 이용하여 멀리 떨어져 있는 환자를 진료하고 처방하는 일. =원격 의료·텔레메디신.

원경(遠景)【명】1 멀리 보이는 경치. 2 그림이나 사진 등에서, 멀리 있는 것으로 그리거나 찍은 대상이나 풍경. ¶한라산의 자태를 ~으로 잡은 풍경 사진. ↔근경(近景).

원고¹(原告)【명】[법] 소송을 제기하여 재판을 청구한 사람. ↔피고(被告).

원고²(原稿)【명】1 인쇄하여 발표하기 위해 쓰거나 그린 글이나 그림이나 만화. 또는, 인쇄의 대상으로서 제판의 기초가 되는 글·사진·그림·만화 따위. ¶~를 집필하다 / ~ 청탁을 받다. 2 연설하거나 강연할 내용을 써 놓은 글. ¶웅변 ~.

원고-료(原稿料)【명】원고를 쓴 데 대한 보수. ㉰고료.

원고-지(原稿紙)【명】원고를 쓰거나 글짓기 등을 할 때 사용하는, 자수와 분량 계산에 편리하도록 여러 줄의 많은 네모 칸을 인쇄한 종이. 세는 단위는 장(張)·매(枚). =원고용지. ¶~ 사용법 /200자 ~ 5매.

원-관념(元觀念)【명】[문] 비유법에서, 표현하고자 하는 실제 내용. 가령, '내 마음은 호수'라는 표현에서 '내 마음'과 같은 것. ↔보조 관념.

원광¹(原鑛)【명】[광] 제련하지 않은, 파낸 그대로의 광석. ¶~=원석(原石). ㉯조광(粗鑛).

원광²(圓光)【명】1 둥글게 빛나는 빛. 2 [불] = 후광(後光).

원교(遠郊)【명】도회지에서 멀리 떨어진 들이나 마을. ↔근교(近郊).

원교^농업(遠郊農業)【명】[농] 기후 조건 등으로 근교에서 생산이 어려운 시기에 채소·과일류 등을 생산하여 도시로 출하하는 농업. ↔근교 농업.

원ː구¹(怨咎)【명】원망하고 꾸짖는 것. =원우(怨尤). 원ː구-하다 【동】【여】

원ː구²(怨溝)【명】1 원한으로 말미암아 생긴 불화. 2 사이를 가로막는 원한의 도랑.

원구³(原口)【명】[동] 동물의 배(胚) 발생에서 포배기가 끝난 낭배 형성 시기에 생기는 세포의 함입구(陷入口). 원장(原腸)이 바깥쪽으로 열리는 부분임.

원구⁴(圓球)【명】둥근 알이나 공.

원ː군(援軍)【명】[군] 도와주는 군대. =원병(援兵). ¶~을 보내다 / ~을 청하다.

원ː귀(冤鬼)【명】억울하게 죽은 사람의 귀신. ¶~를 달래다 / ~가 씌다.

원-그래프(原graph)【명】[수] 1 원을 반지름으로 나누고 그 면적으로 전체에 대한 각 부분의 내역을 나타낸 도표. 2 수량의 크고 작음을 비교하는 데 크고 작은 여러 가지 원으로 나타내는 그래프.

원-그림(原-)【명】모사(模寫)·복제(複製) 따위의 바탕이 된 그림. =원도(原圖)·본그림.

원근¹(元根)【명】1 본래의 근본. ¶그 노인은 ~은 서울 사람인데 서울서 장기 국수 노릇을 했다던걸요.《홍명희:임꺽정》
Ⅱ【부】본디. ¶이 생원은… ~ 글이 놀랍고 인품이 도저해서 김 승지나 박 의관보다도 우러러보는 사람이다.《이무영:농민》

원근²(遠近)【명】1 멀고 가까움. 2 먼 곳과 가까운 곳. 또는, 그곳의 사람.

원근-감(遠近感)【명】[미] 멀고 가까운 거리에 대한 느낌. 미술에서는 색채·명암·선 등을 이용하여 나타냄.

원근-법(遠近法)[-뻡]【명】[미] 자연의 물상을 실제 눈에 보이는 것과 같은 거리감이 느껴지도록 묘사하는 법.

원근해(遠近海)【명】먼 바다와 가까운 바다.

원금(元金)【명】[경] 꾼 돈 등의 이자를 제외한 원래의 액수. =본전(本錢). ↔이자.

원급(原級)【명】[언] 유럽의 여러 언어에서, 형용사·부사의 정도를 나타내는 비교급·최상급에 대한 원래의 형(形).

원기¹(元氣)【명】1 심신의 정력. ¶~가 왕성하다 [부족하다]. 2 타고난 기운. 3 만물의 정기.

원기²(原器)【명】1 측정의 기준으로서 쓰는 표준기(標準器)로, 기본 단위의 크기를 구체적으로 나타내는 것. 국제단위계(SI)에서는 킬로그램원기만이 있음. 2 같은 종류의 물건의 표준으로 만들어진 기본적인 그릇.

원-기둥¹(原-)【명】가장 중요한 곳에 버티는 기둥.

원-기둥²(圓-)【명】[수] 주어진 원의 면에 평행한 두 평면으로 자른 중간의 입체. 구용어는 원주(圓柱)·원통(圓筒).

원ː납-전(願納錢)[-쩐]【명】[역] 조선 말기에 대원군이 경복궁 중수를 위하여 백성들로부터 거두어들였던 기부금.

원내(院內)【명】'원(院)' 자가 붙은 각종 기관의 안. 특히, 의원(議院) 안을 가리키는 경우가 많음. ¶~ 활동 / ~ 투쟁. ↔원외(院外).

원년(元年)【명】1 임금이 즉위한 첫해. 일반적으로 즉위한 이듬해가 원년이 되고 즉위한 해는 즉위년이 됨. ¶세종 ~. 2 나라를 세운 해. ¶대한민국 ~. 3 연호(年號)가 바뀐 첫해. ¶융희 ~. ▷즉위년.

원ː념(怨念)【명】원한 맺힌 생각.

원ː님(員-)【명】[역] 고을의 원을 높여 이르는 말. ¶~ 행차.

[원님 덕에 나팔 분다] 남의 덕에 분에 넘치는 대접을 받음을 이르는 말.

원단¹(元旦)【명】설날 아침. =원조(元朝)·정단(正旦)·정조(正朝).

원단²(原緞)【명】원료가 되는 천. ¶수입 ~으로 만든 고급 의상.

원당¹(原糖)【명】'원료당(原料糖)'의 준말.

원ː당²(願堂)【명】1 [역] 죽은 사람의 명복을 비는 법당. 궁중에 둔 것은 내원당(內願堂)이라 하였음. 2 소원을 빌기 위하여 세운 집.

원대¹(原隊)【명】[군] 본디 소속되어 있던 부대. =자대(自隊).

원ː대²(遠大) ➔원ː대-하다 【형여】(계획·꿈·이상 따위가) 먼 앞날을 내다보는 상태에 있어 크고 대단하다. ¶원대한 꿈을 펼치다. 원ː대-히 【부】

원ː도¹(原圖)【명】=원그림.

원ː도²(遠島)【명】육지에서 멀리 떨어진 섬.

원동(原動)【명】운동이나 활동을 일으키는 근원.

원동-기(原動機)【명】[물] 자연계에 존재하는

에너지를 동력으로 바꾸는 기계 장치. 열기관·수력 기관·전동기·풍력기 등으로 분류됨.

원동-력(原動力) [-녁] 명 1 사물의 활동이 있게 하는 근원적인 힘. 2 [물] 물체나 기계의 운동을 일으키는 근원적인 힘. 열·수력·풍력 等.

원두(園頭) 명 밭에 심은 오이·참외·수박·호박 따위의 총칭.

원두(를) 놓다 굅 밭에 원두를 심어 가꾸다.

원두-막(園頭幕) 명 수박·참외 따위의 밭을 지키기 위하여 그 밭머리에 지어 놓은 막.

원두-밭(園頭-) [-받] 명 오이·참외·수박 등을 심은 밭.

원두-커피(園豆coffee) 명 볶은 커피 원두를 그때그때 가루로 갈아서 뽑은 커피.

원-둘레(圓-) 명 [수] =원주(圓周).

원-뜻(元-原-) [-뜯] 명 본디 가지고 있는 뜻. ¶오해 마라. 내 ~은 널 도우려던 거야.

원래¹(元來·原來) [월-] 명 뛰 =본래. ¶~의 모양 / 그가 ~ 나쁜 사람은 아니었다.

원!래²(遠來) [월-] 명 먼 데서 오는 것. **원!래-하다** 통재여

원!려(遠慮) [월-] 명 먼 앞일까지 미리 잘 헤아려 생각하는 것. **원!려-하다** 통타여 **원!려-되다** 통재여

원력(原力) [월-] 명 본디의 기운.

원!령(怨靈) [월-] 명 원한을 품고 죽은 사람의 혼령.

원로¹(元老) [월-] 명 1 덕망·관위·연령이 높은 공신. ¶조정 ~. 2 어떤 분야에 오래 종사하여 공로가 많고 덕망이 높은 사람. ¶학계의 ~.

원!로²(遠路) [월-] 명 먼 길. =원정(遠程). ¶~에 이렇게 찾아 주시니 고맙습니다.

원로-원(元老院) [월-] 명 1 [역] 고대 로마의 입법과 자문 기관. 내정과 외교를 지도하였음. 2 일부 외국의 상원(上院)의 별칭.

원론(原論) [월-] 명 어떤 분야의 학문에 있어서 기초를 이루거나 근본이 되는 이론. 또는, 그 저작. ¶법학 ~ / 정치학 ~.

원론-적(原論的) [월-] 관 1 이론이 기초 또는 근본에 해당되는 특성이 있는 (것). 또는, 말이나 글이 기초나 원칙의 수준에서 벗어나지 않은 상태인 (것). ¶~ 접근 / ~인 답변.

원!뢰(遠雷) [월뢰/월뤠] 명 멀리서 울리는 우렛소리.

원료(原料) [월-] 명 가공해 낸 생산물의 바탕이 되는 물질. ¶~비 / 공업 ~. ⇒재료.

원료-당(原料糖) [월-] 명 설탕의 원료가 되는, 정제하지 않은 사탕. 준원당.

원룸^아파트(†←one-room apartment) 명 침실·거실·주방 등이 따로 구분되지 않고 하나의 공간으로 되어 있는 아파트. 주로 혼자 사는 독신자.

원류¹(源流) [월-] 명 1 내나 강의 본줄기. 비본류. 2 사물이나 현상의 본래 바탕. 비근원(根源). 3 주가 되는 유파(流派). ¶성리학이 유교 사상의 ~가 되다.

원!류²(願留) [월-] 명 예전에, 전임되어 가는 관리의 유임(留任)을 그 지방 사람들이 상부에 청원하던 일. **원!류-하다** 통재여

원리¹(元利) [월-] 명 원금과 이자.

원리²(原理) [월-] 명 1 현상을 성립시키는 기본 법칙이 되어 있는 것. ¶상대성 ~. 2 [철] 기초가 되는 보편적 진리.

원리-금(元利金) [월-] 명 [경] 원금과 이자를 합친 돈. =자모전.

원림(園林) [월-] 명 1 집들에 딸린 숲. 2 공원의 숲.

원만 → **원만-하다** 형여 1 모난 데가 없이 둥글둥글하고 부드럽다. ¶원만한 성격. 2 일이 잘되어 가 순조롭다. ¶일이 원만하게 해결되다. 3 서로 사이가 좋다. ¶원만한 인간관계. **원만-히** 뷔 ¶일이 ~ 진척되다.

원-말(原-) 명 변하기 전의 본디의 말.

원!망¹(怨望) 명 (남이 한 일 등에 대하여) 못마땅하게 여겨 탓하거나 불평을 가지고 미워하는 것. ¶~을 듣다. 준원. **원!망-하다** 통타여 ¶내 잘못으로 생긴 일인데 누구를 원망하랴.

원!망²(願望) 명 원하고 바라는 일. **원!망-하다** 통타여

원!망-스럽다(怨望-) [-따] 형ㅂ<~스러우니, ~스러워> 원망하고 싶은 마음이 있다. **원!망스레** 뷔

원!매-인¹(願買人) 명 사려는 사람. =원매자(願買者). 비작자(作者). ¶~이 나서다.

원!매-인²(願賣人) 명 팔려는 사람. =원매자(願賣者).

원!매-자¹(願買者) 명 =원매인(願買人).

원!매-자²(願賣者) 명 =원매인(願賣人).

원맨-쇼(one-man show) 명 1 한 사람의 출연자를 중심으로 전개하는 쇼. 2 혼자 나서서 모든 것을 다 하는 행동을 비꼬아 이르는 말.

원면(原綿) 명 면사 방적의 원료가 되는, 가공하지 않은 솜.

원명(原名) 명 고치기 전의 이름. =원이름.

원모(原毛) 명 모직물의 원료가 되는 짐승의 털. 주로 양모(羊毛)를 이름.

원목(原木) 명 가공하지 않은 재목. ¶~을 수입하다 / ~을 제재하다.

원무(圓舞) 명 1 여럿이 둥그렇게 둘러서서 돌면서 추는 춤. 2 [음] '원무곡'의 준말.

원무-곡(圓舞曲) [음] 명 =왈츠. 준원무.

원무-과(院務課) [월-] [-꽈] 명 병원에서, 진료비를 받고 각종 서류를 떼어 주며 기타 병원 업무를 관리하는 과.

원문¹(原文) 명 1 고치거나 번역하거나 베낀 글의 바탕이 된 본디의 글. 2 =본문(本文)1.

원!문²(願文) 명 원하는 것을 적은 글. 또는, 그 문서(文書).

원반¹(原盤) 명 복제(複製) 음반의 바탕이 된 본디의 음반.

원반²(圓盤) 명 1 두리반 모양으로 둥글게 생긴 물건. 2 [체] 원반던지기에서 쓰는 운동 기구. 나무 바탕에 놋쇠의 둥글납작한 판을 박고 금속의 테를 두른 원형의 판임.

원반-던지기(圓盤-) 명[체] 원반을 던져 멀리 가기를 겨루는 육상 경기의 한 종목. 지름 2.5m의 원 안에서 던짐. =투원반(投圓盤).

원!배(遠配) 명 먼 곳으로 귀양 보내는 것. =원찬(遠竄). **원!배-하다** 통타여 **원!배-되다** 통재여

원!병(援兵) 명[군] =원군(援軍).

원본(原本) 명 1 표준적인 내용을 갖추고 있고 오식(誤植)이 없는 다른 이본의 근본이 되는 책. 2 각색·번안·번역·발췌·주석 등에 있어서, 그 근원이 된 책. =저본. 비원서. 3 베끼거나 복사한 것에 대하여 그 근원이 된 서류나 문건. ⇒사본. 4 =초간본.

원!부¹(怨府) 명 뭇사람의 원한이 쏠리는 단

원부²(原簿) 몡 고쳐 만들거나 베끼기 전의 본디의 장부. ¶호적 ~ / ~와 상위 없음을 증명함.

원-불교(圓佛敎) 몡[불] 1916년에 박중빈(朴重彬)이 전라북도 익산시에 총본산을 두고 개창한 종교. 법신불(法身佛)의 일원상(一圓相)을 신앙의 대상으로 하며 동그라미를 그 상징으로 나타냄.

원비(元妃) 몡 임금의 정실(正室). ¶~ 소생의 왕자로 대통을 잇다.

원-뿌리 몡[식] 식물의 주장이 되는 뿌리. =명근(命根)·정근(定根)·주근(主根). ↔곁뿌리.

원-뿔(圓-) 몡[수] 직각 삼각형의 직각을 이루는 한 변을 축으로 하여 한 바퀴 돌 때 생기는 도형. 구용어는 원추(圓錐).

원뿔^곡선(圓-曲線) [-썬] 몡[수] 양쪽으로 무한하게 늘린 직원뿔의 원뿔면을 꼭짓점을 통하지 않는 평면에서 자를 때 생기는 곡선. 구용어는 원추 곡선.

원뿔-꼴(圓-) 몡 원뿔 모양의 형태. 구용어는 원추형(圓錐形).

원뿔-대(圓-臺) 몡[수] 원뿔을 밑면에 평행하는 평면으로 잘랐을 때 그 위의 것을 버린, 남은 부분으로 이루어지는 입체. 구용어는 원추대(圓錐臺) =절두 추체.

원뿔^도법(圓-圖法) [-뻡] 몡[지] 시점(視點)을 지구의 중심에 놓고 지구에 씌운 원뿔의 면에 투영하여서 지도를 그리는 방법. =원추 투영법·원추 도법.

원뿔-면(圓-面) 몡[수] 원뿔의 밑면을 제외한 곡면. 구용어는 원추면.

원사¹(元士) 몡[군] 국군 계급의 하나. 부사관의 맨 위 계급으로, 상사의 위, 준위의 아래임.

원:사²(怨辭) 몡 원망하는 말.

원:사³(冤死) 몡 원통하게 죽는 것. 또는, 원통한 죽음. **원:사-하다¹** 동(자여)

원사⁴(原絲) 몡 직물의 원료가 되는 실.

원:사⁵(遠寫) 몡 ·롱 숏(long shot). **원:사-하다²** 동(타여) **원:사-되다** 동(자)

원사^시대(原史時代) 몡[역] 선사 시대 다음의 문헌적 사료(史料)가 단편적으로 존재하는 시대이다. 주로 고고학에서 연구됨.

원사이드^게임(←one-sided game) 몡[체] 한쪽이 시종 우세하여 긴박한 장면 없이 끝나는 일방적인 경기.

원사-체(原絲體) 몡[식] 선태식물·양치식물의 포자가 발아 후에 형성하는, 실 모양의 배우체. =사상체(絲狀體).

원산¹(原産) 몡 어떤 고장에서 본디부터 생산되는 것. 또는, 그 물건. ¶보르네오 ~ 목재.

원:산²(遠山) 몡 멀리 있는 산.

원산-지(原産地) 몡 1 물건의 생산지. 2 동식물의 본래의 산지.

원삼(圓衫) 몡 부녀의 예복의 하나. 흔히 비단이나 명주로 지으며, 연둣빛 길에 자주 깃과 색동 소매를 달고 옆을 틈.

원상(原狀) 몡 본디의 형편이나 상태. ¶~ 복구.

원상²(原象) 몡 본디의 형상이나 모습.

원색(原色) 몡 1 모든 색의 바탕이 되는 기본적인 빛깔. 그림물감에서는 적색·청색·황색, 빛에서는 적색·녹색·청색. ▷삼원색(三原色). 2 빛깔이 뚜렷한 강한 색. 또는, 자극적인 화려한 색. 3 회화(繪畫)나 사진의 복제(複製)에서 원래의 색. =기색(基色).

원색-동물(原索動物) [-똥-] 몡[동] 동물계의 한 문(門). 발생 도중에 나타나는 척색(脊索)을 일생 동안 지니는 동물. 중추 신경은 대롱 모양으로 척색의 등 쪽에 있고, 호흡기는 소화관에서 발생함. 모두 바다에 삶.

원색-적(原色的) [-쩍] 관[몡] 1 원색과 같이 강렬한 (것). ¶서정주의 시 세계는 초기에는 ~이고 끈질긴 생명력에 대한 탐구를 보여 주었다. 2 비난이나 표현 등이 노골적인 (것). ¶~인 발언 / ~인 색정 묘사.

원색-판(原色版) 몡[인] 사진이나 그림을 컬러로 나타내기 위해 색 분해 하여 만든 인쇄판. 또는, 그런 판으로 인쇄한 것. 일반적으로 빨강·노랑·파랑의 삼원색 판에 검정의 먹판을 함께 이용함. =컬러판.

원생(院生) 몡 1 '원(院)' 자로 끝나는 이름의 기관에 수용되어 있는 사람. ¶소년원 ~. 2 '원(院)' 자로 끝나는 기관·학교 등에 소속되어 배우는 사람. ¶대학원 ~.

원생-대(原生代) 몡[지] 지질 시대의 선캄브리아대를 둘로 나눌 때, 그 둘째 시대. 5~26억 년 전으로 화석은 적고 원시 조류(藻類)·세균 및 단세포 동물이 기어 다닌 흔적이 있음.

원생-동물(原生動物) 몡[동] 동물계의 한 문(門). 몸이 단세포로 되어 있는 미소한 동물. 조직이나 기관이 없고, 편모·섬모·위족·식포·수축포·감각기 등의 세포 기관을 갖추고 있음. 아메바·짚신벌레·유글레나·종벌레 따위가 이에 속함. ↔후생동물.

원생-생물(原生生物) 몡[생] 원생 동식물. 곧, 단세포 생물의 총칭.

원생-식물(原生植物) [-ᄉ-] 몡[식] 단일 세포로 된 최하등 식물. 바이러스·세균 등이 포함됨.

원-샷(†one shot) 몡<속> 술을 마실 때 잔을 단번에 비우는 것.

원서¹(爰書) 몡[역] 죄인이 진술한 죄상(罪狀)을 적은 서류.

원서²(原書) 몡 번역하거나 복사한 책의 바탕이 되는 책. =원전. ⦁원본. ↔역서(譯書).

원:서³(願書) 몡 청원하는 내용을 적은 서류. ¶입학 ~ / 입사 ~ / ~를 내다.

원석(原石) 몡 1[광] =원광(原鑛)¹. 2 가공하지 않은 보석.

원:성(怨聲) 몡 사람들의 원망하는 소리. ¶백성들의 ~이 자자하다(높다).

원성²(原性) 몡 본디의 성질.

원소(元素) 몡 1[화] 어떤 특정한 원자 번호를 가지는 원자로 구성되는 물질. 현재 103종의 원소가 확인되어 있는데, 다시 109번까지의 원소의 발견이 보고되었음. 2[철] 만물의 근원이 되는 항상 불변의 구성 요소. 그리스 철학에서의 공기(空氣)와 화(火)·수(水), 불교의 사대(四大)·오대(五大) 따위. 3[수] 집합을 이루는 낱낱의 대상이나 요소.

원소^기호(元素記號) 몡[화] 원소의 종류를 나타내는 기호. 원소 기호는 그 원소의 원자 1개와 그 원자량 또는 그 1몰을 표시하고 있음. =원자 기호·화학 기호·화학 부호.

원:손¹(元孫) 몡 왕세자의 맏아들.

원:손²(遠孫) 몡 먼 후대의 자손. =말손(末孫). ↔원조(遠祖).

원수¹(元首) 몡 '국가 원수'의 준말.

원수²(元帥) 몡 1[역] 대한 제국 때, 원수부의 으뜸 벼슬. 황태자가 맡았음. 2[군] 군인

원수

계급의 하나. 장관의 맨 위 계급으로, 대장의 위임. 우리나라에서는 대통령이 공적이 현저한 대장 중에서 임명하게 되어 있으나, 아직까지 탄생된 적이 없음. =오성 장군. ¶맥아더 ~ / 몽고메리 ~.

원ː수³(怨讐) 뗑 해를 입어 원한이 맺힌 대상. ¶부모의 ~를 갚다.
[원수는 외나무다리에서 만난다] 남의 원한을 사면 피할 수 없는 곳에서 공교롭게 만나 화를 입게 된다.

원ː수-지다(怨讐—) 통(재) 원한이 맺힌 사이가 되다. ¶그들은 만나기만 하면 원수진 사람들처럼 싸운다.

원숙(圓熟) →원숙-하다 [-수카-] 형여 (인격·지식·기량 등이) 무르익어 더할 나위 없이 훌륭하다. ¶원숙한 연기 / 원숙한 솜씨.

원순^모ː음(圓脣母音) 뗑언 조음할 때, 입술을 앞으로 내밀며 입술 모양을 둥글게 오므려 내는 모음. 한글의 'ㅗ', 'ㅜ', 'ㅚ', 'ㅟ' 따위. ↔평순 모음.

원-순열(圓順列) 뗑[수] 서로 다른 n개의 것을 원둘레 위에 배열하는 순열.

원숭이 뗑 1 [동] 포유류 영장목 중에서 사람을 제외한 동물의 총칭. 동물학적으로는 영장목을 총칭해서 말함. 사람 다음가는 고등 동물이며, 대뇌 외에 시각·청각이 발달하고 지능이 높은 것이 많음. 삼림 등에서 떼 지어 살며, 고릴라·침팬지·긴팔원숭이·개코원숭이 등 종류가 많음. =미후(獼猴). 2 남의 흉내를 잘 내는 사람의 비유.
[원숭이도 나무에서 떨어진다] 아무리 익숙하여 잘하는 일이라도 때로는 실수할 때가 있다.

원ː숭이-띠 뗑[민] 원숭이해에 난 사람의 띠.
원ː숭이-해 뗑[민] =신년(申年)¹.
원시¹(原始·元始) 뗑 1 (주로, 일부 명사 앞에 쓰여) 사물이 발전 또는 진보의 단계에 이르지 못한 상태. ¶~ 사회. 2 사물이 시작되는 처음. 비시원(始原).
원시²(原詩) 뗑 번역하거나 개작한 시의 바탕이 된 본디의 시.
원ː시³(遠視) 뗑[생] 눈에 들어온 광선이 망막보다 뒤쪽에 초점을 맺어, 가까운 데에 있는 물체가 뚜렷이 보이지 않는 눈의 상태. 또는, 그런 눈. 볼록 렌즈로 교정함. =멀리보기. ↔근시.
원시⁴(元是·原是) 뗑[분] =본시.
원시-림(原始林) 뗑 사람의 손이 가지 않은 자연 그대로의 삼림. =자연림·처녀림.
원시-생활(原始生活) 뗑 문화가 발달되지 못한 원시 시대에, 일정한 생업이 없이 나무 열매를 따 먹고 물고기를 잡아먹던 생활.
원시^시대(原始時代) 뗑 인류가 원시적인 생활을 하고 있던 유사(有史) 이전의 시대를 막연히 가리키는 말.
원ː시-안(遠視眼) 뗑[생] 시력이 약하여 가까운 데 있는 것을 잘 볼 수 없는 눈. =멀리보기눈. ↔근시안.
원시^언어(原始言語) 뗑[컴] 컴퓨터에 의한 자동 프로그램 번역 과정에서, 입력(入力)으로 주어지는 프로그램 언어.
원시-인(原始人) 뗑 1 원시 시대에 살고 있던 인류. 2 미개 사회의 야만적인 인간. 비미개인.
원시-적(原始的) 뛛 원시 상태이거나 그 비슷하게 되어 있는 (것). ¶~인 방법.
원시^프로그램(原始program) 뗑[컴] 어셈

블리 언어나 고급 언어로 작성된 프로그램. 실행되기 전에 반드시 기계어로 번역되어야 함. =소스 프로그램. ↔목적 프로그램.
원-식구(原食口) [-꾸] 뗑 그 집안의 본디 식구.
원신-관(原腎管) 뗑[생] 체강(體腔)을 갖지 않은 후생동물의 가장 원시적인 배설 기관.
원ː심¹(怨心) 뗑 원망하는 마음.
원심²(原審) 뗑[법] 그 재판의 한 단계 앞서 소송을 심리한 재판. 또는, 그 법원.
원심³(圓心) 뗑[수] 원의 중심.
원ː심⁴(遠心) 뗑[물] 원운동을 하는 물체가 운동의 중심으로부터 멀어지려고 하는 작용. ↔구심(求心).
원ː심-력(遠心力) [-녁] 뗑[물] 물체가 원운동을 할 때 구심력(求心力)에 반대하여 바깥쪽으로 작용하는 힘. 원심 분리기·속도계 등에 응용됨. ↔구심력.
원ː심^분리기(遠心分離器) [-불-] 뗑 원심력에 의하여 고체와 액체, 또는 비중을 달리하는 두 가지 액체를 분리하는 장치. 탈수·농축·정제 등에 쓰임.
원아(院兒) 뗑 고아원 등에서 양육되는 아이.
원아(園兒) 뗑 유치원에 다니는 아이.
원^아웃(one out) 뗑 야구에서, 공격 측의 선수가 한 사람 아웃되는 일. =일사(一死).
원안(原案) 뗑 회의에 부친 원래의 안. 비본안(本案). ¶~대로 통과되다.
원앙(鴛鴦) 뗑 1 [동] 오릿과의 물새. 몸길이 40~45cm. 수컷의 겨울 깃은 특히 아름다우며, 머리는 금록색으로 뒤통수에 긴 관모(冠毛)가 있음. 암수가 늘 같이 다님. =원앙새. 2 화목하고 금실이 좋은 부부의 비유.
원앙-금(鴛鴦衾) 뗑 1 원앙을 수놓은 이불. 2 부부가 함께 덮는 이불.
원앙-금침(鴛鴦衾枕) 뗑 원앙을 수놓은 이불과 베개.
원앙-새(鴛鴦-) 뗑 =원앙1.
원앙-침(鴛鴦枕) 뗑 1 원앙을 수놓은 베개. 2 부부가 함께 베는 베개.
원액¹(元額·原額) 뗑 본디의 수효나 분량. 또는, 본디의 액수.
원액²(原液) 뗑 가공하거나 묽게 하지 않은 원래의 진한 액체.
원야(原野) 뗑 미개척으로 사람의 손이 가지 않은 황무지.
원ː양(遠洋) 뗑 육지에서 멀리 떨어진 넓은 바다. 비원해(遠海).
원ː양^어선(遠洋漁船) 뗑 원양 어업을 하기 위하여 어업상의 설비를 갖춘 배.
원ː양^어업(遠洋漁業) 뗑 먼 대양에 나가 장기간에 걸쳐 하는 고기잡이. 잡은 고기를 저장·가공하는 설비를 갖춤. ↔근해 어업·연안 어업.
원어(原語) 뗑 번역 또는 통역의 대상이 되는 외국어. ¶~ 방송 / ~의 의미를 잘 살린 번역. =원어(譯語).
원어-민(原語民) 뗑 외국어 학습에서, 어떤 외국어를 사용하고 있는 외국 사람. ¶~ 강의 / ~의 발음을 듣고 따라 하다.
원ː영(遠泳) 뗑[체] 먼 거리를 헤엄치는 수영.
원예(園藝) 뗑 과일·채소·관상용 식물 등을 재배하는 것. 또는, 그 기술의 총칭.
원예^농업(園藝農業) 뗑[농] 화초·과수·채소·정원수 등을 집약적으로 재배하는 농업.

원예-사(園藝師) 명 원예를 직업으로 하는 사람. =동산바치.
원예^식물(園藝植物) [-싱-] 명 원예로서 가꾸는 식물. 정원수·화초·과수·화훼·야채 등. =원예 작물.
원^왕생-가(願往生歌) 명[문] 향가의 하나. 신라 문무왕 때 광덕(廣德)의 아내가 지었다는 10구체의 노래. 서방 정토에 귀의하고자 하는, 그의 신앙 생활을 읊은 것임.
원외¹(員外) [-외/-웨] 명 정원(定員)의 밖.
원외²(院外) [-외/-웨] 명 '원(院)' 자가 붙은 기관의 외부. ¶~ 교섭 단체 / ~ 활동. ↔원내.
원외^투쟁(院外鬪爭) [-외-/-웨-] 명[정] 국회 밖에서 행하는 정치 투쟁. 데모·청원(請願) 따위. =장외 투쟁.
원-용(援用) 명 1 어떤 표현이나 사실에서 암시나 도움을 얻어 그것을 자기의 주장이나 일 등에 끌어다 쓰는 것. ▷引용. 2 [법] 자기의 이익을 위하여 어떤 사실을 끌어다가 주장하는 일. ¶증거의 ~. **원용-하다** 동(타)여 ¶선진 기법을 원용하여 새로운 제품을 개발하다 / 아우구스티누스는 신플라톤 철학을 원용해서 크리스트교의 교의를 확립하였다. / 채무자가 소멸 시효를 원용하여 채무 이행을 거부하다.
원^우(怨尤) 명 =원구(怨咎)¹. **원^우-하다** 동(타)여
원-운동(圓運動) 명[물] 물체가 원을 그리면서 도는 운동.
원원-이(元元-) 부 본디부터.
원유(原油) 명 땅속에서 산출된 그대로의, 정제하지 않은 석유. 적갈색 내지 흑갈색의 끈끈한 물질로, 액체상 탄화수소를 주성분으로 하는 혼합물임.
원^유-관(遠遊冠) 명[역] 임금이 조하(朝賀)에 나올 때, 강사포(絳紗袍)에 갖추어 쓰는 관. 흑색의 비단으로 만듦.
원융(圓融) → **원융-하다** 형여 1 원만히 융통하다. 2 [불] 온갖 법(法)의 이치가 널리 하나로 융화되어 구별이 없다.
원음¹(原音) 명 1 글자의 본디의 음. 2 [음] 음악상의 표준음. 곧, 다장조에서 다·라·마·바·사·가·나의 7음이 다장조의 원음임. 피아노·오르간 등의 흰건반에 해당하는 음임. =간음(幹音)·기본음. ↔사이음. 3 [물] =기본음¹.
원^음²(遠音) 명 먼 데서 나는 소리.
원의(原義) [-의/-이] 명 본래의 의미. =원의(原意). (비)본의.
원-이름(原-) [-니-] 명 =원명(原名)
원인¹(原人) 명 약 40～50만 년 전의 제2간빙기의 화석 인류. 원인(猿人) 다음의, 인류 진화의 제2단계로 구인(舊人)의 전 단계임. 자바 원인·베이징 원인 등.
원인²(原因) 명 어떤 일을 일어나게 한 것. =원유(原由). (비)까닭·이유·소인(素因). ¶추락 사고의 ~을 조사하다. ↔결과. **원인-하다** 동재여 어떤 것에 원인이 을 두다.
원인³(猿人) 명 100만～300만 년 이전에 생존했던 가장 오래 된 화석 인류. 아프리카의 동부·남부에서 발견됨. 오스트랄로피테쿠스 가 그 예임.
원^인⁴(遠因) 명 연관성이 먼 원인. 또는, 간접적인 원인. ↔근인(近因).
원인^요법(原因療法) [-뇨뻡] 명[의] 질병 원인의 완전 제거를 꾀하는 치료법. 화학 요법·혈청 요법, 수술에 의한 적출 따위. =병인 요법. ↔대증 요법.
원^일-점(遠日點) [-쩜] 명[천] 태양을 도는 행성·혜성의 타원 궤도 상에서, 태양으로부터 가장 멀리 떨어진 위치. 지구의 경우는 매년 7월 초순경에 이 위치를 통과함. (준)원점. ↔근일점(近日點).
원임(原任) 명 1 =전관(前官)². 2 본디의 벼슬.
원자¹(元子) 명[역] 임금의 맏아들. 보통, 세자(世子)가 됨. ¶~ 아기.
원자²(原子) 명 1 [화] 물질을 구성하는 기본적인 입자. 한 개의 원자핵과 그것을 에워싼 몇 개의 전자(電子)로 구성됨. 2 [철] 고대 그리스의 유물론자들이 명명한, 사물 구성의 최후의 미소(微小) 존재. =아톰(atom).
원자-가(原子價) [-까] 명[물][화] 원자의 원자량, 또는 원자단의 원자량 총량을 화학 당량으로 나눈 수. 보통, 어떤 원자의 원자가는 그 원자 1개와 화합할 수 있는 수소 원자의 수로 결정함.
원자-구름(原子-) 명 핵폭발 직후에 생기는 거대한 버섯 모양의 구름. 대량의 방사성 물질을 함유함. =버섯구름·원자운(原子雲).
원자^기호(原子記號) 명[화] =원소 기호.
원자-단(原子團) 명[물][화] 화합물의 분자 내에 내포되는 특정한 원자의 일단. 기(基)를 이루지 않은 경우에도 일컬음.
원자-량(原子量) 명[화] 원자의 상대적인 질량. 탄소의 안정 동위 원소 ¹²C의 질량을 12로 하고, 이를 기준으로 하여 다른 원자의 질량을 나타냄.
원자-력(原子力) 명[물] 원자핵의 붕괴나 핵반응의 경우에 방출되는 에너지. 지속적으로 방출되어 동력 자원으로 쓰일 때의 핵에너지를 이름. =원자 에너지.
원자력^발전(原子力發電) [-빨전] 명[물] 핵분열에 의한 열로 발생시킨 수증기로 발전기를 회전시켜 전기를 일으키는 것.
원자-로(原子爐) 명 원자핵 분열의 연쇄 반응을 필요한 속도로 제어하여 그 에너지를 끌어내는 장치.
원자-론(原子論) 명 세계의 현상(現象)은 분할이 불가능한 최소 입자인 어떤 원체와 그 작용으로 이루어진다는 설. =원자설.
원자^번호(原子番號) 명[화] 원소·원자·원자핵의 분류 번호의 하나로, 원자핵을 구성하는 양자(陽子)의 개수. 원자핵 내의 전자의 수와 같으며, 원자의 화학적 성질을 결정함.
원자-병(原子病) [-뼝] 명[의] 방사성 물질의 방사능 작용을 받음으로써 인체에 생기는 병. 백혈구가 비정상적으로 많아지는 것이 특징임.
원자-설(原子說) 명 1 물질은 원자로 이루어진다는 설. 2 =원자론.
원자^스펙트럼(原子spectrum) 명[물] =선스펙트럼.
원자-시계(原子時計) [-계/-게] 명 원자나 분자의 고유 진동수가 영구히 변하지 않는다는 것을 이용하여 만든 시계. 정확도가 매우 높음.
원-자재(原資材) 명 공업 생산의 원료가 되는 자재. 원유·석탄·철광석·원목 따위.
원자^질량^단위(原子質量單位) 명[화] 원자 등의 질량을 나타내는 단위의 하나. 1원자 질량 단위는 핵종 ¹²C의 1원자 질량의 1/12

과 같음. 기호는 u. =질량 단위.
원자-탄(原子彈) [명] '원자 폭탄'의 준말.
원자^폭탄(原子爆彈) [명] 핵분열의 연쇄 반응으로, 순간적으로 대량의 에너지를 방출하는 폭탄. 우라늄 235·플루토늄 239를 원료로 함. [준]원자탄·원폭(原爆).
원자-핵(原子核) [명][물] 원자의 중핵이 되는 입자. 양(陽)의 전하(電荷)를 가짐. [준]핵.
원작(原作) [명] **1** 본디의 저작(著作)이나 제작(製作). **2** 각색된 각본에 대해 그 소재가 된 소설이나 희곡. ¶~에 충실한 각색.
원작-자(原作者) [-짜] [명] =원저자.
원장1(元帳) [-짱] [명][경] 거래 전부를 기록하며 계정(計定) 전부를 포함한 주요 장부. =원장부. ¶~에 기입하다 / ~과 대조하다.
원장2(原狀) [-짱] [명] 처음에 내었던 소장(訴狀).
원장3(院長) [명] '원(院)' 자가 붙은 기관이나 시설의 장(長). ¶고아원 ~ / 병원 ~.
원장4(園長) [명] '원(園)' 자가 붙은 기관이나 시설의 장(長). ¶유치원 ~.
원-저자(原著者) [명] 처음에 지은 사람. =원작자.
원적(原籍) [명][법] 호적법에서, 입양이나 혼인 등으로 적을 옮기기 전의 본래의 호적.
원ː-적외선(遠赤外線) [-외-/-웨-] [명][물] 파장이 가장 긴 영역의 적외선. 파장은 50μm~1mm임.
원적-지(原籍地) [-찌] [명][법] 옮기기 전의 본적지(本籍地).
원적-토(原積土) [명][지] =정적토(定積土).
원전(原典) [명] **1** 기준이 되는 본디의 전거(典據). **2** =원서(原書)2.
원점1(原點) [-쩜] [명] **1** 토지 측량 등에서 기준을 삼는 점. **2** 사물을 재고(再考)할 때 다시 생각하는 근거가 되는 점. ¶수사가 ~으로 돌아가다. **3** [수] 좌표를 정할 때 기준이 되는 점. 직교 좌표계·사교 좌표계의 경우는 좌표축의 교점을 말함.
원점2(圓點) [명] 둥근 점.
원ː점3(遠點) [-쩜] [명] **1** [천] 궤도 상의 인력 중심으로부터 가장 멀리 떨어진 점. **2** [물] 물체를 똑똑히 볼 수 있는 가장 먼 점. 정상적인 눈에서는 무한원(無限遠)임. **3** [천] '원일점(遠日點)'의 준말.
원정1(原情) [명] 억울한 사정을 하소연하는 것. **원정-하다**1 [동][타][여]
원ː정2(遠征) [명] **1** 먼 곳으로 싸우러 가는 것. ¶~을 가다 / ~에서 돌아오다. **2** 먼 곳에 가서 운동 경기 따위를 하는 것. ¶축구팀의 유럽 ~. **3** 연구·조사·탐험 등의 목적으로 원격지에 조직적인 여행 또는 등산을 하는 것. ¶히말라야 ~. **원ː정-하다**2 [동][자][타][여]
원ː정3(遠程) [명] =원로(遠路)2.
원ː정-군(遠征軍) [명] **1** 먼 곳으로 싸우러 가는 군사. **2** 먼 곳에 운동 경기 같은 것을 하러 가는 선수. 또는, 그 팀.
원ː정-대(遠征隊) [명] **1** 먼 곳으로 싸우러 가는 군대. **2** 먼 곳에 운동 경기나, 조사·답사·탐험 같은 것을 하러 가는 단체.
원제(原題) [명] 본디의 제목. =원제목.
원-제목(原題目) [명] =원제(原題).
원조1(元祖) [명] **1** 인류·민족·씨족 등의 맨 처음 조상. [비]시조(始祖). ¶박씨의 ~인 박혁거세. **2** 많은 사람들이 관심을 가지거나 의미 있게 여길 만한 일을 맨 처음 시작한 존재. ¶~ 수원 갈비 / 데카르트는 근대 철학의 ~로 불리고 있다.
원ː조2(援助) [명] 도와주는 것. ¶식량 ~ / ~를 청하다. **원ː조-하다** [동][타][여] **원ː조-되다** [동][자]
원ː조3(遠祖) [명] 고조(高祖) 이전의 먼 조상. ↔원손(遠孫).
원ː조-교제(援助交際) [명]〈속〉십 대 청소년이 용돈을 받고 성인과 성 관계를 맺는 일. 또는, 성인이 용돈을 주고 십 대 청소년과 성 관계를 맺는 일. 순화어는 '청소년 성매매'. **원ː조교제-하다** [동][자][여]
원ː조-금(援助金) [명] 도와주기 위하여 내는 돈.
원ː족1(遠足) [명] '소풍(逍風)'으로 순화. ¶…국민학교 1학년 때 수덕사로 ~을 갔었지. 《김성동:만다라》
원ː족2(遠族) [명] 먼 친족. ↔근족(近族).
원종(原種) [명] **1** [식] 씨앗을 받기 위하여 뿌리는 종자. **2** 품종 본래의 성질을 구비한 종류. ↔변종(變種).
원ː죄1(怨罪) [-죄/-줴] [명] 원한을 품고 극악한 짓을 한 죄.
원죄2(原罪) [-죄/-줴] [명] **1** 죄를 용서하여 형(刑)을 더하지 않는 것. **2** [가][기] 인류의 조상인 아담과 하와가 신의 명령을 어기고 에덴동산에서 금단(禁斷)의 열매인 선악과를 따 먹었다는 인류 최초의 죄. 또는, 모든 인간이 아담의 자손으로 태어남으로써 나면서부터 타고난 죄. **원죄-하다** [동][타][여] 죄를 용서하여 형(刑)을 더하지 않다.
원죄3(冤罪) [-죄/-줴] [명] 억울하게 뒤집어쓴 죄.
원주1(原主) [명] 본래의 임자.
원주2(原註) [명] 본래의 주석(注釋)이나 주해.
원주3(圓周) [명][수] 평면 상의 곡선의 하나. 일정한 점에서 같은 거리에 있는 점의 자취. =원둘레.
원주4(圓柱) [명] **1** =두리기둥. **2** [수] '원기둥'의 구용어.
원주-각(圓周角) [명][수] 원주(圓周) 위의 한 점으로부터 그은 두 개의 현(弦)이 만드는 각. =원둘레각.
원주-민(原住民) [명] 다른 민족이 들어오기 전부터 대대로 그 지역에 살아온 사람. ¶인디언은 아메리카 대륙의 ~이다. ↔이주민.
원주-소(原住所) [명] 본디 살고 있던 곳. [준]원주. ↔현주소.
원주-율(圓周率) [명][수] 원둘레와 지름의 비. 약 3.14. 기호는 π.
원-줄기(元-) [명] 근본이 되는 줄기. [비]본줄기. ¶동양 사상의 ~ / 나무의 ~에서 뻗은 잔가지.
원지(原紙) [명] **1** 닥나무 껍질을 원료로 하여 만든 두껍고 질긴 종이. 누에씨를 받는 데 씀. **2** 등사판 등의 원판으로 쓰이는 종이.
원ː지-점(遠地點) [-쩜] [명][천] 태양이나 달, 인공위성 따위의 궤도 상에서 지구와 가장 먼 점. [비]원점(遠點). ↔근지점(近地點).
원진-살(元嗔煞) [-쌀] [명][민] 궁합에서, 결혼하면 화합하지 못하고 갈등을 빚는다 하여 서로 꺼리는 살. 가령, 쥐띠와 양띠, 소띠와 말띠, 범띠와 닭띠 등은 이 살이 끼었다고 함. ¶~이 끼다.
원-채(原-) [명] 한 집터의 건물 중에서 으뜸이 되는 집채. [비]몸채.
원ː처(遠處) [명] 먼 곳.
원ː척(遠戚) [명] 촌수가 먼 척분(戚分). 또는,

원천(源泉)[명] 1 물이 솟아나는 근원. 2 사물의 근원. ¶국력(國力)의 ~은 국민의 단합에 있다.
원천^과세(源泉課稅)[명][법] 특정 소득·수익에 대한 소득세를 그 소득·수익이 지급되는 장소에서 납세자에게 부과하는 제도.
원천^징수(源泉徵收)[명][법] 원천 과세로 세일을 거두는 일.
원체(元體) Ⅰ[명] 으뜸이 되는 몸.
Ⅱ[부] =원시. ¶~ 주변머리가 없어서 그런 일도 못ићே.
원초(原初)[명] 사물 현상이 비롯되는 처음.
원초-적(原初的)[관][명] 원초가 되는 (것). 또는, 근본에 해당하는 (것). ¶철학은 인간이 산다는 것은 무엇인가와 같은 지극히 ~인 질문에서 시작된다.
원촌¹(原寸)[명] 실물과 같은 치수.
원ː촌²(遠寸)[명] 먼 촌수. ↔근촌(近寸).
원ː촌³(遠村)[명] 멀리 있는 마을.
원추(圓錐)[명][수] '원뿔'의 구용어.
원추^도법(圓錐圖法)[-뻡][명][지] =원뿔도법.
원추리[명][식] 백합과의 여러해살이풀. 여름에 등황색 꽃이 종 모양으로 핌. 어린잎과 꽃은 식용하며, 뿌리는 이뇨·지혈제로 씀. 산지에 절로 나는데, 관상용으로도 재배함.
원추^세ː포(圓錐細胞)[명][생] 척추동물의 망막에 있는 시세포(視細胞)의 하나. 밝은 곳에서의 시력과 파장의 차이, 즉 색의 구별을 담당함. ▷간상세포.
원추-형(圓錐形)[명][수] '원뿔꼴'의 구용어.
원추^화ː산(圓錐火山)[명][지] 원뿔 모양의 화산. 화산 쇄설물과 용암류가 쌓여서 생김. =추상 화산·코니데.
원칙(原則)[명] 1 많은 경우에 적용되는 기본적인 규칙이나 법칙. 2 [논] 다른 여러 명제가 도출되는 기본 명제.
원칙-적(原則的)[-쩍][관][명] 원칙에 근거를 두는 (것). ¶~인 합의를 보다.
원ː친(遠親)[명] 먼 일가. ↔근친(近親).
원ː칭^대ː명사(遠稱代名詞)[명][언] 멀리 떨어져 있는 사람·물건·방향·처소 등을 가리키는 대명사. 저이·저것·저기 따위. ▷근칭 대명사·중칭 대명사.
원ː-컨대(願-)[부] 바라건대. ¶~, 이 나라를 백척간두의 위기에서 구하옵소서.
원탁(圓卓)[명] 둥근 탁자. ¶~에 둘러앉다.
원탁-회의(圓卓會議)[-타코의/-타퀘이][명] 원탁에 둘러앉아 하는 회의. 위아래 자리의 구분이 없으므로 국제회의에서 이 형식을 많이 취함.
원탑(圓塔)[명] 위를 둥글게 쌓아 올린 탑.
원통¹(圓筒)[명] 둥근 통.
원통²(寃痛) →원통-하다[형여] 분하고 억울하다. ¶원통해서 못 살겠다. **원통-히**[부] ¶그에게 진 것을 ~ 여기다.
원통^도법(圓筒圖法)[-뻡][명][지] 지도 투영법의 하나. 시점(視點)을 지구의 중심에 두고 밖에서 지구에 접하는 원통 위에 지구를 투영하여 평면에 전개하는 방법. 항해도 등에 쓰임. =원주 투영법.
원통-형(圓筒形)[명] 둥근 통의 모양과 같은 형. ¶~ 필통.
원판¹(元-)[명][부] 본디의 판국. ㉠원래.
원판²(原板)[명][사진] 사진에서, 밀착 또는 확대할 때에 쓰는 음화(陰畫).

원판³(原版)[명] 1 [인] 활자로 조판한 그대로의 판. 지형을 뜨는 바탕이 됨. 2 복제·번각(飜刻) 등의 바탕이 되는 본디의 판. 3 =초판(初版)².
원판⁴(圓板)[명] 둥근 널빤지.
원폭(原爆)[명] '원자 폭탄'의 준말. ¶~ 투하 / ~ 피해자.
원ː-풀이¹(怨-)[명] 앙갚음이나 어떤 행위로써 원을 풀어 없애는 일. **원ː-풀이-하다**¹[동][자여]
원ː-풀이²(願-)[명] 소원을 이루는 일. **원ː풀이-하다**²[동][자여] ¶홀로 키우신 자식이 명문대에 입학했다니 정말로 **원풀이하셨군요**.
원품(原品)[명] 본디의 물품.
원피(原皮)[명] 피혁 제품의 원료가 되는, 가공하지 않은 가죽.
원피스(one-piece)[명] 상의와 하의(스커트)가 나뉘지 않고 하나로 된 여성용의 옷.
원ː-하다(願-)[동][타여] (무엇을) 바라거나 하고자 하다. ¶난 네가 행복하게 살기를 원한다.
원ː한(怨恨)[명] 원망스럽고 한이 되는 생각. ¶~을 품다 / ~을 사다. ㉰원(怨).
원ː해(遠海)[명] 육지에서 멀리 떨어진 바다. ↔근해(近海).
원ː혐(怨嫌)[명] 원망하고 미워하는 것. **원ː혐-하다**[동][자여]
원형¹(原形)[명] 1 본디의 모양. ¶~을 잃다 / 건물을 ~대로 복원하다. 2 [언] =기본형2.
원형²(原型)[명] 주물(鑄物)·조각(彫刻) 등을 여러 개 만들 때, 본을 뜨기 위하여 제작된 것. 2 의복의 본을 뜰 때, 그 기초가 되는 인체의 평면 전개도. 3 [문] 인류가 오랫동안 반복하여 겪은 체험이 신화·종교·문학 및 개인의 무의식에 반영되어 이루어진, 보편적인 사고의 양식이나 상징.
원형³(圓形)[명] 둥근 형상.
원형^경ː기장(圓形競技場)[명] 로마에 남아 있는, 고대 로마의 둥글고 지붕이 없는 형태의 투기장(鬪技場). =콜로세움·원형 극장.
원형^극장(圓形劇場)[-짱][명] 1 =원형 경기장. 2 무대를 중앙에 두고 무대의 사면을 계단식 관람석으로 만든 극장.
원형-질(原形質)[명] 1 [생] 자기 증식·물질대사·운동 등, 세포 내에서 생명 활동의 기초가 되어 있는 물질계의 총칭. 핵과 세포질로 나뉨. 2 사물의 바탕이 되는 중요한 본질. 비유적인 말임. ¶삶의 ~ / 한국 문화의 ~은 무엇인가?
원형질-막(原形質膜)[명][생] =세포막.
원ː호(援護)[명] 후원하여 보호하는 것. ¶~ 대상자. **원ː호-하다**[동][타여] **원ː호-되다**[동][자]
원ː혼(冤魂)[명] 원통하게 죽은 사람의 넋. ¶~을 달래다 / ~이 되다.
원-화¹(-貨)[명] 원을 화폐 단위로 하는 돈.
원화²(原畫)[명] 복사·복제(複製)의 바탕이 된 본디의 그림.
원화³(源花)[명][역] 신라 때의 화랑(花郞)의 전신. 처음에는 귀족 출신의 처녀 두 명을 우두머리로 삼았으나 서로 시기하는 폐단 때문에 남자를 우두머리로 하는 화랑으로 바꿈.
원활(圓滑) →원활-하다[형여] 1 일이 막힘이 없이 순조롭다. ¶자금 유통이 ~ / 고속도로의 차량 소통이 ~. 2 모가 없이 원만하다. **원활-히**[부] ¶일이 ~ 진행되다.

원훈(元勳) 명 1 나라를 위한 으뜸이 되는 큰 공. 2 나라에 대한 공으로 임금의 특별한 예우를 받는 노신(老臣).

원흉(元兇) 명 악한 무리의 우두머리. ¶전쟁의 ~ / 민족의 ~.

월¹ 명 =문장(文章)¹.

월²(月) 명 ① (자립) 1 한 달을 이르는 말. ¶~ 150만 원의 소득. 2 '월요일'을 줄여 이르는 말. 문장 속에서 자립적으로 쓰이기는 어려우며, 주로 달력이나 문서의 표 등에서 쓰임. ② (의존) 1 1년을 열둘로 나눈 하나의 기간. 약 4주 또는 약 30일임. 비 달. ¶징역 6~에 처함. 2 순서가 정해진 달을 세는 말. ¶꽃피는 4~ / 오뉴~ 긴긴 해.

월간¹(月刊) 명 잡지 등을 매월 한 번씩 발행하는 일. 또는, 그 간행물.

월간²(月間) 명 1 달과 달 사이. 2 한 달 동안. ¶~ 경제 동향 / ~ 계획.

월간-지(月刊誌) 명 매월 한 번씩 발행하는 잡지나 전문지.

월강(越江) 명 1 강을 건너는 것. 2 지난날, 압록강이나 두만강을 건너 중국에 가는 것을 이르던 말. **월강-하다** 동(자여)

월거덕-거리다/-대다[-꺼(때)-] 동(자타) 여러 개의 크고 단단한 물건이 서로 부딪쳐 자꾸 소리가 나다. 큰 월걱거리다. 작 왈가닥거리다. 셈 월꺼덕거리다.

월거덕-덜거덕[-떨-] 부 월거덕거리고 덜거덕거리는 모양이나 소리. ¶자갈길을 마차가 ~ 지나간다. 큰 월걱덜걱. 작 왈가닥달가닥. 셈 월커덕덜커덕. **월거덕덜거덕-하다** 동(자타)여

월거덕-월거덕 부 월거덕거리는 소리. 또는, 그 모양. 큰 월걱월걱. 작 왈가닥왈가닥. 셈 월커덕월커덕. **월거덕월거덕-하다** 동(자타)여

월건(月建) 명 달의 간지(干支).

월겅-덜겅 부 여러 개의 크고 단단한 물건이 어수선하고 세게 서로 부딪치는 소리. 작 왈강달강. 셈 월컹덜컹. **월겅덜겅-하다** 동(자타)여

월경¹(月經) 명(생) 사춘기 이후부터 50세 전후까지의 여성의 자궁에서 임신 중이나 유기를 제외하고 평균 28일의 주기로 며칠 동안 출혈하는 생리 현상. 한의학 용어로는 수(經水). =경도(經度)·달거리·멘스·생리·월사(月事)·월후(月候). 비 몸엣것·홍조(紅潮). **월경-하다** 동(자)여

월경²(越境) 명 국경이나 경계선을 넘는 것. **월경-하다**² 동(자여)

월경^불순(月經不順)[-쑨] 명(의) 월경의 주기(週期)가 일정하지 않은 일. 또는, 주기가 정상적인 월경 주기 일수를 벗어나는 일. =부조증.

월경-통(月經痛) 명(의) =생리통.

월계(月計) 명 한 달 동안의 통계나 회계. **월계-하다** 동(타)여

월계-관(月桂冠)[-계-/-게-] 명 1 고대 그리스에서, 경기 우승자에게 씌워 주던, 월계수 잎으로 만든 관. 2 우승의 영예의 비유. ¶승리의 ~. 준 계관.

월계-수(月桂樹)[-계-/-게-] 명(식) 녹나뭇과의 상록 교목. 높이 8~20m. 이른 봄에 담황색의 작은 꽃이 피고, 열매는 앵두 모양으로 10월경에 암자색으로 익음. 잎은 향기가 좋아 향료로 쓰임. 준 계월.

월계-화(月季花)[-계-/-게-] 명(식) 장미과의 낙엽 활엽 관목. 줄기에 가시가 많고, 초여름에 홍색·백황색 꽃이 피며, 열매가 가을에 빨갛게 익음. 관상용임. =사계(四季)·사계화.

월광(月光) 명 =달빛.

월궁(月宮) 명 달 속에 있다는 전설상의 궁전.

월궁-항아(月宮姮娥) 명 1 월궁에 산다는 선녀. 2 절세의 미인의 비유.

월권(越權)[-꿘] 명 권한 밖의 일을 하는 것. 또는, 그런 행위. ¶~행위 / 네가 나서는 것은 ~이다. **월권-하다** 동(자)여

월금(月琴) 명(음) 국악기의 하나. 당비파와 비슷한데, 울림통이 달처럼 둥글고 목이 길며 네 개의 현이 있음.

월급(月給) 명 일한 대가로 다달이 주는, 일정한 액수의 돈. =월봉(月俸). ¶첫 ~ / ~을 받다 / ~을 타다. ▷봉급.

월급-날(月給-)[-끕-] 명 월급을 주는 날. =월급일.

월급-봉투(月給封套)[-뽕-] 명 월급을 넣은 봉투.

월급-쟁이(月給-)[-쩽-] 명 월급을 받아 생활하는 사람을 홀하게 이르는 말.

월남¹(越南)[-람] 명 1 남쪽으로 넘어가는 것. 2 삼팔선 또는 휴전선 이남으로 넘어오는 것. ¶~ 가족. ↔월북(越北). **월남-하다** 동(자)여

월남²(越南)[-람] 명(지) '베트남'의 음역어.

월남-치마(越南-) 명 허리에 고무줄이 있고 흔히 화려한 꽃무늬가 있는, 발목까지 조붓하게 내려오는 치마. 집에서 막 입는 옷임.

월내(月內)[-래] 명 한 달 안. 또는, 그 달 안.

월년(越年)[-련] 명 해를 넘기는 것. **월년-하다** 동(자)여

월년-생(越年生)[-련-] 명(식) =두해살이.

월년-초(越年草)[-련-] 명(식) =두해살이풀.

월담(越-)[-땀] 명 담을 넘는 것. 비 월장(越牆). **월담-하다** 동(자)여

월대(月臺)[-때] 명 궁전 앞에 있는 섬돌.

월도(月刀)[-또] 명(역) 1 무예 24반의 하나로, 언월도를 이용하는 검술. 2 '언월도'의 준말.

월동(越冬)[-똥] 명 겨울을 나는 것. =겨우살이. ¶~ 준비. **월동-하다** 동(자)여

월드^와이드^웹(World Wide Web) 명(컴) 하이퍼텍스트를 이용하여 인터넷의 정보를 검색할 수 있도록 해 주는 프로그램. =웹.

월드-컵(World Cup) 명(체) 스포츠 경기의 세계 선수권 대회. 또는, 그 우승배. 축구·배구·스키·골프 등이 있는데, 특히 1930년 이래 4년마다 개최되는 축구 대회가 유명함.

월등(越等)[-뜽] 부 훨씬 뛰어나게. 비 월등히. ¶형이 아우보다 ~ 낫다.

월등-하다(越等-)[-뜽-] 형(여) (수준이나 실력이 다른 것보다) 훨씬 뛰어나다. ¶월등한 실력 차이를 보이다. **월등-히** 부 ¶~ 잘한다.

월래(月來) 명 지난달 이래 지금까지 이르는 동안.

월력(月曆) 명 =달력.

월령¹(月令) 명(역) 한 해 동안의 정례적인 정사(政事)·의식(儀式)이나 농가(農家) 행사를 월별로 구별하여 기록하는 표.

월령²(月齡) 명 1 (천) 신월(新月) 때를 0으로

월령-가(月令歌)[명][문] 한 해 동안의 기후의 변화와 의식(儀式) 및 농가 행사 등을 달의 순서에 따라 읊은 노래. =월령체가(月令體歌). ¶농가~.

월령-체(月令體)[명][문] =달거리3.

월례(月例)[명] (일부 명사 앞에 쓰여) 어떤 일을 매달 정기적으로 행함. ¶~ 행사.

월례-회(月例會)[-회/-훼][명] 매달 정기적으로 가지는 모임.

월리(月利)[명] =달변¹.

월리스-선(Wallace線)[지] 발리 섬과 롬보크 섬 사이에 보르네오 섬과 술라웨시 섬 사이에 그어진, 동물 분포의 경계선.

월말(月末)[명] 어느 달이 끝나 가는 무렵. 곧, 말일 이전의 며칠 동안을 가리킴. ¶~ 계산 / ~ 고사 / 외상값은 ~에 갚겠소. ↔월초(月初).

월면(月面)[명] 1 달의 표면. 2 달처럼 환하게 잘생긴 얼굴.

월반(越班)[명][교] 학생의 성적이 뛰어나 상급 학년으로 건너뛰어 진급하는 것. **월반-하다**[동][자여]

월방(越房)[명] =건넌방.

월별(月別)[명] 달에 따라 나누어 놓은 구별.

월병(月餠)[명] 1 =달떡. 2 중국 사람들이 추석에 만들어 먹는 과자.

월보(月報)[명] 다달이 하는 보고나 보도. 또는, 그 인쇄물. ▷연보(年報)·일보(日報).

월복(越伏)[명] 보통으로는 10일 간격의 중복(中伏)과 말복(末伏)이 20일 간격으로 드는 일. **월복-하다**[동][자여]

월봉(月俸)[명] =월급.

월부(月賦)[명] 물건 값 등을 매달 일정하게 나누어 지불하는 일. ¶~로 세탁기를 들여놓다.

월부^판매(月賦販賣)[명][경] 물건 값을 월부로 받기로 하고 파는 일.

월북(越北)[명] 1 북쪽으로 넘어가는 것. 2 삼팔선 또는 휴전선 이북으로 넘어가는 것. ¶~ 작가. ↔월남(越南). **월북-하다**[동][자여]

월사-금(月謝金)[-싸-][명] 전날, 다달이 내던 학교 수업료.

월삭(月朔)[-싹][명] 그달의 초하룻날.

월산(月産)[-싼][명] 한 달 동안에 생산하는 양.

월색(月色)[-쌕][명] =달빛.

월석(月石)[-썩][명] 달의 표면에 있는 암석. ¶~을 채취하다.

월성(越城)[-썽][명] 성을 넘는 것. **월성-하다**[동][자여]

월세(月貰)[-쎄][명] 건물이나 방을 빌리는 대가로 내게 되어 있는 얼마의 보증금과 매월 내게 되어 있는 일정액의 돈. 또는, 보증금 얼마에 매달 일정액을 내고 건물이나 방을 빌리는 일. ⓑ사글세. ¶~로 점포를 얻다.

월세-방(月貰房)[-쎄빵][명] 월세를 내고 빌려 쓰는 방. ⓑ사글셋방.

월-세계(月世界)[-쎄게/-쎄계][명] 1 달의 세계. ⓑ달나라. 2 달빛이 비친 천지.

월소(月梳)[-쏘][명] =얼레빗.

월수(月收)[-쑤][명] 1 =월수입. ¶~ 백만 원. 2 본전에 이자를 얹어 매달 갚아 나가는 빛. ¶~전(錢).

월-수입(月收入)[-쑤-][명] 한 달 동안의 수입. =월수(月收).

월식·월-식(月蝕·月食)[-썩][명][천] 지구가 태양과 달 사이에 들어 달의 한쪽 또는 전체가 지구 그림자에 가려 보이지 않게 되는 현상. 개기 월식과 부분 월식이 있음. ▷일식(日蝕). **월식-하다**

월여(月餘)[명] 한 달 남짓. ⓑ달포.

월요(月曜)[명] (주로, 일부 명사 앞에 쓰여) '월요일'을 줄여 이르는 말.

월요-병(月曜病)[-뼝][명] 직장인이 일요일을 쉬고 난 월요일이 되면 으레 느끼게 되는 피로 또는 신체적인 무력감.

월-요일(月曜日)[명] 한 주일의 요일의 하나. 일요일의 다음, 화요일의 전에 옴. 직장이나 학교 등에 다니는 대부분의 사람은 한 주의 일을 이날 시작함. ¶매월 둘째 ~은 휴업함.

월인석보(月印釋譜)[-뽀][명][책] 조선 세조 5년(1459)에 세조가 '월인천강지곡'과 '석보상절'을 합하여 간행한 책.

월인천강지곡(月印千江之曲)[명][책] 조선 세종 31년(1449)에 세종이 석가모니의 공덕을 찬양하여 지은 노래를 실은 책.

월일(月日)[명] 1 달과 해. 2 월과 날짜.

월장(越牆)[-짱][명] 담을 넘는 것. ⓑ월담. **월장-하다**[동][자여]

월전(月前)[-쩐][명] 달포 전.

월정-액(月定額)[-쩡-][명] 매달 지불하거나 지급하기로 정해 놓은 일정한 금액. ¶요금을 ~으로 납부하다.

월중(月中)[-쭝][명] 어느 달의 기간 안. ¶~ 행사.

월차(月次)[명] 1 [천] 하늘에서의 달의 위치. 2 '매달'로 순화. ¶~ 계획 / ~ 보고.

월차^휴가(月次休暇)[명][법] 달마다 하루씩 주게 되어 있는 유급 휴가. =월차 유급 휴가. ▷연차 휴가.

월척(越尺)[명] 낚시에서, 낚은 물고기가 한 자가 넘음. 또는, 그 물고기. 주로 붕어를 가리킴. ¶~을 올리다.

월천(越川)[명] 내를 건너는 것. **월천-하다**[동][자여]

월천-꾼(越川-)[명] 예전에, 사람을 업어 내를 건네주는 일을 직업으로 하던 사람.

월초(月初)[명] 어느 달이 시작되는 무렵. 곧, 1일 이후의 며칠 동안을 가리킴. ¶~로 예정된 회합. ↔월말(月末).

월출(月出)[명] 달이 떠오르는 것. **월출-하다**[동][자여]

월커덕[부] '왈카닥'의 큰말. **월커덕-하다**[동][자][타][여]

월커덕-거리다/-대다[-꺼(때)-][동][자][타] '월거덕거리다'의 거센말. ⓐ왈카닥거리다.

월커덕-덜커덕[-떨-][부] '월거덕덜거덕'의 거센말. ⓑ월커덕덜커덕. ⓐ왈카닥달카닥. **월커덕덜커덕-하다**[동][자][타][여]

월커덕-월커덕[부] '월거덕월거덕'의 거센말. ⓐ왈카닥왈카닥. **월커덕월커덕-하다**[동][자][타][여]

월컥[부] '왈칵'의 큰말. **월컥-하다**[동][자][타][여]

월컥-월컥[부] '왈칵왈칵'의 큰말. **월컥월컥-하다**[동][자][타][여]

월컹-덜컹[부] '월겅덜겅'의 거센말. ⓐ왈캉달캉. **월컹덜컹-하다**[동][자][타][여]

월파(月波)[명] 달 또는 달빛이 비치는 물결.

월평(月評)[명] 신문·잡지 등에서 달마다 하

는 비평. ¶~란 / 소설 ~.
월-평균(月平均) [명] 한 달을 단위로 하여 내는 평균. ¶~ 기온 / ~ 수입.
월하-노인(月下老人) [명] 〔중국 당나라의 위고(韋固)가 달밤에 장래의 아내를 예언해 준 노인을 만난 데서〕 남녀의 인연을 맺어 준다는 전설상의 노인. =월하빙인·적승자.
월형[1](月形) [명] 달처럼 둥근 꼴. =달꼴.
월형[2](刖刑) [명] 옛날 중국에서 발꿈치를 베던 형벌.
웜(worm) [명][컴] =웜 바이러스.
웜^바이러스(worm virus) [명][컴] 컴퓨터 시스템을 파괴하거나 작업을 지연 또는 방해하는 악성 프로그램. 컴퓨터 바이러스와 달리 감염 대상을 가지지 않으며, 자기 복제를 함. =웜.
웨 [명][언] 한글 모음 'ㅞ'의 이름.
웨딩-드레스(wedding dress) [명] 서양식 결혼식에서 신부가 입는 혼례복. 흔히, 흰빛의 의상으로 옷자락이 긺.
웨딩^마치(wedding march) [명][음] =결혼 행진곡.
웨이브(wave) [명] 머리나 옷 등에서, 물결처럼 구불구불한 상태를 이르는 말. ¶~ 머리 / ~ 파마 / 단발머리에 살짝 ~를 주다 / 치맛단에 ~를 넣다.
웨이스트(waist) [명] 허리 둘레의 길이.
웨이터(waiter) [명] 레스토랑·양주 집·나이트 클럽 등에서, 주문을 받고 음식·술 등을 나르는 일을 하는 남자.
웨이트리스(waitress) [명] 레스토랑·나이트 클럽 등에서, 주문을 받고 음식·술 등을 나르는 일을 하는 여자.
웨이트^트레이닝(weight training) [명][체] 역기나 아령 등의 무거운 기구를 사용하여 근육의 힘을 강화시키는 운동.
웨이퍼(wafer) [명] 밀가루·설탕·달걀 등을 섞어 묽게 반죽한 다음, 한쪽 면에 그물코 무늬가 있는 쇠틀에 넣고 살짝 구워 낸, 얇은 판 모양의 과자.
웨하스(←[일]ウエハース) [명] 〔<wafers〕 '웨이퍼'의 잘못.
웩 [부] 1 구역질이 갑자기 치밀어 토하는 모양. 또는, 그 소리. [작]왝. 2 무엇을 소리쳐 쫓거나, 외치는 소리.
웩-웩 [부] 1 연하여 목청껏 고함을 지르는 소리. 2 자꾸 토해 내는 모양. 또는, 그 소리. [작]왝왝. **웩웩-하다** [동][자][여]
웩웩-거리다/-대다[-꺼(때)-] [동][자] 자꾸 웩 소리를 내다. ¶**웩웩거리며** 토하다. [작]왝왝거리다.
웬ˇ [관] 1 어찌 된. ¶그렇다면 그런 줄 알지 ~ 말이 그리 많아. 2 어떠한. ¶~ 낯선 사람이 찾아왔다.
웬 떡이냐 [구] 뜻밖의 행운이나 횡재를 만났을 때 하는 말. ¶이게 ~.
웬ˇ-걸 '웬 것을'이 줄어 된 말로, 어떤 사실이 전혀 기대와 달랐음을 얘기할 때 하는 소리. 상대가 동년배이거나 친구일 때 쓰는 말임. ¶"휴가 때 피서라도 다녀왔나?" "~, 병이 나서 꼼짝 못하고 집에 누워 있었네."
웬ˇ-만치 [부] =웬만큼.
웬ˇ-만큼 [부] 1 그저 보통의 정도는 될 만큼. ¶재산도 이제는 ~ 모았다. 2 허용되거나 용납될 수 있는 범위에서 크게 벗어나지 않을 만큼. =웬만치. [비]어지간히. ¶~ 되었으면 이제 마무리하자.
웬ˇ만-하다 [형][여] 1 (사물의 상태가) 그저 보통의 정도에 있다. ¶그 여자는 **웬만한** 남자는 거들떠보지도 않는다. 2 (사물의 정도나 형편이) 허용되거나 용납될 수 있는 범위에서 크게 벗어나지 않은 상태에 있다. [비]어지간하다. ¶그 남자는 **웬만해서**는 화를 내지 않는다. [본]우연만하다.
웬ˇ-일[-닐] [명] 어찌 된 일. ¶~로 여길 다 왔어?
웬지 [부] '왠지'의 잘못.
웰터-급(welter級) [명][체] 권투 체급의 하나. 프로는 63.504~66.68kg, 아마추어는 63.5~67kg임.
웹(web) [명][컴] =월드 와이드 웹.
웹^디자이너(web designer) [명][컴] 전문적인 편집 디자인 기술을 가지고 웹 사이트를 만드는 일에 종사하는 사람.
웹-마스터(webmaster) [명][컴] 웹 사이트에서 제공하는 정보에 관한 총괄 책임자.
웹^브라우저(web browser) [명][컴] =브라우저.
웹^사이트(web site) [명][컴] 웹 서비스를 제공하기 위해 정보를 저장해 놓은 인터넷 상의 주소.
웹^서버(web server) [명][컴] 웹 서비스를 할 수 있는 환경을 구축하기 위해 사용하는 소프트웨어.
웹^서핑(web surfing) [명][컴] 인터넷상에서, 흥밋거리를 찾아 이 사이트 저 사이트를 옮겨 다니는 일. =서핑.
웹진(webzine) [명][컴] 잡지 스타일의 내용을 실은, 웹 사이트의 페이지.
웹툰(webtoon) [명] 웹 사이트에 제공되는 동영상 만화.
웹^프로듀서(web producer) [명][컴] 홈 페이지 운영과 콘텐츠 기획 및 디자인 전반에 대해 책임을 지는 사람. =웹 피디.
웹^피디(web PD) [명][컴] =웹 프로듀서.
웽 [부] 1 날벌레 등이 빠르게 날 때 나는 소리. 2 물건이 빠른 속도로 공중을 날아갈 때 나는 소리. 3 세찬 바람이 굵은 철사 등의 단단한 물건에 스칠 때 나는 소리. [작]왱.
웽그렁-거리다/-대다 [동][자][타] 풍경(風磬)이나 큰 방울 같은 것이 자꾸 요란스레 흔들리며 소리를 내다. 또는, 자꾸 그런 소리를 내게 하다. [작]왱그랑거리다.
웽그렁-뎅그렁 [부] 종이나 풍경 등이 요란스레 부딪치며 나는 소리. [준]웽겅뎅겅. [작]왱그랑댕그랑. **웽그렁뎅그렁-하다** [동][자][타][여]
웽그렁-웽그렁 [부] 웽그렁거리는 소리. [작]왱그랑왱그랑. **웽그렁웽그렁-하다** [동][자][타][여]
웽-웽 [부] 자꾸 웽 하는 소리. [작]왱왱. **웽웽-하다** [동][자][여]
웽웽-거리다/-대다 [동][자] 자꾸 웽웽하다. ¶모기 떼가 ~. [작]왱왱거리다.
위[1] [명][언] 한글 모음 'ㅟ'의 이름.
위[2] [명] 1 어떤 기준이나 중간보다 높은 위치. 또는, 그 위치에 있는 부분. ¶~를 보다 / 바다 ~를 나는 새. 2 어떤 물체의 겉이나 바깥. 또는, 그 면. ¶종이 ~에 깨알같이 쓴 글씨 / 셔츠 ~에 외투를 껴입다. 3 신분·지위·연령·등급·정도 등에서, 어떠한 것보다 높은 자리나 위치. ¶~에서 명령을 내리다 / 그는 나보다 나이가 두 살 ~다. 4 글 따위에서, 앞에 든 내용. ¶앞으로의 계획은 ~에서 밝힌 바와 같다. 5 일정한 조건이나 가정이 충족되는 테두리나 범위. ¶이 공상 과학 소설은 로봇이 인간을 지배한다는 가정 ~에서 시작된다. 6 이미 있는 것의 이외. ¶인물 좋고 마음씨 고우면 되었지 그 ~에 무엇을 바라랴. ↔되다.
위³(位) 명 ①[자립] 지위나 자리. ¶천자의 ~에 오르다. ②[의존] 1 등급이나 등수를 나타내는 말. ¶제1~. 2 신주·위패로 모신 신의 수를 세는 말. ¶영령 10~를 모신 사당.
위⁴(胃) 명 [생] 식도(食道)에 이어지는 주머니 모양의 부분으로, 음식물을 일시 모아서 소화를 시키는 기관. =위부(胃腑)·위장(胃臟).
위⁵(魏) 명 [역] 중국 전국 시대의 칠웅(七雄)의 하나(403~225 B.C.). 진(晉)나라의 세족(世族) 위씨가 세워 부국강병에 힘썼으나 진(秦)에게 망함.
위⁶(魏) 명 [역] 삼국(三國)의 하나(220~265). 후한(後漢) 말기에 조조(曹操)의 아들 조비(曹丕)가 세워 삼국 중에서 가장 강하여 촉(蜀)·오(吳)를 제압했으나 진(晉)에게 망함.
위각(違角) 명 정상 상태에서 벗어남.
위각-나다(違角-) [-강-] 동(자) 정상 상태에서 벗어나다.
위경¹(危境) 명 위태로운 처지. ¶병이 ~에 이르다(놓이다).
위경²(胃鏡) 명 [의] 위 안까지 집어넣어 그 내부를 관찰할 수 있도록 만든, 관 모양의 의료 기구. =가스트로스코프.
위-경련(胃痙攣) [-년] 명 [의] 상복부(上腹部)에서 일어나는 발작성 통증의 총칭. 위궤양·담석증·충수염 등으로 인해 일어나는 증상으로, 흔히 위(胃)의 급격한 통증을 일컬음.
위계¹(位階) [-계/-게] 명 1 벼슬의 품계. 2 지위의 등급.
위계²(僞計) [-계/-게] 명 남을 속이기 위해 거짓으로 꾸민 계책. 또는, 그런 계략을 꾸미는 것. **위계-하다** 동(자)(여)
위계-질서(位階秩序) [-계-써/-게-써] 명 관능(官等)의 상하 관계에서 마땅히 있어야 하는 복종·예절 등의 질서. ¶~를 무너뜨리다.
위곡(委曲) ➡**위곡-하다** [-고카-] 형(여) 찬찬하고 자세하다. **위곡-히** 부
위공(偉功) 명 뛰어난 공훈이나 업적. [비]위훈(偉勳).
위관(尉官) 명 [군] 소위·중위·대위의 등급. 준사관의 위, 영관 아래임.
위광(威光) 명 범하기 어려운 위엄이나 권위.
위구(危懼) 명 염려하고 두려워하는 것. **위구-하다** 동(타)(여) **위구-되다** 동(자)
위구르(Uighur) 명 몽골 고원에서 일어나 뒤에 투르키스탄에 이주한 터키계 민족. 현재 중국의 신장웨이우얼 자치구의 주요 구성 민임.
위구-심(危懼心) 명 염려하고 두려워하는 마음. ¶그는 병을 앓고 나서, 자신의 건강에 대한 ~에 사로잡혔다.
위국(危局) 명 위태스러운 시국이나 판국.
위국-충절(爲國忠節) 명 나라를 위한, 충성스러운 절개.
위-궤양(胃潰瘍) 명 [의] 위 점막에 궤양이 생기는 질환. 심해지면 위벽에 구멍이 남.
위그노(⑫Huguenot) 명 [역] 16~17세기의 칼뱅파(Calvin派) 신교도.
위급(危急) ➡**위급-하다** [-그파-] 형(여) (상황이) 위태롭고 급박하다. ¶**위급한** 상황 / 병세가 악화되어 ~.
위기(危機) 명 위험한 고비나 경우. ¶~를 벗어나다 [넘기다] / ~에 빠지다 [처하다].
위기-감(危機感) 명 1 위기에 처해 있거나 위기가 닥쳐오고 있다는 불안한 느낌. 2 [철] =위기의식.
위기-관리(危機管理) [-괄-] 명 천재(天災)나 인위적인 비상사태, 전쟁 따위의 위기 상황을 예방하고 그에 적절히 대처해 나가는 일. ¶~ 능력을 상실한 정부.
위기-의식(危機意識) 명 [철] 인간 본래의 가치나 질서를 잃는 데서 느끼는 불안과 절망 의식. =위기감.
위기-일발(危機一髮) 명 위태로움이 몹시 절박한 순간. ¶~의 순간에 물에 빠진 아이를 구하다.
위난(危難) 명 위태로운 재난. ¶~이 닥치다 / ~에서 나라를 구하다.
위닝^샷(†winning shot) 명 [체] 1 테니스에서, 승리를 결정짓는 타구(打球). [비]결정타. 2 야구에서, 투수가 타자를 제압 또는 아웃시키기 위하여 던지는 위력 있는 투구. ¶~이 없다.
위대(偉大) ➡**위대-하다** 형(여) 뛰어나고 훌륭하다. 또는, 거룩하고 크다. ¶~은 =위대하다. **위대한** 업적 / **위대한** 조국 / **위대한** 인물.
위덕(威德) 명 위엄과 덕망.
위도(緯度) 명 [지] 지구 위의 위치를 나타내는, 가로로 된 좌표. 적도와 평행선으로 되어 있으며, 적도를 0°로 하여 남북으로 각 90°로 나눔. 북의 것을 북위, 남의 것을 남위라 함. 각도를 나타내는 단위는 도·분·초. =씨도. →경도.
위독(危篤) ➡**위독-하다** [-도카-] 형(여) (병세가) 매우 중하여 생명이 위태하다. ¶생명이 ~.
위락(慰樂) 명 1 위안과 안락. 2 편안한 마음으로 쉬고 즐기는 일. ¶대도시 근교에 대규모 ~ 시설을 조성하다.
위력¹(威力) 명 위풍 있는 강대한 힘. ¶핵무기의 ~ / ~을 발휘하다.
위력²(偉力) 명 위대한 힘.
위력-성당(威力成黨) 명 '올뱀성당'의 잘못.
위령¹(威令) 명 위엄 있는 명령.
위령²(慰靈) 명 죽은 사람의 영혼을 위로하는 것. **위령-하다** 동(자)(타)(여)
위령-제(慰靈祭) 명 죽은 사람의 영혼을 위로하기 위하여 지내는 제사. =진혼제. ¶전몰장병 ~ / ~를 지내다[올리다].
위령-탑(慰靈塔) 명 죽은 사람의 영혼을 위로하기 위해 세우는 탑.
위례(違例) 명 상례(常例)를 어기는 것. **위례-하다** 동(자)(여)
위로(慰勞) 명 따뜻한 말이나 행동으로 괴로움을 덜어 주거나 슬픔을 달래 주는 것. ¶갑자기 상을 당하시다니 뭐라고 ~의 말씀을 드려야 할지 모르겠습니다. **위로-하다** 동(타)(여) 실의에 빠진 수재민을 **위로하고** 격려하다. **위로-되다** 동(자)
위로-금(慰勞金) 명 위로하기 위해 주는 돈. ¶유족들에게 ~을 주다.
위리-안치(圍籬安置) 명 [역] 죄인을 배소(配所)에서 달아나지 못하도록 가시로 울타리를 만들고 그 안에 가두어 둠.
위명¹(威名) 명 크게 떨치는 명성.
위명²(偉名) 명 위대한 이름.

위명³(僞名)〔명〕(지위나 신분을 나타내는 일부 명사와 함께 쓰여) 그 지위나 신분으로 이름을 삼아 행세를 하는 것. ¶오늘날 지식인이라 ~을 하면서 아첨과 독선의 허위의식에서 벗어나지 못하는 속물이 많다. **위명-하다**〔자여〕¶문사(文士)라 위명하면서 매문(賣文)을 일삼다.

위무¹(威武)〔명〕**1** 위세와 무력. **2** 위엄이 있고 씩씩함.

위무²(慰撫)〔명〕위로하고 어루만져 달래는 것. **위무-하다**〔타여〕¶백성을 ~.

위문(慰問)〔명〕위로하기 위하여 방문하거나 문안하는 것. ¶~ 공연. **위문-하다**〔타여〕¶환자를 ~ / 일선 장병들을 ~.

위문-문(慰問文)〔명〕위문의 뜻을 나타내기 위하여 쓴 글.

위문-편지(慰問便紙)〔명〕위문의 뜻을 나타내기 위해 보내는 편지. ¶국군 장병에게 ~를 보내다.

위문-품(慰問品)〔명〕군인이나 이재민 등을 위문하기 위하여 보내는 물품.

위민(爲民)〔명〕백성을 위하는 것. ¶~ 사상 / ~ 정책. **위민-하다**〔자여〕

위반(違反)〔명〕법령·명령·약속 등을 어기거나 지키지 않는 것. =위배(違背)·위월(違越)¶법규 ~ / 주차 ~. **위반-하다**〔타여〕¶교통 법규를 ~. **위반-되다**〔자〕

위배(違背)〔명〕=위반. **위배-하다**〔타여〕**위배-되다**〔자〕¶법에 ~.

위법(違法)〔명〕법을 어기는 것. ¶~ 행위. ↔적법(適法). **위법-하다**〔자여〕

〔유의어〕 **위법 / 불법**
'위법'이 법령에 위반되는 형식적 특성과 선량한 풍속과 사회 질서에 위반되는 실질적 특성을 모두 아우르는 데 반해, '불법(不法)'은 주로 후자만을 가리킨다.

위법-성(違法性)〔-썽〕〔명〕〔법〕어떤 행위가 범죄 또는 불법 행위로 인정되는 객관적 요건.

위법^행위(違法行爲)〔-버퐹-〕〔명〕〔법〕법을 어기는 행위. ▷불법 행위.

위벽(胃壁)〔명〕〔생〕위의 내면의 벽. 근육층·점막·장막(漿液膜)으로 이루어지며, 펩신·염산을 분비함.

위병¹(胃病)〔-뼝〕〔명〕〔의〕위에 생기는 병의 총칭. ▷위장병.

위병²(衛兵)〔명〕**1**〔역〕대궐·군영·관아 등을 경비하는 군사. **2**〔군〕경비·단속을 위해 지정된 장소에 배치된 병사. ¶~ 근무.

위병-소(衛兵所)〔명〕〔군〕위병이 그 임무를 수행하는 곳. 보통, 부대 정문에 설치함.

위본(僞本)〔명〕위조한 책. =위서(僞書).

위부(委付)〔명〕**1** 맡겨 부탁하는 일. 또는, 맡겨 주는 일. **2**〔법〕해상 보험의 피보험자가 보험의 목적물이 전손(全損)으로 되어 있는가의 여부가 불분명할 경우, 일방적 의사로 목적물을 보험자에 이전하여 책임을 면하거나 권리를 얻거나 하는 일.

위불-없다(爲不一)〔-업따〕〔형〕'위불위없다'의 준말. **위불없-이**〔부〕

위불위-없다(爲不爲一)〔-업따〕〔형〕틀림이나 의심이 없다. 㑥위불없다. **위불위없-이**〔부〕

위빙(weaving)〔명〕〔체〕권투에서, 상대의 스트레이트 공격 등을 피하여 머리와 상체를 좌우로 움직이는 동작. 또는, 그렇게 하면서 상체를 굽히는 동작.

위사(緯絲)〔명〕=씨실. ↔경사(經絲).

위산¹(胃散)〔명〕위병(胃病)에 쓰는 가루약.

위산²(胃酸)〔명〕〔생〕위액 속에 들어 있는 산. 주로 염산이며, 소화 효소의 작용을 도움.

위산^과다증(胃酸過多症)〔-쯩〕〔명〕〔의〕위액의 산도(酸度)가 비정상적으로 높은 상태. 한의학 용어는 탄산증(呑酸症). =과산증(過酸症)

위상(位相)〔명〕**1** 어떤 사물이 다른 사물과의 관계 속에서 가지는 위치나 양상. ¶~을 드높이다. **2**〔수〕극한과 연속의 개념이 정의될 수 있도록 집합에 도입되는 수학적 구조. **3**〔물〕진동이나 파동과 같은 주기적 현상에서, 일주기(一週期) 내에 나타나는 시간과 위치의 변수(變數).

위상^기하학(位相幾何學)〔수〕길이·크기 등의 양적 관계를 무시하고 도형 상호의 위치, 연결 방식 등의 위상적 성질을 연구하는 기하학. =위상 수학·토폴로지.

위상^수학(位相數學)〔수〕=위상 기하학.

위-샘(胃-)〔명〕〔생〕위벽 속에 있는, 위액을 분비하는 소화샘. =위선(胃腺).

위생(衛生)〔명〕건강에 유익하도록 조건을 갖추거나 대책을 세우는 것. ¶보건 ~ / ~ 시설 / ~을 지키다.

위생-모(衛生帽)〔명〕위생을 위해 쓰는 모자.

위생-병(衛生兵)〔명〕〔군〕군인의 위생에 관한 일을 맡아보는 병사.

위생-복(衛生服)〔명〕의사·간호사 등 병독(病毒)에 감염되기 쉬운 직업에 종사하는 사람이 입는 소독을 한 흰 덧옷. =소독의(消毒衣).

위생-적(衛生的)〔관·명〕**1** 위생에 관련된 (것). **2** 위생을 지키거나 위생에 알맞은 (것).

위생-학(衛生學)〔명〕〔생〕의학의 한 분야. 개인 및 공중의 건강 유지나 향상, 질병 예방 등을 목적으로 하는 학문.

위서(僞書)〔명〕**1** 가짜 편지. **2** =위본(僞本). **3** '위조문서'의 준말.

위선¹(爲先)〔부〕=우선(于先)³. ¶배고픈 이는 ~ 분량 많은 빈대떡 두 개를 쪼이기로 하고 추어탕을 한 그릇 청하였다.《현진건:운수 좋은 날》 **위선-하다¹**〔자여〕

위선²(僞善)〔명〕속마음을 감추고 겉으로만 도덕적·윤리적으로 올바른 행동을 하는 것처럼 거짓되게 꾸미는 것. 또는, 그런 짓이나 일. ¶~에 찬 행동. ↔위악. **위선-하다²**〔자여〕

위선³(緯線)〔명〕〔지〕적도에 평행하게 지구의 표면을 남북으로 자른 가상의 선. 곧, 위도를 나타낸 선. =씨금·씨줄·위도선. ↔경선(經線).

위선-자(僞善者)〔명〕위선의 행동을 하는 사람.

위선-적(僞善的)〔관·명〕행동이 위선의 성질을 띤 상태에 있는 (것). ¶~인 언행.

위성(衛星)〔명〕**1**〔천〕행성의 인력에 의하여 그 행성의 주위를 도는 천체. 지구에 대한 달 따위. =달별·배성(陪星). **2**〔물〕'인공위성'의 준말.

위성-국(衛星國)〔명〕〔정〕'위성 국가'의 준말.

위성^국가(衛星國家)〔-까〕〔명〕〔정〕강대국의 주변에 있어, 정치·경제·군사상 그 지배 또는 영향을 받고 있는 나라. 㑥위성국.

위성^도시(衛星都市) [명][지] 대도시의 주위에 위치하면서 주체성을 가지고 대도시의 기능의 일부를 분담하고 있는 도시. 가령, 서울의 주위에 있는 성남시·과천시·안양시 따위. ↔모도시(母都市).

위성^방'송(衛星放送) [명][방송] 정지 궤도 상의 방송 위성이 지상국으로부터 방송 전파를 받아, 이를 증폭하여 일반 시청자에게 직접 보내는 방식의 방송. 난시청 지역의 해소 등에 이용됨.

위성-사진(衛星寫眞) [명] 인공위성에서 찍은 사진. 지구를 분석하여 일기 예보를 하다.

위성^중계(衛星中繼) [-계/-게] [명][통] 통신 중계위성이나 방송 위성을 이용한 전파의 중계 방식.

위세(威勢) [명] 1 사람을 두렵게 하여 복종시키는 힘. ¶~를 부리다 / 그의 ~에 눌려 말 한마디 못 했다. 2 맹렬하거나 위엄이 있는 기세. ¶~를 떨치다 / ~가 꺾이다 / 적군의 ~가 대단하다.

위수¹(位數) [명][수] =자릿수.

위수²(衛戍) [명] 1 [군] 육군 부대가 오래 한곳에 주둔하여 경비하는 일. ¶~ 부대 / ~ 사령부 / ~ 지구. 2 [역] =수자리. **위수-하다** [동][타][여]

위수-령(衛戍令) [명][법] 육군 부대가 일정한 지역에 주둔하여, 경비와 질서 유지 및 군기(軍紀)의 감시와 군에 딸린 건축물·시설물 등을 보호할 것을 규정한 대통령령.

위스키(whiskey) [명] 보리·호밀·옥수수 등을 효모로 발효시켜 만든, 도수 높은 양주.

위시(爲始) [명] (누구 또는 무엇을) 필두로 하거나 대표적인 존재로 포함하는 것. 여럿 중에서 어떠한 대상을 첫 자리로 삼아 말할 때 쓰는 말임. **위시-하다** [동][붙타][여] (주로, '위시하여', '위시한'의 꼴로 쓰여) 필두로 하거나 대표적인 존재로 포함하다. ¶국무총리를 **위시하여** 전 각료.

위신(威信) [명] 위엄과 신망. ¶~을 지키다 [잃다] / ~이 서다 / ~이 땅에 떨어지다.

위심-낭(圍心囊) [명][생] 심장 및 대혈관 기부(基部)를 이중으로 싸고 있는 결합 조직성의 막. =심낭(心囊)·심막(心膜).

위-아래 [명] 1 신분이나 지위·나이 등의 위와 아래. ¶~도 모르고 버릇없이 굴다. 2 위쪽과 아래쪽. [비]아래위. ¶~를 훑어보다.

위아랫물-지다 [-랜-] [동][자] 1 두 가지의 액체가 서로 섞이지 않고 위아래로 걸돌다. 2 나이나 계급의 차이로 서로 어울리지 않고 배돌다.

위악(僞惡) [명] 짐짓 악한 체하는 것. ↔위선(僞善). **위악-하다** [동][자][여]

위안¹(慰安) [명] 위로하여 마음을 안심시키는 것. ¶~을 삼다 [얻다] / ~이 되다. **위안-하다** [동][타][여] **위안-되다** [동][자]

위안²(元) [명] [의존] 중국의 화폐 단위. 1위안은 10자오임.

위안-부(慰安婦) [명] 전시(戰時)에 군인들을 위안하기 위해 성(性)의 도구로 동원되는 여자.

위안-처(慰安處) [명] 위안이 될 만한 곳.

위-알 [명] '윗알'의 잘못.

위암(胃癌) [명] 위에 발생하는 암.

위압(威壓) [명] 위엄이나 위력 따위로 압박하거나 정신적으로 억누르는 것. 또는, 그 압력. **위압-하다** [동][타][여] ¶무력으로 약소국을 ~. **위압-되다** [동][자]

위압-감(威壓感) [-감] [명] 위압하는 느낌.

위압-적(威壓的) [-쩍] [관] 위엄이나 세력으로 억누르는 (것). ¶~ 분위기 / 고급 관료의 ~인 태도.

위액(胃液) [명][생] 위샘에서 분비되는 소화액. 강한 산성의 투명한 액으로, 단백질을 분해하여 펩톤으로 바꾸는 외에 살균 작용도 함.

위약¹(胃弱) [명][의] 소화력이 약해지는 위의 여러 가지 병.

위약²(違約) [명] 1 약속을 어기는 것. =부약(負約). 2 [법] 계약으로 정한 의무를 이행하지 않는 것. **위약-하다** [동][여]

위약-금(違約金) [-끔] [명][법] 채무 불이행의 위약이 있을 때, 그 제재로서 채무자가 채권자에게 지불하기로 약정한 돈.

위양(委讓) [명] 다른 사람에게 넘겨 맡기는 것. **위양-하다** [동][타][여] ¶회사의 운영권을 전문 경영인에게 ~. **위양-되다** [동][자]

위엄(威嚴) [명] 위세가 있어 의젓하고 엄숙한 태도나 기세. ¶~이 있는 목소리 / 제발 아이들 앞에서 ~을 좀 갖추세요.

위엄-스럽다(威嚴-) [-따] [형][ㅂ] <-스러우니, -스러워> 위엄을 갖춘 데가 있다. **위엄스레** [부]

위엄-차다(威嚴-) [형] 매우 위엄이 있다.

위업(偉業) [명] 위대한 사업이나 업적. ¶통일의 ~을 달성하다.

위-없다 [-업따] [형] 그 위를 넘는 것이 없다. **위없-이** [부]

위여 [감] 참새 떼를 쫓는 소리. [비]쉬.

위연(喟然) ➡**위연-하다** [형][여] 한숨을 쉬는 모양이 서글프다. **위연-히** [부]

위염(胃炎) [명][의] 위 점막(粘膜)에 생기는 염증성 질환의 총칭. 급성과 만성이 있음. =위카타르.

위용(威容) [명] 위엄찬 모습이나 모양. ¶~을 자랑하는 최신예 전투기.

위원(委員) [명] 선거나 임명에 의해 단체의 특정 사항의 처리를 위임받은 사람. ¶상임 ~ / 편집 ~ / 집행 ~ / 교섭 ~.

위원-단(委員團) [명] 어떤 임무를 띤 위원들로 구성된 단체. ¶조사 ~ / 통상 교섭 ~.

위원-장(委員長) [명] 위원 가운데의 우두머리.

위원-회(委員會) [-회/-훼] [명] 기관·단체 등에서, 특정한 사항을 처리하기 위하여 만든 합의제(合議制)의 기관. 또는, 그 회의.

위-으뜸음 [-음] [음] 음계의 제2음.

위의(威儀) [-의/-이] [명] 위엄 있는 태도나 몸가짐. ¶~를 갖추다.

위의당당(威儀堂堂) [-의-/-이-] ➡**위의당당-하다** [-의-/-이-] [형][여] 위의가 훌륭하다. ¶위의당당한 국군의 행진.

위인¹(偉人) [명] 뛰어나고 훌륭한 사람. ¶~ 전기.

위인²(爲人) [명] 1 사람의 됨됨이. ¶~이 청렴 결백하여 덕망이 높다. 2 됨됨이로 본 그 사람. ¶그는 제 손으로 벌레 한 마리 죽이지 못하는 ~이다.

위인-전(偉人傳) [명] 위인의 업적 및 일화 등을 사실(史實)에 입각하여 적은 글. 또는, 그 책.

위임(委任) [명] 1 어떤 일을 지위 맡기는 것. 또는, 그 맡은 책임. 2 [법] 당사자의 한쪽이 상대방에게 법률 행위나 그 밖의 사무 처리를 맡기는 계약. 3 [법] 행정청이 권한 사무를 다른 행정청에 위탁하는 일. ¶~ 사무. **위임-하다**(타여)¶전권을 ~/이 농장의 관리를 너에게 **위임한다**. **위임-되다**(동자)

위임-장(委任狀) [-짱] 몡 1 어떤 사람에게 어떤 일을 맡긴다는 뜻을 적은 문서. 2 국제법에서, 특정한 사람을 영사(領事)로 임명하는 취지의 문서.

위자(慰藉) 몡 위로하고 도와주는 것. **위자-하다**(타여)

위자-료(慰藉料) 몡[법] 정신적 고통이나 피해에 대한 배상금.

위작(僞作) 몡 다른 사람의 작품을 흉내 내어 비슷하게 만드는 것. 또는, 그 작품. ¶전문가의 감정 결과 ~으로 드러난 미술품. **위작-하다**(타여)

위장[1](胃腸) 몡[생] 위(胃)와 장(腸). ¶~ 장애 /~이 나빠 소화가 안 된다.

위장[2](胃臟) 몡[생] =위[4].

위장[3](僞裝) 몡 1 본래의 속셈이나 모습이 드러나지 않도록 거짓으로 꾸미는 것. 또는, 그러한 수단이나 방법. ¶~ 귀순. 2[군] 병력·장비·시설 등 공격의 대상물이 적의 눈에 띄이지 않게 가려 놓는 일. **위장-하다**(동타여)¶모습을 적군 복장으로 ~/풀잎으로 참호를 ~. **위장-되다**(동자)

위장-망(僞裝網) 몡[군] 전투 장비나 시설 등을 위장하는 데 쓰는 그물. 나뭇가지·풀·헝겊 등을 매닮.

위장-병(胃腸病) [-뼝] 몡[의] 위나 장에 일어나는 병의 총칭.

위장-약(胃腸藥) [-냑] 몡 위장병에 먹는 약.

위정(爲政) 몡 정치를 행하는 것. **위정-하다**

위정-자(爲政者) 몡 정치를 하는 사람.

위정-척사(衛正斥邪) [-싸] 몡[역] 조선 말기에, 유학자들이 개화에 반대하면서 내걸던 말. 정학(正學)인 주자학을 지키고 사학(邪學)인 천주교를 물리치자던 주장.

위조(僞造) 몡 [어떤 물건을] 남을 속일 목적으로 진품과 똑같거나 거의 비슷하게 만드는 일. =안조(贋造). ¶~ 수표. **위조-하다**(동타여)¶돈을 ~/문서를 ~. **위조-되다**(동자)

혼동어 위조 / 변조

둘 다 어떤 물건을 진품과 흡사한 상태로 만드는 것이나, '**위조**'는 복사기나 기타의 기계, 또는 수작업(手作業) 등으로 진품을 흉내 내어 새로운 물건을 만들어 내는 것을 가리키는 반면, '**변조**(變造)'는 기존의 진품에 글자·숫자를 변경·첨삭하거나 부착물(사진 따위)을 떼고 다른 것을 붙이는 따위의 일을 가리킴.

위조-문서(僞造文書) 몡 가짜로 꾸민 문서. ㉿위문서·위서(僞書).

위조-죄(僞造罪) [-쬐/-쒜] 몡[법] 통화(通貨)·인장(印章)·문서·유가 증권 등을 행사할 목적으로 위조함으로써 성립되는 죄. ¶~ 문서~.

위조-지폐(僞造紙幣) [-폐/-페] 몡 위조한 지폐.

위족(僞足) 몡[동] 원생동물 등의 세포 표면에서 이루어지는 원형질 돌기. 변형하거나 신축하며, 이동·생식·포식(捕食) 등의 일을 함. =허족(虛足)·헛발.

위주(爲主) 몡 주되는 것으로 삼는 것. ¶실력~로 사람을 뽑다 / 중공업 ~의 산업 구조.

위중(危重) →**위중-하다**(형여) 병세가 무겁고 위태롭다. ¶아버님의 병환이 ~.

위증(僞證) 몡 1 거짓 증명하는 것. 또는, 그 거짓 증거. 2[법] 법률에 따라 선서를 한 증인이 허위의 증언을 하는 일. **위증-하다**(동자여)

위증-죄(僞證罪) [-쬐/-쒜] 몡[법] 법원이나 국회 등에서 법률에 의하여 선서를 한 증인이, 고의로 위증을 함으로써 성립되는 죄.

위지위그(WYSIWYG) 몡 [what you see is what you get][컴] 작성 중의 문서의 체재가 항상 화면에 표시되어 있어, 그 화면을 직접 조작시켜서 문서를 편집할 수 있도록 한 방식. 대부분의 워드 프로세서가 이 방식을 취하고 있음.

위집(蝟集) 몡 [고슴도치의 털과 같이 많은 것이 한곳에 모여든다는 뜻] 사물이 한꺼번에 많이 모임을 비유하는 말. **위집-하다**(자여)

위-짝 몡 위아래로 한 벌을 이루는 물건의 위의 짝. ¶맷돌의 ~. ↔아래짝. ×웃짝.

위-쪽 몡 위가 되는 쪽. =상측(上側)·윗녘. ¶국기를 교실의 정면 ~에 달다. ↔아래쪽. ×웃쪽.

위-채 몡 여러 채로 된 집에서 위쪽에 있는 채. ¶~는 주인이 살고 아래채는 세를 주었다. ↔아래채. ×웃채.

위-청(-廳) 몡 윗사람이 있는 곳이나 관청. =상청. ↔아래청. ×웃청.

위촉(委囑) 몡 (어떤 일을) 부탁하여 맡기는 것. ¶~장(狀). **위촉-하다**(동타여)¶김 변호사를 회사의 법률 고문으로 ~. **위촉-되다**(동자)

위축(萎縮) 몡 1 움츠러들거나 시들어서 작게 되는 것. 2[생] 정상으로 발달한 기관·조직의 크기가 줄어드는 것. 3 어떤 힘에 눌려서 좋추들고 기를 펴지 못하는 것. **위축-하다**(동자여) **위축-되다**(동자) ¶세계적인 불황으로 수출 경기가 ~/그는 누구 앞에서나 결코 **위축되는** 법이 없이 당당하다.

위축-감(萎縮感) [-깜] 몡 어떠한 힘에 눌려서 기를 펴지 못하는 느낌.

위-층(-層) 몡 2층 또는 여러 층 가운데 위쪽의 층. =상층(上層). ↔아래층. ×웃층.

위치(位置) 몡 1 사물이 일정한 곳에 차지하고 있는 자리. ¶~를 잡다 / ~를 옮기다 / 이 집은 ~가 좋지 않다. 2 사회적으로 담당하고 있는 지위나 역할 따위. ¶회사 내의 ~ / 자신의 ~를 자각하여 처신하다. **위치-하다**(동자여) 위치를 차지하고 있다. ⓑ자리하다. ¶마라도는 우리나라 최남단에 **위치하고** 있는 섬이다.

위치-감ː각(位置感覺) 몡[생] 자세나 신체 각부의 상호적 위치를 인지하는 감각. =위치각.

위-치마 몡 갈퀴의 앞초리 쪽으로 가느다란 대나무·싸리나무 따위를 대고, 새끼나 끈으로 엮은 부분. ↔아래치마. ×웃치마.

위치^에너지(位置energy) 몡[물] 물체가 어떤 위치에서 잠재적으로 지니고 있는 에너지.

위치^항ː법^시스템(位置航法system) [-뻡] [통] =지피에스(GPS).

위탁(委託) 몡 1 남에게 사물의 책임을 맡기는 것. 2[법] 어떤 행위나 사무의 처리를 남에게 맡겨 부탁하는 일. **위탁-하다**(동타여)

위탁-되다 〖자〗

위탁^가공^무^역(委託加工貿易) [-까-] 〖명〗〖경〗 외국의 위탁자와의 계약하에 원자재를 수입하여 가공한 제품을 수출하는 무역 방식.

위탁-금(委託金) [-끔] 〖명〗 일정한 계약 아래 남에게 맡겨 둔 돈.

위탁^판매(委託販賣) 〖명〗〖경〗 생산자가 상품의 판매를 대행 기관에 위탁하는 방식.

위태(危殆) →위태-하다 〖형여〗 위험하여 마음을 놓을 수 없다. ¶축대가 금이 가 ~.

위태-롭다(危殆-) [-따] 〖형ㅂ〗<-로우니, ~로워> 보기에 위태하다. ¶붕괴 직전의 **위태로운** 축대 / 환자의 병세가 ~. **위태로이** 〖부〗

위태위태(危殆危殆) →위태위태-하다 〖형여〗 매우 위태하다. ¶**위태위태한** 줄타기 묘기.

위-턱 〖생〗 위쪽의 턱. =상악(上顎). ↔아래턱. ×웃턱.

위턱-구름 [-꾸-] 〖기상〗 =상층운(上層雲).

위턱-뼈 〖생〗 위턱을 이루는 좌우 한 쌍의 뼈. =상악골(上顎骨). ↔아래턱뼈.

위통¹ 〖명〗 물건의 윗부분의 둘레나 굵기. ↔아래통. ▷웃통.

위통²(胃痛) 〖의〗 위가 몹시 아픈 증세. 폭음·폭식·위염·위궤양 등으로 생김.

위트(wit) 〖명〗 말이나 글을 즐겁고 재치 있고 능란하게 구사하는 능력. 〖비〗기지(機智). ¶그 정치가는 기자들의 짓궂은 질문 공세를 ~ 있게 받아넘긴다. ▷유머.

위-팔 〖명〗 어깨에서 팔꿈치까지의 부분. =상완(上腕). ↔아래팔. ×웃팔.

위팔-뼈 〖생〗 위팔을 이루는 뼈. =상박골·상완골. ↔아래팔뼈.

위패(位牌) 〖명〗〖역〗 단(壇)·묘(廟)·원(院)·절 등에 모시는 신주의 이름을 적은 나무패. =목주(木主)·위판(位版). 〖비〗영위(靈位). ¶선왕(先王)의 ~를 모시다.

위편-삼절(韋編三絶) 〖명〗 [공자(孔子)가 주역(周易)을 즐겨 읽어 책의 가죽 끈이 세 번이나 끊어졌다는 데서] 책을 열심히 읽음을 이르는 말. =삼절(三絶).

위-편짝(-便-) 〖명〗 위가 되는 편짝. ↔아래편짝.

위폐(僞幣) [-폐/-페] 〖명〗 위조된 주화(鑄貨)나 지폐.

위풍(威風) 〖명〗 위엄이 있는 풍채나 기세.

위풍-당당(威風堂堂) →위풍당당-하다 〖형여〗 남을 압도할 만큼 위풍이 대단하다. ¶**위풍당당한** 개선 행렬.

위필(僞筆) 〖명〗 남의 필적을 위조하여 쓰는 것. 또는, 그런 필적. ↔진필(眞筆). **위필-하다** 〖동타여〗

위하(威嚇) 〖명〗 =위협(威脅). **위하-하다** 〖동타여〗

위-하다(爲-) 〖동불타여〗 1 (주로 '위한', '위하여/위해'의 꼴로 쓰이어) 이롭게 하거나 잘 되게 하다. ¶조국을 **위하여** 몸을 바치다. 2 (주로 '위한', '위하여/위해'의 꼴로 쓰이어) (일정한 목적 등을) 이루려고 하다. ¶시장 조사를 **위한** 해외 출장 / 건강을 **위하여** 등산을 한다. 3 소중하게 여겨 보호하거나 사랑하다. ¶자식을 **위하는** 부모 마음. 4 ('위하여'의 꼴로 쓰이어) 건배할 때 쓰이는 말. ¶"회사의 무궁한 발전을 **위하여**!"(선창) "**위하여**!"(화답)

위학(僞學) 〖명〗 1 정도(正道)에 어그러진 학문. 2 그 시대에 있어서 정통이 아닌 학문이나 학파.

위한(爲限) 〖명〗 기한이나 한도를 정하는 것. **위한-하다** 〖동타여〗

위할(緯割) 〖명〗〖생〗 수정란(受精卵)이 분열할 때 알의 주축(主軸)에 대하여 거의 직각으로 분할하는 현상.

위해(危害) 〖명〗 위험한 재해. 특히, 사람의 생명을 위협하는 위험이나 해. ¶~물 / ~ 방지 /~를 가하다.

위헌(違憲) 〖명〗〖법〗 법률이나 명령·규칙 등이 헌법에 위반되는 일. ↔합헌(合憲). **위헌-하다** 〖동자여〗

위험(危險) 〖명〗 안전하지 못하거나 신체나 생명에 위해(危害)·손실이 생길 우려가 있는 것. 또는, 그런 상태. ¶~ 표지 /~이 따르다 /~에 빠지다 /~을 무릅쓰다. ↔안전(安全). **위험-하다** 〖형여〗 ¶눈길에서의 과속운행은 ~.

위험-물(危險物) 〖명〗 위해가 발생할 우려가 있는 물품.

위험-성(危險性) [-썽] 〖명〗 위험해질 가능성. ¶실패할 ~이 큰 사업.

위험^수위(危險水位) 〖명〗 하천이나 호수 등의 범람으로 홍수가 날 우려가 있을 정도의 수위. ¶폭우로 한강이 ~에 이르다.

위험-스럽다(危險-) [-따] 〖형ㅂ〗<-스러우니, ~스러워> 위험한 데가 있다. **위험스레** 〖부〗

위험-시(危險視) 〖명〗 위험하게 보거나 여기는 것. **위험시-하다** 〖동타여〗 ¶진보적 사상을 ~. **위험시-되다** 〖동자여〗

위험-신!호(危險信號) 〖명〗 교통 기관 등에서, 위험을 경고하기 위해 적색의 기나 등을 사용하는 신호. ¶~를 보내다.

위험-인물(危險人物) 〖명〗 1 위험한 사상을 가진 사람. ¶급진 사상을 지닌 ~. 2 무슨 일을 저지를지 모르는, 방심할 수 없는 사람.

위험-천만(危險千萬) →위험천만-하다 〖형여〗 위험하기 짝이 없다. ¶**위험천만한** 생각[행위].

위협(威脅) 〖명〗 위력(威力)으로 으르고 협박하는 것. =공하(恐嚇)·위하(威嚇). ¶핵무기는 인류의 안전에 큰 ~이 되고 있다. **위협-하다** 〖동타여〗 ¶강도는 칼로 행인을 **위협해** 금품을 빼앗았다.

위협-사격(威脅射擊) [-싸-] 〖명〗 상대를 맞히기 위해서가 아니라, 단지 위협하기 위하여 가하는 사격.

위협-적(威脅的) [-쩍] 〖관·명〗 으르고 협박하는 것. ¶**적진**에 ~인 공격을 가하다.

위화(違和) 〖명〗 1 몸의 조화가 흐트러짐. 2 다른 사물과 조화되지 않는 일. ¶~감(感).

위화-감(違和感) 〖명〗 어떤 대상이 주위의 다른 대상에 비해 지나치게 특별하여 조화를 깨고 있는 느낌. ¶~을 조성하다.

위화도^회군(威化島回軍) [-회-/-훼-] 〖명〗 고려 우왕 14년(1388)에 이성계가 왕명으로 랴오둥(遼東)을 치러 가다가 압록강 화화도에서 군사를 돌이켜 개경(開京)으로 쳐들어와 왕을 내쫓고 최영을 유배시킨 사건.

위훈(偉勳) 〖명〗 위대한 공훈. 〖비〗위공(偉功).

윈도(window) 〖명〗 ['창(窓)'의 뜻] 1 '쇼윈도'의 준말. 2 〖컴〗 문서·워크시트·데이터베이스, 또는 그 밖의 응용 프로그램을 나타내

주는 직사각형의 화면 구조.

윈드서핑(windsurfing) 몡[체] 수상(水上) 스포츠의 하나. 파도타기와 요트타기를 결합한 것으로, 판 위에 세운 돛에 바람을 받아 파도를 탐.

윈윈(win-win) 몡 (주로 일부 명사 앞에 쓰여) 경쟁 또는 대립 관계에 있는 둘 이상의 대상이 모두 승리하거나 성공하는 것. 순화어는 '상생', '상호 이익'. ¶~ 전략 / ~의 노사 문화가 정착되다. **윈윈-하다** 동[자][여]

윈치(winch) 몡 밧줄이나 쇠사슬을 감았다 풀었다 함으로써 무거운 물건을 위아래로 옮기는 기계의 총칭. =권양기(捲揚機).

윌리윌리(willy-willy) 몡[지] 오스트레일리아에서 발생하여 남서쪽으로 진행하는 큰 열대성 저기압. ▷태풍·허리케인.

윗-가지[위까-/윋까-] 몡 나무의 위쪽에 있는 가지.

윗-간(-間)[위깐/윋깐] 몡 잇달아 있는 두 방 가운데 위쪽의 방. ↔아랫간. ×웃간.

윗-국 '웃국'의 잘못.

윗기 '웃기'의 잘못.

윗-길[위낄/윋낄] 몡 1 위쪽에 난 길. 2 질적으로 훨씬 더 나은 것. ¶솔나방을 꾀어들이는 데엔 타이어를 태우는 불꽃보다 ~로 칠 것이 없으리라 싶었다.(이문구:으악새 우는 사연) ↔아랫길. ×웃길.

윗-넓이[윈-] 몡 물체의 윗면의 넓이. ×웃넓이.

윗-녘[윈녁] 몡 =위쪽. ×웃녘.

윗-눈썹[윈-] 몡 위쪽의 속눈썹. ↔아랫눈썹. ×웃눈썹.

윗-니[윈-] 몡 윗잇몸에 난 이. ↔아랫니. ×웃니.

윗-당줄[윋땅쭐/윋땅쭐] 몡 망건의 윗부분에 꿴 당줄. ↔아랫당줄. ×웃당줄.

윗-대(-代)[위때/윋때] 몡 조상(祖上)의 대. =상대(上代)·상세(上世). ↔아랫대. ×웃대.

윗-도리[위또-/윋또-] 몡 '윗옷'을 좀 더 구어적으로 이르는 말. ↔아랫도리. ×웃도리.

윗-돈 '웃돈'의 잘못.

윗-돌[위똘/윋똘] 몡 위쪽에 있는 돌. ↔아랫돌.

윗-동[위똥/윋똥] 몡 '윗동아리'의 준말.

윗-동네(-洞-)[위똥-/윋똥-] 몡 어떤 동네에 대하여, 위쪽에 있는 동네. ↔아랫동네.

윗-동아리[위똥-/윋똥-] 몡 둘로 갈라진 토막의 윗 동아리. 준윗동. ↔아랫동아리. ×웃동아리.

윗-마기[윈-] 몡 윗도리에 입는 옷. 저고리·적삼 따위. ↔아랫마기.

윗-마을[윈-] 몡 어떤 마을에 대하여, 위쪽 또는 지대가 높은 쪽에 있는 마을. =상리(上里). ↔아랫마을. ×웃마을.

윗-막이[윈-] 몡 물건의 위쪽 머리를 막은 부분. ↔아랫막이. ×웃막이.

윗-머리[윈-] 몡 아래위가 같은 물건의 위쪽 끝 부분. 윗동아리의 끝 부분. ¶침대 ~ / 책상 ~. ↔아랫머리. ×웃머리.

윗-면(-面)[윈-] 몡 위쪽의 면. =상면(上面). ↔아랫면.

윗-목[윈-] 몡 아궁이에서 먼 쪽의 방바닥. ↔아랫목. ×웃목.

윗-몸[윈-] 몡 허리 위의 몸. 비상체. ↔아랫몸. ×웃몸.

윗몸^일으키기[윈-] 몡[체] 누운 상태에서 다리를 고정하고 몸의 허리 윗부분을 앞뒤로 굽혔다 젖혔다 하는 운동.

윗-물[윈-] 몡 상류의 물. ↔아랫물. ×웃물. [윗물이 맑아야 아랫물이 맑다] 윗사람의 행실이 발라야 아랫사람도 행실이 바르게 된다.

윗-바람[위빠-/윋빠-] 몡 1 연을 날릴 때의 '서풍(西風)'을 이르는 말. 2 하천의 상류 쪽에서 불어오는 바람. ↔아랫바람. ×웃바람. 3 '웃바람'의 잘못.

윗-반(-班)[위빤/윋빤] 몡 1 먼저 입학한 사람으로 이룬 반. =상급반(上級班). 2 학업 수준이 높은 반. ↔아랫반. ×웃반.

윗-방(-房)[위빵/윋빵] 몡 이어져 있는 두 방 가운데 아궁이에서 먼 쪽의 방. ↔아랫방. ×웃방.

윗-배[위빼/윋빼] 몡 배꼽 윗부분의 배. ↔아랫배. ×웃배.

윗-벌[위뻘/윋뻘] 몡 한 벌 옷의 윗도리에 입는 옷. ↔아랫벌. ×웃벌.

윗-변(-邊)[위뻔/윋뻔] 몡[수] 사다리꼴에 있어서의 위의 변. ↔아랫변. ×웃변.

윗-부분(-部分)[위뿌-/윋뿌-] 몡 전체 가운데 위에 해당하는 부분. ↔아랫부분.

윗-분[위뿐/윋뿐] 몡 나이나 지위 등이 자기 또는 어떤 사람보다 많거나 높은 분. '윗사람'을 높여서 이르는 말임. ¶~의 뜻을 받들다. ↔아랫분.

윗-비 '웃비'의 잘못.

윗-사람[위싸-/윋싸-] 몡 나이나 지위 등이 자기 또는 어떤 사람보다 많거나 높은 사람. 비손윗사람. ↔아랫사람. ×웃사람.

윗-사랑(-舍廊)[위싸-/윋싸-] 몡 위채에 있는 사랑. ↔아랫사랑. ×웃사랑.

윗-세장[위쎄-/윋쎄-] 몡 1 윗사람 걸채 등에서 윗부분에 가로질러 박은 나무. ↔아랫세장. ×웃세장.

윗-수(-手)[위쑤/윋쑤] 몡 =상수(上手). ↔아랫수.

윗-수염(-鬚髥)[위쑤-/윋쑤-] 몡 윗입술의 가장자리 위로 난 수염. ↔아랫수염. ×웃수염.

윗-알[원-] 몡 수판의 가름대 위에 있는 알. 알 하나가 5를 나타냄. ↔아래알. ×웃알·위알.

윗-어른 '웃어른'의 잘못.

윗-옷[위돋] 몡 윗몸에 입는 옷. 비상의(上衣). ↔아래옷. ▶웃옷.

윗-입술[윈닙쑬] 몡 위쪽의 입술. =상순(上脣). ↔아랫입술. ×웃입술.

윗-잇몸[윈닌-] 몡 위쪽의 잇몸. =상치은(上齒齦). ↔아랫잇몸. ×웃잇몸.

윗-자리 몡 1 윗사람이 앉는 자리. 비상좌(上座). ¶~에 모시다. 2 높은 지위나 순위. 비상위(上位). 3 십진법에서 어느 자리보다 높은 자리. ↔아랫자리. ×웃자리.

윗-중방(-中枋)[위쭝-/윋쭝-] 몡[건] =상인방(上引枋).

윗-집[위찝/윋찝] 몡 이웃집 중 위쪽에 있는 집. ↔아랫집. ×웃집.

윙 뿐 1 좀 큰 벌레나 돌 따위가 매우 빨리 날아갈 때 나는 소리. 2 기계의 바퀴 따위가 돌아갈 때 나는 소리. 3 바람이 전선이나 가는 철사 따위에 매우 빠르게 부딪칠 때 나는 소리. ⓐ윙.

윙-윙 [튀] 계속해서 윙 하고 나는 소리. ¶전선(電線)이 바람에 ~ 울고 있다. ⓐ윙윙. **윙윙-하다** [동](자여)

윙윙-거리다/-대다 [동](자) 계속해서 윙 소리를 내다. ¶벌 떼가 ~. ⓐ윙윙거리다.

윙크(wink) [명] 이성의 상대에게 자신이 그에게 관심과 호의를 가지고 있음을 나타내거나, 다른 사람에게 뭔가를 슬쩍 알려 주는 뜻으로, 한쪽 눈을 빠르게 감았다 뜨는 것. **윙크-하다** [동](자여) ¶남자가 여자에게 ~.

유¹ [언] 한글 자모 'ㅠ'의 이름.
유¹² (有) [명] 있는 것. 또는, 존재하는 것. 극히 제한된 문맥에서만 쓰임. ¶무에서 ~를 창조하다. ↔무(無).
유³ (酉) [명] 십이지(十二支)의 열째. 닭을 상징함.
유¹⁴ (類) [명] 1 질이나 속성이 비슷한 것들의 부류. ¶이 가죽은 일반 시중에서 파는 것과는 ~가 다르다. 2 [생] 생물을 분류하는 단위의 하나. '강(綱)', '목(目)' 대신에 통속적으로 쓰임. 어말에 붙어 특정 종류의 생물을 나타낼 때에는 '류'로 바뀜. 3 [철] '유개념(類概念)'의 준말.
유¹⁻⁵ (有) [접두] '있음'의 뜻을 나타내는 말. ¶~자격자 / ~기한(期限).

유!가¹ (有價) [-까] [명] 금전상의 가치가 있음. ¶~ 증권.
유가² (油價) [-까] [명] 석유의 가격. ¶~ 인상.
유가³ (儒家) [명] 공자의 학설·학풍 등을 신봉하고 연구하는 학자나 학파.
유-가족 (遺家族) [명] 죽은 사람의 뒤에 남은 가족. ⓑ유족군경 ¶~ / 고인의 ~으로는 부인과 두 딸이 있다.
유!가^증권 (有價證券) [-까-꿘] [명] [경] 사법상 재산권을 표시한 증권. 권리의 발생·행사·이전이 그 증권에 의해 이루어지는 것으로, 어음·수표·주권·채권 등이 이에 속함.
유감 (遺憾) [명] 1 어떤 사람이 한 일이 마음에 들지 않아 언짢은 상태. ¶너 나한테 ~이 있니? / 그 친구 너한테 ~이 많은 모양이더라. 2 어떤 일이 만족스럽지 않아 섭섭하거나 아쉬운 상태. 때로, 공인(公人)이 공식적인 자리에서의 잘못을 완곡하게 반성하는 뜻으로 사용하기도 함. 이 경우, 상대에 대한 직접적인 사과를 회피하는 어감이 있음. ¶비록 패했지만 ~은 없다고 다행스러지 말라는 다짐스럽게도 다양하므로 ~이 없다. / 이번 일이 원만하게 해결되지 못한 데에 대해 책임자로서 ~으로 생각하는 바입니다.
유감-스럽다 (遺憾-) [-따] [형](ㅂ) <-스러우니, -스러워> 만족스럽지 않아 섭섭하거나 아쉬운 데가 있다. ¶유감스럽게도 막판에 역전패를 당하고 말았다. **유감스레**
유감-없다 (遺憾-) [-업따] [형] 섭섭함이나 아쉬움이 없이 흡족하다. ¶유감없는 한판 승부. **유감없-이** [튀] ¶실력을 ~ 발휘하다.
유감-천만 (遺憾千萬) [명] 유감스럽기 짝이 없음. ¶초대에 응하지 못해 ~입니다.
유!-개념 (類概念) [명] [철] 어떤 개념의 외연(外延)이 다른 개념의 외연보다 크고 그것을 포괄할 경우, 전자를 후자에 대하여 일컫는 말. ⓒ유(類). ↔종개념(種槪念).
유!개-차 (有蓋車) [명] 비·이슬·눈·서리 등을 맞지 않도록 지붕을 해 덮은 차량. ⓑ개차(蓋車). ↔무개차(無蓋車).

유격¹ (裕隔) [명] 기계 작동 장치의 헐거운 정도. ¶클러치의 ~이 길다[크다].
유격² (遊擊) [명] [군] 미리 공격 목표를 정하지 않고 전열(戰列) 밖에 있으면서 그때그때 형편에 따라 우군(友軍)을 도와 적을 치는 일. **유격-하다** [동](타여)
유격-대 (遊擊隊) [-때] [명] [군] 1 유격의 임무를 띠고, 주로 적의 배후나 측면에서 활동하는 특수 부대 또는 함대. 2 게릴라 전술에 의하여 적군을 교란하는 부대. ⓑ빨치산.
유격-수 (遊擊手) [-쑤] [명] [체] 야구에서, 이루와 삼루 사이를 지키는 내야수. =쇼트스톱(shortstop).
유격-전 (遊擊戰) [-쩐] [명] [군] 유격대가 하는 전투. =게릴라전.
유경 (鍮檠) [명] 놋쇠로 만든 등잔 받침.
유계 (幽界) [-계/-게] [명] =저승.
유!고¹ (有故) [명] 특별한 사정이나 사고가 있는 것. ¶대통령 ~ 시에는 국무총리가 권한을 대행한다. **유!고-하다** [동](자여)
유고² (遺稿) [명] 죽은 사람이 생전에 써서 남긴 원고. ¶~ 시집(詩集) / ~를 정리[발굴]하다.
유고³ (諭告) [명] 1 타이르는 것. 2 나라에서 결행할 일을 백성에게 알려 주는 것. 또는, 그 알림. **유고-하다** [동](타여)
유고슬라비아 (Yugoslavia) [명] [지] 유럽 남동부 발칸 반도 중부에 있던 연방 공화국. 2003년에 '세르비아몬테네그로'로 바뀜.
유곡 (幽谷) [명] 그윽하고 깊은 산골. ¶심산(深山) ~.
유골 (遺骨) [명] 화장(火葬)하고 남은 뼈. 또는, 무덤 속에서 나온 뼈. =망해(亡骸)·유해(遺骸).
유!공 (有功) [명] 《일부 명사 앞에 쓰여》 공로가 있는 것. ¶~ 훈장. **유!공-하다** [형](여)
유!공-자 (有功者) [명] 공로가 있는 사람. ⓑ독립 ~ / 국가 ~.
유!공-충 (有孔蟲) [명] [동] 원생동물 육질충강 유공충목에 속하는 동물의 총칭. 석회질이나 규산질의 껍질이 있고, 껍질에 있는 작은 구멍에서 실 모양의 발을 내밀어 먹이를 취함. 육안으로도 보일 정도의 큰 단세포 동물임. ⓒ방산충.
유!공충^연니 (有孔蟲軟泥) [-년-] [명] [광] 유공충의 껍질이 바다 밑에 쌓여서 된 진흙.
유과 (油菓) [명] '유밀과(油蜜菓)'의 준말.
유곽 (遊廓) [명] 많은 창녀를 두고 손님을 맞아 매음하는 집. 또는, 그런 집이 모여 있는 곳. ⓑ매음굴.
유!관 (有關) [명] 관계나 관련이 있음. ¶~ 업무 / ~ 기관의 상호 협조. **유!관-하다** [형](여)
유관-속 (維管束) [명] [식] =관다발.
유!광 (有光) [명] 어떤 물질이나 물체에 광택이 있는 상태. ¶~ 코팅 / ~ 아트지. ↔무광(無光).
유!광-지 (有光紙) [명] 겉이 번지르르하게 윤이 나는 종이.
유괴 (誘拐) [-괴/-궤] [명] 사람을 속여 꾀어내는 일. ¶~ 사건. **유괴-하다** [동](타여) ¶어린이를 ~. **유괴-되다** [동](자)
유괴-범 (誘拐犯) [-괴-/-궤-] [명] [법] 남을 유괴하는 범인. 또는, 그 범죄.
유교¹ (遺敎) [명] =유명(遺命)⁴. ¶돌아가신 아버님의 ~를 받들다.
유교² (儒敎) [명] 공자(孔子)의 가르침을 받드는 종교. 내세(來世)의 세계보다는 현세에서의 충실한 삶을 강조하며, 인(仁), 곧 이웃에 대한 사랑과 예(禮), 곧 사회 규범과 제도를 중시함. ▷유학(儒學).

유교-적(儒教的) [관][명] 유교에 바탕을 두거나 유교의 특성을 가진 (것). ¶유교적 풍습 / 우리나라의 사회 곳곳에 ~ 전통이 강하게 남아 있다.

유구(遺構) [명] 옛날의 토목건축의 구조와 양식을 알 수 있는 실마리가 되는 잔존물.

유구(悠久) → **유구-하다** [형여] 연대가 길고 오래다. (비)유원하다. ¶유구한 세월. **유구-히** [부]

유구-무언(有口無言) [명] [입은 있으나 말이 없다는 뜻] 변명이나 항변할 말이 없음. ¶전적으로 제가 잘못이었으니 실로 ~ 입니다.

유구-조충(有鉤條蟲) [명] 편형동물 조충과의 기생충. 몸길이 2~3m. 머리에 4개의 빨판과 26개가량의 갈고리가 있음. 사람의 소장에 기생하며, 돼지고기를 날로 먹으면 감염됨. 구용어는 갈고리촌충. ▷무구조충.

유-권(有權) [-꿘] [명] 권리가 있음.

유권-자(有權者) [-꿘-] [명] 1 권력이나 권리를 가진 사람. 2 선거권을 가진 사람. (비)거인.

유권^해석(有權解釋) [-꿘-] [명] [법] 국가 기관이 공식적으로 하는 법의 해석. =공권적 해석. ¶~을 내리다.

유글레나(Euglena) [명] [동] 편모충류의 원생동물. 엽록체가 있어서 광합성을 하며, 1개의 긴 편모로 운동을 함. 논이나 연못 등에 삶. =연두벌레.

유-급¹(有給) [명] 급료가 있음. ↔무급(無給).

유-급²(留級) [명] 진급하지 못하고 그대로 남는 것. ¶낙제(落第). ~생. **유급-하다** [동자][여] (비)꿇다. **유급-되다** [동자]

유급-직(有給職) [-찍] [명] 급료를 받는 직임(職任). ▷명예직.

유급-휴가(有給休暇) [-그퓨-] [명] 휴가 기간 중에도 급료가 지급되는 휴가. 출산 휴가·연차 휴가 따위.

유기¹(有期) [명] '유기한(有期限)'의 준말. ¶~ 연금(年金) / ~ 정학. ↔무기(無期).

유기²(有機) [명] 1 생명을 가지며, 생활 기능이나 생활력을 갖추고 있는 일. 2 생물체처럼, 전체를 구성하고 있는 각 부분이 서로 밀접한 통일과 관련을 가지고 있는 일. ↔무기(無機).

유기³(遺棄) [명] 1 내다 버리는 것. ¶시체 ~. 2 [법] 어떤 사람에 대한 종래의 보호를 거부하여, 그를 보호받지 못하는 상태에 두는 일. **유기-하다** [동타여] ¶영아(嬰兒)를 ~. **유기-되다** [동자]

유기⁴(鍮器) [명] =놋그릇.

유기^광물(有機鑛物) [명] [광] 유기 화합물, 곧 동식물 같은 것이 땅속에 묻혀 된 광물. 석탄·석유·호박 따위.

유기-그릇(鍮器-) [-른] [명] =놋그릇.

유기-농(有機農) [명][농] =유기 농업.

유기-농업(有機農業) [명][농] 농약이나 화학 비료를 사용하지 않고, 퇴비·두엄 등의 유기물을 사용하여 지력(地力)을 유지·증진시키는 농업. =유기농.

유기-물(有機物) [명] 1 [생] 생체(生體)를 이루며, 생체 안에서 생명력에 의하여 만들어지는 물질. ↔무기물. 2 [화] '유기 화합물'의 준말.

유기^비료(有機肥料) [명][농] 동물질·식물질로 된 비료. 녹비(綠肥)·어분(魚粉)·퇴비·콩깻묵 따위로, 화학 비료에 대하여 이르는 말. ↔무기 비료.

유기-산(有機酸) [명][화] 산(酸)의 성질을 가진 유기 화합물. 아세트산·락트산·페놀 따위. ↔무기산.

유기-음(有氣音) [명][언] =거센소리. ↔무기음(無氣音).

유기인-제(有機燐劑) [명][화] 인을 함유하는 유기 화합물로 된 농약·살충제. 파라티온 따위.

유기-장이(柳器-) [명] =고리장이.

유기-적(有機的) [관][명] 많은 조직·요소 등이 모여 하나를 이루고 서로 긴밀히 연관되어 서로 떼어 낼 수 없는 (것). ¶~ 결합 / ~ 관련성.

유기-질(有機質) [명][화] 유기 화합물의 성질.

유기^징역(有期懲役) [명][법] 형기(刑期)가 정해진 징역. 보통 1개월 이상 15년 이하임. ↔무기 징역.

유기-체(有機體) [명] 1 [생] 유기물로 이루어진, 생활 기능을 가지고 있는 조직체. =생물체. ↔무기체. 2 각 부분이 일정한 목적하에 통일·조직되어 있으며, 부분과 전체가 필연적인 관계를 가지고 있는 조직체.

유-기한(有期限) [명] 기한이 있는 것. 또는, 시기가 일정한 것. (준)유기(有期). ↔무기한.

유기한-하다 [형여]

유기-형(有期刑) [명][법] 일정 기간의 구금을 내용으로 하는 자유형. 유기 징역·유기 금고·구류 따위. ↔무기형.

유기^화학(有機化學) [명][화] 유기 화합물에 대한 연구를 하는 학문. ↔무기 화학.

유기^화합물(有機化合物) [-합-] [명][화] 탄소를 함유하는 화합물의 총칭. 생물체를 구성하는 중요한 요소임. (준)유기물. ↔무기 화합물.

유-난 [명] 1 보통과 매우 다른 것. ¶~ 떨지 말고 얌전히 있어라. 2 언행이 남달라 짐작할 수 없는 것. **유난-하다** [형여] ¶오늘따라 달빛이 유난하게 밝다. **유난-히** [부] ¶얼굴이 ~ 희다.

유난-스럽다 [-따] [형비] ¶~스러우니, ~러워] 유난한 데가 있다. ¶그는 조금 유난스러운 데가 있는 사람이다. **유난스레** [부]

유네스코(UNESCO) [명] [United Nations Educational, Scientific and Cultural Organization] 국제 연합 전문 기관의 하나. 교육·과학·문화의 보급과 국제 교류 증진을 통하여 국제간의 이해와 인식을 깊이 하고 그로써 세계 평화에 기여함을 목적으로 함. =국제 연합 교육 과학 문화 기구.

유녀(遊女) [명] =노는계집.

유년¹(幼年) [명] 어린 나이나 때. 또는, 그런 사람. ¶~ 시절.

유년²(酉年) [명][민] 태세(太歲)의 지지(地支)가 유(酉)로 된 해. 을유년(乙酉年)·정유년(丁酉年) 따위. =닭해.

유년-기(幼年期) [명] 1 [교] 어린이의 성장·발달의 한 단계. 유아기와 소년기의 중간으로 초등학교 저학년, 유치원에 해당하는 시기. ¶시골에서 ~를 보내다. 2 [법] 14세 미만의 어린 시기. 무능력자로서, 형사 처벌 대상에서 제외됨. 3 [지] 침식 윤회(浸蝕輪廻)의 초기. 침식이 시작된 지 오래않아 지형의 본디 모습이 아직 남아 있음. ¶~ 지형. ▷장년

유념(留念) 〖명〗 기억하여 두고 생각하는 것. **유념-하다** 〖동〗〈자타〉〖여〗 ¶환절기이니 건강에 **유념해라.** / 내 말을 잊지 말고 **유념해** 두게.

유노(Juno) 〖명〗〖신화〗 로마 신화에 나오는 여신. 그리스 신화의 헤라에 해당함. 영어명은 주노.

유:능(有能) →**유:능-하다** 〖형〗〖여〗 재능 또는 능력이 있다. ¶유능한 사람 / 유능한 작가. ↔무능하다.

유니버시아드(Universiade) 〖명〗 국제 대학 스포츠 연맹이 주최하는 대회. 17세 이상 28세까지의 학생이 참가하는 대회. 2년마다 개최됨. =국제 학생 경기 대회.

유니세프(UNICEF) 〖명〗 [United Nations Children's Fund] 제2차 세계 대전 때 희생된 아동의 구제를 목적으로 설립된 국제 연합 기관. =국제 연합 아동 기금.

유니섹스(unisex) 〖명〗 의상이나 헤어스타일 등 여러 면에서 남성·여성의 구별이 없어진 것을 이르는 말.

유니크(unique) →**유니크-하다** 〖형〗〖여〗 '독특하-'로 순화. ¶유니크한 스타일.

유니폼(uniform) 〖명〗 1 =제복(制服). 2 단체 경기를 하는 선수들이 똑같이 입는 운동복. ¶붉은색 ~을 입은 한국 축구 선수들.

유:-다르다(類-) 〖형〗〖여〗〈~-다르니, ~-달라〉 여느 것과는 아주 다르다. 〖비〗별나다. ¶유다른 정을 그녀에게 쏟다 / 유다른 생각을 하다 / 그는 부모에 대한 정성이 **유달랐다.**

유다-서(←Judas書) 〖성〗 신약 성서 중의 한 권.

유:단-자(有段者) 〖명〗 단(段)으로 능력의 정도를 나타내는 경기 종목이나 바둑 등에서, 초단(初段) 이상을 딴 사람. ¶유도 ~.

유:-달리(類-) 〖부〗 여느 것과는 아주 다르게. ¶이것은 ~ 빛이 난다.

유당(乳糖) 〖명〗 =젖당.

유대(紐帶) 〖명〗 ['끈'과 '띠'라는 뜻] 개인과 개인, 집단과 집단 사이에 서로 한 덩어리로 이어져 있다고 느끼는 관계. ¶국가 간의 ~ / ~ 판계가 깊다 / 선대(先代)부터 그 두 집안은 깊은 ~를 맺어 왔다.

유대[2](←Judea) 〖명〗 팔레스타인 남부, 고대 유다 왕국이 있던 지역. 음역으로는 유태(猶太).

유대-감(紐帶感) 〖명〗 개인과 개인, 집단과 집단 사이에 서로 한 덩어리로 이어져 있다고 느끼는 마음. ¶회원 간의 긴밀한 ~ / 친목 행사를 통해 서로의 ~을 강화한다.

유대-교(←Judea敎) 〖종〗 여호와를 신봉하고 메시아의 지상 천국 건설을 믿는, 유대인의 종교. 모세의 율법을 기초로 하여 발달함. =유태교.

유대-인(←Judea人) 〖명〗 셈 족의 한 파로 히브리 어를 쓰고 유대교를 믿는 민족. =유대인.

유덕[1](遺德) 〖명〗 죽은 이가 후세에 끼친 덕. ¶선열의 ~을 기리다.

유덕[2](有德) →**유덕-하다** 〖형〗〖여〗 덕성을 갖추고 있다. ¶유덕한 사람.

유도(柔道) 〖체〗 두 사람이 맨손으로 서로 맞잡고 상대의 힘을 이용하여 넘어뜨리거나 조르거나 눌러 승부를 가르는 운동. 일본 옛 무술인 유술(柔術)에서 비롯됨.

유도(誘導) 〖명〗 1 사람이나 물건을 어떤 장소나 상태로 이끄는 일. 2 〖물〗 전기나 자기가 전기장이나 자기장에 있는 물체에 영향을 미치는 것. 또는, 그 작용. =감응(感應). 3 〖생〗 동물의 발생 과정에서 배(胚)의 어떤 부분이 그에 접하는 다른 배역(胚域)의 영향에 의하여 어떤 기관이나 조직으로 분화·결정되는 현상. **유도-하다** 〖동〗〈자타〉〖여〗 ¶관제탑에서 비행기의 착륙을 ~. **유도-되다** 〖동〗〈자〉

유도-기전력(誘導起電力) [-절-] 〖명〗〖물〗 전자기 유도에 의하여 생기는 기전력. =감응 기전력.

유도-단위(誘導單位) 〖명〗〖물〗 기본 단위에 의하여 유도된 단위. 예를 들어, 길이의 단위를 cm, 시간의 단위를 초(s)로 했을 때, 속도의 단위인 cm/s, 가속도의 단위인 cm/s^2 따위. ▷기본 단위.

유도-봉(誘導棒) 〖명〗 주행하는 차량의 차로 유도 및 진출입 차단을 목적으로 도로 중앙이나 차로 가장자리에 설치하는, 막대기 모양의 플라스틱 제품.

유도^신:문(誘導訊問) 〖명〗〖법〗 신문하는 사람이 자기가 원하는 특정의 답변을 이끌어 내기 위해, 피의자나 증인 등에게 교묘한 질문으로 함정을 만들어 하는 신문. 가령, 'A 장소에 갔는가'라고 묻지 않고 'A 장소가 규모가 크던가'라고 묻는 따위. ¶~에 넘어가다 [말려들다].

유도^작전(誘導作戰) [-전-] 〖명〗 적군이나 상대편이 부주의중에 아군 또는 자기편의 계책에 빠지도록 하는 작전. =유인 작전.

유도^전:기(誘導電氣) 〖명〗〖물〗 정전기 유도에 의하여 발생하는 정전기. =감응 전기(感應電氣).

유도^전:동기(誘導電動機) 〖명〗〖물〗 교류 전동기의 하나. 유도 전류와 회전하는 자기장의 상호 작용으로 회전 자기장을 만들어 동력을 얻도록 되어 있음. =감응 전동기.

유도^전:류(誘導電流) [-절-] 〖명〗〖물〗 전자기 유도에 의해 회로에서 생긴 전류. =감응 전류·감전 전류.

유도^코일(誘導coil) 〖명〗〖물〗 1차 코일에 흐르는 전류를 끊었다 이었다 함으로써 2차 코일에 높은 전압을 발생하게 하는 장치. =감응 코일.

유도-탄(誘導彈) 〖명〗〖군〗 제트 엔진이나 로켓을 추진력으로 하여 유도 장치에 따라 목표까지 비행하여 폭파하는 무기. =미사일(missile).

유독[1](有毒) 〖명〗 (일부 명사 앞에 쓰여) 독성이 있는 것. ¶~ 물질. ↔무독. **유독-하다** 〖형〗〖여〗

유독[2](唯獨·惟獨) 〖부〗 1 오직 홀로. ¶~ 너만 빠지겠다는 거냐? 2 유달리 두드러지게. ¶자그마한 키에~ 눈이 큰 아이.

유독-성(有毒性) [-성] 〖명〗 독이 있는 성질. ¶~ 산업 폐기물 / ~ 물질.

유동[1](流動) 〖명〗 1 흘러 움직이는 것. ¶~ 물. 2 이리저리 옮겨 다니는 것. ¶~ 자본. ↔고정. **유동-하다** 〖동〗〈자〉〖여〗

유동[2](遊動) 〖명〗 자유로이 움직이는 것. ¶~ 현미경. **유동-하다** 〖동〗〈자〉〖여〗

유동-성(流動性) [-성] 〖명〗 1 흘러 움직이는 성질. 2 형편이나 경우에 따라 이리저리 변동될 수 있는 성질. ¶~이 전혀 없다. 3 〖경〗 기업의 자산이나 채권의 손실 없이 현금화할 수 있는 난이(難易)의 정도.

유동-식(流動食) 〖명〗 소화되기 쉽도록 묽게

만든 음식. 중환자나 위장병 환자 등이 먹음. 미음·죽·수프 따위.

유동^자본(流動資本) 몡[경] 원료나 보조 재료처럼 한 번 생산 과정을 거침으로써 그 가치가 생산물로 바뀌는 자본. ↔고정 자본.

유동^자산(流動資産) 몡[경] 단기간 내에 자금으로 회수 또는 전환할 수 있는 자산. 보통 1년 이내의 것을 말함. 현금·미수금·외상 매출금·재고 상품 따위.

유동-적(流動的) 판몡 끊임없이 흘러 움직이는 (것). 또는, 정세(情勢) 등이 불안정하여 변화하기 쉬운 (것). ¶정국(政局)은 여전히 ~이다.

유두¹(乳頭) 몡 1=젖꼭지1. 2 [생] 생체 중 젖꼭지 모양으로 된 돌기(突起).

유두²(流頭) 몡[민] 우리나라 고유 명절의 하나. 맑은 시내나 산간 폭포에 가서 머리를 감고 몸을 씻은 후, 가지고 간 음식을 먹으면서 서늘하게 하루를 지냄. 음력 유월 보름날임.

유두-분면(油頭粉面) 몡 ('기름 바른 머리와 분 바른 얼굴'이라는 뜻) 여자가 짙게 화장을 하는 것. 또는, 그런 꾸밈새. ¶그 여자들이 장발에 살집 좋은 사내들과 팔짱을 끼고 지나가고 있었다. 〈김성동:만다라〉 유두분면-하다 동⟨자여⟩

유들-유들 [-류-/-드류-] 튀 염치없이 뻔뻔스럽게 구는 모양. 유들유들-하다 형여

유디티(UDT) 몡 [underwater demolition team][군] =수중 파괴반. ¶~ 대원.

유라시아(Eurasia) 몡[지] 유럽과 아시아를 합쳐 일컫는 말. ¶~ 대륙.

유라시안(Eurasian) 몡 유럽 인과 아시아 인 사이에서 난 사람.

유락¹(乳酪) 몡 우유를 가공하여 만든 식품. 곧, 버터·치즈·크림 따위.

유락²(流落) 몡 고향을 떠나 타향에서 사는 것. ⓑ타향살이. 유락-하다¹ 동⟨자여⟩

유락³(遊樂) 몡 놀며 즐기는 것. ¶~ 시설. 유락-하다² 동⟨자여⟩

유람(遊覽) 몡 (경치가 좋은 곳을) 돌아다니며 구경하는 것. 유람-하다 동⟨타여⟩ ¶명승지를 찾아 전국을 ~.

유람-객(遊覽客) 몡 유람하는 손님.

유람-선(遊覽船) 몡 유람객을 태우는 배.

유랑(流浪) 몡 정처 없이 떠돌아다니는 것. ¶~자 / ~ 극단 / ~ 생활. 유랑-하다 동⟨타여⟩ ¶그는 집시처럼 이곳저곳 유랑하다가 일생을 마쳤다.

유랑-민(流浪民) 몡 1 일정한 거처 없이 떠돌아 다니는 백성. ⓑ유민(流民). 2 집단적으로 떠돌아다니는 백성. ⓑ집시.

유래(由來) 몡 1 사물의 내력. ¶~가 깊다 / ~를 캐다. 2 어떤 것에 기인하여 일어나는 것. 유래-하다 동⟨자여⟩ 유래-되다 동⟨자⟩ ¶유도는 씨름에서 유래된 것이다.

유량(流量) 몡 어떤 단위 시간에 흐르는 유체(流體)의 양. =유동량(流動量). ¶~계.

유러달러(Eurodollar) 몡[경] 유럽의 은행에 예입되어 있는 달러 자금. 예입 및 대출이 어느 나라의 통제도 받지 않고 자유롭게 이루어지고 있다는 점이 일반 예금과 다른 점임.

유럽(Europe) 몡[지] 육대주의 하나. 유라시아 대륙 서부에 돌출한 큰 반도와 여러 섬으로 이루어진 지역. 음역어는 구라파(歐羅巴). =유럽 주.

유럽^경제^공^동체(Europe經濟共同體) 몡[경] 프랑스·독일·이탈리아·벨기에·네덜란드·룩셈부르크 등 6개국이 결성한 지역적 경제 공동체. =이이시(EEC).

유럽^공^동체(Europe共同體) 몡 유럽 경제 공동체·유럽 원자력 공동체·유럽 석탄 철강 공동체 등을 총칭하는 말. 1993년에 '유럽 연합(EU)'으로 명칭이 바뀜. =이시(EC).

유럽^연합(Europe聯合) 몡 1993년에 마스트리히트 조약을 배경으로 유럽 12개국이 결성한 기구. 유럽 공동체가 발전된 것으로, 회원국의 정치적 통합·집단 방위를 목표로 함. =이유(EU).

유럽^인종(Europe人種) 몡 =백인종.

유럽^자유^무^역^연합(Europe自由貿易聯合) [-영뉴-] 몡[경] 유럽 공동체에 대항하여 결성된 자유 무역 기구. =에프타(EFTA).

유럽^주(Europe洲) 몡[지] '유럽'을 주(洲)로서 일컫는 말. =구주(歐洲).

유럽^통화^단위(Europe通貨單位) 몡[경] =에큐(ECU).

유려(流麗) →**유려-하다** 형여 글이나 말이 유창하고 아름답다. ¶유려한 필체. 유려-히 튀

유력¹(遊歷) 몡 여러 곳으로 두루 다니는 것. 유력-하다 동⟨타여⟩

유!력²(有力) →**유!력-하다**² [-려카-] 형여 1 힘이나 세력이 있다. ¶유력한 가문. 2 희망이나 전망이 있다. ¶유력한 우승 후보.

유!력-시(有力視) [-씨] 몡 유력하게 보는 것. 유!력시-하다 동⟨타여⟩ 유!력시-되다 동⟨자⟩ ¶차기 대통령 후보로 가장 ~.

유!력-자(有力者) [-짜] 몡 세력이 있는 사람. ¶재계의 ~.

유!력-지(有力紙) [-찌] 몡 영향력이 막강한 신문. ¶세계 ~ 프랑스의 르 몽드.

유령(幽靈) 몡 1 죽은 사람의 혼령. 2 죽은 사람의 혼령이 생전의 모습으로 나타난 형상. 3 (일부 명사 앞에 쓰여) 이름이나 형식만 있을 뿐 실제의 내용이 없거나 거짓인 것. 비유적인 말임. ¶~ 회사 / ~ 인구 / ~ 도시.

유!례(類例) 몡 1 같거나 비슷한 예. 2 =전례(前例)³. ¶~를 찾아볼 수 없는 호황.

유!례-없다(類例--) [-업따] 형 1 같거나 비슷한 예가 없다. ¶유례없는 참사. 2 전례가 없다. ¶이는 유례없는 일이어서 어떻게 처리해야 할지 모르겠다. 유!례없-이 튀

유로¹(流露) 몡 (마음속에 있는 것이) 자연스럽게 밖으로 나타나는 것. ¶도가에서는 예절 바른 낯빛보다 감정의 자연스러운 ~에 더 큰 진실성을 부여한다. 유로-하다 동⟨자여⟩ 유로-되다 동⟨자⟩

유로²(Euro) 몡 [1]⟨자립⟩ 유럽 연합의 법정 화폐인 유럽 단일 통화의 명칭. 2002년부터 화폐로 사용됨. =유로화. [2]⟨의존⟩ 유럽 연합의 화폐 단위.

유로퓸(europium) 몡[화] 희토류 원소의 하나. 원소 기호 Eu, 원자 번호 63, 원자량 151.96. 은백색의 고체 금속으로, 컬러텔레비전의 적색용 형광체 등에 쓰임.

유로-화(Euro貨) 몡 =유로¹.

유:록-색(柳綠色) [-쌕] 몡 봄철의 버들잎과 같은, 푸른빛과 누른빛의 중간색. ⓒ유록.

유!료(有料) 몡 요금을 내게 되어 있는 것. 또는, 요금을 필요로 하는 것. ¶~ 입장 / ~ 주차장. ↔무료.

유:료-화(有料化)[명]《무료이던 것을》유료가 되게 하는 것. 또는, (무료이던 것이) 유료로 되는 것. 유:료화-하다[탄여][노상 주차장을 ~. 유:료화-되다[자]

유루(遺漏)[명] 빠지거나 새어 나가는 것. 유루-하다[동여] 유루-되다[자]

유류(油類)[명] 기름 종류.

유류^파동(油類波動)[명] 1973년의 아랍 산유국의 석유 무기화 정책과 78년 이란 혁명 이후 다시 석유 공급이 달리고 값이 폭등하여 세계 경제가 큰 혼란과 어려움을 겪은 일. =오일 쇼크.

유류-품(遺留品)[명] 1 죽은 뒤에 남겨 놓은 물품. 2 잊어버리고 놓아둔 물품. ¶승객의 ~을 보관하다.

유리¹(流離)[명] 정처 없이 떠도는 것. 비유리 표박. 유리-하다[자여]

유리²(琉璃)[명][화] 석영·탄산소다·석회암을 섞어 높은 온도에서 녹인 다음 급히 냉각시켜 만든 물질. 단단하고 투명하나 잘 깨짐. 창이나 병 등 그 용도가 광범위함. 세는 단위는 장(張), 치수의 단위는 평(사방 1자). =초자(硝子)·파리(玻璃). ¶~을 깨다 / 창틀에 ~를 끼우다.

유리³(遊離)[명] 1 따로 떨어져 있는 것. 또는, 그 일. 2 [화] 화합물 중에서 결합이 많아져 원자나 원자단이 분리하는 일. 또는, 원자나 원자단이 결합을 이루지 않고 다른 물질 속에 존재하고 있는 일. 유리-하다² [동자여] 유리-되다[동자] ¶민중으로부터 유리된 정치.

유리⁴(瑠璃)[명] 1 금빛의 작은 점이 여러 군데 있고 검푸른빛이 나는 광물. 2 검푸른 빛이 나는 보석.

유:리⁵(有利)→유:리-하다³[형여] (상황이나 입장 등이) 좋아서 도움이 될 가능성이 높거나, 상대보다 일을 쉽게 해낼 수 있는 상태에 있다. 비이롭다. ¶피고에게 유리한 증언을 하다. ↔불리하다.

유리-걸식(流離乞食)[-씩][명] 정처 없이 떠돌며 빌어먹는 일. 유리걸식-하다[동자여]

유리-관(琉璃管)[명] 유리로 만든 관. 흔히, 화학 실험에 쓰임.

유리-구슬(琉璃-)[명] 유리로 만든 구슬.

유리-그릇(琉璃-)[-륻][명] 유리로 만든 각종 그릇.

유:리^방정식(有理方程式)[명][수] 미지수의 원(元)에 관한 유리식만을 포함하는 방정식. ↔무리 방정식.

유리-병(琉璃瓶)[명] 유리로 만든 병.

유리^섬유(琉璃纖維)[명] 유리를 녹여 가늘게 만든 인조 섬유. 단열재·방음재·전기 절연재 등으로 사용함. =글라스 파이버.

유리-솜(琉璃-)[명] 유리의 매우 가느다란 섬유가 모여서 된, 솜 모양의 물체. 방화복(防火服)이나 단열(斷熱)·전기 절연 등의 피복재(被覆材)로 쓰임. =유리면.

유:리-수(有理數)[명][수] 정수의 비로 나타낼 수 있는 수. 정수와 분수가 있으며, 소수로 나타내면 유한 소수나 순환 소수가 됨. ↔무리수.

유:리-식(有理式)[명][수] 근호(根號) 속에 문자를 가지지 않은 대수식. 분수식과 정식(整式)이 있음. ↔무리식.

유리-알(琉璃-)[명] 1 유리로 만든 안경알. 2 유리로 된 구슬.

유리-잔(琉璃盞)[명] 유리로 만든 잔.

유리-질(琉璃質)[명][광] 유리로 된 암석 조직. 급속히 냉각되어 굳은 화산암에서 볼 수 있음. ↔완정질(完晶質).

유리-창(琉璃窓)[명] 유리를 끼운 창. 또는, 그 유리. 비창유리. ¶~을 닦다 / ~이 깨어지다 / ~ 너머로 바다가 보이다.

유리-체(琉璃體)[명][생] 눈알에서, 수정체·모양체와 망막 사이의 강(腔)을 채우고 있는, 무색 투명한 반유동체. =초자체(硝子體).

유리-컵(琉璃cup)[명] 유리로 만든 컵.

유리-판(琉璃板)[명] 유리로 만든 편평한 판.

유리-표박(流離漂泊)[명] 일정한 집과 직업이 없이 이곳저곳으로 떠돌아다님. 유리표박-하다[자여]

유:리^함:수(有理函數)[-쑤][명][수] 상수나 변수 사이에 가감승제의 연산(演算)을 일정 횟수로 행하여 얻어지는 함수. ↔무리 함수.

유린(蹂躪·蹂躙)[명] 《남의 권리나 인격 따위를》 침해하여 짓밟는 것. ¶인권 ~. 유린-하다[타여] ¶일제가 우리 강토를 ~. 유린-되다[동자]

유림(儒林)[명] 유학을 신봉하는 무리. =사림(士林). ¶조선조의 ~.

유막(帷幕)[명] 기밀을 의논하는 곳.

유:만부동(類萬不同)[명] 1 비슷한 것이 많으나 서로 같지는 않음. 2 분수에 맞지 않음. 또는, 정도에 넘침. ¶몰염치도 ~이지, 제가 감히 그것을 바라? 유만부동-하다[형여]

유:망(有望)[명] 《일부 명사 앞에 쓰여》 앞으로 잘될 듯한 희망이나 전망이 있는 것. ¶~ 업종 / 금메달 ~ 종목. 유망-하다[형여] ¶전도가 유망한 청년.

유:망-주(有望株)[명] 1 [경] 시세가 오를 가망이 있는 주식. 2 어떤 분야에서 크게 성공할 가능성이 있어 촉망을 받고 있는 사람. 비유적인 말임. ¶연극계의 ~를 발굴하다.

유머(humor)[명] 어떤 말이나 표정, 동작 등으로 남을 웃게 하는 일이나 능력. 또는, 웃음이 나게 만드는 어떤 요소. 비익살·해학. ¶~ 감각[센스] / ~가 있는 청년. ▷위트(wit).

유머러스(humorous)→유머러스-하다[형여] 해학이 있거나 익살스럽다. ¶유머러스한 몸짓 / 그는 아주 유머러스해서 곧잘 사람을 웃긴다.

유머레스크(humoresque)[명][음] 경쾌하고 유머러스한 형식의 기악곡.

유:명¹(有名)[명] 《일부 명사 앞에 쓰여》 이름이 세상에 널리 알려져 있는 것. ¶~ 메이커 / ~ 선수. ↔무명. 유:명-하다[형여] ¶세계적으로 유명한 작가 / 금강산 경치는 아름답기로 ~.

유명²(幽明)[명] 저승과 이승.
  유명을 달리하다[구] '죽다'를 문어적으로 또는 완곡하게 이르는 말.

유명³(幽冥)[명] =저승. ¶아이가 이미 ~의 혼령이기 때문인지도 모른다.《박경리:불신시대》

유명⁴(遺命)[명] 임금이나 부모가 죽을 때에 내린 명령. =유교(遺敎). ¶아버님의 ~을 받들어 학문에 전심하다.

유명-론(唯名論)[-논][명][철] 중세 철학에서, 개물(個物)만이 실재하고 보면은 단순히 개체의 뒤에 있는 명칭에 지나지 않는다고 하는 이론. =명목론(名目論).

유:명-무실(有名無實)→유:명무실-하다[형여] 이름만 있고 실제의 내용이나 참다운 의

미가 없다. ¶유명무실한 회사.

유!명-세(有名稅)[-쎄] 명 세상에 이름이 나 있는 탓으로 당하는 곤욕이나 불편 등을 속되게 이르는 말. ¶~를 치르다.

유모(乳母) 명 어머니 대신 젖을 먹여 주는 여자. =젖어머니.

유모-차(乳母車) 명 주로 집 주위의 가까운 곳에서 어린아이를 태워 밀고 다닐 수 있게, 의자 모양의 구조에 바퀴를 단 탈것. =동차 (童車).

유목(幼木) 명 어린나무.

유목²(遊牧) 명 일정한 땅에 정주(定住)하지 않고, 소나 양 등의 가축을 물과 풀밭을 찾아 옮겨 다니며 기르는 목축 형태. ¶~ 생활/~ 민족. 유목-하다 통재여

유목-민(遊牧民)[-똥-] 명 유목하면서 생활을 영위하는 민족.

유-무(有無) 명 있음과 없음. ¶병의 ~를 조사하다/잘못의 ~를 따지다.

유!무-간(有無間) 명 (주로 '유무간에'의 꼴로 쓰여) 있고 없음에 관계될 것이 없음. ¶능력 ~ 없이 일은 네가 해야 한다.

유!무-상통(有無相通) 명 서로 있는 것과 없는 것을 주고받음. 유!무상통-하다 통태여 ¶유무상통하는 사랑의 공동체를 만드는 것이 그의 꿈이었다.

유묵(遺墨) 명 생전에 남긴 필적. =유방(遺芳).

유문(幽門) 명[생] 위와 십이지장의 경계 부분. 괄약근이 있으며 늘 닫혀 있다가 때때로 열려 음식물을 장(腸)으로 보냄. ▷문문(噴門).

유문²(遺文) 명 죽은 사람이 남긴 글.

유문-암(流紋巖·流紋岩) 명[광] 화산암의 하나. 석영·칼륨장석 등의 반정(斑晶)이 있는, 흰색 또는 회색의 암석.

유물¹(唯物) 명 물질적인 것을 실재하는 것 또는 중심적인 것이라고 생각하는 입장. ¶~ 사상. ↔유심(唯心).

유물²(遺物) 명 1 선대의 인류가 삶의 흔적으로서 후세에 남긴 물건. ¶이 섬에서는 지금도 석기 시대의 ~이 출토되고 있다. 2 죽은 사람이 남긴 의미 있는 물건. 비유품(遺品). ¶돌아가신 아버지가 남긴 ~이래야 평소 아끼시던 카메라가 전부라면 전부였다. 3 이전의 시대가 남긴 낡은 문물이나 생활 관습. ¶구시대의 ~인 권위주의는 이제 사라져야 이건다.

유물-론(唯物論) 명[철] 정신이나 마음의 실재성을 부인하고, 물질적 원리의 근원성·독자성만을 주장하는 철학적 이론. =물질주의·유물주의. ↔유심론·관념론.

유물-변증법(唯物辨證法)[-뻡] 명[철] 자연과 사회의 전체를 물질적 존재의 변증법적 발전으로 이해한 이론. 마르크스·엥겔스가 창시함. =변증법적 유물론.

유물사관(唯物史觀)[-싸-] 명[철] 마르크스주의의 역사관. 사회의 여러 현상의 성립·연관·발전 방법을 물질 변동성의 입장에서 설명한 것임. =사적 유물론.

유물-주의(唯物主義)[-의/-이] 명[철] =유물론(唯物論).

유미-주의(唯美主義)[-의/-이] 명[문][미] =탐미주의.

유민(流民) 명 고향을 떠나 이곳저곳으로 떠도는 사람. 비유랑민.

유민²(遊民) 명 직업이 없이 놀며 지내는 사람.

유민³(遺民) 명 망하여 없어진 나라의 백성.

유밀-과(油蜜菓) 명 밀가루나 쌀가루 반죽을 적당한 모양으로 빚어 바싹 말린 후 기름에 튀겨 꿀이나 조청을 바르고 튀밥·깨 따위를 입힌 과자. =밀과. 준유과.

유발¹(乳鉢) 명 =막자사발.

유발²(誘發) 명 어떤 일이 다른 일을 일어나게 하는 것. ¶~ 요인. 유발-하다 통태여 ¶왕권 다툼이 내란을 ~. 유발-되다 통자

유방¹(酉方) 명 24방위의 하나. 정서(正西)를 중심으로 한 15도 각도 안. 준유(酉).

유방²(乳房) 명 성숙한 여자나 포유류의 암컷의 가슴 또는 배에 달려 있어, 아기나 새끼에게 젖을 먹이는 기관. 일반적으로는, 성숙한 여성의 '젖'을 성적(性的) 어감을 담아 이르는 말임. 비젖·젖가슴. ¶풍만한 ~.

유방-암(乳房癌) 명[의] 유방에 발생하는 선암(腺癌). 유방癌).

유배(流配) 명[역] (죄인을) 귀양 보내는 것. =유찬. 유배-하다 통태여 유배-되다 통재

유!배-주(有配株) 명[경] 일반적으로 전기(前期)에 배당한 실적이 있는 주식. ↔무배주(無配株).

유배-지(流配地) 명 유배된 곳.

유-백색(乳白色)[-쌕] 명 젖과 같이 불투명한 흰색. 비젖빛.

유벌(流筏) 명 산에서 베어 낸 나무를 강물에 띄워 보냄. 또는, 그렇게 하는 뗏목.

유!별¹(有別) 명 다름이 있는 것. ¶부부[남녀] ~. 유!별-하다 형여 유!별-히 부

유!별²(類別) 명 종류에 따라 나누어 구별하는 것. 또는, 그런 구별. 비종별(種別). 유!별-하다 통태여 유!별-되다 통재

유!별-나다(有別-)[-라-] 형 여느 것과 아주 다르다. =특별나다. 비별나다. ¶유별난 행동/유별난 떡을 좋아하다.

유!별-스럽다(有別-)[-따] 형ㅂ <~스러우니, ~스러워> 유별난 데가 있다. 유!별스레 부

유보(留保) 명 1 =보류(保留). 2[법] (권리·의무·주장 등을) 뒷날로 미루어 두는 것. ¶~ 조항/소유권의 ~. 유보-하다 통태여 유보-되다 통재

유보-율(留保率) 명[경] 자본 잉여금과 이익 잉여금을 합한 금액을 납입 자본금으로 나눈 뒤 100을 곱한 수치. 기업이 동원할 수 있는 자금량을 측정하는 지표로, 이것이 높을수록 불황에 대한 적응력과 기업의 안전성이 높음.

유-보트(U-boat) 명[군] 제1·2차 세계 대전 때 사용된, 독일의 대형 잠수함.

유!복¹(有福) →유!복-하다¹[-보카-] 형여 복이 있다. ¶유복한 사람.

유복²(裕福) →유복-하다²[-보카-] 형여 살림이 넉넉하다. ¶유복하게 살다/유복한 가정에서 자라나다.

유복-녀(遺腹女)[-농-] 명 어머니의 배 속에 있을 때 아버지가 죽어, 태어났을 때 아버지가 없는 딸.

유복-자(遺腹子)[-짜] 명 어머니의 배 속에 있을 때 아버지가 죽어, 태어났을 때 아버지가 없는 아들. =유자(遺子).

유!복지친(有服之親)[-찌-] 명 복(服)을 입어야 하는 가까운 친척. 준유복·유복친.

유부(油腐) 명 두부를 얇게 썰어 기름에 튀긴 음식.

유부-국수(油腐-) [-쑤] 몡 유부를 썰어 위에 얹어 만 국수.

유:부-남(有婦男) 몡 아내가 있는 남자. 凹 핫아비. ↔유부녀.

유:부-녀(有夫女) 몡 남편이 있는 여자. 凹 핫어미. ↔유부남.

유-부족(猶不足) 몡 아직도 모자라는 일. 또는, 오히려 모자라는 일. 유부족-하다 휑여

유부-초밥(油腐醋-) 몡 주머니 모양으로 만든 유부에 초밥을 넣은 일본 요리.

유분(油分) 몡 =기름기. 1·2.

유:-분수(有分數) 몡 지켜야 할 분수가 있어야 한다는 말. ¶사람을 무시해도 ~지, 날 어떻게 보고 하는 수작이야?

유불(儒佛) 몡 유교와 불교.

유불선(儒佛仙) [-썬] 몡 유교와 불교와 선교. ¶~ 사상.

유:비(類比) 몡 1 [논] =유추(類推) 2. 2 [철] 사물 상호 간에 대응적으로 존재하는 동등성 또는 동일성. 유:비-하다 툉타여 유:비-되다 툉자

유:비-무환(有備無患) 미리 준비해 두면 근심될 것이 없음.

유:사¹(有史) 몡 역사가 시작됨. ¶~ 이전 / ~ 이래의 최대 사건.

유:사²(有司) 몡 단체의 사무를 맡아보는 직무. ¶도(都) / 종친회 ~.

유사³(流沙·流砂) 몡 바람이나 유수(流水)에 의해 흘러내리는 모래. =표사(漂沙).

유사⁴(遺事) 몡 예로부터 전하여 오는 사적(事蹟). 2 죽은 사람이 남긴 사적.

유:사⁵(類似) 몡 ((일부 명사 앞에 쓰여)) 서로 비슷한 것. ▷ 상표 / ~ 종교. 유:사-하다 휑여 ¶이와 유사한 사건은 얼마든지 있다.

유:사-분열(有絲分裂) 몡 [생] 세포 분열의 한 형태. 염색체·방추체 등의 사상 구조 형성이 따르는 핵 세포의 분열 양식. =간접 분열. ↔무사 분열.

유:사-성(類似性) [-썽] 몡 서로 비슷한 성질. ¶두 작품은 내용의 ~이 많다.

유:사-시(有事時) 몡 비상(非常)한 일이 있을 때. ¶~에 대비하다.

유:사-어(類似語) 몡 =유의어.

유:사-점(類似點) [-쩜] 몡 서로 비슷한 점.

유:사-품(類似品) 몡 어떤 물건과 유사한 물품. ¶~이 나돌다 / ~에 속지 맙시다.

유:산¹(有産) 몡 재산이 많이 있음. ¶~ 계급.

유산²(油酸) 몡 [화] =올레산.

유산³(乳酸) 몡 [화] =락트산.

유산⁴(流産) 몡 [의] 1 임신 24주 이내에 태아나 태반이 자궁 밖으로 나오는 상태. ¶자연 ~. ▷조산. 2 (계획 또는 추진하던 일이) 중도에 그만두게 되는 것. 유산-하다 툉자여 유산-되다 툉자 ¶아이가 ~ / 건물 신축 계획이 ~.

유산⁵(硫酸) 몡 [화] =황산(黃酸).

유산⁶(遺産) 몡 1 죽은 사람이 남겨 놓은 재산. ¶~을 상속하다 [물려받다] / 부친으로 ~을 상속하다. 2 후대에 남긴 가치 있는 사물. ¶문화 ~을 계승·발전시키다.

유:산-계급(有産階級) [-계-/-게-] 몡 지주·자본가 등 재산이 많은, 사회의 계급. ↔무산 계급.

유산-균(乳酸菌) 몡 [화] =젖산균. ¶~ 음료.

유산소^운동(有酸素運動) 몡 [체] 체내에 산소를 최대한 공급하여 심장과 폐의 활동을 촉진하는 전신 운동. 수영·조깅·에어로빅댄스·등산·사이클링 따위. =에어로빅스.

유:산-자(有産者) 몡 재산이 많은 사람. ↔무산자.

유산-지(硫酸紙) 몡 [화] =황산지(黃酸紙).

유산-탄(榴散彈) 몡 [군] 큰 탄환 속에 많은 작은 탄알을 넣은 포탄. 큰 탄환이 폭발할 때 작은 탄알을 사방으로 퍼지게 되어 있음.

유삼(油衫) 몡 기름에 결은 옷. 비·눈 등을 막기 위하여 옷 위에 껴 입음.

유:상¹(有償) 몡 값을 치르거나 보상(報償)을 함. ¶~으로 나누어 주다. ↔무상(無償).

유:상²(油狀) 몡 기름과 같은 모양.

유:상-곡수(流觴曲水) [-쑤] 몡 삼월 삼짇날, 굽이도는 물에 잔을 띄워 그 잔이 자기 앞에 오기 전에 시(詩)를 짓는 놀이. =곡수연(曲水宴).

유:상-무상(有象無象) 몡 1 천지간의 모든 물체. 2 어중이떠중이.

유:상^증자(有償增資) 몡 [경] 신주 발행으로 새 자금을 조달하여 자산을 늘리는, 실질적인 증자. ↔무상 증자.

유:색(有色) 몡 어떤 빛깔이나 색깔을 띠고 있는 상태. 특히, 피부색이 희지 않고 검거나 누렇거나 붉거나 한 상태. 유:색-하다

유:색-인(有色人) 몡 유색 인종에 속하는 사람. ¶~을 차별하다.

유:색-인종(有色人種) 몡 피부색이 희지 않고 검거나 누렇거나 붉거나 한 인종. ↔백인종.

유생¹(幼生) 몡 [동] 배(胚)와 성체의 중간 시기로, 독립된 생활을 영위하며 성체와는 현저하게 다른 형태를 나타내는 일. 올챙이 따위. ↔성체.

유생²(儒生) 몡 유학(儒學)을 공부하는 선비.

유생^생식(幼生生殖) 몡 [생] 단위생식의 하나. 유생(幼生)의 체제를 가진 동물이 알이나 애벌레 등을 낳는 것으로, 조충의 애벌레가 애벌레를 낳는 것 따위.

유서¹(由緖) 몡 어떤 대상이 긴 세월을 거쳐 오면서 가지게 된, 특별한 역사나 유래. ¶~ 깊은 고장 [학교] / ~ 있는 집안.

유서²(遺書) 몡 유언을 적은 글. ¶~를 쓰다 / ~를 남기다.

유서³(類書) 몡 1 같은 종류의 책. 2 옛날 중국에서 경사자집(經史子集)의 여러 책들을 내용이나 항목별로 분류·편찬한 책의 총칭. 지금의 백과사전과 비슷함.

유:선¹(有線) 몡 통신·방송 등이 전선을 설치하여 이용하는 방식인 것. ¶~ 인터넷 / ~ 전화기. ↔무선.

유선²(乳腺) 몡 [생] =젖샘.

유선³(油腺) 몡 [생] =피지선.

유선⁴(流線) 몡 유체(流體)가 운동하는 장(場) 안에 각 점의 접선이 그 점에서 흐르는 속도의 방향과 일치하도록 그은 가상적인 곡선.

유:선-망(有線網) 몡 유선에 의한 통신망.

유:선^방송(有線放送) 몡 전선을 통하여 하는 방송. 주로 교내 방송·가두방송·지역 방송 등에 이용됨. ↔무선 방송.

유:선^전신(有線電信) 몡 [물] 전선을 통하여 전신 부호를 먼 곳에 전기적(電氣的)으로 전달하는 방식. ↔무선 전신.

유:선^전화(有線電話) 몡 가입자와 교환국 사이를 유선 선로로 연결한 전화. ↔무선

전화.

유선^텔레비전(有線television) 圀 텔레비전 카메라와 수상기를 전선에 연결하여 방영하는 텔레비전. 공장·교통 기관·호텔·은행 등에서 관찰·감시용으로 널리 사용되고 있음. 폐회로 텔레비전(CCTV), 공업용 텔레비전(ITV) 따위.

유:선-통신(有線通信) 圀[통] 도선(導線)·동축 케이블 등을 전달 회로에 사용하는 방식의 통신. ↔무선 통신.

유선-형(流線型) 圀 유체(流體)의 저항을 최소화하기 위하여 앞부분을 곡선으로 둥글게 하고, 뒤쪽으로 갈수록 뾰족하게 한 형태. 비행기의 동체와 날개의 단면, 기차나 자동차·선박 등의 형에 이용됨.

유:성¹(有性) 圀[생] 동일종(同一種)의 개체에 암컷과 수컷의 구별이 있음. ↔무성(無性).

유성²(油性) 圀 기름의 성질. ¶~ 페인트. ↔수성(水性).

유성³(流星) 圀[천] 우주 공간에 떠돌다가 자기 궤도에서 벗어나 지구의 대기권 안으로 들어와 타면서 빛을 내는 천체의 파편. =운성(隕星)·성화(星火). 団별똥별. ▶운석.

유성⁴(遊星) 圀[천] =행성(行星).

유성-기(留聲機) 圀 =축음기(蓄音機).

유:성^생식(有性生殖) 圀[생] 암수의 두 배우자가 합체하여 접합체를 만들고, 그것이 발육하여 새로운 세대의 개체를 만드는 생식법. 대개의 다세포 생물에서 볼 수 있음. ↔무성 생식.

유:성^세:대(有性世代) 圀[생] 세대 교번을 하는 생물로서 유성 생식을 하는 세대. ↔무성 세대.

유:성^영화(有聲映畫) 圀[영] 영사(映寫)할 때 영상(映像)과 동시에 음성·음악이 나오는 영화. =발성 영화·사운드 필름·토키. ↔무성 영화.

유:성-우(流星雨) 圀[천] 유성군 속을 지구가 통과할 때, 많은 유성이 비처럼 떨어지는 일. =성우(星雨).

유:성-음(有聲音) 圀[언] =울림소리. ↔무성음(無聲音).

유:세¹(有勢) 圀 어떤 일이나 행동을 함에 있어서 자기가 남보다 권세가 있거나 우월한 존재임을 짐짓 드러내면서 뻐기는 것. ¶~를 부리다 / ~가 대단하다 / 높은 자리에 있다고 ~ 떠는 꼴을 다는 못 보겠다. **유:세-하다**¹ 圀[자][여] ¶돈 몇 푼 빌려 주면서 유세하는 꼴이란….

유세²(遊說) 圀 자기 의견 또는 자기 소속 정당의 주장을 설파하며 돌아다니는 것. ¶선거 ~. **유세-하다**² 圀[자][여] ¶출마한 후보자들이 선거구를 돌며 ~.

유세-객(遊說客) 圀 자기 의견 또는 자기 소속 정당의 주장을 선전하며 돌아다니는 사람. =세객(說客).

유세-장(遊說場) 圀 유세하는 장소. ¶후보의 연설을 듣기 위해 ~을 가득 메운 유권자들.

유세차(維歲次) 圀 '이에 간지(干支)를 따라서 정한 해로 말하면'의 뜻으로, 제문(祭文)의 첫머리에 쓰는 관용어.

유:세-통(有勢-) 圀 유세 떠는 서슬. ¶그놈의 ~에 사람 견디겠나.

유-소년(幼少年) 圀 '유년'과 '소년'을 아울러 이르는 말.

유속¹(流俗) 圀 1 옛날부터 전하여 오는 풍속. 2 세상에 퍼져 있는 풍속.

유속²(流速) 圀 흐르는 물의 속도. 단위 시간에 물이 흘러가는 거리로 나타냄.

유속³(遺俗) 圀 지금까지 남아 있는 옛날의 풍속. =유습·유풍(遺風).

유:수¹(有數) 圀 (주로 '유수의'의 꼴로 쓰여) (어떤 대상이) 많은 대상 가운데 손가락 안에 들 만큼 뛰어나거나 훌륭한 것. ¶세계 ~의 건설 회사. **유:수-하다**¹ 圀[여] ¶유수한 업체 / 세계의 유수한 학자.

유:수²(有數) →**유:수-하다**² 圀[여] 운수가 정해져 있다. ¶유수하니 만월대도 추초로다. (원천석; 옛시조)

유수³(幽囚) 圀 사람을 잡아 가두는 것. ¶바빌론 ~. **유수-하다**³ 圀[여]

유수⁴(流水) 圀 흐르는 냇물이나 강물. ¶낙화(落花)~ / ~와 같은 세월.

유수⁵(留守) 圀[역] 조선 시대에 수도(首都) 이외의 요긴한 곳을 맡아 다스리던 정2품 외관직.

유수-지(遊水池) 圀[지] 하천의 홍수의 양을 조절하는 천연 또는 인공의 저수지.

유숙(留宿) 圀 남의 집에서 묵는 것. **유숙-하다** 圀[자][여] ¶친척 집에서 ~.

유순(柔順) →**유순-하다** 圀[여] (사람이) 성질이 부드럽고 온순하다. ¶유순한 아이. **유순-히** 閂

유스타키오-관(Eustachio管) 圀[생] 중이(中耳)의 고실(鼓室)에서 인두벽으로 통하는 납작한 관. 고실 내의 기압을 조절함. =이관(耳管).

유스-호스텔(youth hostel) 圀 청소년의 건전한 여행 활동을 장려하기 위하여 실비로 제공하는 숙박 시설. =호스텔.

유습(遺習) 圀 =유속(遺俗)³.

유시¹(酉時) 圀 1 십이시의 열째 시. 곧, 오후 5시부터 7시까지의 동안. 2 이십사시의 열아홉째 시. 곧, 오후 5시 30분부터 6시 30분까지의 동안. ㈜유(酉).

유시²(流矢) 圀 1 목표에 빗나간 화살. 2 누가 쏘았는지 모르는 화살. =누전(漏箭)·비시(飛矢)·유전.

유시³(諭示) 圀 관청 같은 데서 국민을 타일러 가르치는 것. 또는, 그 문서. **유시-하다** 圀[타][여]

유:시무종(有始無終) 圀 시작은 있되 끝이 없음. 곧, 시작은 하되 결과를 맺지 못함. **유:시무종-하다** 圀[자][여]

유:시유:종(有始有終) 圀 처음도 있고 끝도 있다는 말로, 시작한 일을 끝까지 마치는 것을 이르는 말. **유:시유:종-하다** 圀[자][여]

유:시호(有時乎) 閂 어떤 때는, 혹 가다가는. ¶'어쩌하다가 우리는 땅을 잃고 집을 잃고 낙도 없었을까' 이렇게 늙은 농부는 ~ 자기네가 가난하게 된 원인을 생각하게 된다.《이광수: 흙》

유:식¹(有識) 圀 학문이 있어 견식이 높은 것. ↔무식(無識). **유:식-하다** 圀[여] ¶유식한 사람.

유식²(侑食) 圀 제사에서, 종헌(終獻; 마지막 술잔을 올리는 것) 뒤에 첨작하고 숟가락을 메에 꽂고 젓가락을 음식 접시 위에 놓아 상에게 진지를 권하는 일.

유식³(唯識) 圀[불] 일체의 객관적 존재는 분별 작용으로서의 심식(心識)의 표현으로, 실재(實在)하는 것은 오직 식(識)뿐이라는 주장. 법상종(法相宗)의 근본 교의임.

유식⁴(遊食) 명 하는 일 없이 놀고먹는 것. 비무위도식. 유식-하다² 자여
유신¹(有信) 명 신의가 있는 것. ¶붕우(朋友)~. 유신-하다 형여
유신²(維新) 명 낡은 제도를 고쳐 새롭게 하는 것. ¶~ 정책. 유신-하다² 타여
유신³(遺臣) 명 1 왕조가 망한 뒤에 남아 있는 신하. 2 선대(先代)의 구신(舊臣).
유신-론(有神論)[-논] 명[철] 신의 존재를 믿는 종교·철학상의 입장. =인격신론(人格神論). ↔무신론.
유실¹(流失) 명 홍수 따위로 떠내려가 잃어버리는 것. 유실-하다¹ 타여 유실-되다¹ 자여 ¶홍수로 논밭이 ~.
유실²(遺失) 명 물건이나 돈을 흘리거나 잊고 두고 와서 잃어버리는 것. 유실-하다² 타여 ¶소지품을 ~. 유실-되다² 자여
유실-무실(有實無實) 명 사실이나 실상의 있음과 없음.
유실-물(遺失物) 명 유실한 물품.
유실-수(有實樹)[-쑤] 명 과실이 열리는 나무. 감나무·밤나무·대추나무 따위.
유심(唯心) 명 1[불] 이 세상의 모든 사물·현상은 마음이 변화하여 생긴 것이며, 마음 이외의 존재는 있을 수 없다고 하는 화엄경(華嚴經)의 중심 사상. 또는, 부처나 진리가 자기 마음의 내부에 있다고 하는 생각. 2[철] 마음이나 정신적인 것을, 실재하는 것 또는 중심적인 것이라고 생각하는 입장. ↔유물(唯物).
유심²(有心) →유심-하다 형여 1 속뜻이 있다. 2 주의(注意)가 깊다. 유심-히 부 ¶~ 바라보다 / ~ 관찰하다.
유심-론(唯心論)[-논] 명[철] 정신이 궁극적인 참 실재라고 하는 존재론·세계관의 입장. =정신론. ↔유물론.
유아¹(幼兒) 명 초등학교에 다니기 전의 시기에 있는, 어린 사람. 일반적으로 만 6세 이하의 사람을 가리키며, 좁게는 신생아나 영아를 포함하지 않음. ¶~ 교육.
유아²(幼芽) 명[식] =어린싹.
유아³(乳兒) 명 =젖먹이.
유아⁴(遺兒) 명 1 부모가 죽고 남아 있는 아이. 2 내버린 아이. 비기아(棄兒).
유아⁵(幽雅) →유아-하다 형여 고상하고 품위가 있다.
유아-기¹(幼兒期) 명 사람이 태어난 지 만 1세가 된 때로부터 만 6세가 될 때까지의 시기.
유아-기²(乳兒期) 명 생후 약 1년간으로, 젖으로 양육되는 시기.
유아-독존(唯我獨尊)[-쫀] 명 1 세상에서 자기 혼자 잘났다고 뽐내는 태도. 2[불] '천상천하 유아독존'의 준말.
유아-등(誘蛾燈) 명 밤에 논밭에 놓고, 해충이 날아 빠져 죽게 하게 만든 등불.
유아르엘(URL) 명 [Uniform Resource Locator][컴] 인터넷에서, 어느 사이트에 접속하기 위해서 입력해야 하는, 주소를 포함한 일련의 문자. 맨 앞에 'http://' 를 입력하고 다음에 해당 사이트의 주소를 표시함.
유아-복(乳兒服) 명 생후 1년 내외의 젖먹이가 입는 옷.
유아-어(幼兒語) 명[언] 유아가 말을 배우기 시작하였을 때 사용하는 언어. 또는, 어른이 유아를 대할 때 사용하는 말. 맘마·응가 등.
유아-원(幼兒園) 명 유치원에 준하는, 유아의 보육 시설.
유아지탄(由我之歎·由我之嘆) 명 나로 말미암아 남에게 해가 미치게 된 것을 뉘우치는 탄식.
유암(乳癌) 명[의] =유방암.
유압(油壓) 명 1 기름에 가해지는 압력. 2 압력을 가한 기름에 의하여 피스톤 따위의 동력 기계를 작동시키는 일. ¶~기(器).
유액(乳液) 명 1[식] 식물의 유세포(乳細胞)나 유관(乳管) 가운데 있는 백색 또는 황갈색의 액. 2 밀랍·라놀린 등의 유분(油分)을 함유하는 묽은 액체. 피부에 대한 보호·습윤 작용이 있기 때문에 기초화장품에 사용됨.
유야무야(有耶無耶) I 부 있는 듯 없는 듯 흐지부지한 모양. 유야무야-하다¹ 형여 ¶후보들의 무성한 공약들은 선거가 끝나자 유야무야해지고 말았다.
II 명 있는 듯 없는 듯 흐지부지하게 처리함. 유야무야-하다² 타여 유야무야-되다 자여
유약¹(釉藥·泑藥) 명 1 도자기를 만들어 구울 때, 그 표면에 덧씌우는 약. =유료(釉料). ¶도자기에 ~을 칠하다. 2 =잿물1.
유약²(幼弱) →유약-하다¹[-야카-] 형여 어리고 잔약하다. ¶유약한 몸.
유약³(柔弱) →유약-하다²[-야카-] 형여 부드럽고 약하다. ¶성품이 ~.
유어(幼魚) 명 알에서 갓 깬 물고기. 곧, 어린 물고기.
유언¹(流言) 명 근거 없는 소문.
유언²(遺言) 명 1 죽음에 임하여 남기는 말. 2[법] 사람이 자기의 사망에 의해 효력을 발생시킬 목적으로, 일정한 방식에 따라서 하는 단독의 의사 표시. 유언-하다 타여
유언-비어(流言蜚語) 명 아무 근거 없이 널리 퍼진 소문. =부언낭설·부언유설. 비뜬소문. ¶~를 퍼뜨리다 / ~가 떠돌다.
유언-장(遺言狀)[-짱] 명 유언을 적은 글발.
유업(遺業) 명 고인이 남긴 사업. ¶부친의 ~을 계승하다[잇다].
유에스(U.S.) 명 [United States][지] =미국(美國).
유에스에스아르(USSR) 명 [Union of Soviet Socialist Republics][역] =소련(蘇聯).
유에스에이(U.S.A.) 명 [United States of America][지] =미국(美國).
유에이치에프(UHF) 명 [ultrahigh frequency][물] =극초단파(極超短波).
유에프오(UFO) 명 [unidentified flying object] =미확인 비행 물체.
유엔(UN) 명 [United Nations][정] =국제연합.
유엔-군(UN軍) 명[군] =국제 연합군.
유엔^총회(UN總會)[-회/-훼] 명 =국제 연합 총회.
유엔^평화^유지군(UN平和維持軍) 명 국제 연합이 평화 유지 활동을 위해 분쟁 지역에 파견하는 군대. =평화 유지군·피케이에프(PKF).
유여(有餘) →유여-하다 형여 남을 만큼 넉넉하다.
유역(流域) 명[지] 하천이 흐르는 언저리의 지역. =관역(灌域). ¶한강 ~ 종합 개발.
유연¹(油煙) 명 기름이나 관솔 따위를 불완전 연소시킬 때 생기는 매연(煤煙). 검은색

의 미세한 탄소 가루로, 먹을 만드는 재료가 됨.
유연²(遊宴) 명 놀이로 베푼 잔치.
유연³(類緣) 명 [생] 생물체 상호 간에 형상·성질 등에 유사한 관계가 있어 그 사이에 연고(緣故)가 있는 것.
유연⁴(油然) →유연-하다¹ 형여 1 구름이 피어나는 모양이 왕성하다. 2 생각이 솟아오르는 모양이 왕성하다. 유연-히¹
유연⁵(柔軟) →유연-하다² 형여 부드럽고 연하다. ¶유연한 동작. 유연-히²
유연⁶(悠然) →유연-하다³ 형여 침착하고 여유가 있다. ¶그는 경황 중에도 유연한 자세를 잃지 않았다. 유연-히³ 부
유ː연-성¹(有緣性) [-썽] 명 1 인연이나 관계가 있는 성질. 2 [언] 의성어·의태어의 경우, 소리와 의미의 관계가 자의적이지 않고 필연적인 성질. ▷자의성.
유연-성²(柔軟性) [-썽] 명 1 유연한 성질. 또는, 그 정도. 2 원리 원칙에 얽매이지 않고 형편과 상황에 알맞게 대응하는 성질.
유ː연-탄(有煙炭) 명 [광] 연소할 때 연기가 나는 석탄. 갈탄·역청탄 따위. ↔무연탄.
유열(愉悅) 명 유쾌하고 기쁜 것. ¶안타깝도록 즐거운 ~이 거미줄같이 퍼진 핏줄기 속으로 구석구석 스미어 든다.《박종화:다정불심》 유열-하다 형여
유엽-전(柳葉箭) [-쩐] 명 살촉이 버들잎 같은 화살.
유영¹(游泳) 명 물속에서 헤엄치며 노는 것. 유영-하다 자여
유영²(遺影) 명 고인(故人)의 초상이나 사진.
유영^동물(游泳動物) 명[동] 유영력(游泳力)을 갖고 물의 흐름에 역류하여 자유로이 이동하며 생활하는 동물. 어류·수생 포유류·새우 따위.
유예(猶豫) 명 1 망설여 일을 결행하지 않는 것. ¶~ 미결. 2 일을 결행하는 데 날짜나 시간을 미루고 끄는 것. 유예-하다 동타여 ¶잠시도 유예할 수 없는 다급한 일. 유예-되다 자
유예^기간(猶豫期間) 명 당사자나 그 밖의 소송 관계인의 이익을 보호하기 위하여, 법률이 일정한 사항(事項)에 관하여 일정한 기간 유예를 주도록 규정하고 있을 경우의 그 기간.
유ː용¹(有用) 명 (일부 명사 앞에 쓰여) 소용이 되는 것. ¶~ 광물. ↔무용(無用). 유ː용-하다 형여 ¶생활에 유용한 물건.
유용²(流用) 명 1 (남의 것이나 어떤 정해진 곳에 쓰기로 되어 있는 것을) 딴 데로 돌려 쓰는 것. ¶공금(公金) ~ / 자재 ~. 2 [법] 예산상 본래 사용해야 할 항목으로부터 다른 세항(細項)으로 변경하여 사용하는 것. 유용-하다² 동타여 유용-되다 동자
유용-종(乳用種) 명 젖의 생산을 주목적으로 기르는 소의 품종. 홀스타인 따위.
유원(悠遠) →유원-하다 형여 아득히 멀다. (비유구(悠久)하다. 유원-히 부
유원-지(遊園地) 명 유람(遊覽)이나 오락을 위하여 여러 가지 설비를 한 곳.
유월¹(六月) 명 ['六'의 본음은 '륙'] 한 해의 열두 달 가운데 여섯째 달. ×六月.
유월²(逾月·踰月) 명 그달의 그믐을 넘기는 것. 유월-하다 동여
유월-절(逾越節) [-쩔] 명[종] 유대교 3대 축일의 하나. 이스라엘 민족이 이집트에서 탈출한 것을 기념하는 명절임. =과월제.
유ː위(有爲) 명[불] 어떤 인연으로 말미암아 생기는 생멸 무상(生滅無常)의 현상. ↔무위(無爲).
유ː위²(有爲) →유ː위-하다 형여 능력이 있어 쓸모가 있다.
유유(悠悠) →유유-하다 형여 1 움직임이 한가하고 느리다. 2 여유가 있고 태연하다. 3 멀고 아득하다. 유유-히 ¶~ 떠도는 흰 구름 / 그들은 백주에 범행을 저지르고 ~ 사라졌다.
유유낙낙(唯唯諾諾) [-낭-] 명 명령하는 대로 순종하여 응낙함. 유유낙낙-하다 동자여
유ː유-상종(類類相從) 명 같은 무리끼리 서로 내왕하며 사귐. ¶~이라더니, 바로 너희들을 두고 하는 말이로구나. 유ː유상종-하다 자여
유유아(乳幼兒) 명 유아(乳兒)와 유아(幼兒)를 아울러 이르는 말. 학교에 들어가기 전의 어린아이의 총칭.
유유-자적(悠悠自適) 명 속세를 떠나 아무 속박 없이 조용하고 편안하게 삶. 유유자적-하다 자여 ¶모든 명리를 다 버리고 초야에 묻혀 ~.
유음(流音) 명[언] 혀끝을 윗잇몸에 대거나 또는 가볍게 댔다가 떼면서 내는 소리. 자음 'ㄹ'이 해당됨. =흐름소리. ▷설전음·설측음.
유의¹(留意) [-의/-이] 명 마음에 두고 조심하거나 관심을 가지는 것. ~ 사항. 유ː의-하다¹ 자여 ¶유의할 점을 아래에 밝혀 둔다. / 건강에 유의하시기 바랍니다.
유의²(遺意) [-의/-이] 명 고인(故人)이 남긴 뜻.
유ː의³(有意) [-의/-이] →유ː의-하다²[-의-/-이-] 형여 1 마음에 있다. 또는, 생각이 있다. 2 의미가 있다.
유ː의-어(類義語) [-의-/-이-] 명 뜻이 유사한 단어. =유사어.
유의-유식(遊衣遊食) [-의-/-이-] 명 하는 일 없이 놀면서 입고 먹음. ▷무위도식. 유의유식-하다 자여
유ː익(有益) →유ː익-하다 [-이카-] 형여 이롭거나 이익이 있다. ¶유익한 일 / 휴가를 유익하게 보냈다. ↔무익(無益).
유ː인¹(有人) 명 차나 배·비행기 또는 우주선·인공위성 등에 그것을 작동·운전하는 사람이 타고 있는 일. ¶~ 우주선.
유인²(誘引) 명 주의나 흥미를 유발시켜 꾀어내는 것. 유인-하다 동타여 ¶적군을 계곡으로 유인하여 일시에 쳐부수다. 유인-되다 자
유인³(誘因) 명 어떤 일 또는 현상을 일으키는 원인. ¶병의 ~을 찾아내다.
유인-구(誘引球) [-꾸] 명[체] 야구에서, 투수가 타자의 타격을 유인하기 위해 스트라이크 존 가까이 던지는 공. ¶타자가 ~에 헛방망이질을 하다.
유인-물(油印物) 명 등사기·인쇄기·프린터 등을 이용하여 만든 인쇄물. ¶불온 ~을 살포하다.
유ː인-원(類人猿) 명[동] 오랑우탄과의 원숭이 중 고릴라·침팬지·오랑우탄·긴팔원숭이의 총칭. 사람과 가장 가까운 원숭이류로 꼬리가 없고 뒷다리로만 걸으며, 앞다리로 물건을 쥘 수 있음.
유일(唯一) 명 오직 하나밖에 없는 것. ¶~의

안식처. **유일-하다** [형][여] ¶유일한 친구 / 여러 사람 중에서 유일하게 뽑히다.
유일-무이(唯一無二) [명] 오직 하나뿐이며 둘도 없는 것. 곧, '유일'을 강조하여 이르는 말. **유일무이-하다** [형][여] ¶유일무이한 희망이 무너지다 / 이런 좋은 기회란 ~.
유일-신(唯一神) [-씬] [명] 단 하나밖에 없는 신.
유일신-교(唯一神敎) [-씬-] [명] [종] =일신교(一神敎).
유임(留任) [명] 개편이나 임기 만료 때, 그 자리나 임무에 그대로 머물러 있는 것. 또는, 그 일. **유임-하다** [동][자타] **유임-되다** [동][자] ¶그는 훌륭한 교육자여서 여러 차례 총장에 유임되었다.
유입¹(流入) [명] 1 (물이나 공기 등이 어느 곳에) 흘러드는 것. 2 (문자·문물·사상 등이 어느 곳에) 외부로부터 밀려드는 것. ¶외국어의 무분별한 ~. **유입-하다** [동][자타][여] **유입-되다** [동][자] ¶외국 자본이 ~.
유입²(誘入) [명] 꾀어 들이는 것. **유입-하다**² [동][타][여] **유입-되다**² [동][자]
유¦자¹(有刺) [명] 가시가 있는 것. ¶~ 식물 / ~ 철조망.
유¦자²(柚子) [명] 유자나무의 열매.
유자³(猶子) [명] Ⅰ =조카. Ⅱ [대][인칭] 편지에서, 나이 많은 삼촌에게 자기를 일컫는 말.
유자-곡(U字谷) [명] [지] 횡단면이 'U' 자형인 골짜기. 빙하가 골짜기 벽을 침식하여 생김. =빙식곡(氷蝕谷).
유자-관(U字管) [명] [화] 1 'U' 자 모양으로 굽은 관. 보일러·열 교환기에 쓰임. 2 연통관(連通管)의 하나. 'U' 자 모양으로 구부린 유리관. U자관 압력계에 쓰임.
유¦자-나무(柚子-) [명] [식] 운향과의 상록 관목. 높이 約 3m. 여름에 희고 작은 꽃이 핌. 편평한 공 모양의 열매가 노랗게 익는데, 향내가 나며 맛이 심. 꽃망울과 열매는 향미료에 쓰임.
유-자녀(遺子女) [명] 1 죽은 사람의 자녀. 2 나라를 위하여 싸우다가 사망한 사람의 자녀. ¶군경(軍警) ~.
유자-망(流刺網) [명] [수산] =흘림걸그물.
유¦자생녀(有子生女) [명] 1 아들도 두고 딸도 낳음. 2 아들딸을 많이 낳음. **유¦자생녀-하다** [동][자타][여]
유작(遺作) [명] 죽은 사람이 남긴 작품. ¶~ 전 / ~ 집 / ~ 을 정리하다.
유장¹(乳漿) [명] 젖에서 단백질과 지방을 빼고 남은 부분.
유장²(悠長) → **유장-하다** [형][여] 1 길고 오래다. ¶유장한 세월. 2 침착하여 성미가 느릿하다. **유장-히** [부]
유저(遺著) [명] 죽은 사람이 생전에 남긴 저서.
유적(遺跡·遺蹟) [명] 어떤 곳에 남아 있는 옛 사람의 삶의 흔적. 집터·조개더미·성터·궁궐터·절터 따위. ¶고대 문명의 ~.
유적-지(遺跡地) [-찌] [명] 유적이 있는 곳.
유전¹(油田) [명] 석유가 나는 곳. ¶~ 지대 / 해저 ~ / ~ 탐사.
유전²(流傳) [명] 세상에 퍼져 전하는 것. **유전-하다**¹ [동][자타][여] ¶…이름을 후세에 유전함이 대장부의 떳떳한 일이라. 《홍길동전》 **유전-되다**¹ [동][자]
유전³(流轉) [명] 1 이리저리 떠도는 것. 2 쉼

없는 변천. ¶역사의 ~ / 인생 ~. 3 [불] 생사 인과(因果)가 서로 무궁히 이어지는 것. 비윤회. **유전-하다**² [동][자타][여]
유전⁴(遺傳) [명] 1 끼쳐 내려오는 것. 2 [생] 어버이의 성질, 몸의 모양 등이 자손에 전해지는 일. **유전-하다**³ [동][자타][여] **유전-되다**² [동][자]
유전^공학(遺傳工學) [명] [생물] 생물의 유전자를 인공적으로 합성·변형시켜 인류에게 유용한 산물을 대량으로 얻게 하고 유전병의 치료 등에 기여하도록 하는 응용 유전학. =유전자 공학.
유전-병(遺傳病) [-뼝] [명] [의] 유전에 의하여 자손에게 전해지는 질병. 색맹·혈우병 따위. =내림병.
유전-성(遺傳性) [-썽] [명] [생] 유전하는 성질. ¶~ 질병.
유전스(usance) [명] [경] 1 환어음의 기한. 특히, 수입 어음의 지급 유예 기간. 2 [경] =기한부 어음.
유전^인자(遺傳因子) [명] [생] =유전자.
유전-자(遺傳子) [명] [생] 유전 형질을 나타내는 원인이 되는 인자. 어버이의 염색체 속에 일정 순서로 배열되어 있으며, 생식 세포를 통하여 자손에게 어버이의 유전 형질이 전해짐. =유전 인자.
유전자^조작(遺傳子操作) [명] [생] 유전자를 인공적으로 재배합하거나, 돌연변이를 일으켜서 유전자의 성질을 바꾸어 놓는 일.
유전자-형(遺傳子型) [명] [생] 어떤 생물 개체의 형질을 결정하는 유전자의 구성 형식. =인자형(因子型). ↔표현형.
유전-체(誘電體) [명] [물] 전기장 안에 놓았을 때, 양쪽 표면에 전하(電荷)가 나타나는 물질. =전매질(電媒質).
유전-학(遺傳學) [명] [생] 유전 현상의 해명을 목적으로 하는 생물학의 한 분야.
유전^형질(遺傳形質) [명] [생] 생식 세포 가운데 어버이의 형질을 자손에게 전하는 물질. ▷회득 형질.
유¦정¹(有情) [명] [불] 마음의 작용이 있는, 살아 있는 존재. 곧, 사람·동물 따위. 비중생. ↔무정.
유¦정²(有情) → **유¦정-하다** [형][여] 정이 있다. ↔무정하다.
유정³(油井) [명] 천연 석유를 퍼 올리려고 땅 밑으로 판 구덩이. =석유갱(石油坑).
유정⁴(遺精) [명] [의] 성행위 없이 무의식중에 정액이 몸 밖으로 나오는 일. 흔히 몸이 허약할 때 일어남. =누정(漏精).
유¦정-란(有精卵) [-난] [명] 교미한 뒤에 낳은, 부화가 가능한 달걀. ↔무정란.
유¦정^명사(有情名詞) [명] [언] 사람이나 동물을 가리키는 명사. ↔무정 명사.
유¦정-물(有情物) [명] 감정이나 의지를 가지는 존재. 곧, 사람이나 동물. ↔무정물(無情物).
유제¹(油劑) [명] 유상(油狀) 또는 기름기가 들어 있는 약제.
유제²(遺制) [명] 예로부터 전하여 오는 제도.
유¦제³(類題) [명] 1 비슷하거나 같은 종류의 문제. 2 비슷한 제목이나 표제.
유¦제-류(有蹄類) [명] [동] 척추동물의 포유류 중에서 발톱에 각질(角質)의 발굽이 있는 동물. 초식성이며, 대체로 몸이 크고, 송곳니는 없거나 퇴화하여 작고 어금니가 많이 발달됨. 말목·소목·장비목·바다소목 등이

이에 속함.

유-제품(乳製品) 명 우유를 가공하여 만든 식품. 곧, 버터·치즈·분유 따위.

유조(油槽) 명 석유·가솔린 따위를 담아 두는 그릇. 대개 그 규모가 아주 크고 원통 모양임.

유조-선(油槽船) 명 유조 시설을 갖추고 석유를 운반하는 배. =탱커.

유-조직(柔組織) 명[식] 식물체의 대부분을 차지하는 유세포(柔細胞)로 이루어진 조직. 세포막이 얇으며 원형질을 포함하고 있음.

유조-차(油槽車) 명 유조 시설을 갖춘 차.

유족¹(遺族) 명 죽은 사람의, 살아 남아 있는 가족. 비유가족. ¶고인의 ~으로는 부인과 두 아들이 있다.

유¦족²(有足) ➡**유¦족-하다**¹[-조카-] 형여 (형편이) 넉넉하다. **유¦족-히**¹ 부

유족³(裕足) ➡**유족-하다**²[-조카-] 형여 여유 있게 풍족하다. ¶**유족한** 살림. **유족-히**² 부

유종¹(乳腫) 명[의] 젖이 곪는 종기. =유옹(乳癰)·젖멍울.

유¦종²(有終) ➡**유¦종-하다** 형여 (시작한 일이) 끝맺음이 있다.

유종의 미 구 끝까지 잘하여 맺은 좋은 결과. ¶~를 거두다.

유¦죄(有罪)[-죄/-줴] 명 **1** 죄가 있는 것. **2** [법] 재판에 의하여 범죄 사실이 인정되는 것. ¶~ 판결. ↔무죄. **유¦죄-하다** 형여

유주(幼主) 명 **1** 나이 어린 임금. ¶문종이 병약하여 단명하고 그다음 ~ 단종이 즉위하면서 정정이 불안해졌다. **2** 어린 주인.

유주-자(遊走子) 명[생] 편모(鞭毛)를 가지고 물속을 헤엄치는 포자(胞子). 조류(藻類)·균류 등에서 볼 수 있으며, 다른 것과의 합체 없이도 무성적(無性的)으로 발생함. =운동성 홀씨.

유즈넷(Usenet) 명[통] 전 세계에 산재해 있는 서버를 통해 자유롭게 뉴스·정보·의견·토론 등이 게시되고, 그것은 다시 인접한 서버를 통해 순식간에 전 세계의 인터넷 사용자에게 전달되는 방식의 통신망. 여기에는 다양한 주제의 뉴스그룹이 있음.

유¦지¹(有志) 명 마을이나 지역에서 명망 있고 영향력을 가진 사람. ¶지방 ~.

유지²(乳脂) 명 **1** =크림1. **2** =유지방.

유지³(油脂) 명 고급 지방산의 글리세린 에스테르의 하나. 동식물체를 구성하는 중요 성분임. 식품·의약품·도료 등 각종 공업에서 널리 쓰임.

유지⁴(油紙) 명 =기름종이.

유지⁵(維持) 명 (어떤 상태나 상황을) 일정하게 또는 변함없이 계속하여 지탱하는 것. ¶건강 ~ / 현상 ~. **유지-하다** 동타여 ¶선두를 ~ / 질서를 ~. **유지-되다** 동자 ¶회원의 증가 추세가 계속 **유지되고** 있다.

유지⁶(遺旨) 명 죽은 사람의 생전의 생각.

유지⁷(遺志) 명 죽은 사람의 생전의 뜻. ¶~를 따르다 / 고인의 ~를 받들어 장학회를 설립하다.

유-지방(乳脂肪) 명 젖, 특히 우유에 들어 있는 지방. =유지(乳脂).

유지-비(維持費) 명 무엇을 지니거나 지탱하는 데 드는 비용. ¶차량 ~.

유¦-지질(類脂質) 명[화] 성질이 지방(脂肪)과 비슷하나 구조가 다른 화합물의 총칭. 물에 녹지 않고 에테르·벤젠 등의 유기 용매(有機溶媒)에 녹음. =리포이드.

유질¹(乳質) 명 **1** 젖의 성질이나 품질. ¶~ 검사 / ~이 높다. **2** 젖과 같은 성질.

유질²(流質) 명[법] 채무자가 기한 안에 채무를 이행하지 않을 때, 채권자가 담보 물건의 소유권을 취득하거나 담보 물건을 매각하여 우선적으로 변제에 충당하는 일. =유전(流典). **유질-하다** 동자여

유¦질-동상(類質同像) 명[광] 서로 유사한 화학 조성을 가진 물질이 동일한 결정 구조를 가지는 것. 방해석과 마그네사이트는 그 예임.

유징(油徵) 명[지] 지하에 석유가 매장되어 있음을 나타내는 징후.

유착(癒着) 명 **1** [의] 서로 떨어져 있어야 할 피부나 몸속의 막 등이 염증 때문에 들러붙는 일. ¶복강 내 장기 ~. **2** 어떤 사물이 서로 깊은 관계를 가지고 결합되어 있는 일. ¶정경(政經) ~. **유착-하다**¹ 동자여 **유착-되다** 동자 ¶종양이 주위 장기와 ~.

유¦착-스럽다[-쓰-따] 형ㅂ <~스러우니, ~스러워> 유착한 데가 있다. **유¦착스레** 부

유¦착-하다²[-차카-] 형여 몹시 투박하고 크다. ¶찻간 속은 괴괴하고 헌병 보조원의 **유착한** 구둣소리만 뚜벅뚜벅 난다.《염상섭: 만세전》

유찰(流札) 명 입찰 결과 낙찰(落札)이 결정되지 않고 무효로 돌아가는 일. 응찰 가격이 내정 가격에 미달될 때 주로 일어남. **유찰-하다** 동자여 **유찰-되다** 동자

유창(流暢) ➡**유창-하다** 형여 (말을 하거나 글을 읽는 것이) 물 흐르듯이 거침이 없다. ¶**유창한** 말솜씨 / 그는 영어를 **유창하게** 구사한다. **유창-히** 부

유채¹(油菜) 명[식] 십자화과의 두해살이풀. 높이 1m 정도. 4월에 황색 꽃이 피며, 열매는 원기둥 모양임. 종자로는 기름을 짬. =평지.

유채²(油彩) 명[미] 물감·기름·붓 등의 유화구(油畫具)로 그림을 그리는 법. 또는, 그 그림.

유¦채-색(有彩色) 명[미] 빨강·노랑·주홍 등, 색상(色相)을 가진 빛깔. ↔무채색.

유체¹(流體) 명[물] 기체와 액체를 아울러 이르는 말. =동체(動體)·유동체.

유체²(遺體) 명 **1** 부모가 끼쳐 준 몸. 곧, 자기 몸. **2** '시체¹'을 달리 이르는 말.

유¦체-물(有體物) 명[법] 일정한 형태를 가지고, 일정한 공간을 차지하는 물건. ↔무체물(無體物).

유체^역학(流體力學)[-여칵] 명[물] 유체의 정지 상태나 운동 상태, 또는 유체가 그 속에 놓인 물체에 미치는 힘 등에 관하여 연구하는 과학.

유¦추(類推) 명 **1** 같은 종류의 것 또는 유사한 점에 의해 다른 사물을 미루어 추측하는 일. ¶~ 작용. **2** [논] 간접 추리의 하나. 특수 사실에서 그와 비슷한 다른 사실에 이르는 추리. =유비(類比). **3** [언] 어떤 단어나 어법이, 의미적·형태적으로 비슷한 다른 단어나 문법 형식을 모델로 하여 형성되는 과정. =아날로지. **유¦추-하다** 동타여 **유¦추-되다** 동자

유¦축^농업(有畜農業)[-충-] 명[농] 가축의 노동력을 경작에 이용하고, 그 배설물을 비료로 이용하며, 수확의 일부를 사료로 쓰는 농업.

유출¹(流出)[명] 1 (액체를) 밖으로 흘려보내는 것. 2 (중요한 것을) 나라나 조직의 밖으로 나가게 하는 것. 유출-하다¹[탄타여] ¶공장에서 폐수를 몰래 ~ / 회사의 자료를 ~. 유출-되다[탄자여] ¶문화재가 해외로 ~ / 기밀이 외부로 ~.

유출²(溜出)[명][화] 증류(蒸溜)할 때 액체가 되어 나오는 것. 유출-되다²[탄자여]

유충¹(幼蟲)[명][동] =애벌레.

유충²(幼沖) →유충-하다[탄여] 나이가 어리다.

유취(乳臭)[명] =젖내. ¶구상(口尙) ~.

유층(油層)[지] 석유가 괴어 있는 지층.

유치¹(乳齒)[명][생] =젖니.

유치²(留置)[명] 1 맡아 두는 것. 2 [법] 사람이나 물건을 일정한 지배하에 두는 것. 유치-하다¹[탄타여] 유치-되다¹[탄자]

유치³(誘致)[명] 1 꾀어내는 것. 2 이끌어 들이는 것. 유치-하다²[탄타여] ¶공장을 / 국제 행사를 서울에 ~. 유치-되다²[탄자]

유치⁴(幼稚) →유치-하다³[탄여] (사람의 생각이나 행위, 또는 그 결과물이) 격에 맞지 않을 만큼 수준이 낮아 얕볼 만한 상태에 있다. ¶나이에 비해 생각이 ~.

유치-권(留置權)[-꿘][명][법] 담보 물권의 하나. 남의 물건의 점유자가 그에 관하여 생긴 채권을 가질 때, 변제를 받을 때까지 그것을 자기 지배하에 둘 수 있는 권리.

유치-원(幼稚園)[명] 만 4세부터 초등학교에 들어가기 전까지의 아동을 대상으로 한 교육 기관. 우리나라에는 1909년에 처음 생김.

유치원-생(幼稚園生)[명] 유치원에 다니는 어린이.

유치-장(留置場)[명] 피의자나 경범죄를 지은 사람 등을 한때 가두어 두는 곳. 각 경찰서에 있음.

유쾌(愉快) →유쾌-하다 (마음이나 기분이) 흐뭇하고 좋은 상태에 있다. [비]즐겁다. ¶유쾌한 나들이 / 김 노인은 손자의 재롱을 보면서 유쾌하게 웃었다. ↔불쾌하다. 유쾌-히[부] =놀다.

유ː탄¹(柳炭)[명][미] 버드나무를 태운 숯. 그림의 윤곽을 그리는 데 씀.

유탄²(流彈)[명] 1 빗나간 탄환. 2 (주로, '유탄을 맞다'의 꼴로 쓰여) 다른 사람 때문에 엉뚱하게 당하는 피해. 비유적인 말임.

유탄³(榴彈)[명][군] 탄환 속에 다져 넣은 작약(炸藥)의 터지는 힘을 이용하는 포탄.

유탕(遊蕩)[명] 1 만판 노는 것. 2 음탕하게 노는 것. 유탕-하다[탄자여]

유ː태(猶太)[명] '유대'의 음역어.

유ː태-교(猶太敎)[명][종] =유대교.

유ː태-인(猶太人)[명] =유대 인.

유택(幽宅)[명] =무덤.

유-턴(U-turn)[명] 1 자동차가 교차로 등에서 백팔십도로 돌아 반대편 차로로 진행 방향을 바꾸는 일. ¶중앙선을 침범한 불법 ~. 2 태도나 입장을 전혀 상반되게 바꾸는 것. 유턴-하다[탄자여] ¶교차로에서 차를 ~.

유토피아(Utopia)[명] =이상향(理想鄕).

유통(流通)[명] 1 (공기 따위가) 막힘이 없이 흘러 통하는 것. ¶공기를 ~. 2 (화폐 따위가) 세상에 널리 쓰이는 것. ¶~ 금지. 3 (상품 따위가) 생산자·소비자·수요자에 도달하기까지 여러 단계에서 교환·분배되는 활동. ¶~량 / ~ 질서 / 상품 ~. 유통-하다[탄자여] 유통-되다[탄자]

유통ˆ기한(流通期限)[명] 주로 식품 따위의 상품이 시중에 유통될 수 있는 기한. ¶~이 지난 우유 / ~을 확인하다.

유통-망(流通網)[명] 상품이 생산자에게서 소비자에게까지 도달하기까지의 경로의 체계. ¶전국적인 ~을 구축하다.

유통ˆ자본(流通資本)[명][경] 자본의 순환 과정 중, 유통 단계에 있는 자본. 상품 자본과 화폐 자본이 있음. ↔생산 자본.

유파(流派)[명] 1 줄기가 되는 계통에서 갈려 나온 파. ¶학문이 여러 ~로 갈리다. 2 특유한 주장이나 태도를 지닌 예술가의 한 파. ¶최근에 포스트모더니즘이 대두되면서 새로운 ~가 형성되다.

유폐¹(幽閉)[-폐/-폐][명] 아주 깊숙이 가두는 것. 유폐-하다[탄타여] ¶정적(政敵)을 ~. 유폐-되다[탄자] ¶혁명으로 왕이 ~.

유폐²(流弊)[-폐/-폐][명] 예전부터 일반에 유행하는 나쁜 풍속.

유포(流布)[명] (어떤 말이나 책, 사상 등을) 세상에 널리 퍼뜨리는 것. 유포-하다[탄타여] ¶헛소문을 ~. 유포-되다[탄자] ¶불온 서적이 ~.

유포니움(euphonium)[명][음] 금관 악기의 하나. 저음으로 폭넓고 부드러운 소리를 냄. 튜바 대신 사용하기도 함.

유ː표(有表) →유ː표-하다[탄여] 여럿 중에서 특히 두드러지다. 유ː표-히[부]

유품(遺品)[명] 죽은 사람이 생전에 사용했거나 몸에 지녔다가 남긴 물품. [비]유물. ¶사망자의 옷 속에서 나온 ~ / 부친의 ~을 정리하다.

유풍(遺風)[명] 1 옛날부터 전해 내려오는 풍속. [비]유속(遺俗). 2 후세에 끼친 교화(敎化).

유피유(UPU)[명] 〔Universal Postal Union〕 =만국 우편 연합.

유피테르(Jupiter)[명][신화] 로마 신화에 나오는 최고의 신. 그리스 신화의 제우스에 해당함. 영어명은 주피터.

유필(遺筆)[명] 죽은 사람이 생전에 써서 남긴 글씨. ¶이 글씨는 안중근 의사의 ~이다.

유-하다¹(留-)[탄자여] (어느 곳에) 머물러 묵다. 문어체의 말임. ¶친척 집에서 며칠 ~.

유ː-하다²(有-)[탄여] 한문 문체에 쓰여, '있다'의 뜻을 나타내는 말.

유-하다³(柔-)[탄여] 1 부드럽고 순하다. ¶성격이 ~. ↔강(剛)하다.

유학¹(幼學)[명][역] 고려·조선 시대에 벼슬하지 않은 유생(儒生).

유학²(留學)[명] 외국에서 공부하는 것. ¶미국 ~을 가다. 유학-하다¹[탄자여] ¶독일에 ~.

유학³(遊學)[명] 타향에서 공부하는 것. 유학-하다²[탄자여]

유학⁴(儒學)[명] 중국 공자의 사상을 바탕으로 하여 발전된 학문. 인(仁)과 예(禮)를 근본 개념으로 하여, 수신에서 비롯하여 치국평천하에 이르는 실천을 중심 과제로 함. 맹자·순자 등이 계승·발전시켰다. =공맹학(孔孟學).

유학-생(留學生)[-쌩][명] 유학하는 학생. ¶국비 ~.

유학-원(留學院)[명] 유학을 하려는 사람에게 유학에 필요한 정보를 제공하고 필요한 수속을 대행해 주는 영리 기관.

유학-자(儒學者)[-짜][명] 유학(儒學)을 깊이 연구하는 사람.

유:한¹(有限)[명] 수·양·시간·공간 등에 일정한 한도나 한계가 있는 것. ↔무한. 유:한-하다¹[형여] 유:한-히[부]

유:한²(有閑)[명] (일부 명사 앞에 쓰여) 1 시간에 여유가 있어 한가한 것. 2 재물이 많아 생활에 여유가 있고, 여가가 많은 것. ¶~계급 / ~마담. 유:한-하다² [형여]

유한³(遺恨)[명] 생전의 남은 원한. =잔한(殘恨)

유:한-계급(有閑階級)[-계/-게-] [명] 생산적 활동은 하지 않고, 소유한 자산으로 소비 활동만 하는 계층. =유한층.

유:한-급수(有限級數)[-쑤] [명][수] 항(項)의 수에 한정이 있는 급수. ↔무한급수.

유:한-마담(有閑madame) [명] 유한계급의 부인. =유한부인.

유:한^소:수(有限小數) [명][수] 소수점 아래에 0이 아닌 숫자가 유한인 소수. ↔무한소수.

유:한-수열(有限數列) [명][수] 항(項)의 수가 유한인 수열. ↔무한수열.

유:한^집합(有限集合)[-지팝] [명][수] 원소의 수가 유한한 집합. ↔무한 집합.

유:한^책임(有限責任) [명][법] 채무자의 일정한 재산 또는 일정액을 한도로 채무의 담보가 되는 책임. ↔무한 책임.

유:한^책임^사원(有限責任社員) [명][법] 회사의 채무에 대하여, 출자액의 한도 내에서 책임을 지는 사원. ↔무한 책임 사원.

유:한-층(有閑層) [명] 유한계급.

유:한^회:사(有限會社)[-회-/-훼-] [명][법] 50인 이하의 유한 책임 사원으로 구성되는, 폐쇄적·비공개적인 사단 법인. ▷주식 회사·합명 회사.

유합(癒合) [명] 상처가 나아서 피부·근육 등이 아물어 붙는 것. 유합-하다[동][자여] 유합-되다[자]

유:해¹(有害) [명] (일부 명사 앞에 쓰여) 해가 있는 것. ¶~ 식품 / ~ 물질 / ~ 가스. ↔무해. 유:해-하다[형여] ¶담배는 건강에 ~.

유해²(遺骸) [명] =유골(遺骨).

유:해-무익(有害無益) →유:해무익-하다[-이카-] [형여] 해롭기만 할 뿐 이익이 없다. ¶유해무익한 물건.

유행(流行) [명] 1 [사] 사회 구성원 사이에 어떤 복장이나 언어, 생활양식 등이 일시적으로 널리 퍼지는 현상이나 경향. ¶최신 ~ / ~을 쫓다 / ~을 따르다 / ~에 뒤지다. 2 (전염병이) 널리 퍼져 많은 사람들이 앓게 되는 것. 유행-하다[동][자여] ¶날씨가 추워지자 감기가 유행합니다. 유행-되다[동][자]

유행-가(流行歌) [명] 어떤 시기에 대중에게 널리 가리는 노래. =가요곡.

유행-병(流行病)[-뼝] [명] 어떤 지역에서 전염성 또는 공통 원인으로 보통 병보다 많이 발생하는 질환. =돌림병.

유행-성(流行性)[-씽] [명] 유행하는 성질.

유행성^감:기(流行性感氣)[-씽-] [명][의] 바이러스의 감염에 의한 전염성이 있는 감기. 고열이 나며 폐렴·중이염(中耳炎)·뇌염 등의 합병증을 일으킴. =독감·인플루엔자.

유행성^이:하선염(流行性耳下腺炎)[-씽-념] [명][의] 멈프스 바이러스의 감염에 의한 이하선염. 2~3주일의 잠복기를 거쳐 발열하여 귀밑샘이 부어 아픔. 제2종 법정 전염병임. 한의학 용어로는 볼거리. (비)항아리손님.

유행-어(流行語) [명] 비교적 짧은 시기에 어떤 언어 사회에 널리 유행되는 단어나 구절.

유향(遺香) [명] 1 물건이 없어진 뒤 그 자리에 남아 있는 냄새. 2 고인이 남긴 미덕(美德).

유향-소(留鄕所) [명][역] 고려 말기·조선 시대에 지방의 수령(守令)을 보좌하던 자문 기관. =향청(鄕廳)·향소(鄕所).

유현¹(儒賢) [명] 유학(儒學)에 정통하고 언행이 바른 선비.

유현²(幽玄) →유현-하다 [형여] 이치나 아취(雅趣)가 헤아리기 어려울 만큼 깊고 미묘하다.

유혈(流血) [명] 다쳐서 흘리는 피. ¶~ 사태 / ~ 혁명 / ~이 낭자하다.

유혈-극(流血劇) [명] 피를 흘리며 싸움을 하는 소동. ¶폭력배들이 ~을 벌이다.

유:형¹(有形) [명] 형태나 형체가 있음. 또는, 물리적 공간에 존재하여 눈으로 볼 수 있는 상태. ¶~ 문화재 / ~의 피해. ↔무형. 유:형-하다 [형여]

유형²(流刑) [명][역] 오형(五刑)의 하나. 죄인을 멀리 변경이나 외딴섬에 보내어 그곳에 살게 하는 형벌. =유죄(流罪). ¶~수(囚) / 종신(終身) ~.

유:형³(類型) [명] 공통의 성질·특징이 있는 것끼리 묶는 하나의 틀. 또는, 그 틀에 속하는 것. ¶사람의 체질을 4개의 ~으로 분류한 사상 의학.

유:형^명사(有形名詞) [명][언] 형체가 있는 물건의 이름을 나타내는 명사. 가위·풀 따위. ↔무형 명사.

유:형-무형(有形無形) [명] (주로 '유형무형의'나 '유형무형으로'의 꼴로 쓰여) 형태가 있기도 하고 없기도 함. 또는, 눈으로 볼 수 있기도 하고 없기도 함. ¶통일은 엄청난 ~의 가치를 낳는다. / ~으로 압력에 시달리다. 유:형무형-하다 [형여]

유:형^문화재(有形文化財) [명] 역사상·예술상의 가치가 큰 문화적 유산으로서, 형체가 있는 물건. 건조물·회화·조각·공예품·책·문서 등. ↔무형 문화재.

유:형-물(有形物) [명] 형체가 있는 물건. ↔무형물(無形物).

유:형^재산(有形財産) [명] 화폐·동산·부동산·상품 등과 같이 형체가 있는 재산. ↔무형재산.

유:형-적(類型的) [관][명] 일정한 유형에 딸리거나 일정한 유형을 이루는 (것).

유형-지(流刑地) [명] 유형살이를 하는 곳.

유혹(誘惑) [명] 1 (사람이 다른 사람을) 부정적인 일을 하도록 꾀거나 부추기는 것. ¶어 자의 ~을 뿌리치다 / ~의 손길을 뻗다. 2 어떤 사물이 사람의 마음을 강하게 끌어 그것에 빠지게 하는 상태가 되는 것. ¶돈의 ~ / 권세의 ~과 싸우다. 유혹-하다[동][타여] ¶달콤한 말로 상대를 ~ / 바다가 유혹하는 계절. 유혹-되다[동][자]

유혹-적(誘惑的)[-쩍] [관][명] 유혹을 하는 것과 같은 (것). ¶~인 눈빛.

유화¹(乳化) [명][물] 용합되지 않는 두 가지의 액체에 계면 활성제를 넣고 휘저어 섞어, 한쪽의 액체를 다른 쪽의 액체 중에 분산시켜 에멀션을 생성시키는 일.

유화²(油畫) [명][미] 서양화의 하나. 기름에 갠 물감을 사용하여 그린 그림. =유채화.

유화³(宥和) [명] 상대자의 태도를 너그럽게 보아주어 사이좋게 하는 것. 유화-하다¹ [동][자여]

유:화⁴(類化)〖명〗같은 종류의 물질이 서로 동화 작용을 하는 것. **유:화-하다**² 〖동〗〖자여〗 **유: 화-되다** 〖자〗

유화⁵(柔和) ➔ **유화-하다**³ 〖여〗 부드럽고 온화하다.

유화-적(宥和的)〖관·명〗유화하는 듯한 (것). ¶~인 태도 / ~ 제스처.

유화^정책(宥和政策)〖명〗국제 정치에서, 타국의 적극 정책에 대하여 의도적으로 타협적·소극적 수단을 강구하면서 국면을 자국에게 유리하게 이끌어 가려는 외교 정책.

유황(硫黃)〖화〗= 황(黃)¹.

유황-불(硫黃-)[-뿔]〖명〗황이 탈 때 생기는 파란 불.

유황-천(硫黃泉)〖명〗〖지〗1kg의 물 중에 2mg 이상의 황이 들어 있는 광천. 피부병·신경통·당뇨병 등의 치료에 이용됨.

유회(流會)[-회/-훼]〖명〗성원 미달이나 그 밖의 이유가 성립되지 않는 것. =성회(成會). **유회-하다** 〖자여〗 **유회-되다** 〖자〗 ¶참석자가 적어 총회가 자동 ~.

유:효(有效)〖명〗1 효력이나 효과가 있음. 2 〖법〗당사자의 의도한 법률 효과가 있는 것. ↔무효. 3〖체〗유도에서, 판정의 하나. 경기자가 건 기술이 부분적으로 성공하였을 때 또는 누르기 선언 후 20초 이상 25초 미만이었을 때 선언됨. **유:효-하다** 〖여〗 효력이나 효과가 있다. ¶그 약속은 아직도 ~. **유:효-히** 〖부〗

유:효^기간(有效期間)〖명〗주로 상품 따위에서, 그 상품의 효력이나 효과를 정상적으로 사용할 수 있는 기간. ¶~이 지난 통조림.

유:효^사거리(有效射距離)〖군〗쏜 탄알이 기대하였던 살상과 파괴 효과를 나타낼 수 있는 거리. =유효 사정. ▷최대 사거리.

유:효^수요(有效需要)〖경〗화폐적 지출의 뒷받침이 있는 수요.

유:효^숫:자(有效數字)[-수짜/-순짜]〖명〗〖수〗1 0을 제외한 1에서 9까지의 숫자. 2 어떤 수치를 나타내는 숫자 가운데서 신뢰할 수 있는 숫자를 자릿수로 나타낸 것.

유:효적절-하다(有效適切-)[-쩔-]〖형여〗아주 효과적이고 알맞다. ¶**유효적절한** 조치를 취하다 / 자원을 **유효적절하게** 이용하다.

유훈(遺訓)〖명〗죽은 사람이 생전에 남긴 교훈이나 훈계. =유계(遺戒). ¶부친의 ~을 받들어 육영 사업에 힘쓰다.

유휴(遊休)〖명〗어떤 대상이 생산 활동에 사용되지 않고 놀려지거나 묵혀지는 상태. ¶~ 노동력 / ~ 설비.

유휴^자본(遊休資本)〖경〗생산에 사용되지 않고 유휴의 상태에 있는 자본. 또는, 상품 자본으로 전환되지 못하고 화폐 형태대로 저축되는 자본. ㉰유자.

유휴-지(遊休地)〖명〗쓰지 않고 놀리는 땅.

유흥(遊興)〖명〗흥겹게 노는 것. ¶~ 시설. **유흥-하다** 〖자여〗

유흥-가(遊興街)〖명〗술집 따위의 놀 수 있는 장소가 모여 있는 거리.

유흥-비(遊興費)〖명〗유흥에 쓰이는 비용.

유흥-업(遊興業)〖명〗유흥 시설을 갖추고 하는 영업.

유흥업-소(遊興業所)[-쏘]〖명〗유흥 시설을 갖추고 영업을 하는 곳.

유희(遊戲)[-히]〖명〗1 즐겁게 놀며 장난하는 것. 2 유치원·초등학교 따위에서 정서 교육과 신체 단련 따위를 위하여 일정한 방법에 따라 재미있게 하는 율동. ¶~를 가르치다. **유희-하다** 〖자여〗

육(六) Ⅰ〖주〗'여섯'과 같은 뜻의 한자어 계통의 수사. 아라비아 숫자로는 '6', 로마 숫자로는 'Ⅵ'로 나타냄. ¶~ 빼기 이는 사. Ⅱ'여섯', '여섯째'의 뜻. ¶~ 년 동안 살던 집. ~호 객차.

육^가야(六伽倻)[-까-]〖명〗〖역〗삼한 시대에 낙동강 하류 유역에 있던 여섯 가야. 곧, 금관가야(金官伽倻)·대가야(大伽倻)·아라가야(阿羅伽倻)·고령가야(古寧伽倻)·소가야(小伽倻)·성산가야(星山伽倻).

육각(六角)[-깍]〖명〗1〖음〗북·장구·해금·피리 및 한 쌍의 태평소의 총칭. ¶삼현 ~. 2 =육모.

육각-정(六角亭)[-깍쩡]〖명〗여섯 모가 나게 지은 정자. =육모정.

육각-형(六角形)[-까켱]〖명〗여섯 개의 직선으로 둘러싸인 평면형.

육간-대청(六間大廳)[-깐-]〖명〗넓이가 여섯 간인 넓은 대청. ¶~ 기와집에서 호화롭게 살다.

육감¹(六感)[-깜]〖명〗'여섯 번째의 감각'이라는 뜻. 오감으로는 느끼거나 알아챌 수 없는 일을, 직감이나 설명하기 어려운 묘한 느낌으로 느끼거나 알아내는 경우의 그 감각 능력. =제육감. ¶~이 발달하다 / ~으로 알아차리다.

육감²(肉感)[-깜]〖명〗육체가 풍기는 느낌. 특히, 성적인 느낌.

육감-적(肉感的)[-깜-]〖관·명〗성적(性的)인 느낌을 주는 (것). ¶~인 여자.

육갑(六甲)[-깝]〖명〗1 '육십갑자'의 준말. ¶~을 짚다. 2 남의 언동을 얕잡아 이르는 말. ¶병신 ~ / ~을 떨다. **육갑-하다** 〖자여〗

육-개장(肉-)[-깨-]〖명〗알맞게 뜯은 삶은 쇠고기에 파·고춧가루를 넣고 갖은 양념을 하여 얼큰하게 끓인 국.

육계(肉界)[-꼐/-께]〖명〗육신의 세계. 곧, 육체 및 그 작용이 미치는 범위. ↔영계(靈界).

육계-도(陸繫島)[-꼐/-께도]〖명〗〖지〗사주(沙洲) 등에 의하여 육지와 연결된 섬. =목섬.

육고(肉庫)[-꼬]〖명〗〖역〗각 관아에 딸려 있는 푸줏간.

육고-자(肉庫子)[-꼬-]〖명〗관아에 육류를 바치는, 육고 소속의 관노.

육괴(肉塊)[-꾀/-꿰]〖명〗1 =고깃덩어리1. 2 =살덩어리.

육교(陸橋)[-꾜]〖명〗사람이 도로를 안전하게 횡단할 수 있도록 도로 양쪽에 오르내리는 계단을 만들고 도로 위에 일정한 높이의 통로를 만든 구조물. 또는, 차도(車道)가 평면으로 교차하는 곳에서 사람이 안전하기 위하여 한쪽 차도가 공중으로 가로지르게 만든 구조물. =가도교.

육군(陸軍)[-꾼]〖군〗육상에서의 전투를 주 임무로 하는 군대. ▷공군·해군.

육군^사:관학교(陸軍士官學校)[-꾼-꾜]〖명〗〖군〗육군의 정규 장교를 양성하는 학교. 수업 연한은 4년이며, 졸업과 동시에 학사(學士) 학위를 수여받고 육군 소위에 임관됨. ㉰육사.

육근(六根)[-끈]〖불〗육경(六境)을 인식 판단하는 기관. 곧, 눈·귀·코·혀·몸의 오관(五官)과 의근(意根).

육기(肉氣) [-끼] 몡 **1** 몸의 살진 모양. 団살기. ¶…게집은 솥 가녁으로 국자를 돌릴 때마다 일부러 ~ 좋은 엉덩이를 훼내 내었다.《김주영:객주》 **2** 고기로 만든 음식. 団육미(肉味).

육-기통(六氣筒) [-끼-] 몡 실린더가 여섯 개인 내연 기관. ¶~ 자동차.

육담(肉談) [-땀] 몡 성(性)을 소재로 한, 낯 뜨겁고 노골적인 이야기. 団음담패설. ¶걸쭉한 ~.

육-대주(六大洲) [-때-] 몡 [지] 아시아 주·아프리카 주·유럽 주·오세아니아 주·남아메리카 주·북아메리카 주의 총칭. ¶오대양 ~.

육덕(肉德) [-떡] 몡 몸에 살이 많아 덕스러운 상태. ¶살결이 희고 ~이 좋다.

육도(陸島) [-또] 몡 [지] '대륙도'의 준말. ↔양도(洋島).

육두-문자(肉頭文字) [-뚜-짜] 몡 '상스럽거나 음탕한 말'을 점잖게 이르는 말. ¶걸쩍지근한 ~를 마구 늘어놓다.

육-두품(六頭品) [-뚜-] 몡 [역] 신라 때의 신분 제도인 두품제에서 최상위 계급. 왕족인 진골(眞骨) 다음이고 오두품의 위 계급으로 아찬(阿飡)까지의 벼슬을 할 수 있었음.

육려(六呂) [융녀] 몡 [음] 십이율(十二律) 중 음성(陰聲)에 속하는 여섯 가지 소리. 곧, 대려(大呂)·협종(夾鐘)·중려(仲呂)·임종(林鐘)·남려(南呂)·응종(應鐘). ▷육률.

육례(六禮) [융녜] 몡 **1** 유교 사회에서 행하여지는 여섯 가지 큰 의식. 곧, 관(冠)·혼(婚)·상(喪)·제(祭)·향음주(鄕飮酒)·상견(相見). **2** 혼인의 여섯 가지 예법. 곧, 납채(納采)·문명(問名)·납길(納吉)·납폐(納幣)·청기(請期)·친영(親迎). ¶~를 갖춘 어엿한 부부.

육로(陸路) [융노] 몡 육상으로 난 길. ↔수로(水路).

육류(肉類) [융뉴] 몡 네발짐승이나 날짐승 고기의 총칭. ¶~ 소비가 늘다.

육률(六律) [융률] 몡 [음] 십이율(十二律) 중 양성(陽聲)에 속하는 여섯 가지 소리. 곧, 황종(黃鐘)·태주(太簇)·고선(姑洗)·유빈(蕤賓)·이칙(夷則)·무역(無射). 준율(律). ▷육려.

육림(育林) [융님] 몡 나무를 심거나 씨를 뿌리는 등 인공적인 방법으로 삼림을 가꾸는 일. ¶~ 사업.

육면-체(六面體) [융-] 囝 여섯 개의 면을 가진 입체.

육-모(六-) [융-] 몡 여섯 개의 직선에 싸인 평면. =육각(六角).

육모^방망이(六-) [융-] 몡 포도청의 포졸들이 쓰던 여섯 모가 진 방망이.

육모-정(六-亭) [융-] 몡 =육각정(六角亭).

육묘(育苗) [융-] 몡 묘목이나 모를 기르는 것. 육묘-하다 통(자어).

육미[1](六味) [융-] 몡 쓰고, 달고, 짜고, 싱겁고, 시고, 매운 여섯 가지의 맛. 곧, 온갖 맛.

육미[2](肉味) [융-] 몡 **1** 고기로 만든 음식. 団육기(肉氣). **2** 고기의 맛.

육박(肉薄) [-빡] 몡 **1** (대단하거나 기록적인 수치에, 또는 어떤 기준에) 거의 가깝게 다다르는 것. **2** 공격하기 위해 몸으로 돌진하는 것. 육박-하다 통(자어)(여) ¶적진에 육박해 들어가다 / 음반 판매량이 백만 장을 육박하고 있다.

육박-전(肉薄戰) [-빡쩐] 몡 [군] 몸으로 직접 맞붙어서 싸우는 전투. ¶아군과 적군이 뒤섞여 치열한 ~을 벌이다.

육-반구(陸半球) [-빤-] 몡 [지] 수륙 분포에 의해 지구를 둘로 나눌 경우, 육지가 차지하는 면적이 최대가 되도록 구분된 반구. ↔수반구.

육발-이(六-) [-빨-] 몡 기형으로 발가락이 여섯 개인 사람을 속되게 이르는 말.

육방(六房) [-빵] 몡 [역] 조선 시대에 승정원 및 각 지방 관아에 두었던, 이방(吏房)·호방(戶房)·예방(禮房)·병방(兵房)·형방(刑房)·공방(工房)의 통칭.

육방^관속(六房官屬) [-빵-] 몡 [역] 지방 관아의 육방에 딸린 이속(吏屬).

육방^정계(六方晶系) [-빵-계/-빵-게] 몡[광] 결정계(結晶系)의 하나. 서로 60°로 교차하는, 길이가 같은 세 결정축이 한 평면 위에 있고, 이들이 교차하는 점에서 수직인 하나의 결정축을 가진 결정계. 흑연·녹주석 따위.

육백(六百) [-빽] 몡 화투 놀이의 하나. 얻은 점수가 육백 점이 될 때까지 겨룸. ¶~을 치다.

육법(六法) [-뺍] 몡[법] 여섯 가지의 기본이 되는 법률. 곧, 헌법·형법·민법·상법·형사 소송법·민사 소송법. ¶~ 전서(全書).

육봉(肉峯) [-뽕] 몡 낙타의 등에 있는, 지방이 모여서 이룬 큰 혹.

육부[1](六部) [-뿌] 몡 [역] 고려 시대에, 나라의 정무를 맡아보던 여섯 부서. 곧, 이부(吏部)·호부(戶部)·병부(兵部)·예부(禮部)·형부(刑部)·공부(工部). =상서(尙書) 육부.

육부[2](六腑) [-뿌] 몡 [한] 배 속의 여섯 가지 기관(器官). 곧, 대장·소장·위·쓸개·방광·삼초(三焦). ¶오장(五臟) ~.

육분의(六分儀) [-뿐의/-뿐이] 몡 [물] 항해술에서 쓰는 기계로, 임의의 두 점 사이의 각도나 해·달·별 등의 고도를 재는 계기. =섹스턴트(sextant).

육사(陸士) [-싸] 몡 [군] '육군 사관학교'의 준말. ¶~ 16기 / ~ 생도.

육상(陸上) [-쌍] 몡 **1** 물이나 공중이 아닌, 땅의 위. ¶~ 운송 / ~ 교통. **2** [체] '육상 경기'의 준말. ¶~ 선수.

육상^경기(陸上競技) [-쌍-] 몡 [체] 육상에서 하는 운동 경기 중, 주로 달리기·뛰어오르기·던지기의 기본 동작으로 이루어진 경기의 총칭. 트랙 경기·필드 경기·경보(競步)·마라톤 등. 준육상.

육색(肉色) [-쌕] 몡 **1** =살빛. ¶~이 좋다. **2** 살빛처럼 불그스름한 빛.

육생^동!물(陸生動物) [-쌩-] 몡 [동] 육상에서 생활하는 동물. 공기 호흡, 체표(體表)의 보호, 몸의 지지(支持)와 운동 등 몸의 구조나 기관이 육상 생활에 적합하게 발달해 있음. =육서 동물. ↔수생 동물.

육서(六書) [-써] 몡 **1** 한자의 구조 및 사용에 관한 여섯 가지의 명칭. 곧, 상형(象形)·지사(指事)·회의(會意)·형성(形聲)·전주(轉注)·가차(假借). **2** 한자의 여섯 가지 서체. 곧, 대전(大篆)·소전(小篆)·예서(隸書)·팔분(八分)·초서(草書)·행서(行書). 또는, 고문(古文)·기자(奇字)·전서(篆書)·예서(隸書)·무전(繆篆)·충서(蟲書). =육체(六體).

육서²(陸棲) [-써] 명 땅에서 사는 것. ¶~동물. ↔수서(水棲). **육서-하다** 통자여

육성¹(肉聲) [-썽] 명 1 확성기 따위의 기계 장치를 통하지 않은, 사람의 목청에서 나는 그대로의 소리. ¶연사는 마이크가 고장 나 자 ~으로 연설을 계속했다. 2 (어떤 사람이 어떤 내용의 말을 녹음 따위로 남겼을 때, 그것이 그 자신의 목소리를 통해서인가 하는 것이 큰 의미를 가지는 문맥에 쓰여) 사람이 자기의 입으로 직접 낸 목소리. ¶~ 녹음 / 그는 ~으로 유언을 남겼다.

육성²(育成) [-썽] 명 1 (어떤 종류나 무리의 사람을) 가르쳐서 기르는 것. 비양성(養成). 2 (어떤 품종의 동물이나 식물을) 길러 자라게 하는 것. ¶~ 재배. **육성-하다** 통타여 ¶새로운 품종의 소를 ~. **육성-되다** 통자여 ¶많은 기술자가 ~.

육성-회(育成會) [-썽회/-썽훼] 명 [교] 학교를 중심으로 하여 학부모 및 유지들로 조직된 모임. 학교 운영을 지원하고 학생의 복리를 증진하기 위하여 학교 교육의 정상화를 기하기 위하여 결성됨. 현재는 이 말 대신에 '학부모회' 또는 '학교 운영 위원회'라는 말을 주로 씀. ▷사친회.

육속(陸續) 명 끊이지 않고 계속하는 것. **육속-하다** 통자여

육손-이(六-) [-쏜-] 명 기형으로 손가락이 여섯 개인 사람.

육송(陸松) [-쏭] 명 [식] 내륙에서 자라는 '소나무'를 해송(海松)에 대하여 일컫는 이름.

육수¹(肉水) [-쑤] 명 고기를 삶아 낸 물.

육수²(陸水) [-쑤] 명 [지] 지구 상에 있는 물 가운데 바닷물을 제외한 물. 호소수(湖沼水)·하천수(河川水)·지하수·빙하 따위.

육순(六旬) [-쑨] 명 예순 살. ¶~ 잔치.

육시(戮屍) [-씨] 명 죽은 사람에게 다시 참형(斬刑)을 가하는 것. **육시-하다** 통타여

육시-랄(戮屍-) [-씨-] 감 '육시를 할'이 줄어서 된 말로, 상대를 저주하여 욕하는 말. ¶~ 놈.

육식(肉食) [-씩] 명 1 고기붙이를 먹는 것. 비육식(食肉). 금하다[즐기다]. 2 동물이 다른 동물의 고기를 먹이로 하는 일. ↔초식(草食). **육식-하다** 통자여

육식-가(肉食家) [-씩까] 명 육식을 즐기는 사람.

육식^동물(肉食動物) [-씩똥-] 명 [동] 동물질을 먹는 동물의 총칭. 먹이를 잡기 위하여 큰 입, 날카로운 이와 발톱, 예민한 후각을 가지고 있는 것이 많음. ▷잡식 동물·초식 동물.

육신(肉身) [-씬] 명 1 욕망과 활동의 원동력으로서의 사람의 몸. ¶~이 늙고 병들다 / ~이 멀쩡한데 어찌 빈둥빈둥 놀면서 밥을 먹으랴. 2 [종] 영혼의 현신(現身). 곧, 인성(人性).

육십(六十) [-씹] Ⅰ 수 '예순'과 같은 뜻의 한자어 계통의 수사. 아라비아 숫자로는 '60', 로마 숫자로는 'LX'로 나타냄. ¶나이 ~을 이순(耳順)이라고 한다.
Ⅱ 관 '예순', '예순째'의 뜻. ¶~ 년 / ~ 명.

육십-갑자(六十甲子) [-씹깝짜] 명 천간(天干)의 갑(甲)·을(乙)·병(丙)·정(丁)·무(戊)·기(己)·경(庚)·신(辛)·임(壬)·계(癸)

와, 지지(地支)의 자(子)·축(丑)·인(寅)·묘(卯)·진(辰)·사(巳)·오(午)·미(未)·신(申)·유(酉)·술(戌)·해(亥)를 차례로 배합하여 예순 가지로 늘어놓은 것. 준육갑.

1	갑자	16	기묘	31	갑오	46	기유
2	을축	17	경진	32	을미	47	경술
3	병인	18	신사	33	병신	48	신해
4	정묘	19	임오	34	정유	49	임자
5	무진	20	계미	35	무술	50	계축
6	기사	21	갑신	36	기해	51	갑인
7	경오	22	을유	37	경자	52	을묘
8	신미	23	병술	38	신축	53	병진
9	임신	24	정해	39	임인	54	정사
10	계유	25	무자	40	계묘	55	무오
11	갑술	26	기축	41	갑진	56	기미
12	을해	27	경인	42	을사	57	경신
13	병자	28	신묘	43	병오	58	신유
14	정축	29	임진	44	정미	59	임술
15	무인	30	계사	45	무신	60	계해

육십^만세^운동/6·10 만세 운동(六十萬歲運動) [-씸-] 명 [역] 1926년 6월 10일, 조선의 마지막 임금인 순종의 인산일(因山日)을 기하여 일어난 항일(抗日) 만세 운동.

육십분-법(六十分法) [-씹뻡] 명 [수] 각도의 단위를 정하는 법. 직각의 1/90을 1도, 1도의 1/60을 1분, 1분의 1/60을 1초로 함.

육십사-괘(六十四卦) [-씹싸-] 명 주역(周易)의 팔괘를 여덟 번 겹쳐 얻은 64가지의 괘. 건(乾)·곤(坤)·둔(屯)·몽(蒙)·수(需)·송(訟)·사(師)·비(比)·소축(小畜)·이(履)·서합(噬嗑)·비(賁)·박(剝)·복(復)·무망(无妄)·대축(大畜)·이(頤)·대과(大過)·감(坎)·이(離)·함(咸)·항(恆)·돈(遯)·대장(大壯)·진(晉)·명이(明夷)·가인(家人)·규(睽)·건(蹇)·해(解)·손(損)·익(益)·태(泰)·비(否)·동인(同人)·대유(大有)·겸(謙)·예(豫)·수(隨)·고(蠱)·임(臨)·관(觀)·쾌(夬)·구(姤)·췌(萃)·승(升)·곤(困)·정(井)·혁(革)·정(鼎)·진(震)·간(艮)·점(漸)·귀매(歸妹)·풍(豊)·여(旅)·손(巽)·태(兌)·환(渙)·절(節)·중부(中孚)·소과(小過)·기제(既濟)·미제(未濟)임.

육십진-법(六十進法) [-씹쩐뻡] 명 [수] 60을 단위로 자릿수를 셈하는 기수법(記數法). 시간의 시·분·초, 각도의 도·분·초 등이 이 법에 따른 것임.

육아¹(肉芽) [식] = 살눈.

육아²(育兒) 명 어린아이를 기르는 것. ¶~일기. **육아-하다** 통자여

육아-낭(育兒囊) 명 [동] 1 캥거루·코알라 따위 유대목(有袋目)의 암컷의 아랫배에 있는, 새끼를 넣어 기르도록 몸의 일부에서 생긴 주머니. 2 우렁쉥이나 해마류(海馬類)의 수컷의 복부(腹部)에 있는 주머니. 암컷은 이 속에 알을 낳음.

육아-원(育兒院) 명 보호자가 없는 아이들을 모아 기르기 위하여 따로 설비한 집. ▷고아원.

육안(肉眼) 명 1 망원경이나 현미경 등을 통하지 않고 직접 보는 눈. 비맨눈. ¶~으로는 볼 수 없는 눈. 2 눈으로 보는 표면적인 안식(眼識). ↔심안(心眼).

육영(育英) 명 영재(英才)를 가르쳐 기르는 것. 곧, 교육을 이르는 말. ¶~ 재단. **육영-하다** 통자여

육영^사업(育英事業) 명 육영 단체·교육 기

관 등을 만들어 육영에 힘을 쏟는 사업.

육욕(肉慾) 명 육체에 관하여 느끼는 욕정. =사욕(邪慾)·육정. ¶~을 채우다[억누르다].

육욕-주의(肉慾主義) [-쭈의/-쭈이] 명 육욕을 만족시키는 것을 인생의 최상의 목적으로 삼는 주의. =센슈얼리즘.

육-욕천(六慾天) [불] 명 욕계(欲界)의 여섯 하늘. 곧, 사왕천(四王天)·도리천(忉利天)·야마천(夜摩天)·도솔천(兜率天)·화락천(化樂天)·타화자재천(他化自在天). =욕천(欲天).

육용-종(肉用種) 명 소·양·닭 등에서, 식용의 살을 얻을 것을 목적으로 기르는 품종.

육우(肉牛) 명 고기를 얻으려고 기르는 소. =고기소.

육운(陸運) 명 육상에서 하는 여객 및 화물의 운송. ♣공운(空運)·해운(海運).

육월 명 '유월(六月)'의 잘못.

육위(六衛) [역] 고려 시대의 군제(軍制)인 여섯 위. 곧, 좌우위(左右衛)·신호위(神虎衛)·흥위위(興威衛)·금오위(金吾衛)·천우위(千牛衛)·감문위(監門衛).

육의-전(六矣廛) [-의-/-이-] 명 [역] 조선 시대, 서울의 종로에 있던 여섯 시전(市廛). 곧, 선전·면포전·면주전·지전·저포전·내외어물전. =육주비전.

육-이오/6·25(六二五) 명 [역] =육이오 전쟁.

육이오^사^변(六二五事變) 명 [역] =육이오 전쟁.

육이오^전쟁(六二五戰爭) 명 [역] 1950년 6월 25일 새벽에, 북위 38°선 전역에 걸쳐 북한 공산군이 불법 남침함으로써 일어난 한 반도에서의 전쟁. =육이오·육이오 사변·한국 전쟁.

육자-배기(六字-) [-짜-] 명 [음] 남도 지방에서 널리 불리는, 곡조가 활발한 잡가(雜歌)의 하나.

육장¹(六場) [-짱] Ⅰ 명 한 달에 여섯 번을 서는 장. Ⅱ 부 한 번도 빼지 않고 늘. ¶만날 때마다 ~ 술에 취해 있다.

육장²(肉醬) [-짱] 명 새나 짐승의 고기를 끓인 국물.

육전(陸戰) [-쩐] 명 육지에서의 전투. ▷해전(海戰)·공중전.

육-젓(六-) [-쩟] 명 유월에 잡은 새우로 담근 새우젓.

육정(六情) [-쩡] 명 사람의 여섯 가지 성정(性情). 곧, 희(喜)·노(怒)·애(哀)·낙(樂)·애(愛)·오(惡).

육조(六曹) [-쪼] 명 [역] 고려 말기와 조선 시대에 주요한 국무를 처리하던 여섯 관부(官府). 곧, 이조(吏曹)·호조(戶曹)·예조(禮曹)·병조(兵曹)·형조(刑曹)·공조(工曹).

육종¹(肉腫) [-쫑] 명 [의] =종양(腫瘍).

육종²(育種) [-쫑] 명 [생] =품종 개량. **육종-하다** 타여 ¶신품종을 ~.

육-주비전(六注比廛) [-쭈-] 명 [역] =육의전(六矣廛).

육중(肉重) [-쭝] → **육중-하다** [-쭝-] 형여 (몸집이나 몸체 등이) 크고 무겁다. ¶**육중한** 체구/군함이 바다 위에 **육중한** 모습을 드러내다.

육중-주(六重奏) [-쭝-] 명 실내악(室內樂)의 하나로, 서로 다른 여섯 개의 악기에 의한 합주.

육즙(肉汁) [-쯥] 명 쇠고기를 다져 삶아 짠 국물.

육지(陸地) [-찌] 명 지구의 표면에서, 바다에 덮이지 않은 마른땅. 주로, 바다에 상대되는 지역으로 이르는 말임. (비)물. ¶배가 ~에 닿다 / ~에 사는 동물.

육지니(育-) [-찌-] 명 태어나서 한 살이 되기 전, 날지 못할 때에 잡아다가 길들여 사냥에 쓰는 매.

육진(六鎭) [-찐] 명 [역] 조선 세종 때 지금의 함경북도 북변(北邊)에 설치한 여섯 진(鎭). 곧, 경원(慶源)·경흥(慶興)·부령(富寧)·온성(穩城)·종성(鍾城)·회령(會寧).

육질(肉質) [-찔] 명 1 연하거나 졸깃졸깃하거나 한 정도로서의 고기의 질. ¶~이 연한 쇠고기. 2 연하거나 사각사각하거나 단단하거나 한 정도의 과육(果肉)의 질. 3 살이 많거나 살과 같은 성질.

육찬(肉饌) 명 고기붙이로 만든 반찬.

육체(肉體) 명 1 정신에 대립하는 것으로서, 사물을 감각할 수 있고 움직여 활동할 수 있는, 물질로서의 사람의 몸. (비)신체·육신. ¶~의 고통. ↔정신·영혼. 2 특히, 성적(性的) 대상으로서의 사람의 몸. ¶여자의 ~를 탐하다.

육체-관계(肉體關係) [-게/-계] 명 남녀 사이의 성적인 교접. ¶~를 맺다.

육체-노동(肉體勞動) 명 육체를 움직여 그 힘으로써 하는 노동. ↔정신노동.

육체-미(肉體美) 명 사람의 몸매의 아름다움. ¶~를 과시하다.

육체-적(肉體的) 관 육체에 관련되는 (것). ¶~ 쾌락(고통). ↔정신적.

육체-파(肉體派) 명 체격이나 육체미가 뛰어난 사람. 흔히, 여성의 몸매를 표현할 때 씀. ¶~ 여배우.

육촌(六寸) 명 할아버지의 친형제의 손자·손녀. 같은 항렬이며, 증조부가 같음. =재종(再從).

육추(育雛) 명 알에서 깐 새끼를 키우는 것. 또는, 그 새끼. ¶~실(室). **육추-하다** 자여

육친¹(六親) 명 부(父)·모(母)·형(兄)·제(弟)·처(妻)·자(子)의 총칭. =육척(六戚).

육친²(肉親) 명 조부모·부모·형제 따위와 같이 혈족 관계가 있는 사람. ¶전쟁으로 말미암아 ~을 모두 잃다.

육칠(六七) 관 육이나 칠. 또는, 육과 칠. ¶~년 / ~ 명.

육칠-월(六七月) 명 유월과 칠월.

육탄(肉彈) 명 1 폭탄을 지닌 채 적의 탱크나 적진으로 뛰어드는 상태. 또는, 그 몸. ¶~ 부대 / ~으로 적의 탱크에 뛰어들다. 2 몸을 내던지다시피 하여 공격하거나 방어하는 상태. 또는, 그 몸. ¶시위대는 스크럼을 짜고 ~ 돌격을 감행하였다.

육탈(肉脫) 명 1 몸이 여위어 살이 빠지는 것. 2 시체의 살이 썩어 뼈만 남는 것. **육탈-하다** 자여

육통-터지다(六通-) 통재 [강경과(講經科)에서 칠서(七書) 가운데 여섯 가지는 외고 한 가지는 못 외었다는 뜻에서] 일이 거의 되려다가 틀어지다.

육포(肉脯) 명 쇠고기를 얇게 저미어 말린 포.

육풍(陸風)[명][지] 육지에서 바다로 향하여 부는 바람. =육연풍·뭍바람. ↔해풍(海風).
육필(肉筆)[명] (어떤 사람이 어떤 내용의 글을 원고나 서류 등으로 남겼을 때, 그것이 그 자신이 직접 제 손으로 쓴 글씨로 이뤄진 것인가 하는 것이 큰 의미를 가지는 문맥에 쓰여) 직접 자기 손으로 쓴 글씨. (비)친필(親筆). ¶~ 원고 / ~ 편지.
육하-원칙(六何原則)[유카-][명] 보도 기사 등의 문장을 쓸 때에 지켜야 하는 기본적인 원칙. 곧, '누가', '언제', '어디서', '무엇을', '어떻게', '왜'의 여섯 가지. ¶~에 의하여 기사를 작성하다.
육해공-군(陸海空軍)[유캐-][명][군] 육군과 해군과 공군. 곧, 삼군(三軍). ¶~의 합동 작전.
육-허기(肉虛飢)[유커-][명] 육체적인 사랑을 몹시 하고 싶어 하는 상태.
육혈-포(六穴砲)[유켤-][명] 탄알을 재는 구멍이 여섯 개 있는 권총.
육화(肉化)[유콰][명] 1 [가] 하느님의 아들이 육신을 취하여 사람으로 태어남. ¶예수는 하느님의 아들이며 말씀의 ~이다. 2 어떤 관념이나 사상을 자기만의 독특한 것으로 만드는 것. 또는, 추상적인 관념이나 막연한 대상을 구체적인 표현물로 창조해 내는 것. 육화-하다[자][타][여] ¶그는 보들레르의 탐미주의를 우리의 토속적 정서로 변용하고 육화하였다. 육화-되다[동][자] ¶삶이 한 편의 시로 ~.
육회(肉膾)[유괘/유퀘][명] 소의 살코기나 간·처녑·양 따위를 잘게 썰어서, 익히지 않고 양념한 것.
윤(潤)[명] 물체의 표면이 반질반질한 상태. (비)윤기(潤氣). ¶얼굴에 ~이 흐르다 / 가구를 ~을 내어 닦다.
윤간(輪姦)[명] (한 여자를 여러 남자가) 돌려가며 강간하는 것. 윤간-하다[동][타][여]
윤곽(輪廓)[명] 1 물체의 외곽의 형태. 또는, 자세하지 않은 대강의 형태. ¶대상의 ~을 잡아 스케치하다. 2 얼굴에서, 코의 높이, 눈·입의 크기, 눈썹의 짙기 등에서 오는 인상. ¶~이 뚜렷한 얼굴. 3 어떤 일의 대체적인 내용. ¶일의 ~이 드러나다 / 사건의 ~을 파악하다.
윤기¹(倫紀)[명] 윤리와 기강(紀綱).
윤기²(潤氣)[-끼][명] 물체의 표면에 나타나는 반질반질한 기운. ¶~가 자르르 흐르는 장판 / 얼굴에 ~가 돌다.
윤-나다(潤-)[동][자] 윤택한 기운이 나타나다. ¶마루를 윤나게 닦다.
윤-내다(潤-)[동][타] 윤택한 기운이 나게 하다.
윤년(閏年)[명][천] 윤달이나 윤일이 드는 해. 양력에서는 4년마다 한 번씩 2월을 29일로 하고, 음력에서는 5년에 두 번의 비율로 1년을 13개월로 함. ↔평년(平年).
윤-달(閏-)[명][천] 윤년에 드는 달. 양력에서는 2월이 평년보다 하루 많고, 음력에서는 평년보다 한 달을 더하여 윤달을 만듦. =윤월(閏月). ×군달.
윤독(輪讀)[명] 여러 사람이 같은 글이나 책을 돌려 가며 읽는 것. 윤독-하다[동][타][여] ¶작품을 ~.
윤-똑똑이[명] 자기만 혼자 잘나고 영악한 체하는 사람을 이르는 말.
윤락(淪落)[율-][명] 1 영락(零落)하여 다른 고장으로 떠돌아다니는 것. 2 여자가 타락하여 몸을 파는 처지에 빠지는 것. ¶~ 행위 / ~ 여성. 윤락-하다[자][여]
윤락-가(淪落街)[율-가][명] 윤락업소들이 모여 있는 거리.
윤리(倫理)[율-][명] 1 사람으로서 마땅히 행하거나 지켜야 할 도리. (비)인륜(人倫). ¶~에 어긋나는 행위. 2 '윤리학'의 준말.
윤리-관(倫理觀)[율-][명] 윤리에 대하여 가지는 생각이나 태도.
윤리-적(倫理的)[율-][관][명] 1 윤리에 관한 (것). 2 윤리의 법칙에 따르는 (것).
윤리-학(倫理學)[율-][명][윤] 인간 행위의 규범에 관하여 연구하는 학문. 도덕의 본질·기원·발달, 선악(善惡)의 기준 및 인간 생활과의 관계 등을 논구(論究)함. (준)윤리.
윤무(輪舞)[명] 여러 사람이 원을 그리며 추는 춤.
윤ː문(潤文)[명] (글을) 매끄럽게 다듬는 것. 윤ː문-하다[타][여] ¶어색한 문장을 ~.
윤번(輪番)[명] 어떤 일을 차례로 번갈아 하는 것. 또는, 그 차례. (비)순번, 윤번.
윤번-제(輪番制)[명] 어떤 일을 차례로 번갈아 하는 방식이나 제도. ¶숙직을 ~로 하다.
윤상¹(倫常)[명] 인류의 떳떳한 도리. ▷오륜(五倫)·오상(五常).
윤상²(輪狀)[명] 바퀴 같은 모양. =윤형(輪形).
윤ː색(潤色)[명] 1 색채나 광택을 가하여 번쩍거리게 하는 것. 2 (어떤 사실을) 과장하거나 미화하는 것. 윤ː색-하다[동][타][여] 윤ː색-되다[동][자]
윤선(輪船)[명] '화륜선(火輪船)'의 준말.
윤음(綸音)[명] 임금의 말씀. =윤지(綸旨).
윤ː일(閏日)[명] 양력에서, 윤년에 더 드는 특별한 날. 곧, 2월 29일.
윤작(輪作)[명] 1 [농] =돌려짓기. ↔연작(連作). 2 같은 주제나 소재 아래 여러 작가가 돌아가며 글을 쓰는 것. 윤작-하다[동][타][여]
윤전-기(輪轉機)[명] 인쇄 기계의 한 가지. 원통형의 판면과 이와 접촉하면서 회전하는 인압 원통(印壓圓筒) 사이에 둥글게 감은 인쇄용지를 끼워 인쇄하는 기계. 인쇄 능률이 높아져서 신문·잡지 등의 대량 인쇄에 쓰임. (준)윤전 인쇄기.
윤전^인쇄기(輪轉印刷機)[명][인] =윤전기.
윤차(輪次)[명] 돌아가는 차례. (비)순번, 윤번.
윤척(輪尺)[명] 통나무의 지름을 재는 기구.
윤ː초(閏秒)[명] 세계시(世界時)와 실제 시각과의 오차를 조정하기 위해 더하거나 빼는 1초.
윤ː택(潤澤)[명] 윤기 있는 광택.
윤ː택²(潤澤) →윤ː택-하다[-태카-][형][여] 1 윤기가 돌아 번지르르하다. 2 (생활이) 경제적으로 넉넉하고 여유가 있다. (비)부유하다. ¶윤택한 가정 / 국민들의 생활이 윤택한 선진국.
윤-포(-布)[명] 무당이 쓰는 굵은베.
윤ː필(潤筆)[명] [붓을 적신다는 뜻] 글씨를 쓰거나 그림을 그리는 것. ▷휘호(揮毫). 윤ː필-하다[자][여]
윤ː허(允許)[명] (임금이 어떤 일을) 받아들여 허락하는 것. =윤가·윤유(允兪)·윤하. ¶~를 내리다. 윤ː허-하다[동][타][여] ¶원하옵건대, 부디 소신의 주청을 윤허하여 주시옵소서. 윤ː허-되다[동][자]
윤형¹(輪刑)[명][역] 죄인을 여러 곳으로 끌고

다니며 욕보이는 형벌.
윤형²(輪形)〔명〕=윤상(輪狀)².
윤형-동물(輪形動物)〔동〕후생동물의 한 문(門). 육안으로 겨우 볼 수 있을 정도의 아주 작은 다세포 동물로, 모양은 타원형임. 몸 앞쪽에 미세한 털이 많이 나고, 뒤쪽은 뾰족한 꼬리를 이룸.
윤화(輪禍)〔명〕자동차·오토바이·열차 등에 치어 다치거나 죽는 재앙. ¶~로 장애인이 되다.
윤활(潤滑)→**윤활-하다**〔형여〕기름이나 습기가 있어 뻑뻑하지 않고 매끄럽다. **윤활-히**〔부〕
윤활-액(潤滑液)〔명〕〔생〕관절을 싸고 있는 활액막에서 분비하는 끈끈한 액체. =활액.
윤활-유(潤滑油)〔-류〕〔명〕**1** 기계의 마찰 부분의 발열이나 마모를 방지하기 위한 기름. **2** 어떤 일을 좋은 방향으로 매끄럽게 이루어지도록 해 주는 요소. 비유적인 말임. ¶부드러운 미소, 상냥한 말씨는 인간관계를 원만하게 해 주는 ~이다.
윤회(-廻)〔-회/-훼〕〔명〕**1** 상태의 변화가 단계를 따라 반복하는 일. 지형 윤회 따위. **2**〔불〕사람과 짐승이 수레바퀴가 돌듯 세상에서 죽었다가 다시 태어나기를 되풀이하는 일. =윤회생사·윤회전생(輪廻轉生). **윤회-하다**〔동여〕
윤회-설(輪廻說)〔-회-/-훼-〕〔명〕〔불〕사람과 짐승이 수레바퀴가 돌듯 세상에서 죽었다가 다시 태어나기를 되풀이한다는 설.
율¹(律)〔명〕**1**〔음〕'음률(音律)'의 준말. **2**〔음〕'육률(六律)'의 준말. **3**〔법〕범죄자를 처벌하는 법. **4**〔문〕=율시(律詩). ¶~을 짓다. **5**〔불〕'율종(律宗)'의 준말. **6**=계율.
-율²(律)〔접미〕모음이나 'ㄴ'으로 끝나는 명사 다음에 붙어, '법칙'의 뜻을 나타내는 말. ¶인과~ / 모순~. =-률(律).
-율³(率)〔접미〕모음이나 'ㄴ'으로 끝나는 명사 다음에 붙어, '비율'의 뜻을 나타내는 말. ¶백분~ / 사고~. =-률(率).
율격(律格)〔-껵〕〔명〕한시의 구성법에서, 언어와 음률을 음악적으로 이용한 격식. 평측(平仄)·운각(韻脚)·조구(造句)의 세 가지가 있음.
율기(律己)〔명〕**1** 안색을 바로잡아 엄정히 하는 것. **2** 자기 자신을 잘 단속하는 것. =율신(律身). **율기-하다**〔동여〕
율동(律動)〔-똥〕〔명〕**1** 주기적이고 규칙적이면서 조화롭게 이루어지는 움직임. ¶화려하고 웅장한 ~을 연출하는 매스 게임. **2**〔음〕음의 강약이나 장단 등의 규칙적인 연속. ¶빠른 ~.
율동-적(律動的)〔-똥-〕〔관〕〔명〕율동의 요소를 가진 상태에 있는 (것).
율령(律令)〔명〕법률의 총칭.
율리우스-력(Julius曆)〔명〕기원전 46년에 율리우스 카이사르의 명으로 제정된 태양력. 그레고리력에 비해 400년에 한 번 윤일을 빼지 않은 점만이 다름. ▷그레고리력.
율모기〔명〕〔동〕파충류 뱀과의 한 종. 몸길이 50~120cm, 몸빛은 대체로 녹색 바탕에 큼직직한 검은 얼룩점이 있으며, 독니가 있음. 우리나라에서 흔히 볼 수 있는 뱀으로, 논이나 하천 부근에 살며 개구리를 잡아먹음. =유혈목이.
율무〔명〕**1**〔식〕볏과의 한해살이풀. 높이 1~1.5m. 7~9월에 꽃이 피어 타원형의 열매를 맺음. **2 1**의 열매. 밥·죽 등의 주식 외에 차로 끓여 마시며, 약재로도 쓰임.
율법(律法)〔-뻡〕〔명〕**1**=법률. **2**〔성〕종교적·도덕적·사회적 생활에 관하여 신(神)의 이름으로 규정한 규범. 모세의 십계명이 대표적임. ⇒법戒(法戒).
율법-주의(律法主義)〔-뻡쭈의/-뻡쭈이〕〔명〕〔종〕유대교에서, 모세의 율법을 신의 말씀으로 믿고, 율법과 생활의 일치를 지상으로 하는 태도나 입장.
율사(律師)〔-싸〕〔불〕**1** 십법(十法)을 갖추고 계율을 잘 지키는, 계율의 사범인 고승. **2** 승관(僧官)의 하나. 불제(佛制)에 의해 승니(僧尼)의 그릇된 일을 검찰함.
율시(律詩)〔-씨〕〔명〕〔문〕한시의 한 체. 여덟 구로 되어 있으며, 오언 율시(五言律詩)와 칠언 율시(七言律詩)가 있음. ⇒율(律).
율장(律藏)〔-짱〕〔명〕〔불〕삼장(三藏)의 하나. 석가가 제정한 계율에 대한 전적(典籍)을 모은 교전(敎典).
율조(律調)〔-쪼〕〔음〕'선율(旋律)'의 속칭.
율종(律宗)〔-쫑〕〔명〕〔불〕=남산종. ⇨율.
융(絨)〔명〕표면에 솜털이 돋게 짠, 보드랍고 가벼우며 따뜻한 면직물. 신생아용 의복이나 친구 등으로 많이 쓰임.
융기(隆起)〔명〕(땅이) 주위의 평평한 부분과 차이가 나게 솟거나 불거져 있는 것. 지각 변동의 결과로 일어남. ↔침강(沈降). **융기-하다**〔동여〕**융기-되다**〔동자〕
융기^해안(隆起海岸)〔지〕지각 변동에 의해 해저가 해면 위에 융기하여 생긴 해안. 해식애·해식 대지 따위. ↔침강 해안. ▷이수 해안.
융단(絨緞)〔명〕양털 따위를 표면에 보풀이 일게 짠 두꺼운 직물. 날실에 색실을 묶어 그 끝을 잘라 보풀이 일게 하여 모양을 나타냄. 마루에 깔거나 벽에 걺. =양탄자. ¶~이 깔린 거실.
융단^폭격(絨緞爆擊)〔-껵〕〔명〕〔군〕일정한 지역을, 마치 융단을 펴듯이 빈틈없이 폭격하는 일.
융동(隆冬)〔명〕=엄동(嚴冬).
융모(絨毛)〔명〕**1**〔생〕=융털. **2**〔식〕=융털3.
융복(戎服)〔명〕〔역〕철릭과 주립(朱笠)으로 된 옛 군복의 하나. ⇨융의(戎衣).
융비-술(隆鼻術)〔명〕〔의〕코를 인공적으로 높이거나 모양을 다듬는 성형외과 수술.
융성(隆盛)〔명〕(발전의 기운이) 기운차게 높이 일어나는 것. ⇨융창·융흥. ¶~기(期). **융성-하다**〔동여〕¶국운이 **융성하는** 때를 맞다.
융숭(隆崇)→**융숭-하다**〔형여〕대우하는 태도가 정중하고 극진하다. ¶**융숭한** 대접. **융숭-히**〔부〕
융융-거리다/-대다〔동자〕바람이 세게 불어 나뭇가지 따위가 서로 부딪는 소리가 나다.
융이(戎夷)〔명〕옛날 중국에서 일컫던, 서쪽 오랑캐와 동쪽 오랑캐. 곧, 미개한 나라 및 그 토인(土人).
융자(融資)〔명〕자금을 융통하는 것. 또는, 그 자금. ¶학자금 ~ / ~를 받다 / ~를 내다. **융자-하다**〔동타여〕**융자-되다**〔동자〕
융자-금(融資金)〔명〕금융 기관으로부터 융통하는 돈.
융적(戎狄)〔명〕옛날 중국에서 일컫던, 서쪽

오랑캐와 북쪽 오랑캐. 곧, 미개한 나라 및 그 토인.
융점(融點) [-쩜] 몡[물] '융해점'의 준말.
융제(融劑) 몡 화학 분석이나 야금·요업 등에서, 융해를 촉진하기 위하여 섞는 물질. 빙정석(氷晶石) 따위. =용제(鎔劑).
융창(隆昌) 몡 (어떤 일이) 기운차게 일어나 번창하는 것. 비융성. **융창-하다** 통(자여)
융-털(絨-) 몡 1 융단의 거죽에 난 보드라운 털. 2 [생] 척추동물의 작은창자 내벽에 있는 손가락 모양 또는 나뭇가지 모양으로 밀생한 돌기. 3 [식] 꽃잎·잎 등에 있는 잔털. 물에 젖는 것을 막음. =융모(絨毛)·털.
융통(融通) 몡 1 금전·물품 등을 돌려쓰는 것. 2 임기응변으로 일을 처리하는 것. 또는, 변통의 재주가 있는 것. **융통-하다** 통(타여) ¶사업 자금을 ~. **융통-되다** 통(자)
융통-성(融通性) [-썽] 몡 1 금전·물품 등을 돌려쓸 수 있는 가망성. 2 형세에 따라 변통하는 재주. ¶~이 없다[있다] / ~을 발휘하다.
융합(融合) 몡 1 (어느 것이 다른 것과, 또는 둘 이상의 것이) 서로 섞이거나 어우러져 하나로 합쳐지는 것. 또는, (어느 것과 다른 것을) 서로 섞거나 한데 아울러 하나로 합쳐지게 하는 것. ¶핵~ / 토플러는 정보 기술과 생명 공학의 ~이 거대한 변화를 가져올 것으로 내다보았다. 2 [생] =합체. **융합-하다** 통(자타여) ¶수소와 산소가 **융합하여** 물이 되다 / 고유 신앙과 외래 종교를 ~. **융합-되다** 통(자) ¶서로 모순된 가치가 **융합되어** 새로운 가치를 만들어 내다.
융해(融解) 몡 1 녹아서 풀어지는 것. 2 [물][화] 고체에 열을 가하였을 때 액체로 되는 현상. =녹음·용융(鎔融). ↔용고. **융해-하다** 통(자여) **융해-되다** 통(자)
융해-열(融解熱) 몡[물] 숨은열의 하나. 고체를, 같은 온도의 액체로 융해하는 데 필요한 열량. 보통은 1g 또는 1몰(mol)에 대한 열량으로서 표시함. =녹는열.
융해-점(融解點) [-쩜] 몡[물] =녹는점. 준융점.
융화¹(融化) 녹아서 다른 물질로 변화하는 것. **융화-하다**¹ 통(자여) **융화-되다**¹ 통(자)
융화²(融和) 몡 서로 어울려 화목하게 되는 것. ¶노사(勞使) 간의 ~를 도모하다. **융화-하다**² 통(자여) **융화-되다**² 통(자)
융흥(隆興) 몡 형세가 세차게 일어나는 것. ¶~기(期). **융흥-하다** 통(자여)
융희(隆熙) [-히] 몡[역] 조선의 마지막 임금인 순종(純宗) 때의 연호.
윷[윧] 몡 1 곧고 둥근 나무 막대기 두 개를 반으로 쪼개어 네 쪽으로 만든 놀잇감. 윷놀이에 사용하는 도구임. ¶~을 던지다 / ~을 놀다. 2 윷놀이에서, 윷 네 개가 모두 잦혀진 상태. ¶~이 나오다.
윷!-가락[윧까-] 몡 =윷짝.
윷!-놀이[윧-] 몡[민] 둘 또는 두 패 이상의 사람이 순갈아 윷을 던져 그 잦혀진 모양에 따라 말을 윷판에서 빨리 돌아 나오는 것으로 승부를 겨루는 놀이. 윷이 잦혀지는 모양에 따라 도·개·걸·윷·모의 다섯 등급을 둠. =척사(擲柶). **윷놀이-하다** 통(자여)
윷!-말[윧-] 몡 윷판에 놓아 돌리는 말이 있는 위치를 나타내는 물건. 비말.
윷!-밭[윧빧] 몡 윷을 놀 때, 말을 놓는 자리.
윷!-짝[윧-] 몡 윷의 낱개. =윷가락.

윷!-판[윧-] 몡 1 윷놀이에서, 말을 쓰는 판. 비말판. 2 윷을 놀고 있는 자리. ¶~이 벌어지다.
으 몡[언] 1 한글 모음 'ㅡ'의 이름. 2 어간과 어미 사이에 소리를 고르는 음절. 옛말에서는 음성 모음으로 된 어간 아래에 삽입됨. ▷조음소.
으그러-뜨리다/-트리다 통(타) 물건의 거죽을 으그러지게 하다. 센으끄러뜨리다. 겐으크러뜨리다.
으그러-지다 통(자) 물건의 거죽이 찌그러지다. ¶으그러진 양은 냄비. 센으끄러지다. 겐으크러지다.
으깨다 통(타) 1 굳은 물건이나 덩이로 된 물건을 눌러 부스러뜨리다. ¶삶은 감자를 ~. 2 억센 물건을 부드럽게 하다.
으끄러-뜨리다/-트리다 통(타) '으그러뜨리다'의 센말. 겐으크러뜨리다.
으끄러-지다 통(자) 1 '으그러지다'의 센말. 겐으크러지다. 2 =뭉그러지다. 3 =으츠러지다.
-으나 어미 1 'ㄹ' 이외의 자음으로 끝나는 용언의 어간이나 어미 '-았/었-', '-겠-'의 아래에 붙어, 뒷말의 내용이 앞말의 내용에 따르지 않음을 나타내는 연결 어미. ¶밤이 깊었으나 거리에는 아직도 사람이 붐빈다. 2 'ㄹ' 이외의 자음으로 끝나는 용언의 어간에 붙어, 어떤 동작이나 상태를 특별히 구별하지 않음을 나타낼 때 쓰는 연결 어미. ¶원래 키가 작다 보니 앉으나 서나 마찬가지야. 3 'ㄹ' 이외의 자음으로 끝나는 일부 형용사의 어간에 붙어, '-으나 -은'의 꼴로 쓰여 그 형용사의 뜻을 강조할 때 쓰이는 연결 어미. ¶높으나 높은 나무 / 넓으나 넓은 들판. ▷-나.
-으나마 어미 'ㄹ' 이외의 자음으로 끝나는 용언의 어간이나 어미 '-았/었-' 아래에 붙어, 앞에 오는 사실이 불만스럽거나 못마땅하나 그것을 용납하거나 긍정하는 뜻을 나타내는 연결 어미. ¶늦었으나~ 인사드립니다. ▷-나마.
-으냐 어미 'ㄹ' 이외의 자음으로 끝나는 형용사의 어간에 붙어, '해라' 할 상대에게 묻는 뜻을 나타내는 종결 어미. '-으니'에 비해 더 딱딱하고 낮추는 어감을 가짐. ¶이 산은 얼마나 높으냐. ▷-냐.-느냐.
-으냐고¹ 어미 'ㄹ' 이외의 자음으로 끝나는 형용사의 어간에 붙어, '해' 할 상대에게 묻는 뜻을 나타내는 종결 어미. 1 끝을 올리는 억양으로 쓰여, 상대가 앞서 질문한 내용에 대해 되묻는 뜻을 나타냄. ¶물이 깊으냐~? 네가 직접 확인해 봐. 2 끝을 내리는 억양으로 쓰여, 상대에게 거듭해서 묻는 뜻을 나타냄. ¶그렇게 공부가 싫어요? 싫으냐~? ▷-냐고.-느냐고.
-으냐고² 어미 '-으냐'와 인용을 나타내는 부사격 조사 '고'가 결합한 말. ¶그는 나에게 그 꽃의 향기가 좋으냐~ 물었다. ▷-냐고.-느냐고.
-으냐는 '-으냐고 하는'이 준 말. ¶기분이 좋으냐~ 나의 물음에 그는 씨익 웃었다. ▷-냐는.-느냐는.
-으냔 1 '-으냐고 한'이 준 말. ¶굳이 흑백을 가리는 것이 옳으냔~ 그의 말에 아무도 대꾸하지 못했다. 2 '-으냐는'이 준 말. ¶어느 것이 옳으냔~ 것은 두고 볼 일이다. ▷-냔.-느냔.
-으냘 '-으냐고 할'이 준 말. ¶그런 짓을 했다고 왜 그리 어리석으냘~ 사람은 없다. ▷-냘.

-느냐.

-으뇨 [어미] 'ㄹ' 이외의 자음으로 끝나는 형용사의 어간에 붙어, '해라' 상대에게 묻는 뜻을 나타내는 종결 어미. '-으냐'에 비해 예스러운 느낌을 주며 시와 같은 문학 작품에 주로 쓰임. ¶달이 이리도 밝~. ▷-뇨·-느뇨.

으늑-하다 [-느카-] [형여] 주위가 휑하니 터져 있지 않고 푸근히 둘러싸여 편안하고 평온한 느낌을 주는 상태에 있다. ¶으늑한 산골짝이. (잘)아늑하다. **으늑-히** [부]

-으니[1] [어미] 'ㄹ' 이외의 자음으로 끝나는 용언의 어간이나 어미 '-았/었-', '-겠-'의 아래에 붙는 연결 어미. 1 뒤에 오는 말의 원인이나 근거를 나타냄. ¶주말인 데다 날씨도 좋~ 등산객이 많겠다. 2 앞에서 진술한 내용과 관련하여 다음 사실로 이어 줌. ¶마침내 전국 방방곡곡에서 만세 소리가 터져 나왔~, 바로 기미년 3월 1일 정오였다. ▷-니.

-으니[2] [어미] 'ㄹ' 이외의 자음으로 끝나는 형용사의 어간에 붙어, '해라' 할 상대에게 묻는 뜻을 나타내는 종결 어미. '-으냐'에 비해 좀 더 부드럽고 덜 낮추는 어감을 가짐. ¶넌 책이 많~, 적~? ▷-니.

[어법] 키가 크니 작으니?:작으니(○), 작니(○). ➡ 동사의 경우에는 어간의 끝 음절에 받침이 있든 없든 '-니' 하고만 결합되나, 형용사의 경우에는 받침이 없으면 '-니', 받침이 있으면 '-니', '-으니' 둘 다 결합될 수 있음.

-으니[3] [어미] 'ㄹ' 이외의 자음으로 끝나는 용언의 어간에 붙어, '하게' 할 상대에게 명백한 사실이나 이치가 으레 그러함을 나타내어 말할 때 쓰이는 종결 어미. ¶단풍은 내장산이 좋~. ▷-니·-느니.

-으니[4] [어미] 'ㄹ' 이외의 자음으로 끝나는 용언의 어간에 붙어, 이렇기도 하고 저렇기도 하다는 뜻을 나타내는 연결 어미. ¶주는 대로 받지, 적~ 많~ 말도 많다. ▷-니·-느니.

-으니[5] [어미] 형용사 '같다'의 어간에만 붙어, 상대를 비난하거나 나무랄 때, '같다' 앞에 오는 대상과 다름없음을 나타내는 종결 어미. ¶-으니같다 /이 천하에 몹을 놈 같~.

-으니까 [어미] 1 'ㄹ' 이외의 자음으로 끝나는 용언의 어간이나 어미 '-았/었-', '-겠-'의 아래에 붙는 연결 어미. 뒤에 오는 말의 원인이나 근거를 나타냄. '-으니'와는 달리 때로 종결 어미로 쓰일 때도 있음. ¶널 믿~ 이 돈을 맡기는 거야. 2 'ㄹ' 이외의 자음으로 끝나는 동사나 '있다'의 어간에 붙어, 앞에 오는 행위의 결과로 뒤에 오는 일을 경험하거나 발견함을 나타내는 연결 어미. ¶막상 입~ 가장이 별로 길지 않다. ▷-니까. ×-으니까니.

-으니라 [어미] 'ㄹ' 이외의 자음으로 끝나는 형용사의 어간에 붙어 '해라' 할 상대에게 명백한 사실이나 이치가 으레 그러함을 나타내어 말할 때 쓰이는 종결 어미. ¶보기 좋은 떡이 먹기도 좋~. ▷-니라·-느니라.

-으니라고 [어미] =-으니[5].
-으니만치 [어미] =-으니만큼.
-으니만큼 [어미] 'ㄹ' 이외의 자음으로 끝나는 형용사의 어간이나 어미 '-았/었-' 아래에 붙어, 원인이나 근거가 됨을 나타내는 연결 어미. =-으니만치. ¶올해는 날씨가 좋~ 농사가 잘될 것이다. ▷-느니만큼·-니만큼.

-으되 [-되/-뒈] [어미] '있다', '없다'의 어간이나 어미 '-았/었-', '-겠-'의 아래에 붙는 연결 어미. 1 대립되는 접속을 함. ¶힘은 있~ 지혜는 없는 사람 / 볼품은 없~ 튼튼해서 좋다. / 꽃은 피었~ 향기가 없다. 2 앞말의 내용을 부연할 때 쓰임. ¶돈을 잃었~, 약간이 아니라 밑천까지 다 날렸다. 3 어떠한 담화를 인용할 때, 그에 앞서서 쓰임. ¶그가 나에게 이르~, "빨리 피하라" 하였다. ▷-되.

으드득 [부] 1 매우 단단한 물건을 힘껏 깨물어 깨뜨리는 소리. 2 이를 세게 가는 소리. (잘)아드득. **으드득-하다** [동][자][타][여]

으드득-거리다/-대다 [-꺼(때)-] [동][자][타] 잇달아 으드득 소리가 나다. 또는, 그런 소리를 내다. (잘)아드득거리다.

으드득-으드득 [부] 으드득거리는 소리. ¶~ 사탕을 깨물다. (잘)아드득아드득. **으드득으드득-하다** [동][자][타]

으드등-거리다/-대다 [동][자] 거친 말을 쓰며 자꾸 으르렁거리다. (잘)아드등거리다.

으드등-으드등 [부] 으드등거리는 모양. (잘)아드등아드등. **으드등으드등-하다** [동][자][여]

으등그러-지다 [동][자] 1 뻣뻣하게 말라비틀어지다. 2 날씨가 점점 찌푸려 궂을 듯하지다. (잘)아등그러지다.

으뜸 [명] 사물의 차례에서 맨 첫째. 또는, 가장 중요하고 근본이 되는 일. ¶효(孝)는 인륜의 ~이 되는 덕이다. ▷버금.

으뜸-가다 [동][자] 많은 가운데에서 첫째가 되다. ¶밤골에서 **으뜸가는** 미인.

으뜸-꼴 [명][언] =기본형2.

으뜸^삼화음 (-三和音) [명][음] =주요 삼화음.

으뜸-음 (-音) [명][음] 음계의 첫째 음으로서 기초가 되는 음. 장조에서는 도, 단조에서는 라. ▷주음(主音). ▷딸림음·버금딸림음.

으뜸-화음 (-和音) [명][음] 으뜸음 위에 구성된 삼화음. 장조에서는 '도', '미', '솔', 단조에서는 '라', '도', '미'의 화음을 이름. ▷딸림화음·버금딸림화음.

-으라 [어미] 1 'ㄹ' 이외의 자음으로 끝나는 동사의 어간에 붙어, 절대적인 권위를 가지고 아랫사람에게 명령하는 뜻을 나타내는 예스러운 종결 어미. ¶예수께서 가라사대 여자여 내 말을 믿~.《신약 요한복음》 2 'ㄹ' 이외의 자음으로 끝나는 동사의 어간에 붙어, 권위와 위엄을 가지고 불특정의 사람에게 명령하거나 권유하는 뜻을 나타내는 문어체의 종결 어미. 존대법상의 낮춤의 의미는 없음. ¶소년들이여, 큰 뜻을 품으~. 3 'ㄹ' 이외의 자음으로 끝나는 용언의 어간에 붙어, 어떤 일을 위엄있게 축원하는 뜻을 나타내는 문어체의 종결 어미. ¶그대들의 앞날에 영광 있으~. 4 'ㄹ' 이외의 자음으로 끝나는 동사의 어간에 붙어, 간접 인용절에 쓰여, 명령의 뜻을 나타내는 종결 어미. ¶할머니는 영주에게 옷을 두툼하게 입~ 하셨다. ▷-라.

-으라고[1] [어미] 'ㄹ' 이외의 자음으로 끝나는 동사나 '있다'의 어간에 붙어, '해' 할 상대에게 반문하는 뜻을 나타내는 종결 어미. ¶나더러 네 말을 믿~? ▷-라고.

-으라고[2] [어미] 'ㄹ' 이외의 자음으로 끝나는 용언의 어간에 붙어, 앞의 말이 뒤에 오는 말의 목적이 됨을 나타내는 연결 어미. ¶빌

린 돈을 어서 갚~ 빚 독촉이 성화같다. ▷-라고.
-**으라고**³ 명령을 나타내는 종결 어미 '-으라'와 인용을 나타내는 부사격 조사 '고'가 결합한 말. ¶산에 오를 땐 반드시 등산화를 신~ 해라. ▷-라고.
-**으라나** [어미] 'ㄹ' 이외의 자음으로 끝나는 동사나 '있다'의 어간에 붙어, 시키는 사실에 대해 못마땅하거나 귀찮거나 함을 나타내는 반말 투의 서술형 종결 어미. ¶내 기분은 생각지도 않고 나보고 웃~. ▷-라나.
-**으라네** '-으라고 하네'가 준 말. ▷-라네.
-**으라느냐** '-으라고 하느냐'가 준 말. ¶나더러 화단에 꽃을 심~? ▷-라느냐.
-**으라느니** [어미] 'ㄹ' 이외의 자음으로 끝나는 동사나 '있다'의 어간에 붙어, 이리하라 하기도 하고, 저리하라 하기도 함을 나타내는 연결 어미. ¶똑바로 앉~, 좀 웃~ 사진사가 주문을 한다. ▷-라느니.
-**으라는** '-으라고 하는'이 준 말. ¶참~ 말인지 참지 말라는 말인지 분간할 수가 없다. ▷-라는.
-**으라니**¹ [어미] 'ㄹ' 이외의 자음으로 끝나는 동사나 '있다'의 어간에 붙어, 되짚어 묻거나 반박할 때, 또는 미심쩍거나 해괴함을 나타낼 때에 쓰이는 종결 어미. ¶멀쩡한 사람을 보고 어서 죽~. ▷-라니.
-**으라니**² '-으라고 하니'가 준 말. ¶믿~ 믿을 수밖에. ▷-라니.
-**으라니까**¹ [어미] 'ㄹ' 이외의 자음으로 끝나는 동사나 '있다'의 어간에 붙어, '해'할 상대에게 어떠한 사실을 가볍게 꾸짖으면서 다시 알려 주는 뜻을 나타내는 종결 어미. ¶장난치지 말고 똑바로 앉~. ▷-라니까.
-**으라니까**² '-으라고 하니까'가 준 말. ¶죽~ 죽는시늉을 하는 수밖에. ▷-라니까.
-**으라든지** '-으라고 하든지'가 준 말. ¶기다리고 있~ 내일 다시 오라든지 좌우간 무슨 말이 있어야 하지 않겠는가? ▷-라든지.
-**으라며**¹ [어미] '-으라면서'의 준말. ¶나보고 다 먹~? ▷-라며.
-**으라며**² '-으라고 하며'가 준 말. ¶잘 두었다가 운동회 때나 신~ 사 주신 운동화였다. ▷-라며.
-**으라면** '-으라고 하면'이 준 말. ¶부끄러워 말고 손으로 집~ 집어. ▷-라면.
-**으라면서**¹ [어미] 'ㄹ' 이외의 자음으로 끝나는 동사나 '있다'의 어간에 붙어, '해'할 상대에게 명령받은 사실을 다짐하거나 빈정거리는 투로 물을 때에 쓰이는 종결 어미. ¶여기에 가만히 있~? ⓒ-으라며. ▷-라면서.
-**으라면서**² '-으라고 하면서'가 준 말. ¶만두를 빚~ 만두소도 마련해 놓지 않다니. ▷-라면서.
-**으라지**¹ [어미] 'ㄹ' 이외의 자음으로 끝나는 동사나 '있다'의 어간에 붙어, '해'할 상대에게 쓰이거나 혼잣말에 쓰여 어떤 행동을 행위자의 의지에 맡기되 말하는 사람은 개의치 않거나 방임하겠다는 뜻을 나타내는 종결 어미. ¶그 옷이 좋으면 입~ 뭐. ▷-라지.
-**으라지**² '-으라고 하지'가 그랬니? ▷-라지.
-**으락** [어미] 'ㄹ' 이외의 자음으로 끝나는 용언의 어간에 붙어, 뜻이 상대되는 두 동작이나 상태가 번갈아 되풀이됨을 나타내는 연결 어미. 중첩어가 되므로 보통 두 말을 붙여

쓴. ¶성이 나서 얼굴이 붉~푸르락한다. ▷-락.
-**으란** 1 '-으라고 하는'이 준 말. ¶너를 믿~ 말이냐? 2 '-으라고 한'이 준 말. ¶그를 믿~ 것이 잘못이었어. ▷-란.
-**으란다** '-으라고 한다'가 준 말. ¶나더러 그 곳에 남~. ▷-란다.
-**으랄** '-으라고 할'이 준 말. ¶빚을 갚~ 처지가 아니다. ▷-랄.
-**으람** [어미] 'ㄹ' 이외의 자음으로 끝나는 동사의 어간에 붙어, '해'할 상대에게 쓰이거나 혼잣말에 쓰여 '-으라고 하다'의 뜻으로 어떤 상황이나 사실에 대해 가볍게 반박하거나 마땅치 않게 여김을 나타내는 의문형 종결 어미. ¶누가 자꾸 굶~? ▷-람.
-**으랍니까** [-람-] '-으라고 합니까'가 준 말. ¶교수님께 무슨 책을 읽~? ▷-랍니까.
-**으랍니다** [-람-] '-으라고 합니다'가 준 말. ¶고전(古典)을 많이 읽~. ▷-랍니다.
-**으랍디까** [-띠-] '-으라고 합디까'가 준 말. ¶마당에 무슨 나무를 심~? ▷-랍디까.
-**으랍디다** [-띠-] '-으라고 합디다'가 준 말. ¶소나무 한 그루를 심~. ▷-랍디다.
-**으래** '-으라고 해'가 준 말. ¶훌륭한 사람이 되려면 위인전기를 많이 읽~. ▷-래.
-**으래서** '-으라고 해서'가 준 말. ¶꽃을 심~ 채송화를 심었어요. ▷-래서.
-**으래서야** '-으라고 해서야'가 준 말. ¶무조건 참~ 되느냐. ▷-래서야.
-**으래야** '-으라고 해야'가 준 말. ¶앉~ 앉지. ▷-래야.
-**으래요** '-으라고 해요'가 준 말. ¶형이 나부터 먹~. ▷-래요.
-**으랴** [어미] 1 'ㄹ' 이외의 자음으로 끝나는 용언의 어간이나 어미 '-았/-었-' 아래에 붙어, 이치로 보아 '어찌 그러할 것이냐' 하는 뜻으로 어떤 사실을 반어적으로 자문하는 뜻을 나타내는 문어체의 종결 어미. ¶부모의 은혜를 어찌 잊~. 2 'ㄹ' 이외의 자음으로 끝나는 동사나 '있다'의 어간에 붙어, '해라'할 상대에게 장차 자기가 할 일에 대하여 의향을 묻는 종결 어미. ¶내가 물건을 맡~? 3 'ㄹ' 이외의 자음으로 끝나는 동사의 어간에 붙어 '이러하게도 하고 저러하게도 하여'의 뜻으로 이러한 여러 행동이 뒤의 사실의 원인임을 나타내는 연결 어미. '-으랴 -(으)랴'의 꼴로 쓰임. ¶고기 볶~ 국수 삶~ 눈코 뜰 새 없이 바쁘다. ▷-랴.
-**으랴마는** 어미 '-으랴'와 보조사 '마는'이 결합한 말. 앞의 사실에 대해 과연 그럴까 의문을 가지면서도 완전히 부정할 수 없는 그 사실을 전제로 뒤의 사실을 말할 때에 쓰임. ⓑ-을까마는. ¶어찌 어머니의 은혜를 잊~ 그래도 가슴에 다시 새기자. ▷-랴마는.
-**으러** [어미] 'ㄹ' 이외의 자음으로 끝나는 동사의 어간에 붙어, 가거나 오는 동작의 목적을 나타내는 연결 어미. ¶맡긴 걸 찾~ 왔다. ▷-러.
으레 1 두말할 것 없이 마땅히. ¶명절 때면 ~ 웃어른을 찾아뵈어야 한다. 2 틀림없이 언제나. ¶나갔다 오면 ~ 엄마를 찾는다. ✕으례.
-**으려** [어미] 'ㄹ' 이외의 자음으로 끝나는 동사나 '있다'의 어간에 붙는 연결 어미. 1 주로 '하다', '들다'와 함께 쓰여, 주어가 어떤 행동을 할 의도나 의지를 가지고 있음을 나타냄. ¶그는 내 말을 믿지 않~ 했다. 2 주로

-으려거든

'하다'와 함께 쓰여, 어떤 일이 장차 일어날 것 같음을 나타냄. ㈎ -으려고. ¶뽀루지를 건드렸더니 곪으~ 한다. ▷-려.

-으려거든 '-으려고 하거든'이 준 말. ¶웃~ 실컷 웃어라. ▷-려거든.

-으려고 [어미] 1 'ㄹ' 이외의 자음으로 끝나는 동사나 '있다'의 어간에 붙어, 주어가 어떤 행동을 할 의도나 의지를 가지고 있음을 나타내는 연결 어미. ¶새를 잡~ 돌을 던졌다. 2 'ㄹ' 이외의 자음으로 끝나는 용언의 어간에 붙어, 어떤 일의 실현이 예상됨을 나타내는 연결 어미. ¶상처가 곪~ 하는지 부어올랐다. 3 'ㄹ' 이외의 자음으로 끝나는 용언의 어간이나 어미 '-았/었-' 아래에 붙어, '해'할 상대에게 의심과 반문을 나타내는 종결 어미. ¶설마 정원이 그만큼이야 넓~. ▷-려고. ×-을려고.

-으려고 들다 ⇒ 들다[3]₁.

-으려기에 '-으려고 하기에'가 준 말. ¶나무를 꺾~ 야단을 쳤다. ▷-려기에.

-으려나¹ [어미] 'ㄹ' 이외의 자음으로 끝나는 용언의 어간이나 어미 '-았/었-' 아래에 붙는 종결 어미. 1 혼잣말로 쓰여, 물음의 형식으로 추측하는 뜻을 나타냄. ¶내일은 날씨가 맑~? 2 '하게' 할 상대에게 물음의 형식으로 권유하는 뜻을 나타냄. ¶자네도 이것 좀 먹~. ▷-려나.

-으려나² '-으려고 하나'가 준 말. ¶자네는 어떤 책을 읽~? ▷-려나.

-으려네 '-으려고 하네'가 준 말. ¶한 번 더 내가 참~. ▷-려네.

-으려느냐 '-으려고 하느냐'가 준 말. ¶그렇게 놀기만 하고 농사는 언제 지~? ▷-려느냐.

-으려는 '-으려고 하는'이 준 말. ¶최근 그의 인격을 깎~ 사람이 많다. ▷-려는.

-으려는가 '-으려고 하는가'가 준 말. ¶왜 그걸 땅에 묻~? ▷-려는가.

-으려는고 '-으려고 하는고'가 준 말. ¶꾸어 간 돈을 언제 갚~? ▷-려는고.

-으려는데 '-으려고 하는데'가 준 말. ¶막 문을 닫~ 손님이 들어왔다. ▷-려는데.

-으려는지 '-으려고 하는지'가 준 말. ¶왜 그 사람을 찾~ 말해라. ▷-려는지.

-으려니¹ [어미] 'ㄹ' 이외의 자음으로 끝나는 용언의 어간이나 어미 '-았/었-' 아래에 붙어, 혼자 속으로만 추측하는 뜻을 나타내는 종결 어미. ¶저 여자도 한때는 예뻤~ 하고 생각했다. ▷-려니.

-으려니² '-으려고 하니'가 준 말. ¶숨을~ 숨을 곳이 없다. ▷-려니.

-으려니와 [어미] 'ㄹ' 이외의 자음으로 끝나는 용언의 어간이나 어미 '-았/었-', '-겠-'의 아래에 붙어, 어떠한 사실을 추측하여 인정하면서 뒤의 사실에 병렬적으로 이어 주는 연결 어미. ¶이 마을은 경치도 좋~ 인심도 좋다. ▷-려니와.

-으려다 '-으려다가'가 준 말. ¶두 마리 토끼를 잡~ 다 놓쳤다. ▷-려다.

-으려다가 '-으려고 하다가'가 준 말. ¶장미를 꺾~ 가시에 찔렸다. ▷-려다가.

-으려더니 '-으려고 하더니'가 준 말. ¶옷을 벗~ 도로 입었다. ▷-려더니.

-으려더라 '-으려고 하더라'가 준 말. ¶너무 힘이 드니까 그냥 주저앉~. ▷-려더라.

-으려던 '-으려고 하던'이 준 말. ¶꽃을 심~ 참이다. ▷-려던.

-으려던가 '-으려고 하던가'가 준 말. ¶아직도 그가 나를 찾~? ▷-려던가.

-으려도 '-으려고 하여도'가 준 말. ¶웃~ 웃을 수 없다. ▷-려도.

-으려마 [어미] 'ㄹ' 이외의 자음으로 끝나는 동사나 '있다'의 어간에 붙어, '해라'할 상대에게 부드럽게 권하거나 명령하는 뜻을 나타내는 종결 어미. 주로 노래 가사나 시 등에서 쓰임. ¶어서 먹~. ▷-려마.

-으려면¹ [어미] 'ㄹ' 이외의 자음으로 끝나는 용언의 어간이나 어미 '-았/었-' 아래에 붙어, 어떤 일이 실현되기 위해서는'의 뜻을 나타내는 연결 어미. ¶물이 끓~ 좀 더 기다려야 해. ▷-려면.

-으려면² '-으려고 하면'이 준 말. ¶홍수를 막~ 나무를 심어야지. ▷-려면.

-으려면야 '-으려고 하면야'가 준 말. ¶억지로 참~ 못 참을 것도 없지. ▷-려면야.

-으려무나 [어미] 'ㄹ' 이외의 자음으로 끝나는 동사나 '있다'의 어간에 붙어, '해라'할 상대에게 부드럽게 권하거나 명령하는 뜻을 나타내는 종결 어미. '-렴'보다 좀 더 친근한 어감을 가짐. ¶앉~ / 옷을 태면 웃~. ▷-려무나.

-으려서는 '-으려고 하여서는'이 준 말. ¶놀고먹~ 안 돼. ▷-려서는.

-으려서야 '-으려고 하여서야'가 준 말. ¶값을 터무니없이 깎~ 됩니까? ▷-려서야.

-으려야 '-으려고 하여야'가 준 말. ¶약을 사 먹~ 돈이 없다. ▷-려야. ×-을래야·-을려야.

-으려오 '-으려고 하오'가 준 말. ¶그를 끝까지 믿~. ▷-려오.

-으련¹ [어미] 'ㄹ' 이외의 자음으로 끝나는 동사나 '있다'의 어간에 붙어, '해라'할 상대에게 어떠한 행동에 대한 의향을 묻는 종결 어미. ¶내가 마루를 닦~? ▷-련.

-으련² '-으려느냐'가 준 말. ¶어느 옷을 입~? ▷-련.

-으련다 '-으려고 한다'가 준 말. ¶내가 끝까지 참~. ▷-련다.

-으련마는 [어미] 'ㄹ' 이외의 자음으로 끝나는 용언의 어간이나 어미 '-았/었-' 아래에 붙어, 앞의 사실을 추측하면서 이와 대립되는 내용을 말할 때 쓰이는 연결 어미. ¶제 잘못을 알았~ 사과 한마디 없다. ㈜ -으련만. ▷-련마는.

-으련만 [어미] '-으련마는'의 준말. ¶그만큼 얘기했으면 알아~ 고집을 부린다. ▷-련만.

-으렴 [어미] 'ㄹ' 이외의 자음으로 끝나는 동사나 '있다'의 어간에 붙어, '해라'할 상대에게 부드럽게 권하거나 명령하는 뜻을 나타내는 종결 어미. 주로 소설이나 드라마의 대화에서 쓰임. ¶바쁘지 않으면 좀 앉~. ▷-렴.

-으렵니까[-렴-] [어미] 'ㄹ' 이외의 자음으로 끝나는 동사나 '있다'의 어간에 붙어, '합쇼'할 상대에게 요청하거나 권유하는 뜻을 나타내는 종결 어미. ¶이제 그만 집으로 돌아가지 않~? ▷-렵니까.

-으렵니까²[-렴-] '-으려고 합니까'가 준 말. ¶언제 떠나 있~? ▷-렵니까.

-으렵니다[-렴-] '-으려고 합니다'가 준 말. ¶꽃씨를 받~. ▷-렵니다.

-으렷다[-렫따] [어미] 1 'ㄹ' 이외의 자음으로 끝나는 용언의 어간이나 어미 '-았/었-'

아래에 붙어, 경험이나 이치로 미루어 사실이 틀림없이 그러하리라고 추정하거나 다짐하는 뜻을 나타낼 때 쓰이는 종결 어미. ¶네 말에 거짓이 없~. 2 'ㄹ' 이외의 자음으로 끝나는 동사의 어간에 붙어, '해라' 할 상대에 대한 명령을 나타내는 종결 어미. ¶냉큼 무릎을 꿇~. ▷-렸다.
으례 '으레'의 잘못.
으로¹ 조 'ㄹ' 이외의 자음으로 끝나는 체언에 붙는 부사격 조사. 1 어떤 일을 하는 도구가 됨을 나타냄. ¶톱~ 나무를 베다. 2 물건을 만드는 재료를 나타냄. ¶콩~ 메주를 쑤다. 3 어떤 일을 하는 방법·방식·수단이 됨을 나타냄. ¶권위보다는 사랑~ 대하다 / 그항공편~ 오늘 오후 3시에 귀국한다. 4 어떤 일의 원인이나 이유가 됨을 나타냄. ¶심장병~ 쓰러지다. 5 움직이는 방향이나 목적지임을 나타냄. ¶이쪽~ 오너라. / 고향~ 내려가다. 6 어떤 일에 있어서 신분·지위·자격·구실을 가짐을 나타냄. ¶동창회장~ 뽑히다. 7 사물이 변화되거나 달라지거나 구분됨을 나타냄. ¶모든 수입은 정확히 셋~ 나누었다. 8 일정한 때나 시간을 선택함을 나타냄. ¶다음 주 중~ 한번 들르오. 9 ('…로 하여(금)'의 꼴로 쓰여) 무엇을 하게 하는 대상임을 나타냄. ¶적~ 하여금 오판하도록 유도하다. ▷로.
-으로² 접미 'ㄹ' 이외의 자음으로 끝나는 일부 명사에 붙어, 그것을 부사로 만드는 말. ¶공(空)~ / 참~ / 우격~ / 맛맛~ / 홑~. ▷-로.
으로-부터 조 'ㄹ' 이외의 자음으로 끝나는 체언에 붙어, '에서부터'의 뜻을 나타내는 부사격 조사. ¶남~ 봄이 찾아오다. ▷로부터.
으로서 조 'ㄹ' 이외의 자음으로 끝나는 체언에 붙는 부사격 조사. 1 문장의 주어가 동사와 관련하여 앞에 오는 체언과 같은 자격이나 구실이 있음을 나타내는 말. ¶의장~ 한 마디 하겠소. / 모든 운동은 육체만이 아니라 정신의 훈련~도 중요하다. / 그는 자신의 명예를 지키는 방법~ 죽음을 택하였다. 2 어떤 동작이 일어나거나 시작되는 곳임을 나타냄. '으로부터'의 뜻임. ¶분쟁은 저 편~ 시작되었으니, 저들에게 책임을 물읍시다. ▶로서.
으로써 조 'ㄹ' 이외의 자음으로 끝나는 체언에 붙는 부사격 조사. 1 '…를 가지고'의 뜻으로, 앞에 오는 체언(또는, 용언의 명사형)이 동사와 관련하여 도구나 재료나 수단 등의 의미를 가지고 있음을 나타냄. ¶사랑~ 아이들을 돌보다 / 노래를 부름~ 스트레스를 풀다. 2 시간을 셈할 때 셈에 넣는 한계나 기준을 나타냄. ¶금년~ 나운규 탄생 100주년을 맞는다. ▷로써. ▶로서.
으르다¹ 통 타⟨으르니, 울러⟩ 물에 불린 쌀 등을 방망이 따위로 으깨다.
으르다² 통 타⟨으르니, 울러⟩ (상대방을) 자기의 뜻에 따르기 위해, 혼을 내겠다느니 때리겠다느니 하고 말하거나, 그렇게 말하면서 때리거나 해칠 듯한 동작을 함으로써 두려움을 느끼게 하다. 비위협하다. ¶으르도 보고 달래도 보았으나 허사였다.
으르-대다 통 타 계속하여 으르며 딱딱거리다. ¶눈을 부릅뜨고 ~.
으르렁 부 1 개나 사나운 짐승이 적을 경계하거나 적에게 겁주려고 할 때 비교적 낮게 내는 소리. 2 사자나 호랑이 등의 맹수가 큰 소리로 내는 울음소리. 작아르렁. **으르렁-하다** 통 재 어 ¶으르렁하고 개가 달려들다.

으르렁-거리다/-대다 통 재 1 (개나 사나운 짐승이) 적을 경계하거나 적에게 겁을 주려고 할 때 비교적 낮은 소리로 자꾸 으르다. 2 (사자나 호랑이 등의 맹수가) 자꾸 큰 소리로 울음소리를 내다. 3 불화로 서로 자꾸 다투다. 작아르렁거리다. ¶그들은 만나기만 하면 **으르렁거린다.**

으르렁-으르렁 부 으르렁거리는 소리. 또는, 그 모양. 작아르렁아르렁. **으르렁으르렁-하다** 통 재 어

으르르 부 추위나 두려움으로 몸이 떨리는 모양. 작아르르. **으르르-하다** 통 재 어

으름장 [-짱] 명 (주로 '으름장을 놓다'의 꼴로 쓰여) (상대방에게) 자기 뜻에 따르지 않으면 혼을 내거나 때리거나 해치거나 하겠다고 말하는 일. ¶말 안 듣는 녀석들은 혼을 내주겠다고 ~을 놓았다.

-으리¹ 어미 'ㄹ' 이외의 자음으로 끝나는 용언의 어간이나 어미 '-았/었-' 아래에 붙어, 시어나 문학어에 쓰이는 문어체의 종결 어미. 1 추측·의지 등의 뜻을 나타냄. 비-으리라. ¶희망찬 삶을 엮~. 2 스스로 묻거나 탄식하는 뜻을 나타냄. 비-으리오. ¶그날을 어찌 잊~.

-으리² 어미 (선어말) 'ㄹ' 이외의 자음으로 끝나는 용언의 어간이나 어미 '-았/었-', '-겠-'의 아래에 붙어, 미래 시제나 추측·의지를 나타내는 선어말어미. 현대 국어의 구어체에는 잘 쓰이지 않음. ¶지독하게 쓴 이 약을 먹~라. ▷-리-.

-으리까 어미 'ㄹ' 이외의 자음으로 끝나는 용언의 어간이나 어미 '-았/었-' 아래에 붙어, '합쇼' 할 상대에게 어떠한 행동에 대한 그의 의향을 묻는 종결 어미. ¶이불을 덮~? ▷-리까.

-으리니 어미 'ㄹ' 이외의 자음으로 끝나는 용언의 어간이나 어미 '-았/었-' 아래에 붙어, '-을 것이니'의 뜻으로, 추측이나 의지를 나타냄과 동시에 뒤에 오는 말의 원인이나 근거가 되는 뜻을 나타내는 연결 어미. ¶그때에 불이 세상을 덮~, 이는 하늘의 심판이라. ▷-리니.

-으리니라 어미 'ㄹ' 이외의 자음으로 끝나는 용언의 어간이나 어미 '-았/었-' 아래에 붙어, '-을 것이니라'의 뜻으로 '해라' 할 상대에게 어떤 사실을 경험을 바탕으로 하여 위엄있게 말해 주는 뜻을 나타내는 종결 어미. ¶곧 날이 밝~. ▷-리니라.

-으리다 어미 'ㄹ' 이외의 자음으로 끝나는 동사나 '있다'의 어간에 붙어, '그리하겠소'의 뜻으로 '하오' 할 상대에게 자기의 의지나 결의를 나타내는 종결 어미. ¶내 당신 말을 믿~. 2 'ㄹ' 이외의 자음으로 끝나는 용언의 어간이나 어미 '-았/었-' 아래에 붙어, '하오' 할 상대에게 어떤 사실에 대한 예상이나 추측을 나타내는 종결 어미. ¶사노라면 잊힐 날 있~.⟨김소월:못 잊어⟩ ▷-리다.

-으리라 어미 1 'ㄹ' 이외의 자음으로 끝나는 용언의 어간이나 어미 '-았/었-' 아래에 붙어, 추측의 뜻을 나타내는 문어체의 종결 어미. ¶젊었을 때는 예뻤~. 2 'ㄹ' 이외의 자음으로 끝나는 동사나 '있다'의 어간에 붙어, 말하는 이가 자신의 의지를 영탄조로 나타내는 문어체의 종결 어미. 비-으리. ¶모

든 고통을 달게 받~. ▷-리라.
-으리로다 [어미] 'ㄹ' 이외의 자음으로 끝나는 용언의 어간이나 어미 '-았/었' 아래에 붙어, '-으리라'의 뜻을 감탄조로 나타내는 종결 어미. ¶봄이 오면 눈이 녹~. ▷-리로다.
-으리만치 [어미] =-으리만큼.
-으리만큼 [어미] 'ㄹ' 이외의 자음으로 끝나는 용언의 어간이나 어미 '-았/었' 아래에 붙어, '-을 정도로'의 뜻으로, 뒤의 사실이 그 정도에 있어 최상 또는 극단의 경우인 앞의 사실에 이르거나 미침을 나타내는 연결 어미. =-으리만치. ¶생각하기조차 싫~ 끔찍하다. ▷-리만큼. ×-을이만큼.
-으리오 [어미] 'ㄹ' 이외의 자음으로 끝나는 용언의 어간이나 어미 '-았/었' 아래에 붙어, '-을까'의 뜻으로 스스로 묻거나 탄식하는 뜻을 나타내는 문어체의 종결 어미. [비]-으리. ¶어찌 그를 잊었~. ▷-리오.
으리으리-하다 [형여] 압도될 만큼 규모나 모양이 굉장하다. ¶**으리으리한** 궁전.
-으마 [어미] 'ㄹ' 이외의 자음으로 끝나는 동사나 '있다'의 어간에 붙어, '해라' 할 상대에게 약속하는 뜻을 나타내는 종결 어미. ¶이 은혜를 꼭 갚~. ▷-마.
-으매 [어미] 'ㄹ' 이외의 자음으로 끝나는 용언의 어간이나 어미 '-았/었-' 아래에 붙어, 원인·근거를 나타내는 연결 어미. ¶나라가 있~ 우리가 있고, 우리가 있~ 나라가 있다. ▷-매.
-으며 [어미] 'ㄹ' 이외의 자음으로 끝나는 용언의 어간이나 어미 '-았/었' 아래에 붙는 연결 어미. 1동작·사물·상태 등을 나열하는 뜻을 나타냄. ¶물이 얼마나 깊~ 고기는 얼마나 많은지 알아보아라. 2대립의 뜻을 나타냄. ¶파괴는 쉬워~ 건설은 어려웠다. 3두 가지 사실·상태 등이 겸하여 있거나 동작이 연이어 일어남을 나타냄. [비]-으면서. ¶밥을 먹~ 신문을 보다. ▷-며.
-으면 [어미] 'ㄹ' 이외의 자음으로 끝나는 용언의 어간이나 어미 '-았/었', '-겠-'의 아래에 붙어, 가정적인 조건을 나타내는 연결 어미. ¶책을 찢~ 안 돼. / 이제 갔~ 좋겠다. ▷-면.
-으면서 [어미] 1'ㄹ' 이외의 자음으로 끝나는 용언의 어간에 붙어, 두 가지 이상의 동작이나 상태를 겸하여 나타낼 때 쓰이는 연결 어미. [비]-으며. ¶음악을 들~ 공부하다. 2'ㄹ' 이외의 자음으로 끝나는 용언의 어간이나 어미 '-았/었' 아래에 붙어, 대립적 관계를 나타내는 연결 어미. ¶읽지도 않았~ 읽은 체한다. ▷-면서.
-으므로 [어미] 'ㄹ' 이외의 자음으로 끝나는 용언의 어간이나 어미 '-았/었' 아래에 붙어, 까닭을 나타내는 연결 어미. ¶그대를 사랑했~ 행복하였느니라. ▷-므로.
으밀-아밀 [부] 비밀히 이야기하는 모양. ×으밀으밀. **으밀아밀-하다** [동재여]
으밀-으밀 [부] '으밀아밀'의 잘못.
으^변^칙^활용(-變則活用) [-치콸-] [명][언] =으 변칙 활용.
으^불규칙^용^언(-不規則用言) [-칙뇽-] [명][언] 으 불규칙 활용을 하는 용언. '크다', '쓰다', '모으다'의 따위. [참고]현행 '통일 학교 문법'에서는 인정하지 않음.
으^불규칙^활용(-不規則活用) [-치콸-] [명][언] 용언의 어간 '으'가 '아/어'의 앞에서 줄어 없어지는 활용. '크다'가 '커'가 되는 따위. [참고]현행 '통일 학교 문법'에서는 이를 규칙적인 음운 탈락 현상으로 보아, 불규칙 활용으로 처리하지 않음. =으 변칙 활용.
-으사 [어미] 'ㄹ' 이외의 자음으로 끝나는 용언의 어간에 붙어, '-시어'의 뜻을 나타내는 어미. ¶그분이 죽~ 우리의 죄를 대속하였습니다. ▷-사.
-으사이다 [어미] 'ㄹ' 이외의 자음으로 끝나는 동사의 어간에 붙어, '합쇼' 할 상대에게 공손히 청하는 뜻을 나타내는 종결 어미. 예스러운 말임. ¶나리, 소첩의 잔을 받~. ▷-사이다.
-으세요 [어미] 1'ㄹ' 이외의 자음으로 끝나는 동사의 어간에 붙어, '해요' 할 상대에게 명령·청유·의문의 뜻을 나타내는 종결 어미. ¶그 짐을 이리 줘~. 2'ㄹ' 이외의 자음으로 끝나는 형용사의 어간에 붙어, '해요' 할 상대에게 평서·의문의 뜻을 나타내는 종결 어미. [비]-으셔요. ¶그분은 키가 작~? ▷-세요.
-으셔요 [어미] 'ㄹ' 이외의 자음으로 끝나는 용언의 어간에 붙어, '해요' 할 상대에게 명령·청유·의문·평서의 뜻을 나타내는 종결 어미. '-으세요'와 뜻은 같으나 사용 빈도가 낮은 편이며 좀 더 공손한 어감을 가짐. [비]-으세요. ¶제발 참~. [본]-으시어요. ▷-셔요.
-으소서 [어미] 'ㄹ' 이외의 자음으로 끝나는 동사의 어간에 붙어, '합쇼' 할 상대에게 말하는 이의 간절한 소원을 나타내는 종결 어미. ¶새해 복 많이 받~. ▷-소서.
으스-대다 [동재] 어울리지 않게 으쓱거리며 뽐내다. ¶돈푼이나 있다고 ~. ×으시대다.
으스러-뜨리다/-트리다 [타] 으스러지게 하다. ¶그는 나의 손을 **으스러뜨릴** 듯 움켜잡았다. [작]아스러뜨리다.
으스러-지다 [동재] (단단한 물체가) 깨어져 부스러지다. ¶교통사고로 뼈가 ~. [작]아스러지다.
으스레-하다 [형여] =으스름하다.
으스름 [명] 빛이 침침하여 흐릿한 상태. ¶-조각달. ▶으스름. **으스름-하다** [형여] =으스레하다. ¶구름 사이로 **으스름한** 달이 모습을 드러내다.
으스름-달 [-딸] [명] 으스푸레한 빛을 내는 달.
으스름-달밤 [-빰] [명] 달빛이 으스푸레하게 비치는 밤.
으스스 [부] 차거나 섬뜩한 것이 몸에 닿았을 때 소름이 끼치는 듯한 모양. ¶찬 바람에 ~ 몸을 떨다. [작]아스스·오스스. ×으시시. **으스스-하다** [형여] ¶밤에 공동묘지를 지나려니 **으스스해진다**.
으슥-하다 [-스카-] [형여] 1무서움을 느낄 만큼 후미지다. ¶**으슥한** 골목. 2아주 조용하다. ¶**으슥한** 밤거리를 혼자 걸어가다.
으슬-으슬 [부] 소름이 끼칠 듯이 차가운 느낌이 연하여 드는 모양. ¶감기에 걸려 몸이 ~ 춥다. [작]아슬아슬·오슬오슬. **으슬으슬-하다** [형여]
으슴푸레-하다 [형여] (빛이) 침침하고 흐릿하다. ¶**으슴푸레한** 가로등 불빛.
-으시- [어미](선어말) 'ㄹ' 이외의 자음으로 끝나는 어간에 붙는 선어말 어미. 1행동이나 상태를 나타내는 서술어의 주체를 존대하는 뜻을 나타냄. ¶미선 씨, 제 말을 믿~죠?/ 우리 선생님은 고전에 밝~다. 2이중 주어

문장에서, 상위 주어가 인물이고 그 인물의 신체나 그 일부, 또는 소유물 등이 하위 주어일 때, 그 인물을 존대하는 뜻으로 서술어의 어간에 붙이는 말. 때로, 상위 주어는 생략되기도 함. ¶우리 어머니는 키가 작~다. / 큰아버지는 책이 아주 많~다. ▷-시-.

으시-대다 통(자) '으스대다'의 잘못.

으시시 부 '으스스'의 잘못.

-으시압 어미 'ㄹ' 이외의 자음으로 끝나는 동사의 어간에 붙어, 알리는 글에서 다수의 사람에게 어떤 일을 청하는 뜻을 나타내는 종결 어미. ¶내일은 날씨가 추우니 옷을 따뜻하게 입~. ▷-시압.

-으시어요 어미 '-으셔요'의 본딧말. 선어말 어미 '-으시-'와 어미 '-어요/아요'가 결합한 말임. ¶이 꽃을 보~. ▷-시어요.

-으십사[-싸] 어미 'ㄹ' 이외의 자음으로 끝나는 동사의 어간에 붙어, '바람(所望)'을 나타내는 합쇼체의 종결 어미. 흔히 인용절로 안김. ▷-십사.

-으십시다[-씨-] 어미 'ㄹ' 이외의 자음으로 끝나는 동사의 어간에 붙어, '합쇼' 할 상대에게 청유의 뜻을 나타내는 종결 어미. ¶그의 말을 한번 믿~. ▷-십시다.

-으십시오[-씨-] 어미 'ㄹ' 이외의 자음으로 끝나는 동사의 어간에 붙어, '합쇼' 할 상대에게 명령·부탁의 뜻을 나타내는 종결 어미. ¶자리에 앉~. ▷-십시오.

으썩 부 단단하고 싱싱한 과실·채소 따위를 단번에 힘껏 깨무는 소리. 또는, 그 모양. ¶그는 탐스러운 사과를 ~ 베어 물었다. **으썩-하다** 통(자)(타).

으썩-거리다/-대다[-꺼(때)-] 통(자)(타) 단단하고 싱싱한 과실이나 채소 따위를 힘껏 베어 무는 소리가 자꾸 나다. 또는, 그런 소리를 자꾸 내다.

으썩-으썩 부 으썩거리는 소리. 또는, 그 모양. **으썩으썩-하다** 통(자)(타).

으쓱¹ 부 **1** 어깨를 한 번 위로 올렸다가 내리는 모양. ¶그 미국인은 멋쩍은지 어깨를 ~ 들어 올렸다. **2** 자랑스러움이나 자부심이 으쓱이는 모양. ¶우리나라가 월드컵 4강에 오르자 어깨가 절로 ~ 올라갔다. **으쓱-하다¹** 통(자)(타) ¶묻는 말에 대답 대신 어깨를 한번 으쓱했다. / 합격했다고 으쓱해져서 으스대고 다닌다.

으쓱² 부 추위나 무서움 등으로 몸이 별안간 움츠러드는 듯한 모양. 잔아쓱. **으쓱-하다²** 형(여)

으쓱-거리다/-대다[-꺼(때)-] 통(자)(타) **1** (어깨를) 자꾸 위로 올렸다 내렸다 하다. ¶농악에 맞춰 으쓱거리며 춤을 추다. **2** (어깨가) 자꾸 들먹거릴 만큼 자랑스러움을 느끼다. 또는, (어깨를) 자꾸 들먹거릴 만큼 자랑스러움을 느끼다. ¶그는 잘난 체하며 으쓱거렸다. / 경기에 이기자 신바람이 나서 어깨가 저절로 으쓱거렸다.

으쓱-으쓱¹ 부 으쓱거리는 모양. **으쓱으쓱-하다¹** 통(자)(타) ¶1등을 하며 어깨가 ~.

으쓱-으쓱² 부 추위나 무서움 등으로 몸이 자꾸 으쓱한 모양. ¶몸이 ~ 춥다. **으쓱으쓱-하다²** 형(여)

으쓱-이다 통(자)(타) 우쭐하거나 자랑스러워 어깨를 들먹이다. 또는, 우쭐하거나 자랑스러워 어깨가 들먹이다. ¶영호는 백 점을 맞았다면서 어깨를 으쓱였다.

으아 I 부 어린아이가 우는 소리.

II 감 감탄하여 외치는 소리.

으악 I 부 갑자기 토하는 소리.
II 자기가 놀라거나 또는 남을 놀라게 하려고 크게 지르는 소리. ¶~, 귀신이다!

으앙 부 젖먹이가 우는 소리.

으앙-으앙 부 젖먹이가 자꾸 우는 소리.

-으오¹ 어미 'ㄹ' 이외의 자음으로 끝나는 용언의 어간에 붙어, '하오' 할 상대에게 의문·명령·평서의 뜻을 나타내는 종결 어미. ¶내 말을 믿~. / 이것이 옳~? ▷-오-.-소.

-으오² 어미 (선어말) 'ㄹ' 이외의 자음으로 끝나는 용언의 어간에 붙어, 공손함을 나타내는 선어말 어미. 'ㄴ(-ㄴ, -나, -니 따위)', 'ㄹ', 'ㅁ' 및 모음으로 시작되는 어미 앞에서만 쓰임. ¶읽~니 / 읽~리다 / 읽~면 / 읽~. ▷-오-.-사오.

-으오니까 어미 'ㄹ' 이외의 자음으로 끝나는 용언의 어간에 붙어, '합쇼' 할 상대에게 동작이나 상태에 대한 물음을 나타내는 종결 어미. ¶그분의 도량이 그렇게도 넓~? ▷-오니까.

-으오리까 어미 선어말 어미 '-으오-' 뒤에 물음을 나타내는 어말 '-리까'가 붙어, '합쇼' 할 상대에게 동작이나 상태에 대한 의향을 묻는 종결 어미. ¶사뿐히 밟~? ▷-오리까.

-으오리다 어미 선어말 어미 '-으오-'에 어말 어미 '-리다'가 붙어, '합쇼' 할 상대에게 '그리하겠습니다'의 뜻으로 자기 의사를 나타내는 종결 어미. ¶당신의 말을 믿~. ▷-오리다.

-으오이다 어미 'ㄹ' 이외의 자음으로 끝나는 용언의 어간에 붙어, '합쇼' 할 상대에게 현재의 사실을 설명하는 종결 어미. ¶이 꽃은 한층 붉~. ▷-오이다.

-으옵- 어미 (선어말) 'ㄹ' 이외의 자음으로 끝나는 용언의 어간에 붙어, 공손함을 나타내는 선어말 어미. 'ㄱ', 'ㄴ(-나이다, -는 따위)', 'ㄷ', 'ㅅ', 'ㅈ'으로 시작되는 어미 앞에서만 쓰임. ¶읽~고 / 읽~나이다 / 읽~더니 / 읽~시면, ▷-옵-.-사옵-.

-으옵나이까[-옴-] 어미 선어말 어미 '-으옵-'에 어말 어미 '-나이까'가 결합하여, '합쇼' 할 상대에게 공손하게 묻는 뜻을 나타내는 종결 어미. ¶근심이 깊~? ▷-옵나이까.-사옵나이까.

-으옵나이다[-옴-] 어미 선어말 어미 '-으옵-'에 어말 어미 '-나이다'가 결합하여, '합쇼' 할 상대에게 현재의 동작·상태·사실을 공손하게 나타내는 종결 어미. ¶날씨가 맑~. ▷-옵나이다.-사옵나이다.

-으옵니까[-옴-] 어미 선어말 어미 '-으옵-'에 어말 어미 '-ㅂ니까'가 결합하여, '합쇼' 할 상대에게 공손하게 묻는 뜻을 나타내는 종결 어미. ¶병세가 그토록 깊~? ▷-옵니까.-사옵니까.

-으옵니다[-옴-] 어미 선어말 어미 '-으오-'와 어말 어미 '-ㅂ니다'가 결합하여, '합쇼' 할 상대에게 현재의 동작·상태·사실을 공손하게 나타내는 종결 어미. ¶당신의 뜻은 하늘처럼 높~. ▷-옵니다.-사옵니다.

-으옵디까[-띠-] 어미 선어말 어미 '-으오-'와 어말 어미 '-ㅂ디가'가 결합하여, '합쇼' 할 상대에게 지난 일을 돌이켜 공손하게 묻는 뜻을 나타내는 종결 어미. ¶무슨 당부의 말씀이 있~? ▷-옵디까.-사옵디까.

-으옵디다[-띠-] 어미 선어말 어미 '-으

오‘와 어말 어미 ‘-ㅂ디다’가 결합하여, ‘합쇼’ 할 상대에게 지난 일을 돌이켜 공손하게 말하는 뜻을 나타내는 종결 어미. ¶한숨만 내쉬고 있~. ▷-옵디다·-사옵디다.

-으옵소서 [어미] 선어말 어미 ‘-으옵-’에 어말 어미 ‘-소서’가 결합하여, ‘합쇼’ 할 상대에게 정중한 부탁이나 기원을 나타내는 종결 어미. ¶소인의 말을 믿~. ▷-옵소서.

-으와 [어미] 선어말 어미 ‘-으오’와 어미 ‘-아’가 합쳐서 된 연결 어미. ¶죽이 너무 묽~ 다시 쑤셨사옵니다. ▷-와.

-으외다 [-외-/-웨-] [어미] ‘-으오이다’의 준말. ¶물이 차고 맑~.

-으우 [어미] ‘ㄹ’ 이외의 자음으로 끝나는 용언의 어간에 붙어, 동작이나 상태의 서술·의문·명령의 뜻을 나타내는 종결 어미. 주로 중년 이상의 여성들이 상대를 웬만큼 대접할 때 쓰는 말로, 상대가 친척이 아닌 타인일 경우에는 나이가 비슷하거나 아래이되 대체로 친근한 사이인 사람일 때 쓰이고, 상대가 친척일 경우에는 어머니나 언니와 같이 친밀감이 있는 손윗사람일 때 쓰이며, 종종 남편을 상대로 할 때도 쓰임. ¶난 언니만 믿~./여보, 제발 수염 좀 깎~. ▷-우.

으응 [감] **1** ‘해라’, ‘하게’ 할 자리에 반문하거나 긍정하는 뜻으로 쓰이는 말. ¶~, 그래. **2** 마음에 차지 않거나 짜증이 날 때 쓰이는 말. ¶~, 싫어.

-으이 [어미] 자음으로 끝나는 형용사의 어간에 붙어, ‘하게’ 할 상대에게 제 생각을 나타내 보이는 종결 어미. ¶나는 그런 짓을 하기 싫~. ㈜-의. ▷-이.

으적 [부] 꽤 단단한 물건을 깨물어 부스러뜨릴 때 나는 소리. (본)으지적. (작)아작. (센)으쩍. **으적-하다** [동](자)(타)(여)

으적-거리다/-대다 [-꺼(때)-] [동](자) 자꾸 으적하는 소리가 나다. 또는, 그런 소리를 내다. (본)으지적거리다. (작)아작거리다. (센)으쩍거리다.

으적-으적 [부] 으적거리는 소리. (본)으지적으지적. (작)아작아작. (센)으쩍으쩍. **으적으적-하다** [동](자)(타)(여)

으지직 [부] 단단한 물건이 깨지거나 짜그라지는 소리. **으지직-하다** [동](자)(타)(여) ¶나뭇가지가 강풍에 으지직하고 부러졌다.

으지직-거리다/-대다 [-꺼(때)-] [동](자)(타) 자꾸 으지직 소리가 나다. =으지직이다.

으지직-으지직 [부] 으지직거리는 소리. (작)아지직아지직. **으지직으지직-하다** [동](자)(타)(여)

으쩍 [부] ‘으적’의 센말. **으쩍-하다** [동](자)(타)(여)

으쩍-거리다/-대다 [-꺼(때)-] [동](자) ‘으적거리다’의 센말.

으쩍-으쩍 [부] ‘으적으적’의 센말. **으쩍으쩍-하다** [동](자)(타)(여)

으츠러-지다 [동](자) 연한 것이 다른 것에 문질리거나 눌려 부스러지다. =으끄러지다.

으크러-뜨리다/-트리다 [동](타) ‘으그러뜨리다’의 센말. ¶양철통을 볼품없이 ~. (센)으끄러뜨리다.

으크러-지다 [동](자) ‘으그러지다’의 거센말. (센)으끄러지다.

-으키 [접미] 동사 ‘일다’의 어간에 붙어, 그 행동이 일어나게 함을 나타내는 말. ¶일~다.

으하하 [부] 남자가 입을 크게 벌리고 큰 소리로 호탕하게 웃는 소리. ¶장수는 주먹으로 상을 내리치며 ~ 웃음을 터뜨렸다.

으흐흐 [부] 남자가 입을 가로로 약간 벌리고 음흉하게 웃는 소리. ¶사내는 ~ 음흉한 웃음을 웃었다.

으흐흑 [부] 흐느껴 울 때 입을 약간만 벌리고 내는 소리. ¶~ 울음을 터뜨리다.

으흠 [감] =어험.

윽-다물다 [-따-] [타] 〈~다무니, ~다무오〉 단단히 결심하거나 참아 견딜 때 힘주어 입을 꾹 다물다. ¶이를 윽다물고 굳게 결심하다.

윽물다 [응-] [동](타) 〈~무니, ~무오〉 성이 나거나 아플 때 또는 단단한 결심을 할 때 아래윗니를 아주 힘 있게 물다. (참)악물다.

윽-박다 [-빡따] [동](타) 억지로 짓누르다.

윽박-지르다 [-빡찌-] [동](타) 〈~지르니, ~질러〉 심하게 윽박아 기를 꺾다. ¶아이를 윽박질러 꼼짝 못하게 만들다.

윽-죄다 [-쬐-/-쮀-] [동](타) 아주 세게 죄다.

윽죄-이다 [-쬐-/-쮀-] [동](자) ‘윽죄다’의 피동사.

은[1] 자음으로 끝나는 체언이나 부사 또는 부사적 성분에 붙는 보조사. **1** 앞에 오는 성분이 주제(主題)가 됨을 나타냄. ¶운동~ 몸뿐 아니라 정신 건강에도 좋다. **2** 앞에 오는 성분이 다른 사실과 대조가 됨을 나타냄. ¶우리 애가 딴 과목~ 괜찮은데 수학 성적~ 영 처진다. **3** 앞에 오는 성분을 더욱 강조하는 뜻을 나타냄. ¶그 구두쇠도 가끔~ 남을 위해 돈을 쓸 때가 있다. ▶-는.

-은[2] [어미] **1** ‘ㄹ’ 이외의 자음으로 끝나는 동사의 어간에 붙어, 과거의 시제를 나타내는 관형사형 전성 어미. ¶삶~ 달걀/땀에 젖~ 옷. **2** ‘ㄹ’ 이외의 자음으로 끝나는 형용사의 어간에 붙어, 현재의 시제를 나타내는 관형사형 전성 어미. ¶짧~ 치마/멋쩍~ 표정을 짓다. ▷-ㄴ-는.

은[3] (殷) [명][역] 중국의 고대 왕조(?~1100? B.C.). 탕왕이 세웠으며, 갑골 문자·청동기 문화가 발달하였음. 주(周)나라의 무왕에게 망함.

은[4] (銀) [명][화][광] 흰빛의 광택이 나는, 금속의 하나. 전기와 열의 전도율이 금속 중 최대이며, 전성(展性)·연성(延性)은 금 다음으로 큼. 예로부터 금 다음가는 귀금속이었으며, 장식품·화폐 등으로 쓰임. 원소 기호 Ag, 원자 번호 47, 원자량 107.868.

[**은 나라 뚝딱 금 나라 뚝딱**] 도깨비들이 이런 말을 하면서 방망이를 치며 떠들썩하게 군다 함이니, 시끄러운 것을 이르는 말.

-은가 [어미] ‘ㄹ’ 이외의 자음으로 끝나는 형용사의 어간에 붙어, 스스로 묻거나 ‘하게’ 할 상대에게 현재 사실에 대한 물음을 나타내는 종결 어미. ¶물이 깊~? ▷-ㄴ가·-는가.

은-가락지 (銀-) [-찌] [명] 은으로 만든 가락지. =은지환(銀指環)·은환(銀環).

은-가루 (銀-) [-까-] [명] **1** 은이 부서진 가루. =은분(銀粉). **2** 은빛을 띤 재료의 가루.

-은감 [어미] ‘ㄹ’ 이외의 자음으로 끝나는 형용사의 어간에 붙어, 상대의 말이나 의견을 가볍게 반박하면서 혼잣말에 가깝게 반문하는 뜻을 나타내는 투의 종결 어미. ¶얼굴이 예쁘다고 뭐 마음씨까지 좋~. ▷-ㄴ감·-는감.

은거 (隱居) [명] 사회적 활동을 기피하여 숨어 사는 것. =은서(隱棲). ¶~ 생활. **은거-하**

다 图(자)(여) ¶도회지를 떠나 시골에 ~.
은거울^반'응(銀-反應) 명 [화] 환원성 유기 화합물을 검출하는 반응의 하나. 암모니아를 가한 질산은 수용액을 넣은 시험관에 시료 용액을 넣고 가열하면 은 이온이 환원되어 시험관의 유리벽이 은도금되는 현상. =은경 반응(銀鏡反應).
-은걸 [어미] 'ㄹ' 이외의 자음으로 끝나는 용언의 어간에 붙어, '해' 할 상대에게 쓰이거나 혼잣말에 쓰여 어떠한 사실을 스스로 감탄하거나 상대방에게 알아 달라는 뜻으로 쓰이는 종결 어미. ¶짐이 너무 많~. ▷-ㄴ걸.--는걸.
은결(隱結) [역] 조선 시대에, 탈세를 목적으로 조세(租稅)의 부과 대상에서 누락시킨 땅.
은결-들다 통(자) 〈~드니, ~드오〉 1 상처가 내부에 생기다. 2 원통한 일로 남모르게 속이 상하다.
-은고 [어미] '-은가'의 예스러운 말. ¶물이 얼마나 깊~? ▷-ㄴ고.--는고.
은공(恩功) 명 은혜와 공로. ¶부모의 ~을 어찌 모를소냐.
-은과니 '-은고 하니'가 준 말. ¶얼마나 밝~ 대낮 같다. ▷-ㄴ과니.--는과니.
은광(銀鑛) 명 1 은을 캐내는 광산. =은산(銀山)·은점. 2 은이 들어 있는 광석.
은괴(銀塊) [-괴/-궤] 명 은의 덩어리.
은-군자(隱君子) 명 1 재능은 있으나 부귀공명을 탐하지 않고 어지러운 세상을 피하여 사는 사람. 2 =은근히1. 3 '국화(菊花)'의 별칭.
은-그릇(銀-) [-른-] 명 은으로 만든 그릇. =은기(銀器)·은기명.
은근(慇懃) →**은근-하다** 형(여) 1 (사람의 태도가) 겉으로 드러나지 않지만 속으로 생각하는 정도가 깊고 극진하다. ¶은근하게 감싸 주다. 2 (사람의 행동이) 함부로 드러내지 않고 슬그머니 또는 가만히 하는 상태에 있다. ¶은근한 말씨. 3 (사물·현상이) 자극적이지 않고 그윽하다. ¶은근한 멋을 풍기는 한복. **은근-히** [부] ¶~ 자랑을 하다.
은근-슬쩍(慇懃-) [부] 은근하게 슬쩍.
은근-짜(慇懃-) 명 1 몰래 몸을 파는 여자를 속되게 이르는 말. =은군자. 2 의뭉스러운 사람을 이르는 말.
은기(銀器) 명 =은그릇.
은니(銀泥) 명 은가루를 아교에 갠 물감. 글씨를 쓰거나 그림 그릴 때 쓰임. ▷금니.
은닉(隱匿) 명 남의 물건이나 범죄인을 감추는 것. ×은익. **은닉-하다** 통(타)(여) ¶장물을 ~. **은닉-되다** 통(자)(여)
은닉-죄(隱匿罪) [-죄/-쮀] 명 [법] 벌금 이상의 형에 해당하는 죄를 범한 사람 또는 장물을 숨겨 줌으로써 성립하는 죄.
은닉-처(隱匿處) 명 불법으로 얻은 물건 등을 감춰 두는 장소.
은대(銀帶) 명 [역] 종6품에서 정3품까지의 문무관이 두르는 띠. 은으로 새긴 장식을 가장자리에 붙였음. =은대.
은덕¹(恩德) 명 은혜와 덕. 또는, 은혜로운 덕. ¶선생님의 ~을 잊다.
은덕²(隱德) 명 남이 모르는 덕행.
-은데 [어미] 'ㄹ' 이외의 자음으로 끝나는 형용사의 어간에 붙는 어미. 1 다음 말을 끌어내기 위하여 관련될 만한 사실을 먼저 베풀 때 쓰이는 연결 어미. ¶마음씨는 좋~ 너무 게으르다. 2 '해' 할 상대에게 쓰여, 어떤 사실이 의외이거나 새삼스럽게 느껴질 때 감탄하는 뜻을 나타내는 종결 어미. ¶너한테 칭찬을 받으니 아주 기분 좋~. 3 '해' 할 상대에게 쓰여, 설명을 요구하는 물음을 나타내는 종결 어미. ¶도대체 그 건물이 얼마나 높~? ▷-ㄴ데.--는데.
은-도금(銀鍍金) 명 다른 금속에 은을 입히는 일. **은도금-하다** 통(타)(여)
은-돈(銀-) 명 =은화(銀貨).
은-동곳(銀-) [-꼳] 명 은으로 만든 동곳.
은둔(隱遁) 명 세상을 피하여 숨어 사는 것. ¶~ 생활. **은둔-하다** 통(자)(여) ¶벼슬을 버리고 ~.
은둔-처(隱遁處) 명 숨어 지내는 곳.
-은들 [어미] 'ㄹ' 이외의 자음으로 끝나는 용언의 어간에 붙어, 양보와 반문을 나타내는 연결 어미. ¶겉이 검~ 속조차 검을소냐. ▷-ㄴ들.
은륜(銀輪) [-뉸] 명 자전거를 아름답게 일컫는 말. ¶~의 제전(祭典).
은막(銀幕) 명 ['흰빛의 영사막'의 미칭] 영화배우의 활동 무대로서의 영화계, 또는 영화배우의 연기를 보여 주는 영상으로서의 영화를 비유하여 이르는 말. ¶~의 여왕/~에 데뷔하다.
은맥(銀脈) 명 [광] 은의 광맥. =은줄.
은-메달(銀medal) 명 은으로 만들거나 은도금한 메달. 흔히, 올림픽·체전·기능 올림픽 등에서 준우승자에게 그 증표로서 수여함.
은-모래(銀-) 명 은빛의 흰 모래. =은사.
은-몰(銀mogol) 명 1 은으로 도금한 장식용의 가느다란 줄. 또는, 은실을 꼬아서 만든 끈. 2 은실을 가로로, 견사를 세로로 하여 짠 직물.
은-물결(銀-) [-껼] 명 =은파(銀波).
은미(隱微) →**은미-하다** 형(여) 1 겉으로 드러나는 것이 거의 없다. 2 묻히거나 작아서 알기 어렵다.
은밀(隱密) →**은밀-하다** 형(여) (어떤 일이나 행동이) 겉으로 드러나지 않거나 남이 잘 모르게 이뤄지는 상태에 있다. ¶은밀한 부탁. **은밀-히** [부] ¶~ 이야기를 나누다.
-은바 [어미] 1 'ㄹ' 이외의 자음으로 끝나는 형용사의 어간에 붙어, 할 말을 하기 전에 또는 어떤 사실을 말하면서 그에 관계되는 현재의 사실을 베풀 때 쓰이는 연결 어미. ¶은혜가 하해 같~ 이것을 갚을 길이 없다. 2 'ㄹ' 이외의 자음으로 끝나는 동사의 어간에 붙어, 할 말을 하기 전에 또는 어떤 사실을 말하면서, 그에 관계된 과거의 사실을 베풀 때 쓰이는 연결 어미. ¶여러 번을 읽~ 문리가 통하였다. ▷-ㄴ바.--는바.
은박(銀箔) 명 은을 두드리거나 눌러서 종이처럼 얇게 만든 물질. 또는, 은 대신 빛깔이 비슷한 알루미늄을 얇게 만든 물질. ¶~을 입히다.
은박-지(銀箔紙) [-찌] 명 한 면에 은박(특히, 알루미늄박)을 붙인 종이. ¶~에 포장된 껌.
은반(銀盤) 명 1 은으로 만든 쟁반. ¶~에 옥 구르는 소리. 2 스케이팅을 하는 공간으로서의 얼음판을 아름답게 일컫는 말. ¶~ 위의 묘기. 3 '달', 특히 '보름달'의 미칭.
은반-계(銀盤界) [-계/-게] 명 빙상 경기에 관계하는 사람들의 사회. ¶~ 동정.
은-반지(銀半指) 명 은으로 만든 반지.

은발(銀髮) 1 은백색의 머리털. 2 백발(白髮)을 아름답게 일컫는 말. ¶~의 노신사.
은-방울(銀-) 圀 은으로 만든 방울.
은방울-꽃(銀-) [-꼳] 圀 [식] 백합꽃과의 여러해살이풀. 6월경에 잎 사이에서 꽃대가 나와 방울 모양의 희고 작은 꽃이 핌. 관상용으로 재배하며, 풀 전체는 강심제·이뇨제로 쓰고 생화(生花)는 신부의 부케에 쓰임.
은배(銀杯) 圀 은잔.
은백-색(銀白色) [-쌕] 圀 은과 같은 흰빛.
은병(銀甁) 圀 [역] 고려 숙종 6년(1101)에 은으로 만든 화폐. 국토 모양을 본뜬 병으로, 입이 넓어 '활구'라고도 했음.
은^본위^제!도(銀本位制度) 圀 [경] 화폐의 가치를 은의 가치와 관련시키는 제도. 본위제도의 초기에 널리 있었음.
은분(銀粉) 圀 =은가루1.
은-붙이(銀-) [-부치] 圀 은으로 된 물건.
은-비녀(銀-) 圀 은으로 만든 비녀.
은-빛(銀-) [-삗] 圀 1 은에서 나는 빛. 2 은의 빛과 같은 사물의 빛깔을 비유하여 이르는 말. ¶~ 호수 / ~ 머리카락.
은사¹(恩師) 圀 1 가르침의 은혜를 베풀어 준 스승. 2 [불] 자기를 출가시켜 길러 준 스님.
은사²(銀沙) 圀 =은모래.
은사³(銀絲) 圀 =은실.
은사⁴(隱士) 圀 벼슬을 하지 않고 숨어 사는 선비.
은-사시나무(銀-) 圀 [식] 버드나뭇과의 낙엽 활엽 교목. 은백양과 수원사시나무의 자연 잡종으로, 잎은 수원사시나무와 같으나 뒷면이 은백양처럼 흰 털로 덮여 있음. 4월에 꽃이 피고 5월에 열매를 맺음.
은산(銀山) 圀 =은광(銀鑛)1.
은상(銀賞) 圀 금상에 이은 2등상. 보통 은메달이나 은배(銀杯) 따위를 줌.
은-상어(銀-) 圀 [동] 은상엇과의 바닷물고기. 은백색의 몸에 머리가 크고 꼬리는 실 모양이며, 배 부분에 뒤로 향한 작은 가시가 있음.
은색(銀色) 圀 은의 빛깔처럼 밝고 윤기 있어 보이는 회색.
은성(殷盛) ➔은성-하다 톙여 번화하고 성하다.
은-세계(銀世界) [-계/-게] 圀 사방에 눈이 희게 쌓인 곳이나 상태를 아름답게 일컫는 말. ¶간밤에 내린 눈으로 마을은 온통 ~를 이루었다.
은-수저(銀-) 圀 은으로 만든 수저.
은-시계(銀時計) [-계/-게] 圀 은딱지로 된 시계.
은신(隱身) 圀 (어느 곳에) 몸을 숨기는 것. 또는, 그 일. 은신-하다 동재여 ¶일경(日警)의 눈을 피해 친척 집에 ~.
은신-처(隱身處) 圀 몸을 숨기는 곳.
은-실(銀-) 圀 1 은을 가늘게 뽑아 만든 실. 2 은빛이 나는 실. =은사(銀絲). ↔금실.
은애(恩愛) 圀 1 은혜와 사랑. 2 [불] 부모와 자식, 부부 등의 사이에 서로 집착하려서 끊기 어려운 사랑. ¶~의 끈에 묶이다 / ~를 버리고 깨달음의 길에 들어가다.
은어¹(銀魚) 圀 [동] 은어과의 민물고기. 몸길이 20~30cm. 몸은 가늘고 길며, 몸빛은 어두운 녹황색임. 치어(稚魚) 때 바다에 나갔다가 자라면 강으로 돌아와 여울에서 살며, 모래나 자갈 밑에 알을 낳음. 2 =도루묵.
은어²(隱語) 圀 어떤 동아리의 사람들이 본뜻을 숨기고 자기들끼리만 알도록 만들어 쓰는 말. 교도소 등에서 죄수들이 '담배'를 '강아지'라고 하는 따위. =변말.
은연(隱然) ➔은연-하다 톙여 =은은(隱隱)하다². 은연-히 閉
은연-중(隱然中) 閉 =은연중에.
은연중-에(隱然中-) 閉 남이 모르는 가운데. =은연중. ¶자기의 속뜻을 내비치다.
은유(隱喩) 圀 [문] 사물의 상태나 움직임을 암시적으로 나타내는 일. =암유(暗喩).
은유-법(隱喩法) [-뻡] 圀 [문] 수사법의 하나. 원뜻은 숨기고 유추나 공통성의 암시에 따라 다른 사물이나 관념으로 대치하여 나타내는 방법. '죽음은 영원한 잠이다' 따위. ➔직유법.
은은¹(殷殷) ➔은은-하다 톙여 (천둥·대포·종 따위의) 멀리서 들려오는 소리가 요란하고 힘차다. 은은-히¹ 閉
은은²(隱隱) ➔은은-하다² 톙여 1 겉으로 뚜렷하게 드러나지 않고 아슴푸레하게 내비쳐 있다. ¶달빛이 창에 은은하게 비치다. 2 멀리서 들려오는 소리가 들릴 듯 말 듯 가늘다. =은연(隱然). 은은-히² 閉 ¶~ 들려오는 저녁 종소리.
은익 圀 '은닉(隱匿)'의 잘못.
은인¹(恩人) 圀 은혜를 베풀어 준 사람. ¶생명의 ~.
은인²(隱人) 圀 어지러운 세상을 버리고 숨어 사는 사람. =은자(隱者).
은인-자중(隱忍自重) 圀 마음속으로 참으며 몸가짐을 신중히 함. 은인자중-하다 동재여 ¶은인자중하며 다음 기회를 기다리다.
은자¹(隱者) 圀 =은인(隱人)².
은자²(銀字) 圀 은니(銀泥:은가루를 아교에 갠 것)로 쓴 글자. ¶~로 쓴 불경. ▷금자.
은자³(隱者) 圀 =은인(隱人)².
은잔(銀盞) 圀 은으로 만든 잔. =은배.
은-장도(銀粧刀) 圀 은으로 만든 장도. 노리개로 참.
은-장이(銀-) 圀 금이나 은 등의 세공을 직업으로 하는 사람. =은장·은장색.
은전(恩典) 圀 나라에서 주는 특전. ¶특사(特赦)의 ~를 베풀다[입다].
은전(銀錢) 圀 =은화(銀貨).
은정(恩情) 圀 1 은혜로 사랑하는 마음. 2 인정 어린 마음.
은제(銀製) 圀 은으로 만드는 일. 또는, 그 물건. ¶~ 컵.
은조-사(銀造紗·銀條紗) 圀 사(紗)의 한 가지. 여름 옷감으로 씀.
은-종이(銀-) 圀 1 은박 또는 은빛 나는 재료를 올려 만든 종이. =은지(銀紙). 2 납과 주석의 합금을 얇게 펴서 종이처럼 만든 것. =납지·석박(錫箔).
은-줄¹(銀-) 圀 은으로 가늘게 만든 줄.
은-줄²(銀-) [-쭐] 圀 [광] =은맥.
-은즉 어미 'ㄹ' 이외의 자음으로 끝나는 용언의 어간이나 어미 '-았/었' 아래에 붙어, 원인·근거·가정·조건 등을 나타내는 연결 어미. ¶일이 끝난 ~ 쉬어도 되겠지. ▷-ㄴ즉.
-은즉슨 [-쓴] 어미 '-은즉'의 힘줌말. ¶먹은 감 ~ 한결 개운하다. ▷-ㄴ즉슨.
-은지¹ 어미 'ㄹ' 이외의 자음으로 끝나는 형용사의 어간에 붙어, 막연한 의문이나 감탄을 나타내는 연결 어미 또는 종결 어미. ¶멋쩍 ~ 얼굴을 붉힌다. / 아, 얼마나 좋~.

은지²(銀紙) 명 =은종이1.

-은지고 어미 'ㄹ' 이외의 자음으로 끝나는 형용사의 어간에 붙어, '해라' 할 상대에게 느낌을 강조하는 종결 어미. ¶오, 가엾~. ▷-ㄴ지고·-는지고.

-은지라 어미 1 'ㄹ' 이외의 자음으로 끝나는 형용사의 어간에 붙어, 이유·근거가 되는 현재 사실을 나타내는 연결 어미. ¶밤이 깊~ 사위가 고요하다. 2 'ㄹ' 이외의 자음으로 끝나는 동사의 어간에 붙어, 이유·근거가 되는 과거 사실을 나타내는 연결 어미. ¶밥을 굶~ 배가 몹시 고팠다. ▷-ㄴ지라·-는지라.

은-지환(銀指環) 명 =은가락지.

은총(恩寵) 명 아주 높은 존재, 특히 신(神)이나 임금 등이 인간이나 백성 등에게 베푸는 고마운 일과 사랑. =성총(聖寵). ¶~을 입다 / ~을 받다.

은커녕 자음으로 끝나는 말에 붙어, '커녕'을 강조하는 뜻을 나타내는 보조사. ¶천 원~ 백 원도 없다. / 너 줄 것~ 나 가질 것도 없다. ▷커녕·는커녕.

은택(恩澤) 명 은혜와 덕택.

은-테(銀-) 명 은 또는 은빛 나는 것으로 만든 테. ¶~ 안경.

은퇴(隱退) [-퇴/-퉤] 명 직임(職任)에서 물러나거나 사회 활동에서 손을 떼고 한가히 지내는 것. **은퇴-하다** 동자여 ¶정계(政界)에서 **은퇴하여** 야인으로 돌아가.

은파(銀波) 명 달빛에 비친 물결을 아름답게 일컫는 말. =은결·은도·은물결.

은-팔찌(銀-) 명 은으로 만든 팔찌.

은폐(隱蔽) [-폐/-페] 명 (어떤 사실이나 물체, 행동 등을) 가려 숨기는 것. ¶사건 ~. **은폐-하다** 동타여 ¶잘못을 / 몸을 ~. **은폐-되다** 동자

은하(銀河) 명 [천] 천구 상에 남북으로 길게 분포되어 있는 수억의 항성의 무리. 맑은 날 밤에 흰 구름처럼 보임. =성하(星河)·은한(銀漢).

은하-계(銀河系) [-계/-게] 명 [천] 태양계가 속하여 있는 거대한 천체의 집단.

은하-수(銀河水) 명 '은하'가 강처럼 보여 일컫는 말.

은한(銀漢) 명 [천] =은하(銀河).

은행¹(銀行) 명 1 [경] 예금을 받아들이고 자금을 대출하며, 송금·환금 및 어음 할인, 증권의 인수 등을 업무로 하는 금융 기관. 크게 중앙은행·일반 은행·특수 은행으로 구분됨. ¶시중 ~. 2 어떤 때에 갑자기 필요해지는 것, 일반적으로 늘 부족한 것 등을 모아서 보관·등록하여 두었다가 필요한 사람의 이용 편의를 도모하는 조직. 비유적인 말임. ¶혈액~ / 안구(眼球)~.

은행²(銀杏) 명 은행나무의 열매. 식용·약용함. =백과(白果).

은행-가(銀行家) 명 은행을 경영하는 사람.

은행-권(銀行券) [-꿘] 명 [경] 중앙은행이 발행하는 지폐. ¶한국~.

은행-나무(銀杏-) 명 [식] 은행나뭇과의 낙엽 교목. 높이 60m에 달하고, 잎은 부채 모양이며 가을에 노랗게 단풍이 듦. 자웅 이주로, 꽃은 5월에 피고 열매는 10월에 노랗게 익는데, '은행'이라 함. 관상용 또는 가로수로 심으며, 목재는 조각·가구 용재 등에 쓰임. =공손수(公孫樹).

은행-원(銀行員) 명 은행나무의 직원. 준행원.

은행-잎(銀杏-) [-닢] 명 은행나무의 잎.

은행-장(銀行長) 명 보통 은행의 직무상의 최고 책임자. 준행장.

은행-털이(銀行-) 명 은행의 돈을 터는 일. 또는, 그런 일을 하는 도둑.

은허(殷墟) 명 [역] 중국 허난 성(河南省)의 안양 현(安陽縣)에 있는, 은(殷)나라 때의 도읍의 유적. 갑골 문자가 새겨진 귀갑(龜甲)·수골(獸骨)과 분묘(墓)로 추정 터 및 청동기·토기·옥석기(玉石器) 등이 발견됨.

은현-잉크(隱現ink) 명 종이에 쓴 글씨가 가열하거나 화학 약품으로 처리해야 눈에 보이도록 된 잉크.

은혜(恩惠) [-혜/-헤] 명 사람이나 신(神)이 어떤 사람에게 베푸는 도움이나 고마운 일. ¶은공·은덕. ¶부모의 ~ / ~를 갚다 [저버리다] / ~를 베풀다 / ~를 모르는 자는 짐승과 다를 게 없다.

[**은혜를 원수로 갚는다**] 감사로서 은혜에 보답해야 할 자리에 도리어 해를 끼친다.

은혜-롭다(恩惠-) [-혜-따/-헤-따] 형비 <~로우니, ~로워> 은혜가 매우 크다. ¶스승의 사랑은 **은혜로워** 가슴에 사무치다. **은혜로이** 부

은혼-식(銀婚式) 명 서양 풍속에서, 결혼 25주년을 축하하는 의식.

은화(銀貨) 명 은으로 만든 돈. =은돈·은자(銀子)·은전(銀錢). ▷금화.

은화-식물(隱花植物) [-씽-] 명 [식] 꽃이 피지 않으며 포자(胞子)로 번식하는 식물. 세균류·균류·조류(藻類)·선태식물·양치식물 따위. =민꽃식물. ↔현화식물.

은환(銀環) 명 1 =은가락지. 2 은으로 된 고리.

은-회색(銀灰色) [-회-/-훼-] 명 은빛을 띤 잿빛.

은휘(隱諱) 명 꺼리어 숨기는 것. **은휘-하다** 동타여

을¹ 조 자음으로 끝나는 체언에 붙어 그 말을 목적어로 만드는 격 조사. 1 행동이 미치는 대상이거나 행동의 목적물임을 나타냄. ¶책 ~ 읽다 / 선생님 ~ 존경하다. 2 행동의 결과 생기는 대상이거나 변화의 결과 이뤄지는 대상임을 나타냄. ¶집 ~ 짓다 / 시금치로 된 장국 ~ 끓이다. 3 이동을 나타내는 동사와 함께 쓰여, 행동의 목적이 되는 일임을 나타냄. ¶등산 ~ 가다. 4 이동을 나타내는 동사와 함께 쓰여, 동작이 이뤄지는 장소가 됨을 나타냄. ¶길 ~ 걷다. 5 이동을 나타내는 동사와 함께 쓰여, 일정한 목적을 가지고 이동하고자 하는 곳임을 나타냄. '에'를 쓰는 경우보다 강조하는 뜻이 있음. ¶직장 ~ 가다. 6 행동의 출발점임을 나타냄. ¶5시에 서울 ~ 출발했다. 7 경로나 과정이 되는 대상임을 나타냄. ¶이미 뒷문 ~ 통해 나가 버린 뒤였다. / 그는 차장 ~ 거쳐 부장으로 승진했다. 8 일이 비롯되는 대상임을 나타냄. ¶강원도 선수단 ~ 선두로 각 시도 선수단이 입장했다. 9 주거나 받는 뜻의 동사와 함께 쓰여, 행동을 받는 대상임을 나타냄. '에게'를 쓰는 경우보다 강조하는 뜻이 있음. ¶그 돈은 이 학생 ~ 주십시오. 10 어떤 행동이 직접 미치는 대상 이외에도 그 대상을 포함하거나 소유하는 대상에도 그 행동이 미칠 때 그 대상을 강조하여 나타냄. ¶껍 ~ 단물만 빨아 먹고는 뱉었다. / 아내는 어느새 남편의 손 ~ 굳게 잡았다. 11 피동사와 함께 쓰여,

남의 동작이나 행위를 입은 대상임을 강조하여 나타냄. ¶버스에서 발~ 밟혔다. 12 시간·거리·빈도 및 그 밖의 수량을 나타내는 말 뒤에 쓰여, 그것이 강조나 관심의 대상이 됨을 나타냄. ¶아이가 사흘 – 내리 울었다. / 세 번~ 그를 찾아갔지만 한 번도 못 만났다. 13 부사의 뒤에 쓰여, 그 앞에 오는 내용을 강조하는 말. ¶종일 기껏~ 벌어 봐야 겨우 입에 풀칠이나 할 정도다. ▷를.

-을² 【어미】 1 'ㄹ' 이외의 자음으로 끝나는 용언의 어간에 붙어, 특정한 시제의 의미가 없이 앞말이 관형사 구실을 하게 하는 관형사형 어미. ¶세상에는 믿~ 게 없다. 2 'ㄹ' 이외의 자음으로 끝나는 용언의 어간에 붙어, 앞말이 관형사 구실을 하게 하고 추측·의지·예정·가능성 등 미래의 일을 나타내는 관형사형 어미. ¶죽~ 병 / 읽~ 책 / 물이 깊~ 것이다. 3 선어말 어미 '-았/었-' 등에 붙어, 어떤 일이 과거의 어느 시점에서 실현되었으리라고 추측함을 나타내는 관형사형 어미. ¶나도 갔~ 텐데. ▷-ㄹ.

을³(乙) 【명】 1 차례·등급을 나타낼 때 둘째를 가리키는 말. 2 천간(天干)의 둘째. 3 두 개 이상의 사물을 말할 때 그 하나를 지칭하는 말. ¶이하 매도인을 갑(甲)이라 하고 매수인을 ~이라 칭하기로 한다.

-을거나 【어미】 'ㄹ' 이외의 자음으로 끝나는 동사나 '있다'의 어간, 또는 어미 '-았/었-', '-겠-'의 아래에 붙어, 영탄조로 혼자 반문하거나 '해' 할 상대에게 의견을 물어볼 때 쓰이는 종결 어미. ¶봄이 왔으니 나무라도 심~. ▷-ㄹ거나.

-을걸[-껄] 【어미】 1 'ㄹ' 이외의 자음으로 끝나는 동사나 '있다'의 어간에 붙어, 지나간 일을 후회하는 뜻으로 혼자 말할 때 쓰이는 종결 어미. ¶내가 참~. 2 'ㄹ' 이외의 자음으로 끝나는 용언의 어간이나 어미 '-았/었-' 아래에 붙어, '해' 할 상대에게 어떤 일을 추측함을 나타내는 종결 어미. ¶시간이 늦~. / 집에 도착했~. ▷-ㄹ걸.

-을게[-께] 【어미】 'ㄹ' 이외의 자음으로 끝나는 동사나 '있다'의 어간에 붙어, '해' 할 상대에게 어떠한 행동을 약속하거나 어떤 일에 대한 자기의 의지를 나타낼 때 쓰이는 종결 어미. ¶내가 먼저 먹~. ▷-ㄹ게. ✕-을께.

을과(乙科) 【명】【역】 과거에서 성적으로 나눈 등급의 둘째. ▷갑과·병과.

-을까 【어미】 1 'ㄹ' 이외의 자음으로 끝나는 용언의 어간이나 어미 '-았/었-' 아래에 붙어, 혼자서 어떤 일을 짐작하면서 자문하거나 '해' 할 상대에게 어떤 일의 가능성을 묻는 뜻을 나타내는 종결 어미. ¶기분이 얼마나 좋~? 2 'ㄹ' 이외의 자음으로 끝나는 용언의 어간에 붙어, '해' 할 상대에게 자기가 하려는 행동에 대해 상대의 생각을 묻는 뜻을 나타내는 종결 어미. ¶나무를 여기에 심~? ▷-ㄹ까.

-을까마는 【어미】 '-을까'와 보조사 '마는'이 결합된 말. 앞의 사실에 대해 과연 그럴까 의문을 가지면서도 완전히 부정할 수 없는 그 사실을 전제로 뒤의 사실을 말할 때 쓰임. 回-으랴마는. ¶설마 그런 일이야 있~ 그래도 조심해야지. ▷-ㄹ까마는.

-을께 【어미】 '-을게'의 잘못.

-을꼬 【어미】 'ㄹ' 이외의 자음으로 끝나는 용언의 어간이나 어미 '-았/었-' 아래에 붙어, 혼자서 어떤 일을 짐작하면서 자문하는 뜻을 나타내는 종결 어미. '-을까'와 부분적으로 뜻이 비슷하나, 예스러운 말임. ¶태산이 얼마나 높~. / 그 사람은 어디로 갔~. ▷-ㄹ꼬.

-을는지[-른-] 【어미】 'ㄹ' 이외의 자음으로 끝나는 용언의 어간이나 어미 '-았/었-' 아래에 붙는 어미. 1 뒤 절이 나타내는 일과 상관이 있는 어떤 일의 실현 가능성을 의문을 나타내는 연결 어미. ¶그가 늦지나 않~ 마음이 불안하다. 2 어떠한 일의 가능성을 혼자 자문하거나 부정적인 결과를 예상하여 탄식하는 뜻을 나타내는 종결 어미. ¶음식이 구미에 맞~ 모르겠네요. ▷-ㄹ는지.

-을라 【어미】 'ㄹ' 이외의 자음으로 끝나는 용언의 어간이나 어미 '-았/었-' 아래에 붙어, 어떤 대상이 위험에 놓이거나 일이 잘못되려고 할 때 놀라서 혼잣말처럼 내뱉거나, '해라' 할 상대에게 주의를 환기하는 뜻을 나타내는 종결 어미. ¶그러다 학교에 늦~. ▷-ㄹ라.

-을라고 【어미】 'ㄹ' 이외의 자음으로 끝나는 용언의 어간이나 어미 '-았/었-' 아래에 붙어, '그럴 가능성은 별로 없다'는 부정적인 의심의 뜻을 나타내는 종결 어미. 가벼운 물음의 뜻이 있음. 回-으려고. ¶설마 저 밥을 혼자 다 먹~? ▷-ㄹ라고.

-을라치면 【어미】 'ㄹ' 이외의 자음으로 끝나는 동사나 '있다', '없다'의 어간에 붙어, 몇 번 경험한 일을 추상적으로 가정하는 뜻을 나타내는 연결 어미. ¶책이라도 좀 읽~ 옆에 와서 성가시게 군다. ▷-ㄹ라치면.

-을락 【어미】 'ㄹ' 이외의 자음으로 끝나는 동사의 어간이나 '-았/었-' 아래에 붙어, 거의 하는 듯한 모양을 나타내는 연결 어미. 주로 '-을락 말락'의 꼴로 쓰임. ¶물고기가 죽~ 말락 하다. ▷-ㄹ락.

을랑 【조】 '일랑'의 힘줌 훨씬 사용 빈도가 낮음. '일랑'에 비해 훨씬 사용 빈도가 낮음. ¶내가 다 알아서 할 테니 뒷일~ 걱정하지 마라.

-을래 【어미】 'ㄹ' 이외의 자음으로 끝나는 동사나 '있다'의 어간에 붙어, '해' 할 상대에게 장차 할 행동에 대한 자신의 의사를 나타내거나 상대방의 의향을 묻는 종결 어미. 자기 의사를 나타낼 때에는 주로 나이 어린 사람이 손~ 씻~. / 밥을 먹~, 죽을 먹~? ▷-ㄹ래.

-을래야 '-으려야'의 잘못.

-을러니 【어미】 'ㄹ' 이외의 자음으로 끝나는 용언의 어간이나 어미 '-았/었-' 아래에 붙어, '-겠더니'의 뜻을 나타내는, 예스러운 연결 어미. ¶보기에는 손이 닿~, 뻗어 본즉 영 미치지 않는다. ▷-ㄹ러니.

을러-대다 【동】【타】 (상대방을) 우격다짐으로 위협하다. 回을러메다. ¶그는 자기 말을 듣지 않으면 가만두지 않겠다면서 나를 을러댔다.

-을러라 【어미】 'ㄹ' 이외의 자음으로 끝나는 용언의 어간이나 어미 '-았/었-' 아래에 붙어, 1 겪은 사실을 바탕으로 한, 가능성이나 추측을 나타내는, 독백체의 예스러운 평서형 종결 어미. ¶연못이 제법 깊~. 2 겪은 사실을 돌이켜 생각하여 나타내는, 독백체의 예스러운 감탄형 종결 어미. ¶고해의 인생, 아픔과 고뇌도 많고 많~. ▷-ㄹ러라.

을러-메다 【동】【타】 우격으로 으르다. 回을러대다. ¶상부의 명령이니까 말을 듣지 않으면 강습소를 폐쇄시키겠다고 을러메어서 영신

은 하는 수 없이 입술을 깨물고 주재소 밖으로 나왔다. 《심훈 : 상록수》
을러-방망이 명 때리려고 으르는 짓. ×얼러방망이. **을러방망이-하다** 동타여
을러방망이(를) 치다 관 때리려고 으르다. ¶아이가 말을 듣지 않자 주먹을 치켜들어 **을러방망이** 쳤다.
-을런가 어미 'ㄹ' 이외의 자음으로 끝나는 용언의 어간이나 어미 '-았/었-' 아래에 붙어, 혼잣말이나 '해' 할 상대에게 청자가 경험을 통해 추측하고 있는 동작이나 상태의 가능성을 묻는 종결 어미. ¶물이 너무 깊~? ▷-ㄹ런가.
-을런고 어미 '-올런가' 보다 더 예스럽고 점잖은 말. ▷-ㄹ런고.
-을레 어미 'ㄹ' 이외의 자음으로 끝나는 용언의 어간이나 어미 '-았/었-' 아래에 붙어, '-겠데'의 뜻을 나타내는, 예스러운 종결 어미. ¶이보다는 좋~. ▷-ㄹ레.
-을레라 어미 'ㄹ' 이외의 자음으로 끝나는 용언의 어간이나 어미 '-았/었-' 아래에 붙어, '-겠더라'의 뜻으로 감탄을 나타내는, 독백체의 예스러운 종결 어미. ¶슬픔이 참 깊~. ▷-ㄹ레라.
-을려고 어미 '-으려고'의 잘못.
-을려야 어미 '-으려야'의 잘못.
-을망정 어미 'ㄹ' 이외의 자음으로 끝나는 용언의 어간이나 어미 '-았/었-' 아래에 붙어, '-다 하더라도', '-는다 하더라도'의 뜻을 나타내는 연결 어미. ¶아무리 싫~ 겉으로 드러내지 말게나. ▷-ㄹ망정.
을묘(乙卯) 명 60갑자의 쉰두째.
을미(乙未) 명 60갑자의 서른두째.
을미-사변(乙未事變) 명 역 고종 32년(1895)에 일본의 자객(刺客)들이 경복궁을 침입하여 명성 황후를 죽인 사건.
-을밖에[-빡-] 어미 'ㄹ' 이외의 자음으로 끝나는 용언의 어간이나 어미 '-았/었-' 아래에 붙어, '해' 할 상대에게 쓰이거나 혼잣말에 쓰여 '-을 수밖에 없다'는 뜻을 나타내는 종결 어미. ¶불을 켜니 밝~. ▷-ㄹ밖에.
을방(乙方) 명 24방위의 하나. 정동(正東)으로부터 남으로 15도의 방위를 중심으로 한 15도 안의 방위. 준을(乙).
-을뿐더러 어미 'ㄹ' 이외의 자음으로 끝나는 용언의 어간이나 어미 '-았/었-' 아래에 붙어, 그뿐만 아니라 다른 일이 더 있음을 나타내는 연결 어미. ¶학식이 깊~ 인품도 훌륭하다. ▷-ㄹ뿐더러.
-을사[-싸] 어미 **1** 'ㄹ' 이외의 자음으로 끝나는 동사의 어간에 붙어, 의지를 나타내는 예스러운 종결 어미. ¶그 문제는 내가 맡~. **2** 'ㄹ' 이외의 자음으로 끝나는 동사의 어간이나 어미 '-았/었-' 아래에 붙어, 주로 일정한 청자를 대면하지 않는 신문·잡지 등에서 독자 대중을 향한 명령이나 권유를 나타내는 종결 어미. ¶이제 여러분은 필자가 서두에서 말한 바와 같이 책을 많이 읽~. **3** 'ㄹ' 이외의 자음으로 끝나는 형용사의 어간에 붙어, 감탄을 나타내는 예스러운 종결 어미. ¶달도 밝~. ▷-ㄹ사.
을사²(乙巳) 명 60갑자의 마흔두째.
을사-사화(乙巳士禍) 명 역 조선 명종 1년(1545)에, 인종이 승하하자 새로 등극한 명종의 외숙인 윤원형(尹元衡)이 인종의 외숙인 윤임(尹任) 일파를 몰아내는 과정에서 사림(士林)이 크게 화를 입은 사건.

을사-조약(乙巳條約)[-싸-] 명 역 조선 광무 9년(1905)에 일본이 한국의 외교권을 빼앗기 위하여 강제로 맺은, 다섯 조문으로 된 조약. =을사오조약.
-을새[-쌔-] 어미 'ㄹ' 이외의 자음으로 끝나는 용언의 어간이나 어미 '-았/었-' 아래에 붙어, 어떤 사실을 제기하면서 뒤에 그에 대한 설명을 덧붙이는 뜻을 나타내는, 옛말 투의 연결 어미. ¶물이 맑~ 온갖 고기가 노닐더라. ▷-ㄹ새.
-을세라[-쎄-] 어미 'ㄹ' 이외의 자음으로 끝나는 용언의 어간이나 어미 '-았/었-' 아래에 붙어, 어떠한 일이 일어날까 걱정함을 나타내는 종결 또는 연결 어미. ¶약속 시간에 늦~ 택시를 잡아탔다. ▷-ㄹ세라.
-을소냐 어미 '-을쏘냐'의 잘못.
-을수록[-쑤-] 어미 'ㄹ' 이외의 자음으로 끝나는 용언의 어간에 붙어, 어떠한 일이 더하여 감을 나타내는 어미. ¶늙~ 젊은 시절이 그리워진다. ▷-ㄹ수록.
을시(乙時)[-씨] 명 이십사시의 여덟째 시. 곧, 오전 6시 30분부터 7시 30분까지의 동안. 준을(乙).
-을시고[-씨-] 어미 'ㄹ' 이외의 자음으로 끝나는 일부 형용사의 어간에 붙어, 혼자서 감탄하는 뜻을 나타내는 종결 어미. 예스러운 말로 시나 노래 등에 자주 쓰임. ¶내 고장 좋~. ▷-ㄹ시고.
-을쏘냐 어미 'ㄹ' 이외의 자음으로 끝나는 용언의 어간이나 어미 '-았/었-' 아래에 붙어, '어찌 그럴 리가 있겠느냐'의 뜻으로 어떤 사실의 강한 부정을 자문(自問) 형식의 반어 의문문으로 나타내는, 문어체의 종결 어미. ¶강물이 바다보다 깊~. ▷-ㄹ쏘냐. ×-을소냐.
-을쏜가 어미 'ㄹ' 이외의 자음으로 끝나는 용언의 어간이나 어미 '-았/었-' 아래에 붙어, '-을 것인가'의 뜻으로, 의문의 형식을 빌려 앞의 내용을 강하게 부인할 때 쓰는 종결 어미. 예스러운 표현으로, 감탄·탄식의 뜻이 있으며 주로 글에 쓰임. ¶이 세상의 그 무엇이 부모 은혜보다 넓고 깊~. ▷-ㄹ쏜가.
을씨년-스럽다[-따] 형ㅂ <-스러우니, -스러워> **1** (날씨 따위가) 스산하고 썰렁하다. ¶날씨가 **을씨년스러운** 게 곧 눈이라도 쏟아질 것 같다. **2** 살림이 매우 군색하다. ¶**을씨년스럽던** 피난 생활이 바로 어제 일 같다. **을씨년스레** 부
을야(乙夜) 명 '이경(二更)'을 오야(五夜)의 하나로 이르는 말.
을유(乙酉) 명 60갑자의 스물두째. ¶~년.
-을이만큼 어미 '-으리만큼'의 잘못.
-을작시면[-짝씨-] 어미 'ㄹ' 이외의 자음으로 끝나는 일부 동사의 어간에 붙어, '어떠 어떠한 경우에 이르게 되면'의 뜻을 나타내는, 예스러운 연결 어미. 보통 우습거나 언짢은 경우에 쓰임. ¶그의 글을 읽~ 문맥이 도대체 통하지 않는다. ▷-ㄹ작시면.
을종(乙種)[-쫑] 명 갑·을·병 등으로 차례를 매길 때, 그 둘째 종류. ¶~ 합격.
-을지[-찌] 어미 'ㄹ' 이외의 자음으로 끝나는 용언의 어간이나 어미 '-았/었-' 아래에 붙어, '해' 할 상대에게 쓰이거나 명사절로 안긴문장으로 쓰여 추측에 대한 막연한 의문을 나타내는 종결 어미. 주절의 서술어는 주로 '알다', '모르다' 등의 동사가 옴. ¶내일 날씨가 좋~ 모르겠네. ▷-ㄹ지.

-을지나[-찌-] 어미 'ㄹ' 이외의 자음으로 끝나는 용언의 어간이나 어미 '-았/었-' 아래에 붙어, '마땅히 그러할 것이나'의 뜻으로 쓰이는, 예스러운 연결 어미. ¶가진 것은 없~ 사람이 비굴하지는 말아야지. ▷-ㄹ지나.

-을지니[-찌-] 어미 'ㄹ' 이외의 자음으로 끝나는 용언의 어간이나 어미 '-았/었-' 아래에 붙어, '마땅히 그러할 것이니'의 뜻으로, 어떤 근거를 제시하면서 뒤의 말을 이어 주는, 문어체의 연결 어미. ¶곧 날이 밝 맘껏 축배를 마시자. ▷-ㄹ지니.

-을지니라[-찌-] 어미 'ㄹ' 이외의 자음으로 끝나는 용언의 어간이나 어미 '-았/었-' 아래에 붙어, 상대보다 우월한 위치에서 '마땅히 그러할 것이니라'의 뜻을 나타내어 장중하게 말하는, 예스러운 종결 어미. ¶스승의 말을 믿~. ▷-ㄹ지니라.

-을지라[-찌-] 어미 'ㄹ' 이외의 자음으로 끝나는 용언의 어간이나 어미 '-았/었-' 아래에 붙어, 상대보다 우월한 위치에서 '마땅히 그러할 것이라'의 뜻을 나타내어 말하는, 예스러운 문어체의 종결 어미. ¶참으로 인생 행로에는 고난이 많~. ▷-ㄹ지라.

-을지라도[-찌-] 어미 'ㄹ' 이외의 자음으로 끝나는 용언의 어간이나 어미 '-았/었-' 아래에 붙어, 뒤의 사실이 앞의 사실에 매이지 않음을 나타내는 연결 어미. ¶아는 것이 많~ 행하지 않으면 소용이 없다. ▷-ㄹ지라도.

-을지어다[-찌-] 어미 'ㄹ' 이외의 자음으로 끝나는 동사나 '있다'의 어간에 붙어, '해라' 할 상대에게 '마땅히 그러하게 하여라'의 뜻을 나타내는 명령형 종결 어미. ¶그대의 가정에 복이 있~. ▷-ㄹ지어다.

-을지언정[-찌-] 어미 'ㄹ' 이외의 자음으로 끝나는 용언의 어간이나 어미 '-았/었-' 아래에 붙어, 한 가지를 꼭 부인하기 위하여는 차라리 딴것을 시인할 용의가 있음을 나타내는 연결 어미. ¶굶~ 구걸은 못 하겠다. ▷-ㄹ지언정.

을지-훈련(乙支訓鍊)[-찌훌-] 명 [군] 군인·관청·민간이 더불어 적의 침략에 대비하여 전국 주요 도시에서 매년 실시하는 훈련. 민방공 훈련·등화관제·교통 통제 따위.

-을진대[-찐-] 어미 'ㄹ' 이외의 자음으로 끝나는 용언의 어간이나 어미 '-았/었-' 아래에 붙어, 어떠한 사실이 응당 그러리라는 것을 인정하면서 그것을 다시 다른 사실의 조건이나 근거로 삼는 연결 어미. ¶그 여자가 좋~ 왜 결혼을 망설이는가? ▷-ㄹ진대.

-을진댄[-찐-] 어미 '-을진대'의 힘줌말. ¶일등을 하고 싶~ 열심히 공부해야지.

-을진저[-찐-] 어미 'ㄹ' 이외의 자음으로 끝나는 용언의 어간에 붙어, 지적으로 우월한 입장에서 어떤 사실이 마땅히 그러하거나 그러해야 함을 나타내는, 문어체의 종결 어미. ¶그대에게 축복이 있~. ▷-ㄹ진저.

을축(乙丑) 명 60갑자의 둘째.

을축-갑자(乙丑甲子)[-깝짜] 명 무슨 일이 제대로 되지 않고 그 순서가 뒤바뀜을 이르는 말.

을해(乙亥) 명 60갑자의 열두째.

읊다[읍따] 타 1 (시를) 리듬에 맞추거나 음의 고저 강약을 살려서 외거나 읽다. ¶시를 ~. 2 (어떤 내용을) 운율적 언어로 표현하다. ¶망국의 한을 읊은 시.

읊-조리다[읍쪼-] 타 (시나 운문을) 뜻을 음미하면서 낮은 목소리로 읊다. ¶눈을 감은 채 '적벽부'(赤壁賦)'를 ~.

음¹ 감 무엇을 수긍하는 뜻으로, 입을 다물고 입속으로 내는 소리. ¶~, 그도 그럴싸하구나.

-음² 접미 용언의 어근에 붙어, 그것을 명사로 만드는 말. ¶물~ / 얼~ / 걸~. ▷-ㅁ.

-음³ 어미 'ㄹ' 이외의 자음으로 끝나는 용언의 어간이나 어미 '-았/었-', '-겠-'의 아래에 붙어, 명사형을 만드는 어미. ¶산의 높~과 바다의 깊~. ▷-ㅁ.

음⁴(音) 명 1 귀로 느낄 수 있는 소리. 특히, 음악을 구성하는 소재로서의 소리. ¶~이 낮은~ / ~이 악기가 연주하는 ~의 세계. 2 낱자나 글자, 또는 음절의 소리. ¶'외'의 ~은 '웨'로도 날 수 있다. 3 한자(漢字)가 나타내는 소리. ¶한자에 ~을 달다.

음⁵(陰) 명 1 [철] 태극(太極)이 나뉘인 두 가지 성질·기운의 하나. '어둠', '땅', '달', '없음' 등의 소극적·수동적인 방면을 상징함. 2 [수] '음수(陰數)'를 나타내는 말. 구용하는 부(負). 3 [물] '음극'의 준말. ↔양(陽).
음으로 양(陽)으로 관 드러나지 않게도 하고 드러나게도 하여. ¶그분은 아버지가 안 계신 우리 가정을 ~ 보살펴 주셨다.

음가(音價)[-까] 명[언] 발음 기관의 어떤 기초적 조건에 의한 단위적 작용에 의해 생기는 음향(聲音) 현상. ~소릿값.

음각¹(陰角) 명 [수] =음의 각. ↔양각(陽角).

음각²(陰刻) 명[미] 그림이나 문자 따위를 오목오목 들어가게 새기는 것. ≒요조(凹彫). ↔양각. **음각-하다** 타며 ¶비문을~.

음감(音感) 명 음이 지니는 여러 요소에 대한 감수성. 곧, 음의 높낮이·강약·장단, 음색(音色) 등을 듣고 분별하는 능력.

음경(陰莖) 명[생] 남자의 외부 생식기. 귀두·요도구·고환 등으로 이루어짐. ≒남경(男莖)·남근(男根)·양근·양물(陽物)·페니스. ㈂물건·연장·자지. ☞음문(陰門).

음계¹(音階)[-계/-게] 명 [음] 일정한 음정(音程)의 순서로 음을 차례로 늘어놓은 것. 동양 음악은 5음 음계, 서양 음악은 7음 음계를 기초로 함. ¶장(長)- / 단(短)-.

음계²(陰界)[-계/-게] 명 귀신의 세계. ↔양계(陽界).

음계³(陰計)[-계/-게] 명 =음모(陰謀)². **음계-하다** 타며.

음곡(音曲) 명 1 음률의 곡조. ㈂음절(音節). 2 '노래'를 달리 이르는 말. ¶가무(歌舞).

음공(陰功) 명 1 뒤에서 돕는 숨은 공. ¶아내의 ~으로 사업에 성공할 수 있었다. 2 숨은 공덕. ¶~을 쌓다.

음극(陰極) 명[물] 두 전극 사이에 전류가 흐를 때, 전위(電位)가 낮은 쪽의 극. ≒음전극. ㈜음(陰). ↔양극(陽極).

음극-관(陰極管)[-꽌] 명[물] 음극선을 방출시키기 위하여 사용하는 진공관. 브라운관 따위.

음극-선(陰極線)[-썬] 명[물] 진공 방전 때 음극에서 방출되어 양극으로 향하는 빠른 전자의 집단적인 흐름. 또는, 다시 그것을 높은 전압으로 가속(加速)한 것. ↔양극선.

음기(陰氣) 명 1 음침한 기운. 2 [한] 몸 안의 음(陰)과 관계된 기운. ↔양기(陽氣).

음낭(陰囊) 명[생] 포유류의 수컷의 음경 기

부에 있어 아래로 처져 정소(精巢)·부고환 등을 싸고 있는 주머니처럼 생긴 것.
음-넓이(音―) [명][음] =음역(音域)¹.
음녀(淫女) [명] 음란한 여자. [비]탕녀.
음-높이(音―) [명][음] 음의 높음과 낮음. =음고(音高)·피치.
음담(淫談) [명] 음탕한 이야기.
음담-패설(淫談悖說) [명] 음탕하고 상스러운 이야기.
음대(音大) [명][교] '음악 대학'의 준말.
음덕¹(陰德) [명] 숨은 덕행. ¶~을 쌓다.
음덕²(蔭德) [명] **1** 조상의 덕. ¶~을 입다. **2** =그늘3.
음도(音度) [명] 음의 높낮이의 정도.
음독¹(音讀) [명] **1** 소리를 내어 읽는 것. **2** 한자를 음으로 읽는 것. ↔훈독(訓讀). **음독-하다**¹ [동][타][여]
음ː독²(飮毒) [명] 독약을 먹는 것. **음ː독-하다**² [동][자][여] ¶**음독하여** 중태에 빠지다.
음ː독-자살(飮毒自殺) [―짜―] [명] 독약을 먹고 자신의 목숨을 스스로 끊는 일. **음ː독자살-하다** [동][자][여] ¶사업 실패를 비관해 ~.
음란(淫亂) [―난] [명] **1** (사람이, 또는 행동이) 성(性)에 대해 삼가지 않고 난잡한 것. **2** (책·그림·사진·영화 등이) 내용에 있어서 성(性)을 노골적으로 다루고 있어 난잡한 것. ¶~ 도서 / ~ 비디오. **음란-하다** [형][여] ¶**음란한** 여자.
음란-물(淫亂物) [―난―] [명] 음란한 내용의 책이나 그림이나 영화나 비디오.
음랭(陰冷) [―냉] ➔**음랭-하다** [―냉―] [형][여] 응달이 지고 차다. ¶쓸쓸한 가을 해는 어느덧 만리재 고개턱에 남실거리고 원터 산 밑은 황혼을 재촉하는 그늘이 온 동리를 **음랭하게** 휩싸고 있었다.《이기영:고향》
음량(音量) [―냥] [명][음] 악기·스피커 등의 소리 크기. 또는, 목소리의 크기. ¶~이 풍부하다 / 스피커의 ~을 조절하다.
음력(陰曆) [―녁] [명][천] '태음력(太陰曆)'의 준말. ¶~ 생일. ↔양력(陽曆).
음력-설(陰曆―) [―녁썰] [명] 음력으로 쇠는 설. 음력 정월 초하루를 새해 명절로 이르는 말임.
음롱(音聾) [―농] [명][음] 청각의 이상은 없으나, 음악의 이해나 식별을 못 하는 사람. ▷음치.
음ː료(飮料) [―뇨] [명] 사람이 마실 수 있도록 주로 상업적인 목적으로 제조한, 술 이외의 액체. ¶청량~ / 유산균 ~ / 건강 ~ / 과즙 ~.
음ː료-수(飮料水) [―뇨―] [명] 사람이 갈증을 해소하거나 맛을 즐기거나 하기 위해 마시는, 사이다·콜라·주스 따위의 액체. 때로, 차나 상품으로서의 광천수 등을 포함하기도 함. ¶먹을 것과 ~를 싸 가지고 일가족이 놀러 가다.
음률(音律) [―뉼] [명][음] **1** 소리와 음악의 가락. **2** 음악에서 사용되는 음높이의 상대적인 관계를 진동수의 비(比)로써 규정한 것. [준] 율(律).
음매 [부] 소의 울음소리. =엄매.
음모¹(陰毛) [명] 10대 후반 이후부터 사람의 생식기 주위(특히, 불두덩)에 나기 시작하는 곱슬곱슬한 털. [비]거웃.
음모²(陰謀) [명] 남이 모르게 나쁜 일을 꾸미는 것. 또는, 그 꾀. =음계(陰計). ¶요인 암살 ~ / ~를 꾸미다. **음모-하다** [동][타][여]
음문¹(陰文) [명] 도장이나 종(鐘)의 명(銘) 따위를 옴폭 들어가게 새긴 글자. ↔양문.
음문²(陰門) [명][생] 여자의 외부 생식기. 대음순·소음순·음핵·질구(膣口)·요도구 등으로 이루어짐. =여근(女根)·옥문(玉門)·음호·하문(下門). [비]보지. ↔음경(陰莖).
음미(吟味) [명] **1** 시가(詩歌)를 읊조리며 그 맛을 감상하는 것. **2** 사물의 속 내용을 새겨서 맛보는 것. **음미-하다** [동][타][여] ¶**음미할** 만한 이야기 / 술 맛을 ~.
음반(音盤) [명] 전축에 걸어 소리를 들을 수 있게 만든 동그란 판. 세는 단위는 장(張). =레코드·레코드판·디스크·소리판. ¶가곡 ~ / 가수가 새 ~을 내다.
음보(音步) [명][문] 시가의 운율을 이루는 기본 단위. 대개 어절로 표상되는 시간적 단위로, 3음절 내지 4음절 등이 보통 한 음보를 이룸.
음ː복(飮福) [명] 제사를 지내고 난 뒤에 제사에 쓴 음식을 나누어 먹는 것. **음ː복-하다** [동][타][여] ¶제사를 지내고 둘러앉아 제물(祭物)을 ~.
음부¹(音符) [명][음] =음표(音標).
음부²(陰府) [명] =저승.
음부³(陰部) [명][생] 남녀의 생식기가 있는 곳. [비]국부(局部)·치부(恥部).
음-부호(陰符號) [명][수] 음수(陰數)임을 나타내는 부호. 곧, '―'. =부호(負號)·음호(陰號). ↔양부호.
음사¹(淫祠) [명] 바르지 못한 귀신을 모셔 놓은 집채.
음사²(淫辭) [명] 음탕한 말. ¶~를 주고받다.
음산(陰散) ➔**음산-하다** [형][여] **1** (날씨가) 흐리고 으스스하다. ¶**음산한** 초겨울 날씨. **2** 을씨년스럽고 썰렁하다. ¶**음산한** 분위기. **음산-히** [부]
음상(音相) [명][언] 모음 또는 자음의 교체로 단어의 기본적 의미는 달라지지 않으면서 어감(語感)만 달라지는 현상. 또는, 모음이나 자음이 교체된 단어끼리의 음의 양상. '또박또박'과 '뚜벅뚜벅', '단단하다'와 '딴딴하다' 따위.
음색(音色) [명][음] 음의 높낮이가 같아도 사람이나 악기에 따라 달리 들리게 하는 소리의 특질. 또는, 소리의 맵시. =음빛깔. ¶~이 곱다.
음서¹(淫書) [명] 음탕한 내용의 책.
음서²(蔭敍) [명][역] 고려·조선 시대에, 공신이나 고관의 자제를 과거(科擧)에 의하지 않고 관리로 채용하던 일. **음서-하다** [동][타][여]
음성¹(音聲) [명] **1** 사람의 목에서 나오는 소리. [비]목소리. ¶나직한 ~. **2** [언] 사람이 발음 기관을 통해 나타내는, 실제 말에 쓰이는 소리. 발음하는 사람이나 때에 따라 다르게 남. =말소리. ▷음운(音韻).
음성²(陰性) [명] **1** 음(陰)의 성질. 곧, 소극적이며 내숭스러운 성질. **2** 숨겨서 밖으로 드러나지 않는 것. ¶~ 수입. **3** [의] '음성 반응'의 준말. ↔양성(陽性).
음성^기호(音聲記號) [명][언] 음성을 기술하기 위하여 편의상 쓰는 기호. =음표 문자.
음성^다중^방ː송(音聲多重放送) [명] 텔레비전 전파의 간격을 이용하여 2종류 이상의 음성을 방송하는 것. ▷문자 다중 방송.
음성-률(音聲律) [―뉼] [명][문] 시에서, 음의 장단·고저·강약 등을 일정하게 배치하여 운율을 맞춘 것. 주로, 한시(漢詩)에서 많이 쓰임.

음성^**모**¦**음**(陰性母音)[언] 발음이 어둡고 어감이 큰 모음. 'ㅓ', 'ㅜ', 'ㅕ', 'ㅠ', 'ㅔ', 'ㅚ', 'ㅖ', 'ㅝ', 'ㅢ', 'ㅡ'가 있음. =약모음(弱母音). ↔양성 모음.

음성^**반응**(陰性反應)[명][의] 바이러스·세균 등의 감염 여부를 알기 위하여 생화학적·세균학적·면역학적인 검사를 행했을 때, 특정한 반응이 나타나지 않는 일. 또는, 나타난 반응이 일정 기준 이하일 경우도 말함. =네거티브. ↔양성 반응.

음성^**사서함**(音聲私書函)[명][통] 휴대 전화·무선 호출기 등에서, 전화를 건 사람이 음성으로 메시지를 남겨 놓을 수 있게 마련해 놓은 가상의 저장 공간.

음성^**언어**(音聲言語)[명][언] 음성을 매개로 하여 표현되는 언어. ↔문자 언어.

음성-**적**(陰性的)[관][명] 밖으로 드러나지 않게 행하는 (것). ¶~인 거래.

음성-**학**(音聲學)[명][언] 음성 언어를 대상으로 하여 연구하는 언어학의 한 분야. =발음학. 음성학.

음성-**화**(陰性化)[명] (부정적·불법적 현상이) 겉으로 드러나지 않게 은밀히 이뤄지거나 존재하는 상태가 되는 것. ↔양성화. **음성화**-**하다**[통][여] **음성화**-**되다**[통][자]

-**음세**¹[어미] 'ㄹ' 이외의 자음으로 끝나는 동사나 '있다'의 어간에 붙어, '하게' 할 상대에게 자기가 기꺼이 하겠다는 뜻을 나타낼 때 쓰이는 종결 어미. ¶며칠 안에 빚을 갚~. ▷-ㅁ세.

음세²(音勢)[명] 소리의 강약 =음력(音力).

음소(音素)[언] 그 이상 더 작게 나눌 수 없는 음운론상의 최소 단위. =낱소리.

음소^**문자**(音素文字)[-짜][명][언] 낱낱의 글자가 낱말의 음을 음소의 단위까지 분석하여 표기하는 성질을 가진 문자. 한글·로마자 따위. =낱소리글·단음 문자. ▷음절 문자.

음속(音速)[명][물] 음파가 매질(媒質)을 통해서 전파되는 속도. 공기 중의 음속은 0°C, 1기압일 때 331.5m/s로, 온도가 1°C 오를 때마다 0.6m/s씩 증가함. ¶초(超)~.

음송(吟誦)[명](시가를) 외어 읊는 것. **음송**-**하다**[통][여] ¶두보(杜甫)의 시를 ~.

음수¹(陰數)[명][수] 0보다 작은 수. 부호 '-'를 수 앞에 붙여서 나타냄. 구용어는 부수(負數). ↔양수(陽數).

음수²(陰樹)[명][식] 응달에서도 잘 번식할 수 있는 나무. 주목·전나무·비자나무·팔손이나무 따위. ↔양수(陽樹).

음수-**율**(音數律)[명][문] 음절의 수로써 규정된 형식을 가진 시(詩)의 리듬.

음순(陰脣)[명][생] 여자의 외음부의 일부. 한 쌍의 피부의 주름으로, 질·요도를 둘러싸고 있음.

음습(陰濕) →**음습**-**하다**[-스파-][형][여] 1 그늘지고 축축하다. ¶음습한 토굴. 2 음산하고 눅눅하다. ¶음습한 바람.

음¦**식**(飮食)[명] 1 곡식이나 채소, 고기 등을 익히거나 다듬거나 양념을 하여 사람이 먹을 수 있게 만든, 밥이나 국이나 반찬 등의 물질. ¶맛있는 ~/~을 장만하다. 2 넓은 뜻으로, 사람이 먹거나 마시는 일. 또는, 그런 모든 물질. ¶~ 조절/~을 절제하다.

음¦**식**-**물**(飮食物)[-씽-][명] 음식으로서 만들어진 물질. '음식'을 식욕을 돋우는 먹는 대상으로서보다는, 물리적·화학적 물질로서 가리키는 말임. ¶여름철에 ~을 오래 두면 상하기 쉽다. / 이 사이가 벌어져 ~이 자꾸 낀다.

음¦**식**-**상**(飮食床)[-쌍][명] 음식을 차린 상.

음¦**식**-**점**(飮食店)[-쩜][명] 음식을 파는 집.

음신(音信)[명] 소식이나 편지. =성식(聲息).

음심(淫心)[명] 음탕한 마음. ¶~이 발동하다.

음악(音樂)[명][음] 음을 소재로 하여 그 높낮이·장단·강약 등의 특성을 살린 예술. 크게 기악과 성악으로 나뉨. ¶대중~/고전~/~ 감상/~을 연주하다.

음악-**가**(音樂家)[-까][명] 음악을 전문으로 하는 사람. 작곡가·지휘자·연주가·성악가 따위.

음악-**당**(音樂堂)[-땅][명] 음악회 전용의 연주회장을 주체로 한 건물. 비콘서트홀.

음악^**대**¦**학**(音樂大學)[--때-][명] 음악을 전문으로 교수·연구하는 대학. 준음대.

음악-**인**(音樂人)[명] 음악에 종사하는 사람. 또는, 음악을 즐기는 사람.

음악-**적**(音樂的)[-쩍][관] 1 음악과 관련되는 (것). ¶~ 재능. 2 음악에 표현되는 것과 같은 (것). ¶~ 선율.

음악-**회**(音樂會)[-회/-훼][명] 음악을 연주하여 청중들로 하여금 감상하게 하는 모임. ¶자선 ~ / 신춘 ~.

음약(陰約)[명] 몰래 약속하는 것. 또는, 그 약속. 비짬짜미. **음약**-**하다**[타][여]

음양(陰陽)[명] 1 역학(易學)에서, 우주 만물을 만들어 내는 상반된 성질의 두 가지 기운으로서의 음과 양. 달과 해, 겨울과 여름, 북과 남, 여자와 남자 등은 모두 음과 양으로 구분됨. =이기(二氣)·건곤. ¶~의 이치를 깨닫다 / ~의 조화로 이루어지다. 2 [물] 전기나 자기의 음극과 양극.

음양-**가**(陰陽家)[명] 천문·역수(曆數)·풍수지리 따위를 연구하여 길흉화복을 예언하는 사람. ↔오행가.

음양-**오행설**(陰陽五行說)[철] 중국의 전국 시대에 별도로 성립한 음양설과 오행설이 한 대(漢代)에 와서 하나로 합해진 이론. 오행의 목(木)·화(火)·금(金)·수(水)에, 토(土)는 그 중간이라 하여 오행의 소장(消長)·교체로서 만물을 해석·설명하려는 사상임. ↔오행설.

-**음에도**[어미] 명사형 어미 '-음'에 조사 '에'와 '도'가 결합한 연결 어미. 주로 '불구하고'와 연결되어 쓰임. ¶밤이 늦었~ 불구하고 급한 일이 있어 전화를 걸었네. ▷-ㅁ에도.

-**음에랴**[어미] 'ㄹ' 이외의 자음으로 끝나는 용언의 어간이나 어미 '-았/었-' 아래에 붙어, 반문의 뜻을 나타낼는 종결 어미. ¶어제 가지 않으리, 이리 날씨도 좋~. ▷-ㅁ에랴.

음역¹(音域)[음] 사람의 목소리나 악기가 낼 수 있는 최저음에서 최고음까지의 넓이. =음넓이. ¶~이 넓은 가수.

음역²(音譯)[명] 한자의 음을 가지고 외국어의 음을 나타내는 일. 곧, '아시아(Asia)'를 '亞細亞'로 나타내는 따위. **음역**-**하다**[통][여]

음역-**어**(音譯語)[명] 한자의 음을 가지고 외국어의 음을 나타낸 말.

음엽(陰葉)[명][식] 직사 일광을 받지 않은 식물의 잎. 얇고 큼. ↔양엽(陽葉).

음영¹(吟詠)[명] 시가를 읊는 것. ¶~ 시인. **음**

영-하다 [동][타][여]
음영²(陰影) [명] 1 어두운 부분. [비]그림자·그늘. ¶호수에 큰 소나무가 검은 ~을 드리우고 있다. 2 목소나 느낌 등에 미묘한 차이가 있어 깊이와 정취가 있는 것. ¶~이 풍부한 묘사.
음욕(淫慾) [명] 남녀의 정욕. [비]육욕. ¶~을 채우다[억제하다]
음:용(飮用) [명] 마시는 데 쓰는 일. 음:용-하다 [동][타][여]
음:용-수(飮用水) [명] 사람이 마시거나 음식을 만들 때 쓰이는 물. =음수.
음운¹(音韻) [명][언] 1 한자(漢字)의 음(音)과 운(韻). 곧, 어두 자음(語頭子音)은 음, 나머지 부분은 운임. 2 말의 뜻을 구별해 주는 소리의 단위. ▷음성(音聲).
음운²(陰雲) [명] 하늘을 덮은 검은 구름.
음운^교체(音韻交替) [명][언] 동일한 어근(語根)에 속하는 형태소가 그 기능 및 음성적 환경의 차이에 의하여 다른 음운으로 교체되는 현상. 가령, '묻다(問)'가 '물으니', '물어' 등으로 활용할 때 'ㄷ'이 'ㄹ'로 교체되는 현상 따위.
음운^도:치(音韻倒置) [명][언] 한 단어나 어군(語群)의 내부에서 두 음소 또는 그 연속이 서로 위치를 바꾸는 일. '빗복[臍]>빗곱>배꼽', '하야로비[鷺]>해야로비>해오라비' 따위.
음운^동화(音韻同化) [명][언] 소리와 소리가 이어 날 때, 한 소리가 다른 소리의 영향을 받아서 그와 가깝게, 또는 같게 소리가 나는 음운 현상. 모음조화·원순 모음화·유음화 따위.
음운-론(音韻論) [-논] [명][언] 언어의 음운과 그 역사적 변천의 원리를 연구하는 학문. =음운학. ↔의미론.
음운^첨가(音韻添加) [명][언] 말소리를 발음할 때 그 말의 원뜻과는 관계없는 어떤 음이 첨가되어 바뀌는 현상.
음운-학(音韻學) [명][언] 1 한자(漢字)의 음운·사성(四聲)·반절 등에 관하여 연구하는 학문. 2 =음운론.
음울(陰鬱) →음울-하다 [형][여] 음침하고 우울하다. ¶구름이 낮게 드리운 음울한 날씨.
음위(陰痿) [명] 음경(陰莖)이 발기하지 않아 성교가 불가능한 증상. =임포텐스.
음위-율(音位律) [명][문] 비슷한 음을 시구(詩句)나 시행(詩行)의 처음이나 중간 또는 끝에 규칙적으로 반복하여 운율을 이루는 것. 또는, 그 운율.
음유(吟遊) [명] 떠돌아다니며 시(詩)를 지어 읊는 것. 음유-하다 [동][자][여]
음유^시인(吟遊詩人) [명] 고대 그리스의 서정 시인이 떠돌아다니면서 시를 읊던 일에서 비롯하여, 중세기 유럽에서 연애시를 읊거나 노래를 부르면서 각국을 편력하던 시인 음악가.
음음(陰陰) →음음-하다 [형][여] 1 흐리고 어둡다. 2 숲이 우거져 깊고 어둡다. ¶음음한 원시림.
음의(音義) [-의/-이] [명] 1 한자의 음과 뜻. 2 언어의 한 음마다 고유하게 가지는 일정한 뜻.
음의^각(陰-角) [-의/-에] [수] 삼각법에서, 각을 낀 두 직선 중의 한 직선이 시곗바늘과 같은 쪽으로 돌아서 생기는 각. 구용어는 부각(負角). =음각(陰角). ↔양의 각.

음-이름(音-) [-니-] [명][음] 음악의 소재인 개개의 음의 절대적인 높이를 나타내는 명칭. 서양 음악에서는 C, D, E, F, G, A, B(우리나라에서는 다·라·마·바·사·가·나)의 7문자와 샤프(#)·플랫(♭) 등으로 나타냄. ▷계이름.
음-이온(陰ion) [명][화] 음전기를 띠고 있는 이온. ↔양이온.
음일(淫佚) [명] 거리낌 없이 음탕하게 노는 것. 또는, 그 일. 음일-하다 [동][자][여]
음자리-표(音-標) [명][음] 악보의 왼쪽 첫머리에 적는, 음의 높이를 정하는 기호. 높은음자리표·낮은음자리표·가온음자리표 등이 있음. =음부 기호.
음-전기(陰電氣) [명][물] 수지(樹脂)를 모피(毛皮)에 문지를 때 발생하는 전기. 또는, 그와 같은 성질의 전기. '-' 부호로 표시함. =부전기(負電氣)·음전. ↔양전기.
음-전자(陰電子) [명][물] 음전기를 띤 전자. 보통, 전자라 하면 이를 말함. ↔양전자.
음-전하(陰電荷) [명][물] 음전기의 전하. ↔양전하(陽電荷).
음전-하다 (사람이 또는 그의 언행이) 함부로 행동함이 없이 정숙하고 단정하다. ¶규수가 어찌나 참하고 음전한지 말며느릿감이라니까요. ▷얌전하다.
음절(音節) [명] 1 음의 한 마디. 단어 또는 단어의 일부를 이루며 하나의 종합된 음의 느낌을 주는, 음의 단위임. 몇 개의 음소로 이루어지며, 모음의 경우 한 자가 한 음절이 되기도 함. ¶~소리마다. 2 음률의 곡조. [비]음곡(音曲).
음절^문자(音節文字) [-짜] [명][언] 한글과 같은 음은 조직을 가지지 않고 한 글자가 한 음절로 되어 있어 그 이상은 나눌 수 없는 표음 문자. 일본의 가나 따위. ▷음소 문자.
음정-하다(音程) [명][음] 두 음의 높이의 간격. ¶~이 맞다[틀리다] / 그녀의 노래는 가끔 ~이 불안하다.
음조(音調) [명] 1 소리의 높낮이와 강약, 빠르고 느린 등의 정도. ¶~가 높다[낮다]. 2 [음] 소리의 높낮이와 길이의 어울림. ¶악기의 ~를 맞추다. 3 [문] 시문(詩文)에서, 소리의 높낮이나 강약, 장단 등의 어울림.
음:주(飮酒) [명] 술을 마시는 것. ¶~ 운전 / ~ 습관. 음:주-하다 [동][자][여]
음:주^측정기(飮酒測定器) [-쩡-] [명] 운전자의 음주량을 측정하는 기구. 음주 운전을 단속하기 위하여 사용됨.
음증(陰症) [명] 1 음울한 성격. 2 [한] 질병의 변증(辨證)에서 음양(陰陽) 가운데 음(陰)에 속하는 병. ↔양증(陽症).
음지(陰地) [명] 그늘진 곳. [비]응달. ↔양지(陽地).
음지^식물(陰地植物) [-싱-] [명][식] 응달에서 잘 자라는 식물. 너도밤나무·전나무 따위의 어린나무, 삼림 속의 초본류·양치류·선태류 따위. ↔양지 식물.
음지-짝(陰地-) [명] '음지쪽'의 잘못.
음지-쪽(陰地-) [명] =응달쪽. ×음지짝.
음직(蔭職) [명][역] 과거를 거치지 않고 조상의 덕으로 얻는 벼슬.
-음직스럽다 [-쓰-따] [접미] 자음으로 끝나는 동사의 어간에 붙어, 그럴 만한 특성을 가진 점이 있음을 나타내는 말. ¶사과가 먹~. ▷-ㅁ직스럽다.
-음직하다 [-지카-] [접미] 자음으로 끝나는

동사의 어간에 붙어, 그럴 만한 특성이 꽤 있음을 나타내는 말. ¶먹~ / 믿~. ▷-ㅁ직하다.
음질(音質) 圀 음이나 목소리의 질. 특히, 마이크·앰프·스피커 등의 음향 기기에 의하여 전송·재생된 음의 질. ¶~이 나쁜 음반.
음충-맞다[-맏따] 톙 (말이나 행동이) 음흉하고 불량한 성질이 있다. ¶음충맞은 사람.
음충-스럽다 [-따] 톙ㅂ <~스러우니, ~스러워> (말이나 행동이) 음충하고 불량한 데가 있다. ¶음충스러운 짓. **음충스레** 톘
음치(音癡) 圀 음에 대한 감각이나 지각이 무디어 노래를 부를 때 음정과 박자를 제대로 맞추지 못하는 사람. 또는, 음에 대한 감각이 무딘 상태. ¶나는 워낙 ~라서 노래를 못 합니다.
음침(陰沈) →**음침-하다** 톙 1 음울하고 의뭉스럽다. ¶음침한 성격. 2 흐리고 컴컴하다. ¶음침한 골방 / 날씨가 ~.
음탕(淫蕩) →**음탕-하다** 톙 (사람이, 또는 그의 말이나 행동이) 성(性)에 지나치게 빠지거나 성을 노골적으로 드러내어 방탕하다. ¶음탕한 사내 / 음탕한 이야기.
음파(音波) 圀 [물] 발음체에 접촉한 공기나 기타 매질(媒質)이 발음체의 진동을 받아서 생기는 파동. =소리결.
음파^탐지기(音波探知機) 圀 초음파를 발신하여 그 반사파로 수중 장애물이나 해저 상황을 탐지하는 장치. =소나(sonar).
음편(音便) 圀 [언] 이어지는 어떤 음이 발음하기 쉽게 다른 음으로 변하는 현상. 'ㄹ' 아래에서 '이'를 '리'로 발음하는 따위.
음표(音標) 圀 [음] 악보에서, 음의 장단·고저를 소리표·음부. ¶4분 ~.
음풍(陰風) 圀 1 음산한 바람. 2 =삭풍.
음풍-농월(吟風弄月) 圀 시 따위로 자연을 노래하며 놂. =음풍영월. **음풍농월-하다** 동 ¶산수와 전원에 묻혀 ~.
음-하다¹(淫-) 톙 음욕이 많다.
음-하다²(陰-) 톙 1 날씨가 흐리다. 2 마음이 엉큼하고 그늘지다. ¶사람이 ~.
음-함수(陰函數) [-쑤] 圀 [수] 종속 변수의 값을 독립 변수의 값으로부터 직접 낼 수 없는 함수. 예를 들면, $x^2+y^2-1=0$ 따위. ↔양함수.
음해(陰害) 圀 상대를 어려움에 빠뜨리거나 몰아내기 위해 음흉하게 그에 관한 사실을 거짓으로 꾸며 내어 헐뜯는 것. ㈜모함·중상. ¶~ 세력 / 욕설과 ~가 난무하는 사이버 공간. **음해-하다** 동 ¶상대 회사의 제품을 악의적으로 ~.
음핵(陰核) 圀 [생] 여자의 외음부에 있는 작은 돌기. 성감(性感)이 가장 예민한 부분임. =공알·클리토리스.
음행(淫行) 圀 음란한 짓. **음행-하다** 동
음향(音響) 圀 물체나 기계, 또는 악기 등이 내는 소리, 또는, 그 울림. ¶~ 기기(機器).
음향^신호(音響信號) 圀 소리를 이용한 신호의 총칭. 특히, 안개가 낀 바다에서의 충돌을 막기 위하여 배가 음향으로 하는 신호.
음향^측심(音響測深) [-씸] 圀 음파를 해저로 발사한 후 그 반사음이 되돌아올 때까지의 시간을 재어 바다의 깊이를 측정하는 일.
음향^탐지기(音響探知機) 圀 항공기·잠수함 등이 내는 소리를 들어 그 방향·위치 등을 탐지하는 기계의 총칭. =청음기.
음향-학(音響學) 圀 [물] 물리학의 한 부문.

음향의 발생에서 전파(傳播)에 관한 여러 현상·청각과의 관계 등 음향에 관한 문제를 연구 대상으로 하는 학문.
음향^효과(音響效果) 圀 연극·영화·방송 등에서 여러 가지 소리를 연출하여 극의 효과를 살리는 일.
음험(陰險) →**음험-하다** 톙 겉보기는 천연스러우나 속으로는 내숭하고 우악하다. ¶음험한 사내 / 음험한 수법.
음화(陰畫) 圀 [사진] 사진의 건판에 감광시켜 현상한 상. 실제와는 좌우·흑백이 반대로 되어 있음. ↔양화(陽畫).
음훈(音訓) 圀 [언] 한자(漢字)와 같은 표의 문자의 음과 뜻.
음흉(陰凶) →**음흉-하다** 톙 마음이 내숭스럽고 흉악하다. ¶음흉하게 웃다 / 눈빛이 ~ / 그의 음흉한 속셈도 다 알고 있다.
음흉-스럽다(陰凶-) [-따] 톙ㅂ <~스러우니, ~스러워> 음흉한 데가 있다. ¶음흉스럽게 쳐다보다. **음흉스레** 톘
읍¹(邑) 圀 1 군(郡) 또는 시(市)의 관할 아래에 두는, 행정 구역의 하나. 도시적 형태를 갖추고 인구 2만 이상, 5만 미만인 곳임. 아래에 이(里) 또는 동(洞)을 둠. 2 '읍내'의 준말.
읍²(揖) 圀 인사 예법의 하나. 마주 잡은 두 손을 얼굴 앞으로 들어 올리고 허리를 공손히 굽혔다가 폄.
읍내(邑內) [음-] 圀 읍의 안. ㈜읍.
-읍닌다 어미 '-습니다'의 잘못.
-읍니까 어미 '-습니까'의 잘못.
-읍디까 어미 '-습디까'의 잘못.
-읍디다 어미 '-습디다'의 잘못.
-읍딘다 어미 '-습딘다'의 잘못.
읍례(揖禮) [음녜] 圀 읍하여 예를 하는 것. 또는, 그 예. **읍례-하다** 동
읍민(邑民) 圀 읍에 사는 사람.
읍성(邑城) [-썽] 圀 [역] 지방의 도시를 둘러서 쌓은 성. ¶해미 ~ / 수원 ~. ▷도성.
읍소(泣訴) 圀 울며 간절히 호소하는 것. **읍소-하다** 동
-읍쇼[-쑈] 어미 'ㄹ' 이외의 자음으로 끝나는 동사의 어간에 붙어, '합쇼' 할 상대에게 명령의 뜻을 나타내는 종결 어미. 근래에 들어서는 사용 빈도가 현저히 줄어든 말로서, 비천한 신분을 가진 사람이나 장사꾼 등이 신분이 높은 사람이나 손님 등에게 사용함. ¶앉~. (본)-읍시오. ▷-ㅂ쇼.
-읍시다[-씨-] 어미 'ㄹ' 이외의 자음으로 끝나는 동사나 '있다'의 어간에 붙어, '하오' 할 상대에게 쓰이는 종결 어미. 1 함께 행동할 것을 요구하는 뜻을 나타냄. ¶자, 모두 걸~. 2 상대에게 무엇을 청하거나 허락을 구하는 뜻을 나타냄. ¶나도 좀 먹~. ▷-ㅂ시다.
-읍시사[-씨-] 어미 'ㄹ' 이외의 자음으로 끝나는 동사의 어간에 붙어, '바람(所望)'을 나타내는 선어말 어미. 흔히 인용절로 안김. 예스러운 말투임. ▷-ㅂ시사.
-읍시오[-씨-] 어미 '-읍쇼'의 본딧말. ¶이것을 읽~. ▷-ㅂ시오.
읍울(悒鬱) →**읍울-하다** 톙 근심으로 마음이 답답하다.
읍장(邑長) [-짱] 圀 읍 사무소의 우두머리. 읍의 행정 사무를 통할함.
읍지(邑誌) [-찌] 圀 연혁·지리·인물·산업

문화·풍속 등 한 고을의 형세를 기록한 책.
읍차(邑借)〖명〗〖역〗삼한(三韓) 때 작은 지방의 군장(君長)의 칭호. ▷신지(臣智).
읍참-마속(泣斬馬謖)〖중국 촉나라의 제갈량이, 군령을 어긴 마속을, 울면서 참형에 처하였다는 고사에서〗큰 목적을 위하여 자기가 아끼는 사람을 버리는 것을 비유하여 이르는 말.
읍-하다(揖-)[으파-]〖동〗〖자여〗읍(揖)을 하다. ¶몸을 일으킨 소화는 굿상을 향해 가볍게 **읍하고** 돌아섰다.《조정래:태백산맥》
응〖감〗1 '해', '해라', '하게' 할 자리에서 그의 물음이나 부름에 대해 반문하거나 대답할 때 하는 말. ¶"순희야!" "~, 왜 그래?" / "내가 준 거 어떻게 했니?" "~, 뭐라고?" 2 '해', '해라' 할 자리에서 그의 대답을 독촉하거나 앞의 말에 다짐을 두려 할 때 하는 말. ¶내 말 알아들었니, ~? / 빨리 갔다 와, ~! 3 무슨 일이 마음에 들지 않을 때 불평하여 내는 소리. ¶도대체 무슨 일을 그따위로 처리했나, ~!
응가 Ⅰ〖명〗〈유아〉똥이나 똥을 누는 일. ¶엄마, ~ 했어.
Ⅱ〖감〗어린아이에게 똥을 누라는 뜻으로 내는 소리. ¶자, ~!
응결(凝結)〖명〗1 엉거서 맺히는 것. 2 〖화〗=엉김. 3 〖물〗=응축(凝縮)3. **응결-하다**〖동〗〖자여〗**응결-되다**〖자〗
응결-핵(凝結核)〖명〗〖물〗증기 따위가 물방울로 응결할 때 그 중심이 되는 미립자.
응고(凝固)〖명〗액체 따위가 엉거서 뭉쳐 딱딱하게 굳어지는 것. ↔융해(融解). **응고-하다**〖동〗〖여〗**응고-되다**〖자〗¶피는 몸 밖으로 나오면 **응고된다**.
응고-열(凝固熱)〖명〗〖물〗액체나 기체가 응고할 때 생기는 열.
응고-점(凝固點)[-쩜]〖명〗〖물〗일정한 압력하에서 액체나 기체가 응고할 때의 온도.
응급(應急)〖명〗《주로 일부 명사나 어근 앞에 쓰여》급한 것에 응하여 우선 처리하는 것. ¶~ 수단 / ~ 처치 / ~ 환자.
응급-실(應急室)[-씰]〖명〗병원 등에서 환자의 응급 처치를 할 수 있는 시설을 갖춰 놓은 방.
응급-조처(應急措處)[-쪼-]〖명〗긴급한 일에 대하여 우선 급한 대로 처리하는 일. =응급조치. **응급조처-하다**〖동〗〖타여〗
응급-조치(應急措置)[-쪼-]〖명〗=응급조처. **응급조치-하다**〖동〗〖타여〗
응급^치료(應急治療)〖명〗〖의〗위급한 증세의 환자에 대하여 우선 위급한 고비를 넘기기 위하여 하는 간단한 치료. =구급 처치·긴급 치료·응급 처치.
응급^치료법(應急治療法)[-뻡]〖명〗〖의〗응급 치료를 하는 방법. =구급법.
응낙(應諾)〖명〗응하여 승낙하는 것. 또는, 받아들이는 것. **응낙-하다**〖동〗〖자여〗〖타여〗¶원조 요청을 ~ / 그의 제안에 ~.
응달〖명〗볕이 안 드는, 그늘진 곳. 〖비〗음지. ¶햇볕이 뜨거웠으므로 아이들은 ~에 모여 놀았다. 〖원〗음달. ↔양달.
[**응달에도 햇빛 드는 날이 있다**] 역경에 처한 사람에게도 좋은 일이 생길 때가 있다.
응달-지다〖형〗그늘이 져 있다. ¶사월인데도 **응달진** 골짜기에는 아직 눈이 남아 있다.
응달-쪽〖명〗응달이 진 쪽. =음지쪽.
응답(應答)〖명〗어떤 것에 의하여 답하는 것.

¶질의 ~ / 아무리 불러도 ~이 없다 / ~을 기다리다. ↔질의. **응!답-하다**〖동〗〖자여〗¶물음에 ~.
응!당(應當)〖부〗당연히 그러하듯. 또는, 도리상 마땅히. ¶비난이나 반대는 무슨 일에나 ~ 있는 일이다. / ~ 해야 할 일을 했을 뿐입니다.
응!당-하다(應當-)〖형〗〖여〗1 (어떤 사실이나 행동의 결과로서 나타난 현상이) 지극히 마땅하다. ¶죄를 지은 사람이 벌을 받는 것은 **응당한** 일이다. 2 (어떤 일이) 일정한 조건이나 경우에 맞다. ¶능력에 **응당한** 대우.
응!당-히〖부〗~ 그래야 한다.
응!대(應待)〖명〗=응접(應接). **응!대-하다**〖동〗〖타여〗¶손님을 **응대하느라** 바빴다.
응!대²(應對)〖명〗부름이나 물음 또는 요구 등에 응하여 상대하는 것. **응!대-하다²**〖동〗〖자여〗¶모든 사람의 물음에 일일이 ~.
응등그러-지다〖자〗1 마르거나 굳어지면서 뒤틀리다. 2 춥거나 접이 나 몸이 움츠러지다. 〖작〗앙당그러지다.
응등-그리다〖동〗〖자여〗추위나 두려움 등으로 몸을 움츠리다. 〖작〗앙당그리다.
응!력(應力)[-녁]〖명〗〖물〗=변형력(變形力).
응!모(應募)〖명〗1 모집에 응하여 작품 등을 내는 것. 2 공채·사채·주식 등의 공모에 응하는 것. **응!모-하다**〖동〗〖자여〗¶신문문에 **응모하여** 당선되다. **응!모-되다**〖자〗
응!모-작(應募作)〖명〗모집에 응한 작품. ¶~을 공모하다.
응!변(應變)〖명〗'임기응변'의 준말. **응!변-하다**〖동〗〖자여〗
응!보(應報)〖명〗〖불〗선악의 인연에 따라 받는 길흉화복의 과보. ¶인과(因果) ~.
응!분(應分)〖명〗1 분수나 신분에 맞음. ¶~의 대우. 2 정도에 맞음. ¶지은 죄에 대한 ~의 대가를 치르다. **응!분-하다**〖형〗〖여〗
응!사(應射)〖명〗상대의 사격에 대응하여 마주 사격하는 것. **응!사-하다**〖동〗〖자여〗¶적의 사격에 아군도 즉각 ~.
응!석〖명〗아이가 어른한테, 또는 아이 아닌 사람이 상대에게 아이를 흉내 내어, 뭔든지 받아 주거나 들어주리라 믿고 지나치게 조르거나 보채거나 귀여워해 주기를 바라는 일. ¶~을 받아 주다 / 부리지 말고 가만있어라. / 막내라고 너무 감싸서 ~이 심하다. ▷어리광. **응!석-하다**〖동〗〖자여〗
응!석-꾸러기〖명〗응석이 심한 아이. ¶할머니가 늘 응석을 받아 주니까 ~가 되었다.
응!석-둥이[-뚱-]〖명〗응석을 부리며 자란 아이. =응석받이. 〖준〗응둥이.
응!석-받이[-빠지]〖명〗1 응석을 받아 주는 일. 2 =응석둥이.
응!소(應訴)〖명〗〖법〗원고의 소송에 피고로서 응하는 것. =대송(對訟)·응송. **응!소-하다**〖동〗〖자여〗
응!수(應手)〖명〗바둑이나 장기에서, 상대편의 수에 대응하는 것. 또는, 그 수. ¶~를 묻다. **응!수-하다¹**〖동〗〖자여〗
응!수²(應酬)〖명〗(상대방의 말이나 행동에) 어떤 말이나 행동으로 응하거나 답하는 것. **응!수-하다²**〖동〗〖자여〗¶사람들의 비난에 가볍게 웃음으로 ~.
응!시(凝視)〖명〗(대상을) 눈길을 주어 한동안 바라보는 것. ▷주시(注視). **응!시-하다¹**〖동〗〖타여〗¶창가에 서서 활주로를 ~.
응!시²(應試)〖명〗시험에 응하는 것. **응!시-하**

다² 통어 ¶입학시험에 ~.
응:시-자(應試者) 명 시험에 응하는 사람.
응:신(應身) 명 [불] 삼신(三身)의 하나. 중생을 구제하기 위하여 부처의 가르침을 받아들일 수 있는 중생의 능력 정도에 따라 여러 가지 모습으로 이 세상에 나타난 부처의 몸. =현신(現身)·화신(化身). ▷법신(法身)·보신(報身).
응아-응아 튀 =응애응애.
응애-응애 튀 갓난아이의 울음소리. =응아응아.
응어리 명 1 근육이 뭉쳐서 된 덩어리. ¶매맞은 자리에 ~가 생겼다. 2 원한 따위로 맺힌 감정. ¶서로 ~를 풀고 화해하다. 3 사물 속 깊이 박힌 단단한 부분. 4 과실 씨가 박힌 부분.
응어리-지다 통재 울분이나 원한 같은 것이 쌓여 가슴에 맺히다.
응얼-거리다/-대다 통자타 1 글이나 노래 따위를 입속말로 자꾸 읽거나 읊다. 2 남이 알아듣지 못할 말을 입속으로 자꾸 지껄이다. ¶혼자 응얼거리지 말고 분명히 대답해라. 3 불평 따위를 입속말로 중얼거리다.
응얼-응얼 튀 응얼거리는 소리. 또는, 그 모양. 응얼응얼-하다 통자타어
응:용(應用) 명 이론이나 이미 얻은 지식을 구체적인 개개의 사례나 다른 분야의 일에 적용시켜 이용하는 것. 응:용-하다 통타어 ¶유전 법칙을 유전 공학에 ~. 응:용-되다
응:용-과학(應用科學) 명 기초 과학에 대하여 의학·농학·공학 등과 같이 인류 생활에 직접 쓰이는 것을 목적으로 하는 학문 및 그 학문적.
응:용-문제(應用問題) 명 이미 배운 지식이나 법칙을 활용하여 푸는 문제.
응:용^미술(應用美術) 명 감상(鑑賞)이 주된 목적이 아닌 실용품에 응용하는 미술. 도안·장치·공예 따위.
응:용^프로그램(應用program) 명 [컴] 어떤 문제를 해결하기 위하여 사용자 또는 특정 업무에 대한 전문가들에 의해 작성되는 프로그램.
응:원(應援) 명 1 어떤 일을 잘하도록 돕거나 격려하는 것. 2 운동 경기에서 선수들이 이기도록 힘을 북돋우는 일. ¶~ 연습. 응:원-하다 통타어 ¶교가를 부르며 모교를 열렬히 ~.
응:원-가(應援歌) 명 운동 경기 등에서, 선수들을 응원하기 위하여 여럿이 부르는 노래.
응:원-단(應援團) 명 운동 경기 등에서, 응원을 하기 위하여 만든 집단.
응:원-전(應援戰) 명 양 팀을 각각 응원하는 사람들이 상대보다 더 열렬히 응원하려고 겨루는 상태. ¶~을 펼치다.
응응¹ 튀 어린아이가 떼를 쓰며 자꾸 우는 소리. 응응-하다 통자어
응-응² 튀 잇달아 응 하는 소리. ¶~, 글쎄 알았다니까 자꾸 그러네.
응응-거리다/-대다 통자 계속하여 응응하다.
응:전(應戰) 명 상대의 공격에 응하여 싸우는 일. 응:전-하다 통자어
응:접(應接) 명 맞아들여 접대하는 것. =응대. ¶주인의 ~을 받고 집에 들어가다. 응:접-하다 통타어

응:접-세트(應接set) 명 손님을 맞아들여 접대하는 데에 쓰이는 탁자와 의자. 또는, 소파의 한 벌.
응:접-실(應接室) [-씰] 명 손님을 접대하는 방.
응:집(凝集) 명 1 (흩어져 있는 물질이) 한데 엉기어 뭉치는 것. 2 (많은 사람이나 단체가) 한데 모여 힘을 합치는 것. 3 [화] 콜로이드 등의 입자(粒子)가 모여서 덩어리가 되는 현상. 또는, 분자·원자 등이 집합하는 현상. 4 [생] 적혈구나 세균 등의 입자상 항원(抗原)이 항체(抗體)로 결합되어 덩어리가 되는 현상. 응:집-하다 통자어 ¶수증기가 응집하여 물방울을 이루다. 응:집-되다 통재 ¶국민의 응집된 힘.
응:집-력(凝集力) [-녁] 명 [물] 원자나 이온 또는 분자 사이에서 작용하여 고체나 액체 등의 물체를 형성하고 있는 인력(引力)의 총칭.
응:집-소(凝集素) [-쏘] 명 [생] 적혈구·세균 등의 응집원과 반응하여 그것들을 응집시키는 항체.
응:집-원(凝集原) 명 [생] 적혈구·세균 등의 표면에 있는 항원으로, 응집소와 결합하여 응집 반응을 일으키게 하는 물질.
응:징(膺懲) 명 1 잘못을 뉘우치도록 징계하는 것. 2 적국을 정복하는 것. 응:징-하다 통타어 ¶탐관오리를 ~. 응:징-되다 통재
응짜 명 핀잔하는 투로 대꾸하는 말. ¶~ 놓다.
응:찰(應札) 명 입찰에 응하는 것. 응:찰-하다 통자어
응:축(凝縮) 명 1 한데 엉겨 굳어지는 것. 2 내용을 어느 한 점에 집중시키는 일. ¶현대 과학의 정수(精粹)를 ~시킨 장치. 3 [물] 기체가 액체로 변화하는 현상. =응결(凝結). 응:축-하다 통자타어 응:축-되다 통재
응:축-기(凝縮機) [-끼] 명 [공] 증기 기관에서 한 번 동력으로 쓴 수증기를 식혀서 응고시킴과 동시에 기관 내 압력을 대기압 이하로 유지하는 작용을 하는 장치. =복수기(復水器). 응:축기.
응:-하다(應-) 통자어 1 (상대의 어떤 말이나 질문 등에) 자기의 어떤 뜻이나 생각, 입장 등을 나타내다. ¶야당 총재는 기자들의 어떤 질문에도 응하지 않았다. 2 (상대의 요구나 명령이나 제의 등에) 그 뜻을 받아들여 그대로 하다. ¶상사의 명령에 응하지 않다 / 그 여자는 호영의 데이트 신청에 선뜻 응했다.
응:혈(凝血) 명 피가 엉겨 뭉치는 것. 또는, 그 피. ¶~이 되다. 응:혈-하다 통재
응:회-암(凝灰巖·凝灰岩) [-회-/-훼-] 명 [지] 화산재가 엉겨 굳어진 암석.
의¹ [언] 한글 모음 'ㅢ'의 이름.
의²[의/에] 조 체언과 체언 사이에 나타나 앞의 체언으로 하여금 뒤의 체언을 꾸미게 하는 구실을 갖는 관형격 조사. 두 체언을 보다 큰 명사구로 묶어 줌. 우리말에서는 이 조사 없이 다른 조사만으로는 나타낸 체언이 표현하기 어렵다. 1 뒤의 체언이 나타내는 대상이 앞의 체언에 소속되거나 소유됨을 나타냄. ¶나~ 가방 / 한국~ 자연. 2 앞의 체언이 나타내는 행동이나 작용의 주체가 됨을 나타냄. ¶우리~ 각오 / 인류 사회~ 발전. 3 앞의 체언이 뒤의 체언이 나타내는 대상을 만들거나 이룬 주체임을 나타냄. ¶다윈~ 진화론. 4 뒤의 체언이 나타내는 속

성이나 상태가 앞의 체언에서 비롯됨을 나타냄. ¶인간~ 존엄성. 5 앞의 체언이 뒤의 체언이 나타내는 행동의 목표 대상임을 나타냄. ¶질서~ 확립. 6 뒤의 체언이 나타내는 사실이나 상태가 앞의 체언에 관한 것이거나 그에 대한 것임을 나타냄. ¶가을~ 노래 / 자동차~ 가격. 7 뒤의 체언이 앞의 체언이 나타내는 사물의 동작을 주된 목적이나 기능으로 하는 것임을 나타내는 말. ¶독서~ 계절. 8 뒤의 체언이 앞의 체언과 의미적으로 동격(同格)이거나 동일한 대상의 다른 면임을 나타냄. ¶통일~ 위업을 달성하다. 9 관계를 나타내는 뒤의 체언이 앞의 체언과 사회적·친족적 관계에 있음을 나타냄. ¶친구~ 동생 / 장군~ 부하. 10 앞의 체언이 뒤의 체언이 나타내는 사물이 있는 곳임을 나타냄. ¶여의도~ 국회 의사당. 11 앞의 체언이 나타내는 장소가 뒤의 체언이 나타내는 사물의 산지(産地)임을 나타냄. ¶제주~ 귤. 12 뒤의 체언이 앞의 체언이 나타내는 시간에 제약된 상태임을 나타내거나 그 시간 특유의 것임을 나타냄. ¶정오~ 뉴스. 13 뒤의 체언이 앞의 체언이 나타내는 수량에 제한됨을 나타냄. ¶한 잔~ 술 / 1년~ 기간. 14 정도나 상태 특성을 나타내는 앞의 체언이 뒤의 체언을 한정적으로 꾸미는 것으로 쓰임을 나타냄. ¶고도~ 기술 / 불후~ 명작. 15 앞의 체언이 뒤의 체언에 대해 비유의 대상임을 나타냄. ¶무쇠~ 주먹. 16 앞의 체언이 뒤의 체언의 재료임을 나타냄. ¶순금~ 반지. 17 몇몇 격 조사나 보조사 뒤에 쓰여, 앞의 체언이 뒤에 연결되는 조사의 의미 특성을 가지고 뒤의 체언을 꾸미는 기능을 가짐을 나타냄. ¶학생으로서~ 본분을 다하다. 18 명사구 안에서, 용언 또는 서술어의 의미상 주어 구실을 함. ¶나~ 살던 고향 / 아(我) 조선~ 독립국임과 조선인~ 자주민임을 선언하노라.《기미 독립 선언문》

● '의'의 다의성(多義性)
'의'는 때로 제한된 문맥만으로는 정확한 뜻을 알기 어려울 때가 있는데, 가령 '어머니의 사진'의 경우, 다음 세 가지의 뜻을 나타낼 수 있음. 곧, '어머니가 가진 사진', '어머니를 찍은 사진', '어머니가 찍은 사진'이 그것임.

-의³ [어미] '-으이'의 준말. ¶자네가 옳~.
의⁴(義) [명] 1 오상(五常)의 하나로, 사람이 마땅히 지켜야 할 바른 도리. 2 오륜의 하나로, 군신(君臣) 사이의 바른 도리. 3 '도의(道義)'의 준말. 4 혈연이 아닌 사람과 맺는, 혈연과 같은 관계. ¶형제의 ~를 맺다. 5 글이나 글자의 뜻.
의⁵(誼) [명] '정의(情誼)⁵'의 준말. ¶~가 상하다 / ~가 두텁다 / ~가 좋다.
의가 나다 ㉠ 사이가 나빠지다. ¶사소한 오해관계로 친구 사이에 의가 나고 말았다.
의가사^제대(依家事除隊) [명][군] 가정 사정에 의한 제대.
의거¹(依據) [명] 1 어떤 사실에 근거하는 것. 2 의지하여 웅거하는 것. 3 남의 힘을 빌려 의지하는 것. =의빙. 의거-하다¹ [자][타][여] ¶법령에 의거하여 처벌하다.
의¦거²(義擧) [명] 의(義)를 위하여 일어서는 것. 또는, 그런 거사. ¶4·19 ~ / 학생 ~. 의¦거-하다² [동][여]

의-걸이(衣-) [명] '의걸이장'의 준말.
의걸이-장(衣-橫) [명] 위층에는 옷을 걸고 아래층에는 반닫이나 여닫이 모양으로 되어 옷을 개어 넣게 된 장. ⓒ의걸이.
의¦견(意見) [명] 어떤 사물에 대하여 마음에 일어난 생각. ¶~ 충돌 / ~의 차이 / 상대방의 ~을 존중하다.
의¦견-서(意見書) [명] 어떤 의견을 기록한 글이나 문서.
의결(議決) [명] 합의로써 결정하는 것. 또는, 그 결정. 의결-하다 [동][타][여] ¶법률안을 ~.
의결-권(議決權) [-꿘] [명][법] 1 합의체(合議體)에 출석하여 표결에 참가할 수 있는 권리. 2 의결 기관이 회의를 열어 어떤 사항을 의결할 수 있는 권리. =결의권.
의결^기관(議決機關) [명][법] 국가·공공 단체·주식회사 등의 단체에 있어서 의사를 결정하는 합의제 기관. 국회·지방 의회·주주 총회 따위. =결의 기관. ↔집행 기관.
의¦경(義警) [명] '의무 경찰'의 준말.
의고(擬古) [명] 1 옛것을 본뜨는 것. 2 시문을 옛 형식에 맞추어 짓는 것. ¶~문(文) / ~체(體). 의고-하다 [동][타][여]
의고-주의(擬古主義) [-의/-이] [명] 예술 작품의 표현에서 고전(古典)을 숭배하여 모방하려는 주의.
의과(醫科) [명][역] 조선 시대, 잡과(雜科)의 하나. 의술에 밝은 인재를 뽑던 과거.
의과^대(醫科大學) [-꽈-] [명] 의학을 배우고 연구하는 대학. ⓒ의대.
의관¹(衣冠) [명] (남자가) 격식을 갖추어 두루마기(또는 도포)를 입고 갓을 쓰거나 사모관대를 하는 일. 또는, 그 옷과 갓(또는 사모 관대). 지난날에 쓰던 말임. ⓑ옷갓. ¶~을 갖추다. 의관-하다 [동][자][여]
의관²(醫官) [명][역] 조선 시대에, 의술을 담당하던 관원.
의관-문물(衣冠文物) [명] 그 나라의 문화·문명을 이르는 말.
의구¹(疑懼) [명] 의심하여 두려워하는 것. ¶수술 결과에 대해 ~를 느끼다. 의구-하다¹ [동][타][여]
의구²(依舊) →의구-하다² [형][여] 옛날과 같이 변함이 없다. ¶세월은 흘러도 산천은 ~. 의구-히 [부]
의구-심(疑懼心) [명] 의심하고 두려워하는 마음. ¶~을 가지다 / ~을 풀다.
의¦군(義軍) [명] =의병(義兵).
의¦근(意根) [명][불] 육근(六根)의 하나. 마음에 의하여 인식 작용이 이루어질 때의, 그 근거가 되는 기관을 이르는 말.
의¦금-부(義禁府) [명][역] 조선 시대에 왕명을 받들어 중죄인 신문을 맡아보던 관청. 뒤에 의금사(義禁司)로 개칭함. ⓒ금부.
의¦기¹(意氣) [명] 1 뜻을 이루어 자랑스러운 마음. 2 장한 마음. 3 =기상(氣像)⁵.
의¦기²(義妓) [명] 의로운 일을 한 기생. ¶~ 논개.
의¦기³(義氣) [명] 정의감에서 우러나오는 기개(氣槪).
의¦기-소침(意氣銷沈) →의¦기소침-하다 [형][여] 풀이 죽어 기운이 없고 우울하다. ¶사내 자식이 한 번 실패했다고 그렇게 의기소침해서야 되겠느냐?
의¦기-양양(意氣揚揚) [-냥] →의¦기양양-하다 [-양냥-] [형][여] 뜻을 이루어 자랑스러워하는 태도가 있다. ¶선우는 백 점 맞은 시험지를 들고 **의기양양**하게 집에 들어왔다.
의기-충천(意氣衝天) →**의기충천-하다**. 혱
[여] 웅대한 바를 이루어 기세가 하늘을 찌를 듯이 높다. ¶적을 무찌럴 군사들이 ~.
의기-투합(意氣投合) 몡 마음이 서로 맞음. **의기투합-하다** 동[자][여]
의:남매(義男妹) 몡 1 의로 맺은 남매. 2 서로 아버지 또는 어머니가 다른 남매.
의녀(醫女) 몡[역] 조선 시대에, 의술을 익혀 내의원(內醫院)·혜민서(惠民署)에서 심부름하던 여자.
의념(疑念) 몡 의심스러운 생각.
의논*(議論) 몡 ['論'의 본음은 '론'] (어떤 일에 대하여) 서로 의견을 주고받는 것. ¶~ 상대자. ▷의론. **의논-하다** 동[타][여] ¶이 일은 부모님과 **의논해서** 결정하도록 해라.
의당(宜當) 튀 사리에 따라 마땅히. ¶자식으로 부모에게 효도해야 한다.
의당-하다(宜當-) 혱[여] 사리에 옳고 마땅하다. ¶제자가 스승에게 막듯이 예의를 갖추는 것은 **의당한** 일이다. **의당-히** 튀 ¶~ 그래야지.
의대(衣帶) 몡 옷과 띠. ¶~를 갖추다.
의대[2](醫大) 몡 '의과 대학'의 준말.
의도(意圖) 몡 무엇을 하고자 하는 생각이나 계획. 또는, 무엇을 하려고 꾀하는 것. ¶~는 좋았으나 결과가 나쁘다. **의도-하다** 동[타][여] ¶일이 **의도한** 대로 되었다.
의도-적(意圖的) 몡 목적이나 의도가 명확한 (것). ¶그는 사업상의 이권을 위해 김회장에게 ~으로 접근했다.
의려지망(倚閭之望) 몡 [문에 기대어 서서 바란다는 뜻] 자녀나 배우자가 돌아오기를 초조하게 기다리는 마음.
의례(儀禮) 몡 =의식(儀式)[3]. ¶~ 준칙.
의례-건(依例件) [-껀] 몡 전례·관례에 따라, 의당히 해야 할 일. ㉿예건(例件).
의례-적(儀禮的) 관혱 1 의례에 맞는 (것). 2 격식이나 형식만을 갖추는 (것).
의론(議論) 몡 각자 의견을 주장하거나 논의하는 것. 또는, 그 의견이나 논의. ¶~이 분분하다/두 가지 ~이 팽팽하게 맞서다. ▷의논. **의론-하다** 동[타][여] ¶대장부 나라 일을 당하여… 구구한 사정을 어찌 족히 **의론하**리오.《김만중:구운몽》
의-롭다(義-) [-따] 혱[ㅂ] <-로우니, -로워> 정의를 위한 기개가 높다. ¶**의로운** 청년 / 대의(大義)를 위해 **의롭게** 죽다. **의-로이** 튀 ¶~ 살다.
의롱(衣籠) 몡 옷을 넣어 두는 농짝.
의뢰(依賴) [-뢰/-뤠] 몡 1 남에게 의지하는 것. ㉫신뢰(信賴). ¶~심(心). 2 (어떤 일을) 남에게 부탁하는 것. **의뢰-하다** 동[자][타][여] ¶자립하지 못하고 남에게 ~ / 사건을 변호사에게 ~. **의뢰-되다** 동[자]
의뢰-인(依賴人) [-뢰/-뤠-] 몡 남에게 어떠한 일을 의뢰한 사람.
의료[1](衣料) 몡 옷감이나 옷의 총칭.
의료[2](醫療) 몡 의술로 병을 고치는 일. ¶~ 기구 / ~ 시설.
의료-계(醫療界) [-계/-게] 몡 의료에 관계하는 사람들의 사회.
의료^보험(醫療保險) 몡 '국민 건강 보험'의 구용어.
의료-비(醫療費) 몡 병을 치료하는 데에 드는 비용.

의료^사:고(醫療事故) 몡 주사·수혈·투약의 잘못이나 오진 따위처럼 의료인의 과실로 환자에게 상해나 사망 등의 사고를 일으키는 것.
의료-진(醫療陣) 몡 의료 부문에 종사하는 전문 인력들의 진영 또는 능력. ¶최고의 ~으로 구성된 수술 팀.
의류(衣類) 몡 생산·유통·판매 분야에서 '옷'을 포괄적으로 이르는 말. ¶~ 산업 / ~ 도매 시장 / ~ 열 벌[점].
의:리(義理) 몡 1 사람으로서 지켜야 할 바른 도리. ¶~를 모르다. 2 사람과의 관계에 있어서 지켜야 할 바른 도리. ¶~가 없다 / 동지에 대한 ~를 지키다.
의:리-부동(義理不同) 몡 의리에 어그러짐.
의명(依命) 몡 명령에 따름. ¶~ 조치 / ~ 통첩.
의:무(義務) 몡 1 사람이 사람으로서 당연히 해야 할 일. ㉫책무(責務). ¶학생의 ~ / ~를 지다. 2 [법] 법률이 사람에게 과하는 구속. 어떤 일을 하라는 작위 의무(作爲義務)와 해서는 안 된다는 부작위의 의무가 있음. ¶국민의 4대 ~ / 피해 보상 ~. ↔권리.
의:무-감(義務感) 몡 의무를 느끼는 마음. ¶~에 사로잡히다.
의:무^경:찰(義務警察) 몡 병역 의무 기간 동안 군 복무 대신 업무 보조를 하는 경찰. ㉿의경.
의:무^교:육(義務教育) 몡[교] 국가가 제정한 법률에 따라 일정한 연령에 이른 아동이 의무적으로 받아야 하는 보통 교육. ▷무상 교육.
의:무-적(義務的) 관몡 마음은 내키지 않으나 하는 수 없이 하는 (것). ¶회비를 ~으로 내다.
의:무-화(義務化) 몡 당연히 해야 하는 것으로 만드는 것. ¶병역의 ~. **의:무화-하다** 동[타][여] **의:무화-되다** 동[자] ¶안전벨트 착용의 ~.
의문(疑問) 몡 어떤 사실이 이상하거나 알 수 없어, 또는 어떤 사실을 확실하게 믿지 못하여 가지게 되는 물음. ¶~이 생기다[들다] / ~을 풀다[제기하다] / 그가 과연 이 일을 해낼 수 있을지 ~이다. / ~ 나는 점이 있으면 서슴지 말고 물어라.
의문^대:명사(疑問代名詞) 몡[언] 의문의 뜻을 나타내는 대명사. '누구', '무엇', '어디' 따위. =물음대이름씨.
의문-문(疑問文) 몡[언] 화자(話者)가 청자(聽者)에게 질문을 던짐으로써 대답을 요구하는 문장. 의문형 종결 어미로 문장을 끝맺음. "너는 오늘 학교에 갔느냐?", "너는 무엇을 먹고 있느냐?" 따위.
의문-부(疑問符) 몡 =물음표.
의문-사(疑問詞) 몡[언] 의문의 초점이 되는 사물·사태를 지시하는 말. '누구·어디·언제·어떻게·왜' 등을 가리킴. ▷설명 의문문.
의문-스럽다(疑問-) [-따] 혱[ㅂ] <-스러우니, -스러워> 의문이 나는 데가 있다. ¶그의 말이 사실인지 자못 ~. **의문스레** 튀
의문-시(疑問視) 몡 의문스럽게 여기는 것. **의문시-하다** 동[타][여] **의문시-되다** 동[자] ¶그 상황에서 꼭 수술을 해야 하는지 **의문시**된다.
의문-점(疑問點) [-쩜] 몡 의심나는 점.
의문-형(疑問形) 몡[언] 용언 및 서술격 조사

'이다'의 활용형의 하나. 의문을 나타내는 종결 어미 '-느냐', '-ㄴ가' 등이 붙은 꼴임. =물음꼴.
의뭉 명 겉으로는 어리석은 것처럼 보이면서 속으로는 엉큼한 것. ¶~을 떨다. **의뭉-하다** 형여 ¶의뭉한 속셈. ×우멍하다.
의뭉-스럽다 [-따] 형ㅂ<-스러우니, -스러워> 의뭉한 데가 있다. ¶의뭉스러운 늙은이. **의뭉스레** 부
의:미(意味) 명 1 말이나 글의 뜻. ¶낱말의 ~/여러 가지~ 인 말. 2 행위나 현상에 담겨 있는 뜻. ¶정치적 ~가 있는 집회. 3 사물의 가치나 보람. ¶여름휴가를 ~ 없이 보내다. **의:미-하다** 통타여 어떤 뜻을 가지다. ¶그녀와 헤어지는 것은 내겐 죽음을 **의미한다**.
의:미-론(意味論) 명언 언어가 가지는 의미에 관하여 그 본질·기원·발전·변천 등을 연구하는 학문. =의의학(意義學). ↔음운론.
의:미심장(意味深長) → **의:미심장-하다** 형여 뜻이 매우 깊다. ¶의미심장한 말.
의발(衣鉢) [-빨] 명 1 가사(袈裟)와 바리때. 2 〔승려가 죽을 때 자신의 가사와 바리때를 후계자에게 전하던 일에서〕 교법(教法)이나 불교의 오의(奥義)를 이르는 말.
의법(依法) 명 법에 따르는 것. ¶~ 조치/~ 처단. **의법-하다** 통자여
의:병(義兵) 명 나라가 외적의 침입을 받아 위급할 때 그 방위를 위해 백성들이 자발적으로 조직한 군대. 또는, 그 병사. =의군·의려(義旅).
의:병-장(義兵將) 명 의병을 거느리는 장수.
의병^제대(依病除隊) 명군 병으로 말미암아 제대하는 일.
의복(衣服) 명 '옷'을 문어적으로 이르는 말. ¶~의 손질과 보관.
  [의복이 날개라] 옷을 잘 입으면 돋보인다.
의:부(義父) 명 1 =의붓아버지. 2 =수양아버지. 3 의로 맺은 아버지.
의부-증(疑夫症) [-쯩] 명 객관적 근거 없이 남편이 바람을 피우고 있다고 굳게 믿고 남편을 끊임없이 의심하는 정신적인 질환. ↔의처증.
의:분(義憤) 명 불의(不義)를 보고 일으키는 분노. ¶~을 느끼다/~에 몸을 떨다/~을 금할 수 없다.
의:분(義奮) 명 의를 위한 분발.
의붓-딸 [-붇-] 명 개가하여 온 아내가 데리고 들어온 딸. =가봉녀(加捧女)·의녀(義女).
의붓-아들 [-붇-] 명 개가하여 온 아내가 데리고 들어온 아들. =가봉자(加捧子)·의자(義子).
의붓-아버지 [-붇-] 명 어머니가 개가하여 얻은 남편. =의부(義父). 비계부(繼父).
의붓-아비 [-붇-] 명 '의붓아버지'를 낮추어 이르는 말. =의붓아범.
의붓-어머니 [-붇-] 명 아버지가 재혼하여 얻은 아내. =의모(義母). 비계모(繼母).
의붓-어미 [-붇-] 명 '의붓어머니'를 낮추어 이르는 말. =의붓어멈.
의붓-자식(-子息) [-붇-] 명 의붓아들이나 딸.
  [의붓자식 다루듯] 대수롭지 않게 취급하거나 다룸을 이르는 말.
의:사(義士) 명 나라를 위하여 무력(武力)으로써 항거하다가 죽은 사람. ¶안중

근~/윤봉길~.

혼동어	의사/열사

둘 다 나라를 위하여 몸을 바쳐 항거한 훌륭한 인물을 가리키나, '**의사**'가 주로 무력이나 행동을 통해 큰 공적을 세운 사람을 가리킨다면, '**열사**(烈士)'는 직접적인 행동은 하지 않았으나 죽음으로써 정신적 저항의 위대성을 보인 사람을 가리킴.

의:사²(意思) 명 무엇을 하고자 하는 생각. ¶~가 통하다/~를 분명히 밝혀라./그는 취직할 ~가 없는 듯하다.
의사³(擬死) 명동 동물이 불의(不意)의 또는 급격한 자극을 받고 죽은 체하며 움직이지 않는 것. 곤충·뱀·조류·포유류 등에서 볼 수 있음.
의사⁴(擬似) 명 1 〔주로 병명(病名) 앞에 관형어적으로 쓰여〕 증세가 그 병과 아주 비슷하나, 그 병이라고 단정할 수 없거나 그 병이 아닌 상태에 있는 것. ¶~콜레라/~뇌염. 2 실제와 비슷하나 실제의 것이 아닌 상태에 있는 것. ¶~ 환경. **의사-하다** 형여
의:사⁵(醫師) 명 면허를 얻어 의술과 약으로 병을 진찰·치료하는 사람. =도규가(刀圭家)·닥터. ¶내과 ~/담당 ~.
의:사⁶(議事) 명 회합(會合)에 의한 심의(審議) 또는 심의할 사항. ¶~ 진행.
의사-당(議事堂) 명 의원(議員)들이 집합하여 회의를 하기 위한 건물. 주로 국회 의사당을 말함.
의사-록(議事錄) 명 회의의 경과 및 결과를 적은 기록. 비회의록.
의사⁶-방해(議事妨害) 명 1 회의의 진행을 방해하는 일. 2 정 의회 등에서 각종 동의(動議)를 계속하거나 장시간의 연설 등 합법적 수단으로 회의 진행을 방해하는 일.
의:사-소통(意思疏通) 명 말·글·제스처 등을 통해 상대에게 자기의 뜻을 전달하거나 상대의 뜻을 알아듣는 일. **의:사소통-하다** 통자여
의사-일정(議事日程) [-쩡] 명 토의에 부칠 사항을 미리 정해 놓은 순서. ¶여야간에 ~을 합의하다/~에 따라 회의를 진행하다.
의:사-표시(意思表示) 명법 사법상(私法上)의 권리·의무, 즉 법률적 효과를 발생시키기 위하여 그 뜻을 외부에 나타내는 행위. 계약·유언 등에 쓰임.
의상(衣裳) 명 1 겉에 입는 옷. 특히, 예술적으로 표현된 옷을 이르는 말. ¶민속 ~/패션 디자이너의 ~ 발표회. 2 배우들이나 연예인이 무대(舞臺)에서 입는 옷. ¶화려한 무대 ~
의상-실(衣裳室) 명 1 '양장점'을 다소 격을 높여 달리 이르는 말. 2 주로, 공연장 등에서 무대 의상을 보관하거나 갈아입는 방.
의생(醫生) 명 지난날, 한방(韓方)으로 병을 고치던 사람.
의-생활(衣生活) 명 입는 일이나 입는 옷에 관한 생활. ▷식생활·주생활.
의서(醫書) 명 의학에 관한 책. =의가서.
의석(議席) 명 1 의회하는 자리. 또는, 회의 참석자가 앉는 자리. ¶~을 뜨다. 2 의회 등의 의원의 자리. ¶다수 ~을 차지하다.
의석-수(議席數) [-쑤] 명 국회나 지방 의회의 의원이 앉는 자리의 수. 또는, 의원의 수. ¶~가 줄어들다.
의성-법(擬聲法) [-뻡] 명문 수사법의 하

의성 부사

나. 사물의 소리를 말로 비슷하게 흉내 내어 나타내려는 표현법. '냇물이 졸졸 흐른다', '참새가 짹짹 운다' 따위. =성유법.

의성^부사(擬聲副詞)[명] 의성어로 된 부사. '땡땡', '도란도란', '멍멍' 따위. ↔의태 부사.

의성-어(擬聲語)[명][언] 사물의 소리를 흉내 내어 만든 말. '졸졸'·'꼬꼬댁' 따위. =소리시늉말·소리흉내말. ↔의태어.

의:수(義手)[명] 잘린 손을 대신하여 고무 따위로 만들어 붙인 손. ▷의족.

의술(醫術)[명] 병을 고치는 기술. =도규(刀圭). ¶~을 익히다.

의식[1](衣食)[명] 의복과 음식. ¶옛말에 ~이 족해야 예절을 안다고 했다.

의:식[2](意識)[명] **1** 어떤 일·현상·대상 등을 생각이 미치어 대상으로서 알거나 깨닫거나 느끼는 것. **2** (어떤 대상을) 특별히 두드러지게 느끼거나 마음에 두는 것. **3** 사람이 깨어 있을 때 자기 자신이나 사물에 대해 알거나 깨닫거나 느끼게 되는 정신의 상태나 작용. ¶~을 잃다[되찾다] / ~이 뚜렷하다[몽롱하다]. **4** 개인·집단·민족 등이 사회·역사 속에서 생활하거나 생존하는 동안에 형성되는, 사물에 대한 견해나 사상이나 감정. ¶직업~/엘리트~. **의:식-하다**[타여] **1** (어떤 일·현상·대상 등을) 생각이 미치어 대상으로서 알거나 깨닫거나 느끼다. ¶사람이 초면에 빠지면 자기 행동을 **의식하지** 못한다. **2** (어떤 대상을) 특별히 두드러지게 느끼거나 마음에 두다. ¶남의눈을 ~ / 신인 배우가 카메라를 지나치게 ~. **의:식-되다**[자여]

의:식[3](儀式)[명] 어떤 행사를 치르는 법식. 또는, 정해진 방식에 따라 치르는 행사. =식전(式典)·의례(儀禮)·의전(儀典). ¶~ 절차 / 혼인 ~을 거행하다.

의:식^구조(意識構造)[-꾸-][명] 어느 개인이나 사회, 국민이 가진 의식의 됨됨이. 또는, 그 짜임새. ¶한국인의 ~ / 관료 사회의 권위주의적 ~.

의:식^불명(意識不明)[-뿔-][명] 의식을 잃은 상태.

의:식-적(意識的)[-쩍][관][명] 의식하면서 일부러 하는 (것). ¶~으로 방해하다. ↔무의식적.

의식주(衣食住)[-쭈-][명] 인간 생활의 세 가지 소인 옷과 음식과 주택. ¶~ 문제를 해결하다 / ~ 걱정은 없이 산다.

의:식-화(意識化)[-시콰][명] (어떤 사람을) 사회 현상이나 어떤 대상에 대하여 비판적이고 각성된 의식을 갖도록 이끄는 것. 특히, 마르크스주의적 계급의식을 갖게 하거나 갖게 되는 것을 이름. ¶운동권 대학생들의 ~ 학습. **의:식화-하다**[타여] ¶학생들이 농촌 활동을 통해 농민들을 ~. **의:식화-되다**[자여]

의심(疑心)[명] (어떤 사실을) 주어진 그대로 받아들이지 않고 그렇지 않을지도 모른다고 생각하는 것. 또는, (어떤 사람을) 좋지 않거나 옳지 않을 일을 한 사람이 아닐까 하고 생각하는 것. ¶~이 가다 / ~이 많다 / ~을 받다 / 남에게 ~을 사다. **의심-하다**[타여] ¶사람을 ~ / 그가 너무 변해 있어서 그를 보는 순간 나는 내 눈을 **의심하지** 않을 수 없었다. **의심-되다**[자여]

의심-나다(疑心-)[동][자] 의심이 생기다. ¶의심나는 게 한두 가지가 아니다.

의심-스럽다(疑心-)[-따][형][ㅂ]<~스러우니, ~스러워> 의심이 가는 점이 있다. =의심쩍다. **의심스레**[부]

의심-쩍다(疑心-)[-따][형]=의심스럽다. ¶**의심쩍은** 행동 / **의심쩍은** 눈으로 쳐다보다.

의:아(疑訝) →의아하다[형여] 어떤 일이 뜻밖이어서 이상하게 여기거나 의심을 가지는 상태에 있다. ¶**의아한** 눈으로 쳐다보다 / 구두쇠인 그가 돈을 마구 쓰자 사람들은 **의아하게** 생각했다. **의아-히**[부]

의:아-스럽다(疑訝-)[-따][형][ㅂ]<~스러우니, ~스러워> 의아한 데가 있다. **의아스레**[부]

의:아-심(疑訝心)[명] 의아하게 여기는 마음.

의:안[1](義眼)[명] 유리알 등으로 만들어 끼운 인공적인 눈알.

의:안(議案)[명] 회의에서 토의할 안건. ¶~을 제출하다 / ~을 심의하다.

의약(醫藥)[명] **1** 병을 고치는 데 쓰는 약. **2** 의술과 약.

의약^분업(醫藥分業)[-뿐-][명] 의사와 약사의 업무를 분담하게 하는 제도. 곧, 의사는 진찰과 처방, 약사는 조제(調劑)만을 하도록 함.

의-약품(醫藥品)[명] 병을 치료하는 데에 쓰이는 약품.

의:역(意譯)[명] 원문의 단어나 구절에 너무 얽매이지 않고 문장 전체의 뜻을 살리는 데 주안점을 둔 번역. ↔직역(直譯). **의:역-하다**[동][타여] **의:역-되다**[동][자여]

의연(依然) →의연하다[형여] 전과 다름이 없다. ¶사고방식이 구태~. **의연-히**[부]

의연(毅然) →의연하다[형여] 의지가 굳세어서 끄떡없다. ¶**의연한** 태도 / 온갖 비난에 **의연하게** 대처하다. **의연-히**[부] ¶불의에 굴하지 않고 ~ 맞서 싸우다.

의연-금(義捐金)[명] 사회적 공익을 위하여 기부하는 돈. ¶수재 ~. ⇨연금.

의:열(義烈) →의열하다[형여] 의롭고 장렬하다. =방렬하다.

의:열-단(義烈團)[-딴][명][역] 1919년에 만주에서 조직된 항일 무장 단체. 일제의 주요 기관 및 일본 관리 암살에 주력했음.

의:외(意外)[-외/-웨][명] 예상이나 기대나 생각을 벗어난 것. ㈅뜻밖. ¶~의 결과 / 천하의 구두쇠가 불우한 사람을 위해 선뜻 돈을 내놓은 건 정말 ~였다.

의:외-로(意外-)[-외/-웨-][부] 사람들의 일반적 생각과 달리. ㈅뜻밖에. ¶~ 문제가 어렵다[쉽다].

의:외-롭다(意外-)[-외-따/-웨-따][형][ㅂ]<~로우니, ~로워> 뜻밖이라고 생각되는 느낌이 있다. **의:외로이**[부] ¶~ 여기다.

의:외-성(意外性)[-외썽/-웨썽][명] 어떤 일이 예상이나 기대나 생각을 벗어나 있는 성질. ¶운동 경기는 ~이 강해 경기가 끝나기 전까지는 승패를 속단하기 어렵다.

의:욕(意欲)[명] 무엇을 하고자 하는 적극적인 의지(意志). ¶일할 ~을 잃다 / 공부에 대한 ~이 대단하다.

의:욕-적(意欲的)[-쩍][관][명] 무엇을 하고자 하는 욕망이 넘쳐 있는 (것). ¶~으로 사업에 달려들다 / 그는 모든 일에 ~이다.

의:용[1](義勇)[명] **1** 의를 위하여 일어나는 용

기. 2 충의와 용기.

의용²(儀容)[명] 몸을 가지는 태도. 또는, 차린 모습. =의형·용의(容儀).

의·용-군(義勇軍)[명] 전쟁이나 사변을 당하여 뜻있는 민간인으로 조직된 군대.

의원¹(醫員)[명] 의사와 의생(醫生)의 총칭. =행림.

의원²(醫院)[명] 진료에 지장이 없는 시설을 갖추고 의사가 의료 행위를 하는 곳. 병원보다는 규모가 작음. ¶소아과 ~. ▷병원.

의원³(議員)[명] 국회나 지방 의회 같은 합의체의 구성원으로 의결권을 가진 사람. ¶국회~.

의원⁴(議院)[명] 국정을 심의하는 곳. ▷국회.

의원^내^각제(議院內閣制)[-쩨][명][정] 행정권을 담당하는 내각이 의회, 특히 하원의 신임 여하에 따라 조직되고 존속되는 제도. =내각 책임제. ↔대통령제.

의원-면직(依願免職)[명] 본인의 청원에 의하여 그 직위를 해면함. **의원면직-하다**[타여]

의·유당-일기(意幽堂日記)[명][문] 조선 순조 때 의유당 김씨가 지은 수필집. 남편이 함흥 판관으로 부임할 때 따라가서, 그 부근의 명승고적을 탐승하며 지은 기행·전기·번역 등을 합편한 것임. =의유당관북유람일기.

의음(擬音)[명] 연극·방송극 등의 음향 효과를 위하여 비·바람·동물 등의 소리를 도구를 써서 인공적으로 만들어 내는 일. 또는, 그 소리.

의·의(意義)[-의/-이][명] 1 언어로써 표현되는 의미·내용. 2 언어·사물·행위 등이 갖는 가치. ¶3·1 운동의 역사적 ~.

의·인¹(義人)[명] 의로운 사람.

의인²(擬人)[명] 1 사람이 아닌 것을 사람에 비기는 것. 2[법] 자연인이 아닌 것에 법률상 인격을 부여하는 것. 또는, 그 인격. **의인-하다**[타여]

의인-법(擬人法)[-뻡][명][문] 수사법(修辭法)의 하나. 사람이 아닌 무생물이나 동식물에 인격적 요소를 부여하여 사람의 의지·감정·생각 등을 지니도록 하는 방법. '꽃이 웃는다'. '한강은 말이 없다' 따위. ▷활유법.

의인-화(擬人化)[명] 사물을 사람에 비겨 표현하는 것. 凹인격화. **의인화-하다**[타여] **의인화-되다**[동자]

의자(椅子)[명] 사람이 엉덩이에 몸무게를 실어 앉을 수 있게 만든, 엉덩이를 대는 부분과 그것을 지탱하는 다리 등으로 된 기구. 때로, 등받이나 팔걸이가 추가로 달려 있기도 함. =교의(交椅). ¶회전~ / 안락~ / ~에 앉다.

의·-자매(義姉妹)[명] 의(義)로 맺은 여자 형제. ▷의형제.

의장¹(倚仗)[명] 의지하고 믿는 것. **의장-하다**¹[동][타여]

의·장²(意匠)[명] 미술 공예품·공업 제품 등의 형상·색채·모양 등을 여러 가지로 궁리하는 일. 또, 그 결과로 생긴 장식. ¶~ 미술 / ~을 고안하다. ▷미장(美匠).

의장³(儀仗)[명] 의식(儀式)에 쓰는 무기나 물건.

의장⁴(艤裝)[명] 구조적으로 완성된 선체(船體)에 항해에 필요한 각종 장비를 설치하는 일. 또는, 그 장비. ¶~품(品). **의장-하다**²[동][타여] ¶그 배를 남극 관측용으로 **의장하**였다.

의장⁵(議長)[명] 회의를 주재하고 그 회의의 집행부를 대표하는 사람. ¶국회 ~.

의·장-권(意匠權)[-꿘][명][법] 공업 소유권의 하나. 공업상 이용할 수 있는 신규의 의장(意匠)을 배타적·독점적으로 이용할 수 있는 권리.

의장-기(儀仗旗)[명][역] 왕·왕비·태자 등이 의식(儀式)을 갖추어 행차할 때 쓰는 기.

의장-단(議長團)[명] 의장·부의장을 집합적으로 일컫는 말. ¶~을 선출하다.

의장-대(儀仗隊)[명][군] 국가적 의식(儀式)을 거행하거나 외국 사절을 맞을 때, 일정한 격식에 따라 그곳에 배치하는 군대. ¶~를 사열하다.

의·장-등록(意匠登錄)[-녹][명][법] 의장의 고안자나 그 계승자의 청구에 의하여, 그 의장을 특허청이 의장 원부(意匠原簿)에 기재하는 일. 이에 의하여 의장권이 발생됨.

의·적(義賊)[명] 부정한 방법으로 모은 재물을 훔쳐다가 가난한 사람에게 나누어 주는 의로운 도적. ¶~ 일지매.

의전(儀典)[명] =의식(儀式)³.

의·절(義絶)[명] 1 맺었던 의를 끊는 것. 2 친구나 골육·친척 간의 정을 끊는 것. **의절-하다**[동][자여] ¶친구와 ~.

의젓잖다[-전짠타][형] 의젓하지 않다. 좌야젓잖다.

의젓-하다[-저타-][형여] (성년이 아닌 사람이나 손아래사람이나, 또는 그의 행동이나 태도가) 경망스럽지 않고 자신감이나 당당함이 있다. ¶말하는 태도가 나이에 맞지 않게 ~. 좌야젓하다. **의젓-이**[부] ¶좀 ~ 앉아 기다려라.

의정(議政)[명] 1[역] 조선 시대, 의정부(議政府)의 영의정·좌의정·우의정의 총칭. 2[정] '의회 정치'의 준말.

의정-부(議政府)[명][역] 조선 정종 2년(1400)에 베푼 행정부의 최고 기관. 영의정·좌의정·우의정이 있어 이들의 합의에 따라 국가 정책을 결정하였으며, 아래에 6조를 두어 국가 행정을 담당하도록 하였음. =도당(都堂). 준정부.

의정-서(議定書)[명][법] 1 외교적인 회의에서 의논하여 결정한 사항을 기록한 국제 공문서. 2 나라를 대표하는 전권 위원 사이에 결정된 국제간의 공문서.

의·제¹(義弟)[명] 의로 맺은 아우. ↔의형(義兄).

의제²(擬制)[명] 1 본질(本質)은 다른 것이 겉으로 동일한 것처럼 꾸미는 일. 2[법] 서로 다른 사실을 법적으로는 동일한 것으로 간주하여 동일한 법률적 효과를 부여하는 일.

의제³(議題)[명] 토의나 회의에서 논의할 문제. ¶이번 한미 정상 회담에서 다뤄질 ~는 대북 정책과 통상 문제 등이다.

의·족(義足)[명] 다리가 없는 사람에게 쓰이는 인공의 다리. 나무·고무·금속 등으로 만듦. =의각(義脚). ▷나무다리·고무다리.

의존(依存)[명] (어떤 일을 어떤 대상에) 기대어 이루는 것. 또는, (어떤 일이 어떤 대상에) 기대어 이루어지는 것. **의존-하다**[동][타여] ¶사냥과 채취에 **의존했던** 원시인의 생활 / 기억에만 **의존한** 부정확한 기록 / 우리나라는 수출을 노동 집약적인 산업에만 **의존했었다**. **의존-되다**[동자]

의존-도(依存度)[명] 다른 것에 의지하여 생

의존^명사(依存名詞)[명][언] 독립성이 없어 다른 말 아래에 기대어 쓰이는 명사. 흔히, 앞에 관형어가 옴. 것·따름·듯·데·마리 등. =매인이름씨·불완전 명사·형식 명사. ↔자립 명사.

의존-심(依存心)[명] 의존하려는 마음. ↔자립심.

의존^형태소(依存形態素)[명][언] 다른 말에 의존하여 쓰이는 형태소. 어간·어미·접사·조사 따위. ↔자립 형태소.

의!-좋다(誼-)[-조타][형] 정이 있어 사이가 좋다. ¶의좋은 형제 / **의종**게 살다.

의중(意中)[명] 마음에 품은 생각. [비]마음속. ¶~의 인물 / ~을 떠보다 / ~을 헤아리다.

의증(疑症)[-쯩][명] 의심을 잘하는 성질. 또는, 그러한 증세.

의지¹(依支)[명] 1 (다른 것에 몸을) 기대는 것. 2 (남에게 마음을) 기대어 도움을 받는 것. ¶마음의 ~가 되는 말 / ~가 될 만한 사람. **의지-하다**[동](자)(타)[여] ¶벽에 몸을 ~ / **의지할** 곳 [사람]이 있다.

의!지²(意志)[명] 어떤 일을 해내거나 이루어 내려고 하는 마음의 상태나 작용. ¶~가 강한 사람 / 불굴의 ~ / 굳건한 ~.

의지가지-없다(依支-)[-업따][형] 조금도 의탁할 곳이 없다. ¶**의지가지없는** 노인. **의지가지없-이**[부] ¶~ 떠돌아다니다.

의!지-력(意志力)[명] 의지를 세워 나가는 힘.

의창(義倉)[명][역] 고려 시대에, 곡식을 저장하여 두었다가 흉년이나 비상시에 가난한 백성들에게 대여하던 기관.

의처-증(疑妻症)[-쯩][명] 객관적인 근거 없이 아내가 바람을 피우고 있다고 굳게 믿고 아내를 끊임없이 의심하는 정신적인 질환. ↔의부증.

의!초(誼-)[명] 1 동기간의 우애. 2 부부 사이의 정의. ¶"단옷날 대왕당 그네를 뛰면 내외간 ~도 좋아지고 귀한 아들도 낳고 신병도 없어진대."《홍명희:임꺽정》

의!초-롭다(誼-)[-롭따][형][비] ¶<~로우니, ~로워> 우애가 좋다. **의초로이**[부]

의총(疑塚)[명] 무덤을 남이 훼손하지 못하도록 그와 똑같이 만들어 놓은 여러 개의 무덤.

의치(義齒)[명] 이가 빠진 자리에 박거나 끼워 넣는 인공적인 이. 가공 의치·틀니 등이 있음. =가치(假齒).

의타-심(依他心)[명] 남에게 의지하는 마음. ¶~을 버려라.

의탁(依託)[명] 남에게 의뢰하고 부탁하는 것. **의탁-하다**[동](타)[여] ¶노후(老後)를 **의탁할** 곳 없는 사람들을 위한 사회 시설.

의태(擬態)[명] 어떤 모양이나 짓을 흉내 냄.

의태-법(擬態法)[-뻡][명][문] 수사법의 하나. 사물의 움직임이나 모양을 흉내 내어 나타내려는 표현법. '보들보들한 살결', '너울너울 춤을 추다' 따위. =시자법(示姿法).

의태!-부(擬態副詞)[명][언] 사물의 움직임이나 모양을 흉내 내는 부사. '뒤뚱뒤뚱', '까불까불', '남실남실' 따위. ↔의성 부사.

의태-어(擬態語)[명][언] 사물의 움직임이나 모양을 흉내 내는 말. 의태 부사는 다 여기에 속함. =짓시늉말. ↔의성어.

의표(意表)[명] 《주로 '찌르다', '찔리다' 등과 함께 쓰여》 어떤 사람이 생각이 부족하여 미처 헤아리지 못하거나 깨닫지 못했던 부분. 또는, 다른 사람이 문제 삼거나 지적하리라고는 전혀 생각지 못한, 부끄럽게 여기거나 약점으로 느낄 만한 부분. ¶~를 찌른 날카로운 비평 / 상대에게 ~를 찔리다.

의-하다(依-)[동][불자][여] ('…에 의해(서)', '…에 의하면', '…에 의한'의 꼴로 쓰이어》 의거하거나 말미암다. ¶들리는 바에 **의하면** / 부주의에 **의한** 사고 / 사상은 언어에 **의해** 표현된다.

의학(醫學)[명] 병을 진단·치료·예방하고, 건강을 유지하는 기술과 방법을 연구하는 학문. ¶~ 박사 / ~의 발전으로 평균 수명이 연장되다.

의!합(意合) →**의!합-하다**[-하파][형][여] 1 뜻이 서로 맞다. 2 의가 좋다.

의향(意向)[명] 무엇을 하려는 생각. ¶~을 묻다 / 이것이 어떠냐고 아내의 ~을 떠봤다.

의!협-심(義俠心)[-씸][명] 남의 어려운 사정을 돕거나 억울함을 풀어 주기 위하여 자기를 희생하는 마음. ¶~이 강한 청년.

의!형¹(義兄)[명] 의로 맺은 형. ↔의제(義弟).

의형²(劓刑)[명] 옛날 중국의 오형(五刑)의 하나. 코를 베는 형벌.

의형-의제(宜兄宜弟)[명] 형제간에 우애가 좋음. **의형의제-하다**[형][여]

의!-형제(義兄弟)[명] 의(義)로 맺은 형제. ¶~를 맺다. ▷의자매.

의혹(疑惑)[명] 어떤 일에 대해 뭔가 이상하다거나 문제가 있다고 생각하게 되는 것. 또는, 그 생각. ¶~을 품다[풀다] / 남의 ~을 사다. **의혹-하다**[동](타)[여]

의회(議會)[-회/-훼][명][법] 1 국민의 의사를 대표하는 자로서 선거에 의해 선출된 의원으로 구성되는, 주로 입법에 참여하는 합의제(合議制)의 기관. 국회·시의회·도의회 따위. 2 특히, '지방 의회'를 이르는 말. ▶국회(國會).

의회^정치(議會政治)[-회/-훼-][명][정] 국민의 의사를 대표하는 기관인 의회가 국정(國政)을 행하는 것을 기본으로 하는 정치. 정당 정치를 전제로 함. [준]의정.

의회-주의(議會主義)[-회-의/-훼-이][명][정] 국정의 최고 정책을 의회에서 결정하고자 하는 정치 방식.

의흥-삼군부(義興三軍府)[명][역] 조선 초기에, 군무(軍務)를 통할하던 관청. [준]삼군부.

이¹[명][언] 한글 모음 'ㅣ'의 이름.

이² [명] 1 사람이나 동물의 입 안의 위턱과 아래턱에 나 있어, 음식물이나 먹이 등을 물거나 자르거나 씹는 구실을 하는 단단한 조직. 사람의 경우, 어른은 32개, 어린이는 20개임. [비]이빨·치아(齒牙). ¶~썩은 ~ / ~를 닦다 / ~가 고르다 / ~가 누렇다. 2 톱·톱니바퀴 등에 뾰족뾰족 내민 부분. ¶~가 무디다. 3 기계나 기구에서, 맞물려 이어지는 부분. ¶~가 맞지 않아 조립될 수가 없다. 4 이남박 등에서, 안쪽으로 줄을 이루어 도드라지게 내민 부분. 5 →이(牙) 빠지다.

[~이 없으면 잇몸으로 살지] 없으면 없는 대로 그럭저럭 참고 산다는 말.

이(를) 갈다 '윗니와 아랫니를 맞대고 문질러 소리를 내다' 라는 뜻에서, 남에게 몹시 분하여 독한 마음을 먹고 벼르다. ¶그 소식을 듣고 나는 분하여 **이를 갈았다**.

이(가) 갈리다[구] 분에 못 이겨 독한 마음이 생기다. ¶그 녀석 얘기는 하지도 말게. 이름만 들어도 **이가 갈리니까**.

이를 악물다 團 힘에 겨운 곤란이나 난관을 뚫고 나가려고 비상한 결심을 하거나 꾹 참다. ¶모진 시련이 닥칠 때마다 **이를 악물고** 그를 극복해 냈다.

이(가) 빠지다 團 그릇의 가장자리나 칼날 등이 약간 상하여 이지러지거나 잘게 떨어져 나가다. ¶**이 빠진** 접시.

이³ (蝨)[명] 이목 잇과의 곤충. 흡혈 기생충으로 사람이나 가축에 붙어살며, 발진 티푸스·재귀열 등을 옮김.

이 잡듯이 團 구석구석 샅샅이. 비유적인 말임. ¶범인 색출을 위해 마을을 ~ 뒤지다.

이⁴ 명(의존) 다른 말 아래에 쓰여, 사람을 뜻하는 말. ¶저기 있는 ~가 누구지? / 나중에 선본 ~가 더 착실해 보여 좋다.

이⁵ Ⅰ대(지시) 말하는 사람 쪽 입장에서, 앞에 언급했거나 뒤에 언급하려고 하는 사물이나 사실을 나타내는 말. 사물이나 사실이 말하는 사람의 의식 영역에 들어 있을 때 씀. ¶청춘! ~는 듣기만 하여도 가슴이 설레는 말이다.《민태원: 청춘 예찬》 ▷그.
Ⅱ관 1 말하는 사람이 듣는 사람보다 자기 쪽에 가까이 있는 대상을 가리킬 때 쓰는 말. ¶그 수박보다 ~ 수박이 더 크다. 2 말하는 사람이 전혀 언급된 일이 없거나 또는 이미 언급했거나 나중에 언급하려고 하는 대상을 가리킬 때 쓰는 말. 대상이 말하는 사람의 의식 영역이나 세력권에 있을 때 씀. ¶~ 시대를 살아가는 지혜 / 나는 ~ 사실을 모든 사람들에게 알리겠다. ▷요. ▷저.

이⁶ 團 남이 위태한 지경에 있을 때, 그의 주의를 환기시키기 위하여 급히 지르는 소리. ¶~, 떨어질라, 조심하여라.

이⁷ 조 1 (자음으로 끝나는 체언에 붙어) 그 말이 주격이 되게 하는 격 조사. ¶산~ 높다. 2 어떤 것이 변하여 그것이 됨을 나타내는 격 조사. '되다' 앞에 쓰여 앞의 체언을 보어(補語)로 만듦. ¶물이 얼음~ 되다. 3 그것이 아님을 나타내는 격 조사. '아니다' 앞에 쓰여 앞의 체언을 보어로 만듦. ¶그것은 쉬운 일~ 아니다. ▷가. ▷는.

-이-⁸ 접미 1 동사의 어간에 붙어, 그 동사가 사동의 기능을 갖게 만드는 어간 형성 접미사. ¶끓~다 / 붙~다. 2 동사의 어간에 붙어, 그 동사가 피동의 기능을 갖게 만드는 어간 형성 접미사. ¶깎~다 / 쌓~다. 3 형용사의 어간에 붙어, 그 형용사를 사동의 기능을 갖는 동사로 만드는 어간 형성 접미사. ¶높~다 / 깊~다.

-이⁹ 접미 1 용언의 어간에 붙어 그것을 명사로 만드는 말. ¶길~ / 높~ / 먹~. 2 용언의 어간에 붙어 그 말을 부사로 만드는 말. ¶축축~ / 나직~ / 깨끗~. 3 명사를 거듭 합친 끝에 붙어 부사를 만드는 말. ¶겹겹~ / 낱낱~ / 일일~. 4 사람·동물·사물을 나타내는 명사로 만드는 말. ¶식솔~ / 호랑~ / 는지렁~. 5 자음으로 끝나는 사람의 이름 밑에 붙여 어조를 고르는 말. 구어(口語)에서 쓰이는 말로, 주로 아이들의 이름이나, 아랫사람 또는 친구의 이름에 붙임. 윗사람에게 친족 호칭과 함께 사용할 때는 친근감을 나타낸다. ¶재석~ 형 / 영식~가 놀러 왔다. 6 자음으로 끝나는 사람 이름 뒤에 붙여, 그 사람(아랫사람이나 친구)을 좀 대접하거나 격식 있게 이르는 말. 주로, 성년층에서 쓰는 말임. ¶여보게, 영섭~! 내 말 좀 들어 보게. 7 둘, 셋, 넷 등의 수사에 붙여, 그 숫자의 사람을 나타내는 말.

● **부사화 접미사 '-이/-히'의 구별**
용언의 어간이나 어근에 '-하다'가 붙을 수 있는 경우, 'ㅅ' 받침 뒤는 '-이', 그 외에는 '-히'로 적음(나란히 / 쓸쓸히 / 비스듬히 / 급히 / 버듯이 / 버젓이). 단, 'ㄱ' 받침 뒤는 단어에 따라 '-이'로도 '-히'로도 적음(가득히 / 똑똑히 / 솔직히 / 아득히 / 깊숙이 / 고즈넉이 / 멀찍히). 이 외에 '-이'로 적는 경우는 다음과 같다.
· 첩어 명사 뒤: 곳곳이 / 낱낱이 / 몫몫이
· 부사 뒤: 곰곰이 / 더욱이 / 일찍이
· 용언의 어간 뒤: 같이 / 굳이 / 많이 / 가벼이('가볍다'가 ㅂ 불규칙 용언이므로 어간 '가볍-'에서 'ㅂ'이 탈락됨).

-이¹⁰ 어미 모음으로 끝나는 형용사의 어간에 붙어, '하게' 할 상대에게 자기가 생각한 바를 말할 때 쓰이는 종결 어미. ¶자네 솜씨가 정말 대단하~. ▷-으이.

이¹¹ (利)[명] 1 이익이 되거나 이득을 가지는 상태. ¶~가 남는 장사 / ~가 박하다. 2 빌려 주는 돈을 돌려 받을 때 더 붙여 받는 돈. 극히 제한적으로 쓰임. 비이자·변리(邊利).

이¹² (里)[명] 읍이나 면 아래에 두는 말단 행정 구역. 어말에 붙어 특정 동리 이름을 나타낼 때에는 '리'로 바뀜. ¶이장은 ~의 행정을 책임진다. ¶강원도 정선군 정선읍 봉양리(鳳陽里).

이¹³ (理)[명][철] 중국 철학 특히 정주학(程朱學)에서, 우주의 본체. ▷기(氣).

이¹⁴ (二·貳) Ⅰ수 '둘'과 같은 뜻의 한자어 계통의 수사. 아라비아 숫자로는 '2', 로마 숫자로는 'Ⅱ'로 나타냄. ¶~ 곱하기 삼은 육.
Ⅱ관 '두', '둘째'의 뜻. ¶~ 명 / ~ 학년.

이¹⁵ (E)[명] 1 학점의 단계를 나타내는 기호의 하나. 조건부 급제를 뜻하는 것으로 재시험을 요함. 2 [음] 음이름의 하나. '마' 음.

이:간(離間)[명] (둘 이상의 사람의 사이를) 중간에 끼어들어 서로 나빠지거나 벌어지게 만드는 것. =반간(反間). ¶~을 붙이다. **이:간-하다** [동](타)여 ¶그는 우리 사이를 **이간하려는** 수작이다.

이:간-질(離間-)[명] (둘 이상의 사람의 사이를) 중간에 끼어들어 서로 나빠지거나 벌어지게 만드는 짓. '이간'을 비하하여 이르는 말임. **이:간질-하다** [동](타)여 ¶시어머니와 며느리 사이를 **이간질하는** 시누이.

이감(移監)[명][법] 다른 교도소나 감방으로 수감자를 옮기는 것. **이감-하다** [동](타)여 **이감-되다** [동](자) ¶독방으로 ~.

이-같이[-가치] 團 이와 같이. ¶~ 많은 돈을 어디다 쓰려는가?

이-거 대(인칭)(지시) '이것'을 구어적으로 이르는 말. ¶네가 가져온 게 ~냐? / ~로 주십시오. (작)요거.

이걸로 '이것으로'가 준 말.

이-것[-걷] 대 ① (지시) 1 말하는 사람이 듣는 사람보다 자기 쪽에 가까이 있는 사물을 가리키는 말. ¶~은 저리 가져가고 저것은 이리로 가져오너라. 2 이미 언급한 대상을 가리키면서도, 아직 상대의 문제라기보다는 말하는 사람 쪽의 영역에 속함을 나타내는 말. ¶죽느냐 사느냐, ~이 문제로다. 3 말하는 사람이 듣는 사람에게 아직 말하지 않은, 그러나 뒤에 그 내용을 언급하게 될 대상을 가리키는 말. ¶~은 너 혼자만 알고 있어. 나 이번에 해외 지사로 발령받았어. ②(인칭) 말하는 사람이 자기에게 가까이 있는, 못마땅하게 여기는 사람을 낮추어 이르는 말. ¶~이 어디서 까불어. 㽜요것. ▷그것·저것.

이것-저것[-걷쩌걷] 몡 불특정의 여러 사물. ¶~ 얘기하다 보니 시간이 많이 지났다. 㽜요것조것.

이:견(異見) 몡 서로 다른 의견. 또는, 남과 다른 의견. ¶서로의 ~이 드러나다 / ~을 좁히다.

이겹-실(二-)[-씰] 몡 두 올을 겹으로 꼰 실. =이갑사(二甲絲)·이합사(二合絲). ㈘쌍올실.

이:경(二更) 몡 하룻밤을 다섯으로 나눈 둘째 부분. 밤 9시에서 11시 사이. =을야(乙夜).

이고 ㉿ 자음으로 끝나는 명사에 붙어, 두 가지 이상의 사물을 아울러 말할 때에 쓰여, 앞서 든 것을 다 포함시킴을 나타내는 접속 조사. ¶산~ 강~ 다 오염되어 가고 있다. ▷고.

이:골 몡 아주 길이 들어서 몸에 밴 짓이나 버릇.

이골(이) 나다 ㋧ 어떤 방면에 길이 들어서 아주 익숙해지다. ¶김 씨는 노가다판에서 잔뼈가 굵어 막일이라면 이골이 나 있었다.

이-곳[-곧] 呩(지시) '여기'를 문어적으로 이르는 말. ¶나는 ~에서 태어났다.

이곳-저곳[-곧쩌곧] Ⅰ몡 불특정의 여러 곳. ㈘여기저기. ¶집을 보러 온 사람이 집 안 ~을 둘러보았다.
Ⅱ부 불특정의 여러 곳에. ㈘여기저기. ¶~ 기웃거리다 / ~ 돌아다니다.

이:공(理工) 몡 이학(理學)과 공학(工學).

이:과(理科)[-콰] 몡 1 물리학·생물학·화학·수학·의학·공학 등의 자연 과학을 다루는 학문 분야. ↔문과. 2 [교] 자연 과학, 특히 물리학·생물학·화학·수학 등을 연구하는 대학의 한 분과.

이관(移管) 몡 관할을 옮기는 것. 이관-하다 图㉿업무를 타 부서로 ~. 이관-되다 图㉿

이괄의 난(李适-亂)[-의-/-에-][역] 조선 인조 2년(1624)에 평안 병사(平安兵使) 이괄이 인조반정의 논공행상에 불만을 품고 일으킨 반란.

이괘(离卦·離卦) 몡 1 8괘의 하나. 불을 상징하며 '☲'로 나타냄. 2 64괘의 하나. 밝음이 거듭됨을 상징하며 '☲'을 둘 포개어 나타냄. 㽜이.

이:교(異敎) 몡 1 이단의 가르침. 2 자기가 믿는 이외의 종교.

이:-교대(二交代) 몡 필요한 시간을 둘로 나누어 번갈아 임무를 맡는 일. ¶~로 경비를 서다.

이:교-도(異敎徒) 몡 1 이교를 믿는 사람. 2 [가] 크리스트교 이외의 종교를 믿는 사람을 일컫는 말. ¶~를 박해하다.

이:구-동성(異口同聲) 몡 여러 사람의 말이 한결같음. 또는, 여러 사람이 똑같이 말함. =여출일구·이구동음. ¶마을 사람들은 ~로 그가 효자라고 칭찬이 대단하였다.

이:국(異國) 몡 다른 나라. ㈘외국·이방(異邦)·타국(他國).

이:국-적(異國的)[-쩍] 관몡 자기 나라가 아닌 다른 나라에 특징적인 (것). ¶~인 용모 / ~ 풍경.

이:국-정취(異國情趣)[-쩡-] 몡 어떤 풍물이나 사물에서 느낄 수 있는, 자기 나라의 것과 다른 정취나 정서. =이국정서. ¶~가 물씬 풍기는 몽마르트르 거리.

이:국-취미(異國趣味) 몡 1 자기 나라와는 다른 풍물을 즐기는 취미. 2 [문] 자기 나라와는 다른 정경이나 풍속 따위를 그려 색다른 분위기를 이루거나 예술적 효과를 높이는 일.

이:군(二軍) 몡[체] 주로 프로 팀에서, 1군에 비해 실력이 뒤진 선수들로 이뤄진 진용. ▷일군.

이궁¹(离宮) 몡[역] 태자궁·세자궁의 별칭. =이궁(離宮).

이궁²(離宮) 몡[역] 1 =이궁(离宮)¹. 2 궁성 밖에 마련된 임금의 거처. ㈘행궁(行宮).

이:권(利權)[-꿘] 몡 이익을 얻을 수 있는 어떤 권리. 또는, 이익이 생기게 하는 어떤 권리. ¶~ 다툼 / ~ 개입.

이:극-진공관(二極眞空管)[-찐-] 몡[물] 음극에 해당하는 필라멘트와 양극에 해당하는 플레이트를 하나의 진공 용기 속에 봉입한 전자관. 전원 회로나 검파 회로에 사용함. =다이오드.

이글(eagle) 몡[체] 골프에서, 한 홀의 기준 타수보다 2타수 적은 기록으로 공을 홀(hole)에 넣는 일. ▷버디·앨버트로스.

이글-거리다/-대다 图㉿ 1 (불꽃이) 발갛게 계속하여 피어오르다. ¶이글거리는 태양 / 숯불이 ~. 2 정기나 정열이 성하게 일다. ¶이글거리는 눈빛.

이글루(igloo) 몡 1 얼음과 눈 덩이로 둥글게 만든, 에스키모의 집. =얼음집. 2 이글루 모양으로 만든 집.

이글-이글[-리-/-그리-] 부 이글거리는 모양. ¶~ 타오르는 불길. 이글이글-하다 형㉿¶눈빛이 ~.

이:금(泥金) 몡 =금니(金泥)².

이:급(二級) 몡 둘째의 등급. ¶~ 정교사 자격증.

이:급-수(二級水)[-쑤] 몡 하천의 수질(水質) 등급의 하나. 비교적 맑고 냄새가 지지 않는 물. 그냥 마시지는 못하고 수영이나 목욕을 할 수 있으며, 피라미·쏘가리·은어 등이 살 수 있음.

이:기¹(二氣) 몡 =음양(陰陽).

이:기²(利己) 몡 자기의 이익만을 꾀하는 일. ↔이타(利他).

이:기³(利器) 몡 1 썩 잘 드는 연모. 또는, 날카로운 병기(兵器). 2 실용에 편리한 기구나 기계. ¶자동차는 문명의 ~이다.

이:기⁴(理氣) 몡[철] 성리학에서 말하는, 우주의 본체인 이(理)와 그 현상인 기(氣). 곧, 태극과 음양. ¶~ 이원론.

이기다¹ 图㉿ 1 (사람이나 동물이 다른 사람이나 동물을) 싸움·경기·경쟁·내기 등에서 앞선 상태가 되다. ㈘누르다·물리치다·승리하다. ¶창호가 씨름에서 철구를 ~ / 소송을 걸어 재판에서 ~. ↔지다. 2 (사람이 마음속에서 일어나는 감정이나 욕망 등을) 억눌러 가라앉게 하다. ㈘견디다·참다·극복하다·억제하다. ¶돈의 유혹을 ~ / 분을 이기지 못하여 씩씩거리다. 3 (사람이 병이나 어려운 일을) 건강하거나 평안한 상태에 이르도록 견디다. ¶그는 초인적인 의지로 암을 **이겨** 냈다. / 그는 온갖 시련에 부닥칠 때마다 꿋꿋이 **이겨** 냈다. **4** (몸을) 중심을 잃지 않고 바로 가지다. 비가누다. ¶아직 고개를 **이기지** 못하는 아기 / 그 남자는 제 몸을 **이기지** 못할 정도로 취해 있었다.

이기다² 동(타) **1** (흙이나 가루 등을) 물과 뒤섞어 차지게 하다. 비반죽하다. ¶흙을 **이겨** 벽에 바르다. **2** (질긴 물건을) 칼 따위로 잘게 짓찧다. ¶쇠고기를 잘게 ~. **3** (빨래 따위를) 이리저리 뒤치며 두드리다.

이기-심 (利己心) 명 자기의 이익만을 꾀하거나 생각하는 마음. ¶~의 발동 / ~을 버리다.

이기-작 (二期作) 명[농] 한 해에 두 번 같은 작물을 같은 경작지에 심는 일.

이기-적 (利己的) 관명 자기의 이익만을 꾀하는 (것). ¶~ 행동.

이기-주의 (利己主義) [-의/-이] 명 남이나 사회 일반을 돌아보지 않고 자기의 이익이나 행복만을 추구하는 사고방식이나 태도. =에고이즘·자애주의·주아주의(主我主義). ↔이타주의.

이기주의-자 (利己主義者) [-의-/-이-] 명 자기의 이익만을 꾀하려고 하는 사람. =에고이스트.

이기죽-거리다/-대다 [-꺼(때)-] 동(자) 빈정거리는 말을 자꾸 하며 밉살스럽게 굴다. ¶**이기죽거리며** 약을 올리다. 준이죽거리다. 작야기죽거리다. ×이기죽부리다·이주걱부리다.

이기죽-부리다 동(자) '이기죽거리다'의 잘못.

이기죽-이기죽 부 이기죽거리는 모양. 준이죽이죽. 작야기죽야기죽. **이기죽이기죽-하다** (자)여

이-까지로 부 고작 이만한 정도로. 작요까지로.

이-까짓 [-짇] 관 고작 이만한 정도의. ¶~것쯤은 거뜬히 들 수 있다. 준이깟. 작요까짓.

이-깟 [-깓] 관 '이까짓'의 준말. ¶~ 일이 뭐가 힘드니?

이끌다 동(타) 〈이끄니, 이끄오〉 **1** (어떤 사람이 다른 사람을) 목적하는 곳으로 가게 하기 위해 손을 잡아 끌거나 하여 따르게 하다. ¶아이가 밖에 나가면서 엄마의 손을 ~. **2** (어떤 사람이 아랫사람들이나 단체를) 자기의 책임 아래 일정한 목적이나 의지대로 움직이거나 따르게 하다. ¶나라를 **이끄는** 지도자 / 수만의 병력을 **이끌고** 전쟁터로 나아가다. **3** (경기·전쟁·이야기·사람 등을) 어떤 방향이나 결과나 상태로) 이루어지게 만들다. ¶토론을 자기에게 유리하게 / 우리 팀은 결승전을 승리로 **이끌었다**. / 그 여자는 그 남자를 파멸로 **이끌었다**.

이끌-리다 동(자) '이끌다'의 피동사. ¶나쁜 길로 ~.

이끎-음 (-音) [-끔-] 명[음] 으뜸음의 반음(半音) 아래의 음. 선율을 안정된 음으로 옮기는 성질로 장조·단조에서 보통 장음계·단음계의 제7음을 가리킴. =도음(導音).

이-끗 (利-) [-끋] 명 이익이 되는 실마리. ¶~을 찾다 / ~을 좇다.

이끼¹ 명[식] 선태식물·지의류에 속하는 은화식물의 총칭. 대체로 잎과 줄기의 구별이 분명하지 않고 고목이나 바위, 습한 곳에 남. =매태(苺笞)·선태(蘚苔)·태선(苔蘚).

이끼² 감 놀라 급히 뒤로 물러설 듯이 지르는 소리. 캐이키.

이끼나 감 '이끼²'의 힘줌말. 캐이키나.

이나 조 자음으로 끝나는 체언이나 부사의 아래에 붙는 보조사. **1** 둘 이상의 사물 가운데 어느 것을 선택함을 나타냄. ¶오는 휴일에는 산~ 바다로 놀러 가자. **2** 앞에 오는 대상이나 일 이외에 다른 것을 선택할 여지가 없음을 나타냄. 또는, 다른 대상을 배제하면서 앞의 대상을 선택하되, 그 선택이 최소한의 일이거나 덜 바람직한 일임을 나타냄. ¶넌 참견 말고 밥~ 먹어. / 굿~ 보고 떡~ 먹을까. **3** 최소한의 조건이나 사실과 다른 경우를 가정하는 뜻을 나타냄. ¶돈~ 많으면서 사치하면 내가 말을 않지. **4** ('…이나 …이나'의 꼴로 쓰이거나, 대상을 특별히 지정하지 않는 말 아래에 쓰여) 대상이 개별적인 차이가 없이 모두 공통성을 가짐을 나타냄. ¶산~ 들~ 모두 푸른빛을 띠고 있다. / 그는 주는 대로 무엇~ 잘 먹는다. **5** 수량이 예상되는 정도를 넘어서거나 한도에 이름을 나타냄. 또는, 예상하거나 짐작하건데 어느 정도에 이름을 나타냄. ¶그는 혼자서 소주를 다섯 병~ 마셨다. / 서울에서 부산까지 열차로 몇 시간~ 걸릴까요? **6** (일부 사물 이름 뒤에 그것을 세는 단위성 의존 명사가 오고 그 뒤에 '이 쓰이') 그 사물이 많지는 않으나 얼마간 있음을 나타냄. 실제에 있어서는, 꽤 많은 사물이 있음을 반어적(反語的)으로 가리킬 때 사용됨. ¶책권~ 읽은 사람 / 돈푼~ 있다고 거들먹거린다. / 나잇살~ 먹어 가지고 젊은 아이들한테 굽실거릴 수도 없고…. **7** 일부 부사에 붙어, 그 부사의 뜻을 강조함. ¶여북~ / 퍽~ / 가뜩~ 》나.

이-나마¹ 부 이것이나마. 또는, 이것이라도. ¶~ 없었더라면 어쩔 뻔했나? / ~라도 가져가겠느냐?

이나마² 조 자음으로 끝난 체언에 붙어, '부족하지만 아쉬운 대로'의 뜻을 나타내는 보조사. ¶아는 게 없으면 힘~ 있어야지. / 몸~ 건강해야지. 》나마.

이-날 명 바로 앞에서 이야기한 날. =시일(是日). ¶아이들은 5월 5일, ~만을 손꼽아 기다렸다.

이날 이때까지 관 '오늘에 이르기까지'의 뜻을 강조하여 이르는 말. ¶나는 ~ 온갖 설움을 당해 왔다.

이남¹ (二男) 명 **1** 둘째 아들. 비차남. **2** 슬하에 둔 두 명의 아들.

이남² (以南) 명 **1** 어떤 기준이 되는 지점으로부터 그 남쪽. ¶한강 ~. **2** 한반도의 북위 38°선 또는 휴전선 남쪽. ↔이북.

이남-박 명 쌀을 씻는 데 쓰는, 안쪽에 여러 줄의 골을 판 나무 바가지. 골이 진 부분에 가볍게 마찰함으로써 쌀을 깨끗이 씻음. 조리로 쌀을 인 다음, 남아 있는 소량의 쌀에서 돌 등을 분리할 때에도 이 골이 효과적인 구실을 함.

이내¹ 명 해 질 무렵 멀리 연기처럼 보이는 푸르스름하고 흐릿한 기운. =남기(嵐氣).

이-내² 관 '나의'의 힘줌말. ¶고달픈 ~ 신세 / ~ 사정 들어 보소.

이내³ 부 **1** 그때에 바로. ¶~ 끝내다. **2** 어느 때부터 내처. ¶헤어지고 ~ 감감소식이다.

이-내⁴ (以內) 명 어떤 기준을 포함해서 그보다 수량이 적은 범위. ¶한 시간 ~에 도착될 것이다. / 독후감을 원고지 열 장 ~로 써라.

▷이외.

이냥 閈 이대로. 또는, 이대로 내처. ¶~ 여기서 살아가겠네. 㐀요냥.
이냥-저냥 閈 되어 가는 대로 적당히. ¶~ 지내고 있다네.
이너^서클(inner circle) 몡 권력의 핵심 집단. 또는, 영향력 있는 사람들로 이뤄진, 조직 내의 소수 집단.
이-네 댸(인칭) 이 사람의 무리. 3인칭 복수 대명사임. ¶~가 다 한마을 사람들이오?
이네-들 댸(인칭) 이 무리에 속하는 사람들. ¶~을 다 데려갈 작정이오?
이:녀(二女) 몡 **1** 둘째 딸. 娣차녀. **2** 슬하에 둔 두 명의 딸.
이-녁 댸(인칭) '하오' 할 상대를 마주 대하고 얘기할 때 그를 조금 낮추어 이르는 말. ¶~을 대할 낯이 없소.
이-년 댸(인칭) '이 여자'를 얕잡거나 비하하여 이르는 말. ↔이놈.
이:년-생(二年生) 몡 **1** 난 지 2년째 되는 생물. ¶~ 소. **2** [식] =두해살이. **3** 학교 등에서, 2학년이 된 학생. ¶중학교 ~.
이:념(理念) 몡 **1** 어떤 것을 이상적으로 여기는 생각이나 견해. ¶~을 달리하다. **2** [철] 독일 관념론에서, 이성의 작용으로 얻어지는 최고 개념. =이데아.
이노베이션(innovation) 몡[경] =기술 혁신.
이-놈 댸 **1**(인칭) '이 남자'를 얕잡거나 비하하여 이르는 말. ↔이년. **2**(지시) '이 동물'이나 '이 물건'을 귀엽게, 또는 예사롭게 이르는 말. 㐀요놈.
이농(離農) 몡 농사일을 그만두고 농촌을 떠나는 것. ¶~ 현상이 두드러지다. ↔귀농(歸農). **이농-하다** 자옝
이:뇨(利尿) 몡 오줌이 잘 나오게 하는 일. **이:뇨-하다** 자옝
이:뇨-제(利尿劑) 몡[약] 오줌을 잘 나오게 하는 약제. 신장병·부종(浮腫) 등의 치료에 쓰며, 카페인·아세트산칼륨 따위가 있음.
이니 죠 자음으로 끝나는 체언에 붙어, 사물을 열거할 때에 쓰이는 접속 조사. ¶떡~ 과일~ 잔뜩 먹었다. ▷니.
이니셔티브(initiative) 몡 '주도권(主導權)'으로 순화.
이니셜(initial) 몡 로마자로 나타낸 사람의 성명에서, 각 단위의 첫 글자들의 조합. 또는, 여러 단어로 이루어진 고유 명사나 구에서, 로마자로 나타낸 각 단어의 첫 글자. 대문자로 나타냄. =머리글자. ¶존 피츠제럴드 케네디의 ~은 JFK이다. / AIDS(에이즈)는 'Acquired Immune Deficiency Syndrome'의 ~을 따서 만든 말이다.
이닝(inning) 몡[체] 야구에서, 양 팀이 각각 공격과 수비를 한 번씩 끝내는 시간. 곧, 한 회(回). ¶9~을 모두 끝내다.
이다[1] 톄 (짐이 될 만한 정도의 무게와 부피를 가진 물건을) 옮길 목적으로 자기 머리 위에 얹다. ¶물동이를 이고 가는 아낙네들 / 짐을 이어 나르다.
이:다[2] 톄 기와·이엉 등으로 지붕을 덮다. ¶기와를 ~ / 볏짚으로 지붕을 인 집.
이다[3] 죠 체언에 붙어, 그 체언으로 하여금 주어의 내용을 지정·서술하는 기능을 가지게 해 주는 서술격 조사. 동사·형용사와 함께 활용이 가능한 단어임. ¶이것은 책~. / 그는 훌륭한 학자~. / 시험 출제 범위가 어디까지냐? / 그가 잠을 깬 것은 9시가 넘어서였다.

● 어간 '이-'의 생략
앞에 오는 말이 자음으로 끝날 때에는 어간 '이-'가 생략되지 않으나(학생이다), 모음으로 끝날 때에는 생략되기도 하고 안 되기도 함(문제다/문제이다). 그런데 후자의 경우, 생략형은 구어적이고 비생략형은 문어적인 느낌이 있음. 다만, 모음 아래에서라도 '-ㅁ, -ㄴ, -에요/-어요' 등의 어미 앞에서는 생략이 불가능함(학교임/아우인 영수/나이에요-나예요, 나이어요-나여요).

이다[4] 죠 자음으로 끝나는 체언에 붙어, 사물을 열거할 때 쓰이는 접속 조사. ¶떡~ 과일~ 잔뜩 먹었다.
-이다[5] 젭미 '-거리다'가 붙을 수 있는 의태어 어근 중 일부의 어근에 붙어, 그것을 동사로 만드는 말. ¶별이 반짝~ / 눈물을 글썽~ / 물결이 출렁~.
이-다음 몡 뒤에 연이어지는 때나 자리. =향후. ¶~ 차례 / ~에 만나자. 壇이담. 㐀요다음.
이-다지 閈 이러한 정도로. 또는, 이렇게까지. ¶기차가 왜 ~ 늦느담. 㐀요다지.
이:단(異端) 몡 **1** [가][기] 정통 크리스트교에서, 자신의 교리에서 벗어난 교리를 주장하는 교파를 배척하여 이르는 말. **2** 유교에서, 다른 사상 곧 제자백가를 일컫는 말. **3** [불] 불교 이외의 외도(外道).
이:단-시(異端視) 몡 (어떤 사상이나 학설, 신앙 따위를) 이단으로 보는 것. **이:단시-하다** 톄옝 **이단시-되다** 자옝 ¶그의 학설은 학계에서 **이단시되고** 있다.
이:단-자(異端者) 몡 **1** 이단의 종교·사상·학설 따위를 주장하거나 믿는 사람. **2** 전통·권위·세속적인 상식에 반발하여 자기 개성을 강하게 내세움으로써 고립되어 있는 사람.
이-달 몡 **1** 이번 달. 娣금월. **2** 바로 앞에서 이야기하는 달.
이-담 몡 '이다음'의 준말. ¶~에 다시 보자. 㐀요담.
이:당-류(二糖類) [-뉴] 몡[화] 가수 분해에 의하여 한 분자에서 두 분자의 단당류를 만드는 탄수화물. 보통 단맛을 가짐. 젖당·수크로오스 따위. =복당류.
이-대로 閈 이 모양으로. 또는, 이와 같이. ¶~ 가다가는 10년이 되어도 공사를 못 끝낸다. / 날 간섭하지 말고 ~ 내버려 둬 다오. 㐀대로.
이데아(㉣Idea) 몡[철] =이념(理念) **2**.
이데올로기(㉣Ideologie) 몡 **1** 어떤 집단이나 그 집단에 속하는 개인이 역사 또는 사회의 현상이나 조건에 제약을 받거나 영향을 받아 가지게 되는 일정한 의식이나 사고방식. **2** 지배 집단이 피지배 집단을 이끌어 가기 위하여 정치적·문화적으로 내세우거나 침투시키려고 하는 이념이나 사상.
이:도(吏道) 몡 **1** 관리로서 지켜야 할 도리. **2** [언] =이두(吏讀).
이:동[1](以東) 몡 어느 지점을 기준으로 하여 그 동쪽. ↔이서(以西).
이:동[2](異動) 몡 전임·퇴직 등의 지위·직책의 변동. ¶인사(人事) ~.
이동[3](移動) 몡 (자리나 위치를) 다른 곳으로

옮기는 것. ¶인구 ~ / 태풍의 ~ 경로. 이동-하다 [동](자)(타)[어] ¶철새가 남녘으로 ~ / 장소를 안전한 곳으로 ~. 이동-되다 [동](자) ¶열과 쇠 젓가락을 통해 ~.

이동^경찰(移動警察) [명][법] 기차·선박 안에서 발생하는 범죄 사고를 단속하는 경찰.

이동-도서관(移動圖書館) [명] =순회도서관.

이동^방:송(移動放送) [명] 송신기를 가지고 목적하는 장소로 옮겨 다니며 방송하는 일. ¶~차.

이동^병:원(移動病院) [명][군] 장비를 갖추고 전투 시에 부대를 따라다니며 치료하는 일종의 야전 병원.

이동성^고기압(移動性高氣壓) [-씽-] [명] [기상] 일정한 위치에 있지 않고 이동하여 가는 고기압. 봄·가을에 나타나기 쉽고, 이 고기압권 안에서는 맑은 날이 많음.

이동-식(移動式) [명] 이동할 수 있게 된 방식. 또는, 그런 장치. ¶고정식.

이동^전:화(移動電話) [명] 이동하면서 통화할 수 있는 무선 전화. 카폰·휴대 전화 등이 있음.

이동-차(移動車) [명][영] 카메라를 싣고 수평으로 이동시키면서 촬영할 수 있도록 작은 바퀴를 달아 만든 대(臺). 흔히, 바닥에 레일을 깔고 그 위를 움직임. =돌리(dolly). ▷크레인.

이동^통:신(移動通信) [명][통] 이동체와 고정된 지점 사이, 또는 이동체 상호 간을 연결하는 통신. 일반적으로 LF, MF, HF, VHF 또는 UHF대(帶)의 전파를 사용하는 무선 통신임.

이:두(吏讀·吏頭) [명][언] 우리말을 한자를 빌려 표기하는 방법의 하나. 문장 배열은 우리말 어순으로 하되, 조사·어미·부사, 기타 특수한 용어를 한자의 훈과 음을 이용하여 나타내던 방법. 신라 때부터 개화기 때까지 실용문을 쓸 때 널리 이용되었음. 넓은 뜻으로는 향찰(鄕札)·구결까지도 포함함. '必于(비록), 爲去乃(하거나)' 따위. =이도(吏道). ▷향찰.

이:두^문학(吏讀文學) [명][문] 이두로 기록된 우리나라의 고전 문학. 향가가 그 대표적인 예임.

이두-박근(二頭膊筋) [-끈] [명][생] 위팔의 앞쪽에 있는 큰 근육. 둘로 갈라진 두부가 합쳐 요골(橈骨) 위 끝에 붙었으며, 팔을 굽히는 작용을 함. =상완 이두근.

이:둔(利鈍) →이:둔-하다 [형][어] 1 날카롭고 무디다. 2 영리하고 우둔하다.

이드 (id) [명][심] 개인의 무의식중에 잠재하는 본능적 에너지의 원천. 쾌락을 추구하고 불쾌를 피하려고 만족을 구하려고 하나 자아와 초자아(超自我)의 통제를 받음.

이드르르 [부] 윤기가 돌고 부드러운 모양. [준]이드를. 이드르르-하다 [형][어]

이드를 [부] '이드르르'의 준말. [작]야드를. 이드를-하다 [형][어]

이:득(利得) [명] 이익을 얻음. 또는, 그 이익. ¶~이 많다 / ~을 보다. ↔손실.

이든 [조] '이든지'의 준말. ¶사람 ~ 짐승 ~ 다 귀한 목숨이다.

이든지 [조] 자음으로 끝나는 체언에 붙어, 무엇이나 가리지 않음을 나타내는 보조사. ¶어떤 일 ~ 맡거만 주십시오. [준]이든.

이들-이들 [-리-/-드리-] [부] 몹시 이드르르한 모양. [작]야들야들. 이들이들-하다

이듬 [명] 논밭을 두 번째 매거나 가는 일. ¶~을 마치다. 이듬-하다 [동](타)[어]

이듬-달 [-딸] [명][부] 바로 다음의 달. [비]익월·훗달.

이듬-해 [명][부] 어떤 일이 있은 그다음 해. =익년(翌年).

이듭 [명] 말·소 등의 나이에서, '두 살'을 이르는 말.

이:등(二等) [명] (주로 일부 명사나 한자 어근 앞에 쓰여) 수준이나 등급이 둘째가거나 중간쯤 되는 부류임을 나타내는 말. ¶~성(星) / ~칸 / ~ 도로. ▷일등·삼등.

이:등변^삼각형(二等邊三角形) [-가켱] [명] [수] 두 변의 길이가 같은 삼각형.

이:등-병(二等兵) [명][군] =이병(二兵).

이:-등분(二等分) [명] 둘로 똑같이 나누는 것. 이:등분-하다 [동](타)[어] ¶사과를 ~. 이:등분-되다 [동](자)

이:등분-선(二等分線) [수] 길이·각도 따위를 둘로 똑같이 나누는 선.

이:등-실(二等室) [명] 선박이나 열차 등에서, 둘째가는 등급의 시설을 갖춘 방. =이등칸.

이디엄(idiom) [명][언] 영어에서 둘 이상의 단어들이 연결되어 그 단어들이 가지는 본뜻 이외의 특별한 의미를 나타내는 관용어. [비]숙어.

이따 [부] '이따가'의 준말. ¶~ 만나자.

이따가 [부] 조금 뒤에. ¶~ 갈게. / ~ 주겠다.

이따금 [부] 얼마쯤씩 있다가. =참참이. [비]가끔·때때로. ¶~ 길에서 만난다.

이-따위 [대] '이런 것들', '이런 부류'의 뜻으로, 얕잡아 이르는 말. ¶~는 필요도 없다. / 무슨 ~ 녀석이 다 있어? [작]요따위.

이-딴 '이따위'를 입말 투로 이르는 말. ¶겨우 ~ 일로 고민했던 게야?

이-때 [명] 바로 지금의 때. 또는, 바로 앞에서 이야기한 시간상의 어떤 점이나 부분. ¶기회는 ~뿐이다. / ~까지 속아만 살았니?

이때-껏 [-껃] [부] 지금에 이르기까지. ¶~ 해 놓은 것이 아무것도 없다.

이라 [조] 1 '이라고'의 준말. ¶대문에는 '개조심' ~ 쓰여 있었다. 2 '이라서'의 준말. ¶어떤 사람 ~ 나를 오라 가라 하느냐. ▷라.

이라고 [조] 자음으로 끝나는 체언에 붙는 조사. 1 직접 인용됨을 나타내는 부사격 조사. ¶그는 하늘을 쳐다보면서 "눈이 내리겠군." ~ 말했다. [준]이라. 2 얕잡아 말하는 뜻을 나타내는 보조사. ¶그때야 집 ~ 어디 변변한 것이 있었나. 3 다른 경우와 별다를 바 없음을 나타내는 보조사. ¶부잣집 ~ 별수 있으랴. [준]이라. ▷라고.

이라도 [조] 자음으로 끝나는 체언에 붙어, 양보의 뜻을 나타내는 보조사. ¶이것만 ~ 끝내자. ▷라도.

이라든지 [조] 자음으로 끝나는 체언에 붙어, 사물을 열거할 때에 쓰이는 조사. ¶연필 ~ 붓 ~ 하는 것은 다 필기구이다. ▷라든지.

이라서 [조] 자음으로 끝나는 체언에 붙어, '감히', '능히'의 뜻을 나타내는 주격 조사. ¶어떤 사람 ~ 이것을 해내겠는가. [준]이라. ▷라서.

이라야 [조] 자음으로 끝나는 체언에 붙어, 꼭 필요한 사물임을 나타내는 조사. ¶그 사람 ~ 그 일을 해낼 수 있다. ▷라야.

이라크(Iraq) [명][지] 서아시아 남서부에 있

는 공화국. 수도는 바그다드.
이란¹ 조 ['이라는 것은'이 준 말] 자음으로 끝나는 체언에 붙어, 어떤 대상을 지적하거나 드러내어 말할 때 쓰이는 보조사. ¶책~. 우리의 마음을 살찌우는 영혼의 양식이다. ▷란.
이란²(Iran) 명[지] 서아시아에 있는 공화국. 수도는 테헤란.
이:란격석(以卵擊石) [-썩] 명 아주 약한 것으로 강한 것에 대항하려는 어리석음을 비유하여 이르는 말. '달걀로 바위 치기'와 같은 말.
이:란성^쌍생아(二卵性雙生兒) [-씽-] 명 [생] 동일한 배란에서 나온 두 개의 난자가 각각 수정하여 생긴 쌍생아. ▷일란성 쌍생아.
이랑¹ 명[농] 1(자립) 갈아 놓은 밭의 한 두둑과 한 고랑을 합하여 이르는 말. ¶~이 길다. 2(의존) 이랑을 세는 단위로 이르는 말. ¶한 ~ / 두 ~. ▷고랑.
이랑² 조 자음으로 끝나는 체언에 붙는 조사. 1 다른 말과 비교함을 나타내는 부사격 조사. ¶철수는 영숙~ 동갑이다. 2 함께 행동함을 나타내는 부사격 조사. ¶동생~ 함께 오너라. 3 여럿을 대등한 자격으로 이어 주는 접속 조사. ¶연필~ 붓~ 많다. ▷랑.
이래¹ '이리하여'가 준 말. ¶~ 봐도 안 되고 저래 봐도 안 된다. 종요래. ▷그래·저래.
이:래²(以來) 의존 (어미 'ㄴ'이나 일부 명사 다음에 쓰여) 어느 일정한 때로부터 지금까지의 기간을 나타내는 말. ¶유사 / 건국 ~ / 지하철이 생긴 ~로 그런 사고는 처음이다.
이래도 '이리하여도'가 준 말. ¶네가 나한테 ~ 되는 거야? 종요래도. ▷그래도·저래도.
이래라-저래라 '이렇게 하여라 저렇게 하여라'가 준 말. ¶누구한테 ~ 하는 거냐? 종요래라조래라.
이래서 '이리하여서'가 준 말. ¶~ 둘은 원수가 되었다. 종요래서.
이래야 '이리하여야'가 준 말. ¶꼭 ~ 돈을 버나?
이래-저래 부 이런저런 이유로. ¶~ 손해가 많다. ▷그래저래.
이랬다-저랬다 [-랟따-랟따] '이리하였다 저리하였다'가 준 말. ¶주견이 없이 ~ 한다. 종요랬다조랬다.
이랴 깜 소나 말을 몰 때 내는 소리. 비이러.
이러 깜 소나 말을 몰거나 끌어 당길 때 내는 소리. 비이랴.
이러고 '이리하고'가 준 말.
이러고-저러고 '이리하고 저러하고'가 준 말. ¶~ 말이 많다.
이러-구러 부 세월이 이럭저럭 지나가는 모양. ¶친구와 힘을려 잔술도 마시면서 ~ 하루가 가고 이틀이 가고 달이 바뀌고 연도가 갈리었다.《이무영:제1과 제1장》
이러나-저러나 1 '이러하나 저러하나'가 준 말. ¶~ 이 일을 어쩐다? 2 '이리하나 저리하나'가 준 말. ¶~ 안 된다. 종요러나조러나.
이러니-저러니 '이러하다느니 저러하다느니'가 준 말. ¶~ 말이 많다. 종요러니조러니.
이러다 동(자) 이렇게 하다. 곧, 이렇게 행동하거나 말하거나 생각하다. 주로 구어체에 쓰임. ¶이러다가 차를 놓치겠다. 종요러다.
이루-하다 형(여) 별다른 데 없이 대개 이런 정도에 있다. ¶사정이 **이루루하게** 되어 있으니 그리 알게. 종요루루하다.
이러이러-하다 형(여) 이러하고 이러하다. = 여차여차하다·약차약차하다·여시여시하다·여사여사하다·여차여차하다. ¶일이 **이러이러하게** 진행되고 있으니 안심하십시오. 종요러요러하다.
이러저러-하다 형(여) 이러하고 저러하다. ¶**이러저러한** 까닭으로 찾아뵙지 못했습니다. 종요러조러하다.
이러쿵-저러쿵 부 이러하다는 둥 저러하다는 둥. ¶~ 말이 많다. 종요러쿵조러쿵. 이러쿵저러쿵-하다 동(자)(여)
이러-하다 형(여) '이렇다'의 본딧말. ¶제 형편이 **이러한데** 남을 도울 수 있겠습니까? 종요러하다. **이러-히** 부
이럭-저럭 [-쩌-] 부 1 되어 가는 대로. 또는, 어찌 되어 가는지 분명하지 않은 대로. ¶~ 밥은 먹고 삽니다. 2 알지 못하는 동안에 어느덧. =이렁저렁. ¶고향 떠난 지 ~ 십 년이 되었다. 종요럭조럭. ▷그럭저럭. 이럭저럭-하다 동(자)(여)
이럭-하다 [-러카-] '이렇게 하다'가 준 말. ¶청소를 **이럭하면** 안 되지.
이런 깜 말하는 사람이 뜻밖의 바람직하지 않은 일을 저지르거나 겪었을 때 놀라서 내는 소리. 일이 말하는 사람으로부터 가까운 데서 벌어지고 그와 직접 관계된 경우일 때 씀. ¶아이고 ~! 내가 큰 실수를 했네. 종요런. ▷조런.
이런-고로(-故-) 부 이러한 까닭으로. ¶~ 그와 헤어지게 되었다.
이런-저런 관 이러하고 저러한. ¶~ 생각에 잠을 이루지 못하다.
이렁성-저렁성 부 이러한 듯 저러한 듯 아무 대중 없이. 이렁성저렁성-하다 동(자)(여)(형)(여)
이렁-저렁 부 =이럭저럭. 종요렁조렁. 이렁저렁-하다 동(자)(여)
이렇다 [-러타] 형(여) 〈이러니, 이러오, 이래〉 (사물의 상태나 속성이) 이와 같다. =약시(若是)하다·여사(如斯)하다·여차(如此)하다. ¶진상은 ~. / 요즘 아이들은 **이렇단** 말이야. 본이러하다. 종요렇다.
이럴-듯 [-러튼] 형(여) '이렇듯이'의 준말. ¶아름다울 수가 이럴듯.
이렇-듯이 [-러튼-] 부 이러한 정도로까지. ¶산을 많이 다녀 봤지만 ~ 험한 산은 처음.종요렇듯이.
이레 명 1 하루가 일곱 번 있는 시간의 길이. 곧, 일곱 날. ¶~ 만에 병석에서 일어나다. 2 (초(初)·열·스무 다음에 쓰여) 각각 어느 달의 7일·17일·27일임을 고유어로 나타내는 말. ¶칠월 초~가 칠석이다.
이렛-날 [-렌-] 명 (초(初)가 붙거나 단독으로 쓰여, 또는 열·스무 다음에 쓰여) 각각 어느 달의 7일, 17일, 27일임을 나타내는 말. ¶열~의 달도 꽤 둥근 편이다.
이:력(履歷) 명 지금까지 거쳐 온 학업·직업 등의 내력. 비경력(經歷).
이:력(이) 나다 오래 겪어 익숙해지다. ¶그는 자취 생활을 오래 해서 밥하고 빨래하는 일에는 여지간히 **이력이 났다.**
이:력-서(履歷書) [-써] 명 이력을 적은 문서. ¶~를 내다.
이:력-현상(履歷現象) [-려껀-] 명[물] 어떤 물리량이 현재의 물리 조건만으로는 결정되지 않고, 그 이전에 그 물질이 경과해

이르다 ●1463

이:령(二齡)[명] 누에가 첫잠을 잔 뒤부터 두 잠을 잘 때까지의 동안. ¶~잠(蠶).

이:례(異例)[명] 상례(常例)를 벗어난 특이한 예. (비)위례(違例).

이:례-적(異例的)[관][명] 상례를 벗어난 특이한 (것). ¶~ 처사.

이:론¹(異論)[명] 다른 이론(理論). (비)이의(異議). ¶~을 제기하다 / ~의 여지가 없다.

이:론²(理論)[명] 1 낱낱의 여러 현상을 하나로 꿰어 설명할 수 있도록 논리적으로 체계화한 지식. ¶경제 ~ / ~을 세우다. 2 생생한 현실과 동떨어진, 관념적이고 순수한 논리적 지식. ¶~과 실제는 다르다.

이:론-가(理論家)[명] 1 이론에 밝고 능한 사람. 또는, 이론을 좋아하는 사람. 2 이론뿐이고, 실제 문제에는 어두운 사람.

이:론^물리학(理論物理學)[명][물] 물리 현상을 이론적으로 연구하는 물리학. 실험적 사실이나 경험적 법칙을 근거로 하여, 보편적이고 기본적인 이론 체계를 세우는 것을 목적으로 함. ↔실험 물리학.

이:론-적(理論的)[관][명] 이론에 관한 (것). 또는, 이론에 근거하는 (것). ¶~ 근거 / ~으로는 옳으나 실제는 다르다.

이:론-화(理論化)[명] 법칙을 찾고 체계를 세워 이론으로 되게 하는 것. 또는, 이론이 되는 것. 이:론화-하다[동][자][타][여] 이:론화-되다[동][자]

이:-롭다(利-)[-따][형][ㅂ]<-로우니, ~로워> (어떤 일이나 대상이 누구에게, 또는 무엇에) 좋은 영향을 주거나 도움을 주는 작용을 하는 상태이다. (비)유리하다. ¶생활에 이로운 물건 / 남을 이롭게 하다. ↔해롭다.

이:롱-증(耳聾症)[-쯩][명][한] 소리를 듣지 못하는 병증.

이루¹[부] (주로, '없다', '어렵다'와 같이 쓰여) '구체적으로 하나하나', '여간하여서는 도저히'의 뜻. ¶~ 다 말할 수 없는 고통 / 그로부터 받은 은혜는 ~ 다 헤아리기가 어렵다.

이:루²(二壘)[명][체] 야구에서, 주자가 밟는 둘째 베이스. =세컨드 베이스. ③'이루수(二壘手)'의 준말.

이루다[동][타] 1 (어떤 물체나 물질, 또는 개체들이) 모이거나 합쳐지거나 어우러져 일정한 성질이나 모양을 가진 존재로 되다. ¶나무가 자라 숲을 ~ / 군중들이 인산인해를 ~. 2 (어떤 대상이 일정한 상태나 결과를) 생기게 하거나 일으키거나 만들다. ¶세종 대왕은 위대한 업적을 이루었다. / 그들은 결혼하여 행복한 가정을 이루었다. 3 (사람이 뜻하는 바를) 실제의 사실로 되게 하거나 얻다. ¶뜻을 ~ / 노력 끝에 소망을 이루었다. ▷이루어지다.

이:루-수(二壘手)[명][체] 야구에서, 이루(二壘)를 지키는 선수. =세컨드 베이스맨. ③이루.

이루어-지다[동][자] 1 (일정한 성질이나 모양을 가진 존재가) 어떤 물체나 물질, 또는 개체들이 모이거나 합쳐지거나 어우러지어 써 만들어지다. ¶공기 중의 작은 물방울이 모여 구름이 ~ / 카드 섹션을 통해 다양한 문자와 도형이 ~. 2 (일정한 상태나 결과가) 어떤 대상에 의해 생기거나 만들어지다. ¶매파에 의해 혼담이 ~ / 두 사람 사이에 아름다운 사랑이 ~. 3 (사람이 뜻하는 바가) 실제의 사실이 되다. ¶소원이 ~ / 바라고 바라던 일이 뜻대로 ~.

이:루-타(二壘打)[명][체] 야구에서, 타자 자신이 이루까지 갈 수 있게 친 안타.

이룩-되다[-뙤/-뛔-][동][자] (훌륭하거나 주목할 만한 일이나 대상, 또는 성과가) 사람의 많은 노력에 의해 만들어지거나 얻어지다. ¶피와 땀으로 이룩된 사업.

이룩-하다[-루카-][동][타][여] (사람이 훌륭하거나 주목할 만한 일이나 대상, 또는 성과를) 많은 노력을 기울여 있게 만들거나 얻다. ¶풍요로운 복지 사회를 ~. ▷이루다.

이:류(二流)[명] 질(質)이나 정도·지위 따위가 일류보다 약간 못한 것. ¶~ 대학 / ~ 극장.

이:륙(離陸)[명] (비행기 따위가) 땅에서 떠오르는 것. ¶~ 속도 / ~ 지점. ↔착륙(着陸). 이:륙-하다[동][자][타][여] ¶기지를 이륙하는 비행기.

이:륜-자동차(二輪自動車)[명] 바퀴가 둘 달린 자동차. 곧, 오토바이를 이르는 말.

이:륜-차(二輪車)[명] 바퀴가 둘 달린 차의 총칭. 자전거·오토바이 따위.

이르다¹[동][자][라]<이르니, 이르러> 1 (사람이나 탈것이 어떤 위치에) 움직여 가 닿다. (비)다다르다·도착하다·당도하다. ¶우리 일행이 마을에 이르렀을 때에는 해가 진 뒤였다. 2 (시간이 기대한 것보다 늦은 시점이나 한계가 되는 시점에) 흘러서 가 닿다. ¶그는 밤새 전전반측하다가 새벽에 이르러서야 잠이 들었다. 3 (어떤 일이나 대상이 어떤 상태나 정도에) 일정한 과정을 거쳐 가 닿다. ¶이야기가 절망에 ~ / 학문이 높은 수준에 ~. 4 (어떤 대상이 일정한 범위에) 걸치거나 미친 상태가 되다. ¶20대에서 40대에 이르는 청장년층 / 그는 문학·미술·음악에 이르기까지 예술에 깊은 조예가 있다.

이르다²[동]<이르니, 일러> ①[자] 1 (나이가 많거나 지위가 높은 윗사람이 아랫사람에게) 알아듣거나 깨닫게 말을 하다. ¶그렇게 일렀는데 이제 와 딴소리를 한다. 2 (위대한 사람이) 교훈이나 가르침이 되는 말을 하다. 또는, (옛말이나 문헌 등에) 교훈이나 가르침이 되는 말이 나타나다. ¶예수님이 이르기를 원수를 사랑하라고 했다. / 옛말에 이르기를 아는 길도 물어 가랬다. ②[타] 1 (어떤 사실이나 내용을 다른 사람에게) 알도록 말하다. ¶약속 시간과 장소를 친구에게 단단히 일러 주다. 2 (어떤 대상을 무엇이라고, 또는 어떤 대상이 무엇임을) 이름 붙이거나 가리켜 말하다. (비)부르다·일컫다·명명하다. ¶우리는 삶에 대한 체계적 탐구를 철학이라 이른다. / 사람들은 김병연을 일러 김삿갓이라 한다. 3 (어떤 사람이 다른 사람의 잘못을 다른 사람의 윗사람에게) 말하여 알게 하다. (비)고자질하다. ¶남의 잘못을 이르는 것은 좋지 않다.

이를 데 없다[관] 이루 다 말할 수 없다. ¶슬프기 ~.

이르다³[형][르]<이르니, 일러> 1 (어떤 때가) 보통의 경우, 또는 기준이 되는 때보다 시간적으로 앞선 상태에 있다. ¶올해는 꽃 소식이 예년보다 며칠 ~. 2 (때나 시간이) 어떤 일을 하기에, 또는 어떤 일이 이루어지기까지 더 기다려야 하는 상태에 있다. (비)빠르다. ¶저녁을 먹기에는 아직 ~. 3 (주로 '이른'의 꼴로 쓰여) (시간적 길이가 있는 어떤 때가) 처음 시작되는 상태에 있다. ¶**이른 아침 / 이른 봄.** 좐일다. ↔늦다.

이르집다 [-따] 됨(태) 1 (껍질을) 뜯어 벗기다. 2 (없는 일을) 만들어 말썽을 일으키다.

이른-바 튄 세상에서 말하는 바. =소칭(所稱). 비소위. ¶모든 생물은 ~ 적자생존의 법칙에 의해 살아간다.

이를-터이면 튄 '이를테면'의 본딧말.

이를-테면 튄 '가령 말하자면'의 뜻. ¶그 사람은 ~ 살아 있는 백과사전이다. 뵌이를터이면.

이름 뎡 1 어떤 사람이 태어났을 때 그에 대해서 평생 부르거나 가리키기 위해 부모나 조상, 또는 기타의 사람이 고유하게 지은 말. 우리나라에서는, 성(姓) 다음에 붙여서 쓰는데, 일반적으로 한자를 취하여 두 음절 또는, 한 음절 정도로 지음. 때로 고유어로 짓는 경우도 있음. ¶아버지가 아기의 ~을 짓다. 2 어떤 사람을 부르거나 가리키기 위해 고유하게 지은 말을 성(姓)과 합쳐서 이르는 말. 비성명(姓名). ¶담숙지에 ~을 빠뜨리지 말고 쓰세요. 빙성함·존함·함자(衛字). 3 개나 고양이와 같은 애완동물이나, 사람이 기르는 일부 동물을 부르거나 가리키기 위해 그 주인이 지어 이르는 말. ¶'누렁아, 누렁아!' 하며 순희는 강아지의 ~을 부른다. 4 동물·식물·물건·물체·물질의 종류나 어떤 지역이나 나라나 단체, 어떤 작품이나 책, 어떤 일이나 사건 등을 다른 것과 구별하기 위해 그것에 붙여 이르는 말. 비명칭. ¶꽃 ~ / 책 ~ / 나라의 ~. 5 어떤 대상이 세상에 널리 알려진 상태나 정도. 비명성(名聲). ¶~도 없는 삼류 작가 / 금강산은 경치가 빼어나기로 ~이 높다. 6 사람이나 단체가 가지는 품위나 명예. ¶그 학생은 비행을 저질러 학교의 ~을 더럽혔다. 7 어떤 일을 하면서 그럴듯하게 보이기 위해 붙인 구실이나 명분. ¶자선이란 ~ 아래 선심 공세를 펴다. 8 표면으로 내세우는 직위나 자격. 비명목(名目). ¶그는 ~만 사장일 뿐이는 일이 없다. 9 (주로, '…의 이름으로'의 꼴로 쓰여) 어떤 일을 하는 데 바탕이 되는 뜻이나 능력이나 자격. ¶정의의 ~으로 심판하다 / 반역자를 온 국민의 ~으로 처단하다. **이름-하다** 됨(타어) 이름을 붙여 부르다. ¶늦게 얻은 아들이라 하여 '만득(晩得)'이 ~.

[**이름도 성(姓)도 모른다**] 전혀 모르는 사람이라는 말.

이름(을) 날리다[떨치다] 큰 명성을 얻다. ¶세계에 ~.

이름(을) 남기다 큰 이름을 후세에까지 전해지게 하다. 또는, 이름이 후세에 전해질 만하게 공적을 세우다. ¶역사에 **이름을 남긴 사람들.**

이름(이) 없다 큰 세상에 그 이름이 널리 알려져 있지 않다. ¶**이름 없는 가수.**

이름(이) 있다 큰 세상에 그 이름이 널리 알려져 있다. ¶**이름 있는 집안에 태어나다.**

이름(을) 팔다 큰 이름이나 명성 등을 이용하다. ¶**모 기관의 선배 이름을 팔아 사기 행각을 벌이다.**

이름-값[-깝] 뎡 (주로 '하다', '못하다'와 함께 쓰여) 널리 알려진 제 이름에 결맞은 바른 행동. ¶그는 이번 시합에서 명투수로서의 ~을 톡톡히 했다.

이름-나다 됨(자) 이름이 세상에 널리 알려지다. 또는, 유명해지다. ¶**작가로 ~ / 이름난 회사.**

이름-씨 몡[언] =명사(名詞)².

이름-자(-字) [-짜] 뎡 이름을 나타내는 글자. ¶제 ~도 못 쓰다.

이름-패(-牌) 뎡 이름이나 직위를 써 놓은 길고 네모난 패.

이름-표(-標) 뎡 성명을 적어 가슴에 다는 표. =명찰(名札).

이리¹ 뎡 물고기 수컷의 배 속에 있는 흰 정액의 덩어리. =어백(魚白).

이리² 뎡[동] 갯과의 한 종. 개 비슷한데 늑대나 승냥이보다 큼. 털빛은 변화가 많으나 흔히 회갈색 바탕에 검은 털이 섞임. 육식성으로 성질이 사납고, 때로 사람을 해치는 일도 있음.

이리³ 뭔 1 이렇게. ¶왜 ~ 늦지? 좐요리. ▷그리·저리. **이리-하다** 됨(자) ¶**이리할까 저리할까 맛설이다.** **이리-되다** 됨(자)

이리⁴ 뭔 이곳으로. 또는, 이쪽으로. ¶~ 가져오시오. 좐요리. ▷그리·저리.

이리 뒤적 저리 뒤적 큰 이리저리 뒤적거리는 모양. ¶물건을 고르느라 ~ 한다.

이리 뒤척 저리 뒤척 큰 몸을 이쪽저쪽으로 뒤척거리는 모양. ¶~ 하며 잠을 이루지 못한다.

이리 오너라 큰 예전에, 남의 집을 찾아가 대문 밖에서 부르던 소리. ¶~, 게 아무도 없느냐.

이리-도 뭔 1 이렇게도. ¶~ 못 하고 저리도 못 하겠다. 2 이다지도. ¶왜 ~ 마음이 아프고 쓰라릴까? ▷그리도·저리도.

이리듐(iridium) 뎡[화] 은백색의 금속 원소. 원소 기호 Ir, 원자 번호 77, 원자량 192.2. 백금과 합금으로 하여 화학 기구를 만드는 데 쓰임.

이리-로 뭔 '이리'를 강조하여 이르는 말. 좐일로.

이리 온: '이리 오너라'가 준 말. 어른이 아기에게 다정하게 하는 말임. ¶**~ 가야.**

이리-위 컵[역] 신래(新來)를 불릴 때, 앞으로 나오라고 불리는 쪽의 하인들이 외치는 소리. ¶**신래**(新來) **~, 신은**(新恩) **~, 찍찍.**

이리-이리¹ 뭔 상태·모양·성질 따위가 이러하고 이러한 모양. ¶~ 말하여라. 좐요리요리. **이리이리-하다** 됨(자여) **이리이리-되다** 됨(자)

이리-이리² 뭔 이쪽으로 이쪽으로. ¶~ 가거라. 좐요리요리.

이리-저리 뭔 1 이러하고 저러하게. ¶~ 핑계만 댄다. 2 이쪽으로 저쪽으로. ¶~ 쏘다니다 / ~ 알아보다. 좐요리조리.

이리쿵-저리쿵 뭔 이렇게 하자는 둥 저렇게 하자는 둥. ¶~ 의견이 분분하다. 좐요리쿵조리쿵. **이리쿵저리쿵-하다** 됨(자여)

이리-하여 뭔 앞의 사실이 뒤의 사실의 원인임을 나타내거나 앞의 사실이 발전하여 뒤의 사실이 되었음을 나타내는 접속 부사. 주로 남에게 이야기를 들려줄 때 씀. ¶~ 둘은 행복하게 살았답니다.

이립(而立) 뎡 (공자가 30세에 인생관이 확고하게 섰다는 데서) '30세'를 이르는 말.

이마 뎡 사람의 얼굴에서 두 눈썹 위로부터 앞머리가 난 부분까지의, 둥그스름하고 반반한 부분. =이맛전. ¶~가 넓다[좁다]

~가 흰하다 / ~에 주름이 잡히다. ⓛ이마빡·이마빼기·마빡. ▷앞이마.

이마에 내 천(川) 자를 쓰다 句 마음이 언짢거나 수심에 싸여 얼굴을 잔뜩 찌푸리다.

이마에 닿다 句 어떤 시기가 매우 가까이 와 있다.

이마에 피도 안 마르다 句 아직 어리다. ¶이마에 피도 안 마른 녀석이 연애를 하려 든다.

이마마-하다 형 이 정도만 하다. ¶이마마한 크기 / 계속 치료를 해서 그래도 병세가 ~. 困요마마하다.

이마-받이[-바지] 명 이마로 부딪치는 것. ¶문이 낮아서 드나들 때마다 ~를 하곤 한다. **이마받이** 동.

이마-빡 '이마'를 비속하게 이르는 말.

이마-빼기 '이마'를 비속하게 이르는 말. ¶네 ~에는 상처 아물 날이 없구나.

이-마적 명 이제로부터 지나간 얼마 동안의 가까운 때. =간경(間頃). ¶~에는 하는 일 없이 시골구석에서 세월만 보내고 있었다. 困요마적.

이-만 I 관 이만한. 또는, 이 정도의. ¶~ 일을 가지고 뭘 걱정해? 困요만.
II 부 이것만으로써. 또는, 이만하고서. ¶날도 저무니 오늘은 ~ 돌아가자. 困요만.

이만-저만 (주로, '아니다'와 함께 쓰여) I 부 이만하고 저만한 정도로. 곧, 웬만한 정도로. ¶사고가 ~ 다친 게 아니다. 困요만조만.
II 명 이만하고 저만한 정도. 곧, 웬만한 정도. ¶고생이 ~이 아니다. 困요만조만. **이만저만-하다** 형여 두 사람은 **이만저만한** 사이가 아니다.

이-만치 부명 =이만큼.

이-만큼 I 부 이만한 정도로. =이만치. ¶~ 성장한 것이 대견하구나. 困요만큼.
II 명 이만한 정도. =이만치. ¶~은 먹어야 기운을 차릴 수 있어. 困요만큼.

이만-하다 형여 이것만 하다. ¶크기가 ~ / **이만하면** 될 것 같다. / 그런 사고를 당하고도 **이만하니** 천만다행이다. 困요만하다.

이맘(@imām) 명 종 이슬람의 종교 지도자. 또는, 예배를 인도하는 지도자.

이맘-때 명 이 시간이나 이 시기에 이른 때. 날[日]이나 해[年]를 주기로 하여 이 시간이나 이 시기에 이른 때를 가리킴. ¶그 사람은 매일 ~면 이곳에 나타난다. 2 이만한 정도에 이른 때. 일반적으로 말하는 사람 가까이에 있는 사람을 두고 그 사람의 나이에 이른 때를 가리킬 때 하는 말임. 困요맘때.

이맛-살[-마쌀/-맏쌀] 명 이마에 잡힌 주름살. ¶~을 찌푸리게 하는 파렴치한 행동.

이맛-전[-마쩐/-맏쩐] 명 =이마.

이매(魑魅) 명 사람을 잘 호린다는, 인면 수신(人面獸身)의 네 발 가진 도깨비.

이매-망량(魑魅魍魎) [-냥] 명 산천·목석(木石)의 정령에서 생겨난다는 온갖 도깨비. ⓛ망량.

이메일(e-mail) 명 [electronic mail] [통] 인터넷이나 컴퓨터 통신망을 이용하여 주고받는 편지나 메시지. =전자 메일·전자 우편.

이며 조 자음으로 끝나는 체언에 붙어, 두 가지 이상의 사물을 늘어놓을 때 쓰이는 접속 조사. ¶홍수로 논~ 밭~ 모두 잠겼다. ▷며.

이:면(裏面) 명 1 물체의 뒤쪽에 있는 면. ⓗ뒷면. ¶수표 ~에 전화번호와 이름을 적으세요. 2 겉으로 드러나지 않는 내부의 사정. ⓗ속내평. ¶권력의 ~을 파헤치다.

이:면-각(二面角) 명 수 서로 만나는 두 평면이 이루는 각.

이:면-공작(裏面工作) 명 표면에 드러나지 않게 뒤에서 일을 꾸밈.

이:면-도로(裏面道路) 명 도시에서, 간선 도로의 뒤쪽에 있는 비교적 좁은 폭의 도로.

이:면-사(裏面史) 명 외부에 알려지지 않은 방면을 서술한 역사. ¶권력 투쟁의 ~를 파헤치다.

이면수 명 동 '임연수어'의 잘못.

이:면-지(裏面紙) 명 한쪽 면은 사용되었으나 다른 한쪽은 사용되지 않은 종이. ¶근검 절약을 위해 ~ 사용을 생활화하다.

이:면-치례(裏面-) 명 =면치레. **이:면치레-하다** 자여

이:명¹(耳鳴) 명 의 외계에 음원(音源)이 없는데도 잠음이 들리는 상태. 귀의 질환이나 알코올 중독·고혈압 등이 원인임. =귀울음·이명증.

이:명²(異名) 명 1 본이름 외에 달리 부르는 이름. 2 서로 다른 이름.

이:명-법(二名法) [-뻡] 명 생 생물의 명명법(命名法)의 하나. 종(種)의 학명(學名)을 붙일 때, 라틴 어로 속명(屬名)과 종명(種名)을 나란히 적는 방법. ▷학명.

이모(姨母) 명 어머니의 자매. 호칭 및 지칭으로 쓰임.

이모-부(姨母夫) 명 이모의 남편. 호칭 및 지칭으로 쓰임.

이:모-작(二毛作) 명 농 =그루갈이.

이모-저모 명 사물의 이런 면 저런 면. ¶학창 생활의 ~. 困요모조모.

이모티콘(emoticon) 명 [emotion+icon] 채팅·이메일 등에서, 문자·기호·숫자 등을 조합해서 얼굴 표정·감정 상태 또는 어떤 사물 등을 나타낸 것. ^.^ (웃는 모습), *^^* (반가운 표정), v.v (화난 모습) 따위.

이모-할머니(姨母-) 명 할머니의 여자 형제. 곧, 아버지의 이모.

이:목¹(耳目) 명 1 귀와 눈. 2 보거나 듣거나 하는 남들의 주의나 관심. ¶~이 두렵다 / ~을 집중시키다.

이목을 끌다 句 남의 주의를 끌다. 특별히 남의눈에 띄다. ¶국제적으로 **이목을 끌 만한** 선수.

이목(移牧) 명 농 목축의 한 형태. 여름에는 산에 방목(放牧)하고, 겨울에는 평지로 내려와 건초(乾草)로 기르는 목축. 알프스 산지나 지중해 연안에서 볼 수 있음.

이:목구비(耳目口鼻)[-꾸-] 명 ['귀·눈·입·코'의 뜻] 눈·코·입 등을 중심으로 한 얼굴의 생김새. ¶~가 수려한 청년.

이몽-가몽(-夢-夢) 명 '비몽사몽'의 잘못.

이무기 명 1 전설상의 동물의 하나. 용이 되려다 못 되고 물속에 산다는 큰 구렁이. 2 거대한 뱀의 속칭. =대망(大蟒).

이:문(利文) 명 이익이 남는 돈. ¶~이 박한 장사 / ~을 남기다. 2 =이자(利子)².

이물¹ 명 배의 머리. =선두(船頭)·선수(船首). ↔고물.

이:물²(異物) 명 1 기이한 물건. 2 정상적이 아닌 물질. ¶눈에 ~이 들어가다. 3 성질이 음험하여 측량하기 어려운 사람의 별명. 4 죽어 없어진 사람.

이물-간(-間)[-깐] 명 배의 이물 쪽의 칸.

이ː물-감(異物感)[명] 몸 안에 이물질이 들어간 느낌. ¶목 안에 뭐가 걸린 듯 ~이 느껴지다.

이ː물-스럽다(異物-)[-따][형][ㅂ]〈~-스러우니, ~-스러워〉성질이 음험하여 속을 헤아리기 어렵다. 이ː물스레[부]

이ː-물질(異物質)[-찔][명] 섞이거나 들어가서는 안 될 딴 물질. ¶눈에 ~이 들어가다 / 식품에서 ~이 검출되다.

이미[부] 어떤 시각이나 시점보다 앞서. 다 끝나거나 그러한 상태로 있을 때 쓰는 말임. =旣爲(기위)·旣已(기이). ¶~ 지나간 일 / ~ 때가 늦었다.

이미지(image)[명] 1 =심상(心象)³. ¶~가 떠오르다. 2 어떤 사물이나 사람에게서 받는 인상. ¶외국인에게 한국에 대한 좋은 ~를 심어 주자.

이미지^광고(image廣告)[명] 상품의 특성보다는 어떤 긍정적이고 바람직한 인상을 상품에 부여하여 소비자에게 호소하는 광고.

이미지 메이킹(image making) '이미지 만들기'로 순화. ¶대외 도전을 위한 ~ 전략.

이미테이션(imitation)[명] 보석 따위의 모조품.

이민(移民)[명] 자기 나라를 떠나 다른 나라의 영토에 이주하는 일. 또는, 그러한 사람. ¶미국으로 ~을 가다. 이민-하다[동][자여]

이ː-민족(異民族)[명] 언어나 풍속 따위가 다른 민족.

이바지[명] 1 (국가·인류·사회 등에, 또는 그것을 위한 보람 있는 일에) 도움이 되게 하거나 공헌하는 것. 2 힘들여 음식 같은 것을 보내 주는 것. 또는, 그 음식. 3 물건을 갖추어 바라지하는 것. 이바지-하다[동][자타여] ¶나라 발전에 **이바지한** 사람들. 이바지-되다[동][자여]

이ː반¹(異般)[명] 동성애자가 이성애자와 구별된 자신의 존재를 이르는 말. 이성애자인 일반인과 성적 취향이 다른 존재임을 나타내는 조어임.

이ː반²(離反·離叛)[명] 인심이 떠나서 배반하는 것. 이ː반-하다[동][자여]

이ː발(理髮)[명] (사람이) 주로 남자의 머리털을 깎아 단정하게 다듬는 것. ¶~료. 2 (주로 남자가) 자기의 머리털을 남에게 자르게 함으로써 단정한 상태가 되게 하는 것. ¶나는 ~을 자주 하는 편이다. 이ː발-하다[동][자여]

이ː발-관(理髮館)[명] =이발소.

이ː발-사(理髮師)[-싸][명] 이발을 직업으로 하는 사람. =이용사.

이ː발-소(理髮所)[-쏘][명] 이발을 하는 집. =이발관.

이ː-밥[명] 입쌀로 지은 밥. 비흰밥·쌀밥.

이ː방¹(豫防)[명][민] 질병·재액 등을 미리 막기 위하여 행하는 미신적 행위. 원예방(豫防).

이ː방²(吏房)[명][역] 조선 시대에 인사(人事)·비서(祕書) 등의 사무를 맡아보던, 승정원과 각 지방 관아의 육방(六房)의 하나.

이ː방³(異邦)[명] 다른 나라. 비이국(異國)·외국(外國)·타국(他國). ↔아방(我邦).

이방⁴(離方·離方)[명] 8방의 하나. 정남(正南)을 중심으로 한 45도 각도 안. 준이.

이ː방-성(異方性)[-썽][명][물] 물질의 물리적 성질이 방향에 따라 다른 일. ↔등방성(等方性). =고물간.

이ː방-인(異邦人)[명] 다른 나라 사람. 비외국인·타국인.

이ː배(吏輩)[명][역] 이서(吏胥)의 무리. 비이속(吏屬).

이ː배-체(二倍體)[명][생] 배우자의 염색체 수가 기본 수의 2배인 세포 또는 개체. 일반적인 고등 동식물이 이에 해당됨.

이-번(-番)[명] 이제 돌아온 바로 이 차례. =금반(今般)·금번·금차·이참·차회(此回). 비금회. ¶~ 일요일 / ~만은 용서해 주겠다. 작요번.

이ː벌-찬(伊伐湌)[명][역] =각간.

이ː법(理法)[-뻡][명] 1 원리와 법칙. ¶대자연의 ~. 2 도리와 예법.

이벤트(event)[명] '사건'이라는 뜻) 1 여러 경기로 짜여진 스포츠 대회에서, 그 일부인 단일 시합을 이르는 말. ¶빅 ~ / 메인 ~. 2 사람들의 흥미와 관심을 불러일으키는 특별 행사. 규모가 클 경우에는 조명·음향·영상, 기타 특수 효과 등이 동원되어 볼거리로 꾸며지기도 함. ¶개장 축하 ~ / 한국 프로 야구가 출범 20주년을 맞아 대대적인 ~를 개최한다.

이ː변(異變)[명] 1 괴이한 변고. ¶~이 일어나다. 2 예상하지 못한 사태. =변이. ¶체육 경기에서 ~이 속출했다.

이ː별(離別)[명] 꽤 오랫동안 만나지 못할 것을 전제로 하거나 남녀 관계 따위를 끊기 위해 서로 갈려 떨어지는 것. =별리. ¶마지막 ~의 인사를 나누다. 이ː별-하다[동][자여] ¶사랑하는 사람과 눈물로 ~.

이ː별-가(離別歌)[명] 이별의 슬픔·고통 따위를 담은 노래.

이ː별-주(離別酒)[-쭈][명] 이별할 때 그 아쉬움이나 슬픔을 서로 나누며 마시는 술. 준별주.

이ː병(二兵)[명][군] 국군 계급의 하나. 사병의 맨 아래 계급으로, 일병의 아래임. =이등병.

이ː-보게[감] '이것 보게'가 준 말로, '하게' 할 사람을 부르는 말.

이ː-보시오[감] '이것 보시오'가 준 말로, '하오' 할 사람을 부르는 말.

이ː복(異腹)[명] 형제는 같고 어머니가 다른 형제 관계. ↔동복(同腹).

이ː복-동생(異腹同生)[-똥-][명] 아버지는 같고 어머니가 다른 동생.

이ː복-형(異腹兄)[-보켱][명] 아버지는 같고 어머니가 다른 형.

이ː복-형제(異腹兄弟)[-보켱-][명] 배다른 형제. =줄무더기형제.

이ː본(異本)[명][문] 주로 고전 문학 작품 등에서, 원본 또는 정본에 대하여 내용이 기본적으로는 같으나 부분적으로 차이가 나는 책. ¶춘향전은 현재까지 확인된 ~만도 150여 종이 넘는다.

이ː-봐[감] '이것 봐'가 준 말로, '해라' 할 사람을 부르는 말.

이ː부¹(二部)[명][교] 1 이부제 실시 학교에서의 일부 다음의 부. 2 =야간부. ¶~ 대학.

이ː부²(吏部)[명][역] 고려 시대, 육부(六部)의 하나. 문선(文選)·훈봉(勳封)에 관한 일을 맡아봄.

이ː부^교^수(二部敎授)[명][교] 학교의 수업을 오전·오후, 또는 주간·야간의 두 부(部)로 나누어 하는 일. 교실 부족 해소 또는 근로 학생들의 편의를 위하여 행함. =이부

수업.
이부-자리 [명] 이불과 요의 총칭. =금구(衾具). [비]침구(寢具). ¶~를 개키다[펴다].
이부자리를 보다 [구] 이부자리를 깔다.
이ː부-제(二部制) [명] **1** [교] 이부 교수를 하는 제도. ¶교실이 모자라 ~ 수업을 하다. **2** 공장이나 사무소 등에서, 주간·야간 등의 이부로 나누어 근무하는 제도. ¶~ 근무.
이ː부^합주(二部合奏) [-쭈] [명][음] =이중주(二重奏).
이ː부^합창(二部合唱) [명][음] 각각 복수의 가수로 이루어진 두 성부에 의해 불리는 합창. 여성 2부·남성 2부·혼성 2부 등이 있음.
이ː부-형제(異父兄弟) [명] 아버지가 서로 다르고 어머니만 같은 형제.
이ː북[1](以北) [명] **1** 어느 지점을 기준으로 하여 그 북쪽. ¶충청 ~ 지방. **2** 한반도의 북위 38°선 또는 휴전선 북쪽. ¶~에 계시는 어머니. ↔이남.
이북[2](e-book) [명] 〔electronic book〕 [컴] =전자책.
이-분[1] [대][인칭] '이 사람'을 높여 이르는 3인칭 대명사. ¶~은 나의 스승이시다.
이ː분[2](二分) [명] 둘로 나누는 것. [비]양분. **이ː분-하다** [동][타][여] ¶문학은 크게 운문과 산문으로 **이분할** 수 있다. **이ː분-되다** [동][자] ¶**이분된** 국토.
이ː-분모(異分母) [명][수] 둘 이상의 분수에서, 서로 다른 분모. ↔동분모(同分母).
이ː분-법(二分法) [-뻡] [명] **1** [논] 사물을 서로 상대되는 두 부류로 나누어 구별하는 방법. 생물과 무생물, 흑과 백 따위. ¶~적인 사고(思考). **2** [생] 박테리아나 아메바 등의 단세포 동물이 둘로 나뉘어 번식하는 무성 생식 방법.
이ː분-쉼표(二分-標) [명][음] 온쉼표의 1/2의 길이를 가지는 쉼표. 기호는 '▬'.
이ː분-음표(二分音標) [명][음] 온음표의 1/2의 길이를 가지는 음표. 기호는 '♩'.
이ː-분자(異分子) [명] 한 단체나 집단 안에 있으면서 그 단체의 주된 주의·사상·성질·종류와는 다른 것을 가지고 있는 사람. =이색분자.
이불 [명] 사람이 잠잘 때 덮는 침구의 한 가지. 핫이불·겹이불·홑이불 등이 있음. 세는 단위는 자리·채. =포단. ¶솜~ / ~을 덮다 [펴다].
[**이불 속[안]에서 활개 친다**] 남이 보지 않는 곳에서만 호기를 부리고 큰소리친다.
이불-귀 [-뀌] [명] 이불의 네 귀퉁이.
이불-깃 [-낃] [명] **1** =깃[3]**2**. **2** 덮을 때 사람의 얼굴 쪽에 오는 이불의 윗부분.
이불-보(-褓) [-뽀] [명] 이불을 싸는 큰 보자기.
이불-속 [-쏙] [명] 소창으로 솜을 싼 것.
이불-솜 [-쏨] [명] 이불속으로 쓰이는 솜.
이불-잇 [-릳] [명] 이불에 시치는 천. ¶~을 뜯다[빨다].
이불-장(-欌) [-짱] [명] 이불을 넣어 두는 장.
이브(Eve) [명][성] '하와'의 영어명.
이브닝-드레스(evening dress) [명] 여자의 야회복.
이브닝-코트(evening coat) [명] **1** 남자의 야회복. 해 진 뒤에 입는 연미복임. **2** 이브닝드레스 위에 입는 코트. 재킷보다 길.
이븐(even) [명][체] 골프의 스트로크 플레이에서 한 홀 또는 통산 홀의 합계 타수가 기준 타수와 같은 것.
이ː비인후-과(耳鼻咽喉科) [-꽈] [명][의] 귀·코·목구멍·기관(氣管)·식도의 질환에 대한 치료를 전문적으로 하는, 의학의 한 분과.
이-비즈니스(e-business) [명] 〔electronic business〕 인터넷상에서 전자 상거래를 주로 하는 사업.
이빨 [명] '이[2]**1**'을 낮추거나 예사롭게 이르는 말. ¶~이 아파서 견딜 수가 없다.
이-뿌리 [명] '이촉'을 일상적으로 이르는 말.
이쁘다 [형] '예쁘다'의 잘못.
이ː사[1](二死) [명][체] =투 아웃. ¶9회 말 ~ 후에 극적인 역전승을 거두다.
이ː사[2](理事) [명][법] **1** 법인(法人)의 사무를 처리하며 이를 대표하여 권리를 행사하는 필요 기관. **2** 법인의 담당 사무를 집행하는 직위. 또는, 그 직위에 있는 사람. 대표 이사·전무이사·상무이사 따위.
이사[3](移徙) [명] (사람이) 살던 곳을 떠나 다른 곳으로 옮기는 것. ¶~철 / 시골로 ~를 가다 / 그 집은 어제 ~를 왔다. **이사-하다** [동][자][여] ¶그는 어릴 때 도시로 **이사하여** 시골을 잘 모른다.
이ː사-관(理事官) [명] 국가 공무원의 직급의 하나. 관리관의 아래, 부이사관의 위로 2급임.
이ː사-국(理事國) [명] 국제기관의 이사회를 구성하는 일원인 나라.
이사금(尼斯今) [명][역] 신라 때 왕의 칭호의 하나. 제3대 유리왕 때부터 제18대 실성왕 때까지 썼음. ▷거서간·마립간·차차웅.
이ː-사분기/2/4분기(二四分期) [명] 일 년을 넷으로 나눈 둘째 기간. 곧, 4·5·6월의 석 달 동안을 말함.
이사야-서(Isaiah書) [명][성] 구약 성서 중의 한 권.
이-사이 [명][부] 이제까지의 비교적 짧은 동안. [비]근자(近者). [준]이새. [작]요사이.
이ː사-장(理事長) [명] 이사(理事)를 지휘·감독하는 우두머리가 되는 사람. ¶재단(財團)~.
이ː사-회(理事會) [-회/-훼] [명] **1** [법] 법인의 업무 집행에 관한 의사 결정 기관. 이사 전원으로 구성됨. **2** 국제기구에서, 이사국들로 구성되는 기관. 안전 보장 이사회 등.
이삭 [명] **1** 벼·보리 따위 곡식의 꽃이 피고 열매가 달리는 부분. ¶벼 ~ / ~이 고개를 숙이다. **2** 곡식·채소 따위의 농작물을 거두고 난 뒤에 땅에 떨어져 흩어진 지스러기. ¶~을 줍다.
이삭(이) 패다 [구] 이삭이 나오다. ¶벼 줄기에서는 머지않아 **이삭이 팰** 것 같다.
이삭-줍기 [-쭙끼] [명] 이삭을 줍는 일. **이삭줍기-하다** [동][자][여]
이ː산(離散) [명] 헤어져 흩어지는 것. **이ː산-하다** [동][자][여] **이ː산-되다** [동][자] ¶6·25 전쟁 중에 많은 가족들이 **이산되었다**.
이ː산-가족(離散家族) [명] 남북 분단으로 헤어져 서로 소식을 모르는 가족.
이ː산화-규소(二酸化硅素) [명][화] 규소의 산화물. 천연으로는 석영·수정·마노 등으로 산출됨. 유리나 도자기 등 규산염 공업의 중요한 원료임. =무수 규산.
이ː산화-망간(二酸化[독]Mangan) [명][화] 망간 산화물의 하나. 흑갈색의 가루로, 천연으로는 연망간석으로 산출됨. 산화제이고, 건전지·유약·성냥 등의 제조 원료가 됨.

이산화-탄소(二酸化炭素)[명][화] 탄소와 산소의 화합물의 하나. 탄소의 완전 연소 때 생기는, 무색무취의 기체로 공기보다 1.5배 무거움. 호흡에 의해 생물의 몸 밖으로 방출되며, 식물의 동화 작용에 중요한 물질임. 소다·청량음료·드라이아이스 등의 제조에 쓰임. =무수 탄산·탄산가스.

이산화-황(二酸化黃)[명][화] 황이나 황화합물을 태울 때 생기는, 무색의 유동성 기체. 자극적인 냄새가 나며, 산성비의 원인이 되는 공해 물질임. 황의 제조 원료, 표백제 등으로 쓰임. =무수 아황산·아황산가스.

이삼(二三)[관] 이나 삼. 또는, 이와 삼. ¶~ 년.

이삿-짐(移徙-)[-사찜/-산찜][명] 이사할 때 이사 갈 짐으로 옮기는 가재도구.

이삿짐-센터(移徙-center)[-사찜-/-산찜-] [명] 돈을 받고 이삿짐을 운반해 주는 일을 하는 업소.

이상¹(以上) [명] ①[자립] 1 위치나 차례로 보아 어느 기준보다 위. ¶~의 글에서 살펴본 바와 같다. / 이 지점 ~은 접근을 금함. 2 수량이나 정도가 앞에 제시된 기준보다 많거나 높거나 큰 범위. 기준이 수량으로 제시될 경우에는, 그 수량이 범위에 포함되면서 그 위인 것을 가리킴. ¶160cm ~의 키 / 시일이 한 달 ~이 걸린다. ↔이하. 3 [지시·문화·보고 등의 맨 마지막에 '이상', '이상입니다' 등의 꼴로 쓰여] 말을 모두 마쳤음을 나타내는 말. ¶…그럼 최선을 다해 주길 바란다. ~. / ~ 보고를 마치겠습니다[~입니다]. ②[의존]('어미' '-는'의 아래에 쓰여) '이미 그렇게 된 바에는'의 뜻을 나타내는 말. ¶시작을 한 ~ 끝을 내야지.

이상²(異狀)[명] 평소와는 다른 상태. ¶몸에 ~이 생기다 / 기계에 아무런 ~도 없다.

이상³(異常)[명] 정상적인 것과는 다른 일. ¶~ 기후 / 정신 ~.

이상⁴(理想) [명] 사람이 추구하거나 실현하고자 하는, 최고의 완전성을 가진 사물의 모습이나 상태. ¶~과 현실 / ~이 높다 / 나의 ~에 맞는 배우자.

이상-건조(異常乾燥)[명] 갠 날씨가 오래 계속되어 습도가 지나치게 낮아진 상태.

이상-곡(履霜曲)[명][문] 작자·연대 미상의 고려 가요의 하나. 남녀의 애정을 주제로 한 내용임.

이상^광선(異常光線)[명][물] 복굴절에 의하여 두 개로 갈린 광선 중에서 굴절 법칙에 따르지 않는 광선.

이상^기체(理想氣體)[명][물] 분자 간의 상호 작용이 전혀 없고, 그 상태를 나타내는 양(온도·압력·부피 사이에 보일·샤를의 법칙이 완전히 적용된다고 생각되는 가상의 기체. =완전 기체.

이상-론(理想論)[-논][명] 현실을 고려하지 않고 추상적인 이상을 주장하는 말이나 논설. ¶개혁에 대한 그의 주장은 ~에 치우쳐 있다.

이상^성^욕(異常性慾)[명][심] =성도착증.

이상-스럽다(異常-)[-따][형]<~스러우니, ~스러워> 이상한 데가 있다. **이상스레**[부]

이상야릇-하다(異常-)[-냐르타-] [형](어떤 일이나 대상이) 이상할 만큼 야릇하다. =괴괴하다. ¶기분이 ~ / 얼굴이 **이상야릇하게** 생기다. **이상야릇-이**[부]

이상-적(理想的)[관][명] 이상에 맞는 (것). ¶신 사임당은 가장 ~인 어머니 상(像)이다.

이상-주의(理想主義)[-의/-이] [명] 1 [철] 인생의 의의를 오로지 이상, 특히 도덕적·사회적 이상 실현에 두는 입장. 2 [철] =관념론. 3 현실을 무시하거나 돌아보지 않고 이상만을 추구하는 입장. ↔현실주의.

이상-하다(異常-) [형](여) 1 정상적인 것과는 다르다. ¶**이상한** 생김새 / 목소리가 ~. 2 어떤 현상이 지금까지의 경험과는 달리 무색다르다. ¶**이상한** 냄새 / **이상한** 소문이 들리다. 3 뭔가 의심이 드는 상태에 있다. ¶**이상한** 생각 / **이상한** 사람이 따라오다. ×요상하다. **이상-히**[부]

이상-향(理想鄕)[명] 인간이 생각할 수 있는 최선의 상태를 갖춘 완벽한 사회. =도원경(桃源境)·유토피아. ¶~을 꿈꾸다(그리다).

이상-형(理想型)[명] 이상적이라고 생각하는, 대상의 어떤 타입이나 모습. ¶그 여자는 나의 ~이 아니다.

이상-화(理想化) [명] (대상을) 이상으로 여기거나 삼는 것. 주로 부정적인 문맥에 쓰임. **이상화-하다**[동][타예]우리는 오랫동안 순종하고 인내하는 여인을 현모양처라는 이름으로 **이상화해왔다**. **이상화-되다**[자]

이-새[부] '이사이'의 준말. [작]요새.

이색(異色) [명] 1 다른 빛깔. ¶~ 인종. 2 색다름. 또는, 그런 곳이나 것. ¶~ 지대를 가다.

이색-적(異色的)[-쩍] [관][명] 색다른 성질을 지닌 (것). ¶그 작가의 작품 세계는 퍽 ~이다.

이색-지다(二色-)[-찌-] [동][자] 한 가지로 되어야 할 빛깔이나 모양이 서로 다르게 되다.

이-생(-生)[명] 이 세상에 살아 있는 동안. ¶~에서 이루지 못한 사랑.

이서¹(以西) [명] 어떤 지점을 기준으로 하여 그 서쪽. ¶대관령 ~ 지방. ↔이동(以東).

이서²(利書) [명] 전기한 책.

이서³(裏書) [명][법] =배서(背書)². **이서-하다**[동][자예]

이-석(離席) [명] 직무상 지키고 있어야 할 자리를 잠시 벗어나는 것. ¶무단 ~. **이석-하다**[동][자예]

이설¹(移設)[명] 다른 곳으로 옮겨 설치하는 것. **이설-하다**[동][타예] **이설-되다**[동][자]

이설²(異說) [명] 1 통용되는 설과는 다른 주장이나 의견. ¶기자 조선(箕子朝鮮)에 대해서는 아직도 ~이 분분하다. 2 내용이 기괴하고 허망한 저설. ¶~ 춘향전.

이성¹(二姓) [명] 1 혼인을 할 남자와 여자의 양쪽 집. 2 성이 다른 두 임금. 3 두 지아비.

이성²(異性) [명] 1 성(性)이 다른 것. 특히, 남자 쪽에서 보아서 여자, 여자 쪽에서 보아서 남자를 가리키는 말. ¶~ 교제 / 그는 이제 ~을 알 나이가 되었다. 2 성질이 다름. 또는 다른 성질. ↔동성(同性).

이성에 눈을 뜨다[구] 정신적·육체적으로 성숙하여 이성에 대한 감정을 느끼기 시작하다.

이성³(異姓)[명] 성(姓)이 다름. 또는 그 성. (비)타성(他姓). ↔동성(同姓).

이성⁴(理性)[명] 1 충동적인 감정에 좌우되지 않고 사리를 올바로 분별하여 그에 따라 행동할 수 있는 마음의 능력. ¶그는 사람들 앞에서 순간적으로 ~을 잃고 난동을 부렸다. **2** [철] 감성에 대해, 개념에 의한 사유(思惟) 능력. 또한, 인과성에 의한 인식 능력인 오성(悟性)과 구별하여, 사물의 일반적 연관을 인식하는 능력, 또는 실재를 직관에 의해 아는 능력을 뜻하기도 함. ▷감성·오성.

이:성-애(異性愛) 명 남자가 여자에게, 또는 여자가 남자에게 성적으로 이끌리는 사랑. ↔동성애.

이:성-적(理性的) 관·명 이성에 따르거나 이성에 근거한 (것). ¶~인 행동. ↔감정적.

이:성지합(二姓之合) 명 성이 다른 두 사람의 결합. 곧, 결혼을 이르는 말.

이:성질-체(異性質體) 명 [화] 분자식은 같으나 물리적·화학적 성질이 다른 화합물.

이:세(二世) 명 **1** 다음의 세대. 특히, 현재의 기성세대에 대해 자라나고 있는 어린 세대나 어떤 사람의 아들이나 딸을 이르는 말. ¶ 교육 / 앞으로 태어날 ~. **2** (교포의 세대를 구별하는 문맥에 쓰여) 이민을 처음 간 세대의 아들이나 딸을 이르는 말. ¶교포 ~. **3** 주로 서양에서, 같은 이름으로 같은 자리에 두 번째로 오른 교황이나 황제의 이름 뒤에 붙이는 말. ¶헨리 ~ / 교황 요한 바오로 ~. **4** 주로 서양에서, 아버지와 같은 성명을 가진 아들의 이름 뒤에 붙이는 말. ¶록펠러 ~. **5** [불] 현세와 내세의 두 세상.

이:세-국민(二世國民) [-궁-] 명 다음 세대의 국민. 곧, 현재의 어린이들.

이소류신(isoleucine) 명 [화] 필수 아미노산의 하나. 무색의 결정으로 물에 녹음. 단백질의 구성 성분임.

이:속(吏屬) 명 [역] 모든 관아의 구실아치. 비)아배(吏輩).

이송(移送) 명 **1** 옮겨 다른 곳으로 보내는 것. ¶화물 ~. **2** [법] 소송 또는 행정 절차에 따라 사무 처리를 관청이나 기관에서 다른 관청이나 기관으로 옮기는 것. **이송-하다** 타여 ¶환자를 종합 병원으로 ~ / 사건을 검찰에 ~. **이송-되다** 자

이:수[1](利水) 명 물을 잘 이용하는 것. 물이 잘 통하게 하는 것. **이:수-하다** 자여

이:수[2](里數) [-쑤] 명 거리를 이(里)의 단위로 나타낸 수.

이:수[3](履修) 명 해당 학과를 순서대로 공부하여 마치는 것. ¶~자. **이:수-하다**[2] 타여 ¶석사 과정을 ~.

이수[4](蠑首) 명 건축물·공예품 등에 빨 없는 용이 서린 모양을 아로새긴 형상. 비(碑)의 머리, 인장(印章), 궁전의 섬돌, 종정(鐘鼎) 등에 쓰임. =이두(蠑頭).

이:수-성(異數性) 명 **1** [생] 염색체의 수가 기본수의 정수배(整數倍)보다 증가 또는 감소되는 일. **2** [식] 같은 식물에서 꽃이나 잎의 수가 일정하지 않은 일. 연꽃 등에서 볼 수 있음.

이:수-체(異數體) 명 [생] 염색체 수가 품종·종·속·계통의 고유한 수에서 하나 이상이 많거나 모자라는 것.

이:수^해^안(離水海岸) 명 [지] 해수면의 저하 또는 지각 변동에 의해 해저(海底)가 해면 위에 노출되어 생긴 해안. 해안 평야·해안 단구 따위. ↔침수 해안.

이:순(耳順) 명 [공자가 60세에 이르러 생각이 원숙해져서 무슨 말을 들으면 곧 이해가 되었다는 데서] 나이 예순 살을 일컫는 말.

이슈(issue) 명 사람들이 중요하게 여겨 논

이식 ●1469

의나 논쟁의 대상으로 삼는 문제. ¶테러 문제가 이번 유엔 총회의 주요 ~가 되었다.

이스라엘(Israel) 명 [지] 서아시아의 지중해 연안에 있는 공화국. 수도는 예루살렘.

이스트(yeast) 명 [식] **1** =효모균. **2** 효모균을 넣어 가공한 제품. 흔히 빵을 부풀리기 위하여 사용함.

이슥-하다 [-스카-] 형여 밤이 매우 깊다. ¶집에 도착했을 때는 이미 밤이 **이슥했다**.

이슬 명 **1** [기상] 공기 중의 수증기가 기온이 내려가거나 찬 물체에 부딪힐 때 엉겨 생긴 물방울. ¶아침 ~ / 풀잎에 ~이 맺히다. **2** '눈물'의 비유. ¶눈에 ~이 맺히다 **3** '덧없는 것'의 비유. **4** 여자의 월경 전이나 해산 전에 국소에서 조금 나오는 누르스름한 물.

이슬로 사라지다 관 사형장에서 덧없이 목숨을 잃다. ¶단두대[형장]의 ~.

이슬람(Islam) 명 [신에게 복종한다는 뜻] **1** [종] =이슬람교. **2** 이슬람교를 국교(國敎)로 삼은 나라들. 또는, 이슬람 문화권을 이르는 말. ¶~ 세계 / ~의 문화. **3** 이슬람교도 전체.

이슬람-교(Islam敎) 명 [종] 610년에 아라비아에서 마호메트가 창시한 종교. 유일신 알라를 신앙하고 우상 숭배를 금함. 경전은 코란. =회교·마호메트교·모하메드교·이슬람·회회교.

이슬람교-국(Islam敎國) 명 이슬람교를 국교(國敎)로 하거나 이슬람교도가 절대다수인 국가. =회교국.

이슬람-교도(Islam敎徒) 명 이슬람교의 신도. =모슬렘·회교도.

이슬람-력(Islam曆) 명 이슬람권 내에서 쓰이는 순태음력(純太陰曆). 마호메트가 메디나로 성천(聖遷)한 서기 622년 7월 16일을 기원 원년 1월 1일로 정함. =회교력.

이슬-받이 [-바지] 명 **1** 이슬이 내릴 무렵. **2** 이슬이 맺힌 풀이 양쪽에 우거진 좁은 길. **3** 길을 걸을 때 이슬에 젖지 않도록 허리 밑으로 두르는 도롱이. **4** 이슬이 내린 길을 맨 앞에서 서서 가는 사람. =이슬떨이. **5** 차일 따위를 쳐서 내리는 이슬을 막는 일.

이슬-방울 [-빵-] 명 이슬이 맺혀 생긴 방울. =노주(露珠). ¶~이 풀잎에 맺혀 있다.

이슬-비 명 아주 가늘어 이슬처럼 내리는 비. 는개보다 굵고 가랑비보다는 가늚.

이슬-아침 명 이슬이 채 마르지 않은 이른 아침.

이슬-점(-點) [-쩜] 명 [물] 대기 중의 수증기가 응결하여 이슬이 맺히기 시작할 때의 온도. =노점(露點).

이슬점^습도계(-點濕度計) [-쩜-또계/-쩜-또게] 명 [물] 대기의 이슬점을 재어 습도를 구하는 기구. =노점 습도계.

이승[1] [불] 이제 살고 있는 이 세상. =금생(今生)·금세(今世)·차생(此生)·차세(此世). ¶~에서 이루지 못한 인연. ↔저승·타생.

이승을 떠나다 관 죽다.

이:승[2](二乘) 명 [수] '제곱'의 구용어. **이:승-하다** 타여 제곱하다.

이승[3](尼僧) 명 [불] =비구니.

이시(EC) 명 [European Community] =유럽 공동체.

이시여 조 '이여'를 더 높인 말. ¶신~! 저희를 굽어살피소서. ▷시여.

이:식[1](利息) 명 =이자(利子)[2].

이:식[2](移植) 명 **1** (농작물이나 나무 등을) 옮

겨 심는 것. =옮겨심기. ¶묘목 ~. **2** [의] 살아 있는 조직이나 장기를 생체에서 떼어 내어, 그 몸의 다른 부분 또는 다른 몸에 옮겨 붙이는 일. ¶심장 ~ / 각막 ~ / 피부 ~ 수~. **3** (어느 나라의 문화를) 다른 나라의 문화 속에 옮겨 자리 잡게 하는 것. ¶서양 문학의 ~. **이식-하다** 통(타)여 ¶나무를 정원에 ~. **이식-되다** 통(자)여 ¶서구 문화가 ~.

이ː신-론(理神論)[-논] 명[철] 17, 8세기 유럽의 계몽주의 시대의 합리주의적인 종교관. 세계의 창조자로서 신(神)을 인정하지만, 그 인격적인 존재, 계시나 기적 등을 부정하고, 근대의 과학적 합리성과의 조화를 꾀하였음. =자연신론. ↔범신론.

이:실직고(以實直告)[-꼬] 명 사실 그대로 고함. ≒이실고지(以實告之). **이:실직고-하다** 통(타)여

이:심¹(二心) 명 **1** 두 가지 마음. =이심(異心). **2** 배반하는 마음. **3** 변하여 바뀌기 쉬운 마음.

이:심²(二審) 명[법] '제이심(第二審)'의 준말. ¶~ 판결.

이:심³(異心) 명 **1** 딴마음. **2** =이심(二心)¹.

이심⁴(移審) 명[법] 소송 사건을 어떤 법원에서 다른 법원으로 이송하여 심리하는 일. 또는, 그 심리. **이심-하다** 통(타)여

이:심⁵(已甚) →**이:심-하다²** 형여 지나치게 심하다.

이심-률(離心率)[-뉼] 명[수] 원뿔 곡선의 형상을 정하는 상수(常數). 정점(定點)과 정직선(定直線)에서의 거리의 비를 일컬으며, 이것이 1보다 작으면 타원, 1과 같으면 포물선, 1보다 크면 쌍곡선이 됨.

이심전심(以心傳心) 명[마음에서 마음으로 전하게 되면 모든 것을 이해하고 깨닫게 된다고 한데서] 마음과 마음이 서로 뜻이 통함. ¶~으로 통하다. **이심전심-하다** (자)여

이:십(二十) **I** 주 '스물'과 같은 뜻의 한자어 계통의 수사. 아라비아 숫자로는 '20', 로마 숫자로는 'XX'로 나타냄. ¶나이 ~이 되다. **II** 관 '스무', '스무째'의 뜻. ¶~ 명 / ~ 세.

이:십사-금(二十四金)[-싸-] 명 금의 성분이 24/24가 들어 있는 금. 곧, 순금. ¶~ 반지.

이:십사-방위(二十四方位)[-싸-] 명 스물넷으로 나눈 방위. 곧, 자(子)·계(癸)·축(丑)·간(艮)·인(寅)·갑(甲)·묘(卯)·을(乙)·진(辰)·손(巽)·사(巳)·병(丙)·오(午)·정(丁)·미(未)·곤(坤)·신(申)·경(庚)·유(酉)·신(辛)·술(戌)·건(乾)·해(亥)·임(壬)방의 총칭.

이:십사-시(二十四時)[-싸-] 명 하루를 스물넷으로 나누어 각각 24방위의 이름을 붙여 부르는 시간.

시	1	2	3	4	5	6	7	8	9	10	11	12
오전	계癸	축丑	간艮	인寅	갑甲	묘卯	을乙	진辰	손巽	사巳	병丙	오午
오후	정丁	미未	곤坤	신申	경庚	유酉	신辛	술戌	건乾	해亥	임壬	자子

이:십사-절기(二十四節氣)[-싸-] 명 태양의 황도(黃道) 상의 위치에 따라 정한 스물네 절기. ≒이십사절후. 준이십사기(二十四氣)·이십사절.

계절	절기명	절기가 드는 날	황경
봄	입춘(立春)	2월 4일경	315°
	우수(雨水)	2월 19일경	330°
	경칩(驚蟄)	3월 6일경	345°
	춘분(春分)	3월 21일경	0°
	청명(淸明)	4월 5일경	15°
	곡우(穀雨)	4월 20일경	30°
여름	입하(立夏)	5월 6일경	45°
	소만(小滿)	5월 21일경	60°
	망종(芒種)	6월 6일경	75°
	하지(夏至)	6월 22일경	90°
	소서(小暑)	7월 7일경	105°
	대서(大暑)	7월 23일경	120°
가을	입추(立秋)	8월 8일경	135°
	처서(處暑)	8월 23일경	150°
	백로(白露)	9월 8일경	165°
	추분(秋分)	9월 23일경	180°
	한로(寒露)	10월 8일경	195°
	상강(霜降)	10월 23일경	210°
겨울	입동(立冬)	11월 7일경	225°
	소설(小雪)	11월 22일경	240°
	대설(大雪)	12월 7일경	255°
	동지(冬至)	12월 22일경	270°
	소한(小寒)	1월 6일경	285°
	대한(大寒)	1월 21일경	300°

이:십오-시(二十五時) 명 하루의 마지막 시간인 24시 다음의 시간이라는 뜻으로, 부조리한 시대의 '불안과 절망의 시간'을 상징적으로 이르는 말. 루마니아의 작가 게오르규의 소설 제목에서 유래함.

이:십팔-수(二十八宿)[-쑤] 명[천] 적도대(赤道帶)를 28구역으로 나누어 놓은 별자리. 달은 대략 하루에 한 수씩 움직임. 동쪽에 각(角)·항(亢)·저(氐)·방(房)·심(心)·미(尾)·기(箕), 서쪽에 규(奎)·누(婁)·위(胃)·묘(昴)·필(畢)·자(觜)·삼(參), 남쪽에 정(井)·귀(鬼)·유(柳)·성(星)·장(張)·익(翼)·진(軫), 북쪽에 두(斗)·우(牛)·여(女)·허(虛)·위(危)·실(室)·벽(壁). =경성(經星).

이-쑤시개 명 잇새에 낀 것을 쑤셔 파내는 데 쓰는 물건. 가는 나무 따위로 끝을 뾰족하게 만듦.

이아치다 통 **1** 자연의 힘이 미쳐 손해나 손실이 있게 되다. **2** (남에게) 거치적거려 방해를 끼치거나 손실을 입게 하다. ¶남에게 **이아치지** 않고 남에게 넘뵈지 않게 둘이 힘 있게 사노라면 사는 보람이 날 거요…. 《염상섭:조그만 일》 준이치다.

이악-스럽다[-쓰-따] 형(비)<-스러우니, ~스러워> 이악한 데가 있다. ¶**이악스럽게** 돈을 모으다. **이악스레** 부

이악-하다[-아카-] 형여 **1** 기를 쓰고 달라붙는 기세가 끈덕지다. ¶**이악하게** 일에 매달리다. **2** 이익을 위하여 지나치게 아득바득하는 태도가 있다. ¶사람이 워낙 **이악하여** 친구가 없다.

이-알 명 이밥의 낱알.
[이알이 곤두선다] 가난하던 사람이 조금 잘살게 되었다고 큰소리를 치는 것을 아니꼽게 여겨 이르는 말.

이-앓이[-알-] 명 =치통(齒痛).

이암(泥巖·泥岩) 명[광] 퇴적암의 하나. 미세한 진흙이 쌓여서 딱딱하게 굳어 이루어진 암석. =진흙 바위.

이앙(移秧) 명[농] =모내기. **이앙-하다** 통

이앙-기¹(移秧期) 몡[농] 모를 내는 시기.
이앙-기²(移秧機) 몡 모를 내는 데에 쓰는 기계.
이애저애-하다 통여 (어떤 사람에게) 해라체의 아주낮춤의 등급으로 말하다.
이야 조 자음으로 끝나는 말에 붙어, '물론', '당연히'의 뜻을 더해 주는 보조사. ¶이런 일~ 문제없다. / 며칠 밤새우는 것쯤~ 견딜 수 있다.
이야기 몡 1 어떤 사물이나 현상에 관하여 일정한 줄거리를 잡아 하는 말이나 글. ¶~를 꺼내다. 2 서로 주고받는 말. ¶~를 나누다 / 친구를 만나 이런저런 ~를 하다. 3 어떤 사실이나 있지 않은 일을 사실처럼 재미있게 꾸며 하는 말. =설화(說話). ¶옛날 ~. 4 소문이나 평판. ¶네 ~는 많이 들었다. ㉣애기. **이야기-하다** 통자타여 ¶큰 소리로 ~ / 그만 **이야기하고** 자라. **이야기-되다** 통자 ¶너의 취직 문제가 **이야기되고** 있다.
이야기-꽃[-꼳] 몡 한창 벌어지는 이야기. ¶오래간만에 한자리에 모인 식구들은 밤늦도록 ~을 피웠다. ㉣애기꽃.
이야기-꾼 몡 이야기를 재미있게 잘하는 사람. ㉣애기꾼.
이야기-보따리[-褓-] 몡 =이야깃주머니.
이야기-책(-册) 몡 1 옛날이야기를 적은 책. 2 '소설책'을 달리 이르는 말. ㉣애기책.
이야기-판 몡 여러 사람이 모여 이야기를 재미있게 하는 자리. ¶~이 벌어지다. ㉣애기판.
이야깃-거리[-끄꺼-/-긷꺼-] 몡 1 이야기할 만한 재료. ⓑ화제(話題). ¶이젠 ~가 떨어졌다. 2 남의 입에 오르내릴 흉이나 사람들이 재미있게 여길 만한 일. ¶그의 무용담은 두고두고 ~가 되었다. ㉣애깃거리.
이야깃-주머니[-기쭈-/-긷쭈-] 몡 이야깃거리가 아주 많은 사람의 별명. =이야기보따리. ㉣애깃주머니.
이야-말로¹ 用 ['이것이야말로'가 준 말] 바로 앞에서 이야기한 사실을 강조할 때 쓰는 말. ¶시련을 비켜 서지 마라. ~ 신의 크나큰 선물일지니.
이야-말로² 조 자음으로 끝나는 체언에 붙어, '이것이야 참말로'의 뜻을 나타내는 보조사. ¶영원한 삶~ 우리가 늘 희구하는 것이다. ▷야말로.
이양(移讓) 몡 남에게 넘겨주는 일. ¶정권 ~. **이양-하다** 통타여 ¶권리를 ~. **이양-되다** 통자
이:양-선(異樣船) 몡 모양이 다른 배. 곧, 다른 나라의 배라는 뜻으로, 조선 시대에 외국의 철선(鐵船)을 이르던 말.
이어¹ 用 앞의 말이나 행동 등에 잇대어. 또는, 계속하여. ¶객석에 불이 꺼지고, ~ 연극이 시작되었다.
이어²(移御) 몡 임금이 거처하는 곳을 옮기는 것. **이어-하다** 통자여
이어-달리기[체] 일정한 구간을 나누어 4명이 한 조가 되어 차례로 배턴을 주고받으면서 달리는 육상 경기. 400m·800m·1600m 및 메들리 릴레이가 있음. =계주(繼走)·계주 경기·릴레이 경주. **이어달리기-하다** 통자여
이어마크(earmark) 몡 =귀표.
이어-받다[-따] 통타 (이미 이루어졌거나, 해 오던 일 따위를) 전하여 받다. ¶왕위를 ~ / 전통을 ~ / 가업(家業)을 ~.

이온●1471

이어-서 用 (주로 문두(文頭)에 쓰여) 뒤의 문장이 나타내는 일이 앞의 문장이 나타내는 일의 다음에 잇대어 일어남을 가리키는 말. ¶~ 축하 공연이 있겠습니다.
이어-줄 몡 '용총줄'의 잘못.
이어-지다 통자 따로 된 것이 서로 잇대어지다. ¶끊어진 전선(電線)이 ~ / 행렬이 끝없이 **이어지고** 있었다.
이어진-문장(-文章) 몡[언] 둘 이상의 절(節)이 연결 어미에 의하여 결합된 문장. 대등하게 이어지는 것과 종속적으로 이어지는 것이 있음. "가을이 가고 겨울이 오다."(대등하게 이어짐), "겨울이 오면 눈이 내린다."(종속적으로 이어짐) 따위. =연합문.
이어-짓기[-진끼] 몡[농] 한 땅에 같은 작물을 해마다 심는 일. =연작(連作)·이어갈이. ↔돌려짓기. **이어짓기-하다** 통타여
이어폰(earphone) 몡 라디오나 녹음기 따위의 소리를 혼자 듣고자 할 때 귀에 꽂고 사용할 수 있게 되어 있는, 전기 신호를 음향 신호로 변환하는 소형의 장치. ▷헤드폰.
이:언(二言) 몡 1 =재언(再言). 2 한 번 말한 것을 뒤집어 달리 말하는 것. **이:언-하다** 통자타여 ¶나는 입으로 **이언하지** 않겠네.
이엄-이엄[-니-] 用 끊이지 않고 자꾸 이어가는 모양.
이엉 몡 지난날 우리나라 서민들의 집에서, 지붕이나 담 위에 얹기 위해 볏짚·보릿짚·억새·갈대 따위로 엮어 만든 물건. 세는 단위는 마름. =개초(蓋草). ¶~을 엮다 / ~을 이다. ㉣영.
이엉-꼬챙이 몡 '이엉꼬쟁이'의 잘못.
이엉-꼬쟁이 몡 지붕을 일 때 이엉을 꿰어 올리는 막대기. ×이영꼬찡이.
이-에 用 이러하여서 곧. ¶성적이 우수하였으므로 ~ 상장을 수여함.
이-에서 用 이것에 비하여. ¶~ 더 기쁜 일이 어디 있겠소.
이여 조 자음으로 끝나는 체언에 붙어, 감탄이나 호소의 뜻을 담아 정중하게 부르는 조사. ¶하늘~, 조국을 보살피소서. ▷여.
이여차 감 =이영차. ¶~, 노를 저어라.
이:역(二役) 몡 두 가지 역할. ¶일인~.
이:역(吏役) 몡 이속(吏屬)의 임무.
이:역³(異域) 몡 1 다른 나라의 땅. ¶만리 ~에서 고국을 그리다. 2 고향에서 멀리 떨어진 곳.
이:역-만리(異域萬里)[-영말-] 몡 다른 나라의 아주 먼 곳. ¶~ 먼 곳으로 이민을 가다.
이:열치열(以熱治熱) 몡 열(熱)로써 열을 다스림. 한방의에서, 감기 등으로 신열이 있을 때 취한제(取汗劑)를 쓴다거나, 한여름 더위에 뜨거운 차를 마셔서 더위를 물리친다거나, 힘은 힘으로써 물리친다는 따위에 흔히 쓰이는 말임.
이영차 감 여럿이 힘을 합쳐 어떤 일을 할 때 기운을 돋우려고 함께 내는 소리. =이여차.
이오니아-식(Ionia式) 몡[건] 고대 그리스의 건축 양식의 하나. 우아하고 경쾌하며, 기둥에 주춧돌이 있고, 기둥머리에 소용돌이무늬의 장식이 있음. ▷도리스식·코린트식.
이온(ion) 몡 [그리스 어로 '가다'의 뜻][화] 전기를 띤 원자 또는 원자단. 양(陽)의 전기를 띤 것을 양이온, 음(陰)의 전기를 띤 것을 음이온이라 함.

이온^결합(ion結合)[화] 양이온과 음이온 사이의 정전기의 인력(引力)에 의하여 이루어진 화학 결합. 나트륨 이온과 염소 이온이 결합되어 있는 소금 따위.

이온-화(ion化)[명][물][화] 전해질이 용액 속에서 양이온 또는 음이온으로 해리(解離)되는 일. =전리(電離). 이온화-하다[자타] 이온화-되다[자]

이온화-도(ion化度)[명][화] 전해질을 용매에 녹였을 때의 이온화의 정도. 곧, 이온화하기 전의 물질의 전량(全量)에 대한, 이온화한 물질의 양의 비. =전리도(電離度).

이온화 상자(ion化箱子)[물] 방사선을 측정하는 장치의 하나. 방사선이 기체 속을 통과할 때 기체 분자를 이온화시키는 현상을 이용하여, 이온화된 기체를 높은 전압의 전극에 모아서 방사선의 세기·선량(線量)·에너지를 잼. =전리함.

이완(弛緩)[명] 1 (근육·힘줄·신경 등이) 켕기지 않고 느즈러지는 것. ¶팔약근의 ~. ↔수축. 2 (마음이나 정신이) 긴장되지 않고 풀려서 느슨해지는 것. 이완-하다[자여] 이완-되다[자] ¶근육이 ~.

이:왕(已往) I [명] 지금보다 이전. ¶~의 일. II [부] '이왕에'의 준말. ¶~ 청소할 바에야 깨끗이 하자.

이:왕-에(已往-)[부] 이미 정해진 사실로서. =이왕지사. (비)기왕에. ¶~ 그렇게 된 일을 지금 와서 어쩌겠습니까. (준)이왕.

이:왕-이면(已往-)[부] 어차피 할 바에는. (비)기왕이면. ¶~ 기차로 가는 것이 어떻겠니?

이:왕지사(已往之事) I [명] 이미 지나간 일. ¶도련님 이른 말씀 "~ 생각 말고 술이나 먹소." 〔열녀춘향수절가〕 II [부] =이왕에. ¶~ 해야 할 일인데 빨리 끝냅시다.

이:외(以外)[-외/-웨][명] 어떤 한도나 범위의 밖. ¶본교 학생 ~는 출입을 금한다. ▷이내(以內).

이:욕(利慾)[명] 개인적인 이익을 탐내는 마음. ¶~에 어두워지다.

이:용¹(利用)[명] 1 (물건을) 필요에 따라 이롭게 쓰는 것. ¶폐품 ~. 2 (사람이나 대상을) 제 이익을 꾀하기 위하여 어떤 구실을 하게 하는 것. 이:용-하다[타여] ¶수력을 이용하여 전력을 얻다 / 권력을 축재의 방편으로 ~. 이:용-되다[자]

이:용²(理容)[명] 남자의 머리를 깎고 용모를 다듬는 일. ¶~사(師) / ~원(院)

이:용-객(利用客)[명] 어떤 시설이나 탈것 등을 이용하는 사람. ¶지하철 ~ / 유람선 ~ / 백화점 ~.

이:용-후생(利用厚生)[명] 백성이 사용하는 기구 따위를 편리하게 하고, 의식(衣食)을 풍부하게 하여 생활을 윤택하게 함.

이-우다[타] '이다'의 사동사. ¶머리에 보따리를 ~.

이울다[동][자] 〈이우니, 이우오〉 1 (꽃이나 잎이) 시든다. ¶영신은 바위틈에 홀로 피었다가 이우는 진달래 잎새를 어루만져 주다가 잔디 위에 손수건을 말고 앉는다. 〈심훈:상록수〉 2 (해가) 기울어 빛이 약해지다. ¶뉘엿뉘엿 해가 이울다. 3 (달이) 둥그런 모양에서 이지러진 상태가 되다. ¶보름이 지나 달이 이울기 시작하다. 4 (세력이) 점차 약해지다. ¶국운이 ~.

이웃[-욷][명] 1 어느 집에 대해, 한마을이나 한동네에 속하면서 바로 옆에 붙어 있거나 근처에 있는 집. 또는, 그 집에 사는 사람. ¶~에 살다 / ~끼리 정답게 지내다. 2 집·마을·동네·나라 등이 옆에 있는 상태. ¶~ 마을 / ~ 나라. 이웃-하다[자재] (어떤 사물이나 지역이 다른 사물이나 지역과) 바로 옆에 이어지거나 접하다. ¶사각형의 한 외각에 이웃한 내각 / 중국은 우리와 이웃한 나라이다.

이웃-사촌(-四寸)[-욷싸-][명] 이웃에 사는 사람과는 자연히 가까이 지내게 되므로, 그를 친척에 비유하여 일컫는 말.

이웃-집[-욷찝][명] 이웃하여 사는 집. =인가(隣家).

이:원(二元)[명] 1 두 개의 요소. ¶서울과 도쿄에서 ~ 생방송을 하다. 2 [철] 사물이 두 가지 서로 다른 요소로 되어 있는 일. 3 [수] 방정식에서 미지수가 둘 있는 일. ¶~ 일차 방정식.

이:원-론(二元論)[-논][명] 1 완전히 성질이 다른 두 가지 원리로써 사물을 설명하려는 사고방식. 2 [철] 대립하는 두 가지 것, 예를 들면 정신과 물질, 오성(悟性)과 감성(感性), 본체와 현상(現象) 등을 서로 환원될 수 없는 원리라고 생각해 가는 입장. ▷일원론.

이:원-제(二院制)[명][법] =양원제(兩院制).

이:원-화(二元化)[명] 기구·조직·문제 따위를 둘이 되게 하는 것. 이:원화-하다[타여]

이:월¹(二月)[명] 한 해의 열두 달 가운데 둘째 달.

이월²(移越)[명] 1 옮기어 넘기는 것. 2 [경] 부기에서, 계산의 결과를 다음 페이지로 넘기는 일. 3 [경] 회계에서, 한 회계 연도의 회계 계정을 다음 회계 연도의 계정에 넘기는 일. 이월-하다[타여] ¶잔액을 ~. 이월-되다[자]

이월-금(移越金)[명][경] 결산한 결과, 손익금 처분을 한 잔액이 차기(次期)에 이월된 것. =전년도금.

이:유¹(理由)[명] 1 어떤 일이 이뤄지거나 일어날 수밖에 없는 사정이나 내용. (비)사유. ¶~를 묻다〔밝히다〕/ 경제적인 ~로 학업을 중단하다. 2 [논] 추리에 있어서 전제로 되는 것. =근거(根據). ↔귀결(歸結).

이유²(離乳)[명] 젖먹이에게 젖 이외의 음식물을 주어 점차로 젖을 떼는 것. 이유-하다[자타여] 이유-되다[자]

이유³(EU)[명] [European Union] =유럽 연합.

이:유-기(離乳期)[명][의] 유아기(乳兒期)와 유아기(幼兒期) 사이로, 젖을 떼는 시기. 보통 생후 6~7개월에 시작되는데, 모유(母乳)만으로는 영양이 부족하여 젖 이외의 음식을 찾게 되는 시기임.

이:유-식(離乳食)[명] 이유기의 아기에게 먹이는, 젖 이외의 묽고 부드러운 음식.

이:유-표(理由標)[명][수] 어떤 문제나 사실을 베풀어 보인 뒤, 그 까닭이 무엇인가 함을 보이려 할 때 그 까닭이 되는 식의 앞에 쓰는 부호 '∵'의 이름. =까닭표.

이:윤(利潤)[명] 1 장사하여 남은 돈. (비)이익(利益). ¶~을 남기다 / ~이 박하다. 2 [경] 기업의 총수익에서 모든 비용(임금·지대·이자·감가상각비 따위)을 제한 나머지의 소득액.

이:율(利率) 圏 원금에 대한 이자의 비율. 기한에 따라, 연리(年利)·월리(月利)·일변(日邊) 따위로 나뉨. =이자율.

이:율-배반(二律背反) 圏[논] 두 가지의 서로 모순되는 명제의 정립과 그 반정립이 같은 합리적 근거를 가지고 맞서는 일.

이윽고[-꼬] 閉 얼마 동안의 시간이 지난 뒤에 마침내. ¶그는 충대한 결심이라도 한 듯 ~ 침묵을 깨고 입을 열었다.

이음-매 圏 물체를 이은 자리나 부분. ¶가 튼튼하게 잘 짜인 목제 가구. ×이음새.

이음-새 圏 1 물체를 이은 모양새. ¶~가 보기 좋다. 2 '이음매'의 잘못.

이음-줄[-쭐] 圏 1 [음] 악보에서 둘 또는 그 이상의 음표 위나 아래에 긋는 호선(弧線). 선율감(旋律感)을 주기 위하여 몇 음을 연결시키는 부호. =연결선. 2 서로 마주 이은 두 개 사이에 이루어진 줄. ¶~이 어긋나다.

이음-표(-標) 圏 [언] 줄표(-) ·붙임표(-) ·물결표(~)의 총칭. =연결부(連結符).

이응 圏[언] 한글 자음 'ㅇ'의 이름(2117쪽 '한글 자모' 참고).

이:의¹(異意) [-의/-이] 圏 1 의견을 달리함. 2 모반하려는 마음.

이:의²(異義) [-의/-이] 圏 다른 뜻. 또는, 다른 의미. ¶동자(同字) ~. ↔동의(同義).

이:의³(異議) [-의/-이] 圏 1 남과 의견이나 주장을 달리하는 것. 또는, 그 의견이나 주장. ⊞이론(異論). ¶~를 제기하다 / 내 말에 그가 ~를 달았다. ↔동의(同議). 2 [법] 법률상의 효과를 가져오지 않도록 하기 위해 남의 행위에 대하여 반대나 불복(不服)을 나타내는 일. **이:의-하다** 图재여

이:의^신청(異議申請) [-의/-이-] 圏 [법] 법률상 인정되어 있는 절차에 의하여 이의를 주장하는 행위.

이-이 때(인칭) '이 사람'을 약간 높여 이르는 3인칭 대명사.

이이시(EEC) [European Economic Community] =유럽 경제 공동체.

이:이제:제(以夷制夷) 圏 [오랑캐로 오랑캐를 제어한다는 뜻] 자신의 힘은 쓰지 않고 다른 나라의 힘을 이용하여 또 다른 적국을 제어함. **이:이제:-하다** 图재여

이:익(利益) 圏 1 어떤 활동의 결과로 들인 노력이나 비용 이상의 금전이나 물질 등을 얻게 되어 좋은 상태. ⊞이윤. ¶~이 많다[적다] / ~이 남는 장사. 2 이롭고 도움이 되는 일. ¶사회의 ~을 위해 봉사하다. ↔손해(損害).

이:익-금(利益金) [-끔] 圏 이익을 보거나 이익으로 남은 돈.

이:익^배:당(利益配當) [-빼-] 圏[경] 회사나 조합 따위에서 주주나 조합원에 대하여 어느 기간의 순이익을 분배하는 일.

이:익^사회(利益社會) [-싸회/-싸훼] 圏 [사] 사회 유형의 하나. 인간이 어떤 목적을 달성하기 위하여 작위적으로 형성한 집단. 기본적으로 합리적·기계적인 성격을 지니며, 근대의 주식회사를 그 전형으로 침. =게젤샤프트·목적 사회. ↔공동 사회.

이:인(異人) 圏 1 재주가 신통하고 비범한 사람. 2 다른 사람. ⊞동명(同名)~.

이:인-삼각(二人三脚) 圏 두 사람이 옆으로 나란히 서서 맞닿은 쪽의 두 발목을 함께 묶고 세 발처럼 뛰는 경기.

이:인-자(二人者) 圏 =제이인자.

이:-인칭(二人稱) 圏[언] =제이 인칭.

이:임¹(移任) 圏 =전임(轉任)³. **이임-하다** 图재여 **이임-되다** 图재여

이:임²(離任) 圏 임기가 정해져 있거나 계급이 비교적 높은 직위나 직책을 그만두고 떠나게 되는 것. ¶~식(式) / ~ 인사. ↔취임(就任). **이:임-하다**² 图재여

이입(移入) 圏 1 (어떤 대상에 다른 요소를) 옮겨지게 하는 것. ¶감정 ~. 2 (다른 지역에서 인구·물자·문화 등을) 옮겨 오거나 받아들이는 것. ¶외국 문화의 ~. ↔이출. **이입-하다** 图재여 ¶대수적 방법을 집합론 분야에 ~ / 그 시인은 슬픔을 자연 대상에 **이입하여** 표현하였다. / 한국 문학은 근대 서양 문학을 **이입한** 후 질적인 변모를 보였다. **이입-되다** 图재여 ¶18세기에 아프리카 흑인이 미국에 대량으로 **이입되었다**.

이-자¹(-者) 때(인칭) '이 사람'을 낮추어 이르는 말. ¶~가 눈에 보이는 게 없나.

이:자²(利子) 圏 남에게 돈을 빌려 쓰거나 빌려 준 대가로 치르거나 받는 일정한 비율의 돈. =이문·이식(利息). ⊞김미·변리(邊利). ¶~이 비싸다[싸다]. ↔원금.

이자³(胰子) 圏 [생] 위(胃)의 뒤쪽에 있는, 가늘고 긴 삼각기둥 모양의 소화샘. 이자액을 분비함. =췌장(膵臟).

이자-액(胰子液) 圏 [생] 이자에서 분비되는 무색투명한 알칼리성의 소화액. =췌액.

이:자-율(利子率) 圏 =이율(利率).

이:자-택일(二者擇一) 圏 =양자택일. **이:자택일-하다** 图재여

이:장¹(里長) 圏 행정 구역인 이(里)의 사무를 맡아보는 사람.

이장²(移葬) 圏 무덤을 옮기는 일. =개장(改葬). **이장-하다** 图재여 ¶고조부 산소를 시골에서 서울 근교로 ~.

이:재¹(吏才) 圏 지방 관리로서 백성을 다스리는 재간.

이:재²(理財) 圏 재물을 유리하게 다루어 운용하는 것. ¶~에 밝은 사람. **이:재-하다**¹ 图재여

이:재³(罹災) 圏 재해를 입는 것. **이재-하다² 图재여

이재-민(罹災民) 圏 재해를 입은 사람. ¶~ 구호 사업 / ~ 수herlands.

이:적¹(夷狄) 圏 =오랑캐.

이:적²(利敵) 圏 적을 이롭게 하는 것. ¶~성 / ~ 단체 / ~ 행위. **이:적-하다¹** 图재여

이적³(移籍) 圏 1 혼인·양자 등에서, 호적을 다른 곳으로 옮기는 것. 2 운동선수가 소속 팀으로부터 다른 팀으로 옮기는 것. ¶~ 선수. **이:적-하다²** 图재여 ¶남편 호적으로 ~. **이적-되다¹**

이:적⁴(異蹟·異跡) 圏 1 기이한 행적. 2 신의 힘으로 되는 불가사의한 일. ⊞기적(奇蹟).

이:적⁵(離籍) 圏[법] 호적에서 떼어 내는 일. 구제도(舊制度)로, 호주가 가족에 대하여 가족의 신분을 박탈하는 법률 행위임. **이:적-하다³** ·**이:적-되다²** 图재여

이적-료(移籍料) [-정뇨] 圏[체] 프로 선수가 이적할 때, 선수의 이전 소속 구단이 새 구단으로부터 대가로 지급받는 돈.

이:전¹(以前) 圏 1 일정한 시점을 기준으로 하여 그보다 먼저 오는 시간적 위치. 기준이 되는 시점이 특정의 날짜 등으로 제시될 경우, 그 기준 시점이 범위에 포함되는 뜻을 가짐. 그것이 범위에 포함되지 않는 것은 '전

(前)'이라고 함. ¶2003년 1월 1일 ~ / 개화~의 유습(遺習)을 지켜 오다. **2** 현재가 아닌, 그 전의 시점. ⓗ예전·옛날. ¶사고를 겪고 나서 그의 모습이 ~과 달라졌다. ↔이후(以後).

이전²(移轉) 몡 **1**(장소나 주소 등을) 다른 데로 옮기는 것. ¶사옥(社屋) ~. ▷이사(移徙). **2**(권리 따위를) 넘겨주거나 넘겨받는 것. ¶명의 ~. **이전-하다** 통(타)(여) ¶소유권을 ~. **이전-되다** 통(자)

이-전번(-前番)[-뻔] 몡 얼마 되지 않은 전번. ㉘도전번.

이전^소·득(移轉所得) 몡[경] 근로에 대한 대가로 받는 보수는 아니나, 개인의 가계(家計)에 소득의 형태로 들어오는 수입. 곧, 공채 이자·연금 따위.

이전-투구(泥田鬪狗) 몡 ['진흙탕에서 싸우는 개'라는 뜻] **1** 강인한 성격의 함경도(咸鏡道) 사람을 평하여 이르는 말. **2** 수단·방법을 가리지 않고 모함하며 중상하며 싸우는 상태. ¶여야의 대립이 ~의 양상으로 치닫고 있다.

이:**점**(利點)[-쩜] 몡 이로운 점. ¶아파트는 살기에 편리하다는 ~이 있다.

이접(移接) 몡 **1** 거처를 잠시 옮겨 자리를 잡는 것. **2** 예전에, 글을 배울 때 동접(同接)을 옮기는 것. **3** 자기가 속해 있던 사정(射亭)에서 다른 사정으로 옮기는 것. **이접-하다** 통(자)(여)

이:**정**(里程) 몡 각 곳 사이의 길의 이수(里數). =도리(道里). ⓗ노정·도정.

이:**정-표**¹(里程標) 몡 육로(陸路)의 이정을 기록한 일람표.

이:**정-표**²(里程標) 몡 **1** 도로나 선로 등의 가장자리에 그곳에서 다른 곳에 이르는 거리를 적어 세운 푯말이나 표지. ⓗ거리표. ¶~에 의하면 서울까지는 아직 300km나 남았다. **2** 앞으로의 일에 대해 안내해 주거나 방향을 제시해 주는 지침이나 기준. 비유적인 말임. ¶그 영화는 한국 영화사에 새로운 ~을 세웠다.

이제 몡⨁ 바로 이때. =당금(當今). ⓗ지금. ¶~ 가면 언제 다시 만날 수 있을까. / 추위가 ~부터 시작이다.

이제-금 ⨁ 이제까지. 또는, 지금까지. ¶~저 달이 설음인 줄은 예전엔 미처 몰랐어요. 《김소월:예전엔 미처 몰랐어요》

이제-껏[-껃] ⨁ =여태껏. ¶~ 요것밖에 못하다니, 참 한심하다.

이제나-저제나 ⨁ 언제인지 알 수 없을 때나 어떤 일을 몹시 안타깝게 기다릴 때 쓰는 말. ¶~ 너오기만 기다렸다간.

이제-야 ⨁ 이때에 이르러서야 비로소. ¶~ 정신이 드는 모양이구나.

이젝션^시트(ejection seat) 몡 비행기가 추락할 때, 탑승자가 좌석에 앉은 채 자동적으로 비행기 밖으로 튀어나오면서 낙하산이 펴지게 된 장치의 좌석.

이젤(easel) 몡 그림을 그릴 때 그림판을 놓는 틀. =화가(畫架).

이:**조**¹(吏曹) 몡[역] 고려·조선 시대, 육조(六曹)의 하나. 관리의 채용과 상벌 등의 인사 문제를 맡아보던 관아.

이:**조**²(李朝) 몡[역] 일제 강점기에 일본에서 '조선 왕조'를 비하하여 이르던 말. 때로, 오늘날에도 그렇게 부르는 경우가 있는데, 이는 스스로를 비하하는 잘못된 말임.

이:**족**(異族) 몡 **1** 다른 민족. ¶~의 지배를 받다. ↔동족(同族). **2** 성이 다른 족속.

이:**종**(姨從) 몡 이모의 아들이나 딸.

이:**종**²(異種) 몡 **1** 다른 종류의. ¶~ 교배. **2** 변한 종.

이:**종**³(移種) 몡 모종을 옮겨 심는 것. ⓗ이식(移植). **이종-하다** 통(타)(여) **이종-되다** 통(자)

이:**종^교·과서**(二種敎科書) 몡[교] 교육 인적 자원부 장관의 검정을 받아 제작된 교과서. =검정 교과서.

이주(移住) 몡 **1** 집을 옮기는 것. =이거(移居). **2** 정책·정복 등의 목적으로 종족이나 민족 등의 집단이 한 곳에서 다른 지역으로 이동하여 정주하는 것. **3** 다른 나라로 옮겨가 사는 것. ¶해외 ~. **이주-하다** 통(자)(여) ¶전 가족이 서울로 ~ / 일제(日帝) 치하에 우리 민족의 일부는 북간도(北間島)로 대거 이주하여 살았다.

이주걱-부리다 통(자) '이기죽거리다'의 잘못.

이주-민(移住民) 몡 다른 나라에 옮겨 가 사는 사람. ↔원주민(原住民).

이죽-거리다/-대다[-꺼(때)-] 통(자) '이기죽거리다'의 준말. ¶느물느물 비아냥거리며 ~. ㉕야죽거리다.

이죽-이죽[-중니/-주기-] ⨁ '이기죽이기죽'의 준말. ㉕야죽야죽. **이죽이죽-하다** 통(자)(여)

이:**중**(二重) 몡 **1** 두 겹. ¶~으로 된 방탄벽(防彈壁). **2** 두 번 거듭되거나 겹침. ¶요금을 ~으로 내다.

이:**중^결·합**(二重結合) 몡[화] 2개의 원자가 서로 2개의 원자가(原子價) 단위로 이루어진 결합.

이:**중-고**(二重苦) 몡 이중의 고통이나 고생. ¶파산에 병마까지 겹쳐 ~에 시달리다.

이:**중-과세**(二重過歲) 몡 양력과 음력의 두 번의 설을 쇠는 일. **이중과세-하다** 통(자)(여)

이:**중-국적**(二重國籍)[-쩍] 몡[법] 한 사람이 두 나라의 국적을 가지는 일. =중국적(重國籍).

이:**중^모·음**(二重母音) 몡[언] 소리를 내는 도중에 입술 모양이나 혀의 위치가 처음과 나중이 달라지는 모음. ㅑ·ㅕ·ㅛ·ㅠ·ㅒ·ㅖ·ㅘ·ㅙ·ㅝ·ㅞ·ㅢ 따위. 이 외에 'ㅚ'·'ㅟ'도 표준 발음법에 따라 이중 모음으로 발음하는 것을 허용하기도 함. =겹홀소리·복모음·중모음. ↔단모음.

이:**중-생활**(二重生活) 몡 어떤 사람이 동시에 하기 어렵거나 동시에 해서는 안 되는 두 가지 일을 하는 생활. 특히, 배우자 이외의 사람과 불륜의 관계를 맺는 생활이라든지, 거처를 두 군데에 두고 하는 생활이라든지, 두 가지 직업을 동시에 가지고 하는 생활 따위. ¶그는 지방 근무로 말미암아 서울과 지방을 오가면서 ~을 하고 있다.

이:**중-성**¹(二重性)[-썽] 몡 하나의 사물이 동시에 가지고 있는 서로 다른 두 가지의 성질.

이:**중-성**²(二重星) 몡[천] 육안으로 보면 하나로 보이는, 서로 가깝게 접근한 두 개의 항성. ▷중성(重星).

이:**중-성격**(二重性格)[-껵] 몡 서로 다른 양면성을 지닌 성격.

이:**중-인격**(二重人格)[-껵] 몡 **1** 사람이 겉으로 나타내는 태도나 행동이 마음속과 다른 경우를 이르는 말. **2**[심] 한 사람이 전혀 다른 두 가지 인격을 가지고 그것을 교대로

이:중인격-자(二重人格者)[-격짜] 명 이중 인격을 가진 사람.
이:중-장부(二重帳簿) 명 금전의 출납·거래 등의 실상을 감추기 위하여 실태를 기입하는 장부 이외에 거짓 기입하는 장부를 만드는 일. 또는, 그 장부.
이:중-주(二重奏) 명 [음] 실내악의 하나로, 서로 다른 두 개의 악기에 의한 합주. ≒이부 합주. 剄듀엣.
이:중^주어(二重主語) 명 [언] 하나의 문장 속에 주어로 들어 있는 주어. 예를 들어, "철호가 돈이 많다."에서 '철호가', '돈이' 따위.
이:중-창¹(二重唱) 명 [음] 성부(聲部)가 다른 두 사람의 가수에 의한 중창. 剄듀엣.
이:중-창²(二重窓) 명 [건] 방한·방열·방음의 목적으로 이중으로 만든 창. ≒겹창·복창.
이-즈막 명 튄 이제까지에 이르는 가까운 과거. ¶~엔 그 사람이 통 안 보이더라. 졍요 즈막.
이-즈음 명 튄 이때의 즈음. ¶~에는 거기에 당도했었지. 졍요즈음.
이-즘¹ 명 튄 '이즈음'의 준말. 졍요즘.
이즘²(ism) 명 학설이나 사조(思潮)나 신념으로서의 주의(主義). 剄=주의(主義). ¶지난 날 일부 비평가는 문학 작품을 논할 때 지나치게 ~의 문제에 매달린 적이 있었다.
이:지(理智) 명 이성(理性)과 지성(智性). 또는, 본능이나 감정에 지배되지 않고 지식과 윤리에 따라 사물을 생각하고 판단하는 능력.
이:지다 혱 (물고기나 닭·돼지 따위의 짐승이) 살이 쪄서 기름지다.
이지러-뜨리다·-트리다 튠타 이지러지게 하다. ¶양푼을 떨어뜨려 ~.
이지러-지다 튠쟈 1 한 귀퉁이가 떨어지거나 찌그러지다. ¶이지러진 사기 재떨이 하나가 방 안의 유일한 가구였다.《채만식: 태평천하》졍야지러지다. 2 (달 등이) 한쪽이 차지 않아 둥그런 모양을 유지하지 못하게 되다. ¶이지러진 으스름 반달이 중천에 걸렸다.
이지렁 명 (일부 동사와 함께 쓰이어) 능청맞고 천연스러운 태도. ¶~을 떨다 / ~을 부리다 / ~을 피우다. 졍능청.
이지메(⑳いじめ) 명 '집단 괴롭힘'으로 순화.
이:지-적(理智的) 관명 1 이성과 지성으로써 행동하거나 판단하는 (것). ¶~인 판단. 2 용모나 언동에서 지성적인 분위기가 풍기는 (것). ¶그녀의 ~인 용모가 돋보인다.
이직¹(移職) 명 직장·직업을 옮기는 것. 剄전 직(轉職). 이직-하다 튠쟈예
이:직²(離職) 명 직장이나 직업을 그만두는 일. 이:직-하다² 튠쟈타예 ¶구조 조정으로 이직하는 사람들이 늘고 있다.
이:진(二陣) 명 1 둘 이상의 무리가 순서에 따라 이동할 때, 그 두 번째 무리. ¶등반대 ~이 베이스캠프에 도착한다. 2 스포츠 팀에서, 베스트 멤버에 도달하지 못한 선수들의 무리. ¶후반전에 ~을 기용하다. ▷일진.
이:진-법(二進法)[-뻡] 명 [수] 숫자 1과 0을 사용하여 둘씩 묶어서 윗자리로 받아 올리는 수의 표시법. 십진법으로 나타낸 2, 3, 4, 5는 이진법으로는 10, 11, 100, 101이 됨. 컴퓨터 등에서 이용되고 있음.
이질¹(姨姪) 명 1 아내의 자매의 자녀. 2 자매 간인 언니나 여동생의 자녀.
이:질²(異質) 명 성질이 다름. 또는, 그 성질. ↔동질(同質).
이:질³(痢疾) 명 [의] 법정 전염병의 한 가지. 똥에 곱이 섞여 나오면서 뒤가 잦고 당기는 병. ≒이증(痢症).
이:질-감(異質感) 명 서로 성질이 달라서 동화하거나 어울리기 어렵다고 여기는 느낌. ¶문화적 ~ / 분단으로 인한 남북한 ~. ↔동질감.
이질-녀(姨姪女)[-려] 명 1 아내의 자매의 딸. 2 자매간인 언니나 여동생의 딸.
이:질-성(異質性)[-썽] 명 서로 바탕이 다른 성질이나 특성. ↔동질성.
이:질-아메바(痢疾amoeba) 명 [동] 아메바성 이질의 병원체이며 공생물. 단세포 동물로 사람의 입을 통해 감염됨. ≒적리아메바.
이:질-적(異質的)[-쩍] 관 성질이 다른 (것). ¶~는 요소 / 동·서양의 문화에는 ~인 면이 많다. ↔동질적.
이:질-화(異質化) 명 이질적인 것으로 되거나 되게 하는 것. ¶남북간 문화의 ~. 이:질 화-하다 튠쟈타예
이집트(Egypt) 명 [지] 아프리카 북동단, 나일 강 유역의 중심부에 있는 공화국. 수도는 카이로. 음역어는 애급(埃及).
이징가미 명 질그릇의 깨어진 조각.
이-쪽¹ 명 이의 부스러진 조각.
이-쪽² 때 1 (지시) 말하는 사람에게 가까운 쪽을 가리켜 이르는 말. ≒차편(此便). ¶자, 적습니다. 2 ~을 보세요! 졍이(인칭) 말하는 사람이 자기 또는 자기편을 가리켜 이르는 말. ≒이편. ¶그에게 ~의 입장을 잘 설명하세요. ▷그쪽·저쪽.
이쪽-저쪽[-쩌-] 명 이쪽과 저쪽.
이-쯤 튄 이만한 정도로. ¶~ 말했으니 그도 알아듣겠지. 졍요쯤.
이:차(二次) 명 1 어떤 사물이나 현상이 본디 것에 대하여 부수적인 관계에 있는 것. ≒부 차(副次). 2 [수] 정식(整式)·대수 방정식·대수 곡선 등의 차수(次數)가 2인 것. ¶~ 부등식.
이:차^곡선(二次曲線)[-썬] 명 [수] 해석 기하학에서, 2차 방정식으로 표시되는 곡선의 총칭. 원·타원·포물선·쌍곡선 따위.
이:차^무지개(二次-) 명 =암무지개. ▷일 차 무지개.
이:차^방정식(二次方程式) 명 [수] 미지수의 최고 차수가 2차인 방정식.
이:차^산업(二次産業) 명 [경] =제이차 산업. ▷일차 산업·삼차 산업.
이:차-색(二次色) 명 [미] 두 가지의 다른 원색(原色)이 섞여 이루어진 색. ▷삼차색.
이:-차원(二次元) 명 차원이 두 개인 것. 곧, 평면과 같이 길이와 폭이라는 두 가지 독립된 방향의 넓이를 가진 것. ▷삼차원.
이:차-적(二次的) 관명 본디의 것에 대하여 부수적인 관계에 있는 (것). ≒보조적. ¶~ 인 과제.
이:차^전:류(二次電流)[-절-] 명 [물] 이차 코일에 유도되어 흐르는 전류. ▷일차 전류.
이:차^코일(二次coil) 명 [물] 일차 코일의 전기 현상에 의하여 유도 전류가 생기는 코일. ▷일차 코일.
이:-착륙(離着陸)[-창뉵] 명 이륙과 착륙. 이:착륙-하다 튠쟈예
이-참 명 =이번. ¶~에 네 옷도 한 벌 사자.

이·찹쌀 '찹쌀'의 잘못.
이:채(異彩) 명 분위기나 느낌이 다른 것에 비해 눈에 띄게 다른 상태. ¶학예회에서 1학년 아이들의 무용이 ~를 띠었다.
이:채-롭다(異彩-) [-따] 형ㅂ〈-로우니, -로워〉이채를 띤 데가 있다. ¶외국인이 가야금을 연주하는 모습이 ~. 이:채로이 부
이:첨-판(二尖瓣) 명[생] 심장의 좌심방과 좌심실 사이의 얇은 판막. 피가 거꾸로 흐르는 것을 막음. =승모판.
이첩(移牒) 명 받은 공문이나 통첩을》 다른 곳으로 다시 알리는 것. 또는, 그 공문이나 통첩. 이첩-하다 통타여
이체¹(移替) 명 1 (예금을) 어떤 계좌에서 다른 계좌로 옮기는 것. ¶자동 ~/예금 ~ 2 (예산을) 다른 장(章)이나 관(款)이나 항(項)으로 옮기는 것. 이체-하다 통타여 ¶기구의 개폐와 같은 변동이 있을 때에는 예산을 이체하다.
이:체²(異體) 명 1 체재(體裁)나 형상이 다른 것. 2 동일하지 않은 몸. ¶자웅 ~
이-촉 명[생] 이의 치조(齒槽) 속에 들어가 있는 이의 뿌리 부분. 표면은 얇은 시멘트질의 층으로 덮여 있음. =치근(齒根).
이축(移築) 명 (건물 따위를) 다른 곳으로 옮겨 세우는 것. 이축-하다 통타여
이출(移出) 명 (다른 지역으로 인구·물자·문화 등을) 옮겨 가거나 내보내는 것. ¶~ 인구. ↔이입(移入). 이출-하다 통타여 ¶일본은 개항 이후 조선에서 쌀을 대량으로 이출하였다. 이출-되다 통자
이-춤 명 옷을 두껍게 입거나 물건을 손에 들고 있거나 하여 가려워도 긁지 못하고 몸을 일기죽거리며 어깨를 으쓱거리는 짓. ¶~을 추다.
이:취¹(泥醉) 명 술이 몹시 취하는 것. 이:취-하다 통여
이:취²(異臭) 명 이상한 냄새. 또는, 싫은 냄새.
이:층-집(二層-) [-찝] 명 이 층으로 지은 집.
이-치¹ 대(인칭) '이 사람'을 낮추어 이르는 3인칭 대명사. ¶~가 어디서 행패야?
이:치²(理致) 명 사물의 정당한 조리. 또는, 도리에 맞는 취지. ¶말이 ~에 맞다(어긋나다)/봄이 되어 꽃이 피는 건 자연의 ~가 아닌가.
이:칭(異稱) 명 다르게 부르는 칭호.
이퀄(equal) 명[수] 등호(等號)로 쓰는 부호 '='의 이름.
이큐(EQ) 명 [emotional quotient] [심] =감성지수.
이크 감 '이키'의 잘못.
이키¹ 감 '이끼'의 거센말. ×이크.
-이키- 접미 동사 '돌다'의 어간에 붙어, 그 행동이 일어나게 함을 나타내는 말. ¶돌~다.
이키나 감 '이키'의 힘줌말. ¶~, 무서운 뱀이 지나간다.
이:타(利他) 명 1 자기를 희생하여 남을 이롭게 하는 일. ¶~심. 2 [불] 사람들에게 공덕과 이익을 주어 제도(濟度)하는 일. =타애. ↔이기(利己).
이타이이타이-병(일いたいいたい病) 명 [의] 일본 도야마 현(富山縣) 진즈가와(神通川) 강 유역에서 발생한 공해병. 등뼈·손발·관절이 아프며, 뼈가 취약해져서 잘 부러짐.

이:타-주의(利他主義) [-의/-이] 명[윤] 남의 행복과 복리의 증가를 행위의 목적으로 하는 생각이나 행위. =무아주의(無我主義)·애타주의. ↔이기주의.
이탄(泥炭) 명[광] =토탄(土炭).
이:탈(離脫) 명 (본디 속해 있는 무리나 집단, 또는 궤도 등을[에서]) 있어서는 안 될 다른 곳에 있게 되는 것. ¶~자/부대 ~. 이:탈-하다 자타여 ¶행군 도중에 대열을 ~ / 인공위성이 궤도에서 ~. 이:탈-되다 통자
이탈리아(Italia) 명[지] 유럽 남부의 지중해에 돌출한 반도와 그 부근의 섬으로 이루어진 공화국. 수도는 로마. 음역어는 이태리(伊太利).
이탈리아-어(Italia語) 명[언] 이탈리아와 스위스의 일부 및 코르시카 섬에서 쓰이는 언어. 인도・유럽 어족의 이탤릭 어파에 속함.
이태 명 두 해. ¶그 작품은 ~ 걸려서 완성했다.
이태리(伊太利) 명[지] '이탈리아(Italia)'의 음역어. 준이(伊).
이탤릭(italic) 명[인] =이탤릭체.
이탤릭-체(italic體) 명[인] 서양 활자체의 하나. 약간 오른쪽으로 기울어진 모양이며 주의해야 할 어구나 외국어·학명(學名) 등을 나타낼 때 쓰임. =사체(斜體)·이탤릭.
이테르븀(ytterbium) 명[화] 희토류 원소의 하나. 원소 기호 Yb, 원자 번호 70, 원자량 173.04. 은빛색의 금속이며, 각종 합금의 미량 성분으로 쓰임.
이토(泥土) 명 =진흙.
이-토록 부 이러한 정도로까지. ¶이별의 아픔이 ~ 클 줄 몰랐다.
이트륨(yttrium) 명[화] 희토류 원소의 하나. 원소 기호 Y, 원자 번호 39, 원자량 88.905. 회색의 금속으로, 레이저 발진 재료(發振材料)의 미량 성분으로 쓰임.
이튿-날 [-튼-] 부 1 (초(初)·열·스무 다음에 쓰여) 각각 어느 달의 2일, 12일, 22일임을 나타내는 말. ¶내달 열 ~ 보세. 2 어떤 일이 있은 그다음 날. =익일. ¶하룻밤을 자고 ~ 새벽에 떠난다.
이틀 명 1 하루가 두 번 있는 시간의 길이. 곧, 두 날. ¶연휴가 ~ 동안 쉰다. / 일을 마치는 데 ~이 걸렸다. 2 (초(初)·열·스무 다음에 쓰여) 각각 어느 달의 2일·12일·22일임을 고유어로 나타내는 말. ¶유월 초 ~.
이틀² 명[생] 이가 박혀 있는 아래턱·위턱의 뼈. =잇짐·치골(齒骨)·치조(齒槽)·치조골.
이틀-거리 명[한] 학질의 한 가지. 이틀을 걸러서 발작하여 좀처럼 낫지 않음. =노학(老瘧)·당고금·이일학(二日瘧)·해학(痎瘧).
이-틀 명 이와 이의 틈. 비잇새.
이파리 명 나무나 풀의 살아 있는 낱 잎. 비일사귀. ¶~가 싱싱한 채소.
이판-사판 명 막다른 데 이르러, 어찌할 수 없게 된 판. ¶이젠 나도 ~이야.
이판-암(泥板巖·泥板岩) 명[광] =셰일.
이:판-화(離瓣花) 명[식] =갈래꽃. ↔합판화(合瓣花).
이:팔-청춘(二八靑春) 명 열여섯 살의 꽃다운 청춘. 또는, 혈기 왕성한 젊은 시절. ¶몸은 늙었지만 마음은 아직도 ~이다.
이-편(-便) 대 =이쪽. ¶우리 마을은 강 ~에 위치하고 있다. ▷그편·저편.

이편-저편(-便-便) 명 이쪽저쪽 또는 여기 저기. ¶~이 모두 보리밭이다.

이피-반(EP盤) 명 [EP:extended play] 1분 간에 45회전하는 음반. 엘피판(LP盤)보다 연주 시간이 짧아 소작품의 녹음에 쓰임. = 도넛판. ▷엘피판·에스피판(SP盤).

이:하(以下) 명 1 수량이나 정도가 앞에 제시된 기준보다 적거나 낮거나 작은 범위. 기준이 수량으로 제시될 경우에는, 그 수량이 범위에 포함되면서 그 아래인 것을 가리킴. 그 수량이 범위에 포함되지 않는 경우는 '미만'이라고 함. ¶25세 ~ / 수준 ~의 작품 / 60점 ~는 낙제 대상이다. 2 차례에 있어서 아래나 뒤에 오는 것을 이르는 말. ¶~ 생략. ↔이상(以上).

이:하부정관(李下不整冠) 〔자두나무 밑에서 갓을 고쳐 쓰지 말라는 뜻〕 남에게 의심 살만한 일은 피하는 것이 좋다는 말. ▷과전불납리.

이:하-선(耳下腺) 명[생] =귀밑샘.

이:학(理學) 명 1 자연 과학의 총칭. ¶~ 박사. 2 [물] =물리학. 3 [철] '성리학'의 준말.

이:한(離韓) 명 한국을 떠나는 것. ↔착한(着韓). 이:한-하다 图자여 ¶외교 사절단이 방문 일정을 마치고 ~.

이:합(離合) 명 헤어짐과 모임. 이:합-하다 图

이:합-집산(離合集散) [-찝싼] 명 흩어졌다 모였다 함. ¶많은 단체가 우후죽순으로 난립하는가 하면 ~을 거듭하기도 한다.

이:항(移項) 명 1 항목을 옮기는 것. 2 [수] 등식·부등식의 한 변에 있는 항을 그 부호를 바꿔 다른 변으로 옮기는 일. 이:항-하다 图 (타여) 이:항-되다 图자

이:항-식(二項式) 명[수] 두 개의 항으로 된 정식(整式). $a+b$, $3ab+4c^2$ 따위.

이:항^정:리(二項定理) [-니] 명[수] 이항식의 n제곱 $(a+b)^n$을 전개하는 방법을 보이는 공식. $(a+b)^2=a^2+2ab+b^2$ 따위.

이:해[1] 명 바로 앞에서 이야기한 해.

이:해[2](利害) 명 이익과 손해. =득실(得失). ¶노사간의 ~가 충돌하여 협상이 결렬되다.

이:해[3](理解) 명 1 (말·글·그림·음악·학문 등을) 그 의미나 내용을 지적으로 헤아려 아는 것. ¶예술에 대한 ~가 깊다 / 강의가 너무 어려워 ~가 안 간다. 2 (어떤 사람을, 또는 그의 말·기분·입장 등을) 마음으로 헤아려 받아들이거나, 충분히 그럴 수 있으리라고 생각하는 것. 비납득·수긍·양해. ¶이쪽 입장에 대한 ~를 구하다 / 왜 그가 그런 짓을 했는지 ~가 안 간다. 이:해-하다 图(타여) ¶내 어려운 처지를 이해해 주게. 이:해-되다 图자

이:해-관계(利害關係) [-게/-께] 명 서로 이해가 맞물려 있는 관계. ¶~가 얽히다.

이:해-도(理解度) 명 어떤 일이나 현상 등을 조리 있게 알아듣는 정도. ¶책의 내용에 대한 ~를 높이기 위해 삽화를 그려 넣다.

이:해-득실(利害得失) [-씰] 명 어떤 일이 이로운지 해로운지, 이득이 되는지 손실이 되는지의 여부.

이:해-력(理解力) 명 사리를 분별하여 이해하는 능력. ¶~이 부족한 사람.

이:해-심(理解心) 명 남을 이해해 주는 마음. ¶~이 많은 사람.

이:해-타산(利害打算) 명 이로우냐 해로우냐를 따져 셈함. ¶~이 빠른 사람.

이황화탄소 ●1477

이:행[1](移行) 명 (어떤 대상이 어떤 상태나 단계에서 다른 상태나 단계로) 옮아가거나 변하여 가는 것. 비추이(推移). 이:행-하다[1] 图 (여) 이:행-되다[1] 图자 ¶왕정에서 공화정

이:행[2](履行) 명 약속이나 계약 등을 실제로 행하는 것. 이:행-하다[2] 图(타여) ¶약속[계약]을 ~. 이:행-되다[2] 图자

이:행정^기관(二行程機關) 명[물] 내연 기관에서 피스톤의 2행정으로 한 순환 과정을 끝내는 기관. 주로 오토바이 같은 소형 기관에 쓰임.

이:향(離鄕) 명 고향을 떠나는 일. ¶~ 인구가 늘다. 이:향-하다 图(자여)

이:현령비현령(耳懸鈴鼻懸鈴) [-혈-혈] 어떤 사실이 이렇게도 저렇게도 해석됨을 이르는 말. '귀에 걸면 귀걸이, 코에 걸면 코걸이'와 같은 말.

이:형[1](異形) 명 1 이상야릇하게 생긴 모양. 2 보통과 다른 모양. 동체(同體).

이:형[2](異型) 명[생] =헤테로.

이:형^배:우자(異型配偶子) 명[생] 형태상으로 크기나 모양이 달라 암수를 구별할 수 있는 배우자. ↔동형 배우자.

이:형^분열(異型分裂) 명[생] =제일 분열.

이:-형태(異形態) 명[언] 한 형태소가 주위 환경에 따라 음상(音相)을 달리하여, 달라진 한 형태소의 여러 모양을 이르는 말. 주격 조사 '가/이', 목적격 조사 '을/를' 따위.

이:혼(離婚) 명 부부가, 또는 어떤 사람이 배우자와) 법률적으로 혼인 관계를 끊고 헤어지는 것. ¶~율/~합의 ~ / ~ 수속. ↔결혼. 이:혼-하다 图(자여) ¶그는 아내와 이혼했다.

이:혼-남(離婚男) 명 이혼한 상태에 있는 남자.

이:혼-녀(離婚女) 명 이혼한 상태에 있는 여자.

이:화[1](李花) 명 1 자두나무의 꽃. 2 [역] 조선 말기에 관리들이 쓰던 휘장(徽章).

이:화[2](異化) 명 1 [생] '이화 작용'의 준말. 2 [심] 두 개의 감각을 공간적 또는 시간적으로 접근시켜 배치할 때, 양자(兩者)의 질적·양적 차이가 한층 더 커지는 일. 3 [언] 동일하거나 성격이 비슷한 두 음이 이웃하여 나타날 때, 그중 한 음이 다른 음으로 변하거나 탈락하는 현상. '쇠붚'이 '쇠북'으로, '종용'이 '조용'으로 되는 따위. ↔동화(同化). 이:화-하다 图(자여)

이:화[3](梨花) 명 =배꽃.

이:화-명나방(二化螟-) 명[동] 나비목 명나방과의 곤충. 앞날개는 황회색인데 바깥쪽 가장자리에 7개의 흑색 점이 줄지어 있고, 뒷날개는 흰색임. 연 2회 발생하며, 애벌레는 벼의 해충임. =마디충나비·명충(螟蟲).

이:화-명충(二化螟蟲) 명[동] 이화명나방의 애벌레.

이:화^작용(異化作用) 명[생] 생물이 외계로부터 섭취한 물질을 화학적으로 분해하여 간단한 물질로 변화시키는 반응. 이로 인해 생활에 필요한 에너지를 얻음. 준 이화. ↔동화 작용. ▷물질대사.

이:-화학(理化學) 명 물리학과 화학.

이:환(罹患) 명 병에 걸리는 것. =이병(罹病). ¶~자/~율(率). 이:환-하다 图(자여)

이:황화-탄소(二黃化炭素) 명[화] 특이한 악취가 나는 무색의 액체. 인화성이 강하고 유

이:후(以後) 몡 1 일정한 시점을 기준으로 하여 그보다 나중에 오는 시간적 위치. 기준이 되는 시점이 특정의 날짜 등으로 제시될 경우, 그 기준 시점이 범위에 포함되는 뜻을 가짐. 그것이 범위에 포함되지 않는 것은 '후(後)' 라고 함. =이강(以降). ¶2003년 1월 1일 ~ 고향을 떠난 ~ 소식이 없다. 2 지금이 아닌, 그 뒤의 시점. ⓑ이다음. ¶~에는 절대 그런 일이 없도록 해라. ↔이전(以前).

이히히 閉 자지러질 듯이 크게 웃는 웃음 소리. 2 어리석게 또는 익살맞게 웃는 웃음 소리.

익곡(溺谷)[-꼭] 몡[지] 육지에, 지반의 침강이나 해면의 상승으로 바닷물이 침입하여 생긴 골짜기.

익년(翌年)[잉-] 몡 어떤 해의 바로 다음해. ⓑ이듬해·후년.

익다¹[-따] 동(재) 1 (식물의 열매나 낟알이)다 자라 맛이 들거나 단단해지다. ⓑ여물다·영글다. ¶잘 익은 복숭아 / 벼가 누렇게 ~. 2 (고기나 곡식이나 채소 등의 날것이)뜨거운 열을 받아 먹기에 알맞을 만큼 구워지거나 삶아지다. ¶덜 익은 밥 / 고기가 알맞게 ~. 3 (술·김치·장 따위가)담근 지 얼마간의 시일이 흘러서 먹기에 알맞은 맛을 띠게 되다. ¶김치가 ~ / 술 익는 마을마다 타는 저녁놀.(박목월:나그네) 4 (사람의 피부가)뜨거운 햇살이나 불빛을 띠게 되다. ¶여름 햇살에 얼굴이 발갛게 ~.

[익은 밥 먹고 선소리한다] 사리에도 맞지 않는 쓸데없는 말을 싱겁게 한다.

익다²[-따] 혱 1 (어떤 일이)여러 번 해 보아 서투르지 않은 상태에 있다. ⓑ익숙하다·능숙하다. ¶손에 익은 기술. 2 (어떤 대상이)여러 번 보거나 듣거나 하여 처음 대하지 않는 느낌이 드는 상태에 있다. ¶낯익은 얼굴 / 눈에 익은 풍경 / 목소리가 귀에 ~.

익랑(翼廊)[잉낭] 몡 대문의 양편에 잇대어 지은 행랑.

익룡(翼龍)[잉뇽] 몡[동] 중생대의 쥐라기와 백악기에 걸쳐 살았던, 하늘을 나는 파충류.

익명(匿名)[잉-] 몡 어떤 일을 하면서 자기 신분을 드러내지 않기 위해 이름을 밝히지 않는 상태. ¶~의 투서[편지] / 자선 단체에 ~으로 기부하다. 익명-하다 동(재)여

익모-초(益母草)[잉-] 몡 1[식] 꿀풀과의 두해살이풀. 높이 약 1m. 줄기는 네모지고 흰 털이 있으며, 7~8월에 엷은 홍자색 꽃이 핌. =암눈비앗. 2 꽃 필 때의 1의 전초(全草)를 말린 것. 산모(産母)의 지혈이나 강장제·이뇨제·진통제로 쓰임.

익-반죽 몡 가루에 끓는 물을 쳐 가며 하는 반죽. 익반죽-하다 동(재)여

익사(溺死)[-싸] 몡 물에 빠져 죽는 일. ¶~자(者). 익사-하다 동(재)여

익사-체(溺死體)[-싸-] 몡 익사한 사람의 시체. ¶물 위로 ~가 떠오르다.

익살[-쌀] 몡 남을 웃기려고 일부러 하는 우스운 말이나 짓. ⓑ골계(滑稽). ¶~을 부리다 / 그가 우스꽝스런 몸짓으로 ~을 떠는 바람에 모두들 배꼽을 잡았다.

익살-꾸러기[-쌀-] 몡 익살이 아주 심한 사람.

익살-꾼[-쌀-] 몡 익살을 잘 부리는 사람.

익살-맞다[-쌀맏다] 혱 익살을 잘 떠는 성질이 있다. ¶익살맞은 얼굴[표정] / 익살맞게 굴다.

익살-스럽다[-쌀-따] 혱(ㅂ)<~스러우니, ~스러워> 익살을 떠는 데가 있다. 익살스레 閉

익살-쟁이[-쌀-] 몡 익살을 잘 부리는 사람을 얕잡아 이르는 말.

익선-관(翼善冠)[-썬-] 몡[역] 임금이 평상복으로 집무할 때에 쓰는 관. 꼭대기에 턱이 져서 앞이 낮고 뒤가 높으며, 뒤에는 두 개의 뿔이 달려 있음.

익숙-하다[-쑤카-] 혱여 1 (어떤 일이)많이 해 보아 몸에 밴 상태에 있다. 또는, (어떤 일에)몸에 밴 솜씨나 기술을 가진 상태에 있다. ⓑ익숙한 솜씨[태도]. 2 (어떤 일에)자주 대하거나 겪어 잘 아는 상태에 있다. ¶그는 외국 사정에 ~ / 이 길은 초행이라 익숙지 않다. 익숙-히 閉

|어법| 익숙치 않은 길:익숙치(×)→익숙지(○). 익숙하지(○). ▶ 어간의 끝 음절 '하' 가 아주 줄 적에는 준 대로 적을 수 있음(맞40).

익스팬더(↑expander) 몡[체] 운동 기구의 하나. 손잡이에 몇 줄의 용수철을 매어 놓은 것으로 두 손으로 잡아당겨 가슴 근육을 발달시키는 운동에 씀.

익애(溺愛) 몡 1 지나치게 사랑하는 것. 2 사랑에 빠지는 것. 익애-하다 동(재)여

익월(翌月) 몡 어떤 달의 바로 다음 달. ⓑ이듬달·후달.

익은-누에 몡 양잠(養蠶)에서, 오령(五齡)이 되어, 다 자라서 뽕 먹기를 그치고 몸이 투명해진 누에. =숙잠(熟蠶).

익은-말 몡[언] =관용어1.

익일(翌日) 몡 =이튿날2.

익자-삼우(益者三友)[-짜-] 몡 사귀어 자기에게 유익함이 있는 세 가지 부류의 벗. 곧, 정직한 벗, 신의(信義)가 있는 벗, 지식이 있는 벗. =삼익우(三益友). ↔손자삼우.

익조(益鳥)[-쪼] 몡[동] 농사에 해로운 벌레를 잡아먹거나 고기와 알을 사람에게 주는 등, 사람에게 도움을 주는 새. ↔해조(害鳥).

익충(益蟲) 몡 사람의 생활에 직접·간접으로 이익을 주는 곤충. 생활에 필요한 물건을 생산하는 누에·꿀벌 등, 해충을 잡아먹는 잠자리·버마재비 등, 수분(受粉)을 돕는 나비·꿀벌 등을 말함. ↔해충(害蟲).

익-히[이키] 閉 익숙하게. ¶자네 이름은 ~ 들어 알고 있네.

익-히다¹[이키-] 동(타) '익다¹' 의 사동사. ¶고기[감자]를 ~.

익-히다²[이키-] 동(타) '익다²' 의 사동사. ¶운전[바느질]을 ~ / 학생들과 낯을 익히는 데 한참이 걸렸다.

인¹ 몡 여러 번 거듭되어 몸에 밴 습관. 인(이) 박이다 되풀이하여 버릇처럼 몸에 아주 배다. ¶담배에 ~.

인²(人) 몡 1[략] (극히 제한적 문맥에 쓰여) '사람'을 이르는 말. 지난날에는 어느 정도 자립성이 있으나, 오늘날에는 이른바 관용구와 같은 화석형 이외에는 거의 쓰이지 않음. ¶~의 바다. 2[의존] 사람의 수를 헤아리는 단위. 특히, 특정 숫자에 의미를 두면서 어떤 신분이나 특성을 지닌 사람의 무

리를 세는 말. ¶7~의 신부 / 105~ 사건.
인의 장막(帳幕) 권력자나 높은 지위에 있는 사람의 주위에 모여들어 그가 올바른 판단력을 갖지 못하게 부정적 영향을 미치는 사람들의 무리. ¶~에 둘러싸인 독재자.
인³(仁) [윤] 유교의 가장 중심적인 덕(德). 인간이 본래 가지고 있는 어진 마음씨를 뜻하며, 이것을 확산시켜 널리 실천하면 이상적인 사회가 이룩된다는 것.
인⁴(仁) 명 1 씨에서 껍질을 벗긴, 배(胚)와 배젖의 총칭. 2 [생] 세포핵에 포함되어 있는 한 개 내지 수개의 구형(球形) 또는 막대 모양의 소체(小體).
인⁵(印) 명 나무·상아·뿔·수정·돌·쇠 따위에 글자나 그림 또는 부호를 새겨 개인·단체·관청의 표지(標識)로 문서나 물건에 찍어서 증거를 삼는 것.
인⁶(寅) 명 십이지(十二支)의 셋째. 범을 상징함.
인⁷(燐) 명[화] 질소족 원소의 하나. 원소 기호 P, 원자 번호 15, 원자량 30.9738. 독성이 있고, 공기 중에서 인광(燐光)을 발함. 흰인·붉은인·흑인 등의 동소체(同素體)가 있음. 동물의 뼈나 이의 구성 성분이며, 쥐약·성냥의 제조에 쓰임.
-인⁸(人) [접미] 일부 명사 뒤에 붙어, 그런 특성을 가진 사람임을 나타내는 말. ¶원시~ / 동양[서양]~ / 한국[미국]~ / 정치[문화]~.
인⁹(in) 명[체] 테니스·배드민턴·탁구에서, 타구가 코트 안에 들어가는 일. ↔아웃.
인가¹(人家) 명 사람이 사는 집. =인호(人戶). ¶~가 드문 산골.
인가²(認可) 명 어떤 사람이 법률 행위를 했을 때 국가 기관이 인정함으로써 그 법률 행위가 유효하게 성립할 수 있게 하는 일. 법인 설립 인가, 사업 양도의 인가 따위. ▷허가. **인가-하다** 동(타여) ¶법인 설립을 ~. **인가-되다** 동(자)
인간(人間) 명 1 언어를 가지고 사고할 줄 알고 사회를 이루며 사는 지구 상의 고등 동물. 비사람. ¶~ 사회 / ~은 만물의 영장이다. 2 사람이 사는 곳. 비세상. ¶~에 내려온 선녀. 3 사람의 됨됨이. ¶~이 어찌 그 모양인가. 4 (주로, '이, 그, 저, 이런, 그런, 저런' 등의 관형어 뒤에 쓰여) 마땅치 않은 행동을 하는 사람을 얕잡아 이르는 말. ¶그 ~하고는 상종도 하고 싶지 않다. ▷사람.
인간-계(人間界) [-계/-게] 명 1 사람이 사는 세상. 준인계. 2 [불] =사바(娑婆)1.
인간^공학(人間工學) 명 기계나 도구, 또는 환경 등을 인간의 해부학·생리학·심리학적 특성에 적합하게 하기 위한 연구를 하는 학문. =에이치이(HE).
인간-관계(人間關係) [-계/-게] 명 어떤 사람이 사회생활에서 사람들과 맺는 관계. ¶~가 원만한 사람.
인간-말짜(人間末-) 명 아주 못된 사람이나 쓸모없는 사람.
인간-문화재(人間文化財) 명 '중요 무형 문화재 보유자'를 일상적으로 이르는 말.
인간-미(人間味) 명 사람으로서 친밀감을 주는 따뜻한 맛. ¶~은 있다[넘치다] / 그는 아는 것은 많지만 ~를 느낄 수가 없다.
인간-사(人間事) 명 인간 생활에서 흔히 일어나는 온갖 일. ¶알 수 없는 것이 ~다.
인간-상(人間像) 명 어떤 종류나 유형의 인간이 가지는, 또는 갖추어야 할 정신적·행동적인 모습. ¶21세기 새로운 ~ / 선비는 조선 시대의 이상적 ~이었다.
인간-성(人間性) [-썽] 명 1 인간이 가지는 품성이나 본성. ¶~ 회복. 2 어떤 사람이 가지는 성품이나 됨됨이. ¶~이 좋은 사람.
인간^세계(人間世界) [-계/-게] 명[불] =중생계(衆生界).
인간-쓰레기(人間-) 명 사회에 해악만 끼치는 인간. 경멸조의 말임.
인간-애(人間愛) 명 인간에 대한 사랑.
인간-적(人間的) 명 1 인간의 성격·감정에 관한 (것). 2 인간다운 성질이 있는 (것). ¶~인 따뜻한 마음씨.
인간-학(人間學) 명[철] 인식하며 행동하는 인간의 본질과 우주에 있어서의 인간의 지위를 해명하고자 하는 학문.
인감(印鑑) 명[법] 본인의 도장임을 증명할 수 있도록 관공서의 대장에 등록해 둔 특정한 도장.
인감-도장(印鑑圖章) [-또-] 명 인감 신고를 필한 도장.
인감^증명(印鑑證明) 명[법] 1 인발이 증명 관청에 신고된 인감과 동일하다는 것을 증명하는 행위. 2 '인감 증명서'의 준말.
인감^증명서(印鑑證明書) 명[법] 신고된 인발과 동일한 인감임을 증명하는 서면. 보통, 동장 또는 시·읍·면장이 발행함. 문서의 작성자가 본인임을 증명하기 위하여 사용됨. 준인감 증명.
인갑(鱗甲) 명 악어·거북 따위와 같은 동물의 비늘 모양의 딱딱한 껍데기.
인건-비(人件費) [-껀-] 명[경] 공공 기관·단체·회사 등에서, 고용하는 노동력에 대하여 지출되는 비용.
인걸(人傑) 명 특히 뛰어난 인재. ¶산천은 의구하되 ~은 간 데 없다.(길재: 옛시조)
인격(人格) [-껵] 명 1 사람이 사람으로서 가지는 자격이나 품격. ¶~ 형성 / 훌륭한 ~의 소유자 / ~을 존중[무시]하다. ▷신격. 2 [윤] 도덕적 행위의 주체로서, 진위·선악을 판단할 수 있는 능력과 자율적 의지 등을 가진 독립된 개인.
인격-신(人格神) [-껵씬] 명 인간적인 형상·의지·감정을 가지며 인간과 교제를 맺는다고 믿어지는 신. 크리스트교·이슬람교의 신 따위.
인격-자(人格者) [-껵짜] 명 인격을 갖춘 사람. ¶그 선생님은 훌륭한 학자일 뿐만 아니라 고매한 ~로 존경을 받았다.
인격-적(人格的) [-껵쩍] 관명 인격에 관한 (것). ¶~인 결함.
인격-체(人格體) [-껵-] 명 인격을 가진 존재.
인격-화(人格化) [-껵콰] 명 사람이 아닌 사물을 사람처럼 생각과 감정이 있는 존재로 여기는 것. 비의인화(擬人化). **인격화-하다** 동(타여) ¶대나무를 **인격화하여** 풍자한 소설. **인격화-되다** 동(자)
인견¹(人絹) 명 1 '인조견'의 준말. 2 '인조 견사'의 준말.
인견²(引見) 명 (아랫사람을) 불러들여 만나보는 것. **인견-하다** 동(타여) ¶임금이 신하를 ~.
인견-사(人絹絲) 명 '인조 견사'의 준말.
인경(人定) 명 ['定'의 본음은 '정'] [역] 조선 시대에 통행금지를 알리기 위해 치던 종.

서울의 보신각종, 경주의 봉덕사종 따위. =정종(定鐘). ▷인정(人定).

인계(引繼) [-계/-게] 몡 (어떤 일이나 물건을 어떤 사람에게) 넘겨주는 것. 또는, 이어받는 것. ¶업무 ~ / ~을 받다. **인계되다** 통(타)여 ¶아들에게 사업을 ~. **인계-되다** 통(자)

인계-인수(引繼引受) [-계-/-게-] 몡 = 인수인계. **인계인수-하다** 통(타)여 ¶전임자와 후임자가 업무를 ~. **인계인수-되다** 통(자)

인고(忍苦) 몡 괴로움을 참고 견디는 것. ¶~의 나날. **인고-하다** 통(자)여

인골(人骨) 몡 사람의 뼈.

인공(人工) 몡 **1** 사람이 하는 일. **2** 사람의 힘으로 만들어 내는 일. 곧, 사람이 자연물에 대하여 가공하거나 작용을 하는 일. ⒽⅠ인위. ¶~ 호수.

인공-강:우(人工降雨) 몡 인공적으로 비가 내리게 하는 일. 비행기나 산 너머에 있는 기류(氣流) 등을 이용하여 과냉각(過冷却)의 구름, 즉 영도 이하의 온도이면서도 물방울 상태 그대로 있는 구름 속에 드라이아이스·요오드화은·물 등을 뿌려서 비가 내리게 함.

인공-교배(人工交配) 몡[생] 인공적으로 다른 종의 암컷·수컷을 서로 교배시키는 일. ▷인공 수분·인공 수정.

인공-두뇌(人工頭腦) [-뇌/-눼] 몡 대뇌의 활동을 모방한 기계. 컴퓨터 등을 가리킴.

인공-림(人工林) [-님] 몡 씨를 뿌리거나 나무를 심는 등의, 인공을 가하여 이루어진 삼림. ↔천연림·자연림.

인공-면:역(人工免疫) 몡[의] 면역 혈청 따위를 주사하여 인공적으로 얻은 후천적인 면역. =타동 면역. ↔자동 면역.

인공-미(人工美) 몡 사람의 힘으로 이루어 낸 아름다움. ¶자연미와 ~가 잘 조화된 공원. ↔자연미.

인공-방:사능(人工放射能) 몡[물] 인공 방사성 원소로부터 발생하는 방사능. 넵투늄·플루토늄 등의 초우라늄 원소가 방출하는 α선·β선·γ선 따위.

인공-방:사성^원소(人工放射性元素) [-쎙-] 몡[화] 안정된 원자핵을 양성자·중성자·α입자·γ선 따위로 인공적으로 충돌시켜 핵변환을 일으킨 결과, 방사능을 가지게 된 원소.

인공^수분(人工受粉) 몡[식] 인공적으로 수분시키는 방법. 붓 따위로 꽃가루를 묻혀 다른 꽃의 암술머리에 뿌림. =인공 가루받이.

인공^수정(人工受精) 몡[생] 인공적으로 수컷의 정액을 채취하여 암컷의 생식기 안에다 기계적인 방법으로 주입시켜 수정시키는 일. 가축·어류 등의 품종 개량과 사람의 경우 불임증 등에 시행함. =인공 정받이.

인공^언어(人工言語) 몡 **1**[컴] =기계어. **2**[언] =세계어.

인공-위:성(人工衛星) 몡[물] 로켓에 의해 쏘아 올려져 지구의 주위를 공전하는 인공 물체. 기상 관측·과학 관측·통신 중계 등에 사용됨. ㉗위성.

인공-적(人工的) 관몡 인공에 의한 (것). ¶~으로 조성된 숲. ↔자연적.

인공^지능(人工知能) 몡[컴] 학습·추론·판단 등 인간의 지능이 가지는 기능을 갖춘 컴퓨터 시스템. 자연 언어의 이해, 기계 번역, 로봇 공학 등에 응용함. =에이아이(AI).

인공-호(人工湖) 몡 인공적으로 만든 호수.

인공-호흡(人工呼吸) 몡 어떤 원인으로 심장은 뛰고 있으나 숨이 끊어져 있는 사람에 대해, 입에 공기를 불어 넣거나 하여 다시 정상적인 호흡을 할 수 있게 하는 일. ¶물에 빠진 사람을 건져 낸 뒤 ~을 시키다.

인공-호흡기(人工呼吸器) [-끼] 몡 고압 산소나 압축 공기 등을 써서 인공적으로 호흡을 조절하여 폐포에 산소를 불어 넣는 장치.

인과(因果) 몡 **1** 원인과 결과. **2**[불] 선악의 업에 의하여 그에 해당하는 과보(果報)를 받는 일.

인과^관계(因果關係) [-계/-게] 몡[철] 한 사물 현상은 다른 사물 현상의 원인이 되고, 그 다른 사물 현상은 먼저 사물 현상의 결과가 되는 관계.

인과-율(因果律) 몡[철] 모든 일은 원인에서 발생한 결과이고, 원인이 없이는 아무것도 일어나지 않는다는 원리.

인과-응보(因果應報) 몡[불] 전생(前生)에서의 행위의 결과로서 현재의 행과 불행이 있고, 현세에서의 행위의 결과로서 내세(來世)에서의 행과 불행이 생기는 일. ㉗내보.

인광¹(燐光) 몡 **1**[화] 흰인이 공기 중에 있을 때, 자연계에 의하여 발하는 빛. 어두운 곳에서 청백색의 미광(微光)이 일어남. **2**[물] 황화칼슘·플루오르화칼슘 따위의 물체에 빛을 비추다가 그쳤을 때, 계속 빛을 내는 현상.

인광²(燐鑛) 몡[광] 인산석회를 많이 포함하고 있는 광물의 총칭. 인회석·인회토·구아노 등이 있으며, 인산 비료의 원료가 됨. ¶~석(石).

인구(人口) 몡 **1** 한 나라 또는 일정 지역에 사는 사람의 총수. =인총(人總). ¶서울 ~ /~가 많다[적다]. **2** 어떤 일에 종사하는 사람의 총수. ¶공업 ~ /축구 ~. **3** 뭇사람들의 입. ¶~에 회자(膾炙)되는 명작.

인구^동태(人口動態) 몡 인구의 크기나 구조가 시간의 경과와 함께 어떻게 변화해 가는가를 고찰한 인구 상태. 출생·사망·결혼·이동 등이 그 요인임.

인구^밀도(人口密度) [-또] 몡 인구가 밀집되어 있는 정도. 보통 $1km^2$ 안의 인구수로 나타냄. ¶~가 높다.

인구-센서스(人口census) 몡 =인구 조사.

인구-수(人口數) 몡 일정 지역 안에 사는 사람의 수. ¶서울의 ~.

인구^조사(人口調査) 몡 한 나라의 인구 상황을 파악하기 위해 일정 시점을 기준으로 행하는 전국적인 인구수의 조사. =인구센서스.

인국(隣國) 몡 이웃 나라.

인권(人權) [-꿘] 몡[법] 사람으로서 마땅히 누려야 할, 자유·평등 등의 기본적 권리. ¶~ 옹호 / ~을 존중하다 / ~을 침해하다.

인권^선언(人權宣言) [-꿘-] 몡 **1**[역] 1789년 프랑스의 국민 의회가 인권에 관하여 채택·발표한 선언. 인간의 자유·평등의 권리를 분명히 한 것임. **2** =세계 인권 선언.

인궤(印櫃) 몡 =인뒤웅이.

인귀(人鬼) 몡 **1** 사람과 귀신. **2** 잔인하고 추악한 사람.

인근(隣近) 몡 이웃 또는 근처. ¶~ 마을.

인-금(人-) [-끔] 몡 사람의 가치. 또는, 인

인기(人氣) [-끼] 명 어떤 사람을 많은 사람들이 좋아하고 따르거나 성원하는 상태. 또는, 어떤 일이나 물건을 많은 사람들이 좋아하여 자주 즐기거나 이용하는 상태. ¶~ 스타 / ~가 좋다 / ~를 끌다 / ~가 떨어지다 / ~를 모으고 있는 신제품.

인기-도(人氣度) [-끼-] 명 인기의 정도나 수준. ¶연예인의 ~를 조사하다.

인기리-에(人氣裏-) [-끼-] 부 인기를 누리는 가운데. =인기리. ¶영화가 ~ 상영되다.

인기-인(人氣人) [-끼-] 명 인기 직업에 종사하는, 인기가 있는 사람.

인기-주의(人氣主義) [-끼-의/-끼-이] 명 인기에 영합하는 주의. =센세이셔널리즘.

인-기척(人-) [-끼-] 명 주위의 어딘가에 사람이 있음을 알게 해 주는, 어떤 소리나 느낌. 곧, 사람이 내는 목소리나 사람이 움직이면서 내는 소리 따위. 비인적기(人跡氣). ¶~이 나다 / ~에 놀라다. **인기척-하다** 동(재여) 인기척을 내다.

인기-투표(人氣投票) [-끼-] 명 투표를 통하여 인기의 순위를 정하는 일. ¶~를 통해 가요 순위를 정하다. **인기투표-하다**

인-내[1](人-) 명 1 사람의 몸에서 나는 냄새. 2 짐승·벌레·마귀 등이 맡는, 사람의 냄새. ¶모기가 ~를 맡고 달려든다.

인내[2](忍耐) 명 (괴로움이나 어려움을) 참고 견디는 것. ¶~로 역경을 이기다 / ~는 쓰지만 그 열매는 달다. **인내-하다** 동(타여) ¶고통을 ~.

인내-력(忍耐力) 명 참고 견디는 힘.

인내-심(忍耐心) 명 참고 견디는 마음. ¶~이 없다 / ~을 기르다.

인내천(人乃天) 명[종] 천도교의 기본 사상으로, 사람이 곧 하늘이라는 말.

인년(寅年) 명[민] 태세의 지지(地支)가 인(寅)으로 된 해. 갑인년(甲寅年)·병인년(丙寅年) 따위. =범해·호랑이해.

인-누에 허물을 갓 벗은 누에.

인니(印尼) 명[지] '인도네시아'의 음역어.

인당(印堂) 명 관상술(觀相術)에서, 양 눈썹 사이를 이르는 말.

인대(靭帶) 명[생] 1 연체동물 부족류의 두 조가비를 연결하는 띠 모양의 것. 조가비를 벌리는 작용을 함. 2 관절의 뼈 사이 및 관절 주위에 있는, 노끈 또는 띠 모양의 결합 조직. 관절의 보강과 운동을 제한하는 작용을 함. ¶~가 늘어나다.

인덕[1](人德) [-떡] 명 =인복(人福). ¶~이 있다.

인덕[2](仁德) 명 어진 덕.

인덕턴스(inductance) 명[물] 어떤 회로를 뚫고 나가는 자기력선속(磁氣力線束)과 그 자기력선속을 생기게 하는 전류와의 비.

인덱스(index) 명 =색인(索引).

인도[1](人道) 명 사람으로서 마땅히 지켜야 할 도리. ¶~에 어긋나다.

인도[2](人道) 명 =보도(步道)[1]. ↔차도.

인도[3](引渡) 명 1 사물이나 권리 등을 넘겨주는 것. ↔인수(引受). 2 [법] 점유물이나 범인 등을 넘겨주는 것. ¶범인 ~ 협정. **인도-하다**[1] 동(타여) ¶습득물을 주인에게 ~. **인도-되다**[1] 동(자)

인도[4](引導) 명 1 (사람을) 이끌어서 지도하는 것. 2 (길이나 장소를) 또는 (사람을 어느 곳으로) 안내하는 것. **인도-하다**[2] 동(타여) ¶비행 청소년을 바른길로 ~ / 손님들을 회의장으로 ~. **인도-되다**[2] 동(자)

인도[5](印度) 명[지] 인도 반도의 대부분을 차지하는 공화국. 수도는 뉴델리. =인디아(India).

인도·게르만^어^족(Indo-German語族) 명[언] =인도·유럽 어족.

인도-고무나무(印度-) 명[식] 뽕나뭇과의 상록 교목. 잎은 두껍고 윤기가 있음. 여름에 꽃이 피고, 무화과 비슷한 열매를 맺음. 인도 원산이며, 우리나라에서는 관상용으로 심음.

인도-교(人道橋) 명 사람이 다니도록 놓은 다리. ¶한강 ~. ▷철교.

인도-금(引渡金) 명 물품을 넘겨줄 때 받는 돈. ▷차용.

인-도깨비(人-) 명 1 사람 형상을 한 도깨비. 2 도깨비 같은 못된 짓을 하는 사람을 욕하여 이르는 말.

인도네시아(Indonesia) 명[지] 서남태평양의 말레이 제도의 대부분을 차지하는 이슬람교 공화국. 수도는 자카르타. 음역어는 인니(印尼).

인도-양(印度洋) 명[지] 오대양의 하나. 인도·오스트레일리아·아프리카·남극해에 접함.

인도·유럽^어^족(Indo-Europe語族) 명[언] 세계 어족의 하나. 인도에서 유럽에 걸쳐 쓰임. 현대 유럽의 모든 언어, 곧 영어·독일어·프랑스 어·러시아 어·에스파냐 어 등이 이에 속함. =인도·게르만 어족·인구 어족.

인도-적(人道的) 관(명) 사람으로서 지켜야 할 도리에 합당한 (것). ¶~ 처사 / ~ 견지에서 이산가족의 상봉을 주선한다.

인도-주의(人道主義) [-의/-이] 명 인간의 존엄을 최고의 것으로 여기는 입장에서, 인간애를 바탕으로 인종·민족·국적의 차별 없이 인류의 복지를 증진시키자는 주의. =휴머니즘. ¶~ 문학 / ~ 정신.

인도·차이나^어^족(Indochina語族) 명[언] =중국·티베트 어족.

인도-코끼리(印度-) 명[동] 포유류 코끼릿과의 한 종. 어깨 높이 약 3m, 몸무게 약 5톤으로 아프리카코끼리보다 약간 작음. 성질이 온순하여 운반이나 경작 등에 이용됨. ▷아프리카코끼리.

인동[1](忍冬) 명[식] 인동과의 반상록 덩굴 관목. 초여름에 꽃이 피는데 흰색에서 노란색으로 변하며, 열매는 가을에 검은색으로 익음. 줄기·잎·꽃은 한약재로 씀. =인동덩굴·겨우살이덩굴.

인동[2](隣洞) 명 이웃 동네. =인리(隣里).

인동-덩굴(忍冬-) 명[식] =인동(忍冬).

인동-문(忍冬紋) 명 인동덩굴 잎의 모양을 본떠 만든 무늬.

인두[1] 명 1 바느질할 때 불에 달구어 천의 구김살을 누르거나 없애는 데 쓰는, 무쇠로 만든 도구. 버선코 모양이거나 끝이 뾰족하거나 한 머리 부분에 가늘고 긴 몸통이 곧게 이어져 있고 끝에 손잡이가 달렸음. 2 '납땜인두'의 준말.

인두[2](人頭) 명 1 사람의 머리. 2 사람의 머릿수.

인두[3](咽頭) 명[생] 식도 및 후두(喉頭)에 붙어 있는, 깔때기 모양의 근육성 기관. 구강

·콧속과도 이어져 있음.
인-두겁(人-) 명 사람의 형상이나 탈.
  인두겁(을) 쓰다 관 겉으로만 사람의 형상을 하다. 바탕이나 언행이 사람답지 못한 사람을 욕할 때 쓰는 말. ¶악마 아닌 바에야 **인두겁을 쓰고** 어찌 그럴 수가 있나.
인두-세(人頭稅) [-쎄] 명 [법] 각 개인의 납세 능력의 차를 고려하지 않고 일률적으로 매기는 세금.
인두-질 명 인두로 다리는 일. **인두질-하다** 통 (자)(여)
인-뒤웅이(印-) 명 [역] 관아에서 인(印)을 넣어 두는 상자. ≒인궤. 준인뚱이.
인듐(indium) 명 [화] 은백색의 무른 금속 원소. 원소 기호 In, 원자 번호 49, 원자량 114.82. 가열하면 파란 불꽃을 내며 탐. 반도체 재료·합금 등에 쓰임.
인들 조 자음으로 끝나는 체언에 붙어, 양보와 반문을 겸하여 '-라 할지라도 어찌'의 뜻을 나타내는 보조사. ¶짐승~ 이보다 더 지독하랴. / 그들~ 양심이 없겠니.
인디(indie) 명 1 영화·방송·음반 등을 소규모의 예산으로 독립 제작하는 일. 또는, 그런 일을 하는 회사. 2 밴드에 의해 연주되는 대중음악이 유행을 따르지 않아 아주 새롭고 개성적이며 실험성이 강한 것. ¶~ 음악 / ~ 밴드.
인디고(indigo) 명 [화] 남빛의 색소 성분. 기둥 모양의 청색 결정(結晶)으로 아닐린으로부터 합성됨. ≒양람·인도남(印度藍).
인디언(Indian) 명 아메리카 대륙에 살고 있는 원주민. 외모는 대체로 황색 인종적 특색을 지녔음. ≒아메리칸 인디언.
인디오(에Indio) 명 에스파냐 사람이 인디언을 가리키는 말. 주로 라틴 아메리카에 사는 인디언을 말함.
인-뚱이(印-) 명 '인뒤웅이'의 준말.
인라인-스케이트(inline skate) 명 아스팔트 길과 같은 평지 위를 타고 달릴 수 있도록, 4~5개의 바퀴를 신발 바닥에 한 줄로 달아 만든 운동 기구. 롤러스케이트와 비슷하나 속도를 더 빠르게 할 수 있음. ≒롤러블레이드. ▷롤러스케이트.
인력¹(人力) [일-] 명 1 사람의 힘이나 능력. ¶~으로 안 되는 일. 2 자원으로서의 인간의 노동력(勞動力). ¶~ 수출 / 고급 ~.
인력²(引力) [일력] 명 [물] 공간적으로 떨어져 있는 물체가 서로를 끌어당기는 힘. ↔척력.
인력-거(人力車) [일-꺼] 명 한 사람 또는 두 사람을 태우고 앞에서 한 사람이 달리면서 끄는, 큰 바퀴가 둘 달린 수레. 개화기 때 일본으로부터 우리나라에 들어온 것으로, 오늘날에는 사용되지 않음. ¶~를 끌다.
인력거-꾼(人力車-) [일-꺼-] 명 인력거를 끄는 일을 직업으로 하는 사람.
인력-난(人力難) [일렁-] 명 노동력이 부족하여 겪는 어려움. ¶중소기업이 ~을 겪다.
인류(人類) [일-] 명 1 사람을 다른 동물과 구별하여 이르는 말. 생물학적으로는 척추동물문 포유류 영장류 사람과임. ¶~의 발자취. 2 세계의 모든 사람. ¶전 ~의 관심사.
인류-애(人類愛) [일-] 명 인종·국가 등의 차별을 초월하여 인류 전체를 널리 사랑하는 것. ¶~를 고취하다.
인류-학(人類學) [일-] 명 인류 및 그 문화의 기원·특질을 연구 대상으로 하는 학문.
인륜(人倫) [일-] 명 [윤] 군신(君臣)·부자(父子)·형제·부부 등 상하 존비(尊卑)의 인간관계나 질서. ¶~에 벗어난 행동 / ~을 어기다.
인륜-대사(人倫大事) [일-] 명 인간 생활에 있어서의 큰 행사. 혼인·장례 따위.
인린(燐燐) [일-] 명 도깨비불이나 반딧불이 번쩍번쩍 빛나는 것. **인린-하다** 통 (자)(여)
인마¹ '이놈아' 가 준 말. ¶~, 말조심해! ✕임마.
인마²(人馬) 명 1 사람과 말. ¶~의 왕래가 잦다. 2 마부와 말. ¶~를 구하다.
인망(人望) 명 세상 사람이 우러르고 따르는 덕망. ¶~을 얻다 / ~이 높다.
인맥(人脈) 명 사회생활이나 어느 사회 집단에서, 출신 학교나 지역, 혈연관계, 친소 관계에 의하여 유대 관계. ¶~을 이용하여 입신출세를 꾀하다.
인면(人面) 명 사람의 얼굴.
인면-수심(人面獸心) [사람 얼굴을 하고 있으나 마음은 짐승과 같다는 뜻] 마음이나 행동이 몹시 흉악함. 또는, 그런 사람.
인멸(湮滅·堙滅) 명 흔적을 모두 없애는 것. 또는, 그렇게 없어지는 것. ≒인몰(湮沒). **인멸-하다** 통 (자)(타)(여) ¶증거를 ~. **인멸-되다** 통 (자)
인명¹(人名) 명 사람의 이름. ¶~사전.
인명²(人命) 명 사람의 목숨. ¶많은 ~이 희생되다 / ~을 구하다 / ~을 귀하게 여기다.
인명-재천(人命在天) 명 사람 목숨의 길고 짧음은 하늘의 뜻에 달려 있다는 말. '인명은 재천이다'의 꼴로도 쓰임.
인목(人目) 명 1 사람의 눈. 2 남이 보는 눈. ¶~이 두려워 어찌 그런 짓을 하랴.
인문(人文) 명 1 인류의 문화. 2 인물과 문물. 3 인륜(人倫)의 질서.
인문-계(人文系) [-계/-게] 명 언어·문화·역사·철학 따위의 학문 계통. ▷자연계.
인문²과학(人文科學) 명 인간의 역사와 문화에 관한 학문의 총칭. 연구 대상에 따라, 어문학·철학·역사학·종교학·심리학·문화 인류학·고고학 등으로 나뉨. ▷사회 과학·자연 과학.
인문-주의(人文主義) [-의/-이] 명 르네상스기에 이탈리아에서 발생하여 널리 유럽에 퍼진 정신 운동. 인간성의 존중과 문화적 교양의 발전을 목표로 했음. ≒인본주의·휴머니즘.
인물(人物) 명 1 어떤 역할을 하는 사람. ¶등장~ / 중심~. 2 생김새나 됨됨이의 측면에서 본 사람. ¶~이 똑똑하다 / ~이 반반하다. 3 뛰어난 사람. 비인재(人材). ¶위대한 ~이 나다.
인물-가난(人物-) 명 뛰어난 인재가 드문 일. 비인물난.
인물-값(人物-) [-깝] 명 (주로 '하다', '못하다' 와 함께 쓰여) 잘생긴 용모나 체격이나 몸매에 걸맞은 바람직한 행동. ¶하우대는 멀쩡해 가지고 ~도 못한다.
인물-난(人物難) [-란] 명 마땅한 인물이 없어서 겪는 어려움. 비인물가난.
인물-평(人物評) 명 개인의 인품이나 능력 및 행적상(行績上)의 잘잘못을 비판하고 평가하는 일. 또는, 그 글.
인물-화(人物畵) [미] 사람을 주제로 하여 그린 그림. 준인물.
인민(人民) 명 1 국가를 구성하고 사회를 조직하고 있는 사람. 보통은 지배자에 대한 피지배자를 일컫는 말로 쓰임. 2 [법] 국가를 구성하고 있는 자연인. ¶~의, ~에 의한, ~을 위한 정치.

인민^공!화국(人民共和國) [명] [정] 인민이 주권을 가지고 있는 공화국. 공산주의 체제의 국가에서 쓰는 말임. ¶중화 ~ / 조선 민주주의 ~.

인민-군(人民軍) [명] 1 인민으로 조직된 군대. 2 북한(北韓)의 군대.

인민-재판(人民裁判) [명] 일정한 자격을 갖춘 법관에게 재판을 맡기지 않고, 인민 대중을 배심(陪審)으로 하여 재판·처결하는 방식의 재판. 공산주의 체제 국가에서 행함.

인민-폐(人民幣) [-폐/-페] [명] 중국의 법정 통화. 단위는 위안.

인바(invar) [명] 철 64%, 니켈 36%의 합금. 팽창률이 아주 작으며, 정밀 기계·측량기 따위에 쓰임. =앵바르.

인-발(印-) [-빨] [명] 찍어 놓은 도장의 형적. =인영(印影)·인형(印形).

인방¹(引枋) [명] [건] 기둥과 기둥 사이, 또는 문이나 창의 아래위로 가로지른 나무.

인방²(寅方) [명] 24방위의 하나. 정동(正東)에서 북으로 30도의 방위를 중심으로 한 15도 각도 안. 준인(寅).

인법(人法) [-뻡] [명] 국제 사법상 관할 구역이 달라서 법규의 적용 문제가 일어났을 때, 사람에 대하여 어느 곳에서나 적용되는 법. ▷물법.

인베르타아제(㉤Invertase) [명] [화] 수크로오스가 포도당과 과당으로 가수 분해 하는 반응을 촉매하는 효소.

인벤션(invention) [명] [음] 착상에 중점을 두고 작곡한, 다성 기법(多聲技法)에 의한 악곡.

인보(隣保) [명] 1 가까운 이웃집이나 이웃 사람. 2 가까운 이웃끼리 서로 도움. 또는, 그런 목적으로 세운 단체. ¶~사업.

인보이스(invoice) [명] [경] =송장(送狀)².

인-보험(人保險) [명] [경] 사람의 생명이나 신체에 생기는 손해에 대하여 보험금을 지할 것을 목적으로 하는 보험. ↔물보험(物保險).

인복(人福) [-뽁] [명] 살아가면서 자기에게 도움을 주는 좋은 사람을 만나거나 사귀게 되는 복. =인덕(人德). ¶~이 많다 / ~이 없다.

인본-주의(人本主義) [-의/-이] [명] [철] =인문주의.

인부(人夫) [명] 1 품삯을 받고 일하는 사람. =인정(人丁)·역도(役徒). 비막벌이꾼. 공사판의 ~ / 공역(公役)에 부리는 사람.

인-부정(人不淨) [명] 꺼려야 할 사람을 피하거나 금하지 않음으로써 생기는 부정.
 인부정(을) 타다 구 부정한 사람으로 인하여 탈이 나다.

인분(人糞) [명] 사람의 똥. ¶~ 수거 / ~을 주어 키운 채소.

인비¹(人祕) [명] '인사비밀'의 준말.

인비²(燐肥) [명] '인산 비료'의 준말.

인-비늘(人-) [명] 피부 표면의 각질 세포가 병적으로 하얗게 떨어지는 부스러기. =살비듬.

인사¹(人士) [명] (주로 명사나 관형어 뒤에 쓰여) 사회적으로 지위가 높거나 널리 알려져 있거나 존경이나 신뢰를 받거나 하는 사람을 가리키는 말. ¶저명~ / 각계각층의 ~들

이 모여들다.

인사²(人事) [명] 1 사람이 서로 만나거나 헤어질 때, 예의로서 허리를 굽혀 절하거나, 안부를 묻거나 안녕을 비는 말을 하는 것. 거수경례나 큰절을 하는 것도 넓은 의미에서 포함될 수 있음. ¶아침[저녁] ~ / ~를 드리다. 2 처음 만나는 사람끼리 성명을 통하여 자기를 소개하는 일. 흔히, 악수를 하거나 허리를 굽혀 절을 함. ¶서로 초면인 것 같은데 ~ 나누시지요. 3 감사하거나 축하하거나, 기타 격식을 차려야 할 일 등에 예의로서 어떤 말을 하거나 어떤 표시를 하는 것. ¶축하 ~를 받다 / ~가 늦었습니다. / 진작 찾아뵙고 ~를 드렸어야 했는데 죄송합니다. **인사-하다** 동(자)여 ¶학생이 선생님에게 머리 숙여 ~.

> 유의어 **인사 / 경례**
>
> 둘 다 다른 사람에게 예를 갖추어 존경의 뜻을 나타내는 행동을 가리키나, '**인사**'는 사람들이 만나거나 헤어질 때 서로 주고받는 것이고, '**경례**'는 인사를 하는 것을 가리키거나 어떤 집단에서 구령에 따라 윗사람이나 국기에 대해 하는 것을 가리킴. 보통, '**인사**'는 허리를 굽혀 하는 것을 가리키고, '**경례**'는 거수경례나 오른손을 왼쪽 가슴에 대는 동작을 가리킴. ¶진영이는 웃어른에게 **인사**를 잘한다. / 사회자의 구령에 따라 국기에 대해 **경례**를 하다.

인사³(人事) [명] 1 사람의 일. 또는, 사람이 해야 할 일. 2 회사나 조직 내에서의 개인의 지위·직무·능력 등에 관한 일. ¶~ 개편·행정. 3 세상의 일이나 신상에 벌어지는 일.

인사^고!과(人事考課) [-꽈] [명] 종업원 또는 직원의 근무 상태, 성적 또는 업적 등을 종합적으로 하여 평가하는 일. ¶~에 반영하다.

인사^관리(人事管理) [-괄-] [명] [경] 경영에 있어서, 일하는 사람들의 능력을 최대한 발휘시켜 좋은 성과를 거둘 수 있도록 관리하는 일. ¶노무 관리.

인사-권(人事權) [-꿘] [명] 인사 문제를 다룰 수 있는 권한. ¶~을 쥐다.

인사-드리다(人事-) [동](자) '인사하다'의 객체 높임. ¶시댁 어른들께 처음으로 **인사드리러** 가다.

인사-말(人事-) [명] 인사로 하는 말.

인사불성(人事不省) [-썽] [명] 1 제 몸에 벌어지는 일을 모를 정도로 정신이 혼미함. =불성인사. ¶술을 ~이 되도록 마시다. 2 사람으로서의 예절을 차릴 줄 모름.

인사-비밀(人事祕密) [명] 개인의 인적 사항에 관한 비밀. 준인비.

인사-성(人事性) [-썽] [명] 예의 바르게 인사를 차리는 습성이나 품성. ¶~이 밝다 / ~이 없다.

인사-이동(人事異動) [명] 기업 내에서 노동력의 효율적인 운용을 꾀하기 위하여 종업원의 직무를 바꾸는 일.

인사이드(inside) [명] [체] 테니스·배구 등에서, 공이 일정한 경계선 안으로 떨어지는 일. ↔아웃사이드.

인사이드^킥(inside kick) [명] [체] 축구에서, 발의 안쪽으로 공을 차는 일. 근거리 패스나 슈팅에 사용함.

인사-치레(人事-) [명] 성의 없이 겉으로만 차리는 인사. ¶~로 고개만 끄떡한다. **인사**

치레-하다 [동][자][여]

인산[1](因山) [명][역] 태상왕과 그 비, 임금과 그 비, 황태자와 그 비, 황태손과 그 비 등의 장례. =국장(國葬)·예장(禮葬).

인산[2](燐酸) [명][화] 오산화인에 물을 작용시켜서 얻는 산의 총칭.

인산^비¦료(燐酸肥料) [명][화] 인산이 많이 들어 있는 비료. 과인산 석회·골회(骨灰)·어비(魚肥) 따위. [준]인비.

인산-인해(人山人海) [명] 사람이 헤아릴 수 없이 많이 모인 상태를 이르는 말. [비]인해. ¶청중들이 광장에 ~를 이루었다.

인삼(人蔘) [명] **1** [식] 두릅나뭇과의 여러해살이풀. 높이 약 60cm. 뿌리는 희고 비대하며, 봄에 녹황색의 꽃이 핌. 깊은 산에 야생하며, 밭에서 기르기도 함. **2** 1의 뿌리. 한방에서 강장제로 쓰임. 세는 단위는 뿌리·편(片), 무게를 나타내는 단위는 돈·근(斤)·채(100근). [준]삼(蔘).

> ● **인삼의 여러 가지 이름**
>
> **인삼**은 자연삼과 재배삼의 총칭이고, **산삼**은 산에서 저절로 난 삼, **홍삼**은 수삼을 찐 붉은빛의 삼, **수삼**은 말리지 않은 삼, **백삼**은 말린 삼, **장뇌삼**은 산삼의 씨를 산에 뿌려 재배한 삼, **미삼**은 삼을 가공하고 남은 잔뿌리를 가리킴.

인삼-주(人蔘酒) [명] 인삼을 넣고 빚은 술.

인삼-차(人蔘茶) [명] 인삼, 특히 미삼(尾蔘)을 넣어 끓인 차.

인상[1](人相) [명] 사람의 얼굴의 생김새. ¶~이 범인과 비슷하다.

인상(을) 쓰다 [구] 화가 나거나 못마땅하여 좋지 않은 표정을 짓다. 속된 말임.

인상[2](引上) [명] **1** 끌어 올리는 일. **2** (물건 값·봉급·요금 등을) 올리는 일. ¶~액 / 임금 ~ / 금리 ~. ↔인하(引下). **인상-하다** [동][타][여] **인상-되다** [동][자] ¶버스 요금이 ~.

인상[3](引上) [명][체] 역도 종목의 하나. 바벨을 두 손으로 잡아 한 동작으로 머리 위까지 들어 올려 일어서는 일. ▷용상·추상.

인상[4](印象) [명] 어떤 대상을 보거나 듣거나 하였을 때, 그 대상이 사람의 마음에 주는 느낌. ¶첫~ / 상대방에게 좋은 ~을 주다〔남기다〕/ 강렬한 ~을 받다.

인상(이) 깊다〔질다〕 [구] 마음속에 강렬하게 감동이 남다. ¶영화의 마지막 장면이 ~.

인상-적(印象的) [관][명] 뚜렷이 인상이 남는 (것). ¶~ 사건 / 그의 눈매가 퍽 ~이다.

인상-주의(印象主義) [-의/-이] [명] **1** [미] 19세기 후반에 프랑스에서 일어난 회화의 경향. 색채를 중시하여 시시각각 변화하는 빛의 효과를 나타내고자 하였음. 대표자는 모네·르누아르·피사로 등임. **2** [음] 19세기 말에서 20세기 초에 걸쳐 프랑스를 중심으로 일어난 음악의 경향. 풍부한 화성, 섬세한 리듬, 이례적인 음색 등을 사용함. 대표자는 드뷔시 등임.

인상-착의(人相着衣) [-의/-이] [명] 사람의 생김새와 옷차림. ¶범인의 ~.

인상-파(印象派) [명] 인상주의 경향을 띠는 미술이나 음악의 한 파. ¶드뷔시는 ~ 음악의 대표적인 작곡가이다.

인색(吝嗇) ➔**인색-하다**[-새카-] [형][여] **1** 재물을 아끼는 태도가 몹시 다랍다. ¶**인색한** 사람 / **인색하게** 굴다. **2** 사람을 칭찬함에 있어서 박하다. =인하다. **인색-히** [부]

인생(人生) [명] **1** 사람이 태어나 세상을 살아가는 일. 또는, 그동안. [비]생(生)·삶. ¶~ 역정 / ~은 나그넷길 / ~이 고달프다. **2** (주로, '불쌍하다', '가엾다', '가련하다' 등과 함께 쓰여) 어떤 사람의 존재를 우위에 선 입장에서 이르는 말. 구어체의 말임. ¶~이 불쌍해서 살려 준다.

인생-관(人生觀) [명] 어떤 사람이 인생의 의의나 목적, 가치 등에 대해 가지고 있는 견해. ¶낙천적인 ~ / ~을 확립하다.

인생-극장(人生劇場) [-짱] [명] 이 세상을 극장에 비유하여 이르는 말.

인생-무상(人生無常) [명] 인생이 덧없음. ¶~을 느끼다.

인생-살이(人生-) [명] 사람이 세상을 살아나가는 일. ¶고달프고 서러운 ~.

인생칠십고래희(人生七十古來稀) [-씹-히] 사람으로 70살까지 살기가 예로부터 드문 일이라는 뜻.

인서트(insert) [명][영] 장면과 장면 사이에 편지나 신문의 글자 따위나 풍경이나 정물 따위를 하나의 독립된 장면으로 짧게 끼워 넣는 일. 또는, 그 화면.

인선(人選) [명] 여럿 중에서 적당한 사람을 가려 뽑는 것. ¶새로운 내각의 ~에 착수하다. **인선-하다** [동][타][여] ¶각료를 ~.

인성[1](人性) [명] 각 개인이 가지는 사고와 태도 및 행동 특성.

인성[2](靭性) [-썽] [명][물] 고체 재료가 외부의 힘을 받았을 때 파괴되거나 균열을 일으키지 않는 질긴 성질.

인성-만성 [부] **1** 많은 사람이 모여 혼잡한 모양. ¶삽짝 붙들고 고꾸라진 매월에게 한마디씩 쑤군거리더니 모두들 우르르 정주 뒷방 장지문 앞으로 꾀어들어 ~ 떠들어 댄다. 《김주영: 객주》 **2** 정신이 어지럽고 흐릿한 모양. **인성만성-하다** [형][여]

인세[1](人稅) [-쎄] [명][경] 사람을 대상으로 하여 매기는 조세. 소득세·상속세 따위. =대인세(對人稅). ↔물세(物稅).

인세[2](印稅) [-쎄] [명] 저자(著者)가 출판사와의 계약에 의하여, 정가에 대한 일정한 비율로 검인의 수만큼 출판사로부터 받는 돈. 또는, 작곡가·가수 등이 취입 레코드의 발매 수에 따라 받는 돈. ¶~ 수입.

인센티브(incentive) [명] 어떤 행동을 하도록 격려하거나 고무하는 수단이나 방법. 또는, 성과나 기여나 협조 등에 대한 대가나 보상. ¶~ 제도 / 우수 인력을 스카우트하면서 스톡옵션을 ~로 제공하다.

인솔(引率) [명] (다수의 사람을) 거느리거나 데리고 어느 곳으로 가는 것. ¶~자(者). **인솔-하다** [동][타][여] ¶학생들을 **인솔하여** 수학여행을 가다. **인솔-되다** [동][자]

인쇄(印刷) [명] 잉크를 사용하여 판면(版面)에 그려져 있는 글이나 그림 등을 종이·천 따위에 박아 내는 일. ¶~가 잘 안 되었다. **인쇄-하다** [동][타][여] ¶초판을 5000부 ~. **인쇄-되다** [동][자]

인쇄-공(印刷工) [명] 인쇄에 종사하는 직공.

인쇄-기(印刷機) [명] 인쇄를 하는 기계. 볼록판·평판·오목판 인쇄기로 대별됨.

인쇄-물(印刷物) [명] 신문·도서 등 인쇄된 물건의 총칭.

인쇄-소(印刷所) [명] 인쇄 설비를 갖추고 인쇄를 맡아 하는 곳.

인쇄-술(印刷術)〖명〗인쇄하는 기술.
인쇄-체(印刷體)〖명〗=활자체.
인수¹(人數)[-쑤]〖명〗사람의 수효. ㈁인원수. ▷동원될 수 있는 ~.
인수²(引受)〖명〗물건이나 권리를 넘겨받는 것. ↔인도(引渡). **인수-하다**〖동〗㉭여 ¶주식을 ~ / 부도가 난 회사를 ~. **인수-되다**〖동〗㉮
인수³(因數)〖명〗〖수〗정수 또는 정식(整式)을 몇 개의 곱의 형태로 하였을 때, 그것의 각 구성 요소. =인자(因子).
인수-금(引受金)〖명〗타인으로부터 물품이나 권리 등을 넘겨받는 대가로 지불하는 돈.
인수^분해(因數分解)〖명〗〖수〗정수 또는 정식(整式)을 몇 개의 가장 간단한 인수의 곱의 꼴로 바꾸어 나타내는 일.
인-수사(人數詞)〖명〗〖언〗사람의 수효를 나타내는 수사. 곧, 혼자·둘이·셋이·넷이 … 여럿이·몇이 따위. 흔히, 주격 조사로 '서'를 취함.
인수-인계(引受引繼)[-게/-께]〖명〗이어받고 넘겨줌. =인계인수. **인수인계-하다**〖동〗
인수인계-되다〖동〗㉮
인수-증(引受證)[-쯩]〖명〗물건이나 권리를 넘겨받은 표시로 쓰는 증서.
인술(仁術)〖명〗 1 어진 덕을 베푸는 방법. 2 사람을 살리는 어진 기술이라는 뜻으로, '의술(醫術)'을 이르는 말.
인슐린(insulin)〖명〗〖생〗척추동물의 이자에 있는 랑게르한스섬에서 분비되는 호르몬의 하나. 체내 혈당량을 줄이는 작용을 하므로, 당뇨병 치료에 쓰임.
인스턴트(instant)〖명〗식품이 즉석에서 손쉽게 조리하거나 물만 붓거나 하여 먹을 수 있게 되어 있는 상태. 또는, 그 식품.
인스턴트-식품(instant食品)〖명〗간단히 조리할 수 있고, 저장이나 휴대에 편리한 가공 식품. =즉석식품.
인스턴트-커피(instant coffee)〖명〗물에 타면 곧바로 먹을 수 있게 가공한 커피.
인스텝^킥(instep kick)〖명〗〖체〗축구에서, 공을 발등으로 차는 킥.
인스피레이션(inspiration)〖명〗=영감(靈感)². ¶~이 떠오르다.
인습¹(因襲)〖명〗이전부터 전해 내려오는 낡은 사회 풍습. ¶고루한 ~ / ~에 젖다 / 남존여비의 ~을 타파하다.

유의어	인습 / 관습
둘 다 오랜 세월에 걸쳐 형성되는 사회의 습관·풍습·도덕 등을 뜻하나, '**관습**(慣習)'이 가치 중립적인 술어로서 문맥에 따라 긍정적이거나 부정적인 의미를 갖는 데 반해, '**인습**'은 가치 판단이 들어 있는 술어로서 문맥에 관계없이 비판·극복되어야 할 것으로서의 부정적 의미를 가짐.

인습²(因襲)〖명〗예전의 풍습·습관·예절 따위를 그대로 좇는 것. **인습-하다**〖동〗㉭여
인시(寅時)〖명〗 1 십이시의 셋째 시. 곧, 오전 3시부터 5시까지의 동안. 2 이십사시의 다섯째 시. 곧, 오전 3시 반부터 4시 반까지의 동안. ㉔인(寅).
인식(認識)〖명〗 1 사물을 분별하고 판단하여 아는 일. ¶~이 부족하다 / 그 문제에 대하여 두 사람 사이에는 ~의 차이가 있었다. 2〖심〗지각(知覺)·기억·상상·구상(構想)·판단·추리를 포함한 광의의 지적(知的) 작용.
인식-하다〖동〗㉭여 ¶상황을 올바르게 ~. **인식-되다**〖동〗㉮
인식-론(認識論)[-씽논]〖명〗〖철〗인식의 원천과 구조 및 본질·타당성·한계 따위를 탐구하는 철학의 한 부문. ▷존재론.
인식-표(認識票)〖명〗〖군〗군인의 군번·성명·혈액형을 새겨 놓은 얇은 금속제 원판. 군번줄에 꿰어서 목에 걺. =군번표.
인신¹(人身)〖명〗 1 사람의 몸. 2 개인의 신상이나 신분. ¶~ 구속.
인신²(印信)〖명〗도장·관인(官印) 등의 통칭.
인신-공격(人身攻擊)〖명〗(어떤 사람을) 그의 외모나 사사로운 생활, 약점 등을 들먹이면서 비난하는 것. ¶~을 퍼붓다. **인신공격-하다**〖동〗㉭여
인신-매매(人身賣買)〖명〗인격을 인정하지 않고 물건처럼 사람을 팔고 삼. 노예 매매 따위. **인신매매-하다**〖동〗㉮
인심(人心)〖명〗 1 사람의 마음. ¶~을 사다 / ~을 얻다[잃다]. 2 남의 딱한 처지를 헤아려 주고 도와주는 마음. ¶~이 후하다[박하다] / ~이 좋은 마을. 3 백성의 마음. ¶정세 불안으로 ~이 동요하다 / ~이 흉흉하다.
인심(을) **쓰다** ㈀필요한 것 이상으로 후하게 남을 대하다.
인심이 사납다 ㈀인심이 야박하다.
인애(仁愛)〖명〗어진 마음으로 사랑하는 일. 또는, 그 사랑. **인애-하다**〖동〗㉭여
인양(引揚)〖명〗 (물체나 시체 따위를) 물속이나 절벽 아래나 구덩이 속 등에서 끌어 올려 옮기는 것. ¶익사체 ~ 작업. **인양-하다**〖동〗㉭여 ¶침몰선을 ~. **인양-되다**〖동〗㉮
인어(人魚)〖명〗상반신은 사람, 하반신은 물고기처럼 생겼다는 상상의 동물.
인업(因業)〖명〗〖불〗 1 내세(來世)의 과보를 이끌어 내는 현세(現世)의 업. 2 전세(前世)로부터의 인연에 의하여 현세의 과보를 맺는 운명.
인연(因緣)〖명〗 1 서로의 연분. =연고(緣故). ¶부부의 ~을 맺다 / 부자(父子)의 ~을 끊다. 2 어느 사물에 관계되는 연줄. ¶~이 깊다 / 정계와는 ~이 없다. 3 내력 또는 이유. 4〖불〗인(因)과 연(緣). 곧, 결과를 만드는 직접적인 원인과, 그 인(因)으로 말미암아 얻을 간접적인 힘. ¶~이 깊다. **인연-하다**〖동〗㉮㉭여 서로 관련을 맺어 어떠한 일이 이루어지거나 생기다. ¶한 권의 책으로 **인연하여** 새로운 삶에 눈을 뜨다.
인연이 멀다 ㈀관련성이 적거나, 관계가 전혀 없다시피 하다. ¶그 분야는 나와 ~.
인영(人影)〖명〗사람의 그림자 또는 자취.
인욕¹(人慾)〖명〗사람의 욕심.
인욕²(忍辱)〖명〗 1 욕되는 일을 참음. ¶일제 밑에서 ~의 세월을 보내며 광복(光復)의 날만을 기다렸다. 2〖불〗온갖 모욕을 참고 마음을 고요하게 하는 수행(修行).
인용¹(引用)〖명〗자기의 말이나 글 속에 남의 말이나 글을 따다 따오는 것. 자기주장에 권위나 설득력을 더하기 위해, 또는 어떤 내용을 설명할 때 그 전거를 들거나 정확한 근거를 삼기 위해 사용됨. 글 속에 인용할 때는 대체로 그 부분을 따옴표에 들어가거나, 그 부분의 위아래로 행을 비움. ▷원용. **인용-하다**¹〖동〗㉭여 ¶작품 가운데서 한 구절을 ~. **인용-되다**¹〖동〗㉮
인용²(認容)〖명〗인정하여 용납하는 것. **인용-하다**²〖동〗㉭여 **인용-되다**²〖동〗㉮

인용-구(引用句)[-꾸] 명 [언] 다른 글에서 끌어다 쓴 구절. ×인용귀.
인용-문(引用文) 명 [언] 남의 글이나 말을 직접 또는 간접으로 인용한 문장. =따옴월.
인용-법(引用法)[-뻡] 명 [문] 수사법의 하나. 자기의 이론을 증명하거나 주장을 강조하기 위해, 남의 말이나 글을 인용하는 방법. "파스칼의 말처럼 인간은 생각하는 갈대다." 따위.
인용-부(引用符) 명 [언] =따옴표.
인용-어(引用語) 명 [언] 다른 말이나 글에서 끌어 쓴 말. =따옴말.
인용-절(引用節) 명 [언] 남의 말이 직접 또는 간접으로 인용된 절. 직접 인용인 경우에는 따옴표를 친 다음 '라고', '하고'의 인용 조사가 오며, 간접 인용의 경우에는 따옴표 없이 '고'가 옴.
인원(人員) 명 단체를 이루고 있는 사람들. 또는, 사람의 수효. ¶모집 ~ / 점검 / ~이 부족하다 / 작업량에 비해 ~이 많다.
인원-수(人員數)[-쑤] 명 사람의 수효. 비명수(名數).
인위(人爲) 명 자연의 힘이 아닌 사람의 힘으로 이루어지는 일. 비인공. ↔자연.
인위^도태(人爲淘汰) 명 [생] =인위 선택. 인위 도태.
인위^분류(人爲分類)[-불-] 명 [생] 생물 분류 방법의 하나. 생물의 진화 역사나 생물 상호 간의 유연(類緣) 관계를 체계화하는 이외의 필요나 편의에 따라서 하는 분류. 고래를 어류(魚類)로, 박쥐를 조류(鳥類)로 분류하는 따위. ↔자연 분류.
인위^선!택(人爲選擇) 명 [생] 동물·식물의 형상이나 성질의 변이성(變異性) 중에서 인간에게 유용한 유전형(遺傳型)을 선택하여 일정 방향으로 변화시키는 일. =인위 도태. ↔자연선택.
인위-적(人爲的) 관·명 사람이 일부러 하는 (것). ↔자연적·천연적.
인육(人肉) 명 1 사람의 고기. 또는, 사람의 육체. 2 몸을 파는 여자의 몸뚱이를 이르는 말.
인육-시장(人肉市場)[-씨-] 명 육체를 파는 시장. 곧, 매음부들이 몸을 파는 곳.
인음-증(引飮症)[-쯩] 명 술을 마실수록 자꾸 더 마시고 싶은 버릇.
인읍(隣邑) 명 가까운 고을. 또는, 인근의 읍.
인의[1](人義)[-의/-이] 명 사람으로서 행해야 할 도리.
인의[2](仁義)[-의/-이] 명 1 인(仁)과 의(義). 2 '도덕(道德)'을 달리 이르는 말.
인의예지(仁義禮智) 명 사단(四端)을 이루는 네 가지 요소. 곧, 어질고[仁], 의롭고[義], 예의 바르고[禮], 지혜로운[智] 것.
인의예지신(仁義禮智信)[-의-/-이-] 명 오상(五常)을 이루는 다섯 가지 요소. 곧, 어질고[仁], 의롭고[義], 예의 바르고[禮], 지혜롭고[智], 믿음직한[信] 것.
인자[1](人子) 명 1 사람의 아들. ¶하나님은 ···~가 아니시니 후회가 없으시도다.《구약 민수기》 2 '예수의 자칭(自稱)' 구세주의 초월성과 동시에 그 인간성을 강조한 호칭임. ¶~가 온 것은 섬김을 받으려 함이 아니라 도리어 섬기려 하고 ···.《신약 마태복음》
인자[2](仁者) 명 마음이 어진 사람.
인자[3](因子) 명 1 사물을 성립시키는 요소. 2 [생] 생명 현상에 있어서 어떤 작용의 원인으로 볼 수 있는 요소. 환경 인자·유전 인자 등. 3 [수] =인수(因數)[3].
인자[4](印字) 명 글자를 찍는 일. 특히, 타이프라이터나 프린터 등에서 글자를 찍는 일. 또는, 그 글자. **인자-하다**[1] 자여
인자[5](仁慈) ➡**인자-하다**[2] 어 마음이 어질고 자애스러움.
인자-기(印字機) 명 1 타이프라이터·전신기·컴퓨터의 프린터 등과 같이 문자나 부호를 쳐 내는 기기. 2 문자 부호의 수신기.
인자-무적(仁者無敵) 명 어진 사람은 모든 사람을 사랑하므로 세상에 적이 없음.
인자-스럽다(仁慈-)[-따] 형ㅂ <-스러우니, -스러워> 인자한 태도가 있다. **인자스레** 부
인자요산(仁者樂山) 명 어진 사람은 의리에 만족하여 몸가짐이 진중하고 심덕(心德)이 두터워, 그 심경(心境)이 산과 비슷하므로 자연히 산을 좋아함. ▷요산요수(樂山樂水).
인장(印章) 명 =도장(圖章)[3].
인장^강도(引張強度) 명 [물] 물체가 잡아당기는 데 대하여 견딜 수 있는 최대 응력(應力). =항장력(抗張力).
인재[1](人材·人才) 명 사회의 각 분야에서 필요로 하는, 능력을 갖춘 사람. 비인물. ¶교육 / ~를 발굴(육성)하다 / ~를 널리 등용하다 / 젊고 참신한 ~를 뽑다.
인재[2](人災) 명 사람의 잘못으로 인해 일어나는 재앙. 특히, 사람들이 제대로 대처하지 못해 피해가 커진 자연재해에 대해, 그것이 '천재'만이 아니라는 뜻으로 이르는 말임. 신조어임.
인재-난(人材難) 명 인재가 부족하여 겪는 어려움.
인-적[1](人的)[-쩍] 관·명 사람에 관한 (것). ¶~ 사항 / ~인 토대. ↔물적(物的).
인적[2](人跡·人迹) 명 사람의 발자취. 또는, 사람의 왕래. ¶~이 드문 골목길 / ~이 끊기다.
인적-기(人跡氣)[-끼] 명 사람이 있거나 다니는 기척. 비인기척. ¶~라고는 찾아볼 수 없는 두메산골.
인적 담보(人的擔保)[-쩍-] [법] 채무자가 채무를 변제하지 않을 경우에, 채무자 이외의 사람에게 귀속하는 재산으로써 채무의 변제를 확보하는 것. 보증 채무·연대 채무 따위. ↔물적 담보.
인적-미답(人跡未踏)[-쩡-] 명 지금까지 사람이 지나간 일이 전연 없음. 비전인미답.
인적 자원(人的資源)[-쩍-] 명 우수한 연구원과 숙련된 사원 등, 인간이 가지고 있는 경제적 가치나 원활히 운영되고 있는 조직 등을, 다른 물자와 마찬가지로 생산 자원의 하나로 보고 이르는 말. ¶~이 풍부하다.
인적 증거(人的證據)[-쩍-] [법] 사람의 진술 또는 신체를 증거 방법으로 하는 것. 준인증. ↔물적 증거.
인적 회!사(人的會社)[-쩍회-/-쩍훼-] [경] 사원 상호 간 및 사원과 회사와의 관계가 긴밀하고 사원 스스로 경영에 참여하며, 인적 조건에 활동의 중점을 두고 있는 회사. 합명 회사 따위.
인절미 명 찹쌀을 쪄서 친 뒤에 적당한 크기로 모나게 썰어 고물을 묻힌 떡.
인접(隣接) 명 (사물과 사물이, 또는 어떤 사

물이 다른 사물과[에] 이웃하여 있거나 옆에 닿아 있는 일. ¶~ 지역 / ~ 국가. **인접-하다**(동)(여) ¶산과 **인접**한 마을. **인접-되다**(동)(자)

인정¹(人定)(명)(역) 조선 시대, 밤에 통행을 금하기 위하여 종을 치던 일. 매일 밤 10시경에 28번을 쳤음. ▷인경·파루(罷漏).

인정²(人情)(명) 1 남을 동정하는 따뜻한 마음. (비교). ¶~이 많다 / ~이 없다. 2 사람이 본디 가지고 있는 감정이나 심정. ¶약한 자를 편드는 것이 ~이다. 3 세상 사람의 마음. ¶세태(世態)~이 각박하다.

인정³(仁政)(명) 어진 정치. 또는, 어진 정사(政事). ¶~을 베풀다.

인정⁴(認定)(명) 확실히 그렇다고 여기는 것. ¶유망한 작가로 ~을 받다. **인정-하다**(타)(여) ¶자신의 패배를 ~. **인정-되다**(자)

인정-가화(人情佳話)(명) 따뜻한 인정을 베푼 아름다운 이야기. ¶각박한 세태 속에서도 곳곳에서 ~가 전해 온다.

인정^과세(認定課稅)(명)(법) 납세 의무자로부터 과세 표준(課稅標準)의 신고가 없거나, 그 신고가 부당하다고 정부가 인정할 때, 정부가 조사한 과세 표준에 의한 과세.

인정^도서(認定圖書)(명)(교) 시·도 교육감의 인정을 받아 제작된 교과서.

인정-머리(人情-)(명) '인정'를 속되게 이르는 말. ¶~ 없는 놈.

인정-미(人情味)(명) 사람으로서의 인정이 있는 맛. ¶인상은 무뚝뚝해도 ~가 넘치는 사람이다. (춘)인정.

인정-법(人定法)[-뻡](명)(법) 인위(人爲)로 제정한 법. =인위법. ↔자연법.

인정-사정(人情事情)(명) 인정과 사정. ¶~ 볼 것 없이 다 끌어내라.

인정사정-없다(人情事情-)[-업따](형) 인정을 베푸는 것도 없고 사정을 봐주는 것도 없다는 뜻으로, 무자비할 만큼 매우 엄격하다. **인정사정없-이**(부) ¶~ 때리다 / 집에 구걸하러 온 거지를 ~ 내쫓다.

인정-세태(人情世態)(명) 세상 사람들의 마음과 세상 물정.

인정-스럽다(人情-)[-따](형)(ㅂ) <-스러우니, ~스러워> 인정을 베푸는 태도가 있다.

인정스레(부)

인정^신:문(人定訊問)(명)(법) 법정에 출석한 형사 피고인이 분명히 본인인가를 확인하기 위하여 성명·연령 등을 묻는 일.

인제 Ⅰ(부) 1 이제에 이르러. ¶일을 ― 겨우 끝냈다. / ~ 와서 못 하겠다면 어떻게 해? 2 이제로부터 곧. ¶~ 막 떠나려는 참이다.
Ⅱ(명) '지금·이제부터'의 뜻. ¶추위도 ~ 부터가 한고비다. / ~라도 늦지 않았다.

인조(人造)(명) 어떤 물건이 자연이나 동식물에서 얻어지지 않고 화학적·공업적인 방법으로 만들어 낸 상태인 것. 또는, 그런 물건. =인작(人作). ¶~ 잔디 / ~ 대리석.

인조^가죽(人造-)(명) 삼베·인조견 등에 고무나 유성 페인트 등을 발라서 말린, 가죽의 대용품. 책포지 따위에 쓰임. =레더클로스·의피·인조 피혁.

인조-견(人造絹)(명) 인조 견사로 짠 비단. (춘)인견. ↔본견(本絹).

인조^견사(人造絹絲)(명)(화) 천연견사와 비슷하게 만든 화학 섬유. 특히, 레이온의 긴 섬유로 만든 실. (춘)인견사·인견.

인조-반정(仁祖反正)(명)(역) 조선 광해군 15년(1623)에 김유(金瑬)·이서(李曙) 등 서인(西人) 일파가, 광해군 및 집권파인 대북파(大北派)를 몰아내고 능양군(綾陽君), 곧 인조를 즉위시킨 사건.

인조-버터(人造butter)(명) '마가린'을 달리 이르는 말.

인조-빙(人造氷)(명)(화) 압축한 액체 암모니아의 증발열을 이용하여 만든 얼음. ↔천연빙(天然氷).

인조-석(人造石)(명) 자연석과 유사하게 인공적으로 만든 돌. 토목·건축 자재로 쓰임. =모조석. ↔자연석.

인조^섬유(人造纖維)(명)(화) 인공적으로 만들어 낸 섬유의 총칭. 재생 섬유·반합성 섬유·합성 섬유 따위가 있음.

인조-인간(人造人間)(명) =로봇1.

인족(姻族)(명) =인척(姻戚).

인종¹(人種)(명) 지구 상의 인류를 골격·피부색·모발·혈액형 등 형질적(形質的) 특징에 의해 구별한 종류. 백인종·황인종·흑인종의 셋으로 크게 나뉨. ¶~ 문제.

인종²(忍從)(명) 묵묵히 참고 좇는 것. ¶~과 굴욕의 많은 삶. **인종-하다**(자)(여)

인종^격리^정책(人種隔離政策)[-껼니-](명) 인종에 따라 사회적인 여러 권리를 차별하는 정책. 예전 남아프리카 공화국의 유색 인종 차별 정책 따위. =아파르트헤이트.

인종-주의(人種主義)[-의/-이](명) 인종 사이에 생물학적인 우열이 존재한다고 믿고, 열등한 인종을 차별하고 박해하는 것을 정당화하는 주의. 히틀러의 유대 인 박해와 미국 백인의 흑인 차별 등이 대표적인 예임.

인종-차별(人種差別)(명) 특정 인종에 대해 편견을 가지고 사회적·경제적·법적으로 평등하지 않게 대하는 일.

인주(印朱)(명) 도장을 찍는 데 쓰는 붉은빛의 재료. 솜 같은 물건에 아주까리기름과 진사(辰砂)를 넣어 만듦.

인준(認准)(명)(법) 법률에 지정된 공무원의 임명에 대한 입법부의 승인. 또는, 행정부에서 행한 행위에 대하여 국회가 이를 승인하는 일. ¶국무총리 ~. **인준-하다**(타)(여)

인-줄(人-)[-쭐](명) =금줄³. ¶~을 치다.

인중(人中)(명) 코의 밑과 윗입술 사이에 수직으로 길고 우묵하게 팬 곳.

인-쥐(人-)(명) 숨어서 부정을 하거나, 무엇을 야금야금 축내는 사람을 쥐에 비유한 말.

인즉(人卽) 자음으로 끝나는 체언에 붙어, '으로 말하면'의 뜻으로 쓰이는 보조사. ¶물건 ~ 최상품이니 값도 비싸다오. ▷느즉.

인즉-슨[-쓴](조) '인즉'의 뜻을 강조하는 말. ¶사람 ~ 이를 데 없이 성실하오. ▷느즉슨.

인증¹(人證)(명)(법) '인적 증거'의 준말. ➝물증(物證).

인증²(引證)(명) 인용하여 증거로 삼는 것. **인증-하다**¹(타)(여) **인증-되다**¹(자)

인증³(認證)(명)(법) 문서나 행위가 정당한 절차로 이루어졌다는 것을 공적으로 증명하는 것. ¶~을 받다. **인증-하다**²(타)(여) **인증-되다**²(자)

인지¹(人指)(명) =집게손가락.

인지²(人智)(명) 사람의 슬기나 지식.

인지³(印紙)(명) 세입금 징수의 한 수단으로서 정부가 발행하는 증표(證票). 세금이나 수수료 등을 낸 것을 증명하기 위하여 서류에 붙임.

인지⁴(認知) 몡 그렇다고 확실하게 인정하는 것. **인지-하다** 통(타)여 **인지-되다** 통(자)

인지-도(認知度) 몡 어떤 대상이 누구인지, 또는 무엇인지 알아보는 정도. ¶~가 높은 인기 제품.

인지상정(人之常情) 몡 사람이면 보통 가질 수 있는 인정. ¶좋은 옷을 보면 입고 싶고, 맛있는 음식을 보면 먹고 싶은 것이 ~이다.

인지-세(印紙稅) [-쎄] 몡 [법] 재산권의 권리의 변동을 증명하는 증서나 장부, 재산상의 권리를 승인하는 증서 등을 대상으로 하여, 그 작성자에 의하여 부과하는 세.

인지-의(印地儀) [-의/-이] 몡 [역] 각도와 축척의 원리를 이용하여 원근과 고저를 측량하는 장치. 조선 세조 때 구리로 만듦.

인-지질(燐脂質) 몡[화] 분자 안에 인산(燐酸)이 들어 있는 복합 지질의 하나. 동식물계에 널리 분포하며, 신경 전달이나 효소계의 조절 작용에 중요한 역할을 함.

인질¹(人質) 몡 =볼모.

인질²(姨姪) 대〔인칭〕 고모부에 대하여 자신을 일컫는 말. =고질(姑姪)·부질(婦姪)

인질-극(人質劇) 몡 무고한 사람을 흉기나 무기로 위협하여 인질로 붙들어 놓고 어떤 일을 요구하면서 벌이는 난동. ¶다방 손님들을 붙잡고 ~을 벌이다.

인차(人車) 몡[광] 광산에서 인부 수송에 사용되는 특수한 광차(鑛車).

인찰-지(印札紙) [-찌] 몡 미농지에 괘선(罫線)을 박은 종이. 흔히, 공문서를 작성하는 데 쓰임. ≒괘지(罫紙)

인책(引責) 몡 잘못된 일에 대하여 스스로 책임을 지거나 책임지게 하는 것. ¶~ 사퇴〔사임〕/ 시민 단체는 장관의 ~을 요구했다. **인책-하다** 통(타)여

인척(姻戚) 몡 혼인 관계를 통하여 이루어지는 친척. 곧, 혈족의 배우자, 배우자의 혈족, 배우자의 혈족의 배우자를 말함. =인족(姻族). ¶~ 관계.

인척-간(姻戚間) [-깐] 몡 혼인에 의하여 맺어진 친척 사이.

인-청동(燐靑銅) 몡[화] 청동에 인을 첨가한 합금. 세기·내식성(耐蝕性)이 좋으며, 베어링·용수철, 선박의 프로펠러 등에 이용함.

인체(人體) 몡 사람의 몸. ¶~ 모형 / ~에 해로운 식품 / ~를 해부하다.

인촌(隣村) 몡 이웃 마을.

인총(人總) 몡 =인구¹.

인축(人畜) 몡 사람과 가축. ¶~에 해를 끼치는 맹수.

인출¹(引出) 몡 (예금 등을) 찾는 것. ¶~ 금액. **인출-하다**¹ 통(타)여 ¶통장에서 10만 원을 ~. **인출-되다**¹ 통(자)

인출²(印出) 몡 인쇄하여 내는 것. **인출-하다**² 통(타)여 **인출-되다**² 통(자)

인치¹(人治) 몡 나라를 법과 제도에 의해 다스리기보다는 권력자의 판단에 더 의존하여 다스리는 일. ¶권위주의적인 ~를 극복하고 법과 제도에 의한 정치를 추구해야 한다. ▷법치.

인치²(引致) 몡 (사람을) 강제로 끌어내거나 끌어 들이는 것. ¶불법 ~를 당하다. **인치-하다** 통(타)여 **인치-되다** 통(자) ¶경찰에 **인치되어** 조사를 받다.

인치³(inch) 몡〔의존〕 야드파운드법의 길이의 단위의 하나. 1피트의 1/12. 약 2.54cm. ¶25~ 텔레비전.

인칭(人稱) 몡[언] 행동이나 상태의 주체가 화자(話者)에 대하여 가지는 관계를 나타내는 대명사의 문법적 형태. 주체가 화자와 일치하는 경우는 1인칭, 상대방과 일치하는 경우는 2인칭, 제삼자와 일치하는 경우는 3인칭임.

인칭^대!명사(人稱代名詞) 몡[언] 사람을 가리키는 대명사. 제1인칭에 나·우리, 제2인칭에 너·너희, 제3인칭에 이·그·저·이이들·저이들·그들, 미지칭에 누구·누구들, 부정칭에 아무·아무들 등이 있음. =사람대이름씨·인대명사.

인커브(incurve) 몡[체] 야구에서, 투수가 던진 공이 타자 쪽으로 꺾이는 것. 또는, 그 공. ↔아웃커브.

인-코너(←inside corner) 몡[체] 야구에서, 타자 측에서 보아 홈 베이스의 안쪽. =내각(內角). ¶~를 찌르는 투수의 공. ↔아웃코너.

인코스(†in course) 몡[체] 1 야구에서, 타자 가까이로 지나가는 공의 길. 2 육상 경기·스피드 스케이팅 등에서, 트랙의 안쪽 코스. ↔아웃코스.

인큐베이터(incubator) 몡 =보육기(保育器). ¶조산아를 ~에 넣어 기르다.

인터넷(Internet) 몡[통] 전 세계에 있는 수많은 컴퓨터들을 서로 연결하여 표준 통신 규약(종류가 다른 컴퓨터끼리 정보 교환을 할 수 있게 한 표준 규칙)으로 온갖 정보를 공유할 수 있게 한 네트워크.

인터넷^방!송(Internet放送) 몡[방송] 인터넷 회선을 통해 프로그램을 내보내는, 새로운 형태의 방송.

인터넷-자키(internet jockey) 몡 인터넷 방송을 진행하는 사람. =아이제이(IJ).

인터럽트(interrupt) 몡[컴] 운영 체제에서 컴퓨터에 예기치 않은 일이 발생하더라도 작동이 중단되지 않고 계속적으로 업무 처리를 할 수 있도록 해 주는 기능.

인터벌(interval) 몡 1 시간적인 간격. 2 [체] 야구에서, 투수의 타자에 대한 투구 간격. ¶~이 길다.

인터뷰(interview) 몡 ['면접', '면담'의 뜻〕 신문·방송·잡지의 기자가 취재를 하기 위해 특정인과 만나 여러 가지 질문을 통해 답변을 이끌어 내는 것. ¶~ 기사 / ~에 응하다. ▷기자 회견. **인터뷰-하다** 통(자)(타)여 ¶기자가 장관과 ~.

인터셉트(intercept) 몡[체] 축구·농구·럭비 등의 경기에서, 상대편의 패스를 중간에서 가로채는 것. **인터셉트-하다** 통(타)여

인터체인지(interchange) 몡 주로 고속도로에서, 사고를 방지하고 교통의 흐름이 지체되지 않도록 도로가 교차되는 부분을 입체적으로 만든 곳. 순화어는 '입체 교차로', '나들목'. =아이시(IC). ¶경부 고속도로 회덕 ~.

인터컷(intercut) 몡 스포츠 실황 방송 등에서, 관객의 표정이나 감상 등을 짧게 삽입하는 일.

인터페론(interferon) 몡[의] 바이러스의 감염과 증식을 저지하는 특수한 단백질. 암 치료 등에 이용됨.

인터페이스(interface) 몡[컴] 어떤 하드웨어나 소프트웨어가 다른 하드웨어나 소프트웨어와 접속하거나 결합할 수 있게 해 주는 장치나 방식. 또는, 사용자와 프로그램이 상호

작용 하는 방식. 곧, 문자 입력 방식, 메뉴 방식, 그래픽 방식 따위. ¶편의성을 크게 향상시킨 사용자 ~.

인터폰(interphone) [명] 동일 건물이나 선박 등에서, 방과 방 사이 등의 통화를 하기 위한 유선 통화 장치. ¶~으로 연락하다.

인터프리터(interpreter) [명] **1** [컴] 원시 언어의 명령을 번역 실행하는 프로그램. ▷어셈블러·컴파일러. **2** 번역 인자기(印字機). 펀치 카드의 데이터를 읽고 대응 문자로 바꾼 다음, 동일 카드 또는 다음 카드에 인자하는 기계.

인턴(intern) [명] 의과 대학을 졸업하고 의사 면허를 받은 뒤, 수련 병원에서 임상 실습을 받는, 레지던트 전 단계의 전공의. 수련 기간은 1년임. ▷레지던트.

인턴-사원(intern社員) [명] 회사에 정식으로 채용되지 않은 채 실습 과정에 있는 사원.

인테리어(interior) [명] 실내 장식. 또는, 실내 장식 용품. ¶~ 디자인 / ~ 전문점.

인텔리(←[러]intelli*gentsia*) [명] **1** 풍부한 지식과 교양을 갖춘 사람. ¶미모와 교양을 겸비한 ~ 여성. **2** [사] =인텔리겐치아.

인텔리겐치아([러]intelligentsia) [명][사] 지적 노동에 종사하는 사회 계층. 학자·예술가·과학자·변호사·의사 따위. =인텔리·지식 계급.

인텔샛(INTELSAT) [명] [International Telecommunication Satellite Organization] =국제 상업 통신 위성 기구.

인토네이션(intonation) [명][언] =억양**2**.

인트라넷(Intranet) [명][컴] 기업의 내부나 계열사 간이나 해외 지사와 본사 사이의 내부적 정보 교환과 정보 공유를 위해, 인터넷을 이용하여 구축한 컴퓨터 통신망.

인파(人波) [명] ['사람의 물결' 이라는 뜻] 야외의 장소에 아주 많은 사람들이 빽빽이 모여들어 있는 상태. ¶피서 ~ / 광장에 십만의 ~가 모이다.

인파이팅(infighting) [명][체] 권투에서, 상대방에게 파고들며 공격하는 전법. ↔아웃복싱.

인편[1](人便) [명] 오거나 가는 사람 편. ¶~에 소식을 보내다.

인편[2](鱗片) [명] 비늘 조각.

인품(人品) [명] 사람의 품격이나 품위. 또는, 사람의 됨됨이. [비]인격. ¶뛰어난 ~ / ~이 있다 / ~이 훌륭하다.

인프라(←infra*structure*) [명] 사회적 생산 기반. 또는, 경제 활동의 기반을 형성하는 기초적인 시설. =인프라스트럭처. ¶지식 산업의 핵심 ~로서의 출판 산업.

인플레(←infla*tion*) [명][경] '인플레이션' 의 준말. ¶~를 초래하다. ↔디플레.

인플레이션(inflation) [명][경] 통화량이 팽창하여 화폐 가치가 떨어지고 물가가 계속적으로 올라 일반 대중의 실질적 소득이 감소되는 현상. =통화 팽창. [준]인플레. ↔디플레이션.

인플루엔자(influenza) [명][의] =유행성 감기.

인피(靭皮) [명][식] 식물체 내의 줄기의 형성층 바깥쪽에 생긴 체관부. 섬유로서 중요하게 쓰임.

인필더(infielder) [명][체] =내야수(內野手). ↔아웃필더.

인필드(infield) [명][체] =내야(內野)**1**.

인필드^플라이(infield fly) [명][체] 야구에서, 무사(無死) 또는 원 아웃에 주자가 일루·이루 또는 만루일 때, 타자가 친 공이 내야수가 쉽게 잡을 수 있게 뜬 것. 심판이 이를 선언하면 타자는 자동적으로 아웃됨.

인하(引下) [명] (값이나 임금 등을) 떨어뜨리는 것. ¶금리 ~ / 물가 ~. ↔인상(引上). **인하-하다** [동][타][여] ¶가격을 ~. **인하-되다** [동][자]

인-하다(因-) [동][불자][여] **1** (('…로 인하여', '…로 인한' 의 꼴로 쓰여)) 어떤 사실로 말미암다. ¶태풍으로 **인한** 농작물의 피해 / 오해로 **인하여** 사이가 나빠지다. **2** ((주로, '-고[며] 인하여[인해]' 의 꼴로 쓰여)) (어떤 행동에) 이어지거나 뒤따르다. ¶묘혜 또한 글을 아는 고로 소저의 필법을 크게 칭찬하며 **인하여** 부인과 소저에게 무수히 사례하고 돌아오니라.《김만중:사씨남정기》

인항(引航) [명] **1** =예항(曳航). **2** 글라이더를 이륙시킬 때 자동차·비행기 등으로 그것을 끌어서 날리는 것. **인항-하다** [동][타][여]

인해(人海) [명] ['사람의 바다' 라는 뜻] 사람이 아주 많이 모인 상태. [비]인산인해. ¶~ 전술 / 광장에 수많은 사람이 모여 ~를 이루었다.

인해^전술(人海戰術) [명] **1** 많은 병력으로 밀어붙이는 공격법. 6·25 전쟁 당시의 중공군 전법을 이르던 말임. **2** 어떤 일을 함에 있어서 많은 사람을 연이어 투입하는 수법을 비유하여 이르는 말.

인허(認許) [명] 인정하여 허락하는 것. **인허-하다** [동][타][여] **인허-되다** [동][자]

인-허가(認許可) [명] 인가와 허가.

인형[1](人形) [명] **1** 헝겊·플라스틱·나무·흙·종이 등으로 사람의 모습을 본떠 조그맣게 만든 물건. 때로, 동물의 모습을 본떠 만든 장난감을 가리킬 때가 있는데, 이 경우에는 일반적으로 동물의 명칭을 앞에 붙여서 부름. ¶한복을 입은 여자 ~ / 곰 ~. **2** 아주 예쁘고 귀여운 아이(특히, 여자 아이)를 비유적으로 이르는 말. ¶아이, 귀여워. 꼭 ~ 같아.

인형[2](仁兄) [대][인칭] 편지에서, 친구끼리 상대편을 높여 부르는 말.

인형-극(人形劇) [명][연] 사람 대신 인형을 배우로 하는 연극. 무대 뒤에서 인형을 손가락 또는 실로 조종함.

인화[1](人和) [명] 여러 사람이 서로 화합하는 것. ¶~ 단결 / ~가 잘 안 되다. **인화-하다**[1] [동][자][여]

인화[2](引火) [명] (어떤 물질에) 불이 옮겨 붙는 것. ¶~성 / ~ 물질. **인화-하다**[2] [동][자][여] **인화-되다**[1] [동][자]

인화[3](印花) [명][미] 음각(陰刻)의 한 가지. 판인(版印)으로 그림·꽃·글씨 등을 눌러 찍는 일. 또는, 그렇게 찍힌 무늬. =고화(鼓花).

인화[4](印畫) [명] 음화(陰畫)의 원판을 감광지 위에 올려놓고 양화를 만드는 일. 또는, 그 양화. **인화-하다**[3] [동][타][여] **인화-되다**[2] [동][자]

인화[5](燐火) [명] =도깨비불**1**.

인화-물(引火物) [명] 불이 잘 붙는 성질을 가진 물질.

인화-점(引火點) [-쩜] [명][화] 일정한 조건 아래서 휘발성 물질의 증기가 다른 작은 불꽃에 의하여 발화하는 최저 온도.

인화-지(印畫紙) [명] 음화(陰畫)를 양화(陽畫)로 만들기 위해 감광 유제를 바른 종이.

인환[1](人寰) [명] 인간의 세계.

인환²(引換) 몡 1 =상환(相換)¹. ¶~증(證). 2 [경] =교환(交換)5. ¶~권.
인회-석(燐灰石)[-회/-훼-] 몡 [광] 인산 칼슘을 주성분으로 하는 광물. 흰색·녹색·회색을 띠며, 대개는 반투명體. 인의 원료 광석으로 비료·약품 등에 쓰임.
인후¹(咽喉) 몡 [생] =목구멍.
인후²(仁厚) → 인후-하다 [형여] 어질고 후덕하다.

일¹ 몡 **1** 사람이 가치나 의의가 있는 것을 이루기 위해 어떤 장소에서 일정한 시간 동안 힘들여 몸을 움직이거나 머리를 쓰거나 하는 활동. 町노동(勞動)·작업. ¶~을 마치다 / 밭에서 ~을 하다. **2** 어떤 계획과 의도에 따라 이루려고 하는 대상. ¶~을 꾸미다 / ~이 꼬이다 / ~이 잘 풀리다. **3** 어떤 내용을 가진 상황이나 장면. ¶지난 ~을 돌이켜 보다. **4** 사람이 행한 어떤 행동. ¶철수는 오늘 좋은 ~을 했다. **5** 해결하거나 처리해야 할 문제나 치러야 할 행사. ¶무슨 ~로 오셨습니까? **6** 문젯거리가 되는 현상. 町사고·말썽. ¶"너 무슨 ~ 있었니?" "아니, 아무 ~도 없었어." **7** 처한 형편이나 사정. ¶~ 딱하게 되었다. / 불가피한 ~이 생기다. **8** 과거의 경험이나 기억. 町적. ¶비행기를 타 본 ~이 있니? **9** 어떤 상황이나 사실이나 현상임을 나타내는 말. ¶자연환경이 파괴되고 있는 것은 안타까운 ~이다. **10** (동사의 관형사형 뒤에 쓰여) 그 동사의 행위를 가리는 동작이나 상태임을 나타낸다. ¶선생님께 혼날 ~을 생각하니 겁이 난다. **11** '용변(用便)'이나 '성교(性交)' 따위를 완곡하게 이르는 말. ¶화장실에서 ~을 보다 / 밤에 ~을 치르다. **12** (동사의 어미 '-ㄹ/을' 다음에 '이다' 등의 꼴로 쓰여) 화자(話者)가 앞에 서술한 행동이 슬기롭거나 옳다고 판단함을 나타내는 말. ¶배가 고프니 체면이고 뭐고 우선 먹고 볼 ~이다. **13** [물] 물체에 작용하는 힘이 그 작용하는 방향으로 물체를 움직이게 하는 기능이나 현상.
[**일 다 하고 죽은 무덤 없다**] 일을 하려고 보면 끝이 없다는 말.

일²(日) **Ⅰ**[재명] **1** '일요일'을 줄여 이르는 말. 문장에서 자립적으로 쓰이기는 어려우며, 주로 달력이나 문서의 표 등에 쓰임. **2** 하루를 이르는 말. ¶이 약은 ~ 3회 식후에 복용할 것. **3** '일본'을 줄여 이르는 말. **Ⅱ**[의존] **1** 24시간의 동안을 이르는 말. ¶이 작업은 4,5~ 걸리겠다. **2** 차례가 정해진 날짜를 세는 말. ¶내 생일은 3월 20~이다.

일³(一·壹) **Ⅰ** '하나'의 뜻의 한자어 계통의 수사. 아라비아 숫자로는 '1', 로마 숫자로는 'Ⅰ'로 나타냄. ¶~ 더하기 ~은 이. **Ⅱ**[관] '한','첫째'의 뜻. ¶~ 명 / ~ 등 / ~ 권.
일 년 열두 달[구] 일 년 내내를 강조하여 이르는 말.

-일⁴(日) [접미] 일부 명사에 붙어, 그 명사가 뜻하는 날을 나타내는 말. ¶기념~ / 경축~ / 공휴~.

일가(一家) 몡 **1** 성(姓)과 본(本)이 같은 겨레붙이. ¶~가 되다. **2** 학문이나 기예 등에 뛰어나 독자적인 경지나 체계를 이루는 상태. ¶서예에서 ~을 이루다.
일가-견(一家見) 몡 어떤 일에 관하여 가지는 일정한 체계의 전문적인 견해. ¶통일 문제에 대한 ~을 피력하다.
일가-문중(一家門中) 몡 멀고 가까운 모든 일가. ¶~을 찾아 인사하다.
일가-붙이(一家-)[-부치] 몡 일가가 되는 겨레붙이. =족류(族類). ¶~ 하나 없이 외로운 처지.
일-가족(一家族) 몡 한집안의 가족. ¶교통사고로 승용차에 타고 있던 ~ 네 명이 모두 크게 다쳤다.
일가-친척(一家親戚) 몡 동성동본(同姓同本)의 일가와 외척·인척의 모든 겨레붙이. ¶~이 모두 모이다.
일각¹(一角) 몡 한 귀퉁이. ¶이번에 드러난 공직자의 비리는 빙산의 ~에 불과하다.
일각²(一刻) 몡 [각](옛날의 시간 단위로 15분을 가리키는 데에서) 아주 짧은 동안을 이르는 말.
[**일각이 여삼추**(如三秋)][**삼추 같다**] 기다리는 마음이 간절하여 아주 짧은 시간도 삼년같이 길게 느껴진다는 말.
일각^대:문(一角大門)[-때-] 몡 [건] 대문간이 따로 없이 기둥만 양쪽에 둘을 세우고 문짝을 단 대문.
일각-일각(一刻一刻) 몡 =시시각각.
일각-천금(一刻千金) 몡 아무리 짧은 시간도 귀중하기가 천금과 같다는 말.
일간¹(日刊) 몡 (신문 등을) 날마다 발행하는 것. 또는, 그 발행물. **일간-하다** 동[타여]
일간²(日間) **Ⅰ** 몡 하루 동안. ¶~ 작업량을 도표로 나타내다.
Ⅱ[부] 가까운 며칠 사이. ¶~ 다시 만나세.
일간-신문(日刊新聞) 몡 날마다 내는 신문. ¶일간지(日刊紙)·일보(日報).
일간-지(日刊紙) 몡 =일간 신문.
일간-초옥(一間草屋) 몡 한 칸밖에 안 되는 작은 초가집.
일갈(一喝) 몡 한바탕 큰 소리로 꾸짖는 것. ¶대성(大聲)-. **일갈-하다** 동[자여] ¶일갈하여 부당한 요구를 물리치다.
일:-감 몡 어떤 사람에게 직업적·업무적으로 맡겨지거나 주어지는 일. 町일거리. ¶~이 없다 / ~이 떨어지다 / ~이 쌓이다.
일개(一介) 몡 (자격을 나타내는 일부 명사 앞에서 쓰여) 보잘것없는 존재. ¶너는 ~ 고용인에 불과하다.
일:-개미 몡[동] 집을 짓거나 먹이를 모아 들여 저장하는 개미. 날개가 없고 생식 기능이 없음.
일-개인(一個人) 몡 한 사람의 개인. ¶이 박물관은 ~이 사재를 털어 건립한 것이다.
일거(一擧) 몡 한 번의 움직임. 또는, 한 번 벌인 일. ¶~에 해치우다 / 금광을 발견하여 ~에 갑부가 되다.
일:-거리[-꺼-] 몡 일할 거리. 町일감. ¶~가 많다 / ~가 떨어지다 / ~를 맡기다.
일거수-일투족(一擧手-一投足)[손 한 번 들고 발 한 번 옮긴다는 뜻] 조그만 일에 이르기까지의 하나하나의 동작을 이르는 말. ¶~을 살피다 / 상대방의 ~을 주시하다.
일거-양득(一擧兩得) 몡 한 가지 일로 두 가지 이익을 얻음. 町일석이조. ¶꿩 먹고 알 먹으니 ~이다. ㈜양득. **일거양득-하다** 동[자여]
일거-일동(一擧一動)[-똥] 몡 하나하나의 동작이나 움직임. ¶적의 ~을 주시하다.
일건(一件)[-껀] 몡 한 벌. 또는, 한 가지. ¶~을 완결 짓다.

일격(一擊) 圄 단 한 번 치거나 공격하는 일. ¶~에 쓰러뜨리다 / ~을 가하다.
일견(一見) Ⅰ圄 한 번 보는 것. 또는, 언뜻 보는 것. ¶~에 그가 중환자임을 알 수 있었다. **일견-하다** 통타여
Ⅱ튄 한 번 언뜻 보아. ¶그의 주장은 ~ 그럴듯해 보이지만 자세히 들여다보면 모순투성이다.
일경¹(一更) 圄 =초경(初更)¹.
일경²(日警) 圄 '일본 경찰'을 줄여 일컫는 말. 특히, 일제 강점기의 경찰을 이르던 말임. ¶그는 독립 운동을 하다가 ~에 체포되어 옥고를 치렀다.
일계¹(一計) [-계/-게] 圄 한 가지 계략. ¶최후의 ~를 쓰다.
일계²(日計) [-계/-게] 圄 **1** 하루를 단위로 한 계산. ¶판매고 평균이 ~ 20만 원은 된다. **2** 날수대로 하는 계산.
일고¹(一考) [-꼬] 圄 (어떤 일을) 가능 여부나 문제 유무 등에 대해 한 번 생각하거나 고려하는 것. ¶~의 가치(여지)도 없다 / ~를 요하다. **일고-하다** 통타여
일고²(日雇) [-꼬] 圄 날품.
일-고동[-꼬-] 圄 사물의 성패가 결정되는 요긴한 대목.
일고-여덟[-덜] Ⅰ㊄ 일곱이나 여덟. ㊅일여덟.
Ⅱ팬 ¶쌀 ~ 말은 된다. ㊅일여덟.
일곱 Ⅰ㊄ **1** 여섯에 하나를 더한 수. 고유어 계통의 수사임. ㊅행운의 수이다. ▷칠(七). **2** 사람이나 사물의 수량을 셀 때, 여섯 다음에 해당하는 수효. ¶그들 ~이 저지른 게 분명하다.
Ⅱ팬 ¶사과 ~ 개 / 백지 ~ 장.
일곱-이레[-꼼니-] 圄 아이 난 지 일곱 번째 되는 이레. 곧, 49일이 되는 날. =칠칠(七七).
일곱-째 ㊄팬 차례를 매길 때, 여섯째의 다음에 오는 수. ¶~ 시간 / ~로 꼽아낸다.
일과¹(一過) 圄 **1** 한 번 지나가는 것. ¶태풍 ~. **2** 스치듯이 한 번 보는 것. **일과-하다** 통자여
일과²(日課) 圄 날마다 하는 일정한 일. ¶아침 산책을 ~로 삼다.
일과-성(一過性) [-썽] 圄 **1** [의] 병의 증상이 단시간에 출현했다가 곧 없어지는 것. **2** 어떤 현상이 일시적인 것. ¶~ 유행.
일과-표(日課表) 圄 그날그날 할 일을 적은 표. ¶~를 작성하다.
일곽(一郭·一廓) 圄 하나의 담으로 둘려 있는 전체 지역. 또는, 같은 성질의 것이 모여서 이루어진 하나의 구역.
일관(一貫) 圄 하나의 방법이나 태도로서 처음부터 끝까지 한결같이 하는 것. ¶초지 ~ / 시종 ~. **일관-하다** 통타여 ¶묻는 말에 줄곧 침묵으로 **일관하였다**. **일관-되다** 통자 ¶**일관된** 정책.
일관-성(一貫性) [-썽] 圄 일관하는 성질. ¶논리의 ~이 결여되다.
일관^작업(一貫作業) 圄[경] 원료로부터 제품이 나올 때까지의 여러 과정의 작업을 한 공장 안에서 연속적으로 하는 작업.
일괄(一括) 圄 개별적인 것을 한데 뭉뚱그리는 것. ¶~ 사표 / 현안을 ~ 타결하다. **일괄-하다** 통타여 **일괄-되다** 통자
일광(日光) 圄 태양의 광선. ㊁햇빛.
일광^소독(日光消毒) 圄 물건을 햇볕에 쬐는 일. 햇빛 속의 자외선의 살균 작용으로 소독 효과가 있음.
일광^요법(日光療法) [-뇨뻡] 圄[의] 햇빛 속의 자외선을 이용하는 치료 방법. 결핵성 질환·구루병·만성 관절염 등에 이용함.
일광-욕(日光浴) [-뇩] 圄 건강을 목적으로, 또는 피부를 검게 태우기 위해, 온몸을 드러내 놓고 눕거나 앉아서 햇빛을 쬐는 일. ¶해변에서 ~을 즐기다. **일광욕-하다** 통자여
일광^절약^시간(日光節約時間) [-씨-] 圄 [사] =서머 타임.
일교-차(日較差) 圄[기상] 기온·습도·기압 따위의 하루 동안의 최곳값과 최젓값의 차이. ¶~가 심하니까 감기에 걸리지 않도록 조심해야 한다. ▷연교차.
일구-난설(一口難說) 圄 한 마디로 다 말하기 어려움. ¶~의 참상.
일구다 통타 **1** 논밭을 만들기 위하여 땅을 파서 일으키다. 뱐기경(起耕)하다. ¶밭을 ~. **2** 두더지 따위가 땅을 쑤시거나 파고 들어가서 솟게 하다. ×일다.
일구월심(日久月深) [-씸] 圄튄 [날이 오래고 달이 깊어 간다는 뜻] 세월이 갈수록 더함을 이르는 말. ¶~으로 소식을 기다리다. **일구월심-하다** 형여
일구-이언(一口二言) 圄 [한 입으로 두 말을 한다는 뜻] 말을 이랬다저랬다 함. **일구이언-하다** 통자여 ¶사내대장부가 **일구이언**하겠나.
일구이언이부지자(一口二言二父之子) 한 입으로 두 말을 하는 자는 두 아비의 자식이라는 뜻으로, 한 번 한 말을 무책임하게 뒤집는 사람을 욕하는 말. '일구이언은 이부지자'의 꼴로도 쓰임.
일국¹(一國) 圄 **1** 한 나라. ¶~의 재상. **2** 온 나라. ¶~을 뒤흔든 사건.
일국²(一掬) 圄 **1** 한 움큼. ¶~의 흙 / ~의 눈물을 뿌리다. **2** 두 손으로 움키는 것. **일국-하다** 통타여 **2** 두 손으로 움키다.
일군¹(一軍) 圄[체] 주로 프로 팀에서, 2군에 비해 실력이 뛰어난 선수들로 이뤄진 진용. ▷이군.
일군²(一群) 圄 한 무리. ¶전쟁으로 인한 ~의 피난민이 지나가다.
일그러-뜨리다/-트리다 통타 (사물을) 한쪽이 좀 틀어져 비뚤어지거나 우글쭈글해지게 하다.
일그러-지다 통자 비뚤어지거나 우글쭈글해지다. ¶고통으로 얼굴이 ~.
일금(一金) 圄 '전부의 돈'의 뜻으로, 돈의 액수를 쓸 때에 그 액수 앞에 쓰는 말. 뱐금(金). ¶~ 오십만 원정(整) / ~ 만 원을 영수함.
일급¹(一級) 圄 **1** 첫째 등급. ¶~품 / ~ 호텔 / 이 김은 ~인 만큼 맛이 좋다. **2** 바둑·유도·태권도 등에서, 초단 바로 밑의 급수. ¶~을 따다.
일급²(日給) 圄 하루를 단위로 하여 지급하는 급료. 또는, 그런 방식. 뱐날삯. ¶~이 얼마냐?
일급-수(一級水) [-쑤] 圄 하천의 수질(水質) 등급의 하나. 가장 맑고 깨끗한 물. 냄새가 나지 않고 그냥 마실 수 있으며, 버들치·열목어·가재 등이 살 수 있음.
일급-제(日給制) [-쩨] 圄 품삯을 날로 계산하여 주는 제도. ¶~로 일하다.

일긋-거리다/-대다 [-근꺼(때)-] 통(자) (짜인 물건이) 사개가 느슨해져 자꾸 이리저리 움직이다. ¶책상이 낡아서 ~. 좌 얄긋거리다.

일긋-얄긋 [-근귿/-그귿] 튀 일긋거리고 얄긋거리는 모양. **일긋얄긋-하다** 통(자)여

일긋-일긋 [-근닏/-그딛] 튀 일긋거리는 모양. 좌 얄긋얄긋. **일긋일긋-하다** 통(자)여

일긋-하다 [-그타-] 형여 한쪽으로 조금 쏠려 비뚤어진 상태에 있다. 좌 얄긋하다.

일기¹(一技) 명 한 가지 재주. ¶일인(一人)~ 교육.

일기²(一氣) 명 **1** 한 호흡. **2** 만물의 원기(元氣). **3** 천지에 가득 찬 기운.

일기³(一期) 명 **1** 어떠한 시기를 몇으로 나눈 경우의 그 하나. 또는, 그 첫째 부분. ¶금년도 ~분 공납금. **2** 한평생 사는 동안. ¶향년 70세를 ~로 서거하다.

일기⁴(日記) 명 **1** 날마다 규칙적으로 하루의 일을 되돌아보면서, 그날 있었던 일이나 그에 대한 자기의 생각이나 느낌 따위를 솔직하게 적는 글. ¶~를 쓰다. **2** [역] 폐위된 임금의 치세를 적은 역사. 실록(實錄)이란 용어를 쓰지 않는 대신 이 말을 씀. ¶연산군~. **3** '일기장'의 준말.

일기⁵(日氣) 명 그날그날의 기상 상태. 일반적으로, '좋다, 나쁘다, 고르다, 순조롭다, 불순하다, 청명하다' 등과 같은 다소 막연한 서술어와 함께 쓰임. 문어체의 말임. ¶일기 불순하다 / ~가 고르지 못하온데 그간 강녕하시옵니까? ▶ 날씨.

일기-당천(一騎當千) 〔한 사람의 기병이 천 명을 당한다는 뜻〕무예나 능력이 아주 뛰어남을 이르는 말. ¶~의 기백 / ~의 유능한 사원.

일기-도(日氣圖) 명 〔기상〕 일정한 시각의 어떤 지방의 기온·기압·풍향·풍속 등을 측정하여 일기의 상태를 나타낸 그림. 등압선·등온선·등편차선(等偏差線)으로 나타냄.

일기불순(日氣不順) [-쑨] 명 기후가 고르지 못함.

일기^예:보(日氣豫報) 명 일기의 변화를 예측하여 알리는 것.

일기-장(日記帳) [-짱] 명 하루 중에 있었던 일이나 감상을 적는 공책. ⓒ 일기.

일기죽-거리다/-대다 [-꺼(때)-] 통(자)타 말할 때나 걸을 때 입이나 허리를 보기 싫게 일긋거리다. ¶입을 **일기죽거리며** 말한다. 좌 얄기죽거리다.

일기죽-얄기죽 [-중냘-/-주걀-] 튀 일기죽거리고 얄기죽거리는 모양. **일기죽얄기죽-하다** 통(자)타여

일기죽-일기죽 [-중닐-/-주길-] 튀 일기죽거리는 모양. 좌 얄기죽얄기죽. **일기죽일기죽-하다** 통(자)타여

일기-체(日記體) 명 일기 형식으로 쓴 문체. ¶~ 소설.

일-깨다 통(자) 잠을 일찍 깨다.

일-깨우다 통(타) 일러 주어 깨닫게 하다. ¶그의 잘못을 **일깨워** 주다.

일-껏 [-껃] 튀 모처럼 애써서. ¶~ 해 놓은 것이 모두 허사가 갔다. ×내나.

일-꾼 [-꾼] 명 **1** 품삯을 받고 일을 하는 사람. ¶~을 쓰다. **2** 일의 계획이나 처리에 능한 사람. ¶유능한 ~. **3** 어떤 일을 맡아 할 사람이나 말아 할 사람. ¶장차 나라의 ~이 될 어린이들.

일'-끝 [-끋] 명 일의 실마리. ¶~이 보이다.

일남(一男) 명 슬하에 둔 한 명의 아들.

일'-내다 [-래-] 통(자) 일을 저지르다. ¶이 사람 **일낼** 사람일세.

일녀(一女) 명 슬하에 둔 한 명의 딸.

일년-근(一年根) [-련-] 명(식) 일년생의 뿌리. =한해살이뿌리.

일년-생(一年生) [-련-] 명 **1** 일 학년이 된 학생. ¶고교 ~. **2** [식] =한해살이. ↔다년생(多年生).

일년생^식물(一年生植物) [-런-싱-] 명 [식] =한해살이풀.

일년-초(一年草) [-련-] 명 [식] =한해살이풀.

일념(一念) [-렴] 명 한결같은 마음. 또는, 오직 한 가지 생각. ¶그는 잘살아 보자는 ~으로 일했다.

일:다¹ (일고, 일어) 통(자)〈이니, 이오〉**1** (바람이나 먼지, 또는 물결 따위가) 공간이나 수면에 생겨 움직임을 나타내다. ¶바람이 ~ / 뿌연 먼지가 ~ / 바다에 거친 파도가 ~ / 잎새에 **이는** 바람에도 나는 괴로워했다. 《윤동주: 서시》**2** (보푸라기나 거품 따위가 표면에) 생겨서 위로 도드라지거나 부풀다. ¶옷에 보풀이 ~ / 거품이 잘 **이는** 비누. **3** (물체에 불이) 생겨서 타는 현상을 이루다. ¶꺼져 가는 화톳불에 새 장작을 올려놓으니 다시 불길이 **일었다**. **4** (사람의 마음에 어떤 심리 작용이) 치밀어 생기다. ¶조바심이 ~ / 그리움이 ~.

일:다² (일고 / 일어) 통(타)〈이니, 이오〉**1** (곡식이나 사금 따위를) 그릇에 담아 물을 붓고 쓸 것과 못 쓸 것을 가려내다. ¶조리로 쌀을 ~. **2** (곡식 따위를) 키나 체에 넣고 까부르거나 흔들어서 쓸 것과 못 쓸 것을 가려내다.

일다³ 통(타) '일구다'의 잘못.

일단¹(一團) [-딴] 명 한 집단이나 무리. ¶~의 청년들이 몰려오다.

일단²(一端) [-딴] 명 사물의 한 부분. ¶사건의 ~만 드러나다 / 이번 사건 때 그의 성격의 ~을 엿볼 수 있었다.

일단³(一旦) [-딴] 튀 나중은 어떻든지 우선. 또는, 그런 것은 어떻든지 간에. 다른 면이나 가능성을 배제하면서 어느 측면을 부각하여 말할 때 쓰이는 말임. ¶에라 모르겠다. ~ 먹고 보자. / 하던 일을 ~ 중지하고 내 말을 들어라. / 뱀에 물리면 ~ 응급조처를 취해야 한다.

일-단락(一段落) [-딸-] 명 일의 한 단계를 끝내는 일. ¶~을 짓다. **일단락-되다** 통(자) ¶추진되던 사업이 ~.

일단-정지(一旦停止) [-딴-] 명 차량이 횡단보도 등을 통과하기 직전에 우선멈춤으로써 보행자의 통행을 방해하지 않는 일. ⓗ 우선멈춤.

일당¹(一黨) [-땅] 명 목적·행동 등을 같이하는 일의 무리. ¶소매치기 ~을 검거하다.

일당²(日當) [-땅] 명 하루에 얼마씩으로 정하여 받는 수당이나 보수.

일당^독재(一黨獨裁) [-땅-째] 명 [정] 국가 권력을 장악한 하나의 정당이 국정을 독단적으로 행사하는 일. ¶공산주의 국가에서는 ~가 행해진다.

일당백(一當百) [-땅-] 명 [혼자서 백 사람을 당한다는 뜻] 매우 용감하거나 능력이 많음을 이르는 말. ¶~의 기개 / ~의 일꾼.

일대¹(一代)[-때] 똉 한 시대나 한 세대 전체. ¶~의 영걸.
일대²(一帶)[-때] 똉 어떠한 지역의 전부. ㈖일원(一圓). ¶제주도 ~를 관광지화하다 / 수도권 ~에 경계를 강화하다.
일대³(一隊)[-때] 똉 한 떼.
일대⁴(一大)[-때] 관 큰 또는 굉장한. ¶~ 혁신 / ~ 장관을 이루다.
일대-기(一代記)[-때-] 똉 일생의 일을 적은 기록. ¶이 충무공의 ~.
일대-사(一大事)[-때-] 똉 중대한 일이나 큰 일. ¶국가의 ~.
일대일(一對一)[-때-] 똉 한 사람이 한 사람을 상대함. 또는, 양쪽이 다 같은 비율, 같은 권리로 상대함. ¶~로 대하다.
일-더위[-떠-] 똉 일찍이 오는 더위. ↔늦더위.
일도¹(一到)[-또] 똉 한 번 다다름. ¶~ 창해(滄海) 하면 다시 오기 어려우니. (황진이: 옛시조)
일도²(一道)[-또] 똉 1 한 가지 길. 2 한 가지 도리. 3 행정 구획의 하나인 도의 전부. ¶서울 인구는 경기 ~보다 많다.
일도-양단(一刀兩斷)[-또-] 똉 [한 칼에 두 동강을 낸다는 뜻] 일이나 행동을 머뭇거리지 않고 선뜻 결정함. **일도양단-하다** 图(재)태
일독(一讀)[-똑] 똉 한 번 읽는 것. ¶~의 가치가 있는 책 / ~을 권하다. **일독-하다** 图(재)태 ¶이 책은 **일독할** 만하다.
일동(一同)[-똥] 똉 단체나 모임 따위에 참석한 모든 사람. ¶사원 ~ / ~ 차려!
일-되다[-뙤-/-뛔-] 图(재) 1 (열매·곡식 따위가) 일찍 익다. 2 (아이가) 나이에 비해 발육이 빠른 상태가 되다. ↔늦되다. ▷올되다.
일득일실(一得一失)[-뜩-씰] 똉 한 가지 이득이 있으면 한 가지 손실이 있음. 곧, 득실(得失)이나 좋고 나쁨이 번갈아 있게 된다는 말.
일등(一等)[-뚱] 똉 (주로 일부 명사나 한자 어근 앞에 쓰여) 수준이나 등급이 으뜸가는 부류임을 나타내는 말. ¶~실 / ~성(星) / ~간 / ~ 국가 / ~ 항해사. ▷이등·삼등.
일등-국(一等國)[-뚱-] 똉 '강대국'을 속되게 이르는 말.
일등-병(一等兵)[-뚱-] 똉[군] =일병(一兵).
일등-성(一等星)[-뚱-] 똉[천] 별의 밝기의 6등급 중에서 가장 밝은 1등급의 별. 6등성보다 100배 정도 밝음.
일등-실(一等室)[-뚱-] 똉 선박이나 열차 등에서, 으뜸가는 등급의 시설을 갖춘 방. =일등칸.
일등-품(一等品)[-뚱-] 똉 품질이 가장 좋은 물품이나 상품.
일떠-서다 图(재) 기운차게 썩 일어서다.
일락(逸樂) 똉 쾌락을 즐겨 멋대로 노는 것. ¶~에 빠지다. **일락-하다** 图(재)어
일락-서산(日落西山)[-써-] 똉 해가 서산에 짐. **일락서산-하다** 图(재)어
일란성^쌍생아(一卵性雙生兒)[-썽-] 똉[생] 한 개의 난자와 한 개의 정자가 수정된 뒤, 그 수정란이 두 개의 개체로 나뉘어 독립적으로 발육한 쌍생아. 반드시 동성(同性)이고 생김새나 성격이 매우 비슷함. ▷이란성 쌍생아.

일람(一覽) 똉 1 한 번 보는 일. 2 죽 훑어볼 수 있도록 여러 가지 내용을 간단명료하게 수록해 놓은 책. **일람-하다** 图(타)어 한 번 보다. ¶서류를 ~.
일람-첩기(一覽輒記)[-끼] 똉 한 번 보면 잊지 않는 일. 곧, 기억력이 썩 좋음을 이르는 말. **일람첩기-하다** 图(자)어
일람^출급^어음(一覽出給-)[-경] 수취인이 지급인에게 어음 금액의 청구를 위하여 어음을 제시하면 곧 현금을 지급해야 하는 어음.
일람-표(一覽表) 똉 많은 사항을 한눈에 알 수 있도록 간단명료하게 꾸며 놓은 표. ¶성적 ~.
일랑 图 자음으로 끝나는 체언에 붙어, 어떤 대상을 특별히 지적하는 뜻을 나타내는 말. ㈖은. ¶술~ 제발 그만 마시세요. ▷르랑.
일랑-은 图 보조사 '일랑'에 보조사 '은'이 결합한 말. '일랑' 보다 강조의 뜻이 있음. ¶폐품~ 다 창고에 넣어라. ▷르랑은.
일러두-기 똉 책의 첫머리에 그 책의 사용법·부호 방침·부호(符號)·약호(略號) 등에 대하여 설명한 글. =범례(凡例).
일러-두다 图(자)태 특별히 부탁하거나 지시하여 두다. ¶오늘 할 일을 일꾼들에게 ~ / 그는 아이들에게 문단속을 잘하라고 **일러두었다**.
일러-바치다 图(타) (어떤 일을) 윗사람에게 고자질하다. ㈖고해바치다. ¶선생님에게 친구의 잘못을 ~.
일러스트(←illustration) 똉 =일러스트레이션.
일러스트레이션(illustration) 똉 책·잡지·신문·광고 등에서, 내용의 이해를 돕거나 주의를 끌기 위해서 사용하는, 그림·삽화·도안·도해 등의 총칭. =일러스트.
일러스트레이터(illustrator) 똉 삽화·캐릭터·광고 그림 등을 직업적으로 그리는 사람.
일렁-거리다·-대다 图(자) 물에 떠서 물결에 따라 이리저리 자꾸 흔들리거나 움직이다. ¶돛단배가 ~. ㈜알랑거리다.
일렁-이다 图(자) 물에 떠서 물결에 따라 이리저리 흔들리거나 움직이다.
일렁-일렁[-ㄹ-] 分 일렁거리는 모양. ㈜알랑알랑. **일렁일렁-하다** 图(자)어
일력¹(日力) 똉 1 그날의 해가 있는 동안. 2 하루 종일 해야 하는 분량의 일. 3 날마다
일력²(日曆) 똉 날마다 한 장씩 떼거나 젖혀 가며 그날의 날짜·요일·일진 등을 보게 만든 책력.
일련(一連) 똉 (주로 '일련의'의 꼴로 쓰여) (어떤 일이) 하나의 관계나 연관 속에 있거나, 그런 관계·연관 속에서 이어져 있는 상태. ¶~의 대응책 / ~의 사태.
일련-번호(一連番號) 똉 일률적으로 이어 붙인 번호. ¶서류에 ~를 매기다. ㈜연번.
일렬(一列) 똉 한 줄. ¶~ 횡대 / ~로 서다.
일령(一齡) 똉[농] 누에가 알에서 깬 후 첫잠을 잘 때까지의 동안. ¶~잠(蠶).
일례(一例) 똉 하나의 보기. ¶~를 들다 / 이것은 ~에 지나지 않는다.
일-로¹ 分 '이리로'의 준말. ¶거기 있지 말고 ~ 와서 앉아라.
일로²(一路) 똉 (변화 과정을 나타내는 일부 명사 다음에 쓰여) 그런 과정이나 추세에 있음을 뜻하는 말. ¶성장 ~ / 증가 ~ / 발

전 ~에 있는 회사 / 굴뚝 산업이 쇠퇴 ~을 걷다.

일로-매진(一路邁進) 명 어떤 목적을 이루기 위해 한길로 줄기차게 나아가는 것. **일로매진-하다** 통(자여) ¶조국 재건을 위하여 ~.

일루¹(一縷) 명 ['한 오리의 실'이라는 뜻] (주로 '일루의'의 꼴로 쓰여) 가능성이 극히 적으나 가느다랗게 간신히 있음을 나타내는 말. ¶절망적 상황에서 ~의 희망을 품다.

일루²(一壘) 명[체] 1 야구에서, 주자가 맨 처음 밟는 누(壘). ¶~를 지키다. 2 '일루수'의 준말. ¶~를 교체하다.

일루-수(一壘手) 명[체] 야구에서, 일루를 지키는 선수. ㈜일루.

일루-타(一壘打) 명[체] 야구에서, 타자가 일루까지는 무사히 가도록 친 안타. =싱글 히트.

일류(一流) 명 첫째가는 지위. ¶~ 대학 / ~ 신사 / ~.

일륜(一輪) 명 1 크고 둥근 꽃의 한 송이. 2 밝은 달을 가리키는 말. ¶~이 하늘에 걸리다.

일륜-차(一輪車) 명 사람이나 물건을 나르는, 바퀴가 하나 달린 수레. 손잡이로 끎.

일¹-률¹(一率) 명[물] 단위 시간에 이루어지는 일의 양. 단위로는 와트(W)나 마력(馬力)을 씀. =공률(工率).

일률²(一律) [(일부 명사 앞에 관형어적으로 쓰여) 다루는 방식이 개별적으로 다르지 않고 모두 똑같음. ¶~ 규제 / ~ 처리 / ~ 적용. ▷천편일률.

일률-적(一律的) [-쩍] 관명 다루는 방식이 하나같아서 개별적으로 다르지 않고 모두 똑같은 (것). ¶수당을 모든 사원에게 20만 원씩 ~으로 지급하다.

일리(一理) 명 (주로 '있다'나 '없다'와 함께 쓰여) (어떤 말이) 논리나 이치에 비추어 전적으로는 아니라도 어떤 면에서는 수긍하거나 인정할 만하다고 여겨지는 상태. ¶이 사람 말도 ~이 있고 저 사람 말도 ~이 있다.

일말(一抹) 명 (주로 '일말의'의 꼴로 쓰여) (어떤 감정 작용이) 없지 않을 정도로 약간 있음을 나타내는 말. ¶~의 아쉬움이 남다 / ~의 불안을 감추지 못하다 / ~의 동정을 표하다.

일망(一望) 명 한눈에 바라보는 것. **일망-하다** 통(자여)

일망-무제(一望無際) 명 아득하게 멀고 넓어서 끝이 없음. =일망무애. ¶~의 대해(大海)가 펼쳐지다. **일망무제-하다** 형여

일망지하(一望之下) 명 한눈에 내려다보이는 아래. ¶해금강을 ~에 굽어보는.

일망타진(一網打盡) 명 [한 번 그물을 쳐서 고기를 다 잡는다는 뜻] 어떤 무리를 한꺼번에 모조리 잡음. ㈜망타. ¶~(타동)폭력배를 ~. **일망타진-되다** 통(자)

일매-지다 형 한결같이 고르고 가지런하다. ¶앞선 나귀들은 걸음을 늦추었든 빨리 했든 하면서 걸음새가 **일매지지** 못한 걸 보니 이젠 여지간히 지친 모양이었다.《김주영: 객주》

일맥-상통(一脈相通) [-쌍-] 명 (사고방식이나 성질 등이) 어떤 점에서 서로 통함. **일맥상통-하다** 통(자여)

일면(一面) I 명 1 물체의 한 면. 또는, 일의 어떤 측면. ¶성격의 ~을 엿볼 수 있는 에피소드. 2 모르던 사람을 처음으로 한 번 만나

보는 것.
II 부 다른 쪽에서 보면. ¶형은 평상시에는 다정하지만, ~ 엄격한 데도 있다.

일면식(一面識) 명 한 번 만나 본 정도의 조금 알고 있는 일. ¶~도 없는 사람.

일면여구(一面如舊) [-녀-] 명 처음 만났으나 오래 사귄 것처럼 친밀함. **일면여구-하다** 형여

일명(一名) 명 본이름 외에 따로 부르는 이름. ¶흥인지문(興仁之門)을 ~ 동대문이라고도 한다.

일모¹(一毛) 명 한 가닥의 털. 또는, 그처럼 아주 적은 양. ¶구우(九牛) ~.

일모²(一眸) 명 한 번 보는 것.

일모³(日暮) 명 날이 저무는 것. **일모-하다** 통(자여)

일모-작(一毛作) 명[농] 한 땅에서 한 해에 한 번 농작물을 심어 거두는 일. =단작(單作). ㈜그루갈이. ↔다모작.

일목요연(一目瞭然) →일목요연-하다 형여 한 번 보자 환히 알 수 있을 만큼 분명하다. ¶**일목요연**하게 표로 나타내다.

일몰(日沒) 명 산이나 지평선·수평선 너머로 해가 지는 것. ㈜해넘이. ¶~ 시간 / ~ 후에 돌아오다. ↔일출(日出). **일몰-하다** 통(자여)

일무(佾舞) 명 문묘나 종묘 제향 때 사람을 가로세로가 같게 여러 줄로 벌여 세워 추게 하는 춤.

일문¹(一門) 명 한 가문이나 문중. ¶우리 ~에서 대학자가 여럿 나왔다 / ~ …신미년 난에 역적의 협의로 ~이 혹독한 참살을 당하고, ….《이맹수: 무정》

일문²(日文) 명 일본 글.

일문³(逸文) 명 1 뛰어난 글. ㈜명문(名文). ¶드물게 보는 ~이다. 2 세상에 알려지지 않은 글.

일문-일답(一問一答) [-땁] 명 한 번의 물음에 대하여 한 번씩 대답함. **일문일답-하다** 통(자여)

일문-일족(一門一族) [-쪽] 명 한집안에 속하는 모든 겨레붙이와 하인.

일미(一味) 명 '제일가는 맛'이라는 뜻으로, 비할 바 없이 뛰어난 맛. ¶천하 ~ / 어두(魚頭) ~.

일박(一泊) 명 객지에서 하룻밤을 묵는 것. ¶~ 이 일(二日)로 여행을 떠나다. **일박-하다** 통(자여) ¶온천장에서 ~.

일반(一般) 명 1 다른 것이 없이 마찬가지의 상태. ¶매~/이러나저러나 안 되기는 ~이다. 2 특정인이 아닌 보통의 사람들. ¶~ 대중 / ~에게 공개하다. 3 특별히 정한 어떤 일부가 아니라 전체에 두루 해당되는 것. ¶~ 상식. ↔특수.

일반^개념(一般概念) 명[논] 많은 대상의 그 어느 것에나, 뜻을 바꾸지 않고서 적용할 수 있는 개념. 예를 들면 '산', '사람' 따위. =보통 개념·보편 개념. ↔단독 개념.

일반^교서(一般敎書) 명[정] 미국 대통령이 연두(年頭)에 상·하 양원 합동 회의에서 발표하는 시정 방침. ㈜연두 교서.

일반-론(一般論) [-논] 명 어느 특정한 사물을 대상으로 하는 것이 아니라, 전체에 통용되는 것으로서의 논리.

일반^명사(一般名詞) 명[언] =보통 명사.

일반-법(一般法) [-뻡] 명[법] 사람·장소·사항 등에 대한 특별한 제한이 없이 적용되는 법률. 헌법·민법·형법 따위. =보통법. ↔특

별법.

일반^사:면(一般赦免) [명][법] 죄의 종류를 정하여 그 범인 모두에 대하여 하는 사면. 국회의 동의를 얻어 대통령이 할 수 있음. ▷특별 사면.

일반^상대성^이:론(一般相對性理論) [-썽-] [명][물] 아인슈타인의 상대성 이론에서, 만유인력의 현상을 중력(重力)의 장(場)을 포함하는 모든 좌표계에 대하여 성립하는 것이라고 설명한 것. ↔특수 상대성 이론. ▷상대성 이론.

일반-석(一般席) [명] 일반인이 앉도록 된 자리. =보통석. ↔특별석.

일반-은행(一般銀行) [명] 은행법에 의해 설립된 주식회사 조직의 영리 금융 기관. 시중 은행·지방 은행 및 외국 은행의 국내 지점이 이에 속함. =보통 은행. ↔특수 은행.

일반-의(一般醫) [명] 전공의 수련을 거치지 않아 특정한 전문 진료 과목이 없는 의사. ▷전문의.

일반-인(一般人) [명] **1** 특별한 신분이나 지위에 있지 않은 보통의 사람. ¶군사 시설을 ~에게도 공개하다. **2** 어떤 일에 관계가 없는 사람. ¶공장에 ~의 출입을 금함. ↔특정인.

일반-적(一般的) [관] **1** 일부에 한정되지 않고 전반에 걸친 (것). ¶성적이 ~으로 저조하다 / 아이들은 ~으로 과자를 좋아한다. ↔국부적. **2** 전문(專門)에 속하지 않는 (것). ¶~인 생활. ↔전문적.

일반직^공무원(一般職公務員) [-꽁-] [명][법] 기술·연구 또는 행정 일반에 대한 업무를 담당하며, 직군(職群)·직렬(職列)별로 분류되는 공무원.

일반-항(一般項) [명][수] 수열·급수 등에서 임의의 항. =공통항·공항(公項).

일반-화(一般化) [명] **1** (개별적이거나 특수한 것이) 일반적인 것이 되거나 되게 하는 것. **2** [심] 어느 특정한 자극에 대한 반응이 형성된 뒤, 그 자극과 다소 다른 자극을 주어도 동일한 반응이 일어나는 현상. =범화. **일반화-하다** [자][타] **일반화-되다** [자]

일발(一發) [명] 활·총포 등을 한 번 쏘는 일. ¶~에 쓰러뜨리다 / ~의 총성이 들리다.

일방(一方) I [명] '한쪽', '한편'의 뜻. II [부] **1** 다른 방향과 상관없이 한 방향으로. **2** 한편으로는. ¶~ 건설하고 ~ 적과 싸우다.

일방-적(一方的) [관][명] 어느 한쪽으로만 치우치는 (것). ¶~ 공격 / ~인 요구.

일방-통행(一方通行) [명] **1** 한 방향으로만 가도록 하는 일. 또는, 가는 일. ¶이곳은 ~ 구간이다. **2** 한쪽 의사(意思)만이 행세하거나 통하는 일. ¶권력자의 뜻이 ~으로 작용하는 공산 사회.

일:-벌 [명] 집을 짓고 애벌레를 기르며 꿀을 모으는 일을 하는 벌. 생식 기능이 없음.

일:-벌레 [-뻘-] [명] '지나칠 정도로 일을 열심히 하는 사람'을 놀림조로 이르는 말. ¶김 과장은 회사에서 ~로 통한다.

일벌-백계(一罰百戒) [-계/-게] [명] 다른 사람들에게 경각심을 불러일으키기 위하여 본보기로 한 사람에게 중한 처벌을 하는 일. ¶~로 다스리다. **일벌백계-하다** [자][여]

일변¹(一邊) I [명] 한편, 또는, 한쪽 부분. ¶윤판서는 김의정의 말을 듣고 ~으로 갸륵하게 생각하고, ~으로 감사하게 생각하였다. 《홍명희:임꺽정》

II [부] 한편으로는. ¶나는 오디를 따서 ~ 먹고 ~ 주머니에 넣었다. 《김남천:오디》

일변²(一變) [명] 아주 달라지는 것. **일변-하다** [자][여] ¶그곳에 지하철역이 생기자 주변 상황이 **일변하여** 매우 활기를 띠게 되었다. **일변-되다** [자][여] ¶신무기의 개발로 전쟁의 양상이 **일변되었다**.

일변³(日邊) [명] 하루하루 계산하는 변리. (비)일변.

일변-도(一邊倒) [명] 《어떤 명사 다음에 쓰여》 일의 방향이나 태도가 그 명사가 나타내는 쪽으로만 치우친 상태. ¶성장 ~의 경제 정책을 펴다 / 강경 ~로 나가다.

일-변화(日變化) [명] 하루 동안의 기온·습도·기압 따위의 변화.

일별(一瞥) [명] (대상을) 한 번 흘낏 보는 것. ¶기실 그는 영실 편은 ~도 하지 않고, 큰딸만을 뚫어지게 쏘아보고 있었지만…. 《강신재:파도》 **일별-하다** [타][여]

일병(一兵) [명][군] 국군 계급의 하나. 사병에 속하는 계급으로 이병의 위, 상병의 아래임. =일등병.

일보¹(一步) [명] **1** 어떤 일을 시작하기 위한 첫걸음. ¶우주 탐사의 ~를 내딛다. **2** 어떤 일이 아주 가까이에 있음을 비유하여 이르는 말. ¶패배 ~ 직전에 역전승을 거두다.

일보²(日報) [명] **1** 나날의 보도나 보고. ¶병력 ~를 작성하다. **2** =일간 신문.

일:-복(一服) [명] 일을 할 때 입는 옷. =일옷.

일:-복(一福) [-뽁] [명] 늘 일거리가 많은 것을 이르는 말. ¶~을 타고나다 / ~이 터지다 / ~이 많은 사람.

일본(日本) [지] 아시아 동쪽 끝에 있는 입헌 군주국. 수도는 도쿄.

일본식 성:명 강:요(日本式姓名強要) [역] 일제 강점기에, 우리나라 사람들이 성과 이름을 일본식으로 바꾸던 일. 1940년에 일본이 내선 일체(內鮮一體)를 내걸고 강압적으로 요구하였음. 구용어는 창씨개명.

일본-어(日本語) [명][언] 일본 민족이 사용하는 언어. 가나(假名)와 한자로 표기함. (준)일어.

일본-잎갈나무(日本-) [-닙깔라-] [명][식] 소나뭇과의 낙엽 교목. 자웅 동주로 5월에 꽃이 피고, 열매는 9~10월에 익음. 건축·펄프·선박재 및 정원수·분재 등으로 쓰임. =낙엽송(落葉松).

일부¹(一部) [명] 한 부분. (비)일부분. ¶원고의 ~를 고치다 / 서울의 ~ 지역에 오늘 수돗물이 나오지 않는다.

일부²(日附) [명] 서류 따위에 적는 그날그날의 날짜.

일부³(日賦) [명] 전체의 금액을 나누어 매일 내는 일. ▷월부.

일부-다처(一夫多妻) [명] 한 남편에게 동시에 여러 아내가 있는 일.

일!-부러 [부] **1** 일삼아 굳이. ¶~ 여기까지 오셨는데 헛걸음을 하셨으니 어떡하죠? **2** 어떤 의도나 생각을 가지고 고의적으로. ¶그는 ~ 남이 싫어하는 짓만 골라 했다.

일-부분(一部分) [명] 한 부분. (비)일부. ¶이 사과는 ~만 썩었다. **2** 전체를 일정한 수로 나눈 얼마. ¶수입의 ~을 저축하다. ↔대부분.

일부-양처(一夫兩妻) [명] 한 남편에게 아내가 동시에 둘이 있는 일.

일부-인(日附印) [명] 서류 따위에 그날그날의 날짜를 찍는 도장.

일부-일처(一夫一妻) 명 한 남편에게 한 아내가 있는 일.
일부-종사(一夫從事) 명 한 남편만을 섬김. 또는, 그 도리. ¶일부종사-하다 통여
일부-종신(一夫終身) 명 한 남편만을 섬겨, 남편이 죽어도 개가하지 않고 일생을 마침. ¶일부종신-하다 통자여
일부-주권국(一部主權國) [-꿘-] 명 정 주권을 완전히 행사하지 못하고 그 일부가 제한되어 있는 나라. =반독립국·반주권국.
일분-일초(一分一秒) 명 아주 짧은 시간. ¶~을 아껴 공부하다 / ~을 다투는 경기.
일빈-일소(一嚬一笑) [-쏘] 명 [얼굴을 찡그렸다 웃었다 한다는 뜻] 얼굴에 나타나는 표정의 변화를 이르는 말.
일사¹(一死) [-싸] 명 1 한 번 죽는 것. 곧, 한 목숨을 버리는 것. ¶~보국(報國) / ~를 각오하다. 2 [체] =원 아웃. ¶~ 만루의 기회.
일사²(一事) [-싸] 명 한 가지 일. 또는, 한 사건.
일사³(日射) [-싸] 명 1 햇빛이 내리쬠. 2 [물] 땅 위에 닿은, 태양의 복사 에너지의 세기.
일사⁴(逸史) [-싸] 명 정사(正史)에 빠져서 전하지 않는 사실을 기록한 역사.
일사-병(日射病) [-싸뼝] 명 한여름에 뙤약볕 아래에서 오래 서 있거나 노동을 하거나 할 때에 일어나는 병. 심한 두통·현기증이 나고 숨이 가쁘며 졸도함.
일사부재리(一事不再理) [-싸-] 명 [법] 한 번 확정 판결된 사건은 다시 심리하지 않는다는 형사 소송법상의 원칙. ¶~ 원칙에 의해 기각되다.
일사부재의(一事不再議) [-싸-의/-싸-이] 명 [법] 의회에서 한 번 부결된 안건은 같은 회기 중에는 다시 제출할 수 없다는 원칙.
일-사분기/1/4분기(一四分期) 명 1년을 넷으로 나눈 첫째 기간. 곧, 1·2·3월의 석 달동안을 말함. ¶~ 수출 실적.
일사불란(一絲不亂) [-싸-] →**일사분란-하다**
[-싸-] 형명 질서 정연하여 조금도 어지러운 데가 없다. ¶일사불란한 팀워크.
일사-천리(一瀉千里) [-싸철-] 명 [강물이 거침없이 흘러 천 리를 간다는 뜻] 어떤 일이 거침없이 또는 기세 좋게 빨리 진행됨을 이르는 말. ¶그 회의에서 가장 어려웠던 안건에 합의가 이루어지자 기타 안건은 ~로 통과되었다. 2 글이나 말이 거침이 없음을 이르는 말. ¶~로 써 내려가다.
일삭(一朔) [-싹] 명 한 달.
일산¹(日産) [-싼] 명 1 하루의 생산량. 2 일본에서 만들거나, 난 물건. ¶~ 자동차.
일산²(日傘) [-싼] 명 1 볕을 가리기 위하여 세우는, 우산처럼 생긴 물건. 대개 고 다니는 것은 큼. 2 [역] 의장(儀杖)의 한 가지. 자루가 긴 양산으로, 황제는 황색, 황태자나 왕은 적색, 왕세자는 흑색 비단으로 만들었음.
일산화-탄소(一酸化炭素) [-싼-] 명 [화] 탄소 원자에 산소 한 원자의 비율로 된, 무색무취의 유독한 기체. 불을 붙이면 푸른 불꽃을 내며 연소하여 이산화탄소가 됨. 환원제로 쓰임. =산화탄소.
일¹-**삼다**[-따] 통여 1 일로 생각하고 하다. ¶일삼아 찾아갔더니 헛걸음만 했다. 2 (부정적인 일을) 계속하여 늘 하다. ¶거구한 날 거짓말을 ~.

일상(日常) [-쌍] I 명 매일 반복되는 생활. ¶바쁜 ~ / 반복되는 ~을 벗어나다. II 부 날마다. ¶~ 하는 일.
일상-사(日常事) [-쌍-] 명 일상으로 있는 일.
일상-생활(日常生活) [-쌍-] 명 평소의 생활.
일상-용어(日常用語) [-쌍농-] 명 보통으로 늘 쓰는 말.
일상-적(日常的) [-쌍-] 관명 날마다 늘 있는(것). ¶~인 일.
일색(一色) [-쌕] 명 1 한 가지의 빛. ¶산의 초록 ~으로 변하다. 2 뛰어난 미인. ¶천하 ~. 3 어떤 한 가지로만 된 모양. ¶올 봄옷은 핑크빛 ~이다.
일생(一生) [-쌩] 명 사람이나 동물이 태어나 죽을 때까지의 동안. =한살이. (비)평생·한평생. ¶여자의 ~ / ~을 독신으로 지내다 / 훌륭한 예술가가 되는 것이 ~의 소원이었다.
일생-일대¹(一生一大) [-쌩-때] 명 (주로 '일생일대의'의 꼴로 쓰여) 일생을 통하여 가장 중요함. ¶~의 작품 / ~의 소원을 이루다.
일생-일대²(一生一代) [-쌩-때] 명 일생 동안.
일생-토록(一生-) [-쌩-] 부 =평생토록. ¶~ 고마움을 잊지 못하다.
일석¹(一夕) [-썩] 명 1 하루 저녁. ¶일조(一朝) ~. 2 어느 저녁.
일석²(日夕) [-썩] 명 =저녁1. ¶~ 점호.
일석이조(一石二鳥) [-썩-] 명 [한 번의 돌 팔매로 두 마리 새를 잡는다는 뜻] 한 가지 일을 하여 동시에 두 가지 이득을 얻는다는 말. (비)일거양득. ¶산책을 통하여 건강도 되찾고 배우자도 만나게 되어 ~가 되었다.
일선(一線) [-썬] 명 1 어떤 일을 직접 실행하거나 실천하는 맨 앞의 자리나 지위. (비)제일선. ¶~ 장병 / ~ 기자 / ~ 교사 / ~에서 물러나다.
일설(一說) [-썰] 명 정설이나 통설이라고는 하기 어려운 어떤 한 주장이나 학설. 또는, 확실치 않은 어떤 설. ¶…또 ~에는 영천 지방 어디서 우물에 빠져 죽어 버렸다는 소문도 있었다. 《김동리: 황토기》
일성(一聲) [-썽] 명 1 하나의 소리. ¶대갈 ~. 2 한 마디의 말. ¶그동안의 잘못된 폐습을 개혁하겠다는 것이 신임 회장의 첫 ~이었다.
일성-호가(一聲胡笳) [-썽-] 명 한 곡조의 피리 소리. ¶어디서 ~는 남의 애를 끊나니. (이순신: 옛시조)
일세(一世) [-쎄] 명 1 사람의 일생. ¶~를 마치다. 2 온 세상. ¶배금주의가 ~를 풍미하다 / ~에 ~에 날리다. 3 한 세대. 30년 동안을 기준으로 함. =일대 (一代). 4 (교포의 세대를 구별하는 문맥에 쓰여) 이민을 처음 간 세대에 속하는 사람을 이르는 말. ¶교포 ~. 5 주로 서양에서, 같은 이름으로 같은 자리에 첫 번째로 오른 교황이나 황제의 이름 뒤에 붙이는 말. ¶헨리 ~ / 교황 요한 바오로 ~. 6 주로 서양에서, 어떤 사람의 성명이 아들이나 손자 등과 같을 때, 그의 이름 뒤에 붙이는 말. ¶록펠러 ~.
일¹-**소**[-쏘] 명 농사일이나 물건의 운반 등에 부리기 위하여 기르는 소. (비)역우.
일소²(一笑) [-쏘] 명 1 한 번 웃는 것. 2 어떤

일을 무시하거나 대수롭지 않게 여겨 웃어넘기는 것. **일소-하다**[1] [동][자][타][여]

일소에 부치다 [구] 어떤 일을 무시하거나 대수롭지 않게 생각하여 웃어넘길 일로 취급하다. ¶"그것은 꿈같은 이야기요." 아나니아는 썩 못마땅한 듯이 그것을 **일소에 부쳐** 버렸다.《김동리:사반의 십자가》

일소[3](一掃)[-쏘] [명] 죄다 쓸어버리는 것. **일소-하다**[2] [동][타][여] ¶구악(舊惡)을 ~ / 일제 식민지의 잔재를 ~. **일소-되다** [동][자]

일¦-속[-쏙] [명] 일의 속내나 실속. ¶~을 훤히 들여다보다.

일¦-손[-쏜] [명] **1** 일하는 손. ¶~을 붙들다 / ~을 잠시 멈추다. **2** 일하는 솜씨. ¶~이 세다. **3** 일하는 사람. ¶~이 모자라다.

일손(을) 놓다 [구] **1** 하던 일을 그만두다. ¶ **일손 놓고** 누운 지가 벌써 한 달이 지났다. **2** 일하던 손을 멈추고 잠시 쉬다.

일손이 잡히다 [구] 일할 마음이 나다. ¶도무지 **일손이 잡히지** 않는다.

일¦-솜씨 [명] 일하는 솜씨. 또는, 일한 솜씨. ¶~가 좋다.

일수[1](一手)[-쑤] [명] **1** =상수(上手)[1]. **2** 같은 수 또는 수법. **3** 바둑·장기에서, 한 번 수를 두는 일.

일수[2](日收)[-쑤] [명] **1** 본전과 이자를 합한 금액을 며칠에 나누어 일정한 액수를 날마다 거두어들이는 일. 또는, 그 빚. ¶~를 내어 장사 밑천을 마련하다. **2** '일수입'의 준말. ¶~ 3만 원이다. ▷월수.

일수[3](日數)[-쑤] [명] **1** 날의 수. [비]날수. ¶근무 ~ / ~를 계산하다 / 수업 ~를 채우다. **2** [민] 그날의 운수. =날성수. ¶~가 사납다 / ~가 좋다 / ~를 보다.

일수-놀이(日收-)[-쑤-] [명] 일수로 돈을 주고받는 행위. ¶~를 하다.

일수불퇴(一手不退)[-쑤-퇴/-쑤-퉤] [명] 바둑·장기에서, 한번 둔 수는 물릴 수 없음을 이르는 말. =일수불통(一手不通). **일수불퇴-하다** [동][자][여]

일-수입(日收入)[-쑤-] [명] 하루의 수입. [준]일수. ▷월수입.

일수-쟁이(日收-)[-쑤-] [명] 일수놀이를 하는 사람.

일순[1](一巡)[-쑨] [명] 한 바퀴 도는 것. **일순-하다** [동][자][타][여] ¶타자가 ~.

일순[2](一瞬)[-쑨] [명][부] '일순간'을 좀 더 문어적·문학적으로 이르는 말. ¶의표를 찌르자 ~ 그의 얼굴에 당혹의 빛이 흘렀다.

일-순간(一瞬間)[-쑨-] Ⅰ [명] 아주 짧은 순간. [비]삽시간·한순간. ¶~의 행복.
Ⅱ [부] 아주 짧은 순간에. ¶기대와 희망이 ~ 무너져 버렸다.

일숫-돈(日收-)[-쑤똔/-쑫똔] [명] 본전과 변리를 일정한 날짜에 나누어 날마다 갚기로 하고 대차(貸借)하는 빚돈. ¶~을 쓰다.

일습(一襲)[-씁] [명] 옷·그릇·기구 따위의 한 벌. ¶제기(祭器) ~을 마련하다.

일시[1](一時)[-씨] [부] **1** 어느 한 시기의 짧은 동안에. ¶~ 귀국 / ~ 후퇴. **2** ➜일시에.

일시[2](日時)[-씨] [명] 날과 때. 또는, 날짜와 시간. ¶연월~.

일시-불(一時拂)[-씨-] [명] 금액을 한꺼번에 내거나 상환하는 일. ¶물건 값을 ~로 지불하다. ↔분할불.

일시^센¦물(一時-)[-씨-] [명][화] 일정한 처리를 하여 끓이면 단물로 되는 센물. =일시 경수. ↔영구 센물.

일시-에(一時-)[-씨-] [부] **1** 모두 같은 때에. ¶수많은 마라토너들이 ~ 출발하다. **2** 갑자기 한순간에. ¶공든 탑이 ~ 무너지다.

일시^자¦석(一時磁石)[-씨-] [명][물] 자기장 안에 두면 자기(磁氣)를 띠고, 자기장을 벗어나면 자기를 잃는 자석. ↔영구 자석.

일시-적(一時的)[-씨-] [관][명] 한때·한동안만 관계있는 (것). ¶~인 감정. ↔영구적.

일식[1](一式)[-씩] [명] 그릇·가구 등의 한 벌.

일식[2](日食)[-씩] [명] 일본식의 음식.

일식[3](日蝕·日食)[-씩] [명][천] 달이 태양을 가려 지구의 일부 지역에서 태양의 전부 또는 일부를 볼 수 없게 되는 현상. 부분 일식·개기 일식·금환식 등이 있음. ▷월식(月蝕). **일식-하다** [동][자][여]

일식-집(日食-)[-씩찝] [명] 일본식 음식을 파는 식당.

일신[1](一身)[-씬] [명] **1** 자기 한 몸. ¶~의 영달만을 꾀하다. **2** =온몸.

일신[2](一新)[-씬] [명] 아주 새롭게 하는 것. 또는, 아주 새로워지는 것. **일신-하다**[1] [동][자][타][여] ¶면모를 ~. **일신-되다** [동][자] ¶내용이 ~.

일신[3](日新)[-씬] [명] 날로 새로워지는 것. 또는, 날로 새로워지게 하는 것. **일신-하다**[2] [동][자][타][여] ¶덕업을 ~.

일신-교(一神敎)[-씬-] [명][종] 오직 하나의 신을 신앙하는 종교. 크리스트교·이슬람교 따위. =유일신교. ↔다신교.

일신-상(一身上)[-씬-] [명] 개인의 한 몸에만 관계된 형편. ¶~의 문제.

일실(一室)[-씰] [명] **1** 한 방. **2** 한집안에서 사는 가족.

일심[1](一心)[-씸] [명] **1** 하나로 합쳐진 마음. **2** 한쪽에만 마음을 쓰거나 둠. ¶"조신아, 문을 잠갔으니 내가 부를 때까지 나올 생각 말고 ~으로 관세음보살을 부르렷다. 행여 딴 생각 할세라."《이광수:꿈》 **3** 여러 사람의 마음이 일치함. [비]동심. ¶~ 협력 / ~ 단결. **일심-하다** [동][자][여]

일심[2](一審)[-씸] [명][법] '제일심'의 준말. ¶~ 판결에 불복하다.

일심-동체(一心同體)[-씸-] [명] 여러 사람이 한마음으로 굳게 결합하는 일. ¶~가 되어 일하다.

일심-전력(一心專力)[-씸절-] [명] 오직 한 군데에 마음을 두어 온 힘을 기울임. **일심전력-하다** [동][자][여] ¶**일심전력하여** 일하다.

일쑤 Ⅰ [명] 《'-기(가) 일쑤이다'의 꼴로 쓰여》 흔히 또는 으레 그렇게 함을 이르는 말. ¶그는 차만 탔다 하면 졸기가 ~이다.
Ⅱ [부] 흔히 또는 곧잘. ¶매양 만나는 이들이 술을 했느냐고 묻도록 얼굴에 핏기가 많고 침착 냉정하지 못해 ~ 흥분을 잘한다.《김소운:외투》

일안(一安) ➜**일안-하다** [형][여] 한결같이 편안하다. ¶가내 제절이 **일안하시온지**요?

일야(一夜) [명] =하룻밤.

일약(一躍) [부] 지위·등급 등이 별안간 높이 뛰어오르는 모양. ¶~ 스타가 되다.

일양(一樣) [부] 한결같이 그대로.

일어(日語) [명][언] '일본어'의 준말. ¶~ 회화.

일어-나다 [동][자] **1** (사람이나 동물이) 누운 상태에서 앉거나 서거나, 앉은 상태에서 서는 상태가 되다. ¶자리에서 **일어나** 박수를 치다. 2 (사람이) 잠이 깨어, 몸을 일으키거나 잠자리에서 벗어나다. ¶새벽 4시에 ~. 3 (사건·사고·싸움·사회 운동 등이) 어느 곳에 생겨나다. 団발생하다·발발하다. ¶대형 사고가 ~ / 전쟁이 ~. 4 (새롭거나 놀랍게 달라지는 현상이) 어느 대상에 생겨 나타나다. ¶변화가 ~ / 기적이 ~. 5 (어떤 심리 작용이) 마음속에서 생겨나다. ¶의심이 ~ / 욕심이 ~. 6 (먼지나 거품이나 보푸라기 등이) 물체의 표면에 생겨 날리거나 도드라지다. ¶흙먼지가 ~. 7 (약한 상태의 불이) 어떤 작용을 받아 더 잘 타는 상태가 되다. ¶화톳불이 서서히 ~. 8 (약한 상태의 세력·기세 등이) 왕성한 상태가 되다. ¶집안이 ~ / 가세가 ~. 9 (병을 앓던 사람이) 병이 나아 건강한 상태가 되다. ¶병석에서 ~. 10 (사람들이) 어떤 일을 이루기 위해 용기를 가지고 적극적으로 나서다. ¶온 민족이 일제에 항거하여 ~.

일어-서다 暠困 1 (사람이나 네발짐승이) 앉거나 엎드리거나 누운 자세에서 몸을 일으켜 서다. ¶왜 벌써 **일어서나**? 더 놀다 가지. 2 (사람이나 대상이) 비관적인 상태에서 낙관적이거나 희망적이기나 비관적인 상태가 되다. ¶절망을 딛고 ~. 3 (사람들이) 어떤 결의를 가지고 힘차게 행동하는 상태가 되다. 団궐기하다. ¶잃었던 자유를 되찾기 위해서 ~.

일어-앉다[-안따] 暠困 누웠다가 앉다.
일어탁수(一魚濁水)[-쑤] 몡 [한 마리의 고기가 온 물을 흐린다는 뜻] 한 사람의 잘못으로 여러 사람이 피해를 입게 됨.
일언(一言) 몡 1 한 마디의 말. 2 간단한 말.
일언-반구(一言半句) 몡 ['한 마디의 말과 반 구절'이라는 뜻] 극히 짧은 말의 비유. =일언반사. ¶내겐 ~도 없이 자기 멋대로 처분해 버렸다.
일언이폐지-하다(一言以蔽之-)[-페-/-페-] 暠囶 (주로, '일언이폐지하고·일언이폐지하면'의 꼴로 쓰여) 이런저런 말이 필요 없이 한 마디로 핵심을 들거나 결론 삼아 말하다. 団페일언하다. ¶**일언이폐지하고** 이 문제는 웃어른의 처분에 맡기자. / 그의 아내(복동이란 이름이었다)는 **일언이폐지하면** 시가를 ― 그러니까 결국은 중신 자기를 위해서 청춘과 인생을 허비한 것이었다. 《김정한·인간 단지》
일언지하-에(一言之下-) 囲 한 마디 말로. ¶~ 거절하다.

일-없다[-업따] 톙 (주로 대화 장면에서, 상대에 대한 반발이나 거부감 등의 감정을 나타내는 뜻으로 쓰여) 상관하거나 개의할 필요가 없다. ¶"내가 좀 도와줄까?" "**일없어**, 넌 네 일이나 잘해!"

일-여덟[-녈] 囷팬 '일곱여덟'의 준말.
일엽-편주(一葉片舟) 몡 조그마한 조각배.
일영(日影) 몡 1 해의 그림자. 2 [역] 해의 그림자로 시간을 헤아리는 기구.
일:-옷[-온] 몡 =일복. ¶~으로 갈아입다.
일-왕(日王) 몡 일본의 국왕. 우리나라에서 근래에 만들어진 '천황'의 대체어로, 황제가 아닌 왕이라는 뜻을 지침.
일요(日曜) 몡 (주로, 일부 명사 앞에 쓰여) '일요일'을 줄여 이르는 말. ¶~ 초대석 / ~ 특집극.
일요-병(日曜病)[-뼝] 몡 평일의 팽팽한 긴장과 노는 날의 여가의 권태에서 일어나는, 현대인의 정신적·육체적 피로감과 허탈증. ▷월요병.

일-요일(日曜日) 몡 한 주일의 요일의 하나. 토요일의 다음, 월요일의 전에 옴. 団공일(空日). ▷공휴일.
일요-작가(日曜作家)[-까] 몡 평일에는 직장에 나가서 일을 하고 일요일에만 작품을 쓰는 아마추어 작가.
일용¹(日用) 몡 날마다 쓰는 일. ¶~ 잡화. **일용-하다** 톼펴예 일용할 양식.
일용²(日傭) 몡 =날품. ¶~ 근로자.
일용-품(日用品) 몡 날마다 쓰는 물건. ¶~가게.
일우(一隅) 몡 한쪽 구석. 또는, 한 모퉁이.
일원¹(一元) 몡 1 하나의 근본. 또는, 사물의 근원이 오직 하나인 것. ↔다원(多元). 2 [수] 한 개의 미지수를 포함하는 일. ¶~ 이차 방정식.
일원²(一員) 몡 어떤 단체를 이루고 있는 사람 중의 하나. ¶사회의 ~으로서 공중도덕을 잘 지켜야 한다.
일원³(一圓) 몡 일정한 범위의 지역. 団일대(一帶). ¶경기도 ~에 수사망을 펴다.
일원-론(一元論)[-논] 몡 [철] 1 하나의 원리로써 전체를 설명하려는 입장. 또는, 그러한 사고방식. 2 우주의 근본 원리는 오직 하나라는 설. =단원론. ▷이원론·다원론.
일원-적(一元的) 몡 1 근본이 하나인 (것). 2 특정한 문제나 사항을 오직 하나의 원리로 설명하는 (것).
일원-제(一院制) 몡 [법] =단원제.
일원-화(一元化) 몡 많은 문제·기구·조직 등을 하나로 통합하는 일. **일원화-하다** 톼 困여 ¶조직 업무를 ~ / 접수창구를 ~. **일원화-되다** 톼囶

일월¹(一月) 몡 한 해의 열두 달 가운데 첫째 달. 음력 일월은 '정월'이라고 함.
일월²(日月) 몡 1 해와 달. 2 날과 달이라는 뜻으로, '세월'을 이르는 말.
일월성신(日月星辰) 몡 해와 달과 별.
일으키다 暠囶 1 (사람이 다른 사람이나 물건을) 눕거나 앉거나 쓰러진 상태에서 서는 상태가 되게 하다. ¶넘어진 아이를 ~. 2 (사람이 제 몸을) 누운 상태에서 상체를 바로 세우다. ¶윗몸을 **일으키는** 운동 / 병석에 누운 환자가 가까스로 몸을 ~. 3 (사람이나 자연이 바람·파도·먼지·전기 따위를) 어떤 힘의 작용으로 생기게 하다. ¶모터보트가 물결을 **일으키며** 질주하다 / 물의 힘으로 터빈을 돌려 전기를 ~. 4 (어떤 말이나 행동이 좋지 않은 일이나 현상을) 생기게 하다. ¶그의 발언은 큰 물의를 **일으켰다**. 5 (사람이 전쟁·사고·말썽·난리 등을) 생기게 하다. ¶가는 곳마다 말썽만 **일으키는** 사고뭉치. 6 (어떤 대상이 새롭거나 달라지는 현상을) 생겨 나타나게 하다. ¶마음에 변화를 ~ / 한강의 기적을 ~. 7 (사람이 어떤 일이나 집안·기업·나라 등을) 크게 흥하거나 발전하게 하다. ¶국가 경제를 ~ / 몰락한 집안을 다시 ~. 8 (사람이나 기계 등이 고장이나 병적인 상태를) 나타내다. ¶엔진이 고장을 ~ / 심장 발작을 ~.

일의-적(一義的)[-의-/-이-] 관 1 가장 중요하고 근본적인 뜻인 (것). ¶철학의 ~인 문제. 2 하나의 의미나 결과가 한 종류인 (것).
일이(一二)[-리] 관 =한두. ¶~ 명 / ~ 회 / ~ 개월.
일이관지(一以貫之) 몡 한 이치로서 모든 것

을 일관함. **일이관지-하다** 통자타여 ¶그는 정직을 신조로 평생을 **일이관지하였다**.
일익¹(一翼) 명 1 한쪽 부분. ¶~이 되다. 2 한 구실. ¶~을 담당하다.
일익²(日益) 부 날로 더.
일인(日人) 명 일본 사람.
일인-극(一人劇) 명[연]=모노드라마.
일인-이역(一人二役) 명 혼자서 두 사람의 구실을 이룩하는 일. ¶주부와 회사원의 ~을 하다.
일인-일기(一人一技) 명 한 사람이 하나의 기술을 가지는 일. ¶~ 교육.
일인일당-주의(一人一黨主義) [-땅-의/-땅-이] 명 단체의 구성원이 그 단체의 주의에 맹종하지 않고 각자의 의견을 주장하여 찬부(贊否)를 결정하려는 주의. 또는, 그 구성원의 의사를 존중하는 주의.
일인-자(一人者) 명=제일인자. ¶사계(斯界)의 ~가 되다.
일인-칭(一人稱) 명[연]=제일 인칭.
일인칭^소!설(一人稱小說) 명[문] 주인공이 일인칭 대명사로 된 소설. 주인공 '나'의 눈에 비친 세계를 이야기 형식으로 나타냄. 사소설(私小說) 따위. ▷삼인칭 소설.
일인칭^시!점(一人稱視點) [-쩜] 명[문] 소설에서, 화자가 보고 듣고 겪은 바를 이야기하는 시점. 이때 화자인 '나'는 사건의 관찰자일 수도 있고, 중심 인물일 수도 있음. ▷삼인칭 시점.
일일¹(一日) 명=하루3. ¶~은 한 곳에 이르니 만첩 산장(萬疊山嶂)이 하늘에 닿은 듯하고….〈홍길동전〉
일일²(日日) 명 반복되는 매일. ¶~ 연속극.
일일-생활권(一日生活圈) [-꿘] 명 하루 동안 볼일을 끝내고 돌아올 수 있는 거리 안에 있는 범위. ¶전국이 ~ 안에 들다.
일일!-이¹ [-릴-] 부 일마다. ¶~ 틀어지다/~ 반대하다.
일일-이² (- -) [-릴-] 부 관심이 미치거나 다루는 범위에 있어서, 여럿 가운데 어느 대상 하나 빠뜨리지 않고 모두. 비하나하나. ¶~ 검사하다/~ 여행/~ ~ 걸수하다.
일임(一任) 명 (어떤 일을 어떤 사람에게) 전적으로 맡기는 것. **일임-하다** 통타여 ¶결정을 의장에게 ~. **일임-되다** 통자여
일자¹(一字) [-짜] 명 1 한 글자라는 뜻으로, 아주 적은 지식을 이르는 말. 2 한 마디의 글. ¶~ 상서하나이다.
일자²(一字) [-짜] 명 '一(일)' 자의 모양. ¶~로 굳게 다문 입.
일자³(日字) [-짜] 명=날짜¹. ¶결혼 ~.
일!-자리 [-짜-] 명 직업으로서 일할 수 있는 자리. 비일터·직장(職場). ¶~을 구하다/경기가 나빠 ~가 부족하다.
일자-못(一字-) [-짜몯] 명 대가리에 '一(일)' 자 모양의 홈이 있는 나사못. ▷십자못.
일자-무식(一字無識) [-짜-] 명 글자 한 자도 모를 정도로 무식함. 또는, 어떤 분야에 대해 전혀 아는 바가 없음. ¶~인 시골 영감/경영에는 ~인 물리학 박사. **일자무식-하다** 형여
일자-바지(一字-) [-짜-] 명 바짓가랑이가 일직선으로 된 바지.
일자-집(一字-) [-짜-] 명[건] 지붕 용마루가 '一(일)' 자 모양으로 된 집.
일장(一場) [-짱] 명 (주로 일부 명사 앞에 쓰여) 한바탕 벌이거나 벌어짐을 나타내는 말. ¶~ 훈시를 늘어놓다/~ 연설을 하다.
일-장검(一長劍) [-짱-] 명 하나의 길고 큰 칼.
일장-기(日章旗) [-짱-] 명 일본의 국기.
일장일단(一長一短) [-짱-딴] 명 ['하나의 장점과 하나의 단점'이라는 뜻] 장점과 단점. 두 가지 방법 모두 ~이 있다.
일장-춘몽(一場春夢) [-짱-] 명 ['한바탕의 봄꿈'이라는 뜻] 헛된 영화(榮華)나 덧없는 일의 비유. ¶인생은 ~이다.
일장-풍파(一場風波) [-짱-] 명 한바탕의 소란이나 곡절. ¶~가 일어나다.
일적(一滴) [-쩍] 명 ['한 방울'이라는 뜻] 아주 적은 양의 액체.
일전¹(一戰) [-쩐] 명 한바탕의 싸움. ¶~을 불사하다/~을 벌이다. **일전-하다** 통자여
일전²(一轉) [-쩐] 명 1 한 바퀴 도는 것. 2 아주 변하는 것. ¶심기~. **일전-하다**² 통자
일전³(日前) [-쩐] 명 며칠 전. ¶~에 부탁한 일이 다 됐습니까?
일절(一切) [-쩔] 부 금지나 규제, 또는 부인이나 부정의 뜻을 가진 동사를 꾸며, 그 동사의 행동이나 작용을 절대적으로 강조하는 뜻을 나타내는 말. '전혀', '절대로' 등과 비슷한 쓰임을 가짐. ¶술과 담배를 ~ 금하다/외상은 ~ 사절합니다. ▷일체(一切).
일점-혈육(一點血肉) [-쩜-] 명 단 하나의, 자기가 낳은 자녀. ¶슬하에 ~이 없다.
일정¹(一定) [-쩡] 명 (일부 명사 앞에 쓰여) 어떤 것의 크기·모양·범위·시간 등이 하나로 정해져 있는 상태. ¶~ 기간/~ 금액. **일정-하다** 형여 1 어떤 모양이나 범위가 하나로 정하여 있다. ¶**일정한** 기준[규격]/수입이 ~. 2 모양이나 크기가 한결같다. ¶길이를 **일정하게** 자르다. **일정-히** 부
일정²(日政) [-쩡] 명=왜정(倭政).
일정³(日程) [-쩡] 명 1 하루 또는 일정 기간 동안 해야 할 일을 날짜와 시간에 맞추어 계획해 놓은 것. 또는, 그 계획. 비스케줄. ¶행사/~ 여행/~이 바뀌다/~을 마치다/~에 좇기다. 2 의회(議會) 등에서, 그날 심의할 의사(議事)나 그 순서. ¶의사~에 여야가 합의하다.
일정-량(一定量) [-쩡냥] 명 일정한 분량.
일정^성분비의 법칙(一定成分比-法則) [-쩡-의/-쩡-에-] 명[화] 어떤 화합물이라도 성분 원소의 무게의 비율은 일정하다는 법칙.
일정-액(一定額) [-쩡-] 명 어떤 기준이나 규정에 따라 일정하게 정한 금액. ¶매달 ~의 후원금을 내다.
일정-표(日程表) [-쩡-] 명 일정(日程)을 적어 놓은 표.
일제¹(一齊) [-쩨] 명 (일부 명사 앞에 쓰여) 여럿이 한꺼번에 함의 뜻을 나타내는 말. ¶~ 사격. **일제-히** 부 ¶~ 박수를 치다.
일제²(日帝) [-쩨] 명 1 '일본 제국'을 줄여 이르는 말. ¶~의 침략. 2 '일본 제국주의'를 줄여 이르는 말. ¶~의 발호.
일제³(日製) [-쩨] 명 어떤 상품이 일본에서 만든 것임. 또는, 그 상품. 비다이로.
일제^강!점기(日帝強占期) [-쩨-] 명[역] 1910년 국권이 침탈된 이후 1945년 해방되기까지의 35년간의 시대. 구용어는 일제 시대.
일제^시대(日帝時代) [-쩨-] 명 '일제 강점

기'의 구용어.

일조¹(一助) [-조] 명 얼마간의 도움. 자기의 도움에 대한 것일 때에는 겸손의 뜻을 가짐. **일조-하다** 통(자여) ¶저도 미약하나마 그 일에 **일조하였습**니다.

일조²(一朝) [-조] 명 1 '하루 아침'이라는 뜻으로, 갑작스럽고 짧은 시간을 이르는 말. ¶이 사업이 ~에 이루어진 보일까? 2 만일의 경우. ¶~유사시에 대비합니다.

일조³(日照) [-조] 명 햇볕이 내리쬠.

일조-권(日照權) [-쪼꿘] 명 [법] 인접한 건물이 자기 집에 드는 볕을 가리는 것을 저지할 수 있는 권리. ¶~을 침해하다.

일조-량(日照量) [-쪼-] 명 일정한 물체의 표면이나 지표면에 비치는 햇볕의 양. ¶~이 풍부하다 / ~이 적다.

일조^시간(日照時間) [-쪼-] 명 [물] 구름이나 안개 또는 건물 등에 가려지지 않고 실제로 태양이 비추는 시간. =일조시.

일조-율(日照率) [-쪼-] 명 [물] 해가 떠 있는 시간에 대한 실지 햇볕이 내리쬔 시간의 비율.

일조-일석(一朝一夕) [-쪼-석] 명 하루 아침이나 하루 저녁이라는 뜻으로, 짧은 시일을 이르는 말. ¶~에 외국어를 정복할 수는 없다.

일족(一族) [-쪽] 명 조상이 같은 한 족속. 또는, '한가족'을 예스럽게 이르는 말. ¶~을 멸하다.

일종(一種) [-쫑] 명 1 한 종류. ¶식물의 ~. 2 어떤 종류. ¶~의 희열을 느끼다 / 이것은 ~의 날짐승이다.

일종^교과서(一種敎科書) [-종-] 명 [교] 교육 인적 자원부가 저작권을 가지고 제작하는 교과서. =국정 교과서.

일좌(一座) [-쫘] 명 1 한 좌석. 2 온 좌석.

일주¹(一周) [-쭈] 명 한 바퀴 도는 일. ¶세계 ~ / 섬의 ~ 도로. **일주-하다**¹ 통(타여)

일주²(逸走) [-쭈] 명 본디의 방향에서 벗어나 엉뚱한 데로 나아가는 것. **일주-하다**² 통(자여) ¶오직 자유적 정신을 발휘하기이오, 결코 배타적 감정으로 **일주하지** 말라. 《기미 독립 선언문》

일주-권(日週圈) [-쭈꿘] 명 [천] 하늘의 적도(赤道)의 극을 중심으로 하고 천체의 극거리를 반지름으로 하는 천구 상의 원. =적위권·적위 등권.

일주-문(一柱門) [-쭈-] 명 [불] 기둥을 가로로 나란히 일렬로 세운 뒤 지붕을 올린, 절의 첫 번째 문.

일주^운동(日週運動) [-쭈-] 명 [천] 지구의 자전 때문에 모든 천체가 천구와 함께 지구의 자전과 반대 방향으로 도는 것처럼 보이는 현상. =매일 운동.

일-중독 일 이외에는 아무 관심이 없어 일만을 생각하고 일에만 빠져 있는 병적(病的)인 상태.

일지(日誌) [-찌] 명 그날그날의 일을 적은 기록. 또는, 그 책. ¶~사건 / ~항해 ~.

일직(日直) [-찍] 명 1 그날그날의 당직. 2 낮이나 일요일의 당직. 또는, 그 사람. ¶~당번 / ~숙직(宿直).

일-직선(一直線) [-찍썬] 명 한 방향으로 곧은 줄. ¶~으로 늘어선 가로수 / ~을 이루다.

일진¹(一陣) [-찐] 명 1 둘 이상의 무리가 순서에 따라 이동할 때, 그 첫 무리. ¶등

반대 ~이 정상에 도착하다. 2 스포츠 팀에서, 베스트 멤버에 든 선수들의 무리. ▷이진. 3 (주로 '일진의'의 꼴로 쓰여) 군사 등이 한 무리'의 뜻을 이루는 말. ¶~의 군사를 이끌고 적진 속에 뛰어들다. 4 (명사 앞에 쓰이거나 '일진의'의 꼴로 쓰여) 바람이나 구름 등이 '한바탕 몰아치는'의 뜻을 나타내는 말. ¶~의 광풍(黑雲) / ~의 광풍(狂風).

일진²(日辰) [-찐] 명 1 날의 간지(干支). 병신일(丙申日)·정해일(丁亥日) 따위. 2 그날의 운세. ¶~이 좋다 [사납다].

일진-광풍(一陣狂風) [-찐-] 명 한바탕 부는 사나운 바람. ¶~이 몰아치다.

일진-월보(日進月步) [-찐-] 명 날로 달로 끊임없이 진보 발전함. **일진월보-하다** 통(자여) ¶일진월보하는 과학 기술.

일진일퇴(一進一退) [-찐-퇴/-찐-퉤] 명 한 번 나아갔다 한 번 물러섰다 함. ¶~의 공방전. **일진일퇴-하다** 통(자여) ¶**일진일퇴하**는 전세(戰勢).

일진-회(一進會) [-찐회/-찐훼] 명 [역] 조선 말기 광무 8년(1904)에 일제의 대한 제국 강점을 도와준 친일적 정치 단체.

일쩝다 [-따] 형 〈일쩌우니, 일쩌워〉 거추장스러워 귀찮거나 불편하다. ¶맑은 시내에 붉은 잎을 그대로 **일쩌운** 바람이 오르내리는 늦은 가을…. 《김유정: 가을》

일찌감치 부 좀 더 일찍이. 또는, 꽤 일찍이. =일찌거니. ¶~아침을 먹고 떠나다. ↔는지감치.

일찌거니 부 =일찌감치.

일찌기 부 '일찍'이의 잘못.

일찍 부 =일찍이1. ¶아침 ~일어나다 / 10분 ~도착하다.

일찍-이 부 1 일정한 시간보다 이르게. =일찍. ¶~출근하다. 2 이전에. 또는, 이전까지. ¶나는 ~그곳에 다녀온 적이 있다. ×일찌기.

일차(一次) 명 1 어떤 사물이나 현상이 근본적·원초적인 것. ¶~ 사료(史料). 2 [수] 정식(定式)에서, 어떤 변수(變數)에 관하여 제곱 또는 그 이상의 항을 포함하지 않는 것.

일차^무지개(一次-) 명 =수무지개. ▷이차 무지개.

일차^방정식(一次方程式) 명 [수] 미지수의 최고 차수가 1차인 방정식.

일차^산업(一次産業) 명 [경] =제일차 산업.

일-차원(一次元) 명 [수] 점의 위치를 단 하나의 상수(常數)로 나타낼 수 있는 공간. 기하학에 쓰이는 용어임.

일차-적(一次的) 관 첫 번으로 되는 (것). ¶이 사건의 ~책임은 나에게 있다.

일차^전류(一次電流) [-절-] 명 [물] 일차 코일에 흐르는 전류.

일차^코일(一次coil) 명 [물] 두 개의 코일이 서로 전자기적으로 결합되어 있어 한쪽에 전류를 통하면 다른 쪽에 유도 전류가 생길 경우에, 전류를 통한 쪽의 코일. ▷이차 코일.

일착(一着) 명 1 첫째로 도착하는 것. 2 바둑이나 장기에서, 말이나 돌을 한 번 놓는 것. **일착-하다** 통(자여) ¶그는 이번 마라톤에서 **일착했을**뿐더러 기록 갱신도 하였다.

일처다부(一妻多夫) 명 한 아내에게 여러 남편이 있는 일.

일천(日淺) ➔ **일천-하다** 형여 어떤 일을 시

작한 지 불과 얼마 안 되어 경험이 쌓이지 않거나 성숙하지 않은 상태에 있다. ¶회사 설립의 역사가 ~.

일체¹(一切) Ⅰ명 (주로 명사 다음에 놓이거나, 명사 앞에 '일체의'의 꼴로 쓰여) 사물의 범위가 명사가 나타내는 대상의 전부에 미침을 나타내는 말. 비모두·전부. ¶~·중생/~의 경비를 회사에서 부담하다.
Ⅱ 부 어떤 행동이나 작용이 예외 없이 철저함을 나타내는 말. '모두', '죄다' 등과 비슷한 쓰임을 가짐. ¶사건의 진상이 ~ 비밀에 가려져 있다. ▷일절(一切).

일체²(一體) 명 둘 이상의 사람이 한마음 한뜻을 가지고 있는 상태. 또는, 떨어지거나 나누어지지 않은 한 덩어리. ¶혼연~/온 국민이 ~가 되어 난국을 극복하다.

일체-감(一體感) 명 남과 하나가 되는 느낌.

일촉즉발(一觸卽發) [-쪽-] 명 조금 건드리기만 하여도 곧 폭발할 것 같은 몹시 위험한 상태. ¶~의 위기/~의 전운(戰雲)이 감돈다.

일촌-간장(一寸肝腸) 명 ['한 토막의 간과 창자'라는 뜻] 몹시 애달프거나 애가 탈 때의 마음을 형용하여 이르는 말. ¶구슬픈 단소 가락에 ~이 다 녹는다.

일축(一蹴) 명 (주장·요구·제안 등을) 단번에 거절하거나 물리치는 것. ¶~을 당하다. **일축-하다** 통태여 ¶그의 부당한 제안을 **일축**해 버렸다. **일축-되다** 통자.

일출(日出) 명 산이나 지평선·수평선 위로 해가 돋는 것. 또는, 특히 바다 위로 해가 떠오르는 광경. 비해돋이. ¶~ 시각/의상대에 올라 동해의 ~을 바라보다. ↔일몰(日沒). **일출-하다**¹ 통자여.

일출-하다²(逸出-) 형여 보통보다 뛰어나다.

일취-월장(日就月將) [-짱-] 명 =일장월취. **일취월장-하다** 통자여 ¶수영 실력이 ~.

일층(一層) 부 한결 더. 비한층. ¶이곳 경치는 가을이면 ~ 아름답다.

일치(一致) 명 (대상과[이] 대상이[과]) 내용이나 뜻 등에 있어서 서로 어긋나지 않고 꼭 맞는 것. ¶언행~/만장~로 통과되다. **일치-하다** 통자여 ¶의견이 ~/금고의 지문이 피의자의 지문과 **일치-되다** 통자.

일치-단결(一致團結) 명 여럿이 한 덩어리로 굳게 뭉침. **일치단결-하다** 통자여.

일치-법(一致法) [-뻡] [논] 어떤 현상의 원인을 밝힐 때, 그 현상이 일어나는 두 개 이상의 경우를 관찰하고, 그 각 경우에 똑같은 현상이 선행할 때 그것을 원인으로 잡는 방법. =유동법(類同法).

일침(一鍼) 명 (주로 '일침을 놓다[가하다]'의 꼴로 쓰여) 한 대의 침이라는 뜻으로, 따끔한 충고나 매서운 지적을 이르는 말. ¶그는 신문 칼럼에서 정부의 안이한 태도에 ~을 가했다.

일컫다(-따) 통태디 <일컬으니, 일컬어> 1 이름 지어 부르다. 비칭(稱)하다. ¶남대문은 본시 숭례문(崇禮門)이라고 **일컬었다**. 2 우러러 칭찬하거나 기리어 말하다. ¶이순신 장군을 성웅이라 **일컫다**.

일탈(逸脫) 명 1 정해진 범위나 본래의 목적에서 벗어나는 것. 2 [사] 사회적인 규범으로부터 벗어나는 일. 청소년 비행·성적(性的) 탈선·약물 남용 따위. ¶청소년들의 ~ 행동.

일탈-하다 자태여 ~. **일탈-되다** 통자.

일'-터 명 생계를 위해 일하는 터전. 비일자리·직장. ¶아침 일찍 ~로 가는 근로자.

일파(一派) 명 1 하천의 한 지류. 2 본디 계통에서 갈라져 나온 한 분파. ¶그는 산수화에서 독자적인 ~를 이루었다. 3 주의나 주장 또는 목적을 같이하는 한 동아리. ¶정당 내에서 그는 ~를 형성하고 그리더아 있다.

일파-만파(一波萬波) 명 [하나의 물결이 연쇄적으로 많은 물결을 만든다는 뜻] 조그마한 일이나 사건이 점점 좋지 않은 쪽으로 확대되어 나가는 상태. ¶김 의원의 의정 발언이 ~로 번져 정계를 뒤흔들고 있다.

일'-판 명 일이 벌어진 판. ¶팔을 걷어붙이고 ~에 뛰어들다.

일패도지(一敗塗地) 명 [한 번 패해 넘어지면 간과 뇌가 땅에 뒹군다는 뜻] 여지없이 패하여 다시 일어날 수 없게 됨. **일패도지-하다** 통자여.

일편¹(一片) 명 한 조각.

일편²(一便) 명 부 =한편. ¶~에서는 기쁨의 눈물을 흘리고, ~에서는 슬픔의 눈물을 흘린다./반갑기도 하고 ~ 두렵기도 하다.

일편-단심(一片丹心) 명 ['한 조각의 붉은 마음'이라는 뜻] 참되고 정성 어린 마음. ¶임 향한 ~이야 가실 줄이 있으랴.<정몽주: 단심가>

일-평생(一平生) 명 =한평생¹. ¶조국 독립을 위해 ~을 바치다.

일폭(一幅) 명 한 폭. 또는, 한 장. ¶~의 그림 같은 풍경.

일품¹(一品) 명 제일가는 품질. 또는, 그런 물건. ¶천하(天下)~/맛이 ~이다.

일품²(逸品) 명 아주 뛰어난 물건. ¶이 꽃병은 고려청자 중에서도 특히 ~으로 꼽히는 유물이다.

일품-요리(一品料理) [-뇨-] 명 1 호텔·고급 음식점 등에서, 한 가지마다 값을 정해 놓고 손님의 주문에 응하는 요리. 2 맛이 좋기로 첫째가는 요리.

일필(一筆) 명 붓에 먹을 다시 먹이지 않고 단번에 내리쓰는 것.

일필-휘지(一筆揮之) 명 글씨를 단숨에 줄기차게 씨 내림. 붓을 들어 ~로 써 내려가다. **일필휘지-하다** 통자여.

일'-하다 통자여 일을 하다. ¶밭에서 ~/**일하러** 나가다/부지런히 ~.

일한(日韓) 명 1 일본과 한국. 2 일본어와 한국어. ¶~ 사전.

일행(一行) 명 1 함께 가는 전체 성원. ¶~을 인솔하다/~은 모두 30명이다. 2 함께 가는 사람. ¶저 사람도 우리 ~이다.

일향(一向) 부 언제나 한결같이. ¶기체후(氣體候) ~ 만강하옵신지요?

일호(一毫) 명 몹시 가늘고 작은 털. 곧, 극히 작은 정도를 비유하여 이르는 말. ¶지금 내가 하는 말은 ~의 거짓도 없다. ▷추호(秋毫).

일호-반점(一毫半點) 명 '일호(一毫)'를 강조하여 이르는 말. ¶내 양심에 비추어서 ~의 부끄러움도 없다.

일화(逸話) 명 어떤 사람이나 일에 관계된, 세상에 알려지지 않은 흥미 있는 이야기. 비에피소드. ¶월남(月南) 선생은 그의 곧은 성품과 기개를 엿볼 수 있게 하는 많은 ~를 남겼다.

일확-천금(一攫千金) 명 힘들이지 않고 단번에 많은 재물을 얻음. ¶~의 꿈. **일확천금-하다** 자여

일환(一環) 명 밀접한 관계로 연결되어 있는 여러 사물 가운데의 일부. ¶국토 개발의 ~으로 고속도로를 건설하다.

일환-책(一環策) 명 전체와 관련되는 한 부분으로서의 방책. ¶사회 복지 사업의 ~으로 국민 건강 보험을 확대 실시하다.

일회-성(一回性) [-회썽/-훼썽] 명 단 한 번으로 그치고 마는 성질. ¶~ 소모품/어버이날의 경로잔치가 ~으로 그치지 않고 노인들에 대한 지속적인 관심과 배려로 이어져야 할 것이다.

일회-용(一回用) [-회-/-훼-] 명 한 번 쓰고 버리게 되어 있는 상태. 또는, 그런 용도의 물건. ¶~ 반창고/~ 컵/이 주사기는 ~이다.

일회용-품(一回用品) [-회-/-훼-] 명 한 번만 쓰고 버리도록 되어 있는 물건. ¶환경 보호를 위해 ~의 사용을 규제하다.

일후(日後) 명부 뒷날.

일흔 Ⅰ 주 1 열의 일곱 곱절. 고유어 계통의 수사임. ¶예순에 열을 더하면 ~이다. ▷칠십. 2 사람의 나이나 사물의 수량을 셀 때, 열의 일곱 곱절에 해당하는 수효. ¶그의 나이도 어느덧 ~을 넘었다.
Ⅱ 관 ¶~ 개 /~ 살.

일희일비(一喜一悲) [-히-] 명 1 기쁜 일과 슬픈 일이 번갈아 일어남. 2 한편으로는 기쁘고 한편으로는 슬픔. =일비일희. **일희일비-하다** 자여

읽기[일끼] 명교 언어 학습에서, 쓰여진 글을 바르게 읽고 이해하는 것. ▷쓰기.

읽다[익따] 동타 1 (사람이 글이나 악보 따위를) 눈으로 보면서 그 내용이나 뜻을 알게 되다. 또는, (점자 따위를) 손으로 만져서 그 내용이나 뜻을 알게 되다. ¶잡지를 ~ / 맹인이 점자를 ~. 2 (사람이 글을) 눈으로 보면서 그 음을 어떤 억양과 리듬과 속도를 가지고 목소리로 나타내다. ㈂낭독하다. ¶철수는 책을 큰 소리로 **읽었다**. 3 (사람이 어떤 글자를) 그 글자의 음대로 말하다. 또는, 그렇게 할 수 있는 능력을 가지다. ¶한글도 **읽지** 못하나. 4 (사람의 표정을) 보고 그의 속마음을 미루어 알다. 또는, (사람의 마음을) 그의 표정이나 행위 등으로 미루어 짐작하다. ¶나는 그의 눈빛을 보고 단번에 그가 사랑에 빠졌음을 **읽어** 낼 수 있었다. 5 바둑·장기에서, 수를 생각하거나 상대방의 수를 헤아려 알다. ¶수를 ~. (참고) '읽-'다 다음에 오는 어미의 첫소리가 ㄱ일 때에는 [일]로, 그 외의 자음일 경우에는 [익]으로 소리 남. 곧, '읽고'는 [일꼬], '읽지'는 [익찌]로 소리 남.

읽을-거리[-꺼-] 명 읽을 만한 글이나 책.

읽-히다[일키-] 동 ①타 '읽다1·2'의 사동사. ¶학생에게 위인전을 **읽혀라**. ②재 '읽다1·2'의 피동사. ¶청년들에게 널리 **읽히는** 책.

잃다[일타] 동타 1 (가지고 있던 물건을) 잘 간수하지 못하여 자기도 모르는 사이에 가지지 않게 되다. ㈂분실하다. ¶우산을 ~. 2 (차지하거나 누리던 재물이나 사물, 권리, 자격, 직장 등을) 자기의 뜻에 반하여 더 이상 차지하거나 누리지 못하는 상태가 되다. ¶노름에서 돈을 **잃었다**. / 독재 아래에서 자유를 ~. 3 (데리고 있던 사람을) 잘 보호하지 못하여 자기도 모르는 사이에 데리고 있지 못한 상태가 되다. ¶유원지에서 아이를 ~. 4 (가족이나 가까운 관계의 사람을) 그의 죽음으로 인해 함께 살아가는 존재로서 가지지 못하게 되다. ㈂사별(死別)하다. ¶그는 어려서 부모를 **잃었다**. 5 (친구나 동료나 애인 등을) 가까운 관계를 계속 가지지 못하고 헤어지거나 어울리지 않게 되다. ¶돈 때문에 친구를 ~. 6 (사람이 몸이나 마음속에 가진 것을) 자기의 의지로 어찌 하지 못하고 가지지 못하게 되다. ¶충격을 받아 정신을 ~ / 사고로 목숨을 ~. 7 (어떤 대상이 본래 지녔던 모습이나 상태를) 외부의 작용에 의해 지니지 못하게 되다. ¶자연이 공해로 인해 제 모습을 ~ / 배가 중심을 **잃고** 기울어지다. 8 (사람이나 동물이 가야 할 길이나 방향을) 찾지 못하게 되다. ¶길을 **잃고** 헤매다. 9 (점수를) 얻지 못하거나 빼앗긴 상태가 되다. ¶우리 팀은 전반전에서 3점을 **잃었다**. 10 (사람이 어떤 기회를) 잡지 못하게 되다. ¶절호의 기회를 ~.

잃어-버리다[일-] 동타 아주 잃다. ¶손수건을 ~.

임[1] 명 이성으로서 사모하는 사람. 주로 글에서 쓰이는 말임. ¶~을 그리다. ×님.

┌─ 어법 ─────────────
│ 꽃처럼 예쁜 우리 님:님(×)→임
│ (○). ▶'김철수 님, 사장님'의 경우처럼
│ 의존 명사나 접미사로 쓰이는 경우와 달
│ 리, '사모하는 이'라는 뜻의 자립 명사로
│ 쓰일 때에는 '임'이 올바른 말임.
└──────────────────

[임도 보고 뽕도 딴다] 한꺼번에 여러 가지 좋은 결과를 얻다.

임[2] 명 머리 위에 인 물건. 또는, 머리에 일 만한 정도의 짐. ¶엄마도 할머니도 머리에 커다란 ~을 이고 있었다.《박완서:엄마의 말뚝》

임[3](壬) 명 천간(天干)의 아홉째.

임간(林間) 명 수풀 사이. ▷-재배.

임간^학교(林間學校) [-꾜] 명교 주로 여름철에 아이들의 건강 회복·건강 증진을 위한 교육을 베풀기 위하여 숲 속에 설치하는 학교.

임검(臨檢) 명 일이 일어난 현장에 가서 검사하는 것. ¶~ 경찰. **임검-하다** 타여 ¶사고 현장을 ~.

임검-석(臨檢席) 명 공연장이나 집회장 등에, 경찰관을 위하여 따로 마련한 자리. =임관석.

임계(臨界) [-계/-게] 명 1 =경계(境界)'1. 2 물 핵분열에서 발생하는 중성자와 흡수·누설로 없어지는 중성자가 평형을 이루어 연쇄 반응이 지속되는 상태.

임계-각(臨界角) [-계-/-게-] 명물 굴절률이 큰 매질에서 작은 매질로 광선이 진행할 때, 입사각이 일정 한도 이상 커져서 전반사가 일어날 때의 입사각. =한계각.

임계^압력(臨界壓力) [-계압녁/-게압녁] 명 물 임계 상태에 도달했을 때의 압력. 곧, 일정한 온도에서 기체를 액화시키는 데에 필요한 최소 압력.

임계^온도(臨界溫度) [-계-/-게-] 명 물 임계 상태에 도달했을 때의 온도. 곧, 일정한 압력에서 기체를 액화(液化)시키는 데에 필요한 최고 온도.

임:관(任官) 명 1 관직에 임명되는 것. =서관(敍官). 2 사관후보생 또는 사관생도가 장교로 임명되는 것. 임:관-하다 통자여 ¶사관학교를 졸업하고 소위로 ~. 임:관-되다

임:균(淋菌·痳菌) 명[의] 임질의 병원균. 사람에게만 병원성을 나타내며, 주로 성교에 의하여 감염되고 비뇨 생식기에 염증을 일으킴.

임:금¹ 명 군주 국가의 원수. =군부(君父)·군상(君上)·군왕·왕자(王者)·인군(人君)·인주(人主)·주상. 비왕(王).

임:금²(賃金) 명 근로자가 노동하여 받는 보수. 비삯돈·노임(勞賃).

임:금-님 명 '임금'을 높여 이르는 말.

임:기(任期) 명 임무를 맡아보는 일정한 기간. ¶대통령의 ~를 마치다.

임기-응변(臨機應變) 명 뜻밖에 난처한 일이나 어려움을 당했을 때 재빨리 그 상황에 알맞게 대처하는 일. 또는, 그 능력. ¶그는 ~이 능해 어떤 질문을 받아도 당황하지 않고 재치 있게 받아넘긴다. 준응변. 임기응변-하다 통자여

임:대(賃貸) 명 요금을 받고 물건을 빌려 주는 것. ¶~ 아파트 / ~ 계약. ↔임차(賃借). 임:대-하다 통타여 ¶점포를 ~. 임:대-되다

임:대-료(賃貸料) 명 물건이나 부동산 등을 빌려 주고 그 대가로 받는 돈. ↔임차료.

임:대-물(賃貸物) 명[법] 임대차의 목적이 되는 물건을 임대인 측에서 일컫는 말. ↔임차물(賃借物).

임:대-인(賃貸人) 명[법] 임대차 계약에 의하여 임대료를 받고 타인에게 물품을 빌려 주는 사람.

임:-대차(賃貸借) 명[법] 당사자의 한쪽이 상대방에게 물건을 사용하게 할 것을 약속하고, 이에 대하여 상대방은 일정한 금액을 지급할 것을 내용으로 하는 계약.

임:란(壬亂) [-난] 명[역] '임진왜란'의 준말.

임립(林立) [-닙] 명 숲의 나무들처럼 죽 늘어서는 것. 임립-하다 통자여 ¶빌딩이 임립한 번화가.

임마 '인마'의 잘못. ¶야 ~!

임:면(任免) 명 임명과 해임. ¶~권. 임:면-하다 통타여

임:명(任命) 명 일정한 직무를 맡기는 것. ¶부장으로 ~를 받다. 임:명-하다 통타여 ¶장관으로 ~. 임:명-되다 통자여

임:명-장(任命狀) [-짱] 명 어떤 사람을 무엇으로 임명한다는 내용을 적은 문서. ¶대통령이 장관에게 ~을 수여하다.

임:명-제(任命制) 명 관직 또는 공공의 직무를 어떤 한정된 신분의 사람에게 임명하는 제도. ↔공선제(公選制).

임목(林木) 명 수풀의 나무.

임:무(任務) 명 어떤 사람이 책임을 지고 맡을 일. ¶중대한 ~ / ~를 맡다 / ~에 충실하다.

임박(臨迫) →임박-하다 [-바카-] 통자여 (어떤 때가) 가까이 닥쳐오다. ¶시험 날짜가 임박했다.

임:방(壬方) 명 24방위의 하나. 정북(正北)으로부터 서로 15도의 방위를 중심으로 쓰는 15도 각도 안. 준임(壬).

임:부(妊婦·姙婦) 명 임신한 여자. 비임신부.

임사(臨死) 명 죽을 고비에 이르는 것. 임사-하다 통자여

임:사-본(臨寫本) 명 원본을 옆에 놓고 베낀 모사본(模寫本). ▷영사본(影寫本).

임산-물(林産物) 명 산림에서 산출되는 물품. =임산(林産).

임:산-부(妊産婦) 명 임신부와 해산부.

임산^자원(林産資源) 명 산림에서 생산되는 자원. 목재·연료 따위.

임:상¹(林相) 명 숲의 모습.

임상²(臨床) 명 병을 치료하거나 병의 예방 등을 연구하기 위해 실제로 환자를 접하는 것. ¶~ 실험. 임상-하다 통자여

임상^의학(臨床醫學) 명 직접 환자를 접하면서 질병을 치료하거나 질병의 예방법을 연구하는 의학 분야.

임석(臨席) 명 자리에 임하는 것. ¶~ 경찰관. 임석-하다 통자여 ¶주빈(主賓)이 임석한 후에 식을 진행하다.

임:술(壬戌) 명 60갑자의 쉰아홉째.

임:시¹(壬時) 명 이십사시의 스물넷째 시. 곧, 오후 10시 30분부터 11시 30분까지의 동안. 준임.

임시²(臨時) 명 1 원래 정해져 있는 것이 아니고 필요에 따라 그때그때 정한 것. ¶~ 총회 / ~ 열차. 2 항구적이 아닌 일시적인 동안. ¶~ 거처 / ~로 여관에 들다. 3 어떤 시기에 이르는 것. 또는, 그 시기. ¶내가 그곳에 도착할 ~에 너는 출발하도록 해라. ↔경상(經常).

임시^국회(臨時國會) [-구퀘/-구퀘] 명[정] 필요에 따라 임시로 소집하는 국회. ↔정기 국회.

임시-방편(臨時方便) 명 =임시변통.

임시-변통(臨時變通) 명 갑자기 생긴 일을 우선 임시로 둘러맞추어 처리함. =고식(姑息)·임시방편. 임시변통-하다 통자여 ¶급한 돈이니 임시변통하여 우선 막고 볼 일이다.

임시-비(臨時費) 명[경] 회계에서, 예정에 없던 뜻밖의 일이 생겨 지출하는 비용. =불항비(不恒費). ↔경상비.

임시-적(臨時的) 명 정상적이거나 항구적이 아닌 일시적인 (것). ¶~ 조치(措置).

임시^정부(臨時政府) 명 1 [정] 전쟁·혁명 등의 상황에서, 정식의 정부가 수립되기 전까지 임시로 세워진 정부. 2 [역] =대한민국 임시 정부. 준임정.

임시-직(臨時職) 명 임시로 채용되는 직위 또는 직책.

임시^총회(臨時總會) [-회/-훼] 명 필요에 의하여 임시로 소집하는 총회. ↔정기 총회.

임시-표(臨時標) 명[음] 악곡의 도중에 본래의 음을 임시로 변화시키기 위해 쓰는 기호. 올림표(#)·내림표(♭)·제자리표(♮) 따위. =변위 기호·변화 기호·변화표.

임시-회(臨時會) [-회/-훼] 명 어떤 단체에서 토의 안건이 있을 때 임시로 개최하는 모임. ↔정기회.

임:신¹(壬申) 명 60갑자의 아홉째.

임:신²(妊娠·姙娠) 명 아이를 배는 것. =포태(胞胎)·회임(懷妊)·회잉(懷孕). 임:신-하다 통타여 ¶아이를 ~.

임:신-복(妊娠服) 명 임신한 여자가 입기 편하도록 허리 부분을 큼직하게 만든 옷.

임:신-부(妊娠婦) 명 임신 중인 여자. 비임부(妊婦).

임:신^중절(妊娠中絶) 명 임신 중에 인위적

으로 유산시키는 일. 모자 보호법에 의해 규제를 받음.
임야(林野) 명 나무가 무성한 들.
임업(林業) 명 각종 임산물에서 얻는 경제적 이득을 목적으로 삼림을 경영하는 사업.
임연어수(林延壽魚) 명 〔임연수(林延壽)라는 사람이 잘 낚았던 물고기였다 하여 붙인 이름〕[동] 쥐노래밋과의 바닷물고기. 몸길이 45cm 정도. 노란 바탕에 다섯 줄의 검은 줄무늬가 있고, 꼬리자루가 가늚. 식용함. ×이면수.
임염(荏苒) 명 차츰차츰 세월이 지나거나 일이 진행되는 것. **임염-하다** 통(자)여
임오(壬午) 명 60갑자의 열아홉째. ¶~년.
임오-군란(壬午軍亂) [-군-] 명 [역] 조선 고종 19년(1882)에 구식 군대의 군인들이 신식 군대인 별기군(別技軍)과의 차별 대우와 밀린 급료에 불만을 품고 일으킨 병란.
임용(任用) 명 〔어떤 사람을 관리·공무원 등으로〕임명하여 부리어 쓰는 것. ¶공무원~ 시험. **임:용-하다** 통(타)여 ¶사대 졸업자를 교사로 ~. **임:용-되다** 통(자)
임원(任員) 명 회사나 단체를 맡아 이끌어 가는 직위가 높은 사람. =역원. ¶대기업~ / 학급 ~ / 대한 축구 협회 ~. ▶중역.
임의(任意) [-의/-이] 명 마음먹은 대로 하는 것. ¶~ 매각 / 사표를 ~로 제출하다.
임:의-롭다(任意-) [-의-따/-이-따] 형(ㅂ) 〈-로우니, -로워〉구애되거나 체면을 차릴 필요가 없이 자유롭다. **임:의로이** 부 ¶~ 활동할 수 있는 재량권을 주다.
임의^준:비금(任意準備金) [-의-/-이-] 명 [법] 회사가 정관(定款) 또는 주주 총회의 결의에 따라 이익을 원천으로 하여 임의로 적립하는 준비금. ☞법정 준비금.
임:의^추출법(任意抽出法) [-의-뻡/-이-뻡] 명 [수] 표본 조사를 할 때, 모집단(母集團)에서 추출한 표본이 모집단 전체의 경향을 정확하게 나타낼 수 있도록 완전 무작위로 표본을 추출하는 방법. =무작위 추출법. 부작위 추출법.
임:의^표본(任意標本) [-의-/-이-] 명 [수] 임의 추출법에 의하여 뽑아낸 표본.
임인(壬寅) 명 60갑자의 서른아홉째.
임:자[명] 어떤 물건에 대해, 그것을 소유하거나 차지하는 사람. ¶논~ / ~ 없는 땅 / ~있는 몸.
임:자(를) 만나다 관 (어떤 사물이나 사람이) 적임자를 만나 기능이나 능력을 제대로 발휘할 수 있게 되다. 또는, (겁 없이 설치던 사람이) 기를 못 펼 만큼 무서운 상대를 만나다. ¶너 **임자** 만났다. 오늘 나한테 혼좀 나 봐라.
임:자² [대](인칭) 1 친한 사람끼리 '자네' 라고 부르기가 조금 거북할 때 쓰는 2인칭 대명사. ¶~가 꼭 좀 도와줘야겠네. 2 나이가 많은 부부 사이에 서로에 대한 호칭 또는 지칭으로 쓰이는 말. ¶내가 너무 ~를 고생시켰소.
임:자³(壬子) 명 60갑자의 마흔아홉째.
임:자-말[名][언] =주어(主語)1.
임장(臨場) 명 〔일이나 문제가 생긴〕 현장에 나오는 것. **임장-하다** 통(자)여
임재(臨在) 명 주로 크리스트교에서, 신이 인간 세상에 임하여 있는 것. ¶주의 ~ 안에 늘 살게 하소서. **임재-하다** 통(자)여 ¶기도하는 가운데 하느님께서 **임재하심**을 뜨겁게 체험하다.

임전(臨戰) 명 전쟁에 임하는 것. 또는, 전장(戰場)에 나가는 것. ¶~ 태세. **임전-하다** 통(자)여
임전-무퇴(臨戰無退) [-퇴/-퉤] 명 세속 오계의 하나. 전장에 나아가 물러서지 않는다는 말. ¶~의 정신. **임전무퇴-하다** 통(자)여
임정¹(林政) 명 임업에 관한 행정.
임정²(臨政) 명 '임시 정부'의 준말.
임종(臨終) 명 1 목숨이 끊어지는 것. 또는, 그때. ¶~이 가까워 오다 / 할아버지의 ~을 지켜보다. 2 부모가 돌아갈 때 그 자리에 같이 있는 것. =종신(終身). ¶외국에 있었기 때문에 아버님 ~을 못 했다. **임종-하다** 통(자)여
임지(任地) 명 임무를 받아 근무하는 곳. ¶~로 떠나다 / ~의 사정에 어둡다.
임:-직원(任職員) 명 임원과 직원. ¶~ 일동.
임진(壬辰) 명 60갑자의 스물아홉째. ¶~년.
임진-란(壬辰亂) [-난] 명 [역] =임진왜란.
임진-왜란(壬辰倭亂) 명 [역] 조선 선조 25년(1592)에 일본이 조선에 침범하여 일으킨 전쟁. =임진란. 준임란·왜란.
임:질¹ 명 물건을 머리 위에 이는 일. **임:질-하다** 통(자)여
임:질²(淋疾·痳疾) 명 [의] 임균의 감염으로 일어나는 성병. 주로 성교에 의해 전염되며, 오줌을 눌 때 요도가 몹시 가렵거나 따갑고 고름이 나옴.
임:차(賃借) 명 요금을 주고 물건을 빌려 쓰는 것. ¶~지(地) / ~ 부동산. ↔임대(賃貸). **임:차-하다** 통(타)여 **임:차-되다** 통(자)
임:차-료(賃借料) 명 물건을 빌려 쓰는 대가로 주인에게 내는 요금. ↔임대료.
임:차-물(賃借物) 명 [법] 임대차의 목적이 되는 물건을 임차인 측에서 일컫는 말. ↔임대물(賃貸物).
임:차-인(賃借人) 명 [법] 임대차 계약에 있어서, 요금을 주고 물건을 빌려 쓰는 사람. ↔임대인(賃貸人).
임천(林泉) 명 1 수풀 속에 있는 샘. 2 세상을 버리고 은둔하기 알맞은 곳. 비유적인 말임.
임:치(任置) 명 1 남에게 돈이나 물건을 맡겨 두는 것. 2 [법] 금전·유가 증권 등의 보관을 위탁받은 사람이 상대방에 대하여 보관하기로 계약을 하는 것. =기탁(寄託). ¶~물 / ~ 증서. **임:치-하다** 통(타)여 **임:치-되다** 통(자)
임파-선(淋巴腺) 명[생] =림프샘.
임플란트(implant) 명 [의] 턱뼈에 인공 치아를 심는 일. 또는, 그 인공 치아.
임피던스(impedance) 명 [물] 교류 회로에서, 전압과 전류의 비(比). 단위는 옴(Ω).
임-하다¹(臨-) 통(자)여 1 윗사람이 아랫사람을 대하다. 2 윗사람이 아랫사람이 있는 곳에 이르다. 3 어떤 장소에 도달하다. ¶현장에 **임하여** 상황을 살피다. 4 〔어떤 시기나 일에〕당하다. ¶전시에 **임하는** 국민의 자세. 5 (어느 곳에) 지리적으로 가까이 접하다. (비)면(面)하다. ¶명주군은 동해에 **임하여** 있다. 6 주로 크리스트교에서, (신이, 또는 신의 뜻이나 사랑이) 사람에게 오거나 다다르다. ¶여호와께서 **임하사** 의를 비처럼 너희에게 내리시리라.《구약 호세아서》
임:-하다²(任-) 통(타)여 1 떠맡아 자기 직무로 삼다. 2 관직의 자리를 주다.

임학(林學) 圐 '삼림학(森林學)'의 준말.
임해(臨海) 圐 바다에 임하는 것. ¶~ 학교 / ~ 공업 지대. **임해-하다** 圏재여
임화(臨畵) 圐 다른 사람의 그림을 본떠 그리는 일. 또는, 그 그림. ▷자유화. **임화-하다** 圏재여
입 圐 1 사람의 얼굴 아래쪽에 가로로 열려 있어 벌렸다 닫았다 하면서 음식을 넣어 물거나 씹을 수 있는 기관. 안쪽에 이와 혀가 있음. 또는, 동물의 머리 아래쪽에 있어 먹이를 먹을 수 있는 기관. ¶~이 크다[작다] / ~을 벌리다 / ~을 다물다. (높)아가리·주둥이·주둥아리. 2 사람의 얼굴 아래쪽 음식이 들어가는 곳의 다소 도톰하게 내민 바깥 부분. 圐입술. ¶손등에 ~을 맞추다. 3 식량이나 음식의 양이 문제가 되는 상황에서, 음식을 먹는 사람의 수효를 이르는 말. 圐식구(食口). ¶~이 많아 생활비가 많이 든다. 4 사람의 얼굴 아래쪽에 있는, 말을 하는 주로서의 기관. 또는, 사람이 그 부분을 통해 하는 어떤 내용의 말. ¶~이 걸다. 5 →한입.
[**입에 맞는 떡**] 자기 마음에 꼭 드는 사물을 이르는 말. [**입은 비뚤어져도 말은 바로 해라**] 아무리 상황이 좋지 못해도 말은 언제나 바르게 하라는 말. [**입이 열둘이라도 말 못한다**] 변명할 여지가 없다.
입(이) **가볍다**[**싸다**] 囝 말수가 많거나 아는 일을 함부로 옮기는 버릇이 있다. ¶그는 **입이 가벼우니** 우리 계획을 말하지 말게.
입(을) **놀리다** 囝 가볍게 입을 함부로 지껄이다. ¶함부로 **입을 놀리지** 마라.
입(을) **다물다** 囝 말을 하지 않거나 하던 말을 그치다. ¶증인이 굳게 ~.
입(을) **떼다** 囝 말을 꺼내다. ¶마침내 그는 **입을 떼기** 시작했다.
입(을) **막다** 囝 말을 하지 못하게 하다. ¶**입을 막기** 위하여 돈을 주다.
입만 살다 囝 1 실천은 따르지 않고 말만 그럴듯하게 잘하다. ¶**입만 살아서** 큰소리친다. 2 격에 맞지 않게 음식을 가려 먹다.
입만 아프다 囝 애써 자꾸 얘기해도 받아들이지 않아 말한 보람이 없다. ¶너랑 말해야 내 ~.
입(을) **맞추다** 囝 둘 이상의 사람이 다른 사람에게 어떤 사실에 대해 같은 말을 하기로 미리 짜다. ¶두 사람은 검찰의 소환에 대비해 미리 **입을 맞춰** 두었다.
입(을) **모으다** 囝 여러 사람이 같은 의견으로 말하다. ¶동네 사람이 **입을 모아** 칭찬하다.
입 밖에 내다 囝 어떤 사실을 말로 드러내다. ¶이 일은 절대 **입 밖에** 내지 마.
입(을) **씻다** 囝 이익 따위를 혼자 차지하고서 시치미를 떼다. ¶**입을 씻고** 아닌 체하다.
입 안의 혀 상대의 기분과 비위를 아주 잘 맞추는 사람. 비유적인 말임. ¶시어머니 앞에서 ~처럼 구는 며느리.
입에 거미줄 치다 囝 가난하여 먹지 못하다. ¶설마 산 **입에 거미줄 치겠어**?
입에 담다 囝 (주로 좋지 않은 말을) 입으로 말하다. ¶그런 상스러운 말을 **입에 담다**니….
입에 발린 소리 囝 마음에도 없는 것을 겉치레로 하는 말. ¶~를 늘어놓다.
입에서 신물이 나다 囝 매우 지긋지긋하다.
입에서 젖내가 나다 囝 나이가 어려 하는 짓이나 말이 유치하다. ¶저 녀석 하는 짓을 보니 아직도 ~.
입에 오르내리다 囝 자주 남의 이야깃거리가 되다. ¶남의 **입에 오르내리지** 않도록 행동거지를 조심해라.
입에 올리다 囝 이야깃거리로 삼다. ¶혼담을 ~.
입에 침이 마르도록[**마르게**] 囝 남을 아주 좋게 말하는 모양. ¶자식 자랑을 **입에 침이 마르게** 늘어놓다.
입에 풀칠(을) **하다** 囝 입에 밥풀을 바른다는 뜻으로, 살림이 넉넉지 못하여 겨우 목숨이나 이어 갈 정도로 밥을 먹다.
입을 딱 벌리다 囝 너무 기가 막히거나 어이가 없어 놀라워하다. ¶뇌물의 액수가 의외로 엄청나 ~.
입을 열다 말을 하기 시작하다. ¶그는 드디어 그 사건에 관해 **입을 열었다**.
입이 닳도록 囝 상대방이 말을 알아듣도록 여러 번 반복해서 이야기함을 이르는 말. ¶~ 타일러도 듣지 않는다.
입이 더럽다 囝 말을 함부로 막 하다.
입이 떨어지다 囝 (주로, 부정(否定)의 뜻을 나타내는 부사나 동사와 함께 쓰여) 입을 벌려 어떤 말을 하게 되다. ¶돈 얘기를 꺼내자니 도무지 **입이 떨어지지가** 않는다.
입이 무겁다 囝 말수가 적거나, 말을 하는 데 있어 몹시 신중하다.
입이 (**딱**) **벌어지다** 囝 1 생각 밖으로 대단하거나 엄청나다고 크게 놀라다. 또는, 그런 심리 상태에서 잠시 입을 벌리고 놀란 표정을 짓다. ¶부정 축재의 규모에 ~. 2 아주 흐뭇하게 좋아하거나 기뻐하다. 또는, 그런 심리 상태에서 잠시 입을 벌리고 기쁜 표정을 짓다.
입이 쓰다 囝 못마땅하여 기분이 언짢다.
입이 짧다 囝 음식을 적게 먹거나 가려 먹는 버릇이 있다. ¶**입이 짧아** 밥을 께적께적 먹고 있다.
입-가[-까] 圐 입의 가장자리. ¶~에 미소를 띠다.
입-가심[-까-] 圐 무엇을 조금 먹거나 마셔 입 안을 개운하게 하는 일. ≒입씻이. ¶식사 후에 ~으로 과일을 먹다. **입가심-하다** 圏재여
입각¹(入閣) [-깍] 圐 내각(內閣)의 한 사람이 되는 것. **입각-하다**¹ 圏재여 **입각-되다** 圏재
입각²(立脚) [-깍] 圐 근거를 두어 그 입장에서는 것. **입각-하다**² 圏재여 ¶민주 이념에 **입각한** 정치 체제.
입-간판(立看板) [-깐-] 圐 길 위에 세워 두는 간판. ¶거리의 미관을 해치는 불법 ~.
입감(入監) [-깜] 圐 감방에 갇히는 것. 또는, 감방에 가두는 것. ¶수감(收監). ↔출감. **입감-하다** 圏재여 **입감-되다** 圏재
입건(立件) [-껀] 圐 【법】 피의자의 혐의 사실을 인정하고 사건을 성립시키는 것. ¶불구속 ~. **입건-하다** 圏재여 ¶피의자를 ~. **입건-되다** 圏재 ¶강도 혐의로 ~.
입경(入京) [-꼉] 圐 서울로 들어가거나 들어오는 것. **입경-하다** 圏재여 ¶지방 선수단이 속속 ~.
입고(入庫) [-꼬] 圐 물건을 창고에 넣는 것. ¶화물의 ~가 끝나다. ↔출고(出庫). **입고-하다** 圏태여 **입고-되다** 圏재
입관(入棺) [-관] 圐 시체를 관 속에 넣는

것. ¶～을 마치다. **입관-하다** [동][자][여] **입관-되다** [동][자]
입교[1](入校) [-꾜] [명] =입학. ¶～식(式). **입교-하다**[1] [동][자][여] ¶사관학교에 ～. **입교-되다** [동][자]
입교[2](入敎) [-꾜] [명] **1** [종] 종교를 믿기 시작하는 것. **2** [가][기] 세례를 받아 신자가 되는 것. **입교-하다**[2] [동][자][여]
입구(入口) [-꾸] [명] 공간이 있는 구조물에서, 들어갈 수 있도록 뚫거나 문을 낸 부분. ¶～가 좁다 / ～가 붐비다. ↔출구(出口).
입국[1](入國) [-꾹] [명] 절차를 거쳐 어떤 나라의 안으로 들어가는 것. ¶～ 사증 / ～ 허가 / ～ 수속. ↔출국(出國). **입국-하다**[1] [동][자][여]
입국[2](立國) [-꾹] [명] **1** 나라를 세우는 것. [비]건국. **2** 《주로 일부 명사 다음에 쓰여》 그 명사가 나타내는 바를 방침이나 목표로 하여 나라의 기틀을 세우는 것. ¶공업 ～ / 수출 ～ / 선진 ～. **입국-하다**[2] [동][자][여]
입궁(入宮) [-꿍] [명] **1** 궁궐 안으로 들어가는 것. **2** 장기에서, 말이 상대방의 궁밭에 들어가는 것. **입궁-하다** [동][자][여]
입궐(入闕) [-꿜] [명] 대궐로 들어가는 것. [비]예궐. ¶～ 채비. ↔퇴궐. **입궐-하다** [동][자][여]
입-귀 [명] 〈방〉 입아귀(강원).
입금(入金) [-끔] [명] 개인·가계·기업 등의 금고나 통장에 돈을 받아들여 넣는 일. ¶～ 전표. ↔출금(出金). **입금-하다** [동][타][여] ¶100만 원을 통장에 ～. **입금-되다** [동][자]
입-길 [-낄] [명] 《주로 '입길에 오르내리다' 의 꼴로 쓰여》 남의 흉을 보는 입의 놀림.
입-김 [-낌] [명] **1** 입에서 나오는 더운 김. ¶～을 호호 불다. **2** 타인에게 행사하는 영향력을 비유적으로 이르는 말. ¶고위층의 ～이 작용하다.
입김이 어리다 [구] 소중히 다루던 정이 담겨져 있다. ¶할머니의 **입김이 어린** 장롱.
입-꼬리 [명] 입술의 양쪽 끝 부분. ¶그녀는 웃으면 위로 살짝 올라가는 ～가 매력적이다.
입-내[1] [임-] [명] 소리나 말로써 내는 흉내. ¶～를 내다.
입-내[2] [임-] [명] =구취(口臭).
입-놀림 [임-] [명] 입을 놀리는 움직임. ¶그 청각 장애자는 상대의 ～을 보면서 말을 알아듣는다.
입다 [-따] [동][타] **1** (옷을) 팔이나 다리에 끼워 몸통의 일부나 전부를 덮게 하다. [비]걸치다·착용하다. ¶한복을 ～. ↔벗다. **2** (남이 베푸는 고마운 일을) 받아 누리다. ¶선생님께 은혜를 ～. **3** (사람이나 어떤 대상이 해나 상처 따위를) 외부의 작용이나 영향으로 받게 되다. ¶부상을 **입고** 입원하다.
입-다짐 [-따-] [명] 말로써 다짐하는 일. **입다짐-하다** [동][타][여]
입단(入團) [-딴] [명] 어떤 단체에 가입하는 것. ¶～식(式). ↔퇴단(退團). **입단-하다** [동][자][여]
입-단속(-團束) [-딴-] [명] 어떤 사실이나 정보가 밖으로 새나가지 못하도록 규제하는 것. ¶～을 철저히 하다.
입-담 [-땀] [명] 말하는 솜씨나 힘. ¶검정 모자는 무던히 큰 목청으로 고무신 주인을 추켜세웠다 내려 세웠다 ～ 좋게 지껄여 댔다. 《박노갑:무가》 ×말담.
입당(入黨) [-땅] [명] 어떤 당에 들어가는 것. ↔탈당(脫黨). **입당-하다** [동][자][여]
입대(入隊) [-때] [명][군] 군대에 들어가 군인이 되는 것. =입영. ¶～ 장병. ↔제대. **입대-하다** [동][자][여]
입-덧 [-떧] [명] 임신 2～3개월이 되어 구역질이 나고 입맛이 변하며 식욕 부진을 나타내는 일. ¶～이 심하다. **입덧-하다** [동][자][여]
입덧(이) 나다 [구] 입덧의 증세가 나타나다.
입도(入道) [-또] [명] 깨달음의 경지에 이르기 위한 수행을 시작하는 것. **입도-하다** [동][자][여]
입도-선매(立稻先賣) [-또-] [명] 아직 논에서 자라고 있는 벼를 미리 파는 일. **입도선매-하다** [동][자][타][여]
입동(立冬) [-똥] [명] 24절기의 하나. 11월 7일경으로, 상강(霜降)과 소설(小雪)의 사이에 있음.
입때 [부] =여태.
입때-껏 [-껃] [부] =여태껏.
입력(入力) [임녁] [명] **1** [물] 전기적·기계적 에너지를 발생 또는 변환시키는 장치가 단위 시간 동안 받은 에너지의 양. **2** [컴] 정보나 데이터를 주기억 장치 속에 기억시키는 일. =인풋. ↔출력(出力). **입력-하다** [동][타][여] ¶데이터를 ～. **입력-되다** [동][자] ¶**입력된** 정보.
입력^장치(入力裝置) [임녁짱-] [명][컴] 프로그램이나 데이터를 컴퓨터가 인식할 수 있는 부호로 변환시켜 주기억 장치로 보내 주는 장치. ↔출력 장치.
입론(立論) [임논] [명] 이론의 체계를 세우는 것. 또는, 그 이론. **입론-하다** [동][타][여]
입-마개 [임-] [명] 추위를 막기 위하여 입을 가리는 물건.
입-막음 [임-] [명] 어떤 사람이 다른 사람에게 부탁하거나 뇌물을 주거나 어떤 조건을 제시하거나 하면서 그가 자기에게 불리한 사실을 말하지 못하게 하는 것. ¶～으로 촌지를 찔러주다. **입막음-하다** [동][자][타][여]
입-말 [임-] [명][언] =구어(口語). ↔글말.
입말-체(-體) [임-] [명][언] =구어체.
입-맛 [임맏] [명] **1** 음식을 먹어서 입에서 받는 맛. [비]구미(口味). ¶～이 당기다 / ～이 없다 / ～을 잃다 / ～을 돋우는 산나물. **2** 어떤 일이나 물건에 흥미를 느껴 하거나 가지고 싶어 하는 마음의 비유. ¶～대로 책을 고르다.
입맛(을) 다시다 [구] **1** 뜻대로 되지 않는 일을 당하여 귀찮아하거나 난처해 하다. ¶그로부터 거절을 당하고 쓴 ～. **2** 무엇을 가지고 싶거나 하고 싶은 욕심을 내다.
입맛(이) 쓰다 [구] 일이 뜻대로 되지 않아 좋지 않다. ¶믿었던 친구가 부탁을 거절하니 ～.
입-맞춤 [임맏-] [명] 입술을 다른 사람의 입술이나 뺨·이마·손등 등에 맞추거나 물건에 대어, 애정·우정·경의 등을 나타내는 일. '키스' 의 완곡한 표현으로 쓰이는 경향이 있음. **입맞춤-하다** [동][자][여]
입-매[1] [임-] [명] 어떤 형태를 가진 입의 생김새. [비]입모습. ¶～가 곱다.
입매[2] [임-] [명] 음식을 조금 먹어 시장기를 면하는 것. **입매-하다** [동][자][타][여]
입맷-상(-床) [임매쌍/임맨쌍] [명] 잔치 때 큰상을 드리기 전에 간단히 차려 대접하는 음식상.
입면-도(立面圖) [임-] [명][수] 투영법에 의하여 물체를 정면이나 측면에서 수평으로 본 대로 그린 그림. =정면도(正面圖).
입멸(入滅)[임-][불] =입적(入寂)¹. **입 멸-하다** 동(자여)
입-모습[임-][명] 입의 생긴 모양. 비입매.
입목(立木)[임-][명] 땅 위에 서 있는 산 나무.
입묵(入墨)[임-][명] 먹물로 살 속에 글씨나 그림을 새겨 넣는 것. **입묵-하다** 동(타여) ¶팔뚝에 문신을 ~.
입문¹(入門)[임-][명] 1 (학문이나 문예·기예·무예 등의 분야에) 처음 접하여 배우기 시작하는 것. 또는, (스승의 문하에) 들어가 배우기 시작하는 것. 2 (주로, '-계(界)'로 끝나는 말과 함께 쓰여) 그 세계에 처음 들어가 그 생활을 시작하는 것. 3 (학문을 뜻하는 명사 뒤에 쓰여) 그 학문의 길에 들어서는 단계나 과정임을 나타내는 말. ¶철학 ~ / 국어학 ~. **입문-하다**¹ 동(자여) ¶문학에 ~ / 바둑에 ~ / 검도에 ~ / 정계에 ~ / 영화계에 ~.
입문²(入聞)[임-][명] (소문·소식 따위가) 윗사람의 귀에 들어가는 것. **입문-하다**² 동(자여) **입문-되다** 동(자)
입문-서(入門書)[임-][명] 처음 배우는 사람을 위하여 알기 쉽게 쓴 책. ¶철학 ~.
입-바르다[-빠-][형] 듣는 사람이 꺼려 할 만큼 옳은 말을 곧이곧대로 하다. ¶저 사람은 고지식해서 **입바른** 소리를 잘한다. ▷입빠르다.
입-발림[-빨-][명] 마음에 없이 겉치레로 또는 허울 좋게 말하는 일. 또는, 비입 사탕발림. ¶그가 남을 위해 봉사하겠다던 다짐은 결국 ~에 지나지 않았다. **입발림-하다** 동(자)
입방(立方)[-빵][명][수] '세제곱'의 구용어. ▷평방(平方).
입-방아[-빵-][명] 어떤 사실을 화제로 삼아 이러쿵저러쿵 놀리는 입을 이르는 말.
입방아(를) **찧다** 쓸데없는 말을 방정맞게 자꾸 하다. ¶새색시를 두고 동네 아낙들이 ~.
입-방정[-빵-][명] 버릇없이 수다스럽게 지껄이면서 방정을 떠는 일. ¶~을 떨다.
입방-체(立方體)[-빵-][명][수] =정육면체.
입-버릇(立법)[-][명] 입에 밴 말버릇. =구벽(口癖)·구습(口習). ¶~이 나쁘다(고약하다) / ~처럼 늘 말하다.
입법(立法)[-뻡][명] 1 법을 제정하는 것. 2 삼권(三權)의 하나. 법률을 제정하는 의회의 행위. ▷사법·행정. **입법-하다** 동(자여)
입법-권(立法權)[-뻡꿘][명][법] 1 법을 제정하는 국가의 작용. 2 의회가 법률을 제정하는 권한. ▷사법권·행정권.
입법^기관(立法機關)[-뻡끼-][명][법] 국가의 법률을 제정하는 기관. 원칙적으로 국회를 가리킴. **입법 기관·행정 기관**.
입법-부(立法府)[-뻡뿌][명][법] 삼권 분립에 의한 국가 통치 기구의 하나. 법률을 제정하는 '국회'를 가리킴. ▷사법부·행정부.
입법-화(立法化)[-뻐콰][명] 법률이 되게 하는 것. **입법화-하다** 동(타여) **입법화-되다** 동(자)
입-병(-病)[-뼝][명][의] 입에 생기는 모든 병. ¶~ 때문에 음식도 제대로 못 먹는다.
입북(入北)[-뿍][명] (어떤 사람이) 북한의 지역에 들어가는 것. **입북-하다** 동(자여)
입-빠르다[형](~빠르니, ~빨라) 남에게 서 들은 말을 참지 못하고 즉시 다른 사람에게 말하는 습성이 있다. ¶**입빠른** 사람. ▷입바르다.

입사¹(入社)[-싸][명] 회사 등에 취직하여 들어가는 것. ¶~ 시험. ↔퇴사(退社). **입사-하다**¹ 동(자여)
입사²(入射)[-싸][명][물] 하나의 매질(媒質) 속을 지나가는 빛의 파동이 다른 매질의 경계면에 도달하는 일. =투사(投射). **입사-하다**² 동(자여)
입사-각(入射角)[-싸-][명][물] 입사 광선이 제2매질의 경계면과 만나는 점에서 경계면의 법선(法線)과 이루는 것. =투사각.
입사^광선(入射光線)[-싸-][명][물] 제1매질(媒質)을 통과하여 제2매질과의 경계면으로 오는 광선. =투사선·투사 광선. ↔반사광선.
입산(入山)[-싼][명] 1 산에 들어가는 것. ¶~ 금지 구역. 2 [불] 출가하여 승려가 되는 것. **입산-하다** 동(자여) ¶13세에 **입산하여** 승려가 되다.
입상¹(入賞)[-쌍][명] 상을 타게 되는 등수에 드는 것. ¶~ 소감. **입상-하다** 동(자여) **입상-되다** 동(자)
입상²(立像)[-쌍][명] 서 있는 모습으로 만든 상. ¶석불(石佛) ~. ↔좌상(坐像).
입상³(粒狀)[-쌍][명] 알갱이나 낟알 모양.
입상-자(入賞者)[-쌍-][명] 상을 받은 사람. ¶~ 명단 / ~ 발표.
입석¹(立石)[-썩][명] 1 비갈(碑碣)이나 이정표 따위의 돌을 세우는 것. 또는, 그 돌. 2 [고고] =선돌. **입석-하다** 동(자여) 비갈이나 이정표 따위의 돌을 세우다.
입석²(立席)[-썩][명] 1 버스·열차·배 따위를 탈 때, 좌석을 지정받지 못하고 서서 가야 하는 상태. ¶~표 / ~ 버스. 2 영화관·극장 등에서, 지정된 좌석이 없이 서서 보아야 하는 상태.
입석-권(立席券)[-썩꿘][명] 지정된 자리가 없는 승차권이나 입장권. ↔좌석권.
입선(入選)[-썬][명] (응모한 작품이) 어떤 등수나 뽑히는 범위 안에 드는 것. 비당선. ¶~작 / ~자 / 가작 ~ / ~ 작품. ↔낙선.
입선-하다 동(자여) **입선-되다** 동(자)
입성¹[-씽][명] '옷'을 속되게 이르는 말. ¶옷이 날개란 말도 있지만 그 사람의 ~을 보면 어떤 계층인가를 쉬 알아볼 수 있다. 《박연구: 목화 이야기》
입성²(入城)[-씽][명] 1 성안으로 들어가는 것. ↔출성(出城). 2 적의 성을 함락시키고 들어가 점령하는 것. ¶~식(式). **입성-하다** 동(자여) ¶독일군이 파리에 ~.
입성³(入聲)[-씽][명][언] 1 중세 국어의 사성(四聲)의 하나. 끝을 빨리 닫는 소리. 음절의 받침이 'ㄱ', 'ㄷ', 'ㅂ' 등인 소리를 가리킴. 2 한자음의 사성(四聲)의 하나. 짧고 빨리 거둬들이는 소리.
입소(入所)[-쏘][명] 훈련소·연구소 등에 훈련·교육·연구 등을 위하여 들어가는 것. ¶~자(者) / 신병(新兵) ~. **입소-하다** 동(자여) ¶훈련소에 ~.
입-소문(-所聞)[-쏘-][명] 어떤 사실이나 말이 입으로 전해지는 일. 또는, 그 사실이나 말. ¶~으로 유명해진 음식점.
입-속[-쏙][명] '구강(口腔)'을 일상적으로 이르는 말.
입속-말[-쏭-][명] 입속으로 중얼거리는 말.

¶혼자 ~로 중얼거리다[투덜거리다].

입수¹(入水) [-쑤] 몡 물속에 뛰어들거나 몸을 담그는 것. ¶다이빙 선수의 ~ 동작. **입수-하다**¹ 동재여

입수²(入手) [-쑤] 몡 (자료나 정보 등을) 손에 넣는 것. **입수-하다**² 동태여 ¶자료[정보]를 ~. **입수-되다** 동재

입술 [-쑬] 몡 사람의 입 앞쪽에 위아래 두 부분으로 도드록이 내민 붉은빛의 부드러운 살. =구문(口吻)·구순(口脣). ¶앵두같이 빨간 ~ / 두툼한 ~ / 추워서 ~이 새파래지다.

[**입술에 침이나 바르지**] 거짓말을 천연스럽게 잘하는 것을 욕하여 이르는 말. [**입술이 없으면 이가 시리다**] 서로 밀접한 관계에 있어서 하나가 망하면 다른 하나도 그 영향을 받는다. '순망치한'과 같은 말.

입술을 깨물다 구 분하거나 한스럽거나 고통스럽거나 또는 결의를 다질 때 입술을 이로 꼭 물다. ¶**입술을 깨물고** 분을 참다.

입술을 훔치다 구 상대가 알아채지 못하는 사이에 입을 맞추다. ¶남자가 느닷없이 달려들어 여자의 ~.

입술-소리 [-쑬-] 몡[언] 두 입술 사이에서 나는 소리. 한글의 ㅂ·ㅃ·ㅍ·ㅁ 등. =순성(脣聲)·순음(脣音)·양순음(兩脣音).

입술-연지(-臙脂) [-쑬련-] 몡 여자들이 화장할 때 입술에 바르는 붉은빛 염료. 빈 루주.

입시¹(入侍) [-씨] 몡[역] 대궐에 들어가 임금을 알현하는 일. ¶병조 판서 ~요! **입시-하다** 동재여

입시²(入試) [-씨] 몡 '입학시험'의 준말. ¶대학~.

입시-생(入試生) [-씨-] 몡 그해에 입학시험을 치르기 위해 공부하고 있는 사람.

입식(立式) [-씨] 몡 서서 이용하게 되어 있는 방식. 또는, 그런 구조. ¶~ 부엌.

입신¹(入神) [-씬] 몡 1 기술이나 기예 등이 극히 뛰어나 신묘한 경지에 이르는 것. 2 바둑에서, 9단(段)을 이르는 말. **입신-하다**¹ 동재여

입신²(立身) [-씬] 몡 세상에서 자신의 기반을 공고하게 세워 출세하는 것. **입신-하다**² 동재여

입신-양명(立身揚名) [-씬냥-] 몡 출세하여 세상에 이름을 떨침. **입신양명-하다** 동재여

입신-출세(立身出世) [-씬-쎄] 몡 세상에 나아가 자신의 이름을 떨침. **입신출세-하다** 동재여

입실(入室) [-씰] 몡 1 방, 특히 교실·강의실·객실 등에 들어가는 것. 문어적인 말임. ¶오전 8시까지 ~ 완료할 것. 2 일정 기간 치료를 받기 위해 군부대의 의무실에 들어가는 것. ¶~ 환자. **입실-하다** 동재여

입-심 [-씸] 몡 기운차게 쉼 없이 말하는 힘. ¶~이 좋아 하루 종일 떠든다. 원입심.

입-쌀 몡 멥쌀을 잡곡에 대하여 이르는 말. =도미(稻米). ¶~밥. 준쌀.

입-씨름 몡 (두 사람이, 또는 사람과[이] 사람이[과]) 어떤 요구 사항에 대해 된다느니 안 된다느니 하면서 제 뜻을 이루려고 하거나, 어떤 주장에 대해 맞다느니 그르다느니 하면서 상대를 누르려고 하는 것. ¶받대파와 ~을 벌이다. **입씨름-하다** 동재여 ¶사소한 문제로 그와 ~.

입-씻김 [-씯낌] 몡 어떤 말을 내지 못하도록 남몰래 금품을 주는 일. **입씻김-하다** 동재여

입-씻이 몡 1 입씻김으로 주는 금품. ¶~로 입을 막다. 2 =입가심. **입씻이-하다** 동태여 ¶입가심을 하다.

입-아귀 몡 입의 양쪽 귀퉁이. =구각(口角). ¶~가 터지게 밥을 밀어 넣는다.

입안(立案) 몡 안건을 정하는 것. 또는, 그 안건. ¶법률안 ~자 / 상정된 ~을 처리하다. **입안-하다** 동태여

입양(入養) 몡 1 (어떤 사람을) 양자로 맞아들이는 것. 2 (어떤 사람을) 양자가 되게 하는 것. **입양-하다** 동태여 ¶그들은 자식이 없어 고아를 **입양하였다**. / 우리나라는 2001년에 1870명을 미국으로 **입양하였다**. **입양-되다** 동재

입양-아(入養兒) 몡 입양하여 기른 아이.

입언(立言) 몡 1 후세에 모범이 될 만한 훌륭한 말을 하는 것. 2 의견을 세상에 발표하는 것. 3 [논] 참이나 거짓의 값이 확정될 수 있는 명제. 보통 평서문에서 나타남. =언명. **입언-하다** 동재여

입영(入營) 몡[군] =입대(入隊). ¶~ 영장. **입영-하다** 동재여

입옥(入獄) 몡 옥에 갇히는 것. 빈 입감(入監). ↔출옥. **입옥-하다** 동재여 **입옥-되다** 동재

입욕(入浴) 몡 목욕탕에 들어가는 것. 또는, 목욕을 하는 것. =입탕(入湯). **입욕-하다** 동재여

입원(入院) 몡 환자가 치료를 받기 위하여 일정 기간 병원에 들어가는 것. ¶~ 환자 / ~수속 / ~ 가료 중이다. ↔퇴원. **입원-하다** 동재여

입원-비(入院費) 몡 병원에 입원하여 치료를 받을 때 내는 돈.

입원-실(入院室) 몡 환자가 입원하여 치료를 받는 방.

입자(粒子) [-짜] 몡 1[물] 물질을 구성하는 미세한 알갱이. 소립자·원자·분자 따위. 2 같은 종류의 물질의 일부로서 작은 알갱이. ¶모래의 ~.

입장¹(立丈) [-짱] 몡 장가를 듦. **입장-하다**¹ 동재여

입장²(入場) [-짱] 몡 1 (선수나 중심이 되는 사람이) 경기장·식장·회의장 등에서 주어진 일을 하기 위해 들어가거나 들어오는 것. ¶신부 ~ ↔퇴장(退場). 2 (관람객이나 방청객 등이) 영화관·극장·공연장·회의장·경기장 등에 들어가거나 들어오는 것. ¶무료 ~ / 미성년자 ~ 불가. **입장-하다**² 동재여 ¶지금 대통령 내외분께서 식장에 **입장하고** 계십니다.

입장³(立場) [-짱] 몡 당면하고 있는 처지. 빈 경우. ¶난처한 ~에 놓이다.

입장-객(入場客) [-짱-] 몡 경기장·관람장 등에 입장한 손님.

입장-권(入場券) [-짱꿘] 몡 입장을 허락하는 표. ¶~ 예매 / ~이 매진되다.

입-장단 [-짱-] 몡 1 춤출 때에 입속말로 맞추는 장단. 2 남이 하는 말에 입을 놀려 장단을 맞추는 일. ¶~을 놓는다.

입장-료(入場料) [-짱뇨] 몡 입장하기 위하여 내는 요금. ¶~를 받다.

입장-식(入場式) [-짱-] 몡 운동 경기 등의 첫날, 선수들이 경기장에 입장할 때에 행하

는 의식. ¶~ 식전 행사 / ~ 광경을 중계하다.
입적¹(入寂) [-쩍] 몡불 승려가 죽는 것. =열반·입멸(入滅)·입정. **입적-하다**¹ 돔재예
입적²(入籍) [-쩍] 몡 호적에 올리는 것. **입적-하다**² 돔태예 ¶양녀로 ~. **입적-되다** 돔재 ¶남편의 호적에 ~.
입정¹ [-쩡] 몡 1 음식을 먹거나 말을 하기 위하여 놀리는 입. 2 '입버릇'을 속되게 이르는 말.
 입정(을) 놀리다 굔 1 쉴 새 없이 군것질을 하다. 2 입버릇 사납게 말하다.
 입정(이) 사납다 굔 ¶입버릇이 점잖지 못하다. ¶입정 사납게 걸핏하면 욕이다.
입정²(入廷) [-쩡] 몡 재판을 받으려고 법정에 들어가는 것. ¶~을 완료하다. ↔퇴정. **입정-하다** 돔재예
입주(入住) [-쭈] 몡 개간하거나 수복(收復)한 땅 또는 새로 지은 집 등에 들어가 사는 것. **입주-하다** 돔재예 ¶아파트에 ~.
입주-자(入住者) [-쭈-] 몡 새로 지은 집 등에 들어가 사는 사람. ¶아파트 ~.
입-줄 [-쭐] 몡 이러쿵저러쿵 남의 말을 하는 사람의 입을 속되게 이르는 말. ¶남의 ~에 오르내리다.
입증(立證) [-쯩] 몡 증거를 내세워 증명하는 것. ¶~ 책임. **입증-하다** 돔태예 ¶자신의 결백을 ~. **입증-되다** 돔재 ¶그의 학설이 옳은 것으로 ~.
입지¹(立地) [-찌] 몡 1 산업 활동을 하거나 건물을 짓거나 하기에 적합한 조건을 갖추고 있는 지역. 또는, 건물·단지·마을·도시 등이 어느 곳에 자리 잡는 일. ¶공업[상업] ~/ 항만의 ~ 조건 / 수도권 신도시 ~ 를 선정하다 / 혐오 시설물의 ~를 반대하다. 2 어떤 사람·집단·사물 등이 가지는 세력이나 영향력. 또는, 그 범위. 비유적인 말임. ¶국제적 ~가 강화되다 / 보수 정당의 ~가 좁아지다[흔들리다].
입지²(立志) [-찌] 몡 뜻을 세우는 것. **입지-하다** 돔재예
입지-적(立地的) [-찌-] 괜몡 장소의 위치나 환경 등에 관계되는 (것). ¶아파트의 ~ 조건.
입지-전(立志傳) [-찌-] 몡 어려운 환경을 이기고 뜻을 세워 이룬 사람의 전기. ¶~적인 인물.
입직(入直) [-찍] 몡 관청에 들어가 숙직하는 것. 또는, 근무하는 것. **입직-하다** 돔재예
입-질¹ [-찔] 몡 낚시질할 때 물고기가 낚싯밥을 건드리는 일. 이때, 낚시찌가 움직임. ¶고기가 ~만 하고 물지는 않는다. **입질-하다**¹ 돔재예
입질²(入質) [-찔] 몡 돈을 빌리기 위하여 물품을 저당 잡히는 일. **입질-하다**² 돔태예
입-짓 [-찓] 몡 어떠한 뜻을 전하기 위하여 입을 움직이는 짓. ¶~ 눈짓 다 하다. **입짓-하다** 돔재예
입찬-말 몡 자기의 배경·지위 따위만 믿고 지나치게 장담하는 것. 또는, 그런 말. =입찬소리. **입찬말-하다** 돔재예
입찬-소리 몡 =입찬말. ¶자신은 끄떡없다고 ~를 늘어놓다. **입찬소리-하다** 돔재예
입찰(入札) 몡경 상품의 매매나 공사의 도급 계약을 체결할 때, 다수의 희망자들로부터 각자의 낙찰 희망 가격을 서면으로 제출

하게 하는 일. ¶지명 경쟁 ~. ▷낙찰(落札). **입찰-하다** 돔재예
입찰-가(入札價) [-까] 몡 상품의 매매나 공사의 도급 계약을 체결할 때 다수의 희망자가 써 넣는 낙찰 희망 가격.
입창(立唱) 몡 =선소리. ↔좌창(坐唱).
입-천장(-天障) 몡 입 안의 공간에서, 천장처럼 막혀 있는 윗부분. ¶~이 헐다 / 뜨거운 것을 먹다가 ~을 데다.
입천장-소리(-天障-) 몡언 =구개음.
입체(立體) 몡수 여러 개의 평면이나 곡면으로 둘러싸여 3차원의 공간에 놓인 물체. 또는, 그 물체가 차지하는 공간을 추상화한, 기하학상의 대상으로서의 도형.
입체-각(立體角) 몡수 뿔체의 꼭짓점을 중심으로 한 반지름 1인 구의 표면 상에서 잘랐을 때 생기는 곡면의 넓이. 단위는 스테라디안. 구용어는 우각(隅角).
입체-감(立體感) 몡 위치·넓이·길이·두께를 가진 물건에서 받는 느낌. 또는, 입체를 보는 것과 같은 느낌. ¶명암으로 ~을 나타내다.
입체-경(立體鏡) 몡물 동일한 대상을 약간 다른 각도에서 찍은 두 장의 사진을 동시에 보게 하여 그 상(像)을 입체적으로 보이게 하는 장치. =실체경(實體鏡)·스테레오스코프.
입체-교차(立體交叉) 몡 도로나 선로 등이, 동일 평면 상에서 교차되지 않도록 고가 다리나 지하도를 구축하고 입체화하여 서로 교차하는 것. ¶~로.
입체-낭독(立體朗讀) 몡 주로 라디오 방송에서, 소설 등을 낭독할 때 등장인물별로 각기 따로 읽고 또한 음악도 넣어 실감이 나게 하는 낭독.
입체-도형(立體圖形) 몡수 한 평면 위에 있지 않고 공간적인 넓이를 가지는 도형. =입체.
입체-미(立體美) 몡 조각·건축·공예 등 입체의 형상에 나타난 아름다움.
입체^방송(立體放送) 몡 적당히 떨어진 2개 이상의 마이크로 받아들인 음들을 폭 넓은 1개의 전파로 전송하고, 이것을 다시 2개 이상의 스피커로 재생하여 입체감이 나게 수신·재생하는 방송. =스테레오 방송.
입체^영화(立體映畫) 몡영 화면이 입체적으로 보이는 영화. 시차(視差)를 이용한 스테레오식이 시야의 각도에 가까운 화상을 볼 때의 착각을 이용한 시네라마식이 있음. 편광 안경을 끼고 봄. =삼차원 영화.
입체-적(立體的) 괜몡 1 입체감을 주는 (것). ¶~ 기법을 이용하다 / ~인 느낌을 나타내다. 2 하나의 사물을 여러 관점에서 포착하는 (것). ¶농업 경제를 ~으로 고찰하다. ↔평면적.
입체-전(立體戰) 몡군 육해공군의 합동 작전으로 하는 전쟁.
입체-파(立體派) 몡미 20세기 초에 프랑스를 중심으로 일어난 예술 운동. 대상(對象)을 원추·원통·구 등의 기본적인 구성 요소로 분해하고, 그것을 재구성함으로써 형태의 새로운 결합, 이지적인 공간 형성을 목표로 했음. 현대 추상 미술에 큰 영향을 미쳤음. 피카소·브라크가 그 대표자임. =입체주의·큐비즘.
입초¹(入超) 몡경 '수입 초과'의 준말. ¶~를 기록하다. ↔출초.

입초²(立哨)[명][군] 초계(哨戒) 임무를 위하여 보초를 서는 것. 또는, 그 사람. ¶~를 바꾸다 / 야간에 ~를 서다. ↔동초(動哨). **입초-하다**[동](자)여

입-초시(立草時)〈방〉입길(강원).

입추(立秋)[명] 24절기의 하나. 8월 8일경으로, 대서(大暑)와 처서(處暑) 사이에 있음.

입추²(立錐)〈송곳을 세운다는 뜻〉→입추의 여지(餘地)가 없다 ⒞ 송곳을 세울 만한 자리도 없을 만큼 빈틈이 없고 비좁다. (비)발 디딜 틈도 없다. ¶강당에 청중이 많아 ~.

입춘(立春)[명] 24절기의 하나. 2월 4일경으로, 대한(大寒)과 우수(雨水) 사이에 있음. ¶~방(榜).

입춘-대길(立春大吉)[명] 입춘을 맞이하여 길운을 기원하는 뜻으로 대문이나 기둥 등에 써 붙이는 글귀.

입춘-서(立春書)[명][민] 입춘에 벽이나 문짝·문지방 등에 써 붙이는 글. =입춘방(立春榜).

입-출금(入出金)[명] 들어오는 돈과 나가는 돈. ¶~이 자유로운 저축.

입-치다꺼리[명] 먹는 일을 뒷바라지하는 일을 속되게 이르는 말. ¶자식들 ~에 뼛골이 빠진다. **입치다꺼리-하다**[동](자)여

입하¹(入荷)[이파][명] 짐이나 상품 등이 들어오는 것. 또는, (그것을) 들여오는 것. ¶해외 신간 도서 ~. ↔출하. **입하-하다**[동](자)(타)여 **입하-되다**[동](자)

입하²(立夏)[이파][명] 24절기의 하나. 5월 6일경으로, 곡우(穀雨)와 소만(小滿) 사이에 있음.

입학(入學)[이팍][명] 학교에 들어가 학생이 되는 것. (비)입교(入校). ¶~을 축하한다. **입학-하다**[동](자)여 ¶대학에 ~.

입학-금(入學金)[이팍끔][명] 입학하기 위하여 내는 돈.

입학-생(入學生)[이팍쌩][명] 입학하는 학생.

입학-시험(入學試驗)[이팍씨~][명] 입학생을 선별하기 위하여 입학 지원자에게 보이는 시험. ¶~을 치르다[보다] / ~에 떨어지다[붙다]. (비)입시(入試).

입학-식(入學式)[이팍씩][명] 입학 때에 입학생을 모아 놓고 하는 의식.

입항(入港)[명] (배가) 항구에 들어오는 것. ↔출항. **입항-하다**[동](자)여

입헌(立憲)[이펀][명] 헌법을 제정하는 것. (비)제헌. ¶~ 군주 정치 / ~ 왕국. **입헌-하다**[동](자)여

입헌-국(立憲國)[이펀-][명][정] 헌법을 제정하고 그에 따라 정치를 행하는 나라.

입헌^군주국(立憲君主國)[이펀-][명][정] 입헌 군주제의 나라. 오늘날 대부분의 입헌 공화국은 국왕은 통치하지는 않음. 영국·일본·벨기에·룩셈부르크·타이 등이 이에 해당함.

입헌^군주제(立憲君主制)[이펀-][명][정] 군주의 권력이 헌법에 의하여 제한되어 있는 군주제. 근대 시민 계급의 대두로 절대 군주제가 붕괴되고, 군주권이 의회(議會) 등의 제한을 받게 됨으로써 성립했음.

입헌^정치(立憲政治)[이펀-][명][정] 국민이 제정한 헌법에 의하여 행하는 정치. =헌정(憲政).

입헌-주의(立憲主義)(立憲主義)[이펀-의/이펀-이][명][정] 입헌 정치 체제의 가치를 긍정하고 이것의 실현·발전을 추구하는 주의.

입-화면(立畫面)[이퐈-][명][수] 투영도에서, 물체의 앞면과 뒷면에 평행을 이루는 화면. =직립면(直立面). ▷평화면·측화면.

입회¹(入會)[이푀/이풰][명] 어떠한 회에 들어가 회원이 되는 것. ↔탈회. **입회-하다¹**[동](자)여

입회²(立會)[이푀/이풰][명] 1 어떠한 사실의 발생 현장에 함께 참석하여 지켜보는 것. ¶현장 검증에 목격자도 ~시키다. 2 거래하는 사람 또는 그 대리인이 일정 시간에 거래소 안에 모여 매매 거래를 행하는 일. **입회-하다²**[동](자)여

입회-비(入會費)[이푀-/이풰-][명] 회원으로 가입할 때 내는, 일정한 액수의 돈.

입회-인(立會人)[이푀-/이풰-][명] 후일 증인으로 삼기 위하여 어떠한 사실이 발생·존재하는 곳에 입회하는 사람. =안동(眼同).

입후(入後)[이푸][명] 양자(養子)를 들이는 것. 또는, 양자로 들어가는 것. **입후-하다**[동](자)(타)여

입-후보(立候補)[이푸-][명] 선거에 후보자로 나서는 것. **입후보-하다**[동](자)여 ¶국회의원 선거에 ~. **입후보-되다**[동](자)

입후보-자(立候補者)[이푸-][명] 선거에 후보자로 나선 사람.

입-히다[이피-][동](타)여 1 '입다'의 사동사. ¶새옷을 **입혀** 내보내대 / 손해를 ~. 2 물건의 거죽에 무엇을 한 꺼풀 바르거나 덮어 씌우다. ¶공원에 잔디를 ~.

잇[읻][명] 이부자리나 베개 따위의 거죽을 싸는 피륙. ¶베갯~ / 베갯~.

잇-꽃[읻꼳][명][식] 국화과의 두해살이풀. 높이 1m 내외. 7~9월에 적황색 꽃이 핌. 씨는 기름을 짜고, 꽃은 통경(通經)·종양·구강염 등에 약으로 쓰며, 꽃잎으로 붉은빛 물감을 만듦. =잇·홍화(紅花).

잇:다[읻따](잇고 · 이어)[동](으느니, 이어) 1 (타) 1 (길이를 가진 물체와 물체를) 묶거나 매거나 맞추거나 붙이거나 당기어 서로 떨어지지 않게 하다. (비)연결하다. ¶끊어진 줄을 ~. ↔끊다. 2 (많은 사람이나 물체가 줄과 같은 상태로) 어떤 장소에 이루어 서다. ¶표를 사려는 사람들이 길게 줄을 ~. 3 (어떤 일이나 상태를) 계속되거나 끊어지지 않게 하다. ¶대(代)를 ~ / 생계를 ~. 4 (공간적으로 떨어져 있는 대상과 대상을) 서로 통하는 상태가 되게 하다. ¶섬과 육지를 **잇는** 다리. 5 (사람과 사람을) 관계가 맺어지게 하다. ¶중매쟁이가 두 남녀를 **이어** 주다. ② (자) (어떤 일에) 그다음의 일이 계속되다. ¶기념사에 **이어** 찹잡이 있겠습니다.

잇:단-음표(-音標)[읻딴-][명][음] 리듬에 변화를 주기 위하여, 같은 음표 몇 개를 연결하여 본래의 박자수보다 짧거나 길게 연주하는 일련의 음표. 둘잇단음표·셋잇단음표 따위. =연음부.

잇:-달다[읻딸-][동]<-다니, ~다오> ①(타) (어떤 대상에 다른 대상을) 이어서 달다. ¶열차에 화물칸을 ~. ②(자) (어떤 사건이나 행동이) 다른 사건이나 행동 사이에 중간에 끊어짐이 없이 연속되는 상태가 되다. =연달다. ¶승용차 석 대가 **잇달아** 부딪치다. ▷잇따르다.

잇:-닿다[읻따타][동](자) 뒤를 이어 닿다. 또는, 서로 이어져서 맞닿다. (비)연(連)하다. ¶장의 행렬이 시청까지 ~ / 산이 하늘에 **잇닿아** 있는 듯이 보인다.

잇-대다[읻때-] [동][타] 서로 잇닿게 하다. ¶책상을 **잇대어** 놓다.
잇-따르다[읻-] [동][자] 〈~따르니, ~따라〉 **1** (어떤 대상이) 다른 대상의 뒤를 이어 따르다. ¶수백 대의 차량이 **잇따라** 가고 있다. **2** (어떤 사건이나 행동이) 같거나 비슷한 성격의 사건이나 행동에 이어서 따르다. ¶연설이 지루하게 계속되자 청중들이 **잇따라** 자리를 떴다. ▷잇달다.
잇-몸[인-] [명] 이뿌리를 둘러싸고 있는 연한 근육. =치경(齒莖)·치은(齒齦). ¶~에서 피가 난다. ×잇살.
잇-바디[이빠-/읻빠-] [명] =치열(齒列)².
잇-살[이쌀/읻쌀] [명] **1** 잇몸의 틈. **2** '잇몸'의 잘못.
잇-새[이쌔/읻쌔] [명] 이와 이의 사이. [비]이틈. ¶~에 고춧가루가 끼었다.
잇-소리[이쏘-/읻쏘-] [명][언] 혀끝과 윗니 또는 잇몸 사이에서 나는 소리. 한글의 ㅅ·ㅆ·ㅈ·ㅉ·ㅊ 따위. =치음(齒音).
잇-속¹[이쏙/읻쏙] [명] 이의 중심부의 연한 부분. 신경과 핏줄이 분포되어 있음.
잇-속²[이쏙/읻쏙] [명] 이의 생긴 모양. ¶고른 ~.
잇-속³(利-)[이쏙/읻쏙] [명] 이익이 있는 실속. ¶~만 노린다 / ~에 밝다.
잇-솔 [명] '칫솔'의 잘못.
잇-자국[이짜-/읻짜-] [명] 이에 물린 자국. ¶개에 물린 손등에 ~이 나다.
있다[읻따] Ⅰ[형] [1] **1** (사람이나 동물, 물체 등이 어느 곳에) 자리나 공간을 차지한 상태이다. ¶책상 위에 책이 ~. / 그 여자 옆에 낯선 사내가 ~. **2** (신·사람·동물·물체 등이) 실재(實在)로서 존재하는 상태이다. ¶신은 우리 마음속에 ~. / 평생 외길을 걷는 사람도 ~. **3** (어떤 사실이나 현상, 또는 시기·방법·경우 등이) 현실로 존재하는 상태이다. ¶증거가 ~ / 사랑과 믿음이 **있는** 사회. **4** (사람이나 동물이) 어떤 대상이나 현상·성질·능력 등을 가진 상태이다. 또는, (사람이나 동물에게 어떤 대상이나 현상·성질·능력 등이) 갖추어진 상태이다. ¶모든 동물에게는 본능이 ~. **5** (어떤 대상에 다른 대상이) 그 일부로서 달리거나 붙거나 속한 상태이다. ¶손잡이가 **있는** 가방. **6** (어떤 일이) 이루어지거나 벌어지는 상태이다. ¶모임이 ~ / 곧 시험이 ~. **7** (사람이나 동물이 어느 곳에) 머무르거나 사는 상태이다. ¶형은 영국에 ~. / 북극에 **있는** 흰곰. **8** (사람이 어떤 직장에) 다니는 상태이다. 또는, (사람이 어떤 직위로) 일하는 상태이다. ¶김 박사는 연구소에 ~. / 그의 숙부는 재벌 회사의 이사로 ~. **9** 얼마의 시간을 보내거나 끄는 상태이다. ¶한 달만 **있으면** 졸업이다. **10** (어떤 입장이나 상황이나 단계에) 놓이거나 처한 상태이다. ¶나는 그런 말을 할 입장에 **있지** 않습니다. / 공사는 마무리 단계에 ~. **11** 《주로 '있는'의 꼴로 쓰여》 재물이 넉넉하거나 많은 상태이다. ¶**있는** 집 자식. **12** 《'…에(게) 있어서'의 꼴로 쓰여》 앞에 오는 명사를 화제나 논의의 대상으로 삼음을 나타내는 말로, '에', '에서', '에게'를 문어적으로 이르는 말. ¶인간에게 **있어서** 자유란 소중한 것이다. **13** 《'-ㄹ 수 있다'의 꼴로 쓰여》 어떤 일을 이루는 것이 가능함을 나타내거나, 어떤 일이 발생하는 것이 가능함을 나타내는 말. ¶나는 무슨 일이든 할 수 ~. ↔없다. [2][보조] 《자동사의 어미 '-아/어' 다음에 쓰여》 행동이나 작용이 끝난 상태가 계속 이어짐을 나타내는 말. ¶노인이 의자에 앉아 ~. / 꽃이 아름답게 피어 ~.
Ⅱ[동] [1][자] **1** (사람이 어느 곳에) 떠나거나 벗어나지 않는 상태를 계속하다. 또는, (사람이) 움직이지 않는 상태를 계속하다. ¶어디 가지 말고 거기 **있어라**. / 장난치지 말고 가만히 **있어**. **2** (사람이 어떤 직장에) 다니거나 일하는 상태를 계속하다. ¶그만둘 생각 말고 직장에 그냥 **있어라**. [2][보조] 《동사의 어미 '-고' 다음에 쓰여》 어떤 행동을 계속함을 나타내는 말. ¶아이들이 밖에서 놀고 ~.

[어법] 내일 시간이 있습:있슴(×)→있음(○). ▶▶'-습니다'에 이끌려 '-슴'으로 쓰는 경우가 있으나 이는 잘못으로, '받음/읽음/높음' 등과 같이 받침 있는 어간 뒤에서는 '-음'이 옳음.

● **'있다'의 품사 문제**
동사로 보는 입장에서는 '-는'(관형형), '-는가'(의문형), '-어라'(명령형), '-자'(청유형) 등 동사에서만 나타날 수 있는 활용형이 가능하다는 점을 근거로 하고 있고, 형용사로 보는 입장에서는 기본형이 현재형으로 실현되며, 그 의미가 동작보다는 상태를 나타낸다는 점을 근거로 하고 있음. 본 사전에서는 기본형이 현재형일 수 있다는 점을 중시하여 형용사로 다루는 것을 원칙으로 하였으나, 명령형이나 청유형 또는 평서형 '-는다'로 활용하는 경우는 동사로 다루었음.

잉 [부] **1** 날벌레 따위가 날 때에 나는 소리. **2** 거센 바람이 쇠붙이나 가늘고 팽팽한 줄에 부딪칠 때에 나는 소리.
잉걸 [명] '불잉걸'의 준말.
잉걸-불[-뿔] [명] **1** 활짝 피어 이글이글한 숯불. [비]불잉걸. **2** 다 타지 않은 장작불.
잉곳(ingot) [명] 제련 후, 거푸집에 부어 넣어 굳힌 금속 덩이. =주괴(鑄塊).
잉글리시^호른(English horn) [명][음] 오보에 계통의 목관 악기. 오보에보다 5도 낮은 부드러운 음을 내며, 대편성(大編成)의 관현악에 사용함.
잉꼬(←[일]いんこ) [명][동] 앵무샛과의 새 중에서 중·소형이며 꽁지가 길고 깃털이 화려한 것의 속칭. 우관(羽冠)이 없으며, 몸빛은 적색·녹색·황색 등으로 앵무새보다 아름다움. 관상용으로 많이 기름.
잉꼬-부부(←[일]いんこ夫婦) [명] 잉꼬 새처럼 금실이 좋은 부부를 빗대어 이르는 말.
잉아 [명] 베틀의 날실을 한 칸씩 걸러서 끌어올리도록 맨 굵은 실. =종사(綜絲).
잉앗-대[-아때/-안때] [명] 베틀에서, 위로는 눈썹줄에 매고 아래로 잉아를 걸어 놓은 나무.
잉어 [명][동] 잉엇과의 민물고기. 몸길이는 일정하지 않으나 1m 내외에 이르는 것도 있으며, 몸은 방추형(紡錘形)에 약간 납작함. 한국산은 등이 검푸르고 배는 담황색이며, 주둥이는 둔하고 입가에 2쌍의 수염이 있음. =이어(鯉魚).
잉여(剩餘) [명] **1** 쓰고 난 나머지. ¶~ 농산물. **2** [수] '나머지3'의 구용어.

잉여^가치(剩餘價値)[명][경] 노동자가 생산한 생산물의 가치와 그 노동자에게 지급한 임금과의 차액. 기업의 이윤·이자·지대(地代) 등 소득의 원천이 됨.

잉여-금(剩餘金)[명][경] 기업의 자산 가운데에서 법률에 의해 정해진 자본금을 넘는 금액. 준비금·이월 이익금 따위의 총칭.

잉잉¹[부] 어린아이가 우는 소리. **잉잉-하다**¹[동](자)여

잉-잉²[부] 1 세찬 바람이 가늘고 팽팽한 전선이나 철사 따위에 계속 부딪칠 때 나는 소리. 2 날벌레가 계속 날면서 내는 소리. **잉잉-하다**²[동](자)여

잉잉-거리다/-대다¹[동](자) 어린아이가 자꾸 잉잉하며 울다. ¶너는 왜늘 잉잉거리니?

잉잉-거리다/-대다²[동](자) 자꾸 잉잉 소리를 내다. ¶바람이 ~ / 벌 떼가 ~.

잉카^문명(Inca文明)[명][역] 남아메리카의 안데스를 중심으로 16세기 초까지 잉카족이 이루었던 청동기 문화. 직물·금세공·거석(巨石) 농업 문화가 발달하였음.

잉크(ink)[명] 글을 쓰거나 인쇄하는 데 쓰는, 빛깔이 있는 액체.

잉크젯^프린터(inkjet printer)[명][컴] 잉크를 가늘게 분사하여 인쇄하는 비충격식 프린터. ▷레이저프린터.

잉-태(孕胎)[명] 1 아이를 배는 것. ≒회태(懷胎). 비임신. 2 어떤 사실이나 현상이 내부에서 생겨 자라나는 것. **잉태-하다**[동](타)여 ¶배 속에 아이를 ~. **잉태-되다**[동](자) ¶민족적 비극이 ~.

잊다[읻따][동](타) 1 (어떤 일이나 대상을) 이전에 알고 있었으나 생각해 낼 수 없거나 알지 못하는 상태가 되다. 비망각하다. ¶과거를 ~ / 읽은 지가 너무 오래 돼서 그 작품의 제목을 **잊었다**. 2 (어느 시점에 생각해 내어야 할 어떤 것을) 미처 생각해 내지 못하고 지나쳐 버린 상태가 되다. ¶준비물을 깜빡 **잊고** 안 가져오다. 3 (고통이나 어려움이나 불리한 조건 등을) 살아가거나 어떤 일을 함에 있어서 장애나 문제로서 느끼지 않게 되다. 또는, (이미 있었던 좋지 않은 일을) 더 이상 마음에 두거나 생각하지 않게 되다. ¶더위도 잊은 채 일에 열중하다 / 이제 지난 일일랑 모두 **잊자**. 4 (잠이나 끼니 등을) 어떤 일에 너무 열중한 나머지 제대로 취하거나 잊지 못하게 되다. ¶논문 준비하느라 침식을 ~. 5 (마땅히 해야 할 일이나 은혜 등을) 마음에 새겨 두지 않고 저버리다. ¶본분을 ~ / 부모의 은공을 ~.

잊어-버리다[동](타) 잊고 잊다. 또는, 아주 잊다. ¶과거는 **잊어버리고** 새 출발 하자. / 전화번호를 **잊어버려서** 연락 못 했다.

잊-히다[이치-][동](자) '잊다'의 피동사. ¶세월이 지나도 **잊혀지지** 않는 사람.

잎[입][명] ①(자립)[식] 식물의 영양 기관의 하나. 줄기의 끝이나 둘레에 붙어 호흡 작용과 탄소 동화 작용을 함. 대개 푸른빛으로 모양은 넓적하며, 크게 잎살·잎자루·턱잎 등으로 이루어짐. ¶떡~ / 풀~ / ~이 시들다. ②(의존) ①을 세는 단위로 이르는 말. ¶한 ~ / 두 ~.

잎갈-나무[입깔라-][명][식] 소나뭇과의 낙엽 교목. 높이 약 37m, 지름 약 1m. 잎은 바늘 모양이고 꽃은 4월에 피며, 열매는 타원형으로 9월에 익음. 건축·선박·펄프 등에 재목으로 쓰임. ≒적목(赤木).

잎-겨드랑이[입껴-][명][식] 식물의 가지나 줄기에 잎이 붙은 부분. ≒엽액(葉腋).

잎-꽂이[입-][명][농] 꺾꽂이의 하나. 잎을 땅에 꽂아 뿌리를 내리게 하는 일. **잎꽂이-하다**[동](타)여

잎-나무[임-][명] 잎이 붙은 땔나무.

잎-눈[임-][명][식] 자라서 줄기나 잎이 될, 식물의 눈. 꽃눈보다는 작음. ≒엽아(葉芽). ▷꽃눈.

잎-담배[입땀-][명] 썰지 않고 잎사귀 그대로 말린 연초(葉煙草)·엽초(葉草). ↔살담배. ×잎초.

잎-맥(-脈)[임-][명][식] 잎살 안에 분포되어 있는, 관다발과 그것을 둘러싼 부분. 잎살을 버티어 주고 수분과 양분의 통로가 됨. 나란히맥·그물맥 등이 있음. ≒엽맥(葉脈). 준맥.

잎-몸[임-][명][식] 잎의 넓은 부분. ≒엽신(葉身)·엽편(葉片).

잎-바늘[입빠-][명][식] 잎이 변하여 바늘처럼 된 것. 선인장의 가시 따위. ≒엽침(葉針).

잎-벌레[입뻘-][명][동] 잎벌렛과의 딱정벌레의 총칭. 대개 몸길이 1cm 이하이며, 몸빛은 금록색·홍색·흑색·남색·황색 등임. 농작물의 잎을 갉아 먹는 해충임. ≒돼지벌레.

잎-사귀[입싸-][명] 1 낱낱의 잎. 비이파리. ×잎새. 2 〈속〉 의경·순경·경장·경사 등의 경찰 계급장에서, 나뭇잎 모양의 표지.

잎-살[입쌀][명][식] 잎의 겉가죽 안쪽에 있는 녹색의 두꺼운 부분. 곧, 잎맥 외의 잎의 모든 부분으로 엽록체를 품은 부드럽고 연한 세포 조직임. ≒엽육(葉肉).

잎-새[임-][명] '잎사귀1'의 잘못.

잎-샘[입쌤][명] 봄에 잎이 나올 무렵에 갑자기 추워지는 일. 또는, 그 추위. ▷꽃샘. **잎샘-하다**[동](자)여

잎잎-이[임닢-][부] 잎마다. ¶~ 붉게 물들다.

잎-자루[입짜-][명][식] 잎몸을 줄기나 가지에 붙게 하는 꼭지 부분. 잎을 햇빛의 방향으로 돌리는 작용을 함. ≒엽병(葉柄)·잎꼭지.

잎-전(-錢)[입쩐][명] '엽전(葉錢)1'의 잘못.

잎-줄기[입쭐-][명][식] 1 잎의 줄기. ≒엽축(葉軸). 2 모양이 잎처럼 생기고, 엽록소가 있어 탄소 동화 작용을 하는 줄기. 선인장 따위에서 볼 수 있음. ≒엽상경(葉狀莖).

잎줄기-채소(-菜蔬)[입쭐-][명] 잎과 줄기를 먹는 채소. 배추·상추·파·마늘 따위.

잎-집[입찝][명][식] 잎자루가 칼집 모양으로 되어 줄기를 싸고 있는 것. 벼·보리 따위의 볏과 및 미나릿과의 식물에 많음. ≒엽초(葉鞘).

잎-차례[입-][명][식] 줄기에 잎이 붙어 있는 모양. 어긋나기·마주나기·돌려나기·뭉쳐나기 등이 있음. ≒엽서(葉序).

잎-채소(-菜蔬)[입-][명] 잎을 먹는 채소. ≒엽채(葉菜).

잎-초(-草)[명] '잎담배'의 잘못.

ㅈ

ㅈ →지읒.

자¹ 몡 [<⑧尺] ①⦗자립⦘길이를 재는 도구. ¶~ 대-/삼각~/~로 재다. ②⦗의존⦘길이의 단위. '치'의 열 배. 곧, 30.303cm. =척(尺). ¶한 ~.

> ⦗어법⦘ 광목 세 자, 비단 네 자:세(×)→석(○), 네(×)→넉(○). ▶ -냥, -되, -섬, -자'의 경우에는 '석'과 '넉'만 인정함(표17).

자² 캄 1 어떤 말에 앞서 듣는 사람에게 주의를 환기할 때 하는 말. ¶~, 모두들 조용히 하시고 제 말씀을 들으십시오. 2 어떤 행동을 촉구할 때 쓰는 말. ¶~, 어서 떠납시다. 3 동년배나 아랫사람에게 무엇을 주거나 제시할 때 하는 말. ¶"~, 여기 있어."

자³ '재'의 잘못.

-자⁴ ⦗어미⦘ 1 동사의 어간에 붙어, 한 동작이 막 끝남과 동시에 다른 동작이나 일이 잇달아 일어남을 나타내는 연결 어미. ¶문을 열~ 이상한 냄새가 확 풍긴다. 2 동사의 어간에 붙어, 하고자 하는 뜻을 나타내는 연결 어미. ¶몸을 씻~ 하니 물이 안 나온다. 3 '이다'의 어간에 붙어, 어떠한 자격과 함께 다른 자격이 있음을 나타내는 연결 어미. ¶그는 나의 학교 선배이~ 스승이다. 4 동사의 어간에 붙어, '해라'할 상대에게 서로 같이 하기를 권하는 뜻을 나타내는 종결 어미. ¶여기를 빨리 떠나~.

자⁵(子) 몡 1 '아들'의 기록에서의 문어적 칭호. ↔여(女). 2 십이지(十二支)의 첫째. 쥐를 상징함. 3 '자작(子爵)'의 준말.

자⁶(字) 몡 본명을 함부로 부르지 않던 시대에, 관례(冠禮)를 한 뒤에 본명 이외에 따로 짓던 이름. 아명을 버리고 본명을 지을 때 함께 짓는 경우도 많음. 주로, 친구 사이에서 로 부르는 이름임. ▶호.

자⁷(字) 몡 ①⦗자립⦘ '글자'를 달리 이르는 말. ¶낯 놓고 기역 ~도 모른다. (속담) ¶이것은 무슨 ~ 입니까? ②⦗의존⦘ 1 글자의 수효를 세는 말. ¶200~ 원고지. 2 (주로 '소식 한 [몇] 자'의 꼴로 쓰여) '짧은 글'을 이르는 말. ¶소식 한 ~ 없다/소식 몇 ~ 띄워 보낸다. 3 (날을 나타내는 말 다음에 쓰여) 그 날짜임을 꼬집어서 나타내는 말. ¶오늘[내일] ~/1월 1일 ~ 신문.

자⁸(者) ⦗의존⦘ 어떤 사람을 조금 얕잡거나 예사롭게 지칭하는 말. ¶저 ~를 당장 하옥시켜라.

자⁹(秭) 십진급수의 하나. 해(垓)의 만 배, 양(穰)의 만분의 일임. 곧, 10²⁴.

-자¹⁰(子) ⦗접미⦘ 1 아주 작은 알갱이와 같은 물질임을 나타내는 말. ¶미립~/중성~. 2 일부 명사 아래에 붙어, '기계 장치', '도구'의 뜻을 나타내는 말. ¶연산~/유도~/전기~. 3 고대 중국의 위대한 사상가나 성현의 성(姓)에 붙여, 그를 높이는 뜻을 나타내는 말. ¶공(孔)~/맹(孟)~.

-자¹¹(者) ⦗접미⦘ '어떤 일을 한 사람', '어떤 일에 종사하는 사람'의 뜻. ¶정복~/과학~.

자가(自家) 몡 1 자기 집. ㉥자택. 2 자기 자체. ¶~ 측정/~ 진단.

자가-당착(自家撞着) 몡 같은 사람의 말이나 행동이 앞뒤가 맞지 않는 일. =모순당착.

자가-발전(自家發電)[-쩐] 몡 개인이 자기 소유의 소규모 발전 시설로 전기를 일으키는 일.

자가사리 몡⦗동⦘ 동자갯과의 민물고기. 몸길이 13cm 정도. 등은 짙은 적갈색이고 배는 누르며, 4쌍의 수염이 있고 아래턱이 위턱보다 짧음. 우리나라 특산종임.
[자가사리 끓듯 한다] 사람들이 질서 없이 많이 모여 복작거린다.

자가^수분(自家受粉) 몡⦗식⦘ =자화 수분.

자가^수정(自家受精) 몡 1 ⦗생⦘ 자웅 동체(雌雄同體)인 동물의 난자가 같은 몸 안의 정자를 받는 일. 2 ⦗식⦘ 암술이 같은 그루 안의 꽃으로부터 화분(花粉)을 받는 일. =제꽃정받이·자화 수정. ↔타가 수정.

자가-용(自家用) 몡 1 자기 집에서 소유하여 이용하는 자동차. 특히, 승용차. 2 자기 집에서 소유하거나 개인이 소유하여 이용하는 상태. 또는, 그런 목적의 대상. ¶~ 비행기/~ 버스. ▷영업용.

자가-운전(自家運轉) 몡 차 주인이 자기 자동차를 손수 운전하는 일.

자가운전-자(自家運轉者) 몡 자기 차를 손수 운전하고 다니는 사람. =오너·오너드라이버.

자가품 몡 손목·발목·손아귀 등의 이음매가 과로 때문에 마비되어 시고 아픈 병증.

자각(自覺) 몡 (어떤 사실이나 상태를) 스스로 깨닫는 것. 특히, 자기의 처지나 본분, 도리 등을) 스스로 올바르게 깨달아 아는 것. ¶민주 시민으로서의 ~을 촉구하다. **자각-하다** 통⦗타⦘ ¶자신의 부족함을 ~. **자각-되다** 통⦗자⦘.

자각^증상(自覺症狀)[-쯩-] 몡⦗의⦘ 환자 스스로 느끼는 병의 증상. 발열·동통(疼痛)·구토·설사·출혈·현기증·숨 막힘 따위.

자간¹(子癎) 몡⦗의⦘ 임신 중독증 중에서 가장 중증의 형태. 전신의 경련 발작과 의식 불명이 주된 증상이며, 대개는 분만 시에 일어남.

자간²(字間) 몡 쓰거나 인쇄한 글자와 글자 사이. ¶~을 넓히다[좁히다]. ▷행간.

자갈 몡 돌덩이가 깨어진 뒤 오랫동안 깎이고 닳아져서 된 작은 돌. 대체로, 손으로 쥘 수 있을 정도의 크기를 가짐. =사력(沙礫). ¶콘크리트는 시멘트에 모래와 ~을 섞고 물을 부어 만드는 것이다. ▶조약돌.

자갈-길[-낄] 몡 자갈이 깔려 있는 길.

자갈-돌[-똘] 몡 자갈이 지표나 물 바닥에 쌓여서 진흙·모래 따위에 달라붙어 이루어진 바윗돌. ㉥역암(礫巖).

자갈-밭[-받] 몡 자갈이 많이 있는 땅. 또

는, 그런 땅의 밭. =사력지(沙礫地).
자갈치 [명][동] 농엇과의 바닷물고기. 몸이 길고 꼬리 쪽이 가늘며, 몸빛은 연한 갈색임.
자강(自強·自彊) [명] 스스로 힘쓰는 것. **자강-하다** [동][자][여]
자개 [명] 금조개 껍데기를 썰어 낸 조각. 빛깔이 아름다워 장식용으로 씀. =합각(蛤殼). ¶~로 세공 / ~를 박다.
자개-농(-籠) [명] =자개장롱.
자개미 [명][생] 불두덩 옆, 아랫배와 허벅다리 사이에 오목하게 들어간 자리.
자개-바람 [명] 쥐가 나서 근육이 곧아지는 증세. ¶생각과는 달라서 무가 고르게 썰어지지 아니할뿐더러 몇 번 칼을 움직이지 아니하여서 칼 든 팔목이 ~이 날 듯이 아팠다. 《이광수: 흙》
자개-장(-欌) [명] =자개장롱.
자개-장롱(-欌籠) [-농] [명] 자개를 박아 꾸민 장롱. 자개농·자개장.
자:객(刺客) [명] 칼을 잘 쓰는 사람으로서, 어떤 일을 위해서 또는 어떤 사람의 지시를 받아 칼로 사람을 암살하는 사람.
자겁(自怯) [명] 제풀에 겁을 내는 것. **자겁-하다** [동][자][여]
자격(資格) [명] 1 어떤 신분이나 지위를 가지는 데에 필요한 조건 또는 능력. ¶교원 ~ / ~이 있다(없다) / ~을 갖추다(잃다). 2 어떤 성원으로서의 지위나 권리. ¶옵서버 ~으로 회의에 참가하다.
자격-루(自擊漏) [-경누] [명] 조선 세종 때, 물이 흐르는 것을 이용하여 스스로 소리를 나게 하여 시간을 알리도록 만든 시계.
자격-시험(資格試驗) [-씨-] [명] 자격의 유무를 알아보거나 자격을 주기 위하여 치르는 시험.
자격-정지(資格停止) [-쩡-] [명][법] 명예형(名譽刑)의 하나. 일정 기간 동안 일정한 자격의 전부 또는 일부가 정지되는 일.
자격-증(資格證) [-쯩] [명] 일정한 자격을 인정하여 주는 증서. ¶교사 ~ / ~을 따다.
자격지심(自激之心) [명] 어떤 일에 대하여 자기 스스로 미흡하게 여기는 마음. ¶그가 애써 어려운 말을 쓰려 하는 것은 학교를 제대로 나오지 못한 ~에서이다.
자결[1](自決) [명] 자기의 일을 스스로 해결하는 것. ¶민족 ~ 운동. **자결-하다**[1] [동][타][여]
자결[2](自決) [명] 자기의 분을 참지 못하거나 지조를 지키기 위해 스스로 목숨을 끊는 것. =자처. 비자살. **자결-하다**[2] [동][자][여] ¶민영환(閔泳煥)은 을사조약이 체결되자 의분을 참지 못하여 유서를 남기고 **자결하였다**.
자결-주의(自決主義) [-의/-이] [명] 어떤 문제나 일을 남의 힘을 빌리지 않고 자기 스스로 해결하려는 주의. ¶민족 ~.
-자고[2] [어미] 동사 어간에 붙는 어미. 1 '해라' 할 상대에게 앞서 같이 하기를 권한 내용에 대해 다시 확인하여 재촉하는 뜻을 나타내는 종결 어미. ¶빨리 가자, 빨리 가~. 2 '해' 할 상대에게 어떤 일을 같이 하기를 권유하는 뜻을 나타내는 종결 어미. ¶자, 우리 한 바탕 놀아 보~. 3 '해' 할 상대에게 앞서 상대가 같이 하기를 권한 내용에 대해 놀라움이나 믿어지지 않음, 부정적인 견해가 있음을 나타내는 의문형 종결 어미. ¶그곳에 나와 같이 가~? 그걸 지금 말이라고 해?
-자고[2] 동사의 활용 어미 '-자'와 인용을 나타내는 부사격 조사 '고'가 결합한 말. ¶그는 나에게 고향에 함께 가~ 말했다.

자고-로(自古-) [부] '자고이래로'의 준말. ¶~ 난세에 영웅이 난다고 했다.
자고-이래(自古以來) [부] =자고이래로.
자고이래-로(自古以來-) [부] 예로부터 내려오면서. =자고이래. ¶~ 우리나라 사람들은 흰옷을 즐겨 입었다. 준고래로·자고로·자래로.
자곡(自曲) [명] 스스로 고깝게 여기는 것. **자곡-하다** [동][자][여]
자곡지심(自曲之心) [-찌-] [명] 허물이 있는 사람이 스스로 고깝게 여기는 마음.
자괴(自愧) [-괴/-궤] [명] 스스로 부끄러워하는 것. **자괴-하다** [동][자][여]
자괴-감(自愧感) [-괴/-궤-] [명] 자신의 무능함이나 한심함 때문에 생기는 부끄러운 감정. ¶그는 욕된 현실에 맞서 싸우지 못하고 비겁하게 타협하고 말았다는 ~에 마음이 무거웠다.
자괴지심(自愧之心) [-괴/-궤-] [명] 스스로 부끄러워하는 마음.
자구[1](字句) [-꾸] [명] 글 속의 어떤 문자나 어구(語句). ¶~ 수정. ×자귀.
자구[2](自求) [명] 스스로 구하는 일. **자구-하다**[1] [동][타][여]
자구[3](自救) [명] 어떤 문제나 위기를 남의 도움을 빌리지 않고 스스로 해결하거나 벗어나는 것. ¶~ 수단을 찾다 / ~ 노력을 기울이다. **자구-하다**[2] [동][자][여]
자구-권(自救權) [-꿘] [명][법] 사법 절차에 의하지 않고 자기의 권리를 확보하기 위하여 스스로의 힘을 사용할 수 있는 권리.
자구-안(自救案) [명] 어떤 문제나 위기를 스스로의 힘으로 해결하거나 벗어나기 위한 방안. ¶~을 마련하다.
자:구지단(藉口之端) [명] 핑계로 내세울 만한 거리.
자구-책(自救策) [명] 어떤 문제나 위기를 스스로의 힘으로 벗어나기 위한 방법. ¶~을 강구하다.
자국[1] [명] 1 일정한 물체에 다른 물건이 닿거나 지나간 자리. 비흔적. ¶발 ~ / 눈물 ~ / 수레가 지나간 ~ / ~이 나다. 2 부스럼이나 상처가 아문 자리. ¶여드름 ~ / 수술 ~.
자국[2](自國) [명] 자기 나라.
자국-눈 [-궁-] [명] 발자국이 겨우 날 정도로 적게 내린 눈. =박설(薄雪).
자국-민(自國民) [-궁-] [명] 제 나라 백성.
자국-인(自國人) [-궁-] [명] 제 나라 사람.
자굴(自屈) [명] 스스로 굽히는 것. **자굴-하다** [동][자][여]
자굴지심(自屈之心) [-찌-] [명] 스스로를 굽히는 마음.
자궁[1](子宮) [명][생] 여성의 내부 생식기의 한 부분. 수정란 또는 태아가 발육하는 곳으로, 골반 내에 자리 잡고 있으며 질(膣)에 이어짐. =아기집·자호(子壺).
자궁[2](梓*宮) [명] ['梓'의 본음은 '재'] [역] 왕·왕대비·왕비·왕세자 등의 시체를 넣던 관. 원재궁.
자궁-암(子宮癌) [명][의] 자궁에 생기는 악성 종양.
자궁^외:^임:신(子宮外妊娠) [-외/-웨-] [명][의] 수정란이 자궁강 이외의 장소인 난관·난소·복강에 착상하여 발육하는 임신.
자궁-후굴(子宮後屈) [명][의] 자궁의 체부(體部)가 경부(頸部)에서 뒤로 굽는 일. 임신하기 어려우며 임신하더라도 유산·조산하기 쉬운.
자궤(自潰) 똉 스스로 뭉그러지는 것. **자궤-하다** 동자여
자귀¹ 똉 짐승의 발자국.
 자귀(를) 짚다 관 짐승을 잡으려고 발자국을 따라가다.
자귀² 똉 나무를 깎아 다듬는 연장의 하나.
자귀-질 똉 자귀로 나무를 깎는 일. **자귀질-하다** 동자여
자규(子規) 똉동 =두견이.
자그락-거리다/-대다 [-꺼(때)-] 동자 조그마한 일로 옥신각신 다투다. ¶그들 부부는 걸핏하면 **자그락거릴** 때가 많다. 邑지그럭거리다. 쎈짜그락거리다.
자그락-자그락 [-짜-] 틘 자그락거리는 모양. 邑지그럭지그럭. 쎈짜그락짜그락. **자그락자그락-하다** 동자여
자그르르 틘 물기나 기름 따위가 갑자기 끓어 나는 소리. 또는, 그 모양. 邑지그르르. 쎈짜그르르. **자그르르-하다** 동자여
자그마치 틘 1 자그마하게. ¶밥 좀 ~ 먹어라. 2 예상보다 훨씬 많을 때 '적지 않게'의 뜻으로 쓰이는 말. ¶이 좁은 방에 ~ 열 명이 잤다.
자그마-하다 혱여 조금 작은 듯하다. ¶자그마한 몸집 / 키가 ~.
자그맣다 [-마타] 혱여 〈자그마니, 자그마오, 자그매〉 '자그마하다'의 준말. ¶얼굴이 ~.
자그매-지다 동자 자그맣게 되다.
자그시 틘 1 어떤 대상에 가볍게 또는 드러나지 않게 은근히 힘을 주는 모양. ¶부어오른 상처를 ~ 누르다. 2 참을성 있게 천천히 견디는 모양. 邑지그시.
자ː극(刺戟) 똉 1 (어떤 감각 기관을) 작용을 주어 반응을 일으키게 하는 것. 2 (어떤 대상을) 작용을 주어 심리나 태도 등에 어떤 변화를 일어나게 하는 것. ¶~을 주다(받다) / 친구의 성공이 그에게 ~이 되었다. ↔ 반응. **자ː극-하다** 동타여 ¶신경을 ~ / 강한 햇빛이 눈을 ~. **자ː극-되다** 동자여
자ː극(磁極) 똉물 =자기극(磁氣極).
자ː극-성(刺戟性) [-썽] 똉 신경이나 감각 등을 자극하는 성질. ¶~이 강한 음식.
자ː극-적(刺戟的) [-쩍] 괜똉 자극하는 성질이 있는 (것). ¶~인 옷차림 / 환자에게 되도록 ~인 말을 삼가십시오.
자ː극-제(刺戟劑) [-쩨] 똉 1 약 생체의 일부에 자극을 주어 생리적 활동·생리 작용 등을 촉진시키는 약제. 2 사람의 기분이나 마음을 자극하여 분발하게 하는 원인이 되는 사물의 비유. ¶그동안 공부에 대한 의욕을 잃고 나태해졌었는데 선생님의 충고가 좋은 ~가 되었다.
자근-거리다/-대다 동자타 1 은근히 귀찮게 굴다. 쎈짜근거리다. 큰차근거리다. 2 (어떤 물건을) 가볍게 자꾸 눌러 깨뜨리다. 3 가볍게 자꾸 씹다. 4 (머리가) 가볍게 아프다. 邑지근거리다.
자근-자근 틘 자근거리는 모양. ¶입술을 ~ 깨물다 / 오늘 아침에 한사코 공을 들여 삼아 놓았던 짚신을 아내의 발에 신기고 주먹으로 ~ 울 굽을 내 주었다. 〔김유정: 소낙비〕 邑지근지근. 쎈짜근짜근. **자근자근-하다** 동자타여
자글-거리다/-대다 동자 1 (적은 양이 기나 름기가) 소리를 내며 끓다. 2 걱정스럽거나 조바심이 나서 마음을 졸이다. 邑지글거리다. 쎈짜글거리다.
자글-자글¹ 틘 자글거리는 소리나 모양. ¶물이 ~ 끓다 / 속을 ~ 끓이다. 邑지글지글. 쎈짜글짜글. **자글자글-하다**¹ 동자여
자글-자글² 틘 물체가 쪼그라들어 잔주름이 많은 모양. 쎈짜글짜글. **자글자글-하다**² 혱여 ¶잔주름이 **자글자글한** 어머니의 얼굴.
자금¹(資金) 똉 1 자본이 되는 돈. ¶~을 대다. 2 특정한 목적에 쓰이는 돈. ¶정치 ~ / 영농 ~ / 선거 ~.
자금²(自今) 틘 이제부터.
자금-거리다/-대다 동자 음식을 먹을 때 잔모래 따위가 자꾸 씹히다. 邑지금거리다. 쎈짜금거리다.
자금-난(資金難) 똉 자금이 모자라는 데서 생기는 곤란.
자금=동결(資金凍結) 똉경 1 자금의 처분·이동을 극도로 제한·금지하는 조치. 2 대출된 자금이 회수되지 않는 일.
자금-원(資金源) 똉 돈을 대어 주는 사람이나 기관. ¶~을 추적하다.
자금-자금¹ 틘 자금거리는 모양. ¶밥에 모래가 ~ 씹힌다. 邑지금지금. 쎈짜끔짜끔. **자금자금-하다**¹ 동자여
자금-자금² 틘 모두 자그마한 모양. **자금자금-하다**² 혱여
자금-줄(資金-) [-쭐] 똉 =돈줄.
자급(自給) 똉 자기에게 필요한 것을 스스로 마련하는 것. ◇경제. **자급-하다** 동타여 ¶식량을 ~. **자급-되다** 동자여
자급-자족(自給自足) [-짜-] 똉 자기의 수요를 스스로 생산하여 충당함. **자급자족-하다** 동타여 ¶식량을 ~.
자긋-자긋 [-귿짜귿] 틘 슬그머니 자꾸 당기거나 밀거나 닫는 모양. 邑지긋지긋.
자긍(自矜) 똉 스스로 긍지를 가지는 것. 또는, 그 긍지. **자긍-하다** 동타여
자긍-심(自矜心) 똉 스스로에게 긍지를 가지는 마음.
자기¹(自己) I 똉 어떤 행위나 작용의 목적 대상이 바로 주체 자신일 때, 그 주체를 이르는 말. ¶~ 발견 / ~ 위주.
II 대인칭 1 앞에 언급된 사람을 도로 가리킬 때 낮추지 않고 예사롭게 쓰는 재귀 대명사. 때로, 동물을 되가리킬 수도 있으나, 그 경우에는 '저'가 보다 자연스러움. 앞에 언급된 사람이 3인칭인 경우에는 비교적 제약이 없으나 1, 2인칭의 경우에는 한정된 문맥에서만 쓰임. ¶영수는 ~ 동생을 아주 귀여워한다. / 나는 선생한테 빨리 ~ 집으로 가 보라고 했다. 2 주로, 젊은 연인이나 부부 사이에서 상대를 지칭하는 2인칭 대명사. 때로, '자기' 또는 '자기야'를 젊은 연인이나 부부 사이에서 호칭으로도 쓰는 일이 있으나, 언어 규범상 바람직하지 않은 말임. ¶나는 가기 싫으니까 ~나 가.
자기도 모르게 관 무의식중에 절로. ¶합격 통지서를 받는 순간 그는 ~ '야' 하고 소리를 질렀다.
자기²(自記) 똉 1 스스로 기록하는 것. 2 기계가 자동적으로 부호나 문자를 기록하는 일. **자기-하다** 동타여
자ː기³(瓷器·磁器) 똉 =사기그릇. ¶고려 ~.
자ː기⁴(磁氣) 똉물 쇳조각을 끌어당기거나 남북을 가리키는 등 자석이 갖는 작용이나

성질. ¶~ 나침반 / ~를 띠다.

자기-감정(自己感情) [명][심] 자기가 자기를 평가함으로써 생기는 감정.

자:기^공:명^영상^장치(磁氣共鳴映像裝置) [명][의] =엠아르아이(MRI).

자기^과:시(自己誇示) [명][심] 자기의 존재를 인정받기 위하여 남에게 자기를 과장하여 나타내려는 경향.

자기^관찰(自己觀察) [명][심] 자기의 정신 상태나 정신의 움직임을 내면적으로 관찰하는 일. =내성(內省)·내관(內觀).

자:기-극(磁氣極) [명][물] **1** 자석이 쇠붙이를 끌어당기는 힘이 가장 센 곳. 양쪽 끝에 있으며, 북으로 끌리는 쪽을 N극, 남으로 끌리는 쪽을 S극이라고 함. **2** 지구 자기장의 극이 되는 지점. 북·남 양 반구(半球)에 한 군데씩 있는데, 이를 각각 북자극·남자극이라고 함. =자극(磁極).

자기-기만(自己欺瞞) [명] 자기의 신조나 양심에 벗어나는 일을 무의식중에 행하거나 의식하면서 강행하여, 자기가 자기의 마음을 속이는 일.

자기^기압계(自記氣壓計) [-께/-께] [명][물] 기압의 시간적 변화를 자동적으로 기록하는 장치.

자기^동일성(自己同一性) [-썽] [명][심] 현재의 자기를 과거 및 미래의 자기와 동일한 것으로 경험하는 일. =아이덴티티.

자:기^디스크(磁氣disk) [명][컴] 음반과 비슷한 둥근 원판의 양면에 자성 물질을 입힌 보조 기억 장치. 각 면은 여러 개의 트랙으로 구성되어 있으며, 헤드가 이 트랙을 따라서 읽고 쓸 수 있음.

자:기-력(磁氣力) [명][물] 자석끼리, 전류끼리, 또는 자석과 전류가 서로 당기거나 밀어내거나 하여, 서로 미치는 힘. =자력(磁力).

자:기력-선(磁氣力線) [-썬] [명][물] 자기장 안에서 자기력이 작용하는 방향을 나타내는 곡선. =자력선.

자기-류(自己流) [명] **1** 자기의 주관대로 하는 방식. **2** 자기의 독창적인 방식. ¶~의 문체(文體) / ~의 화법.

자기-만족(自己滿足) [명] 자기 자신이나 자기 행동에 대하여 스스로 흡족하게 여기는 일.

자기-모순(自己矛盾) [명][논] 논리·실천에 있어서, 자기 자신을 부정하는 것 같은 것이 자기 안에 포함되어 있는 일.

자기-반성(自己反省) [명] 자기 자신의 행위나 내면에 대한 성찰이나 반성.

자:기^부상^열차(磁氣浮上列車) [-녈-] [명] 자기력으로 선로에 떠서 소음과 진동이 거의 없이 매우 빠른 속도로 달리는 열차.

자기-비판(自己批判) [명] 자기 자신을 스스로 비판하는 일. =자아비판.

자기-선전(自己宣傳) [명] 스스로 자기 장점을 자랑하는 일. =자기광고.

자기-소개(自己紹介) [명] 처음 만난 사람에게 자기의 이름·나이·경력·직업 등을 말하여 알리는 일. ¶~서(書) / 자, 처음 만난 회원들끼리 ~를 하십시오.

자기^습도계(自記濕度計) [-또계/-또게] [명][물] 습도의 시간적 변화를 자동적으로 기록하는 장치.

자기-실현(自己實現) [명][윤] =자아실현.

자기^암:시(自己暗示) [명][심] 일정한 관념을 반복적으로 스스로에게 다짐하거나 주입함으로써 그 관념대로 자기의 의식을 바꾸어 가는 일.

자기앞^수표(自己-手票) [-압쑤-] [명][경] 발행인이 자기를 지급인으로 하여 발행하는 수표. [비]보증 수표.

자기-애(自己愛) [명] 자기의 가치를 높이고 싶은 욕망에서 생기는, 자기에 대한 사랑. ↔대상애.

자기^온도계(自記溫度計) [-계/-게] [명][물] 온도의 시간적 변화를 자동적으로 기록하는 장치.

자기-완성(自己完成) [명] 자기 자신의 인격을 완전한 것으로 만드는 일.

자:기^유도(磁氣誘導) [명][물] 자석 가까이에 쇠 등의 자성체를 둘 때, 그 자성체가 자성(磁性)을 띠는 현상. =자기감응.

자:기-장(磁氣場) [명][물] 자석의 주위나 전류가 통하고 있는 쇠줄의 주위에 생기는, 자기력이 작용하는 공간. =자장·자계(磁界).

자:기^적도(磁氣赤道) [-또] [명][물] 지구 상에서 지구 자기(地球磁氣)의 복각(伏角)이 0이 되는 지점을 연결한 선. 지리학상의 적도와는 일치하지 않음.

자기-주장(自己主張) [명] 자기의 의견이나 생각을 당당하고 자신 있게 주장하는 일. ¶~이 강한 아이.

자기-중심(自己中心) [명] 남의 처지는 생각하지 않고 자기 처지만 생각하는 상태.

자기중심-주의(自己中心主義) [-의/-이] [명] 남의 처지나 생각을 고려하지 않고, 자기의 처지나 생각만으로 일을 처리하거나 파악하려는 태도나 경향.

자기^최면(自己催眠) [-최-/-췌-] [명] 자기 암시로 자기 자신이 최면에 빠지는 현상.

자:기^카드(磁氣card) [명] 플라스틱 등에 자성체(磁性體)를 입힌 정보 기록용의 카드. ID 카드·현금 인출 카드 따위.

자:기^테이프(磁氣tape) [명][컴] 표면에 산화철 등의 자성 물질을 바른 플라스틱 테이프. 녹음·녹화 테이프나 신용 카드의 정보 판독용 띠, 컴퓨터의 외부 기억 장치 등으로 이용됨. =마그네틱 테이프.

자기-편(自己便) [명] 자기와 같은 입장에 선 쪽. 또는, 그 사람. =자편(自便).

자:기^폭풍(磁氣暴風) [명][물] 지구 위 전체에 걸쳐서 지구 자기(地球磁氣)의 세기 및 방향이 급격히 변화하는 현상.

자기-표현(自己表現) [명] 자기의 생각이나 의견을 남 앞에서 겉으로 드러내 보이는 일. ¶그는 성격이 내성적이라 ~에 미숙하다.

자기-혐오(自己嫌惡) [명] 자기 자신을 싫어하는 일. ¶그는 사업에 실패한 뒤, 한동안 ~의 늪에 빠졌다.

자기-희생(自己犧牲) [-히-] [명] 남을 위하여 자기의 수고나 목숨을 아끼지 않는 것. ¶~의 봉사와 헌신으로 소외된 이웃을 돕다.

자깝-스럽다 [-쓰-따] [형][ㅂ] <~스러우니, ~스러워> **1** 어린아이가 어른같이 행동하는 짓이 깜찍하다. **2** '잡상스럽다' 의 잘못. **자깝스레** [부]

자꾸[1] [명] '지퍼(zipper)' 의 잘못.

자꾸[2] [부] **1** 정도가 지나친 데가 있게 되풀이하여. 행동이나 작용의 반복성이 보통의 경우보다 심하거나 통제하기 어려운 상태에 있거나 바람직하지 못하다고 여길 때 쓰는 말임. ¶돈을 달라고 ~ 조르다 / ~ 실수를 하다. **2** 일의 진행이 지나친 데가 있게, 또는 예상 밖의 상태로. ¶체중이 ~ 늘어 걱정이다.

-**자꾸나** [어미] 동사의 어간에 붙어, '해라' 할 상대에게 '함께 하자'는 권유의 뜻을 나타내는 종결 어미. '-자4'를 좀 더 친밀하게 이르는 말임. ¶이제 그만 가~. / 나도 좀 먹~.

자꾸-만 [부] '자꾸2'를 조금 강조하는 말. ¶잘라도 잘라도 ~ 돋아나는 죽순 / ~ 독촉을

자꾸-자꾸 [부] 잇달아서 자꾸. ¶두고 온 고향을 생각하면 ~ 눈물이 난다.

자끈 [부] 단단한 물건이 갑자기 세게 부러지거나 깨지는 소리. 또는, 그 모양. (큰)지끈.

자끈-거리다/-대다 [동](재) 1 여러 개가 모두 자끈 소리를 내며 부러지거나 깨지다. 2 머리가 가볍게 쑤시며 아프다. **자끈거리다**.

자끈-동 [부] '자끈'을 힘 있게 이르는 말. ¶바늘이 ~ 부러졌다. (큰)지끈둥.

자끈-자끈 [부] 자끈거리는 소리나 모양. (큰)지끈지끈. **자끈자끈-하다** [동](재)(여)

자:-남극 (磁南極) [명](지) 지구 자기의 축이 지구 표면과 만나는 남쪽 점. (준)자남. ↔자북극.

자낭 (子囊) [명](식) 1 자낭균류의 포자낭. 주머니 모양의 것으로, 보통 8개의 포자가 생김. 2 선태식물, 특히 선태류의 포자낭. =씨주머니.

자낭균-류 (子囊菌類) [-뉸-] [명](식) 균류에 속하는 한 강(綱). 자낭 속에서 포자를 만들며, 자실체를 형성하지 않음. 효모·누룩곰팡이·푸른곰팡이 등이 이에 속함. =털곰팡이.

자네 [대](인칭) 말하는 사람이 듣는 상대가 '하게' 할 대상일 때, 그를 가리켜 이르는 말. 2 인칭임. ¶~도 함께 가세. / 여보게, ~만 믿겠네.

자녀 (子女) [명] 아들과 딸. ¶~ 교육.

자년 (子年) [명](민) 태세(太歲)의 지지(地支)가 자(子)로 된 해. 갑자년(甲子年) 따위. =쥐해.

자농 (自農) [명] =자작농(自作農).

-자느냐 '-자고 하느냐'가 준 말. ¶대체 어떻게 하~.

-자느니 [어미] 동사의 어간에 붙어, 이러하자 하기도 하고 저리하자 하기도 함을 나타내는 연결 어미. ¶팔~ 그냥 두~ 의견이 분분하다. ▷-라느니.

자늑자늑-하다 [-짜느카-] [형](여) 동작이 조용하면서 부드럽고 가볍다.

-자는 '-자고 하는'이 준 말. ¶그래 이 밤중에 산을 넘~ 말이냐?

-자니 '-자고 하니'가 준 말. ¶그냥 가~ 섭섭하다.

-자니까 [어미] 동사의 어간에 붙어, '해' 할 상대에게 재차 강력히 청유하는 뜻을 나타내는 종결 어미. ¶뭘 하고 있어, 어서 먹~. ▷-라니까.

-자니까2 '-자고 하니까'가 준 말. ¶돈을 좀 내~ 들은 시늉도 않더라.

자닝-하다 [형] (모습이나 처지 등이) 참혹하거나 불쌍하여 차마 보기 어렵다. ¶~길동의 모는 더욱 망극 애통하니 그 정상이 **자닝하여** 차마 보지 못하더라. 《홍길동전》 **자닝-히** [부]

자다 [동] [I](재) 1 (사람이나 동물이) 일정한 시간 동안 의식의 일부 또는 전부가 정지된 상태로 쉬는 상태를 이루다. ¶아기가 새근새근 **자고** 있다. 2 (바람이나 파도 따위가) 잠

잠하거나 잔잔한 상태가 되다. ¶밤새 거칠게 불던 바람이 아침이 되니 **잔다**. 3 (시계나 움직여야 할 기계가) 움직임을 중단한 상태에 있다. ¶파업으로 공장의 기계가 며칠째 **자고** 있다. 4 (남자와 여자가, 또는 어떤 사람이 이성과) 잠자리를 함께하다. 주로, 성 관계를 가지는 것을 암시적으로 또는 완곡하게 이르는 말임. ¶창수는 어젯밤 밖에서 여자와 **갔다**. 5 (솜이나 머리털 등이) 어떤 물건에 눌려 납작한 상태가 되다. ¶솜이 **자도록** 누르다. 6 화투 따위의 놀이를 할 때, 어떤 한 장이 떼어 놓은 몫의 제일 밑에 깔리다. ¶오동 광(光)이 ~. 7 (누에가) 허물을 벗기 전에 몇 번에 걸쳐 뽕을 먹지 않고 쉬는 상태에 들다. [2](타) ('잠' 또는 잠을 어말에 가지는 말을 목적어로 하여) (사람이나 동물, 물건이) 어떤 잠을 이루다. ¶집에서 낮잠을 ~ / 시계가 잠을 ~.

[**자는 범 코침 주기**] 공연히 건드려서 스스로 위험을 사는 것을 이르는 말. [**자다가 벼락을 맞는다**] 뜻하지 않게 변을 당한다. [**자다가 봉창 두드린다**] 얼토당토않은 말을 할 때 이르는 말.

자나 깨나 [부] 잠들었거나 깼거나 늘. ¶~ 불조심 / ~ 앉으나 서나 그림자 같은 벗 하나이 내게 있었습니다. 《김소월: 자나 깨나 앉으나 서나》

자:단 (紫檀) [명](식) 콩과의 상록 활엽 교목. 높이 10m 이상. 나비 모양의 잘고 노란 꽃이 핌. 재목은 단단하고 결이 붉은 홍자색을 띠어 아름다우므로 '화류(樺榴)'라 하여 건축 및 가구재로 쓰임.

자담 (自擔) [명] 스스로 부담하거나 맡아 하는 것. **자담-하다** [동](타)(여)

자답 (自答) [명] 스스로 물은 것에 대하여 스스로 대답하는 것. 또는, 그 대답. ¶자문(自問) ~. **자답-하다** [동](재)(여)

자당1 (自黨) [명] 자기가 속한 당.

자당2 (慈堂) [명] 남의 어머니의 존칭. ¶자네 ~께서는 무고하신가?

자당3 (蔗糖) [명](화) =수크로오스.

자대 (自隊) [명](군) =원대(原隊)1. ¶~ 배치.

자:도 (紫桃) [명] '자두'의 잘못.

자동 (自動) [명] 기계나 장치 따위가, 사람의 일일이 만져서 다루지 않아도 어떤 조건에서 저절로 일정한 방식으로 움직이거나 작동하는 상태. ¶이 문은 ~으로 열리고 닫힙니다.

자동^면:역 (自動免疫) [명](의) 어떤 전염병을 겪은 뒤나 백신의 접종에 의하여, 생체가 스스로 자기 몸속에 항체(抗體)를 생기게 하여 면역이 되는 일. =능동 면역(能動免疫). ↔인공 면역.

자동-문 (自動門) [명] 건물이나 방의 출입구에 있어, 사람의 출입에 따라 자동으로 열리고 닫히는 문.

자-동사 (自動詞) [명](언) 동작이나 작용이 주어 자신에만 그치고, 다른 사물에는 미치지 않는 동사. "바람이 불다.", "강물이 흐르다."에서 '불다', '흐르다' 따위. =제움직씨. ↔타동사.

자동-식 (自動式) [명] 기계 장치가 자동으로 작동하게 된 방식. ↔수동식.

자동-적 (自動的) [관] 다른 힘을 빌리지 않고 저절로 움직이거나 작용하는 (것). ¶이 기계는 스위치만 누르면 ~으로 움직인다.

자동^제:어 (自動制御) [명] 물체·기계·장치

등의 상태 변화를 감지하여, 희망하는 상태대로 변화시키는 일. ¶~ 장치.

자동-차(自動車) 명 엔진의 힘으로 바퀴를 굴려 땅 위의 도로나 공간을 움직이도록 만든 탈것. 일반적으로 바퀴가 4개인 것을 가리키나, 넓은 뜻으로는 2개 이상인 것을 모두 가리킴. 세는 단위는 대(臺). ¶~ 도로 / 경주 / ~를 몰다.

자동차-세(自動車稅) [-쎄] 명 자동차 소유자에게 부과되는 지방세.

자동-카메라(自動camera) 명 거리의 조절, 빛의 노출 등이 자동적으로 조절되는 카메라.

자동^클러치(自動clutch) 명 자동차의 클러치가 자동적으로 조작되는 장치. 클러치 페달은 없고, 변속 레버만으로 기어를 바꾸어 넣을 수 있음. =오토매틱 클러치.

자동-판매기(自動販賣機) 명 판매원이 없이 상품을 자동적으로 판매하는 기계. 기계의 지정된 구멍에 동전이나 지폐를 넣으면, 상품이 나오게 되어 있음. ¶커피 ~ / 승차권 ~ 자판기.

자동-화(自動化) 명 자동적으로 되게 하거나 자동적이 되게 하는 것. ¶사무 ~ / 생산의 ~. **자동화-하다** 동(자)(타) **자동화-되다** 동(자) ¶기기 설비를 ~.

자두 명 〈←자도(紫桃)〉 자두나무의 열매. 복숭아와 비슷하나 좀 작고 신맛이 있음. =자리(紫李). ×오얏·자도.

자두-나무 명[식] 장미과의 낙엽 활엽 교목. 높이 약 10m. 4월에 잎이 나기 전에 흰 꽃이 피며, 열매인 '자두'는 7월에 황색 또는 적자색으로 익음. ×오얏나무.

자드락 명 낮은 산기슭의 비탈진 땅. ¶~ 밭 / 남새밭이나 버덩이나 잔솔밭 아랫녘의 ~을 따라, 길들은 완만한 구배로 무질서하게 이어져 있었다.《홍성원: 마지막 우상》

자드락-길 [-낄] 명 자드락에 나 있는 좁은 길.

자득(自得) 명 1 스스로 깨달음을 얻는 것. 2 스스로 만족하는 것. ¶양양(揚揚)~. 3 스스로 한 일에 대한 값음을 받는 것. ¶자업(自業)~. **자득-하다** 동(자)(여)

자디-잘다 형〈~자니, ~자오〉아주 잘다.

자라 명[동] 파충류 자라과의 한 종. 몸길이 30cm가량. 거북과 비슷하나, 등딱지의 중앙선 부분만 단단하고 다른 부분은 부드러운 피부로 덮였으며, 알갱이 모양의 돌기나 숨기가 있음. 얕은 바다나 하천에 삶. 살은 식용, 피는 강장제로 약용함.

[자라 보고 놀란 가슴 소댕(솥뚜껑) 보고 놀란다] 어떤 일에 몹시 놀란 사람은 그와 비슷한 것만 보아도 놀란다.

자라-나다 동(자) 자라서 크게 되다. ¶봄이 되어 새순이 ~ / 아기가 무럭무럭 ~.

자라다[1] Ⅰ 동(자)〈어떤 몸이나 몸의 어떤 부분이〉세포의 수나 크기의 증가로 키나 덩치가 커지거나 길어지다. ¶아이가 ~ / 나무가 ~ / 키가 ~ / 수염이 ~. 2 〈사람이 어느 곳에서〉성장의 시절을 보내다. ¶나는 농촌에서 **자랐다**. 3 〈식물이 어느 곳에서〉나서 사는 상태를 이루다. 비생육하다. ¶진달래는 산이나 들에서 **자란다**. 4 〈수준이나 능력 따위가〉높아지거나 좋아지는 상태가 되다. 비발전하다. ¶우리 조국이 선진국으로 ~.

자라다[2] Ⅰ 형〈어떤 물건의 양이〉필요한 만큼 넉넉한 상태에 있다. 비충분하다. ¶이 돈이면 여비가 **자랄까**? / 옷감이 **자라면** 네 옷도 지어 주마.
Ⅱ 동(자) 1 〈길이가 있는 물체가〉어느 지점에 향하거나 뻗었을 때 그에 미치거나 닿다. ¶선반이 너무 높아 손이 **자라지** 않는다. 2 〈사람의 능력이〉어떤 일을 할 수 있는 상태에 이르다. ¶내 힘이 **자라는** 데까지 널 돕겠다.

자라-목 명 보통 사람보다 짧고 밭은 목.

자라목이 되다 명 사물이나 기개 따위가 움츠러들다. ¶선생님이 소리를 꽥 지르자, 떠들던 아이들이 금방 **자라목이 되고** 말았다.

자라-자지 명 보통 때에는 자라목처럼 움츠러들어 있지만 발기하면 매우 커지는 자지.

자락 명 1 옷이나 이불 등의 아래로 드리운 넓은 조각. ¶도포 ~. 2 논밭이나 산 등의 넓은 부분. ¶산 ~. 3 넓게 퍼진 안개나 구름, 어둠 따위. ¶봉우리는 안개 ~에 가려 보이지 않았다. 4 한 차례 부는 바람이나 빛줄기. 5 스치는 생각이나 말마디.

자락-자락 [-짜-] 뷔 갈수록 더 심하게. ¶보고만 있으니 성미가 ~ 더 나빠진다.

자란-자란 뷔 1 액체가 그릇의 가장자리에서 넘칠 듯 말 듯한 모양. 2 물건의 끝이 다른 물건에 스칠 듯 말 듯한 모양. 큰지런지런. 거차란차란. **자란자란-하다** 형(여) ¶치맛자락이 땅에 ~.

자랑[1] 명〈어떤 사람이 남에게〉자기 자신, 또는 자기와 관계 깊은 사람이나 사물에 관한 일에 대해 훌륭하거나 대단하거나 좋은 것임을 드러내어 밝히는 일. 또는, 그렇게 밝힐 수 있는 거리. ¶제 ~ / 자식 ~을 늘어놓다. **자랑-하다**[1] 동(타)(여) ¶친구들에게 새 옷을 ~.

자랑[2] 명 얇은 쇠붙이 따위가 서로 가볍게 부딪쳐 은은하게 나는 소리. 큰저렁. 센짜랑. 거차랑. **자랑-하다**[2] 동(자)(여)

자랑-거리 [-꺼-] 명 자랑할 만한 거리. ¶가족이 화목한 것이 우리 집의 ~이다.

자랑-거리다/-대다 동(자)(여) 얇은 쇠붙이 따위가 서로 가볍게 부딪는 소리가 연달아 나다. 또는, 그런 소리를 내게 하다. 큰저렁거리다. 센짜랑거리다. 거차랑거리다.

자랑-삼다 [-따] 동(타) 자랑거리로 하다. ¶우승한 경위를 **자랑삼아** 이야기하다.

자랑-스럽다 [-따] 형(ㅂ)〈~스러우니, ~스러워〉자랑으로 여길 만하다. ¶**자랑스러운** 나의 조국. **자랑스레** 뷔 ¶~ 여기다 [말하다].

자랑-자랑 뷔 1 자랑거리는 소리. 2 목소리가 높고 맑게 울리는 모양. 큰저렁저렁. 센짜랑짜랑. 거차랑차랑. **자랑자랑-하다** 동(자)(타)

자래-로(自來-) 뷔 '자고이래로'의 준말.

자량(自量) 명 스스로 헤아리는 것. **자량-하다** 동(여)

자력[1](自力) 명 제 스스로의 힘. ¶~으로 대학을 졸업하다 / 모든 일을 ~으로 해내다. ↔타력(他力).

자력[2](資力) 명 물자·자산 등을 낼 수 있는 경제적인 능력. ¶그에게는 사업을 시작할 만한 ~이 있다.

자'력[3](磁力) 명[물] =자기력(磁氣力).

자력-갱생(自力更生) 명[-갱-] 제 스스로의 힘만으로 어려운 처지를 고쳐 감. **자력갱생-하다** 동(자)(여)

자료(資料) 명 1 학습·연구·판단 등의 기초가 되는 재료. ¶학습 ~ / 연구 ~ / ~를 수집[분석]하다. 2 특히, 현실 세계로부터 관찰이나 측정을 통해 수집한 사실. 또는, 그것을 수량화한 것. ¶통계 ~.

자루¹ 명 ①〈자립〉알곡이나 과실 등을 담아서 보관하거나 운반할 수 있도록 천 따위로 기다랗게 대소 크게 주머니처럼 만든 물건. ¶쌀 ~ / 콩 한 말을 ~에 담다. ②〈의존〉물건을 담은 자루를 세는 단위. ¶쌀 한 ~.

자루² 명 ①〈자립〉날이 있는 연장의 한쪽 끝에, 손으로 잡을 수 있게 나무 따위로 만들어 이은 부분. 또는, 다른 연장에서, 그와 형태상·기능상 유사한 손잡이 부분. ¶칼 ~ / 도끼 ~ / ~가 빠지다. ②〈의존〉1 손잡이가 달린 연장을 세는 단위. ¶괭 한 ~ / 비 두 ~. 2 가늘고 긴 형태의 필기도구를 세는 단위. ¶연필 한 ~ / 볼펜 한 ~. 3 총을 세는 단위. ¶소총 한 ~ / 권총 두 ~.

자르다¹ 동 타여 〈자르니, 잘라〉 1 (길이나 넓이, 부피를 가진 물체를 칼이나 톱, 가위 등으로) 동강이 나게 하거나 둘로 나뉘게 만들다. 비가르다. ¶칼로 수박을 ~ / 가위로 종이를 ~. 2 좁은 뜻으로 '켜다'에 상대하여, (톱을 사용하여 나무를) 가로 방향, 또는 나뭇결과 수직이 되는 방향으로 나누어지게 만들다. ¶톱의 **자르는** 톱니. ▷켜다. 3 (어떤 사람을) 가 있던 자리나 지위에서 물러나거나 그만두게 하다. 속된 말임. 비해고하다. ¶회사에서는 경영난을 내세워 사원들을 무려 100명이나 **잘랐다**. 4 (남의 부탁이나 요구 등을) 받아들이지 않고 뿌리치다. ¶그는 나의 간청을 단호하게 **잘라** 버렸다. 5 (남의 말을) 도중에 못 하도록 제 말을 끼어들게 하다. ¶말을 중간에 ~.

잘라 말하다 구 주저하지 않고 단호하게 말하다. ¶한마디로 **잘라 말해서** 난 네가 싫다.

자르다² 동 타여 〈자르니, 잘라〉 잘록할 정도로 단단히 동여매다.

자르랑 부 얇은 쇠붙이 같은 것이 부딪혀 울리는 소리. 큰저르렁. 센짜르랑. 거차르랑. **자르랑-하다** 동 자여

자르랑-거리다/-대다 동 자여 잇달아 자르랑 소리가 나다. 또는, 그런 소리를 나게 하다. 큰저르렁거리다. 센짜르랑거리다. 거차르랑거리다.

자르랑-자르랑 부 자르랑거리는 소리. 큰저르렁저르렁. 센짜르랑짜르랑. 거차르랑차르랑. **자르랑자르랑-하다** 동 자여

자르르 부 물기·기름기·윤기 따위가 반드럽게 흐르는 모양. ¶얼굴에 기름기가 ~ 돈다. 큰지르르. 센짜르르. **자르르-하다** 형여 ¶윤기가 **자르르한** 쌀밥.

자리¹ 명 1 사람이나 물체가 차지하거나 어떤 일을 할 만한, 일정한 넓이의 공간이나 장소. ¶방이 좁다[넓다] / 방의 들어서서 가구를 들여놓을 ~가 없다. 2 특히, 일정한 공간에서 사람이 앉을 수 있도록 만들어 놓은 의자 모양의 물건. 비좌석. ¶빈 ~ / ~에 앉다 / ~를 권하[양보하다]. 3 일정한 조직체에서 사람이 차지하는 직위나 직책. ¶과장 ~ / 높은 ~에 있는 사람. 4 일정한 조건의 사람을 필요로 하는 직무나 맞이하려고 하는 데. ¶그 회사에 ~ 하나 없을까요? 5 여러 사람이 모인 가운데 어떤 일이 벌어진 곳. 또는, 그런 기회. ¶뜻 깊은 ~를 마련하다. 6 사람의 몸이나 물건 등에 어떤 것·현상이 있거나 있었던 자국이나 흔적. ¶매 맞은 ~가 시퍼렇게 멍 들었다. 7 [수] 십진법 숫자에서, 소수점을 기준으로 하여 왼쪽이나 오른쪽에 놓이는 어떤 단위의 위치. ¶천(千)의 ~ / 소수점 이하 셋째 ~. 8 [천] 별의 무리를 나타내는 이름 뒤에 놓여, '별자리'임을 나타내는 말. ¶큰곰~.

자리-하다 동 자여 1 (어떤 건물이나 장소가) 어느 곳에 자리를 차지하다. 비위치하다. ¶도심 한복판에 **자리하고** 있는 학교. 2 (어떤 심리가) 마음속에 자리 잡다. ¶그리움이 마음속 깊은 곳에 ~ / 그의 행동 이면에는 질투와 시기심이 **자리하고** 있다. 3 (주로 공식적인 자리에서 쓰여) 정해진 자리에 앉다. 또는, 어느 곳에 참석하다. ¶자, 그럼 저쪽으로 가셔서 **자리해** 주십시오. (비트가 사회자가 출연자에게 하는 말) / 이곳에는 장관님을 비롯하여 내빈 여러분이 **자리하고** 계십니다.

자리(가) 나다 구 1 자취나 흔적이 남다. 2 일한 뒤에 성과가 나타나다. ¶몇 시간을 일해도 도무지 **자리가 나지** 않는다.

자리를 같이하다 구 1 옆에 같이 앉다. ¶열차에서 **자리를 같이한** 옆 사람과 이야기를 나누다. 2 어떤 모임 따위에 함께 참석하다. ¶모처럼 동창생끼리 **자리를 같이하여** 그 동안의 소식을 주고받았다.

자리를 뜨다 구 있던 곳을 떠나다. ¶무슨 일인지 그는 회의 중에 **자리를 떴다**.

자리(를) 잡다 구 1 일자리나 의지할 곳을 얻어 머무르게 되다. ¶서울에 가서 **자리 잡거든** 연락해라. 2 마음속에 뿌리를 박다. ¶미움이 마음속 깊이 ~.

자리(가) 잡히다 구 1 서투르던 것이 익숙해지다. ¶일솜씨가 제법 ~. 2 어수선하던 것이 가라앉다.

자리² 명 1 바닥에 깔고 앉거나 눕도록 된 직사각형의 물건. 왕골·부들·갈대 따위로 짬. ¶돗 ~ / ~를 깔다[걷다]. 2 잠잘 요와 이불. 비이부자리. ¶~를 펴다. 3 '잠자리¹'의 준말. ¶~에 들다.

자리(를) 보다 구 1 잠을 자려고 이부자리를 깔다. ¶방에 **자리를 보아** 놓았으니 어서 들어가 주무십시오. 2 잠을 자려고 자리에 드러눕다.

자리에 눕다 구 누워서 앓다. ¶어머니는 그 동안 무리를 하셨던 탓인지 그만 **자리에 눕고** 말았다.

자리개 명 몸을 옭아매거나 볏단 따위를 묶는 데에는, 짚으로 만든 굵은 줄.

자리-끼 명 자다가 목이 마르면 마시려고, 잠자리의 머리맡에 두는 물. ¶그는 심한 조갈 때문에 잠을 깨어 ~를 더듬어 찾았다.

자리다 형 '저리다'의 작은말.

자리-다툼 명 좋은 지위나 자리를 차지하려고 다투는 일. =자리싸움. ¶~을 벌이다. **자리다툼-하다** 동 자여

자리-매김 명 (어떤 대상을) 그것이 가지는 중요성이나 가치에 따라 그에 합당한 위치에 있게 하거나, 자격이나 구실 등을 평하여 정하는 것. **자리매김-하다** 동 타여 ¶소월(素月) 문학을 문학사 속에 새롭게 ~. **자리매김-되다** 동 자

자리-바꿈 명 1 자리를 바꾸는 일. 2 [언] =격 변화. 3 [음] 서양 음악의 화음이나 가락에서, 아래 음이 옥타브 위로 또는 위 음이 옥타브 아래로 옮겨지거나, 장음정과 단음정 또는 증음정과 감음정이 바뀌는 일. =전회(轉回).

자리-보전(-保全) 圀 병이 들어 자리에 누워 지내는 것. 곧. 몸져눕는 것. **자리보전-하다** 囲재여 ¶할아버지가 노환으로 **자리보전**한 지도 오래 되었다.

자리-싸움 圀 =자리다툼. **자리싸움-하다** 동재여

자리-옷 [-옫] 圀 =잠옷.

자리자리-하다 圐여 자꾸 자린 느낌이 있다. 큰저리저리하다.

자린-고비 圀 다라울 정도로 인색한 사람을 얕잡아 이르는 말.

자립(自立) 圀 남의 힘을 입거나 남에게 종속되지 않고 스스로 서는 것. 圑독립. ¶~ 경제. **자립-하다** 동재여 ¶그는 고등학교를 졸업한 뒤 부모의 슬하를 떠나 **자립하여** 장사를 하고 있다.

자립^명사(自立名詞) [-립-] 圀언 문장에서 다른 말, 특히 관형어의 도움을 받지 않고 쓰이는 명사. =실질 명사·완전 명사. ↔의존 명사.

자립-성(自立性) [-썽] 圀 남에게 의지하지 않고 자기 스스로 서려고 하는 성질. ¶~이 강한 아이.

자립-심(自立心) [-씸] 圀 남에게 의지하지 않고 독립하여 자기 힘으로 해 나가려고 하는 마음가짐. ↔의존심.

자립-어(自立語) 圀언 단독으로 문장이나 절을 이룰 수 있는 단어.

자립-적(自立的) [-쩍] 괸 남에게 의지하지 않는 (것).

자립-정신(自立精神) [-쩡-] 圀 남에게 예속되거나 의지하지 않고 스스로 서려는 정신. ¶**자립**심을 아이들에게 ~을 심어 주다.

자립^형태소(自立形態素) [-립펑-] 圀언 다른 말의 도움 없이 그것만으로도 자립할 수 있는 형태소. 체언·수식언·감탄사 등이 이에 속함. ↔의존 형태소.

자릿-세(-貰) [-리쎄/-릳쎄] 圀 자리를 빌려 쓰는 대가로 주는 돈이나 물품. ¶~를 물다.

자릿-수(-數) [-리쑤/-릳쑤] 圀수 수의 자리. 일·십·백·천·만 따위의. =위수(位數).

자릿-자릿 [-릳짜릳] 튀 몹시 자리자리한 느낌. 큰저릿저릿. **자릿자릿-하다** 형여 ¶연애를 재미나다 **자릿자릿하게** 적은 것이 소설이고,…〈김동인:김연실전〉

자릿-장(-欌) [-리짱/-릳짱] 圀 이부자리를 넣어 두는 장. =금침장(衾枕欌).

자릿-저고리 [-리쩌-/-릳쩌-] 圀 밤에 잘 때에 입는 저고리.

자릿-점(-點) [-리쩜/-릳쩜] 圀 수판(數板)에 수의 자리를 나타내려고 표시한 점.

자릿-조반(-早飯) [-리쪼-/-릳쪼-] 圀 아침에 잠이 깨는 길로 그 자리에서 먹는 죽·미음 등의 간단한 식사.

자릿-하다 [-리타-] 톙여 약간 자린 듯하다. 큰저릿하다.

자:-마노(紫瑪瑙) 圀광 자줏빛을 띤 마노.

-자마자 囧미 동사의 어간이나 어미 '-시-' 아래에 붙어, '그 동작을 하자 곧'의 뜻을 나타내는 연결 어미. ¶집에 닿~ 비가 쏟아지기 시작했다.

자막(字幕) 圀 영화나 텔레비전에서 제목·제작진·출연자·대사·설명 등을 화면에 글자로 나타낸 것. ¶한글 ~.

자-막대기(-기) [-매-] 圀 자로 쓰는 대막대기나 나무 막대기. 준잣대.

자만(自慢) 圀 스스로 자랑하여 뽐내는 것. **자만-하다** 동재타여 ¶한 번 우승하였다고 **자만해서는** 안 된다.

자만-심(自慢心) 圀 스스로 자랑하는 거만한 마음. ¶~에 빠지다.

자!망(刺網) 圀수산 =걸그물.

자매(姉妹) 圀 ① 자럼 1 어떤 부모 밑에 자식인 여자가 둘 이상 있을 때, 손위 여자인 '언니'와 손아래 여자인 '동생'을 아울러 이르는 말. ¶다정한 ~. 2 (주로 복합어의 꼴로 쓰여) 같은 계통에 속하고 서로 유사점이나 공통점을 가진 사물. ¶~품 / ~ 회사. 3 두 지역이나 단체가 친선을 위해 서로 유대를 가지는 일. 또는, 그렇게 하는 관계. ¶~ 도시. ② 전 (주로 고유어 수사 다음에 쓰여) 여자 동기(同氣)의 수효를 세는 말. ¶두 ~ / 세 ~.

자매-간(姉妹間) 圀 언니와 아우 사이.

자매-결연(姉妹結緣) 圀 1 자매의 관계를 맺는 일. 2 어떤 지역이나 단체가 다른 지역이나 단체와 서로 돕기 위하여 밀접한 관계를 맺는 일. ¶~ 학교.

자매-지(姉妹紙) 圀 한 기관에서 같은 정신과 목적으로 발행되어 서로 밀접한 관련성을 가지고 있는 두 신문.

자매-편(姉妹篇) 圀 어떤 책·소설·영화 등에 대해, 그와 내용적으로 밀접한 관계를 가지고 만들어진 책·소설·영화 등을 이르는 말.

자매^학교(姉妹學校) [-꾜] 圀 1 설립 목적과 교육 이념을 같이하는 같은 계통에 속하는 학교. 2 친선이나 연구 교류 등을 목적으로 특별히 친밀한 관계를 맺은 학교.

자매-질(-질) 圀 팔다리를 놀려 헤엄을 치면서 수면의 위아래로 떴다 잠겼다 하는 일. 또는, 수면의 위아래로 떴다 잠겼다 하면서 헤엄을 치는 일. 圑무자매질. **자매질-하다** 동재여 ¶강 한가운데로 **자맥질해** 들어가다.

자메이카(Jamaica) 圀지 카리브 해 북부의, 영국 연방의 독립국. 수도는 킹스턴.

-자며 囧미 '-자면서'의 준말.

-자며² '-자고 하며'가 준 말. ¶그는 잘 해보~ 내 손을 잡았다.

-자면 囧미 동사와 일부 형용사의 어간에 붙어, 의도하거나 헤아리는 바를 가정하여, 조건으로 베풀 때 쓰이는 연결 어미. ¶감이 익~ 한참 더 있어야 한다.

-자면² '-자고 하면'이 준 말. ¶네가 같이 하~ 나도 너를 도울게.

-자면서¹ 囧미 동사의 어간에 붙어, '해라' 할 상대에게 직접 간접으로 받은 청유(請誘)를 다짐하거나 빈정거려 묻는 데 쓰이는 종결 어미. ¶"왜 그렇게 서둘고 그러니?" "빨리 가~" 준-자며.

-자면서² '-자고 하면서'가 준 말. ¶어서 가~ 내 손을 잡아 끌었다.

자멸(自滅) 圀 스스로 자신을 멸망시키는 것. ¶~ 행위가 ~를 초래하다. **자멸-하다** 동재여 **자멸-되다** 동재

자멸-책(自滅策) 圀 잘한다는 것이 도리어 잘못되어 자기가 망하게 되는 꾀.

자명(自明) ➡**자명-하다** 톙여 (어떤 사실이) 설명이나 증명을 하지 않아도 저절로 알 만큼 명백하다. ¶소득이 늘수록 문화적 욕구가 커지는 건 **자명한** 이치다.

자명-고(自鳴鼓) 圀역 낙랑(樂浪)에 있었다고 하는 북. 적이 침입하면 저절로 울렸다

고 함.

자명-종(自鳴鐘) [명] 정하여 놓은 때가 되면 저절로 소리를 내어 시간을 알려 주는 시계.

자모[1](字母) [명] **1** [언] 한 개의 음절(音節)을 자음과 모음으로 갈라서 적을 수 있는 낱낱의 글자. =낱자. ¶한글 ~. **2** [인] =모형(母型)[1].

자모[2](慈母) [명] '어머니'를 사랑이 깊다는 뜻으로 일컫는 말. ▷엄부.

자모-순(字母順) [명] 자모의 배열 순서.

자모-회(姊母會) [-회/-훼] [명] 유치원·초등학교 등에서 어린이의 어머니들로 구성된 모임. 이 명칭은 지난날 어머니〔母〕 외에 손위 누이〔姊〕도 모임에 참여했으므로 생긴 것임. 순화어는 '어머니회'.

자¦-목련(紫木蓮) [-몽년] [명][식] 목련과의 낙엽 활엽 관목. 높이 3m가량. 3~4월에 진한 자줏빛의 꽃이 잎보다 먼저 피며, 열매는 갈색으로 익음. ▷목련(木蓮).

자못[-몯] [부] 생각보다 퍽. 또는, 어지간히 꽤. ¶내가 비밀을 털어놓자 그는 ~ 놀라는 눈치였다. / 부모가 네게 거는 기대는 ~ 크다.

자몽(←[일]ザボン) [명] 〔<[포]zamboa〕 **1** [식] 운향과의 상록 소교목. 꽃은 흰색이고, 열매는 편구형(偏球形)·난형(卵形) 등으로 식용함. **2** 1의 열매. 순화어는 '그레이프프루트'.

자문[1](自刎) [명] 스스로 목을 찌르는 것. =자경(自剄). **자문-하다**[1] [동][자][여]

자문[2](自問) [명] 자신에게 스스로 묻는 것. ¶~자답(自答). **자문-하다**[2] [동][타][여] ¶한 점의 부끄럼도 없는지를 **자문해** 보다.

자¦문[3](諮問) [명] (어떤 사람이나 기업체나 정부 등이) 어려운 일이나 문제를 잘 처리하거나 해결하고자 할 때, 그 방면의 전문가에게, 또는 전문가들로 이루어진 기관이나 기구에 어떻게 해야 할지 의견을 묻는 것. ¶~위원 / ~에 답하다〔응하다〕 / 사극을 제작하면서 역사학자에게 ~을 하다. **자¦문-하다**[3] [동][타][여]

> [어법] 전문가에게 자문을 받다:자문을 받다, 자문을 구하다(×)→자문을 하다, 의견을 묻다(○). ▶'자문'은 말 그대로 묻는 일이므로('諮'와 '問' 둘 다 '묻다'의 뜻임), 답을 받거나 구할 수는 있지만 물음을 받거나 구할 수는 없음.

자¦문^기관(諮問機關) [명] 어떤 조직체에서 집행 기관의 자문에 대하여 의견을 제공하는 일을 맡아보는 기관.

자문-자답(自問自答) [명] 스스로 묻고 스스로 대답함. **자문자답-하다** [동][자][여]

자문-죽(自紋竹) [명][식] 아롱진 무늬가 있는 중국산 대나무. 흔히 담뱃대로 쓰임.

자물-쇠[-쐬/-쒜] [명] 여닫게 된 물건을 잠그는 쇠. =자물통. ¶~를 채우다. [준]쇠.

자물쇠-통(-筒) [-쐬-/-쒜-] [명] 자물쇠의 몸체를 이루는 통.

자물-통(-筒) [명] =자물쇠.

자바라(啫哱*囉) [명] 〔'哱'의 본음은 '발'〕 [음] 타악기의 하나. 놋쇠로 만든, 둥글넓적하고 배가 불룩한 것으로 두 짝을 마주쳐서 소리 냄. =바라·부구(浮漚).

자바^원인(Java猿人) [명][고고] 자바 섬에서 화석으로 발견된 직립 원인.

자박 [부] 가만히 내디디는 발소리. [큰]저벅. **자박-하다** [동][자][여]

자박-거리다/-대다[-꺼(때)-] [동][자] 발소리를 가볍게 내면서 가만가만 걷다. ¶아이가 **자박거리며** 내 쪽으로 걸어왔다. [큰]저벅거리다.

자박-자박[-짜-] [부] 자박거리는 소리나 모양. ¶마당에서 ~ 발소리가 들리더니 이내 방문이 열렸다. [큰]저벅저벅. **자박자박-하다** [동][자][여]

자¦반 [명] **1** 소금에 절인 생선을 굽거나 찌거나 하여 만든 반찬. ¶고등어~ / 갈치~. **2** 좀 짭짤하게 조리거나 무친 반찬. ¶콩~. 〔'佐飯'은 취음〕

자¦반-고등어 [명] 소금에 절인 고등어.

자¦반-뒤집기[-끼] [명] 몹시 아파서 엎치락뒤치락하는 짓. ¶영신은 금시 아랫배가 뻗치고 땡기고 하다가는 사뭇 송곳으로 쑤시는 것 같아서 ~를 한다.《심훈:상록수》 **자¦반뒤집기-하다** [동][자][여]

자발(自發) [명] 어떤 일을 남이 시켜서가 아니라 스스로 원하여 행하는 것. 또는, 어떤 일이 다른 것의 영향에 의해서가 아니라 자기 내부의 원인에 따라 이뤄지는 것. **자발-하다** [동][자][여]

자¦발머리-없다[-업따] [형] '자발없다'를 속되게 이르는 말. **자¦발머리없-이** [부]

자발-성(自發性) [-썽] [명] 어떤 일을 남이 시켜서가 아니라 스스로 원하여 행하는 성질.

자¦발-없다[-업따] [형] 행동이 가볍고 참을성이 없다. **자¦발없-이** [부] ¶"듣기 싫어하면 더하실 줄까지 뻔히 알며 ~ 방수 끄리단 말씀을 했지, ⋯."《홍명희:임꺽정》

자발-적(自發的) [-쩍] [관][명] 어떤 일을 남이 시켜서가 아니라 스스로 원하여 하는 상태에 있는 (것). ¶산불이 나자 마을 사람들은 ~으로 진화 작업에 나섰다.

자발적 실업(自發的失業) [-쩍-] [경] 일할 뜻과 능력은 있으나 임금이 너무 낮거나 기타 조건이 맞지 않아 발생하는 실업. ↔비자발적 실업.

자밤 [명][의존] 나물·양념 따위를 손가락 끝으로 집을 만한 분량. ¶깨소금 한 ~.

자밤-자밤 [부] 한 자밤씩 계속 집는 모양.

자방[1](子方) [명] 24방위의 하나. 정북(正北)을 중심으로 한 15도 각도 안. [준]자(子).

자방[2](子房) [명][식] =씨방.

자배기 [명] 둥글넓적하고 아가리가 넓게 벌어진 질그릇. ×너벅지.

자백(自白) [명] (자기의 허물이나 죄를) 스스로 고백하는 것. ¶~서(書). **자백-하다** [동][타][여] ¶범죄 사실을 ~.

자-벌레 [명][동] 자나방의 애벌레. 꼬리를 머리 쪽에 오그려 붙이고 몸을 앞으로 펴면서 기어감. 나무나 풀의 잎을 갉아 먹는 해충임.

자법(子法) [-뻡] [명][법] 다른 나라의 법률을 이어받거나 본떠서 만든 법률. ↔모법(母法).

자벽(自辟) [명] **1** [역] 장관이 자기 마음대로 사람을 천거하여 벼슬을 시키는 것. **2** 회의에서, 회장이 자기 뜻대로 임원을 임명하는 것. **자벽-하다** [동][타][여]

자변(自辨) [명] 스스로 비용을 부담하는 것. =자판. **자변-하다** [동][타][여]

자별(自別) →**자별-하다** [형][여] **1** 본디부터 서로 다르다. ¶군신(君臣)의 도(道)가 ~. **2** 친분이 남보다 특별하다. ¶**자별한** 사이. **자별-히** [부] ¶복도에서 편집국장 C를 만났다.

ㅈ

P는 C와 ~ 사이가 가까운 터이었다.《채만식:레디메이드 인생》

자복¹(自服) 뗑 자백하여 복종하는 것. **자복-하다**¹ 툉 탄예

자복²(雌伏) 뗑 1 («새의 암컷이 수컷에게 복종한다는 뜻» 남에게 스스로 굴복하는 것. 2 가만히 숨어 지내는 것. ↔웅비(雄飛). **자복-하다**² 툉 쟈예

자본(資本) 뗑[경] 1 장사나 사업을 하는 데 드는 돈. 団밑천. ¶적은 ~으로 사업을 시작하다. 2 생산 요소의 하나. 원료·동력 등의 노동 대상, 도구·기계 등의 노동 수단, 공장 건물 등의 노동 설비를 가리킴. ▷토지·노동.

자본-가(資本家) 뗑 자본금을 소유하고, 그것으로 노동자를 고용(使傭)하여 기업을 경영하거나, 자본을 빌려 주고 이자를 받아 이윤을 내는 사람.

자본-주의(資本主義) [-주이/-쥐] 뗑[경] 생산 수단을 자본으로서 소유하는 자본가가 이윤 획득을 목적으로 하여, 노동자로부터 노동력을 상품으로 사들여 상품 생산을 하는 경제 체제.

자-볼기 뗑 (주로 '맞다'와 함께 쓰여) 1 자막대기로 볼기에 매를 맞는 일. 2 특히, 아내에게 야단나는 일을 익살스럽게 이르는 말. ¶우리 마누라한테 ~ 맞고 쫓겨난다.《채만식:레디메이드 인생》

자봉-틀(自縫-) 뗑 '재봉틀'의 잘못.

자부¹(子婦) 뗑 남의 '며느리'의 지칭. 격을 갖추어 이르는 말.

자부²(自負) 뗑 (자기의 일이나 가치나 능력에 대하여) 자신을 가지고 스스로 자랑스럽게 여기는 것. ¶~심. **자부-하다**² 툉탄예 ¶각계에서 일인자임을 **자부하는** 사람들.

자부³(慈父) 뗑 자애로운 아버지.

자-부담(自負擔) 뗑 자신이 스스로 부담하는 것. ¶~으로 답사 여행을 다녀오다. **자부담-하다** 툉 쟈예

자부락-거리다/-대다 [-꺼(때)-] 툉 쟈탄 가만히 있는 사람을 실없이 자꾸 건드려 괴롭히다. 퇸지부럭거리다.

자부락-자부락 [-짜-] 튀 자부락거리는 모양. 퇸지부럭지부럭. **자부락자부락-하다** 툉 쟈탄예

자부-심(自負心) 뗑 자부하는 마음. ¶~을 느끼다/그는 이 강한 사람이다.

자:-북극(磁北極) [-끅] 뗑[지] 지구 자기의 축이 지구 표면과 만나는 북쪽 점. =북자극. 쥰자북. ↔자남극(磁南極).

자분-거리다/-대다 툉 쟈탄 (사람이) 짓궂은 언행으로 자꾸 성가시게 굴다. 2 음식 따위에 섞인 잔 모래 같은 것이 자꾸 귀찮게 씹히다. 퇸지분거리다.

자분-자분¹ 튀 자분거리는 모양. 지분지분. **자분자분-하다**¹ 툉 쟈예

자분-자분² 튀 1 (성질이) 부드럽고 찬찬한 모양. ¶우리 집 바깥양반은 집에 들어와서도 아이들과 ~ 이야기하는 법이 없어요. 2 부드러운 물건이 씹히는 모양. 퇸저분저분. **자분자분-하다**² 혱예

자비¹ 뗑 가마·남여·승교·초헌(軺軒) 등의 총칭.

자비²(自費) 뗑 자신이 부담하는 비용. ¶~ 유학 / ~ 출판.

자비³(慈悲) 뗑 1 사랑하고 불쌍히 여기는 것. ¶~를 베풀다. 2 [불] 중생들에게 복을 주고, 괴로움을 없게 하는 일. **자비-하다** 혱예 (부처나 신이) 중생이나 인간을 불쌍히 여겨 사랑을 베푸는 마음이 있다. ¶**자비하신** 부처님 [하느님].

자비-롭다(慈悲-) [-따] 혱ㅂ <~로우니, ~로워> 자비스러운 데가 있다. ¶부처님의 입가에 **자비로운** 미소가 어려 있다. **자비로이** 튀

자비-스럽다(慈悲-) [-따] 혱ㅂ <~스러우니, ~스러워> 사랑하고 가엾게 여기는 마음이 깊다. **자비스레** 튀

자비-심(慈悲心) 뗑 중생을 사랑하고 가엾게 여기는 마음.

자빠-뜨리다/-트리다 툉탄 자빠지게 하다. ¶서 있는 사람을 발을 걸어 ~.

자빠-지다 툉쟤 1 (사람이) 서 있는 데서 중심을 잃고 뒤로 또는 옆으로 넘어지다. ¶얼음판에서 미끄러져 ~. 2 (물건이) 서 있는 상태에서 모로 넘어지다. ¶책장의 책이 ~. 3 '눕다'를 비속하게 이르는 말. 얕잡거나 공격적으로 하는 말임. ¶할 일 없으면 **자빠져** 자라. 4 (사람이) 책임을 저버리고 하던 일에서 손을 떼고 물러나다. 속된 말임. =나가자빠지다. ¶그 녀석만 믿고 있었는데 난 모릅네 하고 **자빠져** 버렸으니 이 일을 어찌할꼬? 5 (사람이 어느 곳에) 틀어박힌 상태로 있다. 얕잡거나 공격적으로 하는 말. ¶어디 갔나 했더니 여기 **자빠져** 있구먼! 6 (동사의 어미 '-고'의 다음에 쓰여) 그 동사가 나타내는 동작이나 행동을 얕잡거나 공격적으로 낮추어 이르는 말. 문맥상 보조 동사 '있다'와 같은 기능을 가짐. ¶놀고 **자빠졌네**.

[**자빠져도 코가 깨진다**] 일이 순조롭지 않을 때는 뜻밖의 탈도 생긴다.

자-뼈 뗑[생] 팔의 아랫마디에 있는 두 뼈 중의 안쪽에 있는 뼈. =척골(尺骨).

자사(自社) 뗑 자기가 소속해 있는 회사. ¶~ 제품.

자산(資産) 뗑 1 개인·법인이 소유하고 있는 경제적 가치가 있는 유형·무형의 재산. 2 유형·무형의 유가물(有價物)으로서 부채의 담보가 될 수 있는 것. =자재(資財).

자산-가(資産家) 뗑 재산이 많은 사람.

자살(自殺) 뗑 스스로 자기 목숨을 끊는 것. =자해(自害). 団자결. ¶~ 미수 / 분신 / ~을 기도하다. ↔타살. **자살-하다** 툉쟈예

자살-골(自殺goal) 뗑[체] 축구·농구·하키 등에서, 실수로 자기 팀의 골에 공을 넣었을 경우에 상대에게 주는 득점.

자살-극(自殺劇) 뗑 여러 사람 앞에서 자살하겠다면서 벌이는 소동. 또는, 자살을 하여 물의를 일으키는 소동. ¶신원 미상의 남자가 한강 다리 위에서 ~을 벌이다.

자상¹(自傷) 뗑 일부러 자기 몸을 해치는 것. **자상-하다**¹ 툉쟈예

자!상²(刺傷) 명 칼 같은 날카로운 기물에 찔린 상처.

자상³(仔詳) →**자상-하다**² 형여 (성질이) 세심하고 찬찬하다. ¶**자상하신** 아버지 / 선생님께서 모르는 것을 **자상하게** 가르쳐 주셨다. **자상-히** 부 ¶~ 일러 주다.

자상-스럽다(仔詳-)[-따] 형ㅂ <~스러우니, ~스러워> 자상한 데가 있다. **자상스레** 부

자새 명 1 새끼를 여러 겹으로 겹쳐 꼬아 바를 드릴 때 쓰는 기구. 2 고치를 여남은 개씩 솥에다 넣고 익히면서 실 끝을 찾아 얼러서 한 가닥으로 하여 뽑는 기구.

자색¹(姿色) 명 여자의 고운 얼굴이나 모습.
자!색²(紫色) 명 =자주색. ¶~ 수정.
자!색³(赭色) 명 검붉은 흙과 같은 빛깔.

자생(自生) 명 1 (주로 식물이) 기르지 않아도 저절로 나서 자라는 것. 드물게, 동물이 사람의 손길 없이 저절로 자라는 것에 대해서도 쓰임. ¶난 ~지. 2 (어떤 대상이) 스스로의 힘으로 존속하는 것. ¶~ 단체. 3 [불] 사물 현상이 스스로 생기는 일. 또는, 인(因)이 스스로 과(果)를 낳는 일. ↔타생. **자생-하다** 동재여 ¶우리나라에는 10여 종의 나리가 **자생하고** 있다.

자생-력(自生力)[-녁] 명 1 식물이 사람의 손길 없이 저절로 나서 자랄 수 있는 힘. 2 어떤 대상이 외부의 도움 없이도 스스로 존속할 수 있는 힘. ¶~이 없는 기업을 퇴출시키다.

자생^식물(自生植物)[-싱-] [식] 가꾸지 않아도 저절로 나서 자라는 식물. ↔재배식물.

자생-적(自生的) 관명 저절로 나거나 생기는 (것). ~ 도시 / ~ 제도.

자서¹(自序) 명 저자가 직접 쓴 서문.
자서²(自署) 명 제 스스로 서명하는 것. **자서-하다** 동재여

자서-전(自敍傳) 명 자기가 쓴 자기의 전기. =자전(自傳).

자서전-적(自敍傳的) 관명 자서전과 같은 형식의 (것). ¶~ 소설 / ~ 작품.

자!석(磁石) 명 1 [물] 철을 끌어당기는 성질이 있는 물질. 일시 자석과 영구 자석이 있음. =지남석·지남철. 2 [광] 자성을 가진 천연의 광석. 자철석(磁鐵石) 따위.

자선¹(自選) 명 1 자기가 자기를 선정하는 것. 2 자기가 자기의 작품을 골라 뽑는 것. ¶~ 시집(詩集). **자선-하다**¹ 동재여

자선²(慈善) 명 남에게 은혜를 베풀어 도와주는 것. ¶~ 기금 / ~ 음악회. **자선-하다**² 동재여

자선-가(慈善家) 명 자선 사업을 하는 사람.
자선-냄비(慈善-) 명 연말에 구세군 등에서 불쌍한 사람들을 돕기 위하여, 가두(街頭)에 걸어 놓고 성금을 걷는 그릇.

자선^단체(慈善團體) 명 자선 사업을 하는 단체.

자선^사업(慈善事業) 명 종교적·도덕적 동기에 기반을 두고 고아·병자·노약자·빈민 등의 구제를 위해 행하는 사회사업.

자성¹(自性) 명 [불] '자성본불'의 준말.
자성²(自省) 명 스스로 반성하는 것. **자성-하다** 동재여

자성³(雌性) 명 [생] 난자를 생성하여 몸속에 새끼나 알을 밸 수 있는 성질. 또는, 그 성질을 가진 성(性). ↔웅성(雄性).

자!성⁴(磁性) 명 [물] 물질이 자기장(磁氣場) 안에서 자기(磁氣)를 띠는 성질. 또는, 자기를 띤 물질이 쇠붙이 따위를 끌어당기거나 하는 성질. ¶~이 강하다 / ~을 띠다.

자성-본불(自性本佛) 명 [불] 본래부터 갖추고 있는 불성(佛性). 준자성.

자성-일가(自成一家) 명 자기 혼자의 힘으로 어떤 재주나 기술에 통달하여 일가(一家)를 이룸. ▷자수성가. **자성일가-하다** 동재여

자!성-체(磁性體) 명 [물] 자기장(磁氣場) 속에서 자화(磁化)되는 물질.

자세¹(仔細·子細) 명 →**자세-하다**¹ 형여 1 (설명·표현 등이) 아주 작고 사소한 부분에까지 나타낸 상태에 있다. 비상세하다·세밀하다·세세하다. ¶이 사전은 풀이가 매우 ~ / **자세한** 사항은 본사 총무부로 문의하시오. 2 (태도가) 하나하나 꼼꼼히 따지거나 살피는 상태에 있다. ¶물건에 흠이 있는지 **자세하게** 살피다. **자세-히** 부 ¶차근차근 ~ 설명하다.

자세²(姿勢) 명 1 어떤 동작을 취할 때 몸이 이루는 어떤 형태. ¶앉은 ~ / 방어 ~를 취하다 / ~를 바르게 하다. 2 사물을 대하는 마음가짐이나 태도. ¶정신 ~ / 마음의 ~를 고치다.

자!세³(藉勢) 명 어떤 세력이나 권력에 기대어 위세나 세도를 부리는 것. **자!세-하다**² 동재여

자!-세포(刺細胞) 명 [동] 히드라·해파리 등 자포동물의 표피 속에 있는 현미경적인 구조의 세포. 독물을 내쏘아 몸을 보호하거나 먹이를 잡아먹음. =바늘 세포.

자손(子孫) 명 1 자식과 손자. ¶~을 많이 두셔서 다복하시겠습니다. 2 =후손(後孫). ¶단군의 ~ / ~ 만대까지 행복을 누리다.

자손-만대(子孫萬代) 명 =대대손손. ¶~가 살아갈 지구를 아끼고 사랑하자.

자수¹(自手) 명 1 자기의 손. 2 자기 혼자의 노력이나 힘.

자수²(自首) 명 (죄 지은 자가) 스스로 수사기관에 자기의 범죄 사실을 신고하고, 그 처분을 구하는 일. **자수-하다**¹ 동재여

자!수³(字數)[-쑤] 명 글자의 수효. ¶~를 100자 이내로 제한하다.

자!수⁴(刺繡) 명 옷감·형겊 등에 여러 가지의 색실로 그림·글자·무늬 등을 수놓아 나타내는 일. ¶동양 ~. **자!수-하다**² 동재여

자수-삭발(自手削髮)[-빨] 명 1 제 손으로 자기의 머리털을 깎음. 2 스스로의 힘으로 어려운 일을 감당함. 3 본인의 뜻으로 머리를 깎고 승려가 됨. **자수삭발-하다** 동재여

자수-성가(自手成家) 명 물려받은 재산이 없이 스스로의 힘으로 한 살림을 이룩함. **자수성가-하다** 동재여 ¶**자수성가한** 사람.

자!-수정(紫水晶) 명 [광] 자줏빛의 수정. =자석영(紫石英).

자숙(自肅) 명 스스로 행동을 조심하는 것. **자숙-하다** 동재여 ¶잘못을 뉘우치고 ~.

자숙-자계(自肅自戒)[-짜계/-짜게] 명 스스로 삼가고 경계함. **자숙자계-하다** 동재여

자술(自述) 명 스스로 진술하는 것. **자술-하다** 동재여

자술-서(自述書)[-써] 명 어떤 사건에 관하여 피의자나 참고인이 자신이 행하거나 겪은 것을 진술한 글.

자스닥(JASDAQ) 명 [Japanese Association of Securities Dealers Automated Quotations)[경] 첨단 벤처 기업들이 상장되어 있는, 일본의 주식 장외 시장.

자습(自習) [명] 혼자의 힘으로 공부하여 익히는 것. 또는, 그런 학습. ¶~ 시간. **자습-하다** [동](자)(여)¶선생님이 안 나오셔서 한 시간 동안 **자습하였다**.

자습-서(自習書) [-써] [명] 혼자의 힘으로 배워 익힐 수 있도록 꾸민 책. ¶국어 ~.

자승(自乘) [명][수] '제곱'의 구용어. **자승-하다** [동](타)(여)

자승-자박(自繩自縛) [명] [제가 만든 줄로 제 몸을 옭아 묶는다는 뜻] 자신이 한 말과 행동에 자신이 옭혀 들어감. **자승자박-하다** [동](자)(여)

자시[1](子時) [명] 1 십이시의 첫째 시. 곧, 오후 11시부터 오전 1시까지의 동안. 2 이십사시의 첫째 시. 곧, 오후 11시 30분부터 오전 0시 30분까지의 동안. (준)자.

자시[2](自恃) [명] 1 어떤 일이 그러려니 하고 혼자 짐작하여 믿고, 겉에 드러내는 것. 2 자신의 능력과 가치를 믿는 것. **자시-하다** [동](타)(여)

자:시다 [동] ① [타] '먹다[1]'의 조금 높임말. '잡수(시)다' 보다 다소 덜 높이는 말로, '하오' 할 상대에게 쓰는 경향이 강함. ¶김 주사, 점심 **자셨소**? ② [자] ('-고 자시고'의 꼴로 쓰여) '-고 말고'의 뜻으로 이르는 말. ¶벌써 다 알고 있을 텐데 기별하고 **자시고** 할 게 뭐 있어?

자-시하(慈侍下) [명] 홀어머니를 모시고 있는 처지. ↔엄시하(嚴侍下).

자식(子息) [명] 1 어떤 사람이 이성(異性)의 사람과 육체관계를 가져 낳은 사람. ¶농민의 ~으로 태어나다 / 김씨 부부는 아직까지 ~이 없다. 2 미움의 대상이 되는 남자를 욕하여 이르는 말. '놈'보다 심하고 '새끼'보다는 덜 심한 욕설임. ¶망할 ~ 같으니. 3 어린 아이를 귀엽게 이르는 말. ¶그 ~ 참 예쁘기도 하다.

[자식 걸 낳지 속은 못 낳는다] ⓐ아무리 자기가 낳은 자식일지라도 그 마음속까지 알아볼 수는 없다. ⓑ자식이 좋지 못한 생각을 품어도 그것은 부모의 책임이 아니라는 말. [자식도 품 안에 들 때 내 자식이지] 자식이 어릴 때나 부모를 흡족하게 해 주지 조금 자라면 부모의 뜻도 잘 받들지 않고 심지어는 부모를 배반하기조차 한다는 뜻. [자식 둔 골은 호랑이도 돌아본다] 새끼를 사랑하는 못은 짐승도 다 같으니 사람이야 더 말할 나위도 없다.

자식-새끼(子息-) [-쌔-] [명] '자식1'을 낮추어 이르는 말. ¶~라고 있어 봐야 아무 소용이 없다.

자신[1](自身) [명] 사람을 나타내는 주어나 바로 앞에 나오는 인칭 대명사를 도로 가리키는 말. ¶그는 ~을 돌보지 않고 아내를 헌신적으로 간호했다. / 너 ~을 알라.

자신[2](自信) [명] (어떠한 일에 대하여) 자신의 능력이나 가치를 확신하는 것. ¶~있는 태도 / 그는 무슨 일이나 ~을 가지고 한다. **자신-하다** [동](타)(여)¶선수들은 우승을 **자신했다**.

자신-감(自信感) [명] 어떤 일에 자신이 있다고 여기는 느낌. ¶~이 넘치다.

자신만만(自信滿滿) →**자신만만-하다** [형](여) 아주 자신이 있다. ¶철호는 딴 과목은 몰라도 영어 과목만은 **자신만만했다**. **자신만**

만-히 [부]

자실-체(子實體) [명][식] 균류(菌類)의 균사가 빽빽하게 모여서 된 영양체. 포자를 만들며, 대형인 것은 버섯이라고 함.

자심(滋甚) [명] →**자심-하다** [형](여) 점점 더 심하다. ¶치료비도 한 푼 받지 못한 이름도 없는 송장이라 병원에서는 일 분을 지체 말고 바삐 내어 가라고 독촉이 **자심하였던** 것이다. 〈심훈: 탈춤〉 **자심-히** [부]

자씨(姊氏) [명] 남의 손위 누이를 높여 이르는 말.

자아(自我) [명] 1 [철] 대상의 세계와 구별된 인식·행위의 주체이며, 체험 내용이 변화해도 동일성을 지속하여, 작용·반응·체험·사고·의욕의 작용을 하는 의식의 통일체. ≒나. ¶객아(客我)·타아(他我)·비아(非我). 2 [심] 자신에 대한 의식. 심리적·정신적인 의미로 쓰이며, 정신 분석에서는 인간의 행동을 현실에 적응시키는 것이라 가정하고 있음. =에고(ego).

자아-내다 [동](타) 1 (물레 따위로 실을) 뽑아내다. ¶명주실을 ~. 2 (기계로 물 따위를) 흘러나오게 하다. ¶양수기로 물을 ~. 3 (느낌이나 사물을) 끄집어서 일으켜 내다. ¶동정심을 ~.

자아-도취(自我陶醉) [명] 자기 스스로에게 황홀하게 빠지는 일. ¶노래를 부르면서 ~에 빠지다.

자아-비판(自我批判) [명] =자기비판.

자아-실현(自我實現) [명][유] 자기가 본래 가지고 있던 참의 절대적인 자아를 완전히 실현하는 일. =자기실현.

자아-올리다 [동](타) (기계의 힘으로 물 따위를) 밑에서 위로 끌어 올리다. (비)빨아올리다. ¶가뭄으로 지하수를 **자아올려** 논에 물을 대었다.

자아-의식(自我意識) [명][심] =자의식.

자애[1](自愛) [명] 1 제 몸을 스스로 아끼는 것. ¶자중(自重) ~. 2 [유] 자기 보존·자기주장의 본능에 따르는 감정. **자애-하다** [동](자)(여)

자애[2](慈愛) [명] 아랫사람에게 베푸는 도타운 사랑. ¶~인. ¶~심(心) / ~가 깊은 사람.

자애-롭다(慈愛-) [-따] [형](비)〈~로우니, ~로워〉 자애의 마음씨가 있다. ¶**자애로운** 어머니의 손길. **자애로이** [부]

자야(子夜) [명] 한밤중인 자시(子時) 무렵을 이르는 말. (비)삼경(三更).

자양(滋養) [명] 몸에 영양이 되게 하는 것. 또는, 그런 물질. **자양-하다** [동](타)(여)

자양-분(滋養分) [명] 몸에 영양이 되는 성분. ¶~이 많다[적다] / ~을 섭취하다.

자양-제(滋養劑) [명][약] 영양소를 풍부하고도 소화하기 쉬운 형태로 함유하고 있는 약제.

자업-자득(自業自得) [-짜-] [명] 자기가 저지른 일의 과보(果報)를 자기 자신이 받음. =자업자박. **자업자득-하다** [동](자)(여)

자-에(玆-) [부] 여기에. (비)이에. ¶오등(吾等)은 ~ 아(我) 조선의 독립국임과 조선인의 자주민임을 선언하노라.〈기미 독립 선언문〉

자여손(子與孫) [명] 아들과 손자.

자여질(子與姪) [명] 아들과 조카. (비)자질(子姪).

자연[1](自然) Ⅰ[명] 1 우주 또는 세상에 스스로 존재하거나 저절로 이루어지는 모든 사물이나 현상. 또는, 인간의 세계와 독립하여 존

자연[I]《부》 재하는, 우주의 질서와 현상. ¶~의 법칙/ ~에 순응하다. 2 천연으로 이루어지거나 생겨난, 산·강·바다·초목·동물 등의 존재. 또는, 그것들이 이루는 환경. ¶~을 벗 삼아 하루를 즐기다. 3 어떤 대상에 아무런 인위(人爲)도 가하지 않은 상태. 비천연(天然). ¶~식품 / 나는 너의 ~ 그대로의 모습이 좋다. 4 (주로, 일부 명사 앞에 관형어로 쓰여) 사람의 힘에 의해서가 아니라 저절로 이루어지는 상태임을 나타내는 말. ¶~ 발생 / ~ 증가. ↔인위(人爲).
[II]《부》 사람의 의도적인 노력이나 활동 없이 저절로. 또는, 사물이나 현상이 스스로 가지는 질서나 법칙에 의해 저절로. =자연히. ¶며칠 지나면 상처가 ~ 아물 것이다.

자!연²(紫煙)《명》 1 담배 연기. 2 보랏빛 연기.

자연-경관(自然景觀)《명》 사람의 손을 더하지 않은 자연 그대로의 경관. 원시림이나 빙하 따위. ¶~을 해치는 행위.

자연^경제(自然經濟)《명》[경] 1 가족 단체 내에서 모든 생산·소비가 이루어지는 자족 경제. 2 교환 수단으로서 화폐를 쓰지 않는 물품 교환의 경제. ↔실물 경제.

자연-계¹(自然系) [-계/-게]《명》 수학·물리학·화학·생물학·지구 과학 따위의 학문 계통. 于인문계.

자연-계²(自然界) [-계/-게]《명》 1 인간도 포함한 천지 만물이 존재하는 범위. 2 천체·산천초목·동물 등 인간 사회를 둘러싸고 있는 자연의 세계.

자연^과학(自然科學)《명》 자연현상을 연구 대상으로 하는 과학. 연구 대상에 따라 물리학·생물학·화학·수학·의학·공학·지리학 등으로 나뉨. ▷인문 과학·사회 과학.

자연-관(自然觀)《명》 자연에 대한 관념이나 견해. ¶범신론적 ~.

자연-광(自然光)《물》 1 태양 등의 천연의 빛. 2 여러 가지 방향의 진동면을 가진 파동이 균일하게 혼합된 빛. ↔편광.

자연-권(自然權) [-꿘]《명》 국가 및 그 법률에 앞서서, 사람이 태어날 때부터 자연적으로 가진 것으로, 국가에 의한 침해를 받지 않는 여러 권리. =천부 인권.

자연-도태(自然淘汰)《명》[생] =자연선택. ↔인위 도태.

자연-력(自然力) [-녁]《명》 자연계에 작용하는 힘.

자연-림(自然林) [-님]《명》 1 =원시림(原始林). 2 자연적으로 이루어진 수풀. ↔인공림.

자연-물(自然物)《명》 1 자연계에 있는, 저절로 생긴 물체. 2 생산이나 인공적 가공의 재료로 쓰이는 물질.

자연-미(自然美)《명》 1 인공을 가하지 않고 자연스럽게 이루어진 미(美). ¶~가 넘치다 / 원목의 ~를 잘 살린 가구. ↔인공미. 2 자연 경치의 아름다움. =천연미.

자연^발생설(自然發生說) [-쌩-]《명》[생] 생명 발생에 관한 학설의 하나. 생물이 어버이로부터가 아니라, 무생물로부터 생겨날 수 있다고 하는 설. =우연 발생설.

자연^발화(自然發火)《명》[화] 흰인·인화수소 등 공기와 접촉하면 산화되기 쉬운 유기물이 상온에서 산소를 흡수하여 발열을 일으켜 자연에서 발화하여 연소하기 시작하는 일. =자연 연소.

자연-법(自然法) [-뻡]《명》 1 [법] 시대와 공간을 초월한, 보편타당한 법률. ↔인정법·실정법. 2 [불] 우주 그대로의 진여(眞如)한 법(諸法). 3 [철] =자연법칙.

자연-법칙(自然法則)《명》[철] 자연계의 모든 사물을 지배하는 원인과 결과의 필연적 법칙. =자연법.

자연-보호(自然保護)《명》 인류의 생활 환경으로서의 자연을 훼손하지 않고 좋은 상태로 유지하는 일.

자연^분류(自然分類) [-뉴-]《명》[생] 생물을 자연계에서의 유연 관계(類緣關係)에 따라 분류하는 일. ↔인위 분류.

자연^분만(自然分娩)《명》[의] 제왕 절개 수술 등의 인공적인 도움 없이 임부의 자연적인 분만력에 의해 아이를 낳는 일.

자연-사(自然死)《명》 다치거나 병 때문이 아니라 노쇠하여 자연히 죽는 일. ↔우연사(偶然死). **자연사-하다**《동》(자여)

자연-산(自然産)《명》 양식한 것이 아니라 자연에서 저절로 생산되는 것. ¶~ 진주 / ~ 송이버섯.

자연-생(自然生)《명》 식물을 심지 않아도 저절로 생겨서 남. 또는, 그런 것. ¶~ 약초.

자연-석(自然石)《명》 인공을 가하지 않은 천연 그대로의 돌. =천연석. ↔인조석.

자연-선택(自然選擇)《명》[생] 어떤 생물에 생긴 유전적 변이 개체 중 생존에 유리한 것이 살아남는 일. =자연도태. ↔인위 선택.

자연선택-설(自然選擇說) [-썰]《명》[생] 다윈이 생물 진화의 주된 요인으로 자연선택을 주장한 설(說).

자연-수(自然數)《명》[수] 양(陽)의 정수(整數)의 총칭. 곧, 1부터 시작하여 하나씩 더하여 얻는 수. 1, 2, 3 따위.

자연-스럽다(自然-) [-따]《형》ㅂ <-스러우니, -스러워> 꾸밈이나 억지가 없이 저절로 이루어지는 데가 있거나, 본래 자연의 특성이 있다. ¶자연스러운 포즈 / 김 여사는 이 얘기 저 얘기 나누다가 **자연스럽게** 혼사 얘기를 꺼냈다. **자연스레**《부》

자연-식(自然食)《명》 인공 색소·방부제 등을 첨가하여 본래의 성분을 소실 또는 변질하거나 하는 가공을 하지 않은 자연 그대로의 식품. =자연식품.

자연-식품(自然食品)《명》 =자연식.

자연^언어^처리(自然言語處理)《명》[컴] 인간이 사용하는 언어를 공학적 측면에서 컴퓨터로 분석, 처리하는 일. 형태소 분석, 구문 분석, 자동 문서 교정, 자동 기계 번역 등을 연구 주제로 삼음.

자연-인(自然人)《명》 1 사회나 문화에 속박되지 않고, 있는 그대로의 사람. 2 [법] 출생에서 사망까지, 한결같이 완전한 권리·능력을 인정받는 개인. 또는, 법인(法人)에 대한 개인. =유형인(有形人). ▷법인(法人).

자연-재해(自然災害)《명》 태풍·가뭄·홍수·지진·화산 폭발·해일 등의 피할 수 없는 자연 현상으로 인하여 일어나는 재해.

자연-적(自然的)《관·명》 무슨 일이든 자주 반복하다 보면 ~으로 익숙해진다. ↔인공적·인위적.

자연^종교(自然宗敎)《명》[종] 1 신의 초월적인 작용에 의한 종교에 대하여, 인간의 본성, 즉 이성에 바탕을 둔 종교. 이신론(理神論)이 대표적임. ▷계시 종교. 2 원시적·자연 발생적인 종교. 애니미즘·주물 숭배 등의 소박한 신앙의 총칭. =자연교.

자연-주의(自然主義)[-의/-이] 몡 1 [철] 가치관·이상은 고려하지 않고, 정신 현상까지 포함하여 일체의 현상을 자연 과학의 방법으로 설명하고자 하는 입장. 2 [윤] 도덕 현상을 인간의 본능·욕망·소질 등의 자연적 요소에 근거하여 설명하는 입장. 3 [문] 19세기 말에 프랑스의 에밀 졸라를 중심으로 하여 일어난 문예 사조의 하나. 생물학적이나 사회 환경적 지배하에 있는 인간을 자연 과학자와 같은 눈으로 분석·관찰하고, 검토·보고해야 한다는 입장. =내추럴리즘.

자연-하다(自然-) 몡 저절로 되어 억지나 거짓이 없다. ¶물이 높은 곳에서 낮은 곳으로 흐르는 것은 **자연한** 일이다. **자연-히** 閉 =자연(自然)Ⅱ. ¶자주 만나다 보니 ~ 정이 들었다.

자연-현상(自然現象) 몡 인간의 의지·행위가 미치지 않는 자연계의 법칙에 의하여 일어난다고 생각되는 현상.

자연-환경(自然環境) 몡 인간 생활을 둘러싸고 있는 자연계의 모든 요소가 이루는 환경.

자연^휴양림(自然休養林)[-님] 몡 산림청에서 전국 여러 곳에 휴식 공간으로 조성한 산림. 야영장·산막(山幕)·삼림욕장·체력 단련 시설 등이 갖추어져 있음. ⟹휴양림.

자엽-초(子葉鞘) 몡[식] 볏과 식물의 씨가 싹터서 처음으로 나오는 잎.

자영(自營) 몡 (사업을) 자신이 경영하는 것. ¶~ 기업체. **자영-하다** 目여

자영-업(自營業) 몡 자신이 직접 경영하는 사업.

-자오- 어미 (선어말) 주로 'ㄷ', 'ㅊ'으로 끝나는 동사의 아래에, 그리고 'ㄹ', 'ㅁ' 모음으로 시작되는 어미 또는 '-나', '-니' 앞에 쓰여, 공손함을 나타내는 선어말 어미. ¶듣~니~면/명을 받자와. ▷ -사오-.

자오록-하다[-로카-] 閺여 (연기나 안개 따위가) 잔뜩 끼어 흐릿하고 고요하다. ¶한강에는 안개가 **자오록하여** 수면이 보이지 않았다. ⟹자우록하다. **자오록-이** 閉 ¶생솔가지에 불을 붙이자 이내 연기가 ~ 피어올랐다.

자오-선(子午線) [자(子)는 '북(北)', 오(午)는 '남(南)'이라는 뜻] 1 [천] 북극 천구(天球)의 북극 및 남극과 어떤 지점의 천정(天頂)을 연결한 천구 상의 큰 원(圓). 2 [지] 경선(經線).

자옥-하다[-오카-] 閺여 (연기나 안개 등이) 잔뜩 끼어 흐릿하다. ¶방 안에 담배 연기가 ~. ⟹자욱하다. **자옥-이** 閉

-자옵- 어미 (선어말) 주로 'ㄷ', 'ㅊ' 등의 자음으로 끝나는 동사의 어간 아래에, 그리고 'ㄱ', 'ㄷ', 'ㅈ'으로 시작되는 어미 또는 '-는', '-니', '-시-' 등의 앞에 놓여, 공손함을 나타내는 선어말 어미. ¶소식 듣-고/분부 받-나이다/뜻을 좇-시면. 준 -잠-. ▷ -사옵-.

자^외-선(紫外線)[-외-/-웨-] 몡[물] 파장이 가시광선보다 짧고 X선보다 긴 전자파의 총칭. 눈으로 볼 수는 없으나 태양 광선·수은등 등에 들어 있으며, 살균 작용을 함. ⟹화학선.

자우룩-하다[-루카-] 閺여 (연기나 안개 따위가) 잔뜩 끼어 매우 흐리고 고요하다. ⟹자오록하다. **자우룩-이** 閉 ¶산불이 번지면서 삽시간에 짙은 연기가 ~ 온 산과 골짜기를 뒤덮었다.

자욱-하다[-우카-] 閺여 (연기나 안개 따위가) 잔뜩 끼어 매우 흐릿하다. ¶거리에 안개가 ~. ⟹자옥하다. **자욱-이** 閉 ¶부엌에 수증기가 ~ 끼다.

자운(字韻) 몡 글자의 운(韻).

자:운영(紫雲英) 몡[식] 콩과의 두해살이풀. 높이 10~25cm. 봄에 홍자색 꽃이 피고, 꼬투리는 검게 익음. 풋거름 작물로 많이 심으며, 어린잎과 줄기는 식용 또는 사료로 쓰임.

자웅(雌雄) 몡 1 =암수. 2 승부·우열·강약 등의 뜻으로 이르는 말. ¶~을 겨루다[결하다].

자웅-눈(雌雄-) 몡 한쪽은 크고, 한쪽은 작게 생긴 눈. =자웅목. ⟘짝눈.

자웅눈-이(雌雄-) 몡 자웅눈을 가진 사람. =자웅목.

자웅^동주(雌雄同株) 몡[식] 암꽃과 수꽃이 한 그루에 피는 그루. 소나무·오이·호박 등이 이에 속함. =암수한그루. ↔자웅 이주.

자웅^동체(雌雄同體) 몡[동] 한 개체에 암수의 두 생식기를 갖춘 것. 지렁이·달팽이 등이 이에 속함. =암수한몸. ↔자웅 이체.

자웅^이:주(雌雄異株) 몡[식] 암꽃과 수꽃이 각각 다른 그루에 있어서 식물체의 암수가 구별되는 것. 은행나무·소철·시금치 등이 이에 속함. =암수딴그루. ↔자웅 동주.

자웅^이:체(雌雄異體) 몡[동] 난소가 있는 암컷과 정소가 있는 수컷이 각각 독립된 개체로 구분되는 것. 척추동물과 절지동물이 이에 속함. =암수딴몸. ↔자웅 동체.

자원¹(字源) 몡 문자, 특히 한자의 구성 원리. '好' 자가 '女'와 '子'로 구성되었다고 하는 따위.

자원²(自願) 몡 어떤 일을 자기 스스로 하고자 하여 나서는 것. ¶~입대/~ 봉사. **자원-하다** 囷여 ¶학생들은 **자원하여** 농촌 봉사 활동에 나섰다.

자원³(資源) 몡[경] 인간의 생활 및 경제 생산에 이용되는 물적 자료 및 노동력·기술의 총칭. ¶지하~/기술~/~을 개발하다/~이 고갈되다/~이 풍부하다.

자원^민족주의(資源民族主義) [-쭈의/-쭈이] 몡 아시아·아프리카·중남미 등의 개발 도상국이 자국(自國)에서 산출되는 자원에 대한 주권을 주장하려는, 그 지배권을 확대하려는 태도.

자원-병(自願兵) 몡[군] =지원병.

자원^전:쟁(資源戰爭) 몡[정] 석유와 같은 한정된 자원을 전투적으로 독점한 민족이나 국가들이 이를 무기로 내세워 정치적인 목적을 달성하려는 데서 빚어지는 극도의 긴장 상태.

자위¹ 몡 눈알이나 새 따위의 알에서, 빛깔에 따라 구분된 부분. ¶눈의 검은~/달걀의 노른~.

자위² 1 무거운 물건이 움직이기 전까지 놓였던 자리. 2 배 속의 아기가 놀기 전까지 차지하고 있는 자리. 3 밤톨이 완전히 익기 전까지 밤송이에 붙어 있는 자리. 4 운동 경기에서 자기가 지켜야 할 자리.

자위(가) 돌다 판 먹은 음식이 삭기 시작하다. ¶…저녁밥이 한 그릇씩 다 먹고 먹은 밥이 **자위도 돌기** 전에 잘 자리들을 보았다.《홍명희: 임꺽정》

자위(를) 뜨다 판 1 무거운 물건이 힘을 받아 조금 움직이다. 2 배 속의 아기가 놀기 시작하다. 3 운동 경기에서, 자기의 자리에

서 떠나 틈이 생기다.

자위³(自慰) 명 **1** 괴로운 마음을 스스로 위로하는 것. **2** =수음(手淫). ¶~행위. **자위-하다**¹ 통(자)(타)여 모두가 운명이거니 자위하며 견디다.

자위⁴(自衛) 명 (몸이나 나라 따위를) 스스로 막아 지키는 것. ¶~ 태세. **자위-하다**² 통 (타)여

자위-권(自衛權) [-꿘] 명[법] **1** 개인으로서 남에게 위해(危害)를 받을 때 자기 실력으로 막아 내는 권리. **2** 국가 또는 국민에 대한 급박한 침해에 대하여 실력으로써 방위할 수 있는 국가의 기본적 권리.

자위-대(自衛隊) 명 **1** 자기 나라의 평화와 독립을 지키고, 나라의 안전을 유지하기 위하여 조직한 단체. **2** 일본이 치안 유지를 위해 1954년에 창설한 군대.

자위-책(自衛策) 명 스스로 방위하는 방책. ¶~을 강구하다.

자유(自由) 명 **1** 남에게 구속을 받거나 무엇에 얽매이지 않고 자기 의지대로 행동하는 것. ¶내가 그곳에 가고 안 가고는 내 ~다. **2** [법] 법률의 범위 안에서 자기 마음대로 할 수 있는 행위. ¶출판의 ~.

자유^결혼(自由結婚) 명 =자유 혼인.

자유^경:쟁(自由競爭) [경] 국가의 간섭이나 사적(私的)인 제약이 없고, 수요와 공급이 자유로운 상태에서 행해지는 시장 경쟁.

자유-곡(自由曲) 명 노래자랑이나 음악 경연 등에서, 참가자가 자유롭게 선택하여 부르거나 연주하는 곡목. ▷지정곡.

자유-권(自由權) [-꿘] 명[법] 개인의 자유가 국가 권력의 간섭·개입을 받지 않는 권리. 신앙·학문·언론·집회·결사·직업 선택·거주 이전의 자유 따위.

자유-기고가(自由寄稿家) 명 자유 계약으로 신문·잡지 등에 글을 기고하는 것을 직업으로 하는 사람.

자유^낙하(自由落下) [-나카] 명[물] 공기의 저항을 무시했을 경우에, 지상을 향해 낙하하는 물체의 운동.

자유-도(自由度) 명[물] 물체의 운동 상태나 평형 상태를 나타내는 데 필요한 변수의 수.

자유-롭다(自由-) [-따] 형(ㅂ)〈-로우니, -로워〉 아무런 구속·속박·지배 등이 없어 마음대로 할 수 있는 상태에 있다. ¶감옥에서 풀려나 자유로운 몸이 되다 / 민주 사회에서는 누구나 자유롭게 자기 의견을 말할 수 있다. **자유로이** 튀 ¶몸을 ~ 움직이다.

자유^무:역(自由貿易) [경] 국가가 외국 무역에 관하여 관세·무역환 관리·수출입 물량 제한의 간섭을 하지 않고 자유로이 방임(放任)하는 무역. ↔보호 무역.

자유-민(自由民) 명[법] 정당한 행위에 대하여 자유권을 행사할 수 있는 국민. =자유인. ▷노예·사민(四民).

자유^민주주의(自由民主主義) [-의/-이] 명 자유주의에 입각한 민주주의.

자유방임-주의(自由放任主義) [-의/-이] 명[경] 경제 활동은 각 개인의 자유로운 활동에 맡기는 것이 최고의 효과를 거둔다는 경제적 자유주의. **2** 상대편의 자유의사에 맡기는 주의.

자유-분방(自由奔放) →**자유분방-하다** 형(여) 격식이나 관례에 얽매이지 않고 행동이 자유롭다. ¶발랄하고 자유분방한 10대 소녀.

자유-사상(自由思想) 명 자유주의의 사상.

자유-세계(自由世界) [-계/-게] 명 **1** 자유로운 세계. 또는, 자유로운 사회. **2** 제2차 세계 대전 후 자본주의 국가가 공산 진영에 대하여, 자기 진영에 속하는 여러 나라를 이르던 말.

자유-스럽다(自由-) [-따] 형(ㅂ)〈-스러우니, -스러워〉 자유를 느낄 만하거나 누릴 만한 데가 있다. ¶자유스러운 분위기. **자유스레** 튀

자유-시(自由詩) 명[문] 전통적인 운율이나 시형(詩形)에 구애됨이 없이 자유로운 형식으로 지은 시. ↔정형시(定型詩).

자유-업(自由業) 명 =자유직업.

자유-연기(自由演技) 명[체] 체조·피겨 스케이팅 경기 등에서, 선수가 연기의 내용을 고안하고 자기의 장기(長技)를 연출하는 것. ▷규정연기.

자유-연애(自由戀愛) 명 전통이나 관례의 속박에서 벗어나 자유의사에 의하여 하는 연애.

자유-의사(自由意思) 명 남에게 속박이나 간섭을 받지 않고 자유로이 가지는 생각. ¶~에 맡기다.

자유^의:지(自由意志) **1** [윤] 외부의 제약이나 구속을 받지 않고 어떤 목적을 스스로 세우고 실행할 수 있는 의지. **2** [심] 두 가지 이상의 동기(動機)에 대한 선택과 결정을 자신이 자유로이 할 수 있다는 의지. =내적 자유(內的自由). **3** [철] 유심론(唯心論)에 근거를 두어, 우주는 정신의 소산이므로 정신이 목적을 가지고 스스로 생각하고 결정하는 의지. **4** [종] 신에 의하여 인간이 창조될 때 인간에게 부여되었다는 의지.

자유-인(自由人) 명[법] =자유민.

자유-자재(自由自在) 명 자기의 뜻대로 모든 것이 자유롭고 거침이 없음. ¶저 선수는 공을 ~로 다룬다. / 그녀는 ~로 영어를 구사한다.

자유-재(自由財) 명[경] 사용 가치는 있지만 무한히 존재하여 교환 가치가 없는 재화(財貨). 공기·바닷물 따위. ↔경제재.

자유-재량(自由裁量) 명 자기가 옳다고 믿는 바에 따라 일을 결정함. ¶~권 / ~에 맡기다. 준재량(裁量).

자유^전:자(自由電子) 명[물] 진공 또는 물질 속을 전기장·자기장·만유인력 등에 의한 속박을 받지 않고 자유로이 돌아다니는 전자. ↔속박 전자.

자유^종:목(自由種目) 명[체] 체조·수영·스케이트 경기에서, 경기자가 규정 종목에서 선택한 특별한 기술 종목. ▷규정 종목.

자유-주의(自由主義) [-의/-이] 명 인간 개인의 인격 존엄을 인정하며, 개성을 자발적으로 발전시키고자 하는 주의. =리버럴리즘(liberalism).

자유주의-자(自由主義者) [-의-/-이-] 명 자유주의를 존중하는 사람. =리버럴리스트.

자유^중국(自由中國) 명[지] =대만.

자유-직업(自由職業) 명 고용 관계를 맺지 않고, 자기 능력이나 기술에 따라 독자적으로 활동하고 보수를 받아 생활하는 직업. 예술가·저술가·종교가·개업의·변호사 등. =자유업.

자유-투(自由投) 명[체] **1** 농구에서, 상대편이 반칙했을 때 프리 스로 서클 안에서 누구의 방해도 받지 않고 자유롭게 슛하는 일. **2**

핸드볼에서, 상대편이 반칙했을 때 지정된 지점에서 자유롭게 공을 던지는 일. =프리스로.

자유-항(自由港)[명] 관세 제도상, 항구의 일부 또는 전부를 외국으로 간주하여 관세법을 적용하지 않고, 이 구역 내에서 외국 화물의 자유로운 출입을 인정하는 항구. =자유 무역항.

자유-행동(自由行動)[명] 단체에 소속되어 있는 개인이 규율에서 벗어나 자기 마음대로 하는 행동. ¶합숙 훈련 중에는 ~을 금한다.

자유-형¹(自由刑)[명][법] 범죄자를 일정한 곳에 가두어 활동의 자유를 빼앗는 형벌. 징역·금고·구류의 3종이 있음.

자유-형²(自由型)[명][체] 1 수영 경기의 한 종목. 수영법의 형(型)에 규약이 없는 자유로운 경영법(競泳法). 흔히 크롤 스트로크를 말함. 2 레슬링에서, 상대편 허리 아래를 공격하여도 무방한 경기 방법. ▷그레코로만형.

자유^혼인(自由婚姻)[명][법] 남녀가 부모의 동의 없이 서로의 합의만으로 하는 결혼. =자유 결혼.

자유-화¹(自由化)[명] 제약이나 제한을 없애는 일. 특히, 국가에 의한 통제 작용을 없애는 일을 말함. ¶무역의 ~ / 동구에 거세게 일고 있는 ~의 물결. **자유화-하다**[동][자] [어] **자유화-되다**[자]

자유-화²(自由畫)[명][미] 아동이 표현하고 싶은 대로 자유로이 그린 그림. 또는, 실감(實感)을 솔직하게 표현한 아동의 그림. ▷임화.

자율(自律)[명] 1 남으로부터 지배나 구속을 받지 않고, 자기의 행동을 자기가 세운 규율에 따라서 바르게 절제하는 일. ¶~ 학습. 2 [철] 칸트 윤리학에서, 자신의 욕망, 남의 명령에 의존하지 않고 스스로의 의지로 객관적인 도덕 법칙을 세워 이에 따르는 일. ↔타율(他律).

자율-권(自律權)[-꿘][명][법] 국가 기관의 독자성을 존중하여 일정한 범위 안에서 그 기관이 스스로 규칙을 제정할 수 있는 권한.

자율-성(自律性)[-썽][명] 자기 스스로의 원칙에 따라 어떤 일을 하거나 자기 스스로 자신을 통제하는 성질이나 특성.

자율^신경(自律神經)[명][생] 척추동물의 말초 신경계의 하나. 생체의 의지와 관계없이 내장·혈관·샘[腺] 등의 기능을 자동적으로 조절하는 신경계. 교감 신경과 부교감 신경으로 구성됨. =식물성 신경.

자율-적(自律的)[-쩍][관] 자신의 원칙에 따라 어떤 일을 하거나 자기 스스로를 제어하는 (것). ¶~ 분위기 / ~인 규제. ↔타율적(他律的).

자음¹(子音)[명][언] 발음할 때, 혀·이·입·입술 등의 발음 기관에 닿아서 일정한 장애를 만나서 나는 소리. 성대(聲帶)의 진동 여부에 따라 유성 자음과 무성 자음으로 나뉨. =닿소리. ↔모음(母音).

자음²(字音)[명] 글자의 음. 흔히, 한자(漢字)의 음을 이름.

자음-동화(子音同化)[명][언] 음절의 끝 자음이 뒤에 오는 자음과 만날 때, 어느 한쪽이 다른 쪽을 닮아서 그와 비슷하거나 같은 소리로 바뀌기도 하고 양쪽이 서로 닮아서 두 소리가 다 바뀌기도 하는 현상. 밥물→[밤물], 붙는다→[분는다], 삼림→[삼님], 법률→[범뉼], 역량→[영냥], 전라도→[절라도], 칼날→[칼랄]로 되는 따위. =자음 접변(子音接變).

자의(字義)[-의/-이][명] 글자의 뜻.

자의(自意)[-의/-이][명] 자기의 생각이나 뜻. ¶~로 사표를 내다 / 어제의 행동은 ~에서 나온 게 아니다. ↔타의(他意).

자의-로(恣意-)[-의-/-이-][부] 자기가 하고 싶은 대로. ¶판례를 무시하다 / 일을 처리하다 / 공금을 ~ 유용(流用)하다.

자의-성(恣意性)[-의쌩/-이쌩][명] 1 어떤 일을 원칙·규범·규칙 등을 따르지 않고 제멋대로 하는 성질. 2[언] 언어에 있어서 소리와 의미의 관계가 필연적이지 않고 사회적 약속에 의해 임의적으로 이뤄지는 특성. 가령, '사람'을 중국어에서는 /rən/으로, 일본어에서는 /hito/로, 영어에서는 /mæn/으로 소리 내듯, 음성 기호는 의미에 제약되지 않음. ▷유연성(有緣性).

자-의식(自意識)[-씩][철] 외계나 타인과 구별되는 자아(自我)로서의 자기에 대한 의식. =자아의식. ¶~이 강한 사람.

자의-적(恣意的)[-의-/-이-][관명] 일정한 질서를 무시하고 제멋대로 하는 (것). ¶~ 판단 / 규칙을 ~으로 해석하다.

자이로스코프(gyroscope)[명][물] 회전하는 팽이를 세 개의 회전축에 의해 자유로이 방향을 바꿀 수 있도록 지지(支持)하고 있는 장치. 지구의 자전의 증명, 배의 동요 감소 등에 응용됨. =회전의(回轉儀).

자이로컴퍼스(gyrocompass)[명][물] 나침반의 하나. 빠른 속도로 회전하는 팽이의 축이 지구의 자전하는 힘에 감응하여 항상 남북을 가리키도록 한 장치. 선박·항공기 등에서 사용됨.

자이르(Zaïre)[명][지] '콩고 민주 공화국'의 구칭.

자이브(jive)[명] 재즈 음악에 맞추어 추는 빠르고 격렬한 춤.

자익(自益)[명] 자기의 이익.

자인(自認)[명] 스스로 인정하는 것. **자인-하다**[동][타][여] ¶실수(失敗)를 ~.

자일(독Seil)[명] 등산용 밧줄. 비로프. ¶~을 타고 암벽을 오르다.

자임(自任)[명] 어떤 일을 자기가 스스로 맡는 것. **자임-하다**[동][타][여] ¶그는 소년가장의 후임자 역할을 **자임하고** 나섰다.

자¹**자**(藉藉) →**자**¹**자-하다**[형][여] (좋은 소문이나 흉한 등이) 널리 알려지거나 퍼져 있다. (비)무성하다·파다하다. ¶칭찬이 ~ / 그는 용한 의사로 소문이 ~. **자**¹**자-히**[부]

자자-손손(子子孫孫)[명] 여러 대(代)의 자손. (비)대대손손. ¶~ 살아갈 우리 땅.

자작¹(子爵)[명] 1[역] 오등작(五等爵)의 넷째 작위. 백작의 아래, 남작의 위임. 2 유럽에서, 중세 이후의 귀족 계급 중 넷째 작위. 백작의 아래, 남작의 위임. (준)작(子).

자작²(自作)[명] 1 자기 스스로 만들거나 짓는 것. 또는, 그 물건. 2 자기 땅에 직접 농사를 짓는 것. ¶~농. ↔소작(小作). **자작-하다**[동][타][여]

자작³(自酌)[명] 술을 손수 따라 마시는 것. =자작자음(自酌自飲). **자작-하다**²[동][자][여]

자작-거리다/-대다[-꺼-][동][자] 발을 찬찬히 내디디며 위태롭게 걷다. (큰)저적거리다.

자작-곡(自作曲)[-꼭][명] 자기 스스로 지은 곡.
자작-극(自作劇)[-끅] 圈 1 남을 속이거나 모략하기 위해 자신이 직접 나서서 거짓으로 꾸민 사건. ¶~을 벌이다. 2 자기 스스로 만든 연극.
자작-나무[-장-] 圈[식] 자작나뭇과의 낙엽 활엽 교목. 높이 20m가량. 나무껍질은 희며 옆으로 얇게 벗겨짐. 꽃은 4월에 피고 열매는 10월에 익음. 목재는 기구(器具)에, 나무껍질은 약재·유피(鞣皮)에 쓰임. =백단(白椴)·백화(白樺).
자작-농(自作農)[-장-] 圈 제 땅에 제가 직접 짓는 농사. 또는, 그 농가. =자농. ↔소작농.
자작-시(自作詩)[-씨] 圈 자기가 지은 시. ¶~ 낭독.
자작-자음(自酌自飮)[-짜-] 圈 =자작(自酌)³. 자작자음-하다 图 자여
자작-자작¹[-짜-] 무 물이 점점 바닥에 잦아드는 모양. 큰지적지적. **자작자작-하다**² 혱 국물이 자작자작할 때까지 졸이다.
자작지얼(自作之孼)[-찌-] 圈 자기가 저지른 일로 말미암아 생긴 재앙.
자잘-하다 혱여 1 여럿이 다 잘다. ¶자잘한 글씨 / 밤톨이 ~. 2 (어떤 일이나 대상들이) 하찮고 시시하다. ¶자잘한 가정사 / 자잘한 빚부터 갚다.
자'장(磁場) 圈[물] =자기장(磁氣場).
자장-가(-歌) 圈 아기를 재우거나 달래거나 할 때 부르는 노래.
자장면(←炸醬麵) 圈 고기와 채소를 넣어 볶은 중국 된장에 비빈 국수. ↔짜장면.
자장-자장 캅 어린아이를 재울 때에 조용히 노래처럼 하는 소리. ¶~ 우리 아기.
자재¹(自在) 圈 1 저절로 있는 것. 2 속박이나 장애가 없이 마음대로인 것. ¶자유~. **자재-하다** 혱여
자재²(資材) 圈 무엇을 만드는 근본이 되는 재료. ¶원(原) ~ / 건축 ~
자재³(資財) 圈 1 =자산(資産). 2 자본이 되는 재산.
자재-난(資材難) 圈 자재가 모자라서 당하는 어려운 사정.
자적(自適) 圈 무엇에 속박됨이 없이 마음이 내키는 대로 즐기는 것. ¶유유(悠悠)~. **자적-하다** 图여
자전¹(字典) 圈 한자(漢字)를 모아서 일정한 순서로 늘어놓고 글자 하나하나의 뜻과 음을 풀이한 책. =옥편(玉篇)·자서(字書)·자휘(字彙).
자전²(自傳) 圈 =자서전(自敍傳).
자전³(自轉) 圈 1 저절로 도는 것. 2 [천] 천체가 지름의 하나를 축으로 하여 스스로 회전하는 운동. ↔공전(公轉). **자전-하다** 图여 ¶지구는 하루에 한 번 자전한다.
자전-거(自轉車) 圈 사람이 안장에 앉아, 두 손으로 핸들을 잡고, 두 발로 좌우의 페달을 교대로 밟아 체인으로 바퀴를 돌려 나아가게 만든, 바퀴가 두 개 또는 세 개인 탈것. 비사이클(cycle). ¶세발 / ~ 경기 / ~ 도 ~ 을 타다. ↔자전차.
자전거-포(自轉車鋪) 圈 자전거를 팔거나 고치는 가게.
자전^소!설(自傳小說) 圈[문] 작가 자신의 삶을 소재로 하여 허구적으로 구성한 소설.

자전-적(自傳的) 괸圈 자서전의 성질을 띠고 있는 (것). ¶~ 소설.
자전-차(自轉車) 圈 '자전거(自轉車)'의 잘못.
자절(自切·自截) 圈[동] 일부 동물이 위기를 벗어나기 위하여 몸의 일부를 스스로 끊는 일. 도마뱀은 꼬리, 게나 여치 따위는 다리를 끊으며, 그 부분은 쉽게 재생됨. =자할(自割). **자절-하다** 图여
자정¹(子正) 圈 자시(子時)의 한가운데 시각. 곧, 0시. =오야(午夜). ↔오정(午正).
자정²(自淨) 圈 오염된 공기나 물 따위가 물리학적·화학적·생물학적 작용으로 자연히 깨끗해지는 일. **자정-하다** 图여 **자정-되다** 图자
자정^작용(自淨作用) 圈 물이나 공기가 저절로 깨끗하여지는 작용.
자제¹(子弟) 圈 1 남을 높여 그의 '아들'을 이르는 말. =자사(子舍). ¶훌륭한 ~를 두셨군요. 2 남을 높여 그 집안의 '젊은이'를 이르는 말.
자제²(自制) 圈 자기감정이나 욕망을 스스로 억제하는 것. **자제-하다** 图타여 ¶욕구를 ~.
자제-력(自制力) 圈 스스로 감정이나 욕망을 억제하는 힘. ¶~을 기르다[잃다] / 그는 ~이 강해서 좀처럼 흥분하는 법이 없다.
자제-심(自制心) 圈 자제하는 마음.
자조¹(自助) 圈 1 자기의 향상·발전을 위하여 스스로 애쓰는 것. 2 [법] 국가가 자력으로 국제법상의 권리를 확보하는 일. **자조-하다**¹ 图자
자조²(自照) 圈 스스로를 관찰하고 반성하는 것. **자조-하다**² 图자여
자조³(自嘲) 圈 스스로 자기를 비웃는 것. ¶~에 찬 쓸쓸한 미소. **자조-하다**³ 图자타여 ¶자신의 삶을 ~.
자조-적(自嘲的) 괸圈 스스로를 비웃는 (것). ¶~인 웃음.
자족(自足) 圈 스스로 넉넉함이나 만족을 느끼는 것. ¶~감(感). **자족-하다** 图자여 ¶자족하는 생활.
자존¹(自存) 圈 1 자기의 존재. 2 제 힘으로 생존하는 것. ¶~ 능력. **자존-하다**¹ 图자여 제 힘으로 생존하다.
자존²(自尊) 圈 1 스스로 자기를 높이는 것. 2 자기의 품위를 높게 지키는 것. **자존-하다**² 图자여
자존-심(自尊心) 圈 남에게 굽히거나 아쉬운 소리를 하지 않고 자기의 위신이나 위엄이나 체면을 세우려는 마음. ¶~이 상하다 / ~이 강하다 / ~을 지키다 / ~을 버리다.
자주¹ 무 같은 일을 잇달아 잦게. ¶~ 만나는 사람 / 이런 일은 전에도 ~ 있었다.
자주²(自主) 圈 남의 보호나 간섭을 받지 않고 스스로 자기 일을 처리하는 것. ¶~국방.
자'주³(紫朱) 圈 =자주색.
자주⁴(慈主) 圈 편지 따위에서 '어머님'의 뜻으로 쓰는 말.
자주-권(自主權)[-꿘] 圈 1 자기 뜻대로 일을 자유롭게 결정하고 처리할 수 있는 권리. 2 [법] 지방 자치 단체가 가지는 자치 입법권.
자주-독립(自主獨立)[-동닙] 圈 자주권을 행사할 수 있는 기초 위에서의 완전한 독립. ¶~국(國). **자주독립-하다** 图자여
자'주-색(紫朱色) 圈 빨강과 파랑이 섞인 중간 색깔. 보라보다 붉은색을 더 많이 띰. =

자(紫)·자주·자지(紫地)·자색(紫色).

자주-성(自主性) [-썽] 명 자주적(自主的) 인 능력이나 성질.

자주-자주 튀 매우 자주. =삭삭(數數). ¶게획이 ~ 바뀌다 / ~ 들러라.

자-주장(自主張) 명 자기의 주장대로 하는 것. 자주장-하다 동(자)타)여

자주-적(自主的) 관[명] 남에게 의지하거나 남의 간섭을 받지 않고 자기 일을 자기가 결정하고 처리하는 (것). ¶~ 외교 / ~으로 해결하다.

자주-정신(自主精神) 명 독립적으로 일을 처리하려는 정신. ¶~을 드높이다.

자!줏-빛(紫朱-) [-주삗/-준삗] 명 자주색을 띤 사물의 빛깔.

자중¹(自重) 명 차체·기계 따위의 그 자체의 무게.

자중²(自重) 명 1 자기의 언행을 신중하게 하는 것. ¶~ 은인(隱忍)~. 2 스스로 자기 자신을 중히 여기는 것. 자애(自愛). 자중-하다 동(자)타)여

자중지란(自中之亂) 명 같은 패 안에서 일어나는 싸움.

자!지 명 남자의 외성기(外性器). 곧, 배 아래쪽 두 다리 사이에 길게 내민 것으로, 오줌이나 정액을 내보내는 부분. 함부로 쓰지 않는 금기어임. 町음경(陰莖). ↔보지.

자지러-들다 동(자) <-드니, -드오> 위축되거나 움츠러들다.

자지러-뜨리다/-트리다 동(타) 1 몹시 놀라 몸을 움츠러지게 하다. 2 몹시 자지러지게 하다. 큰지지러뜨리다.

자지러-지다 동(자) 1 몹시 놀라 몸이 주춤하며 움츠러지다. ¶맹견이 달려들자 여자는 **자지러지게** 놀라 비명을 질렀다. 2 생물이 잘 자라지 못하고 오그라지다. 큰지지러지다. 3 (웃음소리·울음소리·풍악 등이) 듣기에 자릿하도록 빠르고 잦아지다. ¶아이들은 그것이 우스워서 깔깔거리며 **자지러지게** 웃는 것이 도리어 놀려 먹으려 든다.《심훈:상록수》

자지레-하다 형(여) '자질구레하다'의 준말.

자지리 튀 '지지리'의 작은말.

자진¹(自進) 명 남이 시키는 것을 기다리지 않고 스스로 하는 것. ¶~ 신고 / ~ 철거 / ~ 출두. 자진-하다 동(자)여 ¶궂은일을 **자진해서** 하다.

자진²(自盡) 명 1 스스로 자신의 목숨을 끊는 것. 町자살. 2 (물기 따위가) 저절로 다 없어지는 것. 3 온갖 정성을 다하는 것. 자진-하다 동(자)여 ¶혀를 깨물다.

자진모리-장단 명[음] 판소리 및 산조 장단의 하나. 휘모리장단보다 좀 느리고 중중모리장단보다 좀 빠른 속도로서, 섬세하면서 명랑하고, 차분하면서 상쾌함.

자진-장단 명[음] 빠르고 잦게 치는 장단.

자-질¹ 명 자로 재는 일. 자질-하다 동(자)여

자질²(子姪) 명 아들과 조카. 町자여질.

자질³(資質) 명 1 타고난 성품과 소질. ¶지도자로서의 ~이 엿보이다. 2 맡아 하는 일에 관한 실력의 정도. ¶~ 향상 / 사원들의 ~

자질구레-하다 형(여) 잘고 시시하여 대수롭지 않다. ¶그는 **자질구레한** 일상사로부터 벗어나기 위하여 여행을 떠났다. 준자지레하다.

자질-자질 튀 물기가 말라서 잦아드는 모양.

자질자질-하다 형(여)

자차분-하다 형(여) 잘고도 차분하다. 자차분-히 튀

자찬(自讚) 명 자기 자신이나 또는 자기가 한 일을 스스로 칭찬하는 것. ¶자화(自畫)~. 자찬-하다 동(타)

자:창(刺創) 명[의] 바늘·송곳·칼·창 등처럼 날카로운 것에 찔린 상처.

자책(自責) 명 스스로 자기를 책망하는 것. 자책-하다 동(자)타)여 ¶일이 실패로 끝나자, 그는 심하게 **자책하였다**.

자책-감(自責感) [-깜] 명 자책하는 마음. ¶~에 사로잡히다.

자책-점(自責點) [-쩜] 명[체] 야구에서, 투수가 데드 볼·안타 등으로 상대 팀에 준 점수. 투수의 방어율을 산출하는 기초가 됨.

자처(自處) 명 1 =자결(自決)². 2 자기 자신을 어떤 사람으로 여겨 그렇게 처신하는 것. 자처-하다 동(타)여 ¶애국자로 ~.

자처-울다 동(자) <-우니, -우오> 닭이 점점 새벽을 재촉하여 울다.

자!철-광(磁鐵鑛) 명[광] '자철석'의 구용어.

자!철-석(磁鐵石) [-썩] 명[광] 철의 산화물로 된 광물. 검은색으로 금속광택이 나며, 자성(磁性)이 매우 강함. 주요 철광석임. 구용어는 자철광. =자석석(磁石石).

자청(自請) 명 (어떤 일을) 하겠다고 스스로 청하는 것. 자청-하다 동(자)타)여 ¶김 선생은 남들이 기피하는 벽지 근무를 **자청했다**.

자체(自體) 명 1 바로 그 자신. 또는, 바로 그것. ¶감사(監査) / 체제 ~를 부정하는 급진 세력.

자체²(字體) 명 1 글자의 체. 2 =글자꼴.

자체-유도(自體誘導) 명[물] 회로를 흐르는 전류가 변화할 때, 그 회로 자체에 전류의 변화를 방해하는 방향으로 기전력(起電力)이 일어나는 현상. =상호유도.

자초¹(自初) 명 어떠한 사실이 비롯된 처음.

자초²(自招) 명 (어떤 결과를) 제 스스로 끌어들이는 것. 자초-하다 동(타)여 ¶파멸(화근)을 ~ / 그를 끌어들인 것은 재앙을 **자초**한 꼴이었다.

자초지종(自初至終) 명 처음부터 끝까지의 과정. =자두지미·종두지미. ¶어찌 된 일인지 ~을 이야기해 보시오.

자축(自祝) 명 제 일을 스스로 축하하는 것. 자축-하다 동(타)여 ¶생일을 ~.

자축-거리다/-대다 [-꺼(때)-] 동(자)여 다리에 힘이 없어 잘름거리며 걷다. 큰저축거리다.

자축-연(自祝宴) 명 제 일을 스스로 축하하기 위해 여는 잔치.

자축-자축 [-짜-] 튀 자축거리는 모양. 저축저축. 자축자축-하다 동(자)타)여

자충-수(自充手) 명 1 바둑에서, 잘못 두어 자신의 집을 잃게 하거나 자멸에 이르게 한 수. 2 스스로 선택했으나 자신에게 불리한 결과를 가져오게 한 행동. 비유적인 말임. ¶청와대의 잇단 ~로 여론이 급속히 악화되었다.

자취¹ 명 1 무엇이 남기고 간 흔적. ¶고대 문화의 ~/~를 남기다. 2 [수] 어떤 일정한 성질을 가진 점들의 집합으로 이루어진 도형. 구용어는 궤적.

자취를 감추다 관 1 자기의 행방을 남이 모르게 하거나 숨다. ¶은행원이 공금을 횡령하여 ~. 2 어떤 사물 현상이 없어지다. ¶한

때 유행하던 장발이 언제부터인가 **자취를 감추었다.**

자취²(自炊) 몡 손수 밥을 지어 먹으며 생활하는 것. ¶~생활. **자취-하다** 통(재)여 ¶친구와 둘이서 **자취하며** 학교에 다닌다.

자취-방(自炊房) [-빵] 몡 자취하는 방. ¶학교 근처에 ~을 얻다.

자-치¹ 몡 1 한 자쯤 되는 물건. 2 낚시에서, 길이 한 자쯤의 물고기. 3 차이가 얼마 안 되는 것.

자치²(自治) 몡 1 자기의 일을 자기 스스로 다스리는 것. 2 자연히 다스려지는 것. 3 [법] 지방 공공 단체가 그 범위 내의 행정·사무를 공선된 사람에 의하여 행하는 것. ⓑ자치 행정. ¶지방 ~ 제도. ↔관치. **자치-하다** 통(재여)

자치-구(自治區) 몡 1 특별시와 광역시의 관할 구역 안에 두는, 지방 자치 단체로서의 구(區). 2 [일] 국가가 지역 주민에게 일정한 자치권을 부여한 지구.

자치-국(自治國) 몡 연방국에 딸려 있으면서 자치권이 부여된 나라.

자치-권(自治權) [-꿘] 몡 [법] 자치 단체가 그 지역 내에서 법률에 의하여 정해진 자치 행정을 할 수 있는 권능.

자-치기 몡 짤막한 나무토막을 긴 막대기로 쳐서 그 날아간 거리를 재어 이기고 짐을 겨루는 아이들의 놀이.

자치^단체(自治團體) 몡[정] 국가로부터 자치권이 부여된 공법상의 법인. =자치체.

자치-동갑(一同甲) 몡 한 살 정도 차이가 나는 동갑. =어깨동갑.

자치-령(自治領) 몡[정] 국가의 일부분으로, 광범위한 자치권을 얻어 중앙 정부의 간섭을 받지 않는 영토.

자치^법규(自治法規) [-뀨] 몡 [법] 지방 자치 단체가 제정하는 법규. 조례(條例)의 형식을 취함.

자치-적(自治的) 관몡 스스로 자기 일을 다스리는(것).

자치-제(自治制) 몡[정] =지방 자치 제도.

자치^행정(自治行政) 몡[법] 1 국민이 그들과 이해관계가 있는 공공 사무를 직접 처리하거나, 그들이 선출한 기관에 의하여 처리하는 행정. ↔관치행정. 2 공공 단체가 스스로 그 사무를 행하는 일. ⓑ자치.

자치-회(自治會) [-회/-훼] 몡 1 [교] 학교 안에서의 생활을 자주적으로 운영하기 위하여 학생들이 만든 학교 안의 조직. 또는, 그 모임. 2 민간단체 또는 같은 지역의 거주민 등이 자신들의 사회생활을 자주적으로 운영해 나가기 위하여 만든 자치 조직. ¶아파트~.

자친(慈親) 몡 ['자애로운 어머니'라는 뜻] 남에게 자기의 어머니를 격식체로 이르는 말. ↔엄친(嚴親).

자ː침(磁針) 몡[물] 자유로이 수평 방향으로 회전할 수 있도록 괴어 놓은 침 모양의 자석. =지남철·지침.

자칫 [-칟] 뷔 어쩌다가 조금이라도 실수하여. 또는, 일이 조금이라도 잘못될 경우에. ¶~ 잘못 디디면 벼랑 아래로 굴러 떨어질 수 있다. / 젊은이는 ~ 이상과 현실을 혼동하기 쉽다. **자칫-하다** 통(재)여 ¶이 교차로는 신호등이 없기 때문에 **자칫하면** 사고가 날 우려가 있다.

자칭(自稱) 몡 1 실제로는 그렇지 않은데, 또는 세상에서는 그렇다고 인정하지 않는데, 어떤 신분·직함·이름을 가지고 있다고 자기가 칭하는 것. ¶~ 일류 기술자. 2 [언] =제일 인칭. **자칭-하다** 통(재여) ¶애국자를 **자칭하는** 무리 / 그는 곧잘 시인이라고 **자칭하며** 다닌다.

자칼(jackal) 몡[동] 포유류 갯과의 한 종. 몸은 승냥이와 여우의 중간형이며, 몸빛은 황갈색인데 꼬리 끝은 검음. 해 질 무렵부터 작은 동물이나 과실, 가축 등을 찾아 활동함.

자켓 몡 '재킷(jacket)'의 잘못.

자타(自他) 몡 1 자기와 남. ¶~가 인정하는 실력 / ~가 공인하는 사실. 2 [불] 자력(自力)과 타력(他力).

자탄(自歎·自嘆) 몡 스스로 탄식하는 것. **자탄-하다** 통(타여) ¶자기의 운명을 ~.

자태(姿態) 몡 1 사람, 특히 여자의 몸가짐과 맵시. ¶고운 ~ / 요염한 ~. 2 사물의 모습이나 모양. ¶설악산의 장엄한 ~.

자택(自宅) 몡 자기가 살고 있는 집. 또는, 자기가 소유하고 있는 집. ¶~ 전화번호 / 현재 살고 계신 곳이 ~입니까, 전셋집입니까?

자퇴(自退) [-퇴/-퉤] 몡 스스로 물러나는 것. ¶~서. **자퇴-하다** 통(타여) ¶학교를 ~ / 입후보를 ~.

자투리 몡 1 천을 자로 끊어서 팔고 남은 조각. 또는, 천을 재단하고 남은 조각. 2 어떤 목적으로 사용하고 남은, 얼마 안 되지만 버리기는 아까운 것. ¶~ 공간 / ~ 시간을 활용하다.

자투리-땅 몡 도시 계획이나 도로 확장 등으로 택지로 구획한 뒤에 남은, 건축법에서 기준 평수 미만의 부정형(不整形)의 작은 땅 조각.

자파(自派) 몡 자기 쪽의 파나 갈래.

자파(自罷) 몡 스스로 어떤 일을 그만두는 것. **자파-하다** 통(재)여

자판¹(字板) 몡 타이프라이터·컴퓨터 등에서, 손가락으로 두드려 문자를 찍어 내거나 입력시키는 장치. =글쇠판·키보드·글자판·문자판.

자판²(自判) 몡 1 저절로 분명하게 밝혀지는 것. 2 [법] 상급 법원에서, 원판결에 이유 불비(理由不備)나 사실 인정에 과오가 있다고 인정할 때, 이것을 파기하고 상급 법원이 독자적으로 새로운 판결을 내리는 것. =파기자판(破棄自判). **자판-하다** 통(재)여

자판-기(自販機) 몡 '자동판매기'의 준말.

자평(自評) 몡 자기가 한 일을 스스로 평가하는 것. 또는, 그 평가. **자평-하다** 통(타여) ¶자기가 지은 시를 ~.

자폐-아(自閉兒) [-폐-/-페-] 몡 자폐증이 있는 아이.

자폐-증(自閉症) [-폐쯩/-페쯩] 몡[의] 심리적으로 자기 세계 안에 들어박혀 대인 관계가 전혀 이루어지지 못하는 정신 증세 및 이것이 주가 되는 증세의 정신 질환.

자ː포(刺胞) 몡[동] 자포동물의 자세포(刺細胞)에서 쓰이는 세포 기관. =쐐기세포.

자ː포-동물(刺胞動物) 몡 동물계의 한 문(門). 물에 사는 다세포 동물로서 강장과 입 주위에 많은 자세포를 가진 촉수가 있음. 해파리·말미잘·산호 등이 이에 속함. =강장동물.

자포-자기(自暴自棄) 몡 절망 상태에 빠져서, 스스로 자신을 포기하여 돌아보지 않음. ¶하는 일마다 실패로 돌아가자 그는 아예

~에 빠져 버렸다. ⓒ자포·포기. **자포자기-하다** 동(자)여

자폭(自爆) 몡 자기가 지닌 폭발물을 폭발시켜 스스로 죽는 것. **자폭-하다** 동(자)여

자-풀이 몡 1 피륙 한 필 값을 자수로 풀어, 한 자에 얼마씩인가를 셈하여 보는 일. 2 피륙을 자로 끊어서 파는 일. =해척(解尺). **자풀이-하다** 동(타)여 ¶광목을~.

자필(自筆) 몡 (어떤 글·글씨를) 남이 적지 않고 직접 자기가 적는 것. 또는, 그 글씨. =자서(自書). ¶이력서 / ~로 사인하다. ↔대필(代筆). **자필-하다** 동(타)여 ¶진술서를~.

자학[1](自虐) 몡 스스로 자기를 학대하는 것. ¶~ 행위 / 그는 절망하여 심한 ~에 빠졌다. **자학-하다**[1] 동(자)여

자학[2](自學) 몡 1 자발적으로 자기의 힘으로 배우는 것. 2 [교] 교사의 강의를 위주로 하지 않는 학습법. **자학-하다**[2] 동(타)여 자기의 힘으로 배우다.

자해[1](自害) 몡 1 스스로 자기 몸을 다치게 하거나 자기 몸에 상처를 내는 것. ¶~ 행위. 2 =자살(自殺). **자해-하다**[1] 동(자)여

자해[2](自解) 몡 1 스스로의 생각으로 풀어내는 것. 2 무엇에 얽매이지 않고 스스로 풀어서 벗어나는 것. **자해-하다**[2] 동(자)여

자해[3](字解) 몡 글자(특히, 한자)를 해석하는 것. 또는, 그 해석. **자해-하다**[3] 동(자)여

자행[1](自行) 몡 1 자기의 수행(修行). 2 스스로 행하는 것. **자행-하다**[1] 동(타)여 스스로 행하다.

자행[2](恣行) 몡 방자하게 행동하는 것. 또는, 그 행동. **자행-하다**[2] 동(타)여 불법 행위를~ / 나치 독일은 유대 인의 대량 학살을 **자행하였다**. **자행-되다** 동(자)여

자형[1](自形) 몡 [광] 어떤 광물이 그 광물 특유의 결정면을 띠고 있는 모양.

자형[2](字形) 몡 =글자꼴.

자형[3](姉兄) 몡 =매형(妹兄).

자형[4](慈兄) 몡 자애가 깊은 형. 편지를 쓸 때에 쓴다.

자혜(慈惠) [-혜/-혜] 몡 자애롭게 베푸는 은혜.

자혜-롭다(慈惠-) [-혜-따/-혜-따] 혤ㅂ <~로우나, ~로워> 인자하고 은혜롭다. **자혜로이** ⺫

자호(自號) 몡 자기의 칭호나 별호를 스스로 지어 부르는 것. **자호-하다** 동(자)여 ¶그는 백운(白雲)이라 **자호하였다**.

자:홍-색(紫紅色) 몡 자줏빛이 나는 붉은빛.

자:화(磁化) 몡 [물] 자기장 안의 물체가 자기(磁氣)를 띠는 일. 또는, 그 결과로 생긴 단위 체적당의 자기 모멘트. =대자(帶磁)·여자(勵磁). **자:화-하다** 동(자)여 **자:화-되다** 동(자)여

자화-상(自畫像) 몡 [미] 자기가 그린 자기의 초상화.

자화^수분(自花受粉) [식] 양성화에서 암술이 자기 꽃의 꽃가루를 받는 일. =자가 수분·제꽃가루받이. ↔타화 수분.

자화^수정(自花受精) [식] =자가 수정. ↔타화 수정.

자화-자찬(自畫自讚) 몡 [자기가 그린 그림을 자기 스스로 칭찬한다는 뜻] 제 일을 제 스스로 자랑함. **자화자찬-하다** 동(타)여 ¶그는 자기가 한 일을 **자화자찬했다**.

자활(自活) 몡 남에게 의지하지 않고 제 힘으로 살아가는 것. ¶~ 능력 / 신체장애를 극복하고 ~의 길을 찾다. **자활-하다** 동(자)여

자-회사(子會社) [-회/-훼-] 몡 [경] 다른 회사와 자본적 관계를 맺어 그 회사의 지배 하에 있는 회사. ↔모회사(母會社).

자획(字畫) [-획/-훽] 몡 글자의 획. =필획(筆畫).

자훈(字訓) 몡 1 한자(漢字)의 우리말 새김. 2 글자와 새김.

자:흑-색(紫黑色) [-쌕] 몡 검은 자줏빛.

작[1] ⺫ 글자의 획 같은 것을 한 번 긋거나 종이 같은 것을 한 번 찢는 소리. 큰직. 쎈짝.

작[2](爵) 몡 1 벼슬의 위계(位階). 2 다섯 등급으로 나눈 귀족의 계급.

작[3](勺) 몡(의존) 1 양(量)의 단위. 홉의 1/10. 보리 3홉 5~. 2 지적(地積)의 단위. 평의 1/100.

작[4](作) 몡(의존) (작자의 이름 다음에 쓰여) 작품·제작·저작(著作)의 뜻을 나타내는 말. ¶김동인(金東仁)~ 감자. ▷저(著).

작[5](昨) 관 '어제'의 뜻. 날짜 앞에 쓰임. ¶~ 3일 / ~ 12일.

-작[6](作) 몡(접미) 1 '작품', '제작'의 뜻을 나타내는 말. ¶처녀~ / 야심~ / 대표~. 2 '작황(作況)', '농사'의 뜻을 나타내는 말. ¶평년~ / 이모~.

작가(作家) [-까] 몡 1 소설·희곡·시나리오 등을 전문적으로 짓는 사람. 앞에 수식하는 말이 없이 단독으로 쓰일 때에는 주로 소설가를 가리킴. ¶~ 프로필 / 방송 ~ / 시나리오 ~. ▷작자. 2 미술 작품을 창작하거나 예술 사진을 촬영하는 일을 전문적으로 하는 사람. ¶개인 전람회를 연 ~의 변 / 사진~.

작가-론(作家論) [-까-] 몡 [문] 작가의 삶과 사상 등을 조사·연구하여 창작의 비밀이나 밑바탕을 밝히고자 하는 평론.

작간(作奸) [-깐] 몡 간악한 꾀를 부리는 것. 또는, 그러한 짓. ¶…희경이가 우둥을 하는 것은 형식의 ~이라고 협구를 하는 자도 있었다.《이광수:무정》 **작간-하다** 동(자)여

작고(作故) [-꼬] 몡 '사망'의 높임말. **작고-하다** 동(자)여

작곡(作曲) [-꼭] 몡 [음] 음악상의 작품을 창작하는 일. 시나 대본 등에 가락을 붙이는 일. **작곡-하다** 동(타)여 ¶베토벤은 '영웅', '운명' 등 불후의 명작을 **작곡했다**. **작곡-되다** 동(자) ¶이 곡은 10년간의 구상 끝에 **작곡되었다**.

작곡-가(作曲家) [-꼭까] 몡 작곡하는 일을 전문으로 하는 사람.

작곡-자(作曲者) [-꼭짜] 몡 작곡한 사람. ▷작곡가.

작금(昨今) [-끔] 몡 어제와 오늘. 곧, 요즈음. ¶~의 세태 풍조 / 비행 청소년 문제는 ~의 일만은 아니다.

작년(昨年) [장-] 몡 =지난해.

작년-도(昨年度) [장-] 몡 작년의 연도. ㋲전년도.

작:다 [-따] 혱 1 (물체가 부피·길이·넓이·높이 등이나 규모가) 보통의 경우나 기준 대상의 것보다 그 이하가 되는 상태에 있다. ¶작은 가방 / 영수는 철수보다 키가 ~. 2 (일의 규모·범위·정도·중요성 등이) 보통의 경우에 미치지 못한 상태에 있다. ¶회사가 작아서 사원이 몇 명 안 된다. 3 (어떤 물건이 맞추어야 할 몸이나 물체에) 치수가 모자라 맞지 않는 상태에 있다. ¶신발이 ~ / 옷이 작

아서 입을 수가 없다. 4 (사람됨이) 통이 크지 못하고 좀스럽다. ¶K씨는 정치 지도자가 되기에는 인물이 너무 ~. 5 (소리가) 낮거나 여러 귀에 들리는 정도가 약하다. ¶작은 소리로 소곤소곤 말하다. 6 (돈이) 액수나 단위가 보통 정도나 비교 기준보다 아래나다. 또는, (수가) 크기가 보통 정도나 비교 기준보다 아래이다. ¶100보다 작은 수 / 사례비치고 액수가 너무 ~. 7→작은-. ↔크다.

혼동어 작은 수 / 적은 수
'작은 수'는 수 자체의 크기가 작은 경우에 쓰이는 말이고, '적은 수'는 수로 나타낼 수 있는 대상물의 수효나 양이 적은 경우에 쓰이는 말임. ¶1보다 크고 10보다 작은 수 / 그 일은 적은 수의 인원으로도 충분히 할 수 있다.

[작은 고추가 더 맵다] 겉모양으로는 작고 대수롭지 않아 보이지만 하는 일은 야무지고 올찬 사람을 이르는 말.
작-다랗다[-따라타][형ㅎ]<~다라니, ~다라오, ~다래> 꽤 작다. ↔커다랗다.
작-다리[-따-][명] 키가 작달막한 사람을 농으로 이르는 말. ↔키다리.
작달막-하다[-딸마카-][형여] 키가 몸피에 비하여 자그마하다. ¶그 사람은 작달막한 키에 어깨가 다부지고 눈이 부리부리하였다.
작달-비[-딸-][명] =장대비.
작당(作黨)[-땅][명] (둘 이상의 사람이) 부정적인 일을 할 목적으로 한 무리를 이루는 것. 비작패(作牌). ¶네 놈들이 나를 골탕먹이려고 ~을 했구나. **작당-하다** [동자타여]
작대기[-때-][명] 1 가늘고 긴 나무 막대기. 길이가 대체로 지팡이만 하거나 그보다 갚. ¶지게를 ~로 받쳐 놓다. ↔막대기. 2 답안지 따위의 잘못된 곳에 내리긋는 줄. ¶~를 치다. 3 사병 또는 부사관의 계급장에서, 한 일자 모양의 표지를 속되게 이르는 말.
작도(作圖)[-또][명] 1 지도·설계도 따위를 그리는 것. 2 [수] 주어진 조건에 알맞은 도형을 그리는 것. **작도-하다** [동타여] ¶이등변삼각형을 ~.
작도-법(作圖法)[-또뻡][명] 작도하는 여러 가지 법칙이나 방법. 준도법.
작동[1](作動)[-똥][명] (기계가) 그 기능대로 움직이는 것. ¶믹서가 고장 나서 ~이 안 된다. **작동-하다** [동자타여] ¶기계를 ~ / 엔진이 ~. **작동-되다** [동자]
작동[2](昨冬)[-똥][명] =지난겨울.
작두[-뚜][명] 말이나 소에게 먹일 짚이나 풀 따위를 써는 연장. ¶~로 쇠여물을 썰다. 웬작도(斫刀).
작두-질[-뚜-][명] 작두로 여물을 써는 일. **작두질-하다** [동자여]
작디-작다[-띠-따][형] 매우 작다. ↔크디크다.
작란(作亂)[장난][명] 난리를 일으키는 것. **작란-하다** [동자여] ¶…군사를 일으켜 작란하거늘 천자 근심하사….《김만중: 구운몽》
작량(酌量)[장냥][명] 짐작하여 헤아리는 것. **작량-하다** [동타여]
작량-감ː경(酌量減輕)[장냥-][명] [법] 범죄의 정상에 참작할 만한 이유가 있을 때, 법관의 작량에 의해 그 형을 줄이거나 가볍게

하는 일. =정상 작량·정상 참작.
작렬(炸裂)[장녈][명] (폭발물이) 터져서 파편으로 튀어 흩어지는 것. **작렬-하다** [동자여] ¶폭죽이 밤하늘을 수놓으며 ~. **작렬-되다** [동자]
작명(作名)[장-][명] 이름을 짓는 것. **작명-하다** [동자타여] ¶항렬자를 넣어 ~.
작명-가(作名家)[장-][명] 사람·상점·회사 등의 이름을 지어 주는 일을 직업으로 하는 사람.
작문(作文)[장-][명] 시·산문 등의 글을 짓는 것. 또는, 그 글. 비글짓기. ¶~ 시간. **작문-하다** [동타여]
작문-정치(作文政治)[장-][명] 시정 방침만 늘어놓고 시행하지 못하는, 진실성이 없는 정치를 비웃어 이르는 말.
작물(作物)[장-][명] '농작물'의 준말. ¶원예 ~ / 특용 ~.
작반(作伴)[-빤][명] 길을 가는 데 동무를 삼는 것. **작반-하다** [동자타여]
작법(作法)[-뻡][명] 1 글 따위를 짓는 법. ¶소설 ~ / 시나리오 ~. 2 법칙을 일정하게 만들어 정하는 것. **작법-하다** [동자타여] 법칙을 만들어 정하다.
작변(作變)[-뻔][명] 변란을 일으키는 것. **작변-하다** [동자여]
작별(作別)[-뻘][명] 서로 인사를 나누고 헤어지는 것. 또는, 그러한 인사. ¶~ 인사 / ~을 고하다. **작별-하다** [동자여] ¶친구와 / 두 사람은 역 앞에서 손을 흔들며 작별하였다.
작부(酌婦)[-뿌][명] 주로 막걸리·소주 등을 파는 술집에서 술을 따라 주거나 하면서 손을 접대하는 여자.
작사(作詞)[-싸][명] 가사(歌詞)를 짓는 것. **작사-하다** [동타여] ¶'봄처녀'는 이은상이 작사하고 홍난파가 작곡하였다.
작사-자(作詞者)[-싸-][명] 작사한 사람.
작살[-쌀][명] 물속의 물고기 등을 찔러서 잡는 데 사용하는, 장대 끝에 미늘이 있는 포크모양의 쇠 날을 끼워 만든 물건.
작살-나다[-쌀라-][동자] 1 (물건이) 다시 쓸 수 없을 만큼 형편없이 깨어지거나 부서지다. 속된 말임. ¶녹음기가 높은 곳에서 떨어져 ~. 2 (사람이나 집안·단체 등이) 심하게 당하거나 결딴이 나다. 속된 말임. ¶빚에 몰려 집안이 ~.
작살-내다[-쌀래-][동타] '작살나다'의 사동사. 속된 말임.
작설-차(雀舌茶)[-썰-][명] 갓 눈이 튼 차나무의 새싹을 따서 만든 차.
작성(作成)[-썽][명] (문서나 원고 등을) 일정한 형식이나 틀에 맞추어 써서 만드는 것. ¶원고 ~. **작성-하다** [동타여] ¶계획표를 ~ / 보고서를 ~. **작성-되다** [동자]
작성-자(作成者)[-썽-][명] 작성한 사람.
작소(繳銷)[-쏘][명] 한 일이나 말의 흔적을 없애 버리는 것. **작소-하다** [동타여]
작수-성례(酌水成禮)[-쑤-례][(물만 떠 놓고 혼례를 지낸다는 뜻) 가난한 집의 혼례. **작수성례-하다** [동자여]
작시(作詩)[-씨][명] 시를 짓는 것. 비시작(詩作). **작시-하다** [동자여]
작신-거리다/-대다[-씬-][동자타] 1 남을 지분거리며 검질기게 자꾸 조르다. 2 자그시 힘을 주어 자꾸 누르다. 본작신거리다.
작신-작신[-씬-씬][부] 작신거리는 모양. ¶

걸리는 허리를 ~ 누르다. 圖직신직신. 작신
작신-하다 통(재)(타)(여)
작심(作心)[-씸] 圀 〔어떤 일을 하기로, 또
는 어떤 일을 할 것을〕 마음을 먹는 것. 圓결
심. **작심-하다** 통(타)(여) ¶그는 모든 것을 버
리고 떠날 것을 **작심했다**.
작심-삼일(作心三日)[-씸-] 圀 〔품은 마음
이 사흘을 가지 못한다는 뜻〕 결심이 굳지
못함. '지어먹은 마음이 사흘을 못 간다'와
같은 말임. ¶백날 담배를 끊으면 뭘 해? ~
인데.
작아-지다 통(자) 작게 되다. ¶옷을 빨았더니
작아졌다. ↔커지다.
작야(昨夜) 圀 =어젯밤.
작약[1](芍藥) 圀 [식] 미나리아재빗과의 여러
해살이풀의 총칭. 백작약·산작약·호작약·적
작약 등이 있음. 꽃이 크고 아름다워 정원에
관상용으로 심음.
작약[2](炸藥) 圀 폭발물의 내부에 장치하여 폭
발물을 폭발시키는 작용을 하는 화약.
작약[3](雀躍) 圀 몹시 기뻐서 뛰며 좋아하는
것. ¶환호~. **작약-하다** 통(재)(여)
작업(作業) 圀 일정한 목적과 계획 아래 육체
적 또는 정신적인 일을 하는 것. ¶~ 능률 /
~ 환경 / ~ 시간. **작업-하다** 통(재)(여) ¶마스
크를 쓰고 ~.
작업-대(作業臺)[-때] 圀 작업하기에 편리
하도록 만들어 놓은 대.
작업-량(作業量)[-냥] 圀 일정한 시간에
하는 작업의 양.
작업-모(作業帽)[-엄-] 圀 작업할 때 쓰는
모자.
작업-반(作業班)[-빤] 圀 일정한 작업을 하
기 위한 목적으로 조직한 반.
작업-복(作業服)[-뽁] 圀 작업할 때 입는
옷. =노동복.
작업-실(作業室)[-씰] 圀 작업하는 방.
작업-장(作業場)[-짱] 圀 작업을 하는 곳.
圓일터.
작열(灼熱)[장녈] 圀 〔불 따위가〕 새빨갛게
달구어 뜨겁게 하는 것. **작열-하다** 통(자)
(자)(여) ¶태양이 **작열하는** 열사의 땅. **작열-되**
다 통(자)
작용(作用) 圀 1 사물에 변화를 가져다주거
나 영향을 미치는 것. 또는, 어떤 현상이나
운동을 일으키는 것. ¶풍화 ~ / 비타민은
인체의 기능을 조절하는 ~을 한다. 2 [물]
한 물체의 힘이 다른 물체에 미쳐 영향을 주
는 일. **작용-하다** 통(재)(여) **작용-되다** 통(자)
작용^**반**(작용의 법칙(作用反作用-法則)[-
의-/-에-] [물] 뉴턴의 운동의 제3법칙.
작용이 있으면 반드시 크기가 같고 방향이
반대인 반작용이 있다는 것. ▷운동의 법칙.
작용-점(作用點)[-쩜] 圀 [물] 물체 내의 한
점에 힘이 작용할 때에 그 힘이 미치는 점.
=일점.
작위[1](作爲) 圀 1 의식적으로 행동하는 것.
↔무작위. 2 [법] 의식적으로 행하는 적극적
인 행위. 살인·절도 등. ↔부작위(不作爲).
작위[2](爵位) 圀 1 벼슬과 지위. 2 작(爵)의 계
급.
작위-적(作爲的) 刊 무엇을 할 때, 꾸며서
하는 것이 두드러지게 눈에 띄는 (것). ¶단
순한 실족사로 보기엔 사체의 외상이 매우
~ 인 데가 있다.
작은- 접토 가족 관계를 나타내는 말 앞에 붙
어, 맏이가 아니거나 서열이 위가 아님을 나

타내는 말. ¶~아들 / ~아버지. ↔큰-.
작은개-자리 圀 [천] 북쪽 하늘의 작은 별자
리. 3월 중순 저녁에 남중함. 알파성(a星)은
프로키온임. =소견좌(小犬座).
작은-계집[-계-/-게-] 圀 '첩[1]'을 낮추
어 일컫는 말. ↔큰계집.
작은-골 圀(생) =소뇌(小腦).
작은곰-자리 圀 [천] 하늘의 북극 가까이에
있는 별자리. 북극성을 알파성(a星)으로 하
고, 7월 중순 저녁에 남중함. =소웅좌.
작은-놈 圀 '작은아들'을 낮추어 이르는 말.
↔큰놈.
작은-누나 圀 둘 이상의 누나 가운데 맏이가
아닌 누나. ↔큰누나.
작은-누이 圀 둘 이상의 누이 가운데 맏이가
아닌 누이. ↔큰누이.
작은-달 圀 날수가 양력으로는 31일이 못 되
고, 음력으로는 30일이 못 되는 달. =소월
(小月). ↔큰달.
작은-댁(-宅) 圀 '작은집'의 높임말. ↔큰
댁.
작은-동서(-同壻) 圀 맏동서가 아닌 동서.
↔큰동서.
작은-되[-되/-뒈] 圀 오 홉이 되를 열 홉
들이 되에 상대하여 일컫는 말. ↔큰되.
작은-따님 圀 남의 '작은딸'을 높여 이르는
말. ↔큰따님.
작은-따옴표(-標) 圀[언] 가로쓰기에 사용
되는 따옴표의 하나. ' '의 이름. 1 따온 말
가운데 다시 따온 말이 들어 있을 때에 씀. 2
마음속으로 한 말을 적을 때에 씀. =내인용
부. ▷낫표.
작은-딸 圀 맏딸이 아닌 딸. ↔큰딸.
작은-마누라 圀 '첩[1]'을 듣기 좋게 부르는
말. ↔큰마누라.
작은-마마(-媽媽) 圀(의) =수두(水痘).
작은-말 圀 단어의 실질적인 뜻은 큰말과
같으나 표현상의 느낌이 작고, 가볍
고, 강하게 들리는 말. 주된 음절의 모음이
ㅏ·ㅐ·ㅗ·ㅘ·ㅙ·ㅚ 등으로 됨. 가령, '노랗
다'는 '누렇다'의 작은말. ↔큰말.
작은말-표(-標) 圀[언] 문장 부호의 하나.
'<'의 이름. 뒷말에 대하여 앞말이 작은말
임을 나타낼 때 씀. ↔큰말표.
작은-며느리 圀 작은아들의 아내. ↔큰며느
리.
작은-물떼새 圀(동) 물떼샛과의 새. 철새의
하나인 여름새로, 3월 하순경에 우리나라에
와서 11월까지 머무르고 되돌아감. 등 쪽은
연한 갈색이고 꽁지는 황갈색으로 검은 띠
가 있음. =꼬마물떼새·알도요·작은떼새.
작은-바늘 圀 '시침[8]'을 달리 이르는 말. 분침
에 비해 길이가 짧다고 해서 붙인 이름임.
작은-방(-房) 圀[건] 집 안의 큰방과 나란히
딸려 있는 방. ↔큰방.
작은-북 圀 1 소형의 북. =소고(小鼓). 2
서양의 타악기의 하나. 앞에 걸어 메거나 대
(臺) 위에 올려놓고 두 개의 가는 나무 막대
기로 두드려 소리를 냄. =사이드 드럼.
작은-사랑(-舍廊) 圀 자질(子姪)이나 그 또
래가 쓰는 사랑. ↔아랫사랑. ↔큰사랑.
작은-사위 圀 작은딸의 남편. ↔큰사위.
작은-사폭(-邪幅) 圀 한복 바지에서, 오른
쪽 마루폭에 대어 붙이는 작은 크기의 폭. ▷
큰사폭.
작은-설 圀 설에 대하여, '섣달 그믐날'을 이
르는 말.

작은-아가씨 몡 둘 이상의 시누이 가운데 맏이가 아닌 아가씨. ↔큰아가씨.
작은-아기 몡 막내딸이나 막내며느리를 다정하게 부르는 말. ↔큰아기.
작은-아기씨 몡 전날에, 하인이 상전의 맏딸이 아닌 딸을 호칭 또는 지칭하던 말. ⓑ작은아씨. ↔큰아기씨.
작은-아들 몡 맏아들이 아닌 아들. ↔큰아들.
작은-아버지 몡 아버지의 결혼한 남자 동생. 호칭 및 지칭으로 쓰임. 아버지의 남자 동생이 여럿일 때에는 '첫째·둘째·셋째…'의 말을 '작은아버지' 앞에 붙여서 구별함. ⓑ숙부(叔父). ¶우리 ∼는 교육 공무원이시다./∼, 저 홍철이에요. ↔큰아버지.
작은-아씨 몡 1 전날에, 하인이 상전의 맏딸이 아닌 딸을 호칭 또는 지칭하던 말. ⓑ작은아기씨. 2 전날에, 상전 집의 맏며느리가 아닌 며느리를 호칭 또는 지칭하던 말. ↔큰아씨.
작은-아이 몡 작은아들이나 작은딸을 다정하게 일컫는 말. ⓒ작은애. ↔큰아이.
작은-악절(-樂節)[-쩔] 몡 [음] 두 개의 동기(動機)가 모여 보통 넷 또는 여섯의 소절로 이루어진 악절. =소악절(小樂節). ↔큰악절.
작은-애 몡 '작은아이'의 준말. ↔큰애.
작은-어머니 몡 1 작은아버지의 아내. 호칭 및 지칭으로 쓰임. ⓑ숙모(叔母). 2 서모(庶母)를 자기 어머니와 구별하여 이르는 말. ↔큰어머니.
작은-어미 몡 '작은어머니'를 낮게 이르는 말.
작은-언니 몡 맏언니가 아닌 언니. ↔큰언니.
작은-오빠 몡 가장 손위 되는 오빠가 아닌 오빠. ↔큰오빠.
작은-집 몡 1 따로 사는 아들 또는 아우의 집. 2 첩 또는 첩의 집. ↔큰집. ×적은집. 3〈속〉변소.
작은-창자 몡〔생〕=소장(小腸).
작은-처남(-妻男) 몡 둘 이상의 처남 중, 맨 위의 처남이 아닌 처남. ↔큰처남.
작은-칼 몡〔역〕죄수의 목에 씌우는 형구(刑具)의 하나. 길이 1m가량임. ↔큰칼.
작은-할머니 몡 작은할아버지의 아내. ↔큰할머니.
작은-할아버지 몡 할아버지의 아우. ↔큰할아버지.
작은-형(-兄) 몡 맏형이 아닌 형. ↔큰형.
작은-형수(-兄嫂) 몡 맏형수가 아닌 형수. ↔큰형수.
작의(作意)[-의/-이] 몡 예술 작품을 창작하는 작가의 의도나 지은 뜻. ¶이 그림은 ∼가 분명하지 않다.
작인¹(作人) 몡 '소작인(小作人)'의 준말.
작인²(作人) 몡 사람의 생김생김이나 됨됨이.
작일(昨日) 몡 =어제¹1.
작자(作者)[-짜] 몡 1=소작인. 2 어떤 문학 작품을 창작한 사람. ⓑ글쓴이·지은이. ¶∼ 미상. 3 남을 업신여겨 홀대해서 이르는 말. ¶어느 ∼가 이 짓을 했지? 4 물건을 살 사람. ¶∼가 나서지 않는다.
작작¹[-짝] 뷔 어지간히 적당히. ¶거짓말 좀 ∼ 해라.
작-작²[-짝] 뷔 1 신 따위를 가볍게 끌면서 걷는 소리. 또는, 그 모양. 2 글씨의 획을 함부로 긋거나 종이 따위를 마구 찢는 소리. 또는, 그 모양. ⓒ직직. ⓢ짝짝. 작작-하다¹

작작³(灼灼)[-짝] →작작-하다²[-짜카-] 휑여 꽃이 핀 모양이 화려하고 찬란한다.
작작-히 뷔
작작-거리다/-대다[-짝꺼(때)-] 동타 1 신 따위를 자꾸 작작 끌다. 2 글씨의 획을 함부로 자꾸 긋거나 종이 따위를 마구 찢다. ⓔ직직거리다. ⓢ짝짝거리다.
작전(作戰)[-쩐] 몡 1〔군〕전투를 승리로 이끌거나 기타의 군사적 목적을 이루기 위해 전술을 마련하거나 구체적인 계획을 세우는 일. ¶무장간첩 토벌 ∼/인천 상륙 ∼. 2 경기를 승리로 이끌기 위해 또는 어떤 일을 잘 해내기 위해 계획을 세우거나 방법을 마련하는 일. ¶감독의 ∼이 잘 맞아떨어지다. 3 증권 시장에서 일부 세력이 공모해 주식을 대량으로 매입한 뒤 헛소문을 퍼뜨려 주가를 끌어올린 다음 되팔아 이익을 챙기는 불법 행위. ¶∼ 세력. 작전-하다 동자
작전-주(作戰株)[-쩐-] 몡 작전을 통하여 주가 조작을 함으로써 부당한 이익을 챙긴 주식.
작전^타임(作戰time)[-쩐-] 몡〔체〕배구·농구 등의 구기 종목에서, 경기 도중에 감독이나 주장이 작전을 다시 세우기 위하여 심판에게 요구하는 경기 중단의 시간. =작전시간. ⓒ를 요구하다.
작정¹(作定)[-쩡] 몡 일을 결정하는 것. 또는, 그 결정. ¶이 책은 내 친구에게 줄 ∼이다. 작정-하다¹ 동(자)(타)연 작정-되다¹ 동자
작정²(酌定)[-쩡] 몡 일의 사정을 잘 헤아려 결정하는 것. 또는, 그 결정. 작정-하다² 동(자)(타)연 ¶꿈을 이루지 못하면 돌아오지 않을 작정하고 고향을 떠났다. 작정-되다² 동자
작죄(作罪)[-죄/-쮀] 몡 죄를 짓는 것. 또는 그 죄. 작죄-하다 동(자)연
작중^인물(作中人物)[-쭝-] 몡 문학 작품 속에 나오는 인물. ▷등장인물.
작첩(作妾) 몡 첩을 두는 것. 또는, 첩을 삼는 것. ⓢ축첩(蓄妾). 작첩-하다 동(자)연
작추(昨秋) 몡 =지난가을.
작춘(昨春) 몡 =지난봄.
작취-미성(昨醉未醒) 몡 어제 마신 술이 아직 깨지 않음. 작취미성-하다 동(자)연
작태(作態) 몡 1 하는 짓거리. ¶선량(選良)들의 의정 단상에서 주먹다짐을 벌이는 꼴사나운 ∼를 보이다. 2 의도적으로 어떤 태도나 표정을 짓는 것. 또는, 그 태도나 표정. 작태-하다 동(자)연 의도적으로 어떤 태도나 표정을 짓다.
작파(作罷) 몡 (하던 일이나 계획을) 그만두어 버리는 것. 작파-하다 동(타)연 ¶그때 그만 작파하고 일어서지 못한 일을 세 시가 넘은 지금에 와서 후회한들 소용없는 일이었다.《김주영:금의환향》
작패(作牌) 몡 1 골패 노름에서, 몇 짝씩을 모아 한 패를 짓는 것. =조패. 2 패거리를 짓는 것. 또는, 무리를 이루는 것. ⓑ작당(作黨). 작패-하다 동(자)연
작폐(作弊)[-폐/-페] 몡 폐단을 일으키는 것. 또는, 폐를 끼치는 것. 작폐-하다 동
작품(作品) 몡 1 예술 활동의 결과로 이루어진 문학·미술·음악·영화 등의 창작. 때로, 예술의 영역에 들지는 않으나 창의적인 아이디어나 상상력을 가지고 만들어 낸 물건

을 가리키기도 함. ¶소설 ~ / 위대한 예술 ~ / ~을 발표하다 / 과학 경진 대회에서 대상을 받은 ~. 2 어떤 의도를 가지고 꾸며 내거나 이뤄 낸 일을 비유적으로 이르는 말. ¶두 사람의 결혼을 극적으로 성사시킨 건 순전히 윤호의 ~이었다.

작품-성(作品性) [-썽] 명 작품이 가지는 그 자체의 예술적 특성. ¶~이 높은 영화.

작품-집(作品集) 명 작품을 모아서 엮은 책.

작풍(作風) 명 작품에 나타난, 작가의 특수한 예술적 수법이나 특징. ¶~이 독특하다 / 유명 작가의 ~을 모방하다.

작하(昨夏) [자카] 명 =지난여름.

작호(爵號) [자코] 명 1 관작의 칭호. 2 작위(爵位)의 칭호.

작화(作畫) [자콰] 명 그림을 그리는 일. 특히, 만화·삽화·애니메이션 등을 그리는 일. **작화-하다** 동(타여)

작황(作況) [자쾅] 명 농작의 잘되고 못된 상황. ¶올해는 벼농사의 ~이 좋다[나쁘다].

작해(作害) 명 남의 일을 방해하는 것. **작해-하다** 동(타여)

작히 [자키] 부 '얼마나', '오죽'의 뜻으로 반어 의문문에 쓰이는 말. ¶"오늘은 정말 더 예뻐 보인다. 너의 부친이 보셨던들 ~ 기뻐하시겠니?"(현진건:희생화)

작히-나 [자키-] 부 '작히'를 더 강조하여 이르는 말. ¶병이 나을 수만 있다면 ~ 좋을까!

잔-¹ 접두 1 사물의 굵기나 크기나 규모 등이 잘거나 가늘거나 작은 상태임을 나타내는 말. ¶~가시 / ~털 / ~돈. 2 사물이 사소하거나 자질구레하거나 대수롭지 않은 상태임을 나타내는 말. ¶~심부름 / ~소리 / ~재주 / ~꾀.

-잔² 종결 어미 '-자'와 조사 '는'이 합쳐서 준 말. ¶설마 나와 함께 그면 길을 가~ 말은 아니겠지?

잔³(盞) ① 자립 1 술을 따라 마시는 그릇. 비술잔. ¶~을 돌리다 / ~을 비우다[채우다] / 그들은 다 같이 ~을 들어 그의 합격을 축하하였다. 2 차나 커피 등을 마시는 데 쓰는, 손잡이와 받침이 있는 그릇. ¶찻~ / 커피~. ② 의존 술이나 음료의 분량을 그것이 담긴 잔의 수로 헤아리는 말. ¶술 한 ~ / 여기, 주스 두 ~!

잔(술잔)**을 기울이다** 관 술잔에 부어 놓은 술을 마시다.

잔-가락 명 노래나 춤의 짧고도 급한, 또는 약하고도 빠른 가락.

잔-가시 명 생선의 몸에 있는 자디잔 가시.

잔-가지 명 풀과 나무의 작은 가지. ¶~를 치다.

잔-걱정 [-쩡] 명 자질구레한 걱정. **잔걱정-하다** 동(자여)

잔-걸음 명 1 가까운 데를 자주 왔다 갔다 하는 걸음. 2 발걸음을 작게 떼면서 재게 걷는 걸음. ¶어머니는 종일 부엌으로 마당으로 ~을 치며 집안일을 하신다.

잔결-꾸밈음(-音) 명 (음) 주요 음에서 그 아래 2도 음을 거쳐 다시 주요 음으로 되돌아 오는 꾸밈음. ≒모르덴트·연음(漣音).

잔고(殘高) 명 =잔액.

잔-고기 명 자질구레한 고기. ≒소어(小魚). [잔고기 가시 세다] 몸은 작아도 속은 아무지고 단단하다.

잔광(殘光) 명 1 해가 질 무렵의 약한 햇빛. ¶낙조(落照)의 마지막 ~이 스러지자 저녁 어스름이 찾아들었다. 2 [물] 물질이 에너지의 공급이 중단된 후에도 흡수한 에너지를 빛으로 방출하는 현상. 또는, 그 빛. ▷형광·인광.

잔교(棧橋) 명 1 계곡을 가로질러 절벽과 절벽 사이에 높이 걸쳐 놓은 다리. 2 배를 부두에 댈 수 있도록 물가에 만들어 놓은 구조물.

잔구(殘丘) [지] 준평원 위에 외따로 남아 있는 구릉.

잔-글씨 명 잘고 가늘게 쓴 글씨. =세자(細字).

잔-금¹ 명 잘게 접히거나 그은 금. ¶손바닥에 ~이 많다.

잔금²(殘金) 명 1 쓰고 남은 돈. 2 갚다가 못 다 갚은 돈. ¶~을 치르다.

잔기(殘期) 명 나머지 기간.

잔-기침 명 그리 심하지 않게 비교적 작은 소리로 잦게 하는 기침. ¶아이가 콜록콜록 ~을 한다. ▷큰기침·헛기침. **잔기침-하다** 동(자여)

잔-꾀 [-꾀/-꿰] 명 약고도 얕은 꾀. ¶~를 피우다 / ~에 넘어가다.

잔나비 명 〈방〉 원숭이(강원·충북).

잔뇨(殘尿) 명 오줌을 눈 뒤에도 여전히 방광 속에 남아 있는 오줌.

잔뇨-감(殘尿感) 명 오줌을 눈 뒤에도 덜 눈 것처럼 여전히 방광 속에 오줌이 남아 있는 느낌.

잔-누비 명 잘게 누빈 누비.

잔-눈치 명 남의 언동에서 자잘구레한 기미를 알아채는 눈치. ¶~가 밝다[어둡다].

잔-달음 명 발걸음을 좁게 자주 떼면서 바삐 달려가는 걸음. ¶~을 치다.

잔당(殘黨) 명 쳐 없애고 남은 무리. ≒여당(餘黨)·여류(餘類)·잔도(殘徒).

잔대(盞臺) [-때] 명 잔을 받치는 그릇. =탁반(托盤).

잔도(棧道) 명 험한 벼랑 같은 곳에 선반을 매듯이 하여 만든 길.

잔-돈¹ 명 1 단위가 작은 돈. =산전. ¶만 원짜리를 ~으로 바꾸다. 2 '잔돈푼'의 준말. ≻잔전.

잔-돈²(殘-) 명 =거스름돈. ¶~을 거슬러 주시오.

잔돈-푼 명 1 얼마 되지 않는 돈. 2 자질구레하게 쓰이는 돈. ¶~이 꽤 들어간다. 준 잔돈.

잔-돌 명 조그마한 돌. =세석(細石). ¶~밭.

잔득-거리다/-대다 [-끄-] 동(자) 1 끈기 있게 착작하게 자꾸 달라붙다. ¶송진이 ~. 2 자르러 해도 질겨서 잘 끊어지지 않다. ¶진득거리다. 센 짠득거리다.

잔득-잔득 [-끄-] 부 잔득거리는 모양. ¶엿이 손에 ~ 달라붙는다. 어 진득진득. 센 짠득잔득. **잔득잔득-하다** 형여

잔득-하다 [-드카-] 형여 '진득하다'의 작은말. **잔득-이** 부

잔등¹(殘燈) 명 깊은 밤의 다 꺼져 가는 희미한 등불.

잔등² 명 '등¹'의 잘못.

잔등-이 명 '등¹'을 속되게 이르는 말.

잔디 명 (식) 볏과의 여러해살이풀. 줄기가 옆으로 길게 뻗고, 마디에서 뿌리가 내림. 잎은 길이 5~10cm로 갸름하고 안으로 말려 있으며, 5~6월에 다갈색의 이삭 모양의 꽃

이 핌. =사초(莎草)·초모(草茅).
잔디-밭[-빧] 명 잔디가 많이 난 편평한 곳.
 [잔디밭에서 바늘 찾기] 무엇을 찾거나 고르기가 매우 어려움을 비유하는 말.
잔디-찰방(-察訪) 명 [무덤의 잔디를 지키는 사람이라는 뜻] 죽어서 땅에 묻히는 일. 농으로 이르는 말임.
잔뜩 튀 어떤 한도에 꽉 차도록. ¶밥을 ~ 먹다/~ 화가 나다/일이 ~ 밀렸다.
잔량(殘量)[잘-] 명 남은 분량.
잔루(殘壘)[잘-] 명 1 남아 있는 보루(堡壘). 2 [체] 야구에서, 공격 팀과 수비 팀이 교체될 때, 주자(走者)가 베이스에 남아 있는 일.
잔류(殘留)[잘-] 명 남아서 처져 있는 것. ¶~부대/~광산(鑛床). **잔류-하다** 자여
잔-말 명 쓸데없이 자질구레하게 늘어놓는 말. =세설(細說). ¶하라면 할 일이지 무슨 ~이 그렇게 많으냐? ▷잔소리. **잔말-하다** 자여
잔망(孱妄) →**잔망-하다** 형여 1 (하는 짓이) 얄밉도록 맹랑하거나 경망하다. 2 (몸이) 작고 약하다.
잔망-스럽다(孱妄-)[-따] 형ㅂ <-스러우니, -스러워> 1 (하는 짓이) 맹랑하고 깜찍한 데가 있다. ¶어린것이 여간 **잔망스럽지** 않아. 글쎄, 죽기 전에 이런 말을 했다지 않아? 자기가 죽거든 자기 입던 옷을 꼭 그대로 입혀서 묻어 달라고….《황순원:소나기》 2 (몸이) 작고 약한 데가 있다. ¶그는 체수도 **잔망스러운** 데다가 입성도 남루했지만 사람들을 곧잘 웃기곤 했다. **잔망스레** 튀
잔-머리 명 '잔꾀'를 속되게 이르는 말. ¶~을 굴리다.
잔멸(殘滅) 명 쇠잔하여 다 없어지는 것. =잔망·잔폐. **잔멸-하다** 자여 **잔멸-되다** 자
잔명(殘命) 명 죽음이 얼마 남지 않은 쇠잔한 목숨. =잔일(殘日). ¶~을 이어 가다[부지하다].
잔-모래 명 잘고 고운 모래. 비세사(細沙).
잔-못[-몯] 명 작은 못. ↔큰못.
잔무(殘務) 명 퇴근 시간까지 다 처리하지 못하고 남은 업무. ¶~를 처리하느라고 늦게까지 일하다.
잔-무늬[-니] 명 자잘한 무늬. ¶~의 옷감.
잔-물결[-껼] 명 수면 위에 주름살같이 생기는 작은 물결. =세파(細波)·소파(小波). ¶산들바람이 수면에 ~을 일으킨다.
잔물-잔물 튀 눈가나 살가죽이 약간 짓무르고 진물이 괴어 있는 모양. 큰진물진물. **잔물잔물-하다** 형여 ¶안질에 걸려 **잔물잔물**한 눈.
잔물-지다 자 잔잔하게 물들다.
잔-밉다[-따] 형ㅂ<-미우니, -미워> 매우 얄밉다.
잔-바느질 명 자질구레한 바느질. **잔바느질-하다** 자여
잔-바늘 명 가는 바늘. 비세침(細針).
잔반¹(殘班) 명 집안의 살림이나 세력이 보잘것없게 된 양반.
잔반²(殘飯) 명 1 먹고 남은 밥. 2 대궁.
잔-발 명 무나 인삼 따위의 식물의 굵은 뿌리에 덧붙은 잘고 가는 뿌리.
잔-방귀 명 조금씩 자주 뀌는 방귀.
잔변(殘便) 명 똥을 눈 뒤에도 여전히 배 속에 남아 있는 똥.
잔변-감(殘便感) 명 똥을 눈 뒤에도 덜 눈 것처럼 여전히 배 속에 남아 있는 느낌.
잔-별 명 작은 별. ¶~이 총총히 뜬 하늘.
잔-병(-病) 명 자주 앓는 자질구레한 병.
 [잔병에 효자 없다] 늘 잔병을 앓고 있는 사람의 자식은 변함없이 효도하기가 쉽지 않다.
잔병-치레(-病-) 명 잔병을 자주 치르는 일. ¶애가 늘 ~만 한다. **잔병치레-하다** 자여
잔-부끄러움 명 하찮은 일에도 부끄러움을 잘 타는 마음. ㈜잔부끄럼.
잔-부끄럼 명 '잔부끄러움'의 준말.
잔-불 명 작은 짐승을 잡는 데 쓰는, 화력이 약한 총알. ↔큰불.
잔불-질 명 화력이 약한 총알로 작은 짐승을 잡는 일. **잔불질-하다** 자여
잔비(殘匪) 명 소탕되고 남은 비적(匪敵).
잔-뼈 명 나이가 어려서 아직 다 자라지 않은 작고 약한 뼈.
 잔뼈가 굵어지다 관 어렵거나 혹독한 환경이나 조건 속에서 오랜 세월 일하거나 생활하거나 단련을 받거나 하여 성숙해지거나 경험을 쌓게 되다. ¶그는 비정한 승부의 세계에서 **잔뼈가 굵어졌다**.
잔-뿌리 명[식] 식물의 곁뿌리에서 분화된 작은 뿌리. =세근(細根).
잔-사설(-辭說) 명 쓸데없이 번거롭게 늘어놓는 말. =잔사단. ¶내외가 함께 눕기는 하였으나, 베개 위의 ~은 날이 샐 때까지 그치지 아니하였다.《홍명희:임꺽정》 **잔사설-하다** 자타여
잔상(殘像) 명 1 [의] 눈에 보이던 사물이 없어진 뒤에도 잠시 동안 눈에 보이는 듯한 희미한 영상. =유상(遺像). 2 지워지지 않는 지난날의 모습.
잔생-이 튀 1 지긋지긋하게 말을 듣지 않는 모양. ¶심부름을 ~만 한다. 2 애걸복걸하는 모양. ¶한 번만 봐 달라고 ~ 빈다. 3 '지지리'의 잘못.
잔서(殘暑) 명 늦여름의 심하지 않은 더위. =잔염(殘炎). 비잔열(殘熱).
잔-석기(-石器)[-끼] 명[고고] 중석기 시대에 사용되었던 작은 돌연모. 활촉·칼·작살 등에 쓰였음. =세석기(細石器).
잔설(殘雪) 명 이른 봄에 다 녹지 않고 남은 눈.
잔-셈 명 자질구레한 셈. **잔셈-하다** 자타여
잔-소리 명 필요 이상으로 듣기 싫게 늘어놓는 훈계조의 말. ¶~가 많다/~를 듣다/아침부터 웬 ~지? **잔소리-하다** 자여
잔소리-꾼 명 잔소리를 많이 하는 사람.
잔-속 명 1 자세한 내용. ¶~을 모르다/두 사람 사이에 무슨 문제가 있긴 있는 모양인데 그 ~을 알 수가 있어야지. 2 자잘하게 썩이는 속.
잔-손 명 자질구레하게 여러 번 가는 손질. ¶농사일은 ~이 많이 간다.
잔-손금[-끔] 명 잔손바닥의 잔금.
잔-손질 명 자질구레하게 여러 번 손질을 하는 것. 또는, 그 손질. **잔손질-하다** 자타여
잔-솔 명 어린 소나무. =치송(稚松).
잔솔-가지 명 어린 소나무의 가지.
잔솔-밭[-받] 명 잔솔이 많이 난 곳.
잔솔-잎[-립] 명 어린 소나무의 잎.
잔솔-포기 명 어린 소나무의 포기.
잔-술(盞-)[-쑬] 명 1 한 잔의 술. 2 잔으

잔-시중 圓 자질구레한 시중. ¶환자의 곁에서 ~을 들다.
잔-신경 (-神經) 圓 자질구레한 일에 대하여 지나치게 쓰는 마음. ¶~을 쓰다.
잔-심부름 圓 자질구레한 심부름. ¶집안의 ~을 큰아이가 도맡아 하다. 잔심부름-하다 통(자)(여)
잔악 (殘惡) →잔악-하다 [-아카-] 휑어 잔인하고 악독하다. ¶인신매매와 같은 잔악한 범죄는 중벌을 받아 마땅하다. 잔악-히 [부]
잔악-무도 (殘惡無道) [-앙-] 휑어 말할 수 없이 잔인하고 악독함. 잔악무도-하다 휑어 ¶잔악무도한 도적놈들.
잔액 (殘額) 圓 나머지 액수. =잔고.
잔약 (孱弱) →잔약-하다 휑어 가냘프고 매우 약하다. ¶잔약한 몸.
잔양 (殘陽) 圓 해가 거의 질 무렵의 볕. =잔일 (殘日). 비석양 (夕陽).
잔업 (殘業) 圓 정해진 근무 시간이 끝난 뒤에 더 계속하는 근로 작업. ¶~ 수당.
잔여 (殘餘) 圓 (주로, 복합어의 꼴로 쓰이거나 일부 명사 앞에 관형어적으로 쓰여) 전체 가운데에 일부가 남아 있는 상태. ¶~물/~기간.
잔열 (殘熱) 圓 1 늦여름의 한풀 꺾인 열기. 비잔서 (殘暑). 2 남은 신열 (身熱). ¶큰 병줄은 놓았지만 아직도 ~이 가시지 않았어요.
잔영 (殘影) 圓 1 뒤에 남은 흔적. 2 희미하게 남은 지난날의 모습. ¶그날의 ~이 자꾸 떠오르다.
잔-영산 (-靈山) [-녕-] 圓[음] 영산회상 (靈山會相)의 셋째 곡조. 네 장 (章)으로 되어 있는데, 첫째·둘째 곡조보다 빠름. =세영산.
잔용 (-用) [-뇽] 圓 자질구레하게 드는 비용.
잔월 (殘月) 圓 1 거의 다 져 가는 달. 2 새벽녘까지 지지 않고 희미하게 남아 있는 달.
잔인 (殘忍) →잔인-하다 휑어 인정이 없고 몹시 모질다. ¶게릴라들은 애 어른 가리지 않고 양민들을 잔인하게 학살하였다.
잔인-스럽다 (殘忍-) [-따] 휑ㅂ<~스러우니, ~스러워> 잔인한 데가 있다. 잔인스레 [부]
잔-일 [-닐] 圓 잔손이 많이 가는 자질구레한 일. ¶기둥을 세우고 기와를 얹고 나니 ~만 남았다. 잔일-하다 통(자)(여)
잔-입 [-닙] 圓 아침에 일어나서 아직 아무것도 먹지 않은 입. =마른입. ¶뒤숭숭한 꿈자리에 잠을 떠 보니 어느덧 날이 밝았다. 영신은 ~으로 출근 시간이 되기를 기다려 경찰서로 갔다.<심훈:상록수>
잔-자갈 圓 자잘한 자갈.
잔자누룩-하다 [-루카-] 휑어 (소란하거나 시끄럽던 것이) 진정되어 잔잔하다. ¶왁성이 먹자 골짜기는 다시 잔자누룩해졌다.
잔;작-하다 [-자카-] 휑어 나이에 비하여 성숙하지 못하고 용렬하다. ¶하는 짓이 모두 ~.
잔잔-하다 휑어 1 (바람이나 물결 따위가) 가라앉아 조용하다. ¶잔잔한 호수/바다가 ~. 2 (소리가) 조용하고 나지막하다. ¶부드럽고 잔잔한 목소리. 3 (병이나 형세가) 더하지 않고 웬만하다. 4 큰 변화나 다양함이 없이 평이하다. ¶소시민의 애환을 잔잔하게

풀어 나간 단편 소설. 5 안정되어 평온하다. ¶잔잔한 가슴에 파문을 일으키지 말아 다오. 6 (웃음이) 소리가 없이 은근하다. ¶입가에 잔잔한 미소를 띠다. 잔잔-히 [부]
잔재 (殘滓) 圓 '남은 찌꺼기'라는 뜻) 생활이나 사고방식 속에 남아 있는, 낡거나 쓸모없게 된 과거의 자취. ¶아직도 우리 문화 속에는 일제 식민 시대의 ~가 도사리고 있다.
잔-재미 圓 아기자기한 재미. ¶그는 무뚝뚝하여 ~가 없는 사람이다.
잔-재주 圓 자질구레한 재주. ¶~를 부리다/그는 ~가 많다.
잔적 (殘敵) 圓 패하여 달아나 살아남은 적병.
잔전 (-錢) 圓 '잔돈'의 잘못.
잔정 (-情) 圓 다른 사람에 대하여 작은 일에도 세심하게 마음을 써 주는 따뜻한 정. ¶~이 많은 사람.
잔족 (殘族) 圓 1 살아남은 일족. 2 망하여 얼마 남지 않은 족속.
잔존 (殘存) 圓 (어떤 대상이) 없어지지 않고 남아 있는 것. ¶~ 생물/~ 세력. 잔존-하다 통(자)(여) ¶구습 (舊習)이 ~.
잔졸 (屠拙) →잔졸-하다 휑어 몹시 약하고 소견이 좁다.
잔-주 (-註) 圓 큰 주석 아래에 더 자세히 단 주석. =세주 (細註)·소주 (小註).
잔-주름 圓 잘게 잡힌 주름. ¶나이가 들어 눈가에 ~이 잡히다.
잔-주접 圓 어린아이가 잔병치레를 많이 하느라고 잘 자라지 못하는 탈. ¶~이 들다.
잔-줄 圓 잘게 그은 줄.
잔지러-뜨리다/-트리다 통(타) 몹시 자지러뜨리다. 큰진지러뜨리다.
잔지러-지다 통(자) 몹시 자지러지다. 큰진지러지다.
잔-질 (盞-) 圓 술을 잔에 따르는 일. ¶말없이 술잔이 오고 가는데 동이가 반쯤 비워지니 자연히 ~의 사이가 뜨게 되었다.<황석영:장길산> 잔질-하다 통(자)(여)
잔-짐승 圓 작은 짐승.
잔채-질 (殘-) 圓[역] 포교 (捕校)가 죄인을 신문할 때, 회초리로 마구 연거푸 때리는 매질. 잔채질-하다 통(자)(타)(여)
잔챙이 圓 여럿 가운데에서 가장 작고 품이 낮은 것. ¶과일이 거의 다 팔리고 ~만 남았다./낚시에 걸리는 게 ~ 뿐이다.
잔치 圓 경사가 있을 때, 음식을 걸게 차려 놓고 여러 사람을 청하여 먹고 마시며 즐기는 일. ¶돌 ~을 베풀다/생일 ~를 벌이다. 잔치-하다 통(자)(여)
잔치-판 圓 잔치를 벌여 놓은 판. ¶떠들썩하게 ~이 벌어지다.
잔칫-날 [-친-] 圓 잔치를 하는 날.
잔칫-상 (-床) [-치쌍/-친쌍] 圓 잔치를 하기 위해 음식을 벌여 놓은 상.
잔칫-집 [-치찝/-친찝] 圓 잔치를 베푸는 집. ¶돌 ~.
잔-칼질 圓 아주 잘게 칼질하는 일. 잔칼질-하다 통(자)(타)(여)
잔-털 圓 매우 가늘고 짧은 털.
잔털-머리 圓 '잔판머리'의 잘못.
잔판-머리 圓 일의 끝판 무렵. ×잔털머리.
잔품 (殘品) 圓 팔거나 쓰다가 남은 물품.
잔풍 (殘風) →잔풍-하다 휑어 바람이 잔잔하다.
잔학 (殘虐) →잔학-하다 [-하카-] 휑어 잔

인하고 포학하다. ¶**잔학한** 고문.
잔학-무도(殘虐無道)[-무-] 더할 수 없이 잔인하고 포악함. **잔학무도-하다** 형여 ¶**잔학무도한** 공포 정치.
잔학-성(殘虐性)[-썽] 명 잔인하고 포악한 성질.
잔해(殘骸) 명 1 썩거나 타다가 남은 뼈. 2 부서지고 남아 있는 물체. ¶추락한 비행기의 ~를 발견하다.
잔향(殘響)[물] 발음체가 진동을 그친 뒤에도 소리가 계속 남아 들리는 현상.
잔-허리(殘-) =가는허리.
잔혹(殘酷) →**잔혹-하다**[-호카-] 형여 잔인하고 혹독하다. ¶이 영화는 **잔혹한** 장면이 많다.
잔혹-성(殘酷性)[-썽] 명 잔인하고 혹독한 성질. ¶전쟁의 ~.
잔흔(殘痕) 명 남은 흔적.
잘-갈다[-깔-] 통타〈~가니, ~가오〉잘고 곱게 갈다. ¶팥을 ~.
잘-갈리다[-깔-] 통자 '잘갈다'의 피동사.
잘-널다[잔-] 통타〈~너니, ~너오〉(음식을) 이로 깨물어 잘게 만들다.
잘-다듬다[-따-] 통타 잘고 곱게 다듬다.
잘-다랗다[-따라타] 형ㅎ〈~다라니, ~다라오, ~다래〉꽤 또는 퍽 잘다. ¶**잘다란** 글씨 / 밭들이 ~ 잔잔하다.
잘다래-지다[-따-] 통자 잘다랗게 되다.
잘-답다[-땁-] 형〈~다니, ~다오〉(하는 짓이) 잘고 답답하다. ¶**잘답게** 구는 사람 / 사람이 너무 ~.
잘-주름[-쭈-] 명 옷 따위에 잡은 잔주름.
잘-타다 통타 맷돌에 잘다랗게 타다.
잘¹ 검은담비의 털가죽. =산달피(山獺皮).
잘² 부 1 익숙하고 능란하게. ¶그림을 ~ 그린다. / 산을 ~ 탄다. 2 조심하여 바르게. ¶글씨를 또박또박 ~ 써라. 3 편하고 탈 없이. ¶염려 덕분에 ~ 지내고 있습니다. 4 좋고 훌륭하게. ¶아드님을 아주 ~ 두셨습니다. 5 만족스러울 만큼 충분히. ¶~ 먹었습니다. 6 아주 적절하게. ¶너 마침 ~ 왔다. 7 버릇으로 늘. 비 걸핏하면. ¶그 여자는 극장엘 ~ 간다. 8 쉽게 마음대로. ¶허리가 아파서 ~ 구부릴 수가 없다. 9 분명하고 확실하게. ¶안경을 쓰니 글씨가 ~ 보인다. 10 옳고 착하게. ¶마음을 ~ 써야 복을 받지. 11 모자람이 없이 넉넉하게. ¶일이 끝나려면 열흘은 ~ 걸릴 것이다.
[**잘 나가다 삼천포**(三千浦)**로 빠지다**] 진주로 가야 하는데 길을 잘못 들어 삼천포로 가게 되었다는 데에서, 어떤 일이나 이야기 따위가 도중에 엉뚱한 방향으로 진행되다.
[**잘 자랄 나무는 떡잎부터 안다**] 잘될 사람은 어려서부터 남다르게 그 장래성이 엿보인다.
-잘³ '-자고 할'이 줄어서 된 말. ¶너를 보~ 지도 모른다.
잘가닥 부 1 작고 단단한 물체가 가볍게 맞부딪쳐 나는 소리. 2 끈기 있는 물건이 세차게 달라붙는 소리. 또는, 그 모양. ¶쇠붙이가 자석에 ~ 붙다. 3 작은 자물쇠 따위가 열리거나 잠기는 소리. 4 서로 닿으면 걸려 붙는 단단한 물건끼리 맞부딪쳐 나는 소리. ¶대문이 ~ 잠겼다. 준 잘각. 여 절거덕. 센 잘까닥·짤까닥. 거 잘카닥·찰카닥. **잘가닥-하다** 통자타여

잘가닥-거리다/-**대다**[-꺼(때)-] 잇달아 잘가닥 소리가 나다. 또는, 잇달아 그런 소리를 나게 하다. ¶주머니 속에서 열쇠 꾸러미가 ~. 준 잘각거리다. 여 절거덕거리다. 센 잘까닥거리다·짤까닥거리다. 거 잘카닥거리다·찰카닥거리다.
잘가닥-잘가닥[-짤-] 부 잘가닥거리는 소리. 또는, 그 모양. 준 잘각잘각. 여 절거덕절거덕. 센 잘까닥잘까닥·짤까닥짤까닥. 거 잘카닥잘카닥·찰카닥찰카닥. **잘가닥잘가닥-하다** 통자여
잘가당 부 작고 단단한 쇠붙이 따위가 맞부딪칠 때에 울리면서 나는 소리. 여 절거덩. 센 잘까당·짤까당. 거 잘카당·찰카당. **잘가당-하다** 통자타여
잘가당-거리다/-**대다** 잇달아 잘가당 소리가 나다. 또는, 잇달아 그런 소리를 나게 하다. 여 절거덩거리다. 센 잘까당거리다·짤까당거리다. 거 잘카당거리다·찰카당거리다.
잘가당-잘가당 부 잘가당거리는 소리. 또는, 그 모양. 여 절거덩절거덩. 센 잘까당잘까당·짤까당짤까당. 거 잘카당잘카당·찰카당찰카당. **잘가당잘가당-하다** 통자타여
잘각 부 '잘가닥'의 준말. 여 절걱. 센 잘깍·짤깍. 거 잘칵·찰칵. **잘각-하다** 통자타여
잘각-거리다/-**대다**[-꺼(때)-] 통자타여 '잘가닥거리다'의 준말. 센 잘깍거리다·짤깍거리다. 거 잘칵거리다·찰칵거리다.
잘각-잘각[-짤-] 부 '잘가닥잘가닥'의 준말. 여 절걱절걱. 센 잘깍잘깍·짤깍짤깍. 거 잘칵잘칵·찰칵찰칵. **잘각잘각-하다** 통자타여
잘강-거리다/-**대다** 통타 (질긴 물건을) 자꾸 잘게 씹다. 여 질경거리다.
잘강-잘강 부 잘강거리는 모양. 여 질경질경. **잘강잘강-하다** 통타여
잘겁-하다[-거파-] 통자여 '질겁하다'의 작은말.
잘그락-거리다/-**대다**[-꺼(때)-] 통자타여 잇달아 잘그락 소리가 나다. 또는, 잇달아 그런 소리를 나게 하다. 여 절그럭거리다. 센 짤그락거리다.
잘그락-잘그락[-짤-] 부 잘그락거리는 소리. 여 절그럭절그럭. 센 짤그락짤그락. **잘그락잘그락-하다** 통자타여
잘그랑 부 얇은 쇠붙이끼리 맞부딪쳐 나는 소리. 여 절그렁. 센 짤그랑. 거 찰그랑. **잘그랑-하다** 통자타여
잘그랑-거리다/-**대다** 통자타 잇달아 잘그랑 소리가 나다. 또는, 잇달아 그런 소리를 나게 하다. 여 절그렁거리다. 센 짤그랑거리다. 거 찰그랑거리다.
잘그랑-잘그랑 부 잘그랑거리는 소리. 또는, 그 모양. 여 절그렁절그렁. 센 짤그랑짤그랑. 거 찰그랑찰그랑. **잘그랑잘그랑-하다** 통자타여
잘근-거리다/-**대다** 통타 좀 질깃한 물건을 자꾸 가볍게 씹다. 여 질근거리다.
잘근-잘근 부 꽤 질긴 물건을 가볍게 자꾸 씹는 모양. ¶껌을 ~ 씹다. 여 질근질근. **잘근잘근-하다** 통타여
잘금 부 액체가 조금 나오다 그치는 모양. ¶눈물을 ~ 흘리다. 여 질금. 센 짤끔. **잘금-하다** 통자타여
잘금-거리다/-**대다** 통자타 잇달아 잘금하

다. 또는, 그리하게 하다. 【큰】질금거리다. 【센】짤끔거리다.

잘금-잘금 【부】잘금거리는 모양. 【큰】질금질금. 【센】짤끔짤끔. **잘금잘금-하다** 【동】【자】【타】【여】

잘깃-잘깃 【부】몹시 잘깃한 모양. 【큰】질깃질깃. 【센】짤깃짤깃. **잘깃잘깃-하다** 【형】【여】

잘깃-하다 [-기타-] 【형】【여】 조금 질긴 듯하다. 【큰】질깃하다. 【센】짤깃하다.

잘까닥 【부】'잘가닥'의 센말. 【준】잘깍. 【여】절꺼덕. 【센】짤까닥. 【거】잘카닥·찰카닥. **잘까닥-하다** 【자】【타】【여】

잘까닥-거리다/-대다 [-꺼(때)-] 【자】【타】 '잘가닥거리다'의 센말. 【준】잘깍거리다. 【여】절꺼덕거리다. 【센】짤까닥거리다. 【거】잘카닥거리다·찰카닥거리다.

잘까닥-잘까닥 [-짤-] 【부】'잘가닥잘가닥'의 센말. 【준】잘깍잘깍. 【여】절꺼덕절꺼덕. 【센】짤까닥짤까닥. 【거】잘카닥잘카닥·찰카닥찰카닥.

잘깍 【부】'잘까닥'의 준말. 【여】절격. 【여】잘각. 【센】짤깍. **잘깍-하다** 【동】【자】【타】【여】

잘깍-거리다/-대다 [-꺼(때)-] 【자】【타】 '잘까닥거리다'의 준말. 【여】절격거리다. 【여】잘각거리다. 【센】짤깍거리다.

잘깍-잘깍 [-짤-] 【부】'잘까닥잘까닥'의 준말. 【여】절격절격. 【여】잘각잘각. 【센】짤깍짤깍. **잘깍잘깍-하다** 【자】【타】【여】

잘끈 【부】 바싹 동이거나 단단히 졸라매는 모양. ¶허리띠를 ~ 졸라매다.

잘끈-잘끈 【부】 여럿이 다 잘끈 동이거나 졸라매는 모양. 【큰】질끈질끈.

잘-나가다 [-라-] 【동】【자】 성공을 이루거나 뛰어난 능력을 나타내거나 하면서 하는 일이 순조롭게 되어 가다. 구어체의 말임. ¶그는 잘나가는 회사에 다니고 있다.

잘-나다 [-라-] 【동】【자】 1 (사람이) 능력이 있고 똑똑하다. 때로, 상대방의 사람됨이나 능력이나 물건을 얕잡아 비아냥거릴 때 반어적(反語的)으로 쓰이기도 함. ¶돈 있고 백 있는 **잘난** 사람/그 잘난 재주를 가지고 무얼 그리 뽐내느냐? 2 (사람의 얼굴이) 균형을 잘 갖춘 상태에 있다. 【비】잘생기다. ¶그는 얼굴이 **잘나** 여자한테 인기가 높다. ↔못나다.

잘다 〈잘아, 자오〉 1 (알곡이나 과일, 또는 모래나 돌 및 기타의 둥근 물체나 물질이) 그 낱낱의 크기에 있어서 보통의 정도에 미치지 못한 상태에 있다. ¶사과가 ~ / 모래 알이 ~. 2 (길이를 가진 물체가) 그 굵기나 크기에 있어서 보통의 정도에 미치지 못한 상태에 있다. ¶못이 ~ / 무를 **잘게** 썰다. 3 (글씨가) 보통의 크기에 미치지 못한 상태에 있다. ¶신문의 글자가 **잘아서** 읽기가 어렵다. 4 (사람이) 지나치게 작은 일에 얽매이거나 마음을 쓰는 성질이 있다. 【비】좀스럽다. 【쩨】쩨하다. ¶그 남자는 워낙 **잘아서** 큰일을 하기는 글렀다. 5 → 잔-¹.

잘-다랗다 【형】【여】 '잗다랗다'의 잘못.

잘-되다 [-되-/-뒈-] 【동】【자】 (어떤 일이나 현상이) 성공적인 상태가 되다. ¶계획했던 대로 일이 ~ / 그 사람은 그 회사에 가서 잘 되었다는군.

【잘되면 제 탓, 못되면 조상 탓】 잘되는 일은 자기 공으로 돌리고, 못되는 일은 남의 잘못으로 돌림을 이르는 말.

잘똑-거리다/-대다 [-꺼(때)-] 【자】【타】 (한쪽 다리가 짧거나 탈이 나서) 걸을 때 가볍게 절다. 【큰】절뚝거리다. 【센】짤똑거리다.

잘똑-잘똑[-똑-] 【부】 잘똑거리는 모양. 【큰】절뚝절뚝. 【센】짤똑짤똑. ¶~ 절다. **잘똑잘똑-하다**¹ 【자】【타】【여】

잘똑-잘똑²[-똑-] 【부】 여러 군데가 잘똑한 모양. 【센】짤똑짤똑. **잘똑잘똑-하다**² 【형】【여】

잘똑-하다 [-또카-] 【형】【여】 긴 물건의 한 부분이 깊이 패어 오목하다. ¶허리가 ~. 【큰】질똑하다. 【센】짤똑하다.

잘라-매다 【동】【타】 끈으로 졸라 동여매다.

잘라-먹다 [-따] 【타】【여】 1 갚을 것을 갚지 않고 제 것으로 하다. ¶남의 돈을 ~. 2 중간에 가로채다.

잘랑 【부】 작은 방울이나 얇은 쇠붙이 따위가 함께 흔들려 나는 소리. 【큰】절렁. 【센】짤랑. 【거】찰랑. **잘랑-하다** 【동】【자】【타】【여】

잘랑-거리다/-대다 【동】【자】【타】 자꾸 잘랑 소리가 나다. 또는, 그런 소리를 내다. 【큰】절렁거리다. 【센】짤랑거리다. 【거】찰랑거리다.

잘랑-이다 【동】【자】 작은 방울이나 얇은 쇠붙이 따위가 함께 흔들리는 소리가 나다. 또는, 그런 소리를 내다. 【큰】절렁이다. 【센】짤랑이다. 【거】찰랑이다.

잘랑-잘랑 【부】 잘랑거리는 소리. 【큰】절렁절렁. 【센】짤랑짤랑. 【거】찰랑찰랑. **잘랑잘랑-하다** 【동】【자】【타】【여】

잘래-잘래 【부】 머리를 좌우로 가볍게 자꾸 흔드는 모양. ¶대답 대신 머리를 ~ 흔들다. 【준】잘잘. 【큰】절레절레. 【센】짤래짤래. **잘래잘래-하다** 【타】【여】

잘량-하다 【형】【여】 '얄량하다'의 잘못.

잘록-거리다/-대다 [-꺼(때)-] 【자】【타】 걸을 때에 다리를 계속 절다. 【큰】절룩거리다.

잘록-잘록¹[-짤-] 【부】 잘록거리는 모양. 【큰】절룩절룩. 【센】짤록짤록. **잘록잘록-하다**¹ 【동】【타】【여】

잘록-잘록²[-짤-] 【부】 긴 물건의 여러 군데가 잘록한 모양. 【큰】질룩질룩. 【센】짤록짤록. **잘록잘록-하다**² 【형】【여】 ¶잘록잘록하고 긴 풍선.

잘록-하다 [-로카-] 【형】【여】 길이가 있는 물체나 신체 등의 중간 부분이 꽤 굴곡이 있게 너비가 좁아진 상태에 있다. ¶여자의 **잘록한** 허리 / 굣이 **잘록하게** 들어가다. 【큰】질룩하다. 【센】짤록하다. **잘록-이** 【부】

잘름-거리다/-대다¹ 【동】【자】 (가득 찬 액체가) 흔들려서 조금씩 넘치다. 【큰】질름거리다. 【센】짤름거리다.

잘름-거리다/-대다² 【자】【타】 (한쪽 다리가 짧거나 탈이 나서) 가볍게 다리를 절다. 【큰】질름거리다. 【센】짤름거리다.

잘름-거리다/-대다³ 【동】【타】 한목에 주지 않고 여러 번에 걸쳐 조금씩 주다. 【큰】질름거리다. 【센】짤름거리다.

잘름-발이 【명】 다리를 약간 저는 사람. 절름발이. 【센】짤름발이.

잘름-잘름¹ 【부】 잘름거리는(잘름거리다)¹ 모양. 【큰】질름질름. 【센】짤름짤름. **잘름잘름-하다**¹ 【동】【여】

잘름-잘름² 【부】 잘름거리는(잘름거리다)² 모양. 【큰】질름질름. 【센】짤름짤름. **잘름잘름-하다**² 【동】【여】

잘름-잘름³ 【부】 잘름거리는(잘름거리다)³ 모양. 【큰】질름질름. 【센】짤름짤름. **잘름잘름-하다**³ 【동】【타】【여】

잘리다 【동】【자】 '자르다'의 피동사. ¶머리털이 ~ / 직장에서 목이 ~ / 기계에 손가락을 ~.
잘못[-몯] Ⅰ 튀 틀리거나 그릇되게. 또는, 적절하지 않게. ¶뜻을 ~ 이해하다 / 사람을 ~ 본 모양이야.
Ⅱ 몡 잘하지 못한 일. 또는, 옳지 못하게 한 짓. ¶~을 뉘우치다 / ~을 저지르다. **잘못-하다** 통(자)(타)(여) (어떤 일을) 그릇되게 하다. 또는, 옳지 못하게 하다. ¶계산을 ~ / 제가 **잘못했으니** 용서하십시오. **잘못-되다** 통(자) (어떤 일이) 그릇되거나 실패로 돌아가다. ¶**잘못된** 정책.
잘못-짚다[-몯찝따] 통(자)(타) 짐작이나 예상을 잘못하다. ¶처녀라고? **잘못짚었어**. 그 여자는 애가 둘이야.
잘바닥 튀 얕은 물이나 진장을 거칠게 밟을 때 나는 소리. 준잘박. 큰절버덕. 거찰바닥·찰파닥. **잘바닥-하다**[1] 통(자)(타)(여)
잘바닥-거리다/-대다[1][-꺼(때)-] 통(자)(타) 잇달아 잘바닥 소리가 나다. 또는, 그런 소리를 내다. ¶물가에서 **잘바닥거리며** 놀다. 준잘박거리다. 큰절버덕거리다. 거찰바닥거리다·찰바닥거리다.
잘바닥-거리다/-대다[2][-꺼(때)-] 통(자) (진흙이나 반죽 따위가) 물기가 많아 보드랍게 진 느낌이 자꾸 들다. 준잘박거리다. 큰질버덕거리다. 거찰파닥거리다.
잘바닥-잘바닥[1][-짤-] 튀 잘바닥거리는 (잘바닥거리다[1]) 소리. 준잘박잘박. 큰절버덕절버덕. 거찰파닥잘파닥·찰바닥찰바닥. **잘바닥잘바닥-하다**[1] 통(자)(타)(여)
잘바닥-잘바닥[2][-짤-] 튀 잘바닥거리는 (잘바닥거리다[2]) 모양. 준잘박잘박. 큰질버덕질버덕. 거찰파닥잘파닥. **잘바닥잘바닥-하다**[2] 통(자)(여)
잘바닥-하다[2][-다카-] 형(여) (진흙이나 반죽 따위가) 물기가 많아 매우 보드랍게 질다. 준잘박하다. 큰질버덕하다. 거찰파닥하다.
잘바당 튀 묵직한 물건이 깊은 물에 떨어져 나는 소리. 준잘방. 큰절버덩. 거찰바당. **잘바당-하다** 통(자)(여)
잘바당-거리다/-대다 통(자)(타) 잇달아 잘바당 소리가 나다. 또는, 그런 소리를 내다. 준잘방거리다. 큰절버덩거리다. 거찰바당거리다.
잘바당-잘바당 튀 잘바당거리는 소리. 준잘방잘방. 큰절버덩절버덩. 거찰바당찰바당. **잘바당잘바당-하다** 통(자)(타)(여)
잘박 튀 '잘바닥'의 준말. 큰절벅. 거잘곽·찰곽. **잘박-하다**[1] 통(자)(타)(여)
잘박-거리다/-대다[1][-꺼(때)-] 통(자)(타) '잘바닥거리다[1]'의 준말. 큰절벅거리다. 거잘곽거리다·찰박거리다.
잘박-거리다/-대다[2][-꺼(때)-] 통(자) '잘바닥거리다[2]'의 준말. 큰질벅거리다. 거잘곽거리다.
잘박-잘박[1][-짤-] 튀 '잘바닥잘바닥'의 준말. 큰절벅절벅. 거잘곽잘곽·찰박찰박. **잘박잘박-하다**[1] 통(자)(타)(여)
잘박-잘박[2][-짤-] 튀 '잘바닥잘바닥'의 준말. 큰질벅질벅. 거잘곽잘곽. **잘박잘박-하다**[2] 통(자)(여)
잘박-하다[2][-바카-] 형(여) '잘바닥하다'의 준말. 큰질벅하다. 거잘곽하다.
잘방 튀 '잘바당'의 준말. 큰절벙. 거찰방. **잘방-하다** 통(자)(타)(여)

잘방-거리다/-대다 통(자)(타) '잘바당거리다'의 준말. 큰절벙거리다. 거찰방거리다.
잘방-잘방 튀 '잘바당잘바당'의 준말. 큰절벙절벙. 거찰방잘방. **잘방잘방-하다** 통(자)(타)(여)
잘-빠지다 형 미끈하게 잘생겨 빼어나다. ¶몸매가 늘씬하게 **잘빠졌다**.
잘-살다 통(자) 〈~사니, ~사오〉 1 부유하게 살다. ¶**잘사는** 집 (나라). 2 탈 없이 지내다. ¶결혼해서 아들 딸 낳고 ~.
잘-생기다 형 (주로 남자의 얼굴이나 사람의 얼굴 부위가) 균형을 갖추어 보기 좋은 상태에 있다. 비잘났다. ¶얼굴이 **잘생긴** 남자 / 저 여자는 귀가 **잘생겼다**. ↔못생기다.
잘잘[1] 튀 '잘래잘래'의 준말. 큰절절. 센짤짤. **잘잘-하다**[1] 통(타)(여)
잘잘[2] 튀 온도가 매우 높아 더운 모양. ¶몸이 ~ 끓다 / 방바닥이 ~ 끓는다. 큰절절. 센짤짤.
잘잘[3] 튀 물건을 손에 쥐고 가볍게 흔드는 모양. ¶술병을 ~ 흔들다. 큰절절. 센짤짤. **잘잘-하다**[2] 통(타)(여)
잘잘[4] 튀 이리저리 경솔하게 바삐 돌아다니는 모양. ¶~ 쏘다니다. 큰절절. 센짤짤.
잘잘[5] 튀 1 바닥에 늘어지거나 닿아서 끌리는 소리. 또는, 그 모양. ¶치맛자락이 마룻바닥에 ~ 끌리다. 2 기름기나 윤기가 반드르르 흐르는 모양. ¶얼굴에 기름이 ~ 흐른다. 큰질질. 센짤짤.
잘잘-거리다/-대다 통(자) 이리저리 경솔하게 바삐 쏘다니다. ¶어딜 그리 **잘잘거리고** 다니느냐? 큰절절거리다. 센짤짤거리다.
잘-잘못[-몯] 몡 잘함과 잘못함. 또는, 옳고 그름. 비시비. ¶~을 가리다 / ~을 따지다 / ~은 분명히 밝히고 넘어가자.
잘잘못-간에[-間-][-몯깐-] 튀 잘하였거나 잘못하였거나 따질 것 없이. ¶~ 일은 빨리 처리했구나.
잘카닥 튀 '잘가닥'의 거센말. 준잘칵. 큰절커덕. 센잘까닥. 거찰카닥. **잘카닥-하다**[1] 통(자)(타)(여)
잘카닥-거리다/-대다[1][-꺼(때)-] 통(자)(타) '잘가닥거리다'의 거센말. 준잘칵거리다. 큰절커덕거리다. 센잘까닥거리다. 거찰카닥거리다.
잘카닥-거리다/-대다[2][-꺼(때)-] 통(자) (진흙 따위가) 야단스럽게 잘칵거리다. 큰질커덕거리다.
잘카닥-잘카닥[1][-짤-] 튀 '잘가닥잘가닥'의 거센말. 준잘칵잘칵. 큰절커덕절커덕. 센잘까닥잘까닥. 거찰카닥찰카닥. **잘카닥잘카닥-하다**[1] 통(자)(타)(여)
잘카닥-잘카닥[2][-짤-] 튀 잘카닥거리는 모양. 준잘칵잘칵. 큰질커덕질커덕. **잘카닥잘카닥-하다**[2] 통(자)(여)
잘카닥-하다[2][-다카-] 형(여) (진흙 따위가) 몹시 잘칵하다. 준잘칵하다. 큰질커덕하다.
잘카당 튀 '잘가당'의 거센말. 큰절커덩. 센잘까당. **잘카당-하다** 통(자)(타)(여)
잘카당-거리다/-대다 통(자)(타) '잘가당거리다'의 거센말. 큰절커덩거리다. 센잘까당거리다.
잘카당-잘카당 튀 '잘가당잘가당'의 거센말. 큰절커덩절커덩. 센잘까당잘까당. 거찰카당찰카당. **잘카당잘카당-하다** 통(자)(타)(여)
잘칵 튀 '잘카닥'의 준말. 큰절컥. 여잘각.

잘각. 찰칵. **잘칵-하다**¹ 통자타여
잘칵-거리다/-대다¹ [-꺼 (때)-] 통자타 '잘카닥거리다'의 준말. 큰절컥거리다. 여잘각거리다. 센잘깍거리다. 거찰칵거리다.
잘칵-거리다/-대다² [-꺼 (때)-] 통자타 '잘카닥거리다²'의 준말. 큰질컥거리다.
잘칵-잘칵¹ [-짤-] 부 '잘카닥잘카닥'의 준말. 큰절컥절컥. 여잘각잘각. 센잘깍잘깍. 거찰칵찰칵. **잘칵잘칵-하다**¹ 통자타여
잘칵-잘칵² [-짤-] 부 '잘카닥잘카닥²'의 준말. 큰질컥질컥. **잘칵잘칵-하다**² 형여
잘칵-하다² [-카카-] 형여 '잘카닥하다²'의 준말. 큰질컥하다.
잘코사니 Ⅰ 명 고소하게 여겨지는 일. 주로 미운 사람이 불행을 당한 경우에 하는 말임. ¶"참말 그렇게 봉변을 했으면 ─지만 촉각의 허풍인지 누가 아니?"《홍명희:임꺽정》 Ⅱ 감 미운 사람의 불행을 고소하게 여길 때 하는 소리.
잘파닥 부 1 '잘바닥'의 거센말. 2 조금 힘없이 넘어지거나 주저앉는 소리. 또는 그 모양. 준잘팍. 큰절퍼덕. 거찰파닥. **잘파닥-하다**¹ 통자타여
잘파닥-거리다/-대다¹ [-꺼 (때)-] 통자타 '잘바닥거리다'의 거센말. 준잘팍거리다. 큰절퍼덕거리다.
잘파닥-거리다/-대다² [-꺼 (때)-] 통자 '잘바닥거리다²'의 거센말. 준잘팍거리다. 큰질퍼덕거리다.
잘파닥-잘파닥¹ [-짤-] 부 '잘바닥잘바닥'의 거센말. 준잘팍잘팍. 큰절퍼덕절퍼덕. **잘파닥잘파닥-하다**¹ 통여
잘파닥-잘파닥² [-짤-] 부 '잘바닥잘바닥²'의 거센말. 준잘팍잘팍. 큰질퍼덕질퍼덕. **잘파닥잘파닥-하다**² 자여
잘파닥-하다² [-다카-] 형여 '잘바닥하다²'의 거센말. 준잘팍하다. 큰질퍼덕하다.
잘팍 부 '잘파닥'의 준말. 큰절퍽. 여잘박. **잘팍-하다**¹ 통자타여
잘팍-거리다/-대다¹ [-꺼 (때)-] 통자타 '잘파닥거리다'의 준말. 큰절퍽거리다. 여잘박거리다.
잘팍-거리다/-대다² [-꺼 (때)-] 통자 '잘파닥거리다²'의 준말. 큰질퍽거리다.
잘팍-잘팍¹ [-짤-] 부 '잘파닥잘파닥'의 준말. 큰절퍽절퍽. 여잘박잘박. **잘팍잘팍-하다**¹ 통자타여
잘팍-잘팍² [-짤-] 부 '잘파닥잘파닥²'의 준말. 큰질퍽질퍽. **잘팍잘팍-하다**² 자여
잘팍-하다² [-파카-] 형여 '잘파닥하다²'의 준말. 큰질퍽하다.
잘-하다 통타여 1 올바르게, 또는 좋고 훌륭하게 하다. ¶가정교육을 ~. 2 익숙하고 능란하게 하다. ¶일을 ~ / 운동을 ~. 3 평탄하고 만족하게 하다. ¶여행은 **잘하고** 돌아 오셨습니까? 4 버릇으로 자주 하다. ¶아침 산책을 ~ / 웃기를 ~.
잘-해야 부 크게 잘하거나, 좋게 잡아야 고작. 비기껏해야. ¶~ 서른 명이나 올까?
잠 명 1 사람이나 동물이 생리적 욕구에 의해 일정한 시간 동안 의식의 일부 또는 전부, 그리고 신체 기능의 일부가 정지된 채로 쉬는 상태. 비수면. ¶깊은(얕은) ~ / ~을 자다(깨다) / ~을 이루다 / ~을 설치다 / ~이 오다(들다). 2 누에가 허물을 벗기 전에 몇 번 뽕을 먹지 않고 쉬는 상태. 3 문화적으로 각성에 이르지 못한 상태. ¶민중이 무지의 ~에서 깨어나다. 4 여러 겹으로 된 물건이 푸슬푸슬 부풀지 않고 눌려서 착 가라앉은 상태. ¶이불솜이 ~을 자서 얇아졌다.
[**잠을 자야 꿈을 꾸지**] 원인 없이 결과를 바랄 수 없다는 말.
잠-결 [-껼] 명 (주로 '잠결에'의 꼴로 쓰여) 자면서 의식이 흐릿한 겨를. ¶~에 어렴풋한 소리를 듣다.
[**잠결에 남의 다리 긁는다**] ㉠자기를 위하여 한 일이 뜻밖에 남을 위한 일이 되어 버렸다. ㉡얼떨결에 남의 일을 자기 일로 잘못 알고 한다.
잠-귀 [-뀌] 명 잠결에 소리를 듣는 감각. ¶~가 밝다(어둡다).
잠귀(가) 질기다 관 잠결에 소리를 듣는 감각이 둔하여 여간해서는 잠을 깨지 않다.
잠그다¹ 타 <잠그니, 잠가> 1 (문이나 자물쇠나 관의 밸브 따위를) 열거나 통하지 못하도록 빗장을 지르거나 자물쇠의 고리가 걸리게 하거나 관이 막히는 방향으로 틀거나 하다. ¶대문을 ~ / 자물쇠를 ~ / 수도꼭지를 ~. 2 (옷의 단추나 지퍼를) 옷의 터진 부분이 닫히도록 구멍에 꿰거나 이가 물리게 하다. ¶양복 상의의 단추를 ~ / 점퍼의 지퍼를 ~.

> **어법** 서랍을 반드시 잠궈 주세요:잠궈 (×)→잠가(○). ▶ 어간이 'ㅡ'로 끝나는 말은 어미 '-아'와 결합할 때 'ㅡ'가 탈락됨.

잠그다² 타 <잠그니, 잠가> (사람이 자기의 몸이나 어떤 물체를 물속에) 있게 하다. 비담그다.넣다. ¶시원한 물에 수박을 ~ / 더운물에 몸을 ~ / 소녀는 개울에다 손을 잠그고 물장난을 하고 있는 것이다.《황순원:소나기》
잠금-장치 (-裝置) 명 문 따위를 잠그는 장치.
잠-기(-氣) [-끼] 명 잠이 오거나, 잠에서 깨어나지 못한 기색. =잠기운. ¶그는 아직 ~가 가시지 않은 목소리로 말했다.
잠기다¹ 자 1 '잠그다'의 피동사. ¶잠긴 문을 열쇠로 열다 / 금고가 **잠기어** 있다. 2 (목이) 붓거나 쉬거나 하여 목소리가 제대로 나오지 않게 되다. ¶감기로 목이 꽉 잠겼다.
잠기다² 자 1 (물건이나 물체가 물속에) 뜻밖에 들어간 상태가 되다. 또는, (물이 어느 곳에) 어떤 높이에 이르도록 차 있는 상태가 되다. ¶홍수로 물에 **잠긴** 마을. 2 (물체가 안개·구름·어둠 등의 속에) 들어가 그 형체가 잘 보이지 않는 상태가 되다. 주로 문학적인 표현에 쓰이는 말임. ¶온 세상이 칠흑 같은 어둠 속에 ~. 3 (돈이나 물자가) 쓰여야 할 데에 쓰이지 못하고 그대로 놓여 있는 상태가 되다. 비사장(死藏)되다. ¶창고에 물건이 그냥 **잠겨** 있다. 4 (어떤 생각이나 외로움·슬픔 등의 감정에) 오로지 마음이나 의식이 미치는 상태가 되다. 비빠지다. ¶상념에 ~ / 애수에 ~.
잠-기운 [-끼-] 명 =잠기.
잠깐 Ⅰ 명 <잠간(暫間)> 매우 짧은 동안. ¶~의 고통 / ~을 못 참고 그렇게 안달이냐. Ⅱ 부 매우 짧은 동안만. ¶기다리십시오.
잠깐-잠깐 부 잠깐씩 여러 번 거듭하는 모양.
잠-꼬대 명 1 잠을 자면서 자기도 모르게 하는 헛소리. 2 사리에 닿지 않는 엉뚱한 말의 비유. =섬어(譫語). ¶하기는 지조와 정조

를 논한다는 것부터가 오늘에 와선 이미 시대착오의 ~에 지나지 않는다고 할 사람이 있는지 모른다.《조지훈:지조론》 **잠꼬대-하다** 동제여

잠-꾸러기 명 잠이 썩 많은 사람. =잠보. ¶~ 없는 나라 우리나라 같다고 할 나라.
잠농(蠶農) 명 =누에 농사.
잠닉(潛匿) 명 행방을 감추어 남이 그 소재를 모르게 하는 일. (본)잠복장닉(潛伏藏匿). **잠닉-하다** 동재여
잠-동무[-똥-] 명 친근하게 한자리에서 잠을 자는 사람. **잠동무-하다** 동재여 친근하게 한자리에서 잠을 자다.
잠-들다 잔 <-드니, -드오> 1 잠을 자는 상태가 되다. ¶일찍 ~ / 약을 먹고 이제 막 **잠들었다**. 2 '죽다'를 완곡하게 이르는 말. ¶고이 **잠드소서**.
잠령(蠶齡)[-녕] 명 누에의 발육 단계를 나타내는 나이. =누에 나이.
잠룡(潛龍) 명 [하늘에 오를 때를 기다리며 물속에 잠겨 있는 용이라는 뜻] 왕위를 잠시 피하여 있는 임금. 또는, 기회를 얻지 못하고 묻혀 있는 영웅.
잠망-경(潛望鏡) 명 잠수함에서 쓰는 반사식 망원경. 물속에서 수평선 위나 상공을 내다보게 된 장치임.
잠몰(潛沒) 명 물속에 잠기는 것. **잠몰-하다** 동재
잠바(←⑧ジャンパー)〔＜jumper〕 =점퍼.
잠박(蠶箔) 명 =누에 채반.
잠방 튀 '참방'의 여린말. (큰)점벙. **잠방-하다** 동재타여
잠방-거리다/-대다 동재타 '참방거리다'의 여린말. (큰)점벙거리다.
잠방이 명 가랑이가 무릎까지 오는 짧은 남자용 홑바지. ¶베~.
잠방-잠방 튀 '참방참방'의 여린말. (큰)점벙점벙. **잠방잠방-하다** 동재타여
잠-버릇[-뻐릇] 명 잘 때에 하는 버릇이나 짓. ¶~이 사납다.
잠-보[-뽀] 명 =잠꾸러기.
잠복(潛伏) 명 1 드러나지 않게 숨어 있는 것. 2 [의] 감염되어 있으나 병의 증세가 겉으로 나타나지 않는 것. **잠복-하다** 동재여 **잠복-되다** 동재여
잠복-근무(潛伏勤務)[-끈-] 명 범인을 색출하거나 적군을 막기 위하여 예상 출현지에 몰래 숨어서 하는 근무. **잠복근무-하다** 동재여
잠복-기(潛伏期)[-끼] 명 1 [의] 병원체가 몸 안에 들어가서 증세를 나타내기까지의 기간. 2 어떤 자극·원인이 작용하여 반응이 나타나기까지의 시간.
잠복-장닉(潛伏藏匿)[-짱-] 명 '잠닉(潛匿)'의 본딧말.
잠비아(Zambia) 명 [지] 아프리카 중남부에 있는 공화국. 수도는 루사카.
잠뿍 튀 꽉 찰 만큼 가득히. (큰)잠뿍.
잠뽁 튀 꽉 찰 만큼 그득히. (큰)점뽁.
잠상¹(潛商) 명 법으로 금하는 물건을 몰래 파는 장사. 또는, 그러한 장사를 하는 사람.
잠상²(潛像) 명 [사진] 빛이 카메라 렌즈를 통해 필름에 닿아 맺힌, 아직 눈에 보이지 않는 상. 현상에 의해 비로소 눈으로 볼 수 있게 됨.
잠-세력(潛勢力) 명 숨어 있어 겉으로 나타나지 않는 세력. (준)잠세.

잠소(潛笑) 명 가만히 웃는 것. **잠소-하다** 동재여
잠수(潛水) 명 1 몸 전체가 잠기도록 물속에 들어가는 것. ¶~ 작업. 2 <속> 채팅을 하다가 한동안 대화에 참여하지 않고 가만히 있는 것. **잠수-하다** 동재여
잠수-교(潛水橋) 명 보통 때에는 물 위에 드러나 있으나, 큰물이 나면 물에 잠기는 다리.
잠수-기(潛水器) 명 물속으로 잠수할 때 사용하는 기구. =잠수구.
잠수-모(潛水帽) 명 잠수부가 머리에 쓰는, 구리나 쇠붙이로 만든 모자.
잠수-병(潛水病)[-뼝] 명 [의] 바다 속 등의 고압 환경에서 작업하는 사람이 물 위나 땅 위로 갑자기 되돌아왔을 때 생기는 병. 관절통·근육통·내출혈·운동 지각 장애 등의 증상이 나타남. =케이슨병.
잠수-복(潛水服) 명 잠수부가 물속에 들어갈 때 입는 특수한 옷.
잠수-부(潛水夫) 명 잠수 기구를 갖추고 물속에 들어가 작업을 하는 남자. 최근 들어 자격을 갖추고 직업적으로 잠수하는 사람을 '잠수사'로 부르고 있음.
잠수-사(潛水士) 명 잠수복과 특수 장비를 갖추고 직업적인 목적으로 잠수를 행하는 사람. =다이버.
잠수-정(潛水艇) 명 1 [군] 소형의 잠수함. =잠항정(潛航艇). 2 바다 속을 탐사하는 배. 높은 수압에 견딜 수 있는 특수한 구조로 되어 있음.
잠수-질(潛水-) 명 자맥질하는 일. **잠수질-하다** 동재여
잠수-함(潛水艦) 명 [군] 주로 물속으로 잠복하여 다니면서 적을 요격하는 전투 함정. (준)잠함.
잠시(暫時) Ⅰ 짧은 시간. =잠시간·수유·편시·편시간. ¶그가 웃는 것은 ~뿐이다. Ⅱ튀 짧은 시간에. =잠시간·수유·편시·편시간. ¶~ 휴식을 취하다 / ~ 기다리세요.
잠시-간(暫時間) 명 =잠시.
잠식(蠶食) 명 (남의 세력 범위나 영역을) 조금씩 자기의 것이 되게 하는 것. **잠식-하다** 동재여 ¶수입 개방으로 해외 상품이 국내 시장을 **잠식해** 들어오고 있다. **잠식-되다** 동재
잠실(蠶室) 명 누에를 치는 방.
잠심(潛心) 명 (어떤 일에) 마음을 두어 깊이 생각하는 것. **잠심-하다** 동재여
잠언(箴言) 명 1 가르쳐서 훈계가 되는 말. 2 [성] 구약 성서 중의 한 권.
잠열(潛熱) 명 [물] =숨은열.
잠영(潛泳) 명 몸을 물 위로 드러내지 않고, 물속에서만 헤엄치는 것. =잠수 영법(潛水泳法). **잠영-하다** 동재
잠영²(簪纓)[-녕] 1 관원이 쓰는 비녀와 갓끈. 2 양반이나 지위가 높은 벼슬아치를 비유하여 이르는 말.
잠-옷[-온] 명 잠잘 때에 입는 옷. =자리옷.
잠입(潛入) 명 1 (어느 곳에) 남몰래 숨어드는 것. ¶~ 르포. 2 물속에 잠겨 들어가는 것. **잠입-하다** 동재여 ¶적진에 **잠입하여** 정찰 임무를 수행하다.
잠-자다 동재 1 자는 상태에 있다. ¶아기가 평화롭게 **잠자고** 있다. 2 (사물이) 기능을 잃고 침체 상태에 빠져 있다. ¶책들이 먼지

를 뒤집어쓴 채 서가에서 ~ / 노사 분규로 기계가 잠자고 있다. 3 (어떤 현상이) 의식되지 않고 숨겨지거나 감추어지다. ¶내면에서 **잠자던** 본능이 되살아나다. 4 (솜 등이) 눌러 자리가 잡히다.

잠-자리¹[-짜-] 명 1 누워서 잠을 잘 수 있게 마련한 자리. =침석(枕席). ¶~에 들다 / ~가 뒤숭숭하다 / ~가 바뀌면 잠이 잘 오지 않는다. 준말 2. 남녀의 성적 관계를 완곡하게 이르는 말. **잠자리-하다** 동재여 ¶남녀가 성 관계를 가지다.

잠자리를 같이하다 귀 남녀가 성(性) 관계를 맺거나 성생활을 함을 에둘러 이르는 말임. ¶그 부부는 **잠자리를 같이하지** 않은 지 오래다.

잠자리(를) 보다 귀 요를 깔고 이불을 펴 잘 준비를 하다.

잠-자리² 명 잠자리목에 속하는 곤충의 총칭. 몸은 가늘고 길며, 배에는 마디가 있고 1쌍의 큰 겹눈이 앞머리에 있음. 2쌍의 날개는 얇고 투명하며 그물 모양임. =청낭자·청령(蜻蛉).

잠자리 날개 같다 귀 옷, 특히 여자의 옷이 속살이 비칠 만큼 매우 얇고 고움을 비유하여 이르는 말.

잠자리-비행기(-飛行機) 명 '헬리콥터'의 속칭.

잠자리-채 명 잠자리를 잡기 위해 긴 막대에 그물주머니를 매단 기구.

잠자-코 팀 참견하거나 반문하거나 대답하거나 하지 않고 아무 말 없이 가만히. ¶너는 나서지 말고 ~ 있어! / ~ 하라는 대로 해.

잠!잖다[-잔타] 형 '점잖다'의 작은말로, 얌잠거나 빈정대는 투로 이르는 말.

잠잠(潛潛) ➡**잠잠-하다** 형여 1 요란하거나 시끄럽지 않고 조용하다. ¶간밤에 거세게 불던 바람도 날이 밝으면서 **잠잠해졌다**. 2 아무 소리나 말이 없다. ¶문을 두드려도 **잠잠할** 뿐 아무 반응이 없다. **잠잠-히** 팀

잠재(潛在) 명 속에 숨어 겉으로 드러나지 않는 것. ¶~ 구매력. ↔현재(顯在). **잠재-하다** 동여 ¶그의 과시적 행동 뒤에는 심한 열등감이 **잠재해** 있다.

잠재-력(潛在力) 명 겉으로 드러나지 않고 속에 숨어 있는 힘.

잠재우다 통 '잠자다'의 사동사.

잠재-의식(潛在意識) 명[심] 의식이 미치지 않거나, 또는 어렴풋하여 부분적으로밖에 의식되지 않는 정신의 영역. =부의식(副意識).

잠재-적(潛在的) 관명 겉으로 나타나지 않고 속에 상태로 존재하는 것. ¶~ 능력.

잠재적 실업(潛在的失業)[사] 표면적으로는 직업에 종사하고 있으나, 실질적으로는 실업 상태에 있는 일.

잠저(潛邸) 명[역] 나라를 처음 이룩한 임금이나 종실(宗室)에서 들어온 임금이, 왕위에 오르기 전 또는 그동안에 살던 집. =용잠(龍潛).

잠적(潛跡) 명 (어떤 사람이) 어디론가 사라져 자취를 감추는 것. **잠적-하다** 동재여 ¶그는 어느 날 갑자기 **잠적해** 버렸다.

잠정(暫定) 명 임시로 우선 정함. ¶~ 협정.

잠정-적(暫定的) 관명 우선 임시로 정하는 (것). ¶~ 조치.

잠-주정(-酒酊) 명 '잠투정'의 잘못.

잠지 명 어린아이의 음경을 귀엽게 이르는 말.

잠채(潛採) 명 (광물을) 몰래 채굴하거나 채취하는 것. ¶~꾼 / ~질. **잠채-하다** 동타여

잠-충이 명 [방] 잠꾸러기 (경상·전남·충남).

잠-투세 명 '잠투정'의 잘못.

잠-투정 명 어린아이가 잠을 자려고 할 때나 잠이 깨었을 때에 떼를 쓰고 우는 짓. ×잠주정·잠투세. **잠투정-하다** 동재여 ¶선잠을 깬 아기가 ~.

잠포록-하다[-로카-] 형여 날이 흐리고 바람이 없다. ¶**잠포록한** 날씨. **잠포록-이** 팀

잠함(潛艦) 명[군] '잠수함'의 준말.

잠항(潛航) 명 1 물속으로 숨어 항행하는 것. 2 몰래 배에 숨어서 바다를 건너가는 것. **잠항-하다** 동재여 ¶잠수함이 ~ / 그는 오래 전에 **잠항하여** 일본에 밀입국하였다.

잠행(潛行) 명 1 남이 모르게 다니는 것. 숨어서 오고 가는 것. 2 남이 모르게 행하는 것. **잠행-하다** 동재타여 **잠행-되다** 동재

-잡-² [어미](선어말) '-자음-'의 준말. ¶서신 받~고 / 소식 듣~시면.

잡-²(雜) 접두 뒤섞여서 순수하지 않거나 자질구레하거나 막됨을 이르는 말. ¶~상인 / ~소리 / ~놈 / ~생각.

잡가(雜家) [-까] 명 중국 춘추 전국 시대에 제가(諸家)의 설을 종합·참작한 학설. 또는, 그 학자.

잡가²(雜歌) [-까] 명 [정악(正樂)인 가곡이나 가사(歌詞), 시조에 비해 잡스러운 노래라는 뜻][문][음] 조선 말기에서 20세기 초에 걸쳐 번창한, 시조·가사 등과 구별되는 시가(詩歌) 또는 노래. 지역에 따라 서도(西道) 잡가·경기(京畿) 잡가·남도(南道) 잡가로 나뉨. =잡타령.

잡객(雜客) [-깩] 명 그리 반갑지 않은 대수롭지 않은 손님.

잡거(雜居) [-꺼] 명 온갖 사람이 섞여 사는 것. =혼거(混居). ↔독거. **잡거-하다** 동재여

잡-것(雜-) [-껃] 명 1 여러 가지 섞여 있는 물건. 2 점잖지 못하고 잡스러운 사람을 얕잡아 이르는 말. ▷잡류·잡패.

잡견(雜犬) [-껸] 명 혈통이 순수하지 못한 개.

잡곡(雜穀) [-꼭] 명 쌀 이외의 모든 곡식. 보리·밀·콩 따위.

잡곡-밥(雜穀-) [-꼭빱] 명 잡곡을 섞어 지은 밥.

잡곡-전(雜穀廛) [-꼭쩐] 명 잡곡을 파는 가게.

잡과(雜科) [-꽈] 명 [역] 고려·조선 시대의 과거 제도의 하나. 역과(譯科)·율과(律科)·음양과(陰陽科)·의과(醫科) 따위의 기술관 시험.

잡귀(雜鬼) [-뀌] 명 잡스러운 모든 귀신. =객신(客神). 비잡신(雜神). ¶~를 쫓다.

잡균(雜菌) [-뀬] 명 미생물 등을 배양할 때, 외부로부터 섞어 들어와 발육하는 이종(異種)의 세균.

잡기¹(雜技) [-끼] 명 1 잡스러운 여러 가지 노름. =외기(外技). ¶~주색. 2 여러 가지 재주. **잡기-하다**¹ 동재여 ¶잡다한 노름을 하다.

잡기²(雜記) [-끼] 명 여러 가지 자잘구레한 일을 기록하는 것. 또는, 그 기록. =잡록(雜錄)·잡필. ¶신변~. **잡기-하다**² 동타여

잡기-장(雜記帳) [-끼-] 명 여러 가지 일을

적는 공책.
잡-년(雜-)[잠-] 圀 행실이 부정(不貞)한 여자를 욕하여 이르는 말. ↔잡놈.
잡념(雜念)[잠-] 圀 **1** 여러 가지 쓸데없는 생각. ¶~이 생기다 /~을 버리고 학업에 전념하다. **2** [불] 불도(佛道)의 수행을 방해하는 여러 가지 옳지 못한 생각.
잡-놈(雜-)[잠-] 圀 행실이 잡스러운 남자를 욕하여 이르는 말. 잡한(雜漢). ↔잡년.
잡다¹[-따] 图(타) **1** (사람이 물건이나 물체를) 손가락을 힘있게 구부려서 손아귀 안에 있게 하다. 囲쥐다·붙잡다. ¶멱살을 **잡고** 싸우다 /의 밧줄을 꽉 **잡고** 있어라. **2** (다른 곳으로 가려고 하거나 달아나려고 하는 사람을) 붙들거나 막아 가지 못하게 하다. ¶범인을 ~ / 가겠다는 사람은 굳이 **잡지** 마라. **3** (움직이는 물체를) 손이나 발이나 도구, 기타의 수단을 이용하여 멈추게 함으로써 제 뜻대로 다룰 수 있는 범위에 두다. ¶축구 선수가 발로 공을 ~ / 지나가는 택시를 ~. **4** (사람이나 동물이 어떤 동물을) 자기 몸이나 도구를 이용하여 죽이거나 산 상태로 붙들어 자기한테서 도망가지 못하게 하다. 囲포획하다. ¶맨손 장사가 맨손으로 호랑이를 ~ / 고양이가 쥐를 ~. **5** (사람이 짐승, 특히 가축을) 그 고기를 먹기 위해 죽이다. ¶소를 ~ / 사위도 오는 참이으니 씨암탉 한 마리 **잡자**. **6** (권력이나 세력을) 자기의 것으로 차지하다. ¶정권을 ~ / 패권을 ~. **7** (돈이나 재물 등을) 얻거나 벌거나 하여 자기 것으로 가지다. ¶한몫 ~ / 한밑천 두둑이 ~. **8** 노름 등에서, (어떤 끗수나 패를) 자기의 것으로 가지다. ¶땡을 ~. **9** (어떤 물건이나 사람을) 어떤 조건 아래 맡거나 붙들다. ¶저당을 ~ / 범인들은 투숙객들을 인질로 **잡고** 경찰과 대치하고 있다. **10** (어떤 대상을) 여럿 중에서 골라 정하거나 차지하다. ¶방향을 ~ / 자리를 **잡고** 앉다. **11** (도구의 이름을 나타내는 일부 명사와 함께 쓰여) 그 도구를 가지고 그 도구의 쓸모와 기능에 합당한 일을 하다. ¶핸들을 ~ / 그 작가는 10년 만에 붓을 **잡았다**. **12** (약점이나 흠 따위를) 찾아내어 문제로 삼다. ¶상대의 약점을 ~ / 트집을 ~. **13** 어떤 일에 대해 그 내용이나 뜻을 알 수 있게 되다. ¶실마리를 ~ / 갈피를 **잡지** 못하다. **14** (시간적으로 변화가 있는 대상을) 어떤 장치로 붙잡거나 확인하는 상태가 되다. 囲포착하다. ¶카메라로 KO 장면을 ~ / 경찰이 범행 현장을 ~. **15** (기회 따위를) 붙잡아 이용하다. ¶모처럼의 좋은 기회를 ~. **16** (노래 같은 것을) 제 가락을 찾아 부르다. ¶음정을 ~. **17** (흐르는 액체를 일정한 곳에) 괴거나 머물게 하다. ¶논[저수지]에 물을 ~. **18** (물을 그릇에) 음식을 하기 위해 일정한 분량이 되게 담다. ¶솥에 물을 많이 ~. **19** (사물의 격식 따위를) 바른 상태가 되게 하다. ¶몸의 균형을 / 중심을 잘 **잡아라**. **20** (마음을) 들뜨거나 방탕하거나 하지 않게 다스리다. ¶기강(紀綱)을 ~ / 한때는 방탕한 생활을 하였으나 지금은 마음을 **잡고** 성실하게 살아가고 있다. **21** (거센 불길로) 더 이상 번지지 않게 끄다. ¶산불은 그날 오후 늦게서야 겨우 **잡을** 수 있었다. **22** (물가나 부동산 따위를) 다스려 안정되게 하다. ¶치솟는 물가를 ~ / 부동산 투기를 ~. **23** (계획이나 초안을) 구체적으로 세우거나 만들다. ¶일정을 ~ / 문서의 초안을 ~. **24** (어떤 수치를) 어림하여 셈하다. ¶권당 만 원만 **잡아도** 100권이면 100만 원이다. **25** (옷의 주름을) 이루어지게 하다. ¶바지에 주름을 ~. **26** (사람이 어떤 자세를) 다른 사람 앞에서 취하여 드러내다. ¶모델이 화가 앞에서 포즈를 ~. **27** (어떤 사람이 다른 사람을) 헐뜯어 곤란한 지경에 빠지게 하다. ¶생사람 ~.

잡다²(雜多)[-따] → **잡다-하다**[-따-] 톙 여러 가지가 뒤섞여 많다. ¶좌판에 **잡다**한 물건을 벌여 놓다 / **잡다**한 생각들로 머리가 복잡하다. **잡다-히** 閇
잡담(雜談)[-땀] 圀 쓸데없는 이야기를 이것저것 늘어놓거나 나누는 것. 또는, 그 이야기. ¶수업 중에는 ~을 삼가라. **잡담-하다** 통(자)에 ¶일이 바쁜데 **잡담**할 시간이 어디 있나.
잡답(雜沓)[-땁] 圀 (사람이 많이 몰려) 북적북적하고 복잡한 것. =분답(紛沓). ▷분잡. **잡답-하다** 톙
잡도리[-또-] 圀 **1** (어떤 잘못에 대해 사람을) 엄하게 다루어 단속하는 것. ¶아이들이 잘못을 하면 엄하게 ~를 해야지 너설프게 다루면 오히려 빗나가기 십상이다. **2** (사람을) 죄를 물어 심하게 때리거나 매질하는 것. **3** 잘못되지 않도록 단단히 대책을 세우는 것. ¶실수가 없도록 ~를 잘하라. **잡도리-하다** 통(타)에 ¶"저놈을 뒤탈 없도록 지혈을 단단히 시킨 다음 고방문을 채워 도탑하지 못하도록 **잡도리하여라**."《김주영:객주》
잡동사니[-똥-] 圀 여러 가지가 한데 뒤섞인 것. ¶다락방에 ~들이 잔뜩 쌓여 있다.
잡-되다(雜-)[-뙤-/-뛔-] 톙 **1** (생각 따위가) 여러 가지 쓸데없는 것으로 어지러운 상태에 있다. ¶**잡된** 생각을 물리치다. **2** (행동이) 점잖지 못하고 색(色)을 바치는 상태에 있다. ¶추근거리며 **잡되**게 굴다.
-잡디까[-띠-] '-자고 합디까'가 준 말. ¶무슨 일을 하~?/ 나더러 동행하~?
-잡디다[-띠-] '-자고 합디다'가 준 말. ¶일을 같이 하~ / 그 이야기를 책으로 내~.
잡록(雜錄)[잠녹] 圀 =잡기(雜記)². **잡록-하다** 통(타)에
잡류(雜類)[잠뉴] 圀 점잖지 못한 사람들. ▷잡것·잡배.
잡-말(雜-)[잠-] 圀 잡스러운 말. 囲잡소리. **잡말-하다** 통(자)에
잡-매다[잠-] 图(타) '잡아매다'의 준말.
잡목(雜木)[잠-] 圀 긴하게 쓰이지 못할 여러 가지 나무. ¶~림(林).
잡무(雜務)[잠-] 圀 여러 가지 자질구레한 일. ¶문서 작성을 간소화하여 ~를 줄이다.
잡문(雜文)[잠-] 圀 [잡스러운 글이라는 뜻] 수필류의 산문을 시·소설·학술 논문 등과 구별하여 이르는 말. 시인·작가·학자 등이 특히 신문·잡지 등에 싣는 가벼운 글을 얕잡는 뜻으로 이르는 말임. ¶그 소설가는 일절 ~을 쓰지 않는다.
잡물(雜物)[잠-] 圀 **1** 대수롭지 않은 여러 가지 물건. **2** 물질 속에 섞여 있는, 순수하지 않고 불필요하거나 해가 되는 물질.
잡배(雜輩)[-빼] 圀 잡된 무리. ¶시정 ~. ▷잡류(雜類).
잡범(雜犯)[-뻠] 圀 정치범 이외의 여러 가지 범죄. 또는, 그 죄를 범한 사람.
잡병(雜病)[-뼝] 圀 여러 가지 잡스러운 병.

잡부(雜夫)[-뿌] 똉 **1**=잡역부. **2** [광] 광산에서 광부 이외에 쓰이는 인부. 버력꾼 따위.

잡부-금(雜賦金)[-뿌-] 똉 기본 부과금 이외에 물리는 잡다한 돈.

잡비(雜費)[-삐] 똉 여러 가지 자질구레하게 쓰이는 돈. =잡용(雜用). ¶살림을 하다 보면 눈에 보이지 않는 ~가 많이 든다.

잡사(雜事)[-싸] 똉 =잡일.

잡살-뱅이[-쌀-] 똉 여러 가지 자질구레한 물건이나 대상.

잡상-스럽다(雜常-)[-쌍-따] [혭ㅂ]<-스러우니, -스러워> (말이나 행동, 생각 따위가) 잡스럽고 상스럽다. ¶애고, **잡상스럽게** 남의 손목은 잡고 그러우? ×자깝스럽다. **잡상스레** [뷔]

잡-상인(雜商人)[-쌍-] 똉 일정한 가게가 없이 옮겨 다니면서 허름한 물건을 파는 장사꾼. ¶~ 출입 금지.

잡색(雜色)[-쌕] 똉 **1** 여러 가지 색이 섞인 빛깔. **2** 온갖 종류의 사람이 뒤섞임.

잡색-군(雜色軍)[-쌕꾼] 똉[역] 조선 시대에 군역(軍役) 부과자 이외의 사람으로 조직된 일종의 예비역 병종(兵種).

잡-생각(雜-)[-쌩-] 똉 잡되고 쓸모없는 이런저런 생각.

잡서(雜書)[-써] 똉 **1** 여러 가지 사실을 적은 책. **2** 함부로 지어낸 가치 없는 책. **3** 도서 분류상 일정한 부류에 들지 않는 책.

잡석(雜石)[-썩] 똉 토목이나 건축에 쓰이는 허드레 돌.

잡설(雜說)[-썰] 똉 잡된 이야기나 여론.

잡-소리(雜-)[-쏘-] 똉 **1** '잡말'을 낮추어 이르는 말. ¶~를 늘어놓다. **2** =잡음(雜音)**2**.

잡-손질(雜-)[-쏜-] 똉 쓸데없는 손질이나 손장난. [준]잡손. **잡손질-하다** [통][자][여]

잡수다[-쑤-] [통][타] '먹다[1]'의 높임말. 뒤에 보조 동사가 오는 경우가 아니고는, 선어말 어미 '-시-'가 결합된 '잡수시다'를 쓰는 것이 훨씬 일반적임. ¶진지 **잡수세요**. / 차린 건 없지만 많이 **잡수십시오**.

잡수-시다[-쑤-] [통][타] →잡수다. [준]잡숫다.

잡-수입(雜收入)[-쑤-] 똉 정상적 수입 외에 생기는 다른 수입. [비]부수입.

잡숫다[-숟따] [통][타] '잡수시다'의 준말. ¶아버지께서는 저녁을 **잡숫고** 계신다.

잡-스럽다(雜-)[-쓰-따] [혭ㅂ]<-스러우니, -스러워> (말이나 행동, 생각 따위가) 잡된 점이 좀 있다. ¶**잡스러운** 말[행동]. **잡스레** [뷔]

잡식(雜食)[-씩] 똉 **1** 여러 가지 음식을 가리지 않고 무엇이나 먹는 것. 또는, 그 음식. **2** 동식물을 섞어 먹는 것. **잡식-하다** [통][타][여]

잡식^동물(雜食動物)[-씩똥-] 똉[동] 동물성 먹이나 식물성 먹이를 가리지 않고 먹는 동물. 원숭이·멧돼지 등과, 가축에서 잡식하는 경향이 강함. ▷육식 동물·초식 동물.

잡식-성(雜食性)[-씩썽] 똉 동물성 먹이와 식물성 먹이를 가리지 않고 다 먹는, 동물의 습성.

잡신(雜神)[-씬] 똉 잡다한 신. [비]잡귀(雜鬼).

잡아-가다 [통][타][거라]<-가거라> (경찰이나 무서운 존재가 사람을) 붙잡아 데려가거나 끌고 가다. ¶경찰이 시위자를 마구 ~ / 너 자꾸 울면 호랑이가 **잡아간다**.

잡아-끌다 [통][타]<-끄니, -끄오> 손으로 잡고 끌다. ¶사내는 계집의 손목을 완력으로 **잡아끈다**.

잡아-내다 [통][타] **1** 속에 있는 것을 잡아 밖으로 나오게 하다. ¶용의자들 중에서 범인을 ~. **2** 결점이나 틀린 곳을 지적하다. ¶틀린 글자를 ~ / 남의 흠을 ~.

잡아-넣다[-너터] [통][타] **1** 붙잡아 가두다. [비]잡아들이다. ¶범죄자를 감옥에 ~ / 병아리들을 닭장에 ~.

잡아-당기다 [통][타] (물건 따위를) 잡아서 힘을 주어 자기 쪽으로 오게 하다. ¶옷소매를 ~ / 활시위를 힘껏 ~.

잡아-들다 [통][자]<-드니, -드오> **1** (어떤 시기나 나이가) 다가오다. ¶겨울이 가고 정월이 끝나자, 곧 농사철로 **잡아들었다**. **2** (어느 지점이나 길로) 들어서다. ¶한길에서 마을로 난 샛길로 ~. [큰]접어들다.

잡아-들이다 [통][타] **1** 밖에 있던 것을 잡아서 안으로 들어오게 하다. ¶돼지를 우리 안으로 ~. **2** 잡아서 가두다. [비]잡아넣다. ¶폭력배를 일제히 ~.

잡아-떼다 [통][타] **1** 붙어 있는 것을 잡아당겨서 떨어지게 하다. ¶간판을 ~. **2** 아는 것을 모른다거나 한 짓이 없다고 안 하였다고 부인하다. ¶그런 말 한 적이 없다고 딱 **잡아뗐다**.

잡아-매다 [통][타] **1** 흩어지지 못하게 한데 매다. ¶머리를 한 갈래로 ~. **2** 다른 데로 가지 못하도록 묶다. ¶염소를 말뚝에 ~. [준]잡매다.

잡아-먹다[-따] [통][타] **1** (동물을) 죽여 그 고기를 먹다. ¶고양이가 쥐를 ~ / 씨암탉을 ~. **2** (경비·시간·자재 따위를) 낭비하다. ¶많은 시간을 ~ / 공연히 돈만 **잡아먹었다**. **3** (자리를) 달갑지 않게 차지하다. ¶가구가 방을 반씩이나 **잡아먹었다**. **4** 남을 몹시 괴롭혀 못살게 굴다. ¶저 녀석은 나만 보면 **잡아먹으려** 든다.

잡아먹-히다[-머키-] [통][자] '잡아먹다'의 피동사. ¶토끼가 호랑이에게 ~.

잡아-채다 [통][타] 잡고서 힘껏 당기거나 추켜올리다. ¶머리끄덩이를 ~.

잡아-타다 [통][타] 자동차 등을 세워서 타다. ¶택시를 ~.

잡어(雜魚) 똉 여러 가지 자질구레한 물고기.

잡언-고시(雜言古詩) 똉[문] 한 수의 시 안에 삼언(三言)·오언·칠언 등의 구를 혼용하는 한시체(漢詩體).

잡업(雜業) 똉 일정하지 않은 여러 가지 자질구레한 영업.

잡역(雜役) 똉 **1** 특별한 기술 없이 몸으로 하는 단순 노동. 물건을 나르거나 치우거나 하는 일 따위. [비]막일·잡일. **2** 공역(公役) 이외의 여러 가지 부역.

잡역-부(雜役夫)[-뿌] 똉 잡역에 종사하는 남자. =잡부. ¶공사장 ~.

잡용(雜用) 똉 **1** 일상의 자질구레한 씀씀이. **2** =잡비(雜費).

잡을-손[-쏜] 똉 일을 다잡아 해내는 솜씨. **잡을손(이) 뜨다** [관] 일을 다잡아 해내지도 못하고 한다고 하여도 몹시 굼뜨다.

잡음(雜音) 똉 **1** 시끄러운 소리, 또는, 불쾌한 음. ¶거리의 ~. **2** 전신·라디오 등의 청취를 방해하는 소리. =잡소리. ¶낡은 전화기라 ~이 많이 난다. **3** 주위에서의 이러쿵저러쿵하는, 당사자에게는 귀찮은 의견이나 비판 또는 소문. ¶이번 승진 인사에 ~이 들린다. / 남의 이야기에 ~ 좀 넣지 마라.
잡음-씨 [명][언] =지정사(指定詞).
잡이¹ [명] '재비'의 잘못.
-잡이² [접미] 1 바닷물고기나 새 따위에 붙어, 그것을 잡는 일을 나타내는 말. ¶고래~ / 꿩~. 2 총이나 칼 따위에 붙어, 그것을 다루는 솜씨가 뛰어난 사람을 나타내는 말. ¶총~ / 칼~.
잡인(雜人) [명] 일정한 장소나 일에 아무 관계도 없는 사람. ¶~ 출입 금함 / 일체 ~이 얼씬거리지 못하도록 하여라.
잡-일 [잡닐] [명] 여러 가지 자질구레한 일. =잡사(雜事). 비잡역(雜役). **잡일-하다** [동][자][여]
잡-젓(雜-) [-쩓] [명] 여러 가지 생선으로 담근 젓.
잡종(雜種) [-쫑] [명] 1 여러 가지 잡다한 종류. 2 [생] 품종이 서로 다른 암수 사이에서 난, 순수하지 못한 생물. 비튀기. ¶~ 교배. ↔순종.
잡-죄다 [-죄-/-쮀-] [동][타] 1 엄히 잡도리하다. ¶학생들을 ~. 2 몹시 독촉하다. ¶그렇게 지키고 서서 **잡죄면** 일이 더 안 돼요.
잡지(雜誌) [-찌] [명] 시사성·오락성을 띤 기사와 다양한 정보의 글을 모아서 책의 형태로 만든 정기 간행물. 주간지·순간지·순간지·월간지·계간지 등이 있음. 세는 단위는 부(部)·책(冊). =휘보(彙報). ¶아동 ~ / 여성 ~ / ~를 발행하다.
잡지-사(雜誌社) [-찌-] [명] 영리를 목적으로, 잡지를 편집·간행하는 회사.
잡지-책(雜誌冊) [-찌-] [명] 잡지로 된 책.
잡채(雜菜) [명] 채소·버섯·고기 등을 볶아서 삶은 당면과 한데 무친 음식.
잡철(雜鐵) [명] 여러 가지 잡다한 쇠붙이. ¶~전(廛).
잡초(雜草) [명] 가꾸지 않아도 저절로 나서 자라는 여러 가지 흔한 풀. =잡풀. ¶~가 무성하다.
잡치다 [동][타] 1 잘못하여 그르치다. ¶시험을 ~ / 일을 ~. 2 (기분 따위를) 상하다. ¶기분을 ~.
잡탕(雜湯) [명] 1 쇠고기·해삼·전복·무 등을 썰어 넣고 온갖 양념과 고명을 하여 끓인 국. 2 난잡한 모양이나 사물, 또는 사람을 이르는 말.
잡-티(雜-) [명] 여러 가지 자잘한 티 또는 흠.
잡-풀(雜-) [명] =잡초(雜草).
잡학(雜學) [-짜] [명] 계통이 없이 다방면에 걸친 잡다한 지식이나 학문. ¶~ 사전.
잡혀-가다 [자펴-] [동][자] (수사 기관이나 두려운 대상에게) 붙잡혀 끌려가다. ¶그는 독립 운동을 하다가 일본 순사에게 **잡혀갔다**.
잡화(雜貨) [자퐈] [명] 여러 가지 자질구레한 일용 상품.
잡화-상(雜貨商) [자퐈-] [명] 여러 가지 일상 필수품을 파는 장사. 또는, 그 장수.
잡화-점(雜貨店) [자퐈-] [명] 여러 가지 일상 필수품을 파는 상점.
잡-히다 [자피-] [동] [1][자] 1 '잡다'의 피동사. ¶자리가 ~ / 약점이 ~ / 범인이 ~ / 불길이 ~ / 주름이 ~. 2 (살갗에 고름이나 물집 따위가) 생겨서 차다. ¶상처 부위에 고름이 ~ / 손바닥에 물집이 ~. 3 (물이 흐르거나 고인 곳에 얼음이) 자리 잡아 생기다. ¶연못에 살얼음이 ~. 4 (나무에 꽃망울이) 생기

어 맺히다. 5 (이성의 상대에게) 얽매여 마음대로 행동하지 못하는 상태가 되다. ¶저 친구는 장가가더니 마누라한테 꽉 **잡혔어**. 6 (일이) 의욕이나 뜻에 따라 다루어지다. ¶집안일이 걱정되어 일이 손에 **잡히지** 않는다. [2][타] 1 '잡다'의 사동사. ¶처당을 ~ / 아이에게 연필을 ~ / 말 타면 경마 **잡히고** 싶다. 2 '잡다'의 피동사. ¶남자한테 손목을 ~. 3 (풍악이나 춤추기를 연주자로 이루어지게 하다. ¶과거 급제자가 풍류를 **잡히며** 삼일유가(三日遊街)를 하다.
잣¹ [잗] [명] 잣나무의 열매. 껍질은 단단하며, 알맹이는 기름기가 많고 고소함. =백자(柏子)·송자(松子)·해송자(海松子).
잣-나무[잔-] [명][식] 소나뭇과의 상록 교목. 높이 30m가량. 잎은 솔잎보다 굵고 5개씩 뭉쳐나며, 꽃은 5월에 핌. 열매는 솔방울보다 크며, 그 속의 씨를 '잣'이라 하여 식용함. 재목은 건축재·기구재 등으로 쓰임. =백목(柏木)·송자송·해송(海松).
잣-눈 [잔-] [명] 자에 '푼', '치', 'cm' 따위의 길이 표시를 새긴 금.
잣다[잗따] (잣[고] / 자아) [동][타][ㅅ] 〈자으니, 자아〉 1 (기계나 물레 따위를 돌려서 실을) 뽑다. ¶실을 ~. 2 (양수기 따위로 낮은 곳에 있는 물을) 높은 곳으로 빨아올리다. ¶양수기로 지하수를 ~.
잣-대 [자때/잗때] [명] 1 '자막대기'의 준말. 2 어떤 것을 판정하거나 평가하는 기준이 되는 사물. 비유적인 말임. 비척도.
잣불-놀이 [잗뿔-] [명][민] 음력 정월 열나흗날 밤에 잣 열두 개를 바늘이나 솔잎에 각각 꿰어 불을 켜서 그 밝기로 한 해의 운수를 점치는 놀이. 잣 열두 개를 열두 달에 비겨, 불빛이 밝으면 그달의 신수가 좋고 어두우면 신수가 나쁘다고 함.
잣-송이[잗쏭-] [명] 잣나무의 열매 송이.
잣-죽(-粥) [잗쭉] [명] 잣과 쌀을 함께 갈아서 쑨 죽.
장¹¹ [명] 게의 딱지 속에 있는 누르스름한 물질.
장²(杖) [의존] 곤장·태장·형장 따위를 때리는 수효를 세는 말.
장³(長) [명] 어떤 조직체나 부서의 책임자. ¶그는 한 조직체의 ~이 될 소양이 충분한 사람이다.
장⁴(章) [명] [1][자립] 1 글 내용을 크게 나누는 구분의 하나. 비가름. 2 예산·결산상의 구분의 하나. [2][의존] 글 내용을 나누는 단위. ¶3~으로 된 책.
장¹⁵(將) [명] 1 =장수³. 2 장기짝의 하나. 한 편은 '楚(초)', 다른 편은 '漢(한)' 자를 새긴 것으로, 궁 안에서만 한 칸씩 움직일 수 있으며, 이것이 먹히면 지게 됨. 한 편에 하나씩 있음. =왕(王)·궁(宮). 3 '장군(將軍)³¹'의 준말. ¶~ 받아라.
장(을) **받다** [구] =장군(을) 받다.
장이야 멍이야 [구] [장기에서, 장을 부르면 멍을 불러 막는다는 데에서] 두 편이, 어느 한쪽이 낫고 못함이 없이 서로 팽팽하게 맞선 상태에 있음을 이르는 말. =멍이야 장이야. ¶두 논객(論客)이 ~ 하면서 설전을 주고받는다.
장⁶(場) [명] 정기적 또는 부정기적으로 많은 사람이 모여 여러 가지 물건을 사고파는 곳. 때로, 상설 시장을 포함하는 뜻으로 쓰이기도 함. ¶~에 가다 / 닷새마다 ~이 서다. ▷

저자·시장.
[장마다 망둥이 날까] 세상 물정이 시시각각 변한다는 것을 모르는 어리석음을 비웃는 말.
장(을) 보다 〔구〕 시장에 가서 물건을 사거나 팔다.
장[7](場) 〔명〕 1 어떤 일이 행해지는 곳. ¶대화의 ~. 2[물] 물체 간에 작용하는 힘을 전달하는 매질(媒質) 공간.
장[8](場) 〔명〕〔의존〕〔연〕 막(幕)의 하위 단위. 조명이 들어왔다 꺼지게 되기까지의 동일한 배경 아래 이루어지는 사건의 단위. ¶5막 5~. ▷막(幕)
장[9](腸) 〔명〕〔생〕 소화 기관의 하나. 위의 유문(幽門)에서 시작하여 항문에 이르는, 가늘고 긴 관. 소장과 대장으로 이루어지며, 음식물의 소화·흡수를 행함. =장관(腸管).
장[10](醬) 〔명〕 1 간장·된장·고추장의 총칭. ¶묵은 ~ / ~을 담그다. 2 '간장'의 준말. ¶맛 ~을 달이다.
장[11](欌) 〔명〕 1 나무로 직육면체의 꼴로 짜서 만들되, 여러 층으로 되어 있어도 몸체는 하나로 이어져 있는 전통 수납 가구. 농과는 달리 개판(蓋板)(맨 위에 몸체보다 크게 지붕처럼 씌워진 물건)이 있는 경우가 많음. 층수에 따라 단층장·이층장·삼층장 등이, 용도에 따라 의장·버선장·이불장·찬장 등이 있음. ▷농. 2 =장롱1.
장[12](丈) 〔명〕〔의존〕 1 길이의 단위. 한 장은 10척(尺). 2 (한자로 된 숫자 아래에 붙어) 사람의 키를 나타내는 '길'의 뜻으로 쓰이는 말. ¶백발 3천(千) ~.
장[13](張) 〔명〕〔의존〕 1 종이·유리·수건·음반 등과 같이 얇고 납작한 물건을 세는 단위. 매(枚). ¶시험지 열 ~ / 유리 한 ~ / 천 원짜리 두 ~. 2 기와나 벽돌 따위를 세는 단위. ¶벽돌 열 ~. 3 활·쇠뇌·금슬(琴瑟)을 세는 단위.
장-[14](長) 〔접두〕 1 '긴', '기다란'의 뜻을 나타내는 말. ¶~거리. 2 '오랜'의 뜻을 나타내는 말. ¶~기간 / ~시일.
-장[15](丈) 〔접미〕 직함·별호·칭호 등을 나타내는 말에 붙어, '어른'의 뜻을 나타내는 말. ¶춘부~ / 주인~ / 노인~.
-장[16](狀) 〔쟁〕 어떤 명사에 붙어, '증서', '문서', '편지'의 뜻을 나타내는 말. ¶감사~ / 연하~ / 추천~ / 임명~.
-장[17](長) 〔접미〕 어떤 명사에 붙어, '우두머리', '책임자'의 뜻을 나타내는 말. ¶위원~ / 학교~.
-장[18](場) 〔접미〕 어떤 명사에 붙어, '장소'라는 뜻을 나타내는 말. ¶경기~ / 사격~ / 무도~ / 운동~.
-장[19](帳) 〔접미〕 어떤 명사에 붙어, '기록하는 장부', '공책'의 뜻을 나타내는 말. ¶일기~ / 필기~.
-장[20](莊) 〔접미〕 호텔보다는 격이 떨어지는 고급 여관의 옥호(屋號)에 붙이는 말.
-장[21](葬) 〔접미〕 어떤 명사에 붙어, '장례식'의 뜻을 나타내는 말. ¶국민~ / 사회~.
장!가[1] 〔명〕 (주로 '가다', '들다', '보내다' 등의 동사와 함께 쓰여서) 남자가 혼인을 하는 일. ['丈家'는 취음] ¶~시집.
장가[2](長歌) 〔명〕 1 장편으로 된 노래. 2 [문] 시조에 대하여 긴 노래라는 뜻으로, 고려 가요·가사(歌辭)·향가·잡가 등의 총칭. ↔단가(短歌).

장!가-가다 〔통〕〔자〕 (남자가) 결혼하다. =장가들다. ↔서방가다.
장!가-들다 〔통〕〔자〕 〈~드니, ~드오〉 =장가가다.
[장가들러 가는 놈이 불알 떼어 놓고 간다] 가장 요긴한 것을 잊어버린다는 뜻.
장!가들-이다 〔통〕〔타〕 '장가들다'의 사동사.
장!가-보내다 〔통〕〔타〕 혼인을 시켜 아내를 맞게 하다.
장!가-오다 〔통〕〔자〕 (처가 쪽에서 말할 때) 남자가 자기 집안의 여자를 아내로 얻다. ¶이 사람아, 자네 내 누이한테 장가오겠는가?
장!가-처(-妻) 〔명〕 혼례식을 치르고 맞은 아내. =정배·정적·적처(嫡妻).
장간-막(腸間膜) 〔명〕〔생〕 복막에 있는 얇은 반투명 막. 신경·혈관·림프관 등이 통하고 있음.
장!갑(掌匣·掌甲) 〔명〕 손을 보호하거나 추위를 막거나 장식으로 손에 낄 수 있도록 천이나 털실이나 가죽 따위로 손의 모양과 비슷하게 만든 물건. 세는 단위는 켤레·죽(10켤레)·다스. ¶털 ~ / 고무 ~ / 가죽 ~ / 전투 ~ 을 끼다.
장갑[2](裝甲) 〔명〕 1 갑옷을 입는 일. 2 적탄을 막기 위하여 배나 차에 둘러싸는 특수한 강철판. 또는, 그렇게 싸는 일. 장갑-하다 〔통〕〔타〕
장갑-차(裝甲車) 〔명〕〔군〕 =장갑 차량.
장갑^차량(裝甲車輛) 〔명〕〔군〕 내탄성(耐彈性)이 있는 강철판으로 싸고, 총포(銃砲)로 무장한 차량. 전투 외에도 정찰·경계·인원 수송 등에 쓰임. 장갑 열차·장갑 자동차·전차(戰車) 등이 있음. =장갑차.
장강(長江) 〔명〕 긴 강.
장!거(壯擧) 〔명〕 장한 일. =성거(盛擧).
장-거리[1](場-) [-꺼-] 〔명〕 장이 서는 거리.
장-거리[2](場-) [-꺼-] 〔명〕 장에서 팔아 돈을 마련하거나 사 올 물건. ¶~가 있어야 장엘 가지.
장-거리[3](長距離) 〔명〕 먼 거리. ¶~ 전화. ↔단거리(短距離).
장거리^달리기(長距離-) 〔체〕 육상·스케이트 경기에서, 먼 거리를 달리는 경기. 육상 경기에서는 주로 5000m와 1만m를 말함. =장거리 경주. ↔단거리 달리기.
장거리-포(長距離砲) 〔명〕〔군〕 먼 거리를 포격할 수 있는, 사정거리가 긴 화포.
장!-건건이(醬-) 〔명〕 간장·된장·고추장 따위와 같이 장을 재료로 하여 만든 반찬의 총칭.
장검(長劍) 〔명〕 예전에, 허리에 차던 긴 칼. (비)장도(長刀). ↔단검.
장경(長徑) 〔명〕〔수〕 '긴지름'의 구용어. ↔단경(短徑).
장!계(狀啓) [-계/-게] 〔명〕〔역〕 감사 또는 지방에 파견된 관원이 임금에게 글로 아뢰는 것. 또는, 그 보고. ¶~를 올리다. 장!계-하다 〔통〕〔자여〕
장고[1](長考) 〔명〕 오래 생각하는 것. 장고-하다 〔통〕〔타여〕
장고[2](杖鼓·長鼓) 〔명〕〔음〕 '장구'의 잘못.
장!골(壯骨) 〔명〕 기운이 세고 큼직하게 생긴 골격. 또는, 그러한 사람. ¶그럴 수밖에 없는 것이 힘깨나 쓸 수 있는 ~이란 ~들은 의가치 집을 떠나 버린 까닭이었다. 〈조정래: 태백산맥〉
장골[2](長骨) 〔명〕〔생〕 양 끝이 구상(球狀)인 관 모양의 뼈. 안에 골수가 들어 있음. 사지(四肢)의 뼈 따위. ≒관상골(管狀骨)·긴뼈. ↔단골.
장:골³(掌骨) 圐[생]=손바닥뼈.
장과(漿果) 圐[식] 살과 물이 많고 속에 씨가 들어 있는 과실. 귤·감·포도 따위. =액과(液果).
장곽(長藿) 圐 넓고 길쭉한 미역.
장:관¹(壯觀) 圐 훌륭한 광경. 또는, 훌륭하고 장대(壯大)한 경관. ¶바다를 온통 붉게 물들이며 서서히 위용을 드러내는 햇덩이는 눈앞에 ~을 이루고 있다. 2 보기에 웅장하거나 우스꽝스러운 모습이나 광경을 비웃어 반어적으로 이르는 말. ¶부룩송아지 대가리같이 머리가 곱슬곱슬하고 노랗기까지 한 게 ~이요.《채만식:태평천하》
장:관²(長官) 圐 국무를 나누어 맡아 처리하는 행정 각 부의 우두머리. 또는, 그 직위. 장관은 모두 국무위원이 되게 되어 있음. ¶국방부 ~.
장:관³(將官) 圐 1=장수(將帥)¹. 2[군] 준장·소장·중장·대장 등의 등급. 영관(領官)의 위임. 3[역] 대장·부장(副將)·참장(參將)의 총칭.
장:관⁴(腸管) 圐[생] 1 동물의 구강(口腔)에서 항문에 이르는 관상(管狀) 기관의 총칭. 음식물의 섭취·소화·배설을 함. 2 =장(腸)⁹.
장광(長廣) 圐 길이와 넓이.
장광-설(長廣舌) 圐 1 길고도 세차게 잘하는 말솜씨. 2 쓸데없이 장황하게 늘어놓는 말. ¶그는 술만 먹으면 화려했던 자신의 과거에 대해 ~을 늘어놓곤 했다.
장:교(將校) 圐 1[군] 계급이 소위 이상인 사람. 2[역] 조선 시대, 각 군영 및 지방 관아의 군무에 종사하던 낮은 벼슬아치의 총칭. =군관(軍官)·병교(兵校).
장구¹ 圐[<장고(杖鼓)][음] 국악에 쓰이는 타악기의 하나. 가운데가 잘록한 나무통의 양쪽에 가죽을 메워 만듦. 춤이나 소리에 반주로 쓰이는데, 왼쪽의 북편은 손이나 궁굴채로, 오른쪽의 채편은 열채로 쳐서 소리를 냄. =요고(腰鼓). ¶~를 치다. ×장고.
장구²(長句) [-꾸] 圐 글자 수가 많은 글귀. 특히, 한시(漢詩)에서 오언(五言)의 구에 대해 칠언(七言)의 구를 말함. ↔단구(短句).
장구³(裝具) 圐 1 무엇을 꾸미는 데 쓰는 기구. 2 어떤 일을 하기 위하여 몸에 지니는 기구. ¶등산 ~. ▷장신구.
장구⁴(長久) →장구-하다 廇혐 매우 길고 오래다. ¶우리나라는 반만 년의 장구한 역사를 자랑한다. 장구-히 囝.
장구-벌레 圐[동] 모기의 애벌레. 몸길이 4~7mm. 몸빛은 갈색 또는 흑색임. 여름에 물 속에서 부화하여, 썩은 유기물을 먹고 자라 번데기가 되었다가 변태하여 모기가 됨. =적충(赤蟲).
장구-애비 圐[동] 매미목 장구애빗과의 곤충. 몸길이 30mm 안팎. 논·늪에 살며 몸빛은 검은 갈색임. 앞다리는 낫 모양으로 먹이를 잡는 데 쓰이며, 배 끝에 1쌍의 긴 호흡기가 있음.
장구-재비 圐 농악대 등에서 장구 치는 일을 맡은 사람.
장구-채 圐 장구를 치는 채.
장구-통 圐 장구의 몸이 되는 통. 허리는 잘록하고 양쪽은 불룩함.

장:-국(醬-) [-꾹] 圐 1'맑은장국'의 준말. 2 토장국이 아닌 국물의 총칭. 3 간장을 타서 끓인 국. 전골 등의 국물로 씀.
장:국-밥(醬-) [-꾹빱] 圐 1 더운 장국에 만 국밥. 2 더운 장국을 붓고 산적이나 혹살을 넣은 다음 고명을 얹은 밥. =온반(溫飯)·탕반.
장군¹ 圐 1 물·술·간장 등 액체를 담는 데 쓰는 나무 또는 오지그릇. 중두리를 뉘어 놓은 모양으로, 위쪽에 좁은 아가리가 있음. 2 '오줌장군'의 준말.
장군²(將軍) 圐 1 장관(將官) 자리의 사람을 높여 일컫는 말. 2[군] 준장·소장·중장·대장의 총칭. =장령(將領)·장성(將星). 3[역] 고려·조선 시대의 무관의 정4품 벼슬. 4 힘이 아주 센 사람을 비유하여 이르는 말.
장군³(將軍) Ⅰ 圐 장기를 둘 때 자기 편의 말로 직접 상대편의 궁을 잡으려고 놓는 수. 준장. Ⅱ 圎 장기에서, 상대편의 궁을 잡으려고 말을 놓을 때 부르는 소리.
장군 멍군 圎 [장기에서, 장군에 대하여 멍군으로 대응한다는 데에서] 대립된 두 편의 승패를 옳고 그름이 쉽게 판가름 나지 않는 상태에 있거나, 어떤 일이 서로 피장파장인 상태를 이르는 말. =멍군 장군.
장군(을) 받다 ⨀ 장기를 둘 때, 장군을 피하여 막다. =장(을) 받다.
장군(을) 부르다 ⨀ 장기를 둘 때, 장군을 받으라고 소리를 지르다. =장(을) 부르다.
장군-감(將軍-) [-깜] 圐 장군이 될 만한 인재. ¶녀석, 몸집은 아주 ~이로구나.
장군-전(將軍箭) 圐 쇠로 만든 화살. 쇠뇌로 내쏘게 되어 있음.
장근(將近) 囝 (사물의 수효나 시간을 나타내는 말 따위와 함께 쓰여) '거의'의 뜻을 나타내는 말. ¶그동안 기천이는 ~ 두 달째나 누워 있었다.《심훈:상록수》 / 흰머리가 희끗희끗 ~ 오십의 중늙은이.《채만식:탁류》 장근-하다 廇혐 거의 가깝다.
장-금(場-) [-끔] 圐 장에서 거래되는 시세. =장시세. ¶~이 오르다(내리다) / ~을 쳐서 물건을 사다.
장급(莊級) [-꿉] 圐 [상호의 끝 음절을 '장(莊)'이라 붙이는 데에서] 여관 가운데 시설이 좋은 편에 속하는 등급. ¶~ 여관.
장기¹(長技) [-끼] 圐 가장 잘하는 재주. ¶~ 자랑 / ~를 부리다 / 장타령이 그의 ~이다.
장기²(長期) (주로 일부 명사 앞에 관형어적으로 쓰여) 기간이 긴 상태. ¶~ 근속 / ~ 융자. ↔단기(短期).
장:기³(帳記·掌記) [-끼] 圐 물건이나 논밭의 매매에 관한 물목(物目)을 적어 놓는 글. ¶쇠잡 잔치의 ~를 뽑다.
장:기⁴(將棋·將碁·將某) 圐 두 편이 각각 16개씩 모두 32개의 말을, 가로 10줄, 세로 9줄의 직선이 수직으로 만나게 그려진 판 위에 벌여 놓고, 일정한 규칙에 따라 번씩 두어서 승부를 가리는 민속놀이. ¶~를 두다.
장:기⁵(臟器) 圐[생] 내장(內臟)의 여러 기관. ¶~ 이식(移植).
장-기간(長期間) 圐 긴 기간. ¶외국에서 ~ 체류하다. ↔단기간.
장기^금융(長期金融) [-늉/-그뮹] 圐[경] 일반적으로 시설 자금처럼 상환 기간이 장기인 금융. 보통 1년 이상임. ↔단기 금융.

장기^금융^시장(長期金融市場)[-늄-/-그늉-][경] 상환 기간이 장기인 자금이 조달되는 금융 시장. =자본 시장.
장기-수(長期囚)[명] 오랜 기간 동안 징역살이를 하는 사람.
장기^예보(長期豫報)[명][기상] 주간 일기 예보의 기간을 넘어, 그 앞날의 개괄적인 날씨의 경향이나 특성을 예보하는 일. 또는, 그 예보. ↔단기 예보.
장기-은행(臟器銀行)[명] 신체의 일부를 자기 자신 또는 남을 위해서 활용하는 시스템. 안구·신장 은행 등이 있음.
장기-적(長期的)[관] 장기간에 걸치는 (것). ¶~인 계획. ↔단기적.
장기-전(長期戰)[명] 장기간에 걸쳐 치러지는 전쟁이나 경쟁이나 대결. ¶노사 갈등이 ~의 조짐을 보이다. ↔단기전(短期戰).
장기-짝(將棋-)[명] 장기를 두는 데 말로 쓰는 나뭇조각. 푸른 글자·붉은 글자 각 16개씩 32개가 한 벌임.
장기-튀김(將棋-)[명] 한곳에서 생긴 일의 결과가 차차 다른 데에 영향을 미치는 일.
장기-판(將棋板)[명] 장기를 두는 데에 쓰이는 판. 가로 10줄, 세로 9줄의 직선이 그려져 있음.
장기-화(長期化)[명] 일이 빨리 끝나지 않고 오래 끌게 되는 것. **장기화-하다**[동](자)(타) ¶전쟁이 ~. **장기화-되다**[동](자) ¶사건의 수사가 ~.
장-꾼(場-)[명] 장에서 물건을 사고파는 사람.
장끼[명] =수꿩. ↔까투리.
장-나무(長-)[명] 물건을 받치는 데 쓰는, 굵고 긴 나무. =목간(木竿)·장목(長木).
장난[명] 1 아이들이 어떤 물건이나 물질을 가지고 특별히 정해진 규칙 없이 즐겁게 노는 일. ¶소꿉~/흙~/물~/불~. ▷놀이. 2 특별한 악의 없이 다소 짓궂게 남을 놀리거나 괴롭히는 짓. ¶~ 전화/운명의 ~/~으로 여자 애들이 가지고 노는 공을 빼앗다. 3 주의를 기울여야 할 일을 놔두고 실없이 딴 짓을 하는 것. ¶하라는 공부는 안 하고 웬 이냐? 4 심심풀이로 가볍게 하는 일. ¶그 시(詩)는 ~으로 한번 써 본 거예요. **장난-하다**[동](자)(어) ¶장난하기를 좋아하는 개구쟁이/모래밭에서 흙을 가지고 ~.
장난-감[-깜][명] 아이들이 가지고 놀 수 있도록 만든, 모형으로 된 자동차·비행기·기차·총·칼 따위나 인형·소꿉놀이 도구나 연·팽이·제기 따위의 물건. =완구.
장난-기(-氣)[-끼][명] 장난을 치고 싶은 마음. 또는, 표정에서 느낄 수 있는 장난스러운 기운. ¶~가 어린 웃음/그의 말에는 다분히 ~가 있다.
장난-꾸러기[명] 장난이 심한 사람을 얕잡거나 귀엽게 이르는 말. 특히, 아이를 가리킴. =악동(惡童). ¶~ 아이들.
장난-꾼[명] 장난을 좋아하는 사람.
장난-삼다[-따][동] (주로 '장난삼아(서)'의 꼴로 쓰여) 목적이나 의도 등을 가지지 않고 심심풀이로 실없이 행동하다. ¶장난삼아 한 말인데 화내지 마.
장난-스럽다[-따][형](ㅂ) <-스러우니, ~스러워> 장난하는 듯한 태도가 있다.
장난-조(-調)[-쪼][명] 장난삼아 하는 듯한 어투. ¶~로 핀잔을 주다.
장난-질[명] 장난하는 짓. ¶~이 심하다. **장난질-하다**[동](자)(어)
장난-치다[동](자) 몹시 장난하다.
장-날(場-)[명] 장이 서는 날.
장남(長男)[명] =맏아들.
장남-하다[동](자)(어) (아들이) 자라서 어른이 되다. 비장성하다. ¶허, 김 주사한테 저렇게 **장남한** 아들이 다 있었나.
장내(場內)[명] 회의가 열리는 곳이나 그 밖의 어떤 장소의 안. ¶~의 스피커에서 안내 방송이 나오다. ↔장외(場外).
장녀(長女)[명] =맏딸.
장년(壯年)[명] 육체적·정신적으로 성숙하여 활발하게 일할 30~40대의 나이. 또는, 그런 나이의 사람. ¶어제의 소년이 어느덧 ~이 되었다.
장년-기(壯年期)[명] 1 육체적·정신적으로 성숙하여 활발하게 일할 30~40대의 시기. 2 [지] 침식 윤회의 중기. 심한 침식으로 깊은 골짜기와 날카로운 산마루가 형성됨. ▷유년기·노년기.
장농[명] '장롱(欌籠)'의 잘못.
장뇌(樟腦)[-뇌/-눼][명][화] 녹나무를 증류하여 얻는 유기 화합물의 한 가지. 무색투명한 광택이 있는 결정으로, 특유한 향기가 나며 승화성(昇華性)이 큼. 셀룰로이드·필름의 제조 및 방충제·강심제 등의 원료로 쓰임. =캠퍼.
장뇌-삼(長腦蔘)[-뇌-/-눼-][명] 산삼의 씨를 깊은 산속에 뿌려 재배한 삼.
장닉(藏匿)[명] 남이 알 수 없도록 감추어 숨기는 것. **장닉-하다**[동](타)(어)
장님[명] 눈이 멀어 앞을 볼 수 없는 사람. 완곡 또는 순화어는 '시각 장애인'. 비맹인·봉사·소경.
[장님 잠자나 마나] 일의 성취나 실행 여부가 겉으로 나타남이 없음을 이르는 말. [장님 코끼리 말하듯 한다] 사물의 전체는 알지 못하고 일부분만을 가지고 그것이 전체인 양 말하다.
장다리[명] 무·배추 따위의 꽃줄기.
장다리-꽃[-꼳][명] 장다리에서 피는 꽃.
장다리-무[명] 씨를 받기 위하여, 장다리꽃이 피게 가꾼 무.
장단[명] 곡조의 빠르고 느림. 또는, 그 빠르고 느림을 나타내는 박자. ['長短'은 취음] ¶굿거리 ~/흥겨운 ~/~을 맞추다.
장단(이) 맞다[구] 1 가락이 맞다. 2 같이 일하는 데서 동작과 생각이 맞다. ¶서로 **장단이 맞아** 일을 잘 처리하다.
장단(을) 맞추다[구] 1 박자를 맞추다. 2 남의 기분을 돋우어 주다.
장단(을) 치다[구] 풍류·노래 등의 박자에 맞추어 장구·북 따위를 치다.
장단(長短)[명] 1 길고 짧음. 2 =장단점.
장-단점(長短點)[-쩜][명] 장점과 단점. =장단(長短). ¶각기 나름대로의 ~이 있다.
장-닭[-딱][명] <방> 수탉 (강원·경상·충남).
장담(壯談)[명] (어떤 일을) 그러하거나 그렇게 되리라고 확신하여 자신 있게 말하는 것. ¶호언~. **장담-하다**[동](타)(어) ¶승리는 ~/그 말이 옳다고 누가 **장담할** 수 있습니까?
장-대¹(長-)[-때][명] 대나 나무 따위로 다듬은, 긴 통대 또는 긴 막대기. =장대(長竿). ¶대나무 ~/~ 오르기/~ 같은 비.
[장대로 하늘 재기] 가망이 없는 짓을 가리키는 말.
장-대²(將臺)[명][역] 장수가 올라서서 명령

·지휘하는 대. 성(城)·보(堡) 따위의 동서 양쪽에 돌로 쌓았음.
장!대³(壯大) →**장!대-하다¹** [형][여] 1 씩씩하고 크다. 2 허우대가 크고 튼튼하다. ¶**장대한** 체격/기골이 ~. **장!대-히¹** [부]
장대⁴(長大) →**장대-하다²** [형][여] 길고 크다. ↔단소하다. **장대-히²** [부]
장대⁵(張大) →**장대-하다³** [형][여] 일이 크게 벌어져 거창하다.
장대-높이뛰기(長-) [-때-] [명][체] 육상 경기의 하나. 적당한 거리를 도움닫기 하고 손에 쥔 장대를 짚고 도약하여 2개의 기둥에 걸쳐 놓은 바(bar)의 위로 뛰어넘어 그 높이를 겨루는 종목. =봉고도(棒高跳).
장대-비(長-) [-때-] [명] 장대처럼 굵고 거세게 내리는 비. =작달비.
장대-석(長臺石) [건] 섬돌이나 축대에 쓰이는 길게 다듬은 돌. ▷장대.
장대-질(長-) [-때-] [명] 장대를 손으로 다루는 짓. **장대질-하다** [자][여]
장!도¹(壯途) [명] 중대한 사명이나 장한 뜻을 품고 떠나는 길. ¶남극 탐험의 ~에 오르다.
장도²(長刀) [명] 긴 칼. 비장검. ↔단도.
장!도³(粧刀) [명] 주머니 속에 넣거나 옷고름에 늘 차고 다니는, 칼집이 있는 작은 칼. =장도칼. ¶은~.
장-도감(張都監) →**장도감(을) 치다** [구] 말썽이나 풍파를 크게 일으키다.
장!도리 [명] 못을 박거나 뽑는 데에 쓰이는 연장.
장-도막(場-) [-또-] [명][의존] 장날과 장날 사이의 동안. ¶한 ~/두 ~.
장도-칼(粧刀-) [명] =장도(粧刀)³.
장!-독(醬-) [-똑] [명] 간장·된장 따위를 담아 두거나 담그는 독. =장옹(醬甕).
장!독²(杖毒) [명] 장형(杖刑)으로 매를 심하게 맞아 생긴 상처의 독. ¶~이 나다.
장!독-간(醬-間) [-똑깐] [명] 장독 따위를 놓아두는 곳. =장간.
장!독-대(醬-臺) [-똑때] [명] 장독 따위를 놓아두는 약간 높직한 대.
장!독-소래기(醬-) [-똑쏘-] [명] 장독을 덮는, 오지나 질 따위로 만든 뚜껑. 준장독소래.
장-돌림(場-) [-똘-] [명] 여러 장으로 돌아다니면서 물건을 파는 장수.
장돌-뱅이(場-) [-똘-] [명] '장돌림'을 낮추어 이르는 말.
장동(章動) [명][천] 태양이나 달의 인력에 의해 생기는, 지구 자전축의 공간에 대한 운동 중에서, 세차 운동 이외의 주기적인 진동.
장두¹(長頭) [명][생] 두형(頭形)의 하나. 두지수(頭指數)가 76 미만인 머리. 아프리카·뉴기니·오스트레일리아 등지에 분포하는 민족에게서 주로 볼 수 있음. ▷단두(短頭)·중두(中頭).
장!두²(狀頭) [명] 여러 사람이 서명한 소장(訴狀)의 첫머리에 이름을 적는 사람.
장등(長燈) [명] 1 밤새도록 등불을 켜 두는 것. ¶여럿이서 ~을 하고 무슨 일을 꾸미는지 모르겠다. 2 [불] 부처 앞에 불을 켜는 것. **장등-하다** [동][자][여]
장!딴지 [명] 종아리에서, 살이 많아 굵고 도도록한 부분. =비장(腓腸)·어복(魚腹). ¶~에 알이 배다.
장땡 [명] 1 '섰다'나 '짓고땡'에서, 열 끗짜리 2장을 잡은 패. 2 〈속〉 최고나 최상이 되는 일. ¶큰소리만 치면 ~이냐?

장!-떡(醬-) [명] 1 고추장을 탄 물에 밀가루를 풀고 미나리와 다른 나물을 넣어서 부친 전병. 2 된장에 밀가루를 섞고 파와 다른 나물을 버무려 부친 전병. 3 간장을 쳐서 만든 흰무리.
장란-기(藏卵器) [-난-] [식] 선태식물·양치식물 등의 자성(雌性) 생식 기관. ▷장정기.
장래(將來) [-내] [명] 다가올 앞날. 특히, 예측이 어느 정도 가능한 앞날. =전도(前途). 비미래. ¶~가 촉망되는 젊은이/~에 대비하여 저축을 하다.
장래-성(將來性) [-내썽] [명] 앞으로 성공할 거나 크게 잘될 가능성. ¶~이 있는 사업.
장!략(將略) [-냑] [명] 장수로서의 지략과 기량.
장!려¹(奬勵) [-녀] [명] (어떤 일을) 권하여 힘쓰도록 북돋워 주는 것. ¶물산(物產) ~ 운동. **장!려-하다** [타][여] ¶농업을 ~/저축을 ~. **장!려-되다** [동][자]
장!려²(壯麗) [-녀] →**장!려-하다²** [-녀-] [형][여] 웅장하고 화려하다.
장!려-금(奬勵金) [-녀-] [명] 어떤 특정한 일을 장려하는 뜻으로 보조하여 주는 돈. ¶축산 ~.
장!려-상(奬勵賞) [-녀-] [명] 어떤 특정한 일을 장려하는 뜻으로 주는 상. ¶저축 ~.
장!력¹(壯力) [-녁] [명] 씩씩하고 굳센 힘.
장력²(張力) [-녁] [명] 1 당기거나 당겨지는 힘. 2 [물] 물체 내의 임의의 면을 경계로 하여 한쪽 부분이 다른 쪽 부분을 면에 수직이 되게 끌어당기는 힘. ¶표면 ~. 3 증기의 압력.
장!력-세다(壯力-) [-녁쎄-] [형] 담차고 마음이 굳세어 무서움을 타지 않는 상태에 있다. ×장성세다.
장!렬(葬列) [-녈] [명] 장례의 행렬.
장!렬(壯烈) [-녈] →**장!렬-하다** [-녈-] [형][여] (전투에 임하는 태도가) 씩씩하고 맹렬하다. 또는, (전투에서 맞은 죽음이) 씩씩하고 맹렬한 기개를 보여 준 상태에 있다. ¶선봉에 서서 적과 싸우다가 **장렬한** 최후를 맞다. **장!렬-히** [부] ¶~ 전사(戰死)하다.
장!령(將令) [-녕] [명] 장수의 명령.
장!례(葬禮) [-네] [명] 장사를 지내는 일. =장의. ¶~를 치르다[지내다].
장!례-식(葬禮式) [-네-] [명] 장사를 지내는 의식(儀式).
장!례-원(掌隷院) [-네-] [명][역] 조선 세조 13년(1467)에 변정원(辨定院)을 고친 이름. 노비에 관한 문서와 소송 관계의 일을 맡아서 봄.
장!로(長老) [-노] [명] 1 나이가 많고 학문과 덕이 높은 사람. 2 [불] 덕행이 높고 나이가 많은 승려. 3 [기] 선교 및 교회의 운영에 참여하는 성직(聖職)의 한 계급. 투표에 의해서 선정됨.
장!로-교(長老教) [-노-] [기] 신교(新教)의 한 파. 스위스의 종교 개혁 운동에서 발생한 크리스트교 개혁파. 장로와 목사의 협의로 교회가 운영됨.
장!롱(欌籠) [명] 1 옷이나 이불 등을 넣어 둘 수 있도록 나무로 짠 직육면체 꼴의 가구. =장(欌). ¶혼수로 ~을 장만하다. 2 '장(欌)'과 '농(籠)'을 아울러 이르는 말. ×장농.

장르(⊕genre) ['종류'라는 뜻] 문학·예술에서의 부문·종류·양식·형(型). 특히, 문학에서 작품의 형태상 분류. ¶문학은 크게 시·희곡·소설·평론 등의 ~로 나뉜다.

장:리(長利) [-니] 몡 곡식을 꾸어주고 받는 변리. 본디 곡식의 절반을 이자로 받는 변리. 흔히, 봄에 꾸고 가을에 갚음. ¶~를 놓다.

장:리-쌀(長利-) [-니-] 몡 장리로 꾸어주거나 꾸는 쌀.

장림(長霖) [-님] 몡 오래 계속되는 장마.

장:릿-벼(長利-) [-니뼈/-닏뼈] 몡 장리로 꾸어주거나, 꾸는 벼. ¶~를 놓다[얻다].

장마 몡 여름철에 일정 기간 계속하여 많이 내리는 비. =임우(霖雨). ¶~철 / 긴 ~가 걷고 오랫만에 해가 나왔다.

  장마(가) 들다 굔 장마가 시작되다. ¶예년보다 일찍 ~.

  장마(가) 지다 굔 장마 현상이 나타나다. ¶장마 지기 전에 공사를 끝내야 한다.

장-마당(場-) 몡 장이 서는 곳.

장-마루(長-) 몡 긴 널을 죽죽 깔아서 만든 마루.

장마`전선(-前線) 몡 [기상] 6, 7월경에 우리나라를 동서로 가로질러 오래 머물면서 장마를 가져오는 전선. 북태평양 고기압과 오호츠크 해 고기압 사이에 형성됨. ¶~이 북상하다.

장마-철 몡 장마가 지는 계절.

장막¹(帳幕) 몡 **1** 야외에서 볕이나 비바람 따위를 막기 위하여 둘러치는 막. ¶사방으로 ~을 둘러치다 / 연극이 끝나다 ~이 내리다. **2** 어떤 사실이나 현상을 보이지 않게 가리는 사물을 비유하여 이르는 말. ¶철의 ~ / 어둠의 ~ / 그 사람의 정체는 ~에 가려져 있다.

장막²(漿膜) 몡 [생] **1** 체강의 내면 및 체강에 있는 장기 표면을 덮고 있는 얇은 막의 총칭. 장액(漿液)을 분비함. 복막·흉막·심막 등. =장액막. **2** 파충류·조류·포유류의 발생 과정에서, 배(胚)와 난황낭·요막(尿膜)을 싸고 있는, 가장 바깥쪽의 아주 얇은 막.

장막-극(長幕劇) [-끅] 몡 [연] 여러 막으로 이루어진 긴 연극. ↔단막극.

장만 몡 [어떤 물건을] 필요에 따라 사거나 만들거나 갖추어 준비하는 것. 예마련. **장만-하다** 톰炙뎨 ¶살림을 새로 ~ / 옷을 한 벌 ~ / 반찬을 ~ / 미리 **장만해** 둔 돈으로 큰일을 치르다.

장:-맛(醬-) [-맏] 몡 간장이나 된장의 맛.

장맛-비[-마삐/-맏삐] 몡 장마로 오는 비. =음우.

장:-맞이 몡 길목을 지키다 기다리다가 사람을 만나려는 일. **장:맞이-하다** 톰炙뎨

장면(場面) 몡 **1** 어떤 장소에서, 걸으로 드러난 면이나 벌어진 광경. ¶이산가족이 상봉하는 감격적인 ~. **2** [영] 영화나 텔레비전 드라마에서, 같은 인물의 동일한 공간 안에서 이루어지는 사건의 광경. =신(scene). ¶~ 전환이 빠르다 / 그 영화의 마지막 ~이 인상적이다. ⇨화면.

장명(長命) 몡 명이 긺. 또는, 긴 수명. **장명-하다** 혱뎨

장명-등(長明燈) 몡 **1** 대문 밖이나 처마 끝에 달아 두고 밤에 불을 켜는 등. **2** 묘 앞이나 절 안에 세우는, 돌로 네모지게 만든 등. ⇨석등(石燈).

장:모(丈母) 몡 아내의 친어머니. =빙모(聘母)·처모(妻母). ⇨장인.

장모에 대한 호칭어, 지칭어

	호칭어	
지칭어	장모에게	장모님, 어머님
	장인에게	장모님, 어머님
	장모에게	장모님, 어머님
	아내에게	장모, 장모님, 어머님
	부모와 동기에게	장모(님), ○○ 외할머니
	친척에게	장모(님), ○○ 외할머니
	아내의 동기와 그 배우자에게	장모님, 어머님
	자녀에게	외할머니 (외할머님)
	타인에게	장모, 장모님, ○○ 외할머니

장모²(長毛) 몡 긴 털. ↔단모(短毛).

장-모음(長母音) 몡[언] 발음의 지속 시간이 긴 모음.

장목(長木) 몡 =장나무.

장목-비(-) 몡 **1** 꿩의 꽁지깃을 묶어 만든 비. **2** 장목수수의 이삭으로 맨 비.

장:문¹(杖問) 몡 곤장을 치며 신문하는 것. **장:문-하다** 톰뎨 ¶죄인을 ~.

장문²(長文) 몡 긴 글. ¶~의 편지. ↔단문(短文). **2** [문] =줄글.

장:문³(欌門) 몡 장에 달린 문.

장:-물(醬-) 몡 **1** 간장을 담그려고 소금을 탄물. **2** 간장을 탄 찬물.

장물²(贓物) 몡[법] 강도·절도 등의 범죄 행위로 부당하게 얻은 타인 소유의 물품. =장품.

장물-아비(贓物-) 몡 장물을 전문적으로 매매·운반하거나 이러한 행위를 알선하는 사람을 속되게 이르는 말.

장물-죄(贓物罪) [-쬐/-쮀] 몡[법] 장물을 취득·양여·운반·보관하거나 이러한 행위를 알선하는 범죄. ⓒ장죄.

장미(薔薇) 몡[식] 장미과 장미속의 총칭. 관목성의 꽃나무로 줄기에 가시가 있고, 꽃은 품종에 따라 피는 시기와 색깔·모양에 많은 변이가 있음. 화단이나 온실에서 재배됨.

장미-꽃(薔薇-) [-꼳] 몡 장미의 꽃. =장미화.

장미-색(薔薇色) 몡 =장밋빛.

장미-화(薔薇花) 몡 =장미꽃.

장밋-빛(薔薇-) [-미뼫/-믿뼫] 몡 **1** 장미의 빛깔. 보통 짙은 홍색이나 담홍색을 말함. =장미색. **2** 낙관적·희망적 상태를 비유하여 이르는 말. ¶~ 인생 / ~ 미래 / ~ 꿈.

장-바구니(場-) [-빠-] 몡 시장에 갈 때 산 물건을 넣기 위해 들고 다니는, 비닐·플라스틱 따위로 바구니처럼 만들어 끈이나 손잡이를 단 물건. =시장바구니.

장-바닥(場-) [-빠-] 몡 장(場)이 선 곳이나, 벌이의 터전으로서의 '장(場)'을 속되게 이르는 말. ¶반평생을 ~에서 굴러먹다.

장-반경(長半徑) 몡[수] '긴반지름'의 구용어. ↔단반경.

장발(長髮) 몡 남자의 길게 기른 머리털. 또는, 그런 머리털을 가진 남자. ¶~에 누더기를 걸친 히피족.

장발-족(長髮族) 몡 머리털을 길게 기른 남자들을 일컫는 말.

장방-형(長方形) 몡[수] =직사각형.

장:벽¹(腸壁) 몡[생] 장(腸)의 벽. 3층으로 이루어져 있으며, 소화·흡수에 중요한 작용을 함.

장벽²(障壁)〖명〗 1 가리어 막은 벽. ¶허물어진 베를린 ~. 2 둘 사이의 관계를 순조롭지 못하게 하는 장애물. ¶마음의 ~을 쌓다[허물다]. 3 무엇을 하는 데 방해가 되는 것. ¶관세~/언어~에 부딪치다.

장변(場邊) [-뼌] 〖명〗 장에서 꾸는 돈의 이자. 한 장도막, 곧 닷새 동안의 이자를 얼마로 셈함. ≒시변(市邊)·장도지(場賭地)·장변리(場邊利).

장병¹(長病) 〖명〗 오랜 병.

장!병²(將兵) 〖명〗 군사를 거느려 통솔하는 것. **장!병-하다**〖타〗〖여〗

장!병³(將兵) 〖명〗 '장교와 사병'의 통칭. ¶국군~/일선 ~을 위문하다.

장-보기(場-) 〖명〗 시장에 가서 물건을 팔거나 사 오는 일.

장복(長服) 〖명〗 (같은 약이나 음식을) 오랫동안 계속하여 먹는 것. **장복-하다**〖타〗〖여〗¶보약을 ~/인삼을 ~.

장본(張本) 〖명〗 어떤 일이 비롯되는 근원.

장본-인(張本人) 〖명〗 나쁜 일을 빚어낸 바로 그 사람. ¶물의를 일으킨 ~.

장부¹〖명〗〖건〗한쪽 끝을 다른 한쪽 구멍에 맞추기 위하여 얼마쯤 가늘게 만든 부분.

장!부²(丈夫) 〖명〗 1 장성한 남자. 2 '대장부'의 준말. ¶헌헌(軒軒)~.

장부³(帳簿·賬簿) 〖명〗 돈이나 물건의 출납·수지 계산 등을 기록하는 책. ¶이중~/~정리/~에 기입하다[적다].

장부^가격(帳簿價格) [-까-] 〖경〗 장부에 기록되어 있는 자산·부채·자본 등의 가격.

장부-꾼〖명〗 가래질할 때, 가랫장부를 잡는 사람. ⓒ장꾼.

장!부일언중천금(丈夫一言重千金) 장부의 말 한 마디는 천금같이 무겁다는 뜻으로, 한 번 한 말은 꼭 실천해야 한다는 말.

장비(裝備) 〖명〗 1 정당한 장치와 설비를 갖추어 차리는 것. 또는, 그 장치와 설비. ¶등산~/최신예 ~. **장비-하다**〖타〗〖여〗¶이 군함은 20인치 포 10문을 **장비하고** 있다. **장비-되다**〖자〗

장!비²(葬費) 〖명〗 장사를 지내는 데 드는 비용.

장-뼘(長-) 〖명〗 엄지손가락과 가운뎃손가락을 힘껏 벌린 뼘.

장사¹〖명〗 (상인이) 물건을 직접 만들거나 다른 데서 떼어다가 이익을 남기고 파는 일. ¶사과 ~/밑지는 ~. **장사-하다¹**〖자〗〖여〗

장!사²(壯士) 〖명〗 몸이 우람하고 힘이 아주 센 사람. ¶천하(天下)~/씨름~/힘이 ~다.

장!사³(葬事) 〖명〗 시체를 묻거나 화장하는 일. ¶~를 지내다. **장!사-하다²**〖타〗〖여〗

장사-꾼〖명〗 장사를 직업으로 하는 사람을 홀하게 이르는 말. ⓑ장사치.

장사-아치〖명〗 '장사치'의 잘못.

장사-진(長蛇陣) 〖명〗 1 한 줄로 길게 벌인 군대의 진(陣). ¶~을 치다. 2 많은 사람이 줄을 지어 길게 늘어선 모양을 이르는 말. =장사(長蛇). ¶매표구 앞은 귀성열차 표를 구입하려는 사람들로 ~을 이루고 있었다.

장사-치〖명〗 장사하는 사람을 낮잡아 이르는 말. =상고배·장로배(商路輩). ⓑ장사꾼. ×장사아치.

장사-판〖명〗 물건을 사고파는 장소나 범위. ¶~을 벌이다.

장!산(壯山) 〖명〗 웅장하고 큰 산.

장!-산적(醬散炙) 〖명〗 다진 쇠고기를 갖은 양념을 하여 얇게 반대기를 지어 구운 뒤에, 다시 반듯반듯하게 썰어 진간장에 조린 반찬. =약산적.

장!살(杖殺) 〖명〗〖역〗형벌로 매를 쳐서 죽이는 것. **장!살-하다**〖타〗〖여〗

장삼(長衫) 〖명〗〖불〗검은 베로 길이가 길고 소매를 넓게 만든 승려의 웃옷.

장삼-이사(張三李四) 〖명〗 1 ['장씨의 셋째 아들과 이씨의 넷째 아들'이라는 뜻] 이름이나 신분이 특별하지 않은 평범한 사람들. 2 〖불〗 사람에게 성리(性理)가 있는 줄은 아나 그 모양이나 이름을 지어 말할 수 없음을 비유하여 이르는 말.

장삿-길 [-사낄/-삳낄] 〖명〗 장사하려고 나선 길. =상로(商路). ¶~을 떠나다/~에 들어서다.

장삿-속 [-사쏙/-삳쏙] 〖명〗 이익을 꾀하는 장사치의 속마음. ¶~이 밝다/~이 빤히 들여다보이다.

장!상¹(長上) 〖명〗 지위가 높거나 나이가 많은 어른.

장!상²(將相) 〖명〗 장수와 재상을 아울러 이르는 말. ¶왕후(王侯)~.

장!상³(掌狀) 〖명〗 손바닥을 편 모양.

장색(匠色) 〖명〗 =장인(匠人)¹.

장!-샘(腸-) 〖명〗〖생〗고등 척추동물의 소장 및 대장에 있는, 장액(腸液)을 분비하는 분비선. =장선(腸腺)·창자샘.

장생¹(長生) 〖명〗 오래도록 사는 것. ¶불로~. **장생-하다**〖자〗〖여〗

장생²(長栍) 〖명〗 '장승'의 원말.

장생불사(長生不死) [-싸] 〖명〗 오래 살아 죽지 않음. **장생불사-하다**〖자〗〖여〗

장서¹(長書) 〖명〗 사연을 길게 적은 편지.

장서²(長逝) 〖명〗 영영 가는 것. 곧, 죽음. **장서-하다**〖자〗〖여〗

장서³(藏書) 〖명〗 책을 간직해 두는 것. 또는, 그 책. ⓒ장본. **장서-하다**〖타〗〖여〗

장서-가(藏書家) 〖명〗 서적(書籍)을 많이 간직하여 둔 사람.

장서-판(藏書版) 〖명〗 오랫동안 간직할 수 있도록 질 좋은 종이와 견고한 장정 등으로 만든 서적. ▷보급판.

장석(長石) 〖명〗〖광〗화성암의 주성분. 규산·알루미늄 등으로 되어 있고, 유리와 같은 광택이 있음. 도자기의 원료나 비료·화약·유리·성냥 등을 만드는 데 쓰임. =질돌.

장석(長石) 〖명〗 둑이나 기슭을 유지·보호하기 위하여 돌을 덮어 까는 일.

장선¹(長線) 〖명〗〖건〗마루 밑에 가로 대어 마루청을 받치는 나무. =장산(長山).

장!선²(腸腺) 〖명〗 =장샘.

장성¹(長成) 〖명〗 자라서 어른이 되는 것. **장성-하다**〖자〗〖여〗

장성²(長城) 〖명〗 길게 둘러쌓은 성. ¶만리~.

장!성³(將星) 〖명〗〖군〗'장군(將軍)²'를 달리 이르는 말. ¶~급(級)/육군 ~.

장성-세다 〖형〗 '장력세다'의 잘못.

장세¹(場稅) [-쎄] 〖명〗 장에서 상인들로부터 장소 사용료로 받는 세금.

장세²(場勢) 〖명〗 주식 시장의 형세. 곧, 오름세나 내림세 따위의 흐름. ¶하락 ~, 조정 ~.

장소(場所) 〖명〗 사람이 어떤 일을 하거나 할 수 있는, 일정한 넓이를 가진 공간. '곳'에 비하여 더 구체적이고 특정한 위치를 나타내며, 자립적으로 쓰일 수 있음. ¶공연 ~/약속 ~/~를 변경하다/~를 정하다.

장!손(長孫) 〖명〗 =맏손자.

장송¹(長松) 휜칠하게 자란 큰 소나무. ¶낙락-/-이 울울하다.
장:송²(葬送) 명 (죽은 사람을) 장사 지내어 장지로 보내는 것. **장:송-하다** 타여
장:송-곡(葬送曲) 명 1 장례 때 연주하는 곡의 총칭. 2 =장송 행진곡.
장:송^행진곡(葬送行進曲) 명 장례 때 연주되는 느릿느릿한 행진곡. 슬프고 장중한 분위기를 특징으로 함. =장송곡.
장수¹ 명 장사하는 사람. =상고(商賈). (비)상인(商人). ¶술-/-채소-/생선-.
장수²(長壽) 명 (사람이) 보통의 경우보다 훨씬 오래 사는 것. 또는, 그 긴 수명. =대수(大壽)·영수(永壽). (비)만수(萬壽).¶무병(無病)-/- 마을-/-의 비결-/-를 누리다. **장수-하다** 자여 ¶대대로 **장수하는** 집안.
장:수³(將帥) 명 군사를 거느리는 우두머리. =장(將)·장관·장령.
장수⁴(張數) [-쑤] 명 종이나 유리 따위와 같이 장으로 세는 물건의 수. (비)매수(枚數). ¶-를 세다.
장:수-벌(將帥-) 명동 =여왕벌.
장수-촌(長壽村) 명 기후·풍토 등의 원인으로, 다른 지역에 비해 건강하게 오래 사는 사람이 많은 마을.
장:수-풍뎅이(將帥-) 명동 딱정벌레목 풍뎅잇과의 곤충. 몸길이 35~55mm. 몸은 타원형이고, 몸빛은 광택이 있는 흑갈색임. 수컷은 머리에 투구를 쓴 것같이 가닥이진 뿔 모양의 돌기가 있음. 큰 활엽수에 구멍을 파고 그 속에 서식함. =투구벌레.
장:수-하늘소(將帥-) [-쏘] 명동 딱정벌레목 하늘솟과의 곤충. 보통 하늘소보다 배 이상 크며, 수컷은 큰 턱이 발달함. 우리나라 일원에 분포하며, 천연기념물로 지정되어 있음.
장승 명 마을이나 절의 입구, 또는 길가에 수호신이나 이정표로서 세우는, 기둥과 같은 나무나 돌 윗부분에 사람 얼굴 모양을 새긴 상. 아래쪽에는 '天下大將軍(천하 대장군)', '地下女將軍(지하 여장군)' 등을 쓰거나 이수(里數)와 지명 등을 표시했음. (비)벅수. 원장생(長牲)
장승처럼[같이] **서다**[서 있다] 구 우두커니 서다[서 있다]. ¶**장승처럼 서 있지** 말고 이리 와서 거들어라.
장승-같다[-갇따] 형 (키가) 멋없이 껑충하다. ¶키가 **장승같은** 사내. **장승-같이** 부
장시(長詩) 명문 이야기를 담은 긴 자유시. ↔단시(短詩).
장-시간(長時間) 명 오랜 시간. ¶-에 걸쳐 토의하다. ↔단시간.
장-시세(場時勢) [-씨-] 명 =장금.
장:-시일(長時日) 명 긴 시일. ¶-에 걸치다/-를 요하다. ↔단시일.
장-시조(長時調) 명문 =사설시조1.
장식(裝飾) 명 1 (어떤 대상을 어떤 사물로, 또는 어떤 대상을 어떤 사물로 치장하여 꾸미는 것. 또는, 그 꾸밈새. ¶실내[무대]-/-물. 2 (어떤 일이 어떤 부분을) 두드러지거나 표 나게 하는 상태가 되게 하는 것. 3 그릇·가구 등에 꾸밈새로 박는 쇠붙이. ¶장롱의 -이 떨어져 나가다. **장식-하다** 타여 ¶방 안을 꽃으로 -/글을 미사여구로 -/사건이 역사의 한 페이지를 -. **장식-되다** 자여 ¶솥의 가장자리에 술이 **장식되어** 있다.
장식-음(裝飾音) 명 [음] =꾸밈음.
장식-장(裝飾欌) [-짱] 명 장식품을 올려놓거나 넣어 두는 장.
장식-품(裝飾品) 명 장식을 위한 물품. ¶읽히지 않는 책은 -에 지나지 않는다.
장식-화(裝飾畫) [-시콰] 명[미] 건축·가구·그릇 등에 장식으로 도안하여 그린 그림.
장신(長身) 명 키가 큰 몸. ¶-의 사나이/-을 이용한 포스트 플레이. ↔단신(短身).
장신-구(裝身具) 명 몸치장을 하는 데 쓰는 기구. 반지·귀고리·목걸이·비녀·브로치 따위. (비)액세서리.
장:심(掌心) 명 손바닥이나 발바닥의 한가운데.
장아찌 명 말리거나 절이거나 한 야채를 간장·된장·고추장에 담가 오래 두고 먹는 반찬. ¶오이[마늘]-/-를 담그다.
장:악(掌握) 명 [손 안에 잡아 쥔다는 뜻] (권력이나 판세, 또는 빼앗아야 할 대상이 되는 곳 등을) 마음대로 할 수 있게 되거나 지배 아래 두는 것. **장:악-하다** 타여 ¶정권[실권]을 -/적의 요새를 -. **장:악-되다** 자여
장:악-력(掌握力) [-앙녁] 명 아랫사람이나 집단을 장악하여 다스릴 수 있는 힘.
장:악-원(掌樂院) 명 [역] 조선 시대, 음악에 관한 일을 맡아보던 관아.
장안(長安) 명 [중국의 옛 수도 이름에서 유래한 말] '서울'을 일컫는 말. ¶온 -에 화제를 뿌리다.
장:암(腸癌) 명 [의] 장에 생기는 악성 종양. 직장·결장에서 많이 생김.
장애(障礙) 명 1 어떤 문제가 가로막아 일이 제대로 이뤄지지 않게 하는 상태. 또는, 그 문제. ¶-에 부딪히다/통신에 -가 발생하다. 2 신체 기능이나 신경 계통에 결함이 있어 정상적이지 못한 상태. ¶신체-/시각-/인격-. ▷障害.
장애-물(障礙物) 명 장애가 되는 물건이나 대상. ¶-을 뛰어넘다.
장애물^경:주(障礙物競走) 명[체] =장애물 달리기.
장애물^달리기(障礙物-) 명[체] 장애물을 뛰어넘으며 달리는 육상 경기. 특히, 남자 3000m 종목을 가리킴. =장애물 경주·허들레이스.
장애물^비월(障礙物飛越) 명[체] 마장 마술 경기 종목의 하나. 마장 안에 미리 설치된 가로대·죽책(竹柵)·웅덩이 등의 장애물을 뛰어넘는 경기.
장애-인(障礙人) 명 보거나 듣거나 말하거나 팔다리를 움직이는 데 있어서 장애가 있거나, 또는 정신적인 능력에 결함이 있어서 일상생활이나 사회생활을 하는 데 상당한 제약을 받는 사람. =장애자.
장애-자(障礙者) 명 =장애인.
장:액¹(腸液) 명 [생] 창자의 점막에 분포되어 있는 선(腺)에서 분비하는 소화액. =창자액.
장액²(漿液) 명 1 [생] 장막(漿膜)에서 분비되는 투명한 액체. 2 점액성 물질이 들어 있지 않은 분비액. 침 따위.
장액-막(漿液膜) [-앵-] 명 [생] =장막².
장야(長夜) 명 겨울의 기나긴 밤. ↔단야(短夜).
장약(裝藥) 명 탄알을 발사하기 위해, 화포의

약실(藥室)에 화약을 재는 것. 또는, 그 화약. 凹장전(裝塡). **장약-하다** 동(자)(타)(여) **장약-되다** 동(자)
장어(長魚) 명(동) '뱀장어'의 준말. ¶~구이.
장엄(莊嚴) →**장엄-하다** 형(여) 경건하고 엄숙하다. ¶장엄한 의식. **장엄-히** 부
장:염(腸炎) [-념] 명(의) 창자의 점막이나 근질(筋質)에 생기는 염증. 세균 감염이나 폭음·폭식 등으로 인하여 복통·설사·구토·복명(腹鳴)·발열 등이 나타남. =장카타르. ¶급성 ~.
장옷 [-옫] 명 지난날, 여자가 나들이할 때, 얼굴을 가리기 위하여 머리에서부터 길게 내리쓰던 옷. ≒장의(長衣).
장외(場外) [-외/-웨] 명 어떤 곳 또는 일정한 구역의 바깥. ¶~ 홈런 / ~ 경기. ↔장내.
장외·거:래(場外去來) [-외-/-웨-] 명(경) 거래소 밖에서 이루어지는 주식이나 채권의 거래. =점두 거래·점두 매매.
장:원¹(壯元) 명 1 (역) 과거에서, 갑과(甲科)에 첫째로 급제하는 것. 또는, 그 사람. 2 글짓기 대회 등에서, 글을 제일 잘 지어 성적이 첫째가 되는 것. 또는, 그 사람. ¶백일장에서 ~을 차지하다. **장:원-하다¹** (자)(여)
장원²(莊園) 명 중세에 귀족이나 사찰이 사유(私有)하던 광대한 토지.
장원³(長遠) →**장원-하다** 형(여) 길고 멀다.
장:원^급제(壯元及第) [-쩨] 명(역) 과거에 장원으로 급제함.
장:유-유서(長幼有序) 명 오륜(五倫)의 하나. 어른과 어린이 사이에는 차례가 있음.
장음(長音) 명 =긴소리1. ↔단음(短音).
장-음계(長音階) [-계/-게] 명(음) 전음계 가운데에서 기음(基音)과 제3음 사이가 장3도이고, 제3음과 제4음, 제7음과 제8음 사이는 반음, 그 밖에는 온음으로 된 음계. ↔단음계.
장음^부:호(長音符號) [-호] 명(언) 긴 소리를 표시하는 부호. =긴소리표·장음부.
장-음정(長音程) 명 전음계 중의 2, 3, 6, 7도의 음정에는 반음 크기의 차를 갖는 두 종류가 있는데, 그중의 긴 쪽을 말함. ↔단음정.
장읍(長揖) 명 두 손을 마주 잡고 눈높이만큼 들어 허리를 굽히는 예. **장읍-하다** 동(자)(여)
장:의¹(長衣) [-의/-이] 명 =장옷.
장:의²(葬儀) [-의/-이] 명 =장례(葬禮). ¶~ 절차 / ~ 행렬.
장:의-사(葬儀社) [-의-/-이-] 명 장례에 필요한 여러 가지 일을 맡아 하는 영업소.
장-의자(長椅子) 명 여러 사람이 앉을 수 있도록 가로로 길게 만든 의자. 凹벤치.
장:의-차(葬儀車) [-의-/-이-] 명 =영구차(靈柩車).
-장이 접미 어떤 기술, 특히 장인(匠人)으로서의 수공업적인 기술을 가진 사람을 낮추어 이르는 말. ¶옹기~ / 유기~ / 갓~ / 대장~. ▷-쟁이.

어법 점장이가 미래를 예언하다:점장이(×)→점쟁이(○). ▶ 점을 치는 일을 하는 사람은 수공업적인 기술자가 아니므로, '점쟁이'가 옳음.

장익 명 '장닉(藏匿)'의 잘못.
장:인¹(丈人) 명 아내의 친아버지. =빙부(聘父)·빙장·악부(岳父)·악장(岳丈). 󰊸장인어른. ▷장모.
장인에 대한 호칭어, 지칭어

	호 칭 어	장인어른, 아버님
지칭 어	장인에게	장인어른, 아버님
	장모에게	장인어른, 아버님
	아내에게	장인 (어른), 아버님
	부모와 동기에게	장인 (어른), ○○ 외할아버지
	친척에게	장인 (어른), ○○ 외할아버지
	아내의 동기와 그 배우자에게	장인어른, 아버님
	자녀에게	외할아버지 (외할아버님)
	타인에게	장인 (어른), ○○ 외할아버지

장인²(匠人) 명 1 전근대 사회에서, 수공업에 종사하던 사람. 농기구·놋그릇·가구·도자기·옷·신 등을 만듦. =장색(匠色). 2 [장인이 공을 들여 물건을 만들듯, 예술가가 심혈을 기울여 창작한다는 뜻에서] 창작 예술가를 두루 이르는 말. ¶~ 기질 / ~ 정신.
장인-바치(匠人-) 명 '장인'의 낮춤말.
장:인-어른(丈人-) 명 '장인'의 높임말. ¶~, 절 받으십시오.
장일^식물(長日植物) [-싱-] 명(식) 일조 시간이 길어지고 밤의 길이가 짧아지면 꽃봉오리를 맺는 식물. ↔단일 식물.
장-잎 [-닙] 명(식) 볏과 식물의 맨 나중에 나오는 잎. 이 잎이 나온 뒤에 이삭이 나옴.
장:자¹(長子) 명 =맏아들.
장:자²(長者) 명 1 나이가 많거나 지위·항렬이 높은 사람. 2 덕이 뛰어나고 경험이 많아 세상일에 익숙한 사람. 3 큰 부자를 점잖게 이르는 말. ¶백만~.
장-자석(場磁石) 명(물) 발전기나 전동기 따위에 강한 자기장을 일으키게 하기 위하여 고정한 전자석(電磁石). ≒계자(界磁).
장:자-풍(長者風) 명 =장자풍도.
장:자-풍도(長者風度) 명 덕이 뛰어나고 경험이 많아 세상일에 익숙한 사람의 풍채와 태도. =장자풍.
장작(長斫) 명 통나무를 도끼 따위로 길쭉쭉하게 쪼갠 땔나무. 세는 단위는 개비·단·뭇·가리·강다리(100개비)·조짐. ¶~으로 불을 때다 · 도끼로 ~을 패다.
장작-개비(長斫-) [-깨-] 명 쪼갠 장작의 낱개. ¶뻣뻣하기가 ~ 같구나.
장작-더미(長斫-) [-떠-] 명 장작을 쌓아 올린 무더기.
장작-바리(長斫-) [-빠-] 명 길마나 수레에 장작을 가득 실은 바리.
장작-불(長斫-) [-뿔] 명 장작으로 때는 불.
장장(長長) 관 아주 긴. 주로, 시간적 길이나 동안이 매우 길거나 오래임을 나타낼 때 쓰임. ¶그 수술은 ~ 열 시간이 걸렸다.
장장-이(張張-) 부 하나하나의 장마다.
장:재(將材) 명 장수가 될 만한 인재.
장전¹(章典) 명 =전장(典章)³. ¶권리 ~.
장전²(裝塡) 명(군) 총포에 탄약을 재는 것. 凹장약(裝藥). **장전-하다** 동(타)(여) ¶소총에 탄알을 ~. **장전-되다** 동(자)
장전³(贓錢) 명 옳지 못한 짓을 하여 얻은 돈.
장:절(壯絶) →**장:절-하다** 형(여) 매우 장하다. ¶장절한 죽음. **장:절-히** 부
장점(長點) [-쩜] 명 어떤 사람이나 사물에 있어서, 긍정적 요소가 되거나 칭찬할 만한 점. =장처(長處). 凹미점(美點). ¶~을 살

리다 / 그의 최대 ~은 정직성이다. ↔단점.
장ː정¹(壯丁) [명] **1** 나이가 젊고 기운이 좋은 남자. **2** 징병 적령자인 남자. ¶~ 명부.
장정²(長征) [명] 멀리 정벌을 떠나는 것.
장정³(長程) [명] **1** 길고 먼 여행길. =장로(長路). [비]장도. ¶수만리 ~ / 세계 일주의 ~에 오르다. **2** 목표를 이루기까지의 길고 힘든 과정. 비유적인 말임. ¶통일을 향한 ~이 시작되다.
장정⁴(章程) [명] 여러 조목으로 나누어 정한 규정.
장정⁵(裝幀·裝訂) [명] 표지·케이스·면지·속표지 및 제본 양식 등 책의 외형을 아름답게 꾸미는 기술. 또는, 그 꾸밈새. ¶호화 ~ / 가죽 ~. **장정-하다** [동][타][여]
장정-기(藏精器) [명][식] 양치식물·선태식물 등에서, 배우체에 생기는 웅성 생식 기관. ▷장란기(藏卵器).
장ː제(葬祭) [명] 장례와 제사. ¶~비(費).
장조(長調) [-쪼] [명][음] 장음계를 바탕으로 한 곡조. =메이저. ↔단조(短調).
장ː-조림(醬-) [명] 쇠고기를 간장에 넣고 조린 반찬. =장육(醬肉).
장ː-조카(長-) [명] 맏형의 맏아들. =맏조카·장질(長姪).
장족(長足) [명] ['긴 다리'라는 뜻] 《주로 '장족의'의 꼴로 쓰여》 (발전·진보 따위가) 몹시 빠른 상태를 비유적으로 이르는 말. ¶경제가 ~의 발전을 보이다.
장ː-족박(醬-) [명] '장쪽박'의 잘못.
장ː졸¹(將卒) [명] 장수와 병졸. =장사(將士).
장졸²(藏拙) [명] 자기의 단점을 덮어서 감추는 것. **장졸-하다** [동][자][여]
장-주릅(場-) [-쭈-] [명] 옛날에, 장에서 흥정 붙이는 일을 직업으로 하던 사람. =시쾌(市儈).
장ː죽¹(杖竹) [명] 지팡이로 쓰는 대나무.
장죽²(長竹) [명] 긴 담뱃대. =긴대. ¶노인은 물고 있던 ~을 놋재떨이에 땅땅 떨었다. ↔곰방대.
장ː중¹(帳中) [명] 방장(房帳)으로 둘러친 그 안.
장중²(場中) [명][경] 주식·외환·채권 시장 등에서, 그날 거래가 이뤄지는 동안. ¶주가가 ~ 한때 급락세를 보이다.
장ː중³(掌中) [명] ['손바닥 안'이라는 뜻] 어떤 사람의 세력이나 지배의 범위 안. ¶네가 아무리 뛰어 본들 내 ~에 있을 뿐이다.
장중⁴(莊重) ➜**장중-하다** [형][여] 장엄하고 무게가 있다. ¶대관식(戴冠式)이 **장중하고** 성대하게 베풀어지다. **장중-히** [부]
장ː중-보옥(掌中寶玉) [명] ['손 안에 든 보배로운 옥'이라는 뜻] 매우 소중한 물건.
장지¹(障-) [명][건] 방과 방, 방과 마루 사이에 칸을 막아서 설치한 문. 보통, 미닫이로 되어 있음. ¶~를 닫다.
장ː지²(壯志) [명] 마음속에 품은 장하고 큰 뜻. ¶~를 품다.
장ː지³(壯紙) [명] 조선종이의 한 가지. 두껍고 질기며 질이 썩 좋음.
장지⁴(長指·將指) [명] =가운뎃손가락.
장ː지⁵(葬地) [명] 장사하여 시체를 묻는 땅. [비]매장지(埋葬地).
장-지갑(長紙匣) [명] 한쪽은 짧고 다른 쪽은 긴 직사각형 모양의 지갑. 대체로 지폐를 접지 않고 넣을 수 있을 정도의 길이를 가짐. ▷반지갑.
장지-문(障-門) [명][건] 지게문에 장지 짝을 덧들인 문.
장진(長進) [명] 죽죽 뻗어 발전하는 것. **장진-하다** [동][자][여] ¶춘랑의 글재주 더욱 **장진하였도다**.《김만중:구운몽》
장진주-사(將進酒辭) [명][문] 조선 선조 때 정철이 지은 사설시조 형식의 권주가(勸酒歌).
장-질부사(腸窒扶斯) [명][의] =장티푸스.
장ː-쪽박(醬-) [-빡] [명] '간장쪽박'의 준말. ×장족박.
장차(將次) [부] 다가올 미래의 어느 때에. ¶어린이는 ~ 이 나라를 짊어지고 나아갈 새싹이다.
장-차다(長-) [형] **1** 곧고도 길다. ¶나무가 **장차게** 자랐다. **2** 거리가 멀다. ¶서울에서 부산까지의 **장찬** 길을 쉬지도 않고 달렸다. **3** 시간이 길다. ¶30년이라는 **장찬** 세월을 허비했다.
장착(裝着) [명] 의복·기구·장비 등에 일정한 장치를 부착하는 것. **장착-하다** [동][타][여] ¶자동차 바퀴에 체인을 ~ / 군복에 탄띠를 ~. **장착-되다** [동][자] ¶에어백이 **장착된** 자동차.
장ː창¹(杖瘡) [명] 장형(杖刑)으로 매를 맞은 자리에 생기는 헌데.
장창²(長槍) [명] **1** [군] 창의 한 가지. 전체 길이 4m 안팎, 창날의 길이 50cm 안팎. 창날과 자루 사이에는 칼코등이가 있음. **2** [역] 십팔기(十八技)의 한 가지. 보병(步兵)이 1을 가지고 하는 무예.
장책(帳冊·賬冊) [명] 거래처에 따라 분류 기입하는 상인의 장부.
장처(長處) [명] =장점(長點). ↔단처.
장천(長天) [명] 멀고도 넓은 하늘. ¶구만 리 ~.
장체(長體) [명] 사진 식자의 변형 문자의 하나. 변형 보조 렌즈를 사용하여 폭을 약 10~30% 축소시킨 식자. ↔평체(平體).
장총(長銃) [명][군] 길이가 긴 총. 특히 단총에 대하여, 소총(小銃)을 이르는 말임. ↔단총.
장축(長軸) [명][수] =긴지름. ↔단축.
장ː-출혈(腸出血) [명][의] 궤양이나 악성 종양 등으로 인하여 장관(腸管)에서 일어나는 출혈. 장티푸스·장결핵·장암·장궤양 등에서 나타나며, 혈변이나 하혈을 보임.
장취(長醉) [명] 늘 술에 취하여 있는 것. **장취-하다** [동][자][여]
장-치¹(場-) [명] 장이 설 때마다 이자를 갚는 빚.
장치²(裝置) [명] **1** 어떤 목적에 따라서 기능을 발휘할 수 있도록 기계나 도구를 그 장소에 정착시키는 것. 또는, 그 기계·도구·설비. ¶무대 ~ / 안전~. **2** 어떤 일을 원만하게 수행하기 위하여 설정된 조직 구조나 규칙 등을 비유적으로 이르는 말. ¶빈번하게 발생하는 분쟁을 예방·조정·처리하는 제도적 ~가 요망된다. **장치-하다**¹ [동][타][여] ¶신호기를 ~. **장치-되다** [동][자]
장치³(藏置) [명] **1** 간직하여 두는 것. **2** 통관(通關)하고자 하는 수출입 물품을 보세 구역 안에 임시로 보관하는 일. **장치-하다**² [동][타][여]
장ː치-기 [명] 두 편으로 나뉜 사람들이 각각 공채를 가지고 장치기공을 쳐서 일정한 금 밖으로 먼저 내보내기를 겨루는 경기. =공치기. **장ː치기-하다** [동][자][여]
장ː치기-공 [명] 장치기에 쓰는 공. 나무를 둥글게 깎아 만듦.
장-치다(場-) 통 '독장치다'의 준말.
장치 산업(裝置産業) 명 거대한 설비·장치를 가지며, 거액의 자본 투하가 필요한 산업. 철강업·석유 화학·조선업 따위. =장치공업.
장침¹(長枕) 명 모로 기대어 앉아 팔꿈치를 괴는 베개. 사방침(四方枕)보다 가로가 긺. ¶김 초시는 비스듬히 ~에 기댄 채 낮잠이 들었다.
장침²(長針) 명 1 긴 바늘. 2 =분침(分針). ↔단침(短針).
장쾌(壯快) →장쾌-하다 형여 장하고 통쾌하다. ¶장쾌한 홈런. **장쾌-히** 부
장타(長打) 명[체] 야구에서, 2루타 이상의 안타(安打). ↔단타(短打).
장타-력(長打力) 명[체] 장타를 날리는 능력.
장-타령(場-) 명 동냥하는 사람이 시장이나 거리로 다니며 구걸할 때 부르는 노래. =각설이 타령.
장타령-꾼(場-) 명 장타령을 부르며 다니는 거지.
장타-자(長打者) 명[체] 야구에서, 장타를 치는 능력을 지닌 사람.
장탄(裝彈) 명 총포에 탄알을 재는 것. ¶~장치. **장탄-하다** 자여 **장탄-되다** 통여
장-탄식(長歎息) 명 긴 한숨을 내쉬며 탄식하는 것. **장탄식-하다** 자여
장택(葬擇) 명 장사 지낼 날짜를 택하는 것. **장택-하다** 타여
장-터(場-) 명 장이 서는 넓은 터.
장토(莊土) 명 =전장(田莊)¹.
장-티푸스(腸typhus) 명[의] 티푸스균이 장에 침범하여 1~2주일의 잠복기를 거친 뒤 고열과 설사, 심하면 장출혈 등을 일으키는 법정 전염병. 속칭은 염병. =장질부사.
장파(長波) 명[물] 관용적인 전파 구분에서, 파장 3000m 이상의 전파. 항공 통신 따위에 쓰임.
장-파장(長波長) 명[물] 장파(長波)의 파장. ↔단파장.
장-판(場-) 명 1 장이 선 곳. 2 많은 사람이 모여서 복작거리는 곳을 가리키는 말.
장판²(壯版) 명 1 기름 먹인 종이로 바른 방바닥. ¶~을 닦다. 2 '장판지'의 준말. ¶~를 바르다. **장판-하다** 타여 종이로 방바닥을 바르다.
장 판³(杖板) 명[여] 장형(杖刑)을 집행할 때 죄인을 엎드리게 하여 팔·다리를 매는 틀.
장판-지(壯版紙) 명 방바닥을 바르는 데 쓰는 기름 먹인 두꺼운 종이. ¶~를 바르다 / 윤기가 자르르 흐르는 ~.
장편¹(長篇) 명[문] 1 소설·만화·영화 등이 길이가 긴 상태. 또는, 그 소설이나 만화나 영화. ¶만화를 ~으로 제작하다. ↔단편(短篇). 2 구(句)의 수에 제한이 없는 한시체(漢詩體).
장 편²(掌篇) 명[문] 1 매우 짧은 글. 2 =콩트(conte).
장편^소설(長篇小說) 명[문] 복잡한 구성으로 사회와 인간을 총체적으로 그리며 인물의 성격이 유동적인 특성을 띠는, 길이가 긴 소설. ↔단편 소설.
장 풍(掌風) 명 무술에서, 손바닥으로 일으키는 바람.
장 하¹(杖下) 명 장형(杖刑)을 받는 그 자리.
장하²(裝荷) 명 전화의 통화 상태를 좋게 하

기 위하여 인공적으로 인덕턴스를 증가시키는 일. ¶~ 안테나 / ~ 코일. **장하-하다** 통 타여
장!-하다(壯-) 형여 (사람이나 한 일이) 훌륭하여 높이 평가할 만하다. ¶장한 어머니 / 우리 선수가 세계를 제패하다니 정말 ~! **장!-히**¹ 부
장!학(奬學) 명 학문을 장려하는 것. ¶~ 제도. **장!학-하다** 통 자여
장!학-관(奬學官) [-꽌] 명[교] 교육의 기획·조사·지도·감독에 관한 사무를 맡은 교육 공무원.
장!학-금(奬學金) [-끔] 명 1 학술 연구 장려 제도로서, 우수한 연구자에게 주는 장려금. 2 성적이 우수하나 경제적인 어려움을 겪는 학생에게 학업을 계속할 수 있도록 대여 또는 급여되는 학자금. ¶~을 받다[지급하다].
장!학-사(奬學士) [-싸] 명[교] 교육의 기획·지도·조사·감독에 관한 사무를 맡은 교육 공무원. 장학관의 아래임.
장!학-생(奬學生) [-쌩] 명 장학금을 받는 학생. ¶국비(國費) ~.
장!한(壯漢) 명 키가 크고 힘이 센 남자.
장해(障害) 명 어떤 일이나 사고의 결과로 일어나는 지장이나 피해. ¶재해 ~ / ~ 연금 / 티브이에 전자파 ~가 일어나다. ▷장애.
장해-물(障害物) 명 장해가 되는 사물.
장혈(漳血) 명[한] 노루의 피, 보혈제로 쏨.
장!-협착(腸狹窄) 명[의] 장관 내강(腸管內腔)이 좁아진 상태. 배가 붓고 구토·복통 등의 증상을 보임.
장!형¹(杖刑) 명[역] 오형(五刑)의 하나. 곤장으로 볼기를 치는 형벌.
장형²(長兄) 명 =맏형.
장화(長靴) 명 목이 무릎 언저리까지 올라오는 신. 보통 가죽이나 고무로 만듦. ¶고무 ~ / 비가 와서 ~를 신다.
장화홍련-전(薔花紅蓮傳) [-년-] 명[문] 조선 후기의 작자·연대 미상의 고대 소설. 평좌수(裵座首)의 딸 장화와 홍련이 계모 허씨(許氏)의 학대로 죽어 원혼이 되어 원수를 갚는다는 이야기임.
장황(張皇) →장황-하다 형여 (말이나 글이) 핵심을 알아차릴 수 없게 쓸데없이 길고 복잡하다. ¶설명을 **장황하게** 늘어놓지 말고 요점만 얘기하시오. **장황-히** 부
장-흥정(場-) 명[여] 장에서 물건을 사고 팔 때에 하는 흥정. **장흥정-하다** 타여
장!-히²(壯-) 부 매우 또는 몹시. ¶보릿고개가 도 고됐다. 해조로 끼니를 이어 가는 집도 한두 집이 아니었다.《오영수: 갯마을》
잦다¹[잗따] 통 자 액체가 졸아들어 밑바닥에 깔리다.
잦다²[잗따] 통 자 뒤로 기울다. 준젖다.
잦다³[잗따] 형 1 여러 차례로 거듭되는 간격이 매우 짧다. ¶잦은 기침 소리. 2 (어떤 일이) 자주 생기거나 일어나는 상태에 있다. ¶잦은 결석 / 외박이 ~.
잦-뜨리다/-트리다[잗-] 통 타 힘을 들여 뒤로 잦히다. 준젖뜨리다.
잦바듬-하다[잗빠-] 형여 1 뒤로 자빠질 듯이 비스듬하다. ¶**잦바듬한** 자세로 벽에 기대다. 2 어떤 일을 탐탁하게 여기는 빛이 없다. 준젖버듬하다. **잦바듬-히** 부
잦아-들다 통 자 〈~드니, ~드오〉 1 괴었던 물이 점점 말라 없어져 가다. ¶논의 물이 ~.

2 (성하던 기운이나 현상이) 수그러들거나 잠잠해지다. ¶간밤에 거칠던 바람도 아침이 되면서 **잦아들었다**.

잦아-지다¹ [동](자) 점점 잦아들어 없어지게 되다. ¶가뭄으로 못의 물이 ~.

잦아-지다² [동](자) 잦게 되다. ¶늦게 귀가하는 일이 ~.

잦은-걸음 [명] 두 발을 자주 놀려 걷는 걸음. ¶~으로 총총히 걷다.

잦은-방귀 [명] 잇달아 자주 뀌는 방귀.

잦은 [잔-] [부] 잦거나 잰 상태로. ¶~ 걸음을 옮기다.

잦추다 [잔-] [동](타) 잰 동작으로 잇달아 재촉하다. ¶새벽을 **잦추는** 닭 우는 소리가 이 집 저 집에서 요란히 들리는데….《이기영:고향》

잦혀-지다 [자처-] [동](자) 1 뒤로 기울어지다. ¶고개가 뒤로 ~. 2 물건의 안쪽이 겉으로 나와 드러나다. ¶화투짝이 ~ / 뚜껑이 ~. [큰] 젖혀지다.

잦-히다¹ [자치-] [동](타) 1 '잦다'의 사동사. 2 밥을 지을 때, 밥물이 세 번 끓은 뒤에 잠간 불을 뺏다가 다시 약한 불을 때어 물기가 잦아지게 하다. ¶부엌에서 밥 **잦히는** 냄새가 구수하게 난다. / 시작이 절반이라고 하지마는 다 **잦힌** 밥도 입에 넣어야 먹어지는 것이오.《이광수:흙》

잦-히다² [자치-] [동](타) '잦다'의 사동사. ¶상체를 ~ / 고개를 ~. 2 물건의 안쪽이 겉으로 드러나게 하다. ¶옷섶을 ~ / 책장을 ~. [큰] 젖히다.

재¹ [명] 물체가 불에 탄 뒤에 남는, 가루 상태가 되었거나 쉽게 부스러져 가루로 되는 회색의 물질. ¶담뱃 ~ / 연탄 ~ / 잿더미.

재² [명] 산줄기가 안장처럼 낮아진 부분. 산지의 허리 부분에 있어 사람이 다니는 교통로가 발달함. =영(嶺). [비] 고개. ¶박달 ~ / ~를 넘다.

-재³ '-자고 해'가 준 말로, 남의 청하는 말을 인용하는 말. ¶그 사람이 자기랑 같이 놀러 가~.

재⁴ (在) [명] 돈이나 물건 따위의 쓰고 난 나머지.

재⁵ (災) [명] '재액(災厄)'의 준말.

재⁶ (齋) [명] [불] 1 명복을 빌기 위하여 드리는 불공. ¶~를 올리다. 2 '재계(齋戒)²'의 준말.

재⁷ (載) [주] 십진급수의 하나. 정(正)의 만 배, 극(極)의 만분의 일. 곧, 10⁴⁴.

재¹⁻⁸ (再) [접두] '두 번째', '다시'의 뜻을 나타내는 말. ¶~ 확인 / ~ 시험 / ~ 수술.

-재⁹ (材) [접미] 일부 명사 뒤에 붙어, '재료'의 뜻을 나타내는 말. ¶가구~ / 건축~.

재!가¹ (在家) [명] [불] 1 출가하지 않고 집에서 불도를 닦는 일. 또는, 그 사람. =재속. 2 사회에서 살아가는 일반 사람. **재!가-하다**¹ [동](자)(여)

재!가² (再嫁) [명] =개가(改嫁)¹. **재!가-하다**² [동](자)(여)

재가³ (裁可) [명] (결재권을 가진 사람이나 단체가) 안건(案件)을 허락하는 것. ¶~를 얻다. **재가-하다**³ [동](타)(여)

재가⁴ (齋家) [명] 1 재를 올리는 사람의 집안. 2 무당이나 승려가 초상집을 이르는 말. 3 초상 계원 중에 초상이 난 집.

재!-가동 (再稼動) [명] 일하기 위하여 기계나 인원이 다시 움직이는 것. 또는, 그렇게 되게 하는 것. **재!가동-하다** [동](자)(여) ¶기계를 ~.

재!가-승 (在家僧) [명] 1 [불] 속가에서 불법을 닦는 사람. 2 지난날, 함경도 변경 지역에 살던 여진족의 유민으로, 불당을 세우고 승려처럼 행세하던 특수한 무리.

재!-가입 (再加入) [명] (조직이나 단체 등에) 다시 가입하는 것. 또는, (보험에) 다시 드는 것. **재!가입-하다** [동](자)(여) **재!가입-되다** [동](자)

재간 (才幹) [명] 1 어떤 일을 할 수 있는 재능이나 솜씨. ¶손~ / ~이 많은 사람. 2 어떠한 방도나 도리. ¶어찌나 입담이 좋은지 말로 당할 ~이 없다.

재!간 (再刊) [명] 두 번째의 간행. ¶~본(本). **재!간-하다** [동](타)(여) **재!간-되다** [동](자) ¶**재간된** 잡지.

재간-꾼 (才幹-) [명] 여러 가지 재간을 지닌 사람.

재갈 [명] 1 사람이 말을 부리기 위해 말의 입에 가로물리는 쇠로 된 물건. 굴레에 달려 있으며, 여기에 고삐를 맴. =마함(馬銜). ¶말에 ~을 물리다. 2 소리를 지르거나 혀를 깨물거나 하지 못하도록 사람의 입에 물리는 물건.

재갈(을) 물리다 [먹이다] [구] 으르거나 위협하거나 하여 자유롭게 말하지 못하게 하다. ¶독재 권력은 언론에 **재갈을 물리기** 위해 온갖 탄압을 서슴지 않았다.

재!감 (在監) [명] 감옥에 갇혀 있는 것. ¶~자(者). **재!감-하다** [동](자)(여)

재강 [명] 술을 거르고 남은 찌끼. =술찌끼·조박(糟粕)·주조(酒糟).

재!개 (再改) [명] 고친 것을 다시 고치는 것. **재!개-하다**¹ [동](타)(여)

재!개² (再開) [명] (회의나 활동 등을 한동안 쉬었다가) 다시 여는 것. **재!개-하다**² [동](타)(여) ¶회의를 ~ / 교섭을 ~. **재!개-되다** [동](자) ¶회담이 ~.

재!-개발 (再開發) [명] 이미 있는 것에 새로운 계획을 더하여 좀 더 낫게 고치는 것. ¶~ 지구 / 도심(都心) ~ / ~ 사업. **재!개발-하다** [동](타)(여) **재!개발-되다** [동](자)

재!-개봉 (再開封) [명] 개봉관에서 이미 상영했던 영화를 낮은 등급의 영화관에서 다시 상영하는 것. 또는, 오래전에 이미 상영했던 영화를 영화관에서 다시 상영하는 것. **재!개봉-하다** [동](타)(여) **재!개봉-되다** [동](자) ¶27년 만에 **재개봉된** 공포 영화 '엑소시스트'.

재!-개봉-관 (再開封館) [명] 개봉관에서 이미 상영했던 영화만을 다시 상영하는 영화관.

재!거 (再擧) [명] 두 번째로 일을 일으키는 것. ¶~를 꾀하다. **재!거-하다** [동](타)(여)

재!건 (再建) [명] (이미 없어졌거나 허물어진 것을) 다시 일으켜 세우는 것. ¶도시 ~. **재!건-하다** [동](타)(여) ¶회사를 ~. **재!건-되다** [동](자)

재!-건축 (再建築) [명] 무너질 위험이 있거나 일정한 연한을 넘긴 공동 주택을 허물고 다시 짓는 것. **재!건축-하다** [동](타)(여) ¶노후한 아파트를 ~. **재!건축-되다** [동](자)

재!-검사 (再檢査) [명] 한 번 검사가 끝난 것을 다시 검사하는 것. **재!검사-하다** [동](타)(여)

재!-검토 (再檢討) [명] 한 번 검토한 것을 다시 검토하는 것. **재!검토-하다** [동](타)(여) ¶시험지를 ~ / 원안을 ~. **재!검토-되다** [동](자)

재!-검표 (再檢票) [명] 이미 개표가 끝났으나

이의가 제기되거나 하여 투표 결과를 다시 조사하는 것. 재!검표-하다 통(자)(여)
재결¹(災結) 명 가뭄·홍수·바람 따위로 피해를 받은 논밭.
재결²(裁決) 명 1 옳고 그름을 가려 결정하는 것. ⨮재단(裁斷). 2 [법] 행정 기관이 소원(訴願)의 제기·행정 소송에 의하여 내리는 판정. 재결-하다 통(타)(여) 재결-되다 통(자)
재!-결정(再結晶)[-쩡] 명 (화) 결정성 물질을 물이나 그 밖의 용매에 녹여 냉각시키거나 증발시켜 다시 결정으로 분리해 내는 일. 결정 속의 불순물이 제거되므로 물질의 정제(精製)에 쓰임.
재!-결합(再結合) 명 1 다시 합하여 하나가 되는 것. ¶이산가족의 ~. 2 [화] 이온화에 의하여 나누어진 음양의 이온, 또는 전자와 양이온이 다시 결합하여 중성 분자나 원자를 만드는 일. 3 [물] 방사선에 의하여 분해된 화합물이 다시 결합하는 일. 재!결합-하다 통(자)(여) ¶이혼했던 부부가 ~. 재!결합-되다 통(자)
재!경¹(在京) 명 〔주로 관형어적으로 쓰여〕 서울에 있는 것. ¶~ 동문회 / ~ 종친회. 재!경-하다 통(자)(여)
재경²(財經) 명 재정과 경제. ~ 위원회.
재!-경기(再競技) 명 승부 판정 등에 문제가 있거나 하여 경기를 다시 치르는 것. 또는, 그 경기. 재!경기-하다
재계¹(財界)[-계/-게] 명 실업가와 금융업자의 사회. ¶~의 실력자.
재계²(齋戒)[-계/-게] 명 〔신령·부처 등에 제사를 지낼 사람이〕 마음과 몸을 깨끗이 하고 부정(不淨)한 일을 멀리하는 것. ¶목욕 ~. ⑥재(齋). 재계-하다 통(자)(여)
재!-계약(再契約)[-갸/-계-] 명 다시 계약을 맺는 것. 또는, 그 계약. 재!계약-하다
재!고¹(再考) 명 다시 생각하는 것. ¶~를 촉구하다 / 이번 결정은 ~의 여지가 있다. 재!고-하다 통(타)(여)
재!고²(在庫) 명 '재고품'의 준말. ¶~ 정리.
재!고-량(在庫量) 명 창고에 남아 있는 물건의 수량. ¶~이 부족하다.
재!고-품(在庫品) 명 1 창고에 있는 물건. 2 전에 만들어서 아직 상점에 내놓지 않았거나, 팔다가 남아서 창고에 쌓아 놓은 물건. ⑥재고.
재교(再校) 명 (인) 두 번째의 교정(校正). ⨮재준. ¶~를 보다. 재!교-하다 통(타)(여)
재!-교부(再交付) 명 한 번 내준 서류나 증명서 따위를 다시 내주는 일. 재!교부-하다 통(타)(여) 재!교부-되다 통(자)
재!-교육(再敎育) 명 1 같은 내용의 교육을 베푸는 것. 2 학교 교육을 마치고 사회에 나와서 일정한 직업에 종사하는 사람을 대상으로 하여 더욱 새롭고 깊이 있는 교육을 베푸는 것. ⨮현직 교육. ¶사원 ~. 재!교육-하다 통(타)(여) 재!교육-되다 통(자)
재!-구성(再構成) 명 내용을 가진 어떤 것을 다른 것으로 다시 구성하는 것. 재!구성-하다 통(타)(여) ¶실제로 일어난 사건을 드라마로 ~. 재!구성-되다 통(자)
재!귀(再歸) 명 본디의 곳으로 다시 돌아오는 것. 재!귀-하다 통(자)(여)
재!귀^대!명사(再歸代名詞) 명 (언) 유럽 어 등에서, 동작주(動作主) 자신을 나타내는 대명사. 주로, 재귀 동사의 목적어로 쓰임.

재다 1559

우리 문법에서는, 한 문장 안에서 앞에 나온 주어를 도로 가리키는 대명사의 뜻으로 통용되기도 하는데, '자기', '당신', '저' 등이 이에 해당함.
재!귀-열(再歸熱) 명 (의) 스피로헤타를 병원체로 하는 전염병. 이·진드기가 매개함. 오한·고열·두통·구토 등의 증상을 나타냄. = 회귀열.
재규어(jaguar) 명 (동) 포유류 고양잇과의 한 종. 몸길이 약 1.4m. 표범과 비슷하나 얼룩무늬가 다름. 보통 황갈색 바탕에 커다란 둥근 무늬가 있고 그 중앙에 작은 흑점이 있음.
재기(才氣) 명 재주가 있는 기질. ¶~ 발랄한 작가 / ~ 넘치는 말솜씨.
재!기²(再起) 명 〔능력이나 힘 따위를 모아서〕 다시 일어나는 것. ¶김 영감은 고혈압으로 쓰러진 뒤 ~ 불능의 상태에 빠졌다. 재!기-하다 통(자)(여) ¶오랜 슬럼프에서 벗어나 ~. 재!기-되다 통(자)
재까닥 부 '재깍²'을 속되게 이르는 말. 큰제꺼덕.
재깍¹ 부 1 작고 단단한 물건이 부러지거나 맞부딪칠 때에 나는 소리. 또는, 그 모양. 2 시계 같은 것의 톱니바퀴가 돌아갈 때에 나는 소리. 또는, 그 모양. 큰제꺽. 센째깍. 재깍-하다 통(자)(여)
재깍² 부 어떤 일을 빠르게 해치우는 모양. ¶의안을 ~ 통과시키다 / 시간이 없으니 ~ 다녀오너라. 큰제꺽. 센째깍.
재깍-거리다/-대다 [-따-] 통(자)(타) 재깍 소리가 잇달아 나다. 또는, 잇달아 나게 하다. 큰제꺽거리다. 센째깍거리다.
재깍-재깍¹ 부 재깍거리는 소리나 모양. ¶탁상시계의 초침이 ~ 소리를 내며 돌아간다. 큰제꺽제꺽. 센째깍째깍. 재깍재깍-하다 통(자)(타)(여)
재깍-재깍² [-째-] 부 어떤 일이든 재빨리 해내는 모양. ¶일을 ~ 해치우다. 큰제꺽제꺽. 센째깍째깍.
재깔-거리다/-대다 통(자) 자꾸 말을 하다. 큰지껄거리다.
재깔-이다 통(자) 조금 떠들썩하게 이야기하다. 큰지껄이다.
재깔-재깔 부 재깔거리는 소리나 모양. 큰지껄지껄. 재깔재깔-하다 통(자)(여)
재난(災難) 명 뜻밖의 불행한 일. =화해(禍害). ¶화재로 뜻하지 않은 ~을 당하다.
재녀(才女) 명 재주가 있는 여자. ↔재사(才士).
재능(才能) 명 어떤 일을 잘할 수 있는 재주와 능력. ¶~을 키우다 / ~을 발휘하다 / 참 수는 그림에 천부적인 ~이 있다.
재!다¹〔재고/재어〕 통(자) (사람이) 남보다 뛰어나게 해낸 일이나 남다르다고 여기는 일을 드러내어 뽐내다. ⨮으스대다·뽐내다·빼기다. ¶돈 좀 있다고 너무 **재지** 마라.
재!다²〔재고/재어〕 통(타) 1 〔어떤 물체나 물질의 길이·넓이·부피·무게·속도·온도·압력 등을 자·저울·속도계·온도계·압력계 등의 도구로〕 수치가 얼마인가 알아보다. ⨮측정하다. ¶몸무게를 저울로 ~. 2 어떤 일을 하기 전에 그 일이 가져올 결과나 이해득실을 이모저모 따지다. ⨮계산하다. ¶여러모로 **재어** 보고 일을 시작하다 / 이것저것 너무 **재다** 보면 기회를 놓치기 쉽다.
재!다³〔재고/재어〕 통(타) 1 =쟁이다. ¶연탄을 광에 ~. 2 (김치나 저민 고기 따위를)

기름을 바르고 소금을 뿌리거나 양념을 하여 차곡차곡 쌓아 맛이 들거나 연해지게 하다. =쟁이다. ¶김을 기름에 ~ / 쇠고기를 양념하여 재어 놓다. 본재우다. 3 〈총포의 약실에 탄알이나 화약을〉 끼우거나 다져 넣다. ¶총에 실탄을 ~.

재다⁴ 태 '재우다¹'의 잘못.

재:다⁵ 〈재고 / 재어〉 형 1 〈발이나 손 등의 움직임이〉 서두르는 데가 있거나 급한 데가 있게 빠르다. ¶잰 걸음 / 몸이 ~. 2 〈입이〉 참을성 없이 놀릴 만큼 가볍다. ¶그 친구는 입이 재어서 할 말 못할 말을 가리지 못한다. 3 〈어떤 물체가〉 열을 받아 빨리 뜨거워지는 성질을 가진 상태에 있다. ¶양은 냄비가 가마솥보다 재게 물이 끓는다.

재단¹(財團) 명 [법] 1 일정한 목적을 위하여 바쳐진 재산의 집단. 권리의 주체로서의 단위, 또는 권리의 객체로서의 단위가 됨. ¶문화 / 장학 / 록펠러 ~. 2 '재단 법인'의 준말. ↔사단(社團).

재단²(裁斷) 명 1 〈옷감·종이·가죽 따위를〉 치수에 맞추어 일정한 형태로 자르는 것. 비마름질. 2 사물의 옳고 그름이나 적당·부적당함을 판단하여 결정하는 것. 비재결(裁決). 재단-하다 동태여 ¶옷감을 ~.

재단-기(裁斷機) 명 종이·옷감 따위를 자르는 기계. =단재기·커터.

재단^법인(財團法人) 명 [법] 일정한 목적을 위하여 제공된 재산을 운영하기 위하여 설립된 공익 법인. 준재단.

재단-사(裁斷師) 명 옷을 마름질하는 것을 직업으로 하는 사람.

재담(才談) 명 익살을 부리며 재치 있게 하는 재미있는 말. 재담-하다 동재여

재담-가(才談家) 명 재담하는 것을 직업으로 하거나 재담을 잘하는 사람.

재담-꾼(才談-) 명 재담을 잘하는 사람.

재:-당숙(再堂叔) 명 =재종숙.

재:-당숙모(再堂叔母) [-숭-] 명 =재종숙모(再從叔母).

재:-당질(再堂姪) 명 =재종질.

재:-당질녀(再堂姪女) [-려] 명 =재종질녀.

재덕(才德) 명 재주와 덕행(德行). ¶~을 겸비한 인격자.

재:독(再讀) 명 〈읽은 책이나 글을〉 되풀이하여 읽는 것. 재:독-하다 동태여

재동(才童) 명 재주가 있는 아이.

재-두루미 명 두루밋과의 철새. 몸길이 120cm가량. 목과 날개가 흰색을 띠고 그 밖의 부분은 회흑색이며, 얼굴과 이마는 털이 없이 드러나 붉음. 다리는 붉어 눈에 띄고 부리는 황록색임.

재떨-이 명 담뱃재를 떨어 놓거나 담배를 비벼 끄거나 꽁초를 일시적으로 버릴 수 있게 만든, 자그마한 용기. ¶~에 꽁초가 수북이 쌓이다. ×재털이.

재랄 명 번덕스럽거나 경망한 행동을 욕하는 말. 큰지랄. 재랄-하다 동재여

재:래¹(在來) 명 오래전부터 내려옴. ¶~ 방법 / ~ 습관. ↔외래(外來).

재:래²(再來) 명 두 번째 오는 것. 재:래-하다 동재여

재:래-시장(在來市場) 명 찬거리를 비롯한 일상 잡화를 파는 동네 근처의 시장을 백화점·쇼핑센터 등에 상대하여 이르는 말.

재:래-식(在來式) 명 전부터 행하여 온 방식이나 법식. ¶~ 농업 / ~ 부엌. ↔개량식.

재:래-종(在來種) 명 다른 지방의 품종과 교배한 일 없이 어떤 지방에서 오랫동안 기르거나 재배되어, 그 지방의 풍토에 알맞게 적응된 종자. ↔개량종.

재략(才略) 명 재주와 꾀.

재량¹(才量) 명 재주와 도량(度量).

재량²(裁量) 명 1 자기의 생각대로 헤아려서 처리하는 것. =재작(裁酌). ¶세부적인 업무 처리는 실무자의 ~에 맡긴다. 2 [법] '자유재량'의 준말. 재량-하다 동태여 자기의 생각대로 헤아려서 처리하다.

재량-권(裁量權) [-꿘] 명 자기의 생각대로 헤아려서 처리할 수 있는 권한. ¶~을 행사하다.

재력(財力) 명 재물의 힘이나 재산상의 능력. ¶~ 있는 집안.

재력-가(財力家) [-까] 명 =재산가.

재:록¹(再錄) 명 다시 기록하는 것. 또는, 그 기록. 재:록-하다 동태여 재:록-되다 자

재:록²(載錄) 명 책 따위에 기록하여 싣는 것. 재:록-하다² 동태여 재:록-되다² 자

재:론(再論) 명 〈이미 한 말을〉 다시 의논하는 것. ¶사회생활에 질서와 규범이 필요하다는 건 ~의 여지가 없다. 재:론-하다 동태여 ¶이미 끝난 일이니 더 이상 재론하지 맙시다. 재:론-되다 자

재롱(才弄) 명 어린아이의 슬기로운 말과 귀여운 짓. ¶~을 피우다 / 박 영감은 손자의 ~을 보는 게 낙이다.

재롱-둥이(才弄-) 명 재롱을 잘 부리는 어린아이.

재롱-떨다(才弄-) 재 〈~떠니, ~떠오〉 =재롱부리다.

재롱-받이(才弄-) [-바지] 명 재롱을 받아 주는 일. ¶손자의 ~에 시간 가는 줄 모르다.

재롱-부리다(才弄-) 자 〈어린아이가〉 귀여운 짓을 하다. =재롱떨다. ¶세 살이면 한창 재롱부릴 나이다.

재롱-스럽다(才弄-) [-따] 형비 〈~스러우니, ~스러워〉 어린아이의 귀엽게 재롱부리는 태도가 에쁘다. 재롱스레 부

재료(材料) 명 1 물건을 만들 때, 그 바탕으로 사용하는 것. ¶건축 ~ / 공작 ~ / 빵을 만들 ~를 준비하다. 2 원료. 2 어떤 일을 하기 위한 거리. ¶나팔꽃을 연구 ~로 삼다. 3 증권 거래에서, 장세를 움직이게 하는 요인.

재료-비(材料費) 명 물건을 만드는 데에 드는 재료의 비용.

재:류(在留) 명 1 한동안 머물러 있는 것. 2 외국에 가서 머물러 있는 것. 재:류-하다 자여

재:리 명 1 나이 어린 땅꾼. 2 매우 인색한 사람을 낮추어 이르는 말. 3 '손잡손'의 잘못.

재:림(再臨) 명 1 다시 오는 것. 2 [가][기] 세상이 끝나는 날 최후의 심판을 하기 위하여 그리스도가 이 세상에 다시 나타난다고 하는 일. ¶예수의 ~. 재:림-하다 동재여

재:림-파(再臨派) 명 [기] 그리스도의 재림이 임박했다고 믿는, 개신교의 한 파.

재명(才名) 명 1 재주와 명망. 2 재주로 말미암아 소문난 이름.

재목(材木) 명 1 건축·기구 등을 만드는 데 재료가 되는 나무. ¶~감 / 산에서 ~을 베어 내다. 2 어떤 일을 할 만한 능력이 있거나 또는 어떤 직위에 합당한 사람. ¶그는 인품이나 능력으로 보아 지도자가 될 ~이 아니다.

재목-상(材木商)[-쌍] 명 재목을 사고파는 장사. 또는, 그 장수. =목상(木商).

재무(財務) 명 경제에 관한 모든 사무.

재무-비(財務費) 명 [경] 세금 징수·공채 발행 등 국가가 공공 수입을 얻는 데에 드는 경비나 재정의 운영, 또는 국유 재산 관리를 위한 경비. 경영비·출납비·징세비 등.

재ː-무장(再武裝) 명 (무장이 해제되었던 군대가) 다시 무장하는 것. **재ː무장-하다** 屯(자)여 **재ː무장-되다** 屯(자)

재무-제표(財務諸表) 명 [경] 기업의 경영 성적 및 재정 상태를 이해관계자에게 보고하기 위해 정기적으로 작성되는 회계 보고서.

재무^테크놀로지(財務technology) 명 [경] 기업이 자금의 조달이나 운용에 있어서 고도의 테크닉을 사용하여 금융 거래에 의한 이익의 획득을 꾀하는 일. =재테크.

재물(財物) 명 1 돈이나 그 밖의 값나가는 모든 물건. ¶~에 눈이 어둡다 / ~을 탐내다 / 그는 남다른 수완으로 많은 ~을 모았다. 2 [법] 주로 형법에서, 절도·강도·사기·횡령 따위의 재산 범죄의 대상이 되는 물건. =재화(財貨).

재물-대(載物臺)[-때] 명 [물] 현미경에서 관찰 재료를 얹어 놓는 평평한 대(臺). 중앙에 빛이 통과할 수 있도록 구멍이 나 있음.

재미¹ [<자미(滋味)] 명 1 어떤 일에 흥미를 느끼고 그 일을 함으로써 즐거움을 맛보는 마음의 상태. ¶소설을 읽는 ~에 빠져서 밤을 하얗게 밝히다. 2 어떤 일의 안부를 물을 때, 그가 처한 '형편'을 구어적으로 이르는 말. ¶요사이 ~가 어때요? / 신수를 보아하니 ~가 좋으신 모양입니다. 3 좋은 성과나 보람.

재미 보다 1 즐거움을 경험하다. ¶재미 보십시오. 2 일에서 성과를 올리다. ¶장사해서 재미 좀 봤나?

재미(를) 붙이다 귀 어떤 일에 흥미를 느끼고 즐거워하게 되다. ¶등산에 ~.

재ː미²(在美) 명 (주로 관형어적으로 쓰여) 미국에 가서 살고 있는 것. ¶~ 한국인 / ~ 동포.

재미-나다 屯(자) (어떤 일이나 현상이) 흥미로워 즐거운 맛이 나다. ¶재미나는 이야기 / 재미나게 놀다.

재미-스럽다[-따] 혭(ㅂ)<-스러우니, -스러워> (어떤 일이나 현상이) 재미를 느낄만 한 데가 있다. ¶신혼의 살림살이가 ~. **재미스레** 用

재미-없다[-업따] 혭 1 (어떤 대상이) 흥미와 즐거움을 주는 느낌이 없다. ¶재미없는 책 / 생활이 따분하고 ~. ↔재미있다. 2 (남을 은근히 억누르거나 위협할 때 쓰여) 신상에 좋지 않거나 해롭다. 반협박조의 말임. ¶너 다시 한 번 못된 짓을 했다가 재미없을 줄 알아.

재미-있다[-읻따] 혭 1 (어떤 대상이) 흥미와 즐거움을 주는 느낌이 있다. ¶재미있는 영화 / 그는 참 재미있는 사람이다. ↔재미없다. 2 (어떤 사실이나 현상이) 특이해서 주목을 끄는 데가 있다. ¶재미있는 사실은 비타민 시가 귤의 과육보다 껍질에 몇 배가 많다는 점이다. 준재미다.

재미-적다[-쩍따] 혭 1 일의 성과가 못마땅하다. ¶새로 시작한 일이 ~. 2 마음에 걸려 편하지 않다. 3 좋지 않은 일이 있게 되다. 구어적인 말임. ¶내 말대로 하지 않으면 재미적을 줄 알아.

재미-중(齋米-) 명=동냥중.

재밌다[-믿따] 혭 '재미있다'의 준말.

재-바르다 혭(르)<-바르니, ~발라> '재빠르다'의 여린말.

재ː-발(再發) 명 1 (한 번 생겼던 병·일 따위가) 다시 생기는 것. 또는, 다시 일어나는 것. 2 두 번째 발송하는 것. **재ː발-하다** 屯(자) ¶병이 ~. **재ː발-되다** 屯(자)

재ː-발견(再發見) 명 (잊혀지거나 잘 알려지지 않은 것의 가치를) 다시 발견하는 것. **재ː발견-하다** 屯(타)여 ¶전통문화의 가치를 ~.

재ː-발급(再發給) 명 이미 한 번 발급했던 증명서나 카드 등을 다시 발급하는 것. **재ː발급-하다** 屯(타)여 ¶여권을 ~. **재ː발급-되다** 屯(자)

재ː-방송(再放送) 명 라디오·텔레비전 등에서, 전에 방송했던 프로그램을 다시 방송하는 것. **재ː방송-하다** 屯(타)여 **재ː방송-되다** 屯(자)

재ː-배¹(再拜) 명 1 두 번 절하는 것. 또는, 그 절. ¶배향~. 2 웃어른에게 편지할 때, 글 맨 끝에 삼가 올린다는 뜻으로 제 이름 다음에 쓰는 한문 투의 말. ¶불효자 창수 ~. **재ː배-하다**¹ 屯(자)여 두 번 절하다.

재ː배²(栽培) 명 (식물을) 심어 가꾸거나 기르는 것. ¶적지(適地) ~. **재ː배-하다**² 屯(타)여 ¶꽃을 ~. **재ː배-되다** 屯(자) ¶그 지방에는 담배가 많이 재배되고 있다.

재ː배^식물(栽培植物)[-싱-] 명 [식] 곡식·열매, 그 밖의 원료를 얻기 위하여 심어서 기르는 식물. ↔자생 식물.

재ː-배치(再配置) 명 다시 배치하는 것. ¶전투 요원의 ~. **재ː배치-하다** 屯(타)여 **재ː배치-되다** 屯(자)

재벌(財閥) 명 1 재계(財界)에서 세력 있는 자본가·기업가의 무리. 또는, 정부의 지원 아래 성장한 가족·혈족 지배의 대규모 기업 집단. ¶~ 기업 / 신흥 ~. 2 [경] =콘체른.

재벌-구이(再-) 명 도자기를 만들 때, 초벌구이한 것을 유약을 발라서 아주 곱게 내는 일. 약 1200~1300℃의 고온으로 구움. =마침구이. ▷초벌구이. **재ː벌구이-하다** 屯(여)

재ː범(再犯) 명 두 번째 죄를 범하는 것. 또는, 그 사람. ¶~자(者) / ~ 방지. **재ː범-하다** 屯(자)여

재변(災變) 명 재앙으로 인하여 생긴 변고.

재보(財寶) 명 1 보배롭고 귀중한 재물. ¶나라의 ~. 2 재화와 보물.

재ː-보험(再保險) 명 [경] 보험자가 거액의 피보험 물건에 대한 보험 책임의 분산을 꾀할 목적으로 책임의 일부, 또는 전부를 다른 보험자에게 인수시키는 보험.

재봉(裁縫) 명 옷감 따위를 말라서 옷을 만드는 일. ¶~질. **재봉-하다** 屯(타)여

재봉-사(裁縫師) 명 재봉을 전문으로 하는 사람.

재봉-틀(裁縫-) 명 바느질을 하는 기계. =미싱. ×자봉틀.

재ː-부팅(再booting) 명 [컴] 시스템의 동작을 중지시키고 설정된 환경으로 재시동하는 작업. 사용자의 부주의나 프로그램의 오류로 시스템이 정지하거나 시스템의 환경이 변경되었을 때 이 작업을 수행함. =리부팅.

재ː-분배(再分配) 명 다시 나누는 것. ¶소득 ~ / 부의 ~. **재ː분배-하다** 屯(타)여 ¶기업

이음을 ~. 재ː분배-되다 통(자)
재ː-분할(再分割) 명 다시 분할하는 것. ¶토지의 ~. 재ː분할-하다 통(타)여 재ː분할-되다 통(자)
재비 명 국악에서, 악기를 연주하거나 노래를 부르거나 춤을 추거나 하는 기능자를 이르는 말. ¶가야금~ / 노래~ / 춤~. ×잡이·잽이.
재-빠르다 형(르) <~빠르니, ~빨라> (사람이나 동물의 동작이나 일의 처리가) 짧은 시간에 이루어져 빠르다. ¶동작이 ~ / 기회를 재빠르게 포착하다. 옌재바르다.
재빨리 부 재빠르게. ¶일을 ~ 해치우다.
재-빼기 명 =잿마루. ¶맷방석만 한 시뻘건 해는 맞은편 ~를 타고 넘는다.《심훈: 상록수》
재사(才士) 명 재주가 있는 남자. ↔재녀(才女). ▷재자(才子)
재산(財産) 명 1 개인이나 단체가 가지고 있는, 경제적 가치를 지닌 물건의 총체. 법률적으로는, 동산·부동산 이외에 권리·의무의 모든 것을 말함. ¶국유[사유] ~ / ~이 많다 / ~을 모으다 / ~을 탕진하다. 2 소중히 여길 만한 가치가 있는 것을 비유하여 이르는 말. ¶지식은 마음의 ~이다.
재산-가(財産家) 명 재산이 많은 사람. =재력가. 倒부자(富者)·자산가.
재산^관리인(財産管理人) [-괄-] 명 [법] 타인의 재산을 관리하는 사람. =관재인.
재산-권(財産權) [-꿘] 명 [법] 경제적 이익을 목적으로 하는 법적인 권리. 물권·채권·무체 재산권 등.
재산^목록(財産目録) [-몽녹] 명 [법] 상업장부의 하나. 일정한 시기에 기업이 소유하고 있는 재산을 하나하나 가격을 붙여 적은 명세표.
재산-법(財産法) [-뻡] 명 [법] 사법(私法) 중에서 재산에 관한 법. 민법의 물권법·채권법, 상법 따위. ↔신분법.
재산-세(財産税) [-쎄] 명 [법] 소유하고 있는 일정한 재산에 대하여 부과되는 조세.
재산-소ː득(財産所得) [-] 명 [경] 재산의 이용으로 생기는 소득. 지대(地代)·이자·배당 따위.
재산^압류(財産押留) [-암뉴] 명 [법] 1 강제집행의 하나. 채권자가 법의 절차에 따라 채무자의 재산을 압류하는 일. 2 강제 징수의 하나. 국가나 자치 단체가 납세 의무를 이행하지 않는 사람의 재산을 압류하는 일.
재산-형(財産刑) 명 [법] 범죄자의 재산 박탈을 내용으로 하는 형벌. 벌금·과료(科料)·몰수가 따위.
재ː삼(再三) 부 두세 번. 곧, 여러 번. ¶사실을 ~ 확인하다 / 취직을 ~ 부탁하다.
재ː삼-재ː사(再三再四) 부 두세 번 그리고 다시 네 번 거듭한다는 뜻으로, 거듭됨을 매우 강조한 말. ¶같은 말을 ~ 반복하다.
재ː상(宰相) 명 [역] 임금을 돕고 모든 관원을 지휘·감독하는 2품 이상 벼슬자리의 총칭. 또는, 그 자리에 있는 사람. ¶경상(卿相)·경재(卿宰)·재신(宰臣). (돌)상공(相公).
재ː상-가(宰相家) 명 재상의 집.
재색¹(-色) 명 재의 빛깔과 같이 흰빛을 띤 검은색.
재색²(才色) 명 여자로서의 뛰어난 재주와 용모. ¶~을 겸비한 규수.
재ː생(再生) 명 1 죽게 되었다가 다시 살아남. 비소생(蘇生). 2 (타락하거나 희망이 없어졌던 사람이) 다시 올바른 길로 살아남. ¶~의 길을 걷다. 3 낡거나 못 쓰게 된 물건을 가공하여 다시 쓰게 함. 비갱생. ¶~ 타이어. 4 본디의 음·목소리·영상 등을 다시 들려주거나 보여 줌. ¶~ 녹화 방송. 5 [생] 생물이 몸의 일부를 잃었을 때, 그 부분의 조직·기관이 다시 자라나는 일. 6 [심] 한 번 경험한 내용을 어떤 기회에 다시 생각해 내는 일. =재현. 재ː생-하다 통(자)(타)여 ¶못 쓰는 종이를 재생하여 사용하다. 재ː생-되다 통(자)
재ː생-고무(再生-) 명 헌 고무를 가루로 만들어 산이나 알칼리로 처리하여 가열·가압해서 다시 가소성(可塑性)이 있게 만든 것.
재ː-생산(再生産) 명 [경] 생산 과정이 끊임없이 되풀이되는 현상. 단순 재생산·확대 재생산·축소 재생산으로 나뉨. 재ː생산-하다 통
재ː생산-되다 통(자)여
재ː생-지(再生紙) 명 한 번 사용한 종이를 녹여서 재생 펄프로 만들어서 다시 떠낸 종이.
재ː생-품(再生品) 명 재생한 물품.
재ː석(在席) 명 1 자리에 있음. 2 회의에서 표결할 때 자리에 있는 일. 재ː석-하다 통(자)여
재ː선(再選) 명 1 [법] '재선거'의 준말. 2 (한 번 당선되었던 사람이) 거듭 당선되는 것. ¶~ 의원. 재ː선-하다 통(자)(타)여 재ː선-되다 통(자) ¶국회의원에 ~.
재ː-선거(再選擧) 명 [법] 선거의 전부나 일부가 무효 판결을 받았을 때, 또는 당선인이 임기 개시 전에 죽거나 당선을 사퇴할 때에 다시 하는 선거. 준재선. 재ː선거-하다 통(타)여
재ː세(在世) 명 세상에 살아 있는 것. 또는, 살아 있는 동안. 재ː세-하다 통(자)여
재ː소(再訴) 명 [법] 한 번 취하하였거나 기각당한 소송을 다시 제기하는 것. 재ː소-하다
재ː소-자(在所者) 명 1 어떠한 곳에 있는 사람. 2 교도소에 갇혀 있는 사람.
재ː송¹(再送) 명 다시 보내는 것. 재ː송-하다¹
재ː송²(載送) 명 (물건을) 실어 보내는 것. 재ː송-하다² 통(타)여
재ː수¹(再修) 명 한 번 배웠던 학과 과정을 다시 배우는 것. 특히, 입학시험에 실패한 뒤 다음 해에 대비하여 공부하는 것을 가리킴. 재ː수-하다 통(자)여
재ː수²(財数) 명 재물이나 좋은 일이 생길 수 있는 운수. ¶~가 있다[없다] / ~가 좋다.
[재수가 옴 붙었다] 재수가 도무지 없다.
[재수 없는 놈은 (뒤로) 자빠져도 코가 깨진다] 하는 일마다 운수가 막히다.
재ː-수강(受講) 명 주로 대학에서, 수강한 학과목의 학점을 따지 못했거나 학점이 좋지 않았을 경우에 다시 그 강의를 받는 것. ¶~을 신청하다. 재ː수강-하다 통(타)여
재ː-수사(再搜査) 명 수사 기관에서 범인의 행방을 찾거나 공소의 제기와 유지를 위해 다시 수사하는 것. 재ː수사-하다 통(타)여
재ː수-생(再修生) 명 입학시험에 실패하고 재수하는 학생.
재ː-수술(再手術) 명 수술한 자리에 이상이 생겨 다시 수술하는 것. 또는, 그 수술. 재ː수술-하다 통(타)여
재ː-수입(再輸入) 명 (한 번 수출했던 물건을) 다시 수입하는 일. 흔히, 수출한 원료나

반제품(半製品)을 가공·정제(精製)된 제품으로서 수입하는 것을 이름. ¶~품(品). ↔재수출. 재ː수입-하다 통(타여) 재ː수입-되다 통(자)

재ː-수출(再輸出) 명 (한 번 수입했던 물품을) 다시 수출하는 것. 흔히, 수입한 원료를 가공·정제(精製)하여 수출하는 것을 이름. ↔재수입. 재ː수출-하다 통(타여) 재ː수출-되다 통(자)

재스민(jasmine) 명 1 [식] 물푸레나뭇과 재스민속에 딸린 식물의 총칭. 덩굴식물이거나 관목으로, 특유한 향내가 나는 흰 꽃이 핌. 2 재스민 꽃에서 얻은 향유(香油). 향료로 쓰임.

재ː-시험(再試驗) 명 1 두 번 시험을 치는 것. 2 일정한 수준에 이르지 못한 사람에게 다시 보이는 시험. 재ː시험-하다 통(타여)

재신(宰臣) 명 [역] 1 =재상(宰相). 2 정3품 이상의 벼슬.

재ː-신임(再信任) 명 믿고 일을 맡겼던 사람에게 그의 임무를 마칠 때가 되었을 때 다시 그 일을 맡게 하는 것. 재ː신임-하다 통(타여) ¶구단은 감독을 **재신임하였다**. 재ː신임-되다 통(자)

재실(齋室) 명 1 무덤이나 사당 옆에, 제사를 지내려고 지은 집. =재각(齋閣)·재궁(齋宮). 2 [역] 능이나 종묘 등의 제사 지내는 집. =재전(齋殿). 3 [역] 문묘에서 유생들이 공부하는 집.

재ː심(再審) 명 1 =재심사. 2 [법] 확정 판결의 취소와, 사건의 재심리(再審理)를 요구하는 신청·수속 및 그 심판. ¶~을 청구하다. 재ː심-하다 통(타여) 재ː심-되다 통(자)

재ː-심사(再審査) 명 다시 심사하는 것. =재심. 재ː심사-하다 통(타여) 재ː심사-되다 통(자)

재앙(災殃) 명 천재지변으로 말미암아 생긴 불행한 사고. ¶~을 당하다 [면하다] / 하늘에서 ~을 내리다.

재액(災厄) 명 재앙으로 입은 불운. ¶~이 닥치다. 준재(災).

재ː야(在野) 명 1 벼슬하지 않고 민간에 있는 것. ↔재정(在廷). 2 정당이나 의회에 속하지 않은 상태로 간접적으로 정치적인 활동을 하는 사람들의 영역. ¶~인사(人士) / ~단체.

재ː언(再言) 명 다시 말하는 것. =이언(再). 재ː언-하다 통

재ː연¹(再演) 명 1 다시 상연하는 것. 2 (한 번 행하였던 일을) 다시 되풀이하는 것. 재ː연-하다 통(타여) ¶현장 검증에서 범행을 ~. 재ː연-되다 통(자)

재ː연²(再燃) 명 1 (꺼졌던 불이) 다시 타는 것. 2 (잠잠하던 일이) 다시 문제되어 일어나는 것. ¶노사 분규의 ~. 재ː연-하다² 통(자여) 재ː연-되다² 통(자) ¶해묵은 논쟁이 ~.

재ː염(再鹽) 명 천일염을 물에 풀어 다시 곤 소금. 빛깔이 희고 맛이 약간 씀. =곤소금·재제염.

재예(才藝) 명 재능과 기예.

재ː외(在外) [-외/-웨] 명 (주로 관형어적으로 쓰여) 외국에 있는 것. ¶~ 기관 / ~ 동포 / ~ 체류자.

재ː외^공관(在外公館) [-외-/-웨-] 명 외국에 설치하는 외교 통상부의 파견 기관. 대사관·공사관·총영사관·영사관·국제 연합 대표부 따위. 준공관.

재우¹ 튀 매우 재게. ¶손발을 ~ 놀리다 / 발걸음을 ~ 떼어 놓다.

재ː우²(再虞) 명 장사 지낸 뒤 두 번째 지내는 제사. ▷삼우(三虞)·초우(初虞)

재우-다¹ 통(타) 1 '자다'의 사동사. ¶아기를 업어서 ~. ×재다. 2 (더부룩하거나 푸슬푸슬한 것을) 착 붙어 자리가 잡히게 하다. ¶이 불솜을 ~. 3 '재다²'의 본딧말. ¶쇠고기를 양념에 ~.

재우-다² 통(타) 거름을 잘 썩도록 손질하다.

재우-치다 통(타) 빨리 몰아치거나 재촉하다. ¶커칠한 최가가 얼른 대답을 않고 머뭇거리자 늙은이는 옷소매에서 두 손을 빼내며 **재우쳐** 물었다.《김주영: 객주》

재운(財運) 명 재물을 모을 운수. ¶~이 따르다 / ~이 있다.

재원¹(才媛) 명 뛰어난 능력이나 재주가 있는 젊은 여자. ¶김영희 씨는 학식과 미모를 겸비한 ~이다. ↔재자(才子). ▷재녀(才女).

재원²(財源) 명 자금이 나올 원천. 또는, 재화나 재정의 원천. ¶국민으로부터 조세를 거두어 필요한 ~을 마련하다.

재ː위(在位) 명 임금의 자리에 있는 것. 또는, 그 동안. =어극(御極). ¶~ 연한 / 세종 대왕은 ~ 기간 동안 많은 업적을 남겼다. 재ː위-하다 통(자여)

재ː-음미(再吟味) 명 다시 음미하는 것. 재ː음미-하다 통(타여) ¶실학 사상을 ~.

재ː의(再議) [-의/-이] 명 1 두 번째 하는 의논. 2 이미 의결된 사항을 같은 기관이 다시 심의하거나 의결하는 것. 재ː의-하다 통(타여) 재ː의-되다 통(자)

재인(才人) 명 1 재주가 있는 사람. 2 [역] 조선 시대, 재주를 넘거나 짓궂은 동작으로 사람을 웃기며 악기로 풍악을 치던 광대. 최하의 천민에 속했음.

재ː-인식(再認識) 명 본래의 인식을 고쳐 새롭게 인식하는 일. =재인정. 재ː인식-하다 통(타여) ¶다른 문자와의 비교 연구를 통해 한글의 독창성과 우수성을 ~. 재ː인식-되다 통(자)

재ː일¹(在日) 명 (주로 관형어적으로 쓰여) 일본에 가서 살고 있는 것. ¶~ 거류민단 / ~ 교포.

재일²(齋日) 명 1 [불] 재가 불자들이 매월 일정한 날에 몸과 마음을 청정하게 하고 계율을 지키며 선한 일을 행하는 날. =잿날. 2 [가] 대재(大齋)·소재(小齋)를 지키는 날.

재ː임¹(再任) 명 같은 관직에 다시 임명되는 것. ¶~ 장관. 재ː임-하다¹ 통(자여) 재ː임-되다 통(자)

재ː임²(在任) 명 임무를 수행하고 있거나 임지에 있는 것. 또는, 그동안. ¶현행 헌법상 우리나라 대통령의 ~ 기간은 5년이다. 재ː임-하다² 통(자여)

재ː-임용(再任用) 명 다시 임용하는 것. ¶교수(敎授) ~. 재ː임용-하다 통(타여)

재자(才子) 명 재주가 있는 젊은 남자. ↔재원(才媛). ▷재사(才士).

재자-가인(才子佳人) 명 재주 있는 남자와 아름다운 여자.

재ː-작년(再昨年) [-장-] 명 지난해의 전해. =그러께·전전년. ¶~ 봄 / ~에 학교를 졸업하다.

재잘-거리다/-대다 통(자) 빠른 말로 자꾸 재깔이다. ¶아이들이 모여 앉아 ~. 퉁지절거리다.

재잘-재잘 튀 재잘거리는 소리. 또는, 그 모양. ¶동생이 학교에서 있었던 일을 ~ 이야기했다. 囯 지절지절. **재잘재잘-하다** 통(자)여

재:-장구치다(再一)통(타) 두 번째 서로 마주쳐 만나다. ¶조성준은 우스면서 장터에서 길 소개 일행과 **재장구치**기로 약조하였다.《김주영: 객주》

재장-바르다 휑르<~바르니, ~발라> 어떤 일을 계획할 때 좋지 못한 일이 생겨 꺼림칙하다. ¶큰일을 앞두고 **재장바르**게 일집을 벌이지 말고 좀 더 두고 보세.《송기숙: 녹두장군》

재재-거리다/-대다 통(자) 수다스럽게 자꾸 재잘거리다. ¶전깃줄에 앉은 제비들이 **재재거리**며 지저귀다.

재재-바르다 휑르<~바르니, ~발라> 재잘재잘 수다스러워 어수선하면서도 재미스럽다.

재재-재재 튀 수다스럽게 재잘거리는 소리나 모양. **재재재재-하다** 통(자)여

재재-하다 휑여 재잘거려 어지럽다.

재¹(在籍) 圀 호적·학적·병적 등에 올라 있는 것. ¶~생(生) / ~원 / ~ 의원(議員) / ~ 인원. **재:적-하다¹** 통(자)여

재:적²(載積) 圀 실어서 쌓는 것. ¶~량. **재:적-하다²** 통(타)여

재:-점검(再點檢) 圀 다시 점검하는 것. **재:점검-하다** 통(타)여 ¶장비를 ~.

재:정³(在廷) 圀 1 조정(朝廷)에서 일을 하는 것. ↔재야(在野). 2 법정에 출두하거나 참석하여 있는 것. **재:정-하다** 통(자)여

재정²(財政) 圀〔경〕1 국가 또는 지방 자치 단체가 행정 활동이나 공공 정책을 시행하기 위해 돈을 조달하고 관리하는 활동. ¶국가 ~ / 긴축 ~. 2 개인·가계·기업 등의 경제 상태. ¶~이 부실한 기업.

재정^경제부(財政經濟部) 圀 행정 각 부의 하나. 경제 정책의 수립, 화폐·금융·국고·정부 회계·내국 세제·관세·외국환·경제 협력 및 국유 재산에 관한 사무를 맡아봄. 1998년 '재정 경제원' 이 개편된 것임.

재정-난(財政難) 圀 재정이 부족함으로써 생기는 곤란.

재:-정립(再正立)[-닙] 圀 다시 바로 세우는 것. **재:정립-하다** 통(타)여 ¶역사를 ~. **재:정립-되다** 통(자)

재정^보증(財政保證) 圀 재산을 다루는 공무원이나 직원이 업무 수행상 고의 또는 과실로 말미암아 일정한 손해를 끼쳤을 때, 신속한 보상을 하기 위한 조처로서의 보증. ¶~을 서다.

재:-정비(再整備) 圀 다시 정돈하여 갖추는 것. **재:정비-하다** 통(타)여 ¶전열(戰列)을 ~. **재:정비-되다** 통(자)

재정-적(財政的) 관 재정상으로 하거나 재정에 관한 (것).

재:-제(再製) 圀 (한 번 만든 것이나 남아진 것을) 다시 가공하여 제품으로 만드는 것. ¶~품. **재:제-하다** 통(타)여

재:-조명(再照明) 圀 (어떤 사물의 의의나 가치를) 다시 들추어 살펴보는 것. **재:조명-하다** 통(타)여 ¶육사(陸史) 시의 문학사적 의의를 ~. **재:조명-되다** 통(자)

재:-조사(再調査) 圀 다시 조사하는 것. **재:조사-하다** 통(타)여 **재:조사-되다** 통(자)

재:-조정(再調整) 圀 다시 조정하는 것. **재:조정-하다** 통(타)여 ¶금리를 ~. **재:조정-되다** 통(자)

재:-조직(再組織) 圀 다시 조직하는 것. **재:조직-하다** 통(타)여 ¶단체를 ~. **재:조직-되다** 통(자)

재:종(再從) 圀 =육촌(六寸).

재:종-간(再從間) 圀 육촌 형제 사이.

재:종-매(再從妹) 圀 육촌 누이.

재:종-숙(再從叔) 圀 칠촌 아저씨. =재당숙.

재:종-숙모(再從叔母)[-숭-] 圀 칠촌 아주머니. =재당숙모.

재:종-씨(再從氏) 圀 1 남에게 자기의 '재종형' 을 이르는 말. 2 남의 '재종형제' 를 높여 이르는 말.

재:종-제(再從弟) 圀 육촌 동생.

재:종-조(再從祖) 圀 할아버지의 종형제.

재:종-질(再從姪) 圀 칠촌 조카. =재당질.

재:종-질녀(再從姪女)[-려] 圀 육촌 형제의 딸. =재당질녀.

재:종-형(再從兄) 圀 육촌 형.

재:종-형제(再從兄弟) 圀 육촌 형제.

재주 圀 1 어떤 일을 남달리 잘하는 타고난 소질. 또는 어떤 일을 남달리 솜씨 있게 하는 기술. ¶말 / ~글 / ~손 / ~가 뛰어나다. 2 어떤 일을 하는 방도나 슬기. =재간. ¶~를 부리다 / ~를 피우다 / 그는 주변머리가 없어서 어디 가서 돈 한 푼 빌릴 ~도 없는 사람이다.

[**재주는 곰이 넘고 돈은 되놈이 받는다**] 수고하는 사람은 따로 있고, 수고한 대가는 다른 사람이 받는다.

재주-껏[-껃] 튀 있는 재주를 다하여. ¶못 그러도 좋으니 네 ~ 그려 보아라.

재주-꾼 圀 재주가 많은 사람. ¶저 친구는 아주 ~이야. 노래도 잘하고 그림도 잘 그리고 게다가 언변을 따라올 자가 없잖아?

재주-넘다[-따] 통(자) 몸을 전후좌우로 날려서 뛰어넘는 재주를 부리다.

재:중(在中) 圀 (물건을 나타내는 명사 뒤에 쓰여) 그 물건이 봉투 속에 들어 있음을 나타내는 말. 봉함한 봉투 겉에 쓰는 말임. ¶사진 ~ / 원고 ~.

재즈(jazz) 圀〔음〕 19세기 말부터 20세기 초에 걸쳐서 미국의 흑인 음악에 클래식·마치 등의 요소가 가미되어 발달한 대중음악의 한 장르. 약동적인 독특한 리듬이 있으며, 즉흥적 연주를 중시함.

재즈-곡(jazz曲) 圀〔음〕 재즈로 된 악곡. 또는, 재즈풍의 악곡.

재즈^기타(jazz guitar) 圀〔음〕 재즈 음악에 쓰는 기타. 픽으로 줄을 쳐서 연주하고, 소리는 대개 증폭기로 확대시킴. 보통 기타와 구조가 조금 다름.

재:직(在職) 圀 어느 직장에 근무하거나 어떤 직무를 맡아 일하는 것. ¶~ 증명서 / 씨는 모 회사 사장으로 ~ 중이다. **재:직-하다** 통(자)여 ¶그는 한 학교에 평생을 **재직하**다가 정년을 맞았다.

재:진(再診) 圀〔의〕 두 번째 이후의 진찰. **재:진-하다** 통(타)여

재질¹(才質) 圀 재주와 기질. ¶그는 성악가로서의 ~을 충분히 갖추었다.

재질²(材質) 圀 1 목재(木材)의 성질. 2 재료가 가지는 성질.

재:차(再次) 튀 두 번 거듭하여. 囲또다시. ¶탐험을 ~ 시도하다.

재:창(再唱) 圀 다시 노래 부르는 것. 특히,

어떤 노래를 부른 뒤, 더 듣고 싶어 하는 사람들의 요청에 의하여 다른 노래를 부르는 것. ¶~을 청하다. ▷앙코르. **재:창-하다** 동태여

재:창조(再創造) 명 이미 있는 것을 고치거나 새로운 방식을 써서 다시 만들어 내는 것. **재:창조-하다** 동태여

재채기 명 코의 점막이 자극을 받아 콧속이 간질간질하다가 갑자기 강하게 숨을 내뿜으면서 큰 소리를 내는 일. 우리말에서는 그 소리를 '에취'로 나타냄. ¶감기 들었는지 ~가 나고 콧물이 흐른다. **재채기-하다** 자

재:-처리(再處理) 명 [물] 다 쓰고 난 핵연료를 다시 이용하기 위해 그 연료에서 플루토늄·우라늄 등의 유용한 물질을 추출해 내는 일. ¶핵 ~ 시설. **재:처리-하다** 동태여

재:천(在天) 명 어떤 일이 하늘의 뜻에 달려 있음. ¶인명은 ~이다.

재:천명(再闡明) 명 다시 드러내어 밝히는 것. **재:천명-하다** 동태여 ¶독도가 우리 영토임을 ~. **재:천명-되다** 동자

재첩 명 [동] =가무락조개.

재:청(再請) 명 1 (한 번 한 것을) 다시 청하는 것. 2 회의 때 다른 사람의 동의에 대하여 찬성하는 뜻으로 거듭 청하는 것. **재:청-하다** 동태여

재촉 명 [<재촉(催促)] 1 (어떤 일을) 빨리하도록 자꾸 말하거나 압력을 주는 것. ¶~을 받다 /~이 심하다. 2 (비 따위가 계절을) 빨리 오도록 앞당기는 것을 나타내는 것. 비유적인 말임. =최촉. 3 걸음을 재촉하다 =걸음. **재촉-하다** 동태여 ¶대답을 ~ /봄을 재촉하는 비 /일을 빨리 끝내라고 ~.

재:-출발(再出發) 명 (어떤 일을) 다시 시작하는 것. **재:출발-하다** 동자여

재:-충전(再充電) 명 1 [물] 방전된 것을 다시 충전하는 것. 2 (사람이 잃었던 활력을) 다시 찾거나 고갈된 능력을 다시 기르는 일. 비유적인 말임. ¶~을 위한 장기 휴가제. **재:충전-하다** 동자태여 **재:충전-되다** 동자

재:취(再娶) 명 (이미 장가들었던 사람이) 두 번째 장가드는 것. 또는, 그때 맞은 아내. =계취(繼娶)·후취(後娶). ¶~장가 /~를 얻다 /~로 들어가다. **재:취-하다** 동태여

재치(才致) 명 어떤 일에 처하여 눈치 빠르게 또는 재빠르게 대응하는 슬기. ¶저 청년은 유머가 풍부하고 ~가 있다.

재:침(再侵) 명 다시 침략하는 것. =재침략. ¶~ 야욕 /~을 꾀하다. **재:침-하다** 동태여

재킷(jacket) 명 1 앞이 터지고 소매가 달린 짧은 상의. 2 레코드의 커버. ×자켓.

재:-탈환(再奪還) 명 한 번 탈환했다가 빼앗긴 것을 다시 탈환하는 것. **재:탈환-하다** 동태여 ¶우승컵을 ~ /적(敵)의 수중에 넘어간 고지를 ~. **재:탈환-되다** 동자

재:탕(再湯) 명 1 한 번 달여서 먹은 한약재를 두 번째 달이는 것. =재전(再煎). 2 이미 써 먹은 것을 다시 이용하는 일을 야유조로 이르는 말. **재:탕-하다** 동태여 ¶한약을 ~.

재:택-근무(在宅勤務) [-끈-] 명 자기 집에 회사와 통신 회선으로 연결된 정보 통신 기기를 설치해 놓고 집에서 회사의 업무를 보는 일. 정보 통신의 발달로 인한 새로운 형태의 근무 방식임.

재털-이 명 '재떨이'의 잘못.

재-테크(←財technology) 명 [경] =재무 테크놀로지.

재:-투자(再投資) 명 [경] 단순 재생산을 하기 위하여 자본을 들이는 것. **재:투자-하다** 동태여

재-티 명 불에 탄 재의 티끌. ¶사그라져 가는 모닥불에서 ~가 날리다.

재:판¹(-板) 명 방 안에 담배통·재떨이·타구·요강 등을 놓기 위하여 깔아 두는 널빤지 또는 두꺼운 종이.

재:판²(再版) 명 1 같은 출판물을 두 번째 간행하는 것. 또는, 그 출판물. ¶~ 발행. 2 지나간 일이 다시 되풀이되는 것. ¶제2차 세계 대전은 열강끼리의 전쟁이라는 점에서 제1차 세계 대전의 ~이라 할 수 있다. **재:판-하다**¹ 동태여 **재:판-되다** 동자

재:판³(裁判) 명 1 옳고 그름을 가리어 판단하는 것. 2 [법] 법원 또는 법관이 어떤 소송 사건에 대하여 법률에 따라 판단하는 일. ¶공개 ~ /~에 부치다[회부하다] /~을 받다[열다]. **재:판-하다**² 동태여

재판-관(裁判官) 명 법원에 소속하여 재판 사무를 담당하며 재판권을 실행하는 국가 공무원.

재판-권(裁判權) [-꿘] 명 [법] 법원이 소송 사건을 처리하기 위하여 행사할 수 있는 권한. 민사 재판권·형사 재판권 따위.

재판-소(裁判所) 명 1 여러 가지 분쟁에 대하여 재판하는 권한을 가진 기관. ¶국제 사법 ~ /헌법 ~. 2 =법원(法院).

재판-장(裁判長) 명 [법] 합의제 법원에서 합의체를 대표하는 법관.

재판-정(裁判廷) 명 [법] =법정(法廷)¹.

재:편(再編) 명 '재편성'의 준말. **재:편-하다** 동태여 ¶조직을 ~. **재:편-되다** 동자

재:-편성(再編成) 명 고쳐서 다시 편성하는 것. ¶학급 ~재편. **재:편성-하다** 동태여 ¶경영진을 ~. **재:편성-되다** 동자

재:-평가(再評價) [-까] 명 일단 평가한 것을 고쳐 다시 평가하는 것. **재:평가-하다** 동태여 ¶역사를 ~. **재:평가-되다** 동자 ¶그의 문학적 업적이 ~.

재핑(zapping) 명 방송에서, 광고가 나오면 채널을 다른 데로 돌려 버리는 일.

재:-하자(在下者) 명 =손아랫사람.

재학¹(才學) 명 재주와 학식. ¶~을 갖추다 [겸비하다].

재:학²(在學) 명 학교에 적(籍)을 두고 공부하는 것. ¶~ 증명서 /그는 지금 대학에 ~ 중이다. **재:학-하다** 동자여

재:학-생(在學生) [-쌩] 명 현재 학교에 적을 두고 공부하고 있는 학생.

재해(災害) 명 지진·태풍·홍수·해일·가뭄·대화재·전염병 등에 의하여 발생하는 불시의 재난. 또는, 그로 인한 피해. ¶~ 대책 /~ 복구.

재:-해석(再解釋) 명 옛것을 새로운 관점에서 다시 해석하는 것. **재:해석-하다** 동태여 ¶고전을 ~.

재해-지(災害地) 명 재해를 입은 곳.

재:향(在鄕) 명 (주로 관형어적으로 쓰이어) 고향에 있는 것. ¶~ 동문회. **재:향-하다** 동자여

재:향^군인(在鄕軍人) 명 [군] 현역 복무를 마치고 일반 사회로 복귀한 사람. ¶~회(會). 준향군.

재:현(再現) 명 1 (어떤 사실이나 현상이) 다시 나타나는 것. 또는, (어떤 사실이나 현상을) 다시 나타나게 하는 것. ¶고유한 전통문

화의 ~. 2 [심] =재생(再生) 6. **재ː현-하다** [동][자][타][여] ¶태평성대를 ~. **재ː현-되다** [동][자]

재ː-협상(再協商) [-쌍] [명] 다시 협상하는 것. **재ː협상-하다** [동][타][여] ¶요구 조건을 ~.

재형-저축(財形貯蓄) [명][경] '근로자 재산 형성 저축'의 준말로, 근로자가 목돈이나 주택·주식 등의 재산을 마련할 수 있도록 정부·사업주·금융 기관 등이 지원하여 주는 저축 제도.

재ː혼(再婚) [명] 두 번째의 혼인. ▷초혼(初婚). **재ː혼-하다** [동][자][여]

재화[1](才華) [명] 뛰어난 재주. ¶그는 어려서부터 시서(詩書)에 남다른 ~를 가지고 있었다.

재화[2](災禍) [명] 재앙과 화난(禍難).

재화[3](財貨) [명] 1 [경] 사람이 경제 활동을 통해 욕망을 만족시키기 위해 얻고자 하는 물질. ▷용역. 2 [법] =재물(財物) 2.

재ː화[4](載貨) [명] (차나 배에) 짐을 싣는 것. 또는, 그 짐. ¶~ 용적(容積). **재ː화-하다** [동][자][여]

재ː-확인(再確認) [명] 다시 확인하는 것. **재ː확인-하다** [동][타][여] ¶사실을 ~. **재ː확인-되다** [동][자]

재ː활(再活) [명] 다시 활동하는 것. 특히, 신체 장애인이 장애를 극복하고 생활하는 것을 이름. ¶~의 의지를 다지다. **재ː활-하다** [동][자][여] ¶역경을 딛고 ~.

재ː-활용(再活用) [명] (못 쓰게 된 물건을) 용도를 바꾸거나 가공하여 다시 이용하는 것. **재ː활용-하다** [동][타][여] **재ː활용-되다** [동][자]

재ː활-원(再活院) [명] 신체장애인이 장애를 극복하고 생활할 수 있도록 직업 훈련을 실시하고 의료 혜택을 제공하는 기관.

재ː활^의학(再活醫學) [명][의] 장애인을 신체적·정신적·사회적, 기타 모든 면에서 가능한 한 최대한도까지 회복시키고자 하는 의학의 한 부문. 신체·심리에 대한 의학적 훈련과 직업 훈련 등이 포함됨. =리허빌리테이션.

재ː회(再會) [-회/-훼] [명] 헤어졌다가 다시 만나는 것. ¶~의 기쁨 / ~를 기약하다. **재ː회-하다** [동][자][여] ¶그들은 헤어진 지 10여 년 만에 극적으로 **재회하였다**.

잭(jack) [명] 플러그를 꽂아 전기를 접속시키는 장치.

잭나이프(jackknife) [명] 칼날을 손잡이 속에 접어서 넣을 수 있게 만든 작은 칼.

잰-걸음 [명] 보폭이 짧고 빠른 걸음. ¶~으로 걸어가다.

잴잴 [부] 1 몸에 지닌 것을 잘 빠뜨리거나 흘리는 모양. 2 침·물·콧물·눈물 등이 자꾸 흐르는 모양. [큰]질질. [센]쨀쨀. **잴잴-하다** [동][자][타][여]

잼(jam) [명] 과일에 다량의 설탕을 넣고 조려 만드는, 점성(粘性)이 강한 저장 식품. ¶딸기 ~ / 빵에 ~을 바르다.

잼버리(jamboree) [명] 보이 스카우트의 야영 대회. 캠핑·작업·경기 등을 행함.

잼처 [부] 어떤 일에 바로 뒤이어 몰아치듯 거듭. ¶묻는 말에 대답하기도 전에 ~ 묻다.

잽(jab) [명][체] 권투에서, 상대의 공격을 방어하거나 공격을 노리기 위해, 민첩하게 팔을 뻗으면서 상대의 안면이나 몸통을 연타하는 동작. ¶레프트 ~ / ~을 넣다.

잽-싸다 [형] 동작이 매우 빠르고 날래다. ¶**잽싸게** 도망치다.

잽이 [명] '재비'의 잘못.

잿-길[재낄/잳낄] [명] 높은 산의 고갯길.

잿-더미[재떠-/잳떠-] [명] 1 재를 모아 쌓아 둔 무더기. 2 불에 타서 재만 남은 자리. ¶마을이 전란에 ~로 변하다.

잿-마루[잰-] [명] 재의 꼭대기. =재빼기.

잿-물[잰-] [명] 1 볏짚이나 나무의 재를 우려낸 누르스름한 물. 빨래의 기름기와 때를 빼는 데에 쓰임. =유약(釉藥). 2 '양잿물'의 준말.

잿-밥(齋-) [재빱/잳빱] [명][불] 불공을 드릴 때, 부처 앞에 올리는 밥. ¶~을 올리다.

잿-불[재뿔/잳뿔] [명] 재 속에 남아 있는 아주 여린 불.

잿-빛[재삗/잳삗] [명] 재와 같은 사물의 빛깔. [비]회색. ¶구름 낀 ~ 하늘.

쟁[1](箏) [명][음] 국악에 사용되는 현악기의 하나. 폭이 좁고 긴 오동나무 공명판 위에 명주실로 13줄의 현을 걸었음.

쟁[2](錚) [명][음] =꽹과리. ¶~을 치다.

쟁강 [부] 얇은 쇠붙이가 맞부딪쳐 울리는 가벼운 소리. [큰]쟁경. [센]쨍강. **쟁강-하다** [동][자][타][여]

쟁강-거리다/-대다 [동][자][타] 잇달아 쟁강 소리가 나다. 또는, 그런 소리를 내다. [큰]쟁경거리다. [센]쨍강거리다.

쟁강-쟁강 [부] 쟁강거리는 소리. ¶빗방울들이 수없이 눈으로 떨어져 내리다가 지환(指環)처럼 가늘고 얇아져 ~ 맑은 소리를 내었어. 《오정희:관계》 [큰]쟁경쟁경. [센]쨍강쨍강. **쟁강쟁강-하다** [동][자][타][여]

쟁그랍다[-따] [형][ㅂ] 〈쟁그라우니, 쟁그라워〉 보거나 만지기에 불쾌할 만큼 흉하다. [큰]징그럽다.

쟁그랑 [부] 얇은 쇠붙이가 땅에 떨어지거나 유리 따위가 깨어지면서 나는 소리. [큰]쟁그렁. [센]쨍그랑. **쟁그랑-하다** [동][자][타][여]

쟁그랑-거리다/-대다 [동][자][타] 잇달아 쟁그랑 소리가 나다. 또는, 그런 소리를 내다. [큰]쟁그렁거리다. [센]쨍그랑거리다.

쟁그랑-쟁그랑 [부] 쟁그랑거리는 소리. [큰]쟁그렁쟁그렁. [센]쨍그랑쨍그랑. **쟁그랑쟁그랑-하다** [동][자][타][여]

쟁글쟁글-하다 [형][여] 1 생각만 하여도 쟁그라울 만큼 흉하다. [큰]징글징글하다. 2 미운 사람의 실수를 볼 때에 아주 고소하다.

쟁기 [명] 소나 말에 끌려 논밭을 가는 농기구. 호리와 겨리의 두 가지가 있음.

쟁기-질 [명] 쟁기로 논밭을 가는 일. **쟁기질-하다** [동][자][여]

쟁깃-밥[-기빱/-긷빱] [명] 쟁기질할 때, 쟁기 날에 깎여 나오는 흙.

쟁두(爭頭) [명] 1 일을 먼저 하려고 서로 다투는 것. 2 내기에서, 끗수가 서로 같을 때 다른 방법으로 이기고 짐을 겨루는 것. **쟁두-하다** [동][자][여]

쟁론(爭論) [-논] [명] 서로 다투어 논란하는 것. 또는, 그 이론. [비]쟁의(爭議). ¶~을 벌이다〔일삼다〕. **쟁론-하다** [동][자][여]

쟁반(錚盤) [명] 음식·다과·음료 등을 담아 나르는 데 사용하는, 운두가 낮고 넓적한 그릇. ¶과일 ~ / 찻잔을 ~에 받쳐 내오다.

쟁반-국수(錚盤-) [-쑤] [명] 삶아서 양념한 메밀국수·냉면·소면 등을 야채와 함께 쟁반에 보기 좋게 담아내는 요리.

쟁송(爭訟) [명] 서로 다투어 송사(訟事)를 하는 것. **쟁송-하다** [동][자][여]

쟁의(爭議)[-의/-이] 명 1 의견 차이로 서로 다투는 것. 비쟁론(爭論). 2 지주와 소작인, 또는 근로자와 사용자 사이에 일어나는 분쟁. ¶노동 ~ / ~ 발생 신고. **쟁의-하다**

쟁의-권(爭議權)[-의꿘/-이꿘] 명 [법] 근로자가 사용자에 대하여, 노동 조건의 개선 등에 대한 요구를 관철하기 위하여 단체적으로 쟁의 행위를 할 수 있는 권리.

-쟁이 접미 어떤 명사에 붙어, 그 명사의 속성을 많이 가지거나, 그 명사가 나타내는 사물을 착용하고 있거나, 또는 그 명사가 나타내는 사물을 직업으로 곧잘 하거나 나타내는 사람을 얕잡거나 홀하게 이르는 말. ¶겁~ / 안경~ / 거짓말~ / 고집~ / 무식~ / 장~.

쟁이다 동(타) 1 (물건을 어느 장소에) 차곡차곡 포개어 쌓다. =재다. ¶쌀 가마니를 창고에 ~. 2 =재다³². ¶쇠고기를 양념에 ~.

쟁쟁¹(琤琤) 명 쇠붙이가 맞부딪쳐 울리는 소리. **쟁쟁-하다**¹ 형여

쟁쟁²(琤琤) → **쟁쟁-하다**² 형여 1 옥이나 좋은 금속의 울리는 소리가 매우 맑다. 2 목소리가 매우 또렷하고 맑다. 3 전에 들은 소리가 잊히지 않고 귀에 울리는 듯한 상태이다. ¶돌아가신 아버지의 말씀이 아직도 귀에 ~. **쟁쟁-히**

쟁쟁-거리다/-대다(琤琤-) 동(자) 쟁쟁 소리가 연달아 울리다.

쟁쟁-하다³(琤琤-) 형여 여럿 가운데에서 매우 뛰어나다. ¶강 교수는 **쟁쟁한** 국어학자이다.

쟁점(爭點)[-쩜] 명 논쟁의 중심이 되는 문제나 사항. ¶안락사가 과연 옳은 것이냐 하는 문제가 종교계와 의학계 사이에 ~으로 대두되다.

쟁점-화(爭點化)[-쩜-] 명 (어떤 일을) 논쟁의 문제로 만드는 것. ¶정치 ~. **쟁점화-하다** 동(타)여 ¶야당이 통일 문제를 ~. **쟁점화-되다** 동(자)

쟁첩 명 반찬을 담는 작은 접시. 반드시 뚜껑이 딸려 있음.

쟁취(爭取) 명 싸워서 얻는 것. **쟁취-하다** 동(타)여 ¶독재를 무너뜨리고 민주화를 ~.

쟁탈(爭奪) 명 (어떤 대상을) 다투어 빼앗는 것. **쟁탈-하다** 동(타)여 ¶우승컵을 ~.

쟁탈-전(爭奪戰) 명 패권을 서로 다투는 싸움. **쟁탈전-하다** 동(자)여

쟁:-퉁이 명 1 잘난 체 거드름을 피우는 사람. 2 마음이 옹졸하고 비꼬인 사람.

쟁패(爭霸) 명 패권을 다투는 것. ¶~전. **쟁패-하다** 동(타)여

쟤 '저 애'가 준 말. 어리거나 젊은 사람이 동년배의 다소 떨어진 거리에 있는 사람을 가리켜, 또는 손윗사람이 다소 떨어진 거리에 있는 손아랫사람을 가리켜 상대에게 이르는 말. ¶~는 내 조카입니다. / 나보다 ~가 더 잘해요. ▷개-애. ×자.

저¹ '젓가락'의 준말. [箸는 취음]

저²[岾] [<중[肅]어] 음] 이(笛) 1.

저³ 대(인칭) 1 '나'의 겸양어. 듣는 사람에게 자기를 낮추어 이르는 말임. 격조사 '가' 앞에서는 '제'가 되며, 관형격 조사 '의'와 어울리면 축약되어 '제'가 되기도 하고 그냥 '저의'로도 쓰임. 또, '저에게'는 '제게'의 꼴로도 쓰임. 복수형은 '저희' 또는 '저희들'임. ¶~는 이곳에 남아 있겠습니다. / 그 일이라면 ~에게 맡겨 주십시오. 2 앞에 언급된 사람을 낮추거나 예사롭게 되가리키는 재귀 대명사. 때로, 동물이나 물체를 되가리킬 때도 있으나, 그 경우에는 일반적으로 '제'의 꼴로 쓰이는 경우에 한정됨. 주격 조사 '가' 앞에서는 '제'가 되며, 관형격 조사 '의'와 어울리면 축약되어 '제'가 되기도 하고 그냥 '저의'로도 쓰임. 복수형은 '저희' 또는 '저희들'임. ¶~는 더 못난 주제에 남 흉만 본다. / ~ 혼자 하도록 내버려 두세요. ▷자기.

[**저 먹자니 싫고 남 주자니 아깝다**] 자기가 싫어하면서 남에게 주는 것도 아까워하는 비뚤어진 마음씨를 이르는 말. [**저 잘난 맛에 산다**] 사람은 누구나 자기에 대한 애착심을 갖고 살아간다.

저⁴ 대 [I](지시) 1 말하는 사람이나 듣는 사람 모두에게 멀리 떨어져 있는 대상, 특히 일이나 상황을 가리키는 말. 대상이 둘 다의 영역 밖에 있을 때 씀. ¶에구머니, ~를 어째! / 어깨너머문장이란 ~를 두고 이르는 말이다. 2 (인칭) 말하는 사람이 듣는 사람 이외의 사람을 가리켜 이르는 말. 중세어에서는 '뎌'의 형태로 쓰였으나 현대에 와서 '그'가 등장하면서 세력을 잃고 사라짐.
[II] 관 말하는 사람이나 듣는 사람 모두에게 멀리 떨어져 있는 대상을 가리킬 때 쓰는 말. 대상이 둘 다의 영역 밖에 있을 때 씀. ¶~ 사람은 누굽니까? / 구름 한 점 없는 ~ 하늘을 보아라. 좐조.

저:⁵ 감 1 얼른 생각이 나지 않을 때에 내는 소리. ¶~, 그 사람 이름이 무엇이었지? 2 어떤 말을 바로 꺼내기가 거북할 때에 망설이면서 하는 소리. ¶~, 말씀 중에 죄송합니다만 한 가지 여쭤 보겠습니다. 3 '쉬'의 잘못.

저:⁶(著) 의존 (주로, 사람의 성명 다음에 쓰여) 어떤 책(특히, 학술적인 책)이 그 사람이 저술한 것임을 나타내는 말. ¶고영근 ~ 표준 국어 문법론. 좐작(作).

저:⁻⁷(低) 접두 '낮음'의 뜻을 나타내는 말. ¶~기압 / ~혈압 / ~개발국 / ~주파. ↔고.

저:가¹(低價)[-까] 명 =싼값. ↔고가(高價).

저가²(猪加·猪伽) 명 [역] 부여(夫餘)의 네 행정 구역인 사출도(四出道)를 각각 맡아 다스리던 사가(四加)의 하나. ▷구가·마가·우가.

저:가-주(低價株)[-까-] 명 [경] 평균 주가보다 주가 수준이 낮은 주. =저위주(低位株). ▷고가주.

저:간(這間) 명 (주로 '저간의', '저간에'의 꼴로 쓰여) 그리 멀지 않은 과거로부터 현재까지의 동안. 비그간·요즈음. ¶~에 겪은 말 못 할 고통 / ~의 소식을 들으셨습니까?

저:개발-국(低開發國) 명 =개발도상국(開發途上國).

저:-거 대(지시) '저것'을 구어적으로 이르는 말. ¶~로 주세요. 좐조거.

저:-거시기 감 말을 하다가 생각이 잘 나지 않을 때에 내는 군말. ¶~, 그 사람 이름이 뭐더라?

저걸로 '저것으로'가 준 말.

저:-것[-걷] 대 [I](지시) 1 말하는 사람이나 듣는 사람 모두에게 멀리 떨어져 있는 사물을 가리키는 말. ¶~이 새로 나온 차다. 2 (인칭) 말하는 사람과 듣는 사람 모두에게 떨어져 있는, 못마땅하게 생각되는 사람이나 자기 혈

육에 속하는 아랫사람을 낮추어 이르는 말. ¶~이 무얼 안다고 그러지? ㈜조것. ▷그것·이것.
저격(狙擊) 몡 (어떤 대상을) 노리고 겨냥하여 치거나 총을 쏘는 것. ¶~대(隊) / ~사건. **저격-하다** 동태여 ¶정적(政敵)을 ~.
저격-범(狙擊犯) [-뻠] 몡 저격한 범인.
저격-병(狙擊兵) [-뼝] 몡 은폐 진지(隱蔽陣地)에서 적을 발견하여 저격하거나 적의 심리를 교란시키는 사격 임무를 맡은 소총병. =저격수.
저격-수(狙擊手) [-쑤] 몡[군] =저격병.
저-고도(低高度) 몡 항공기 비행에서, 해발 1만 피트 이하의 높이를 이르는 말.
저고리 몡 1 남녀의 한복에서, 양팔과 몸통을 감싸며 고름을 매어 앞을 여며 입는 상의. 길·소매·깃·섶·동정·고름 등으로 구성되는데, 여자 옷의 경우에는 끝동을 달거나 회장을 대기도 함. 감이나 재봉법에 따라, 홑저고리·겹저고리·솜저고리·누비저고리 등의 종류가 있음. 2 서양식 웃옷의 '재킷'을 달리 이르는 말.
저-곳 [-곧] 때지시 '저기 I'을 문어적으로 이르는 말. ¶~에서는 사고가 자주 일어난다.
저공(低空) 몡 지면(地面)에 가까운 공중. ¶~비행. ↔고공(高空).
저공해-차(低公害車) 몡 배기가스 등의 공해 물질을 적게 배출하도록 만든 차.
저금(貯金) 몡 돈을 쓰지 않고 은행 등에 맡겨 두거나 저금통 속에 넣어 모아 두는 것. 또는, 그 돈. ¶~을 찾다 (인출하다). **저금-하다** 탐여 ¶월급의 일부를 은행에 ~.
저-금리(低金利) [-니] 몡 낮은 금리. ↔고금리(高金利).
저금-통(貯金筒) 몡 돈을 넣어 모아 둘 수 있게 만든 통. ¶돼지 ~.
저금-통장(貯金通帳) 몡 '예금 통장'을 통속적으로 이르는 말.
저급¹(低級) 몡 낮은 등급. ¶~품(品). ↔고급(高級).
저급²(低級) →**저급-하다** [-그파-] 형여 등급·내용·성질·품질 따위의 정도가 낮다. ¶내용이 저급한 책.
저기 I 때지시 말하는 장소와 듣는 장소 모두에게 떨어져 있는 장소를 가리키는 말. ¶~가 우리 집이다. ㉰제. ㈜조기.
II 튄 저곳에. 말하는 사람과 듣는 사람 모두에게 떨어져 있는 곳을 가리킴. ¶그 사람이 ~ 가고 있다. ㉰제. ㈜조기.
III 감 얼른 생각이 나지 않거나 거북한 말을 하려 할 때 주저하여 하는 말. ¶~, 그 사람이 누구었지? / ~, 부탁이 하나 있는데.
저-기압(低氣壓) 몡 1 [기상] 기압이 주위보다 낮은 현상. 이때에는 보통 날이 흐리거나 눈·비가 옴. ¶저압. ¶열대성 ~. ↔고기압. 2 형세가 평온하지 않고 변동이 생기려는 상태, 또는 사람의 기분이 좋지 못한 상태의 비유. ¶회의장 내에 ~이 감돌다 / 무슨 기분 나쁜 일이 있었나, 저 사람 왜 ~이야?
저-까지로 튄 겨우 저만한 정도이로. ㈜조까지로.
저-까짓 [-진] 관 겨우 저만한 정도일. ¶~ 일을 누구도 못할까? ㈜저깟. ㈜조까짓.
저-깟 [-깐] 관 '저까짓'의 준말. ㈜조깟.
저-나마 튄 저것이라도. ㈜조나마. ▷그나마·이나마.
저냐 몡 생선이나 고기를 얇게 저며 동글납작하게 만들고, 밀가루와 달걀을 씌워 기름에 지진 음식. =전유어(煎油魚).
저-냥 튄 저러한 모양으로. ¶그냥~ 살다 / ~두지 말고 치워 놓아라. ㈜조냥.
저널리스트(journalist) 몡 1 저널리즘에 종사하는 사람. 2 신문·잡지의 기자 또는 기고가.
저널리즘(journalism) 몡 신문과 잡지를 통하여 대중에게 시사적인 정보와 의견을 제공하는 활동. 넓게는 영화·라디오·텔레비전을 통하여 오락 및 정보를 제공하는 활동을 포함함.
저-네(인칭) 저 사람의 무리. 3인칭 복수 대명사임.
저네-들 때(인칭) 저 무리에 속하는 사람들.
저녁 몡 1 해가 져서 어두워둑할 때부터 사방이 완전히 깜깜해지기까지의 동안. 곧, 낮과 밤의 경계를 이루는 때를 가리키나, 일반적으로는 밤의 초반을 저녁에 포함시키는 경우가 많음. =일석(夕). ¶초~/ ~ 8시 / 아침~으로 가오니 쌀쌀해지다. 2 사람이 해가 진 뒤에 먹는 끼니. ¶~을 짓다 [먹다] / 친구와 ~ 약속이 돼 있다. ↔아침.
저녁-거리 [-꺼-] 몡 저녁밥을 지을 양식. ¶당장 오늘 ~도 없다. ↔아침거리.
저녁-결두리 [-껼두-] 몡 농부나 일꾼이 일하면서 점심과 저녁 사이에 먹는 음식. ▷결두리·점심결두리.
저녁-나절 [-녕-] 몡 저녁 무렵의 한동안. ㋺석양(夕陽). ¶낮에는 더우니 ~에 다녀오너라. ↔아침나절.
저녁-내 [-녕-] 몡 이른 저녁부터 밤이 될 때까지의 동안.
저녁-녘 [-녕녁] 몡 저녁 무렵.
저녁-노을 [-녕-] 몡 해가 질 때의 노을. =석하(夕霞). ¶~이 지다 / ~이 붉게 물든 하늘. ㈜저녁놀. ↔아침노을. ▶황혼.
저녁-놀 [-녕-] 몡 '저녁노을'의 준말. ↔아침놀.
저녁-달 [-딸] 몡 저녁에 뜨는 달. =석월(夕月).
저녁-때 몡 1 시간이 저녁인 때. 또는, 저녁을 먹을 무렵인 때. =석각(夕刻). ¶~에 돌아오다 / 벌써 ~가 되었네. ↔아침때.
저녁-뜸 [-녕-] 몡[지] 저녁 무렵 해안 지방에서, 해풍(海風)과 육풍(陸風)이 교체될 때 바람이 한동안 자는 현상. ↔아침뜸.
저녁-매미 [-녕-] 몡[동] 매미목 매밋과의 곤충. 몸길이 약 4cm. 몸빛은 적갈색으로 녹색의 반문(斑紋)이 있으며, 날개는 투명함. 새벽이나 저녁에 욺. 울음소리는 '쓰르람쓰르람'. =쓰르라미·한선(寒蟬).
저녁-밥 [-빱] 몡 사람이 저녁에 끼니로 먹는 밥. =석반(夕飯)·석식. ↔아침밥.
저녁-상(-床) [-쌍] 몡 저녁밥을 차려 놓은 밥상. ¶~을 물리다. ↔아침상.
저녁-쌀 몡 저녁밥을 지을 쌀. ↔아침쌀.
저녁-참 몡 1 주로 농사일을 할 때, 저녁나절에 일을 잠시 쉬는 동안. 또는, 그때에 먹는 음식. 2 저녁 무렵.
저-년 때(인칭) '저 여자'를 얕잡거나 비하하여 이르는 말. ㈜조년. ↔저놈.
저-놈 때 [1] '저 남자'를 얕잡거나 비하하여 이르는 말. ↔저년. [2](지시) '저 동물'이나 '저 물건'을 귀엽게, 또는 예사롭게 이르는 말. ㈜조놈.
저능¹(低能) 몡 정상보다 낮은 지적(知的) 능력. 선천적 또는 후천적인 병으로 생기는

저:능²(低能) →저:능-하다 [형] 두뇌가 정상적으로 발육되지 못하여 지능이 보통 수준보다 퍽 떨어지다.

저:능-아(低能兒) [명] =정신 지체아.

저-다지 [부] 저러하도록. ¶허허 웃어넘기면 될 것을 ~ 속이 좁을까? 〈작〉조다지.

저:-단백(低蛋白) [명] 어떤 식품에 단백질이 매우 적게 들어 있는 상태. ¶~식품/~식이 요법. ↔고단백.

저:-단백질(低蛋白質) [-찔] [명] =저단백.

저:당(抵當) [명][법] 부동산이나 동산을 채무의 담보로 잡거나 잡히는 것. ¶토지를 ~ 잡히다.

저:당-권(抵當權) [-꿘] [명][법] 채무가 이행되지 않은 경우에, 저당을 잡은 채권자가 그 저당물에 대하여 일반 채권자에 우선하여 변제를 받을 수 있는 권리. ¶~ 설정.

저-대로 [부] 저것과 같이. 또는, 저 모양으로. ¶애를 ~ 두었다간 버릇이 나빠져요.

저돌-성(豬突性) [-썽] [명] 앞뒤 생각하지 않고 마구 밀어붙이려고 하는 성질.

저돌-적(豬突的) [-쩍] [관][명] 앞뒤 생각하지 않고 마구 밀어붙이려고 하는 태도가 있는(것). ¶그는 한번 결심한 일은 ~으로 밀고간다.

저-들 [대](인칭) '저이들'의 준말. ¶일방적으로 우리 얘기만 하지 말고 ~의 얘기도 들어 봅시다.

저:등(著騰) [명] 물가 따위가 두드러지게 오르는 것. ↔저락(著落). **저:등-하다** [자][여]

저-따위 [대][관] '저러한 종류'라는 뜻으로 얕잡아 이르는 말. ¶어른 앞에서 ~ 행동을 하다니.../무슨 ~ 인간이 다 있어?

저-딴 [관] '저따위'를 구어적으로 이르는 말. ¶~ 말에 전혀 신경 쓸 것 없다.

저라 [감] 소를 몰 때, 왼쪽으로 가라는 뜻으로 지르는 소리. =어디여.

저:락¹(低落) [명] 물가나 등급·가치 따위가 낮게 떨어지는 것. ▷하락(下落). **저:락-하다¹** [자][여] **저:락-되다** [자][여]

저:락²(著落) [명] 물가 따위가 두드러지게 떨어지는 것. ↔저등(著騰). **저:락-하다²** [자][여]

저래 '저리하여'가 준 말. ¶~ 본들 무슨 소용이 있겠어. 〈작〉조래. ▷그래·이래.

저래도 '저리하여도'가 준 말. ¶아무리 ~ 소용없는 일이야. 〈작〉조래도. ▷그래도·이래도.

저래서 '저리하여서'가 준 말. ¶공부를 ~ 시험에 합격이나 하겠어? 〈작〉조래서.

저러고 '저리하고'가 준 말.

저러다 [동][자] 저렇게 하다. 곧, 저렇게 행동하거나 말하거나 생각하다. 주로 구어체에서 쓰임. ¶저러다 금세 괜찮아질 겁니다. 〈작〉조러다.

저러저러-하다 [형][여] 모두 다 저런 것과 같다. 〈작〉조러조러하다.

저러-하다 [형][여] '저렇다'의 본딧말. ¶저러한 옷을 어떻게 입고 다니지? 〈작〉조러하다.

저런 [감] 말하는 사람이 뜻밖의 바람직하지 않은 일을 보거나 듣고 놀라서 내는 소리. 일이 말하는 사람으로부터 먼 곳에서 벌어지고 그와 직접적인 관련이 없을 때 씀. ¶~, 얼마나 아팠을까. /~, 세상에 별일이 다 있구먼. 〈작〉조런. ▷이런.

저렁 [부] 얇은 쇠붙이 따위가 서로 부딪치는 소리. 〈작〉자랑. 〈센〉쩌렁. 〈거〉처렁. **저렁-하다** [자][타][여]

저렁-거리다/-대다 [동][자][타] 얇은 쇠붙이 따위가 서로 부딪치면서 은은히 소리가 나다. 또는, 그런 소리를 내다. 〈작〉자랑거리다. 〈센〉쩌렁거리다. 〈거〉처렁거리다.

저렁-저렁 [부] 1 저렁거리는 소리. 2 목소리가 크고 높게 울리는 모양. 〈작〉자랑자랑. 〈센〉쩌렁쩌렁. 〈거〉처렁처렁. **저렁저렁-하다** [동][자][타][여]

저렇다 [-러타] [형][ㅎ]〈저러니, 저러오, 저래〉〈사물의 상태나 속성이〉 저와 같다. ¶저렇게 부지런한 사람은 보기 힘들다. 〈본〉저러하다. 〈작〉조렇다.

저렇-듯 [-러튿] [부] '저렇듯이'의 준말. 〈작〉조렇듯.

저렇-듯이 [-러트시-] [부] 저러한 정도로까지. 〈준〉저렇듯. 〈작〉조렇듯이.

저:력(底力) [명] 사람이 속으로 간직하고 있는 강한 힘. ¶~을 보이다 [과시하다].

저:렴(低廉) →저:렴-하다 [형][여] 물건 따위의 값이 싸다. ¶저렴한 가격.

저:류(底流) [명] 1 강이나 바다의 바닥을 흐르는 물결. 2 사물의 표면에는 드러나지 않고 깊은 곳에서 일고 있는 움직임.

저르렁 [부] 1 넓고 얇은 쇠붙이가 부딪쳐 울리는 소리. 2 목소리가 약간 웅숭깊게 울리는 소리. 〈작〉자르랑. 〈센〉쩌르렁. 〈거〉처르렁. **저르렁-하다** [동][자][타][여]

저르렁-거리다/-대다 [동][자][타] 잇달아 저르렁 소리가 나다. 또는, 그런 소리를 내다. 〈작〉자르랑거리다. 〈센〉쩌르렁거리다. 〈거〉처르렁거리다.

저르렁-저르렁 [부] 저르렁거리는 소리. 〈작〉자르랑자르랑. 〈센〉쩌르렁쩌르렁. 〈거〉처르렁처르렁. **저르렁저르렁-하다** [동][자][타][여] ¶...목소리가 마치 여름에 버드나무에 앉아서 길게 목 늘여 우는 매미 소리같이 저르렁저르렁하였다.《나도향:벙어리 삼룡이》

저리¹ 저렇게. ¶왜 ~ 화를 내지? 〈작〉조리. ▷그리·이리. **저리-하다** [동][자][여] **저리-되다** [자]

저리² 저곳으로. 또는, 저쪽으로. ¶~ 비켜라./~ 가서 기다리시오. 〈작〉조리. ▷그리·이리.

저:리³(低利) [명] 법정 이자보다 낮은 비율의 이자. =저변. (비)저금리. ↔고리(高利).

저리다 [형] 근육이나 뼈마디가 오래 눌리거나 병적인 원인에 의해 피가 잘 돌하지 못하여, 감각이 둔하고 아리며 움직이기가 거북하다. ¶손발이 ~/오래 꿇어앉아 있었더니 다리가 ~. 〈작〉자리다.

> **어법** 발이 저린다:저린다(×)→저리다(○). ▶ 형용사에는 어미 '-ㄴ다'가 붙을 수 없음.

저리-도 [부] 1 저렇게도. ¶난 저들처럼 ~ 할 수 없다. 2 저다지도. ¶저 사람은 어째서 ~ 못살까? 〈작〉조리도. ▷그리도·이리도.

저리-로 [부] '저리²'를 강조하여 이르는 말. 〈준〉절로.

저리저리-하다 [형][여] 매우 저리다. 〈작〉자리자리하다.

저:립(佇立) [명] 우두커니 서는 것. **저:립-하다** [자][여]

저릿-저릿 [-릳쩌릳] [부] 몹시 저릿한 모양. 〈작〉자릿자릿. 〈센〉쩌릿쩌릿. **저릿저릿-하다**

저릿-하다[-리타-] [형여] 약간 저린 듯하다. ¶손목이 ~. 참자릿하다. 센쩌릿하다.
저:마(苧麻) [명][식] =모시풀.
저-마다 I [부] 각각의 사람이나 사물마다. ¶~ 제가 옳다고 우기다.
Ⅱ [명] 각각의 사람이나 사물.
저만저만-하다 [형여] (여러 대상이) 정도나 수준에 있어서 서로 저만하게 비슷하다. ¶이 동네에는 저만저만한 아이들이 많다. 참조만조만하다. ▷이만저만하다.
저-만치 [부] ¶산에 피는 꽃은 혼자서 피어 있네.《김소월:산유화》
저-만큼 I [부] 저만한 정도로. =저만치. ¶~ 떨어져 있어라. 참조만큼.
Ⅱ[명] 저만한 정도. =저만치. ¶~은 누구든지 할 수 있다. 참조만큼.
저만-하다 [형여] 1 (수준이나 정도 등이) 저 대상의 비슷한 상태에 있다. ¶크기가 저만한 것으로 주시오. / 저만하면 괜찮겠다. 2 (어떤 일이나 대상이) 저 수준이나 정도에 있어 웬만하다. ¶요즘 저만한 사람도 드물다. / 상처가 저만하기에 다행이다. 참조만하다.
저맘-때 [명] 저만한 정도에 이른 때. 일반적으로, 저만큼 떨어져 있는 시간을 이야기로 대상으로 삼으면서 그 사람의 나이로 이른 때를 가리킴. ¶아이들이 ~면 장난이 심한 법이다. 참조맘때.
저:면(底面) [명][수] '밑면'의 구용어.
저:명(著名) [명] (일부 명사 앞에 쓰여) 이름이 세상에 널리 알려져 있는 것. ¶~인사.
저:명-하다 [형여] ¶저명한 학자.
저:-모음(低母音) [명][언] 혀의 위치를 가장 낮추어서 발음하는 모음. 한국어의 'ㅐ', 'ㅏ' 따위. =개모음(開母音).
저:-물가(低物價) [-까] [명] 낮은 물가. ↔고물가(高物價).
저물-녘[-력] [명] 해가 저무는 저녁 무렵.
저물다 [동](자) 〈저무니, 저무오〉 1 (해가) 산이나 지평선 또는 수평선 너머로 넘어가거나, 또는, (날이) 해가 져서 어두워지다. ¶해 저무는 들녘의 풍경 / 날이 저물기 전에 어서 일을 끝내자. 2 (한 해가 다) 지나서 끝나는 상태가 되다. ¶한 해가 저물어 가는 세모(歲暮)의 거리. 3 (인생이) 한창의 때를 지나 늙은 때에 이르다. 비유적인 말임. ¶나이 60이면 저물어 가는 황혼이 아니던가?
저뭇-하다[-무타-] [형여] 날이 저물어 어스레하다. ¶아이는 날이 저뭇해서야 집으로 돌아왔다.
저미다 [동](타) (생선·고기·과실·채소 등을 칼로) 얇게 베다. 때로, 가슴이 몹시 아프거나, 추위 따위로 살갗이 몹시 시리거나 하는 상태를 비유적으로 나타낼 때 쓰임. ¶생선의 살을 저며 전을 부치다 / 가슴을 저미는 듯한 아픔.
저-버리다 [동](타) 1 마음에 새겨 두어야 할 것을 잊거나 어기다. ¶부모의 은혜는 ~ / 많은 사람의 기대를 ~. 2 (무엇이나 누구를) 등지거나 배반하다. ¶가족을 ~ / 조국을 ~.
저벅 [부] 묵직하고 크게 한 번 내딛는 발소리. 참자박. 저벅-하다 [동](자여)
저벅-거리다/-대다[-꺼(때)-] [동] 묵직하고 크게 발소리를 내며 걷다. ¶저벅거리는 군화 소리와 함께 군인들이 지나갔다.
저벅-저벅[-쩌-] [부] 저벅거리는 소리. 참자박자박. 저벅저벅-하다 [동](자여)
저:번(這番) [명] 요전의 그때. 비지난번. ¶~에는 실례가 많았습니다.
저:변(底邊) [명] 1 [수] '밑변'의 구용어. 2 비유적으로 쓰여, 어떤 분야에서 정점(頂點)에 선 사람을 떠받드는 많은 사람들. ¶스포츠 인구의 ~을 확대하다.
저:본(底本) [명] 1 문서의 초고. 2 =원본2.
저:부(低部) [명] 낮은 부분.
저:-분 [인칭] '저 사람'을 높여 이르는 3인칭 대명사.
저분-저분 [부] 1 가루 따위가 부드럽게 섭히는 모양. 2 성질이 부드럽고 찬찬한 모양. 참자분자분. 저분저분-하다 [동](자여)
저상(沮喪) [명] 기운을 잃는 것. 저상-하다 [동](자여) 저상-되다 [동](자) ¶사기(士氣)가 ~.
저:서(著書) [명] 1 지은 책, 특히, 이론적·학술적인 책을 가리킴. ¶김 박사는 생전에 많은 ~를 남겼다. 2 책을 짓는 것.
저-세상(-世上) [명] 죽은 다음에 간다는 저쪽의 세상이라는 뜻으로, '저승'을 달리 이르는 말. ¶~으로 떠나다.
저:-소득(低所得) [명] 낮은 소득. ¶~ 계층.
저:속¹(低速) [명] '저속도'의 준말. ¶차를 ~으로 몰다. ↔고속.
저:속²(低俗) →저:속-하다[-소카-] [형여] 품위가 낮고 속되다. ¶저속한 말[행동] / 저속한 노래. ↔고상하다.
저:-속도(低速度) [-또] [명] 느린 속도. 준저속. ↔고속도.
저:속-어(低俗語) [명] 품위가 낮고 속된 말.
저:속^촬영(低速撮影) [명][영] 표준 촬영 속도 이하로 느리게 촬영하는 일. 영사(映寫)할 때에 피사체(被寫體)의 운동 속도가 실제보다 빠르게 나타나는 효과가 있음. ↔고속 촬영.
저-손 [인칭] '저이'를 조금 낮추어 이르는 말.
저:수(貯水) [명] 물을 인공적으로 모아 두는 것. 또는, 그 물. 저:수-하다 [동](자)(타)여 저:수-되다 [동](자)
저:수-공사(低水工事) [명] 강물이 최저 수량일 때도 배가 다닐 수 있도록, 일정한 너비와 깊이를 유지하기 위하여 하는 하천 공사.
저:-수로(低水路) [명] 가뭄 때에도 물이 흐르는 하천 부지의 얕은 부분.
저:-수위(低水位) [명] 하천의 물이 가장 낮아질 때의 수위.
저:수-지(貯水池) [명] 강의 흐름을 막거나 또는 수로 등으로 끌어 들인 물을 모아 두는 인공 못.
저:술(著述) [명] 문학·학술 등의 글을 써서 책을 내는 것. 또는, 그 책. 비저작. 저:술-하다 [동](타)여 ¶그는 말년(末年)을 평생의 대작을 저술하는 데 바쳤다. 저:술-되다 [동](자)
저:술-가(著述家) [명] 저술을 직업으로 하는 사람.
저:습(低濕) →저:습-하다[-스파-] [형여] 땅이 낮고 습하다.
저승 [명] 사람이 죽은 뒤에 그 혼이 가서 산다고 하는 세상. =시왕청·유계(幽界)·유명(幽冥)·음부(陰府). 비황천(黃泉). ¶~으로 가다. ↔이승.
저승-길[-낄] [명] 저승으로 가는 길.

저승-꽃 [-꼳] 〈속〉 검버섯.
저승-사자(-使者) 몡 저승에서 염라대왕의 명을 받고 죽은 사람의 넋을 데리러 온다는 심부름꾼.
저:압(低壓) 몡 1 낮은 압력. ¶~ 수은동. 2 교류 600V 이하의 낮은 전압. 우리나라에는 110V, 220V, 380V가 있음. ▷고압(高壓). 3 [기상] =저기압. ¶~대(帶) / ~부(部).
저:액(低額) 몡 적은 금액. ↔고액(高額).
저어-되다 [-되-/-뒈-] 통〔자〕 (어떤 일이 어찌 될까) 마음속으로 염려되거나 두려워지다. ¶행사 당일에 비라도 올까 봐 심히 **저어된다**.
저어-새 몡 저어샛과의 새. 노랑부리저어새와 비슷하나 조금 작고, 겨울 깃은 순백색임. 부리는 검으며 밥주걱 모양임. 해안·무논·연못 따위에서 떼 지어 삶. 천연기념물임.
저어-하다 통〔타여〕 (어떤 일이 어찌 될까, 또는 어찌 될 것을) 마음속으로 염려하거나 두려워하다. ¶사랑이 식을까 ~ / 상대에게 혹시 폐가 되지나 않을까 ~.
저:열¹(低熱) 몡 온도가 낮은 열. ↔고열(高熱).
저:열²(低劣) →저:열-하다 형〔여〕 1 질이 낮다. 2 (사람이) 수준이 낮고 열등하다. ¶제 잇속만 차리는 **저열한** 인간. **저:열-히** 閉
저:온(低溫) 몡 낮은 기온이나 온도. ¶~ 다습. ↔고온.
저:온^살균(低溫殺菌) 몡 식품류를 60~80℃가량에서 30분 정도씩 가열하여 살균하는 방법. 고온에서 변질하기 쉬운 우유 따위에 행함.
저울 몡 무게를 측정하는 데 쓰이는 기구의 총칭. ¶용수철~ / ~로 무게를 달다.
저울-눈 [-룬] 몡 저울대에 새긴 눈금. ¶~을 읽다.
저울-대 [-때] 몡 대저울의 눈금이 새겨져 있는 몸 부분. 또는, 저울추를 거는 막대기.
저울-질 몡 1 저울로 물건의 무게를 다는 일. 2 (둘 이상의 대상을) 서로 비교하여 낫고 못함을 헤아려 보는 것. 또는, (어떤 대상을) 그 가치·의의·가능성 등을 헤아리거나 따지는 것. **저울질-하다** 통〔타여〕 ¶자기의 능력을 ~ / 희영은 누구를 반려로 삼을지 두 남자를 **저울질해** 보았다.
저울-추(-錘) 몡 저울대 한쪽에 걸거나 저울판에 올려놓는 일정한 무게의 쇠. =추(錘).
저울-판(-板) 몡 저울의 한쪽 끝에 물건을 올려놓도록 둔, 접시 모양의 그릇. =칭판(秤板).
저:위(低位) 몡 1 낮은 위치. 2 낮은 지위. ↔고위(高位).
저:-위도(低緯度) 몡 [지] 적도로부터 남위·북위 20°가량에 이르는 지역. 또는 그 위도. ▷고위도·중위도.
저:율(低率) 몡 1 어떤 표준보다 낮은 비율. 2 싼 요금. ¶~의 이자. ↔고율(高率).
저으기 閉 '적이'의 잘못.
저:음(低音) 몡 낮은 소리. ↔고음(高音).
저:의(底意) [-의/-이] 몡 마음속에 감추고 있는 생각이나 의지. ¶그가 왜 갑자기 호의를 베푸는지 그 ~를 알 수 없다.
저-이 떼〔인칭〕 '저 사람'을 약간 높여 이르는 3인칭 대명사.
저이-들 떼〔인칭〕 저 사람들. 준저들.

저:인-망(底引網) 몡〔수산〕 바다의 밑바닥으로 끌고 다니면서 해저(海底)에서 사는 물고기를 잡는 그물. =쓰레그물·트롤망. ¶~ 어선.
저:인망^어업(底引網漁業) 몡 저인망을 사용하여 물고기를 잡는 어업. =트롤 어업.
저:-임금(低賃金) 몡 낮은 임금. ¶~과 열악한 작업 환경에서 일하는 근로자.
저자¹ 몡 1 '시장(市場)'을 예스럽게 이르는 말. ¶~가 서다. 2 시장에서 물건을 파는 가게. 3 아침과 저녁으로 반찬거리를 팔고 사기 위하여 열리는 장.
저자(를) 보다 관 저자에 가서 물건을 사거나 팔다.
저-자²(-者) 떼〔인칭〕 '저 사람'을 낮추어 이르는 말.
저:자³(著者) 몡 문학·학술 등에 관한 책을 지은 사람. 비지은이. ¶그 소설의 ~는 유명 작가이다. ↔독자.
저:-자세(低姿勢) 몡 상대방에게 눌려 굽실거리는 비굴한 자세. ¶윗사람 앞에서 ~를 보이다. ↔고자세(高姿勢).
저작¹(咀嚼) 몡 (음식물을) 입에 넣고 씹는 것. **저작-하다**¹ 통〔타여〕 **저작-되다**¹ 통〔자〕
저:작²(著作) 몡 문학·학술·예술 등의 책이나 작품 등을 창작하는 것. 또는, 그 책이나 작품. ¶이 책은 그가 가장 심혈을 기울인 ~이다. **저:작-하다**² 통〔타여〕
저:작-권(著作權) [-꿘] 몡〔법〕 저작자나 그 권리 승계인이 자신이 창작하거나 승계한 저작물의 복제·번역·상연·상영·전시·방송·대여 등을 독점적으로 이용하여 이익을 얻을 수 있는 권리. ¶~ 침해.
저:작권-법(著作權法) [-꿘뻡] 몡〔법〕 저작자의 권리와 이에 인접하는 권리를 보호하고 저작물의 공정한 이용을 도모함으로써 문화의 향상 발전에 이바지함을 목적으로 하는 법률.
저:작권-자(著作權者) [-꿘-] 몡〔법〕 저작권법에 의하여 저작권을 인정받아 그 권리를 행사할 수 있는 사람.
저:작-물(著作物) [-짱-] 몡 문학·학술·예술 등의 범위에 속하는 창작물.
저:작-자(著作者) [-짜] 몡 저작물을 창작한 사람. 비지은이. =저작자(著者).
저잣-거리 [-자꺼-/-잗꺼-] 몡 저자가 서는 거리. 비시가(市街).
저:장(貯藏) 몡 1 물건·재화 따위를 어느 곳에 간수하여 두는 것. ¶~실(室). 2 [컴] 컴퓨터의 주기억 장치에 있는 데이터나 프로그램을 보조 기억 장치에 옮겨 보존하는 것. =세이브. **저:장-하다** 통〔타여〕 ¶창고에 식량을 ~. **저:장-되다** 통〔자〕
저:장^녹말(貯藏綠末) [-농-] 몡〔식〕 탄소 동화 작용에 의하여 식물의 뿌리·땅속줄기·배젖 등에 저장되어 있는 녹말. ↔동화 녹말.
저:장-뿌리(貯藏-) 몡〔식〕 양분을 저장하기 위해 특수한 형태로 변화한 식물의 뿌리. 고구마·당근·우엉과, 달리아의 뿌리 따위. =저장근.
저:장-식(貯藏食) 몡 오래 보관해도 상하지 않도록 만들거나 저장하는 음식.
저:장애물^경:주(低障礙物競走) 몡〔체〕 육상 경기에서, 남자 장애물 경주의 한 종목. 200m의 거리에 75.9~76.5cm 높이의 장애물을 18.29m 간격으로 10개 세워 놓고 하나씩

차례로 뛰어넘는 경기. =로 허들. ↔고장애
물 경주.
저:장-액(低張液) 몜 [생] 세포를 용액 속에
 넣었을 때, 물이 세포 내에 침입하여 세포가
 팽창하는 용액. 세포 내의 액보다 삼투압이
 낮기 때문에 생김. ▷고장액·등장액
저적-거리다/-대다[—(때)—] 재 발을
 천천히 내디디며 위태롭게 걷다. 짝자작자
 리다.
저적-저적[—쩌—] 틘 저적거리는 모양. 짝
 자작자작. 적적저적-하다 통재여
저전(楮田) 몜 닥나무를 심어 기르는 밭.
저:-절로 틘 1 적극적인 활동이나 노력 없이
 자연적으로. 또는, 내버려 두어도 으레 그렇
 게 되는 작용에 따라. ¶흔들리던 이가 ~ 빠
 지다 / 이 에어컨은 꺼짐 예약을 해 놓으면
 그 시각에 ~ 꺼진다. 2 의도하지 않은 상태
 로 자기도 모르게. ¶저 친구는 어찌나 익살
 스러운지 얼굴만 봐도 ~ 웃음이 나온다. /
 선생이 남기신 위대한 업적을 생각하면 ~
 머리가 수그러진다. 준절로.
저조¹(低調) 몜 낮은 가락. ↔고조(高調)
저조²(低調) 몜 →저:조-하다 톙여 1 (어떤 활
 동이나 실적 따위가) 낮은 수준이나 좋지 않
 은 내용을 보이는 상태에 있다. ¶기록이 ~
 / 성적이 ~. 2 (기분 등이) 활기나 의욕을
 잃은 상태에 있다. ¶상사에게 꾸중을 듣고
 나서 기분이 ~.
저조³(低潮) 몜 [지] =간조(干潮). ↔고조.
저:주(詛呪·咀呪) 몜 1 (남을) 미워하여 그에
 게 재앙이 일어나도록 비는 것. 또는, (어떤
 존재나 삶·운명 등을) 몹시 미워하고 원망
 하거나 한탄하는 것. ¶~ 의 말을 내뱉다
 / ~를 퍼붓다. 2 신이나 초월자, 마법의 힘이
 있는 자가 인간에게 재앙을 내리는 것. 또
 는, 그 재앙. ¶신의 ~를 받다 / 마왕의 ~가
 풀리다. 저:주-하다 통태여 ¶자신으로 인
 ~ 세상을 / 그 여자는 실연을 겪고 나
 서 세상의 모든 남자를 저주하고 불신했다.
저:주-스럽다(詛呪—)[—따] 톙ㅂ <—스러
 우니, —스러워> 저주하는 데가 있다. 또는,
 저주하고 싶은 데가 있다. ¶저주스러운 눈
 빛 / 저주스러운 운명. 저:주스레 틘
저:-주파(低周波) 몜[물] 주파수가 낮은 파동
 이나 전파. ↔고주파.
저:지¹(低地) 몜 지대가 낮은 땅. ↔고지(高
 地).
저지²(沮止) 몜 (어떤 일을) 막아서 못 하게
 하는 것. 저지-하다 통태여 ¶경찰이 시위를
 ~. 저지-되다 통재
저지³(judge) 몜[체] 운동 경기의 심판원.
저-지난 몜 '지지난'의 잘못.
저지난-달 몜 1 이삼 개월 전의 달. 2 '지지난
 달'의 잘못.
저지난-밤 몜 1 이삼 일 전의 밤. 또는, 엊그
 제의 밤. 2 '지지난밤'의 잘못.
저지난-번(—番) 몜 1 지난번의 전번. 2 '지지
 난번'의 잘못.
저지난-해 몜 1 이삼 년 전의 해. 2 '지지난
 해'의 잘못.
저:지-대(低地帶) 몜 낮은 지대. ↔고지대.
저지레 몜 일을 저질러 말썽이나 문제가 되
 게 하는 것. ¶사내아이는 계집아이와는 달
 라서 ~ 여간 심하지 않다. 저지레-하다
 통태여
저지르다 통태르 <저지르니, 저질러> (사람
 이 잘못이나 좋지 않은 일, 또는 뒤에 문제
가 될 일을) 만들어 일으키다. ¶잘못을 ~ /
 쟤가 저러다 무슨 일 저지르겠다.
저:-지방(低脂肪) 몜 어떤 식품에 지방성분이
 매우 적게 들어 있는 상태. =저지방질. ¶~
 식품. ↔고지방.
저:-지방질(低脂肪質) 몜 =저지방.
저지-선(沮止線) 몜 더 이상 다가오거나 넘
 어오지 못하도록 막는 경계선. ¶적의 ~을
 뚫다 / ~이 무너지다.
저지^페이퍼(judge paper) 몜[체] 권투에서,
 경기자가 득점한 것을 심판이 채점하여 득
 점을 기입하는 용지.
저:질(低質) 몜 1 물건의 품질이 나쁜 상태에
 있는 것. 또는, 그 질. ¶~탄. 2 대상이 질이
 낮고 좋지 않은 내용을 담은 상태에 있는 것.
 또는, 그 대상. ¶~ 신문 / ~ 퇴폐 문화. 3
 수준이 낮고 품위가 없이 속된 사람을 경멸
 조로 이르는 말.
저-쪽 대 1(지시) 말하는 사람과 듣는 사람 모
 두에게 멀리 떨어져 있는 쪽을 가리켜 이르
 는 말. ¶~으로 가세요. 짝저쪽. 2(인칭) 말하
 는 사람이 제삼자를 가리키는 말. =저
 편. ¶우리의 요구는 ~에서 어떻게 나
 올지 아직 알 수 없다. ▷그쪽·이쪽.
저:-차원(低次元) 몜 사고방식·행위 등의 낮
 은 수준. ¶~의 정치. ↔고차원.
저:촉(抵觸) 몜 1 서로 부딪치는 것. 또는, 서
 로 모순되는 것. 2 (법률·규칙 등에) 위반되
 거나 거슬리는 것. 저:촉-하다 통재여 저:
 촉-되다 통재 ¶법에 저촉되는 행위.
저:축(貯蓄) 몜 1 (돈을) 불리기 위해 따로
 모으는 것. ¶~을 장려하다. 2 (물자나 식량
 등을) 다 쓰지 않고 따로 모으는 것. 3 (힘이
 나 기운 등을) 몸속에 쌓이게 하는 것. 저:
 축-하다 통태여 ¶용돈을 ~ / 식량을 ~ /
 힘을 저축해 두다. 저:축-되다 통재
저:축^성(貯蓄性)[—썽—] 몜[경] 소득
 중에서 저축이 차지하는 비율. ↔소비 성향.
저:축^예금(貯蓄預金)[—녜—] 몜[경] 은
 행 예금의 하나. 개인이 저축 및 이자를 늘려
 나가기 위하여 하는 예금. 보통 예금보다 이
 율이 높으며 수시로 인출이 가능함.
저:층(低層) 몜 건물의 낮은 층. 또는, 그 건
 물. ¶~ 아파트. ↔고층.
저-치 대(인칭) '저 사람'을 낮추어 이르는 3인
 칭 대명사.
저:탄(貯炭) 몜 숯·석탄 따위를 저장하는 것.
 또는, 그 숯이나 석탄. 저:탄-하다 통재(태)여
저:탄-장(貯炭場) 몜 석탄이나 숯 따위를 저
 장하는 곳.
저:택(邸宅) 몜 1 규모가 아주 큰 주택. =제
 관(第館). ¶호화 / 으리으리한 ~에 살
 다. 2 왕후(王侯)의 집.
저-토록 틘 저러한 정도로까지. ¶~ 그리워
 하는데 한번 만나게 해 줍시다.
저-편(—便) 대 =저쪽. ¶언덕 ~ / ~에서는
 아직 연락이 없나? ▷그편·이편.
저:-평가(低評價)[—까] 몜 사물의 값어치가
 제 수준보다 낮게 평가되는 것. ¶우량주
 / ~ 기업. ↔고평가. 저:평가-되다 통재여
 ¶저평가된 주식 종목.
저:포(紵布·苧布) 몜 =모시.
저:하¹(低下) 몜 (기운·수준·능률 등이) 이전
 보다 떨어지거나 낮아지는 것. 저:하-하다
 통태여 저:하-되다 통재 ¶기록이 ~ / 사기
 가 ~. 품질이 ~.
저:하²(邸下) 몜[역] 조선 시대, 왕세자에 대

저¹-학년(低學年)[-항-] 명 낮은 학년. ↔고학년(高學年).

저항(抵抗) 명 1 (억압이나 공격 등에 대해) 순순히 따르지 않고 맞서서 겨루거나 버티는 것. 圓대항(對抗). ¶~을 받다. 2 [물] 물체의 운동 방향과 반대 방향으로 작용하는 힘. 圓항력(抗力). ¶공기 ~. 3 [물] =전기 저항. **저:항-하다** 통재여 ¶독재 정권에 ~. / 적의 공격에 ~.

저:항-감(抵抗感) 명 어떤 사물이나 대상을 대했을 때, 그에 대해 맞서거나 반발하고 싶어 지는 마음의 상태. ¶명령조의 말투가 ~을 준다.

저:항-권(抵抗權)[-꿘] 명 [법] 기본적 인권을 침해하는 국가 권력에 대하여 저항할 수 있는 국민의 권리.

저:항-기(抵抗器) 명 [물] 필요한 전기 저항을 얻기 위한 기구나 부품.

저:항-력(抵抗力)[-녁] 명 1 질병이나 병원균을 견디 내는 힘. ¶~이 크다 / ~을 기르다 / ~이 없다[있다]. 2 [물] 외부로부터의 힘을 밀어내는 힘. 또는, 외력에 견디 내는 힘을 방해하는 힘.

저:항^문학(抵抗文學) 명 [문] 전제(專制)나 외국의 지배에 항거하여, 자유와 해방을 지향하는 입장에 서서 쓴 문학. 제2차 세계 대전 중 프랑스·동유럽·소련 등의 레지스탕스 운동을 배경으로 하여 생겨남. =레지스탕스 문학.

저:항-선(抵抗線) 명 1 적이 더 이상 공격해 들어오지 못하게 막는 전선(戰線). ¶우리는 적의 마지막 ~을 뚫고 전진하였다. 2 [경] 주가나 환시세 등의 상승이 그 이상은 계속되지 않으리라고 여겨지는 가격대. ¶종합 주가 지수가 800선에 바짝 다가서면서 심리적인 ~에 부딪히고 있다. →지지선. 3 [물] 니크롬선이나 텅스텐선 등의 전기 저항이 큰 도선(導線).

저:항^운:동(抵抗運動) 명 압제나 외국의 지배에 저항하여 싸우는 민중의 운동. ▷레지스탕스.

저해(沮害) 명 (긍정적인 일이) 이뤄지지 못하도록 방해하는 것. ¶국민 단합의 ~ 요인. **저해-하다** 통타여 ¶발전을 ~ / 언론의 자유를 ~. **저해-되다** 통재

저:-혈압(低血壓)[-려-] 명 혈압이 정상보다 낮은 상태. 일반적으로 성인의 최고 혈압이 90 mmHg에 달하지 않음을 말함. →고혈압.

저화(楮貨) 명 [역] 조선 태종 원년(1401)에 만들어진 지폐(紙幣). =저폐(楮幣).

저:-효율(低效率) 명 낮은 효율. ¶고비용, ~의 풍토를 혁신하는 방안을 모색하다.

저희[-히] 回 1 '우리'를 겸양하여 이르는 말. ¶걱정 마시고 저희 ~에게 맡겨 주십시오. 2 재귀 대명사 '저²'의 복수형. ¶아이들을 돌봐 주지 않아도 ~끼리 잘 논다.

저희-들 [-히-] 回 복수 대명사 '저희'에 복수 접미사 '-들'이 붙은 말. '저희'보다 가리키는 대상이 더 구체적이고 개별적인 의미가 강함. ¶~은 각자 책을 가지고 있습니다.

적¹ 명의존 (어미 '-ㄴ', '-ㄹ' 아래에 쓰여) 어떤 상태에 있거나 어떤 일을 하거나 겪거나 한 때임을 나타내는 말. ¶나는 그런 말을 한 ~이 없다. / 창수는 어릴 ~ 친구다.

적²(炙) 명 양념한 어육을 대꼬챙이에 꿰어, 불에 굽거나 번철에 지진 음식. ¶~꼬치.

적³(的) 명 어떤 행위의 목표가 되는 대상. 圓표적. ¶선망[비난]의 ~이 되다.

적⁴(笛) 명[음] 가로 또는 세로로 부는 우리나라 전통 관악기 중 서를 갖추지 않은 것을 통칭하는 말. =저.

적⁵(敵) 명 1 싸워서 무찔러야 할 상대. 주로, 전쟁의 상대자를 가리키나, 때로 운동 경기의 상대자를 가리킬 때도 있음. ¶~을 무찌르다 / ~과 싸우다. 2 어떤 것에 해를 끼치는 요소를 비유하여 이르는 말. ¶과로는 건강의 ~이다.

적⁶(籍) 명 호적·병적·학적 따위의 공식 문서에 소속 관계를 나타낸 기록. 또는, 그 등록된 소속 관계. ¶~에 오르다 / ~을 옮기다 / 김 선수는 모 실업 팀에 ~을 두고 있다.

적⁷(赤) →적색1.

-적⁸(的) 접미 1 주로 한자어 명사 뒤에 붙어, '그런 상태로 된 (것)', '그런 성질을 띤 (것)', '그것에 관계된 (것)' 등의 뜻의 명사나 관형사를 만드는 말. 명사로 파생되었을 때에는 다음에 오는 조사가 매우 제한되어 서술격 '이다', 부사격 '으로', 보격 '이'만이 결합될 수 있음. 일반적으로 추상적 명사 뒤에 붙으나, 드물게 구체적 명사에 붙기도 함. ¶과학~ / 생산~ / 한국[세계]~ / 그 범죄는 처음부터 계획~이었다. 2 일부 한자어에 붙어, 그 말을 부사로 만드는 말. ¶가급~으로 비교~ 크다.

적간(摘奸) [-깐] 명 부정이 있는지를 캐어 살피는 것. **적간-하다** 통타여

적-갈색(赤褐色) [-깔쌕] 명 붉은빛을 띤 갈색. =동색(銅色). 圓구릿빛.

적개-심(敵愾心) [-깨-] 명 적과 싸우고자 하는 마음. 또는, 적에 대해 느끼는 것과 같은 증오심. ¶~을 품다 / ~에 불타다.

적격(適格) [-껵] 명 어떤 일에 자격이 알맞음. ¶행킹 역은 경력으로 보나 연기의 깊이로 보나 김판술 씨가 ~이다. **적격-하다** 형여

적격-자(適格者) [-껵짜] 명 어떠한 일에 알맞은 자격을 가진 사람.

적경(赤經) [-꼉] 명 [천] 천구 상의 천체의 위치를 나타내는 좌표의 하나. 천체를 지나는 경선(經線)과 춘분점을 통하는 경선이 만드는 각. ↔적위.

적공(積功) 명 1 공을 쌓는 것. 2 많은 힘을 들여 애를 쓰는 것. **적공-하다** 통재여

적교 '조교(弔橋)¹'의 잘못.

적국(敵國) [-꾹] 명 자기 나라와 맞서서 전쟁을 벌이고 있는 나라. 圓교전국.

적국^재산(敵國財産) [-꾹째-] 명 자기 나라의 영토나 점령지 안에 있는 적국 또는 적국인의 재산. =적산.

적군¹(赤軍) [-꾼] 명 1 [역] 1918년부터 1946년까지의 소련 정규군의 명칭. 2 '공산군(共産軍)'을 이르는 말.

적군²(敵軍) [-꾼] 명 적의 군대나 군사. ¶~을 섬멸하다[무찌르다]. ↔아군(我軍).

적군-파(赤軍派) [-꾼-] 명 공산주의를 신봉하는 일본의 과격 테러 단체.

적굴(敵窟) [-꿀] 명 적(敵)의 무리가 우글거리는 소굴.

적극(積極) [-끅] 명 I 1 태도가 능동적이고 활동적인 상태. ¶~ 행위 / ~ 방어. 2 내용이 긍정적이고 실질적인 상태. ¶~ 명제 /

~ 재산. ↔소극(消極).
Ⅱ[–] 능동적이고 의욕적으로. ¶ㅈ 후보를 ~ 지지하다 / 사회 활동을 ~ 벌이다.
적극-성(積極性) [–끅썽] 명 적극적인 성질. ¶일에 ~을 보이다. ↔소극성.
적극-적(積極的) [–끅쩍] 관 적극성이 있는 (것). ¶~ 사고(思考) / ~인 태도. ↔소극적.
적극-주의(積極主義) [–끅쭈의/–끅쭈이] 명 1 [철] =실증주의. 2 [윤] 일을 적극적으로 하려는 주의. ↔소극주의.
적금(積金) [–끔] [경] 일정한 기간 동안 일정한 금액을 정기적으로 낸 다음에 만기가 되면 원금과 이자를 합하여 목돈으로 받는 저축. =적립 지금(積立貯金). ¶정기 ~ / ~을 들다 [붓다] / ~을 타다.
적기¹(赤旗) [–끼] 명 1 붉은빛의 기. 2 위험을 알리는 기. 3 공산주의를 상징하는 기.
적기²(摘記) [–끼] 명 요점만 뽑아 적는 것. 또는, 그 기록. **적기-하다** 통(타여)
적기³(適期) [–끼] 명 알맞은 시기. ¶~에 씨를 뿌리다 / 병충해 방제의 ~를 놓치다.
적기⁴(敵機) [–끼] 명 적의 비행기. ¶~ 출현 / ~의 습격.
적-꼬치(炙–) [–] 명 적(炙)을 꿰는 대꼬챙이. 준적꽂.
적나라(赤裸裸) [정–] →**적나라-하다** [정–]
형예 (어떤 모습이나 그것의 표현 등이) 부끄럽거나 욕되거나 추한 것까지 있는 그대로 다 드러내어 숨김이 없다. ¶인간의 본성을 **적나라하게** 표현한 소설 / 권력의 치부를 **적나라하게** 폭로한 기사.
적녀(嫡女) [정–] 명 정실(正室)이 낳은 딸. ↔서녀(庶女).
적년(積年) [정–] 명 여러 해.
적다¹ [–따] 통(타) (어느 곳에 글자나 부호 등을) 나중에 참고로 하거나 다른 사람에게 보이거나 하기 위해 쓰다. ¶수첩에 전화번호를 ~ / 내가 부를 테니 너는 공책에 받아 **적어라**. ▶쓰다.
적다²[–따] 형 1 (사람이나 물건·물질의 수나 양이) 보통의 경우, 또는 기준 대상의 것에 미치지 못한 상태에 있다. ¶밥이 둘이 먹기에는 너무 ~. / 그는 나보다 월수입이 ~. 2 (빈도나 수량으로 따질 수 있는 일이나 현상이) 보통의 경우, 또는 기준 대상의 것에 미치지 못한 상태에 있다. ¶그는 말수가 **적은** 사람이다. / 지렛대를 사용하면 힘이 적게 든다. 3 (일의 정도가) 부족하거나 얼마 안 되는 상태에 있다. ¶경험이 ~. ↔많다. ▶작다.
적당¹(賊黨) [–땅] 명 도둑의 무리. =적도.
적당²(適當) [–땅] →**적당-하다** [–땅–]
형예 1 (사물의 정도·수준·상태 등이) 지나치거나 모자람이 없이, 또는 잘 어울려 마땅하다. (비)알맞다. ¶건강을 유지하려면 **적당한** 운동이 필요하다. / 배탈 날라, **적당하게** 먹어라. 2 요령껏 엇비슷하게 하거나 말썽만 없을 정도로 대강대강 하는 상태에 있다. ¶원칙만 너무 고집하지 말고 **적당한** 선에서 타협하세요. **적당-히** 부 ¶~ 핑계를 대고 빠져라.
적당-주의(適當主義) [–땅–의/–땅–이] 명 일을 어물어물 요령만 피워 적당히 해치우려는 태도.
적대(敵對) [–때] 명 적으로 대하는 것. 또는, 적과 같이 대하는 것. ¶~ 세력 / ~ 감정을 가지다. **적대-하다** 통(타여) **적대-되다** 통(자)
적대-감(敵對感) [–때–] 명 적대하는 감정.
적대-국(敵對國) [–때–] 명 서로 적대하는 나라.
적대-시(敵對視) [–때–] 명 적으로 여기는 것. 또는, 적과 같이 여기는 것. 준적시. **적대시-하다** 통(타여) ¶동료를 ~. **적대시-되다** 통(자)
적대-심(敵對心) [–때–] 명 적대하는 마음.
적대-적(敵對的) [–때–] 관명 적대하거나 적대되는 (것). ¶~ 관계 / 이스라엘과 아랍 국가들은 서로 매우 ~이다.
적덕(積德) [–떡] 명 덕을 많이 베풀어 쌓는 것. 또는, 쌓은 덕행. **적덕-하다** 통(자여)
적도¹(赤道) [–또] 명 1 [지] 지축(地軸)의 중심을 지나고, 지축에 대하여 직각으로 자른 평면이 지표와 교차되는 선. 위도의 기준선이 됨. 2 [천] 천구 상의 상상선(想像線)으로, 지구의 적도와 천구가 교차되는 선. 적위(赤緯)의 기준이 됨. =적대(赤帶).
적도²(賊徒) [–또] 명 =적당(賊黨)¹.
적도기니(赤道Guinea) [–또] 명 [지] 아프리카 중서부에 있는 공화국. 수도는 말라보.
적도^무풍대(赤道無風帶) [–또–] 명 [기상] =적도 수렴대.
적도^반:류(赤道反流) [–또발–] 명 [지] 적도의 북쪽에서, 북적도 해류와 남적도 해류 사이를 그것과 반대 방향인 서쪽에서 동쪽으로 흐르는 해류. =적도 역류.
적도^반:지름(赤道半–) [–또–] 명 [지] 지구의 중심에서 적도까지의 거리. 약 6378km로, 극반지름보다 약 21km가 긺. =적도 반경(赤道半徑).
적도^수렴대(赤道收斂帶) [–또–] 명 [기상] 적도 부근의, 바람이 거의 불지 않는 지대. 북동 무역풍대와 남동 무역풍대 사이에 있음. =적도 무풍대.
적도-의(赤道儀) [–또의/–또이] 명 [천] 지구의 자전축에 평행인 극축(極軸)과, 그것과 직각인 적위축(赤緯軸)을 가진 천체 망원경.
적도^좌:표(赤道座標) [–또–] 명 [천] 하늘의 적도와 춘분점을 기준으로 하여 천구 상의 천체의 위치를 나타내는 좌표. 이 좌표의 위도·경도를 각각 적위(赤緯)·적경(赤經)이라 함.
적도^직하(赤道直下) [–또지카] 명 [지] 지구 상에서 적도의 선(線)에 해당하는 지역. 일년 내내 태양의 직사광선을 받으므로 매우 더움.
적도^해:류(赤道海流) [–또–] 명 [지] 무역풍 때문에 적도 부근을 동쪽에서 서쪽으로 흐르는 해류. 온도가 높은 난류로, 북적도 해류와 남적도 해류가 있음. =적도류.
적동(赤銅) [–똥] 명 1 [광] 소량의 금을 함유하는 구리 합금. 예부터 불상(佛像)·장식품 등의 금속 공예에 쓰였음. =적석(赤錫). 2 '적동광'의 준말.
적동-광(赤銅鑛) [–똥–] 명 [광] '적동석'의 구용어.
적동-석(赤銅石) [–똥–] 명 [광] 구리의 산화물로 이루어진 광물. 암적색으로 금속광택이 있음. 구리 제련의 원료로 쓰임. 구용어는 적동광.
적동-색(赤銅色) [–똥–] 명 적동과 같은 자색을 띤 광택 있는 흑색. 준적동.

적란-운(積亂雲)[정난-][명][기상] 수직으로 발달하여 적운(積雲)보다 낮게 뜨는 구름. 위는 산 모양으로 솟고, 아래는 비를 머금음. 우박·소나기·천둥 등을 동반하는 수가 많음. =소나기구름·소낙비구름·쌘비구름.

적량¹(適量)[정냥][명] 알맞은 분량. ¶~을 초과하다.

적량²(積量)[정냥][명] 선박·차량 따위에 실은 화물의 중량.

적령(適齡)[정녕][명] 어떤 표준이나 규정에 알맞은 나이. ¶취학 ~ / 결혼 ~에 이르다.

적령-기(適齡期)[정녕-][명] 나이가 어떠한 표준에 이른 때. ¶결혼 ~.

적례(適例)[정네][명] 알맞은 예.

적록(赤綠)[정녹][명] =적록색.

적록-색(赤綠色)[정녹쌕][명] 붉은빛을 띤 녹색. =적록.

적록^색맹(赤綠色盲)[정녹쌩-][의] 붉은색과 녹색을 구별하지 못하는 색맹. =홍록색맹.

적리(赤痢)[정니][명][의] 급성 전염병인 이질의 하나. 여름철에 많이 발생하며, 입을 통하여 감염됨. 발열과 복통이 따르고 피와 곱이 섞인 대변을 누게 됨.

적린(赤燐)[정닌][명][화] =붉은인.

적립(積立)[정닙][명] 모아서 쌓아 두는 것. **적립-하다**[동][타여] ¶매달 봉급의 일부를 ~. **적립-되다**[동][자].

적립-금(積立金)[정닙끔][명][경] 1 적립해 둔 돈. 2 은행·회사 등에서, 이익금의 일부를 장래에 대비하여 유보하는 돈. =준비금.

적막(寂寞)[정-][명] 1 고요하고 쓸쓸한 것. ¶~을 깨트리다. 2 의지할 데 없이 외로운 것. **적막-하다**[형][여] ¶적막한 밤 / 적막한 신세. **적막-히**[부].

적막-감(寂寞感)[정-깜][명] 1 고요하고 쓸쓸한 느낌이나 마음. ¶산사에는 ~이 감돌았다. 2 의지할 데 없이 외로운 느낌이나 마음.

적막-강산(寂寞江山)[정-깡-][명] ['고요 속에 잠긴 쓸쓸한 강산'이라는 뜻] 매우 쓸쓸한 풍경을 비유하여 이르는 말.

적멸(寂滅)[정-][명][불] 1 번뇌의 세계를 완전히 벗어난 것. 2 사라져 없어지는 것. 곧, 죽음을 이름. **적멸-하다**[동][자여] **적멸-되다**[동][자].

적모(嫡母)[정-][명] 서자가 아버지의 정실을 이르는 말. [비]큰어머니.

적몰(籍沒)[정-][명][역] 중죄인의 재산을 모두 몰수하는 일. **적몰-하다**[동][타여] **적몰-되다**[동][자].

적-바림[-빠-][명] 뒤에 들추어 보려고 간단히 글로 적어 두는 것. 또는, 그 기록. =적록(摘錄)·적발. **적바림-하다**[동][타여] ¶"…한번에 열 동씩 두 번 견줄러 보낸다구 **적바림**해 주어 보내면 되지 않겠소."(홍명희: 임꺽정) **적바림-되다**[동][자].

적반하장(賊反荷杖)[-빤-][명] [도둑이 도리어 매를 든다는 뜻] 잘못한 사람이 도리어 아무 잘못도 없는 사람을 나무람. ¶~도 유분수지 잘못은 누가 해 놓고 되레 큰소리냐?

적발¹[-빨][명] =적바림. **적바림-하다**¹

적발²(摘發)[-빨][명] 숨어 드러나지 않은 것을 들추어내는 것. **적발-하다**²[동][타여] ¶비위 사실을 ~. **적발-되다**[동][자] ¶과속 운전으로 교통경찰한테 ~.

적법(適法)[-뻡][명] 법규에 맞는 것. 또는,

알맞은 법. ¶~ 행위 / ~ 절차. ↔위법(違法). **적법-하다**[형][여] ¶사전 승인을 받은 **적법한** 시위.

적법-성(適法性)[-뻡썽][명] 법에 어긋남이 없이 맞는 것. [비]합법성.

적벽-부(赤壁賦)[-뼉뿌][명][문] 중국 송나라 때, 소식(蘇軾)이 지은 글. 뱃놀이의 기쁨과 옛 적벽에서의 싸움의 회상, 천지의 장구함에 비하여 인생의 짧음을 한탄하였음.

적병(敵兵)[-뼝][명] 적국의 병사.

적부¹(的否)[-뿌][명] 꼭 그러함과 그러하지 않음.

적부²(適否)[-뿌][명] 알맞음과 알맞지 않음.

적분(積分)[-뿐][명][수] 1 주어진 함수를 미분(微分)의 역함수로 고치는 연산법(演算法). 2 '적분학'의 준말. **적분-하다**[동][타여] 주어진 함수를 미분의 역함수로 고치다.

적분^상수(積分常數)[-뿐-][명][수] 부정적분에서 미분 방정식의 풀이를 구할 때 나타나는, 임의의 값을 취할 수 있는 상수.

적분-학(積分學)[-뿐-][명][수] 적분에 관한 성질을 연구하는 수학의 한 분과. [준]적분.

적빈(赤貧)[-삔] →**적빈-하다**[-삔-][형][여] 몹시 가난하다. =적립(赤立)하다.

적산¹(敵産)[-싼][명] 1 =적국 재산. ¶~ 가옥 / ~ 관리 / ~을 몰수하다. 2 [역] 1945년 8월 9일 이전에 일본인이 공유 또는 사유하였던 일체의 재산으로서, 대한민국 정부에 이양된 재산. =귀속 재산.

적산²(積算)[-싼][명] 수치를 차례차례로 더하여 계산하는 것. 또는, 그 합계. [비]누계. **적산-하다**[동][타여].

적산^온도(積算溫度)[-싼-][명] 일평균 기온과 설정한 기준 온도의 차를 어떤 기간 동안에 걸쳐 합계한 것.

적산^전'력계(積算電力計)[-싼절-계/-싼절-게][명][물] 어떤 기간 동안 쓴 전력의 총량을 재는 계기. =전기 계량기.

적삼[-쌈][명] 윗도리에 입는 홑옷. 모양은 저고리와 같음. =단삼(單衫). ¶모시 ~. [**적삼 벗고 은가락지 낀다**] 격에 맞지 않은 짓을 한다.

적색(赤色)[-쌕][명] 1 삼원색의 하나. 무지개 중 맨 위에 있는 색깔. 익은 고추의 색임. [비]빨간색·빨강. ¶~ 지붕 / ~ 신호. 2 [적기(赤旗)를 사용한다는 데서] 공산주의를 상징하는 빛깔. ¶~ 사상에 물들다. ↔백색.

적색^거'성(赤色巨星)[-쌕꺼-][명][천] 중심핵에서의 수소 연소가 끝난, 진화 단계의 별. 매우 크고, 표면 온도가 낮음.

적색-분자(赤色分子)[-쌕뿐-][명] 공산주의자를 비유적인조로 이르는 말.

적색^테러(赤色terror)[-쌕][명] 공산주의자들이 정치적 목적을 달성하기 위해 행하는 폭력 행위. =적색 공포. ↔백색 테러.

적색-토(赤色土)[-쌕-][명][지] 주로 아열대 다우 지역의 활엽수림 아래에 발달하는, 산성이 강하여 붉은빛을 띤 땅.

적서(嫡庶)[-써][명] 적자와 서자. 또는, 적파와 서파. ¶~ 차별.

적석-총(積石塚)[-썩-][명][고고] =돌무지무덤.

적선(敵船)[-썬][명] 적국의 배.

적선²(積善)[-썬][명] 1 착한 일을 많이 하는 것. ¶~을 베풀다. ↔적악. 2 동냥질에 응하는 행위를 좋게 표현하는 말. ¶~ 좀 하십시오. **적선-하다**[동][자타여].

적설¹(赤雪)[-쎌] 명 [지] 한대 지방이나 높은 산에 녹지 않고 쌓여 있는 눈 위에 붉은 조류(藻類)가 번식하여 붉게 보이는 것.

적설²(積雪)[-쎌] 명 쌓인 눈.

적설-량(積雪量)[-썰-] 명 땅 위에 쌓여 있는 눈의 양.

적성¹(適性)[-썽] 명 어떤 일에 알맞은 성질이나 능력. 또는, 그와 같은 소질·성격. ¶~에 맞는 직업 / ~에 맞추어 전공을 택하다.

적성²(敵性)[-썽] 명 어떤 대상이 적으로 간주될 수 있거나, 전쟁 법규상 공격·파괴·포획 등의 가해 행위를 할 수 있는 범위에 드는 성질. ¶~ 국가 / ~ 행위. ↔비적성(非敵性).

적성^검!사(適性檢査)[-썽-] 명 [심] 성질이나 성격, 신체적·지적 능력 등이 일정한 작업 또는 직업에 알맞은지의 여부를 측정하기 위한 검사.

적소¹(適所)[-쏘] 명 알맞은 자리. ¶적재(適材)~.

적소²(謫所)[-쏘] 명 [역] =배소(配所)¹.

적손(嫡孫)[-쏜] 명 적자(嫡子)의 정실(正室)이 낳은 아들. ↔서손(庶孫).

적송(赤松)[-쏭] 명 [식] '소나무'를 나무의 줄기가 붉은빛이라 하여 백송이나 곰솔에 상대하여 이르는 말.

적송-품(積送品)[-쏭-] 명 실어서 보내는 물품.

적-쇠(炙-) 명 <방> 석쇠(충청).

적수(敵手)[-쑤] 명 재주나 실력이 서로 비슷한 수준에 있는 적이나 경쟁자. =대수(對手). ¶호(好) ~ / ~가 될 만하다 / 그는 나~가 안 돼.

적수-공권(赤手空拳)[-쑤-] 명 ['맨손과 맨주먹'이라는 뜻] 아무것도 가진 것이 없음. ¶~으로 오늘의 부(富)를 이루다.

적수-단신(赤手單身)[-쑤-] 명 ['맨손과 홀몸'이라는 뜻] 재산도 없고 의지할 데도 없는 외로운 몸.

적수-성가(赤手成家)[-쑤-] 명 가난한 집에 태어난 사람이 자기 힘으로 한 살림을 이룸. **적수성가-하다** 돔[자여]

적승(赤繩)[-쏭] 명 인연을 맺는 끈. 또는, 부부의 인연.

적시¹(摘示)[-씨] 명 지적하여 보이는 것. **적시-하다**¹ [타여] ¶사례(事例)를 ~. **적시-되다**¹ [동자]

적시²(適時)[-씨] 명 알맞은 때. ¶~ 안타(安打).

적시³(敵視)[-씨] 명 '적대시'의 준말. **적시-하다**² [동타여] **적시-되다**² [동자]

적시다[-씨-] [타] 1 (천이나 종이 등의 물체를) 물속에 담갔다 꺼내거나 물을 묻히거나 하여 물기를 빨아들인 상태가 되게 하다. ¶수건을 물에 ~ / 수건에 물을 ~ / 눈물이 흘러 옷깃을 ~. 2 (물체를) 그 표면에 물이 묻거나 물기가 있는 상태가 되게 하다. ¶눈물이 눈시울을 ~ / 단비가 메마른 대지를 촉촉이 ~. 3 (여자가 몸을) 순결을 잃어 더럽히다. 비유적인 말임.

적시-적기(適時適期)[-씨-끼] 명 꼭 알맞은 시기.

적시-적지(適時適地)[-씨-찌] 명 알맞은 시간과 장소.

적시-타(適時打)[-씨-] 명 [체] 야구에서, 누상(壘上)에 주자가 있을 때 타점을 올리는 안타.

적신(賊臣)[-씬] 명 반역하는 신하. 비역신.

적-신호(赤信號)[-씬-] 명 1 교통 기관의 정지 신호. 2 위험한 건강 상태나 사회 상황을 암시하는 조짐을 비유하여 이르는 말. ¶고혈압은 건강에 대한 ~이다. ↔청신호(青信號).

적실¹(嫡室)[-씰] 명 =본처.

적실²(嫡失)[-씰] 명 상대편의 실책.

적실³(的實)[-씰] →**적실-하다**[-씰-] [형여] 틀림없이 확실하다. **적실-히** [부]

적심¹(赤心)[-씸] 명 거짓 없는 참된 마음. 비단심(丹心).

적심²(賊心)[-씸] 명 1 도둑질하려는 마음. 2 반역을 꾀하는 마음. 비역심(逆心).

적-십자(赤十字)[-씹짜] 명 1 적십자사의 표징인, 흰 바탕에 붉게 십자형을 그린 휘장. 2 '적십자사'의 준말.

적십자-사(赤十字社)[-씹짜-] 명 전시에 적군·아군의 구별 없이 부상자·질병자를 구호할 목적으로 설립된 국제적 협력 조직. 현재는 전시에 한하지 않고, 평시의 병원 경영·질병 예방, 위생 사상의 보급 등에도 봉사하고 있음. 준적십자.

적악(積惡) 명 남에게 못된 짓을 많이 하는 것. ↔적선(積善). **적악-하다** 동[자여]

적!어도 [부] 1 줄잡아서 어림하여도. ¶걸어서 저 산을 넘으려면 ― 댓 시간은 걸린다. 2 다른 것은 제쳐 놓고라도. 또는, 아무리 적게 문제 삼더라도. ¶자네가 가장이라면 ~ 가족들을 굶기지는 말아야지. 그 일에 대해서 법적인 책임까지는 아니더라도 ― 도의적인 책임만은 져야 한다. 3 아무리 그 가치나 중요성을 적게 평가하여도. 비소불하(少不下)·최소한. ¶그 사람은 ―숨어서 도둑이나 하는 그런 위인은 아닐세.

적!어-지다 [동자] 적게 되다.

적역(適役) 명 1 알맞은 배역. ¶연극에서 ~을 맡다. 2 =적임자. ¶그 일에는 추진력이 있는 이 과장이 가장 ~이다.

적열(赤熱)[정녈] 명 (쇠붙이 따위를) 빨갛게 달구는 것. 또는, 빨갛게 달구어진 상태. **적열-하다** 동[자타여] **적열-되다** 동[자]

적온(適溫) 명 적당한 온도.

적외-선(赤外線)[-외-/-웨-] 명 [물] 파장이 가시광선보다 길고, 마이크로파보다 짧은 전자파의 총칭. 눈에는 보이지 않지만, 열작용이 강하고 투과력도 강하므로 의료·적외선 사진 등에 이용됨. =열선(熱線).

적외선^사진(赤外線寫眞)[-외-/-웨-] 명 적외선에 감광하는 특수한 감광재를 바른 필름·건판과 전용 필터로 찍는 사진. 연기·안개·수증기가 많을 때, 또는 밤에 조명 없이 찍을 때 이용함.

적요¹(摘要) 명 요점을 뽑아 적는 것. 또는, 그 요점. ¶~란(欄). **적요-하다** [타여]

적요²(寂寥)['寥'의 본음은 '료'] →**적요-하다**² [형여] 고요하고 쓸쓸하다.

적용(適用) 명 (무엇을 어디에) 맞추어 쓰는 것. **적용-하다** 동[타여] ¶이론을 실제에 ~ / 살인범에게 형법 제250조 제1항을 **적용하여** 사형을 선고하다. **적용-되다** 동[자]

적운(積雲) 명 [기상] 수직 방향으로 뭉게뭉게 피어오르는 구름. 저변은 평평하며 위는 돔 모양으로 되어 있음. 태양의 빛을 받으면 하얗게 빛나며, 보통 비는 내리지 않음. =뭉게구름·솜구름·산봉우리구름·쎈구름.

적원(積怨) 명 쌓이고 쌓인 원망.

적위(赤緯)[명][천] 천구 상의 임의의 점에서 천구의 적도에 이르는 각거리(角距離). 적도에서 북쪽으로 +, 남쪽으로 -로 잼. ↔적경(赤經).

적은-집 [명] '작은집2' 의 잘못.

적응(適應)[명] 1 (일정한 조건이나 환경에) 맞추어 잘 어울리는 것. ¶새로운 환경에 ~을 하지 못하다. 2 [생] 생물이 그 생활환경에 생활하기 쉽게 형태적·생리학적으로 변화하여 가는 과정. 또는, 변화하는 일. **적응-하다**[동][여] / 인간은 자연환경과 사회적 상황에 **적응하면서** 살아간다. **적응-되다**[동][자]

적응-력(適應力)[-녁][명] 적응하는 능력. ¶~이 강하다[약하다] / 변화에 대한 ~을 기르다.

적응-성(適應性)[-씽][명][생] 생물의 형태나 습성이 환경과 그 변화에 적합하게 변화하는 능력이나 성질. ¶~이 높다[모자라다].

적의¹(敵意)[-의/-이][명] 1 적대하는 마음. 2 해치려는 마음. [비]앙심. ¶~를 품다 / ~를 나타내다 / 그에 대해서는 아무런 ~가 없다.

적의²(適宜)[-의/-이] → **적의-하다**[-의-/-이-][형여] 알맞고 마땅하다.

적!이 [부] 꽤 어지간히. [비]얼마간·다소. ¶상대방의 뜻밖의 질문에 ~ 당황하다 / 심하게 다치지는 않았다니 ~ 안심이 된다. ×저으기.

적!이-나 [부] '적이'의 힘줌말.

적!이나-하면 [부] 형편이 약간이라도 되면.

적임(適任)[명] 1 어떤 임무에 알맞음. 또는, 알맞은 임무. 2 =적임자. ¶그녀는 유아 교육에 ~이다.

적임-자(適任者)[명] 어떤 임무에 알맞은 사람. =적역·적격. ¶그 자리에 ~가 없다[드물다] / 홍보 업무에는 네가 ~이다.

적자¹(赤子)[-짜][명] 1 =갓난아이. 2 [임금이 백성을 갓난아이처럼 여겨 사랑한다는 뜻에서] '백성'을 이르는 말.

적자²(赤字)[-짜][명] 1 [부기 장부에 부족액을 붉은 글자로 기입한 데서] 수입보다 지출이 많아 수지가 맞지 않는 것. ¶~를 내다 / ~를 보다. ↔흑자. 2 교정(校正)에서 붉은 잉크 등을 사용하여 기입하거나 고친 문자·기호. ¶~ 대조.

적자³(賊子)[-짜][명] 불충한 자. 또는, 불한한 자. ¶난신(亂臣) ~.

적자⁴(嫡子)[-짜][명] 정실이 낳은 아들. =적남. ¶~ 상속. ↔서자(庶子).

적자⁵(適者)[-짜][명] 적당한 자. 또는, 적응한 자.

적-자색(赤紫色)[-짜-][명] 붉은 빛깔이 나는 자줏빛.

적자-생존(適者生存)[-짜-][명][생] 생존 경쟁의 결과, 환경에 적응하는 생물만이 살아 남고, 그렇지 못한 것은 도태되는 현상.

적!잖다[-짠타][형] 1 적은 수나 양이 아니다. ¶**적잖은** 액수. 2 소홀히 하거나 대수롭게 여길 수 없다. ¶나는 그에게 **적잖은** 도움을 받았다. **적!잖-이**[부]

적장¹(賊將)[-짱][명] 도적 떼의 우두머리.

적장²(敵將)[-짱][명] 적군의 장수.

적-장자(嫡長子)[-짱-][명] 정실의 몸에서 난 맏아들.

적재¹(摘載)[-째][명] 요긴한 것만 뽑아 기재하는 것. **적재-하다**¹[동][타][여] **적재-되다**¹[동][자]

적재²(適材)[-째][명] 어떤 일이나 자리에 알맞은 재능이나 사람.

적재³(積載)[-째][명] (물건을) 싣는 것. 특히, 선박·차·수레 등에 짐을 싣는 것. ¶~정량(定量). **적재-하다**²[동][타][여] 배에 화물을 ~. **적재-되다**²[동][자]

적재-량(積載量)[-째-][명] 물건을 쌓아 실은 분량 또는 중량.

적재-적소(適材適所)[-째-쏘][명] 1 알맞은 인재를 알맞은 자리에 씀. ¶개각에 ~의 묘를 살리다. 2 딱 알맞은 상황이나 자리나 맥락. ¶인재를 ~에 배치하다 / 속담을 ~에 사용하다.

적재-함(積載函)[-째-][명] 화물 자동차 따위에 짐을 실을 수 있게 만들어 놓은 칸.

적적(寂寂)[-쩍] → **적적-하다**[-쩌카-][형여] (주위가) 조용하고 쓸쓸하다. 또는, 주위에 사람이 없어 외롭고 심심하다. ¶**적적한** 생활 / 슬하에 자녀가 없어 집안이 ~. **적적-히**[부] ¶산중에서 ~ 지내고 있다.

적전(敵前)[-쩐][명] 적의 앞.

적전˅도하(敵前渡河)[-쩐-][명][군] 적이 진을 치고 지키고 있는 바로 앞에서 위험을 무릅쓰고 강이나 내를 건너는 작전.

적절(適切)[-쩔] → **적절-하다**[-쩔-][형여] 어떤 기준이나 정도에 맞아 어울리는 상태에 있다. ¶**적절한** 판단 / **적절한** 표현 / 시기가 ~. **적절-히**[부] ~ 대처하다.

적정¹(滴定)[-쩡][명][화] 용량 분석 등에서, 물질을 정량(定量)하기 위한 조작. 시료(試料) 용액에 농도를 아는 표준 용액을 뷰렛으로 적하(滴下)하여 반응시키고, 반응이 끝난 때의 표준 용액의 적하량을 구하여 시료 용액의 농도를 산출함. **적정-하다**¹[동][타][여]

적정²(適正)[-쩡][명] (일부 명사 앞에 쓰여) 알맞고 올바른 것. ¶~ 온도 / ~ 인구. **적정-하다**²[형여]

적정³(敵情)[-쩡][명] 적군이나 적국의 정세. ¶~을 살피다.

적정˅가격(適正價格)[-쩡까-][명] 원가(原價)를 적정하게 계산하여 정한 값. =적정가(適正價).

적조¹(赤潮)[-쪼][명][생] 플랑크톤의 이상 번식에 의하여 바닷물이 붉게 물들어 보이는 현상.

적조²(積阻)[-쪼][명] (서로 간에) 오래 소식이 막히는 것. [비] 격조(隔阻). **적조-하다**[동][자][여] ¶그간 **적조했습니다**. **적조-되다**[동][자]

적중¹(的中)[-쭝][명] 1 (쏘거나 던지거나 한 물체가 목표물에) 정확하게 맞는 것. [비] 명중(命中). 2 (예상이나 추측 등이) 그대로 현실로 나타나거나 이루어져 딱 들어맞는 것. **적중-하다**¹[동][자][여] ¶화살이 과녁에 ~ / 그가 그곳에 나타나리라는 예상이 ~. **적중-되다**[동][자]

적중²(敵中)[-쭝][명] 적군이나 적국의 안. ¶~에 뛰어들다.

적중³(適中)[-쭝] → **적중-하다**²[-쭝-][형여] 지나치거나 모자라지 않고 꼭 알맞다.

적중-률(的中率)[-쭝뉼][명] 적중하는 비율.

적지¹(適地)[-찌][명] 무엇을 하기에 알맞은 곳. ¶공장 부지로는 이곳이 ~이다.

적지²(敵地)[-찌][명] 적의 세력 아래 있는 땅. ¶~에 침투한 특공대.

적진(敵陣) [-찐] 명 적의 진영. ¶~을 함락하다.

적찰(赤札) 명 팔기로 약속된 상품 또는 팔다가 남아서 싼값으로 팔아 치우려는 상품 등에 붙이는 붉은 쪽지. 또는, 그 쪽지가 붙은 물건. =빨간딱지.

적-철광(赤鐵鑛) 명 [광] '적철석'의 구용어.

적-철석(赤鐵石) [-썩] 명 철의 산화물로 된 광물. 결정을 이루는 것은 철흑색(鐵黑色), 덩이 모양의 것은 적색임. 철의 중요 광석용 광물임. ☞적철광.

적체(積滯) 명 쌓여서 막히는 것. ¶~ 현상. **적체-하다** 동재여 **적체-되다** 동재 ¶교사 발령이 ~.

적출¹(摘出) 명 1 끄집어내는 것. 2 추어내는 것. **적출-하다**¹ 동타여 **적출-되다**¹ 동재

적출²(嫡出) 명 정실의 소생. ↔서출(庶出).

적출³(積出) 명 짐이나 상품 등을 실어 내는 것. (비)출하. **적출-하다**² 동타여 **적출-되다**² 동재

적출-자(嫡出子) 명 [법] 혼인 관계가 있는 남녀 사이에서 난 자식.

적치(積置) 명 (물건을) 쌓아 두는 것. ¶~장(場). **적치-하다** 동타여 **적치-되다** 동재

적탄(敵彈) 명 적이 쏘는 총알이나 포탄.

적토(赤土) 명 [광] 1 =석간주(石間硃). 2 =주토(朱土) 2.

적토-마(赤兔馬) 명 1 중국 삼국 시대에 관우(關羽)가 탔다는 말의 이름. 2 매우 빨리 달리는 말의 비유.

적통(嫡統) 명 적파(嫡派)의 계통.

적파(嫡派) 명 정실에서 난 자손. ↔서파(庶派).

적평(適評) 명 적절한 평.

적폐(積弊) [-폐/-폐] 명 오래 쌓인 폐단. ¶~ 일소.

적-포도주(赤葡萄酒) 명 붉은 포도주. 타닌산이 포함되어 있으며, 흥분제·강장제로 이용됨.

적하¹(滴下) [저카] 명 액체가 방울져 떨어지는 것. 또는, 그렇게 떨어지게 하는 것. **적하-하다**¹ 동재타여 ¶시약(試藥)을 서너 방

적하²(積荷) [저카] 명 =적화(積貨)². **적하-하다**² 동타여

적함(敵艦) [저캄] 명 적의 군함.

적합(適合) [저캅] →**적합-하다** [저카파-] 형여 어떤 조건이나 정도 등에 꼭 들어맞는 상태에 있다. ¶**적합한** 말 / 이곳의 기후는 벼농사에 ~.

적혈(赤血) 명 붉은 피.

적-혈구(赤血球) [저켤-] 명 [생] 혈액 속에 있는 원반 모양의 세포. 이 속에 헤모글로빈이라는 색소가 들어 있어 피가 붉게 보임. 골수에서 만들어지며, 산소를 운반하는 작용을 함. =붉은피톨. ▷백혈구.

적형(嫡兄) [저켱] 명 서자가 자기 아버지의 정실에게서 난 형을 이르는 말. ↔서형(庶兄).

적화¹(赤化) [저콰] 명 1 붉게 되는 것. 2 [사] 공산주의화하는 것. ¶~ 통일. **적화-하다**¹ 동재타여 **적화-되다** 동재

적화²(積貨) [저콰] 명 화물을 배나 차에 싣는 것. 또는, 그 화물. =적하(積荷). **적화-하다**² 동타여

적확(的確) [저콱] →**적확-하다** [저콰카-] 형여 어떤 사물에 틀림없이 꼭 들어맞다. **적확한** 표현 / 의도를 **적확하게** 전하다. **적확-**

히 부

적환¹(賊患) [저콴] 명 도둑으로 인한 근심.

적환²(敵丸) [저콴] 명 적이 쏜 탄환.

적환-장(積換場) [저콴-] 명 매립장에 가기 전에 임시로 쓰레기를 모아 두는 곳. ¶쓰레기 ~.

적황¹(赤黃) [저쾅] 명 '적황색'의 준말.

적황²(敵況) [저쾅] 명 전투에서, 적의 상황.

적황-색(赤黃色) [저쾅-] 명 붉은빛을 띤 누런빛. 준적황.

적흑(赤黑) [저큭] 명 '적흑색'의 준말.

적흑-색(赤黑色) [저큭쌕] 명 검붉은 색. 준적흑.

적-히다 [저키-] 동재 '적다'의 피동사. ¶명부에 이름이 ~ / 수첩에 친지들의 전화번호가 빽빽이 **적혀** 있다.

전¹ 명 물건의 위쪽 가장자리가 나부죽하게 된 부분. ¶화로의 ~ / 항아리의 ~.

전² [자립] 갈퀴·낫 등을 든 한쪽 손과 다른 한 손으로 한 번에 껴안을 정도의 땔나무의 분량. 풋나무는 대개 네 줌을 한 전이 됨. 2 [의존] 1 을 세는 단위로 이르는 말. ¶솔가리 네 ~.

전³ '저는'이 준말. ¶~ 이만 가겠습니다.

전⁴(前) I ¶1 어떤 시간에 이뤄지는 행동이나 일을 나타내는 명사나, 시간적 수치를 나타내는 말이나, 동사의 어미 '-기' 다음에 놓여, 그 말이 나타내는 것을 기준으로 하여 그보다 앞선 시간적 위치임을 나타내는 말. 한편, 기준이 되는 시점이 날짜로 제시될 때에는 그 날짜를 범위에 포함하지 않는 뜻을 가짐. ¶결혼 / 입학 ~ / 식사 ~ / 1시간 ~ / 남을 탓하기 ~에 네 자신을 먼저 반성해라. ▷이전(以前). 2 기준이 되는 때를 제시하지 않은 상태에서, 아주 가깝지도, 아주 멀지도 않은 과거를 다소 막연하게 이르는 말. 일반적으로 가깝게는 며칠에서 몇 달에서, 멀리는 몇 년에서 십 수 년까지의 과거를 가리킴. ¶~에 살던 동네 / ~에도 말했지만 난 그 일을 할 수가 없다. ↔후(後). 3 웃어른이나 고귀한 존재를 대하는 앞. 한문 투 또는 격식체의 말임. ¶부모님 ~ 상서(上書)(편지 서두에서).

II ¶어떤 직함이나 자격 등을 뜻하는 명사 앞에 놓여, 그것이 과거의 경력임을 나타내는 말. ¶~ 교장 / ~ 법무부 장관. 2 때를 나타내는 일부 명사 앞에 놓여, 현재 또는 기준이 되는 때의 바로 앞의 시간적 위치임을 나타내는 말. ¶~ 시대 / ~ 학기.

전에 없이 구 전에는 그런 일이 한 번도 없었을 정도로 유난스럽게. ¶~ 친절히 대해 주었다.

전⁵(煎) 명 재료를 얇게 만들어 기름에 지진 음식의 총칭. ¶파 ~ / 녹두 ~ / ~을 부치다.

전⁶(甎·塼·磚) 명 흙을 구워 방형 또는 사각형으로 벽돌 모양과 비슷하게 만든, 동양 건축 용재의 하나.

전⁷(廛) 명 지난날, 주로 도시 지역에 상설한 가게. ¶포목 ~ / ~을 벌이다 (거두다).

전⁸(錢) ¶[의존] 1 [역] 조선 시대, 화폐 단위의 하나. 냥의 10분의 1, 문(文) 또는 푼의 10배, 관(貫)의 100분의 1임. 2 1953년부터 1962년까지의 우리나라 화폐 단위의 하나. 환(圓)의 100분의 1임. 3 1910년부터 1953년까지의 화폐 단위의 하나. 원(圓)의 100분의 1임. 4 우리나라의 현 화폐 단위의 하나. 원의 100분의 1임. 실제로는 쓰이지 않고 계산

상의 개념으로만 존재함.
전⁹(戰)[명][의존] 스포츠의 투기 종목이나 구기 종목에서, 경기를 치른 횟수를 세는 단위. ¶그 권투 선수는 10~의 전승을 기록하고 있다.
전¹⁰(全)[관] 한자어 명사 앞에 놓여, 그 명사가 나타내는 대상의 범위를 모두 포괄하는 뜻을 나타내는 말. [비]온·모든. ¶~ 세계 / ~ 기간 / ~ 인류.
-전¹¹(展)[접미] 일부 명사 다음에 붙어, '전람회'의 뜻을 나타내는 말. ¶서예~ / 개인~ / 사진~.
-전¹²(傳)[접미] 일부 명사 다음에 붙어, '전기 (傳記)'의 뜻을 나타내는 말. ¶자서~ / 영웅~ / 위인~ / 홍길동~.
-전¹³(殿)[접미] 일부 명사 다음에 붙어, '큰 집'의 뜻을 나타내는 말. ¶대웅~ / 석조~.
-전¹⁴(戰)[접미] 일부 명사 다음에 붙어, '전투', '경기'의 뜻을 나타내는 말. ¶결승~ / 사상~ / 공중~.
전가¹(傳家)[명] 1 아버지가 아들에게 살림이나 재산을 물려주는 것. 2 대대로 그 집안에 전하여 내려오는 것. **전가-하다¹**[동][타][여] **전가-되다¹**[동][자]
전가의 보도(寶刀)[구] 상대를 억누르거나 굴복시키기 위해 으레 손쉽게 사용하는 공격적인 수단. 비난조의 어감을 가진 비유적인 말임. ¶미국은 통상 문제만 나왔다 하면 슈퍼 301조를 ~로 뽑아 든다.
전:가²(轉嫁)[명] (죄과·책임 등을 남에게) 떠넘기거나 덮어씌우는 것. **전:가-하다²**[동][타][여] ¶남에게 책임[잘못]을 ~. **전:가-되다²**[동][자]
전각¹(全角)[명] 활자의 나비와 똑같은 크기의 공간이나 간격. ¶자간을 ~으로 띄우다.
전:각²(殿閣)[명] 1 임금이 사는 집. [비] 궁궐. 2 '궁전'과 '누각(樓閣)'. 또는, 그런 이름이 붙은 큰 집.
전:각³(篆刻)[명] 돌·나무·금이나 옥 따위에 인장을 새김. 또는, 그 글자. 흔히 전자(篆字)로 새김.
전간(傳簡)[명] 사람을 시켜 편지를 전하는 것. **전간-하다**[동][자][여]
전갈¹(全蠍)[명][동] 절지동물 거미류 전갈목에 속하는 동물의 총칭. 몸길이 3.5~20cm. 가재와 생김새가 비슷하고, 꼬리 끝에 독침이 있음. 야행성이며, 돌이나 낙엽 밑 등에서 삶. 한방에서는 중풍·소아 경풍 등에 약으로 씀.
전갈²(傳喝)[명] 사람을 시켜서 안부를 묻거나 말을 전하는 것. 또는, 전하는 안부나 말. ¶김 과장한테서 사장님이 부르신다는 ~을 받았다. **전갈-하다**[동][타][여] ¶고향에 내려가거든 내가 안부를 여쭈더라고 **전갈하여라**. **전갈-되다**[동][자]
전갈-자리(全蠍-)[명][천] 황도 십이궁의 여덟째 별자리. 궁수자리의 서쪽에 있으며, 7월 하순에 자오선을 통과함. =천갈궁.
전감(前鑑)[명] 본받거나 경계할 만한 지난일.
전:개(展開)[명] 1 (어떤 모습이나 광경이) 넓게 펼쳐지는 것. 2 (어떤 일을) 시작하여 벌이는 것. 또는, (논리나 내용을) 일정한 방향으로 이끌어 가는 것. ¶역사의 ~ / 논리의 ~. 3 [문] 극이나 소설 등에서, 사건이 점차 복잡해지면서 인물 사이의 갈등이 나타나는 단계. 4 [군] 한데 모였던 부대가 흩어져 전투 대형으로 간격을 벌려 서는 것. 또는, 한 직선 위에 횡대로 죽 늘어서는 것. 5 [수] 일반의 함수를 급수의 형태로 고치는 것. 6 [음] 작곡에서, 주제를 분석·변화·연관·발전시켜 여러 각도에서 자유로이 변화시키는 일. **전:개-하다**[동][자][타][여] ¶자연보호 운동을 ~. **전:개-되다**[동][자] ¶평야가 ~ / 소설의 줄거리가 흥미 있게 ~.
전:개-도(展開圖)[명][수] 입체의 표면을 한 평면 위에 펴 놓은 모양을 나타낸 그림. =펼친그림.
전:개-식(展開式)[명][수] 다항식의 곱을 전개하여 얻은 식.
전갱이[명][동] 전갱잇과의 바닷물고기. 몸길이 40cm 안팎. 몸은 물렛가락 모양이며, 등은 녹색이고 배는 흼. 우리나라 주요 수산물의 하나로, 식용함. =매가리.
전:거(典據)[명] 말이나 문장 따위의 근거가 된 문헌상의 출처. ¶~를 밝히다.
전:거(轉居)[명] 다른 곳으로 옮겨 사는 것. **전:거-하다**[동][자][여]
전건¹(前件)[-껀][명] 1 전기(前記)의 조항. 2 [논] 가언적(假言的)인 판단을 내릴 때 그 판단의 조건·이유가 되는 부분. ↔후건(後件).
전:건²(電鍵)[명] 전기 회로에서, 이를 개폐함으로써 전류를 접속하거나 단절하는 장치. 전기용의 스위치, 전화·전신용의 키 따위.
전게(前揭)[명] 앞에 게재(揭載)하는 것. **전게-하다**[동][자][여]
전게-서(前揭書)[명] 논문·학술 서적 등의 각주에서, 인용할 출처가 바로 앞의 것이 아니지만 앞쪽에서 밝힌 책과 같은 책임을 나타내는 말. '앞의 책'이라고도 함. ▷상게서.
전:격(電擊)[명] 1 번개처럼 갑작스럽게 들이치는 것. ¶~ 작전. 2 강한 전류에 의하여 급격히 주어지는 자극. **전:격-하다**[동][타][여]
전:격-적(電擊的)[-쩍][관명] 어떤 일을 번개처럼 갑작스럽고도 빠르게 행하는 (것). ¶~인 공격[후퇴] / 버스 요금을 ~으로 인상하다.
전결(專決)[명] 결정권자가 단독 책임으로 결정하는 것. ¶과장의 ~ 사항. **전결-하다**[동][타][여] **전결-되다**[동][자]
전경¹(全景)[명] 1 전체의 경치. ¶언덕에 오르면 마을의 ~이 한눈에 들어온다. 2 [영] 영화에서, 어떤 장면의 배경 전부를 화면 가득히 집어넣은 것.
전경²(前景)[명] 앞쪽의 경치. ↔후경(後景).
전:경³(戰警)[명] '전투 경찰'의 준말.
전계(傳戒)[-게/-계][명][불] 계법(戒法)을 전하는 것. **전계-하다**[동][자][타][여]
전:고¹(典故)[명] 1 전례(典例)와 고사(故事). 2 전기(典據)가 될 만한 옛일. =고실(故實).
전고²(前古)[명] 지난 옛날. =왕고(往古).
전고³(銓考)[명] 사람을 전형할 때, 대상자를 이모저모로 따져 고르는 것. **전:고-하다**[동][타][여]
전:고⁴(戰鼓)[명][군] 전투할 때에 치는 북.
전고-미증유(前古未曾有)[명] 지난날에 한 번도 있어 본 일이 없음. ¶~의 대사건.
전:곡¹(田穀)[명] 밭곡식.
전곡²(全曲)[명] 한 곡의 전체.
전:곡³(錢穀)[명] 돈과 곡식. =전량(錢糧). ¶~을 풀어 기민(飢民)을 구휼하다.
전:골[명] 쇠고기·돼지고기·해물 등을 잘게 썰어 양념과 채소·버섯 등을 곁들여 전골틀

에 담고, 국물을 조금 부어 끓인 음식. ¶곱창~.
전공¹(全功) 명 1 모든 공로나 공적. 2 온전한 공로나 공적.
전공²(前功) 명 1 전에 세운 공로나 공적. 2 옛사람의 공로나 공적.
전공³(專攻) 명 (한 가지 부문을) 전문적으로 공부하고 연구하는 것. ~ 분야. **전공-하다** 통(타여) ¶대학에서 사회학을 ~.
전공⁴(電工) 명 '전기공(電氣工)'의 준말.
전공⁵(戰功) 명 전투에서 세운 공로. =전훈(戰勳). ~탑 / ~혁혁한 ~를 세우다.
전공-과목(專攻科目) 명 전문으로 연구하는 과목.
전공-의(專攻醫) [-의/-이] 명 전문의의 자격을 얻기 위해 수련 병원 등에서 일정 기간 수련을 받는 의사. 곧, '인턴'과 '레지던트'를 가리킴. =수련의.
전과¹(全科) [-꽈] 명 1 학교에서 규정한 모든 교과 또는 학과. 2 초등학교의 전 과목에 걸친 학습 참고서의 이름.
전과²(全課) 명 1 모든 과. 2 한 과의 전체.
전과³(前科) [-꽈] 명 [법] 이전에 죄를 범하여 재판에 의하여 확정된 형벌의 전력. 세는 단위는 '범'. ¶~ 5범 / 피의자의 ~를 조사하다.
전과⁴(前過) 명 전에 저지른 허물. ¶~를 뉘우치다.
전과⁵(戰果) [-꽈] 명 전투·경기 등에서 거둔 성과. ~를 올리다.
전과⁶(轉科) [-꽈] 명 학과(學科)나 병과(兵科) 따위를 옮기는 것. **전과-하다** 통(자여) ¶물리학과에서 전자 공학과로 ~.
전과-자(前科者) [-꽈-] 명 전과가 있는 사람. ~의 낙인이 찍히다.
전관¹(全館) 명 1 공공건물이나 큰 빌딩 등의 한 건물 전체. ¶미술관 1, 2층 ~에 작품이 전시되고 있다. 2 하나의 기관 안에 있는 모든 건물. ¶국제 문화 교류회가 방학 동안 우리 학교 ~에서 행해집니다.
전관²(前官) 명 전에 그 벼슬자리에 있던 관원. =원임(原任).
전관³(專管) 명 1 그 일만을 전적으로 책임지고 맡아서 관리하는 것. ¶~ 사무. 2 [법] 전체가 그 관할에 속하는 것. **전관-하다** 통(타여) **전관-되다** 통(자)
전관^거류지(專管居留地) 명 [법] 조약에 의해 외국 영토의 일부에 어느 나라의 행정권·경찰권 등이 행사되는 지역. =전관 조계. ↔공동 거류지.
전관^수역(專管水域) 명 [지] 연안국이 자기 나라 연안에서의 어업이나 그 밖의 자원 발굴 등에 대하여 배타적인 특권을 가지는 수역.
전관-예우(前官禮遇) [-녜-] 명 장관급 이상의 고위 관직을 지낸 사람에게, 퇴관(退官) 후에도 재임 당시의 예우를 베푸는 일.
전:광(電光) 명 1 번갯불 빛. 2 전등의 불빛.
전:광-석화(電光石火) [-서콰] 명 '번개가 치거나 부싯돌이 부딪칠 때의 번쩍이는 빛'이라는 뜻 '매우 짧은 시간'이나 '썩 재빠른 동작'을 비유하는 말. ¶~처럼 빠른 주먹 / ~와 같이 일을 해치우다.
전:광-판(電光板) 명 네모진 액자형의 틀 안에 배열된 수많은 전구를 점멸시킴으로써 문자나 그림 등을 나타내게 하여 정보를 알리는, 주로 실외의 장소에 설치하는 장치.

전교¹(全校) 명 한 학교의 전체. ¶~ 백일장 / 그는 ~에서 1등을 하였다.
전교²(傳敎) 명 [역] 임금이 내린 명령. 비하교(下敎). **전교-하다** 통(자여)
전교³(傳敎) 명 [종] 종교를 널리 전도하는 것. 2 [불] 제자에게 교리를 전하는 것. **전교-하다**² 통(자여)
전교⁴(轉交) 명 1 다른 사람을 거쳐서 받게 함의 뜻으로 편지 겉봉에 쓰는 말. ¶출판사 ~로 서신이 오다. 2 서류 등을 다른 사람을 거쳐서 교부하는 것. **전:교-하다**³ 통(타여)
전교-생(全校生) 명 한 학교 학생의 전체.
전:구(電球) 명 진공 속이나 비활성 기체 속에 봉입한 금속의 가는 선이 전류에 의해 달구어져 빛을 발하는 현상을 이용한 광원의 총칭. =전등알. ¶꼬마~ / 백열~.
전:구²(轉句) [-꾸] 명 [문] 한시(漢詩)의 절구(絶句)에서, 시상(詩想)이 바뀌는 제3구. ▷기승전결(起承轉結).
전구^증상(前驅症狀) [의] 어떤 병이나 증세가 일어나기 직전에 나타나는 증상.
전-국¹(-) 명 간장·술·국 따위에 물을 타지 않은 진한 국물. =진국.
전국²(全國) 명 범위에 있어서, 한 나라의 전체. ¶~ 체육 대회 / 축구 경기가 텔레비전으로 ~에 중계되다.
전:국³(戰局) 명 전쟁이 되어 가는 판국.
전국-구(全國區) [-꾸] 명 [법] 전국을 한 단위로 하는 선거구. ¶~ 의원(議員). ↔지역구(地域區).
전:국^시대(戰國時代) [-씨-] 명 [역] 중국의 진(晉)나라가 한(韓)·위(魏)·조(趙)의 셋으로 갈라진 기원전 403년부터 진(秦)나라가 중국을 통일한 기원전 221년까지의 동란기.
전국-적(全國的) [-쩍] 관용 전국에 걸치거나 관계되는 (것). ¶오후부터 흐려져 밤에는 ~으로 비가 오겠습니다.
전:군¹(全軍) 명 [군] 전체의 군대. 비삼군(三軍).
전:군²(前軍) 명 앞장서서 나아가는 군대. ↔후군.
전권¹(全卷) 명 1 한 권의 책의 전부. 2 여러 권으로 한 질을 이룬 책의 전부.
전권²(全權) [-꿘] 명 1 맡겨진 일을 처리할 수 있는 일체의 권한. ¶~ 공사(公使) / ~을 위임받다. 2 완전한 권리. 3 [법] '전권위원'의 준말.
전:권³(專權) [-꿘] 명 권력을 마음대로 휘두르는 것. 또는, 그러한 권력. ¶~을 행사하다(휘두르다). **전:권-하다** 통(자여)
전권^대:사(全權大使) [-꿘-] 명 [법] =대사(大使)².
전권^위원(全權委員) [-꿘-] 명 [법] 국제 조약의 체결이나 외교 교섭 등에서 국가를 대표하는 권한을 위임받아 파견되는 외교 사절. 준전권.
전:극(電極) 명 [물] 전기장(電氣場)을 만들기 위하여 또는 전류를 흐르게 하기 위하여 두 쌍으로 설치한 도체(導體). 양극과 음극이 있음.
전:극^전:위(電極電位) [-쩐-] 명 [물] 전극과 전해질 용액이 접하고 있을 때, 전극이 용액에 대하여 갖는 전위.
전근(轉勤) 명 근무하는 곳을 옮기는 것. ▷전직(轉職). **전:근-하다**¹ 통(자여) ¶새로 전

근해 오신 선생님. 전:근-되다 图재 ¶서울로 ~.

전:근²(轉筋) 图 쥐가 나서 근육이 뒤틀리고 오그라짐. 전:근-하다² 图재어.

전-근대(前近代) 图 근대의 바로 앞 시대.

전근대-적(前近代的) 판图 현대적이 못 되고 지난 시대의 옛 모습을 벗어나지 못한 (것). ¶~ 사고방식/~ 발상(發想).

전기¹(全期) 图 1 모든 기간. 2 그 기간의 전체.

전기²(前記) 图 앞에 적는 것. 또는, 그 기록. ¶~의 사항을 참고하시오. 전기-하다 图태 여 ¶실상은 전기한 바와 같다.

전기³(前期) 图 1 일정 기간을 몇 개로 나눈 그 첫 시기. ¶프로 야구 ~ 리그. ↔후기(後期). 2 앞의 시기. 특히, 앞의 결산기. ¶~ 이월금.

전기⁴(傳奇) 图[문] 괴기(怪奇)·염정(艷情)·우의(寓意) 등을 내용으로 하는 고대 소설. =전기 소설.

전기⁵(傳記) 图 어떤 인물의 생애와 활동을 적은 기록. ¶위인 ~/안중근 ~.

전:기⁶(電氣) 图 1 물질 안에 있는 전자의 이동으로 생기는, 에너지의 한 형태. 양전기와 음전기가 있음. ¶~가 통하다/~가 흐르다/~가 나가다/~를 일으키다. 2 저리거나 무엇에 부딪혔을 때 몸에 짜릿하게 오는 느낌으로 속되게 이르는 말.

전:기⁷(戰記) 图 전쟁이나 전투에 관한 이야기를 쓴 기록. ¶갈리아~/태평양~.

전:기⁸(戰機) 图 전쟁이나 전투가 일어나려는 기미.

전:기⁹(轉機) 图 전환점을 이루는 기회나 고비. ¶그 일은 내 생활에 하나의 ~가 되었다.

전:기-가오리(電氣-) 图[동] =시끈가오리.

전:기-공(電氣工) 图 발전·변전·전기 장치의 가설 및 수리 등의 작업에 종사하는 직공. ⓒ전공.

전:기^기관차(電氣機關車) 图 전동기에 의하여 운전되는 기관차.

전:기^기구(電氣器具) 图 전기를 열원(熱源)·동력원으로 이용하는 기구. 전등·전기 다리미·텔레비전 따위.

전:기-난로(電氣暖爐) [-날-] 图 전기 저항에 의하여 발생하는 열을 이용한 난로.

전:기-다리미(電氣-) 图 전기 저항에 의하여 발생하는 열을 이용한 다리미.

전:기-담요(電氣毯) [-뇨] 图 전기 저항에 의하여 발생하는 열을 이용하여 따뜻하게 하는 담요. =전기요.

전:기^도:금(電氣鍍金) 图[화] 전기 분해를 이용하여 금속의 표면에 다른 금속의 얇은 막을 입히는 방법. 치밀하고 견고하며 아름다운 도금면을 얻을 수 있음. ⓒ전도.

전:기^동:력계(電氣動力計) [-녁계/-녁께] 图 발전기 또는 전동기의 고정자(固定子)를 고정하는 데 필요한 회전력을 계측하여 기관의 출력이나 입력을 재는 기계.

전:기-량(電氣量) 图 전하(電荷)의 양. 단위는 쿨롬(C). =전량(電量).

전:기량-계(電氣量計) [-계/-게] 图 도선을 통과한 전하의 총량을 재는 계기. =볼타미터·전량계·쿨로미터.

전:기-력(電氣力) 图[물] 전기장이 전하에 작용하여 생기는 힘. ⓒ전력.

전:기력-선(電氣力線) [-썬] 图[물] 전기장에서, 전기력의 크기와 방향을 나타내는 곡선. ⓒ전력선.

전:기-로(電氣爐) 图 전열(電熱)에 의하여 광석을 용해·제련하는 노. =전로(電爐).

전:기-료(電氣料) 图 전기를 사용한 요금.

전:기-메기(電氣-) 图[동] 전기메깃과의 민물고기. 몸길이 20cm 안팎. 메기와 비슷하게 생겼으며, 피부와 근육 사이에 발전 기관(發電器官)이 있어 먹이의 채취와 외적의 방어 때에 최대 400～450V의 고압의 전류를 일으킴. 열대 지방의 하천에 삶.

전:기-면:도기(電氣面刀器) 图 소형 모터로 속 날을 회전시키거나 진동시켜 고정된 겉날과의 사이에서 수염을 깎는 도구.

전:기-밥솥(電氣-) [-쏟] 图 전기에서 열을 얻어 자동적으로 밥을 짓게 만든 솥.

전:기-봉(電氣棒) 图 상대를 제압하고자 할 때, 상대의 몸에 댐으로써 일시적으로 전기 충격을 주는 막대 모양의 물건.

전:기-분해(電氣分解) 图[화] 전해질 용액 또는 용융체에 전류를 통하여 양이온·음이온을 각각 양극·음극 위에서 방전(放電)시켜 각 전극에서 반응 생성물을 얻는 일. ⓒ전해.

전-기생(全寄生) 图[식] 고등 기생 식물 중 숙주(宿主)로부터 모든 영양을 흡수하여 생활하는 것. ↔반기생.

전:기-석(電氣石) 图[광] 붕소의 규산염으로 이루어진 광물. 삼방 정계이며, 유리 광택이 있고 압전성(壓電性)·초전성(焦電性)이 있음. 아름다운 것은 보석으로 쓰임.

전:기-세(電氣稅) [-쎄] 图 '전기료'를 통속적으로 이르는 말. '세(稅)'는 세금을 뜻하므로, 엄밀히 말하면 어폐가 있음.

전:기^소:설(傳記小說) 图[문] 한 개인의 생애와 활동을 중심으로 하여 쓴 소설.

전:기-스탠드(電氣stand) 图 책상 위나 방구석에 놓아 그 부분을 밝게 하는 데 쓰는 이동식 전등. =스탠드.

전:기^에너지(電氣energy) 图[물] 1 전하(電荷)가 전기장 안의 위치에 의하여 가지는 에너지. 2 전류가 자기장(磁氣場) 안의 위치에 의하여 가지는 에너지.

전:기-의자(電氣椅子) 图 사형을 집행하기 위하여 고압 전류를 통하게 만든 특수한 의자.

전:기-자(電氣子) 图[물] 발전기나 전동기에서, 전력을 생기게 하는 코일과 그 철심. 발전기에서는 발전자(發電子), 전동기에서는 전동자(電動子)라고 함.

전:기-장(電氣場) 图[물] 전기를 띤 물체 주위의 전기 작용이 존재하는 공간. =전계(電界)·전장(電場).

전:기-장판(電氣版版) 图 완전 절연시킨 발열체를 비닐 따위로 싸서 만든 장판.

전:기^저:항(電氣抵抗) 图[물] 도체에 전류가 흐르는 것을 방해하는 작용. 전압을 전류로 나눈 값으로 나타냄. 단위는 옴(Ω). =저항.

전:기^전:도(電氣傳導) 图[물] 전위차가 있는 두 물체를 도체로 연결하였을 때 전류가 흐르는 현상. =도전(導電).

전:기^전:도도(電氣傳導度) 图[물] =전기 전도율.

전:기^전:도율(電氣傳導率) 图[물] 도체에 흐르는 전류의 크기를 나타내는 상수. =도전율(導電率)·전기 전도도·전도도. ⓒ전도율.

전:기-톱(電氣-) 图 전동기로 회전하게 하

는, 원판상 또는 순환식 띠 모양의 톱.
전기^통신(電氣通信) 명 [통] 전기 또는 전자기적 방식을 통하여 부호·음향·영상 등의 각종 정보를 전송하거나 수신하는 일.
전기^회로(電氣回路) [-회-/-훼-] 명 [물] 전기가 어떤 점을 떠나, 도체를 돌아서 다시 그 자리까지 오는 회로. =서킷. ⦗준⦘회로.
전깃-불(電氣-) [-기뿔/-긷뿔] 명 전기가 전등 안에서 빛으로 변하여 내는 빛. =전등불. ¶~을 켜다[끄다] / ~이 들어오다[나가다].
전깃-줄(電氣-) [-기쭐/-긷쭐] 명 =전선(電線)².
전:-나귀 명 다리를 저는 나귀.
전:-나무 명 [식] =젓나무.
전-날(前-) 명 1 어느 날의 바로 앞의 날. ¶합격자 발표 ~. 2 아주 가깝지도, 아주 멀지도 않은 과거의 날. =전일(前日). ¶~의 미풍양속이 점점 사라져 가고 있다.
전-남편(前男便) 명 먼젓번의 남편. =전부.
전납(全納) 명 모두 바치는 것. **전납-하다** ⦗타⦘⦗여⦘
전-내기(全-) 명 물을 조금도 타지 않은 술. =전술.
전년(前年) 명 1 =지난해. 2 지나간 해.
전년-도(前年度) 명 지난해의 연도. =과년도. ⦗비⦘작년도. ¶~ 수출액.
전념(專念) 명 [한 가지 일에] 오로지 마음을 쓰는 것. **전념-하다** ⦗자⦘⦗여⦘ ¶공부에 ~ / 저술에 ~.
전능(全能) → **전능-하다** ⦗형⦘⦗여⦘ (신이) 하지 못하는 일이 없다. ¶전지(全知) / ~ 전능하신 하느님.
전단¹(全段) 명 1 단의 전체. ¶~ 광고 / ~ 조판. 2 모든 단락.
전단²(前端) 명 앞쪽의 끝. ↔후단(後端).
전단³(專斷) 명 혼자 생각으로 마음대로 단행하는 것. **전단-하다**¹ ⦗타⦘⦗여⦘ ¶그 일은 경솔히 전단할 일이 아니다. **전단-되다**¹ ⦗자⦘
전:-단⁴(剪斷) 명 1 잘라서 끊는 것. 2 [물] =층밀리기. **전:단-하다**² ⦗타⦘⦗여⦘
전단⁵(傳單) 명 선전 광고의 취지를 적은 종이쪽. ¶붙은 ~ / ~을 뿌리다[살포하다]. ×삐라.
전:단⁶(戰端) 명 전쟁을 하게 된 실마리. =병단(兵端).
전-달(前-) [-딸] 명 1 어느 달의 바로 앞의 달. 2 =지난달. ¶~의 미결 사항이 이달로 넘어오다.
전달(傳達) 명 1 (말·소식·물건 등을 어떤 사람에게) 제삼자의 부탁·의뢰·지시 등으로 전하여 이르게 하는 것. ¶~품 / ~ 사항. 2 (어떤 수단이나 매개체를 통해 어떤 대상을) 전해지게 하는 것. **전달-하다** ⦗타⦘⦗여⦘ ¶집배원이 편지를 ~ / 말을 통해 사상·감정을 ~. **전달-되다** ⦗자⦘
전담(全擔) 명 어떤 일의 전부를 맡는 것. **전담-하다**¹ ⦗타⦘⦗여⦘ ¶회사의 운영을 그가 전담하고 있다. **전담-되다**¹ ⦗자⦘
전담(專擔) 명 전문적으로 담당하는 것. ¶~반 / 미술 ~ 교사. **전담-하다**² ⦗타⦘⦗여⦘ **전담-되다**² ⦗자⦘
전답(田畓) 명 =논밭.
전:당¹(全黨) 명 한 정당의 전체. ¶~ 대회.
전:당²(典當) 명 물건을 담보로 돈을 꾸어주거나 꾸어 쓰는 것. ¶~표(票) / ~을 잡다 / 급한 입원비 때문에 아끼던 바이올린을 ~ 잡혔다. **전:당-하다** ⦗타⦘⦗여⦘ **전:당-되다** ⦗자⦘
전:당³(殿堂) 명 1 (주로 '…의 전당'의 꼴로 쓰여) 그 일이나 분야에서 가장 중심이 되는 곳. 미화법에 의한 표현임. ¶학문의 ~ / 교육의 ~ ○○대학. 2 [불] 사찰 내에 있는, 불상을 모신 건물. ¶용화사 안에 있는 주요 ~은 보광전·명부전·해월루 등이다.
전당^대회(全黨大會) [-회/-훼] 명 [정] 정당의 전국적인 대의원(代議員) 대회.
전:당-포(典當鋪) 명 전당을 잡고 돈을 꾸어 주는 곳. =전당국. ¶시계를 ~에 잡히다. ⦗준⦘전포.
전대¹(前代) 명 지나간 시대. ↔후대(後代).
전:대²(戰隊) 명 [군] 1 공군에서, 단(團)보다는 작고 대대(大隊)보다는 큰 단위 부대. 2 해군에서, 둘 이상의 함정과 항공기로 이루어지는 전대의 예속 부대.
전:대³(轉貸) 명 1 (꾼 것을) 다시 다른 사람에게 꾸어주는 것. 2 남을 거쳐서 꾸어주는 것. ↔전차(轉借). **전:대-하다** ⦗타⦘⦗여⦘ ¶사무실을 ~. **전:대-되다** ⦗자⦘
전대⁴(纏帶) 명 1 돈이나 물건을 넣고 허리에 차거나 어깨에 메게 만든, 폭이 좁고 긴 자루. 중간을 막고 양쪽은 터놓았음. =견대(肩帶).
전대-미문(前代未聞) 명 이제까지 들어 본 적이 없음. ¶~의 대참사(흉악범).
전:-대차(轉貸借) 명 빌려 온 물건을 제삼자에게 다시 빌려 주는 일. **전:대차-하다** ⦗타⦘⦗여⦘
전도¹(全圖) 명 어떤 것의 전체를 그린 그림이나 지도. ¶대한민국 ~.
전도²(前途) 명 1 앞으로 나아갈 길. 2 =장래. ¶~가 유망한 청년 / 그는 헛된 고집으로 자신의 ~를 망치고 말았다.
전도³(前渡) 명 (돈이나 물품을) 기일 전에 미리 치르거나 내어 주는 것. **전도-하다**¹ ⦗타⦘⦗여⦘ ¶대금을 ~. **전도-되다**¹ ⦗자⦘
전도⁴(前導) 명 앞길을 인도하는 것. 또는, 앞서서 이끄는 것. ¶~자(者). **전도-하다**² ⦗타⦘⦗여⦘
전도⁵(傳道) 명 [기] (믿지 않는 사람에게 [을]) 복음을 알림으로써 신앙을 가지게 이끄는 것. ¶복음 ~. **전도-하다**³ ⦗자⦘⦗타⦘⦗여⦘ ¶이웃에게 기독교를 ~ / 그는 많은 이웃을 전도했다.
전도⁶(傳導) 명 (열·전기·자극 등을) 한 부분에서 다른 부분으로 전달하는 것. ¶열의 ~. **전도-하다**⁴ ⦗타⦘⦗여⦘ **전도-되다**² ⦗자⦘
전:도⁷(顚倒) 명 1 엎어져서 넘어지는 것. 또는, 엎어 넘어뜨리는 것. 2 순서나 위치를 바꾸어 거꾸로 하는 것. ¶주객(主客) ~. **전:도-하다**⁵ ⦗자⦘⦗타⦘⦗여⦘ **전:도-되다**³ ⦗자⦘ ¶본말(本末)이 ~.
전:-도가(廛都家) [-또-] 명 같은 장사를 하는 사람끼리 모이기 위하여 정해 놓은 일정한 집.
전도-도(傳導度) 명 [물] =전기 전도율.
전도-사(傳道師) 명 [기] 교직의 하나. 신학(神學)을 전공하고, 한 교회에서 목사를 도와 전도의 임무를 맡음.
전도-서(傳道書) 명 [성] 구약 성서 중의 한 권.
전도-요원(前途遙遠) 명 1 앞으로 갈 길이 아득히 멂. 2 목표에 이르기에는 아직도 멂.

전도요원-하다 〖형여〗
전도-유망(前途有望) ➡전도유망-하다 〖형여〗 앞으로 잘될 희망이 있다. 또는, 장래가 유망하다. ¶전도유망한 젊은이 / 그 사업은 ~.
전도-율(傳導率) 〖명〗〖물〗 1 '전기 전도율'의 준말. 2 '열전도율'의 준말.
전동(電動) 〖명〗 전기로 움직이는 것. 또는, 전력을 동력으로 이용하는 일. ¶~ 기관차.
전동²(箭筒*) 〖명〗 ['筒'의 본음은 '통'] 화살을 넣는 통. =전채(箭籤). ×전통.
전동³(顫動) 〖명〗 떨려서 움직이는 것. 전동-하다 〖동재여〗
전동-기(電動機) 〖명〗 전기 에너지로부터 기계적인 동력을 얻는 회전기. =모터.
전동-음(顫動音) 〖명〗〖언〗 유성음의 하나. 혀·입술 따위의 진동에 의하여 나는 자음.
전동-차(電動車) 〖명〗 전동기의 힘으로 레일 위를 달리는 차.
전두-골(前頭骨) 〖명〗〖생〗 =앞머리뼈.
전두-근(前頭筋) 〖명〗〖생〗 머리의 앞면에 있는 근육. 눈썹을 올리거나 이마에 주름을 나타내는 작용을 한다.
전-두리 〖명〗 둥근 그릇의 아가리에 둘려 있는 전의 둘레. 또는, 둥근 뚜껑 같은 것의 둘레의 가장자리. ▷주변.
전두-엽(前頭葉) 〖명〗〖생〗 대뇌 반구의 앞부분. 운동 중추와 운동 언어 중추가 있고 사고·판단과 같은 고도의 정신 작용이 이루어지는 곳임. ▷후두엽.
전등(電燈) 〖명〗 전구에 전력을 공급하여 빛을 내는 등. 특히, 백열전등을 말함. =전기등. ¶~을 켜다[끄다].
전등-갓(電燈-) [-갇] 〖명〗 전등 위에 씌우는 갓.
전등-불(電燈-) [-뿔] 〖명〗 =전깃불.
전등-알(電燈-) 〖명〗 =전구(電球)¹.
전라(全裸) [절-] 〖명〗 사람이 몸에 전혀 옷을 걸치지 않고 벌거벗은 상태. ㉑알몸. ¶~의 여인.
전락(轉落) [절-] 〖명〗 [굴러 떨어진다는 뜻] (사람이나 대상이 낮은 신분·지위·등급으로, 또는 타락한 상태로) 바뀌게 되는 것. 전락-하다 〖동재여〗 ¶거리의 여자로 ~. 전락-되다 〖동재〗
전란(戰亂) [절-] 〖명〗 전쟁으로 인한 혼란이나 소란. ¶~을 겪다 / 그의 아버지는 육군 장교로서 6·25 ~ 중에 전사하였다.
전람(展覽) [절-] 〖명〗 1 펴서 보는 것. 2 (물건 따위를) 벌여 놓고 보는 것. ¶~실(室). 전람-하다 〖동타여〗 전람-되다 〖동재〗
전람-회(展覽會) [절-회/절-훼] 〖명〗 물건이나 예술 작품 따위를 벌여 놓고 여러 사람에게 보이는 모임. ¶미술 ~ / ~를 개최하다 / ~ 관람하다.
전람회-장(展覽會場) [절-회-/절-훼-] 〖명〗 전람회를 여는 장소.
전래(傳來) 〖명〗 1 전해 내려오는 것. ¶~ 동화. 2 (문물 따위가 다른 나라로부터) 전해 들어오는 것. ¶면화의 ~ / 한자의 ~. 전래-하다 〖동재여〗 전래-되다 〖동재〗 ¶불교는 삼국 시대 때 우리나라에 전래되었다.
전략¹(前略) [절-] 〖명〗 1 말이나 글 등에서 앞부분을 줄이는 것. 2 편지에서, 서두를 줄였다는 뜻으로 쓰는 말. ▷후략·중략. 전략-하다 〖동타여〗 전략-되다 〖동재〗
전략²(戰略) [절-] 〖명〗 1 전쟁 수행의 방법이나 책략. 전술보다 상위의 개념임. ㉑군략(軍略). ¶~ 무기 / ~을 세우다[짜다]. 2 정치·사회 운동 등에 있어서의 책략. ¶선거 ~. 3 어떤 일을 이루기 위한 효과적이고 적합하고 효율적인 방법. ¶독서의 ~.
전략-가(戰略家) [절-까] 〖명〗 전략을 세우는 데 능한 사람.
전략^무^기^제^한^협정(戰略武器制限協定) [절략-쩡] 〖명〗 =솔트(SALT).
전략^방위^구상(戰略防衛構想) [절-빵-] 〖명〗〖군〗 날아오는 소련의 미사일을 대기권 밖에서 레이저·양성자 빔 등의 지향성 에너지 무기로 파괴하려고 하는 구상. 레이건 미국 대통령이 1983년에 발표하였음. =에스디아이(SDI).
전략-산업(戰略産業) [절-싼-] 〖명〗〖경〗 다른 산업에 미치는 파급 효과가 커서 그 성쇠(盛衰)가 경제 전반의 발전에 큰 영향을 미치는 산업.
전략-적(戰略的) [절-쩍] 〖관〗 군사상의 대책 또는 행동 전반에 관한 (것). ¶~인 대책.
전략^핵무기(戰略核武器) [절략깽-] 〖명〗〖군〗 개개의 전장이 아닌 적의 영토 혹은 국가 기반을 파괴할 목적으로 사용되는 핵무기. ▷전술 핵무기.
전량(全量) [절-] 〖명〗 전체의 분량. ¶우리 회사는 생산품의 ~을 해외에 수출한다.
전량²(錢糧) [절-] 〖명〗 =전곡(錢穀)³.
전력¹(全力) [절-] 〖명〗 모든 힘. ¶~ 질주(疾走) / ~을 기울이다[쏟다] / ~을 다해 일을 추진하다.
전력²(前歷) [절-] 〖명〗 과거의 경력. ¶화려한 ~ / 그는 한때 주먹 세계를 누비던 ~을 가지고 있다.
전력³(專力) [절-] 〖명〗 오직 한 가지 일에만 힘을 쓰는 것. 전력-하다 〖동재여〗 ¶방언 연구에 ~.
전력⁴(電力) [절-] 〖명〗〖물〗 1 '전기력'의 준말. ¶~ 공급 / ~ 손실을 줄이다. 2 전류가 단위 시간에 행하는 일. 또는, 단위 시간에 사용되는 에너지의 양. 단위는 와트(W)·킬로와트(kW).
전력⁵(戰力) [절-] 〖명〗 전투·경기 등을 수행할 수 있는 능력. ¶우세한 ~ / ~을 강화(보강)하다.
전력-계(電力計) [절-께/절-꼐] 〖명〗 전등·동력 등에 사용되는 전력을 재는 계기.
전력-량(電力量) [절령냥] 〖명〗 전력을 시간으로 적분(積分)한 양. 단위는 와트시(Wh).
전력-선(電力線) [절-썬] 〖명〗〖물〗 '전기력선'의 준말.
전력-투구(全力投球) [절-] 〖명〗 1 (어떤 일에) 모든 힘을 다 기울임. 2〖체〗 야구에서, 투수가 타자를 상대로 모든 힘을 기울여 공을 던지는 것. 전력투구-하다 〖동재여〗 ¶사업에 ~.
전력-화(電力化) [절려콰] 〖명〗 전력을 이용하도록 하는 것. 또는, 그렇게 되는 것. 전력화-하다 〖동재타여〗 전력화-되다 〖동재〗
전령(傳令) [절-] 〖명〗 1 부대 간에 명령을 전달하는 일. 또는, 그것을 전달하는 병사. 2 전하여 보내는 훈령 또는 고시. =전명(傳命). 전령-하다 〖동타여〗
전령-병(傳令兵) [절-] 〖명〗〖군〗 부대 간의 명령 전달을 맡은 병사.
전례¹(典例) [절-] 〖명〗 전거(典據)가 되는 선례. ¶~로 삼다.

전:례²(典禮)[절-] 명 1 왕실의 의식. 2 일정한 의식. ¶~ 음악.
전례³(前例)[절-] 명 이전부터 있었던 사례. =선례(先例)·유례. ¶~를 따르다[깨다] / ~가 있다[없다] / ~를 남기다.
전:로(轉爐)[절-] 명 철이나 구리 등의 제련에 사용하는, 회전·전도(轉倒)가 가능한 용광로의 하나.
전류(電流)[절-] 명[물] 전기가 도선(導線)을 따라 흐르는 현상. 도체 내부의 전위가 높은 곳에서 낮은 곳으로 흐르며, 양전기가 흐르는 방향을 그 방향으로 함. 단위는 암페어(A). ¶고압 ~ / ~가 통하다 / ~가 흐르다.
전류-계(電流計)[절-계/절-께] 명[물] 전류의 세기를 재는 계기. =암페어계.
전륜(前輪)[절-] 명 자동차·자전거 등의 앞바퀴. ↔후륜.
전률 명 '전율(戰慄)'의 잘못.
전:리(電離)[절-] 명[화] 1 전해질의 일부가 용액 속에서 이온으로 해리(解離)하는 일. 2 =이온화. 전:리-하다 통(자)(타)(여) 전:리-되다 통(자).
전:리(戰利)[절-] 명 전쟁으로 얻은 이득.
전:리-도(電離度)[절-] 명[화] =이온화도.
전:리-층(電離層)[절-] 명[지] 지구 상공에서, 대기가 이온화하여 전자나 산소·헬륨·질소 등의 이온이 많이 존재하는 층. =이온층.
전:리-품(戰利品)[절-] 명 전쟁 때 적군으로부터 빼앗은 물품. 국제법상 적국의 소유 재산에 한정됨.
전립(戰笠)[절-] 명[역] 조선 시대에 무관이 쓰던 벙거지. 붉은 털로 둘레에 끈을 꼬아 두르고 상모·옥로 등을 달아 장식하였음.
전립-선(前立腺)[절-썬] 명[생] 정관과 요도가 합쳐지는 부분을 둘러싸고 있는, 밤톨만 한 크기로 방광 밑에 위치한 남자의 분비선. 여기에서 분비되는 액체가 정낭의 분비액과 섞여 정액이 됨. =섭호선.
전립선^비:대증(前立腺肥大症)[절-썬-쯩] 명[의] 전립선이 커져 요도가 좁아지는 질환. 오줌을 눌 때 힘이 들거나 소변 줄기가 가늘어지고, 소변을 본 뒤에도 잔뇨감(殘尿感)을 느낌.
전마-선(傳馬船) 명 큰 배와 육지 또는 배와 배 사이의 연락을 맡아 하는 작은 배.
전:-마춤(廛-) 명 '전맞춤'의 잘못.
전:-마침(廛-) 명 '전맞춤'의 잘못.
전:말(顚末) 명 일의 처음부터 끝까지의 경과. 비본말(本末). ¶사건의 ~을 밝히다.
전말-서(顚末書)[-써] 명 =시말서.
전:망(展望) 명 1 멀리 바라보는 것. 또는, 멀리 내다보이는 풍경. ¶~이 좋다[나쁘다]. 2 다가올 앞날을 내다보는 것. 또는, 내다보이는 앞날. ¶~이 밝다[어둡다] / ~이 없다[없다] / 새로 시작한 사업의 ~은 어떻습니까? 전:망-하다 통(타)(여) ¶한국의 미래를 낙관적으로 ~. 전:망-되다 통(자).
전:망-대(展望臺) 명 멀리 바라볼 수 있도록 높이 만든 대.
전:망-차(展望車) 명 철도 연변의 풍경을 바라볼 수 있도록 만든 객차.
전:-맞춤(廛-)[-맏-] 명 상인이 공장에 맞추어서 날림치보다 좀 좋게 만든 물건. ×전마춤·전마침.
전매(專賣) 명 1 (어떤 물건을) 독점 판매하는 것. 2 [법] 국고 수입을 위하여 어떤 재화를 정부가 독점으로 생산 판매하는 것. ¶~사업. 전매-하다 통(타)(여) ¶홍삼을 ~.
전:매²(轉賣) 명 (샀던 물건을) 도로 파는 것. ¶아파트 미등기 ~. 전:매-하다² 통(타)(여) ¶분양 아파트를 ~. 전:매-되다² 통(자).
전매-권(專賣權)[-꿘] 명[법] 어떤 물건을 독점하여 판매할 수 있는 권리.
전매-특허(專賣特許)[-트커] 명[법] 발명의 보호·장려를 위하여 발명품의 판매 독점권을 주는 허가.
전매-품(專賣品) 명 국가나 특정 회사가 전매권을 가지고 독점 판매하는 물건.
전면¹(全面) 명 1 모든 방면. ¶~ 개정 / ~ 파업. 2 하나의 면 전체. ¶~ 광고.
전면²(前面) 명 1 앞면. ¶건물의 ~. 2 [불] 절의 큰방의 정면(正面). ↔후면(後面).
전면-적(全面的) 관명 전면에 걸친 (것). ¶통행을 ~으로 통제하다.
전면-전(全面戰) 명 광범위하게 벌어지는 전쟁. =전면 전쟁. ↔국지전.
전멸(全滅) 명 지거나 망하거나 죽거나 하여 모두 없어지는 것. ¶적을 ~시키다. 전멸-하다 통(자)(타) ¶계백(階伯)의 5천 결사대는 황산벌에서 신라군을 맞아 잘 싸웠으나, 중과부적으로 전멸하고 말았다. 전멸-되다 통(자).
전모¹(全貌) 명 전체의 모양. =전용(全容). ¶부정의 ~를 파헤치다 / 사건의 ~가 드러나다.
전모²(剪毛·翦毛) 명 짐승의 털을 깎는 것. ¶(機). 전모-하다 통(자)(여).
전:몰(戰歿) 명 1 =전사(戰死). 2 전사·전상사(戰傷死)·전병사(戰病死)의 총칭. 전:몰-하다 통(자)(여) 전:몰-되다 통(자).
전:몰-군경(戰歿軍警) 명 적과 싸우다 죽은 군인이나 경찰.
전:몰-장병(戰歿將兵) 명 싸움터에서 싸우다 죽은 장병. ¶~ 유가족.
전무¹(專務) 명 1 전문적으로 맡아보는 사무. ¶여객(旅客) ~. 2 '전무이사'의 준말. 전무-하다¹ 통(타)(여) (어떤 일을) 전적으로 맡아보다.
전무²(全無) → 전무-하다² 형(여) (어떤 사실이나 대상이) 아주 없다. ¶뉘우치는 기색이 ~ / 그 분야의 지식이 ~.
전무-이사(專務理事) 명 회사의 이사의 하나. 사장을 보좌하여 회사의 업무를 모두 관장함. 준전무.
전무-후무(前無後無) 명 전에도 없었고 앞으로도 없음. =공전절후. 전무후무-하다 형(여) ¶올해는 전무후무한 대풍작이 들었다. / 전무후무한 기록은 ~.
전문¹(全文) 명 문장의 전체. ¶조약의 ~ / 시의 ~을 인용하다.
전문²(前文) 명 앞에 쓴 글. ¶헌법 ~.
전문³(專門) 명 오로지 한 가지 일을 그에 대한 지식이나 기술을 가지고 하는 것. 또는, 그 분야. ¶~ 지식 / ~ 업종 / 그 서점은 사회 과학 계통의 서적을 ~으로 취급한다. 전문-하다 통(타)(여).
전:문⁴(電文) 명 =전보문.
전문⁵(傳聞) 명 전하여 듣는 것. 전문-하다 통(타)(여).
전문-가(專門家) 명 어떤 특정한 부문을 오로지 연구하여 그에 관한 지식이나 경험이 풍부한 사람. 또는, 그 일을 담당하고 있는 사람.
전문^교:육(專門敎育) 명[교] 특정한 직업을

전문-대학(專門大學) [명][교] 고등 교육 기관의 하나. 중견(中堅) 직업인을 양성하기 위하여 전문적인 이론과 기술을 교수·연구하는 교육 기관. 수업 연한은 2~3년임.
전문-어(專門語) [명] 기예·학술 따위의 각 전문의 영역에서만 쓰이는 말.
전문-의(專門醫) [-의/-이] [명] 전공의 수련 과정을 마치고 특정한 전문 과목을 진료할 자격을 갖춘 의사. ¶성형외과 ~. ▷일반의.
전문-적(專門的) [관][명] 전문으로 하거나 전문에 딸리는 (것). ¶~ 기술 / ~인 분야[지식]. ↔일반적.
전문-점(專門店) [명] 세분화된 특정의 상품만을 파는 소매점. ¶의류~.
전문-지(專門誌) [명] 특정 전문 분야를 다루는 잡지 스타일의 정기 간행물. ¶시 ~ / 미술 ~.
전문-직(專門職) [명] 전문적인 지식이나 기술이 필요한 직업.
전문-학교(專門學校) [-꾜] [명][교] 1 '전문대학'의 구칭. 2 일제 강점기에 중등 교육을 마친 사람에게 전문 교육을 실시하던 학교.
전문-화(專門化) [명] 전문적으로 되는 것. 또는, 전문적이 되게 하는 것. 전문화-하다 [동](자)(타)(여), 전문화-되다 [동](자) ¶전문화된 생산 시스템.
전-물(奠物) [명] 부처나 신에게 올리는 물건.
전반¹(全般) [명] 여러 가지 것의 전부. 또는, 통틀어서 모두. ¶사회 ~의 문제 / 국정 ~에 걸쳐 개혁을 단행하다.
전반²(前半) [명] 시간적 길이나 차례가 있는 대상에 있어서, 처음에서부터 중간까지의 동안이나 부분. ¶19세기 ~. ↔후반(後半).
전반-기(前半期) [명] 어떤 기간을 둘로 나누었을 때, 앞의 기간. ¶20세기 ~. ↔후반기.
전반-부(前半部) [명] 전반이 되는 부분. ¶소설의 ~. ↔후반부.
전-반사(全反射) [명][물] 빛이 굴절률이 큰 매질(媒質)에서 작은 매질로 굴절할 때, 입사각이 임계각보다 크면 굴절하지 않고 전부 반사되는 현상. 전반사-하다 [동](자)(여) 전반사-되다 [동](자)
전-반생(前半生) [명] 사람의 한평생을 둘로 나누었을 때, 앞의 절반. ↔후반생.
전반-적(全般的) [관][명] 어떤 사물의 전반에 걸친 (것). ¶응모 작품의 수준이 예년에 비해 ~으로 향상되었다.
전반-전(前半戰) [명][체] 축구·농구·핸드볼 등과 같이 중간에 쉬는 시간을 두어 전후를 구별하는 경기에서, 앞에 하는 경기. ↔후반전.
전방¹(前方) [명] 1 =앞쪽. ¶~을 주시하다. 2 적을 바로 마주하고 있는 지역. 또는 그 쪽. ¶~ 부대 / ~ 근무. ↔후방.
전:방²(廛房) [-빵] [명] 물건을 벌여 놓고 파는 소규모의 가게. 요즘에는 잘 쓰이지 않는 말. ¶~을 내다 [차리다].
전배(前陪) [명] 벼슬아치의 행차 때나 상관의 배견(拜見) 때 앞을 인도하는 하인.
전:배²(展拜) [명] 궁릉·종묘·문묘·능침에 참배하는 것. 전:배-하다 [동](자)(여)
전번(前番) [-뻔] [명] =지난번. ¶~에 이야기한 건 잊지 않았겠지?
전:범¹(典範) [명] 1 본보기가 될 만한 모범. 2 법 또는 규범.
전:범²(戰犯) [명] 1 전쟁 범죄. =전쟁 범죄. 2 전쟁을 앞장서서 일으키거나, 전쟁 일으키는 일에 적극적으로 참여한 사람. =전쟁 범죄인. ¶~ 재판.
전:법(戰法) [-뻡] [명] 싸우는 방법.
전:변(轉變) [명] (형세나 국면 따위가) 종전과는 달리 바뀌는 것. 전:변-하다 [동](자)(여) 전:변-되다 [동](자)
전:별(餞別) [명] 서운하여 잔치를 베풀고 작별하는 것. ¶~연(宴) / ~주(酒). 전:별-하다 [동](타)(여) ¶동료를 ~.
전:별-금(餞別金) [명] 잔치를 베풀고 작별할 때 서운함을 달래는 뜻으로 떠나는 사람에게 주는 돈.
전:병(煎餠) [명] 1 =부꾸미. 2 쌀가루나 밀가루에 설탕을 가미하여 반죽한 뒤, 철제의 틀에 넣어 구운 과자. 일본에서 전래된 것임. 3 '젠병'의 원말.
전:병-코(煎餠-) [명] 몹시 넓적하게 생긴 코.
전:보¹(電報) [명] 전신으로 글을 보내는 통보. ¶~를 치다. 전:보-하다 [동](자)(여)
전:보²(塡補) [명] 부족을 메워 채우는 것. 전:보-하다 [동](타)(여) 전:보-되다 [동](자)
전:보³(戰報) [명] 전쟁에 관한 보도.
전:보⁴(轉補) [명][법] 재직 공무원에 대해 동일한 직급과 직렬(職列) 내에서 보직을 변경하는 일. ¶~ 발령. ▷전직(轉職). 전:보-하다³ [동](타)(여)
전:보-문(電報文) [명] 전보의 내용이 되는 글. =전문(電文).
전:보-환(電報換) [명][통] =전신환(電信換).
전복¹(全鰒) [명][동] 연체동물 전복과에 속하는 고둥의 총칭. 껍데기 길이 10~20cm, 고둥이지만 말린 부분이 적고 모양은 타원형임. 겉면은 갈색이며, 구멍이 한 줄로 늘어서 있음. 살은 식용하고, 껍데기는 세공(細工)의 재료나 약재로 쓰며, 양식 진주의 모패(母貝)로 쓰기도 함. ▷포(鮑).
전:복²(戰服) [명][역] 옛 군복의 한 가지. 뒷자락이 트여 있고 소매가 없으며, 다른 옷 위에 덧쳐 입었음. ▷쾌자.
전:복³(顚覆) [명] 1 (자동차·열차·배 따위가) 사고 등으로 인하여 뒤집어지거나 옆으로 쓰러지는 것. ¶열차 ~ 사고. 2 (정권·국가 등을) 쿠데타나 혁명 등으로 뒤집어엎는 것. 전:복-하다 [동](자)(타)(여) ¶나룻배가 ~ / 정권을 ~. 전:복-되다 [동](자) ¶버스가 ~.
전복-죽(全鰒粥) [-쭉] [명] 전복을 넣어 쑨 죽.
전:봇-대(電報-) [-보때/-봇때] [명] 1 전선이나 통신선을 늘여 매기 위하여 세운 기둥. =전신주·전신주·전주(電柱). ×전선대. 2 키 큰 사람을 비유하여 놀림조로 이르는 말.
전부¹(全部) I [명] 대상을 나누거나 빼거나 하지 않은 모두. (비)다. ¶그녀는 나의 희망이고 내 삶의 ~이다. ↔일부(一部). II [부] 대상의 범위가 빠짐없이 다 미치거나 포함되게. (비)다. ¶그의 말은 ~ 거짓이다.
전부²(前部) [명] 앞쪽 부분. ↔후부.
전:분(澱粉) [명] =녹말2.
전:비¹(前非) [명] 이전에 저지른 잘못.
전:비²(戰費) [명] 전쟁하는 데 소요되는 비용.
전:비³(戰備) [명] 전쟁을 할 준비. 또는, 그 장비. ¶~를 갖추다.
전사¹(前史) [명] 1 역사(歷史) 이전. (비)선사(先史). 2 한 역사의 성인(成因)을 설명하기 위하여 씌어지는, 그 이전의 역사.
전사²(前事) [명] 이미 지나간 일.

전:사³(戰士) 명 1 전투하는 군사. ¶무명의 ~. 2 제일선에서 있는 힘을 다하여 일하거나 노력하는 사람. 비유적인 말임. ¶산업 ~.

전:사⁴(戰史) 명 전쟁의 역사. ¶~에 길이 빛나다.

전:사⁵(戰死) 명 전장(戰場)에서 싸우다가 죽는 것. =전망(戰亡)·전몰(戰歿). ¶~ 통지. 전:사-하다 동(자) 전:사-되다 동(자)

전:사⁶(轉寫) 명 1 (글이나 그림 등을) 옮겨 베끼는 것. 2 (말소리를) 음성 문자로 옮겨 적는 것. 3 [인] 전사지에 그린 잉크 화상을 평판 판재면(板材面)에 옮기는 일. ¶~를 뜨다. 전:사-하다² 타여 ¶책을 ~. 전:사-되다² 동(자)

전:사-지(轉寫紙) 명 1 전사 석판(石版)에 쓰이는 얇은 가공지. 2 도기(陶器)나 양철에 인쇄할 때에 쓰이는 인쇄 화지(畫紙). 3 카본 사진 인쇄에 쓰이는, 젤라틴을 두껍

전:산(電算) 명 '전자 계산' 또는 '전자계산기'를 줄여 이르는 말.

전:산-기(電算機) 명 '전자계산기'의 준말.

전:산-망(電算網) 명 컴퓨터로 연결되는 통신 조직망. ¶행정 ~.

전:산-화(電算化) 명 어떤 작업을 컴퓨터에 의해 자동적으로 처리할 수 있게 만드는 일. ¶업무 ~. 전:산화-하다 동(자타여) ¶호적 사무를 전산화함으로써 행정 능률을 향상시키다. 전:산화-되다 동(자)

전:상(戰傷) 명 전투에서 상처를 입는 것. 또는, 그 상처. 전:상-하다 동(자여)

전:상-병(戰傷兵) 명 전투에서 상처를 입은 병사.

전:상-자(戰傷者) 명 전투에서 상처를 입은 사람.

전:색-제(展色劑) [-쩨] 명 안료를 균일하게 분산·전개시켜 물체의 표면에 고착시키는 매체. 안료 분말과 섞어 이김. 건성유·수지·용제(溶劑) 따위.

전생(全生) 명 온 생애. ¶~을 오직 교육 사업에 헌신하다.

전생(前生) 명 [불] 삼생(三生)의 하나. 이 세상에 태어나기 이전의 세상. =과거세·숙세(宿世). ¶~의 인연.

전서¹(全書) 명 1 어떤 사람의 저작을 모두 모아 한 질(帙)로 만든 책. 2 어떤 종류·부문의 것을 망라하여 체계화한 책. ¶의학 ~.

전:서²(篆書) 명 육서(六書)의 하나. 한자 서예에서, 획이 가장 복잡하고 곡선이 많은 글씨. 대전(大篆)과 소전(小篆)으로 구별함. 도장이나 전각에 흔히 사용됨.

전서-구(傳書鳩) 명 원격지에 통신에 이용할 수 있도록 훈련된 비둘기.

전선(前線) 명 1 전장에서, 적과 접촉하는 맨 앞 지역. ¶~ 시찰 / ~ 기지. 2 직접 뛰어든 일정한 활동 분야. ¶생활 ~ / 산업 ~. 3 [기상] 성질이 다른 두 개의 기단(氣團)의 경계면이 지표와 만나는 선. ¶장마 ~ / 한랭 ~.

전:선²(電線) 명 전류가 흐르도록 하는 도체로서 쓰는 선. =전기선·전깃줄·전선선. ¶고압 ~.

전:선³(戰船) 명 전투에 사용하는 배.

전:선⁴(戰線) 명 1 전시에 적전(敵前)에 배치한 전투 부대의 배치선. ¶서부 ~ / ~에 나가다(보내다). 2 정치 운동·사회 운동 등에서, 직접 투쟁하는 일. 또는, 그 투쟁 형태. ¶민주 ~ / 통일 ~ / 공동 ~.

전:선-대(電線-) 명 '전봇대¹'의 잘못.

전:선-주(電線柱) 명 =전봇대1.

전설(傳說) 명 인간과 그 행위를 주제로 하고, 구체적 자연물·인공적 사물, 역사적 인물이나 어떤 동물 등을 소재로 하여, 예로부터 민간에서 입으로 전해 내려오는 신비로운 이야기. ¶망부석에 얽힌 ~. ▷민담·신화·설화.

전설^모음(前舌母音) 명[언] 혀의 앞쪽에서 발음되는 모음. 'ㅣ', 'ㅔ', 'ㅚ', 'ㅐ' 따위.

전설-적(傳說的) [-쩍] 관명 전설이 되다시피 하거나 전설과 같이 신비로운 상태에 있는 (것). ¶김좌진 장군은 항일 운동에 있어 ~인 인물이다.

전성¹(全盛) 명 한창 왕성한 것. 전성-하다 형여

전:성²(展性) 명[물] 두드리거나 압착하면 얇게 퍼지는 금속의 성질. 금·은·구리에 뚜렷함. =가전성(可展性).

전:성³(轉成) 명 (어떤 대상의 성질·기능 등이) 다른 상태로 바뀌는 것. ¶품사의 ~. 전:성-하다 동(자여) 전:성-되다 동(자) ¶동사에서 명사로 ~.

전성-기(全盛期) 명 한창 왕성한 시기. 비최성기·황금기. ¶인생의 ~ / ~를 맞이하다 / 고구려는 5세기 장수왕 때 ~를 누렸다.

전:성^명사(轉成名詞) 명[언] 명사가 아닌 어떤 품사가 명사로 된 것. '웃음', '열매', '무덤' 따위.

전성-시대(全盛時代) 명 한창 왕성한 시대.

전:성-어(轉成語) 명[언] 1 어떤 품사가 다른 품사로 바뀌어 쓰이는 말. 2 외국어가 국어화한 말. '남포', '빵' 따위.

전:성^어미(轉成語尾) 명[언] 활용어의 어간에 붙어 다른 품사의 자격으로 바꾸는 어미. 명사형 어미와 관형사형 어미로 나뉨. '-기', '-ㅁ', '-ㄴ', '-ㄹ' 따위.

전:성-형(轉成形) 명[언] 활용어에서 전성 어미가 붙는 활용형. 활용으로 하여금 다른 품사의 자격을 가지게 함. 명사형과 관형사형으로 나뉨. =자격형(資格形).

전세(田稅) 명 논밭의 조세.

전세(前世) 명 [불] 삼세(三世)의 하나. 이 세상에 태어나기 이전의 세상.

전세³(專貰) 명 자동차나 시설 등을 돈을 내고 일정 기간 동안 통째로 빌려 쓰는 일. ¶~ 버스.

전세⁴(傳世) 명 대대로 전하는 것. 전세-하다 동(타여) 전세-되다 동(자)

전세⁵(傳貰) 명 보증금을 내고 남의 집이나 방을 약속한 기간 동안 빌려 쓰는 일. 보증금은 집을 나갈 때 돌려받음. ¶독채 ~ / ~를 놓다(얻다).

전:세⁶(戰勢) 명 전쟁이나 경기 등의 진행되는 형세. ¶~가 유리하다(불리하다) / 우리 팀은 후반전에 ~를 뒤집어 역전승을 거두었다.

전세-권(傳貰權) [-꿘] 명 [법] 전셋돈을 지급한 사람이 남의 부동산을 점유하여 사용·수익할 수 있는 권리.

전세-금(傳貰金) 명 =전셋돈.

전-세기¹(前世紀) 명 지나간 세기.

전세-기²(專貰機) 명 세를 내고 빌려 쓰는 비행기.

전세-방(傳貰房) [-빵] 명 전셋돈(전세 보증금)을 맡기고 빌려 쓰는 방.

전세-살이(傳貰-) 명 전세를 들어 사는 일. ¶~로 신혼 생활을 시작하다.

전셋-돈(傳貰-) [-세똔/-섿똔] 명 전세를 얻었을 때, 그 부동산의 소유자에게 맡기는 돈. =전세금.

전셋-집(傳貰-) [-세찝/-섿찝] 명 전세로 빌려 쓰는 집.

전소(全燒) 명 (어떤 물체가) 남김없이 다 타는 것. ▷반소(半燒). **전소-하다** 재여 **전소-되다** 재 ¶건물이 ~.

전:속¹(專屬) 명 어느 한 기구나 조직에 전적으로 속하거나 관계를 맺는 것. ¶~ 가수〔악단〕/ ~ 계약. **전:속-하다**¹ 통재여 **전:속-되다**¹ 통재 ¶그 배우는 극단 '산울림'에 **전속**되어 있다.

전:속²(轉屬) 명 1 원적(原籍)을 다른 데로 옮기는 것. 2 소속을 바꾸는 것. ¶~ 명령을 받다. **전:속-하다**² 재여 **전:속-되다**² 통재

전-속력(全速力) 명 최대한의 속력. ¶~을 내다 / 자동차가 ~으로 달리다.

전손(全損) 명 1 전체에 걸쳐 입은 손실. 2 [경] 해상 보험의 목적물인 선박 또는 화물이 침몰 등에 의하여 전부가 없어지든지, 원상으로 복구가 불가능한 상태가 되는 일. ↔분손(分損).

전:송¹(電送) 명 (사진·문자 등을) 전류나 전파를 이용하여 먼 곳에 보내는 것. ¶~ 사진. **전:송-하다**¹ 통타여 ¶보고서를 팩스로 ~. **전:송-되다**¹ 통재

전송²(傳送) 명 전하여 보내는 것. **전송-하다**² 통타여 **전송-되다**² 통재

전송³(傳誦) 명 여러 사람의 입으로 전하여 외는 것. **전송-하다**³ 통타여 **전송-되다**³ 통재

전:송⁴(餞送) 명 어떤 사람이 먼 곳으로 떠날 때 역·터미널·공항 등에 가서 인사를 나누고 보내는 것. ¶~객(客) / ~을 받다. ▷배웅. **전:송-하다**⁴ 통타여 ¶외국에 가는 친구를 공항에 나가 **전송**했다.

유의어	전송 / 배웅

둘 다 떠나는 사람을 위해 얼마큼 함께 가다가 떠나는 것을 가리키나, '**전송**'이 대개 역·터미널·공항·부두 등까지 나가는 것을 주로 가리키는 데 반해, '**배웅**'은 집 앞이나 동구 밖이나 차 타는 데까지 나가는 것을 주로 가리킨다. 물론 '**배웅**'이 역이나 공항까지 가는 것도 가리킬 수 있으나, 그런 경우 '**전송**'에 비해 비공식적이고 비격식적인 느낌이 강하다. ¶손님을 대문 밖까지 **배웅**했다. / 대통령이 각료들의 **전송**을 받으며 해외 순방 길에 올랐다.

전:송⁵(轉送) 명 (물건이나 편지 따위를) 전하여 달라고 남에게 주어 보내는 것. **전:송-하다**⁵ 통타여 **전:송-되다**⁵ 통재

전수¹(全數) 명 전체의 수효나 분량. ¶개정안을 ~의 찬성으로 통과시키다.

전수²(專修) 명 오로지 한 가지 일만을 닦는 것. ¶공업 ~ 학교. **전수-하다**² 통타여

전수³(傳受) 명 (기술이나 지식을) 전하여 받는 것. **전수-하다**² 통타여 ¶스승으로부터 비법을 ~.

전수⁴(傳授) 명 (기술이나 지식 등을) 전하여 주는 것. **전수-하다**³ 통타여 ¶기술을 후학에게 ~. **전수-되다**⁴ 통재

전수^조사(全數調査) 명 [수] 대상이 되는 통계 집단의 단위를 하나하나 전부 조사하는 관찰 방법. ↔표본 조사.

전술¹(前述) 명 (말이나 글에서) 앞에서 이미 논술 또는 진술하는 것. ↔후술(後述). **전술-하다**¹ 재여 ¶자세한 내용은 **전술한** 바와 같다. **전술-되다**¹ 재

전:술²(戰術) 명 1 개개의 구체적인 전투에 있어서 전투력의 사용법. 보통 장기적이고 광범위한 전망을 갖는 전략의 하위 개념. ¶교묘한 ~ / ~이 뛰어나다. 2 일정한 목적을 달성하기 위한 수단·방법. ¶그의 유도 ~.

전:술-가(戰術家) 명 전술에 능한 사람.

전:술-적(戰術的) [-쩍] 관명 전술에 관한 (것). ¶~ 문제 / ~인 차원.

전:술^핵무기(戰術核武器) [-행-] 명 [군] 한정된 국지전(局地戰)에서 사용되는 비교적 폭발 위력이 작은 핵무기. 지대공 미사일·공대공 미사일·핵지뢰(核地雷) 따위. ▷전략 핵무기.

전습(傳習) 명 (기술이나 지식을) 다른 사람으로부터 배워 익히는 것. **전습-하다**¹ 통타여 **전습-되다**¹ 통재

전습²(傳襲) 명 전하여 물려받는 것. **전습-하다**² 통타여 **전습-되다**² 통재

전승¹(全勝) 명 경기·전쟁 등에서, 한 번도 지지 않고 모두 이기는 것. =전첩(全捷). ¶~ 가도를 달리다 / ~을 기록하다. ↔전패. **전승-하다**¹ 통재여

전승²(傳承) 명 (문화 따위를) 전하여 받아 계승하는 것. ¶민간 ~. **전승-하다**² 통타여 ¶훌륭한 문화유산을 **전승하여** 발전시키다. **전승-되다**² 통재

전:승³(戰勝) 명 전쟁에 이기는 것. 비승전. ¶~을 빌다. ↔전패. **전:승-하다**³ 통재여

전승^문학(傳承文學) 명[문] =구비 문학.

전:시¹(展示) 명 (미술품·도서·상품 등을) 일정한 곳에 벌여 놓아 일반 사람에게 보이는 것. ¶상설 ~. **전:시-하다** 통타여 ¶그림을 / 도서를 ~. **전:시-되다** 통재

전:시²(戰時) 명 전쟁이 벌어지고 있는 때. ¶~ 태세.

전시-과(田柴科) [-꽈] 명 [역] 고려 시대, 문무 관료들에게 그 관급(官級)에 따라 토지와 땔나무를 떼 임야를 나누어 주던 제도.

전:시-장(展示場) 명 전시하는 곳. ¶자동차 ~ / 상설 ~.

전:시^체제(戰時體制) 명 전쟁 수행을 위하여 모든 사회적 기구를 전시에 맞게 편성한 체제.

전:시-품(展示品) 명 전시하는 물품.

전:시-행정(展示行政) 명 실질적인 내용이 없이 전시 효과만을 노리고 펼치는 행정. ¶지방 선거가 다가오면서 ~이 고개를 들고 있다.

전:시-회(展示會) [-회/-훼] 명 다수의 미술품·도서·상품 등을 일정 기간 전시하여 일반에게 공개하는 행사. ¶국화 ~ / ~를 열다.

전:시^효과(展示效果) 명 1 [경] 소비 지출이 자신의 소득 수준에 따르지 않고 타인의 모방에 의하여 증대되는 사회적·심리적 효과. ¶~를 노리다. 2 [정] 정치 지도자가 대내외적으로 자신의 업적을 과시하기 위하여 실질 효과가 크지도 않은 사업을 벌임으로써 얻고자 하는 상징적 효과.

전:식(電飾) 명 전등 조명에 의한 옥외 장식. **전:식-하다** 통타여

전신¹(全身) 몸 전체. (비)온몸. ¶~ 사진 / ~이 떨리다.
전신²(前身) 1 [불] 이 세상에 나오기 전의 세상의 몸. 2 신분·단체·회사 등의 바뀌기 전의 본체. ¶서울 대학교의 ~은 경성 제국 대학이다. ↔후신(後身).
전신³(電信) 명 문자나 숫자를 전기 신호로 바꾸어 전파나 전선(導線) 등을 통하여 행하는 통신. ¶~ 전화국 / 무선 ~.
전신⁴(轉身) 명 1 다른 자리로 몸을 옮기는 것. 2 주의(主義)나 생활 방침을 바꾸는 것. **전!신-하다** 통(자여)
전신-기(電信機) 명 전류나 전파에 의하여 통신하는 기계.
전신^마취(全身痲醉) 명[의] 외과(外科)의 큰 수술을 하기 위하여 마취제를 써서 일시적으로 온몸을 마취시키는 일. ↔국부 마취.
전신-만신(全身滿身) 명 '전신'을 강조하여 이르는 말. ¶~에 흐르는 땀.
전!신-망(電信網) 명 전신 통신 설비의 분포 체계.
전!신^부호(電信符號) 명 전신에서 쓰이는 점이나 선으로 된 부호.
전신^불수(全身不隨) [-쑤] 명 뇌를 다치거나 중풍 등으로 말미암아 온몸을 마음대로 쓰지 못하는 상태.
전신-상(全身像) 명[미] 온몸을 만들거나 그린 소상(塑像)·화상.
전신-욕(全身浴) [-뇩] 명 머리만 내놓고 온몸을 뜨거운 물에 담그는 방식의 목욕.
전신^운동(全身運動) 명 온몸을 고루 움직이는 운동. =온몸 운동.
전!신-주(電信柱) 명 =전봇대1.
전!신-환(電信換) 명[통] 전신에 의한 우편환. 발송인의 지급 송금의 청구에 따라 발행국이 전신으로 지불국에 통지하면, 지불국은 전신환 증서를 수취인에게 보내 주며, 수취인은 이 환증서를 지불국에 제시하여 현금과 상환함. =전보환.
전실(前室) 명 남의 전처(前妻)를 높이어 이르는 말.
전심¹(全心) 명 온 마음. ¶~전력(全力).
전심²(專心) 명 마음을 오로지 한군데에만 쓰는 것. **전심-하다** 통(자여) ¶공부에 ~.
전심-전력¹(全心全力) [-젼-] 명 온 마음과 온 힘. ¶~을 기울이다 / ~을 다하다.
전심-전력²(專心專力) [-젼-] 명 온 마음과 온 힘을 한곳에 모아 씀. ¶목표를 이루기 위해 ~으로 노력하다. **전심전력-하다** 통(자여) ¶그는 원고 마감 날짜를 맞추려고 **전심전력하였다**.
전!아(典雅) ➔ **전!아-하다** 형(여) (사물이) 격에 맞아 고상하고 우아하다. ¶조선 백자의 질박하면서도 **전아한** 아름다움.
전!악-서(典樂署) 명 고려 및 조선 시대에 음악에 관한 일을 맡아보던 관청.
전:안(奠雁) 명[민] 전통 혼례식에서, 신랑이 신부 집에 기러기를 가지고 가서 상 위에 놓고 절하는 예. 흔히, 산 기러기 대신 목기러기를 씀. **전:안-하다** 통(자여)
전:안-상(奠雁床) [-쌍] 명 전안하기 위하여 기러기를 올려놓는 상.
전압(電壓) 명[물] 전기장(電氣場)이나 도체 내에 있는 두 점 사이의 전위차. 단위는 볼트(V). ¶~이 낮다[높다].
전!압-계(電壓計) [-꼐/-께] 명[물] 전압을 재는 계기. 전기 회로에 병렬로 접속함.

전-압력(全壓力) [-녁] 명 =전체 압력.
전!압-선(電壓線) [-썬] 명 배전 간선(配電幹線)에서 발전소나 배전소까지 끌어 온 가는 전선.
전액(全額) 명 액수의 전부.
전야¹(田野) 명 논밭으로 이루어진 들.
전야²(前夜) 명 1 =어젯밤. 2 특정한 날을 기준하여 그 전날 밤. ¶크리스마스 ~. 3 특정한 시기나 단계를 기준하여 그 전 시기나 단계. ¶폭풍 ~.
전야-제(前夜祭) 명 축제일이나 큰 행사 등의 전날 밤에 행하는 축제 행사.
전!어(錢魚) 명[동] 전어과의 바닷물고기. 몸은 등이 솟고 옆으로 납작하여 긴 달걀꼴임. 몸빛은 푸른 청람색이고 배는 은백색임. 등지느러미 끝의 여린줄기가 특히 긺.
전-어머니(前-) 명 후처(後娶)의 자식이 그 아버지의 전처를 이르는 말. =전모(前母).
전언(傳言) 명 말을 전하는 것. 또는, 전하는 말. **전언-하다** 통(타여)
전언-판(傳言板) 명 만나지 못한 사람이 그곳에 올 것을 예상하고 전달할 말을 임시로 적어 놓기 위하여 걸어 놓은 칠판.
전업¹(專業) 명 전문으로 하는 직업이나 사업. **전업-하다¹** 통(자여)
전업²(轉業) 명 직업을 바꾸는 것. **전업-하다²** 통(자여)
전업-주부(專業主婦) [-쭈-] 명 직업이나 부업을 갖지 않고 오로지 집안일만을 돌보는 가정주부.
전역¹(全域) 명 어느 구역의 전부. ¶서울 ~ / 시내 ~ / 남부 ~.
전역²(全譯) 명 원문 전부를 번역하는 것. 또는, 그 번역. (비)완역. ¶~ 성서(聖書). ↔초역(抄譯). **전역-하다¹** 통(타여)
전!역³(戰役) 명 =전쟁(戰爭)1.
전!역⁴(戰域) 명 전투를 하는 구역. 곧, 교전 지역. =전쟁 구역.
전!역⁵(轉役) 명 군(軍)에서, 다른 역종(役種)으로 편입되는 것. **전!역-하다²** 통(자여) ¶예비역으로 ~.
전연(前緣) 명 앞쪽의 가장자리. ↔후연(後緣).
전!연²(展延) 명 얇게 퍼지고 늘어나는 것. ¶~성. **전!연-하다** 통(자타여)
전연³(全然) 부 일의 부정적인 상태나 작용이 부분적이 아니라 전적임을 나타내는 말. (비)전혀. ¶그 사람에 대해서는 ~ 모른다. / 연락이 ~ 안 된다.
전열¹(前列) [-녈] 명 앞에 있는 줄. ↔후열.
전!열²(電熱) 명[물] 전류가 흐를 때 발생하는 열. ¶~ 기구.
전!열³(戰列) 명 전쟁에 참가하는 부대의 대열. ¶~을 이탈하다.
전!열-기(電熱器) 명 니크롬선 등 전기 저항이 높은 금속에 전류를 통하여 발생되는 열을 이용하는 기구. 전기난로·전기다리미·전기밥솥 따위.
전!열-선(電熱線) [-썬] 명[물] 전열을 발생시키는 도선. 니크롬선을 많이 씀.
전염(傳染) 명 1 (병이) 남에게 옮는 것. ¶공기 ~ / 접촉 ~. 2 (좋지 않은 버릇이나 태도 등이) 옮아서 물이 드는 것. **전염-하다** 통(자여) ¶병이 물이나 음식을 통해 ~. **전염-되다** 통(자) ¶나쁜 친구와 사귀더니 **전염되었군**.

전염-병(傳染病)[-뼝] 명 [의] 세균·바이러스·리케차·스피로헤타·진균·원충 등 미생물의 감염에 의하여 발생하고, 사람에서 사람으로 전염되어 집단적으로 유행하는 질환의 총칭. 곧, 전염성을 가진 병. =염병. ¶급성~.

전염-성(傳染性)[-씽] 명 전염하는 성질. ¶~이 강한 병.

전엽-체(前葉體) 명 [식] 양치식물의 포자가 싹터서 생긴 배우체. =원엽체·편평체.

전-옥(典獄) 명 1 교도소의 우두머리. 2 [역] 죄인을 가두는 감옥.

전!-와(轉訛) 명 어떠한 말이 본래의 뜻과는 달리 그릇 전해져서 굳어지는 것. **전!와-하다** 자여

전왕(前王) 명 전번의 왕.

전용¹(專用) 명 1 (특정인이나 특정 대상만이 어떤 것을) 오로지 사용하는 것. ¶대통령 ~ 비행기 / 환자 ~ 엘리베이터 / 버스 ~ 차로. ↔공용(共用). 2 (특정 대상만을) 오로지 사용하는 것. ¶한글 ~. 3 어떤 대상이 특정의 목적에만 사용하는 것. ¶~선(船). **전용-하다** 타여

전!-용²(轉用) 명 예정되어 있는 곳에 쓰지 않고 다른 데로 돌려서 쓰는 것. **전!용-하다**² 타여 **전!용-되다**² 자여

전용-기(專用機) 명 특정한 사람만이 이용하는 비행기. ¶대통령 ~.

전용-면적(專用面積) 명 아파트 따위의 공동 주택에서 출입구·엘리베이터·계단 등의 공용 면적을 빼고 개별 주택이 차지하는 바닥 면적.

전용^차로제(專用車路制) 명 복잡한 도시 교통난을 해소하기 위해 버스 따위의 특정한 차만 다닐 수 있도록 차로를 만든 제도.

전우(戰友) 명 전장(戰場)에서 함께 전투에 참가한 동료. ¶~군a.

전!우-애(戰友愛) 명 전우로서 서로 돕고 사랑하는 마음.

전!운(戰雲) 명 전쟁이 벌어지려는 살기 띤 형세. ¶~이 감돌다.

전원¹(田園) 명 논밭이 있고 주위의 자연환경이 아름다운 곳. 곧, 시골을 문어(文語)에서 운치 있게 이르는 말. ¶목가적인 ~ 풍경.

전원²(全員) 명 어떤 집단·단체의 전체 구성원. ¶~ 집합 / 회의에 ~ 참가하다 / 시험에 ~ 합격되다.

전!원³(電源) 명 1 [물] 전류가 오는 원천. 전기 코드의 콘센트 따위. 2 발전 시설 등 전기 에너지를 얻는 원천.

전원-도시(田園都市) 명 전원의 정취와 쾌적함을 갖추고 있는 도시. 흔히, 공원과 녹지(綠地)가 정비되고 외곽은 농경지로 둘러싸여 있음.

전원-생활(田園生活) 명 도시를 떠나 전원에서 한가하게 지내는 생활.

전원-주택(田園住宅) 명 대도시 근교에 자연과 접하면서 전원생활을 맛볼 수 있도록 지은 단독 주택.

전월(前月) 명 =지난달.

전위¹(前衛) 명 1 [군] '전위대'의 준말. ↔후위. 2 [예] 선구적이고 실험적인 창작을 시도하는 일. 또는, 그런 사람이나 집단. ¶~ 영화[음악]. 3 [체] 테니스·배구 등에서, 자기 진영 전방에서 공격·수비를 담당하는 사람. ↔후위.

전!위²(電位) 명 [물] 전기장(電氣場) 안의 한 점에 어떤 표준점으로부터 단위 전기량을 옮기는 데 필요한 두 점 사이의 전압의 차. 곧, 전하가 가지는 위치 에너지.

전!위³(轉位) 명 1 위치가 변하는 것. 2 [화] 유기 화합물의 한 분자 안에서 두 개의 원자 또는 원자단이 서로 그 위치를 바꾸는 일. **전!위-하다** 자타여

전위-대(前衛隊) 명 [군] 작전 행군할 때 본대의 전방에서 행군 진로를 방해하는 장애물을 제거하고 경계·수색하며 아군의 전투를 유리하게 하는 임무를 맡은 부대. 준전위. ↔후위대.

전위^미술(前衛美術) 명 [미] 1 20세기 초두 유럽에서 전통적인 미술 양식에 도전하여 일어난 혁신적인 미술 운동. 곧, 추상 미술과 초현실주의를 이름. 2 인습적인 전통과 권위에 대한한 급진적 미술의 총칭. ▷아방가르드.

전위^예술(前衛藝術) 명 시대의 첨단에 선, 매우 혁신적이고 실험적인 예술. 다다이즘·쉬르레알리슴·앙티로망 따위.

전!위-차(電位差) 명 [물] 전기장(電氣場) 또는 도체 내의 두 점 사이의 전위의 차이.

전위-파(前衛派) 명 [예] =아방가르드.

전유¹(全乳) 명 지방을 뽑지 않은 자연 상태의 우유.

전유²(專有) 명 오로지 혼자만 소유하는 것. ↔공유(共有). **전유-하다** 타여

전유-물(專有物) 명 혼자 독차지하는 물건. ¶특정인의 ~. ↔공유물.

전!율(戰慄) 명 몹시 두렵거나 큰 감동을 느끼거나 하여 몸이 벌벌 떨리는 것. ¶위대한 작품을 보면서 ~을 느끼다 / 참상을 목격하고 경악에 ~을 금할 수 없었다. ×전률. **전!율-하다** 자여

전!의¹(戰意) [-의/-이] 명 싸움을 하고자 하는 의욕. ¶~를 상실하다.

전!의²(轉義) [-의/-이] 명 본래의 뜻에서 다른 뜻으로 바뀌는 것. 또는, 그렇게 바뀐 뜻. **전!의-하다** 자여 **전!의-되다** 자여

전!의-감(典醫監) [-의-/-이-] 명 [역] 조선 시대, 왕실의 의약에 관한 일을 맡아보던 관청.

전-의식(前意識) 명 [심] 프로이트의 정신 분석학 용어의 하나. 의식의 영역 바깥에 있으나 약간의 노력으로 떠올릴 수 있는 기억이나 관념. 의식과 무의식 사이에 위치함. ▷잠재의식.

전!이(轉移) 명 1 위치 등을 다른 곳으로 옮기는 것. 비이동. 2 [의] 종양 세포나 병원체가 혈류(血流)나 림프를 통하여 다른 장소로 이행·정착하여 원발소(原發巢)와 같은 변화를 일으키는 일. 3 [화] 물질이 한 상태에서 다른 상태로 변화하는 현상. 4 [물] 양자 역학에서, 입자가 어떤 에너지의 정상 상태에서 에너지가 다른 정상 상태로 옮겨 가는 일. =천이(遷移). **전!이-하다** 자여 **전!이-되다** 자 ¶암세포가 다른 장기(臟器)에까지 ~.

전!이^원소(轉移元素) 명 [화] 금속 원소의 한 집단. 원자 번호 21~29번, 39~47번, 57~79번, 그리고 89번 이상이 포함됨. =천이 원소.

전인¹(全人) 명 지식·감정·의지가 조화와 균형을 이룬 사람.

전인²(前人) 명 이전 사람. 비앞사람.

전!인³(專人) 명 어떤 일을 위하여 특별히 사

람을 보내는 것. 또는, 그 사람. =전족(專足). 전인-하다 동자예

전인^교육(全人敎育) 명 지식이나 기술 등에 치우치지 않고 인간이 지니고 있는 모든 자질을 전면적이고 조화롭게 육성하려는 교육.

전인-미답(前人未踏) 명 1 이제까지 아무도 밟을 디뎌놓거나 도달한 사람이 없음. ¶~의 처녀봉. 2 이제까지 아무도 손을 대어 다루어 본 일이 없음. 비인적미답(人跡未踏). ¶~의 분야.

전일¹(全一) 명 완전한 모양. 또는, 통일성이 있는 모양.

전일(全日) 명 1 하루 종일. 2 모든 날.

전:일(前日) 명 =전날.

전임¹(前任) 명 전에 그 임무를 맡은 사람. 또는, 그 임무. ¶~ 장관. ↔후임(後任).

전임²(專任) 명 (어떠한 일을) 오로지 맡기거나 맡기는 것. 또는, 그 사람. =전위(專委). ↔겸임(兼任). **전임-하다¹** 동타여

전:임³(轉任) 명 다른 관직이나 다른 임무로 옮기는 것. =이임(移任)·천임(遷任). ¶~ 발령. **전:임-하다²** 동자여 **전:임-되다** 동자

전임^강:사(專任講師) 명 대학에서 학생을 지도하고 연구에 종사하는, 조교수 아래의 등급에 있는 교원.

전임-자(前任者) 명 전임이었던 사람. ↔후임자.

전:입(轉入) 명 (다른 학교나 거주지로) 옮겨 들어오는 것. ¶~생. ↔전출(轉出). **전:입-하다** 동자여 **전:입-되다** 동자

전:입-신고(轉入申告) [-씬-] 명 거주지를 옮길 때에 새로 살게 된 곳의 관할 관청에 성명·주소·전입 연월일 등을 신고하는 일. 또는, 그 문서. ↔퇴거 신고.

전자¹(前者) 명 1 두 가지의 사물을 들어 말할 때, 앞의 것. ¶사랑과 돈, 그 하나를 택하라면 ~를 택하겠소. ↔후자(後者). 2 =지난번.

전:자²(電子) 명 [물] 소립자(素粒子)의 하나. 원자를 구성하는 입자의 하나로, 원자핵 주위를 회전하고 있음.

전:자³(電磁) 명 [물] =전자기(電磁氣).

전:자⁴(篆字) 명 전서로 쓰여진 글자. ⓒ전(篆).

전:자^게:시판(電子揭示板) 명 [통] 컴퓨터 통신에서, 네트워크에 가입하고 있는 사람이 정보나 메시지를 찾아보거나 기입할 수 있도록 한 컴퓨터 시스템상의 게시판. =비비에스(BBS).

전:자-계:산기(電子計算機) [-계-/-게-] 명 1 =컴퓨터. 2 전자 회로를 사용한 소형 디지털 계산기. ⓒ전산기.

전:자-공학(電子工學) 명 전자의 운동 현상과 그 응용 기술을 연구하는 공학의 한 분야. 진공관·반도체·자성체 등을 이용하는 산업 기술의 기초가 됨.

전:자-관(電子管) 명 [물] 진공 또는 저압 가스 속의 전자 또는 이온의 운동을 이용하여 정류·증폭·발진 등의 작용을 하게 하는 전자 부품의 총칭. 진공관·방전관·수신관·수상관 등.

전:-자기(電磁氣) 명 [물] 전기적 및 자기적 현상. 맥스웰의 전자기 이론에 의해서 양자는 통일적으로 기술됨. =전자(電磁).

전:자기-력(電磁氣力) 명 자기장(磁氣場) 내에 있는 도체에 전류가 흐를 때, 그 도체가 자기장으로부터 받는 힘. =전자력.

전:자기^유도(電磁氣誘導) 명 [물] 폐쇄된 회로를 관통하는 자기력선속(磁氣力線束)이 시간적으로 변화하면 자기력선속의 변화를 방해하는 방향으로, 그 변화율에 비례한 기전력이 생기는 일. =전자 감응·전자 유도.

전:자기-장(電磁氣場) 명 [물] 전기장(電氣場)과 자기장(磁氣場)의 총칭. 시간적으로 변화하는 전기장과 자기장은 서로 같이 존재하므로 이와 같이 일컬음. =전자계(電磁界) 전자장.

전:자기-파(電磁氣波) 명 [물] 전기장과 자기장의 주기적 변화가 서로 영향을 미쳐 공간을 전파해 가는 파동. 전파·적외선·가시광선·자외선·X선·γ선 등이 있음. =전자파.

전-자동(全自動) 명 기계의 작동에서, 전체적으로 이루어지는 자동. ¶~ 세탁기. ▷반자동.

전:자-두뇌(電子頭腦) [-뇌/-눼] 명 [물] 전자를 이용한 고정밀도의 기계류에서 그것을 조작하는 전자계산기 등의 중추. 계산이나 논리적 판단이 생기는 전자계산기를 뇌에 비유하여 이와 같이 일컬음. =전자뇌.

전:자-레인지(電子range) 명 [물] 마이크로파를 이용하여 식품을 가열하는 조리 기구.

전:자-력(電磁力) 명 =전자기력.

전:자-볼트(電子volt) 명 의존 [물] 에너지 단위의 하나. 전자가 1V의 전위차가 있는 두 점 사이에서 가속되었을 때 얻는 에너지. 기호는 eV.

전:자-봉(電子棒) 명 상대의 몸에 대어 전기 충격을 가하는, 막대 모양의 도구. 방범 또는 호신을 목적으로 사용됨.

전:자^빔(電子beam) 명 [물] 전자의 흐름을 가늘게 죄어 직선 모양으로 한 것. X선관·전자 현미경 등에 이용됨. =전자선(電子線).

전:자^사서함(電子私書函) 명 [통] 이용자가 자기에게 배정된 컴퓨터 내의 우편함에 각종 메시지를 담아 놓고, 상대편이 언제든지 이를 찾아볼 수 있게 해 주는 통신 서비스.

전:자-사전(電子辭典) 명 [컴] 1 시디롬이나 수첩 크기의 전자 기기 등에 디지털 형태로 저장되어 있는 추상적 사전. 또는, 그 시디롬이나 전자 기기. 종래의 인쇄된 종래의 사전을 이것과 구별하여 '종이 사전'이라 부르기도 함. 2 자연 언어 처리에서 컴퓨터 내부의 작업에 이용하는 추상적 사전.

전:자-사진(電子寫眞) 명 셀렌·산화아연 등의 반도체가 광선을 받을 때 전기 저항이 작아지는 성질을 이용하여 화상(畫像)을 얻는 사진법.

전:자^상거래(電子商去來) 명 인터넷이나 피시 통신을 통해 상품을 사고파는 거래.

전:자-석(電磁石) 명 [물] 전류가 흐르면 자기화(磁氣化)되고, 전류를 끊으면 원래의 상태로 돌아가는 일시적 자석. 연철심(軟鐵心)에 코일을 감아 만듦. =전기 자석.

전:자-수첩(電子手帖) 명 수치 연산 외에도 전화번호·주소·스케줄·메모 등의 문자 정보를 입력하는, 수첩 크기의 휴대용 컴퓨터. 최근에는 사전 기능을 첨가한 것도 나오고 있음.

전:자-시계(電子時計) [-계/-게] 명 전자 장치와 수정 발진기 및 액정에 의한 숫자 표시 장치로 시간을 알리는 시계.

전:자^악기(電子樂器) [-끼] 명 [음] 전자 발진(電子發振)에 의한 진동을 음원(音源)으

전:자-오락(電子娛樂) 명 소형 컴퓨터의 모니터나 텔레비전 브라운관 등을 이용하여, 이들 본체에 입력된 프로그램에 따라 정해진 규칙에 의해 하는 놀이의 총칭.

전:자오락-실(電子娛樂室) [-씰] 명 전자오락을 할 수 있도록 시설을 갖춘 영업소.

전:자^오르간(電子organ) 명 [음] 전자 악기의 하나. 파이프 오르간의 음을 전자적으로 합성하여 스피커에서 출력(出力)하는 건반 악기.

전:자-우편(電子郵便) 명 [통] 1 발신인으로부터 받은 통신문을 팩시밀리를 통해 수신인 거주지의 우체국에 송신하여 이것을 속달로 배달하는 우편 방식. 2 =이메일.

전:자^유도(電磁誘導) 명 [물] =전자기 유도.

전:자^음악(電子音樂) 명 [음] 신시사이저 등 전자적 음향 장치를 사용하여 작곡·연주되는 음악.

전:자-책(電子冊) 명 [컴] 인터넷을 통해 피시나 휴대 단말기로 내려받아 책처럼 읽을 수 있게 한 가상공간의 디지털 정보. 또는, 전자 매체에 수록되어 있는 디지털 정보. 종래의 종이 책에 상대하여 만든 말임. =이북.

전:자-총(電子銃) 명 [물] 전자 빔을 만드는 장치. 전자를 방출하는 음극, 전자를 가속시키는 양극이나 제어 격자·전자 렌즈 등으로 구성됨. 브라운관 등에 쓰임.

전:자^출판(電子出版) 명 종이에 인쇄된 책이나 사전 대신 시디롬을 이용한 시디롬(CD-ROM)에 문자와 도형 정보를 기억시켜 독자에게 제공하는 일.

전:자-파(電子波) 명 전자에 대응하는 물질파. 전자 현미경에 이용됨.

전:자-파[2] (電磁波) 명 [물] =전자기파.

전:자^화폐(電子貨幣) [-폐/-페] 명 [컴] 1 일정한 금액을 디지털 형태로 저장했다가 사용할 수 있도록 집적 회로 칩이 내장되어 있는 플라스틱 카드. 카드에 잔액이 없을 때에는 은행이나 충전기가 있는 곳에서 재충전이 가능함. 2 =사이버 머니.

전작[1] (全作) 명 모든 작품.

전작[2] (前作) 명 1 전에 만든 작품. 2 [농] =앞그루.

전작[3] (前酌) 명 딴 술자리에서 이미 마신 술. =전배(前杯). ¶얼굴이 벌건 걸 보니 ~이 있었군.

전장[1] (田莊) 명 자기가 소유하는 논밭. =장토(莊土).

전장[2] (全長) 명 전체의 길이.

전장[3] (典章) 명 한 나라의 제도와 문물. =장전(章典).

전장[4] (前章) 명 문장을 몇 개의 장으로 나눌 때, 어떤 장의 앞에 있는 장. ↔후장(後章).

전장[5] (前場) 명 [경] 증권 거래소에서, 오전에 열리는 거래. ↔후장(後場).

전장[6] (傳掌) 명 전임자가 맡아보던 일이나 물건을 후임자에게 넘겨서 맡기는 것. **전장-하다** 통(타)여.

전:장[7] (電場) 명 [물] =전기장(電氣場).

전:장[8] (戰場) 명 =전쟁터.

전재[1] (全載) 명 (문학 작품이나 논문 등을 신문·잡지 등에) 전량을 다 싣는 것. **전재-하다**[1] 통(타)여 ¶이 교수의 강연 내용을 아래에 **전재합니다**. **전재-되다**[1] 통(자).

전:재[2] (戰災) 명 전쟁으로 인하여 입은 재해.

전:재[3] (轉載) 명 (발표되었던 글을 다른 지면에) 옮겨 싣는 것. ¶무단 ~. **전:재-하다**[2] 통(타)여 ¶학술지에 실렸던 논문을 잡지에 ~. **전:재-되다**[2] 통(자).

전:재-민(戰災民) 명 전쟁으로 재난을 입은 사람.

전:쟁(戰爭) 명 1 나라와 나라 또는 교전 단체가 서로 무기를 사용하여 싸우는 일. =간과(干戈)·군려(軍旅)·병과(兵戈)·병혁·전역(戰役). ¶책 ~ / 영화 / 전면 ~ / ~을 일으키다 [도발하다]. 2 극심한 경쟁이나 혼란을 비유적으로 이르는 말. ¶교통 시 ~. **전:쟁-하다** 통(자)여.

전:쟁-고아(戰爭孤兒) 명 전쟁으로 인하여 어버이를 잃은 아이.

전:쟁-놀이(戰爭-) 명 아이들이 전쟁 흉내를 내며 노는 일. **전:쟁놀이-하다** 통(자)여.

전:쟁-터(戰爭-) 명 전투를 하고 있는 장소. =전장(戰場)·전지(戰地). ¶총알이 빗발치는 ~.

전적[1] (全的) [-쩍] 관,명 하나도 남김없이 모두 다인 (것). ¶~으로 찬성하다 / ~인 책임은 나에게 있다.

전적[2] (前績) 명 이전에 이루어 놓은 업적. ¶이렇다 할 ~이 없다 / ~이 화려하다.

전:적[3] (戰跡·戰迹) 명 전쟁을 한 자취.

전:적[4] (戰績) 명 싸워서 올린 실적. ¶10연승의 ~으로 우승을 차지하다.

전:적[5] (轉籍) 명 (본적 따위를) 다른 곳으로 옮기는 것. ¶~ 신고서. **전:적-하다** 통(자)여. **전:적-되다** 통(자).

전:적-지(戰跡地) [-찌] 명 전적이 남아 있는 지역.

전:전[1] (戰前) 명 전쟁이 일어나기 전. ↔전후.

전:전[2] (輾轉) 명 잠자리에 누워서 이리저리 몸을 뒤척이는 것. **전:전-하다**[1] 통(자)여 ¶잠을 못 이루어 밤새도록 ~.

전:전[3] (轉轉) 명 이리저리 굴러다니거나 옮겨 다니는 것. **전:전-하다**[2] 통(자,타)여 ¶맨단 직으로 이 직장 저 직장을 ~.

전전(前前) 관 I 전번의 그 전번. ¶~ 주일. II 매우 오래전.

전:전긍긍(戰戰兢兢) 명 매우 두려워하여 벌벌 떨며 조심하거나, 아주 난처하여 어쩔 줄 몰라 쩔쩔맴. **준:전:전긍긍-하다** 통(자)여 ¶감독관이 트집이라도 하지 않을까 하여 모두들 **전전긍긍하였다**.

전전-날(前前-) 명 어떤 날의 이틀 전. ¶그 귀국하기 바로 ~ 그 사건이 터졌다.

전전-년(前前年) 명 =재작년. ↔후후년.

전전-달(前前-) [-딸] 명 =지지난달.

전전-번(前前番) 명 =지지난번.

전:전불매(輾轉不寐) 명 누워서 몸을 이리저리 뒤척이며 잠을 이루지 못함. =전전반측. **전:전불매-하다** 통(자)여.

전전-월(前前月) 명 =지지난달.

전:전-파(前前派) 명 1 제1차 세계 대전 이전의 예술 사조의 총칭. 자연주의·사실주의·인상주의 따위. 2 제2차 세계 대전 이후 전후파(戰後派)에 비하여 고풍적(古風的)이고 비민주적이며, 시대에 뒤진 사상이나 생활 태도 등을 이르던 말. =아방게르. ↔전후파.

전정[1] (田政) 명 [역] 삼정(三政)의 하나. 토지에 부과된 모든 조세를 일괄하여 거두던 수취(收取) 제도.

전정[2] (前情) 명 =옛정.

전정³(前程)[명] =앞길¹. ¶바다처럼 양양한 ~을 포기하고 인생의 꽃봉오리로 생의 막을 담어 버린 K군….《정비석:색지 풍경》
[전정이 구만 리 같다] 나이가 젊어서 뜻을 이룰 시간적 여유가 많다.
전:정⁴(剪定)[명][농] 과실의 발육과 결실을 좋게 하고 나무 모양을 바로잡아 보기 좋게 하기 위하여 가지를 잘라 다듬는 일. **전:정-하다**[동][타]

전:정-가위(剪定-)[명] 전정할 때 사용하는 가위. =전지가위.
전정^기관(前庭器官)[명][생] 내이(內耳)의 일부로서, 몸의 운동 감각과 위치 감각을 중추에 전하는 기관.
전제¹(田制)[명] 논밭에 관한 제도.
전제²(前提)[명] 1 어떠한 사물이나 현상을 이루기 위하여 먼저 내세우는 것. ¶~ 조건. 2 [논] 추리를 할 경우, 결론의 기초가 되는 판단. 삼단 논법에서는 대전제와 소전제가 있음. **전제-하다¹**[동][타] **전제-되다**[자]
전제³(專制)[명] 국가의 권력을 개인이 장악하고 개인의 의사에 의하여 모든 일을 처리하기. ↔공화. **전제-하다²**[동][타]
전제-국(專制國)[명][정] 전제 정치를 하는 나라. ▷공화국.
전제^군주(專制君主)[명] 전제 정치를 하는 군주.
전제-적¹(前提的)[관] 어떠한 상태나 판단의 전제가 되는 (것).
전제-적²(專制的)[관] 혼자의 의사대로 모든 일을 처리하는 (것). ¶~ 정권.
전제^정치(專制政治)[명][정] 국가의 권력이 특정한 지배자에게 집중되어 자의적(恣意的)으로 실시되는 정치. ↔민주 정치.
전제-주의(專制主義)[-의/-이][명][정] 국가의 권력을 개인이 장악하고 마음대로 그 권력을 행사하는 주의. ↔민주주의.
전조¹(前兆)[명] 어떤 일이 일어나기 전에 그것을 미리 암시해 주거나 짐작하게 해 주는 일이나 상황. 비조짐·징조. ¶사태가 악화될 ~
전조²(前朝)[명] 전대의 왕조. =선조·승국(勝國).
전조-등(前照燈)[명] 자동차를 비롯한 탈것의 전면에 앞을 비추기 위해 단 등. =전등(前燈)·헤드라이트·라이트. ↔미등(尾燈).
전:족(纏足)[명] 지난날 중국에서, 여자의 엄지발가락 이외의 발가락을 어릴 때부터 발바닥 방향으로 접어 넣듯 힘껏 묶어 헝겊으로 동여매고 자라지 못하게 하던 풍습. 또는, 그렇게 한 발. 작은 발이 미인의 조건이라 하여 남송(南宋) 무렵부터 유행함.
전:종(電鐘)[명] 전류를 이용하여 종을 때려 소리가 나게 하는 장치. 초인종이나 전화기 등에 이용됨. =전령(電鈴).
전죄(前罪)[명][-죄/-쮀] 전에 지은 죄. 비전비(前非).
전주(田主)[명] 논밭의 임자.
전주(前主)[명] 1 전의 군주(君主). 비선주(先主). 2 전의 주인.
전주(前奏)[명][음] 1 성악이나 기악 독주의 반주 첫머리. 2 오페라 따위에서, 막을 열기 전에 하는 연주. ▷서주(序奏).
전주⁴(前週)[-쭈][명] =지난주.
전:주⁵(電柱)[명] =전봇대1.
전:주⁶(箋註)[명] 본문의 뜻을 설명한 주석.
전:주⁷(錢主)[명] 1 밑천을 대 주는 사람. 2 빚을 준 사람.
전:주⁸(轉注)[명] 육서(六書)의 하나. 이미 있는 한자의 뜻을 확대·발전시켜 다른 뜻으로 쓰는 것으로, 경우에 따라서는 음이 바뀌기도 함. 가령, 풍류 '악(樂)'이 즐거울 '락', 좋아할 '요' 자로도 쓰이는 따위.

전주-곡(前奏曲)[명] 1 [음] 15~16세기 대위법 양식의 성악곡에서, 건반 악기용으로 만들어진 자유로운 양식의 소품. 2 [음] 17세기 후반부터 헨델·바흐 등의 모음곡에서 푸가·토카타 등과 조합시킨 도입부의 곡. =프렐류드. 3 [음] 19세기 이후의 오페라에서 막이 오르기 전에 연주되는 곡. 4 비유적으로 어떤 일이 본격화하기 전에 그 암시가 되는 일. ¶그와의 해후는 다가올 불행의 ~이었다.
전주르다[동][자]〈전주르니, 전줄러〉어떤 행동이나 말을 힘을 더하거나 더 효과적으로 하기 위해 도중에 잠시 쉬거나 멈추다. ¶…다른 두령들이 여러 차례에 **전출러서** 떠나는 내행을 배행들 하느라고 잠시는 청석골을 비다시피 하였다.《홍명희:임꺽정》
전중이[명] 징역살이하는 사람을 속되게 이르는 말.
전:중-파(戰中派)[명] 제2차 세계 대전 중에 청년 시절을 보낸 세대. 전전파(戰前派)·전후파(戰後派)에 대하여 생긴 말임.
전지¹[명] 1 어린아이에게 억지로 약을 먹일 때, 위아래 턱을 벌려 입에 물리는 물건. 두 갈래 진 나무 막대기로 만듦. 2 '전짓대'의 준말.
전지²(田地)[명] =논밭.
전지³(全知)[명] 신불(神佛)이 그 지닌 바의 능력으로 모든 것을 다 아는 것.
전지⁴(全紙)[명] 자르지 않은 온 장의 종이. 편신문지의 배의 크기임.
전:지⁵(剪枝·翦枝)[명] =가지치기. **전:지-하다**[동][타]
전지⁶(傳旨)[명][역] 왕이 승정원의 승지를 통하여 신하에게 내리는 명령서. =유지(有旨).
전:지⁷(電池)[명] 화학 반응·방사선·온도차·빛 등으로 전극 간에 전위차가 생기게 하여 전기 에너지를 발생시키는 장치.
전:지⁸(戰地)[명] =전쟁터.
전:지⁹(轉地)[명] 요양이나 훈련 등을 목적으로 그에 알맞은 환경이 있는 곳으로 거처를 옮기는 것. ¶~ 요양. **전:지-하다**[동][자]
전지-전능(全知全能)→**전지전능-하다**[형][여] (어떤 존재, 특히 신이) 모든 것을 다 알고 행하지 못하는 일이 없다. ¶**전지전능하신** 하나님 아버지시여!
전:지-훈련(轉地訓鍊)[-훌-][명] 신체의 적응력을 개발·향상시키기 위하여 환경 조건이 다른 곳으로 옮겨 가서 하는 훈련.
전직¹(前職)[명] 전에 가졌던 직업 또는 직책. ¶~ 교사[경찰].
전:직²(轉職)[명] 직무나 직업을 바꾸어 옮기는 것. 비이직(移職). **전:직-하다**[동][자] ¶교사에서 은행원으로~. **전:직-되다**[동][자]
전진¹(前陣)[명] 여러 진 가운데 앞에 친 진. ↔후진(後陣).
전진²(前秦)[명][역] 중국의 오호 십육국의 하나(351~394). 저족(氐族)의 부건(苻健)이 세워, 한때 화북(華北)을 통일하여 위세를 떨쳤으나, 후진(後秦)의 요흥(姚興)에게 망함.

전진³(前進) 圀 앞으로 나아가는 것. ¶중단 없는 ~ / 일보 ~. ↔후퇴. **전진-하다**¹ 圄 困에

전:진⁴(戰陣) 圀 전투를 하려고 벌여 친 진영.

전:진⁵(戰塵) 圀 1 싸움터의 먼지나 티끌. 2 싸움터의 소란.

전:진⁶(轉進) 圀 1 군대가 주둔하던 곳을 떠나 다른 곳으로 옮기는 것. 2 이리저리 굴러 차차 앞으로 나아가는 것. **전:진-하다**² 困에

전질(全帙) 圀 한 질로 된 책의 전부.

전집(全集) 圀 한 사람 또는 같은 시대나 같은 종류의 다수의 저작(著作)을 한데 모아 여러 권 또는 수십 권으로 출판한 책. ¶이광수 ~ / 세계 문학 ~. ▷단행본.

전짓-대[-지때/-짇때] 圀 감을 따는 데 쓰는, 끝이 두 갈래 진 막대. (준)전지.

전:짓-불(電池-)[-지뿔/-짇뿔] 圀 회중전등에서 나오는 불빛.

전차¹(前借) 圀 일을 해 주기로 하고 앞당겨서 빚으로 쓰는 것. **전차-하다**¹ 困他에

전:차²(電車) 圀 공중에 설치한 전선으로부터 전력을 공급받아 지상에 설치된 궤도 위를 다니는 차. 우리나라에서는 1898년에 처음 등장했다가 1969년에 모두 철거됨.

전:차³(戰車) 圀 1 =병거(兵車)¹. 2 (군) 포·기관총 등 강력한 화력(火力)을 갖춘 무한 궤도의 장갑차. 제1차 세계 대전 때 처음 출현함. =탱크. ¶~ 부대 / 수륙 양용 ~.

전:차⁴(轉借) 圀 남이 빌려 온 것을 다시 빌리는 것. ↔전대(轉貸). **전:차-하다**² 困他에

전:착(電着) 圀(물) 전기 분해에 의하여 전극에 석출(析出)된 전해질이 그 표면에 들러붙는 일. 전기 도금이나 전기 주조가 그 예임. ¶~ 도장(塗裝). **전:착-하다** 困에

전:착-제(展着劑)[-쩨] 圀 농약이 작물이나 해충의 몸 표면에 잘 달라붙어 그 효과를 발휘하도록 살포액에 섞는 약제. 카세인·송진 따위.

전:찻-길(電車-)[-차낄/-찯낄] 圀 전차가 다니는 길.

전채¹(前菜) 圀 =오르되브르.

전:채²(戰債) 圀 전비(戰費)를 마련하기 위하여 발행하는 국채.

전처(前妻) 圀 재혼하기 전의 아내. =전부(前婦)·전취(前娶). ↔후처.

전-천후(全天候) 圀 (주로, 관형어적으로 쓰여) 어떤 일을 행하거나 어떤 대상을 이용하는 것이 어떠한 기상 조건에서도 가능한 상태. ¶~ 농업 / ~ 폭격기.

전천후-기(全天候機) 圀 밤이나 일기불순 (日氣不順)으로 시계(視界)가 흐릴 때에도 활동할 수 있는, 레이더를 갖춘 비행기.

전철(前轍) 圀 ['앞에 지나간 수레바퀴의 자국'이라는 뜻] 이전 사람의 그릇된 일이나 행동의 자취를 이르는 말.
　전철을 밟다 囝 이전 사람의 잘못을 되풀이하다. ¶너는 실패를 거듭했던 네 형의 **전철**을 **밟아서는** 안 된다.

전:철²(電鐵) 圀 전기를 동력으로 하여 궤도 위의 차량을 운전하는 철도. =전기 철도.

전:철-기(轉轍機) 圀 철도에서 차량을 다른 선로로 옮기기 위해 선로가 갈리는 곳에 설치한 장치. =포인트.

전:철-역(電鐵驛)[-력] 圀 전기 철도 노선의 역.

전체(全體) 圀 대상의 형태나 내용을 이루는 것의 모두. (ㅂ)전부. ¶~ 학생의 의견 / 홍수로 마을 ~가 물에 잠기다 / 독이 몸 ~에 퍼지다. ↔부분.

전체-성(全體性)[-쌩] 圀 여러 사물들의 전체가 하나의 특별한 체계를 이루고 있는 성질.

전체^압력(全體壓力)[-냐력] 圀 (물) 2종 이상의 기체가 혼합에 있을 때의 혼합 기체 전체의 압력. 성분 기체가 갖는 부분 압력의 합이 전체 압력이 됨. =전압(全壓)·전압력.

전체-적(全體的) 圀 전체에 관계되는 (것). ¶~ 분위기 / 이 글은 ~으로 통일성이 결여되어 있다. ↔부분적.

전체-주의(全體主義)[-의/-이] 圀 개인의 행복과 자유보다 국가와 같은 집단의 이익과 목적을 우선적으로 실현해야 한다고 주장하는 사상. 전체의 목적을 위해 국가의 권력을 무한정 확대함으로써 개인의 자유와 권리를 억압하고 희생하는 결과를 가져왔음. 나치즘·파시즘이 대표적인 예임. ¶~ 국가. ↔개인주의.

전체^집합(全體集合)[-지팝] 圀(수) 부분 집합에 대하여, 부분집합의 원소 전체로 이루어지는 집합. ↔부분 집합.

전초¹(全草) 圀 꽃·잎·줄기·뿌리 등을 모두 갖춘 풀의 포기.

전초²(前哨) 圀 (군) 군대가 주둔할 때, 적을 경계하기 위하여 가장 앞쪽에 배치하는 부대. 또는, 그 임무. ¶~ 부대.

전초-전(前哨戰) 圀 1 전초가 하는 작은 규모의 전투. 2 본격적인 전쟁·경기 등이 시작되기 전의 작은 전투나 경기. ¶타이틀 매치를 앞두고 ~을 벌이다.

전:축(電蓄) 圀 레코드에서 받는 바늘의 기계적 진동을 진동 전류로 바꾸어, 이것을 중폭하여 확성기를 통해 원음(原音)을 재생시키는 장치.

전:출(轉出) 圀 1 다른 근무지로 옮겨 가는 것. 2 다른 곳으로 이주하여 가는 것. ¶~ 신고. ↔전입(轉入). **전:출-하다** 困에 **전:출-되다** 困 지사(支社)가 ~.

전취¹(前娶) 圀 =전처(前妻). ↔후취(後娶).

전:취²(戰取) 圀 싸워서 목적한 바를 얻는 것. **전:취-하다** 圄他에 **전:취-되다** 圄困

전:치¹(全治) 圀 (상처나 부상 따위를) 치료하여 완전히 고치는 것. (ㅂ)완치(完治). ¶~ 4주의 부상. **전치-하다**¹ 圄他에 **전치-되다** 困

전:치²(轉置) 圀 딴 곳으로 옮겨 놓는 것. **전:치-하다**² 圄他에

전치-사(前置詞) 圀 (언) 인도·유럽 어 문법의 품사의 하나. 영어의 'in', 'on', 프랑스어의 'à', 'de', 독일어의 'auf', 'mit'처럼 명사·대명사 앞에 놓여 다른 품사와의 관계를 나타냄.

전칭(全稱) 圀 (논) 명제 중에서 주사(主辭)가 가리키는 외연 전체의 범주에 걸치는 말. 전칭 긍정과 전칭 부정의 두 가지가 있음. '모든 사람은 죽는다'에서 '모든' 따위. ↔특칭 (特稱).

전칭^긍정^명제(全稱肯定命題) 圀(논) 전칭 긍정 판단을 명제로 나타낸 것.

전칭^긍정^판단(全稱肯定判斷) 圀(논) 주사(主辭)의 모든 범위에 걸쳐서 긍정하는 판단. '모든 갑은 을이 된다' 따위.

전칭^명제(全稱命題) 圀(논) 전칭 판단을 명제로 나타낸 것.

전칭^부!정^명!제(全稱否定命題) 명[논] 전칭 부정 판단을 명제로 나타낸 것.

전칭^부!정^판단(全稱否定判斷) 명[논] 주사(主辭)의 모든 범위에 걸쳐 부정하는 판단. '모든 값은 이 되지 않는다' 따위.

전칭^판단(全稱判斷) 명[논] 주사(主辭)의 모든 범위에 걸쳐 긍정 또는 부정하는 판단. '모든 S는 P이다' 따위.

전탑(塼塔) 명 벽돌로 쌓은 탑. =모전탑(模塼塔).

전토¹(田土) 명 =논밭.

전토²(全土) 명 국토 전체.

전통¹(傳統) 명 어떤 집단이나 공동체에 예로부터 이어져 내려오는, 관습·양식(樣式)·의식(意識)·태도 등의 일정한 계통이나 흐름. ¶~을 계승하다 / 역사와 ~을 자랑하는 명문 고등학교.

전통² 명 '전동(箭筒)²'의 잘못.

전통-문화(傳統文化) 명 그 나라에서 발생하여 전통적으로 전해 내려오는 그 나라 고유의 문화. ¶~를 계승하다.

전통-미(傳統美) 명 전통적으로 전해 내려오는 미. 또는, 전통적인 대상물에서 느낄 수 있는 미.

전통-적(傳統的) 관명 전통으로 되는 (것). ¶~ 가옥 구조 / 한국의 ~ 여인상.

전통-주의(傳統主義) [-의/-이] 명 전통을 존중하고 지키려는 보수적인 경향.

전!투(戰鬪) 명 적과 직접 맞서서 무기로 싸우는 것. ¶치열한 ~ / 준비 / ~를 개시하다 [중지하다]. **전!투-하다** 통(자)여

전!투^경!찰(戰鬪警察) 명 서울특별시장·광역시장·도지사·해양 경찰대장 들에 딸려 대간첩 작전 및 경비 임무 따위를 수행하는 경찰. (준)전경.

전!투-기(戰鬪機) 명[군] 군용기의 하나. 적의 비행기를 공격하고 자기편의 대형기를 호위하는 임무를 맡은 무장한 비행기.

전!투-력(戰鬪力) 명 전투를 할 수 있는 힘. ¶~을 증강시키다.

전!투-복(戰鬪服) 명[군] 전투를 할 때 입는 옷.

전!투-원(戰鬪員) 명[군] 정규군에 속하여 무기를 들고 전투에 직접 참가하는 사람. ↔비전투원.

전!투^폭!격기(戰鬪爆擊機) [-격끼] 명[군] 폭격과 공중전을 함께 할 수 있는 비행기. (준)전폭기.

전!투-함(戰鬪艦) 명[군] 전투에 사용할 용도로 제작한 군용 선박의 총칭.

전!파¹(全破) 명 전부 파괴하거나 파괴되는 것. **전!파-하다**¹ 통(타)여 **전!파-되다**¹ 통(자)여

전!파²(電波) 명[물] 적외선 이상의 파장을 가지는 전자기파. 특히, 전기 통신에 쓰이는 것을 가리킴. =전기파.

전파³(傳播) 명 1 널리 전하여 퍼뜨리는 것. =전포(傳布). 2 [물] 파동(波動)이 매질(媒質) 속을 퍼져 가는 것. **전파-하다**² 통(타)여 ¶복음을 ~. **전파-되다**² 통(자)여 ¶선진국으로부터 외래문화가 ~.

전!파^망!원경(電波望遠鏡) 명[물] 천체로부터 오는 전파를 수신, 증폭하여 관측하는 장치.

전!파^방해(電波妨害) 명[물] 무선 전신에서, 수신 측이 전파를 바로 받지 못하게 여러 가지 전기적 영향으로 방해하는 일. =방전(妨電).

전!파^별(電波-) 명[천] 우주에 점 모양으로 흩어져 전파를 내고 있는 천체. 은하계 안의 가스상 성운, 은하계 외의 준성(準星) 등이 있음. =라디오 별.

전!파-사(電波社) 명 라디오·텔레비전 따위 전자기파(電磁氣波)를 이용한 전자 기기를 주로 취급하는 가게.

전!파^탐지기(電波探知機) 명 =레이더.

전판(全-) 명부 음식이 상하여 못 먹게 되었다. / "…얼굴에 검기가 낀 것이 불길해 보입니다."(홍명희:임꺽정)

전패¹(全敗) 명 전투·경기 등에서, 싸울 때마다 모두 지는 것. ¶5전 ~. ↔전승(全勝). **전패-하다** 통(자)여

전!패²(戰敗) 명 =패전(敗戰). ↔전승. **전!패-하다**² 통(자)여

전편¹(全篇) 명 글이나 영화 따위의 한 편의 전체. ¶이 소설은 ~에 걸쳐 사랑의 진실과 아픔을 감동적으로 보여 주고 있다.

전편²(前篇) 명 1 책(특히, 소설책)이 두 권 또는 세 권으로 나뉘거나 내용적으로 둘 내지 셋으로 나누어져 있을 때, 맨 첫째에 해당하는 책이나 부분. (비)상권. ▷중편·후편. 2 줄거리나 등장인물이나 기법 등을 비슷하게 하여 연속물로 만든 소설이나 영화나 드라마에 대해, 그 바탕이 된 먼젓번의 소설이나 영화나 드라마. ↔속편.

전폐¹(全閉) [-페/-폐] 명 모두 닫는 것. 또는, 완전히 닫는 것. **전폐-하다**¹ 통(타)여

전폐²(全廢) [-페/-폐] 명 아주 그만두거나 없애는 것. **전폐-하다**² 통(타)여 ¶식음(食飮)을 ~. **전폐-되다** 통(자)

전폭(全幅) 명 1 =온폭. 2 일정한 범위의 전부. ¶~ 수용 / ~ 지원하다.

전!폭-기(戰爆機) [-끼] 명[군] '전투 폭격기'의 준말.

전폭-적(全幅的) [-쩍] 관명 전체에 걸쳐 남김없이 완전한 (것). ¶~ 신뢰 / 국민의 ~인 지지를 얻다.

전표¹(傳票) 명 은행·회사·상점 등에서 금전의 출납이나 거래 내용 따위를 간단히 적은 쪽지. ¶입금 [지불] ~ / ~를 끊다.

전!표²(錢票) 명 가지고 오는 사람에게 적힌 액수만큼의 돈을 주도록 되어 있는 쪽지. 흔히, 공사장에서 근로자에게 현금 대신 줌. (비)돈표.

전!하¹(殿下) 명 왕·왕비·상왕·대비 등에 대한 존칭.

전!하²(電荷) 명[물] 물체가 띠고 있는 정전기(靜電氣)의 양. 이것이 이동하는 현상이 전류임. =하전(荷電).

전-하다(傳-) 통(여) [1](타) 1 (소식이나 물건을) 옮겨 주다. ¶소식을 ~ / 어르신께 꼭 안부 **전하게**. 2 (다음 세상이나 뒷사람에게) 남기어 물려주다. ¶문화유산을 후대에 ~. [2](자) 후대에 또는 당대에 이어지거나 남겨지다. ¶**전해** 내려오는 풍습.

전!학(轉學) 명 다른 학교로 학적을 옮기는 것. =전교(轉校). / ~생(生). **전!학-하다** 통(자)여 ¶아버지의 근무지를 따라 ~.

전한(前漢) 명[역] 중국 왕조의 하나(202 B.C.~A.D. 8). 진(秦)나라의 붕괴 후 유방(劉邦)이 세운 나라. 왕망(王莽)에게 찬탈당하여 망함. =서한(西漢).

전할(全割) 명[생] 동물의 수정란 전체가 완전히 할구(割球)로 나뉘는 난할. 성게류·포

유류의 등황란이나, 양서류의 단황란 등에서 볼 수 있음. ↔부분할.

전:함(戰艦) 명 1 [군] 강대한 화력과 견고한 방어력으로 함대의 주력(主力)이 되는 군함. 2 전쟁에 쓰이는 배. (비)병선(兵船).

전항(前項) 명 1 앞에 적혀 있는 사항. 2 [수] 둘 이상의 항 중에서 앞의 항. ↔후항(後項).

전-해(前-) 명 1 =지난해. 2 어떤 해의 바로 그 앞의 해.

전:해²(電解) 명 [화] '전기 분해'의 준말. **전:해-하다** 통(자)(타)여 **전:해-되다** 통(자)

전:해^구리(電解-) 명 [화] 전해 정련으로 얻은 구리. 순도는 99.9% 이상이며, 전도율이 금. =전기동(電氣銅)·전해동.

전:해-질(電解質) 명 [물] 물 등의 용매에 녹아, 이온화하여 음양의 이온이 생기는 물질. 전도성을 띠며, 전기 분해가 가능함. =전해물. ↔비전해질.

전행(專行) 명 오로지 혼자서 결단하여 행하는 것. =전천·천행(擅行). **전행-하다** 통(타)여

전향(轉向) 명 1 방향을 바꾸는 것. 2 정신적 신념이나 경향·처지 따위를 다른 방향으로 바꾸는 것. 특히, 사회주의·공산주의자가 본래의 입장을 포기하고 다른 입장으로 전환하는 것. ¶~ 작가. **전:향-하다** 통(자)(여) ¶좌익에서 우익으로. **전:향-되다** 통(자)

전향-적(前向的) 관명 어떤 대상에 대한 태도가 긍정적인 (것). 순화어는 '적극적', '진취적'.

전혀¹(全-) 부 주로, 부정적인 뜻을 가진 말을 꾸며, '아무리 해야 도무지', '절대로' 등의 뜻을 나타내는 말. (비)전연. ¶~ 모르겠다 / ~ 뜻밖의 사태 / ~ 기억이 나지 않는다.

전혀²(專-) 부 다른 게 아니고 오로지. ¶그가 재기에 성공한 것은 ~ 아내의 힘이었다.

전형¹(全形) 명 1 사물 전체의 모양. 2 완전한 형체.

전:형²(典刑) 명 1 일정불변의 법. 2 고래(古來)의 법. 3 형벌을 관장(管掌)함.

전:형³(典型) 명 1 기준이 되는 형. 2 같은 부류의 특징을 가장 잘 나타내고 있는 본보기. ¶소설을 통하여 고뇌하는 지식인의 ~을 그리다 / 돈 후안은 호색한의 ~이다. 3 예술 이론에서, 그것의 본질·특징을 가장 잘 구현하고 있는 형상.

전형⁴(銓衡) 명 인물의 됨됨이·재능 따위를 가리어 뽑는 것. =선고(選考). ¶~ 위원 / 서류 ~. **전:형-하다** 통(타)여

전:형-적(典型的) 관명 전형에 해당하는 (것). ¶~ 한국인 / ~인 가을 날씨.

전호(佃戶) 명 [역] 지주의 땅을 빌려 농사를 짓고 소작료를 치르던 농민. 서양 중세의 농노와 성격이 비슷함. =전부(佃夫).

전호(前號) 명 신문·잡지 따위의 앞의 호수(號數).

전:화¹(電化) 명 열·빛·동력 따위를 전력을 써서 얻도록 하는 것. **전:화-하다¹** 통(자)(타)여 **전:화-되다¹** 통(자)

전:화²(電話) 명 1 음성이나 소리를 전기 신호로 바꾸어 먼 곳까지 보내는 통신 장치. ¶공중 ~ / 무선 ~ / ~를 가설하다. 2 전화를 이용하여 말을 보내고 받고 하는 것. 통화 횟수의 단위는 통. ¶장거리 ~ / ~를 걸다[받다] / ~를 끊다. **전:화-하다²** 통(자)여 (사람이 다른 사람과, 또는 다른 사람에게) 전화기를 이용하여 말을 보내고 받고 하다. ¶친구에게 ~.

전:화³(戰火) 명 =병화(兵火)¹.

전:화⁴(戰禍) 명 전쟁으로 말미암은 재화(災禍). =병화(兵禍).

전:화⁵(轉化) 명 질적으로 바뀌어서 달리 되는 것. 또는, 달리 되게 하는 것. **전:화-하다³** 통(자)(타)여 **전:화-되다²** 통(자)

전:화^교환원(電話交換員) 명 전화 교환의 일을 하는 사람. =교환·교환원.

전:화-국(電話局) 명 신규 가입자들의 전화 가입 신청을 접수하거나 전화를 가설·교환하여 주는 등의 일을 맡아보는 기관.

전:화-기(電話機) 명 말소리를 전파나 전류로 바꾸었다가 다시 말소리로 환원시켜 공간적으로 떨어져 있는 사람이 서로 이야기할 수 있게 만든 기계. ¶다이얼 ~ / 자석식 ~.

전:화-당(轉化糖) 명 [화] 수크로오스를 산(酸) 또는 전화 효소(轉化酵素)에 의해 가수 분해 하여 얻은, 포도당과 과당의 혼합물. 과자·식품에 쓰임.

전:화-료(電話料) 명 전화 사용의 대가로 내는 돈.

전:화-박스(電話box) 명 공중전화를 설치하여 놓은, 상자 모양의 구조물.

전:화-방(電話房) 명 전화가 설치되어 있는 밀실에서 이성의 상대와 전화 대화를 나눌 수 있게 주선해 주고 수수료를 받는 업소. =휴게방.

전:화-번호(電話番號) 명 가입된 전화마다 매겨져 있는 고유 번호.

전:화번호-부(電話番號簿) 명 전화 가입자의 전화번호를 성명·상호·주소 등과 함께 적어 놓은 책.

전:화-벨(電話bell) 명 전화가 걸려 올 때 소리가 나도록 전화기에 설치한 장치. ¶~이 울린다.

전:화-선(電話線) 명 유선 전화기에 전류를 보내어 통화(通話)가 되게 하는 전선. ¶~을 지하에 매설하다 / ~을 끊다.

전:화위복(轉禍爲福) 명 재앙이 바뀌어 도리어 좋은 일이 생김. **전:화위복-하다** 통(자)여

전:화-질(電話-) 명 전화하는 짓. 그 행동을 얕잡거나 못마땅하게 보아 이르는 말임. ¶꼭두새벽부터 웬 ~이야? **전:화질-하다** 통(자)여

전:화-통(電話筒) 명 '전화기(電話機)'를 속되게 이르는 말.

전:환(轉換) 명 (방식·정책·자세·기분·생각·내용·성질 등을) 다른 것으로 바꾸는 것. ¶성(性) ~ / 정책 ~ / 발상의 ~. **전:환-하다** 통(자)(타)여 ¶자세를 흑자로 ~ / 생각을 180도 ~ / 기분을 **전환하러** 교외로 나간다. **전:환-되다** 통(자) ¶증기 기관의 발명으로 수공업이 ~기 공업으로 **전환되었다**.

전:환-국(典圜局) 명 [역] 조선 고종 20년(1883)에 설치하여 근대 화폐의 주조를 맡았던 관아.

전:환-기(轉換期) 명 전환하는 시기. ¶컴퓨터의 발달로 산업의 일대 ~를 맞다.

전:환-기(轉換器) 명 [물] 전기 회로나 전자 기 회로의 전류 방향을 바꾸는 장치.

전:환^사채(轉換社債) 명 [경] 일정한 조건 아래 발행 회사의 보통주로 전환할 수 있는 선택권이 부여된 사채.

전:환-점(轉換點) [-쩜] 명 어떤 시기나 상태로부터 다른 시기나 상태로 바뀌는 계기

나 시점. ¶역사의 ~ / 그 일이 내 인생의 ~이 되었다.

전ː환^주식(轉換株式) 명 [경] 권리 내용이 다른 종류의 주식을 발행하는 경우, 주주의 희망에 따라서 일정한 조건하에 다른 주식으로 바꿀 수 있는 권리가 인정되는 주식.

전ː황(戰況) 명 전투가 진행되는 상황. =전상(戰狀). ¶~을 보고하다 / ~이 날로 불리해지다.

전ː황(錢荒) 명 돈이 잘 융통되지 않아 귀한 상태. **전ː황-하다** 형여

전회¹(前回) [-회/-훼] 명 =지난번. ¶~까지의 줄거리.

전ː회²(轉回) [-회/-훼] 명 1 =회전¹. 2 [음] =자리바꿈³. **전ː회-하다** 동자여

전횡(專橫) [-횡/-휑] 명 권력을 혼자 쥐고 제 마음대로 하는 것. **전횡-하다** 동자여

전후¹(前後) 명 1 =앞뒤. ¶~를 살피다. 2 일의 먼저와 나중. 곧, 일의 경위. 비선후(先後). ¶일을 그르치게 된 ~의 사정을 자세히 말하다. 3 어떤 수치에서 약간 모자라거나 벗어나는 것. 곧, 그 수치에 거의 가까움을 이르는 말. ¶30세 ~의 여자 / 1980년대 ~의 문단.

전ː후²(戰後) 명 전쟁이 끝난 뒤. ¶~ 세대 / ~의 국제 정세. ↔전전(戰前).

전-후방(前後方) 명 전방과 후방. 곧, 전선의 제일선과 뒤에서 전투를 지원하는 지역의 총칭.

전후좌우(前後左右) 명 앞쪽·뒤쪽과 왼쪽·오른쪽. 곧, 사방(四方). ¶~를 둘러보다.

전ː후-파(戰後派) 명 1 제1차 세계 대전 뒤, 프랑스를 중심으로 하여 일어난 새로운 예술 사조. 또는, 그 사조를 따르는 사람들. 2 제2차 세계 대전 뒤의 허무적·퇴폐적인 경향. 또는, 그런 경향의 사람들. =아프레게르. ↔전전파.

전후-하다(前後-) 동자여 1 (두 가지 이상의 행동이나 일이) 시간적으로 앞뒤를 헤아리기 어려울 만큼 거의 잇달아 일어나다. ¶전보와 소포가 **전후하여** 도착했다. 2 (타여) 일정한 때나 수치를 경계로 하여 그 안팎을 이루다. ¶개교기념일을 **전후하여** 여러 가지 행사가 벌어졌다.

전흉-선(前胸腺) 명동 곤충의 앞가슴부에 있는 내분비 기관. 탈피하거나 번데기로 변태하는 데 필요한 호르몬을 분비함. =앞가슴샘.

전희(前戲) [-히] 명 성행위에서, 삽입에 이르기 전에 준비 단계로서 상대의 몸을 만지거나 성감대를 애무하는 일. ▷후희.

절¹ 명 승려가 거처하면서 불도를 닦는, 불상을 모셔 둔 곳. 또는, 그 건물. =범찰(梵刹)·불가(佛家)·불사(佛寺)·불사(佛舍)·불찰·사문·선궁·승사(僧舍)·정사(精舍). 비사원(寺院).
[**절에 가면 중노릇 하고 싶다**] 남이 하는 일이 좋아 보인다고 무조건 따르려고 한다.
[**절에 가서 젓국 달라 한다**] ㉠있을 수 없는 데 가서 엉뚱하게 찾는다. ㉡엉뚱한 짓을 한다. [**절에 간 색시**] 남이 하라는 대로만 따라 하는 사람을 이르는 말.

절² 명 사람이 다른 사람에게 공경의 뜻을 나타내기 위해, 선 자세에서 머리를 숙이고 허리를 구부리거나, 무릎을 꿇거나 앉은 자세에서 등을 굽혀 머리를 조아리는 일.

절³ '저를'이 준 말. ¶~ 보아서라도 참으십

시오.

절⁴(節) 명 1 [자립] 1 [언] 주어와 술어를 갖추었으나 독립하여 쓰이지 못하고 다른 문장의 한 성분으로 쓰이는 단위. 가령, "내가 잘 만드는 요리는 낙지볶음이다."에서 '내가 잘 만드는'이 그것임. 종류에 따라 명사절·서술절·관형절·부사절 등으로 구분됨. =마디. 2 시가·문장·음곡(音曲)의 작은 단락. 3 '절개(節槪)²'의 준말. 4 [민] 풍수지리설에서, 용맥(龍脈)을 이루고 있는 여러 산등성이. 5 [경] 예산 편성에서, 가장 아래 구분의 명목(名目). 2 [의존] 글의 작은 도막을 세는 말. ¶창세기 1장 1~ 같은 곡조의 노래에 둘 이상의 가사를 붙일 때, 그 가사를 세는 단위. ¶애국가 제1~.

-절⁵(節) 접미 1 '명절'의 뜻. ¶개천~ / 광복~ / 삼일~ / 단오~. 2 '절기'의 뜻. ¶하지~.

절가¹(絕家) 명 자손이 끊어져 상속자가 없는 것. 또는, 그 집. **절가-하다** 동자여

절가²(絕佳) → **절가-하다**² 형여 1 더없이 훌륭하고 좋다. 2 뛰어나게 아리땁다.

절-간(-間) [-깐] 명 '절'을 속되게 이르는 말. ¶집이 조용하여 마치 ~ 같다.

절감¹(切感) 명 (어떤 일이나 사실을) 아주 깊이 느끼는 것. 비통감(痛感). **절감-하다** 동타여 ¶병을 앓고 나서야 건강의 소중함을 **절감하였다**.

절감²(節減) 명 (어떤 일에 쓰는 물건이나 돈을) 아껴 줄이는 것. ¶경비 ~. **절감-하다** 동타여 ¶연료를 ~. → **절감-되다** 동자

절개¹(切開) 명 (몸의 일부를) 수술하거나 치료하기 위해 날카로운 도구로 째어서 가르는 것. ¶~ 수술 / 제왕 ~. **절개-하다** 동타여 ¶환부를 ~.

절개²(節槪·節介) 명 1 신념·신의 따위를 굽히거나 변하지 않는 성실한 태도. ¶~를 지키다. 2 특히, 지조와 정조를 깨끗하게 지키는 여자의 품성. ¶~가 굳다. ㉰절(節).

절개-지(切開地) 명 산의 일부를 잘라 내어 절단면이 가파르게 되어 있는 땅.

절거덕 부 1 크고 단단한 물체가 맞부딪쳐 나는 소리. 2 끈기 있는 물체가 세차게 들러붙는 소리. 또는, 그 모양. 3 큰 자물쇠 따위가 잠기거나 열리는 소리. 4 서로 닿으면 걸려 붙는 단단한 물건끼리 맞부딪쳐 나는 소리. ㉰절꺼덕·쩔거덕. ㉮절커덕·철거덕. **절거덕-하다** 동자타여 ¶**절거덕하는** 소리와 함께 육중한 옥문을 열었다.

절거덕-거리다/-대다 [-꺼 때]- 동자타 잇달아 절거덕 소리가 나다. 또는, 잇달아 절거덕 소리를 내다. ¶**절거덕거리는** 대문 소리에 잠이 깨다 / 어린아이가 어른 신발을 신고 **절거덕거리며** 다닌다. ㉰절거덕거리다. ㉮잘가닥거리다. ㉯절꺼덕거리다·쩔거덕거리다. ㉮절커덕거리다·철커덕거리다.

절거덕-절거덕 [-쩔-] 부 절거덕거리는 소리. ㉰절거덕절거덕. ㉮잘가닥잘가닥. ㉯절꺼덕절꺼덕·쩔거덕쩔거덕. ㉮절커덕절커덕·철커덕철커덕. **절거덕절거덕-하다** 동자타여

절거덩 부 크고 단단한 쇠붙이 따위가 맞부딪칠 때 나는 소리. ㉮잘가당. ㉯절꺼덩·쩔거덩. ㉮절커덩·철커덩·철거덩. **절거덩-하다** 동자타여

절거덩-거리다/-대다 동자타 잇달아 절거덩 소리가 나다. 또는, 잇달아 절거덩 소리

를 내다. ㉣잘가당거리다. ㉥절꺼덩거리다
·쩔거덩거리다. ㉤절커덩거리다·철커덩거
리다.

절거덩-절거덩 튀 절거덩거리는 소리. 잘
가당잘가당. ㉥절꺼덩절꺼덩·쩔거덩쩔거
덩. ㉤절커덩절커덩·철커덩철커덩. **절거덩
절거덩-하다** 통자여

절걱 튀 '절거덕'의 준말. ㉣잘각. ㉥절꺽·쩔
걱. ㉤절커덕·철걱. **절걱-하다** 통자여

절걱-거리다/-대다 [-꺼(때)-] 통자타 '절
거덕거리다'의 준말. ㉣잘각거리다. ㉥절꺽
거리다·쩔걱거리다. ㉤절커거리다·철커
리다.

절걱-절걱 [-절-] 튀 '절거덕절거덕'의 준
말. ㉣잘각잘각. ㉥절꺽절꺽·쩔걱쩔걱. ㉤
절커절커·철커철커. **절걱절걱-하다** 통자
타여

절경(絶景) 몡 뛰어나게 아름다운 경치. 비
절승(絶勝).

절고(節鼓) 몡[음] 국악기의 하나. 붉은 칠을
한 나무 상자 위에 움직이지 못하게 고정시
킨 북. 등가악(登歌樂)에만 편성하여, 주악
의 시작과 마침에 쓰임.

절곡(絶穀) 몡 병 등으로 식사를 하지 못하는
것. 비단식(斷食). **절곡-하다** 통자

절골(折骨) 몡 뼈가 부러지는 것. 비골절. **절
골-되다** 통자

절교(絶交) 몡 어떤 사람이 누구와 교제를
끊는 것. =조면(阻面). 비단교(斷交). ↔교
제. 回의절(義絶). **절교-하다** 통자여 ¶이제
부터 너와 **절교하**겠다.

절구¹ 몡 곡식을 빻거나 찧으며 떡을 치기도
하는, 속이 우묵한 통. 통나무나 돌의 속을
파내거나 쇠를 부어 만듦. =도구(搗臼). ¶
돌-.

절구²(絶句) 몡[문] 한시(漢詩)의 근체시(近
體詩) 하나. 기(起)·승(承)·전
(轉)·결(結)의 네 구(句)로 이루어진 정형
시. 5언 절구와 7언 절구가 있음. ×절귀.

절구-질 몡 곡식을 절구에 넣고 찧거나 빻는
일. **절구질-하다** 통자

절구-통(-桶) 몡 1 절구를 절굿공이에 상대
하여 일컫는 말. 2 뚱뚱한 사람의 비유. ¶허
리가~ 같다.

절굿-공이 [-구꽁-/-굳꽁-] 몡 절구에 넣
은 곡식을 찧는 공이. 나무·돌·쇠 따위로
만듦.

절귀 몡 '절구(絶句)"의 잘못.

절규(絶叫) 몡 고통스럽거나 슬프거나 억울
하거나 하여 애타게 부르짖는 것. ¶피맺힌
~. **절규-하다** 통자 ¶총부리 앞에서 살
려 달라고 ~.

절그럭-거리다/-대다 [-꺼(때)-] 통자타
잇달아 절그럭 소리가 나다. 또는, 잇달아
절그럭 소리를 내다. ㉣잘그락거리다. ㉥쩔
그럭거리다.

절그럭-절그럭 [-절-] 튀 절그럭거리는 소
리. 또는, 그 모양. ㉣잘그락잘그락. ㉥쩔
그럭쩔그럭. **절그럭절그럭-하다** 통자여

절그렁 튀 얇은 쇠붙이 따위가 땅에 떨어지거
나 서로 맞부딪쳐 울려 나는 소리. ㉣잘그
랑. ㉥쩔그렁. ㉤철그렁. **절그렁-하다** 통자

절그렁-거리다/-대다 통자타 잇달아 절그
렁 소리가 나다. 또는, 잇달아 절그렁 소리
를 내다. ㉣잘그랑거리다. ㉥쩔그렁거리다.
㉤철그렁거리다.

절그렁-절그렁 튀 절그렁거리는 소리. ㉣잘
그랑잘그랑. ㉥쩔그렁쩔그렁. ㉤철그렁철
그렁. **절그렁절그렁-하다** 통자여

절급(切急) →**절급-하다** [-그파-] 혱여 몹
시 급하다.

절기(節氣) 몡 1 한 해를 스물넷으로 나눈,
기후의 표준점. 15일 내지 16일에 한 번씩
돌아옴. =시령(時令)·절후. 2 24절기 가운
데 양력 매월 상순에 드는 것. 입춘·경칩·청
명 따위.

절꺼덕 튀 '절거덕'의 센말. 준절꺽. ㉣잘까
닥. ㉥쩔꺼덕. ㉤절커덕·철커덕. **절꺼덕-하
다** 통자여

절꺼덕-거리다/-대다 [-꺼(때)-] 통자타
'절거덕거리다'의 센말. 준절꺽거리다. ㉣
잘까닥거리다. ㉤절커덕거리다·철커덕거리
다.

절꺼덕-절꺼덕 [-절-] 튀 '절거덕절거덕'의
센말. 준절꺽절꺽. ㉣잘까닥잘까닥. ㉤절커
덕절커덕·철커덕철커덕. **절꺼덕절꺼덕-하
다** 통자여

절꺽 튀 '절꺼덕'의 준말. ㉣잘깍. 예절걱.
㉥쩔꺽. ㉤절커덕·철꺽. **절꺽-하다** 통자여

절꺽-거리다/-대다 [-꺼(때)-] 통자타 '절
꺼덕거리다'의 준말. ㉣잘깍거리다. 예절걱
거리다. ㉥쩔꺽거리다. ㉤절커거리다·철커
리다.

절꺽-절꺽 [-절-] 튀 '절꺼덕절꺼덕'의 준
말. ㉣잘깍잘깍. 예절걱절걱. ㉥쩔꺽쩔꺽.
㉤절커절커·철꺽철꺽. **절꺽절꺽-하다** 통자

절:다¹ 통자 <저니, 저오> 1 (채소나 생선 등
이) 소금기가 스며들어 간이 배다. ¶소금에
전 배추 / 배추가 소금에 ~. 2 (옷이나 천
·종이 등이) 땀·때·기름·냄새 등에) 오래 젖
거나 영향을 받아 몹시 더러워지다. ¶작업
복이 땀에 ~ / 종이가 기름에 ~. 3 (술이나
좋지 않은 기운 등에) 늘 몸이 가누기 어렵
게 되다. ¶그 남자는 술에 **절어** 산다. / 과중
한 업무로 피로에 **절어** 지낸다. 4 (기름이)
오래 묵어 좋지 않은 냄새가 나게 되다. 또
는, (튀긴 음식이) 여러 번 되튀기거나 하여
좋지 않은 냄새가 나게 되다. ¶튀김이 ~.

절:다² 통자 <저니, 저오> (사람이나 네발짐
승이) 한쪽 다리에 이상이 있어 걸을 때에
이상이 있는 다리 쪽으로 몸이 기우뚱거리
다. ¶그는 어려서 소아마비를 앓아 다리를
전다.

절단(切斷·截斷) [-딴] 몡 자르거나 베어 끊
는 것. =단절(斷切). **절단-하다** 통타여 ¶
철사를 펜치로 ~ / 교통사고로 다리를 ~.

절단-기(切斷機) [-딴-] 몡 물건을 절단하
는 기계. =단절기.

절단-면(切斷面) [-딴-] 몡 1 물체를 절단
한 자리의 면. 2 [수] 어떤 입체 도면을 어느
평면에서 절단하는 도형의 면.

절대¹(絶對) [-때] I 몡 1 다른 무엇과도 비
교되지 않고 유일한 동등한 존재도 없는 것. ↔상대
(相對). 2 아무런 제약이나 구속을 받지 않
고 어떤 조건도 붙지 않는 것. ¶~ 권력. 3
[철] =절대자.
Ⅱ튀 '절대로'의 준말. ¶나는 그곳엔 ~ 가
지 않겠다.

절대²(絶大) [-때] →**절대-하다** [-때-]
혱여 아주 두드러지게 크다. ¶그림은 그에
게 **절대한** 신앙이자 생명의 전부였다.

절대^개'념(絕對槪念)[-때-] 몡[철] 그 자체만으로 뜻이 분명한 개념. 집·사람 따위. ↔상대 개념.

절대-권(絕對權)[-때꿘] 몡 절대적인 권리. ¶집안의 대사에 대해서는 어머니가 ~을 가지고 있다.

절대-다수(絕對多數)[-때-] 몡 전체 중 거의 모두를 차지하는 수. ¶~의 의견.(찬성).

절대^단위계(絕對單位系)[-때-계-때-게] [물] 길이·질량·시간의 기본 단위 및 기본 단위로부터 도출된 유도 단위로 이루어지는 단위계. CGS 단위계·MKS 단위계 등이 있음. ▷실용 단위·유도 단위.

절대^등'급(絕對等級)[-때-] 몡[천] 별의 밝기를 나타내는 기준이 되는 등급. 모든 별이 일정한 거리에 있다고 가정하고, 그때의 밝기를 등급으로 나타낸 것임. ▷실시 등급.

절대-량(絕對量)[-때-] 몡 1 어떤 일이 있더라도 꼭 필요한 양. 2 더하거나 덜지 않은 본래대로의 수량이나 분량. 또는, 전체의 양. 3 일정한 양 가운데 거의 대부분의 양.

절대-로(絕對-)[-때-] 뷔 어떤 경우에도. ¶이것만은 ~ 양보할 수 없다. 준절대.

절대-명령(絕對命令)[-때-녕] 몡 무조건 복종할 것이 요구되는 엄한 명령.

절대-복종(絕對服從)[-때-쭝] 몡 어떤 경우에도 무조건 복종함. 절대복종-하다 동여 ¶상관의 명령에 ~.

절대-성(絕對性)[-때성] 몡 절대적인 성질.

절대^습도(絕對濕度)[-때-] 몡[물] $1m^3$의 공기 속에 들어 있는 수증기의 질량을 g수로 나타낸 수. ▷상대 습도.

절대^안정(絕對安靜)[-때-] 몡[의] 중환자를 누운 자세로 오랫동안 휴식시키며, 외부와의 접촉을 끊는 일. ¶~을 요하는 환자.

절대^연령(絕對年齡)[-때열-] 몡[지] 지질학적 시간을 측정하는 방법의 하나. 방사성 반감기를 이용하여 지질 연대를 순차적으로 밝힌 것임. =절대 연대. ↔상대 연령.

절대^영도(絕對零度)[-때-] 몡[물] 절대 온도의 기준 온도. 곧, -273.16℃. 이상 기체의 부피가 이론상 0이 되는 온도.

절대^온도(絕對溫度)[-때-] 몡[물] 물질의 특이성에 의존하지 않고 눈금을 정의한 온도. -273.15℃를 0°로 하고, 보통의 섭씨 눈금을 붙임. 단위는 켈빈(K). =켈빈 온도.

절대^왕정(絕對王政)[-때-] 몡 군주가 어떠한 법률이나 기관에도 구속받지 않는, 절대의 권한을 가지는 정치 체제.

절대^음악(絕對音樂)[-때-] 몡[음] =순음악(純音樂).

절대-자(絕對者)[-때-] 몡[철] 우주의 근본 실재로서 무조건적이고 순수·완전하며 감성적 현상의 세계를 초월하여 스스로 존재하는 유일한 최고자. =무제약자·절대.

절대-적(絕對的)[-때-] 관(명] 1 아무런 조건이나 제약이 붙지 않는 (것). ¶~ 존재. 2 비교하거나 상대될 만한 것이 없는 (것). ¶~ 승리. ↔상대적.

절대적 빈곤(絕對的貧困)[-때-] 몡 인간의 생존에 최소한의 필요한 물자도 부족한 극도의 빈곤.

절대-절명(絕對絕命)[-때-] 몡 '절체절명(絕體絕命)'의 잘못.

절대-주의(絕對主義)[-때-의/-때-이] 몡 1 [철] 진리·가치의 절대성을 주장하는 이론. =절대론. ↔상대주의. 2 [정] 임금이 무제한의 권력을 가지는 정치 체제.

절대-치(絕對値)[-때-] 몡[수] '절댓값'의 구용어.

절대^평:가(絕對評價)[-때-까] 몡[교] 학습자의 학업 성취도를 절대적인 기준에 따라 평가하는 일. 곧, 다른 학습자의 성적과 비교하여 평가하는 방법에 대하여, 교육 목표의 달성도(達成度)에 비추어 절대적으로 평가하는 방법을 뜻함. ↔상대 평가.

절댓-값(絕對-)[-때갑/-땓갑] 몡[수] 실수(實數)에서, 양부호 또는 음부호를 떼어 버린 수. 부호는 '||'. 구용어는 절대치(絕對値).

절도¹(絕島)[-또] 몡 '절해고도'의 준말.

절도²(絕倒)[-또] 몡 1 까무러쳐 넘어지는 것. 2 '포복절도'의 준말. **절도-하다** 동여

절도³(節度)[-또] 몡 일이나 행동·생활 등에서, 정도에 알맞게 하는 규칙적인 한도. ¶~있는 생활 / ~를 지키다.

절도⁴(竊盜)[-또] 몡 (남의 물건을) 몰래 훔치는 것. 또는, 그 사람. 주로, 법률상의 용어로 쓰이는 말임. ¶상습 ~ / ~ 행위. **절도-하다**² 동여

절도-범(竊盜犯)[-또-] 몡[법] 남의 재물을 훔침으로써 성립하는 죄. 또는, 그런 죄를 지은 사람.

절도사(節度使)[-또-] 몡[역] 1 '병마절도사'의 준말. 2 '수군절도사'의 준말.

절도-죄(竊盜罪)[-또-] 몡[법] 남의 재물을 훔침으로써 성립하는 죄.

절등(絕等)[-똥] →절등-하다[-똥-] 형여 =절륜(絕倫)하다.

절따-말 몡 털빛이 붉은 말. =적다마(赤多馬).

절뚝-거리다/-대다[-꺼(때)-] 동자타 한쪽 다리가 짧거나 탈이 나서 걸을 때마다 절다. ¶다리를 절뚝거리며 걷다. 좡잘똑거리다. 쎈쩔뚝거리다.

절뚝발-이[-빨-] 몡 절뚝거리는 사람. 준뚝발이·절뚝이. 쎈쩔뚝발이.

절뚝-이 몡 '절뚝발이'의 준말.

절뚝-절뚝[-쩔-] 뷔 절뚝거리는 모양. 좡잘똑잘똑. 쎈쩔뚝쩔뚝. **절뚝절뚝-하다** 동자타여

절량(絕糧) 몡 양식이 다 떨어지는 것. ¶~농가. **절량-되다** 동자

절렁 뷔 방울이나 얇은 쇠붙이 따위가 함께 흔들려 나는 소리. 좡잘랑. 쎈쩔렁. 거철렁. **절렁-하다** 동자타여

절렁-거리다/-대다 동자타 자꾸 절렁 소리가 나다. 또는, 그런 소리를 내다. ¶고양이가 목에 단 방울을 **절렁거리며** 뛰어다닌다. 좡잘랑거리다. 쎈쩔렁거리다. 거철렁거리다.

절렁-이다 동자타 큰 방울이나 엷은 쇠붙이 따위가 함께 흔들리는 소리가 나다. 또는, 그런 소리를 내다. 좡잘랑이다. 쎈쩔렁이다. 거철렁이다.

절렁-절렁 뷔 절렁거리는 소리. 좡잘랑잘랑. 쎈쩔렁쩔렁. 거철렁철렁. **절렁절렁-하다** 동자타여

절레-절레 뷔 머리를 자꾸 좌우로 가볍게 흔드는 모양. ¶그녀는 그 사람 이야기만 나오면 고개를 ~ 흔들었다. 준절절. 좡잘래잘래. 쎈쩔레쩔레. **절레절레-하다** 동타여

절로 뷔 '저절로'의 준말. ¶그분을 뵐 때마다

고매한 인품에 ~ 머리가 숙여진다. / 청산도 ~~ 녹수도 ~~ 산~ 수~ 산수간에 나도 ~.(송시열:엣시조)

절-로² 閈 '저리로'의 준말. ¶여긴 거치적거리니까 ~ 가!

절룩-거리다/-대다[-꺼(때)-] 통(자) 걸을 때 다리를 계속 절다. ¶그는 **절룩거리**면서도 끝까지 달렸다. 짝잘록거리다. 셴쩔룩거리다.

절룩-절룩[-절-] 閈 절룩거리는 모양. 짝잘록잘록. 셴쩔룩쩔룩. **절룩절룩-하다** 통(자)

절륜(絶倫) →**절륜-하다** 혱에 매우 두드러지게 뛰어나다. =절등(絶等)하다.

절름-거리다/-대다 통(자) 걸을 때 자꾸 다리를 가볍게 절다. ¶소아마비로 다리를 ~. 짝잘름거리다. 셴쩔름거리다.

절름발-이 몡 1 다리를 저는 사람. =건각(蹇脚)·건파. 짝잘름발이. 셴쩔름발이. 2 여러 개의 다리로 지탱하게 되어 있는 물체에서, 그 다리 중에 어느 것이 짧거나 부러져 기우뚱거리는 상태. 비유적인 말임. ¶이 의자는 ~다. 3 어떤 일이나 대상이 여러 가지를 균형 있게 고루 갖추지 못하고 있는 것, 온전한 상태로 진행되지 못하고 있는 것. 비유적인 말임. ¶~ 경제 / 인간에 대한 경외심이 없는 ~ 지식.

절름-절름 閈 절름거리는 모양. 짝잘름잘름. 셴쩔름쩔름. **절름절름-하다** 통(자)(타)여

절리(節理) 몡 1 갈라진 틈. 2 [지] 암석이 지각 변동에 의해 압력이나 장력을 받을 때, 또는 화성암이 냉각 수축할 때 생긴, 결 모양의 틈.

절망(絶望) 몡 모든 희망이 끊어져 체념하는 것. ¶~ 상태 / ~을 딛고 일어서다. **절망-하다** 통(자)여 어떤 난관에 부딪쳐도 결코 **절망해서는** 안 된다.

절망-감(絶望感) 몡 모든 희망이 끊어진 느낌. ¶~에 사로잡히다 / ~에서 헤어나다.

절망-적(絶望的) 관명 희망이 끊어지다시피 된 것. ¶의사의 온갖 노력에도 불구하고 환자의 소생은 거의 ~이다. ↔희망적.

절맥(絶脈) 몡 1 맥박이 끊어지는 것. 곧, 죽는 것. 2 [민] 산의 혈맥(穴脈)이 끊어지는 것. **절맥-하다** 통(자)여 **절맥-되다** 통(자)여

절멸(絶滅) 몡 아주 없어지거나 없애는 것. ¶~ 위기에 놓인 희귀초. **절멸-하다** 통(자)(타)여 **절멸-되다** 통(자)여

절명(絶命) 몡 목숨이 끊어지는 것. **절명-하다** 통(자)여 ¶그 사람은 교통사고로 심하게 다쳐 병원으로 가는 도중 **절명하고** 말았다. **절명-되다** 통(자)여

절묘(絶妙) →**절묘-하다** 혱에 (솜씨나 아름다움이나 조화 등이) 감탄스러울 만큼 빼어나거나 훌륭하다. =절기(絶奇)하다. ¶**절묘한** 솜씨 / **절묘한** 경치 / **절묘한** 헤딩슛.

절무(絶無) →**절무-하다** 혱여 아주 없다. 비전무(全無)하다.

절미(節米) 몡 쌀을 절약하는 것. **절미-하다** 통(자)여

절박(切迫) →**절박-하다**[-바카-] 혱여 (어떤 일이나 때가) 가까이 닥쳐 급하다. ¶기일이 ~ / 김씨 가족에게 가장 **절박한** 문제는 끼니를 해결하는 것이다.

절박-감(切迫感) [-깜] 몡 절박한 느낌.

절반(折半) 몡 1 하나의 물체를 둘로 같게 자르거나 나누었을 때 그중의 하나. 또는, 전체의 수효·분량·길이·넓이·부피 등에 대해 반의 크기. =반절·일반(一半). ¶빵을 ~ 떼어 주다 / 수확이 ~으로 줄다. 2 [체] 유도에서, 판정의 하나. 메치기에서 완전한 '한판'으로 인정하기는 어렵지만 좀 더 밀고 나가면 가능했을 경우와, 누르기에서 25초 이상 경과했을 경우에 선언됨. ▷한판.

절버덕 閈 얕은 물 위나 진창을 거칠게 밟을 때 나는 소리. 짝잘바닥. 셴쩔버덕·쩔퍼덕·철버덕·철퍼덕. **절버덕-하다** 통(자)여

절버덕-거리다/-대다[-꺼(때)-] 통(자)(타) 잇달아 절버덕 소리가 나다. 또는, 그런 소리를 내다. ¶아이들이 흙탕물에서 **절버덕거리**며 놀고 있다. 쥰절벅거리다. 짝잘바닥거리다. 쩐쩔퍼덕거리다·철버덕거리다.

절버덕-절버덕 閈 절버덕거리는 소리. 쥰절벅절벅. 짝잘바닥잘바닥. 쩐쩔퍼덕절버덕·철버덕철버덕. **절버덕절버덕-하다** 통(자)(타)여

절버덩 閈 깊은 물에 묵직한 물체가 떨어져 나는 소리. ¶물속으로 ~ 뛰어들다. 쥰절벙. 짝잘바당. 쩐철버덩. **절버덩-하다** 통(자)여

절버덩-거리다/-대다 통(자)(타) 잇달아 절버덩 소리가 나다. 또는, 그런 소리를 내다. 쥰절벙거리다. 짝잘바당거리다. 쩐철버덩거리다.

절버덩-절버덩 閈 절버덩거리는 소리. 쥰절벙절벙. 짝잘바당잘바당. 쩐철버덩철버덩. **절버덩절버덩-하다** 통(자)(타)여

절벅 '절버덕'의 준말. 짝잘박. 쩐절퍽·철벅·철퍽. **절벅-하다** 통(자)여

절벅-거리다/-대다[-꺼(때)-] 통(자)(타) '절버덕거리다'의 준말. 짝잘박거리다. 쩐절퍽거리다·철벅거리다.

절벅-절벅[-절-] 閈 '절버덕절버덕'의 준말. ¶진창길을 ~ 걸어가다. 짝잘박잘박. 쩐절퍽절벅·철벅철벅. **절벅절벅-하다** 통(자)(타)여

절벽(絶壁) 몡 1 산이나 바위 등에서, 벽처럼 수직에 가깝게 급경사를 이루고 있는 면. 또는, 그런 지형. 비낭떠러지·벼랑. ¶~을 기어오르다. 2 어떤 사람이 제 고집대로만 하여 도무지 얘기가 통하거나 먹히지 않는 상태를 비유적으로 이른 말. 3 <속> 여자의 가슴이 납작한 상태. ¶~ 가슴 / 가슴이 ~이다. 4 귀가 절벽이다 →귀¹.

절부(節婦) 몡 절개가 굳은 부인. 또는, 정절(貞節)을 지키는 여자.

절사¹(絶嗣)[-싸] 몡 계통을 이을 대가 끊어지는 것. **절사-하다** 통(자)여

절사²(節祀)[-싸] 몡 철이나 명절을 따라 지내는 제사.

절삭(切削)[-싹] 몡 (쇠붙이를) 자르거나 깎는 것. ¶~ 공구. **절삭-하다** 통(타)여 **절삭-되다** 통(자)여

절상(切上)[-쌍] 몡[경] 화폐의 가치를 높이는 것. ¶평가(平價) ~ / 원화의 ~. ↔절하. **절상-하다** 통(타)여 ¶엔화를 ~. **절상-되다** 통(자)여

절색(絶色)[-쌕] 몡 다시없을 정도의 뛰어나게 아름다운 미인. 비일색(一色). ¶천하의 ~.

절세(絶世)[-쎄] 몡 (주로 일부 명사 앞에서 '절세', '절세의'의 꼴로 쓰여) 그 명사가 나타내는 대상이 세상에 다시없을 만큼 빼어남을 이르는 말. ¶~의 영웅. **절세-하다**¹

[형][여]

절세[2](節稅) [-쎄] [명] 세법(稅法)을 잘 앎으로써 되도록 세금을 덜 내는 것. **절세-하다**[2] [동][자][여]

절세-가인(絶世佳人) [-쎄-] [명] =절세미인.

절세-미인(絶世美人) [-쎄-] [명] 세상에 다시없을 만큼 빼어난 미인. =절세가인.

절손(絶孫) [-쏜] [명] 대를 이을 자손이 끊어지는 것. **절손-하다** [동][자][여]

절수(節水) [-쑤] [명] 물을 아껴서 사용량을 줄이는 것. **절수-하다** [동][자][여]

절승(絶勝) [-씅] [명] 경치가 아주 뛰어나게 좋음. 또는, 그 경치. [비]절경. **절승-하다** [형][여]

절식[1](絶食) [-씩] [명] 음식을 끊고 먹지 않는 것. [비]단식(斷食). **절식-하다**[1] [동][자][여]

절식[2](節食) [-씩] [명] **1** 건강이나 미용 등을 위하여 식사의 분량을 적당히 줄이는 것. **2** 식사를 간소하게 하는 것. **절식-하다**[2] [동][자][여]

절식[3](節食) [-씩] [명] 명절에 맞추어 특별히 먹는 음식. 가령, 설날에 먹는 떡국이나, 정월 대보름에 먹는 오곡밥·부럼 따위.

절실(切實) [-씰] ➡**절실-하다** [-씰-] [형][여] **1** (어떤 일에 대한 느낌이나 생각이) 뼈저리게 강렬한 상태에 있다. 또는, (어떤 일에 대한 해결이나 요구 등이) 매우 시급하고도 중요한 상태에 있다. ¶선생님의 충고가 **절실하게** 가슴에 와 닿았다. / 빵 문제의 해결이 내게는 **절실한** 문제이다. **2** (어떤 일이) 실제에 꼭 들어맞아 알맞다. ¶**절실한** 표현. **절실-히** [부] ¶그는 해외여행을 통해 자신이 얼마나 우물 안의 개구리였는지를 ~ 느꼈다.

절약(節約) [명] (돈·물자·시간 등을) 꼭 필요한 데에만 쓰거나 헛되지 않게 이용하여, 적게 들게 하는 것. =절략(節略). [비]검약. ¶근검~ / 물자 ~ / 시간 ~. **절약-하다** [동][타][여] ¶비용을 ~ / 에너지를 ~. **절약-되다** [동][자] ¶비행기를 이용하면 시간이 3시간이나 **절약된다**.

절연(絶緣) [명] **1** 인연이나 관계를 끊는 것. **2** [물] 도체(導體) 사이에 부도체를 넣어서 전류 또는 열의 전도(傳導)를 끊는 것. **절연-하다** [동][자][타][여] **절연-되다** [동][자]

절연-성(絶緣性) [-썽] [명][물] 전기가 통하지 않는 성질. ¶~ 물질.

절연-장(絶緣狀) [-짱] [명] 인연을 끊는 글. 또는, 그러한 편지.

절연^재료(絶緣材料) [명][물] 전기나 열의 전도를 끊기 위하여 사용되는 절연체. =절연물(絶緣物).

절연-체(絶緣體) [명][물] =부도체(不導體).

절염(絶艶) [명] 비할 데 없을 정도로 아주 예쁨. **절염-하다** [형][여]

절용(節用) [명] 아껴 쓰는 것. ↔남용(濫用). **절용-하다** [동][타][여]

절원(切願) [명] 간절히 바라는 것. **절원-하다** [동][타][여]

절음(節飮) [명] 건강을 위하여 술 마시는 분량을 알맞게 줄이는 것. =절주(節酒). **절음-하다** [동][자][여]

절음^법칙(絶音法則) [명][언] 받침 아래에 대립적 실사(實辭)가 모음으로 이어질 때, 받침이 그 모음 위에 연음되지 않고, 뚝 끊어져서 대표음으로 발음되는 현상. '옷어른' 이 '온어른[우더른]' 으로, '꽃 아래' 가 '꼳 아래[꼬다래]' 로 바뀌는 따위. ↔연음 법칙.

절-이다 [동][타] **1** '절다[1]1' 의 사동사. ¶**절인** 생선 / 배추를 소금에 ~. **2** (과일 따위를) 설탕에 재어 당분이 배게 하다. ¶토마토를 설탕에 ~. **3** (야채나 양념류를) 식초에 넣어 숨을 죽이다. ¶마늘을 식초에 ~.

절임 [명] 소금·장·술찌끼·설탕 등을 써서 절이는 일. 또는, 그런 식품. ¶고추 ~.

절전(節電) [-쩐] [명] 전기를 아끼는 것. **절전-하다** [동][자][여]

절절[1] [부] '절레절레' 의 준말. [작]잘잘. [센]쩔쩔. **절절-하다**[1] [동][타][여]

절절[2] [부] 온도가 매우 높아 더운 모양. ¶~ 끓는 아랫목. [작]잘잘. [센]쩔쩔.

절절[3] [부] 손에 쥐고 천천히 흔드는 모양. [작]잘잘. [센]쩔쩔. **절절-하다**[2] [동][타][여]

절절[4] [부] 이리저리 바삐 쏘다니는 모양. [작]잘잘. [센]쩔쩔.

절절[5] [부] 물이 많이 흐르는 모양. 또는, 그 소리.

절절[6](切切) ➡**절절-하다**[3] [형][여] 매우 간절하다. ¶**절절하게** 사랑을 호소한 편지. **절절-히** [부] ¶돌아가신 뒤에야 부모의 은혜를 ~ 느끼다.

절절-거리다/-대다 [동][자] 이리저리 바쁘게 쏘다니다. [큰]질질거리다. [작]잘잘거리다. [센]쩔쩔거리다.

절절-매다 [동][자] '쩔쩔매다' 의 여린말.

절정(絶頂) [-쩡] [명] **1** 산의 꼭대기. **2** 사물의 발전 과정이 최고에 달한 상태. [비]정점(頂點). ¶인기 ~의 가수 / 쾌감이 ~에 도달하다. **3** 극(劇)이나 소설 등에서, 사건의 발전이나 갈등이 최고조에 이른 부분. =클라이맥스.

절정-기(絶頂期) [-쩡-] [명] 사물의 발전 과정이 최고에 달한 시기. [비]황금기. ¶~를 맞다.

절제[1](切除) [-쩨] [명] 잘라 내는 것. **절제-하다**[1] [동][타][여] ¶폐를 ~. **절제-되다**[1] [동][자]

절제[2](節制) [-쩨] [명] 정도에 넘지 않도록 알맞게 삼가는 것. **절제-하다**[2] [동][타][여] ¶술을 ~ / 소비 욕구를 ~. **절제-되다**[2] [동][자]

절제-사(節制使) [-쩨-] [명][역] **1** 고려 공양왕 원년(1389)에 원수(元帥)를 고친 이름. **2** 조선 초기에 의흥친군위(義興親軍衛)에 속한 군직(軍職)의 하나. **3** 조선 시대에 절도사에 속해 있던 거진(巨鎭)의 정3품 벼슬. 본이름은 병마절제사임.

절제-술(切除術) [-쩨-] [명][의] 조직의 일부를 잘라 내는 수술.

절조(節操) [-쪼] [명] 옳다고 믿는 주의·주장을 굳게 지켜 바꾸지 않는 일.

절종(絶種) [-쫑] [명] 생물의 씨가 끊겨 아주 없어지는 것. **절종-하다** [동][자][여] **절종-되다** [동][자]

절주(節酒) [-쭈] [명] =절음(節飮). **절주-하다** [동][자][여]

-절지(截紙) [-찌] 전지(全紙)를 여러 번 접은 치수로 자른 그 조각. ¶4~ / 16~.

절지-동물(節肢動物) [-찌-] [명][동] 동물계의 한 문(門). 몸은 큐티쿨라의 외골격으로 싸여 있으며, 머리·가슴·배의 세 부분으로 나뉨. 체절이 있고, 각 마디에 부속지(附屬肢)를 가짐. 거미류·갑각강·곤충류 등이 이에 속함.

절차(節次) [명] 어떤 일을 처리하거나 진행하는 데 일정한 순서와 단계에 따라 거쳐야 하는 일. (비)수속(手續). ¶입사 ~ / ~를 따르다 / ~를 밟다.
절차-법(節次法)[-뻡-] 똉[법] 실체법에 대하여, 권리 실현의 형식이나 절차를 정한 법. 형사 소송법·민사 소송법·부동산 등기법·호적법 따위. 구용어는 조법(助法). =종법(從法). ↔실체법.
절차-탁마(切磋琢磨)[-탕-] 똉[옥이나 돌 등을 갈고닦아서 빛을 낸다는 뜻] 학문·도덕·기에 등을 열심히 닦음. ⓒ절마. **절차탁마-하다** 통(자)(타)여
절찬(絶讚) 똉 지극히 칭찬하는 것. 또는, 그 칭찬. ¶~을 받다 / ~을 아끼지 않다. **절찬-하다** 통(타)여
절찬-리(絶讚裏)[-니] 똉 =절찬리에.
절찬-리에(絶讚裏-)[-니-] 똉 절찬을 받는 가운데. =절찬리. ¶뮤지컬 '아가씨와 건달들'이 ~ 공연되다.
절창(絶唱) 똉 1 다시없는 명창(名唱). 2 비할 데 없이 뛰어난 시가(詩歌).
절척(切戚) 똉 성과 본이 같지 않으면서 가까운 친척.
절체-절명(絶體絶命)[몸도 목숨도 다된 것이라는 뜻] 몹시 위태롭거나 급박한 지경. 또는, 피하려야 피할 수 없는 절박한 것. ¶~의 위기 / 부패의 척결과 사회 개혁은 ~의 시대적 요청이다. ×절대절명.
절충¹(折衷) 똉 양쪽의 좋은 점을 취하여 알맞게 조화시키는 것. **절충-하다**¹ 통(타)여 ¶양쪽의 의견을 적정선에서 ~. **절충-되다**¹ 통(자)여
절충²(折衝) 똉[적의 창끝을 꺾는다는 뜻] 이해 관계가 서로 다른 상대와 교섭하거나 담판하는 것. **절충-하다**² 통(타)여 **절충-되다**² 통(자)여
절충-못자리(折衷-)[-모짜-/-몯짜-] 똉[농] 밭못자리와 물못자리의 좋은 점을 절충하여, 처음에는 물을 대다가 뒤에는 고랑에만 물을 대어 모를 키우는 못자리. =고랑못자리.
절충-안(折衷案) 똉 두 가지 이상의 안을 서로 보충하여 알맞게 조절한 안. ¶~을 내놓다.
절충-주의(折衷主義)[-의/-이] 똉[철] 서로 다른 두 가지 사상 중에서 진리라고 생각되는 것을 취하여 이들을 절충·조화함으로써 진리를 발견하려는 생각.
절취¹(切取·截取) 똉 (물체를) 잘라 내는 것. 또는, 잘라서 가지는 것. **절취-하다**¹ 통(타)여
절취²(竊取) 똉 훔쳐서 제 것으로 하는 것. **절취-하다**² 통(타)여 ¶금품을 ~.
절취-선(切取線) 똉 문서나 고지서 따위에 자를 수 있게 나타낸 선.
절치(切齒) 똉 분하여 이를 가는 것. **절치-하다** 통(자)여
절치-부심(切齒腐心) 똉 몹시 분하여 이를 갈고 속을 썩임. **절치부심-하다** 통(자)여
절친(切親) →**절친-하다** 형여 (사람이 어떤 사람과) 아주 친하다. (비)극친하다. ¶절친한 사이 / 절친한 친구 / 창수는 문호와 ~. **절친-히** (부) ¶이웃과 ~ 지내다.
절커덕 (부) '절꺽'의 거센말. ¶옥문을 ~ 닫다. (센)절꺼덕. (작)잘카닥. (여)절거덕. **절커덕-하다** 통(자)(타)여
절커덕-거리다/-대다[-꺼(때)-] 통(자)(타) '절거덕거리다'의 거센말. (센)절꺼덕거리다. (작)잘카닥거리다. (여)절거덕거리다. (작)잘카닥거리다. (센)절꺼덕거리다. (작)잘카닥거리다. (센)절꺼덕거리다. (기)철커덕거리다.
덕거리다.
절커덕-절커덕[-절-] (부) '절거덕절거덕'의 거센말. (센)절꺼덕절꺼덕. (작)잘카닥잘카닥. (센)절꺼덕절꺼덕. (기)철커덕철커덕. **절커덕절커덕-하다** 통(자)(타)여
절커덩 (부) '절거덩'의 거센말. (작)잘카당. (센)절꺼덩. (기)철커덩. **절커덩-하다** 통(자)(타)여
절커덩-거리다/-대다 통(자)(타) '절거덩거리다'의 거센말. (작)잘카당거리다. (센)절꺼덩거리다. (기)철커덩거리다.
절커덩-절커덩 (부) '절거덩절거덩'의 거센말. (작)잘카당잘카당. (센)절꺼덩절꺼덩. (기)철커덩철커덩. **절커덩절커덩-하다** 통(자)(타)여
절컥 (부) '절커덕'의 준말. (작)잘칵. (여)절격. (센)절꺽. (기)철컥. **절컥-하다** 통(자)(타)여
절컥-거리다/-대다[-꺼(때)-] 통(자)(타) '절커덕거리다'의 준말. (작)잘칵거리다. (여)절격거리다. (센)쩔꺽거리다. (기)철컥거리다.
절컥-절컥[-절-] (부) '절커덕절커덕'의 준말. (작)잘칵잘칵. (여)절격절격. (센)쩔꺽쩔꺽. (기)철컥철컥. **절컥절컥-하다** 통(자)(타)여
절-터 똉 절이 있는 터. 또는, 절이 있던 터. (한)사기(寺基)·사지(寺址).
절토(切土) 똉 평지나 경사면을 만들기 위하여 흙을 깎아 내는 일. **절토-하다** 통(자)여
절통(切痛) →**절통-하다** 형여 몹시 원통하다. **절통-히** (부)
절판(絶版) 똉 1 출판된 책이 떨어져서 없는 것. 2 출판하였던 책의 간행을 그만두는 것. ¶~본. **절판-하다** 통(자)(타)여 **절판-되다** 통(자)여
절퍼덕 (부) 1 '절버덕'의 거센말. 2 힘없이 넘어지거나 주저앉는 소리. 또는 그 모양. ⓒ절픽. (작)잘파닥. (기)철퍼덕. **절퍼덕-하다** 통(자)(타)여
절퍼덕-거리다/-대다[-꺼(때)-] 통(자)(타) '절버덕거리다'의 거센말. ⓒ절픽거리다. (작)잘파닥거리다.
절퍼덕-절퍼덕[-절-] (부) '절버덕절버덕'의 거센말. ⓒ절픽절픽. (작)잘파닥잘파닥. **절퍼덕절퍼덕-하다** 통(자)(타)여
절픽 '절퍼덕'의 준말. (작)잘팍. (여)절벅. **절픽-하다** 통(자)(타)여
절픽-거리다/-대다[-꺼(때)-] 통(자)(타) '절퍼덕거리다'의 준말. (작)잘팍거리다. (여)절벅거리다.
절픽-절픽 (부) '절퍼덕절퍼덕'의 준말. (작)잘팍잘팍. (여)절벅절벅. **절픽절픽-하다** 통(자)(타)여
절편¹ 똉 둥글거나 모나게 꽃판으로 눌러 만든 흰떡. =절병(切餠).
절편²(切片) 똉[생] 현미경으로 관찰하기 위해 생체 조직의 일부를 얇게 자른 것.
절편³(截片) 똉[수] 좌표 평면 상의 직선이 x축과 만나는 점의 x 좌표 및 y축과 만나는 점의 y 좌표의 총칭.
절편-판(-版) 똉 절편을 박아 내는 나무판. =떡판.
절품(切品) 똉 =품절(品切). **절품-하다** 통(자)(타)여 **절품-되다** 통(자)여 ¶수요 급증으로 에어컨이 ~.
절필(絶筆) 똉 1 그 사람의 생애에서 마지막으로 쓴 글이나 글씨. 2 붓을 놓고 다시는 글을 쓰지 않는 것. **절필-하다** 통(자)여
절핍(絶乏) 똉 계속하여 생기지 않고 아주 없어져 버리는 것. =결핍(缺乏)·핍절. **절핍-하다** 통(자)여 **절핍-되다** 통(자)

절하(切下)[경] 화폐의 가치를 낮추는 것. ¶평가 ~. ↔절상(切上). **절하-하다** [타여]
절하-되다 [자]

절-하다 [자여] 절을 하다.

절해(絶海) [명] 육지에서 아주 멀리 떨어진 바다. (비)난바다.

절해-고도(絶海孤島) [명] 육지에서 멀리 떨어진 외딴섬. 준절도.

절행(節行) [명] 절조(節操) 있는 행실. ¶지금까지 영애의 ~을 의심하던 것이 죄송스럽다 하였다.《이광수:무정》

절험(絶險) [형여] → **절험-하다** [형여] 아주 험하다.

절호(絶好) [명] 무엇을 하기에 다시없이 좋은 것. ¶~의 기회를 얻다.

절후(節候) [명] =절기(節氣)1.

젊:다[점따] [젊고:점꼬] [젊어:절머] [형] **1** (사람이) 인생의 단계에서 혈기 왕성한 시기에 있다. 곧, 나이에 있어서 10대 후반에서 30대 사이에 있다. ¶젊은 사람 / 새파랗게 ~. **2** (몸이) 생리적으로 혈기 왕성하거나, 싱싱하며 탄력 있는 상태에 있다. 또는, (마음이) 의욕이 넘치고 적극적인 자세를 가진 상태에 있다. ¶나이보다 젊게 보이다 / 몸은 늙었지만 마음은 ~.

젊:디-젊다[점띠점따] [형] 매우 젊다. ¶젊디젊은 나이에 수절(守節)이라니.

젊으신-네 '젊은이'의 높임말.

젊은-것 [-건] [명] '젊은이'의 낮춤말.

젊은-이 [명] 나이가 젊은 사람. 보통 18세 정도에서 30대 사이에 있는 사람으로, 좁게는 남자만을 가리킴. (높)젊으신네. (낮)젊은것.

젊-음 [명] 젊은 상태. ¶~을 구가하다 / 그는 환갑의 나이인데도 사십 대의 ~을 유지하고 있다.

점¹(占) [명] (앞날의 운수나 길흉을) 주술의 힘이나 신비로운 수단에 의해 미리 판단하는 일. ¶~을 치다.

점:²(店) [명] 토기(土器)나 철기(鐵器)를 만드는 곳.

점³(點) [명] **[1]** [자립] **1** 작고 둥근 한 번 찍는 획. ¶~을 찍다. **2** 글자를 쓸 때 옆으로 한 번 찍는 획. **3** 문장 부호로 쓰이는 표. 온점·반점·가운뎃점 따위. **4** 여러 속성 가운데 어느 부분이나 경우. ¶비행기를 이용하여 빠르기는 하지만 비용이 많이 든다는 점에서 좋지 않은 ~도 있다. **5** 사람의 살갗이나 짐승의 털에 있는 얼룩. ¶눈가에 검은 ~이 있다. **6** [수] 위치만 있고 넓이도 길이도 없는 것. **7** 소수점을 읽는 말. 곧, 0.1을 '영점일'로 읽는 따위. **8** [음] =부점(附點). **[2]** [의존] **1** 성적을 표시하는 끗수. ¶100~. **2** 물품의 수효를 세는 말. ¶그림 6~ / 의류 일곱 ~. **3** 바둑에서 바둑판의 돌의 수를 세는 말. ¶석 ~ 놓고 두다. **4** 살코기의 작은 조각. ¶고기 한 ~ 먹지 않았다. **5** 전날에, 시각을 나타내던 말. 패종시계의 종 치는 횟수를 세는 말임. ¶패종시계가 여덟 ~을 치다. **6** [음] 장구의 북편이나 채편 따위를 치는 수를 세는 말. ¶3~ 5박(拍).

-점⁴(店) (접미) '가게'의 뜻을 나타내는 말. ¶양복 ~ / 백화 ~ / 양품 ~ / 식품 ~.

점:강-법(漸降法) [-뻡] [명] [문] 수사법의 하나. 크고 높고 강한 것으로부터 차차 작고 낮고 약한 것으로 끌어 내려 표현함으로써 강조의 효과를 얻으려는 표현 방법. ↔점층법.

점거(占據) [명] (어느 곳을) 강제로 차지하여 자리를 잡는 것. ¶~ 농성. **점거-하다** [타여] ¶폭도들이 관청을 ~. **점거-되다** [자여]

점검(點檢) [명] (어떤 대상을) 이상이나 문제 등이 없는지 일일이 검사하는 것. 또는, 그 검사. ¶안전 ~. **점검-하다** [타여] ¶제품을 ~ / 위생 시설을 ~. **점검-되다** [자여]

점:고(漸高) [명] (어떤 일의 상태나 정도가) 차차 높아지는 것. **점:고-하다**¹ [자여] ¶중동 지역에 긴장이 ~. **점:고-되다** [자여] ¶해마다 무역 역조의 폭이 **점고**되고 있다.

점고²(點考) [명] 명부에 하나하나 점을 찍어 가며 사람의 수효를 조사하는 것. **점고-하다**² [타여]

점-광원(點光源) [명] [물] 하나의 점으로 본 광체(光體). =광점(光點).

점괘(占卦) [-꽤] [명] 점을 쳐서 나오는 괘. ¶~를 보다 / ~가 나쁘다. (준)괘(卦).

점균-류(粘菌類) [-뉴] [명] [식] 균류의 한 무리. 몸은 세포벽이 없는 원형질의 덩어리로 된 변형체로서 운동성이 있으며, 번식은 포자에 의함. =변형균.

점-그래프(點graph) [명] [수] 통계 도표의 하나. 점의 수효로 양(量)의 대소를 나타내는 도표. =점도표(點圖表).

점:근-선(漸近線) [명] [수] 곡선에 점점 가까이 가는 직선. 한없이 계속되는 곡선에서, 동점(動點)이 곡선에 따라 원점에서 멀어질 때, 그 점에서 한 정직선(定直線)에 이르는 거리가 0에 가까워질 때의 정직선.

점-내기(點-) [명] 바둑에서, 승패에 따라 한 점씩 접어 주는 바둑. **점내기-하다** [자여]

점다(點茶) [명] 마른 찻잎을 끓는 물에 담가서 우리는 것. **점다-하다** [자여]

점-대(占-) [-때] [명] 점을 치는 데 쓰는 대. =첨자(籤子). ↔점대.

점-대칭(點對稱) [명] [수] 두 도형 사이의 한 점을 중심으로 한 도형을 180° 회전하였을 때, 다른 도형과 완전히 겹치는 대칭. ▷선대칭·면대칭.

점도(粘度) [명] [물] =점성도(粘性度).

점도-계(粘度計) [-계/-게] [명] 점성도를 재는 계기.

점-돈(占-) [-똔] [명] 점을 치는 제구로 쓰는 돈.

점두¹(店頭) [명] 가게의 앞쪽.

점두²(點頭) [명] 옳다고 여기거나 어떤 뜻을 나타내어 머리를 끄덕이는 것. ¶…다가온 친구들과만 악수를 하고 멀리 있는 사람에게는 목례와 ~로써 인사를 치렀다.《김동리:밀다원 시대》 **점두-하다** [자여]

점:두-거래(店頭去來) [명] =장외 거래.

점-둥이(點-) [명] **1** =점박이1. **2** 점이 박힌 개.

점:등¹(漸騰) [명] 시세가 점점 오르는 것. **점:등-하다**¹ [자여]

점등²(點燈) [명] 등에 불을 켜는 것. ¶가로등의 ~. ↔소등(消燈). **점등-하다**² [자타여] **점등-되다** [자여]

점등-관(點燈管) [명] 형광등에 달려 있는 점등용 방전관. =스타터.

점력(粘力) [-녁] [명] 끈끈한 힘 또는 기운.

점령(占領) [-녕] [명] **1** 일정한 장소를 차지하여 제 것으로 하는 것. (비)점거(占據). **2** 교전국의 군대가 적국의 영토에 들어가 그 지역을 군사적 지배하에 두는 것. ¶~지(地). **점령-하다** [타여] ¶적국의 수도를 ~. **점령-되다** [자여]

점령-군(占領軍) [-녕-] [명] 점령국의 군대.

점:막¹(店幕) [명] 음식을 팔고 나그네를 묵게

하는 집. [비]주막.
점막²(粘膜) [명][생] 소화관·기도(氣道)·생식기관 등의 내벽(內壁)을 덮는 부드러운 조직. 표면은 점액에 의하여 끈끈하고 미끄럽게 되어 있음. =점액막(粘液膜).
점멸(點滅) [명] 등불이 켜졌다 꺼졌다 하는 것. ¶~ 신호. **점멸-하다** [동][자][타][여] **점멸-되다** [동][자]
점멸-등(點滅燈) [명] 자동차 따위의, 불이 켜졌다 꺼졌다 하는 전등.
점묘(點描) [명] **1** [미] 선을 쓰지 않고 점으로 그림을 그리는 것. 또는, 그 기법. **2** [문] 인물이나 사물의 특징적인 점을 부분적으로 묘사하는 일. **점묘-하다** [동][타][여]
점묘-법(點描法) [-뻡] [명][미] 점 또는 점에 가까운 가벼운 필촉(筆觸)으로 그리는 회화의 한 기법.
점묘-주의(點描主義) [-의/-이] [명][미] =신인상주의(新印象主義).
점묘-파(點描派) [명][미] =신인상파.
점-무늬(點-) [-니] [명] 점 모양의 무늬.
점-박이(點-) [명] **1** 얼굴이나 몸에 큰 점이 있는 사람이나 짐승을 일컫는 말. =점둥이. ¶~ 강아지. **2** 남에게 손가락질을 받는 사람을 일컫는 말.
점¦방(店房) [-빵] [명] 가게로 쓰는 방.
점벙 [부] '첨벙'의 여린말. [작]잠방. **점벙-하다** [동][자][타][여]
점벙-거리다/-대다 [동][자][타] '첨벙거리다'의 여린말. [작]잠방거리다.
점벙-점벙 [부] '첨벙첨벙'의 여린말. [작]잠방잠방. **점벙점벙-하다** [동][자][타][여]
점보(jumbo) [명] (주로, 일부 명사 앞에서 관형어적으로 쓰여) 물체의 크기가 보통의 것보다 훨씬 큰 상태인 것. ¶~ 사이즈 / ~ 여객기.
점보-제트기(jumbo jet機) [명] 승객 400명 이상을 태울 수 있는 초대형 제트 여객기.
점복(占卜) [명] 사람의 운세나 미래에 일어날 일이나 기타 인간의 능력으로 알 수 없는 어떤 일을 주술의 힘이나 자연현상의 관찰이나 괘(卦)나 사주나 관상 등의 수단에 의해 알아내는 일. **점복-하다** [동][자][여]
점-뿌림(點-) [명][농] 씨앗을 한 곳에 한 개 또는 몇 개씩 일정한 간격을 두고 뿌려 나가는 파종법. =점파(點播). **점뿌림-하다** [동][타][여]
점사(占辭) [명] 점괘에 나타난 말.
점상(占床) [-쌍] [명] 점치는 기구를 놓고 점을 치는 데 쓰이는 상.
점서(占筮) [명] =복서(卜筮)¹.
점선(點線) [명] 점을 잇달아 찍어서 나타낸 선. ▷실선(實線).
점성(粘性) [명] **1** 차지고 끈끈한 성질. **2** [물] 유체(流體)가 형태를 바꾸려고 할 때에 작용하는 유체 내부의 저항.
점성-가(占星家) [명] 점성술로 점치는 일을 직업으로 하는 사람.
점성-도(粘性度) [명][물] 유체(流體)의 점성의 정도. =점도·점성률(粘性率).
점성-술(占星術) [명] 별의 밝기나 위치나 움직임 등으로 인간의 운세, 사회의 동향을 점치는 기술.
점수(點數) [-쑤] [명] **1** 성적을 나타내는 숫자. ¶~가 좋다 / ~를 내다 / ~를 따다. **2** 물건의 가짓수. **3** =끗수.
점술(占術) [명] 점치는 법.
점술-가(占術家) [명] '점쟁이'를 대접하여 이르는 말.
점-쉼표(點-標) [명][음] 오른쪽에 작은 점이 덧붙어 찍혀 있는 쉼표. 점 온쉼표·점 2분쉼표 따위.
점¦신-세(漸新世) [명][지] =올리고세.
점¦심(點心) [명] **1** 사람이 낮에 먹는 끼니. =중식. ¶~ 식사 / ~을 먹다. **2** [불] 선종(禪宗)에서, 배고플 때 조금 먹는 음식.
점¦심-곁두리(點心-) [-곋뚜-] [명] 농부나 일꾼이 일하면서 아침과 점심 사이에 먹는 음식. ▷곁두리·저녁곁두리.
점¦심-나절(點心-) [명] 점심 무렵의 한동안.
점¦심-때(點心-) [명] 점심을 먹을 무렵.
점¦심-밥(點心-) [-빱] [명] 사람이 낮에 끼니로 먹는 밥. =오반(午飯)·주식(晝食)·중반(中飯).
점¦심-상(點心床) [-쌍] [명] 점심밥을 차린 상.
점¦심-시간(點心時間) [-씨-] [명] 점심을 먹기로 정해 둔 시간. 보통 낮 12시부터 1시 사이임.
점¦심-참(點心-) [명] **1** 주로 농사일을 할 때에, 점심나절에 일을 잠시 쉬는 동안. 또는, 그때에 먹는 음식. ¶정 서방은 ~으로 나온 술을 한잔 걸친 탓에 얼굴이 불콰했다. **2** 점심 무렵.
점안(點眼) [명] **1** 안약을 눈에 떨어뜨려 넣는 것. **2** [불] 불상을 조각하거나 그린 뒤, 의식을 갖추어 불상의 눈에 눈동자를 그려 넣는 일. 이 의식을 통해 불상이 비로소 예배의 대상이 됨. =점불정. **3** =점정(點睛)**1**. **점안-하다** [동][자][여]
점안-액(點眼液) [명] =점안제.
점안-제(點眼劑) [명] 눈에 한 방울씩 떨어뜨리게 되어 있는 안약. =점안액.
점액(粘液) [명] **1** 끈끈한 성질이 있는 액체. **2** [생] 생물체 내의 점액선(粘液腺) 등에서 분비되는 끈끈한 액체.
점액-선(粘液腺) [-썬] [명][생] 점액을 분비하는 외분비선. 척추동물에서는 소화관에 많이 존재하며 점막을 형성함.
점액-질(粘液質) [-찔] [명][심] 기질(氣質)의 한 유형. 감정이 차갑고 지둔(遲鈍)한 기질. 보수적인 경향이 있으나 의지가 굳고 인내력이 있음.
점역(點譯) [명] 말 또는 보통의 글자를 점자(點字)로 고치는 것. **점역-하다** [동][타][여]
점¦염¹(漸染) [명] 차차 번져서 물드는 것. **점¦염-하다¹** [동][자][여]
점염²(點染) [명] 조금씩 물드는 것. **점염-하다²** [동][자][여] **점염-되다** [동][자]
점¦오(漸悟) [명][불] 점점 깊이 깨닫는 것. ↔돈오(頓悟). **점¦오-하다** [동][타][여]
점용(占用) [명] **1** 차지하여 쓰는 것. **2** [법] 하천·도로·수면(水面) 따위를 점거하여 사용하는 일. **점용-하다** [동][타][여]
점¦원(店員) [명] 상점의 종업원.
점유(占有) [명] (어떤 대상이 어느 공간을) 차지하는 것. 또는, (어떤 대상이 전체 중의 얼마의 부분을) 차지하는 것. =점거. ¶~ 면적 / 무단 ~. **점유-하다** [동][타][여] ¶국가의 땅을 개인이 불법으로 ~. **점유-되다** [동][자] ¶우리나라는 70%가 산지로 **점유되어** 있다.
점유-권(占有權) [-꿘] [명][법] 물건을 소지한 점유자에게 인정되는 권리.
점유-율(占有率) [명] 어떤 대상이 어떤 영역에서 차지하고 있는 비율. ¶시장 ~.
점-음표(點音標) 명 [음] 점이 덧붙어 있는 음표. 점 온음표·점 2분음표 따위. =부점음표. ↔민음표.
점:이(漸移) 명 차차 옮아가는 것. **점:이-하다** 동자여
점:이^지대(漸移地帶) 명 [지] 서로 다른 지리적 특징을 가진 두 지역 사이에서 중간적인 현상을 나타내는 지대.
점:입-가경(漸入佳境) [-까-] 명 일이 점점 더 재미있게 되어 가거나 꼴불견이 되어 감. 또는, 경치가 점점 더 아름답게 전개됨. ¶여야의 공방이 갈수록 ~이다. / 계곡을 오르면 오를수록 그 멋이 ~이다. **점:입가경-하다** 자여
점자(點字) [-짜] 명 손가락으로 더듬어 읽도록 한 맹인용 기호 문자. 두꺼운 종이 위에 도드라진 여섯 개의 점을 일정한 방식으로 결합한 것임. ¶~ 책.
점:잔 명 (주로, '빼다'·'피우다'·'부리다'·'떨다'와 함께 쓰여) 짐짓 점잖게 행동하거나 말하는 태도. ¶~을 부리다 / ~을 피우다 / ~을 빼느라 먹고 싶은 것도 안….
점:잖다 [-잔타] 혱 1 (사람의, 또는 사람의 태도나 행동이) 가볍거나 막되지 않고 의젓하고 예의를 갖춘 상태에 있다. ¶**점잖은** 신사. 2 (사람의 행동이나 말이) 느렸하고 침착하며 무게가 있다. ¶그는 아랫사람을 **점잖게** 타일렀다. 3 (사물의 내용이) 품격이 있고 고상하다. ¶**점잖은** 자리 / 양복의 색깔이 ~. 잘잠잖다. **점:잖-이** 부 ¶좀 ~ 굴어라.
[**점잖은 개가 부뚜막에 오른다**] 점잖은 체하는 사람이 엉뚱한 짓을 한다.
점재(點在) 명 여기저기 흩어져 있는 것. **점재-하다** 동자여
점-쟁이(占-) 명 점치는 일을 직업으로 하는 사람을 예사롭게, 또는 얕잡아 이르는 말. 비복사(卜師)·복자(卜者)·주역선생.
점적(點滴) 명 1 방울방울 떨어지는 물방울. 2 [의] 시료(試料)에 시약을 적정(滴定)하는 일.
점:점(漸漸) 부 조금씩 조금씩 더욱. 사물의 진행이 중단됨이 없이 서서히 가속화되거나 심화되는 상태를 이르는 말. 비점차·차차·차츰. ¶물가가 ~ 올라가다 / 날씨가 ~ 더워지다.
점점-이(點點-) 부 1 점을 찍은 것과 같이 여기저기. ¶산등성이로 올라서자 아래쪽에 작은 마을의 집들이 ~ 흩어져 있는 게 한눈에 들어왔다.《황석영:삼포 가는 길》 2 떨어지는 것이 하나하나 또는 방울방울. ¶꽃잎이 허공에 ~ 흩어지다 / 구슬 같은 눈물이 ~ 떨어지다.
점정(點睛) 명 1 사람이나 짐승을 그릴 때 맨 나중에 눈동자를 그려 넣는 일. =점안(點眼). 2 =화룡점정. **점정-하다** 동자여
점-조직(點組織) 명 첩보 조직·범죄 조직 등에서, 철저한 비밀 유지를 위해 지령이나 명령을 수행하고 전달하는 각 단계의 사람들이 서로에 대해 전혀 알지 못하게 되어 있는 상태. ¶마약이 ~을 통해 밀매되다.
점:주(店主) 명 가게의 주인.
점:증(漸增) 명 (사물의 수나 양이) 점점 증가하는 것. **점:증-하다** 동자여 ¶자동차 수 ~ / 수요가 ~. **점:증-되다** 동자여
점:지 명 (신불이 사람에게 자식을) 잉태하여

갖게 하여 주는 것. =점수. **점:지-하다** 동타여 ¶비나이다, 비나이다, 신령님께 비나이다. 부디 아들 하나만 **점지해** 주옵소서.
적직-하다 [-지카-] 혱 부끄럽고 미안한 느낌이 있다. ¶영신이가 모 박아서 두둑이 담아 준 라이스 카레 한 접시를 게 눈 감추듯 하고는 **적직하니** 앉았는 동혁을 보고 백 씨는 더 가져오라고 눈짓을 한다.《심훈:상록수》 준점하다.
점:진(漸進) 명 어떤 이념이나 정책, 사회적 운동 등을 단계적으로 서서히 실현하려고 하는 상태. ↔급진. **점:진-하다** 동자여
점:진-적(漸進的) 관·명 점차로 조금씩 나아가는 (것). ¶~인 발전.
점:진-주의(漸進主義) [-의/-이] 명 급격한 방법을 피하고 단계에 따라 서서히 목적을 달성하려는 주의. ↔급진주의.
점:집(占-) [-찝] 명 복채를 받고 점을 쳐 주는 집.
점:찍다(點-) [-따] 동타 [조선 시대에 임금이 여러 후보 가운데 마음에 드는 사람의 이름 위에 점을 찍어 관원을 선임한 낙점(落點)에서 유래] (어떤 대상을) 특별한 의미나 의의를 띤 대상으로 마음속에 작정하다. ¶동네 처녀를 며느릿감으로 ~ / 나는 그 여자를 처음 보는 순간 '아, 이 여자다.' 하고 마음속으로 **점찍었다**.
점차(點差) 명 점수의 차이.
점:차²(漸次) 부 차례를 따라 조금씩. 비점점·차차. ¶생활수준이 ~ 나아지다 / 일이 ~ 익숙해지다.
점:차-로(漸次-) 부 '점차²'의 힘줌말.
점:차-적(漸次的) 명 점차로 진행되는 (것). ¶그런 일은 한꺼번에 되는 것이 아니니까 ~으로 해 나가야 한다.
점착(粘着) 명 차지게 착 달라붙는 것. **점착-하다** 동자여 **점착-되다** 동자여
점착-제(粘着劑) [-쩨] 명 물질을 점착시키는 작용을 하는 물질.
점철(點綴) 명 여러 현상들을 시간의 흐름 속에 이어져 나타내는 것. **점철-하다** 동자여 ¶어머니라는 존재는 희생 일로로 평생을 **점철하고** 마는 존재이다.《윤태림:어머니의 글》 **점철-되다** 동자 ¶고독과 회한으로 **점철된** 인생.
점:층-법(漸層法) [-뻡] 명 [문] 수사법의 하나. 계단을 오르듯 이끌어 올림으로써 읽는 이의 감정을 고조시키는 방법. "몸이 닦아져야 집안이 바로잡히고, 그런 다음에야 나라가 다스려지고 천하가 평안해진다." 따위. ↔점강법.
점-치다(占-) 동타 (앞날의 운수나 길흉을) 주술의 힘이나 신비로운 수단에 의하여 미리 판단하다. ¶길흉화복을 ~ / 그의 앞날을 ~.
점토(粘土) 명 지름 0.039mm 미만의 미세한 알갱이로 이루어진 흙. 수분을 함유하면 점성·가소성이 있다. 도자기·내화물 등의 원료가 됨. 비찰흙.
점토-암(粘土巖) 명 [광] 해저 또는 호저(湖底)에 점토가 쌓여 이루어진 퇴적암.
점토-질(粘土質) 명 [지] 점토가 많이 섞인 지질(地質).
점파(點播) 명 [농] =점뿌림. **점파-하다** 동타여
점파-기(點播機) 명 [농] 점뿌림에 쓰이는 농

기구의 하나.
점판-암(粘板巖) 명 [광] 점토가 굳어서 된 검은빛의 퇴적암. 얇게 잘 갈라지며, 슬레이트·석반(石盤)·벼룻돌 등에 이용됨.
점퍼(jumper) 명 몸통과 팔을 덮고, 소매 끝은 조이며, 앞부분은 주로 지퍼를 달아 여미는 서양식 겉옷. 격식을 차리지 않는 자리에서 입는 활동적인 웃옷. =잠바.
점퍼-스커트(†jumper skirt) 명 블라우스·스웨터 등의 위에 입는, 상의와 스커트가 한데 붙은 옷. 흔히, 소매가 달리지 않음.
점¹**포**(店鋪) 명 =가겟집. ¶~를 내다[열다]/~를 임대하다.
점프(jump) 명 1 뛰어오르는 것. 2 [체] 육상 경기나 스키의 도약(跳躍) 종목. 3 [영] 필름 편집이 잘못되어 장면의 접속이 틀리는 일. **점프-하다** 동(자)여
점프-력(jump力) 명 점프할 수 있는 능력. ¶~이 좋은 농구 선수.
점프^볼(jump ball) 명[체] 농구에서, 경기를 시작할 때나 헬드 볼이 되었을 때, 양 팀의 두 선수가 심판이 던진 공을 점프하여 서로 빼앗으려고 하는 일.
점¹-하다¹ [형]여 '적절하다'의 준말.
점-하다²(占-) 동(타)여 (어떤 대상이 전체에 대한 얼마의 범위나 분량을) 이루거나 차지하다. ¶찬성하는 사람이 절대다수였다 / 한 통계에 따르면 서울시 자동차의 6할을 승용차가 **점하**고 있다고 한다.
점호(點呼) 명 한 사람 이름을 불러서 인원의 이상 유무를 확인하는 것. **점호-하다** 동(타)여
점화(點火) 명 1 불을 켜거나 붙이는 것. (비) 발화(發火)·착화(着火). ↔소화(消火). 2 내연 기관에서 실린더 안의 연료를 폭발시키기 위한 조작. **점화-하다** 동(자)(타)여 ¶난로에~ / 성화를~. **점화-되다** 동(자)
점화^장치(點火裝置) 명 1 [군] 총포나 폭탄 등의 폭약을 폭발시키는 장치. 2 내연 기관에서, 압축된 가스를 폭발시키기 위하여 전기 불꽃을 일으키는 장치.
점화^플러그(點火plug) 명 내연 기관에서, 실린더 안의 연료를 전기 불꽃으로 점화하는 장치. =불꽃전(發火栓)·점화전·플러그.
접¹ 명 [1](자립) 채소·과일 따위의 백 개를 이르는 말. ¶배추를 ~으로 사다 / 오이는 ~이 얼마나 합니까? [2](의존) 채소·과실 따위의 백 개를 세는 단위. ¶마늘 한 ~. =포(包).
접²(接) 명 [역] 1 보부상(褓負商)의 동아리. 2 글방 아이들이나 유생(儒生)들의 동아리. 3 동학(東學)에서, 기본을 이루는 하위 조직. 그 우두머리를 '접주'라고 함.
접³(椄·接) 명 [식] 나무의 품종 개량 또는 번식을 위한 방법의 하나. 한 나무에 다른 나무의 가지나 눈을 따다 붙이는 것으로, 두 나무의 좋은 특성을 다 갖춘 새로운 품종을 얻을 수 있음. ¶~을 붙이다.
접객(接客) 명 [-깩] 손님을 접대하는 것. 비접빈(接賓). **접객-하다** 동(자)여
접객-업(接客業) 명 [-깩-] 명 주로 손님을 접대하고 서비스하는 영업. 음식점·다방·이발소·목욕탕 따위. ¶~소(所).
접견(接見) 명 [-껸] 1 공식적으로 맞아들여 만나 보는 것. 비인견(引見). 2 [법] 구류 중인 피고인이나 수형자(受刑者)가 변호사 등 외부인과 만나는 것. **접견-하다** 동(타)여 ¶외부 인사를 ~.

접견-실(接見室) [-껸-] 명 1 공식적으로 손님을 맞아들여 만나 보는 방. ¶대통령~. 2 수감 중인 피고인이나 수형자가 변호사 등의 외부인과 만나는 방.
접경(接境) [-꼉] 명 경계가 맞닿는 것. 또는, 서로 맞닿은 두 지역의 경계. =연경(連境)·접계(接界). ¶~지대. **접경-하다** 동(자)여 **접경-되다** 동(자)
접골(接骨) [-꼴] 명 [의] 어긋나거나 부러진 뼈를 이어 맞추는 것. =정골(整骨). **접골-하다** 동(타)여 **접골-되다** 동(자)
접골-사(接骨士) [-꼴싸] 명 수술에 의하지 않고 주로 부목(副木)·깁스 등의 방법으로 골절(骨折)이나 탈구(脫臼) 등을 치료하는 사람.
접골-원(接骨院) [-꼴-] 명 접골을 전문으로 하는 병원.
접구(接口) [-꾸] 명 음식을 겨우 입에 댈 정도로 조금 먹는 것. **접구-하다** 동(타)여
접근(接近) [-끈] 명 1 (어떤 대상에) 가까이 다가가는 것. ¶민간인 ~ 금지. 2 (어떤 사람에게) 친밀한 관계를 꾀하는 것. 3 (어떤 의견이나 결론 따위, 또는 둘 이상의 사람의 의견이) 서로 일치되는 상태에 가까워지는 것. 4 (어떤 대상이나 문제에 대해) 일정한 방법이나 관점으로 다루는 것. ¶이상(李箱)의 작품에 대한 정신 분석학적 ~. 5 [컴] 주변 장치로부터 데이터를 얻기도 하고, 기억 장치로부터 데이터를 검색하기도 하는 과정. ≒액세스. **접근-하다** 동(자)여 ¶적지가 가까이 ~ / 논의 끝에 합의점에 ~. **접근-되다** 동(자)
접근-법(接近法) [-끈뻡] 명 어떤 대상이나 문제를 다루거나 처리하는 방법. ¶남북문제에 대한 새로운 ~.
접근^시간(接近時間) [-끈-] 명 [컴] 기억 장치에서 데이터를 꺼내거나 주변 기기에서 데이터를 얻는 데 소요되는 시간. ≒액세스 타임.
접다 [-따] 동(타) 1 (종이나 천 따위의 넓이가 있는 얇은 물체를) 반듯한 금이 생기도록 구부려 그 금을 경계로 하여 한 면과 다른 면이 닿게 만들다. ¶종이[보자기]를 ~ / 편지를 **접어서** 봉투에 ~. 2 (어떤 물체를) 종이 따위로 일정하게 구부려서 겹치게 하여 만들다. ¶색종이로 학을 ~. 3 (사용하거나 활동하기 위해 폈던 물건을) 보관하기 좋거나 더 활동하지 않기 위해 그 크기가 작아지게 만들다. ¶우산을 ~ / 새가 날개를 ~. 4 (문제로 삼았던 일을) 논의하거나 시비를 가리거나 하기를 그치고 그냥 두다. 비보류하다. ¶이 문제는 일단 **접어** 두기로 하자. 5 자기보다 못한 사람을 상대할 때, 얼마간 너그럽게 대하거나 그에게 유리한 조건을 가지게 하다. ¶나이 어린 사람과 맞서서 다투지 말고 자네가 한 수 **접어** 생각하게.
접대(接待) [-때] 명 손을 맞아 대접하는 것. 비대접(待接). **접대-하다**¹ 동(타)여 ¶손~.
접대²(接對) [-때] 명 응접(應接)하여 대면하는 것. **접대-하다**² 동(타)여
접대-부(接待婦) [-때-] 명 술집에서 손님을 접대하는 여자. ≒접객부.
접대-비(接待費) [-때-] 명 손님을 접대하는 데 쓰이는 비용.
접도(摺刀) [-또] 명 =접칼.
접두-사(接頭辭) [-뚜-] 명 [언] 파생어를 만

접두어의 하나. 어떤 단어의 앞에 붙어 새로운 단어가 되게 하는 말. '짓누르다'의 '짓-' 따위. =머리가지·접두어·앞가지. ↔접미사.

접두-어(接頭語)[-뚜-] 명[언] =접두사.

접:때 명[부] 며칠 되지 않은 과거의 그때를 막연하게 이르는 말. ¶~ 길에서 만났던 사람 /~부터 몸이 안 좋다.

접맥(接脈)[점-] 명 맥을 잇는 것. **접맥-하다** 동(자)(타)여 ¶현대 물리학을 동양 사상과

접목(接木·椄木)[-] 명 1 [농] 나무의 가지나 눈 등을 잘라 내어 같거나 비슷한 종류의 나무에 접합·유착시켜서 번식시키는 일. 또는, 그 나무. 2 둘 이상의 다른 현상 따위를 알맞게 조화시킴을 비유하여 이르는 말. **접목-하다** 동(타)여 **접목-되다** 동(자)

접문(接吻)[점-] 명 =키스(kiss)1. **접문-하다** 동(자)여

접미-사(接尾辭)[점-] 명[언] 파생어를 만드는 형태소의 하나. 어떤 단어의 끝에 붙어 새로운 단어가 되게 하는 말. '가위질'의 '-질' 따위. =끝가지·뒷가지·발가지·접미어. ↔접두사.

접미-어(接尾語)[점-] 명[언] =접미사.

접-바둑[-빠-] 명 하수(下手)가 미리 화점(花點)에 두 점 이상을 놓고 두는 바둑. ↔맞바둑.

접변(接變)[-뻔] 명[언] 어떤 음이 이웃해 있는 다른 음의 영향으로 다르게 발음되는 현상. ¶자음(子音) ~. **접변-하다** 동(자)여

접본(接本)[-뽄] 명[농] 접을 붙일 때 바탕이 되는 나무. =대목(臺木)·접대(接臺).

접붙-이기(接-)[-뿌치-] 명[농] 접을 붙이는 일. **접붙이기-하다** 동(타)여

접-붙이다(接-)[-뿌치-] 동(타) 나무에 접을 붙이다.

접사¹(接寫)[-싸] 명[사진] 대상물을 극도로 가까운 거리에서 촬영하는 일. 흔히, 화초나 곤충 등을 피사체로 할 때 사용하는 기법으로, 별도의 보조 렌즈를 부착하는 경우가 많음. **접사-하다** 동(타)여

접사²(接辭)[-싸] 명[언] 어근의 앞이나 끝에 붙어서 파생어를 만드는 형식 형태소. 접두사와 접미사가 있음. =가지·씨가지·접어(接語).

접사리[-싸-] 명 농촌에서 모내기할 때 덮어쓰는 비옷의 하나. 밀짚 따위로 만드는데, 머리에서부터 덮어써서 무릎에까지 이름.

접선(接線)[-썬] 명 1 [수] 곡선과 한 점에서 만나는 직선. =절선(切線)·촉선(觸線). 2 어떤 목적을 위해 비밀리에 만나는 것. 또는, 그런 관계를 맺는 것. **접선-하다** 동(자)여

접속(接續)[-쏙] 명 (둘 이상의 사물을) 떨어지지 않게 붙이거나, 공간적으로 이어지게 하는 것. **접속-하다** 동(타)여 ¶두 곡을 **접속하여** 들려주다. **접속-되다** 동(자)

접속-곡(接續曲)[-쏙꼭] 명[음] 잘 알려진 오페라곡이나 가곡·기악곡 등을 이어서 편곡한 악곡. =메들리.

접속^부사(接續副詞)[-쏙뿌-] 명[언] 앞 문장의 뜻을 뒤 문장에 이어 주는 구실을 하는 부사. '그러나', '또는' 따위.

접속-사(接續詞)[-쏙싸] 명[언] 1 체언이나 문장을 이어 주는 단어. '그리고', '및', '또는' 따위. 학교 문법에서는 접속 부사로 다룸. 2 서구어(西歐語)에서 단어와 단어, 구절과 구절을 이어 주는 구실을 하는 품사.

접속-어(接續語)[-쏙-] 명[언] 단어와 단어, 구절과 구절, 문장과 문장을 이어 주는 구실을 하는 문장 성분. 주로 접속 부사가 이 구실을 맡음.

접속^조사(接續助詞)[-쏙쪼-] 명[언] 체언과 체언을 같은 자격으로 이어 주는 구실을 하는 조사. '닭과 오리'에서 '과' 따위.

접수¹(接收)[-쑤] 명 1 권력으로써 강제적으로 인수(引受)하는 것. ¶그는 … 야학을 어제 당에서 나온 공작 대원에게 ~를 당한 것이었다.《황순원: 카인의 후예》 2 받아서 거두는 것. **접수-하다**¹ 동(타)여 **접수-되다**¹ 동(자)

접수²(接受)[-쑤] 명 1 어떤 신청 또는 신고를 구두(口頭)·문서로 받는 것. ¶~창구. 2 돈이나 물건 따위를 받는 것. ¶~번호. **접수-하다**² 동(타)여 ¶원서를 ~. **접수-되다**² 동(자)¶접수된 서류.

어법 수험생이 학교에 원서를 접수하다: 접수하다(X)→제출하다(O). ¶ 원서를 접수하는 주체는 수험생이 아니라 학교임.

접수-증(接受證)[-쑤쯩] 명 접수하였음을 증명하는 표.

접수-처(接受處)[-쑤-] 명 접수하는 사무를 맡아보는 곳.

접시[-씨] 명 [<중楪子] 1[자립] 형태가 둥글고 납작하며 가장자리가 약간 높거나 비스듬히 올라간 식기(食器). 주로, 사기나 유리 또는 플라스틱 따위로 만듦. ¶떡을 ~에 담다. 2[의존] 음식의 분량을 그것이 담긴 접시의 수로 헤아리는 말. ¶나물 한 ~.
[접시 물에 빠져 죽지] 처지가 매우 궁박하여 어쩔 줄을 모르고 답답해 함을 이르는 말.

접시-꽃[-씨꼳] 명[식] 아욱과의 여러해살이풀. 높이 2.5m가량. 여름에 접시 모양의 크고 납작한 흰색·빨강·자줏빛 꽃이 핌. =규화·촉규(蜀葵)·촉규화.

접시-저울[-씨-] 명 접시 모양의 판에 물건을 얹어서 무게를 다는 저울.

접신(接神)[-씬] 명 사람에게 신이 내려 서로 영(靈)이 통하는 것. **접신-하다** 동(자)여

접안(接岸)[-] 명 배를 안벽이나 육지에 대는 것. **접안-하다** 동(자)여 ¶배가 선착장에 ~.

접안-렌즈(接眼lens) 명[물] 현미경·망원경 등에서, 눈을 대고 보는 쪽에 있는 렌즈. =대안경(對眼鏡)·대안렌즈·접안경. ↔대물렌즈.

접어(接語) 명 1[언] =접사(接辭)². 2 서로 말을 주고받는 것. **접어-하다** 동(자)여 서로 말을 주고받.

접어-놓다[-노타] 동(타) 제쳐 놓고 관심을 두지 않다.

접어-들다 동(자) <~드니, ~드오> 1 (한 시기에서 다른 시기로) 바뀌어 이르거나 처하다. ¶말년에 ~ / 결산기에 ~ / 가을이 가고 겨울로 ~. 2 어느 지점이나 길로 들어서다. ¶고속도로로 ~ / 샛길로 ~. (자)잡아들다.

접어-주다 동(타) 1 자기보다 못한 사람에게 다소 너그럽게 이리 대해 주다. 2 장기·바둑 등에서, 수가 낮은 사람에게 유리한 조건을 주기 위해 말을 몇 개 떼거나 돌을 몇 개 먼저 놓게 하다. ¶호선(互先)은 안 되겠고, 두 점 정도 **접어주면** 맞겠다.

접영(蝶泳) 명[체] 두 손을 동시에 앞으로 뻗

쳐 물을 끌어당기고, 양 다리는 모아서 상하로 움직이며 나아가는 헤엄. =버터플라이수영법.
접요-사(接腰辭) [명] [언] 독립하여 쓰이지 못하고 다른 말 중간에 끼여 함께 한 낱말을 이루는 접사. '좁쌀'의 '-ㅂ-'이나 '잇몸'의 사잇소리 '-ㅅ-' 따위. =삽요사.
접원(接圓) [명] [수] 단 하나의 점을 공유하는 두 개의 원.
접-의자(-椅子) [명] 접을 수 있게 만든 의자.
접-자 [-짜] [명] 휴대하기에 편리하도록 접었다 폈다 할 수 있게 만든 자. =절척(折尺).
접장(接長) [-짱] [명] [역] 1 보부상의 동아리인 접(接)의 우두머리. =접주·접주인. 2 서당에서 나이와 학력이 가장 높은 사람을 뽑아 선생을 돕도록 맡긴 사람.
접적(接敵) [-쩍] [명] 1 적진에 근접하는 것. 2 적과 맞부딪치는 것. **접적-하다** [자여]
접전(接戰) [-쩐] [명] 1 적과 가까운 거리에서 싸우는 것. ¶~을 벌이다 / ~이 벌어지다. 2 전력(戰力)이 비슷하여 좀처럼 승부가 나지 않게 싸우는 것. ¶결승전에서 치열한 ~이 예상된다. **접전-하다** [자여]
접점(接點) [-쩜] [명] 1 [수] 직선이 곡선에 접하는 점. 또는, 어떤 접평면이 곡면에 접하는 점. =절점(切點). 2 전류가 좁은 면적의 접촉에 의해 흐르거나 끊어지거나 하는 부분.
접족(接足) [-쪽] [명] 발을 들여놓는 것. 또는, 발을 붙이는 것. **접족-하다** [자여]
접종¹(接種) [-쫑] [명] [의] 병의 예방·치료·진단·실험 등을 위하여 병원균을 사람이나 동물의 몸에 주입하는 일. ¶예방 ~. **접종-하다** [타여]
접종²(接踵) [-쫑] [명] 1 남의 뒤를 바짝 붙어서 따르는 것. 2 (사물이) 잇따라 일어나는 것. =종접(踵接). **접종-하다** [자여]
접주(接主) [-쭈] [명] [역] 1 과거를 보는 유생들의 단체를 조직한 사람. 2 동학에서, 접의 우두머리. 3 =접장(接長).
접주-인(接主人) [-쭈-] [명] [역] =접장(接長)1.
접지¹(接地) [-찌] [명] 1 어떤 물체가 땅에 닿는 것. ¶~ 면적이 큰 타이어. 2 [물] 전기 기기와 지면을 동선 등의 도선으로 연결하는 것. 또는, 그 도체. =어스(earth). **접지-하다**¹ [타여]
접지²(接枝) [-찌] [명] [농] 접을 붙일 때 접본(接本)에 꽂는 나뭇가지. 또는, 그 나뭇가지를 접본에 꽂는 것. **접지-하다**² [타여]
접지³(摺紙) [-찌] [명] 1 종이를 접는 것. 2 그 종이. 2 제본을 하려고 인쇄된 종이를 차례대로 접는 것. 또는, 그 종이. ¶~기(機). **접지-하다**³ [자타여] **접지-되다** [자여]
접지-선(接地線) [-찌-] [명] 전기 회로의 일부를 땅과 연결시키는 선. =어스선.
접-질리다 [-찔-] [동] [자타] (발목·팔목 등의 관절이) 강한 힘으로 잘못 딛거나 짚거나 하여 뼈끝부분에서 빠는 상태가 되다. ¶계단을 급히 내려오다가 발목을 **접질렸다**.
접착(接着) [명] (물체와 물체가) 달라붙는 것. 또는, (물체를) 달라붙게 하는 것. **접착-하다** [자여] ¶떨어진 신발 바닥을 풀로 ~. **접착-되다** [자여]
접착-력(接着力) [-창녁] [명] 풀이나 본드 따위의 달라붙는 힘. ¶~이 강한 본드.
접착-제(接着劑) [-쩨] [명] 두 물체를 서로 접착하는 데 쓰이는 물질. 풀·아교·합성수지·합성 고무 따위.
접착-테이프(接着tape) [명] 한쪽 면에 접착제가 발라져 있는 테이프. 봉하거나 포장할 때 씀.
접책(摺冊) [명] 1 긴 종이를 앞뒤로 여러 겹 접어서 책처럼 만든 것. 2 장첩(粧帖)으로 꾸민 책.
접철(摺綴) [명] 접어서 한데 묶는 것. **접철-하다** [타여] ¶인쇄된 종이를 ~.
접촉(接觸) [명] 1 (두 물체가) 서로 닿게 되는 것. 또는, (두 물체를) 서로 닿게 하는 것. ¶~ 사고 / ~ 불량 / 피부 ~. 2 어떤 목적이 있어 다른 사람과 만나거나 연락하거나 하는 일. ®교섭. ¶외부와 ~을 끊다 / 유력 인사와 ~을 갖다. **접촉-하다** [자타여] ¶그는 사업상 많은 사람과 **접촉한다**. **접촉-되다** [자여]
접촉-저항(接觸抵抗) [-쩌-] [명] [물] 두 물체의 접촉면을 통하여 전기가 흐를 때, 그 접촉면에 생기는 전기 저항.
접치¹ [동][자] '접치이다'의 준말.
접치² [동][타] '접치다'의 힘줌말.
접치-이다 [동][자] '접치다²'의 피동사. ⓒ접치다.
접침-접침 [부] 여러 겹으로 접는 모양. **접침접침-하다** [타여]
접-칼 [명] 접을 수 있도록 만든 칼. =접도(摺刀).
접-평면(接平面) [명] [수] 곡면 위의 한 점에 접하는 평면.
접-하다(接-) [저파-] [자][타][여] 1 (사물이) 다른 사물과[에] 이어지게 닿다. ⓗ이웃하다·잇닿다. ¶바다와 **접해** 있는 마을 / 건물이 도로에 ~. 2 (사람을[과]) 만나는 경험을 가지다. ¶많은 사람을 ~ / 유명 인사와 **접할** 기회가 잦다. 3 (사물을[과/에]) 듣거나 보거나 대하는 경험을 가지다. ¶기쁜 소식을 ~ / 자연과 **접해** 보지 못한 도시 어린이.
접합(接合) [저팝] [명] 1 한데 대어 붙이는 것. 2 [동] 원생동물의 섬모충에서 볼 수 있는 유성 생식의 방법. 접착한 두 개체 사이에서 핵의 일부분만을 교환하여 융합하고, 세포질의 융합은 일어나지 않음. ↔합체(合體). 3 [식] 식물, 특히 균류(菌類) 등의 생식 세포 또는 생식 기관의 합체. **접합-하다** [자타여] **접합-되다** [자여]
접합-자(接合子) [저팝짜] [명] [생] 두 개의 배우자 또는 단세포 생물에서 두 개체가 융합하여 생기는 세포.
접-히다 [저피-] [동] '접다'의 피동사.
젓 [전] [명] 생선이나 조개류의 살·알·내장 따위를 소금에 절여 삭힌 것. ¶새우~ / ~을 담그다.
젓-가락 [저까-/전까-] [명] 음식을 집는 데 사용하는 한 쌍의 가늘고 긴 막대기. 쇠붙이나 나무, 또는 플라스틱 따위로 만듦. 세는 단위는 벌·매. ¶나무~ / ~으로 집다. ⓒ저·젓갈. ▶숟가락.
젓가락-질 [저까-찔/전까-찔] [명] 젓가락으로 먹을 것을 집는 일. **젓가락질-하다** [동]
젓-갈¹ [전깔] [명] 젓으로 담근 저장 식품. 반찬 또는 조미용의 음식임.
[**젓갈 가게에 중**] 당찮은 일에 눈뜸을 이르는 말.

젓-갈[저깔/저깔] 몡 '젓가락'의 준말.
젓갈-붙이[전깔부치] 몡 젓갈 종류에 속하는 음식.
젓-구멍[저꾸−/저꾸−] 몡 피리에 뚫린 구멍.
젓-국[전꾹] 몡 젓갈이 삭아 우러나온 국물.
젓국-지[전꾹찌] 몡 조기 젓국을 냉수에 타서 국물을 부어 담근 김치.
젓-나무[전−] 몡[식] 소나뭇과의 상록 교목. 높이 40m가량. 잎은 선형(線形)이고 꽃은 4월경에 핌. 구과(毬果)는 원통형이며 10월에 익음. 높은 산에 풍치수로 흔히 심음. =전나무·종묘.
젓다[전따] (젓고 / 저어) 톰(ㅅ)〈저으니, 저어〉 1 (액체나 가루 상태의 물질이나 다른 액체가 잘 섞이거나 엉기거나, 또는 열에 눋지 않도록 하기 위해, 숟가락이나 막대기 따위를 둥글게 또는 이리저리 움직이다. ¶커피에 설탕을 넣고 스푼으로 ~. 2 (노를) 배가 가도록 물속에 넣고 일정한 방식대로 움직이다. ¶노 젓는 뱃사공. 3 (팔이나 꼬리를) 이리저리 반복적으로 흔들다. ¶팔을 **저으며** 걷다. 4 (손이나 머리를) 거절하거나 싫다는 뜻을 나타내기 위하여 좌우로 몇 번 흔들다. ¶김 선생은 나의 작은 성의조차 손을 **저으며** 극구 사양했다.
젓-대[저때/젇때] 몡[음] 1 '저[2]'의 속칭. 2 특히, 대금(大琴)을 일컫는 말.
정[1] 몡 돌을 쪼아 다듬거나 구멍을 뚫는 데에 쓰는 쇠로 된 연장.
정[2] 뭐 '정말로', '참으로'의 뜻을 나타내는 말. ¶~ 싫다면 할 수 없지. / ~ 가고 싶으면 다녀오너라.
정[3](丁) 몡 천간(天干)의 넷째.
정[4](正) Ⅰ 몡 1 바른 일. 또는, 바른 길. ↔사(邪). 2 [철]=정립(定立)[1]. ↔반(反).
Ⅱ 주 십진급수의 하나. 간(澗)의 만 배, 재(載)의 만분의 일. 곧, 10[40].
정[5](情) 몡 1 사람이 다른 사람이나 동물과 함께 오랫동안 지내 오면서 생기는 좋아하는 마음. 또는, 사람이 오래 살거나 생활하는 곳에 대하여 가깝게 느끼는 마음. ¶부부의 ~ / ~을 느끼다 / ~이 들다 / ~이 떨어지다. 2 특히, 남녀간의 애정. ¶~을 통하다 / ~에 약한 여자 / ~주고 떠난 임. 3 남을 도와주거나 배려하는 따뜻한 마음. 몐인정. ¶~이 많은[없는] 사람. 4 (주로 '신뢰/연민/개전/추모…의 정'의 꼴로 쓰여) '감정', '마음'을 가리키는 말. ¶신뢰의 ~을 쌓다 / 흠모의 ~을 품다.
정을 쏟다 관 어떤 상대에게 온 마음을 다하여 사랑을 주다. ¶하나뿐인 자식에게 **정을 흠뻑 쏟다**.
정을 통하다 관 부부 사이가 아닌 남녀가 부도덕한 애정 관계를 맺다. ¶남편 몰래 외간 남자와 ~.
정[6](旌) 몡[역] 오색의 깃털을 깃대 끝에 드리워 꾸민 기.
정[7](町) 몡[역전] 1 거리 단위의 하나. 곧, 60칸. 미터법으로는 약 109m. 2 토지 면적의 단위의 하나. 곧, 3000평으로 10단(段)임. 미터법으로는 9917.4m². ▷정보(町步).
정[8](挺·錠) 몡[의전] 총·괭이·삽 따위를 셀 때의 단위.
정[9](錠) 몡[의전] 알약을 세는 단위. ¶이 약을 식후 한 ~씩 복용하시오.
정-[10](正) 접두 1 '부(副)', '임시' 등에 대해 '주된 것'임을 뜻하는 말. ¶~사원 / ~회원. ↔부(副)-. 2 [역] 종(從)에 대하여, 한 자리 높은 품계를 나타내는 말. ¶~1품(品). ↔종(從)-. 3 '똑바른'의 뜻을 나타내는 말. ¶~남향(南向).
-정[11](亭) 접미 '정자(亭子)'의 뜻을 나타내는 말. 또는, 어떤 정자의 이름을 이루는 말. ¶팔각~ / 부용~ / 세월~.
-정[12](艇) 접미 일부 명사 뒤에 붙어, 함정(艦艇)의 종류 이름을 이루는 말. ¶경비~ / 어뢰~.
-정[13](整) 접미 돈의 액수 끝에 붙이는 말. ¶일금(一金) 5만 원~.
-정[14](錠) 접미 둥글납작하게 만든 약임을 나타내는 말. ¶당의(糖衣)~ / 비타민~. ▷환(丸).
정가[1] 몡 지나간 허물을 들추어 흉보는 것. ¶유 씨는 걸핏하면 남편 정 주사더러 공부는 많이 하고 내 앞 하나를 가려 나가지 못한단 말이냐고 ~를 하고 한다. 《채만식:탁류》
정가-하다 톰(타)옝
정가[2](定價) [−까] 몡 값을 정하는 것. 또는, 그 가격. ¶~표. 멘(定價)[2]
정가-하다 톰(자)옝
정가[3](政街) 몡 정치인들의 사회. ¶~ 소식 / 여의도 ~ / ~를 뒤흔든 비리 사건.
정가-표(定價票) [−까−] 몡 정가를 써 붙인 표.
정각[1](正刻) 몡 주로 시(時) 단위의 시각과 함께 쓰여, 정확하게 그 시각임을 나타내는 말. ¶12시 ~에 시청 아래에서 만나자.
정각[2](正覺) 몡[불] 부처의 올바른 깨달음.
정각[3](定刻) 몡 정해진 시각.
정-각기둥(正角−) [−끼−] 몡[수] 밑면이 정다각형인 각기둥. 구용어는 정각주(正角柱)·정주체(正柱體).
정-각뿔(正角−) 몡[수] 밑면이 정다각형이고 옆면이 모두 이등변 삼각형인 각뿔. 구용어는 정각추.
정간[1](井間) 몡 바둑판처럼 가로세로 여러 평행선을 그어 나타내는 '井(정)'자 모양의 각각의 칸살. ¶~를 치다.
정간[2](停刊) 몡 신문·잡지 등 정기 간행물의 간행을 감독관청의 명령으로 한때 중지하는 것. ¶~ 처분. **정간-하다** 톰(타)옝 **정간-되다** 톰(자)옝
정간-보(井間譜) 몡[음] 조선 세종이 창안한 악보. '井(정)'자 모양으로 칸을 질러 놓고 음명(律名)을 기입함.
정갈-스럽다[−따] 옝옝〈−스러우니, −스러워〉 정갈한 데가 있다. ¶**정갈스런** 음식.
정갈스레 뭐
정갈-하다 옝옝 (모양이나 옷 따위가) 깨끗하고 말쑥하다. ¶방 안을 **정갈하게** 꾸미다.
정갈-히 뭐
정감(情感) 몡 사람의 마음에 따뜻한 정을 불러일으키는 느낌. ¶~ 어린 목소리 / ~이 넘치는 말 / ~이 담긴 눈길.
정감-록(鄭鑑錄) [−녹] 몡[책] 조선 중기 이후 백성들 사이에 유포된, 국가의 운명과 백성의 앞날에 대한 예언서.
정강(政綱) 몡 1 정치의 대강(大綱). 2 정부 또는 정당이 국민에게 실현을 공약한 정책의 대강.
정강-마루 몡[생] 정강이뼈 앞 거죽에 마루가 진 곳.
정강-말 몡 무엇을 타지 않고 제 발로 걷는 것을 농으로 일컫는 말. =적각마(赤脚馬).

정강의 변(靖康-變)[-의-/-에-][역] 북송(北宋)의 정강 연간(1126~27)에, 금나라의 태종이 침입한 변란. 이 결과 북송은 멸망했음.

정강이[명][생] 아랫다리에서 앞의 뼈가 있는 부분. ¶구둣발로 ~를 걷어차다.

정강이-뼈[명][생] 하퇴골 중에서 정강이 안쪽에 있는 긴 뼈. =경골(脛骨)·정강뼈.

정객(政客)[명] 정치계에서 활동하는 사람.

정거(停車)[명] (차를) 브레이크를 걸어 세우는 것. 또는, (차가) 브레이크에 의해 멈추어서 있는 것. **정차**(停車). **정거-하다**[동](재)(태)(여) ¶다른 차가 끼어드는 바람에 차를 급히 ~.

정거-장(停車場)[명] 여객의 승강(乘降)이나 화물의 착송(着送) 등을 위하여 열차가 정거하게 되어 있는 곳. ¶우주 ~ / ~에 마중을 나가다.

유의어	정거장 / 역
둘 다 열차가 발착하는 곳을 가리키나 '정거장'이 일반인과 직접 관계가 없는 조차장(操車場)·신호장(信號場) 등을 광범위하게 포함하는 데 반해, '역(驛)'은 여객과 화물만을 대상으로 하는 한정된 영역을 가리킴.	

정!격¹(正格)[-격][명] 규칙이나 규격 또는 격식에 맞는 바른 것. ↔변격(變格).

정!격²(定格)[-격][명] 발전기·전동기·변압기·진공관 등 전기 기기에 대하여 제조 회사가 규정한 사용 조건 및 그 성능의 범위. ¶~ 전압 / ~ 출력.

정!견¹(正見)[명][불] 팔정도(八正道)의 하나. 모든 편견을 버리고 만물(萬物)의 진상을 바르게 판단하는 지혜.

정!견²(定見)[명] 일정하게 자기의 주장이 있는 의견. ¶무~.

정견³(政見)[명] 정치에 관한 의견이나 견해. ¶~을 발표하다.

정결¹(貞潔) ➡**정결-하다**¹ [형][여] 정조(貞操)가 굳고 행실이 깨끗하다. ¶품행이 ~. **정결-히**¹[부]

정결²(淨潔) ➡**정결-하다**² [형][여] 맑고 깨끗하다. **정결-히**²[부] ¶몸을 ~ 하다 / 주변을 ~ 하다.

정결³(精潔) ➡**정결-하다**³ [형][여] 순수하고 깨끗하다. **정결-히**³[부]

정-겹다(情-)[형][여]<-겨우니, -겨워> 정이 넘칠 만큼 화목하다. 또는, 넘칠 정도로 정이 담뿍 들어 있다. ¶모처럼 온 가족이 야외에 나가 **정겨운** 한때를 보내다 / 아이들이 노는 모습을 **정겹게** 바라보다.

정!경¹(正經)[가][기] 크리스트교의 경전으로서 정식으로 채택되고 있는 문서. 곧, 구약 성서와 신약 성서. ▷외경(外經).

정경²(政經)[명] 정치와 경제. ¶~ 분리 / ~ 유착.

정경³(情景)[명] 어떤 감정을 불러일으키는 광경. ¶눈물겨운 ~.

정경-부인(貞敬夫人)[명][역] 조선 시대에, 정1품·종1품 문무관의 아내에게 주던 봉작(封爵).

정계(政界)[-계/-게][명] 정치에 관계하는 사람들의 사회적인 분야. 비정치계. ¶~ 야화 / ~ 개편.

정!계-비(定界碑)[-계-/-게-][명][역] 조선 숙종 때 청나라와의 국경을 정하기 위하여 백두산에 세운 비.

정!곡(正鵠)[명] 1 과녁의 한복판이 되는 점. 2 사물의 가장 중요한 요점 또는 핵심. ¶~을 찌르는 논리.

정곡²(情曲)[명] 간곡한 정.

정공(精工)[명] 정밀하고 교묘하게 공작하는 것. 또는, 그 공작물. **정공-하다**[동](태)(여)

정!공-법(正攻法)[-뻡][명] 1 정면으로 공격하여 들어가는 법. 2 계략을 쓰지 않고 정정당당히 공격하는 법.

정!과(正果)[명] 과일이나 생강·연근·인삼·당근 등을 꿀이나 설탕에 조리거나 잰 음식. =전과(煎果).

정!과정(鄭瓜亭)[명][문] 고려 의종 때 정서(鄭敍)가 지은 그대 가요. 유배지 동래(東萊)에서 임금을 사모하는 절실한 심정을 읊은 노래임. =정과정곡.

정!관¹(定款)[명][법] 공익 법인·회사, 각종의 협동조합 등, 사단 법인의 목적·조직·업무 집행에 관한 근본 규칙. 또는, 그것을 적은 문서.

정관²(精管)[생] =수정관(輸精管).

정관³(靜觀)[명] 1 환경의 변화에 흔들리지 않고 조용히 사물을 관찰하는 것. 2 [철] 무상한 현상계 속에 있는 불변의 본체적·이념적인 것을 심안(心眼)에 비추어서 바라보는 것. 비관조(觀照)·명상. **정관-하다**[동](태)(여) ¶사태를 ~.

정-관계(政官界)[-계/-게][명] 정계와 관계를 아울러 이르는 말. ¶~ 인사 / ~ 실력자.

정!-관사(定冠詞)[명][언] 관사의 하나. 명사 앞에 붙어서 지시나 한정의 뜻을 나타내는 말. 영어의 the, 프랑스 어의 le·la·les, 독일어의 der·die·das 따위. ↔부정 관사.

정관의 치(貞觀-治)[-의-/-에-][역] 당나라 태종(太宗)의 치세(治世)를 기리는 말. '정관'은 그때의 연호임.

정!교¹(正敎)[명] 1 사교(邪敎)가 아닌 바른 종교. ↔사교(邪敎). 2 [종] =그리스 정교회. 3 [종] 대종교의 교직(敎職)의 하나.

정!교²(政敎)[명] 정치와 종교. ¶~ 일치.

정!교³(精巧) ➡**정교-하다**[형][여] 정밀하고 교묘하다. ¶**정교한** 부속품 / **정교하게** 만든 도자기. **정교-히**[부]

정!-교사(正敎師)[명][교] 정교사 자격증을 가지고 정식 교사로 근무하는 교사. =정교원. ▷준교사(準敎師).

정!-교수(正敎授)[명] 대학의 가장 높은 급의 교원인 '교수'를 부교수 이하의 교원과 구별하여 이르는 말.

정!교-회(正敎會)[-회/-훼][명][종] =그리스정교회.

정구(庭球)[명][체] 1 =연식 정구. 2 '경식 정구'와 '연식 정구'를 아울러 이르는 말.

정구-공(庭球-)[명] 정구 경기에 쓰는 공. 백색 또는 황색임.

정구-채(庭球-)[명] 정구를 할 때 쓰는 라켓.

정국¹(政局)[명] 정치의 국면이나 정계(政界)의 정세. ¶~이 불안하다.

정국²(靖國)[명] 나라를 다스려 태평하게 하는 것. ¶~공신(功臣). **정국-하다**[동](재)(여)

정!군¹(正軍)[역] 조선 시대, 장정(壯丁)으로 군역(軍役)에 복무하던 사람. =정병(正兵).

정!군²(整軍)[명] 1 군대를 정비·재편하는 것. 2 흐트러진 군기(軍紀)를 바로잡는 것. **정군-하다**[동](재)(여)

정궁(正宮)[역] 후궁에 대하여, 황후나 왕비를 일컫는 말. ↔후궁.
정권¹(正權) 명 정당한 권리.
정권²(政權)[-꿘] 명 정부를 구성하여 정치의 운용을 담당하는 권력. 。정병(政柄). ¶평화적인 교체 / ~을 장악하다.
정규(正規) 명 정식으로 된 규정. =정궤(正軌). ¶~ 교육 / ~ 과정을 밟다.
정규-군(正規軍) 명 나라에서 제도화하여 정식으로 훈련시킨 군대. ↔비정규군.
정규-직(正規職) 명 정식 규정에 따라 채용한 직책. 또는, 그 직원의 직책이나 지위. ¶~ 신입 사원.
정근(精勤) 명 (일부 명사 앞에 쓰여)쉬거나 게으름을 피우거나 하지 않고 일 또는 공부에 아주 부지런한 것. ¶~상(賞) / ~ 수당. 정근-하다 형여
정글(jungle) 명 =밀림(密林).
정글-짐(jungle gym) 명 쇠 파이프를 가로세로 입체로 조립한 어린이용 놀이 기구. 사이사이로 빠져나가기도 하고 오르내리기도 하면서 놂.
정글-화(jungle靴) 명 정글에서 신기에 알맞게 만든 신.
정금(正金) 명 1=순금(純金). 2 [경] 지폐에 대하여, 강제 통용력을 가지는 금화·은화 등의 정화(正貨).
정기¹(正氣) 명 1 천·지·인의 사이에 존재한다는, 지극히 크고 바르며 공명한 천지의 원기(元氣). 2 바른 기풍 또는 의기(意氣).
정기²(定期) 명 일정하게 정해진 시기나 기한. ¶~ 적금 / ~ 검진(檢診) / ~ 휴일. ↔부정기(不定期).
정기³(旌旗) 명 정(旌)과 기(旗).
정기⁴(精氣) 명 1 천지 만물을 생성하는 근원이 되는 기운. ¶우리 겨레는 백두산의 ~를 받고 태어났다. 2 심신을 활동시키는 근원이 되는 힘. ¶반짝이는 두 눈엔 ~ 가 돌고 있다. 준정(精).
정기⁵(精騎) 명 날쌔고 용맹스러운 기병(騎兵). ¶~ 2만을 거느리다.
정기^간행물(定期刊行物) 명 일정한 간격을 두고 연속적으로 간행하는 신문·잡지 등의 출판물. 준정기물.
정기^국회(定期國會)[-꾸괴/-꾸퀘] 명 [법] 정기적으로 소집되는 국회. 국회법에 의하여 매년 한 번씩 소집됨. =통상 의회. ↔임시 국회.
정기-권(定期券)[-꿘] 명 '정기 승차권'의 준말.
정기-물(定期物) 명 1 [경] 장기 청산 거래에서 매매의 목적이 되는 물건. 2 '정기 간행물'의 준말.
정기-선(定期船) 명 일정한 항로를 정기적으로 운항하는 배. ↔부정기선.
정기^승차권(定期乘車券)[-꿘] 명 통학이나 통근을 위하여, 기차·전철·지하철 등의 일정 구간을 일정 기간 왕복할 수 있는 할인 승차권. 준정기권.
정기^예금(定期預金)[-꿈] 명 [경] 은행이나 우체국 등에 일정한 기간을 정하여 그 안에는 찾지 않겠다는 계약하에 맡기는 예금.
정기-적(定期的) 명 일정한 시기나 기간을 정하여 그때에 일이 행해지는 (것). ¶한 달에 한 번씩 ~으로 모임을 갖다.
정기^총회(定期總會)[-회/-훼] 명 일정한 시기에 개최하는 총회. 준정총. ↔임시 총회.
정기-회(定期會)[-회/-훼] 명 정기적으로 열리는 어떤 단체의 모임. ↔임시회(臨時會).
정기^휴업(定期休業) 명 정기적으로 영업을 쉬는 일. 준정휴.
정-나미(情-) 명 어떠한 사람이나 사물에 대하여 애착을 느끼는 마음. ¶~가 떨어지다 / ~가 달아나다.
정난(靖難) 명 병란(兵亂)을 가라앉혀서 나라를 평안하게 하는 것. =정란(靖亂). ¶~공신(功臣). 정난-하다 자여
정남¹(正南) 명 '정남방'의 준말.
정남²(貞男) 명 동정(童貞)을 지닌 남자. 비숫총각. ↔정녀(貞女).
정-남방(正南方) 명 똑바른 남쪽. 준정남.
정-남향(正南向) 명 정남방을 향하는 것. 또는, 그 방향. 정남향-하다 자여
정낭(精囊) 명 [생] 남자 생식기의 일부. 길쭉한 막질의 주머니로 수정관(輸精管)의 끝에 위치하며, 정자를 일시적으로 저장함.
정내(廷內) 명 법정의 안. ↔정외.
정녀(貞女) 명 정조를 한 번도 정을 통하지 않은 여자. 비숫처녀. ↔정남(貞男). 2=정부(貞婦).
정년¹(丁年) 명 장정이 된 나이. 곧, 남자의 20세.
정년²(停年) 명 관청이나 학교, 회사 등에서, 직원이 퇴직하도록 정해져 있는 나이. ¶~을 맞다.
정년-퇴직(停年退職)[-퇴-/-퉤-] 명 정해진 나이가 되어 직장에서 물러나는 일. 정년퇴직-하다 자여
정념¹(正念) 명 [불] 팔정도(八正道)의 하나. 잡념을 떠나 진리를 구하는 마음을 언제나 잊지 않는 일.
정념²(情念) 명 1 마음의 움직임과 생각. 2 강하게 집착하여 떨어지지 않는 사랑과 미움의 감정. =정사(情思). ¶~에 사로잡히다.
정녕(丁寧·叮嚀) 부 정말로 틀림없이. ¶~ 봄은 오려는가! / 네 말이 ~ 사실이렷다.
정녕-코(丁寧-) 부 '정녕'의 힘줌말. ¶~ 네가 한 짓이 아니란 말이냐.
정-다각형(正多角形)[-가경] 명[수] 변의 길이와 각의 크기가 모두 같은 다각형.
정-다면체(正多面體) 명[수] 면이 모두 같은 정다각형으로 되어 있어, 어떤 꼭짓점에 모이는 면의 수가 같고, 어떤 꼭짓점에 있어서도 입체각이 같은 다면체.
정-다시다(精-) 자재 무슨 일에 크게 혼이 나서 다시는 하지 않을 만큼 정신을 차리게 되다. ¶그렇게 혼구멍이 났는데도 아직도 정다시지 못하고 또 실수야?
정-단층(正斷層)[-지] 명 기울어진 단층면을 따라 상반(上盤)이 하반(下盤)에 대하여 상대적으로 미끄러져 내려간 것 같은 모양을 이루는 단층. ↔역단층(逆斷層).
정담(政談) 명 정치에 관한 이야기.
정담(情談) 명 정답게 주고받는 이야기. =정화(情話). ¶~을 나누다.
정담³(鼎談) 명 세 사람이 솥발처럼 벌려 마주 앉아서 하는 이야기.
정답(正答) 명 바른 답. ↔오답(誤答).
정-답다(情-)[-따] 형ㅂ <~다우니, ~다워> (어떤 대상이) 따뜻한 정을 느끼게 하는 상태에 있다. 비다정하다. ¶정다운 친구 / 즐겁고 정다운 노래 / 친지들과 오래간만에

만나 **정답**게 얘기를 나누다. **정다이** 튀

정¹당(正堂) 명 1 여러 건물 중에서 주가 되는 집채. 2 몸채의 대청(大廳). =안당.

정당²(政黨) [-땅] 명 정치에 대한 주의·주장이나 정책이 일치하는 사람들이 그 정치 이상을 실현하기 위하여 조직하는 단체. =당(黨).

정³당(精糖) 명[화] 조당(粗糖)을 정제한 순수한 설탕. 또는, 그 정제 공정(工程). ↔조당.

정¹당⁴(正當) → **정¹당-하다** 형여 (어떤 일이나 행위나 방법 등이) 사리나 도리에 벗어남이 없이 바르고 마땅하다. ¶**정당**한 법적 절차를 밟다 / 능력에 따른 **정당**한 대우를 받다. **정¹당-히** 튀

정¹당-방위(正當防衛) 명[법] 자기 또는 남에게 가해지는 급박한 부정(不正)의 침해에 대하여, 이를 막기 위한 부득이한 가해(加害) 행위. 형법상 범죄가 되지 않음.

정¹당-성(正當性) [-썽] 명 정당한 성질.

정당^정치(政黨政治) [-땅-] 명[정] 두 개 이상의 정당이 공동으로 또는 서로 번갈아 가며 정권을 담당하여 나가는 정치.

정¹당-화(正當化) 명 (정당성이 없거나 정당성에 의문이 있는 것을) 무엇으로 꾸며 대어 정당한 것으로 만드는 것. **정¹당화-하다** 타여 ¶훌륭한 목적이 그릇된 수단을 **정당화**할 수는 없다. **정¹당화-되다** 자여 ¶폭력은 어떠한 명분으로도 결코 **정당화**될 수 없다.

정¹대(正大) → **정¹대-하다** 형여 의지나 언동 등이 바르고 당당하다.

정¹도(正道) 명 올바른 길 또는 도리. =정로(正路). ¶~를 걷다 / ~에서 벗어나다. ↔사도(邪道).

정¹도²(征途) 명 1 싸움터로 향하는 길. 2 여행하는 길. =정로(征路).

정¹도³(定都) 명 나라의 도읍을 정하는 것. =건도(建都). **정¹도-하다** 자여

정¹도⁴(定道) 명 1 자연적으로 정해진 도리. 2 이미 정해져서 바꿀 수 없는 길.

정¹도⁵(程度) 명 1 사물의 질적 또는 양적 수준이나 단계. ¶교육의 ~. 2 (기준이 되는 수량이나 명사 뒤에 쓰여) 수준이나 단계가 대략 그에 비슷한 상태임을 나타내는 말. ¶고등학생 ~의 영어 실력 / 60kg ~의 몸무게. 3 허용되거나 용납되는 보통의 한계나 한도. ¶~를 넘는 사치 / 참는 것도 ~가 있다.

정독(精讀) 명 자세한 곳까지 주의 깊게 살펴 읽는 것. ▷난독(亂讀). **정독-하다** 타여 ¶논문을 ~.

정돈¹(停頓) 명 일이 순조롭게 진행되지 않고 한때 멈추는 것. ¶흥야(興野) 협상이나 ~ 상태에 빠지다. **정돈-하다¹** 자여 **정돈-되다¹** 자여

정돈²(整頓) 명 (일정한 공간을) 그 안에 있는 물건을 제자리에 가지런하고 질서 있게 바로 놓아 보기 좋은 상태가 되게 하는 것. ¶정리 ~ / ~이 잘된 사무실. **정돈-하다²** 타여 ¶책상을 ~. **정돈-되다²** 자여 ¶방 안이 깨끗이 ~.

정¹동(正東) 명 '정동방(正東方)'의 준말.

정동(精銅) 명[광] 거친 구리를 전기 정련하여 정련(精鍊)한, 순도 99.9%의 구리.

정¹동-방(正東方) 명 똑바른 동쪽. 준정동.

정동행성(征東行省) 명[역] 중국 원나라가 고려의 개경(開京)에 두었던 관청의 이름. 고려의 내정에 대한 감시와 간섭을 임무로 하였음.

정-들다(情−) 자여 <~드니, ~드오> 1 (어떤 사람과[에게]) 함께 생활하거나 지내어 정을 느끼게 되다. ¶**정든** 친구 / 봉사 활동을 하는 동안 마을 사람과 ~. 2 (어떤 곳에[과]) 머물거나 살거나 생활하거나 하여 정을 느끼게 되다. ¶**정든** 땅 / 이제 **정든** 교정과도 이별이다.

[**정들자 이별**] 만난 지 얼마 되지 않아 곧 헤어지는 경우를 이르는 말.

정-떨어지다(情−) 자여 (어떤 사람에게, 또는 어떤 대상에) 정을 더 느끼지 못하거나 싫어하거나 미워하는 마음이 생기다. ¶나는 그가 상스러운 욕을 입에 담는 걸 본 뒤로는 **정떨어진**다.

정¹랑(正郞) [-낭] 명[역] 1 고려 시대, 육조(六曹)와 고공사(考功司) 등의 정5품 벼슬. 2 조선 시대, 육조의 정5품 벼슬.

정랑²(情郞) [-낭] 명 여자가 남편 외에 정을 둔 남자.

정략(政略) [-냑] 명 1 정치상의 책략(策略). 2 어떤 목적을 위한 방책.

정략-가(政略家) [-냑-] 명 정치상의 책략에 능한 사람. ¶당대 제일의 ~로 이름을 떨치다.

정략-결혼(政略結婚) [-냑껼-] 명 =정략혼(政略婚).

정략-적(政略的) [-냑쩍] 관 명 정치상의 책략을 수단으로 삼는 (것).

정략-혼(政略婚) [-냑-] 명 가장(家長)이나 친권자가 자기의 경제적·정치적 이익을 위하여 당사자의 의사를 무시하고 억지로 성립시킨 결혼. =정략결혼.

정¹량(定量) [-냥] 명 일정한 분량. ¶~대로 복용하십시오.

정¹량^분석(定量分析) [-냥-] 명[화] 시료 물질을 이루고 있는 각 성분의 질량·질량비·물리량 등을 수치로 구하는 화학 분석. ▷정성 분석.

정력(精力) [-녁] 명 1 사람이 어떤 일을 할 수 있는 정신적·육체적인 힘. ¶~을 쏟다 / ~을 바치다. 2 사람, 특히 남자의 건강 상태를 나타내는 육체의 힘. ¶~이 넘치다 / ~이 왕성하다. 3 남자가 성적인 일을 할 수 있는 육체적인 힘. ¶~가 세다 / ~이 좋다.

정력-가(精力家) [-녁까-] 명 정력이 왕성한 사람.

정력-적(精力的) [-녁쩍] 관 명 기력·체력 등이 넘치는 (것). ¶~인 사람.

정력-제(精力劑) [-녁쩨] 명 정력을 돋우어 주는 약.

정련¹(精練) [-년] 명 1 잘 연습하는 것. 2 [공] 천연 섬유에 포함되어 있는 수지(樹脂)·지방 등의 불순물을 없애는 일. **정련-하다¹** 타여 **정련-되다¹** 자여

정련²(精鍊) [-년] 명 1 충분히 단련하는 것. 2 [공] 원료·광석으로부터 함유하고 있는 금속을 뽑아내어 정제하는 일. **정련-하다²** 타여 ¶철광석을 ~. **정련-되다²** 자여

정¹렬(整列) [-녈] 명 가지런히 줄지어 늘어서는 것. 또는, 그렇게 늘어서게 하는 것. **정¹렬-하다¹** 자타여 ¶4열로 ~. **정¹렬-되다** 자여

정렬²(貞烈) [-녈] → **정렬-하다²** [-녈-] 형여 부녀의 행실이 바르고 절개가 굳다.

정렬-부인(貞烈夫人) [-녈-] 명[역] 조선 시대에, 정조와 지조를 굳게 지킨 부인에게

내리던 칭호.

정령(精靈)[-녕] 명 1 만물의 근원을 이룬다는 신령스러운 기운. 2 (민) 산천초목이나 무생물 등 갖가지 물건에 깃들어 있다는 혼령. 원시 종교의 숭배 대상이 됨. 3 죽은 사람의 영혼. =정백(精魄)·정혼(精魂). 준정(精).

정:례(定例)[-네] 명 1 정해진 관례(慣例). 2 임시에 대하여, 정기적·계속적으로 행해지는 사례. ¶~ 국무 회의 / ~ 기자 회견.

정례(頂禮)[-네] 명 가장 공경하는 뜻으로, 이마가 땅에 닿도록 몸을 구부려 하는 절. **정례-하다** 동(자여)

정례[3](情禮)[-네] 명 정의(情誼)와 예의.

정:례-적(定例的)[-네-] 관명 1 일정하게 정해진 관례에 따르는 (것). ¶~ 회담 / ~인 출근 시간을 바꾸다. 2 정기적으로 계속해서 행하는 (것). ¶모임을 ~으로 갖다.

정!로(正路)[-노] 명 =정도(正道)[1].

정로[2](征路)[-노] 명 =정도(征途)[2].

정!론(正論)[-논] 명 사리나 도리에 합당한 주장. ¶당당히 ~을 펴다.

정!론(定論)[-논] 명 1 여러 사람에게 바른 것으로 인정된 학문상의 확고한 이론. 2 여러 사람 사이에서 합의된 의견.

정!류(定流)[-뉴] 명 방향이 일정한 수류(水流)나 전류.

정류[2](停留)[-뉴] 명 (자동차가 일정한 장소에서) 멈추어 머무르는 것. **정류-하다**[1] 동(자여)

정류[3](精溜)[-뉴] 명화 액체 혼합물을 증류에 의해 각 성분의 증발과 응축을 되풀이하면서 분리의 정밀도를 높이는 일. **정류-하다**[2] 동(타여) ¶석유를 ~. **정류-되다**[1] 동(자)

정!류[4](整流)[-뉴] 명 1 물·공기와 같은 유체(流體)의 흐름을 고르게 하는 것. 2 교류 전류를 직류 전류로 바꾸는 것. **정!류-하다**[3] 동(타여) **정!류-되다**[2] 동(자)

정!류-관(整流管)[-뉴-] 명물 정류용의 전자관. 이극 진공관과 방전관(放電管)이 있음.

정!류-기(整流器)[-뉴-] 명물 교류 전류를 직류 전류로 바꾸는 장치.

정류-소(停留所)[-뉴-] 명 =정류장.

정!류-자(整流子)[-뉴-] 명 직류 발전기나 직류 전동기 등에서, 서로 절연된 구리 조각 여러 개를 모아 원통형으로 만든, 정류 작용을 하는 부분.

정류-장(停留場)[-뉴-] 명 버스나 택시 등이 사람을 태우거나 내려 주기 위해 머무르는 일정한 장소. =정류소. ¶버스 ~.

정류-탑(精溜塔)[-뉴-] 명화 정류를 하기 위한 탑 모양의 증류 장치. =정류기(精溜器).

정!률(定律)[-뉼] 명 1 정해진 법률 또는 규율. 2 자연 과학에서, 어떤 조건 아래서 반드시 어떤 현상이 일어나는 경우의 법칙.

정!률[2](定率)[-뉼] 명 일정한 비율.

정!리(定理)[-니] 명수 정의(定義)나 공리(公理)에 의하여 증명된 명제(命題). ¶피타고라스의 ~.

정리[2](情理)[-니] 명 인정과 도리. ¶그간의 ~를 생각해서라도 며칠만 더 참아 주십시오.

정!리[3](整理)[-니] 명 1 (어수선하거나 여기저기 흩어져 있는 물건을) 한군데에 모으거나 둘 자리에 두거나 불필요한 것을 없애거나 하여 질서 있는 상태가 되게 하는 것. ¶ 삿짐 ~ / 서랍 ~. 2 (사물을) 일정한 순서

나 체계나 조리를 가진 상태가 되게 하는 것. ¶장부 ~ / 교통 ~. 3 (문제가 되는 사물을) 바로잡기 위해 줄이거나 없애거나 폐하는 것. ¶인원 ~ / 채무 ~. 4 (다른 사람과의 관계, 특히 애정 관계를) 지속하지 않고 끝내는 것. ¶불륜 관계의 ~. 5 무통장 거래를 확인하기 위하여 통장에 그 거래 내용을 기록으로 나타내는 것. ¶통장 ~. **정!리-하다** 동(타여) ¶농지를 ~ / 생각을 ~ / 빚을 깨끗이 ~. **정!리-되다** 동(자) ¶말끔하게 **정리된** 책상.

정!립[1](正立)[-닙] 명 바로 서는 것. 또는, 바로 세우는 것. ¶가치관의 ~. **정!립-하다**[1] 동(자타여) ¶학문의 기초를 ~.

정!립[2](定立)[-닙] 명 어떤 판단을 이끌어 내기 위한 논리를 전개함에 있어서, 그 전제로서 어떤 명제를 정하는 일. =정(正)·테제. 비조정(措定). ↔반정립. **정!립-하다**[2] 동(타여) **정!립-되다** 동(자)

정!립[3](鼎立)[-닙] 명 세 사람 또는 세 개의 세력이 솥발처럼 서로 대립하는 것. **정!립-하다**[3] 동(자여) ¶삼국이 **정립하여** 서로 겨루다.

정!립-상(正立像)[-닙쌍] 명물 렌즈 등의 광학계(光學系)에 의해 물체의 상이 생겼을 때, 물체의 아래위와 상(像)의 아래위가 같은 것. ↔도립상.

정:-말(正-) Ⅰ 명 어떤 사실에 관한 말이 실제와 같은 상태인 것. 또는, 그 실제와 같은 말. ¶그 사람이 회사를 그만두었다는 게 ~이니?
Ⅱ 부 1 말한, 또는 얘기된 그대로 어김없이. ¶아니, 이 밤중에 ~ 떠나겠다는 거냐? 2 사실 그대로 아주 또는 몹시. 또는, 거짓이 아니라 실제로. 말하는 사람이 자기의 말이 진실이라는 뜻을 담아, 다음에 오는 서술어의 상태나 정도, 작용을 강조하는 말임. ¶신부가 ~ 아름답다.

정!말-로(正-) 부 '정말Ⅱ'의 힘줌말. ¶이걸 ~ 내게 주는 거야? ~ 반갑다.

정맥[1](精麥) 명 보리를 쓿어서 대끼는 것. 또는, 깨끗하게 쓿은 보리쌀. **정맥-하다** 동(자여)

정!맥(靜脈) 명생 모세 혈관을 통하여 심장으로 되돌아가는 혈액이 흐르는 혈관. ¶대~. ↔동맥(動脈).

정!맥[3](整脈) 명의 정상적·규칙적인 맥박. ↔부정맥(不整脈).

정!맥-류(靜脈瘤)[-맹뉴] 명생 정맥이 압박이나 폐쇄에 의한 혈행 장애 때문에 부분적으로 혹처럼 기형이상 확장되어 있는 상태. =정맥노장(靜脈怒張).

정!맥^주:사(靜脈注射)[-쭈-] 명의 약액을 직접 정맥 내로 주입하는 주사법. ▷동맥 주사.

정!면(正面) 명 1 마주 보이는 물건의 앞쪽 면. ¶길 건너 ~으로 보이는 건물 / 버스와 트럭이 ~으로 충돌하다. 2 에두르지 않고 직접 대하는 것. ¶문제를 ~으로 다루다.

정!면-도(正面圖) 명 1 물체를 정면으로 보고 그린 그림. 2 [수] =입면도(立面圖).

정!면-충돌(正面衝突) 명 1 두 물체가 서로 부딪치는 것. 2 의견이나 감정 등을 노골적으로 드러내며 싸우는 것. **정!면충돌-하다** 동(자여) ¶버스와 택시가 ~ / 두 사람의 의견이 ~.

정!명(正命) 명불 팔정도(八正道)의 하나.

정법(正法)에 따른 바른 생활을 하는 일.
정모(正帽) 명 어떤 집단에 속하는 사람이 쓰게 되어 있는 일정한 모양의 모자.
정모^세^포(精母細胞) 명 [생] 동물의 정원세포로부터 만들어져 정자(精子)의 근원이 되는 세포.
정묘(丁卯) 명 60갑자의 넷째.
정묘(精妙) →**정묘-하다** [형여] 극히 섬세하고 교묘하다. **정묘-히** 부
정묘-호란(丁卯胡亂) 명 [역] 조선 인조 5년 (1627)에 후금(後金)의 아민(阿敏)이 인조반정의 부당성을 내세우고 침입하여 일어난 전쟁.
정무(政務) 명 정치상의 사무. 또는, 행정상의 사무.
정무^장^관(政務長官) 명 예전에, 정부 기관의 행정 책임을 맡지 않고 대통령이나 국무총리가 지정하는 사무를 맡아보던 국무 위원. 1998년에 폐지됨.
정무직^공무원(政務職公務員) [-꽁-] 명 [법] 선거에 의해 취임하거나 임명에 있어서 국회의 동의를 요하는 공무원. 감사원장·국회 사무총장·국무 위원 및 각 부처의 차관 따위.
정문¹(正門) 명 1 건물의 정면에 있는, 주가 되는 출입문. =본문(本門). ¶회사 ~ 앞에서 만나자. ▷후문(後門). 2 삼문(三門) 중 가운데의 문. ↔측문(側門).
정문(旌門) 명 [역] 충신·효자·열녀 등을 표창하기 위하여 그 집 앞에 세우는 붉은 문. =홍문(紅門).
정문-일침(頂門一鍼) 명 [정수리에 침 하나를 찌른다는 뜻] 따끔한 충고 또는 교훈. =정상일침(頂上一鍼).
정물(靜物) 명 1 정지(靜止)하여 움직이지 않는 물체. 2 [미] '정물화'의 준말.
정물-화(靜物畫) 명 [미] 꽃·과일·문방구·집기(什器) 등 그 자체로는 움직이지 않는 물체를 소재로 하여 그린 그림. 준정물.
정미¹(丁未) 명 60갑자의 마흔넷째.
정미²(情味) 명 '인정미(人情味)'의 준말.
정미³(精米) 명 1 '정백미(精白米)'의 준말. 2 벼를 찧어 쌀을 만드는 일. **정미-하다**¹ 동 (자여)
정미⁴(精微) →**정미-하다**² [형여] 정밀하고 자세하다.
정미-소(精米所) 명 쌀 찧는 일을 전문으로 하는 곳. 비방앗간.
정민(精敏) →**정민-하다** [형여] 정밀하고 민첩하다.
정밀¹(精密) 명 세밀한 데에까지 빈틈이 없거나 정확한 것. ¶~ 검사. **정밀-하다**¹ [형여] ¶**정밀한** 분석 / 기계를 **정밀하게** 만들다. **정밀-히** 부
정밀²(靜謐) 명 (세상이나 주위의 분위기가) 고요하고 편안한 것. ¶자신의 세계 속에 침잠하여 내적 ~을 구하다. **정밀-하다**² [형여] **정밀-히** 부
정밀-도(精密度) [-또] 명 측정의 정밀함을 나타내는 정도. ¶~가 높다. 준정도.
정밀-성(精密性) [-썽] 명 세밀한 데에까지 빈틈이 없고 정확한 특성. ¶고도의 ~이 요구되는 작업.
정박(碇泊·淀泊) 명 [배가] 닻을 내리고 머무르는 것. 또는, (배를) 머무르게 하는 것. **정박-하다** [동(자타여)] ¶배[를] 항구에 ~.
정박-아(精薄兒) 명 [심] '정신박약아'의 준

정보●1613
말.
정:-반대(正反對) 명 완전히 반대되는 일. ¶그는 겉으로는 우유부단해 보이지만 사실은 ~다. **정:반대-되다** 동
정:-반사(正反射) 명 [물] 투사된 광선이 반사 법칙에 따라 일정한 방향으로 반사되는 현상. ↔난반사(亂反射). **정:반사-하다** 동
정:-반응(正反應) 명 [화] 가역 반응(可逆反應)에서, 화학 변화가 원래의 물질로부터 생성 물질의 방향으로 진행하는 반응. ↔역반응(逆反應).
정:-반합(正反合) 명 [철] 헤겔에 의하여 정식화된 변증법의 논리 전개를 세 단계로 나눈 것. 곧, 정립(定立)·반정립(反定立)·종합(綜合).
정-받이(精-) [-바지] 명 [생] =수정(受精)². **정받이-하다** 동(자여) **정받이-되다** 동
정방¹(丁方) 명 24방위의 하나. 정남(正南)으로부터 서로 15도의 방위를 중심으로 한 15도 각도 안. 준정(丁).
정방²(政房) 명 [역] 고려 최씨 집권 시대에 최우(崔瑀)가 자기 집에 설치한 사설 정치 기관. 관리의 인사 행정을 다루었음.
정방³(精紡) 명 방적의 마지막 공정으로, 실을 질기고 탄력 있게 하기 위하여 잡아당기면서 비트는 공정. **정방-하다** 동(타여)
정방^정계(正方晶系) [-게/-께] 명 [광] 결정계(結晶系)의 하나. 서로 직각으로 만나는 세 결정축 중에서 두 축은 길이가 같고, 상하로 뻗은 한 축은 길이가 다른 결정계.
정방-형(正方形) 명 =정사각형.
정:배(定配) 명 [역] 죄인에게 내리는 형벌의 하나. 지방이나 섬으로 보내 일정한 기간 동안 정해진 지역 내에서만 감시를 받으며 생활하게 하는 것. **정:배-하다** 동(타여) **정:배-되다** 동(자)
정백(淨白) →**정백-하다** [-배카-] [형여] 깨끗하고 희다.
정백-미(精白米) [-뱅-] 명 뉘가 없게 깨끗하게 쓿은 흰쌀. =아주먹이·입정미. 비백미. 준정미.
정벌(征伐) 명 적군이나 죄 있는 무리를 무력으로써 치는 것. =정토(征討). **정벌-하다** 동(타여) ¶여진족을 ~. **정벌-되다** 동(자)
정범(正犯) 명 [법] 형법상, 범죄 행위를 실행한 사람. =실범(實犯)·주범.
정법(正法) [-뻡] 명 1 바른 법칙. 2 [불] 바른 교법.
정변(政變) 명 혁명·쿠데타·음모·암살 등 비합법적인 수단으로 인한 정권의 변동. ¶갑신~.
정병¹(正兵) 명 1 [군] 어떤 술수나 술법을 쓰지 않고 정정당당하게 싸우는 군대. 2 [역] =정군(正軍)¹.
정병²(廷兵) 명 군사 법원에서 재판관이 명하는 일을 집행하는 헌병 부사관급 및 병(兵).
정병³(精兵) 명 우수하고 강한 군사. =선병(選兵). ¶60만 ~.
정보(情報) 명 1 관찰이나 측정을 통해 수집된 자료를 실제 문제에 도움이 될 수 있도록 해석하고 정리한 지식. ¶~ 시대 / 생활 / 교통 ~ / ~를 얻다 / ~를 교환하다. 2 적의 상황에 대한 핵심적인 극비 자료. 또는, 어떤 기업의 핵심적 극비 기술. 특히, 첩보 활동에 의해 수집·정리된 보고 자료. ¶군사

~/기계 ~가 유출되다. **3** [생] 생체계(生體系)가 일정하게 반응하거나 움직이게 하는 지령이나 신호. 신경계의 신경 정보, 유전자의 유전 정보 따위.
정보²(町步) [의존] '정(町)'을 달리 이르는 말. 1정보는 3000평임. 땅의 면적이 정으로 끝나고 끝수가 덧붙지 않을 때 쓰는 말임. ▷정(町).
정보^검!색(情報檢索) [명] [컴] 수집·축적한 다량의 정보를 정리하여, 필요에 따라 희망하는 정보를 신속하게 찾아내는 일. =아이알(IR).
정보-기관(情報機關) [명] 정보의 수집·처리·선전·통제 등에 관한 일을 전문적으로 맡아 하는 기관.
정보^기술(情報技術) [명] [컴] =아이티(IT).
정보-력(情報力) [명] 정보를 빠르게 입수하는 능력. ¶막강한 ~을 갖춘 기업.
정보-망(情報網) [명] 정보를 수집하기 위하여 널리 편 조직.
정보^산!업(情報産業) [명] 정보의 수집·가공·제공 및 정보 시스템 개발 등을 하는 산업의 총칭. 일반적으로 컴퓨터 관련 산업을 말함.
정보-원¹(情報員) [명] 정보에 관한 일을 맡아 처리하는 사람.
정보-원²(情報源) [명] 정보의 출처.
정보-은행(情報銀行) [명] [컴] =데이터 뱅크.
정보-지(情報誌) [명] 특정의 독자를 대상으로, 세분화된 정보를 제공하는 잡지.
정보-통(情報通) [명] 그 방면의 정보에 정통한 사람.
정보^통신부(情報通信部) [명] 행정 각 부의 하나. 정보 통신·전파 관리·우편·우편환 및 우편 대체(對替) 등에 관한 사무를 맡아봄. 1994년 체신부를 개편하여 신설한 것임.
정보화 사!회(情報化社會) [-회/-훼] [명] 정보가 유력한 자원이 되고 정보의 처리·가공에 의한 가치의 생산을 중심으로 사회나 경제가 변화하여 가는 사회.
정!복¹(正服) [명] 1 의식 때에 입는 정식의 옷. 2 =제복(制服).
정복²(征服) [명] 1 (다른 나라를) 정벌하여 복종시키는 것. 2 (보통 사람이 가기 힘든 곳을) 어려움을 이겨 내고 가게 되는 것. ¶정상(頂上) ~. 3 (다루기 어려운 대상을) 자기의 뜻대로 다룰 수 있게 되는 것. **정복-하다** [타][여] ~ 자연을 ~ / 암을 ~ / 외국어를 ~. **정복-되다** [자].
정복(淨福) [명] 1 아주 조촐한 행복. 2 [불] 부처를 믿음으로써 얻는 행복.
정!본¹(正本) [명] 문서의 원본. ↔부본(副本).
정!본²(定本) [명] 1 고전의 여러 이본 가운데, 검토하고 교정하여 원본과 가장 가깝다고 판단한, 표준이 될 만한 책. 2 저자가 손질한 결정판.
정!부¹(正否) [명] 바름과 그름.
정!부²(正副) [명] 으뜸과 버금. ¶~ 책임자.
정!부³(政府) [명] 1 국가를 다스리는 기관. 곧, 입법부·사법부·행정부의 총칭. 2 특히, '행정부'를 가리키는 말. 3 [역] '의정부(議政府)'의 준말.
정부⁴(貞婦) [명] 슬기롭고 정조가 곧은 아내 또는 여자. =정녀(貞女).
정부⁵(情夫) [명] 남편이 아니면서 부도덕하게 정을 통하는 남자.
정부⁶(情婦) [명] 아내가 아니면서 부도덕하게 정을 통하는 여자.
정부-군(政府軍) [명] 정부에 딸린 군대.
정부-미(政府米) [명] 쌀값 조절을 목적으로 정부가 사들여 보유하고 있는 쌀. ¶~를 방출.
정부^보!유불(政府保有弗) [명] 국고금으로 정부가 보관·관리하고 있는 달러. =정부불. (준)보유불.
정부-안(政府案) [명] [정] 정부가 작성하여 국회에 제출하는 의안.
정-부인(貞夫人) [명] [역] 정2품·종2품의 종친(宗親) 및 문무관의 아내의 봉작.
정-부통령(正副統領) [-녕] [명] 대통령과 부통령.
정!북(正北) [명] '정북방(正北方)'의 준말.
정!-북방(正北方) [-빵] [명] 똑바른 북쪽. (준)정북.
정분(情分) [명] 사귀어서 정이 든 정도. ¶~이 같다 / ~이 두터운 사이.
정분-나다(情分-) [동][자] 서로 사랑을 하게 되다.
정-붙이다(情-) [-부치-] [동][자] 정을 두다. ¶정붙이고 살아온 곳을 떠나다 / 어디 **정붙**일 데가 있어야 말이지.
정!비¹(正比) [명] [수] '비(比)³'을 '반비(反比)'에 상대하여 이르는 말. ↔반비.
정!비²(正妃) [명] [역] 왕의 정실인 왕비를 후궁에 상대하여 일컫는 말.
정!비³(整備) [명] 1 뒤섞이거나 헝클어진 것을 가다듬어 바로 갖추는 것. 2 (기계 따위를) 제대로 작용하도록 손질하는 일. ¶~ 공장 / ~ 상태가 불량하다. **정!비-하다** [동][타][여] ¶전열(戰列)을 ~ / 고장 난 자동차를 ~. **정!비-되다** [동][자].
정!비-공(整備工) [명] 차량이나 비행기 따위의 수리 및 이상(異常) 유무를 보살피는 기술자. ¶자동차 ~.
정!-비례(正比例) [명] [수] 두 양이 늘 일정한 비율로 늘거나 주는 일. ↔반비례(反比例). **정!비례-하다** [동][자][여] **정!비례-되다** [동][자].
정!비례²(定比例) [명] 일정한 비율.
정!비-사(整備士) [명] 비행기·자동차 따위의 엔진이나 부속 기계를 정비하는 기술자.
정사¹(丁巳) [명] 60갑자의 쉰넷째.
정!사²(正史) [명] 지난 왕조 시대에, 나라에서 공식적으로 인정한 역사 기록. 원칙적으로는 이전의 왕조의 역사를 사관이 기록한 것을 가리킴. 대체로 기전체(紀傳體)로 서술됨. ↔야사.
정!사³(正邪) [명] 1 바른 일과 사악한 일. 2 정기(正氣)와 사기(邪氣).
정!사⁴(政事) [명] 1 정치에 관계되는 일. ¶~를 돌보다 / ~를 논하다. 2 벼슬아치의 임면(任免)에 관한 사무.
정사⁵(情死) [명] 사랑하는 남녀가 그 사랑을 이루지 못하여 함께 자살하는 일. **정사-하다¹** [동][자][여].
정사⁶(情事) [명] 1 남녀간의 사랑에 관한 일. 2 정부(情夫)와 정부(情婦) 사이의 육체적인 관계. ¶혼외(婚外) ~.
정사⁷(淨寫) [명] =정서(淨書)³. **정사-하다²** [동][자][여].
정!-사각형(正四角形) [-가켱] [명] [수] 네 변과 네 각이 모두 같은 사변형. =정방형(正方形)·정사변형·평방형.
정!-사면체(正四面體) [명] [수] 각 면이 정삼각형인 사면체.

정¦-사원(正社員)〖명〗일정한 자격을 지닌 정식의 사원.

정¦사^투영^도법(正射投影圖法)[-빱]〖명〗[지]시점(視點)을 무한의 거리에 두고 지구의 중심을 지나는 평면에 지구 표면을 수직으로 투영하는 지도 투영법.

정삭(正朔)〖명〗1 정월 초하루. 2 =책력.

정산(精算)〖명〗정밀하게 계산하는 것. 또는, 그 계산.¶연말 ~ / 세금 ~. ↔개산(概算). **정산-하다**〖동〗(타)(여)¶예산을 ~. **정산-되다**〖동〗(자)

정산-표(精算表)〖명〗손익 계산서가 작성될 때까지의 계산 과정을 하나의 표로 나타낸 것.

정¦-삼각형(正三角形)[-가켱]〖명〗〖수〗각 변의 길이와 내각이 똑같은 삼각형. =등변 삼각형.

정¦상¹(正常)〖명〗1 일반적 기준에 비추어 별 문제 없이 바른 상태.¶혈압이 ~이다 / 정신 상태가 ~이 아니다. ↔비정상. 2 특별한 변동 없이 정해진 대로인 것.¶~ 근무 / ~ 가동.

정상²(頂上)〖명〗1 산의 맨 꼭대기.¶~ 정복 / 백두산 ~에 오르다. 2 사물의 최고의 상태.¶인기 ~의 가수. 3 국가의 최고 수뇌.¶한미 ~ 회사.

정상³(情狀)〖명〗1 있는 그대로의 사정과 형편. 2 [법]구체적 범죄의 구체적 책임의 경중(輕重)에 영향을 미치는 일체의 사정.¶~ 참작.

정상-급(頂上級)[-끕]〖명〗지위나 등급의 맨 위의 급.¶세계 ~ 지휘자.

정상-배(政商輩)〖명〗정치가와 결탁하여 사사로운 이익을 꾀하는 무리. 또는, 그 무리에 속하는 사람.

정¦상-아(正常兒)〖명〗심신 상태에 아무런 이상이 없는 아이.

정¦상-인(正常人)〖명〗'비장애인'으로 순화. 이 말은 '장애인'을 비정상인으로 여길 수 있는 소지가 있으므로 사용하지 않는 게 좋음.

정¦상-적(正常的)〖관〗〖명〗상태가 정상인 (것).¶~인 사람 / 휴일에도 공장은 ~으로 가동.

정¦상^전류(定常電流)[-절-]〖명〗〖물〗그 크기나 방향이 시간에 따라 변하지 않는 전류. =맥동 전류.

정상^참작(情狀參酌)〖명〗〖법〗=작량 감경.

정¦상-치(正常値)〖명〗정상임을 나타내는 수치.¶혈압이 ~ 아래로 떨어지다.

정¦상-파(定常波)〖명〗〖물〗파형(波形)이 매질(媒質)을 통하여 더 진행하지 못하고 일정한 곳에 머물러 진동하는 파동. ↔진행파.

정¦상-화(正常化)〖명〗비정상적인 것이 정상적인 상태로 되는 것. 또는, 그리도하게 하는 것. **정¦상화-하다**〖동〗(자)(타)(여)¶한·일 국교(國交)를 ~. **정¦상화-되다**〖동〗(자)¶재정난으로 위태로웠던 회사가 ~.

정¦상^회담(頂上會談)[-회-/-훼-]〖명〗[정]두 나라 이상의 원수가 모여 하는 회담. =수뇌 회담.¶한미(韓美) ~.

정¦색(正色)〖명〗터무니없거나 부당한 말을 듣거나 했을 때, 또는 어떤 말을 진지하게 꺼내려고 할 때, 얼굴빛을 바꾸어 엄하거나 굳은 표정을 짓는 것.¶이런저런 얘기 끝에 슬쩍 혼인 문제를 꺼냈더니 그 처녀는 ~을 하고 말을 막았다. **정¦색-하다**〖동〗(자)(여)

정¦색²(正色)〖명〗청(靑)·백(白)·적(赤)·흑(黑)·황(黃)의 다섯 가지 색.

정¦서(正西)〖명〗'정서방(正西方)'의 준말.

정¦서²(正書)〖명〗1 글씨를 흘리지 않고 또박또박 쓰는 것. 2 초(草)잡았던 글을 정식으로 베껴 쓰는 것. **정¦서-하다¹**〖동〗(타)(여)¶초고를 읽고이에 ~. **정¦서-되다¹**〖동〗(자)

정¦서³(淨書)〖명〗1 글씨를 깨끗이 쓰는 것. 2 초(草)잡았던 글을 깨끗이 옮겨 쓰는 것. =정사(淨寫). **정¦서-하다²**〖동〗(타)(여)

정서⁴(情緖)〖명〗주위의 사물을 접할 때 기쁨·슬픔·노여움·괴로움·사랑·미움 따위를 느끼게 되는 마음의 작용이나 기능.¶이국 / ~ 생활 / ~가 풍부하다 / ~가 메마르다 / ~ 불안. ▷감정(感情).

정¦-서방(正西方)〖명〗똑바른 서쪽. ⓒ정서.

정¦서-법(正書法)[-뻡][언]=맞춤법.

정서-적(情緖的)〖관〗〖명〗정서를 불러일으키는 (것).¶~으로 불안한 아이.

정석(定石)〖명〗1 바둑에서, 공수(攻守)의 최선이라고 인정된 방식으로 돌을 놓는 법.¶~으로 두다. 2 사물의 처리에 정해져 있는 일정한 방식.¶~대로 처리하다 / ~을 따르다.

정선(汀線)〖명〗[지]=해안선.

정선²(定先)〖명〗바둑에서, 상대방과의 수에 차가 있어 한쪽이 늘 흑(黑)을 가지고 먼저 두는 일. ↔호선(互先).

정선³(停船)〖명〗1 배를 멈추는 것. 2 선박의 진항(進航)을 정지시켜, 선박 업무를 금지하는 것. **정선-하다¹**〖동〗(자)(타)(여)**정선-되다¹**〖동〗(자)

정선⁴(精選)〖명〗(어떤 대상을)엄격한 기준에 따라 잘 가려서 뽑는 것. =정택(精擇). **정선-하다²**〖동〗(타)(여)¶명시(名詩)만을 **정선한** 앤솔러지. **정선-되다²**〖동〗(자)

정¦설(定說)〖명〗옳다고 널리 인정되고 있는 설.¶우리나라 최초의 현대 소설은 이광수의 '무정'이라는 게 지금까지의 ~이다.

정성(精誠)〖명〗어떤 일을 정실하게 하려거나 훌륭히 이루기 위해, 있는 힘을 다하려는 마음이나 태도.¶지극한 ~ / ~ 어린 선물 / ~을 기울이다 / ~을 들이다.

정성-껏(精誠-)〖부〗정성을 다하여.¶~ 간호하다 / 좌초를 ~ 돌보다.

정성^분석(定性分析)〖명〗〖화〗시료 물질의 성분을 조사하거나 어떤 원소·물질이 함유되어 있는지를 알기 위해 행하는 화학 분석. ▷정량 분석.

정성-스럽다(精誠-)[-따]〖형〗(ㅂ)〈~스러우니, ~스러워〉정성 어린 태도가 있다.¶선물을 **정성스럽게** 포장하였다. **정성스레**〖부〗¶~ 만든 도시락 반찬.

정세¹(情勢)〖명〗주로 국가나 세계에 있어서, 사회적·정치적으로 변화해 가는 형편. =형세(形勢).¶세계 ~ / ~를 관망하다.

정세²(精細)→**정세-하다**〖형〗(여)정밀하고 세밀한. **정세-히**〖부〗

정-세포(精細胞)〖명〗[생]동물의 정소에서 한 개의 정모 세포가 감수 분열하여 생긴 4개의 세포. 각각 정자가 됨. ↔난세포(卵細胞).

정소(精巢)〖명〗[생]동물의 수컷의 생식기. 정자를 형성하여 웅성 호르몬을 분비함. =정집. ↔난소(卵巢).

정쇄(精灑)→**정쇄-하다**〖형〗(여)매우 맑고 깨끗하다.

정수¹(井水)〖명〗=우물물.

정수²(正手)[명] 바둑·장기 따위에서, 속임수가 아닌 정당한 수.
정수³(正數)[명][수] '양수(陽數)'의 구용어.
정수⁴(定數)[명] 1 일정하게 정해진 수효. 2 정해진 운수. 3[수] '상수(常數)³'의 구용어.
정수⁵(淨水)[명] 물을 깨끗하고 맑게 하는 것. 또는, 그 물. 정수-하다[동][여]
정수⁶(精髓)[명] 1 뼈 속에 있는 골. 2 사물의 가장 중심이 되는 알짜. (준)정(精).
정수⁷(整數)[명][수] 하나 또는 그것에 하나씩 차례로 보태어 이루어지는 자연수, 이에 대응하는 음수 및 0의 통칭.
정수⁸(精粹)→정수-하다²[여] 1 아주 순수하고 깨끗하다. 2 청렴하여 사욕이 없다.
정수-기(淨水器)[명] 물을 정화(淨化)하는 기구.
정수-론(整數論)[명][수] 정수의 성질을 연구하는 수학의 한 부문.
정수리(頂-)[명] 머리 위의 숫구멍이 있는 자리. =뇌천(腦天)·신문(囟門)·정문(頂門).
정수배기(頂-)[명][방] 정수리(강원·충남)
정수-식물(挺水植物)[-싱-][명][식] 수중 식물(水中植物)의 한 가지. 얕은 물가에 나며 뿌리는 진흙 속에 있고 줄기와 잎의 대부분이 물 위로 벋어 있는 식물. 연꽃·줄·부들·갈대 등이 이에 해당함. =추수 식물.
정수-압(靜水壓)[명][물] 정지하고 있는 물속에서 생기는 압력.
정수-지(淨水池)[명] 수도 설비에서, 여과지(濾過池)에서 거른 맑은 물을 일시 저장하는 못.
정숙(貞淑)→정숙-하다¹[-수카-][여] 여자로서 행실이 곧고 마음씨가 곱다. ¶정숙한 부인. 정숙-히¹[부]
정숙(情熟)→정숙-하다²[-수카-][여] 정겹고 친숙하다. 정숙-히²[부]
정숙³(靜淑)→정숙-하다³[-수카-][여] 여자의 성품과 몸가짐이 조용하고 얌전하다. ¶기품 있고 정숙해 보이는 귀부인.
정숙⁴(靜肅)→정숙-하다⁴[-수카-][여] 고요하고 엄숙하다. =숙정(肅靜)하다. ¶정숙한 분위기. 정숙-히³[부]
정승(政丞)[명] 대신(大臣)¹.
[정승도 저 싫으면 안 한다] 아무리 좋은 것이라도 제 마음에 내키지 않으면 좋을 게 없다.
정시¹(丁時)[명] 이십사시의 열넷째 시. 곧, 오후 12시 반에서 1시 30분까지의 동안. (준)정(丁).
정시²(正視)[명] 똑바로 보는 것. 정시-하다[타][여]
정시³(定時)[명] 일정한 시간 또는 시기. ¶~ 출발.
정시⁴(庭試)[명][역] 조선 시대, 나라에 경사가 있을 때 대궐 안에서 보이던 과거(科擧).
정식¹(正式)[명] 일정한 격식이나 의식. ¶유엔에 ~으로 가입하다.
정식²(定食)[명] 음식점에서 몇 가지 요리 종류를 한 세트로 묶어 놓고 한 끼의 식사로 제공하는 방식의 음식. 정해진 코스에 따라 차례로 제공되기도 하고, 한꺼번에 제공되기도 함. =정찬(定餐). ¶한(韓)~.
정식³(定植)[명][농] 온상에서 기른 모종을 밭에 내어다 제대로 심는 일. =아주심기. ↔가식(假植). 정식-하다[동][여]
정식⁴(整式)[명][수] 1 분모나 근호(根號) 속에 문자가 포함되어 있지 않은 식. ▷분수식. 2 '다항식(多項式)'의 구용어.

정신¹(精神)[명] 1 사람의 뇌의 활동에 의해 일어나는 고차원적 관념이나 사고의 작용 또는 영역. ↔육체. 2 사물을 느끼고 생각하는 능력. 또는, 그러한 작용. ¶~을 없다[차리다] / ~을 집중하다 / ~이 흐려지다. 3 사물의 근본적인 의의나 사상. ¶민주주의의 ~. 4 마음의 자세나 태도. ¶봉사 ~ / 희생 ~. 5[철] 우주의 근원을 이루는 비물질적인 실재.
정신(이) 나가다[구] 마음이 정상적인 상태에서 벗어나다. ¶정신 나간 사람처럼 왜 그리 멍청하게 서 있느냐?
정신(이) 나다[구] 사리를 분별할 수 있는 정신이 생기다. ¶찬 바람을 쐬고 왔더니 정신이 난다.
정신(이) 들다[구] 1 잃었던 의식이 돌아오다. ¶그는 의식을 잃은 지 사흘 만에야 정신이 들었다. 2 사리를 분별할 수 있는 이성적 능력이 돌아오다. ¶선생님의 따끔한 충고에 번쩍 정신이 들었다.
정신(을) 차리다[구] 1 잃었던 의식을 되찾다. ¶고열에 시달리던 그는 오늘 아침에야 겨우 정신을 차렸다. 2 사리를 분별할 만한 정신을 가지다. ¶혼이 나더니 그제서야 정신 차린 모양이다.
정신(이) 팔리다[구] 자기가 해야 할 일은 잊고 다른 데에 정신이 쏠리다. ¶노는 데에만 정신이 팔려 공부를 하지 않는다.
정신²(艇身)[명][의존] 보트의 전체 길이. 보트 경주를 할 때 보트와 보트 사이의 거리를 나타내는 단위로 쓰임.
정신^감정(精神鑑定)[명] 어떤 특정한 사람의 정신 상태가 어떠한지를 의학적으로 판정하는 일.
정신-계(精神界)[-계/-게][명] 정신의 세계. =정신세계. ↔물질계.
정신-과(精神科)[-꽈][명][의] =신경 정신과.
정신-과학(精神科學)[명] 인간의 정신적 작용, 또는 그로부터 발생하는 문화 현상을 이론적으로 연구하는 학문. 철학·심리학·신학·역사학·경제학·정치학 등의 총칭.
정신^교육(精神敎育)[교][명] 도덕적 의식의 계발·함양을 목적으로 하는 교육.
정신-기(精神氣)[-끼][명] 사물을 느끼고 생각하면 판단할 수 있는 기운이나 기색.
정신-노동(精神勞動)[명] 주로 두뇌를 써서 하는 노동. ↔육체노동.
정신-대(挺身隊)[명] 1[일제] 태평양 전쟁 때 일본 군의 위안부(慰安婦)로 강제 종군한 여성들을 이르는 말. ▷종군 위안부. 2 =결사대.
정신-력(精神力)[-녁][명] 정신을 지탱하는 힘. ¶성공을 하기 위해서는 강한 ~이 필요하다.
정신-머리(精神-)[명] '정신(精神)²'을 속되게 이르는 말.
정신-문명(精神文明)[명] 정신적인 활동을 기초로 하여 이루어진 문명. ↔물질문명.
정신-문화(精神文化)[명] 인간의 정신 활동의 소산으로 이루어진 문화의 총칭. 학술·사상·종교·예술 등. ↔물질문화.
정신-박약(精神薄弱)[명][심] =정신 지체.
정신-박약아(精神薄弱兒)[명][심] 선천적 또는 후천적 원인으로 지능 발달이 뒤져 정상적인 사회생활을 할 수 없는 아동. =정신 발육 지체아. [준]정박아.
정신-병(精神病) [-뼝] [명][의] 정신의 장애로 말이나 행동이 정상적이 아닌 병적 상태.
정신^병리학(精神病理學) [-니-] [명][의] 정신 장애인의 정신 현상을 자연 과학적으로 연구하는 학문. =정신 의학.
정신^병원(精神病院) [-뼝-] [명][의] 정신병자를 수용·치료하는 병원. =뇌병원.
정신병-자(精神病者) [-뼝-] [명][의] 정신병에 걸린 환자.
정신^분석(精神分析) [명][심] 프로이트가 신경증의 진단에 사용한 방법. 자유 연상이나 착오 행위, 꿈의 현상 등을 분석함으로써 무의식에 억압되어 있는 마음의 갈등을 발견하였음.
정신^분열병(精神分裂病) [-뼝] [명][심] 생각이나 감정의 일관성이 없어지고 환각이나 망상 등에 시달리게 되는 정신 질환. 청년기에 발병하는 경우가 많음. =정신 분열증·조발성 치매.
정신^분열증(精神分裂症) [-쯩] [명][심] =정신 분열병.
정신-사(精神史) [명][역] 역사를 형성하는 근원적인 힘으로서 역사의 배후에 흐르고 있는 정신을 고찰하는 역사학의 한 분야.
정신-생활(精神生活) [명] **1** 정신적인 측면의 생활. **2** 정신에 의의를 두고 영위하는 생활.
정신-세계(精神世界) [-계/-게] [명] =정신계(精神界).
정신^안정제(精神安靜劑) [명][약] 정신 신경의 흥분을 가라앉히고 정신적 착란을 억제시키는 약. [준]안정제.
정신-없다(精神-) [-업따] [형] **1** 몹시 바쁘다. ¶손님 접대하느라 ~. **2** 사리를 분별하지 못하다. ¶갑자기 당한 일이라 ~. **정신없-이** [부]
정신^연령(精神年齡) [-녈-] [명][심] 지능의 발달 정도를 연령 단계로 표시한 것. =지능 연령. ¶~이 낮다. ↔생활 연령.
정신^요법(精神療法) [-뇨뻡] [명][의] =심리 요법.
정신^위생(精神衛生) [명][의] 정신의 건강을 다루는 의료 분야로, 사회적 인간관계를 원활히 하고 정신 장애의 조기 발견 및 치료 등을 실시하여 개인적·사회적 불행을 방지하는 공중위생의 한 분야. =정신 보건.
정신^의학(精神醫學) [명][의] =정신 병리학.
정신^이상(精神異常) [명][의] 신경 계통의 장애로 비정상적인 괴이한 짓을 하는 증세.
정신^장애인(精神障礙人) [명] 정신 상태가 온전하지 못하여 정상적인 정신생활을 영위할 수 없는 사람. 정신병자·정신박약아 등.
정신-적(精神的) [관][명] 정신의 영역에 관계되는 (것). ¶~ 사랑 / ~인 고통 / ~으로 도움이 되다. ↔물질적·육체적.
정신^지체(精神遲滯) [명][심] 유전적 원인, 또는 후천적 질병이나 뇌의 장애로 인하여 청년기 전에 지능 발달이 저지된 상태. =정신박약.
정신^지체아(精神遲滯兒) [명] 정신 능력의 발달이 늦어진 아이. 보통, 정신박약아보다 가벼운 정도를 가리킴. =열등아(劣等兒)·저능아.
정신^착란(精神錯亂) [-창난] [명][의] 급성 중독이나 전염병 등으로 의식 장애를 일으켜, 지적 능력을 일시적으로 상실하는 상태. ¶~을 일으키다.
정실[1](正室) [명] **1** 첩에 대하여 본 아내를 이르는 말. ↔부실(副室). **2** 집의 몸채.
정실[2](情實) [명] **1** 사사로운 정이나 관계에 이끌리는 일. **2** 실제의 사실.
정악(正樂) [명][음] 고상하고 우아하여 속되지 않은 정통의 국악. ↔속악(俗樂).
정압[1](定壓) [명] 일정한 압력.
정압[2](靜壓) [명][물] 유체(流體)의 흐름과 평행인 면에 수직으로 작용하는 압력. ↔동압(動壓).
정애(情愛) [명] 따뜻한 사랑.
정액[1](定額) [명] 일정한 액수. ¶~ 소득.
정액[2](精液) [명] **1** [생] 사람이나 동물의 남성 또는 수컷의 생식기에서 만들어지는, 정자를 포함하고 있는 액체. =음액(陰液). **2** 순수한 진액으로 된 액체. ¶인삼 ~.
정액-권(定額券) [-꿘] [명] 미리 지불한 일정 금액의 요금만큼 반복적으로 이용할 수 있는 승차권이나 통행권. 주로, 전철·기차 등을 타거나 운전자가 유료 도로를 이용할 때 사용함.
정액^보험(定額保險) [-뽀-] [명][경] 보험 사고가 일어났을 때에 지급되는 보험금의 액수가 계약 당초에 확정되어 있는 보험.
정액-은행(精液銀行) [명] 체질이나 지능이 우수한 사람들의 정액을 저장해 두었다가 희망하는 여성에게 공급하여 인공 수정하게 하는 기관.
정양(靜養) [명] 몸과 마음을 안정하여 휴양하는 것. **정양-하다** [동][자][여] ¶공기가 맑은 시골에서 ~.
정양-원(靜養院) [명] 몸과 마음의 안정과 휴양을 필요로 하는 사람들을 위하여 세운 시설.
정어(正語) [명][불] 팔정도(八正道)의 하나. 정견(正見)·정사유(正思惟)에 의하여 일체의 망어(妄語)·사어(邪語) 등을 하지 않는 것.
정어리 [명][동] 청어과의 바닷물고기. 몸길이 20~25cm. 몸빛은 등이 암청색, 옆과 배는 은백색이고, 가슴지느러미 아래에 7개의 검은 점이 나란히 있음. 겨울철에 특히 맛이 좋음.
정언(定言) [명] 어떤 명제(命題)·주장·판단을 '만일', '혹은' 따위의 조건을 붙이지 않고 단정하여 말하는 것. 또는, 그 말. **정언-하다** [동][자][여]
정언-적(定言的) [관][명][논] 주장이나 판단을 무조건적으로 단정하는 (것). =단언적(斷言的). ↔가언적(假言的).
정언적 삼단^논법(定言的三段論法) [-뻡] [논] 두 개의 정언적 판단을 전제로 하여 이루어지는 삼단 논법. 이를테면 'S는 P이다. C는 S이다. 그러므로 C는 P이다.' 따위. ↔가언적 삼단 논법.
정언적 판단(定言的判斷) [논] 아무런 조건 없이 주어에 관하여 술어를 전적으로 긍정 또는 부정하는 판단. 'S는 P이다', 'S는 P가 아니다' 따위. ↔가언적 판단.
정업[1](正業) [명] **1** 정당한 직업. **2** [불] 팔정도(八正道)의 하나. 몸의 행동이 정견(正見)·정사유(正思惟)에 따라서 활동하는 것.
정업[2](定業) [명] 일정한 직업. [비]정직(定職).
정역(停役) [명] 하던 일을 그치는 것. **정역-하다** [동][타][여]
정-역학(靜力學) [-녀칵] [명][물] 물체가 평형 상태에 있을 때의 힘이나 물체의 변형 등을 다루는 역학의 한 부문. ↔동역학(動力學).

정연¹(井然) →정연하다¹ [형][어] 짜임새가 있고 조리가 있다. ¶논리가 ~. **정연-히**¹ [부]

정:연(整然) →정연하다² [형][어] 가지런하게 정돈되어 있다. ¶행렬이 질서 ~. **정:연-히**² [부]

정열(情熱) [-녈] [명] 어떤 일에 대하여 가슴 속에서 세차게 일어나는 적극적인 감정. [비]열정. ¶~을 불태우다 / ~을 쏟다 / ~을 바치다.

정열-적(情熱的) [-녈쩍] [관][명] 정열에 불타는 (것). ¶~ 사랑 / ~으로 춤을 추다.

정염(情炎) [명] 불같이 타오르는 욕정. =정화(情火).

정예¹(精銳) [명] 1 썩 날래고 용맹스러운 군사. ¶~ 부대. 2 능력이 우수하고 냅뜰 힘이 있는 인재. ¶소수 ~ / 학계의 ~들로 이루어진 학술 단체.

정예²(精銳) →정예하다 [형][어] 1 썩 날래고 용맹스럽다. 2 능력이 우수하고 냅뜰 힘이 있다.

정예-화(精銳化) [명] (어떤 대상의 사람을) 정예의 군사나 인재가 되게 하는 것. 또는, (어떤 대상의 사람이) 정예의 군사나 인재로 되는 것. ¶소수 ~. **정예화-하다** [동][자][타][어] ¶인력을 ~. **정예화-되다** [동][자]

정:오¹(正午) [명] 낮 12시. =상오(晌午). [비]오정(午正). ¶~을 알리는 시보.

정:오²(正誤) [명] 잘못을 바로잡는 것. **정:오-하다** [동][타][어]

정:오-표(正誤表) [명] 출판물 등에서, 잘못된 글자나 부분을 바로잡아 만든 일람표.

정:온(定溫) [명] 일정한 온도.

정:온^동물(定溫動物) [명][동] 조류(鳥類)나 포유류처럼 바깥 온도에 관계없이 체온을 항상 일정하고 따뜻하게 유지하는 동물. =더운피 동물·등온 동물·상온 동물·온혈 동물·항온 동물. ↔변온 동물.

정외¹(廷外) [-외/-웨] [명] 법정(法廷)의 밖. ↔정내.

정외²(情外) [-외/-웨] [명] 《주로 '정외의'의 꼴로 쓰여》 인정에 벗어나는 것. ¶~의 언동.

정욕(情慾) [명] 이성(異性)의 육체에 대한 욕망. ¶~의 노예가 되다 / ~에 사로잡히다 / ~을 채우다.

정:원¹(定員) [명] 일정한 규칙 등에 의하여 정해진, 조직·단체 등의 구성원의 수. 또는, 탈 것 등의, 안전하게 수용할 수 있는 인원수. ¶~ 미달 / ~ 초과 / 이 고속버스의 ~은 45명이다.

정원²(庭園) [명] 집 안의 빈 땅에 나무나 꽃, 잔디 등을 심어 아름답게 가꾸어 놓은 공간. ¶~을 가꾸다.

정원-사(庭園師) [명] 정원의 화단이나 수목을 가꾸는 사람. =원정(園丁).

정원-수(庭園樹) [명] 정원에 심어 가꾸는 나무.

정:원-제(定員制) [명] 일정한 규정에 의하여 정해진 인원으로 운영하는 제도. ¶졸업 ~ / 이 학원은 ~로 학생을 모집합니다.

정월(正月) [명] 음력 일월(一月). ¶~ 초하루 / ~ 보름.

정:위(正位) [명] 바른 위치.

정유(丁酉) [명] 60갑자의 서른넷째.

정유²(精油) [명] 1 [화] 식물의 꽃·잎·과실 등에서 얻는, 방향이 있는 휘발성 기름. 박하유·정향유 따위. =방향유. 2 석유나 동물 지방 등을 정제하는 일. 또는, 정제한 석유나 동물 지방. ~ 공장. **정유-하다** [동][타][어]

정유-재란(丁酉再亂) [명][역] 조선 선조 30년 (1597)에, 임진왜란을 일으킨 일본이 다시 조선에 쳐들어와 일으킨 전쟁.

정육(精肉) [명] 지방이나 뼈 따위를 발라낸 살코기.

정:육면체(正六面體) [-늉-] [명][수] 여섯 개의 면이 정사각형인 평행 육면체. =입방체(立方體).

정육-점(精肉店) [-쩜] [명] 쇠고기·돼지고기 등을 파는 가게. [비]푸줏간.

정:음(正音) [명] 1 한자의 본래의 바른 음. 2 '훈민정음'의 준말.

정읍-사(井邑詞) [-싸] [명][문] 유일하게 현존하는 백제 가요. 행상을 나간 남편의 밤길을 염려하는 내용을 담은 것으로, 한글로 기록되어 전하는 가장 오래된 것임.

정:의¹(正意) [-의/-이] [명] 바른 뜻. 또는, 올바른 생각.

정:의²(正義) [-의/-이] [명] 1 사회나 공동체를 위한 옳고 바른 도리. 곧, 사회 전체의 평화와 행복을 위해 법과 질서를 바로 세우고, 구성원의 기회나 권리를 공평하게 보장하는 일. ¶~의 사도(使徒) / ~를 위해 싸우다. 2 바른 의의.

정:의³(定義) [-의/-이] [명] 어떤 말이나 사물의 뜻을 명백히 밝혀 규정하는 일. ¶~를 내리다. **정:의-하다** [동][타][어] ¶인간을 한마디로 정의한다면 '이성ически 동물'이라고 할 수 있다. **정:의-되다** [동][자] ¶무리수는 유리수가 아닌 실수로 정의될 수 있다.

정의⁴(情誼) [-의/-이] [명] 따뜻한 마음과 참된 뜻. ¶~투합(投合) / ~상통.

정의⁵(情誼) [명] 서로 사귀어 친해진 정. ¶그동안의 ~를 보아서라도 내 청을 거절하지 말게. [준]의(誼).

정:의-감(正義感) [-의-/-이-] [명] 정의를 지향하는 마음. ¶~에 불타는 청년.

정:의-롭다(正義-) [-의-따/-이-따] [형][어] <ㅂ불>~로우니, ~로워> 정의에 어긋남이 없이 올바르다. ¶정의로운 사회. **정:의로이** [부] ¶~ 살다.

정:의-역(定義域) [-의-/-이-] [명][수] 두 변수(變數) x, y 사이에 y가 x의 함수로 나타내어질 때, x가 취할 수 있는 값의 범위. 2 f가 집합 X에서 집합 Y로의 사상(寫像)일 때, X를 함수 f에 대하여 일컫는 말. =정의 구역. ▷치역(値域).

정-이월(正二月) [명] 정월과 이월. ¶~ 다 가고 삼월이라네.

정인(情人) [명] 남몰래 정을 통하는 남녀 사이에서 서로를 일컫는 말.

정:자¹(正字) [명] 1 자체(字體)를 바르게 또박또박 쓴 글자. ¶흘려 쓰지 말고 ~로 써라. 2 한자의 약자(略字)나 속자(俗字)가 아닌, 본래의 글자. ↔속자.

정자²(亭子) [명] 계곡이나 강가나 못가, 산마루나 언덕 위 등 경치 좋은 곳에 풍류를 즐기거나 휴식을 취하기 위해, 벽이 없이 기둥과 지붕만 갖추어 마룻바닥을 지면보다 높게 지은 집. 누각과 비슷하나 규모가 작음. =사정(舍亭)·정각(亭閣). ¶마을 앞 ~에 노인들이 모여 장기를 두고 있다.

정자³(精子) [명][생] 사람·생물의 남성 또는 웅성(雄性)의 생식 세포. 난자(卵子)와 결합하여 새로운 개체를 형성함. =정충(精蟲). ↔난자.

정자-관(程子冠) [명][역] 선비들이 평상시에 쓰는, 말총으로 만든 관. 위는 터지고 '山(산)' 자 모양의 층이 두 층 또는 세 층을 이루고 있음.

정자-나무(亭子-) [명] 마을 어귀나 안의 길 옆에 있어, 그 그늘 밑이 마을 사람들이 쉬거나 놀거나 이야기를 나누는 장소가 되는, 아주 큰 나무. ¶~ 그늘에 마을 사람들이 모여 쉬다.

정자-은행(精子銀行) [명] 사람 또는 동물의 정액을 인공 수정이나 연구에 사용하려 하여 일정 기간 체외에서 보관하였다가 선택한 대상자에게 공급하기 위한 시설이나 기관.

정자-집(丁字-) [-짜-] [명][건] 종마루가 '丁(정)' 자 모양으로 된 집.

정작 Ⅰ [명] 요긴하거나 진짜인 것. ¶지금까지는 시험적으로 해 본 것이고 ~은 이제부터이다.
Ⅱ [부] 정말 실지로. ¶~ 할 말은 하지도 못한 채 헤어졌다.

정:장¹(正章) [명] 정식의 훈장·휘장 따위의 총칭. ↔약장(略章).

정:장²(正裝) [명] 정식의 복장을 하는 것. 또는, 그 복장. ¶예의를 갖추어야 할 자리에는 ~을 하고 가거라. **정장-하다¹** [동][자][여]

정:장³(呈狀) [명] 소장(訴狀)을 관청에 바치는 것. =정소(呈訴). **정장-하다²** [동][자][여]

정:-장석(正長石) [명][광] 단사 정계(單斜晶系)에 딸린 광석. 나트륨·칼륨 등을 함유하는데, 질이 무르고 유리 광택이 있음. 도자기·유리의 원료로 쓰임.

정:장-제(整腸劑) [명][약] 장(腸)을 깨끗하게 하여 장의 기능을 좋게 하는 약.

정재(呈才) [명][역] 대궐 안의 잔치 때 하는 춤과 노래. ¶~무(舞).

정-재계(政財界) [-계/-게] [명] 정계와 재계를 아울러 이르는 말. ¶~ 간담회.

정쟁(政爭) [명] 정치상의 싸움. =정전(政戰). ¶~에 휘말려 화를 당하다.

정저-와(井底蛙) [명] 바깥세상의 형편을 모르는, 견문이 좁은 사람을 비유하여 이르는 말. '우물 안 개구리'와 같은 말. =정중와·정중わ.

정적¹(政敵) [명] 정치상으로 서로 대립되는 처지에 있는 사람. ¶~을 제거하다.

정-적²(靜的) [-쩍] [관][명] 움직임이 없는 (것). 또는, 조용한 (것). ¶성격이 ~이다. ↔동적(動的).

정적³(靜寂) [명] 사방이 아무 움직임이나 소리가 없이 아주 조용한 상태. ¶무거운 ~이 흐르다 / 개 짖는 소리가 밤의 ~을 깨뜨리다. **정적-하다** [형][여]

정:적^도법(正積圖法) [-또뻡] [명][지] 지구상의 각 부분의 면적이, 각각에 상당하는 지도상의 면적으로 바르게 표현되는 지도 투영법. =등적 도법(等積圖法).

정적 램(靜的RAM) [-쩍-] [컴] =에스램.

정:-적분(定積分) [-뿐] [명][수] 구간 a, b로 정의된 함수 $f(x)$에 대하여, 구간의 폭이 한없이 작게 되도록 구간을 분할할 때 이 합이 항상 일정한 값에 한없이 가까워지게 되면, 그 값은 $f(x)$의 a부터 b까지의 정적분이라 함. ↔부정적분.

정:적-토(定積土) [명][지] 암석의 풍화 분해물이 본디의 암석 위에 그대로 퇴적되어 이루어진 흙. =원적토(原積土)·잔적토(殘積土). ↔운적토.

정전¹(丁田) [명][역] 신라 때, 15세 이상의 남자에게 나라에서 나누어 주던 토지.

정전²(丁錢) [명] 조선 시대에 군역(軍役) 대신에 바치던 돈.

정:전³(正田) [명][역] 조선 시대에 조세율을 정하기 위하여 경작 상태에 따라 분류한 토지의 하나로, 해마다 경작하는 논밭.

정:전⁴(正殿) [명][역] 궁궐 안에서 조회(朝會)를 하는 전각.

정전⁵(停電) [명] 전기가 한때 끊어져 들어오지 않는 것. ¶~ 안내. **정전-하다¹** [동][자][여] **정전-되다¹** [동][자]

정전⁶(停戰) [명][군] 전쟁을 하던 중 쌍방의 합의에 의하여 한때 전투를 중단하는 것. ¶~회담[협정]. **정전-하다²** [동][자][여] **정전-되다²** [동][자]

정-전기(靜電氣) [명][물] 분포가 시간적으로 변화하지 않는 전하(電荷) 및 그 전하에 의한 전기 현상. 마찰 전기 따위. ¶옷에서 ~가 ~. ↔동전기(動電氣).

정전기^유도(靜電氣誘導) [-쩡] [명][물] 양전기나 음전기에 대전(帶電)한 도체를 대전하지 않은 다른 도체에 접근시키면 가까운 표면에 반대되는 대전이 일어나는 현상. =정전 유도·정전감응.

정전-법(井田法) [-뻡] [명][역] 중국 주나라 때, 토지를 '井(정)' 자형으로 9등분하여 여덟 농가에게 각각 경작하게 하되, 그중 한 구획은 공동 경작하여 나라에 조세를 바치게 하던 제도.

정전^협정(停戰協定) [-쩡] [명][군] 전투 행위를 정지하기로 쌍방이 하는 협정.

정절(貞節) [명] 정조를 지키는 여자의 곧은 절개. 곧, 처녀로서의 순결을 지키거나, 배우자 이외의 남자와 성 관계를 갖지 않거나, 남편과 사별한 뒤 개가하지 않는 따위의 행실. 유교적 도덕관념에서 쓰이는 말임. ¶조선 시대에 아내가 지켜야 할 덕목은 순종과 ~이었다. ▷정조(貞操).

정:점¹(定點) [-쩜] [명] 1 장소·위치 따위가 정해져 있는 점. 2 국제 조약에서 정해진 해양상의 지점.

정점²(頂點) [-쩜] [명] 1 산이나 탑 등의 맨 꼭대기. 2 [수] '꼭짓점'의 구용어. 3 사물 현상에 있어서 수준이나 정도의 최고점. ⓑ절정(絶頂). ¶정지용의 시(詩)는 언어의 미가 도달할 수 있는 ~을 우리에게 보여 주고 있다.

정:정¹(正定) [명][불] 팔정도(八正道)의 하나. 번뇌로 인한 어지러운 생각을 털어 버리고 마음이 안정되는 일.

정:정²(定鼎) [명][역] 새로 나라를 세워 도읍을 정하는 것. **정정-하다¹** [동][자][여]

정:정³(訂正) [명] 잘못을 고쳐 바로잡는 것. 특히, 글이나 글자의 틀린 곳을 바로잡는 것. ¶~안(案) / ~판(版). **정정-하다²** [타][여] **정정-되다²** [동][자]

정:정⁴(訂定) [명] 잘못들을 의논하여 정하는 것. **정정-하다³** [타][여]

정정⁵(政情) [명] 정계(政界)의 상황. ¶~이 불안하다 / ~을 살피다.

정정⁶(亭亭) →**정정-하다⁴** [형][여] 1 솟은 모양

이 우뚝하다. ¶**정정한** 소나무. 2 노인의 몸이 튼튼하고 건강하다. ¶그는 팔십 고령인데도 정정해 보인다. **정정-히** 閉

정정⁷(貞靜) →**정정-하다**⁵ 혱에 여자의 정조(貞操)가 굳고 마음씨가 얌전하다. **정정-히** 閉

정정⁸(淨淨) →**정정-하다**⁶ 혱에 썩 맑고 깨끗하다.

정ː정당당(正正堂堂) →**정ː정당당-하다** 혱에 (태도나 수단이) 공정하고 떳떳하다. ¶**정정당당한** 태도 / **정정당당하게** 승리를 거두다. **정ː정당당-히** 閉 ¶시합에서 ~ 싸워라.

정ː-정진(正精進) 명불 팔정도(八正道)의 하나. 일심 노력하여 아직 발생하지 않은 악을 나지 못하게 하고, 나지 않은 선을 나게 하는 일.

정제¹(井祭) 명민 우물에 지내는 제사. =샘굿.

정제²(庭除) 명 섬돌 아래.

정제³(精製) 명 1 물건을 정성을 들여 정밀하게 만드는 것. ¶~ 품(品). 2 물질에 섞인 불순물을 없애어 그 물질을 더 순수하게 하는 것. ¶~ 당(糖) / ~ 소금. **정제-하다**¹ 터에 ¶원유를 ~. **정제-되다**¹ 재에

정제⁴(整齊) 명 1 정돈하여 가지런히 하는 것. 2 격식에 맞게 차려입고 매무시를 바르게 하는 것. **정ː제-하다**² 터에 ▷정제하다. **정ː제-되다**² 재

정제⁵(錠劑) 명약 분말 또는 결정성의 의약품에 젖당이나 백당(白糖), 아라비아고무·녹말 등을 섞어서 일정한 형상으로 압축하여 만든 고형(固形)의 약제.

정ː제-하다³(整齊-) 혱에 1 정돈되어 가지런하다. 2 격에 맞아 매무새가 바르다. **정ː제-히** 閉

정ː조¹(正租) 명 1 =벼. 2 정규의 조세(租稅).

정조²(貞操) 명 여자의 성적(性的) 순결. 곧, 미혼 여성에게는 처녀성을 지키는 것을 가리키고, 기혼 여성에게는 배우자 이외의 남자와 성 관계를 갖지 않는 것을 가리킴. 유교적 도덕관념에서 쓰이는 말임. ¶~ 관념이 희박하다 / 여자의 ~를 유린하다 / 조선 시대에는 ~를 목숨보다 귀하게 여겼다. ▷정절(貞節).

정조³(情調) 명심 단순한 감각에 따라 일어나는 느낌. 색채나 냄새 등에 대한 쾌(快)·불쾌의 느낌 따위.

정조⁴(情操) 명심 사람의 정신 활동에 따라 일어나는 고차원적인 복잡한 감정.

정조-대(貞操帶) 명 지난날, 서양에서 아내가 외간 남자와 성교하지 못하도록 샅에 착용케 하던, 금속으로 만들어 자물쇠를 채우게 되어 있는 물건.

정ː조-사(正朝使) 명역 조선 시대에 해마다 정월 초하루의 하례(賀禮)를 위하여 중국에 보내던 사신. ▷동지사.

정ː족-수(定足數) [-쑤] 명법 합의체가 의사(議事)를 진행하고 의결하는 데 필요한 최소의 구성원의 출석수. ¶~ 미달.

정ː족지세(鼎足之勢) [-찌-] 명 솥발같이 셋 세력이 맞선 형세.

정ː종(正宗) 명 일본식으로 빚어 만든 맑은 술. 상표명임. =청주(淸酒).

정ː좌¹(正坐) 명 몸을 바르게 하고 앉는 것. **정ː좌-하다**¹ 재에 ¶책상 앞에서 **정좌하여** 책을 읽다.

정ː좌²(鼎坐) 명 세 사람이 솥발 모양으로 앉는 것. **정ː좌-하다**² 재에

정ː좌³(靜坐) 명 마음을 가라앉히고 조용히 앉는 것. **정ː좌-하다**³ 재에 ¶**정좌하여** 호흡을 가다듬고 정신을 통일시키다.

정ː죄(定罪) [-죄/-줴] 명 1 죄가 있다고 단정하는 것. 2 [宗] 전생에 정해진 죄. **정ː죄-하다** 터에 죄가 있다고 단정하다.

정ː주(定住) 명 일정한 곳에 머물러 사는 것. ¶~자(者). **정ː주-하다** 재에

정ː주-간(鼎廚間) [-깐] 명 부엌과 안방 사이에 벽이 없이 부뚜막과 방바닥이 한데 잇달린 곳. ㈜정주.

정주-학(程朱學) 명 중국 송나라 때의 정호(程顥)·정이(程頤)와 주희(朱熹) 계통의 성리학을 이르는 말. 송나라 때에 일어난 신유학(新儒學)임.

정ː중¹(正中) 명 =한가운데. ¶~ 선(線).

정ː중²(鄭重) →**정ː중-하다** 혱에 (말이나 행동이) 공손하거나 예의바르고 삼가는 상태에 있다. ¶**정중한** 태도 / **정중하게** 대하다. **정ː중-히** 閉 ¶손님을 모시다.

정중동(靜中動) 명 겉으로는 움직임이 없는 듯하나 실제로는 움직임이 있음. 또는, 조용한 가운데 미묘한 움직임이 있음. ¶살풀이는 ~의 멋이 극치를 이룬 춤이다.

정ː중-선(正中線) 명 신체의 앞뒷면의 중앙을 수직으로 지나는 선.

정ː지¹(停止) 명 1 (움직이고 있는 물체가) 움직임을 멈추는 것. ¶붉은색 등은 ~ 신호이다. 2 (어떤 일이나 작용을) 중도에 그만두거나, 더 이상 이루지지 않게 하는 것. ¶영업 / ~ 시효 / ~ 지급. **정ː지-하다** 터에 ¶자동차가 건널목에서 ~ / 은행에서 대출을 ~. **정ː지-되다**¹ 재에 ¶잡지의 발행이 ~.

정지²(情地) 명 딱한 사정에 있는 불쌍한 처지.

정ː지³(靜止) 명 움직임이 없이 멈춘 상태를 유지하는 것. ¶~ 자세 / ~ 화면. **정ː지-하다**² 재터에 **정ː지-되다**² 재

정ː지⁴(整地) 명 1 땅을 반반하게 고르는 것. ¶기초 ~ 공사. 2 [농] =땅고르기². ¶~ 작업. **정ː지-하다** 터에

정ː지⁵(整枝) 명 =가지고르기. **정ː지-하다** 재터에

정지-거리(停止距離) 명 자동차를 운전하다가 급브레이크를 밟은 지점부터 차가 완전히 멈추는 지점까지의 거리.

정지-등(停止燈) 명 차량의 브레이크를 걸었을 때 자동적으로 켜져 뒤에서 오는 차에 알리는 정지 신호등.

정지ˆ마찰(靜止摩擦) 명물 어떤 면 위의 물체에 외력을 미끄러지거나 굴리려 할 때, 물체를 정지시키려고 하는 마찰. ~ 운동 마찰.

정지-선(停止線) 명 교통안전 표지의 하나. 횡단보도 앞 등에서 정지 신호에 따라 차량이 정지하는 위치를 나타내는 선.

정지ˆ위성(靜止衛星) 명 움직이는 속도가 지구의 자전 속도와 같아 마치 정지하여 있는 것처럼 보이는 인공위성. 통신·기상 관측에 이용함.

정ː직¹(正直) 명 (사람이, 또는 사람의 태도가) 속이거나 숨김이 없이 참되고 바른 상태. **정ː직-하다**¹ 혱에 ¶청렴하고 **정직한** 사

람/ 자기의 잘못을 선생님께 **정직하게** 말씀 드리다. ▶솔직하다. **정ː직-히** 부

정ː직[2](定職) 명 일정한 직업. 비정업(定業).

정직[3](停職) 명[법] 공무원의 징계 처분의 하나. 신분은 그대로 지닌 채 일정 기간(1개월 이상 3개월 이하) 직무에 종사하지 못하게 하고 보수의 2/3를 감소하는 일. ¶~ 처분. ▷징계. **정직-하다**[2] 동(타)(여)

정진(精進) 명 **1** 정력을 다하여 나아가는 것. **2**[불] 일심으로 불도(佛道)를 닦아 게을리 하지 않는 것. **정진-하다** 동(자)(여) ¶학업에 ~/사업에 ~.

정ː짜(正-) 명 거짓으로 속여 만든 것이 아닌 정당한 물건.

정차(停車) 명 (차가) 운행 중에 어느 곳에서 한동안 멈추어 서는 것. 또는, (차를) 운행 중에 어느 곳에 한동안 세우는 것. 도로 교통법에서는, 차가 5분을 초과하지 않고 정지하는 것으로서 주차 외의 정지 상태를 가리킴. 비정거(停車). ¶~ 신호/~ 금지. ▷주차(駐車). **정차-하다** 동(자)(타)(여) ¶이 기차는 다음 정거장에서 5분간 **정차한다**.

정ː착(定着) 명 **1** (어느 곳에) 자리 잡아 오래도록 사는 것. ¶~지/~ 농민. **2** (새로운 문화 현상·학설 등이) 당연한 것으로서 사회적으로 수용(受容)되는 것. **3**[사진] 현상한 필름·인화지가 다시 감광하지 않도록 약품으로 처리하는 일. **정ː착-하다** 동(자)(여) ¶객지를 떠돌며 한곳에 **정착하지** 못하다. **정ː착-되다** 동(자) ¶민주주의가 ~.

정ː착-액(定着液) 명 **1**[사진] 사진의 정착에 사용하는 액. **2**[미] 송진·셸락을 알코올로 용해한 액체. 목탄·콩테·연필 등으로 그린 그림이 손상되지 않도록 그림의 표면에 뿜어 입힘.

정ː찬(正餐) 명 =정식(定食)[2].

정ː찰[1](正札) 명 물건의 에누리 없는 정당한 값을 적은 종이쪽. ¶~ 판매.

정찰[2](偵察) 명 **1** 살펴서 알아내는 것. **2**[군] 작전상 필요한 자료를 얻기 위하여 척후를 보내어 적의 정세나 지형을 살펴 알아내는 것. 또는, 그 사람. ¶~대(隊)/~정(艇). **정찰-하다** 동(타)(여) ¶적진을 ~.

정찰-기(偵察機) 명[군] 정찰을 임무로 하는 군용기.

정찰-병(偵察兵) 명[군] 적의 정세나 지형에 관한 첩보를 수집하는 병사. ¶~을 파견하다.

정찰^위성(偵察衛星) 명 지구 궤도를 돌면서 지상을 관측·촬영하는 인공위성.

정ː찰-제(正札制)[-쩨] 명 물건을 정가에 따라 판매하는 제도나 체제.

정채(精彩) 명 **1** 아름답고 빛나는 색채. **2** 활발하고 생기가 넘치는 기상.

정책(政策) 명 정치적 목적을 실현하기 위하여 꾀하는 방법. ¶국가 ~/외교 ~/~을 세우다.

정책-적(政策的)[-쩍] 관명 정책에 관계되는 (것). ¶국가에서 재벌 기업을 ~으로 육성하다.

정ː처[1](正妻) 명 =본처(本妻).

정ː처[2](定處) 명 어디로 가고자 하여 정해 둔 목적지. ¶~ 없는 나그넷길.

정청(政廳) 명 정무를 보는 관청.

정ː체[1](正體) 명 **1** 감추어졌거나 드러나지 않은, 사람의 본래의 신분이나 직업이나 출신. 또는, 무엇인지 모르는 사물의 그 속하고 있는 부류. ¶~를 알 수 없는 비행 물체/도대체 넌 누구냐? ~를 밝혀라. **2** 바르게 또박또박 쓴 글씨의 체. ¶~로 쓰다. **3**[인] 사진 식자의 장체·평체·사체에 대하여, 변형을 가하지 않은 원형이 되는 자체.

정체[2](政體) 명[정] **1** 국가의 통치 형태. 군주제·귀족제·민주제·공화제 따위. **2** 통치권의 행사 방법에 따라 구별되는 정치 형태. 입헌 정체와 전제 정체가 있음.

정체[3](停滯) 명 **1** (일정한 방향으로 움직이던 것이) 더 나아가지 못하고 한 자리에 머물러 막히는 것. ¶차량 ~ 구간/화물 연대의 파업으로 물류의 ~가 심각하다. **2** (어떤 일이나 상황이) 발전적으로 나아가지 못하고 그 상태에 머무는 것. ¶경제 발전이 ~ 상태에 머물고 있다. **정체-하다** 동(자)(여) **정체-되다** 동(자)

정ː체-불명(正體不明) 명 정체가 분명하지 않음. ¶~의 괴한.

정ː체-성(正體性)[-썽] 명 변하지 않는 존재의 본질을 깨닫는 성질. 또는, 그 성질을 가진 독립적 존재. ¶~을 확립하다.

정체^전선(停滯前線) 명[기상] 찬 기단(氣團)과 따뜻한 기단의 경계면이 한군데 머물러 있는 전선. 장마 전선 따위.

정초[1](正初) 명 정월 초승. 그해의 처음. ¶새해 ~부터 좋은 일이 많이 생기다.

정ː초[2](定礎) 명 주춧돌을 놓는 것. 공사를 개시하는 것을 말함. **정ː초-하다** 동(타)(여)

정ː-촉매(正觸媒)[-총-] 명[화] 반응 속도를 빠르게 하는 촉매. ↔부촉매.

정ː총(定總) 명 '정기 총회'의 준말.

정축(丁丑) 명 60갑자의 열넷째.

정출(晶出) 명[화] 액체에 용해되어 있는 용질(溶質)을 고체의 결정(結晶)으로 분리하거나 석출하는 일. =정석(晶析). **정출-하다** 동(자)(여)

정충(精蟲) 명[생] =정자(精子)[3].

정취(情趣) 명 어떤 풍경이나 사물 등에서 느껴지는 멋스럽고 그윽한 느낌이나 분위기. ¶갖가지 관목과 돌이 조화를 이루어 단아한 ~를 자아내는 정원.

정치[1](政治) 명 **1** 통치자가 국민들의 이해관계의 대립을 조정하고, 국가의 정책과 목적을 실현시키는 일. 또는, 정당을 기반으로 하여 국가의 권력을 획득하고 유지하며 행사하기 위해 벌이는 여러 가지 활동. ¶민주 ~/~에 뛰어들다[관여하다]. **2**〈속〉 사회생활을 하면서 윗사람에게 잘 보이거나 비위를 잘 맞추거나 함으로써 어떤 이익을 도모하려고 하는 행동. ¶저 친구는 워낙 ~를 잘해서 출세가 아주 빠르다. **정치-하다**[1] 동(자)(여)

정치[2](精緻) ➡**정치-하다**[2] 형(여) 정교하고 치밀하다. ¶이 탑은 조각 수법이 **정치하기** 이를 데 없다.

정치-가(政治家) 명 정치를 행하는 사람. 우리나라에서는, 주로 대통령이나 국회의원 등을 가리킴. 비정치인.

정치-계(政治界)[-계/-게] 명 정치상의 의론과 활동이 행해지는 사회. 비정계(政界).

정치-권(政治圈)[-꿘] 명 정치하는 사람들의 영역. ¶~ 인사.

정치-권력(政治權力)[-궐-] 명 사회의 여러 기능 가운데, 특히 정치적 기능을 행하기 위한 권력. 비정권(政權).

정치-력(政治力) 명 정치적인 역량이나 수

완.
정치-망(定置網)[명][수산] 일정한 장소에 그물을 쳐 놓고 고기 떼가 지나가다 걸리게 한 그물. ¶=자리그물.
정치-면(政治面)[명] 신문에서 국내외의 정치에 관한 기사를 싣는 지면.
정치-범(政治犯)[명] =국사범(國事犯).
정치-부(政治部)[명] 신문사·방송국 등에서 정치에 관한 기사를 전적으로 다루는 부서.
정치-사(政治史)[명] 정치적 사실 및 정치권력의 발전 과정을 연구 대상으로 하는 학문.
정치-색(政治色)[명] 정치적인 성향. ¶보수적인 ~이 짙은 정치인.
정치^소설(政治小說)[명][문] 정치 문제, 정계의 인물을 주제로 한 소설. 또는, 정치 사상의 선전·보급을 목적으로 한 소설.
정치-열(政治熱)[명] 정치에 대한 열성. ¶국민의 ~이 높다.
정치-의식(政治意識)[명] 정치 일반 또는 특정한 정치 문제에 대하여 가지고 있는 견해나 사고방식.
정치-인(政治人)[명] 정치에 관여했거나 관여하는 사람. 비정치가.
정치^자금(政治資金)[명] 정치 활동을 하는 데 필요한 자금.
정치-적(政治的)[관][명] 1 정치에 관계되는 (것). ¶~ 사건. 2 정치의 수법으로 하는 (것). ¶~ 수단.
정치-철학(政治哲學)[명][철] 국가 및 정치에 관한 원리를 연구하고, 정치의 본질·가치·방법을 논하는 학문.
정치-판(政治-)[명] 정치가 벌어지는 마당. 그 형국. ¶~에 뛰어들다.
정치-학(政治學)[명][정] 정치 현상을 연구 대상으로 삼는 학문.
정:칙[正則][명] 바른 규칙이나 법칙. ↔변칙(變則).
정:칙[定則][명] 정한 규칙이나 법칙.
정:침(正寢)[명] 1 제사를 지내는 몸채의 방. 2 거처하는 곳이 아니라 주로 일을 보는 몸채의 방.
정크(junk)[명] 중국 사람이 연해(沿海)나 하천에서 승객·화물을 나르는 데 사용하는 특수하게 생긴 배.
정크-메일(junk mail)[명][컴] =스팸 메일.
정탐(偵探)[명] (다른 나라나 적의 상황·동태 등을) 몰래 살펴서 알아내는 것. 비탐정(探偵). **정탐-하다**[동][타여] **정탐-되다**[동][자]
정탐-꾼(偵探-)[명] 정탐하는 사람.
정태[情態][명] 어떤 일의 사정과 상태. ¶사물의 ~를 깊이 살피다.
정태²(靜態)[명] 움직임을 그치고 가만히 있는 상태.
정토(淨土)[명][불] 번뇌의 속박을 벗어난 아주 깨끗한 세상. 불·보살이 사는 곳임. =정계(淨界). ¶서방 ~. ↔예토(穢土).
정토-종(淨土宗)[명][불] 아미타불의 대원력(大願力)으로 정토에 가는 것을 이상으로 삼는 불교의 한 종.
정토-회향(淨土回向)[-회-/-훼-][명][불] 1 자신의 선근과 공덕을 중생에게 베풀어서 함께 정토에 왕생하는 일. 2 죽었을 때 이 일을 하다가 늙은 뒤에 염불하여 정토에 태어나기를 바라는 일.
정:통¹(正統)[명] 1 대를 잇는 바른 혈통. 또는, 사물의 순수성이나 고유성을 예부터 바르게 이어 오는 것. ¶~ 칼리프 / 기독교의

~ 교리 / 한국의 ~ 궁중 요리. 2 ('정통으로'의 꼴로 쓰여) 빗나가지 않고 정확한 상태. 비직통. ¶가슴에 화살을 ~으로 맞다.
정통²(精通)[명] 어떤 사물에 대하여 깊고 자세히 아는 것. **정통-하다**[동][자여] ¶정통한 소식통에 따르면… / 김 박사는 국제 정세에 ~. **정통-되다**[동][자]
정:통-론(正統論)[-논][명] 어떤 학설이나 종교상의 교의(敎義)를 가장 바르게 계승한 이론.
정:통-성(正統性)[-썽][명] 한 사회의 통치 권력이나 정치 체제가 정당한 것임을 인정할 수 있는 근거. ¶~이 결여된 군부 정권.
정:통-적(正統的)[관][명] 정통에 속하는 (것).
정:통-파(正統派)[명] 종교·학문의 이론이나 예술·기술 등의 기법을 가장 바르게 이어받은 파. 또는, 그 파에 속한 사람. ¶~ 이슬람교 / 모네는 인상주의의 ~에 속한다.
정파(政派)[명] 정치상의 파벌.
정:평(定評)[명] (어떠하기로, 또는 어떠하다고, 또는 어떤 것으로) 사람들이 다 같이 인정하는 평가나 평판. ¶이상(李箱)의 시는 난해하기로 ~이 나 있다.
정표(情表)[명] 간곡한 정을 나타내기 위하여 물품을 주는 것. 또는, 그 물품. ¶결혼 예물로 받은 반지를 사랑의 ~로서 고이 간직하다. **정표-하다**[동][타여]
정품(正品)[명] 진짜이거나 온전한 물품.
정풍(整風)[명] 문란해진 사회 기풍이나 작풍 따위를 바로잡는 것. **정풍-하다**[동][타여]
정:-하다¹(定-)[동][타여] 1 (사물이나 그 내용을 어느 것으로, 또는 어떤 상태로) 되게 만들거나, 못 바꿀 수 있는 사실임을 알게 하다. ¶지각한 사람은 만 원을 물도록 벌칙을 ~ / 만날 장소를 서울역 광장으로 ~. 2 (어떻게 하기로 마음이나 뜻을) 세워 굳히다. ¶내일 떠나기로 마음을 정했다.
정-하다²(淨-)[형][여] 1 맑고 깨끗하다. ¶몸과 마음을 정하게 하다. 2 ('정하게'의 꼴로 쓰여) 조심스럽게 다루어 깨끗하고 단정하다. ¶옷을 정하게 입다. **정:-히**[부]
정-하중(靜荷重)[명][건] 구조물이 외부로부터 받는 하중 가운데 시간적으로 변화하지 않는 하중. ↔동하중(動荷重).
정학(停學)[명][교] 학생이 학교의 규율을 어겼을 때, 일정 기간 등교를 정지시키는 일. 유기 정학과 무기정학이 있음. ¶~ 처분 / ~당하다. **정학-하다**[동][자여]
정한¹(情恨)[명] 정과 한. 또는, 정에 얽힌 한. ¶궁중 여인의 ~을 그린 사극.
정한²(精悍) →**정한-하다**[형][여] 날쌔고 용감하다.
정:한-가락(定-)[명][음] 중세·르네상스의 다성 악곡(多聲樂曲)에서, 대위법적 작곡의 기초로서 사용되는 기성의 선율. =정선율(定旋律).
정:합(整合)[명] 1 꼭 맞는 것. 또는, 가지런히 맞는 것. 2 이론의 내부에 모순이 없는 것. 3 [지] 겹쳐져 있는 두 개의 지층이 퇴적한 연대가 거의 연속하여 있는 것. ↔부정합(不整合). **정:합-하다**[동][자여]
정해(丁亥)[명] 60갑자의 스물넷째.
정핵(精核)[명][생] 웅성 배우자의 핵. 동물에서는 정자의 핵을 말하고, 속씨식물에서는 화분(花粉) 내의 생식핵이 분열하여 생기는 두 개의 핵을 가리킴. =웅핵(雄核).
정향(丁香)[명][한] 정향나무의 꽃봉오리를 말

린 한약재. 가슴앓이·구토·번위(反胃) 등에 씀. =계설향(鷄舌香).
정향-나무(丁香-) 명[식] 1 물푸레나뭇과의 낙엽 활엽 관목. 높이 3m가량. 봄에 자색 꽃이 피고 가을에 열매가 익음. 한국 특산종으로 산기슭에 나며 관상용임. 2 도금양과의 상록 교목. 높이 4~7m. 담자색 꽃이 피고 열매가 익음. 꽃봉오리를 말린 것은 '정향'이라 하여 약재 및 정향유의 원료로 씀.
정:형¹(定形) 명 일정한 형태.
정:형²(定型) 명 일정한 형식. 또는, 정해진
정:형³(情形) 명 사물의 정세와 형편. 町정황.
정:형⁴(晶形) 명 =결정형(結晶形).
정:형⁵(整形) 명 모양을 가지런히 하는 것. 대개 인체에 관하여 형(形)을 가다듬는 것을 말함. **정:형-하다** 卧태여
정:형^수술(整形手術) 명[의] 선천적으로 또는 병이나 외상(外傷)에 의해 근육이나 뼈·관절 같은 운동 기관의 형태나 기능에 이상이 있을 때, 이를 회복시키기 위해 하는 외과 수술.
정:형-시(定型詩) 명[문] 전통적으로 시구(詩句)나 글자의 수와 배열의 순서, 운율 등이 일정하게 정해져 있는 시. ↔자유시·부정형시.
정:형-외과(整形外科) [-외콰/-웨콰] 명[의] 근육이나 골격 등 운동 기관의 기능 장애나 형태 이상의 예방·치료·교정을 전문으로 하는 외과.
정혜(淨慧) [-혜/-헤] 명[불] 깨끗하고 밝은 지혜.
정:혼¹(定婚) 명 혼인하기로 약속하여 정하는 것. **정:혼-하다** 卧재여 ¶그들은 **정혼한** 사이다.
정혼²(精魂) 명 =정령(精靈)3.
정:화¹(正貨) 명[경] 본위국에서의 금화(金貨), 또는 은 본위국에서의 은화(銀貨)처럼 그 표시하는 가격과 같은 가치가 있는 화폐.
정화²(淨火) 명 신성한 불.
정화³(淨化) 1 더러움을 털어 버리고 깨끗하게 하는 것. ¶~ 장치. 2[문][심] =카타르시스. **정화-하다** 卧태여 ¶강물을 ~ / 사회를 ~. **정화-되다** 卧재여
정화⁴(情火) 명 =정염(情炎).
정화⁵(情話) 명 1 =정담(情談)². 2 남녀가 정답게 주고받는 것. 또는, 그 이야기. **정화-하다**² 卧재여
정화⁶(精華·菁華) 명 1 정수가 될 만한 뛰어난 부분. 2 사물의 가장 뛰어나고 순수한 부분.
정화-수(井華水) 명 민간 신앙적 관념에서, 신에게 바치거나 약을 달이는 물로 쓰는, 이른 새벽에 길어 부정을 타지 않은 우물물. ¶~를 떠 놓고 빌다.
정화-조(淨化槽) 명 1 불순물을 제거하기 위해 액체를 일시적으로 저장해 두는 수조. 침전이나 그 밖의 처리로 불순물을 제거함. 2 분뇨를 하수도로 내보내기 전에 모아서 정화 처리하는 탱크.
정:화^준:비(正貨準備) 명[경] 중앙은행이 그 발행한 은행권을 정화로 태환할 수 있도록 금은화(金銀貨) 및 지금은(地金銀) 따위를 적립하여 두는 일.
정:확(正確) 어떤 기준이나 사실에 잘못됨이나 어긋남이 없이 바르게 맞는 상태에 있

는 것. ¶~을 기하다. **정:확-하다** 휑여 ¶**정확한** 발음 / 이 시계는 ~. **정:확-히** 분 ¶약속 시간을 ~ 지켜라.
정:확-성(正確性) [-썽] 명 정확한 성질이나 정도. ¶~이 부족하다.
정황(情況) 명 일의 사정과 상황. 町정형(情形). ¶여러 가지 ~으로 미루어 보아….
정회¹(停會) [-회/-훼] 명 1 회의를 일시 중지하는 것. 2 국회의 개회 중, 한때 그 활동을 멈추는 것. **정회-하다** 卧재여 **정회-되다** 卧재
정회²(情懷) [-회/-훼] 명 생각하는 마음. 또는, 정과 회포.
정:-회원(正會員) [-회-/-훼-] 명 정식 자격을 가진 회원.
정훈(政訓) 명[군] 군대에서 군인의 교양 및 보도·선전 등을 맡아보는 일. ¶~ 장교.
정:-히(正-) 분 1 틀림없이 바르게. ¶일금 백만 원을 ~ 영수함. 2 정말로 굳이. 또는, 진정으로 기어이. ¶당신의 뜻이 ~ 그러하시다면 어쩔 수 없지요.
젖[젇] 명 1 성숙한 여자의 가슴 양쪽에 반구형에 가깝게 불룩 솟아 있는 한 쌍의 부분. 아기를 낳은 뒤 일정 기간 동안 아기에게 먹일 흰빛의 액체가 젖꼭지에서 나옴. 町젖가슴·유방. ¶~이 붇다. / ~을 빨다 / 아기에게 ~을 물리다. 2 포유류 암컷의 가슴이나 배에 달려 있어, 새끼의 먹이가 되는 액체가 나오는 기관. 3 아기를 낳은 여자나 포유류 암컷의 젖꼭지에서 나오는, 아기나 새끼가 먹으면서 자라는 흰빛의 액체. ¶~이 잘 나오다. 4 식물의 줄기나 잎에서 나오는 희고 끈끈한 액체.
[젖 먹던 힘이 다 든다] 무슨 일을 함에 있어 몹시 힘듦을 이르는 말.
젖 떨어진 강아지 같다 판 몹시 보채다.
젖(을) 떼다 판 아기나 짐승의 새끼가 젖 이외의 다른 음식을 먹고 자라기 위해서, 더 이상 젖을 먹이지 않다.
젖-가슴[젇까-] 명 젖이 있는 가슴의 부위.
젖-꼭지[젇-찌] 명 1 젖의 한가운데에 도드라져 내민 부분. =유두(乳頭). 2 아기가 우유를 빨아 먹을 수 있도록 고무로 만든 물건.
젖-꽃판[젇꼳-] 명 젖꼭지 둘레에 있는 가무스름하고 동그란 부분. =유륜(乳輪).
젖-내[젇-] 명 젖의 냄새. =유취(乳臭).
젖내(가) 나다 판 하는 짓이나 말이 유치하다.
젖-니[젇-] 명 출생 후 6개월에서부터 나기 시작하여 3세 전에 모두 갖추어지는, 유아기에 사용한 뒤 갈게 되어 있는 이. 일반적으로 20개임. =배냇니·유치(乳齒). ▷영구치.
젖다¹[젇따] 卧재 1 (물체가) 그 표면이나 내부에 물기를 가지게 되다. ¶땀에 **젖은** 속옷. 2 (사람이 어떤 감정의 상태에) 깊이 들어가 있는 상태가 되다. 町잠기다. ¶슬픔에 ~ / 향수에 ~. 3 (사람이 어떤 타성이나 버릇, 사고방식 등에) 벗어나기 어려울 만큼 깊이 빠지다. ¶관습에 ~ / 봉건적 사고방식에 ~. 4 (노을빛에 하늘이) 물기가 번지듯이 어떤 빛깔을 띤 상태가 되다. 시적인 표현으로 비유적인 말임. ¶노을빛에 **젖어** 있는 서녘 하늘. 5 (사람의 말하는 목소리가) 울음기가 섞이다. 비유적인 말임. ¶그녀는 **젖어** 있는 목소리로 나직하게 말했다. 6 (귀에) 익은 상태가 되다.
젖다²[젇따] 卧재 뒤쪽으로 기울다. 참잦다.

젖-당(-糖)[전땅][명][화] 포유류의 젖 속에 함유되어 있는 이당류. =락토오스·유당(乳糖).

젖-동냥[전똥-][명] 젖먹이를 기르기 위하여 남의 집으로 젖을 얻으러 다니는 일. 젖동냥-하다[동][자여]

젖-동생(-同生)[전똥-][명] 자기의 유모가 낳은 어린아이를 이르는 말.

젖-뜨리다/-트리다[젇-][동][타] 힘을 써서 뒤로 젖게 하다. [작]잦뜨리다.

젖먹-이[전-][명] 젖을 먹는 어린아이. =유아(幼兒). [비]영아(嬰兒).

젖-멍울[전-][명] 1 =젖샘. 2 =유종(乳腫)

젖-몸살[전-][명] 젖의 분비가 잘되지 않아 젖에 통증을 느끼는 일. 젖몸살-하다[동][자여]

젖-무덤[전-][명] 성숙한 여자의 봉곳한 '유방'을 무덤의 형상에 빗대어 이르는 말.

젖-배[전-][명] 젖을 먹는 어린아이의 배.
젖배(를) 곯다[구] 젖먹이가 젖을 잘 얻어먹지 못하다.

젖버듬-하다[전뻐-][형여] 1 뒤로 자빠질 듯이 조금 기운 듯하다. ¶젖버듬하게 서다. 2 탐탁해 하는 빛이 없다. [작]잦바듬하다. 젖버듬-히[부]

젖-병(-瓶)[전뼝][명] 아기에게 먹일 우유를 담는, 젖꼭지가 달린 병. 플라스틱·유리·고무 따위로 만듦.

젖-비린내[전삐-][명] 1 젖에서 풍기는 비린내. 2 유치한 느낌.
젖비린내(가) 나다[구] 정신적으로나 육체적으로 성숙하지 못한 태도나 기색을 나타내다. =비린내(가) 나다.

젖-빛[전삗][명] 젖과 같이 부연 빛깔. [비]유백색(乳白色). ¶햇빛이 비치면서 엷은 ~ 안개가 서서히 걷혔다.

젖빛^유리(-琉璃)[전삗뉴-][명] 빛깔이 부유스름하여 흐린 유리.

젖-산(-酸)[전싼][명][화] =락트산.

젖산-균(-酸菌)[전싼-][명][화] 당류(糖類)를 분해하여 젖산을 만드는 작용을 하는 세균의 총칭. =유산균(乳酸菌).

젖산^발효(-酸醱酵)[전싼-][명][화] 젖산균 등이 당류를 분해하여 젖산을 생기게 하는 것. =유산 발효.

젖-살[전쌀][명] 젖을 먹고 오른 살. ¶~이 빠지다.

젖-샘[전쌤][명][생] 포유류의 유방 속에 있는, 젖을 분비하는 선(腺). 특히, 암컷에 발달되어 있음. =유선(乳腺)·젖멍울·젖줄.

젖-소[전쏘][명] 사람들이 젖을 얻기 위하여 기르는 소. 홀스타인종·저지종 따위. =유우(乳牛).

젖-양(-羊)[전냥][명] 사람들이 젖을 얻기 위하여 기르는 양.

젖-어머니[전-][명] =유모(乳母).

젖-어미[전-][명] '젖어머니'의 낮춤말.

젖-줄[전쭐][명] 1 [생] =젖샘. 2 어떤 대상에 아주 중요한 것을 가져다주는 원천. 비유적인 말임. ¶한강은 서울 시민에게 ~이자, 한민족의 ~이다.

젖-통[전-][명] 불룩한 젖을 속되게 이르는 말. =젖통이.

젖-통이[전-][명] =젖통.

젖혀-지다[저처-][동][자] 1 뒤로 기울어지다. 2 (물건의 안쪽이) 걸으로 나와 드러나다. [작]잦혀지다.

젖-히다[저치-][동][타] 1 '젖다'의 사동사. ¶몸을 ~고 개를 ~. 2 안쪽이 걸면으로 나오게 하다. ¶코트 자락을 뒤로 젖히고 앉다. [작]잦히다.

제¹ [I][대][인칭] 1 (조사 '가'의 앞에서만 쓰여) '나'의 겸양어인 '저'가 특별히 변한 말. ¶~가 잘못했습니다. 2 (조사 '가'의 앞에서만 쓰여) 앞에서 언급된 사람을 낮추어 되가리키는 '저'가 특별히 변한 말. ¶~가 뭘 잘했다고 큰소리치나.
[II] 1 '나의'의 겸양어인 '저의'가 준 말. ¶모든 것이 ~ 잘못입니다. 2 앞에 언급된 사람을 낮추어 되가리키는 '저'에 관형격 조사 '의'가 붙은 '저의'가 준 말. 때로, 동물이나 사물을 되가리키기도 함. 저 사람은 항상 ~ 욕심만 차린다. / 학교 교육이 ~ 구실을 못한다. / 개가 ~ 꼬리를 물려고 빙빙 돈다.
[제가 기른 개에게 발꿈치 물린다] 은혜를 베푼 자에게 도리어 해를 당하게 된다. [제 꾀에 넘어간다] 남을 속이려다 도리어 자기가 속는다. [제 논에 물 대기] 자기에게만 유리하도록 함을 이르는 말. '아전인수(我田引水)'와 같은 말. [제 똥 구린 줄 모른다] 자기의 허물을 깨닫지 못한다. [제 발등을 제가 찍는다] 자신의 일을 스스로 그르친다. [제 버릇 개 못 준다] 나쁜 버릇은 쉽게 고쳐지지 않는다. [제 흉 열 가지 가진 놈이 남의 흉 한 가지를 본다] 제 결점은 모르면서 남의 결점만 들추어낸다.
제 눈에 안경이다 남이 보아서 우스운 것도 제 마음에 들면 좋아 보인다는 말.
제 발(이) 저리다[구] 지은 죄가 있어 제 스스로 겁이 나 조마조마하다.
제 앞을 가리다 자기 문제를 스스로 해결하다. ¶제 앞을 가리지도 못하는데 어떻게 남을 돌보랴.

제² [저기에]가 준 말. ¶~ 가서 놀아라. ~ 처에 — 오시네 새 풀옷을 입으셨네.《이은상:봄처녀》

제³ [적에]가 준 말. ¶어릴 ~ 같이 놀던 친구.

제⁴(除)[명] 어떤 수를 나누는 일. ↔승(乘).

제⁵(祭)[명] 신(神)에게 음식을 바쳐 정성을 표하는 예절. [비]제사. ¶~를 지내다.

제⁶(齊)[명][역] 중국 춘추 시대에 산둥 성(山東省) 일대에 있던 나라(1123~386 B.C.).

제⁷(劑)[명](의전)(한) 탕약 스무 첩. 또는, 그만한 분량으로 지은 환약(丸藥)을 일컫는 단위. ¶보약 한 ~을 먹다.

제⁸(諸)[관] 한자로 된 명사 앞에 붙어, '모두'의 뜻을 나타내는 말. ¶~ 관계자 / ~ 비용 / ~ 문제.

제:-⁹(第)[접두] 한자의 수 앞에 놓여, '차례'의 뜻을 나타내는 말. ¶~2차 세계 대전 / ~3과.

-제¹⁰(制)[접미] 일부 명사 뒤에 붙어, '방법', '형태', '제도' 따위를 뜻하는 말. ¶양당~ / 대통령~ / 4년~ 대학.

-제¹¹(祭)[접미] 일부 명사에 붙어, 의식·제전을 뜻하는 말. ¶기념~ / 위령~ / 예술~.

-제¹²(製)[접미] 일부 명사에 붙어, 물건을 제조한 곳이나 그 재료를 나타내는 말. ¶강철~ / 가죽~ / 독일~ / 외국~.

-제¹³(劑)[접미] 일부 명사에 붙어, 그런 데에 쓰는 약품임을 나타내는 말. ¶소화~ / 진통~ / 마취~.

제가(齊家)[명] 집안을 바르게 다스리는 것. ¶수신(修身)~. 제가-하다[동][자여]

제가²(諸家) 몡 1 문내(門內)의 여러 집안. 2 여러 대가(大家). 3 '제자백가'의 준말.
제-가끔 凰 =제각기.
제!각(祭閣) 몡 무덤 근처에 제청(祭廳)으로 쓰려고 지은 집.
제-각각(-各各) [-깍] 凰 저마다 각각. ¶성격이 ~이다 / ~ 생각이 다르다.
제-각기(-各其) [-끼] 凰 저마다 따로따로. =제가끔. 비면면이. ¶저들은 ― 요구 사항이 다르다. / 우리는 소풍을 가서 ~ 싸 온 도시락을 먹었다.
제갈-동지(一同知) 몡 [제가 가로되 동지(同知:조선 시대 종2품 벼슬)라고 하며 거들먹거리고 다닌다고 해서 생긴 말] 나잇살이나 먹고 교만하며, 재수는 넉넉하되 지체는 좀 낮은 사람. 상대방을 비꼬아서 조롱할 때 쓰는 말임.
제:값[-갑] 몡 물건의 가치에 맞는 가격. ¶~을 받고 팔다.
제:강(製鋼) 몡 시우쇠를 불려 강철을 만드는 것. ¶~소(所). 제:강-하다 툥재여
제거(除去) 몡 (사물이나 현상을) 없애거나 사라지게 하는 것. 2 (정적이나 훼방꾼, 경쟁자 등을) 죽이거나 축출하는 것을 좀 완곡하게 이르는 말. =제각(除却). 제거-하다 툥태여 ¶장애물을 ~ / 불순물을 ~. 제거-되다 툥재

제-격(-格) 몡 그 지닌 바의 정도나 신분에 알맞은 격식. ¶~에 어울리다[맞다] / 그렇게 차려입으니 아주 ~인데.
제고(提高) 몡 쳐들어 높이는 것. 제고-하다 툥태여 ¶생산성을 ~. 제고-되다 툥재
-고장(故障) 몡 준제곱.
제곱 [수] 같은 수를 두 수만큼 곱하는 것. 또는, 그렇게 해서 얻은 수. 구용어는 이승(二乘)·자승(自乘)·평방. ¶3의 ~은 9이다. 제곱-하다 툥태여
제곱-근(-根) [-끈] 몡 [수] a를 제곱한 것이 b일 때, b에 대한 a를 이르는 말. 곧, 5는 25의 제곱근임. 구용어는 개평근(開平根)·자승근·평방근.
제곱근-표(-根表) [-끈-] 몡 [수] 각 정수 n에 대한 제곱근 $\sqrt{n}$을 표로 만든 것.
제곱근-풀이(-根-) [-끈-] 몡 [수] 제곱근을 계산하여 그 답을 구하는 일. 구용어는 개평·개평방(開平方).
제곱-미터(-meter) 몡 의존 미터법에 의한 넓이의 단위. 1제곱미터는 한 변의 길이가 1미터인 정사각형의 넓이임. 기호는 m². 구용어는 평방미터.
제곱-수(-數) [-쑤] 몡 [수] 어떤 수를 제곱하여 이루어진 수. 1, 4, 9, 16 따위. =자승수(自乘數).
제공¹(提供) 몡 (어떤 사람에게, 또는 단체에 어떤 사물을) 가지거나 누리도록 주는 것. ¶자료 ~ / 숙식 ~. 제공-하다 툥태여 ¶회원들에게 정보를 ~ / 북한에 식량을 ~. 제공-되다 툥재 ¶노인들에게 점심이 무료로 ~.
제공²(祭公) 몡 =제유(諸公).
제:공-권(制空權) [-꿘] 몡 1 공군력으로 어느 지역의 상공(上空)을 지배하는 능력. 2 [체] 축구·농구 등에서, 높이 떠서 날아온 공을 놓치지 않고 장악할 수 있는 능력이나 기술. 비유적인 말임.
제:과(製菓) 몡 과자나 빵을 만드는 것. 제:과-하다 툥재
제:과-점(製菓店) 몡 빵·생과자 등을 파는 가게.

제:관(祭官) 몡 1 제사를 맡은 관원. =향관(享官). 2 제사에 참여하는 사람.
제!구¹(祭具) 몡 제사에 쓰는 여러 가지 기구.
제!구²(諸具) 몡 여러 가지의 도구.
제:구-력(制球力) [-체] 야구에서, 투수가 자기 뜻대로 공을 던질 수 있는 능력. ¶~이 난조를 보이다 / 안정된 ~으로 변화구를 구사하다.
제-구실 몡 1 제가 마땅히 해야 할 일이나 책임. ¶~을 못하다. 2 어린아이들이 으레 치르는 역질(疫疾)·홍역 따위를 속되게 이르는 말. 제구실-하다 툥재
제!국¹(帝國) 몡 황제가 다스리는 나라.
제국²(諸國) 몡 여러 나라. =제방(諸邦).
제:국-주의(帝國主義) [-쭈의/-쭈이] 몡 1 [역] 산업 혁명 이후 자본주의가 완성됨에 따라 강대국들이 자국의 이익을 극대화하기 위해 후진 지역의 국가들을 침략하여 식민지로 만들던 활동이나 경향. 2 막강한 군사적·경제적인 힘을 가지고 다른 나라를 억눌러 자국의 이익을 실현하려고 하는 주의.
제군(諸君) 대인칭 통솔자나 지도자가 여러 명의 아랫사람들을 부르거나 가리키는 말. =제자(諸子). ¶학생 ~.
제:권(帝權) [-꿘] 몡 황제의 권한.
제금(提琴) [음] 1 중국 명(明)·청(淸) 때의 현악기의 하나. 울림통은 야자나무 열매의 속을 파서 만들고, 줄은 두 개임. 2 =바이올린.
제기¹ 몡 땅에 떨어뜨리지 않고 발로 계속 차 올리는 것을 겨루기 위해, 엽전을 종이로 싸서 만든 아이들 놀이 도구. 보통, 엽전을 한지로 말 듯이 접은 뒤, 엽전 구멍 있는 부분을 뚫어서 그 속으로 종이를 밀어 넣고 그 끝을 여러 갈래로 찢어서 너풀거리게 함. 한지 대신 천을 쓰기도 하며 오늘날에는 비닐을 사용하기도 함. ¶~를 차다.
제:기² 몡 '제기랄'의 준말.
제!기³(祭器) 몡 제사 때에 쓰는 그릇. =예기(禮器).
제기⁴(提起) 몡 1 (어떤 의견이나 문제를) 내어 놓는 것. 2 (소송 따위를) 일으키는 것. 제기-하다 툥태여 ¶이론(異論)을 ~ / 소송을 ~. 제기-되다 툥재
제기다 툥태 1 (팔꿈치나 발꿈치로) 지르다. 2 (자귀 따위로) 가볍게 톡톡 깎다. 3 (물이나 국물 따위를) 조금씩 부어 떨어뜨리다. 4 돈치기에서, 돈이 다 붙었을 때, 그중에서 맞히라고 지정한 돈을 목대를 던져 꼭 맞히다.
제:기랄 깜탄 언짢을 때 불평스럽게 내뱉는 소리. ¶~, 괜히 헛걸음만 했잖아. 준제기.
제기-차기 몡 제기를 차면서 노는 놀이. 제기차기-하다 툥재
제-까짓[-진] 꾸민 겨우 저따위 정도의. ¶~ 것[놈]이 뭔데 남의 일에 참견이냐? 준제깟.
제-깟 [-깓] 꾸민 '제까짓'의 준말. ¶~ 놈.
제꺼덕 凰 '제꺽²'를 속되게 이르는 말. 재재까닥.
제꺽¹ 凰 1 단단한 물건이 부러지거나 맞부딪쳐 나는 소리. 2 시계의 톱니바퀴가 돌아가는 소리. 재재깍. 쎈째깍. 제꺽-하다 툥재여
제꺽² 몡 무슨 일을 빠르고 시원스럽게 해내는 모양. ¶일을 지시하자마자 ~ 해치우다.

제꺽거리다/-대다 [-꺼(때)-] 통(자)(타) 자꾸 제꺽 소리가 나다. 또는, 그리되게 하다. ¶시계가 **제꺽거리며** 가다. 좡재각거리다. 쎈쩨꺽거리다.

제꺽-제꺽¹ [-쩨-] 부 제꺽거리는 소리. 좡재각재각. 쎈쩨꺽쩨꺽. **제꺽제꺽-하다** 통(자)(타)

제꺽-제꺽² [-쩨-] 부 무슨 일을 재빠르고 시원스럽게 해내는 모양. ¶무슨 일이 있으면 ~ 보고하시오. 좡재각재각. 쎈쩨꺽쩨꺽.

제끼다 통(타) '제치다·2'의 잘못.

제-날 '제날짜'의 준말.

제-날짜 명 정하였거나 기한이 찬 날. ¶~를 넘기다(어기다). 준제날.

제네바^조약(Geneva條約) 명 [역] 1 1864년 제네바에서 열린 국제 적십자 회의 결과 조인된 조약. 이 조약 이후 각국에 적십자사가 조직되었음. 2 1929년 제네바에서 조인된 적십자 조약. 포로에 대한 보호와 인도적 취급, 포로에 대한 정보 제공 등 수용국의 의무 및 포로의 권리 등을 규정함. =적십자 조약.

제:단(祭壇) 명 제사를 지내는 단. ¶~을 쌓다.

제-달 명 미리 정하여 놓은 그달. ¶~에 공사를 마치다.

제:당¹(祭堂) 명 신령에게 제사를 지내는 집.

제:당²(製糖) 명 설탕을 만드는 것. ¶~ 공장. **제:당-하다** 통(자)

제대¹(除隊) 명[군] 현역 군인이 만기(滿期) 또는 그 밖의 사유로 복무가 해제되어 예비역에 편입되는 일. ¶~중(證) / 만기[의가사] ~. ↔입대(入隊). **제대-하다** 통(자)(타)(여) ¶병장(兵長)으로 ~ / 해병대를 ~.

제:대²(祭臺) 명[가] '제단(祭壇)'의 구용어.

제:대³(臍帶) 명[생] =탯줄.

제-대로 부 1 제 격식대로. 또는, 있는 대로. ¶바느질을 ~ 해야 옷맵시가 있다. 2 마음먹은 대로. ¶이번의 예상은 ~ 들어맞았다. 3 알맞은 정도로. ¶말도 ~ 못하다 / 잠을 ~ 자지 못하다.

제대로-근(-筋) 명[생] =불수의근(不隨意筋). ↔맘대로근.

제대-혈(臍帶血) 명[의] 아기가 태어날 때 탯줄에서 뽑은 혈액. 백혈병과 각종 암을 치료할 수 있는 조혈 모세포와 줄기 세포 등이 들어 있어 냉동 보관 하기도 함.

제:도¹(制度) 명 1 사회생활에 필요한 일정한 방식·기준 등을 정하여 놓은 체계. ¶입시 ~ / 노예 ~ / 교육 ~. 2[법] 국가·사회 구조의 체계나 국가의 형태. ¶의회 ~ / 입헌 ~.

제:도²(製圖) 명 기계·건축물·공작물 등의 도면이나 도안을 그려 만드는 것. =드로잉. ¶~실(室) / ~연필. **제:도-하다** 통(자)(타)(여)

제도³(諸島) 명 여러 섬.

제:도⁴(濟度) 명[불] 일체중생을 부처의 도로써 고해(苦海)에서 건져 극락세계로 인도하여 주는 것. **제:도-하다** 통(자)(타)(여) ¶부처님께서는 중생을 설법으로 **제도하셨다**.

제:도-권(制度圈) 명[-꿘] 기존의 사회 제도를 벗어나지 않는 영역이나 범위.

제:도-기(製圖器) 명 도면이나 도안을 그리는 데 쓰는 기구. 컴퍼스·디바이더 따위.

제:도^용:지(製圖用紙) 명 제도에 쓰이는 종이. 켄트지·트레이싱 페이퍼 따위.

제:도-화(制度化) 명 제도로 되거나 되게 하는 것. **제:도화-하다** 통(자)(여) ¶금융의 민영화를 ~. **제:도화-되다** 통(자)

제:독¹(制毒) 명 미리 해독을 막는 것. **제:독-하다** 통(자)(여)

제독(을) 주다 판 상대의 기운을 꺾어 다시는 다른 생각을 못하게 하다.

제:독²(除毒) 명 독을 없애 버리는 것. **제:독-하다** 통(자)(여)

제:독³(提督) 명 함대의 총사령관. ¶넬슨 ~.

제:동(制動) 명 기계 따위의 운동을 제지하는 것. ¶~장치 / ~을 걸다. **제:동-하다** 통(자)(여) **제:동-되다** 통(자)

제:동-기(制動機) 명[공] 기관·기계 등의 운동을 정지시키거나 속력을 떨어뜨리는 장치. 비브레이크.

제:동-마력(制動馬力) 명[물] 원동기의 축에서 나타나는, 실제로 사용할 수 있는 출력(出力).

제등(提燈) 명 1 자루가 있어 들고 다닐 수 있게 된 등. 2[불] 등불을 들고 부처에게 축원하는 일. ¶~행렬.

제-때 명 1 무슨 일이 있을 그때. ¶일은 미루지 말고 ~에 하도록 해라. 2 정해 놓은 그 시각. ¶밥은 ~에 먹어라.

제라늄(geranium) 명[식] 쥐손이풀과의 여러해살이풀. 높이 30~50cm. 잎은 심장상(心臟狀) 원형이며, 여름에 붉은색·분홍색·흰색 등의 꽃이 핌. 관상용으로 재배됨. =양아욱.

제:련(製鍊) 명[공] 광석을 용광로에 녹여서 함유 금속을 뽑아내어 정제하는 것. **제:련-하다** 통(자)(타)(여) **제:련-되다** 통(자)

제:련-소(製鍊所) 명 제련을 하는 곳. =정련소(精鍊所).

제:례¹(除例) 명 갖추어야 할 절차나 법식을 생략하는 것. **제:례-하다** 통(자)(여)

제:례²(除禮) 명 편지 글의 첫머리에서, 인사 말과 같은 의례적 격식을 생략한다는 뜻으로 하는 한문 투의 말. **제:례-하다** 통(자)(여) ¶**제례하옵고**, 아뢰올 말씀은 다름이 아니오라···.

제:례³(祭禮) 명 제사를 지내는 예법이나 예절. ¶~를 지내다.

제:례-악(祭禮樂) 명[음] 종묘·문묘의 제사 및 나라의 제향에 쓰이던 아악의 향부악(鄕部樂)의 하나.

제로(zero) 명 1=영(零)º. 2 전혀 없음. ¶상식이나 교양이 ~이다.

제로^게임(zero game) 명 한 점도 얻지 못하고 진 시합.

제로-베이스(zero-base) 명 '원점(原點)'로 순화.

제로-섬(zero-sum) 명 어떤 시스템이나 사회 전체의 이익이 일정하여 한쪽이 득을 보면 반드시 다른 한쪽이 손해를 보는 상태. 순화어는 '합계 영'.

제로섬^게임(zero-sum game) 명 게임 이론에서, 참가자가 제각기 선택하는 행동이 무엇이든지 각 참가자의 이득과 손실의 총합이 제로가 되는 게임.

제록스(Xerox) 명 문서 따위를 자동으로 복사하는 것. 또는, 그 복사하는 기계. 상표명에서 온 말임. **제록스-하다** 통(타)(여) ¶원서(原書)를 ~.

제막(除幕) 명 막을 걷어 내는 것. **제막-하다** 통(자)(여)

제막-식(除幕式) [-씩] 圓 동상·기념비 따위를 다 만든 후, 가렸던 막을 걷어서 벗기며 완공을 축하하는 의식. ¶시비(詩碑) ~.

제:망매-가(祭亡妹歌) 圓[문] 신라 경덕왕 때 월명사(月明師)가 지은 10구체 향가. 그의 죽은 누이를 위하여 재(齋)를 올릴 때 지은 노래임.

제-멋 [-먿] 圓 자기 스스로 느끼고 생각하는 멋. ¶~에 살다.

제멋-대로 [-먿때-] 團 제 마음대로. ¶~ 행동하다 / ~ 하게 내버려 둬라.

제-명¹(-命) 圓 타고난 자기의 목숨. ¶저렇게 위험한 장난을 하다 필시 ~에 못 죽지.

제명²(除名) 圓 구성원 명단에서 이름을 빼어 구성원 자격을 박탈하는 것. =할명(割名). ¶~ 처분. **제명-하다** 图티여 **제명-되다** 图자여 ¶제명된 학생.

제명³(題名) 圓 1 표제나 제목의 이름. 2 명승지에 자기의 이름을 기록하는 것. **제명-하다²** 图자여 명승지에 자기의 이름을 기록하다.

제:모¹(制帽) 圓 학교·관청 등에서, 정해진 규정에 따라 쓰게 된 모자.

제모²(除毛) 圓 미용 등을 위해 겨드랑이·팔·다리 등의 털을 제거하는 것. ¶영구 ~. **제모-하다** 图자타여 ¶겨드랑이 털을 레이저로 ~.

제모-제(除毛劑) 圓 겨드랑이·다리 등의 털을 없애는, 바르는 약제. =탈모제. ¶크림 타입의 ~.

제목(題目) 圓 작품이나 저작·강연 등에서 그 내용을 압축하여 보이거나 대표하기 위해 붙이는 이름. ¶영화 ~ / 소설 ~ / ~을 붙이다.

제:문(祭文) 圓 죽은 이에 대하여 슬픈 뜻을 나타낸 글.

제:물¹ 圓 1 음식을 익힐 때 처음부터 부어 있는 물. 2 제 몸에서 우러난 국물. 3 다른 것이 섞이지 않은 순수한 물건.

제:물²(祭物) 圓 1 제사에 쓰는 음식. =제수(祭需). ¶~을 장만하다 / ~을 차리다. 2 '희생물'의 비유. ¶많은 양민들이 전쟁의 ~이 되다.

제물-로 團 그 자체가 스스로. 뼌저절로. ¶문이 닫히다 / 잠들 자고 나서, ~ 깨어 일어날 때까지, 을화는 딸의 잠을 깨우는 법이 없었다.《김동리: 을화》

제물-묵 圓 녹두를 맷돌에 갈아 짜낸 물로 쑨 묵.

제물-에 團 어떤 영향을 미치거나 작용을 가하지 않아도 저절로. 뼌제풀에. ¶산과 들에 ~ 자라는 푸성귀.

제물-장(-欌) 圓 방에 붙박이로 설비되어 있어 움직일 수 없는 장.

제:물포^조약(濟物浦條約) 圓[역] 고종 19년(1882)에 임오군란으로 인한 일본 측 피해에 대한 배상 문제를 다룬, 우리나라와 일본 사이의 조약.

제미 圓 ['제 어미'가 준 말] 몹시 못마땅할 때 욕으로 하는 말.

제미붙-을 감관 제 어미와 붙을 것이라는 뜻으로, 남을 경멸하거나 저주할 때 쓰는 아주 심한 욕.

제-바닥 圓 1 물건 자체의 본바닥. ¶~ 인삼 / ~에서 싸게 구입하다. 2 본디 살고 있는 고장. ¶평생동안 ~을 떠난 적이 없었다.

제바람-에 團 제 행동에 제가 영향을 받아,

뼌제풀에. ¶꿩이 ~ 놀라 날아올랐다.

제반(諸般) 관명 여러 가지. ¶~ 문제 / ~ 사항 / ~의 준비를 갖추다.

제반-사(諸般事) 圓 여러 일. ¶~가 순조롭게 되어 가다.=제사(諸事).

제:발 團 간절히 바라건대. ¶~ 내 말 좀 들어라. / ~ 목숨만 살려 주십시오.

제발 덕분에 團 간절히 은혜나 도움을 바라건데. ¶~ 그렇게만 해 주십시오.

제방(堤防) 圓 하천·호수의 범람, 바닷물의 침입을 막기 위해 하안·호안·해안을 따라 축조하는 토석·콘크리트 등의 구축물. =둑·물둑·방강(防江). ¶~을 쌓다 / ~이 무너지다.

제-백사(除百事) [-싸] 圓 한 가지 일을 위하여 다른 일은 다 제쳐 놓는 것. =제만사(除萬事)·과제만사(破除萬事). **제백사-하다** 图자여 ¶이번 모임에는 제백사하고 참석하겠습니다.

제법 I 圓 꽤 무던한 정도. ¶노래 솜씨가 ~이다.

II 團 보통 수준은 되는 정도로. 또는, 생각했던 것보다 더. 대상의 수준·능력·상태가 화자의 기대치를 넘어서기는 했지만, 화자가 우월감을 가진 입장에서, 또는 그다지 두드러진 것으로는 평가하지 않을 때 이르는 말. ¶꼬마 녀석이 ~ 똑똑하구나. / 비가 온 뒤로 ~ 날씨가 추워졌다.

> **유의어** **제법 / 꽤 / 어지간히**
> 모두 어느 정도의 수준에 달한 것이나, 평가 대상에 대해 '**제법**'은 대상을 우월한 입장에서 낮추어 보는 어감이 있고, '**꽤**'는 선입견 없이 긍정적으로 보는 뜻이 있으며, '**어지간히**'는 충분치는 않으나 어느 선에 만족하는 뜻이 있음.

제:법(製法) [-뻡] 圓 '제조법'의 준말.
제법(諸法) 圓 여러 가지 법.
제보(提報) 圓 정보를 제공하는 것. ¶목격자의 ~로 수사가 활기를 띠다. **제보-하다** 图타여

제보-자(提報者) 圓 정보를 제공하는 사람.

제:복¹(制服) 圓 단체나 기관 등에서, 그 구성원들이 입게 되어 있는, 일정한 색깔과 모양의 옷. =유니폼.正服).

제복²(除服) 圓 상기(喪期)가 지나서 상복을 벗는 것. =탈복(脫服). **제복-하다** 图자여

제:복³(祭服) 圓 제사 때에 입는 예복.

제:본(製本) 圓 =제책(製冊). ¶~소. **제본-하다** 图타여 **제본-되다** 图자

제:부(弟夫) 圓 여자가 자기 여동생의 남편을 이르는 말. =제랑(弟郞). ↔형부(兄夫).

제:분(製粉) 圓 (곡식·약재 등을) 빻아서 가루를 만드는 것. 특히, 밀을 밀가루로 만드는 일을 가리킴. ¶~기(機) / ~소(所). **제분-하다** 图타여

제-붙이 [-부치] 圓 '제살붙이'의 준말.

제:비¹ 圓 겉에서 보이지 않게 어떤 표시를 한 여러 가지의 물건 중 하나를 고르게 함으로써 차례·승패·당락·우열 등을 결정하는 일. 또는, 그런 일을 하기 위한 물건. ¶~를 뽑아 상품을 타다.

제:비² 圓 1 [동] 제빗과의 새. 몸길이 약 18cm. 등은 윤기가 있는 청흑색이며, 배 쪽은 희고, 꽁지는 가위 모양으로 갈라짐. 날개가 발달하여 썩 빨리 남. 봄에 강남에서 찾아와 처마 밑 등에 집을 짓고 살다가 가을에 날

아감. 울음소리는 '지지배배'. 2 〈속〉 =제비족.
[**제비는 작아도 강남 간다**] 몸집은 비록 작아도 제 할 일은 다 하는 법이니, 작다고 얕보지 말라는 뜻.
제:비-꽃[-꼳] 몡 [식] 제비꽃과의 여러해살이풀. 들에서 나며, 봄에 보랏빛의 꽃이 핌. =바이올렛·오랑캐꽃.
제:비-부리 몡 좁고 긴 물건의 오라기 한끝의 양쪽 귀를 접고 가운데만 뾰족하게 한 형상.
제비-뽑기[-끼] 몡 겉에서 보이지 않게 어떤 표시의 여러 개의 물건을 벌이거나 통 속에 담거나 한 뒤, 그중의 하나를 고르게 함으로써 그 표시 내용에 따라 어떤 일의 차례·승패·당락·우열 등을 결정하는 일. 비추첨. **제비뽑기-하다** 쟤여.
제:비-족(-族) 몡 〈속〉 카바레나 나이트클럽 등에서 여자(주로, 유부녀)에게 접근하여 성적 향락을 제공하고 금품을 갈취하는 젊은 남자. 또는, 그 무리. =제비.
제:비-초리 몡 뒤통수나 앞이마에 뾰족하게 내민 머리털. ×제비추리.
제:비-추리 몡 1 소의 안심에 붙은 고기. 2 '제비초리'의 잘못.
제:비-턱 몡 밑이 두툼하고 넓적하게 생긴 턱.
제:빙(製氷) 몡 얼음을 만드는 것. ¶~ 공장. **제:빙-하다** 동재여.
제-빛[-빋] 몡 물체가 지니고 있는 본래의 빛깔. ¶창백해진 얼굴이 ~으로 돌아오다.
제:빵(製-) 몡 전문적 기술을 가지고 빵을 만드는 일. ¶~ 학원 /~ 기술.
제:빵-사(製-師) 몡 빵을 만드는 전문적 기술과 자격을 가지고 있는 사람.
제:사¹(祭祀) 몡 신령 또는 죽은 사람의 혼에게 음식을 바치면서 기원을 하거나 죽은 이를 추모하는 일. =향사(享祀). 비제(祭). ¶기(忌)/~ 를 지내다. **제:사-하다¹** 쟤여.
제:사²(製絲) 몡 솜·고치 등으로 실을 만드는 것. **제:사-하다²** 쟈여.
제사³(題詞) 몡 책의 첫머리에 그 책과 관계되는 노래나 시 등을 적은 글. ¶~ 를 달다. 준제.
제:사-계(第四系) [-게/-게] 몡 [지] 제사기에 생긴 지층. =제사기층.
제:사^계급(第四階級) [-게-/-게-] 몡 1 [사] 무산 계급. 2 언론계. 특히, 신문 기자를 가리키는 말.
제:사-기(第四紀) 몡 [지] 신생대 후반의 기. 홍적 대지나 충적 평야가 형성되었음. 빙하의 발달과 출현이 특징임.
제-사날로 뷔 제 혼자만의 생각으로.
제:사-부(第四府) 몡 행정부·입법부·사법부에 이은 제4의 권부(權府)라는 뜻으로, '언론 기관'을 이르는 말. ▷무관의 제왕. → 무관².
제:사-상(祭祀床) [-쌍] 몡 제사를 지낼 때 제물을 올려 놓는 상. =제상(祭床).
제:사^세계(第四世界) [-게/-게] 몡 개발도상국 가운데, 자원도 갖지 못하고 식량의 자급조차 어려운 후발(後發) 도상국들을 이르는 말. ▷제삼 세계.
제:사의 불(第四-) [-의-/-에-] 핵융합 반응에 의한, 원자력보다 더 강한 에너지를 이르는 말. ▷제삼의 불.
제:사-장(祭司長) 몡 1 [성] 유대교에서, 성전(聖殿)에서 종교상의 의식·전례(典禮)를 맡아보는 공직자. 세습제였음. 2 제례(祭禮)·주문(呪文)에 밝아, 영검을 얻게 하는 사람.
제:사차^산:업(第四次産業) [경] 넓은 뜻의 제3차 산업을 세분한 것의 하나. 정보·의료·교육 및 서비스 산업 등 지식 집약형의 산업. ▷제삼차 산업.
제:산-제(制酸劑) 몡 [약] 위액 속의 염산을 화학적으로 중화하여 위산 과다나 소화성 궤양 등의 치료에 쓰이는 약.
제살-붙이[-부치] 몡 혈통이 같은 가까운 겨레붙이. ¶~ 가 하나도 없다. 준제붙이.
제-살이 몡 남에게 의존하지 않고 자기 힘으로 살아가는 것. 또는, 그런 살림. **제살이-하다** 쟈여.
제:삼(第三) 몡 어떤 인물이나 대상이 당사자가 아님을 나타내거나 논의나 예상의 영역 밖에 있음을 나타내는 말. ¶~ 세력 / ~ 의 인물.
제:삼-계(第三系) [-게/-게] 몡 [지] 제삼기에 생긴 지층. 석유·석탄 등 광물을 많이 매장하고 있음. =제삼기층.
제:삼^계급(第三階級) [-게-/-게-] 몡 [사] 유럽의 봉건 사회에서, 제일 계급인 국왕·제후, 제이 계급인 귀족·성직자에 대하여, 일반 평민 계급을 가리키는 말.
제:삼-국(第三國) 몡 당사국 이외의 나라.
제:삼-기(第三紀) 몡 [지] 신생대 전반의 기. 포유류와 쌍떡잎식물이 번성하였고, 세계적으로 조산 운동이 활발하였음.
제:삼^당(第三黨) 몡 [정] 의회의 의석수가 세 번째인 정당. 2대 정당 사이에 서서 캐스팅 보트를 쥐고 있는 정당임.
제:삼^세:계(第三世界) [-게/-게] 몡 [정] 제2차 세계 대전 후, 아시아·아프리카·라틴 아메리카의 개발도상국을 일컫는 말. 자본주의가 발전한 서방 세계를 제일 세계, 공산주의 국가를 제이 세계라 하는 것에 대하여, 그 외의 국가들을 가리킴.
제:삼의 불(第三-) [-의-/-에-] 핵분열 반응에 의한 원자력 에너지를 이르는 말. 석탄·석유를 제1의 불, 전기를 제2의 불이라고 하는 말에 대한 호칭임. ▷제사의 불.
제:삼^인칭(第三人稱) 몡 [언] 인칭 대명사에서, 말하는 사람과 그 상대자 이외의 사람·동물·사물 등을 가리키는 말. '그이', '저이', '그것', '저것' 따위. =셋째가리킴·삼인칭.
제:삼^인터내셔날(第三International) 몡 [사] 1919년에 레닌의 지도 아래, 소련 공산당을 중심으로 모스크바에서 창립된 세계 각국의 공산당 조직. =국제 공산당·코민테른.
제:삼-자(第三者) 몡 당사자가 아닌 사람. ¶~ 는 나서지 마시오. 준삼자.
제:삼^제:국(第三帝國) 몡 1 [정] 나치스 통치하의 독일을 달리 이르는 말. 2 [철] 육(肉)의 세계를 제일 제국, 영(靈)의 세계를 제이 제국이라 하는 데 대하여, 영육이 합쳐 이상과 현실이 일체가 되는 세계.
제:삼^종^전염병(第三種傳染病) [-뼝] 몡 [법] 법정 전염병 가운데, 결핵·성병·나병 등의 병. ▷법정 전염병.
제:삼차^산:업(第三次産業) 몡 [경] 상업·운수업·통신업·금융업 등의 서비스업을 이르는 말. =삼차 산업.

제:삿-날(祭祀-)[-산-] 명 제사를 지내는 날. =제일(祭日). 준젯날.

제:삿-밥(祭祀-)[-사빱/-산빱] 명 1 제사를 지내기 위하여 차려 놓은 밥. 2 제사에 쓰고 물린 밥. =제삿풀이.

제:상(祭床)[-쌍] 명 =제사상.

제:석¹(除夕) 명 섣달 그믐날 밤. =세제(歲除)·제야(除夜).

제:석²(祭席) 명 제사를 지낼 때 까는 돗자리. ×젯돗.

제:석-굿(帝釋-)[-꾼] 명[민] 제석신을 받들기 위하여 하는 굿. =제석풀이.

제:석-신(帝釋神)[-씬] 명[민] 무당이 섬기는 신의 하나. 한집안 사람의 수명과 곡물·의류 및 화복에 관한 일을 맡아본다고 함. 준제석.

제:석-천(帝釋天) 명[불] 범천(梵天)과 더불어 불법의 수호신. 12천의 하나로 동방을 지킴. 준제석.

제설¹(除雪) 명 쌓인 눈을 치우는 것. ¶~ 작업. 제설-하다 동(자여)

제설²(諸說) 명 1 여러 사람의 학설. 2 여러 사람이 주장하는 말.

제설-기(除雪機) 명 길에 쌓인 눈을 치워 없애는 기계.

제설-차(除雪車) 명 선로나 도로 위에 쌓인 눈을 치워 없애는 차.

제:세(濟世) 명 세상을 구제하는 것. 제:세-하다 동(자여)

제:세-안민(濟世安民) 명 세상을 구제하고 백성을 편안하게 함.

제소(提訴) 명 소송을 제기하는 것. 제소-하다 동(자)(타)여 ¶ㄱ 회사가 ㄴ 회사를 특허 도용 혐의로 법원에 제소하였다. 제소-되다 동(자)

제-소리¹ 명 글자의 바른 음. 비정음(正音).

제-소리² 명 본심에서 나오는 말. ¶이제야 ~를 하는구나. 제소리-하다 동(자여)

제:수¹(弟嫂) 명 남자가 자기 남동생의 아내를 부르거나 이르는 말. =제부(弟婦)·계수(季嫂). ↔형수.

제:수²(除授) 명[역] 천거에 의하지 않고 임금이 직접 관리를 임명하는 일. 제:수-하다 동(타)여 제:수-되다 동(자)

제:수³(除數)[-쑤] 명[수] 나눗셈에서 어떤 수를 나누는 수. 10÷5=2에서의 '5' 따위. 구용어는 법수(法數). =나눗수. ↔피제수.

제:수⁴(祭需) 명 1 제사에 드는 여러 가지 재료. 2 =제물(祭物)¹.

제:수-씨(弟嫂氏) 명 '제수'를 높이거나 대접하여 부르거나 이르는 말.

제:수용-품(祭需用品) 명 제사에 쓰이는 물품이나 식품.

제:수이트-회(Jesuit會)[-회/-훼] 명[가] =예수회.

제:수-전(祭需錢) 명 제수를 마련하는 데 드는 돈.

제:술-과(製述科) 명[역] 고려 시대, 과거의 한 과목. 문신을 등용하기 위한 시험으로 시(詩)·부(賦)·송(頌)·책(策) 등의 한문학으로써 인재를 뽑았음. =진사과(進士科). ▷명경과.

제스처(gesture) 명 1 말의 효과를 더하기 위하여 하는 몸짓이나 손짓. 2 마음에도 없이 가식적으로 내보이는 행동. ¶그가 보인 친절은 ~에 불과하다.

제습(除濕) 명 습기를 없애는 것. ¶~-기(器)

제오차 산업 ●1629

/ ~-제(劑). 제습-하다 동(자여)

제:승(制勝) 명 눌러 이기는 것. 제:승-하다 동(타)여

제시(提示) 명 1 (어떤 내용·문제·의사 따위를) 말이나 글로 나타내어 보이는 것. 2 (증명하는 문서나 물건 등을) 내어 보이는 것. 제시-하다 동(타)여 ¶요구 조건을 ~ / 증거물을 법원에 ~. 제시-되다 동(자)

제-시간(-時間) 명 정한 시간. ¶~에 목적지에 도착하다 / ~에 밥을 먹다.

제:식(制式) 명 1 정해진 양식. 2 [군] 군대의 대열 훈련에서 규정된 격식과 방식.

제:식^훈:련(制式訓練)[-시쿨-] 명[군] 구령에 따라 일정한 격식으로 열을 짓거나 열을 지은 상태로 이동하거나 여러 가지 동작을 취하는 것을 익히는 훈련.

제:씨¹(弟氏) 명 =계씨(季氏).

제씨(諸氏) 명 여러 사람의 이름을 든 다음에 붙여, '여러분'의 뜻으로 쓰는 말. ¶김갑식·박성호·정민구 ~가 성금을 보내오셨습니다.

제-아무리 부 ('-라도/아도', '-야'와 어울려 쓰여) 자기가 아무리, 대상의 능력이나 역량에 한계가 있음을 꼬집어 이를 때 쓰는 말임. ¶~ 영어 도사라도 원어민을 능가할 수는 없다.

제안(提案) 명 (어떤 일을) 안(案)으로 내놓는 것. 또는, 그 안. ¶~을 받아들이다. 제안-하다 동(타)여 ¶철수는 회의 시간에 불우 이웃을 위한 모금 운동을 제안했다. 제안-되다 동(자)

제:압(制壓) 명 위력이나 위엄으로 남을 누르는 것. 제:압-하다 동(타)여 ¶반대파를 ~ / 상대편을 제압하고 우승을 거두다. 제:압-되다 동(자)

제액(題額) 명 액자에 그림을 그리거나 글씨를 쓰는 것. 제액-하다 동(자여)

제야(除夜) 명 1 =제석(除夕)¹. 2 양력 12월 31일 밤. ¶~의 종소리.

제:약¹(制約) 명 법·제도·규칙, 또는 조건·상황 등이 행동·활동·작용을 자유롭지 못하게 제한하는 것. ¶법의 ~에서 풀려나다 / 시간과 공간의 ~을 받다. 제:약-하다¹ 동(타)여 ¶기업 활동을 제약하는 각종 규제를 철폐하다 / 공인이라는 신분이 사생활을 ~. 제:약-되다¹ 동(자)

제:약²(製藥) 명 약을 제조하는 것. 또는, 제조한 약. ¶~ 회사. 제:약-하다² 동(자여)

제:어(制御) 명 1 억눌러 자기의 생각에 따르도록 하는 것. 2 기계나 설비가 목적에 알맞은 동작을 하도록 조절하는 것. ¶자동 ~ 장치. 제:어-하다 동(타)여 ¶행동을 ~. 제:어-되다 동(자)

제:어-봉(制御棒) 명[물] 원자로 내의 연쇄 반응을 제어하기 위하여 노(爐) 속에 넣었다 꺼냈다 하는 막대.

제언¹(提言) 명 생각이나 의견을 제출하는 것. 또는, 그 생각이나 의견. 제언-하다 동(타)여

제언²(題言) 명 서적·화폭·비석 등의 첫머리에 쓰는 글.

제:염(製鹽) 명 소금을 만드는 것. ¶~업 / 천일 ~. 제:염-하다 동(자여)

제:오^열(第五列) 명 내부에 있으면서 외부의 적 세력에게 호응하여 그 방침하에 활동하고 있는 그룹. 준오열.

제:오차^산:업(第五次産業) 명[경] 넓은 뜻

의 제3차 산업을 세분한 것의 하나. 취미·오락·패션 등의 산업. ▷제삼차 산업.
제올라이트(zeolite) 명[광] 알칼리·알칼리 토금속 원소의 함수(含水) 알루미늄 규산염 광물. 무색 또는 흰색이며 유리 광택이 남. =비석(沸石).
제:왕¹(帝王) 명 황제와 국왕.
제:왕²(諸王) 명 1 여러 임금. 2 [불] =시왕.
제:왕^절개^수술(帝王切開手術) 명[의] 모체의 배를 가르고 태아를 꺼내는 수술. 산도(産道)가 열리지 않고, 출혈이 심하거나, 산모와 태아의 생명에 위험이 있는 경우 등에 행함.
제외(除外) [-외/-웨] 명 어떤 범위의 밖에 두는 것. 제외-하다 통(타)여 ¶한 사람을 제외하고는 모두 회의에 참석하였다. 제외-되다 통(자)
제우스(Zeus) 명[신화] 그리스 신화에 나오는 최고의 신. 천공(天空)을 주재함. 로마 신화의 유피테르(Jupiter)에 해당함.
제웅¹ 명[민] 짚으로 만든 사람의 형상. 음력 정월 14일 저녁에, 집안에 액년의 나이가 된 사람이 이것에 그 사람의 옷을 입히고 성명과 출생한 해의 간지(干支)를 적어 길가에 버림으로써 그해의 액을 막았다고 함. 또, 남을 저주할 때 쓰기도 했음. =초우인(草偶人).
제웅²(雌雄) 명[식] 식물의 자화 수분(自花受粉)을 막기 위하여 꽃봉오리 때 수술의 꽃밥을 따는 일. 제웅-하다 통(자)여
제웅-치기 명[민] 음력 정월 14일 저녁에, 아이들이 각 집으로 돌며 제웅 속에 넣은 돈푼을 얻으려고 제웅을 거두는 일. =타추희. 제웅치기-하다 통(자)여
제원¹(諸元) 명 기계의 치수·무게 등 성능·특징을 나타낸 수치적 지표.
제원²(諸員) 명 여러 인원.
제:위¹(帝位) 명 제왕의 자리. ¶~에 오르다.
제:위²(諸位) 대(인칭) '여러분'을 문어적으로 이르는 말. =제공(諸公).
제:위-답(祭位畓) 명 추수한 것을 제사 비용으로 쓰기 위하여 마련한 논. =제수답. ▷제위전.
제:위-보(濟危寶) 명[여] 고려 시대의 빈민 구제 기관. 나라에서 돈·곡식 따위를 모아 두었다가 이를 백성에게 꾸어주고 그 이자를 받아 빈민 구제 사업에 썼음.
제:위-전(祭位田) 명 추수한 것을 제사 비용으로 쓰기 위하여 마련한 밭. ▷제위답.
제:유(製油) 명 동물체나 식물체로부터 기름을 짜서 만드는 것. ¶~기(機). 제:유-하다 통(자)여
제유-법(提喩法) [-뻡] 명[문] 수사법의 하나. 사물의 한 부분으로써 그 사물 전체를 의미하는 방법. '사람이 빵만으로는 살 수 없다'라는 데서의 '빵'이 '식량'을 의미하는 따위. ▷환유법·대유법.
제육 명 돼지고기. 주로, 돼지고기로 만든 음식명을 이르는 말임. ¶~구이/~편육/~볶음. 원저육(豬肉).
제:의¹(祭衣) [-의/-이] 명[가] 미사 때에 신부가 입는 옷.
제:의²(祭儀) [-의/-이] 명 제사나 굿 등의 의식. ¶동해안 별신굿은 신성한 ~이자 축제로서 대규모로 벌어진다.
제의³(提議) [-의/-이] 명 (어떤 일을) 의견이나 의안으로 제출하는 것. ¶협상 ~. 제의-하다 통(타)여 ¶동창회 개최를 ~. 제의-되다 통(자)
제:의⁴(題意) [-의/-이] 명 1 제목의 뜻. 2 문제의 뜻.
제:이^계급(第二階級) [-계-/-게-] 명[사] 유럽 봉건 사회에서의 둘째 계급. 곧, 귀족·성직자의 계급.
제:이^금융권(第二金融圈) [-늄꿘/-그뮹꿘] 명[경] 은행 이외에 금융 업무를 행하는 기관들. 곧, 보험 회사·증권 회사·투자 신탁 회사·신용 협동조합 따위.
제:이^분열(第二分裂) 명[생] 염색체 수가 변하지 않는 세포 분열. =동형 분열.
제:이-심(第二審) 명[법] 제1심의 재판에 대한 복심 신청이 있을 때에 하는 제2차의 심리. 또는, 그 법원. =항소심. 준이심.
제:이인-자(第二人者) 명 권력이나 세력에 있어서 둘째가는 자. =이인자. ¶그는 현 정권의 ~로서 차기 대권을 꿈꾸고 있다.
제:이^인칭(第二人稱) 명[언] 인칭 대명사에서, 말하는 사람의 상대자가 되는 사람을 가리키는 말. 또는, 그 대명사. '너', '자네', '당신', '그대' 따위. =대칭·둘째가리킴·이인칭.
제:이^종^전염병(第二種傳染病) [-뼁] 명[의] 법정 전염병의 한 가지. 백일해·홍역·유행성 이하선염·광견병·말라리아·파상풍 따위.
제:이차^산업(第二次産業) 명[경] 원재료의 정제·가공을 산업으로 하는 산업 부문. 광업·건설업·제조업 따위. =이차 산업.
제:이차^성징(第二次性徵) 명[동] 생식기 이외에 더 나타나는, 암수를 구별할 수 있는 특징. =이차 성징. ▷제일차 성징.
제:이차^세:계^대:전(第二次世界大戰) [-계-/-게-] 명 세계 경제 공황 후, 파시즘 체제를 확립한 독일·이탈리아·일본 등의 추축국(樞軸國)과 미국·영국·프랑스 등의 연합국 사이에 일어난 세계적 규모의 전쟁 (1939~45).
제일¹(除日) 명 =섣달그믐.
제:일²(祭日) 명 =제삿날.
제일³(第一) I 명 첫째가는 것. ¶~의 목표/몸이 피로할 때에는 푹 쉬는 게 ~이다.
II 부 =가장. ¶나는 국어 과목을 ~ 좋아한다. 준젤.
제일(齊一) →제일-하다 형여 똑같이 가지런하다. 제일-히 부
제일-가다(第一--) 통(자) 가장 두드러지거나 뛰어난 정도에 이르다. ¶설악산은 우리나라에서 제일가는 명산이다.
제일-강산(第一江山) 명 경치가 매우 좋은 곳.
제:일^계급(第一階級) [-계-/-게-] 명[사] 유럽 봉건 사회에서의 첫째 계급. 곧, 국왕·제후(諸侯)의 계급.
제:일-보(第一步) 명 =첫걸음. ¶통일을 향한 ~를 내딛다.
제:일^분열(第一分裂) 명[생] 염색체 수가 반감(半減)하는 세포 분열. =이형 분열.
제:일-선(第一線) [-썬] 명 1 [군] =최전선 2. 2 일을 실행하는 데 있어서의 맨 앞장. 비일선(一線). ¶~에서 일하다/~에 서다.
제:일-성(第一聲) [-썽] 명 여러 사람에게 대하여 맨 처음 꺼내는 말. ¶김 장관은 취임하면서 물가 안정의 실현을 ~으로 부르짖

제¦일-심(第一審)[-씸] 圏[법] 소송에서 제1차로 받는 심리. =초심(初審). 준일심.

제¦일-의(第一義)[-의/-이] 圏 근본이 되는 첫째 의의. ¶반중을 국시로 ~로 하다.

제¦일인-자(第一人者) 圏 어느 방면에서 가장 뛰어나, 그와 겨룰 자가 없는 사람. =일인자.

제¦일^인칭(第一人稱)[언] 인칭 대명사에서, 말하는 사람을 가리키는 범주에 해당함을 나타내는 말. 또는, 그 대명사. '나', '저', '우리', '저희' 따위. =일인칭·첫째가리킴.

제¦일^종^전염병(第一種傳染病)[-쫑-뼝] 圏[의] 법정 전염병의 한 가지. 콜레라·페스트·장티푸스·발진 티푸스·성홍열·유행성뇌염·파라티푸스·천연두·재귀열 따위.

제¦일-주의(第一主義)[-의/-이] 圏 무슨 일에서나 으뜸이 되고자 하는 주의. ¶안전 ~ /원칙 ~.

제¦일차^산^업(第一次産業) 圏[경] 원자재·식량 등 가장 기초적인 생산물의 생산에 관련되는 산업. 농업·임업·수산업 따위. =일차 산업.

제¦일차^성^징(第一次性徵)[동] 동물의 생식기의 차이에 의한 성징. =일차 성징. ▷제이차 성징.

제¦일^차^세^계^대^전(第一次世界大戰)[-계-/-게-] 圏[역] 독일·오스트리아·이탈리아의 삼국 동맹과, 영국·프랑스·러시아의 삼국 협상과의 대립을 배경으로 유럽을 중심으로 하여 일어난 세계적 규모의 전쟁(1914~18).

제¦일-착(第一着) 圏 도달점에 가장 먼저 이르거나 어떤 일에 가장 먼저 착수하는 것. ¶결승점에 ~으로 골인하다 / K그룹은 이동 통신 사업에 ~으스 참가 의사를 발표했다.

제¦자¹(弟子) 圏 스승에 대하여, 그에게서 지식이나 기술을 배우는 사람.

제¦자²(題字) 圏 서적의 머리나 족자·비석 따위에 쓴 글. =제서(題書).

제-자리 圏 본디 있던 자리. 또는, 거기에 마땅히 있어야 할 자리. ¶물건을 쓰고 나면 반드시 ~에 갖다 놓아라.

제자리-걸음 圏 1 제자리에 선 채 걷는 것처럼 다리를 움직이는 동작. 2 사물이 정체하여 진보하지 못하는 것. =답보(踏步). ¶꾸준히 성장해 오던 수출 실적이 최근에 ~을 하고 있다. 3[경] =보합(保合)². 제자리걸음-하다 동타여

제자리-멀리뛰기 圏[체] 육상에서, 도움닫기 없이 구름판 위에 두 발을 놓고 되도록 멀리 뛰는 필드 경기.

제자리-표(-標) 圏[음] 임시표로 높였거나 낮춘 음을 본래의 음으로 돌아가게 하는 표. 기호는 ♮. =본위 기호.

제자-백가(諸子百家)[-까] 圏 중국 춘추 전국 시대의 여러 학자와 학파의 총칭. 음양가(陰陽家)·유가(儒家)·묵가(墨家)·법가(法家)·명가(名家)·도가(道家) 따위 =제가.

제¦작(製作) 圏 (사람이 어떤 물건이나 창작물을) 두뇌를 써서 어떤 기능과 내용을 가진 대상으로 만드는 것. ¶기계 ~. 제¦작-하다 동타여 ¶영화를 ~ / 비행기를 ~. 제¦작-되다 동자

제¦작-비(製作費)[-삐] 圏 물건이나 예술 작품을 만드는 데 드는 비용.

제¦작-자(製作者)[-짜] 圏 물건이나 예술

작품을 제작한 사람.

제¦작-진(製作陣)[-찐] 圏 연극·영화·방송 프로그램을 만드는 일에 관여하는, 연기자를 제외한 모든 사람. 비스태프.

제-잡담(除雜談)[-땀] 圏 여러 말을 하지 않는 것. 제잡담-하다 자여

제¦장¹(祭場) 圏 제사를 지내는 곳.

제¦장²(諸將) 圏 여러 장수.

제¦재¹(制裁) 圏 법이나 규정에 어그러짐이 있을 때, 그에 대해 어떤 처벌이나 금지, 책망 등을 행하는 일. ¶법규 위반자에게 ~를 가하다. 제¦재-하다 동타여

제¦재²(製材) 圏 (나무를) 베어 각목·널빤지 등의 재목으로 만드는 것. 제¦재-하다² 동타여

제재³(題材) 圏 예술 작품이나 학술 연구의 주제가 되는 재료.

제¦재-소(製材所) 圏 베어 낸 나무로 각목·널빤지 등의 재목을 만드는 곳. =목재소.

제적(除籍) 圏 등록되어 있는 명부(名簿)에서 이름을 지워 버리는 것. 제적-하다 동타여 제적-되다 동자

제¦전(祭典) 圏 1 제사 지내는 의식. 2 성대히 열리는 예술·문화·체육 등의 행사. ¶올림픽 ~ / 민족 음악 ~.

제절(諸節) 圏 1 상대방을 높여, 그 집안 식구들의 기거동작을 이르는 말. ¶댁내 ~이 만강하오신지요? 2 윗사람의 기거동작을 이르는 말. ¶자당(慈堂) ~이 안녕하신가요?

제¦정¹(制定) 圏 (제도·법률 따위를) 만들어 정하는 것. ¶헌법 ~. 제¦정-하다¹ 동타여 ¶법률을 ~. 제¦정-되다 동자

제¦정²(帝政) 圏[정] 황제가 다스리는 정치. ¶~ 러시아.

제¦정³(祭政) 圏 제사(祭事)와 정치.

제¦정⁴(提呈) 圏 (물건을) 내어서 바치는 것. 상대를 높여 사용하는 말임. 제¦정-하다² 동타여 ¶외국 대사가 대통령에게 신임장을 ~.

제-정신(-精神) 圏 자기 본래의 바른 정신. ¶다 된 일을 이제 와서 그만두겠다니, 지금 ~으로 하는 말이냐?

제¦정-일치(祭政一致) 圏 제사와 정치가 일원화되어 있거나 종교적 행사의 주재자와 정치의 주권자가 일치하는 것. 또는, 그런 사상과 정치 형태.

제¦제¹(製劑) 圏 의약품을 치료 목적에 알맞게 조합(調合) 가공하여 일정한 형태로 만드는 것. 또는, 그 제품.

제¦제²(濟濟) →제¦제-하다 형여 1 많고 성하다. 2 엄숙하고 장하다.

제¦조(製造) 圏 1 공장 등에서 큰 규모로 물건을 만드는 것. 2 원료에 인공을 가하여 정교품을 만드는 것. 제¦조-하다 동타여 ¶자동차를 ~. 제¦조-되다 동자

제¦조-법(製造法)[-뻡] 圏 물건을 만드는 방법. 준제법.

제¦조-업(製造業) 圏 물품을 제조하는 사업.

제¦조-원(製造元) 圏 특정 상품을 만드는 곳.

제¦조^원가(製造原價)[-까] 圏[경] 제품을 만드는 데에 쓰인 재화(財貨)와 용역(用役)의 합계액. 직접 재료비·직접 노무비·공장 경비로 구성됨.

제¦주¹(祭主) 圏 제사의 주장이 되는 상제.

제¦주²(祭酒) 圏 제사에 쓰는 술.

제¦주-잔(祭酒盞)[-짠] 圏 제주를 담는 잔.

제¦지(制止) 圏 말려서 못 하게 하는 것. 제¦

지-하다¹ 통(타)여 ¶그가 가려는 것을 한사코 제지하였다.
제:지² (製紙) 명 종이를 만드는 것. 제:지-하다² 통(타)여
제:-지내다 (祭-) 통(자) 음식을 차려 신위(神位)에 바치다.
제진 (除塵) 명 공기 중에 떠도는 먼지를 걷어 없애는 것. 제진-하다¹ 통(타)여
제진² (齊進) 명 일제히 나아가는 것. 제진-하다² 통(자)여
제-집 명 자기의 집.
제-짝 명 한 벌을 이루는 그 짝. ¶흩어진 신발들을 ~을 찾아 정돈하다 / 짚신도 ~이 있다.
제차 (諸車) 명 모든 차. ¶~ 서행.
제:찬 (祭粲) 명 =젯메.
제창¹ 부 애쓰지 않고 저절로 적당하게.
제창² (提唱) 명 (어떤 일을) 맨 처음 내놓아 주장하는 것. 제창-하다¹ 통(타)여 ¶민족 자결주의를 ~.
제창³ (齊唱) 명 1 여러 사람이 다 같이 소리를 내어 부르는 것. 2 [음] 동일한 가락을 두 사람 이상이 동시에 노래하는 것. 제창-하다² 통(타)여 ¶애국가를 ~.
제창-자 (提唱者) 명 어느 학설이나 의견을 맨 처음 들고 나와 주장하는 사람.
제:책 (製冊) 명 인쇄물 등을 실이나 철사로 매고 표지를 붙여 책으로 만드는 것. =제본(製本). 제:책-하다 통(타)여
제척 (除斥) 명 1 물리쳐 없애는 것. 2 [법] 재판관이나 법원 서기가 특정 사건에 관련되어 있어서 불공정한 재판을 할 우려가 있는 경우에, 그들을 직무 집행으로부터 제외하는 일. 제척-하다 통(타)여 제척-되다 통(자)
제:천 (祭天) 명 하늘에 제사를 지내는 일. ¶~ 행사. 제:천-하다 통(자)여
제:천^의식 (祭天儀式) 명 하늘을 숭배하고 제사 지내는 원시 종교 의식.
제:철¹ 명 알맞은 때. =철. 비(當)철. ¶~에 나는 과일이라야 제 맛이 난다.
제:철² (製鐵) 명 철광석을 제련하여 철을 뽑아내는 것. 제:철-하다 통(자)여
제:철-소 (製鐵所) [-쏘] 명 제철을 하는 곳.
제:청¹ (祭廳) 명 1 장례식 때 제사 지내기 위하여 무덤 옆에 마련한 곳. 2 제사 지내는 대청.
제청² (提請) 명 제안하여 청하는 것. ¶행정 각 부의 장은 국무총리의 ~으로 대통령이 임명한다. 제청-하다 통(타)여
제초 (除草) 명 잡초를 뽑아 없애는 것. 비김매기, ~ 작업. 제초-하다 통(자)여
제초-기 (除草器) 명 잡초를 뽑아 없애는 기계.
제초-제 (除草劑) 명 잡초를 없애는 약제. =살초제(殺草劑).
제:축-문 (祭祝文) [-축-] 명 제사를 지낼 때 신명(神明)에게 고하는 글.
제출 (提出) 명 (서류나 의견 등을) 내어 놓는 것. ¶~안(案). 제출-하다 통(타)여 ¶원서를 ~ / 법률 개정안을 국회에 ~. 제출-되다 통(자)
제출물-로 부 남의 시킴을 받지 않고 제 생각대로. 또는, 남의 도움 없이 제힘으로. ¶형용이 초췌하고 기운이 쇠진하여 ~는 몸을 가눌 형편이 아니었다.《김주영:객주》
제출물-에 부 저 스스로 저절로. ¶별안간 저 혼자 꺼벅 죽는 시늉을 하더니만 ~ 발랑 나가 떨어져 버리지 않았는가.《정종명:신국》
제충 (除蟲) 명 =구충(驅蟲). 제충-하다 통(자)여
제충-국 (除蟲菊) 명 [식] 국화과의 여러해살이풀. 높이 30~60cm. 늦봄에 흰 꽃이 피는데, 꽃의 분말은 살충제로 씀.
제취 (除臭) 명 냄새를 없애는 것. ¶~제(劑).
제치다 통(타) 1 (물건을) 거치적거리지 않게 한쪽으로 두다. ¶바느질감을 윗목으로 제치고 이불을 덮다. 2 (경쟁 또는 방해가 되는 대상을) 압도하여 우위에 선 상태가 되다. ¶선두 주자를 제치고 맨 앞으로 나서다. ×제끼다. 3 (어떤 일을) 뒤에 하려고 미루어 놓다. ¶하던 일을 제쳐 놓고 친구를 만나러 갔다. 4 '젖히다'의 잘못.
제:탄 (製炭) 명 1 연탄을 만드는 것. 2 숯을 구워 만드는 것. 제:탄-하다 통(타)여
제-턱 명 변함이 없이 원래 그대로의 정도나 분량. ¶종일 낮질을 했는데도 여전히 ~이다.
제:토-제 (制吐劑) 명[약] 구토를 멈추게 하는 약. =진토제(鎭吐劑).
제트 (jet) 명 좁은 구멍에서 유체(流體)가 연속적으로 분출하는 일. 또는, 그 분출물.
제트-기 (jet機) 명 제트 엔진을 추진 장치로 하는 비행기. =분사 추진식 비행기.
제트^기관 (jet機關) 명 빨아들인 공기에 연료를 섞어 연소시킨 다음, 거기서 발생한 가스가 고속으로 분출될 때의 반동으로 추진력을 얻는 장치. =제트 엔진.
제트^기류 (jet氣流) 명 [기상] 대류권의 상부 또는 성층권의 하부에서, 거의 수평으로 좁은 영역에 집중하는 강한 기류.
제트^엔진 (jet engine) 명 =제트 기관.
제-판¹ 명 거리낄 것이 없이 제멋대로 거드럭거리는 판.
제:판² (製版) 명 [인] 1 인쇄판을 제작하는 일. 2 =조판(組版)¹. 제:판-하다 통(자)여 제:판-되다 통(자)
제:패 (制霸) 명 1 패권을 잡는 것. 2 경기 따위에서, 우승하는 것. 제:패-하다 통(타)여 ¶천하를 ~ / 전국 선수권 대회를 ~.
제폴-로 부 저 혼자 저절로. ¶무릎에 난 상처가 ~ 나았다.
제폴-에 부 1 기운이 다하여 저절로. ¶울다가 ~ 지쳐 잠이 들다. 2 누가 어떻게 한 것도 아닌데 저 혼자서. 또는, 내버려 두어도 저절로. 비제물에·제바람에. ¶~ 놀라 잠을 깨다 / 전화벨이 울리다 ~ 끊어지다.
제:품 (製品) 명 원료를 써서 물건을 만드는 일. 또는, 그 물품. ¶신(新)~ / 가죽 ~ / ~이 완성되다. 제:품-하다 통(타)여
제하 (除荷) 명 배가 조난하였을 때, 배를 가볍게 하기 위하여 짐을 바다에 던지는 것. 또는, 그 짐. =투하(投荷). ¶~물(物). 제하-하다 통(타)여
제하 (題下) 명 (주로 '…이라는 제하의[에]'의 꼴로 쓰여) 앞에 오는 말을 제목으로 하고 있음을 나타내는 말. ¶'남북 관계 개선'이라는 ~의 갈림 / 학생들은 '가을'이라는 ~에 글짓기를 했다.
제:-하다¹ (制-) 통(타)여 상대를 억눌러서 자신의 마음대로 하다. ¶기선을 ~.
제:-하다² (除-) 통(타)여 1 덜어 내거나 빼다. ¶봉급에서 세금을 ~ / 잡담 제하고 결판을 지읍시다. 2 어떤 수 또는 식을, 어떤 수 또

는 식으로 나누다.

제¦-하다[3](際—) [동][자][타][여] 《주로 '제하여' 의 꼴로 쓰여》 어떤 때나 날을 당하거나 맞다. [비]즈음하다. ¶광복절에[을] **제하여** 선열의 넋을 기리다.

제학(提學) [명][역] **1** 고려 시대, 예문 춘추관·예문관·보문각·우문관·진현관의 정3품 벼슬. 대제학(大提學) 다음의 벼슬. **2** 조선 시대, 규장각의 종1품이나 정2품, 또는 예문관·홍문관의 종2품의 벼슬.

제¦한(制限) [명] 일정한 한도를 정하거나 그것을 넘지 못하게 막는 것. 또는, 그 한도. ¶~ 시간 / ~ 구역 / 산아 ~ / 속도에 ~을 두다. **제¦한-하다** [동][타][여] ¶응모 연령을 30세 이하로 ~. **제¦한-되다** [동][자] ¶연설 시간은 10분으로 **제한되어** 있다.

제¦한^선¦거(制限選擧) [명][법] 일정한 액수의 재산이나 납세 또는 교육 정도·성별 등을 선거권의 조건으로 하는 제도. ↔보통 선거.

제¦한^속도(制限速度) [—또] [명] 자동차나 철도 차량에 대하여 정해져 있는 최고 또는 최저 속도. ▷경제속도.

제¦해-권(制海權) [—꿘] [명][법] 바다를 지배하는 권력. 곧, 군사·통상·항해 등에 관하여 해상에서 가지는 실력. =해권·해상권.

제행-무상(諸行無常) [명][불] 우주 만물은 항상 유전(流轉)하여 한 모양으로 머물러 있지 않음.

제¦향[1](帝鄕) [명] **1** =황성(皇城)[1]. **2** 제왕이 난 곳. **3** 하느님이 있는 곳.

제¦향[2](祭享) [명] **1** 나라에서 올리는 제사. **2** '제사[1]' 의 높임말.

제¦헌(制憲) [명] 헌법을 제정하는 것. [비]입헌(立憲). ¶~ 국회. **제¦헌-하다** [동][자][여]

제¦헌-절(制憲節) [명] 대한민국 헌법의 공포를 기념하는 국경일. 7월 17일.

제¦혁(製革) [명] 짐승의 생가죽을 다루어 물건을 만들 수 있는 가죽으로 만드는 것. ¶~ 공장. **제¦혁-하다** [동][자][여]

제현(諸賢) [명] 여러 어질고 슬기로운 이들. =제언(諸彦). [비]여러분. ¶강호(江湖) ~ / 독자 ~의 질정을 바랍니다.

제형(諸兄) Ⅰ [명] 집안 간의 여러 형들. Ⅱ [대](인칭) 동료들 사이에서 '여러분' 을 높여 이르는 말.

제¦호[1](帝號) [명] 제왕의 칭호.

제호[2](題號) [명] 책 따위의 제목. ¶~를 붙이다 / ~를 바꾸다.

제¦화(製靴) [명] 구두를 만드는 것. ¶~점(店). **제¦화-하다** [동][자][여]

제후(諸侯) [명] 봉건 시대에 일정한 영토를 가지고 그 영내의 백성을 다스리던 사람. =열후(列侯).

제후-국(諸侯國) [명] 제후가 다스리는 나라.

제휴(提携) [명] 정치·경제 활동에서, 공동의 목적을 위해 서로 돕는 관계를 맺는 것. ¶기술 ~. **제휴-하다** [동][자][여] ¶세계적인 생산업체와 **제휴하여** 새로운 제품을 개발하다.

제-힘 [명] 자기의 힘. [비]자력(自力). ¶~으로 학비를 마련하다.

젠¦장 [감] 뜻에 맞지 않고 불만스러울 때 혼자 욕으로 하는 말. ¶~, 이게 뭐야!

젠¦장-맞을 [감][관] 〔'제기 난장(亂杖)을 맞을 것' 이라는 뜻〕 뜻에 맞지 않을 때 혼자서 저주하는 말. ¶~, 뭐 되는 일이 있어야지.

젠체-하다 [동][자][여] 잘난 체하다. ¶**젠체하는** 꼴이 눈꼴사납다.

젤¦ [명][부] '제일[3]' 의 준말. ¶네가 ~ 낫다.

젤라틴(gelatin) [명][화] 유도 단백질의 하나. 동물의 뼈·가죽·힘줄 등을 물에 장시간 끓여서 추출하여 만듦. 식품·지혈제·배양액·사진 유제 등에 쓰임.

젤리(jelly) [명] 젤라틴·한천 등의 응고하는 성질을 이용하여 재료를 굳힌 냉과(冷菓)나 냉제(冷製) 요리의 총칭. 또는, 과즙에 설탕을 넣어 졸인 것도 이름.

젬병 [명] 어떤 일을 하는 솜씨나 해 놓은 일이 형편없는 상태. 속된 어감의 구어임. [비]손방. ¶재주가 ~이다. / 만약 내 담력이 허해지는 날이면 일을 아주 그르쳐 ~으로 만들어 놓을 염려가 다분했다.《윤흥길:땔감》 [원]전병(煎餠).

젯¦-날(祭—) [젠—] [명] '제삿날' 의 준말.

젯¦-돗(祭—) [명] '제석(祭席)[2]' 의 잘못.

젯¦-메(祭—) [젠—] [명] 제사 때 올리는 밥. =제자(祭粢)·제찬(祭粲).

젯¦메-쌀(祭—) [젠—] [명] 제사 때 올릴 밥을 지을 쌀. =제반미(祭飯米).

젯¦-밥(祭—) [제빱/젣빱] [명] =제삿밥.

젱겅 [부] 얇고 조금 무거운 쇠붙이 따위가 맞부딪치는 소리. [작]쟁강. [센]쩽겅. **젱겅-하다** [동][자][타][여]

젱겅-거리다/-대다 [동][자][타] 잇달아 젱겅 소리가 나다. 또는, 그런 소리를 내다. [작]쟁강거리다. [센]쩽겅거리다.

젱겅-젱겅 [부] 젱겅거리는 소리. [작]쟁강쟁강. [센]쩽겅쩽겅. **젱겅젱겅-하다** [동][자][타][여]

젱그렁 [부] 얇은 쇠붙이가 떨어지거나 유리 따위가 깨지면서 나는 소리. [작]쟁그랑. [센]쩽그렁. **젱그렁-하다** [동][자][타][여]

젱그렁-거리다/-대다 [동][자][타] 잇달아 젱그렁 소리가 나다. 또는, 그런 소리를 내다. [작]쟁그랑거리다. [센]쩽그렁거리다.

젱그렁-젱그렁 [부] 젱그렁거리는 소리. [작]쟁그랑쟁그랑. [센]쩽그렁쩽그렁. **젱그렁젱그렁-하다** [동][자][타][여]

조[1] [명] **1** [식] 볏과의 한해살이풀. 높이 1~1.5m. 가을에 이삭이 나와 작은 꽃들이 많이 핌. 열매는 잘고 둥글며 누름. 오곡(五穀)의 하나임. **2** 1의 열매. 주식으로 널리 쓰임.

조[2] [관] '저[4]Ⅱ' 와 뜻이 거의 같으나, 얕잡는 어감을 갖거나 상대적으로 작고 귀여운 대상을 이를 때 쓰이는 말. ¶~ 녀석이 까불어. [큰]저.

조[3](租) [명][역] 중국을 중심으로 한 동양의 조세 제도의 하나. 논밭에 대한 조세를 나라에 바치던 것. ▷조용조(租庸調).

조[4](組) [명] [1](자립) 어떤 일을 위하여 조직한 소규모의 집단. ¶~ 편성 / ~를 짜다 / A~에 속하다. [2](의존) 2개 이상의 물건이 한 벌을 이룰 때, 그 한 벌의 물건을 세는 단위. ¶공구(工具) 한 ~.

조¦[5](趙) [명][역] 중국의 전국 칠웅(戰國七雄)의 하나(403~228 B.C.). 진(晉)의 영지를 삼분(三分)하여 성립되었으며, 무령왕 때 최성기를 맞이하였으나 진(秦)에게 멸망당함.

조[6](調) [명] **1** 품격을 높고 깨끗하게 가지려는 행동. **2** [음] 음(音)을 정리하고 질서 있게 하는, 근본이 되는 조직. **3** [역] 중국을 중심으로 한 동양의 조세 제도의 하나. 각 가구별로 나라에 바치는 지방 특산물. 모시·베·명주·모피·지물(紙物) 따위. ▷조용조(租庸調).

조⁷(操)[명] 깨끗이 가지는 몸과 굳게 잡은 마음. ¶~가 바르다.
　조를 빼다[구] 짐짓 점잖고 품위 있게 행동하려는 태도를 보이다. ¶천왕동이는 양반이 조를 빼는 꼴을 아니꼬운 눈으로 흘겨보았다.〈홍명희:임꺽정〉
조⁸(條)[명][의존] 1 '조목'의 뜻을 나타내는 말. ¶형사 소송법 제10~. 2 '어떤 조건으로' 라는 뜻을 나타내는 말. ¶계약금 ~로 백만 원을 걸다.
조⁹(調)[명][의존] 1 시가(詩歌)나 노래의 자수에 의한 리듬을 나타내는 말. ¶삼사~ / 칠오~. 2 (주로 '-는 조로'의 꼴로 쓰여) '말투', '태도' 등의 뜻을 나타내는 말. ¶말보는 ~로 말하다.
조¹⁰(兆) I [명] 억(億)의 만 배. II [관] 일~원.
조-¹¹(助)[접두] 직위나 지위를 나타내는 일부 명사 앞에 붙어, '보조적인', '버금가는'의 뜻을 나타내는 말. ¶~감독 / ~교수 / ~연출.
-조¹²(祖)[접미] '대(代)' 뒤에 붙어, '조상'의 뜻을 나타내는 말. ¶오 대 ~ 할아버지.
-조¹³(朝)[접미] 한 계통의 왕이나 한 사람의 왕이 그 나라를 다스리는 동안. ¶성종~ / 조선~.
조!(弔歌)[명] 죽음을 애도하는 노래.
조가비[명] 조개의 껍데기. =패각·패갑·합각(蛤殼).
조각[명] 1 넓적하거나 얇은 물건에서 베어낸 작은 부분. ¶빵 ~ / 유리 ~ / 종잇 ~. 2 갈라져서 따로 떨어진 물건. ¶포탄 ~ / ~을 내다.
조각²(組閣)[명] 내각(內閣)을 조직하는 것. ¶~에 착수하다. **조각-하다¹**[동][자][여] **조각-되다¹**[동][자]
조각³(彫刻·雕刻)[명] 1 (어떤 형상을) 입체적으로 새기는 것. 2 =조소(彫塑). **조각-하다²**[동][타][여] ¶나무에 소녀상을 ~. **조각-되다²**[동][자]
조각-가(彫刻家)[-까][명] 조각을 전문으로 하는 사람. =조각사.
조각-구름[-꾸-][명] 여러 개의 조각으로 흩어져 있는 구름. =단운(斷雲)·편운(片雲).
조각-나다[-강-][동][자] 1 깨지거나 갈라져 조각이 생기다. ¶접시가 떨어져 ~. 2 뜻이 맞지 않아 서로 갈라지다.
조각-내다[-강-][동][타] (물건을) 깨거나 갈라서 여러 조각이 되게 하다. ¶컵을 떨어뜨려 ~.
조각-달[-딸][명] 음력 초닷새 무렵과 스무닷새 무렵에 뜨는 달. =편월(片月). ¶이지러진 ~.
조각-도(彫刻刀)[-또][명] 조각하는 데에 쓰는 칼. =조각칼.
조각-배[명] 작은 배. ⓑ편주(片舟).
조각-보(-褓)[-뽀][명] 여러 조각의 헝겊으로 만든 보자기.
조각실-자리(彫刻室-)[-씰-][명][천] 남쪽 하늘의 별자리. 11월경의 초저녁에 남중함.
조각^오목판(彫刻-版)[명][인] 조각도나 조각 기계를 사용하여 판재(版材)에 직접 조각하여 만드는 오목판. 에칭 등의 미술 인쇄물, 유가 증권 등의 인쇄에 쓰임. =조각 요판(彫刻凹版).
조각-조각[-쪼-] I [명] 여러 조각. 또는, 각각의 조각. II [부] 여러 조각으로 갈라지거나 깨진 모양. ¶편지를 ~ 찢어 버렸다.
조각-칼(彫刻-)[명] =조각도(彫刻刀).
조각-품(彫刻品)[명] 조각한 물품.
조간(朝刊)[명] '조간신문'의 준말. ↔석간(夕刊).
조간-신문(朝刊新聞)[명] 아침에 발행하는 일간 신문. ⓒ조간. ↔석간신문.
조갈(燥渴)[명] 입이나 목이 몹시 말라 물을 마시고 싶은 상태. ⓑ갈증. ¶~이 들다 / 영신은 ~이 나서 식도가 타는 듯이 목을 쥐어뜯으며 물을 찾는다.〈심훈:상록수〉 **조갈-하다**[형][여]
조갈-증(燥渴症)[-쯩][명][한] =소갈증(消渴症).
조감(鳥瞰)[(새가 하늘에서 지상을 내려다보듯이) 높은 곳에서 넓은 범위를 내려다보는 것. ⓑ부감(俯瞰). **조감-하다**[동][타][여] ¶한국 현대 문학사를 ~.
조감-도(鳥瞰圖)[명] 높은 곳에서 아래를 내려다본 상태의 그림이나 지도. =부감도(俯瞰圖).
조:-감독(助監督)[명][영] 영화감독을 보조하는 일을 맡아 하는 사람.
조강(粗鋼)[명] 제강로(製鋼爐)에서 제조된 그대로의, 가공되지 않은 강철.
조강지처(糟糠之妻)[명] ['지게미와 쌀겨로 끼니를 이을 때의 아내'라는 뜻] 몹시 가난하고 천할 때 고생을 함께 겪어 온 아내.
조개[명] 두족강(頭足綱)을 제외한 대부분의 연체동물의 총칭. 민물과 바닷물에 살며, 몸은 두 쪽의 단단한 조가비에 싸였음. 속살은 식용함.
조개-관자(-貫子)[명][동] =폐각근(閉殼筋).
조개-구름[명][기상] =권적운(卷積雲).
조개-껍데기[-떼-][명] 조갯살을 겉에서 싸고 있는 단단한 물질. =조개껍질. ¶~를 줍다.
조개-껍질[-찔][명] =조개껍데기.
조개-더미[명][고고] 원시인이 먹고 버린 조개껍데기가 쌓여 층을 이루고 있는 유적. 주로 석기 시대의 것으로 바닷가나 호반 근처에 널리 분포함. =조개무지·패총(貝塚).
조개-무지[명][고고] =조개더미.
조개-볼[명] 1 조가비 모양으로 가운데가 볼록하게 생긴 볼. 2 '보조개'의 잘못.
조개-젓[-전][명] 잔 조갯살로 담근 젓.
조개-탄(-炭)[명] 조개 모양으로 만든 석탄. ¶~ 난로.
조개-탕(-湯)[명] 모시조개를 맹물에 삶아서 국물째 먹는 국. =조갯국.
조:객(弔客)[명] 조상(弔喪)하는 사람. ¶상가(喪家)는 ~들로 붐볐다.
조갯-국[-개꾹/-갠꾹][명] =조개탕.
조갯-살[-개쌀/-갣쌀][명] 조개의 살. 또는, 그것을 말린 것.
조-거[대][지시] '조것'을 구어적으로 이르는 말. ¶~ 얼마지? / ~ 참 예쁘게 생겼네. ⓔ저거.
조건(條件)[-껀][명] 1 어떤 일을 진행되게 하거나 성립되게 하기 위하여 갖추어야만 할 요소. ¶~거래 / ~노동 / ~필수 / ~을 달다 (붙이다). 2 [법] 법률 행위의 효력의 발생·소멸이 불확정한 장래의 사실에 의하여 한정되는 일.
조건^반!사(條件反射)[-껀-][명][생] 동물

이 환경에 적응하기 위하여 후천적으로 획득하는 반사. 개에게 밥을 줄 때마다 방울을 울리면, 나중에는 방울만 울려도 개가 침을 흘리게 되는 것과 같은 현상. ↔무조건반사.

조건-부(條件附)[-껀-] 몡 무슨 일에 일정한 조건이 붙음. ¶~ 매매 / ~로 동의하다.

조건^부등식(條件不等式)[-껀-] 몡[수] 식 안에 포함되는 문자가 한정된 범위의 수치일 때만 성립되는 부등식. $(x-1)(x+1)<0$ 같은 것.

조-것[-걷] 때(지시)(인칭) '저것'과 뜻은 같으나 얕잡는 어감을 갖거나 상대적으로 작고 귀여운 대상을 가리킬 때 쓰이는 말. ¶네가 말한 게 겨우 ~이냐? / ~이 이제 아장아장 걷는구나! 囝조거.

조:견-표(早見表) 몡 한눈에 얼른 쉽게 보도록 만든 표.

조:경¹(造景) 몡 (정원·공원 또는 도시나 자연 공간 등을) 경치나 경관이 아름답도록 인공적으로 꾸미는 일. ¶~ 공사 / ~ 식수(植樹). **조:경-하다** 통재여.

조경²(潮境) 몡[지] 성질이 다른 해류가 서로 접하여 불연속선을 이루는 수렴선(收斂線). 그 경계에는 고기 떼가 몰려 큰 어장이 됨.

조:경-수(造景樹) 몡 경치를 아름답게 하기 위해 심은 나무.

조계(租界)[-계/-게] 몡 19세기 후반에 중국의 개항 도시에 있었던 외국인의 거주 지역. 열강의 중국 진출의 근거지가 되었던 곳으로, 외국의 행정·경찰권이 행사되었음.

조계-종(曹溪宗)[-계/-게-] 몡[불] 1 고려 시대, 신라의 구산선문(九山禪門)을 합한 종파로, 천태종(天台宗)에 대하여 이르는 말. 2 도의(道義) 국사를 종조로 하는, 우리나라 불교의 한 종파. 1941년 '선교 양종'이라는 명칭을 이 이름으로 바꾼 뒤 오늘에 이름.

조고(祖考) 몡 죽은 할아버지. =왕고(王考).

조:곡¹(弔哭) 몡 조상하는 뜻으로 곡하는 것. 또는, 그 곡. **조:곡-하다** 통여.

조곡²(組曲) 몡[음] =모음곡.

조곤-조곤 뷔 성질이나 태도가 조금 은근하고 끈덕진 모양. ~설명을 하다. **조곤조곤-하다** 톙여. ¶**조곤조곤한** 말투로 타이르다.

조공(朝貢) 몡[역] 속국(屬國)이 종주국에게 때맞추어 예물을 바치는 일. **조공-하다** 통(재)(타)여. ¶특산물을 ~.

조:과(造菓) 몡 유밀과나 과자 따위를 일컫는 말.

조관(朝官) 몡[역] =조신(朝臣)¹.

조광(粗鑛) 몡 파낸 그대로의 광석. 卽원광(原鑛).

조:교¹(弔橋) 몡[건] =현수교(懸垂橋). ×적교.

조:교²(助敎) 몡 1[교] 대학의 교수 밑에서 연구와 사무를 돕는 직위. 또는, 그 사람. 2[군] 교관을 도와 교재 관리, 시범 훈련, 피교육자의 인솔 따위를 맡은 사병.

조:-교수(助敎授) 몡[교] 대학에서 학생을 지도하고 연구에 종사하는, 부교수의 아래 등급에 있는 교원.

조국(祖國) 몡 1조상 때부터 대대로 살아온 나라. =부모국. ¶~을 사랑하다 / ~을 떠나다. 2 민족의 일부 또는 국토의 일부가 분리되어 다른 나라에 합쳐졌을 때 그 본디의 나라.

조기 교육 ●1635

| 유의어 | 조국 / 모국 / 고국 |

모두 조상 때부터 살아온 나라를 가리킴. '조국'은 일반적으로 자기 나라를 가리키나, 국적을 바꾸었을 때 이전 국적의 나라를 가리키기도 함(이는 조상의 나라가 여전히 자기의 나라라고 생각하는 데에서 비롯함). 한편, '모국(母國)'은 현재 조상의 국적을 더 이상 가지고 있지 않을 때 사용하고, '고국(故國)'은 조상의 국적을 가질 수도 있고 그렇지 않을 수도 있으나 현재 그 나라에 살고 있지 않을 때 사용함.

조국-애(祖國愛) 몡 조국에 대한 사랑.

조그마-하다 톙여 조금 작거나 적다. ¶**조그마한** 아이 / **조그마한** 집 / 몸집이 ~. 준조그맣다. 솅쪼끄마하다.

조그만큼 뷔 매우 적은 정도로. ¶소금을 ~만 넣어라.

조그맣다[-마타] 톙ㅎ <조그마니, 조그마오, 조그메> '조그마하다'의 준말. ¶**조그만** 손 / 멀리 **조그맣게** 바라보이는 집 / 얼굴이 ~.

조금¹ I 뷔 1 정도나 분량이 적게. ¶~ 아프다 / 물을 ~ 붓다. 2 시간적으로 짧게. ¶~ 더 기다려라. 준좀. 솅쪼금·쪼끔.
II 몡 1 적은 정도나 분량. ¶~이라도 폐를 끼치지 않도록 하겠습니다. 2 짧은 동안. ¶~ 후에 회의가 있겠습니다. 솅쪼금·쪼끔.

조금²(潮-) 몡 매달 무수(음력 9일과 24일)를 전후하여 며칠 동안 조수의 간만의 차가 아주 작아지는 현상. 또는, 그때. =소조(小潮).

조금-씩 뷔 1 여러 대상에 각각 조금. ¶그릇그릇에 밥을 ~ 담다. 2 매번 되풀이하여 각각 조금. ¶밥참은 ~ 먹는 것이 좋다. 3 서서히 조금. 동작이나 작용이 지속적으로 느리게 이루어져 감을 나타내는 말임. ¶성적이 ~ 나아지고 있다.

조금-조금 뷔 1 여럿이 다 조그마한 모양. 2 여러 번 조금씩 잇달아 하는 모양. 솅쪼끔쪼끔.

조:급¹(早急) →**조:급-하다¹**[-그파-] 톙여 매우 급하다. **조:급히** 뷔 **조:급하¹**

조:급²(躁急) →**조:급-하다²**[-그파-] 톙여 (성질이) 참을성 없이 매우 급하다. ¶성질이 ~. **조:급히** 뷔 ¶너무 ~ 굴지 마라.

조:급-증(躁急症)[-쯩] 몡 몹시 조급해하는 성질. ¶그렇게 ~을 내지 말고 침착하게 기다려라.

조기¹ 몡[동] 참조기·보구치 따위의 총칭. 세는 단위는 마리·손(2마리)·갓·뭇(10마리)·두름(20마리)·동(2000마리). =석수어(石首魚)·석어(石魚).

조-기² 때 '저기'를 범위를 좁혀서 이르는 말. 囝저기.

조:기³(弔旗) 몡 1 =반기(半旗)⁴. 2 조의를 표하는 뜻으로 검은 헝겊을 달거나 검은 선을 두른 기. ¶~를 달다.

조:기⁴(早起) 몡 아침에 일찍 일어나는 것. ¶~ 구보 / ~ 청소. **조:기-하다** 통(재)여.

조:기⁵(早期) 몡 이른 시기의. ¶~ 발견 / ~ 치료 / 목표 ~ 달성.

조:기^교:육(早期敎育) 몡[교] 배울 나이에 이르지 않은, 지능 발달이 빠른 어린이에게 일정한 교육 과정에 따라 베푸는 교육.

조기-장(造器匠) 명 도자기의 형태만을 만드는 사람.
조기-젓[-젇] 명 조기로 담근 것.
조깅(jogging) 명 건강을 유지하기 위해 자기의 몸에 알맞은 속도로 천천히 달리는 운동.
조-까지로 튀 겨우 조만한 정도로. ⨺저까지로.
조-까짓[-짇] 관 겨우 조만한 정도의. ⓒ조깟. ⨺저까짓.
조-깟[-깓] 관 '조까짓'의 준말. ⨺저깟.
조끔 튀 '조금'의 센말.
조끔-조끔 튀 '조금조금'의 센말.
조끼¹(←⨺チョッキ) 명 [<jack] 1 한복 저고리 위에 덧입는, 소매가 없고 앞쪽에 단추가 달린 남자용 윗옷. 개화기 이후에 남자 의복이 서양의 복식을 수용한 것임. ▷배자. 2 양복 또는 양장 차림에서, 와이셔츠나 블라우스 위에 입는 소매 없는 윗옷. =동의(胴衣).
조끼²(←⨺ジョッキ) 명 [<jug] 맥주를 담아 마시는, 손잡이가 달린 대형의 유리컵. 순화어는 '잔'.
조-나마 튀 조것이라도. ⨺저나마.
조난(遭難) 명 항해나 등산 도중에 재난을 만나는 것. ¶눈사태로 ~을 당하다. **조난-하다** 튀⨺에 ¶해상에서 ~. **조난-되다** 튀⨺
조난-선(遭難船) 명 조난을 당한 배. ¶~을 구조하다.
조난-자(遭難者) 명 조난을 당한 사람.
조난-통신(遭難通信) 명 조난을 당한 선박이 구조를 요청하거나, 통신 불능인 다른 선박의 조난을 발견하였을 때 행하는 통신.
조-냥 튀 조러한 모양으로. ¶~ 놔두어라. ⨺저냥.
조-년 대(인칭) '조 여자'를 얕잡거나 비하하여 이르는 말. 또는, '조 여자 아이'를 귀엽게 이르는 말. ↔조놈. ⨺저년.
조-놈 대 ① (인칭) '조 남자'를 얕잡거나 비하하여 이르는 말. 또는, '조 아이'를 귀엽게 이르는 말. ↔조년. ② (지시) '조 동물'이나 '조 물건'을 귀엽게, 또는 예사롭게 이르는 말. ⨺저놈.
조-다지 튀 조러하게까지. ¶~ 말을 안 듣니.
조!달¹(早達) 명 젊은 나이로 높은 자리에 오르는 것. **조!달-하다**¹ 튀⨺에 ▷조달하다⁵. **조!달-되다** 튀⨺
조달²(調達) 명 1자금·물자 등을 대 주는 것. ¶현지 ~. 2조화되어 서로 통하는 것. **조달-하다**² 튀⨺태에 ¶자금을 ~. **조달-되다**² 튀⨺
조달-청(調達廳) 명 재정 경제부 장관 소속 하에 설치된 기관의 하나. 정부가 행하는 내자 및 외자의 구매·공급 및 관리에 관한 사무와 정부의 주요 시설 공사 계약에 관한 사무를 관장함.
조!달-하다³(早達-) 형에 나이에 비하여 올되다.
조!당¹(阻擋·阻攩) 명 (어떤 행동을) 막아서 가리는 것. **조!당-하다** 튀태에 **조!당-되다** 튀⨺
조당²(粗糖) 명 정제하지 않은 설탕. =막설탕. ↔정당(精糖).
조-당수 명 좁쌀로 묽게 쑨 당수. ×조당국.
조-당죽(-粥) 명 '조당수'의 잘못.
조-대 명 대나 진흙으로 담배통을 만든 담뱃대.

조-대로 튀 조것과 같이. 또는, 조 모양으로. ¶머리 모양을 ~ 해 주세요.
조!도(照度) 명 [물] =명도(明度).
조!도-계(照度計) [-계/-게] 명 [물] =조명도계.
조동(躁動) 명 조급하고 망령되게 움직이는 것. ⨺경거망동. **조동-하다** 튀⨺
조동-사(助動詞) 명 [언] =보조 동사.
조동아리 명 '주둥아리'의 작은말로, 가볍고 작은 어감으로 이르는 말. ¶조끄만 게 ~만 살아 가지고….
조동율서(棗東栗西) [-뉼써] 명 제상(祭床)에 제물을 차릴 때, 대추는 동쪽에, 밤은 서쪽에 놓는다는 말.
조동이 명 '주둥이'의 작은말로, 가볍고 작은 어감으로 이르는 말.
  조동이(가) 싸다 관 신중하지 못하여 하지 않아야 할 말을 경솔하게 함부로 하다. ¶사내자식이 그렇게 **조동이가 싸서** 어디다 쓰겠니?
조락(凋落) 명 1초목의 잎이 시들어 떨어지는 것. ¶~의 계절. 2차차 쇠하여 보잘것없이 되는 것. =조령(凋零). ⨺영락(零落). **조락-하다** 튀⨺에 **조락-되다** 튀⨺
조랑-말 명 몸집이 작은 종자의 말.
조랑말-자리 명 [천] 북쪽 하늘에 있는 작은 별자리. 10월 상순 저녁에 남중함. =망아지자리.
조랑-조랑 튀 1작은 열매들이 많이 매달려 있는 모양. 2작은 아이들이 많이 딸려 있는 모양. ⨺조롱조롱. ⓒ주렁주렁. **조랑조랑-하다** 형에
조래 '조리하여'가 준말. ⨺저래.
조래도 '조리하여도'가 준말. ⨺저래도.
조래서 '조리하여서'가 준말. ¶~ 나는 그녀가 싫다. ⨺저래서.
조략(粗略) →**조략-하다** [-랴카-] 형에 몹시 간략하여 보잘것없다.
조러다 튀⨺ 조렇게 하다. 곧, 조렇게 행동하거나 말하거나 생각하다. 주로 구어체에서 쓰임. ¶**조러다** 넘어지지 않을까? ⨺저러다.
조러조러-하다 형에 여럿이 다 조런 것과 같다. ⨺저러저러하다.
조러-하다 형에 '조렇다'의 본딧말. ⨺저러하다.
조런 감 '저런'의 작은말.
조렇다[-러타] 형에 〈조러니, 조러오, 조래〉 (사물의 상태나 속성이) 조와 같다. ⓒ조러하다. ⨺저렇다.
조렇-듯[-러튿] 튀 '조렇듯이'의 준말. ⨺저렇듯.
조렇-듯이[-러튿-] 튀 조러한 정도로까지. ⓒ조렇듯. ⨺저렇듯이.
조!력¹(助力) 명 힘을 써 도와주는 것. 또는, 그 힘. ¶~을 얻다[구하다]. **조!력-하다** 튀⨺태에
조!력²(釣歷) 명 낚시를 한 경력. ¶~ 20년.
조력(潮力) 명 조수의 간만의 차로 일어나는 에너지.
조력-발전(潮力發電) [-빨쩐] 명 조수의 간만의 차를 이용하는 수력 발전.
조련(操鍊·調鍊) 명 1병(練兵). 2훈련을 거듭하여 쌓는 것. **조련-하다**¹ 튀⨺태에
조!련²(操鍊·操練) 명 1[군] =교련(敎鍊). 2 못되게 굴어 남을 몹시 괴롭히는 것. **조!련-하다**² 튀⨺태에
조련-사(調鍊師) 명 동물을 길들여 여러 가

지 재주를 부리도록 훈련시키는 사람.
조:련-장(操鍊場) 圏〔군〕교련을 하는 마당. =교련장.
조:련-질(操鍊-) 圏 못되게 굴어 남을 괴롭히는 짓. ¶자네가 포청에 잡혀가서 ~ 받을 것이 겁이 나서 나를 따라오네그려.《홍명희:임꺽정》 **조:련질-하다** 图타여
조련찮다[-찬타] 혱 만만한 정도로 헐하거나 쉽지 않다. ¶낙엽이란 참으로 이 세상의 사람의 수효보다도 많은가 보다. 30어 평에 차지 못하는 뜰이언만, 날마다의 시중이 ~.《이효석: 낙엽을 태우면서》
조:련-하다[3] 혱여 만만할 정도로 헐하거나 쉽다.
조령(朝令) 圏 조정에서 내리는 명령.
조령모개(朝令暮改) 圏〔아침에 명령을 내렸다가 저녁에 다시 고친다는 뜻〕법령을 자꾸 이리저리 고쳐 갈피를 잡기가 어려움을 이르는 말. **조령모개-하다** 图여
조:례¹(弔禮) 圏 조상(弔喪)의 뜻을 표하는 인사.
조례²(條例) 圏 1 조목조목 적어 놓은 규칙이나 법령. 2〔법〕지방 자치 단체가 법령의 범위 내에서 그 지방의 사무에 관해 제정하는 규정. =조령.
조례³(朝禮) 圏 학교에서 선생과 학생이 수업 시작 전에 모여서 아침 인사를 하는 일. 凹조회(朝會). ¶~ 시간. ↔종례(終禮). **조례-하다** 图여
조:로¹(早老) 圏 나이에 비하여 빨리 늙는 것. ¶~ 현상. **조:로-하다** 图여
조로²(朝露) 圏 1 아침 이슬. 2 인생의 덧없음을 비유하여 이르는 말.
조로³(@jorro) 圏 '물뿌리개'의 잘못.
조로아스터-교(Zoroaster敎) 圏〔종〕기원전 6세기경에 페르시아의 예언자 조로아스터가 창시한 종교. 페르시아의 민족 종교이며 이원론(二元論)으로 체계화한 것이며, 경전은 '아베스타'임. =배화교.
조로-인생(朝露人生) 圏 =초로인생.
조록 빔 가는 물줄기 따위가 좁은 구멍을 빨리 흐르다가 그치는 소리. 凰주룩. 쎈쪼록. **조록-하다** 图자여
조록-조록[-조-] 빔 1 가는 물줄기 같은 것이 계속 족족 내리거나 떨어지는 소리. 또는, 그 모양. 凰주룩주룩. 쎈쪼록쪼록. **조록조록-하다** 图자여
조롱¹ 圏 어린아이가 주머니 끈이나 옷 끈에 액막이로 차는 물건. 나무를 조롱박이나 말 모양으로 깎아 그 끝에 엽전을 단 것임.
조롱²(鳥籠) 圏 =새장.
조롱³(嘲弄) 圏〔어떤 사람을〕우습거나 형편 없는 존재로 여겨 비웃고 놀리는 것. ¶~을 당하다 / ~을 받다. **조롱-하다** 图타여 ¶세상 사람들은 하나같이 손가락질하며 그를 조롱했다.
조롱-거리(嘲弄-)[-꺼-] 圏 남의 비웃음이나 놀림을 받는 대상.
조롱-기(嘲弄氣)[-끼] 圏 비웃거나 깔보면서 놀리는 기색. ¶~ 섞인 어조로 말하다.
조롱-박 圏 1〔식〕=호리병박. 2 호리병박으로 만든 바가지.
조롱-조롱 빔 1 잔 열매나 물방울 따위가 많이 매달려 있는 모양. ¶푸른 줄기에 ~ 매달린 흰 꽃송이. 2 작은 아이들이 많이 딸려 있는 모양. 凰조랑조랑. **조롱조롱-하다** 혱여
조:루(早漏) 圏 성교할 때, 남자가 성기가 삽

입하고 나서 너무 빨리 사정(射精)에 이르게 되는 상태. ↔지루.
조류¹(鳥類) 圏〔동〕척추동물의 한 강(綱). 파충류에서 진화된 것으로, 몸은 깃털로 덮이고 날개가 있으며, 다리가 둘이고 입이 부리로 되어 있음. 난생(卵生)임. =새무리·새강(綱). ▶새.
조류²(潮流) 圏 1 밀물과 썰물 때문에 일어나는 바닷물의 흐름. 2 시세의 동향. ¶시대〔유행〕의 ~에 따르다.
조류³(藻類) 圏〔식〕물속에 살면서 동화 색소를 가지고 독립 영양 생활을 하는 하등 식물의 총칭. 뿌리·줄기·잎이 구별되지 않고 포자에 의해 번식하며, 꽃이 피지 않음. 남조류·녹조류·갈조류·홍조류 등이 있음.
조:륙^운동(造陸運動) 圏〔지〕지반의 융기·침강으로 육지가 만들어지는 것과 같은 지각 변동.
조르-개 圏 1 물건을 졸라매는 데 쓰는 가는 줄. 2[사진] '조리개'의 잘못.
조르-기 圏[체] 유도에서, 상대편의 목을 손이나 다리 또는 유도복의 깃으로 압박하여 제압하는 기술.
조르다¹ 图타여〈조르니, 졸라〉〔목·허리 등의 신체 부위를, 또는 두르거나 묶는 줄·끈 따위를〕둘레가 줄도록 누르거나 죄다. ¶손으로 목을 ~ / 끈을 **졸라서** 매다.
조르다² 图타여〈조르니, 졸라〉〔윗사람이나 베풀 입장에 있는 사람에게 어떤 일을 해 달라고〕끈덕지게 자꾸 요구하다. 또는, 〈사람을〉자꾸 어떤 일을 해 달라고 하여 못 견디게 하다. ¶새 옷을 사 달라고 어머니에게 ~ / 할머니를 **졸라서** 떡을 사 먹다.
조르르 빔 1 작은 발걸음을 재게 떼어 걷거나 따르는 모양. ¶아이들이 ~ 달려가다 / 강아지가 주인을 ~ 따라간다. 2 액체가 흘러내리는 소리. 또는, 그 모양. ¶간장을 ~ 붓다. 3 경사진 곳에서 작은 물건이 미끄러져 내리는 모양. ¶~ 미끄럼을 타는 아이들. 4 작은 것들이 한 줄로 고르게 잇달아 있는 모양. ¶아이들이 ~ 앉아 있다. 凰주르르. 쎈쪼르르. **조르르-하다** 혱여
조르륵 빔 가는 물줄기가 좁은 구멍이나 면을 잠깐 흐르다가 그치는 소리. 또는, 그 모양. ¶우비에 빗방울이 ~ 떨어지다. 凰주르륵. 쎈쪼르륵. **조르륵-하다** 图자여
조르륵-거리다/-대다[-꺼(때)-] 图자 자꾸 조르륵하다. 또는, 그리되게 하다. 凰주르륵거리다. 쎈쪼르륵거리다.
조르륵-조르륵[-쪼-] 빔 조르륵거리는 소리. 凰주르륵주르륵. 쎈쪼르륵쪼르륵. **조르륵조르륵-하다** 图자여
조:름 圏〔동〕물고기의 아가미 안에 빗살 모양으로 된 숨을 쉬는 기관. =새소엽(鰓小葉).
조리¹ 빔 그렇게. ¶~ 해와 요, 저리, **조리-하다** 图여 **조리-되다** 图여
조리² 빔 조 곳으로. 또는, 조쪽으로. ¶~ 돌아가시오. 凰저리.
조리³(笊籬) 圏 쌀·보리쌀 같은 곡식을 이는 데 쓰는 기구. 가는 대오리나 싸리로 결어 조그만 삼태기 모양으로 만듦.
[**조리에 옻칠한다**] 쓸모없는 곳에 공연히 마음을 쓰고 수고함을 이르는 말.
조리⁴(條理) 圏 1 일의 앞뒤가 들어맞고 체계가 서는 갈피. 凹두서(頭緖). ¶자신의 견해를 ~ 있게 말하다. 2〔법〕사회 규범의 기반을 이루는 공동생활의 원리. 우리나라에서

는 민사에 관하여 성문법·관습법이 없을 경우 이에 의해 재판을 행함.

조리⁵(調理)[명] 1 음식·거처·동작을 적당히 하여 쇠약해진 몸을 낫게 하는 것. =조양(調養)·조섭(調攝)·조치(調治). ¶산후(産後) ~. 2 식품의 맛과 질을 좋게 하고 영양을 높이며 소화되기 쉽게 만드는 일. ⓑ요리(料理). ~방법. **조리-하다²**[타여]¶환자가 몸을 / 채소를 조리할 때는 영양소가 파괴되지 않도록 주의해야 한다. **조리-되다²**[동자]

조리-개[사진] 사진기의 렌즈를 통과하는 광선의 양을 조절하는 기계 장치. ×조르개.

조리다[동타] (생선이나 육류나 채소 따위를) 양념을 한 뒤 간이 충분히 스며들도록 국물이 바특하게 끓어서 익히다. 또는, (과일·연근·도라지·생강 등을) 설탕·꿀 등을 넣고 당분이 스며들도록 끓이다. ¶고등어를 ~ / 감자를 ~ / 딸기를 설탕에 **조려서** 잼을 만들다.

> **유의어** **조리다 / 졸이다**
> 둘 다 결과에 있어서 음식의 국물이 적어지는 것을 가리키나, 그 목적이 '조리다' 는 생선·고기·야채·과실 등에 간이 들게 하거나 당분이 스며드는 데 있고, '졸이다' 는 국물의 양이 적어지게 하는 데 있음. 한편, '졸이다' 는 조바심이나 초조함으로 애태우는 것을 가리키기도 한다. ¶쇠고기를 간장에 넣고 **조렸다**. / 찌개의 국물을 알맞게 **졸였다**. / 나는 합격자 발표를 마음 **졸이며** 기다렸다.

조리-대(調理臺)[명] 음식을 조리하는 대.
조리-돌리다[동타] 죄지은 사람을 벌하기 위하여 끌고 돌아다니며 망신을 시키다.
조리-로[부] '조리²'를 강조하여 이르는 말. 준졸로.
조리복소니[-쏘-][명] 크고 좋던 물건이 차차 졸아들거나 깎여서 볼품이 없이 된 것.
조리-사(調理士)[명] 1 식품 위생법의 규정에 의한 소정의 면허를 소지하고 음식점 및 집단 급식소에서 식품의 조리를 직업으로 하는 사람. 2 음식점 등에서 음식을 조리하는 사람. ⓑ숙수(熟手)·요리사.
조!리-자지(冗籬-)[명] 오줌을 자주 누는 자지를 놀림조로 이르는 말.
조!리-질(冗籬-)[명] 1 조리로 쌀·보리쌀 같은 곡식을 이는 일. 2 (물체가) 몹시 일렁거리는 것. 또는, (물체를) 몹시 일렁거리게 하는 것. 비유적인 말임. **조!리질-하다**[동](자)(타)(여)]¶배가 ~.
조리차-하다[동타여] (재물을) 알뜰하게 아껴 쓰다. ¶...남편은 펀둥펀둥 놀며 마누라가 **조리차를 하는** 용돈이나 받아 쓰고, ... <염상섭:두 파산>
조리-치다[동자] 졸음이 올 때 잠깐 졸고 깨다. ¶인성만성 떠들던 두 사람이 곧장 목침을 다시 괴고 눕긴 하였으나 **조리칠** 여가도 없이 금방 날이 새어 버리고 말았다. 《김주영: 객주》
조림¹[명] 고기·생선·채소 따위를 조려 만든 음식. ¶장~ / 생선~ / 감자~.
조!림²(造林)[명] 나무를 심어 숲을 이루는 일. =식림. ¶~사업. **조!림-하다¹**[자](여) **조!림-되다**[동자]¶이 산의 상록수들은 모두 인공적으로 **조림된** 것이다.
조!림³(照臨)[명] 1 해와 달이 위에서 내리비치는 것. 2 신불(神佛)이 세상을 굽어보는 것. **조!림-하다²**[동](타)(여)]
조립(組立)[명] 여러 부품들을 하나의 구조물로 맞추어 짜는 것. ¶~공 / 자동차 ~ 공장. **조립-하다**[동](타)(여)]¶피아노를 ~. **조립-되다**[동](자)]
조립-식(組立式)[-씩][명] 조립의 방법으로 만드는 방식. ¶~ 주택 / ~ 장롱.
조립-품(組立品)[명] 1 여러 부품을 하나의 구조물로 짜 맞추어 만든 물품. 2 조립하는 데에 사용하는 부품.
조릿-조릿[-릳조릳][부] 조바심이 나고 초조한 모양. **조릿조릿-하다**[형](여)]
조마조마-하다[형](여)] 위태로워 마음이 긴장되고 불안하다. ¶사람들 앞에서 비밀이 탄로 날까 봐 **조마조마했다**.
조막[명] 작은 주먹을 귀엽게 또는 얕잡아 이르는 말. ¶~만 한 아이가 기운도 세다.
조막-손[-쏜][명] 손가락이 오그라져 펴지 못하는 손.
조막손-이[-쏜-][명] 조막손을 가진 사람.
조!만(早晚)[명] 이름과 늦음.
조!만-간(早晚間)[부] 어떤 일이 다소 이를 수도 있고 늦을 수도 있으나 어쨌든 머잖아. ¶~ 결과를 알려 주겠다.
조만조만-하다[형](여)] (여러 대상이) 정도나 수준에 있어서 서로 조만하게 비슷하다. 몬저만저만하다.
조-만치[부][명] =조만큼.
조-만큼 I [부] 조만한 정도로. =조만치. ¶~ 가져라. 몬저만큼.
II [명] 조만한 정도. =조만치. ¶오늘은 ~만 먹어라.
조만-하다[형](여)] 1 (수준이나 정도 등이) 조 대상과 비슷한 상태에 있다. 2 (어떤 일이나 대상이) 조 수준이나 정도에 있어서 웬만하다. 몬저만하다.
조맘-때[명] 조만한 정도에 이른 때. ¶나도 ~는 꽤 개구쟁이였었지. 몬저맘때.
조망(眺望)[명] 먼 곳을 바라보는 것. 또는, 그 경치. ¶~대(臺) / ~이 좋다. **조망-하다**[동](타)(여)]
조망-권(眺望權)[-꿘][명][법] 고층 건물 등에 시야를 가리지 않고 자기 집 창문을 통해 먼 곳을 바라볼 수 있는 권리. ¶~이 침해를 받다.
조매-화(鳥媒花)[명][식] 새에 의하여 꽃가루가 매개되어 가루받이가 이루어지는 꽃. 동백꽃 따위.
조!면¹(阻面)[명] 1 오랫동안 서로 만나지 못하는 것. 2 =절교(絶交). **조!면-하다¹**[동](자)(여)]
조면²(繰綿)[명] 목화의 씨를 앗아 틀어 솜을 만드는 것. 또는, 그렇게 만들어 놓은 솜. **조면-하다²**[동](타)(여)]
조면-기(繰綿機)[명] 면화의 씨를 빼거나 솜을 트는 기계.
조면-암(粗面巖·粗面岩)[명][광] 알칼리암에 속하는 화산암(火山巖)의 하나. 회백색·담녹색·담흑색을 띠고, 까칠까칠한 감촉이 있음.
조!명(助命)[명] 목숨을 구해 주는 것. **조!명-하다¹**[동](타)(여)]
조!명²(照明)[명] 1 빛으로 밝게 비추는 것. 또는, 그 빛. ¶간접[직접] ~ / 실내 ~ / ~이 흐리다. 2 [연] 무대 효과나 촬영 효과를 높이기 위하여 광선을 비추는 일. 또는, 그 빛.

¶~ 효과 / 무대 ~. **3** (어떤 대상을) 일정한 관점에 비추어 살펴보는 것. **조:명-하다**² 통태여 ¶무대를 밝게 ~ / 윤동주(尹東柱)의 시를 새로운 각도에서 **조명**해 보다. **조:명-되다** 통

조:명³(嘲名) 몡 **1** 남들이 빈정거리는 뜻으로 지목하여 부르는 이름. **2** 개인에 대한 좋지 못한 소문.

조:명-도(照明度) 몡 [물] 단위 면적이 단위 시간에 받는 빛의 양. 단위는 럭스(lx) 또는 포트(Ph). =비침도·조도(照度).

조:명도-계(照明度計) [-계/-게] 몡 [물] 조명도를 재는 계기. =조도계.

조:명-등(照明燈) 몡 조명하는 데 쓰이는 등.

조:명-탄(照明彈) 몡 [군] 공중에서 터지면서 강한 빛을 내는 탄환. 야간 정찰이나 항공기의 이착륙 등에 이용함.

조모(祖母) 몡 '할머니'의 문어적 지칭. 图조모님.

조모-님(祖母-) 몡 '조모'의 높임말.

조목(條目) 몡 법률이나 규정 등의 하나하나의 조(條)나 항(項). =항목·절목. 𝄐조항. ¶~을 들어 설명하다.

조목-조목(條目條目) [-쪼-] Ⅰ 몡 각각의 조목. ¶~을 다 외다. Ⅱ 및 =조목조목이.

조목조목-이(條目條目-) [-쪼-] 및 조목마다. =조목조목·조조이. ¶시시비비를 ~ 따지다.

조몰락-거리다/-대다 [-꺼(때)-] 통태 (물건을) 작은 동작으로 자꾸 주무르다. ¶아기가 엄마 젖을 ~. 图주물럭거리다.

조몰락-조몰락 [-쪼-] 및 조몰락거리는 모양. 图주물럭주물럭. **조몰락조몰락-하다** 통태여

조무(朝霧) 몡 아침에 끼는 안개.

조무래기 몡 **1** 자질구레한 물건. ¶감자가 다 팔리고 ~밖에 안 남았다. **2** '어린아이'를 홀하게 또는 얕잡아 이르는 말. 주로, 복수(複數)의 대상을 이름. ¶~들이 언덕에서 미끄럼을 타고 논다. **3** 우두머리가 아닌, 말단의 아랫사람을 얕잡아 이르는 말. 𝄐졸개·피라미. ¶경찰은 조직 폭력배를 일제히 검거했으나 ~들만 잡혀 들어갔다.

조:문¹(弔文) 몡 죽은 사람의 명복을 비는 글.

조:문²(弔問) 몡 상을 당한 사람을 위문하는 것. 𝄐문상(問喪). **조:문-하다** 통태여

조문³(條文) 몡 조목별로 벌여 적은 글. ¶헌법의 ~ / ~에 명시되다.

조:문-객(弔問客) 몡 문상(問喪)하러 온 사람. =문상객. ¶고인의 빈소에 ~이 줄을 잇다.

조물-조물 및 작은 손놀림으로 자꾸 주물러 만지작거리는 모양. ¶~ 나물을 무치다. **조물조물-하다** 통태여

조:물-주(造物主) [-쭈-] 몡 우주의 만물을 만든 신. ▷조화옹.

조:미¹(助味) 몡 음식 맛을 좋아지게 하는 것. **조:미-하다** 통태여 **조:미-되다** 통

조미²(調味) 몡 음식의 맛을 알맞게 맞추는 것. =조합(調合). **조:미-하다**² 통태여 **조미-되다** 통

조미-료(調味料) 몡 음식의 맛을 맞추는 데에 쓰는 재료. ¶화학~ / ~를 치다 / ~를 넣다.

조민(躁悶) ➝**조민-하다** 혱여 초조하여 가슴이 답답하다. ¶형식은 **조민한** 마음을 이기지 못하여 하는 듯 숨소리가 커지며, "참말일세, 참말이어!" 하고....(이광수:무정)

조밀(稠密) ➝**조밀-하다** 혱여 촘촘하고 빽빽하다. ¶건물이 **조밀하게** 들어서 있는 도심지. **조:밀-히** 및

조-바꿈(調-) [음] 악곡의 진행 중 계속되는 곡조를 다른 곡조로 바꾸는 일. =변조(變調)·전조(轉調). **조바꿈-하다** 통태여

조바심 몡 바라지 않는 일이 일어날까 봐, 또는 일이 바라는 대로 되지 않을까 봐 안달이 나거나 두려운 마음으로 불안해하는 것. ¶~을 치다 / 무슨 사고라도 났을까 봐 ~을 내다. **조바심-하다** 통재여 ¶약속 시간에 늦지 않을까.

조바심-치다 통재 조바심을 몹시 나타내다.

조바위 몡 여자 방한모의 하나. 위는 터져 있으며, 아얌과 비슷하지만 귀와 뺨을 가리게 되어 있음.

조박(糟粕) 몡 **1** =재강. **2** 학문이나 서화 등에서, 옛사람이 다 밝혀내어 새로운 의의가 없음을 일컫는 말.

조반(朝飯) 몡 =아침밥. ¶~을 들다(거르다) / ~을 먹다.

조반-상(朝飯床) [-쌍] 몡 아침밥을 차린 상.

조반-석죽(朝飯夕粥) [-쭉] 몡 (아침에는 밥을 먹고 저녁에는 죽을 먹는다는 뜻) 몹시 가난한 살림을 가리키는 말. **조반석죽-하다** 통재여

조:발(早發) 몡 **1** (어떤 꽃이) 다른 꽃보다 일찍 피는 것. **2** 아침 일찍 길을 떠나는 것. **3** (기차·기선 따위가) 정한 시간보다 일찍 떠나는 것. **조:발-하다** 통재여

조:발성^치매(早發性癡呆) [-썽-] 몡 [의] =정신 분열병.

조-밥 몡 맨 좁쌀로 짓거나, 입쌀에 좁쌀을 섞어서 지은 밥. =속반(粟飯).

조방(朝房) 몡[역] 조정의 신하들이 조회(朝會) 시간을 기다리며 쉬는 방.

조:방-구니(助幇-) 몡 '조방꾸니'의 잘못.

조:방-꾸니(助幇-) 몡 **1** 오입판에서 여자를 소개하거나 심부름을 하는 사람. **2** 어린아이를 데리고 놀면서 보살피는 일을 하는 사람을 홀하게 이르는 말. ×조방꾸니.

조방적 농업(粗放的農業) [농] 단위 면적의 땅에 자본과 노동력을 적게 들여 짓는 농업. ↔집약적 농업.

조변석개(朝變夕改) [-깨-] 몡 (아침저녁으로 뜯어고친다는 뜻) (계획·결정 따위를) 변덕스럽게 자꾸 고침. =조개모변(朝改暮變)·조석변개. **조변석개-하다** 통재여

조별(組別) 몡 조를 단위로 하여 구별을 지음. ¶~ 예선 / ~ 활동. ▷반별(班別).

조복¹(朝服) 몡[역] 관원이 조정(朝廷)에 나아가 하례(賀禮)할 때 입는 예복.

조복²(調伏) 몡[불] **1** 몸·입·마음의 삼업(三業)을 조화하여 모든 악행을 굴복시키는 것. **2** 부처의 힘으로 원수나 악마를 제어하는 것. =항복. **조복-하다** 통태여

조부(祖父) 몡 '할아버지¹'의 문어적 지칭. 图조부님.

조부-님(祖父-) 몡 '조부'의 높임말.

조-부모(祖父母) 몡 할아버지와 할머니를 아울러 이르는 말. =왕부모(王父母).

조불려석(朝不慮夕) (아침에 저녁 일을 헤아리지 못한다는 뜻) 당장을 걱정할 뿐 앞일을 미리 생각할 겨를이 없음. =조불모석.

조붓하다

조불려석-하다 형
조붓-하다[-부타-] 형여 조금 좁은 듯하다. ¶방이 **조붓하지만** 지내는 데에는 큰 불편이 없다. **조붓-이** 부
조비(祖妣) 명 죽은 할머니.
조뼛-거리다/-대다[-뺃꺼(때)-] 동자타 1 물건의 끝이 빳빳이 배쭉배쭉 솟아나다. 2 두렵거나 놀라거나 하여 머리카락이 좀 꼿꼿이 일어서는 듯한 느낌이 자꾸 나다. 3 어줍거나 부끄러워서 머뭇거리거나 주저주저하다. 4 (입술을) 그 끝을 배쭉배쭉 내밀다. (큰)주뼛거리다. (센)쪼뼛거리다.
조뼛-조뼛[-뺃쪼뺃] 부 조뼛거리는 모양. (큰)주뼛주뼛. (센)쪼뼛쪼뼛. **조뼛조뼛-하다** 동자타 형여
조사[1](弔詞·弔辭) 명 죽은 사람을 슬퍼하여 조의(弔意)를 표하는 글.
조ː사[2](早死) 명 =요절[1]. **조ː사-하다**[1] 동자
조사[3](助詞) 명[언] 품사의 하나. 체언이나 부사·어미 등의 아래에 붙어, 그 말과 다른 말과의 문법적 관계를 나타내거나 또는 그 말의 뜻을 도와주는 단어. 격 조사·접속 조사·보조사로 크게 나뉨. '가', '를', '와', '까지' 따위. =토씨. (비)관계사.
조ː사[4](助辭) 명[언] '어조사(語助辭)'의 준말.
조사[5](祖師) 명 1 어떤 학파를 세운 사람. 2 한 종파를 세워서, 그 종지(宗旨)를 열어 주장한 승려.
조사[6](措辭) 명[문] 시가(詩歌)나 문장에서, 표현상 가장 적절하고 효과적인 말을 선택하여 쓰는 일. 또는, 그 용법. ¶~법.
조ː사[7](照射) 명 1 햇빛 등이 내리쬐는 것. ¶~ 시간. 2 광선·방사선 등을 쬐는 것. **조ː사-하다**[2] 동자타여 ¶방사선을 암 부위에 ~/적외선을 ~. **조ː사-되다**[1] 동여
조사[8](調査) 명 1 사물의 그 내용을 명확히 알기 위하여 살펴보는 것. ¶인구 ~/~ 자료/~ 결과가 나오다. 2 (사람을) 의심이 가는 점이나 잘못 등이 없는지 알아보는 것. **조사-하다**[3] 동자타여 ¶사건의 진상을 ~/피의자를 ~. **조사-되다**[2] 동자
조사-단(調査團) 명 어떤 사건이나 사항을 조사하기 위하여 여러 사람으로 조직된 단체.
조-사료(粗飼料) 명 지방·단백질·전분 등의 함량이 적고 섬유질이 많은 사료. 건초 따위. (비)농후 사료.
조-사망률(粗死亡率)[-뉼] 명 1년 동안 인구 1000명당 사망자 수. ¶1998년 우리나라 ~은 5.3명이다.
조ː산[1](早産) 명 임신한 사람이 10개월을 채우지 못하고, 특히 임신 24주부터 36주 사이에 태아를 출산하는 일. ↔만산(晩産). **조ː산-하다**[1] 동자
조ː산[2](助産) 명 분만을 돕는 것. **조ː산-하다**[2] 동자타여
조ː산-대(造山帶) 명[지] 조산 운동이 일어나고 있는 지대. 보통 습곡 산맥이 형성되고 지층의 현저한 습곡, 광역 변성대의 형성, 화강암류의 관입 등이 특징임.
조ː산-사(助産師) 명 분만을 돕거나 임산부 및 신생아에 대한 보건과 양호 지도에 종사하는 사람. (비)산파.
조ː산-아(早産兒) 명 달을 다 채우지 못하고 태어난 아이. 특히, 24주에서 36주 사이에 태어난 아이. =조생아.
조ː산^운^동(造山運動) 명[지] 두꺼운 퇴적층을 이룬 지역(지향사)이 횡압력을 받으면서, 습곡·변성·화성 작용을 거친 뒤 융기하여 대규모의 산맥을 이루는 지각 운동.
조ː산-원[1](助産員) 명 '조산사'의 구칭.
조ː산-원[2](助産院) 명 조산사가 분만을 돕고 임산부와 신생아를 돌보는 일을 하는 곳.
조삼모사(朝三暮四) 명 (송(宋)나라의 저공(狙公)이, 자신이 키우는 원숭이들에게 아침에 3개, 저녁에 4개씩 먹이를 주겠다고 하자 화를 내므로, 아침에 4개, 저녁에 3개씩 주겠다고 하니 원숭이들이 기뻐하였다는 고사에서) 간사한 꾀로 남을 속여 농락함을 이르는 말.
조ː상[1](弔喪) 명 =문상(問喪). **조ː상-하다** 동타여
조상[2](祖上) 명 1 돌아간 어버이 위로 대대의 어른. =조선(祖先). 2 대대로 물려받은 가보. 3 자기 세대 이전의 모든 세대. (비)윗대. ¶~의 얼을 이어받다.
조상[3](彫像) 명[미] 조각한 상(像). =조각상.
조상-굿(祖上-) 명 조상을 위하여 하는 굿. **조상굿-하다** 동자여
조상^숭배(祖上崇拜) 명 사령 숭배(死靈崇拜)의 하나. 조상의 영혼을 숭배하는 것. 집단의 사회적 연대의 강화·확인의 계기가 됨. =조선 숭배.
조상-신(祖上神) 명[민] 사대조(四代祖) 이상의 조상의 신. 자손의 보호를 맡아본다고 함. =조상대감.
조상-육(祖上肉)[-뉵] 명 ('도마에 오른 고기'라는 뜻) 어찌할 수 없게 막다른 처지로 몰린 운명을 이르는 말.
조상-치레(祖上-) 명 1 조상을 자랑하고 위하는 것. 2 조상 치다꺼리. **조상치레-하다** 동자여
조ː생-종(早生種) 명[농] 같은 농작물 가운데 비교적 일찍 성숙하는 종류. (준)조종. ↔만생종.
조ː서[1](早逝) 명 =요절(夭折)[1]. **조ː서-하다** 동자
조ː서[2](詔書) 명 임금의 명령을 적은 문서. =조명·조칙·금문·단서(丹書). (준)조(詔).
조서[3](調書) 명 조사한 사실을 적은 문서. ¶피의자 진술 ~/~를 작성하다.
조석[1](朝夕) 명 1 아침과 저녁. ¶~으로 문안을 드리다. 2 아침밥과 저녁밥. ¶~ 공양/~ 걱정.
조석[2](潮汐) 명 밀물과 썰물. (비)미세기.
조석-거리(朝夕-)[-꺼-] 명 =끼닛거리. ¶~을 걱정할 정도로 가난한 살림살이.
조석-변개(朝夕變改)[-뺀-] 명 =조변석개(朝變夕改). **조석변개-하다** 동자여
조석-상식(朝夕上食)[-쌍-] 명 죽은 사람의 상청에 신주를 놓은 상에 아침저녁으로 식사를 차려 드리는 일. 또는, 그 식사.
조ː선[1](造船) 명 배를 건조(建造)하는 것. ¶~ 공정. **조ː선-하다** 동자여
조선[2](朝鮮) 명[역] =고조선(古朝鮮). 2 이성계가 고려를 멸망시키고 세운 나라(1392~1910). 한양(漢陽)에 도읍함. 불교를 억압하고 유교를 국교화함. 15세기에 전성기를 맞이했으나, 1910년 일본에 합병됨. (비)근세조선.
조선-간장(朝鮮-醬) 명 우리나라에서 전통적 방법으로 만든 간장. ▷왜간장.

조선^기와(朝鮮−) 명 우리나라 재래의 기와. 기왓골이 깊으며, 암키와와 수키와가 있음.

조선-무(朝鮮−) 명 왜무에 대하여, 둥글고 단단한 우리나라 재래의 무.

조!선-소(造船所) 명 배를 건조하거나 개조 또는 수선하는 곳. =선창(船廠).

조선-어(朝鮮語) 명 우리의 말과 글을 일제 강점기에 이르던 말.

조선어^학회^사!건(朝鮮語學會事件) [−하 쾨−껀/−하풰−껀] 명[역] 1942년 10월, 국어 말살을 꾀하던 일제(日帝)가 국학 연구의 탄압책으로 조선어 학회 회원을 검거·투옥한 사건.

조선-종이(朝鮮−) 명 =한지(韓紙)².
조선-집(朝鮮−) [−찝] 명 한옥.
조선^총!독부(朝鮮總督府) [−뿌] 명[역] 일본이 1910년부터 1945년까지 우리나라의 식민 통치와 수탈을 위해 설치하였던 최고 행정 관청. 입법·사법·행정 및 군대 통수권을 집행할 수 있는 막강한 권한을 행사하였음.

조선-통보(朝鮮通寶) 명[역] 조선 세종 5년 (1423)에 발행한 엽전. 널리 유통되지 못하였음.

조섭(調攝) 명 =조리(調理)⁵1. ¶몸 〜을 잘해라. **조섭-하다** 동[타][여]

조!성(造成) 명 1 (단지·삼림·택지·녹지 따위를) 인공적·인위적으로 이루어 만드는 것. ¶아파트 단지 〜. 2 (분위기·상황 따위를) 생겨나게 만드는 것. **조!성-하다** 동 [타][여] ¶면학 분위기를 〜 / 방풍림을 〜. **조!성-되다¹** 동[자] ¶녹지가 〜.

조성²(組成) 명 1 여러 가지의 요소·성분으로 짜 맞추거나 만드는 것. 2 [화] 화합물을 구성하는 원소의 질량 혹은 원자 수의 비. ¶ 〜식(式). **조성-하다²** 동[타][여] 여러 개의 요소·성분으로 짜 맞추거나 만들다. **조성-되다²** 동[자]

조성³(調聲) 명[음] 소리를 낼 때 그 높낮이와 장단을 고르는 것. **조성-하다³** 동[자][여]

조세(租稅) 명[법] 국가 또는 지방 자치 단체가 경비를 충당하기 위하여 국민이나 주민으로부터 강제로 징수하는 금전. 국세와 지방세가 있음. =공세(貢稅)·공조(公租). 비 세금. 준세.

조세^법률주의(租稅法律主義) [−뻐뉼−의 /−뻐뉼−이] 명 조세의 부과 및 징수는 국회에서 제정하는 법률에 의하여야 한다는 주의.

조소¹(彫塑) 명[미] 조형 미술의 한 부문. 사람 또는 기타의 형상을 흙·나무·돌·금속 등으로 빚거나 새기는 일. =조각(彫刻). **조소-하다¹** 동[타][여]

조소²(嘲笑) 명 (남을) 비웃는 것. 또는, 그 웃음. 비 비웃음. ¶〜의 눈길을 보내다. **조소-하다²** 동[타][여] ¶남을 깔보고 〜.

조!속(早速) →**조!속-하다** [−소카−] 형[여] 어떤 일을 이루거나 행하는 것이 매우 빠르거나 급한 상태에 있다. 비 이르다·빠르다·신속하다. ¶**조속한** 시일 내에 완공하시오. **조!속-히** 부 〜 해결해야 할 문제.

조속-조속 [−쪼−] 부 기운 없이 꼬박꼬박 조는 모양.

조손(祖孫) 명 할아버지와 손자.

조!수¹(助手) 명 기능이나 숙련 등을 요하는 일에 있어서 주된 사람에게 딸려 그를 보조하는 사람. ¶화물차 〜로 일하다.

조!수²(照數) 명 수효를 맞추어 보는 것. **조!수-하다** 동[타][여]

조수³(潮水) 명[지] 1 해와 달, 특히 달의 인력(引力)에 의하여 주기적으로 해면의 높이가 높아졌다 낮아졌다 하는 현상. 또는, 그 바닷물. =조석수. 2 아침에 밀려들었다가 나가는 바닷물. =해조. ㉺석수(汐水).

조!수-석(助手席) 명 자동차 운전석의 옆 자리.

조!숙(早熟) 명 (곡식·과일 따위가) 일찍 익는 것. =조성. ↔만숙(晚熟). **조!숙-하다¹** 동[자][여] ▷조숙하다². **조!숙-되다** 동[자]

조!숙-하다²(早熟−) [−수카−] 형[여] (사람이) 나이에 비해 정신적·육체적으로 발달이 빠르다. 또는, 성(性)에 눈뜨는 것이 남보다 이르다. ¶이제 겨우 중학생인데 처녀티가 물씬하니 여간 **조숙한** 게 아닐걸.

조!시(肇始) 명 무엇이 비롯되는 것. 또는, 무엇을 비롯하는 것. **조!시-하다** 동[자][타][여] **조!시-되다** 동[자]

조식¹(粗食) 명 검소한 음식을 먹는 것. 또는, 그러한 음식. 비 악식(惡食). **조식-하다** 동[자][여]

조식²(朝食) 명 =아침밥.
조!신(朝臣) 명 조정에서 일하는 신하. =조관·조사.

조신(操身) 명 몸가짐을 조심하는 것. **조신-하다¹** 동[자][여] ¶특히 저희에게는 어린애를 가지고 있는 중이므로 **조신해야** 할 까닭이 있었다.《박태순 : 가슴속에 남아 있는 미처 하지 못한 말》 ▷조신하다².

조신-하다²(操身−) 형[여] (몸가짐이) 조심스럽고 얌전하다. ¶**조신한** 처자(處子) / 여자답게 **조신하게** 행동하여라.

조!실부모(早失父母) 명 어려서 부모를 잃음. **조!실부모-하다** 동[자][여] ¶**조실부모하고** 고아로 자라다.

조!심(操心) 명 잘못이나 실수가 없도록 말이나 행동에 마음을 쓰는 것. ¶불〜 / 말〜. **조!심-하다** 동[자][타][여] ¶환절기에는 감기에 걸리지 않도록 **조심해야** 한다. / 다시는 이런 잘못을 저지르지 않도록 **조심해라**. **조!심-히** 부

조!심-성(操心性) [−씽] 명 무슨 일을 할 때 조심해서 하는 태도. ¶층층시하이니만큼 매사에 〜 있게 처신하여라.

조!심성-스럽다(操心性−) [−씽−따] 형[ㅂ] 〈〜스러우니, 〜스러워〉 조심성이 있는 듯하다. **조!심성스레** 부

조!심-스럽다(操心−) [−따] 형[ㅂ] 〈〜스러우니, 〜스러워〉 조심하는 데가 있다. ¶**조심스러운** 태도. **조!심스레** 부

조!심-조심(操心操心) 부 매우 조심스럽게 행동하거나 하는 모양. ¶잠자리가 날아갈세라 〜 다가갔다. **조!심조심-하다** 동[자][여] **조!심-히** 부

조!쌀-스럽다 [−따] 형[ㅂ] 〈〜스러우니, 〜스러워〉 조쌀한 데가 있다. **조!쌀스레** 부

조!쌀-하다 형[여] (노인이) 얼굴이 그다지 늙지 않고 깨끗하다. ¶허리가 꼿꼿하고 **조쌀한** 노인.

조아리다 동[타] (머리를) 상대에게 용서를 빌거나 복종심을 나타내거나 고마움을 표하거나 하기 위하여 크게 숙이다. ¶머리를 **조아리고** 용서를 빌다.

조아-팔다 통(타) ⟨~파니, ~파오⟩ (크거나 많은 물건을) 헐어서 조금씩 팔다. ¶모개흥정으로 넘길 것인가, 아니면 **조아팔** 것인가. 〈김주영:객주〉

조악(粗惡) ➡**조악-하다** [-아카-] 형여 (물건이) 거칠고 나쁘다. ¶품질이 **조악한** 장난감.

조암^광'물(造巖鑛物) 명[광] 암석을 이루는 광물. 주요한 것으로 석영·장석·운모·각섬석·휘석·감람석 따위가 있음.

조야¹(朝野) 명 조정(朝廷)과 민간.

조야²(粗野) ➡**조야-하다** 형여 1 천하고 상스럽다. ¶**조야한** 말씨. 2 (물건이) 거칠고 막되다. ¶**조야한** 물건.

조약(條約) 명 1 조목을 세워 맺은 언약. 2 [법] 문서에 의한 국가 간의 합의. ¶평화~/~을 맺다/~을 비준하다/~을 폐기하다/~을 체결하다.

조약-국(條約國) [-꾹] 명 서로 수교 통상 조약을 맺은 나라.

조약-돌[-똘] 명 주로 냇가·강가·바닷가에 있는, 작고 동글동글한 돌. ¶소녀가 물속에서 무엇을 하나 집어낸다. 하얀 ~이었다.〈황순원:소나기〉

유의어	조약돌 / 자갈

둘 다 작은 돌을 가리키나, '**조약돌**'은 냇물·강물·바닷물 등에 오랫동안 닳아져 둥글고 반들반들한 돌로서 대체로 손 안에 쏙 들어올 정도의 크기인 데 반해, '**자갈**'은 그런 돌을 포함해서 그보다 좀 더 크고 다소 거칠거칠하며 산이나 들에서 발견될 수 있는 돌도 가리킬 수 있음.

조약-밭[-빹] 명 조약돌이 많은 땅. 또는, 그런 밭.

조'양(助陽) 명 성적(性的)인 양기(陽氣)를 돕는 것. **조'양-하다** 통여

조'어¹(助語) 명[언] 1 문장에 어구를 보태어 넣는 것. 2 =어조사(語助辭). **조'어-하다**¹ 통(자여) 문장에 어구를 보태어 넣다.

조어²(祖語) 명 비교 언어학에서, 하나의 언어가 시간의 흐름에 따라 둘 이상의 언어로 분화·발전되어 가는 경우, 그 근원이 되는 언어. 에스파냐 어·프랑스 어·이탈리아 어 등에 대한 라틴 어 따위. =공통 조어, 조상 언어.

조'어³(造語) 명 새로 말을 만드는 것. 또는, 그 만든 말. **조'어-하다**² 통(자여)

조'언(助言) 명 (어떤 사람에게) 어떤 문제에 대해 어떻게 하라고 도움이 되는 말을 하는 것. 또는, 그 말. =도움말. ¶~자/~을 청하다. **조'언-하다** 통여 ¶선배가 후배에게 공부하는 요령에 대해 [요령]~.

조업¹(祖業) 명 조상 때부터 내려오는 가업.

조업²(操業) 명 (공장 등에서) 일을 하는 것. ¶~ 개시. **조업-하다** 통(자여)

조'업^단축(操業短縮) [-딴-] 명[경] 과잉 생산으로 인한 상품 가격의 하락을 막기 위하여 일부 생산 기계의 운전 정지, 작업 시간의 단축 등으로 생산을 제한하는 일. =쇼트타임. ⓒ**조단**(操短).

조'업-도(操業度) [-또] 명 일정 기간의 생산 설비 이용의 정도. ¶~를 높이다.

조여-들다 통(자타) ⟨~드니, ~드오⟩ =죄어들다.

조'역(助役) 명 1 도와주는 일. 2 철도청에서 역장을 보좌하는 일. 또는, 그 사람. **조'역-하다** 통(타여)

조'연(助演) 명[연][영] 주역(主役)의 연기를 보조하는 것. 또는, 그 역을 맡은 사람. ¶~ 배우. **조'연-하다** 통(자여)

조:-연출(助演出) 명[방송] 연출자를 보조하는 일을 맡아 하는 사람. =에이디(AD).

조'영(造營) 명 집 등을 짓는 것. **조'영-하다** 통(타여)

조'예(造詣) 명 어떤 분야에 대한 지식이나 이해가 다다른 수준의 정도. ¶음악에 ~가 깊다.

조-옮김(調-) [-옴-] 명[음] 악곡 전체를 다른 조로 바꾸는 일. =이조(移調).

조왕(竈王) 명[불] 부엌의 길흉화복을 맡아보는 신. =조신(竈神).

조'요(照耀) ➡**조'요-하다** 형여 밝게 비쳐서 빛나는 상태에 있다.

조용조용(租庸調) 명[역] 중국 수(隋)·당(唐) 나라 때 정비된 조세 제도. 조(租)는 토지에 과하는 세, 용(庸)은 정남(丁男)에게 과하는 노역(勞役)의 의무, 조(調)는 각 호별(戶別)로 토산물을 부과하는 것임. 우리나라에서는 고려·조선 시대에 시행됨.

조용-조용 부 썩 조용하게. ¶발소리가 나지 않게 ~ 걸어라. **조용조용-하다** 형여 **조용조용-히** 부 ¶~ 놀아라.

조용-하다 형여 1 아무런 소리도 들리지 않고 잠잠하다. ¶인적이 드문 **조용한** 거리. 2 (말이나 소리, 행동 등이) 나지막하거나 은근하다. ¶**조용한** 목소리로 말하다 / 음악이 **조용하게** 흐르다. 3 (성격이) 말이 없고 얌전하다. ¶**조용하면서도** 다정다감한 여자. 4 말썽이 없이 평온하다. ¶부부 사이의 불화로 집안이 **조용할** 날이 없다. 5 공공연하지 않고 은밀하다. ¶우리 언제 한번 **조용하게** 만납시다. ▶고요하다. **조용-히** 부 ¶다른 사람한테 들리지 않게 ~ 말해라.

조우(遭遇) 명 1 신하가 뜻에 맞는 임금을 만나는 것. 2 (어떤 인물이나 사물 또는 어떤 경우를) 우연히 만나는 것. =조봉(遭逢). **조우-하다** 통(자여)

조운(漕運) 명 배로 물건을 실어 나르는 것. **조운-하다** 통(타여)

조울-병(躁鬱病) [-뼝] 명[의] 상쾌하고 흥분된 상태와, 우울하고 억제된 상태가 교대로, 또는 한쪽이 주기적으로 나타나는 증상. 각 상태를 조병·울병이라고 함.

조원¹(組員) 명 같은 조를 이루는 사람.

조'원²(造園) 명 정원·공원 등을 만드는 일. 현재는 널리 도시의 도로·광장 등을 포함하여, 자연과의 조화를 꾀하면서 쾌적한 생활 환경·경관을 창조하기 위한 계획을 말함. ¶~기사(技師). **조'원-하다** 통(자여)

조'위¹(弔慰) 명 죽은 사람에게 조의(弔意)를 표하고 유가족을 위로하는 일. **조'위-하다** 통(타여)

조위²(潮位) 명 조석 현상으로 변화하는 해면(海面)의 높이.

조'위-금(弔慰金) 명 조위의 뜻으로 내는 돈.

조율(棗栗) 명 대추와 밤.

조율²(調律) 명 1 악기, 특히 건반 악기나 현악기의 음을 표준음에 맞추어 고르는 것. =튜닝. ¶피아노 ~. 2 (문제가 되어 있는 어떤 대상을) 알맞거나 마땅한 상태가 되도록 조절하는 것. 비유적인 말로, 근래에 쓰이기 시작한 말임. **조율-하다** 통(타여) ¶타결을 ~ / 양측 입장을 중간에서 ~. **조율-되다** 통

⟨자⟩ ¶정확하게 조율된 악기.
조율-사(調律師)[-싸] 圀 악기의 조율을 직업으로 하는 사람.
조율이시(棗栗梨柿) 圀 제사에 쓰는 대추·밤·배·감 따위의 과실.
조음(調音) 圀 1 [언] 성대에서 입술에 이르는 음성 기관의 형상을 바꾸어 개개의 언어음을 만들어 내는 일. 2 소리를 고르는 일. **조음-하다** 圄⟨자⟩⟨타⟩⟨여⟩ **조음-되다** 圄⟨자⟩
조음^기관(調音器官) 圀[언] 입술·이·잇몸·입천장·혀 등 성대를 제외한, 성대보다 위에 있는 음성 기관의 총칭.
조음-소(調音素) 圀[언] =매개 모음.
조'응(照應) 圀 1 서로 일치하게 대응하는 것. 2 원인에 따라 결과가 나타나는 것. **조'응-하다** 圄⟨자⟩⟨여⟩ **조'응-되다** 圄⟨자⟩
조'의(弔意)[-의/-이] 圀 어떤 사람의 죽음에 대해 그의 유족에게 나타내는, 슬퍼하는 마음이나 위로의 뜻. ¶유가족에게 삼가 ~를 표합니다.
조'의-금(弔意金)[-의-/-이-] 圀 조의를 표시하기 위한 돈.
조의-조식(粗衣粗食)[-의-/-이-] 圀 잘 입지도 잘 먹지도 못함. ⽐악의악식. ↔호의호식.
조이다 圄⟨자⟩⟨타⟩ =죄다¹.
조이^스틱(joy stick) 圀[컴] 입력 장치의 하나. 전자오락기와 유사한 버튼과 조정관으로 구성되어 있음. 주로 컴퓨터 오락에 쓰이며, 그래픽 입력으로도 활용됨.
조-이혼율(粗離婚率)[-늉] 圀 1년 동안 인구 1000명당 이혼한 건수. ¶통계청에 따르면 1999년 우리나라의 ~은 2.5이며 이혼한 부부의 평균 동거 기간은 9.9년이다.
조인¹(鳥人) 圀 ['새 인간'이라는 뜻] '비행사'를 비유하여 이르는 말. ¶한국 최초의 ~ 안창남.
조인²(調印) 圀 1 약정 문서에 도장을 찍는 것. 2 [법] 조약 당사국의 대표자가 조약문에 동의하여 서명 날인하는 일. **조인-하다** 圄⟨자⟩⟨여⟩ ¶유엔군과 북한은 1953년 휴전 협정에 **조인했다**. **조인-되다** 圄⟨자⟩
조인-식(調印式) 圀 조약 당사국의 대표자가 조약문에 동의하여 서명 날인하는 식.
조인트(joint) 圀 1 기계·목공 기계 따위의 이음매. 2 '합동', '연합'으로 순화. ¶~ 콘서트.
조인트(를) 까다 句 ⟨속⟩ 구둣발로 정강이를 걷어차다.
조일(朝日) 圀 아침에 돋는 해.
조'작¹(造作) 圀 (어떤 일이나 대상을) 부정적인 목적으로 꾸며 내거나 지어내는 것. **조'작-하다¹** 圄⟨타⟩⟨여⟩ ¶서류를 ~. **조'작-되다¹** 圄⟨자⟩ ¶조작된 사건.
조'작²(操作) 圀 1 (기계·기구 등을) 일정한 방식에 따라 다루어 그 기능대로 움직이게 하는 일. ¶원격 ~ / 그는 초보 운전자라서 핸들 ~이 서툴다. 2 (사물을) 다른 사람이 눈치 채지 못할 교묘한 방법으로 자기에게 유리한 쪽으로 이끄는 것. ¶주가 ~. **조'작-하다²** 圄⟨타⟩⟨여⟩ ¶그 사람은 트랙터를 조작할 줄 모른다. **조'작-되다²** 圄⟨자⟩
조'작-극(造作劇)[-끅] 圀 어떤 일이나 사건을 실제로 일어난 것처럼 거짓으로 꾸며 내는 것. 또는, 그렇게 꾸며 낸 것. ⽐날조극. ¶북한 측은 무장간첩 사건에 대해 남한이 꾸며 낸 ~이라고 강변했다.

조잘-거리다/-대다 圄⟨자⟩⟨타⟩ 1 낮은 목소리로 종알거리다. ⽐주절거리다. ⽉쪼잘거리다. 2 조금 작은 새가 자꾸 지저귀다. ¶참새들이 ~.
조잘-조잘 閈 조잘거리는 모양. ¶~ 쉴 새 없이 떠든다. ⽐주절주절. ⽉쪼잘쪼잘. **조잘-하다** 圄⟨자⟩⟨타⟩
조잡¹ 圀 여러 가지 이유로 생물체가 잘 자라지 못하고 쇠하여지는 상태. ⽐주접.
조잡²(粗雜) →**조잡-하다¹**[-자파-] 웹⟨여⟩ (언행이나 솜씨가) 거칠고 잡스러워 품위가 없다. ¶조잡하게 만들어진 장난감.
조잡³(稠雜) →**조잡-하다²**[-자파-] 웹⟨여⟩ 빽빽하고 복잡하다.
조잡-들다[-뜰-] 圄⟨~드니, ~드오⟩ 1 생물체가 탈이 생겨 잘 자라지 못하거나 시들다. 2 기를 펴지 못하고 시들다.
조잡-스럽다[-쓰-따] 웹⟨ㅂ⟩⟨~스러우니, ~스러워⟩ 음식에 대하여 추잡하게 욕심을 부리는 태도가 있다. ⽐주접스럽다. **조잡스레** 閈
조'장¹(助長) 圀 (성질 급한 농부가 벼의 싹을 빨리 자라게 하려고 잠아 늘이려다가 뿌리를 뽑아 버렸다고 하는 고사에서) 힘을 도와서 더 자라게 하는 것. 주로 부정적인 의미로 쓰임. **조'장-하다** 圄⟨타⟩⟨여⟩ ¶복권 열풍이 사행심을 **조장하고** 있다. **조'장-되다** 圄⟨자⟩ ¶대중 매체에 의해 폭력이 ~.
조장²(組長) 圀 조직체 내에서의 조의 책임자.
조'전(弔電) 圀 조상(弔喪)의 뜻으로 보내는 전보. ¶~을 치다.
조절(調節) 圀 어떤 대상을 상태가 알맞도록 맞추거나 바로잡는 것. ¶온도 ~ / 물가 ~. **조절-하다** 圄⟨타⟩⟨여⟩ ¶라디오의 볼륨을 ~ / 수위를 **조절하여** 홍수를 막다. **조절-되다** 圄⟨자⟩ ¶습도가 자동으로 **조절되는** 방.
조정¹(措定) 圀[철] 1 추론(推論)의 도움 없이 어떤 명제를 주장하는 것. 2 추론의 전제로서 놓인, 증명되지 않은 명제. 또는, 어떤 논점에 관해 반론을 예상하고 그에 앞서 주장되는 의견이나 학설. **조정-하다¹** 圄⟨타⟩⟨여⟩ 추론의 도움 없이 어떤 명제를 주장하다. **조정-되다¹** 圄⟨자⟩
조정²(朝廷) 圀 임금이 나라의 정치를 의논·집행하는 곳. =조가(朝家)·조당(朝堂).
조정³(漕艇) 圀[체] 정해진 거리에서 보트를 저어 스피드를 겨루는 경기. 혼자서 젓는 싱글 스컬부터 8명이 젓는 에이트까지 9종목이 있음. =경조(競漕)·경주(競舟)·보트레이스.
조정⁴(調停) 圀 분쟁을 화해시켜 그치게 하는 것. **조정-하다²** 圄⟨타⟩⟨여⟩ ¶노사간의 분쟁을 ~. **조정-되다²** 圄⟨자⟩
조정⁵(調整) 圀 어떤 기준이나 실정에 맞도록 조절하거나 고르게 하는 것. **조정-하다³** 圄⟨타⟩⟨여⟩ ¶버스의 노선을 ~ / 수급(需給)의 불균형을 ~. **조정-되다³** 圄⟨자⟩
조정-란(調整卵)[-난] 圀[동] 동물의 알에서, 그 발생 초기에는 각 부분의 운명이 결정되어 있지 않고 발생의 과정에서 각기의 조건하에 알맞게 이행하여 완전한 동물이 되는 알. 성게·영원(蠑蚖)의 알 따위.
조정-안(調停案) 圀 제삼자가 분쟁 당사자 사이에 개입하여 분쟁을 그치게 하기 위하여 제시하는 안.
조정-지(調整池) 圀 수력 발전소에서 부하

(負荷) 변동에 대응하여 출력을 조정할 수 있도록 하천의 물을 모아 두는 못.
조제¹(粗製) 명 물건을 조잡하게 만드는 것. =조조품(粗造). **조제-하다¹** 통태여
조제²(調劑) 명 여러 가지 약을 적절히 조합하여 약제를 만드는 것. **조제-하다²** 통태여 ¶약을 ~. **조제-되다** 통재
조제-사(調劑師) 명 '약사(藥師)³'의 잘못.
조제-실(調劑室) 명 약을 조제하는 방.
조제-약(調劑藥) 명 조제한 약품.
조젯(Georgette) 명 여름철 여자 옷에 많이 쓰는, 아주 얇은 본견(本絹). 상표명에서 온 말임.
조:조(早朝) 명 이른 아침. =조천(早天)·조단(早旦).
조조-이(條條-) 부 =조목조목이.
조:조-할인(早朝割引) 명 극장 등에서, 보통 오전에 입장 요금을 할인하는 일. **조:조할인-하다** 통재
조족지혈(鳥足之血) [-찌-] 명 하찮은 일이나 분량이 아주 적음을 뜻하는 말. '새 발의 피'와 같은 말.
조:종¹(弔鐘) 명 1 사망자가 생겼을 때 울리는 애도의 종. 2 사물의 종언(終焉)을 고하는 증표를 비유적으로 이르는 말.
조종²(祖宗) 명 1 시조가 되는 조상. 또는, 임금의 조상. 2 가장 근원이 되는 존재.
조종³(操縱) 명 1 (비행기나 헬리콥터 따위를) 일정한 방향과 속도로 움직이도록 다루는 것. 2 (로봇이나 모형의 자동차·비행기·배 등을) 원격 제어 장치로 움직이도록 다루는 것. 3 (어떤 사람이 다른 사람을) 자기의 뜻이나 계획에 따라 행동하도록 시키는 것. ¶배후~. **조종-하다** 통태여 ¶비행기를 ~ / 모형 자동차를 리모컨으로 ~. **조종-되다** 통재
조종-간(操縱杆) 명 비행기의 승강타 및 보조 날개를 조작하는 조종 장치. 또는, 그런 손잡이.
조종-사(操縱士) 명 항공기를 조종하는 기능과 자격을 갖춘 사람. 비파일럿.
조종-석(操縱席) 명 조종사가 조종하기 위해 앉는 자리.
조종-실(操縱室) 명 큰 비행기에서, 조종석을 다른 공간과 구별하기 위하여 칸을 질러 방처럼 꾸민 곳.
조:주-사(造酒士) 명 =바텐더.
조:준(照準) 명 (총이나 포를) 탄알이나 포탄이 목표물에 바로 맞도록 겨냥하는 것. 또는, (목표물을) 향해 총이나 포를 겨냥하는 것. ¶~ 사격. **조:준-하다** 통태여 ¶소총을 ~ / 조준선 정렬이 된 상태에서 표적을 ~. **조:준-되다** 통재
조:준-기(照準器) 명 총신·포신 등을 움직여 목표물에 명중하도록 겨냥하는 장치.
조:준-선(照準線) 명 사수의 눈으로부터 가늠구멍과 가늠쇠를 거쳐 목표의 조준점에 이르는 직선.
조:준-점(照準點) [-쩜] 명 [군] 사수가 총을 조준하는 목표물이나 점.
조증(躁症) [-쯩] 명 조급하게 구는 성질이 나 버릇.
조지다¹ 통태 1 짜임새가 느슨하지 않도록 단단히 맞추다. 2 허술하게 하지 못하도록 단속하다. 3 〈속〉망치다. ¶신세를 ~.
조지다² 통태 호되게 때리다. ¶사정없이 ~ / 뒷발로 ~.

조직(組織) 명 1 짜서 이루는 것. 또는, 그렇게 된 것. 2 특정한 목적을 달성하기 위하여 많은 개인 및 여러 집단에 전문·분화된 역할을 부여하고, 그 활동을 통합·조정하도록 구성한 집단. 또는, 그러한 집단을 구성하는 일. ¶사회 ~ / ~을 개편하다. 3 [생] 생물체를 구성하고 있는 단위의 하나로, 동일한 기능과 구조를 가진 세포의 집단. 4 [광] 구성 광물의 크기·모양·배열 방법 등에 의한 암석의 내부 구조. ▷석리(石理). 5 직물에서, 날실과 씨실을 조합시키는 일. 또는, 그 짜임새. ¶직물 ~. **조직-하다** 통태여 ¶정당을 ~ / 단체를 ~. **조직-되다** 통재 ¶전문가로 조직된 단체.
조직-계(組織系) [-께/-계] 명 [생] 서로 유기적 관계가 있는 몇 개의 조직의 모임.
조직-력(組織力) [-쩡녁] 명 조직하는 힘. 또는, 조직으로 뭉쳐진 힘.
조직-망(組織網) [-망] 명 그물처럼 널리 퍼져 있는 조직체의 갈래. ¶간첩 ~.
조직^배:양(組織培養) [-빼-] 명 [생] 생물의 조직·세포군을 무균 상태로 떼어 내서 배양·증식시키는 일.
조직-범죄(組織犯罪) [-뻠쬐/-뻠쮀] 명 여러 사람이 조직을 이루어 함께 저지르는 범죄. ¶~를 뿌리 뽑다.
조직-원(組織員) 명 조직을 이루고 있는 사람.
조직-적(組織的) [-쩍] 관 일이나 행동 따위에 체계가 짜여 있는 (것). ¶~인 활동.
조직-책(組織責) 명 조직체를 구성하는 업무 분야의 책임자.
조직-체(組織體) 명 조직적으로 이루어진 체제 또는 단체.
조직-학(組織學) [-짜각] 명 [생] 생물의 조직의 구성·분화·발생·기능 등을 연구하는 형태학의 한 분과.
조직-화(組織化) [-쩌콰] 명 (어떤 대상을) 조직의 상태가 되게 하는 것. 또는 (어떤 대상이) 조직의 상태가 되는 것. **조직화-하다** 통자타 **조직화-되다** 통자
조짐¹ 명의 쪼갠 장작을 사방 여섯 자 부피로 쌓은 것을 세는 말. 비평(坪). ¶한 ~ / 두 ~.
조짐²(兆朕) 명 어떤 일이 생길 기미가 보이는 현상. 비전조(前兆). ¶경기가 회복될 ~.
조짐-머리 명 여자의 머리털을 소라 껍데기 비슷하게 틀어 만든 머리.
조-짚 [-집] 명 조·피 같은 낟알을 떤 짚.
조-쪽 대지시 조리 향한 쪽을 가리켜 이르는 말. 비쪼쪽.
조차¹ 조 '도', '역시'의 뜻으로 극단의 경우까지 양보하여 포함시킴을 나타내는 보조사. 주로 화자가 예상하지 못한 일에 쓰임. ¶그는 편지는커녕 제 이름~ 못 쓴다. / 바로 앞을 분간하기~ 어려우리만큼 안개가 짙게 끼었다. ¶~까지.
조차²(租借) 명 1 (가옥·토지 등을) 빌리는 것. 2 [법] 특별한 합의에 의해 한 나라가 다른 나라의 영토의 일부를 빌려 일정 기간 통치하는 일. ¶~권. **조차-하다¹** 통태여 **조차-되다** 통재
조차³(潮差) 명 만조·간조 때의 수위의 차.
조:차⁴(操車) 명 열차의 발착·운행을 조정하고 열차의 차량 수를 편성하여 선로를 지정·조작하는 일. ¶~원(員). **조:차-하다²** 통

조:차-장(操車場) 명 철도에서 열차를 연결하기도 하고 떼어 내기도 하여 조절하는 곳.
조차-지(租借地) 명 한 나라가 다른 나라로부터 빌려 일정 기간 통치하는 지역.
조찬(朝餐) 명 손님을 초대하여 함께 먹는 아침 식사. ¶~간담회.
조찬-회(朝餐會) [-회/-훼] 명 손님을 초청하여 아침 식사를 겸하여 베푸는 연회.
조창(漕倉) 명 [역] 고려·조선 시대에 조운(漕運)할 곡식을 쌓아 두는 곳집. =조운창.
조처(措處) 명 (어떤 일을, 또는 어떤 일에 대해서) 일정한 방식으로 대응하여 처리하는 것. 비조치(措置). ¶적절한[강력한] ~를 취하다. **조처-하다** 타여 ¶그 일을 신속히 **조처해** 주세요.
조청(造淸) 명 묽게 곤 엿.
조촐-하다 형여 1아담하고 깨끗하다. ¶식사 전에 포도주 한 잔씩을 했다. 가짓수는 많지 않으나 **조촐한** 음식이 알맞추 차려져 있었다. 《황순원:일월》 2 (행실·행동이) 깔끔하고 얌전하다. 3 (외모가) 맑고 깨끗하다. 4 수수하고 단출하다. ¶**조촐한** 생일잔치. 준조하다. **조촐-히** 부
조촘-거리다·-대다 자타 1걸음을 짧게 떼면서 머뭇거리다. 2일을 잘 진행하지 못하고 주저주저하다. =주춤거리다.
조촘-조촘 부 조촘거리는 모양. 큰주춤주춤. **조촘조촘-하다** 자타
조:총¹(弔銃) 명 장례식 등에서 조상하기 위해 쏘는 예총.
조총²(鳥銃) 명 1 =새총1. 2 '화승총(火繩銃)'을 달리 이르는 말.
조:추(肇秋) 명 =초가을.
조출모귀(朝出暮歸) 명 [아침에 일찍 나갔다가 저녁에 거의 돌아온다는 뜻] 1집에 있는 시간이 거의 없음. 2사물이 정체됨이 없이 늘 바뀌어 감. **조출모귀-하다** 자여
조-출생률(粗出生率) [-쌩뉼] 명 1년 동안 인구 1000명당 출생자 수.
조충(條蟲·絛蟲) 명 [동] 편형동물 조충류 기생충의 총칭. 대개는 척추동물의 장에 기생함. 많은 체절이 이어져 끈 모양을 이룸. 구용어는 촌충(寸蟲)·백충(白蟲)·촌백충.
조충-서(鳥蟲書) 명 팔체서(八體書)의 하나. 새와 벌레의 모양을 본뜬 글씨체. =충서.
조치¹(-) 명 1 바특이 끓인 찌개나 찜. 2 조칫보에 담겨진 반찬. 3 '조칫보'의 준말.
조치²(措置) 명 상황이나 여건을 감안하여 어떻게 다룰 것인지를 정하는 것. 비조처(措處). ¶긴급 ~ / ~를 취하다. **조치-하다** 동 자타여
조치³(調治) 명 =조리(調理)¹. **조치-하다**² 동
조:칙(詔勅) 명 =조서(詔書)².
조:침(釣針) 명 =낚시1.
조:침-문(弔針文) 명 [문] 조선 순조 때, 유씨(兪氏) 부인이 지은 수필. 바늘을 의인화한 것으로, 제문(祭文) 형식임. =제침문(祭針文).
조칫-보 [-치뽀/-칟뽀] 명 조치를 담는 그릇. 준조치.
조카 명 1형제자매의 아들과 딸, 또는, 형제자매의 아들이나 딸. ¶남자[여자] ~. 2 '조카딸'과 상대되는 뜻으로, 형제자매의 아들만 이르는 말. = 유자(猶子)·종자(從子)·질아(姪兒)·질자(姪子).

조카-딸 명 형제자매의 딸. =여질·유녀(猶女)·질녀(姪女).
조카-며느리 명 조카의 아내. =질부(姪婦).
조카-사위 명 조카딸의 남편. =질서(姪壻).
조카-자식(-子息) 명 남에게 자기 조카를 낮추어 이르는 말.
조커(joker) 명 트럼프 게임에서, 가장 센 패가 되기도 하고 그 패 대신으로도 쓸 수 있는 패. 보통, 어릿광대의 그림이 그려져 있음.
조크(joke) 명 남을 웃게 하려고 하는 말이나 이야기. ¶~를 던지다. ▷유머·위트.
조:타(操舵) 명 배의 키를 조종하는 것. **조:타-하다** 동 타여
조:타-수(操舵手) 명 =키잡이.
조:타-실(操舵室) 명 배의 키를 조종하는 장치가 있는 방.
조탁(彫琢) 명 1보석 같은 것을 새기거나 쪼는 일. 2 (시문 따위를) 매끄럽고 아름답게 다듬는 것. ¶~ 연마된 시어(詩語). **조탁-하다** 동 타여
조:퇴(早退) [-퇴/-퉤] 명 학교나 직장에서 정한 시간보다 일찍 귀가하거나 퇴근하는 것. **조:퇴-하다** 동 자여
조판(組版) 명 [인] 원고에 따라 활자를 원고의 지시대로 맞추어 판을 짜는 일, 또는, 그 판. =제판. **조판-하다**¹ 동 자타여 **조판-되다** 동 자
조판(彫版·雕版) 명 나무 판자에 그림이나 글씨를 새기는 일. 또는, 그 판자. **조판-하다**² 동 타여 ¶고려 왕조에서는 세계 불교 사상 유례가 드문 우수한 대장경을 **조판했다**.
조:폐(造幣) [-폐/-페] 명 화폐를 만드는 것. **조:폐-하다** 동 자여
조:폐-권(造幣權) [-폐꿘/-페꿘] 명 [경] 화폐의 제조 및 발행을 장악하는 권리. 대개 정부가 독점함.
조:포(弔砲) 명 군대에서 조의를 나타내는 뜻으로 쏘는 예포(禮砲).
조폭(組暴) 명 '조직 폭력배'를 줄여 이르는 말.
조표(調標) 명 [음] 악곡의 조를 나타내는 표. 음자리표의 오른쪽에 붙이는 샤프(#)나 플랫(♭) 따위. =조호(調號).
조피 명 =산초(山椒)².
조핏-가루 [-피까-/-핃까-] 명 산초(山椒)의 가루. 조미료로 씀. =천초말(川椒末).
조-하다(燥-) 형여 축축하고 부드러운 맛이 없이 깔깔하게 마른 상태에 있다. ¶속이 **조하고** 번열증이 나다.
조합¹(組合) 명 1여럿을 모아 한 덩어리가 되게 하는 것. 2 [법] 민법상 2인 이상이 출자하여 공동 사업을 경영하기로 약정하는 계약에 의하여 만들어진 단체. 소비조합 따위. 3 [법] 특별법상 각종 공동 목적을 수행하기 위하여 일정한 자격이 있는 사람으로 조직되는 단체. 협동조합·공제 조합 따위. 4 [수] 많은 것 중에서 정해진 몇 개의 것을 한 쌍으로 하여 뽑아 모은 짝. =콤비네이션. **조합-하다**¹ 동 타여 **조합-되다**¹ 동 자
조:합²(照合) 명 서로 맞추어 살펴보는 것. **조:합-하다**² 동 타여 **조:합-되다**² 동 자
조합(調合) 명 1 =조미(調味)². 2약재나 물감 따위를 분량에 따라 서로 섞는 것. ¶~ 비율. **조합-하다**³ 동 타여 **조합-되다**³ 동 자
조합-비(組合費) [-삐] 명 조합의 운영에

필요한 비용. **2** 조합원이 내는 회비.
조합-원(組合員) 圐 조합을 조직한 각 당사자.
조합-장(組合長) [-짱] 圐 조합의 우두머리.
조항(條項) 圐 조목(條目)이나 항목. ¶단서(但書) ~ / 금지 ~.
조해(潮解) 圐囮 대기 중에 방치된 결정(結晶)이 대기의 수분을 흡수하여 용해하는 일. ¶~성(性). **조해-하다** 囮⒨ **조해-되다** 囮⒨
조행(操行) 圐 태도와 행실을 아울러 이르는 말. ⓗ품행(品行).
조현(朝見) 圐 신하가 조정에 나아가 임금을 뵙는 것. =조근(朝覲). **조현-하다** 囮⒨⒰
조ː혈(造血) 圐 체내에서 피를 만들어 내는 것. **조ː혈-하다** 囮⒨
조ː혈^모ː세포(造血母細胞) 圐생 적혈구·백혈구·혈소판 등의 혈액 세포를 만드는 모세포. 골수·말초 혈액·제대혈 등에서 얻을 수 있음.
조ː혈-제(造血劑) [-쩨] 圐약 혈액 중의, 특히 적혈구를 증가시키는 약제. 빈혈 치료에 쓰임.
조ː형(造形) 圐 예술적으로 어떤 형상을 이루도록 만드는 것. ¶~ 예술 / 기하학적 형태의 ~ 공간. **조ː형-하다** 囮⒨⒰ **조ː형-되다** 囮⒨
조ː형-물(造形物) 圐 예술적으로 어떤 형상을 이루도록 만들어 세운 입체물. 조각물·기념탑·건축물 따위. ¶석재 ~ / 올림픽 상징 ~.
조ː형-미(造形美) 圐 어떤 모습을 입체감 있게 예술적으로 형상하여 표현하는 아름다움.
조ː형-성(造形性) [-썽] 圐 조형 예술의 작품이 지니고 있는 특성.
조ː형^예ː술(造形藝術) [-네-] 圐 시각(視覺)의 대상으로서, 물질적인 재료를 써서 공간에 이루어지는 예술. 회화·조각·건축 따위. =조형 미술.
조ː혼(早婚) 圐 결혼 적령기 전에 혼인하는 것. 또는, 그 혼인. ↔만혼(晚婚). **조ː혼-하다** 囮⒨⒰
조-혼인율(粗婚姻率) [-뉼] 圐 1년 동안에 인구 1000명당 혼인한 건수.
조화¹(弔花) 圐 조상(弔喪)하는 뜻으로 바치는 꽃.
조ː화²(造化) 圐 **1** 만물을 창조하고 기르는 대자연의 이치. 또는, 천지·우주를 가리키는 말. ¶자연의 ~. **2** 어떻게 이루어진 것인지 알 수 없을 정도로 신통하게 된 사물. 또는, 그것을 나타나게 하는 재간. ¶귀신이 ~를 부리다 / 날씨가 ~를 부리다.
조ː화³(造花) 圐 종이나 헝겊 따위로 꽃과 같은 형태로 만든 물건. =가화(假花). ↔생화.
조화⁴(調和) 圐 (이것과 저것이) 서로 고르게 잘 어울리는 것. 또는, (이것과 저것을) 서로 잘 어울리게 하는 것. =해화. ¶음(音)의 ~ / 색깔의 ~ / ~가 깨어지다 / 내용과 형식이 ~를 이루다. **조화-하다** 囮⒨⒰ ¶전통문화와 외래문화를 어떻게 **조화해** 나갈 것인가. **조화-되다** 囮⒨ ¶옷과 액세서리가 잘 ~.
조화-급수(調和級數) [-쑤] 圐㈜ 조화수열의 각 항을 덧셈 기호를 써서 맺은 식.
조화-롭다(調和-) [-따] 囮<ㅂ><-로우니, -로워> 잘 어울려 모순되거나 어긋남이 없

다. **조화로이** 囲
조화-미(調和美) 圐 조화를 이룬 아름다움.
조화-수열(調和數列) [-수] 圐㈜ 각 항의 역수(逆數)가 등차수열을 이루는 수열. ▷등차수열.
조ː화-옹(造化翁) 圐 만물을 창조하는 노인이라는 뜻으로, '조물주'를 이르는 말.
조ː홧-속(造化-) [-화쏙/-확쏙] 圐 일이 이뤄진 속내. 주로, 알 수 없다는 뜻의 문맥에서 쓰임. ¶일이 어떻게 돌아가는 ~인지 모르겠다.
조ː황(釣況) 圐 낚시질하는 곳에서 물고기가 낚이는 형편. ¶~이 좋다[나쁘다].
조회¹(朝會) [-회/-훼] 圐 **1**[역] 모든 관리가 정전(正殿)에 모여 임금에게 문안을 드리고 정사(政事)를 아뢰는 일. **2** 학교나 관청 등에서 아침에 모든 구성원이 한자리에 모이는 일. 또는, 그 모임. ⓗ조례(朝禮). ¶~ 시간. **조회-하다** 囮⒨
조ː회²(照會) [-회/-훼] 圐 단체·기관 따위에서, 어떤 사람의 인적 사항 따위를 관계 기관에 알아보는 것. ⓛ신원 ~. **조ː회-하다**² 囮⒨⒰ ¶성적을 ~. **조ː회-되다** 囮⒨
조흔(爪痕) 圐 손톱이나 발톱으로 할퀸 자국.
조흔-색(條痕色) 圐광 광물을 애벌구이한 자기에 문질렀을 때 나타나는 광물 가루의 빛깔. 광물을 구별하는 데 이용됨.

족¹ 囲 **1** 한 줄로 잇달아 늘어선 모양. **2** 동작이 거침없이 단번에 진행되는 모양. **3** 종이·피륙 등을 단번에 찢거나 훑는 모양. **4** 여럿을 한눈에 훑어 보는 모양. **5** 거침없이 내리 읽거나 외거나 말하거나 하는 모양. ⓐ쭉. ⓟ좍.
족²(足) 圐 **1**[자템] 소·돼지 따위와 같이, 식용하는 짐승의 무릎 아랫부분을 일컫는 말. **2**⒨ 켤레². ¶버선 두 ~.
족³(族) 圐 주기율표에서 성질이 비슷한 무리의 세로 칸의 원소들.
-족⁴(族) 囶 **1** 같은 혈통이나 겨레의 뜻. ¶여진~. **2** 일정한 범위를 형성하는 같은 종류의 사람을 뜻하는 말. ¶나체~ / 장발~ / 히피~.
족구(足球) [-꾸] 圐체 **1** 배구와 비슷한 규칙 아래, 발로 공을 차서 두 팀이 승부를 다투는 구기(球技). **2** =발야구.
족내-혼(族內婚) [종-] 圐사 가족·씨족 등 일정한 혈연 집단 내에서 배우자를 선택하여 이루어지는 혼인. =내혼. ↔족외혼.
족대[-때] 圐 물고기를 잡는 기구의 하나. 작은 반두와 비슷하나 그물의 가운데가 처져 있음.
족대기다[-때-] 囮 **1** 못 견디게 남을 볶아치다. **2** 함부로 우겨 대다.
족-대부(族大父) [-때-] 圐 할아버지뻘이 되는 성(姓)의 먼 친척. =족손(族孫).
족두리[-뚜-] 圐 예복을 입을 때 부인들이 쓰는 관(冠). 검은 비단으로 만들며, 위는 대략 여섯 모가 지고, 아래는 둥긂. 비녀를 질러 고정시킴. ⓗ~를 쓰다.
족두리-하님[-뚜-] 圐민 혼행(婚行) 때 신부를 따라가는 여자 하인. 계집아이에게 향꽂이를 들리고, 당의를 입히고, 족두리를 씌움. =두리하님.
족-발(足-) [-빨] 圐 각을 뜬 돼지의 발.
족벌(族閥) [-뻘] 圐 큰 세력을 가진 가문(家門)의 일족. ¶~ 정치 / ~ 체제.
족보(族譜) [-뽀] 圐 한 족속의 계통과 혈통

족산(族山)[-싼] 명 일가의 뫼를 함께 쓴 산. ▷선산(先山).

족속(族屬)[-쏙] 명 **1** 같은 종족의 겨레붙이. =족당(族黨). **2** 어떤 부류의 사람을 얕잡아 이르는 말. ¶장발을 하고 다니는 ~.

족손(族孫)[-쏜] 명 손자뻘이 되는 같은 성의 먼 친척. ↔족대부(族大父).

족쇄(足鎖)[-쐬] 명[역] 죄인의 발목에 채우는 쇠사슬. ¶~를 차다 / ~를 채우다.

족숙(族叔)[-쑥] 명 아저씨뻘이 되는 같은 성의 먼 친척. =족질(族姪).

족-외혼(族外婚)[-외-/-웨-] 명[사] 가족·씨족 등 일정한 혈연 집단 밖에서 배우자를 선택하여 이루어지는 혼인. =외혼. ↔족내혼.

족자(族子)[-짜] 명 그림·글씨 따위를 표구하여, 벽·기둥에 걸거나 두루마리처럼 말아 두게 만든 물건.

족자-걸이(族子-)[-짜-] 명 족자를 벽에 걸거나 내리는 데 쓰는, 두 갈래 진 쇠붙이가 달린 막대기.

족장¹(足掌)[-짱] 명 =발바닥.
  족장(을) 치다 관 전통 혼례 풍습인 '신랑달기'를 하려고 신랑을 거꾸로 매달고 발바닥을 때리다.

족장²(族長)[-짱] 명 **1** 일족의 우두머리. **2** 종족이나 부족의 장(長). ¶~ 정치.

족적(足跡·足迹)[-쩍] 명 **1** =발자국. **2** 겪거나 지내 온 일의 자취. 비발자취.

족제(族弟)[-쩨] 명 아우뻘이 되는 같은 성(姓)의 먼 친척. ▷족형(族兄).

족제비[-쩨-] 명[동] 포유류 족제빗과의 한 종. 몸통이 가늘고 길며, 사지는 짧고 꼬리는 굵고 길. 털빛은 황갈색임. 털은 방한용 의복에 쓰이고, 꼬리털로는 붓을 만듦. =유서(鼬鼠).
  [족제비도 낯짝이 있다] 염치없는 사람을 나무라는 말.

족제비-눈[-쩨-] 명 작고 매서운 눈.

족족[-쪽] 조(의존) 동사의 어간에 붙은 어미 '-는' 또는 의존 명사 '데' 다음에 쓰여) '하나하나마다'의 뜻을 나타내는 말. ¶돈을 버는 ~ 써 버리다 / 가는 데 ~ 환영을 받다.

족-족²[-쪽] 부 **1** 여러 줄로 늘어지거나 떨어지는 모양. **2** 동작이 여러 번 거침없이 나아가는 모양. **3** 줄을 잇달아 곧게 긋는 모양. **4** 여러 갈래로 찢거나 째는 모양. 또는, 그 소리. ¶북어를 ~ 찢다. **5** 여럿을 자꾸 훑어보는 모양. **6** 입으로 잇달아 빠는 모양. 또는, 그 소리. ¶아기가 젖을 ~ 빨다. 큰쭉쭉.

족족³(足足)[-쪽] →**족족-하다**[-쪼카-] 형여 매우 넉넉하다. **족족-히** 부

족질(族姪)[-찔] 명 조카뻘이 되는 같은 성(姓)의 먼 친척. ↔족숙(族叔).

족집게[-찝-] 명 **1** 피부의 잔털이나 살에 박힌 가시 등을 뽑는 데 쓰는, 쇠로 만든 작은 기구. =집게 ~로 뽑다. **2** 어떤 사실을 정확하게 지적해 내거나 잘 알아맞히는 상태. 또는, 그런 능력을 가진 사람. 비유적인 말임. ¶~ 과외 / 그 점쟁이는 장안에서 제일가는 ~이다.

족척(族戚) 명 성(姓)이 같은 겨레붙이와 성이 다른 겨레붙이를 아울러 이르는 말.

족출(族出) 명 떼를 지어 연달아 생겨나는 것. **족출-하다** 동재 **족출-되다** 동재

족치다 동(타) 못 견디게 몹시 볶아치다. ¶자백을 하도록 죄인을 ~.

족친(族親) 명 유복친(有服親·복을 입어야 하는 가까운 친척)이 아닌, 같은 성의 일가붙이.

족탈불급(足脫不及) [맨발로 뛰어도 따라가지 못한다는 뜻] 능력·역량·재질 따위의 차이가 뚜렷하여 남을 따르지 못함을 이르는 말.

족탕¹(足湯) 명 소의 족(足)과 사태를 넣고 끓인 국.

족탕²(足湯) 명 뜨거운 물에 발을 담금으로써 발을 포함한 전신의 피로를 푸는 일. 때로, 뜨거운 물과 찬물에 발을 번갈아 담그기도 함.

족-편(足-) 명 소의 족·꼬리·가죽 또는 쇠머리·돼지머리 등을 고아, 고명을 뿌려 식혀서 묵처럼 응고시킨 식품.

족하(足下) [조카] 명 **1** 사람의 발 아래. **2** 비슷한 연배(年輩) 사이에서, 이름 밑에서 자신을 낮추는 말. ¶황성로 ~.

족-하다(足-) [조카-] 형여 (수량이나 정도가) 넉넉하다. ¶그만하면 신랑감으로 ~. / 하루 용돈은 5천 원이면 ~. **족-히** 부 ¶이 일을 끝내려면 사흘은 ~ 걸릴 것이다.

족형(族兄)[조켱] 명 형뻘이 되는, 같은 성(姓)의 먼 친척.

존경(尊敬) 명 받들어 공경하는 것. ¶~을 받다. **존경-하다** 동(타)여 ¶스승을 ~.

존경-심(尊敬-) 명 존경하는 마음.

존경-어(尊敬語) 명 =경어(敬語).

존공(尊公) 명 **1** 손윗사람의 아버지를 높여 부르는 말. =존대인(尊大人). **2** 지위가 높은 상대방을 높여 이르는 말. 옛말 투임. ¶아등(我等)이 오늘날 ~을 만나 선주(仙酒)를 먹으니 다행하거니와…. <전우치전>

존귀(尊貴) 명 →**존귀-하다** 형여 지위가 높고 귀하다. ¶존귀한 신분 / 존귀한 혈통. ↔비천하다.

존당(尊堂) 명 남의 어머니를 높여 부르는 말. 비자당.

존대¹(尊待) 명 **1** 높이 받들어 대접하는 것. ¶~를 받다. **2** 상대에게 높이는 말씨로 대하는 것. **존대-하다** 동(타)여 ¶어른을 ~.
  [존대하고 뺨 맞지 않는다] 남에게 공손하면 욕이 돌아오지 않는다.

존대²(尊大) →**존대-하다**² 형여 벼슬·학식·인격 따위가 매우 높고도 크다.

존대-어(尊待語) 명 =존댓말.

존댓-말(尊待-)[-댄-] 명 웃어른이나 상대를 존대하는 뜻으로 쓰는 말. 특히, 해요체나 합쇼체를 이름. =존대어. 비경어. ¶영재는 중학생이 된 뒤로 부모님께 ~을 쓴다.

존데(⑤Sonde) 명 **1**[의] =소식자(消息子). **2**[물] =라디오존데.

존득-거리다·-대다[-끄(때)-] 동(자) 음식물이 검질겨 탄력성 있게 씹히는 느낌이 계속 있다. **2** 잘 끊어지지 않는 느낌이 계속되다. 큰준득거리다. 센쫀득거리다.

존득-존득[-쫀-] 부 존득거리는 모양. 큰준득준득. 센쫀득쫀득. **존득존득-하다** 동(자)

존^디펜스(zone defence) 명[체] =지역 방어. ↔맨투맨 디펜스.

존립(存立)[졸-] 명 **1** 생존하여 자립하는 것. **2** (국가·제도·학설·단체 따위가) 그 위치를 지키며 존재하는 것. **존립-하다** 동(자)

[여] ¶독립 정부로서 ~.
존망(存亡) [명] 존속과 멸망. =존몰(存沒). ¶국가의 ~이 걸린 전투.
존망지추(存亡之秋) [명] 존속(存續)과 멸망(滅亡) 또는 삶과 죽음이 결정되는 절박한 때. ¶나라가 ~에 놓여 있다.
존명¹(存命) [명] 목숨을 붙여 살아 있는 것. 존명-하다 [동][자][여]
존명²(尊名) [명] =존함(尊銜).
존비(尊卑) [명] 신분이나 지위 따위의 높음과 낮음.
존비-귀천(尊卑貴賤) [명] 신분·지위의 높고 낮음과 귀함과 천함.
존상¹(尊尙) [명] 존경하고 숭상하는 것. =존숭(尊崇). 존상-하다 [동][타][여]
존상²(尊像) [명] 존귀한 상(像).
존속¹(存續) [명] (어떤 대상이나 현상이) 그대로 존재하는 상태를 유지하거나 계속하는 것. 존속-하다·존속-되다 [동][자][여] ¶현행 제도는 존속되어야 한다.
존속²(尊屬) [명] [법] 부모 및 그와 같은 항렬 이상의 혈족. =존속친. ¶직계~ / 방계 ~ 비속(卑屬).
존숭(尊崇) [명] =존상¹. 존숭-하다 [동][타][여]
존안(尊顔) [명] 상대방의 얼굴을 높여 이르는 말. =대안(臺顔).
존엄(尊嚴) [명] 범할 수 없이 높고 엄숙한 것. 존엄-하다 [형][여] ¶무릇 생명이란 그 무엇과도 바꿀 수 없을 만큼 존엄한 것이다.
존엄-성(尊嚴性) [-썽] [명] 존엄한 성질. ¶인간의 ~.
존영¹(尊榮) [명] 존귀함과 영화로움. 존영-하다 [여]
존영²(尊影) [명] 남의 화상(畫像)이나 사진을 높여 이르는 말. =존조(尊照).
존옹(尊翁) [명] '남자 노인'의 높임말.
존위(尊位) [명] 1 높고 귀한 자리. 또는, 그 자리에 앉은 사람. 2 천자(天子)의 지위.
존장(尊長) [명] 존대해야 할, 나이가 많은 웃어른.
존재(存在) [명] 1 (어떤 것이 어느 곳에) 실제로 있는 것. ¶신(神)의 ~를 부정하다. 2 세상에 실재하는 사람이나 사물. 특히, 어떤 의미를 띠거나 의식의 대상이 되는 사람이나 사물을 이르는 말. ¶초자연적 / 인간은 사회적 ~이다. / 고향은 사람의 마음에 아주 소중한 ~이다. / 그는 늘 김철수라는 ~를 눈엣가시로 여겼다. 3 [철] 객관적·의식적·초자연적으로 실재하는 일체의 것. =자인(Sein). ▷당위(當爲). 존재-하다 [동][자][여] (어떤 것이 어느 곳에) 실제로 있는 상태가 되다. ¶공기는 지구 상의 어디에나 존재한다.
존재-론(存在論) [명] [철] 존재 그 자체, 또는 그것이 지니고 있는 공통적이며 근본적인 규정성을 고찰하는 학문. =본체론·실체론.
존전(尊前) [명] 존귀한 사람의 앞.
존!절(撙節) ➡**존!절-하다** [형][여] 알맞게 절약하거나 조절하는 태도가 있다. ¶존절한 생활. 존!절-히 [부]
존존-하다 [형][여] 1 '쫀쫀하다'의 여린말. 2 내용이 실하거나 넉넉하다. ¶그 일 년만 모아도 제 시집 살 마련은 존존할 테고.《채만식:동화》 존존-히 [부]
존중(尊重) [명] 높이고 중하게 여기는 것. 존중-하다 [동][여] ¶인격을 ~ / 남의 의견을 ~. 존중-되다 [동][자] 존중-히 [부]

존체(尊體) [명] 상대방을 높여, 그의 몸을 이르는 말. [비]옥체(玉體). ¶~ 만안하시기를 비옵니다.
존치(存置) [명] (제도·시설 따위를) 없애지 않고 현재대로 그냥 두는 것. 존치-하다 [동][타][여] 존치-되다 [동][자]
존칭(尊稱) [명] 공경하는 뜻으로 높여 부르는 칭호. ↔비칭(卑稱). 존칭-하다 [동][타][여] 공경하는 뜻으로 높여 부르다. ¶그는 나를 선생님이라고 존칭하고 있다.
존칭-어(尊稱語) [명][언] =높임말.
존폐(存廢) [-페/-폐] [명] 보존과 폐지. =폐립. ¶호주 제도의 ~를 논하다.
존한(尊翰) [명] 상대방을 높여, 그의 편지를 이르는 말. =존서(尊書)·존찰(尊札)·존함(尊函). [비]귀함.
존함(尊銜) [명] 남의 이름을 높여 이르는 말. '성함'보다 더 높이는 어감을 가짐. =존명(尊名). ¶선생님의 ~이 어떻게 되십니까?
존형(尊兄) [명][인칭] 같은 또래 사이에서 상대방을 높여 부르는 말.
존호(尊號) [명] [역] 임금이나 왕비의 덕을 기리는 뜻으로 올리는 칭호. ¶~를 올리다.
졸¹(卒) [명] 1 장기짝의 하나. 한쪽은 '쭈(졸)', 다른쪽은 '兵(병)' 자를 새긴 것으로, 한 편에 다섯 개씩 있음. 앞이나 옆으로 한 칸씩만 갈 수 있으며, 뒤로 물러날 수는 없음. =졸때기. 2 [속] 하찮고 만만한 존재. ¶너희들이 나를 ~로 봤다 이거지?
졸²(卒) [명] 주로 어떤 사람의 약력을 나타내는 글에서, 그의 죽음을 이르는 말. [비]몰(歿). ¶1900년 ~.
졸³(Sol) [명][화] 콜로이드 입자가 액체 속에 분산되어 있고, 전체가 유동성을 나타내는 것. ▷겔(Gel).
졸가리 [명] 1 잎이 다 진 나뭇가지. 2 사물의 골자. ≡줄거리.
졸개(卒-) [명] 남의 부하로 따르면서 심부름을 하는 사람을 얕잡아 이르는 말.
졸경(卒更) [명] [역] =순라(巡邏)1. 졸경-하다 [동][자][여]
졸경(을) 치르다 [치다] [구] 1 통행금지 시간을 어겨 벌을 받다. 2 한동안 남에게 심한 괴로움을 당하다.
졸고(拙稿) [명] 자기의 원고(原稿)를 겸손하게 이르는 말.
졸곡(卒哭) [명] 사람이 죽은 지 석 달 안의, 첫 정일(丁日)이나 해일(亥日)로 택하여 지내는 제사. 삼우제(三虞祭)를 지낸 뒤에 지냄.
졸금 [부] 액체가 조금 쏟아지다가 그치는 모양. [센]쫄끔. 졸금-하다 [동][자][타][여]
졸금-거리다·-대다 [동][자][타] 잇달아 졸금하다. 또는, 그리하게 하다. [센]쫄끔거리다.
졸금-졸금 [부] 졸금거리는 모양. [센]쫄끔쫄끔. 졸금졸금-하다 [동][자][타][여]
졸깃-졸깃 [-긴쫄긴] [부] 씹을 때 차지고 질긴 기운이 있는 모양. ≡줄깃줄깃·질깃질깃. [센]쫄깃쫄깃. 졸깃졸깃-하다 [형][여] ¶졸깃졸깃한 인절미.
졸깃-하다 [-기타-] [형][여] 차지고도 질겨 씹히는 맛이 있다. ≡줄깃하다·질깃하다. [센]쫄깃하다.
졸년(卒年) [-련] [명] 어떤 사람이 죽은 해. [비]몰년(沒年). ↔생년(生年).
졸-년월일(卒年月日) [-련-] [명] 어떤 사람이 죽은 해와 달과 날. ↔생년월일.
졸!다¹ [졸!고 / 졸아] [동] 〈조니, 조오〉 (사

졸`다`² (졸고 / 졸아) 〖동〗〈자〉〈조오〉 1 (찌개나 국, 또는 한약 따위가) 그릇에 뜨거운 열을 받아 물의 분량이 적어지다. ¶찌개가 바짝 **졸았다**. 2〈속〉 (사람이) 위협적이거나 압도하는 대상 앞에서 겁을 먹거나 눈을 펴지 못하게 되다. ¶선생님 앞에서 ~. ✕쫄다.

졸도¹(卒倒) [-또] 〖명〗 충격·과로·일사병·뇌빈혈 등으로 갑자기 정신을 잃고 쓰러지는 일. **졸도-하다** 〖동〗〈자〉 ¶과로로 ~.

졸도²(卒徒) [-또] 〖명〗 1 부하 군졸. 2 부하로 있는 변변하지 못한 사람.

졸-들다 〖동〗〈자〉 〈-드니, -드오〉 발음이 잘되지 않고 주접하다.

졸딱-졸딱[-딱-] 〖부〗 1 규모가 작아 옹졸한 모양. 2 일을 한꺼번에 시원스레 하지 못하고 조금씩 나누어 하는 모양. 쎈쫄딱쫄딱. **졸딱-하다** 〖형〗〈여〉

졸-때기 〖명〗 1 규모가 작은 일. 2 지위가 변변하지 못한 사람. =졸규모(拙規模). 3 '졸(卒)¹'을 속되게 이르는 말.

졸라-매다 〖동〗〈타〉 느슨하지 않도록 단단히 동여매다. ¶허리띠를 **졸라매고** 일을 했지.

졸라이슴(zolaïsme) 〖문〗 인간을 생리적 유기체로 보고 과학적·실험적 방법으로 인간의 생활을 그리는 문학상의 수법. 프랑스의 소설가 졸라(E. Zola)의 문학적 태도·경향을 이름.

졸랑-거리다/-대다 〖동〗 1 (그릇에 담긴 액체가) 흔들리다. 2 경망스럽게 까불다. 쎈쫄랑거리다.

졸랑-졸랑 〖부〗 졸랑거리는 모양. 쎈쫄랑쫄랑. 큰출렁출렁. **졸랑졸랑-하다** 〖동〗〈자〉〈여〉

졸래-졸래 〖부〗 경망스럽게 까불며 행동하는 모양. ¶강아지처럼 ~ 따라다닌다. 큰줄레줄레. 쎈쫄래쫄래. **졸래졸래-하다** 〖동〗〈자〉

졸렬(拙劣) → **졸렬-하다** 〖형〗〈여〉 옹졸하고 비열하다. ¶**졸렬한** 방법으로 약자를 괴롭히다. **졸렬-히** 〖부〗

졸로 〖부〗 '조리로'의 준말. ¶요 녀석 ~ 못 가?

졸리다¹ 〖동〗〈자〉 잠을 자고 싶은 느낌이 생기다. ¶지난밤 잠을 설쳤더니 종일 **졸린다**. ✕졸립다.

졸리다² 〖동〗〈자〉〈타〉 '조르다¹'의 피동사. ¶신원 불명의 40대 남자가 끈으로 목이 **졸린** 채 숨져 있었다.

졸리다³ 〖동〗〈자〉 '조르다²'의 피동사. ¶빚쟁이에게 ~.

졸립다 〖형〗 '졸리다¹'의 잘못.

졸망-졸망 〖부〗 크기가 비슷한 자잘한 것들이 모여 있어 보기에 사랑스러운 모양. ¶아이들이 양지쪽에 ~ 모여 있다. 큰줄멍줄멍. **졸망졸망-하다** 〖형〗〈여〉

졸문(拙文) 〖명〗 1 잘 짓지 못한 글. 2 자기가 지은 글을 겸손히 일컫는 말. ¶~이오나 일독하여 주시기 바랍니다.

졸병(卒兵) 〖명〗 직위가 낮은 병사.

졸부¹(猝富) 〖명〗 뜻밖에 큰돈을 벌어 부자가 된 사람을 얕잡아 이르는 말. 비벼락부자. ¶땅 투기를 해 떼돈 번 ~.

졸부²(拙夫) 〖대〗〈인칭〉 보통 편지에 쓰여, 남편이 아내를 낮추어 이르는 말.

졸사(猝死) [-싸] 〖명〗 갑자기 죽는 것. 비급사. **졸사-하다** 〖동〗〈자〉〈여〉

졸사간-에(猝斯間-) [-싸-] 〖부〗 미처 어떻게 해 볼 겨를이 없을 만큼 짧은 동안에.

졸속(拙速) [-쏙] 〖명〗 일을 지나치게 서둘러 어설프고 서투른 것. ¶~에 흐른 전시행정.

졸아-들다 〖동〗〈자〉〈-드니, -드오〉 1 수분이 증발하여 액체의 분량이 적어지다. ¶국물이 바짝 ~. 2 부피가 작아지다. 큰줄어들다.

졸아-붙다[-붇따] 〖동〗〈자〉 액체가 증발하여 수분이 거의 없어지게 되다. ¶찌개가 너무 **졸아붙어** 짜다.

졸업(卒業) 〖명〗 1 (학생이 어느 단계의 학교를) 소정의 학업을 모두 마치고 나오는 것. ¶~ 시험. 2 (어떤 일을) 단계상 이미 끝낸 상태가 되는 것. 구어체의 말임. **졸업-하다** 〖동〗〈타〉〈여〉 ¶대학교를 수석으로 ~ / 연애 사업 ? 그런 거 **졸업한** 지 오래야.

졸업-기(卒業期) [-끼] 〖명〗 졸업하는 시기.

졸업^논문(卒業論文) [-엄-] 〖명〗 대학 졸업에 즈음하여 학생이 전공 분야의 특정 문제에 대해서 연구하고 정리하여 교수에게 제출해서 심사를 받는 논문.

졸업-반(卒業班) [-빤] 〖명〗 그해에 졸업을 하게 되는 학년. ¶학생 / 여고 ~.

졸업-생(卒業生) [-쌩] 〖명〗 졸업한 사람.

졸업-식(卒業式) [-씩] 〖명〗 졸업 때 치르는 의식. ¶중학교 ~ / ~을 거행하다.

졸업-장(卒業狀) [-짱] 〖명〗 졸업식을 할 때 학교에서 졸업생에게 수여하는 졸업을 인정하는 증서. =졸업증.

졸업-증(卒業證) [-쯩] 〖명〗 =졸업장.

졸연(猝然·卒然) 〖형〗〈여〉 (어떤 일의 상태가) 갑작스럽다. **졸연-히** 〖부〗

졸-음 〖명〗 잠이 와 자고 싶은 욕구를 느끼는 상태. 하품을 자꾸 한다든지 저절로 눈이 감기다든지 하는 현상을 보임. ¶~이 오다(달아나다) / ~이 쏟아지다 / ~을 좇다 / 눈에 ~이 가득하다.

졸음-기(-氣) [-끼] 〖명〗 졸음이 나타나는 기색. ¶두 눈에 ~가 가득하다.

졸음-운전(-運轉) 〖명〗 졸면서 하는 운전. ¶~을 하다가 교통사고를 내다.

졸-이다 〖동〗〈타〉 1 '졸다²'의 사동사. ¶찌개의 국물을 바특하게 ~. 2 (사람이 자기의 마음을) 조바심이나 초조함을 느끼는 상태에 있게 하다. 비죄다. ¶합격자 발표를 마음을 **졸이며** 기다리다. ▶조리다.

졸자(拙者) [-짜] I 〖명〗 몹시 졸렬한 사람. II 〖대〗〈인칭〉 자기를 겸손하게 이르는 말.

졸작(拙作) 〖명〗 1 솜씨가 서투르고 보잘 것없는 작품. 2 자기의 작품을 겸손히 이르는 말. ¶~을 과찬하여 주시니 감사합니다.

졸-장부(拙丈夫) [-짱-] 〖명〗 도량이 좁고 졸렬한 남자. ↔대장부.

졸저(拙著) [-쩌] 〖명〗 1 내용이 서투르고 보잘것없는 저서. 2 자기의 저서를 겸손히 이르는 말.

졸전(拙戰) [-쩐] 〖명〗 형편없는 실력이나 수준을 보인 시합이나 전투. ¶~ 끝에 3 대 0으로 완패하다.

졸졸 〖부〗 1 가는 물줄기가 끊이지 않고 부드럽게 흐르는 소리. ¶시냇물이 ~ 흐르다. 2 가는 줄 따위가 바닥에 끌리는 모양. 3 작은 동물이나 사람이 남의 뒤를 줄곧 따라다니는 모양. ¶유치원 어린이들이 선생님의 뒤를 ~ 따라다닌다. 큰줄줄. 쎈쫄쫄.

1650●**졸졸거리다**

졸졸-거리다/-대다 툉(자) 가는 물줄기가 잇달아 졸졸 소리를 내며 흐르다. 큰줄줄거리다. 쎈쫄쫄거리다.
졸지(猝地) [-찌] 명 갑작스러운 판국.
졸지-에(猝地-) [-찌-] 閈 예측하거나 대처할 여지도 없이 급작스럽게. 비갑자기. ¶교통사고를 당하여 ~ 처자식을 잃다.
졸직(拙直) [-찍] →**졸직-하다** [-찌카-] 톙여) 고지식하여 융통성이 없다.
졸-참나무 명(식) 참나뭇과의 낙엽 활엽 교목. 높이 약 20m, 지름 약 1m. 5월에 꽃이 피고 열매는 가을에 익음. 목재는 땔나무 및 기구재로 쓰고, 열매는 식용함. 산과 들에 남.
졸처(拙妻) Ⅰ 명 남에게 자기의 아내를 낮추어 이르는 말.
Ⅱ때(인칭) 주로 편지에 쓰여, 아내가 남편에게 자기를 이르는 말.
졸필(拙筆) 명 1 잘 쓰지 못한 글이나 글씨. 2 글이나 글씨를 잘 쓰지 못하는 사람. 3 자기가 쓴 글이나 글씨를 겸손히 이르는 말. =조필. ¶~이라 부끄럽습니다. / ~을 올립니다.
졸-하다¹(卒-) 툉(자여) '죽다'를 문어적으로 이르는 말. ¶70세를 일기로 ~.
졸-하다²(拙-) 톙여) 1 재능이 없다. 2 (솜씨가) 서투르다. 3 고리삭고 주변이 없다.
좀¹ 명 1[동] 좀목 좀과의 곤충. 몸길이 11~13mm. 몸빛은 흑갈색이며 날개는 퇴화하여 없음. 의류와 종이의 해충임. 비의어(衣魚). ¶~이 슬다. 2 사물을 눈에 띄지 않게 조금씩 해치는 사람이나 물건의 비유.
좀이 쑤시다 [편 마음이 들뜨거나 초조하여 가만히 있지 못하다. ¶아이들은 **좀이 쑤셔서** 잠시도 앉아 있지 못한다.
좀² [편 1 '조금'의 준말. ¶음식이 ~ 상했다. 2 (부탁하거나 동의를 구하는 뜻의 동사 앞에 쓰여) 말하는 이의 태도를 부드럽고 겸손하게 하는 뜻을 나타내는 말. ¶창문을 ~ 열어 주시겠습니까? 3 (의문문에 쓰여) 그 얼마나. 비오죽. ¶남자가 혼자서 객지 생활을 하고 있으니 ~ 힘들겠습니까?
좀-³ 접퉈 1 '좀스러움'의 뜻. ¶~도둑 / ~생원. 2 '소형(小形)'의 뜻. ¶~매미 / ~복숭.
좀-것 [-껃] 명 좀스러운 물건이나 사람.
좀-꾀 [-꾀/-꿰] 명 좀스러운 꾀. ¶그런 ~로 누굴 속이려 들어?
좀-나무 명(식) '떨기나무'의 잘못.
좀-놈 명 좀스러운 남자.
좀-도둑 [-또-] 명 자질구레한 물건을 훔치는 도둑. =서적(鼠賊)·소도·소적·초적(草賊).
좀도둑-질 [-또-찔] 명 자질구레한 물건을 훔치는 짓. **좀도둑질-하다** 톙(자타)
좀-되다 [-뙤-/-뛔-] 톙 사람의 됨됨이나 언행이 치사스럽고 잘다.
좀들이-쌀 명 예전에, 절약하기 위하여 밥을 지을 때 한 줌 정도 따로 덜어 내어 모아 두던 쌀. 큰일을 치르거나 불우한 이웃을 돕는 데 썼음.
좀-먹다 [-따] 툉(자타) 1 좀이 물건을 쏠다. ¶장롱에 넣어 둔 옷이 ~. 2 어떤 사물에 드러나지 않게 해를 입히다. ¶권력층의 부정 축재는 국가를 **좀먹는** 행위이다.
좀-생원(-生員) 명 도량이 좁고 성격이 좀스러운 남자.
좀-생이 명 좀스러운 사람이나 자질구레한 물건을 이르는 말.
좀-스럽다 [-쓰-따] 톙(ㅂ) <-스러우니, -스러워> 1 사물의 규모가 보잘것없이 작다. ¶좀스러운 일에 시간을 허비하지 마라. 2 성질이 옹졸하고 잘다. ¶사내대장부가 그처럼 **좀스러워** 어찌 큰일을 하겠느냐? **좀스레** 閈
좀-약(-藥) [-냑] 명 좀이 생기는 것을 막는 약. ¶장롱에 ~을 넣어 두다.
좀!-처럼 閈 여간하여서는. =좀체. ¶비가 ~ 멎을 것 같지 않다. ×좀체로·좀해·좀해선.
좀!-체 閈 =좀처럼.
좀체-로 閈 '좀처럼'의 잘못.
좀쳇-일 [-첸닐] 명 웬만한 일. ¶안 뺏기려고 혼자서 배겨 내기가 ~이 아닐 것이다.
<채myuk식:탁류>
좀-팽이 명 1 좀스러운 사람을 얕잡아 이르는 말. 2 자질구레하고 보잘것없는 물건.
좀-해 閈 '좀처럼'의 잘못.
좀-해선 閈 '좀처럼'의 잘못.
좁다 [-따] 톙 1 (어떤 사물이) 평면의 넓이에 있어서 보통의 정도나 비교 대상보다 작은 상태에 있다. ¶침대를 들여놓기에는 방이 너무 ~. 2 (길이를 가진 물체가) 폭에 있어서 보통의 정도나 비교 대상보다 작은 상태에 있다. ¶통이 **좁은** 바지. 3 (마음 쓰는 것이) 지나치게 작은 일에 얽매이는 상태에 있다. 비옹졸하다. ¶사내자식이 왜 그리 속이 **좁으냐**? 4 (대상의 범위나 내용이) 작고 제한된 상태에 있다. ¶시험의 출제 범위가 ~ / **좁은** 소견. ↔넓다.
좁-다랗다 [-따라타] 톙(ㅎ) <-다라니, -다라오, -다래> 꽤 또는 퍽 좁다. ¶**좁다란** 골목길. ↔널따랗다.
좁디-좁다 [-띠-따] 톙 더할 나위 없이 좁다.
좁-쌀 명 1 조의 열매를 찧은 쌀. =소미(小米)·속미(粟米). 2 작고 좀스러운 사람이나 물건의 비유.
좁쌀-눈 [-룬] 명 아주 작은 눈. 또는, 그런 눈을 가진 사람.
좁쌀-뱅이 명 몸이 썩 작거나, 소견이 좁고 언행이 좀스러운 사람.
좁쌀-영감(-令監) [-령-] 명 1 좀스러운 늙은이. 2 좀스러운 사람을 얕잡아 이르는 말.
좁-히다 [조피-] 툉(타) '좁다'의 사동사. ¶폭을 ~ / 범위를 **좁혀** 생각하다 / 사이를 **좁혀** 따라왔다.

종¹ 명 파나 마늘의 꽃줄기. ¶마늘 ~.
종!² 명 1 '노비(奴婢)'를 고유어로 이르는 말. =예복(隸僕). 비노예(奴隸). ¶~을 부리다 / ~이 되다. 2 남에게 얽매어 그 명령에 따라 움직이는 사람을 비유적으로 이르는 말.
종³(腫) 명 =종기(腫氣).
종⁴(種) 명 ① (자립) 1 식물의 씨. 비종자(種子). 2 같은 부류. 비종류(種類). 3 (생) 생물 분류상의 기본 단위. 속(屬)의 하위이며, 형태적 특징에서 아종(亞種)·변종·품종 등으로 나뉨. 4 [논] '종개념'의 준말. ② (의존) 종류의 수를 헤아리는 단위. ¶다섯 ~의 서적.
종⁵(縱) 명 =세로¹Ⅰ. ¶~으로 쓰다. ↔횡(橫).
종⁶(鐘) 명 1 쳐서 소리를 내어 시간이나 신호를 알리는 금속 기구. ¶~을 치다 / ~이 울리다. 2 (옛) 놋쇠로 만든 악악기의 하나.
종(을) 치다 <속> 상황이 끝나 어쩔 수

없게 되다. ¶이미 종 친 일이니 더 이상 왈 가왈부하지 말자.
종:-¹(從)[접두] 1 사촌이나 오촌의 겨레 관계를 나타내는 말. ¶~자매 / ~조부. 2 [역] 직품(職品)을 구별하는 단계의 하나. 정(正)보다 한 품계 낮음. ¶~일품(一品). ↔정(正)-.
-종⁸(種)[접미] 종류나 갈래를 나타내는 말. ¶개량~ / 재래~.
종가¹(宗家)[명] 한 문중에서 맏이로만 이어 온 큰집. =적통(正嫡)·종갓집.
종가²(終價)[경] 주식 시장에서, 당일 중 마지막으로 형성된 가격. ↔시가(始價)
종가-세(從價稅)[-까쎄][명][법] 물품의 가격에 따라 세율을 정하는 조세. ▷종량세.
종각(鐘閣)[명] 큰 종을 달아 두는 누각.
종간(終刊)[명] 마지막으로 간행하는 것. ↔창간(創刊) **종간-하다**[동](자)(타)(여) ¶그 잡지는 지난 10월호로 **종간하였다**.
종갓-집(宗家-)[-가찝/-갇찝][명] =종가(宗家)
종강(終講)[명] 한 학기의 강의가 끝나거나 강의를 끝마치는 것. 또는, 그 강의. ↔개강(開講). **종강-하다**[동](자)(타)(여)
종-개념(種概念)[논] 하나의 개념 속에 포괄되어 있는 여러 개의 개별 개념. 동물에 대한 포유동물 따위. (춘)종(種). ↔유개념.
종견(種犬)[명] 씨를 받을 개.
종결(終結)[명] 일을 끝내는 것. **종결-하다**[동](타)(여) ¶회의를 ~. **종결-되다**[동](자)
종결-부(終結部)[음]= 코다(coda).
종결 어:미(終結語尾)[언] 용언을 서술어로 하여 문장을 끝맺게 하는 어미. 동사에는 평서형·감탄형·의문형·명령형·청유형이 있고, 형용사에는 평서형·감탄형·의문형이 있음.
종결-짓다(終結-)[-짇따][동](타)(人~지으니, ~지어) 일을 끝내다. ¶토론을 ~.
종결-형(終結形)[언] 활용어에 있어서, 종결 어미로 끝나는 활용형.
종계(種鷄)[-계/-게][명] 씨를 받기 위해 기르는 닭. =씨닭.
종!-고모(從姑母)[명] 아버지의 사촌 자매. =당고모(堂姑母).
종!고모-부(從姑母夫)[명] 종고모의 남편. =당고모부.
종곡(種穀)[명] 씨앗으로 쓸 곡식.
종곡(種麴*)[명] ['麴'의 본음은 '국'] 누룩을 만드는 씨가 되는 것. 황곡(黃麴)·백곡(白麴)·흑곡(黑麴) 따위. =종국.
종관(縱貫)[명] 세로로 꿰뚫는 것. ¶~ 철도. ↔횡관. **종관-하다**[동](타)(여) **종관-되다**[동](자)
종교(宗敎)[명] 신이나 초자연적 존재, 부처 등을 인도자로 섬기고 일정한 의식에 따라 예배하며, 그 믿음을 통해 마음의 안식을 얻고 삶의 궁극적인 의미를 깨닫고자 하는 일. 또는, 그런 믿음의 체계나 가르침.
종교의 자유(宗敎-自由)[명] 기본권의 하나. 어떤 종교이건 제한이나 간섭을 받지 않고 믿을 수 있는 자유. =신앙의 자유.
종교 개혁(宗敎改革)[종][역] 16세기 유럽에서 일어난, 로마 가톨릭교회에 대한 개혁 운동. 이 결과 프로테스탄트 교회가 성립됨.
종교-계(宗敎界)[-계/-게][명] 종교인들이 이루고 있는 사회. =교계(敎界).
종교-인(宗敎人)[명] 종교를 가진 사람.
종교-적(宗敎的)[관][명] 종교에 딸리거나 종교와 관계가 있는 것.
종교^전:쟁(宗敎戰爭)[명] 서로 다른 종교·종파 간의 대립과 충돌이 원인이 되어 일어나는 전쟁. 십자군 전쟁·삼십 년 전쟁 따위.
종교-학(宗敎學)[명] 신학적·철학적 입장 등을 떠나, 경험 과학의 입장에서 종교 현상을 객관적으로 연구하는 학문.
종교-화(宗敎畵)[미] 종교적 사실·전설·인물 등을 제재로 한 그림. =성화(聖畵).
종구라기[명] 조그마한 바가지.
종국(終局)[명] 마지막에 다다른 판국. (비)끝판. ¶~에 가서는 사건의 흑막이 드러날 것이다.
종국-적(終局的)[-쩍][관][명] 마지막인 (것). 또는, 끝판인 (것).
종군(從軍)[명] 군대를 따라 싸움터로 나가는 것. ¶~ 목사 / 백의~. **종군-하다**[동](자)(여)
종군^기자(從軍記者)[명] 군대를 따라 싸움터에 나가 전투의 상황을 보도하는 신문·통신 잡지의 기자.
종군^위안부(從軍慰安婦)[명] 전시에 군인들의 성적(性的) 위안을 위해 종군하는 여자. ▷정신대(挺身隊).
종군^작가(從軍作家)[-까][명] 종군하여 체험하거나 목격한 전투 상황을 작품으로 창작하는 작가.
종금-사(綜金社)[경] '종합 금융 회사'의 준말.
종기(終期)[명] 1 어떠한 일이 끝나는 시기. (비)말기(末期). ↔시기(始期). 2 [법] 법률 행위의 효력이 소멸하는 기한.
종:기²(腫氣)[명] 피부에 생기는 큰 부스럼. =종(腫)·종물(腫物).
종내(終乃)[명] 1 끝까지. ¶그는 ~ 오지 않았다. 2 마지막에 드디어. (비)끝내. ¶그는 참고 있던 울음을 ~ 터뜨리고 말았다.
종:-내기(種-)[명] (주로, 같거나 다름을 나타내는 말과 함께 쓰여) 어떤 사물이나 대상의 '종류'나 '혈잡'이나 '품종' 등을 이르는 말. ¶이 물건은 그것과 ~가 다르다.
종:-년 '계집종'을 비속하게 이르는 말. ↔종놈.
종!-노릇[-를][명] 1 종의 구실. 또는, 종으로서 하는 일. 2 어쩔 수 없이 희생하면서 남을 섬기는, 종과 같은 구실. ¶우리나라는 35년 동안이나 일본에게 ~을 해야만 했었다. **종! 노릇-하다**[동](자)(여)
종:-놈 '사내종'을 비속하게 이르는 말. ↔종년.
종-다래끼[명] 짚이나 싸리로 엮어 만든, 다래끼보다 작은 바구니.
종다리[명] 들꿩과의 새. 참새보다 조금 큰데, 등은 연한 갈색 바탕에 짙은 갈색 무늬가 있고 배는 흼. 머리에 도가머리가 있음. 봄에 공중으로 높이 날아오르면서 고운 소리로 욺. 우리나라 전역에서 번식하는 텃새임. 울음소리는 '비비배배', '지지배배'. =종달새·고천자(告天子)·운작(雲雀).
종단¹(宗團)[명] 종교 단체의 단체나 단체.
종단²(終端)[명] 맨 끝. (비)마지막.
종단³(縱斷)[명] 1 세로로 끊거나 길이로 자르는 것. 2 남북의 방향으로 지나가는 것. ↔횡단(橫斷). **종단-하다**[동](타)(여) ¶국토를 **종단하는** 경부 고속도로. **종단-되다**[동](자)

종단-면(縱斷面) 명 물체를 세로로 자른 면. ↔횡단면.

종달-거리다/-대다 통(자) 못마땅한 태도로 자꾸 종알거리다. 큰중덜거리다. 센쫑달거리다.

종달-새 [-쎄] 명 [동] =종다리.

종달-종달 튀 종달거리는 모양. 큰중덜중덜. 센쫑달쫑달. **종달종달-하다** 통(자여)

종답(宗畓) 명 수확한 것으로 조상의 제사에 쓰려고, 종중(宗中)에서 소유하는 논. =종중논·종중답(宗中畓).

종당-에(從當-) 튀 뒤에 가서 마침내. ¶노름에 빠져서 정신을 못 차리더니 ~ 가산을 모두 날려 버렸다.

종-대[¹-때] 명 파나 마늘 등의 한가운데서 자라 올라오는 대.

종대²(縱隊) 명 세로로 줄지어 늘어선 대형(隊形). ¶4열 ~로 서다. ↔횡대(橫隊).

종돈(種豚) 명 =씨돼지.

종두¹(種痘) 명[의] 천연두를 예방하기 위해 백신을 인체의 피부에 접종하는 것. ¶~를 맞다. ▷우두.

종두²(鐘頭) 명[불] 1 선사에서, 아침·저녁 식사 때나 그 밖의 일정한 시각에 종 치는 일을 하는 소임. 2 절에서 허드렛일을 하는 소임.

종두지미(從頭至尾) 명 =자초지종.

종란(種卵) 명 새끼를 까기 위하여 쓰는 알. =씨알.

종람(縱覽) 명 (전시품·시설 등을) 마음대로 관람하는 것. =종관(縱觀). ¶~ 금지. **종람-하다** 통(타여)

종래(從來) [-내] 1명 지금까지 내려온 그대로의 것. ¶~의 절차를 따르다. Ⅱ튀 이전부터 여태까지. ¶~ 보기 드문 사건.

종량-세(從量稅) [-냥쎄] 명 [법] 과세 대상이 되는 물품에 물량 단위로 과세 기준을 정하고, 거기에 따라 매기는 조세. ▷종가세(從價稅).

종려-나무(棕櫚-) [-너-] 명[식] 야자나뭇과의 상록 교목. 높이 5~8m. 잎은 줄기 끝에 뭉쳐나는데, 부채 모양이고 중심부 가까이까지 갈라짐. 여름에 노란 꽃이 피며, 열매는 둥글고 까맣게 익음. 재목은 장식용 재목, 고급 악기의 재료로 쓰이고, 꽃은 중국 요리에 씀. 정원수로 가꿈. =종려.

종렬(縱列) [-녈] 명 세로로 줄을 짓는 것. 또는, 그 줄. ↔횡렬(橫列). **종렬-하다** 통(자여)

종례(終禮) [-녜] 명 학교에서, 일과가 끝난 뒤에 담임선생과 학생이 모여서 인사를 하는 일. ↔조례. **종례-하다** 통(자여)

종로-제기(鍾路-) [-노-] 명 예전에 종로 상인들이 하던 놀이로, 두 사람이 마주 서서 서로 받아 차는 제기. ▷사방제기.

종료(終了) [-뇨] 명 (일을) 끝마치는 것. 또는, (일이) 끝나는 것. ¶~식(式) / 작업 ~ / 시합 ~ 개시(開始). **종료-하다** 통(자타여) **종료-되다** 통(자여)

종루(鐘樓) [-누] 명 종을 달아 맨 누각.

종류(種類) [-뉴] 1명[자법] 사물의 부문으로 나누는 갈래. 비종(種). ¶~가 같다(다르다) / ~가 다양하다. 2[의존] 세는 단위로 쓰이는 말. ¶두 ~.

종류-별(種類別) [-뉴-] 명 종류에 따라 각각 다른 구별. ¶~로 나누다 / ~로 배열하다.

종마(種馬) 명 씨를 받기 위한 말. =씨말. ¶~소(所).

종-마루(宗-) 명[건] =용마루.

종막(終幕) 명 1[연] 연극·오페라 등의 마지막 막. 2 일의 끝판. ¶~을 알리다.

종말(終末) 명 계속되어 온 일의 맨 끝. ¶사랑의 ~ / 인류의 ~.

종말-론(終末論) 명[종] 세계와 인류가 최후에는 파멸을 맞이하는 운명에 있다고 하는, 종교상의 사상.

종말^처:리장(終末處理場) 명 하수(下水)를 하천·바다 등 공유 수면(公有水面)에 흘려 보내기 위하여 최종적으로 처리하는 시설 및 그것을 보완하는 시설.

종:매(從妹) 명 사촌 누이.

종:목(種目) 명 종류에 따라 나눈 항목. ¶경기 ~ / 사이클 ~에서 금메달을 따다.

종묘¹(宗廟) 명 역대 왕과 왕비의 위패를 모셔 두는 왕실의 사당. =대묘(大廟)·태묘(太廟).

종묘²(種苗) 명 씨나 싹을 심어서 묘목을 가꾸는 것. 또는, 그렇게 가꾼 묘목. =씨모. **종묘-하다** 통(자여)

종묘-사직(宗廟社稷) 명 왕실과 나라를 함께 이르는 말.

종묘-상(種苗商) 명 농작물의 씨앗이나 묘목을 판매하는 상인 또는 상점.

종묘^제:례악(宗廟祭禮樂) 명[음] 종묘의 제향(祭享) 때에 연주되는 음악.

종무¹(宗務) 명 종교상의 사무.

종무²(終務) 명 1 맡아보던 일을 끝내는 것. 2 관공서나 회사 등에서 연말에 근무를 끝내는 일. ↔시무(始務). **종무-하다** 통(자여)

종무-소(宗務所) 명[불] 절의 사무를 맡아보는 곳.

종무소식(終無消息) 명 끝내 아무 소식이 없음. ¶고향을 떠난 뒤로 ~.

종무-식(終務式) 명 관공서나 회사 등에서 연말에 근무를 끝낼 때 행하는 의식. ↔시무식.

종문(宗門) 명 1 종가의 문중(門中). 2[불] =종파(宗派)².

종반(終盤) 명 1 바둑·장기·경기 등의 끝판. ¶경기 ~에 접수를 올리다. 2 행사·일 등의 끝판에 가까운 단계. ¶사전 편찬 작업이 ~에 접어들다. ↔초반.

종반-전(終盤戰) 명 장기·바둑·운동 경기 등에서, 승부가 끝나게 되는 판. 또는, 종반의 싸움이나 싸움의 끝 무렵. ▷초반전·중반전.

종발¹(終發) 명 맨 마지막으로 출발하거나 발차하는 것. ↔시발(始發). **종발-하다** 통(자여)

종발²(鍾鉢) 명 중발보다 작고 종지보다 조금 나부죽한 그릇. ¶반찬 ~.

종방(終放) 명 (어떤 방송 프로를) 더 이상 계속하지 않고 끝내는 것. 또는, 그날 하루의 방송을 모두 마치는 것. ¶~ 기념회 / ~ 시각은 새벽 1시다. **종방-하다** 통(타여) **종방-되다** 통(자) ¶인기 드라마가 ~.

종-배¹(終-) [-빼] 명 한 해에 몇 번 새끼 치는 짐승이 마지막으로 새끼를 치는 일. ↔첫배.

종배²(終杯) 명 술잔을 차례로 돌리며 술을 마실 때, 맨 나중의 술잔을 드는 것. 또는, 그 술잔. =납배(納杯)·필배(畢杯). **종배-하다** 통(자여)

종-벌레(鐘-) 몡동] 원생동물의 하나. 몸은 종을 거꾸로 한 모양이며, 아랫부분에 신축성이 강한 긴 자루가 있어 이것으로 다른 물체에 붙음. 이분법이나 포자 형성에 의하여 증식함. 옹입이·연못 따위에 삶.

종범(從犯) 몡[법]=방조범.

종법(宗法) [-뻡] 몡 1 한 종씨끼리 정한 규약. =종약(宗約). 2[종] 한 종파의 법규. =종규.

종-별(種別) 몡 종류에 따라 구별하는 것. 또는, 그런 구별. 비유별(類別). **종!별-하다** 통(타여) **종!별-되다** 통(자여)

종복(從僕) 몡 1 =사내종. ↔종비(從婢). 2 줏대 없이 남이 시키는 대로 하는 사람.

종부(宗婦) 몡 종가(宗家)의 맏며느리.

종부-돋움(宗婦-) 몡 1 물건을 차곡차곡 쌓아 올리는 일. 2 =발돋움1. **종부돋움-하다** 통(자) (타여)

종비(從婢) 몡 여자 종. ↔종복(從僕).

종비-나무(樅榧-) 몡[식] 소나뭇과의 상록 침엽 교목. 높이가 약 25m, 지름 약 75cm. 나무껍질은 회갈색이고 비늘 조각 모양으로 벗겨짐. 봄에 꽃이 피고, 열매는 솔방울 모양으로 10월에 익음. 깊은 산이나 고원 지대에 자람. 목재는 건축재·펄프재로 쓰임.

종사¹(宗社) 몡 ['종묘와 사직'이라는 뜻] 나라를 이르는 말.

종사²(宗師) 몡 1 모든 사람이 존경하는 스승. 2[불] 법맥을 받고 건당(建幢)한 고승(高僧). 비종장(宗匠). 3 대종교에서, 성도(成道)한 사람의 경칭.

종사³(從事) 몡 1 (어떤 일에) 마음과 힘을 다하는 것. 2 (어떤 일을) 일삼아서 하는 것. 3 (어떤 사람을) 따라 섬기는 것. ¶일부(一夫)~. **종사-하다** 통(자여) ¶이 지역 주민들은 대부분 상업에 **종사하고** 있다.

종산(宗山) 몡 '종중산(宗中山)'의 준말.

종!-살이 몡 지난날, 남의 종노릇을 하던 일. **종!살이-하다** 통(자여)

종삼(種蔘) 몡 종자로 쓰는 삼.

종상^화!산(鐘狀火山) 몡[지] 점성이 높은 용암이 화구 위로 솟아올라서 산의 꼭대기가 종 모양으로 된 화산. ▷톨로이데.

종생(終生) 몡 목숨이 다할 때까지의 동안.

종생^면!역(終生免疫) 몡[의] 한 번 얻은 질병의 병원체에 대하여 평생 면역이 되는 일. =영구 면역.

종서(縱書) 몡 =세로쓰기. ↔횡서(橫書). **종서-하다** 통(타여)

종선¹(從船) 몡 큰 배에 딸린 작은 배.

종선²(縱線) 몡 =세로줄1. ↔횡선(橫線).

종성¹(終聲) 몡[언] =끝소리1.

종성²(鐘聲) 몡 =종소리.

종-소리(鐘-) [-쏘-] 몡 종을 칠 때 울리는 소리. =종성(鐘聲). ¶제야의 ~가 울려 퍼지다.

종속(從屬) 몡 1 (강력한 것, 주가 되는 것에) 딸려 따르는 것. 또는, 어떤 내용에 대하여 그것에 딸려 있는 것. ¶~국가. 2[언] 문장의 구성 성분으로서 다른 부분에 대하여 주술(主述)·수식·조건적 접속 등의 관계를 가지는 것. **종속-하다** 통 (자여) **종속-되다** 통(자여) ¶개인의 이익은 국가의 이익에 **종속된다**.

종속^관계(從屬關係) [-관계/-관계] 몡[논] 상위 개념에 대한 하위 개념의 관계. 또는, 유개념(類槪念)에 대한 종개념(種槪念)의 관계.

종속-국(從屬國) [-국] 몡 1 법적으로는 독립국이지만, 정치·경제·군사 면에서 실제로는 다른 나라에 의하여 지배되고 있는 나라. 2 종주국의 국내법에 근거하여 외교 관계의 일부만을 스스로 처리하고, 다른 부분은 종주국에 의하여 처리되는 나라. =속국(屬國). 속방. ↔종주국(宗主國).

종속-문(從屬文) [-쏭-] 몡[언] 한 문장에서 종속 관계에 있는 문장. =딸림월. ↔주문(主文).

종속^변!수(從屬變數) [-뻔-] 몡[수] 두 변수 중 한 변수의 값이 결정되는 데 따라 그 값이 결정되는 다른 변수. ↔독립 변수.

종속^사!건(從屬事件) [-싸껀] 몡[수] 어떤 사건이 일어나는가 일어나지 않는가에 따라 다른 사건이 일어나는 확률이 변할 때, 어떤 사건에 대한 다른 사건을 일컫는 말. ↔독립 사건.

종속-적(從屬的) [-쩍] 관몡 종속 관계에 있는 (것). ¶~ 지위.

종속적^연결^어!미(從屬的連結語尾) [-쩍-] 몡[언] 앞의 문장을 뒤의 문장에 종속적으로 이어 주는 어말 어미. '-면', '-니', '-는데' 따위.

종속-절(從屬節) [-쩔] 몡[언] 한 문장에서 종속의 성분을 이루는 절. 곧, 두 개의 절이 하나의 문장을 이룰 때 주절(主節)을 한정하는 절. "비가 오지 않아서 모를 내지 못했다."에서 '비가 오지 않아서' 따위. =딸림마디. ↔주절.

종속^회!사(從屬會社) [-소회-/-소훼-] 몡 자본 참가 또는 계약, 정관 등에 따라 다른 회사의 지배를 받는 회사. ▷자회사.

종손¹(宗孫) 몡 종가(宗家)의 대를 이을 맏아들이나 맏손자. ↔지손(支孫).

종!-손²(從孫) 몡 형이나 아우의 손자.

종!-손녀(從孫女) 몡 형이나 아우의 손녀.

종!-손부(從孫婦) 몡 종손의 아내.

종!-손서(從孫壻) 몡 종손녀의 남편.

종!-수(從嫂) 몡 사촌인 형이나 아우의 아내.

종!수-씨(從嫂氏) 몡 사촌인 형이나 아우의 아내를 친근히 이르는 말.

종!-숙(從叔) 몡 오촌 아저씨. =당숙(堂叔).

종!-숙모(從叔母) [-숭-] 몡 종숙의 아내. =당숙모.

종시¹(終始) 몡 마지막과 처음. 비시종(始終). ¶~여일(如一). **종시-하다** 통(자여) 처음부터 끝까지 하다.

종시²(終是) 몜 =끝내. ¶참아! 이보다 더한 것도 참아 왔는데, 이만한 일이야 참지 못하랴? 하면서도 좀 더 시원하게 들이대치를 못하고 온 것이 ~ 분했다.《심훈:상록수》

종-시가(從時價) [-까] 몡 (물건을 사고팔 때) 시세를 따르는 것. =종시세. **종시가-하다** 통(자여)

종-시세(從時勢) 몡 =종시가(從時價). **종시세-하다** 통(자여)

종-시속(從時俗) 몡 세상의 풍속대로 따르는 것. 전종속. **종시속-하다** 통(자여)

종시-일관(終始一貫) 몡 =시종일관(始終一貫). **종시일관-하다** 통(자여)

종식(終熄) 몡 (한때 매우 성하던 것이) 끝나 멎는 것. **종식-하다** 통(자여) **종식-되다** 통(자여) ¶분쟁이 ~.

종신¹(宗臣) 몡 1 나라에 큰 공을 세운 신하. 2 왕족으로서 벼슬자리에 있는 사람.

종신²(終身) 명 1 목숨을 다하기까지의 동안. ¶연금 / ~회원. 2 일생을 마치는 것. ¶와석(臥席)~. 3 =임종2. **종신-하다** 통[자]예

종신-관(終身官) 명[법] 유죄 선고 또는 징계 처분을 받거나 스스로 사직하지 않는 한, 죽을 때까지 해임되지 않는 관리.

종신-토록(終身-) 튀 =평생토록.

종신-형(終身刑) 명[법] 무기 징역의 형벌.

종실(宗室) 명 =종친(宗親)2.

종심(終審) 명[법] 심급 제도에서 최종 심급.

종씨¹(宗氏) 명 같은 성으로서 촌수를 따질 정도가 못 되는 사람들 사이에서 서로 부르는 말.

종!씨²(從氏) 명 1 남에 대하여 자기의 '사촌 형'을 높여서 일컫는 말. 2 남을 높여서 그의 '사촌 형제'를 이르는 말.

종!아리 명[생] 다리 뒤쪽의, 오금에서 발목까지의 부분. =하퇴(下腿). ¶~가 굵다(가늘다) / 치마 밑으로 흰 ~가 드러나다. ×아랫동강이.

종아리(를) 맞다 관 벌로 종아리에 매를 맞다. ¶회초리로 ~.

종아리(를) 치다 관 벌로 종아리를 때리다. ¶거짓말하는 아이의 ~.

종!아리-뼈 명[생] 무릎 아래 마디의 앞쪽에 있는 뼈. =비골(腓骨).

종!아리-채 명 종아리를 때리는 회초리. ¶~를 들다.

종알-거리다/-대다 통[자](타) 남이 잘 알아듣지 못할 정도로 혼잣말을 자꾸 하다. ¶아이가 흙장난을 하면서 뭐라고 혼자 **종알거린다**. 큰중얼거리다. 쎈쫑알거리다.

종알-종알 튀 종알거리는 모양. 큰중얼중얼. 쎈쫑알쫑알. **종알종알-하다** 통[자](타)

종야(終夜) Ⅰ 명 하룻밤 동안. =종소(終宵). Ⅱ 튀 밤새도록.

종!양(腫瘍) 명[의] 몸의 세포가 주위 조직과는 관계없이 증식한 병적 조직. 양성과 악성이 있음. =육종(肉腫). ▷암(癌)

종어(種魚) 명 씨를 받을 물고기. =씨고기.

종언(終焉) 명 어떤 일이나 상황이 있다 더 이상 세상에 존재하지 않게 되는 것. 비마지막. ¶바야흐로 냉전과 대결의 시대는 ~을 고하고, 화해와 협력의 시대가 도래하고 있다. / 나이 탓인지 낙엽의 계절 때문인지 삶의 ~을 생각할 때가 잦다.《유태림:가을에 만난 두 여인》**종언-하다** 통[자]예

종업(終業) 명 1 업무를 끝마치는 것. 2 학교에서 한 학기 또는 한 학년 동안의 학업을 마치는 것. ↔시업(始業). **종업-하다** 통[자](타)예

종업-식(終業式) [-씩] 명 학교에서 한 학기 또는 한 학년 동안의 학업을 마칠 때에 행하는 식.

종업-원(從業員) 명 1 주로 가게에 고용되어 비교적 단순한 일을 하는 사람. 비점원. ¶음식점 ~. 2 [법] 사업체에 고용되어 일하는 사람.

종-없다 [-업따] 형 '종작없다'의 준말. **종없-이** 튀

종연(終演) 명 연극 등의 상연(上演)이 끝나는 것. 또는, 상연을 끝내는 것. **종연-하다** 통[자](타)예 **종연-되다** 통[자]

종영(終映) 명 1 어떤 영화나 텔레비전 프로그램을 일정 기간 동안 상영하거나 방영하고 끝내는 것. ¶관객의 외면으로 ~이 앞당겨지다. 2 그 회의 영화 상영을 마치는 것. 또는, 그날 하루의 텔레비전 방송을 모두 마치는 것. ¶심야 영화의 ~ 시각. **종영-하다** 통[자](타)예 **종영-되다** 통[자]

종요-롭다 [-따] 형[ㅂ]⟨~로우니, ~로워⟩ 없어서는 안 될 만큼 몹시 긴요하다. ¶사랑은 우리의 삶에 있어서 아주 **종요로운** 덕목이다. **종요로이** 튀

종용¹(慫慂) 명 잘 설명하고 달래어 권하는 것. ¶친구의 ~으로 서클에 가입하다. **종용-하다**¹ 통[타]예

종용²(從容) →**종용-하다**² 형예 1 (태도가) 차분하고 조용하다. 2 '조용하다'의 잘못. **종용-히** 튀 ¶예수 그리스도 안에서 권하기를 ~ 일하여 자기 양식을 먹으라.《신약 데살로니가서》

종우(種牛) 명 씨를 받기 위한 소. =씨소.

종유-굴(鍾乳窟) 명[지] 카르스트 지형의 하나. 석회암 지대가 지하수의 용해 작용을 받아서 생긴 동굴. =석회동(石灰洞)·석회동굴·종유동.

종유-동(鍾乳洞) 명[지] =종유굴.

종유-석(鍾乳石) 명[광] 종유굴의 천장에 고드름같이 달려 있는 석회석. =돌고드름.

종이 명 주로 식물성 섬유를 원료로 하여 글을 쓰거나 서화를 인쇄할 수 있게 만든 얇은 물건. 세는 단위는 장·매·권·축(軸)·동·연(連). ¶~색 / 기름 ~ / 얇은[두꺼운] ~ / ~를 접다 / ~에 글씨를 쓰다 / ~ 한 장 / ~ 두 연.

종이 한 장(張) **차이** 관 1 사물의 간격·틈이 아주 작은 모양. 2 수량·정도의 차가 지극히 적은 모양. ¶그래 봐야 두 사람의 실력은 ~ 다.

종이-괭대 명[역] 죄인의 얼굴을 가리는, 종이로 만든 탈.

종이-꽃 [-꼳] 명 =지화(紙花).

종이-돈 명 =지폐(紙幣).

종이-배 명 종이를 접어서 만드는 장난감 배.

종이-봉투(-封套) 명 종이를 접거나 붙여서 만든 봉투.

종이-비행기(-飛行機) 명 종이를 접어서 만드는 장난감 비행기.

종이-우산(-雨傘) 명 =지우산.

종이-쪽 명 종이의 작은 조각. =종잇조각.

종이-쪽지(-) 명 종이에 몇 글자 써넣은 글쪽지.

종이-찰흙 [-흑] 명 =지점토.

종이-컵(-cup) 명 음료수 따위서 마시는 데 쓰는, 종이로 만든 일회용 컵.

종이-학(-鶴) 명 종이를 접어서 만든 학. ¶~을 접다.

종이-호랑이(-虎狼-) 명 겉보기에는 힘이 센 것 같으나, 실속은 약한 것을 비유하여 이르는 말.

종일(終日) 명 아침부터 저녁까지의 사이. 비온종일. ¶~을 굶다 / 하루 ~ 비가 내린다.

종일-토록(終日-) 튀 아침부터 저녁까지 내내. =진일토록. ¶지난 일요일은 ~ 일만 하였다.

종잇-장(-張) 명 [-이짱/-잍짱] 종이의 낱장.

종잇장 같다 관 =백지장 같다. →백지장.

종잇-조각 [-이쪼-/-잍쪼-] 명 =종이쪽.

종!자¹(從子) 명 =조카.

종자²(從者) 명 남에게 딸리어 따라다니는 사람. ¶돈키호테의 충실한 ~ 산초.

종자[3](種子) [명] **1** [식] 종자식물의 밑씨가 수정(受精) 후에 성숙한 것. 겉은 씨껍질로 싸여 있고 속에 배(胚)와 그 양분이 되는 배젖이 있음. [비]씨. **2** 동물의 혈통이나 품종. 또는, 그로부터 번식된 새끼. ¶~가 좋은 개. **3** 사람의 혈통을 비하하여 이르는 말. ¶망할 놈의 ~ 같으니!

종¦-자매(從姊妹) [명] 사촌간의 자매.

종자-식물(種子植物) [-싱-] [명][식] 생식 기관인 꽃이 있고 열매를 맺으며, 씨로 번식하는 고등 식물. 겉씨식물과 속씨식물로 나뉨. =꽃식물·현화식물. ↔포자식물.

종-자음(終子音) [명][언] 받침이 되는 자음.

종작 [명] 대중으로 헤아려 잡은 짐작. [준]종.

종작-없다[-업따] [형] 말이나 태도가 똑똑하지 못하여 종잡을 수가 없다. ¶**종작없는** 소리. [준]종없다. **종작없-이** [부]

종잘-거리다/-대다 [동][자][타] 수다스럽게 종알거리다. [큰]중절거리다. [센]쫑잘거리다.

종잘-종잘 [부] 종잘거리는 모양. [큰]중절중절. [센]쫑잘쫑잘. **종잘종잘-하다** [동][자][타][여]

종-잡다[-따] [동][타] 대중으로 헤아려 잡다. ¶어떻게 된 일인지 **종잡을** 수 없다.

종장[1](宗匠) [명] 경학(經學)에 밝고 글을 잘 짓는 사람. ¶"옛날 시인의 누구를 ~이라 하느뇨." 진사는 이렇게 대군의 물으심에 대하여 이태백·노왕·맹호연·이의산·두자미를 의론하고….《운영전》

종장[2](終章) [명] **1** 3장으로 나뉜 악곡이나 시조 등에서, 셋째가 되는 마지막 장. **2** [문] 초중종(初中終)을 할 때 어떤 정한 글자가 맨 끝에 있는 시구(詩句).

종적[1](蹤跡·蹤迹) [명] 사라지거나 떠난 뒤에 남아 있는 자취. ¶그는 부도가 나자 ~을 감추었다.

종-적[2](縱的) [-쩍] [관][명] 어떤 일에 있어서 아래위, 곧 세로로 관계되는 (것). ¶~ 구조 / ~인 지배 관계. ↔횡적(橫的).

종전[1](宗田) [명] 종중(宗中) 소유의 밭. =종중밭·종중전(宗中田)·종중전답.

종전[2](從前) [명] 지금보다 이전. ¶남북한 당국은 최근 ~의 적대적 자세를 버리고 화해 무드를 조성해 가고 있다.

종전[3](終戰) [명] 전쟁이 끝나거나 전쟁을 끝내는 것. ¶~ 협정. ↔개전(開戰). **종전-하다** [동][자][타][여] **종전-되다** [동][자]

종점(終點) [-쩜] [명] **1** (기차·버스 등의 구간의) 맨 끝이 되는 도착지. ¶버스 ~. ↔기점(起點). **2** (일정한 동안의) 맨 끝이 되는 때. 비유적인 말임. ¶인생의 ~ / 결혼은 연애의 ~이다. ↔시점.

종정(宗正) [명] **1** 종파의 가장 높은 우두머리. **2** [불] 조계종의 최고 통할자. ¶~ 스님.

종¦제(從弟) [명] 사촌 동생. ↔종형(從兄).

종조[1](宗祖) [명] 한 종파의 개조(開祖). [비]교조(教祖).

종¦조[2](從祖) [명] '종조부(從祖父)'의 준말.

종조[3](縱組) [명][인] =세로짜기.

종¦-조모(從祖母) [명] 종조부의 아내. =종조할머니.

종¦-조부(從祖父) [명] 할아버지의 형이나 아우. =종조할아버지. [준]종조.

종족(種族) [명] **1** 같은 종류에 딸리는 생물 전체를 일컫는 말. ¶~을 보존하다. **2** 조상이 같고, 같은 계통의 언어·문화 등을 가지는 사회 집단.

종졸(從卒) [명] **1** 따라다니며 심부름하는 사람. **2** 특정의 사람이나 부서에 딸린 병졸.

종¦종(種種) [부] =가끔. ¶~ 놀러 오너라.

종종-거리다/-대다[1] [동][자] 발을 자주 가까이 떼며 바쁘게 걷다. ¶잔칫집에서 여자들이 **종종거리며** 부엌을 드나들다. [센]쫑쫑거리다. [거]총총거리다.

종종-거리다/-대다[2] [동][자] 원망하는 태도로 자꾸 종알거리다. [큰]중중거리다.

종종-걸음 [명] 발을 자주 가까이 떼며 바쁘게 걷는 걸음. [비]동동걸음. ¶~으로 걷다. [거]총총걸음.

종종걸음(을) 치다 [구] 종종걸음으로 걷다. ¶해거름이 되자 어머니는 **종종걸음을 쳐서** 집으로 돌아왔다.

종종-머리 [명] 바둑머리가 조금 지난 뒤, 한쪽에 세 층씩 석 줄로 땋아서 그 끝에 댕기를 드린 여자 아이의 머리.

종종-이 [명][언] =줄임표1.

종주(縱走) [명] **1** 등산에서, 산에서 산으로 능선을 따라 걷는 것. **2** 산맥 따위가 지형이 긴 쪽으로, 또는 남북으로 이어지는 것. **종주-하다** [동][타][여] ¶한반도를 **종주하는** 태백 산맥.

종주-국(宗主國) [명] 종속국에 대하여 종주권을 가지고 있는 나라. ↔종속국.

종주-권(宗主權) [-꿘] [명][법] 한 나라가 다른 나라의 내정이나 외교를 지배하는 특수한 권력.

종¦-주먹 [명] 《주로, '(들이)대다', '지르다', '쥐다' 등과 함께 쓰여》 을러대기 위해 쥔 주먹을 이르는 말. ¶~을 대다 / ~을 불끈 쥐다 / ~을 들이대다.

종중(宗中) [명] 한겨레붙이의 문중. ¶~회의.

종중-논(宗中-) [명] =종답(宗畓).

종중-밭(宗中-) [-받] [명] =종전(宗田)[1].

종중-산(宗中山) [명] 한 문중의 조상을 모신 산. [준]종산.

종¦-증조(從曾祖) [명] 증조할아버지의 형이나 아우. =종증조할아버지.

종지[1] [명] [1] [자립] 간장·고추장 따위를 담아 상에 놓는 작은 그릇. =깍정이. ¶간장 ~. [2] [의존] 간장이나 고추장 등의 분량을 그것이 담긴 종지의 수로 헤아리는 말. ¶간장 한 ~. [원]종자(鍾子).

종지[2](宗旨) [명] **1** 종문(宗門)의 취지. **2** 근본이 되는 중요한 뜻.

종지[3](終止) [명] **1** 끝마쳐 그치는 것. **2** [음] =마침[1]. **종지-하다** [동][자][타][여] **종지-되다** [동][자]

종-지기(鐘-) [명] 종을 지키는 사람.

종지-부(終止符) [명][언] =마침표1.

종지부(를) 찍다 [구] 어떤 일이 끝장이 나거나 끝장을 내다. ¶연예인 생활에 ~.

종지-뼈 [명][생] 무릎 앞 한가운데에 있는 종지 모양의 오목한 뼈. =슬개골(膝蓋骨)·슬골(膝骨).

종¦-질[1] [명] 남의 종노릇을 하는 일. **종¦질-하다** [동][자][여]

종¦질[2](從姪) [명] 오촌 조카. =당질(堂姪).

종¦-질녀(從姪女) [-려] [명] 사촌 형제의 딸. =당질녀.

종¦-질부(從姪婦) [명] 종질의 아내. =당질부.

종¦-질서(從姪壻) [-써] [명] 종질녀의 남편. =당질서(堂姪壻).

종짓-굽[-지꿉/-짇꿉] [명][생] 종지뼈가 있는 언저리.

종짓굽아 날 살려라 [구] =걸음아 날 살려라. →걸음.

종차¹(種差) 명[논] 동위 개념 중의 한쪽 개념에 특유한 성질로, 그것을 다른 개념으로부터 구별하는 표준이 되는 특성.
종차²(從次) 튀 이 뒤.
종차³(從次) 튀 이 다음에.
종착(終着) 명 마지막으로 닿는 것. 종착-하다 동(자여)
종착-역(終着驛) [-녁] 명 기차·전차 따위가 마지막으로 닿는 역. ↔시발역(始發驛)
종착-점(終着點) [-쩜] 명 마지막으로 닿는 지점. ↔시발점.
종착-지(終着地) [-찌] 명 마지막으로 닿는 곳.
종!창(腫脹) 명[의] 곪거나 부스럼 따위가 나서 부어오르는 것. 또는, 그 상처. 종!창-하다 동(자여)
종!처(腫處) 명 부스럼이 난 자리.
종척(宗戚) 명 왕의 종친과 외척.
종·첩(-妾) 명 종으로 부리던 여자를 올려 앉힌 첩.
종체(宗體) 명[불] 경전의 주지(主旨)를 뜻하는 경종(經宗)과 경전의 본질을 뜻하는 경체(經體)를 아울러 이르는 말.
종축¹(種畜) 명 씨를 받을 가축. =씨가축·씨짐승.
종축²(縱軸) 명[수] '세로축'의 구용어. ↔횡축(橫軸)
종축^목장(種畜牧場) [-축-짱] 명 가축의 개량을 위하여 우수한 종축을 기르는 목장. =종축장.
종축-장(種畜場) [-짱] 명 =종축 목장.
종친(宗親) 명 1 동성동본으로 유복친(有服親)에는 들지 않는, 비교적 촌수가 먼 일가. 2 임금의 친족. =종실(宗室)
종친-부(宗親府) 명[역] 조선 시대에 왕실의 계보와 초상화를 보관하고, 왕과 왕비의 의복을 관리하며, 종반(宗班)을 다스리는 일을 맡아보던 관청.
종친-회(宗親會) [-회/-훼] 명 종친끼리 모여서 하는 모꼬지.
종탑(鐘塔) 명 주로 교회 건물에서, 꼭대기에 종을 매달아서 치도록 만든, 높고 뾰족한 구조물.
종토(種兎) 명 씨를 받을 토끼. =씨토끼.
종통(宗統) 명 종가(宗家) 맏아들의 혈통.
종-파¹(種-) 명 씨를 받을 파.
종파²(宗派) 명 1 지파(支派)에 대한 종가의 계통. 2 [불] 각기 주장하는 교리를 따라 세운 갈래. =종문(宗門). 3 =교파(敎派)
종파³(縱波) 명 1 배가 가는 방향으로 나란히 나아가는 파도. 2 [물] 매질(媒質)의 진동 방향이 파동의 방향에 일치하는 파동. 음파 따위. =소밀파(疏密波). ↔횡파(橫波)
종합(綜合) 명 1 낱낱의 것을 한데 모아 하나로 ական는 것. =상가(商街). 2 [철] 서로 모순되는 정립(定立)과 반정립(反定立)을 지양한, 변증법적 발전의 새 단계. =합(合). 3 [논] 개개의 관념·개념·판단 등을 결합시켜 관념이나 개념으로 이루어지는 일. ¶~ 개념. ↔분석(分析). 종합-하다 동(타여) ¶의견을 **종합하여** 결론을 내다. 종합-되다 동(자여)
종합^금융^회!사(綜合金融會社) [-끔늉회-/-끔늉훼-] 명[경] 보험과 일반 예금 업무만을 제외하고, 외자 도입·해외 투자·리스·신종 기업 어음·유가 증권·증권 투자 신탁 등 종합적인 금융 업무를 취급하는 회사. ㈜종금사.
종합^대!학(綜合大學) [-때-] 명[교] 셋 이상의 단과 대학과 대학원으로 이루어진 대학. ↔단과 대학.
종합^병!원(綜合病院) [-뼝-] 명[의] 모든 진료 과목이 종합적으로 설치된 병원. 의료법에서는, 입원 환자 100명 이상을 수용할 수 있고, 진료 과목이 적어도 내과·외과·소아과·산부인과·방사선과·마취과·병리과·정신과 및 치과가 설치되어 있고 각 과마다 필요한 전문의를 갖춘 의료 기관으로 규정하고 있음.
종합^상사(綜合商社) [-쌍-] 명[경] 다루는 상품의 수효가 많고, 수출입·국내 매매 등의 유통과 함께 금융·투자·자원 개발 등에도 손을 대는 규모가 큰 상사.
종합^소!득세(綜合所得稅) [-쏘-쎄] 명[법] 납세자의 각종 소득에 대하여 일정한 세를 부과하고, 그 위에 각종 소득을 합계한 총소득에 대하여 부과하는 소득세.
종합^예!술(綜合藝術) [-함녜-] 명 영화·오페라 따위와 같이, 분야를 달리하는 모든 예술적 요소를 종합하여 이루어지는 예술.
종합-적(綜合的) [-쩍] 관[명] 종합하는, 또는 종합하는 것과 같은 (것). ¶~ 판단 / ~ 사고. / ~으로 판단하다.
종합^정!보^통신망(綜合情報通信網) [-정-] 명 전화·텔렉스·데이터 통신·팩시밀리·비디오텍스 따위를 종합적으로 다루는, 통합 서비스 디지털 통신망. =아이에스디엔(ISDN).
종합^주가^지수(綜合株價指數) [-쭈까-] 명[경] 증권 시장에 상장된 전 종목의 주가 변동을 날마다 종합적인 지표.
종항(終航) 명 (배·항공기 따위가) 정해진 항해나 항공을 끝내는 것. 종항-하다 동(자)
종항-되다 동(자)
종헌(終獻) 명 제사에서, 올려야 할 세 번의 잔 가운데 마지막 술잔을 올리는 일. 제주의 근친(近親)이 올림. ▷초헌(初獻)·아헌(亞獻). 종헌-하다 동(자여)(타여)
종!형(從兄) 명 사촌 형. ↔종제(從弟)
종!-형제(從兄弟) 명 사촌인 형과 아우. =당형제(堂兄弟)
종회(宗會) [-회/-훼] 명 종중(宗中)의 일을 의논하기 위하여 모이는 모임.
종횡(縱橫) [-횡/-휑] 명 1 세로와 가로. ¶~으로 줄이 그어진 바둑판. 2 거침없이 마구 오가거나 이리저리 다니는 것. 종횡-하다 동(타여)
종횡-가(縱橫家) [-횡-/-휑-] 명[역] 중국 전국 시대의 제자백가의 하나. 제후들 사이를 오가며 여러 국가를 종횡으로 합쳐서 경륜하는 합종책(合縱策)과 연횡책(連衡策)을 논한 일파. 소진(蘇秦)·장의(張儀) 등이 대표적임.
종횡-무애(縱橫無礙) [-횡-/-휑-] 명 자유자재하여 거리낄 것이 없는 상태. 비종횡 무진.
종횡-무진(縱橫無盡) [-횡-/-휑-] 명 자유자재하여 거침없이 마음대로 하는 상태. 비종횡 무애. ¶칭기스 칸은 유라시아 대륙을 ~으로 누비며 정복의 칼날을 휘둘렀다.
좆 [존] 명 어른의 '자지'를 비속하게 이르는 말. 일반적 상황에서 절대로 쓸 수 없는 금기어임. ↔씹.
좆-같다 [존깓따] 형 (어떤 대상이) 몹시 마음에 안 들어 싫거나 거슬리는 상태에 있다. 상스러운 욕설임. ¶좆같은 놈.
좇다[존따] 통(타) **1** (사람이 남의 뜻이나 관습 따위를) 받아들여 그대로 하다. ¶부모님의 말씀을 ~ / 선례를 **좇아** 일을 처리하려다. **2** (어떤 대상을) 목적으로 삼아 이루려고 애쓰다. 비추구(追求)하다. ¶행복을 ~ / 이상을 ~. **3** (시선이 움직이는 대상을) 따르다. 곧, 눈길을 보내다. ¶그의 시선은 하늘을 나는 기러기 떼를 **좇고** 있었다. **4** (어떤 생각을) 더듬어 가다. ¶그는 가물가물한 기억을 **좇고** 있었다.

> **혼동어** **좇다 / 쫓다**
> '좇다'는 남의 뜻이나 흐름을 따르거나 어떤 목적을 추구하거나 눈길을 보내는 것을 가리키는 데 반해, '쫓다'는 잡으려고 빠르게 따라가거나 어떤 대상을 몰아내는 것을 가리킴. ¶부모님의 뜻을 **좇다** / 많은 사람들은 부와 명예를 **좇는다**. / 사냥개가 토끼를 **쫓다** / "훠이 훠이" 하고 소리를 질러 새를 **쫓는다**.

좇아-가다 통(타) **1** 남이 하는 대로 따르다. ¶유행을 ~. **2** (어떤 대상을) 눈길로 따라가다.
좇아-오다 통(타) **1** 남이 하는 대로 따라오다. **2** (어떤 대상을) 눈길로 따라오다.
좋!다[조타] **Ⅰ** 형 **1** (대상의 질이나 내용이) 훌륭하여 만족할 만한 상태에 있다. 비양호하다. ¶**좋은** 작품 / 머리가 ~ / 품질이 ~. **2** (감정 따위가) 기쁘고 만족스럽다. 비유쾌하다. ¶오랜만에 친구들과 어울리니까 기분이 ~. **3** (남의 성품이나 인격이) 원만하거나 선(善)하다. ¶이야기를 나눠 보니 **좋은** 사람이라는 생각이 들더라. **4** (사이나 관계가) 서로 친하여 잘 어울리는 상태에 있다. ¶부부간의 금실이 ~ / 형제간의 우애가 ~. **5** (어떤 물질이 몸이나 건강에) 긍정적 작용이나 효과를 미치는 상태에 있다. 비이롭다. ¶인삼은 몸에 ~. / 담배는 건강에 **좋지** 않다. **6** (어떤 행동이나 일이) 문제나 말썽거리가 될 것이 없다. 비괜찮다. ¶집에 가도 ~. **7** (사람이 말하는 태도가) 상대의 기분을 언짢게 하지 않을 만큼 부드럽다. ¶**좋은** 말로 타이르다. **8** (어떤 일이나 대상이) 마음에 드는 상태에 있다. ¶나는 네가 ~. / 나는 반 고흐의 격정적인 그림이 싫다. **9** ('염치'나 '비위'나 '넉살' 따위를 주어로 하는 문장의 서술어로 쓰여) (사람이) 염치가 없거나 체면을 가리지 않거나 유들유들한 성질을 가진 상태에 있다. ¶비위가 **좋은** 사람이야. / 염치 좋게 남의 물건을 함부로 갖다 쓴다. **10** (어떤 일을 하기가) 쉽거나 편한 상태에 있다. ¶먹기 **좋은** 약 / 이 책은 글자가 커서 읽기 ~.
Ⅱ 감 **1** ('좋다' '좋아' 등의 꼴로 쓰여) 어떤 결심이 단단히 섰을 때 결연히 내는 소리. ¶**좋아!** 누가 이기나 어디 한번 해보자. **2** ('좋다' '좋구나'의 꼴로 쓰여) 가락에 맞추어 흥을 돋울 때 내는 소리. ¶얼씨구 ~! **3** 제안·요구, 또는 허락을 구하는 물음에 대한 대답으로 쓰여, 긍정이나 동의의 뜻을 나타내는 말. ¶"바람이나 쐬러 갈까?" "**좋아!**"
◈ **좋은 약은 입에 쓰다** [서양 격언에서] 입에 서서 먹기 싫은 약이 병을 고치는 데는 좋은 효과가 있듯이, 귀에 거슬리는 충고가 오히려 이롭거나 도움이 된다.

좋!아-지내다[조-] 통(자) 이성의 상대를 좋아하여 어울리거나 사귀면서 지내다. ¶이 도련님이 자기 집 여종 하나와 **좋아지냈다**. 《황순원: 카인의 후예》
좋!아-지다[조-] 통(자) 좋아하게 되거나 좋게 되다. ¶형편이 ~ / 얼굴이 ~ / 그 사람과 몇 번 만나는 사이에 그가 **좋아졌다**. ↔나빠지다.
좋!아-하다[조-] 통(타)(여) **1** 좋은 느낌을 가지다. 또는, 즐거서 하고 싶어 하다. ¶꽃을 ~ / 술을 ~. **2** (누구를) 친밀하게 여기다. ¶우리 아이는 엄마보다 아빠를 더 **좋아해요**.
좋!-이[조-] 튀 **1** 마음에 들게. ¶~ 여기다. **2** 어떤 정도에 어지간히 미칠 만하게. ¶쌀이 두 가마는 ~ 되겠다.
좌¹(左) 명 '왼쪽', '왼편'의 뜻. ¶~로 돌다. ↔우(右).
좌²(坐) 명(민) 풍수지리에서, 묏자리·집터 따위의 등진 방위. ↔향(向).
좌³(座) 명 **1** (자랑) 앉을 자리. 비자리. ¶임금의 ~에 오르다. **2** (의전)(불) 불상을 세는 단위. ¶불체 3~.
-좌⁴(座) 접미 일정한 명사에 붙어, '별자리'나 부처·보살을 안치하는 '대좌(臺座)'의 뜻으로 쓰이는 말. ¶오리온 ~ / 연화(蓮華) ~.
좌!경(左傾) 명 (어떤 사람이나 그의 사상 따위가) 사회주의·공산주의의 성향을 띠어 그쪽으로 기우는 것. ¶~화(化) / ~ 사상 / ~ 세력. ↔우경(右傾). **좌!경-하다** 통(자)(여).
좌!고(座鼓) 명(음) 국악(國樂) 타악기의 하나. 북걸이에 달아 놓고 옆에 앉아서 채로 치는 둥글납작한 북.
좌!고-우면(左顧右眄) 명 **1** 두리번두리번 주위를 살펴보는 것. **2** 결단을 내리지 못하고 이것저것 생각하며 망설이는 것. =좌우고면. **좌!고우면-하다** 통(자)(여) ¶그는 우유부단해서 **좌고우면할** 때가 많다.
좌!골(坐骨) 명(생) 궁둥이뼈의 아래 부위를 차지하는, 좌우 한 쌍의 뼈. 앉았을 때 체간(體幹)을 지탱하는 역할을 함.
좌!군(左軍) 명(군) '좌익군'의 준말. ↔우군(右軍).
좌!궁(左弓) 명 왼손으로 시위를 당겨 쏘는 활. ↔우궁(右弓).
좌!기(左記) 명 세로쓰기에서 본문의 왼쪽에 따로 적은 글귀. ¶~와 같음. ↔우기(右記).
좌!뇌(左腦) 명[뇌·뉘] 명(생) 대뇌에서, 왼쪽 반구를 이루고 있는 부분. 주로, 논리적 사고와 언어 활동 등이 이루어짐. ↔우뇌(右腦).
좌!단(左袒) 명 남에게 편들어 동의하는 것. **좌!단-하다** 통(자)(여).
좌!담(座談) 명 몇 사람이 모여 앉아서 어떤 문제에 대하여 의견이나 견문을 주고받는 일. ¶교통 문제에 대해 ~을 나누다. **좌!담-하다** 통(자)(여).
좌!담-회(座談會) [-회/-훼] 명 좌담을 하는 모임. ¶~을 열다. ¶~를 하다.
좌!대¹(坐臺) 명 낚시를 할 수 있도록 강·호수·저수지 등의 수면 위에 붙박이로 설치해 놓은 구조물. 네 귀퉁이에 닻을 내리거나 기둥을 박아 고정시킴. 규모가 큰 것은 방이 갖추어져 있기도 함. =덕.
좌!대²(座臺) 명 동상이나 불상, 수석 등의 받침대.
좌르르 튀 **1** 큰 물줄기가 잇달아 세차게 쏟아지는 소리, 또는, 그 모양. 2 작은 물체 여러 개가 한꺼번에 쏟아지는 소리. 또는, 그 모양. ¶리어카가 기우뚱하자 그 위에 있던 사과들이 ~ 쏟아져 내렸다. 쎈좌르르. 좌르르-하다

좌:방(左方) 명 =왼쪽. ↔우방(右方).
좌:변(左邊) 명 1 =왼편짝. 2 [수] 등식 또는 부등식에서, 등호 또는 부등호의 왼쪽에 적은 수나 식. ↔우변(右邊).
좌:-변기(坐便器) 명 =양변기(洋便器).
좌:불안석(坐不安席) 명 불안하거나 초조하거나 걱정이 되거나 하여 자리에 가만히 앉아 있지 못하고 왔다 갔다 하거나 일어나 앉았다 하는 상태. ¶누가 잡으러 오나, 왜 이리 ~이냐? 좌:불안석-하다 통(자여)
좌:사우고(左思右考) 명 이리저리 헤아려 생각함. 좌:사우고-하다 통(타여)
좌:상¹(左相) 명 [역] =좌의정(左議政). ↔우상(右相).
좌:상²(坐像) 명 [미] 앉아 있는 모양의 그림이나 조각. ↔입상(立像).
좌:상³(座上) 명 1 여러 사람이 모인 자리. (비)좌중(座中). 2 여러 사람이 모인 자리에서 제일 어른 되는 사람.
좌:상⁴(挫傷) 명 1 기운이 꺾이고 마음이 상하는 것. 2 피부 표면에는 손상을 받지 않고 피하 조직이나 내장(內臟)이 손상되는 일. 좌:상-하다 통(자여)
좌:서(左書) 명 1 오른쪽과 왼쪽이 바뀌어서 된 글자, 즉, 뒤집어 써야 제대로 보이는 글자. 2 왼손으로 쓰는 글자. 좌:서-하다 통(자여) 왼손으로 글씨를 쓰다.
좌:석(座席·坐席) 명 1 어떤 장소나 탈것 등의 안에 사람이 앉을 수 있도록 의자를 두거나 그와 비슷한 형태로 만들어 마련한 자리. ¶~ 번호 / ~을 배치하다 / 자동차의 앞~과 뒤~ / 이 극장은 ~ 수가 1500석이다. 2 여러 사람이 모인 자리. ¶술 ~ / ~을 마련하다.
좌:석-권(座席券) [-꿘] 명 좌석 번호를 지정한 입장권이나 승차권. ↔입석권.
좌:선¹(左旋) 명 왼쪽으로 돌거나 돌리는 것. ↔우선(右旋). 좌:선-하다¹ 통(자)(타)여
좌:선²(坐禪) 명 [불] 가부좌(跏趺坐)를 하고 정신을 집중하여 무념무상의 상태에 들어가는 것. 또는, 그렇게 하는 수행. =연좌(宴坐). (준)선(禪). 좌:선-하다² 통(자여)
좌:섬(挫閃) 명 [한] 외부의 타격으로 뼈마디가 물러났거나, 그 둘레의 막이 상하여 붓고 아픈 병. =염좌.
좌:수¹(左手) 명 =왼손. ↔우수(右手).
좌:수²(座首) 명 [역] 조선 시대, 향소(鄕所)의 우두머리. =아관(亞官).
좌:-수영(左水營) 명 [역] 조선 시대에 전라도 순천(順天)과 경상도 동래(東萊)에 두었던, 수군절도사의 주영(駐營). ↔우수영.
좌:시¹(坐市) 명 예전에, 가게를 내어 물건을 팔던 곳.
좌:시²(坐視) 명 참견하지 않고 앉아서 보기만 하는 것. 좌:시-하다 통(타여) ¶대도시의 공해는 더 이상 좌시할 수 없을 만큼 심각한 사회문제이다.
좌:식(坐式) 명 앉아서 하는 방식. ¶~ 의자 / 한옥은 ~ 생활에 알맞은 가옥이다. ▷입식(立式).
좌:-심방(左心房) 명 [생] 심장 안의 왼쪽 윗부분. 폐정맥에서 오는 피를 받아 좌심실로 보내는 일을 함. ↔우심방.
좌:-심실(左心室) 명 [생] 심장 안의 왼쪽 아랫부분. 좌심방에서 오는 피를 깨끗이 하여 대동맥으로 보내는 일을 함. ↔우심실.
좌:안(左岸) 명 강의 하류를 향하고 볼 때의 왼쪽 강기슭. ↔우안(右岸).
좌:약(坐藥) 명 [약] 항문·질·요도 등에 삽입하는 고형(固形)의 외용약. 체온이나 분비액에 의해 녹음.
좌:열(左列) 명 왼쪽의 대열. ↔우열(右列).
좌:완(左腕) 명 =왼팔. ¶~ 투수. ↔우완.
좌:욕(坐浴) 명 하반신만을 목욕하는 일. 병자 등이 몸 전체를 목욕할 수 없을 때나 항문의 통증을 완화하기 위해 행함. 좌:욕-하다 통(자여)
좌:우(左右) 명 1 왼쪽과 오른쪽. ¶길 ~에 늘어선 가로수. 2 옆 또는 곁. ¶두리번두리번 ~를 살피다. 3 곁에 있는 사람. ¶~를 물리다. 4 좌익과 우익. 5 편지에서, '어르신네'의 뜻으로 그 이름 밑에 쓰는 말. 6 (어떤 것이 일이 되고 안 되고, 또는 좋게 되거나 나쁘게 되는 것을) 결정짓는 요소로 작용하는 것. 좌:우-하다 통(타여) (어떤 것이 일이 되고 안 되고, 또는 좋게 되거나 나쁘게 되는 것을) 결정짓는 요소로 작용하다. ¶승패를 좌우하는 페널티 킥 / 광고가 상품의 판매고를 좌우한다. ↔좌지우지하다. 좌:우-되다 통(자) ¶공적인 일을 함에 있어 사사로운 감정에 좌우되어서는 안 된다.
좌:우-간(左右間) 부 이렇든 저렇든 간에. =좌우지간. ¶성사가 안 되어도 좋으니 ~ 선이라도 한번 보아라.
좌:우^대:칭(左右對稱) 명 [생] 생명체를 중앙을 중심으로 좌우 세로로 나누었을 때, 그 좌우 절반이 서로 똑같은 모양. =좌우 상칭.
좌:우-명(座右銘) 명 늘 옆에 갖추어 두고 가르침으로 삼는 말이나 문구. ¶'성실'을 ~으로 삼다.
좌:-우익(左右翼) 명 1 군진(軍陣)의 좌우에 벌여 있는 군대. 2 좌익과 우익.
좌:우지간(左右之間) 부 =좌우간. ¶쫓겨날 때 쫓겨나더라도 ~ 들어가 보자.
좌:-우편(左右便) 명 왼쪽과 오른쪽의 두 편.
좌:우-협공(左右挾攻) [-꽁] 명 좌우 양쪽에서 들어가며 공격함. 좌:우협공-하다 통(타여)
좌:월(左越) 명 [체] 야구에서, 타구가 3루 쪽 가까이로 하여 왼쪽 펜스를 넘어가는 일. ¶~ 솔로 홈런.
좌:-의정(左議政) 명 [역] 조선 시대, 의정부의 정1품 벼슬. 우의정의 위, 영의정의 아래임. 우의정(右議政).
좌:익(左翼) 명 1 사회주의나 공산주의를 지지하고 신봉하는 경향. 또는, 그런 경향을 띤 단체. ¶1947년 제주도에서는 ~에 대한 검거 선풍이 불어닥쳤다. 2 이념적으로 급진적·개방적이고 혁신과 평등을 중시하는 경향. 또는, 그런 경향을 띤 단체. 오늘날 우리나라에서는 '용공(容共)'의 어감 때문에 이 뜻으로는 잘 쓰이지 않는 편임. ¶공안 당국은 그 진보 단체를 ~으로 몰았다. 3 비행기의 왼쪽 날개. 4 [체] 축구에서, 가장 왼쪽에 있는 공격 위치. 또는, 그 위치의 공격수. 5 [체] 야구에서, 외야의 왼쪽에 있는 수비 위치. 또는, 그 위치의 수비수. =레프트 필드. 6 [군] 왼쪽에 있는 부대. 또는, 대열의 왼쪽. ↔우익.

좌:익-군(左翼軍)[-꾼] 圀[군] 중군(中軍)의 왼쪽에 배치되어 있는 군대. 준좌군.

좌:익-분자(左翼分子)[-뿐-] 圀 사회 운동에 있어서 급진적·과격적 당파에 속한 사람.

좌:익-수(左翼手)[-쑤] 圀 야구에서, 좌익을 지키는 선수. ≒레프트 필더. ¶높이 뜬 볼, ~가 잡아 냈습니다. ↔우익수.

좌:장(座長) 圀 여럿이 모인 자리에서 그 자리를 주재하는 가장 어른이 되는 사람. =석장(席長).

좌:전(左前) 圀[체] 야구에서, 좌익수의 앞. ¶~ 안타를 치다.

좌:절(挫折) 圀 1 마음이나 기운이 꺾이는 것. ¶~감. 2 (계획이나 하는 일이) 실패로 돌아가는 것. =좌돈(挫頓). **좌:절-하다** 됨 困 ¶어떤 어려움이 있더라도 **좌절하지** 마라. **좌:절-되다** 困 ¶정계 진출의 꿈이~.

좌:절-감(挫折感) 圀 어떤 일이 좌절됨으로써 가지게 되는 절망감. ¶~에 빠지다 / 그는 연이은 사업의 실패로 ~에서 헤어나지 못하고 있다.

좌:정(坐定) 圀 (남을 높일 때 쓰여) 자리 잡아 앉는 것. **좌:정-하다** 됨 困 ¶좌정하시고 절 받으시지요.

좌정관천(坐井觀天) 圀 [우물 안에서 하늘을 본다는 뜻] 견문(見聞)이 아주 좁음을 이르는 말.

좌:종(坐鐘) 圀 책상·탁자 따위에 올려놓게 된 자명종. ▷괘종(掛鐘).

좌:중(座中) 圀 여러 사람이 모여 앉은 자리. 凰좌상(座上). ¶~을 둘러보다 / ~에 웃음꽃이 피다.

좌:-중간(左中間)[체] 야구에서, 좌익수와 중견수의 사이. ¶~을 꿰뚫는 안타. ↔우중간.

좌:중-월(左中越)[체] 야구에서, 타구가 2루 3루 사이로 날아가 중앙 왼쪽 펜스를 넘어가는 일. ¶~ 홈런.

좌:지(坐地·座地) 圀 1 아주 높은 위치. 2 나라를 다스리는 지위. 3 자리 잡아 사는 땅의 위치.

좌:지우지(左之右之) 圀 [왼쪽으로 돌렸다 오른쪽으로 돌렸다 한다는 뜻] (사람이 어떤 일이나 대상을) 제 마음대로 처리하거나 다루는 것. 凰좌우지. **좌:지우지-하다** 동 태 困 ¶한 나라를 제 손아귀에 넣고 **좌지우지하는** 권력자. **좌:지우지-되다** 됨 困

훈동어 좌지우지하다 / 좌우하다
둘 다 어떤 대상에 영향력을 미치는 것을 가리키나, '좌지우지하다'는 행위자가 자의성(恣意性)을 가지고 대상을 쥐락펴락 하는 것을 뜻하는 반면, '좌우하다'는 자의성 없이 영향력을 미치는 것을 뜻함. 『사주가 독단적으로 경영권을 **좌지우지한다**. / 미래를 **좌우할** 우리의 꿈나무.

좌:-찬성(左贊成) 圀[역] 조선 시대, 의정부의 종1품 벼슬. ↔우찬성.

좌:창(坐唱) 圀[음] =앉은소리. ↔입창(立唱).

좌:천(左遷) 圀 낮은 관직이나 지위로 떨어지거나 외직(外職)으로 전근되는 일. ↔영전(榮轉). **좌:천-하다** 동 태 困 **좌:천-되다** 困 困 ¶비위 사실이 드러나 벽지(僻地)로 ~.

좌:-청룡(左靑龍)[-농] 圀[민] 풍수지리설에서, '청룡'이 주산(主山)의 왼쪽에 있다는 뜻으로 일컫는 말. ¶~ 우백호(右白虎).

좌:초(坐礁) 圀 배가 암초에 얹히는 것. **좌:초-하다** 동困 困 **좌:초-되다** 困 困

좌:-초롱(坐-) 圀 네모반듯하고 운두가 높은 등(燈). 사면을 유리나 종이로 막음.

좌:충우돌(左衝右突) 圀 1 이리저리 마구 찌르고 부딪침. =좌우충돌. 2 아무에게나 함부로 맞닥뜨림. **좌:충우돌-하다** 동困 困 ¶화랑 관창은 **좌충우돌하며** 적진 깊숙이 말을~.

좌:측(左側) 圀 =왼쪽. ¶~에 보이는 건물이 시청입니다. ↔우측.

좌:측-통행(左側通行) 圀 교통질서를 유지하기 위하여 길의 왼쪽으로 사람이 통행하는 일. ↔우측통행. **좌:측통행-하다** 동困

좌:파(左派) 圀 1 이념적으로 급진적·개방적이고 혁신과 평등을 중시하는 경향을 띤 당벌. 우리나라에서는 부정적인 어감으로 쓰이는 경우가 많음. ¶~ 지식인. 2 좌익의 당파. ↔우파(右派).

좌:판(左板) 圀 1 땅에 늘어놓고 앉게 된 널조각. 2 팔기 위하여 물건을 늘어놓은 널조각. ¶~대 / ~을 거두다.

좌:편(左便) 圀 =왼쪽. ↔우편.

좌:평(佐平) 圀[역] 백제의 16품 관등의 첫째 등급.

좌:표(座標) 圀 1 [수] 점의 위치를 나타내는 수나 수의 짝. 평면·공간·시공간(時空間) 등의 점에도 여러 가지 방법으로 좌표가 부여되는데, 그것들은 각각 두 수의 짝, 세 수의 짝, 네 수의 짝이 됨. =좌표표. 2 사물이 처해 있는 위치나 형편을 비유적으로 이르는 말. ¶2000년대 한국 문학의 ~.

좌:표-계(座標系)[-계/-게] 圀[수] 좌표의 종류·원점(原點)·좌표축 따위의 총칭.

좌:표-축(座標軸) 圀[수] 좌표의 기준이 되는 가로세로의 두 직선. =축(軸).

좌:하(座下) 圀 주로 편지에서, 윗사람이나 친구를 높여 그의 호칭이나 이름 아래 쓰는 말. =좌전(座前). ¶김철수 ~.

좌:향(坐向) 圀[민] 풍수지리에서, 묏자리와 집터 따위의 등진 방위와 향한 방위를 아울러 이르는 말. 가령, '자좌오향(子坐午向)'은 자방(子方)인 북쪽을 등지고, 오방(午方)인 남쪽을 향한 방위를 가리킴.

좌:향-좌(左向左)[감] 제식 훈련 시 구령의 하나. 선 자세에서 왼쪽으로 90° 돌라는 말. ↔우향우.

좌:현(左舷) 圀 왼쪽의 뱃전. ↔우현(右舷).

좌:-회전(左回轉)[-회-/-훼-] 圀 왼쪽으로 도는 것. ↔우회전. **좌:회전-하다** 동困 태困

좌:훈(座薰) 圀[한] 한약재를 끓여서 그 김을 직접 생식기와 항문 주위에 쐼으로써 질병을 치료하는 일. 부인과 질환이나 비뇨 생식기 질환에 특히 효과가 있음. ¶~ 요법.

좌:흥(座興) 圀 여럿이 모여 앉아 놀거나 즐기는 자리의 흥취. ¶~을 돋우다 / ~이 깨지다.

좍 團 널리 흩어져 퍼지는 모양. ¶빛살이 ~ 퍼지다 / 소문이 ~ 돌다. 圀쫙.

좍-좍[-꽉] 團 1 굵은 빗방울이나 물줄기가 세차게 쏟아지는 모양. ¶소나기가 ~ 쏟아지다. 2 글을 거침없이 내리읽거나 외는 모양. 圀쫙쫙. **좍좍-하다** 동困 태困

좔-좔 團 많은 양의 액체가 세차게 흐르는 모양. 또는, 그 소리. 圀쫠쫠. **좔좔-하다** 동困

잘잘-거리다/-대다 [통](자) 액체 따위가 자꾸 촬촬 소리 내며 흐르다. (센)쫠쫠거리다.

좨:기 [명] 데친 나물이나 반죽한 가루를 둥글넓적하고 조그마하게 만든 덩이. ¶나물 한 ~만 무쳐라.

쟁:이 [명] 꼭대기에 긴 벼리가 있고 아랫부분에는 납이나 쇠로 된 추가 달린 원추형의 그물. 벼리를 잡고 물에 펴서 던져 그물이 바다에 닿으면 천천히 벼리를 당겨 조이면서 건져 올려 걸려든 물고기를 잡음. =투망(投網).

죄¹ [죄/줴] [튀] '죄다'의 준말. ¶불량배를 ~ 잡아들이다 / 남김없이 ~ 먹어 치우다.

죄:² (罪) [죄/줴] [명] 1 양심이나 도의에 벗어난 행위. 2 법에 어긋나는 행위. =죄범. ¶경범~ / 간통~ / 절도~ / 아무 ~도 없는 사람을 잡아가다. 3 잘못이나 허물로 인한 벌. ¶못된 짓을 하더니 끝내는 ~를 받았다. 4 [불] 교법을 어긴 무자비한 짓. 5 [가][기] 하느님의 뜻을 거역한 행위. 또는, 원죄.

[죄는 지은 데로 가고 덕은 닦은 데로 간다] 죄를 지으면 벌을 받고 덕을 쌓으면 복을 받는다.

죄:과¹ (罪科) [죄와/줴꽈] [명] 1 죄와 허물. 2 법률에 의거하여 처벌하는 것. ¶도둑질에 대한 ~로 징역살이를 하다. **죄:과-하다** [통](타) 법률에 의거하여 처벌하다.

죄:과² (罪過) [죄-/줴-] [명] 죄가 될 만한 허물. (비)과실. ¶~가 크다.

죄:근 (罪根) [죄-/줴-] [명] 1 죄를 짓게 된 원인. 2 [불] 무명 번뇌(無明煩惱)인 죄의 근원.

죄:다¹ [죄-/줴-] (죄고/죄어) [통](자)(타) 1 (헐거운 것이나 느스러진 것을) 팽팽하거나 꽉 끼게 하다. 그렇게 되다. ¶멜빵을 ~ / 나사를 ~. 2 (벌어진 사이를) 좁히다. ¶장소가 좁으니 조금씩 **죄어** 앉아라. 3 (마음을) 긴장되게 하다. ¶그는 나태해지지 않도록 자신의 마음을 **죄고** 또 **죄었다**. 4 (마음을) 불안하거나 초조한 상태로 가지다. =조이다. (비)졸이다. ¶마음을 ~ / 가슴을 **죄며** 결과를 기다리다.

죄:-다² [죄-/줴-] [튀] 모조리 다. ¶~ 자백하다 / 아이스크림이 ~ 녹았다. (준)죄.

죄:만 (罪萬) [죄-/줴-] →**죄:만-하다** [죄-/줴-] [형여] '죄송만만하다'의 준말. ¶아무리 모르고 한 일이라도 찬 이슬 내리는데 한데 계시게 해서 **죄만합니다**.〈홍명희: 임꺽정〉

죄:만-스럽다 (罪萬-) [죄-따/줴-따] [형ㅂ] 〈~스러우니, ~스러워〉 죄송만만한 데가 있다. **죄:만스레** [튀]

죄:명 (罪名) [죄-/줴-] [명] 범죄의 명칭. ¶폭행 치사라는 ~으로 구속 수감되다.

죄:목 (罪目) [죄-/줴-] [명] 범죄 사실의 명목.

죄:-밑 (罪-) [죄밑/줴밑] [명] 1 죄지은 것으로 인한 내심의 불안. 2 지은 죄의 진상. ¶~을 밝히다.

죄:-받다 (罪-) [죄-따/줴-따] [통](자) 악한 일을 하여 벌을 당하다. ¶무고한 사람을 그렇게 모략하면 **죄받아요**.

죄:벌 (罪罰) [죄-/줴-] [명] 범죄에 대한 형벌.

죄:상 (罪狀) [죄-/줴-] [명] 어떤 범죄의 실상. ¶~을 폭로하다 / ~이 드러나다.

죄:송 (罪悚) [죄-/줴-] →**죄:송-하다** [죄-/줴-] [형여] 죄스럽도록 미안하다. 또는, 폐를 끼쳐 미안하다. 주로 윗사람에게 쓰며, '미안하다' 보다 정중한 말임. ¶**죄송하지만** 말씀 좀 묻겠습니다. / 미처 연락을 못 드려서 **죄송해요**. **죄:송-히** [튀]

죄:송만만-하다 (罪悚萬萬-) [죄-/줴-] [형여] 더할 수 없이 죄송하다. (준)죄만하다.

죄:송-스럽다 (罪悚-) [죄-따/줴-따] [형ㅂ] 〈~스러우니, ~스러워〉 죄송한 데가 있다. **죄:송스레** [튀]

죄:수 (罪囚) [죄-/줴-] [명] 죄를 지어 교도소에 갇힌 사람. (비)수인(囚人). ¶~ 번호 / ~를 석방하다.

죄:수-복 (罪囚服) [죄-/줴-] [명] =수의(囚衣).

죄:-스럽다 (罪-) [죄-따/줴-따] [형ㅂ] 〈~스러우니, ~스러워〉 죄지은 것같이 마음이 편하지 않다. ¶그는 남들처럼 부모님을 풍족하게 모시지 못하는 것이 늘 **죄스러웠다**. **죄:스레** [튀]

죄:악 (罪惡) [죄-/줴-] [명] 죄가 될 만한 나쁜 짓.

죄:악-감 (罪惡感) [죄-깜/줴-깜] [명] 어떤 행위를 죄악이라고 느끼는 감정.

죄:악-상 (罪惡相) [죄-쌍/줴-쌍] [명] 저질러진 죄악의 실상. ¶부패한 권력자들의 ~을 낱낱이 폭로하다.

죄:악-시 (罪惡視) [죄-씨/줴-씨] [명] (어떤 것을) 죄악으로 여기는 것. **죄:악시-하다** [통](타) ¶성(性)을 ~. **죄:악시-되다** [통](자)

죄:안 (罪案) [죄-/줴-] [명] 범죄의 사실을 적은 기록.

죄암-죄암 [죄-죄-/줴-줴-] I [감] 젖먹이에게 죄암질을 하라는 뜻으로 내는 소리. (준)쥠쥠. (큰)쥐엄쥐엄.
II [명] 젖먹이가 두 손을 쥐었다 폈다 하는 동작. (준)쥠쥠. (큰)쥐엄쥐엄.

죄암-질 [죄-/줴-] [명] 젖먹이가 두 손을 쥐었다 폈다 하며 재롱을 부리는 일. (큰)쥐엄질. **죄암질-하다** [통](자)(여)

죄어-들다 [죄어-/줴어-] [통] 1 [자] 〈~드니, ~드오〉 안으로 바싹 죄어서 오그라들다. ¶움직일수록 손목에 찬 수갑이 더 **죄어들었다**. 2 (불안·초조·긴장 등이) 압박해 오다. ¶시시각각 죄어드는 알 수 없는 불안감. 2 [타] 1 (어느 것을) 안으로 바싹 죄어서 오그라들게 하다. ¶머리를 **죄어드는** 듯한 심한 통증. 2 (어느 것을) 에워싸고 범위를 좁혀 가다. =조여들다. ¶10만 대군이 성을 포위하여 **죄어들어** 왔다. (준)좨들다.

죄어-치다 [죄어-/줴어-] [통](타) 1 죄어서 몰아치다. 2 재촉하여 몰아대다. ¶월말까지 일을 마치도록 **죄어치는** 판이다. (준)좨치다.

죄:얼 (罪孼) [죄-/줴-] [명] 죄악에 대한 재앙.

죄:업 (罪業) [죄-/줴-] [명] [불] 훗날 괴로움의 과보(果報)를 부르는 원인이 되는 죄악의 행위.

죄:역 (罪逆) [죄-/줴-] [명] 반역의 죄.

죄:-의식 (罪意識) [죄-/줴-] [명] 저지른 죄악이나 잘못에 대하여 스스로 느끼고 깨닫는 마음. ¶~에 사로잡히다 / 거짓말한 것에 대해 ~을 느끼다 / ~에서 벗어나다.

죄-이다 [죄-/줴-] [통](자) '죄다'의 피동사. ¶나사가 너무 **죄었는지** 안 풀린다.

죄:인 (罪人) [죄-/줴-] [명] 1 죄를 지은 사람. 2 부모상(父母喪)을 당한 사람이 자기 스스

죄!-주다(罪-)[죄-/줴-] 통(邪) 죄에 대하여 벌을 주다.
죄!증(罪證)[죄-/줴-] 명 범죄의 증거.
죄!질(罪質)[죄-/줴-] 명 범죄의 본바탕이나 근본적 성질. ¶~이 나쁘다 / 업무상 과실 치사와 미필적 고의에 의한 살인은 ~이 다르다.
죄!-짓다(罪-)[죄짇따/줴짇따] 통(邪)《ㅅ》<~지으니, ~지어> 죄를 저지르다. ¶**죄짓고는** 못 사는 법이다.
죄!책(罪責)[죄-/줴-] 명 잘못을 저지른 책임.
죄!책-감(罪責感)[죄-감/줴-감] 명 범죄에 대한 책임을 느끼는 감정. ¶범행 후 ~에 시달리다가 자수를 결심하다.
죄!형(罪刑)[죄-/줴-] 명 범죄와 형벌.
죄!형^법정주의(罪刑法定主義)[죄-쩡-의/줴-쩡-이] 명[법] 어떤 행위가 범죄인가 아닌가, 또는 그 범죄에 어떤 형벌을 가할 것인가 하는 것은 법률에 의해서만 정할 수 있다는 주의.
죔!-쇠[죔쇠/쥄쉐] 명 목재 가공을 할 때 공작물을 물려 쥘 수 있도록 작업대에 부착하여 사용하는, 쇠로 만든 공구.
죔!죔[죔쬠/쥄쥄] 감 '죄암죄암'의 준말.
죗!-값(罪-)[죄깝/죈깝/줴깝/줸깝] 명 지은 죄에 대해 받는 벌.
-죠 어미 '-지요'의 준말. ¶이리 오시~. / 선물을 하나도 고맙게 받았~.
주¹(主) Ⅰ 명 1 주요하거나 기본이 되는 것을 이르는 말. ¶이 소설의 줄거리는 한말 의병들의 투쟁사가 ~가 되고 있다. 2 [가][기] 하느님 또는 예수 그리스도를 부르는 말. ¶~여! 죄인을 불쌍히 여기소서.
Ⅱ 관 주요한 또는 일차적인. ¶~ 대상 / ~ 고객.
주²(州) 명 1 [역] 신라 때, 지방 행정 구역의 하나. ¶9~ 5소경. 2 연방 국가의 행정 구역의 하나. ¶미국에는 50개의 ~가 있다.
주³(周) 명[자림] 1 둘레의 길이. 2 [의존] 어떤 것의 둘레를 돈 수를 세는 말. ¶2~.
주⁴(周) 명[역] 중국의 고대 왕조(1050~256 B.C.). 무왕(武王)이 은(殷)나라를 멸망시키고 건국하여 진(秦)나라에게 망함.
주⁵(洲) 명[지] 지구 상의 대륙을 나눈 명칭. ¶아시아 ~ / 아메리카 ~.
주⁶(株) 명[경] ①[자림] '주식'의 준말. ¶~를 모집하다. ②'주권(株券)²'의 준말. ②[의존] 1 주권(株券)을 세는 단위. ¶국민주 500~를 매입하다. 2 =그루②1. ¶잣나무 100~를 심다.
주!⁷(註·注) 명 1 논문이나 학술적인 글이나 어려운 글 등에서, 본문의 어떤 낱말이나 문구나 부분에 대해, 따로 더 자세히 설명하거나, 인용한 출처를 밝히거나 한 글. 2 어떤 사람의 말에 대해, 알기 쉽게 풀어서 설명해 주거나 이해를 돕기 위해 덧붙이는 말.
주를 달다 囗 본문의 뜻을 보충하거나 자세히 풀이한 글을 적어 넣다.
주⁸(週) 명 ①[자림] 월요일부터 일요일까지의 7일 동안. ¶~ 2회 출석. ②[의존] ①을 세는 단위로 이르는 말. ¶그는 3~ 후에 돌아올 것이다.
주!-⁹(駐) 접두 주로 외자로 준 한자(漢字) 국명과 결합하여, '…에 파견되어 머무름'을 뜻하는 말. ¶~영(英) 대사 / ~불(佛) 특파원.
-주¹⁰(主) 접미 주인임을 나타내는 말. ¶건물~ / 소유~ / 세대~.
-주¹¹(酒) 접미 '술'의 뜻을 나타내는 말. ¶포도~ / 인삼~ / 화주~.
주가(株價)[-까] 명[경] 주식의 거래 가격. ¶~가 오르다[폭락하다].
주가가 오르다 囗 어떤 사람의 명성이나 값어치가 높아지다. ¶그 가수는 신곡이 히트하면서 **주가가** 크게 올랐다.
주간¹(主幹) 명 일을 주장(主掌)하여 맡아서 처리하는 것. 또는, 그 사람. ¶편집 ~. **주간-하다** 통(他)여
주간²(晝間) 명 1 어떤 일을 하는 시간으로서의, 낮 동안. ¶~ 근무. 2 때로 '주간 학교'를 줄여서 이르는 말. ¶야간에서 ~으로 옮기다. ↔야간(夜間).
주간³(週刊) 명 신문·잡지 등을 매주 한 번씩 발행하는 일. 또는, 그 간행물.
주간⁴(週間) 명 1 [자림] 한 주 동안. ¶불조심 강조 ~ / ~ 계획표. 2 [의존] ①을 세는 단위로 이르는 말. ¶두 ~ / 세 ~.
주간-지¹(週刊紙) 명 매주 한 번씩 발행하는 신문.
주간-지²(週刊誌) 명 매주 한 번씩 발행하는 잡지.
주!강(鑄鋼) 명 열처리를 하여 재질을 개량한 강철. 전기 기구·철도 차량 등의 부품에 쓰임.
주-개념(主概念)[-넘] 명[논] =주사(主辭)². ↔빈개념(賓概念).
주객(主客) 명 1 주인과 손. 2 주되는 사물과 거기 딸린 사물.
주객²(酒客) 명 술을 좋아하는 사람.
주객-일체(主客一體) 명 주체와 객체가 하나가 됨.
주객-일치(主客一致) 명 주체와 객체, 주관과 객관이 하나가 됨. **주객일치-하다** 통(邪)여
주객-전도(主客顚倒)[-전-] 명 사물의 경중·선후·완급이 서로 바뀜. **주객전도-하다** 통(邪)여
주거(住居) 명 일정한 곳에 자리를 잡고 머물러 사는 것. 또는, 그 집. 비거주. **주!거-하다** 통(邪)여
주거의 자유(自由) 囗 법률에 의하지 않고는 주거에 대해 침입·수색 및 압수를 당하지 않는 권리.
주!거-비(住居費) 명 가계 지출 가운데 주거에 드는 경비. 집세·수도 요금·화재 보험료 따위.
주!거-지¹(住居地) 명 살고 있는 토지. 비거주지(居住地).
주!거-지²(住居址) 명 =집터2.
주!거^지역(住居地域) 명 도시 계획에서, 주거 생활을 불편하게 하는 시설, 곧 공장이나 큰 상가 건물 따위를 지을 수 없도록 지정한 지역.
주걱 명 1 '밥주걱'의 준말. 2 '구둣주걱'의 준말.
주걱-턱 명 주걱 모양으로 끝이 길고 밖으로 내민 턱.
주검 명 죽은 자의 몸. ¶그 여자는 남편의 ~ 앞에서 오열하고 또 오열했다. ▶시체.
주격(主格)[-껵] 명[언] 어떤 체언이 문장 속에서 주어의 성분임을 나타내는 격.
주격^조!사(主格助詞)[-껵쪼-] 명[언] 체

주견(主見) [명] 자기의 주장이 있는 의견. ¶~이 있다 / ~을 서다.

주경-야독(晝耕夜讀) [-냐-] [명] (낮에는 농사일을 하고 밤에는 글을 읽는다는 뜻) 어려운 여건 속에서도 꿋꿋이 공부함을 비유하는 말. **주경야독-하다** [동][자][여]

주고-받다 [-따] [동][타] 서로 주기도 하고 받기도 하다. ¶말을 ~ / 선물을 ~ / 노래를 ~ / 우리는 서로 인사를 주고받았다.

주곡(主穀) [명] 주식(主食)의 재료가 되는 곡물. 쌀·보리·밀 따위. ¶~ 농업.

주과(酒果) [명] 1 술과 과실. 2 술과 과실만으로 간략하게 차린 제물(祭物).

주과포혜(酒果脯醯) [-헤/-헤] [명] 술·과실·포·식혜 따위로 간략하게 차린 제물(祭物).

주관¹(主管) [명] (어떤 일을) 책임지고 맡아 관리하는 것. 또는, (어떤 행사를) 실무적으로 담당하여 집행하는 것. ▷주최. **주관-하다** [동][타][여] ¶교육 인적 자원부가 주최하고 ○○일보사가 **주관하는** 고전 읽기 대회. **주관-되다** [자]

주관²(主觀) [명] 1 [철] 외부 세계나 현실 등을 인식하고 체험하며 그것에 작용을 가하는 의지적 존재. 2 자기만의 견해나 관점. ¶~이 뚜렷한 사람. ↔객관(客觀).

주관-성(主觀性) [-썽] [명] 주관적인 성질. ↔객관성.

주관-식(主觀式) [명] [교] 시험 문항이 문장으로 서술하여 답하게 되어 있는 방식. ¶~ 문제. ↔객관식.

어법 다음은 주관식 문제입니다. 2002년 월드컵 축구 우승국은 어디입니까?: 주관식(×)→객관식(○), 단답형 ▶ 흔히, 여러 개의 보기를 주고 맞는 답을 고르는 경우만 객관식이고, 보기 없이 짧게 단어나 구로 답하는 것을 주관식으로 취급하는 경우가 많으나, 둘 다 객관식 문제로서 전자는 선택형(또는 선다형), 후자는 단답형임.

주관-적(主觀的) [관][명] 주관을 기초로 한 (것). ¶~ 입장 / ~인 견해. ↔객관적.

주관-주의(主觀主義) [-의/-이] [명] [철] 진리·가치의 기준은 주관 속에 있다고 하는 입장. ↔객관주의.

주관-화(主觀化) [명] 객관적인 사항을 자기의 견해나 관점과 직접 관련한 입장에서 보고 다루는 것. ↔객관화. **주관화-하다** [동][타][여] **주관화-되다** [자]

주광(酒狂) [명] 1 술주정이 심한 것. 또는, 그런 사람. 2 술을 광적으로 좋아하는 사람.

주광-성(走光性) [-썽] [명] [생] 빛의 자극에 대한 생물의 주성(走性). 식물이 태양을 향하거나, 벌레가 불빛을 찾아드는 현상 따위. =추광성.

주:괴(鑄塊) [-괴/-궤] [명] =잉곳(ingot).

주교¹(主教) [명] [가] 교구를 관할하는 교직. 또는, 그 교직에 있는 사람.

주교²(舟橋) [명] =배다리1.

주구¹(走狗) [명] 1 달리기를 잘하는 개라는 뜻으로, 사냥개를 이르는 말. 2 =앞잡이2. ¶일제의 ~ 노릇을 한 친일 언론.

주:구²(誅求) [명] 관청에서 백성의 재물을 강제로 빼앗는 것. ¶가렴(苛斂) ~. **주:구-하다** [동][타][여]

주군(主君) [명] '임금'을 높이어 부르는 말. =주공(主公).

주권¹(主權) [-꿘] [명] 1 주되는 권리. 2 [법] 국가의 의사를 최종적으로 결정하는 권력. 대내적으로는 최고의 절대적 힘을 가지고, 대외적으로는 자주적 독립성을 가짐.

주권²(株券) [-꿘] [명] [경] 주주의 출자에 대해 교부하는 유가 증권. ㉰주(株).

주권-국(主權國) [-꿘-] [명] [법] 1 다른 나라의 간섭을 받는 일이 없이, 주권을 완전히 행사할 수 있는 독립국. 2 어떤 사건에 대하여 통치권, 특히 재판권을 가지는 나라.

주권-자(主權者) [-꿘-] [명] 국가의 최고 절대권을 가진 자. 군주국에서는 군주, 공화국에서는 국민 또는 의회임.

주극-성(周極星·週極星) [-썽] [명] [천] 하늘의 북극 둘레를 도는 별. 곧, 어디에서 보아도 지평선 아래로 내려가지 않는 별.

주극-풍(周極風) [명] [기상] =극동풍(極東風).

주근(主筋) [명] [건] 철근 콘크리트 건물의 기둥이나 대들보 등에 길이 방향으로 넣는 철근.

주근-깨 [명] 얼굴의 군데군데에 생기는 잘고 검은 점. 한의학 용어는 작란반(雀卵斑) = 작반·하일반(夏日斑). ×검은깨.

주근-주근 [부] 성질이나 태도가 은근하고 끈질긴 모양. **주근주근-하다** [형][여]

주금¹(酒禁) [명] 술을 빚거나 팔지 못하게 법으로 금하는 것. **주금-하다** [동][자][여]

주:금²(鑄金) [명] 거푸집에 금속을 녹여 넣어 기물을 만드는 주조의 한 기법.

주금-류(走禽類) [-뉴] [동] 조류의 생태·습성에 따라 나눈 한 무리. 몸은 크나 날개가 불완전하여 날지 못하고, 대신 다리가 발달하여 잘 달릴 수 있으며, 가슴뼈에는 용골돌기가 없음. 타조·레아·키위 따위.

주급(週給) [명] 한 주일마다 지급되는 급료.

주기¹(主氣) [명] 주되는 정기(精氣).

주기²(朱記) [명] 중요하거나 특별한 부분에 붉은 글씨로 드러나게 기록·표시하는 것. **주기-하다** [동][자][여]

주기³(酒氣) [명] 술을 먹은 후에 몸에 나타나는 술의 기운. ⓑ술기운·취기. ¶~가 돌다 / ~가 얼근하게 오르다.

주기⁴(週期) [명] 1 같은 현상이나 특징이 한 번 나타나고부터 다음번 되풀이되기까지의 기간. ¶이 섬에는 1주일을 ~로 객선이 들어온다. 2 회전하는 물체가 한 번 돌아서 본래의 위치로 오기까지의 기간. ¶회전 ~ / 공전 ~. 3 [물] 진동하는 물체가 한 방향으로 움직였다가 다시 반대 방향으로 그만큼 움직여 본래의 자리로 돌아오는 데에 걸리는 시간.

주기⁵(周忌·週忌) [명][의존] 사람이 죽은 뒤, 그 죽은 날짜가 해마다 돌아오는 횟수를 나타내는 말. ¶백범 선생의 52~ 추모식이 열

주-기도문(主祈禱文) [명] [기] 예수가 제자들에게 가르친 모범이 되는 기도문. 가톨릭에서는 '주의 기도'라고 함.

주기-성¹(走氣性) [-썽] [명] [생] 산소에 대한 생물의 주성(走性). 호기성 세균에서 볼 수 있음. =추기성(趨氣性).

주기-성²(週期性) [-썽] [명] 주기적으로 진행하거나 나타나는 성질.

주기억^장치(主記憶裝置)[-짱-] 圐[컴] 컴퓨터 내부에 위치하여 작업 수행에 필요한 운영 체제 및 처리할 프로그램이나 데이터를 기억하는 장치. ▷보조 기억 장치.

주기^운동(週期運動) 圐[물] 일정한 시간마다 같은 상태가 되풀이되는 운동.

주기-율(週期律) 圐[화] 원소(元素)를 원자 번호의 차례로 배열하였을 때, 그 성질이 주기적으로 바뀐다고 하는 법칙. =원소 주기율.

주기율-표(週期律表) 圐[화] 주기율에 따라서 원소를 배열한 표. 가로를 주기(週期), 세로를 족(族)이라 함.

주기-적(週期的) 괸圐 일정한 간격을 두고 되풀이하여 나타나는 (것).

주꾸미 圐[동] 연체동물 두족강 낙짓과의 한 종. 몸길이가 30cm 정도. 외투막(外套膜)은 달걀꼴이고 표면은 엷은 황갈색을 띠며, 다리 길이는 거의 안의 개펄 바닥에 삶.

주낙 圐 물고기를 잡는 어구(漁具)의 하나. 모릿줄이라고 하는, 수평으로 뻗친 긴 줄에 일정한 간격마다 낚시가 1개씩 달린 아랫줄이 수십 가닥 연결한 것. =연승(延繩).

주낙-배[-빼] 圐 주낙을 갖춘 고기잡이배.

주년(週年・周年) 圐[의] 1년을 단위로 하여 돌아오는 돌을 세는 단위. ¶개교 35~ / 기념식 / 결혼 20~.

주노(Juno) 圐 1[신화] '유노'의 영어명. 2[천] 소행성(小行星)의 하나. 화성과 목성 사이에 산재하는 소행성 중 세 번째임.

주!눅 圐 1기를 펴지 못하여 움츠러드는 일. 2부끄러움을 모르고 언죽번죽하는 태도나 성미.

주눅(이) 들다 斤 부끄럽거나 무서워서 기가 줄어들다. ¶사람들 앞에 나서자 그는 주눅이 들어 아무 말도 하지 못했다.

주니 圐 몹시 지루함을 느끼는 싫증. ¶~가 나다 / ~를 내다.

주니어(junior) 圐 ['연하자(年下者)', '하급자'라는 뜻] 프로 복싱에서, 같은 체급을 다시 둘로 나누었을 때 가벼운 쪽을 이르는 말. ¶~ 라이트급.

주니어-급(junior級) 圐[체] 체급 경기에서, 국제 시합의 체중 등급으로 나눌 수 없는 연소자들에 대하여 따로 나눈 등급.

주다 圐 ①탸 1(사람이 자기의 것이나 자기에게 있던 대상을 다른 사람에게) 건네어 그의 것이 되게 하거나 그의 책임 아래 가지고 있게 하다. ¶아이에게 용돈을 ~ / 친구가 나에게 책을 선물로 ~. ↔받다. 2(사람이 다른 사람이나 동물에게 먹을 것을) 먹을 수 있는 범위에 내놓다. 또는, (사람이 식물에 물이나 비료 등을) 잎이나 뿌리 등이 있는 곳에 뿌리다. ¶돼지에게 먹이를 ~ / 화초에 물을 듬뿍 ~. ¶밥 좀 **주세요.** 3(다른 사람에게 어떤 자격이나 권리, 점수 따위를) 가지게 하다. ¶대학에서 졸업생에게 학위를 ~ / 선생님이 창수에게 100점을 **주셨다.** 4(어떤 대상에게 힘이나 압력을) 미치게 하다. ¶힘을 가하다. ¶발에 힘을 ~. 5(사람이 다른 사람에게 할 일을) 가지게 하다. 悥맡기다. ¶상급자가 부하에게 임무를 ~. 6(사람이 다른 사람에게 어떤 시간을) 가지게 하다. ¶선생님이 학생들에게 자습할 시간을 ~ / 생각할 시간을 좀 **주십시오.** 7(사람이 다른 사람에게 어떤 내용의 말을) 듣게 하다. ¶선배가 후배에게 주의를 ~ / 심판이 선수에게 경고를 ~. 8(사람이나 대상이 다른 사람에게 정신적・감정적 영향이나 피해 따위를) 미치거나 일으키게 하다. ¶피해를 ~ / 용기를 ~ / 뜻하지 않은 재난은 사람들에게 많은 고통을 **주었다.** 9(사람이 다른 사람에게 정이나 마음을) 베풀거나 터놓다. ¶그 여자는 남자에게 마음을 **주었다.** 10(여자가 남자에게 몸을) 허락하여 성적(性的) 관계를 맺게 하다. ¶분네는 물방울진에서 삼돌이에게 몸을 주고 말았다. 11(사람이 눈길을 어떤 대상에) 미치게 하다. ¶창밖으로 시선을 ~ / 그 여자는 못 사내에게 눈길 한 번 **주는** 일이 없다. 12(사람이 다른 사람이나 어느 곳에서 사나 침이나 못 따위를) 찌르거나 박거나 하다. 悥놓다. ¶침을 ~ / 환자에게 주사를 ~. 13(실이나 줄 따위의) 풀리는 쪽으로 더 풀어 내다. ¶연줄을 ~. ②보조 (동사의 어미 '-아/어' 아래에 쓰여) 어떤 행동이 남을 위하여 베푸는 것임을 나타냄. ¶아이에게 밥을 먹어 ~ / 학생들에게 시를 읽어 ~ / 한 번만 만나 **주십시오.**

어법 나 물 한 잔 **주라** : 주라(×)→다오(○). ▶ '주다'가 자기 자신을 대상으로 하되, 해라체의 명령형으로 쓰일 때에는 '다오'의 꼴로 바뀜.

[줄수록 양양] 주면 줄수록 부족하게 여기고 더 요구하게 된다는 말.

주거니 받거니 斤 말이나 물건 따위를 서로 계속하여 주고받거나 건네는 모양. ¶이야기를 ~ 하며 밤을 새우다 / 술잔을 ~ 하면서 술을 마시다.

주단(朱丹) 圐 곱고 붉은 색. 또는, 그 칠.

주단²(紬緞) 圐 명주와 비단의 총칭.

주단³(綢緞) 圐 품질이 썩 좋은 비단.

주단포목(紬緞布木) 圐 명주와 비단과 베와 무명의 총칭. 곧, 온갖 직물류를 일컫는 말.

주담(酒談) 圐 술김에 지껄이는 객쩍은 말.

주담-하다 圐(자)

주당(酒黨) 圐 술을 즐기고 잘 마시는 무리. =주도(酒徒).

주도¹(主都) 圐 1 주요한 도시. 2 위성 도시의 가운데 중심이 되는 도시.

주도²(主導) 圐 주장이 되어 이끄는 것. ¶민간 ~ 사업. **주도-하다¹** 圐타여 ¶정부가 주도하는 개발 사업.

주도³(州都) 圐[지] 주(州)를 행정 단위로 하는 국가에서, 주의 정치・문화 등의 중심이 되는 도시.

주도⁴(酒道) 圐 술자리에서의 도리.

주도⁵(周到) →**주도-하다²** 圐여 주의가 두루 미쳐서 빈틈없이 찬찬하다. 悥용(用意)~.

주도-권(主導權)[-꿘] 圐 주동적인 처지에서 이끌거나 지도할 수 있는 권리. ¶~을 잡다.

주-도로(主道路) 圐 어떤 지역이나 지점에 이르는 주된 도로.

주도면밀(周到綿密) →**주도면밀-하다** 圐여 주의가 두루 미쳐 자세하고 빈틈이 없다. ¶주도면밀한 성격 / 한 치의 착오도 없도록 계획을 **주도면밀하게** 세우다.

주도-적(主導的) 괸圐 주장이 되어 이끄는 (것). ¶~ 역할.

주독(酒毒) 圐 =술독². ¶~이 오르다.

주동(主動) 圐 어떤 일에 주장이 되어 행동하는 것. 또는, 그 사람. ¶~ 인물 / 몇몇 뜻있는 사람들이 ~이 되어 모금 운동을 벌이다.

주동-하다 〖타〗통 시위를 ~.
주동-문(主動文) 명[언] 주동사가 서술어로 쓰인 문장. 예를 들어, "동생이 밥을 먹는다.", "철수가 책을 읽는다." 따위. ↔사동문(使動文).
주-동사(主動詞) 명[언] 행동의 주체가 스스로 행하는 동작을 나타내는 동사. ↔사동사.
주동-자(主動者) 명 어떤 일에 주동이 되는 사람. ¶대모 ~/~를 색출하다.
주-되다(主-) [-되-/-뒈-] 자통 (주로 '주된'의 꼴로 쓰여) 다른 것에 비해 두드러지거나 중심을 이루다. ¶주된 판심사 / 주된 인물 / 이 논설의 주된 내용은 '환경오염에 대한 대책'이다.
주두라지 명 1 '말씨'를 속되게 이르는 말. 2 '주둥아리'의 잘못.
주:둔(駐屯) 명 군대가 한 지역에 머무르는 것. =주류(駐留). ¶장기 ~/~ 병력. 주:둔-하다 통재 ¶한국에 주둔해 있는 미군.
주:둔-군(駐屯軍) 명[군] 한 지역에 일시적으로 머물러 있는 군대. ¶~이 철수하다.
주:둔-지(駐屯地) 명 군대가 주둔하고 있는 장소.
주둥아리 명 사람이나 동물의 '입'을 비속하게 이르는 말. 비주둥이. ¶일은 안 하고 ~만 깐다. 좨조동아리. ×주두라지.
주둥이 명 1 사람의 '입'을 비속하게 이르는 말. ¶~를 함부로 놀리다. 2 일부 짐승이나 물고기 등의 머리에서, 뾰족하게 내민 코나 입 주위의 부분. 비주둥아리. ¶뚜더지는 와 앞다리로 땅을 잘 판다. 3 병이나 일부 그릇 등에서, 좁고 길쭉하게 내민, 담긴 물질을 밖으로 나오게 하는 부분. ¶병 ~/주전자의 ~. 좨조동이.
주등(酒燈) 명 술집 앞에 광고 삼아 다는 등.
주라-통(朱螺筒) 명 소의 목구멍에서 밥통에 이르는 길.
주란-사(一紗) 명 가스사로 짠 피륙.
주랑(柱廊) 명[건] 수평의 들보를 지른 열주(列柱)가 있는 회랑(回廊).
주량(酒量) 명 마시고 견디어 낼 만한 정도의 술의 분량. =주호(酒戶). ¶~이 세다.
주렴 명 1 피로하여 고단한 증세. 2 '주접'의 잘못.
주렁-주렁 부 1 열매 따위가 많이 매달려 있는 모양. ¶감나무에 감이 ~ 열렸다. 2 여러 사람이 딸려 있는 모양. 좨조랑조랑. 주렁주렁-하다 형여 ¶부양해야 할 식구들이 ~.
주력¹(主力) 명 중심 되는 힘. ¶~ 부대 / ~ 함대.
주력²(走力) 명 달리는 힘.
주:력³(注力) 명 어떤 일에 온 힘을 기울이는 것. 주:력-하다 자여 ¶경찰은 올 한 해 동안 교통질서 확립을 위한 계도와 단속을 강화할 방침이다.
주:력⁴(呪力) 명 미개인들의 주술(呪術) 및 종교의 기초를 이루는 초자연적인 힘.
주력-함(主力艦) [-려캄] 명[군] 여러 군함 중 공격력·방어력이 가장 우수한 전함. ↔보조함.
주련(柱聯) 명 기둥이나 벽 따위에 장식으로 써서 붙이는 연구(聯句). =영련(楹聯).
주렴(珠簾) 명 구슬을 실에 꿰어 만든 발. =구슬발. ¶방문에 오색 ~을 드리우다.
주례(主禮) 명 예식을 주장하여 진행하는 것. 또는, 그 사람. 주례-하다 통타여
주례(를) 서다 판 주례를 맡아서 하다.

주례-사(主禮辭) 명 주례가 예식에서 행하는 의례적인 축사.
주-로¹(主-) 부 주되거나 중심을 이루거나 중점을 두는 상태로. 비대개·대체로. ¶점심은 ~ 뭘 드십니까? / 그 서클의 회원은 ~ 학생이다.
주로²(走路) 명[체] 경주를 하기 위하여 만든 일정한 코스. ¶~선(線).
주루¹(走壘) 명[체] 야구에서, 주자가 어느 누(壘)에서 다음 누로 달리는 것. =베이스러닝. 주루-하다 통재
주루²(酒樓) 명 큰 술집. =주사(酒肆).
주룩 부 가는 물줄기 등이 좁은 데를 빨리 흐르다가 그치는 소리. 좨조록. 쎈쭈룩. 주룩-하다 통재여
주룩-주룩 [-쭈-] 부 물줄기 따위가 계속 죽죽 내리거나 떨어지는 소리. 또는, 그 모양. ¶비가 ~ 내리다. 좨조록조록. 쎈쭈룩쭈룩. 주룩주룩-하다 통재여
주류¹(主流) 명 1 강의 원줄기가 되는 큰 흐름. 2 활동이나 현상에서 중심이 되는 흐름이나 경향. 비간류(幹流). ¶시대사조의 ~ / 조선 초기의 문학은 한문학이 ~를 이루었다. 3 조직이나 단체에서, '다수파'를 이르는 말. ↔비주류(非主流).
주류²(酒類) 명 술의 종류. ¶~가 다양하다.
주류-성(走流性) [-썽] 명[생] 공기 또는 물의 흐름이 자극원이 되는 주성(走性).
주:륙(誅戮) 명 죄에 대한 형벌로 죽이는 것. 주:륙-하다 통타여 주:륙-되다 통재여
주르르 부 1 발걸음을 재게 떼어 걷거나 따르는 모양. 2 액체가 가볍게 흘러내리는 소리. 또는, 그 모양. ¶감기가 들어 콧물이 ~ 흐르다. 3 경사진 곳에서 물건이 미끄러져 내리는 모양. ¶빙판이 진 언덕배기에서 ~ 미끄러졌다. 4 여럿이 한 줄로 고르게 잇달아 있는 모양. 좨조르르. 쎈쭈르르. 주르르-하다 통재여
주르륵 부 굵은 물줄기 따위가 빠르게 잠깐 흐르다가 멎는 소리. 또는, 그 모양. 좨조르록. 쎈쭈르륵. 주르륵-하다 통재여
주르륵-거리다/-대다 [-꺼(때)-] 통재 잇달아 주르륵하다. 또는, 그리게 하다. 좨조르륵거리다. 쎈쭈르륵거리다.
주르륵-주르륵 [-쭈-] 부 주르륵거리는 소리. 또는, 그 모양. 좨조르륵조르륵. 쎈쭈르륵쭈르륵. 주르륵주르륵-하다 통재여
주름 명 1 피부가 쭈글쭈글해져 생긴 잔 줄. ¶~ 잡힌 이마 / 얼굴이 ~ 투성이인 노파. 2 옷의 폭 따위를 접어서 잡은 금. ¶~치마 / 바지에 ~을 세우다. 3 종이나 옷감 따위의 구김살. ¶~이 가다 / ~을 펴다.
주름-살 [-쌀] 명 주름이 잡힌 금. ¶눈가에 ~이 지다 / 웃을 때마다 ~이 잡히다.
주름-상자(-箱子) 명 1 [사진] 사진기의 어둠상자를 둘러싼 측벽. 자유로이 신축(伸縮)할 수 있음. 2 아코디언의 몸통을 이루는 벽.
주름-위(-胃) 명[동] 반추위(反芻胃)의 제4위. 많은 주름으로 되어 있으며, 겹주름위에서 온 것을 화학적으로 소화시킴. =추위(皺胃).
주름-잡다 [-따] 통타 (어떤 세계나 집단 등을) 중심적 역할을 하면서 자기 뜻대로 움직이다. ¶정계를 ~ / 천하를 주름잡는 영웅호걸.
주름-치마 명 세로로 주름을 많이 잡은 치마.

주리(-)[역] 죄인의 두 다리를 한데 묶고 다리 사이에 두 개의 주릿대를 끼워 비트는 형벌. 원주뢰(周牢).

주리를 틀다 주리의 형벌을 주다.

주리다(자여) 1 먹을 만큼 먹지 못하여 배를 곯다. ¶주린 배를 물로 채우다. 2 원하는 것을 얻지 못하여 마음에 불만을 느끼다. ¶정에 ~.

주립¹(州立)[명] 주의 경비로 세워 관리·유지하는 것. ¶~ 대학.

주립²(朱笠)[명] 융복(戎服)을 입을 때 쓰는 붉은 칠을 한 갓.

주릿-대[-리때/-릳때][명] 1 주리를 트는 데에 쓰는 두 개의 긴 막대기. 2 몹시 불량한 사람을 이르는 말.

주릿대(를) 안기다 모진 벌을 주다.

주마(走馬)[명] 말을 타고 달리는 것. 또는, 그 말. **주마-하다**(자여)

주마가편(走馬加鞭)[명] 열심히 하는 사람을 더욱 잘하도록 권장함. '달리는 말에 채찍질'과 같은 말. **주마가편-하다**(자여)

주마간산(走馬看山)[명] [말을 타고 달리며 산천을 구경한다는 뜻] 사물의 겉만을 대강 보고 지남. **주마간산-하다**(자여)

주마-등(走馬燈)[명] 1 등(燈)의 한 가지. 등 한가운데 가는 대오리를 세우고 대 끝에 두꺼운 종이로 만든 바퀴를 붙이고 종이로 만든 네 개의 말의 형상을 달아서, 촛불로 데워진 공기의 힘으로 종이 바퀴가 돌 때 말의 형상이 따라 돌게 되어 있음. 2 무엇인가 언뜻언뜻 빨리 지나감의 비유. ¶옛 추억이 ~처럼 뇌리를 스치고 지나간다.

주막(酒幕)[명] 옛날에, 시골 길가에서 밥과 술을 팔고 나그네에게 잠자리도 제공하던 집. =주막집.

주막-거리(酒幕-)[-꺼-][명] 주막이 있는 길거리.

주막-집(酒幕-)[-찝][명] =주막.

주말(週末)[명] 한 주일의 끝. 곧. 토요일 또는 토요일과 일요일. ↔주초(週初).

주말-부부(週末夫婦)[명] 어떤 이유로 서로 멀리 떨어진 곳에서 살 수밖에 없어 주말에만 만나 함께 지내는 부부.

주말-여행(週末旅行)[-려-][명] 주말을 이용하여 떠나는 여행.

주맥(主脈)[명] 1 으뜸이 되는 줄기. 2 [식] 잎의 한가운데 있는 가장 큰 잎맥.

주머니[명] 1 돈이나 작은 소지품을 넣을 수 있도록 헝겊이나 가죽 따위로 밑과 옆을 막고 윗부분은 졸라맬 수 있게 만들어 허리에 차거나 들고 다니는 물건. ¶돈 / 신발 ~를 차다. 2 옷의 일정한 부분에 물건이 생기게 하여 그 안쪽에 밑과 옆을 막은 헝겊을 달거나, 옷의 거죽에 천을 대어 위가 터진 상태로 아래와 옆을 꿰매어 단, 돈이나 자은 소지품을 넣는 부분. 비호주머니·포켓. ¶속 ~ / 바지 ~ / ~가 텅 비었다. 3 [일부 명사와 합성어로 쓰여] 그 명사가 나타내는 대상이 많거나 잦은 사람임을 홀하게 이르는 말. ¶병~ / 고생~ / 이야깃~.

주머니가 든든하다 몸에 지닌 돈이 많이 든든하다.

주머니(를) 털다 1 가지고 있는 돈을 모두 다 내놓다. 2 강도질을 하다. ¶불량배가 행인의 ~.

주머니-밑천[-믿-][명] 주머니에 늘 넣어 두고 쓰지 않는 약간의 돈.

주머니-칼[명] 접어서 주머니에 넣고 다니며 쓰는 작은 칼. =낭도(囊刀).

주머닛-돈[-니똔/-닏똔][명] 주머니 안에 있는 돈.

[**주머닛돈이 쌈짓돈**] 네 것 내 것 가릴 것 없는 돈. 특히, 남편 돈과 아내의 돈은 구별이 없다는 뜻으로 쓰는 말. '쌈짓돈이 주머닛돈'과 같은 말.

주먹[명] 1 다섯 손가락을 모두 안쪽으로 오므려 둥글게 된 상태의 손. ¶~을 쥐다(펴다) / ~만한 감자. 준줌. 2 다섯 손가락을 꽉 쥔 손으로 사람을 때리는 일. 비완력(腕力)·폭력. ¶~이 세다(약하다) / 그의 ~에 당할 자가 없다. / 말보다 ~이 앞서다. 3 주먹이나 발을 가지고 싸움을 아주 잘하는 사람. 비폭력배. ¶~ 세계 / 창호는 우리 학교 ~이다.

[**주먹은 가깝고 법은 멀다**] 나중에야 어찌 되든우선 완력으로 해 댄다.

주먹이 운다 치거나 때리고 싶은 울화를 참으며 하는 소리. ¶어휴! ~.

주먹-구구(-九九)[-꾸-][명] 1 손가락을 일일이 꼽아서 하는 셈. 2 정밀하지 못하고 대강 하는 계산.

주먹구구-식(-九九式)[-꾸꾸-][명] 짐작으로 어림잡아 하는 방식. ¶~ 행정.

주먹-다짐[-따-][명] 1 주먹으로 때리는 짓. ¶서로 ~까지 하다. 2 함부로 윽대기는 짓. **주먹다짐-하다**(자여)

주먹^도끼[-또-][명] [고고] 구석기 시대의 석기(石器)의 하나. 한쪽이 손으로 잡아 쥘 수 있고, 다른 한쪽은 물건을 자르거나 땅을 파도록 된, 주먹만 한 도끼. =악부(握斧).

주먹-맛[-맏][명] [고고] 주먹으로 얻어맞는 맛.

주먹-밥[-빱][명] 1 주먹처럼 둥글게 뭉친 밥 덩이. 2 맨손으로 집어 먹는 밥.

주먹-뺨[명] 주먹으로 호되게 때리는 뺨. ¶…응칠이는 화를 벌컥 낸 것만은 좋으나 저도 모르게 대뜸 ~이 들어갔던 것이다.《김유정: 만무방》

주먹-상투[-쌍-][명] 머리를 숙지 않고 그냥 튼어 주먹같이 크고 모양이 없는 상투.

주먹-세례(-洗禮)[-쎄-][명] 주먹으로 여러 차례 때리는 짓. ¶~을 퍼붓다.

주먹-손[-쏜][명] 주먹을 쥔 손.

주먹-심[-씸][명] 1 주먹으로 때리거나 쥐는 힘. ¶~이 세다. 2 남을 억누르는 힘. ¶일을 ~으로 해결하다.

주먹-질[-찔][명] 주먹을 휘두르며 위압하거나 주먹으로 때리는 짓. **주먹질-하다**(자타여) ¶친구와 **주먹질하며** 싸우다.

주먹-총(-銃)[명] '내지르는 주먹'을 강조하여 이르는 말.

주먹-치기[명] 1 상대편이 내민 주먹을 때리는 놀이. 피하면 땅을 치게 됨. 2 '수음(手淫)'을 속되게 이르는 말. 3 계획성이 없는 대로 처리하는 짓. **주먹치기-하다**(자여)

주먹-코[명] 뭉뚝하고 크게 생긴 코. 또는, 그런 코를 가진 사람. 놀림조의 말임.

주모¹(主謀)[명] 주장하여 일을 꾸미는 것. 또는, 그 사람. **주모-하다**(자타여) ¶반란을 ~.

주모²(酒母)[명] 1 술밑. 2 술청에서 술을 파는 여자. =주부(酒婦).

주모-자(主謀者)[명] 우두머리가 되어 나쁜 짓이나 음모 등을 꾸미는 사람.

주목¹(朱木)[명][식] 주목과의 상록 침엽 교목.

높이 약 22m, 지름 약 2m. 나무껍질은 적갈색이고, 꽃은 4월에 피며, 열매는 9월에 붉게 익음. 건축재 및 붉은빛의 염료로 쓰이며, 가지와 잎은 약재로 씀.

주:목²(注目) **Ⅰ** 명 1 관심을 가지고 한곳을 주의 깊게 보는 것. ¶~을 끌다/세계의 ~을 받다. 2 조심하고 경계하는 눈으로 살피는 것. ¶당신 사건의 혐의자로 경찰의 ~을 받다. **주:목-하다** 통(자)(타)(여) ¶이곳을 **주목해** 주십시오. **주:목-되다** 통(자)
Ⅱ 감 제식 훈련 시 구령의 하나. 잡담을 그치고 몸과 마음을 바르게 가진 자세로 지휘자를 향해 시선을 모으라는 말.

주:목-거리(注目-)[-꺼-] 명 관심을 가지고 주의 깊게 볼 만한 가치가 있는 일. ¶누가 영예의 대상을 받을지 ~이다.

주-목적(主目的)[-쩍] 명 주되는 목적.

주-목표(主目標) 명 주되는 목표.

주무¹(主務) 명 사무를 주장하여 맡는 것. 또는, 그 사람. ¶~ 부서. **주무-하다¹** 통(타)(여)

주무²(綢繆) 명 미리 빈틈없이 자세하게 준비하는 것. **주무-하다²** 통(타)(여)

주무^관청(主務官廳) 명 일정한 사무를 주관하여 그 권한과 직무를 관장하는 행정 관청.

주무르다 타(르)<주무르니, 주물러> 1 (사람이 물렁하게 탄력성 있는 물질이나 물체를) 손으로 여러 번 힘 있게 쥐었다 놓았다 하다. ¶빨래를 ~ / 아이가 할머니의 어깨를 **주물러** 드리다. 2 (사람이 다른 사람이나 어떤 대상을) 제 마음대로 다루다. ¶정치계를 ~ / 일개 과장이 회사를 **주무르려**고 든다. 3 (못마땅하거나 비위에 거슬리는 사람을) 꼼짝 못하게 손찌검을 하다. 완곡한 표현으로 쓰인 말. ¶저 녀석이 아직도 정신을 못 차린 모양인데 잘못되지 않을 만큼 **주물러** 줘라.

주무시다 통(자)(타) '자다'의 높임말. ¶안녕히 **주무셨습니까?**

주묵(朱墨) 명 붉은 빛깔의 먹.

주문¹(主文) 명 1 [언] 문장에서 주되는 부분. =으뜸월. ↔종속문(從屬文). 2 [법] '판결 주문'의 준말.

주:문²(注文) 명 어떤 상품의 생산·수송 내지는 서비스의 제공을 수요자가 공급자에게 신청하는 일. ¶~ 판매 / ~을 맡다 / ~을 받다 / ~이 밀리다 / ~이 쇄도하다. **주:문-하다** 통(타)(여) ¶음식을 ~. **주:문-되다** 통(자)

주:문³(呪文) 명 1 [민] 주술가가 술법을 행할 때 외는 글귀. 2 [종] 천도교에서, 심령(心靈)을 닦고 한울님에게 빌 때 외는 글. ㉰주(呪).

주:문^생산(注文生産) 명 [경] 소비자의 일정한 주문에 응하여 행하는 생산.

주:문-서(注文書) 명 물품을 주문하는 데 관한 여러 가지 사항을 적은 서면.

주:문-자(注文者) 명 주문하는 사람.

주:물¹(呪物) 명 미개인 사이에서, 주력(呪力)이 있어 가지고 다니면 비호(庇護)를 받는다고 믿어 신성시하는 물건. =서물(庶物).

주:물²(鑄物) 명 쇠붙이를 녹인 쇳물을 일정한 틀 속에 부어 굳혀 만든 물건. ¶~ 공장.

주물럭-거리다/-대다[-꺼(때)-] 통(타) 물건을 손으로 자꾸 주무르다. ¶밀가루 반죽을 ~. ㉡조몰락거리다.

주물럭-주물럭[-쭈-] 부 주물럭거리는 모양. ㉡조몰락조몰락. **주물럭주물럭-하다** 통(타)(여)

주:물^숭배(呪物崇拜) 명 =물신 숭배1.

주:미(駐美) 명 (주로 관형어적으로 쓰이어) 미국에 주재하고 있는 것. ¶~ 대사.

주:민(住民) 명 1 그 땅에 사는 백성. 2 [법] 30일 이상 거주할 목적으로 일정한 주소 또는 거소(居所)를 가진 사람.

주:민^등록(住民登錄)[-녹] 명 [법] 주민의 거주 관계 파악 및 행정 사무의 적정·간이한 처리를 위하여 모든 주민을 주소지의 시·군 등에 등록하게 하는 것.

주:민^등록^번호(住民登錄番號)[-녹뻔-] 명 [법] 주민 등록을 할 때, 국가에서 국민에게 부여하는 고유 번호.

주:민^등록증(住民登錄證)[-녹쯩] 명 [법] 대한민국 국민으로서 일정한 지역에 살고 있음을 증명하는, 명함 크기의 카드. 만 17세 이상이 된 사람에게 발급됨.

주:민-세(住民稅)[-쎄] 명 [법] 지방세의 하나. 그 고장에 살며 독립된 생계를 영위하는 사람과 그 고장에 사무소·사업소 등을 둔 법인(法人)에 대하여 부과함.

주밀(周密) →**주밀-하다** 형(여) 허술한 구석이 없고 세밀하다. **주밀-히** 부

주발(周鉢) 명 놋쇠로 만든 밥그릇. 위가 약간 벌어지고 뚜껑이 있음.

주방(廚房) 명 음식점·다방 등에서, 음식을 만드는 방. ▶부엌.

주방-장(廚房長) 명 음식점·다방 등에서, 조리(調理)를 맡은 사람의 우두머리.

주배(酒杯) 명 =술잔.

주번(週番) 명 한 주일마다 번갈아 하는 근무나 역할. 또는, 그 사람.

주벌(主伐) 명 다 자란 쓸 만한 나무를 이용하기 위해서 벌채하는 일. ↔간벌(間伐). **주벌-하다** 통(타)(여)

주범(主犯) 명 [법] =정범(正犯).

주범(主帆) 명 메인마스트에 다는 큰 돛.

주법(走法)[-뻡] 명 [체] 육상 경기에서, 달리는 방법.

주:법²(奏法)[-뻡] 명 [음] '연주법'의 준말.

주벽(酒癖) 명 1 술을 매우 좋아하는 버릇. 2 술이 취하면 으레 보이는 버릇. ㈜술버릇. ¶그는 술을 마셨다 하면 기물을 부수는 ~이 있다.

주변¹ 명 어떤 일에 부닥쳤을 때 이런저런 방법을 써서 적절히 처리하는 슬기나 재주. ¶말 ~ / ~이 좋다 / ~이 없다. ×채변.

주변²(周邊) 명 1 주위의 가장자리. ¶책상 ~을 잘 정돈하다. 2 =전두리.

주:변-머리 명 '주변'을 속되게 이르는 말. ¶~

주변-성(-性)[-썽] 명 어떤 일에 부닥쳤을 때 이런저런 방법을 써서 적절히 처리하는 기질. ¶~이 있다.

주변-인(周邊人) 명 [사] 소속 집단을 옮겼을 때 원래의 집단의 습관·가치를 버리지도 못하고 또한 새로운 집단에도 충분히 적응하지 못하는 사람. ㈜경계인(境界人).

주변^장치(周邊裝置) 명 중앙 처리 장치의 제어이나 중앙 처리 장치의 일부가 아닌 장치로서, 중앙 연산 처리 장치 이외의 출력 장치, 입력 장치, 콘솔 및 온라인 시스템에서의 데이터 통신 장치 등을 총칭적으로 일컫는 장치.

주병(酒餠) 명 술과 떡.

주:병²(駐兵) 명 일정한 지역에 군대를 머무르게 하는 것. 또는, 그 군대. **주:병-하다**

주보¹(酒甫) 圄 술을 몹시 즐기거나 매우 많이 마시는 사람.
주보²(週報) 圄 1 한 주일마다 발행하는 신문이나 잡지 따위의 총칭. 2 한 주일을 단위로 하여 올리는 보고.
주봉(主峯) 圄 =최고봉1.
주부¹(主部) 圄 1 비스듬 부분. 2 [언] =주어부(主語部). ↔술부(述部).
주부²(主婦) 圄 1 한 집안의 살림살이를 주관하는 안주인. =가정주부. ¶~의 손길. 2 한 집안의 제사를 맡아 받드는 책임을 진 사람의 아내.
주부³(主簿) 圄 [역] 지난날, 한의사(韓醫師)를 이르던 말.
주부⁴(酒婦) 圄 =주모(酒母)²2.
주부^습진(主婦濕疹) [-찐] 圄 [의] 물을 많이 다루어 손바닥이 벌겋게 되며 벗겨지는 증상. 심하면 진물이 지워지며, 피부가 갈라지고 딱딱해짐. 물을 많이 다루는 주부에 주로 생기므로 이런 명칭이 붙음.
주부-코 圄[한] 비사증(鼻齄症)으로 부어오르고 붉은 점이 생긴 코.
주:불(駐佛) 圄 (주로 관형어적으로 쓰이어) 프랑스에 주재하고 있는 것. ¶~ 대사.
주붕(酒朋) 圄 =술벗.
주:비(籌備) 圄 계획하여 준비하는 것. **주:비-하다** 톤여
주빈(主賓) 圄 손님 중에서, 주가 되는 손님.
주뼛-거리다-대다 [-뼛껴(때)-] 冝 1 물건의 끝이 빨게 비쭉비쭉 솟거나 내밀다. 2 무섭거나 두려워 머리카락이 꼿꼿하게 일어서는 듯한 느낌이 자꾸 들다. 3 어줍거나 부끄러워서 머뭇거리다. 4 입술의 끝을 비쭉비쭉 내밀다. 잠조뼛거리다. 셈쭈뼛거리다.
주뼛-주뼛 [-뼛쭈뼛] 튀 주뼛거리는 모양. 잠조뼛조뼛. 셈쭈뼛쭈뼛. **주뼛주뼛-하다** 톤 자타 형어

주사¹(主事) 圄 1 사무를 주장하는 사람. 2 남자의 성 아래에 붙여 그를 높여 부르는 말. ¶김 ~. 3 국가 공무원의 직급의 하나. 사무관의 아래, 주사보의 위로 6급임.
주사²(主辭) 圄 [논] 명제(命題)가 되는 문장에서 주어가 되는 명사. 또는, 그 개념. =주개념·주어(主語). ↔빈사(賓辭).
주사³(朱砂) 圄 [광] =진사(辰砂)¹.
주사⁴(走査) 圄 [물] 1 텔레비전·팩시밀리 등에서, 이차원의 화면을 바둑판처럼 눈과 같이 여러 개의 미세한 화소(畫素)로 분해하거나, 화소를 조립하여 화면을 구성하는 일. 2 텔레비전이나 사진 전송 등에서, 화면을 몇 개의 점으로 세분하여 그 점을 전기 신호로 바꾸어 시간적 순서에 따라 보내는 조작. 또는, 그 반대의 조작. =스캔. **주사-하다¹**
주:사⁵(注射) 圄 [의] 약액을 주사기에 넣어 생물체의 조직이나 혈관 속에 직접 주입하는 일. ¶혈관 ~ / 예방 ~ / ~를 놓다 / ~를 맞다. **주:사-하다²** 톤여 ¶피내(皮內)에 백신을 ~.
주사⁶(酒邪) 圄 술 마신 뒤의 나쁜 버릇. ¶~가 심하다.
주사⁷(紬絲) 圄 =명주실.
주:사-기(注射器) 圄[의] 약액을 생물체의 조직 내에 주사하는 기구. 체내에 꽂는 바늘과 약액을 밀어 넣는 피스톤으로 구성됨.
주사니(紬-) 圄 '명주붙이'의 잘못.

주사-보(主事補) 圄 국가 공무원의 직급의 하나. 주사의 아래, 서기의 위로 7급임.
주사-선(走査線) 圄 텔레비전이나 사진 전송에서, 영상의 명암 흑백을 전기적 강약으로 바꾸어서 재생시키기 위하여 나눈 많은 선.
주:사-약(注射藥) 圄[약] =주사액.
주:사-액(注射液) 圄[약] 주사기에 넣어 주사하는 액체의 약품.
주사위 圄 옥돌이나 짐승의 뼈, 또는 단단한 물건으로 만든 놀이 도구의 하나. 조그만 정육면체의 각 면에 하나에서 여섯까지의 점을 새겨 두었음. 던져서 위쪽에 나타난 점수로 승부를 결정함. ¶~를 던진다.
주사위는 던져졌다 판 〔카이사르가 권력을 장악하기 위해 루비콘 강을 건너 로마를 향하여 진격을 개시하면서 했다는 말〕 일은 이미 시작되었으므로 결행될 수밖에 없음을 비장한 뜻을 담아 이르는 말.
주사-청루(酒肆靑樓) [-누] 圄 술집·기생집의 통칭.
주:사-침(注射針) 圄 =주삿바늘.
주산¹(主山) 圄 풍수지리설에서, 묏자리나 집터, 마을 등의 뒤에 있는, 명당을 감싸 보호한다는 산.
주산²(珠算·籌算) 圄 =수판셈. **주산-하다** 톤여
주-산물(主産物) 圄 어느 고장 등에서 가장 많이 나오는 산물. ↔부산물.
주-산업(主産業) 圄 어떤 지역에서 으뜸가는 산업.
주-산지(主産地) 圄 어떤 물품이 주로 생산되는 지역.
주:살(誅殺) 圄 죄를 물어 죽이는 것. **주:살-하다** 톤여 **주:살-되다** 돈여
주살-나다[-라-] 휑 [화살에 줄이 딸려 나가듯이 한다는 데서 나온 말] =뻔질나다.
주:삿-바늘(注射-) [-사빠-/-산바-] 圄 주사기 끝에 꽂는 바늘. 아주 작은 구멍이 뚫려 있어서 직접 몸속에 주사액을 넣도록 되어 있음. =주사침.
주상¹(主上) 圄 =임금¹.
주상²(主喪) 圄 죽은 사람의 제전(祭奠)을 주장하여 맡아보는 사람.
주상³(柱狀) 圄 기둥 모양.
주:상^복합^건:물(住商複合建物) [-보캅껀-] 圄 [건] 주택(특히, 아파트)과 상점이 내부에 함께 들어 있는 건물.
주색¹(主色) 圄 1 어떤 사물에서 주류를 이루고 있는 색. 2 =주요색.
주색²(朱色) 圄 누렁이 조금 섞인 붉은색.
주색³(酒色) 圄 1 남자가 탐하게 되기 쉬운 대상으로서의 술과 여자. ¶~에 빠지다 / ~을 탐하다. 2 얼굴에 나타난 술기운.
주색-잡기(酒色雜技) [-짭끼] 圄 술과 여색과 노름. ¶~로 집안을 망치다 / ~로 재산을 탕진하다.
주:-생활(住生活) 圄 사는 집이나 사는 곳에 관한 생활. ▷식생활·의생활.
주서¹(朱書) 圄 붉은색으로 글씨를 쓰는 것. 또는, 그 글씨. **주서-하다** 톤여
주서²(juicer) 圄 과일 또는 야채의 액즙을 짜내는 기구.
주석¹(主席) 圄 1 주되는 자리. 2 중국 등에서, 국가나 정당 등의 최고 직위. 또는, 그 직위에 있는 사람.
주석²(朱錫) 圄[화] 은백색의 광택이 있는 금속 원소. 원소 기호 Sn, 원자 번호 50, 원자

량 118.7. 연성·전성이 크며, 도금 및 식료품 공업 장치에 쓰임. 구용어는 상납. =석(錫).

주석³(柱石) 명 **1** 돌로 된 기둥. 또는, 주춧돌. **2** 가장 중요한 구실을 하는 사람.

주석⁴(酒石) 명[화] 포도주를 만들 때 알코올이 증가함에 따라 발효액 중에서 생기는 침전물. 타르타르산 및 그 화합물의 원료가 됨.

주석⁵(註釋·注釋) 명 낱말이나 문장의 뜻을 쉽게 풀이하는 것. 또는, 그 글. ¶~을 달다 / ~을 붙이다. **주!석-하다** 통[타][여] **주!석-되다** 통[자]

주석-석(朱錫石) [-썩] 명[광] 주석의 주요 광석. 산화주석을 주성분으로 하고, 적갈색·흑갈색을 띠며, 투명한 것은 보석으로 쓰임. =석석(錫石).

주석지신(柱石之臣) [-찌-] 명 국가의 주석이 되는, 중요한 구실을 하는 신하. ¶…경은 국가 ~이요, 동량지재라.《김만중: 구운몽》

주선(周旋) 명 일이 잘되도록 여러 가지 방법으로 두루 힘을 써 주는 것. **주선-하다** 통[타][여] **주선을 놓다. 주선-되다** 통[자]

주섬-주섬 부 여기저기 흩어진 물건을 하나하나 주워 거두는 모양. ¶옷을 ~ 입다 / 좌판을 벌였던 장사꾼들이 ~ 물건을 주워 담다. **주섬주섬-하다** 통[타][여]

주성¹(主星) 명[천] 쌍성(雙星) 가운데 더 밝은 별. ↔동반성(同伴星).

주성²(走性) 명[생] 자유로이 움직일 수 있는 생물이 외계의 자극에 대하여 행하는, 방향성이 있는 운동. 운동이 자극원으로 향하는 경우를 양(陽), 반대 방향으로 향하는 경우를 음(陰)이라 함. 자극의 종류에 따라 주광성·주화성·주류성·주촉성 등으로 나눔. =주향성·추성(趨性)·추향성.

주-성분(主成分) 명 **1** [언] 문장의 골격을 이루는 필수적인 성분. 주어·서술어·목적어·보어가 있음. ↔부속 성분. **2** 어떤 물질을 이루는 주된 성분. ¶콩의 ~은 단백질이다.

주세(酒稅) 명[법] 국세의 하나. 출고·인수한 주류의 수량 또는 가격에 따라 제조자나 인수인으로부터 징수하는 간접 소비세.

주!소¹(住所) 명 사람이 살고 있는 곳이나 기관, 회사 등이 자리 잡고 있는 곳을 행정 구역으로 나타낸 것. ¶김영수 씨 ~는 서울특별시 마포구 공덕동 200번지이다.

주!소²(註疏) 명 [주(註)는 경(經)을 해석한 것이고, 소(疏)는 주(註)를 해석·부연한 것이라는 뜻] 경서 등의 본문에 해석을 붙이는 것. =소주(疏註).

주소³(晝宵) 명 =밤낮.

주!소-록(住所錄) 명 여러 사람의 주소를 적어 모아 둔 장부.

주!소-지(住所地) 명 주소를 둔 지역. 특히, 주민 등록상 거주지로 등록되어 있는 지역. ¶그의 ~는 강남구로 되어 있으나 실제 거주지는 마포구이다.

주속(紬屬) 명 =명주붙이.

주!술(呪術) 명 무당 등이 신의 힘이나 신비력으로 길흉을 점치고 재액을 물리치거나 힘을 내려 달라고 비는 일. 또는, 그 술법. =주법.

주!술-사(呪術師) [-싸] 명 주술로써 재앙을 면하게 하거나 내리게 하는 신묘한 힘을 지니고 있다는 사람.

주스(juice) 명 과일이나 일부 채소의 수분을 짜내어 만든 액체. ¶레몬 ~ / 오렌지 ~. × 쥬스.

주승(主僧) 명 =주지(住持)³.

주!시(注視) 명 **1** (대상을) 주의를 집중하여 바라보는 것. **2** (어떤 일을) 깊은 관심을 가지고 살피는 것. **주!시-하다** 통[타][여] ¶사태의 추이를 ~ / 80m 전방을 **주시하라. 주!시-되다** 통[자]

주식¹(主食) 명 사람이 끼니때 먹는, 가장 중심이 되는 음식. 우리나라의 경우 밥·죽·국수 등을 가리킴. =주식물. ¶한국인은 쌀밥을 ~으로 삼고 있다. ¶부식(副食).

주식²(株式) 명[경] **1** 주주(株主)가 주주로서 회사에 대하여 가지는 법률상의 지위. 곧, 주주권. **2** 주주의 권리를 나타내는 유가 증권. 곧, 주권. =주권(株券).

주식³(酒食) 명 술과 밥. =주반(酒飯).

주식-배!당(株式配當) [-빼-] 명[경] 주식 회사에서, 이익 배당의 일부 또는 전부를 현금이 아닌 새로이 발행되는 그 회사의 주식으로 하는 일. =주권 배당.

주식-비(主食費) [-삐] 명 식생활에서 주식물을 구입하는 데 드는 비용. ↔부식비.

주식-시!장(株式市場) [-씨-] 명[경] 주식의 발행 및 매매가 행해지는 시장.

주식-회사(株式會社) [-쾨-/-쉐-] 명[경] 주식의 발행을 통하여 자본을 조달하는 회사. 7인 이상의 주주[유한 책임 사원]로 구성됨. 자본과 경영이 분리되며 전형적인 물적 회사임.

주신¹(主神) 명 제단에 여러 신을 모셨을 때 그 주체가 되는 신.

주신²(柱身) 명[건] 대접받침이나 주추를 제외한 기둥의 몸.

주신³(酒神) 명 술의 신. 그리스 신화의 디오니소스, 로마 신화의 바쿠스 따위.

주심¹(主心) 명 주장이 되는 마음.

주심²(主審) 명 **1** 심사원의 우두머리. **2** [체] 운동 경기에서 여러 명의 심판 중 주장이 되는 사람. 또는, 그 일. =주심판. ▷부심(副審).

주-심판(主審判) 명[체] =주심(主審)².

주악¹ 명 찹쌀가루를 끓는 물에 반죽하여 소를 넣고 송편처럼 만든 다음, 기름에 지져 뜨거울 때 설탕이나 꿀에 재웠다가 웃기로 쓰는 떡.

주!악²(奏樂) 명 음악을 연주하는 것. 또는, 그 음악. **주!악-하다** 통[자][여] **주!악-되다** 통[자]

주안¹(主眼) 명 주되는 목표.

주안²(酒案) 명 '주안상'의 준말.

주안-상(酒案床) 명 [-쌍] =술상. ¶~을 차리다. 준주안.

주안-점(主眼點) [-쩜] 명 특히 중점을 두어 보는 점. ¶국민 복지에 ~을 둔 사회 정책.

주야(晝夜) 명 =밤낮1. ¶~로 쉬지 않고 일하다.

주야-골몰(晝夜汨沒) 명 밤낮으로 어떤 일에 열중함. **주야골몰-하다** 통[자][여]

주야불망(晝夜不忘) 명 밤낮으로 잊지 못함. **주야불망-하다** 통[타][여]

주야불식(晝夜不息) [-씩] 명 밤낮으로 쉬지 않음. **주야불식-하다** 통[자][여]

주야-장천(晝夜長川) 부 밤낮으로 쉬지 않고 연달아. 비언제나·늘. ¶~ 술타령인가? / ~ 근심하던 날이 없다. 준장천.

주어(主語) 명 **1** [언] 문장의 주성분의 하나. 서술어가 나타내는 동작이나 상태의 주체가 되는 말. "새가 높이 날다."에서 '새가' 따위. =임자말. ↔서술어. 2 [논] =주사(主辭)².

주어-부(主語部) 명 [언] 문장에서, 주어와 그에 딸린 부속 성분으로 이루어진 부분. =주부(主部). ↔서술부.

주어-절(主語節) 명 [언] 문장에서 주어 구실을 하는 절. ↔주어절.

주어-지다 통(자) (어떤 조건이나 현상이) 제시되거나 갖추어지다. ¶주어진 여건/주어진 시간 내에 목표를 달성하다.

주억-거리다/-대다 [-꺼-] 통(타) (고개를) 천천히 크게 끄덕거리다. ¶갑성이 어머니도 딴은 그럴 법한 일이라고 고개를 주억거렸다.《황순원: 카인의 후예》

주억-주억 [-쭈-] 튀 주억거리는 모양. **주억주억-하다** 통(타)(여)

주업(主業) 명 =본업(本業).

주역¹(主役) 명 1어떤 일의 중심이 되는 역할. 또는, 그 역할을 하는 사람. ¶혁명의 ~. 2 연극이나 영화에서, 주인공의 역할. 또는, 그 역할을 맡은 배우. ¶~을 맡다. ↔단역(端役).

주역²(周易) 명 [책] 유교의 경전인 육경(六經)의 하나. 본디 점서(占書)로, 만상(萬象)을 음양(陰陽)의 이원(二元)으로써 설명하여 그 으뜸을 태극이라 하였고, 거기서 64괘를 만들었는데, 이에 맞추어 철학·윤리·정치상의 해석을 덧붙였음. 一역(易)·역경(易經).

주!역³(註譯) 명 주를 달면서 번역하는 일. 또는, 그 번역. **주!역-하다** 통(타)(여) **주!역-되다** 통(자)

주역-선생(周易先生) [-썬-] 명 주역의 원리에 따라 길흉을 점치는 사람.

주연¹(主演) 명 [연][영] 주인공으로 출연하는 것. 또는, 그 사람. ¶남우[여우] ~/~을 맡다. **주연-하다** 통(자)(여)

주연²(周延) 명 [논] 명제의 주장이 거기에 포함되는 개념의 외연(外延) 전체에 미치는 일. 가령, "모든 고래는 포유동물이다"라는 명제에서, '고래'는 모두 '포유동물'에 포함되므로 주연되어 있다고 말함. ↔부주연(不周延).

주연³(酒宴) 명 =술잔치. ¶~을 베풀다.

주열-성(走熱性) [-썽-] 명 [생] 열(熱)이 자극이 되어 일어나는 생물의 이동 운동. =추열성(趨熱性)·추온성(趨溫性).

주!영(駐英) 명 (주로 관형어적으로 쓰여) 영국에 주재하고 있는 것. ¶~ 대사.

주옥(珠玉) 명 구슬과 옥.

주옥-같다(珠玉-) [-깓따] 혱 주옥처럼 값지고도 귀하다. ¶주옥같은 글귀. **주옥같-이** 튀 ¶~ 여기다.

주옥-편(珠玉篇) 명 주옥같이 아름다운 문예 작품.

주요(主要) 명 (일부 명사 앞에 쓰여) 어떤 일이나 대상이 주가 되거나 중심이 되는 상태. ¶~ 인물/~ 사건. **주요-하다** 혱(여) ¶주요한 내용/**주요한** 특징. **주요-히** 튀

주요-삼화음(主要三和音) 명 [음] 특히 중요한, 으뜸음·딸림음·버금딸림음을 밑음으로 하는 세 개의 삼화음. =으뜸 삼화음.

주요-색(主要色) 명 적색·황색·녹색·청색의 네 가지 색. =주색(主色).

주-요인(主要因) 명 여러 요인 가운데 가장 주된 요인. ¶의료 정책 실패의 ~을 밝히다.

주요-점(主要點) [-쩜] 명 가장 요긴한 곳.

주우(酒友) 명 =술벗.

주운(舟運) 명 배로 화물 등을 나르는 일.

주워-대다 통(타) 생각이나 논리가 없이 제멋대로 이 말 저 말을 하다. ¶그는 당황하여 거짓말을 주워댔다.

주워-듣다 [-따] 통(타)(ㄷ) 〈~들으니, ~들어〉 귓결에 한 마디씩 얻어듣다. ¶주워들은 이야기들. ¶~의 린고로 출마를 하다.

주워-섬기다 통(타) 들은 대로 본 대로 사실들을 죽 들어서 이야기하다. ¶그따위 지난 일까지 주워섬길 필요는 없지 않느냐.

주-원료(主原料) [-뇨-] 명 으뜸이 되는 원료.

주-원인(主原因) 명 가장 근본이 되는 원인. =주인(主因).

주위(周圍) 명 1어떤 곳의 바깥 둘레. ¶~ 10km나 되는 호수/집 ~를 돌아보다. 2 사물이나 인물 등을 둘러싸는 환경. ¶~ 환경이 나쁘다. 3 어떤 사람을 에위싸고 있는 사람들. ¶~의 린고로 출마를 하다.

주!유¹(注油) 명 1 (자동차 등에) 휘발유를 넣는 것. 2 기계나 기구의 마찰 부분에 기름을 치는 것. **주!유-하다**¹ 통(자)(여) **주!유-되다** 통(자)(여)

주유²(周遊) 명 두루 돌아다니면서 유람하는 것. =주행(周行). **주유-하다**² 통(자)(여)

주!유-소(注油所) 명 휘발유·경유 등을 자동차에 넣어 주는 곳. =급유소(給油所).

주유-천하(周遊天下) 명 천하를 두루 돌아다니며 유람함. **주유천하-하다** 통(자)(여)

주육(酒肉) 명 술과 고기.

주음(主音) 명 [음] =으뜸음.

주!음-부호(注音符號) 명 [언] 중국어 문자의 표음 기호. 자음 21개, 모음 16개로 구성됨.

주의¹(主義) 명 [-의/-이] 어떤 사물에 대한 일정한 견해나 입장. ¶학자들의 ~ 주장이 대립하다/검소하게 살자는 게 내 ~이다. 2 (주로 한자어 명사 뒤에 붙어) 그 명사가 나타내는 내용을 중시하거나, 또는 그런 내용을 주된 특성으로 가진, 학설이나 사조(思潮)나 운동이나 신념이나 태도나 경향임을 나타내는 말. (비)이즘(ism). ¶고전~/민주~/자본~/형식~.

주의²(周衣) [-의/-이] 명 =두루마기.

주!의³(注意) [-의/-이] 명 1마음에 새겨 두고 조심하는 것. 2특별한 사항에 대한 경계나 주목. ¶~ 사항/~가 산만하다/~ 깊게 바라보다. 3경고·충고의 뜻으로 일깨우거나 훈계하는 것. ¶선생님께 ~를 듣다. 4 [체] 유도에서, 경기자의 과도한 반칙에 대하여 주심이 내리는 처벌. **주!의-하다** 통(자)(타)(여) ¶건강에 ~.

주의⁴(柱衣) [-의/-이] 명 기둥머리를 장식하기 위하여 그린 단청(丹靑).

주의 기도(主-祈禱) [-의/-/-에-] [가] 주요 기도문의 하나. 예수가 친히 가르친 기도문으로, '하늘에 계신…'으로 시작됨. 구용어는 천주경(天主經).

주!의-력(注意力) [-의/-이-] 명 어떤 한 가지 일에 마음을 집중시켜 나가는 힘.

주!의-보(注意報) [-의/-이-] 명 [기상] 폭풍·해일·홍수 등 지표에 일어나는 현상에 의해 피해를 입을 염려가 있을 때 주의를 주는 예보. ▷경보.

주의-자(主義者) [-의/-이-] 명 일정한 주의를 가지고 있는 사람.

주의-주의(主意主義) [-의-의/-이-이] 명 1 [철] 지성(知性)이 아닌 의지를 존재의 근

본 원리, 또는 실체라고 보는 생각. 2 [심] 의지를 심적 생활의 근본 기능으로 보는 입장. =주의설.

주익(主翼) 몡 비행기 동체(胴體)의 좌우로 벋은 날개.

주인(主人) 몡 1 물건의 임자. ¶책 ~ / 땅 ~ / ~ 없는 우산. 2 한 집안의 주장이 되는 사람. ~ 없는 빈집. 3 '남편'의 지칭. 4 손님을 맞아 상대하는 사람. ¶손님을 아랫목에 앉히고 ~은 윗목에 앉다. 5 고용하는 사람. ¶~과 하인. 쥰쥔.
[주인 보탤 나그네 없다] 손은 언제나 주인의 신세를 지게 마련이다.

주인-공(主人公) 몡 1 소설·연극·영화 등에서 이야기의 중심인물. 2 어떤 일에서 중심이 되거나 주도적인 역할을 하는 사람. ¶화제의 ~ / 청소년은 나라를 이끌어 갈 미래의 ~이다.

주인-댁(主人宅) [-땍] 몡 1 주인집에 대한 경칭. 2 =안주인. 쥰쥔댁.

주인-장(主人丈) 몡 주인을 높여 일컫는 말. ¶~ 계십니까? 쥰쥔장.

주인-집(主人-) [-찝] 몡 주인이 살고 있는 집. =주가(主家). 凹안집. 쥰쥔집.

주일¹(主一) 몡 마음을 한곳에 모으는 것. 주일-하다 통타여.

주일²(主日) 몡 [가][기] 주의 날. 곧, 일요일.

주일³(週日) 몡 ①자연 월요일부터 일요일까지의 이레 동안. ¶지난 ~에 그를 만났다. ②의존 일곱을 세는 단위로 이르는 말. ¶한 ~ / 두 ~ 후면 여름 방학이다.

주!일⁴(駐日) 몡 《주로 관형어적으로 쓰여》 일본에 주재하고 있는 것. ¶~ 대사.

주일^학교(主日學校) [-교] 몡 1 [가] 성당에서 주일마다 신자에게 종교 교육을 베푸는 모임. 2 [기] =교회 학교.

주임(主任) 몡 1 (직위를 나타내는 일부 명사 앞에 붙어) 보직을 맡음. ¶~ 교수 / ~ 교사. 2 단체·조직에서, 하위의 간부직. 또는, 그 직책을 가진 사람. ¶지서 ~ / 영업소 ~ / 이봐, 김 ~.

주임^교:수(主任教授) 몡 대학에서, 어떤 학과나 학부의 일을 통괄하는 교수.

주입(注入) 몡 1 흘러 들어가도록 쏟아서 넣는 것. 2 [교] 교육에서, 기억과 암송을 주로 하여 지식을 넣어 주는 것. 주!입-하다 통 (타여 주!입-되다 통(자).

주입^교:육(注入教育) [-꾜-] [교] 피교육자의 능력을 계발하는 것보다는 교사가 지닌 지식 및 기술의 주입과 학생의 기억·암송에만 중점을 두는 교육.

주!입-구(注入口) [-꾸] 몡 기름 따위의 액체를 쏟아 붓는 구멍.

주!입-식(注入式) [-씩] 몡 1 무엇을 주입하는 방식. 2 [교] 교육에서, 기억과 암기를 주로 하여 가르치는 방식. ¶~ 교육.

주자¹(走者) 몡 1 경주하는 사람. ¶릴레이의 제1~. 2 [체] 야구에서, 누(壘)에 나가 있는 사람. ¶1루 ~.

주!자²(奏者) 몡 '연주자(演奏者)'의 준말. ¶오르간 ~.

주!자³(鑄字) 몡 쇠붙이를 녹여 부어, 활자를 만드는 일. 또는, 그렇게 하여 만든 활자. 주!자-하다 통(자)(타여.

주!자-소(鑄字所) 몡[역] 조선 시대에 활자를 만들던 곳.

주-자재(主資材) 몡 제품의 직접 원료가 되는 자재.

주자-학(朱子學) 몡[철] '성리학(性理學)'을 주자(朱子)가 집대성했다 하여 달리 이르는 말.

주작(朱雀) 몡 [민] 1 이십팔수 가운데 남서쪽에 있는 일곱 별로서, 그곳을 지킨다는 신령. 2 예로부터 남쪽 방위를 맡고 있다는 신을 상징하는 짐승. 무덤과 관(棺)의 앞쪽에 그려는데, 붉은 봉황을 형상화하였음. ▷사신(四神).

주!작-부언(做作浮言) [-뿌-] 몡 터무니없는 말을 지어냄. 주!작부언-하다 통(타여.

주장¹(主張) 몡 1 자기의 주의나 의견을 굳이 내세우는 것. 또는, 그 지설(持說). ¶주의 / ~을 관철하다 / ~을 굽히다. 2 =주재(主宰)². 주장-하다¹ 통(타여 ¶새로운 학설을 ~ / 남녀평등을 ~ / 자기 말이 옳다고 ~. 주장-되다 통(자).

주장²(主將) 몡 1 우두머리 되는 장수. 2 [체] 운동 경기의 팀을 통솔하는 선수.

주장³(主掌) 몡 어떤 일을 책임지고 맡아보는 것. 또는, 그런 사람. 주장-하다 통(타여 ¶우리 집은 시어머니가 살림을 주장하신다.

주장⁴(朱杖) 몡[역] 주릿대 따위로 쓰는, 붉은 칠을 한 몽둥이. =주장대.

주장-삼다(主張-) [-따-] 통 (어떤 일이나 사실을) 중요하게 여겨 내세우다. ¶자기의 권리를 주장삼아 강력히 요구하다.

주장-질(朱杖-) 몡 주장으로 때리는 짓. 주장질-하다 통(타여.

주재¹(主材) 몡 1 주되는 재료나 자재. ¶철근·시멘트·유리를 ~로 하는 현대 빌딩. 2 신주(神主)를 만드는 나무.

주재²(主宰) 몡 중심이 되어 맡아 처리하는 것. 또는, 그 사람. =주장(主張). 주재-하다¹ 통(타여 ¶공청회를 ~.

주!재³(駐在) 몡 1 한곳에 머물러 있는 것. 2 직무상으로 파견되어 그곳에 머물러 있는 것. ¶뉴욕 ~ 특파원. 주!재-하다² 통(자여 ¶파리에 ~.

주!재-국(駐在國) 몡 외교관 등이 국가의 명령을 받아 머물러 있는 나라.

주-재료(主材料) 몡 무엇을 만드는 데 주로 쓰이는 재료. ¶돼지고기를 ~로 써서 만든 음식.

주!재-소(駐在所) 몡 1 파견되어 머물러 있는 곳. 2 [일제] 순사(巡査) 등이 맡은 구역에서 주재하며 사무를 취급하는 곳.

주!재-원(駐在員) 몡 임무를 띠고 어떤 곳에 파견되어 머물러 있는 사람.

주저¹(主著) 몡 여러 저서 가운데 주가 되는 저서.

주저²(躊躇) 몡 (어떤 일이나 행동을) 과감하게 또는 적극적으로 하지 못하고 머뭇거리며 망설이는 것. 주저-하다 통(타여 ¶하고 싶은 말이 있으면 주저하지 말고 해 보아라.

주저-되다 통(자).

주저-롭다 [-따] 형(비) 〈~로우니, ~로워〉 풍족하지 못하여 아쉽거나 곤란하다.

주저로이 用.

주저리 몡 너저분한 물건이 어지럽게 매달리거나 한데 묶여 있는 것. ㉠조자리. ¶짚 ~ / 배추 ~.

주저리-주저리 用 물건이 어지럽게 많이 매달려 있는 모양. ¶이 마을 전설이 ~ 열리고, 먼 데 하늘이 꿈꾸며 알알이 들어와 박혀.《이육사: 청포도》

주저-앉다[-안따] 통(자) 1 섰던 자리에 힘없이 그대로 앉다. ¶땅바닥에 풀썩 ~. 2 일정한 곳에 그냥 자리 잡다. ¶어찌하다 보니 이 마을에 **주저앉게** 되었다. 3 물건의 밑이 뭉그러져 들먹이 무너져 내려앉다. ¶구들장이 ~. 4 하던 일을 포기하고 물러나다. ¶그대로 **주저앉지** 말고 용기를 내라.

주저앉-히다[-안치-] 통(타) '주저앉다'의 사동사.

주저-주저(躊躇躊躇)→**주저주저-하다** 통(자)(타)(여) 매우 주저하다. ¶말을 할까 말까 ~ / **주저주저하다가** 말할 기회를 놓쳐 버렸다.

주적(主敵) 명 주가 되는 적. ¶국방부는 2000년도 국방 백서에서 북한을 ~으로 규정한 바 있다.

주적-거리다/-대다[-꺼(때)-] 통(자) 1 주책없이 잘난 체하며 자꾸 떠들다. 2 어린아이가 걸음발타며 비틀거리며 귀엽게 걷다. 좍조작거리다.

주적-주적[-쭈-] 부 주적거리는 모양. ¶녀석은 어느새 나를 알아봤는지 안경알을 번쩍이며 ~ 나의 자리 앞으로 다가왔다.《이청준:조율사》 좍조작조작. **주적주적-하다** 통(자)(여)

주전[1](主戰) 명 1 전쟁하기를 주장하는 것. ↔주화(主和). 2 주력이 되어 싸우는 것. ¶~ 멤버 / ~ 투수(投手). **주전-하다**[1] 통(자)(여)

주:전[2](鑄錢) 명 돈을 주조하는 것. 또는, 그 돈. 비주화(鑄貨). **주:전-하다**[2] 통(타)(여)

주전-거리다/-대다 통 때를 가리지 않고 군음식을 자꾸 먹다. ¶이것저것 **주전거렸더니** 점심 생각이 없다. 좍조잔거리다.

주전-론(主戰論)[-논] 명 전쟁하기를 주장하는 의견이나 이론. ¶~자(者). ↔주화론(主和論).

주전-부리 명 때를 가리지 않고 군음식을 자꾸 먹는 입버릇. ¶~가 심하다 / ~를 좋아하다. 좍조잔부리. **주전부리-하다** 통(자)(여)

주전-성(走電性)[-썽] 명(생) 전류 자극에 대하여 일으키는 생물의 주성(走性). =추전성.

주전자(酒煎子) 명 술이나 물 등을 데우거나 그것을 담아서 따를 수 있게 주둥이와 손잡이가 달려 있는 그릇.

주전-주전 부 주전거리는 모양. 좍조잔조잔. **주전주전-하다** 통(타)(여)

주절(主節) 명(언) 종속절이 있는 문장에서 종속절에 대하여 주가 되는 절. "봄이 오면 만물이 소생한다."에서 '만물이 소생한다' 따위. ↔종속절.

주절-거리다/-대다 통(자)(여) 낮은 목소리로 중얼거리다. 좍조잘거리다. 센쭈절거리다.

주절-주절[1] 부 주절거리는 모양. ¶그가 ~ 뭐라고 하는 소리가 들렸다. 좍조잘조잘. 센쭈절쭈절. **주절주절-하다**[1] 통(자)(여)

주절-주절[2] 부 끄나풀 따위가 너절너절 달린 모양. ¶옷에 뭘 이렇게 ~ 달고 다니느냐? 좍조잘조잘. **주절주절-하다**[2] 형(여)

주점(酒店) 명 =술집. 목로.

주접 명 생물체가 잘 자라지 못하고 생기를 잃은 상태. ¶"…내 앞에서 응석만 하던 것이 게모 앞에서 살가워 맞고 응석에 설움이러니와, ~이 오죽 들꼬!…"《이인직:모란봉》 좍조잡. ×주럽.

주접(이) 들다 군 1 (생물체가) 잘 자라지 못하고 생기를 잃다. 2 옷이나 몸치레가 추해지거나 궁색한 기운이 돌다. ¶돈이 없으니까 사람도 **주접 든다**.

주접-떨다 통(자)(〜떠니, 〜떠오) 주접스러운 말이나 행동을 하다. ¶**주접떨지** 말고 이제 그만 일어서라.

주접-부리다[-뿌-] 통(자) 추하고 염치없는 짓을 하다.

주접-스럽다[-쓰-따] 형(ㅂ)(〜스러우니, 〜스러워) 음식에 대하여 추잡하게 욕심을 부리는 태도가 있다. 좍조잡스럽다. **주접스레** 부

주정[1](主情) 명 이지(理知)보다 감정이나 정서를 중히 여기는 것. ↔주지(主知).

주정[2](舟艇) 명 소형의 배.

주:정[3](酒酊) 명 술에 취하여 말이나 행동을 함부로 거칠게 막되게 하는 것. 또는, 그런 말이나 행동. =술주정. ¶~이 심하다 / 술만 마셨다 하면 ~을 부린다. **주:정-하다** 통(자)(여)

주정[4](酒精) 명(화) =에탄올.

주:정-꾼(酒酊-) 명 술을 마시고 주정하는 사람을 얕잡아 이르는 말. 비술주정꾼.

주:정-뱅이(酒酊-) 명 술을 먹으면 주정하는 버릇이 있는 사람을 얕잡아 이르는 말. 비주정쟁이.

주:정-쟁이(酒酊-) 명 주정을 잘하는 사람을 얕잡아 이르는 말. 비주정뱅이.

주정-주의(主情主義)[-의/-이] 명 1(철) 이성이나 지성보다 감정이 우월하다고 여기거나, 감정이 아주 근원적인 것이라고 여기는 주의. =주정설(主情說). 2(문) 감정의 우위를 주장하는 문예상의 주의.

주:정-질(酒酊-) 명 주정을 부리는 짓. **주:정질-하다** 통(자)(여)

주제[1] 명 1 '주제꼴'의 준말. ¶머리는 헝클어지고 옷은 찢기어 ~가 말이 아니었다. 2 변변치 않은 처지. ¶공부도 못하는 ~에 대학은 무슨 대학이냐?

주제[2](主題) 명 1 주가 되는 제목. ↔부제(副題). 2 담화·문장·연구 등의 중심이 되는 문제. ¶토론의 ~. 3 예술 작품에, 작가가 나타내고자 하는 기본적인 사상. 비테마. 4(음) 작품의 중심이 되는 악상을 단적으로 표현하고 작품 전체의 기초를 이루는, 악곡의 형식이나 구성 원리.

주제-가(主題歌) 명 영화·드라마 중에서 불리는, 주제와 관계가 깊은 노래. 또는, 주제를 표현하는 노래.

주제-곡(主題曲) 명 영화·드라마 중에서 주제를 상징적으로 표현하는 곡.

주제-꼴 명 변변하지 못한 몰골이나 몸차림. ¶~이 사납다. 좍주제.

주제-넘다[-따] 형 제 분수에 지나쳐 건방진 데가 있다. ¶**주제넘은** 행동 / **주제넘게** 왠 참견이야! / **주제넘지만** 한 말씀 드리겠습니다.

주제^소:설(主題小說) 명(문) 기분이나 정조(情調)보다는 어떤 일관된 사상·주장을 주로 하여 쓰여진 소설. =테마 소설.

주제^음악(主題音樂) 명(음) 어떤 작품의 주제를 표현하거나 내용을 상징하는 음악. =테마 뮤직·테마 음악.

주조[1](主潮) 명 주된 조류나 경향. ¶19세기 말 프랑스 문학은 자연주의가 ~를 이루었다.

주조[2](酒造) 명 술을 빚어 만드는 것. 비양조(釀造). **주조-하다**[1] 통(타)(여) ¶밀주를 ~. **주**

조-되다¹ 통(자)
주!조³(鑄造) 圀 쇠붙이를 녹여 거푸집에 부어 물건을 만드는 일. ¶~-기(機). 주!조-하다² 통(타여) ¶활자를 ~. 주!조-되다² 통(자) ¶기념 메달이 ~.
주조-음(主調音) 圀[음] 한 악곡 전체의 중심이 되는 가락. =기조(基調).
주조-장(酒造場) 圀 =술도가.
주종¹(主宗) 圀 여러 가지 중에서 주류(主流)를 이루는 것. ¶청어가 어업의 ~인 해역(海域).
주종²(主從) 圀 1 주인과 종자(從者). ¶~ 관계. 2 주장이 되는 사물과 그에 딸린 사물.
주!종³(鑄鐘) 圀 종(鐘)을 주조하여 만드는 것. 주!종-하다 통(타여)
주주(株主) 圀[경] 주식을 가지고, 직접 또는 간접으로 회사 경영에 참여하고 있는 개인이나 법인.
주주^총!회(株主總會) [-회/-훼] 圀[경] 주주에 의해 구성되는 주식회사 내부의 최고 의사 결정 기관. 준주총.
주줄-이 凰 죽 늘어서거나 잇달아 있는 모양. ¶그년의 자식은 왜 그리 ~ 많이 달렸는지 올망졸망한 사오 남매가 온종일 드나들며 떠들어쌓고….《염상섭:굴레》
주증(主症) 圀 병의 주되는 증세.
주지¹(主旨) 圀 중심이 되는 생각. =주의(主意).
주지²(主知) 圀 이성(理性)·지성(知性)·합리성 따위를 위주로 하는 일. ↔주정(主情).
주!지³(住持) 圀[불] 한 절을 책임지고 관리하는 승려. =상방(上方)·주승(主僧). 비방장(方丈). ¶~ 스님.
주지⁴(周知) 圀 (여러 사람이 어떤 사실을) 널리 아는 것. ¶~의 사실. 주지-하다 통(타여) ¶주지하는 바와 같이 서울은 심각한 교통 문제를 안고 있다. 주지-되다 통(자)
주-지사(州知事) 圀 미국 등에서, 주의 행정을 맡아보는 최고 책임자.
주지-성(走地性) [-썽] 圀[생] 중력이 자극이 되어 일어나는 생물의 주성(走性). 식물의 뿌리가 땅속으로 뻗어 가는 성질 따위. =추지성.
주지-육림(酒池肉林) [-융님] 圀 [연못을 술로 채워 놓고 나무에 고기를 걸어 놓아 자리를 마련했다는 중국 은나라 주왕(紂王)의 고사에서] 호사스러운 술잔치를 빗대어 이르는 말.
주지-주의(主知主義) [-의/-이] 圀 1 [철] 일반적으로 지성(知性)을 중시하는 입장. =주지설. 2 [철] 인식론에서 감각주의·경험주의에 대하여, 진리는 이성에 의하여 얻어진다고 설명하는 합리주의의 입장. 3 [문] 1의 철학적 근거에 기초하여 지성적 표현에 중점을 두는 문학. 또는, 그 운동.
주!차(駐車) 圀 차를 일정한 곳에 세워 두는 것. 특히, 도로 교통법에서 차가 승객을 기다리거나 화물을 싣거나 고장 그 밖의 사유로 말미암아 계속하여 정지하거나 또는 그 차의 운전사가 그 차로부터 떠나서 즉시 운전할 수 없는 상태. ¶~ 금지 / ~ 위반. ▷정차(停車). 주!차-하다 통(자)(타여) ¶차를 공터에 ~.
주!차-료(駐車料) 圀 자동차를 어느 곳에 세워 두는 데 대한 요금.
주!차-장(駐車場) 圀 차를 세워 두도록 마련한 일정한 곳. ¶임시 ~ / 유료(無料) ~.

주착(主着) 圀 '주책'의 잘못.
주찬(酒饌) 圀 술과 안주. 비주효(酒肴).
주창(主唱) 圀 주의나 사상을 앞장서서 주장하는 것. 주창-하다 통(타여) ¶민족 자결주의를 ~.
주책 圀 1 일정하게 자리 잡은 생각. 2 일정한 줏대가 없이 되는대로 하는 짓. ¶~을 부리다〔떨다〕. ×주착.
주책-망나니 [-쨍-] 圀 주책없는 사람을 욕하여 이르는 말. ×주착망나니.
주책-바가지 [-빼-] 圀 주책없는 사람을 비웃어 이르는 말. ×주착바가지.
주책-없다 [-업따] 혱 일정한 주견이나 줏대 없이 이랬다저랬다 하여 몹시 실없다. ×주착없다·주책이다. 주책없-이 凰 ¶말을 ~
주책-이다 혱 '주책없다'의 잘못.
주척(主尺) 圀[수] '어미자'의 구용어. ↔부척(副尺).
주천(朱天) 圀 구천(九天)의 하나. 곧, 남서쪽의 하늘.
주!철(鑄鐵) 圀[광] 1.7% 이상의 탄소를 포함한 철합금. 주조(鑄造)가 쉬우므로 공업 재료로 널리 쓰임. =무쇠·생철(生鐵)·선철(銑鐵)·수철.
주!청(奏請) 圀[역] 임금에게 아뢰어 청하는 것. ≒계청(啓請). 주!청-하다 통(타여)
주체¹ 圀 (주로, '하지 못하다', '할 수 없다' 등과 함께 쓰여) (어떤 일이나 대상을) 능히 다루어 처리하는 것. 비주체-하다 통(타여) ¶돈이 너무 많아 주체하지 못하다 / 그는 밀린 일을 혼자서 주체할 수가 없다.
주체²(主體) 圀 1 어떤 단체나 물체의 주가 되는 부분. 2 사물의 성질·상태·작용의 주가 되는 것. ¶혁명의 ~ 세력. 3 [철] 객관에 대립하는 주관. 또는, 의식하는 존재로서의 자아. 4 [법] 다른 쪽에 대하여 의사나 행위를 미치게 하는 쪽. 5 [언] 문장에서 동사의 행위를 일으키는 대상. ↔객체(客體).
주체³(酒滯) 圀 술을 마셔 생기는 체증.
주체-궂다 [-굳따] 혱 몹시 주체스럽다.
주체^높임법(主體-法) [-뻡] 圀[언] 높임법의 하나. 용언의 어간에 높임의 선어말 어미 '-시-'를 붙여 문장의 주체를 높이는 것을 말함. 이를테면, '작은아버지께서 오십니다', '할아버지께서 감기가 드셨다' 따위.
주체-성(主體性) [-썽] 圀 인간이 어떤 일을 실천할 때 나타내는 자유롭고 자주적인 성질. ¶~을 살리다 / ~이 없다.
주체-스럽다 [-따] 혱ⓑ〈~스러우니, ~스러워〉 처리하기 어려울 만큼 짐스럽거나 귀찮다. ¶그들은 책가방에 아무것이나 주체스러운 것인지 그것을 뱅뱅 돌리기도 하며 어깨 너머로 넘겨 들기도 하며 두 손으로 껴안기도 하곤 했다.《김승옥:무진 기행》주체스레 凰
주체-적(主體的) 관 주체성이 있는 (것).
주체-덩어리 [-째낑-/-쩨낑-] 圀 주체하기가 매우 어려운 일이나 물건. 또는, 그런 사람.
주초¹(柱礎) 圀 '주추'의 잘못.
주초²(酒草) 圀 술과 담배.
주초³(週初) 圀 한 주일의 첫머리. 곧, 월요일이나 화요일. →주말(週末).
주촉-성(走觸性) [-썽] 圀[생] 접촉 자극에 대하여 생물이 보이는 주성(走性).
주총(株總) 圀 '주주 총회'의 준말. ¶~ 일정 / ~ 소식.

주최(主催)[-최/-췌] 똉 (행사나 회합을) 주장하여 여는 것. 특히, (어떤 행사를) 기획하고 결정하며 최종 책임을 지는 것. ▷주관(主管). **주최-하다** 匪여¶체육 대회를 ~. **주최-되다**匪

주최-자(主催者)[-최-/-췌-] 똉 행사나 회합을 주최하는 개인이나 단체.

주추 똉 [<주초(柱礎)] 기둥 밑에 괴는 돌 따위의 물건. ¶~를 놓다.

주축(主軸) 똉 몇 개의 축 가운데서 주요한 축. 또는, 단체 가운데서 중요한 사람, 전체 중에서 중요한 위치를 차지하는 내용. ¶~ 멤버 / 팀의 ~을 이루다.

주춤 팀 망설이거나 놀라서 하던 동작을 갑자기 멈추거나 움츠리는 모양. ¶비명 소리에 놀라 ~ 멈추어 서다. **주춤-하다** 匪여¶경수는 무슨 말을 하려다 나를 보더니 주춤했다.

주춤-거리다-대다 匪 망설이며 머뭇거리다. ¶대문 앞에서 한참을 **주춤거리던** 그는 마음을 다져 먹고 문을 두드렸다. 虱조춤거리다.

주춤-병(-病) [-뼝] 똉 무슨 일에나 결단성이 없고 잘 머뭇거리는 버릇. 虱조춤병.

주춤-세(-勢) 똉 거의 변동 없이 그대로 유지되는 시세.

주춤-주춤 팀 주춤거리는 모양. ¶~ 앞으로 나아가다. 虱조춤조춤. **주춤주춤-하다** 匪여

주춧-돌(-礎-) [-춛똘/-춛똘] 똉 주추로 쓰인 돌. =모퉁잇돌·초석(礎石)·초반.

주치(主治) 똉 (한 의사가) 주로 맡아서 치료하는 것. **주치-하다** 匪여

주치-의(主治醫) [-의/-이] 똉 특정한 사람을 특별히 맡아서 그의 병을 치료하는 의사. ¶대통령 ~. ▷가정의(家庭醫).

주!택(住宅) 똉 1 사람이 살 수 있도록 지은 집. =거택(居宅). ¶~ 부금 / 문제가 심각하다. 2 특히, 단독 주택을 이르는 말. ¶그는 교외의 아담한 ~에서 살고 있다.

주!택-가(住宅街) 똉 도회지의 번잡한 상가(商街)나 공업 지대와 격리되어 주택들로만 이루어진 조용한 거리.

주!택-난(住宅難) [-탱-] 똉 주택이 모자라서 구하기 어려움. ¶~을 해결하다.

주!택^단지(住宅團地) [-딴-] 똉 계획적으로 건설된 큰 규모의 주택 지역.

주!택-지(住宅地) [-찌] 똉 1 주택을 짓기에 알맞은 땅. 2 주택이 많이 들어선 곳.

주토(朱土) 똉 1 [광] =석간주(石間硃). 2 빛이 붉은 흙. =적토(赤土).

주트(jute) 똉 황마(黃麻) 또는 마에서 얻어지는 섬유. 거칠고 약함. 곡물 자루·포장천 등의 원료로 쓰임.

주-특기(主特技) [-끼] 똉 1 주요한 특기. 2 [군] 군인이 전문적인 교육을 통하여 얻는 군사상의 특기. ¶~ 번호.

주파¹(走破) 똉 중도에서 그치지 않고 끝까지 달리는 것. **주파-하다** 匪여¶100m는 11초에 ~.

주파²(周波) 똉[물] 물체의 진동이나 파동이 한 번 되풀이되는 과정.

주파³ 똉 술을 파는 늙은 여자.

주파-수(周波數) 똉[물] 1 전파나 음파가 1초 동안에 진동하는 횟수. 2 교류 전기에서 1초 동안에 전류의 방향이 바뀌는 횟수. 비진동수.

주파수^변!조(周波數變調) 똉[물] 일정 진폭의 반송파(搬送波)의 주파수를 전기 신호에 의하여 변화시켜 통신하는 방식. 진폭 변조에 비하여 잡음이 적음. =에프엠(FM). ↔진폭 변조.

주!판(籌板·珠板) 똉 =수판.
주!판-알(籌板-) 똉 =수판알.
주!판-질(籌板-) 똉 =수판질. **주!판질-하다**匪

주평(週評) 똉 한 주간의 일에 대한 평론.

주포(主砲) 똉 1 [군] 군함에 장치된 함포 중에서 가장 위력이 큰 화포. 2 [체] 야구·배구·축구 등에서, 팀의 중심이 되는 타자나 공격수. ¶삼성 화예의 ~ 신진식 선수.

주피터(Jupiter) 똉[신화] '유피테르'의 영어명.

주필¹(主筆) 똉 신문사·잡지사 등에서, 행정이나 편집을 책임지는 직위. 또는, 그 직위에 있는 사람.

주필²(朱筆) 똉 정정(訂正) 등을 위해 붉은 먹이나 잉크를 묻혀 쓰는 붓. 또는, 그것으로 쓴 글. ¶~을 가하다.

주!한(駐韓) 똉 (주로 관형어적으로 쓰여) 한국에 주재하는 것. ¶~ 미군.

주!해(註解) 똉 어려운 글의 어느 부분에 대해 알기 쉽게 풀이하는 것. 또는, 그 글. ¶~를 붙이다. **주!해-하다** 匪여 **주!해-되다**匪

주행¹(走行) 똉 (동력으로 움직이는 교통 기관이) 달리는 것. ¶~ 거리 / ~ 속도. **주행-하다¹** 匪여¶고속도로를 **주행하는** 자동차.

주행²(晝行) 똉 낮에 활동하는 것. ↔야행(夜行).

주행-계(走行計) [-계/-게] 똉 차량에 장치하여 주행 거리를 재는 기구. =계거기.

주행-성(晝行性) [-썽] 똉[생] 주로 낮에 섭식(攝食)·생식(生殖) 등의 활동을 하는 동물의 성향. ¶~ 동물. ↔야행성.

주행^차로(走行車路) 똉 다른 차를 앞지르지 않고 계속 달리는 길을 나타내는 차로.

주향(走向) 똉[지] 기울어진 지층면과 수평면이 서로 만나서 이루는 직선의 방향.

주향-성(走向性) [-썽] 똉[생] =주성(走性).

주!형(鑄型) 똉 =거푸집1.

주호(酒豪) 똉 술을 잘 마시는 사람. =주선.

주혼(主婚) 똉 혼사를 맡아 주관하는 것. 또는, 그 일을 하는 사람. **주혼-하다** 匪여

주홍(朱紅) 똉 =주홍색.

주홍-빛(朱紅-) [-삗] 똉 주홍색을 띤 사물의 빛깔.

주홍-색(朱紅色) 똉 주황과 빨강의 중간 색깔. 빨강에 가까운 색임. =주홍.

주화¹(主和) 똉 화의를 주장하는 것. ↔주전(主戰). **주화-하다¹** 匪여

주!화²(鑄貨) 똉 쇠붙이를 녹여 화폐를 만드는 것. 또는, 그 화폐. **주!화-하다²** 匪여

주화-론(主和論) 똉 화의하자는 의견이나 이론. ¶~ 자(者). ↔주전론(主戰論).

주화-성(走化性) [-썽] 똉[생] 매질(媒質) 속의 화학 물질의 농도차가 자극이 되어 일어나는 주성(走性). =추화성(趨化性).

주황(朱黃) 똉 =주황색.

주황-빛(朱黃-) [-삗] 똉 주황색을 띤 사물의 빛깔.

주황-색(朱黃色) 똉 빨강과 노랑의 중간 색

깔. =자황색·주황.

주효¹(奏效)圏 (어떤 일이) 기대된 효과나 효력을 나타내는 것. 주!효-하다 图(재)(연) ¶ 김 감독의 치밀한 작전으로 **주효하여** 낙승을 거두었다.

주효²(酒肴)圏 술과 안주. 圓주찬(酒饌).

주훈(週訓)圏 학교나 공공 단체에서 한 주일을 단위로 하여 그 주일에 특히 강조하는 행동 지침.

주흥(酒興)圏 **1** 술에 취하여 일어나는 흥취. ¶가무가 ~을 돋우다. **2** 술을 마시고 싶은 생각.

죽¹(의존)옷·그릇 따위의 열 벌을 한 단위로 세는 말. ¶접시 한 ~ / 버선 두 ~.

죽이 맞다 판 어떤 장면에서, 두 사람이 서로의 뜻을 잘 알아 썩 어울리는 말이나 행동을 주고받다. ¶흥, 두 연놈의 **죽이 척척 맞는군.**

죽² 閉 **1** 차례로 잇대어 늘어선 모양. ¶길에 ~ 늘어선 자동차. **2** 한 동작이 단숨에 진행되는 모양. ¶물을 ~ 들이마시다 / 선을 ~ 긋다. **3** 물건을 단번에 찢거나 훑는 모양. 또는, 그 소리. ¶종이를 ~ 찢다 / 벼를 ~ 훑다. **4** 여럿을 한눈에 훑어보는 모양. ¶청중을 ~ ~ 훑어보다. **5** 거침없이 내리읽거나 외거나 말하거나 하는 모양. ¶자초지종을 ~ 이야기하다 / 책을 ~ 읽어 나가다. ㉰족. (센)쭉.

죽³(粥)圏 쌀·보리·조 등의 곡물을 주재료로 하여 물을 많이 붓고 오래 끓여 다소 걸쭉하게 만든 음식. 때로, 어패류나 육류나 채소류 등을 섞어서 만들기도 함. 흔히, 환자의 음식이나 별미 음식 등으로 이용됨. ¶흰 ~ / 팥 ~ / ~을 쑤다 / ~이 묽다.

[**죽 쑤어 개 좋은 일 하였다**] 애써 한 일이 남에게만 좋은 일을 한 결과가 되었을 때 이르는 말. [**죽이 끓는지 밥이 끓는지 모른다**] 일이 어떻게 되어 가는지 도무지 모르고 있다.

죽 끓듯 하다 판 **1** 변덕이 몹시 심하다. **2** 화나 분통을 참지 못하여 마음속이 부글부글 끓어오르다.

죽도 밥도 안 되다 판 어중간하여 이것도 저것도 안 되다.

죽을 쑤다 판 어떤 일을 망치거나 실패하다.

죽간¹(竹竿)[-깐]圏 대나무 장대.

죽간²(竹簡)[-깐]圏 고대 중국에서, 종이가 발명되기 전에 글자를 기록하던 대나무 조각. 또는, 대나무 조각으로 만든 책.

죽계-별곡(竹溪別曲)[-꼐-/-께-]圏(문) 고려 충숙왕 때 안축(安軸)이 지은 5장의 경기체가. 작자의 고향인 풍기(豊基) 죽계의 경치를 읊은 것임.

죽-공예(竹工藝)[-꽁-]圏 대나무로 하는 공예.

죽기(竹器)[-끼]圏 대나무로 만든 그릇.

죽기-로[-끼-]閉 죽음을 무릅쓰고 있는 힘을 다하여. ¶~ 싸우다.

죽는-소리 圏 몹시 힘들다거나 어렵다거나 아프다거나 하면서 엄살을 부리는 소리. ¶고생이 심하다고 ~를 한다. 죽는소리-하다 图(재)(연)

죽는-시늉圏 몹시 힘들다거나 어렵다거나 아프다거나 하면서 엄살을 부리는 짓. ¶~ 좀 그만 해라. **죽는시늉-하다** 图(재)(연)

죽다[-따]图재 **1** (사람·동물·식물이) 생명이 없어지게 되다. 圓사망하다·면명하다

·운명하다. ¶사람이 병으로 ~ / 벼가 가뭄으로 말라~. (높)돌아가다·별세하다·서거하다·붕어하다. ↔살다. **2** (일정한 동안 지속하는 물체의 움직임이나 불 따위의 타는 현상이) 더 계속되거나 이루어지지 않는 상태가 되다. ¶연탄불이 ~ / 어? 시계가 **죽었네.** **3** (어떤 물체가) 본래의 제 색깔을 잃게 되다. ¶추워서 입술이 파랗게 ~. **4** (사람의 기나 성질이) 팔팔한 상태를 잃게 되다. ¶기가 ~ / 아이가 풀이 **죽어** 어깨가 축 처졌다. **5** (물체가) 어느 부분이 내밀지 못하고 들어가거나 날카롭지 못한 상태가 되다. ¶콧날이 ~ / 자고 일어났더니 머리가 한쪽이 **죽었다.** **6** 장기·바둑·윷놀이 등에서, (말이) 상대방에게 잡히다. ¶차(車)가 ~ / 대마가 ~. **7** 야구에서, (주자가) 타석이나 누상에 있을 자격을 잃게 되다. 또는, 피구에서, (공을 피하도록 된 사람이) 선 안에 있을 자격을 잃게 되다. ¶일루 주자가 도루에 실패해 **죽고** 말았다. **8** 일정 수 이상의 사람이 하는 화투나 포커 등의 놀이에서, 들어온 패가 좋지 않거나 차례가 오지 않아 그 판을 포기하거나 쉬다. ¶이번 판에는 내가 **죽겠다.** **9** (사물·현상이) 제 기능이나 구실을 하지 못하거나 효력을 가지지 못하는 상태가 없는 사회. 비유적으로 말함. ¶**죽은** 지식·지식 기가 없는 사회. **10** (상대에게 으름장을 놓는 문장에 쓰여) 아주 심하게 야단맞거나 혼이 나게 되다. 공격적인 말임. ¶너 내 말 안 들으면 **죽어!** **11** 서술어 앞에 '죽도록', '죽어라 (하고)', '죽자고' 등의 꼴로 쓰여) 어떤 행동을 있는 힘을 다하는 상태가 되다. ¶나는 당신을 **죽도록** 사랑합니다. / 그는 열차 시각에 늦을까 봐 **죽어라** 하고 뛰었다. ②(보) (형용사의 어미 '-아/어/여'의 아래에 놓여) 어떤 느낌이나 상태가 극도에 이름을 나타내는 말. ¶하는 짓이 미워 **죽겠다.** / 저 사람은 아이라면 좋아 **죽지.**
[**죽은 나무에 꽃이 핀다**] 보잘것없던 집안에 영화로운 일이 생기게 된 것을 보고 이르는 말. [**죽은 정승이 산 개만 못하다**] 죽으면 생전의 부귀영화가 소용이 없다.

죽고 못 살다 판 더할 수 없이 좋아하다.

죽은 목숨 판 살길이 막혀 죽은 거나 다름없게 된 목숨. ¶~ 살려 주시는 셈치고 한 번만 봐주십시오.

죽을 둥 살 둥 판 한 가지 일에만 정신없이 마음을 빼앗겨 다른 일은 돌아보지 않고 마구 덤비는 모양을 이르는 말.

죽을 똥을 싸다 판 어떤 일에 몹시 힘을 들이다. ¶그 많은 빨래를 혼자 하느라고 **죽을 똥을 쌌다.**

죽자 사자〔살자〕판 있는 힘을 다하여. 또는, 기를 쓰고. ¶~ 공부만 하다 / 제발 데려가 달라면서 ~ 매달리다.

죽지 못해 살다 판 살 의욕을 잃고 마지못해 살다. ¶**죽지 못해 사니** 오죽하겠소.

죽-담[-땀]圏 잡석을 흙과 섞어서 쌓은 담.

죽더기[-떼-]圏 '죽데기'의 잘못.

죽데기[-떼-]圏 통나무의 겉쪽에서 떼어 낸 조각. 주로 땔감으로 씀. ×죽더기·피죽.

죽도(竹刀)[-또]圏 **1** =대칼. **2** (체) 검도에서, 몇 가닥의 댓개비를 묶어 칼 대신 쓰는 제구.

죽림(竹林)[중님]圏 =대숲.

죽림-칠현(竹林七賢)[중님-]圏 중국 진(晉)나라 초기에 노장(老莊)의 무위 사상을

숭상하며 죽림에 모여 청담(淸談)으로 세월을 보낸 일곱 명의 선비. 곧, 산도(山濤)·왕융(王戎)·유령(劉伶)·완적(阮籍)·완함(阮咸)·혜강(嵆康)·상수(向秀).

죽마고우(竹馬故友) [중-] 명 ['죽마를 타고 놀던 옛 친구'라는 뜻] 어릴 때부터 친한 벗.

죽-물¹(粥-) [중-] 명 1 죽의 국물. 2 멀겋게 쑨 죽.

죽물²(竹物) [중-] 명 대나무로 만든 여러 가지 물건의 총칭.

죽백(竹帛) [-빽] 명 [옛날 종이가 발명되기 전에 대쪽이나 포백(布帛)에 글을 써서 기록한 데서] 역사를 기록한 책.

죽-부인(竹夫人) [-뿌-] 명 대오리로 사람의 키만큼 긴 원통형으로 엮어 만든 옛 기구. 여름밤에 서늘한 기운이 돌도록 끼고 잠.

죽부인-전(竹夫人傳) [-뿌-] 명[문] 고려 말기에 이곡(李穀)이 지은 가전체(假傳體)의 설화. 대나무를 의인화하여 굳은 절개를 그린 이야기로, 남녀 관계가 문란했던 당시의 사회상을 풍자한 것임.

죽비(竹篦) [-삐] 명[불] 선원(禪院)에서 수행자를 지도할 때 사용하는, 막대 모양의 도구. 길이는 40~50cm 정도 되는데, 대나무의 가운데를 타서 두 쪽으로 갈라지게 하되 자르지 않은 부분은 자루로 함. 좌선을 시작하거나 끝낼 때, 또는 예불·공양 등을 할 때, 딱딱 소리를 내어 신호로 사용함. 수행자의 졸음을 쫓거나 자세를 지도할 때에 사용하는 2m 정도의 긴 죽비는 '장군죽비'라고 부름.

죽사(竹絲) [-싸] 명 대나무를 실처럼 가늘게 쪼갠 것. 패랭이 등을 만드는 재료임.

죽-사발(粥沙鉢) [-싸-] 명 1 죽을 담은 사발. 2 매우 얻어맞거나 심하게 욕을 들은 상태를 속되게 이르는 말. ¶~이 되도록 얻어맞다.

죽살 '죽살이'의 잘못.

죽살-이[-쌀-] 명 1 죽음과 삶. 비생사(生死). 2 죽고 삶을 다투는 고생. ×죽살.

죽살이-치다[-쌀-] 자 삶과 죽음의 경계에서 심한 괴로움을 겪다. ¶죽살이치게 앓다.

죽상(-相) [-쌍] 명 '죽을상'의 준말.

죽-세공(竹細工) [-쎄-] 명 대를 재료로 하는 공예(工藝).

죽순(竹筍) [-쑨] 명 대의 땅속줄기에서 돋아나는 어린싹. 식용함. =대순.

죽순-대(竹筍-) [-쑨-] 명[식] 볏과의 여러해살이 식물. 높이 10~20m. 죽순은 5월에 나오며, 포엽은 적갈색에 자색 반점이 있음. 죽순은 식용함. =맹종죽(孟宗竹).

죽-술(粥-) [-쑬] 명 몇 순갈의 죽. 곧, 적은 양의 죽. ¶이제 겨우 ~이나 뜨게 되니까 배부른 소리를 한다.

죽식간-에(粥食間-) [-씩깐-] 부 1 죽이든지 밥이든지 무엇이나. 2 죽이 되든지 밥이 되든지 간에. =죽밥간에.

죽어-나다 동(자) 일 따위가 매우 힘들고 고달프다. ¶작업 반장의 등쌀에 **죽어나는** 건 직공들이었다.

죽어-지내다 동(자) 남에게 눌려 기를 펴지 못하고 지내다.

죽여-주다 동(자)(타) 〈속〉1 몹시 고통을 당하여 못 견디게 하다. ¶아까부터 머리가 **죽여주게** 수신다. 2 몹시 만족스럽거나 흡족하다. ¶찌개 맛이 **죽여준다**.

죽염(竹鹽) [-염] 명[약] 한쪽이 막힌 대나무 통 속에 천일염을 다져 넣고 황토로 봉하여, 높은 열에 아홉 번을 거듭 구워 내어 얻는 가루. 피를 맑게 하고, 간염 등에 효험이 있다고 함.

죽엽(竹葉) 명 =댓잎.

죽은-피 명[한] '사혈(死血)'의 속칭.

죽을-병(-病) [-뼝] 명 살아날 길이 없는 병. =사병(死病).

죽을-상(-相) [-쌍] 명 죽을 것처럼 괴로워하는 표정. ¶~을 짓다. 준죽상.

죽을-죄(-罪) [-쬐] 명 죽어 마땅한 죄. ¶~를 지었으니 용서하십시오.

죽을-힘 명 〔주로 '죽을힘을 다하다'의 꼴로 쓰여〕죽을 각오로 내는 힘. 또는, 낼 수 있는 온 힘. 비사력(死力). ¶목표를 향해 ~을 다해 내닫다.

죽음 명 사람이 목숨을 잃는 일이나 현상. 비사(死)·사거(死去)·사망·영면(永眠). ¶~의 공포 / 비참하게 ~을 맞다 / ~을 각오하고 싸우다. ↔삶.

죽음의 재 [-의-/-에-] =낙진.

죽-이다[-기-] 타 1 '죽다'의 사동사. ¶벌레를 ~ / 연탄불을 ~ / 아이의 기를 ~. 2 소리를 낮추거나 멈추다. ¶발소리를 **죽이고** 전진하다. 3 두드러진 자리를 파서 고르거나, 불거진 모서리를 깎아 내다. ¶모서리를 ~. 4 속력 등을 낮추다. ¶차의 속력을 ~. 5 황홀할 만큼 매혹하다. ¶음, 이 맛, 정말 (사람) **죽인다**. 죽여. 6 시간(을) 죽이다 →시간.

죽장(竹杖) [-짱] 명 =대지팡이.

죽-장구(竹-) [-짱-] 명[음] 굵고 긴 대통의 속을 뚫어 만든 타악기. 세워 놓고 막대기로 쳐서 소리를 냄.

죽장-망혜(竹杖芒鞋) [-짱-혜/-짱-헤] 명 '대지팡이와 짚신'의 뜻) 먼 길을 떠날 때의 아주 간편한 차림새를 이르는 말.

죽-장창(竹長槍) [-짱-] 명 1 [역] 조선 시대에 무예를 익히는 데 쓰던, 대로 만든 긴 창. 2 십팔기의 하나. 보병(步兵)이 1을 가지고 익히는 무예. 준죽창.

죽절(竹節) [-쩔] 명 대의 마디.

죽-젓개(粥-) [-쩓깨] 명 죽을 쑬 때, 죽이 고르게 끓도록 휘젓는 나무 방망이. =죽젓광이.

죽-젓광이(粥-) [-쩓꽝-] 명 =죽젓개.

죽-죽[-쭉] 부 1 줄이나 금을 곧게 자꾸 긋는 모양. ¶밑줄을 ~ 긋다. 2 여럿이 곧게 늘어선 모양. ¶벽에 금이 ~ 가다 / 소나기가 ~ 내리다. 3 여러 가닥으로 단번에 찢는 모양. 또는, 그 소리. ¶헝겊을 ~ 찢다. 4 거침없이 내리읽거나 말하는 모양. ¶책을 ~ 읽다. 5 술·물 등을 한꺼번에 많이 마시는 모양. ¶~ 마시다. 6 입으로 잇달아 빠는 모양. 또는, 그 소리. 센쭉쭉.

죽지[-찌] 명 1 팔과 어깨가 이어진 관절의 부분. ¶어깻~. 2 새의 날개가 몸에 붙은 부분. ¶날갯~.

죽지-뼈[-찌-] 명 =어깨뼈.

죽지-사(竹枝詞) [-찌-] 명[문] 십이 가사(十二歌詞)의 하나. 우리나라의 경치·인정·풍속 등을 노래함.

죽창(竹槍) [-창] 명 1 대로 만든 창(槍). 비대창. 2 '죽장창(竹長槍)'의 준말.

죽책(竹册) 명 1 댓가지에 글귀를 적어 통에 넣었다가 빼어서 볼 수 있게 만든 것. 2 [역] 조선 시대에 세자빈의 책봉문(册封文)을 새긴 간책(簡冊).
죽-치다 통(자) (사람이 한곳에서) 하는 일이 없거나 아무 보람 없이 오랫동안 붙박이다. ¶방에만 죽치고 있지 말고 나가 놀아라.
죽침(竹枕) 명 대로 만든 베개.
죽통(粥筩) 명 마소의 먹이를 담는 통. ⨯구유.
준¹(樽·尊·罇) 명 1 제사 때 술을 담는, 긴 항아리 모양의 구리 그릇. 2 질그릇으로 된 옛날 술잔.
준-²(準) 접두 일부 명사 앞에 붙어, 그 명사에 비길 만한 구실·자격을 가짐을 나타내는 말. ¶~우승 / ~교사.
준!-가구(準家口) 명 가계(家計)를 함께 하지 않는 사람들이 모여서 이루는 가구(家口) 비슷한 조직. 기숙사·병원 따위.
준!거(準據) 명 1 (표준·기준이 될 만한 것에) 준하여 의거하는 것. ¶~틀. 2 =표준1.
준!-하다¹ 통(자타여) ¶판례에 준거하여 판결하다. **준!거-되다**¹ 통(자)
준!거(遵據) 명 고례나 전례 등을 좇아 따르는 것. **준!거-하다**² 통(자타여) **준!거-되다**² 통(자)
준!거-법(準據法) [-뻡] 명 [법] 국제 사법의 규정에 따라, 일정한 법률 관계를 규정하는 데 준거하는, 자국(自國) 또는 외국의 법률.
준!거^집단(準據集團) [-딴] 명 [사] 개인이 자기의 행위나 규범의 준거로 삼는 집단. 준거 집단은 그 개인이 실제로 소속되어 있는 집단과 반드시 일치하는 것은 아님.
준!걸(俊傑) 명 재주와 슬기가 매우 뛰어난 것, 또는 그 사람. **준!걸-하다** 형여
준!-결승(準決勝) [-씅] 명 '준결승전'의 준말. ¶~에 오르다 / ~에 진출하다.
준!-결승-전(準決勝戰) [-씅-] 명 운동 경기 등에서, 결승전에 나아갈 자격을 겨루는 시합. ⓒ준결승.
준!공(竣工) 명 공사를 다 마치는 것. =준역. ¶~검사. ↔기공(起工)·착공. **준!공-하다** 통(자타여) 모래나 암석을 퍼내는 일. ¶~공사. **준!설-하다** 통(타여) ¶수로를 ~.
준!-공식(竣工式) 명 공사를 다 마친 것을 축하하는 의식. ¶새 사옥 ~을 가지다.
준!-교사(準敎師) 명 [교] 정교사에 준하는 자격을 국가로부터 인정받은 교사.
준!-금속(準金屬) 명 [화] 금속과 비금속의 중간 성질을 나타내는 원소의 총칭. 비소·붕소·안티몬 따위. ⨯메탈로이드.
준!-금치산(準禁治産) [-찌-] 명 [법] '한정 치산(限定治産)'의 구용어. ¶~자(者).
준!급(峻急) →**준!급-하다** [-그파-] 형여 몹시 가파르고 험하다. **준!급-히** 图
준!동(蠢動) 명 (벌레 따위가 꿈지럭거린다는 뜻) 불순한 세력이나 보잘것없는 무리가 법석을 부리는 것. **준!동-하다** 통(자여) ¶산간 마을에 공비들이 ~.
준!두(準頭) 명 코의 끝.
준득-거리다/-대다 [-꺼때-] 통(자) 1 질긴 음식물이 탄력 있게 씹히는 느낌이 계속 있다. 2 차져서 잘 끊어지지 않는 느낌이 계속 있다. 좍존득거리다. 쎈쭌득거리다.
준득-준득 [-쯘-] 图 준득거리는 모양. 좍존득존득. 쎈쭌득쭌득. **준득준득-하다** 형여
준!령(峻嶺) [줄-] 명 높고 가파른 고개. ¶태산(泰山)~.
준!마(駿馬) 명 썩 잘 달리는 말. ⨯비마(飛馬)·상마(上馬)·준족(駿足).
준!-말 명 [언] 1 둘 이상의 음절(音節)로 된 말을 줄여서 간단하게 한 말. '사이'가 '새'로, '마음'이 '맘'으로 된 것 따위. 2 어떤 말의 머리글자만 따서 부호처럼 간편하게 쓰는 말. '한은(韓銀)', '유엔(UN)' 따위. =약어(略語). ▷본딧말.
준!법(遵法) [-뻡] 명 법을 지키는 것. **준!법-정신**(遵法精神) [-뻡쩡-] 명 법을 바르게 잘 지키는 정신. ¶~이 투철하다.
준!-보다(準-) 타여 =교정(校正)보다.
준!봉(峻峯) 명 높고 험한 산봉우리.
준!비(準備) 명 1 (앞으로 있을 어떤 일을 제대로 이룰 수 있도록 그에 관계되는 일을 하거나 각오·결심을 하는 것. ¶기간 / 환영 ~를 끝내다. 2 (어떤 물건을) 앞으로 있을 일을 위해 마련하거나 갖추는 것. **준!비-하다** 통(타여) ¶겨울살이를 ~ / 시험을 ~. **준!비-되다** 통(자) ¶잔치를 위해 준비된 음식.
준!비-금(準備金) 명 [경] 1 =적금. 2 =적립금.
준!비-물(準備物) 명 어떤 일을 하기 위해 준비해야 하는 물건. ¶미술 ~ / 여행 ~.
준!비-성(準備性) [-썽] 명 어떤 일에 대하여 미리 준비하는 습성이나 태도. ¶~이 있는 생활.
준!비^운동(準備運動) 명 본격적인 운동이나 경기를 하기 전에, 신체 조건이 적응할 수 있도록 온몸을 움직여서 하는 가벼운 운동. =준비 체조.
준!-사관(准士官) 명 [군] 부사관의 위, 위관 아래의 계급. 곧, 준위.
준!선(準線) 명 [수] 원뿔 곡선을 한 정점(定點)으로부터의 거리와 정해진 한 직선으로부터의 거리의 비가 일정한 점의 궤적으로 정의할 경우의 그 정해진 직선.
준!설(浚渫) 명 물의 깊이를 증가시켜 배가 잘 드나들게 하기 위하여 하천·항만 등의 바닥에 쌓인 모래나 암석을 파내는 일. ¶~공사. **준!설-하다** 통(타여) ¶수로를 ~.
준!설-기(浚渫機) 명 [공] 물속의 흙이나 돌을 파내는 데 쓰는 기계. =드레저.
준!설-선(浚渫船) [-썬] 명 준설기를 장치한 배.
준!성-전파원(準星電波源) 명 [천] 매우 먼 곳에 있고, 은하 중심핵의 폭발로 생겼다고 짐작되는 천체. 강한 전파를 발하는 천체로서 발견되었지만, 전파가 약한 것도 있음.
준!수(遵守) 명 (법·규칙 등을) 그대로 좇아서 지키는 것. **준!수-하다**¹ 통(타여) ¶법을 ~. **준!수-되다** 통(자)
준!수(俊秀) →**준!수-하다**² 형여 재지(才智)나 풍채가 빼어나다. ¶준수한 용모.
준!엄(峻嚴) →**준!엄-하다** 형여 매우 엄격하다. ¶역사의 준엄한 심판을 받다 / 잘못을 준엄하게 꾸짖다. **준!엄-히** 图
준!열(峻烈) →**준!열-하다** 형여 매우 엄하고 격렬하다. ¶준열한 비판. **준!열-히** 图
준!-예산(準豫算) [-네-] 명 [경] 국가의 예산이 법정 기간 내에 수립되지 못할 경우, 정부가 전년도의 예산에 준하여 집행하는 잠정 예산.
준!용(準用) 명 준거하여 사용하거나 적용하는 것. **준!용-하다** 통(타여) ¶관계 법규를 ~. **준!용-되다** 통(자)
준!-우승(準優勝) 명 운동 경기 등에서, 우승

다음가는 성적. **준!우승-하다** 困재예

준!위(准尉)똉[군] 국군 계급의 하나. 준사관에 속하는 계급으로, 원사의 위, 소위의 아래임.

준!장(准將)똉[군] 국군 계급의 하나. 장관의 맨 아래의 계급으로, 대령의 위, 소장의 아래임.

준!재(俊才)똉 아주 뛰어난 재주. 또는, 그런 사람.

준!절(峻截·峻切) →**준!절-하다** 혱예 **1** 산이 깎아세운 듯이 높고 험하다. **2** 매우 위엄이 있고 정중하다. **준!절-히** 閈

준!족(駿足)똉 **1** 발이 빠른 훌륭한 말. ⓗ준마(駿馬). **2** 빠르게 잘 달리는 사람. 특히, 야구·축구·마라톤 등에서 사용되는 말임. ¶아시아 제일의 ~ / 호타 ~의 4번 타자.

준좌(蹲坐)똉 **1** 주저앉는 것. **2** 일을 하다가 도중에 그만두는 것. **준좌-하다** 困재예

준!-준결승(準準決勝)[-쑹-] 똉 '준준결승전'의 준말.

준!준결승-전(準準決勝戰)[-쑹-] 똉 운동 경기 등에서, 준결승전에 나아갈 자격을 다루는 시합. ㉰준준결승.

준!척(準尺)똉 낚시로 낚은, 길이가 거의 한 자에 가까운 물고기.

준!초(峻峭) →**준!초-하다** 혱예 (산 따위가) 높고 깎아지른 듯하다.

준!치(準-)[동] 청어과의 바닷물고기. 몸길이 50cm 정도. 몸은 측편하여 밴댕이와 비슷하며, 등은 암청색이고 배는 은백색임. 살에 가시가 많으나, 맛이 썩 좋음. =전어(箭魚).

준!칙(準則)똉 준거할 기준이 되는 법칙. ¶가정의례 ~.

준!-평원(準平原)똉[지] 오랫동안 계속된 침식으로 산이 깎여, 지역 전체가 낮고 평평하게 된 평지. ㉰파상 평원.

준!-하다¹(準-)困재예 **1** (어떤 본보기에) 비추거나 근거로 하여 그와 같거나 버금가게 맞추거나 따르다. ¶고문의 대우는 이사에 ~ / 일의 처리는 전례에 ~. **2**[인] =교정하다¹.

준!-하다²(峻-)혱예 **1** 맛이 매우 독하거나 진하다. ¶술상에는 **준한** 맑은술의 양푼으로 놓였다.《홍명희: 임꺽정》 **2** 산세가 가파르다.

준!행(遵行)똉 준거하여 그대로 행하는 것. **준!행-하다¹** 困재예 **준!행-되다¹** 困예

준!행²(遵行)똉 (관례·명령 등을) 좇아서 행하는 것. **준!행-하다²** 困재예 ¶관례에 ~. **준!행-되다²** 困예

준!험(峻險) →**준!험-하다** 혱예 산·고개 따위가 높고 험하다.

준!-회원(準會員)[-회-/-훼-] 똉 정회원(正會員)에 준하는 자격을 인정받은 회원.

줄¹ 똉 [1]재립 **1** 물체와 물체 사이를 잇거나 물체를 어느 것에 매달려 있게 하거나 물건을 묶거나 하는 데에 쓰로 사용하는, 가늘고 긴 물건. ¶새끼 ~ / 빨랫 ~을 감다 [풀다] / ~을 매다 / ~을 치다 / ~을 당기다. **2** 여럿이나 동물이 길게 이루어 늘어서거나 이어져 길이를 이룬 모양이나 상태. ⓗ열(列). ¶운동장에 학생들이 ~을 서 있다. / 자동차들이 길게 ~을 짓고 있다. **3** 면(面) 위에 길게 이어지게 쳐진 선이나 무늬. ¶중요한 대목에 ~을 긋다 / 세로로 ~이 진 옷. **4** 글자를 가로 또는 세로로 계속하여 벌여 쓰거나 인쇄했을 때, 그 글자의 무리가 이루는 긴 모양이나 상태. =행(行). ¶문단이 끝나는 곳에서 ~을 바꾸다. **5** 옷의 일부를 접히게 한 상태로 다림질하여 생기게 하는 가늘고 긴 자국. ⓗ주름. ¶바지에 ~을 세우다. **6** 사회생활에 도움을 주는, 영향력 있는 사람과의 친분 관계. ⓗ연줄. ¶높은 사람과 ~이 닿다. **7** '쇳줄'의 준말. ¶이 ~이 노다지임에는 필시 이 켠으로 버듬히 누웠으리라.《김유정: 금 따는 콩밭》 [2]의존 **1** 여럿의 사람이나 물건이 길게 이어져 이어져 있는 것을 세는 단위. ¶달걀 한 ~ / 아이들을 두 ~로 세우다. **2** 글에서, 가로 또는 세로로 벌여진 글자의 무리를 세는 단위. ⓗ행(行). ¶문장을 한 ~ 한 ~ 꼼꼼히 읽다. **3** (주로, 40, 50, … 90, 또는 마흔, 쉰, … 아흔 등의, 일의 자리가 0인 일부 두 자리 수 다음에 쓰여) 사람의 나이가 40에서 49세, 50에서 59세, …, 90에서 99세의 사이에 접어든 상태에 있음을 나타내는 말. 특히, 40, 50, …, 90세에 막 접어든 시점에 쓰이는 말임. ¶그는 이제 막 50~에 들어섰다. ▷대(代). **4** 잎담배 따위를 엮어 묶은 두름을 세는 단위. ¶잎담배 두 ~.
줄(을) 대다 囝 끊임없이 계속하여 잇대다.

줄!² 똉 쇠붙이를 쓸거나 깎는 데에 쓰는, 강철로 만든 연장. =강갈. ¶~로 쇠를 쓸다.

줄!³ 똉[식] 볏과의 여러해살이풀. 높이 1~2m. 8~9월에 꽃이 핌. 열매는 구황 식물로 어린싹과 함께 식용하고, 잎은 도롱이나 자리를 만듦. 못가나 물가에 남.

줄⁴ [의존] (어미 '-ㄴ', '-는', '-ㄹ' 아래에 쓰여) 어떤 방법·셈속·사태 등을 나타내는 말. 주로 '알다', '모르다' 등의 동사와 결합함. ¶나는 자동차를 운전할 ~ 모른다. / 나는 그가 도망가는 ~ 알았다.

줄⁵(joule) [의존][물] 에너지의 절대 단위. 1 줄은 약 1000만 에르그(erg)임. 기호는 J.

줄-⁶ [접투] 주로 일부 명사 앞에 붙어, 그 명사에 관계된 일이 계속 이어지짐을 나타내는 말. ¶~달음 / ~도망 / ~초상.

줄-감개 똉 철사나 밧줄, 현악기의 줄 등을 감거나 푸는 기구. ㉰권선기.

줄거리 똉 **1** 땅바닥에 길게 뻗거나 다른 것에 감아 오르는, 초본 식물의 줄기에서 잎을 떼어 낸 부분. ¶고구마 ~ / 호박잎 ~의 껍질과 잎을 벗기고 숭숭 썰어서….《이광수: 흙》 **2** 배추·상추·미역 등에서, 잎자루·잎줄기가 있는 약간 딱딱한 부분. ¶배추 ~ / 미역 ~. **3** 소설이나 드라마, 이야기 등에서, 가장 핵심이 되는, 개략적인 내용. ¶영화 ~. ㉰줄가리.

줄곧 閈 끊임없이 잇달아. ⓗ내처. ¶휴가 동안 ~ 집에만 있었다. / 서울에서 부산까지 자동차로 ~ 달려왔다.

줄-글 똉[문] 글 토막이나 글자 수를 맞추지 않고 죽 잇달아 지은 글. =장문(長文). ↔귀글.

줄기 똉 [1]재립 **1** [식] 나무의 뿌리와 가지를 잇는, 가장 굵고 중심을 이루는 부분. **2** 초본 식물에서, 뿌리 위로 곧고 길게 자란 부분. **3** 잇달아 뻗어 나가는 줄·산·덕의 갈래. ¶~ / 산 ~. **4** 불·물 따위의 길게 뻗어 나가는 모습. ¶불 ~ / 물 ~. [2]의존 나무나 풀의 줄기가 되는 잇달아 뻗어 나가는 것의 갈래를 세는 말. ¶산맥이 세 ~로 뻗다 / 강물이 두 ~로 갈리다.

줄기^세!포(-細胞)〖명〗〖생〗세포 분화가 아직 일어나지 않았으나 장차 일어나게 될 세포. 특히, 배아에서 장기로 분화·발달하게 될 핵심 세포. =간세포(幹細胞).

줄기-줄기〖명〗여러 줄기로. 또는, 줄기마다. ¶~ 갈라지다 / ~ 뻗어 나가다.

줄기-차다〖형〗(어떤 현상이나 작용이) 억세고 힘차게 계속되는 상태에 있다. ¶줄기찬 노력 / **줄기차게** 내리는 비.

줄기-채소(-菜蔬)〖명〗줄기를 먹는 채소. =경채(莖菜).

줄깃-줄깃[-긷꾿깉]〖부〗씹을 때, 차지고도 질긴 힘이 있는 모양. 〈작〉졸깃졸깃. 〈센〉쭐깃 쭐깃. **줄깃줄깃-하다**〖형여〗

줄깃-하다[-긷-]〖형여〗씹히는 맛이 차지고 질기다. 〈작〉졸깃하다. 〈센〉쭐깃하다.

줄-꾼〖명〗1 가래질할 때 줄을 당기는 사람. 2 줄모를 심을 때 못줄을 잡는 사람. =줄잡이.

줄-낚시[-락씨]〖명〗낚싯대 없이 낚싯줄에 낚싯바늘을 달아서 하는 방식의 낚시. ▷대낚시.

줄-납자루[-랍짜-]〖명〗〖동〗잉엇과의 민물고기. 몸은 길이 12~16cm이고 너비가 좁으며, 등 쪽은 검은 갈색임. 옆줄 비늘 위에는 큰 검은색 점무늬가 있고, 그 뒤쪽에는 어두운 색의 세로줄이 있음. 우리나라의 특산종임.

줄-넘기[-럼끼]〖명〗두 손으로 줄의 양 끝을 잡고 발 아래에서 머리 위로 넘기며 뛰어넘거나, 또는 두 사람이 잡고 돌리는 줄 속을 다른 사람이 뛰어넘는 놀이. **줄넘기-하다**〖동자여〗

줄-눈[-룬]〖명〗〖건〗벽돌·블록·석재 등을 모르타르로 접합하여 쌓거나 타일을 벽이나 바닥에 붙일 때 생기는, 줄 모양의 이음매.

줄느런-하다[-르-]〖형여〗한 줄로 죽 벌여진 상태에 있다. **줄느런-히**〖부〗¶일행이 좁은 산길을 ~ 서서 가다.

줄:다 (줄:고 / 줄어) 〖동자〗〈-주니, 주오〉1 (물체의 길이·넓이·부피 등의 크기가) 본디보다 작은 상태가 되다. ¶옷을 빨았더니 **줄어서** 못 입게 됐다. 2 (사물의 수효나 분량이) 본디의 것보다 적은 상태가 되다. ¶수입이 ~ / 돈이 오지 않아 우물물이 줄었다. 3 (힘이나 세력 등이) 이전보다 작은 상태가 되다. ¶기운이 ~ / 가세(家勢)가 ~. 4 (재주·능력 따위가) 이전보다 못한 상태가 되다. ¶실력이 ~ / 스케이팅 솜씨가 ~ 는다.

줄-다리기〖명〗〖민〗여러 사람이 편을 갈라, 굵은 줄을 마주 잡아당겨 승부를 겨루는 놀이. **줄다리기-하다**〖동자여〗

줄-달다〖동〗〈-다니, -다오〉①〖자〗끊임없이 줄을 지어 계속되다. ¶손님이 ~. ②〖타〗끊이지 않게 줄을 지어 잇대다. ¶담배를 **줄달아** 피우다.

줄-달음〖명〗=줄달음질. ¶~을 놓다. **줄달음-하여**〖동자여〗**줄달음하여** 도망가다.

줄달음-질〖명〗단숨에 내처 달리는 달음박질. =줄달음. **줄달음질-하다**〖동자여〗

줄달음-치다〖동자〗줄달음질로 급히 닫다. ¶그는 기쁜 소식을 동네 사람들에게 알리기 위해 힘껏 **줄달음쳤다**.

줄-담배〖명〗잇달아 계속 피우는 담배. ¶그는 심각한 얼굴로 ~를 피워 댔다.

줄-도망(-逃亡)〖명〗여러 사람이 줄을 짓듯 잇달아 도망하는 것. **줄도망-하다**〖동자여〗

줄-때〖명〗줄줄이 낀 때.

줄레-줄레〖부〗경망스럽게 까불며 주책없이 행동하는 모양. ¶~ 따라다니다. 〈작〉졸래졸래. 〈센〉쭐레쭐레. **줄레줄레-하다**〖자여〗

줄-마노(-瑪瑙)〖명〗〖광〗겹겹이 여러 빛깔의 줄이 진 마노.

줄멍-줄멍〖부〗1 거죽이 울퉁불퉁하게 내민 모양. 2 자잘구레한 것들이 많이 모여 있어 보기에 귀여운 모양. 〈작〉졸망졸망. **줄멍줄멍-하다**〖형여〗

줄-모〖명〗〖농〗못줄을 대어 가로와 세로로 줄이 반듯하게 심는 모. =정조식. ↔허튼모.

줄-목〖명〗일에 관계되어 나가는 가장 중요한 대목.

줄-무늬[-니]〖명〗줄로 이루어진 무늬. =선문(線紋).

줄-바둑〖명〗바둑돌을 일자(一字)로 늘어놓기만 하는 서투른 바둑.

줄-반장(-班長)〖명〗초등학교에서, 그 줄의 책상에 앉은 학생들의 우두머리.

줄!-밥[-빱]〖명〗줄질을 할 때 쓸려 떨어지는 부스러기.

줄-방귀〖명〗계속하여 뀌는 방귀.

줄-불〖명〗화약·염초(焰硝)·참숯의 가루 등을 섞어 종이로 싸서 줄에다 죽 달아 놓은 불놀이 기구. 한쪽 끝에 불을 붙이면 불이 연달아 번짐.

줄-뿌림〖명〗〖농〗밭에 일정한 거리를 두고 평행하여 고랑을 내어 한 줄로 죽 씨를 뿌려 흙을 덮는 파종법의 한 가지. =조파(條播). **줄뿌림-하다**〖타여〗

줄-사다리〖명〗두 가닥의 밧줄 사이에 가로장을 질러 만든 사다리. =줄사다리. ¶헬리콥터에서 ~가 내려오다.

줄어-들다〖동자〗〈-드니, -드오〉크거나 많던 것이 작거나 적게 되다. ¶살림이 ~ / 바지를 빨았더니 **줄어들었다**. 〈작〉졸아들다. ↔늘어나다.

줄어-지다〖동자〗점점 줄게 되다.

줄^열(Joule熱)〖명〗〖전〗전기가 도체(導體) 내에 흐를 때, 전기 저항에 의하여 도체에 생기는 열.

줄의 법칙(Joule-法則)[-의-/-에-]〖물〗도선(導線) 내를 흐르는 정상 전류가 일정 시간 내에 내는 줄 열(Joule熱)의 양은 전류의 세기의 제곱 및 도선의 저항에 비례한다는 법칙.

줄-이다〖동타〗'줄다'의 사동사. ¶몸무게를 ~ / 옷소매를 ~ / 비용을 ~.

줄임-표(-標)〖명〗1〖언〗안드러냄표의 하나. 할 말을 줄였을 때나 말이 없음을 나타낼 때에 사용하는 '……'의 이름. =무언표·생략표·말없음표·말줄임표·종종이. 2〖음〗악보에서 나타냄기호나 연주법 등을 간단히 줄여 나타내는 준말이나 기호. =생략 기호.

줄-자〖명〗헝겊이나 쇠 따위로 길이 만들어 평소에는 말아 두었다가 잴 때에 풀어 쓰는 자. =권척(卷尺).

줄!-잡다[-따]〖동타〗1 실제로 대중 잡은 것보다 줄여서 헤아려 보다. 2 ('줄잡아'의 꼴로 쓰여) 대충 어림으로 헤아려 보다. ¶청중이 **줄잡아** 천 명은 될 것이다. 〈작〉졸잡다.

줄-잡이〖명〗=줄꾼.

줄줄〖부〗1 굵은 물줄기가 계속해서 흐르는 소리. 또는, 그 모양. ¶땀이 ~ 흐르다 / 두 뺨 위로 눈물이 ~ 흘러내리다. 2 굵은 줄 따위가 계속해서 끌리는 모양. ¶밧줄을 ~ 끌고 가다. 3 떨어지지 않고 줄곧 따라다니는 모양. ¶개가 ~ 따라다니다. 졷졸. 쫄쫄.
4 막힘이 없이 무엇을 읽거나 외는 모양. ¶시를 ~ 외다.
줄줄-거리다·-대다 통재 (굵은 물줄기 따위가) 계속해서 줄줄 소리를 내며 흐르다. 졸졸거리다. 쫄쫄거리다.
줄줄-이 用 1 줄마다 모두. ¶~ 사랑이 스며 있는 어머니의 편지. 2 여러 줄로. ¶콩밭이 ~ 뻗어 있다.
줄-지다 통자 물건 위에 금이나 줄이 생기다.
줄-질 명 줄로 쇠붙이를 깎거나 쓰는 일. 줄질-하다 통자예 ¶톱날에 ~.
줄-짓다 [-짇따] 통재ㅅ <~지으니, ~지어> 줄을 이루다. ¶물을 받으려고 약수터에 줄지은 사람들 / 그들은 역사와 마방의 기다랗고 설렁한 집채들이 줄지어 섰는 곰곡 마을로 들어씩으로 깨달았다.《황석영:장길산》
줄창 用 '줄곧'의 잘못.
줄-초상(-初喪) 명 잇달아 초상이 나는 것. 또는, 그 초상.
줄-칼 명 =줄².
줄-타기 명 공중에 친 줄 위를 건너다니며 재주를 부리는 곡예. =승희. ¶아슬아슬한 ~ 묘기. 줄타기-하다 통자예
줄-판(-板) 명 등사 원지에 쓸 때 밑에 받치는 철판. =강판·철필판.
줄-팔매 명 끈을 둘로 접어 양 끝을 쥐고 고에 돌멩이를 끼어서 휘두르다가 줄의 한끝을 농으면서 돌을 멀리 던지는 팔매.
줄팔매-질 명 줄팔매를 던지는 짓. 줄팔매 질-하다 통자예
줄-표(-標) [-뼈] 언 이음표의 하나. 이미 말한 내용을 다른 말로 부연하거나 보충함을 나타낼 때 사용하는 '─'의 이름. =말바꿈표·환언대·대시(dash).
줄-풍류(-風流) [-뉴] 명 국악에서, 줄이 있는 악기, 특히 거문고가 중심이 되는 풍류. 거문고·가야금·해금·세피리·대금·장구 각 하나씩으로 편성된다. ▷대풍류.
줄-행랑(-行廊) [-낭] 명 1 대문 좌우로 죽 벌여 있는 행랑. 2 '도망'을 속되게 이르는 말. ¶~을 놓다.
줄행랑-치다(-行廊-) [-낭-] 통자 낌새를 채고 피하여 달아나다. ¶범인은 비상벨이 울리자 줄행랑쳤다.
줌¹ 명자립 1 '주먹'의 준말. ¶~을 쥐다. 2 '줌통'의 준말. 3 활의. 2 의존 1 주먹으로 쥘 만한 분량. ¶한 ~의 쌀 / 한 ~ 흙으로 돌아가다. 2 역 조세(租稅)를 계산하기 위한 토지 면적의 단위. 1줌은 1/10뭇임. =파(把).
줌 밖에 나다 用 남의 손아귀에서 벗어나다. 곧, 자유롭게 되다.
줌 안에 들다 用 남의 손아귀에 들어가다. 곧, 자유롭지 못하다.
줌^렌즈(zoom lens) 명 초점 거리나 화상의 크기를 연속적으로 변화시킬 수 있는 렌즈. 영화·TV 등의 카메라에 쓰임.
줌^아웃(zoom out) 명·영 영화에서, 카메라를 고정시킨 채 줌 렌즈의 초점 거리를 변화시켜 촬영물로부터 멀어져 가는 것처럼 보이도록 촬영하는 기법. ↔줌 인.
줌!앞-줌뒤 [-압쭘-] 명 1 화살이 좌우로 빗나감. 2 예측에 어긋나 맞지 않음의 비유.
줌^인(zoom in) 명·영 영화에서, 카메라를 고정시킨 채 줌 렌즈의 초점 거리를 변화시

켜 촬영물에 접근해 가는 것처럼 보이도록 촬영하는 기법. ↔줌 아웃.
줌!-통 명 활의 한가운데의 손으로 쥐는 부분. =활줌통. 준줌.
줍!다 [-따] 형고 / 주위> 타ㅂ <주우니, 주위> 1 (사람이 땅이나 바닥에 떨어지거나 흩어져 있는 손으로 줄 만한 크기의 물건을) 다른 곳으로 치우거나 옮기거나 가지기 위해 손으로 잡아 치우거나 옮기거나 가지다. ㉑집다. ¶길바닥에 널린 쓰레기를 ~ / 바닷가에서 조개를 ~. ×줏다. 2 (사람이 버려진 아이를) 자기의 아이로 만들려고 데려오다. ¶다리 밑에서 주위 온 아이. 3 (일부 동사 앞에 '주위'의 꼴로 쓰여) 이것저것 되는대로 취하거나 가지다. ¶주위듣은 알량한 지식 / 변명을 구구하게 주위늘어놓다.

> **유의어** 줍다 / 집다
>
> 둘 다 손가락으로 작은 물건을 잡는 것을 가리키나, '줍다'는 바닥에 떨어져 있는 것을 다른 곳으로 치우거나 가지기 위한 행동을 가리키고, '집다'는 물건을 잡는 행동 자체를 가리킴. 또한, '집다'는 물건이 반드시 바닥에 있어야 하는 것은 아니고, 손으로만 잡아야 하는 것도 아님.

줏다 통타 '줍다'의 잘못.
줏-대(主-) [주때/줃때] 명 마음의 중심이 되는 생각이나 태도. ㉑주심(主心). ¶~ 없이 ~를 가져라.
중¹ 명[불] '출가하여 머리를 깎고 불법을 닦는 사람'을 낮추어 이르는 말. 높이는 말로는 '스님', 문어체의 예사말로는 '승려'라고 함.
[중이 고기 맛을 알면 절에 빈대가 안 남는다] 무슨 좋은 일을 한 번 경험하면 그것에 빠져 정신을 잃고 덤빈다. **[중이 제 머리를 못 깎는다]** 아무리 긴한 일이라도 남의 손을 빌려야만 이루어지는 일을 가리킴.
중²(中) 명 1 자립 1 차례나 등급을 셋으로 나누었을 때, 두 번째에 해당하는 차례나 등급. ▷상·하. 2 '중등(中等)'의 준말. 3 장기판의 끝에서 둘째 줄. ¶포를 ~으로 옮기다. 4 '중국'을 줄여 이르는 말. ¶한(韓) - 친선. 2 의존 1 여럿의 가운데. ¶꽃 ~의 꽃 / 너희들 ~에 영기네 집을 아는 사람이 있느냐? 2 무엇을 하는 동안. ¶회의 ~ / 책을 읽고 있는 ~이다. 3 (주로 '중으로'의 꼴로 쓰여) 어떤 시점을 넘기지 않는 범위. ¶오늘 ~으로 일을 마쳐라.
중-³(重) 접두 1 '겹치거나 합쳐짐'의 뜻. ¶~수소 / ~자음. 2 '크고 중대함'의 뜻. ¶~과실(過失). 3 '무거움'의 뜻. ¶~금속 / ~무기.
중-가(重價) [-까] 명 중값. ¶~(品).
중간¹(中間) 명 1 두 사물의 사이. ¶~에 끼이다. 2 한가운데. ¶탁자 ~에 놓다 / ~ 좌석에 앉다. 3 사물이 아직 끝나지 않은 때나 장소. ¶~보고. ¶회의 ~에 쉬다.
중간²(重刊) 명 이미 펴낸 책을 거듭 펴내는 것. =중각(重刻). ▷초간. **중간-하다** 통타예 ¶국어사전을 ~. **중간-되다** 통자
중간-계급(中間階級) [-께-/-게-] 명[사] 지배 계급과 피지배 계급의 중간, 또는 사회적·경제적으로 중간에 위치하는 계층. 관리·봉급생활자 등. =중간층.
중간-고사(中間考査) 명 학기의 중간에 실시하는 학력고사. ¶~를 치르다.

중간-권(中間圈)[-꿘] 圀[기상] 고도 약 50~90km의 대기층. 아래에 성층권, 위에는 열권(熱圈)이 있음.

중간-노선(中間路線) 圀 극단이 아닌 중간의 입장을 취하는 행동이나 견해. ¶~을 취하다 / ~을 표방하다.

중간-발표(中間發表) 圀 최종 결과가 나오기 전에 그때그때의 상황을 발표하는 일.

중간-보고(中間報告) 圀 최종 결과가 나오기 전에 중도에 하는 보고. **중간보고-하다** 동

중ː간-본(重刊本) 圀 중간한 책. =중각본. ¶두시언해 ~.

중간^상인(中間商人) 圀[경] 생산자와 소비자의 사이에서 상품의 공급과 매매를 맡아 이익을 얻는 상인. ¶~의 농단.

중간-색(中間色) 圀[미] 1 순색에 회색을 혼합한 색. 또는, 회색 계열의 색. 2 황색·적색·녹색·청색 등 주요 색상의 중간에 위치하는 색. 곧, 황적색·황록색·청록색 등.

중간-숙주(中間宿主)[-쭈] 圀[동] 기생충이 성숙하기까지 몇 단계의 숙주를 거칠 때, 마지막 숙주 외의 모든 숙주.

중간-이득(中間利得)[-니-] 圀 두 사람 사이에 관여하거나 관련이 있는 사람이 취하는 이득. ¶생산자와 소비자 사이에서 ~을 취하는 중간 상인.

중간-자(中間子) 圀[물] 전자보다 무겁고 양성자보다 가벼운 질량을 가지는 소립자. =메소트론.

중간-잡종(中間雜種)[-종] 圀[생] 양친의 형질의 중간을 나타내는 잡종. 분꽃의 붉은 꽃과 흰 꽃의 잡종이 분홍색이 되는 따위.

중간-적(中間的) 판圀 중간에 해당하는 (것). ¶~ 형태 / ~인 태도를 보이다.

중간-층(中間層) 圀 1 [지] 지구의 시마층(sima層)과 중심층 사이에 있는 층. 깊이는 1200~2900km임. 2 [사] =중간 계급.

중간-치(中間-) 圀 크기·품질 따위로 보아 여럿 중에서 중간이 되는 물건. =중치. ¶옷을 ~로 사다 / 썩 고급은 아니지만 ~는 되겠지.

중간-파(中間派) 圀 정치적·사회적 면에서 중간노선을 걷는 파.

중-갈이(中-) 圀 제철이 아닌 때에 수시로 씨를 뿌려 푸성귀를 가꾸어 먹는 일. 또는, 그 푸성귀. ¶~ 김치. **중갈이-하다** 타

중ː-값(重-)[-깝] 圀 비싼 값. =중가(重價).

중개(仲介) 圀 제삼자로서 당사자 사이에 서서 일을 주선하는 일. ¶~국(國). **중개-하다** 타 ¶부동산 매매를 ~.

중-개념(中槪念) 圀[논] 삼단 논법에서, 대전제와 소전제에 공통으로 포함되어 대개념과 소개념을 결론을 성립시키는 개념. 비매개념(媒槪念).

중개^무ː역(仲介貿易) 圀[경] 수출국과 수입국 사이에 제삼국의 상인이 개입하여 이루어지는 무역.

중개^상인(仲介商人) 圀[경] 남의 의뢰를 받아 상행위를 대리 또는 매개하여 이에 대한 수수료를 받는 상인. 중매인(仲買人)·판매 대리인 등이 대표적임. =브로커·중개인.

중개-업(仲介業) 圀[경] 상행위를 대리 또는 중개하여 생기는 수수료를 목적으로 하는 영업. ¶부동산 ~.

중개-인(仲介人) 圀[경] =중개 상인.

중-거리(中距離) 圀 1 짧지도 길지도 않은 중간 정도의 거리. ¶~ 슛. 2 [체] '중거리 달리기'의 준말. ¶~ 선수.

중거리^달리기(中距離-) 圀[체] 육상 경기에서, 남자 800m·1500m 달리기 및 여자 400m·800m 달리기. =중거리 경주. 준중거리.

중거리^탄ː도^유도탄(中距離彈道誘導彈) 圀[군] 1000~3000km의 사정거리를 가진 탄도탄. =아이아르비엠(IRBM).

중ː건(重建) 圀 (절이나 왕궁 등을) 보수하거나 고쳐 짓는 것. **중ː건-하다** 타 ¶흥선대원군은 임진왜란 때 불타 버린 경복궁을 중건하였다. **중ː건-되다** 동

중견(中堅) 圀 1 어떤 단체나 사회에서 중심이 되는 사람. ¶~층 / ~ 간부 / ~ 화가. 2 [군] 예전에, 주장(主將)에게 직속된 중군(中軍).

중견-수(中堅手) 圀[체] 야구에서, 외야의 중앙부를 맡아 지키는 선수. =센터 필드.

중견^작가(中堅作家)[-까] 圀[문] 작품 활동의 햇수가 비교적 오래 되어 문단(文壇)에서 중견이 되는 작가.

중경(中京) 圀[역] 고려 시대, 삼경(三京) 또는 사경(四京)의 하나. 지금의 개성(開城).

중ː-경상(重輕傷) 圀 중상(重傷)과 경상(輕傷).

중계(中繼)[-계/-게] 圀 1 중간에서 받아 이어 주는 것. 2 '중계방송'의 준말. ¶위성 ~ / 녹화 ~. **중계-하다** 타 ¶무역을 ~. **중계-되다** 동 ¶야구 경기가 ~.

중계-권(中繼權)[-계꿘/-게꿘] 圀 경기나 공연 등의 실황을 방송으로 중계할 수 있는 권한.

중계^무ː역(中繼貿易)[-계-/-게-] 圀[경] 외국에서 수입한 물자를 일정 기간 내에 그대로 혹은 보세 공장에서 가공하여 다시 다른 나라에 수출하는 형식의 무역. =통과 무역.

중계-방송(中繼放送)[-계-/-게-] 圀 1 어느 방송국의 방송을 다른 방송국에서 중계하여 방송하는 일. 2 극장·경기장·국회 사건 현장 등 방송국 밖에서의 실황을 방송국이 중계하여 방송하는 일. 준중계.

중계-소(中繼所)[-계-/-게-] 圀 중계하는 곳.

중계-차(中繼車)[-계-/-게-] 圀 뉴스의 현장이나 무대 등으로부터 방송국에 전파를 중계하는 장치를 설치한 차.

중계-항(中繼港)[-계-/-게-] 圀 중계 무역을 하는 데 이용되는 항구. =중계 무역항.

중고¹(中古) 圀 1 [역] 역사상의 시대 구분의 하나로, 상고(上古)와 근고(近古)의 사이. ¶~ 시대. 2 '중고품'의 준말. ¶~를 사다.

중ː고²(重苦) 圀 참기 힘든 고통. ¶~의 세월 / ~을 겪다.

중-고등학교(中高等學校)[-꾜] 圀 중학교와 고등학교를 아울러 이르는 말. ¶전국 ~.

중-고등학생(中高等學生)[-쌩] 圀 중학생과 고등학생을 아울러 이르는 말.

중고-생(中高生) 圀 중학생과 고등학생의 총칭.

중고-제(中高制) 圀[음] 판소리에서, 조선 헌종 때의 명창 염계달(廉季達)·전성옥(全成玉)·모흥갑(牟興甲)의 법제(法制)를 이어받은 유파. 동편제와 서편제의 중간적 성격을 띠며, 첫소리를 평평하게 시작하여 중간

중고-차(中古車)[명] 이미 사용하여 새것이 아닌 자동차.
중고-품(中古品)[명] 이미 사용하여 새것이 아닌 물품. ¶~ 센터. ㈜중고.
중:곤(重棍)[명] 곤장 중 가장 큰 것. 죽을 죄를 지은 죄인에게만 씀.
중공¹(中共)[명] 1[정]'중국 공산당'의 준말. 2[지]'중화 인민 공화국'의 준말.
중공²(中空)[명] 1 = 중천(中天). 2 내부가 비어 있음. ¶~ 벽돌.
중-공업(重工業)[명][공] 부피에 비하여 무게가 무거운 물건을 생산하는 공업. 주로 생산재를 만드는 공업으로, 제철·기계·조선·차량 제조업 등을 가리킴. ↔경공업(輕工業).
중:과¹(重科)[명][법] 죄에 비하여 무거운 형벌.
중:과²(重課)[명] 부담이 많이 가게 과하는 것. 중:과-하다[동][타여] 중:과-되다[동][자] ¶세금이 ~.
중:과부적(衆寡不敵)[명] 적은 수효로는 많은 수효에 맞서지 못함. = 과부적중. 중:과부적-하다[동][자여]
중:과세(重課稅)[명] 무겁게 세금을 매기는 것. 또는, 그 세금. 중:과세-하다[동][자여] 중:과세-되다[동][자]
중:과실(重過失)[명][법] 1 민법상, 선량한 관리자로서의 주의를 크게 게을리 한 행위. 2 형법상, 주의를 태만히 한 정도가 매우 심한 과실. 실화죄(失火罪) 등에 적용되며, 형이 가중됨. 중:과실.
중-괄호(中括弧)[명] 묶음표의 하나. ( )의 이름. 1 여러 단위를 동등하게 묶어서 보일 때에 씀. 큰짝묶음. 2 [수] 소괄호를 포함한 식의 앞뒤를 하나의 단위를 나타낼 때에 씀. ▷대괄호·소괄호.
중:구-난방(衆口難防)[명] [뭇사람의 말을 막기가 어렵다는 뜻] 막기가 어려울 정도로 여럿이 마구 지껄임. ¶~으로 떠들기 시작한, 한 사람이 대표로 나서서 말해라.
중국(中國)[명][지] 아시아 동부에 있는 나라. 수도는 베이징(北京). 정식 국호는 중화 인민 공화국.
중국^공:산당(中國共產黨)[-꽁-][명][정] 공산주의를 신봉하는 중국의 혁명 정당. ㈜ 중공.
중국-어(中國語)[명] 중국의 한족(漢族)이 사용하는 말.
중국-인(中國人)[명] 중국의 주민으로서 한족(漢族)·몽골 족·터키 족·티베트 족·만주족 등의 총칭. 좁은 뜻으로는 한인(漢人)을 가리킴.
중국-집(中國-)[-찝][명] 중화요리를 파는 식당.
중국·티베트^어:족(中國Tibet語族)[명][언] 중국·티베트·미얀마·타이 등지에 쓰이고 있는 여러 언어의 무리. = 인도차이나 어족.
중군(中軍)[명] 1 전군의 중간에 자리 잡고 있는 중심 부대. 2[역] 조선 시대에 각 군영의 대장이나 절도사·통제사 따위의 밑에서 군대를 통할하던 벼슬.
중궁(中宮)[명][역]'중궁전'의 준말.
중궁^마:마(中宮媽媽)[명][역] 아랫사람이 왕비를 일컫는 존칭.
중궁-전(中宮殿)[명][역] 1 왕비가 거처하는 궁궐 안의 집. = 내전·중전. 2'왕비'를 완곡하게 지칭하는 말. = 곤궁·곤전. ㈜중궁. ㈜중국전.
중권(中卷)[명] 세 권으로 가른 책의 둘째 권. ▷상권·하권.
중-근동(中近東)[명] 중동과 근동. ¶~ 지방.
중:-금속(重金屬)[명][화] 비중이 4~5 이상인 금속의 총칭. 금·백금·은·구리·수은·납·철·니켈 등. ↔경금속(輕金屬).
중급(中級)[명] 1 중간의 등급. 2 특히, 학습을 받을 수 있는 수준을 크게 세 단계로 나눌 때의 중간 등급. ¶~ 영어 회화. ▷고급·초급.
중기¹(中期)[명] 1 처음도 끝도 아닌 중간의 시기. ¶고려 ~ / 고생대 ~. 2 길지도 짧지도 않은 중간쯤 되는 기간. ¶~ 정책과 장기 정책.
중:기²(重機)[명] 1[군]'중기관총'의 준말. 2 중공업용 기계. 3 건설 공사에 쓰이는 일정한 무게 이상의 기계.
중:-기관총(重機關銃)[명][군] 무게가 비교적 무겁고 구경(口徑)이 큰 기관총의 총칭. ㈜중기. ↔경기관총.
중-길(中-)[-낄][명] 같은 종류 가운데 등급이 중(中)에 속하는 상태. 또는, 그 물건이나 존재. = 중질(中秩). ¶~의 가구. ▷상길·핫길.
중:난(重難) → 중:난-하다[형][여] 중대하고도 어렵다. 중:난-히[부]
중-남미(中南美)[명][지] = 라틴 아메리카.
중년(中年)[명] 40대 정도의 나이. 때로, 50대를 포함하는 경우도 있음. ¶~ 신사 / ~ 인 [남자] / ~ 으로 접어들다.
중년-기(中年期)[명] 중년의 시기.
중:-노동(重勞動)[명] 육체적으로 힘이 많이 드는 노동. ¶~에 시달리다. ↔경노동.
중:-노릇[-릍][명] 중의 행세(行世). = 중질. 중:-노릇하다[동][자여] ¶머리를 깎고 ~.
중노미[명] 음식점·여관 같은 데에서 허드렛일을 하는 남자.
중-노인(中老人)[명] 초로(初老)는 넘었으나 아주 늙지는 않은 사람. = 중로(中老).
중-놈[명] 남자 승려를 심하게 비하하여 이르는 말.
중농(中農)[명] 보통 규모로 짓는 농사. 또는, 그러한 농가나 농민. ▷대농·소농.
중:농-주의(重農主義)[-의/-이][명][경] 한 나라의 부의 원천을 농업 생산에서 찾는 경제 사상. 18세기 후반, 프랑스 절대 왕정의 위기를 농업의 재건으로 구하기 위해 유통면을 중시한 중상주의에 반대하여 일어난 사상임. = 상농주의. ▷중상주의.
중뇌(中腦)[-뇌/-눼][명][생] 간뇌와 소뇌 사이에 있는 뇌의 한 부분. 시각·청각에 관계하는 외에 척수로 운동 신경을 전달하는 길이 됨. = 가운데골.
중-늙은이(中-)[명]'중노인'을 좀 얕잡아 이르는 말.
중-다버지[명] 길게 자라서 더펄더펄한 아이들의 머리. 또는, 그런 아이.
중단¹(中單)[명] 남자의 상복 속에 입는, 소매가 넓은 두루마기.
중단²(中斷)[명] 1 중도에서 끊어지거나 끊는 것. ㈜중절(中絶). 2[법] 중도에서 끊어져 이제까지의 효력을 잃게 하는 일. ¶시효(時

중-단파(中短波)[명] 파장 50~200m의 전파. 주로 해상 업무에 쓰임.
중-닭(中-)[-딱][명] 중간 정도 크기의 닭.
중대¹(中隊)[명][군] 군대를 편성하는 단위의 하나. 보통 4개 소대로 편성됨. ¶본부 ~.
중:대²(重大)[명] (일부 명사 앞에 쓰여) 가볍게 여길 수 없을 만큼 중요하거나 심각함. ¶~ 발표 / ~ 임무. 중:대-하다[형][여] ¶중대한 문제 / 중대한 과오를 범하다 / 그는 사태가 너무나 중대하다는 것을 뒤늦게 깨달았다. 중:대-히[부]
중:-대가리 1 '까까머리'를 낮추어 이르는 말. 2 까까머리를 한 사람을 얕잡아 이르는 말. ×때까중·때까중이.
중-대님(中-)[-때-][명] 무릎 바로 밑에 매는 대님.
중-대문(中大門)[-때-][명] =중문(中門)¹.
중:대-사(重大事)[명] 아주 큰 사건. ¶나라의 ~.
중대-성¹(中臺省)[명][역] 발해의 중앙 관청인 삼성(三省)의 하나. 국가의 정책 수립과 입법 사무를 맡아보던 중앙 관청.
중:대-성²(重大性)[-썽][명] 어떤 사물의 내용이나 정도의 중대한 성질. ¶사태의 ~.
중:대-시(重大視)[명] 중대하게 여기는 것. 중:대시-하다[타][여]
중대-장(中隊長)[명][군] 중대의 최고 지휘관. 보통 대위가 맡음.
중덜-거리다/-대다[동][자] 불평을 품고 자꾸 중얼거리다. ¶뾰로통한 얼굴로 ~. [잦]종달거리다. [센]쫑덜거리다.
중덜-중덜[부] 중덜거리는 모양. [잦]종달종달. [센]쫑덜쫑덜. 중덜중덜-하다[동][자][여]
중도¹(中途)[명] 1 일이 되어 가는 동안. [비]도중(途中). ¶일을 ~에서 그치다 / ~에서 포기하다. 2 =중로(中路)¹. ¶차가 ~에서 고장이 났다.
중도²(中道)[명] 1 어느 쪽으로도 치우치지 않은 바른길. 2 =중로(中路)¹. 3 [불] 유(有)·공(空)의 어느 것에도 치우치지 않는 진실의 도리.
중도-금(中途金)[명] 계약금과 잔금 사이에 주는 돈.
중-도리(中-)[명][건] 동자기둥에 가로 얹은 도리. ↔웃도리.
중도위[명] 예전에, 장이 선 곳을 돌아다니며 과실이나 나무 따위의 흥정을 붙이고 돈을 받던 사람. 시꺼간꾼. [준]중도.
중도이폐(中途而廢)[-폐/-폐][명] 일을 하다가 중도에서 그침. 중도이폐-하다[동][타][여]
중독(中毒)[명] 1 몸 안에 있는 물질을 먹거나 들이마시거나 접촉하여 목숨이 위험하게 되거나 병적 증상을 나타내는 것. ¶식~ / 가스~ / 납~. 2 술·담배·아편 등을 자주 즐겨, 그것을 마시거나 피우거나 맞거나 하지 않으면 정신적·신체적으로 정상적 상태를 갖지 못하게 되는 것. ¶아편~ / 알코올~. 3 어떤 사상이나 사물에 젖어 버려 정상적으로 사물을 판단할 수 없는 상태. 중독-되다[동][자][여] ¶연탄가스에 중독되어 의식을 잃다.
중독-성(中毒性)[-썽][명] 1 먹거나 들이마시거나 접촉하면 목숨이 위험하게 되거나 병적 증상을 일으키는 성질. ¶~이 있는 약물. 2 중독으로 인하여 나타나는 특성.

중독-자(中毒者)[-짜][명] 중독된 사람. ¶알코올 ~.
중-동(中-)[명] 사물의 중간 부분. ¶막대기의 ~을 꺾다 / 말을 ~에서 끊다.
중동²(中東)[명][지] 유럽에서 보아 동쪽 땅 중에서 극동(極東)과 근동(近東)의 중간 지역. 일반적으로 서아시아 일대를 이름.
중동-끈(中-)[명] 치마가 거치적거리지 않도록 치마 위에 눌러 띠는 끈.
중동-무이(中-)[명] 하던 일이나 말을 끝맺지 않고 중간에서 흐지부지하는 것. 중동무이-하다[동][타][여] ¶필레는 노래를 끝까지 하는 것 같았으나 절반으로 접어 중동무이하고 제 방으로 내려갔다.〈이문구:엉겅퀴 잎새〉 중동무이-되다[동][자]
중두(中頭)[명] 두형(頭形)의 하나. 두지수(頭指數)가 76~80인 머리. 몽골 인과 중국인의 일부가 이에 속함. ▷단두(短頭)·장두(長頭).
중두리(中-)[명] 독보다 좀 작고 배가 부른 오지그릇.
중:동-밥(重-)[명] 1 팥을 삶은 물에 입쌀을 안쳐 지은 밥. 2 찬밥에 물을 조금 치고 다시 무르게 끓인 밥. ¶병인(病人)이 개춘이 되면서부터 조금조금 나아서 ~까지 달게 먹게 되었다.〈홍명희:임꺽정〉
중등(中等)[명] 가운데 등급. 또는, 중간이 되는 정도. [준]중.
중등^교:육(中等敎育)[명][교] 초등 교육을 마친 사람에게 그다음 단계로 실시하는 교육. 중학교 및 고등학교에서 실시함.
중등-학교(中等學校)[-꾜][명][교] 초등 교육을 마친 사람에게 중등 교육을 실시하는 학교. 곧, 중학교와 고등학교.
중딩(中-)[명]〈속〉 중학생. 인터넷상에서 쓰이는 통신 언어임.
중략(中略)[명] 어떤 글을 인용하거나 할 때, 길이 관계로 중간 부분을 생략하는 것. 흔히 줄인 부분에 '중략'이라고 씀. ▷상략(上略)·하략(下略). 중략-하다[동][타][여] 중략-되다[동][자]
중:량(重量)[-냥][명] 1 =무게1. ¶~을 달다 / ~이 많이 나가다 / ~을 초과하다. 2 보통의 것수보다 무거운 무게. ↔경량(輕量).
중:량-감(重量感)[-냥-][명] 물체의 무게에서 오는 묵직한 느낌. ¶~이 느껴지다.
중:량-급¹(重量級)[-냥끕][명] =미들급.
중:량-급²(重量級)[-냥끕][명][체] 체급에 따라 하는 경기에서 무거운 체급. 일반적으로는 미들급 이상을 이름.
중:량^분석(重量分析)[-냥-][명][화] 정량 분석의 하나. 목적하는 성분을 홑원소 물질 또는 화합물로 분리시켜, 그 중량을 잼으로써 목적하는 성분의 양을 구하는 분석 방법. ↔부피 분석.
중:량-톤(重量ton)[-냥-][명] 배에 실을 수 있는 화물의 최대 중량을 나타내는 단위.
중:력(重力)[-녁][명][물] 지구 상의 물체가 지구로부터 받는 힘. 만유인력과 지구의 자전에 의한 원심력의 합력(合力)임.
중:력^가속도(重力加速度)[-녁까-또][명][물] 물체를 자유 낙하시켰을 때, 중력에 의해 생기는 가속도. 약 9.8m/s².
중:력^단위계(重力單位系)[-녁딴-계/-녁딴-게][명][물] 길이·시간·질량을 기본 단위로 하여 역학적인 여러 양을 유도하는 단위계.

중:력^댐(重力dam) [-녁-] 圀 콘크리트 자체의 무게로 저수지 물의 수압을 지탱하는 댐.
중력-분(中力粉) [-녁뿐] 圀 강력분(強力粉)과 박력분(薄力粉)의 중간급의 밀가루.
중:력-장(重力場) [-녁짱] 圀[물] 중력이 작용하고 있는 지구 주위의 공간.
중:력-파(重力波) [-녁-] 圀[물] 1 중력장(重力場)의 변화에 의해 생기는, 빛의 속도로 전파되는 파동. 2 중력이 복원력(復元力)으로 작용하는 수파(水波).
중령(中領) [-녕] 圀[군] 국군 계급의 하나. 영관에 속하는 계급으로, 소령의 위, 대령의 아래임.
중로¹(中老) [-노] 圀 =중노인. ▷초로(初老)
중로²(中路) [-노] 圀 1 오가는 길의 중간. =중도(中途)·중도(中道). 2 중인(中人)의 계급.
중:론(衆論) [-논] 圀 대다수 사람의 의견. =중의(衆議). ¶~을 따르다/계획을 취소하기로 ~이 모아지다.
중류(中流) [-뉴] 圀 1 강이나 내의 중간 부분. ¶한강의 ~. 2 중간 정도의 계층. ¶~층. ▷상류·하류.
중류-계급(中流階級) [-뉴계-/-뉴게-] 圀 사회적 지위나 생활 정도가 중간인 계층.
중류^사회(中流社會) [-뉴-회/-뉴-훼] 圀 중류 생활을 하는 사람으로 이루어진 사회.
중림(中林) [-님] 圀 교목(喬木)과 관목(灌木)이 뒤섞여 있는 숲.
중립(中立) [-닙] 圀 1 어느 쪽에도 치우치지 않고 중간의 입장에 서는 것. ¶~을 지키다. 2 국가 사이의 분쟁이나 전쟁에 관여하지 않고 중간 입장을 지키는 것. 중립-하다 圐(자여)
중립-국(中立國) [-닙꾹] 圀 중립주의를 외교 방침으로 하는 나라. ¶영세(永世) ~.
중립-적(中立的) [-닙쩍] 圀 태도나 입장 등이 중립을 지키는 상태에 있는 (것). ¶~ 태도.
중립-주의(中立主義) [-닙쭈의/-닙쭈이] 圀 전시(戰時)나 평시(平時)를 불문하고 중립적인 정책을 원칙으로 하는 외교상의 입장.
중립^지대(中立地帶) [-닙찌-] 圀[군] 국제 평화·국제 교통의 확보를 위해, 교전(交戰)을 하거나 무장을 하는 것이 금지된 지역.
중매¹(仲媒) 圀 중간에서 혼인이 이루어지도록 하는 일. =매자(媒子)·매작·중신. 중매-하다 圐(타여)
[중매는 잘하면 술이 석 잔이고 못하면 뺨이 세 대라] 혼인은 억지로 권할 것이 아니라는 말.
중매(를) 들다 句 중간에서 혼인을 어울리게 하다.
중매(를) 서다 句 중매인으로 나서다.
중매²(仲買) 圀 물건이나 권리를 사고파는 일을 중개하여 주고 영리를 얻는 일. 중매-하다² 圐(타여)
중매-결혼(仲媒結婚) 圀 중매를 통하여 이루어진 결혼. ▷연애결혼.
중매-인¹(仲媒人) 圀 혼인을 중매하는 사람.
중매-인²(仲買人) 圀 물건을 사서 되넘겨 팔기도 하고 거간도 하는 상인. =중상(中商). '거간', '거간꾼'으로 순화.
중매-쟁이(仲媒-) 圀 중매인(媒人)을 홀하게 이르는 말.
중:-머리 圀 승려의 머리처럼 빡빡 깎은 머리. 또는, 그렇게 머리를 깎은 사람. ㈜까까머리.
중모리-장단[음] 판소리 및 산조 장단의 한 가지. 진양조장단보다 조금 빠르고 중중모리장단보다 조금 느린 속도로, 12/8박자임. 강강술래·진도 아리랑·농부가 등이 이에 속함.
중-모음(中母音) 圀[언] 입을 보통으로 열고 혀의 위치를 중간으로 하여 발음하는 모음. 'ㅔ', 'ㅚ', 'ㅓ', 'ㅗ' 등. ▷고모음·저모음.
중:-모음²(重母音) 圀[언] =이중 모음.
중:-몰이 圀[음] '중모리장단'의 잘못.
중:무장(重武裝) 圀 중기관총·박격포 등 화력이 강한 무기로 무장하는 것. 또는, 그런 무장. 중:무장-하다 圐(자여)
중문¹(中門) 圀 한옥에서, 안채·사랑채·행랑채 등과 같은 집채와 집채 사이를 드나들 수 있게 만든 문. =중대문·중문(重門). ¶~을 지나 안마당으로 들어서다.
중:문²(重文) 圀 두 개 이상의 홑문장이 대등하게 이어진 문장. "인생은 짧고, 예술은 길다." 따위. =겹둘월·대등문.
중미¹(中米) 圀 품질이 중길쯤 되는 쌀.
중미²(中美) 圀 중앙아메리카.
중:-바랑 圀 =바랑.
중반¹(中飯) 圀 =점심밥.
중반²(中盤) 圀 1 바둑이나 게임·경기 등의 초반이 지나고 본격적인 대전으로 들어가는 국면. ¶~전. 2 사물의 중간쯤 되는 단계. ¶인생의 ~ / 선거전이 ~에 돌입하다.
중반-전(中盤戰) 圀 시간적으로 중간쯤 진행된 경기. ¶공이 울려 제5회전, 이제 12회전 경기는 ~으로 접어들었습니다. ▷초반전·종반전.
중방¹(中枋) 圀[건] '중인방(中引枋)'의 준말.
중:방²(重房) 圀[역] 고려 시대, 이군 육위(二軍六衛)의 상장군·대장군 등이 모여 군사(軍事)를 의논하던 곳.
중-배(中-) [-빼] 圀 1 길쭉한 물건의 가운데에 불룩하게 나온 부분. =중복(中腹). 2 맏배 다음에 낳은 짐승의 새끼.
중-배엽(中胚葉) 圀[생] 후생동물의 발생 과정에서, 외배엽과 내배엽 사이에 생기는 세포층. 뒤에, 근육·골격·순환기·생식기 등을 형성함. ▷내배엽·외배엽.
중:벌(重罰) 圀 무거운 징벌. ¶~에 처하다 / ~을 면치 못하다 / ~로 다스리다.
중:범¹(重犯) 圀 거듭 죄를 범하는 것. 또는, 그 사람. 중:범-하다 圐(자여)
중:범²(重犯) 圀 중대한 범죄. 또는, 그런 죄를 지은 사람.
중:-범죄(重犯罪) [-죄/-줴] 圀 중대한 범죄.
중:변(重邊) 圀 썩 비싼 변리.
중:병(重病) 圀 목숨이 위태로운 지경으로 심하게 앓는 병. =중환(重患). ¶~을 앓다 / ~에 걸리다.
중:병-인(重病人) 圀 중병을 앓고 있는 사람.
중복(中伏) 圀 삼복(三伏)의 하나. 초복(初伏) 다음으로, 하지 후의 넷째 경일(庚日). ¶~ 더위.
중:복²(中腹) 圀 1 =중배. 2 산의 중턱.
중:복³(重複) 圀 (어떤 일을) 불필요하게 두 번 이상 거듭하거나 반복하는 것. ¶말의 ~

을 피하다. 중!복-하다 [동][타][여] 중!복-되다 [동][자] ¶글의 내용이 앞부분과 ~.

중!복^순!열(重複順列) [-쑨-] [명][수] 같은 종류의 것의 중복을 허용하는 순열. n개의 것에서 같은 것을 몇 번이나 취하는 것을 허용하여 r개 취하는 순열을 n개의 것의 r 중복 순열이라 하고, 그 총수를 $_n\Pi_r$로 나타냄.

중복-허리(中伏-) [-보커-] [명] 중복 무렵의 가장 더운 때.

중부(中部) [명] **1** 어떤 지역의 가운데 부분. ¶~ 지방. **2** [역] 고려·조선 시대에 5부 가운데 중앙 행정 구역. 또는, 그 구역을 관할하던 관청.

중뿔-나다(中-) [-라-] [형] ((주로 '중뿔나게'의 꼴로 쓰여)) (나서거나 참견하거나 자기를 드러내는 태도가) 주제넘거나 유별난 상태에 있다. 말하는 사람이 상대나 대상을 못마땅하게 여길 때 사용하는 비난조의 말임. [비]주제넘다. ¶네가 뭔데 남의 일에 **중뿔나게** 나서느냐?

중-삐리(中-) [명] 〈속〉 '중학생'을 얕잡아 이르는 말.

중사(中士) [명][군] 국군 계급의 하나. 부사관에 속하는 계급으로, 하사의 위, 상사의 아래임.

중-사전(中辭典) [명] 대사전과 소사전의 중간쯤 되는 내용과 부피를 가진 사전.

중산^계급(中產階級) [-계-/-게-] [명][사] 재산의 소유 정도가 유산 계급과 무산 계급의 중간인 소자산 계급. =중산층.

중산-모(中山帽) [명] 꼭대기가 둥글고 높은 예장용의 서양 모자. =중산모자.

중산-모자(中山帽子) [명] =중산모.

중산-층(中產層) [명][사] =중산 계급.

중상[1](中上) [명] 등급이나 단계를 비교할 때, 중간 정도의 것 가운데 좋은 쪽이나 위쪽의 것. ¶~ 정도의 성적.

중상[2](中商) [명] =중매인(仲買人)[2].

중상[3](中傷) [명] (어떤 사람을) 근거가 없는 말로 헐뜯어 명예에 손상을 입히는 것. **중상-하다**[1] [동][타][여] ¶동료 직원을 ~.

중!상[4](重傷) [명] 몹시 다치는 것. 또는, 심한 부상. ¶~자(者) / ~을 입다. ↔경상(輕傷). **중!상-하다**[2] [동][자][여]

중상-모략(中傷謀略) [명] 중상과 모략을 아울러 이르는 말. ¶~을 일삼다.

중!상-주의(重商主義) [-의/-이] [명][경] 16세기 말기부터 18세기의 유럽에서 지배적이었던 경제 이론 및 정책. 국부(國富)를 증대시키기 위하여 보호 무역주의의 입장에 서서 수출 산업을 육성하고, 무역 차액에 의하여 자본을 축적하고자 하였음.

중!생[1](重生) [명][기] 영적(靈的)으로 새 사람이 되는 것. **중!생-하다** [동][자][여]

중!생[2](衆生) [명] **1** 많은 사람. **2** [불] 부처의 구제 대상이 되는, 생명이 있는 모든 존재. 또는, 깨달음을 얻지 못한 사람. ¶~을 제도(濟度)하다.

중!생-계(衆生界) [-계/-게] [명][불] 중생이 사는 세계. =인간 세계.

중생-대(中生代) [명][지] 지질 시대에서, 고생대의 뒤, 신생대 앞의 시대. 해서 동물로는 암모나이트류가, 육서 동물로는 거대한 파충류(공룡 따위) 등이 출현하였음.

중생대-층(中生代層) [명][지] 중생대에 생긴 지층. 역암·사암·혈암·점판암 등으로 이루어짐.

중생^식물(中生植物) [-싱-] [명][식] 수생 식물과 건생 식물의 중간 식물. 수분이 적당한 산과 들에 자라는데, 대부분의 식물이 이에 속함.

중서-문하성(中書門下省) [명][역] 고려 시대에 서무를 총괄하고 간쟁(諫諍)을 맡아보던 관청. 내사문하성을 고친 이름임.

중!석(重石) [명][광] =텅스텐.

중석기^시대(中石器時代) [-끼-] [명][역] 구석기 시대와 신석기 시대의 중간 시대. 정착 생활을 시작하였고 잔석기를 사용하였음.

중선[1](中線) [명][수] 삼각형의 한 꼭짓점과 그 맞변의 중점을 이은 선분.

중!선[2](重船) [명] 큰 고기잡이배.

중!선[3](重選) [명] 거듭 뽑는 것. 또는, 거듭 뽑히는 것. **중!선-하다** [동][타][여] **중!선-되다** [동][자]

중-선거구(中選擧區) [명] 대선거구와 소선거구의 중간에 해당하는 선거구. 보통 2~5명 정도의 의원을 선출함.

중설^모!음(中舌母音) [명][언] 혀의 가운데 면과 입천장의 중앙부 사이에서 조음(調音)되는 모음. 'ㅡ', 'ㅓ', 'ㅟ' 등.

중성[1](中性) [명] **1** 중간적 성질. **2** 성적(性的)인 특징이 웅성(雄性)도 자성(雌性)도 아닌 성질. **3** [화] 산성도 알칼리성도 나타나지 않는 것. **4** [물] 원자·소립자 등이 양(陽)의 전하(電荷)도 음(陰)의 전하도 띠고 있지 않는 것. **5** [언] 인도·유럽 어 등에서, 명사·대명사 등의 성(性) 구별의 하나. 남성·여성에 대립함. **6** [생] =간성(間性)[2].

중성[2](中聲) [명][언] =속소리1.

중!성[3](重星) [명][천] 매우 근접해 보이는 둘 또는 그 이상의 항성. 육안으로는 하나로 보이나, 망원경으로는 두 개 이상으로 분리되어 보임. =다중성. ▷이중성(二重星).

중성^모!음(中性母音) [명][언] 중세 국어에서, 양성 모음과 음성 모음 어느 쪽과도 잘 어울리는 음으로서의 'ㅣ' 모음.

중성-미자(中性微子) [명][물] 중성자가 양성자와 전자로 붕괴할 때 생기는, 전하를 가지지 않고 질량이 극히 작은 소립자. =뉴트리노(neutrino).

중성^세!제(中性洗劑) [명][화] 물에 녹아 중성을 띠는 세제. 보통은 합성 세제라고 일컬음.

중성-자(中性子) [명][물] 소립자의 하나. 전기적으로 중성이며, 질량은 양성자보다 0.1% 정도 큼. 양성자와 함께 원자핵을 구성하여 핵자(核子)라고 불림. =뉴트론.

중성자-탄(中性子彈) [명][군] 핵분열이나 핵융합 때 원자의 핵에서 나오는 중성자와 감마선을 이용한 폭탄. 시설물에는 피해를 주지 않고 인명을 대량 살상함.

중성-화[1](中性化) [명] 중성적으로 되거나 되게 하는 것. **중성화-하다** [동][자][타][여] ¶산성을 ~. **중성화-되다** [동][자]

중성-화[2](中性花) [명][식] 수술·암술이 모두 퇴화하여 없는 꽃. 수국 등.

중세[1](中世) [명][역] 역사의 시대 구분의 하나. 고대와 근대의 중간 시대로, 봉건제를 기초로 함. 서양사에서는 5세기의 게르만 민족 대이동에서 14~16세기의 르네상스·종교 개혁까지의 시기를 가리키며, 우리나라에서는 고려 시대를 가리킴. =중세기.

중!세[2](重稅) [명] 부담이 큰 조세. ↔경세(輕

税).

중세^국어(中世國語) [명] [언] 국어의 역사에서 10세기 초 고려 개국에서 16세기 말 조선 초기까지의 국어.

중세-기(中世紀) [명] [역] =중세(中世)¹.

중세-사(中世史) [명] 중세의 역사.

중세^철학(中世哲學) [명] [철] 5세기 말에서 15~16세기에 이르는 약 1000년간의 서양 철학. 교부 철학과 스콜라 철학이 대표적임.

중-소¹(中-) [-쏘] [명] 크기가 중간치인 소.

중소²(中小) [명] 규모·수준 등이 중간인 것을 이르는것. ¶~ 도시.

중소-기업(中小企業) [명] [경] 자본금이나 시설, 종업원의 수 등이 중소 규모인 기업.

중소기업^은행(中小企業銀行) [명] =기업 은행.

중소기업-청(中小企業廳) [명] 중소기업의 육성과 지원 업무를 맡아보는, 산업 자원부에 속한 행정 기관.

중-소형(中小型) [명] 중형과 소형. ¶~ 자동차 / ~ 아파트.

중:손(衆孫) [명] 맏손자 외의 여러 손자.

중-송아지(中-) [-쏭-] [명] 거의 다 큰 송아지.

중-쇠(中-) [-쇠/-쉐] [명] 걸립패(乞粒牌)에서 상쇠 다음으로 놀이를 지도하는 사람.

중수¹(中壽) [명] 1 장수(長壽)의 세 단계 중 중간에 해당하는 나이. 또는, 그 나이의 노인. 곧, 80세를 일컬음. ▷상수·하수. 2 어지간히 많은 나이. 또는, 그 나이의 노인.

중:수²(重水) [명] [화] 보통의 물보다 분자량이 큰 물. 중수소와 산소의 결합으로 이루어진 물로서, 원자로의 감속재(減速材) 등으로 이용됨. ▷중수소.

중:수³(重修) [명] (낡고 헌 것을) 다시 손대어 고치는 것. **중:수-하다** [동] [타] [여] ¶불국사를 ~하다. **중:수-되다** [동] [자] ¶창경궁이 ~.

중:-수소(重水素) [명] [화] 수소의 동위 원소로서 질량수가 2 및 3인 것. 일반적으로는 질량수가 2인 ²H를 가리킴. =듀테륨. ▷경수소(輕水素).

중:-수필(重隨筆) [명] [문] 주로 공적(公的)인 문제를 논리적·객관적으로 서술하는, 비개성적인 수필. ↔경수필(輕隨筆).

중순(中旬) [명] 그달의 11일에서 20일까지의 10일 동안. =중완(中浣)·중한(中澣). ▷상순·하순.

중:시¹(重視) [명] (어떤 대상을) 중요하거나 막중하게 여기는 것. ⓑ중대시·중요시. ↔경시(輕視). **중:시-하다** [동] [타] [여] ¶학벌을 중시하는 세태. **중:시-되다** [동] [자]

중:시²(重試) [명] 고려·조선 시대에, 과거에 급제하여 문무 당하관이 된 사람들에게 다시 보이던 시험. 이에 합격한 사람에게는 품계를 올려 주었음.

중-시조(中始祖) [명] 쇠퇴한 가문을 다시 일으킨 조상. 또는, 같은 성(姓) 내에서 새로운 파의 시조가 된 사람.

중식(中食) [명] =점심1.

중신¹(中-) [명] =중매(仲媒)¹. **중신-하다** [동] [타] [여]

중신²(中腎) [명] [생] 원시적인 신장(腎臟). 파충류·조류·포유류에서는 퇴화하여 후신(後腎)이 대리함.

중:신³(重臣) [명] 1 중요한 관직에 있는 신하. 2 [역] 정2품 이상의 벼슬아치.

중신-세(中新世) [명] [지] =마이오세.

중신-아비(中--) [명] '남자 중매인'을 낮추어 이르는 말.

중신-어미(中--) [명] '여자 중매인'을 낮추어 이르는 말.

중심¹(中心) [명] 1 사물의 한가운데. ¶과녁의 ~을 맞히다. 2 중요하고 기본이 되는 부분. ¶~ 사상 / 회장이 ~이 되어 일을 추진하다. 3 확고한 주견이나 줏대. ¶그 청년은 많이 배우지는 못했지만 ~이 바로 서 있다. 4 [수] 원주나 구(球) 등의 각 점으로부터 같은 거리에 있는 점. ¶원의 ~. **중심-하다** [동] [타] [여] 어떤 대상을 중심으로 삼다. **중심-되다** [동] [자] 가장 중요하고 기본이 되다. ¶이 글에서 중심되는 내용은 무엇인가?

중:심²(重心) [명] [물] =무게 중심. ¶몸의 ~을 잃고 쓰러지다.

중심-가(中心街) [명] 도시의 중심에 형성되어 있는 거리. ¶시내 ~에 자리 잡고 있는 백화점.

중심-각(中心角) [명] [수] 원의 두 반지름이 만드는 각.

중심-력(中心力) [-녁] [명] [물] 질점(質點)에 작용하는 힘의 방향이 물체의 위치와 관계없이 늘 일정한 점을 지날 경우의 힘.

중심-부(中心部) [명] 중심이 되는 부분. ¶서울은 한반도의 ~에 자리 잡고 있다.

중심-선(中心線) [명] 1 [수] 두 개의 원, 또는 두 개의 구(球)의 중심을 지나는 직선. 2 물체의 한가운데를 지나는 직선.

중심-인물(中心人物) [명] 어떤 사건의 중심이 되는 인물. 또는, 어떤 단체나 사회의 핵심이 되는 인물. ¶혁명의 ~ / 그는 우리 모임의 ~이다.

중심-점(中心點) [-쩜] [명] 1 어떤 물체의 공간적 중심이 되는 점. ¶과녁의 ~에 명중시키다. 2 어떤 일이나 현상의 중심이 되는 점. ¶문제의 ~을 파악하다.

중심-주(中心柱) [명] [식] 종자식물이나 양치식물의 줄기나 뿌리의 내부 조직으로, 내피보다 안쪽에 있는 부분. 관다발 및 속 등의 기본 조직으로 되어 있음.

중심-지(中心地) [명] 어떠한 일이나 활동의 중심이 되는 중요한 곳. ¶문화의 ~.

중심-체(中心體) [명] 1 어떤 활동이나 행동의 중심이 되는 것. 또는, 그 단체. 2 [생] 동물 및 하등 식물의 세포질 속에서 핵 가까이에 위치하고 있는 특수한 소체(小體). 세포가 분열할 때 중심적 역할을 한다.

중심-축(中心軸) [명] 1 사물의 한가운데나 복판을 지나가는 축. 2 매우 중요하고 기본이 되는 것. ¶~을 이루다.

중:씨(仲氏) [명] 1 남의 둘째 형에 대한 높임말. 2 =중형(仲兄).

중씰-하다 [형] [여] (사람이) 중년(中年)이 넘어 보이는 상태에 있다. ¶중씰한 노인들이 끼리끼리 모여 서서 등걸밭을 일구는데…. <열녀춘향수절가>

중:압(重壓) [명] 1 (어떤 물체나 물질이 다른 것을) 무겁게 누르는 것. 또는, 그 압력. ¶갑자기 불어난 강물의 ~을 견디지 못하고 둑이 터졌다. 2 어떤 일이 사람을 자유롭지 못하게 구속하여 마음을 무겁게 하는 상태. ¶생활의 ~으로부터 벗어나 자연 속에서 하루를 보내다. **중:압-하다** [동] [타] [여]

중:압-감(重壓感) [-깜] [명] 강제되거나 강요된 것에 대한 부담감. ¶일에 대한 ~에 시달리다 / 무거운 ~에서 벗어나다.

중앙(中央) 명 1 사방의 한가운데. ¶운동장~에 모이다. 2 중심이 되는 중요한 곳. ¶~기관 / ~ 우체국. 3 지방에 대하여 "수도"을 이르는 말. ¶~에 진출하다.
중앙-값(中央-) [-깝] 명 [수] 도수 분포의 평균의 하나. 통계 자료를 값의 크기의 차례로 늘어놓았을 때, 그 중앙에 있는 값. 구용 는 중앙치(中央値). =메디안·중위수.
중앙-난방(中央暖房) 명 건물 내의 한곳에 보일러·가열기 등을 설치하여 관을 통해서 증기·온수·온풍 등을 각실에 공급하는 난방 방식. ¶~식.
중앙-당(中央黨) 명 당의 중앙 기관. ↔지구당(地區黨).
중앙-분리대(中央分離帶) [-불-] 명 4차선 이상의, 비교적 고속으로 주행하는 차도(車道)를 왕복하는 방향별로 분리하여 그 중간에 나무를 심거나 펜스를 설치한 지대.
중앙-선(中央線) 명 자동차 도로에서, 통행의 진행 방향과 반대 방향을 구분 짓기 위해 한가운데에 길을 따라 그은 황색 선.
중앙-아메리카(中央America) 명 [지] 아메리카 대륙의 중앙부 지역. 멕시코 남부의 테우안테펙 지협에서 파나마 지협까지의 구역이며, 과테말라·온두라스·엘살바도르·니카라과·코스타리카·파나마·벨리즈가 포함됨. =중미(中美).
중앙-아시아(中央Asia) 명 [지] 유라시아 대륙 중앙부의 광대한 건조 지대. 파미르 고원을 중심으로, 서는 카스피 해, 북은 시베리아 평원, 동은 알타이 산맥, 남은 힌두쿠시 산맥·쿤룬 산맥에 둘러싸임.
중앙아프리카^공화국(中央Africa共和國) 명 [지] 아프리카 중앙에 위치한 공화국. 수도는 방기.
중앙-은행(中央銀行) 명 한 나라의 화폐 금융의 중심이 되는 은행. 은행권을 발행하고, 국고의 출납을 다루며, 금융 정책을 시행함. 우리나라의 경우에는 한국은행임.
중앙-정보부(中央情報部) 명 제삼·제사 공화국 때, 국가 안전 보장에 관련되는 정보와 보안, 범죄 수사에 관한 사무를 수행하던 기관. ▷국가 정보원.
중앙^정부(中央政府) 명 지방 자치제가 확립된 행정 제도에서 전국의 행정을 통할하는 최고 기관.
중앙-지(中央紙) 명 수도에 본사가 있는 신문사로서 인쇄·발행하여 전국에 보내지는 신문. ↔지방지.
중앙-집권(中央集權) [-꿘] 명 [정] 국가의 통치 권능이 지방에 분산되어 있지 않고 중앙 정부에 집중되어 있는 현상. ¶~ 체제. ↔지방 분권.
중앙^처리^장치(中央處理裝置) 명 [컴] 컴퓨터 시스템 전체의 작동을 통제하고 프로그램의 모든 연산을 수행하는 가장 핵심적인 기계 장치. 데이터 처리의 중추를 이룸. =시피유(CPU).
중앙^화!구구(中央火口丘) 명 [지] =중앙 화구 언덕.
중앙^화!구^언덕(中央火口-) 명 [지] 복식(複式) 화산에서 본체의 화산의 화구. 또는, 칼데라 내부에서 새로이 분출한 작은 화산. =중앙 화구구.
중야(中夜) 명 =한밤중.
중!양(重陽) 명 [민] 옛 명절의 하나인 음력 9월 9일. =중구. (비)구일(九日).
중!-양성자(重陽性子) 명 [물] 중수소의 원자핵. 한 개의 양성자와 한 개의 중성자로 이루어짐. =중양자.
중!-양자(重陽子) 명 [물] =중양성자.
중!양-절(重陽節) 명 [민] 옛 명절의 하나. 음력 9월 9일임.
중!언-부언(重言復言) 명 이미 한 말을 자꾸 되풀이함. 중!언부언-하다 (자)(여)
중얼-거리다/-대다 통(자)(타) 남이 알아듣기 어려울 정도의 낮은 목소리로 자꾸 혼잣말을 하다. ¶입속으로 충얼거리지 말고 똑똑히 얘기해. 쫑)종알거리다. (센)쭝얼거리다.
중얼-중얼 부 중얼거리는 모양. 쫑)종알종알. (센)쭝얼쭝얼. ¶혼자서 무엇을 ~ 외고 있다.
중얼중얼-하다 (자)(여) ¶혼자서 ~.
중!역¹(重役) 명 1 회사의 경영에 책임이 있는 높은 직위의 관리자. 사장·이사·감사 따위. ¶~ 회의. 2 책임이 무거운 역할.

유의어	중역 / 임원

둘 다 단체의 고위 관리자를 가리키나, '중역'이 회사의 경우에 한정되어 쓰이는 말인 데에 비해, '임원(任員)'은 회사를 포함하여 일반 단체의 경우에도 폭넓게 쓰이는 말임. ¶회사 중역[임원] / 학급 임원.

중!역²(重譯) 명 한 번 번역한 글을 다시 다른 나라의 언어로 거듭 번역함. 중!역-하다 통(타)(여) ¶일어로 번역된 소설을 한국어로 ~.
중!역-되다 통(자)
중!역-진(重役陣) [-찐] 명 중역들로 이루어진 집단.
중엽(中葉) 명 한 시대나 세기 등을 세 시기로 구분할 때, 그 중간 무렵. ¶고려 시대 ~ / 20세기 ~. ▷초엽·말엽.
중외(中外) [-외/-웨] 명 1 안과 밖. 2 국내와 국외. 3 조정(朝廷)과 민간. 4 서울과 시골. (비)경향(京鄕).
중!요(重要) 명 (일부 명사 앞에 쓰여) (어떤 일이나 대상이) 다른 일이나 대상에 큰 의미나 의의나 가치를 가진 상태에 있는 것. ¶~ 문제 / ~ 사항. 중!요-하다 (형)(여) ¶중요한 서류 / 중요한 약속. 중!요-히 부

유의어	중요하다 / 주요하다

'중요하다'는 어떤 것이 매우 가치가 있음을 나타내고, '주요(主要)하다'는 여럿 가운데서 어떤 것이 두드러지거나 중심이 됨을 나타냄. 따라서, '중요한 일'은 매우 소중하고 가치 있는 일을 가리키지만, '주요한 일'은 여러 가지 일 중 가장 중심이 되는 일을 가리킴.

중!요-성(重要性) [-썽] 명 사물의 중요한 성질.
중!요-시(重要視) 명 (어떤 대상을) 중요한 것으로 여기는 것. (비)중시. 중!요시-하다 통(타)(여) ¶형식보다 내용을 ~. 중!요시-되다 통(자)
중용¹(中庸) 치우침이나 과부족(過不足)이 없이 떳떳하며 알맞은 상태나 정도. ¶~의 도(道) / ~을 지키다.
중용²(中庸) 명 중국 유교(儒教)의 경전으로, 사서(四書)의 하나. 중용의 덕과 우주 만물의 운행 원리인 성(誠)에 대해 설명함.
중!용³(重用) 명 중요한 자리에 임용하는 것. 중!용-하다 통(타)(여) ¶개국 공신을 ~. 중!용-되다 통(자)

중:우^정치(衆愚政治) 명[정] '민주 정치'를 멸시하여 이르는 말.
중원¹(中元) 명 도가에서, '백중(百中)'을 이르는 말.
중원²(中原) 명 중국·인도와 같은 드넓은 땅의 중앙이나 중심을 이루는 지역. 중국의 경우에는 특히 황허 강 유역의 남북 지역을 가리킴. 이러는 광활한 ~ 대륙을 지배했으나 왕조의 난으로 힘없이 무너졌다.
중월(中越) 명[체] 야구에서, 타구가 2루 쪽으로 날아가 중앙의 펜스를 넘어가는 일. ¶3회에 ~ 1점 홈런을 날리다.
중위¹(中位) 명 중간 정도의 위치나 지위. ¶~권.
중위²(中尉) 명[군] 국군 계급의 하나. 위관에 속하는 계급으로, 소위의 위, 대위의 아래임.
중-위도(中緯度) 명[지] 저위도와 고위도의 중간 지대. 대략 위도 20~50°를 가리킴. ¶~ 지방.
중유¹(中油) 명 콜타르를 분류(分溜)할 때 170~230℃에서 얻어지는 기름. 크레졸·나프탈렌의 제조 원료임.
중:유²(重油) 명 원유를 증류하여 가솔린·석유·경유 등의 유분(溜分)을 뺀 잔유(殘油). 디젤 기관이나 보일러 등의 연료에 쓰임.
중의¹(中衣) [-의/-이] 명 =고의¹.
중:의²(衆意) [-의/-이] 명 여러 사람의 의견. ~를 모으다 / ~를 따르다.
중:의³(衆議) [-의/-이] 명 =중론(衆論).
중-의학(中醫學) 명 중국에서 발달한 전통 의학. ▷한의학.
중이(中耳) 명[생] 척추동물의 귀의 일부. 외이(外耳)와 내이(內耳) 사이에 낀 부분으로 고막·고실·청소골·유스타키오관으로 이루어짐. =가운데귀.
중-이염(中耳炎) 명[의] 중이에 생기는 염증. 감기·폐렴 또는 코나 목병 등으로 생기며, 고열·귀울림 등을 일으킴.
중인(中人) 명[역] 조선 시대에 양반과 평민의 중간에 있던 신분 계급. 기술관 및 향리·서리·토관·군교·역리 등 경외 아전과 양반에서 격하된 서얼 등을 가리킴.
중:인(衆人) 명 =뭇사람.
중-인방(中引枋) 명[건] 벽의 한가운데에 가로지르는 인방. 준중방.
중:인-환시(衆人環視) 명 여러 사람이 둘러싸고 지켜봄. 중:인환시-하다 통[타여]
중일(中日) 명 중국과 일본.
중:임¹(重任) 명 (어떤 사람이 이미 맡은 적이 있는 직위나 직책을) 다시 맡는 것. ▷연임. 중:임-하다 통[타여] ¶대통령의 임기는 5년으로 하며, **중임할** 수 없다.《대한민국 헌법》중:임-되다 통[자]
중:임²(重任) 명 중대한 임무. 비대임(大任)·중하(重荷). ¶~을 띠다 / ~을 맡다.
중:-입자(重粒子) [-짜] 명[물] 반정수(半整數) 스핀을 갖는 소립자 중에서, 강입자(強粒子)에 속하는 것의 총칭.
중장¹(中章) 명 시조 따위에서, 세 개의 장으로 나뉜 것 중 가운데의 장.
중장²(中將) 명[군] 국군 계급의 하나. 장관에 속하는 계급의 하나로, 소장의 위, 대장의 아래임.
중-장기(中長期) 명 (주로 일부 명사 앞에 관형어적으로 쓰여) 길지도 짧지도 않은 기간이거나 매우 긴 기간. ¶~ 계획 / ~ 과제 / ~ 전략.

중:-장비(重裝備) 명 토목건축에 쓰이는, 중량(重量)이 큰 기계의 총칭.
중재(仲裁) 명 제삼자가 당사자 사이에 들어 분쟁을 조정하여 해결하는 일. ¶~에 나서다. 중재-하다 통[타여] ¶노동 쟁의를 ~.
중재^계:약(仲裁契約) 명[-게-/-개-] 명[법] 1 당사자가 그 분쟁을 중재에 의하여 해결하기로 약정하는 계약. 2 국제 분쟁을 국제 재판에 부칠 것을 약속하는 국가 간의 합의.
중재-인(仲裁人) 명 분쟁을 중재하는 사람.
중-저가(中低價) [-까] 명 보통의 경우보다 조금 싼 상품의 가격. ¶~ 상품 / ~ 구두.
중:-저음(中低音) 명 두껍고 낮은 음. ¶폭넓은 ~과 깨끗한 디지털 사운드를 제공하는 오디오 제품.
중전¹(中前) 명[체] 야구에서, 중견수의 앞. ¶~ 안타.
중전²(中殿) 명[역] 1 '왕비'를 임금이나 대비 등이 호칭 또는 지칭하는 말. 2 =중궁전1.
중:-전기(重電機) 명 무게가 무거운 전기 기구의 총칭. 발전기·전동기·터빈 따위. ↔경전기.
중전-마마(中殿媽媽) 명 '왕비'를 높여서 호칭 또는 지칭하는 말.
중절(中絕) 명 (어떤 일, 특히 임신을) 인공적으로 더 이상 지속되지 않게 하는 것. ¶임신 ~ 수술. 중절-하다 통[타여] 중절-되다 통[자]
중절-거리다/-대다 통[자타] 수다스럽게 중얼거리다. 작종잘거리다. 센쫑절거리다.
중절-모(中折帽) 명 '중절모자'의 준말.
중절-모자(中折帽子) 명 꼭대기의 가운데를 눌러서 쓰는, 챙이 둥글게 달린 신사용의 모자.
중절-중절 부 중절거리는 모양. 작종잘종잘. 센쫑절쫑절. 중절중절-하다 통[자타여]
중점(中點) [-쩜] 명 1 [언] =가운뎃점. 2 [수] 선분(線分) 위에 있으면서 선분의 양쪽 끝으로부터 같은 거리에 있는 점. =이등분점.
중:점²(重點) [-쩜] 명 1 중시해야 할 점. ¶~ 산업 / 이론보다 실기에 ~을 두다. 2 [물] 물체의 무게가 지레에 걸리는 점.
중:점-적(重點的) [-쩜-] 관[명] 여럿 중에서 어떤 것에 특히 중점을 두는 (것). ¶읽기와 쓰기를 ~으로 가르치다.
중정¹(中正) 명 어느 한쪽으로 치우치거나 모자람이 없이 곧고 바른 상태. ¶~을 유지하다. 중정-하다 형[여]
중정²(中庭) 명 1 마당의 한가운데. 2 집 안의 안채와 바깥채 사이에 있는 뜰.
중정³(中情) 명 가슴속에 맺힌 감정이나 생각.
중:-정석(重晶石) 명[광] 황산바륨으로 된 광물. 무색 내지 백색이고, 유리 광택이 있음. 바륨의 원료, 발색제·제지(製紙)·의료용 등에 이용됨.
중졸(中卒) 명 '중학교 졸업'을 줄여 이르는 말. ¶~자(者) / 학력이 ~이다.
중종-반정(中宗反正) 명[역] 조선 연산군 12년(1506)에 성희안(成希顏)·박원종(朴元宗) 등이 연산군을 폐하고 진성 대군(晉城大君), 곧 중종을 왕으로 추대한 사건.
중:죄(重罪) [-쬐/-쮀] 명 무거운 죄. ↔경죄(輕罪).

중:죄-인(重罪人)[-죄-/-줴-] 명 무거운 죄를 지은 사람.

중:주(重奏) 명[음] 둘 이상의 기악 연주자가 서로 대등한 입장에서 악기를 연주하는 일. ¶사~. ↔독주(獨奏). 중:주-하다 통타여

중중-거리다/-대다 통재 원망하듯이 중얼거리다. ㈜종주거리다. ㈜쭝쭝거리다.

중중모리-장단 명[음] 민속 음악에서, 판소리 및 산조 장단의 하나. 중모리장단보다 빠르고 자진모리장단보다 느림.

중:첩첩첩(重重疊疊) → 중:첩첩-하다[-처파-] 형여 겹겹으로 포개진 상태에 있다. ㈜첩첩하다.

중증(重症)[-쯩] 명 매우 위중한 병세. ¶~환자. ↔경증(輕症).

중지¹(中止) 명 (일을) 중도에서 그만두는 것. 중지-하다 통타여 ¶연설을 ~. 중지-되다 통재 ¶비 때문에 경기가 ~.

중지²(中指) 명 =가운뎃손가락.

중:지³(衆智) 명 여러 사람의 지혜. ¶~를 모으다.

중:직(重職) 명 중요한 직위.

중:진(重鎭) 명 1 어떤 분야에서 지도적인 영향력을 가진 중요한 인물. ¶학계(學界)의 ~. 2 병권(兵權)을 잡고 요충지를 지키는 사람.

중진-국(中進國) 명 경제 발전에 있어서, 후진성을 벗어나 선진국의 대열에 접근하고 있는 나라.

중질¹(中秩)[-찔] 명 =중길. ⇒상질·하질.

중질²(中質) 명 중(中)에 속하는 품질. ¶~유(油). ⇒상질·하질.

중:-징계(重懲戒)[-게/-게] 명 조직이나 단체에서 규율을 어기거나 과실을 범한 사람에게 부과하는 무거운 처벌. 파면·강등 따위. 중:징계-하다 통타여

중:차대(重且大) → 중:대-하다 형여 매우 중대하다. ¶국가의 존망이 걸린 중차대한 문제.

중참(中-) 명 =새참. ¶~을 먹다.

중:창¹(重唱) 명[음] 몇 사람이 각각 자기의 성부(聲部)를 맡아 노래하는 것. 또는, 그 노래. 중:창-하다¹ 통타여

중:창²(重創·重刱) 명 (낡은 건물을) 헐거나 고쳐서 다시 짓는 것. 중:창-하다² 통타여 중:창-되다 통재

중:창-단(重唱團) 명 중창을 하는 사람들의 모임. ¶남성~.

중:책(重責) 명 1 중대한 책임. ¶~을 맡다 / ~을 지우다. 2 엄하게 책망하는 것. 중:책-하다 통타여

중천(中天) 명 하늘의 한가운데. =중공(中空)·중소(中霄). ¶해가 ~에 떴는데 여태 자고 있다니!

중:-천금(重千金) 명 [무게가 천금 같다는 뜻] 그 가치가 매우 귀함. ¶장부 일언이 ~.

중:첩(重疊) 명 거듭 겹치거나 겹쳐지는 것. ¶파란(波瀾) ~. 중:첩-하다 통재타여 중:첩-되다 통재 ¶난관이 ~.

중추(中樞) 명 1 사물의 중심이 되는 중요한 부분이나 자리. =심수(心髓). ¶~ 기관. 2 '신경 중추(神經中樞)'의 준말. ¶언어 ~ / 시각 ~.

중추(仲秋·中秋) 명 가을의 가운데 달인 음력 팔월을 이르는 말.

중추-가절(仲秋佳節) 명 1 =중추절. 2 음력 팔월의 좋은 가을철.

중추-명월(仲秋明月) 명 음력 팔월 보름의 밝은 달.

중추-부(中樞部) 명 사물의 중심이 되는 중요한 부분.

중추^신경계(中樞神經系)[-계/-게] 명 [생] 신경계의 형태상·기능상의 중심부. 신체 각부의 기능을 통솔하고, 자극의 전달로를 이룸.

중추-원(中樞院) 명[역] 1 고려 시대에 왕명의 출납·숙위(宿衛)·군기(軍機) 등을 맡아보던 관청. 2 조선 초기, 숙위·군기 등을 맡아보던 관청. 3 일제 강점기, 조선 총독부의 자문 기관.

중추-적(中樞的) 관명 가장 중요한 부분이나 자리가 되는 (것). ¶~ 역할.

중추-절(仲秋節) 명 '추석(秋夕)'을 문어적으로 이르는 말. =중추가절.

중축(中軸) 명 1 물건의 중앙을 가로지르는 축. 2 사물의 중심이 되는 곳이나 사람을 비유적으로 이르는 말.

중층¹(中層) 명 1 위층과 아래층의 중간에 있는 층. 2 중간쯤 되는 정도나 계층.

중층²(重層) 명 여러 층.

중층-운(中層雲) 명[기상] 상층운과 하층운의 중간, 곧 2∼7km 높이에 떠 있는 구름. 고적운(高積雲)·고층운·난층운(亂層雲)이 이에 속함.

중-치(中-) 명 =중간치.

중치막 명 지난날, 벼슬하지 않은 선비가 입던 웃옷의 한 가지. 길이가 길고 소매가 넓으며 앞의 두 자락, 뒤는 한 자락이며, 옆은 무 없이 터져 있음.

중침(中針) 명 너무 굵지도 가늘지도 않은 중간치의 바늘.

중칭^대:명사(中稱代名詞) 명[언] 그리 멀지 않은 곳에 있는 사람이나 사물을 가리키는 대명사. 그이·그것 따위.

중-키(中-) 명 크지도 작지도 않은 보통 정도의 키. ¶~의 남자.

중:탁(重濁) 어기 -탁하다 형여 1 (탕약이나 국물 있는 음식 등이) 걸쭉하고 뻑뻑하다. 2 (분위기가) 무겁고 탁하다.

중:탕(重湯) 명 식품이나 음식을 그릇에 담은 채 끓는 물에 넣어 익히거나 데우는 것. 중:탕-하다 통타여 ¶찬밥을 중탕하여 먹다.

중:태(重態) 명 병이 위급한 상태. ¶~에 빠지다.

중-턱(中-) 명 산·고개 등의 중간쯤 되는 곳. ¶산 ~에 다다르다.

중:통(重痛) 명 병을 몹시 앓는 것. 중:통-하다 통재여

중퇴(中退)[-퇴/-퉤] 명 (학교를) 졸업하지 못하고 중도에서 그만두는 것. =중도 퇴학. ¶~생(生) / 대학 ~. 중퇴-하다 통타여 ¶학교를 ~.

중파(中波) 명[물] 파장 200∼3000m 범위에 있는 전파. 라디오 방송에 쓰임.

중:판(重版) 명 출판물의 판수(版數)를 거듭하여 간행하는 것. 중:판-하다 통타여 ¶시집을 ~. 중:판-되다 통재

중:판-본(重版本) 명 중판한 간행물.

중편(中篇) 명 1 책 특히, 소설책)이 세 권으로 나뉘거나 내용적으로 셋으로 나뉘었을 때 두 번째에 해당하는 책이나 부분. ⇒ 전편·후편. 2 [문] 소설·만화 등이 길이가 장편과 단편의 중간인 상태. 또는, 그 소설이나 만화.

중편^소ː설(中篇小說) 명[문] 길이에 있어서는 장편과 단편의 중간 정도이나, 구성·인물 설정·주제 처리 등에 있어서는 장편에 좀 더 가까운 소설. 분량이 200자 원고지 500매 정도임.
중ː평(衆評) 명 여러 사람의 평. ¶~이 좋지 않다.
중포¹(中砲) 명[군] 야전포(野戰砲)의 구분의 하나. 구경이 105mm 이상 155mm까지의 대포.
중ː포²(重砲) 명[군] 야전포(野戰砲)의 구분의 하나. 구경이 8인치 이상의 대포. 파괴력이 크며 사정거리가 긺. ↔경포(輕砲).
중-폭격기¹(中爆擊機) [-격끼] 명[군] 경폭격기보다 기체가 크고 행동반경이 1000~2500마일인 폭격기.
중ː-폭격기²(重爆擊機) [-격끼] 명[군] 기체(機體)가 매우 크고 행동반경이 2500마일 이상인 폭격기.
중품(中品) 명 1 중등(中等)의 품위. 2 품질이 중길인 물건. ¶마늘 ~ 한 접.
중풍(中風) 명[한] 흔히 뇌일혈로 인해 전신·반신 또는 몸의 일부가 마비되는 병. =중기·중풍증. ¶~으로 자리에 눕다 / ~으로 반신불수가 되다.
중풍-증(中風症) [-쯩] 명[한] 1 =중풍(中風). 2 중풍으로 인하여 생기는 여러 가지 증세.
중하(中下) 명 등급이나 단계를 비교할 때, 중간 정도의 것 가운데 좋지 않은 쪽이나 아래쪽의 것.
중하²(中蝦) 명 1 크지도 작지도 않은 중간쯤 되는 새우. ¶-젓. 2 동 갑각강 보리새웃과의 한 종. 몸길이 15cm 정도인 중간 크기의 새우로서, 몸은 담회색에 작은 반점이 있음.
중ː하³(重荷) 명 1 무거운 짐. 2 무거운 임무. 곧, 중임(重任).
중ː-하다(重-) 형여 1 매우 소중하다. ¶부모에게는 자식이 열이면 열 모두 중한 법이다. 2 (책임·임무 따위가) 무겁다. ¶중한 책임을 지다. 3 (병세나 죄 따위가) 대단하거나 크다. ¶죄가 ~ / 중한 병. ↔경(輕)하다.
중ː-히 부 ¶의리를 ~ 여기다.
중-하순(中下旬) 명 1 중순과 하순. 2 하순의 중간 무렵.
중학(中學) 명[교] '중학교'의 준말.
중-학교(中學校) [-꾜] 명 초등학교에서 받은 교육의 기초 위에 중등 보통 교육을 실시하기 위한 학교. 수업 연한은 3년. 준중학.
중학-생(中學生) [-쌩] 명 중학교에 다니는 학생.
중한(中韓) 명 1 중국과 한국. 2 중국어와 한국어. ¶~사전.
중ː합(重合) 명 1 포개어 합하는 것. 2 [화] 구성 단위가 되는 분자(단위체)가 2개 이상 결합하여 분자량이 큰 화합물을 생성하는 것. 또는, 그 반응. 중ː합-하다 동(자)(타)(여)
중ː합-되다 동(자)
중ː합-체(重合體) 명[화] 분자가 중합하여 생기는 화합물. 합성수지·나일론 따위. =폴리머. ↔단위체(單位體).
중항(中項) 명[수] 수열이나 급수에서, 서로 이웃하는 세 항의 가운데 항. ···, a, b, c, ···에서 b를 a와 c의 중항이라 함.
중핵(中核) 명 사물의 중심. 비핵심(核心). ¶가정은 사회의 ~을 이루는 단위이다. / 새마을 운동의 ~을 이루는 내용은 근면·자조

·협동이다.
중-허리(中-) 명[음] 풍류 곡조의 한 가지. 평시조로 시작하여 중간에서 곡조를 잠깐 변조시켜 높은 소리로 부름. ×중거(中擧).
중형¹(中形) 명 크지도 작지도 않은 중간 되는 형체.
중형²(中型) 명 중치의 형(型).
중ː형³(仲兄) 명 자기의 둘째 형. =중씨.
중ː형⁴(重刑) 명 아주 무거운 형벌. ¶~을 가하다 / ~을 받다 / ~에 처하다.
중형-차(中型車) 명 크기나 배기량이 중간 정도인 자동차.
중ː혼(重婚) 명 배우자가 있는 사람이 다른 사람과 또 결혼하는 것. 중ː혼-하다 동(자)
중화¹(中火) 명 길을 가다가 먹는 점심. 중화-하다 동(자) 길을 가다가 점심을 먹다.
중화²(中和) 명 1 치우치지 않는 것. 2 다른 성질의 물질이 섞여 각각의 특성을 상실하게 되는 것. 3 [화] 산과 염기가 반응하여 서로의 성질을 잃는 것. 또는, 그 반응. 4 [물] 같은 양의 양전하와 음전하가 만나서 전체로 전하를 가지지 않게 되는 것. 5 [언] 서로 다른 음소가 특정한 조건에서 구별되지 않게 되는 현상. 가령, 'ㄷ', 'ㅅ'은 끝소리로는 중화가 됨. 중화-하다² 동(자)(타)(여) 중화-되다 동(자)
중화³(中華) 명 한민족(漢民族)이 주위의 여러 민족을 야만시하고 자기네 나라를 세계의 중앙에 있는 가장 문명한 나라라는 뜻으로 일컫는 말.
중ː-화기(重火器) 명[군] 보병이 지니는 화기 중 비교적 화력이 강한 화기. 중기관총·박격포 따위. =중무기. ↔경화기(輕火器).
중화-민국(中華民國) 명[지] =대만(臺灣).
중화-사상(中華思想) 명 중국 사람이 자기 민족을 세계 문명의 중심이라고 생각하여 자기 전통의 우월성을 자랑하여 온 사상.
중ː-화상(重火傷) 명 심하게 입은 화상.
중화-요리(中華料理) 명 중국의 전통적인 요리. 돼지고기와 기름을 많이 쓰는 것이 특징임. =청요리.
중화^인민^공화국(中華人民共和國) 명[지] 중국의 정식 국호. 준중공.
중화-참(中火-) 명 길을 가다가 점심을 먹는 곳.
중ː화학^공업(重化學工業) [-꽁-] 명[공] 중공업과 화학 공업을 아울러 이르는 말.
중ː환(重患) 명 =중병(重病). ¶~으로 고생하다.
중ː-환자(重患者) 명 중병에 걸린 사람. ↔경환자.
중ː환자-실(重患者室) 명 병원 등에서, 중환자들이 있는 방. ¶병세가 악화되어 ~로 옮기다.
중황-란(中黃卵) [-난] 명[난] 난황이 중심에 있는 알. ▷단황란·등황란.
중ː후(重厚) 어 ▷중ː후-하다 형여 1 태도가 정중하고 무게가 있다. ¶중후한 인품 / 중후한 50대 신사. 2 작품이나 분위기 등이 엄숙하고 무게가 있다. ¶중후한 작품 / 실내에는 중후한 분위기가 감돌았다.
중흥(中興) 명 쇠하던 것이 중간에 다시 일어나는 것. 또는, 다시 일어나게 하는 것. ¶민족 ~의 해. 중흥-하다 동(자)(타)(여)
줴ː-뜨다 [-따] 동(타) '쥐어뜨다'의 준말. ¶가슴을 ~.
줴ː-박다 [-따] 동(타) '쥐어박다'의 준말. ¶머

리를 ~.
줴:-지내다 〖동〗〖자〗 '쥐어지내다'의 준말.
줴:-지르다 〖동〗〖타ㄹ〗〈~-지르니, ~-질러〉 '쥐어 지르다'의 준말. ¶옆구리를 ~.
줴:-흔들다 〖동〗〖타〗〈~-흔드니, ~-흔드오〉 '쥐어 흔들다'의 준말. ¶머리채를 ~.

쥐¹ 〖명〗〖한〗 몸의 한 부분에 경련이 일어나서 그 기능을 일시 상실하는 현상. 피의 순환이 나빠졌을 때 일어나기 쉬움. ¶손에 ~가 나다 / 다리에 ~가 오르다.

쥐² 〖명〗〖동〗 포유류 쥣과의 짐승의 총칭. 몸길이 5~35cm. 털빛은 거의 잿빛이고 꼬리는 길며, 앞니가 날카롭고 옥아서 물건을 잘 쏠거나 갉음. 음식물을 훔쳐 먹고 농작물에 피해를 주며 전염병을 퍼뜨림. 암컷은 암쥐, 수컷은 숫쥐라고 하며, 울음소리는 '찍찍'. [쥐가 고양이를 만난 격] 꼼짝없이 잡혀서 당하게 된 형편의 비유.
  쥐도 새도 모르게 〖구〗 아무도 모르게 한다는 뜻. ¶~ 없애다 / ~ 일을 처리하다.
  쥐 죽은 듯이 〖구〗 매우 조용한 상태를 이르는 말. ¶수십 명 중신들은 ~ 부복해 엎드려 장차 내리실 왕의 분부를 기다렸다.《박종화: 다정불심》

쥐-구멍 〖명〗 1 쥐가 드나드는 구멍. 2 숨을 만한 곳의 속칭. ¶~을 찾다 / ~이라도 있으면 숨어 버리고 싶은 심정이다.
  [쥐구멍에도 볕 들 날 있다] 몹시 고생만 하는 사람도 좋은 때를 만날 날이 있다.

쥐-꼬리 →**쥐꼬리만 하다** 〖구〗 (월급 따위가) 보잘것없을 정도로 적다. ¶당신이 벌어다 주는 **쥐꼬리만 한** 월급으로는 입에 풀칠하기도 어려워요.

쥐:다 〈쥐:고 / 쥐어〉 〖동〗〖타〗 1 집게손가락·가운뎃손가락·약손가락·새끼손가락의 네 손가락을 구부려 손바닥 안으로 오므리고 엄지손가락을 구부려 그 위에 놓음으로써 주먹의 모양을 만들다. ¶주먹을 꽉 〖불끈〗 ~. 2 (어떤 물건을) 손바닥에 닿게 한 상태로, 또는 손가락의 사이에 둔 상태로 손가락을 힘있게 구부려, 손에서 벗어나지 않게 하다. 〖비〗 잡다·움켜잡다·움켜쥐다. ¶몽둥이를 ~ / 젓가락을 ~. 3 (어떤 사람이나 권력이나 천하 따위를) 제 뜻대로 다루거나 움직일 수 있는 상태에 두다. ¶실권을 ~ / 천하를 ~. 4 (어떤 대상과 관계된 중요한 사실을) 영향을 미칠 수 있는 힘으로써 가지거나 알다. ¶사건의 결정적 단서를 ~ / 상대의 약점을 ~. 5 (재물 따위를) 벌거나 마련하여 가지다. ¶한밑천 ~ / 손에 쥔 게 없으니 아무것도 할 수가 없다.
  [쥐면 꺼질까 불면 날까] 매우 소중히 여김을 이르는 말.
  쥐고 흔들다 〖구〗 =쥐었다 폈다 하다.
  쥐었다 폈다 하다 〖구〗 어떤 일이나 사람을 자기 마음대로 조종하다. =쥐고 흔들다.

쥐:대기 〖명〗 전문가가 아니어서 솜씨가 서투른 장인(匠人).
쥐-덫 〖명〗 쥐를 잡는 덫. ¶~에 쥐가 걸리다 / ~을 놓다.
쥐똥-나무 〖명〗〖식〗 물푸레나뭇과의 낙엽 활엽 관목. 초여름에 흰 꽃이 피며, 열매는 가을에 까맣게 익음. 산울타리로 심고, 나무껍질에서 충백랍(蟲白蠟)을 채취하여 약용·공업용으로 씀. 산과 들에 남. =백랍나무.
쥐-띠 〖명〗〖민〗 쥐해에 난 사람의 띠.
쥐라-기(Jura紀) 〖명〗〖지〗 중생대 중에서 트라이아스기의 뒤, 백악기 앞의 기. 양치식물·은행나무·파충류·암모나이트·공룡류 등이 번식하였으며, 시조새도 출현하였음.

쥐:락-펴락 〖부〗 권세가 당당하여 남을 마음대로 부리는 모양. ×쥐락쥐락. **쥐:락펴락-하다** 〖동〗〖타〗〖여〗 그는 마음의 세력과 금전의 권리로 온 동리를 자기 장중에 **쥐락펴락**할 수 있었다.《이기영: 고향》

쥐-며느리 〖명〗〖동〗 갑각강 쥐며느릿과의 한 종. 몸길이 10mm 안팎. 몸은 납작하고 타원형이며, 몸빛은 회갈색 내지 암갈색임. 썩은 나무나 마루 밑 등의 습한 곳에 삶. =서고 (鼠姑).

쥐-목(-目) 〖명〗〖동〗 포유동물의 한 목(目). 앞니는 상하 모두 한 쌍이고 일생 동안 계속 자라며, 끝 모양으로 날카롭게 뾰족하여 물체를 갉는 데 적합함. 삼림·초원·사막·강·늪 등에 살며 식물질을 먹음. =설치류(齧齒類).

쥐방울만-하다 〖형〗〖여〗 (사람이) 몸이 작고 앙증스럽다. 속된 표현임. ¶쥐방울만한 자식.
쥐-벼룩 〖명〗〖동〗 파리목 쥐벼룩과의 곤충. 몸길이 2~2.5mm. 쥐·고양이·사람 등에 기생하여 페스트를 매개함.
쥐-볶이 〖명〗〖민〗 음력 정월의 첫 쥐날에 농가에서 쥐를 볶아 죽인다는 뜻으로 콩을 볶는 일.
쥐-불 〖명〗〖민〗 음력 정월의 첫 쥐날에 쥐를 쫓는다는 뜻으로 논둑이나 밭둑의 마른 풀에 놓는 불. ¶~을 놓다.
쥐불-놀이[-롤-] 〖명〗〖민〗 쥐불을 놓는 일. =쥐불놓이. **쥐불놀이-하다** 〖동〗〖자〗〖여〗
쥐-뼘 〖명〗 엄지손가락과 새끼손가락을 편 길이로, '짧은 뼘'을 뜻하는 말.
쥐-뿔 〖명〗 아무 보잘것없는 것을 이르는 말. ▷개뿔.
  쥐뿔(이) 나다 〖구〗 보잘것없는 사람이 같잖은 짓을 하다. ¶찾아가 볼 성의--성의라느니보다도 애정이나 의리가 있다면 그것은 부친의 일이라. **쥐뿔** 나게 자기가 튀어 나설 막(幕)이 아닐 성도 싶었다.《염상섭: 삼대》
  쥐뿔도 모르다 〖구〗 전혀 아무것도 모르다. ¶**쥐뿔도 모르면서** 아는 척한다.
  쥐뿔도 없다 〖구〗 전혀 아무것도 없다. ¶**쥐뿔도 없는** 주제에 허세를 부린다.
쥐뿔-같다[-갇따] 〖형〗 아주 보잘것없다. =쥐좆같다. **쥐뿔같-이**
쥐-새끼 〖명〗 아주 교활하고 잔일에 약삭빠른 사람을 욕하는 말. ¶"산 사람을 버려두고 나 혼자 ~처럼 도망쳤다는 말이냐?"《이어령: 무익조》

쥐-색(-色) 〖명〗 짙은 잿빛. =쥣빛.
쥐알-봉수 〖명〗 잔꾀가 많은 사람을 비웃어 이르는 말.
쥐-약(-藥) 〖명〗 쥐를 잡는 약. 〖비〗살서제.
쥐어뜯-기다[-어-끼-/-여-끼-] 〖동〗〖자〗〖타〗 '쥐어뜯다'의 피동사. ¶머리카락을 ~ / 잡초가 ~.
쥐어-뜯다[-어-따/-여-따] 〖동〗〖타〗 1 단단히 잡고 뜯어내다. ¶풀잎을 ~ / 어린아이가 창호지를 ~. 2 답답하여 가슴 등을 뜯다시피 같기다. ¶너무나 비통하여 가슴을 **쥐어** 뜯으며 울었다. 〖준〗궤뜯다.
쥐어-박다[-어-따/-여-따] 〖동〗〖타〗 (어떤 사람이 주먹의 손가락 부분으로 다른 사람의 신체의 일부, 특히 머리 부분을) 아픔을 느끼도록 치다. ¶선생님이 말썽꾸러기의 머리를 ~. ㈜쥐박다.
쥐어-지르다[-어-/-여-] 동(타)〈~지르니, ~질러〉(신체의 일부를) 주먹으로 힘껏 지르다. ¶주먹으로 옆구리를 ~ / 젊은 패들은 배를 안고 뒹굴고 성업이와 응서는 태복이를 **쥐어지르고** 법석이다.《이무영:농민》 ㈜쥐지르다.
쥐어-짜다[-어-/-여-] 동(타) 1 쥐고서 비틀거나 눌러 액체 따위를 꼭 짜내다. ¶비에 흠뻑 젖은 옷을 ~. 2 눈물을 찔끔찔끔 흘리며 울다. ¶말도 없이 눈물만 **쥐어짜고** 있다. 3 오기 있게 떼를 쓰며 조르다. ¶없는 돈이 **쥐어짠다고** 나올 성싶으냐? 4 이리저리 따져 골몰히 생각하다. ¶아무리 머리를 **쥐어짜도** 뾰족한 수가 없다.
쥐어-흔들다[-어-/-여-] 동(타)〈~흔드니, ~흔드오〉1 손으로 잡고 흔들다. 2 손에 넣어 마음대로 휘두르다. ¶남편을 ~. ㈜쥐흔들다.
쥐엄-쥐엄 Ⅰ 감 젖먹이에게 쥐엄질을 하라는 뜻으로 내는 소리. ㈜죄암죄암.
Ⅱ 명 젖먹이가 두 손을 폈다 쥐었다 하는 동작. ㈜죄암죄암.
쥐엄-질 명 젖먹이가 재롱스럽게 손을 쥐었다 폈다 하는 짓. ㈜죄암질. **쥐엄질-하다** 동(자)여
쥐여-살다 동(자)〈~사니, ~사오〉(남에게) 얽매여 기를 펴지 못하고 살다. ¶시어머니에게 ~.
쥐여-지내다 동(자) (남에게) 눌려 기를 펴지 못하고 지내다. ¶아내에게 **쥐여지내는** 공처가. ㈜쥐여살다.
쥐-이다 동 ①(자) '쥐다'의 피동사. ¶어둠 속에서 무언가 손에 **쥐이는** 것이 있었다. ②(타) '쥐다'의 사동사. ¶아이에게 연필을 ~ / 돈을 쥐여 보내다.
쥐-정신(-精神) 명 무슨 일을 금방 잊어버리기를 잘하는 정신.
쥐-젖[-젇] 명 사람의 살가죽에 생기는, 젖꼭지 모양의 사마귀.
쥐좆-같다[-존깓따] 형 =쥐뿔같다. **쥐좆-같이** 부
쥐치[-] 명 쥐칫과의 바닷물고기. 몸길이 30cm 정도. 몸은 마름모꼴로 측편하며, 주둥이 끝이 뾰족함. 몸빛은 회청색 또는 연분홍색을 띠며, 암갈색 무늬가 흩어져 있음. 여름에 맛이 좋음.
쥐코-밥상(-床)[-쌍] 명 밥 한 그릇과 반찬 한두 가지만으로 아주 간단히 차린 밥상. ¶식은 밥 한 덩이, 김치 한 보시기 차려 놓은 ~.
쥐통 명[의] =콜레라.
쥐-포(-脯) 명 말린 쥐치를 기계로 눌러 납작하게 만든 어포.
쥐-해 명[민] =자년(子年).
쥔: '주인(主人)'의 준말.
쥔:-댁(-宅)[-땍] 명 '주인댁'의 준말.
쥔:-장(-丈) 명 '주인장'의 준말. ¶~ 계시오?
쥔:-집[-찝] 명 '주인집'의 준말.
쥘:-부채[-뿌-] 명 접었다 폈다 할 수 있는 부채. =접선(摺扇).
쥘:-손[-쏜] 명 어떤 물건을 들 때의 손잡이 부분.
쥘:-쌈지 명 담배를 넣어서 옷소매나 호주머니에 넣게 된 쌈지.

쥣-빛[쥐삗/쥔삗] 명 =쥐색.
쥬라-기 명 '쥐라기(Jura紀)'의 잘못.
쥬스 '주스(juice)'의 잘못.
즈려-밟다 동(타) '지르밟다'의 잘못.
즈봉(←⑨ズボン) 명〔<⑨jupon〕 '양복바지'의 잘못.
즈음 명(의존) (어미 '-ㄹ'이나 일부 관형사 뒤에 쓰여) 일이 어찌 될 어름. '무렵'보다 쓰임이 제약되어 있으며 추정의 뜻이 강함. ¶이 ~이 좋다 / 퇴근할 ~ 전화가 오다. ㈜즘.
즈음-하다 동(불)(붙어) ('…에 [을] 즈음한', '…에 [을] 즈음하여'의 꼴로 쓰여) 어떠한 때나 날을 당하거나 맞다. ㈜제하다. ¶난국에 **즈음하여** 성명을 발표하다.
즈크 명(←⑨doek) 삼베나 무명실로 두껍게 짠 직물. 천막·신·캔버스 등에 쓰임.
즉(卽) 부 다름이 아니라 곧. 또는, 다시 말하여. 같거나 비슷한 뜻의 낱말이나 어구, 문장 뒤에 놓여, 앞의 것을 더 쉽게 풀어 뒤의 것에 잇는 기능을 가짐. ¶우리는 자칫 흑백 논리, ~ 모든 것이 검은 것 아니면 흰 것이라는 사고방식에 빠지기 쉽다. / 인간은 사회적 동물이다. ~ 인간은 다른 사람과 어울려 사회를 이루고 사는 존재이다.
즉각(卽刻) [-깍] 부 당장에 곧. ¶내 말을 ~ 시행하라.
즉결(卽決) [-껼] 명 그 자리에서 곧 처리하여 결정하는 것. =직결. ¶~ 심의. **즉결-하다** 동(타)여 **즉결-되다** 동(자)
즉결^심판(卽決審判) [-껼-] 명[법] 경범죄 처벌법, 기타 단속 법규에 위반되는 사건을 지방 법원 판사가 간단한 절차로 행하는 재판. =즉결 재판. 준즉심.
즉결^재판(卽決裁判) [-껼-] 명[법] 1 변론 종결 후 바로 판결을 선고하는 일. 2 =즉결 재판.
즉납(卽納) [즉-] 명 (돈이나 물건을) 당장 그 자리에서 바치는 것. **즉납-하다** 동(타)여
즉단(卽斷) [-딴] 명 당장 그 자리에서 단정하는 것. **즉단-하다** 동(타)여
즉답(卽答) [-땁] 명 즉석에서 대답하는 것. =직답(直答). ¶~을 피하다 / ~을 받아 오다. **즉답-하다** 동(자)여
즉매(卽賣) [즉-] 명 상품을 놓인 그 자리에서 곧 팔아 버리는 것. ¶~품. **즉매-하다** 동(타)여 **즉매-되다** 동(자)
즉물-적(卽物的) [증-쩍] 관 관념이나 추상적 사고를 선행시키지 않고 실제의 사물에 관하여 생각하거나 행하는 (것). ¶사물의 ~ 인상을 시각적으로 묘사한 시(詩) / 대상을 직관하여 ~으로 형상화한 다.
즉발(卽發) [-빨] 명 1 바로 출발하는 것. 2 그 자리에서 폭발하는 것. ¶일촉(一觸) ~. **즉발-하다** 동(자)여
즉사(卽死) [-싸] 명 그 자리에서 곧 죽는 것. =직사(直死). **즉사-하다** 동(자)여 ¶총에 맞아 ~.
즉살(卽殺) [-쌀] 명 즉석에서 죽이는 것. **즉살-하다** 동(타)여 **즉살-되다** 동(자)
즉석(卽席) [-썩] 명 어떤 일이 이뤄지거나 진행되는 바로 그 자리. =즉좌·직석. ¶~에서 결정하다.
즉석-식품(卽席食品) [-썩씩-] 명 =인스턴트식품.
즉석-연설(卽席演說) [-썽년-] 명 미리 준비하지 않고 그 자리에서 곧바로 연설함. 또

는, 그 연설. 즉석연설-하다 재여

즉석-요리(卽席料理)[-썽뇨-] 명 음식을 그 자리에서 바로 만드는 일. 또는, 그 음식. 즉석요리-하다 타여

즉시(卽時)[-씨] 명 시간적으로 곧. 또는, 바로 그때. ¶밥을 먹고 그 ~에 운동하는 것은 좋지 않다. / 일이 끝나는 ~ 귀가하여라.

즉시-즉시(卽時卽時)[-씨-씨] 부 미루지 않고 곧바로. '즉시'를 좀 더 강조하는 말임. (비)그때그때. ¶문제를 ~ 해결하다 / ~ 보고하다.

즉심(卽審)[-씸] 명 [법] '즉결 심판'의 준말.

즉위(卽位) 명 왕위에 오르는 것. =즉조. (비) 등극. ¶~식. 즉위-하다 재여

즉위-년(卽位年) 명 왕위에 오른 해. ¶세종 ~. ▷원년.

즉일(卽日) 명 바로 그날. (비)당일. ¶비위 사실이 드러난 ~로 그는 공직에서 파면되었다.

즉자(卽自)[-짜] 명 [철] 1 헤겔 변증법에서, 그 자신이 독립적으로 존재하는, 미발달의 상태. 정반합의 제1단계로, 정에 대응함. 2 사르트르의 존재론에서, 의식을 갖지 않는 존재. ↔대자(對自).

즉전(卽前)[-쩐] 명 =직전(直前). ↔즉후.

즉제¹(卽製)[-쩨] 명 그 자리에서 곧 만드는 것. ¶~품. 즉제-하다¹ 타여 즉제-되다 자

즉제²(卽題)[-쩨] 명 1 즉석에서 내어 짓게 하는 과제. 2 제목을 내놓고 그 자리에서 시가(詩歌)·문장을 지음. 또는, 그 제목. 3 작곡을 하면서 그 곡을 피아노·풍금 등으로 연주하는 일. 즉제-하다² 재여

즉행(卽行)[-쨍] 명 1 곧 가는 것. 2 곧 행하는 것. 즉행-하다 자타여

즉효(卽效)[-쾨] 명 즉시에 나타나는 효력. ¶그 약으로 ~를 보았다.

즉후(卽後)[-쭈] 명 =직후(直後). ↔즉전.

즉흥(卽興)[-쭝] 명 바로 그 자리에서 일어나는 흥취. (비)좌흥(座興).

즉흥-곡(卽興曲)[-쯩-] 명 [음] 즉흥적으로 일어나는 생각이나 느낌에 따라 자유로운 형식으로 표현하여 만든 악곡.

즉흥-시(卽興詩)[-쯩-] 명 [문] 그 자리의 흥취에 따라 감상을 읊은 시.

즉흥-적(卽興的)[-쯩-] 관 당장 흥취가 일어나는 (것). ¶~인 발상(發想).

즐거움 명 즐거운 느낌이나 마음. ¶~이 넘치는 가정 / ~과 괴로움을 다 같이 겪은 동료들.

즐거워-하다 타여 즐겁게 여기다.

즐겁다[-따] 형 〈즐거우니, 즐거워〉 (어떤 일이나 상황, 활동 등이) 쾌감이나 만족을 주어 기분이 좋다. ¶즐거운 생활 / 나는 아이들과 어울려 노는 것이 ~. 즐거이 부 ¶~ 노래를 부르다 / 그런 일이라면 ~ 하겠소.

> **유의어** 즐겁다 / 기쁘다
> '즐겁다'는 일이나 활동 자체가 주는 만족감 때문에 기분이 좋다는 뜻이고, '기쁘다'는 일이 바라는 쪽으로 이루어져 기분이 좋다는 뜻임. ¶노래를 부르면 마음이 즐겁다. / 꿈에도 그리던 사람을 만나 기쁘다.

즐기다 타 (어떤 일을) 즐거움을 느끼며 행하다. 또는, (무엇을) 즐겁게 누리다. ¶낚시를 ~ / 독서를 ~ / 휴일을 ~ / 인생을 ~.

즐문-토기(櫛文土器) 명 [고고] =빗살무늬토기.

즐비(櫛比) → **즐비-하다** 형여 (벌여 있는 것이) 빗살처럼 빼빽하다. ¶도심에 고층 빌딩이 ~ / 노상에는 양식을 구하러 다니다가 쓰러져 죽은 자의 시체가 즐비하고 버려진 아이들이 무리 지어 대처를 떠돌았다.(황석영:장길산)

즐치(櫛齒) 명 =빗살.

즘 의존 '즈음'의 준말.

즘승 명 〈방〉 짐승(평안·함경).

즙(汁) 명 수분이 들어 있는 물체에서 짜낸 액체. =액즙(液汁). ¶레몬 ~ / 당근 ~ / ~을 내다.

즙액(汁液) 명 즙을 짜낸 액.

증¹(症) 명 괴로움을 느끼는 몸의 상태. 또는, 불쾌하거나 싫은 느낌을 가지는 마음의 상태. ¶~이 나다 / ⋯몸이 땅으로 스며 들어갈 듯이 고단한 ~일시에 솟아나서, 그대로 쓰러져 한잠 푹 자고 싶다.(염상섭:조그만 일)

증²(贈) 명 기증의 뜻으로 선물 포장 따위에 쓰는 말.

-증³(症) 접미 어떤 증세나 기질 또는 정신 상태를 나타내는 말. ¶빈혈~ / 현기~ / 싫~ / 궁금~.

-증⁴(證) 접미 한자어로 된 일부 명사 밑에 붙어, '증명서' 또는 '증명 카드'의 뜻을 나타내는 말. ¶신분~ / 자격~ / 출입~ / 학생~.

증가¹(增加) 명 더 늘어서 많아지는 것. ¶~량. ↔감소. 증가-하다¹ 자여 ¶인구가 ~ / 수출이 ~ / 소득이 ~. 증가-되다¹ 자

증가²(增價)[-까] 명 값을 올리는 것. 또는, 값이 오르는 것. 증가-하다² 자타여

증가-세(增加勢) 명 점점 늘어나는 흐름이나 경향. ¶소형차의 매출이 뚜렷한 ~를 보이다. ↔감소세.

증가-함수(增加函數)[-쑤] 명 [수] 어떤 함수의 정의역(定義域) 내에서, 변수가 증가함에 따라서 함수의 값이 증가하는 함수. ↔감소함수.

증간(增刊) 명 늘려서 간행하는 것. 또는, 그 간행물. ¶~호. 증간-하다 타여 증간-되다 자

증감¹(增減) 명 늘림과 줄임. 또는, 많아짐과 적어짐. =증손(增損). (비)손익. ¶세액(稅額)의 ~. 증감-하다¹ 자타여 증감-되다¹ 자

증감²(增感) 명 약한 조명에서 촬영할 수 있도록 필름에 미리 미약한 광을 주어 감도를 상승시키는 처리. 또는, 노출 부족인 필름을 현상할 때, 약품에 의하여 화상의 농도를 올리는 처리. 증감-하다² 타여 증감-되다² 자

증강(增强) 명 더 늘려 굳세게 하는 것. 증강-하다 타여 ¶병력을 ~. 증강-되다 자

증-개축(增改築) 명 증축과 개축을 아울러 이르는 말.

증거(證據) 명 1 어떤 사실을 증명할 수 있는 근거. 2 [법] 법원이 법률을 적용할 사실의 유무를 확정하는 재료. ¶~ 불충분 / ~ 인멸 / ~ 서류.

증거-금(證據金) 명 [법] 계약의 이행을 확실히 하기 위하여 당사자의 일방이 상대방에게 제공하는 담보금.

증거-력(證據力) 圕 증거가 가지는 신빙성의 정도.
증거-물(證據物) 圕 증거가 되는 물건. =증거품. ¶~을 확보하다 『
증거^인멸죄(證據湮滅罪) [-쬐/-쮀] 圕[법] 타인의 형사 사건 또는 징계 사건에 관하여 증거를 인멸·은닉·위조·변조하거나, 또는 이런 사건에 관한 증인을 은닉·도피시킴으로써 성립하는 죄.
증거-품(證據品) 圕 =증거물.
증광-시(增廣試) 圕[역] 조선 시대, 나라에 큰 경사가 있을 때 보이던 과거. =증광.
증군(增軍) 圕 군사력을 늘리는 것. ↔감군(減軍). 증군-하다 동(타)여
증권(證券) [-꿘] 圕 1 증거가 되는 문권(文券). 2 [법] 재산상의 권리·의무에 관한 사항을 기재한 문권. 유가 증권과 증거 증권이 있음. 비증서(證書).
증권-가(證券街) [-꿘-] 圕 주식 따위의 증권을 거래하는 장소가 많이 모여 있는 곳.
증권^거래소(證券去來所) [-꿘-] 圕 유가 증권의 매매 거래를 위하여 필요한 시장을 개설함을 목적으로 하여 설립한 법인.
증권^시장(證券市場) [-꿘-] 圕[경] 증권 업자·은행·투자자 등으로 구성되어 증권의 발행·매매·유통 등이 이루어지는 시장. 좁은 뜻으로는 증권 거래소를 말하기도 함. 圂 증시.
증권^회사(證券會社) [-꿘회-/-꿘훼-] 圕 유가 증권의 매매·위탁 매매·인수·주선 등의 업무를 행하는 회사.
증급(增給) 圕 급료를 올려 주는 것. 증급-하다 동(타)여
증기(蒸氣) 圕 1'수증기'의 준말. 2 [물] 액체나 고체가 증발 또는 승화하여 생긴 기체.
증기-관(蒸氣罐) 圕 =기관(汽罐).
증기^기관(蒸氣機關) 圕[공] 증기의 팽창 및 응축을 이용하여 왕복 운동을 일으켜 동력(動力)을 얻는 기관. =기기(汽機).
증기^기관차(蒸氣機關車) 圕 증기의 힘으로 차량을 끄는 기관차.
증기-다리미(蒸氣-) 圕 다림질할 감에 습기를 주기 위하여 밑바닥에서 증기가 뿜어져 나오게 만든 다리미.
증기-선(蒸氣船) 圕 =기선(汽船).
증기-압(蒸氣壓) 圕[물][화] =증기 압력.
증기^압력(蒸氣壓力) [-암녁] 圕[물][화] 수증기가 일정한 온도에서 가지는 압력. mm 또는 hPa로 나타냄. =증기압.
증기-욕(蒸氣浴) 圕 수증기를 몸에 쐬어서 땀을 흘리는 일. 증기욕-하다 동(자)여
증기-탕(蒸氣湯) 圕 여자가 성적(性的) 서비스를 제공하는, 밀실로 된 목욕탕. 1997년 '터키탕'을 고친 이름임.
증기^터빈(-turbine) 圕[공] 증기를 노즐로부터 분출·팽창시켜, 날개 바퀴에 대고 회전력을 얻는 원동기.
증답(贈答) 圕 선사하는 물건을 서로 주고받는 것. 증답-하다 동(타)여
증대(增大) 圕 더하여 많아지는 것. 또는, 많게 하는 것. ¶소득 ~. 증대-하다 동(자)(타)여 ¶생산량을 ~. 증대-되다 동(자) ¶소비가 ~.
증량(增量) [-냥] 圕 수량이 느는 것. 또는, 수량을 늘리는 것. ↔감량. 증량-하다 동(자)(타)여
증뢰(贈賂) [-뇌/-눼] 圕 뇌물을 주는 것. 또는, 그 뇌물. 비증회. ¶~죄. ¶수뢰. 증뢰-하다 동(자)여

증류(蒸溜) [-뉴] 圕 1 [물] 액체를 가열하여 생긴 기체를 냉각시켜 다시 액체로 하는 것. 불순물이 제거되어 순수한 액체가 얻어짐. 2 [화] 많은 성분이 섞인 혼합 용액을 가열하여, 끓는점의 차이를 이용하여 각 성분을 분리하는 것. ▷건류·정류(精溜). 증류-하다 동(타)여 증류-되다 동(자)
증류-수(蒸溜水) [-뉴-] 圕[물] 천연수를 증류하여 불순물을 제거한 물. 무색투명하며, 화학 실험·의약품 등에 쓰임.
증류-주(蒸溜酒) [-뉴-] 圕 일단 만든 술을 다시 증류하여 알코올의 도수를 높인 술. 소주·위스키·브랜디 따위.
증면(增面) 圕 신문·잡지 등에서 발행 면수를 늘리는 것. 증면-하다 동(타)여 증면-되다 동(자)
증명(證明) 圕 1 어떤 사항·판단·이유 등에 대하여 그것이 진실인지 아닌지 증거를 들어서 밝히는 것. 2 [논][수] 어떤 정당한 사실, 곧 정리나 공리에서 출발하여 다른 사실의 정부(正否)를 밝히는 일. 비논증(論證). 3 [법] 재판의 기초 사실 확인을 목표로 하는, 법률 당사자의 입증 행위. 4 '증명서'의 준말. 증명-하다 동(타)여 ¶인삼의 약효를 과학적으로 ~. 증명-되다 동(자) ¶무죄가 ~.
증명-사진(證明寫眞) 圕 증명서 따위에 붙이는 작은 얼굴 사진. 길이 3cm, 너비 2.5cm쯤 됨.
증명-서(證明書) 圕 어떤 사실을 증명하는 서류. ¶신분 ~ / 학력 ~ / ~를 발부하다. 준 증명.
증모(增募) 圕 정원보다 더 모집하는 것. 증모-하다 동(타)여 증모-되다 동(자)
증발¹(蒸發) 圕 1 [물] 액체 상태에 있는 어떤 물질이 그 표면에서 기체 상태로 변하는 현상. 2 사람이나 물건이 갑자기 사라져 행방을 알지 못하게 되는 것을 속되게 이르는 말. 증발-하다¹ 동(자)여 ¶바닷물이 ~. 증발-되다¹ 동(자)
증발²(增發) 圕 정한 수보다 더 내보내는 것. 증발-하다² 동(타)여 증발-되다² 동(자)
증발-량(蒸發量) 圕[기상][물] 수면(水面) 등에서 단위 시간에 수증기가 증발하는 양.
증발-열(蒸發熱) [-렬] 圕 =기화열.
증발^접시(蒸發-) [-씨] 圕[물] 물기를 증발시켜 고체의 시험물을 얻기 위한, 춤이 얕은 접시.
증병(增兵) 圕 군사의 수를 더 늘리는 것. 증병-하다 동(자)(타)여
증보(增補) 圕 서적 등의 내용을 더 보태고, 완전하지 못한 부분을 보충하는 것. ¶개정 ~. 증보-하다 동(타)여 증보-되다 동(자)
증보-판(增補版) 圕 증보하여 출판하는 책.
증빙(證憑) 圕 증거가 될 만한 것. ¶~ 서류. 증빙-되다 동(자)
증산¹(蒸散) 圕[식] 식물체 안의 수분이 수증기가 되어 몸 밖으로 배출되는 현상. 주로 기공의 개폐에 의해 조절됨. =김내기·발산 작용·증산 작용. 증산-하다¹ 동(자)(타)여 증산-되다¹ 동(자)
증산²(增産) 圕 생산이 늘거나 생산을 늘리는 것. ¶식량 ~ 운동. ↔감산(減産). 증산-하다² 동(자)(타)여 ¶공산품을 ~. 증산-되다² 동(자) ¶쌀이 작년보다 15% ~.
증산-교(甑山敎) 圕[종] 증산 강일순(姜一淳)을 교조로 하는 종교.

증상(症狀) =증세(症勢)¹. ¶자각 ~ / 결핵 초기 ~ / ~이 심하다.
증상-맞다(症狀-) [-맏따] 협 (생김새나 행동이) 징그러울 정도로 밉다.
증상-스럽다(症狀-) [-따] 협ㅂ <-스러우니, -스러워> (생김새나 행동이) 징그러울 정도로 미운 데가 있다. **증상스레** 閈
증서(證書) 阅 어떤 사실을 증명하는 문서. 또는, 권리·의무 관계를 증명한 문서. =증문(證文). ⠑증권(證券). ¶졸업 ~ / 합격 ~.
증설(增設) 阅 더 차리거나 시설하는 것. **증설-하다** 屠闾 ¶학교를 ~ / 연구 기관을 ~. **증설-되다** 屠困 ¶학과가 ~.
증세(症勢) 阅 병을 앓을 때의 형세나 걸으로 나타나는 여러 가지 모양. =증상·증후. ¶독감 ~ / ~가 악화되다.
증세(增稅) 阅 조세액을 늘리거나 세율을 높이는 것. ↔감세(減稅). **증세-하다** 屠困
증-손(曾孫) 阅 손자의 아들. =증손자.
증-손녀(曾孫女) 阅 손자의 딸.
증-손자(曾孫子) 阅 =증손(曾孫).
증수(增水) 阅 물이 불어서 느는 것. ↔감수(減水). **증수-하다** 屠困
증수(增收) 阅 수입이나 수확이 느는 것. 또는, 수입이나 수확을 늘리는 것. ↔감수(減收). **증수-하다** 屠困闾 **증수-되다** 屠困 ¶벼가 지난해보다 5만 톤 이상 **증수되었다**.
증수³(增修) 阅 1 (책을) 늘려 보충하여 고치는 것. 2 (건축물을) 더 늘려 짓고 고치는 것. **증수-하다**³ 屠闾 ¶도서관 건물을 ~. **증수-되다**² 屠困
증시(證市) [경] '증권 시장'의 준말.
증식(增殖) 阅 1 늘어나서 많아지는 것. 2 [생] 생물의 개체·세포 등이 수를 늘리는 현상. **증식-하다** 屠困闾 **증식-되다** 屠困
증식^원자로(增殖原子爐) 阅 핵분열성 물질이 노(爐) 안에서 소비됨과 동시에 연쇄 반응에 의하여 소비된 것 이상으로 새로운 핵분열성 물질이 증가하는 원자로. =증식로.
증액(增額) 阅 액수를 늘리는 것. ↔감액. **증액-하다** 屠闾 **증액-되다** 屠困
증언(證言) 阅 1 사실을 증명하는 것. 또는, 그 말. 2 [법] 증인의 진술. **증언-하다** 屠闾 ¶목격한 것을 ~.
증언-대(證言臺) 阅 법정에서 증인이 증언하는 자리. ¶~에 서다.
증여(贈與) 阅 1 선사하여 주는 것. 2 [법] 재산을 무상(無償)으로 타인에게 양도(讓渡)하여 주는 행위. ⠑기증(寄贈). **증여-하다** 屠闾 **증여-되다** 屠困
증여-세(贈與稅) [-쎄] 阅[법] 증여받은 사람에게 물리는 세금.
증오(憎惡) 阅 몹시 미워하는 것. **증오-하다** 屠闾 ¶배신자를 ~.
증오-심(憎惡心) 阅 몹시 미워하는 마음. ¶~을 품다.
증왕(曾往) 阅 이미 지나가 버린 그때.
증원¹(增員) 阅 인원을 늘리는 것. ¶임시 ~. ↔감원. **증원-하다**¹ 屠闾 ¶사원을 50명에서 100명으로 ~. **증원-되다**¹ 屠困
증원²(增援) 阅 1 사람의 수를 늘려서 돕는 것. ¶~ 부대. 2 원조(援助)하는 금액을 늘리는 것. ¶~ 계획. **증원-하다**² 屠闾 **증원-되다**² 屠困
증-음정(增音程) 阅[음] 완전 음정 또는 장음정을 반음(半音) 높인 것.
증인¹(證人) 阅 1 어떤 사실을 증명하는 사람. =증거인. ¶역사의 산 ~. 2 [법] 보증인. 3 [법] 법원이나 그 밖의 기관의 신문(訊問)에 대하여 증언하는 사람. ¶~ 출두 / ~을 소환하다.
증인(證印) 阅 증명으로 찍는 도장.
증자(增資) 阅[경] 주식회사나 유한 회사가 사업 확장과 운전 자금의 보충을 위하여 자본금을 늘리는 것. =자본 증가. ↔감자(減資). **증자-하다** 屠困闾 **증자-되다** 屠困
증장(增長) 阅 1 더 자라는 것. 2 사물의 정도가 더 심해지는 것. 3 점점 오만하게 되는 것. **증장-하다** 屠困闾 **증장-되다** 屠困
증정¹(增訂) 阅 책 따위에서, 모자라는 내용을 보태고, 잘못된 부분을 고치는 것. **증정-하다**¹ 屠闾 **증정-되다**¹ 屠困
증정²(贈呈) 阅 (남에게 선물·기념품 등을) 성의의 표시로 주는 것. ¶~품(品). **증정-하다**² 屠闾 ¶화환을 ~. **증정-되다**² 屠困
증정-본(贈呈本) 阅 지은이나 펴낸이가 아는 이에게 인사나 성의의 표시로 주는 책.
증조(曾祖) 阅 1 삼대(三代) 위의 조상. 2 '증조부'의 준말.
증-조고(曾祖考) 阅 죽은 증조부.
증-조모(曾祖母) 阅 '증조할머니'의 문어적 지칭.
증-조부(曾祖父) 阅 '증조할아버지'의 문어적 지칭. ⠑증조.
증-조비(曾祖妣) 阅 죽은 증조모.
증조-할머니 阅 아버지의 할머니. 호칭 및 지칭으로 쓰임. ⠑증조모.
증조-할아버지 阅 아버지의 할아버지. 호칭 및 지칭으로 쓰임. ⠑증조부.
증좌(證左) 阅 참고될 만한 증거. =증참(證參).
증지(證紙) 阅 일정한 절차를 마쳤음을 증명하거나, 물품의 품질을 표시하기 위하여 붙이는 표. ¶수입 ~ / 납세필 ~.
증진(增進) 阅 (기운·역량·관계 등을) 더 나아지게 하는 것. ¶건강 ~ / 식욕 ~ / 우호 ~. ↔감퇴. **증진-하다** 屠闾 ¶공공의 복리를 ~. **증진-되다** 屠困
증차(增車) 阅 차량의 수량을 더하여 늘리는 것. **증차-하다** 屠闾 **증차-되다** 屠困 ¶버스가 ~.
증축(增築) 阅 이미 지어져 있는 건축물에 덧붙여 늘려 짓는 것. ¶~ 공사. **증축-하다** 屠闾 ¶사옥을 ~. **증축-되다** 屠困 ¶증축된 건물 / 국립 도서관이 ~.
증파(增派) 阅 인원을 늘려서 파견하는 것. **증파-하다** 屠闾 **증파-되다** 屠困
증편¹(蒸-) 阅 멥쌀가루를 소량의 막걸리를 섞은 뜨거운 물로 반죽하여 부풀어 일게 하여 틀에 넣어 찐 떡. ⠑기증.
증편²(增便) 阅 배·항공기·자동차 등 정기편의 횟수를 늘리는 것. ↔감편(減便). **증편-하다** 屠闾 **증편-되다** 屠困
증폭(增幅) 阅 1 사물의 범위를 넓혀 크게 하는 것. 2 라디오 등에서 전압·전류의 진폭을 늘려 감도(感度)를 좋게 하는 일. ¶~ 마이크(스피커). **증폭-하다** 屠闾 **증폭-되다** 屠困
증폭-기(增幅器) [-끼] 阅[물] 진공관·트랜지스터 등을 이용하여 증폭 작용을 하게 하는 장치.
증폭^작용(增幅作用) [-짝-] 阅[물] 1 진동

증표(證票) 몡 어떤 일이나 사실을 증명할 만한 표시. ¶사랑의 ~.
증험(證驗) 몡 실지로 사실을 경험하는 것. **증험-하다** 통(타)여
증회(贈賄) [-회/-훼] 몡 뇌물을 주는 것. 凹증뢰(贈賂). ¶~죄. ↔수회(收賄). **증회-하다** 통(자)여
증후(症候) 몡 =증세(症勢)¹. ¶지금 단계로서 병이라고 단정을 할 수는 없지만, 여하튼 비정상적인 ~가 확실하게 나타났으니 일단 병으로 보아야겠지요.《최상규: 한밤의 목소리》
증후-군(症候群) 몡[의] 몇 가지 증후가 함께 나타나지만 그 원인이 불명하거나, 또는 단일(單一)하지 않은 것에 대하여 병명(病名)에 준하여 붙이는 명칭. 凹신드롬.
지¹ 몡〈궁〉요강.
지² 몡〈방〉김치(경북·전라).
지³ 몡(의존) ('ㄴ'으로 끝나는 동사 어미 아래에 쓰여) 어떤 동작이 있었던 때로부터 지금까지의 동안을 나타내는 말. ¶온양에서 서울로 이사한 ~ 10년이 되었다. / 고향을 떠난 ~도 꽤 오래 됐다.
지⁴ 대(인칭) '제'의 잘못.
-지⁵ 어미 1 상반되는 사실을 서로 대조적으로 나타내는 연결 어미. ¶그는 학생이~ 선생이 아니다. 2 용언의 어간이나 어미 '-시-' 아래에 붙어, 그것을 부정하거나 금지하려 할 때 쓰이는 보조적 연결 어미. 다음에 '않다', '못하다', '말다' 등이 옴. ¶춥~ 않다 / 듣~ 못하다 / 나무를 베~ 마시오.
-지⁶ 어미 부드러우며 반말 투의 종결 어미. 1 서술형으로 쓰여, 상대에게 사실을 확인하거나 다짐하는 뜻을 나타냄. ¶그곳에는 내가 갔다 오~. / 그 사람이야말로 효자 중의 효자(이)~. 2 의문형으로 쓰여, 상대의 동의를 구하거나 어느 정도 확신하고 있는 사실을 확인하려는 뜻을 나타냄. ¶이 꽃 참 예쁘~? / 저분이 교장 선생님이시~? 3 동사의 어간에 붙어 명령형이나 청유형으로 쓰여, 상대에게 은근히 제의하거나 권유하는 뜻을 나타냄. ¶식기 전에 어서 들~. / 나하고 같이 하~.
지⁷(知) 몡 사물을 인식하고 시비·선악을 가리는 능력. ↔행(行).
지⁸(識) 몡 글을 쓰고 나서, 아무개가 '적음'의 뜻을 나타내는 한자 말. ¶저자(著者) ~.
-지⁹(地) 접미 1 '땅' 또는 어느 '곳'을 나타내는 말. ¶주소(住所) ~ / 목적 ~. 2 옷의 '감'을 나타내는 말. ¶양장 ~.
-지¹⁰(紙) 접미 1 어떤 명사 밑에 붙어, '종이'의 뜻을 나타내는 말. ¶포장~ / 가ان~. 2 '신문'의 뜻을 나타내는 말. ¶조간~ / 주간~.
-지¹¹(誌) 접미 '잡지' 임을 나타내는 말. ¶월간~ / 계간~.
지¹²(G) 음 음이름의 하나. '사' 음.
지가¹(地價) [-까] 몡 토지의 가격. ¶~ 증권.
지가²(紙價) [-까] 몡 종이의 값.
지가-서(地家書) 몡[민] 지술(地術)에 관한 책.
지^가스(G gas) 몡[화] 빛깔도 맛도 냄새도 없는 액체 상태의 독가스. 몸에 한 방울만 떨어뜨려도 신경이 마비되어 금방 죽게 됨.

지각¹(地殼) 몡[지] 지구의 가장 바깥쪽을 둘러싼 부분.
지각²(知覺) 몡 1 알아서 깨닫는 것. 또는, 그 능력. 2[심] 감각 기관을 통하여 외부의 사물을 인식하는 작용 및 그 작용에 의하여 얻어지는 표상(表象). 3 사물의 이치나 도리를 분별하는 능력. ¶~이 없는 사람 / 이제 ~이 날 때도 됐건만. **지각-하다**¹ 통(타)여 **지각-되다** 통(자)여
[지각이 나자 망령] 일이 되자마자 곧 그릇됨을 이르는 말.
지각³(遲刻) 몡 정해진 시각보다 늦게 출근하거나 등교하는 것. **지각-하다**² 통(자)여 ¶학교에 ~.
지각-머리(知覺-) [-강-] 몡 '지각(知覺)²'를 속되이 이르는 말. ¶~가 없다.
지각^변동(地殼變動) [-뼌-] 몡[지] 지구 내부의 원인으로 일어나는 지각의 움직임 및 그것에 의한 지각의 변형과 변위. 융기(隆起)·침강·단층·습곡·조산 운동 따위. =지각 운동.
지각-없다(知覺-) [-업따] 형 사물에 대한 분별력이 없다. ¶지각없는 행위. **지각없-이** 부
지각^중추(知覺中樞) [-중-] 몡[생] 감각의 기본이 되는 신경 중추. 대뇌 피질에 있음. =감각 중추.
지갈(止渴) 몡 목마름이 그치는 것. 또는, 목마름을 그치게 하는 것. **지갈-하다** 통(자)여
지갈-되다 통(자)여
지갑(紙匣) 몡 가죽이나 헝겊 따위로 쌈지처럼 조그맣게 만든 물건. 돈·증명서 같은 것을 넣어 가지고 다니는 데 씀. =돈지갑. ¶가죽~ / 동전 ~.
지개(志槪) 몡 =지기(志氣)⁴.
-지거리 접미 어떤 명사 뒤에 붙어, 점잖지 않거나 시답잖게 여기는 뜻을 나타내는 말. ¶농~ / 욕~ / 반말~.
지검(地檢) 몡[법] '지방 검찰청'의 준말.
지게 몡 1[자립] 짐을 얹어 사람이 등에 지는 한국 특유의 운반 기구. 두 개의 가지 뻗은 장나무를, 위는 좁고 아래는 벌어지게 나란히 세운 다음, 그 사이를 사개로 가로질러 맞춤. ¶~를 지다 [벗다]. 2[의존] 땔나무 등의 분량을 그것이 담긴 지게의 수로 세는 말.
지게-꾼 몡 지게로 다른 사람의 짐을 운반하는 일을 업으로 하는 사람.
지게-문(-門) 몡 한옥에서, 바깥에서 방으로 드나드는 문. 한 짝 또는 두 짝으로 되어 있는데, 흔히 돌쩌귀를 달아 여닫게 함.
지게미 몡 1 재강에서 모주를 짜낸 술 찌꺼기. =주박(酒粕)·술지게미. 2 눈을 많이 마시거나 열기가 있을 때 눈가에 끼는 눈곱.
지게-질 몡 지게로 짐을 나르는 일. **지게질-하다** 통(자)여
지게-차(-車) 몡 차의 앞부분에 두 개의 길쭉한 철판이 나와 있어, 이것을 상하로 움직여 짐을 운반하거나 하역하는 차. =포크리프트.
지겟-다리 [-게따-/-겐따-] 몡 지게의 다리. =동발. ×목발.
지겟-작대기 [-게짝때-/-겐짝때-] 몡 지게를 버텨 세우는 작대기.
지겨워-하다 통(타)여 지겹게 여기다.
지견(知見) 몡 지식과 견문(見聞).
지겹다 [-따] 형비〈지겨우니, 지겨워〉진저리가 날 정도로 몹시 지루하고 싫다. ¶지겨

운 장마 / 몇 달째 매일 똑같은 일을 반복하고 있으니 **지겹기** 짝이 없다.
지경(地境) 몡 ①[자][땅의 경계. =지계(地界). ②[의][(관형사 또는 어미 '-ㄹ' 아래에 쓰여) 어떠한 처지나 형편. ¶일이 안 풀려 미칠 ~이다. / 어쩌다 이 ~이 됐니?
지계(地契) [-계/-게] 몡 [역] 조선 시대에 논밭의 소유권을 증명하던 문서.
지고¹ →지다⁵.
지고²(地高) 몡 땅의 높이.
지고³(至高) 몡 더할 수 없이 높은 것. **지고-하다** 몡 **지고한** 절개. / **지고한** 사랑.
지고-지순(至高至純) 몡 더할 수 없이 높고 순수함. **지고지순-하다** 몡
지골(肢骨) 몡[생] 팔다리뼈.
지공(遲攻) 몡[체] 축구·농구 따위의 운동 경기에서, 시간을 끌면서 느릿느릿 공격하는 것. ↔속공(速攻). **지공-하다** 동
지공무사(至公無私) 몡 지극히 공평하고 사사로움이 없음. **지공무사-하다** 몡
지관¹(支管) 몡 본관(本管)에서 갈라져 나온 관. ↔본관.
지관²(地官) 몡[민] 풍수지리설에 따라 집터나 묏자리 따위를 가려 잡는 사람. =지사(地師)·풍수.
지괴(地塊) 몡 ①=땅덩이. ②[지] 사방이 단층면으로 구획 지어진 지각의 한 덩이.
지괴^운^동(地塊運動) [-괴-/-궤-] 몡 [지] 지괴가 단층면을 따라 상승·침강·경사하는 지각 운동의 하나.
지구(地球) 몡[지] 인류가 사는 천체. 태양계의 세 번째 행성으로, 한 개의 위성(衛星)을 가짐. 자전 주기는 약 24시간, 공전 주기는 약 365일임. 타원체이며, 지각·맨틀·핵으로 이루어짐. =대괴(大塊).
지구²(地區) 몡 어떤 기준이나 목적에 따라 나누거나 구별한 지역. ¶산림 ~ / 상업 ~ / 택지 개발 ~.
지구³(地溝) 몡[지] 단층이 꺼져서 생긴, 거의 평행하는 두 단층 사이의 낮고 기름한 골짜기.
지구^과학(地球科學) 몡[지] 지구를 형성하는 물질과 그 주위의 천체에 관하여 연구하는 과학. 지질학·지구 물리학·천문학·기상학·해양학 따위를 포함함. 준지학.
지구-국(地球局) 몡 통신 위성 등의 무선국과 통신하려는 지상의 무선국. 지상에 고정된 고정 지구국과 선박·항공기·자동차 등에 탑재된 이동 지구국 등이 있음.
지구-당(地區黨) 몡 중앙당에 대하여, 각 지구에 설치한 조직. ¶~을 결성하다. ↔중앙당.
지구-대(地溝帶) 몡[지] 지구(地溝)로 된, 띠 모양의 낮은 땅.
지구-력(持久力) 몡 어떤 일을 오래 참고 해내거나 어려운 일을 버텨 낼 수 있는 힘. ¶~을 기르다.
지구-본(地球本) 몡 =지구의(地球儀).
지구-의(地球儀) [-의/-이] 몡 지구를 본떠 만든 모형. 구(球)의 표면에 수륙 분포와 경선·위선 등을 그리고, 남북을 축으로 자유롭게 회전할 수 있도록 한 것임. =지구본(地球本).
지구^자^기(地球磁氣) 몡[물] 지구가 커다란 자석의 성질을 가지는 것. 또는, 그로 말미암아 생기는 자기장. 자침이 항상 남북을 가리키는 것은 이것이 있기 때문임. =지자기(地磁氣).

지구-전(持久戰) 몡 ①오랫동안 끌어 가며 싸우는 전쟁이나 시합. ②[군] 적을 견제하고 지치게 하거나 적의 군비를 소모시킬 목적으로 전투를 오래 지속하는 작전. 비장기전(長期戰). ¶~을 펼치다.
지구-촌(地球村) 몡 교통과 통신의 눈부신 발달로 모든 나라가 하나의 마을처럼 상호 의존적으로 깊은 관계를 맺고 살아가게 된 지구를 이르는 말. ¶~의 이모저모.
지국(支局) 몡 본사나 본국(本局)에서 갈라져 나가 그 사무를 맡아보는 곳. ¶신문사 ~. ↔본국.
지국-장(支局長) [-짱] 몡 지국의 우두머리.
지국총-지국총 몡 배의 노를 잇달아 저을 때 나는 소리. 주로, 옛시조에서 후렴으로 쓰이던 말임.
지궁-스럽다 [-따] 몡 몡⟨-스러우니, -스러워⟩ ①꾸준하고 정성스럽다. ②귀찮게 끈덕지다.
지-궐련(紙-) 몡 썬 담배를 얇은 종이로 만 담배. 원지권연(紙卷煙). ▷엽궐련.
지그(jig) 몡 대량 생산을 위하여 공작물을 고정시키거나 가공 위치를 쉽고 정확하게 정하는 데 쓰이는 보조용 기구.
지그럭-거리다/-대다 [-꺼(때)-] 동 짜 ①조그마한 일로 듣기 싫도록 자꾸 다투다. ②남이 듣기 싫도록 자꾸 불평하다. 잭자그락거리다. 지그럭거리다.
지그럭-지그럭 [-찌-] 튀 지그럭거리는 모양. 잭자그락자그락. 쎈찌그럭찌그럭. **지그럭지그럭-하다** 동
지그르르 물기나 기름기 따위가 세게 끓으며 졸아드는 소리. 또는, 그 모양. 잭자그르르. 쎈찌그르르. **지그르르-하다** 동 짜
지그시 튀 ①어떤 대상에 드러나지 않게 은근히 힘을 주는 모양. ¶발로 바닥을 ~ 밟다 / 한부를 손으로 ~ 누르다. ②참을성 있게 견디는 모양. ¶솟구쳐 오르는 슬픔을 ~ 참다 / 아픔을 ~ 견디다. ③생각에 잠기거나 감정을 억누르느라 눈을 가볍게 감는 모양. ¶눈을 ~ 감고 음악을 감상하다.
지그재그(zigzag) 몡 갈지자형. ¶~을 걷다 / 술에 취해 차를 ~로 몰다.
지극(至極) →**지극-하다** [-그카-] 몡 더없이 극진하다. ¶효성이 ~. / **지극한** 정성으로 간호하다. 지극-히 튀 지극히 극진하게. ¶~ 사랑하다. ②더할 나위 없이 아주. ¶~ 중요한 일 / 부모가 자식을 위하는 건 ~ 당연한 현상이다.
지근-거리다/-대다 동 짜타 ①은근히 귀찮게 굴다. ¶지나가는 여자에게 ~. 쎈찌근거리다. 꼰치근거리다. ②(어떤 물건을) 가볍게 자꾸 눌러 깨뜨리다. ③가볍게 자꾸 씹다. ¶칡뿌리를 ~. ④(머리가) 쑤시고 아프다. ¶열이 오르고 머리가 ~. 잭자근거리다.
지근덕-거리다/-대다 [-꺼(때)-] 동 짜타 몸시 끈덕지게 지근거리다. ¶**지근덕거리는** 남자는 아주 질색이다. 잭자근덕거리다. 쎈찌근덕거리다. 꼰치근덕거리다.
지근덕-지근덕 튀 지근덕거리는 모양. 잭자근덕자근덕. 쎈찌근덕찌근덕. 꼰치근덕치근덕. **지근덕지근덕-하다** 동 짜타
지근-지근 튀 지근거리는 모양. ¶머리가 ~ 아프다. 잭자근자근. 쎈찌근찌근. 꼰치근치근. **지근지근-하다** 동 짜타

지글-거리다/-대다 통(자) 1 적은 물이나 기름이 계속하여 소리를 내며 끓다. ¶된장찌개가 ~ / 석쇠 위의 고기가 ~. 2 걱정스럽거나 조바심이 나서 마음을 몹시 졸이다. 3 병으로 열이 몹시 높다. 좌자글거리다. 센찌글거리다.

지글-지글 튀 지글거리는 소리. 또는, 그 모양. ¶돼지고기를 ~ 볶다. 좌자글자글. 센찌글찌글. **지글지글-하다** 통(자)예.

지금¹(只今) Ⅰ 명 바로 현재. 화자(話者)가 말하는 시점을 뜻함. =시방. ¶~의 남편 / ~부터 기념식을 거행하겠습니다. Ⅱ 튀 1 바로 현재에. 또는, 현재와 연속된 바로 전에. ¶나는 ~ 몹시 피곤하다. / "너 일찍 왔구나." "아니야, 나도 ~ 왔어." 2 현재에 바로 이어진 미래에. =시방. ¶~ 갈 테니 거기 있어. / "밥은 언제 먹을래?" "~ 먹을게요."

유의어	지금 / 방금 / 금방

'지금'은 현재를 중심으로 하여 바로 전과 후, '방금'은 현재를 포함하지 않은 바로 직전, '금방'은 현재를 포함하지 않은 바로 직전과 직후를 가리킴.

지금²(地金) 명 1 제품으로 만들거나 세공하지 않은 황금. 2 합금·세공물 등의 재료가 되는 금속. 3 도금(鍍金)의 바탕이 되는 금속.

지금-거리다/-대다 통(자) 음식을 먹을 때 잔모래 따위가 자꾸 씹히다. 좌자금거리다. 센찌끔거리다.

지금-껏(只今-) [-껀] 튀 여태까지. ¶~ 그런 일은 없었다. / ~ 기다렸는데 그냥 가라고요?

지금-지금 튀 지금거리는 소리. 또는, 그 모양. 좌자금자금. 센지끔지끔. **지금지금-하다** 통(자)예.

지급¹(支給) 명 1 (주게 되어 있는 돈이나 물품을 사람에게 주는 단체에) 내주는 것. 2 [법] 채무의 변제로 금전·어음 등을 급부하는 것. **지급-하다** 통(타)예 ¶수당을 ~ / 보험금을 ~. **지급-되다** 통(자)예 ¶군복을 ~.

지급²(至急) 명 '지급 전보'의 준말.

지급ⵈ보증(支給保證) [-쯩-] 명 [법] 지급제시 기간 안에 수표가 제시될 경우, 지급인이 수표에 기재된 내용대로 지급할 것을 약속하는 행위. 준지보.

지급-액(支給額) 명 지급하는 금전의 액수.

지급ⵈ유예(支給猶豫) [-금뉴-] 명 [경] 모라토리엄.

지급-인(支給人) 명 1 금전을 지급하는 사람. 2 어음 또는 수표 금액을 치를 사람으로 환어음 및 수표에 기재되어 있는 사람.

지급ⵈ전'보(至急電報) [-쩐-] 명 특별 전보의 하나. 통상 전보보다 우선적으로 송신(送信)이 됨. ⓒ지급².

지급ⵈ준'비금(支給準備金) [-쭌-] 명 [경] 예금 지급의 준비에 충당하기 위해 시중 은행이 한국은행에 예탁하는 일정 비율의 자금. =은행 지급준비금.

지긋-지긋¹[-귿찌귿] 튀 슬그머니 자꾸 누르거나 당기거나 미는 모양. ¶풀 먹인 홑이불을 ~ 잡아당기다. **지긋지긋-하다** 형예.

지긋-지긋²[-귿찓] 튀 진저리가 날 만큼 싫고 괴로운 모양. ¶그렇다고 ~ 귀찮게 실없이 수작을 거는 것은 아니다.〈손창섭:잉여 인간〉 좌자긋자긋. **지긋지긋-하다** 형예 ¶수제비라면 이제 보기만 해도 ~. **지긋지긋-이** 튀.

지긋-하다[-그타-] 형예 나이가 비교적 많아 듬직하다. ¶나이가 지긋하신 교장 선생님. **지긋-이** 튀 ¶나이가 ~ 들어 보이다.

-지기¹ 접미 '되', '말', '섬' 등에 붙어, 그만한 분량의 곡식을 심을 수 있는 논밭의 넓이를 나타내는 말. ¶한 섬~ / 두 마~.

-지기² 접미 어떤 명사 다음에 붙어, 그 사물을 '지키는 사람'이라는 뜻을 나타내는 말. ¶문~ / 산~ / 묘~.

지기³(地氣) 명 1 대지의 정기(精氣). =토기(土氣). 2 땅의 눅눅한 기운.

지기⁴(志氣) 명 어떤 일을 이루려는 의지와 기개. =기지(氣志)·지개(志槪). ¶"젠장, 약한 놈은 이래저래 죽장나베!" 그들은 이렇게 대동야 세상에 끼어서 ~를 펴지 못하고 살아온다.〈이무영:농민〉

지기⁵(知己) 명 '지기지우(知己之友)'의 준말. ¶그는 나와 십년~이다.

지기⁶(紙器) 명 종이로 만든 그릇의 총칭. 종이컵·종이 상자 따위.

지기지우(知己之友) 명 자기의 속마음과 가치를 잘 알아주는 참다운 친구. 준지기⁵.

지껄-거리다/-대다 통(자) 자꾸 지껄이다. 좌재깔거리다.

지껄-이다 통(자) 1 약간 큰 목소리로 떠들썩하게 이야기하다. ¶아이들이 재잘재잘 지껄이고 있다. 2 '말하다'를 낮잡아 이르는 말. ¶그 여자는 터무니없는 말을 지껄여 댔다. 좌재깔이다.

지껄-지껄 튀 지껄거리는 소리. 또는, 그 모양. 좌재깔재깔. **지껄지껄-하다** 통(자)예.

지껄-하다 형예 지껄이는 소리로 시끄럽다. ¶상인들로 장터가 ~. 좌재깔하다.

지끈 튀 단단한 물건이 갑자기 깨지거나 부러지는 소리. 또는, 그 모양. 좌자끈.

지끈-거리다/-대다 통(자) 1 여러 개가 모두 지끈 소리를 내며 잇달아 부러지거나 깨지다. 2 머리·몸 등이 몹시 쑤시며 아프다. ¶더위 때문인지 머리가 지끈거린다. 좌자끈거리다.

지끈둥 튀 '지끈'을 힘있게 이르는 말. ¶기둥이 ~ 부러지다. 좌자끈둥.

지끈-지끈 튀 지끈거리는 소리. 또는, 그 모양. ¶몸살이 나서 온몸이 ~ 쑤신다. / 사업자금 때문에 머리가 ~ 아프다. 좌자끈자끈. **지끈지끈-하다** 통(자)예.

지끔-거리다/-대다 통(자) '지금거리다'의 센말. ¶싸라기로 밥을 지었더니 씹을 때마다 지끔거린다. 좌자끔거리다.

지끔-지끔 튀 '지금지금'의 센말. 좌자끔자끔. **지끔지끔-하다** 통(자)예.

지나가다 통 Ⅰ(자) 1 (어떤 때나 일정한 기간이) 시간적으로 흘러간 상태가 되다. ¶마감날짜가 ~ / 추운 겨울이 ~. 2 (사람이나 탈 것 등이) 어느 곳에 들르거나 머무르지 않고 바로 가다. ¶여기까지 왔는데 그냥 지나갈 수가 있어야죠. / 버스가 정류장에 서지 않고 지나가 버렸다. 3 (어떤 현상이) 일시적으로 나타났다가 사라지다. ¶불현듯 어떤 예감이 머릿속에 ~ / 폭풍이 지나간 다음 날 거짓말처럼 하늘이 맑았다. Ⅱ(타) (사람이나 탈것 등이 어느 곳을) 다른 곳으로 이동하기 위해 거쳐서 가다. ¶가게 앞을 ~ / 산길을 ~.

지나가는 말로 쾡 꼭 말을 해야겠다는 의식이나 상대방이 들어야 한다는 전제 없이 다른 말을 하는 결에. ¶~ 결혼 이야기를 슬쩍 비치다.

지나다 통 ① 자 1 (어떤 때나 일정한 기간이) 시간적으로 이미 흐른 상태가 되다. ®넘다·경과하다. ¶봄이 지나고 여름이 오다 / 약속 시간이 훨씬 지나서야 그가 나타났다. 2 ('…에 지나지 않다'의 꼴로 쓰여) 어떤 대상이 조사 '에' 앞에 오는 대상의 특성이나 범위에서 벗어나지 않음을 강조할 때 쓰이는 말. ¶네가 무슨 이유를 갖다 대어도 그건 변명에 지나지 않는다. / 아무리 큰소리를 쳐도 그는 일개 말단 공무원에 지나지 않는다. ② 타 (사람이나 탈것 등이 어느 곳을) 다른 곳으로 이동하기 위해 거치다. ®통과하다. ¶지나는 길에 잠시 들렀습니다. / 기차가 한강 철교를 지나고 있다.

지나-다니다 통 자 지나서 오고 가고 하다. ¶나는 하루에도 몇 번씩 그 집 앞을 지나다닌다.

지나-새나 및 해가 지거나 밤이 새거나. 곧, 밤낮없이. ¶~ 자식 생각을 하시는 어머니의 마음.

지나-오다 통 타 1 (사람이나 탈것 등이 어느 곳을) 거쳐서 오다. ¶숲을 ~. 2 (사람이나 탈것 등이 어느 곳을) 들르거나 머무르지 않고 바로 오다. ¶눈 딱 감고 술집 앞을 ~ / 버스 안에서 조는 바람에 두 정거장을 지나왔다. 3 세월의 흐름 속에서 겪어 오다. ¶지나온 고난의 세월 / 지나온 이야기를 하자면 길다.

지나치다 Ⅰ 통 타 1 (어떤 곳을) 머무르거나 들르지 않고 지나다. ¶버스 안에서 졸다가 내려야 할 정류장을 지나쳐 버렸다. 2 문제 삼거나 관심을 가지지 않고 그냥 넘기다. ¶이 사건은 지나쳐 버릴 수 없는 몇 가지 중요한 문제점을 내포하고 있다. Ⅱ 형 일정한 한도나 기준을 넘어서 있다. ¶지나친 농담 / 옷이 지나치게 크다.

지난¹(至難) →지난-하다 형 여 지극히 어렵다. ®심난(甚難)하다. ¶남북의 통일 문제는 우리 민족이 해결해야 할 지난한 과제이다.

지난² 이번 바로 앞의. ¶~ 시간 / ~ 주말. ▷지난.

지난-가을 명 지난해의 가을. =객추(客秋)·거추(去秋)·작추(昨秋).

지난-겨울 명 지난해의 겨울. =객동(客冬)·거동(去冬)·구동(舊冬)·작동(昨冬).

지난-날 명 살아오거나 겪어 오거나 지나온 과거의 날. =과일(過日). ¶~의 추억 / ~의 회고하다 / ~이 그리워지다.

지난-달 명 이달의 바로 앞의 달. =객월(客月)·거월(去月)·작월(昨月)·전달·전월(前月).

지난-밤 명 어젯밤을 바로 가깝게 이르는 말. =간밤.

지난-번(-番) 명 지나간 차례나 때. =과반(過般)·거반·거번·지번(往者)·전번·전자(前者)·전차·향일. ¶먼젓번·선차·저번·접때. ¶~ 모임에서 결정된 사항 / ~에 부탁한 거 잊지 마.

지난-봄 명 지난해의 봄. =객춘(客春)·거춘(去春)·작춘(昨春).

지난-여름[-녀-] 명 지난해의 여름. =객하(客夏)·거하(去夏)·작하(昨夏).

지난-주(-週) 명 이 주의 바로 앞의 주(週). =거주(去週)·작주(昨週)·전주(前週).

지난-해 명 이해의 바로 앞의 해. =객년(客年)·전년·거년(去年)·거세(去歲)·객세(客歲)·상년(上年)·석년(昔年)·작년·전해. ×간해.

지날-결[-껼] 명 지나는 길이나 편. ¶~에 언뜻 보다.

지남-음(-音) 명 [음] 음악의 가락 중 화성적으로 중요하지 않은 음이나 장식음. =경과음(經過音).

지남-철(指南鐵) 명 [물] 1 =자석(磁石). 2 =지침(磁針).

지남-침(指南針) 명 1 [물] =자침(磁針). 2 자침으로 늘 남북을 가리키도록 만든 기구. =나침.

지:내다 통 ① 자 1 (사람이 일정한 곳에서) 어떤 상황 속에서, 또는 어떤 상태로 나날을 보내며 살아가다. ®생활하다. ¶시골에서 농사를 지으며 걱정 없이 지낸다. / 그간 어떻게 지내셨습니까? 2 (사람이 다른 사람과) 어떤 관계를 가지면서 살아가다. ¶상호는 영수와 친하게 지낸다. ② 타 1 (사람이 일정한 기간이나 동안을) 어떤 상황 속에서 또는 어떤 상태로 살거나 지내게 하다. ®보내다. ¶하루를 즐겁게 ~ / 그는 아내와 사별한 뒤로 10년을 혼자 지냈다. 2 (주로 과거형으로 쓰여) (사람이 사회적으로 상당히 높은 지위나 직책 등을) 인생의 한 시기에 맡아서 누리거나 겪다. ®역임하다. ¶그분은 수년 전에 장관을 지냈다. 3 (장례나 제사나 혼례와 같은 의식을) 일정한 절차에 따라 치르다. ¶장사(葬事)를 ~ / 가족들이 모여 제사를 ~. 4 (명절이나 특별한 생일 등을) 뜻있는 날로 행사나 잔치를 마련하여 보내다. ¶고향에서 설을 ~ / 한 달 전에 아버님 환갑을 지냈다.

지:내-듣다[-따] 통 ㄷ <-들으니, -들어> (무슨 말이나 소리를) 주의하지 않고 예사롭게 흘려듣다. =넘겨듣다. ¶잠결에 ~.

지-내력(地耐力) 명 어떤 목적으로 쓰이는 토지가 그 용도에 견디는 정도.

지:내-보다 통 자 1 서로 사귀어 겪어 보다. 또는, 어떤 일을 겪어 보다. 2 어떤 사물을 그저 건성으로 보다.

지네 명 [동] 절지동물 순각류 중 그리마를 제외한 것의 총칭. 몸은 가늘고 길며 여러 체절로 이루어졌는데, 각 체절마다 1쌍의 걷는다리가 있음. 썩은 나무 밑이나 돌 밑 등의 축축한 땅에서 살며, 독즙을 내어 작은 벌레를 잡아먹음. 한약재로 씀. =오공(蜈蚣)·토충(土蟲).

지-노(紙-) 명 종이로 꼰 노끈. =빔지·지승(紙繩) ¶~를 꼬다 / ~로 묶다.

지노귀(-鬼) 명 [민] '지노귀새남'의 준말.

지노귀-새남(-鬼-) 명 [민] 죽은 사람의 넋이 극락(極樂)으로 가도록 하는 굿. ®새남·지노귀.

지놈(genome) 명 [생] '게놈(Genom)'의 잘못.

지느러미 명 [동] 어류나 물에 사는 포유류가 몸의 균형을 유지하고 헤엄을 치는 데에 쓰는 기관. 등과 배·가슴·꼬리 등에 붙어 있음.

지능(知能) 명 새로운 사물 현상에 부딪쳐 그 의미를 이해하고 처리 방법을 알아내는 지적 활동의 능력. ¶~이 발달하다 / ~이 낮다 / ~을 계발하다.

지능¨검사(知能檢査) 명 지능의 수준을 재는 검사. 지능 지수로 나타냄.

지능-범(知能犯) [명][법] 사기·위조·횡령 등 머리를 써서 교묘한 수법으로 범하는 죄. 또는, 그 범인. ¶～의 수법.

지능-적(知能的) [관][명] **1** 지능의 작용에 의한 (것). ¶～으로 아직 미개한 원시인. **2** 좋지 않은 일을 이루기 위해 생각을 빈틈없이 치밀하게 한 상태에 있는 (것). ¶～으로 범행을 저지르다.

지능^지수(知能指數) [명][교] 지능의 척도의 하나. 지능 검사의 결과로 얻은 정신 연령을 생활 연령으로 나눈 다음 100을 곱한 수임. 평균값을 100으로 보고 90～110은 보통, 그 이상은 지적 발달이 앞선 것, 그 이하는 뒤진 것을 나타냄. =아이큐(IQ). ¶～가 높다.

지능-화(知能化) [명] **1** (어떤 대상이) 지능을 가진 상태로 되는 것. **2** (좋지 않은 일이) 지능적으로 꾀해지는 상태로 되는 것. **지능화-하다** [동][자][여] ¶범죄가 고도로 **지능화하고** 포악해지다. **지능화-되다** [동][자]

지니다 [동][타] **1** (사람이 어떤 물건을 옷 속과 같이 몸 가까운 데에) 일정한 동안 죽 가지다. [비]간직하다. ¶돈을 몸에 ～ / 그는 어머니의 사진을 늘 몸에 **지니고** 다닌다. **2** (어떤 생각이나 마음의 작용을) 마음속에 일정한 동안 죽 가지다. ¶가슴속에 아름다운 추억을 ～. **3** 《사람이나 대상이 어떤 성품이나 특성이나 버릇 등을》 됨됨이나 현상이나 사실로서 죽 가지다. ¶착한 심성을 **지닌** 여자 / 그 낱말은 여러 가지 의미를 **지니고** 있다. **4** (사람이 책임이나 사명 등을) 자기의 직책이나 역할로서 죽 가지다. ¶교사는 학생을 올바로 가르칠 책임을 **지니고** 있다.

지다[1] [동][자] **1** (식물의 꽃이나 잎이) 시들거나 말라서 가지에서 떨어지는 상태가 되다. ¶꽃이 ～ / 낙엽이 ～ / 모란이 **지고** 말면 그뿐 내 한 해는 다 가고 말아.《김영랑:모란이 피기까지는》 **2** (해나 달이나 별이) 서쪽 수평선이나 지평선 부근에 가까이 간 상태가 되거나 그곳을 넘어가 보이지 않게 되다. ¶해가 서산에 **지고** 있다. ↔뜨다. **3** (천에 묻거나 물든 때나 얼룩이) 물에 씻기거나 약품으로 빠져 없어지다. ¶찌든 때라서 빨아도 잘 **지지** 않는다. **4** 태아가 배 속에서 죽다. **5** ➡숨지다.

지다[2] [동] [1][자] **1** (어떤 현상이나 상태가) 생기거나 이루어지거나 나타나다. ¶그늘이 **진** 숲 속 / 옷에 얼룩이 ～ / 허기가 ～ / 눈가에 주름이 ～. **2** (젖이) 불어서 저절로 흘러나오다. [2][보조] **1** 《동사의 어미 '-아/어/여' 아래에 쓰여》 그 동사를 피동의 뜻을 가지게 만들거나 그 동사의 동작이 저절로 이루어지는 뜻을 가지게 만드는 말. 정서법상 앞에 오는 동사와 붙여 쓰게 되어 있음. ¶접시가 깨어～ / 둘로 나누어～. **2** 《형용사의 어미 '-아/어/여' 아래에 쓰여》 형용사를 변화 과정을 나타내는 자동사로 만드는 말. ¶얼굴이 예뻐～ / 사이가 좋아～.

지다[3] [동][자] **1** (사람이나 동물이 다른 사람이나 동물에게) 싸움·경기·경쟁·내기 등에서 눌리거나 뒤떨어진 상태가 되다. [비]패하다·패배하다. ¶재판에 ～ / 내기에 ～ / 축구 시합 결승전에서 우리 팀이 4 대 3으로 **졌다**. ↔이기다. ×계오다. **2** (상대의 강한 고집이나 주장이나 입심 등에) 더 버티지 못하고 상대의 뜻에 따르거나 상대가 옳다고 인정하게 되다. ¶부모가 자식의 고집에 ～ / 아이고, **졌다 졌어**. 도저히 말로는 널 못 당하겠다.

지다[4] [동][타] **1** (사람이나 동물이 물건을) 옮기기 위해 등에 얹다. ¶짐을 등에 ～ / 당나귀가 소금 가마니를 등에 **지고** 간다. **2** (사람이 해나 바람 등을) 등 쪽에 둔 자세가 되다. [비]등지다. ¶해를 **지고** 걷다. ↔안다. **3** (남에게 빚을) 갚아야 할 대상으로 가지다. ¶은행에 빚을 ～. **4** (책임 등을) 자기의 몫으로 가지다. ¶아이의 잘못에 대해 부모가 책임을 ～. **5** (남에게 신세를) 부담이 되게 끼치다. ¶친구에게 신세를 많이 ～.

지다[5] [형][보조] 《용언의 어미 '-고' 밑에 '지고'의 꼴로 쓰여》 하고자 하는 욕망의 뜻을 표시하는 말. 예스러운 문어체에 쓰임. ¶양친 부모 모셔다가 천 년 만 년 살고 **지고**. / 어히 내스랑 살고 **지고**.(옛시조)

-지다[6] [접미] 일부 명사나 자립성이 약한 명사성 또는 동사성 어근(語根)의 밑에 붙어, 앞에 오는 말의 속성을 가진 상태임을 나타내는 형용사를 만드는 말. ¶기름～ / 살～ / 멋～ / 그늘～ / 값～ / 외～ / 건방～ / 야무～.

지¦다위 [명] **1** 남에게 등을 대고 의지하거나 떼를 쓰는 짓. **2** 자기의 허물을 남에게 덮어씌우는 짓. **지¦다위-하다** [동][타][여] ¶제가 저 빠져 죽은 걸 누구에게 **지다위할까**? 좀 쥐어박혔다고 죽어서야 종 부려 먹을 사람 없게?《이해조:빈상설》

지단([중]鷄蛋) [명] 〔'달걀'의 뜻〕 고명으로 쓰기 위하여 달걀을 풀어서 번철에 얇게 부친 음식. 또는, 그것을 잘게 썬 고명. [비]알고명·알반대기. ¶～을 부치다 / ～을 국수에 얹다.

지당[1](池塘) [명] =못[3].

지당[2](至當) ➡**지당-하다** [형][여] 이치에 맞고 지극히 당연하다. ¶**지당한** 처사 / "아랫사람이 잘못을 할 때에는 따끔하게 나무라야 하지 않겠소?" "백번 **지당하신** 말씀입니다." **지당-히** [부]

지대[1](支隊) [명][군] 본대에서 갈라져 나가 있는 작은 부대. ↔본대.

지대[2](地代) [명][법] =지료(地料). ¶현물(現物) ～ / 화폐 ～.

지대[3](地帶) [명] 어떤 특징에 따라 주위와 구별되는, 일정한 범위의 땅. ¶공장 ～ / 평야 ～ / 완충 ～ / 밀림 ～ / 공업 ～.

지대[4](址臺) [명][건] 건물의 밑바닥과 그 둘레를 마당보다 높아지게 돌을 에워싸고 그 안쪽에 흙을 메운 부분.

지대[5](至大) ➡**지대-하다** [형][여] 더없이 크다. ¶**지대한** 영향 / **지대한** 관심을 표명하다.

지-대공(地對空) [명] 지상에서 공중으로 향함. ↔공대지.

지대공^유도탄(地對空誘導彈) [명][군] 지상 또는 함상(艦上)에서 공중에 있는 목표를 공격하는 방공용 유도탄.

지-대지(地對地) [명] 지상에서 지상으로 향함. ¶～ 미사일.

지대지^유도탄(地對地誘導彈) [명][군] 지상 또는 해상에서 발사하여 지상 또는 해상의 표적을 공격하는 유도탄.

지-더리다 [형] 행동이나 성질이 지나치게 더럽고 야비하다.

지덕[1](至德) [명] 지극한 덕.

지덕[2](地德) [명] 집터의 운이 틔고 복이 들어오는 기운. ¶～을 입다.

지덕(이) 사납다 [구] 땅이 걸어 다니기에 험하다.

지덕³(知德) 지식과 덕성. ¶~을 겸비하다 / ~을 갖추다.

지덕체(智德體) 〔교〕 지육(智育)과 덕육(德育)과 체육(體育)을 아울러 이르는 말.

지도(地圖) 〔지〕 지구 표면의 일부 또는 전체의 상태를 일정한 비로 줄여서 평면 위에 나타낸 그림. (비)여지도. ¶세계~/작전~/5만분의 1 ~/~를 보고 목적지를 찾아가다.
  지도를 그리다 〔구〕 잠자리에서 오줌을 싸 이부자리를 적시다.

지도²(指導) 〔사람을, 또는 사람에게 어떤 대상을〕 어떤 목적이나 방향으로 가르쳐 이끌어 가는 것. ¶학습~/생활~/~를 받다 / 스승의 ~에 따르다. **지도-하다** 〔동〕〔타〕〔여〕 ¶학생들에게 수학을~. **지도-되다** 〔동〕〔여〕

지도-급(指導級) [-끕] 〔명〕 지도를 할 만한 수준이나 계급. ¶사회~인사.

지도-력(指導力) 〔명〕 지도하는 능력. ¶강한 ~/~을 발휘하다.

지도-부(指導部) 〔명〕 어떤 단체를 이끌어 나가는 고위 간부의 총칭. ¶당~/노조~/~의 무능을 성토하다.

지도-서(指導書) 〔명〕 학교에서 교육을 위하여 사용되는 교사용의 주된 교재. ¶교사용~.

지도-자(指導者) 〔명〕 지도하는 사람.

지도-적(指導的) 〔관〕〔명〕 남을 지도할 만한 (것). ¶~입장.

지도-층(指導層) 〔명〕 지도적인 위치에 있는 계층.

지독(至毒) →**지독-하다** [-도카-] 〔형〕〔여〕 더할 나위 없이 독하거나 심하다. ¶지독한 냄새/**지독한** 감기/**지독한** 구두쇠. **지독-히** 〔부〕 ¶날씨가~ 덥다/고추가~ 맵다.

지독-스럽다(至毒-) [-쓰-따] 〔형〕〔비〕〈-스러우니, -스러워〉 지독한 데가 있다. **지독스레** 〔부〕

지독지정(舐犢之情) [-찌-] 〔명〕 〔'어미 소가 송아지를 핥아 주는 정'이라는 뜻〕 자녀에 대한 어버이의 지극한 정. =지독지애.

지동-설(地動說) 〔명〕 지구는 자전하면서 다른 행성과 마찬가지로 태양의 주위를 공전한다는 설. ↔천동설(天動說).

지동지서¹(之東之西) 〔명〕 줏대가 없이 이리저리 갈팡질팡함. **지동지서-하다** 〔동〕〔자〕〔여〕

지동지서²(指東指西) 〔동〕 〔동쪽을 가리키기도 하고 서쪽을 가리키기도 한다는 뜻〕 근본에는 손을 못 대고 딴 것을 가지고 이러쿵저러쿵함. **지동지서-하다²** 〔동〕〔자〕〔여〕

지둔(遲鈍) →**지둔-하다** 〔형〕〔여〕 굼뜨고 미련하다.

지등(紙燈) 〔명〕 종이로 만든 등.

지디아이(GDI) 〔명〕 [gross domestic income] 〔경〕 =국내 총소득.

지디피(GDP) 〔명〕 [gross domestic product] 〔경〕 =국내 총생산.

지딱-거리다/-대다 [-꺼-] 〔동〕〔타〕 1 서둘러서 마구 설거지를 하다. 2 함부로 자꾸 들부수어 못 쓰게 만들다.

지딱-지딱 [-찌-] 〔부〕 지딱거리는 모양. **지딱지딱-하다** 〔동〕〔타〕〔여〕

지-딱총(紙-銃) 〔명〕 '딱총'의 잘못.

지라 〔명〕 〔생〕 위(胃)의 왼쪽에 있는 림프계 기관. 적혈구의 저류(貯留). 오래된 적혈구의 파괴, 림프구의 생산 등의 일을 함. =비장(脾臟).

지락(至樂) 〔명〕 지극한 즐거움.

지란지교(芝蘭之交) 〔명〕 〔'지초와 난초의 사귐'이라는 뜻〕 벗 사이의 맑고도 높은 사귐.

지랄 〔명〕 1 마구 법석을 떨거나 분별없이 하는 행동을 욕으로 이르는 말. (작)재랄. 2 '지랄병'의 준말. **지랄-하다** 〔동〕〔자〕〔여〕

지랄-병(-病) [-뼝] 〔명〕 '간질(癎疾)'을 속되게 이르는 말. (준)지랄.

지략(智略) 〔명〕 슬기로운 계략. (비)지모(智謀). ¶~가 / ~이 뛰어난 장수.

지렁이 〔명〕〔동〕 환형동물 빈모강(貧毛綱)의 총칭. 몸은 가늘고 긴 원통형이며 많은 체절로 이루어져 있음. 흙이나 낙엽 부식토에서 살며 그 속의 식물질을 양분으로 함. 한방에서 약재로 쓰이며, 낚싯밥으로도 많이 씀. =구인(蚯蚓)·지룡자·토룡(土龍).
  [지렁이도 밟으면 꿈틀한다] 아무리 약하고 보잘것없는 사람도 지나치게 업신여기면 반항한다.

지레¹ 〔명〕 =지렛대.

지레² 〔부〕 어떤 시기가 되기 전에 미리. ¶~놀라 도망을 가다.

지레-목 〔명〕 산줄기가 끊어진 곳.

지레-질 〔명〕 지렛대로 물건을 움직여 옮기는 짓. **지레질-하다** 〔동〕〔타〕〔여〕

지레-짐작(-斟酌) 〔명〕 미리 넘겨짚는 짐작. ¶~으로 알아맞히다. **지레짐작-하다** 〔동〕〔자〕〔여〕

지렛-대 [-래때/-랟때] 〔명〕 한쪽 끝을 무거운 물건 밑에 넣고 받침을 댄 다음, 반대쪽을 눌러서 그 물건을 움직이는 긴 막대기. 작은 힘을 큰 힘으로 바꾸어 주는 구실을 함. =지레·레버.

지렛-목 [-렌-] 〔명〕 =받침점.

지력¹(地力) 〔명〕 농작물을 길러 낼 수 있는 땅의 힘. =토력(土力). ¶퇴비를 넣어 논의 ~을 높이다.

지력²(知力) 〔명〕 지식의 힘.

지력³(智力) 〔명〕 사물을 헤아리는 능력.

지력⁴(地靈) 〔명〕 토지의 정령(精靈).

지령¹(指令) 〔명〕 1 =지휘명령. 2 단체 등에서, 상부로부터 하부 또는 소속원에 대하여 은밀히 내려지는 활동 방침에 대한 명령. ¶암살~/~을 받다/~이 떨어지다. **지령-하다** 〔동〕〔타〕〔여〕

지령³(紙齡) 〔명〕 〔'신문의 나이'라는 뜻〕 신문이 어느 시점에까지 발행된 호수(號數)를 이르는 말. ¶~ 1만 호 기념 특집.

지령⁴(誌齡) 〔명〕 〔'잡지의 나이'라는 뜻〕 잡지가 어느 시점에까지 발행된 호수(號數)를 이르는 말. (비)통권(通卷).

지로¹(支路) 〔명〕 큰길에서 갈라져 나간 작은 길.

지로²(giro) 〔명〕〔경〕 공간적으로 떨어져 있는 개인이나 단체 간에 돈을 주고받을 일이 있을 때, 지급인이 수취인의 은행 예금 계좌에 돈을 넣음으로써 신속하게 송금이 이루어지게 하는 방법.

지록위마(指鹿爲馬) 〔명〕 〔진(秦)나라의 조고(趙高)가 자신의 권세를 시험해 보고자 황제에게 사슴을 가리키며 말이라고 한 고사에서〕 1 윗사람을 농락하여 권세를 마음대로 휘두르는 것. 2 모순된 것을 끝까지 우겨 남을 속이려는 것.

지론¹(至論) 〔명〕 사리가 꼭 맞는 이론.

지론²(持論) 〔명〕 어떤 사람이 신념이나 소신으로 늘 가지고 있는 생각이나 이론. =지설(持說). ¶예의 ~을 펴다 / 절대 권력은 절대 부패한다는 것이 그의 ~이다.
지뢰¹(地雷) [-뢰/-뤠] 명 [군] 적을 살상하거나 차량·건물 따위를 파괴할 목적으로 땅속에 묻는 폭약. ¶대전차 ~/~를 밟다 /~가 터지다 / ~를 매설하다.
지뢰²(地籟) [-뢰/-뤠] 명 땅이 울리는 갖가지 소리. ▷천뢰.
지뢰-밭(地雷-) [-뢰받/-뤠받] 명 지뢰가 여기저기 묻혀 있는 지대.
지료(地料) 명 [법] 남의 토지를 이용하는 사람이, 대가로 토지 소유자에게 치르는 금전이나 그 밖의 물건. =지대(地代).
지루¹(地壘) 명 [지] 평행한 단층 사이에 있는 땅덩이가 융기하여 생긴 고지.
지루²(脂漏) 명 [의] 피지선의 분비 과다 증상.
지루³(遲漏) 명 성교할 때 남자가 성기를 삽입하고 나서 사정(射精)에 이르기까지 지나치게 시간이 오래 걸리는 상태. ↔조루.
지루-하다 형여 (어떤 일이나 대상이) 변화 없이 같은 상태로 오래 계속되어 싫증이 나는 상태에 있다. 비따분하다. ¶지루한 나날 / 줄거리가 **지루한** 소설. ×지리(支離)하다. **지루-히** 부
지류(支流) 명 1 강의 원줄기로 흘러 들어가거나 갈려 나온 물줄기. ¶낙동강의 ~. ↔본류(本流). 2 분파(分派).
지르다¹ 동태 <지르니, 질러> 1 (길이를 가진 물체를) 다른 물체의 가운데를 지나 걸치도록 꽂거나, 공간의 한쪽과 다른 쪽 사이에 막거나 넣거나 끼우다. ¶머리에 비녀를 ~ / 대문에 빗장을 ~. 2 (몸이나 물체를) 주먹이나 발을 세게 내뻗어 맞게 하다. ¶주먹으로 가슴을 ~ / 발로 공을 힘을 주어 ~. 3 (어떤 길이나 장소를) 돌거나 하지 않고 목적한 곳에 곧바로 이를 수 있게 움직이다. ¶운동장을 한가운데로 **질러서** 가다. 4 (불을) 붙여 쉽게 끄기 어려울 만큼 상당히 크게 일으키다. 비놓다. ¶집에 불을 ~. 5 (식물의 겉순 따위를) 자라지 못하도록 미리 자르다. ¶순을 ~ / 곁가지를 ~. 6 (힘찬 기세를) 눌러서 막다. ¶예기(銳氣)를 ~. 7 (말이나 행동을) 미리 잘라서 막다. ¶눈치를 채고 말을 ~. 8 도박이나 내기에서, (돈을) 내놓아 걸다. ¶판돈을 ~. 9 (술이나 약에) 다른 약을 섞거나 타다. ¶감기약에 해열제를 ~. 10 그림에서, 짙은 빛으로 옅은 빛의 옆을 칠하여, 그 옅은 빛이 더 두드러지게 하다.
지르다² 동태 <지르니, 질러> (사람이 소리를) 목구멍을 통해 크고 세게 내다. ¶소리를 ~ / 비명을 ~ / 고함을 ~.
지르르 부 물기·윤기·기름기 따위가 번드럽게 흐르는 모양. ¶윤기가 ~ 흐르는 머리털 / 쌀밥에 기름기가 ~ 흐르다. 센자르르. **지르르-하다** 형여
지르박(←⑨ジルパ) 명 [<jitterbug] 1930년대 후반부터 미국에서 유행된, 4/4박자의 속도가 빠른 사교춤의 한 가지. =지터버그.
지르-밟다 [-밥따] 타 내리눌러 밟다.
지르-잡다 [-따] 동태 옷 따위에 더러운 것이 묻었을 때, 그 부분만을 걷어쥐고 빨다.
지르코늄(zirconium) 명 [화] 은백색의 단단한 금속 원소. 원소 기호 Zr, 원자 번호 40, 원자량 91.22. 원자로 재료·합금 재료 등에 쓰임.
지르콘(zircon) 명 [광] 지르코늄의 규산염 광물. 무색·황색·갈색·담홍색 등을 나타내며, 다이아몬드 광택이 있음. 아름다운 것은 보석으로 씀.
지르퉁-하다 형여 (태도나 표정이) 못마땅하고 잔뜩 성이 나서 말이 없는 상태에 있다. **지르퉁-히** 부
지름(徑) 수 원이나 구의 중심을 지나서 그 둘레 위의 두 점을 직선으로 이은 선분. 구용어는 직경(直徑).
지름-길 [-낄] 명 1 질러서 가는 길. ¶~로 가다. 2 가장 쉽고 빠른 방법을 비유적으로 이르는 말. =첩경(捷徑)·첩로(捷路). ¶성공의 ~ / 공부에 ~은 없다.
지름-시조(-時調) 명 [문] 시조창(時調唱)에서 경조(京調)의 한 가지. 초장은 처음부터 높은 소리로 질러 부르고, 중장·종장은 평시조와 같음.
지릅-뜨다 태 <-뜨니, ~떠> (눈을) 고개를 약간 수그리거나 틀거나 하면서 노려보듯 치올려 뜨거나 부릅뜨다. ¶뒷전에서 조용하던 고가 고개를 거우듬하게 꼬고 눈을 **지릅뜨며** 뻣뻣이 말했다. 《이문구: 으악새 우는 사연》
지리¹(地利) 명 1 땅의 생긴 모양의 이로움. 2 땅의 산물로부터 얻는 이익. 3 토지로부터 얻는 이익.
지리²(地理) 명 1 어떤 곳의 지형이나 길 위의 형편. ¶~에 밝다[어둡다] / 이 지방은 초행이라서 ~를 전혀 모른다. 2 지구 상의 기후·생물·산·강·도시·교통·주민·산업 등의 상태. 3 '지리학'의 준말. 4 [민] '풍수지리'의 준말.
지리³ ⑨ちり 명 복어나 대구 등의 생선을 야채를 넣고 말갛게 끓인 국. 순화어는 '맑은탕'. ¶복 ~ / 대구 ~.
지리-구(地理區) 명 [지] 지리적 특색에 의한 지역 구분.
지리다¹ 동태 (똥이나 오줌을) 참지 못하거나 조금 싸다. ¶아이가 노는 데 정신이 팔려 오줌을 **지렸다**.
지리다² 형 오줌 냄새와 같거나 그런 맛이 있다.
지리-멸렬(支離滅裂) 명 갈가리 찢기고 마구 흩어져 갈피를 잡을 수 없음. **지리멸렬-하다** 동자여 ¶문장이 ~. **지리멸렬-되다** 동자
지리-부도(地理附圖) 명 지리 교과의 부교재가 되는 지도 책.
지리-적(地理的) 관명 지리에 관한 (것). 또는, 지리상의 문제에 관계되는 (것). ¶~ 여건 / ~으로는 가깝다.
지리-하다(支離-) 형여 '지루하다'의 잘못.
지리-학(地理學) 명 지구 표면에서의 모든 현상을 인간과 자연의 상호 작용을 통하여 지역적으로 연구하는 학문. 준지리.
지린-내 명 오줌에서 나는 것과 같은 냄새.
-지마는 어미 앞의 말을 인정하면서 그에 반대되는 내용을 말하거나 조건을 붙여 말할 때에 쓰이는 연결 어미. ¶잘한 일이~ 자랑할 일은 아니다. / 몸은 늙었~ 마음은 젊다. 준-지만.
-지만 어미 '-지마는'의 준말. ¶어렵게 살~ 그늘이 없다. ×-지만서도.
-지만서도 어미 '-지만'의 잘못.
지망(志望) 명 뜻하여 바라는 것. 또는, 그 뜻. ¶~생 / ~자 / ~에 따라 학과를 배정하다. **지망-하다** 동자여 ¶교사를 ~ / 국문과에 ~.
지망-지망 부 1 경박하고 조심성이 없이 설

치는 모양. ¶어리석고 둔하여 무슨 일에나 소홀한 모양. **지망지망-하다** 혱여 **지망지망-히** 튀 ¶상궁 마나님께서 촉노될 줄은 미처 생각지 못하고 말을 ~ 했소이다. 용서합시요.《홍명희:임꺽정》

지맥¹(支脈) 몡 1 원줄기에서 갈라져 나간 줄기. 2 [식] 주맥(主脈)에서 좌우로 뻗어 나간 잎맥.

지맥²(地脈) 몡 1 [지] 지층이 이어진 맥락. 2 풍수지리설에서, 땅속의 정기가 순환한다는 줄. =토맥(土脈). ¶~이 끊기다.

지맥³(遲脈) 몡[한] 정상보다 느리게 뛰는 맥. 동맥 경화증에서 볼 수 있음.

지면¹(地面) 몡 땅의 표면. 비땅바닥·지상(地上). ¶울퉁불퉁한 ~을 평평하게 고르다.

지면²(知面) 몡 1 처음 만나서 서로 알게 되는 것. 2 보아서 알 만한 안면. 또는, 만나서 알 만한 사이. ¶~이 있다. **지면-하다** 胚여 ¶나는 그와 **지면한** 뒤에 아까 정차에서는 여러 가지로 고마웠노라고 치사를 하였다.《정비석:색지 풍경》

지면³(紙面) 몡 1 종이의 표면. ¶~이 매끄럽다. 2 기사나 글이 인쇄되어 있는 종이의 면. 또는, 그 기사. ¶제한된 ~ / ~을 많이 차지하다 / ~을 통해 알게 되다.

지면⁴(誌面) 몡 잡지에서 글이 실리는 종이의 면. ¶~을 늘리다.

지명¹(地名) 몡 마을이나 산천, 지역 등의 이름.

지명²(知名) 몡 이름이 널리 알려져 있는 것. ¶~인사. **지명-하다**¹ 혱

지명³(知命) 몡 1 천명(天命)을 아는 것. 2 50세의 별칭. **지명-하다**² 胚 천명을 알다.

지명⁴(指名) 몡 1 (어떤 대상의 사람을) 이름을 누구라고 말하여 지적하거나 가리키는 것. 2 (어떤 사람을 중요한 자격의 사람으로, 또는 중요한 자격의 사람을 어떤 자격으로) 공식적으로 추천하거나 제의하는 것. **지명-하다**³ 图印 ¶그를 노벨상 후보자로 **지명-되다** 图胚 ¶대통령 후보로 ~.

지명⁵(指命) 몡 지정하여 명령하는 것. **지명-하다**⁴ 图印

지명-권(指名權) [-꿘] 몡 자기가 생각하는 사람을 지명할 수 있는 권한.

지명-도(知名度) 몡 세상에 그 이름이 알려진 정도. ¶~가 높은 상품.

지명^수배(指名手配) 몡[법] 범인이나 피의자의 이름을 밝혀 수배함. ¶~자(者) / 살인범을 ~하다 / 전국에 ~가 된 인물.

지명^타:자(指名打者) 몡[체] 프로 야구 등에서, 투수의 대타로서 타순에 넣은 타격 전문의 선수. 공격 때만 시합에 참가함.

지모¹(地貌) 몡[지] 땅 표면의 생김새. 고저·기복·비탈 등의 상태를 이름.

지모²(智謀) 몡 슬기로운 꾀. 비지략(智略). ¶~가 뛰어나다.

지목¹(地目) 몡 토지의 주된 용도에 의한 구분. 논·밭·택지·염전·산림·목장·묘지 따위.

지목²(指目) 몡 (사람·사물 등을 어떤 존재로서, 또는 어떤 존재라고, 또는 어떠하다고) 꼭 짚어서 가리키는 것. **지목-하다** 图印 ¶그녀를 부녀회장 후보로 ~ / 경찰이 그를 범인이라고 ~. **지목-되다** 图胚 ¶용의자로 ~.

지묘(至妙) → **지묘-하다** 혱여 아주 묘하다.

지묵(紙墨) 몡 종이와 먹.

지문¹(地文) 몡 1 [문] 희곡에서, 무대 설명이나 인물의 동작·표정, 음향 효과나 조명 등을 지시한, 대사 이외의 글. 소설에서, 묘사·설명 등의 서술로 이뤄지는, 등장인물의 대화 부분을 제외한 글. =바탕글. 2 국어·영어, 또는 언어 영역 등의 시험 문제에서, 어떤 문제를 내기 위하여 앞서 제시하는 다소 긴 글.

지문²(指紋) 몡 사람이나 원숭이의 손가락 끝 안쪽에 이루어진 살갗의 무늬. 또는, 그것을 찍은 흔적. 사람마다 다르며 평생 변하지 않아 범죄 수사에 중요한 단서가 됨. =손가락무늬. ¶~을 찍다 / 범인의 ~을 채취하다.

지물¹(地物) 몡 1 땅 위에 존재하는 천연 또는 인공의 모든 물체. 수목·가옥·하천 따위. 2 [군] 전쟁이나 전투를 할 때 몸을 숨기기에 알맞은, 나무나 건물 등의 물체.

지물²(紙物) 몡 종이의 총칭. =지속(紙屬).

지물-포(紙物鋪) 몡 온갖 종이를 파는 가게. =지전(紙廛).

지미(至美) → **지미-하다** 혱여 지극히 아름답다.

지밀¹(至密) 몡[역] 1 임금이나 왕비가 평상시에 거처하는 곳. 2 대궐 안 각 궁의 침실.

지밀²(至密) → **지밀-하다** 혱여 아주 은밀하거나 비밀스럽다.

지밀-나인(至密-) [-라-] 몡[역] 궁중의 지밀에서 임금과 왕비를 모시는 궁녀.

지반(地盤) 몡 1 땅의 표면. 비지각(地殼). 2 [건] 공작물 따위를 설치하는 기초가 되는 땅. 3 기초나 근거가 될 만한 바탕. ¶활동 ~ / 정치적 ~ / ~을 다지다. 4 성공한 지위 또는 장소.

지방¹(地方) 몡 1 어느 방면의 땅. ¶남부 ~ / 서울 ~. 2 서울 이외의 지역. ¶~ 도시 / ~ 단체.

지방²(脂肪) 몡 지방산과 글리세린의 에스테르 중 상온에서 고체인 것. 생물체에 함유되며, 동물에서는 피하·근육·간 등에 저장되며 에너지원이 됨. =굳기름.

지방³(紙榜) 몡 종이로 만든 신주(神主).

지방-간(脂肪肝) 몡[의] 간에 중성 지방이 비정상적으로 축적된 상태. 과음·영양 과다·당뇨병 등에서 볼 수 있음.

지방^검:찰청(地方檢察廳) 몡[법] 각 지방의 지방 법원에 대응하여 설치된 검찰청. 준지검(地檢).

지방^경:찰청(地方警察廳) 몡 경찰청의 사무를 지역적으로 분담·수행하게 하기 위해 서울특별시장·광역시장 및 도지사 소속하에 둔 기관. 1991년 '경찰국'이 바뀐 이름.

지방^공무원(地方公務員) 몡[법] 지방 자치 단체의 공무에 종사하는 사람. ▷국가 공무원.

지방-관(地方官) 몡[역] 주(州)·부(府)·군(郡)·현(縣)의 행정 책임을 맡는 으뜸 벼슬. =태수.

지방-도(地方道) 몡 도지사가 관리하는 도로. 지방의 간선 도로망을 이름. =이등 도로. ↔국도(國道).

지방^법원(地方法院) 몡[법] 민사 및 형사 소송을 처리하는 제1심의 법원. 단독 판사가 심판권을 행하며, 합의 심판을 요할 때는 판사 3인으로 구성된 합의부에서 행함. 광역시와 도청 소재지에 하나씩 설치되어 있음. 준지법(地法).

지방^분권(地方分權) [-꿘] 몡[정] 통치 권

지방-산(脂肪酸) 명[화] 탄소 원자가 사슬 모양으로 연결된 카르복시산의 총칭. 포화 지방산과 불포화 지방산으로 분류됨. 포름산·아세트산·아크릴산 따위.

지방-색(地方色) 명 1 그 지방의 특색. 비향토색. 2 타지방 사람들을 배척·비난하는 파벌적인 색채. ¶~을 드러내다.

지방^선거(地方選擧) 명[법] 지방 자치법에 따라 지방 의회 의원 및 지방 자치 단체장을 선출하는 선거.

지방-세(地方稅) [-쎄] 명[법] 지방 자치 단체가 그 주민에게 부과하는 세금. ↔국세.

지방-시(地方時) 명[지] 어떤 지방에서 그 지점을 통과하는 자오선을 기준으로 하여 정한 시간. =국소시(局所時). ↔표준시.

지방^은행(地方銀行) 명[경] 지방에 본점을 두고 그 지방을 주요한 영업 기반으로 하는 일반 은행. ▷시중 은행.

지방^의회(地方議會) [-회/-훼] 명[정] 지방 자치 단체의 의결 기관. 기초 의회와 광역 의회로 구별됨.

지방^자치(地方自治) 명 일정한 지역의 주민이 스스로 선출한 기관을 통해서 그 지방의 고유한 행정과 사무를 자율적으로 처리하는 일.

지방^자치^단체(地方自治團體) 명[정] 국가의 통치권 밑에서 그 나라의 영토의 일부를 구역으로 하여, 그 구역 내에서만 인정하는 범위 내에서 지배권을 소유하는 단체. 광역 자치 단체와 기초 자치 단체로 구별됨. =지방 공공 단체.

지방^자치^제도(地方自治制度) 명[정] 지방 자치를 행정의 방법으로 하는 제도. =자치제·자치 제도.

지방^장관(地方長官) 명 지방 관청의 장(長). 우리나라에서는 특별시장·광역시장·도지사 등을 이름.

지방-지(地方紙) 명 특정 지방에 본사를 두고 그 지방 주민을 대상으로 하여 발행하는 신문. ↔중앙지.

지방-질(脂肪質) 명 1 성분이 지방으로 된 물질. 2 지방분이 많은 체질.

지방-채(地方債) 명[법] 지방 자치 단체가 세입의 부족을 보충하기 위해 발행하는 채권. ▷지방 채권.

지방-판(地方版) 명 중앙의 신문사가 지방 독자를 위하여 그 지방에 관한 기사를 싣는 신문 지면.

지방-풍(地方風) 명[기상] =국지풍.

지방^행정(地方行政) 명 지방 자치 단체 또는 지방 행정 기관이 행하는 행정.

지방^흡입술(脂肪吸入術) [-쑬] 명[의] 배·허벅지·종아리 등의 특정 부위의 지방을 기계로 흡입하여 제거하는 의술. 비만 치료나 미용의 한 방법으로 이용됨.

지배(支配) 명 1 (다른 사람이나 집단, 사물 등을) 자기의 의사대로 복종시켜 다스리는 것. 2 외부의 요인이 사람의 생각이나 행동을 규정하고 속박하는 것. **지배-하다** 통[타]⑩ ¶세계를 무력으로 ~. / 유교는 조선 사회를 **지배한** 사상이다. **지배-되다** 통짜 ¶감정에 ~.

지배²(紙背) 명 1 종이의 뒷면. 2 문장의 내면에 포함된 뜻. ¶안광(眼光)이 ~를 철(徹)하다.

지배^계급(支配階級) [-계-/-게-] 명 정치·경제·사회적으로 실권을 쥐고 다른 계급을 지배하는 계급.

지배-권(支配權) [-꿘] 명[법] 목적물을 직접 지배할 수 있는 권리. 물권·무체 재산권 따위.

지배-인(支配人) 명 주인을 대신하여 영업에 관한 일체의 업무를 관리하는 권한을 가진 최고 책임자. ¶호텔 ~.

지배-자(支配者) 명 지배하는 사람.

지배-적(支配的) 관[명] 지배하는 상태에 있는 (것). ¶~ 위치에 있는 사람 / 가지 말자는 의견이 ~이다.

지배-층(支配層) 명 어떤 사회의 지배 계급에 속하는 계층.

지벅-거리다/-대다 [-꺼(때)-] 통짜 길이 험하거나 어두워서 서투르게 휘청거리며 걷다. 센지뻑거리다·찌뻑거리다.

지벅-지벅 [-찌-] 부 지벅거리는 모양. 센지뻑지뻑·찌뻑찌뻑. **지벅지벅-하다** 통짜여

지번(地番) 명 토지의 일정한 구획을 표시한 번호.

지벌¹(-罰) 명[민] 신불(神佛)에게 거슬리는 일을 저질러 당하는 벌. ¶~을 입다.

지벌²(地閥) 명 지위와 문벌.

지범-거리다/-대다 통[타] (음식물 등을) 체면도 없이 이것저것 자꾸 집어 거두거나 먹다.

지범-지범 부 지범거리는 모양. **지범지범-하다** 통[타]여

지법(地法) 명[법] '지방 법원'의 준말.

지변¹(支辨) 명 빚을 갚기 위하여 돈이나 물건을 내주는 것. **지변-하다** 통[타]여

지변²(地變) 명[지] 땅의 변동. 지각의 운동, 화산의 분화, 지진, 해일 따위.

지병(持病) 명 오랫동안 낫지 않아 몸에 지녀 온 병. =고질(痼疾). ¶~으로 고생하다 / ~이 도지다.

지부(支部) 명 본부(本部)의 관리 아래 본부와 분리되어 그 지역의 사무를 취급하는 곳. ¶~장(長). ↔본부.

지부럭-거리다/-대다 [-꺼(때)-] 통짜[타] 객적은 말이나 행동으로 남을 자꾸 귀찮게 하다. 센자부락거리다.

지부럭-지부럭 [-찌-] 부 지부럭거리는 모양. 센자부락자부락. **지부럭지부럭-하다** 통짜[타]여

지부티(Djibouti) 명[지] 아프리카 북동부의 아덴 만(Aden灣) 기슭에 있는 공화국. 수도는 지부티.

지분¹(持分) 명 1 비용·주(株) 등에 관해, 전체 가운데 각자가 맡는 몫. 2 공유 재산이나 권리에 관해 자신이 소유 또는 행사하는 비율.

지분²(脂粉) 명 연지와 백분.

지분-거리다/-대다 통짜[타] 1 짓궂은 말이나 행동으로 자꾸 남을 건드려 귀찮게 하다. ¶사내들이 부녀자를 ~. 2 음식에 잔모래 따위가 섞여 자꾸 씹히다.

지분-지분 부 지분거리는 모양. ¶동생을 ~ 못살게 굴다. 센자분자분. **지분지분-하다** 통짜[타]여 ¶밥에 모래가 ~ / 지나가는 여자한테 ~.

지불(支拂) 명 (물건 값이나 셈해야 할 돈을) 치르는 것. **지불-하다** 통[타]여 ¶월부 책값을 ~. **지불-되다** 통짜

지붕 명 눈·비 등을 막기 위하여 집의 맨 꼭대

기 부분에 씌우는, 경사진 구조의 덮개. 때로, '옥상'을 포함하는 뜻으로 쓰이기도 함. =옥개(屋蓋). ¶기와(초가)~.

지-뼘 엄지손가락과 집게손가락을 완전히 펴서 벌렸을 때의 거리. ▷뼘·장뼘·쥐뼘.

지사¹(支社) 圀 본사에서 갈려 나가, 본사의 감독 아래 그 지역의 업무를 처리하는 곳.

지사²(地史) [지] 지구의 형성과 발달·변천에 관한 역사.

지사³(地師) 圀[민] =지관(地官)².

지사⁴(志士) 圀 국가·사회를 위하여 제 몸을 바쳐 일하려는 드높은 뜻을 가진 사람. ¶애국~.

지사⁵(知事) 圀 '도지사(道知事)'의 준말.

지사⁶(指事) 圀 육서(六書)의 하나. 사물의 추상적인 개념을 본떠 만든 글자. 上·下·一·二·三·凹·凸 따위.

지사-장(支社長) 圀 지사의 사무를 주관하는 사람.

지사-제(止瀉劑) 圀[약] =설사약1.

지상¹(地上) 圀 1 지면이나 지표를 기준으로 하여 그 위. ¶~ 10층의 건물. ↔지하. 2 공중이나 수중에 상대하여, 땅 위. ¶국제 센터. 3 신의 세계나 우주 등에 상대하여, 인간이 살고 있는 세계. ¶~ 최대의 쇼 / ~ 낙원.

지상²(至上) 圀 ('지상', '지상의'의 꼴로 일부 명사 앞에 쓰여) 더할 수 없이 중요하거나 절실하거나 두드러진 상태. 囲최상. ¶~ 과제 / ~의 목표.

지상³(紙上) 圀 신문의 지면 위. ¶합격자가 신문 ~에 발표되다.

지상-군(地上軍) 圀[군] 지상에서 전투하는 군대. 주로 육군을 가리키나, 해병대를 포함할 때도 있다.

지상-권(地上權) [-꿘] 圀[법] 물권의 하나. 남의 토지에서 공작물 또는 수목(樹木)을 소유하기 위하여 그 토지를 사용하는 권리를 이름.

지상^식물(地上植物) [-씽-] 圀[식] 겨울눈의 위치가 지상 30cm 이상인 곳에 있는 식물. 교목·관목·착생 식물이 이에 속함. =정공식물.

지상-신(至上神) 圀 영원하고 무한한 신령. 곧, 인간 신들 중에서 최고의 존재. 그리스의 제우스, 인도의 범(梵), 크리스트교의 여호와 따위. =최고신.

지상^천국(地上天國) 圀[종] 천도교 등에서, 극락세계를 하늘 위에다 구하지 않고 사람이 사는 이 땅 위에다 세워야 한다는 영육 쌍전(靈肉雙全)의 이상적 세계. =지상 낙원.

지상파^방^송(地上波放送) 圀[방송] =공중파 방송.

지상-풍(地上風) 圀[기상] 지상 관측점에서 관측하는 바람. 지역적인 차이를 피하기 위하여 대체로 평원이나 어느 정도의 높이를 가진 곳에서 측정함.

지새는-달 圀 먼동이 튼 뒤 서쪽 하늘에 보이는 달. 또는, 음력 보름 무렵의 달.

지-새다 동 ①재 달이 지면서 밤이 새다. ¶밤이 지새도록 책을 읽다. ②타 '지새우다'의 잘못.

지-새우다 동(타) (밤을) 고스란히 새우다. ¶밤을 뜬눈으로 ~. ×지새다.

지서(支署) 圀 본서에서 갈려 나와 본서의 감독 아래 그 지역의 일을 맡아보는 관서(官署). 흔히, '경찰 지서'를 이름.

지석¹(支石) 圀[고고] =받침돌2.

지석²(誌石) 圀 죽은 사람의 이름·생몰 연월일·행적 및 무덤의 좌향(坐向) 등을 적어 무덤 앞에 묻는 돌.

지석-묘(支石墓) [-썽-] 圀[고고] =고인돌.

지선¹(支線) 圀 1 철도·수로 따위의 본선(本線)에서 갈려 나간 선. ↔간선(幹線)·본선. 2 전선의 장력·바람 따위에 전봇대가 넘어가는 것을 막기 위하여, 전봇대에 매어 땅 위로 비스듬히 기울게 잡아맨 줄.

지선²(至善) 圀 더할 수 없이 착한 것. **지선-하다** 圐여.

지성¹(至誠) 圀 지극한 정성. ¶부모를 ~으로 공양하다.

[**지성이면 감천**(感天)] 어떤 일을 정성껏 하면 좋은 결과를 맺는다는 말.

지성²(知性) 圀 1 교양과 지식을 풍부하게 갖추고 있는 상태. 또는, 지적인 특성. ¶~과 감성을 겸비한 젊은이. 2 지각(知覺)된 것을 정리·통일하여 새로운 인식을 낳게 하는 정신의 기능. 넓게는 지각·직관·오성(悟性) 따위의 지적(知的) 능력의 총칭.

지성-껏(至誠-) [-껃] 閉 온갖 정성을 다하여. ¶시부모를 ~ 모시다.

지성-스럽다(至誠-) [-따] 囷ᄇ <~스러우니, ~스러워> 지극히 정성스러운 데가 있다. **지성스레** 閉

지성-인(知性人) 圀 풍부한 교양과 건전한 양식(良識)을 갖춘 사람.

지성-적(知性的) 圀 지성에 관한 (것). 또는, 지성과 같은 (것). ¶그녀는 쉽게 감정에 흔들리지 않는 매우 ~인 여자이다.

지세¹(地貰) 圀 땅을 빌려 쓰는 값으로 내는 세. =땅세.

지세²(地稅) 圀[법] 토지에 대한 조세(租稅).

지세³(地勢) 圀 =지형(地形)¹.

지소(支所) 圀 본소에서 갈려 나와 본소의 감독 아래 그 지역의 업무를 처리하는 곳.

지소-사(指小辭) 圀[언] 어떤 말에 덧붙어 원래의 뜻보다 더 작은 개념이나 친애의 정 등을 나타내는 접사. 또는, 그렇게 하여 파생된 말.

지속(持續) 圀 1 어떤 상태가 끊이지 않고 계속되는 것. 또는 계속하는 것. ¶~성(性). **지속-하다** 동(타)여 ¶관계를 ~ / 경제 성장을 ~. **지속-되다** 동(자) ¶냉전이 ~ / 약효가 24시간 ~.

지속-음(持續音) 圀[언] 같은 상태로 오래 기운을 낼 수 있는 비음(鼻音)이나 마찰음. 준속음.

지속-적(持續的) [-쩍] 圀圀 오래 계속되는 (것). ¶환경에 대한 ~ 관심이 요망된다.

지손(支孫) 圀 지파(支派)의 자손. ↔종손.

지수¹(指數) 圀 1 [수] 어떤 수나 문자의 오른쪽 위에 쓰는 거듭제곱을 나타내는 문자나 숫자. =먹지수. 2 [경] 가격이나 수량 등의 변동을 알기 위해, 기준 시점의 값을 100으로 하여 나타낸 비교 시점의 값. ¶물가 ~ / 생산 ~.

지수²(祗受) 圀 임금이 내려 주는 물건을 공경하여 받는 것. **지수-하다** 동(타)여.

지수^방정식(指數方程式) 圀[수] 어떠한 항의 지수에 미지수가 들어 있는 방정식.

지수^법칙(指數法則) 圀 1 [수] 같은 문자 또는 수의 거듭제곱의 곱셈과 나눗셈을 지수의 덧셈과 뺄셈으로 셈할 수 있는 법칙. 2 [물] 물리량(物理量)의 성장이나 감소에 관계하는 법칙.

지순¹(至純) →**지순-하다¹** 형여 지극히 순결하다. ¶지순한 시골 처녀/지순한 사랑.

지순²(至醇) →**지순-하다²** 형여 지극히 순하다.

지스러기 명 고르고 남은 찌꺼기나 부스러기. 또는, 마름질하거나 에어 내고 난 나머지. ¶~만 남다.

지시(指示) 명 1 (어떤 대상을) 가리켜 보이는 것. ¶목표 ~. 2 (어떤 일을 누구에게) 일러서 시키는 것. ¶~ 사항 / ~에 따르다. 3 [법] 증권상의 기재에 의하여 어떤 사람을 권리자로 지정하는 일. ¶~ 증권. **지시-하다** 동타여 부하 직원에게 사무 처리를 ~. **지시-되다** 동자

지시^관형사(指示冠形詞) 명[언] 특정한 대상을 한정하여 가리키는 관형사. '이', '저', '그' 따위. =가리킴 매김씨. ▷성상 관형사.

지시^대:명사(指示代名詞) 명[언] 어떤 사물이나 처소 등을 가리키는 대명사. '그', '이것', '어디', '무엇' 따위. =가리킴 대이름씨·사물 대명사.

지시^부:사(指示副詞) 명[언] 시간 또는 장소를 가리켜 한정하거나, 앞 이야기에 나온 사실을 가리키는 부사. '이리', '여기', '오늘', '아까' 따위. =가리킴 어찌씨. ▷성상 부사.

지시-약(指示藥) 명[화] 용량 분석에서, 적정의 당량점(當量點)을 판별하거나 수소 이온 농도의 판정 등에 쓰이는 시약의 총칭.

지시엠(G.C.M.) 명 [greatest common measure] [수] =최대 공약수¹.

지시^형용사(指示形容詞) 명[언] 사물의 성질·수량·상태 등이 어떠하다는 것을 형식적으로 가리켜 나타내는 형용사. '그러하다', '어떠하다', '아무러하다' 따위. =가리킴 그림씨. ▷성상 형용사.

지식¹(止息) 명 진행되어 오던 일이나 병세 등이 잠시 그치는 것. ¶여새는 얼마쯤 떨다가 이내 ~이 되었으나 그 이마에는 식은땀이 방울방울 맺히었다.《현진건:적도》 **지식-하다** 동자여 **지식-되다** 동자

지식²(知識) 명 1 어떤 대상을 연구하거나 배우거나 또는 실천을 통해 얻은 명확한 인식이나 이해. ¶~을 쌓다 / ~을 얻다. 2 알고 있는 내용이나 사물. ¶기초 ~도 없다 / 전문적인 ~. 3 [철] 인식에 의하여 얻어진 성과.

지식^계급(知識階級) [-꼐-/-께-] 명[사] =인텔리겐치아.

지식^산:업(知識産業) [-싼-] 명 지식을 생산하여 유통시키는 것에 관계하는 산업의 총칭. 교육·연구 개발·커뮤니케이션 매체·정보 기기·정보 서비스 따위.

지식-욕(知識慾) [-싱뇩] 명 지식을 추구하는 욕망.

지식-인(知識人) 명 고도의 지식을 바탕으로 사회 현상을 분석·탐구하고 비판하는 일을 하는 사람.

지식-층(知識層) 명 지식인의 계층. 또는, 지적 노동을 직업으로 하는 계층.

지신(地神) 명 땅을 다스리는 신령. =천신.

지신-밟기(地神-) [-밥끼] 명[민] 음력 정초에 지신을 진압함으로써 악귀와 잡신을 물리치고 마을의 안녕과 가정의 다복을 축원하는 마을 행사. 마을 사람들이 농악대를 앞세우고 집집을 돌며 연중 무사하기를 빌면, 집주인은 술이나 돈으로 이들을 대접함. 현재는 영남 지방에 많이 남아 있음. =마당밟이.

지심(地心) 명[지] 지구의 중심. =지핵.

지싯-거리다/-대다 [-싣꺼(때)-] 동재 남의 기분은 아랑곳하지 않고 자기가 좋아하는 것만 짓궂게 자꾸 요구하다.

지싯-지싯 [-싣싣] 튀 지싯거리는 모양. "사람이 숫되스럽지 않어, 가래도 가지 않고 눌어붙어 가지고 그예."《홍명희:임꺽정》 **지싯지싯-하다** 동재여

지아비 명 '남편'을 예스럽게 이르는 말. 현대 국어에서는 별로 쓰이지 않으며, 특히 구어(口語)에서는 그 쓰임이 매우 제한적임. 웃어른 앞에서 지칭할 때에는 낮추는 뜻이 있음. ¶옛날 아낙네는 ~를 하늘처럼 받들며 살았다. / 저는 나이 스물에 ~를 잃고 평생을 혼자 살아왔습니다. ↔지어미.

지아이(G.I.) 명 [Government Issue] 미국의 징모병(徵募兵) 또는 사병의 속칭.

지악(至惡) →**지악-하다** [-아카-] 형여 1 마음씨가 몹시 모질다. 2 일에 덤벼드는 것이 악착스럽다.

지악-스럽다(至惡-) [-쓰-따] 형비 <~스러우니, ~스러워> 지악한 데가 있다. ¶사위 박 서방도 게으른 사람이라면 마주 앉기도 꺼려 하는 지악스런 사내였다.《이문구:그때는 옛날》 **지악스레** 튀

지압¹(地壓) 명 땅속의 물체가 그 상호 간 또는 그것과 접촉하는 다른 물체에 미치는 압력.

지압²(指壓) 명 질병의 치료나 건강의 유지·증진 등을 위해 손가락 끝이나 손바닥 등으로 몸 표면의 일정 부위를 누르는 일. **지압-하다** 동타여

지양(止揚) 명[철] 변증법상의 주요 개념. 어떤 것을 그 자체로는 부정하면서 도리어 한층 더 높은 단계에서 이것을 긍정하여 살려 가는 일. 또는, 모순되는 여러 요소를 대립과 투쟁의 과정을 통하여 발전적으로 통일하는 일. =양기(揚棄). **지양-하다** 동타여

지어-내다 [-어-/-여-] 동타 없는 사실을 있는 것같이 만들거나 꾸며 내다. ¶거짓말을 ~/ 지어낸 이야기야.

지어-농조(池魚籠鳥) 명[`못 속의 고기나 새장 속의 새'라는 뜻] 자유롭지 못함을 이르는 말.

지어-땡 명 '짓고땡¹'의 잘못.

지어-땡이 명 '짓고땡¹'의 잘못.

지어-먹다 [-어-따/-여-따] 동타 마음을 다잡아 가지다.

지어미 명 '아내'를 예스럽게 이르는 말. 현대 국어에서는 별로 쓰이지 않으며, 특히 구어(口語)에서는 그 쓰임이 매우 제한적임. 웃어른 앞에서 지칭할 때에는 낮추는 뜻이 있음. ¶많은 여자들은 그 자신의 삶을 살지 못하고 아이의 어머니, 한 남자의 ~로서 살아간다. ↔지아비.

지언(至言) 명 지극히 당연한 말.

지엄(至嚴) →**지엄-하다** 형여 매우 엄하다. =절엄하다. ¶지엄한 분부. **지엄-히** 튀

지에-밥 명 약밥·인절미를 만들거나 술밑으로 쓰려고 찹쌀 또는 멥쌀 등을 물에 불려 시루에 찐 밥. ⓒ제밥·지에. ×고두밥.

지엔아이(GNI) 명 [gross national income] [경] =국민 총소득.

지엔피(GNP) 명 [gross national product]

● 지역

[경]=국민 총생산.
지역(地域) 몡 1 구획된 어느 범위의 토지. 2 정치·경제·문화상에서, 일정한 특징을 가진 공간의 영역. 전체 사회의 일부를 구성함.
지역-감정(地域感情) [-깜-] 몡 어느 지역민이 다른 지역민에 대해 편견을 가지고 미워하거나 멀리하는 심리 경향. ¶영남과 호남 간의 ~의 뿌리 깊은 ~.
지역-구(地域區) [-꾸] 몡 [법] 구·시·군 따위 일정한 지역을 한 단위로 하여 설정된 선거구. ↔전국구(全國區).
지역-권(地役權) [-꿘] 몡 [법] 다른 사람의 토지를 자기 토지의 수익을 위해 이용하는 권리.
지역-난방(地域暖房) [-영-] 몡 중앙난방 기관에서 한 지역 내의 여러 건물에 온수나 증기를 보내는 방식의 난방.
지역^대표제(地域代表制) [-때-] 몡 [정] 지역구에서 선출된 대표자를 의원으로 하여 의회에 보내는 제도. ↔직능 대표제.
지역^방어(地域防禦) [-빵-] 몡 [체] 구기 종목에서, 중요한 지역을 미리 나누어 맡은 선수가 책임을 지는 방어법. =존 디펜스. ↔대인 방어.
지역^사회(地域社會) [-싸회/-싸훼] 몡 [사] 일정한 지역 안에 성립되어 있는 생활 공동체.
지역^이기주의(地域利己主義) [-의/-이] 몡 [사] 다른 지역의 사정은 돌아보지 않고 자기 지역의 이익만 추구하려는 태도나 입장.
지역-적(地域的) [-쩍] 관몡 지역에 속하거나 지역과 관계있는 (것). ¶~ 특성에 맞는 농업 정책.
지연¹(地緣) 몡 같은 지역 출신자끼리 서로 끌어 주고 밀어주는 끈끈한 관계나 인연. ¶혈연과 ~에 이끌린 정실 인사. ▷학연.
지연²(紙鳶) 몡 '연(鳶)²'.
지연³(遲延) 몡 시간을 늦추거나 또는 시간이 늦추어지는 것. **지연-하다** 통탸여 ¶출발 시간을 ~. **지연-되다** 통여 ¶~이 ~.
지열(地熱) 몡[지] 1 지구 내부에 있는 고유한 열. 땅 밑으로 내려갈수록 점점 뜨거워짐. 2 햇볕을 받아 땅 표면에서 나는 열.
지엽(枝葉) 몡 1 식물의 가지와 잎. 2 본질적이지 않고 부차적인 부분.
지엽-적(枝葉的) [-쩍] 관몡 본질적인 것이 아니고 부차적인 (것). ¶~인 문제.
지오이드(geoid) 몡[지] 지구의 중력 방향에 수직하고, 평균 해수면과 일치하는 곡면. 해발 고도의 기준면이 됨.
지옥(地獄) 몡 1 [불] 이 세상에서 악한 일을 한 사람이 죽어서 간다고 하는 세계. =나락(奈落). ¶~에 떨어지다. ↔극락(極樂). 2 [가][기] 큰 죄를 지은 채 용서받지 못하는 죽은 사람의 영혼이 영원히 벌을 받는다고 하는 곳. ↔천국. 3 아주 괴롭거나 더없이 참담한 환경 또는 형편을 비유하여 일컫는 말. ¶생~ / 입시~ / 교통~.
지옥-살이(地獄-) [-쌀-] 몡 고통스럽고 참담한 환경 속에서 사는 생활. **지옥살이-하다** 통자여
지옥-철(地獄鐵) 몡 출퇴근 시간대에 만원을 이루어 발 디딜 틈도 없게 된 지하철을 지옥에 빗대어 이르는 말.
지온(地溫) 몡 땅거죽이나 땅속의 온도.
-지요¹ 어미 종결 어미 '-지'에 높임을 나타내는 보조사 '요'가 결합한 말. ¶먹~ / 하~ / 함께 가시~. 준-죠.
지-요²(地-) 몡 관(棺) 안에 까는 요.
지용(智勇) 몡 지혜와 용기.
지용-성(脂溶性) [-씽] 몡[화] 어떤 물질이 기름에 용해되는 성질. ↔수용성(水溶性).
지용성^비타민(脂溶性vitamin) [-씽-] 몡 유지(油脂)에 녹는 성질을 가진 비타민. 발육·생식 기능 등 생체 유지에 필수적이며, 체내에 축적이 가능함. 비타민 A·D·E·F·K·U 따위. ▷수용성 비타민.
지우¹(知友) 몡 서로 마음이 통하는 친한 벗. (비)지음(知音).
지우²(知遇) 몡 남이 자신의 인격이나 재능을 알아서 잘 대접하는 것. **지우-하다** 통탸여
지우-개 몡 1 연필로 쓴 글씨나 그림 등을 문질러서 지우는, 고무로 된 물건. =고무·고무지우개. 2 잘못 쓴 글씨를 ~로 깨끗이 지우다. 3 칠판이나 화이트보드 등에 쓴 글씨를 문질러 지우는 물건.
지-우금(至于今) 閂 예로부터 지금에 이르기까지. ≒지우금일(至于今日). 준지금.
지우다¹ 통탸 (종이나 칠판이나 기타의 곳에 쓰거나 그리거나 묻은 글씨·그림·흔적 따위를) 지우개나 천 따위로 문지르거나 닦아 보이지 않게 하다. 또는, (종이로 쓴 글씨 따위를) 흰 물감으로 칠하여 보이지 않게 하거나, 필기도구로 끄적거리거나 줄을 그어 알아볼 수 없게 만들거나 없는 것이 되게 하다. ¶잘못 쓴 글씨를 고무지우개로 ~ / 방바닥에 묻은 얼룩을 걸레로 ~ / 편지를 써 내려가다가 줄을 그어 **지우고** 그 밑에 다시 쓰다. 2 (생각이나 기억 등을) 의식적으로 없애거나 잊다. ¶나는 그 여자와의 추억을 머릿속에서 **지워** 버렸다.
지-우다² 통탸 '지다'⁴의 사동사. ¶배 속의 아이를 ~.
지-우다³ 통탸 '지다'¹¹의 사동사. ¶나무가 창에 그늘을 ~ / 노인이 눈가에 주름을 ~.
지-우다⁴ 통탸 1 '지다'¹·³·⁴의 사동사. ¶짐을 ~ / 빚을 ~ / 책임을 ~. 2 (오라나 포승 따위를) 몸에 감아서 묶다. ¶죄인에게 오라를 ~.
지-우산(紙雨傘) 몡 대오리로 만든 살에 기름 먹인 종이를 발라 만든 우산. =종이우산.
지원¹(支院) 몡 지방 법원·가정 법원 등의 관할하에 있으면서 일정한 지역에 따로 떨어져 그곳의 법원 사무를 맡아 처리하는 곳. ▷분원.
지원²(支援) 몡 (어떤 사람이나 단체, 또는 일을) 심적·물질적으로, 또는 행동으로 도와주는 것. 또는, (돈이나 물자 등을) 도움이 될 수 있도록 보태어 주는 것. ¶우리도 ~을 아끼지 않겠으니 열심히 해 보시오. **지원-하다**¹ 통탸여 ¶정부는 벤처 기업에 자금을 **지원하겠다**고 약속했다.
지원³(志願) 몡 바라서 원하는 것. ¶~ 입대. **지원-하다** 통탸여
지원-군(志願軍) 몡 지원하여 출동한 군대.
지원-극통(至冤極痛) 몡 지극히 원통함. **지원극통-하다** 통여
지원-금(支援金) 몡 어떤 사람이나 단체 등이 어떤 일을 하는 데 도움을 주기 위해 주는 돈.
지원-병(志願兵) 몡[군] 의무나 고용에 의하지 않고 현역(現役)을 지원하여 복무하는

병사. =자원병(自願兵).
지원-서(志願書) [명] 어떤 일이나 조직에 지원하여 내는 서류. ¶입사 ~를 내다.
지원-자(志願者) [명] 어떤 일을 하기를 지원하는 사람. ¶4명의 사원을 뽑는데 1000명의 ~가 몰렸다.
지월(至月) [명] =동짓달.
지위¹ [명] '목수(木手)'의 높임말.
지위²(地位) [명] 어떤 사람이 가지는 사회적 신분이나 계급이나 위치. ¶높은〔낮은〕 ~ / 여성의 ~를 향상시키다.
지위³ ➜**지위(가) 지다** [구] **1** 신병으로 몸이 쇠약해지다. **2** 낭비로 살림이 어려워지다.
지육¹(脂肉) [명] 기름기와 살코기.
지육²(智育) [명] 지능의 개발과 지식의 함양을 목적으로 하는 교육. ▷체육·덕육.
지은(地銀) [명] 순도가 90%인 은을 이르는 말.
지은-이 [명] 글을 지은 사람. [비]작자(作者)·저작자(著作者).
지음(知音) [명] **1** 음악의 곡조를 잘 아는 것. **2** 새나 짐승의 소리를 가려 잘 알아듣는 것. **3** 〔거문고의 명인 백아(伯牙)가, 자기의 거문고 소리를 잘 이해해 준 친구 종자기(鍾子期)가 죽은 후, 그 소리를 아는 자가 없다 하여 거문고의 줄을 끊어 버렸다는 고사에서〕 마음이 서로 통하는 친한 벗. [비]지우(知友). ¶그는 스승 석담 선생의 몇 안 되는 ~의 하나였을 뿐만 아니라….《이문열:금시조》 **지음-하다** [동][자][여]
지읒[-읃] [명][언] 한글 자음 'ㅈ'의 이름(2117쪽 '한글 자모' 참고).

[어법] 지읒이, 지읒을: [지으지], [지으즐](×)→[지으시], [지으슬](○). ▶▶ 원칙적인 발음 대신 현실 발음을 인정하여 표준 발음법에 규정화한 것임(발16).

지의-류(地衣類)[-의-/-이-] [명][식] 균류(菌類)와 조류(藻類)가 공동체를 이룬 식물 무리. 균류는 조류를 싸서 보호하고 수분을 공급하며, 조류는 동화 작용에 의한 양분을 균류에 공급하며 공생(共生)함. =지의식물(地衣植物).
지이다 ➜-어지이다.
지인¹(至人) [명] 지극히 덕(德)이 높은 사람.
지인²(知人) [명] 서로 알고 지내는 사람. ¶그는 어려움에 처했을 때 ~들의 도움으로 재기할 수 있었다.
지인지감(知人之鑑) [명] 사람을 잘 알아보는 식견(識見).
지입(持入) [명] 자기 차를 가지고 운수 회사에 들어가서 일을 하는 것. ¶~제 / ~ 차량. [참고]'持込(もちこみ)'은 일본 한자어로서 순화어는 '가지고 들어감, 가지고 들어옴'임. **지입-하다** [동][자][여]
지자¹(知者) [명] 지식이 많고 사리에 밝은 사람.
지자²(智者) [명] 슬기로운 사람.
지-자기(地磁氣) [명][물] =지구 자기.
지자-요수(智者樂水) [명] 슬기로운 사람은 사리에 밝아 막힘이 없는 것이 흐르는 물과 같아서 늘 물을 가까이해 즐김.
지자체(地自體) [명] '지방 자치 단체'의 준말.
지장¹(支障) [명] 일을 하는 데에 거치적거려 방해가 되는 상태. [비]장애. ¶다리를 다쳐 걷는 데 ~이 있다. / 사고 차량이 도로 복판에 방치되어 교통에 ~을 주고 있다.
지장²(地漿) [명][한] =지장수.
지장³(指章) [명] 도장 대신으로 손가락의 지문(指紋)을 찍는 인(印). =무인(拇印)·손도장. ¶~을 찍다.
지장⁴(智將) [명] 지혜가 뛰어난 장수.
지장-보살(地藏菩薩) [명][불] 석가불의 부탁을 받고, 석가불이 입멸한 후부터 미륵불이 출세할 때까지, 부처 없는 세계에 머물러 있으면서 육도(六道)의 중생을 교화한다는 보살. 왼손에는 연꽃을, 오른손에는 보주를 든 모습을 하고 있음. [준]지장.
지장-수(地漿水) [명][한] 황토로 된 땅을 석 자쯤 팠을 때 그 속에 고이는 맑은 물. 해독제로 쓰임. =지장·황토수. ¶음주 후 ~를 마시면 숙취가 빨리 해소된다고 한다.
지재지삼(至再至三) [부] 두 번 세 번, 곧 여러 번.
지저-거리다/-대다 [동][자] 자꾸 지저귀다. [작]재자거리다.
지저귀 [명] 남의 일을 방해하는 행동. **지저귀-하다** [동][자][여]
지저귀다 [동][자] **1** 새 따위가 계속하여 소리를 내어 우짖다. ¶종달새 **지저귀는** 봄날. **2** 조리 없는 말을 지절거리다.
지저-깨비 [명] 나무를 다듬거나 깎을 때 생기는 잔 조각. =목찰(木札).
지저분-하다 [형][여] **1** 거칠고 어수선하여 깨끗하지 못하다. ¶방이 ~ / **지저분한** 공중변소. **2** 말이나 행실이 추잡하고 더럽다. ¶**지저분한** 행실 / 쓸데없는 말을 **지저분하게** 늘어놓다. **지저분-히** [부]
지적¹(地積) [명] 땅의 면적. 또는, 땅의 평수. ¶~ 측량 / ~을 재다.
지적²(地籍) [명] 토지의 위치·형질·소유 관계·지목(地目)·지번(地番) 등을 등록하여 놓은 기록.
지-적³(知的)[-쩍] [관][명] 지식이 있는 (것). 또는, 지식에 관한 (것). ¶~ 수준.
지적⁴(指摘) [명] **1** (어떤 대상을) 꼭 집어서 가리키는 것. **2** (잘못되거나 문제가 되는 점 등을) 꼬집어 드러내는 것. ¶~을 받다. **지적-하다** [동][타][여] ¶잘못을 ~ / 선생님은 나를 **지적하셨다**. **지적-되다** [동][자] ¶개선해야 할 점들이 ~.
지적-도(地籍圖)[-또] [명] 토지의 소재·지번(地番)·지목(地目)·면적 등을 나타내기 위하여 만든 평면 지도.
지적 소!유권(知的所有權)[-쩍-꿘][법] =지적 재산권.
지적 재산권(知的財產權)[-쩍-꿘][법] 문학·예술·과학·저작·기술 등과 같이, 인간의 지적 활동의 결과 생산되는 무형의 산물에 대한 재산권. 크게 저작권과 산업 재산권으로 대별됨. =지적 소유권.
지적-지적[-찌-] [부] 물이 점점 바닥에 잦아드는 모양. [작]자작자작. **지적지적-하다** [형][여]
지전(紙錢) [명] **1** [민] 돈 모양으로 오린 종이. 죽은 사람이 저승 가는 길에 노자(路資)로 쓰라는 뜻으로 관 속에 넣음. **2** [민] 무당이 비손할 때에 쓰는, 긴 종이 오리를 둥글둥글하게 잇대어 돈 모양으로 만든 물건. **3** =지폐(紙幣).
지-전류(地電流)[-절-] [명][물] **1** 지구 표면에 가까운 부분을 흐르는 전류. **2** 지구를 회로(回路)의 일부로 하는 전신기 등에서 전선 속을 흘러 통신에 장애를 끼치는 전류.

지절(志節) 명 지조와 절개.
지절-거리다/-대다 동 ❶ 새 따위가 자꾸 지저귀다. ¶창문 앞에서 새들이 ~. ❷ 수다스럽게 자꾸 지껄이다. 困재잘거리다.
지절-지절 튀 지절거리는 소리. 또는, 그 모양. 困재잘재잘. **지절지절-하다** 동자예 ¶그만 **지절지절하고** 내 말 좀 들어라.
지점(支店) 명 ❶ 본점(本店)에서 갈린 가게. ❷ 본점의 지휘·명령을 받으면서도 일정한 지역에서 부분적으로는 독립된 기능으로 업무를 보는 영업소. ↔본점.
지점[2](支點) 명[건] =받침점.
지점[3](地點) 명 땅 위의 어느 한 점. ¶결승~에 도착하다 / 우리 학교는 이곳에서 4길로미터 떨어진 ~에 있다.
지점-장(支店長) 명 지점의 업무를 주장하는 우두머리.
지-점토(紙粘土) 명 신문지 따위의 종이를 잘게 찢어서 물에 적신 후 풀을 섞어 점토와 같이 만든 물질. 공작·공예에 이용함. =종이찰흙.
지정[1](至情) 명 ❶ 지극히 가까운 정분. ❷ 진심에서 우러나오는 참된 정(情). ¶생각은 어미의 ~에서 흐르는 눈물을 볼 때서 역시 쓰린 눈물을 마시지 않을 수 없었다.〈박종화: 황진이의 역천〉 ❸ 아주 가까운 친척. 비지친(至親).
지정[2](指定) 명 ❶ 분명히 그렇게 가리켜 정하는 것. ❷ 관공서·학교·회사·개인 등이 어떤 것에 특정한 자격을 주는 것. ¶학교 ~ / ~ 문화재. **지정-하다** 타예 ¶날짜[장소]를 ~. **지정-되다** 동자 ¶문화재로 ~.
지정-거리다/-대다 자예 내닫아 가지 않고 조금 지체하다.
지정-곡(指定曲) 명 노래자랑이나 음악 경연 등에서, 참가자가 으레 부르거나 연주하도록 주최 측으로부터 지정받은 곡목. ↔자유곡(自由曲).
지정-다지다(地釘-) 동타 =터다지다.
지정-머리 명 종지 못한 짓거리.
지정-사(指定詞) 명[언] '이다', '아니다'를 하나의 품사로 볼 때의 이름. 최현배의 술어로, 학교 문법에서는 '이다'는 조사, '아니다'는 형용사로 분류함. =잡음씨.
지정-석(指定席) 명 주로 극장·열차·항공기·선박 등에서, 관객이나 승객에게 개별적으로 정해진 자리. ¶~에 앉아 영화를 관람하다.
지정-지정 튀 지정거리는 모양. **지정지정-하다** 동자예
지정-학(地政學) 명 국가를 유기체(有機體)로 보고, 그 정치적 발전을 지리적 조건에서 합리화하려는 이론.
지조(志操) 명 옳은 원칙과 신념을 지켜 끝까지 굽히지 않는 꿋꿋한 의지. 또는, 그러한 기개. ¶~를 지키다 / ~가 굳다.
지족(知足) 명 분수를 지켜 만족할 줄 아는 것. **지족-하다** 동자예
지존(至尊) 명 ❶ '임금'을 더없이 존귀한 존재라는 뜻에서 일컫는 말. ¶~작언으로써 ~에 직소한 것도 이 샌님의 족속…〈이희승:딸깔발이〉 ❷ 경쟁이 치열한 분야나 영역에서, 최고의 위치에 있는 사람. ¶무림(武林) ~ / 모래판의 ~.
지존(至尊) →**지존-하다** 형예 더없이 존귀하다.
지주[1](支柱) 명 ❶ 버티어 물건이 쓰러지지 않도록 하는 기둥. ❷ 정신적·사상적으로 든든히 받쳐 주는 사람을 비유적으로 이르는 말. ¶소크라테스는 서양 철학의 정신적 ~이다.
지주[2](地主) 명 ❶ 토지의 소유자. =땅임자. ¶대 ~ / ~ 계급. ❷ 소유 토지를 남에게 빌려 주고 지대(地代)를 받는 사람.
지주-근(支柱根) 명[식] 공기뿌리의 하나. 식물체의 지상부에서 나와, 땅속으로 들어가서 지상부를 버티어 주는 뿌리. 옥수수 등에서 볼 수 있음. =주근(柱根).
지주^회:사(持株會社) [-회/-훼-] 명[경] 다른 회사의 주식을 보유함으로써 그 회사를 독점적으로 지배하는 회사. =투자 회사.
지중[1](地中) 명 ❶ 땅을 뚫고 들어갔을 때의 그 속. ❷ =광중(壙中).
지중[2](持重) 명 몸가짐을 점잖고 무게 있게 하는 것. **지중-하다**[1] 동자예
지중[3](至重) →**지중-하다**[2] 형예 지극히 귀중하다. **지중-히** 튀
지중^식물(地中植物) [-싱-] 명[식] 땅속줄기·덩이뿌리 등 지하부에 해를 넘기는 겨울눈을 가지고 있는 식물. 토란, 백합과 식물 따위.
지중^온도계(地中溫度計) [-계/-개] 명 땅속의 온도를 재는 데 쓰는 온도계.
지중-해(地中海) 명[지] 대륙과 대륙 사이에 끼인 바다. 북극해·홍해 등.
지중해성^기후(地中海性氣候) [-썽-] 명[지] 지중해 지방으로 대표되는 온대 기후의 하나. 여름에는 비가 적고 고온·건조하며, 겨울에는 비가 많고 온난·다습하여 지내기 좋음.
지지[1] 〈유아〉 더러운 것.
지지[2](支持) 명 ❶ 붙들어서 버티는 것. 또는, 부지하여 지니는 것. ❷ 개인이나 단체 등의 주의·정책 등에 찬동하여 도와서 힘을 쓰는 것. 또는 그 원조. ¶유권자의 ~를 받다. **지지-하다**[1] 타예 ¶후보자 중 누구를 **지지하시오**?
지지[3](地支) 명 육십갑자의 아래 단위를 이루는 요소. 곧, 자(子)·축(丑)·인(寅)·묘(卯)·진(辰)·사(巳)·오(午)·미(未)·신(申)·유(酉)·술(戌)·해(亥).
지지[4](地誌) 명 어떤 지역의 자연·사회·문화 등의 지리적 현상을 분류·연구·기록한 것.
지지[5](遲遲) →**지지-하다**[2] 형예 몹시 더디다.
지지-난:번 명 지난번의 바로 그 전. ¶~ 여름에 일어났던 일.
지지난-달 명 지난달의 바로 전달. =거거월(去去月)·전전달·전전월. ×저지난달.
지지난-밤 명 그저께의 밤. ×저지난밤.
지지난-번(-番) 명 지난번의 바로 전번. =거거번(去去番)·전전번. ×저지난번.
지지난-해 명 지난해의 전해. =거거년. 비재작년. 그끄제. ×저지난해.
지지-누르다 동타르 〈~누르니, ~눌러〉 지지르듯이 내리누르다. ¶불길한 예감이 머리 / 협악한 분위기가 방 안을 ~.
지지눌리다 동자 '지지누르다'의 피동사.
지지다 타 ❶ 〈생선·육류·채소·된장 등을〉 국물을 조금 붓고 끓여 익히다. ¶생선을 / 된장을 ~. ❷ (부침개나 전 따위를 만드는 재료를) 기름을 바른 프라이팬 등에 놓고 일정한 시간 동안 열을 받게 하여 익히다. ¶빈대떡을 ~. ❸ 불에 달군 물건을 다른 물체에 대어 태우거나 뜨겁게 하다. ¶달군 인두로

살을 ~ / 온돌방에 몸을 ~.
지지고 볶다 〖구〗 **1** 지지기도 하고 볶기도 하여 요리를 많이 장만하다. **2** 사람을 들볶아서 몹시 부대끼게 하다. 속된 말임. **3** 머리털을 파마하다. 속된 말임.
지지-대(支持臺) 〖명〗 **1** 무거운 물건을 받쳐 주는 밑대. **2** 나무나 물건 등이 휘거나 꺾이거나 넘어지지 않도록 하기 위해 받쳐 주는 대. ¶갓 심은 나무에 ~를 대다.
지지랑-물 〖명〗 비가 올 때, 지붕을 인 지 오래된 초가집 처마에서 떨어지는 검붉은 빛깔의 낙숫물. ×기지랑물.
지지러-뜨리다/-트리다 〖동〗〖타〗 **1** 몹시 놀라 움츠러지게 하다. **2** 몹시 지지러지게 하다. 〖작〗자지러뜨리다.
지지러-지다 〖동〗〖자〗 **1** 몹시 놀라 몸이 주춤하면서 움츠러지다. **2** 생물이 병이 생겨 잘 자라지 못하다. 〖작〗자지러지다.
지지르다 〖동〗〖타〗〈지지르니, 지질러〉 **1** (기운이나 의견 따위를) 꺾어 누르다. **2** 무거운 물건으로 내리누르다. ¶그는 갓 벗어 들고 온 내복을 물속에 담그고 떠내려가지 않게 돌로 **지질러** 놓았다.《전광용: 태백산맥》
지지름-돌[-똘] 〖명〗 물건을 지지르는 돌.
지지리 〖부〗 매우 심하게. 부정적인 상태나 작용이 아주 심한 상태임을 나타냄. 〖비〗몹시. ¶~ 못생기다 / ~도 재수 없는 친구야. / ~ 고생만 하다가 죽다. 〖작〗자지리. ×잔생이.
지지미(⑧ちぢみ) 〖명〗 신축성이 좋은, 가스사로 짠 면직물의 한 가지. 흔히 여름철 속옷감으로 쓰임.
지지-배배 〖부〗 제비나 종다리가 우는 소리.
지지-벌개다 〖동〗 단정하지 못하게 아무 데나 떡 벌리고 앉다.
지지부진(遲遲不進) 〖명〗 매우 더디어 일이 잘 진척되지 않음. **지지부진-하다** 〖동〗〖재〗〖여〗¶작업이 인력 부족으로 ~.
지지-선(支持線) 〖명〗〖경〗 주가나 환시세 등의 하락이 그 이상은 계속되지 않으리라고 여겨지는, 지수나 환율의 한계선. ¶기관 투자가들이 매물을 내놓으면서 심리적 ~마저 무너지다. ↔저항선.
지지-율(支持率) 〖명〗 선거 등에서, 유권자들이 특정 후보를 지지하는 비율. ¶~이 높다〔낮다〕.
지지-자(支持者) 〖명〗 지지하는 사람.
지지콜콜-이 〖부〗 '시시콜콜히'의 잘못.
지지-하다³ 〖형〗〖여〗 **1** 어떤 일이 오래 끌기만 하고 보잘것없다. **2** 시시하고 지루하다. ¶**지지**한 일에 시간을 뺏기다.
지진¹(地震) 〖명〗〖지〗 화산의 활동이나 단층·함몰 등 지구 내부의 급격한 변동으로 인하여 땅이 일시적으로 흔들리는 일. =지동(地動)·지명(地鳴). ¶강도 6의 ~ / ~이 발생하다.
지진²(指診) 〖명〗〖의〗 손가락으로 만져 진찰하는 것. =수지진(手指診).
지진-계(地震計)[-게/-게] 〖명〗 지진의 진동 상태를 자동적으로 표시하는 장치. =검진기(檢震器).
지진-대(地震帶) 〖명〗〖지〗 지진이 자주 일어나는 띠 모양의 지역.
지진-동(地震動) 〖명〗〖지〗 지진이 일어났을 경우, 진진파가 지표에 이르렀을 때의 진동.
지진-아(遲進兒) 〖명〗〖교〗 학습이나 지능의 발달이 더딘 아동.
지진-파(地震波) 〖명〗〖지〗 지진으로 인하여 진원(震源)·진앙(震央)에서 퍼지는 파동.
지질¹(地質) 〖명〗〖지〗 지각을 이루고 있는 여러 가지 암석이나 지층의 성질 또는 상태. ¶~탐사 / ~연대.
지질²(脂質) 〖명〗 생물체 안에 존재하며, 물에 녹지 않고 유기 용매에 녹는 유기 화합물의 총칭.
지질³(紙質) 〖명〗 종이의 품질. ¶~이 좋다〔나쁘다〕.
지질-도(地質圖) 〖명〗〖지〗 어떤 지역을 구성하고 있는 각종 암석이나 지층의 분포·층서(層序)·지질 구조 등을 나타낸 지도.
지질리다 〖동〗〖자〗 '지지르다'의 피동사. ¶물집 하나는 일을 계속하는 동안에 삽자루에 **지질려** 물이 터졌다.《전광용: 태백산맥》
지질-맞다[-맏따] 〖형〗 언행이 변변하지 못하고 보잘것없다.
지질^시대(地質時代) 〖명〗〖지〗 지구의 표면에 지각이 생긴 이래 오늘날까지의 시대. 선캄브리아대·고생대·중생대·신생대로 크게 나뉨.
지질-지질 〖부〗 **1** 물기가 많아서 조금 진 듯한 모양. **2** 궂질하지 못하고 몹시 지질한 모양. **지질지질-하다** 〖여〗
지질편편-하다 〖형〗〖여〗 **1** 고르게 편편하다. **2** 땅이 약간 질척하고 편편하다.
지질-하다¹ 〖형〗〖여〗 보잘것없고 변변하지 못하다. ¶설불리 도망질을 치다가 붙들리는 날이면 **지질한** 목숨이나마 보전 못 할 테니까 엄두가 안 난다구 잡디다.《홍명희: 임꺽정》 **지질-히**
지질-하다² 〖형〗〖여〗 싫증이 날 만큼 지루하다. ¶빤한 이야기를 **지질하**다.
지질-학(地質學) 〖명〗〖지〗 지각의 구조·성질·성인(成因)·역사를 연구하는 지구 과학의 한 분야.
지짐-이 〖명〗 **1** 국물이 적고 짭짤하게 끓인 음식물. 국물이 찌개보다는 적고 조림보다는 많게 한 것임. **2** 기름에 지짐질한 음식의 총칭. 〖비〗부침개.
지짐-질 〖명〗 저냐·전병·누름적 따위를 번철에 기름을 두르고 익히는 일. 〖비〗부침개질. ×부치개질. **지짐질-하다** 〖동〗〖재〗〖여〗
지차(之次) 〖명〗 **1** 다음이나 버금. **2** 맏이 이외의 차례들.
지참(持參) 〖명〗 (무엇을) 가지고 참석하는 것. **지참-하다** 〖동〗〖타〗〖여〗 ¶필기도구를 ~.
지참-금(持參金) 〖명〗 신부가 시집갈 때 친정에서 가지고 가는 돈. ¶결혼 ~ / 신부 ~.
지척(咫尺) 〖명〗 아주 가까운 거리. ¶짙은 안개 때문에 ~을 분간할 수 없다.
[지척이 천 리라] 서로 아주 가까운 곳에 있으면서도, 오래 만나지 못하여 멀리 떨어져 있는 것과 다름없다는 말.
지척-거리다/-대다[-꺼-/-때-] 〖동〗〖자〗〖타〗 힘없이 다리를 끌면서 억지로 걷다.
지척-지척[-쩌-] 〖부〗 지척거리는 모양. **지척지척-하다** 〖동〗〖재〗〖타〗〖여〗
지천¹(至賤) 〖명〗 (주로 '지천으로'의 꼴로 쓰여) (사물이) 여기저기 아주 흔하게 있는 상태. ¶들판에 이름 모를 꽃이 ~으로 피어 있다. **지천-하다** 〖형〗〖여〗 **1** (사물이) 여기저기 널리어 아주 흔한 상태에 있다. **2** (신분이) 매우 천하다.
지천² '지청구'의 잘못.
지천명(知天命) 〖명〗 [하늘의 뜻을 안다는 뜻] 쉰 살을 이르는 말.

지청(支廳) 본청의 관할 아래, 소재지의 사무를 취급하는 관청.

지청구 명 (어떤 사람을) 못마땅하게 여겨 탓하고 원망하는 짓. ¶정주 바닥에 퍼질러 앉았던 매읠이가 선참 깬 주막 노파를 붙잡고 ~가 늘어졌다.《김주영:객주》 ×지천. **지청구-하다** 통(타)여

지체¹ 명 집안이나 개인의 사회적 지위나 등급. =세벌(世閥). ¶~가 높다.

지체²(肢體) 명 팔다리와 몸.

지체³(遲滯) 명 1 때를 늦추거나 질질 끄는 것. 2 [법] 의무 이행을 적당한 이유 없이 지연하는 일. **지체-하다** 통(자)(타)여 ¶마감 시간이 멀지 않았으니 지체하지 말고 서류를 접수하시오. **지체-되다** 통(자)

지체-부자유아(肢體不自由兒) 명 팔·다리와 몸의 활동이 자유롭지 못한 어린이.

지초¹(芝草) 명[식] 1 =지치. 2 =영지(靈芝)³.

지초²(紙草) 명 종이와 담배. 지난날, 상가(喪家)에 부의(賻儀)할 때 흔히 쓰던 말임. ▷지촉(紙燭)

지촉(紙燭) 명 종이와 초. 지난날, 상가에 부의할 때 흔히 쓰던 말임. ▷지초(紙草)

지축(地軸) 명 1 지구의 자전축. 공전 궤도면에 대하여 66.5°가량 경사짐. 2 대지(大地)의 중심. ¶~을 뒤흔드는 폭음.

지출(支出) 명 1 어떤 목적을 위하여 금전을 지불하는 일. ¶이달에는 이 많아 가계가 적자다. 2 국가·지방 자치 단체가 직무 수행상 지불하는 경비. ↔수입(收入). **지출-하다** 통(타)여 ¶도로 건설비를 국고에서 ~. **지출-되다** 통(자)

지취(旨趣) 명 1 어떤 일에 대한 깊은 맛. 또는, 그 일에 깃들어 있는 오묘한 뜻. 2 =취지(趣旨)

지층(地層) 명[지] 자갈·모래·진흙·화산재 등이 강이나 바다의 바닥 또는 지표면에 퇴적하여 이루어진 층.

지치 명[식] 지칫과의 여러해살이풀. 뿌리는 굵고 보라색을 띠며, 여름에 흰 꽃이 핌. 뿌리는 '자초근(紫草根)' 이라 하여 약재로 씀. 산야에 남. =지초(芝草).

지:치다¹ 통(자) 1 (사람이나 동물이) 힘든 일을 하거나 몸을 많이 움직이는 일을 하여 기운이 빠진 상태가 되다. ¶과로에 지쳐 쓰러지다. 2 (사람이) 어떤 일에 대한 의욕이나 보람이나 만족을 얻지 못해 더 이상 되풀이하거나 지속하고 싶지 않은 상태가 되다. ¶일상(日常)에 지친 현대인 / 수십 번 으르기도 하고 달래도 보았지만 도대체 말을 들어줘지, 이젠 나도 **지쳤다**. 지쳤어.

지:치다² 통(타) 얼음 위를 미끄러져 달리다. ¶얼음을 ~.

지:치다³ 통(타) 문을 잠그지 않고 닫아만 두다. ¶그는 인학이를 등에 업고 함지박을 이고 나서자 삽짝문을 **지치고** 원터 앞길로 걸어갔다.《이기영:고향》

지친(至親) 명 부자유친·형제간을 이르는 말.

지침(指針) 명 1 지시 장치에 붙어 있는 바늘. 시곗바늘·계량기 바늘 따위. ¶나침반 ~. 2 생활이나 행동 등에 방향과 방법 같은 것을 인도하여 주는 길잡이. ¶교육 ~ / 행동 ~.

지침-서(指針書) 명 지침이 될 만한 책. ¶학습 ~ / 입시 ~.

지칫-거리다/-대다[-친꺼(때)-] 통(자)(타) 1 마땅히 떠나야 할 자리를 선뜻 못 떠나고 머뭇거리다. 2 발걸음을 작게 떼면서 느릿느릿 걷다. ㈜자칫거리다.

지칫-지칫[-친찐] 튀 지칫거리는 모양. ㈜자칫자칫. **지칫지칫-하다** 통(자)(타)

지칭(指稱) 명 어떤 대상을 가리켜 이르는 것. 또는, 그 이름. **지칭-하다** 통(타)여 ¶'영부인'은 지체 높은 사람의 아내를 **지칭하는** 말이다. **지칭-되다** 통(자)

지칭-어(指稱語) 명[언] 어떤 대상을 가리켜 이르는 말.

지켜-보다 통(타) (사람이 어떤 대상을) 감시하고자, 또는 관심을 가지고 주의를 기울여 보다. ¶앞으로 너의 행동을 **지켜보겠다**. / 많은 사람들이 **지켜보는** 가운데 무술 시범을 보이다.

지키다 통(타) 1 (사람이나 동물이 어떤 곳을) 다른 사람이나 동물이 함부로 들어오지 못하게 하면서 그 안에 있는 물건이나 대상을 안전하게 보호하거나 보살피다. ¶군사가 성을 ~ / 집을 **지키는** 개 / 점원이 가게를 ~. 2 (사람이 길목이나 통로 따위를) 특정한 대상이 그냥 지나가지 못하도록 살피거나 감시하다. ¶골키퍼가 골문을 ~ / 빚쟁이가 집으로 들어가는 골목길을 **지키고** 서 있다. 3 (어떤 태도나 대상을) 잃지 않거나, 다른 사람에게 내주거나 빼앗기지 않고, 그대로 계속 가지다. ¶체면을 ~ / 비밀을 ~ / 정조를 ~. 4 (약속이나 법·규칙, 예절·질서 등을) 어긋나지 않게 행동에 옮기거나 따르다. ¶준수하다. ¶약속 시간을 ~ / 교통 법규를 ~ / 질서를 ~. ↔어기다.

[지키는 사람 열이 도둑 하나를 못 당한다] 아무리 조심하며 감시해도 은연중에 생기는 사고는 막기 어렵다는 말.

지킴 명[민] 한집안, 어떤 장소 등을 지키고 있다고 생각하는 신령한 존재를 이르는 말.

지킴-이 명 1 한 집이나 마을, 공동 구역을 지켜 주는 신. 집 지킴이에는 터주신·조왕신 등이 있고, 마을 지킴이에는 장승·짐대 등이 있음. 2 어떤 대상을 보존하고 보호하여 지키는 사람이나 단체. ¶환경 ~ / 우리말 ~.

지탄(指彈) 명 잘못을 지목하여 비난하는 것. ¶~의 대상 / 국민의 ~을 받다. **지탄-하다** 통(타)여

지탱(支撐) 명 1 (어떤 물체를) 쓰러지지 않도록 받치거나 버티는 것. 2 (어떤 상태를) 안전하거나 무사하며 버텨 유지하는 것. **지탱-하다** 통(타)여 ¶가옥의 무게를 **지탱하는** 네 기둥 / 극도로 쇠약하여 입원하지 않고는 건강을 **지탱하기** 어렵다. **지탱-되다** 통(자)

지통(至痛) 명 고통이 매우 심함. 또는, 그 고통. ㈜극통(極痛). **지통-하다** 형여

지파(支派) 명 종파(宗派)에서 갈라져 나간 파.

지판(地板) 명 1 관(棺)의 밑바닥의 널. ↔천판(天板). 2 접지(接地)할 때 땅속에 묻는 금속판.

지팡-막대[-때] 명 지팡이 삼아 짚는 막대기.

지팡이 명 다리나 허리가 불편한 사람이 걸을 때 손으로 잡고 땅에 몸을 의지하여 쉽게 만든, 가늘고 긴 물건. ㈜단장(短杖). ¶등산용 ~ / ~를 짚다. ×지팽이.

지퍼(zipper) 명 서로 이가 맞는 금속·플라스틱 등의 조각을 헝겊 테이프에 나란히 두 줄로 박아서 그 두 줄을 고리로 밀고 당겨 여단

지편(紙片) 명 종이의 작은 조각.
지평(地平) 명 1 대지의 평면. 2 '지평선'의 준말. 3 사물에 대한 전도(前途)·전망·가능성. 또는, 사물이 가지는 일정한 영역이나 한계. 비유적인 말임. ¶민주주의의 새로운 ~을 열다 / 이상(李箱)의 시는 한국 현대 문학에 있어서 ~의 전환을 의미했다.
지평-선(地平線) 명 1 평평한 대지의 끝과 하늘이 맞닿아 보이는 경계선. 2 지상의 어떤 장소의 연직선에 직교하는 평면이 천구(天球)에 접하여 이루는 큰 원. ㈜스카이라인. ㈜지평.
지폐(紙幣) [-폐/-폐] 명 종이에 인쇄를 해서 만든 화폐. =종이돈·지전(紙錢)·지화(紙貨). ↔금속 화폐.
지폭(紙幅) 명 종이의 너비.
지표¹(地表) 명 [지] 지구의 표면. 또는, 땅의 겉면. =땅거죽·지표면. ¶~에 드러난 암맥.
지표²(指標) 명 1 어떤 사물의 목적의 기준이 되는 표적. ¶우리의 나아갈 바를 밝혀 교육의 ~로 삼는다.《국민 교육 헌장》 2 [수] 어떤 수의 상용로그의 값의 정수(整數) 부분.
지표-면(地表面) 명 [지] =지표(地表)¹.
지표-수(地表水) 명 지표에 있는 물. 곧, 하천·호수 등의 물. ↔지하수(地下水).
지표^식물(地表植物) [-싱-] 명 [식] 식물체의 겨울눈이 지표와 지상 30cm 사이에 있는 식물. 소관목이나 토끼풀 같은 초본을 이름.
지푸라기(紙-) 명 짚의 낱개. 또는, 부서진 짚의 부스러기. ㈜초개(草芥).
지프(jeep) 명 험한 길을 주행하기에 알맞게 제작한, 네 바퀴 구동의 소형 자동차. 상표명임. =지프차. ㈜쩝차.
지프-차(jeep車) 명 =지프.
지피(地被) 명 땅을 덮고 있는 잡초. 선태식물 따위.
지피다¹ ㉔ 사람에게 신(神)이 내려서 모든 것을 알아맞히는 신묘한 힘이 생기다. ¶욱이는 모화가 아직 모화 마을에 살 때, 귀신이 **지피기** 전 어떤 남자와의 사이에 생긴 사생아였다.《김동리:무녀도》
지피다² 통㉠ 아궁이·화덕 등에 땔나무를 넣어 불타도록 하다. ¶군불을 ~ / 장작을 ~.
지피에스(GPS) 명 [Global Positioning System] [통] 인공위성을 이용하여 세계 어느 곳에서든지 자신의 위치를 정확하게 파악할 수 있는 시스템. 위도·경도·고도는 물론 속도 정보도 얻을 수 있으며 비행기·배·자동차·휴대 전화 등에 이용됨. =위치 항법 시스템.
지피지기(知彼知己) 명 적과 나의 능력과 형편을 모두 아는 것. ¶~면 백전백승(百戰百勝). **지피지기-하다** 통㉓㉤
지필(紙筆) 명 종이와 붓.
지필묵(紙筆墨) 명 종이와 붓과 먹.
지하(地下) 명 1 지면이나 지표를 기준으로 하여 그 아래. 또는, 땅속. ¶~ 2층 / ~에 매장되어 있다. ↔지상(地上). 2 '무덤 속'을 완곡하게 이르는 말. ¶~에 묻혀 영원히 잠들다. 3 사회 운동·정치 운동에서의 비합법적인 영역. ¶~에서 활동하다 / ~로 숨다.
지하^경제(地下經濟) [경] 사채놀이·마약 거래·도박·매춘 등 불법적인 경제 활동 및 합법적이지만 정부의 공식 통계에는 나타나지 않는 각종 경제 활동의 총칭.
지하-공작(地下工作) 명 1 어떤 목적을 위하여 비합법적으로 몰래 하는 비밀공작. 2 이면에서 행하는 작용이나 활동.
지하-도(地下道) 명 땅 밑으로 낸 길.
지하드(ⓐjihād) 명 ['성전(聖戰)'이라는 뜻] [종] 이슬람교를 전파하거나 위기로부터 방어하기 위해, 신도들이 의무적으로 벌여야 하는 투쟁.
지하-보도(地下步道) 명 걸어서 길을 건널 수 있게 지하로 낸 길.
지하-상가(地下商街) 명 지하도에 상점이 늘어선 곳.
지하-선(地下線) 명 1 지하에 묻어서 가설한 전선. =지중선(地中線)·지하 케이블. 2 지하 철도의 선로.
지하-수(地下水) 명 땅속의 토사·암석 등의 빈틈을 채우고 있는 물. 빗물이 땅속에 스며들어 고인 것임. ↔지표수(地表水).
지하-신문(地下新聞) 명 정부의 허가 없이 비합법적으로 숨어서 발행하는 신문.
지하-실(地下室) 명 1 [건] 집이나 건물의 지하층에 만든 방. 2 =땅광.
지하^운동(地下運動) 명 [정] 혁명 운동·레지스탕스와 같은 정치 운동·사회 운동에서 비합법적이면서도 공공연하게 이루어지는 활동. =지하 활동.
지하-자원(地下資源) 명 땅속에 매장되어 있는 광물 등으로, 채굴되어 인간 생활에 도움을 주는 것. 광물·우라늄광·석탄·석유 따위.
지하^조직(地下組織) 명[사] 지하 활동을 하는 비합법적인 조직.
지하-철(地下鐵) 명 대도시에서 교통 혼잡을 완화하고, 빠른 속도로 열차를 운행하고자 땅속에 굴을 파서 부설한 철도. =지하 철도.
지하^철도(地下鐵道) [-또] [교] =지하철.
지하철-역(地下鐵驛) [-력] 명 지하철이 도착하거나 떠나는 역.
지하-층(地下層) 명[건] 땅 밑에 지은 아래층.
지학¹(地學) 명 [지] '지구 과학'의 준말.
지학²(志學) 명 [공자가 15세 때 학문에 뜻을 두었다는 데에서] '열다섯 살'을 일컫는 말.
지한-제(止汗劑) 명 [의] 땀이 나는 것을 억제·방지하는 약제. 아트로핀·장뇌 따위. =제한제.
지함(地陷) 명 지면이 움푹하게 꺼지는 것. **지함-하다** 통㉘㉤
지행(知行) 명 지식과 행위. ¶~일치.
지행합일-설(知行合一說) [철] 중국 명나라 때 왕양명(王陽明)이 주장한, 지와 행은 병진해야 한다는 설. ↔선지후행설.
지향¹(志向) 명 1 어떤 목표에 뜻이 쏠려 향하는 것. 또는, 그 쏠리는 의지. 2 [철] 의식(意識)의 기본 구조로서, 의식이 어떤 대상을 향하고 있는 것. **지향-하다**¹ 통㉣㉤ ¶복지국가를 ~.
지향²(指向) 명 정해지거나 작정한 방향으로 나가는 것. 또는, 그 방향. ¶~ 없이 가다. **지향-하다**² 통㉣㉤
지-향사(地向斜) 명 [지] 해저(海底)의 침강으로 두꺼운 지층이 퇴적된, 분지 모양의 지역. 흔히, 얕은 바다를 이룸.
지향-성(志向性) [-썽] 명 [철] 항상 일정한 대상을 지향하고 있는 의식의 특성. =지향성(指向性).
지향-성(指向性) [-썽] 명 1 [물] 전파·광파·음파 등의 세기가 발신원의 방향에 따라 다른 성질. 또는, 파동을 수신하는 장치가 특정한 방향의 파동에 큰 감도(感度)를 나타내는 성질. 파장이 짧을수록 현저하게 나타남. 2 [철] =지향성(志向性).
지혈(止血) 상처에서 나오던 피가 멈추는 것. 또는, 나오는 피를 멈추게 하는 것. ↔출혈. **지혈-하다** 동(자)(타)(여) **지혈-되다** 동(자)
지혈-제(止血劑) [-쩨] 명 [약] 출혈을 멈추게 하는 데 쓰이는 약. 비타민 K·칼슘제·트롬빈·젤라틴 따위.
지협(地峽) 명 [지] 두 대륙을 연결하는, 잘록하고 좁다란 땅. 수에즈 지협. 파나마 지협 따위.
지형¹(地形) 명 땅의 생긴 모양이나 형세. =지세. ¶~이 험하다.
지형²(紙型) 명 [인] 연판을 뜨기 위하여, 식자한 활판 위에 축축한 종이를 올려놓고 무거운 물건으로 눌러서 그 종이에 활자의 자국이 나타나게 한 것. ¶~을 뜨다.
지형-도(地形圖) [-또] 명 [지] 지표의 형태, 수계·교통로·취락·지명 등을 표시한 지도.
지형^윤회(地形輪廻) [-뉴회/-뉴훼] 명 [지] =침식 윤회.
지혜(智慧·知慧) [-혜/-혜] 명 삶의 경험이 풍부하거나 세상 이치나 도리를 잘 알아 일을 바르고 옳게 처리하는, 마음이나 두뇌의 능력. (비)슬기. ¶생활의 ~ / ~를 짜다 / ~를 모으다.
지혜-롭다(智慧-) [-혜-따/-혜-따] 형(ㅂ) <~로우니, ~로워> 지혜를 가진 상태에 있다. (비)슬기롭다. ¶급변하는 국제 정세에 **지혜롭게** 대처하다. **지혜로이** 부
지호지간(指呼之間) 명 손짓하여 부를 만한 가까운 사이. ¶이름도 정다운 백마봉(白馬峯)은 바로 ~에 서 있고…. 〈정비석: 산정무한〉
지화(紙花) 명 종이로 만든 조화(造花). =종이꽃.
지화자 감 가무의 곡조에 맞추어 흥을 돋우느라고 부르는 소리. ¶~, 좋구나 좋다.
지환(指環) 명 =가락지1.
지황(地黃) 명 1 [식] 현삼과의 여러해살이풀. 뿌리는 굵고 육질이며 옆으로 자라고 적갈색임. 여름에 엷은 홍자색 꽃이 핌. 약용 식물로 심음. 2 [한] 그 뿌리. 한방에서 보혈제로 씀. 날것을 '생지황', 말린 것을 '건지황', 찐 것을 '숙지황'이라 함.
지회(支會) [-회/-훼] 명 본회의 관리 아래에 있으면서, 어떤 지역 안의 일을 맡아보는 조직.
지효(遲效) 명 늦게 보는 효험. 또는, 오랜 후에 보는 보람. ↔속효(速效).
지효-성(遲效性) [-썽] 명 효력이나 효능이 늦게 나타나는 성질. ↔속효성.
지휘(指揮·指麾) 명 1 어떤 목적을 효과적으로 이루기 위하여 단체의 행동을 통솔하는 것. 2 [음] 2인 이상이 연주하는 음악을 일정한 해석 아래 예술적으로 연주하도록 지도하는 일. 또는, 연주자들 앞에 마주 서서 손짓이나 몸짓 따위로 연주를 이끄는 일. **지휘-하다** 동(타)(여) ¶작업을 ~ / 합창을 ~ / 악단을 ~.
지휘-관(指揮官) 명 [군] 군대를 지휘·통솔하는 직책. 또는, 그 사람.
지휘-권(指揮權) [-꿘] 명 지휘할 수 있는 권리.
지휘-대(指揮臺) 명 [음] 지휘자가 올라서서 지휘하도록 마련한 대.

지휘-명령(指揮命令) [-녕] 명 상급 관청이 하급 관청에 그 소관 사무에 관해 내리는 명령. =지령.
지휘-봉(指揮棒) 명 지휘관·지휘자가 손에 가지는 막대기.
지휘-소(指揮所) 명 [군] 부대를 지휘하기 위하여 마련된 곳. =시피(C.P.).
지휘-자(指揮者) 명 1 지휘하는 사람. 2 [음] 합창이나 합주의 지휘를 하는 사람.
직¹ 명 ① [사략] 말라리아 등의 병이 발작하는 주기적인 차례. ¶~날. ② [의존] 말라리아 등의 병이 발작하는 차례를 나타내는 말. ¶세 ~째 앓다.
직² 부 글씨 등의 획을 한 번 긋거나, 종이 등을 한 번 찢는 모양. 또는, 그 소리. (잔)작. (센)찍.
직³ 부 사람·새 등이 물똥·오줌 등을 한 차례 내깔기는 모양. (센)찍.
직⁴(職) 명 1 '관직'의 준말. 2 '직업'의 준말. ¶너는 지금 무슨 ~에 종사하고 있느냐? 3 '직책'의 준말. ¶여러 ~을 두루 거치다.
직각¹(直角) [-깍] 명 [수] 두 직선이 만나서 이루는 90°의 각.
직각²(直覺) [-깍] 명 1 보거나 듣는 즉시로 바로 깨닫는 것. 2 [철] =직관(直觀)1. **직각-하다** 동(타)(여) ¶나는 그가 비상한 공상가라는 것을 **직각한** 외에 웃는지 어쩐지 알 수가 없었다. 〈염상섭: 표본실의 청개구리〉
직-각기둥(直角-) [-깍끼-] 명 [수] 옆모서리가 밑면에 수직인 각기둥. 구용어는 직각주·직주.
직각^삼각형(直角三角形) [-깍쌈가켱] 명 [수] 한 내각이 직각인 삼각형. 구용어는 구고(勾股). =직삼각형.
직각-적(直覺的) [-깍쩍] 관(명) 사물에 대하여 직접적으로 깨닫는 (것).
직간(直諫) [-깐] 명 웃대어 바른말로 간하는 것. ↔풍간(諷諫). **직간-하다** 동(타)(여)
직감(直感) [-깜] 명 설명·증명을 거치지 않고 사물을 곧 직접적으로 즉각 느끼지는 감각. ¶그가 뭔가 숨기고 있다는 걸 난 ~으로 알았다. **직감-하다** 동(타)(여) ¶사람들의 굳어진 얼굴을 보는 순간 일이 심상치 않게 돌아가고 있음을 **직감했다**. **직감-되다** 동(자)
직감-적(直感的) [-깜-] 관(명) 즉시 사물의 진상을 느껴 알아차리는 (것). ¶~으로 위기를 느끼다.
직-거래(直去來) [-꺼-] 명 중개인을 거치지 않고 살 사람과 팔 사람이 직접 거래하는 것. **직거래-하다** 동(타)(여) **직거래-되다** 동(자)
직격(直擊) [-껵] 명 공격·사격 등이 목표물을 직접 맞대 놓고 이뤄지는 상태. ¶ 최루탄 / 세 발의 미사일을 ~으로 맞다. 2 상대에 대한 비판이나 접근이 직접적이고 거리낌 없이 이뤄지는 상태. ¶~ 발언 / 재 인물과의 ~ 인터뷰.
직격-탄(直擊彈) [-껵-] 명 1 목표물에 정확히 맞거나 목표물을 정확히 맞추어 큰 타격을 입힌 포탄이나 탄환. ¶적의 요새는 아군의 ~을 맞고 화염에 휩싸였다. 2 직접적으로 받거나 가하는, 매우 강한 충격이나 공격. 비유적인 말임. ¶그 기업은 외환 위기의 ~을 맞고 도산하였다 / 그는 상대의 비리에 대해 ~을 날렸다.
직결¹(直決) [-껼] 명 =즉결(卽決). **직결-하다**¹ 동(타)(여) **직결-되다**¹ 동(자)
직결²(直結) [-껼] 명 직접적으로 연결되는

것. **직결-하다**² [형][여] **직결-되다**² [동][자] ¶생계와 직결되는 문제.
직경(直徑) [-경] [명][수] '지름'의 구용어.
직계(直系) [-계/-계] [명] 1 혈연이 친자 관계에 의하여 직접 이어져 있는 계통. 2 사제·단체 등의 관계에서, 직접 잇는 계통. ↔방계(傍系).
직계-가족(直系家族) [-께-/-께-] [명] 직계에 속하는 가족. 부모·자녀 따위.
직계^비:속(直系卑屬) [-계-/-게-] [명][법] 자기로부터 직계로 내려진 혈족. 곧, 아들·손자 따위. ↔직계 존속.
직계^존속(直系尊屬) [-계-/-게-] [명][법] 조상으로부터 직계로 자기에게 이르는 사이의 혈족. ↔직계 비속.
직계^혈족(直系血族) [-께-쪽/-게-쪽] [명][법] 직계의 관계가 있는 존속·비속 등의 혈족. ↔방계 혈족.
직공(職工) [-꽁] [명] 1 자기의 손 기술로 물건을 만드는 일을 직업으로 하는 사람. =직인(職人). 2 공장 노동에 종사하는 사람.
직관(直觀) [-관] [철] 1 판단·추리 등의 사유 작용을 거치지 않고, 대상을 직접적으로 파악하는 작용. =직각(直覺). 2 [교] 감관의 작용으로 직접 외계의 사물에 관한 구체적 지식을 얻는 것. **직관-하다** [동][타][여].
직관-력(直觀力) [-꽌녁] [명] 판단·추리 등의 사유 작용을 거치지 않고 대상을 직접적으로 파악할 수 있는 능력. ¶날카로운 ~.
직관-적(直觀的) [-관-] [관][명] 판단·추리 등의 사유(思惟) 작용을 가하지 않고 대상을 감각적으로 포착하고 있는 (것). ¶~ 판단.
직교(直交) [-꾜] [명][수] 두 직선 또는 두 평면이 직각을 이루며 만나는 일. **직교-하다** [동][자][여] **직교-되다** [동][자].
직교^좌:표(直交座標) [-꾜-] [명][수] 서로 수직으로 만나는 두 직선을 좌표축으로 하는 좌표. =직각 좌표.
직구(直球) [-꾸] [명][체] 야구에서, 투수가 변화를 주지 않고 곧게 던지는 공. =스트레이트. ▷변화구.
직군(職群) [-꾼] [명] 유사한 직무를 한데 뭉뚱그린 것. 경찰직·소방직·보도직을 묶어 공안직(公安職)이라 하는 따위.
직권(職權) [-꿘] [명] 어떤 직무나 직위에 따른 권한. ¶~을 남용하다.
직권^면:직(職權免職) [-꿘-] [명][법] 국가의 일방적 의사에 따라 공무원을 그 직위에서 물러나게 하는 일.
직급¹(職級) [-끕] [명] 직무의 종류와 책임의 정도에 따라 구분한 공무원의 계급.
직급²(職給) [-끕] [명] 직무에 대한 급료.
직기(織機) [-끼] [명] 피륙을 짜는 기계.
직녀(織女) [징-] [천] '직녀성'의 준말.
직녀-성(織女星) [징-] [천] 거문고자리의 알파성. 북쪽 하늘에서 빛나며, 칠석날 은하수 건너 견우성과 만난다는 전설의 별임. =천손·천녀손·베가(Vega). ⓒ직녀.
직능(職能) [-능] [명] 1 직무를 수행하는 기능. 2 직업·직무에 따른 기능이나 역할.
직능^대:표제(職能代表制) [-징-] [명][정] 직업별 단체로부터 대표를 선출하여 의회에 보내는 대의 제도. ▷지역 대표제.
직답(直答) [-땁] [명] 1 직접 대답하는 것. 2 =즉답. **직답-하다** [동][자][여].
직딩(職-) [-띵] [명]〈속〉직장인. 인터넷상에서 쓰이는 통신 언어임.

직렬¹(直列) [징녈] [명][물] =직렬연결. ↔병렬(竝列).
직렬²(職列) [징녈] [명] 유사한 직무의 종류를, 책임과 어려움의 정도에 따라 분류한 구분. 경찰직·소방직·법제직·외무직 등에서 볼 수 있음.
직렬-연결(直列連結) [징녈련-] [명][물] 전기 회로에서, 전지·저항기 등을 한 줄로 연결하는 일. =직렬. ↔병렬연결.
직령(直領) [징녕] [명][역] 조선 시대, 무관이 입던 웃옷의 하나. 소매가 넓고 뻣뻣하며 깃이 곧음.
직류(直流) [징뉴] [명] 1 곧은 흐름. 2 [물] 전류의 크기와 방향이 시간적으로 변화하지 않는 일정한 전류. ↔교류.
직류^발전기(直流發電機) [징뉴-전-] [명] 직류 전류를 발생시키는 발전기.
직류^전:류(直流電流) [징뉴절-] [명][물] = 직류(直流) 2.
직립(直立) [징닙] [명] 1 꼿꼿이 바로 서는 것. ¶~ 보행. 2 높이 솟아오르는 것. 또는, 그 높이. 3 [수] =수직(垂直)¹. **직립-하다** [동][자][여].
직립^보:행(直立步行) [징닙뽀-] [명] 사지(四肢)를 가진 동물이 뒷다리만을 사용하여 등을 곧바로 세우고 걷는 일. 주로 인간의 이동 형태임.
직립^원인(直立猿人) [징닙-] [명][고고] 유인원(類人猿)과 현생 인류(호모 사피엔스)의 중간 단계의 화석 인류. 제4기에 살았으며, 직립 보행을 함. 중국의 베이징 원인(北京原人), 자바의 자바 원인 따위. =호모 에렉투스·피테칸트로푸스 에렉투스.
직매(直賣) [징-] [명] 생산자가 중간 상인을 거치지 않고 소비자에게 직접 상품을 파는 일. ⓑ직판. ¶~소/~점. **직매-하다** [동][타][여] **직매-되다** [동][자].
직매-장(直賣場) [징-] [명] 생산자가 중간 상인을 거치지 않고 소비자에게 직접 상품을 파는 장소. ¶청과물 ~/농수산물 ~.
직면(直面) [징-] [명] (어떤 상황에) 맞닥뜨려 처하는 것. **직면-하다** [동][자][여] ¶비상사태에 ~/급박한 현실에 ~/죽음을 ~.
직명(職名) [징-] [명] 직업이나 직무·직위, 또는 벼슬 따위의 이름.
직모(直毛) [징-] [명] 곱슬곱슬하지 않고 곧게 뻗은 머리털.
직무(職務) [징-] [명] 직업상의 임무. ¶~ 태만/~에 충실하다/~를 수행하다.
직물(織物) [징-] [명] 씨와 날을 직기(織機)에 걸어 짠 물건의 총칭. 면직물·모직물·견직물 등.
직박구리 [-빡꾸-] [동] 직박구릿과의 새. 몸길이 20cm 정도. 주둥이 부근에 센털이 있고, 등은 회갈색, 가슴은 회색에 흰 반점이 있으며, 배는 힘. 음악적인 울음소리를 냄. 봄에는 산지에, 가을부터는 인가·들에서 삶.
직방(直放) [-빵] [명] 효과나 결과가 지체 없이 나타나는 일. ⓑ직통. ¶이 약은 설사에 ~으로 듣는다.
직배(直配) [-빼] [명] 생산자가 소비자나 수요자에게 중간 단계 없이 직접 배급하는 것. **직배-하다** [동][타][여] **직배-되다** [동][자].
직분(職分) [-뿐] [명] 1 직무상의 본분. 2 마땅히 해야 할 본분. ¶~을 다하다[지키다].
직불-카드(直拂card) [명] 대금을 카드로 결제하는 그 즉시 예금 계좌에서 돈이 자동으로

직사¹(直死)[-싸] =즉사(卽死). **직사-하다¹**(자여)

직사²(直射)[-싸] 명 1 (광선이) 곧게 바로 비치는 것. 2 탄도(彈道)가 직선을 이루도록 발사하는 것. ▷곡사(曲射)·평사(平射). **직사-하다²**(자)(타)(여) **직사-되다**(자)

직사-각형(直四角形)[-싸가경] 명 내각(內角)이 모두 직각인 사각형. =직각 사각형·장방형(長方形).

직사-광선(直射光線)[-싸-] 명 다른 물체에 반사되거나 가려지지 않은 상태로 직접 비치는 광선. 특히, 그런 햇빛. ¶여름철 ~은 피부에 해롭다.

직사-포(直射砲)[-싸-] 명[군] 작은 부앙각도(俯仰角度)로 발사된 탄환이 얕고 거의 수평인 직선 탄도를 이루면서 나아가는 포. ↔곡사포.

직삼(直蔘)[-쌈] 명 곧게 말린 백삼. ↔곡삼(曲蔘).

직-삼각형(直三角形)[-쌈가켱] 명[수] =직각 삼각형.

직석(直席)[-썩] 명 =즉석(卽席).

직선¹(直線)[-썬] 명 1 곧은 줄. 2 [수] 두 점 사이를 가장 짧은 거리로 연결한 선. 한 방향으로 나아감. =곧은금. ↔곡선(曲線).

직선²(直選)[-썬] 명[법] '직접 선거'의 준말. ↔간선(間選). **직선-하다**(자)(타)(여) ¶대통령을 ~.

직선-거리(直線距離)[-썬-] 명 두 점을 직선으로 연결한 거리. 기하학적으로 가장 짧은 거리임.

직선-로(直線路)[-썬노] 명 직선으로 곧게 뻗은 길.

직선-미(直線美)[-썬-] 명[미] 회화·건축·조각 따위에서, 직선적인 구성에 의하여 이루어지는 미. ↔곡선미.

직선-적(直線的)[-썬-] 관[명] 태도나 성격 등이 빙빙 돌리거나 눈치를 보거나 함이 없이 솔직하게 곧이곧대로 말하거나 행동하는 상태에 있는 (것). ¶~ 성격 / 말을 ~으로 하다.

직선-제(直選制)[-썬-] 명[법] 직접 선거에 의한 제도. '직접선거제 ~. ↔간선제(間選制).

직선^코스(直線course)[-썬-] 명[체] 육상경기·경마 등에서, 직선의 주로. =직주로.

직선^도형(直線圖形)[-썬-] 명[수] 셋 이상의 직선으로 에워싼 평면 도형. 곧, 삼각형·사각형 따위를 이름. =직선형.

직설(直說)[-썰] 명 바른대로 직접 말하는 것. **직설-하다**(자)(타)(여)

직설-법(直說法)[-썰뻡] 명[언] 이야기하는 사람이 그 이야기의 내용을 현실 세계의 사실로 인정하는 문법상의 표현법.

직설-적(直說的)[-썰쩍] 관[명] 부드럽게 돌려서 말하지 않고 곧이곧대로 또는 있는 그대로 말하는 (것). ¶~ 표현.

직-섬석(直閃石)[-썸-] 명[광] 각섬석(角閃石)의 하나. 철·마그네슘을 함유하는 규산염 광물. 빛깔은 녹색·회색·갈색을 띠며, 유리 광택이 있음. =직섬석면.

직섬-석면(直閃石綿)[-썸성-] 명[광] =직섬석.

직성(直星)[-썽] 명[민] 사람의 나이에 따라 그 운수를 맡아본다는 아홉 개의 별. 곧, 제웅직성(土直星)·수직성(水直星)·금직성(金直星)·일직성(日直星)·화직성(火直星)·계도직성(計都直星)·월직성(月直星)·목직성(木直星).

직성(이) 풀리다(구) [직성의 변화 여부에 따라 자신의 운명도 결정된다는 사고방식으로부터 생긴 말] 제 성미대로 되어야 마음이 흡족하다. ¶그는 한번 의심이 나는 문제가 생기면 끝까지 뿌리를 캐야만 **직성이 풀린다**.

직소(直訴)[-쏘] 명 절차를 밟지 않고 윗사람이나 상급 관청에 직접 호소하는 것. **직소-하다**(타)(여)

직속(直屬)[-쏙] 명 어떤 조직에, 또는 어떤 직위의 사람에게 직접 속하여 통솔을 받고 있는 것. ¶~ 부하 / 대통령 ~ 자문 기관. **직속-하다**(자)(여) ¶국가 인적 자원부에 **직속하는** 기관. **직속-되다**(자) ¶기획 본부는 회장에게 **직속되어** 있는 기구이다.

직속-상관(直屬上官)[-쏙쌍-] 명 자기가 직접 예속되어 있는 부서나 부대의 상관.

직손(直孫)[-쏜] 명 직계의 자손.

직송(直送)[-쏭] 명 1 곧 보내는 것. 2 직접 부치는 것. **직송-하다**(타)(여) ¶농산물을 산지에서 ~. **직송-되다**(자)

직수굿-하다[-쑤굳타-] 형(여) 태도가 하라는 대로 순순히 따르는 상태에 있다. ¶김은 혀가 얼어붙어 **직수굿하고** 듣기만 할 수밖에 없었다.《이문구:우리 동네 김씨》 **직수굿-이** 부

직-수입(直輸入)[-쑤-] 명 다른 나라의 상품을 중간에서 중계하는 나라나 상인의 손을 거치지 않고 직접 수입하는 일. ↔직수출. **직수입-하다**(타)(여) **직수입-되다**(자)

직-수출(直輸出)[-쑤-] 명 국내의 상품을 중간에서 중계하는 나라나 상인의 손을 거치지 않고 직접 수출하는 일. ↔직수입. **직수출-하다**(타)(여) **직수출-되다**(자)

직시(直視)[-씨] 명 1 (대상을) 눈에 힘을 모아 똑바로 보는 것. 2 (사물·현상을) 사실 그대로 바로 보는 것. **직시-하다**(타)(여) ¶현실을 ~ / 그는 얼굴을 들어 나를 **직시하였다**.

직신-거리다/-대다[-씬-] 동(자)(타) 1 남을 짓분지르며 검질기게 자꾸 조르다. 2 지그시 힘을 주어 자꾸 누르다. ¶먹청이가 발로 **직신거리며** "어서 일어서라!" 하고 꾸짖었다. 《홍명희:임꺽정》 ㉔작신거리다.

직신-직신[-씬-씬] 부 직신거리는 모양. ㉔작신작신. **직신직신-하다**(자)(타)(여)

직실(直實)[-씰] 명 →**직실-하다**[-씰-] 형(여) 정직하고 착실하다.

직심(直心)[-씸] 명 1 정직한 마음. 2 꿋꿋이 지켜 나가는 마음.

직언(直言) 명 (어떤 사람에게) 옳고 그름에 대하여 기탄 없이 바로 말하는 것. **직언-하다**(자)(여) ¶상사에게 ~.

직업(職業) 명 생계를 유지하기 위하여 자기의 적성과 능력에 따라 지속적으로 한 가지 일에 종사하는 사회 활동. 비업(業). ¶~을 구하다 / 그의 ~은 은행가이다. ㉲직.

직업^교육(職業敎育)[-꾜-] 명 직업에 필요한 지식과 기능을 가르치는 교육.

직업^군인(職業軍人)[-꾼-] 명[군] 관계의 학교를 졸업하였거나 또는 현역 지원을 해서, 직업으로서 군무(軍務)에 복무하고 있는 군인.

직업-병(職業病)[-뼝] 명[의] 특정한 직업을 가진 사람이 그 작업 환경이나 근무 조건

직업-소개소(職業紹介所) [-쏘-] 명 직업을 소개하는 일을 업으로 하는 업소. 준소개소.

직업-여성(職業女性) [-엄녀-] 명 직업에 종사하고 있는 여성.

직업-의식(職業意識) 명 특정의 직업에 종사하는 사람이 가지게 되는 특유한 의식이나 태도. ¶~이 강하다 / ~이 발동하다.

직업-인(職業人) 명 어떤 직업에 종사하는 사람.

직업-적(職業的) [-쩍] 관 직업으로서 행하는 (것). 또는, 직업에 관련되는 (것).

직역(直譯) 명 외국어로 된 글이나 말을 그 자구대로만 충실하게 번역하는 것. ↔의역. **직역-하다** 타여 ¶이 문장은 **직역해서는** 뜻이 잘 통하지 않는다. **직역-되다** 동자

직영(直營) 명 직접 관리하고 경영하는 것. ¶회사 ~ 식당 / 정부 ~ 사업. **직영-하다** 타여

직영-점(直營店) 명 어떤 기업이 직접 관리하고 운영하는 점포. ▷대리점.

직원(職員) 명 어떤 직장에 그 구성원으로서 근무하는 사람. ¶~ 회의 / 동료 ~.

직-원기둥(直圓-) 명 수 축과 밑면이 직각으로 교차하는 원기둥. 구용어는 직원주.

직-원뿔(直圓-) 명 수 축이 밑면에 수직이 되는 원뿔. 구용어는 직원추.

직위(職位) 명 직무상의 위치. ¶~가 높다 / ~를 박탈하다.

직유-법(直喩法) [-뻡] 명 문 수사법의 하나. 어떤 사물을 다른 사물에 직접적으로 빗대어 나타내는 표현 방법. '같다', '처럼', '듯' 등이 연결어로 쓰임. '장대 같은 비', '그 여자는 여우처럼 생겼다' 따위. ↔은유법(隱喩法).

직-육면체(直六面體) [정늉-] 명 수 각 면이 모두 직사각형이고 마주 보는 세 쌍의 면이 각각 평행한 육면체. ▷장방체·직방체.

직인¹(職人) 명 =직공(職工)1.

직인²(職印) 명 공무원이나 직원이 직무상 쓰는 도장. ¶학교장 ~ / ~이 없는 서류는 무효임.

직임(職任) 명 직무상 맡은 책임.

직장¹(直腸) [-짱] 명 생 대장(大腸)의 말단부로서 결장(結腸)에 이어서 항문에 이르는 곧은 부분. =곧은창자.

직장²(職場) 명 생계를 꾸려 나가기 위해 보수를 받으며 일하는 곳. 비일자리. ¶~ 여성 / ~에 다니다 / ~을 구하다.

직장-암(直腸癌) [-짱-] 명 직장에 생기는 암종. 흔히 40~60세의 남자에게 많으며, 똥을 눌 때 피가 나고 설사·변비 등이 생김.

직장-인(職場人) [-짱-] 명 직장에 다니면서 급료를 받아 생활하는 사람.

직전(直前) [-쩐] 명 어떤 일이 있기 바로 전. =즉전. ¶로켓 발사 ~에 엔진에 이상이 생기다. ↔직후(直後).

직전-법(職田法) [-쩐뻡] 명 역 조선 세조 12년(1466)에 현직 관리에게 토지를 지급하기 위하여 제정한 전법(田法).

직절(直截) [-쩔] 명 바로 분별하여 아는 것. **직절-하다** 타여

직접(直接) [-쩝] Ⅰ 명 어떤 일이 중간에 다른 사람이나 사물이 끼지 않고 바로 이루어지는 상태. ¶~ 매매 / ~ 목적어. ↔간접. Ⅱ 부 다른 사람을 시키거나 다른 것을 중간에 통하지 않고 바로. ¶내 눈으로 ~ 보았다. / 본인이 ~ 오세요.

직접^경험(直接經驗) [-쩝경-] 명 사물이나 현상에 직접 접촉하거나 참가하여 얻은 경험. ↔간접 경험.

직접^높임말(直接-) [-쩝-] 명언 높임을 받는 대상을 높이는 말. '아버님', '주무시다' 등을 말함. ▷간접 높임말.

직접^목적어(直接目的語) [-쩝-쩍-] 명언 목적어의 하나. "아버지께서 나에게 천 원을 주셨다."에서 '천 원' 따위. ▷간접 목적어.

직접^민주주의(直接民主主義) [-쩝-의/-쩝-이] 명정 국민이 직접 국가 의사(國家意思)의 결정 또는 집행에 참여하는 제도의 민주주의. ↔간접 민주주의.

직접-비(直接費) [-쩝뻬] 명경 제품의 제조 또는 판매를 위하여 직접 소비되었다고 인식되는 원가. ↔간접비.

직접^선!거(直接選擧) [-쩝썬-] 명법 선거인이 직접 피선거인을 뽑는 일. 준직선. ↔간접 선거.

직접-세(直接稅) [-쩝쎄] 명법 세금을 내는 사람과 실제로 부담하는 사람이 일치하는 조세. 소득세·법인세·상속세 따위. 준직세(直稅). ↔간접세.

직접-적(直接的) [-쩝쩍] 관 직접으로 거나 되는 (것). ¶~인 영향이 미치다 / 그 사람과 ~인 관계는 없다. ↔간접적.

직접^조!명(直接照明) [-쩝쪼-] 명 광원(光源)에서 빛을 직접 비치게 하는 조명. ↔간접 조명.

직접^화법(直接話法) [-쩌뻡] 명언 남의 말을 옮길 경우에 그 사람의 말을 그대로 되풀이하는 화법. ↔간접 화법.

직제(職制) [-쩨] 명 행정 기관이나 그 밖의 단체·조직 등의 직무 또는 직위에 관한 제도. ¶공무원의 ~를 개편하다.

직조(織造) [-쪼] 명 (피륙 등을) 기계로 짜는 일. ¶~ 공장. **직조-하다** 타여

직종(職種) [-쫑] 명 직업·직무의 종류. ¶~이 다르다 / ~에 따라 약간의 봉급 차이가 있다.

직-직¹[-찍] 부 1 신 따위를 끌며 걷는 소리. 또는, 그 모양. ¶슬리퍼를 ~ 끌고 다니다. 2 글씨의 획을 마구 긋거나 종이 따위를 함부로 찢는 소리. 또는, 그 모양. ¶글씨를 ~ 갈겨쓰다. 센찍찍. **직직-하다** 타여

직-직²[-찍] 부 새 따위가 묽은 똥을 자꾸 내깔기는 모양. 센찍찍.

직직-거리다/-대다 [-찍꺼(때)-] 타 1 신 따위를 자꾸 직직 끌다. 2 글씨의 획을 함부로 자꾸 긋거나 종이 따위를 마구 찢다. 작작작거리다. 센찍찍거리다.

직진(直進) [-찐] 명 (빛·자동차 등이) 방향을 바꾸지 않고 곧게 나아가는 것. ¶~ 신호. **직진-하다** 자여 ¶빛은 **직진하는** 성질이 있다.

직책(職責) 명 직무상의 책임. ¶~ 수당 / ~이 무겁다. 준직(職).

직첩(職牒) 명 역 조정에서 내리는 벼슬아치의 임명 사령서.

직토(直吐) 명 실정을 사실대로 말하는 것. **직토-하다** 타여

직통(直通) 명 1 두 지점 사이에 다른 것을 거치거나 들르거나 하지 않고 바로 통하는 것. ¶~ 전화 / ~ 버스 / 아시아와 유럽을 ~으

로 연결하는 정보 통신망 / 서울 도심과 ~으로 연결된 도로망. **2** 약·주사 또는 행동의 효과가 대번에 나타나는 것. 回직방. ¶이 약은 두통에 ~이다. **3**(주로 '직통으로'의 꼴로 '(얻어)맞다'와 함께 쓰여) 꼼짝없이 곧바로. 回정통. ¶투수가 잘못 던진 공이 타자의 얼굴에 ~으로 맞았다. **직통-하다** 툉재여

직통^전!화(直通電話)[-쩐-] 몡 중간에 중계가 없이 바로 연결되는 전화.

직파(直播)[-] 뇽 모내기를 하지 않고 논밭에 직접 씨를 뿌리는 것. =곧뿌림. **직파-하다** 툉타여

직판(直販) 몡 유통 기구를 거치지 않고 생산자가 소비자에게 직접 판매하는 것. 回직매. **직판-하다** 툉타여 **직판-되다** 툉자

직판-장(直販場) 몡 유통 기구를 거치지 않고 생산자가 소비자에게 직접 판매하는 장소. ¶농수산물~.

직품(職品)[-] 몡[역] 관직의 품계. =작품(爵品). ㉱품(品).

직필(直筆) 몡 **1** 무엇에 구애됨이 없이 있는 사실을 그대로 적은 사필(史筆). ↔곡필(曲筆). **2** 붓을 꼿꼿이 잡고 쓰는 필법(筆法). **직필-하다** 툉타여

직하(直下)[-] 몡 **1** 바로 아래. ¶적도~. **2** 곧바로 내려가는 것. ¶급전~. **직하-하다** 툉재여

-직하-다¹[지카-] 톙[보조] (용언이나 '이다'의 뒤에서 '-ㅁ/음 직하다' 꼴로 쓰여) '-ㄹ 것 같다'의 뜻으로, 앞말이 뜻하는 내용이 발생할 가능성이 많음을 나타내는 말. ¶인원이 30명은 됨~ / 그의 사망 원인은 타살임 ~. ▷ㅁ직하다.

> **혼동어 믿음 직하다 / 믿음직하다**
> 띄어쓰기한 '믿음 직하다'는 믿을 가능성이 높다는 뜻이고, 붙여 쓴 '믿음직하다'는 믿을 만한 가치가 있다는 뜻임. 전자는 '믿-+-음+직하다(보조 형용사)'의 구성을 가지는 데 반해, 후자는 '믿-+-음+-직하다(접미사)'의 구성을 가짐. ¶웬만하면 **믿음 직한데** 도대체 내 말을 믿지 않는다. / 그는 **믿음직한** 청년이다.

-직하다²[지카-] 접미 형용사의 어간에 붙어, 표준에 가까움을 뜻하는 말. ¶굵~ / 높~ / 되~. ▷ㅁ직하다.←음직하다.

직-하다³(直-)[지카-] 톙 (마음이나 행동이) 외곬으로 곧다. ¶(그는) **직하게도** 일을 죽도록 하여 나가며, 게으름을 부리거나 꾀를 피는 것을 볼 수 없었다.《이희승:인간 이윤재》

직할(直轄)[지칼] 몡 직접 관할하는 것. ¶~ 파출소. **직할-하다** 툉타여 ¶각 장관이 **직할**하는 기관.

직할-시(直轄市)[지칼-] 몡 예전에, 정부가 직접 관할하던 상급 지방 자치 단체의 하나. 1995년 '광역시'로 개칭됨.

직함(職銜)[지캄] 몡 **1** 직책이나 직무의 이름. **2**[역] 벼슬의 이름.

직항(直航)[지캉] 몡 (배나 비행기가) 도중에 다른 곳을 들르지 않고 목적지까지 직행하는 것. **직항-하다** 툉재여

직항-로(直航路)[지캉노] 몡 배나 비행기가 도중에 다른 곳을 들르지 않고 목적지까지 곧바로 갈 수 있는 길. ¶서울·도쿄 간에 ~가 개설되다.

직행(直行)[지캥] 몡 **1** 다른 곳을 들르지 않고 곧바로 가는 것. **2** '직행열차'의 준말. **3** '직행버스'의 준말. **직행-하다** 툉재여 다른 곳을 들르지 않고 곧바로 가다. ¶목적지까지 ~.

직행-버스(直行bus)[지캥-] 몡 목적지까지 다른 정류장을 경유하지 않고 곧바로 가는 버스. ㉱직행.

직행-열차(直行列車)[지캥녈-] 몡 중도에서 갈아타지 않고 바로 통하는 철도 열차. ㉱직행.

직활강(直滑降)[지칼-] 몡[체] 스키에서, 산의 경사면을 일직선으로 곧바로 미끄러져 내리는 것. **직활강-하다** 툉재여

직후(直後)[지쿠] 몡 어떤 일이 있고 난 바로 뒤. ¶~즉후. ¶전쟁 ~ / 해방 ~에 귀국하였다. ↔직전.

진¹(辰) 몡 십이지(十二支)의 다섯째. 용(龍)을 상징함.

진¹²(津) 몡 **1** 풀이나 나무의 껍질 따위에서 분비되는 끈끈한 물질. ¶고무나무[소나무]의 ~ / ~이 나오다. **2** 김이나 연기에 눅눅한 기운이 서려 생기는 끈끈한 물질. ¶담뱃~.

진(이) 빠지다 꾸 지쳐서 기운이 빠지다.
진(을) 빼다 꾸 지치게 하여 기운을 빼다.
진(을) 빼다 꾸 지치게 하여 기운을 빼다.

진³(秦) 몡[역] 중국 최초의 통일 왕조(221~207 B.C.). 시황제(始皇帝) 때 6국을 멸하여 천하를 통일했으나, 한(漢)나라 고조(高祖)에게 망함.

진⁴(陣) 몡[군] **1** 군사들의 대오(隊伍)를 배치함. 또는, 그 대오. ¶학익(鶴翼)~ / 배수 ~ / ~을 치다. **2** =진영(陣營)¹.

진(을) 치다 꾸 **1** 진을 구축하고 거기에 의지하다. **2** 자리를 차지하다.

진⁵(眞) 몡[논] '참¹²'의 구용어.

진¹⁶(晉) 몡[역] 중국 주(周)나라 때 제후국의 하나(1106~376 B.C.). 기원전 7세기 무렵부터 강성해졌으나, 춘추 시대 말기에 한·위(魏)·조(趙)로 삼분되어 망함.

진¹⁷(晉) 몡[역] 삼국의 위(魏)나라 권신 사마염(司馬炎)이 뤄양(洛陽)에 세운 왕조(265~419). 송나라에게 망함.

진¹⁸(鎭) 몡 **1** 한 지역을 진안(鎭安)하는 군대. 또는, 그 군대의 우두머리. **2**[역] '진영(鎭營)³'의 준말.

진-⁹(津) 접두 색깔이나 농도가 옅거나 묽지 않고 진함을 나타내는 말. ¶~국 / ~간장 / ~분홍 / ~초록.

진-¹⁰(眞) 접두 '참된', '거짓이 아닌'의 뜻을 나타내는 말. ¶~문장 / ~면목. ↔가(假)~.

-진¹¹(陣) 접미 '무리', '집단'의 뜻을 나타내는 말. ¶간부~ / 교수~ / 보도~.

진¹²(gin) 몡 증류주의 하나. 곡물에서 얻은 알코올에 주로 노간주나무 열매로 향기를 낸, 무색투명한 술. 칵테일의 주재료로 쓰임. ¶드라이 ~ / ~칵테일.

진¹³(jean) 몡 올이 가는 능직(綾織)의 하나. **2** 능직으로 짠 작업복이나 평상복. ¶블루~.

진가(眞假) 몡 진짜와 가짜.

진가²(眞價)[-까] 몡 **1** 참된 값어치. ¶작품의 ~를 발휘하다 / ~를 인정하다. **2**[수] '참값'의 구용어.

진-간장(津-醬) 몡 오래 묵어서 색깔과 간이 아주 진하게 된 간장. =농장(濃醬). ㉱진장.

진-갈이 [-가리] [농] 비 온 뒤 그 물이 괴어 있을 동안에 논을 가는 일. ↔마른갈이. **진갈이-하다** 통(타)여

진!감(震撼) 명 울려서 흔들리는 것. **진!감-하다** 통(자)여

진갑(進甲) 명 환갑 다음 해의 생일. ¶환갑 ~ 다 지난 노인 / ~을 맞다.

진!강(進講) 명[역] =시강(侍講)1. **진!강-하다** 통(타)여

진객(珍客) 명 귀한 손님.

진검(眞劍) 명 연습용이 아닌, 진짜 검. 가검이나 목검에 대하여, 날이 쇠인 검을 이르는 말이. ¶~ 승부.

진격(進擊) 명 앞으로 나아가 적을 치는 것. =진공(進攻). ¶~ 나팔 / ~ 명령. **진!격-하다** 통(자)여 ¶적진을 향하여 ~.

진경[1](珍景) 명 진귀한 경치.

진경[2](眞景) 명 1 실제의 경치. ¶말로만 듣던 나이아가라 폭포의 ~을 직접 눈으로 보다. 2 실경을 그대로 그린 그림.

진경[3](眞境) 명 1 본바탕을 가장 잘 나타낸 참다운 지경. 2 실지 그대로의 경계.

진고(晉鼓) 명[음] 아악기(雅樂器)의 하나. 통이 긴 북으로, 나무틀 위에 놓고 침.

진골(眞骨) 명[역] 신라 때 골품(骨品)의 하나. 부모 중 어느 한쪽만이 왕족인 사람. ▷ 성골

진공[1](眞空) 명[물] 공기 따위의 물질이 전혀 존재하지 않는 공간. 보통 수은주의 수mm이하의, 극히 저압의 상태를 말함.

진!공[2](進攻) 명 =진격(進擊). **진!공-하다** 통(자)(타)여

진공-관(眞空管) 명[물] 유리나 금속 등의 용기에 몇 개의 전극(電極)을 봉입하고 내부를 진공으로 한 전자관의 총칭. 증폭·검파·정류·발진 등에 이용됨.

진공-청소기(眞空淸掃器) 명 모터를 이용한 흡입력으로 실내의 바닥이나 물체의 표면 위에 있는 먼지나 티끌을 빨아들이는 청소기구.

진공^펌프(眞空pump) 명[물] 진공 상태를 만드는 데 쓰는 펌프.

진공^포장(眞空包裝) 명 식품 등의 부패를 막기 위해, 폴리에틸렌 등 플라스틱 필름의 부대에 넣고 진공 펌프로 공기를 뽑아 밀봉한 포장.

진괘(震卦) 명 1 8괘(卦)의 하나. 우레를 상징함. 모양은 '☳'. 임. 2 64괘(卦)의 하나. '䷲' 가 겹친 것으로, 우레가 거듭됨을 상징함. ㈜진(震).

진-구덥 명 자질구레하고 지저분한 뒤치다꺼리하는 일.

진-구렁 명 1 질척거리는 진흙 구렁. ¶자동차 바퀴가 ~에 빠지다. 2 한번 빠지면 벗어나기 어려운, 나쁜 상황이나 환경. 비유적으로 쓰는 말이. ¶악의 ~에서 구해 내다.

진-국(津-) 명 오랫동안 푹 고아서 진하게 된 국물.

진-국[2](眞-) 명 1 됨됨이가 거짓말 데 없이 훌륭한 사람. ¶겪어 보면 아시겠지만 이 사람은 ~ 중의 ~이올시다. 2 =전(全)국.

진!군(進軍) 명 군대가 적을 치러 나아가는 것. ¶~ 명령. ↔퇴군. **진!군-하다** 통(자)여 ¶보무당당히 ~.

진군-나팔(進軍喇叭) 명[군] 진군하라는 신호로 부는 나팔.

진!권(進勸) 명 소개하여 천거하는 것. **진!권-하다** 통(타)여

진귀(珍貴) →**진귀-하다** 형(여) 명 보배롭고 귀중하다. ¶**진귀한** 물건.

진균-류(眞菌類) [-뉴] 명[생] 세균류와 점균류를 제외한 균류의 총칭. 몸이 균사(菌絲)로 이루어지고 기생 또는 부생 생활을 하며, 포자나 영양 생식으로 번식함. =진균식물.

진급(進級) 명 (등급·계급·학년 따위가) 오르는 것. ¶~ 시험 / ~ 대상자 /~이 늦다 [빠르다]. **진급-하다** 통(자)여 ¶대위에서 소령으로 ~.

진기[1](珍技) 명 진귀한 기술.

진기[2](津氣) [-끼] 명 1 진액의 끈적끈적한 기운. ¶~가 없어서 풀이 잘 붙질 않는다. 2 먹은 것이 잘 삭지 않아 오래도록 든든한 기운. ¶~가 빠지다.

진기[3](珍器) 명 보배롭고 진귀한 그릇.

진기[4](珍奇) →**진기-하다** 형(여) 진귀하고 기이하다. ¶**진기한** 풍속 / 북극에는 백야(白夜)와 같은 **진기한** 현상이 나타난다.

진-기록(珍記錄) 명 진귀한 기록. ¶~을 세워 기네스북에 오르다 / 프로 농구 대회에서 각종 ~이 쏟아지다.

진-날 명 땅이 질척거리게 비나 눈이 오는 날. ↔마른날.

진년(辰年) 명[민] 태세(太歲)의 지지(地支)가 진(辰)으로 된 해. =용해.

진!노(震怒) 명 (신이나 존엄한 존재, 또는 어렵게 느껴지는 윗사람 등이) 몹시 노하는 것. ¶신의 ~를 사다. **진!노-하다**[1] 통(자)여 ¶할아버지께서 **진노하셨다**.

진!노[2](瞋怒·嗔怒) 명 성내어 노여워하는 것. **진!노-하다**[2] 통(자)여

진-노랑(津-) 명 짙은 노랑.

진-눈[1] 명 눈병 따위로 눈가가 짓무른 눈.

진-눈[2] 명[방] 진눈깨비(전남).

진눈깨비 명 비가 섞여 내리는 눈.

진-늑골(眞肋骨) [-꼴] 명[생] 갈비뼈 좌우 각 12개의 뼈 중에서 위쪽의 명치뼈에 붙은 각 7개의 뼈. ↔가늑골.

진!단(診斷) 명 1 의사가 환자를 진찰하여 병의 상태를 판단하는 것. ¶~을 내리다 / 의사의 ~을 받다. 2 어떤 대상에 대하여, 문제의 내용을 살펴서 그 원인이 무엇이라고 판단하는 것. 또는, 문제의 상태나 결과 등이 어떠하다고 판단하는 것. ¶경영 ~ / 법률 ~. **진!단-하다** 통(타)여 ¶의사는 그를 간암으로 **진단했다**. / 그는 투자 수요가 당분간 위축될 것이라고 **진단했다**. **진!단-되다** 통(자)여

진!단-서(診斷書) 명[의] 의사가 병을 진단한 결과를 적은 증명서. ¶사망 ~ / 건강 ~.

진!단^학회(震檀學會) [-타쾨/-하퀘] 명[역] 1934년에 우리나라의 역사·언어·문학 등을 우리 학자의 손으로 연구하자는 뜻에서 조직된 학술 단체.

진!달(進達) 명 1 말이나 편지를 받아서 올리는 것. 2 중간 관청에서 관(官下)의 공문 서류를 상급 관청으로 올려 보내는 것. **진!달-하다** 통(타)여 **진!달-되다** 통(자)여

진달래 명 진달랫과의 낙엽 활엽 관목. 높이 2~3m. 봄에 엷은 분홍색 꽃이 잎보다 먼저 핌. 산간 양지에 남. =두견·두견화·산척촉.

진달래-꽃 [-꼳] 명 진달래의 꽃. =두견화.

진담(眞談) 명 진심에서 우러나온 참된 말. ¶

농담을 ~으로 듣다. ↔농담.
진대 圀 1 남에게 기대어 떼를 쓰다시피 하여 괴롭히는 짓. ¶일 년 동안이나 남의 집에 ~를 붙이며 살았다. 2 '뱀'의 잘못.
진!대-법(賑貸法)[-뻡] 圀[역] 고구려 때 빈민을 구제하기 위한 시책으로 춘궁기에 곡식을 꾸어주었다가 추수한 뒤에 갚게 하던 제도. =진대(賑貸)
진!도¹(進度) 圀 일의 진행 속도나 진행된 정도. ¶~표 / 학습 ~가 늦다[빠르다] / 국어 ~가 떨어진다.
진!도²(震度) 圀[지] 어떤 장소에서 나타나는, 지진에 의한 지면의 진동의 세기.
진돗-개(珍島-)[-도깨 / -돋깨] 圀[동] 전라남도 진도가 원산지인, 우리나라 재래종의 개. 몸빛은 황갈색·흰색이고, 귀는 뾰족하게 서며 꼬리는 왼쪽으로 말림. 민첩하고 슬기롭고 용맹스러움. 천연기념물로 지정 보호함.
진동¹ 圀 소매의 겨드랑이 밑의 넓이. ¶~이 넓다.
진!동² (振動) 圀 1 흔들려 움직이는 것. ¶~이 심한 자동차. 2 냄새가 아주 심하게 나는 상태. ¶불꽃과 연기와 함께 양념이 타는 냄새와 누린내가 ~을 했다.⟨박완서: 미망⟩ 3 [물] 입자나 물체의 위치 혹은 장(場)이나 전류의 방향·세기 등의 물리량이 정해진 범위에서 주기적으로 변화하는 현상. **진!동-하다**²圀(자)(어) ¶악취가 ~.
진!동³(震動) 圀 (물체가) 몹시 울려 움직이는 것. ¶~을 느끼다 / ~이 심하다. **진!동-하다**² 圀(자)(타)(어) ¶천지를 **진동**하는 대포 소리 / 건물이 ~. **진!동-되다** 圀(자)
진!동-수(振動數)[-쑤] 圀[물] 연속적인 주기 현상에서, 단위 시간에 같은 상태가 몇 번이나 반복되는가를 나타내는 양. 단위는 헤르츠(Hz).
진!동-자(振動子) 圀[물] 아주 작은 진동체.
진!동^전!류(振動電流)[-열-] 圀[물] 진동 회로에 의하여 발생하는, 주파수가 큰 교류 전류.
진!동-판(振動板) 圀[물] 전화기의 송화기·수화기에서 소리를 음성 전류로, 음성 전류를 소리로 바꾸어 주는 얇은 철판.
진동-한동 閉 매우 급하거나 바빠서 분주히 서두르는 모양. 圇진동한동. **진동한동-하다** 圀(자)(어)
진두(陣頭) 圀 군진(軍陣)의 맨 앞. 또는, 일의 선두.
진두-지휘(陣頭指揮) 圀 전투나 사업 등을 직접 앞장서서 지휘함. ¶사령관의 ~ 아래 전투를 시작하다. **진두지휘-하다** 圀(타)(어)
진둥-한둥 閉 매우 급하거나 바빠서 분주히 서두르는 모양. ¶뒤늦게서야 일을 ~ 수습하다. 圇진동한동. **진둥한둥-하다** 圀(자)(어)
진드근-하다 閶 매우 진득하다. 圀잔드근하다. **진드근-히** 閉
진드기 圀 절지동물 거미류에 속하는 한 무리의 동물. 몸은 타원형으로 머리·가슴·배의 구별이 뚜렷하지 않음. 농작물이나 가축에 기생하여 해를 주기도 함. =우슬(牛蝨). 閧진디.
진득-거리다 / -대다[-끄(때)-] 圀(자) 진득하게 자꾸 달라붙다. ¶손에 풀이 묻어 ~. 圀잔득거리다. 셴찐득거리다.
진득-진득[-진-] 閉 진득거리는 모양. 圀잔득잔득. 셴찐득찐득. **진득진득-하다** 閶

진득-하다[-드카-] 閶(어) 1 (성질이) 끈기와 참을성이 있다. ¶저 애는 잠시도 **진득하게** 책상머리에 앉아 있질 못한다. 2 잘 붙을 수 있게 눅진하고 차지다. ¶반죽을 **진득하게** 하다. 圀잔득하다. **진득-이** 閉 ¶그렇게 조급하게 굴지 말고 ~ 좀 기다려라.
진디 圀 1 =진딧물. 2 '진드기'의 준말.
진딧-물[-딘-] 圀[동] 진딧물과의 곤충의 총칭. 초목의 잎이나 가지에 많이 모여 붙어 식물의 진을 빨아 먹음. 몸은 연약한 알 모양임. =진디.
진딧물-내리다[-딘-] 圀(자) 화초나 채소에 진딧물이 붙다.
진-땀(津-)[진-] 圀 몹시 난처하거나 곤혹스럽거나 힘이 들거나 할 때 흐르는 땀. ¶저녁상을 물리니 큰갓 쓰고 흰 두루마기 입은 어른이 들어와서 또 절을 한다.… 30여 명이나 절을 하기에 ~이 났다.⟨마해송: 십오독의 풍속⟩
진땀(을) 빼다[흘리다] 觀 곤경을 당하여 진땀이 나도록 몹시 애를 쓰다. ¶우는 애를 달래느라 ~.
진-똥 圀 물기가 많은 묽은 똥. ↔마른똥.
진!력(盡力)[질-] 圀 (어떤 일에) 있는 힘을 다하는 것. **진!력-하다** 圀(자)(어) ¶사회사업에 ~ / 학생은 공부에 **진력해야** 한다.
진!력-나다(盡力-)[질렁-] 圀(자) (어떤 일이, 또는 어떤 일에) 힘이 다 빠져 의욕을 잃다. ¶한 달이나 같은 일을 반복했더니 **진력 나서** 더 이상 못 하겠다.
진!력-내다(盡力-)[질렁-] 圀(자) (어떤 일에) 싫증을 내다. ¶애는 무슨 일이든 쉽게 **진력내어서** 큰일이에요.
진!로(進路)[질-] 圀 1 움직이는 물체나 사람이 앞으로 나아가는 길. ¶~ 방해 / 태풍의 ~. ↔퇴로. 2 미래에 이루고자 하는 삶의 목적이나 방향. ¶~ 선택 / 졸업 후의 ~에 대해 고민하다.
진!료(診療)[질-] 圀 의사가 환자를 진찰하고 치료하는 것. ¶~를 받다. **진!료-하다** 圀(타)(어)
진!료-비(診療費)[질-] 圀 환자가 의사의 진찰이나 치료를 받는 대가로 치르는 돈.
진!료-소(診療所)[질-] 圀 의사가 공중(公衆), 또는 특정 다수인을 위하여 개설한, 진찰하고 치료하는 설비를 갖춘 곳. ▷병원.
진!루(進壘)[질-] 圀[체] 야구에서, (주자가) 일루나 이루에서 이루나 삼루까지 나아가는 것. 때로, '출루'를 가리키기도 함. **진!루-하다** 圀(자)(어) ¶일루 주자가 삼루까지 ~.
진리(眞理)[질-] 圀 1 [철] 언제 어디서나 누구든지 승인할 수 있는 보편타당한 법칙이나 사실. ¶영구불변의 ~ / ~를 탐구하다. 2 [논] 논리의 법칙에 일치하는 지식.
진!맥(診脈)[진-] 圀[한] 손목의 맥박을 짚어 보아 병을 진찰하는 일. =검맥(檢脈)·견맥(見脈)·절맥(切脈). **진!맥-하다** 圀(타)(어)
진-면모(眞面貌) 圀 본래 그대로의 생김새. ¶~를 드러내다.
진-면목(眞面目) 圀 사물이나 사람이 본래 가지고 있는 훌륭하거나 진짜인 것으로서의 진짜 모습. 閧참모습. ¶전통 예술의 ~을 보여 주다 / 한국 축구의 ~을 유감없이 발휘하다.
진!멸(盡滅) 圀 죄다 멸망하거나 멸망시키는 것. **진!멸-하다** 圀(자)(타)(어) **진!멸-되다** 圀(자)

진:무(鎭撫)[명] 난리를 일으킨 백성들을 진정시키고 어루만져 달래는 것. **진:무-하다**[동](타)(여) **진:무-되다**[동](자)

진-무르다[동](재)(여) '짓무르다'의 잘못.

진문¹(珍聞)[명] 기이하고 색다른 질문. ¶~진담.

진문²(陣門)[명] 진영(陣營)의 출입문.

진-물¹(津-)[명] 부스럼이 터지거나 기타의 이유로 살갗이 헐어서 물처럼 말갛게 흐르는 액체. ¶~이 나다 /~이 흐르다.

진물²(珍物)[명] 진귀한 물건.

진물-진물[부] 눈가나 살가죽이 짓물러 진물이 괴어 있는 모양. (작)잔물잔물. **진물진물-하다**[형](여)

진미¹(珍味)[명] 음식의 썩 좋은 맛. 또는, 그런 음식물. ¶계절의 ~ / 산해 ~.

진미²(眞味)[명] 1 참된 맛. ¶소설의 ~ / 고전무용의 ~를 알게 되다. 2 진정한 취미.

진-반찬(-飯饌)[명] 바싹 마르지도 않고 국물도 없는, 약간 진 듯한 반찬. 저냐·지짐이 따위. ↔마른반찬.

진:-발¹[명] 진 곳을 디더 젖은 발. ×진신발.

진:발²(進發)[명] (전쟁 등에) 출발하여 나아가는 것. ¶~ 기지(基地). **진:발-하다**[동](자)(여)

진-밥[명] 질게 지은 밥. ↔된밥.

진방¹(辰方)[명] 24방위의 하나. 정동(正東)으로부터 남으로 30도의 방위를 중심으로 한 15도 각도 안. (준)진(辰).

진:방²(震方)[명] 8방의 하나. 정동을 중심으로 45도 각도 안. (준)진(震).

진:배(進拜)[명] 웃어른에게 나아가 절하고 뵈는 것. **진:배-하다**[동](자)(여)

진배-없다[-업따][형] 그만 못할 것이 없다. ¶새것이나 ~ / 농꾼한테서 땅을 뺏는다는 것은 생선을 물에 올려놓는 것이나 ~.《이무영: 농민》 **진배없-이**[부] ¶정숙이의 말을 들으면, 이 집 주인 마님과는 수양어머니와 수양딸 새나 ~ 가까웁고,...《박노갑: 남풍》

진-버짐[명][한] 피부병의 한 가지. 흔히 얼굴에 생기며, 그 부위를 긁어 터트리면 진물이 흐름. =습선(濕癬). ↔마른버짐.

진범(眞犯)[명] 범죄 혐의를 받고 있는 사람 가운데 진짜 범인. =진범인.

진범인(眞犯人)[명] =진범(眞犯).

진법(陣法)[-뻡][명] 1[군] 진을 치는 법. 2 농악놀이에서, 대형을 이루어 노는 법.

진:보(進步)[명] 시간의 경과와 함께 사물의 내용이나 정도가 차차 향상하여 가는 것. ¶과학의 ~. ↔퇴보(退步). **진:보-하다**[동](자)(여)

진-보라(津-)[명] 짙은 보라색이나 보랏빛.

진보라-색(津-色)[명] 짙은 보라색. (비)진보라.

진보랏-빛(津-)[-라삗/-랃삗][명] 짙은 보랏빛.

진:보-적(進步的)[관][명] 진보한 사상을 가졌거나 진보의 성격을 띤 (것). ¶~ 사상 /~인 여성. ↔보수적.

진:보-주의(進步主義)[-의/-이][명] 1 사회 현상을 그대로 유지하기보다는 개선하고 변혁해 나가고자 하는 입장이나 태도. ¶~ 사상. ↔보수주의. 2 인간의 정신·문명·역사 등이 시간을 따라서 더욱 완전한 상태로 진보한다고 하는 합리주의적 신념.

진본¹(珍本)[명] =진서(珍書)'.

진본²(眞本)[명] 저자 또는 화가가 직접 썼거나 그렸거나 또는 처음 박아 낸, 옛날의 책·글씨·그림 따위의 총칭. ↔가본(假本).

진부¹(眞否)[명] 참됨과 그러하지 못함. (비)진위(眞僞).

진부²(陳腐) →**진부-하다**[형](여) (생각·이론·표현·내용 등이) 낡아서 새롭지 못하다. ¶진부한 표현 / 사고방식이~.

진북(眞北)[명] 지구 상의 북쪽, 곧 북극의 방향.

진-분수(眞分數)[-쑤][명][수] 분자가 분모보다 작은 분수. ↔가분수(假分數).

진-분홍(津粉紅)[명] 짙은 분홍색이나 분홍빛.

진-분홍빛(津粉紅-)[-삗][명] 짙은 분홍빛.

진-분홍색(津粉紅色)[명] 짙은 분홍색. (비)진분홍.

진사¹(辰砂)[명][광] 수은의 황화 광물. 육방정계에 속하며, 결정편은 선홍색이고 그 외 아몬드 광택이 있음. 수은의 원료, 적색 안료(顔料)로 쓰임. =단사(丹砂)·단주(丹朱)·주사(朱砂).

진:사²(進士)[명][역] 조선 시대, 소과(小科)의 초장(初場)에 급제한 사람. =상사(上舍).

진사-립(眞絲笠)[명] 명주실로 등사(縢絲)를 곱게 만든 갓.

진:산(鎭山)[명] 지난날, 도읍이나 성시(城市) 등의 뒤쪽에 있는 큰 산을 이르던 말. 그곳을 진호(鎭護)하는 주산(主山)으로 삼아 제사를 지냈음.

진상¹(眞相)[명] 잘 알려지지 않거나 잘못 알려지거나 감추어진, 사물의 참된 내용이나 사실. ¶사건의 ~ / ~을 규명하다 / ~을 파악하다.

진:상²(進上)[명] (지방의 토산물을) 임금이나 고관에게 바치는 것. ¶~품. ▷공물(貢物). **진:상-하다**[동](타)(여)

진서¹(珍書)[명] 진귀한 책. =진본·진적(珍籍).

진서²(眞書)[명] 1 '한자(漢字)'를 한글에 상대하여 높이는 뜻으로 이르는 말. ▷언문(諺文). 2 '해서(楷書)'의 속칭.

진선미(眞善美)[명] 참됨과 착함과 아름다움을 아울러 이르는 말. 곧, 이상(理想)에 합치된 상태.

진:선진:미(盡善盡美)[명] 더할 나위 없이 착하고 아름다움. 곧, 완전무결함. **진:선진:미-하다**[형](여)

진:설(陳設)[명] 1 제사나 잔치 때, 음식을 법식에 따라 상 위에 벌여 놓는 것. ↔철상(撤床). 2 =배설(排設)². **진:설-하다**[동](타)(여) **진:설-되다**[동](자)

진성(眞性)[명] 1 인위적이 아닌, 있는 그대로의 성질. 2[의] (주로, 병이나 병적 증세를 뜻하는 일부 명사 앞에 관형어로 쓰이어) 증세만이 유사한 것이 아니라, 의심할 나위 없이 진짜 그 병이나 상태임을 나타내는 말. ¶~ 콜레라 / ~ 포경. ↔가성(假性).

진성^어음(眞性-)[명][경] '상업 어음'을 자금 조달 목적의 융통 어음에 상대하여 이르는 말.

진세¹(陣勢)[명] 1 군진(軍陣)의 세력. 2 진영(陣營)의 형세.

진세²(塵世)[명] =티끌세상.

진-소위(眞所謂)[명] 정말 그야말로.

진속(眞俗)[명][불] 1 불법(佛法)과 세법(世法). 2 진제(眞諦)와 속제(俗諦). 3 승려와

속인.
진속²(塵俗)〖명〗지저분한 속세.
진-손〖명〗물에 적신 손. 또는, 젖은 손.
진!솔¹〖명〗1 옷이나 버선 따위가 한 번도 빨지 않은 새것 그대로인 것. 2 =진!솔옷.
진솔²(眞率)➞**진솔-하다**〖형여〗가식이 없이 진실하고 솔직하다. ¶진솔한 대화를 나누다 / 속요에는 서민층의 소박한 생활 감정이 **진솔**하게 표현되어 있다.
진!솔-옷[-옫]〖명〗1 한 번도 빨지 않은 새 옷. 2 봄·가을에 다듬어 지어 입는 모시옷. =진솔.
진수¹(珍羞)〖명〗진귀한 음식이나 가장 맛 좋 은 음식. =진찬(珍饌).
진수²(眞數)〖명〗[수] 상용로그 $\log_{10} x$에서의 양수(陽數) x를 이르는 말. =역대수(逆對數). ↔가수(假數).
진수³(眞髓)〖명〗사물의 가장 중요한 본질적인 골자. ¶~를 보여 주다 / 이것이 바로 시(詩)의 ~이다.
진!수⁴(進水)〖명〗배를 만들어서 처음으로 물에 띄우는 것. **진!수-하다**〖동〗〖타여〗**진!수-되다**〖자〗
진수-성찬(珍羞盛饌)〖명〗푸짐하게 잘 차린, 맛이 좋은 음식.
진!수-식(進水式)〖명〗새로 만든 배를 처음으로 물에 띄울 때 하는 의식.
진술(陳述)〖명〗1 자세하게 말하는 것. 또는, 그 말. 2〖법〗법원에서 소송 당사자나 관계 인이 사건에 관한 사실이나 법률상의 의견을 말하는 것. 또는, 그 내용. =공술(供述). ¶~ 조서. **진술-하다**〖동〗〖타여〗¶의견을 ~. **진술-되다**〖자〗
진술-서(陳述書)[-써]〖명〗〖법〗피의자가 경찰이나 검찰 등에서 진술한 내용을 적은 문서.
진시(辰時)〖명〗1 십이시의 다섯째 시. 곧, 오전 7시부터 9시까지의 동안. 2 이십사시의 아홉째 시. 곧, 오전 7시 반부터 8시 반까지의 동안. 춘진(辰).
진-신〖명〗기름에 결은 신. =유혜(油鞋). ↔마른신.
진-신발〖명〗1 진창에 젖은 신발. 2 '진발'의 잘못.
진실¹(眞實)〖명〗1 양심에 비추어 거짓이 없는 사실. ¶~을 말하다 / 내가 그 여자를 사랑한다고 한 말은 ~이다. 2 감추어지거나 왜곡되지 않은, 또는 그렇게 되어서는 안 될, 실제 그대로의 사실이나 내용. ¶역사의 ~을 밝히다.
진실²(眞實)➞**진실-하다**〖형여〗(어떤 사람이나 사람이) 거짓이 없이 바르고 참되다. ¶그는 무뚝뚝하기는 하지만 **진실한** 사람이다. **진실-히**〖부〗
진실-감(眞實感)〖명〗참된 맛을 주는 느낌. ¶~이 없는 글.
진실-로(眞實-)〖부〗참으로. ¶그녀를 ~ 사랑하였다.
진실-성(眞實性)[-썽]〖명〗참된 성질. 또는, 그러한 품성. ¶~이 없는 청년.
진심¹(眞心)〖명〗거짓으로 꾸미지 않은, 본래의 속마음. ¶참마음. ¶~에서 우러나오다 / ~으로 감사하다 / ~을 말하다.
진!심²(盡心)〖명〗마음을 다하는 것. **진!심-하다**〖동〗〖자여〗
진심³(嗔心)〖명〗왈칵 성내는 마음.
진-안주(-按酒)〖명〗마른안주 이외의 안주. 또는, 물기가 있거나 물을 넣어 만든 안주. ↔마른안주.
진!압(鎭壓)〖명〗강압적인 힘으로 진정시키어 억누르는 것. **진!압-하다**〖동〗〖타여〗¶폭동을 ~. **진!압-되다**〖자〗¶시위가 ~.
진!앙(震央)〖명〗〖지〗지진의 진원(震源) 바로 위에 해당하는 지점. =진원지.
진애(塵埃)〖명〗1 티끌과 먼지. 2 세상의 속된 것을 비유하여 이르는 말.
진액(津液)〖명〗1 생물의 몸 안이나 줄기·뿌리·열매 등의 안에 생명 현상으로서 생기거나 흐르는 액체. 수액·체액 따위. 2 약물이나 식품의 유효 성분을 추출하여 농축한 물질.
진양-조(-調)〖명〗〖음〗'진양조장단'의 잘못.
진양조-장단(-調-)[-조-]〖명〗〖음〗민속 음악에서, 판소리 및 산조(散調) 장단의 한 가지. 24박 1장단의 가장 느린 속도로, 6박자 넷으로 나눌 수도 있고 12박자 둘로 나눌 수도 있음. ×진양조.
진!어(進御)〖명〗1 임금이 먹고 입는 일을 높이어 이르는 말. 2 임금의 거둥. **진!어-하다**〖동〗〖타여〗
진언¹(眞言)〖불〗1 부처의 말. =명(明). 2 =다라니. ¶나는 얼른 마음속으로 참회 ~을 외웠다. 옴살바붓자모지 사다야 사바하. 〖김성동: 만다라〗
진!언²(進言)〖명〗(윗사람에게) 자기 의견을 말하는 것. **진!언-하다**〖동〗〖타여〗¶주상께 부국강병책을 ~.
진여(眞如)〖불〗우주 만유의 실체로서, 현실적이며 평등 무차별한 절대의 진리. ↔가상(假相).
진!역(震域)〖명〗우리나라를 동쪽에 있는 나라라는 뜻으로 이르는 말.
진연(進宴)〖명〗〖역〗나라에 경사가 있을 때 궁중에서 베푸는 잔치.
진!열(陳列)〖명〗물건을 여러 사람에게 보이기 위하여 죽 벌여 놓는 것. **진!열-하다**〖동〗〖타여〗¶새로운 상품을 ~. **진!열-되다**〖동〗〖자〗¶신제품들이 **진열되어** 있다.
진!열-대(陳列臺)[-때]〖명〗물품을 진열하여 놓을 수 있게 만든 대.
진!열-장(陳列欌)[-짱]〖명〗가게에서, 물품을 진열하는 장. 흔히 유리를 씀.
진!열-창(陳列窓)〖명〗행인의 눈에 잘 뜨이도록 가게 앞에 설치하여 놓고 품품을 본보기로 진열해 두는 유리창. 〖비〗쇼윈도.
진영(眞影)〖명〗주로 얼굴을 그린 화상(畫像) 또는 사진.
진영²(陣營)〖명〗1 〖군〗군대가 진을 치고 있는 곳. =진(陣). 〖아군 ~〗 2 서로 대립하는 세력의 어느 한쪽. 〖자유 ~/ 동서양 ~〗
진영³(鎭營)〖명〗〖역〗조선 시대에 각 수영·병영 아래 두었던 지방대(地方隊)의 직소. =토포영(討捕營). 춘진(鎭).
진영-장(鎭營將)〖명〗〖역〗각 진영의 군사를 통솔하는 무관. 춘영장.
진-외가(陳外家)[-외-/-웨-]〖명〗아버지의 외가.
진-외조모(陳外祖母)[-외-/-웨-]〖명〗아버지의 외조모.
진-외조부(陳外祖父)[-외-/-웨-]〖명〗아버지의 외조부.
진용¹(眞勇)〖명〗참된 용기.
진용²(陣容)〖명〗1 〖군〗진영(陣營)의 형세. 2 한 단체나 집단의 구성원의 짜임새. 〖비〗라인업. ¶편집 ~ / ~을 재정비하다.

진!원(震源) 명 1 [지] 지구 내부에서 최초로 지진파가 발생한 장소. 2 사건이나 소동을 야기시킨 근원을 비유적으로 이르는 말.

진!원-지(震源地) 명 1 [지] =진앙(震央). 2 사건이나 현상이 일어난 근원이 되는 곳. ¶제2차 세계 대전의 ~ / 혁명의 ~.

진위(眞僞) 명 참과 거짓. 凹진부(眞否). ¶~를 가리다 / ~를 알아내다.

진위-법(眞僞法) [-뻡] 명 간단한 지식의 유무를 객관적으로 시험하기 위하여, 하나의 진술문을 주어 그 내용의 진위를 기호나 부호로 대답하게 하는 방법. 이 문안을 흔히 OX 문제라 함.

진의(眞意) [-의/-이] 명 어떤 사람이 마음속에 품고 있는 진짜 의도. 흔히, 그 의도가 겉으로 나타난 언행으로 얼른 파악하기가 어렵거나 상대에게 전달이 잘 안 될 때 쓰는 말임. 凹참뜻. ¶당신의 ~가 도대체 무엇이오?

진인¹(眞人) 명 도교(道敎)의 깊은 진의(眞義)를 닦은 사람.

진인²(眞因) 명 사건의 진실한 원인.

진-일¹[-닐] 명 1 물을 써서 하는 일. 취사나 빨래 따위. ↔마른일. 2 =굿은일¹. **진일-하다** 팀⒜여

진!일(盡日) 명부 '진종일'의 준말.

진!-일보(進一步) 명 한 걸음 더 나아가는 것. **진!일보-하다** 팀⒜여 ¶작품 수준이 예년보다 진일보하였다.

진!입(進入) 명 (어느 곳에) 나아가 그 안에 들어가는 것. 2 (어느 단계나 수준에) 이르러 그 범위 안에 들게 되는 것. **진!입-하다** 팀⒜여 ¶궤도에 ~ / 자동차가 고속도로에 ~ / 선진국 대열에 ~.

진!입-로(進入路) [-임노] 명 어느 곳에 진입할 수 있도록 낸 길. ¶고속도로 ~ / 마을 ~. ▷진출로.

진-잎[-닢] 명 날것이나 절인 푸성귀 잎.

진!자(振子) 명 [물] 한 정점(定點)을 중심으로 하여 일정한 주기로 진동하는 물체. =흔들이.

진-자리 명 1 아이를 갓 낳은 그 자리. 2 아이들이 오줌·똥을 싸서 축축하게 된 자리. ↔마른자리. 3 사람이 갓 죽은 그 자리. 4 바로 그 자리. ¶당장 ~에서 일을 끝내다.

진!작¹ 튀 과거의 어느 때에 이미. 기대나 생각대로 잘되지 않은 지나간 사실에 대하여 뉘우침이나 원망의 뜻을 나타내는 문장에 쓰임. =진즉. ¶~ 찾아뵈었어야 했는데 인사가 늦었습니다. / 먹으라고 했을 때 ~ 먹을 일이지 이제 와서 찾으면 그게 남아 있겠나.

진!작²(振作) 명 (정신이나 기세 따위를) 자극을 주어 활기 있게 하거나 군세어지게 하는 것. **진!작-하다** 팀⒜타여 ¶사기를 ~ / 사원들의 애사심을 ~.

진!재(震災) 명 지진의 재해.

진저리 명 1 추운 날 오줌을 누거나 기타의 이유로 갑자기 추위를 느낄 때, 또는 갑자기 공포를 느끼거나 할 때, 순간적으로 몸을 부르르 떠는 일. ¶~를 치다. 2 어떤 일에 대해 지긋지긋함을 느끼게 되는 상태. 또는, 그런 느낌을 받아 몸을 부르르 떠는 일. ¶그 일이라면 이제 ~가 난다.

진저-에일(ginger ale) 명 사이다와 비슷하며 알코올 성분이 없는 청량음료. 생강에 주석영산(酒石英酸)·수크로오스·효모·물 등을 섞어 만듦.

진적¹(眞迹·眞蹟) 명 1 =친필(親筆). 2 실제의 유적.

진적²(眞的) ➝진적-하다[-저카-] 형여 참되고 틀림없다.

진전(陳田) 명 =묵정밭.

진!전(進展) 명 (사물의 상태가) 이전의 단계에서 다음의 단계로 나아가거나, 더 높은 수준이나 다른 상태로 진행되는 것. ¶사태의 ~ / 공사가 ~이 없다. / 연구에 ~이 있다. **진!전-하다** 팀⒜여 **진!전-되다** 팀⒜ ¶연구는 더 이상 진전되지 못한 채 중단되었다.

진절-머리 명 '진저리'를 속되게 이르는 말. ¶~ 나다 / ~를 치다.

진정¹(眞情) 명 1 참되고 진실한 정이나 마음. ¶나의 ~을 알아 다오. 2 진실한 사정.

진!정²(陳情) 명 사정을 진술하는 것. **진!정-하다**¹ 팀⒯여 ¶억울한 사정을 ~.

진!정³(鎭定) 명 진압하여 평정하는 것. **진!정-하다**² 팀⒯여 ¶내란을 ~. **진!정-되다**¹ 팀⒜

진!정⁴(鎭靜) 명 1 (시끄럽고 소란한 일이나 상태가) 조용하게 가라앉히는 것. 2 (흥분되거나 격양된 마음을 차분하게) 가라앉히는 것. **진!정-하다**³ 팀⒯여 ¶그렇게 화만 낼 게 아니라 진정하고 내 말 좀 들으시오. **진!정-되다**² 팀⒜ ¶들떴던 마음이 겨우 ~.

진정⁵(眞正) 튀 거짓이 없이 참으로. ¶그대가 ~ 떠나갔다면 앞길을 가로막진 않으리라.

진!정-서(陳情書) 명 어떤 문제의 해결을 위하여 관청이나 웃어른에게 내기 위하여 사정을 기록한 서면.

진정-성(眞正性) [-썽] 명 어떤 사물을 그 사물이게 하는, 참되고 진실된 어떤 것. ¶예술의 ~을 추구하다 / 작품을 통해 삶의 ~을 모색하다.

진!정-제(鎭靜劑) 명[약] 대뇌 피질 중추의 이상 흥분을 억제하는 약. 불안·불면·동통 등을 가라앉힘.

진정-하다⁴(眞正-) 형여 《주로 '진정한'의 꼴로 쓰여》 참되고 올바르다. ¶진정한 사랑 / 진정한 애국자는 입으로 애국을 부르짖는 자가 아니라 몸으로 애국을 실천하는 자다.

진제(眞諦) 명 [불] 진여·실상·열반의 경지. 곧, 절대적 진리. =제일의제(第一義諦). ↔속제(俗諦).

진!-종일(盡終日) 명부 하루가 다 가도록 계속. 凹온종일. ¶~ 비가 내리다 / 지난 일요일에는 ~ 꼼짝도 안 하고 집에만 있었다.

진주¹(眞珠·珍珠) 명 진주조개·대합·전복 따위의 조가비나 살 속에 간혹 생기는 구슬. 빛깔 있는 광택이 나며, 아름다운 은색으로 예로부터 목걸이·반지 등 장식품으로서 애호됨. =빈주(蠙珠).

진!주²(進走) 명 앞으로 뛰어 나아가는 것. **진!주-하다**¹ 팀⒜

진!주³(進駐) 명[군] 진군하여 주둔하는 것. ¶~군(軍). **진!주-하다**² 팀⒜여 ¶해방 후 남한과 북한에는 각기 미군과 소련 군이 **진주하여** 군정을 설치하였다.

진주-암(眞珠巖·眞珠岩) 명[광] 화산암의 하나로 석영 조면암(粗面巖)이 유리 모양으로 된 것. 진주 비슷한 광택과 불규칙한 균열이 있고, 빛깔은 적갈색·암녹색·담회색·흑회색

진주-조개(眞珠-) 圀[동] 연체동물 부족류 진주조갯과의 한 종. 조가비의 길이와 높이는 7~10cm. 표면은 어두운 자색색에 비늘 모양의 돌기로 덮여 있고, 안쪽 면은 아름다운 진주 광택이 남. 물이 잔잔한 수심 5~20m 되는 바다 속의 바위에 붙어 삶. 진주 양식의 모패(母貝)로 사용되며, 조가비는 세공에 쓰임.
진중¹(陣中) 圀[군] 진의 가운데.
진!중²(珍重) 圀 소중하게 여기는 것. 진중하다¹
진!중³(鎭重) →진:중-하다² 圀어 점잖고 무게가 있다. ¶구 씨는 본래 진중한 사람이라, 한번 정한 마음을 변치 아니하며, 한번 한 말은 어기지 아니하는 성질이 있는 터… 〈이인직:모란봉〉 진:중-히¹ 囗 ¶행동을 좀 ~ 하여라.
진중-하다³(珍重-) 圀어 귀하고 소중하다. ¶진중하게 여기는 물건. 진중-히² 囗 ¶귀한 것이니 ~ 간직하여라.
진!즉(趁卽) 囗 =진작.
진!지¹(-) 圀 남을 높여, 그가 먹는(또는 먹을) '밥²'를 이르는 말. ¶아버지, ~ 잡수세요.
진지²(陣地) 圀[군] 적과 교전할 목적으로 전투 부대가 공격·방어의 준비·배치를 하여 둔 곳. ¶포병 ~ / 튼튼한 ~를 구축하다.
진지³(眞知) 圀 참된 지식.
진지⁴(眞摯) →진:지-하다 圀어 (어떤 일을 하는 태도가) 장난스럽게 하거나 흐루루 하는 데가 없이 성실하고 열심히 하는 상태에 있다. ¶진지한 표정[태도] / 우리는 사후 대책에 대해 머리를 맞대고 진지하게 논의했다.
진지-전(陣地戰) 圀[군] 튼튼한 진지를 구축하여 놓고 하는 공방전.
진진(津津) →진진-하다 圀어 1 입에 착 달라붙게 맛이 좋다. 2 풍성하게 많다. 3 흥미가 매우 깊다. ¶흥미 ~. 진진-히 囗
진!짓-상(-床) [-지쌍/-진쌍] 圀 웃어른의 밥상. ¶~을 차리다 / ~을 올리다.
진짜(眞-) I 圀 어떤 대상이 실제의 대상과 전혀 어긋남이 없이 그 내용과 질이 일치하는 것. 또는, 그러한 대상. ¶가짜는 ~라고 속여 팔다. ↔가짜.
II 囗 거짓이 없이. 또는, 정말이지 참으로. ¶너 ~ 울고 있구나. / 야, 수박 한번 ~ 크다.
진짜-로(眞-) 囗 '진짜II'의 힘줌말.
진짜-배기(眞-) 圀 '진짜I'을 속되게 이르는 말. ¶~ 참기름 / 그 사람 아주 ~요.
진짬(眞-) 圀 잡것이 섞이지 않은 순수한 물건.
진찬(珍饌) 圀 =진수(珍羞)¹.
진!찰(診察) 圀[의] 의사가 여러 가지 방법으로 환자의 병 증세를 살피는 일. =진후. ¶~을 받다. 진!찰-하다 医여 ¶환자를 ~.
진!찰-권(診察券) [-꿘] 圀[의] 환자가 그 병원에서 진찰을 받을 수 있음을 표시하는 표.
진!찰-실(診察室) 圀 의사가 환자를 진찰하는 방.
진-창 圀 땅이 질어서 곤죽같이 된 곳. ¶자동차 바퀴가 ~에 빠지다 / 눈이 녹아 길이 ~이 되었다.
진창-길 [-낄] 圀 땅이 몹시 질퍽질퍽한 길.
진채(眞彩) 圀[미] 진하고 강하게 쓰는 채색. 또는, 그것으로 그린 그림. =농채·석채(石彩).

진!척(進陟) 圀 1 일이 목적한 방향으로 진행되어 나가는 것. ¶작업이 빠른 ~을 보이다. 2 벼슬이 올라가는 것. 진!척-하다 医재여
진!척-되다 医재 ¶지하철 공사가 예정대로 ~.
진!천-동지(震天動地) 圀 1 큰 소리가 하늘과 땅을 뒤흔듦. 2 위력·기세가 천하에 떨침. 진!천동지-하다 医재여
진!뢰(震天雷) 圀 -철뢰/-철뇌 圀 옛날 대포의 하나.
진!체(晉體) 圀 중국 진(晉)나라의 명필 왕희지(王羲之)의 글씨체.
진-초록(津草綠) 圀 짙은 초록색이나 초록빛.
진!출(進出) 圀 (보다 높거나 넓은 단계나 세계에[로]) 나아가 활동하거나 구실을 하게 되는 것. ¶여성의 사회 ~이 날로 늘어나고 있다. 진!출-하다 医재여 ¶정계에 ~.
진!출-로(進出路) 圀 고속도로나 자동차 전용 도로 등에서, 그 도로에서 빠져나올 수 있게 낸 도로. ¶영동 고속도로 마성 ~. ▷진입로.
진!출입(進出入) 圀 주로 도로 교통에서, 어느 곳으로 들어가고 나가는 일. ¶가양 대교는 ~이 편리하도록 설비되었다.
진!충-보국(盡忠報國) 圀 충성을 다하여 나라의 은혜에 보답함. =갈충보국. 진!충보국-하다 医재여
진!취¹(進取) 圀 적극적으로 나아가서 일을 이룩하는 것. ¶~의 기상. ↔퇴영(退嬰). 진!취-하다¹ 医재여
진!취²(進就) 圀 일을 차차 이루어 가는 것. 진!취-하다² 医재여
진!취³(盡醉) 圀 술이 몹시 취하는 것. 비만취(漫醉). 진!취-하다³ 医재여
진!취-성(進取性) [-썽] 圀 적극적으로 나아가 일을 이룩하는 성질. ¶청년들은 모름지기 ~이 있어야 한다.
진!취-적(進取的) 圀 진취성이 있는 (것). ¶~ 사고방식 / 넘치는 패기와 ~인 기상 / 성격이 ~이다. ↔퇴영적.
진-타작(-打作) 圀 =물타작. 진타작-하다 医재여
진!탁(眞-) 圀 =진탁. 진탁-하다 医재여
진!탕(眞-) 囗 싫증이 날 만큼 많이. ¶술을 ~ 마시다 / ~ 놀다.
진탕-만탕(-宕-宕) 囗 양에 차고 남도록 매우 많이. ¶먹고 마시다 / 돈을 ~ 쓰다.
진태양-시(眞太陽時) 圀[천] 지구 상에서 보이는 태양의 남중(南中)을 12시(정오)로 하는 시법(時法)에 따른 시간.
진토(塵土) 圀 티끌과 흙. ¶백골(白骨)이 ~되어 넋이라도 있고 없고 임 향한 일편단심이야 가실 줄이 있으랴.(정몽주:엣시조)
진통¹(陣痛) 圀 1[의] 해산할 때 짧은 간격을 두고 주기적으로 생기는 복부의 통증. =산통(産痛). ¶~이 오다. 2 사물을 완성하기 직전에 겪는 어려움의 비유. ¶갖은 ~ 끝에 민중의 이익을 대변하는 정당이 창설되었다.
진!통²(鎭痛) 圀 아픔을 진정시키는 것.
진!통-제(鎭痛劑) 圀[의] 중추 신경에 작용하여 환부(患部)의 아픔을 마취·진정시키는 약제. 모르핀 따위.
진!퇴(進退) [-퇴/-퉤] 圀 1 앞으로 나아감과 뒤로 물러남. 2 직위나 자리에서 머물러 있음과 물러남. 진!퇴-하다 医재여

진!퇴-양난(進退兩難)[-퇴-/-퉤-] 명 이러기도 저러기도 어려워 입장이 곤란함. ¶~에 빠지다.
진!퇴-유곡(進退維谷)[-퇴-/-퉤-] 명 나아갈 길도 물러설 길도 없어 궁지에 몰림.
진펄 명 진창으로 된 벌.
진!폐(塵肺)[-폐/-폐] 명[의] 직업병의 한 가지. 장기간에 걸쳐 폐에 규산·석면 등 먼지나 여러 가지 가루가 쌓여 심폐 기능이 저하되는 질환. =폐진증(肺塵症).
진!폭¹(振幅) 명[물] 진동하고 있는 물체가 정지 또는 평형 위치에서 최대 변위(變位)까지 이동하는 거리. 진동하는 폭의 절반임.
진!폭²(震幅) 명[지] 지반(地盤)의 진동이 지진계에 감촉되어 기록되는 그 너비.
진!폭^변!조(振幅變調)[-뽁-] 명[물] 신호에 따라서 반송파(搬送波)의 진폭을 변화시키는 변조 방식. =에이엠(AM). ↔주파수 변조.
진품¹(珍品) 명 진귀한 물품.
진품²(眞品) 명 진짜 물건.
진-풍경(珍風景) 명 구경거리라 할 만한 희한한 광경. ¶~이 벌어지다.
진!피¹ 명 검질긴 성미로 끈적끈적하게 구는 짓. 또는, 그런 사람. ¶~를 부리다.
진피²(眞皮) 명 척추동물의 표피(表皮) 아래에 있는 섬유성 결합 조직. 표피와 함께 피부를 형성하며, 모세 혈관·신경이 들어와 있음.
진-피즈(gin fizz) 명 칵테일의 한 가지. 진에 설탕·얼음·레몬을 넣고 탄산수를 부은 음료수.
진필(眞筆) 명 =친필(親筆). ↔위필(僞筆).
진!-하다¹(盡-) 형[여] 다하거나 없어지다.
진-하다²(津-) 형[여] 1(어떤 액체가) 속에 녹아 있거나 포함된 물질을 많이 가진 상태에 있다. ¶진한 커피/피는 물보다 ~./설렁탕 국물이 ~. 2(색깔이) 그 색깔을 나타내는 물질이 많아 뚜렷하다. ⑭짙다. ¶진한 갈색/물감을 **진하게** 칠하다. ↔연하다.
진!학(進學) 명 1한 학교를 마친 다음, 상급 학교에 가는 것. ¶~률(率). 2학문의 길로 나아가 배우는 것. **진!학-하다** 통[자여] ¶대학에 ~.
진한(辰韓) 명[역] 삼한(三韓)의 하나. 우리 나라 남부에 살던 한족(韓族) 78부락 국가 중의 동북부 12개국의 총칭. 뒤에 신라에 병합됨.
진!해(鎭咳) 명[의] 기침을 그치게 하는 것. ¶~제. **진!해-하다** 통[자여] **진!해-되다** 통[자]
진!행(進行) 명 1앞을 향하여 나아가는 것. 2어떤 일을 처러 나가는 것. ¶~ 상태/~이 순조롭다. **진!행-하다** 통[자여] ¶작업을 ~ / 프로그램을 ~. **진!행-되다** 통[자] ¶공사가 착착 ~.
진!행-법(進行法)[-뺍-] 명[언] 동사 시제의 하나. 계속되는 움직임을 나타냄.
진!행-상(進行相) 명[언] 동사 동작상(動作相)의 하나. 움직임이 진행 중임을 나타냄.
진!행-성(進行性)[-썽] 명[의] 병이 정지 상태에 있지 않고 계속 악화되어 가는 성질. ¶~의 빛깔.
진!행-자(進行者) 명 회의·의식·행사·방송 프로그램 등을 진행하는 사람. ⑭사회자. ¶토크 쇼 ~ / 뉴스 ~.
진-행주 명 =물행주.
진!행-파(進行波) 명[물] 공간 안을 한 방향으로 전파되어 가는 파동. 음파·지진파·광파 따위. =전진파(前進波). ↔정상파(定常波).
진!행-형(進行形) 명[언] 움직임이 계속됨을 나타내는 동사 시제의 형태.
진!헌(進獻) 명 임금에게 예물을 바치는 것. **진!헌-하다** 통[타여]
진!현(進見·進見) 명 임금에게 가서 뵈는 것. **진!현-하다** 통[자여]
진형(陣形) 명 진지(陣地)의 형태. ¶공격[방어] ~ / 전투 ~ / ~을 갖추다.
진!혼(鎭魂) 명 죽은 사람의 넋을 달래어 안식을 얻게 하는 것. ¶~탑. **진!혼-하다** 통[타여]
진!혼-곡(鎭魂曲) 명 =레퀴엠.
진!혼-제(鎭魂祭) 명 =위령제(慰靈祭).
진홍(眞紅) 명 =진홍색.
진홍-빛(眞紅-)[-삗] 명 진홍색을 띤 사물의 빛깔.
진홍-색(眞紅色) 명 짙게 붉은 색깔. =진홍. ⑭다홍색.
진!화¹(進化) 명[생] 지구의 오랜 역사를 통해 생물의 형태나 종(種)이 단순한 상태에서 복잡하고 다양한 상태로 서서히 변화하거나 분화해 가는 일. 2사물이 진보되거나 발전된 상태가 되는 것. ↔퇴화(退化). **진!화-하다** 통[자여] **진!화-되다** 통[자]
진!화²(鎭火) 명 화재가 일어난 것을 끄는 것. ¶~작업. **진!화-하다**² 통[타여] ¶산불을 ~. **진!화-되다**² 통[자] ¶화재는 1시간 만에 **진화**되었다.
진!화-론(進化論) 명[생] =진화설.
진!화-설(進化說) 명[생] 생물은 단순한 원시 형태에서 차차 변화·발달하여 현재의 모양으로 되었다는 자연관(自然觀). 다윈에 의해 제창되었음. =진화론·진화주의.
진-회색(津灰色)[-회-/-훼-] 명 짙은 회색.
진효(珍肴) 명 진귀한 안주.
진!휼(賑恤) 명 흉년에 곤궁한 사람을 도와주는 것. =진구(賑救). ¶길동이… 수령을 임의로 출척하고 혹 창고를 통개하여 백성을 **진휼하며**….《홍길동전》
진!휼-청(賑恤廳) 명[역] 조선 시대에 진휼을 맡아보던 관청.
진-흙[-흑] 명 1빛깔이 붉고 차진 흙. 2물기가 많은 흙. =이토(泥土)·질흙.
진흙-땅[-흑-] 명 진흙으로 된 땅.
진흙-탕[-흑-] 명 흙에 물이 괴거나 물기가 있어 질퍽질퍽한 땅. ¶그 골목길은 비만 오면 온통 ~이 된다.
진흙탕-싸움[-흑-] 명 서로 온갖 중상모략을 서슴지 않는 추악한 싸움. ⑭이전투구. ¶업자들끼리 이권을 놓고 ~을 벌이다.
진!흥(振興) 명 (어떤 대상을) 활발하거나 힘찬 상태가 되도록 일으키는 것. ¶농촌 - 운동 / 산업의 ~을 꾀하다. **진!흥-하다** 통[자타여] ¶무역을 ~. **진!흥-되다** 통[자]
진!흥-책(振興策) 명 진흥시키는 방책. ¶문예 - ~을 세우다 [강구하다].
질¹ 명 질그릇을 만드는 흙.
-질² 접미 1도구를 나타내는 명사에 붙어, 그 도구를 가지고 용도에 맞는 일을 함을 나타내는 말. ¶톱~ / 빗~ / 칼~ / 걸레~. 2신체 부위를 나타내는 명사에 붙어, 그 부위로 일정한 행동을 함을 나타내는 말. ¶주먹~ / 곁눈~ / 발길~. 3행위를 나타내는 명사

나 불구적 어근, 또는 의성어나 의태어를 이루는 어근에 붙어, 그러한 행동을 함을 나타내는 말. 때로, 앞에 오는 말의 특성에 따라 어감을 가지기도 함. ¶「다림~ / 양치~ / 싸움~ / 이간~. **4** 어떤 직업을 가진 사람이나 어떤 일을 하는 사람을 나타내는 명사에 붙어, 그 사람이 하는 일임을 얕잡아 이르는 말. ¶선생~ / 목수~ / 도둑~. **5** 어떤 물질을 나타내는 명사에 붙어, 그 물질을 가지고, 또는 대상으로 하여 어떤 일을 함을 나타내는 말. ¶가위~ / 풀~ / 불~. **6** '계집', '서방' 따위의 명사에 붙어, 그를 대상으로 하여 부정한 관계를 맺음을 얕잡아 이르는 말. ¶계집~ / 서방~.

-질[3] '-지를' (어미 '-지'와 조사 '를'이 결합한 말)이 준 말. ¶아무것도 먹~ 않다.

질[4] (帙) 명 [1](사really) **1** 책의 권수의 차례. **2** 아래위가 터진 책갑. [2](의존) 여러 권으로 된 책의 한 벌. ¶한국 문학 선집 외 ~. (변)길.

질[5] (質) 명 **1** 사물이 바탕에 있어서 훌륭하거나 우수하거나 만족스럽거나 한 정도. ¶옷 감의 ~ / 양보다는 ~을 중시하다. **2** (주로 부정적인 문맥에 쓰여) 사람의 인격이나 행동 등이 도덕적·윤리적으로 어떠한가를 나타내는 상태. ¶~이 나쁜 범죄[장난]. ↔양 (量).

질[6] (膣) 명 [생] 여성의 내성기(內性器)의 하나. 자궁과 외음부를 잇는 관 모양의 기관.

질감(質感) 명 **1** 재질(材質)의 차이로 인하여 받는 느낌. **2** [미] 물감·화포·필末·화구 등이 만들어 내는 화면 대상의 느낌. =마티에르. ▷양감.

질겁-하다 [-거퍼-] 자여 뜻밖에 몹시 놀라다. ¶그 여자는 뱀을 보더니 **질겁하고** 달아나더라. (작)잘겁하다.

질겅-거리다/-대다 동(타) 질긴 물건을 계속 질게 씹다. (작)잘강거리다.

질겅-질겅 부 질겅거리는 모양. (비)질근질근. ¶오징어를 ~ 씹어 먹다. (작)잘강잘강. **질겅질겅-하다** 동(타)여

질경이 명 [식] 질경잇과의 여러해살이풀. 원줄기가 없고 많은 잎이 뿌리에서 나와 비스듬히 퍼짐. 여름에 흰 꽃이 핌. 씨는 '차전자(車前子)'라 하여 이뇨제로 쓰고, 어린잎은 먹음. 길가에 흔히 남. =차전초(車前草).

질고(疾苦) 명 =병고[1]. ¶~에 시달리다.

질곡(桎梏) 명 **1** 옛 형구인 차꼬와 수갑을 아울러 이르는 말. **2** 속박으로 인한 고통의 상태를 비유하여 이르는 말. ¶인습의 ~에서 벗어나다.

질권(質權) [-꿘] 명 [법] 담보 물건(擔保物件)의 하나. 채무자가 돈을 갚을 때까지 채권자가 담보물을 간직할 수 있고, 채무자가 돈을 갚지 않을 때는 그것으로 우선 변제를 받을 수 있는 권리. ¶~자(者) / ~ 설정.

질-그릇 [-륻] 명 잿물을 덮지 않은, 질흙만으로 구워 만든 그릇. 겉면이 윤기가 없음. ⑤옹기그릇.

질근-거리다/-대다 동(타) 질깃한 물건을 자꾸 가볍게 씹다. (작)잘근거리다.

질근-질근[1] 부 질깃한 물건을 가볍게 자꾸 씹는 모양. (비)질겅질겅. ¶껌을 ~ 씹다. (작)잘근잘근. **질근질근-하다** 동(타)여

질근-질근[2] 부 노끈이나 새끼 따위를 꼬는 모양.

질금 부 **1** 액체가 조금 나오다 그치는 모양. **2** 물건을 조금씩 자꾸 흘리는 모양. (작)잘금. (센)찔끔. **질금-하다** 동(자)(타)여

질금-거리다/-대다 동(자)(타) 잇달아 질금하다. ¶낮부터 내리기 시작한 비는 밤에도 계속해서 **질금거렸다**. 〈최인욱: 전봉준〉 (작)잘금거리다. (센)찔끔거리다.

질금-질금 부 질금거리는 모양. ¶오줌을 ~ 싸다 / ~ 울다. (작)잘금잘금. (센)찔끔찔끔. **질금질금-하다** 동(자)(타)여

질급(窒急) 명 몹시 놀라거나 겁이 나서 숨이 막히는 것. **질급-하다** 동(자)여

질기다 형 **1** 물건이 쉬이 해지거나 끊어지지 않고 견디는 힘이 있다. ¶면발이 **질긴** 냉면 / 나일론은 **질기고** 신축성이 좋다. ↔연하다. **2** 목숨이 쉽사리 끊어지지 않고 끈덕지게 붙어 있다. ¶**질긴** 목숨. **3** 길게 오래 끌거나 끈기 있는 성질이 있다. ¶울음 끝이 ~ / 정말 **질긴** 놈이군. 그토록 모진 고문에도 끝내 입을 열지 않다니….

질-기와 명 쟷물을 덮어서 질흙으로 구워 만든 기와. =도와(陶瓦).

질깃-질깃 [-긷찔긷] 부 **1** 매우 질긴 모양. **2** 성질이 끈질긴 모양. (작)잘깃잘깃·졸깃졸깃. (센)찔깃찔깃. **질깃질깃-하다** 형여 ¶고기가 덜 삶아져서 ~.

질깃-하다 [-긷-] 형여 조금 질긴 듯하다. (작)잘깃하다·졸깃하다. (센)찔깃하다.

질끈 부 단단히 졸라매거나 바싹 동이는 모양. ¶머리띠를 ~ 매다. (작)잘끈.

질끈-질끈 부 여럿이 다 질끈 동이거나 졸라매는 모양. (작)잘끈잘끈.

질녀(姪女) [-려] 명 =조카딸.

질다 형 <지니, 지오> **1** (밥이나 반죽 따위가) 보통의 정도보다 물기가 많다. ¶밥이 ~ / 밀가루 반죽이 ~. ↔되다. **2** (흙으로 된 땅이) 물기가 많아 그 위를 걸을 때 발이 흙 속으로 들어가거나 옷이 발에 달라붙는 상태에 있다. (비)질척질척하다. ¶진 땅 / 길이 ~.

질-동이 명 질흙으로 구워 만든 동이.

질둔(質鈍) → **질둔-하다** 형여 **1** 어리석고 둔하다. **2** 몸이 뚱뚱하여 행동이 굼뜨다.

질량(質量) 명 [물] 물체의 고유한 역학적 기본량. 관성 질량과 중력 질량이 있음.

질량^보^존의 법칙(質量保存-法則) [-의-에-] [화] 화학 반응의 전후에 있어서 반응 물질의 모든 질량과 생성 물질의 모든 질량은 항상 변하지 않고 일정하다는 법칙. =물질 보존의 원칙·물질 불멸의 법칙·질량 불변의 법칙.

질량-수(質量數) [-쑤] 명 [물] 원자핵을 구성하는 양성자 수와 중성자 수의 합.

질러-가다 동(자)(타)(거라) <~가거라> 지름길로 가다. ¶산을 ~ / 샛길로 **질러가면** 앞지를 수 있다. ↔질러오다.

질러-오다 동(자)(타)(너라) <~오너라> 지름길로 오다. ↔질러가다.

질레 ((프)gilet) 명 서양식 의복에서, 웃옷의 앞부분을 장식하기 위해 윗옷 속에 받쳐 입는, 소매 없는 조끼 모양의 옷.

질료(質料) 명 [철] 어떤 실체(實體)의 바탕을 이루는 재료. 아리스토텔레스는 형상(形相)을 존재의 근본 원리라 생각했음. ▷형상.

질름-거리다/-대다[1] 동(자) 가득 찬 액체가 흔들려 조금씩 넘치다. (작)잘름거리다. (센)찔름거리다.

질름-거리다/-대다[²] [타] 한목에 주지 않고 여러 번에 걸쳐 조금씩 주다. [작]잘름거리다. [센]찔름거리다.

질름-질름[¹] [부] 질름거리는(질름거리다¹) 모양. [작]잘름잘름. [센]찔름찔름. **질름질름-하다**[¹] [동][자][여]

질름-질름[²] [부] 질름거리는(질름거리다²) 모양. [작]잘름잘름. [센]찔름찔름. **질름질름-하다**[²] [동][타][여]

질리다 [동] 1 '지르다'¹·² 의 피동사. ¶시착 살에 질린 대문 / 상대 선수에게 가슴을 ~. 2 놀라서 기를 못 쓰다. ¶기가 ~. 3 싫증이 나다. ¶콩나물국에 ~ / 그 이야기는 질리도록 들었다. 4 몹시 놀라거나 무서워 얼굴빛이 변하다. ¶새파랗게 ~.

질문(質問) [명] (어떤 사람에게 어떤 문제나 알고자 하는 사실을) 대답해 주기를 바라고 묻는 것. ¶~ 사항 / ~을 받다. **질문-하다** [타][여]

질문-지(質問紙) [명] 어떤 문제들에 관한 일련의 질문을 열거한 지편.

질문지-법(質問紙法) [-뻡-] [명] 조사·연구하려는 내용에 대해서 미리 질문을 작성하고, 이를 조사 대상자에게 기입하게 하는 방법.

질박(質樸·質朴) → **질박-하다** [-바카-] [형][여] 꾸민 데가 없이 수수하다. **질박-히** [부]

질버덕-거리다/-대다 [-꺼(떠)-] [동][자] (진흙이나 반죽 따위가) 물기가 많아 부드럽게 진 느낌이 자꾸 들다. ⓒ질벅거리다. [작]잘바닥거리다. [거]질퍼덕거리다.

질버덕-질버덕 [-절-] [부] 질버덕거리는 모양. ⓒ질벅질벅. [작]잘바닥잘바닥. [거]질퍼덕질퍼덕. **질버덕질버덕-하다** [동][자][여]

질버덕-하다 [-더카-] [형][여] (진흙이나 반죽 따위가) 물기가 많아 매우 부드럽게 질다. ⓒ질벅하다. [작]잘바닥하다. [거]질퍼덕하다.

질벅-거리다/-대다 [-꺼(떠)-] [동][자] '질버덕거리다'의 준말. [작]잘박거리다.

질벅-질벅 [-절-] [부] '질버덕질버덕'의 준말. [작]잘박잘박. **질벅질벅-하다** [동][자][여]

질벅-하다 [-버카-] [형][여] '질버덕하다'의 준말. [작]잘박하다.

질번질번-하다 [형][여] 보기에 윤택하고 넉넉하다. ¶음력 설날그믐이 내일모레라서 그런지 그래도 이 동네는 부촌이라 이 집 저 집에서 떡 치는 소리가 들리고 거리가 **질번질번한** 것 같다.〈염상섭:삼대〉

질병(疾病) [명] 몸의 온갖 병. =질환(疾患). ¶~에 걸리다.

질부(姪婦) [명] =조카며느리.

질빵 [명] 짐을 지는 데 쓰는 줄. ▷멜빵.

질산(窒酸) [-싼] [명][화] 무색이며 자극적인 냄새가 나는 액체. 공기 중에서는 발연(發煙)함. 산화 작용이 강하고 은·구리·수은 등을 녹임. 비료·화약·염료 및 질산염 등의 제조 원료로 쓰임. =초산(硝酸).

질산-균(窒酸菌) [-싼-] [명][생] 질화 세균(窒化細菌)의 한 가지. 아질산균이 암모니아를 산화하여 만든 아질산을 다시 산화하여 질산으로 바꾸는 작용을 함.

질산-나트륨(窒酸Natrium) [-싼-] [명][화] 나트륨의 질산염. 무색의 판상(板狀) 결정인데, 천연에는 칠레 초석으로 존재함. 비료, 질산칼륨 원료, 의약품 등에 쓰임. =질산소다.

질산-암모늄(窒酸ammonium) [-싼-] [명][화] 질산을 암모니아로 중화하여 만드는 흰빛의 바늘 모양의 결정. 비료·폭약·한제(寒劑) 등의 원료로 쓰임. =초산암모늄.

질산-염(窒酸鹽) [-싼념] [명][화] 금속 또는 그 산화물이나 탄산염을 질산에 녹여 만든 화합물의 총칭. 산화제·화약·비료로 쓰임. =초산염.

질산-은(窒酸銀) [-싼-] [명][화] 은을 질산에 녹여 얻는 무색투명한 결정. 분석 시약, 사진 감광 재료의 원료, 은도금 재료, 의약품 등에 이용함. =초산은.

질산-칼륨(窒酸⑤Kalium) [-싼-] [명][화] 칼륨의 질산염. 무색의 결정으로, 흑색 화약·성냥·유약(釉藥)·의약품 등에 쓰임. =염초·은초(銀硝)·초석.

질색(窒塞) [-쌕] [명] 몹시 싫어하거나 놀라거나 꺼리는 것. ¶외상은 딱 ~이다. / 잔소리는 ~이야. **질색-하다** [동][자][여] ¶벌레만 보면 질색하고 운다.

질서¹(姪壻) [-써] [명] =조카사위.

질서²(秩序) [-써] [명] 1 사회나 집단에 속한 사람들이 생활 속에서 지키도록 정해진 차례나 규칙 등을 잘 지키는 상태. 또는, 사회나 집단이 조화롭고 평온한 상태를 유지하기 위해 정해 놓은 차례나 규칙이나 규범. ¶교통~ / 공중 ~ / ~를 지키다 / ~가 문란하다. 2 사물의 배열이 조화롭게 또는 순서에 맞추어 이뤄지고 있는 상태. ¶거리에 ~ 없이 나붙어 있는 포스터. 3 자연계나 우주 안에 존재하는 일정한 규칙이나 법칙. ¶우주에는 신의 섭리라고 할 만한 엄연한 ~가 존재하고 있다.

질소¹(窒素) [-쏘] [명][화] 무색·무미·무취의 기체 원소. 원소 기호 N, 원자 번호 7, 원자량 14.01. 공기의 약 5분의 4를 차지함. 암모니아 합성의 원료가 되며, 단백질의 중요한 성분임.

질소²(質素) [-쏘] → **질소-하다** [-쏘-] [형][여] 꾸밈이 없이 수수하다. ¶그는 수많은 재산을 가진 오늘날에도 인색하도록 **질소하였다**.〈박종화:아버지와 아들〉

질소-동화(窒素同化) [-쏘-] [명][식] 식물이 외계로부터 받아들인 질소 성분을 단백질·핵산 따위 생체를 구성하는 질소 화합물로 바꾸는 작용. =질소 동화 작용.

질소-비료(窒素肥料) [-쏘-] [명][화] 질소를 비교적 많이 함유하고 있는 비료의 총칭. 퇴비·콩깻묵·황산암모늄, 사람의 똥오줌 따위.

질시¹(疾視) [-씨] [명] 밉게 보는 것. **질시-하다**¹ [타][여]

질시²(嫉視) [-씨] [명] (어떤 사람을) 시기하는 마음으로 보는 것. =투시(妬視). ¶주위 사람들로부터 ~를 받다. **질시-하다**² [타][여]

질식(窒息) [-씩] [명] (사람이나 동물이) 기도(氣道)가 막혀 호흡을 할 수 없게 되는 것. 또는, 혈액 중의 산소가 감소하여 이산화탄소가 과잉이 되는 상태. **질식-하다** [동][자][여] ¶연기에 ~. **질식-되다** [동][자]

질식-사(窒息死) [-씩싸] [명] 숨이 막히거나 산소가 없어지거나 하여 죽는 것. **질식사-하다** [동][자][여]

질쑥-질쑥 [-쩔-] [부] 여러 군데가 질쑥한 모양. [작]잘쏙잘쏙. [센]찔쑥찔쑥. **질쑥질쑥-하다** [형][여]

질쑥-하다[-쑤카-] 형여 (긴 물건의 한 부분이) 오목하게 쑥 들어가다. 짠잘쑥하다. 쎈찔쑥하다. **질쑥-이** 부

질염(膣炎)[-렴] 명 세균·칸디다·트리코모나스 등에 의한 감염, 약제·이물·온열의 자극, 자정 작용(自淨作用)의 저하 등에 의한 질의 염증.

질의¹(質疑)[-의/-이] 명 의심나는 점을 물어서 밝히는 것. ¶국회의 대정부 ~. ↔응답(應答). **질의-하다** 통타여

질의²(質議)[-의/-이] 명 사리의 옳고 그름을 물어서 의논하는 것. **질의-하다**² 통타여

질의-응답(質疑應答)[-의/-이-] 명 의심나는 점을 묻고 물음에 대답하는 일.

질-적(質的)[-쩍] 관[의] 1 질에 관계되는 (것). ¶~ 문제 ~ 우위. 2 일정한 질의 표준에 도달한 (것). ¶~으로 보장하는 물건이었다. ↔양적.

질점(質點)[-쩜] 명[물] 물체의 크기를 무시하고 질량이 모여 있다고 보는 점. 물체의 위치·운동을 설명할 때 쓰이는 개념임.

질정¹(叱正)[-쩡] 명 꾸짖어 바로잡는 것. ¶독자 여러분의 많은 ~을 바랍니다. **질정-하다**¹ 통타여

질정²(質正)[-쩡] 명 묻거나 따지거나 하여 바로잡는 것. **질정-하다**² 통타여 **질정-되다** 통자

질정³(質定)[-쩡] 명 갈피를 잡고 헤아려 결정하는 것. ¶겁에 질린 충신들은 ~ 없이 서성이기만 했다. **질정-하다**³ 통타여 ¶…마음을 **질정하지** 못하여 그러는지 항상 여기저기로 방황하는 시선에는 충혈한 기색이 가시질 않았다.《강신재:파도》 **질정-되다**² 통자

질주(疾走)[-쭈] 명 빨리 달리는 것. **질주-하다** 통자타여 ¶자동차가 **질주하는** 고속도로.

질질 부 1 바닥에 느리게 끌리는 모양. ¶치맛자락을 ~ 끌다. 2 윤기·기름기 또는 물·침·땀·눈물 등이 자꾸 흐르는 모양. ¶침을 ~ 흘리다. 짠잴잴·젤젤. 3 침칠하지 못하여 물건을 잘 빠뜨리거나 흘리는 모양. ¶물건을 ~ 흘리고 다닌다. 짠잴잴. 4 정한 날짜나 기한을 자꾸 미루거나 이야기를 끄는 모양. ¶약속 날짜를 ~ 끌다. 5 주책없이 이리저리 바쁘게 다니는 모양. ¶할 일은 않고 ~ 돌아다니다. 쎈쩔쩔. **질질-하다** 통자타여

질질-거리다/-대다 통자 1 주책없이 자꾸 이리저리 쏘다니다. 짠절절거리다. 2 질질 울다. 쎈쩔쩔거리다.

질책(叱責) 명 (어떤 사람을, 또는 그의 잘못을) 꾸짖어 나무라는 것. ¶~을 받다. **질책-하다** 통타여 ¶아랫사람의 잘못을 ~.

질책²(帙冊) 명 여러 권으로 된 한 벌의 책. 예길책.

질척-거리다/-대다[-꺼(떼)-] 통자 (흙·반죽 등이) 물기가 많아 진 촉감을 주다. 짠

질척-질척[-쩔-] 부 질척거리는 모양. 짠잘착잘착. **질척질척-하다** 형여

질척-하다[-처카-] 형여 물기가 많고 몹시 질다. 짠잘착하다.

질축(嫉逐) 명 샘내어 내쫓는 것. **질축-하다** 통타여

질커덕-거리다/-대다[-꺼(떼)-] 통자 (묽은 진흙 등이) 야단스럽게 질컥거리다. 짠 질컥거리다. 짠잘카닥거리다.

질커덕-질커덕[-쩔-] 부 질커덕거리는 모양. 짠질컥질컥. 짠잘카닥잘카닥. **질커덕질커덕-하다** 형여

질커덕-하다[-더카-] 형여 (진흙 등이) 매우 질컥하다. 짠질컥하다. 짠잘카닥하다.

질컥-거리다/-대다[-꺼(떼)-] 통자 '질커덕거리다'의 준말. 짠잘칵거리다.

질컥-질컥[-쩔-] 부 '질커덕질커덕'의 준말. 짠잘칵잘칵. **질컥질컥-하다** 형여

질컥-하다[-커카-] 형여 '질커덕하다'의 준말. 짠잘칵하다.

질타(叱咤) 명 성내어 크게 꾸짖는 것. **질타-하다** 통타여

질탕(跌宕·佚蕩)→**질탕-하다** 형여 놀음놀이 같은 것이 지나쳐서 방탕하다. ¶선홍의 일행이 이마에 와 닿는 훈풍에 가슴을 펴고 즐거워하는데, 문득 어디선가 **질탕한** 삼현 육각 소리와 계집들의 웃음소리가 들려오는 것이었다.《황석영:장길산》 **질탕-히** 부

질-통(-桶) 명 1 =물통 2. 2 광석·버력·흙·모래 따위를 져 나르는 통.

질투(嫉妬·嫉妒) 명 1 자기가 사랑하는 이성(異性)이 다른 이성을 좋아하거나 호의적인 태도로 대하거나 하여 미움을 느끼고 분하게 여기는 것. 비강샘. 2 (잘나거나 앞선 사람을) 시기하고 미워하는 것. **질투-하다** 통자타여

질투-심(嫉妬心) 명 질투하는 마음. ¶~에 사로잡히다 / 불 같은 ~이 일다.

질퍼덕-거리다/-대다[-꺼(떼)-] 통자 '질버덕거리다'의 거센말. 준질퍼덕거리다. 짠잘파덕거리다.

질퍼덕-질퍼덕[-쩔-] 부 '질버덕질버덕'의 거센말. 준질퍼덕질퍼덕. 짠잘파덕잘파덕. **질퍼덕질퍼덕-하다** 통자여

질퍼덕-하다[-더카-] 형여 '질버덕하다'의 거센말. 준질퍼덕하다. 짠잘파덕하다.

질퍽-거리다/-대다[-꺼(떼)-] 통자 '질퍼덕거리다'의 준말. ¶눈이 녹아서 땅이 ~. 짠잘팍거리다.

질퍽-질퍽[-쩔-] 부 '질퍼덕질퍼덕'의 준말. 짠잘팍잘팍. **질퍽질퍽-하다** 통자여 ¶비가 내려 땅이 ~.

질퍽-하다[-퍼카-] 형여 '질퍼덕하다'의 준말. 짠잘팍하다.

질펀-하다 형여 1 (땅이) 넓게 열려 평평하다. ¶검푸른 부엉산 밑에 **질펀한** 들이 눈앞에 전개되고…《선우휘:불꽃》 2 주저앉아 마냥 늘어져 있다. 3 물건 따위가 즐비하게 그득하다. ¶먹을 것이 ~. **질펀-히** 부 ¶땅바닥에 ~ 앉다.

질풍(疾風) 명 1 몹시 빠르고 세게 부는 바람. ¶~노도(怒濤). 2 [기상] =흔들바람.

질풍-노도(疾風怒濤) 명 몹시 빠르게 부는 바람과 무섭게 소용돌이치는 큰 물결.

질-항아리(-缸-) 명 질흙으로 구워 만든 항아리.

질-화로(-火爐) 명 질흙으로 구워 만든 화로.

질환(疾患) 명 =질병(疾病). ¶신경성 ~.

질-흙[-흑] 명 1 =진흙. 2 질그릇을 만드는 차진 흙.

짊다[짐따] 통타 (지게·수레·길마 따위에) 짐을 얹다. ¶지게에 ~ / 달구지에 ~.

짊어-지다 통타 1 짐을 등에 메다. ¶쌀가마니를 ~. 2 빚을 지다. ¶부채(負債)를 잔뜩 ~. 3 책임을 맡다. ¶조국의 운명을 두 어깨

에 ~.

짐¹ 〈명〉 [1]〈자립〉 1 다른 곳으로 옮기기 위하여 챙기거나 꾸려 놓은 물건. ¶~을 챙기다 / ~을 부치다. 2 맡겨진 임무나 책임. ¶보호자로서의 무거운 ~을 지다 / ~을 벗은 기분이다. 3 수고가 되는 일. 또는, 귀찮은 물건. ¶너한테 ~이 되고 싶지는 않다. [2]〈의존〉 한 번에 져 나를 만한 분량을 세는 단위. ¶나무 한 ~.

짐² 〈명〉〈의존〉[역] 조세를 계산하기 위한 토지 면적의 단위. =부(負).

짐¹³(朕) 〈대〉〈1인칭〉 임금이 자기를 일컫는 말.

짐-꾼 〈명〉 짐을 져 나르는 사람. =복꾼. ×부지꾼.

짐-대 〈명〉 '돛대'의 잘못.

짐-바[-빠] 〈명〉 짐을 묶거나 매는 데 쓰는 줄.

짐-바리[-빠-] 〈명〉 말이나 소의 등에 실어 나르는 짐.

짐바브웨(Zimbabwe) 〈명〉〈지〉 아프리카 중남부에 있는 공화국. 수도는 하라레. 구칭은 로디지아.

짐-받이[-바지] 〈명〉 자전거 따위의 뒤에 짐을 싣는 시렁 같은 수레.

짐-배[-빼] 〈명〉 짐을 실어 나르는 배. 〈비〉하선(荷船)·화물선.

짐-삯[-싻] 〈명〉 짐을 나른 삯으로 치르는 돈.

짐-수레 〈명〉 짐을 싣는 수레.

짐-스럽다[-따] 〈형〉〈ㅂ〉〈~스러우니, ~스러워〉 (어떤 대상이) 짐으로 여겨져 거추장스럽거나 귀찮은 데가 있다. ¶친정 동생들을 데리고 사니 ~. **짐스레** 〈부〉

짐승 〈명〉 1 사람을 제외한 척추동물로서, 젖을 먹이거나 하늘을 날아다니거나 땅 위를 기어 다니는 동물. ¶물에 사는 ~ / 네 발을 가진 ~. 2 사람으로서 차마 할 수 없는 짓을 하는 사람을 비유적으로 이르는 말. ¶남의 여자를 능욕하다니, 저놈은 천하에 없는 ~ 이야, ~!

짐작(斟酌) 〈명〉 어림쳐서 헤아리는 것. =침량. ¶눈~ / ~이 가다 / ~도 못 하다 / ~이 맞다(어긋나다). 〈원〉짐작(斟酌). **짐작-하다** 〈동〉〈자〉〈타〉〈되〉 ¶동·서독이 저토록 빨리 통일을 이루리라고는 아무도 **짐작하지** 못했다. **짐작-되다** 〈동〉〈자〉 ¶올해는 사업 목표를 무난히 달성할 수 있을 것으로 **짐작된다**.

짐짐-하다 〈형〉〈여〉 1 음식이 아무 맛도 없이 찝찔하다. 2 마음에 조금 꺼림하다.

짐짓[-짇] 〈부〉 마음에는 그렇지 않으나 일부러 그렇게. ¶~ 술 취한 체하다 / ~ 모른 체하다.

짐-짝 〈명〉 묶어 놓은 짐의 덩이.

짐-차(-車) 〈명〉 짐을 나르는 자동차.

짐-칸 〈명〉 짐을 싣는 칸. =화물칸.

집¹ 〈명〉 [1]〈자립〉 1 사람이 그 안에서 먹고 자고 생활하기 위해, 일정한 공간과 구조를 갖추어 지은 것. 수효를 나타내는 단위는 채·동·호(戶). 〈비〉가옥·주택. ¶기와 ~ / 초가 ~ / 판잣 ~ / 넓은[좁은] ~ / ~을 짓다. 2 일정한 곳에 모여 사는 가족의 동아리. 또는, 그 생활공간. 〈비〉집안·가정. ¶~이 가난하다 / 객지에 나와 있으니 ~이 그립다. 3 일부의 새나 곤충이나 가축 등이 잠을 자거나 먹이를 기르거나 하기 위해 스스로 짓거나 사람이 지어 준, 일정한 구조의 물건. ¶새 ~ / 까치 ~ / 개미 ~. 4 (주로, '집에서'의 꼴로 쓰여) 남편에 대하여 '아내'를 에두르거나 간접적으로 이르는 말. ¶남편의 건강은 ~에서 어떻게 하느냐에 달려 있다. 5 (주로, 파는 물건이나 관계되는 사물을 나타내는 명사 다음에 쓰여) 그 명사와 관계되는 장사를 하는 곳임을 나타내는 말. ¶술~ / 찻~ / 꽃~. 6 (주로, 물건의 이름을 나타내는 명사 다음에 쓰여) 그러한 물건을 넣거나 끼우거나 담아 두는, 일정한 구조의 물건. ¶칼~ / 안경~ / 도장~. 7 바둑에서, 상대가 들어오지 못하도록 둘러싸 놓은 빈칸. ¶바둑의 승부는 차지한 ~의 크기로 결정된다. [2]〈의존〉 1 가구(家口)의 수를 세는 단위. ¶수도 요금을 세 ~이 분담하다. 2 제 차지가 된 바둑판의 빈 자리를 세는 단위. ¶두 ~ 차이로 이기다.

[집도 절도 없다] 가진 집이나 재산도 없이 여기저기 떠돌아다닌다. [집에서 새는 바가지는 들에 가도 샌다] 본성이 좋지 않은 사람은 어디를 가나 그 본색을 감출 수 없다.

집(이) 나다 〈구〉 1 팔리고 내놓은 집이 생기다. ¶**집이 나면** 연락드리겠습니다. 2 바둑에서, 집이 되다.

-집² 〈접미〉 1 자기 집안에서 출가한 손아래 여자를 시집의 성(姓) 밑에 붙여, 그 집 사람임을 나타내어 부르는 말. ¶박~ / 김~. 2 남의 첩·기생첩에 대하여 출신 지명에 붙여 쓰는 말. ¶부산~ / 진주~.

-집³ 〈접미〉 1 몸이나 살의 '크기'나 '부피'임을 나타내는 말. ¶몸~ / 살~. 2 탈이나 좋지 않은 현상이 일어나거나 나타난 자리임을 나타내는 말. ¶병~ / 물~ / 흠~.

집⁴(輯) 〈의존〉 동인지·교지·논문집·학회지·기관지와 같은 책의 발행한 차례를 나타내는 단위. 또는, 음악 앨범의 발표한 차례를 나타내는 단위. ¶사회 과학 논총 제2~ / 조성모의 제3~ 앨범.

-집⁵(集) 〈접미〉 시가·문장·그림·논문 따위를 모은 책. ¶수필~ / 평론~ / 논문~ / 단편~.

집-값[-깝] 〈명〉 1 집을 짓는 데에 들어간 원가를 계산하여 매긴 집의 값. 2 집을 팔고 사는 값.

집강-소(執綱所)[-깡-] 〈명〉〈역〉 조선 말기에 동학 농민군이 설치한 일종의 민정 기관.

집객(集客)[-꺡] 〈명〉 행사장이나 매장 등에 사람들을 끌어 모으는 일. ¶각종 행사에 연예인을 초대하여 ~ 효과를 높이다.

집-게¹[-께] 〈명〉 물건을 집는 데에 쓰는, 끝이 두가닥으로 갈라진 연장. ¶연탄~ / 빨래~ / ~로 집다.

집-게²[-께] 〈명〉〈동〉 갑각강 십각목 집게과 동물의 총칭. 몸은 새우와 게의 중간형으로 뒤에 있는 2쌍의 보각(步脚)을 조개류의 껍데기 속에 박고 살면서 그것을 끌고 다니기도 함. 대개 바다 밑의 모랫바닥에 삶. =소라게.

집게-발[-께-] 〈명〉 게나 가재의 집게처럼 생긴 큰발.

집게-벌레[-께-] 〈명〉〈동〉 집게벌레목 집게벌레과의 곤충. 몸길이 24mm 안팎. 배 끝에 각질(角質)의 집게가 있으며, 몸빛은 암갈색임. 부엌 바닥이나 돌 밑 또는 썩은 식물질의 밑에 삶. 벌레와 어린 누에를 잡아먹음.

집게-뼘[-께-] 〈명〉 엄지손가락과 집게손가락을 벌린 길이. 〈준〉집뼘.

집게-손가락[-께-까-] 〈명〉 엄지손가락과 가운뎃손가락 사이에 있는 둘째 손가락. =식지(食指)·검지·두지·인지.

집결(集結) [-껼] [명] (사람의 무리나 조직체 따위가) 특별한 일을 행할 목적으로 한곳에 모이는 것. ¶~ 장소. **집결-하다** [동][자][타][여] ¶광장에 **집결한** 군중. **집결-되다** [동][자]

집결-지(集結地) [-껼-] [명] 집결하는 곳. ¶~에 모이다.

집계(集計) [-께/-께] [명] 이미 된 여러 계산들을 한데 모아서 계산하는 것. 또는, 그 계산. ¶중간 ~ / ~를 내다. **집계-하다** [동][타][여] ¶개표 결과를 ~. **집계-되다** [동][자]

집광(集光) [-꽝] [명] 렌즈나 거울을 사용하여 빛을 한곳에 모으는 것. **집광-하다** [동][자][여]

집광-기(集光器) [-꽝-] [명][물] 광학 기기에서, 광선을 한 방향으로 모으기 위한 장치. 현미경이나 영사기 등에 사용되며, 렌즈를 사용하는 것을 집광 렌즈, 반사경을 사용하는 것을 집광경이라고 함.

집광^렌즈(集光lens) [-꽝-] [명][물] 광학 기기에 쓰이는 렌즈 가운데, 단순히 빛을 모으기 위하여 사용하는 렌즈.

집괴(集塊) [-꾀/-꿰] [명] 뭉쳐서 이루어진 덩이.

집-구석 [-꾸-] [명] **1** '집 안'을 낮추어 이르는 말. ¶~에만 틀어박히다 / 너는 매일 ~에서 무얼 하느냐? **2** '집[1] [1]1'을 낮추어 이르는 말.

집권[1](執權) [-꿘] [명] (정당이나 정치 지도자가) 정권을 잡는 것. ¶~ 여당 / 장기 ~ / 차기 ~을 노리다. **집권-하다**[1] [동][자][여]

집권[2](集權) [-꿘] [명] 권력을 한곳으로 집중시키는 것. ¶중앙 ~. ↔분권(分權). **집권-하다**[2] [동][자][여]

집권-당(執權黨) [-꿘-] [명] 정권을 잡고 있는 정당이나 무리.

집권-자(執權者) [-꿘-] [명] 권세나 정권을 잡고 있는 사람.

집기(什器) [-끼] [명] =집물. ¶사무용 ~.

집기-병(集氣甁) [-끼-] [명] 화학 실험 기구의 하나. 기체를 모으는, 유리로 된 병.

집념(執念) [짐-] [명] 한 가지 사물에만 끈덕지게 들러붙어 마음을 쏟는 것. 또는, 그 마음이나 생각. ¶~의 사나이 / 예술에 대한 ~을 불사르다. **집념-하다** [동][자][여]

집-누에 [짐-] [명] 집에서 치는 누에. =가잠.

집다 [-따] [동][타] **1** (물건을) 엄지손가락과 집게손가락 또는 엄지손가락과 나머지 손가락의 끝이 모아지게 하여 잡다. ¶손가락으로 떡을 ~. **2** (젓가락이나 핀셋이나 집게 따위의 도구로 물건을) 가운데에 놓고 도구의 양쪽에 힘이 가해지게 하여 끼이게 하다. ¶젓가락으로 음식을 ~ / 집게로 빨래를 ~. ▶줍다. **3** (어떤 대상을) 택하거나 가리켜 드러내다. [비]지적하다. ¶이 자리에서 누구라고 꼭 **집어** 말하기는 곤란하다.

집단(集團) [-딴] [명] 여러 사람이 한데 모여 일정한 조직 관계를 이룬 모임. ¶폭력 ~ / ~ 사표 / ~으로 행동하다 / ~을 이루다.

집단^농장(集團農場) [-딴-] [명] 여러 사람이 협동하여 조직적으로 경영하는 농장. ▷콜호스.

집단-생활(集團生活) [-딴-] [명] **1** 공통되는 의식이나 목표를 가지고 여럿이 집단을 이루어 일정 기간 함께 지내는 생활. **2** 무리를 이루어 함께 생활하는 일.

집-단속(-團束) [-딴-] [명] 집 안의 여러 집물 등을 옳게 간수하기 위해 하는 단속. ¶~을 철저히 하다.

집단-의식(集團意識) [-딴-] [명] 집단의 각 구성원이 하나의 것에 딸려 있다고 공통적으로 느끼는 의식. [비]사회의식.

집단^이기주의(集團利己主義) [-딴-의/-딴-이] [명][사] 자기가 속한 집단의 이익만을 배타적으로 추구하려는 태도나 입장.

집단-적(集團的) [-딴-] [관][명] 집단을 이룬(것). 또는, 집단에 관계된 (것).

집단-행동(集團行動) [-딴-] [명] 한 집단이 같은 목표와 의식을 가지고 행하는 행동.

집달-관(執達官) [-딸-] [명][법] 재판 결과의 집행 및 법원이 발하는 서류의 송달 사무를 행하는 직원. 구칭은 집달리.

집달-리(執達吏) [-딸-] [명][법] '집달관'의 구칭.

집-대성(集大成) [-때-] [명] 여럿을 모아 하나로 크게 완성하는 것. 또는, 그 완성한 것. **집대성-하다** [동][타][여] ¶'동의보감'은 허준이 동방 의학을 **집대성한** 불후의 의서이다. **집대성-되다** [동][자]

집도(執刀) [-또] [명] 수술이나 해부를 하기 위하여 메스를 잡는 것. ¶김 박사의 ~로 수술이 이루어지다. **집도-하다** [동][자][여]

집-돼지 [-뙈-] [명] 집에서 기르는 돼지.

집-뒤짐 [-뛰-] [명] 잃어버린 물건이나 사람을 찾기 위하여 남의 집을 뒤지는 일. **집뒤짐-하다** [동][자][여]

집-들이 [-뜰-] [명] 결혼하거나 이사한 뒤, 자축하는 뜻으로 친지를 집으로 초대하여 음식을 대접하는 일. ▷집알이. **집들이-하다** [동][자][여]

집무(執務) [짐-] [명] 사무를 보는 것. ¶~ 시간 / 그는 지금 ~ 중이다. **집무-하다** [동][자][여]

집무-실(執務室) [짐-] [명] 주로 높은 지위에 있는 사람들이 사무를 보는 방.

집-문서(-文書) [짐-] [명] 집의 소유권을 증명하는 서류. =가권(家券). ¶~를 잡히다.

집물(什物) [짐-] [명] 집안 살림에 쓰이는 온갖 기구. =집기(什器). ¶가장(家藏) ~.

집배(集配) [-빼] [명] 우편물·화물 등을 한곳으로 모아 배달하는 것. **집배-하다** [동][타][여]

집배-원(集配員) [-빼-] [명][통] '우편집배원'의 준말.

집백(執白) [-빽] [명] 바둑에서, 백(白)을 잡고 둠. ↔집흑(執黑).

집-비둘기 [-삐-] [명] 집에서 기르는 비둘기. ↔들비둘기.

집-뼘 [명] '집게뼘'의 준말.

집사[1](執事) [-싸] [명] **1** 주인 옆에 있으면서 그 집 일을 맡아보는 사람. **2** [기] 교회 직분의 하나. 또는, 그 직분을 맡은 사람. 세례 교인으로서, 교회의 각 기관의 일을 맡아 봉사함. ¶안수 ~.

집사[2](執事) [-싸] Ⅰ [명] 존귀한 사람을 높여 이르는 말.
Ⅱ [대][인칭] 노형(老兄)과 존장의 중간 존칭.

집-사람 [-싸-] [명] 남 앞에서 자기 아내를 겸손하게 일컫는 말.

집사-부(執事部) [-싸-] [명][역] 신라 때 국가 기밀과 서정(庶政)을 맡아보던 최고 행정 기관.

집산(集散) [-싼] [명] 여러 곳의 생산물이 모여들었다가 다시 다른 지방으로 흩어져 나가는 것. ¶이곳은 각종 해산물의 ~이 성하다. **집산-하다** [동][자][여]

집산-지(集散地)[-싼-] 圀 여러 곳의 생산물이 집산하는 곳. ¶농산물의 ~.
집성(集成)[-썽] 圀 여럿을 모아 하나로 체계를 세워 이루는 것. ¶~체. **집성-하다** 圄타여 **집성-되다** 圄자
집-세(-貰)[-쎄] 圀 남의 집을 빌려 사는 대가로 내는 돈. =가세(家貰). ¶~를 치르다[물다]. ¶~가 밀리다.
집시(Gypsy) 圀 1 코카서스 인종에 속하는 흑발·흑안(黑眼)의 유랑 민족. 유럽을 중심으로 남북아메리카 등 세계 각지에서 방랑 생활을 함. 미신적이고 쾌활하며 음악에 뛰어난 재능을 가지고 있음. 2 방랑 생활을 하는 사람의 비유.
집-식구(-食口)[-씩꾸] 圀 남에게 자기 아내를 겸손하게 이르는 말.
집심(執心)[-씸] 圀 흔들리지 않고 한쪽으로 마음을 잡고 열중하는 것. 또는, 그 마음. **집심-하다** 圄자
집-안 圀 가족을 구성원으로 하는 공동체. 또는, 가까운 일가(一家). ¶~싸움 / ~ 식구 / 그 사람은 학벌도 있고 ~도 좋다.
집안-사람[-싸-] 圀 가까운 살붙이를 남에 대하여 이르는 말.
집안-싸움 圀 1 가족이나 집안 간의 싸움. ¶유산 문제로 ~이 일어나다. 2 한 조직이나 단체의 구성원끼리 하는 싸움.
집안-일[-닐] 圀 1 살림을 꾸려 나가기 위해 집 안에서 하는 일. 곧, 밥 짓기·빨래·청소 따위의 일. =가사(家事)·집일. ¶~ 공부를 마치고 ~을 도와야 한다. 2 자기 가정이나 친척 집안에 생기는 일이나 행사. ¶그는 ~로 회사에서 조퇴를 했다.
집-알이 圀 이사 간 사람의 집을 인사로 찾아보는 일. ¶행담두 미리서 ~ 겸 가세그려. 《채만식:탁류》 ⇒집들이. **집알이-하다** 圄
집약(集約) 圀 한데 모아서 요약하는 것. **집약-하다** 圄타여 ¶여러 사람의 의견을 하나로 ~. **집약-되다** 圄자여 ¶공자의 사상은 '논어(論語)'에 **집약**되어 있다.
집약-적(集約的)[-쩍] 屬圀 집중적으로 한 곳에 모아서 뭉뚱그리는 (것).
집약적 농업(集約的農業)[-쩍-][-농] 많은 자본과 노동력을 들여 일정한 토지에서 생산력을 가능한 한 높이려는 농업 경영. ↔조방적 농업.
집어-내다 圄타 1 집어서 밖으로 내놓다. ¶쌀에서 돌을 ~. 2 지적하여 밝혀내다. ¶그의 진술 내용 중에서 거짓말을 ~.
집어-넣다[-너타] 圄타 (어떤 대상을) 억지로 또는 어렵사리 공간이나 단체나 범위 등의 안에 넣다. ¶팔을 좁은 구멍 안에 ~ / 범죄자를 집옥에 ~.
집어-던지다 圄타 (물건을 어디에 또는 누구에게) 손으로 집어서 내던지다. ¶휴지를 쓰레기통에 ~ / 덕수는 화를 참지 못하고 책을 내서 **집어**던졌다.
집어-등(集魚燈) 圀 밤에 배를 타고 고기잡이할 때, 물고기가 모여들도록 하기 위해 켜는 등불.
집어-먹다[-따] 圄타 1 (남의 것을) 가로채어 제 것으로 만들다. ¶회사 돈을 ~. 2 (겁·두려움 따위를) 가지게 되다. ¶겁을 ~.
집어-삼키다 圄타 1 거침없이 입에 넣어 삼키다. ¶빵을 한입에 ~. 2 (남의 것을) 슬쩍 후무려 제 것으로 만들다. ¶남의 재산을 ~.

집어-세다 圄타 1 주책없이 함부로 막 먹다. 2 말과 행동으로 닦달하다. 3 (남의 것을) 마음대로 가지다.
집어-치우다 圄타 (일을) 중도에서 그만두다. 圓걷어치우다. ¶학업을 ~ / 장사를 ~ / 직장을 ~.
집어-타다 圄 '잡아타다'를 속되게 이르는 말. ¶그는 연락을 받자 택시를 **집어**타고 급히 달려왔다.
집-오리 圀圄 야생의 청둥오리를 개량한 품종. 집에서 기르는 오리로 청둥오리보다 좀 크고, 날개는 약함. 고기나 알을 얻기 위해 기름. 圗오리. ↔들오리.
집요(執拗) →**집요-하다** 圉여 고집스럽게 끈질기다. ¶**집요**한 공격 / 사건을 **집요**하게 추적하다.
집-일[짐닐] 圀 집 안에서 하는 일이나 집 안에 생기는 일. 圓집안일.
집-임자(-임자) 圀 =집주인.
집-장(-醬)[-짱] 圀 여름에 띄워 말린 메주를 곱게 빻아 고춧가루와 함께 찰밥에 버무려 장아찌를 박고 띄운, 고추장 비슷한 음식. =즙장.
집장-사령(執杖使令)[-짱-] 圀역 장형(杖刑)을 집행하는 사령.
집적(集積)[-쩍] 圀 모여 쌓이는 것. 또는, 모아 쌓는 것. ¶~소(所). **집적-하다** 圄타여 **집적-되다** 圄자여 ¶자본과 기술이 ~.
집적-거리다/-대다[-쩍꺼(때)-] 圄자여 1 아무 일에나 자주 참견하여 손을 대다. ¶이것저것 **집적**거리기만 했지 이뤄 놓은 게 하나도 없다. 2 말이나 행동으로 자꾸 남을 건드려 성가시게 하다. ¶괜히 어린아이를 **집적**거려 울리다. 젠찝적거리다.
집적-집적[-쩍찝쩍] 圐 집적거리는 모양. 젠찝적찝적. **집적집적-하다** 圄자타여
집적² 회로(集積回路) 圀 [-쩌꾀(-꿰)-] 圀 트랜지스터·다이오드·저항·콘덴서 등을 반도체 결정 위에 서로 분리할 수 없도록 결합한 전자 회로. =아이시(IC).
집전(執典)[-쩐] 圀 전례(典禮)를 다잡아 집행하는 것. **집전-하다** 圄타여 ¶지산은 … 열심히 염불을 하는 것이었는데, 마치 법당에서 의식(儀式)을 **집전**할 때처럼 숙연한 어조였다. 《김성동:만다라》
집정(執政)[-쩡] 圀 나라의 정권을 잡는 것. 또는, 그 사람. **집정-하다** 圄자여
집정-관(執政官) 圀 1 국정을 행하는 관원. 2 圀역 로마 공화정의 최고 정무관. =콘술.
집조(執照)[-쪼] 圀역 지난날, 외국인에게 내어 주던 통행 허가의 편의를 위하여 주는 증명서.
집-주룁[-쭈-] 圀 지난날, 집의 매매나 전세 등을 중개해 주고 그 수수료를 받는 일을 하던 사람. 오늘날에는 그런 자격을 갖춘 사람을 '공인 중개사'라 부름. =가쾌(家儈).
집-주인(-主人)[-쭈-] 圀 1 그 집안의 으뜸이 되는 사람. 2 그 집의 소유자. =집임자. ¶~이 바뀌다.
집중(集中)[-쭝] 圀 1 (어떤 일·현상·대상 등이) 한곳이나 한 대상에, 또는 한정된 짧은 시간에 몰리거나 쏠리는 것. ¶~ 단속 / ~ 호우. 2 (어떤 일에 정신을) 바짝 차리고 쏠리게 하는 것. ¶시끄러워 ~이 잘 안 된다. 3 (어떤 대상에 시선·이목 등을) 향하여 미치게 하는 것. ¶시선 ~. **집중-하다** 圄자

(타)여 ¶대도시에 인구가 ~. **집중-되다** 동자 ¶뭇 시선이 내게로 ~.
집중-력(集中力) [-쭝녁] 명 마음이나 주의를 어느 사물에 집중할 수 있는 힘. ¶~이 없다 / ~을 기르다.
집중^사격(集中射擊) [-쭝-] 명[군] 한 목표물이나 특정 지역에 모든 화력을 집중하는 것. 적의 진지에 ~을 가하다.
집중^신경계(集中神經系) [-쭝-계/-쭝-게] 명[생] 신경 세포가 동물체의 일정한 부위에 집중된 신경 중추 및 몸의 각 부위를 연락하는 말초 신경으로 구성되는 신경계. ↔산만 신경계.
집중-적(集中的) [-쭝-] 관·명 한곳을 중심으로 모이거나 모으는 (것). ¶~ 공격 / 수학 과목을 ~으로 공부하다.
집중^호우(集中豪雨) [-쭝-] 명[기상] 짧은 시간에 집중적으로 쏟아지는 비.

> **유의어** 집중 호우 / 호우
> '**집중 호우**'는 집중된 시간에 많이 내리는 비를 가리키고, '**호우**'는 오랜 시간 고루 내리는 큰비를 가리킴.

집-쥐 [-쮜] 명[동] 1 포유류 쥣과에 속하는 동물의 총칭. 들쥐에 대하여 인가에 살고 있는 쥐를 가리킴. 2 포유류 쥣과의 하나. 몸 길이가 22∼26cm. 몸 윗면은 갈색이고 몸 아랫면과 발은 회백색임. 야행성으로 하수구, 마루 밑 등 인가나 그 부근에 삶. =시궁쥐.
집진-기(集塵機) [-찐-] 명 공기 속에 떠돌아다니는 미립자를 모아서 제거하는 장치. 공기를 맑게 하거나, 연기 따위의 유해 성분을 제거하는 데 등에 쓰임.
집-짐승 [-찜-] 명 =가축(家畜)².
집-집 [-찝] 명 각 집. 또는, 모든 집. ¶~을 방문하다 / ~마다 신문을 돌리다.
집집-이 [-찝-] 부 집집마다. ¶~ 태극기가 휘날리다.
집-짓기 [-찓끼] 명 1 여러 모양의 나무나 플라스틱으로 된 조각으로 집 짓는 시늉을 하면서 노는 어린이 놀이. 2 바둑을 끝낸 후에 각기 상대방의 집을, 계산하기 쉽게 정리해서 배열하는 일. **집짓기-하다** 자여
집착(執着) 명 어떤 것에 마음이 늘 쏠리어 떨치지 못하고 매달리는 일. ¶~력 / ~심. **집착-하다** 자여 ¶돈과 명예에 ~. **집착-되다** 동자
집-채 명 집의 덩치나 크기. ¶~만 한 고래. **집채 같다** 관 부피가 매우 큰 모양을 형용하는 말. ¶집채 같은 파도.
집촌(集村) 명 집들이 한곳에 밀집하여 부락을 이룬 마을. ↔산촌(散村).
집총(執銃) 명 총을 쥐거나 몸에 지니는 것. ¶~ 훈련. **집총-하다** 자여
집-치레 명 집을 꾸미는 일. =집치장. **집치레-하다** 자여
집-치장(-治粧) 명 =집치레. **집치장-하다** 자여
집-칸 명 1 집을 이루고 있는 칸살. 또는, 하나하나의 칸. ¶~이 크다 / ~을 세다. 2 칸수가 얼마 안 되거나 한두 칸의 칸살로 된 변변하지 못한 집. ¶~이라도 장만하려면 부지런히 일해야 한다.
집-터 명 1 집이 있거나 있었거나, 또는 집을 지을 자리. =양택. ⓗ택지(宅地). ¶~가 넓다 / ~를 닦다. 2 고고학에서, 고대 인류가 살던 동굴·움집 따위의 살림 유적. =주거지

(住居址).
집-토끼 명[동] 토끼의 한 품종. 야생 토끼를 가축화한 것이며, 앞다리가 산토끼보다 짧음. 털을 이용하는 앙고라종, 고기용의 벨기언종, 애완용의 롭스종 등이 있음. =가토(家兎). ▷산토끼.
집-파리 명[동] 파리목 집파릿과의 곤충. 몸 길이 6∼8mm. 몸빛은 흑갈색이며, 날개는 투명함. 전염병을 매개하는 해충임. =파리.
집표(集票) 명 역 출구에서 승객의 차표를 기계 또는 사람이 거두어들이는 것. ↔개표.
집표-하다 자여
집필(執筆) 명 [붓을 손에 쥔다는 뜻] (문학 작품, 논문, 책의 원고 따위를) 비교적 오랜 시일에 걸쳐 쓰는 것. **집필-하다** 타여 ¶그는 한국 문학사에 관한 논문을 **집필하고** 있다.
집필-자(執筆者) [-짜] 명 어떤 글을 집필한 사람.
집하(集荷) [지파] 명 각지로부터 여러 가지 산물이 시장 등 한곳으로 모이는 것. 또는, 그 모인 산물. **집하-하다** 자여 ¶농산물이 ~.
집합(集合) [지팝] 명 1 (사람의 무리나 많은 사물이) 한곳에 모이는 것. ¶~ 장소. ↔해산(解散). 2 [수] 특정한 조건에 맞는 사물들의 모임. ¶홀수의 ~. **집합-하다** 자여 ¶역전에 10시까지 **집합할** 것. **집합-되다** 동자
집합^명사(集合名詞) [지팝-] 명[언] 같은 종류의 것이 모인 전체를 나타내는 명사. =모임이름씨.
집합-어(集合語) [지파버] 명[언] =포함어.
집합-체(集合體) [지팝-] 명 많은 것들이 모여 이루어진 덩어리.
집해(集解) [지패] 명 여러 가지 해석을 모은 책.
집행(執行) [지팽] 명 1 실제로 시행하는 것. 2 법률·명령·재판·처분 등의 내용을 현실로 구체화하는 일. ¶~ 판. 3 [법] '강제 집행'의 준말. **집행-하다** 타여 ¶사형을 ~. **집행-되다** 동자 ¶형이 ~.
집행^기관(執行機關) [지팽-] 명[법] 1 법인(法人)의 의사를 집행하는 기관. ↔의결 기관. 2 강제 집행을 실시할 직무를 가지는 국가 기관.
집행-부(執行部) [지팽-] 명 정당 등의 단체에서, 의결 기관의 결정을 집행하는 부서.
집행^유예(執行猶豫) [지팽뉴-] 명[법] 범죄자에게 단기(短期)의 징역 또는 금고형을 선고할 경우, 정상(情狀)에 따라 일정 기간 형의 집행을 유예하는 일. ¶~로 풀려나오다.
집현-전(集賢殿) [지편-] 명[역] 조선 초기에 궁중에 두어, 경적(經籍)·전고(典故)·진강(進講) 등을 맡아보던 관아.
집회(集會) [지쾨/지퀘] 명 여러 사람이 특정한 공동 목적을 위하여 일시적으로 모이는 일. ¶추모 ~ / 군중 ~ / ~를 열다. **집회-하다** 자여
집회의 자유(自由) 구 기본권의 하나. 다수인의 특정한 공동 목적을 위하여 일시적으로 일정한 곳에 모임을 여는 자유.
집흑(執黑) [지퍽] 명 바둑에서, 흑을 잡고 둠. ¶~으로 석 집을 이기다. ↔집백(執白).
집-히다 [지피-] 자 '집다'의 피동사. ¶물건을 손에 **집히는** 대로 내팽개치다.
짓¹[짇] 명 1 자립 버릇처럼 하는 행동이나

몸의 일부를 놀려 움직이는 일. 자립성이 약한 편이며, 일반적으로 합성어의 꼴로 쓰임. ¶몸~ / 눈~ / 어깻~. **2**(의존) 상대의 '동작'이나 '행동'을 낮추어 이르는 말. 윗사람에게는 쓸 수 없음. ¶나쁜 ~ / 한 번만 더 그따위 ~을 했다가는 혼날 줄 알아라.

짓(이) 나다 (구) **1** 어떤 버릇이 행동으로 나타나다. **2** 흥겨워 동작이 절로 멋이 나다.

짓-² [진] (접두) 동사 위에 붙어서, '마구', '함부로'의 뜻을 나타내는 말. ¶~밟다 / ~누르다 / ~이기다.

짓-개다 [진깨―] (동)(타) 짓이기다시피 마구 개다. ¶시멘트 반죽을 ~.

짓!-거리 [진꺼―] (명) **1** 흥겨워서 멋으로 하는 짓. **2** '짓'을 속되게 이르는 말. ¶저 사람 하는 ~ 좀 보게. **짓!거리-하다** (자)

짓!고-땡 [진꼬―] (명) **1** 화투 노름의 한 가지. 다섯 장씩 나누어 가지고 석 장으로 열 끗 또는 스무 끗을 만들고 남은 두 장으로 끗수를 겨룸. ×지어땡·지어땡이·짓고땡이. **2** 일이 제 뜻에 맞게 잘 되어 감.

짓고-땡이 (명) '짓고땡¹'의 잘못.

짓!-궂다 [진꾿따] (형) 장난스럽게 남을 괴롭고 귀찮게 하여 곰살갑지 않다. ¶짓궂은 질문 / 짓궂은 남자 / 짓궂게 굴다. **짓궂-이** (부)

짓-까불다 [진―] (동)(자) <~까부니, ~까부오> 함부로 마구 까불다. ¶버릇없이 ~.

짓-누르다 [진―] (동)(타)(자) <~누르니, ~눌러> **1** 함부로 또는 세게 누르다. ¶사람을 위에서 올라타고 마구 ~. **2** 심리적·정신적으로 심하게 억압하다. ¶걱정이 마음을 무겁게 ~.

짓눌리다 [진―] (동)(자) '짓누르다'의 피동사. ¶짓눌려 으깨어졌다.

짓!다 [짇따] (짓!고 / 지어) (동)(타) <지으니, 지어> **1** (밥을) 솥이나 냄비 등에 쌀이나 보리 등을 넣고 물을 부은 뒤 열을 가하여, 익게 하다. ¶쌀밥을 ~ / 삼층밥을 ~. **2** (옷을) 천을 마르고 바느질하여 일정한 모양으로 만들다. 주로, 수공업적으로 만드는 것을 가리킴. ¶어머니가 천을 끊어다가 손수 한복을 **지어** 주셨다. **3** (집을) 흙과 나무나 암석 따위로 일정한 구조와 크기로 만들다. ¶기와집을 / 집을 이 층으로 ~. **4** (글이나 노래나 이름 따위를) 머릿속으로 생각해 내어 만들다. (비)창작하다. ¶시를 ~ / 아이의 이름을 ~. **5** (말이나 글을) 거짓으로 꾸며서 만들다. ¶지금까지 내가 한 말은 하나도 보태거나 **지어** 넣거나 하지 않은 진실임을 알아주십시오. **6** (사람이 어떤 표정이나 태도 등을) 얼굴이나 몸에 나타내거나 드러내다. ¶미소를 ~ / 울상을 ~ / 한숨을 ~. **7** (여러 사람이나 동물이나 물건 등이) 한데 있어 어떤 모습을 이루다. ¶군인들이 열을 **지어** 행진하다 / 코끼리 새끼 무리를 **지어** 이동하다. **8** 논밭을 일구거나 갈아 농작물이 나게 하다. ¶농사를 ~. **9** (약을) 여러 가지 재료를 섞어 만들다. (비)조제하다. ¶보약을 ~ / 감기약을 ~. **10** (죄를) 말이나 행동으로 저지르다. (비)범하다. ¶죄를 **지은** 사람. **11** (어떤 대상에 대해 어떤 의미인는 상태를) 이루어지게 하다. ¶결론을 ~ / 사건 수사의 마무리를 ~.

짓-두들기다 [진뚜―] (동)(타) 마구 두들기다.

짓!-둥이 [진뚱―] (명) 몸을 놀리는 모양새. ¶중년에 대들려는 ~를 하자 김은 급한 김에 말도 안 되는 대꾸를 했다. 《이문구: 우리 동네 김씨》

짓-무르다 [진―] (동)(자) <~무르니, ~물러> 살갗이 헐어서 문드러지다. ¶습진으로 살갗이 ~. ×진무르다·짓물다.

짓-물다 [진―] (자) '짓무르다'의 잘못.

짓-뭉개다 [진―] (동)(타) 마구 뭉개다. ¶이불을 발로 ~.

짓-밟다 [짇빱따] (동)(타) **1** 짓이기다시피 마구 밟다. ¶담뱃불을 구둣발로 **짓밟아** 끄다. **2** 함부로 유린하다. ¶인권을 ~ / 여자의 순결을 ~.

짓밟-히다 [짇빱피―] (동)(자) '짓밟다'의 피동사. ¶잔디가 **짓밟혀서** 자라지 못하다.

짓-부수다 [짇뿌―] (동)(타) 마구 부수다.

짓-쑤시다 [진―] (동)(타) 함부로 마구 쑤시다.

짓-씹다 [진―따] (동)(타) 짓이기다시피 잘게 씹다.

짓-옷 [진옫] (명) =우의(羽衣)².

짓-이기다 [진니―] (동)(타) 함부로 몹시 잘게 이기다.

짓-찧다 [짇찌타] (동)(타) 아주 세게 찧다. ¶쑥을 절구에서 즙을 내다 / 벽에 이마를 ~.

짓-치다 [진―] (동)(타) 함부로 몹시 치다.

징¹ (명) 신의 가죽 창 아래에 박은 쇠못. ¶구두에 ~을 박다.

징² (명) 국악기의 하나. 놋쇠로 전이 없는 대야 모양으로 만든 타악기. 음색이 부드럽고 웅장함. =동라(銅鑼)·정(鉦). ¶~을 치다.

징거-매다 (동)(타) 옷이 해지지 않게 딴 천을 대고 대강 꿰매다.

징건-하다 (형)(여) 먹은 것이 잘 소화되지 않아 더부룩한 느낌이 있다. (비)그득하다. ¶아침에 가리를 많이 먹었더니 속이 **징건해서** 점심을 먹구 싶은 생각이 없소.《홍명희: 임꺽정》

징-걸이 (명) 신창에 징이나 못을 박을 때, 신을 엎어 씌워 놓고 두드리기 위해 밑에 받치는 기구. 쇠로 만들며, 바닥이 신창 비슷함.

징검-다리 (명) 사람이 딛고 건널 수 있도록 사람의 걸음나비 정도의 간격으로 개울 등에 놓은 여러 개의 돌. 때로, 돌 대신에 가마니나 마대에 흙을 담은 것을 놓기도 함.

징검-돌 [―똘] (명) 징검다리로 놓은 돌.

징검-징검 (부) **1** 드문드문 징거서 꿰매는 모양. **2** 발을 멀찍멀찍 떼어 놓으며 걷는 모양. ¶긴 다리로 ~ 걷다. (센)찡검찡검.

징계(懲戒) [―계/―게] (명) **1** 부정이나 부당한 행위에 대하여 제재(制裁)를 가하는 것. **2** [법] 공직(公職)에 있는 사람의 의무 위반에 대하여, 국가와 공공 단체가 과하는 제재. **징계-하다** (타)(여)

징계^처^분(懲戒處分) [―계―/―게―] (명) [법] 일반 공무원에 대하여 징계로서 과하는 처분. 면직·감봉 따위.

징구(徵求) (명) (돈·곡식 따위를) 달라고 요구하는 것. =책징. **징구-하다** (타)(여)

징그다 (동) <징그니, 징거> **1** 큰 옷을 줄일 때 일부분을 접어 넣고 호다. ¶밑단을 ~. **2** 옷이 해지지 않도록 일부에 다른 천을 대고 듬성듬성 꿰매다.

징그럽다 [―따] (형) <징그러우니, 징그러워> **1** 보거나 만지기에 불쾌할 만큼 흉하다. ¶긴 혀를 날름거리는 **징그러운** 뱀. (쟁)쟁그랍다. **2** 하는 행동이 유들유들하여 역겹다. ¶"어머, **징그럽게** 왜 이래요?" 미스 김은 희죽히죽 웃으면서 다가앉는 남자를 손으로 떼밀었다.
징글-맞다[-맏따] 휑 몹시 불쾌할 만큼 흉하거나 역겹다. ¶징글맞게 생기다.
징글징글-하다 휑 생각만 하여도 징그러울 만큼 흉하다. 좍징글쟁글하다.
징납(徵納) 명[역] 고을 원이 세금을 거두어 나라에 바치는 것. 징납-하다 통타
징발(徵發) 명 1 남으로부터 물품을 강제적으로 모아 거두는 것. 2 정부에서 긴급을 요하는 일에 노력을 동원하기 위하여 사람을 불러다 쓰는 것. 3 전시(戰時)에 정부가 인마(人馬)나 군용품을 모아 거두는 것. 징발-하다 통타여 징발-되다 통자
징벌(懲罰) 명 옳지 않은 일을 하거나 죄를 지은 데 대해 벌을 주는 것. 또는, 그 벌. ¶~에 처하다. 징벌-하다 통타여
징병(徵兵) 명[법] 국가가 법령으로써 병역 의무자를 강제적으로 모아 군무에 복무시키는 일. ¶~ 기피. 징병-하다 통자여
징병-검사(徵兵檢査) 명[법] 병역법에 의거하여 징병관이 징병 적령자를 소집하여 병역 복무 자격의 유무를 조사하기 위해 신체 검사 등을 하는 것.
징병-제(徵兵制) 명[법] =징병 제도.
징병-제도(徵兵制度) 명[법] 국민에게 강제적으로 병역의 의무를 지우는 국민 개병 제도(國民皆兵制度). =징병제.
징빙(徵憑) 명 1 =징증(徵證). 2 [법] =간접 증거.
징세(徵稅) 명 세금을 거두어들이는 것. 징세-하다 통자여
징수(徵收) 명 행정 기관이 법에 따라 조세·수수료 같은 것을 국민에게서 거두어들이는 일. =징봉(徵捧). ¶~금(金). 징수-하다 통타여 징수-되다 통자
징수-액(徵收額) 명 거두어들인 돈의 액수. ¶지방세 ~.
징악(懲惡) 명 옳지 못한 일을 징계하는 것. ¶권선(勸善)~. 징악-하다 통타여
징얼-거리다/대다 통 1 마음에 맞갖지 않아 기분 나쁜 태도로 자꾸 중얼거리다. 2 '찡얼거리다'의 여린말. ㉠칭얼거리다.
징얼-징얼 튀 '찡얼찡얼'의 여린말. ㉠칭얼칭얼. 징얼징얼-하다 통자여
징역(懲役) 명[법] 죄인을 교도소에 가두어 노역에 복무시키는 자유형. ¶무기 ~ / ~을 살다 / ~ 1년을 구형하다.
징역-꾼(懲役-) 명 =징역수.
징역-살이(懲役-)[-쌀-] 명 징역형을 받고 교도소에서 복역하는 일. 징역살이-하다 통자여
징역-수(懲役囚)[-쑤] 명 징역형을 선고받고 복역하는 사람. =징역꾼·징정.
징역-형(懲役刑)[-여켱] 명 징역의 형벌. 자유형 가운데 가장 무거운 형벌임. ¶10년 이하의 ~에 처하다.
징용(徵用) 명 1[법] 전시·사변 또는 이에 준하는 비상사태에, 국가의 권력으로 국민을 강제적으로 일정한 노역에 종사시키는 것. 2 [일제] =강제 징용. 징용-하다 통타여 징용-되다 통자
징-잡이 명 두레패에서 징을 치는 사람.
징조(徵兆) 명 앞으로 어떤 일이 일어날 것인지를 미루어 알게 하는 일이나 현상. ⓑ조짐·전조. ¶불길한 ~가 보인다. / 풍파가 일어날 ~로 물새 떼가 물비늘을 치며 낮게 날고 마파람이 허연 물보래를 일었다.《천승세:신궁》

징증(徵證) 명 증명이나 증거로 되는 것. = 징빙(徵憑).
징집(徵集) 명 1 물건을 거두어 모으는 것. 2 [법] 국가가 병역 의무자에 대하여 현역에 복무할 의무를 부과하는 것. 징집-하다 통타여 징집-되다 통자
징집-영장(徵集令狀)[-짐녕짱] 명 징병 적령자를 징집하는 명령서.
징징 튀 징징거리는 모양. ¶~ 울다. ㉤찡찡. 징징-하다 통자여
징징-거리다/대다 통 불만스럽거나 못마땅하거나 하여 자꾸 울음소리를 내거나 우는소리를 늘어놓다. ¶징징거리지만 말을 해라. / 아이들은 늘 배가 고파 **징징거렸**고….《전상국:하늘 아래 그 자리》㉤찡찡거리다.
징치(懲治) 명 징계하여 다스리는 것. 징치-하다 통타여
징크스(jinx) 명 사람이 어떤 상황이나 조건 아래에서 으레 나쁜 일을 겪거나 좋지 않은 결과를 가지게 되는 상태. 또는, 그러한 불운이나 악운. ¶~를 깨다 / 그 선수는 수염을 깎으면 경기에 지는 ~가 있다.
징표(徵表) 명[논] 일정한 사물이 공통으로 지니는 필연적인 성질. 하나의 사물을 다른 사물과 구별하는 표가 됨. 속성·양식·성격·빈사(實辭)·기호 등의 뜻으로도 쓰임.
징표(標徵) 명 =표징(標徵).
징험(徵驗) 명 어떤 징조를 경험하는 것. 징험-하다 통타여
징후(徵候) 명 겉으로 나타나는 낌새. ¶병의 ~ / 폭풍의 ~.
짖다[짇따] 통자 1 (개가) 크게 소리를 내다. ¶한밤중에 개 **짖는** 소리가 들리다. 2 (까막까치가) 시끄럽게 지저귀다.
짙다¹[짇따] 통자 재물 같은 것이 넉넉하게 남아 있다.
짙다²[짇따] 휑 1 (대상의 색깔이) 보통의 정도보다 뚜렷하거나 강하게 나타나거나 보이는 상태에 있다. ⓑ진하다. ¶짙은 밤색 / 화장이 ~ / 사방에 **짙은** 어둠이 깔리다. 2 (안개나 연기 등이) 잔뜩 끼어 앞을 분간할 수 없는 상태에 있다. ⓑ자욱하다. ¶도시에 짙은 안개가 끼다. 3 (냄새가) 보통의 정도보다 강한 상태에 있다. ¶장미의 **짙은** 향기. 4 (액체에 녹아 있는 물질의 양이) 보통의 정도보다 많은 상태에 있다. ¶커피를 짙게 타다. ↔옅다. 5 (어떤 일에 대한 가능성 따위가) 보통의 정도보다 많은 상태에 있다. ⓑ농후하다. ¶일이 실패할 가능성이 ~.
짙디-짙다[짇띠짇따] 휑 더할 수 없이 매우 짙다.
짙-푸르다[짇-] 휑러 〈~푸르니, ~푸르러〉 빛깔이 짙게 푸르다. ¶짙푸른 숲.
짚[집] 명 1 벼·밀·보리·조 등의 이삭을 떨어낸 줄기. ¶밀~ / 보릿~. 2 '볏짚'의 준말.
짚-가리[집까-] 명 짚묶을 가려 쌓은 더미.
짚다[집따] 통타 1 (지팡이 손을) 바닥에 대고 버티어 몸을 의지하다. ¶지팡이를 짚고 다니다. 2 손을 대어 살며시 누르다. ¶이마을 ~ / 열이 있나 이마를 **짚어** 보다. 3 지적하거나 지목하다. ¶한 조목씩 **짚어** 가며 설명하다 / 누구라고 **짚어서** 얘기할 수는 없다. 4 요량하여 짐작하다. ¶날짜가 언제인지 **짚어** 보다.

짚고 넘어가다 어떤 일의 시비(是非)를 가리고 지나가다. ¶이번 일만은 짚고 넘어가야겠다.
짚-단[집딴] 명 볏짚의 묶음. =짚뭇. ¶~을 묶다.
짚-대[집때] 명 짚의 줄기.
짚-둥우리[집뚱-] 명 볏짚으로 만든 큰 둥우리.
짚둥우리(를) 타다 관 탐욕이 많고 포학한 고을 원이 백성들에 의하여 짚둥우리에 실려 지경 밖으로 쫓겨나다.
짚-뭇[집묻] 명 =짚단.
짚-북더기[집뿍-] 명 '짚북데기'의 잘못.
짚-북데기[집뿍떼-] 명 얼크러진 볏짚의 북데기. ×짚북더기·짚북세기.
짚-북세기[집뿍쎄-] 명 '짚북데기'의 잘못.
짚-불[집뿔] 명 짚을 태운 불.
[짚불도 쬐다 나면 섭섭하다] 하찮은 것도 없어지면 아쉽다.
짚-세기 명 '짚신'의 잘못.
짚-수세미[집쑤-] 명 짚으로 만든 수세미.
짚-신[집씬] 명 볏짚으로 삼은 신. 가는 새끼를 꼬아 날을 삼고 총과 돌기총으로 총을 삼아서 만듦. =초리·초혜(草鞋). ¶사짓 ~/~을 삼다. ×짚세기.
[짚신도 제짝이 있다] 보잘것없는 사람도 배필은 있다.
짚신-감발[집씬-] 명 짚신을 신고 발감개를 하는 것. 또는, 그런 차림새. ¶발에 ~을 단단히 하였으니 근처 사람이 아니고 먼 길을 온 사람이다.《홍명희:임꺽정》**짚신감발-하다** 자여
짚신-벌레[집씬-] 명[동] 짚신벌렛과의 원생동물. 몸길이 0.2~0.3mm. 몸은 짚신처럼 길둥글며, 겉면에 섬모가 빽빽이 나 있어 이것으로 헤엄을 침. 연못이나 논·늪 등에 사는 대표적인 동물성 플랑크톤임.
짚신-짝[집씬-] 명 1 짚신의 짝. 2 '짚신'을 흩하게 이르는 말.
짚-여물[짐녀-] 명 1 짚으로 만든 마소의 여물. 2 초벽을 할 진흙을 개는 데 넣으려고 잘막잘막하게 썬 짚의 토막.
짚이다 자 마음에 요량이 되어 짐작이 가다. ¶마음에 **짚이는** 바가 있다.
짚-자리[집짜-] 명 1 볏짚 따위로 엮어 만든 자리. =초석(草席). 2 볏짚을 갈아 놓아서 앉게 만든 자리.

ㅉ

-짜 접미 일부 명사의 어근에 붙어서, 어떤 특징을 지닌 사물이나 사람임을 이르는 말. ¶가~/공~/괴~/알~/진~.
짜개 명 콩·팥 등을 둘로 쪼갠 것의 한쪽.
짜개다 타 (단단한 물건을) 연장으로 베거나 찍어서 갈라지게 하다. ¶장작을 ~/수박을 ~. 큰찌개다. ▷쪼개다.
짜-지다 자 둘로 벌어져 짝 갈라지다.
짜그라-뜨리다/-트리다 타 짓눌러서 몹시 짜그라지게 하다. ¶양은그릇을 ~. 큰찌그러뜨리다.
짜그라-지다 자여 짓눌려서 오그라지다. ¶상자가 ~. 2 여위어 살가죽에 주름이 잡히다. 큰찌그러지다.
짜그락-거리다/-대다[-끄(때)-] 자 '자그락거리다'의 센말. 큰찌그러거리다.
짜그락-짜그락 부 '자그락자그락'의 센말. 큰찌그럭찌그럭. **짜그락짜그락-하다** 자여
짜그르르 부 '자그르르'의 센말. 큰찌그르르. **짜그르르-하다** 자여
짜그리다 타 '찌그리다'의 작은말.
짜글-거리다/-대다 자 '자글거리다'의 센말. 큰찌글거리다.
짜글-짜글[1] 부 '자글자글'의 센말. 큰찌글찌글. **짜글짜글-하다**[1] 자여
짜글-짜글[2] 부 '자글자글[2]'의 센말. **짜글짜글-하다**[2] 자여
짜금-거리다/-대다 자 입맛을 짝짝 다시며 맛있게 먹다. 큰찌금거리다.
짜금-짜금 부 짜금거리는 모양. 큰찌금찌금. **짜금짜금-하다** 자여
짜긋-거리다/-대다[-끄(때)-] 자타 1 남이 눈치 챌 수 있도록 눈을 자꾸 짜그리다. 2 남을 주의시키느라고 자꾸 옷을 살며시 당기다. 큰찌긋거리다.
짜긋-짜긋[-끋-끋] 부 짜긋거리는 모양. 큰찌긋찌긋. **짜긋짜긋-하다** 자타여
짜긋-하다[-끄타-] 형 한쪽 눈이 약간 짜그라진 듯하다. 큰찌긋하다. **짜긋-이** 부
짜깁-기[-끼] 명 1 짜깁는 일. 2 (남의 글을) 여기저기서 마구 끌어다가 조합하는 일. **짜깁기-하다** 자타여 ¶양복을 ~/인터넷에 있는 글을 적당히 **짜깁기해서** 리포트를 작성하다.
짜-깁다[-따] 타여 <~기우니, ~기워> 모직물의 찢어진 데를 그 감의 올로 짜서 본디대로 깁다.
짜-내다 타 1 (어떤 액체나 물질을) 그것을 담고 있거나 포함하고 있는 물건을 누르거나 비틀어서 밖으로 나오게 하다. ¶젖국을 ~/기름을 ~. 2 (남의 재물이나 세금 따위를) 억지로 내게 하다. ¶국민들의 세금을 ~. 3 (머리를) 굴려서 어떤 생각을 하다. 또는, (어떤 생각을) 떠올려 나타나게 하다. ¶여러 사람이 머리를 ~. 4 (어떤 상태를) 억지로 만들어 내다. ¶목소리를 **짜내듯** 힘들게 말하다.
짜다[1] 동 [1]타 1 (일정한 틀이나 구조물을) 나무 따위의 재료를 가지고 사개를 맞추어 만들다. ¶문짝을 ~/장롱을 ~. 2 (피륙이나 가마니 따위를) 실이나 짚 따위를 가로세로 결어서 만들다. ¶베를 ~/성글게 **짠** 모시. 3 (상투를) 머리털을 틀어서 만들다. ¶상투를 ~. 4 둘 이상의 사람의 무리를 지게 만들다. ¶편을 **짜서** 공놀이를 하다. 5 (일정한 내용이나 틀을 갖춘 계획이나 프로그램을) 이루어지게 하다. ¶휴가 계획을 ~/프로그램을 ~. [2]자 (여러 사람이, 또는 어떤 사람이 다른 사람과 함께) 부정적인 일을 하기 위해 몰래 어떤 약속을 하다. ¶적들끼리 미리 다 **짜고** 하였다.
짜다[2] 동 타 1 (어떤 물건을) 누르거나 비틀어서 그 속에 있는 액체나 무른 상태의 물질을 밖으로 나오게 하다. ¶빨래를 ~/참기름을 ~. 2 (남의 재물이나 세금 등을) 억지로 내게 하다. ¶사또는 한 푼이라도 더 **짜** 오라고 육방들을 매일 닦달했다. 3 (어떤 생각이나 안을) 머리를 써서 나오게 하다. ¶지혜를 ~/머리를 맞대고 묘안을 ~. 4 (눈물을) 억

지로 나오게 하다. ¶그 연속극을 보면서 많은 여성들이 눈물을 짰다.

짜다³ [형] 1 (어떤 물질이나 물체가) 소금 맛을 가진 상태에 있다. ¶바닷물이 ~ / 입 안으로 흘러든 땀이 셔에 짜게 느껴진다. 2 (간을 맞추어 맛을 내는 음식이) 소금의 맛을 보통의 정도보다 강하게 띤 상태에 있다. ¶그는 음식을 짜고 맵게 먹는다. →싱겁다. 3 (사람들이) 다른 사람을 위해 돈을 쓰거나 재물을 내놓거나 하는 일을 잘 하지 않으려고 하는 태도가 있다. 구어체의 말임. =인색하다. ¶짜기는 사람이 더 ~.

짜들다 [동][자] 〈짜드니, 짜드오〉 1 (물건이) 오래되어 때나 기름이 묻어 더럽게 되다. 2 여러 가지 고생을 하여 위축되다. [큰]찌들다.

짜디-짜다 [형] 몹시 짜다.

짜뜰름-거리다/-대다 [동][타] 줄 것을 한목에 주지 않고 여러 차례에 걸쳐서 조금씩 주다 말다 하다. [비]짤끔거리다. [큰]찌뜰름거리다.

짜뜰름-짜뜰름 [부] 짜뜰름거리는 모양. [큰]찌뜰름찌뜰름. **짜뜰름짜뜰름-하다** [동][타]

짜랑 [부] '자랑²'의 센말. [큰]찌렁. [거]차랑. **짜랑-하다** [동][자][어]

짜랑-거리다/-대다 [동][자][타] '자랑거리다'의 센말. [큰]찌렁거리다. [거]차랑거리다.

짜랑-짜랑 [부] '자랑자랑'의 센말. [큰]찌렁찌렁. [거]차랑차랑. **짜랑짜랑-하다** [동][타][어]

짜랑짜랑-하다² [형][어] 1 목소리가 세고 야무져 울림이 크다. 2 몸집은 작아도 목소리만은 ~. [큰]찌렁찌렁하다.

짜르랑 [부] '자르랑'의 센말. [큰]찌르렁. [거]차르랑. **짜르랑-하다** [동][자][어]

짜르랑-거리다/-대다 [동][자][타] '자르랑거리다'의 센말. [큰]찌르렁거리다. [거]차르랑거리다.

짜르랑-짜르랑 [부] '자르랑자르랑'의 센말. [큰]찌르렁찌르렁. [거]차르랑차르랑. **짜르랑짜르랑-하다** [동][자][어]

짜르르 [부] 1 '자르르'의 센말. 2 '찌르르'의 작은말. **짜르르-하다** [형][어]

짜르륵 [부] 대통 따위로 액체를 빨 때 바닥에 조금 남은 액체가 간신히 빨려 나오며 나는 소리. [큰]찌르륵. **짜르륵-하다** [동][자][어]

짜르륵-거리다/-대다 [동][자][타] 잇달아 '짜르륵' 하다. 또는, 그런 소리를 내게 하다. [큰]찌르륵거리다.

짜르륵-짜르륵 [부] 짜르륵거리는 소리. [큰]찌르륵찌르륵. **짜르륵짜르륵-하다** [동][자][어]

짜른-작 [명] '짧은작'의 잘못.

짜름-하다 [형][어] 약간 짧은 듯하다. ¶짜름한 치마. **짜름-히** [부]

-짜리 [접미] 1 어떤 옷이나 쓰개 따위로 차린 사람임을 낮추어 이르는 말. ¶장옷 ~ / 도포 ~. 2 얼마의 값이나 수량을 가진 물건임을 이르는 말. ¶백 원 ~ / 석 되 ~. 3 나이 아래에 붙어, 그 나이의 사람임을 낮추어 이르는 말. 주로, 어린 나이에 사용됨. ¶세 살 ~ 꼬마.

짜릿-짜릿 [-릳-릳] [부] 몹시 짜릿한 모양. [큰]찌릿찌릿. **짜릿짜릿-하다** [형][어] ¶무릎을 꿇고 오래 앉아 있다가 일어나니까 다리가 ~ / 짜릿짜릿한 감정을 느끼다.

짜릿-하다 [-리타-] [형][어] 1 살이나 뼈마디에 갑자기 세게 저린 느낌이 있다. 2 강한 자극으로 흥분시키거나 떨리게 하는 느낌이 있다. ¶짜릿한 쾌감을 만끽하다. [큰]찌릿하다.

짜발량이 [명] 짜그라져서 못 쓰게 된 물건.

짜부라-뜨리다/-트리다 [동][타] 짜부라지게 하다. [큰]찌부러뜨리다.

짜부라-지다 [동][자] 1 망하거나 허물어지다시피 되다. ¶짜부라진 오두막. 2 기운이 아주 꺾여 더 버틸 수 없게 되다. 3 높거나 솟았던 것이 찌그러져 내려앉다. ¶모자가 ~. [큰]찌부러지다.

짜-이다 [동][자] 1 '짜다'의 피동사. ¶예산이 ~ / 프로그램이 ~. 2 규모가 어울리다. ¶잘 짜인 구성. [준]째다.

짜임 [명] 조직이나 구성. ¶글의 ~이 치밀하다.

짜임-새 [명] 1 짜인 모양새. ¶~가 고운 옷감. 2 문장·이론 등의 내용에서, 앞뒤의 연관 관계가 제대로 되어 있는 상태. ¶~ 있는 글. [준]쨈새.

짜장 [부] 틀림없이 정말. 또는, 정말이지. ¶떨면서 그 지랄을 또 하려니 생각만 하여도 ~이에서 신물이 날 뻔하다 만다.《김유정:솥》

짜장-면 [명] '자장면'의 잘못.

짜증 (-症) [명] 북받치는 역정이나 싫증. ¶섞인 목소리 / ~을 부리다 / 계속되는 장마에 ~이 나다 / 자, ~ 내지 말고 내 말을 좀 들어 보렴. [큰]찌증.

짜증-스럽다 (-症-) [-따] [형][ㅂ] 〈-스러우니, -스러워〉 짜증이 나는 데가 있다. **짜증스레**

짜ː-하다 [형][어] 소문이 매우 자자하다. ¶마을에 소문이 짜하게 퍼지다.

짝¹ [명][1][자립] 1 두 개가 어울려 한 쌍을 이루는 물건 중 어느 하나. ¶~이 안 맞는 양말[신발]. 2 사람·동물에 있어서의 배필이나 배우자. 사람의 경우에는 속된 어감이 있음. ¶~을 찾지 못해 나이 40이 넘도록 혼자 산다. 3 둘씩 한 쌍을 이루는 자리 배치(특히, 교실의 경우)에서, 바로 옆 자리에 앉는 사람. ¶영호는 중학교 1학년 때의 내 ~이다. [2][의존] 두 개가 어울려 한 쌍을 이루는 물건의 각각을 세는 단위. ¶장갑 한 ~ / 젓가락 두 ~.

짝(을) 맞추다 [구] 혼인을 시켜 배우자를 만나게 하다. 속된 말임.

짝(이) 없다 [구] 〈어미 '-기' 다음에 쓰여〉 어떤 상태가 비교할 대상이 없을 만큼 대단하거나 심하다. ¶옛 친구를 만나니 반갑기 ~.

짝 잃은 기러기 [구] 몹시 외로운 신세가 된 사람, 또는 홀아비나 홀어미의 신세가 된 사람을 비유하여 이르는 말.

짝² [명][의존] 1 관형사 '아무'의 밑에서, '곳'의 뜻으로 쓰이는 말. ¶아무 ~에도 쓸데가 없다. 2 관형사 '무슨'의 밑에서 '꼴'의 뜻으로 쓰이는 말. ¶이게 무슨 ~이람. 3 '쪽¹'의 잘못.

짝³ [명][의존] 1 소·돼지 갈비의 한쪽 갈빗대 전체를 하나로 묶어 세는 단위. ¶갈비 한 ~. 2 상자·짐짝 따위를 세는 단위. ¶사과 한 ~. 3 소나 말에 지운 한 바리의 짐 가운데 한쪽 편을 세는 단위. ¶소바리 두 ~. 4 북어나 명태를 묶어 세는 단위. 한 짝은 북어나 명태 600마리를 이름.

짝⁴ [부] 1 '작'의 센말. ¶종이를 ~ 찢다. 2 단번에 야무지게 짜개지거나 벌어지는 모양. ¶사과를 두 쪽으로 ~ 가르다. [큰]쩍. 3 혀를 차며 입맛을 다시는 모양.

짝⁵ [부] 1 물체가 바싹 다가붙거나 끈기 있게 달라붙는 모양. ¶몸에 ~ 달라붙는 옷. 2 입맛에 딱 맞는 모양. ¶음식이 입에 ~ 붙는다.
짝⁶ [튀] 말이 갑자기 널리 퍼지는 모양. ¶소문이 ~ 퍼지다.
짝-⁷ [접두] '짝짝이'의 뜻. ¶~귀 / ~눈 / ~신.
-짝⁸ [접미] 일부 명사 뒤에 쓰여, 그 명사를 얕잡는 뜻을 나타내는 말. ¶낯~ / 볼기~ / 엉덩~ / 양말~ / 짚신~.
짝-귀[-뀌] [명] 한쪽이 작근거나 커서 층이 지는 귀. 또는, 그런 귀를 가진 사람.
짝-꿍 [명] '짝³'을 친근감 있게, 또는 어린이 말다운 느낌이 있게 이르는 말. ¶엄마, 얘가 내 ~이야.
짝-눈[짱-] [명] 1 양쪽의 크기나 모양이 서로 다른 눈. 또는, 그런 눈을 가진 사람. 2 양쪽의 시력이 서로 크게 차이가 나는 눈.
짝눈-이[짱-] [명] 짝눈을 가진 사람.
짝-발[-빨] [명] 양쪽의 크기가 서로 다른 발. 또는, 그런 발을 가진 사람.
짝-사랑[-싸-] [명] 이성(異性) 관계에서, 어떤 사람이 상대가 자기를 사랑하지 않는데도 그 사람을 일방적으로 사랑하는 일. =척애(隻愛). **짝사랑-하다**[동](타)[여].
[**짝사랑에 외기러기**] 혼자서만 사랑해서는 아무 소용이 없음을 이르는 말.
짝-수(-數)[-쑤] [명] [수] 2로 나누어 나머지가 없이 떨어지는 수. =우수(偶數). ↔홀수.
짝-신[-씬] [명] 제짝이 아닌 신.
짝자그르-하다[-짜-] [형][여] 소문이 퍼져 떠들썩하다.
짝-짓기[-찓끼] [명] 동물의 암수가 짝을 이루어 교미하는 일. **짝짓기-하다**[동](자)[여].
짝짜꿍 [명] 젖먹이가 손뼉을 치는 재롱. ¶아기가 엄마 앞에서 ~, 아빠 앞에서 ~. **짝짜꿍-하다**[동](자)[여].
짝짜꿍-이 [명] 1 서로 뜻이 맞아 놀아나거나 어울리는 상태. 2 옥신각신 다투는 일. **짝짜꿍이-하다**[동](자)[여].
짝짜꿍이(가) 벌어지다 [구] 여러 사람이 왁자하게 떠들다.
짝짜꿍-짝짜꿍 Ⅰ [감] 어린아이에게 짝짜꿍을 시키는 소리.
Ⅱ [명] 어린아이가 두 손바닥을 마주치는 동작.
짝-짝¹ [튀] 입맛을 몹시 다시는 소리. ¶고기 굽는 냄새에 입을 ~ 다시다. [큰]쩍쩍. **짝짝-하다**¹ [동](타)[여].
짝-짝² [튀] 1 끈끈하여 몹시 달라붙는 모양. ¶엿이 입천장에 ~ 달라붙다. [거]착착. 2 장작 같은 것이 잘 짜개지는 소리. 또는, 그 모양. ¶장작을 ~ 쪼개다. [큰]쩍쩍.
짝-짝³ [튀] '작작²'의 센말. [큰]찍찍. **짝짝-하다**² [동](타)[여].
짝-짝⁴ [튀] 자꾸 손뼉을 치는 소리. **짝짝-하다**³.
짝짝-거리다/-대다¹[-꺼(때)-] [동](타) 잇달아 입맛을 짝짝 다시다. [큰]쩍쩍거리다.
짝짝-거리다/-대다²[-꺼(때)-] [동](타) '작작거리다'의 센말. [큰]쩍쩍거리다.
짝짝-이 [명] 제짝이 아닌 다른 짝끼리 합하여 이루어진 한 벌. ¶~ 눈 / ~ 양말 / 구두가 ~다.
짝퉁 [명] [속] 진짜와 거의 똑같이 만든 가짜 상품.
짝-패(-牌) [명] 짝을 이룬 패. ¶~를 짓다.
짝-하다[짜카-] [자카](타) 누구와 함께 짝을 이루다. ¶**짝하여** 놀고 **짝하여** 일하고 **짝하**

여 생각하고 **짝하여** 살아야 할 것이다.⟨참석헌: 아름다움에 대하여⟩
짝-힘[짜킴] [명] [물] 물체에 작용하는, 크기가 같고 방향이 반대인 평행한 두 힘. =우력(偶力).
짠-돌이 [명] [속] 돈에 아주 인색한 남자.
짠득-거리다/-대다[-꺼(때)-] [동](자) '잔득거리다'의 센말. [큰]찐득거리다.
짠득-짠득 [튀] '잔득잔득'의 센말. [큰]찐득찐득. **짠득짠득-하다** [형][여].
짠-맛[-맏] [명] 소금이나 간장 등을 먹을 때 느껴지는 짠 맛. =함미(鹹味).
짠-물 [명] 1 짠맛이 나는 물. 2 =바닷물. ↔단물.
짠물-고기[-꼬-] [명] =바닷물고기.
짠-순이 [명] [속] 돈에 아주 인색한 여자.
짠-지 [명] 무를 통째로 소금에 짜게 절여서 묵혀 두고 먹는 반찬.
짠지-패(-牌) [명] [민] 예전에, 여럿이 떼를 지어 소구를 치고 춤을 추며 노래 부르는 것을 업으로 삼던 사람들.
짠짓-국[-지꾹—-진꾹] [명] 짠지의 국물.
짠-하다 [형][여] 안쓰럽거나 가여워 마음이 아프고 언짢다. ¶매를 맞고 울다 잠이 든 아이를 보니 마음이 몹시 ~. [큰]전하다.
짤그락-거리다/-대다[-꺼(때)-] [동](자)(타) '잘그락거리다'의 센말. [큰]쩔그럭거리다.
짤그락-짤그락 [튀] '잘그락잘그락'의 센말. [큰]쩔그럭쩔그럭. **짤그락짤그락-하다** [동](자)[여].
짤그랑 [튀] '잘그랑'의 센말. [큰]쩔그렁. [거]찰그랑. **짤그랑-하다** [동](자)[여].
짤그랑-거리다/-대다 [동](자)(타) '잘그랑거리다'의 센말. [큰]쩔그렁거리다. [거]찰그랑거리다.
짤그랑-짤그랑 [튀] '잘그랑잘그랑'의 센말. [큰]쩔그렁쩔그렁. [거]찰그랑찰그랑. **짤그랑짤그랑-하다** [동](자)[여].
짤깃-짤깃[-긴-긴] [튀] '잘깃잘깃'의 센말. [큰]쩔깃쩔깃. **짤깃짤깃-하다** [형][여].
짤깃-하다[-기타-] [형][여] '잘깃하다'의 센말. [큰]쩔깃하다.
짤까닥 [튀] '잘가닥', '잘까닥'의 센말. [준]짤깍. [큰]쩔꺼덕. [거]찰카닥. **짤까닥-하다** [동](자)(타)[여].
짤까닥-거리다/-대다[-꺼(때)-] [동](자)(타) '잘가닥거리다', '잘까닥거리다'의 센말. [준]짤깍거리다. [큰]쩔꺼덕거리다. [거]찰카닥거리다.
짤까닥-짤까닥 [튀] '잘가닥잘가닥', '잘까닥잘까닥'의 센말. [준]짤깍짤깍. [큰]쩔꺼덕쩔꺼덕. [거]찰카닥찰카닥. **짤까닥짤까닥-하다** [동](자)(타)[여].
짤깍 [튀] '짤까닥'의 준말. [큰]쩔꺽. [여]잘각. [거]찰칵. **짤깍-하다** [동](자)(타)[여]. ¶**짤깍하고** 현관문 여는 소리가 나다.
짤깍-거리다/-대다[-꺼(때)-] [동](자)(타) '짤까닥거리다'의 준말. ¶볼펜을 **짤깍거리지** 마라. [큰]쩔꺽거리다. [여]잘각거리다. [거]찰칵거리다.
짤깍-짤깍 [튀] '짤까닥짤까닥'의 준말. [큰]쩔꺽쩔꺽. [여]잘각잘각. [거]찰칵찰칵. **짤깍짤깍-하다** [동](자)(타)[여].
짤끔 [튀] '잘금'의 센말. [큰]쩔끔. **짤끔-하다** [동](자)(타)[여].
짤끔-거리다/-대다 [동](자)(타) 1 '잘금거리다'의 센말. 2 (갚아야 할 돈을) 한꺼번에 갚지 않고 조금씩 조금씩 주다. [비]짜뜰름거리다. [큰]찔끔거리다.

짤끔-짤끔 [부] **1** '잘금잘금'의 센말. **2** 짤끔거리는 모양. [큰]찔끔찔끔. **짤끔짤끔-하다** [동][자][타][여]

짤-따랗다[-라타] [형][ㅎ]〈~따라니, ~따라오, ~따래〉 꽤 또는 퍽 짧다. ¶**짤따란** 막대기. ↔기다랗다. ×짧다랗다.

짤똑-거리다/-대다[-꺼(때)-] [동][자][타] '잘똑거리다'의 센말. ¶다리를 ~. [큰]쩔뚝거리다·찔뚝거리다.

짤똑-짤똑[1] [부] '잘똑잘똑[1]'의 센말. [큰]쩔뚝쩔뚝·찔뚝찔뚝. **짤똑짤똑-하다**[1] [동][자][타][여]

짤똑-짤똑[2] [부] '잘똑잘똑[2]'의 센말. [큰]찔뚝찔뚝. **짤똑짤똑-하다**[2] [형][여]

짤똑-하다[-또카-] [형][여] '잘똑하다'의 센말. [큰]찔뚝하다.

짤랑 [부] '잘랑'의 센말. [큰]쩔렁. [거]찰랑. **짤랑-하다** [동][자][타][여]

짤랑-거리다/-대다 [동][자][타] '잘랑거리다'의 센말. ¶방울을 ~. [큰]쩔렁거리다. [거]찰랑거리다.

짤랑-이다 [동][자][타] '잘랑이다'의 센말. [큰]쩔렁이다. [센]찰랑이다.

짤랑-짤랑 [부] '잘랑잘랑'의 센말. [큰]쩔렁쩔렁. [거]찰랑찰랑. **짤랑짤랑-하다** [동][자][타][여]

짤래-짤래 [부] '잘래잘래'의 센말. ¶고개를 ~ 흔들다. [준]짤짤. [큰]쩔레쩔레. **짤래짤래-하다** [동][타][여]

짤록-거리다/-대다[-꺼(때)-] [동][자][타] '잘록거리다'의 센말. [큰]쩔룩거리다.

짤록-짤록[1] [부] '잘록잘록[1]'의 센말. [큰]쩔룩쩔룩. **짤록짤록-하다**[1] [동][자][타][여]

짤록-짤록[2] [부] '잘록잘록[2]'의 센말. [큰]찔룩찔룩. **짤록짤록-하다**[2] [형][여]

짤록-하다[-로카-] [형][여] '잘록하다'의 센말. [큰]찔룩하다. **짤록-이** [부]

짤막-짤막 [부] 여러 개가 다 짤막한 모양. **짤막짤막-하다** [형][여] ¶연필들이 ~.

짤막-하다[-마카-] [형][여] 조금 짧은 듯하다. ¶시간이 없으니 **짤막하게** 요점만 말해라.

짤짤[1] [부] '짤래짤래'의 준말. [큰]쩔쩔. [여]잘잘. **짤짤-하다**[1] [동][타][여]

짤짤[2] [부] '잘잘[2]'의 센말. ¶아랫목이 ~ 끓는다. [큰]쩔쩔.

짤짤[3] [부] '잘잘[3]'의 센말. [큰]찔찔. **짤짤-하다**[2] [동][타][여]

짤짤[4] [부] '잘잘[4]'의 센말. [큰]찔찔.

짤짤[5] [부] '잘잘[5]'의 센말. [큰]찔찔.

짤짤-거리다/-대다 [동][자] '잘잘거리다'의 센말. [큰]쩔쩔거리다.

짤짤-이[1] [명] **1** 이리저리 채신없이 쏘다니는 사람. **2** 발끝만 꿰어 신게 된 실내용의 간단한 신.

짤짤-이[2] [명]〈속〉 한 사람이 여러 개의 동전을 두 손에 넣고 흔들다가 한 손에 그중의 일부를 쥔 뒤, 상대에게 그것이 홀수인지 짝수인지, 또는 1, 2, 3 중 어느 수인지를 알아맞히게 하는 놀이.

짧다[짤따] [형] **1** (선분·도형이나 물체가) 한 끝에서 다른 끝까지의 거리가 보통의 정도 또는 비교 대상보다 가깝다. ¶**짧은** 치마 / 책상은 보통 가로보다 세로가 ~. **2** (공간 상의 한 지점에서 다른 지점까지의 거리가) 보통 정도 또는 비교 대상보다 가깝다. ¶광화문에서 시청까지는 거리가 ~. **3** (시간 또는 시간적 길이를 가지는 일이) 한 시점에서 다른 시점까지의 동안이 보통의 정도 또는 비교 대상보다 작다. ¶수해 지역의 복구 공사를 **짧은** 기간에 끝마치다. ↔길다. **4** (생각·능력·자금 등이) 일정한 정도에 미치지 못한 상태에 있다. ¶**짧은** 지식 / 사업 밑천이 ~. **5** 입이 짧다 ➡입. [참고]'짧-'은 자음으로 시작하는 어미 앞에서는 [짤]로 소리 남. 곧, '짧고/짧지'는 [짤꼬/짤찌]로 소리 남.

짧-다랗다 [형][ㅎ] '짤따랗다'의 잘못.

짧아-지다 [동][자] 짧게 되다. ↔길어지다.

짧은-바늘 [명] '시침(時針)[5]'를 입말로 이르는 말. ▷긴바늘.

짧은-반지름(-半-) [명][수] 타원의 중심에서 그 둘레에 이르는 가장 짧은 거리. 구용어는 단반경(短半徑). ↔긴반지름.

짧은-소리 [명][언] 짧게 나는 소리. =단음(短音). ↔긴소리.

짧은-작 [명] 길이가 짧은 화살. ×짜른작.

짧은-지름 [명][수] 타원 안의 가장 짧은 지름. 구용어는 단경(短徑). =단축(短軸). ↔긴지름.

짬 [명] **1** 두 물건이 맞붙은 틈. ¶과연 산동 사람들 일등 가는 솜씨인 만큼 돌과 돌이 맞이은 ~에는 물을 부어도 샐 틈이 없을 만큼 조그마한 흠도 없었다.《박종화:다정불심》 **2** 주되는 일을 하는 중에 딴 일을 하기 위해 잠깐 내거나, 딴 일을 할 수 있을 만하게 잠깐 나는, 시간적인 여유. ¶~을 내서 한번 놀러 가마. / ~이 나면 또 들르게. / 일이 바빠서 담배 한 대 피울 ~이 없다. **3** 종이 등을 도련 칠 때, 칼끝이나 붓 끝으로 조금 찍은 표적.

짬-밥[-빱] [명] [<[일]残飯/ざんぱん]〈속〉 **1** 군대에서 먹는 밥. 실제의 밥을 가리키기보다는 어렵고 힘든 군대 생활의 비유로서 쓰이는 말임. ¶나도 왕년에 군대 ~ 삼 년 먹은 사람이야. **2** 군대 복무 기간이 오래 된 정도. 또는, 그에 따른 관록이나 권위. ¶~ 수가 많은 고참 / 김 병장은 내무반에서 ~ 서열 2위다.

짬뽕(←[일]ちゃんぽん) [명] **1** 한 술자리에서 종류가 다른 술을 가리지 않고 마시는 일. **2** 서로 다른 것을 뒤섞는 일. **3** 중국 국수의 하나. 국수에 여러 가지 해물과 야채를 섞어서 볶은 다음, 돼지 뼈나 쇠뼈 또는 닭 뼈를 우린 국물을 부어 만듦. **짬뽕-하다** [동][자][여]

짬짜미 [명] 남모르게 자기들끼리만 짜고 약속하는 것. 또는, 그 약속. [비]밀약(密約)·음약(陰約). ¶어수룩한 늙은이와 ~를 해 가지고 거짓말 전보를 친 정근의 비열한 태도가 후려갈기고 싶도록 밉살스러웠다.《심훈:상록수》 **짬짜미-하다** [동][자][여]

짬짬-이 [부] 짬이 나는 대로 그때그때. [비]틈틈이. ¶시간이 나는 대로 ~ 책을 읽다.

짭새[-쌔] [명]〈은〉 경찰(범죄 집단의 말).

짭조름-하다[-쪼-] [형][여] 좀 짠맛이 있다. **짭조름-히** [부]

짭짜래-하다 [형][여] 좀 짭짤하다. =짭짜름하다.

짭짜름-하다 [형][여] =짭짜래하다.

짭짤찮다[-찬타] [형] 점잖지 못하고 속되다.

짭짤-하다 [형][여] **1** (음식이) 먹을 만하게 짜다. ¶맛이 ~. [큰]찝찔하다. **2** (어떤 일이) 실속이 있어 만족스럽다. ¶수입이 ~ / 부업으로 **짭짤한** 재미를 보다. **3** (물건이) 알속 있

고 값지다. ¶살림살이가 ~. **짭짤-히** 围

짭짭 围 못마땅하거나 감칠맛이 있어서 입맛을 다시는 모양. 또는, 그 소리. 큰접접. **짭짭-하다** 围

짭짭-거리다/-대다[-꺼(때)-] 图围 감칠맛이 있거나 마음에 못마땅하여 입맛을 자꾸 다시다. 짭짭거리다.

짭짭-하다² [-짜파-] 围웹 입맛이 당기며 무엇이 먹고 싶다.

짯짯-이[짣-] 围 《주로 '보다' 류의 동사와 함께 쓰여》 빈틈없이 세밀하게. 또는, 주의 깊게. ¶육십원 영감이 섬뻑 그러라고 하는 게 되레 못 미더워서 ~ 얼굴을 올려다봅니다.《채만식:태평천하》

짱¹ [<장(長)] 〈속〉 1 (주로 '짱이다'의 꼴로 쓰여) '최고'의 뜻. 주로 청소년들이 쓰는 말임. ¶인기 ~ / 기분이 ~이다. / 오늘 날씨 ~이네요. 2 학교(중고등학교)에서, 주먹이 제일 센 학생. ¶쟤가 우리 학교 ~이다.

짱² 围 얼음장이나 굳은 물건 등이 갑자기 갈라질 때 나는 소리. 큰쩡.

짱구 围 이마나 뒤통수가 남달리 크게 튀어나온 머리통. 또는, 그런 머리통을 가진 사람.

짱깨 圀 '자장면'을 속되게 이르는 말.

짱꼴라(←チャンコロ) 圀 일제 강점기에, 중국 사람을 얕잡는 뜻으로 이르던 말.

짱당-그리다 图타 못마땅하여 얼굴을 몹시 찡그리다. 큰쩡등그리다.

짱-돌[-똘] 圀 큰 자갈돌.

짱아 〈유아〉 잠자리의.

짱알-거리다/-대다 图재 듣기 싫게 자꾸 짜증을 내거나 불평하는 말을 늘어놓다. 거창알거리다.

짱알-짱알 围 짱알거리는 모양. 거창알창알. **짱알짱알-하다** 图재웹

짱짱-하다 웹 생김새가 옹골차고 동작이 굳세다. ¶김 노인은 팔십 노령인데도 농사일을 해낼 만큼 아직도 ~.

-째 图미 1 '그대로', '전부'의 뜻. ¶통~ / 껍질~로 먹다 / 나무뿌리~ 뽑히다. 2 '그 속에서 동안'의 뜻. ¶사흘~ 눈이 온다. / 며칠~ 연락이 없다. 3 일부 관형사나 수사 아래에 붙어, '차례', '등급'을 나타내는 말. ¶첫~. 둘~.

째깍¹ 围 '재깍'의 센말. 큰찌꺽. **째깍-하다** 图재웹

째깍² 围 '재깍²'의 센말. 큰찌꺽.

째깍-거리다/-대다[-꺼(때)-] 图재타 '재깍거리다'의 센말. ¶시계가 ~ / 볼펜을 ~. 큰찌꺽거리다.

째깍-째깍¹ 围 '재깍재깍¹'의 센말. 큰찌꺽찌꺽. **째깍째깍-하다** 图재웹

째깍-째깍² 围 '재깍재깍²'의 센말. 큰찌꺽찌꺽.

째:다¹ (째:고 / 째어) 图재 (옷이나 신 등이) 몸이나 발에 너무 작다. ¶작년에 입었던 옷이 ~.

째:다² (째:고 / 째어) 图재 (일손이나 물건 등이) 모자라서 일에 쫓기다. ¶돈이 ~ / 손이 ~.

째:다³ (째:고 / 째어) 图타 '짜이다'의 준말.

째:다⁴ (째:고 / 째어) 图타 1 (물건을 찢거나 베어 가르다. ¶생선의 배를 ~ / 종기를 ~. 2 (도랑·이랑·고랑 따위를) 만들다. ¶그는 삼태기에 재를 담아 가지고 고랑 째 홈에 다가 재를 놓는다.《이광수:흙》

째려-보다 图타 눈동자를 한쪽 가로 돌려 눈

을 날카롭게 하여 보다. ¶깡패는 껌을 질겅질겅 씹으며 아베크족을 **째려보았다.**

째:리다 图타 눈동자를 한쪽 가로 돌려 눈을 날카롭게 하다. 상대에 대해 적개심이나 악감정을 품고 있을 때 짓는 눈의 표정을 나타낸 말임. ¶왜 날 **째려**? 나한테 불만 있어?

째:마리 圀 여럿 가운데에서 가장 못났거나 형편없는 사람이나 물건.

째:-보 圀 1 언청이를 놓으로 이르는 말. 2 몹시 잔망스러운 사람.

째어-지다 图재 터져서 갈라지다. ¶바짓가랑이가 ~. 큰찌져지다.

째:-지다 图재 1 '째어지다'의 준말. ¶옷이 ~ / 가방이 ~. 2 (눈 끝이) 가늘고 길게 위로 올라가다. ¶눈이 쪽 **째져서** 날카로워 보인다. 3 (입이) 기분이 좋아 헤벌어지다. 속된 말임. ¶좋아서 입이 **째진다.** 4 〈속〉 (기분이) 너무 좋다. 주로, 젊은이들이 쓰는 말임. ¶야, 기분 **째지는데.**

째째-하다 웹 '쩨쩨하다'의 잘못.

째푸리다 图재타 '찌푸리다'의 작은말.

짹-소리[-쏘-] 圀 ('없다', '못하다', '말다' 따위와 함께 쓰여) 조금이라도 남에게 들리게 떠드는 소리나 반항하려는 태도. ¶남에게는 ~ 도 못하면서 집에서는 독불장군이다. 큰찍소리.

짹-짹 围 참새 따위가 자꾸 우는 소리. ¶전깃줄에서 참새가 ~ 지저귄다. 큰찍찍. **짹짹-하다** 图재웹

짹짹-거리다/-대다[-꺼(때)-] 图재 참새 따위가 자꾸 우는 소리를 내다. 큰찍찍거리다.

쨀쨀 围 '잴잴'의 센말. 큰찔찔. **쨀쨀-하다** 图재타웹

쨍¹ 围 쇠붙이가 맞부딪쳐서 새되게 울리는 소리.

쨍² 围 햇볕 따위가 강하게 내리쬐는 모양. ¶안개가 걷히고 햇볕이 ~ 났다. **쨍-하다** 웹

쨍강 围 '쟁강'의 센말. 큰쩽겅. **쨍강-하다** 图재타웹

쨍강-거리다/-대다 图재타 '쟁강거리다'의 센말. 큰쩽겅거리다.

쨍강-쨍강 围 '쟁강쟁강'의 센말. 큰쩽겅쩽겅. **쨍강쨍강-하다** 图재타웹

쨍그랑 围 '쟁그랑'의 센말. 큰쩽그렁. **쨍그랑-하다** 图재타웹 ¶유리창이 **쨍그랑하고** 깨지다.

쨍그랑-거리다/-대다 图재타 '쟁그랑거리다'의 센말. 큰쩽그렁거리다.

쨍그랑-쨍그랑 围 '쟁그랑쟁그랑'의 센말. 큰쩽그렁쩽그렁. **쨍그랑쨍그랑-하다** 图재타웹

쨍그리다 图타 근심이 되거나 언짢을 때 이마나 얼굴의 가죽을 모아 주름 지게 하다. 큰찡그리다.

쨍-쨍¹ 围 굳은 물건이 갑자기 터져 울리는 소리. **쨍쨍-하다**¹ 图재웹

쨍-쨍² 围 햇볕이 몹시 내리쬐는 모양. ¶햇볕이 ~ 내리쬐는 해변가. **쨍쨍-하다**² 웹 **쨍쨍-히** 围

쨍쨍-거리다/-대다 图재 몹시 짜증을 내며 쨍알거리다. 큰쩽쩽거리다.

쩌금-거리다/-대다 图타 입맛을 다시면서 맛있게 먹느라고 자꾸 쩍쩍 소리를 내다. 계짜금거리다.

쩌금-쩌금 튄 쩌금거리는 모양. ⑳짜금짜금. 쩌금쩌금-하다 뙤(타)예

쩌렁 튄 '저렁'의 센말. ⑳짜랑. ㉠처렁. 쩌렁-하다 뙤(타)예

쩌렁-거리다/-대다 뙤(자)(타) '저렁거리다'의 센말. ⑳짜랑거리다. ㉠처렁거리다.

쩌렁-쩌렁 튄 '저렁저렁'의 센말. ⑳짜랑짜랑. ㉠처렁처렁. 쩌렁쩌렁-하다 뙤(자)(타)예

쩌렁쩌렁-하다² 휑(여) 목소리가 세고 여무져 울림이 아주 크다. ⑳짜랑짜랑하다.

쩌르렁 튄 '저르렁'의 센말. ⑳짜르랑. ㉠처르렁. 쩌르렁-하다 뙤(자)(타)예

쩌르렁-거리다/-대다 뙤(자)(타) '저르렁거리다'의 센말. ⑳짜르랑거리다. ㉠처르렁거리다.

쩌르렁-쩌르렁 튄 '저르렁저르렁'의 센말. ⑳짜르랑짜르랑. ㉠처르렁처르렁. 쩌르렁쩌르렁-하다 뙤(자)(타)예

쩌릿-쩌릿 [-릳-릳] 튄 '저릿저릿'의 센말. ⑳짜릿짜릿. 쩌릿쩌릿-하다 휑(여)

쩌릿-하다 [-리타-] 휑(여) '저릿하다'의 센말. ⑳짜릿하다.

쩌쩌 쟁 1 자꾸 혀를 차는 소리. 2 소를 왼쪽으로 몰 때에 내는 소리. ¶이랴, ~.

쩍 튄 1 물건이 벌어지거나 둘로 갈라지는 모양. 또는, 그 소리. ¶입을 ~ 벌리다 / 수박이 ~ 갈라지다. ⑳짝. 2 입맛을 크게 한 번 다시는 소리. ¶불쾌한 듯이 입맛을 ~ 다시다. 3 단단한 물건이 바닥에 끈기 있게 들러붙는 모양. 또는, 그 소리. ¶껌이 옷에 ~ 달라붙다.

-쩍다 [-따] 쩝 일부 명사나 형용사의 어근에 붙어, 그런 것을 느끼게 하는 데가 있음을 나타내는 말. ¶수상~ / 미안~ / 괴이~.

쩍말-없다 [쩡-업따] 휑 썩 잘되어 더 말할 나위 없다. ¶"네가 도둑놈 두령의 아내 재목으루~."《홍명희: 임꺽정》 쩍말없-이튄

쩍-쩍¹ 튄 입맛을 다시는 소리. ¶고기를 보더니 입맛을 ~ 다신다. ⑳짝짝. 쩍쩍-하다 뙤(타)예

쩍-쩍² 튄 1 끈끈하게 들러붙는 모양이나 소리. ¶엿이 잇몸에 ~ 달라붙다. ㉠척척. 2 장작·논바닥 등이 쪼개지거나 벌어지는 소리나 모양. ¶저수지 바닥이 ~ 갈라지도록 날씨가 가물다. ⑳짝짝.

쩍쩍-거리다/-대다 [-꺼(때)-] 뙤(타) 입맛을 다시며 자꾸 쩍쩍 소리를 내다. ⑳짝짝거리다.

쩍-하면 [쩌카-] 튄 '뻑쩍하면'의 준말.

쩔그럭-거리다/-대다 [-꺼(때)-] 뙤(자)(타) '절그럭거리다'의 센말. ⑳짤그락거리다.

쩔그럭-쩔그럭 튄 '절그럭절그럭'의 센말. ⑳짤그락짤그락. 쩔그럭쩔그럭-하다 뙤(자)

쩔그렁 튄 '절그렁'의 센말. ⑳짤그랑. ㉠철그렁. 쩔그렁-하다 뙤(자)(타)예

쩔그렁-거리다/-대다 뙤(자)(타) '절그렁거리다'의 센말. ⑳짤그랑거리다. ㉠철그렁거리다.

쩔그렁-쩔그렁 튄 '절그렁절그렁'의 센말. ⑳짤그랑짤그랑. ㉠철그렁철그렁. 쩔그렁쩔그렁-하다 뙤(자)(타)예

쩔꺼덕 튄 '절거덕', '절꺼덕'의 센말. ¶열쇠 꾸러미가 ~ 떨어지다. ㉣쩔꺽. ⑳짤까닥. ㉠철거덕. 쩔꺼덕-하다 뙤(자)(타)예

쩔꺼덕-거리다/-대다 [-꺼(때)-] 뙤(자)(타) '절거덕거리다', '절꺼덕거리다'의 센말. ⑳짤까닥거리다. ㉠철커덕거리다.

쩔꺼덕-쩔꺼덕 튄 '절거덕절거덕', '절꺼덕절꺼덕'의 센말. ⑳짤까닥짤까닥. ㉠철커덕철커덕. 쩔꺼덕쩔꺼덕-하다 뙤(자)(타)예

쩔꺽 튄 '쩔꺼덕'의 준말. ⑳짤깍. ㉠절컥. ㉠철컥. 쩔꺽-하다 뙤(자)(타)예

쩔꺽-거리다/-대다 [-꺼(때)-] 뙤(자)(타) '쩔꺼덕거리다'의 준말. ⑳짤깍거리다. ㉠절컥거리다.

쩔꺽-쩔꺽 튄 '쩔꺼덕쩔꺼덕'의 준말. ¶자석에 못들이 ~ 달라붙다. ⑳짤깍짤깍. ㉠절컥절컥. ㉠철컥철컥. 쩔꺽쩔꺽-하다 뙤(자)(타)예

쩔뚝-거리다/-대다 [-꺼(때)-] 뙤(자)(타) '절뚝거리다'의 센말. ¶다리를 ~. ⑳짤뚝거리다.

쩔뚝발-이 [-빨-] 몡 '절뚝발이'의 센말. ⑳쩔뚝이.

쩔뚝-이 몡 '쩔뚝발이'의 준말.

쩔뚝-쩔뚝 튄 '절뚝절뚝'의 센말. ⑳짤뚝짤뚝. 쩔뚝쩔뚝-하다 뙤(자)(타)예

쩔렁 튄 '절렁'의 센말. ⑳짤랑. ㉠철렁. 쩔렁-하다 뙤(자)(타)예

쩔렁-거리다/-대다 뙤(자)(타) '절렁거리다'의 센말. ⑳짤랑거리다. ㉠철렁거리다.

쩔렁-이다 뙤(자)(타) '절렁이다'의 센말. ⑳짤랑이다. ㉠철렁이다.

쩔렁-쩔렁 튄 '절렁절렁'의 센말. ⑳짤랑짤랑. ㉠철렁철렁. 쩔렁쩔렁-하다 뙤(자)(타)예

쩔레-쩔레 튄 '절레절레'의 센말. ㉣쩔쩔. ⑳짤래짤래. 쩔레쩔레-하다 뙤(자)(타)예

쩔룩-거리다/-대다 [-꺼(때)-] 뙤(자)(타) '절룩거리다'의 센말. ⑳짤룩거리다.

쩔룩발-이 [-빨-] 몡 다리를 쩔룩거리는 사람을 흔하게 이르는 말. ⑳쩔룩이.

쩔룩-이 몡 '쩔룩발이'의 준말.

쩔룩-쩔룩 튄 '절룩절룩'의 센말. ⑳짤룩짤룩. 쩔룩쩔룩-하다 뙤(자)(타)예

쩔름-거리다/-대다 뙤(자)(타) '절름거리다'의 센말. ⑳짤름거리다.

쩔름발-이 [-빨-] 몡 '절름발이'의 센말. ⑳짤름발이.

쩔름-쩔름 튄 '절름절름'의 센말. ⑳짤름짤름. 쩔름쩔름-하다 뙤(자)(타)예

쩔쩔¹ 튄 '쩔레쩔레'의 준말. ⑳짤짤. ㉠절절. 쩔쩔-하다²

쩔쩔² 튄 '절절'의 센말. ¶방바닥이 ~ 끓다. ⑳짤짤.

쩔쩔³ 튄 '절절"의 센말. ⑳짤짤. 쩔쩔-하다²

쩔쩔⁴ 튄 '절절'의 센말. ⑳짤짤.

쩔쩔 튄 '쩔쩔거리다'의 센말. ⑳짤짤. ㉣쩔절거리다. ⑳짤짤거리다.

쩔쩔-매다 뙤(자) 1 어찌할 바를 모르고 갈팡질팡하다. ¶바빠서 / 돈이 없어 ~. 2 남에게 기가 눌리거나 기를 펴지 못하다. ¶상사 앞에서 ~. 예절절매다.

쩝쩝-하다 휑(여) 입에 맞지 않게 조금 짜다.

쩝쩝 튄 입맛을 다시는 모양. 또는, 그 소리. ¶빈 입만 ~ 다시다. ⑳짭짭. 쩝쩝-하다 뙤(타)예

쩝쩝-거리다/-대다 [-꺼(때)-] 뙤(타) 자꾸 쩝쩝 소리를 내다. ¶거 좀 쩝쩝거리지 말고 먹어라. ⑳짭짭거리다.

쩟 [쩓] 튄 못마땅하여 혀를 차는 소리.

쩟-쩟 [쩓쩓] 튀 몹시 못마땅하여 거듭 혀를 차는 소리.
쩡-쩡 튀 1 세차고 옹골차게 울리는 소리. 또는, 그 모양. 2 권세가 대단한 모양. ¶그 마을에서는 ~ 울리는 집안이다. **쩡쩡-하다** 통쟈여
쩡쩡-거리다/-대다 통쟈 굉장한 권세를 부리며 살다. ¶그 집도 한때는 **쩡쩡거리며** 살았다.
째꺽¹ 튀 '제꺽'의 센말. 좌째각. **째꺽-하다** 통쟈여
째꺽² 튀 '제꺽²'의 센말. 좌째각.
째꺽-거리다/-대다 [-꺼(때)-] 통쟈타 '제꺽거리다'의 센말. 좌째각거리다.
째꺽-째꺽¹ 튀 '제꺽제꺽'의 센말. 좌째각째각. **째꺽째꺽-하다** 통쟈타여
째꺽-째꺽² 튀 '제꺽제꺽'의 센말. 좌째각째각.
째째-하다 형여 1 시시하고 신통치 않다. 2 사람이 잘고 인색하다. ¶**째째한** 놈 / 돈 천원 가지고 되게 **째째하게** 구네. ×째째하다.
쨍겅 튀 '쟁겅'의 센말. 좌쨍강. **쨍겅-하다** 통쟈타여
쨍겅-거리다/-대다 통쟈타 '쟁겅거리다'의 센말. 좌쨍강거리다.
쨍겅-쨍겅 튀 '쟁겅쟁겅'의 센말. 좌쨍강쨍강. **쨍겅쨍겅-하다** 통쟈타여
쨍그렁 튀 '쟁그렁'의 센말. 좌쨍그랑. **쨍그렁-하다** 통쟈타여
쨍그렁-거리다/-대다 통쟈타 '쟁그렁거리다'의 센말. 좌쨍그랑거리다.
쨍그렁-쨍그렁 튀 '쟁그렁쟁그렁'의 센말. 좌쨍그랑쨍그랑. **쨍그렁쨍그렁-하다** 통쟈타여
쪼가리 몡 형겊·종이 등의 작은 조각. ¶형겊 ~ / 종이 ~.
쪼개다 통 ①타 (비교적 단단하면서 부피가 있는 물건을) 손이나 날이 있는 도구로 세로 또는 결이 있는 방향으로 비교적 짧은 순간에 힘을 주어 둘 또는 그 이상의 크기로 나누어지게 하다. ¶사과를 손으로 잡고 두 쪽으로 ~ / 장작을 도끼로 ~. ②쟈 〈속〉 소리 없이 입을 벌리고 웃다.
쪼구미 몡〔건〕=동자기둥.
쪼그라-들다 통쟈 〈-드니, -드오〉 쪼그라져 작게 되다. ¶점점 살림이 ~ / 얼굴이 **쪼그라든** 할멈. 큰쭈그러들다.
쪼그라-뜨리다/-트리다 통타 힘주어 쪼그리다. 큰쭈그러뜨리다. 꽈쪼그라뜨리다.
쪼그라-지다 통쟈 1 눌리거나 옆으로부터 오이거나 하여 부피가 작아지다. 2 살이 빠져서 살갗이 쪼글쪼글해지다. 큰쭈그러지다. 꽈쪼크라지다.
쪼그랑-박 몡 덜 쇠어 쪼그라진 박.
쪼그랑-할멈 몡 얼굴이 쪼글쪼글한 늙은 여자를 낮추어 이르는 말.
쪼그려-뛰기 몡 쭈그리고 앉은 자세로 제자리에서 뜀을 뛰는 일. ¶단체 기합으로 ~를 100회 했다.
쪼그리다 통 1 누르거나 옥여서 부피를 작게 만들다. 2 팔다리를 오그려 움츠리다. ¶오랫동안 **쪼그리고** 있었더니 다리가 저리다. 3 (주로 '앉다'와 함께 쓰여) 허벅지와 종아리가 닿도록 다리를 굽히되, 발바닥은 바닥에 대고 엉덩이는 바닥에 닿지 않게 하다. ¶**쪼그려** 앉다 / **쪼그리고** 앉다. 큰쭈그리다. 꽈쪼크리다.
쪼글-쪼글 튀 쪼그라져서 불규칙하게 많은 줄이나 주름이 간 모양. 큰쭈글쭈글. **쪼글쪼글-하다** 형여 ¶장롱 속에 처박아 둔 옷이 ~.
쪼끄마-하다 형여 '조그마하다'의 센말. ¶**쪼끄마한** 녀석이 까불고 있어. 준쪼끄맣다.
쪼끄맣다 [-마타] 형여 〈쪼끄마니, 쪼끄마오, 쪼끄마한〉 '쪼끄마하다'의 준말.
쪼끔 튀몡 '조금'의 센말. ¶~만 기다려라.
쪼다¹ 몡 제구실을 못 하는 좀 어리석고 모자라는 사람을 속되게 이르는 말.
쪼다² (쪼아고/쪼아) 통타 1 (새나 닭 따위가 모이나 먹이나 적이나 나무 따위를) 먹거나 공격하거나 구멍을 내기나 하기 위해 쩍다. ¶닭이 모이를 ~ / 딱다구리가 나무를 ~. 2 (사람이 정 따위로 돌을) 깨기 위해 두들기다. ¶석수가 정으로 돌을 ~.
쪼들리다 통쟈 1 (가난이나 돈 등에) 부대끼거나 어려움을 겪는 상태에 놓이다. ¶가난에 ~ / 빚에 ~ / 돈에 ~. 2 (남에게) 시달려 고생을 하다. ¶빚쟁이에게 ~.
쪼로롱 튀 방울새가 우는 소리.
쪼록 튀 '조록'의 센말. ¶수돗물이 ~ 나오다가 만다. 큰쭈룩. **쪼록-하다** 통쟈여
쪼록-쪼록 튀 '조록조록'의 센말. 큰쭈룩쭈룩. **쪼록쪼록-하다** 통쟈여
쪼르르 튀 '조르르'의 센말. ¶병아리가 어미 닭을 ~ 따라다닌다. 큰쭈르르. **쪼르르-하다** 통쟈여
쪼르륵 튀 1 '조르륵'의 센말. 큰쭈루룩. 2 허기진 배 속에서 나는 소리. ¶배 속에서 ~ 소리가 나다. 큰쭈루룩. **쪼르륵-하다** 통쟈여
쪼르륵-거리다/-대다 [-끄(때)-] 통쟈 '조르륵거리다'의 센말. 큰쭈루룩거리다.
쪼르륵-쪼르륵 튀 '조르륵조르륵'의 센말. 큰쭈루룩쭈루룩. **쪼르륵쪼르륵-하다** 통쟈여
쪼뼛-거리다/-대다 [-뼏(때)-] 통쟈타 '조뼛거리다'의 센말. 큰쭈뼛거리다.
쪼뼛-쪼뼛 [-뼏-] 튀 '조뼛조뼛'의 센말. ¶밤에 이 골목만 지나려면 머리가 ~ 선다. 큰쭈뼛쭈뼛. **쪼뼛쪼뼛-하다** 통쟈타형여
쪼이다¹ 통쟈타 =쬐다¹.
쪼-이다² 통쟈타 '쪼다'의 피동사. ¶닭에게 손을 ~. 준쬐다.
쪼잔-하다 형여 〈속〉 작은 일에 너무 얽매이거나 인색하게 구는 성질이 있다. 비쩨쩨하다. ¶사람 참 **쪼잔하기는**. 돈 몇 푼 가지고 될 그리 벌벌 떨어!
쪼잘-거리다/-대다 통쟈타 '조잘거리다'의 센말. 큰쭈절거리다.
쪼잘-쪼잘 튀 '조잘조잘'의 센말. 큰쭈절쭈절. **쪼잘쪼잘-하다** 통쟈타여
쪽¹ 몡 ('찌다'와 함께 쓰이거나 '머리'와 합성어를 이루어) 앞머리 중앙에 가르마를 타고 양쪽으로 빗어 길게 한 줄로 땋은 뒤, 뒷덜미 쪽에 둥글게 틀어 올려 비녀를 꽂은 머리의 모양이나 상태. =낭자. ¶~을 찐 아낙네.
쪽² 몡 ①[자립] 물건의 쪼개진 한 부분. ¶나무 ~. ②[의존] 물건의 쪼개진 부분을 세는 단위. ¶사과 한 ~ / 마늘 두 ~.
쪽³ 몡 [식] 마디풀과의 한해살이풀. 높이 50~60cm. 여름에 붉은 꽃이 피고, 잎은 남빛 물감으로 쓰임. 밭에 재배하는 공예 작물임. =남(藍).

쪽⁴ 〖명〗(의존) 책의 면수(面數)를 세는 단위. 또는, 책의 각 면마다 매겨진 일련번호를 세는 단위. 근래에 '페이지'의 대용어로 쓰이기 시작한 말임. ¶매일 국어책 두 ~씩 쓰기.

쪽⁵ 〖명〗(의존) (관형어 뒤에 쓰여) 1 앞말이 나타내는 방향이나, 그 방향에 있는 지역을 뜻하는 말. ¶원[오른]~ / 바람이 부는 ~ / 강의 하류~. 2 앞말을 둘 이상으로 구분했을 때 앞말이 나타내는 영역이나 진영을 뜻하는 말. (비)편. ¶상대 ~의 의견 / 사용자 ~에 서다 / 그는 좌우익 어느 ~인가 하면 우익에 속한다.

유의어	쪽 / 편
둘 다 방향이나 사물을 가른 어느 하나를 뜻하나, '쪽'이 방향과 함께 그 방향의 지역을 포함하는 반면, '편(便)'은 방향만을 가리키는 뜻이 강함. 함께 쓰이는 관형어에 있어서도 '쪽'보다 '편'이 훨씬 제약되어 있음. 그리고 사물을 가르는 뜻일 때에는 '편'이 '쪽'보다 동아리나 패로서의 의식이 강하게 ुलर있음.		

쪽⁶ 〖부〗1 '족'의 센말. 2 입으로 힘차게 빠는 소리. ¶대롱으로 주스를 ~ 빨아 먹다. 〖큰〗쭉.

쪽-⁷ 〖접두〗1 '작은'의 뜻. ¶~문 / ~배. 2 '조각조각 맞춘'의 뜻. ¶~걸상 / ~마루. 3 '조각조각으로 된'의 뜻. ¶~김치.

쪽⁸ ▶쪽을 못 쓰다〖구〗1 남에게 기가 눌려 꼼짝 못하다. ¶그는 두 호랑이 같은 마누라에게 쪽을 못 썼다. 2 무엇에 혹하거나 반하여 꼼짝 못하다. ¶그 남자는 예쁜 여자라면 쪽을 못 쓴다.

쪽-가위 [-까-] 〖명〗실 따위를 자르는 데 쓰는, 족집게 모양의 작은 가위.

쪽-김치 [-낌-] 〖명〗조각조각 썰어서 담근 김치.

쪽-다리 [-따-] 〖명〗긴 널조각 하나로 좁다랗게 걸쳐 놓은 다리.

쪽-대문 (-大門) [-때-] 〖명〗바깥채나 사랑채에서 안채로 통하는 작은 대문.

쪽-댕기 [-땡-] 〖명〗여자가 쪽을 찔 때 드리는 댕기. 보통, 빨간색이며, 나이 많은 사람은 자줏빛, 과부는 검정, 상중의 여자는 흰 댕기를 맴.

쪽-마늘 [쪽-] 〖명〗하나하나의 쪽으로 된 마늘을 통마늘에 상대하여 이르는 말.

쪽-마루 [쪽-] 〖명〗마당에서 방으로 출입할 때 편리하도록 방 앞에 좁게 단 마루. 툇마루와 기능은 거의 같으나 툇기둥이 없이 동바리가 귀틀을 지탱함. 〖큰〗툇마루.

쪽매 [쪽-] 〖명〗얇은 나무쪽을 평행하게 옆으로 대어 붙이는 것. 또는, 그 나무쪽.

쪽-머리 [쪽-] 〖명〗앞머리 중앙에 가르마를 타고 양쪽으로 빗어 길게 한 ون 땋은 후, 머리 뒤쪽으로 들어 올려 비녀를 꽂은, 혼인한 여자의 머리.

쪽-모이 [쪽-] 〖명〗여러 조각을 모아 큰 한 조각을 만드는 일. 또는, 그 물건. 쪽모이-하다.

쪽-문 (-門) [쪽-] 〖명〗대문짝의 가운데나 한 편에 사람 정도 드나들 수 있도록 만든 작은 문.

쪽-물 [쪽-] 〖명〗쪽의 잎으로 들인 남색의 물. 또는, 쪽의 잎에서 뽑아낸 남색의 염료. ¶진한 ~을 들인 모시.

쪽-박 [-빡] 〖명〗작은 바가지.

▶쪽박(을) 차다 〖구〗동냥질을 하고 다니다. 또는, 거지가 되다. ¶그렇게 게을러서는 이다음에 쪽박 차기 십상이다.

쪽박-귀 [-빡뀌] 〖명〗손을 오므리듯 오밀조밀하게 오므려 모은 것처럼 생긴 귀.

쪽박-신세 (-身世) [-빡씬-] 〖명〗바가지를 들고 구걸을 할 정도로 생활이 아주 어렵게 된 처지.

쪽-발이 [-빨-] 〖명〗1 한 발만 달린 물건. 2 발통이 두 조각으로 갈라진 물건. 3 일본 사람을 욕으로 이르는 말.

쪽-밤 〖명〗'쌍동밤'의 잘못.

쪽-방 (-房) [-빵] 〖명〗극빈자들이 하루 또는 월 단위로 세를 내고 거주하는 비좁은 방. 대도시의 일부에 자리 잡고 있으며, 실직자나 가출 청소년, 외국인 근로자 등이 주로 이용함.

쪽-배 [-빼] 〖명〗통나무를 쪼개어 속을 파서 만든 배.

쪽-빛 [-삗] 〖명〗=남빛. ¶~으로 갠 가을 하늘.

쪽-수 (-數) [-쑤] 〖명〗=면수(面數).

쪽-자 (-字) [-짜] 〖명〗〖인〗둘 이상의 다른 활자에서 필요한 부분만 따서 한 글자로 만들어 쓰는 활자.

쪽-잠 [-짬] 〖명〗짧은 틈을 내서 불편하게 자는 잠. ¶책상에 엎드려 ~을 자다.

쪽-지 (-紙) [-찌] 〖명〗1 작은 종잇조각. 2 남에게 전하기 위해 쓴, 간단한 내용의 작은 종이. ¶=글쪽지. ¶~을 전해 받다 / ~를 남기고 먼저 자리를 뜨다.

쪽-쪽 〖부〗'족족²'의 센말. ¶아기가 젖을 ~ 빨다.

쪽쪽-이 〖부〗여러 쪽이 되게.

쪽-파 〖명〗〖식〗파의 한 가지. 줄기와 잎이 가늘고, 비늘줄기는 좁은 달걀형임. 맛이 향긋하고 독특한 냄새가 있어 양념으로 쓰임.

쪽-팔리다 〖동〗〈속〉낯이 깎여 창피하다. 주로 청소년층에서 쓰이는 말임.

쫀득-거리다 / -대다 [-(쩐(때)-] 〖동〗'존득거리다'의 센말. 〖동〗(자) 쭌득거리다.

쫀득-쫀득 〖부〗'존득존득'의 센말. 〖큰〗쭌득쭌득. 쫀득쫀득-하다 〖형〗〖어〗¶말랑말랑하고 쫀득쫀득한 찹쌀떡.

쫀쫀-하다 〖형〗〖어〗1 피륙의 발이 고르고 곱다. 〖여〗존존하다. 2 〈속〉마음이 좁아 너그럽지 못하고 잘거나 인색하다. (비)쪼잔하다. ¶그의 상사는 워낙 쫀쫀해서 잔소리도 많고 화도 잘 낸다. 쫀쫀-히 〖부〗

쫄깃-쫄깃 [-긷-긷] 〖부〗'졸깃졸깃'의 센말. 〖큰〗쭐깃쭐깃·찔깃찔깃. 쫄깃쫄깃-하다 〖형〗〖어〗¶쫄깃쫄깃한 인절미.

쫄깃-하다 [-긷하-] 〖형〗〖어〗'졸깃하다'의 센말. 〖큰〗쭐깃하다.

쫄다 〖동〗'졸다'의 잘못.

쫄딱 〖부〗더할 나위 없이 죄다. ¶~ 망하다.

쫄딱-쫄딱 〖부〗'졸딱졸딱'의 센말. 쫄딱쫄딱-하다.

쫄랑-거리다 / -대다 〖동〗(자) '졸랑거리다'의 센말. 〖거〗촐랑거리다.

쫄랑-쫄랑 〖부〗'졸랑졸랑'의 센말. 〖거〗촐랑촐랑.

쫄래-쫄래 〖부〗'졸래졸래'의 센말. ¶강아지가 아이의 뒤를 ~ 따라가다. 〖큰〗쭐레쭐레. 쫄래쫄래-하다 〖동〗(자)

쫄-면 (-麵) 〖명〗밀가루와 감자 녹말을 섞어서 만든 쫄깃한 국수. 또는, 그 국수를 삶아서 야채와 고추장 양념을 넣어 비벼 먹는 음식.
쫄-바지 똉 '레깅스'의 속칭.
쫄쫄[1] 囝 끼니를 굶어 아무것도 먹지 못한 모양. ¶하루 종일 ~ 굶다.
쫄쫄[2] 囝 '졸졸'의 센말. ¶바위틈으로 물이 ~ 흐르다 / 아이가 엄마 뒤를 ~ 따라가다. 튼쫄쭐.
쫄쫄-거리다/-대다 圄丞 '졸졸거리다'의 센말. 튼쫄쭐거리다.
쫄쫄-이 똉 1 채신없이 까불기만 하고 몹시 소견이 좁은 사람. 2 입으면 몸에 꼭 끼고 벗으면 오그라드는, 나일론제의 가벼운 내의.
쫑그리다 圄톄 (귀·주둥이 등을) 꼿꼿이 세우거나 뾰족이 내밀다. ¶입을 ~ / 토끼가 귀를 ~. 튼쫑긋리다.
쫑긋[-귿] 囝 (입술이나 귀 따위를) 쫑그리는 모양. ¶개가 귀를 ~ 세우다. 튼쫑긋. **쫑긋-하다**[1]
쫑긋-거리다/-대다 [-귿거(때)-] 圄톄 (입술이나 귀 따위를) 자꾸 쫑그리다. 튼쫑긋거리다.
쫑긋-쫑긋 [-귿-귿] 囝 쫑긋거리는 모양. 튼쫑긋쫑긋. **쫑긋쫑긋-하다** 圄톄
쫑긋-하다[2] [-그타-] 휑연 (입술이나 귀 따위가) 쫑긋 내밀려 있다. 튼쫑긋하다. **쫑긋-이** 囝
쫑달-거리다/-대다 圄丞 '종달거리다'의 센말. 튼쫑덜거리다.
쫑달-쫑달 囝 '종달종달'의 센말. 튼쫑덜쫑덜. **쫑달쫑달-하다** 圄丞연
쫑알-거리다/-대다 圄丞톄 '종알거리다'의 센말. ¶입속으로 ~. 튼쫑얼거리다.
쫑알-쫑알 囝 '종알종알'의 센말. ¶ ~ 불평을 늘어놓다. **쫑알쫑알-하다** 圄丞톄
쫑잘-거리다/-대다 圄丞톄 '종잘거리다'의 센말. 튼쫑절거리다.
쫑잘-쫑잘 囝 '종잘종잘'의 센말. 쫑절쫑절. **쫑잘쫑잘-하다** 圄丞톄연
쫑쫑-거리다/-대다 圄丞 '종종거리다'의 센말. 큰쫑총거리다.
쫑코 똉 <속> 핀잔. ¶~를 주다 / ~를 먹이다.
쫑-파티(-party) 똉 <속> 대학에서 종강한 뒤 그것을 축하하여 베푸는 술자리. 또는, 일반 사회에서 여러 사람이 일정 기간 동안 어려움을 겪으면서 해 온 일을 마치고 나서 베푸는 회식.
쫒다[쫃따] 圄톄 (상투나 낭자 따위를) 틀어서 죄어 매다.
쫓겨-나다[쫃껴-] 圄丞 (어떤 장소나 직위에서) 내쫓김을 당하다. ¶집에서 ~ / 직장에서 ~.
쫓-기다[쫃끼-] 圄丞 1 '쫓다'의 피동사. ¶고양이에게 **쫓기는** 쥐. 2 (사람이) 시간적으로 여유가 없어 다급함을 느끼는 상태가 되다. ¶일에 **쫓기는** 샐러리맨 / 영호는 시간에 **쫓겨** 시험 문제를 세 문제나 못 풀었다. 3 (사람이 어떤 두려운 생각에) 마음이 편안치 않음을 느끼는 상태가 되다. ¶강박 관념에 ~ / 그는 항상 죄의식에 **쫓긴다**.
쫓다[쫃따] 圄톄 (사람이나 동물 등을) 으르거나 강제적인 행동으로 다른 곳으로 가도록 만들다. ¶파리를 ~ / 거지를 집 밖으로 ~. 2 (졸음이나 잡념 따위를) 더 생기지 않게 물리치다. ¶찬물로 세수를 하여 졸음을 ~. 3 (달아나려고 하는 사람이나 동물을

쪽- 1741

나 탈것 등을) 잡기 위해 빠른 걸음이나 속도로 따르다. ¶형사가 도둑을 ~ / 고양이가 쥐를 ~. ▶좇다.
쫓아-가다 圄丞톄거 <~가거라> 1 뒤에서 급히 따라가다. ¶도망자를 ~. 2 뒤에 바싹 붙어 따라가다. ¶종종걸음으로 누나를 ~.
쫓아-내다 圄톄 쫓아서 밖으로 몰아내다. ¶거지를 ~.
쫓아-다니다 圄톄 1 뒤에서 바싹 붙어 따라다니다. ¶강아지가 고양이 뒤를 ~. 2 사귀거나 가까이하려고 접근하다. ¶여자를 ~. 3 여기저기를 바쁘게 뛰어다니다. ¶김 기자는 취재를 위해 유세장을 **쫓아다녔다**.
쫓아-오다 圄丞너라 <~오너라> 1 뒤에서 바싹 따라오다. ¶순찰차가 우리를 **쫓아온다**. 2 급히 달음박질하여 오다. ¶어미 닭을 보고 병아리들이 쪼르르 ~.
짜르르 '좌르르'의 센말. ¶부대 속의 밤을 ~ 쏟다. **짜르르-하다**
짝 囝 '좍'의 센말. ¶소문이 ~ 퍼지다 / 물을 ~ 끼얹다 / 경찰을 ~ 깔리다.
짝- 囝 '좍좍'의 센말. ¶소나기가 ~ 쏟아지다. **짝짝-하다** 圄丞톄
짤-짤 囝 '찰찰'의 센말. 쨜쨜-하다 圄丞톄연
쨜쨜-거리다/-대다 圄丞 '찰찰거리다'의 센말.
쬐:다[1] [쬐-/쮀-] 圄 1丞 (햇볕이 어느 곳에) 비쳐 뜨겁거나 따뜻한 열을 가하는 상태가 되다. ¶햇빛이 잘 **쬐는** 남향집. 2톄 1 (햇볕이나 불·난로 등을) 따뜻하거나 뜨거운 열을 느끼도록 몸에 받는 상태가 되다. ¶햇볕을 ~ / 모닥불을 ~. 2 (불·난로 등에 신체 부위를) 가깝게 하여 따뜻한 열을 받게 하다. =쪼이다. ¶언 손을 난로에 ~.
쬐:다[2] [쬐-/쮀-] 圄톄연 '쪼이다'의 준말.
쭈그러-들다 圄丞 <~드니, ~드오> 쭈그러져서 작게 되어 가다. ¶피부가 ~ / 살림이 ~. 팍쪼그라들다. 게쭈크러들다.
쭈그러-뜨리다/-트리다 圄톄 힘을 주어 쭈그리지게 하다. 팍쪼그라뜨리다. 게쭈크러뜨리다.
쭈그러-지다 圄丞 1 눌리거나 옆으로부터 욱이거나 하여 부피가 몹시 작아지다. 2 살이 빠져서 살갗이 쭈글쭈글해지다. 팍쪼그라지다. 게쭈크러지다.
쭈그렁-바가지 똉 '쭈그렁이[2]'를 속되게 이르는 말.
쭈그렁-밤 똉 알이 제대로 들지 않아서 껍질이 쭈글쭈글한 밤.
쭈그렁-밤송이 똉 밤톨이 실하지 않아 쭈그러진 밤송이.
쭈그렁-이 똉 1 쭈그러진 물건. 2 살이 빠져서 쭈글쭈글한 늙은이를 홀하게 이르는 말. 3 제대로 여물지 않은 낟알.
쭈그리다 圄톄 1 누르거나 욱여서 부피를 작게 하다. ¶함석판을 ~. 2 팔다리를 우그려 몸을 작게 움츠리다. ¶방 한쪽 구석에서 **쭈그리고** 자다. (주로 '앉다'와 함께 쓰여) 허벅지와 종아리가 서로 닿도록 다리를 굽히되, 발바닥은 바닥에 대고 엉덩이는 바닥에 닿지 않게 하다. ¶시골 노인이 길가에 **쭈그리고** 앉아 담배를 피우고 있다. 팍쪼그리다. 게쭈크리다.
쭈글-쭈글 囝 쭈그러져 고르지 않게 많은 주름이 잡힌 모양. 팍쪼글쪼글. **쭈글쭈글-하다** 휑연 ¶**쭈글쭈글한** 피부 / 다림질을 하지 않아 옷이 ~.

쭈룩 튀 '주룩'의 센말. 짝쪼록. 쭈룩-하다 통(자)(여)
쭈룩-쭈룩 튀 '주룩주룩'의 센말. ¶비가 ~ 내리다. 짝쪼록쪼록. 쭈룩쭈룩-하다 통(자)(여)
쭈르르 튀 '주르르'의 센말. 짝쪼르르. 쭈르르-하다 통(자)(형)(여)
쭈르륵 튀 '주르륵'의 센말. 짝쪼르륵. 쭈르륵-하다 통(자)(여)
쭈르륵-거리다/-대다 [-꺼(때)-] 통(자) '주르륵거리다'의 센말. 짝쪼르륵거리다.
쭈르륵-쭈르륵 튀 '주르륵주르륵'의 센말. 짝쪼르륵쪼르륵. 쭈르륵쭈르륵-하다 통(자)(여)
쭈뼛-거리다/-대다 [-뺃꺼(때)-] 통(자)(타) '주뼛거리다'의 센말. 짝쪼뼛거리다.
쭈뼛-쭈뼛 [-뺃-뺃] 튀 '주뼛주뼛'의 센말. ¶~ 눈치를 살피다. 짝쪼뼛쪼뼛. 쭈뼛쭈뼛-하다 통(자)(타)(여)
쭈뼛-하다 [-뻐타-] 형(여) 1 물건의 끝이 뾰족이 튀어나와 있다. 2 놀라거나 무서워 머리끝이 서는 듯하다. 쭈뼛-이 튀 ¶머리카락이 ~ 서다.
쭈쭈 명(감) 갓난아이의 사타구니를 손으로 쓸어 주면서 하는 소리. 또는, 그렇게 하여 아이가 기지개를 켜듯 다리를 곧추 뻗으며 좋아하는 일.
쭈크리다 타 '주그리다'의 거센말. 짝쪼크리다.
쭉 튀 1 '죽²'의 센말. ¶달력을 ~ 찢다 / 줄을 ~ 긋다. 2 입으로 힘차게 빠는 모양. 또는, 그 소리. ¶막걸리를 ~ 들이켜다. 짝쪽.
쭉정-밤 [-쩡-] 명 쭉정이로 된 밤.
쭉정-이 [-쩡-] 명 껍질만 있고 알맹이가 들지 않은 곡식·과실 등의 열매.
쭉-쭉 튀 '죽죽'의 센말. 짝쪽쪽.
쭉쭉-빵빵-하다 형(여) 《속》 몸매가 늘씬하면서도 볼륨이 있다. ¶쭉쭉빵빵한 미녀.
쭌득-거리다/-대다 [-꺼(때)-] 통(자) '준득거리다'의 센말. 짝쫀득거리다.
쭌득-쭌득 튀 '준득준득'의 센말. 짝쫀득쫀득. 쭌득쭌득-하다 형(여)
쭐깃-쭐깃 [-긷-긷] 튀 '줄깃줄깃'의 센말. 짝쫄깃쫄깃. 쭐깃쭐깃-하다 형(여)
쭐깃-하다 [-기타-] 형(여) '줄깃하다'의 센말. 짝쫄깃하다.
쭐레-쭐레 튀 '줄레줄레'의 센말. ¶남의 뒤를 ~ 따라오다. 짝쫄레쫄레. 쭐레쭐레-하다 통(자)(여)
쭐쭐 튀 '줄줄1·2·3'의 센말. 짝쫄쫄.
쭐쭐-거리다/-대다 통(자) '줄줄거리다'의 센말. 짝쫄쫄거리다.
-쭝 접미 의존 명사 냥·돈·푼 등의 아래에 붙어, 무게를 일컫는 말. ¶금 한 돈~.
쭝그리다 타 (귀나 주둥이 따위를) 꼿꼿이 세우거나 뾰죽이 내밀다. 짝쫑그리다.
쭝긋 [-귿] 튀 (귀나 입술 따위를) 쭝그리는 모양. ¶귀를 ~ 세우다. 짝쫑긋. 쭝긋-하다¹
쭝긋-거리다/-대다 [-귿꺼(때)-] 통(타) (입술이나 귀 따위를) 자꾸 쭝그리다. 짝쫑긋거리다.
쭝긋-쭝긋 [-귿-귿] 튀 쭝긋거리는 모양. 짝쫑긋쫑긋. 쭝긋쭝긋-하다 통(타)(여)
쭝긋-하다² [-그타-] 형(여) (입술이나 귀 따위가) 쭝긋 내밀려 있다. 짝쫑긋하다. 쭝긋-이 튀

쭝덜-거리다/-대다 통(자) '중덜거리다'의 센말. 짝쫑달거리다.
쭝덜-쭝덜 튀 '중덜중덜'의 센말. 짝쫑달쫑달. 쭝덜쭝덜-하다 통(자)(여)
쭝얼-거리다/-대다 통(자)(타) '중얼거리다'의 센말. 짝쫑알거리다.
쭝얼-쭝얼 튀 '중얼중얼'의 센말. ¶~ 불평을 늘어놓다. 짝쫑알쫑알. 쭝얼쭝얼-하다 통(자)(타)(여)
쭝절-거리다/-대다 통(자) '중절거리다'의 센말. 짝쫑잘거리다.
쭝절-쭝절 튀 '중절중절'의 센말. 짝쫑잘쫑잘. 쭝절쭝절-하다 통(자)(여)
쭝쭝-거리다/-대다 통(자) '중중거리다'의 센말.
-쯤 접미 체언의 뒤에 붙어, '정도'를 뜻하는 말. ¶오늘은 이~ 하자. / 어디~ 가고 있을까?
쯧 [쯛] 튀 마음에 언짢거나 못마땅하여 가볍게 혀를 차는 소리.
쯧-쯧 [쯛쯛] 튀 연민을 느끼거나 한심하게 여길 때 혀를 거듭 차는 소리. ¶어린것이 먹지도 못하고 추위에 떨고 있다니, ~ 가엾기도 해라. / ~, 이것도 글씨라고 썼니?
찌 명 '낚시찌'의 준말.
찌개 명 국물을 바특하게 잡아 고기·채소·두부 등을 넣고 양념과 간을 맞추어 끓인 반찬. ¶된장~ / 김치~.
찌개-백반 (-白飯) [-빤] 명 식당에서, 흰밥에 찌개와 몇 가지 반찬을 곁들여서 내놓는 한 상의 음식.
찌걱 튀 느슨하게 묶인 짐짝이나 나무들 따위가 쓸릴 때에 나는 소리. 센찌꺽.
찌걱-거리다/-대다 [-꺼(때)-] 통(자)(타) 자꾸 찌걱 소리가 나다. 또는, 그런 소리를 나게 하다. 센찌꺽거리다.
찌걱-찌걱 튀 찌걱거리는 소리. ¶대문은 닫혔으나 ~ 흔드니 행랑에서 '누구세요?' 소리를 치고 원삼이가 뛰어나와 문을 연다. 《염상섭: 삼대》 센찌꺽찌꺽. 찌걱찌걱-하다 통(자)(여)
찌그러-뜨리다/-트리다 통(타) 힘을 주어 몹시 찌그러지게 하다. ¶종이 상자를 밟아서 ~. 짝짜그라뜨리다.
찌그러-지다 통(자) 1 눌려서 모양이 고르지 않게 우그러지다. ¶찌그러진 냄비 / 다 찌그러져 가는 집. 2 몹시 말라서 쭈글쭈글 주름이 잡히다. 짝짜그라지다.
찌그럭-거리다/-대다 [-꺼(때)-] 통(자) '지그럭거리다'의 센말. 짝짜그락거리다.
찌그럭-찌그럭 튀 '지그럭지그럭'의 센말. 짝짜그락짜그락. 찌그럭찌그럭-하다 통(자)(여)
찌그렁-이 명 1 남에게 무리하게 떼를 쓰는 짓. 2 여물기 전에 시들어 찌그러진 열매.
찌그르르 튀 '지그르르'의 센말. 짝짜그르르. 찌그르르-하다 통(자)(여)
찌그리다 통(타) 눌러서 찌그러지게 하다. 2 눈살이나 얼굴의 근육에 힘을 주어 주름이 잡히게 하다. ¶한쪽 눈을 찌그려 신호를 보내다. 짝짜그리다.
찌근-거리다/-대다 통(자)(타) '지근거리다'의 센말. 짝짜근거리다. 거치근거리다.
찌근덕-거리다/-대다 [-꺼(때)-] 통(자)(타) '지근덕거리다'의 센말. 짝짜근덕거리다. 거치근덕거리다.
찌근덕-찌근덕 튀 '지근덕지근덕'의 센말.

짜**짜근덕짜근덕**. 퀜**치근덕치근덕**. **찌근덕
찌근덕-하다** 등재예
찌근 퀜 '지근지근'의 센말. 짜**짜근짜
근**. 퀜치근치근. **찌근찌근-하다** 등재예
찌글-거리다/-대다 등재 '지글거리다'의 센
말. 짜**짜글거리다**.
찌글-찌글 퀜 '지글지글'의 센말. 짜**짜글짜
글**. **찌글찌글-하다** 등재예
찌긋-거리다/-대다 [-귿껴(때)-] 등태 1
남이 눈치를 챌 수 있도록 눈을 자꾸 찌그리
다. 2남을 주의시키려고 슬며시 옷자락 등
을 잡아당기다. **찌긋찌긋거리다**.
찌긋-찌긋 [-귿-귿] 퀜 찌긋거리는 모양.
짜**짜긋짜긋**. **찌긋찌긋-하다** 등재태예
찌긋-하다 [-그타-] 형예 한쪽 눈이 조금
찌그러진 듯하다. 짜**짜긋하다**. **찌긋-이** 퀜
찌꺼기 명 1 액체가 다 빠진 뒤에 바닥에 처
져 남은 물건. 2쓸 만하거나 값어치가 있는
것을 골라낸 나머지. ¶먹다 남은 ~ / ~만
남다. 준**찌끼**. ×찌꺽지.
찌꺽 퀜 '찌걱'의 센말.
찌꺽-거리다/-대다 [-꺼(때)-] 등재태 '찌
걱거리다'의 센말.
찌꺽지 '찌꺼기'의 잘못.
찌꺽-찌꺽 퀜 '찌걱찌걱'의 센말. **찌꺽찌꺽-
하다** 등재태예
찌끼 명 '찌꺼기'의 준말.
찌-낚시 [-낙씨] 명 낚시찌에 오는 입질을
보고 물고기를 낚는 방법. ¶맥낚시.
찌다¹ 재 몸이 살이 붙어 무게가 늘다. 또
는, 그 결과로 뚱뚱해지다. ¶나는 아무리 먹
어도 살이 안 **찐다**.
찌다² 자 1 (날씨가) 습기가 많은 상태의
더위를 느끼게 하다. ¶푹푹 **찌는** 날씨. 2 타
(음식을) 뜨거운 김으로 익히거나 데우다.
¶고구마를 ~ / 찬밥을 ~.
찌다³ 태 1 배게 난 것을 뽑아내어 성기게
하다. 2 (낫 따위로) 나무 같은 것을 썩 베
다. ¶대를 **쪄서** 낚싯대를 만들다. 3 모판에
서 모를 한 모숨씩 뽑아내다. ¶모를 ~.
찌다⁴ 태 쪽을 틀어 올리고 비녀를 꽂다. ¶
쪽을 **찐** 머리.
찌들다 재 〈찌드니, 찌드오〉 1 물건이 오래
되어 더러워지거나 질이 변하다. ¶땀에 **찌
든** 속옷. 2 세상의 온갖 고초를 겪고 부대껴
여위다. ¶고생에 **찌든** 얼굴. 짜**짜들다**.

어법 공해에 찌들은 도시 : 찌들은(×) →
찌든(○). ▶ 어간의 끝소리가 'ㄹ'인 말이
어미 '-ㄴ'과 결합할 때에는 규칙적으로
'ㄹ'이 탈락한다.

찌러기 명 성질이 몹시 사나운 황소. ¶고삐
풀린 ~처럼 길길이 날뛰다.
찌르다 태〈찌르니, 찔러〉 1 (몸이나 물
체를 끝이 뾰족하거나 날카로운 물체로, 또
는 끝이 뾰족하거나 날카로운 물체를 몸이
나 물체에) 손으로 잡거나 들고 힘을 가하여
얼마큼의 깊이로 박아가게 하다. ¶칼로 가
슴을 ~ / 주삿바늘을 엉덩이에 ~. 2 (끝이
뾰족한 긴 물체가 사람의 몸을) 파고들어 자
극하는 상태가 되다. ¶의자에 못이 나와 자
꾸 엉덩이를 **찌른다**. 3 (길이가 있게 벌어진
좁은 틈에 다소 넓적하고 길이가 있는 물체
를) 일부 또는 전부가 들어가게 하다. ¶손을
바지의 주머니에 ~. 4 (손가락이나 길이가
있는 물체의 끝으로 다른 사람의 몸을) 주의
를 끌기 위해 다소 힘있게 누르다. ¶손가락
으로 옆구리를 쿡쿡 ~. 5 (냄새 따위가 코
를) 강하게 자극하다. ¶땀 냄새가 코를 ~.
6 (어떤 말이나 일이 마음을) 날카롭게 충격
을 주다. ¶폐부를 **찌르는** 시구(詩句) / 그
일이 내 양심을 ~. 7 (어떤 것에 관한 말이
나 글이 중요하거나 초점이 되는 부분을) 날
카롭게 건드리다. ¶정곡을 ~. 핵심
을 **찌르지** 못하고 겉돌다. 8 (남의 잘못이나
비밀을 어떤 사람이나 법을 집행하는 기관
에) 처벌을 받도록 알리다. 화자(話者)가 문
장의 주어인 행동 주체를 원망하거나 달갑
지 않게 여기는 어감을 담은, 속된 말임. 비
고자질하다·밀고하다. ¶그놈이 우리의 범행
사실을 경찰에 **찔렀다**.

[**찔러도 피 한 방울 안 나겠다**] ㉠야무지고
빈틈이 없다. ㉡인정이라고는 조금도 찾아
볼 수가 없다.

찌르레기 명등 찌르레깃과의 새. 몸길이
21cm 정도. 몸빛은 등이 회갈색이고, 머리는
검음. 인가 근처의 나무 위에 사는데, 벌
레를 잡아먹는 유익한 새로, 특히 흰불나방
의 천적임. 울음소리는 '찌르륵찌르륵'.
찌르르 퀜 몸에 약한 전류가 흐를 때의 느낌
이 드는 모양. 또는, 그런 것과 비슷하게 저
리거나 자극을 느끼는 모양. ¶손끝에 ~ 전
기가 오다. 짜**짜르르**. **찌르르-하다** 형예 1
쪼그리고 앉아 있었더니 발이 ~ / 빈속에
술을 들어가니까 **찌르르했다**.
찌르륵 퀜 1 대롱 따위로 액체를 빨 때 마지
막 밑바닥에 남은 것이 어렵게 빨려 올라오
는 소리. 짜**짜르륵**. 2 찌르레기의 울음소리.
찌르륵-하다 등예
찌르륵-거리다/-대다 [-꺼(때)-] 등재태
자꾸 찌르륵 소리가 나다. 또는, 그런 소리
를 나게 하다. 짜**짜르륵거리다**.
찌르륵-찌르륵 퀜 찌르륵거리는 소리. 짜**짜
르륵짜르륵**. **찌르륵찌르륵-하다** 등재태예
찌르릉 퀜 벨이 울리는 소리.
찌르릉-찌르릉 퀜 벨이 자꾸 울리는 소리.
찌르릉찌르릉-하다 등재태예
찌릿-찌릿 [-릳-릳] 퀜 자꾸 찌릿한 모양. ¶
그는 여자의 손을 잡는 순간 ~ 전기가 오는
것 같았다. **찌릿찌릿-하다** 형예 ¶손목이 **찌
릿찌릿하게** 아프다.
찌릿-하다 [-리타-] 형예 1 살이나 뼈마디
에 저린 느낌이 갑자기 세게 일어나다. ¶전
류가 흐른 듯이 무릎이 ~. 2 강한 자극으
로 흥분을 일으키거나 떨리게 하는 느낌이
있다.
찌무룩-하다 [-루카-] 형예 마음이 시무룩
하여 유쾌하지 않다. **찌무룩-이** 퀜
찌부러-뜨리다/-트리다 등태 찌부러지게
하다. 짜**짜부라뜨리다**.
찌부러-지다 자 1 물체가 눌리거나 부딪혀
서 우묵하게 찌그러지다. 2 (기세나 의지가)
꺾여 풀이 죽다. 3 망하거나 허물어지다시피
되다. 짜**짜부라지다**.
찌뿌드드-하다 형예 1 몸살이나 감기로 몸
이 무겁고 거북하다. ¶너무 과로한 탓인지
몸이 ~. 2 눈이나 비가 내릴 것처럼 하늘이
몹시 흐리다. ¶하늘이 **찌뿌드드한** 걸 보니
곧 눈이 오겠다.
찌-우다 등태 '찌다'의 사동사. ¶돼지의 살
을 ~.
찌증(-症) 명 벌컥 일어나는 역정이나 싫증.
¶~이 나다 / ~을 내다. 짜**짜증**.
찌-지(-紙) 명 무엇을 표하거나 적어서 붙이

는 종이쪽지. =부표(附票).

찌푸리다 통 ①탸 (얼굴이나 이맛살·눈살 등을) 주름이 생기도록 일그러뜨리다. 비쩽그리다. ¶이맛살을 ~. ②재 (날씨나 하늘이) 구름이 많이 끼다. ¶잔뜩 **찌푸린** 하늘. 작째푸리다.

찍¹ 부 '직²'의 센말. 작짝.

찍² 부 '직'의 센말. ¶새가 똥을 ~ 말기고 날아가다.

찍다¹ [-따] 통 (타) 1 (끝이 뾰족하거나 날이 있는 도구로 어떤 물체를) 그 도구가 박힐 만큼 힘 있게 내리치거나 세게 누르거나 힘을 주어 누르다. ¶도끼로 나무를 ~ / 과일을 포크로 **찍어서** 먹다. 2 (넓이를 가진 물건을 어떤 도구로) 구멍이 나거나 어떤 것이 박히도록 순간적으로 힘을 주어 누르다. ¶호치키스로 서류를 ~.

찍다² [-따] 통 (타) 1 (물체의 한쪽 끝으로 액체나 가루 따위를) 묻은 상태가 되도록 닿게 하다. ¶물을 손가락으로 **찍어** 먹다 / 삶은 달걀에 소금을 **찍어서** 먹다. 2 (글자나 도형 등이 새겨진 어떤 물체를 종이나 천 따위에 잉크나 인주 따위를 묻힌 상태에서 그 모양이 그대로 나타나도록 누르다. ¶서류에 도장을 ~. 3 (인쇄물을) 인쇄기에 걸어 글자나 그림 따위가 나타나게 하다. ¶신문을 ~ / 책을 만 부 ~. 4 (어떤 물건을) 일정한 틀 속에 넣고 눌러서 일정한 규격과 모양으로 만들어지게 하다. ¶벽돌을 ~ / 금속 부속품을 프레스로 **찍어** 내다. 5 (사람이 어떤 대상이나 장면을) 일정한 방향과 각도에서 사진기나 촬영기의 셔터를 누름으로써 필름에 담기게 하다. 또는, (사람이 사진이나 영화를) 사진기나 촬영기를 다루어 필름의 상태로 이뤄지게 하다. 비촬영하다. ¶사진기로 설경을 ~ / 촬영 기사가 영화를 ~. 6 (사람이) 사진기 앞에서 어떤 자세를 취한 상태로 (사진을) 이뤄지게 하다. 비박다. ¶나는 어제 김구 선생의 동상 앞에서 사진을 **찍었다**. 7 (길경과 같이 동그란 형상을) 필기도구나 어떤 물질을 물체의 표면에 댐으로써 그 자리에 나타나게 하다. ¶문장의 끝에 마침표를 ~ / 연지 **찍고** 고치 **찍은** 새색시. 8 (어떤 대상을) 분명하게 밝혀서 가리키다. ¶누구라고 이름을 **찍어서** 말하다. 9 (어떤 대상을) 어떤 목적을 가지고 주목하여 마음속으로 특별히 택하다. 구어제의 말임. 비점찍다. ¶나는 미스 김을 내 여자로 **찍었다**. / 그 여자는 어제 백화점에서 **찍어** 둔 옷을 샀다.

찍-새 [-쎄] 명 (속) 닦을 구두를 모아서 구두닦이에게 가져다 주는 일만 하는 사람.

찍-소리 [-쏘-] 명 (부정·금지의 뜻을 지닌 말이 뒤에 붙어서) 남에게 조금이라도 들리게 항의나 반항하는 소리. ¶~도 내지 마라. /~도 없다. / 형 앞에서는 ~도 못한다. 작쩩소리.

찍-찍¹ 부 '직직'의 센말. ¶줄을 ~ 긋다 / 슬리퍼를 ~ 끌다. 작짝짝. **찍찍-하다¹** (타)(여)

찍-찍² 부 '직직'의 센말. ¶물똥을 ~ 말기다.

찍-찍³ 부 쥐나 새 따위가 우는 소리. ¶천장에서 쥐가 ~ 울다. 작쩩쩩. **찍찍-하다²** 통 (여)

찍찍-거리다/-대다¹ [-꺼(때)-] 통 (자) 쥐나 새 따위가 자꾸 찍찍 울다. 작쩩쩩거리다.

찍찍-거리다/-대다² [-꺼(때)-] 통 (타) '직직 거리다'의 센말. 작짝짝거리다.

찍찍-이 명 단추·지퍼·끈 대신에 간단히 붙였다 뗐다 할 수 있게 만든 물건. 갖다 대면 쉽게 붙고 당기면 금방 떨어질 수 있도록 특수한 재질로 만든 것임. 흔히, 옷·신발·가방·모자·장갑 등에 이용함.

-찍-하다 [찌키-] (접미) 어간 끝소리가 'ㄹ'인 몇몇 형용사 어간 뒤에 붙어, '조금 또는 꽤 그러함'의 뜻을 나타내는 말. ¶널~/멀~.

찍-히다¹ [찌키-] 통 (자) 1 '찍다¹'의 피동사. ¶낮에 **찍힌** 자국. 2 <속> (윗사람에게) 눈밖에 나 미움을 받거나 문제가 있는 사람으로 취급받게 되다. ¶사장님한테 ~.

찍-히다² [찌키-] 통 (자) '찍다²'의 피동사. ¶모르는 사이에 사진이 **찍혔다**.

찐덥다 [-따] 형 (여) <찐더우니, 찐더워> 1 마음에 흐뭇하고 반갑다. ¶이렇게 일 년에 두 번씩이나 친정에를 드나드는 것 자체가 **찐덥지** 않은 이야기다. 《이무영: 농민》 2 마음이 거리낌이 없이 떳떳하다.

찐득-거리다/-대다 [-꺼(때)-] 통 (자) 진득거리다'의 센말. ¶송진이 ~. 작짠득거리다.

찐득-찐득 부 '진득진득'의 센말. 작짠득짠득. **찐득찐득-하다** 형 (여) ¶옷에 껌이 들러붙어 ~.

찐-만두(-饅頭) 명 솥에 넣어 쪄서 익힌 만두. ②군만두.

찐-빵 명 솥에 넣어 쪄서 익힌, 팥이 든 흰 빵. 위쪽은 도톰하게 둥글며, 밑바닥은 판판하다. ¶김이 모락모락 나는 따끈따끈한 ~.

찐-쌀 명 덜 여문 벼를 쪄서 말린 뒤에 찧은 쌀.

찐!-하다 형 (여) 안타깝도록 뉘우쳐지며 속이 언짢고 아프다. 작짠하다.

찔깃-찔깃 [-긴-긷] 부 '질깃질깃'의 센말. 작짤깃짤깃·쫄깃쫄깃. **찔깃찔깃-하다** 형 (여) ¶**찔깃찔깃한** 오징어 다리.

찔깃-하다 [-기타-] 형 (여) '질깃하다'의 센말.

찔꺽-거리다/-대다 [-꺼(때)-] 통 (자) 흙이나 풀 따위를 짓이길 때에 자꾸 찔꺽 소리가 나다.

찔꺽-찔꺽 부 찔꺽거리는 소리. **찔꺽찔꺽-하다** 형 (여)

찔끔 부 '질금'의 센말. ¶눈물을 ~ 흘리다 / 물을 ~ 쏟다. 작짤끔. **찔끔-하다¹** 통 (자)

찔끔-거리다/-대다 통 (자) 1 '질금거리다'의 센말. ¶눈물을 ~. 작짤끔거리다. 2 (갚아야 할 돈을) 한꺼번에 갚지 않고 조금씩 조금씩 주다.

찔끔-찔끔 부 1 '질금질금'의 센말. ¶~ 울다. 2 찔끔거리는 모양. ¶빚을 ~ 갚다. 작짤끔짤끔. **찔끔찔끔-하다** 통 (타)(여)

찔끔-하다² 통 (자)(여) 갑자기 겁이 나거나 놀라서 몸을 뒤로 물리듯 움츠리다. ¶그 말을 듣는 순간 나는 속으로 **찔끔했다**.

찔뚝-거리다/-대다 [-꺼(때)-] 통 (자)(타) 다리를 거북스럽게 몹시 뒤뚝뒤뚝 절며 걷다. 작짤뚝거리다·절뚝거리다.

찔뚝-찔뚝 부 찔뚝거리는 모양. 작짤뚝짤뚝·절뚝절뚝. **찔뚝찔뚝-하다** 형 (여)

찔러-보다 통 (타) 어떤 자극을 주어 속마음을 알아보다. ¶그의 속마음을 **찔러봤지만** 끝내 알 수 없었다.

찔러-주다 통 (타) 1 남에게 암시하거나 귀띔하다. ¶예상 문제를 살짝 ~. 2 남의 결함을 따끔하게 지적하다. ¶그에게 말실수했다는 것을 ~. 3 남의 환심을 사려고 무엇을 남몰래 가져다주다. ¶사람들이 잘 부탁한다며 그에게 질러주는 돈만 해도 상당한 액수였다.

찔레 [명] [식] '찔레나무'의 준말.
찔레-꽃 [-꼳] [명] 찔레나무의 꽃.
찔레-나무 [명] [식] 장미과의 낙엽 활엽 관목. 높이 1~2m. 가시가 있으며, 5월에 흰 꽃이 피고 10월에 둥근 열매가 붉게 익음. 애순은 식용하며, 열매는 한방에서 '영실(營實)'이라 하여 약용함. 관상용·울타리용으로 많이 심음. 속칭은 들장미. ⓒ찔레.
찔리다 [동] [자타] '찌르다'의 피동사. ¶가시에 ~ / 양심에 찔리는 데가 있다.
찔찔 [부] '질질'의 센말. ¶눈물을 ~ 짜다 / 코를 ~ 흘리다. ㉵짤짤·쩰쩰. **찔찔-하다** [동] [자] [타]
찔찔-거리다/-대다 [동] [자] '질질거리다'의 센말. ㉵쩔쩔거리다.
찜[1] [명] 고기나 채소에 양념을 하여 흠씬 삶거나 쪄서 만든 음식. ¶갈비~.
 찜 쪄 먹다 [구] 꾀·재주·수단 따위가 비교가 되지 않을 만큼 월등하다. ¶그는 귀신 **찜 쪄 먹게** 재주가 좋다.
찜[2] [명] [속] 어떤 이성의 상대를 사귀고 싶은 사람으로 점찍는 일. **찜-하다** [동] [타] [여]
찜부럭 [명] 몸이나 마음이 괴로울 때 걸핏하면 짜증을 내는 짓. ¶선잠을 깨어 잠투정으로 ~을 부리는가?《현진건:적도》¶"배고파서 말하기도 싫소." 하고 ─ 내뱉듯이 말하였다.《홍명희:임꺽정》 **찜부럭-하다** [동] [자] [여]
찜-질 [명] 1 약물이나 더운물 또는 얼음 따위를 헝겊에 적시거나 주머니에 넣어 아픈 자리에 대어 병을 고치는 일. ¶냉~ / 얼음~. 2 뜨거운 모래밭, 또는 온천이나 뜨거운 물, 온돌 시설 등을 이용하여 몸에 땀을 냄으로써 건강을 증진시키거나 병을 고치는 법. ¶모래~. × 뜸질. 3 몹시 때리는 매를 속되게 이르는 말. ¶몽둥이~. **찜질-하다** [동] [자] [타] [여]
찜질-방(-房) [명] 찜질하여 땀을 낼 수 있도록 온돌 시설을 갖추어 일반 대중을 상대로 영업하는 곳. 1993년경에 생긴 말임.
찜찜-하다 [형] [여] 마음에 꺼림칙한 느낌이 있다. ¶계약 내용이 ~ / 병명이 확실치 않아 ~.
찜-통(-桶) [명] 음식을 찌는, 조리 용구의 하나. 원통형의 큰 그릇으로, 중간쯤에 구멍이 숭숭 뚫린 판을 걸쳐 놓게 되어 있음. 밑에 적당량의 물을 붓고 판 위에 음식을 얹고서 가열하면 뜨거워진 수증기가 음식을 익히거나 데움.
찜통-더위(-桶-) [명] 찜통 속처럼, 찌는 듯한 더위. ¶섭씨 30도를 훨씬 웃도는 ~.
찝쩍-거리다/-대다 [-껴(때)-] [동] [자] [타] '집적거리다'의 센말.
찝쩍-찝쩍 [부] '집적집적'의 센말. **찝쩍찝쩍-하다** [동] [자] [타] [여]
찝찌레-하다 [형] [여] 약간 찝찌름하다.
찝찌름-하다 [형] [여] =찝찌레하다.
찝찔-하다 [형] [여] 1 (맛이) 좋지 않은 느낌이 있게 약간 짜다. ¶잇몸에서 피가 나는지 **찝찔한** 것이 입속에 괸다. ㉵짭짤. 2 일이

되어 가는 꼴이 못마땅하다. ¶뒷맛이 ~.
찝찝-하다 [-찌파-] [형] [여] (행한 일이) 개운치 않고 마음에 걸리는 상태에 있다.
찝-차 (←jeep車) [명] '지프(jeep)'의 잘못.
찡[1] [부] 1 얼음장이나 굳은 물질이 갑자기 터질 때 울리는 소리. ㉴쨍. 2 감동을 받아 속이 뻐근하도록 울리는 모양. ¶딱한 사정을 듣자 가슴이 ~ 울렸다. **찡-하다** [형] [여] ¶코끝이 ~ / 그의 시 속에는 가슴에 **찡하게** 와 닿는 것이 있다.
찡그리다 [동] [타] 얼굴이나 눈살을 몹시 찌그리다. ¶얼굴을 ~ / 그는 눈부신 햇살에 눈을 **찡그렸다**. ㉴쨍그리다.
찡긋 [-귿] [부] 눈이나 코를 약간 찡그리는 모양. ¶눈을 ~ 감았다 뜨다. **찡긋-하다** [동] [자] [타] [여]
찡긋-거리다/-대다 [-귿꺼(때)-] [동] [타] 자꾸 찡긋하다.
찡긋-찡긋 [-귿-귿] [부] 찡긋거리는 모양. **찡긋찡긋-하다** [동] [자] [타] [여]
찡등-그리다 [동] [타] 마음에 못마땅하여 얼굴을 몹시 찡그리다. ㉴짱당그리다.
찡얼-거리다/-대다 [동] [자] (젖먹이가) 몸이 아프거나 배가 고프거나 하여 자꾸 우는 소리를 내다. ㉩징얼거리다. ㉸칭얼거리다.
찡얼-찡얼 [부] 찡얼거리는 모양. ㉩징얼징얼. ㉸칭얼칭얼. **찡얼찡얼-하다** [동] [자] [여]
찡찡 [부] '징징'의 센말. **찡찡-하다**[1] [동] [자] [여]
찡찡-거리다/-대다 [동] [자] '징징거리다'의 센말. ¶장난감을 사 달라고 **찡찡거리며** 조르다. ㉩쨍쨍거리다.
찡찡-하다[2] [형] [여] 1 마음에 걸려 겸연쩍고 거북하다. 2 코가 막혀 숨 쉬기가 거북하다.
찢-기다 [찓끼-] [동] 1 '찢다'의 피동사. ¶갈기갈기 **찢긴** 옷. [2] [타] '찢다'의 사동사.
찢다 [찓따] [동] [타] 1 (종이나 천, 또는 비교적 연한 물질을) 어느 한쪽을 고정시키고 다른 쪽을 당기거나 양쪽을 동시에 반대 방향으로 잡아당겨서 따로 떨어져 나가게 하다. ¶편지를 ~ / 북어를 손으로 ~. 2 (날카롭고 큰 소리가 귀를) 몹시 심하게 자극하다. 비유적인 말임. ¶귀를 **찢는** 듯한 날카로운 소리. 3 (한 덩어리의 일이나 재산 따위를) 여럿으로 나누다. 구어체의 말임. ¶유산을 형제들이 **찢어서** 가지다.
찢-뜨리다/-트리다 [찓-] [동] [타] (종이·헝겊 등을) 무심결에 찢어지게 하다. ¶차표를 ~.
찢어-발기다 [동] [타] 갈기갈기 찢어 헤뜨리다.
찢어-지다 [동] [자] 찢어져서 갈라지다.
찧다 [찌타] [동] [타] 1 (곡물이나 식물의 열매 등을) 절구통이나 확에 넣고 부서지거나 으깨어지거나 가루가 되도록 공이로 여러 번 내려치다. ㉯용정하다. ¶방아를 ~ / 떡쌀을 ~. 2 (땅을) 무거운 물건으로 내려쳐서 단단하게 하다. ㉯다지다. ¶쇳덩어리를 땅에 ~. 3 (몸의 일부를) 어떤 물체에 아픔을 느낄 만큼 부딪침을 당하다. ¶얼음을 지치다가 엉덩방아를 ~ / 한눈을 팔고 가다가 전봇대에 이마를 ~. 4 입방아(를) 찧다 →입방아. 5 붓방아(를) 찧다 →붓방아.
찧고 까부다 [구] [곡식을 절구로 찧고 키로 까부는 행위에서 비롯된 말] 되지도 않는 소리로 이랬다저랬다 하며 몹시 경망스럽게 굴다.

츠 →치읓.
차-¹ [접두] 찰기가 있음을 나타내는 말. ¶~조 / ~좁쌀 / ~산병.
차²(車) [명] ①바퀴를 굴려서 나아가게 만든 교통 기관의 총칭. 자동차·자전거·열차·우차·마차 등. 세는 단위는 대(臺). ¶~로 가다 / ~를 타다 / ~에서 내리다 / ~를 몰다 / ~가 밀리다 / ~가 다니는 큰길. ②장기짝의 하나. '車(차)' 자를 새긴 것으로, 일직선으로 가로 또는 세로로 거리에 제한 없이 다닐 수 있으며, 그 선상에 적수의 말이 있으면 무엇이든 잡아먹을 수 있음. 한 편에 둘씩 있음. ③[의존] 차에 싣거나 태운 화물이나 사람의 수량을 자동차의 수로 이르는 말. ¶흙을 한 ~ 실어 왔다.
차³(茶) [명] 1 [식] =차나무. 2 차나무의 어린 잎을 따서 만든 음료의 재료. 또는, 그것을 달인 물. ¶녹~ / 홍~ / ~를 달이다 / ~를 끓이다. 3 여러 식물의 잎·뿌리·껍질·꽃이나 과실류 등을 뜨거운 물에 달이거나 우려낸 음료의 총칭. ¶인삼~ / 생강~ / 유자~.
차⁴(差) [명] 1 둘 이상의 사물을 견주었을 때, 서로 구별되거나 다르게 나타나는 수준이나 정도. ¶빈부의 ~ / 밀물과 썰물의 ~ / 그들 부부는 연령의 ~가 심하다. / 환절기에는 밤낮의 기온 ~가 크다. 2 [수] 어떤 수량에서 다른 수량을 뺀 나머지의 수량. ¶8과 5의 ~는 3이다.
차⁵(次) [명][의존] 1 한자의 숫자 아래에 쓰여, '번', '차례'의 뜻을 나타내는 말. ¶제일~ 세계 대전 / 제삼~ 산업 혁명. 2 ('-는', '-던' 아래에 '차에', '차이다'의 꼴로 쓰여) 어떤 일을 하는 기회나 상황을 뜻하는 말. ¶시내에 나갔던 ~에 서점에 들러 잡지를 한 권 샀다. 3 [수] 방정식 따위의 차수(次數)를 가리키는 말.
차⁶(此) [대](지시) '이¹'을 문어적으로 이르는 말. ¶~로써 자손만대(子孫萬代)에 고(誥)하야 민족자존(民族自存)의 정권(正權)을 영유(永有)케 하노라.《기미 독립 선언문》
-차⁷(次) [접미] '어떤 일을 하려는 목적으로'의 뜻을 나타내는 말. ¶인사~ 선생님을 찾아뵙다 / 연구~ 미국을 방문했다.
차:가(借家) [명] 집을 빌려 드는 것. 또는, 그 집. ¶~료(料) / ~인(人). 차:가-하다 [동]
차간-거:리(車間距離) [명] 도로 교통에 있어서, 주행 중에 있는 앞 자동차와 뒤 자동차 사이의 거리.
차감(差減) [명] 비교하여 덜어 내는 것. ¶~계정 / ~잔액. 차감-하다 [동][타][여] ¶손익을 ~. 차감-되다 [동][자]
차갑다[-따] [형][여] 〈차가우니, 차가워〉 1 (물질이나 물체의 온도가) 몸에 찬 느낌을 주는 데가 있다. ¶날씨가 ~ / 물이 ~ / 아직 이른 봄이라 바깥 바람이 ~. 2 (사람의 성격이나 태도가) 매정하거나 쌀쌀하다. ¶차갑고 콧대가 센 여자 / 사람들은 걸인을 차가운 눈으로 바라볼 뿐 아무도 동정하려 하지 않았다.
차계-부(車計簿) [-게-/-계-] [명] 자동차에 드는 경비를 그때그때 적어 두는 장부. '가계부'의 어형을 본뜬 신조어임.
차고(車庫) [명] 자동차·기차·전차 따위의 차를 넣어 두는 곳.
차고-앉다[-안따] [동][타] 무슨 일을 맡아서 자리를 잡다. ¶그 여자는 곳간 열쇠를 차고 앉아 집안의 쌀 한 톨도 허투루 쓰지 못하게 한다.
차곡-차곡 [부] 물건을 가지런히 쌓거나 포개는 모양. ¶벽돌을 ~ 쌓다 / 이불을 ~ 개다.
차곡차곡-하다 [형][여]
차관¹(次官) [명][법] 장관을 보좌하고 그를 대리할 수 있는 보조 기관. 또는, 그 직위에 있는 정무직 공무원.
차관²(借款) [명] 한 나라의 정부나 기업·은행이 외국 정부나 공적 기관으로부터 자금을 빌려 오는 일. 정부 차관과 민간 차관이 있음. ¶장기 [단기] ~ / ~을 들여오다. 차:관-하다 [동][타][여]
차관³(茶罐) [명] 찻물을 끓이는 그릇. 모양이 주전자 비슷함. =다관(茶罐).
차관-보(次官補) [명] 장관과 차관을 보좌하는 공무원.
차광(遮光) [명] 가리개로 불빛이 밖으로 새거나 바깥의 빛이 들어오지 않도록 막는 일. 차:광-하다 [동][자]
차:광-막(遮光幕) [명] 햇빛이나 불빛을 막아 가리려고 치는 막. ¶슬라이드 상영을 위해 ~을 치다.
차근-차근 [부] 차근하게 순서를 따라 일하거나 말하는 모양. ¶일을 ~ 처리해 나가다. 차근차근-하다 [형][여] ¶성질이 ~. 차근차근-히 [부] ¶~ 말해라.
차근-하다 [형][여] (말이나 성격 또는 행동이) 조리 있고 찬찬하다. ¶성격이 차근하여 실수가 없다. 차근-히 [부] ¶~ 말해라.
차:금(借金) [명] 돈을 꾸는 것. 또는, 그 돈. 차:금-하다 [동][자][여]
차기(次期) [명] 다음의 시기. ¶~ 선거 / ~ 대통령을 선출하다.
차꼬 [명] 옛 형구(刑具)의 한 가지. 기다란 두 개의 나무토막 틈에 가로 구멍을 파서 죄인의 두 발목을 그 구멍에 넣고 자물쇠로 채우게 되어 있음. =족가(足枷). ▷칼.
차-나무(茶-) [명][식] 차나뭇과의 상록 활엽 관목. 잎은 긴 타원형이며 약간 두껍고 윤이 남. 8월 하순에서 12월 사이에 흰색 또는 담홍색의 꽃이 핌. 어린잎은 녹차·홍차의 원료가 됨. =차(茶).
차남(次男) [명] 둘째 아들. 비차자. ↔차녀.
차내(車內) [명] 자동차나 열차나 전동차 등의 안. 비차중(車中). ¶~ 방송.
차녀(次女) [명] 둘째 딸. ↔차남(次男).
차다¹ [동][자] 1 (일정한 공간에 사람이나 물체 또는 물질이) 어느 정도 많이 들어 있게 되다. ¶버스에 사람이 꽉 **차** 있다. / 벽에 습기가 **차서** 곰팡이가 피었다. **2** (대상에 어떤 감정이나 기운 등이) 많이 들어 있게 되다. 또는, (대상에 어떤 감정이나 기운 등이) 넘쳐 있게 되다. ¶행복에 **찬** 나날 / 생활에 활기가 **차** 다. / 우리의 미래는 희망에 **차** 있다. **3** (물이나 쌓인 눈 따위가 어떤 높이에까지) 이르는 상태가 되다. ¶이 냇물은 깊은 곳은 어른의 목까지 **찬다**. / 눈이 많이 내려 허벅다리까지 **찬다**. **4** (정한 수량이나 기한, 나이 등이) 다 되거나 미치다. ¶목표량이 다 **차다**. / 인원이 ~ / 기한이 ~. **5** (달이) 이지러진 데가 없이 아주 온전해지다. ¶달도 **차면** 기운다. **6** (어떤 대상이 마음에) 흡족한 상태가 되다. ¶눈에 ~ / 성에 **차지** 않다 / 자기가 쓴 시가 마음에 **차지** 않다.
[**차면 넘친다**] ㉠너무 정도에 지나치면 도리어 불완전하게 된다. ㉡한번 흥하거나 성하면 반드시 쇠하거나 망한다.

차다³ **園**(타) **1** (물체를 발로) 힘있게 부딪다. ¶공을 발로 ~ / 말이 뒷발로 사람을 ~. **2** (제기를 발로) 반복적으로 쳐서 공중으로 올리다. ¶설날에 사내아이들이 제기를 **차며** 논다. **3** (주로 부부나 애인 관계에 있는 사람을) 일방적으로 더 이상 관계를 맺지 않는 상태가 되게 하다. 주로, 구어(口語)에서 쓰는 말임. (비)버리다. ¶조강지처를 **차** 버리다 / 출세를 하더니 애인을 발로 **찼다**. **4** (자기에게 베풀어지거나 차례가 오는 것을) 내동댕이치듯 받아들이지 않다. ¶들어오는 복을 **차** 버리다. **5** (혀를) 그 끝 부분을 입천장의 윗잇몸 부분에 대었다가 떼면서 소리를 내다. ¶동냥을 구하는 어린 소녀를 보고 사람들은 쯧쯧 혀를 **찼다**.

차다³ **園**(타) **1** (물건을 몸이나 옷의 어느 부분에) 달거나 매거나 꿰어 떨어지지 않게 하다. ¶시계를 손목에 ~ / 칼을 허리에 ~. **2** (수갑이나 차꼬 등을 손목이나 발목에) 끼워 자유롭지 못한 상태가 되다. ¶수갑을 **찬** 죄수. **3** (사람이 이성의 상대를) 애인으로 삼아 데리다. 얕잡아 비웃는 투의 말로, 주로 남자가 여자를 상대로 하는 경우를 가리킴. ¶그는 몇 달간 종적이 묘연하더니 어느 날 미인을 하나 **차고** 마을에 나타났다.

차다⁴ **園 1** (물질이나 물체의 온도가) 몸에 느껴지는 정도에 있어서 얼음이나 그와 비슷하게 낮은 온도의 물질이 닿을 때와 같은 상태이다. ¶찬밥 / 날씨가 ~ / 음식을 **차** 게 해서 먹다. ↔덥다. **2** (사람의 성격이) 인정이 없고 쌀쌀하다. (비)냉정하다. ¶얼음장 같이 **찬** 사람.

차닥-거리다/-대다[-꺼(때)-] **園**(타) '처덕거리다'의 작은말.
차닥-이다 園(타) '처덕이다'의 작은말.
차닥-차닥 園(타) '처덕처덕'의 작은말. **차닥차닥-하다 園**(타)(여)
차단(遮斷) **명** 가로막거나 끊어서 통하지 못하게 하는 것. **차단-되다 園**(자)(여) ¶적의 퇴로(退路)가 ~ / 전기 회로가 ~. **차단-하다 園**(타)(여) ¶교통이 ~ / 공급이 ~.
차단-기¹(遮斷器) **명** 전기 회로를 개폐(開閉)하는 기구.
차단-기²(遮斷機) **명** 철도 선로의 건널목을 봉쇄하여 사람과 차량의 통행을 막는 장치.
차대(次代) **명** 다음 대(代).
차대(車臺) **명** 기차 따위 같은 것의 차체(車體)를 받치며 바퀴에 연결되는 철제(鐵製)의 테.

차대-번호(車臺番號) **명** 자동차가 공장에서 생산될 때, 자동차에 찍혀 나오는 고유 번호.
차도¹(車道) **명** 자동차가 다닐 수 있도록 만든 도로. (비)찻길. ↔인도(人道).
차도²(差度·瘥度) **명** 병이 차이를 느낄 수 있을 만큼 나아진 상태. ¶병이 ~가 보이다 / 전혀 ~가 없다.
차도르(⑨chador) **명** 북부 인도·이란 등지의 이슬람교도 여성이 외출할 때 얼굴을 가리기 위하여 머리에서 어깨로 뒤집어쓰는, 네모진 천.
차-돌 명 1(광)=석영(石英). **2** 야무진 사람의 비유.
차돌-박이 명 양지머리뼈의 복판에 붙은, 희고 단단하며 기름진 고기.
차드(Chad) **명**(지) 아프리카 대륙의 중심부에 있는 공화국. 수도는 은자메나.
차등(差等) **명** 차이가 나는 등급. ¶능력에 따라 임금에 ~을 두다. ↔균등.
차등^선거(差等選擧) **명**(정) 신분·재산·교육·납세 등에 따라 선거권에 차등을 두는 선거. =불평등 선거. ↔평등 선거.
차등-화(差等化) **명** 각 등급이 차이가 나게 하는 것. **차등화-하다 園**(자)(타)(여) ¶제품의 질에 따라 가격을 ~. **차등화-되다 園**(자)
차디-차다 園 매우 차다.
차-떼기(車-) **명** 화물차 한 대분의 상품을 모개로 사들이는 일. 또는, 그렇게 하기 위한 흥정. ¶~로 배추를 사들이다.
차라리 園 1 그보다는 오히려, 대비를 이루는 두 가지 사실이 모두 바람직하지 않거나, 또는 두 가지 사실을 모두 원치 않는 상태에서, 앞서 든 사실보다는 뒤에 들 사실이 상대적으로 나음을 나타내는 말임. ¶노예가 되느니 ~ 죽음을 택하겠다. / 손해를 보며 장사를 할 바에는 ~ 가게를 걷어치우는 편이 낫다. **2** 그렇다면 오히려. 앞선 전제나 가정을 받아들여야 한다면, 뒤의 사실이 그나마 최선임을 나타내는 말임. ¶어차피 맺어지지 못할 사람이라면 ~ 일찍이 헤어지는 게 낫다.
차란-차란 園 '자란자란'의 거센말. (큰)처런처런.
차랑 園 '자랑²'의 거센말. (큰)처렁. (센)짜랑. **차랑-하다¹ 園**(자)(타)(여)
차랑-거리다/-대다¹ 園(자) 길게 드리운 것이 부드럽게 움직이다. ¶높은 가을 하늘 아래 수평선이 아득하게 떠 보이고 다사로운 햇빛이 물결을 따라 금빛 흔들리듯 **차랑거렸**다. (큰)처렁거리다. (센)짜랑거리다.
차랑-거리다/-대다² 園(자)(타)(여) '자랑거리다'의 거센말. (큰)처렁거리다. (센)짜랑거리다.
차랑-차랑¹ 園 길게 드리운 것이 부드럽게 움직이는 모양. ¶~ 끌리는 치맛자락. (큰)처렁처렁. **차랑차랑-하다¹ 園**(여)
차랑-차랑² 園 '자랑자랑'의 거센말. (큰)처렁처렁. (센)짜랑짜랑. **차랑차랑-하다² 園**(타)(여)
차랑-하다² 園(여) (드리운 물건이) 땅에 닿을 듯 부드러워져 축 늘어져 있다. (큰)처렁하다.
차량(車輛) **명 1** 도로나 선로 위를 달리는 모든 차(車)의 총칭. ¶이 길은 ~의 통행이 금지되어 있다. **2** 열차를 구성하는, 화차나 객차의 각각의 칸.
차려 감 제식 훈련 시 구령의 하나. 몸과 정신을 바로 차려 부동자세를 가지라는 말. 양

다리는 곧게 펴고 무릎은 붙임. ¶일동 ~!

차려-입다[-따] [동][타] 잘 갖추어 입다. ¶한복을 ~/정장으로 **차려입은** 남자.

차ː력(借力) [명] 외부에 존재하는 기(氣)나 약이나 신령한 힘을 빌려 와 보통 사람으로서는 낼 수 없는 엄청난 힘을 발휘하는 일. 인간의 잠재 능력과 외부의 힘이 결합하여 발휘되는 것이라 하는데, 오랜 수련을 필요로 함. ¶~ 시범/배 위에 널빤지를 대고 자동차를 그 위로 지나가게 하는 무시무시한 ~.

차ː력-사(借力士)[-싸] [명] 차력술을 부릴 수 있는 능력을 가진 사람. 또는, 차력술을 부리는 일을 하는 사람. =차력술사.

차ː력-술(借力術)[-쑬] [명] 외부에 존재하는 기(氣)나 약이나 신령한 힘을 빌려 와 보통 사람으로서는 낼 수 없는 엄청난 힘을 발휘하는 기술.

차ː력술-사(借力術士)[-쑬-] [명] =차력사.

차렵 [명] 옷이나 이불 따위에 솜을 얇게 두는 방식.

차렵-이불[-렴니-] [명] 솜을 얇게 두어 만든 이불.

차령(車齡) [명] 차를 처음 출고하여 현재까지 사용한 햇수. ¶~이 10년을 넘긴 자동차.

차례[1] [명] [1][자립] **1** 여럿을 각각 선후(先後)로 구분하여 벌인 것. 또는, 그 구분에 따라 각각에게 돌아오는 기회. =서차(序次)·제차(第次)·차서(次序). [비]순서. ¶~를 정하다/줄을 서서 ~를 기다리다/이번에는 네가 노래할 ~다. **2** 물건이나 재물 따위를 여럿으로 노늘 때, 어떤 사람에게 해당하는 몫. ¶~가 오다/급수차가 왔으나 줄이 너무 길어 맨 끝에까지 ~가 갈 성싶지 않다. **3** =목차(目次). [2][의존] 다소 특별한 일이나 요란한 일이 일어난 횟수를 세는 단위. ¶소나기가 몇 ~ 쏟아졌다./그는 여러 ~ 큰 수술을 받았다.

차례[2](茶禮) [명] 명절날이나 조상의 생일 또는 음력으로 매달 초하루와 보름날 등의 낮에 간단히 지내는 제사. =다례(茶禮)·차사(茶祀). ¶~를 지내다.

차례-차례 [부] 차례를 따라 순서 있게. ¶한 사람씩 ~ 건너가자.

차례-탑(茶禮塔) [명] 차례 때, 탑처럼 높이 괴어 올리는 제물.

차로(車路) [명] [1][자립] **1** 자동차가 다닐 수 있게 닦아 놓은 길. [비]찻길. **2** 차선과 차선 사이의 일정한 너비로 구분된 길. ¶가변 ~/전용 ~/주행 ~. [2][의존] 차선이 그어진 수효에 따라 도로 폭을 나타내는 단위. 또는, 차선과 차선 사이의 길에 순서를 매기는 말. ¶왕복 4~.

차륜(車輪) [명] **1** 자동차·자전거·열차 등의 바퀴. [비]차바퀴. **2** =수레바퀴.

차르랑 [부] '자르랑'의 거센말. [큰]처르렁. [센]짜르랑. **차르랑-하다** [동][자][타][여]

차르랑-거리다/-대다 [동][자][타] '자르랑거리다'의 거센말. ¶열쇠 꾸러미를 ~. [큰]처르렁거리다. [센]짜르랑거리다.

차르랑-차르랑 [부] '자르랑자르랑'의 거센말. [큰]처르렁처르렁. [센]짜르랑짜르랑. **차르랑차르랑-하다** [동][자][타][여]

차리다 [동][타] **1** (상을) 음식을 먹을 수 있게 놓아 벌이다. ¶밥상을 ~/술상을 ~. **2** (살림이나 가게 따위를) 벌이어 생활을 꾸려 나가거나 영업을 해 나갈 태세를 갖추다. ¶살림을 ~/가게를 ~/병원을 ~. **3** (옷이나 필요한 것 등을) 격식 있게, 또는 목적에 맞게 몸에 갖추다. ¶의관을 ~/날 따라오려면 어서 채비를 **차려라**. **4** (예의나 격식, 체면 등을) 말이나 행동, 옷의 모양새 등으로 나타내다. ¶격식을 ~/체면 **차리지** 말고 얼마든지 먹어라. **5** (욕심이나 이익 따위를) 남보다 많이 채우거나 가지다. ¶실속을 ~/저 녀석은 남이야 어떻든지 제 욕심만 **차리려고** 한다. **6** (정신이나 기운을) 가다듬어 되찾다. ¶정신을 ~/보약을 지어 먹고 기운을 ~. **7** (일의 낌새나 눈치 등을) 어떤 조짐을 보고 짐작하여 알다. ¶눈치를 ~/놈들이 뭔가 낌새를 **차려** 달아나 버렸다.

차림 [명] 옷이나 몸치장으로 꾸며서 차린 상태. ¶옷~/등산 ~.

차림-새 [명] 옷이나 몸치장으로 꾸며서 차린 모양새. ¶검소한 ~.

차림-차림 [명] **1** 차림새의 이모저모. ¶~을 보아하니 불량배 같지는 않다. **2** 여럿의 차림새. ¶행락객들의 ~이 모두 화려하고 원색적이다.

차림-표(-表) [명] 식당이나 음식점 등에서 파는 음식의 종류와 가격을 적은 표.

차마 [부] 《동사의 내용을 부정하는 서술어와 호응하는 구조에 쓰여》 '마음을 억누르거나 참고서 도저히'의 뜻을 나타내는 말. ¶~ 눈 뜨고는 볼 수 없는 광경/~ 입에 담기 어려운 욕설/나는 그 여자의 간곡한 부탁을 ~ 거절할 수가 없었다.

차-멀미(車-) [명] 차를 탔을 때 일어나는, 어지럽고 메스꺼움을 느끼는 증상. ¶~가 나다. **차멀미-하다** [동][자][여]

차ː명(借名) [명] 남의 이름을 빌려 쓰는 것. ¶~ 계좌. **차ː명-하다** [동][자][여]

차ː문(借問) [명] **1** 남에게 묻는 일. **2** 시험 삼아 한번 물어보는 일. **차ː문-하다** [동][타][여]

차-바퀴(車-) [명] 차의 바퀴. [비]차륜.

차반[1] [명] **1** 예물로서 가져가거나 들어온 좋은 음식. **2** 맛있게 잘 차린 음식.

차반[2](茶盤) [명] =다반(茶盤).

차ː변(借邊) [명][경] 복식 부기에서, 장부의 계정계좌의 왼쪽 부분. 자산의 증가, 부채 또는 자본의 감소·손실 등을 기입함. ↔대변(貸邊).

차별(差別) [명] (둘 이상의 대상을) 각각 등급이나 수준 등에 차이를 두어서 구별하는 것. ¶~ 대우/인종 ~/재산 정도에 따라 과세에 ~을 두다. ↔평등. **차별-하다** [동][타][여] ¶가진 자와 못 가진 자를 ~. **차별-되다** [동][자]

차별^관세(差別關稅) [명][경] 어떤 나라로부터의 수입품에 대하여 일반의 관세율과 다른 세율을 적용하는 관세. ▷특혜 관세.

차별-화(差別化) [명] 차등을 두어 구별된 상태가 되게 하는 것. **차별화-하다** [동][타][여] ¶전집물의 보급판과 호화 장정본의 값을 ~. **차별화-되다** [동][자]

차부[1](車夫) [명] 마차나 달구지 등을 부리는 사람.

차부[2](車部) [명] 자동차의 시발점이나 종착점에 마련한 차의 집합소.

차분-하다 [형][여] **1** (마음이나 태도 등이) 들뜨거나 흥분되지 않고 가라앉은 상태에 있다. ¶잡념을 몰아내고 **차분한** 마음으로 공부하다. **2** (성격이) 쉽게 들뜨거나 흥분하지 않고 침착하다. ¶**차분한** 성격. **차분-히** [부] ¶장래 문제를 ~ 생각해 보다.

차붓-소(車夫-)[-부쏘/-붇쏘] [명] 달구지를 끄는 큰 소.
차비¹(車費)[명] 차를 타는 데에 드는 비용. =차임(車賃)·찻삯.
차비²(差備)[명] '채비'의 원말.
차사(差使)[명] 1 중요한 업무를 위하여 파견하는 임시직. 2 고을 원이 죄인을 잡으려고 보내는 관원.
차석(次席)[명] 수석의 다음 자리. 또는, 그 사람.
차선¹(次善)[명] 최선의 다음 정도.
차선²(車線)[명] 1 자동차 도로를 주행 방향을 따라 일정한 간격(3m 이상)으로 그어 놓은 선. ¶～을 긋다 / ～을 침범하다. 2 '차로(車路)'의 잘못.
차선-책(次善策)[명] 차선의 방책.
차-세대(次世代)[명] 다음 세대.
차손(差損)[명] 매매의 결과나 가격·환시세의 변동·개정에 의해서 생긴, 수지의 차액으로서 생긴 손실. ¶～금. ↔차익(差益).
차수(次數)[명][수] 1 단항식에서, 문자 인수(因數)의 개수. 곧, x^2y^3의 차수는 x에 대해서는 2, y에 대해서는 3, $x \cdot y$에 대해서는 5임. 2 다항식에서, 문자 거듭제곱을 가지는 항에서의 그 문자 인수의 개수.
차-시루떡 '찰시루떡'의 잘못.
차안(此岸)[명] 생사(生死)의 세계. 또는, 이 세상. ↔피안(彼岸).
차압(差押)[명][법] '압류(押留)'로 순화. 차압-하다[동][타][여] 차압-되다[동][자]
차액(差額)[명] 차가 나는 액수. ¶원가와 매가(賣價)와의 ～.
차양(遮陽)[명] 1[건] 볕을 가리거나 비를 막기 위하여 처마 끝에 덧대는 물건. ＝챙. ¶～을 달다 / ～을 대다. 2 ＝챙.
차-오르다[동][자][르]〈～오르니, ～올라〉 어떤 한도나 높이에 다다라 오르다. ¶폭우로 냇물이 허리까지 차올랐다.
차-올리다[타] 발로 차서 위로 올리다. ¶축구 공을 높이 ～.
차ː용(借用)[명] (돈이나 물건을) 빌려서 쓰는 것. ¶～금. 차ː용-하다[타여]¶100만 원을 차용해서 영농 자금으로 쓰다. 차ː용-되다[동][자]
차ː용-어(借用語)[명] 자국어의 체계 속에 동화시켜 사용하는, 외국어의 단어.
차ː용-인(借用人)[명] 돈이나 물건을 꾸어서 쓴 사람.
차ː용-증(借用證)[명][쯩] '차용 증서'의 준말. ¶～을 받고 돈을 빌려 주다.
차ː용-증서(借用證書)[명] 돈이나 물건의 차용을 증명하는 문서. ＝아이오유(IOU). ⓒ차용증.
차운(次韻)[명] 남이 지은 시(詩)의 운자(韻字)를 따서 시를 짓는 것. 차운-하다[동][자][여]
차원(次元)[명] 1[수] 기하학적 도형이나 물체 및 공간이 펼쳐져 있는 자유도를 나타내는 수. 직선은 1차원, 평면은 2차원, 보통의 공간은 3차원이며, n차원이나 무한 차원의 공간도 생각할 수 있음. 2 사물을 보거나 생각하는 입장. 또는, 생각이나 의견 등을 떠받치고 있는 사상이나 학식 등의 수준. ¶～이 다른 의견 / ～이 낮은 의견.
차이(差異)[명] 대상들이 서로 구별이 되게 다른 상태. ¶성격 ～ / 능력의 ～ / ～가 나다 / 귀로 듣는 것과 눈으로 보는 것과는 큰 ～가 있다.

차이나타운(Chinatown)[명] 화교(華僑)들이 외국 도시의 한 부분에 집단으로 거주하여 이룩한 거리.
차이니스-칼라(Chinese collar)[명] 상의의 목 부분을 곧게 세우는 중국식 옷깃.
차-이다[동][자] '차다¹·³'의 피동사. ¶발로 ～. ⓒ채다.
차이-법(差異法)[―뻡][명][논] 귀납법의 하나. 어떤 현상이 일어날 때와 일어나지 않을 때와의 차이를 조사하여 그 인과(因果)를 미루어 아는 방법.
차이-점(差異點)[―쩜][명] 차이가 나는 점. ↔공통점.
차익(差益)[명] 매매의 결과나 가격·환시세의 변동에 의해서 생긴, 가격의 차액으로서 생긴 이익. ¶～금. ↔차손(差損).
차인(差人)[명] 장사하는 일에 시중드는 사람. ＝차인꾼.
차인-꾼(差人―)[명] ＝차인(差人).
차일(遮日)[명] 햇볕을 가리기 위하여 치는 포장(布帳). ＝천포(天布). ¶～을 치다.
차일-피일(此日彼日)[명] 이날 저날로 기한을 미루는 모양. ¶빚을 갚지 않고 ～ 미루기만 한다. 차일피일-하다[동][자][여]
차임(chime)[명] 1[음] 반음계로 조율되어 연주할 수 있도록 된, 타악기의 하나. 18개의 금속관을 매달아 해머로 쳐서 소리 냄. 2 시각을 알리거나 호출용으로 쓰는 종의 일종. ＝차임벨.
차임-벨(chime bell)[명] ＝차임(chime) 2.
차ː입¹(借入)[명] (돈이나 물건을) 꾸어 들이는 것. ¶～금(金). 차ː입-하다¹[동][타][여]
차ː입²(差入)[명] 유치·구류된 사람에게 음식·의복·돈 따위를 들여보내는 것. ¶～품(品). 차ː입-하다²[동][타][여] 차ː입-되다[동][자]
차자(次子)[명] 둘째 아들. 비 차남(次男).
차ː자(借字)[명] 자기 나라 말을 적는데 남의 나라 글자를 빌려 쓰는 일. 또는, 그 글자. 차ː자-하다[동][타][여]
차장¹(次長)[명] 장(長)의 다음 자리나 지위. 또는, 그 지위에 있는 사람.
차장²(車掌)[명] 기차·버스 등에서, 차의 운행을 관리하고 승객의 편의를 도모하는 사람.
차적(車籍)[명] 관할 관청에 등록되어 있는, 자동차에 대한 문서. 어떤 자동차의 소유자·주소·차종·등록일 등이 기록되어 있음. ¶～을 조회하다.
차전-놀이(車戰―)[명][민] 음력 정월 보름경에 행하는, 영남·영동·경기 지방에 전승되어 온 민속놀이의 하나. 두 패로 나누어 동채에 탄 장수의 지휘 아래 수백 명의 장정이 어깨에 멘 동채를 당겨다 밀었다 하면서 상대방을 공격, 상대방의 동채를 먼저 땅에 닿게 하여 승패를 가림. ＝차전.
차-전병(―煎餅)[명] 1 찹쌀가루로 만든 전병. 2 ＝찰부꾸미.
차점(次點)[―쩜][명] 최고점 다음가는 점수. 또는, 당선자의 득표 수 다음가는 표수나 입상자(入賞者)의 득점 다음가는 점수. ¶～으로 낙선의 고배를 마시다.
차점-자(次點者)[―쩜―][명] 차점을 얻은 사람.
차제(此際)[명] 때마침 주어진 이 기회. ¶그동안 여러분의 많은 성원이 있었는데 ～에 심심한 감사의 말씀을 드립니다.
차-제구(茶諸具)[명] 차에 관한 여러 가지 기물. 차관(茶罐)·찻종·찻숟가락 따위. ＝다

●차조

구(茶具)·다기·차기.
차-조 몡 메조보다 열매가 작고 찰기가 있으며 빛깔이 훨씬 누르고 약간 파르스름한, 조의 한 가지. =나속(糯粟). ▷메조.
차-좁쌀 몡 차조의 열매를 찧은 쌀. =황나(黃糯). ▷메좁쌀.
차종(車種) 몡 자동차의 종류.
차주(車主) 몡 차의 주인.
차!주[2](借主) 몡 돈이나 물건을 빌려 쓴 사람. ↔대주(貸主).
차!주[3](借株) 몡[경] 주식의 신용 거래에서, 증권 회사로부터 빌린 주식. ▷대주(貸株).
차중(車中) 몡 차의 안. 특히, 승객을 태우고 운행하고 있는 차의 안. 비차내. ¶~에 계신 승객 여러분! / ~에서 흡연은 삼갑시다.
차즘-차즘 뮈 '차츰차츰'의 여린말.
차지[1] (사람을 가리키는 명사나 대명사 아래에 쓰어) 그 사람의 차례가 되어 가지게 되는 몫임을 나타내는 말. ¶주인이 나타나지 않으면 그 물건은 김 노인의 ~가 된다. / 사과 3개는 내 ~이고, 나머지 2개는 동생 ~이다. **차지-하다** 톰(타여)1(사람이 어떤 대상을) 자기의 몫으로 가지거나 누리거나 만들다. ¶우승컵을 ~ / 수석을 ~ / 이익을 모두 혼자서 **차지하였다**. 2 (어떤 대상이 전체 가운데 일정한 비율이나 수량을) 가지거나 이루는 상태이 되다. 비점(占)하다. ¶찬성하는 쪽이 절대다수를 ~ / 우리 반은 안 쓰는 사람이 과반수를 **차지하고** 있다.
차!지[2](借地) 몡 땅을 빌리는 것. 또는, 그 땅. ↔대지(貸地). **차!지-하다**[2] 톰(자여).
차지[3](charge) 몡 1 [체] =차징(charging). 2 호텔·카바레·음식점 등에서의 서비스 요금. ¶테이블 ~.
차-지다 휑 1 (밥이나 떡, 반죽 따위가) 쩍쩍 달라붙을 만큼 끈기가 많다. ¶반죽이 ~ / 밥이 ~. 차메지다. 2 (사람의 성질이) 야무지고 깐깐하다. ¶바늘로 찔러도 피도 안 나올 만큼 **차지고** 다라진 여자.
차질(蹉跌·蹉躓) 몡 1 (발을 헛디디어 넘어진 뜻) (일이) 계획이나 의도에서 벗어나 어그러지는 상태. ¶일에 ~이 생기다 / 계획에 ~을 빚다 / 목표 달성에 ~이 없도록 하다. **차질-하다** 톰(자여).
차징(charging) 몡[체] 축구·농구에서, 공을 몰거나 가지고 있는 상대방을 몸으로 부딪치는 일. ¶~ 파울(charge).
차차(次次) 뮈 1 (어떤 상태가) 조금씩 일정한 방향으로 진행되는 모양. 비점점·점차·차츰. ¶날씨가 ~ 추워지다 / 건강이 ~ 회복되다 / 2 서두르지 않고 뒤에 천천히. =차차로. ¶그 문제는 ~ 말씀드리지요. / 돈은 ~ 갚으셔도 됩니다.
차차-로(次次-) 뮈 =차차.
차차웅(次次雄) 몡[역] 신라 2대 남해왕 때에 일컬었던 임금의 호칭의 하나. ▷거서간·마립간·이사금.
차차차(cha-cha-cha) 몡[음] 멕시코 민요의 리듬을 도입한 재즈 음악. 두 소절마다 '차차차'라는 후렴이 삽입됨. 또는, 그 곡에 맞춰 추는 춤.
차차-차차(次次次次) 뮈 '차차'의 힘줌말. ¶이전에는 서로 안고 손을 잡고 하던 누이들이 ~ 가까이 않기를 그치고…. 《이광수:소년의 비애》
차착(差錯) 몡 순서가 틀리고 앞뒤가 서로 맞지 않음.

차창(車窓) 몡 차의 창문.
차체(車體) 몡 차의 몸체. ¶충돌 사고로 ~가 크게 부서지다.
차축(車軸) 몡 바퀴의 굴대.
차출(差出) 몡 1 지난날, 관원을 임명하기 위해 인재를 뽑던 일. 2 어떤 일을 시키기 위해 사람을 뽑아내는 것. **차출-하다** 톰(타여)1인원을 ~. **차출-되다** 톰(자여)1부역에 ~.
차츰 뮈 사물의 상태나 정도가 시간이 흐름에 따라 일정한 방향으로 조금씩 달라지는 모양. 비차차. ¶날이 ~ 어두워지다 / 성적이 ~ 좋아지다.
차츰-차츰 뮈 '차츰'의 힘줌말. ¶건강이 ~ 좋아지다. 여차즘차즘.
차!치(且置) 몡 (어떤 일이나 대상을) 제쳐 놓은 상태로 다루지 않거나 문제 삼지 않는 것. =차치물론. **차!치-하다** 톰(타여)1오늘날 교육은 그 본질적 기능은 **차치하고** 지식의 주입에만 매달리고 있다.
차-치기(車-) 몡 자동차를 행인(行人) 옆으로 바싹 가까이 몰아, 차 안에 탄 채 핸드백 따위를 채 가는 치기배.
차탄(嗟歎·嗟嘆) 몡 한숨지어 탄식하는 것. **차탄-하다** 톰(타여).
차트(chart) 몡 1 각종 자료를 알기 쉽게 정리한 일람표. ¶~를 작성하다. 2 병원에서의 자료 기록 문서.
차티스트(Chartist) 몡[역] 1830~40년대의 영국에서 노동자의 정치적 권리, 특히 보통 선거권의 획득을 목표로 싸운 사람들. ¶~운동.
차편(車便) 몡 차가 오고 가는 편.
차!폐(遮蔽) [-폐/-폐] 몡 1 가려 막고 덮는 것. 2 [물] 전기·자기·방사선 등을 차단하여 외부에 영향을 주지 않게 하는 일. **차!폐-하다** 톰(타여) **차!폐-되다** 톰(자).
차!폐-물(遮蔽物) [-폐-/-폐-] 몡 1 가리어 막고 덮는 물건. 2 [군] 적의 사격·관측 또는 핵 방사능으로부터 아군을 방호하는 구실을 하는 장애물.
차폭(車幅) 몡 차량의 너비. ¶~이 큰 대형차.
차폭-등(車幅燈) [-등] 몡 야간 통행 시, 차폭을 알리기 위하여 자동차의 전면과 후면의 좌우에 각각 다는 램프.
차표(車票) 몡 차, 특히 열차나 전차를 탈 수 있음을 증명하는 표. 비승차권. ¶~ 검사 / ~를 끊다 / ~를 예매하다.
차한(此限) 몡 이 한계. 또는, 이 규정. ¶~에 부재하다.
차!함(借銜) 몡[역] 실제로 근무하지 않으면서 이름만을 빌리는 벼슬.
차형(次兄) 몡 둘째 형. 비중형(仲兄).
차홉다(嗟-) [-따] 갑 '슬프다', '탄식할 만하다'의 뜻으로 쓰이는 예스러운 말. =차호. ¶이 몸이 만일 적이 어짐이 있었던들 마땅히 그때에 부친의 뒤를 따랐을 것이언마는 ~! 완악한 이 목숨은 그래도 끊이지 아니하고 부지하였나이다. 《이광수:무정》
차!환(借換) 몡 1 새로 꾸어서 먼저 꾼 것을 갚는 것. 2 [경] 새로 증권을 발행하여 그 돈으로 발행된 증권을 상환하는 것. **차!환-하다** 톰(타여).
차회(次回) [-회/-훼] 몡 =다음번. ¶~ 모임 / ~ 정기 총회.
차후(此後) 몡 이 시간 이후. 비이다음·요다음. ¶계획을 ~로 미루다 / ~로는 각별히 조심하겠습니다. / 기회가 있으면 ~에 또 만납시다.

착¹ [부] 1 물건이 끈지게 달라붙는 모양. ¶비에 젖은 옷이 몸에 ~ 달라붙다 / 자석에 쇠못이 ~ 들러붙다. 2 재빠르고 결단성 있게, 또는 선뜻 행동하는 모양. ¶돈을 ~ 내놓다 / 바닥에 ~ 엎드리다. (큰)척.

착² [부] 1 분위기나 감정 등이 안정되는 모양. ¶들뜬던 마음이 ~ 가라앉다. 2 짐짓 눈을 내리깔거나 목소리를 나직하게 하는 모양. ¶눈을 ~ 내리깔다 / 그는 목소리를 ~ 깔고 말했다. 3 몸이 기진맥진한 모양. ¶몸이 ~ 까부라지다.

착³(着) [명](의존) '벌²'의 잘못.

착각(錯覺) [-깍] [명] (어떤 대상·현상을 실제와 다른 대상·현상으로) 잘못 보거나 듣거나 느끼는 것. 또는, (어떤 사실을 실제와 다른 상태로) 잘못 생각하거나 이해하는 것. ¶~에 빠지다 / ~을 일으키다 / 그 여자가 널 좋아하리라 생각하는 건 ~이다. **착각-하다** [동](자타여) ¶그 여자는 나무 그림자를 사람으로 **착각하고** 흠칫 놀랐다. **착각-되다** [동](자)

착검(着劍) [-껌] [명] 1 검을 몸에 차는 것. 2 (군) 대검을 총 끝에 꽂는 것. **착검-하다** [동](자여)

착공(着工) [-꽁] [명] 공사를 시작하는 것. (비)기공(起工). ↔준공. **착공-하다** [동](타여) ¶**착공**한 지 3년 만에 완공됐다. **착공-되다** [동](자)

착공-식(着工式) [-꽁-] [명] =기공식.

착과(着果) [-꽈] [명] 나무에 열매가 여는 것. 또는, 그 열매. **착과-하다** [동](자여)

착굴(鑿掘) [-꿀] [명] 구멍이나 굴을 파 들어가는 것. **착굴-하다** [동](자여)

착근(着根) [-끈] [명] 1 옮겨 심은 식물이 뿌리를 내리는 것. ¶가뭄으로 모의 ~이 늦어지다. 2 다른 곳으로 옮겨 가서 자리를 잡고 사는 것. **착근-하다** [동](자여) **착근-되다** [동](자)

착념(着念) [-끔] [명] 무엇을 마음에 두고 생각하는 것. **착념-하다** [동](자타여)

착란(錯亂) [창난] [명] 정신이 어지럽고 혼란한 것. ¶정신 ~을 일으키다. **착란-하다** [형](여)

착륙(着陸) [창뉵] [명] (비행기 등이) 공중에서 육지나 판판한 바닥 위에 내리는 것. ↔이륙(離陸). **착륙-하다** [동](자여) ¶비행기가 활주로에 안전하게 ~ / 인공위성이 달에 ~ / 헬리콥터가 옥상 위에 ~. **착륙-되다** [동](자)

착모(着帽) [명] 모자를 쓰는 것. ↔탈모(脫帽). **착모-하다** [동](자)

착목(着目) [창-] [명] 중요한 점에 눈을 돌리는 것. 또는, 주의하여 보는 것. (비)착안. **착목-하다** [동](자여) ¶그들은 앞이 긴지라 **착목하는** 곳이 원대하고 그들은 피가 더운지라 현실에 대한 자신과 용기가 있다.《민태원: 청춘 예찬》

착발(着發) [-빨] [명] 1 도착과 출발. (비)발착. ¶~ 시간 / ~ 신호. 2 폭발물 따위가 목표물에 맞추어 떨어져 폭발하는 것. **착발-하다** [동](자여) 폭발물 따위가 목표물에 맞추어 떨어져 폭발하다.

착복(着服) [-뽁] [명] 1 옷을 입는 것. (비)착의(着衣). 2 남의 재물을 부당하게 자기 것으로 취하는 것. **착복-하다** [동](자타여) ¶공금(公金)을 ~.

착복-식(着服式) [-뽁씩] [명] 새옷을 입은 사람이 주위 사람에게 한턱내는 일.

착빙(着氷) [-삥] [명] 공기 중의 냉각된 물방울이 물체에 부딪히거나 또는 그 충격으로 얼음이 되어 달라붙는 현상. **착빙-하다** [동]

착살-맞다 [-쌀맏따] [형] 하는 짓이 얄밉게 잘고 다랍다. ¶조그만 일에 **착살맞게** 달려붙어 제 뱃속을 채우려 한다. (큰)칙살맞다.

착살-하다 [-쌀-] [형](여) 하는 짓이나 말이 잔망스럽고 다랍다. **착살하다**.

착상(着床) [-쌍] [명](생) 수정란(受精卵)이 자궁벽에 접착하여 모체의 영양을 흡수할 수 있는 상태가 되는 것. **착상-하다** [동](자여)

착상(着想) [-쌍] [명] 고안이나 창작의 실마리가 될 만한 생각. ¶~을 얻다 / 기발한 ~이 떠오르다. **착상-하다²** [동](자타여) 일이나 창작의 실마리를 얻어 구상하다. ¶프랑스의 의학자 라에네크는 아이들 놀이에서 **착상하여** 청진기를 발명하였다. **착상-되다** [동](자)

착색(着色) [-쌕] [명] 물을 들이거나 색을 칠하여 빛깔이 나게 하는 것. **착색-하다** [동](타여) **착색-되다** [동](자)

착색-제(着色劑) [-쌕쩨] [명] 1 식욕을 돋우기 위해 식품에 첨가하는 식용 색소. 천연 색소와 합성 색소가 있음. 2 생물체의 조직·세포 등을 현미경으로 조사하기 위해 염색용으로 쓰이는 유기 화합물의 총칭.

착생(着生) [-쌩] [명] 1 생물이 다른 생물체나 물체의 표면에 붙어서 사는 것. 2 식물체에서 눈·꽃·잎·가지 등이 제자리에 나서 자라는 것. ¶인산이 부족하면 꽃·열매의 ~이 불량하다. **착생-하다** [동](자여) ¶말미잘은 소라게의 껍데기에 **착생한다**. / 안개꽃은 수많은 작은 꽃이 가는 가지에 **착생하여** 핀다.

착석(着席) [-쎅] [명] 자리에 앉는 것. ¶일동 ~! **착석-하다** [동](자여)

착선(着船) [-썬] [명] 배가 와서 닿는 것. 또는, 그 배. ↔발선(發船). **착선-하다** [동](자여)

착송(捉送) [-쏭] [명] 사람을 붙잡아서 보내는 것. **착송-하다** [동](타여)

착수(着水) [-쑤] [명] 1 수면에 닿는 것. 2 수상 비행기 등이 물 위에 내리는 것. **착수-하다¹** [동]

착수²(着手) [-쑤] [명] (어떤 일에, 또는 어떤 일을) 손을 대어 시작하는 것. =하수(下手). **착수-하다²** [동](자여) ¶경찰이 수사에 ~ / 공사를 ~. **착수-되다** [동](자)

착수-금(着手金) [-쑤-] [명] 일을 시작할 때 먼저 주는 돈. ¶~조로 백만 원을 받다.

착시(錯視) [-씨] [명] 어떤 사물의 모양·크기·색채 등을 시각상의 착오로 실제와 다르게 지각하는 일. **착시-하다** [동](자타여)

착신(着信) [-씬] [명] 편지나 전보 등의 통신이 도착하는 것. 또는, 그 통신. **착신-하다** [동](자여) **착신-되다** [동](자)

착실(着實) [-씰] →**착실-하다** [-씰-] [형](여) 1 (사람이) 행동이 허튼 데가 없이 바르다. 윗사람에 대해 쓰기는 어려운 말임. (비)성실하다. ¶조용하고 **착실한** 모범생. 2 어떤 정도나 기준에 모자람 없이 충분하다. ¶그들이 오 종일 걸어온 길이 백 리는 **착실하게** 되었다. **착실-히** [부] ¶기반을 ~ 쌓아 가다.

착심(着心) [-씸] [명] (어떤 일에) 마음을 붙이는 것. =착의(着意). **착심-하다** [동](자여) **착심-되다** [동](자)

착안(着眼) [명] (어떤 점에) 눈을 돌려 좋은 생각이나 방법의 실마리를 얻는 것. (비)착목. ¶~점(點). **착안-하다** [동](자타여) ¶학계에 나

온 새로운 이론에 **착안하여** 새로운 기계를 발명하다. **착안-되다** 통(자)
착암-기(鑿巖機) 명 광산이나 토목 공사에서 바위에 구멍을 뚫는 기계.
착염(錯鹽) 명(화) 착이온을 함유하는 염.
착오(錯誤) 명 착각으로 인하여 잘못하는 것. 또는, 그런 잘못. =오착·착류. ¶~를 일으키다 / 서류상의 ~가 생기다. **착오-하다** 통(타)(여)
착용(着用) 명 (옷·모자·신·장갑 등을) 어떤 목적을 위해, 또는 정해진 규칙에 따라 입거나 쓰거나 신거나 하는 것. 문어적인 말임. **착용-하다** 통(타)(여) ¶제복을 ~ / 헬멧을 ~ / 방독면을 ~ / 등산복을 **착용하고** 도시락을 지참할 것.
착용-감(着用感) 명 옷·모자·신·장갑 등을 입거나 쓰거나 신거나 끼거나 하였을 때 느끼는 느낌. ¶~이 편안한 신발 / ~이 좋다.
착유(搾油) 명 기름을 짜는 것. ¶~기(機). **착유-하다**¹ 통(자)(여)
착유²(搾乳) 명 젖소·염소 등의 젖을 짜는 것. ¶~기(機) / ~량. **착유-하다**² 통(자)(여)
착의(着衣) [-의/-이] 명 옷을 입는 것. (비)착복. **착의-하다** 통(자)(여)
착임(着任) 명 부임할 곳에 도착하는 것. **착임-하다** 통(자)(여)
착잡(錯雜) [-짭] → **착잡-하다** [-짜파-] (형)(여) 갈피를 잡을 수 없이 뒤섞여 어수선하다. ¶이 생각 저 생각으로 마음이 ~. **착잡-히** (부)
착점(着點) [-쩜] 명 바둑을 두는 행위로서, 바둑돌을 바둑판의 어느 위치에 놓는 것. **착점-하다** 통(자)(여) ¶한 수 한 수 신중하게 ~.
착정(鑿井) [-쩡] 명 우물을 파는 것. **착정-하다** 통(자)(여)
착즙-기(搾汁機) [-쯥끼] 명 감자나 고구마 등을 압착하여 즙액을 짜내는 기계.
착지(着地) [-찌] 명 (특히, 그 자세에 주목하는 문맥에 쓰여) 스포츠나 체조 등에서, 공중에서 뛰어내려 땅이나 마루에 발을 디디는 것. ¶~ 동작 / ~가 좋다(불안하다). **착지-하다** 통(자)(여) ¶스카이다이빙을 마치고 무사히 ~.

착착¹ (부) 물체가 끈끈하게 자꾸 달라붙는 모양. ¶젖은 옷이 몸에 ~ 감긴다. (큰)척척. (센)짝짝.
착착²(着着) (부) 1 일을 차례차례 또는 조리 있게 잘 처리하는 모양. ¶이부자리를 ~ 개다 / 공사를 계획대로 ~ 진행하다. 2 질서 정연하게 행하는 모양. ¶발을 ~ 맞추다. (큰)척척.
착취(搾取) 명 계급 사회에서, 생산 수단의 소유자가 생산 수단을 갖지 않은 직접 생산자로부터 그 노동의 성과를 무상(無償)으로 취득하는 일. **착취-하다** 통(타)(여) **착취-되다** 통(자)
착취^계급(搾取階級) [-계-/-게-] 명(사) 잉여 가치를 독점하고 있다 하여, 자본가 계급을 노동자 쪽에서 지칭하는 말. =수탈 계급.
착탄(着彈) 명 발사된 탄환이 목적한 곳에 가서 닿는 것. 또는, 그 탄알. **착탄-하다** 통(자)(여)
착탈(着脫) 명 어떤 부분을 중심이 되는 물체에 붙였다 떼었다 하거나 끼웠다 뺐다 하는 일. ¶안감의 ~이 가능한 옷 / ~이 용이한 진공

청소기.
착탈-식(着脫式) 명 어떤 물건을 본체나 몸체에 필요에 따라 붙였다 뗐다 할 수 있게 되어 있는 방식. ¶~ 하드 디스크 / ~ 선글라스.
착-하다 [차카-] (형)(여) (사람의 마음씨나 행동이) 어른의 말이나 사회 규범·도덕에 어긋남이 없이 옳고 바르다. 일반적으로, 아이들이나 아랫사람을 대상으로 하여 쓰며, 웃어른에게는 쓰기 어려운 말임. ¶**착한** 일 / **착한** 아기 / **착하게** 살다 / 우리 아기 말도 잘 듣고, 아이 **착해라**! **착-히** (부)

유의어	**착하다 / 선하다**

둘 다 마음이나 행동이 옳고 바른 것을 가리키나, '착하다'가 윗사람을 대상으로 하여 쓰기 어려운 반면, '선(善)하다'는 위아래의 제한이 없음. 또한, 어른의 말을 잘 듣는 아이를 '착하다'라고 할 수 있으나, '선하다'라고 하기는 어려움.

착한(着韓) [차칸] 명 한국에 도착하는 것. ↔이한(離韓). **착한-하다** 통(자)(여)
착화(着火) [-] 명 불이 붙거나 타기 시작하는 것. (비)점화(點火). **착화-하다** 통(자)(여)
착화-점(着火點) [차화쩜] 명(화) =발화점1.
찬¹(饌) 명 '반찬(飯饌)'의 준말. '반찬'에 비해 쓰임이 훨씬 제한적이며, 앞에 수식하는 말이 오기 어려움. ¶~은 없지만 많이 드십시오.
찬²(讚) 명 1 남의 아름다운 행적을 기리는 문체의 한 가지. 2 서화(書畫)에 글제로 쓰는 시(詩)·가(歌)·문(文) 등의 총칭.
찬-가(讚歌) 명 찬미의 뜻을 나타내는 노래. ¶조국 ~.
찬-간(饌間) [-깐] 명 반찬을 만드는 곳.
찬-거리(饌-) [-꺼-] 명 =반찬거리.
찬-광(饌-) [-꽝] 명 반찬거리를 넣어 두는 광. (비)찬고.
찬-국(饌-) 명 찬물에 간장과 초를 쳐서 만들거나 또는 맑은장국을 끓여 차게 식힌 국물. 특히, 여름에 먹음. =냉국.
찬-그릇(饌-) [-끄-] 명 반찬을 담는 그릇.
찬-기(-氣) 명 찬 기운. (비)냉기(冷氣).
찬기파랑-가(讚耆婆郞歌) (문) 신라 경덕왕 때 충담사(忠談師)가 지은 10구체의 향가. 기파랑이라는 화랑의 고결한 인품을 냇물에 비친 달의 모습, 서리에 굽히지 않는 잣나무에 빗대어 나타냄.
찬-동(贊同) 명 (남의 의견이나 제안에) 자기의 의견을 같이하는 것. ¶~을 얻다(구하다). **찬동-하다** 통(자)(여) ¶제안에 ~.
찬-땀(饌-) 명 '식은땀'의 잘못.
찬란(燦爛) [찰-] → **찬란-하다** [찰-] (형)(여) 1 (물체가) 빛이 번쩍여서 눈부시게 아름답다. ¶**찬란한** 태양 / 네온사인이 거리를 **찬란하게** 수놓다. 2 (사물이) 두드러지게 훌륭하다. ¶**찬란한** 문화유산. **찬란-히** (부) ¶~ 빛나는 보석 / 예술이 ~ 꽃피다.
찬-마루(饌-) 명 부엌에 있는, 밥상을 차리는 마루.
찬-모(饌母) 명 남의 집에서 반찬 만드는 일을 맡아 하는 여자.
찬-물(-) 명 온도가 낮은 차가운 물. ↔더운물. ▷냉수(冷水).
[**찬물도 위아래가 있다**] 무엇이나 순서가 있으니 그 순서를 따라 해야 한다.

찬물을 끼얹다 ⓒ 모처럼 잘되어 가는 일에 공연히 트집을 잡아서 헤살을 놓다.
찬!미(讚美) 圀 아름다운 것을 기리어 칭송하는 것. ⓑ찬송. **찬!미-하다** 圄(타)(여) ¶자유롭고 평화로운 조국을 ~.
찬-바람 圀 태도나 인상에서 풍기는 쌀쌀하고 냉랭한 기운.
찬바람이 일다 ⓒ 살벌한 분위기가 되다.
찬바람-머리 圀 가을철에 싸늘한 바람이 불기 시작할 무렵.
찬!반(贊反) 圀 찬성과 반대. ¶국민 투표에 부쳐 그 찬헌에 대한 ~을 묻다.
찬!반-양론(贊反兩論)[-냥논] 圀 찬성과 반대로 서로 대립되는 두 가지 주장. ¶의견이 ~으로 갈리다.
찬-밥 圀 1 지은 지 오래 되어 식은 밥. ↔더운밥. 2 환영받지 못하여 따돌림이나 업신여김을 받는 사람이나 사물. 비유적인 말임. ¶~ 신세.
찬밥 더운밥 가리다 ⓒ 어려운 형편에 있으면서 배부른 체하다.
찬!방(饌房)[-빵] 圀 반찬을 만들거나 반찬거리를 두는 방.
찬!부(贊否) 圀 찬성과 반대. ¶~ 양론으로 갈라지다 / 법률안에 대한 ~를 묻다.
찬!불(讚佛) 圀 부처의 공덕을 찬미하는 것. ¶~가(歌). **찬!불-하다** 圄(자)(여)
찬-비 圀 맞을 때 찬 느낌을 주는 비. =냉우·한우. ¶늦가을 ~가 겨울을 재촉하고 있다.
찬!사(讚辭) 圀 칭찬하는 말이나 글. ¶~를 듣다 / 배우의 열연에 관객들은 아낌없는 ~를 보냈다.
찬!성(贊成) 圀 (남의 의견이나 안에[을]) 좋다고 받아들이거나 지지하는 것. ¶헌법의 개정은 국회 재적 의원 3분의 2 이상의 ~으로 의결한다. ↔반대. **찬!성-하다** 圄(자타)(여) ¶그의 건의안을 ~ / 나는 네 의견에 전적으로 찬성한다.
찬!성-표(贊成票) 圀 찬성하는 뜻을 나타내어 투표한 표. =찬표. ⓑ가표(可票). ↔반대표.
찬!송¹(贊頌) 圀 찬성하여 칭찬하는 것. **찬!송-하다¹** 圄(타)(여)
찬!송²(讚頌) 圀 (어떤 대상을) 그의 은혜나 덕을 기리는 것. ⓑ찬미(讚美). **찬!송-하다²** 圄(타)(여) ¶주를 ~ / 여호와를 찬송하라.
찬!송-가(讚頌歌) 圀[기] 하나님의 사랑과 은총을 기리는 노래. =찬미가(讚美歌).

> **혼동어** 찬송가 / 복음 성가
> '찬송가'가 하나님의 영광을 위해 하나님에게 바치는 노래인 데 반해, '복음 성가'는 사람을 대상으로 한 노래로서, 불신자를 향한 전도나 신자들끼리의 공동된 신앙 감정을 자아내는 것을 목적으로 한 것임.

찬!수¹(纂修) 圀 1 글을 모아서 간추리어 정리하는 일. 2 자료를 모아서 책으로 엮어 만드는 것. **찬!수-하다** 圄(타)(여) **찬!수-되다** 圄(자)
찬!수²(饌需) 圀 반찬거리나 그 종류. =찬물(饌物)·찬품(饌品).
찬-술¹(撰述) 圀 데우지 않은 차가운 술. =냉주(冷酒).
찬!술²(撰述) 圀 학문이나 문예 등에 관한 글을 짓는 것. ⓑ저술(著述)·저작(著作). **찬!술-하다** 圄(타)(여) ¶역사책을 ~. **찬!술-되다**

찬스(chance) 圀 어떤 일을 하는 데에 좋은 기회. ⓑ호기(好機). ¶득점 ~ / ~를 잡다 [놓치다].
찬스^메이커(†chance maker) 圀[체] 축구·농구 등의 단체 구기 경기에서, 득점의 계기를 만드는 선수.
찬!양(讚揚) 圀 (어떤 일이나 대상을) 훌륭함을 기리어 드러내는 것. **찬!양-하다** 圄(타)(여) ¶효행을 ~ / 애국 충절을 ~. **찬!양-되다** 圄(자)
찬!연(燦然) →**찬!연-하다** 圐(여) 1 (해나 물체가) 눈부시게 빛나는 상태에 있다. ¶찬연하게 빛나는 아침 햇살. 2 (업적 따위가) 훌륭한 영광을 나타내는 상태에 있다. ¶찬연한 업적. **찬!연-히** 凰 ¶세종 대왕의 업적은 후세에까지 ~ 빛나고 있다.
찬!연-스럽다(燦然-)[-따] 圐(ㅂ)<-스러우니, -스러워> 찬연한 데가 있다. **찬!연스레** 凰
찬!위(簒位) 圀 임금의 자리를 빼앗는 것. ⓑ찬탈(簒奪). **찬!위-하다** 圄(자)(여)
찬!의(贊意)[-의/-이] 圀 찬성하는 뜻.
찬!장(饌欌)[-짱] 圀 그릇이나 음식 등을 넣어 두는 장.
찬!정(饌井)[지] 불투수층 사이에 끼어 있는 투수층의 지하수가 압력으로 인하여 저절로 지표에 솟아 나온 샘. =자분정(自噴井).
찬!조(贊助) 圀 (어떤 사람이 행하는 일을) 같이 참여한다든지 돈을 기부한다든지 함으로써 뒷받침하여 돕는 것. ¶~ 연설 / ~ 출연 / ~을 얻다. **찬!조-하다** 圄(타)(여)
찬!조-금(贊助金) 圀 찬조하는 돈.
찬!집¹(撰集) 圀 시가·문장 등을 모아 편집하는 것. 또는, 그 책. **찬!집-하다¹** 圄(타)(여)
찬!집²(纂集) 圀 여러 가지 글을 모아 책을 엮는 것. **찬!집-하다²** 圄(타)(여)
찬-찜질 圀 =냉찜질. ↔더운찜질.
찬찬 凰 풀리지 않게 꼭꼭 감거나 동여매는 모양. ⓑ친친.
찬찬-하다¹ 圐 (사람의 성질이나 태도가) 일을 서두르지 않고 차근차근 헤 나가는 상태에 있다. ⓑ꼼꼼하다·침착하다. ¶바느질 솜씨가 매우 ~. **찬찬-히** 凰 ¶그림을 ~ 살펴보아라.
찬!-하다² (동작이) 침착하며 느리다. ⓑ천천하다. **찬!찬-히²** 凰 ¶영신은 ~ 교단 위에 올라섰다. 《심훈·상록수》
찬!-칼(饌-) 圀 반찬을 만들 때 쓰는 작은 칼. ×창칼.
찬!탁(贊託) 圀 신탁 통치를 찬성하는 것. ↔반탁(反託). **찬!탁-하다** 圄(자)(여)
찬!탄(讚歎·贊嘆) 圀 (자아내는 훌륭한 상태를) 대단하다고 여겨 감탄하는 것. ¶외국인들은 고려청자의 아름다움에 ~을 금치 못했다. **찬!탄-하다** 圄(자)(여) ¶그녀의 빼어난 미모를 보고 뉘라서 찬탄하지 않을손가?
찬!탈(簒奪) 圀 (임금 자리를) 빼앗는 것. ⓑ찬위. **찬!탈-하다** 圄(타)(여) ¶왕위를 ~.
찬피^동!물(-動物) 圀[동]=변온 동물. ↔더운피 동물.
찬!-하다(撰-) 圄(타)(여) 1 책을 저술하다. 2 시가나 문장 중에서 잘된 것을 골라 모아 편집하다. ¶문집을 ~.
찬!합(饌盒) 圀 밥·반찬이나 술안주 등 음식

을 담는, 여러 층으로 된 그릇. 또는, 그 음식. ¶마른~ / 진~ / ~에 밥을 담다.

찰- [접두] 1 '끈기가 있고 차진'의 뜻을 나타내는 말. ¶~벼 / ~떡. ↔메-. 2 '퍽 심한', '이루 말할 수 없는'의 뜻을 나타내는 말. ¶~가난 / ~깍쟁이.

찰-감 [명] 씨가 없고, 홍시가 되었을 때 보통 것보다 찰기가 있는 감.

찰-거머리 [명] 1 몸이 작으며 빨판이 발달되어 한 번 들러붙으면 잘 떨어지지 않는 거머리. 2 남에게 끈질기게 달라붙어 괴롭히는 사람을 이르는 말. ¶~같이 달라붙어서 떨어질 줄을 모른다.

찰-것 [-건] [명] 차진 곡식으로 만든 음식.

찰과-상(擦過傷) [명] 스치거나 문질러서 살갗이 벗어진 상처. =찰상(擦傷).

찰그랑 [부] '잘그랑'의 거센말. ⑥철그렁. ⑭짤그랑. **찰그랑-하다** [동](자)(타)(여)

찰그랑-거리다/-대다 [동](자)(타)(여) '잘그랑거리다'의 거센말. ⑥철그렁거리다.

찰그랑-찰그랑 [부] '잘그랑잘그랑'의 거센말. ⑥철그렁철그렁. ⑭짤그랑짤그랑. **찰그랑-하다** [동](자)(타)(여)

찰-기(-氣) [명] 차진 기운. ¶~가 있는 햅쌀밥 / ~가 돌다.

찰깍 [부] 1 단단히 붙어서 떨어지지 않는 모양. 2 눅눅진한 물체를 세게 때리는 소리. ⑥철컥. **찰깍-하다** [동](자)(타)(여)

찰깍-거리다/-대다 [-꺼(때)-] [동](자)(타) 자꾸 찰깍 소리가 나다. 또는, 그런 소리를 내다. ⑥철컥거리다.

찰-깍쟁이 [-쨍-] [명] 아주 지독한 깍쟁이. ×찰까정이.

찰깍-찰깍 [부] 찰깍거리는 소리. ⑥철컥철컥. **찰깍찰깍-하다** [동](자)(타)(여)

찰나(刹那) [-라] [명] [불] 극히 짧은 시간. ⊃겁(劫). 2 어떤 사물 현상이 이루어지는 바로 그때. ⑭순간. ¶버스가 급커브 길을 막 돌려고 하는 ~ 쿵 하는 소리와 함께 벼랑 아래로 굴렀다. ×찰라.

찰나-주의(刹那主義) [-라-의/-라-이] [명] 과거나 미래는 생각하지 않고 다만 현재의 순간에 있어서 최대의 쾌락을 추구하려는 사고방식.

찰딱 [부] 차지거나 젖은 물건이 세게 달라붙는 모양. 또는, 그 소리. ¶땀에 젖은 속옷이 몸에 ~ 달라붙다. ⑥철떡. **찰딱-하다** [동](자)(여)

찰딱-거리다/-대다 [-꺼(때)-] [동](자) 1 찰딱 소리가 연달아 나다. 2 차지거나 젖은 물건이 자꾸 달라붙었다 떨어졌다 하다. ⑥철떡거리다.

찰딱-찰딱 [부] 찰딱거리는 소리. 또는, 그 모양. ⑥철떡철떡. **찰딱찰딱-하다** [동](자)(여)

찰-떡 [명] 찹쌀과 같이 차진 곡식으로 만든 떡. ↔메떡.

찰떡-같다 [-깓따] [형] 정(情)이나 믿음, 관계 등이 매우 긴밀하고 확실하다. ¶금실이 ~. **찰떡-같이** [-까치] [부] ~ 믿다.

찰떡-궁합(-宮合) [-꿍-] [명] 아주 잘 맞는 궁합을 익살스럽게 이르는 말.

찰라 [명] '찰나(刹那)'의 잘못.

찰락-거리다/-대다 [-꺼(때)-] [동](자)(타) 1 가는 물줄기가 가끔 떨어지며 소리가 나다. 또는, 그런 소리를 자꾸 내다. 2 몸에 지닌 여러 개의 작은 쇠붙이 따위가 몸을 움직일 때마다 자꾸 소리가 나다. 또는, 그런 소리를 자꾸 내다. ⑥철럭거리다.

찰락-찰락 [부] 찰락거리는 소리. 또는, 그 모양. ⑥철럭철럭. **찰락찰락-하다** [동](자)(타)(여)

찰람-거리다/-대다 [동](자) 작은 그릇 따위에 가득 담긴 물이 움직이는 대로 조금씩 넘쳐 흐르다. ⑥철렁거리다.

찰람-찰람 [부] 찰람거리는 모양. ⑥철럼철럼. **찰람찰람-하다** [동](자)(여)

찰랑[1] 1 넓고 얕은 곳에 괸 물이 작은 물결을 이루며 움직이는 모양. 또는, 그 소리. 2 '잘랑'의 거센말. ⑥철렁. ⑭짤랑. **찰랑-하다**[1] [동](자)

찰랑-거리다/-대다 [동](자)(타) '잘랑거리다'의 거센말. ⑥철렁거리다. ⑭짤랑거리다.

찰랑-이다 [동](자)(타) '잘랑이다'의 거센말. ⑥철렁이다. ⑭짤랑이다.

찰랑-찰랑[1] [부] '잘랑잘랑'의 거센말. ⑥철렁철렁. ⑭짤랑짤랑. **찰랑찰랑-하다**[1] [동](자)

찰랑-찰랑[2] [부] 작은 그릇 따위의 물이 모두 가득 괴어 있는 모양. ⑥철렁철렁. **찰랑찰랑-하다**[2] [형] ¶잔마다 **찰랑찰랑하게** 술을 따르다.

찰랑-하다[2] [형](여) 작은 그릇에 물이 가장자리까지 가득 괸 상태에 있다. ⑥철렁하다. **찰랑-히** [부]

찰바닥 [부] '잘바닥'의 거센말. ⑤찰박. ⑥철버덕. **찰바닥-하다** [동](자)(여)

찰바닥-거리다/-대다 [-꺼(때)-] [동](자)(타) '잘바닥거리다'의 거센말. ⑥철버덕거리다.

찰바닥-찰바닥 [부] '잘바닥잘바닥'의 거센말. ⑤찰박찰박. ⑥철버덕철버덕. **찰바닥찰바닥-하다** [동](자)(여)

찰바당 [부] '잘바당'의 거센말. ⑤찰방. ⑥철버덩. **찰바당-하다** [동](자)(여)

찰바당-거리다/-대다 [동](자)(여) '잘바당거리다'의 거센말. ⑥철버덩거리다.

찰바당-찰바당 [부] '잘바당잘바당'의 거센말. ⑤찰방찰방. ⑥철버덩철버덩. **찰바당찰바당-하다**

찰박 [부] '찰바닥'의 준말. ⑥철벅. ⑭잘박. **찰박-하다** [동](자)(여)

찰박-거리다/-대다 [-꺼(때)-] [동](자)(타) '찰바닥거리다'의 준말. ⑥철벅거리다. ⑭잘박거리다.

찰박-찰박 [부] '찰바닥찰바닥'의 준말. ⑥철벅철벅. ⑭잘박잘박. **찰박찰박-하다** [동](자)(타)(여)

찰-밥 [명] 찹쌀로 지은 밥. ↔메밥.

찰방 [부] '찰바당'의 준말. ⑥철벙. ⑭잘방. **찰방-하다** [동](자)(여)

찰방-거리다/-대다 [동](자)(여) '찰바당거리다'의 준말. ⑥철벙거리다.

찰방-찰방 [부] '찰바당찰바당'의 준말. ⑥철벙철벙. ⑭잘방잘방. **찰방찰방-하다** [동](자)(여)

찰-벼 [명] [식] 볏과의 한해살이풀. 찹쌀이 나는 벼임. =나도(糯稻). ↔메벼.

찰-부꾸미 [명] 찹쌀가루로 만든 부꾸미. =차병(糖餠).

찰상(擦傷) [-쌍] [명] =찰과상.

찰색(察色) [-쌕] [명] 1 얼굴빛을 살펴보는 것. ¶관형(觀形)~. 2 [한] 혈색을 보아서 병을 진찰하는 것. **찰색-하다** [동](자)(여)

찰-수수 [명] 찰기가 있는 수수. ↔멧수수.

찰-시루떡 뗑 찹쌀가루로 찐 시루떡.
찰싸닥 뛰 액체의 면이 납작한 물체와 부딪칠 때 나는 소리. 준찰싹. 큰철써덕. 예잘싸닥. **찰싸닥-하다** 동(자)(타)
찰싸닥-거리다/-대다 [-꺼 (때)-] 동(자)(타) 잇달아 찰싸닥 소리가 나다. 또는, 그런 소리를 내다. 준찰싹거리다. 큰철써덕거리다. 예잘싸닥거리다.
찰싸닥-찰싸닥 뛰 찰싸닥거리는 소리. 준찰싹찰싹. 큰철써덕철써덕. 예잘싸닥잘싸닥. **찰싸닥찰싸닥-하다** 동(자)(타)
찰싹 뛰 1 '찰싸닥'의 준말. 예잘싹. 2 작은 물결이 물체와 세게 부딪칠 때 작게 나는 소리. 3 손바닥으로 뺨이나 엉덩이 등의 몸을 때릴 때 작게 나는 소리. ¶볼기를 ~ 때리다. 4 차진 물건이 어떤 물체에 세게 달라붙는 모양. 또는, 어떤 사람이 다른 사람을 붙좇으면서 바싹 붙어 있는 모양. 큰철썩. **찰싹-하다** 동(자)(타)
찰싹-거리다/-대다 [-꺼 (때)-] 동(자)(타) '찰싸닥거리다'의 준말. 큰철썩거리다. 예잘싹거리다.
찰싹-찰싹 뛰 '찰싸닥찰싸닥'의 준말. 큰철썩철썩. 예잘싹잘싹. **찰싹찰싹-하다** 동(자)(타)
찰-옥수수 [-쑤-] 뗑 차진 옥수수.
찰-지다 혱 '차지다'의 잘못.
찰찰[1] 뛰 1 액체가 조금씩 넘쳐흐르는 모양. ¶욕조의 물이 ~ 넘치다. 2 어떤 사람에게서 어떤 기운이 넘치는 모양. ¶볼기를 ~ 때리다. 큰철철.
찰찰[2] (察察) 뗑 너무 꼼꼼하고 자세한 것. **찰찰-하다** 혱여 **찰찰-히** 뛰
찰찰-이 뗑 [음] '뱀버린' 의 속칭.
찰카닥 뛰 '잘가닥'의 거센말. 준찰칵. 큰철커덕. 센짤까닥. **찰카닥-하다** 동(자)(타)예 ¶찰카닥하고 수갑을 채우다.
찰카닥-거리다/-대다 [-꺼 (때)-] 동(자)(타) '잘가닥거리다'의 거센말. 준찰칵거리다. 큰철커덕거리다. 센짤까닥거리다.
찰카닥-찰카닥 뛰 '잘가닥잘가닥'의 거센말. 준찰칵찰칵. 큰철커덕철커덕. 센짤까닥짤까닥. **찰카닥찰카닥-하다** 동(자)(타)
찰카당 뛰 '잘가당'의 거센말. 준찰캉. 큰철커덩. 센짤까당. **찰카당-하다** 동(자)(타)예 ¶찰카당하고 철문이 잠기다.
찰카당-거리다/-대다 동(자)(타) '잘가당거리다'의 거센말. 준찰캉거리다. 큰철커덩거리다. 센짤까당거리다.
찰카당-찰카당 뛰 '잘가당잘가당'의 거센말. 준찰캉찰캉. 큰철커덩철커덩. 센짤까당짤까당. **찰카당찰카당-하다** 동(자)(타)
찰칵 뛰 1 '찰카닥'의 준말. 2 사진기의 셔터 등을 누를 때 나는 소리. 큰철컥. 예잘각. 센짤깍. **찰칵-하다** 동(자)(타)예 ¶찰칵하고 사진을 찍다.
찰칵-거리다/-대다 [-꺼 (때)-] 동(자)(타) '찰카닥거리다'의 준말. 큰철컥거리다. 예잘각거리다. 센짤깍거리다.
찰칵-찰칵 뛰 '찰카닥찰카닥'의 준말. 큰철컥철컥. 예잘각잘각. 센짤깍짤깍. **찰칵찰칵-하다** 동(자)(타)예
찰캉 뛰 '찰카당'의 준말. 큰철컹. **찰캉-하다** 동(자)(타)예
찰캉-거리다/-대다 동(자)(타) '찰카당거리다'의 준말. 큰철컹거리다.
찰캉-찰캉 뛰 '찰카당찰카당'의 거센말. 준찰컹찰컹. 큰철컹철컹. **찰캉찰캉-하다** 동(자)(타)예

찰파닥 뛰 1 '잘바닥'의 거센말. 2 '잘파닥[2]'의 거센말. 준찰팍. 큰철퍼덕. **찰파닥-하다** 동(자)(타)예
찰팍 뛰 '찰파닥'의 준말. 큰철퍽. 예잘박. **찰팍-하다** 동(자)(타)예
찰필(擦筆) 뗑 압지(押紙)나 얇은 가죽을 말아서 붓처럼 만든 물건. 그림을 그리는 데에 씀.
찰현-악기(擦絃樂器) [-끼] 뗑 [음] 활로 현을 마찰시켜 소리를 내는 악기. 아쟁·바이올린·첼로 따위.
찰-흙 [-흑] 뗑 차진 기운이 있는 흙. 비점토(粘土).

참[1] I 뗑 1 사실이나 진리에 어긋남이 없는 것. 또는, 옳고 바른 상태. ¶그의 말이 ~인지 거짓인지 모르겠다. 2 [논] 이치 논리(二値論理)에서, 진릿값의 하나. 명제가 진리인 것. 구용어는 진(眞). ¶전제가 ~이고 결론이 ~인 논증. ↔거짓.
II 뛰 뒤에 오는 형용사를 꾸며, 어떤 상태의 정도가 매우 큼을 나타내는 말. 비참으로. ¶~ 고맙소. / 소설이 ~ 재미있다.
III 갑 1 잊어서는 안 되는 일을 까맣게 잊고 있다가 문득 생각났을 때, 그 내용을 나타내는 문장 앞에 쓰는 말. ¶~, 점심 약속이 있군. 2 기가 막히거나 어이없는 일을 당했을 때 쓰는 말. ¶~, 기막혀. / 어허 ~, 별일 다 있네.

참[2] [1] (자립) 1 일을 하다가 잠시 쉬는 동안. 2 일을 하다가 쉬기로 정하여진 시간에 먹는 식사. 3 길을 가다가 잠시 쉬거나 밥을 먹는 곳. [2] (의존) (주로 동사의 어미 '-는', '-ㄹ', '-던' 등의 아래에 '참에', '참이다'의 꼴로 쓰여) 어떠한 '기회'나 '계제' 또는 '예정'이나 '작정'임을 나타내는 말. ¶방학 때에 여행을 할 ~이다. / 서울에 가는 ~에 고모한테 들러 오너라. / 그러잖아도 지금 막 가려던 ~이었다. ['站'은 취음]

참-[3] [접두] 1 품위나 품질이 썩 좋음을 나타내는 말. ¶~먹 / ~숯. 2 주로 동식물명에 붙어, '돌-', '개-', '들-'의 경우보다 상대적으로 우수한 품종임을 나타내는 말. ¶~깨 / ~배 / ~꽃. 3 '진짜' 또는 '진실하고 올바른'의 뜻을 나타내는 말. ¶~뜻 / ~사랑 / ~모습.

참[4] (站) 뗑 [역] 공무로 여행하는 사람이 역로(驛路)를 가다가 쉬는 곳. ▷역참(驛站).

참가(參加) 뗑 1 (회의·집회·경기·행사·전쟁 등에) 일정한 자격이나 임무를 가지고 나아가 주어진 일을 하는 것. ¶~ 인원 / ~ 국가. 2 어떤 법률 관계에 당사자 이외의 제삼자가 가입하는 것. ¶소송 ~. **참가-하다** 동(자)타 ¶회의에 ~ / 농촌 봉사 활동에 많은 대학생이 ~.

유의어	참가 / 참여 / 참석
'참가'는 일회적인 행사나 집회, 또는 전쟁 등에 나아가 그것에 관계된 일을 하는 것을 가리키고(¶토론회에 **참가하다** / 유엔군이 전쟁에 **참가하다**), '참여'는 꾸준히 지속해야 하는 공적인 일이나 사회적인 운동 등에 관여하여 그것에 도움을 주는 일을 하는 것을 가리키며(¶사회 개혁 운동에 **참여하다**), '참석'은 어떤 모임에 가서 단순히 그곳에 있는 상태를 가리킴 (¶결혼식에 하객으로 **참석하다**).

참가-인(參加人) 뗑 1 참가한 사람. 2 [법] 민

사 소송법상, 원고와 피고 사이의 소송에 참가하는 제삼자.
참-가자미 〖명〗〖동〗붕넙칫과의 바닷물고기. 몸길이 약 40cm 내외. 몸은 긴 달걀꼴이며 오른쪽에 두 눈이 있는데, 그 부분은 회갈색이고 반대쪽은 흰색임. 맛이 좋음.
참-감자 〖명〗'고구마'의 잘못.
참-값 〖명〗일정한 측정에 의하여 알려고 하는 정확한 값. 구용어는 진가(眞價).
참-게 〖명〗〖동〗바위겟과의 게. 등딱지의 길이 63mm, 너비 70mm 내외. 몸빛은 대개 검고 윤이 나며 털이 없음. 강어귀나 바닷가에 사는데, 페디스토마의 중간 숙주임.
참견(參見) 〖명〗1 (남의 일에) 끼어들거나 나서서 이러쿵저러쿵하거나 이래라저래라 하는 것. 비간섭. ¶내가 무슨 일을 하든 네가 웬 ~이냐? 2 =참관. **참견-하다** 〖동〗(자)(타) ¶이것은 내 일이니까 **참견하지** 마라.
참경(慘景) 〖명〗끔찍하고 참혹한 광경.
참고(參考) 〖명〗(의견·진술·책이나 물품 등의 자료를 어떤 일에, 또는 무엇을 하는 데에) 도움이 될 만한 요소로 삼아 살피는 것. 또는, 살펴서 도움이 될 만한 요소. ¶~ 사항 / ~ 문헌 / 이 지도는 너무 오래되어 별로 ~가 안 된다. **참고-하다** 〖동〗(타)(여) ¶자세한 내용은 별첨의 자료를 **참고하십시오**. **참고-되다** 〖동〗(자)
참고-서(參考書) 〖명〗1 참고가 되거나 참고로 삼는 책. 2 =학습참고서.
참고-인(參考人) 〖명〗1 의회의 위원회 등에서 참고가 될 만한 의견 진술을 요구받은 사람. 2 [법] 범죄 수사를 위하여 수사 기관에서 조사를 받는 사람 중 피의자 이외의 사람. 증인과는 구별됨.
참관(參觀) 〖명〗어떤 곳에 참석하여 보는 것. =참견. **참관-하다** 〖동〗(자)(타)(여) ¶경기를 ~ / 회의에 ~.
참관-인(參觀人) 〖명〗1 참관하는 사람. 2 [법] 선거 때 투표·개표 상황을 참관하는 사람.
참괴(慙愧) [-괴/-궤] 〖명〗부끄러워하는 것. **참괴-하다** 〖동〗(여)
참극(慘劇) 〖명〗1 처참한 사건. ¶사소한 운전 부주의가 수십 명의 사상자를 내는 ~을 빚었다. 2 비참한 내용을 공연하는 연극.
참-기름 〖명〗참깨로 짠 기름. =진유(眞油)·향유(香油)·호마유(胡麻油). ▷들기름.
참-깨 〖명〗[식] 참깻과의 한해살이풀. 높이 약 1m. 여름에 분홍빛 또는 연한 자줏빛 바탕에 짙은 자줏빛 점이 있는 대롱 모양의 꽃이 피고, 가을에 열매가 익음. 밭작물로 씨는 볶아서 먹거나 참기름을 짜는 데에 쓰며, 깻묵은 비료·사료로 씀. 2 1의 씨. 볶아서 깨소금을 만들거나 기름을 짜서 양념으로 씀. =백지마(白芝麻)·백호마(白胡麻)·진임.
[**참깨 들깨 노는데 아주까리 못 돌까**] 남들도 다 하는데 나도 한몫 끼어 하자고 나설 때 이르는 말.
참-꽃 [-꼳] 〖명〗먹는 꽃이라는 뜻으로, '진달래'를 달리 일컫는 말.
참-나리 〖명〗[식] 백합과의 여러해살이풀. 높이 1~2m. 비늘줄기는 둥글고, 7~8월에 황적색에 암자색 반점이 있는 꽃이 피는데 향내가 좋음. 비늘줄기는 약용 및 식용함. =나리.
참-나무 〖명〗[식] 1 참나뭇과의 갈참나무·굴참나무·물참나무 등의 총칭. =상수리나무.
참!다 [-따] (참!고 / 참아) 〖타〗1 (사람이)

생리적·심리적으로 뭔가 하고 싶은 충동을 풀거나 나타내지 않고 억누르다. ¶소변을 ~ / 술 마시고 싶은 것을 꾹 ~. 2 (사람이 고통이나 모욕 등을) 굳은 마음으로 반응을 드러내지 않다. ¶고통을 ~ / 실연의 아픔을 ~ / 그 여자는 부끄러움을 **참지** 못해 밖으로 뛰쳐나갔다.

유의어	참다 / 견디다
	둘 다 어려운 것을 버텨 내는 것을 가리키나, '참다'가 주로 사람에 대해서만 사용하는 반면, '견디다'는 사람 이외의 생물과 물체에 대해서도 사용할 수 있음(¶추수는 추위를 **참지** 못한다. / 추위를 **견디는** 품종). 그리고 '참다'가 생리적·심리적으로 느끼는 충동을 대상으로 할 수 있으나(¶눈물이 나오는 것을 **참다**), '견디다'는 그렇게 할 수 없음. 또한, '참다'가 그 과정이 순간적인 경우를 가리킬 수 있으나(¶주사가 아파도 꾹 **참아야 돼!**), '견디다'는 일정 시간이 지속되는 경우만을 가리킴.

[**참을 인**(忍)**자 셋이면 살인도 피한다**] 어떤 경우에도 끝까지 참아 나가면 무슨 일이든 무르지 못할 것이 없다.
참-다랑어 〖명〗〖동〗고등엇과의 물고기. 몸길이 3m 정도. 몸빛은 등이 청흑색, 배는 백색이며, 옆구리에 연한 황색 띠가 있음. 외양성 어류로 겨울에 맛이 좋음. =다랑어·참치.
참!다-못해 [-따모태] 〖부〗참을 수 있는 데까지 참다가 더 참을 수가 없어서. ¶~ 소리를 버럭 질렀다.
참담(慘澹·慘憺) →**참담-하다** 〖형〗(여) (일이나 상태가) 비참하고 막막하다. ¶**참담한** 패배 / **참담한** 생활. **참담-히** 〖부〗
참-답다 [-따] 〖형〗(ㅂ) 〈~다우니, ~다워〉 거짓이 없이 참되다. ¶**참다운** 친구란 아픔과 슬픔을 함께 나눌 수 있는 사람이다.
참-대 〖명〗[식] 볏과에 속하는 대의 한 가지. 왕대 비슷한데, 훨씬 작아 높이 2m, 지름 4cm 가량임. 질이 단단하여 기구재(器具材)·건축재로 쓰이고, 죽순은 식용함. =고죽(苦竹).
참-되다 [-뙤/-뛔-] 〖형〗거짓이 없고 진실되다. ¶어버이의 **참된** 사랑 / 다시는 죄를 짓지 말고 **참되게** 살아가시오. ↔거짓되다.
참되-이 〖부〗
참-따랗게 [-라케] 〖부〗1 딴생각 없이 아주 참되게. ¶외삼촌댁은 행자가 듣는 데서 이런 말을 하기가 거북했으나 ~ 털놓고 진하는 것이었다.《염상섭: 어머니》 2 되어 가는 대로 그냥 그렇게. ¶내 무릎에 네 흰머리를 누이고, 그렇게 ~ 늙어 가는 것 외에 내가 어떤 것을 원하겠느냐.《오정희: 번제》 ® 참 땋게.
참-뜻 [-뜯] 〖명〗1 참된 뜻. ¶인생의 ~을 배우다. 2 본디의 속뜻. 비진의(眞意). ¶나의 ~은 그게 아니었으니 오해하지 마라.
참렬(參列) [-녈] 〖명〗1 그 자리에 참여하는 것. 비참가. 2 반열(班列)에 참여하는 것. **참렬-하다** 〖동〗(자)(여)
참례(參禮) [-녜] 〖명〗예식이나 제사에 참여하는 것. **참례-하다** 〖동〗(자)(여) ¶결혼식에 ~.
참-마음 〖명〗거짓이 없는 진실한 마음. 비진심(眞心). ⓜ참맘.
참-말 I 〖명〗사실에 조금도 틀림이 없고 거짓이 없는 말. 비정말. ¶그 사람이 몹쓸 병에 걸렸다던데 그게 ~이냐? ▷거짓말. ▷진담(眞談).

Ⅱ 閉 =참말로. ¶네가 ~ 1등을 했니?

참말-로 튄 사실과 조금도 다름이 없이 과연. =참말. ¶그를 거기서 만나다니 ~ 뜻밖이야.

참모(參謀) 몡 1 모의(謀議)에 참여하는 것. 또는, 그 사람. 2〖군〗고급 지휘관의 막료로서 작전·정보·군수(軍需) 등의 계획과 지도를 맡은 장교. 3 주도자의 측근에서 활동하는, 계략이 뛰어난 사람. **참모-하다** 통 재 예 모의에 참여하다.

참-모습 몡 어떤 대상이 본디 가지는, 또는 가져야 할 진짜 모습. ¶나는 온갖 어려움 속에서도 사랑과 희망을 잃지 않는 그들의 꿋꿋한 자세에서 삶의 ~을 발견하였다.

참모^총!장(參謀總長) 몡〖군〗국방부 장관의 명을 받아 소속 군(軍)을 지휘·감독하는 육해공군의 각 우두머리.

참문(讖文) 몡 미래를 예언한 문서.

참-바 몡 삼 껍질이나 칡 따위로 세 가닥을 꼬아 굵게 드린 밧줄. ▷바.

참방 튄 비교적 작은 물체가 얕은 물속에 떨어져 잠길 때에 나는 소리. 또는, 그 모양. ⑤첨벙. ㉥잠방. **참방-하다** 통 재 예

참방-거리다/-대다 자꾸 참방 소리가 나다. 또는, 그런 소리를 내다. ⑤첨벙거리다. ㉥잠방거리다.

참방-참방 튄 참방거리는 소리. 또는, 그 모양. ⑤첨벙첨벙. ㉥잠방잠방. **참방참방-하다** 통 재 예

참-배[1] 몡 먹을 수 있는 보통의 배를, '돌배', '문배'에 대하여 일컫는 말.

참배[2](參拜) 몡 1 신이나 부처에게 배례하는 것. 2 영구(靈柩)·무덤·기념비 등 앞에서 추모의 뜻을 나타내는 것. **참배-하다** 통 재 타 예 ¶고인의 묘소에[를]~.

참배-객(參拜客) 몡 참배하는 사람.

참변(慘變) 몡 참혹한 변고. ¶버스의 추락으로 많은 승객이 죽거나 다치는 ~을 당하였다.

참봉(參奉) 몡〖역〗조선 시대에 능(陵)이나 원(園), 종친부·돈령부 등에 속했던 종9품 벼슬.

참-붕어 몡〖동〗잉엇과의 민물고기. 몸길이 6~9cm. 몸은 옆으로 납작하고 입이 위로 열렸으며 수염이 없다. 몸빛은 은빛인데, 몸 옆에 희미한 세로띠가 있음.

참-비름 몡〖식〗'쇠비름'에 대하여, '비름'을 일컫는 말.

참-빗[-빋] 몡 대나무로 만든, 빗살이 아주 가늘고 촘촘한 빗. =진소(眞梳). ↔얼레빗.

참사[1](參事) 몡 기업체·단체 등에서의 직위의 하나.

참사[2](慘死) 몡 아주 비참하게 죽는 것. **참사-하다** 통 재 예

참사[3](慘事) 몡 참혹한 일.

참사-관(參事官) 몡 외무 공무원의 대외 직명의 하나. 외교직은 2급·3급·4급, 외무 행정직은 1급 내지 3급임. 대사관과 공사관에 둠.

참-사랑 몡 참되고 진실한 사랑. ¶부모님의 ~을 깨닫다.

참-살[1] 몡 건강하게 포동포동 찐 살.

참살[2](慘殺) 몡 참혹하게 죽이는 것. **참살-하다** 통 타 예 **참살-되다** 통 재

참상[1](慘狀) 몡 참혹한 상태나 양상. ¶추위와 기아에 시달리는 난민들의 ~.

참상[2](慘喪) 몡 1 젊어서 죽은 상사(喪事). 2 부모보다 자손이 먼저 죽는 상사.

참-새 몡〖동〗참새과의 새. 부리는 거무스름하고 머리는 포도색을 띤 적갈색이며, 등은 흑갈색, 배는 회백색임. 인가 근처에 살며, 가을에는 농작물을 해치나 여름에는 해충을 잡아먹는 이로운 새임. 우리나라의 대표적인 텃새임. 울음소리는 '짹짹'. =황작(黃雀).

[참새가 방앗간을 그저 지나랴] ㉠자기가 좋아하는 곳은 그대로 지나치지 못한다. ㉡욕심 많은 사람이 이곳을 보고 가만있을 수 없다. [참새가 죽어도 짹 한다] 아무리 약한 사람이라도 너무 괴롭히면 힘껏 대항한다.

참새-구이 몡 참새의 털을 뽑고, 대가리·발목·내장을 버리고 간을 하여 구운 음식.

참서(讖書) 몡 앞일의 길흉을 예언하는 내용을 적은 책.

참석(參席) 몡 (어떤 모임에) 가서 마련된 자리에 있는 상태가 되는 것. ▶참가. **참석-하다** 통 재 예 ¶나는 몸이 아파서 동창회에 참석하지 못하였다.

참선(參禪) 몡〖불〗좌선 수행을 하는 것. **참선-하다** 통 재 예

참섭(參涉) 몡 남의 일에 참견하여 간섭하는 것. **참섭-하다** 통 재 타 예 ¶2학년짜리가 그의 하급생인 1학년짜리를 부려 먹거나 또는 기합을 넣거나 비록 4학년짜리 상급자로서도 절대로 **참섭하지** 못하게끔 관례가 되어 있다.《이문희:이료 삼호실》

참소(讒訴·譖訴) 몡 남을 헐뜯어, 없는 죄를 있는 것처럼 꾸며서 고해바치는 것. ¶"너의 증조부 되시는 사도 세자께서는 … 왕위에도 오르지 못하신 채 ~를 입어 뒤주 속에서 참혹히 돌아가셨다."《박종화:전야》**참소-하다** 통 타 예 **참소-되다** 통 재

참!수(斬首) 몡 (사람의) 목을 베어 죽이는 것. 匡참(斬). **참!수-하다** 통 타 예 ¶죄인을 ~. **참!수-되다** 통 재

참-숯[-숟] 몡 참나무 따위로 구워서 만든 숯. ▷든숯.

참!신(斬新) →**참!신-하다** 형 예 취향이 매우 새롭다. ¶**참신한** 아이디어 / **참신한** 디자인.

참심-제(參審制) 몡〖법〗국민 가운데에서 선출된 사람이 법관과 함께 합의체를 구성하는 제도.

참언(讖言) 몡 앞일에 대하여 길흉을 예언하는 말. =참어.

참여(參與) 몡 (공적이거나 사회적인 일에) 관계하여 도움이 되는 일을 하는 것. ~참예. 비간예(干預). ¶사회 ~ / 현실 ~. 관참녜. ▶참가. **참여-하다** 통 재 예 ¶경영에 ~ / 국

참여-시(參與詩) 몡〖문〗정치·사회 등 현실 문제에 대하여 비판적인 의식을 가지고 그 변혁을 촉구하는 내용을 담은 시. ↔순수시.

참-열매[-녈-] 몡〖식〗씨와 씨방이 성숙·변화하여 생기는 과일. 복숭아·감·매실 따위. =진과(眞果). ↔헛열매.

참예[1](參預) 몡 =참여(參與). **참예-하다**[1] 통 재 예

참예[2](參詣) 몡 신(神)이나 부처에게 나아가 뵈는 것. **참예-하다**[2] 통 재 예

참-외[-외/-웨] 몡 1〖식〗박과의 한해살이 재배 식물. 줄기가 땅 위로 덩굴손을 내어 뻗

1758 ●참외밭

으며 자람. 6~7월에 노란 꽃이 피고, 녹색·황색·백색의 타원형 열매를 맺음. 21의 열매. 향기가 있고 달아 익은 것은 날로 먹음. =감과(甘瓜)·진과(眞瓜).

참외-밭[-외밭/-웨밭] 똉 참외를 심어 가꾸는 밭.

참요(讖謠) [문] 시대적 대변동이나 어떤 정치적 사건을 암시하는 민요. 고려의 건국을 예언했다는 '계림요', 동학 혁명의 지도자 전봉준과 관련된 '새야 새야 파랑새야' 따위가 이에 속함.

참위-설(讖緯說) 똉 음양오행설에 의하여 인간 사회의 길흉화복을 예언하던 학설. =참위학.

참-으로 튀 정말로 아주. =실로. (비)참. ¶그 어려운 일을 혼자 힘으로 해내다니, ~ 장하구나.

참을-성(-性) [-썽] 똉 참고 견디는 성질. ¶~이 많다 / 기회가 올 때까지 ~ 있게 기다렸다.

참의(參議) [-의/-이] 똉 [역] 1 조선 시대, 육조(六曹)의 정3품 벼슬. 2 대한 제국 때의 정부 각 아문에 둔 벼슬. 갑오개혁 이후에 두었음. 3 일제 강점기에 중추원에 속한 벼슬.

참의-원(參議院) [-의/-이] 똉 [법] 양원제 국회에서, 양원 중의 하나. 상원에 해당함. ↔민의원.

참작(參酌) 똉 참고하여 알맞게 헤아리는 것. =참량(參量). **참작-하다** 태여 ¶정상(情狀)을 ~. **참작-되다** 자

참전(參戰) 똉 전쟁에 참가하는 것. ¶~기(記) / ~ 용사. **참전-하다** 자여 ¶6·25 전쟁이 일어나자 미국을 비롯한 16개 우방국이 유엔의 이름으로 참전하였다.

참전-국(參戰國) 똉 전쟁에 참가한 나라.

참정(參政) 똉 정치에 참여하는 것. **참정-하다** 자여

참정-권(參政權) [-꿘] 똉 [법] 국민이 정치 활동에 직접·간접으로 참여할 수 있는 권리. 선거권, 피선거권, 공무 담임권 따위. =공민권.

참-젖[-젙] 똉 영양분이 많고 어린아이의 발육에 좋은, 사람의 젖.

참!-젖[-젙] 똉 1 시간을 정해 두고 먹이는 젖. 2 참참이 얻어먹는 남의 젖.

참조(參照) 똉 (어떤 책이나 자료 등을) 참고로 대조하는 것. ~ 사항. **참조-하다** 태여 ¶이 서류를 참조하여라.

참-조기 똉[동] 민어과의 바닷물고기. 몸길이 30cm가량. 몸은 기름하고 꼬리자루가 가늘음. 몸빛은 회색을 띤 황금색이며 입술은 불그스름함. 말린 것은 '굴비'라 함. =황석어(黃石魚).

참!주(僭主) 똉 =참칭왕.

참집(參集) 똉 참가하기 위하여 모이는 것. **참집-하다** 자여

참!참 똉 이따금 쉬는 시간.

참!참-이 튀 =이따금.

참척(慘慽) 똉 자손이 부모나 조부모보다 앞서 죽음.
 참척(을) 보다 묘 웃어른으로서 참척을 당하다.

참취 똉[식] 국화과의 여러해살이풀. 높이 1~1.5m. 산과 들에 나며, 8~10월에 흰 꽃이 핌. 어린잎은 식용함. =마제초·향소(香蔬).

참!칭(僭稱) 똉 =참대왕.

참!칭-하다(僭稱-) 태여 감히 스스로를 왕이라 칭하면서 왕의 행세를 하는 것. **참!칭-하다** 태여

참!칭-왕(僭稱王) 똉 분수에 넘치게 스스로를 왕이라 이르는 사람. =참주.

참판(參判) 똉 조선 시대, 육조(六曹)의 종2품 벼슬. 판서(判書)의 다음임. =아당(亞堂).

참패(慘敗) 똉 참혹하게 패배하거나 실패하는 것. **참패-하다** 자여 ¶미국과의 농구 경기에서 우리나라는 신장, 기량 등의 열세를 극복하지 못하고 큰 점수 차로 참패하고 말았다.

참!-하다¹ 혱여 1 (생김새가) 말쑥하고 곱다. ¶얼굴이 참한 처녀. 2 (성질이) 찬찬하고 얌전하다. ¶바느질을 참하게 한다.

참!-하다²(斬-) 태여 칼로 목을 쳐서 베다. (비)참수(斬首)하다.

참!형¹(斬刑) 똉 목을 베어 죽이는 것. 또는, 그러한 형벌. ¶~을 당하다 / ~에 처하다. (준)참(斬). **참!형-하다** 태여 **참!형-되다** 자

참형²(慘刑) 똉 참혹한 형벌.

참호(塹壕·塹濠) [군] 1 성(城) 둘레에 성을 따라 길게 파 놓은 구덩이. 2 야전(野戰)에서 적의 공격에 대비하여 방어선에 따라 구축한 방어 시설. 구덩이를 파서 그 흙으로 가림. 준호.

참혹(慘酷) → **참혹-하다**[-호카-] 혱여 1 비참하고 끔찍하다. ¶참혹하게 살해당하다. 2 비참할 정도로 딱하고 한심하다. ¶참혹한 실패를 겪다 / 생활이 ~. **참혹-히** 튀

참화(慘禍) 똉 참혹한 재화(災禍). ¶지진의 ~ / 전쟁의 ~를 입다.

참회¹(慙悔) [-회/-훼] 똉 부끄러워하며 뉘우치는 것. **참회-하다** 자여

참회²(懺悔) [-회/-훼] 똉 자기의 잘못에 대하여 깊이 뉘우치는 것. ¶~의 눈물을 흘리다. **참회-하다**² 태여 ¶지난날의 잘못을 ~.

참회-록(懺悔錄) [-회/-훼-] 똉 지나간 잘못을 참회하는 것을 적은 기록.

참-흙[-흑] 똉 모래와 찰흙이 알맞게 섞여 농사에 적합한 흙.

찹쌀 똉 찰벼에서 나는 쌀. =점미(粘米). ↔멥쌀. ×이찹쌀.

찹쌀-가루[-까-] 똉 찹쌀을 빻아서 만든 가루.

찹쌀-떡 똉 찹쌀로 만든 떡.

찹찹-하다[-차파-] 혱여 1 포개어 쌓은 물건이 엉성하게 들뜨지 않고 빈틈없이 가지런하다. ¶김을 찹찹하게 재어 놓다. 2 마음이나 성격이 차분하고 조용하다. ¶그 여자는 오사바사하지 않고 성격이 ~.

찻-간(車間) [차깐/찬깐] 똉 차에 사람을 태우거나 짐을 싣기 위하여 만든 칸.

찻-값(茶-) [차깝/찬깝] 똉 다방에서 마신 음료의 대금으로 내는 돈.

찻-길(車-) [차낄/찬낄] 똉 1 기차·전차 등의 궤도. 2 자동차가 다니는 길. (비)차로·차도. ¶~을 건너다.

찻-물(茶-)[찬-] 똉 차를 끓일 물.

찻-삯(車-) [차싹/찬싹] 똉 =차비(車費).

찻-상(茶床) [차쌍/찬쌍] 똉 차를 마실 때 찻잔이나 차종을 올려놓는 상.

찻-숟가락(茶-) [차쑫까-/찬쑫까-] 똉 차를 마실 때에 쓰는 작은 숟가락. =티스푼. (준)찻숟갈.

찻-숟갈(茶-) [차쑫깔/찬쑫깔] 똉 '찻숟가

락'의 준말.
찻-잎(茶-)[찬닙] 몡 차나무의 잎.
찻-잔(茶盞)[차짠/찬짠] 몡 차를 담아 마시는 잔.
찻-장(茶欌)[차짱/찬짱] 몡 찻잔이나 과실 등을 넣어 두는 자그마한 장.
찻-종(茶鍾)[차쫑/찬쫑] 몡 차를 담아 마시는 종지. =다종.
찻-주전자(茶酒煎子)[차쭈-/찬쭈-] 몡 차를 끓이는 데에 쓰는 주전자.
찻-집(茶-)[차찝/찬찝] 몡 차를 파는 집. 비 다방(茶房).
창¹ 몡 피륙·가죽 등의 얇은 물건이 해져서 뚫어진 구멍. ¶구두에 ~이 나다.
창² 몡 1 신이나 구두의 바닥. 또는, 거기에 덧대는 물건. ¶구두~/~을 갈다. 2 신이나 구두의 바닥에 까는 물건. ¶~을 깔다.
창³(窓) 몡 1 햇빛이 들게 하거나 밖을 내다볼 수 있게 하기 위해, 구조물이나 탈것의 벽이나 천장이나 앞뒤 또는 옆에 공간적으로 터져 있게 한 부분. 흔히, 유리를 끼움. ¶천장에 ~을 내다. 2 '창문'의 준말. ¶~을 열다 / ~을 닫다. 3 [컴] 모니터 화면에서 독립적인 환경을 나타내는, 사각형 모양의 영역. 흔히, '윈도'라고 함.
창⁴(唱) 몡[음] 판소리나 잡가 등을 가락에 맞추어 부르는 일. 판소리의 경우, 아니리·발림과 함께 3대 요소를 이룸.
창⁵(槍) 몡 1 긴 나무 자루 끝에 날이 선 뾰족한 쇠붙이가 달린 옛날 무기의 하나. 2 [체] 창던지기에서 쓰는 기구.
-창⁶(廠) 젭미 군수품 등을 생산하거나 수리하는 공장을 뜻하는 말. ¶기지~/병기~.
창-가¹(窓-)[-까] 몡 창의 가장자리나 그 근처. =창문가.
창가²(娼家) 몡 창기(娼妓)의 집.
창가³(唱歌) 몡 [9] 19세기 말에서 20세기 초에 걸쳐 발생한, 우리나라 시가 양식의 하나. 개화·진보에 대한 추구나 자주독립을 고취하는 내용을 서구의 악곡에 맞추어 지은 노래 가사. 또는, 그 노래. 개화 가사와 신체시의 전 단계임. =영가(詠歌). **창가-하다** 됭자여 창가를 부르다.
창간(創刊) 몡 신문·잡지 등 정기 간행물이 처음 간행되는 것. ↔사(辭). ¶종간. **창간-하다** 됭타여 ¶잡지를 ~. **창간-되다** 됭
창간-호(創刊號) 몡 정기 간행물에서, 맨 첫 번째로 낸 호.
창-갈이 몡 신창을 다른 것으로 갈아대는 일. **창갈이-하다** 됭타여
창건(創建·刱建) 몡 사업 등의 조직체나 건물을 처음으로 세우는 것. **창건-하다** 됭타여 ¶새 왕조를 ~. **창건-되다** 됭자 ¶불국사는 신라 경덕왕 때 창건되었다.
창검(槍劍) 몡 창과 검.
창견(創見) 몡 처음으로 생각하여 낸 의견.
창경(窓鏡) 몡 창문에 단 유리. ¶~으로 비치는 어스름한 햇빛에 나는 흔히 그의 눈물 머금은 근심 있는 눈을 발견하였다.《현진건: 빈처》
창고¹(倉庫) 몡 물건을 저장하거나 보관하는 건물. =곳집. ¶곡물~/쌀~에 넣다.
창고²(蒼古) →창고-하다 휑여 고색(古色)을 띠고 있어 예스럽다.
창-고기(槍-) 몡[동] 원색동물 두색류(頭索類)에 속하는 동물. 몸길이 4.5cm가량. 몸은 버들잎 모양이며, 몸빛은 엷은 복숭앗빛이고 반투명함. 척색(脊索)이 있어 척추동물의 선조라 생각되므로 학술상 중요함.
창고-업(倉庫業) 몡 보관료를 받고, 타인이 맡긴 물품을 보관하며 창고 증권의 발행, 창고의 임대, 보관물의 전송, 대금 징수, 할인 알선 등을 행하는 영업.
창곡(唱曲) 몡[음] 1 노래하기 위한 곡조. 2 곡조에 의하여 노래를 부르는 것. **창곡-하다** 됭자여 곡조에 의하여 노래를 부르다.
창공(蒼空) 몡 푸른 하늘이나 넓은 공중. 비 창천(蒼天). ¶~에 빛나는 별/새가 ~을 날다.
창구(窓口) 몡 1 역이나 영화관, 기타 관람시설 등의 매표소에서, 돈을 받고 표를 내주기 위해 창의 아래쪽에 주로 반원형으로 뚫어 놓은 구멍. 2 은행·우체국·관공서 등에서, 외래객을 직접 상대하여 사무를 보는, 칸이 질러져 있는 곳. ¶출납~/~직원. 3 외부와 어떤 일을 교섭하고 절충하는 곳. 비유적인 말임. ¶남북 교류의 ~를 일원화하다.
창-구멍[-꾸-] 몡 이불·솜옷·대님·버선 따위를 꿰매어 만들 때에 뒤집는 구멍.
창-구멍(窓-)[-꾸-] 몡 창에 뚫린 구멍.
창군(創軍) 몡 군대를 창설하는 것. **창군-하다** 됭자여
창궐(猖獗) 몡 (전염병이나 부정적인 세력이) 세상을 휩쓸어 퍼지거나 날뛰는 것. **창궐-하다** 됭자여 ¶도적이 ~/전염병이 ~.
창극(唱劇) 몡[연] 창(唱)을 중심으로 극적인 대화가 구성되어 연출되는 민속극의 하나.
창기(娼妓) 몡 몸을 파는 천한 기생.
창-끝(槍-)[-끋] 몡 창의 뾰족하고 날카로운 끝부분. ¶~에 찔리다.
창난-젓[-젇] 몡 명태의 창자에 소금과 고춧가루를 쳐서 담근 것. ×창란젓.
창-날(槍-) 몡 창의 뾰족하고 날카로운 날.
창녀(娼女) 몡 몸을 파는 여자. =창부(娼婦).
창단(創團) 몡 (어떤 단체를) 처음으로 만드는 것. **창단-하다** 됭타여 ¶합창단을 ~/농구팀을 ~. **창단-되다** 됭자
창달(暢達) 몡 1 의견·견해·주장 따위가 거리낌 없이 자유로이 표현되고 전달되는 것. ¶언론의 ~ / 민의(民意)의 ~. 2 거침없이 쑥쑥 벋어 나가는 것. 또는, 그리되게 하는 것. **창달-하다** 됭자타여 **창달-되다** 됭자 ¶민족 문화가 ~.
창당(創黨) 몡 정당을 창립하는 것. ¶~ 대회. **창당-하다** 됭자여
창-대(槍-)[-때] 몡 창의 자루.
창-던지기 몡[체] 육상 경기의 하나. 창을 여섯 번 던져서 그중 가장 멀리 던진 거리로 승부를 겨룸. =투창(投槍). **창던지기-하다** 됭자여
창도(唱道·倡道) 몡 어떤 주장을 앞장서서 부르짖는 것. **창도-하다¹** 됭타여 ¶민주주의를 ~.
창도²(唱導) 몡 앞장서서 부르짖어 사람을 인도하는 것. **창도-하다²** 됭타여 **창도-되다** 됭자
창란-젓 몡 '창난젓'의 잘못.
창랑(滄浪)[-낭] 몡 =창파(滄波).
창루(娼樓)[-누] 몡 =기루(妓樓).

창:립(創立)[-닙] 명 (회사나 학교, 기타의 단체 등을) 처음으로 설립하는 것. ¶-자(者). 창:립-하다 됭(타)(여) ¶학교를 ~. 창:립-되다 됭(자)(여) ¶이 회사는 창립된 지 50년이 지났다.

창:망(悵惘) →창:망-하다 (형)(여) 근심 걱정으로 경황이 없다. 창:망-히¹ 분

창망²(滄茫·蒼茫) →창망-하다² (형)(여) 넓고 멀어서 아득하다. ¶창망한 대해(大海). 창망-히² 분

창맹(蒼氓) 명 =창생(蒼生). ¶태자가 고행으로 ~에게 베푸신 도타운 자혜(慈惠)가 천 년 후에야 따르다.《정비석·산정무한》

창문(窓門) 명 햇빛이 비치게 하고 공기가 통하게 하며 밖을 내다볼 수 있게 하기 위해, 방이나 복도 등의 벽에 낸 문. ¶~을 활짝 열다 / ~ 너머로 먼 산을 바라보다. (준)창.

창문-가(窓門-)[-까] 명 =창가¹. ¶큰길에서 '쿵' 하는 소리가 나자 모두 우르르 ~로 몰려갔다.

창-밖(窓-)[-박] 명 창문의 밖. ¶~을 내다보다.

창받-이[-바지] 명 가죽 조각 따위를 신 바닥에 대는 일. 또는, 그렇게 한 신. 창받이-하다 됭(타)(여)

창백(蒼白) →창백-하다 [-배카-] (형)(여) (얼굴이나 살결이) 핏기가 없이 하얗다. (비)해쓱하다. ¶그는 오랫동안 병을 앓은 탓인지 얼굴이 백지장처럼 창백했다. 창백-히 분

창:법(唱法)[-뻡] 명 노래하는 방법. ¶독특한 ~을 구사하는 가수.

창법(槍法)[-뻡] 명 창을 쓰는 법.

창병(瘡病)[-뼝] 명 (한) 피부에 나는 질병의 총칭.

창:부¹(倡夫) 명 1 남자 광대. 2 무당이 위하는 광대의 혼령. 3 (민) =창부거리.

창부²(娼婦) 명 =창녀.

창:부-거리(倡夫-) 명 (민) 열두 거리 굿 가운데 하나. 광대의 신(神)인 창부를 청하여 위하는 굿. =창부.

창:부타:령(倡夫-) 명 (음) 경기 민요의 하나. 본디는 무당이 부르는 소리였음.

창:사(創社) 명 (회사를) 처음 조직을 갖추어 이루는 것. ¶~ 기념일. 창:사-하다 (자)(여)

창사구 명 (방) 창자(경기·경상·충청).

창-살(窓-)[-쌀] 명 1 창짝이나 미닫이 등에 가로세로 지른 나무오리. 2 비각·종각·사롱(斜籠) 등의 벽 따위에 세로로 죽죽 내리지른 나무오리. 3 문이나 기둥 사이 등에 세로로 죽죽 내리지른 쇠막대기나 나무 막대기. ¶쇠~.

창살 없는 감옥(監獄) (관) 감옥은 아니지만 감옥과 다름없이 행동의 제약과 속박을 받는 곳을 비유적으로 이르는 말.

창살-문(窓-門) 명 =기념일. 창살을 댄 문.

창상(創傷) 명 창·충검·칼날 따위에 다친 상처. ¶~을 입다.

창생(蒼生) 명 세상의 모든 사람. =창맹(蒼氓). ¶백성. ¶억조(億兆)~.

창:설(創設) 명 (조직체나 기관 등을) 처음으로 베풀어 세우는 것. ¶~자(者). 창:설-하다 됭(타)(여) ¶학교[회사]를 ~. 창:설-되다 됭(자)(여) ¶유엔은 1945년에 창설되었다.

창성(昌盛) 명 번성하여 잘되어 가는 것. 창성-하다 됭(자)(여)

창:세(創世) 명 처음으로 세계를 만드는 것. 또는, 세계의 시초. 창:세-하다 됭(여)

창:세-기(創世記) 명 (성) 구약 성서 중의 한 권.

창송-녹죽(蒼松綠竹)[-쭉] 명 푸른 소나무와 푸른 대나무. =창송취죽.

창송-취죽(蒼松翠竹) 명 =창송녹죽.

창술(槍術) 명 창을 쓰는 무술.

창:시(創始) 명 (종교·교파·사상·학설 등을) 처음 만들어 세상에 있게 하는 것. 창:시-하다 됭(타)(여) 창:시-되다 됭(자)

창:시-자(創始者) 명 어떤 사상이나 학설 등을 처음으로 시작하거나 내세운 사람.

창:씨-개명(創氏改名)[-역] '일본식 성명 강요'의 구용어.

창:안(創案) 명 처음으로 고안하는 것. 또는, 그 고안. ¶~자. 창:안-하다 됭(타)(여) 창:안-되다 됭(자)

창안-백발(蒼顔白髮)[-빨] 명 늙은이의 쇠한 얼굴빛과 센 머리털.

창알-거리다/-대다 됭(자) '짱알거리다'의 거센말.

창알-창알 분 '짱알짱알'의 거센말. 창알창알-하다 됭(자)(여)

창:업(創業) 명 1 나라를 처음으로 세우는 것. 2 사업을 처음으로 시작하는 것. 곧, 사업의 기초를 세우는 것. 창:업-하다 됭(타)(여) ¶새 왕조를 ~ / 회사를 ~.

창:업-주(創業主)[-쭈] 명 1 한 나라를 처음으로 세우는 데에 주체가 되는 사람. 2 회사를 처음으로 세워 사업을 시작하는 데에 주체가 되는 사람.

창:연¹(悵然) →창:연-하다¹ (형)(여) 몹시 서운하고 섭섭하다. 창:연-히¹ 분

창연²(蒼然) →창:연-하다² (형)(여) 1 빛깔이 몹시 푸르다. 2 날이 저물어 어둑어둑하다. 3 물건이 오래되어 예스러운 빛이 그윽하다. ¶고색(古色)이 ~. 창연-히² 분

창-옷(氅-)[-옫] 명 =소창의.

창:우(倡優) 명 광대. =광대¹.

창-유리(窓琉璃)[-뉴-] 명 창의 유리. (비)유리창. ¶우윳빛 ~ / 자동차의 ~를 짙게 선팅하다.

창:의¹(倡義)[-의/-이] 명 국난을 당하여 의병(義兵)을 일으키는 것. 창:의-하다¹ 됭(자)(여)

창:의²(創意)[-의/-이] 명 지금까지 없었던 일을 처음으로 생각해 내는 것. 또는, 그의 견. ¶이번 사업은 그의 ~에 의한 것이다. 창:의-하다² 됭(자)(여)

창:의³(氅衣)[-의/-이] 명 조선 시대에 선비들이 입던, 길이가 길고 소매가 넓으며 옆구리가 터진 옷옷. 대창의와 소창의가 있음.

창:의-력(創意力)[-의-/-이-] 명 새로운 생각을 해내는 힘. ¶~을 발휘하다.

창:의-성(創意性)[-의썽/-이썽] 명 새로운 생각을 해내는 특성. ¶~이 있는 학생.

창:의-적(創意的)[-의-/-이-] (관)(명) 창의성을 띠거나 가진 (것). ¶~인 아이디어.

창:일(漲溢) 명 물이 불어나 넘치는 것. 창:일-하다 됭(자)(여)

창자 명 (생) 먹은 음식을 소화·흡수하는, 튜브처럼 가늘고 긴 기관. 사람의 경우에는 소장과 대장으로 이루어진다. =수곡도.

창:작(創作) 명 1 새로운 것을 처음으로 만드는 것. 또는, 그 물건. 2 예술 작품, 특히 문예 작품을 독창적으로 짓는 것. 또는, 그 작품. ¶~ 동요 / ~ 활동 / 이 작품은 ~이 아니라 번안이다. 창:작-하다 됭(타)(여) ¶시를

~. **창ː작-되다** [동][자]

창ː작-물(創作物)[-장-] [명] **1** 창작한 문예 작품. **2** [법] 사람의 정신적 노력에 의한 산물의 총칭. 저작물·발명품·실용신안 및 의장에 관한 물건·상표 등.

창ː작-집(創作集)[-찝] [명][문] 창작한 문예 작품을 모은 문집.

창ː정(創定) [명] 전에 없던 일을 처음으로 정하는 것. **창ː정-하다** [동][타][여] **창ː정-되다** [동][자]

창ː제(創製) [명] (문물 등을) 처음으로 만드는 것. **창ː제-하다** [동][타][여] ¶세종 대왕이 훈민정음을 ~. **창ː제-되다** [동][자]

창ː조[1](創造) [명] **1** 새로운 것을 고안하여 만드는 것. **2** 조물주가 우주를 처음 만드는 것. ¶천지 ~. **창ː조-하다** [동][타][여] ¶태초에 하나님이 천지를 **창조하시니라.**《구약 창세기》 **창ː조-되다** [동][자]

창ː조[2](漲潮) [명][지] =밀물. ↔낙조(落潮).

창ː조-력(創造力) [명] 새로운 것을 창조하는 힘이나 능력.

창ː조-주(創造主) [명][가] 세상 만물을 창조한 이란 뜻으로, '하느님'을 이르는 말.

창ː졸(倉卒) ➜**창ː졸-하다** [형][여] 미처 어떻게 할 사이도 없이 급작스럽다. **창ː졸-히** [부]

창ː졸-간(倉卒間) [명] 급작스러운 사이.

창창(蒼蒼) ➜**창창-하다** [형][여] **1** (바다·하늘·연못 등이) 매우 푸르다. ¶**창창한** 가을 하늘. **2** 앞길이 멀어서 아득하다. ¶앞날이 **창창한** 젊은이. **창창-히** [부]

창천(蒼天) [명] **1** 푸른 하늘. =궁창(穹蒼). [비]창공(蒼空). **2** 사천(四天)의 하나로 봄의 하늘. **3** 구천(九天)의 하나로 북동쪽 하늘.

창ː출(創出) [명] (그전에 없던 것을) 처음으로 생각하여 만들어 내거나 지어 내는 것. **창ː출-하다** [동][타][여] ¶새로운 아이디어를 ~. **창ː출-되다** [동][자]

창-칼[1] [명] **1** 여러 가지 작은 칼의 총칭. **2** '찬칼'의 잘못.

창-칼[2](槍-) [명] 창과 칼을 아울러 이르는 말. ¶~을 휘두르다.

창-턱(窓-) [명][건] 창문의 바닥이 닿는, 창틀의 턱이 진 부분.

창-틀(窓-) [명][건] 창문을 달기 위한 틀.

창-틈(窓-) [명] 창문과 벽 사이에 나 있는 매우 좁은 공간. 또는, 창문을 조금 열었을 때 생기는 틈. ¶~으로 엿보다 / ~으로 불빛이 새어 나오다.

창파(滄波) [명] 큰 바다의 물결. =창랑.

창포(菖蒲) [명][식] 천남성과의 여러해살이풀. 뿌리줄기는 육질이며 독특한 향기가 남. 잎은 창검같이 뾰족하고 길며, 초여름에 황록색의 꽃이 핌. 단오에 창포물을 만들어 씀. [변]장포.

창포-물(菖蒲-) [명][민] 창포의 잎과 뿌리를 우려낸 물. 단옷날에 머리를 감거나 몸을 씻는 데 쓰임. =창포탕.

창피(猖披) [명] 떳떳하지 못하거나 체면을 잃거나 숫기가 없어서 부끄러운 상태. ¶~를 당하다 / ~를 주다. **창피-하다** [형][여] ¶점수가 이게 뭐니? **창피한** 줄 알아라.

창피-스럽다(猖披-)[-따] [형][ㅂ]〈~스러우니, ~스러워〉 창피한 데가 있다. ¶누가 들을까 봐 **창피스러워** 말도 못 하겠다. **창피스레** [부]

창ː-하다(唱-) [동][자][여] 가락에 맞추어 높은 소리로 노래를 부르다.

창해(滄海) [명] 넓고 큰 바다.

창해-일속(滄海一粟)[-쏙] [명] ['넓은 바다 안의 좁쌀 하나'라는 뜻] 광대한 것 중의 아주 하찮은 것을 이르는 말. =대해일적(大海一滴).

창호(窓戶) [명] 창과 지게문의 총칭. **창호-하다** [동][자][여] 종이로 창호를 바르다.

창호-지(窓戶紙) [명] **1** 문을 바르는 종이. **2** 재래식 종이의 한 가지. 빛이 좀 누르스름하고 줄진 결이 뚜렷함.

창황(蒼黃·倉皇) ➜**창황-하다** [형][여] 어떻게 할 겨를도 없이 다급하다. **창황-히** [부] ¶아버지가 위독하시다는 전화를 받고 ~ 기차를 탔다.

찾다[찯따] [동][타] **1** (사람이나 동물이 어디에 있는지 모르는 것이나 사람을) 발견하기 위해 여기저기 뒤지거나 살피다. 또는, 그것을 발견하다. ¶잃은 물건을 ~ / 짐승이 먹이를 **찾으러** 돌아다니다. **2** (어떤 문제의 이유나 원인 또는 해결할 방법 등을) 살펴 알아내거나 밝혀내다. ¶단서를 ~ / 기계가 고장 난 원인을 ~. **3** (맡겼거나 빌려 주었거나 빼앗긴 것을) 다시 자기 손에 넣거나 도로 자기의 것으로 가지다. ¶은행에서 돈을 ~ / 빼앗긴 나라를 다시 ~. **4** (어느 곳이나 사람 등을) 보거나 만나기 위해 부르거나 가거나 오다. ¶봄이 되면서 고궁을 **찾는** 발길이 늘고 있다. / 아무도 그를 **찾는** 이가 없다. **5** (필요한 대상을) 얻으려고 여기저기 알아보다. [비]구하다. ¶인재를 ~ / 일자리를 ~. **6** (어떤 음식이나 상품 등을) 다른 사람이나 파는 사람에게 먹으려고 달라고 하거나, 사려고 있느냐고 묻거나 하다. [비]청하다. ¶광고가 나간 뒤로 그 제품을 **찾는** 사람들이 부쩍 많아졌다. **7** (책을) 어떤 내용을 알아보려고 페이지를 이리저리 넘기면서 뒤지다. ¶전화번호부를 ~ / 사전 **찾는** 법.

찾아-가다 [동][자][타][거라]〈~가거라〉 **1** (맡기거나 빌려 주거나 따로 두거나 한 것을) 찾아서 가져가다. ¶맡긴 물건을 ~. **2** (누구를, 또는 누구에게) 만나러 가다. 또는, (어느 곳에) 볼일을 보러 가다. ¶학교에 ~ / 서울 아저씨네 집을 주소만 들고 물어물어 **찾아갔다.**

찾아-내다 [동][타] 찾아서 드러내다. ¶보물을 ~ / 범인을 ~.

찾아-다니다 [동][타] **1** 어떤 곳을 보거나 어떤 사람을 만나려고 여기저기 옮겨 움직이다. ¶그는 일일이 주민들을 **찾아다니며** 인사를 했다. **2** 무엇을 얻기 위하여 여기저기 옮겨 움직이다. ¶그는 전국을 돌며 수석(壽石)을 **찾아다녔다.**

찾아-들다 [동][자][타]〈~드니, ~드오〉 **1** 쉬거나 볼일을 보러 어떤 곳으로 가다. ¶친구의 하숙집에 ~. **2** 어떤 상태나 현상 따위가 생겨나다. ¶전쟁이 끝나고 평화가 ~ / 산골에 해가 지자 어둠이 **찾아들었다.**

찾아보-기 [명] =색인(索引).

찾아-보다 [동][타] **1** (남을) 찾아서 만나 보다. **2** 찾는 일을 해 보다. ¶사전을 ~ / **찾아보지**도 않고서 없다고만 하느냐?

찾아-뵈다[-뵈-/-붸-] [동][타] 웃어른을 만나러 가서 보다. ¶진작 **찾아뵈어야** 하는데 그러지 못해 죄송합니다.

찾아-뵙다[-뵙따/-뷉따] [동][타]《자음 어미와 결합하여》 웃어른을 만나러 가서 보다. '찾아뵈다' 보다 더 겸양의 뜻을 나타냄. ¶시

ㅊ

어른을 **찾아뵙고** 인사를 올리다.
찾아-오다 동(자)(타)(너라)〈~오너라〉 **1** (맡기거나 빌려 주거나 따로 두거나 한 것을) 찾아서 가져오다. ¶예금을 모두 **찾아오너라**. **2** (누구를, 또는 누구에게) 만나러 오다. 또는, (어느 곳에) 볼일을 보러 오다. ¶친구가 나를 ~ / 언제부터 학이 이 마을을 **찾아오**기 시작하였는지는 아무도 모른다.〈이범선: 학마을 사람들〉 **3** (계절 따위가) 다시 돌아오다. ¶어느덧 가을이 가고 추운 겨울이 **찾아왔습니다**.

채[1] 명 바구니·광주리 따위 그릇을 만드는 재료가 되는, 껍질을 벗긴 싸릿개비나 가는 나무오리.

채[2] 명 **1** 수레의 앞쪽에서 양옆으로 길게 댄 나무. **2** 가마의 앞뒤에 양옆으로 댄 나무.

채[3] 명 **1** '채찍'의 준말. 매우 제한적으로 쓰임. ¶닫는 말에도 ~를 친다.(속담) **2** = 팽이채. **3** 벌로 사람을 때리는 낯무가지. **4** 북·장구·징 따위의 타악기를 치거나 현악기를 타서 소리 나게 하는 도구. ¶북~ / 장구~. ▷활. **5** 테니스·골프·배드민턴·탁구 등에서, 공을 치는 데 사용되는 물건. ¶골프~ / 탁구~.

채[4] 명 물체가 가늘고 긴 상태. 또는, 그러한 물체. ¶머리~ / ~가 긴 수염.

채[5] 명 물감이 고르게 들지 않은 빛.

채[6] 명 야채를 가늘고 잘게 써는 일. 또는, 그 썬 것. ¶무~ / ~나물 / ~를 썰다.

채(를) 치다 관 채를 만들려고 가늘게 썰다.

채[7] 명(의존) **1** 집의 덩이를 세는 단위. ¶기와집 한 ~. **2** 이불을 세는 단위. ¶이불 한 ~. **3** 가마를 세는 단위. **4** 가공하지 않은 인삼 100근을 한 단위로 하는 말.

채[8] 명(의존) (주로, '-ㄴ 채(로)'의 꼴로 쓰여) 어떤 동작·작용·상태가 이미 이뤄진 그대로 지속됨을 나타내는 말. ¶옷을 입은 ~ 물속에 뛰어들다 / 그는 신을 신은 ~로 방 안으로 들어갔다.

채[9] 부 어떤 정도에 아직 이르지 못한 상태를 이르는 말. ¶사과가 ~ 익지 않았다. / 날이 ~ 밝기도 전에 출발했다.

-채[10] 접미 공간적으로 구분되거나 독립된 집임을 나타내는 말. ¶안[바깥]~ / 사랑~ / 행랑~ / 문간~.

-채[11] 접미 '-째[1]'의 잘못.

채:결(採決) 명 의장이 의안(議案)의 가부를 물어 결정하는 일. **채:결-하다** 동(타)(여) **채:결-되다** 동(자)

채:-고추 명 가늘게 채를 친 고추.

채:광[1] (採光) 명 건축물에 창 따위를 내서 광선을 받아들이는 일. ¶~이 좋은 방. **채:광-하다**[1] 동(자)(여) **채:광-되다**[1] 동(자)

채:광[2] (採鑛) 명(광) 광석을 캐내는 것. **채:광-하다**[2] 동(타)(여) **채:광-되다**[2] 동(자)

채:광-창(採光窓) 명 햇빛을 받기 위하여 내는 창문. ¶천장에 ~을 내다.

채:굴(採掘) 명 (광물 따위를) 땅을 파서 캐내는 것. **채:굴-하다** 동(타)(여) ¶석탄을 ~ / 철광석을 ~. **채:굴-되다** 동(자)

채:권[1] (債券) [-꿘-] 명(경) 국가·지방 자치 단체·은행·회사 등이 필요한 자금을 차입할 때에 발행하는 공채·사채(社債) 등의 유가 증권.

채:권[2] (債權) [-꿘-] 명(법) 특정인에 대하여 일정한 급부를 청구할 수 있는 권리. 재산권의 하나임. ↔채무(債務).

채:권-자(債權者) [-꿘-] 명(법) 채무자에 대하여 일정한 급부를 청구할 권리를 가진 사람. ↔채무자.

채:귀(債鬼) 명 몹시 조르는 빚쟁이를 귀신에 빗대어 이르는 말.

채:근(採根) 명 **1** 식물의 뿌리를 캐는 것. **2** 일의 근원을 캐는 것. **3** (어떤 일의 내용을) 캐어 밝히거나 따져 독촉하는 것. **채:근-하다** 동(타)(여) ¶기한이 아직 멀었는데 어째서 자꾸 **채근하는** 거요?

채-꾼 명 소를 모는 아이.

채끝[-끝] 명 소의 방아살 밑에 붙은 고기.

채널(channel) 명 **1** 텔레비전·라디오 및 기타 무선 통신 등에서, 전송을 위한 주파수대. 또는, 주파수대를 선택하기 위한 장치. ¶~을 돌리다. **2** [컴] 컴퓨터의 입출력 동작을 전문적으로 관리하는 장치. **3** 어떤 일을 이루는 방법이나 정보가 전달되는 경로. ¶외교적 ~ / 일급 비밀을 비공식적인 ~을 통해 입수하다.

채다[1] 동(타) 갑자기 힘을 주어 잡아당기다. 또는, 그런 동작으로 빼앗거나 훔치다. ¶솔개가 병아리를 **채** 가다 / 소매치기가 가방을 **채어** 달아나다.

채다[2] 동(타) 재빨리 짐작하다. ¶눈치를 ~ / 낌새를 ~.

채:다[3] 동 ① (자) '차이다'의 준말. ¶말발굽에 ~ / 여자한테 ~. ② (타) '차다[1]'의 피동사. ¶취객에게 다리를 **챘다**.

채:단(采緞) 명 혼인 때 신랑 집에서 신부의 집으로 미리 보내는 청색·홍색의 옷감.

채:도[1] (彩度) 명(미) 색의 세 가지 속성의 하나. 색의 맑고 탁한 정도. ▷명도·색상.

채:도[2] (彩陶) 명 중국의 채문 토기(彩文土器)를 일컫는 말.

채:독[1] 명 싸릿개비로 독같이 만든 채그릇.

채:독[2] (菜毒) 명 **1** 채소 따위에 섞인 독기. **2** = 채독증.

채:독-증(菜毒症) [-쯩] 명(의) 채소를 날것으로 먹는 데서 오는 각종 병증. = 채독.

채-뜨리다/-트리다 동 '채다[1]'의 힘줌말.

채:란(採卵) 명 알을 낳게 하여 거두는 것. **채:란-하다** 동(자)(여)

채련 명 부드럽게 다루어 만든 당나귀 가죽.

채:록(採錄) 명 채집하여 기록·수록·녹음 등을 하는 것. **채:록-하다** 동(타)(여) ¶방언을 ~. **채:록-되다** 동(자)

채-롱(-籠) 명 껍질을 벗긴 싸릿개비로 함(函)처럼 만든 채그릇. 안팎을 종이로 바르기도 함.

채:료(彩料) 명 그림을 그리는 데 쓰는 물감. (비) 그림물감.

채:마(菜麻) 명 먹을거리나 입을 거리로 심어서 가꾸는 식물. (비) 채소.

채:마-밭(菜麻-) [-받] 명 채마를 심어 가꾸는 밭. = 채마전. (비) 채소밭.

채:마-전(菜麻田) 명 = 채마밭.

채:무(債務) 명(법) 채무자가 채권자에게 어떤 급부(給付)를 하여야 할 의무. ¶~를 지다 / ~를 이행하다. ↔채권(債權).

채:무-자(債務者) 명(법) 채권자에게 급부의 의무가 있는 사람. ↔채권자.

채:묵(彩墨) 명 그림물감을 단단하게 뭉친 조각. 그림을 그릴 때에 먹처럼 갈아서 씀.

채:문(彩紋) 명 **1** 채색의 아름다운 무늬. **2** 물결무늬·호선(弧線)·원형 등을 이용한 기하학적 무늬. 지폐·증권 등의 위조(僞造) 방지를 위해 도안의 바탕 그림으로 그려지기

채!문^토기(彩紋土器)[명][고고] 1 =가지무늬 토기. 2 =칠무늬 토기.
채!밀(採蜜)[명] 꿀을 뜨는 것. 채!밀-하다[통](자)(여) 채!밀-되다[통](자)
채-반(一盤)[명] 1 껍질을 벗긴 싸릿개비로 납작하고 울이 없이 결어 만든 채그릇. 흔히, 국수사리를 올려놓는다든지 부침개를 늘어놓는 등의 목적에 쓰임. 2 이와 같이 만든 것. 흔히, 새색시가 근친(覲親)할 때나, 근친하고 시집에 올 때 해 가지고 다니는 음식을 이 고 시집에 올 때 해 가지고 다니는 음식을 이 르는 주의.
채-발[명] 볼이 좁아 갸름한 발. ↔마당발.
채!변¹[명] 1 남이 무엇을 줄 때에 사양하는 것. ¶반찬은 갖가지 해물이었는데 내 입에는 약간 짜다는 것말고는 정갈스럽게 돼 있어서 나는 밥 한 그릇을 ~않고 해치웠다.《김국태:떨리는 손》 2 '주변'의 잘못. 채!변-하다¹[통](자)
채!변²(採便)[명] 기생충의 감염 또는 병리(病理) 등을 검사하기 위하여 변을 채집하는 것. 채!변-하다²[통](자)(여)
채!보(採譜)[명] 곡조를 듣고 그것을 악보로 만드는 것. 채!보-하다[통](타)(여) 채!보-되다[통](자)
채비[명] 어떤 일을 하기 위해, 특히 어디를 가거나 사람을 맞거나 하기 위해, 필요한 물건을 챙기거나 기타의 조건을 갖추는 것. (비)준비. ¶떠날 ~를 하다 / 손님을 맞을 ~가 돼 있다. (원)차비(差備). 채비-하다[통](자)(여)
채!빙(採氷)[명] 얼음을 떠내는 것. 채!빙-하다[통](자)(여)
채!산(採算)[명] 1 수입과 지출을 맞추어 보는 일. 또는, 그 계산. 2 수지(收支)가 맞는 일. 또는, 이익이 있는 일. ¶~이 맞다. 채!산-하다[통](자)(타)(여) ¶적정 이익을 ~.
채!산-성(採算性)[-썽][명] 수입과 지출을 맞추어 이익이 있는 성질. ¶~이 낮다 / ~이 없다.
채!삼(採蔘)[명] 인삼을 캐는 것. 채!삼-하다[통](자)(여)
채!삼-꾼(採蔘-)[명] =심마니.
채!색(彩色)[명] 1 여러 가지의 고운 빛깔. 또는, 그 빛깔을 내는 물질. =단청(丹靑). 2 그림이나 물체에 색을 칠하는 것. 채!색-하다[통](타)(여) 색을 칠하다. ¶파란색 페인트로 지붕을 ~. 채!색-되다[통](자)
채!색-화(彩色畫)[-쌔화][명][미] =채화(彩畫)².
채!석(採石)[명] 바위에서 석재(石材)를 떠내는 것. =부석(浮石). 채!석-하다[통](자)(여) 채!석-되다[통](자)
채!석-장(採石場)[-짱][명] 석재(石材)를 떠내는 곳.
채!소(菜蔬)[명] 뿌리나 잎·줄기, 또는 열매를 먹기 위하여 밭에서 기르는 초본 식물. 곡류는 포함되지 않음. 곧, 무·배추·상추·시금치·오이·호박·토마토 따위. 양을 헤아리는 단위는 단·다발·묶음·그램·관. =남새·소채·야채. (비)채마.
채!소-밭(菜蔬-)[-받][명] 채소를 심은 밭. =남새밭·전포(田圃)·채전·포전(圃田). (비)채마밭(菜麻-).
채!송-화(菜松花)[명][식] 쇠비름과의 한해살이풀. 높이 20cm가량. 잎은 육질(肉質)이고, 여름에서 가을에 걸쳐 자주·노랑·분홍·흰색의 꽃이 아침에 피었다가 오후 2시경에 시

듦. ×채승아.
채-수염(-鬚髥)[명] 숱이 적으나 긴 수염.
채승아[식] '채송화'의 잘못.
채!식(菜食)[명] 채소·과일 등 식물성 식품을 주로 먹고 육류·어류를 피하는 것. ↔육식(肉食). 채!식-하다[통](자)(여)
채!식-가(菜食家)[-까][명] 육류·어류를 피하고 채소·과일 등의 식물성 식품을 주로 먹는 사람.
채!식-주의(菜食主義)[-쭈의/-쭈이][명] 채식을 기본으로 하는 식생활이 좋다고 생각하는 주의.
채!신[명] '처신'을 얕잡아 쓰는 말. (큰)치신.
채!신-머리[명] '채신'을 속되게 이르는 말. (큰)치신머리.
채!신머리-사납다[-따][형](ㅂ)<~사나우니, ~사나워> '채신사납다'를 속되게 이르는 말. (큰)치신머리사납다.
채!신머리-없다[-업따][형] '채신없다'를 속되게 이르는 말. (큰)치신머리없다. 채!신머리없-이[부] ¶~ 왜 파자마 바람으로 돌아다니니?
채!신-사납다[-따][형](ㅂ)<~사나우니, ~사나워> 처신을 잘못하여 꼴이 매우 언짢다. (큰)치신사납다.
채!신-없다[-업따][형] 언행이 경솔하여 남을 대하는 위신이 없다. (큰)치신없다. 채!신없-이[부] ¶굴지 마라.
채!약(採藥)[명] 약초를 캐거나 뜯는 일. 채!약-하다[통](자)(여)
채!용(採用)[명] 1 사람을 뽑아서 쓰는 것. ¶~ 시험 / 신규 ~. 2 (의견·방법 등을) 채택하여 쓰는 것. 채!용-하다[통](타)(여) ¶우수한 인재를 신입 사원으로 ~. 채!용-되다[통](자)
채우다¹[타] (자물쇠나 단추나 지퍼 따위를) 옷이나 물건이 벌어지거나 열리지 않도록 잠그거나 채우거나 올리다. ¶문에 자물쇠를 ~ / 단추를 ~ / 지퍼를 ~.
채우다²[통](타) (물건을 얼음이나 찬물 속에) 식히거나 상하지 않도록 하기 위해 담그다. ¶수박을 우물물에 ~ / 생선을 얼음에 ~.
채우다³[통](타) '차다'¹·⁴의 사동사. ¶독에 물을 ~ / 욕심을 ~ / 한 달을 꽉 ~. ×채다.
채우다⁴[통](타) '차다'¹·²의 사동사. ¶수갑을 ~. ×채다.
채!운(彩雲)[명] 여러 빛깔로 아롱진 고운 구름.
채!원(菜園)[명] 채소를 심어 가꾸는 규모가 큰 밭. =채포(菜圃).
채!유¹(採油)[명] 유전(油田)에서 석유를 뽑아 내는 것.
채!유²(菜油)[명] 1 채소의 씨로 짠 기름. =채종유. 2 배추 씨로 짠 기름.
채!의(彩衣)[-의/-이][명] 빛깔이 울긋불긋하고 여러 가지 무늬가 있는 옷.
채일[명] '차일'의 잘못.
채!자(採字)[명][인] =문선(文選) 2. 채!자-하다[통](자)(여)
채!전(菜田)[명] =채소밭.
채!점(採點)[-쩜][명] 1 시험 답안을 살펴 점수를 매기는 것. 2 얻은 점수에 따라 성적의 좋고 나쁨을 결정하는 것. 채!점-하다[통](타)(여) ¶답안지를 ~. 채!점-되다[통](자)
채!종¹(採種)[명] 씨앗을 골라서 받는 것. =씨받이. 채!종-하다[통](자)(여)
채!종²(菜種)[명] 채소의 씨앗.

채:주(債主) 빚을 준 사람.
채:-질 명 '채찍질'의 준말. 채:질-하다 타여
채:집(採集) 명 (어떤 대상을) 널리 찾아서 모으는 것. ¶곤충 ~ / 식물 ~. 채:집-하다 타여 ¶민요를 ~. 채:집-되다 자
채찍 명 마소를 몰거나 할 때 손으로 잡고 때릴 수 있도록 만든, 가늘고 긴 물건. 우리나라에서는 막대기 끝에 가죽이나 끈 따위를 매어서 쓰는 것이 일반적임. ¶~을 휘두르다. 준채.
채찍-질[-찔] 명 1 채찍으로 때리는 짓. 2 몹시 재촉하거나 3 일깨우고 격려하는 일. ¶채질. 채찍질-하다 동자타여 ¶달리는 말을 ~ / 선생님께서는 나의 마음이 나태해질 때면 어김없이 분발하도록 채찍질해 주셨다.
채:취(採取) 명 1 필요한 것을 거두어서 취하는 것. ¶혈액 ~. 2 풀·나무 따위를 캐거나 베어 내는 것. ¶약초 ~. 채:취-하다 타여 ¶지문 ~ / 원시 사회에서는 여자가 나무 열매 따위를 채취했고 남자는 사냥을 나갔다. 채:취-되다 자
채:층(彩層) 명 [천] 일식(日蝕) 때 코로나의 아래층에 보이는 분홍빛의 층. =채구(彩球).
채:-치다 동타 1 채찍 따위로 갈기다. 2 일을 몹시 재촉하다. ¶"저한테 온 것이야요." 하고 대답 않을 수 없다. 그러면 발신인이 누구인 것을 채쳐 묻는다.《현진건: B사감과 러브레터》
채:-칼 명 채소·과일 등을 가늘고 길쭉하게 써는 데는 쓰는 칼. =채도(菜刀).
채:탄(採炭) 명 [광] 석탄을 캐내는 일. ¶~장(場). 채:탄-하다 자여
채:택(採擇) 명 여러 가지 중에서 골라 쓰는 것. ¶~료(料). 채:택-하다 타여 ¶결의안을 ~. 채:택-되다 자 ¶채택된 원고에 대해서는 소정의 고료를 우송해 드리겠습니다.
채팅(chatting) 명 통신 회선으로 연결된 둘 이상의 컴퓨터 사용자가 자판을 통해 어떤 내용의 짧은 문장을 타자하면서 대화를 나누는 것. =대화.
채-편(-便) 명 [음] 장구에서, 채로 치는 쪽의 면. ↔북편.
채플(chapel) 명 기독교계 학교 따위에서의 예배. ¶~시간.
채:필(彩筆) 명 채색하는 데에 쓰는 붓.
채:혈(採血) 명 병의 진단이나 수혈 등을 위하여 피를 뽑는 것. 채:혈-하다 타여
채:화(採火) 명 오목 거울이나 볼록 렌즈로 태양 광선을 받아서 불을 얻는 것. 채:화-하다 자여
채:화²(彩畫) 명 [미] 채색을 써서 그린 그림. =채색화(彩色畫).
책¹(冊) 명 ① (저) 1 어떤 내용의 글·그림·사진 등이 인쇄된 여러 페이지의 종이를 일정한 순서에 따라 매어 표지를 붙인 물건. 세는 단위는 권·부·질·책·편·질. =서질·문적(文籍)·서사(書史)·서전(書典)·서책·전적(典籍). 비도서·서적·책자. ¶그림~ / 동화~ / 헌~ / 새~ / ~을 읽다 / ~을 펴다 [덮다]. 2 종이를 여러 장 겹쳐 꿰맨 물건. ¶시험지로 ~을 매어 연습장을 만들다. ② (의존) 주로, 옛 서적을 세는 단위. 제본이 된 것하나를 1책이라고 함. ¶6권 5~으로 된 소학언해(小學諺解).
책²(柵) 명 1 말뚝으로 둘러막은 우리나 울타리. 2 물결에 둑이 무너지지 않도록 둑 앞에 말뚝을 듬성듬성 박고 대쪽으로 얽어 놓은 장치.
-책³(責) 접미 '책임자'의 뜻. ¶자금~ / 조직 ~
-책⁴(策) 접미 '대책', '방책' 등의 뜻. ¶보호 ~ / 해결~ / 타협~.
책-가방(冊-)[-까-] 명 학생들이 교과서·공책·필통 따위를 넣어 메거나 들고 학교에 다니는 가방.
책-가위(冊-)[-까-] 명 종이·비닐·형겊 따위로 책의 겉장이 상하지 않도록 덧씌우는 물건. =가의(加衣)·책가의. 책가위-하다 타여 책에 책가위를 덧입히다.
책-갈피(冊-)[-갈-] 명 1 책의 책장과 책장의 사이. ¶~에 은행 잎을 끼워 두다 / ~에서 오래된 옛날 사진이 나왔다. 2 책 읽던 곳을 표시해 두기 위하여 책장과 책장 사이에 끼워 두는, 빳빳한 종이나 얇은 쇠붙이. 비서표. ¶자[尺] 겹용~.
책갑(冊匣)[-갑] 명 책의 위아래를 제외하고 전후좌우를 감쌀 수 있게 종이 따위로 만든 갑. 또는, 책을 넣어 두는 작은 상자.
책-값(冊-)[-깝] 명 책의 값. =도서대·책가(冊價).
책-거리(冊-)[-꺼-] 명 1 책이나 문방구를 그린 그림. 2 =책씻이.
책-걸상(冊-床)[-껄쌍] 명 1 책상과 걸상을 아울러 이르는 말. 2 책상과 걸상이 한데 붙은 것. 학교 교실에서 주로 쓰임.
책권(冊卷) 명 1 서책의 권질(卷帙). 2 (주로 '책권이나'의 꼴로 쓰여) 얼마간의 책. 또는, 제법 많은 책. 상대가 읽은 책의 분량을 비아냥거리거나 자신이 읽은 것을 겸손하게 이르는 말이 있음. ¶~이나 읽은 샤람 지식인 / 나도 소싯적에는 ~이나 읽은 문학소년이었다.
책궤(冊櫃)[-꿰] 명 책을 넣어 두는 궤짝. 비서궤(書櫃).
책-꽂이(冊-) 명 책을 세워서 꽂아 두는 물건. ¶~에 책을 꽂다.
책-날개(冊-) 명 책의 겉표지 일부를 안으로 접은 부분.
책동(策動)[-똥] 명 (좋지 않은 일을) 몰래 계획하여 행동하는 것. 또는, 책략으로 행동하는 것. 책동-하다 타여 ¶반란을 책동한 배후 세력.
책-등(冊-)[-뜽] 명 [인] 책을 맨 쪽의 겉으로 드러난 면. =등.
책-뚜껑(冊-) 명 =표지(表紙)¹. ¶~을 열다 / ~을 덮다.
책략(策略)[챙냑] 명 어떤 일을 처리하는 꾀와 방법. =책모(策謀). ¶~를 쓰다 / 항우는 해하(垓下)에서 유방의 사면초가에 의한 ~에 말려들어 결국 대패하고 말았다.
책려(策勵)[챙녀] 명 채찍질하여 격려하는 것. 책려-하다 타여
책력(冊曆)[챙녁] 명 천체를 관측하여, 해와 달의 운행 및 절기 따위를 적어 놓은 책. =역서(曆書)·정삭(正朔).
책망(責望)[챙-] 명 (사람이나 그의 행동을) 잘못을 꾸짖고 나무라는 것. ¶~을 듣다. 책망-하다 타여 ¶약속 어긴 것을 ~. 준책하다.
책맹(冊盲)[챙-] 명 글을 읽고 쓸 수는 있으나, 책을 거의 읽지 않는 상태. 또는, 그런 사람.
책명(冊名)[챙-] 명 책의 이름.

책모(策謀) [챙−] [명] =책략(策略).

책무(責務) [챙−] [명] 책임을 맡은 임무. ¶~를 잊다 / ~를 소홀히 하다.

책문(責問) [챙−] [명] 꾸짖어 묻는 것. **책문-하다** [동][타][여]

책-받침(冊−) [−빧−] [명] 글씨를 쓸 때, 자국이 나지 않도록 종이 밑에 받치는 물건.

책방(冊房) [−빵] [명] =서점(書店)[2].

책벌(責罰) [−뻘] [명] 죄과를 꾸짖어 벌하는 것. **책벌-하다** [동][타][여]

책-벌레(冊−) [−뻘−] [명] 책 읽기를 좋아하여 늘 책을 읽는 사람을 놀림조로 이르는 말.

책보(冊褓) [−뽀] [명] 책을 싸는 보자기. 또는, 그것으로 책을 싼 보퉁이. 특히, 지난날 초등학생의 책가방 대용물을 가리킴. =책보자기.

책봉(冊封) [−뽕] [명][역] 왕세자·왕세손·후(后)·비(妃)·빈(嬪) 등을 봉하여 세우는 것. ¶세자 ~. **책봉-하다** [동][타][여] ¶"그러면 현 동궁을 폐합시고 진평 대군을 세자로 **책봉하오면** 좋지 않습니까?"《김동인:대수양》 **책봉-되다** [동][자]

책사[1](冊肆) [−싸] [명] =서점(書店)[2].

책사[2](策士) [−싸] [명] =모사(謀士)[4].

책상(冊床) [−쌍] [명] 글을 읽고 쓰거나 사무를 볼 때 그 앞에 앉아서 사용할 수 있게 만든 상. =서궤(書几). ¶사무용 ~.

책상-다리(冊床−) [−쌍−] [명] 한쪽 다리를 오그리고 다른 쪽 다리를 그 위에 포개어 얹고 앉는 일. 또는, 그 자세. **책상다리-하다** [동][자][여]

책상-머리(冊床−) [−쌍−] [명] 책상을 향해 앉은 사람에게, 책상을 마주한 그 위치. =안두(案頭). ¶수동이는 ~에 앉기만 하면 존다.

책상-물림(冊床−) [−쌍−] [명] 글만 읽고 세상 물정에는 어두운 사람을 얕잡아 이르는 말. =책상퇴물(冊床退物). ¶구형이가 ~으로 장사에 경험이 없다는 것쯤 구형을 아는 사람은 누구나 아는 바이다.《박노갑:삼인행》

책상^조직(柵狀組織) [−쌍−] [명][식] 동화조직(同化組織)의 하나. 잎의 표피 밑에 있으며, 가늘고 긴 세포가 세로로 빽빽이 배열되어 있는 조직. 엽록소를 많이 함유하고 있어 광합성을 활발하게 행함. =울타리 조직.

책서(冊書) [−써] [명] 책을 베껴 쓰는 것. **책서-하다** [동][타][여]

책-술(冊−) [−쑬] [명] **1** 책의 두껍고 얇은 정도. **2** '책실'의 잘못.

책-실(冊−) [−씰] [명] 책을 매는 데 쓰는 실. =책사(冊絲). ×책술.

책-싸개(冊−) [명] 책을 보호하기 위하여 싸는 종이.

책-씻이(冊−) [명] 글방에서 학생이 책 한 권을 다 읽거나 베껴 쓰는 일이 끝난 때에 선생과 동료에게 한턱내는 일. =책거리·책례(冊禮). **책씻이-하다** [동][자][여]

책의(冊衣) [−의/−이] [명] **1** 책의 앞뒤의 겉장. **2** =책가위. **책의-하다** [동][타][여]

책임(責任) [명] **1** 맡아서 행하지 않으면 안 되는 임무. ¶~을 완수하다 / ~을 추궁하다 / ~을 전가하다. **2** [법] 법률상의 불이익 또는 제재(制裁)가 가해지는 일. 좁은 뜻으로는 위법한 행동을 한 사람에 대한 법적인 제재를 이름. 민사 책임과 형사 책임이 있음.

책임-감(責任感) [명] 책임을 중히 여기는 마음. ¶~이 강하다 / ~을 느끼다.

책임^보!험(責任保險) [명][법] 피해 보험의 하나. 피보험자가 손해 배상 책임을 지게 된 경우, 그 손해 배상을 해 주는 보험. 자동차 손해 배상 책임 보험 등.

책임-자(責任者) [명] 어떤 일에 대하여 책임을 지는 사람. ¶관리 ~.

책임-지다(責任−) [동][타] 어떤 책임을 맡아 안다. ¶이번 일은 제가 **책임지고** 해결하겠습니다.

책자(冊子) [−짜] [명] '책[1][1]'을 외형을 가진 물건으로서 이르는 말. 특히, 얇거나 작은 것을 가리킴. ¶소(小)~.

책-잡다(責−) [−짭따] [동][타] 남의 잘못된 일을 지적하여 나무라다.

책잡-히다(責−) [−짜피−] [동][자] '책잡다'의 피동사. ¶왜 공연히 사람들에게 **책잡힐** 짓을 하고 다니느냐?

책장[1](冊張) [−짱] [명] 책을 이루고 있는 낱낱의 장. ¶~을 넘기다 / ~을 뒤적이다.

책장[2](冊欌) [−짱] [명] 책을 넣어 두는 장.

책정(策定) [−쩡] [명] 계획을 세워 정하는 것. **책정-하다** [동][타][여] **책정-되다** [동][자] ¶내년도 예산이 ~.

책-하다(責−) [채카−] [동][타][여] '책망하다'의 준말.

챔피언(champion) [명] 권투·레슬링 등의 스포츠에서, 실력이 가장 뛰어난 선수. [비]우승자. ¶헤비급 세계 ~.

챔피언^벨트(champion belt) [명] 프로 복싱이나 레슬링에서, 우승자나 선수권 취득자에게 주어지는, 장식이 붙은 벨트.

챗!-국[채꾹/챋꾹] [명] 무·오이 등의 채로 만든 국. 또는, 그 냉국.

챙! [명] **1** 모자에서, 머리에 씌워지는 부분의 앞이나 둘레에, 햇빛을 가리기 위해 내밀게 한 부분. =차양. ¶~이 없는 베레모 / ~이 넓은 모자. **2** [건] =차양.

챙기다 [동][타] **1** 필요한 물건을 한데 모으거나 갖추다. ¶등산 도구를 배낭에 **챙겨** 넣다. **2** 물건을 빠짐이 없도록 간수하여 거두다. ¶장롱 속의 옷을 ~. **3** 거르거나 빠뜨리지 않고 갖추다. ¶끼니를 꼭 **챙겨** 먹어라. **4** (사람을) 소홀히 여기지 않고 보살피다. ¶날 **챙겨** 주는 사람은 우리 마누라밖에 없군. **5** (어떤 것을) 자기 몫으로 차지하다. ¶그는 이번 사업에서 한몫 **챙겼다**.

처-[1] [접두] 일부 동사 앞에 붙어, '마구', '아무렇게나'의 뜻을 나타내는 말. 동작하는 주체를 비난하거나 얕잡는 어감을 가진 말임. ¶~먹다 / ~넣다 / ~박다.

처[2](妻) [명] =아내. ¶내연의 ~.

처![3](處) [명] 중앙 행정 기관의 하나. 우두머리는 처장임. ¶법제~ / 국가 보훈~.

-처[4](處) [접미] 일부 명사에 붙어, 그 명사와 관계되는 일을 맡아보거나 행하는 부서나 장소임을 나타내는 말. ¶교무~ / 근무~ / 거래~.

처가(妻家) [명] 아내의 친부모가 사는 집. 또는, 그 집안. =처갓집. ¶~ 식구.

처가-댁(妻家宅) [−땍] [명] '처가'를 높여 이르는 말.

처가-살이(妻家−) [명] 처가에 붙어서 사는 것. =췌거(贅居). **처가살이-하다** [동][자][여]

처갓-집(妻家−) [−가찝/−갇찝] [명] =처가. ¶그는 몇 년째 ~에 얹혀살고 있다.

[**처갓집 말뚝에도 절하겠네**] 처갓집 말뚝에

도 절할 만큼 아내를 몹시 사랑하는 사람을 놀리는 말.

처¦결(處決) [명] 결정하여 조치하는 것. [비]결처(決處). ¶행정 관청의 ~을 기다리다. **처¦결-하다** [동][타][여] **처¦결-되다** [동][자]

처-고모(妻姑母) [명] 아내의 고모.

처남(妻男) [명] 아내의 남자 형제.

처남-댁(妻男宅)[-땍] [명] 처남의 아내에 대한 호칭 또는 지칭. 호칭어로서는, 아내 남동생의 부인에 대해서만 쓰며, 아내 오빠의 부인의 경우에는 '아주머니' 라고 호칭함.

처-넣다[-너타] [동][타] 마구 또는 아무렇게나 넣다. 넣는 대상이나 주체를 얕잡는 어감이 있는 말임. ¶저런 놈은 당장 감옥에 **처넣어야** 해! / 그는 돈다발을 가방 속에 **처넣었다**.

처¦네 [명] **1** 덧덮는 얇고 작은 이불. **2** 어린아이를 업을 때 아이 위에 덮어 두르는, 끈이 달린 포대기.

처¦녀(處女) [명] **1** 아직 시집가지 않은 성숙한 여자. 일반적으로는 젊은 미혼 여성을 가리키나, 중년 이상의 미혼 여성도 가리킬 수 있는 말임. =처자(處子). [비]규수·낭자(娘子). ↔총각. **2** 남자와 성 관계를 가져 본 적이 없는 여자. 또는, 그런 여자의 성적인 순결성. [비]숫처녀. ¶그 여자는 남자에게 ~를 빼앗겼다. **3** (주로 다른 말과 합성어 또는 파생어를 이루어) 어떤 일을 처음으로 하는 상태임을 나타내거나, 사람의 손이나 발길이 미친 적이 없는 상태임을 나타내는 말. ¶~작(作) / ~림(林) / ~비행 / ~항해.
[**처녀가 아이를 낳아도 할 말이 있다**] 아무리 큰 잘못을 저지른 사람도 그 나름대로 변명하고 이유를 붙일 수 있다.

처¦녀-림(處女林) [명] =원시림(原始林).

처¦녀-막(處女膜) [명][생] 처녀의 음문(陰門)의 질 입구에 있는 얇은 막. 성교나 심한 운동 등에 의해 파열됨.

처¦녀-비행(處女飛行) [명] 새로 만든 비행기나 새로 훈련을 받은 비행사가 처음으로 하는 비행.

처¦녀^생식(處女生殖) [명][생] =단위생식.

처¦녀-성(處女性)[-썽] [명] 처녀로서 지니고 있는 성질. 특히, 성적(性的)인 순결을 가리킴. ¶~을 상실하다.

처¦녀-애(處女-) [명] 나이가 많은 사람이 처녀인 사람을 예사롭게 또는 좀 얕잡아 이르는 말. ¶다 큰 ~가 밤늦게 어딜 나다니느냐?

처¦녀-자리(處女-) [명][천] 황도 십이궁의 여섯째 별자리. 사자자리와 천칭자리 사이에 있으며, 6월 초순 저녁에 자오선을 통과함. =쌍녀궁·처녀궁·처녀좌.

처¦녀-작(處女作) [명] 처음으로 지었거나 발표한 문학·예술 등의 작품.

처¦녀-장가(處女-) [명] 재혼하는 남자가 처녀를 아내로 맞는 장가.

처¦녀-지(處女地) [명] **1** 사람이 살거나 개간한 일이 없는 땅. **2** 기술·문화 등에서 연구되거나 밝혀지지 않은 분야. ¶~를 개척하다.

처¦녀-티(處女-) [명] 겉으로 드러나 보이는 처녀다운 티. ¶고등학교를 졸업하더니 이젠 ~가 물씬 나는구나.

처녑 [명][생] 소·양 등의 되새김위의 제3위. 많은 잎 모양의 얇은 조각이 있음. =백엽(百葉)·천엽(千葉).

처¦단(處斷) [명] 결단을 내려 처치하거나 처분하는 것. 또는, 그러한 처치나 처분. **처¦단-하다** [동][타][여] ¶상습적인 범법자를 엄하게 ~. **처¦단-되다** [동][자]

처덕-거리다/-대다[-꺼(때)-] [동][타] **1** 물기가 많거나 차진 물건을 힘 있게 두드려 소리를 내다. **2** 종이 따위를 함부로 바르거나 덧붙이다. [작]차닥거리다.

처덕-이다 [동][타] **1** (물기가 많거나 차진 물건을) 가볍게 두드리다. **2** (종이 따위를) 함부로 자꾸 바르거나 붙이다. [작]차닥이다.

처덕-처덕 [부] 처덕거리는 소리. 또는, 그 모양. [작]차닥차닥. **처덕처덕-하다** [동][타][여]

처-들이다 [동][타] (돈·시간·물자 등을) 마구 또는 쓸데없이 쓰다. 비난하거나 얕잡는 어감을 가진 말임. ¶그렇게 돈을 **처들여** 가며 가르쳐 보았자 다 소용없어요.

처-때다 [동][타] 불을 요량 없이 마구 때다.

처¦-뜨리다/-트리다 [동][타] 맥없이 늘어뜨리다. ¶어깨를 ~.

처란 [명] **1** 엽총 등에 쓰는 잘게 만든 탄알. =철탄(鐵彈). **2** 잔 탄알처럼 쇠붙이로 만든 물건의 총칭. [원]철환(鐵丸).

처량(凄涼) **→처량-하다** [형][여] **1** 쓸쓸하고 구슬프다. ¶깊어 가는 가을밤 귀뚜라미가 **처량하게** 울어 댄다. / 창밖의 빗소리가 왠지 ~. **2** (신세가) 초라하고 딱하다. ¶의지가지없는 **처량한** 신세. **처량-히** [부]

처럼 [조] 어떤 대상이 앞의 체언이 나타내는 대상과 견주어 그 성질이나 특징이 비슷함을 나타내는 부사격 조사. ¶칠복이는 소~ 힘이 세다. / 그 시인은 마음이 아이~ 순수하다. / 나는 하늘을 새~ 날고 싶다.

처렁 [부] '저렁'의 거센말. [작]차랑. [센]쩌렁. **처렁-하다** [동][자][타][여]

처렁-거리다/-대다 [동][자][타] '저렁거리다'의 거센말. [작]차랑거리다. [센]쩌렁거리다.

처렁-처렁 [부] '저렁저렁'의 거센말. [작]차랑차랑. [센]쩌렁쩌렁. **처렁처렁-하다** [동][자][타][여]

처르렁 [부] '저르렁'의 거센말. [작]차르랑. [센]쩌르렁. **처르렁-하다** [동][자][타][여]

처르렁-거리다/-대다 [동][자][타] '저르렁거리다'의 거센말. [작]차르랑거리다. [센]쩌르렁거리다.

처르렁-처르렁 [부] '저르렁저르렁'의 거센말. [작]차르랑차르랑. [센]쩌르렁쩌르렁. **처르렁처르렁-하다** [동][자][타][여]

처¦리(處理) [명] **1** (사무·사건 등을) 다스려 치르거나 마무르는 것. ¶사무 ~ / 행정 ~. **2** 일정한 결과를 얻기 위하여 물리적·화학적 작용을 일으키게 하는 것. ¶열~ / 물리적 ~. **처¦리-하다** [동][타][여] ¶업무를 신속하게 ~. **처¦리-되다** [동][자]

처¦리-장(處理場) [명] (일부 명사 뒤에 쓰여) 깨끗하게 정리하여 치우는 장소. ¶쓰레기 ~ / 하수 ~ / 핵폐기물 ~.

처마 [명][건] 지붕이 도리 밖으로 내민 부분. ¶~ 끝에 달린 고드름.

처마^도리 [명][건] 변두리 기둥이나 벽체 위에 건너질러 서까래를 받는 도리.

처-마시다 [동][타] '마시다'를 비속하게 이르는 말. 강하게 비난하거나 얕잡는 어감을 가진 말임. ¶어디서 술을 **처마시고** 와서 행패야?

처-매다 [동][타] (다친 자리 따위를) 친친 감아 매다. ¶상처 난 다리를 붕대로 ~.

처-먹다[1][-따] [동][자][타] '먹다[1]'을 비속하게 이르는 말. 강하게 비난하거나 얕잡는 어감

처-먹다²[-따] 图(타) '먹다¹·⁴·⁷'을 비속하게 이르는 말. 강하게 비난하거나 얕잡는 어감을 가진 말임. ¶잔소리 말고 밥이나 처먹어!

처먹-이다 图(타) '처먹다'의 사동사.

처-바르다 图(타) 〈~바르니, ~발라〉 마구 또는 아무렇게나 바르다. 비난하거나 얕잡는 어감을 가진 말임. ¶여자는 돈이 없어 절절매면서도 얼굴에 비싼 화장품을 처바르고 다닌다.

처-박다[-따] 图(타) 1 (물건을) 아무렇게나 쑤셔 박다. 또는, (얼굴·머리 등을 어느 곳에) 푹 파묻힐 정도로 기울이다. 비난하거나 얕잡는 어감을 가진 말임. ¶양말짝을 책상 밑에 처박아 놓다 / 그는 풀숲에 머리를 처박고 숨어 있었다. 2 (얼굴·머리 등을 어느 곳에) 세게 들이받다. 속된 말임. ¶미끄러져 기둥에 머리를 ~. 3 (사람을 물속이나 질퍽한 데에) 머리 쪽이 먼저 들어가게 마구 던지거나 밀어 넣다. ¶그는 나를 번쩍 들어 바다 속에 처박았다.

처박-히다[-바키-] 图(자) 1 '처박다'의 피동사. ¶구석에 처박혀 있는 낡은 책. 2 (사람이나 탈것 따위가) 물속이나 땅에 거꾸로 떨어지다. ¶핸들 조작 미숙으로 차가 논두렁에 ~. 3 (사람이) 다른 곳에 가지 도 않고 집 안이나 방 안 등에 머무르다. 얕잡는 어감을 가진 말임. ¶돌아다니지 말고 집에 처박혀 있어!

처!방(處方) 图 1 병의 증상에 따라 약을 조제하는 방법. ¶~을 내리다 / 의사의 ~에 따라 약을 짓다. 2 일을 처리하는 방법.

처!방-전(處方箋) [-젼] 图 처방의 내용을 적은 종이. =약전(藥箋).

처!벌(處罰) 图 (죄를 짓거나 잘못을 저지른 사람을) 어떠한 벌을 주는 것. 또는, 그러한 벌. ¶~을 내리다 / ~을 받는다. 처!벌-하다 图(타)(여) ¶법질서를 ~. 처!벌-되다 图(자)

처복(妻福) 图 훌륭한 아내를 얻는 복. 또는, 그로 말미암아 생기는 복.

처-부모(妻父母) 图 아내의 부모.

처!분(處分) 图 1 일정하게 처리하도록 하는 지시나 결정. ¶가부간에 선생의 ~에 따르겠습니다. 2 [법] 행정·사법 관청이 특정한 사건에 대하여 해당 법규를 적용하는 행위. ¶불구속 ~. 3 [법] 이미 있는 권리나 권리의 객체에 변동을 일으키는 일. ¶주식의 매각 ~. 처!분-하다 图(타)(여) ¶재고품을 헐값에 ~. 처!분-되다 图(자)

처!사¹(處士) 图 벼슬을 하지 않고 초야(草野)에 묻혀 사는 선비. 비거사(居士).

처!사²(處事) 图 일을 처리하는 것. ¶공정[부당]한 ~. 처!사-하다 图(자)(여)

처-사촌(妻四寸) 图 아내의 친정 사촌.

처-삼촌(妻三寸) 图 아내의 친정 삼촌. =처숙·처숙부. ×처삼춘.

처상(妻喪) 图 아내의 상사(喪事).

처!서(處暑) 图 24절기의 하나. 8월 23일경으로, 입추(立秋)와 백로(白露)의 사이에 있음.

처성-자옥(妻城子獄) 图 아내와 자식이 딸린 사람은 집안일에 얽매여 다른 일을 자유로이 할 수 없음을 일컫는 말.

처!세(處世) 图 세상 사람들과 교제하며 살아가는 것. ¶~에 능하다. 처!세-하다 图(자)(여)

처!세-술(處世術) 图 처세하는 수단과 방법.

처지 ●1767

¶상대방을 추어올리는 것도 훌륭한 ~의 하나다.

처!세-훈(處世訓) 图 처세에 도움이 되는 교훈.

처!소(處所) 图 1 거처하는 곳. ¶~를 옮기다 / ~를 정하다. 2 어떤 일이 일어나거나 또는 물건이 있는 곳.

처!소격^조!사(處所格助詞) [-껵쪼-] 图[언] 처소를 나타내는 말에 붙어, 부사격 조사의 하나. '물에 빠지다'에서 '에' 따위.

처숙(妻叔) 图 =처삼촌.

처-시하(妻侍下) 图 아내에게 눌려 지내는 사람을 조롱하여 일컫는 말.

처!신(處身) 图 세상살이나 대인 관계에 있어서, 가져야 할 몸가짐이나 행동. =행신(行身). ¶남의 원망을 듣지 않도록 ~을 잘하여라. 처!신-하다 图(자)(여)

처연(凄然) → **처연-하다¹** [형](여) 외롭고 쓸쓸하고 구슬프다. ¶나뭇가지만 앙상한 늦가을의 처연한 정취. 처연-히 [부]

처!연²(悽然) → **처연-하다²** [형](여) 애달프고 구슬프다. ¶처연한 신세.

처!용-가(處容歌) 图[문] 신라 헌강왕 때 처용이 지은 향가(鄕歌). 이 노래를 불러 아내를 범하려던 역신(疫神)을 물리쳤다 함.

처!용-무(處容舞) 图 궁중에서 구나의(驅儺儀) 뒤에 추는 향악(鄕樂)의 춤. 신라 헌강왕 때의 처용에서 비롯된 것으로, 처용의 탈을 쓴 무동(舞童)이 오방(五方)으로 벌여서서 주악에 맞추어 춤.

처!우(處遇) 图 근로자에게 어떤 수준의 지위나 봉급을 주어 대접하는 일. 비대우. ¶근로자의 ~를 개선하다. 처!우-하다 图(타)

처음 I 图 1 일의 과정에서 시간적으로 앞에 놓이는 부분. 비시작. ¶~부터 끝까지 강연을 경청하다 / 모든 일은 ~이 중요한 법이다. 2 어떤 일이나 행동을 이전에는 한 번도 경험하거나 해 보거나 이루지 못한 상태임을 나타내는 말. 비최초. ¶해외여행은 이번이 ~이다. II 图 어떤 일이나 행동이 이전에 경험하거나 해 보거나 이루지 못한 것임을 나타내는 말. ¶생전 ~ 겪는 일 / 나는 그 여자를 작년 가을에 ~ 만났다. 준첨.

처자(妻子) 图 아내와 자식. =처자식. ¶~를 거느리다 [부양하다].

처!자²(處子) 图 =처녀(處女)1.

처-자식(妻子息) 图 =처자(妻子)¹.

처!장(處長) 图 처(處)의 우두머리. ¶법제~.

처-쟁이다 图(타) 잔뜩 눌러서 마구 쌓다. ¶나뭇가지를 창고에 처쟁여 놓다.

처절¹(凄切) → **처절-하다¹** [형](여) 몹시 처량하다.

처!절²(悽絶) → **처절-하다²** [형](여) (전투·죽음·울부짖음 등이) 비참하고 절망적이어서 안타깝거나 가슴 아프다. ¶병사들은 고지를 탈환하기 위해 처절하게 피를 흘리며 싸웠다. 처!절-히 [부]

처제(妻弟) 图 아내의 여동생.

처-조카(妻-) 图 아내의 조카. =내질(內姪)·처질(妻姪).

처족(妻族) 图 아내의 겨레붙이. =처당·처변(妻邊)·처편.

처!지(處地) 图 1 처하여 있는 사정이나 형편. ¶우리는 입에 풀칠하기도 바빠 한가하게 휴가나 즐길 ~가 못 된다. / "아닙니다.

형님의 ~가 돼 주지 않구는 그 심정을 모를 겁니다."《황순원: 일월》 2 서로 사귀어 지내는 관계. ¶그와는 말을 트고 지내는 ~다.
처!-지다 통(자) 1 위에서 아래로 늘어지다. ¶축 처진 어깨 / 빨랫줄이 ~. 2 바닥으로 잠겨 가라앉다. 3 한동아리에서 뒤떨어져 남다. ¶뒤에 ~. 4 다른 것보다 못한 상태에 있게 되다. ¶다른 과목들은 다 곧잘 하는데 수학만 좀 **처진다.** 5 장기에서, 궁이 면줄로 내려가다.
처-지르다 통(타)(르)(~지르니, ~질러)〈불을〉마구 또는 함부로 지르다. 비난하거나 얕잡아 여김을 가진 말임. ¶오랑캐들은 마을에 불을 **처지르고** 약탈을 자행했다.
처!참(悽慘) →**처!참-하다** 형(여) (모습·광경·상황 따위가) 차마 볼 수 없을 만큼 끔찍하다. 비비참하다. ¶양민들이 **처참하게** 살육을 당하다. **처!참-히** 튀
처!창(悽愴) →**처!창-하다** 형(여) (마음이) 몹시 구슬프다. **처!창-히** 튀
처처(處處) 명 '곳곳'을 문어적으로 이르는 말. ¶조직 폭력배들이 난입하면서 회의장은 순식간에 아수라장이 되었고 ~에서 비명과 고함이 터져 나왔다.
처첩(妻妾) 명 아내와 첩.
처!치(處置) 명 1 (주로, 환자나 부상자 등을) 목숨을 구하거나 고통을 덜어 주거나 다친 것이 악화되지 않도록 일정한 방식으로 다루는 것. ¶응급 ~ / ~를 받다. 2 (물건을) 치워서 없애는 것. 3 곤란한 물건, 3 (적이나 방해가 되는 사람을) 죽여서 없애는 것. **처!치-하다** 통(타)(여) ¶부상자를 긴급히 ~ / 놈들을 쥐도 새도 모르게 **처치해** 버려! **처!치-되다** 통(자)
처트(chert) 명(지) 석영의 미립(微粒)으로 치밀하고 단단한 퇴적암. 규산(硅酸)이 많이 함유되어 유백색임. =각암(角巖).
처!-하다(處-) 통(자)(여) 1 (어떤 처지나 형편에) 뜻하지 않게 놓이게 되다. ¶역경에 ~ / 자신이 **처해** 있는 현실을 직시하다. 2 (어떤 사람을 어떤 벌에) 처분되게 하다. ¶살인범을 교수형에 ~.
처형¹(妻兄) 명 아내의 언니.
처형²(處刑) 명 1 형벌을 주는 것. 2 사형에 처하는 것. ¶~장. **처!형-하다** 통(타)(여) ¶죄수를 ~. **처!형-되다** 통(자)
처형-대(處刑臺) 명 죄인을 처형하는 대.
척¹ 명=체. ¶알고도 모르는 ~ / 시치미를 떼다 / 김 과장은 자기가 사장인 ~ 행동했다.
척² 튀 1 무엇이 잘 들러붙는 모양. ¶비에 젖은 옷이 몸에 ~ 달라붙다. 2 (시험 따위에) 어김없이 붙는 모양. ¶고시에 ~ 붙다. 3 행동을 서슴지 않고 빨리 하는 모양. ¶거수경례를 ~ 붙이다. 4 한눈에 얼른 보는 모양. ¶한눈에 ~ 알아보다 / 가짜인지 진짜인지 ~ 보면 안다. 좌착.
척³ 튀 1 물체가 휘우듬하게 늘어진 모양. ¶전선이 ~ 늘어지다. 2 몸가짐이나 태도가 침착하고 천연덕스러운 모양. ¶그 여자는 사람들 앞에서 담배를 ~ 꺼내 물었다.
척⁴(戚) 명 성(姓)이 다른 겨레붙이의 관계. 곧, 외척(外戚)·이종(姨從)·외종(外從) 등. ¶~이 있다 / ~이 닿다.
척⁵(尺) 명(의존)=자. ¶6~ 장신(長身).
척⁶(隻) 명(의존) 배의 수효를 세는 말. ¶배 한 ~.

척⁷(chuck) 명(공) 1 핸드 드릴·전기 드릴 등에서, 드릴을 고정시키는 부분. 2 선반에서, 가공물이나 날붙이를 부착시키는 장치.
척결(剔抉) [-껼] 명〔살을 긁어내고 뼈를 발라 낸다는 뜻〕(결함·모순 등을) 찾아내어 없애는 것. ¶정부는 각종 비리의 ~를 강력히 추진했다. **척결-하다** 통(타)(여) ¶부정부패 ~.
척골(蹠骨) [-꼴] 명(생) 발목뼈와 발가락뼈 사이에 있는 발의 뼈. =부전골(跗前骨).
척관-법(尺貫法) [-꽌뻡] 명 길이의 단위를 척(尺), 양의 단위를 승(升), 무게의 단위를 관(貫)으로 하는 도량형.

길이	1치=10푼	1자=10치 (≒30.3cm)
	1발=10자	1간=6자
	1정=60간	1리=36정
넓이	1묘=10작	1평=10합 (≒3.3m²)
	1묘=30평	1단=10묘
	1정=10단	
부피	1홉=10작	1되=10홉 (≒1.8ℓ)
	1말=10되	1섬=10말
무게	1돈=10푼	1근=160돈
	1관=1000돈	(≒3.75kg)

척도(尺度) [-또] 명 1 자로 재는 길이의 표준. 2 측정하거나 평가하는 기준. 비)잣대. ¶가치의 ~ / GNP를 경제력의 ~로 삼다.
척력(斥力) [청녁] 명(물) 같은 종류의 전기나 자기장을 가진 두 물체가 서로 밀어내는 힘. ↔인력(引力).
척박(瘠薄) [-빡] →**척박-하다** [-카-] 형(여) 흙이 몹시 메마르고 기름지지 못하다. ¶**척박한** 땅.
척분(戚分) [-뿐] 명 성이 다르면서 일가가 되는 관계.
척사(斥邪) [-싸] 명 조선 사회를 지배하고 있던 성리학에 대하여, 조선 후기에 들어온 서양 종교와 사상을 사악한 것이라 하여 배척하던 일. ¶~ 사상 / 위정(衛正)~. **척사-하다** 통(자)(여)
척살(刺殺) [-쌀] 명 1 칼 따위로 찔러 죽이는 것. =자살(刺殺). 2 (체) =터치아웃 1. **척살-하다** 통(타)(여) **척살-되다** 통(자)
척삭(脊索) [-싹] 명(생) 척추동물과 원색동물의 발생 도중에 생기는 지지 조직.
척색-동물(脊索動物) [-쌕똥-] 명(동) 척추동물과 원색동물의 총칭. 발생 초기 또는 일생을 통하여 척색을 가짐.
척수(脊髓) [-쑤] 명(생) 척추의 관 속에 있는 중추 신경. 뇌와 말초 신경 사이의 자극 전달과 반사 기능을 맡음. =등골.
척수^신경(脊髓神經) [-쑤-] 명(생) 척수에서 나와 사지(四肢)와 구간(軀幹)에 좌우 대칭으로 분포하는 말초 신경.
척식(拓殖) [-씩] 명 땅을 개척하여 사람이 이 근거로 두고 살게 하는 것. ¶동양 ~ 회사. **척식-하다** 통(타)(여)
척신(戚臣) [-씬] 명 임금과 척분이 있는 신하.
척연(戚然·慽然) →**척연-하다** 형(여) 근심스럽고 슬프다. **척연-히** 튀
척주(脊柱) [-쭈] 명(생) 척추동물에서, 목에서부터 등을 거쳐 꼬리 또는 엉덩이로 이어져 있는 골격. 인체의 경우에는, 보통 경추 7개, 흉추 12개, 요추 5개, 천추 5개, 미추 3~5개의 추골로 구성되어 있음. =척추.
척-지다(隻-) [-찌-] 통(자) 서로 원한을 품

어 반목하게 되다. ¶이웃과 **척지고** 살다.
척-짓다(隻-)[-찓따] 통(자)<~지으니, ~지어> 서로 원한을 품고 반목할 일을 만들다.
척척¹ 튀 '쩍쩍²'의 거센말. ¶금방 갈아입은 옷이언만 어느새에 땀이 펑하니 배어 ~ 감긴다.《곽하신:실낙원》 逐착착.
척척² 튀 1 일을 능숙하게 하는 모양. ¶어려운 문제도 ~ 풀다 / 일을 ~ 알아서 처리하다. 2 질서있게 조화를 이루는 모양. ¶손발이 ~ 맞는다. 逐착착.
척척-박사(-博士)[-빡싸] 몡 지식이 많아 무엇이든지 묻는 대로 척척 대답해 내는 사람.
척척-하다[-처카-] 혭옌 젖은 것이 살에 닿아서 차갑고 불유쾌한 느낌이 있다. ¶땀이 배어 옷이 ~. **척척-히** 튀
척추(脊椎) 몡 [생] 1 척주(脊柱)를 이루는 낱낱의 뼈. =척추골·추골. 2 '척주'를 달리 이르는 말.
척추-동물(脊椎動物) 몡 [동] 동물계의 한 문(門). 몸은 좌우 대칭이고, 지지 기관으로서 척추를 가진 동물. 동물계에서 가장 복잡한 체제와 분화된 기능을 가짐. 어류·양서류·파충류·조류·포유류로 대별됨. =등뼈동물·유척동물(有脊動物). ↔무척추동물.
척출(斥黜) 몡 벼슬을 빼앗고 내쫓는 것. **척출-하다** 통(타)옌 **척출-되다** 통(자)
척탄(擲彈) 몡 [군] 적에게 폭탄을 던지는 것. 또는, 그 폭탄. **척탄-하다** 통(자)옌
척토(瘠土) 몡 몹시 메마른 땅. 비박토(薄土).
척-하다[처카-] 통(보)옌 ⇒체하다². ¶저녁석은 혼자서 되게 잘난 **척한다**. / 영미는 자기 아버지가 사장인 **척했다**.
척-하면[처카-] 튀 한 마디만 하면. 또는, 약간의 암시만 주면. ¶~ 알아들어야지 꼭 구구한 설명을 해야 되겠어?
　척하면 삼천리(三千里) 귀<속> 상대의 의도나 돌아가는 상황을 재빨리 알아차리는 것을 이르는 말.
척화(斥和)[처콰] 몡 화의(和議)하는 것을 물리치는 것. ¶~파(派). **척화-하다** 통(자)옌
척화-비(斥和碑)[처콰-] 몡 [역] 조선 말기에 흥선 대원군(興宣大院君)이 양인(洋人)을 배척하기 위하여, 그 뜻을 담은 글자를 새겨 서울과 지방 각지에 세운 비석.
척후(斥候)[처쿠-] 몡 1 적의 형편·지형 등을 정찰하고 탐색하는 것. 2 '척후병'의 준말. **척후-하다** 통(타)옌
척후-병(斥候兵)[처쿠-] 몡 [군] 척후의 임무를 띤 병사. =척후.
천¹ 몡 옷·이불 따위의 감이 되는 피륙. 치수의 단위는 자·미터·폭·필. ¶~을 짜다 / 이 질기다 / 구김이 가는 ~.
천²(千) Ⅰ ㈜ 백의 열 곱절. Ⅱ 관 ¶~ 냥 빚 / ~ 원.
　[**천 길 물속은 알아도 한 길 사람의 속은 모른다**] 사람의 속마음을 알기란 매우 어렵다. [**천 냥 빚도 말로 갚는다**] 처세하는 데에 언변이 중요하다. [**천 리 길도 한 걸음부터**] 무슨 일이나 그 일의 시작이 중요하다는 말.
　천 갈래 만 갈래 귀 아주 많은 여러 갈래. ¶가슴이 ~ 찢어지는 듯하다.
천³(天) 몡[불] 육도(六道) 중 인간 세계보다 상급의 세계. 천왕(天王) 및 천인(天人)이 살고 있다는 숭묘(勝妙)한 세계.
천⁴(薦) 몡 사람을 어떤 자리에 추천하는 일. ¶김 선생님의 ~으로 문단에 데뷔하다.
　천(을) 트다 귀 1 남의 추천을 받다. 2 경험 없는 일에 처음으로 손을 대다.
-천⁵(川) 졉미 어떤 말 다음에 붙어, '내'의 이름을 나타내는 말. ¶청계~ / 안양~ / 중랑~.
천간(天干) 몡 60갑자의 위 단위를 이루는 것. 곧, 갑(甲)·을(乙)·병(丙)·정(丁)·무(戊)·기(己)·경(庚)·신(辛)·임(壬)·계(癸)=십간(十干).
천개¹(天開) 몡 [역] 고려 인종 때 묘청(妙淸)이 서경(西京)에 대위국(大爲國)을 세우면서 사용한 연호(年號).
천개²(天蓋) 몡 관의 뚜껑.
천거(薦擧) 몡 (인재를) 어떤 자리에 쓰도록 추천하는 것. =거천. ¶이순신은 유성룡의 ~로 수군절도사가 되었다. **천거-하다** 통(타)옌 **천거-되다** 통(자)
천-것(賤-)[-껃] 몡 천한 사람을 얕잡아 이르는 말.
천격(賤格)[-껵] 몡 1 낮고 천한 품격. 2 =천골(賤骨).
천격-스럽다(賤格-)[-껵쓰-따] 혭(비)<~스러우니, ~스러워> 품격이 낮고 천한 데가 있다. ¶**천격스러운** 얼굴 화장. **천!격스레** 튀
천견(淺見) 몡 1 얕은 견문이나 생각. =천문(淺聞). 2 '자기 의견'을 겸손하게 일컫는 말.
천계(天界)[-계/-게] 몡 [불] '천상계(天上界)'의 준말.
천고(千古) 몡 1 아득히 먼 옛날. ¶~의 전설. 2 천고의 훗날. 또는, 오랜 세월 동안. ¶~에 길이 빛날 업적 / ~의 한이 쌓이다. 3 ('천고의'의 꼴로 쓰여) 오랜 세월을 통해 드물 만큼 빼어남. 비특이(特異). ¶~의 영웅 / ~의 절개를 자랑하는 푸른 솔.
천고마비(天高馬肥) 몡 [하늘이 높고 말이 살찐다는 뜻] 가을의 특성을 형용하는 말. =추고마비(秋高馬肥). ¶~의 계절.
천고만난(千苦萬難) 몡 온갖 고생과 곤란. =천난만고. ¶~을 무릅쓰다.
천고-불후(千古不朽) 몡 언제까지나 썩거나 사라지지 않는 것. ¶~의 명작. **천고불후-하다** 통(자)옌
천골(賤骨) 몡 천하게 될 골상(骨相). 또는, 그런 상을 가진 사람. =천격. ↔귀골(貴骨).
천공¹(天空) 몡 끝없이 넓은 하늘. =천궁(天宮).
천공²(穿孔) 몡 구멍을 뚫거나 구멍이 뚫리는 것. **천공-하다** 통(자)(타)옌 **천공-되다** 통(자)
천공-기(穿孔機) 몡 1 공작물에 구멍을 뚫는 기계. 2 [컴] 컴퓨터의 카드·테이프 등에 부호화된 정보대로 구멍을 뚫는 기계. 컴퓨터의 입력 데이터 작성 장치의 하나임. =키펀치·펀치.
천공-공(穿孔工) 몡 정보를 입력하기 위해서 컴퓨터용 카드·종이 테이프에 천공기로 구멍을 뚫는 일을 하는 사람. =키펀처.
천공-카드(穿孔card) 몡 천공기로 뚫어 데이터를 기록하는데 사용하는 카드. 컴퓨터의 입출력 매체(媒體)로 쓰임. =펀치 카드.
천구(天球) 몡 [천] 지구 위의 관측점을 중심으로, 모든 천체가 거기에 투영된다고 상정

●천국

(想定)한, 반지름이 무한대인 가상의 구면 (球面).

천국(天國)명 1 하늘에 있다고 믿어지는 세계. 2 [가][기] 하느님이 영적으로 지배하는, 은총과 축복의 나라. =천당. 비하늘나라. ↔지옥.

천군(天君)명 1 [역] 마한(馬韓) 때, 소도(蘇塗)에서 천신(天神)에게 올리던 제사를 주관하던 제주(祭主). 2 사람의 마음.

천군-만마(千軍萬馬)명 많은 군사와 말. ¶장비가 필마단기로 ~와 대항하여 싸우다.

천군만마를 얻은 것과 같다 관 훌륭한 인재를 얻어 많은 군사를 거느린 것같이 든든하고 흡족하다. 새 인재를 얻었을 때 쓰는 말.

천근(千斤)명 백 근의 열 곱절이라는 뜻으로, 썩 무거움을 이르는 말. ¶종일 쉬지 않고 일을 했더니 몸이 ~이다.

천근 같다 관 (몸이나 마음이) 몹시 지치거나 아프거나 우울하거나 하여 아주 무거운 것을 들거나 매달고 있는 것과 같다. ¶머리 가 / 빈손으로 돌아가는 발걸음이 ~.

천근-만근(千斤萬斤)명 아주 무거움을 이르는 말.

천금(千金)명 엽전 천 냥이라는 뜻으로, 많은 돈이나 비싼 값을 이르는 말. ¶~을 준다 해도 그런 파렴치한 짓은 할 수 없다.

천금 같다 관 매우 소중하다. ¶천금 같은 아들.

천기(天氣)명 1 하늘에 나타나는 조짐. 2 일기(日氣). ¶~도(圖) / 노인들은 이렇게 걱정을 하며 ~나 보듯 손으로 해를 가리고 하늘을 쳐다보는 것이다. (이무영:농민)

천기²(天機)명 1 하늘의 기밀. 또는, 조화(造化)의 신비. 2 중대한 기밀. 3 임금의 밀지(密旨) 또는 나라의 기밀. ¶~를 누설하다. 4 선천적으로 타고난 기지(機智) 또는 성질.

천기³(賤妓)명 천한 기생.

천기-누설(天機漏洩)명 중대한 기밀이 누설됨을 이르는 말. ¶이놈, 만일 ~하여서는 성명(性命)을 보전치 못하리라. 〔열녀춘향수절가〕

천길-만길(千-萬-)명 매우 깊거나 높은 모양을 비유하여 이르는 말. ¶~의 까마득한 절벽.

천남성(天南星)명[식] 천남성과의 여러해살이풀. 덩이뿌리는 살지고 수염뿌리를 냄. 5~7월에 녹색의 꽃이 피고, 9~10월에 붉은 열매를 맺음. 덩이뿌리는 치담(治痰)·치풍(治風)의 약재임. 음지에 나는 유독 식물임.

천년(千年)명 ('어느 천년에'의 꼴로 쓰여) '어느 세월에'라는 뜻을 나타내는 말. ¶어느 ~에 그 많은 일을 다 하겠어.

천년-만년(千年萬年)명 =천만년.

천년-일청(千年一淸)명 〔황하(黃河) 같은 탁류가 맑아지기를 바란다는 뜻〕 불가능한 일을 바람을 이르는 말.

천당(天堂)명 1 [가][기] =천국2. 2 [불] =천도(天道)2.

천당(에) 가다 관 '죽다'를 속되게 이르는 말.

천대¹(千代)명 많은 대(代)라는 뜻으로, 영원을 이르는 말.

천대²(賤待)명 1 업신여겨 푸대접하는 것. ¶~를 받다. 2 함부로 다루는 것. **천대-하다** 통타여 ¶우릴 가난뱅이라고 너무 천대하지 마십시오. 음지가 양지 되고 양지가 음지 되는 법입니다. **천대-되다** 통자

천더기(賤-)명 =천덕꾸러기.

천덕(天德)명 1 하늘의 덕. 만물을 만들고 기르는 광대무변한 대자연의 작용. 2 길일(吉日)과 길한 방위.

천덕-구니(賤-)[-꾸-]명 =천덕꾸러기.

천덕-꾸러기(賤-)명 천대를 받는 사람이나 물건. =천덕구니·천덕이. ×천데기.

천덕-스럽다(賤-)[-쓰-]형〈ㅂ-스럽으니, ~스러워〉 품격이 낮고 야비한 느낌이 있다. ¶이렇게 천덕스럽게 살기보다는 차라리 죽는 편이 낫다. **천덕스레**부

천데기(賤-)명 '천덕꾸러기'의 잘못.

천도¹(天道)명 1 천지자연의 도리. 2 [불] 육도의 하나이자 삼선도의 하나. 중생이 윤회하는 길의 하나인 천상의 세계로, 욕색천·색계천·무색계천을 총칭하는 말임. =천당·천상도·천상계. 3 천체가 운행하는 길.

천도²(遷都)명 도읍을 옮기는 것. **천도-하다¹** 통자여

천도³(薦度)명[불] 죽은 이의 명복을 빌기 위하여, 불·보살에게 재를 올려 영혼으로 하여금 정토나 천계(天界)에 태어나도록 기원하는 법식. =천령(薦靈). **천도-하다²** 통타여

천도-교(天道敎)명[종] 최제우(崔濟愚)가 창건한 동학(東學)을 제3대 교주인 손병희(孫秉熙)가 개칭한 종교. 인내천(人乃天) 사상을 바탕으로 한 현세주의적 종교임. ▷동학

천도-복숭아(天桃-)[-쑹-]명[식] 장미과의 복숭아나무의 한 종류. 복숭아나무의 변종으로, 열매의 거죽에 털이 없고 윤이 남. =승도(僧桃)·유도(油桃).

천도-제(薦度祭)명[불] 죽은 이의 넋이 정토나 천상에 태어나도록 기원하는 제사.

천동(遷動)명 움직여 자리를 바꾸는 것. =천사(遷徙). **천동-하다¹** 통타여 ¶지금 상태로 병자를 천동할 수는 없으니 이삼 일간 기다릴 수밖에 없다고 말하였다. 《이광수:흙》 **천동-되다²** 통자

천동-설(天動說)명[천] 지구가 우주의 중심에 정지하고, 모든 천체가 그 주위를 공전한다는 고대의 우주 구조설. =지구 중심설. ↔지동설.

천둥명 뇌성과 번개를 동반하는 대기 중의 방전 현상. =우레·천고(天鼓). ¶~이 울다 〔울리다〕 / ~이 치다. 원천동(天動). ▶번개. **천둥-하다** 통자여

천둥인지 지둥인지 모르겠다 관 무엇이 무엇인지 전혀 분간할 수 없음을 이르는 말.

천둥-벌거숭이명 〔천둥이 치는데도 두려운 줄 모르고 이리저리 날아다닌다는 잠자리 ('벌거숭이'는 '잠자리'의 방언)라는 뜻〕 철모르고 덤벙거리는 사람'을 이르는 말. ¶외땅심에서 배운 데 없이 ~로 자라다.

천둥-소리명 천둥이 칠 때 나는 소리. =뇌성(雷聲). 비우렛소리.

천둥-지기명 오직 빗물에 의해서만 경작할 수 있는 논. =봉천답(奉天畓). 비천수답.

천량[철-]명 〈图錢糧〉 재물과 양식. 비재산(財産).

천려-일득(千慮一得)[철-뜩]명 어리석은 사람도 많은 생각 가운데는 한 가지쯤 좋은 생각이 미칠 수 있음을 이르는 말. ↔천려일실.

천려-일실(千慮一失)[철-씰]명 〔'천 번의

천렵(川獵)[철-] 명 주로 여름에 피서나 놀이를 겸해서 냇가나 강가에서 물고기를 잡는 것. ¶시골에서 자란 사람이라면 누구나 친구들과 함께 ~을 다니던 추억이 있을 것이다. **천렵-하다** 통困어

천뢰(天籟)[철뢰] 명 천연·자연의 소리. 바람 소리·빗소리 따위. ▷지뢰.

천륜(天倫)[철-] 명 부자(父子)·형제 사이에서 마땅히 지켜야 할 떳떳한 도리. ¶~을 어기다 / ~을 저버린 행동.

천리(天理)[철-] 명 천지자연의 이치. ¶부모를 공양하고 자식의 효도를 받는 게 ~에 떳떳한 인사에 당연하니 너무 걱정 마시오.〈심청전〉

천리-마(千里馬)[철-] 명 하루에 천 리를 달릴 만한 썩 빠른 좋은 말. =천리구(千里駒)

천리-만리(千里萬里)[철-말-] 명 썩 먼 거리. ¶~ 먼 길. 준천만리.

천리-안(千里眼)[철-] 명〔북위(北魏) 장제(莊帝) 때 광주 자사(光州刺史)로 부임해 온 양일(楊逸)이 천 리를 내다보는 눈을 가지고 있기 때문에 그를 속일 수 없다고 부하들이 말했다는 고사에서〕천 리 밖의 일을 볼 수 있을 만큼 신비한 시력을 가진 눈. 또는, 그런 눈을 가진 사람. ¶천 리 밖에서 벌어지고 있는 일을 알아맞히시다니 도사께서는 ~을 가지고 계시는구려.

천마(天馬) 명 1 옥황상제가 타고 하늘을 달린다는 말. 2 아라비아에서 나는 좋은 말.

천막(天幕) 명 비바람이나 볕을 막기 위하여 한데에 치게 된 장막. ¶~을 치다〔걷다〕.

천막-촌(天幕村) 명 천막생활을 하는 사람들이 모여 사는 지역이나 마을.

천반[1](千萬) ㈀ 명 만의 천 배.
Ⅱ 괸 만의 천 배가 되는. ¶~ 원 / ~ 가지.
Ⅲ 명 1 천이나 만이라는 뜻으로, 아주 많은 수효를 이르는 말. ¶적이 ~이 온다 해도 두렵지 않다. 2 (일부 명사 다음에 쓰여)이를 데 없음, 또는 짝이 없음을 뜻하는 말. ¶유감 ~ / 위험 ~.

천만의 말씀 〔〕 '공연한 말' 또는 '당찮은 말'이라는 뜻으로, 남의 칭찬에 대한 겸양이나 남의 주장에 대한 부정을 나타낼 때 쓰이는 말. ¶수고하시요, 원 ~을 ….

천반[2](喘滿) 명 숨이 차서 가슴이 몹시 벌떡거리는 것. **천!만-하다** 통困어

천만-금(千萬金) 명 썩 많은 돈이나 값어치.

천만-년(千萬年) 명 매우 멀고 오랜 세월. = 천년만년·천만세(千萬歲).

천만-다행(千萬多幸) 명 매우 다행함. **천만다행-하다** 형에 ¶건강을 되찾으셨다니 **천만다행한** 일입니다.

천만-뜻밖(千萬-)[-뜯빡] 명 전혀 생각하지 않은 상태. '뜻밖'을 더욱 강조하여 이르는 말임. =천만몽외·천만의외. ¶~에 길에서 그를 만나다니.

천만-리(千萬里)[-말-] 명 '천리만리'의 준말. ¶~ 머나먼 길에 고운 님 여의옵고 내 마음 둘 데 없어 냇가에 앉았으니.〈왕방연:엣시조〉

천만-번(千萬番) 명 매우 많은 번수. =천백번(千百番).

천만부당(千萬不當) ➜ **천만부당-하다** 형에 = 천부당만부당하다.

천만불가(千萬不可) ➜ **천만불가-하다** 형에 전혀 옳지 않다. = 만만불가(萬萬不可)하다.

천만-사(千萬事) 명 썩 많은 일.

천만-세[1](千萬世) 명 아주 오랜 세대.

천만-세[2](千萬歲) 명 =천만년.

천만-에(千萬-) 감 남의 말에 대하여 '도저히 그럴 수 없다', '절대 그렇지 않다'는 뜻으로 쓰는 말. ¶"너무 돈을 과용하시는 것 아닙니까?" "~, 오히려 대접이 변변치 않습니다."

천만-의외(千萬意外)[-외/-웨] 명 =천만뜻밖.

천만-인(千萬人) 명 수없이 많은 사람. ¶~의 힘을 모으다.

천매-암(千枚巖·千枚岩) 명〔광〕변성암의 하나. 녹색이나 흑색이고 얇은 잎 모양으로 벗겨지는 성질이 있는 암석. 주성분은 석영·운모·녹니석(綠泥石) 등임.

천명[1](天命) 명 1 타고난 수명. =천수(天數)·천수(天壽). ¶~을 다하다. 2 하늘의 명령. ¶~을 따르다 / ~을 거역하다. 3 타고난 운명.

천명[2](天明) 명 날이 막 밝으려 할 때.

천!명[3](賤名) 명 1 ['천한 이름'이라는 뜻〕자기의 이름을 겸손하게 이르는 말. 2 어린아이들의 이름을 지어 주는 천한 이름. '개똥이', '돼지' 따위.

천!명[4](闡明) 명 (진리·사실 등을) 드러내어 밝히는 것. **천!명-하다** 통타어 **천!명-되다** 통困

천문[1](天文)[천] 1 천체에 일어나는 모든 형상. 2 '천문학'의 준말.

천문[2](天門) 명 1 대궐의 문을 높여 이르는 말. 2 하늘로 들어간다는 문. 3 '콧구멍'의 별칭. 4 '양미간'의 별칭.

천문[3](泉門) 명 신생아기부터 유아기(乳兒期)에 걸쳐 두골의 각 봉합 부위에 골질(骨質)이 결여되어 결합 조직만으로 덮여 있는 부분.

천문-대(天文臺) 명〔천〕대망원경을 비롯한 여러 기기를 설치하여 항시 천문학상의 관측 및 연구를 하는 시설.

천문동(天門冬) 명〔식〕백합과의 여러해살이풀. 줄기는 높이 1~2m이고 덩굴성임. 5~6월에 황색 꽃이 피며, 열매는 하얗게 익는데 속에 검은 종자가 1개 들어 있음. 뿌리는 약용, 애순은 식용함. 바닷가에서 자람. =호라지좆. 2 1의 뿌리. 해소·담·객혈 등에 약으로 씀.

천문-시(天文時) 명〔천〕태양이 남중하는 정오를 출발점으로 재는 시간. ↔상용시.

천문-학(天文學) 명〔천〕우주의 구조나 천체의 운동·화학 조성 등을 연구하는 학문. =성학(星學)·천체학.

천문학-적(天文學的)[-쩍] 괸 1 천문학에 기초를 둔 (것). 2 수(數)가 엄청나게 큰 (것). ¶우주 개발에 드는 비용은 ~인 숫자에 이르고 있다.

천!민(賤民) 명 지체가 낮고 천한 백성. ¶~계급 / ~ 출신.

천!박[1](舛駁) ➜ **천!박-하다**[1][-바카-] 형에 뒤섞이어 바르지 못하다. 또는, 순수하지 못하다. =천잡하다.

천!박[2](淺薄) ➜ **천!박-하다**[2][-바카-] 형에 (인품·학문·취미 등이) 수준이 낮고 천하

다. ¶천박한 지식 / 교양이 없고 ~.
천!박-스럽다(淺薄-)[-쓰-따][형ㅂ]<-스러우니, ~스러워> 천박한 데가 있다. 천!박스레 [부]
천방-백계(千方百計)[-계/-께] [명] 온갖 꾀.
천방-지축(天方地軸) [명] 1 급하게 허둥지둥 날뛰는 것. =천방지방. 2 종작없이 덤벙거리는 것. ¶찬찬하지 못하고 왜 그리 ~이냐?
천벌(天罰) [명] 하늘이 내리는 벌. =천형(天刑). ¶~을 받다 / ~이 내리다.
천변¹(川邊) [명] 냇물의 주변. [비]냇가.
천변²(天變) [명] 하늘에서 생기는 자연의 변동. 일식·월식·번개·돌풍 따위.
천변-만화(千變萬化) [명] [천 번 변하고 만 번 바뀐다는 뜻] 사물이 온갖 형태로 끝없이 변화하는 것. ¶동양 사람들에게 용은 ~의 능력을 가진 동물로 인식되고 있다. [준]천변만화. 천변만화-하다 [동][자여] ¶금강산은 계절에 따라 천변만화하는 절경을 연출해 낸다.
천변-지이(天變地異) [명] 천지자연의 변동과 괴변.
천병(天兵) [명] 중국에서 제후국이 천자(天子)의 군사를 이르던 말.
천병-만마(千兵萬馬) [명] 썩 많은 군사와 말. [비]천군만마.
천복(天福) [명] 하늘에서 내려 준 복.
천부¹(天父) [명] [기] 하나님 아버지.
천부²(天賦) [명] 선천적으로 타고나는 일. ¶~의 소질 / ~의 권리. 천부-하다 [동][타여]
천부당-만부당(千不當萬不當) →천부당만부당-하다 [형여] 조금도 이치에 맞지 않다. =만부당천부당·만부당·부당하다. 천부당하다. ¶천부당만부당한 생각.
천부-인(天符印) [명] 제왕(帝王)의 표지로서 천제(天帝) 환인(桓因)이 아들 환웅에게 내린 3개의 보인(寶印). 우리나라 건국 신화에 보임.
천부^인권(天賦人權) [-꿘] [명] =자연권.
천부^인권설(天賦人權說) [-꿘-] [명] 모든 인간은 태어나면서부터 자유롭고 평등하며 행복을 추구할 권리를 갖는다는 사상.
천부-적(天賦的) [관] 선천적으로 타고난 ¶~인 재질.
천분(天分) [명] 타고난 재능. ¶~이 있다.
천분-율(千分率)[-뉼] [명] 전체 양을 1000으로 치고, 그 1/1000을 단위로 나타내는 비율. 기호는 ‰. =천분비. ▷퍼밀.
천-불(天-) [명] 저절로 일어나는 불. =천화(天火).
천불이 나다 [구] 몹시 슬거럽거나 속이 상하다.
천!비(賤婢) [명] 신분이 천한 여자 종.
천사(天使) [명] 1 크리스트교·유대교 등에서, 하느님의 뜻과 메시지를 전하는, 선한 영적 존재. 흔히, 그림에서는 날개를 달고 있는 인간의 모습으로 묘사됨. ¶아기 ~ / 수호 ~ / 일곱 나팔 가진 일곱 ~가 나팔 불기를 예비하더라.《신약 요한 계시록》 2 마음씨가 아주 선하여 늘 남을 위해 돕고 희생하는 사람을 칭찬하는 뜻으로 이르는 말. 비유적인 말임. ¶그 사람은 정말 하늘에서 내려온 ~라니까.
천사만려(千思萬慮)[-말-] [명] 온갖 생각이나 걱정. =천려만사. 천사만려-하다 [동][타여]

천사-표(天使標) [명] [속] 마음이 곱고 착한 사람을 비유적으로 이르는 말. 근래에 생긴 말로, 주로 젊은이들 사이에 쓰이는 말임. ¶참하고 양순한 ~ 여자.
천사(天使)으로 남.
천!산갑(穿山甲) [명] 1 [동] 포유류 천산갑과의 한 종. 몸길이 37~50cm, 꼬리 길이 21~38cm. 온몸이 골질의 회갈색 또는 황갈색 비늘로 덮여 있음. 이가 없고 긴 혀로 흰개미·개미 및 애벌레나 알 등을 포식함. 비늘은 한약재로 쓰임. 2 [한] 1의 껍질. 두창이나 홍역 등의 약재임.
천산-만수(千山萬水) [명] 중첩된 많은 산과 여러 갈래로 흐르는 많은 강.
천산-지산 [부] 이것이니 저것이니 여러 가지로 늘어놓는 것. ¶…구각(口角)에 거품을 튀기어 가면서 ~ 푸념을 늘어놓는 것이었다.《이희승 : 인간 이윤재》 천산지산-하다 [동][자여]
천살(天煞)[불] '불길한 별'의 이름.
천상¹(天上) [명] 하늘 위. ¶~에서 내려온 선녀.
천상²(天象) [명] [천] 천체의 현상. 곧, 해·달·별의 변화하는 현상.
천상-계(天上界) [-계/-게] [명][불] =천도(天道).[비]상계·천계.
천상-수(天上水) [명] 하늘 위의 물이라는 뜻으로, 빗물을 이르는 말. [준]천수.
천상-천하(天上天下) [명] [하늘 위와 하늘 아래'라는 뜻] 온 세상.
천상천하^유아독존(天上天下唯我獨尊)[-존] [불] 우주 안에 나보다 더 존귀한 것은 없다는 말. 석가모니가 태어나자마자 7보를 걷더니, 한 손을 하늘로 쳐들고 다른 한 손으로는 땅을 가리키며 외친 말이라고 함. [준]유아독존.
천생(天生) Ⅰ [명] 타고난 본바탕. 또는, 하늘로부터 타고남.
Ⅱ [부] 1 어쩔 수 없이. [비]부득불. ¶차가 끊겼으니 ~ 하룻밤 자고 갈밖에. 2 아주 흡사히. ¶"담배 하나에 치를 떠는 ~ ~ 그 할아버지의 그 손자다!"《염상섭 : 삼대》
천생-배필(天生配匹) [명] 하늘에서 정해 준 배필. =천정배필.
천생-연분(天生緣分)[-년-] [명] 하늘에서 짝 지어 준 연분. =천생인연·천정연분.
천석-고황(泉石膏肓)[-꼬-] [명] 산수(山水)를 즐기는 것이 정도에 지나쳐 마치 불치의 고질(痼疾)과 같다는 말. [비]연하고질.
천석-꾼(千石-) [명] 곡식 천 석을 거두어들이는 부자.
천성(天性) [명] 타고난 성품. =자성(資性)·천골(天骨). ¶~이 착하다.
천세(千歲) [명] 1 천 년이나 되는 세월. =천재(千載). 2 '천추만세(千秋萬歲)'의 준말.
천세-나다 [자여] 물건이 잘 쓰여 매우 귀해지다. ¶산골에서는 소금만큼 잘 팔리는 물종도 드물었다. 갯가가 멀수록 천세나는 게 소금이요….《김주영 : 객주》
천세-력(千歲曆) [명] 백중력(百中曆)·만세력 등의 총칭.
천수¹(千手) [명] [불] '천수관음'의 준말.
천수(를) 치다 [구] 천수경을 외다.
천수²(天水) [명] '천상수(天上水)'의 준말.
천수³(天壽) [명] =천명(天命)¹. ¶~를 누리다 / ~를 다하다.
천수⁴(天數) [명] 1 =천명(天命)¹. 2 =천운

(天運)1.
천수⁵(泉水) 圐 =샘물.
천수-경(千手經) 圐[불] 천수관음의 유래·발원·공덕 등을 말한 불경. =천수다라니경.
천수-관음(千手觀音) 圐[불] 과거세에서 모든 중생을 구제하기 위하여 천 개의 손과 눈을 얻으려고 빌어서 이루어진 관음보살의 몸. 지옥의 고통을 해탈하게 하며 모든 소원을 이루어 준다고 함. 준천수.
천수-다라니(千手陀羅尼) 圐[불] 천수경에 있는 천수관음의 공덕을 말한 82구(句)의 주문(呪文). 이것을 외면 모든 죄업이 없어진다 함.
천수-답(天水畓) 圐 오직 빗물에 의해서만 경작할 수 있는 논. 비천둥지기.
천승(千乘) 圐 '천승지국'의 준말.
천승지국(千乘之國) 圐 제후의 나라. 준천승.
천시¹(天時) 圐 1 하늘의 도움이 있는 시기. 2 낮과 밤, 더위와 추위 등과 같이 때를 따라서 돌아가는 자연현상.
천!시²(賤視) 圐 업신여겨 낮게 보거나 천하게 여기는 것. ¶실천이 없이는 ~가 무슨 소용이 있으랴. 천!시-하다 팀지 천!시-되다 圄자
천!식(喘息) 圐[의] 기관지에 경련이 일어나는 병. 숨이 가쁘고 기침이 나며 가래가 심함.
천!신¹(天神) 圐 하늘에 있는 신령. ↔지신(地神).
천!신²(薦新) 圐 1[민] 그해에 새로 난 과실이나 농산물을 신에게 차례를 지내는 것. 2[민] 가을이나 봄에 신을 위하여 하는 굿. =천신굿. 3 어쩌다가 또는 오랜만에 차례가 돌아와서 얻게 되는 것. ¶자금과 기동력이 우세한 그들이므로 한번 눈독 들인 물건이면 남은 ─도 하지 못하기 전에 매점을 하던 것이다.(이문구:으악새 우는 사연) 천!신-하다 팀자타 ¶분명 남의 집 아이의 물림을 **천신한** 듯싶은 다 떨어진 검정 고꾸라 통학복에...(채만식:반점)
천신-만고(千辛萬苦) 圐 갖은 애를 쓰며 고생을 함. ¶그들은 산에서 길을 잃고 헤매다가 ─ 끝에 구조되었다. 천신만고-하다 팀자에
천심(天心) 圐 1 하늘의 뜻. 비천의(天意). ¶민심(民心)은 곧 ~이다. 2 눈으로 볼 수 있는 하늘의 한가운데.
천안(天眼) 圐 1 임금의 눈. 2[불] 미세한 사물까지도 멀리 널리 볼 수 있으며 미래의 생사까지 볼 수 있다는 눈. =하늘눈.
천애(天涯) 圐 1 하늘의 끝. 2 까마득하게 멀리 떨어져 있는 곳을 비유하여 이르는 말. 비천애지각. 3 이 세상에 살아 있는 부모나 일가친척이 없음을 이르는 말. ¶~의 고아가 되다.
천애-지각(天涯地角) 圐 ['하늘의 끝과 땅의 귀퉁이' 라는 뜻] 서로 멀리 떨어져 있음을 이르는 말. 비천애. ¶이래칠칠년간에 한강에 뜬 버들의 모양으로 갖은 고락을 다 겪으며 ~으로 표류하면서도 일찍 형식을 잃어 본적이 없었다.(이광수:무정)
천야만야(千耶萬耶) ➡ **천야만야-하다** [형]여 천길만길이 되는 듯 까마득하게 높거나 깊다. ¶**천야만야한** 낭떠러지.
천양(天壤) 圐 하늘과 땅. 비천지(天地).
천양지간(天壤之間) 圐 =천지간.

천양지차(天壤之差) 圐 하늘과 땅같이 엄청난 차이. =천양지판. ¶두 사람의 실력은 ~가 있다.
천양지판(天壤之判) 圐 =천양지차. ¶극지방과 적도 지방은 기후가 ─으로 다르다.
천어(川魚) 圐 냇물에 사는 물고기.
천언만어(千言萬語) 圐 수없이 많이 하는 말. ¶실천이 없이는 ~가 무슨 소용이 있으랴.
천!업(賤業) 圐 낮고 천하게 여겨지는 직업이나 영업.
천!역(賤役) 圐 천한 일.
천연¹(天然) Ⅰ圐 1 사람의 힘을 가하지 않은, 저절로 이루어진 상태. ¶~의 요새. 2 인공적으로 달리 바꾸어지거나 만들어지지 않은 상태. ¶~의 힘.
Ⅱ튐 아주 비슷하게. ¶말씨까지도 ~ 제 아버지를 닮았다.
천연²(天然) 圐 ➡**천연-하다**¹ [형]여 1 꾸밈이나 거짓이 없이 생긴 그대로 자연스럽다. ¶**천연한** 자태. 2 시치미를 뚝 떼어 아무렇지도 않은 듯하다. ¶그는 내심 몹시 당황했으나 애써 **천연한** 표정을 지었다. 3 몹시 비슷하다. 천연-히 튐
천!연³(遷延) 圐 (일이나 날짜 등을) 미루어 가는 것. 천!연-하다² 팀타에 천!연-되다 圄자
천연-가스(天然gas) 圐 천연으로 지하에서 산출하는 가스의 총칭. =자연가스.
천연-고무(天然─) 圐 생고무.
천연-기념물(天然記念物) 圐 드물고 귀하거나 학술상 가치가 높아 그 보호와 보존을 법률로 정한 동식물·광물·지질 따위의 천연물.
천연덕-스럽다(天然─) [─쓰─따] [형]ㅂ<~스러우니, ~스러워> =천연스럽다. ¶**천연덕스럽게** 거짓말을 한다. 천연덕스레 튐
천연-두(天然痘) 圐[의] 법정 전염병의 하나. 천연두 바이러스의 감염에 의하여 일어나는 악성의 전염병. 고열과 온몸에 발진(發疹)이 생겨 잘못하면 얼굴이 얽게 됨. 한의학 용어는 두역(痘疫)·두창(痘瘡)·역질·역환(疫患).
천연-림(天然林) [─님] 圐 저절로 자라서 이루어진 삼림. ↔인공림.
천연-백색(天然白色) [─쌕] 圐 흰색에 붉은 기운을 보충한 빛. 조명에서 쓰는 말임. ▷온백색.
천연-빙(天然氷) 圐 저절로 언 얼음. ↔인조빙(人造氷).
천연-색(天然色) 圐 1 자연 그대로의 색. 2 영화나 사진에서, 자연 그대로의 색.
천연색ᐤ사진(天然色寫眞) [─싸─] 圐 천연색을 그대로 나타내는 사진. =컬러 사진. ↔흑백 사진.
천연색ᐤ영화(天然色映畫) [─생녕─] 圐 천연색을 그대로 나타내는 영화. ↔흑백 영화.
천연ᐤ섬유(天然纖維) 圐 천연 식물·동물·광물에서 얻은 섬유. 면·마·양모·비단·석면(石綿) 따위. ↔합성 섬유.
천연-수지(天然樹脂) 圐 소나무·전나무 등의 나무로부터 분비된, 점도(粘度)가 높은 액체가 공기에 접촉하여 휘발성 성분을 잃고 고체화(固體化)한 것. 바니시·의약품 등에 이용함. ↔합성수지.
천연-스럽다(天然─) [─따] [형]ㅂ<~스러우니, ~스러워> 천연한 데가 있다. =천연덕

스럽다. ¶거짓말을 하고도 천연스럽게 행동한다. 천연스레 [부]

천연^우라늄(天然uranium) [명] 우라늄의 동위 원소 구성비가 천연으로 산출된 대로인 우라늄의 연료. 핵연료로서 가스 냉각형 원자로 및 중수로(重水爐)에 사용됨. ▷농축우라늄.

천연-자석(天然磁石) [명] [물] 전자석에 대하여 자철광으로 만든 자석을 이르는 말.

천연-자원(天然資源) [명] 천연적으로 존재하여 인간의 생활이나 생산 활동에 이용할 수 있는 물건이나 에너지의 총칭. 토지·물·매장 광물(埋藏鑛物)·삼림·수산물 등.

천연-적(天然的) [관][명] 사람의 손이 미치지 않고 그대로 있는 (것). [비]자연적. ↔인위적(人爲的).

천:열(賤劣) →천:열-하다 [형][여] 인품이 낮고 용렬하다.

천왕(天王) [명] [불] 욕계(欲界)·색계(色界) 등 온갖 하늘의 임금.

천왕-문(天王門) [명] [불] 절의 입구에 있는 사천왕(四天王)을 모신 문.

천왕-성(天王星) [명] 태양계의 일곱 번째 행성. 공전 주기는 84.02년임.

천우-신조(天佑神助) [명] 하늘과 신의 도움. 「~로 살아나다. 천우신조-하다 [동][자여]

천운(天運) [명] 1 하늘이 정한 운명. =천수(天數). ¶~이 다하다. 2 몹시 다행한 운수. ¶~으로 목숨을 구하다.

천원(天元) [명] =배꼽점.

천원-지방(天圓地方) [명] 하늘은 둥글고 땅은 네모짐.

천위(天位) [명] 1 천자의 자리. 2 하늘이 준 벼슬. 곧, 그 사람에게 가장 알맞은 벼슬.

천은[1](天恩) [명] 1 하늘의 은혜. 2 임금의 은혜.

천은[2](天銀) [명] 품질이 제일 좋은 은. =십성은(十成銀).

천의(天意) [명] [-의/-이] 1 하늘의 뜻. 2 임금의 뜻. [비]천심(天心).

천의-무봉(天衣無縫) [-의/-이] [명] [하늘나라 사람들의 옷은 꿰멘 흔적이 없다는 뜻] 시문(詩文)이나 예술 세계 등이 일부러 꾸민 데 없이 자연스럽고 아름다우면서 완전함을 이르는 말. ¶그의 플루트 연주는 ~의 경지를 보여 주었다. 천의무봉-하다 [형][여]

천이(遷移) [명] 1 옮기어 바뀌는 것. 2 [식] 식물 군락이 그 군락을 이루어 낸 환경에 의하여, 더욱 적합한 다른 군락으로 변화하여 가는 현상. 3 [물] =전이(轉移)4. 천이-하다 [자][여] 천이-되다 [동][여]

천인[1](千仞) [명] ['천 길'이라는 뜻] 산이나 바다가 몹시 높거나 깊음을 이르는 말. ¶~계곡.

천인[2](天人) [명] 1 하늘과 사람. ¶~이 공노(共怒)하다. 2 선인(仙人)과 같이 도(道)가 있는 사람. 3 재주나 용모가 뛰어난 사람. 4 매우 아름다운 여자. 5 하늘(天象)과 인사(人事). 6 천리(天理)와 인욕(人慾). 7 [불] =비천(飛天)¹.

천:인[3](賤人) [명] 신분이 낮고 천한 사람. ↔귀인(貴人).

천인-공노(天人共怒) [명] [하늘과 사람이 함께 노한다는 뜻] 누구나 분노할 만큼 증오스럽거나 도저히 용납할 수 없음의 비유. =신인공노(神人共怒). 천인공노-하다 [동][여]

¶천인공노할 만행을 저지르다.

천인-단애(千仞斷崖) [명] 천 길이나 되는 높은 낭떠러지.

천일-기도(天日祈禱) [명] [어떤 목적을 가지고] 천 일 동안 드리는 기도. 천일기도-하다 [동][자여]

천일-염(天日鹽) [-렴] [명] 바닷물을 끌어 들여 햇볕과 바람으로 수분을 증발시켜 만든 소금. ▷암염(巖鹽).

천일-제염(天日製鹽) [명] 제염법의 하나. 염전에 바닷물을 끌어 들여 태양열로 수분을 증발시켜서 식염을 결정시키는 방법.

천일-홍(千日紅) [명] [식] 비름과의 한해살이풀. 높이 40~50cm. 전체에 털이 있으며, 7~10월에 연한 홍색 및 백색 꽃이 핌. =천일초(千日草).

천자(天子) [명] ['천제(天帝)의 아들'이라는 뜻] 중국에서 '황제(皇帝)'를 달리 이르는 말. =태상(太上).

천자-뒤풀이(千字-) [명] [음] 천자문의 글자를 풀어 노래로 꾸민 타령. =천자풀이.

천자-만태(千姿萬態) [명] 가지각색의 자태.

천자-만홍(千紫萬紅) [명] 울긋불긋한 여러 가지 꽃의 빛깔. 또는, 그 꽃. =만자천홍(萬紫千紅).

천자-문(千字文) [명] [책] 중국 양(梁)나라 주흥사(周興嗣)가 지은 책. 한문 학습의 입문서로 널리 쓰였음. 사언 고시(四言古詩) 250구로 모두 1000자임.

천자-총통(天字銃筒) [-짜-] [명] 임진왜란 때 조선의 수군(水軍)이 사용한 대포의 이름.

천장(天障) [명] 1 =보꾹. 2 [건] 반자의 겉면. ×천정. 3 [경] 주식 거래에서, 일정 기간 중에 가장 높은 시세. ↔바닥.

천장-화(天障畵) [명] 보꾹에 그린 그림.

천재[1](千載) [명] =천세(千歲)1.

천재[2](天才) [명] 학술·예술·스포츠 등에 있어서, 타고난 뛰어난 재주. 또는, 그런 재주를 가진 사람. ¶~ 화가. ~ 시인.

천재[3](天災) [명] 자연현상으로 일어나는 재난. 지진·홍수 따위. ¶~지변(地變).

천재-일우(千載一遇) [명] ['천 년 만에 한 번 만날 수 있는 기회'라는 뜻] 좀처럼 만나기 어려운 좋은 기회. =천세일시. ¶~의 호기.

천재-적(天才的) [관][명] 천재와 같은 재주를 가지고 있는 (것). ¶~인 두뇌.

천재-지변(天災地變) [명] 지진·홍수·태풍 따위와 같이, 자연현상에 의해 빚어지는 재앙. ¶~이 일어나다.

천저(天底) [명] [천] 지구 위의 관측점에서 연직선을 아래쪽으로 연장하여 천구(天球)와 만나는 점. =천저점. ↔천정(天頂).

천적(天敵) [명] [생] 어떤 생물이 다른 생물에게 잡아먹힐 경우, 잡아먹히는 생물에 대하여 잡아먹는 생물을 이르는 말. ¶고양이는 쥐의 ~이다.

천:전(遷轉) [명] 벼슬자리를 옮기는 것. 천:전-하다 [동][타여]

천정[1](天頂) [명] [천] 지구 위의 관측점에서 연직선을 위쪽으로 연장했을 때 천구(天球)와 만나는 점. =천문천정·천정점. ↔천저(天底).

천정[2](天井) [명] [건] '천장(天障)²'의 잘못.

천정^거리(天頂距離) [명] [천] 천정에서 어떤 천체까지의 각거리(角距離).

천정부지(天井不知) [명] 물건 값 따위가 자

꾸 오르기만 함을 이르는 말. ¶~로 오르는 물가.
천정-의(天頂儀)[-의/-이][천] 항성의 천정 거리를 재어 그것을 기준으로 관측 지점의 위도를 정하는 데에 쓰는 관측 장치.
천정-천(天井川)[명][지] 하상(河床)이 주위의 평지보다 높은 하천.
천제¹(天帝)[명] =하늘님.
천제²(天祭)[명] 하느님에게 지내는 제사.
천조(天朝)[명] 제후의 나라에서 천자의 조정을 일컫는 말.
천주(天主) ['천주교'가 줄어서 된 말] 조선 말엽에 '가톨릭'을 낮추어 이르던 말.
천주-쟁이(天-)[-쩡-][명] 조선 말엽에 '가톨릭교도'를 낮추어 이르던 말.
천주(天主)[명] =하느님.
천주-교(天主敎)[명][가] =가톨릭.
천주교-도(天主敎徒)[명][가] =가톨릭교도.
천주교-회(天主敎會)[-회/-훼][명][가] =가톨릭교회.
천주-학(天主學)[명] 우리나라에 가톨릭이 처음 들어오던 무렵에 '가톨릭'을 이르던 말.
천중(天中)[명] 1 하늘의 한가운데. 2 이마의 위쪽.
천중-가절(天中佳節)[명] '단오(端午)'를 좋은 명절이라는 뜻으로 이르는 말. 준천중절.
천지(天地)[명] 1 하늘과 땅. =대계(大界). ¶~무궁 / 우렛소리가 ~를 진동시킨다. 2 세상·세계의 뜻으로 쓰이는 말. ¶세상~에 너 같은 바보는 없다. 3 (일정한 명사 뒤에서 조사 '이다' 또는 그 활용형과 결합하여) 그 명사 또는 그 명사가 나타내는 대상이 대단히 많음을 이르는 말. ¶이 논은 거머리 ~ / 집 안에 먹을 것 ~인데 뭘 또 사 달라는 거야.
  천지가 진동(震動)**하다** 구 하늘과 땅이 울릴 만큼 소리가 크다.
천지-각(天地角)[명] 하나는 위로, 하나는 아래로 뻗은 짐승의 뿔.
천지-간(天地間)[명] 하늘과 땅 사이. 곧, 이 세상을 이름. =천양지간. ¶~ 이내 몸은 무슴하러 나왔는고. (김우규: 옛시조)
천지-개벽(天地開闢)[명] 1 하늘과 땅이 처음으로 열리는 것. 2 '큰 변혁'의 비유. ¶~이 일어나다. **천지개벽-하다** 동자여 하늘과 땅이 처음으로 열리다.
천지만엽(千枝萬葉)[명] 1 무성한 식물의 가지와 잎. 2 복잡한 일의 비유.
천지-신명(天地神明)[명] 우주의 조화를 맡은 여러 신령. ¶~께 비나이다, ~께 비나이다.
천지-에(天地-)[감] 뜻밖의 일을 당할 때 탄의 뜻으로 쓰이는 말. ¶원 ~, 그런 몹쓸 놈이 있나.
천지인(天地人)[명] '하늘', '땅', '사람'을 아울러 일컫는 말. =천지인삼재(天地人三才).
천직¹(天職)[명] 타고난 직업이나 직분. ¶교사를 ~으로 알고 교육에 헌신하다.
천직²(賤職)[명] 낮고 천한 직업.
천진(天眞) ➔**천진-하다** 형에 자연 그대로 조금도 꾸밈이 없다. ¶**천진한** 아이.
천진-난만(天眞爛漫) ➔**천진난만-하다** 형에 말이나 행동에 천진함이 넘쳐흐르는 상태에 있다. ¶아이들의 **천진난만한** 웃음.
천진-무구(天眞無垢) ➔**천진무구-하다** 형에 아무런 티가 없이 천진하다. ¶**천진무구하던** 어린 시절.
천진-스럽다(天眞-)[-따][형ㅂ]〈~스러우니, ~스러워〉천진한 데가 있다. ¶**천진스러운** 아가의 웃음. **천진스레** 부
천차만별(千差萬別)[명] 여러 가지로 차이와 구별이 많은 것. ㉑천태만상. **천차만별-하다** 형에 ¶**천차만별한** 직업.
천(穿鑿)[명] 1 후벼서 구멍을 뚫는 것. 2 (어떤 대상을) 깊이 연구하여 그 내용이나 의미를 밝히거나 알아내고자 하는 것. 3 공연한 억측으로 이러쿵저러쿵하는 것. **천착-하다**¹ 타여
천착²(舛錯) ➔**천착-하다**²[-차카-] 형에 1 마음이 뒤틀려 난잡하다. 2 (생김새나 하는 짓이) 더럽고 상스럽다.
천착-스럽다(舛錯-)[-쓰-따][형ㅂ]〈~스러우니, ~스러워〉천착한 데가 있다. **천착스레** 부
천창(天窓)[건] 채광이나 환기를 목적으로 지붕에 낸 창.
천천-하다 형에 (동작이) 급하지 않고 느리다. ㉑찬찬하다. **천천-히** 부 ¶~ 걷다 / 체하겠다 ~ 먹어라.
천첩(賤妾) I [명] 종이나 기생으로서 남의 첩이 된 여자.
  II [대] 부인이 남편에게 자기를 낮추어 이르는 말.
천체(天體)[명][천] 우주 공간에 있어, 천문학의 연구 대상이 되는 물체의 총칭. 태양·항성·행성·혜성·성단(星團)·성운 따위.
천체-력(天體曆)[명][천] 천체의 위치·광도·출몰(出沒)·일식·월식 따위의 현상을 연월일(年月日)마다 적은 표. 천문학이나 항해 등에 이용됨.
천체^망원경(天體望遠鏡)[명][물] 천체를 관측할 때 쓰는 망원경. 굴절 망원경·반사 망원경·전파 망원경 따위.
천추¹(千秋)[명] 긴 세월. 또는, 먼 미래. ¶~의 한을 남기다.
천추²(遷推)[명] 미적미적 끌어 가는 것. **천추-하다** 타여 **천추-되다** 자
천추-만대(千秋萬代)[명] 후손 만대에 이르기까지의 오랜 기간.
천추-만세(千秋萬歲)[명] 1 천만년의 긴 세월. 2 오래 살기를 비는 말. ㉑천세. **천추만세-하다** 동자여 오래오래 살다.
천축(天竺)[명][지] '인도(印度)'의 옛 이름.
천-출(賤出)[명] 천첩에게서 낳은 자손. =천생(賤生).
천층만층(千層萬層)[명] 1 수없이 많이 포개어진 켜. 2 사물의 매우 많은 계층. 또는, 그 모양. ㉑천만층.
천치(天癡·天痴)[명] 1 태어날 때부터 지능이 매우 낮은 사람. 얄잡는 말임. ㉑백치(白癡). 2 어리석은 행동을 하는 사람을 경멸적으로 이르는 말.
천칙(天則)[명] 우주의 법칙. 또는, 대자연의 법칙.
천칭(天秤·天稱)[명] 저울의 하나. 가운데의 굿대에 걸친 가로장 양 끝에 저울판을 달고, 한쪽에는 달 물건을, 다른 한쪽에는 추를 놓아서 평형하게 함으로써 물건의 무게를 닮. =천평칭. ×천평.
천칭-자리(天秤-)[명][천] 황도 십이궁의 일곱째 별자리. 처녀자리와 전갈자리 사이에 있으며, 7월 초순 저녁 8시 무렵에 자오선을 통과함. =천칭궁.

천태만상(千態萬象) 圀 〔'천 가지 모습과 만 가지 현상'이라는 뜻〕 세상 사물이 한결같지 않음을 강조하는 말. =천상만태. 凹천차만별.

천태-종(天台宗) 圀 〔불〕 중국 수(隋)나라의 지의(智顗)를 개조로 하는 대승 불교의 한 파. 법화경을 근본 경전으로 함. 우리나라에서는 고려 시대에 대각 국사가 처음으로 개강했음.

천통(天統) 圀 **1** 천도(天道)의 강기(綱紀). **2** 천자(天子)의 혈통. ¶~을 잇다.

천파-만파(千波萬波) 圀 **1** 수없이 많이 이루어진 물결. **2** 갈피를 잡을 수 없이 어지러운 현상의 비유. ¶그의 말 한마디가 ~의 논란을 불러 왔다. ㉰천만파.

천판(天板) 圀 **1** 관(棺)의 뚜껑이 되는 널. ↔지판(地板). **2** 〔광〕 광물을 파내는 구덩이의 천장. =천반(天盤). **3** 장(欌)이나 농(籠) 따위의 위 표면에 대는 널.

천편-일률(千篇一律) 圀 여럿이 모두 엇비슷하여 개별적 특성이 없음을 비유하는 말. ¶요즘 텔레비전 드라마는 대개 소재가 으레 삼각관계 아니면 변태적 애정 행각으로 ~에서 벗어나지 못하고 있다.

천편일률-적(千篇一律的) [-쩍] 관圀 여럿이 모두 엇비슷하여 개별적인 특성이 없는 (것). ¶~인 대답.

천평(天平) 圀 '천칭(天秤)'의 잘못.

천평-칭(天平秤·天平稱) 圀 =천칭.

천품(天稟) 圀 타고난 기품 =천자(天資). ¶그 움직임이 독기를 띠면서도 침착한 ~을 보이는 것이었다.《이광수-무정》

천하(天下) 圀 **1** 하늘 아래 온 세상. ¶태평 /~를 제패하다 / ~를 호령하다. **2** 〔일부 명사 앞에 쓰이거나 '천하의'의 꼴로 쓰여〕 세상에서 드물거나 뛰어난 것임을 이르는 말. ¶~ 미인 / ~의 홍길동이 그 뜻 일을 겁낼쏘냐? **3** 권력을 휘어잡거나 기승을 부리는 형세. ¶3월 ~ / 여인 ~.

천!-하(賤-) 웹옌 **1** 하는 짓이나 생긴 꼴이 고상한 맛이 없이 상되다. ¶여자의 화장이 너무 요란하면 오히려 **천해** 보인다. **2** 너무 흔하여 귀하지 않다. ¶천한 물건. **3** 지체·지위가 낮다. ¶천한 직업 [신분]. ↔귀하다. **천!-히** 뷘

천하-대세(天下大勢) 圀 세상이 돌아가는 추세. ¶~를 관망(觀望)하다.

천하-만사(天下萬事) 圀 이 세상의 모든 일. ¶~가 다 제 뜻대로 되는 것은 아니다. ㉰천하사.

천하-무적(天下無敵) 圀 세상에서 겨룰 사람이 없음. ¶귀신 잡는 ~의 해병대.

천하-사(天下事) 圀 **1** 임금이 되려고 하는 일. **2** '천하만사'의 준말.

천하-없는(天下-)[-엄-] 관 이 세상에서 보기 힘들 만큼 대단하다. 凹세상없는. ¶~ 사람이 와도 그 일만은 못 한다니까.

천하-없어도(天下-)[-업써-] 뷘 무슨 일이 있다 해도. 凹세상없어도. ¶~ 10시까지는 집에 가야 한다.

천하-없이(天下-)[-업씨] 뷘 이 세상에 그 유례가 없이. 또는, 이 세상에서 보기 힘들 만큼 대단히. 凹세상없이. ¶~ 힘센 사람이라도 그 일을 당하지는 못할걸.

천하-에(天下) 圈 세상에 다시는 없을 만큼 심한 형편이라는 뜻으로, 너무 놀라거나 한탄할 때 쓰는 말. ¶~ 불효막심한 놈 으니.

천하-일색(天下一色) [-쌕] 圀 '아주 뛰어난 미인'을 강조하는 말. ¶~ 양 귀비.

천하-일품(天下一品) 圀 비교할 것이 없을 만큼 뛰어남. 또는, 그런 물건.

천하-장사(天下壯士) 圀 천하에 제일가는 장사.

천하-제일(天下第一) 圀 세상에서 견줄 만한 것이 없음.

천하-태평(天下泰平) 圀 **1** 온 세상이 태평함. **2** 어떤 일에 무관심한 상태로 걱정 없이 편안하게 있는 태도를 가볍게 흉내하여 이르는 말. ¶시험이 낼 모렌데 잠만 자고 있으니 ~이로구먼.

천!학¹(淺學) 圀 얕은 학식. 또는, 그러한 사람. ¶~박학(博學).

천!학²(淺學) 圀 →천!학-하다[-하카-] 휑옌 학식이 얕다.

천!학-비재(淺學菲才)[-빼-] 圀 학식이 얕고 재주가 변변하지 못하다는 뜻으로, 자기 학식을 겸손하게 이르는 말.

천!해(淺海) 圀 **1** 얕은 바다. ↔심해. **2** 해안에서 대륙붕의 외연(外緣)까지의, 수심 약 200m까지의 해역.

천!해-파(淺海波) 圀 [지] 물의 깊이가 파장의 1/25보다 얕을 때 생기는 파도. ↔심해파(深海波).

천행(天幸) 圀 하늘이 내린 큰 행운. ¶~으로 살아남다.

천향-국색(天香國色) [-쌕] 圀 〔'천하제일의 향기와 빛깔'이라는 뜻〕 **1** '모란꽃'을 달리 이르는 말. **2** '절세미인'을 비유하여 이르는 말.

천험(天險) 圀 땅 모양이 천연적으로 험하게 생긴 것. ¶~의 요새. **천험-하다** 휑옌

천형(天刑) 圀 =천벌(天罰).

천혜(天惠)[-혜/-헤] 圀 하늘이 베푼 은혜나 혜택. ¶~의 양항(良港) / ~의 보고(寶庫).

천황(天皇) 圀 〔일본어 '덴노(天皇/てんう)'를 우리 한자음으로 읽은 말〕일본의 국왕. 최근 우리나라에서는 격을 낮추어 '일왕(日王)'이라 부르기도 함.

천후(天候) 圀 =기후(氣候)¹.

철¹ 圀 **1** 일정한 특징을 나타내는, 봄이나 여름이나 가을이나 겨울과 같은 때. 凹계절(季節). ¶봄~ / ~이 바뀌다. **2** 일 년 중 어떤 일을 하기에 알맞거나 어떤 일이나 현상이 으레 이루어지는 일정한 때. ¶김장~ / 농사~ / 장마~ / 요즘은 장사가 잘 안 되는 ~이다. **3** =제철¹. ¶~이 지난 옷 / ~이 이르다〔늦다〕/ ~.

철² 圀 사람이 나이가 들면서 세상 사는 이치나 사람으로서의 도리를 깨닫게 되는 상태. 또는, 세상 이치나 사람의 도리를 깨달을 수 있는 정신적 능력. 凹지각(知覺)·분별. ¶~이 나다 / ~이 들다 / 아직 ~이 없는 아이.

철³(鐵) 圀 **1** 〔화〕 은백색의 광택이 있는 금속 원소. 원소 기호 Fe, 원자 번호 26, 원자량 55.85. 강자성(強磁性)을 나타내고, 연성(延性)·전성(展性)이 풍부함. **2** '철사(鐵絲)'의 준말.

-철⁴(綴) 젭비 일부 명사 뒤에 붙어, 그것을 한데 꿰매어 놓은 물건이라는 뜻을 나타내는 말. ¶신문~ / 서류~ / 문서~.

철-가방(鐵-) 圀 **1** 중국집 배달원이 음식을 배달할 때 가방처럼 들고 다닐 수 있도록 철

로 네모나게 만든 물건. 2 중국집 배달원을 얕잡아 이르는 말.
철각(鐵脚) 명 1 무쇠처럼 강한 다리. 2 교량이나 탑 등을 받치는 쇠로 만든 다리.
철갑(鐵甲) 명 1 쇠로 만든 갑옷. =철의(鐵衣). ¶남산 위의 저 소나무 ~을 두른 듯 바람서리 불변함은 우리 기상일세.《애국가》 2 =칠갑. ¶피 / 흙 ~.
철갑-상어(鐵甲-)[-쌍-] 명동 철갑상엇과의 바닷물고기. 몸길이 1.5m 정도. 주둥이가 긴 원통 모양으로 나왔고, 몸빛은 등이 회청색, 배는 흰색임.
철갑-선(鐵甲船)[-썬] 명 쇠로 겉을 싼 병선(兵船). '거북선'이 철갑선이라고 하는 설이 있으나, 아직 증명되지 않았음. ▷거북선.
철강(鐵鋼) 명 =강철1.
철강-업(鐵鋼業) 명 철광석에서 주철·강철을 생산하고, 그것을 가공하여 제품을 생산하는 금속 공업.
철거(撤去) 명 (건물·시설 등을) 무너뜨려 없애거나 걷어치우는 일. ¶~ 대상 주택. **철거-하다** 동여 ¶무허가 건물을 ~. **철거-되다** 동자.
철거-민(撤去民) 명 행정상·군사상의 필요나 재개발로 인하여 거처를 철거당한 사람.
철-겹다[-따] 형ㅂ<-겨우니, -겨워> 어느 철에 뒤져 어울리지 않는 상태에 있다. ¶철겨운 외투를 입다 / 철겹게 오는 비.
철골¹(徹骨) 명 몸이 바싹 야위어 뼈만 앙상한 모양이나 상태. ¶더구나 그의 ~로 생긴 여윈 몸. 70년 인생고를 웅변하는 듯 벗어진 이마와 성성한 백발.《이은상: 부두성》
철골²(鐵骨) 명 1 굳세게 생긴 골격. 2 [건] 형강(形鋼)·강관(鋼板)·평판(平板) 등을 접합하여 세운 건조물의 뼈대.
철골^구조(鐵骨構造) 명[건] 건축물의 뼈대를 철재로 한 구조, 또는, 그 구조물.
철공(鐵工) 명 쇠를 다루는 공업, 또는, 그 직공.
철공-소(鐵工所) 명 쇠로 된 재료로 여러 가지 기구를 만드는 소규모 공장. 비철공장.
철-공장(鐵工場) 명 쇠로 여러 가지 기구를 만드는 공장. 비철공소.
철관(鐵管) 명 쇠로 만든 관(管).
철광(鐵鑛) 명[광] 1 '철광석'의 준말. 2 철이 나는 광산.
철-광석(鐵鑛石) 명[광] 철을 함유한, 제철의 원료가 되는 광석. 자철석·적철석·갈철석 등이 그 주된 것임. 준철광.
철교(鐵橋) 명 1 철을 주재료로 하여 놓은 다리. 2 '철도교'의 준말. ¶한강 ~. ▷인도교.
철군(撤軍) 명 주둔하였던 군대를 철수하는 것. =철병(撤兵). **철군-하다** 동여 ¶미국은 한반도에서 단계적으로 **철군**할 계획이다.
철권(鐵拳) 명 펀치가 아주 센 사람(특히, 권투 선수)의 주먹. ¶~을 자랑하는 헤비급 챔피언.
철권-통치(鐵拳統治) 명 무력이나 기타 강압적인 수단에 의한 통치. 비유적인 말임. ¶독재자의 ~에 국민이 저항한다.
철궤¹(鐵軌) 명 철도의 레일.
철궤²(鐵櫃) 명 철판으로 만든 궤. =금궤.
철그렁 부 '절그렁'의 거센말. 좔찰그랑. 셴쩔그렁. **철그렁-하다** 동자연.
철그렁-거리다/-대다 동자연 '절그렁거리다'의 거센말. 좔찰그랑거리다. 셴쩔그렁거리다.
철그렁-철그렁 부 '절그렁절그렁'의 거센말. 좔찰그랑찰그랑. 셴쩔그렁쩔그렁. **철그렁철그렁-하다** 동자연.
철근(鐵筋) 명 콘크리트 속에 박아 그 장력(張力)에 대한 힘의 작용을 보강하기 위하여 사용하는 철봉(鐵棒).
철근^콘크리트(鐵筋concrete) 명[건] 철근을 뼈대로 넣은 콘크리트. 내구성·내화성·내진성이 좋은 건축물을 만듦.
철금(鐵琴) 명[음] 관현악에 쓰이는 악기의 하나. 강철 쇳조각을 음계순으로 늘어놓고 채로 쳐서 소리를 냄. =글로켄슈필.
철기(鐵器) 명 쇠로 만든 그릇.
철기^시대(鐵器時代) 명[역] 인류 문명의 발전 단계에서 석기 시대·청동기 시대에 이어 철기를 사용하게 된 시대. 넓은 뜻으로는 현대(現代)도 이에 포함됨.
철-길(鐵-)[-낄] 명 =철로(鐵路).
철꺼덕 부 '절거덕'의 거센말. **철꺼덕-하다** 동자연.
철꺼덩 부 '절거덩'의 거센말. **철꺼덩-하다** 동자연.
철꺽 부 1 단단히 들러붙어서 떨어지지 않는 모양. 또는, 그 소리. 2 눅진눅진한 물건을 세게 때리는 소리. 좔찰깍. **철꺽-하다** 동자연.
철꺽-거리다/-대다[-꺼(때)-] 동자연 자꾸 철꺽 소리가 나다. 또는, 그런 소리를 내다. 좔찰깍거리다.
철꺽-철꺽 부 철꺽거리는 소리. 또는, 그 모양. 좔찰깍찰깍. **철꺽철꺽-하다** 동자연.
철-끈(綴-) 명 문서 따위를 철하는 데에 쓰는 끈.
철-나다[-라-] 동자 사리를 분별할 줄 아는 힘이 생기다.
철도(鐵道)[-또] 명 철제의 궤도 위로 기관차와 차량을 운행하여, 여객·화물을 수송하는 시설. ¶고속 ~ / ~ 운송 / ~를 이용하다. ▷철로.
철도-교(鐵道橋)[-또-] 명 철도 선로가 하천·도로 또는 다른 철도 선로를 횡단하는 경우에 가설하는 다리. 준철교.
철도-망(鐵道網)[-또-] 명 철도가 분포되어 있는 체계.
철도-역(鐵道驛)[-또-] 명 =역(驛)¹.
철도-청(鐵道廳)[-또-] 명 건설 교통부 장관 소속하에 설치된 기관의 하나. 철도에 관한 사무를 관장함.
철도-편(鐵道便)[-또-] 명 철도를 이용하는 편. ¶짐을 ~으로 보내다.
철두-철미(徹頭徹尾)[-뚜-] 부 처음부터 끝까지 철저하게. ¶그는 ~ 군인 정신으로 일관한 사람이었다. **철두철미-하다** 형여.
철-둑(鐵-)[-뚝] 명 '철롯둑'의 준말.
철둑-길(鐵-)[-뚝낄] 명 철롯둑 위의 가로 좁게 난 길.
철-들다 동자<-드니, -드오> 사리를 분별할 만하게 되다. ¶철들 나이가 지났건만 아직도 어리광을 버리지 못하고 있으니….
철-따구니 명 =철딱서니.
철-딱서니[-써-] 명 '철'을 속되게 이르는 말. =철따구니·철딱지. ×철때기.
철딱지[-찌] 명 =철딱서니.
철-때기 명 '철딱서니'의 잘못.
철떡 부 젖었거나 차진 물건이 세차게 달라붙

철떡-거리다/**-대다**[-꺼(때)-] 통(자) 1 자꾸 철떡 소리가 나다. 2 젖었거나 차진 물건이 자꾸 붙었다 떨어졌다 하다. (작)찰딱거리다.

철떡-철떡 튀 철떡거리는 소리. 또는, 그 모양. (작)찰딱찰딱. **철떡철떡-하다** 통(자여)

철럭-거리다/**-대다**[-꺼(때)-] 통(자) 1 조금 굵은 물줄기가 이따금 떨어지며 자꾸 소리가 나다. 또는, 그런 소리를 자꾸 내다. 2 조금 굵은 여러 개의 쇠붙이 따위가 서로 부딪쳐 자꾸 소리가 나다. 또는, 그런 소리를 자꾸 내다.

철럭-이다 통(자여) 많은 액체가 흘러넘치거나 가볍게 부딪쳐 소리를 내다.

철럭-철럭 튀 철럭거리는 소리. 또는, 그 모양. (작)찰락찰락. **철럭철럭-하다** 통(자여)

철렁 튀 1 넓고 깊은 곳에 괸 물이 한 번 움직이는 모양. 또는, 그 소리. 2 '절렁'의 거센말. (작)찰랑. (센)쩔렁. 3 깜짝 놀라는 모양. ¶가슴이 ~ 내려앉다. **철렁-하다** 통(자여)

철렁-거리다/**-대다** 통(자타) '절렁거리다'의 거센말. (작)찰랑거리다. (센)쩔렁거리다.

철렁-이다 통(자타) '절렁이다'의 거센말. (작)찰랑이다. (센)쩔렁이다.

철렁-철렁 튀 '절렁절렁'의 거센말. ¶욕조에 몸을 담그니 물이 ~ 넘쳤다. (작)찰랑찰랑. (센)쩔렁쩔렁. **철렁철렁-하다** 통(자여)

철로(鐵路) 몡 열차가 다닐 수 있도록 평행한 두 줄의 궤도를 놓은 길. =철길. ¶호우로 ~가 침수되다. ➔철도.

철롯-둑(鐵路-)[-로뚝/-롣뚝] 몡 철도가 놓여 있는 둑. (준)철둑.

철륜(鐵輪) 몡 1 쇠로 만든 바퀴. 2 =기차(汽車)¹.

철리(哲理) 몡 1 철학의 이치. 2 아주 깊고 오묘한 이치. ¶우주(宇宙)의 ~.

철릭 몡(역) 옛 무관(武官)의 공복(公服)의 하나. 직령(直領)으로서, 허리에 주름이 잡히고 큰소매가 달렸음. 당상관은 남빛, 당하관은 붉은빛임.

철마(鐵馬) 몡 '기차(汽車)'를 말에 비유하여 이르는 말.

철망(鐵網) 몡 1 철사를 그물처럼 엮어 만든 물건. 2 '철조망'의 준말.

철매 몡 연기에 섞여 나오는 검은 가루. 또는, 그 가루가 엉겨 붙은 그을음. =연매(煙煤). (비)매연.

철면(凸面) 몡 가장자리가 얇고 가운데가 차차 두꺼워지며 볼록한 면. ↔요면(凹面).

철-면피¹(鐵面皮) 몡 ['철로 만든 얼굴 가죽'이라는 뜻] 뻔뻔스럽고 염치를 모르는 사람을 조롱하여 이르는 말. (비)후안(厚顔).

철-면피²(鐵面皮) →**철면피-하다** 형(여) 뻔뻔하고 염치가 없다.

철모(鐵帽) 몡(군) 전투할 때 쓰는, 쇠로 만든 모자.

철-모르다 통(자여) <~모르니, ~몰라> 사리를 분간하지 못하다. ¶**철모르던** 시절 / **철모르는** 아이의 짓이니 용서하십시오.

철문(鐵門) 몡 쇠로 만든 문.

철물(鐵物) 몡 쇠로 만든 여러 가지 물건. ~점.

철물-점(鐵物店) 몡 철물을 파는 가게. =철물전.

철-밥통(鐵-桶) 〈속〉 큰 과오가 없는 한 쫓겨날 위험이 없는 평생직장. 비판 조의 말임. ¶이제는 총신 고용과 연공서열의 ~에 안주하던 시대는 지났다.

철버덕 튀 '절버덕'의 거센말. (준)철벅. (작)찰바닥. **철버덕-하다** 통(자타여)

철버덕-거리다/**-대다**[-꺼(때)-] 통(자타) '절버덕거리다'의 거센말. (준)철벅거리다. (작)찰바닥거리다.

철버덕-철버덕 튀 '절버덕절버덕'의 거센말. ¶모두가 벼베기를 하기 위해 아직 물이 고여 있는 ~에 들어갔다. (준)철벅철벅. (작)찰바닥찰바닥. **철버덕철버덕-하다** 통(자타여)

철버덩 튀 '절버덩'의 거센말. (준)철벙. (작)찰바당. **철버덩-하다** 통(자타여)

철버덩-거리다/**-대다** 통(자타) '절버덩거리다'의 거센말. ¶개울에서 아이들이 **철버덩거리며** 놀고 있다. (준)철벙거리다. (작)찰바당거리다.

철버덩-철버덩 튀 '절버덩절버덩'의 거센말. (준)철벙철벙. (작)찰바당찰바당. **철버덩철버덩-하다** 통(자타여)

철벅 튀 '철버덕'의 준말. (작)찰박. (여)절벅. **철벅-하다** 통(자타여)

철벅-거리다/**-대다**[-꺼(때)-] 통(자타) '철버덕거리다'의 준말. (작)찰박거리다. (여)절벅거리다.

철벅-철벅 튀 '철버덕철버덕'의 준말. (작)찰박찰박. (여)절벅절벅. **철벅철벅-하다** 통(자타여)

철벙 튀 '철버덩'의 준말. (작)찰방. (여)절벙. **철벙-하다** 통(자타여)

철벙-거리다/**-대다** 통(자타) '철버덩거리다'의 준말. (작)찰방거리다. (여)절벙거리다.

철벙-철벙 튀 '철버덩철버덩'의 준말. (작)찰방찰방. (여)절벙절벙. **철벙철벙-하다** 통(자타여)

철벽(鐵壁) 몡 1 무쇠처럼 견고한 벽. 2 매우 튼튼한 방비. ¶~ 수비.

철벽-같다[-갇따] 혱 방비가 매우 튼튼하다. ¶**철벽같은** 방어선. **철벽같-이** 튀

철병(撤兵) 몡 =철군(撤軍). **철병-하다** 통(자여)

철봉(鐵棒) 몡(체) 1 기계 체조 용구의 하나. 2개의 기둥 사이에 쇠막대를 수평으로 가로지른 것. 2 =철봉 운동.

철봉^운동(鐵棒運動) 몡(체) 남자의 체조 경기 종목의 하나. 높이 2.55m, 폭 2.4m의 철봉에서 돌기, 휘돌기, 흔들기, 일정한 자세 유지하기 등의 연기를 함. =철봉.

철-부지(-不知) 몡 철이 없는 어린아이. ¶우리 아이는 허우대는 저렇게 커도 아직 ~예요.

철분(鐵分) 몡 어떤 물질 속에 들어 있는 철의 성분.

철빈(鐵貧) 몡 매우 가난한 것. 또는, 극심한 가난. ¶서 발 막대 내저어야 짚 검불 하나 걸릴 것 없는 ~인데.《채만식:치숙》**철빈-하다** 통(여)

철사(鐵絲)[-싸] 몡 가늘고 긴 금속의 줄. 세는 단위는 뭉구리. =철선. (준)철(鐵).

철삭(鐵索)[-싹] 몡 여러 가닥의 철사를 꼬아서 만든 줄.

철상(撤床)[-쌍] 몡 음식상이나 제사상을 거두어 치우는 것. ↔진설(陳設). **철상-하다** 통(자여)

철-새[-쌔] 몡(동) 철을 따라 살 곳을 바꾸는 새. =기후조(氣候鳥)·표조(漂鳥)·후조(候

鳥. ↔텃새.
철색(鐵色)[-쌕] 명 검푸르고 희읍스름한 색깔. 비쇳빛.
철석(鐵石)[-썩] 명 1 쇠와 돌. 2 군고 단단함의 비유.
철석-간장(鐵石肝腸)[-썩깐-] 명 군세고 단단한 의지를 일컫는 말. 준석장.
철석-같다(鐵石-)[-썩깓-] 형 (믿음·의지·약속 등이) 군고 단단하여 흔들림이 없다. ¶철석같은 신념[맹세]. **철석같-이** 튀 ¶나는 그의 약속을 ~ 믿었다.
철선¹(鐵船)[-썬] 명 쇠로 만든 배.
철선²(鐵線)[-썬] 명 =철사(鐵絲).
철쇄(鐵鎖)[-쇄] 명 1 =쇠사슬. 2 쇠로 만든 자물쇠.
철수(撤收)[-쑤] 명 1 거두어들이거나 걷어치우는 것. 2 [군] 진지 따위를 걷어치우고 군대가 물러나는 것. **철수-하다** 통(자타)여 ¶이스라엘 군이 골란 고원에서 ~. **철수-되다** 통(자)
철시(撤市)[-씨] 명 시장·점포 등이 문을 닫고, 장사를 하지 않는 것. =철시. **철시-하다** 통(자)여 ¶명절을 맞아 대부분의 상가가 ~. **철시-되다** 통(자)
철심(鐵心)[-씸] 명 1 회전 전기 기기·변압기·전자석 등에서, 코일 속에 들어 있어 자기 회로(磁氣回路)로 쓰는 강재(鋼材). 2 쇠같이 굳은 마음. =철장(鐵腸).
철써덕 튀 액체의 면이 넓적한 물체와 부딪칠 때 나는 소리. 준철썩. 잔찰싸닥. 여절써덕. **철써덕-하다** 통(자)(타)여
철써덕-거리다/-대다[-꺼(때)-] 통(자)타 잇달아 철써덕 소리가 나다. 또는 그런 소리를 내다. 준철썩거리다. 잔찰싸닥거리다. 여절써덕거리다.
철써덕-철써덕 튀 철써덕거리는 소리. 준철썩철썩. 잔찰싸닥찰싸닥. 여절써덕절써덕. **철써덕철써덕-하다** 통(자)(타)여
철썩 튀 1 '철써덕'의 준말. 여절썩. 2 큰 물결이 물체와 세게 부딪칠 때 크게 나는 소리. 3 손바닥으로 뺨이나 엉덩이 등의 몸을 때릴 때 크게 나는 소리. 4 차진 물건이 어떤 물체에 세게 들러붙는 모양. 잔찰싹. **철썩-하다** 통(자)(타)여
철썩-거리다/-대다[-꺼(때)-] 통(자)타 '철써덕거리다'의 준말. ¶철썩거리며 바위에 부딪치는 파도. 잔찰싹거리다. 여절썩거리다.
철썩-철썩 튀 '철써덕철써덕'의 준말. ¶바위에 부딪혀 ~ 소리를 내는 파도. 잔찰싹찰싹. 여절썩절썩. **철썩철썩-하다** 통(자)(타)여
철안(鐵案)[-깐] 명 움직일 수 없는 단안(斷案).
철야(徹夜)[-차] 명 어떤 일을 하느라고 잠을 자지 않고 밤을 새우는 것. 비밤샘. ¶~ 작업 / ~ 기도. **철야-하다** 통(자)여
철-없다[-업따] 형 (사람이) 나이가 어려 세상 사는 이치나 사람으로서의 도리를 깨닫지 못한 상태이다. ¶**철없는 애**[짓]. **철없-이** 튀 ¶~ 뛰노는 아이들.
철옹-성(鐵甕城·鐵瓮城) 명 ['쇠로 만든 항아리와 같은 성'이라는 뜻] 1 방비가 아주 튼튼한 성. 2 방비나 수비가 완벽한 상태, 또는, 정복하거나 이기기 어려운 대상. 비유적인 말임. =철옹산성. ¶프랑스 팀의 수비는 가히 ~이다. / ~과도 같았던 안동 김씨의 세도.
철완(鐵腕) 명 무쇠처럼 단단하고 힘센 팔. ¶

~의 투수.
철의 장막(鐵-帳幕)[-의-/-에-] 제2차 세계 대전 후 소련과 동유럽의 사회주의권의 여러 나라가 서유럽의 자유주의 국가 사이에 설정한 엄격한 봉쇄선을 비유한 말.
철인¹(哲人) 명 인생이나 우주의 철리를 깊이 탐구한 사람. 특히, 대사상가. 비철학가. ¶고대 그리스의 ~ 소크라테스.
철인²(鐵人) 명 몸이나 힘이 무쇠처럼 강한 사람.
철인^레이스(鐵人race) 명[체] =트라이애슬론.
철-자¹(鐵-) 명 쇠로 만든 자. =철척(鐵尺). 비쇠자.
철자²(綴字)[-짜] 명[언] 자음과 모음의 글자를 맞추어 음절의 글자를 만드는 것. 곧, 'ㄱ'과 'ㅏ'를 맞추어 '가'를 만드는 따위. **철자-하다** 통(자)여
철자-법(綴字法)[-짜뻡] 명[언] =맞춤법1.
철장(鐵杖)[-짱] 명 쇠로 만든 지팡이.
철재(鐵材)[-째] 명 철의 재료.
철저(徹底)[-쩌] 명→**철저-하다**[-찌-] 형여 (태도나 상태가) 속속들이 꿰뚫거나 미치어 부족함이나 빈틈이 없다. ¶철저한 반공주의자 / 계획을 **철저하게** 세우다. **철저-히** 튀 ¶진상을 ~ 조사하다.
철전¹(鐵箭)[-쩐] 명 무쇠로 만든 화살의 총칭. 육량전(六兩箭)·아량전(亞兩箭)·장전(長箭) 따위.
철전²(鐵錢)[-쩐] 명 쇠붙이로 만든 돈. 비쇠돈.
철점(鐵店)[-쩜] 명 쇠를 캐내어 솥 등의 철제 기구를 만들던 곳.
철제(鐵製)[-쩨] 명 쇠로 만듦. 또는, 그 제품. ¶~ 가구 / ~ 책상.
철조-망(鐵條網)[-쪼-] 명 가시철사를 그물처럼 얼기설기 엮어 놓은 물건. 또는, 그것을 친 울타리. ¶~을 치다[두르다]. 준철망(鐵網).
철주(掣肘)[-쭈] 명 [팔꿈치를 당긴다는 뜻으로, 공자의 제자 복자천(宓子賤)이 글씨를 쓰고 있는 두 사람의 팔꿈치를 톡톡 쳐 글씨가 엉망이 되게 한 후 두 사람을 질책했다는 고사에서] 간섭하여 마음대로 하지 못하게 하는 것. **철주-하다** 통(타)여
철중-쟁쟁(鐵中錚錚)[-쭝-] 명 [여러 쇠붙이 가운데에서 유난히 맑은 소리를 낸다는 뜻] 평범한 사람들 가운데에서 특별히 뛰어난 사람을 이르는 말. **철중쟁쟁-하다** 형여
철쭉 명[식] 진달래과의 낙엽 관목. 높이 2~5m. 5월에 진달래꽃과 비슷한 분홍색 꽃이 피며, 열매는 10월에 익음. 산지에 흔히 자람. =산객(山客)·철쭉나무·척촉(躑躅).
철쭉-꽃[-꼳] 명 철쭉의 꽃. =척촉화.
철창(鐵窓)[-창] 명 1 쇠로 창살을 만든 창문. 2 '감옥'을 비유하여 이르는 말. ¶~에 갇히다.
철창-생활(鐵窓生活) 명 =감옥살이. ¶10년이 넘도록 ~을 하고 있다. **철창생활-하다** 통(자)여
철창-신세(鐵窓身勢) 명 감옥에 갇히는 신세. ¶~를 지다.
철-찾다[-찯따] 통(자) 제철에 맞추다. ¶**철찾아** 만물이 소생하다 / **철찾아** 옷을 바꿔 입다.
철책(鐵柵) 명 쇠로 만든 울짱. ¶~을 치다.
철천지원수(徹天之怨讐) 명 하늘에 사무치도록 한이 맺히게 한 원수. ¶부모를 죽인 ~.

철천지한(徹天之恨)〖명〗하늘에 사무치는 크나큰 한. =철천지원. ¶김 노인은 40년이 되도록 북에 두고 온 가족과 상봉하지 못하는 게 ~이다.

철철〖부〗1 물 따위가 많이 넘쳐흐르는 모양. ¶욕조에 물이 ~ 넘치다. 2 어떤 사람에게서 어떤 기운이 넘치는 모양. ¶인정이 ~ 넘치다 / 매력이 ~ 넘치는 남자. 〖작〗찰찰.

철철-이〖부〗철마다. 또는, 절기를 따라서. ¶~ 옷을 맞추어 입다 / ~ 온갖 꽃들이 다투어 핀다.

철칙(鐵則)〖명〗변경하거나 어길 수 없는 법칙. ¶눈길에서의 감속 운행은 운전의 ~이다.

철침(鐵針)〖명〗쇠로 만든 봉재용(縫裁用) 또는 침구용(鍼灸用) 바늘.

철커덕〖부〗'절거덕'의 거센말. 〖준〗철컥. 〖작〗찰카닥. **철커덕-하다**〖자타여〗¶철커덕하고 자물쇠가 열리다.

철커덕-거리다/-대다[—꺼(때)—]〖자타〗'절거덕거리다'의 거센말. 〖준〗철컥거리다. 〖작〗찰카닥거리다.

철커덕-철커덕〖부〗'절거덕절거덕'의 거센말. 〖준〗철컥철컥. 〖작〗찰카닥찰카닥. **철커덕철커덕-하다**〖자타여〗

철커덩〖부〗'절거덩'의 거센말. 〖준〗철컹. 〖작〗찰카당. **철커덩-하다**〖자타여〗

철커덩-거리다/-대다〖자타〗'절거덩거리다'의 거센말. 〖준〗철컹거리다. 〖작〗찰카당거리다.

철커덩-철커덩〖부〗'절거덩절거덩'의 거센말. 〖준〗철컹철컹. 〖작〗찰카당찰카당. **철커덩철커덩-하다**〖자타여〗

철컥〖부〗'철커덕'의 준말. ¶수갑을 ~ 채우다. 〖작〗찰칵. 〖여〗절걱. **철컥-하다**〖자타여〗

철컥-거리다/-대다[—꺼(때)—]〖자타〗'철커덕거리다'의 준말. 〖작〗찰칵거리다. 〖여〗절걱거리다.

철컥-철컥〖부〗'철커덕철커덕'의 준말. 〖작〗찰칵찰칵. 〖여〗절걱절걱. **철컥철컥-하다**〖자타여〗

철컹〖부〗'철커덩'의 준말. 〖작〗찰캉. **철컹-하다**〖자타여〗

철컹-거리다/-대다〖자타〗'철커덩거리다'의 준말. 〖작〗찰캉거리다.

철컹-철컹〖부〗'철커덩철커덩'의 준말. 〖작〗찰캉찰캉. **철컹철컹-하다**〖자타여〗

철탑(鐵塔)〖명〗고압 송전선 등을 받치기 위해 철재를 탑 모양으로 조립하여 만든 구조물.

철통-같다(鐵桶—)[—갇따]〖형〗빈틈이 없이 (방어나 수비의 상태가) 조금도 빈틈이 없이 튼튼하다. ¶**철통같은** 방위 태세 / **철통같은** 수비. **철통같-이**〖부〗

철퇴¹(撤退)[—퇴/—퉤]〖명〗거두어 가지고 물러나는 것. **철퇴-하다**〖자여〗

철퇴²(鐵槌)[—퇴/—퉤]〖명〗1 = 쇠몽둥이. 2 〖역〗옛날 무기의 하나. 끝이 둥글고 울퉁불퉁하여 적을 죽이는 데 쓰였음. =철추(鐵椎). 3 〖체〗=해머3.

철퇴를 가하다〖구〗엄한 벌을 내리거나 크나큰 타격을 주다. ¶유흥업소 주변의 폭력범들에게 ~.

철판¹(凸版)〖명〗〖인〗=볼록판. ↔요판(凹版).

철판²(鐵板)〖명〗쇠로 만든 넓은 판. =쇠판.

철판-구이(鐵板—)〖명〗철판 위에 고기·생선 등을 구워 즉석에서 먹는 일. 또는, 그 음식.

철퍼덕〖부〗1 '절퍼덕'의 거센말. 2 '절퍼덕²의 거센말. ¶땅바닥에 ~ 주저앉아 목을 놓아 울다. 〖준〗철퍽. 〖작〗찰파닥. **철퍼덕-하다**〖자여〗

철퍽〖부〗'철퍼덕'의 준말. 〖작〗찰팍. 〖여〗절벅. **철퍽-하다**〖자여〗

철편(鐵片)〖명〗=쇳조각.

철폐(撤廢)〖명〗(제도·법률·규정 등을) 더 이상 실시하거나 시행하지 않고 없애는 것. =철과(撤罷). **철폐-하다**〖타여〗¶사형 제도를 ~. **철폐-되다**〖자〗

철필(鐵筆)〖명〗1 = 펜. 2 같이 뾰족한 쇠로 된 등사용 필기도구. 3 도장을 새기는 새김칼.

철필-화(鐵筆畵)〖명〗〖미〗=펜화(pen畵).

철-하다(綴—)〖타여〗(문서·신문 등을) 한데 모아 엮다. ¶신문을 **철해서** 걸어 두다.

철학(哲學)〖명〗1 인간이나 세계에 대한 지혜·원리를 탐구하는 학문. 2 자기 자신의 경험 등에서 얻어지는 기본적인 생각. ¶'깡짜를 하는 계집에게는 손수건 하나라도 사 들고 들어가라.' 는 것이 사람의 결혼 생활의 ~이지 마는…. 〈염상섭:전화〉

철학-가(哲學家)[—까]〖명〗철학을 깊이 연구하여 일가를 이룬 사람. 〖비〗사상가·철인(哲人).

철학-사(哲學史)[—싸]〖명〗철학 사상의 변천 추이를 체계적으로 다룬 역사.

철학-자(哲學者)[—짜]〖명〗철학을 전문으로 연구하는 사람.

철학-적(哲學的)[—쩍]〖관명〗철학에 기초하거나 철학과 관계있는 (것). ¶~ 사고 / 이 글은 매우 어렵고 ~이다.

철혈(鐵血)〖명〗'쇠와 피'라는 뜻. '무기와 병력'을 비유적으로 이르는 말.

철혈^재상(鐵血宰相)〖명〗강력한 정책을 강행하는 재상. 흔히 '비스마르크'를 이름.

철혈^정책(鐵血政策)〖명〗〖역〗1862년에 비스마르크가 제창한, 군비 증강에 의한 독일의 통일 정책.

철회(撤回)[—회/—훼]〖명〗(일단 제출하였던 것이나 주장하였던 것을) 되물리거나 취소하는 것. **철회-하다**〖타여〗¶제안을 ~ / 사표를 ~. **철회-되다**〖자〗

첨¹〖부〗'처음'의 준말. 주로, 입말로 쓰임. ¶~ 겪는 일 / 사업이 ~에는 잘되었다. / 세상에 그런 노릇이는 ~ 본다.

첨가(添加)〖명〗(어떤 물질에 다른 물질을, 또는 하던 말에 다른 말을) 더하여 넣거나 보태는 것. **첨가-하다**〖타여〗¶음료수에 색소를 ~ / **첨가해서** 몇 말씀 더 드리겠습니다. **첨가-되다**〖자〗

첨가-물(添加物)〖명〗식품 등을 만들 때 보태어 넣는 것.

첨가^반응(添加反應)〖명〗〖화〗일반적으로 두 개 이상의 분자가 직접 결합하여 하나의 분자가 되는 것. 특히 유기 화합물 중의 이중 결합 또는 삼중 결합에 수소·할로겐·물 등의 분자가 결합하는 것. 또는, 그 반응. =부가 반응.

첨가-어(添加語)〖명〗〖언〗=교착어(膠着語).

첨단(尖端)〖명〗1 물체의 뾰족한 끝. 2 유행이나 시대사조(時代思潮) 등의 맨 앞장. ¶~ 산업 / 유행 시대의 ~을 걷다.

첨단^산업(尖端産業)〖명〗기술 집약도가 높고 관련 산업에의 파급 효과가 큰 산업.

첨-대(籤—)[—때]〖명〗1 책장이나 포갠 물건 사이에, 표를 하기 위하여 끼우는 댓조각. 2 '점대'의 잘못.

첨모-직(添毛織) [명] 천의 일면 또는 양면에 파일(pile)을 만들어 놓은 직물. 코르덴·타월·양탄자·벨벳 따위.

첨벙 [부] 비교적 큰 물체가 다소 깊은 물속에 떨어져 잠길 때 나는 소리. 또는, 그 모양. [작]참방. [여]점벙. **첨벙-하다** [동][자][타][여]

첨벙-거리다/-대다 [동][자][타] 자꾸 첨벙 소리가 나다. 또는, 그런 소리를 내다. [작]참방거리다. [여]점벙거리다.

첨벙-첨벙 [부] 첨벙거리는 소리. 또는, 그 모양. ¶물속으로 ~ 들어가다. [작]참방참방. [여]점벙점벙. **첨벙첨벙-하다** [동][자][타][여]

첨병(尖兵) [명][군] 전투 지역의 행군에서, 부대의 전방을 경계·수색하는 병사. 또는, 그 부대.

첨보(添補) [명] 더하여 보충하는 것. **첨보-하다** [동][타][여] **첨보-되다** [동][자]

첨부(添附) [명] (어떤 대상에 다른 대상을) 더하여 붙이는 일. ¶~ 서류. **첨부-하다** [동][타][여] ¶입사 원서에 졸업 증명서를 ~. **첨부-되다** [동][자]

첨삭(添削) [명] (시문·답안 등에) 말을 보태거나 삭제하거나 하여 고치는 일. =증삭·증산(增刪). ¶~ 지도 / 글의 내용에 ~을 가하다. **첨삭-하다** [동][타][여] **첨삭-되다** [동][자]

첨언(添言) [명] 덧붙여 말하는 것. **첨언-하다** [동][타][여]

첨예(尖銳) →**첨예-하다** [형][여] **1** 날카롭고 뾰족하다. =첨리(尖利)하다. ¶**첨예한** 칼끝. **2** (사상이나 태도가) 앞서 있거나 급진적인 데가 있다. ¶후기 모더니즘의 **첨예한** 이론. **3** (대립이나 갈등 따위가) 격하고 치열하다. ¶중동 사태가 **첨예해지다**.

첨예-화(尖銳化) [명] **1** (사상·태도 등이) 급진적인 상태가 되는 것. **2** (대립·갈등 따위가) 격하고 치열하게 되는 것. **첨예화-하다** [동][자][여] ¶양측의 대립이 ~. **첨예화-되다** [동][자] ¶노사 분규가 점점 ~.

첨의-부(僉議府) [-의-/-이-] [명][역] 고려 충렬왕 때, 중서문하성과 상서성(尙書省)을 통합하여 베푼 관아.

첨자(添字) [-짜] [명][수] 몇 개의 변수를 같은 문자를 써서 나타내는 경우, 그들을 구별하기 위한 소문자. 문자 좌우의 상하에 붙임. 이를테면 X_i, X_{ij}^k 따위.

첨작(添酌) [명] 제사에서, 종헌(終獻:마지막 술잔을 올리는 일)으로 드린 잔에 술을 더 따라 가득 채우는 일. 조금씩 세 번 따름. **첨작-하다** [동][자][여]

첨족(尖足) [명][의] 병적 원인으로 발가락 끝이 아래로 꼿꼿이 서서 발꿈치가 땅에 닿지 않는 발.

첨지[1](僉知) [명] 《성(姓) 아래에 붙여서》 지난날, 특별한 사회적 지위가 없는 나이 많은 남자를 동료나 윗사람이 예사롭게 이르던 말. ¶여보게 김 ~, 자네 문안에 들어갔다 오는 모양일세그려.《현진건:운수 좋은 날》

첨지[2](籤紙) [-찌] [명] 책 따위에 무엇을 표시하려고 붙이는 쪽지.

첨첨(添添) [부] 자꾸 더끔더끔 보태는 모양. ¶목초를 ~ 쌓아 올리다.

첨탑(尖塔) [명] 꼭대기가 뾰족한 탑. [비]뾰족탑. ¶교회의 ~.

첩[1] [명][의존] 반상기 한 벌에 갖추어진 쟁첩의 수효를 헤아리는 단위. ¶오~반상 / 칠~반상.

첩[2] →**첩을 박다** [구] 사람이 출입하지 못하도록 대문을 닫고 나무를 가로 걸쳐 박다.

첩[3](妾) Ⅰ [명] 본처 외에 또 다른 처로서 데리고 사는 여자. 오늘날에는 법적으로 인정되지 않음. =소실(小室)·측실(側室). [비]별실(別室). ¶~을 두다[얻다]. ×첩더기·첩데기.

Ⅱ [대][인칭] 예전에, 결혼한 여자가 윗사람에 대해 자기를 낮추어 일컫던 말. ¶사 씨 가로되, "~이 존문에 들어온 지 벌써 십 년이 지났으되 아직 한낱 혈육이 없사오니…."《김만중:사씨남정기》

첩[4](貼) [명][의존] 약봉지에 싼 약을 세는 말. ¶한약 두 ~을 달여 먹다.

-첩[5](帖) [접미] 사진·그림 따위를 붙이기 위하여 맨 책의 뜻. ¶사진~ / 서화~.

첩경(捷徑) [-꼉] Ⅰ [명] =지름길. ¶문제 해결의 ~ / 학문에는 따로 ~이 없다.

Ⅱ [부] 흔히. 또는, 아마도 틀림없이. ¶그런 일이란 ~ 있게 마련이다.

첩-더기(妾-) [명] '첩[3] Ⅰ'의 잘못.

첩-데기(妾-) [명] '첩[3] Ⅰ'의 잘못.

첩보(諜報) [-뽀] [명] 적의 형편을 정탐하여 보고하는 것. 또는, 그 보고. ¶~원 / ~전(戰) / ~ 활동. **첩보-하다** [동][타][여]

첩보-전(諜報戰) [-뽀-] [명] 첩보원을 통해 적의 정보나 상황을 알아냄으로써 적을 제압하거나 굴복시키고자 하는 일.

첩-살림(妾-) [-쌀-] [명] 첩을 두고 하는 살림. **첩살림-하다** [동][자][여]

첩-살이(妾-) [-쌀-] [명] 남의 첩이 되어 사는 생활. **첩살이-하다** [동][자][여]

첩-수로(捷水路) [-쑤-] [명][건] 내나 강의 굽은 물줄기를 곧게 고친 물길. 홍수 방지나 토지 이용 등의 목적으로 행해짐.

첩실(妾室) [-씰] [명] '첩(妾)[3]'을 점잖게 이르는 말.

첩-아비(妾-) [명] '첩장인(妾丈人)'을 얕잡아 일컫는 말.

첩약(貼藥) [첨냑] [명] 약방문에 따라 여러 가지 약제를 배합하여 약봉지에 싼 약.

첩어(疊語) [명] 같은 음이나 비슷한 음을 가진 단어를 반복적으로 결합한 말. '방실방실', '떼굴떼굴', '이리저리' 따위.

첩-어미(妾-) [명] **1** '첩장모'를 얕잡아 이르는 말. **2** '서모(庶母)'의 잘못.

첩운(疊韻) [명][문] 한시(漢詩)에서, 거듭되는 운자(韻字).

첩자(諜者) [-짜] [명] 적의 진영에서 몰래 정보를 수집하여 제공하는 사람. [비]간첩(間諜).

첩-장가(妾-) [-짱-] [명] 예를 갖추어 첩을 맞아 혼인하는 일. ¶~를 들다.

첩-장모(妾丈母) [-짱-] [명] 첩의 친정어머니.

첩-장인(妾丈人) [-짱-] [명] 첩의 친정아버지.

첩-쟁이(妾-) [-쨍-] [명] '첩[3]'을 얕잡아 일컫는 말.

첩지[1] [-찌] [명] 조선 시대에 왕비나 내명부·외명부가 쪽머리의 가르마에 얹어 치장하던 장신구. 사대부나 서민의 부녀들도 예장할 때에 사용하기도 하였음.

첩지[2](牒紙) [-찌] [명][역] 조선 말기의 판임관의 임명서.

첩첩(疊疊) →**첩첩-하다** [-처파-] [형][여] (사물이나 현상이) 여러 겹으로 겹치거나 쌓인 상태에 있다. [비]중중첩첩하다. **첩첩-이** [부]

¶갑숙이는 그저 자는지 건넌방 문을 ~ 닫고 아무 기척이 없다.《이기영: 고향》
첩첩-산중(疊疊山中)[-짠-] 명 여러 산으로 첩첩이 둘러싸인, 깊은 산속. ¶~에 자리 잡은 오지 마을. 2 많은 어려움이 겹겹이 놓여 있는 상태. 비유적인 말임. ¶그 문제를 해결하려면 가야 할 길이 그야말로 ~이다.
첩출(疊出) 명 같은 사물이 거듭하여 나오는 것. =중출(重出). **첩출-하다** 통자여
첩-치가(妾治家) 명 첩을 얻어서 딴살림을 차리는 것. 준치가. **첩치가-하다** 통자여
첫[천] 관 맨 처음의. ~ 월급 / ~ 공연 / ~ 시험 / ~ 장면.
  첫 단추를 잘못 끼우다 관 어떤 일을 시작 단계에서 잘못하다.
  첫 삽을 뜨다 관 건설 사업이나 그 밖에 어떤 일을 처음으로 시작하다. 또는, 시간과 노력이 많이 드는 일을 시작하다. ¶발전소 공사의 ~ / 신약 개발의 ~.
첫-가을[천까-] 명 막 닥쳐온 가을. =신추(新秋)·초량(初凉)
첫-걸음[천꺼-] 명 1 목적지를 향해 처음 내디디는 걸음. 2 어떤 일에서, 첫출발. =제일보.
첫-겨울[천껴-] 명 막 닥쳐온 겨울.
첫-고등[천꼬-] 명 맨 처음의 기회.
첫-국밥[천꾹빱] 명 해산 후 산모가 처음으로 먹는 미역국과 밥.
첫-길[천낄] 명 1 처음으로 가는 길. 2 시집가거나 장가들러 가는 길.
첫-나들이[천-] 명 1 갓난아이가 처음으로 바깥으로 하는 나들이. **첫나들이-하다** 통자여 1 갓난아이나 새색시가 처음으로 나들이하다. 2 얼굴에 검정이 묻은 사람을 놀릴 때 하는 말. 옛 풍속에 갓난아이가 첫나들이를 할 때 잡귀를 막는 뜻으로 코끝에 숯칠을 하던 일에서 비롯된 말임.
첫-날[천-] 명 무슨 일에 있어서, 처음이 되는 날. =초일(初日). ¶개회 ~ / 경기 ~ 육상 종목에서 세계 신기록이 나왔다.
첫날-밤[천-빰] 명 결혼한 뒤에 신랑과 신부가 처음으로 함께 자는 밤. =초야(初夜).
첫-눈¹[천-] 명 처음 보아 눈에 뜨이는 느낌이나 인상. ¶~에 알아보다 / ~에 반하다.
  첫눈에 들다 관 처음 보고 마음에 들다.
첫-눈²[천-] 명 그해 겨울에 처음으로 내리는 눈.
첫-닭[천딱] 명 새벽이 되어 맨 처음 홰를 치며 우는 닭. ¶~이 울자 우리는 곧 떠날 준비를 서둘렀다.
첫-대[천때] 부 첫째로. 또는, 무엇보다 먼저. ¶…인솔자가 단 위에 올라서더니 ~ 하는 소리가, 이 축에서 집안 사정이라든지 몸이 불편해서 못 갈 사람은 나서라는 것이었다.《염상섭: 취우》
첫대바기-에[천때-] 부 맞닥뜨리자 맨 처음으로. ¶지금도 일 년 만에 만나는 ~ 형님에게 또 새판으로 그러한 소리를 들으니까 불쾌하지 않을 수 없는 동시에….《염상섭: 만세전》
첫-더위[천떠-] 명 그해 여름에 처음으로 맞는 더위.
첫-돌[천똘] 명 아기가 태어나서 처음 맞는 생일. 또는, 어떤 일(특히, 창립·창업)이 있은 지 첫 1년이 되는 기념일. ¶~을 갓 지난 아기 / 그 회사는 설립 ~을 맞았다.

첫-딸[천-] 명 초산으로 낳은 딸.
  [**첫딸은 세간 밑천이다**] 첫딸이 집안 살림에 도움이 된다 하여 이르는 말.
첫-마디[천-] 명 맨 처음으로 내는 말의 한 마디.
첫-말[천-] 명 첫마디로 내는 말.
첫-머리[천-] 명 어떤 일이 시작되는 머리. ↔끝머리.
첫-물¹[천-] 명 1 옷을 새로 지어 입고 빨 때까지의 동안. 2 '맏물'의 잘못.
첫-물²[천-] 명 그해에 들어 첫 번으로 나는 홍수.
첫물-지다[천-] 통자 그해 들어 첫 홍수가 나다. ≒첫물지다.
첫-밗[천빡] 명 일이나 행동의 맨 처음의 국면. ¶~부터 일이 꼬이다.
첫-발[천빨] 명 첫걸음을 내디디는 발. =첫발자국. ¶~을 떼다.
  첫발을 내디디다 관 무엇을 새로이 시작하다. 또는, 어떤 범위 안으로 처음 들어서다. ¶달 착륙을 계기로 인류는 우주여행의 **첫발을 내디뎠다**.
첫-발자국[천빨짜-] 명 =첫발.
첫-배[천빼] 명 1 맏배. 2 한 해에 몇 번 새끼 치는 짐승이 그해 처음 새끼를 치는 일. 또는, 그 새끼. ↔종배.
첫-봄[천뽐] 명 봄이 시작되는 머리. ▷초봄.
첫-사랑[천싸-] 명 맨 처음 느끼거나 맺은 사랑. =초련(初戀).
첫-새벽[천쌔-] 명 밤이 막 새는 새벽의 머리.
첫-서리[천써-] 명 그해 가을에 맨 처음 내린 서리. =초상(初霜). ¶~가 내리다.
첫-선[천썬] 명 처음 세상에 내놓는 일. ¶~을 보이다.
첫-소리[천쏘-] 명[언] 한 음절에서, 처음으로 나는 소리. '강'에서 'ㄱ' 같은 소리. =초성·초발성.
첫-손[천쏜] → **첫손(을) 꼽다** 관 여럿 가운데 가장 뛰어나다. ≒첫손가락(을) 꼽다. ¶반에서 **첫손 꼽히는** 수재.
첫-손가락[천쏜까-] 명 '엄지손가락'을 첫째 손가락이라는 뜻으로 이르는 말.
  첫손가락(을) 꼽다 관 =첫손(을) 꼽다.
첫-솜씨[천쏨-] 명 경험이 없던 사람이 첫 번으로 손을 대서 하는 솜씨.
첫-수(-手)[천쑤] 명 장기·바둑 따위에서, 처음의 수.
첫-술[천쑬] 명 첫 번으로 떠먹는 밥술.
  [**첫술에 배부르랴**] 무슨 일이든지 처음부터 단번에 만족할 수는 없다는 말.
첫-아기[천-] 명 초산으로 낳은 아기.
  [**첫아기에 단산**] 처음이자 마지막이 됨을 이르는 말.
첫-아들[천-] 명 초산으로 낳은 아들.
첫-아이[천-] 명 초산으로 낳은 아이. 준첫애.
첫-애[천-] 명 '첫아이'의 준말.
첫-얼음[천-] 명 그해 겨울에 처음으로 언 얼음.
첫-여름[천녀-] 명 막 닥쳐온 여름. ▷초여름.
첫-울음[천-] 명 갓난아이가 태어나서 처음으로 우는 울음.
첫-이레[천니-] 명 아이가 태어나서 처음 이레가 되는 날. =초칠일·한이레.
첫-인사(-人事)[천-] 명 처음으로 하는 인

첫-인상(-印象)[천-] 명 첫눈에 느껴지는 인상. ¶~이 좋다 / 대인 관계에서는 ~이 중요하다.

첫-잠[천짬] 명 1 잠자리에 누워 맨 처음 드는 잠. ¶여젯밤에 잠을 못 잤으니까 ~이지 개잠인가.<홍명희:임꺽정> 2 [농] 누에가 뽕을 먹기 시작하여 처음으로 자는 잠.

첫-정(-情)[천쩡] 명 맨 처음으로 든 정.

첫-째[천-] 수관 차례를 매길 때, 맨 처음으로 오는 수. ¶~ 시간 / 학생의 임무는 공부가 ~다.

첫째-가다[천-] 동째 무엇보다 우선적으로 꼽히거나 으뜸이 되다. ¶마을에서 첫째가는 부자.

첫째-항(-項)[천-] 명[수] 수열이나 급수의 처음 항. 구용어는 초항(初項). ▷끝항.

첫-차(-車)[천-] 명 하루의 맨 첫 시각에 운행하는 차. ¶새벽 ~로 상경하다. ↔막차.

첫-추위[천-] 명 그해 겨울에 처음으로 맞는 추위.

첫-출발(-出發)[천-] 명 어떤 일에 첫걸음을 내디딤. **첫출발-하다** 동째

첫-판[천-] 명 무슨 일의 첫 번째가 되는 판. =상판. ¶씨름에서 ~을 이기다.

첫-해[처해] 명 무슨 일을 시작한 처음의 해.

첫-행보(-行步)[처퍼-] 명 1 첫 번으로 길을 다녀오는 일. 2 어떤 일을 해 나가기 위한 첫 단계 작업. ¶새로운 사업을 위한 ~를 시작하다.

첫-혼인(-婚姻)[처톤-] 명 처음 하는 혼인. 비초혼. **첫혼인-하다** 동째여

청[¹] 명 1 어떤 물건의 얇은 막으로 된 부분. ¶귀~이 / 대~. 2 =목청2. ¶~이 좋다.

청²(淸) 명[역] 중국의 마지막 왕조(1616~1912). 여진족의 누르하치가 여러 부족을 통일하여 후금(後金)을 세우고, 그 아들 태종이 국호를 청이라 고쳤으나, 신해혁명에 의하여 멸망함. =청국(淸國).

청³(請) 명 어떤 일을 이루기 위하여 남에게 하는 부탁. ¶~하다.

청(을) 넣다 관 직접으로 또는 중간에 사람을 넣어 특별히 청을 하다. ¶높은 양반한테 청을 넣었으니 좀 기다려 보게.

청⁴(廳) 명 '대청(大廳)'의 준말.

청⁵(廳) 명 중앙 행정 기관의 분류 단위의 하나. 장관 소속하에 둠. 우두머리는 청장.

청⁶(靑) →청색(靑色).

-청⁷(廳) 접미 일부 명사에 붙어, '행정 기관'의 뜻을 나타내는 말. ¶병무~ / 산림~ / 관세~.

청각¹(靑角)[-식] 녹조류 청각과의 해조(海藻). 몸은 너덧 번 가랑이져 사슴뿔 비슷하며, 짙은 녹색이고 부드러움. 김장 때 김치의 고명으로 쓰이고 무쳐 먹기도 함. 파도의 영향을 적게 받는 곳에서 잘 자람. =청각채.

청각²(聽覺)[-생] 소리를 느끼는 감각. 음파가 고막을 진동시켜, 내이(內耳)의 달팽이관에 도달하면서 느끼게 됨. =청감(聽感).

청각^교:육(聽覺敎育)[-꾜-] 명[교] 직접 귀로 들을 수 있는 음악·라디오 방송 등을 이용하여 하는 교육. ▷시청각 교육.

청각기(聽覺器)[-끼] 명[생] 소리의 자극을 받는 감각 기관. =청관(聽官)·청기(聽器).

청강(聽講) 명 강의를 듣는 것. **청강-하다** 동타여

청강-생(聽講生) 명[교] 전에 대학에서, 그 학교의 정규 학생이 아니면서 청강만을 허락받은 학생.

청-개구리(靑-) 명 1 [동] 양서류 청개구릿과의 한 종. 몸길이 25~40mm의 작은 개구리로, 등은 회색 또는 녹색 바탕에 검은 무늬가 흩어져 있고 배는 흰빛 또는 담황색인데, 주위 환경에 따라 몸빛이 변함. 발가락 끝에 빨판이 있어 나무에 오르며, 비가 오려고 할 때 심하게 욺. =청와(靑蛙). 2 [전래동화에서] 모든 일에 어기나가고 엇먹는 짓을 하는 사람의 비유. ¶하는 짓이 꼭 ~야.

청결(淸潔) →**청결-하다** 형여 (몸이나 물체나 장소 등이) 지저분하지 않거나 더러움이 없어 좋은 느낌을 주는 상태에 있다. 비깨끗하다. ¶몸이 ~ / 청결한 복장. ↔불결하다.

청결-히 부

청계(淸溪)[-게/-계] 명 맑고 깨끗한 시내.

청고(淸高) →**청고-하다** 형여 사람됨이 고결하고 고상하다.

청과(靑果) 명 =청과물. ¶~ 시장.

청과-물(靑果物) 명 신선한 과일과 채소. =청과(靑果). ¶~ 시장.

청-교도(淸教徒) 명[기] 16세기 후반에 영국 성공회의 종교 개혁을 더욱 철저하게 실천하려고 한 성공회 안의 일파 및 그 흐름에 동조한 프로테스탄트 각 파의 총칭. 화려하고 호사스런 것을 물리치고 신앙과 생활에서 순결·근엄을 중히 여김. =퓨리턴.

청구¹(靑丘·靑邱) 명 지난날, 중국에서 우리나라를 일컫던 말.

청구²(請求) 명 1 남에게 받아야 할 돈이나 물품을 달라고 요구하는 것. ¶요금 ~ 내역을 보내 드리겠습니다. 2 [법] 상대방에 대하여 일정한 행위를 요구하는 일. 민사 소송법상으로는 원고가 소송에 의하여 그 취지나 이유의 당부(當否)에 대하여 법원의 심판을 구하는 일을 가리킴. ¶손해 배상 ~ 소송. **청구-하다** 동타여 ¶공사 대금을 ~ / 경찰은 김 모 씨에 대해 사기 혐의로 구속 영장을 청구했다.

청구-권(請求權)[-꿘] 명[법] 특정인에 대하여 일정한 행위를 요구할 수 있는 권리. 채권·손해 배상권 등.

청-구멍(請-)[-꾸-] 명 청을 넣어 부탁할 만한 자리.

청구-서(請求書) 명 어떤 일을 공식적으로 청구하는 문서. ¶전화 요금 ~ / 우유 대금 ~ / 구속 영장 ~.

청국(淸國) 명[역] =청(淸)².

청국-장(淸麴醬)[-짱] 명 푹 삶은 콩을 더운 방에 띄워서 만든 된장의 한 가지. 찌개를 끓여 먹음. =담북장.

청군(靑軍) 명 경기 등에서, 청(靑)과 백(白)으로 편을 갈랐을 때, 청 쪽의 편. ↔백군.

청기(請期) 명 전통 혼례에서, 납폐한 뒤에 신랑 집에서 택일을 하여 그 가부를 묻는 편지를 신부 집에 보내는 육례(六禮)의 하나.

청-기와(靑-) 명 푸른 빛깔의 단단한 기와. =청와(靑瓦). ¶~ 집.

[청기와 장수] 고려 시대, 청기와 장수가 청기와 굽는 기술을 남에게 가르쳐 주지 않았다는 데서, 기술을 혼자만 알고 가르쳐 주지 않는 사람을 이르는 말.

청-꾼(請-) 명 남에게서 재물을 받고 권세 있는 집으로 드나들며 청질을 하는 사람.

청년(靑年) 명 신체적으로 거의 다 성숙했거나 성장이 끝난 젊은 남자. 일반적으로 17, 8세에서부터 20대의 시기에 있는 남자를 가리킴. ¶~ 시절 / 건강한 ~.

청년-기(靑年期) 명 사람이 신체적·정신적으로 한창 성장하거나 무르익은 시기. 일반적으로 고등학교 다닐 무렵부터 20대의 시기를 가리키나 넓게는 30대 초반을 포함하기도 함.

청년-단(靑年團) 명 어떤 목적을 가지고 조직된 청년의 단체.

청년-회(靑年會) [-회/-훼] 명 수양·친목·사회봉사 등을 위하여 청년들이 조직한 모임.

청단(靑短) 명 화투에서, 푸른 띠가 있는 목단·국진·풍의 다섯 끗짜리 석 장을 맞추어 이루는 단. ▷홍단·초단.

청담(淸談) 명 명리(名利)를 떠난, 맑고 고상한 이야기.

청-대¹(靑-) 명 베어 낸 뒤 마르지 않아 아직 푸른 대. =청죽(靑竹).

청대²(請對) 명하다[역] 신하가 급한 일이 있을 때, 임금에게 뵙기를 청하는 것. **청대-하다** 통[자어]

청대-콩(靑-) 명[식] =푸르대콩.

청동(靑銅) 명[화] 구리와 주석의 합금. 넓은 뜻으로는 아연·납 등을 첨가한 구리 합금을 포함함. =갈동(褐銅).

청동-기(靑銅器) 명 청동으로 주조한 기구.

청동기^시대(靑銅器時代) [고고] 청동기를 주요 기구로서 사용하던 시대. 석기 시대와 철기 시대의 중간 시대임.

청동-색(靑銅色) 명 청동과 같은 빛깔. 또는, 거무스름한 구릿빛.

청둥-오리 명[동] 오릿과의 새. 몸길이 58cm 가량. 수컷은 머리·목이 광택 있는 녹색이고, 부리는 갈색, 꽁지는 black, 앞것은 전체적으로 갈색을 띰. 하천·호수·늪·해안·농경지 등지에서 살며, 우리나라에서는 흔한 겨울새임. =물오리·야압(野鴨).

청둥-호박 명 늙어서 겉이 굳고 씨가 잘 여문 호박.

청등(靑燈) 명 푸른빛을 내는 등.

청람(靑藍) 명[화] 쪽의 잎에 들어 있는 천연 색소. 물과 알칼리에 풀리지 않는 푸른 가루로, 감색(紺色)의 물감으로 쓰임.

청랑(晴朗) [-낭] →**청랑-하다**[-낭-] 형어 날씨가 맑고 화창하다. ¶청랑한 가을 하늘.

청량¹(淸亮) [-냥] →**청량-하다**[-냥-] 형어 1 (사물의 빛이) 맑고 밝고 깨끗하다. ¶뒤에 있는 **청량한** 가을 햇살 아래 빛나는 갈꽃뿐.《황순원: 소나기》 2 (음성이나 소리가) 맑고 밝다. **청량-히** 부

청량²(淸凉) [-냥] →**청량-하다**²[-냥-] 형어 날씨가 맑고 서늘하다. **청량-히**² 부

청량-음료(淸凉飮料) [-냥-뇨] 명 이산화탄소가 들어가 맛이 산뜻하고 시원한 음료. 콜라 따위.

청량-제(淸凉劑) [-냥-] 명 1 먹으면 기분이 상쾌해지는 약. 드링크제 따위. 2 바르거나 머금거나 했을 때 상쾌한 느낌을 주는 약품. ¶구강-/보디-. 3 답답하거나 억눌린 마음을 시원하게 풀어 주는 구실을 하는 것. 비유적인 말임. ¶여행은 삶에 ~가 되어 준다.

청려-장(靑藜杖) [-녀-] 명 명아줏대로 만든 지팡이.

청력(聽力) [-녁] 명 귀로 소리를 듣는 힘.

청력-계(聽力計) [-녁꼐/-녁께] 명 사람의 청력을 측정하는 계기. =오디오미터.

청렬(淸冽) [-녈] →**청렬-하다**[-녈-] 형어 물이 맑고 차갑다.

청렴(淸廉) [-념] →**청렴-하다**[-념-] 형어 마음이 청백하고 탐욕이 없다. =염(廉)하다. ¶**청렴한** 인품 / 황희(黃喜)는 높은 관직을 두루 거치면서도 평생을 **청렴하게** 살았다.

청렴-결백(淸廉潔白) [-념-] 명 마음이 깨끗하여 탐욕이 없음. **청렴결백-하다** 형어 ¶**청렴결백한** 성품.

청령(聽令) [-녕] 명 명령을 주의 깊게 듣는 것. **청령-하다**(자)어

청록(靑綠) [-녹] 명 =청록색.

청록-색(靑綠色) [-녹쌕] 명 푸른빛이 도는 녹색. =청록.

청룡(靑龍) [-농] 명[민] 1 동쪽 방위의 목(木) 기운을 맡은 태세신(太歲神)을 상징한 짐승. 용을 형상하여 무덤 속과 관의 왼쪽에 그렸음. =창룡(蒼龍). 2 주산(主山)에서 갈라져 나간 왼쪽의 산맥. ↔백호(白虎).

청룡-도(靑龍刀) [-농-] 명 '청룡 언월도'의 준말.

청룡^언¦월도(靑龍偃月刀) [-농-똬] 명 예전에 중국에서 보병이나 기병(騎兵)이 가지고 육수전(陸水戰)에서 쓰던 칼. 준언월도·청룡도.

청루(靑樓) [-누] 명 =기생집.

청류(淸流) [-뉴] 명 1 맑게 흐르는 물. 2 명분과 절의(節義)를 지키는 무리. 3 명문(名門). 또는, 그 출신.

청리(淸吏) [-니] 명 청렴한 관리. ↔오리.

청마(靑馬) 명 장기나 쌍륙(雙六) 등에서 쓰는 푸른 빛깔의 말. ↔홍마(紅馬).

청매(靑梅) 명 매화나무의 푸른 열매. ↔황매(黃梅).

청맹-과니(靑盲-) 명 겉으로 보기에는 멀쩡하나, 실상은 보지 못하는 눈. 또는, 그런 사람. =당달봉사. 준청맹.

청-머루(靑-) 명 푸른 빛깔의 머루.

청명¹(淸明) 명 24절기의 하나. 4월 5일경으로, 춘분(春分)과 곡우(穀雨) 사이에 있음. =청명절.

청명²(淸明) →**청명-하다** 형어 날씨가 맑고 밝다. ¶구름 한 점 없는 **청명한** 가을 날씨.

청문-회(聽聞會) [-회/-훼] 명 국회에서 중요한 안건을 심사하거나 고위 공직 후보자의 자질을 검증하기 위하여 필요한 경우, 증인·참고인·공직 후보자 등을 국회에 출석시켜 신문하는 모임.

청-바지(靑-) 명 청색 데님(denim)으로 만든 바지. 특히, 젊은이들이 활동복으로 즐겨 입음. =블루진.

청백(淸白) →**청백-하다**[-배카-] 형어 청렴하고 결백하다. **청백-히** 부

청백-리(淸白吏) [-뱅니] 명 1 청렴결백한 관리. 2 [역] 의정부·육조(六曹)·경조(京兆)의 정2품 또는 종2품 이상의 당상관과 사헌부·사간원의 우두머리가 천거한 청렴한 벼슬아치.

[청백리 똥구멍은 송곳 부리 같다] 청렴결백하기 때문에 재물을 모으지 못하고 아주 가난하다.

청백-색(靑白色) [-쌕] 명 푸른빛이 도는 흰색.

청백-자(靑白瓷)[-짜] 명 몸은 백자, 잿물은 청자로 된 자기. =백청자·백태청기.

청백-전(靑白戰)[-쩐] 명 운동 경기 따위에서, 청군과 백군으로 편을 갈라 겨루는 시합.

청병(請兵) 명 구원병을 청하는 것. 또는, 출병하기를 요청하는 것. **청병-하다** 동(자여)

청보(靑褓) 명 푸른 빛깔의 보자기.
  청보에 개똥 귀 외양은 그럴듯하나 속은 해쳐 보면 흉하다는 뜻.

청부(請負) 명[법] =도급(都給). **청부-하다** 동(타여) ¶교량 건설 공사를 ~.

청-부루(靑-) 명 푸른 털과 흰 털이 섞인 말.

청빈(淸貧) ➡**청빈-하다** 형여 (사람이) 마음이 깨끗하고 재물에 욕심이 없이 가난하게 사는 상태에 있다. ¶청빈한 생활.

청사¹(靑史) 명 [종이가 발명되기 이전에는 대의 청피(靑皮)에 사실(史實)을 기록했기 때문에 이르는 말로] 역사상의 기록. ¶~에 길이 빛날 위업 / ~에 남을 인물.

청사²(廳舍) 명 관청의 건물. ¶정부 종합 ~.

청사-등롱(靑紗燈籠)[-농][역] 1 푸른 운문사(雲紋紗)를 몸체로 삼고 위아래에 붉은 천으로 동을 달아 옷을 한 등롱. 궁중에서 쓰던 것으로, 평민들은 혼례식에 사용하였음. 2 푸른 사(紗)로 옷을 한 등롱. 정3품에서 정2품까지의 관원이 밤에 다닐 때에 썼음. =청사초롱. (준)청등롱·청사롱.

청-사진(靑寫眞) 명 1 도면(圖面) 따위의 복사에 쓰이는 사진의 한 가지. 푸른 바탕에 흰 줄로 나타남. =청색 사진. 2 미래에 대한 희망적인 계획·구상 등의 비유. ¶2천 년대의 ~ / 회사 발전의 ~을 제시하다 / 청순 시절의 화려한 ~들은 어디로 가고 우리가 해온 작업은 과연 어떻게 평가받을 만한 것이던가. 《박태순:3·1절》

청사-초롱(靑紗-) 명 =청사등롱.

청산¹(靑山) 명 풀·나무가 무성한 푸른 산. =벽산(碧山).

청산(淸算) 명 1 (채무·채권 관계를) 셈하여 깨끗이 정리하는 것. 2[경] 법인·조합 등이 해산에 의하여 활동을 정지하고 재산 관계를 정리하는 일. 3 (어떤 일이나 부정적인 요소 등을) 결말을 지어 없애는 것. **청산-하다** 동(타여) ¶빚을 ~ / 어두운 과거를 ~. **청산-되다** 동(자)

청산-가리(靑酸加里) 명 '시안화칼륨'을 일상적으로 이르는 말.

청산-녹수(靑山綠水)[-쑤] 명 푸른 산과 푸른 물.

청산리^대:첩(靑山里大捷)[-니-][역] 1920년에 김좌진(金佐鎭)이 이끄는 독립군이 만주 청산리에서 일본 군사와 싸워 큰 승리를 거둔 싸움. =청산리 싸움.

청산-별곡(靑山別曲) 명[문] 작자·연대 미상의 고려 가요. 모두 8연으로, 현실 도피 및 현실 부정의 사상이 담겨 있음.

청산-유수(靑山流水)[-뉴-] 명 [청산에 흐르는 물과 같다는 뜻] 말을 막힘이 없이 술술 잘하는 상태. 비유적인 말임. ¶그는 입을 한번 열었다 하면 ~다.

청상¹(靑裳) 명 1 푸른 치마. 2 푸른 치마를 입은 여자. 특히, 기생(妓生)

청상²(靑孀) 명 '청상과부'의 준말. ¶해순이도 과부였다. 과부들 중에서도 가장 젊은 스물셋의 ~이었다.《오영수:갯마을》

청상³(淸爽) ➡**청상-하다** 형여 맑고 시원하다.

청상-과부(靑孀寡婦) 명 젊어서 과부가 된 여자. (준)청상.

청-새치(靑-) 명[동] 돛새칫과의 바닷물고기. 몸길이 3m가량. 온몸이 작은 비늘로 덮여 있으며, 주둥이는 좁고 창 모양으로 길쭉함. 몸빛은 검푸르고, 살은 복숭앗빛임.

청색(靑色) 명 삼원색의 하나. 무지개 중 위에서 다섯 번째에 있는 색깔. 맑은 날의 하늘과 같은 색깔임. (비)파란색·파랑.

청서(靑書) 명[정] 영국 의회의 보고서. 표지가 청색임. ↔백서(白書).

청석(靑石) 명[광] 푸른 빛깔을 띤 응회암. 실내 장식이나 건물의 외부 장식에 쓰임.

청설-모(靑-毛) 명 날다람쥐의 털. 붓을 만듦. (원)청서모.

청소(淸掃) 명 (어느 곳을) 쓸거나 닦거나 털거나 함으로써 더러운 것을 없애어 깨끗이 하는 것. =소제(掃除). ¶교실 ~ / 도구 / ~ 당번. **청소-하다** 동(타여) ¶집 안을 ~.

청소-되다 동(자)

청-소골(聽小骨) 명[생] 중이(中耳)의 안에 있는 세 개의 작은 뼈. 곧, 망치뼈·모루뼈·등자뼈로 고막의 진동을 내이(內耳)에 전달함. =청골(聽骨).

청-소년(靑少年) 명 아직 성인이 되지 않은 젊은이. 주로, 중고등학생 정도의 연령층을 가리키나 넓게는 초등학생의 연령층도 포함함. 집합체를 가리키는 말로서, 특정 개인을 가리키기는 어려움. ¶~ 시절 / 비행 ~ / ~에게 할인 혜택을 주다.

청소-부¹(淸掃夫) 명 청소를 직업으로 하는 남자. 순화어는 '환경미화원'.

청소-부²(淸掃婦) 명 청소를 직업으로 하는 여자. 순화어는 '환경미화원'.

청소-차(淸掃車) 명 쓰레기나 분뇨 따위를 실어 나르는 자동차.

청-솔(靑-) 명 1 푸른 소나무. =청송(靑松). 2 푸른 잎이 아직 마르지 않은, 베어 놓은 소나무.

청-솔가지(靑-)[-까-] 명 베거나 꺾은 지 얼마 되지 않아 아직 마르지 않은, 잎이 푸른 솔가지.

청송(靑松) 명 =청솔.

청수¹(淸水) 명 맑고 깨끗한 물. ↔탁수(濁水).

청수²(淸秀) ➡**청수-하다** 형여 얼굴이 깨끗하고 빼어나다. ¶양생은 풍채 청수하여 천상 선인 같으니…. 《김만중:구운몽》

청순(淸純) ➡**청순-하다** 형여 (사람이나 마음의 작용이) 때 묻지 않고 순수하다. ¶소년, 소녀의 청순한 사랑 / 때 묻지 않은 청순한 시골 처녀.

청순-가련(淸純可憐) 명 깨끗하고 순수하며 동정이 가도록 애틋함. **청순가련-하다** 형여 ¶청순가련해 보이는 소녀.

청-술레(靑-) 명[식] 배의 하나. 일찍 익으며, 빛이 푸르고 물기가 많음. =청리(靑梨).

청승 명 사람이 격에 맞지 않게 슬퍼하거나 처량하게 구는 상태. 또는, 어떤 대상이 격에 맞지 않게 슬픔이나 처량함을 나타내고 있는 상태. ¶~을 떨다 / 남들 다 자는 오밤중에 웬 ~이야. 그만 못 그쳐.

청승-궂다[-굳따] 형 (사람이나 사람의 행동이) 격에 맞지 않게 슬퍼하거나 처량하게 구는 데가 있어 언짢다. ¶청승궂게 왜 이리

눈물이 나는지 모르겠다.
청승-맞다[-맏따] 형 청승을 떠는 성질이 있다. ¶한 여자가 **청승맞게** 울고 있다. / 피리 소리가 **청승맞도록** 구슬프다.
청승-스럽다[-따][형ㅂ]〈-스러우니, -스러워〉청승을 떠는 데가 있다. **청승스레** 튀
청신(淸新) →**청신-하다** 형여 새롭고 산뜻하다. ¶**청신한** 새벽 공기 / 진보적 소장 학자들이 학계에 **청신한** 바람을 일으키다.
청-신경(聽神經) 명 [생] 내이(內耳)에서 청각과 평형감각을 뇌에 전하는 감각 신경.
청-신호(靑信號) 명 **1** 진행을 나타내는, 교통 신호의 하나. **2** 앞일에 대한 순조로운 징조의 비유. ↔적신호(赤信號).
청-실(靑-) 명 푸른 빛깔의 실. =청사(靑絲)
청실-홍실(靑-紅-) 명 납채(納采)할 때, 청홍(靑紅)의 두 끝을 따로 접고 그 허리에 빛깔이 엇바뀌게 낀 명주실 테. =청홍사(靑紅絲).
청심-환(淸心丸) 명 [한] 심장의 열을 풀고 마음을 안정시키는 데 쓰는 환약.
청아(淸雅) →**청아-하다** 형여 (모습·소리·상 등이) 속된 데가 없이 맑고 아름답다. ¶**청아한** 자태 / **청아한** 목소리.
청안(靑眼) 명 좋은 마음으로 남을 보는 눈. ↔백안(白眼).
청안-시(靑眼視) 명 달갑게 여기거나 환대하여 보는 것. ↔백안시. **청안시-하다** 동여
청약(請約) 명 일정한 내용의 계약을 체결시킬 것을 목적으로 하는 일방적 의사 표시. ¶~자(者) / ~ 예금. **청약-하다** 동여
청약-립(靑篛笠) [-양닙] 명 푸른 갈대로 만든 갓.
청양(淸陽) 명 [날씨가 화창하고 따뜻하다는 뜻] '봄'을 이르는 말. ¶~ 가절(佳節).
청어(靑魚) 명 [동] 청어과의 바닷물고기. 몸길이 35cm가량. 등은 짙은 청색이고, 옆구리와 배는 은백색임. 기름이 많고 맛이 좋음. 식료품으로서의 생선을 '비웃', 말린 것을 '관목'이라 함.
청옥(靑玉) 명 [광] 강옥(鋼玉)의 한 가지. 푸르고 투명하며, 질이 좋은 것은 보석으로 씀. 다이아몬드 다음으로 굳으며 인공적으로 합성됨. 9월의 탄생석임. =사파이어.
청올치 명 칡덩굴의 속껍질. 노나 배 등의 재료로 쓰임.
청-요리(淸料理) [-뇨-] 명 청나라의 요리라는 뜻으로, 중화요리를 달리 이르는 말.
청우(晴雨) 명 날이 갬과 비가 옴. =우청(雨晴)
청우-계(晴雨計) [-계/-게] 명 [물] 기상 관측에 쓰이는 기압계. =풍우계.
청운(靑雲) 명 **1** 푸른 빛깔의 구름. **2** 높은 지위나 벼슬을 가리키는 말.
청운의 꿈 관 입신출세하려는 꿈. ¶~을 안고 상경하다.
청운의 뜻 관 입신출세하려는 큰 희망. ¶~을 품다.
청원(請願) 명 일이 이루어지도록 청하고 원하는 것. **청원-하다** 동여 ¶학교 신설을 정부에~.
청원^경찰(請願警察) 명 [법] 중요 산업 시설이나 공공 기관, 국내 주재 외국 기관 등의 요청에 의하여, 수익자가 비용을 부담하는 것을 조건으로 경비 업무를 담당하는 경찰.

청원-권(請願權) [-꿘] 명 [법] 국민이 국가 기관에 대하여 희망 사항을 청원할 수 있는 권리. 헌법에 보장된 기본권의 하나임.
청원-서(請願書) 명 [법] 청원하는 내용을 적은 문서. 반드시 문서로써 해야 함.
청유(淸遊) 명 번잡하거나 속되지 않게 정취를 즐기며 조촐히 노는 것. 또는, 그러한 놀이. **청유-하다** 동자여 ¶이 정자는 많은 명사들이 시회(詩會)를 가지며 **청유하던** 곳이다.
청유-문(請誘文) 명 [언] 말하는 이가 듣는 이에게 같이 행동할 것을 권하는 내용을 담은 문장. 청유형 종결 어미로 문장을 종결함. "우리 다 같이 노래 부르자." 따위.
청유-형(請誘形) 명 [언] 동사의 활용형의 하나. 무엇을 하자고 이끄는 뜻을 나타내는 종결 어미. '-자', '-(으)ㅂ시다', '-세' 따위가 붙은 꼴임. =이끎꼴.
청음(淸音) 명 **1** 맑고 깨끗한 소리. **2** [언] = 안울림소리. ↔탁음(濁音).
청음(聽音) 명 [음] 음악 교육에서, 귀의 훈련을 위하여 가락이나 화음을 듣고 리듬·박자·조·음이름 등을 알아내거나 알아내어 악보에 옮겨 쓰는 기초적 연습.
청음-기(聽音機) 명 =음향 탐지기.
청의(靑衣) [-의/-이] 명 **1** 푸른 빛깔의 옷. **2** [옛적에 천한 사람이 푸른 옷을 입었던 데서] 천한 사람을 가리키는 말.
청인(淸人) 명 청나라 사람.
청일(淸逸) →**청일-하다** 형여 맑고 속되지 않다. ¶**청일한** 인품.
청일^전:쟁(淸日戰爭) 명 [역] 청나라와 일본 사이에 벌어진 전쟁(1894~95). 조선의 동학 혁명을 계기로 전쟁이 일어나 일본이 승리하고, 시모노세키 조약이 체결됨.
청-일점(靑一點) [-쩜] 명 많은 여자 틈에 하나뿐인 남자를 이르는 말. ↔홍일점.
청자¹(靑瓷·靑磁) 명 [공] 푸른 빛깔의 자기. 자기의 몸을 이루는 흙과 잿물 가운데에 있는 철염의 성분이 속불꽃으로 인하여 푸른 빛을 띰. =청도(靑陶)·청자기. [고려-.
청자²(聽者) 명 말을 듣는 사람. ↔화자(話者).
청자^상감(靑瓷象嵌) 명 [공] 고려 시대에 발달한 무늬 놓는 한 가지. 청자에 여러 가지 도안과 무늬를 새겨 다른 빛깔을 냄.
청자-색(靑瓷色) 명 청자의 빛깔과 같이 푸른 색.
청장¹(淸帳) 명 빚 따위를 깨끗이 갚는 것. **청장-하다** 동여
청장²(淸醬) 명 진하지 않은 간장.
청장³(廳長) 명 청(廳)의 우두머리.
청-장년(靑壯年) 명 청년과 장년.
청정(淸淨) →**청정-하다** 형여 **1** 깨끗하여 더러움이 없다. ¶**청정한** 심경. **2** [불] 허물이나 번뇌가 없이 깨끗하다. **청정-히** 튀
청정^수역(淸淨水域) 명 [지] 해양 자원을 보호하고 연안 양식 지역에서 발생하는 해수 오염을 방지하기 위하여 설정한 지역. =블루벨트.
청정^재:배(淸淨栽培) 명 [농] 인분이나 퇴비를 사용하지 않고 화학 비료를 사용하여 야채를 재배하는 방법.
청조¹(淸朝) 명 **1** 중국의 청의 조정. **2** [인] '청조체'의 준말.
청조²(淸操) 명 깨끗한 정조(貞操). 또는, 결백한 지조.

청조-체(淸朝體)〖명〗〖인〗활자체의 하나. 붓으로 쓴 것과 비슷한 한문 글자체. 준청조.
청좌(請坐)〖명〗**1** 혼인 때, 신부 집에서 신랑에게 사람을 보내어 예식을 행하기를 청하는 것. **2**〖역〗조선 시대에 이례(吏隷)를 보내어 으뜸 벼슬아치의 출석을 청하던 일. **청좌-하다**〖동〗〖타〗〖여〗
청죄(請罪)[-죄/-줴]〖명〗저지른 죄에 대하여 벌을 내릴 것을 청하는 것. **청죄-하다**〖동〗〖자〗〖여〗
청주(淸酒)〖명〗**1** =맑은술. **2** =정종(正宗).
청중(聽衆)〖명〗어떤 장소에 모여 강연·연설·연주·노래 등을 듣는 많은 사람. ¶~의 우렁찬 박수 / ~을 열광시키다.
청-지기〖명〗〖역〗양반집에서 잡일을 맡아보고 시중을 드는 사람. =수청(守廳).
청진(聽診)〖명〗〖의〗환자의 몸 안에서 나는 소리를 들어서 진단하는 일. **청진-하다**〖동〗〖타〗〖여〗
청진-기(聽診器)〖명〗〖의〗병을 진찰하기 위해 배나 가슴, 등에 대고 몸 안에서 나는 소리를 듣는 의료 기구.
청-질(請-)〖명〗무슨 일을 하는 데, 올바른 길을 밟지 않고 세력 있는 사람에게 부탁하여 그 힘을 빌리는 것. **청질-하다**〖동〗〖타〗〖여〗
청징(淸澄)→**청징-하다**〖형〗〖여〗맑고 깨끗하다. ¶10년 주가 넘을 장송(長松)이 낙락한 넓은 송림을 한 바퀴 도니, **청징한** 공기가 사람을 살찌게 할 것 같다.《박종화:청산 백운첩》
청-쭙다(請-)[-따]〖동〗〖타〗〖ㅂ〗〈~쭈우니, ~쭈워〉**1** 극히 높은 사람을 청하다. **2** 극히 높은 사람에게 청하다.
청처짐-하다〖형〗〖여〗(동작이나 어떤 상태가) 꽤 느슨하거나 축 처진 상태에 있다. ¶유복이는 양반 행차를 배행할 모리가 없어서 **청처짐하게** 뒤에 떨어져 갔다.《홍명희:임꺽정》
청천¹(靑天)〖명〗푸른 하늘. =청공(靑空).
　청천 하늘에 날벼락〖구〗뜻밖에 일어나는 돌발적인 변.
청천²(晴天)〖명〗맑게 갠 하늘. =청공(晴空). 준청(晴). ↔담천(曇天).
청천-백일(靑天白日)〖명〗**1** 맑게 갠 대낮. **2** 맑게 갠 하늘의 해.
청천-벽력(靑天霹靂)[-병녁]〖명〗['맑게 갠 하늘에서 치는 벼락'이라는 뜻] 뜻밖에 일어난 큰 변고. ¶이게 무슨 ~ 같은 소리냐!
청첩(請牒)〖명〗'청첩장'의 준말.
청첩-인(請牒人)〖명〗청첩장을 보내는 사람.
청첩-장(請牒狀)[-짱]〖명〗경사스러운 일이 있을 때 남을 초청하는 글발. =청간(請簡)·청찰(請札). ¶결혼식~ / ~을 받다 / ~을 내다. 준청장·청첩.
청청¹(靑靑)→**청청-하다¹**〖형〗〖여〗싱싱하게 푸르다. ¶대숲에 **청청하게** 우거져 있다. **청청-히¹**〖부〗
청청²(淸淸)→**청청-하다²**〖형〗〖여〗(소리가) 맑고 깨끗하다. ¶방울 소리가 밤 벌판에 한층 **청청하게** 울렸다.《이효석:메밀꽃 필 무렵》 **청청-히²**〖부〗
청초(靑草)〖명〗**1** 푸릇푸릇한 풀. ¶~ 우거진 골에 자는가 누웠는다.《임제:옛시조》 **2** =풋담배¹.
청초(淸楚)→**청초-하다**〖형〗〖여〗(풀·꽃·여자 등의 모습이) 싱그럽거나 생기 있고 곱다. ¶**청초한** 소녀 / 들녘에 **청초하게** 핀 들국화.

청초-히〖부〗
청촉(請囑)〖명〗청을 들어주기를 부탁하는 것. **청촉-하다**〖동〗〖타〗〖여〗
청춘(靑春)〖명〗['만물이 푸른 봄철'이라는 뜻] 십 대 후반에서 이십 대에 걸치는, 인생의 젊은 나이. 또는, 그 시절. ¶~-기(期) / ~ 남녀 / 꽃다운 이팔~ / 독립 운동에 ~을 바치다.
청춘-사업(靑春事業)〖명〗'연애'를 속되게 이르는 말.
청춘-스타(靑春star)〖명〗대중으로부터 높은 인기를 얻고 있는 연예인이나 운동선수 가운데 나이가 젊은 사람.
청출어람(靑出於藍)〖명〗[쪽에서 뽑아낸 푸른 물감이 쪽보다 더 푸르다는 뜻] 제자가 스승보다 나음을 이르는 말. 준출람(出藍).
청취(聽取)〖명〗(방송·진술·보고 등을) 귀를 통하여 듣는 것. **청취-하다**〖동〗〖타〗〖여〗¶라디오를 ~.
청취-율(聽取率)〖명〗라디오의 특정한 프로그램을 청취하고 있는 비율. ¶~이 높다 [낮다].
청취-자(聽取者)〖명〗라디오를 듣는 사람.
청-치마(靑-)〖명〗청색 데님(denim)으로 만든 치마.
청탁(淸濁)〖명〗**1** 맑음과 흐림. **2** 옳음과 그름. **3** 청음과 탁음.
청탁(請託)〖명〗청하여 부탁하는 것. 또는, 그 부탁. **청탁-하다**〖동〗〖타〗〖여〗¶원고를 ~.
청탑-파(靑鞜派)〖명〗['푸른 양말을 신은 사람들의 뜻] 18세기에 런던의 사교계에서 여류 문인이나 여류 학자를 얕잡아 일컫던 말. =블루 스타킹.
청태(靑苔)〖명〗〖식〗**1** 푸른 이끼. ㈁녹태(綠苔). **2** =갈파래. **3** =김³.
청-편지(請片紙)〖명〗청을 넣느라고 하는 편지. =청간(請簡). **청편지-하다**〖동〗〖자〗〖여〗
청포¹(靑布)〖명〗푸른 빛깔의 베.
청포²(淸泡)〖명〗=녹말묵.
청-포도(靑葡萄)〖명〗**1** 설익은 푸른 포도. **2**〖식〗포도의 한 종류. 다 익어도 연둣빛을 띠며, 껍질이 얇고 주다.
청포-묵(淸泡-)〖명〗=녹두묵.
청풍(淸風)〖명〗부드럽고 상쾌하게 부는 바람. ¶~이 습습하니 송성(松聲)이 냉랭하다.(김진태:옛시조)
청풍-명월(淸風明月)〖명〗맑은 바람과 밝은 달.
청프^전!쟁(淸←France戰爭)〖명〗〖역〗1884~85년, 베트남에 대한 청나라의 종주권을 놓고 프랑스와 청나라 사이에 벌어진 전쟁.
청-하다(請-)〖동〗〖타〗〖여〗**1**(사람을 잔치나 행사나 모임 등에) 와 달라고 부탁하다. ㈁초대하다. ¶결혼식에 손님을 ~. **2** (어떤 일을 다른 사람에게) 해 달라거나 베풀어 달라고 부탁하거나 제의하다. ¶주위 사람에게 도움을 ~ / 그는 내게 악수를 **청했다**. **3** ('잠'을 목적어로 하여) 눈을 감거나 자리에 눕거나 하여 잠을 자고자 하는 상태가 되다. ¶잠을 **청하여** 보았지만 걱정 때문에 쉬이 잠이 오지 않았다.
청한(淸閑)→**청한-하다**〖형〗〖여〗맑고 깨끗하며 한가롭다.
청혼(請婚)〖명〗(어떤 사람이 이성의 상대에게) 자기와 결혼하기를 청하는 것. ㈁구혼(求婚). ¶~-자(者) / ~을 받다. **청혼-하다**〖동〗〖자〗〖여〗

청홍(靑紅) 명 '청홍색'의 준말.
청-홍색(靑紅色) 명 청색과 홍색. ⓒ청홍.
청화^자ː기(靑華瓷器) 명 [공] 순백의 바탕에 푸른 빛깔로 그림을 그린 자기. =백자 청화ㆍ청화 백자.
청훈(請訓) 명 외국 주재의 대사ㆍ공사ㆍ사절 등이 본국 정부에 훈령을 청하는 것. 청훈-하다 통(자)(여)
체¹ 명 가루를 곱게 치거나 액체를 거르는 데 쓰는 기구. 얇은 나무로 쳇바퀴를 만들고 쳇불을 메웠음. ¶~를 메다(메우다) / ~로 가루를 치다 / 술을 ~에 받치다.
체²(의존) [어미 '-ㄴ','-는' 아래에 쓰여] 앞의 행동이나 상태가 그럴듯하게 거짓으로 꾸민 것임을 나타내는 말. =척. ¶그는 날 못 본 ~ 외면하고 지나갔다. / 그는 내가 주는 차비를 못 이기는 ~ 받아 넣었다.
체³ 감 못마땅하여 아니꼬울 때나, 원통하여 탄식할 때 내는 소리. =치ㆍ쳇. ¶~, 별꼴 다 보겠네.
체⁴(滯) 명 [한] '체증(滯症)¹'의 준말.
체⁵(體) 명 1 '서체'나 '필체'를 이르는 말. ¶명조 ~ / 고딕 ~ / 추사(秋史) ~ / 글씨의 ~가 예쁘다. 2 격식이나 모양새.
-체⁶(體) 접미 1 '몸'을 나타내는 말. ¶건강 ~ / 허약 ~. 2 어떤 형체나 물체를 뜻하는 말. ¶걸정 ~ / 입 ~ / 사면 ~ / 육면 ~. 3 어떤 조직이나 기관임을 나타내는 말. ¶사업 ~ / 기업 ~ / 조직 ~ / 합의 ~. 4 서술ㆍ표현의 방식이나 체재를 뜻하는 말. ¶구어 ~ / 간결 ~ / 편년 ~.
체간(體幹) 명[동] 척추동물의 몸 중에서 체지를 제외한 몸의 중추 부분. 머리ㆍ목ㆍ가슴ㆍ배ㆍ꼬리의 다섯 부분으로 나뉨. ↔체지(體肢).
체감¹(遞減) 명 등수를 따라 차례로 덜어 가는 것. ↔체증. 체감-하다¹통(자)(여) 체감-되다¹통(자)
체감²(體感) 명 (어떤 것을) 몸으로 느껴 아는 것. 또는, 그 느낌. 체감-하다²통(타)(여) ¶온도 변화를 ~ / 물가 양등을 ~. 체감-되다²통(자)
체감^온도(體感溫度) 명 [기상] 바람이나 습도 등의 영향으로 인해 인체가 실제의 기온보다 더 춥거나 덥게 느끼는 온도.
체강(體腔) 명 [생] 동물의 체벽과 내장 사이의, 중배엽으로 둘러싸인 빈 곳. 포유류의 복강(腹腔)ㆍ흉강(胸腔) 등.
체격(體格) 명 1 몸의 골격. 2 근육ㆍ골격ㆍ영양 상태로 나타나는 몸의 외관적 모습. ¶~이 좋다 / ~이 크다 / ~이 건장하다 / ~이 빈약하다.
체결(締結) 명 1 얽어서 맺는 것. 2 (계약ㆍ조약 등을) 맺는 것. 체결-하다 통(타)(여) ¶불가침 조약을 ~. 체결-되다 통(자)
체경(體鏡) 명 몸 전체를 비추어 볼 수 있는 큰 거울. ▷면경(面鏡).
체계(體系) [-계/-게] 명 일정한 원리에 의하여 각기 다른 것을 계통적으로 통일한 조직. ¶~를 세우다 / ~를 세우다.
체계-적(體系的) [-계-/-게-] 관 체계를 이룬 (것). ¶~ 분류 / ~인 지식 / 언어학을 ~으로 배우다.
체계-화(體系化) [-계-/-게-] 명 체계적인 것으로 만드는 것. 체계화-하다 통(타)(여) ¶고대사를 ~. 체계화-되다 통(자)
체고(體高) 명 동물의 몸의 높이. 특히, 네발 짐승의 경우, 네발을 땅에 딛고 똑바로 섰을 때 발바닥에서 어깨에 이르는 높이. =몸높이. (비)키.
체공(滯空) 명 (항공기ㆍ기구 따위가) 공중에 머물러 있는 것. ¶~ 시간. 체공-하다 통(자)(여) 체공-되다 통(자)
체-관¹(-管) 명 [식] 식물의 관다발 안에 있는 관상(管狀) 조직. 가늘고 긴 세포가 세로로 이어져 있으며, 동화(同化) 물질의 통로임. =사관(篩管).
체관²(諦觀) 명 사물의 본체를 충분히 꿰뚫어 보는 것. 또는, 자세하게 살피는 것. =체시(諦視). 체관-하다 통(타)(여)
체관-부(-管部) 명 [식] 체관ㆍ반세포(伴細胞)ㆍ인피 섬유 등으로 이루어지는 식물의 복합 조직. 동화 물질의 이동, 양분의 저장 등의 기능을 가짐. =사부(篩部)ㆍ인피부(靭皮部).
체구(體軀) 명 사람이나 동물의 몸의 크기. (비)몸집. ¶당당한 ~ / ~가 왜소하다 / ~가 크다.
체급(體級) 명 [체] 권투ㆍ태권도ㆍ역도 등에서, 경기자의 체중에 의하여 매겨진 등급. ¶~ 경기.
체기(滯氣) 명 [한] 먹은 것이 잘 소화되지 않아 생기는 가벼운 체증. ¶~를 내리다.
체납(滯納) 명 세금ㆍ요금 등을 기한까지 내지 못하고 밀리는 것. ¶~액 / ~자. 체납-하다 통(타)(여) ¶세금을 체납하면 가산금이 붙는다. 체납-되다 통(자)
체내(體內) 명 몸의 내부. ↔체외(體外).
체내^수정(體內受精) 명[동] 주로 교미에 의하여, 정자가 암컷의 체내에 들어가 그곳에서 수정이 이루어지는 것. ↔체외 수정.
체념(諦念) 명 1 (어떤 일을) 바라던 대로 이뤄지기 어려우리라 생각하고 더 이상 기대하지 않게 되는 것. (비)단념. ¶어차피 되지 않을 일이라면 ~ 빠를수록 좋다. 2 도리를 깨닫는 마음. 체념-하다 통(타)(여) ¶어떤 일이 바라던 대로 이뤄지기 어려우리라 생각하고 더 이상 기대하지 않게 되다. ¶그는 운명이거니 하고 모든 것을 체념해 버렸다.
체능(體能) 명 어떤 일을 감당할만한 신체적인 능력. ¶~ 검사.
체대(體大) 명 [교] '체육 대학'의 준말.
체득(體得) 명 1 (어떤 일을) 몸소 경험하여 알게 되는 것. 2 뜻을 충분히 이해하여 실천으로써 본뜨는 것. 체득-하다 통(타)(여) ¶생명의 고귀함을 ~ / 성현의 말씀을 ~. 체득-되다 통(자)
체력(體力) 명 몸의 작업 능력. 또는, 질병ㆍ추위ㆍ기아 등에 대한 몸의 저항 능력. =근골(筋骨). ¶단련 ~ / ~ 향상 / ~이 달리다 / ~을 기르다.
체력-장(體力章) [-짱] 명 중고등학생들에게 실시하는 종합적인 체력 측정 및 그 검사 제도.
체루(涕淚) 명 슬피 울어서 흐르는 눈물.
체류(滯留) 명 객지에 가서 머물러 있는 것. =체재(滯在). (비)두류(逗留). 체류-하다 통(자)(여) ¶이 장관은 일본에서 4일간 체류할 예정이다.
체르노젬(chernozem) 명 [지] 반건조 기후 하의 초원에 발달하는 흑색의 토양. 석회분이 풍부하고 비옥함.
체리(cherry) 명 =버찌.
체-머리 명 머리가 저절로 좌우로 흔들리는

병적인 상태. ¶어머니는 그것도 생각해 보았다는 듯이 ~를 앓는 사람처럼 머리를 흔든다.《심훈:상록수》

체머리(를) 흔들다 〖?〗 어떤 일에 물려서 머리가 흔들리도록 싫증이 나다. ¶행패가 심해서 그 사람이라면 모두들 **체머리를 흔들었다**.

체면(體面) 몡 남을 대하는 관계에서, 자기의 입장이나 체모로 보아 지켜야 한다고 생각되는 위신. =체모. 凹면목·모양새. ¶~ 손상/~을 차리다/~이 서다/~이 깎이다/제 ~을 봐서라도 너그럽게 이해해 주십시오.

체면-치레(體面-) 몡 체면이 서도록 꾸미는 일. 凹면치레. **체면치레-하다** 통재여

체모¹(體毛) 몡 사람의 얼굴과 머리 이외의 몸의 각 부위에 난 털. 때로, 음부(陰部)에 난 털만을 가리키기도 함.

체모²(體貌) 몡 =체면.

체목(體木) 몡 1 가지와 뿌리를 잘라 낸 등걸. 2 집을 짓는 데 쓰는 기둥·도리 등의 재목.

체벌(體罰) 몡 몸에 직접 고통을 주는 벌. ¶~을 금하다[가하다]. **체벌-하다** 통태여

체법(體法) 몡 글씨의 체와 붓을 놀리는 법.

체불(滯拂) 몡 고용주가 근로자에게 임금을 정해진 때에 지급하지 않는 것. ¶외국 근로자에 대한 임금 ~이 심각한 것으로 밝혀졌다. **체불-하다** 통태여 **체불-되다** 통재

체비-지(替費地) 몡 정부 또는 지방 자치 단체가 토지 구획 정리 사업에 필요한 경비에 충당하려고 환지(換地) 계획에서 제외하여 유보한 땅.

체색(體色) 몡 몸의 표면에 나타나는 빛깔. 몸빛.

체-세포(體細胞) 몡[생] 생물체를 구성하고 생활 작용을 영위하는 생식 세포를 제외한 모든 세포.

체수(-) 몡 어떤 사람의 몸의 크기. 凹덩치. ¶그 목소리는 ~에 어울리지 않게 염소가 우는 소리와 흡사하게 떨려 나와서, 여러 사람의 웃음보가 터졌다.《심훈:상록수》

체-순환(體循環) 몡[생] 양서류 이상의 척추 동물에서, 좌심실에서 동맥계를 거쳐 전신에 혈액을 운반하고, 정맥계를 거쳐 우심방에 이르는 순환. =대순환.

체스(chess) 몡 서양의 실내 놀이의 하나. 백(白)과 흑(黑)으로 만든 16개씩의 말을 가지고 세로 8열, 가로 8열로 구획 지은 반상에서 서로 말을 움직여(攻防) 하여 상대편의 왕을 몰아서 꼼짝 못하게 하는 편이 이김. =서양 장기.

체신(遞信) 몡 우편과 전신 등의 통신 수단.

체심˄**입방격자**(體心立方格子) [-빵-짜] 몡[화] 육면체의 각 구석과 중심에 격자점(格子點)이 존재하는, 입방 정계에 속하는 공간 격자. 리튬·나트륨·칼륨·크롬 따위가 이에 속함.

체액(體液) 몡[생] 동물의 체내의 혈관 또는 조직의 사이를 이동하는 혈액·림프·조직액 등의 총칭.

체언(體言) 몡[언] 어미 활용을 하지 않고 조사를 취하여 문법적 관계를 나타내는, 명사·대명사·수사의 총칭. 주로 문장의 몸, 곧 주체로 쓰이다는 뜻에서 이르는 말임. =임자씨. ▷용언(用言).

체열(體熱) 몡 몸에서 나는 열. 주로 의학의 전문 영역에서 쓰이는 말임. ¶적외선으

체인지 오브 페이스 ●1789

로 ~을 촬영하다.

체온(體溫) 몡 사람이나 동물이 가지는 몸의 온도. 사람은 보통 36~37℃임. ¶~을 재다/~이 높다[낮다].

체온-계(體溫計) [-계/-게] 몡 체온을 재는 데 사용하는, 일종의 최고 온도계. =검온기(檢溫器).

체온˄**조절**(體溫調節) 몡 동물이 체온을 일정한 범위로 유지하려는 조절 작용.

체외(體外) [-외/-웨] 몡 몸의 밖. ↔체내(體內).

체외˄**수정**(體外受精) [-외/-웨-] 몡[동] 암컷의 체외에서 이루어지는 수정. 수생 동물에 많음. ↔체내 수정.

체위(體位) 몡 1 어떤 일을 할 때의 몸의 자세. ¶~를 바로잡다. 2 특히, 성교(性交)를 할 때 남자와 여자가 취하는 몸의 자세나 위치. ¶성교 ~/~를 바꾸다. 3 체격·건강·운동 능력 따위의 정도. ¶~ 향상.

체육(體育) 몡 스포츠·체조 등의 신체 활동에 의하여 건강의 유지·증진과 체력 향상을 꾀하는 일. 또는, 그것을 위한 교육이나 교과. ▷덕육(德育)·지육(智育).

체육-공원(體育公園) [-꽁-] 몡 시민의 체육 활동을 위하여 체육 시설을 갖추어 놓은 공원.

체육-관(體育館) [-꽌] 몡 실내에서 운동 경기 및 체육 학습을 하기 위하여 설비된 건물.

체육˄**대학**(體育大學) [-때-] 몡[교] 체육의 전문 학술에 관한 이론과 실제 방법을 교수·연구하는 대학. 준체대(體大).

체육˄**대회**(體育大會) [-때회/-때훼] 몡 여러 가지 운동 경기를 벌이는 대회. ¶교내 ~/전국 ~.

체육-복(體育服) [-뽁] 몡[체] 체육을 할 때 입는 간편한 옷. 凹운동복.

체육-부(體育部) [-뿌] 1 [교] 초등학교 또는 중고등학교의 특별 활동부의 하나로 체육을 주로 하는 부. 2 신문사 편집국의 한 부. 주로 스포츠에 관한 보도와 해설 따위의 일을 맡아 다룸.

체육-회(體育會) [-유괴/-유훼] 몡 1 체육의 발전·향상 등을 위해 조직된 단체. 2 체육 경기를 하는 모임.

체읍(涕泣) 몡 소리 없이 눈물을 흘리며 슬피 우는 것. =읍체(泣涕). **체읍-하다** 통재여

체인(chain) 몡 1 =쇠사슬. 2 적설(積雪) 시에 미끄러지는 것을 방지할 목적으로 자동차의 타이어에 감는 금속 사슬. 3 자전거나 오토바이 등에서 동력을 구동륜(驅動輪)에 전하기 위한 쇠줄. 4 동일 자본하에 있는 호텔·상점·영화관 등의 계열.

체인˄**블록**(chain block) 몡 도르래·기어·사슬 등을 조합하여 무거운 물건을 달아 올리는 도르래의 하나.

체인-소(chain saw) 몡 체인 모양의 톱날을 원동기로 회전 가동시켜 목재를 자르는 기계.

체인-점(chain店) 몡 =연쇄점.

체인지업(change-up) 몡[체] 야구에서, 투수가 타자의 타이밍을 교란하기 위해 빠른 공을 던질 때와 같은 투구 동작으로 느린 변화구를 던지는 일. 또는 그 공.

체인지 오브 페이스(change of pace) [체] 야구에서, 타자가 공을 잘 치지 못하도록 투수가 투구 속도나 방법이나 코스 등을 여러 가지로 변화시키는 일.

체인지^코트(change court) [명] 배구·테니스·탁구 등에서, 각 세트가 끝난 후 또는 일정한 득점 후에 서로 코트를 바꾸는 일.

체임¹(滯賃) [명] 마땅히 지급하여야 할 노임(勞賃) 따위를 지급하지 않고 뒤로 미룸. 또는, 그 체불 임금.

체임²(遞任) [명] 벼슬을 갈아 내는 것. **체임-하다** [동][자][타][여] **체임-되다** [동]

체장(體長) [명] 동물 등의 길이. 특히, 네발짐승의 경우, 머리에서 엉덩이에 이르는 몸의 길이. =몸길이.

체재¹(滯在) [명] =체류(滯留). **체재-하다** [동][자][여] ¶외국에 ~.

체재²(體裁) [명] 생기거나 이루어진 형식. 또는, 됨됨이. =체제. [비]스타일. ¶시의 ~.

체적(體積) [명] =부피.

체적^팽창(體積膨脹) [명][물] 물체가 온도 변화에 의하여 체적을 늘리는 일. ▷선팽창.

체적^팽창^계수(體積膨脹係數) [-계-/ -게-] [명][물] 온도 1°C를 높이는 데 따라 생기는 물체의 팽창량과 그 물체의 0°C에서의 부피와의 비(比). ▷선팽창 계수.

체전¹(遞傳) [명] 차례로 여러 곳을 거쳐서 전하여 보내는 일. **체전-하다** [동] **체전-되다** [동][자]

체전²(體典) [명] '체육 대회' 특히 규모가 큰 대회를 멋스럽게 이르는 말. ¶전국 ~ / 전북 도민 ~.

체전-부(遞傳夫) [명][통] =우편집배원.

체절(體節) [명][동] 환형동물·절지동물 등의 몸을 이루고 있는 낱낱의 마디. =몸마디. ¶~ 동물.

체제(體制) [명] 1 =체재(體裁). 2 사회를 하나의 유기체에 비하여서 볼 때, 그 조직의 양식. ¶자본주의 ~ / 전시(戰時) ~로 돌입하다. 3 어느 주권자·단체·세력 등이 지배하는 상태. ¶독재 ~. 4 [생] 생물체의 구조의 기본 형식. 방사 대칭·좌우 대칭·비대칭 따위.

체조(體操) [명][체] 1 건전한 신체를 만들어 건강의 증진·정신 수양을 꾀하기 위하여 하는 운동. ¶맨손 ~ / 미용 ~. 2 '체조 경기'의 준말. **체조-하다** [동][자][여]

체조^경기(體操競技) [명][체] 맨손 또는 용구를 이용하여 회전·지지·도약 따위의 기량을 다투는 경기. 남자는 마루 운동·안마·링·뜀틀·평행봉·철봉의 여섯 종목이고, 여자는 마루 운동·뜀틀·이단 평행봉·평균대의 네 종목이 있음. 준체조.

체중(體重) [명] 몸의 무게. [비]몸무게. ¶~ 조절 / ~이 늘다[줄다] / ~을 재다.

체중-계(體重計) [-계/-게] [명] 몸무게를 재는 저울.

체증¹(滯症) [명] 1 [한] 체하여 소화가 잘 안 되는 증세. ¶~에 걸리다 / ~을 내리다. 준체(滯). 2 교통의 흐름이 순조롭지 않아 길이 막히는 상태. ¶교통 ~ / 고속도로에 연쇄 추돌 사고가 나 심한 ~을 빚고.

체증²(遞增) [명] 수량이 차례로 점차 느는 것. ↔체감(遞減). **체증-하다** [동][자][여] ¶세금에 ~. **체증-되다** [동][자]

체지(體肢) [명][동] 척추동물의 체간(體幹)에서 벋어 나온 팔·다리 부분. 전지(前肢)와 후지(後肢), 사람의 경우에는 상지(上肢)와 하지(下肢)로 나뉨. ↔체간.

체-지방(體脂肪) [명] 몸을 이루고 있는 일정 비율의 지방.

체지방-률(體脂肪率) [-뉼] [명] 전체의 체중에서 지방의 무게가 차지하는 비율. 비만 여부를 판단하는 기준이 됨. ¶30%가 넘는 높은 ~.

체질¹(體-) [명] 체로 가루 따위를 치는 짓. **체질-하다** [동][여]

체질²(體質) [명] 1 어떤 사람의 몸이 태어날 때부터 가지고 있는 건강상의 특질. ¶허약 [건강] ~ / 사상(四象) ~ / 살이 잘 찌는 ~. 2 어떤 사람이 선천적으로 어떤 일을 즐기거나 싫어하거나 잘하거나 못하는 등의 성격이나 기질. [비]적성. ¶나는 이 일이 ~에 안 맞아. 3 어떤 집단이나 조직 등에 형성되어 있는 어떤 성향이나 기질. ¶보수적인 당의 ~ / 공무원 사회에 남아 있는 무사 안일 ~.

체질-적(體質的) [관][명] 체질에 관계된 (것). ¶~ 특징 / ~으로 술이 잘 받지 않는다.

체체-파리(tsetse-) [명][동] 집파릿과의 흡혈성 파리. 몸은 검고 집파리보다 조금 큼. 수면병(睡眠病)의 병원체를 매개하는 중간 숙주로서, 적도 아프리카에 서식함.

체취(體臭) [명] 1 몸에서 나는 냄새. 2 어떤 개인이나 작품 등에 풍기는 특유의 느낌. ¶권위주의적 ~가 강한 인물.

체커(checker) [명] 서양 실내 놀이의 하나. 판은 가로·세로 여덟 칸에 흑백 무늬를 번갈아 놓은 것으로 검은 칸만을 사용함. 말은 적색과 흑색이 각 12개로 앞쪽을 향해 대각으로 한 칸씩 움직임. 이때 상대방의 말이 있으면 뛰어넘어서 잡음.

체코(←Czech) [명][지] 유럽의 중앙 내륙, 오스트리아·독일·폴란드·슬로바키아에 둘러싸인 국가. 1993년 '체코슬로바키아'에서 분리·독립함. 수도는 프라하.

체크(check) [명] 1 사물의 상태를 검사하거나 대조하는 일. 또는, 그 표적으로 찍는 표. 부호는 'V'. ¶건강 ~. 2 바둑판 모양의 무늬. 또는, 그런 무늬가 있는 직물. **체크-하다** [동][타][여] 사물의 상태를 검사하거나 대조하다. 또는, 그 표적을 나타내다. **체크-되다** [동]

체크-리스트(checklist) [명] '점검 목록'으로 순화.

체크-무늬(check-) [-니] [명] 바둑판 모양의 무늬.

체크아웃(check-out) [명] 호텔 등에서, 숙박료 등을 계산하고 떠나는 것. ↔체크인. **체크아웃-하다** [동][자][여]

체크인(check-in) [명] 1 호텔 등에서, 성명을 장부에 적고 투숙하는 일. ↔체크아웃. 2 공항의 카운터에서, 여객이 탑승 절차를 밟는 일. **체크인-하다** [동][자][여]

체크^카드(check card) [명][경] 예금 잔액 범위 안에서만 사용이 가능하고, 사용 즉시 통장에서 대금이 지불되는 카드. 직불카드와 기능이 같으나 신용 카드 가맹점에서 사용이 가능하다는 점에서 직불카드와 구별됨.

체크-포인트(checkpoint) [명] '점검 사항'으로 순화.

체통(體統) [명] 지체나 신분이나 구실에 알맞은 체면. ¶~을 지키다 / ~을 잃다.

체포(逮捕) [명] 1 죄인 혹은 범죄 혐의가 있는 사람을 강제로 잡는 것. 2 [법] 수사 기관 또는 사인(私人)이 피의자의 신체를 구속·인치(引致)하여 일정 기간 유치하는 강제 처분의 하나. 법관이 발부한 영장이 필요함. **체포-하다** [동][타][여] ¶범인을 ~. **체포-되다** [동]

(자)¶유괴범이 경찰에 ~.
체포-령(逮捕令)[명]체포하라는 명령.¶~이 내리다／~을 거두다.
체표(體表)[명]몸의 표면.
체표^면'적(體表面積)[생]동물의 체표면의 총면적. 사람의 경우에는 체표 면적＝$[\sqrt{체중(kg)} \times \sqrt{신장(cm)} \times 162.7] cm^2$임.
체-하다¹[보조](어미 '-ㄴ', '-는' 아래에 쓰여)거짓으로 그럴듯하게 꾸미는 태도나 나타내는 말. ≒척하다.¶그는 날 보고도 못 본 체했다.／그는 쥐꼬리만 한 지식을 가지고 되게 아는 체한다.
체-하다²(滯-)[동](자)(여)(먹은 음식물이)위에서 내려가지 않아 속이 답답함을 주는 상태가 되다. [비]얹히다.¶점심 먹은 것이 체한 것 같다.
체험(體驗)[명]1(특별한 어떤 일을)실지로 몸으로 겪는 것. [비]경험. ¶~ 수기(手記). 2[심]특정한 인격이 직접 경험한 심적 과정. 3[철]개인의 주관 속에 직접적으로 볼 수 있는 생생한 의식 과정이나 내용. 체험-하다[동](타)(여)¶노동 현장을 ~／전쟁을 체험해 보지 못한 세대.

유의어	체험／경험
'체험'은 삶에 영향을 줄 만큼 특별하거나 중요한 일을 직접 몸으로 겪는 것만을 가리키나, '경험'은 특별하고 중요한 일은 물론이고 평범한 일을 겪는 것도 가리킬 수 있고, 몸으로 겪는 일은 물론이고 책이나 영화나 가르침 등을 통해 어떤 일을 접하는 것도 가리킬 수 있음.	

체험-담(體驗談)[명]자기가 몸소 겪은 특별한 일에 대한 이야기. [비]경험담.¶세계 일주의 ~를 듣다.
체현(體現)[명](정신적인 것을)구체적인 행동이나 활동으로 표현하거나 실현하는 것.¶인도주의 정신의 ~. 체현-하다[동](타)(여). 체현-되다[동](자)
체형¹(體刑)[명]1사람의 신체에 직접 가하는 형벌. [비]신체형. 2'자유형(自由刑)¹'을 통속적으로 이르는 말.
체형²(體型)[명]어떤 유형의 체격이나 체구.¶~ 교정／키가 크고 통통한 ~／옷을 잘 선택하면 ~의 결점을 보완할 수 있다.
체화¹(滯貨)[명]1미처 수송하지 못하여 짐이 밀리는 것. 또는, 그 짐. 2팔리지 않아 상품이 창고 따위에 쌓이는 것. 또는, 그 상품. 체화-하다¹[동](자)(여) 체화-되다¹[동](자)
체화²(體化)[명]어떤 능력을 자동적·무의식적으로 발휘할 수 있도록 몸에 익히는 것.¶영어／학습／문형／훈련. 체화-하다²[동](타)(여) 체화-되다²[동](자)
첼레스타(ⓘcelesta)[명][음]피아노 비슷하게 생긴, 건반이 있는 작은 타악기, 강철로 만든 음판을 해머로 쳐서 소리를 냄.
첼로(cello)[명][음]바이올린 계통의 대형 저음 현악기. 독주·실내악·관현악에 쓰임. ＝비올론첼로.
첼리스트(cellist)[명]첼로 연주가.
쳄발로(ⓘcembalo)[명][음]하프시코드의 이탈리아 명칭.
쳇[쳉][감]＝체³. ¶~, 그것 좀 안다고 잘난 척하는 꼴이라니.
쳇-것[체껃/첻껃][명]주로 명사 뒤에 쓰여, '명색이 그런 사람이나 물건'의 뜻을 나타냄.¶시아비 ~이 얼마나 못생겼기에 저런

초가삼간●1791

때 소리 한 번 못 지르노.(홍명희:임꺽정)
쳇-눈[첸-][명]쳇불에 난 하나하나의 구멍.
쳇-바퀴[체빠-/첻빠-][명]얇은 널빤지를 둥글게 휘어, 쳇불을 메우는 데. 곧. 체의 몸이 되는 부분.¶다람쥐 ~ 돌듯 늘 같은 생활이다.
쳇-불[체뿔/첻뿔][명]쳇바퀴에 메워 액체·가루 등을 거르는 그물 모양의 물건. 말총이나 명주실·철사 따위로 만듦. 쳇불을 메우다.
쳐-내다[처-][동](타)쓰레기 따위를 쓸어 모아서 일정한 곳으로 가져가다.¶오물을 ~.
쳐:다-보다[처-][동](타)1(사람이 눈의 위치보다 높은 곳에 있는 대상을) 고개를 들어서 보다.¶앉아서 우두커니 천장만 ~. 2(사람이 다른 사람을)비난하거나 반항하거나 좋지 않은 감정을 가지고 보다.¶남의 얼굴을 빤히 ~.
쳐:다-보이다[처-][동](자) '쳐다보다¹'의 피동사.¶앞집이 빤히 ~.
쳐-들다[처-][동](타)〈~드니, ~드오〉1들어서 올리다.¶고개를 쳐들고 먼 산을 보다. 2＝초들다.¶지난 일을 다시 쳐들어 어쩌자는 게냐.
쳐-들리다[처-][동](자) '쳐들다¹'의 피동사.
쳐-들어가다[처-][동](자)(타)무찔러 들어가다.¶적진 깊숙이 ~.
쳐-들어오다[처-][동](자)(타)무찔러 들어오다.¶쳐들어온 적군을 물리치다.
쳐-부수다[처-][동](타)무찔러 부수다. 또는, 세차게 부수다.¶적을 ~.
쳐-주다[처-][동](타)1셈을 맞추어 주다.¶만 원을 쳐줄 테니 나에게 팔아라. 2인정하여 주다.¶부장으로 ~.
초¹[명]밀·백랍(白蠟)·쇠기름 등을 끓여서 속에 심지를 박고 원기둥꼴로 굳혀, 불을 켜는 데 쓰는 물건.
초²(抄)[명]'초록(抄錄)'의 준말.
초³(草)[명]'기초(起草)'의 준말.¶논문의 ~를 잡다.
초⁴(醋)[명]＝난초(蘭草).
초⁵(楚)[명][역]중국 춘추 전국 시대 양쯔 강 유역을 차지하고 있던 나라(?-B.C. 223). 전국 7웅의 하나였으며, 진(秦)에게 망함.
초⁶(綃)[명]생사로 짠 얇은 비단의 총칭.
초⁷(醋)[명]＝식초.
초(를) 치다[관]엉뚱하거나 공연한 말이나 행동을 하여 분위기를 망치다.¶제발 초 치는 소리 그만 해라.
초⁸(初)[의존]'초기', '처음'의 뜻.¶20세기 ~／내년 ~에 보자. ↔말(末).
초⁹(秒)[명]①11분의 1/60을 세는 단위. 2각도나 경위도에서, 1분의 1/60을 세는 단위. 기호는 ‴. ②[자립]➡초를 다투다.
초를 다투다[관]매우 급하게 서둘러야 하다. 또는, 매우 급박하다.¶소방 업무는 항상 초를 다투는 일이다.
초-¹⁰(初)[접두]'첫', '처음', '초기'의 뜻.¶~하루／~여름／~대면(對面).
초-¹¹(超)[접두]일부 명사 앞에 붙어, '어떤 범위나 수준을 훨씬 넘어선' 또는 '정도가 극도로 심한'의 뜻으로 쓰이는 말.¶~강대국／~당파／~자연.
초가(草家)[명]볏짚·밀짚·갈대 따위로 지붕을 인 집. ＝초려(草廬). [비]초옥.
초-가량(初假量)[명]처음 어림하여 셈하는 것. 초가량-하다[동](타)(여)¶경비를 ~.
초가-삼간(草家三間)[명]세 칸으로 된 초가.

곧, 규모가 작은 초가. [비]삼간초가.

초-가을(初—) [명] 가을이 시작되는 시기. 9월경으로 더위가 물러가고 날이 선선해짐. =맹추(孟秋)·조추(肇秋)·초추(初秋). ↔늦가을.

초가-지붕(草家—) [명] 짚·억새·갈대 등을 엮어서 이은 지붕.

초가-집(草家—) [명] '초가'를 구어적으로 이르는 말.

초간[1](初刊) [명] 맨 처음의 간행. =원간(原刊). ▷중간(重刊).

초간[2](稍間) ➜**초간-하다** [형][여] **1** 시간적으로 좀 사이가 뜨다. **2** 거리가 좀 멀다. ¶되짚어 갈 길이 꽤는 **초간한** 것이었다.《김국태:청맹과니》 **초간-히** [부]

초간-본(初刊本) [명] 맨 처음 간행한 책. =원간본·원본.

초-간장(醋—醬) [명] 초를 친 간장.

초개(草芥) [명] 지푸라기라는 뜻으로, 하찮은 것을 비유하여 이르는 말. ¶나라를 위해 목숨을 ~처럼 버리다.

초-거성(超巨星) [명][천] 반지름이 태양의 수백 배에 이르는 항성. 절대 광도(絕對光度)는 태양의 수만 배에 이름.

초-겨울(初—) [명] 겨울이 시작되는 시기. 12월경으로, 추위가 시작됨. =개동(開冬)·맹동(孟冬)·초동(初冬)·초동삼. ↔늦겨울.

초경[1](初更) [명] 하룻밤을 다섯으로 나눈 맨 첫째 부분. 저녁 7시부터 9시 사이를 일컬음. =일경·초야. [비]갑야(甲夜).

초경[2](初經) [명] 여자가 대략 12~15세의 나이가 되어 처음으로 하게 되는 월경. =초조(初潮).

초계(哨戒) [—계/—게] [명][군] 적의 습격에 대비하여 망을 보아 경계하는 것. ¶~기(機) / ~를 강화하다. **초계-하다** [동][타][여] ¶해상을 ~.

초계-정(哨戒艇) [—계—/—게—] [명][군] 초계하는 함정.

초고(草稿) [명] 시(詩)나 문장의 초벌 원고. ¶연설문 ~ / ~를 퇴고하다.

초고밀도^집적^회로(超高密度集積回路) [—또—찌쾨—/—또—찌퀘—] [명][물] 고밀도 집적 회로를 더욱 소형화한 것. 불과 수 mm 사방의 실리콘 기판(基板) 위에 10만~100만 개의 트랜지스터 등이 집적되어 있음. =지에스아이(GSI)·초엘에스아이(超LSI).

초-고속(超高速) [명] '초고속도'의 준말. ¶~ 승진 / ~ 상승세.

초-고속도(超高速度) [—또] [명] 극도로 빠른 속도. ¶~ 윤전기. [준]초고속.

초고속도^촬영(超高速度撮影) [—또—] [명] 고속도 촬영보다 더욱 고속으로 촬영하는 일. 1초에 수천 컷에서 수십만 컷까지 촬영이 가능하며, 초단시간 현상의 관찰에 쓰임.

초-고압(超高壓) [명] 아주 큰 압력. 또는, 매우 높은 전압.

초-고주파(超高周波) [명][물] 주파수 3~30기가헤르츠, 파장 1~10cm의 전파. 전화 중계·레이더·위성 통신 등에 이용됨. =센티미터파·에스에이치에프(SHF).

초-고추장(醋—醬) [명] 초를 쳐서 갠 고추장.

초-고층(超高層) [명] **1** 매우 높은 층수의 건물을 이르는 말. ¶~ 아파트 / ~ 빌딩. **2** 구름이 생기는 대류권의 바깥을 이르는 말. 적도 부근에서는 약 18km, 극지방에서는 8~450km까지임.

초과(超過) [명] 일정한 수나 양을 넘는 것. 수량 다음에 올 때에는 그 수량을 포함하지 않는 상태로 넘는 것을 뜻함. ¶100kg ~ / 정원 ~ / 목표를 ~ 달성하다. **초과-하다** [동][자][타][여] ¶지출이 예산을 ~. **초과-되다** [동][자]

초교(初校) [명][인] 맨 처음으로 보는 교정. ¶~지(紙).

초구(初球) [명][체] 야구에서, 투수가 등판(登板)하여 맨 처음 던지는 공. 또는, 타자에 대하여 던지는 최초의 공.

초군(樵軍) [명] =나무꾼.

초군-초군 [부] 아주 꼼꼼하고 느릿느릿한 모양. ¶~ 따져 묻다. **초군초군-하다** [형][여]

초극(超克) [명] 어려움을 넘어, 그것을 이겨내는 것. **초극-하다** [동][타][여] ¶적어도 동물적 생활의 우매성을 **초극한** 모든 사람은 좋든 궂든 하나의 철학을 갖는 것이다.《김진섭:생활인의 철학》

초근(草根) [명] =풀뿌리.

초근-목피(草根木皮) [명] **1** 풀의 뿌리와 나무껍질. **2** 양식이 부족할 때의 험한 음식의 비유. ¶제대로 풍년이 진다고 해도 반 철 식량밖에 거두지 못했다. 나머지 몇 개월은 역시 ~로 연명을 해야 했다.《허윤석:구관조》 **3** 한약의 원료를 일컫는 말.

초근-초근 [부] '추근추근'의 작은말. **초근초근-하다** [형][여]

초급(初級) [명] **1** 맨 첫 번째의 등급. ¶~ 장교. **2** 특히, 학습을 받을 수 있는 수준을 크게 세 단계로 나눌 때 가장 낮은 등급. ¶~ 영어 회화. ▷고급·중급.

초급^대!학(初級大學) [—때—] [명][교] 주로 직업인을 기르려고 대학보다 낮은 수준의 고등 교육을 베푸는 학교. ▷전문대학.

초기(初期) [명] 어떤 기간의 처음이 되는 시기나 때. ¶~ 작품 / 조선 왕조 ~ / 병은 ~에 다스려야 한다. ↔말기(末期).

초-기일(初期日) [명] 맨 첫 번의 기한 날짜. ¶~을 어기다.

초-긴장(超緊張) [명] 보통의 정도를 훨씬 넘어 극도로 긴장하는 것. ¶모두들 ~ 상태로 명령을 기다렸다. **초긴장-하다** [동][자][여] **초긴장-되다** [동][자]

초-꽂이 [명] 촛대나 등(燈)의 초를 꽂게 된 장치.

초-나흗날(初—) [—흔—] [명] 그달의 넷째 날. [준]초나흘.

초-나흘(初—) [명] '초나흗날'의 준말.

초년(初年) [명] **1** 일생의 초기. ¶~ 운수. **2** 여러 해 걸리는 어떤 과정의 첫해 또는 처음의 시기. ↔만년(晚年).

초년-고생(初年苦生) [명] 젊어서 하는 고생. [**초년고생은 은 주고 산다**] 젊은 시절의 고생은 장래 발전을 위하여 중요한 경험이 되므로 그 고생을 달갑게 참아야 한다.

초년-병(初年兵) [명] 입대한 지 얼마 안 되는 사병. [비]신병(新兵).

초년-생(初年生) [명] 어떤 일에 종사한 지 얼마 되지 않은 사람. ¶정치 ~.

초-능력(超能力) [—녁] [명][심] 오늘날의 과학으로는 합리적으로 설명할 수 없는 초자연적인 능력. 텔레파시·투시(透視)·예지(豫知)·염력(念力) 등의 총칭.

초-다듬이(初—) [명] '초다듬이질'의 준말. **초다듬이-하다** [동][타][여]

초다듬이-질(初—) [명] **1** 옷감 따위의 구김살을 펴려고 방망이로 애벌 두드리는 일. **2** 우선 한 차례 초벌로 남을 몹시 때리는 짓을 비유하여 일컫는 말. ⓟ초다듬이. **초다듬이질-하다** [동][타][여]
초단¹(初段) [명] 유도·태권도·바둑 따위의 첫 번째 단(段).
초단²(草短) [명] 화투에서, 홍싸리·흑싸리·난초의 다섯 끗짜리 석 장을 맞추어 이루는 단. ▷청단·홍단.
초-단파(超短波) [명][물] 파장 1∼10m의 전파. FM 방송·텔레비전 방송·근거리 통신·레이더 따위에 쓰임. =브이에이치에프(VHF).
초-닷새(初-) [-단쌔] [명] '초닷샛날'의 준말.
초-닷샛날(初-) [-단쌘-] [명] 그달의 다섯째 날. ⓟ초닷새.
초당¹(草堂) [명] 집의 원채에서 따로 떨어진 정원에 억새·짚 등으로 지붕을 인 조그마한 집채.
초당²(超黨) [명] '초당파'의 준말. ¶~ 외교.
초-당파(超黨派) [명] 어느 한 당파의 이익을 초월하고 모든 당파가 일치하여 어떤 일에 임함. ¶~ 외교 / ~ 내각. ⓟ초당.
초대¹(初-) [명] 어떤 일에 경험이 없이 처음 나선 사람.
초대²(初代) [명] 어떤 계통의 첫 대(代). 또는, 그 사람. ¶~ 대통령 / ~ 총장.
초대³(初對) [명] 1 '초대면'의 준말. 2 어떤 일에 처음 당하여 서투름을 이르는 말. **초대-하다**² [동][타][여]
초대⁴(招待) [명] (사람을 어떤 모임에) 참석하거나 참가할 것을 청하는 것. 또는, 그렇게 하여 대접하는 것. ¶~를 받다 / ~에 응하다. **초대-하다**² [동][타][여] ¶시사회에 귀하를 초대합니다. **초대-되다** [동][자] ¶만찬에 ~.
초대^교!회(初代敎會) [-회/-훼] [명] 예수가 죽은 뒤 100여 년에 걸쳐 주로 소아시아 지방에 로마 제국과 유대 인의 핍박 속에서 세워졌던 교회.
초대-권(招待券) [-꿘] [명] 어떤 모임에 오기를 청하는 표. ¶연극 ~.
초-대면(初對面) [명] 처음으로 대면하는 것. ⓟ초대. **초대면-하다** [동][타][여]
초대-석(招待席) [명] 초대받은 사람이 앉도록 마련된 자리. ¶~에 앉은 귀빈들.
초대-장(招待狀) [-짱] [명] 어떤 모임의 자리에 오기를 청하는 편지. ¶~을 발송하다.
초-대형(超大型) [명] 아주 큰 것. ¶~ 냉장고.
초도(初度) [명] 맨 처음 닥치는 차례. =초회(初回).
초도-순시(初度巡視) [명] 한 기관의 책임자나 감독관이 부임하여 처음으로 그의 관할 지역을 순회하며 시찰하는 일. **초도순시-하다** [동][타][여] ¶장관이 각 산하 기관을 ~.
초동¹(初冬) [명] =초겨울.
초동²(樵童) [명] 땔나무를 하는 아이.
초동-목수(樵童牧豎) [-쑤] [명] 땔나무를 하는 아이와 가축을 치는 아이. =초목(樵牧).
초동^수사(初動搜査) [명] 사건 발생 직후에, 범인을 검거하고 증거를 확보하기 위한 긴급 수사 활동.
초두(初頭) [명] 일이나 기간의 첫머리. ¶20세기 ~ / 신년 ~.
초-들다 [동][타] 〈-드니, ~드오〉 무슨 일을 입에 올려서 말하다. =쳐들다. ¶이제 와서 새삼스럽게 그 일을 **초들어** 말할 게 무언가.
초등(初等) [명] 맨 처음의 등급. ¶~ 교육. ↔고등(高等).

초등^교!육(初等敎育) [명][교] 가장 초보적이며 기본적인 교육. 초등학교 교육이 이에 속함.
초등-학교(初等學校) [-꾜] [명] 학령 아동에게 국민 생활에 필요한 기초적인 초등 보통 교육을 실시하는 교육 기관. 현재 의무 교육으로 규정되어 있음. 수업 연한은 6년. 1995년 '국민학교'를 개칭한 것임(시행은 1996년부터). ▷소학교·보통학교·국민학교.
초등-학생(初等學生) [-쌩] [명] 초등학교에 다니며 교육을 받는 학생. 구칭은 '국민학생'.
초딩(初-) [명] 〈속〉 초등학생. 인터넷상에서 쓰이는 통신 언어임.
초라니 [명][민] 하회 별신굿 탈놀이에 등장하는 인물의 하나. 양반의 하인으로 가볍고 방정맞은 성격을 지님.
초라-하다 [형][여] 1 (겉모양이나 옷차림이) 호졸근하고 궁상스럽다. ¶초라한 옷차림. 2 보잘것없고 변변하지 못하다. ¶나이 50이 되도록 아무것도 이룬 것이 없다고 자신이 한없이 **초라하게** 여겨졌다.
초래(招來) [명] (어떤 결과를) 가져오게 하는 것. **초래-하다** [동][타][여] ¶그의 탐욕은 결국 파멸을 **초래하고** 말았다. **초래-되다** [동][자]
초려¹(草廬) [명] 1 =초가(草家). ¶삼고(三顧) ~. 2 자기 집을 낮추어 이르는 말.
초려²(焦慮) [명] 애를 태우며 생각하는 것. 또는, 그런 생각. =초사(焦思). **초려-하다** [동][타][여]
초련 [명] (주로 '먹다'와 함께 쓰여) 본격적인 추수를 하기 전에 우선 당장 먹기 위해 수확하는 벼나 보리 따위의 곡식.
초련(初鍊) [명] 1 베어 낸 나무를 재목으로 쓰기 위하여 껍질을 벗기고 옹이를 깎아 버리는 등 초벌로 대강 다듬는 일. 2 무슨 일을 초벌로 대강 매만지는 일. **초련-하다** [동][타][여]
초련³(初戀) [명] =첫사랑.
초례(醮禮) [명] 혼례식. 특히 전통 혼례식을 이르는 말. 예스러운 말임. ¶~를 치르다.
초례-청(醮禮廳) [명] 초례를 치르는 장소.
초로¹(初老) [명] 사람이 노년(老年)에 접어들기 시작하는 시기. 일반적으로 50세 전후의 시기를 가리킴. =초로기. ¶~의 신사.
초로²(草露) [명] 풀에 맺힌 이슬.
초로(와) 같다 [구] (주로 인생이) 덧없다. ¶**초로와 같은** 인생인데, 그렇게 아등바등할 필요가 있소?
초로-인생(草露人生) [명] 풀잎의 이슬처럼 덧없는 인생. =조로인생.
초록¹(抄錄) [명] 어떤 문장에서, 필요한 것만 뽑아내어 기록하는 것. 또는, 그렇게 기록한 것. =초기. ⓟ초(抄). **초록-하다** [동][타][여] ¶연설문을 ~. **초록-되다** [동][자]
[**초록은 동색**(同色)] 풀과 녹색은 같은 빛깔이라는 뜻으로, 서로 같은 처지나 같은 부류의 것들끼리 함께 함을 이르는 말.
초록-빛(草綠-) [-삗] [명] 초록색을 띤 사물의 빛깔. ¶~ 바닷물.
초록-색(草綠色) [-쌕] [명] 녹색보다 조금 더 연한 색. =초록.
초롱¹ [명] 1 [자립] 석유나 물 따위의 액체를 담는, 양철로 만든 통. ¶석유 ~. 2 [의존] 석유나 물 등의 분량을 그것이 담긴 초롱의 수로 헤아리는 말. ¶물 한 ~ / 석유 두 ~.

초롱²〔<촉롱(燭籠)〕쇠나 나무로 뼈대를 만들고 겉에 종이나 깁을 발라 그 안에 초를 넣은, 우리나라 고유의 등(燈). 손잡이를 길게 달아 들고 다니거나 매달아 두었음. ¶청사 ~ / ~을 달다 / ~을 켜다.

초롱-꽃[-꼳] 圀[식] 초롱꽃과의 여러해살이풀. 높이 40~100cm. 6~8월에 희거나 연보랏빛의 종 모양의 꽃이 핌.

초롱-불[-뿔] 圀 초롱에 켠 불.

초롱초롱 凰 1 (눈이) 정기가 있고 맑은 모양. ¶~ 빛나는 눈동자. 2 (정신이) 또렷한 모양. 3 (목소리가) 탁하지 않고 맑은 모양.
초롱초롱-하다 匧囦 ¶눈이 **초롱초롱한** 아기.

초름-하다 匧囦 1 넉넉하지 못하고 빠듯하다. 2 (마음에) 차지 않아 불만스러운 상태에 있다. ¶그는 아까부터 뭐가 못마땅한지 **초름한** 얼굴을 하고 있다.

초립(草笠) 圀 옛날에, 주로 어린 나이에 관례(冠禮)를 한 남자가 쓰던, 가늘고 누런 풀로 결어 만든 갓. =풀갓.

초막(草幕) 圀 짚이나 풀 따위로 지붕을 인, 조그마한 막집. ¶~을 짓다.

초-만원(超滿員) 圀 정원을 훨씬 넘어 사람들이 가득 찬 상태. ¶관중이 ~을 이루다.

초면(初面) 圀 어떤 사람과 처음 만나 서로 알지 못하거나 가깝지 않은 처지나 관계. ¶~부지(不知) / 그 사람과는 ~이다. / ~에 실례가 많았습니다. ↔구면(舊面).

초멸(剿滅) 圀 도적의 무리를 무찔러 없애는 것. **초멸-하다** 匧囨囦 **초멸-되다** 匧囦

초모(招募) 圀 1 불러서 모으는 것. 2 의병을 모집하는 것. ¶~사(使). **초모-하다** 匧囨囦 **초모-되다** 匧囦

초목(草木) 圀 풀과 나무. 비목초(木草). ¶~산천.

초-무침(醋-) 圀 초를 넣고 무치는 일. 또는, 초로 무친 요리.

초문(初聞) 圀 처음으로 들음. ¶금시(今時) ~. ↔구문(舊聞).

초미(焦眉) 圀 '불이 붙은 눈썹'이라는 뜻〕(주로 '초미의' 꼴로 쓰여) 어떤 일이 매우 긴급하거나 다급한 상태. =초미지급. ¶교통난 해결은 우리 사회의 ~의 과제이다.

초-미니(超mini) 圀 1 규모나 크기가 극도로 작은 상태. ¶5평 이내의 ~ 점포. 2 옷자락이 무릎 위로 많이 올라가는 아주 짧은 스커트의 길이. 또는, 그런 길이의 스커트.

초-미립자(超微粒子)[-짜] 圀[물] 금속 등의 입자의 지름이 1백만분의 1mm에서 1만분의 1mm 사이의 미립자.

초-바늘(秒-) 圀 =초침(秒針).

초반¹(初盤) 圀 바둑·장기·운동 경기 등에서, 처음의 단계. ¶~에 승부를 걸다. ↔종반(終盤).

초반²(礎盤) 圀[건] =주춧돌.

초반-전(初盤戰) 圀 장기·바둑·운동 경기 등에서, 시작 후 얼마 되지 않은 싸움. ▷중반전·종반전.

초발-심(初發心)[-씸] 圀[불] 1 처음으로 불문(佛門)에 들어가려고 발원하는 마음. 또는, 그 사람. 2 수행이 미숙하여 아직 진리를 깨닫지 못한 사람.

초-밥(醋-) 圀 식초·설탕·소금 등을 친 흰밥을 김이나 생선 또는 유부 등에 싸서 만든 일본 요리. ¶김[유부] ~.

초-방석(草方席) 圀 풀로 결어 만든 방석.

초배(初褙) 圀 정식으로 도배하기 전에 허름한 종이로 먼저 하는 도배. ¶~지. **초배-하다** 匧囨囦 ¶신문지로 벽을 ~.

초-벌(初-) 圀 =애벌.

초벌-구이(初-) 圀[공] 도자기를 만들 때, 흙으로 빚은 것을 건조시킨 뒤 유약을 바르지 않고 낮은 온도로 굽는 일. 약 800~900℃로 구움. =설구이·애벌구이. ▷재벌구이.
초벌구이-하다 匧囨囦

초범(初犯) 圀 처음으로 저지른 범죄. 또는, 그 사람. ¶~임을 참작해서 집행 유예 판결을 내리다.

초벽(初壁) 圀[건] 종이나 흙으로 애벌 바른 벽. 또는, 그 일. ¶~을 바르다. **초벽-하다** 匧囨囦

초병(哨兵) 圀 파수 보는 병사.

초보(初步) 圀 기술이나 학문 등을 처음 익히는 단계나 수준. ¶~ 단계 / ~ 영어 / ~ 운전.

초보-자(初步者) 圀 초보의 단계에 있는 사람.

초보-적(初步的) 凾圀 초보인 (것). ¶~인 수준.

초복(初伏) 圀 삼복(三伏) 중에서 첫 번째 복. 곧, 하지(夏至) 후의 셋째 경일(庚日).

초본¹(抄本) 圀 원본에서 필요한 부분을 뽑아서 베낀 문서. ¶주민 등록 ~ / 호적 ~.

초본²(草本) 圀 시문(詩文)의 초를 잡은 원고.

초본³(草本) 圀[식] 지상부가 연하고 물기가 많고, 목질(木質)을 이루지 않는 식물의 총칭. 풀 따위. ¶~ 식물. ▷목본(木本).

초-봄(初-) 圀 봄이 시작되는 시기. 3월경으로 맹춘이라고 함. =맹춘(孟春)·조춘(早春)·초춘(初春). ↔늦봄.

초봉(初俸) 圀 첫 봉급. ¶대졸자의 ~.

초부(樵夫) 圀 나무하는 사내. 비나무꾼.

초-비상(超非常) 圀 더할 나위 없이 긴급한 상황. 또는, 그 상황에 대처하는 일. '비상(非常)'을 더욱 강조하는 말임. ¶~ 사태 / ~이 걸리다.

초빈(草殯) 圀 어떤 사정으로 장사를 지내지 못하고 시체를 방 안에 둘 수 없을 때, 한데나 의지간에 관을 놓고 이엉 등으로 그 위를 이어 눈·비를 가리게 하는 일. **초빈-하다** 匧囨囦

초빙(招聘) 圀 (어떤 사람을) 예를 갖추어 불러 맞아들이는 것. =청빙(請聘). 비징빙(徵聘).
초빙-하다 匧囨囦 ¶강사[전문가]를 **초빙하**여 강연을 듣다. **초빙-되다** 匧囦

초빙^교수(招聘敎授) 圀 정원 외의 사람으로서 외부에서 초청된 교수. =객원 교수.

초사(初仕) 圀 처음으로 벼슬길에 오르는 것. =초입사(初入仕). **초사-하다** 匧囨囦

초-사흗날(初-)[-흔-] 圀 그달의 셋째 날. 㑳초사흘.

초-사흘(初-) 圀 '초사흗날'의 준말.

초산¹(初産) 圀 처음으로 아이를 낳는 것. **초산-하다** 匧囨囦

초산²(醋酸) 圀[화] =아세트산.

초산-부(初産婦) 圀 아이를 처음 낳는 여자. ▷경산부.

초상¹(初喪) 圀 어느 집안에 사람이 죽어서 장사 지내기까지 일정한 의례에 따라 일을 치르는 것. 때로, 집안에 사람이 죽는 일이 생기는 것을 가리키기도 함. ¶~이 나다 / ~을 치르다.

초상²(肖像) 명 그림이나 사진 따위에 나타난, 어떠한 사람의 얼굴이나 모습.
초상-권(肖像權) [-꿘] 명 [법] 자기의 초상의 사용에 대한 독점권. 자기의 초상이 사전 승낙 없이 전시되거나 게재되었을 경우에는 손해 배상을 청구할 수 있음.
초상-나다(初喪-) 동(자) 집안에 죽는 사람이 생기다.
초상-집(初喪-) [-찝] 명 초상이 난 집. 비상가.
[**초상집 개 같다**] 의지할 데가 없이 굶주려 이리저리 헤매어 초라하다.
초상-화(肖像畫) [-외] 명 사람의 얼굴 모습을 주대상으로 삼아 그린 그림. 일반적으로, 두상(頭像)·반신상·전신상 등의 그림으로 구분됨.
초색(草色) 명 1=풀빛. 2곡식을 못 먹고 늘 풀 따위만 먹어 영양 부족으로 나빠진 얼굴빛.
초생-달(初生-) 명 '초승달'의 잘못.
초생-수(初生水) 명 [지] 지하 깊은 곳의 마그마에서 나와, 암석의 갈라진 틈 사이로 지표에 솟아난 물. =처녀수(處女水).
초생-아(初生兒) 명 배꼽이 아직 안 떨어진 갓난아이.
초서(草書) 명 육서(六書)의 하나. 한자 서예에서, 획이 가장 많이 생략되고 흘림이 많은 글씨. 비흘림.
초석(硝石) 명 [화] =질산칼륨.
초석(礎石) 명 1=주춧돌. 2어떤 사물의 기초. ¶나라의 ~이 되다.
초선(初選) 명 처음으로 선출됨. ¶~ 의원.
초성¹(-聲) 명 글을 읽거나 경을 외우거나 시를 읊는 소리. ¶"거 스님 한번 구성지우. 내 눈물이 다 날라갈 한다니까…." 《김성동:만다라》
초성²(初聲) 명 =첫소리.
초소(哨所) 명 보초를 서는 장소. ¶방범 ~.
초-소형(超小型) 명 소형보다 훨씬 더 작은 것. ¶~ 라디오/~ 카메라.
초속(秒速) 명 1초 동안의 속도. ¶~ 25m의 강풍이 불다.
초-속도(初速度) [-또] 명 [물] 어떤 물체가 운동하기 시작할 때의 최초의 속도. 준초속(初速).
초순(初旬) 명 =상순(上旬).
초-스피드(超speed) 명 매우 빠른 속력. ¶~를 자랑하는 콩코드 여객기/~로 달리다.
초승(<초생(初生)) 명 음력으로 그달 첫머리의 며칠 동안을 이르는 말.
초승-달(-) [-딸] 명 초승에 뜨는 달. =신월(新月)·현월(弦月). ↔그믐달. ×초생달.
초시(初試) 명 [역] 과거의 맨 처음 시험. 지방과 서울에서 식년(式年)의 전해 가을에 보임. 또는, 이 시험에 급제한 사람.
초-시계(秒時計) [-게/-께] 명 시간을 초 단위까지 정밀하게 재기 위한 시계. 운동 경기나 학문 연구 등에 이용함. =스톱워치.
초식(草食) 명 1푸성귀로만 만든 음식. 2푸성귀만 먹는 일. ↔육식(肉食). **초식-하다** 동(자여) 푸성귀만 먹다.
초식^동:물(草食動物) [-똥-] 명 [동] 풀을 주로 먹고 사는 포유동물. 소·말·양 따위. ▷육식 동물·잡식 동물.
초-신성(超新星) 명 [천] 폭발에 의해서 급격히 밝게 빛나는 별. 별의 진화의 마지막 단계로서, 그 규모는 엄청나게 커서 밝기가 은하

초심¹(初心) 명 1처음에 가진 마음. 2=초심자.
초심²(焦心) 명 마음을 졸여 태우는 것. **초심-하다** 동(자여)
초-심리학(超心理學) [-니-] 명 [심] 과학으로 설명되지 않는 초능력의 현상을 다루는, 심리학의 한 분야.
초심-자(初心者) 명 어떤 기술이나 지식 등을 처음 배우는 사람. =초심(初心). 비신출내기.
초싹-거리다/-대다¹ [-꺼때)-] 동(타) 1어깨나 입은 옷 같은 것을 자꾸 치켰다 내렸다 하다. 2좀스럽게 남을 자꾸 부추기다. 큰추썩거리다.
초싹-거리다/-대다² 동(자) '촐싹거리다[]'의 잘못.
초싹-이다 동(타) 1어깨나 입은 옷 같은 것을 치켰다 내렸다 하다. 2남을 좀스럽게 부추기다. 큰추썩이다.
초싹-초싹 부 초싹거리는 모양. 큰추썩추썩. **초싹초싹-하다** 동(타여)
초-아흐레(初-) 명 '초아흐렛날'의 준말.
초-아흐렛날(初-) [-렌-] 명 그달의 아홉째 날. 준초아흐레.
초안(草案) 명 1초를 잡은 안. ¶헌법 ~/연설문의 ~을 작성하다[잡다]. **초안-하다** 동(타여) 안을 초 잡다.
초야¹(初夜) 명 1예전에, 전날 밤중부터 이튿날 아침까지를 일컫던 말. 2=초경(初更)¹. 3=첫날밤. ¶결혼 ~를 치르다.
초야²(草野) 명 궁벽한 시골 땅. =초망. ¶벼슬을 버리고 ~에 묻혀 살다.
초약(草約) 명 화투 놀이에서, 난초 넉 장을 갖추어 이루는 약.
초-어스름(初-) 명 해가 지고 어슴푸레 땅거미가 지기 시작할 무렵. =초혼(初昏).
초-여드레(初-) 명 '초여드렛날'의 준말.
초-여드렛날(初-) [-렌-] 명 그달의 여덟째 날. =초파일. 준초여드레.
초-여름(初-) 명 여름이 시작되는 시기. 6월경으로 더위가 시작됨. =맹하(孟夏)·조하(肇夏)·초하(初夏). ↔늦여름.
초역(抄譯) 명 원문을 간추려서 번역하는 것. 또는, 그 번역. ↔완역·전역(全譯). **초역-하다** 동(타여) ¶'전쟁과 평화'를 ~. **초역-되다** 동(자)
초연¹(初演) 명 연극이나 연주회 등의 첫 번째 상연.
초연²(硝煙) 명 화약의 연기. ¶~이 자욱한 전쟁터.
초연³(悄然) →**초연-하다¹** 형여) 의기를 잃어 기운이 없다. **초연-히¹** 부
초연⁴(超然) →**초연-하다²** 형여) 1(어떤 일이나 현실에) 얽매이거나 집착함이 없이 마음의 여유를 가진 상태에 있다. 비느긋하다. ¶돈에 ~. 2보통 수준보다 높고 뛰어나다. **초연-히²** 부 ¶아름답고도 싸느랗게 기품이 드러나는 공주의 모습은 그대로 관음보살이 ~ 앉은 듯하다. 《박종화:다정불심》
초-열흘(初-) 명 '초열흘날'의 준말.
초-열흘날(初-) [-랄] 명 그달의 열째 날. 준초열흘.
초엽(初葉) 명 한 시대나 세기 등을 세 시기로 구분할 때, 그 첫 무렵. ¶고려 시대 ~/20세기 ~. ▷중엽·말엽.
초-엿새(初-) [-엳쌔] 명 '초엿샛날'의 준

말.
초-엿샛날(初-)[-엳쌘-] 몡 그달의 여섯째 날. ㉰초엿새.
초옥(草屋) 몡 풀로 지붕을 인 집. ㈀초가.
초-요기(初療飢) 몡 시장기를 면하기 위하여, 끼니를 먹기 전에 간단히 하는 요기. ¶우선 ~나 좀 하세. **초요기-하다** 동⟨여⟩
초우(初虞) 몡 장사를 지낸 뒤 처음 지내는 제사. 장사 당일을 넘기지 않음.
초우라늄^원소(超uranium元素) 몡 [화] 원자 번호 92번의 우라늄보다 원자 번호가 큰 인공 원소. =초우란 원소.
초원(草原) 몡 풀이 나 있는 넓은 들.
초월(超越) 몡 1 어떤 일이나 대상의 한계나 장애를 뛰어넘어 얽매이지 않게 되는 것. 또는. 속된 일에 구애받지 않고 자유로워지는 것. =초일(超逸). 2 [철] 경험이나 인식의 범위를 벗어나 그 바깥 또는 그 위에 위치하는 것. =초절. **초월-하다** 동 태 여 ¶생사를 ~/시간과 공간을 ~.
초월^명상(超越冥想) 몡 명상을 통해 정신적·육체적으로 자신을 해방시키고 지각 능력을 증진시키는 일. =티엠(TM).
초월-인(超越因) 몡 [철] 세계 밖에 있으면서 세계를 지배하는 원인으로서의 신(神).
초월^함수(超越函數)[-쑤][수] 대수 함수(代數函數)가 아닌 함수. 삼각 함수·로그 함수 따위.
초유¹(初有) 몡 (주로 '초유의'의 꼴로 쓰여) 어떤 일이나 현상이 세상에 처음으로 있음. ¶세계 ~의 대지진/100m 달리기에서 사상 ~의 기록을 세우다.
초유²(初乳) 몡 [생] 분만 후 수일간 분비되는 누런 빛깔의 끈끈한 젖. 단백질·무기질·비타민나 면역 물질 등이 함유되어 있음.
초유³(招諭) 몡 불러서 타이르는 것. **초유-하다** 동
초-음속(超音速) 몡 [물] 소리의 속도보다 빠른 속도. ¶~ 폭격기.
초음속-기(超音速機) [-끼] 몡 음속(音速)보다도 빠른 속도로 비행하는 비행기. 보통 마하의 속도를 나타냄.
초-음파(超音波) 몡 [물] 진동수가 1초 동안에 약 20,000Hz 이상이어서, 사람의 귀로는 느끼지 못하는 음파.
초음파^검사(超音波檢査) 몡 [의] 초음파를 몸의 어떤 부위에 방사하여 그 반사상(反射像)을 브라운관에 비추어 이상의 유무를 조사하는 검사.
초-이레(初-) 몡 '초이렛날'의 준말.
초-이렛날(初-)[-렌-] 몡 그달의 일곱째 날. ㉰초이레.
초-이튿날(初-)[-튼-] 몡 그달의 둘째 날. ㉰초이틀.
초-이틀(初-) 몡 '초이튿날'의 준말.
초인(超人) 몡 1 보통 사람보다 훨씬 뛰어난 능력을 가진 사람. ㈀슈퍼맨. ¶그 일을 하루 만에 해치우다니 가위 ~이라 할 만하다. 2 [철] 인간의 불완전성이나 한계를 극복한 이상적 인간. 특히, 니체가 강조하여 사용한 용어임. ¶인간은 짐승과 ~ 사이에 드리워진 하나의 밧줄이다.〈니체:차라투스트라는 이렇게 말하였다〉
초인-적(超人的) 관 몡 초인(超人)의 특성을 가진 (것). ¶~인 인내심/~인 노력.
초인-종(招人鐘) 몡 사람을 부르는 신호로 울리는 종. ¶~을 누르다.

초일(初日) 몡 =첫날.
초-일류(超一流) 몡 일류 가운데서도 가장 으뜸인 것. ¶세계 ~ 기업.
초-읽기(秒-)[-일끼] 몡 1 바둑에서, 기사(棋士)에게 제한 시간의 경과를 초 단위로 알려 주는 일. ¶~에 몰리다. 2 일이 시간적으로 급박한 상태를 비유적으로 이르는 말.
초임(初任) 몡 처음으로 어떤 직에 임명되거나 취임하는 것. ¶~지/~ 발령. **초임-하다** 동⟨여⟩
초입(初入) 몡 1 골목이나 문 같은 데에 들어가는 어귀. ¶시장 ~부터 노점상이 줄지어 있다. 2 처음으로 들어가는 것. **초입-하다** 동⟨여⟩ 처음으로 들어가다.
초-자아(超自我) 몡 [심] 정신 분석학에서, 이드(id)나 자아(自我)와 더불어 정신을 구성하는 것으로, 선악을 판단하고 양심의 기능을 영위하는 부분. 곧, 이드에서 오는 충동이나 자아의 작용을 도덕·양심 등으로 억압하는 것. =슈퍼에고.
초-자연(超自然) 몡 자연의 이치로는 설명할 수 없는 신비적인 것. 또는, 그 세계.
초자연-적(超自然的) 관 몡 자연을 초월한 그 어떤 존재나 힘에 의한 (것). ¶~ 존재/~ 힘.
초장¹(初章) 몡 1 음악·가곡의 첫째 장. 2 삼장(三章)으로 되어 있는 시조의 첫째 장.
초장²(初場) 몡 1 장사를 시작한 처음의 동안. ¶~이라 손님이 뜸하다. ↔파장. 2 일의 첫머리 판. ¶~부터 일이 꼬인다.
초장³(醋醬) 몡 양념장의 하나. 간장에 초를 치고 깨소금·잣가루 등을 뿌려 만듦.
초-저녁(初-) 몡 1 이른 저녁. 곧, 날이 어두워진 지 얼마 되지 않은 때. ¶금성은 ~ 서쪽 하늘이나 새벽녘 동쪽 하늘에서 관측된다. 2 일의 시초를 속되게 이르는 말. ㈀애초.
초저녁-잠(初-)[-짬] 몡 습관적으로 초저녁부터 일찍 자게 되는 잠. ¶~이 많다.
초적(草賊) 몡 1 좀도둑. 2 남의 농작물을 훔쳐가는 도둑.
초전(初戰) 몡 전쟁의 첫머리. ¶~ 박살.
초-전도(超傳導) 몡 [물] 어떤 금속을 극저온으로 냉각하면 전기 저항이 제로로 되어 전류가 장애 없이 흐르는 현상. 초강력 자석을 만들거나 전력 손실 없는 송전선을 만들거나 할 때 쓰임.
초전도-체(超傳導體) 몡 [물] 초전도를 나타낼 수 있는 물질. 이리듐·니오브·티탄·납·수은·주석·바나듐과 그 밖의 합금 등이 있음.
초점(焦點)[-쩜] 몡 1 사람들의 관심·흥미가 집중되는 사물의 가장 긴요한 부분. ¶문제의 ~을 흐리다/화제의 ~이 되다. 2 [물] 렌즈나 구면 거울 등에서 입사 평행 광선이 한곳으로 모이는 점. 또는, 어떤 점을 통과하여 모두 평행 광선으로 될 때의 그 점. =포커스. ¶~이 맞다/~을 맞추다. ×촛점.
초점^거리(焦點距離)[-쩜-] 몡 [물] 렌즈나 구면 거울 따위의 중심에서 초점까지의 거리.
초-정밀(超精密) 몡 (주로 일부 명사 앞에 쓰여) 극도로 정교하면서 세밀한 상태의. ¶~ 기계/~ 베어링/~ 기술.
초조(焦燥) →**초조-하다** 형⟨여⟩ 애를 태워서 몹시 마음을 졸이는 상태에 있다. ¶합격자 발표를 **초조하게** 기다린다. **초조-히** 부
초조-감(焦燥感) 몡 초조한 느낌. ¶~을

추지 못하다.
초종(初終) 명 '초종장사(初終葬事)'의 준말.
초종-범절(初終凡節) 명 초상 치르는 데에 관한 모든 절차.
초종-장사(初終葬事) 명 초상이 난 때로부터 졸곡(卒哭)까지를 이르는 말. 준초종.
초-주검(初-) 명 두들겨 맞거나 다치거나 지쳐 거의 다 죽게 된 상태. ¶~이 되도록 매를 맞다.
초중고(初中高) 명 초등학교·중학교·고등학교를 줄여서 이르는 말. ¶~ 교과 학습.
초중고-생(初中高生) 명 초등학생·중학생·고등학생을 줄여서 이르는 말.
초지¹(初志) 명 처음에 품은 의지. ¶~를 관철하다.
초지²(草地) 명 풀이 나 있는 땅.
초-지니(初-) 명[동] 두 살 된 매나 새매.
초지-일관(初志一貫) 명 처음에 세운 뜻을 끝까지 밀고 나감. **초지일관-하다** 동재여
초진(初診) 명 처음으로 진찰을 하는 것. 또는, 그 진찰. ¶~료(料) / ~을 받다. **초진-하다** 동타여
초짜(初-) 명 처음 배우는 단계에 있어 일이 서툰 사람. 얕잡는 어감이 있는 말로, '초보자'에 비해 좀 더 구어적인 말임. ¶~ 연예인 / ~ 네티즌.
초창¹(草創) 명 사업을 처음으로 일으켜 시작하는 것. 또는, 그 시초. **초창-하다** 동타여
초창²(悄愴) ➡**초창-하다²** 형여 근심스럽고 슬프다. **초창-히** 부
초창-기(草創期) 명 어떤 사업을 일으켜 처음으로 시작하는 시기.
초청(招請) 명 (사람을 어느 곳에) 청하여 부르는 일. ¶~ 경기. **초청-하다** 동타여 ¶외국의 원수를 한국에 ~. **초청-되다** 동재
초청-장(招請狀) [-짱] 명 일정한 격식을 갖추어 초청하는 뜻을 담은 서신.
초초(草草) 명 ➡**초초-하다** 형여 1 간략하거나 간소하다. 2 제대로 갖추지 못하여 초라하다. 3 바쁘고 급하다. **초초-히** 부
초추(初秋) 명 =초가을.
초춘(初春) 명 =초봄.
초충(草蟲) 명 1 풀에서 사는 벌레. 2 [미] =초충도.
초충-도(草蟲圖) 명[미] 풀과 벌레를 그린 그림. =초충.
초췌(憔悴·顦顇) ➡**초췌-하다** 형여 (얼굴이나 몸이) 몹시 지치거나 병을 앓거나 하여 안색이 좋지 않거나 수척한 상태에 있다. ¶**초췌한** 모습[얼굴].
초취(初娶) 명 첫 번 장가로 맞은 아내.
초치(招致) 명 불러들이는 일. **초치-하다** 동타여 ¶각계 인사를 ~.
초침(秒針) 명 시계의 초를 가리키는 바늘. =초바늘.
초콜릿(chocolate) 명 코코아 열매를 볶아 만든 가루에 우유·설탕·향료 따위를 섞어 만든 과자.
초콜릿-색(chocolate色) 명 =밤색.
초크(chalk) 명 1 양회(洋灰)에서, 복지 재단의 표를 하는 데에 쓰는 일종의 분필. 2 당구에서, 미끄럼을 막기 위해 큐의 끝에 바르는 분말의 일종. ¶큐에 ~를 문지르다[바르다].
초크^코일(choke coil) 명[물] 비교적 높은 주파수의 전류를 저지하고 직류 또는 비교적 낮은 주파수의 전류만을 통과시키는 코일.

초탈(超脫) 명 세속(世俗)을 벗어나는 일. **초탈-하다** 동재타여 세속을 **초탈한** 선사.
초토(焦土) 명 1 불에 타서 검게 된 흙. 2 건축물 등이 불타 없어진 자리. 또는, 흔적 없이 사라짐의 비유. ¶~ 작전.
초토-화(焦土化) 명 초토가 되거나 초토로 만드는 것. **초토화-하다** 동재타여 ¶적지(敵地)를 ~. **초토화-되다** 동재 ¶공습으로 도시가 ~.
초-특급¹(超特急) [-끕] 명 1 '초특급 열차'의 준말. 2 특급보다도 더 빠름.
초-특급²(超特級) [-끕] 명 특급보다 더 높은 등급. ¶~ 호텔에 머물다.
초특급^열차(超特急列車) [-끕녈-] 명 특급보다 더 빠른 열차. 준초특급.
초-파리(醋-) 명 파리목 초파릿과의 곤충. 몸길이 2~3mm로 파리보다 작으며, 몸빛은 흑갈색 또는 담황색임. 초·간장·술 따위의 발효물에 잘 덤벼듦. 유전(遺傳) 실험에 많이 이용됨.
초-파일(初八*日) 명 ['八'의 본음은 '팔'] 석가가 탄생한 기념일인 음력 4월 8일. =파일(八日)·욕불일.
초판¹(初-) 명 처음의 시기나 국면(局面). ¶사업이 ~에는 잘되었으나 무리하게 자본을 늘리면서부터 잘못되기 시작했다.
초판²(初版) 명 서적(書籍)의 첫 출판. =원판(原版).
초판-본(初版本) 명 초판으로 나온 책.
초필(抄筆) 명 잔글씨를 쓰는 가느다란 붓.
초하(初夏) 명 =초여름.
초-하다¹(抄-) 동타여 필요한 것만을 베껴 기록하다. 비초록(抄錄)하다. ¶강연 내용 중 일부를 ~.
초-하다²(草-) 동타여 초안을 잡다. 비기초(起草)하다.
초-하루(初-) 명 '초하룻날'의 준말.
초-하룻날(初-) [-룬-] 명 그달의 첫날. 준초하루.
초학(初學) 명 1 학문을 처음으로 배우는 것. 2 미숙한 학문. **초학-하다** 동타여 학문을 처음으로 배우다.
초항(初項) 명 1 첫 항목. 2 [수] '첫째 항'의 구용어.
초행(初行) 명 처음으로 가는 일. 또는, 그 길. **초행-하다** 동재여
초행-길(初行-) [-낄] 명 처음으로 가는 길. ¶~이라 어디가 어디인지 잘 모르겠다.
초헌(初獻) 명 제사에서, 제주가 첫 번째 술잔을 올리는 일. ▷아헌(亞獻)·종헌(終獻). **초헌-하다** 동재타여
초-현대식(超現代式) 명 현대를 넘어서 앞으로 올 시대에 알맞은 형식이나 방식. ¶~ 건물.
초-현대적(超現代的) 명 현대보다 한 걸음 더 진보적인 (것). ¶~ 시설[장비].
초-현실적(超現實的) [-쩍] 관명 현실을 넘어선 (것). 또는, 초현실주의의 속성을 띤 (것). ¶~ 수법으로 그린 그림.
초-현실주의(超現實主義) [-의/-이] 명 [예] 기성의 미학·도덕과는 관계없이 이성(理性)의 속박을 벗어나서 비합리적인 것이나 의식 속에 있는 비현실의 세계를 즐겨 표현하려는 회화·시 등의 예술 혁신 운동. =쉬르레알리슴.
초-현실파(超現實派) 명[미] 서양 미술의 한 파. 꿈과 같은 몽환의 세계를 상상으로 나타

내는 화파.

초-호화(超豪華) 명 《주로 일부 명사 앞에 쓰여》 극도로 사치스럽고 화려한 상태. ¶~ 저택/~ 유람선.

초-호화판(超豪華-) 명 극도로 호화로운 형편. ¶~으로 장식한 실내.

초혼¹(初婚) 명 1 처음으로 하는 혼인. 回첫혼인. ▷재혼. 2 =개혼(開婚). **초혼-하다**¹ 동(자)여

초혼²(招魂) 명[민] 사람이 죽었을 때, 그 혼을 소리쳐 부르는 일. 죽은 사람이 생시에 입던 윗옷을 왼손에 들고 오른손은 옷의 허리에 대어 지붕이나 마당에서, 북쪽을 향하여 '아무 동네 아무개 복(復)'이라고 세 번 부름. **초혼-하다**² 동(자)여 비복부르다.

촉¹ 의존 난초(蘭草)의 포기의 수를 세는 단위.

촉² 부 작은 물건이 아래로 늘어지거나 처지는 모양.

촉³(蜀) 명[역] 중국 삼국 시대의 왕조(221~263). 유비(劉備)가 건국하여 한때 성했으나 위(魏)나라에 멸망함. =촉한(蜀漢)

촉⁴(鏃) 명 긴 물건의 끝에 박힌 뾰족한 물건의 총칭. ¶펜~/화살~.

촉⁵(燭) 명 의존[물] '촉광(燭光)'의 준말.

촉각¹(觸角) [-깍] 명[동] 절지동물의 머리 부분에 있는 감각 기관. =더듬이.
촉각을 곤두세우다 귀 정신을 집중하고 신경을 곤두세워 즉각 대응할 태세를 취하다. ¶촉각을 곤두세우고 적정(敵情)을 살피다.

촉각²(觸覺) [-깍] 명[생] 피부 감각의 하나. 물건에 닿았을 때 일으키는 감각. =촉감(觸感). ▷압각.

촉각-선(觸角腺) [-깍썬] 명[동] 갑각강의 제2촉각의 밑 부분에 있는 배설기의 하나.

촉감(觸感) [-깜] 명 1 물체가 피부에 닿았을 때의 느낌. 回감촉. ¶~이 부드럽다/이 옷감은 ~이 좋다. 2 [생] =촉각(觸覺)². **촉감-하다** 동(타)여 **촉감-되다** 동(자)

촉광(燭光) [-꽝] 명 1[동] 촛불의 빛. 2 의존[물] 빛의 세기를 나타내는 단위. =촉력(燭力). 준촉(燭).

촉구(促求) [-꾸] 명 (어떤 사람에게 어떤 일을 할 것을) 재촉하여 요구하는 것. **촉구-하다** 동(타)여 ¶야당은 대통령에게 정책의 과오를 물어 장관의 해임을 강력히 촉구했다.

촉급(促急) [-끕] 명 →**촉급-하다** [-끄파-] 형여 촉박하여 매우 급하다. **촉급-히** 부

촉대(燭臺) [-때] 명 =촛대.

촉랭(觸冷) [총냉] 명 찬 기운이 몸에 닿는 것. **촉랭-하다** 형여

촉루(髑髏) [총누] 명 =해골. ¶무덤 속 어둠에 하이얀 ~가 빛나리.《박두진:묘지송》

촉망(囑望·矚望) 명 (잘 되기를 바라고 기대하는 것. **촉망-하다** 동(자)(타)여 **촉망-되다** 동(자) ¶앞날이 촉망되는 인재.

촉매(觸媒) [총-] 명[화] 그 자신은 변화를 하지 않고, 다른 물질의 화학 반응을 매개하여 반응 속도를 빠르게 하거나 늦추는 물질.

촉매-제(觸媒劑) [총-] 명[화] 촉매에 쓰이는 물질.

촉모(觸毛) [총-] 명[동] 1 고양이 쥐 등의 수염처럼 대부분의 포유동물 윗입술의 위·빰·턱·사지 등에 나는 뻣뻣한 털. 신경이 분포하여 촉각 기능을 맡음. 2 대부분의 절지동물의 촉각을 맡은 감모(感覺毛).

촉박(促迫) [-빡] →**촉박-하다** [-빠카-] 형여 (기한이나 시간이) 바싹 가깝게 닥쳐 여유가 없는 상태에 있다. ¶시일이 ~.

촉발(觸發) [-빨] 명 1 어떤 일을 당하여 충동·감정 따위가 일어나는 것. 또는, 그렇게 되게 하는 것. 2 접촉하여 폭발하는 것. 또는, 그렇게 하게 하는 것. 2 장치. **촉발-하다** 동(자)(타)여 **촉발-되다** 동(자)

촉-새 [-쌔] 명 1 [동] 뱁샛과의 새. 몸길이 약 14cm. 등은 갈색을 띤 황록색이며, 배는 황색임. 야산의 숲에서 곤충이나 잡초의 씨를 먹고 삶. 2 〈속〉 언행이 가벼운 사람이나 까불대는 사람. ¶~같이 나서기를 좋아한다.

촉성(促成) [-썽] 명 재촉하여 빨리 되게 하는 것. ¶독립 ~ 국민 대회. **촉성-하다** 동(타)여 **촉성-되다** 동(자)

촉성^재배(促成栽培) [-썽-] 명[농] 보통 재배에 의한 것보다 빨리 자라게 하여 거두어들이는 재배 방법. 온실 재배 따위. ↔억제 재배.

촉수¹(燭數) [-쑤] 명 촉광의 정도를 나타내는 수. ¶~ 높은 전등.

촉수²(觸手) [-쑤] 명 1 [동] 무척추동물의 입 주위에 있는 돌기 모양의 기관. 촉각(觸覺)이나 먹이를 잡는 역할을 함. 2 사물에 손을 대는 것. **촉수-하다** 동(타)여 사물에 손을 대다.
촉수를 뻗치다 귀 야심을 가지고 대상물에 서서히 작용을 미치다. ¶침략의 ~.

촉수³(觸鬚) [-쑤] 명[동] 곤충이나 거미·새우 따위의 입 주위에 있는 수염 모양으로 생긴 감각 기관. 촉각·후각 등을 맡음.

촉음(促音) 명[언] 음과 음 사이에서 폐쇄되는 음. 잇소리의 'ㅅ' 따위.

촉진¹(促進) [-찐] 명 (어떤 일을) 재촉하거나 박차를 가하여 빨리 이뤄지게 하는 것. **촉진-하다**¹ 동(타)여 ¶성장을 촉진하는 호르몬. **촉진-되다** 동(자) ¶아동은 학교생활을 통해 사회성의 발달이 촉진된다.

촉진²(觸診) [-찐] 명[의] 의사가 환자의 신체 표면을 손으로 누르거나 만져서, 체온·종창·부종·압통·맥박 등을 진단하는 일. 주로 복부 내장 질환의 진단에 쓰임. **촉진-하다**²

촉진-제(促進劑) [-찐-] 명 화학 반응을 촉진시키는 물질.

촉촉-하다 [-초카-] 형여 물기가 있어서 조금 젖은 상태에 있다. '축축하다'에 비하여 물기가 적고 불쾌함이 없는 상태를 가리킴. ¶눈시울이 **촉촉하게** 젖어 있다. ▷축축하다. **촉촉-이** 부 ¶봄비가 ~ 대지를 적시다. ×촉촉히.

촉촉-히 부 '촉촉이'의 잘못.

촉탁(囑託) 명 1 일을 부탁하여 맡기는 것. 2 기관이나 단체에서 임시로 어떤 일을 맡아 보는 사람. ¶~ 사원/~으로 일하다. **촉탁-하다** 동(타)여 일을 부탁하여 맡기다. **촉탁-되다** 동(자)

촉한(蜀漢) [초칸] 명[역] =촉(蜀)³.

촌¹(村) 명 도시에서 떨어진, 큰 건물이나 번화한 거리가 없는 마을. 回부락·시골. ¶~놈/~에서 자라다.

촌²(寸) 명 의존 1 친족 관계의 멀고 가까움을 나타내는 말. ¶삼~/사~ 형제/그 사람과는 몇 ~ 간이냐? ▷촌수(寸數). 2 =치².

-촌³(村)[접미] 특정한 부문에 관련된 시설이 집중적으로 꾸려져 있는 곳을 이르는 말. 또는, 특정한 성격을 띤 마을이나 동네를 이르는 말. ¶탄광~ / 선수~ / 빈민~.
촌:가(村家) 명 시골 마을에 있는 집.
촌:각(寸刻) 명 =촌음(寸陰). ¶~을 다투는 일 / ~도 지체할 수 없다.
촌:간(村間) 명 1 시골 마을의 사회. 2 마을과 마을의 사이.
촌:-것(村-)[-껃] 명 시골 사람이나 시골에서 난 물건을 낮추어 이르는 말.
촌:-구석(村-)[-꾸-] 명 도시에서 멀리 떨어진 시골의 구석진 곳. '촌'을 얕잡아 이르는 말임.
촌:극(寸劇) 명 1[연] 아주 짧은 단편적인 연극. ≒토막극. 2 사람들의 이목을 끄는 우발적이고도 우스꽝스러운 일을 이르는 말. ¶길거리에서 멱살을 쥐고 싸우는 ~이 벌어지다.
촌:-길(村-)[-낄] 명 시골의 길.
촌:-년(村-) 명 시골 여자를 낮추어 이르는 말.
촌:-놈(村-) 명 시골 남자를 낮추어 이르는 말. ≒촌한.
촌:-닭(村-)[-딱] 명 1 시골의 닭. 2 촌스럽고 어릿어릿하는 사람을 속되게 이르는 말.
촌:-뜨기(村-) 명 '촌사람'을 얕잡아 이르는 말. ⓗ시골뜨기.
촌:락(村落)[촐-] 명 시골의 마을. =촌리.
촌:락^공!동체(村落共同體)[촐-꽁-] 명[사] 전근대 사회에서 토지의 공유나 공동 이용, 농업 생산 및 일상생활을 구성원의 지연적 상호 부조에 의해 자급적으로 하는 공동체.
촌:로(村老)[촐-] 명 마을 노인. 또는, 시골 노인. ¶~들에 의하면 저 언덕에 서낭당이 있었다고 한다.
촌:리(村里)[촐-] 명 =촌락(村落).
촌:맹(村氓) 명 =촌백성.
촌:맹-이(村氓-) 명 =촌백성.
촌:민(村民) 명 =촌백성.
촌:-백성(村百姓)[-빽썽] 명 시골에서 사는 백성. =촌맹(村氓)·촌맹이·촌민. ⓗ향민(鄕民).
촌:보(寸步) 명 몇 발짝 안 되는 걸음. ¶~도 물러설 수 없다.
촌:부(村婦) 명 시골에 사는 부녀.
촌:-사람(村-)[-싸-] 명 1 시골에 사는 사람. 2 견문이 좁고 어수룩한 사람. =비인(鄙人)·촌인(村人). ⓒ촌놈.
촌:-색시(村-)[-쌕씨] 명 1 시골에 사는 색시. 2 촌스러운 색시.
촌:-샌님(村-)[-쌘-] 명 1 시골에 살며 벼슬을 못 지낸 늙은 양반. 2 촌스럽고 융통성이 없는 사람의 비유. =촌생원.
촌:-생원(村生員) 명 =촌샌님.
촌:수(寸數)[-쑤] 명 친족 간의 멀고 가까운 정도를 나타내는 수. 부모와 자식 사이는 한 마디, 곧 1촌 관계로 파악하며, 형제는 2촌, 아버지 형제는 3촌, 아버지 형제의 자녀는 4촌 관계가 됨. 촌수가 4촌·6촌·8촌과 같이 짝수일 경우는 같은 항렬이고, 3촌·5촌·7촌과 같은 경우는 한 항렬이거나 아래 항렬임. ¶~를 캐다[따지다] / ~가 멀다[가깝다].
촌:-스럽다(村-)[-쓰-따] 혱ⓑ<~스러우니, ~스러워> (사람이나 말·행동·옷차림 등이) 촌사람 티가 나는 데가 있다. ¶옷 입은 모양이. 촌:스레 ㆌ
촌:심(寸心) 명 속으로 품은 작은 뜻. =박지(薄志)·촌지·촌충.
촌:음(寸陰) 명 썩 짧은 시간. 또는, 얼마 안 되는 시간. =촌각·촌시. ¶~을 아끼다.
촌:장(村長) 명 한 마을의 일을 맡아보는 촌의 우두머리.
촌:지(寸志) 명 1 ['작은 뜻'이라는 뜻] 잘 봐 달라는 뜻으로, 또는 잘 봐주어서 고맙다는 뜻으로 은밀히 건네는 돈. 뇌물의 성격을 띤다는 점에서 부정적 어감을 주는 말임. ¶김 선생은 학부모가 내미는 ~를 정중히 사양했다. 2 =촌심(寸心).
촌:철-살인(寸鐵殺人) 〔한 치의 쇠로 사람을 죽인다는 뜻〕 짤막한 경구(警句)로 사람의 마음을 크게 뒤흔듦.
촌:충(寸蟲)[동] '조충(條蟲)'의 구용어.
촌:탁(忖度) 명 (남의 마음을) 미루어 헤아리는 것. ≒요탁(料度). 촌:탁-하다 탄여
촌:-티(村-) 명 촌스러운 모양이나 태도. ⓗ시골티. ¶~가 흐르다 / ~를 벗지 못하다.
촌:평(寸評) 명 짧게 비평하는 것. 또는, 그 비평. 촌:평-하다 탄여
촐랑-거리다/-대다 동ⓙ '졸랑거리다', '쫄랑거리다'의 거센말. ¶촐랑거리며 돌아다니지 말고 여기에 가만히 있어라. ≒촐랑대다.
촐랑-이 명 촐랑거리는 사람.
촐랑-촐랑 ㆌ '졸랑졸랑', '쫄랑쫄랑'의 거센말. ⓒ출렁출렁. 촐랑촐랑-하다 동ⓙ여
촐싹-거리다/-대다[-꺼-] 동 1[자] 주책없이 달랑거리며 돌아다니다. ×초싹거리다. 2[타] 남을 부추겨 마음이 달막거리게 하다. ≒촐싹거리다.
촐싹-촐싹 ㆌ 촐싹거리는 모양. ⓒ출썩출썩. 촐싹촐싹-하다 동ⓙ타여
촐촐 ㆌ 물 따위가 조금씩 넘치는 모양. ⓒ출출. 촐촐-하다 동여
촐촐-하다² 혱여 배고픈 기운이 약간 있다. ⓒ출출하다. 촐촐-히 ㆌ
촘촘-하다 혱여 (간격이나 그물코 따위가) 매우 좁거나 작다. ¶모를 촘촘하게 심다 / 스웨터를 촘촘하게 뜨다. 촘촘-히 ㆌ ¶~ 무늬를 놓다.
촛-국(醋-)[초꾹/촏꾹] 명 음식의 맛이 지나치게 신 것을 가리키는 말.
촛-농(-膿)[초-/촏-] 명 초가 탈 때 녹아 흐르는 기름. ¶~이 흐르다.
촛-대(-臺)[초때/촏때] 명 초를 꽂아 놓는 기구. =촉가(燭架)·촉대(燭臺).
촛-불[초뿔/촏뿔] 명 초에 켠 불. =촉화(燭火). ¶~을 켜다[끄다].
촛점 명 '초점(焦點)'의 잘못.
총¹ 명 말의 갈기와 꼬리의 털. ⓗ말총. ¶~대우.
총² 명 짚신·미투리 등의 앞쪽의 양편짝으로 운두를 이루는 낱낱의 울. ¶~갱기.
총³(銃) 명 사람이 손으로 들거나 잡은 상태에서 방아쇠를 손가락으로 당김으로써 화약이 폭발하거나 공기가 팽창하는 힘으로 탄환이 튀어 나가게 하는 무기. 권총·소총·기관총·엽총 따위. 세는 단위는 자루·정(挺), 쏘는 횟수의 단위는 발·방. =총포. ¶~을 쏘다 / ~을 겨누다 / ~을 매다 / ~을 맞다.
총:⁴(寵) 명 '총애'의 준말. ¶계 낭자와 적 낭자 소첩의 ~ 있음을 투기하나이다.《김만중:구운몽》

총⁵(總) 명[의주][역] 조선 시대에 토지 구실을 매기던 단위의 하나. 10짐이 한 총, 10총이 한 결임. =동.

총:¹⁶(總) 관 '모두 합하여'의 뜻을 나타내는 말. ¶ ~ 작업 시간 / ~ 2000명의 인원이 참가하다.

총:⁻⁷(總) 접두 일부 한자어 명사에 붙어, '온통', '통틀어'의 뜻을 나타내는 말. ¶ ~인구 / ~파업 / ~궐기.

총가(銃架) 명[군] 총을 걸쳐 두는 받침.

총:각(總角) 명 결혼하지 않은 성년 남자. ¶노~/ 떠꺼머리~. ↔처녀.

총각 딱지를 떼다 관 1 총각이 처음으로 동정을 깨뜨리다. 2 총각이 결혼하다.

총:각-김치(總角-) [-찜-] 명 총각무로 담근 김치. ▷총각무.

총:각-무(總角-) [-깍-] 명 뿌리가 엄지손가락 모양으로 생기고 무청이 연한 무. 무청이 달린 채로 김치를 담금. ×알무·알타리무.

총:각-미역(總角-) 명 '꼭지미역'의 잘못.

총:감독(總監督) 명 총괄적으로 하는 감독. 또는, 그 사람. 총:감독-하다 통(타여)

총-걸다(銃-) [-거니, -거오] 총을 삼각거(三角架)의 형상으로 걸어 세우다. =차총(叉銃)하다. ×총걷다.

총검(銃劍) 명 1 =대검(帶劍)³ 2. ¶~으로 찌르다. 2 =총칼.

총검-술(銃劍術) 명[군] 칼을 꽂은 소총으로 적과 맞서 싸우는 기술.

총격(銃擊) 명 총으로 사격하는 것. 총격-하다 통(타여)

총격-전(銃擊戰) [-쩐] 명 기관총·소총 따위로 서로하는 싸움. =총싸움.

총-견다(銃-) [-견-] '총걷다'의 잘못.

총:결(總結) 명 전체를 뭉뚱그려 매듭을 짓는 것. 총:결-하다 통(타여) 총:결-되다 통(자)

총:결산(總決算) [-싼] 명 총괄하여 하는 결산. 총:결산-하다 통(타여) ¶지난 일 년을 ~.

총:경(總警) 명 경찰관의 계급의 하나. 경정의 위, 경무관의 아래임.

총:계(總計) [-계/-게] 명 전체를 한데 통틀어서 계산하는 것. 또는, 그 계산. ¶~를 내다 / ~소개. 총:계-하다 통(타여) 총:계-되다 통(자)

총:공격(總攻擊) 명 전군(全軍) 또는 전원이 일제히 하는 공격. 총:공격-하다 통(자타여) ¶적의 요새를 ~ / ~에게 ~.

총:공세(總攻勢) 명 역량(力量)을 총동원하여 하는 공세. ¶~을 취하다.

총:관¹(摠管) 명 1 조선 시대, 오위도총부의 도총관과 부총관. 2 대한 제국 때, 경위원(警衛院)·호위대(扈衛隊)·승녕부(承寧府)의 으뜸 벼슬.

총:관²(總管) 명 전체를 관리하는 것. 총:관-하다 통(타여)

총:괄(總括) 명 1 개별적인 여러 가지를 한데 묶는 것. 2[논] 여러 개의 개념을 통틀어 외연(外延)이 큰, 하나의 개념으로 포괄하는 것. 3 =총람(總攬). 총:괄-하다 통(타여) 총:괄-되다 통(자)

총:괄-적(總括的) [-쩍] 관명 개별적인 여러 가지를 한데 묶는 (것). ¶~인 관리 업무를 맡다 / ~ 평가를 받다.

총구(銃口) 명 =총구멍1.

총-구멍(銃-) [-꾸-] 명 1 총알이 나가는 총신의 앞쪽 끝 부분. =총구(銃口). 2 총알에 맞아 생긴 자리. ¶창문에 ~이 나다. 3 =총안(銃眼).

총:국(總局) 명 어떠한 구역 내의 지국(支局)을 통할하여 본사와 사무적 연락을 하는 곳.

총:-궐기(總蹶起) 명 모두 함께 궐기하는 것. 총:궐기-하다 통(자여) ¶정부의 인권 탄압에 항의하여 온 국민이 ~.

총기¹(銃器) 명 소총·권총 따위의 무기. ¶~를 불법으로 소지하다.

총기²(聰氣) 명 총명한 기운. ¶그 아이는 눈이 반짝반짝한 게 ~가 있어 보인다.

총:기³(總記) 명 1 전체를 총괄하는 기술(記述). 2 십진분류법에 의한 도서 분류의 하나. 백과사전·신문·잡지·총서(叢書) 따위.

총-대¹(銃-) [-때] 명 총의 총열을 장치한 전체의 나무. =총상(銃床).

총대(를) 메다 관<속> (어떤 사람이) 아무도 나서서 맡기를 꺼리는 공동의 일을 대표로 맡다. ▷십자가를 지다. →십자가.

총:대²(總代) 명 전체의 대표. ¶학우(學友)~.

총:-댕이(銃-) 명 '포수(砲手)¹'의 잘못.

총:독(總督) 명 식민지 등의 정치·경제·군사의 모든 통치권을 가진 최고 행정 관리.

총:독-부(總督府) [-뿌] 명 총독이 정무를 보는 관청. ¶조선 ~.

총:-동원(總動員) 명 전체 성원이나 전체 역량을 동원하는 것. 총:동원-하다 통(타여) 총:동원-되다 통(자) ¶수해 복구에 민방위대원이 총동원되었다.

총:람¹(總覽) [-남] 명 1 전체를 모두 보는 것. 2 어떤 사물에 관한 것을 하나로 종합한 서적. 총:람-하다 통(타여) 전체를 모두 보다. 총:람-되다 통(자)

총:람²(總攬) [-남] 명 (모든 사무를) 한데 묶어 관할하는 것. 또는, 한 손에 장악하는 것. =총괄(總括)·총할(總轄). 총:람-하다 통(타여)

총:량(總量) [-냥] 명 전체의 분량 또는 중량.

총:력(總力) [-녁] 명 전체의 힘. ¶수출 증진에 ~을 기울이다.

총:력-전(總力戰) [-녁쩐] 명 국가의 총체적인 힘을 기울여서 하는 전쟁. ¶~을 펼치다.

총:론¹(總論) [-논] 명 전체를 총괄한 이론. ↔각론(各論).

총론²(叢論) [-논] 명 여러 가지 논문·문장 따위를 모은 글.

총:리(總理) [-니] 명 1 전체를 모두 관리하는 것. 2 '국무총리'의 준말. 총:리-하다 통(타여) 전체를 모두 관리하다.

총림(叢林) [-님] 명[불] 강원(講院)·선원(禪院)·율원(律院:계율을 학습하는 곳)의 3개의 교육 기관을 모두 갖춘 절.

총망(悤忙) 명 =총망-하다 형(여) 매우 급하고 바쁘다. 총망-히 부

총:-망라(總網羅) [-나] 명 (어떤 대상을) 전체에서 하나도 빠트리지 않고 모두 드는 것. 총:망라-하다 통(타여) 총:망라-되다 통(자) ¶관계 자료가 총망라된 보고서.

총:-면적(總面積) 명 전체의 넓이.

총명(聰明) 명 영리하고 기억력이 좋은 것. 총명-하다 형(여) ¶총명한 아이.

총:무(總務) 명 어떠한 기관이나 단체에서, 전체적이며 일반적인 사무. 또는, 그것을 맡아보는 사람.

총!무-과(總務課)[-꽈] 명 어떤 기관이나 단체에서, 그 조직의 전체적인 행정 사무를 담당하는 과.
총!-반격(總反擊) 명 전체가 일제히 하는 반격. ¶국군과 유엔군은 인천 상륙 작전을 고비로 하여 ~에 나섰다. 총!반격-하다 동(자)(타)(여)
총!-받이(銃-)[-바지] 명 =총알받이.
총!보(總譜) 명 1 [음] =모음 악보. 2 바둑에서, 승부의 처음부터 끝까지를 한눈에 알 수 있도록 표시한 기보(棋譜).
총!-본부(總本部) 명 전체를 통할하는 본부.
총!-본산(總本山) 명 1 어떤 일을 총괄하는, 근원이 되는 곳. ¶상해 임시 정부는 일제하 독립 운동의 ~이었다. 2 [불] 일제 강점기에, 전국 31개 본사와 말사를 총괄하던 최고 종정 기관. =총본사.
총!-부리(銃-)[-뿌-] 명 총구멍이 있는 총의 부분. ¶~를 대다 / 동족의 가슴에 ~를 겨누다.
총!-사냥(銃-) 명 총으로 하는 사냥. =총렵(銃獵). 총사냥-하다 동(자)(여)
총!-사령관(總司令官) 명[군] 전군(全軍)을 통할 지휘하는 사령관.
총!-사령부(總司令部) 명[군] 총사령관의 막료 기관.
총!-사직(總辭職) 명 구성원 전원이 한꺼번에 사직하는 것. 총!사직-하다 동(자)(여)
총!-사퇴(總辭退)[-퇴/-퉤] 명 구성원 전원이 한꺼번에 사퇴하는 것. 총!사퇴-하다 동(자)(여)
총살(銃殺) 명 (사람이나 동물을) 총으로 쏘아 죽이는 것. 총살-하다 동(타)(여) ¶반역자를 ~. 총살-되다 동(자)
총살-형(銃殺刑) 명 총살하는 형(刑). ¶~에 처하다.
총상(銃傷) 명 총에 맞은 상처. =총창. ¶~을 입다.
총생(叢生) 명[식] =뭉쳐나기. 총생-하다 동(자)(여)
총서(叢書) 명 일정한 주제나 분야에 관하여, 각 권의 내용은 각기 독립적이나, 형식이나 체재는 똑같이 통일하여, 동시에 또는 계속적으로 간행하는 여러 권의 책. ¶학술 ~ / 경제학 ~.
총!선(總選) 명 '총선거'의 준말.
총!-선거(總選擧) 명 국회의원 전체를 한꺼번에 선출하는 선거. ¶~를 실시하다. (준)총선.
총설(總說) 명 전체를 통틀어서 하는 설명.
총성(銃聲) 명 총알이 발사되는 순간 '탕' 하고 나는 소리. (비)총소리. ¶~이 울리다.
총!-소득(總所得) 명 경비를 공제하지 않은 소득의 총액. =총수입.
총-소리(銃-)[-쏘-] 명 총을 쏠 때 화약이 터지면서 나는 소리. (비)총성.
총수(銃手) 명 총을 쏘는 사람.
총!수²(總帥) 명 1 전군(全軍)을 지휘하는 사람. ¶삼군의 ~. 2 어떤 집단의 우두머리. ¶재벌 ~.
총!수³(總數) 명 전체의 수효. ¶회원 ~는 삼백 명이다.
총!-수입(總收入) 명 1 =총소득. 2 [경] 재화의 공급에서 생산자가 얻은 화폐 수입의 총액.
총신¹(銃身) 명 =총열.
총!신²(寵臣) 명 임금의 총애를 받는 신하. =

총!-싸움(銃-) 명 =총격전. 총!싸움-하다 동(자)(여)
총!아(寵兒) 명 많은 사람들로부터 특별히 사랑을 받는 사람. ¶시대의 ~ / 문단의 ~.
총안(銃眼) 명 몸을 숨긴 채 총으로 적을 쏘기 위하여 성벽·보루(堡壘) 등에 뚫어 놓은 구멍. =총구멍.
총-알(銃-) 명 1 총으로 쏘아서 목표물을 맞히는 물건. =총탄·총환(銃丸). 2 <속> 사물의 움직임이나 진행이 매우 빠른 상태. 비유적인 말임. ¶김 대리는 어찌나 일 처리가 빠른지 ~이라니까.
총알-받이(銃-)[-바지] 명 전쟁을 할 때, 군대의 맨 앞줄 또는 제일선에 서는 사람을 속되게 이르는 말. =총받이.
총알-택시(銃-taxi) 명 주로 밤늦게 인근의 다른 도시로 가는 손님을 태우고 과속으로 달리는 택시.
총!애(寵愛) 명 (어떤 사람을) 남달리 귀엽게 여겨 사랑하는 것. ¶윗사람의 ~를 받다 / 양 귀비는 현종의 ~를 흠뻑 받았다. (준)총. 총!애-하다 동(타)(여)
총!액(總額) 명 전체의 액수. ¶예금 ~이 백만 원이다.
총!-역량(總力量)[-녕냥] 명 모든 역량. ¶그 회사의 ~을 결집한 전력투구 사업 / 국가적 ~을 발휘하다.
총!-열(銃-)[-녈] 명 긴 원통 모양으로 되어 총알이 나가는 방향을 정하여 주는 총의 한 부분. =총신(銃身). (준)열.
총!-영사(總領事)[-녕-] 명 외무 공무원의 대외 직명의 하나. 주재국 영토 내의 자국민(自國民)을 보호 감독하고 통상·항해에 관한 사항을 본국에 보고하며, 주재국에 근무하는 자국의 영사 및 관원을 감독하는 최상급의 영사.
총요(悤擾) →총요-하다 형(여) 바쁘고 부산하다.
총!원(總員) 명 전체의 인원. ¶~ 50명에 출석 인원은 40명이다.
총!-유탄(銃榴彈)[-뉴-] 명 유탄의 하나. 수류탄보다 멀리 나가게 하기 위하여 소총으로 내쏘게 되어 있은.
총!-융청(摠戎廳) 명[역] 조선 인조 때 베푼 군영(軍營). 경기(京畿) 일원의 각 진(鎭)의 군무를 담당했음.
총!의(總意)[-의/-이] 명 어떤 집단의 전체의 의사. ¶~를 모으다 / 국민의 ~를 받들어 개혁을 추진하다.
총!-인구(總人口) 명 어떤 나라나 지역에 사는 사람들의 전체 수효.
총!-잡이(銃-) 명 총, 특히 권총을 잘 쏘는 사람.
총!장(總長) 명 어떠한 조직체에서, 사무 전체를 관리하는 최고 행정 책임 직위. 또는, 그 직위에 있는 사람. ¶대학 ~ / 검찰 ~.
총!재(總裁) 명 정당·은행·직업자사·스카우트 등의 일부 기관이나 단체의 최고 직위. 또는, 그 직위에 있는 사람. ¶한국은행 ~.
총!점(總點)[-쩜] 명 전체 점수의 합계.
총좌(銃座) 명 사격할 때, 총을 얹어 놓는 대.
총중(叢中) 명 한 떼의 가운데. ¶만록(萬綠) ~의 홍일점.
총!-지휘(總指揮) 명 전체를 총괄하여 하는

지휘. ¶~자(者). 총!지휘-하다 통타여 ¶작전을 ~.
총-질(銃-) 명 총을 쏘는 것. 얕잡는 말임. **총질-하다** 통자여
총집¹(銃-)[-찝] 명 총을 보호하기 위하여 넣어 두는 주머니나 곽.
총집²(叢集) 명 떼를 지어 모이는 것. **총집-하다** 통자여 ¶군청(群靑)으로 우거진 잡목들이 **총집**해 있는 야트막한 구릉…. 《김성동: 만다라》
총!-집결(總集結)[-껼] 명 사람이나 물건들이 모두 한군데로 모이는 것. **총!집결-하다** 통자타여 ¶노조원들은 본사 건물 앞으로 **총집결**했다. **총!집결-되다** 통자
총!-집합(總集合)[-지팝] 명 한곳에 모두 모이는 것. **총!집합-하다** 통자여 **총!집합-되다** 통자
총!찰(總察) 명 모든 일을 맡아 보살피는 것. **총!찰-하다** 통타여
총-채 명 말총을 묶어서 만든 먼지떨이. 헝겊으로 만든 것을 포함하기도 함. ¶~로 창틀의 먼지를 떨다.
총채-질 명 총채로 먼지를 떠는 짓. **총채질-하다** 통자여
총!책(總責) 명 '총책임자'의 준말. ¶자금 ~ 했음.
총!-책임(總責任) 명 총괄적인 책임. ¶~자.
총!책임-자(總責任者) 명 총책임을 진 사람. 촌총책.
총!-천연색(總天然色) 명 천연색을 강조하여 이르는 말.
총!첩(寵妾) 명 총애를 받는 첩.
총!체(總體) 명 어떤 사물의 모든 것. 또는, 관련된 모든 것. 비전부·전체.
총!체-적(總體的) 관명 사물의 범위가 모든 것에 다 걸쳐 있는 (것). ¶~ 난관에 부딪히다.
총총¹ 부 맑게 갠 밤하늘에 많은 별이 또렷또렷한 모양. **총총-하다**¹ 형여 ¶짙은 안개가 섬 주위에 퍼져 나가기 시작하였다. **총총하**던 별빛이 차차 빛을 잃어 가는 참이었다.《황석영: 장길산》 **총총-히**¹ 부 ¶비는 뚝 끊기고 문드러진 구름 새로는 별이 ~ 반짝이기도 한다.《염상섭: 쥐우》
총총²(悤悤) 부 1 급하고 바쁘게. ¶쫓기는 사람처럼 ~ 사라지다. 2 편지 맺음말에 쓰여, '서둘러', '바쁘게'의 뜻으로 이르는 말. ¶드릴 말씀은 많으나 이만 ~ 줄입니다. **-하다**² 형여 급하고 바쁘다. ¶나도 갈 길이 **총총해서** 더 지체를 할 수 없으니 같이 일어섭시다.《이해조: 빈상설》 **총총-히**² 부 ¶꼭두새벽에 ~ 떠나다.
총총³(葱葱) →**총총-하다**³ 형여 나무가 배게 들어서서 무성하다. **총총-히**³ 부 ¶배나무가 ~ 들어서다.
총총⁴(叢叢) →**총총-하다**⁴ 형여 물건이 들어선 모양이 빽빽하다. **총총-히**⁴ 부 ¶눈이 벌써 녹기 시작한 양지바른 산기슭에는 묵은 잔디 끝이 바늘 끝처럼, ~ 솟아는다.《박노갑: 묘지》
총총-거리다-대다 통 '종종거리다', '쫑쫑거리다'의 센말. 촌충총거리다.
총총-걸음 명 '종종걸음'의 거센말.
총총-들이(葱葱-) 부 틈이 없을 만큼 겹겹이 들어선 모양. ¶말뚝을 ~ 박다.
총!-출동(總出動)[-똥] 명 전원이 다 하는 출동. **총!출동-하다** 통자여 ¶부대원들이 ~.

총!출동-되다 통자
총!-출연(總出演) 명 전원이 다 하는 출연.
총!출연-하다 통자여 ¶연예인들이 **총출연**하는 호화 쇼.
총!칙(總則) 명 총괄적인 규칙. ↔각칙(各則).
총!칭(總稱) 명 전부를 총괄하여 일컫는 일. 또는, 그 명칭. **총!칭-하다** 통타여
총-칼(銃-) 명 총과 칼. 곧, 무력(武力). =총검. ¶~로 위협하다.
총탄(銃彈) 명 =총알1. ¶~을 맞다.
총!-톤수(總ton數) 명 1 배의 용적. 곧 크기를 나타내는 톤수. 배 내부의 전체 용적을 2.83m³당 1톤의 단위로 나타낸 것. =그로스 톤(gross ton). 2 톤수의 합계.
총통¹(銃筒) 명 화기의 총칭. 화전(火箭)·화통·화포 따위.
총통²(總統) 명 1 총괄하여 다스리는 것. 또는, 그 관직. 2 대만 정부의 최고 관직. '장제스 ~. 3 [역] 나치스 독일의 최고 지도자. 대통령제를 폐지하고 히틀러가 이 칭호를 씀. **총!통-하다** 통타여 총괄하여 다스리다.
총!-퇴각(總退却)[-퇴-/-퉤-] 명 전군(全軍)이 한꺼번에 하는 퇴각. ¶~ 명령.
총!퇴각-하다 통자여 ¶적이 ~.
총!-파업(總罷業) 명 전국적으로 또는 어떤 산업 전체에 걸쳐 행해지는 대규모의 파업. =동맹 파업. **총!파업-하다** 통자여
총!판(總販) 명 생산업체로부터 제품을 사들여 관할 지역의 소매점에 얼마간의 이윤을 붙여 공급하는 유통업체. 춘총판점.
총!판-장(總販場) 명 총판이 영업 활동을 하는 곳. ¶동대문 운동구 ~.
총!판-점(總販店) 명 =총판.
총!평(總評) 명 총체적인 평가나 평정(評定). ¶심사 위원장의 ~.
총포(銃砲) 명 1 =총(銃)³. 2 소총과 대포.
총!-학생회(總學生會)[-쌩회/-쌩훼] 명 한 학교 안의 학생 단체들을 통틀어 지휘하는 학생회.
총!-합(總合) 명 전부를 합하는 것. **총!합-하다** 통타여
총혜(聰慧)[-혜/-헤] → **총혜-하다**[-혜-/-헤-] 형여 총명하고 슬기롭다.
총화¹(銃火) 명 총을 쏠 때 총구에서 번쩍이는 불. =철화(鐵火).
총화²(總和) 명 1 전체를 합하여 모은 수. 비총계(總計). 2 전체의 화합. ¶~ 단결/국민 ~로 통일을 이루다.
총회(總會)[-회/-훼] 명 1 그 단체 전원의 모임. ¶정기 ~. 2 [법] 사단 법인의 전체 구성원에 의하여 조직되고 종합적 의사를 결정하는 최고 의결 기관. ¶주주 ~.
총!획(總畫)[-획/-훽] 명 한자(漢字)의 한 글자의 모든 획수.
총!희(寵姬)[-히] 명 총애를 받는 여자. ¶양귀비는 당나라 현종(玄宗)의 ~였다.
총!-히(總-) 부 온통 한데 몰아서. 비전부.
촬상-관(撮像管)(被)[-쌍-] 명 [물] 피사체(被寫體)의 광학상(光學像)을 전기 신호로 바꾸는 특수 전자관. 텔레비전 카메라나 X선 진단용으로 이용됨.
촬영(撮影) 명 (어떤 모습이나 장면을) 사진기나 촬영기의 셔터를 눌러 필름에 그대로 감광되게 하는 것. ¶사진 ~/영화 ~/기념 ~/야외 ~. **촬영-하다** 통타여 **촬영-되다** 통자

촬영-기(撮影機) 똉 =카메라2. ¶영화 ~.
촬영^대본(撮影臺本) 똉[영] =콘티뉴이티.
촬영-소(撮影所) 똉 영화의 촬영·제작에 필요한 설비를 갖춘 곳. 町스튜디오.
최(最)[최/췌] 관 '가장', '제일'의 뜻을 나타내는 말. ¶~고급 / ~첨단 / ~전방.
최·강(最強)[최-/췌-] 똉 실력·세력 등이 가장 강한 상태. ¶~의 선수 / 세계 ~을 자랑하는 군대.
최·고¹(最古)[최/췌-] 똉 어떤 대상이 가장 오래된 상태. ¶옥스퍼드 대학은 영국 ~의 대학이다. ↔최신(最新).
최·고²(最高)[최-/췌-] 똉 1 대상의 높이가 가장 높은 상태. ¶세계 ~의 에베레스트 산. 2 대상의 수치가 가장 높은 상태. ¶~ 온도 / ~ 혈압. ↔최저. 3 대상이 가장 뛰어나거나 훌륭한 상태. ¶~의 품질 / 우리 아빠가 ~다! ↔최하.
최고³(催告)[최-/췌-] 똉[법] 상대방에게 일정한 행위를 하도록 독촉하는 통지를 내는 일. ¶~장(狀). **최고-하다** 톰国囲.
최·고-가(最高價)[최-/췌-까/췌-까] 똉 가장 비싼 값. ¶경매에서 ~에 매매가 낙찰되다. ↔최저가.
최·-고급(最高級)[최-/췌-] 똉 가장 높거나 뛰어난 등급. ¶~품 / ~ 시계.
최·-고도(最高度)[최-/췌-] 똉 가장 높은 도수나 단계. ¶~의 기술.
최·고-봉(最高峯)[최-/췌-] 똉 1 어느 지방이나 산맥 가운데 가장 높은 봉우리. ≒주봉(主峯). ¶에베레스트 산은 세계 ~이다. 2 어떤 분야에서 가장 뛰어난 사람이나 수준. 비유적인 말임. ¶문단[학계]의 ~.
최·고-선(最高善)[최-/췌-] 똉[윤] 인간 생활의 최고의 목적·이상이며 행위의 근본 기준이 되는 선. =지고선(至高善).
최·고-신(最高神)[최-/췌-] 똉 =지상신(至上神).
최·고위-층(最高位層)[최-/췌-] 똉 가장 높은 지위에 있는 계층. 또는, 그 사람. ¶권력의 ~.
최·고-점(最高點)[최-쩜/췌-쩜] 똉 가장 높은 점수.
최·고-조(最高潮)[최-/췌-] 똉 어떤 분위기나 감정 따위가 가장 높은 정도에 이른 상태. 町클라이맥스. ¶장내의 열기가 ~에 달하다.
최·고-참(最古參)[최-/췌-] 똉 가장 오래된 고참.
최·고^학부(最高學府)[최-뿌/췌-뿌] 똉[교] 가장 정도가 높은 학교. 곧, 대학이나 대학원을 가리킴. ¶그는 ~를 우수하게 졸업한 엘리트다.
최·고-형(最高刑)[최-/췌-] 똉 가장 중한 형벌. ¶법정 ~.
최·귀(最貴)[최-/췌-] ➔**최·귀-하다**[최-/췌-] 囲囲 가장 귀하다.
최·근(最近)[최-/췌-] Ⅰ 똉 얼마 안 되는 지나간 날. 町요즈음. ¶~에 있었던 일 / ~의 국제 정세. Ⅱ 閉 요즈음 들어. ¶~ 우리 사회에는 범죄가 부쩍 늘고 있다.
최·근세(最近世)[최-/췌-] 똉 가장 가까운 지나간 시대. ¶~사(史).
최·-남단(最南端)[최-/췌-] 똉 가장 남쪽 끝. ¶마라도는 우리나라의 ~에 위치하고 있는 섬이다. ↔최북단.

최·다(最多)[최-/췌-] 똉 가장 많은 것. ¶~ 득점. ↔최소(最少). **최·다-하다** 囲囲.
최·단(最短)[최-/췌-] 똉 가장 짧은 것. ¶두 점 사이의 ~ 거리는 직선이다. ↔최장. **최·단-하다** 囲囲.
최·대(最大)[최-/췌-] 똉 수(數)·양(量)·정도 따위가 가장 큰 것. ¶조국 통일이 우리의 ~의 관심사다. ↔최소(最小). **최·대-하다** 囲囲.
최·대^공약수(最大公約數)[최-쑤/췌-쑤] 똉 1 [수] 둘 이상의 정수(整數)의 공약수 중에서 가장 큰 것. 정식(整式)에서는, 공약수 중 차수가 가장 높은 것을 말함. =지시엠(G.C.M.). ▷최소 공배수. 2 여러 가지 일 가운데 대체적으로 보아서 공통적으로 합치되는 부분.
최·대^사거리(最大射距離)[최-/췌-] 똉[군] 특정한 화기를 발사할 때, 그 화기의 탄환이 도달할 수 있는 최대의 수평 거리. =최대 사정. ▷유효 사거리.
최·대-치(最大値)[최-/췌-] 똉[수] '최댓값'의 구용어.
최·대-한(最大限)[최-/췌-] 똉閉 =최대한도. ¶능력을 ~으로 발휘하다 / 주어진 여건을 ~ 활용하다. ↔최소한(最小限).
최·대-한도(最大限度)[최-/췌-] 똉 더 이상 커지거나 불어날 수 없는 가장 큰 한도. =최대한. ¶속력을 ~로 내다. ↔최소한도.
최·대-화(最大化)[최-/췌-] 똉 가장 크게 하는 것. ↔최소화. **최·대화-하다** 톰国囲. **최·대화-되다** 톰().
최·댓-값(最大-)[최대깝/최댇깝/췌대깝/췌댇깝] 똉 [수] 실수(實數) 값을 취하는 함수가 그 정의역(定義域) 안에서 취하는 가장 큰 값. 구용어는 최대치(最大値). ↔최솟값.
최·량(最良)[최-/췌-] ➔**최·량-하다**[최-/췌-] 囲囲 가장 좋다.
최루(催淚)[최-/췌-] 똉 눈물샘을 자극하여 눈물이 나오게 하는 것.
최루^가스(催淚gas)[최-/췌-] 똉[화] 독가스의 하나. 특히, 눈물샘을 자극하여 눈물이 나오게 함.
최루-성(催淚性)[최-썽/췌-썽] 똉 눈물샘을 자극하여 눈물이 나오게 하는 성질. ¶~ 가스 / ~ 멜로 드라마.
최루-탄(催淚彈)[최-/췌-] 똉 최루 가스를 넣은 탄환. ¶데모를 저지하기 위해 ~을 발사하다.
최면(催眠)[최-/췌-] 똉 1 잠이 오게 하는 것. ¶~제. 2 [심] 사람이나 동물이 어떤 사람의 암시에 의해 빠져 들게 되는 수면과 같은 상태. ¶~을 걸다 / ~ 상태에 빠지다.
최면-술(催眠術)[최-/췌-] 똉 암시를 주어 최면 상태를 일으키는 기술. ¶~에 걸리다 / ~을 쓰다.
최·-북단(最北端)[최-딴/췌-딴] 똉 가장 북쪽 끝. ↔최남단.
최·-비칭(最卑稱)[최-/췌-] 똉[언] =아주 낮춤1. ↔최존칭.
최·빈-수(最頻數)[최-쑤/췌-쑤] 똉[수] 통계 자료의 대푯값의 하나. 최대의 도수(度數)를 가지는 변량(變量)의 수치. =모드(mode).
최·상(最上)[최-/췌-] 똉 (주로 '최상의'의 꼴로 쓰여) 수준이나 등급이 맨 위인 상태. ¶~의 조건 / ~의 행복. ↔최하(最下).
최·-상급(最上級)[최-/췌-] 똉 1 정도나 등

급이 가장 높은 것. ↔최하급. **2** [언] 영어·독일어 등에서, 형용사·부사가 취하는 어형 변화의 한 가지. 비교의 대상이 되는 것 중에서 성질·상태 등의 정도가 가장 큰 것을 나타내는 것. 영어에서 good에 대한 best 따위. ▷원급·비교급.

최¦-상위(最上位) [최-/췌-] [명] 가장 높은 순위. ¶~ 입상. ↔최하위.

최¦-상품(最上品) [최-/췌-] [명] 가장 좋은 물품. [비]상상품(上上品).

최¦선(最善) [최-/췌-] [명] 가장 좋거나 훌륭한 것. ¶~의 방법[길] / ~을 다하다.

최¦-선봉(最先鋒) [최-/췌-] [명] 맨 앞장. ¶~에 서서 군사를 지휘하다.

최¦선-책(最善策) [최-/췌-] [명] 가장 좋고 훌륭한 대책. ¶성공의 ~은 열심히 노력하는 것이다.

최¦성-기(最盛期) [최-/췌-] [명] 가장 성한 시기. [비]황금기.

최¦소[1](最小) [최-/췌-] [명] 《일부 명사 앞에 쓰여》 가장 작은 것. ↔최대. **최¦소-하다**[1] [형][여]

최¦소[2](最少) [최-/췌-] [명] 가장 적은 것. ¶~의 노력으로 최대의 효과를 거두다. ↔최다(最多). **최¦소-하다**[2] [형][여]

최¦소^공배수(最小公倍數) [최-/췌-] [명] [수] 둘 이상의 정수(整數)의 공배수 중에서 가장 작은 것. 정식(整式)에서는 공배수 중 차수가 가장 낮은 것을 말함. =엘시엠(L.C.M.). ▷최대 공약수.

최¦소-치(最小値) [최-/췌-] [명][수] '최솟값'의 구용어.

최¦소-한(最小限) [최-/췌-] [명][부] =최소한도. ¶인원을 ~으로 잡다 / 도와주지는 못할망정 ~ 방해는 말아야지. ↔최대한.

최¦소-한도(最小限度) [최-/췌-] [명][부] 더 이상 작아지거나 줄어들 수 없는 가장 작은 한도. =최소한. ¶이 공사는 ~ 1년은 걸릴 것이다. ↔최대한도.

최¦소-화[1](最小化) [최-/췌-] [명] 가장 작게 하는 것. ↔최대화. **최¦소화-하다**[1] [동][타][여] **최¦소화-되다**[1] [동][자]

최¦소-화[2](最少化) [최-/췌-] [명] 가장 적게 하는 것. **최¦소화-하다**[2] [동][타][여] ¶태풍의 피해를 ~. **최¦소화-되다**[2] [동][자]

최¦솟-값(最小-) [최소깝/최솓깝/췌소깝/췌솓깝] [명][수] 실수(實數) 값을 취하는 함수가 그 정의역(定義域) 안에서 취하는 가장 작은 값. 구용어는 최소치(最小値). ↔최댓값.

최¦신(最新) [최-/췌-] [명] 어떤 대상이 가장 새로운 상태. ¶~ 유행 / ~ 기술을 도입하다. ↔최고(最古).

최¦신-식(最新式) [최-/췌-] [명] 가장 새로운 방식이나 격식. ¶~ 레스토랑 / ~ 무기.

최¦-신예(最新銳) [최-/췌-] [명] 가장 새롭고 기세나 힘이 빼어난 것. ¶~ 전투기.

최¦신-작(最新作) [최-/췌-] [명] 가장 최근에 발표한 작품.

최¦신-형(最新型) [최-/췌-] [명] 가장 새로운 모양. ¶~ 자동차.

최¦악(最惡) [최-/췌-] [명] 일의 상황·상태 등이 가장 나쁜 것. ¶~의 상태 / ~의 경우에 대비하다 / ~의 결과를 낳다.

최¦-우선(最優先) [최-/췌-] [명] (어떤 일을) 가장 먼저 다루거나 문제 삼는 것. ¶~ 과제 / 사회 복지 제도를 ~으로 실시하다. **최¦우선-하다** [동][타][여] ¶소비자 보호를 **최우선하는** 정책. **최¦우선-되다** [동][자]

최¦-우수(最優秀) [최-/췌-] [명] 《일부 명사 앞에 쓰여》 가장 우수한 것. ¶~ 작품.

최¦우수^선¦수(最優秀選手) [최-/췌-] [명][체] =엠브이피(MVP).

최음-제(催淫劑) [최-/췌-] [명][약] 성욕(性慾)을 일으키는 약제.

최¦장(最長) [최-/췌-] [명] 가장 긴 것. ↔최단(最短). **최¦장-하다** [형][여]

최¦저(最低) [최-/췌-] [명] 어떤 대상의 수치나 수준 등이 가장 낮은 상태. ¶~ 온도 / ~ 혈압. ↔최고(最高).

최¦저-가(最低價) [최-까/췌-까] [명] 가장 싼 값. ↔최고가.

최¦저^생활비(最低生活費) [최-/췌-] [명] [경] 인간이 인간답게 생존하는 데에 필요한 생활비. ¶~에도 못 미치는 월급.

최¦저-선(最低線) [최-/췌-] [명] 가장 낮은 한계선.

최¦저^임¦금제(最低賃金制) [최-/췌-] [명] [경] 낮은 임금의 노동자를 보호하기 위하여 국가가 법으로 임금의 최저액을 정하여 노동자의 생활을 보장하는 제도.

최¦저-치(最低値) [최-/췌-] [명] 가장 낮은 수치. ¶주가가 올 들어 ~를 기록했다.

최¦저-한(最低限) [최-/췌-] [명] =최저한도.

최¦저-한도(最低限度) [최-/췌-] [명] 가장 낮은 한도. =최저한. ¶~의 생계비.

최¦적(最適) [최-/췌-] [명] 가장 적당하거나 적합한 것. ¶~ 온도. **최¦적-하다** [형][여]

최¦-적기(最適期) [최-끼/췌-끼] [명] 가장 알맞은 시기. ¶모내기의 ~.

최¦-적지(最適地) [최-찌/췌-찌] [명] 무엇을 하기에 가장 조건이 알맞은 곳.

최¦-전방(最前方) [최-/췌-] [명][군] =최전선2.

최¦-전선(最前線) [최-/췌-] [명] **1** 맨 앞의 선. **2** [군] 적과 맞서는 맨 앞의 전선(戰線). =제일선·최전방.

최¦-존칭(最尊稱) [최-/췌-] [명][언] =아주높임1. ↔최비칭.

최¦종(最終) [최-/췌-] [명] 단계나 차례에 있어서 맨 나중. ¶~ 심사 / ~ 수단.

최¦종-심(最終審) [최-/췌-] [명][법] 대법원에서 하는 최종의 심리(審理).

최¦종-일(最終日) [최-/췌-] [명] 어떤 기간의 마지막 날. ¶대회 ~에 마라톤 경기가 열린다.

최¦종-적(最終的) [최-/췌-] [관][명] 맨 나중의 (것). ¶~으로 결론을 내리다.

최¦종-회(最終回) [최-회/췌-훼] [명] 반복되는 어떤 일의 맨 마지막 회. ¶연속극 ~.

최¦-첨단(最尖端) [최-/췌-] [명] 유행이나 시대 흐름의 가장 앞. ¶~ 기술 / 시대의 ~에 서다 / 유행의 ~을 걷다.

최¦초(最初) [최-/췌-] [명] 어떤 일이나 대상이 그 이전에 있지 않은, 맨 처음. ¶~의 경험 / 우리나라 ~의 비행사. ↔최후.

최촉(催促) [최-/췌-] [명] =재촉1·2. **최촉-하다** [동][타][여]

최¦하(最下) [최-/췌-] [명] 수준이나 등급이 맨 아래인 상태. ¶~의 가격 / ~의 생활. ↔최상·최고.

최¦-하급(最下級) [최-/췌-] [명] 가장 낮은 계급이나 등급. ¶~의 물품. ↔최상급.

최!-하위(最下位)[최-/췌-] 명 가장 낮은 순위. ¶성적이 ~로 처지다. ↔최상위.
최!-하층(最下層)[최-/췌-] 명 맨 아래층.
최!혜-국(最惠國)[최혜-/췌혜-] 명[법] 어떤 나라와 통상 조약을 맺는 여러 나라 중에서, 세율(稅率) 등에서 가장 유리한 취급을 받는 나라.
최!혜국^대!우(最惠國待遇)[최혜-때-/췌헤-때-] 명[경] 통상·항해 조약을 체결한 나라가 상대국에 대하여 가장 유리한 혜택을 받는 나라와 동등한 대우를 하는 일.
최활 명 베를 짤 때, 그 폭이 좁아지지 않도록 가로 너비를 버티는 가는 나무오리.
최!후(最後)[최-/췌-] 명 1 어떤 일이나 대상이 그 이후는 없을, 맨 마지막. ¶~의 승리 / ~의 수단 / ~의 순간까지 최선을 다했다. ↔최초. 2 사람의 목숨이 마지막에 이른 상태. 죽음의 순간. ¶장렬한 ~를 마치다 / 비참한 ~를 맞다.
최!후의 만!찬(最後-晩餐)[최-의-/췌-에-][가][기] 예수가 십자가에 매달리기 전날 밤에 십이 제자와 마지막으로 나눈 저녁 식사.
최!후-일각(最後一刻)[최-/췌-] 명 마지막 순간. ¶~까지 최선을 다하다.
최!후^진!술(最後陳述)[최-/췌-] 명[법] 형사 공판 절차에서, 피고인 또는 변호인이 마지막으로 하는 진술. 검사의 발언에 대하여 피고인 측에 주는 변론의 기회임. =최종 진술.
최!후-통첩(最後通牒)[최-/췌-] 명[법] 국가 간 사이에, 분쟁의 평화적 처리를 위한 교섭을 중단하고 자국(自國)의 최종적인 요구를 상대국에 제출하여 그 요구가 받아들여지지 않으면 자유행동을 취할 것을 알리는 외교 문서.
-추¹ 접미 형용사의 어간에 붙어, 그 형용사를 사동의 기능을 갖는 동사로 만드는 어간 형성 접미사. ¶낮~다 / 늦~다 / 맞~다 / 갖~다.
추²(錘) 명 [1][자립] 1 =저울추. 2 끈에 달려 아래로 늘어진 물건의 총칭. ¶낚시~ / 시계의 ~. [2][의존] 방추(紡錘)의 수를 나타내는 단위.
추³(醜) 명 보기 흉하거나 아름답지 않은 것. ¶미(美)와 ~의 세계. ↔미(美).
추가(追加) 명 (이미 있는 것에 다른 것을) 더하여 보태는 것. ¶~ 비용 / 자료를 ~ 신청하다. **추가-하다** 동[타][여] ¶예산에 천만 원을 ~. **추가-되다** 동[자]
추가^경정^예!산(追加更正豫算)[-네-] 명[법] 예산이 성립된 뒤에 생긴 사유로 말미암아 이미 성립된 예산에 변경을 가하여 이룩된 예산. =보정 예산. 준추경 예산. ↔본예산.
추가^시험(追加試驗) 명[교] 정기 시험을 치르지 못한 사람에게 추후 특별히 치르게 하는 시험. 준추시(追試).
추간-판(椎間板) 명[생] 척추의 마디마디 사이에 들어 있어 충격을 흡수하는 역할을 하는 연질(軟質)의 조직. =추간 연골.
추간판^헤르니아(椎間板⓭hernia) 명[의] 추간판 내부의 수핵(髓核)이 척관주(脊柱管) 안으로 탈출을 일으킨 상태. 좌골 신경통·요통 등을 일으킴. 통속적으로는 '디스크'라 일컬음.

추강(秋江) 명 가을의 강. ¶~에 밤이 드니 물결이 차노매라. (일산 대군: 옛시조)
추격(追擊) 명 1 (도망하는 적을) 뒤쫓아 가며 공격하는 것. ¶~대 / 적의 ~을 받다. 2 (점수가 앞선 경기 상대 등을) 따라잡기 위해 뒤쫓는 것. **추격-하다** 동[타][여] ¶달아나는 적을 ~. **추격-되다** 동[자]
추격-전(追擊戰) 명[전] 도망가는 적을 뒤쫓아 가는 싸움. ¶~을 벌이다.
추경(秋景) 명 가을의 경치.
추계¹(秋季)[-계/-게] 명 =추기(秋期)². ¶~ 운동회.
추계²(推計)[-계/-게] 명 전체 중의 일부에 관한 수치나 정보를 근거로 하여 전체의 수나 양상을 추정·계산하는 것. **추계-하다** 동[타][여] ¶이재민을 약 10만 명으로 ~.
추고¹(推考) 명 1 미루어 생각하는 것. 2 벼슬아치의 죄과를 문초(推問)하여 고찰하는 것. **추고-하다** 동[타][여]
추고² '퇴고(推敲)'의 잘못.
추곡(秋穀) 명 가을에 거두는 곡식. ¶~ 수매 (收買). ↔하곡(夏穀).
추곡-가(秋穀價)[-까] 명 가을에 수확한 벼를 정부가 사들이는 가격.
추골(椎骨) 명[생] =척추¹.
추구¹(追求) 명 (어떤 일이나 대상을) 이루거나 얻기 위해 노력하여 구하는 것. **추구-하다¹** 동[타][여] ¶이상 [행복]을 ~ / 기업의 이윤을 ~.
추구²(追究) 명 (진리나 학문 등을) 파고들거나 캐어 들어 연구하는 것. **추구-하다²** 동[타][여] ¶진리를 ~.
추구³(追咎) 명 지나간 뒤에 전날의 허물을 나무라는 것. **추구-하다³** 동[타][여]
추구-권(抽句卷) 명 좋은 구절을 뽑아 적은 책권.
추국¹(秋菊) 명 가을에 피는 국화.
추국²(推鞠·推鞫) 명[역] 의금부(義禁府)에서 특지(特旨)에 의하여 중죄인을 신문하는 것. **추국-하다** 동[타][여]
추궁(追窮) 명 (어떤 잘못이나 책임 등을 밝히기 위해 상대에게) 이것저것 끈질기게 묻는 것. ¶사고에 대해 심한 ~을 당하다. **추궁-하다** 동[타][여] ¶아랫사람에게 책임을 ~. **추궁-되다** 동[자]
추근-추근 부 성질이 검질기고 끈덕진 모양. ¶여자를 ~ 따라다니다. ⑭초근초근. **추근-하다** 형[여] **추근추근-히** 부 ¶노 영감은 아들의 그 말소리가 ~ 골을 올리는 것 같이 들려서 더 못마땅하였다.《염상섭:삼대》
추급(追及) 명 뒤쫓아 따라잡는 것. **추급-하다** 동[타][여]
추기¹ '추깃물'의 준말.
추기²(秋期) 명 가을의 시기. =추계(秋季).
추기³(追記) 명 본문에 추가하여 기입하는 것. 또는, 그 추가한 문장. **추기-하다** 동[타][여]
추기⁴(樞機) 명 1 중추가 되는 기관(機關). 2 중요한 정무(政務)나 사무. 3 매우 중요한 사물. 또는, 사물의 중요한 부분. ⑭기축(機軸).
추기-경(樞機卿) 명[가] 로마 가톨릭교회에서, 교황 다음가는 성직자. 교회의 최고 고문으로, 교회 행정과 교황 선출 따위에 관여함.
추깃-물[-긴-] 명 시체가 썩어서 흐르는

물. ¶특히 사람의 경우는 고기도 털가죽도 남기지 못하고 ~만 흘리는 시체가 되고 만다.《조성기:라하트 하헤렙》㈜추기.
추남(醜男) 똉 얼굴이 못생긴 남자. ↔미남.
추녀¹ 똉 처마의 네 귀의 기둥 위에 끝이 위로 들린 크고 긴 서까래. 또는, 그 부분의 처마.
추녀²(醜女) 똉 얼굴이 못생긴 여자. ↔미녀.
추념(追念) 똉 1 지나간 일을 돌이켜 생각하는 것. 2 죽은 사람을 생각하는 것. ¶사(辭). **추념-하다** 통(타여) ¶도산 안창호 선생을 **추념하는** 모임을 갖다.
추다¹ 통 ('춤'이나 춤을 나타내는 단어, 또는 '춤'이나 '무(舞)'를 어말에 가지는 단어를 목적어로 하여) 장단에 맞추어 손이나 발, 몸을 멋스럽게 움직이다. ¶춤을 ~ / 승무를 ~.
추다² 통(타) 1 (들거나 지거나 차거나 한 것을) 아래로 처지거나 흘러내리거나 한 상태에서 일정한 위치가 되도록 위로 올리다. ¶그는 자꾸 흘러내리는 허리춤을 **추느라** 짜증이 났다. 2 (어깨를) 움츠리듯 위로 올리다. ¶그는 파고드는 찬 바람에 어깨를 으슥 **추면서** 부르르 떨었다. 3 (몸을) 똑바로 치누다. ¶맥을 못 ~. 4 (사람이 다른 사람을) 기분을 맞추느라 훌륭하거나 뛰어나다고 말하다. ¶비행기(를) 태우다. '추어올리다', '추어주다'의 꼴로 쓰이는 경우가 많음. 5 '추리다'의 잘못.
추단 똉 1 미루어 판단하는 것. 또는, 그 판단. 2 죄상을 심문하여 처단하는 것. **추단-하다** 통(타여) **추단-되다** 통(자)
추달(推撻) 똉 (어떤 사람을) 고문하거나 매질하여 죄를 묻는 것. ¶하나라도 소홀히 놓치면 뒷날의 ~을 면치 못하리라.《이문열:황제를 위하여》**추달-하다** 통(타여)
추대(推戴) 똉 (어떤 사람을 높은 직위로) 오르게 하여 받드는 것. ¶을 받다. **추대-하다** 통(타여) ¶조 박사를 고문으로 ~. **추대-되다** 통(자)
추도(追悼) 똉 (죽은 사람을) 그리워하거나 생각하면서 슬퍼하는 것. ¶~문(文) / ~식(式). **추도-하다** 통(타여) ¶고인을 ~.
추도-비(追悼碑) 똉 추도하기 위하여 세운 비석.
추도-사(追悼辭) 똉 추도의 뜻을 나타내는 말이나 글. ¶~를 낭독하다.
추돌(追突) 똉 (열차·자동차 따위가 다른 열차·자동차 따위를) 뒤에서 들이받는 것. ¶~ 사고. **추돌-하다** 통(자타여) ¶앞차를 ~.
추동(推動) 똉 (어떤 일이나 대상을) 힘 있게 이끌거나 움직이게 하여 북돋우는 것. **추동-하다** 통(타여) ¶사회 혁신을 **추동하는** 개혁 세력. **추동-되다** 통(자)
추동-복(秋冬服) 똉 가을과 겨울에 걸쳐서 입는 옷. 특히, 그중에서도 양복을 가리킴.
추락(墜落) 똉 1 (비행기나 그 밖의 탈것, 또는 사람이) 사고나 실수로 높은 곳에서 떨어지는 것. 2 (위신·신망·가세 따위가) 좋지 않은 상태로 떨어지거나 기울어지는 것. **추락-하다** 통(자여) ¶비행기가 엔진 고장으로 ~. **추락-되다** 통(자)
추락-사(墜落死) 똉 ~싸] 높은 곳에서 떨어져 죽는 것. **추락사-하다** 통(자여) ¶암벽 등반 중 실족하여 ~.
추레-하다 휑여 (옷차림이나 겉모습 등이) 단정하거나 말끔하지 못하고 궁한 티가 나 보이거나 당당하지 못해 보이는 상태이다. ¶**추레한** 옷차림 / 좌절만을 안고 돌아서는 **추레한** 뒷모습.
추력(推力) 똉【물】물체를 그 운동 방향으로 밀어붙이는 힘.
추렴 똉 모임·놀이·잔치 등의 비용이나 물자를 마련하기 위해 같은 동아리의 사람들이 얼마씩 돈이나 곡식·물건 등을 나누어 내는 것. ¶누가 ~을 거두자 ~ 일이 끝나면 막걸리 ~을 자주 벌었다.《이호철:소시민》원출렴(出斂). **추렴-하다** 통(타여) ¶마을 잔치를 위해 집집마다 곡식을 ~.
추론(追論) 똉 추구하여 논의하는 것. **추론-하다**¹ 통(타여)
추론²(推論) 똉 1 미루어 생각하여 논급하는 것. 2 [논] 미리 알려진 어떤 판단(전제)에서 새로운 판단(결론)을 이끌어 내는 사고의 작용. 연역적 추리·귀납적 추리·유추(類推) 등이 있음. =추리. **추론-하다**² 통(타여) ¶작품 분석을 통해 작가의 세계관을 ~.
추리(推理) 똉 1 알고 있는 사실을 바탕으로 알지 못하는 것을 미루어 생각하는 것. 2 [논] =추론(推論)². **추리-하다** 통(타여) ¶시체를 부검하여 사인(死因)을 ~. **추리-되다** 통(자)
추리닝(←training) 똉 '연습복', '운동복'으로 순화.
추리다 통(타) 1 (어떤 조건에 맞는, 좋거나 훌륭한 대상을) 복잡하게 섞여 있는 것 속에서 가려내다. ¶좋은 과일만 **추려** 담다 / 응모된 작품 중에서 잘된 것만 ~. 2 (요점이나 핵심 따위를) 긴 내용 속에서 이끌어 내다. ¶간추리다. ¶요점만 ~. ✕추다.
추리-력(推理力) 똉 추리하는 힘.
추리-물(推理物) 똉 사소한 단서를 통해 복잡하게 얽힌 사건을 추리하여 해결해 나가는 것. ¶~ 영화.
추리^소설(推理小說) 똉【문】범죄의 수사를 주된 내용으로 하고, 사건을 추리하여 해결하는 과정에 흥미의 중점을 두는 소설. =탐정 소설·미스터리.
추맥(秋麥) 똉 =가을보리.
추명(醜名) 똉 깨끗하지 못한 일로 더럽힌 이름.
추모(追慕) 똉 (죽은 사람을) 애틋하게 그리워하는 것. ¶~식 / ~회. **추모-하다** 통(타여) ¶순국선열을 ~.
추모-비(追慕碑) 똉 죽은 사람을 그리며 생각하기 위하여 세운 비.
추모-제(追慕祭) 똉 죽은 사람을 그리며 생각하는 뜻에서 지내는 제.
추문¹(推問) 똉 1 어떤 사실을 자세히 캐며 꾸짖어 묻는 것. 2 죄를 문초하는 것. **추문-하다** 통(타여)
추문²(醜聞) 똉 어떤 사람에 관한, 좋지 못한 소문. ㈛스캔들. ¶~을 일으키다.
추물(醜物) 똉 1 더럽고 지저분한 물건. 2 행실이 좋지 않은 사람을 낮추어 이르는 말.
추밀(樞密) 똉 1 군정(軍政)에 관한 중요한 사항. 2 요긴하고 중요한 기밀.
추밀-원(樞密院) 똉【역】고려 시대에 왕명의 출납 및 군기(軍機) 등에 관한 일을 맡아보던 관아.
추방(追放) 똉 1 (사람이나 어떤 대상을) 일정한 지역이나 조직 밖으로 쫓아내는 것. 2 [법] 국가로 보아 그 나라에 머무르는 것이 위험하다고 생각되는 사람에게 외국으로 나갈 것을 명령하는 일. **추방-하다** 통(타여) ¶

밀입국자를 국외로 ~ / 사치 풍조를 **추방합시다!** **추방-되다**통(자)
추분(秋分)명 24절기의 하나. 9월 23일경으로, 백로(白露)와 한로(寒露) 사이에 있음. 낮과 밤의 길이가 같음. ↔춘분(春分).
추분-점(秋分點) [-쩜] 명[천] 황도와 적도의 두 교점 가운데, 태양이 북쪽에서 남쪽으로 향하여 적도를 지나가는 점. 태양이 이 점을 지날 때가 추분임. ↔춘분점.
추비¹(追肥) 명[농] =덧거름. **추비-하다**¹통(자)여 덧거름을 주다.
추비²(麤鄙) →**추비-하다**² 형(여) 거칠고 더럽고 너절하다. ¶야위고 **추비한** 늙은이의 몰골.
추사-체(秋史體) 명 조선 후기의 명필인 추사 김정희(金正喜)의 글씨체.
추산(推算) 명 (대상의 수량·액수 따위를 어느 정도의 것으로) 미루어서 셈하는 것. **추산-하다**통(자)여 ¶대회 측에서는 입장객을 10만 명으로 **추산했다**. **추산-되다**통(자) ¶백만 명으로 **추산되는** 피서 인파.
추상¹(抽象) 명 1 [철] 개별적인 사물이나 대상으로부터 어떤 성질이나 공통성이나 본질을 추출하여 파악하는 사고 작용. ▷사상(捨象). 2 [미] 자연 대상의 형태를 재현하지 않고 내면 세계를 점·선·면·색채 등으로 자유롭게 표현하는 일. 또는, 그 조형 예술. (비)비구상. **추상-하다**¹통(타)여
추상²(秋霜) 명 가을의 찬 서리. ¶~에 병이 들어 낙엽에 묻혔어라.(옛시조)
추상³(追想) 명 =추억(追憶). -록(錄). **추상-하다**²통(타)여 ¶본존불상 앞에서 잠시 눈을 감고 서서, 거룩한 고인(古人)들을 **추상하였다**.《윤치순:석굴암》 **추상-되다**¹통(자)
추상⁴(推上) 명[체] 역도 종목의 한 가지. 바벨을 어깨까지 올린 다음 머리 위로 천천히 들어 올리는 일. =추거(推擧).
추상⁵(推想) 명 미루어 생각하는 것. 또는, 그 생각. **추상-하다**³통(타)여 **추상-되다**²통(자)
추상-같다(秋霜-) [-깓따] 형 (호령 등이) 위엄이 있고 서슬이 푸르다. ¶**추상같은** 호령. **추상같-이** 튀
추상^명사(抽象名詞) 명[언] 사랑·희망·삶 등의 추상적 개념을 나타내는 명사. ↔물질 명사·구체 명사.
추상^미술(抽象美術) 명[미] 대상을 사실적으로 재현하지 않고, 물체의 선과 면을 기하학적으로 구성하거나 내면적 감정을 색채의 어울림을 통해 표현하는 미술. =추상 예술.
추상-성(抽象性) [-썽] 명 실제로나 구체적으로 경험할 수 없는 성질. 또는, 그 경향. ↔구체성.
추상^예술(抽象藝術) [-녜-] 명[미] =추상 미술(抽象美術).
추상-적(抽象的) 관 1 낱낱의 사물에서 떠나서, 일반적 사항을 그것 자체로서 문제 삼는 (것). 2 구체성이 없어서 그 뜻이 분명하지 않은 (것). ¶설명이 너무 ~이어서 무슨 말인지 모르겠다. ↔구체적.
추상-주의(抽象主義) [-의/-이] 명[미] 제1차 세계 대전을 전후하여 일어나 현재까지 계속되는 추상 예술의 경향에 대한 총칭.
추상^표현주의(抽象表現主義) [-의/-이] 명[미] 온갖 정형(定形)을 부정하고 역동감을 표현하는 비기하학적인 추상 회화. 제2차 세계 대전 후 미국에서 일어난 액션 페인팅, 프랑스의 앵포르멜 등의 총칭.

추상-화(抽象畫) 명[미] 눈에 보이는 사물을 재현하지 않고, 눈에 보이지 않는 현실을 순수한 점·선·면·색채 등에 의해 표현한 그림. ↔구상화.
추색(秋色) 명 가을의 자연 풍경에서 우러나는 빛. (비)가을빛. ¶~이 완연한 들과 산.
추서(追敍) 명 죽은 뒤에 벼슬의 등급을 올리거나 훈장을 주는 것. **추서-하다**통(타)여 **추서-되다**통(자)
추서다통(자) (몸이) 병을 앓거나 지쳐 쇠약해진 상태에서 차차 건강한 상태가 되다. ¶당신 몸이나 추서면 무엇이든 당신 하고 싶은 것이나 하구려.《이광수:흙》
추석(秋夕) 명 우리나라 명절인 음력 8월 15일. 이날은 차례를 지냄으로써 조상의 음덕을 기리며 햇곡 송편을 빚어 먹음. (비)추석날·한가위·중추절.
추석-날(秋夕-) [-썽-] 명 '추석'을 좀 더 구어적으로 이르는 말.
추세(趨勢) 명 어떤 현상이 일정한 방향으로 움직여 나가는 힘. 또는, 그 형편. ¶시대의 ~에 따르다 / 최근 우리나라는 소득이 향상되면서 육류의 소비가 많아지는 ~에 있다.
추송(追送) 명 1 (물건 따위를) 추후에 보내는 것. 2 떠나는 사람을 배웅하는 것. **추송-하다**통(타)여
추쇄(推刷) 명 1 빚을 모두 받아들이는 것. 2 [역] 도망한 노비나 부역·병역을 기피한 사람을 붙잡아 본래의 고장으로 돌려보내는 일. **추쇄-하다**통(타)여
추수¹(秋水) 명 1 사람의 얼굴빛이 맑고 깨끗함을 비유한 말. 2 맑은 눈매를 비유한 말. ¶성호는 서화담이니 나이 오십오 세에 얼굴이 연화 같고 양안은 ~ 같고 정신은 돌올하더라.(전우치전)
추수²(秋收) 명 가을에 익은 곡식을 거두어들이는 일. =가을걷이. ¶~철 / ~가 끝난 논. **추수-하다**통(타)여 ¶논에서 곡식을 ~. **추수-되다**통(자)
추수^감사절(秋收感謝節) 명[기] 기독교 신도들이 한 해의 한 철인 가을 곡식을 거둔 뒤에 하나님에게 감사 예배를 올리는 날. 미국에서는 11월 넷째 목요일로 정하고 있으나, 우리나라에서는 각 교회에서 11월 중의 어느 한 주일(主日)을 택하여 정함.
추수-주의(追隨主義) [-의/-이] 명 아무 비판 없이 맹목적으로 남의 뒤만 따르는 태도나 경향.
추스르다통(타)여 〈추스르니, 추슬러〉1 (바지나 치마, 또는 업거나 매거나 진 것 등을) 내려가거나 처진 상태에서 제 위치가 되도록 추켜올리다. ¶바지춤을 ~ / 등에 업은 아기를 ~. 2 (어떤 일이나 조직 등을) 살펴서 제대로 되도록 관리하거나 처리하다. 또는, (해이되거나 어지러운 마음을) 조절하여 바로잡다. ¶위기에 처한 경제를 ~ / 흐트러진 마음을 ~ / 바라는 것 아무것도 없이 궂은일 **추슬러** 주는 남자가 있었다.《조정래:태백산맥》 3 (몸을) 제대로 가누어 움직이다. 또는, 잃어버린 건강을 웬만큼 회복되게 하다. ¶제 몸 하나 **추스르지** 못할 정도로 쇠약해지다 / 그는 며칠 동안 된통 앓다가 오늘에야 몸을 **추슬러** 미뤄 놓은 일을 꺼내 들었다.
추시¹(追試) 명 1 남이 실험한 결과를 그대로 해 보고 확인하는 것. 2 [교] '추가 시험'의 준말. **추시-하다**¹통(타)여

추시²(追諡) 죽은 뒤에 시호(諡號)를 추증(追贈)하는 것. **추시-하다**²

추-시계(錘時計) [-게/-계] 명 추가 달린 시계.

추신(追伸·追申) 명 [뒤에 덧붙여 말하는 뜻] 편지의 글을 마친 후, 미처 쓰지 못한 내용의 글을 덧붙이는 것. 또는, 그 글의 앞머리에 쓰는 말. **추신-하다** 동태여

추심(推尋) 명 1 찾아내어 가지거나 받아 내는 것. 2 은행이 수표나 어음을 소지한 사람의 의뢰를 받아, 지급인에게 제시하고 돈을 지급하게 하는 일. **추심-하다** 동태여

추썩-거리다/대다 [-꺼-] 재 1 어깨나 입은 옷 따위를 자꾸 추켰다 내렸다 하다. 2 남을 일부러 자꾸 부추기다. 잭초싹거리다.

추썩-이다 재 1 어깨나 입은 옷 따위를 자꾸 추켰다 내렸다 하다. 2 남을 일부러 자꾸 부추기다. 잭초싹이다.

추썩-추썩 부 추썩거리는 모양. ¶문으는 어린것을 ~ 추세우며 방 안을 서성거리다가 마음을 돌려 업었다.《최정희·인간사》 잭초싹초싹. **추썩추썩-하다** 동태여

추악(醜惡) **→추악-하다** [-아카-] 형여 (어떤 행위나 일 등이) 더럽고 악하다. ¶추악한 생각/추악한 짓.

추악-상(醜惡相) [-쌍] 명 어떤 사회나 집단의 더럽고 악한 모습. ¶양반 사회의 위선과 ~.

추앙(推仰) 명 (어떤 사람을 어떤 존재로) 높이 받들어 우러르는 것. ¶충무공 이순신은 성웅(聖雄)으로 ~을 받고 있다. **추앙-하다** 동태여

추야(秋夜) 명 =가을밤.

추야-장(秋夜長) 명 기나긴 가을밤. ¶~ 밝은 달을 사람마다 사랑컨만.《옛시조》

추어(鰍魚·鰌魚) 명[동] =미꾸라지.

추어-올리다 동태 1 위로 끌어 올리다. ¶바지를 ~ / 그는 흘러내린 머리카락을 손가락으로 **추어올렸다**. 2 실제보다 높여 칭찬하다. =추어주다. ¶잘한다고 자꾸 **추어올리**니까 버릇이 나쁘다. ×추켜올리다.

추어-주다 동태 =추어올리다2.

추어-탕(鰍魚湯) 명 미꾸라지를 넣고 얼큰하게 끓인 음식. =미꾸라지국. 준추탕.

추억(追憶) 명 오래전에 지난 일을 돌이켜 생각하는 것. 또는, 그 생각. =추상(追想). ¶옛 ~ / 아름다운 ~ / ~에 남다 / ~에 잠기다. **추억-하다** 동태여 **추억-되다** 동재

추연(惆然) **→추연-하다** 처량하고 슬프다. ¶가을이 오기만 하면 공연히 **추연한** 생각이 든다. **추연-히** 부

추위-하다 동재여 춥게 여기다. ↔더워하다.

추월(追越) 명 =앞지르다. ¶~ 금지 구역. **추월-하다** 동태여 ¶앞차를 ~.

추월ˆ차로(追越車路) 명 고속도로 등에서, 앞차를 추월할 때 이용하게 되어 있는 차로. 편도 2차로에서는 1차로를, 그 이상의 차로에서는 진행 방향의 왼쪽 차로를 가리킴. ▷주행차로.

추위 명 추운 날씨의 기온. 回한기(寒氣). ¶매서운 겨울 ~ / ~를 타는 체질 / ~에 약하다. ↔더위.

추이(推移) 명 시간의 경과에 따라 일이나 정세가 변하여 가는 것. 또는, 그런 경향. ¶사태의 ~를 지켜보다.

추인(追認) 명 1 과거로 소급하여 사실을 인정하는 것. 2 [법] 일단 행하여진 불완전한 법률 행위를 뒤에 보충하여 완전하게 하는 일방적 의사 표시. **추인-하다** 동태여

추임-새 [음] 판소리에서, 창(唱)의 사이사이에 고수(鼓手)가 흥을 돋우기 위하여 삽입하는 소리. '좋다', '얼씨구', '홍', '그렇지' 따위.

추잡(醜雜) **→추잡-하다** [-자파-] 형여 (말이나 행동이) 추하고 막되거나 난잡하다. 回비속하다. ¶추잡한 짓 / 추잡한 음담패설. ▷추접하다.

추잡-스럽다(醜雜-) [-쓰-따] 형ㅂ<-스러우니, -스러워> 추잡한 데가 있다. **추잡스레** 부

추장¹(酋長) 명 만족(蠻族)들이 사는 마을의 우두머리.

추장²(推奬) 명 추천하여 장려하는 것. **추장-하다** 동태여

추재(秋材) 명[식] 늦여름부터 늦가을까지의 동안에 형성되는 목질(木質)의 부분. 나이테의 둘레 부분을 차지하며, 재목의 질이 치밀함. ↔춘재(春材).

추저분-하다(醜-) 형여 =추접하다.

추적(追跡) 명 1 도망가는 자의 뒤를 쫓는 일. 2 사물의 행적(行跡)을 더듬어 가는 일. **추적-하다** 동태여 ¶범인을 ~ / 레이더로 적기를 ~.

추적-자(追跡子) [-짜] 명[화] 물질이나 생체 내에서의 특정한 물질의 이동, 또는 원소의 행동을 추적하기 위하여 사용하는 물질.

추적-추적 부 비가 을씨년스럽고 질척하게 내리는 모양. ¶먼지바람이 불고 구름이 모이더니 겨울비가 ~ 내리는 것이었다.《황석영·장길산》

추절(秋節) 명 =가을철.

추접-스럽다(醜-) [-쓰-따] 형ㅂ<-스러우니, -스러워> 추접한 데가 있다. =추접하다. ¶음식을 추접스럽게 먹다. **추접스레** 부

추접-하다(醜-) [-저파-] 형여 (외모나 양이) 더럽고 지저분하다. =추저분하다. ¶그는 며칠 동안 세수도 못 하고 수염도 텁수룩하여 **추접하기** 이를 데 없었다.

추-젓(秋-) [-젇] 명 가을에 담근 새우젓.

추정(推定) 명 1 추측하여 결정하는 것. 2 [법] 확실하지 않은 사실을, 그 반대 증거가 제시될 때까지는 진실한 것으로 인정하여 법적 효과를 발생시키는 일. **추정-하다** 동재태여 **추정-되다** 동재 ¶피살자의 사망 시각은 새벽 3시경으로 **추정된다**.

추존(追尊) 명[역] 왕위에 오르지 못하고 죽은 사람에게 왕의 칭호를 주는 일. =추숭(追崇). **추존-하다** 동태여 **추존-되다** 동재 ¶사도 세자는 고종이 황제에 오르면서 왕으로 **추존되었다**.

추졸(醜拙) **→추졸-하다** 형여 추저분하고 졸렬하다.

추종(追從) 명 1 뒤를 따라서 쫓는 것. ¶그의 솜씨는 타의 ~을 불허한다. 2 권력·세력을 가진 사람이나 또는 자기가 권위를 인정하고 공감하는 주장·학설 등을 쫓아서 따르는 것. ¶~ 세력. **추종-하다** 동태여 ¶권력자를 ~.

추증(追贈) 명 1 종2품 이상의 벼슬아치의 죽은 부(父)·조부·증조부에게 관위(官位)를 내리는 것. =이증(貤贈). 2 나라에 공로가 있는 벼슬아치가 죽은 뒤에 벼슬을 높여 주는 것. **추증-하다** 동태여

추지다 [형] (물건이나 물질이) 물기가 배어 눅눅하다. ¶추진 걸레 / 옷이 덜 말라 ~.

추진(推進) [명] 1 물건을 앞으로 내보내는 것. ¶제트 ~. 2 (어떤 일을) 목적한 대로 계획에 따라 해 나가는 것. **추진-하다** [동](타)(여) 일을 계획대로 ~. **추진-되다** [동](자)

추진-력(推進力) [-녁] [명] 1 물건을 앞으로 밀고 나가는 힘. 2 중심이 되어 밀고 나가 행하게 하는 힘.

추징(追徵) [명] 1 (부족한 것을) 뒷날에 추가하여 징수함. 2 [법] 형법상 몰수해야 할 물건을 몰수할 수 없을 때, 몰수할 수 없는 부분의 값을 징수하는 일. **추징-하다** [동](타)(여) **추징-되다** [동](자)

추징-금(追徵金) [명] [법] 1 행정법에서, 조세나 그 밖의 공과금에 대하여 납부해야 할 금액을 납부하지 않을 경우에 징수하는 금전. 2 범죄 행위로 얻은 물건이나 범죄 행위의 보수로 얻은 물건의 대가 등을 몰수할 수 없을 때 그에 대신하여 징수하는 금전.

추찰(推察) [명] 미루어 생각하여 살피는 것. **추찰-하다** [동](타)(여) **추찰-되다** [동](자)

추천(推薦) [명] (어떤 조건에 적당한 대상을) 책임지고 뽑아서 소개하는 것. =추거(推擧). ¶~를 받다 / 교육 인적 자원부 ~ 도서. **추천-하다** [동](타)(여) 대학이 우수한 졸업생을 기업에 ~. **추천-되다** [동](자) ¶장학생으로 ~.

추천-서(推薦書) [명] 추천하는 서장(書狀).

추첨(抽籤) [명] 어떤 표시나 내용이 적힌 종이쪽이나 기타의 여러 물건 중에 어느 것을 무작위로 뽑아 어떤 일의 당락·차례·분배 등을 결정하는 것. ¶행운권 ~ / 아파트 ~에 의하여 분양하다. **추첨-하다** [동](자)(타)(여) ¶응모엽서를 ~.

추체(椎體) [명] [생] 등골뼈의 몸체가 되는 동글납작한 부분.

추-체험(追體驗) [명] 자신이 경험하지 못한 사실이나 상황을 상상이나 감정 이입을 통해 자신의 경험으로 느끼는 일. **추체험-하다** [동](타)(여) ¶책을 통해 지난 시대를 ~.

추초(秋草) [명] 가을철의 풀. ¶흥망이 유수하니 만월대도 ~로다. (원천석:옛시조)

추축[1](追逐) [명] 1 쫓아 버리는 것. 2 벗끼리 왕래하며 사귀는 것. =추수(追隨). 3 =각축(角逐). **추축-하다** [동](자)(타)(여) **추축-되다** [동](자)

추축[2](樞軸) [명] 사물의 가장 긴요한 부분이나 활동의 중심. 특히, 정치나 권력의 중심을 이름. ¶정치·경제의 ~을 이루는 도시.

추축-국(樞軸國) [-꾹] [명] [역] 제2차 세계 대전 때, 일본·독일·이탈리아를 중심으로 미국·영국·프랑스·중국 등 연합국과 대립하였던 여러 나라.

추출(抽出) [명] 1 전체 속에서 어떤 물건·요소를 뽑아내는 일. 2 [화] 액체 또는 고체의 혼합물에 용매(溶媒)를 가하여 혼합물 속의 특정 성분을 용매 속으로 분리하는 조작. 3 [수] 수리 통계에서, 모집단으로부터 표본을 뽑아내는 일. **추출-하다** [동](타)(여) ¶표본을 무작위로 ~ / 사탕수수에서 설탕을 ~. **추출-되다** [동](자)

추출-액(抽出液) [명] 식물체·동물체 등에서 어떤 물질을 추출해 낸 액체. ¶인삼 ~.

추측(推測) [명] (어떤 대상이 무엇이라거나 어떠하리라고, 또는 어떤 일이 어찌 될 것으로) 미루어 생각하는 것. =추량(推量). [비]

짐작. ¶~ 기사(記事) / ~이 맞다 / ~이 어긋나다. **추측-하다** [동](타)(여) **추측-되다** [동](자) ¶이번 대중 집회에는 약 50만 명의 청중이 모일 것으로 추측된다.

추켜-들다 [동](타) 〈~드니, ~드오〉 치올려 들다. ¶등불을 높이 ~.

추켜-세우다 [동](타) 1 치올려 세우다. ¶화가 나서 눈썹을 추켜세우고 노려보다. 2 '치켜세우다'의 잘못.

추켜-올리다 [동](타) 1 위로 솟구어 올리다. ¶흘러내리는 치맛자락을 ~ / 그는 총부리 위에서 두 손을 번쩍 추켜올렸다. 2 '추어올리다[2]'의 잘못.

추켜-잡다 [-따] [동](타) 치올려 잡다.

추키다 [동](타) 1 위로 치올려 올리다. ¶옷을 ~. 2 힘있게 위로 끌어 올리거나 채어 올리다. 3 값을 썩 올려 매기다.

추태(醜態) [명] 도덕적·윤리적으로 추한 행동이나 태도. ¶술에 취하여 ~를 부리다 / 아이들 앞에서 그게 무슨 ~냐?

추파[1](秋波) [명] 1 가을철의 잔잔하고 맑은 물결. 2 사모의 정을 나타내거나 남자의 관심을 끌기 위해 은근히 보내는 여자의 눈짓. ¶~를 던지다 / 그 여자는 농염한 웃음을 지으면서 사내에게 ~를 흘렸다. 3 상대의 환심을 사거나 동조를 얻기 위한 은근한 수작이나 접근. 개인 간의 관계에서보다 국가 간이나 집단 간의 관계에서 주로 쓰임. ¶경제난에 처한 러시아가 원조를 얻기 위해 유럽 국가들에게 ~를 던지고 있다.

추파[2](秋播) [명] 가을에 씨 뿌리는 일. **추파-하다** [동](타)

추풍-낙엽(秋風落葉) [명] ['가을바람에 흩어져 떨어지는 나뭇잎'이라는 뜻] 어떤 형세나 세력이 갑자기 기울어지거나 단번에 헤어져 흩어짐의 비유.

추풍-선(秋風扇) [명] ['가을철의 부채'라는 뜻] 철이 지나서 쓸모없이 된 물건을 이르는 말. [준]추선(秋扇).

추-하다(醜-) [형](여) 1 (외모가) 못생기거나 흉하다. ¶추한 옷차림 / 얼굴이 추한 여자. 2 (언행이) 던적스럽고 흉하다. ¶형제가 재산을 놓고 추한 싸움을 벌이다.

추행(醜行) [명] 1 추잡한 행실. 2 강간(强姦)이나 그에 준하는 짓을 완곡하게 이르는 말. ¶불량배에게 ~을 당하다. **추행-하다** [동](타) ¶여자를 ~.

추호(秋毫) [명] [가을에 짐승의 털이 매우 가늘다는 뜻] (주로, '추호도', '추호의'의 꼴로 부정적인 말과 함께 쓰여) 털끝만큼 아주 조금임을 비유적으로 이르는 말. ¶그는 자기주장을 ~도 굽히지 않았다. / 네 말에 ~의 거짓도 없으렷다!

추회[1](追悔) [-회/-훼] [명] 일이 지난 뒤에 후회하는 것. **추회-하다**[1] [동](타)(여) **추회-되다**[1] [동](자)

추회[2](追懷) [-회/-훼] [명] 지나간 일이나 사람을 생각하여 그리워하는 것. **추회-하다**[2] [동](타)(여) **추회-되다**[2] [동](자)

추후(追後) [명][부] 일이 지나간 그 얼마 뒤. [비]나중. ¶결과는 ~ 연락을 드리겠습니다. **추후-하다** [동](자)(여) (주로 '추후하여'의 꼴로 쓰여) 앞으로 얼마간의 시간을 두다.

축[1] [명](의존) (어미 '-ㄴ', '-는'이나 일부 관형사·명사 뒤에 쓰여) 일정한 특성이나 수준에 따라 나누어지는 사람이나 사물의 부류. ¶나는 건강한 ~에 든다. / 그런 녀석은 사람 ~에도 못 든다.

축² [의존] 말린 오징어 20마리를 세는 단위로 이르는 말.

축³ [부] 아래로 늘어지거나 처진 모양. ¶나뭇가지에 걸친 채로 날개와 부리를 땅으로 ~ 늘어뜨린 매의 형상이 보였다.《황석영:장길산》[작>축]

축⁴(丑) [명] 십이지(十二支)의 둘째. 소를 상징함.

축⁵(祝) [명] [음] 국악기의 하나. 위가 아래보다 넓은 상자 모양으로 가운데에 구멍 하나를 뚫어 방망이를 꽂게 되어 있음. 풍류를 시작할 때 침.

축⁶(祝) [명] '축문(祝文)'의 준말.

축⁷(逐) [명] 바둑에서, 끝까지 단수(單手)로 몰리는 수. ¶~에 걸리다.

축⁸(軸) [명] ①[자립] 1 = 굴대. 2 둘둘 말도록 되어 있는 물건의 가운데 끼는 막대. 3 물레나 회전의 중심. 4 [물] 물체가 회전 운동을 할 때 그 물체에 고정된 것으로 가상하는 직선. 지축·회전축 따위. 5 [수] 평면 도형을 어떤 직선의 둘레에 회전시켜 입체 도형을 만들 때의 그 직선. ¶회전~. 6 [수] 대칭 도형의 기준이 되는 선. 7 [수] =좌표축. 8 [공] 회전 운동 또는 직선 왕복 운동에 의해 동력을 전달하는 막대 모양의 기계 부품. =샤프트. ②[의존] 1 책력 20권을 단위로 세는 말. 2 종이를 세는 단위의 하나. 한지(韓紙)는 10권, 두루마리는 하나를 이름. 3 [역] 과거에서 글장 10장을 묶은 것을 세는 말.

축⁹(縮) [명] 1 양이 줄어 모자라게 되는 것. (비) 흠축(欠縮). ¶번 돈을 한 푼도 ~을 내지 않고 고스란히 저금하다. 2 몸이 여위어 상하는 것. ¶그는 병을 앓고 나서 몸이 많이 ~이 졌다.

축가(祝歌) [-까] [명] 축하의 뜻으로 부르는 노래. ¶~를 부르다.

축-가다(縮-) [-까-] [동] [자] =축나다. ¶먹지 않고 그러면 몸이 **축간다.**

축객(逐客) [-깩] [명] 손님을 푸대접하여 쫓는 것. **축객-하다** [동] [자] [여]

축거(軸距) [-꺼] [명] 자동차 앞바퀴의 중심과 뒷바퀴의 중심 사이의 거리. =축간거리.

축관(祝官) [-관] [명] 제사 때 축문(祝文)을 읽는 사람.

축구(蹴球) [-꾸] [명] [체] 운동 경기의 하나. 11명으로 팀을 구성하며, 골키퍼 이외에는 손을 쓰면 안 되고, 공을 발과 머리를 사용하여 상대방의 골에 넣어 득점을 겨루는 경기.

축구-공(蹴球-) [-꾸-] [명] 축구에 쓰이는 공.

축구-장(蹴球場) [-꾸-] [명] 축구 경기를 하는 운동장.

축구-화(蹴球靴) [-꾸-] [명] 축구할 때 신는 운동화.

축국(蹴鞠) [-꾹] [명] 1 옛날에, 장정들이 발로 차던 꿩의 깃이 꽂힌 공. 2 옛날에, 어린 아이들이 발로 공을 차던 놀이.

축기(蓄氣) [-끼] [명] [생] 호흡할 때 최대한도로 내쉴 수 있는 공기의 양. 보통 1000~1500cc임.

축-나다(縮-) [충-] [동] [자] 1 일정한 수효에서 모자람이 생기다. ¶쌀이 조금 **축난** 듯하다. 2 (몸이) 약해져서 살이 빠지다. =축가다·축지다. ¶며칠 앓고 나더니 몸이 많이 **축났구나.**

축-내다(縮-) [충-] [동] [타] 일정한 수효에서 부족이 생기게 하다.

축년(丑年) [충-] [명] [민] 태세(太歲)의 지지(地支)가 축(丑)으로 된 해. 을축년(乙丑年)·신축년(辛丑年) 따위. =소해.

축농-증(蓄膿症) [충-쯩] [명] [의] 코에 이어져 있는 부비강에 고름이 괴는 병. 코가 막히고 골치가 아프며, 코에서 냄새가 나고 코가 목구멍으로 넘어오는 증상을 보임. =부비강염.

축대(築臺) [-때] [명] 높이 쌓아 올린 대나 터. ¶~를 쌓다 / ~가 무너지다.

축도(縮圖) [-또] [명] 1 원형을 일정한 비율로 축소하여 원형보다 작게 그리는 것. 또는, 그 그림. =줄인그림. 2 어떤 대상의 속성을 규모는 작지만 유사하게 갖추고 있는 것을 비유적으로 이르는 말. ¶한 편의 연극은 기쁨과 슬픔과 갈등이 어우러진 인생 역정의 ~라 할 수 있다. **축도-하다** [동] [타] [여]

축도-기(縮圖器) [-또-] [명] 원형보다 작게 줄여 그리는 데 쓰는 기구.

축력(畜力) [충녁] [명] 가축의 노동력.

축문(祝文) [충-] [명] 제사 때 읽어 신명에게 고하는 글. ¶~을 읽다. 준축(祝).

축-받이(軸-) [-빠지] [명] =베어링.

축방(丑方) [-빵] [명] 24방위의 하나. 정북(正北)으로부터 동으로 30도의 방위를 중심으로 한 15도 각도 안. 준축(丑).

축배(祝杯) [-빼] [명] 모임에서, 어떤 일을 축하하는 뜻으로 마시는 술이나 그 술잔. 또는, 그런 술잔을 들고 여럿이 함께 외치는 말. ¶~의 노래 / 승리의 ~를 들다 / "오늘의 승리와 영광을 축하하며 다 같이 ~!" "~!"

축복(祝福) [-뽁] [명] 1 (남을, 또는 남의 일이나 미래를) 복되기를 비는 것. ¶많은 사람들의 ~ 속에 결혼식을 올리다. 2 기독교에서, 하나님이 복을 내리는 것. **축복-하다** [동] [타] [여] ¶사람들은 두 사람의 앞날을 진심으로 **축복했다.**

축사¹(畜舍) [-싸] [명] 가축을 기르는 건물.

축사²(祝辭) [-싸] [명] 축하하는 뜻의 글이나 말. ¶내빈 ~ / ~를 낭독하다. **축사-하다¹** [동] [타] [여]

축사³(縮寫) [-싸] [명] 1 원형보다 작게 줄여 베껴 쓰는 것. 2 사진을 줄여서 다시 찍는 것. **축사-하다²** [동] [타] [여]

축산(畜産) [-싼] [명] 가축을 길러 생활에 유용한 물질을 생산하는 일. ¶~ 시험장.

축산-물(畜産物) [-싼-] [명] 축산업의 생산물. 가축의 가공품 및 공업의 원료까지도 포함함.

축산-업(畜産業) [-싼-] [명] 가축을 기르고 그 생산물을 다루는 산업.

축산업^협동조합(畜産業協同組合) [-싼어폅똥-] [명] 축산업자들이 축산물의 공동 구입·판매 및 보관, 사료의 수급(需給) 등을 위하여 조직하는 조합. 준축협.

축색^돌기(軸索突起) [-쌕똑-] [명] [생] 신경 세포에서 나오는 긴 돌기. 말단이 갈라져 있어, 다음의 신경 단위 또는 효과기(效果器)로 접합하여 신경 세포의 흥분을 전달함. =수상 돌기.

축생(畜生) [-쌩] [명] 1 사람이 기르는 모든 짐승. 2 사람답지 못한 사람을 욕하여 이르는 말.

축성(築城) [-썽] [명] 1 성을 쌓는 것. 2 [군]

요새(要塞)·보루(堡壘)·포대(砲臺)·참호(塹壕) 등의 구조물의 총칭. **축성-하다** 통(자)연 성을 쌓다. **축성-되다** 통(자)

축소(縮小) [-쏘] 명 (어떤 일이나 대상의 범위나 크기를) 본래보다 더 작은 상태가 되게 하는 것. ¶군비 ~ / 기구 ~. ↔확대·확장.
축소-하다 통(타)연 ¶2만 5000분의 1로 **축소**한 지도 / 규모를 ~. **축소-되다** 통(자) ¶예산 관계로 사업 규모가 많이 **축소된다**.

축소-판(縮小版) [-쏘-] 명 1 [인]=축쇄판. 2 어떤 것을 축소한 것과 같은 사물의 비유. ¶야구는 흔히 인생의 ~에 비유된다.

축쇄(縮刷) [-쐐] 명 [인] 책·그림의 원형을 크기만 줄여 인쇄하는 것. **축쇄-하다** 통

축쇄-판(縮刷版) [-쐐-] 명 [인] 축쇄하여 만든 출판물. =축소판. 준축판.

축수(祝手) [-쑤] 명 두 손바닥을 마주 대고 비는 것. **축수-하다**[1] 통(타)연 ¶천지신명께 아들의 합격을 ~.

축수(祝壽) [-쑤] 명 오래 살기를 비는 것. **축수-하다**[2] 통(자)연

축시[1](丑時) [-씨] 명 1 십이시의 둘째 시. 곧, 오전 1시부터 3시까지의 동안. 2 이십사시의 셋째 시. 곧, 오전 1시 30분부터 2시 30분까지의 동안. 준축(丑).

축시[2](祝詩) [-씨] 명 경축의 뜻을 담은 시.

축약(縮約) 명 1 규모를 줄여 간략하게 하는 것. 2 [언] 두 소리가 한 소리로, 또는 두 음절이 한 음절로 줄어드는 현상. **축약-하다** 통(타)연 **축약-되다** 통(자)

축양(畜養) 명 가축을 기르는 것. **축양-하다** 통(타)연

축어-역(逐語譯) 명 외국어 원문의 한 구절 한 구절을 본래의 뜻에 충실하게 번역하는 것. =축자역. ⇔직역(直譯). **축어역-하다** 통(타)연

축연[1](祝宴) 명 '축하연' 의 준말.
축연[2](祝筵) 명 축하연을 하는 자리.

축원(祝願) 명 1 희망하는 대로 이루어지기를 마음속으로 원하는 것. 2 [종] 부처나 신에게 자기 뜻을 아뢰고 그것이 이루어지기를 비는 일. 3 '축원문' 의 준말. **축원-하다** 통(타)연 ¶앞날에 영광이 있기를 ~.

축원-문(祝願文) 명 축원하는 뜻을 쓴 글. 준축원.

축음-기(蓄音機) 명 레코드에 녹음한 음을 재생하는 장치. =유성기(留聲機).

축의[1](祝意) [-의/-이] 명 축하하는 마음.
축의[2](祝儀) [-의/-이] 명 축하하는 뜻으로 내는 돈이나 물품. 또는, 그 일.

축의-금(祝儀金) [-의/-이-] 명 결혼·생일 등을 축하하는 뜻으로 내는 돈.

축이다 통(타) (물건·물체 등을) 물을 뿌리거나 묻혀 축축하게 하다. ¶빨래를 물로 ~ / 빨래를 물을 축이다 →목.

축일[1](祝日) 명 1 기쁜 일을 축하하는 날. 2 [가] 어떤 일을 축하하거나 기념하기 위하여 가톨릭교회에서 특별히 제정한 날.

축일[2](逐日) 명 하루도 거르지 않고 매일.

축장(蓄藏) [-짱] 명 모아 간직하여 두는 일. **축장-하다** 통(타)연 **축장-되다** 통(자)

축재(蓄財) [-째] 명 재물을 모아 쌓는 것. **축재-하다** 통(자)연 ¶부정(不正) ~.

축적(蓄積) [-쩍] 명 (지식·자금·경험 등을) 모아서 쌓는 것. 또는, 그리한 것. **축적-하다** 통(타)연 ¶재산을 ~ / 부(富)를 ~ / 지식을

~. **축적-되다** 통(자) ¶**축적된** 기술.

축전[1](祝典) [-쩐] 명 축하하는 의식이나 행사. ¶개막 ~.

축전[2](祝電) [-쩐] 명 축하의 전보. ¶~을 보내다 / ~을 치다.

축전-기(蓄電器) [-쩐-] 명 [물] 전기의 도체(導體)에 많은 양의 전기를 모으는 장치. 라이덴병·가변 축전기 따위. =콘덴서.

축전-지(蓄電池) [-쩐-] 명 [물] 전기 에너지를 화학 에너지로 바꾸어 모아 두었다가 필요한 때에 전기로 재생하는 장치. =이차 전지.

축제[1](祝祭) [-쩨] 명 단체 등이 어떤 일을 축하하여 벌이는 큰 규모의 즐거운 행사. =페스티벌. ¶개교 기념 ~.

축제[2](築堤) [-쩨] 명 둑을 쌓는 것. **축제-하다** 통(타)연

축-제일(祝祭日) [-쩨-] 명 1 축일과 제일. 2 축일과 제일이 겹친 날. 3 축제를 하는 날.

축조[1](逐條) [-쪼] 명 해석·검토 등에서 하나하나씩 순서대로 좇아가는 일. ¶~ 심의(審議) / ~ 해석. **축조-하다**[1] 통(타)연

축조[2](築造) [-쪼] 명 쌓아서 만드는 것. **축조-하다**[2] 통(타)연 ¶성곽을 ~ / 진지를 ~. **축조-되다** 통(자)

축지(縮地) [-찌] 명 신선 설화에서, 도로로 땅을 주름잡듯이 줄여 먼 거리를 가깝게 하는 일. ¶~술(術). **축지-하다** 통(자)연

축-지다(縮-) [-찌-] 통(자) 1 사람의 가치가 떨어지다. 2 =축나다2.

축지-법(縮地法) [-찌뻡] 명 신선 설화에서, 도로로 땅을 주름잡듯이 줄여 먼 거리를 아주 빠르게 간다고 하는 술법.

축척(縮尺) 명 지도 상의 거리와 지표 상의 실제 거리와의 비. 보통 비례의 형식이나 분자를 1로 하는 분수로 나타내며, 그것에 대응한 거리 눈금을 첨부함. 몇 천분의 일, 몇 만분의 일 따위. =준인자. ↔현척(現尺).

축첩(蓄妾) 명 첩을 두는 것. **축첩-하다** 통(자)연

축-축 튀 자꾸 아래로 처지거나 늘어지는 모양. ¶수양버들이 가지를 ~ 늘어뜨린다.

축축-하다[-추카-] 형연 물기가 있어서 어지간히 젖은 상태에 있다. '촉촉하다'에 비하여 물기가 더 많고 불유쾌함이 있는 상태를 가리킴. ¶비가 와서 땅이 ~ / 땀을 흘려 등이 ~. 잘촉촉하다. **축축-이** 튀

축출(逐出) 명 (어떤 사람을 직위나 조직에서) 강제로 쫓아내는 것. ¶~을 당하다. **축출-하다** 통(타)연 ¶해당(害黨) 분자를 당에서 ~. **축출-되다** 통(자)

축포(祝砲) 명 축하의 뜻으로 쏘는 공포. ¶~를 울리다 [쏘다].

축하(祝賀) [추카] 명 (남의 좋은 일을) 기뻐하고 즐거워한다는 뜻으로 인사하는 것. 또는, 그런 인사. ¶~ 선물 / ~ 인사 / ~를 보내다. **축하-하다** 통(타)연 ¶결혼을 ~ / 당신의 생일을 **축하합니다**.

축하-객(祝賀客) [추카-] 명 축하하기 위해 온 손님. =축객.

축하-연(祝賀宴) [추카-] 명 축하의 잔치. 준축연(祝宴).

축하-주(祝賀酒) [추카-] 명 축하하는 뜻에서 내거나 마시는 술.

축합(縮合) [추캅] 명[화] 두 가지 이상의 동종(同種) 또는 이종(異種)의 유기 화합물 분자가 물·알코올·암모니아 등 간단한 화합

물을 분리하여 공유 결합으로써 새로운 화합물을 만들어 내는 반응. **축합-하다** 통(자)예

축합^중'합(縮合重合) [추캅쭝-] 명 [화] 축합 반응이 되풀이되어 고분자 화합물을 만드는 반응. =중축합(重縮合).

축항(築港) [추캉] 명 항구를 만드는 것. 또는, 그 항구. **축항-하다** 통(자)예

축협(畜協) [추캽] 명 '축산업 협동조합'의 준말.

축혼(祝婚) [추콘] 명 결혼을 축하하는 일.

춘경¹(春耕) 명 =봄갈이. **춘경-하다** 통(타)예

춘경²(春景) 명 봄의 경치.

춘계(春季) [-계/-게] 명 =봄철.

춘곤(春困) 명 봄날에 느끼는 나른한 기운.

춘광(春光) 명 1 봄볕. 또는, 봄철의 경치. =소광(韶光). 2 젊은 사람의 '나이'를 문어적으로 이르는 말. ¶우치 왈 "그 여자 ~의 얼마나 되뇨?" 양생 왈 "이십삼 세로라."《전우치전》

춘궁(春窮) 명 전날의 생산 기반이 약하던 농업 경제 시대에서, 봄철이 되어 묵은 곡식은 다 떨어지고 햇곡식은 아직 익지 않아 식량이 궁핍한 상태. ¶~이 들다.

춘궁-기(春窮期) 명 춘궁의 시기. =궁절(窮節)·궁춘(窮春). 비보릿고개.

춘기¹(春氣) 명 =봄기운.

춘기²(春期) 명 =봄철.

춘기³(春機) 명 1 봄의 정취. 또는, 봄의 기운. 2 남녀 사이의 정욕. 비춘정(春情).

춘당(春堂·椿堂) 명 편지 등에서, 남의 아버지를 높이는 말. 비춘부장.

춘란(春蘭) [출-] 명 [식] =보춘화(報春花).

춘몽(春夢) 명 봄에 꾸는 꿈. 인생의 덧없음을 비유하는 말. ¶일장(一場) ~.

춘부(春府·椿府) 명 '춘부장'의 준말.

춘부-장(春府丈·椿府丈) 명 남의 아버지를 높여 이르는 말. =춘정·춘부대인. 준춘부·춘장.

춘분(春分) 명 24절기의 하나. 3월 21일경으로, 경칩(驚蟄)과 청명(淸明) 사이에 있음. 밤과 낮의 길이는 거의 같지만 빛의 굴절 현상 때문에 낮의 길이가 약간 긺. ↔추분(秋分).

춘분-점(春分點) [-쩜] 명 [천] 황도와 적도의 두 교점 가운데, 태양이 남쪽에서 북쪽으로 향하여 적도를 지나가는 점. 태양이 이 점을 지날 때가 춘분임. ↔추분점.

춘사¹(春思) 명 1 봄을 느끼는 어수선하고 산란한 마음. 2 '색욕(色慾)'을 달리 이르는 말.

춘사²(椿事) 명 뜻밖에 일어나는 불행한 일.

춘-삼월(春三月) 명 봄 경치가 가장 좋은 철인 음력 3월. ¶~ 호시절(好時節).

춘색(春色) 명 봄의 아름다운 빛. 비봄빛. ¶~이 완연하다.

춘설(春雪) 명 봄에 내리는 눈. 비봄눈. ¶~.

춘신(春信) 명 봄의 소식. 곧, 꽃이 피고 새 우는 것을 가리키는 말.

춘심(春心) 명 =춘정(春情)1. ¶일지(一枝) ~을 자규(子規)야 알랴마는 다정(多情)도 병인 양하여 잠 못 들어 하노라.(이조년: 옛시조)

춘장(春丈·椿丈) 명 '춘부장(春府丈)'의 준말.

춘재(春材) 명 [식] 나무줄기에서, 봄부터 여름까지 형성되는 목질의 부분. 나이테의 거칠고 부드러운 층에 해당하는 것으로, 추재(秋材)에 비하여 세포가 크고 세포벽도 얇음. ↔추재.

춘절(春節) 명 1 =봄철. 2 중국의 설.

춘정(春情) 명 1 남녀간의 정욕. =춘심(春心)·춘흥(春興). 비춘기(春機). ¶…생이 ~을 억제치 못하여 옥수(玉手)를 이끌고 금침에 누우니….《김만중: 구운몽》 2 봄의 정취.

춘추¹(春秋) 명 1 봄과 가을. ↔하동(夏冬). 2 '해(年)'를 문어 투로 이르는 말. 3 어른의 나이를 높여 이르는 말. ¶올해 ~가 얼마나 되십니까?

춘추²(春秋) 명 1 [책] 중국의 사서로 5경의 하나. 춘추 시대의 노(魯)나라의 연대기로, 공자가 편집한 것이라 전해짐. 2 =역사(歷史).

춘추-관(春秋館) 명 [역] 고려·조선 시대에 시정의 기록을 맡아보던 관청.

춘추-복(春秋服) 명 봄가을에 입는 옷. 특히, 그중에서도 양복을 가리킴.

춘추^시대(春秋時代) 명 [역] 주(周)나라의 동천(東遷)에서부터 진(晉)나라가 삼분하여 한(韓)·위(魏)·조(趙)가 독립할 때까지의 약 360년간(770～403 B.C.).

춘추^전:국^시대(春秋戰國時代) 명 [역] 춘추 시대와 전국 시대를 아울러 일컫는 말. 주(周)나라의 동천(東遷)에서 진(秦)나라의 천하 통일 때까지를 말함.

춘추-필법(春秋筆法) [-뻡] 명 중국의 경서(經書) '춘추'와 같은 엄정한 비판적인 태도를 이르는 말로, 대의명분을 밝혀 세우는 사필(史筆)의 논법.

춘투(春鬪) 명 노동 운동에서, 봄에 대대적으로 벌이는 임금 투쟁을 이르는 말. 일본에서 들어온 말임.

춘풍(春風) 명 =봄바람.

춘하추동(春夏秋冬) 명 봄·여름·가을·겨울의 네 철. 1년 내내.

춘향-가(春香歌) 명 [음] 판소리 다섯 마당 가운데 하나. 남원 부사의 아들 이몽룡과 퇴기 월매의 딸 춘향의 사랑 이야기를 판소리로 짠 것.

춘향-전(春香傳) 명 [문] 우리나라 고대 소설의 하나. 제작 연대와 작자는 미상임. 남원 부사의 아들 이몽룡과 퇴기 월매의 딸 성춘향의 사랑 이야기를 중심으로 춘향의 정절을 그림.

춘화(春畫) 명 '춘화도'의 준말.

춘화-도(春畫圖) 명 남녀가 성교하거나 성희(性戱)를 즐기는 모습을 그린 그림. =비희도(祕戱圖)·운의도(雲意圖). 준춘화.

춘화^처:리(春化處理) 명 [농] 작물의 싹이나 씨앗을 일정한 기간 동안 고온 또는 저온으로 처리함으로써 발육에 변화를 주어 꽃이 피고 열매 맺는 것을 빠르게 하는 방법. =야로비 농법.

춘흥(春興) 명 봄이 되어 마음에 절로 일어나는 흥겨움. ¶시흥(詩興) ~ 도도하니 절승 경치 말마오라.《열녀춘향수절가》

출가¹(出家) 명 [집을 떠난다는 뜻] 1 [불] 속세의 가정을 떠나 승려가 되기 위해 불문(佛門)에 드는 일. =출세(出世). 2 [가] 세간(世間)을 떠나 수도원으로 들어가서 수도하는 일. **출가-하다¹** 통(자)예

출가[2] (出嫁) [명] 처녀가 시집가는 것. **출가-하다**[2] [동][자][여] ¶**출가한** 딸.
출가-외인 (出嫁外人) [-외-/-웨-] [명] 시집간 딸은 친정과는 남이라는 뜻.
출간 (出刊) [명] (어떤 책을) 만들어서 세상에 내놓는 것. [비]발간·발행·출판(出版). **출간-하다** [동][타][여] ¶K 출판사는 내달 초에 백과사전을 **출간할** 예정이다. **출간-되다** [동][자]
출감 (出監) [명] 구치소나 교도소 등에서 석방되어 나오는 것. [비]출옥(出獄). ↔입감. **출감-하다** [동][자][여] **출감-되다** [동][자]
출강 (出講) [명] 강의하러 나가는 것. **출강-하다** [동][자][여]
출격 (出擊) [명] 자신의 진지(陣地)에서 나가 적을 치는 것. **출격-하다** [동][자][타][여]
출결 (出缺) [명] 출석과 결석. 또는, 출근과 결근. ¶~ 상황을 점검하다.
출계 (出系) [-계/-게] [명] 양자(養子)로 가서 그 집의 대(代)를 잇는 것. **출계-하다** [동][자][여]
출고 (出庫) [명] 물품을 창고에서 꺼내는 것. ¶~량(量) / ~ 가격. ↔입고(入庫). **출고-하다** [동][타][여] **출고-되다** [동][자]
출고-증 (出庫證) [-쯩] [명] 출고 승낙을 증명하는 증서.
출관 (出棺) [명] 출상(出喪)하기 위하여 관을 집 밖으로 내가는 것. =출구(出柩). **출관-하다** [동][자][여]
출구 (出口) [명] 공간이 있는 구조물에서, 나갈 수 있도록 뚫거나 문을 낸 부분. ¶비상 ~ / ~가 막히다. ↔입구(入口).
출국 (出國) [명] 절차를 거쳐 어떤 나라의 밖으로 나가는 것. ¶~ 금지 / ~ 허가. ↔입국. **출국-하다** [동][자][여] ¶그는 내일 비행기 편으로 **출국할** 예정이다.
출근 (出勤) [명] (일터로) 근무하러 나가는 것. ¶첫 ~ / ~ 시간. ↔결근·퇴근. **출근-하다** [동][자][여] ¶회사에 ~.
출근-길 (出勤-) [-낄] [명] 직장으로 출근하는 길. 또는, 직장으로 출근하는 도중. ¶간밤에 온 눈으로 ~이 큰 혼잡을 빚었다. ↔퇴근길.
출근-부 (出勤簿) [명] 출근 상황을 적는 장부. ¶~에 도장을 찍다.
출금 (出金) [명] 개인·가계·기업 등의 금고나 통장에서 돈을 쓰기 위해 꺼내는 일. ¶~ 전표. ↔입금(入金). **출금-하다** [동][자][타][여]
출납 (出納) [-랍] [명] **1** (돈이나 물품 등을) 내주거나 받아들이는 것. ¶~ 대장 / 금전 ~. **2** (물건을) 내었다 들여보냈다 하는 것. **3** 지난날, 임금의 지시를 내보내고 아래의 의견을 받아 올리는 것. **출납-하다** [동][타][여]
출납-부 (出納簿) [-랍뿌] [명] 출납을 기록하는 장부. ¶금전 ~.
출당 (黜黨) [-땅] [명] 당원 명부에서 제명하고 당원의 자격을 빼앗는 것. ¶~ 처분. **출당-하다** [동][타][여] **출당-되다** [동][자]
출동 (出動) [-똥] [명] (경찰·군대·소방대 등이) 주어진 임무를 수행하기 위해 목적지로 가는 것. ¶~ 명령. **출동-하다** [동][자][여] ¶소방차가 **출동하여** 진화 작업을 벌이다. **출동-되다** [동][자]
출두 (出頭) [-뚜] [명] (경찰서·법원 따위에) 강제적 의무를 띠고 나가는 것. **출두-하다** [동][자][여] ¶법정에 ~.
출렁-거리다/-대다 [동][자] 깊은 곳에 담긴 물이 소리가 나도록 계속하여 물결이 일다. ¶출렁거리는 바다의 물결. [작]촐랑거리다.
출렁-이다 [동][자] (물 따위가) 물결이 일면서 흔들리다. ¶파도가 ~.
출렁-출렁 [부] 출렁거리는 소리. 또는, 그 모양. [작]촐랑촐랑. **출렁출렁-하다** [동][자][여]
출력 (出力) [명] **1** 원동기·발전기 등이 일정 시간에 내는 유효 에너지. **2** [컴] 처리된 정보를 화면에 나타내거나 인쇄하거나 하는 일. =아웃풋. ↔입력. **출력-하다** [동][타][여] **출력-되다** [동][자]
출력^장치 (出力裝置) [-짱-] [명][컴] 주기억 장치에서 처리된 결과를 사람이 알아볼 수 있는 형태로 표시해 주는 장치. ↔입력 장치.
출로 (出路) [명] 어느 곳이나 처한 상태로부터 벗어나거나 빠져나갈 길. ¶~를 개척하다 / ~를 막다.
출루 (出壘) [명][체] 야구에서, 타자가 안타, 포볼, 야수 선택, 상대편의 실책 등에 의하여 누에 나가는 것. **출루-하다** [동][자][여] ¶포볼로 ~.
출마 (出馬) [명] **1** 말을 타고 나가는 것. **2** 선거(選擧) 등에 입후보하는 것. **출마-하다** [동][자][여] ¶국회의원 선거에 ~.
출몰 (出沒) [명] 나타났다가 없어졌다가 하는 것. **출몰-하다** [동][자][여] ¶해안 지방에 해적이 ~.
출몰-무쌍 (出沒無雙) [명] 나타났다가 없어졌다가 하는 것이 비길 데 없이 심함. **출몰무쌍-하다** [형][여]
출무성-하다 [형][여] **1** (물건 따위가) 굵거나 가는 데가 없이 위아래가 비스름하다. **2** 물건의 대가리가 가지런하다.
출문 (出門) [명] **1** 문밖으로 나가는 것. **2** 집을 떠나는 것. **출문-하다** [동][자][여]
출물 (出物) [명] **1** 무슨 일을 하는 데 내놓는 금품. **2** 강제로 당한 물적(物的) 손실.
출반[1] (出班) [명] '출반주'의 준말. **출반-하다**[1] [동][자][여]
출반[2] (出盤) [명] 새 음반을 세상에 내놓는 것. **출반-하다**[2] [동][타][여] ¶제2집 앨범을 ~. **출반-되다** [동][자]
출반-주 (出班奏) [명] **1** 여러 신하 가운데 특별히 혼자 임금에게 나아가 아뢰는 것. **2** 여러 사람이 모인 자리에서 어떠한 일에 대하여 맨 먼저 말을 꺼내는 것. [준]출반. **출반주-하다** [동][자][여]
출발 (出發) [명] **1** (사람이나 사람이 탄 탈것이) 목적지를 향하여 나아가기 시작하는 것. ¶열차의 ~ 시각. **2** 일을 시작하는 것. 또는, 그 시작. ¶졸업은 끝이 아니라 새로운 ~이다. ↔도착(到着). **출발-하다** [동][자][타][여] ¶1시에 **출발하여** 5시에 도착하다 / 지난날을 반성하고 인생을 새롭게 ~. **출발-되다** [동][자]
출발-선 (出發線) [-썬] [명] 경주할 때 출발점으로 그어 놓은 선. =스타트 라인. ¶~에 정렬한 선수들.
출발-역 (出發驛) [-력] [명] 열차 등을 타고 목적지를 향하여 떠나는 역. ↔도착역.
출발-점 (出發點) [-쩜] [명] **1** 처음 떠나는 지점. **2** 일이 시작되는 기점. ¶그의 논리는 ~부터 잘못되어 있다.
출범 (出帆) [명] **1** 배가 항구를 떠나는 것. **2** 단체가 새로 조직되어 일을 시작하는 것을 비유하여 이르는 말. ¶새 내각의 ~. **출범-하다** [동][자][여] **출범-되다** [동][자]
출범-식 (出帆式) [명] **1** 배가 항구를 떠나면서 하는 의식. 2 어떤 단체가 새로 조직되어 일을 시작하면서 그것을 널리 알리는 의식.

출병(出兵)[명][군] 군대를 동원하여 전선에 내보내는 것. =출사(出師). **출병-하다**[동]

출분(出奔)[명] 도망하여 달아나는 것. ¶하순의 ~은 마음의 괴로움을 줄 뿐 아니라 생활에마저 큰 변동을 주었다.《최정희:지맥》**출분-하다**[동]

출사¹(出仕)[-싸][명] 벼슬아치가 관청에 출근하는 것. **출사-하다**¹[동][자][여]

출사²(出師)[-싸][명][군] =출병(出兵). **출사-하다**²[동][자][여]

출사-표(出師表)[-싸-][명] 출병할 때 그 뜻을 적어서 임금에게 올리는 글.
출사표를 던진다[구] 치열하게 싸워서 승패를 결정지어야 할 일에 비장한 각오를 가지고 도전하다. 또는, 그런 일을 할 것을 세상에 알리다. ¶한국의 태극 전사들, 월드컵 16강을 목표로 ~.

출산(出産)[-싼][명] (여자나 어미 짐승이 배 속의 아기나 새끼를) 일정한 때가 되어 몸 밖으로 나가게 하는 것. [비]출생(出生). **출산-하다**[동][타][여] ¶여아(女兒)를 ~. **출산-되다**[동][여]

출산^휴가(出産休暇)[-싼-][명] 근로 여성이 아기를 낳기 위하여 얻는 근로 기준법상의 휴가. [준]산휴.

출상(出喪)[-쌍][명] 상가(喪家)에서 상여가 나가는 것. **출상-하다**[동][자][여]

출생(出生)[-쌩][명] 세상에 태어나는 것. ↔사망. **출생-하다**[동][자][여] **출생-되다**[동][자]

출생-률(出生率)[-쌩뉼][명] 일정한 기간에 출생한 사람의 수가 인구에 대해 차지하는 비율.

출생^신고(出生申告)[-쌩-][명] 사람이 출생하였음을 관청에 서류를 제출하여 알리는 일. ↔사망 신고.

출생^신고서(出生申告書)[-쌩-][명] 출생 신고를 할 때 관청에 제출하는 서류. ↔사망 신고서.

출생-지(出生地)[-쌩-][명] 출생한 곳. =생지(生地).

출생지-주의(出生地主義)[-쌩-의/-쌩-이][명][법] 출생으로 인한 국적 취득에 관한 것으로, 출생아의 부모의 국적 여하에 관계없이 출생지에 따라 국적을 결정하는 주의. =속지주의·생지주의. ↔혈통주의.

출석(出席)[-썩][명] (수업·회합·집회 등의 자리에) 공부하거나 참여하기 위해 나가는 것. [비]참석. ¶~률 / ~ 인원 / ~ 요구 / ~을 부르다. ↔결석. **출석-하다**[동][자][여] ¶전원이 강의에 ~.

출석-부(出席簿)[-썩뿌][명] 출석 상황을 적는 장부.

출선(出船)[-썬][명] 배가 항구를 떠나는 것. **출선-하다**[동][자][여]

출성(出城)[-썽][명] 성 밖으로 나가는 것. ↔입성. **출성-하다**[동][자][여]

출세(出世)[-쎄][명] 1 사회적으로 높은 지위에 오르거나 이름을 널리 떨치게 되는 것. ¶입신~ / ~의 길이 열리다 / ~가 늦다[빠르다]. 2 숨어 살던 사람이 세상에 나오는 것. **출세-하다**[동][자][여] ¶그는 치밀한 사고와 두둑한 뱃심으로 사업가로서 크게 **출세했다**.

출-세간(出世間)[-쎄-][명] 1 속세와 관계를 끊는 것. 2[불] 생멸(生滅) 변화하는 미(迷)의 세계를 벗어나 해탈 경계에 들어가는 것. **출세간-하다**[동][자][여]

출세-욕(出世慾)[-쎄-][명] 출세하려는 욕망. ¶~이 강하다.

출세-작(出世作)[-쎄-][명] 사회적으로 널리 인정받아 작가의 명성을 얻게 한 작품.

출셋-길(出世-)[-쎄낄/-쎋낄][명] 사회적으로 높은 지위에 오르거나 훌륭하게 되는 수단이나 방도. ¶~이 열리다[막히다].

출소(出所)[-쏘][명] 1 출처나 유래. 2[형(刑)]을 마치고 교도소에서 나오는 것. **출소-하다**[동][자][여] **출소-되다**[동][자]

출시(出市)[-씨][명] (상품을) 시장에 내보내는 것. **출시-하다**[동][타][여] **출시-되다**[동][자] ¶월초에 새 비디오가 **출시될** 예정이다.

출신(出身)[-씬][명] 1 출생 당시 가정이 속하여 있던 사회적 신분. ¶빈농 ~ / 양반 ~. 2 출생 당시의 지역적 소속 관계. ¶서울 ~. 3 직업·학업·학교 등으로 규정되는 사회적 이력 관계. ¶교사 ~ / 대학 ~.

출썩-거리다/-대다[-꺼(떠)-][동] 1[자] 주책없이 덜렁거리며 돌아다니다. 2[타] 남을 부추겨 마음이 들먹거리게 하다. [작]출싹거리다.

출썩-출썩[부] 출썩거리는 모양. [작]출싹출싹. **출썩출썩-하다**[동][자][타][여]

출아(出芽)[명] 1[식] 식물의 싹이 터 나오는 것. 2[생] 무성 생식의 한 형태로, 모체에 생긴 작은 돌기에서 새로운 개체가 생기는 것. 효모균·해면동물·자포동물 등에서 볼 수 있음. =아생 생식. **출아-하다**[동][자][여]

출아-법(出芽法)[-뻡][명][생] 출아에 의한 생식법(生殖法). =발아법·아생법.

출애굽-기(出-記)[-끼][명][성] 구약 성서 중의 한 책.

출어(出漁)[명] (어부가) 바다로 고기를 잡으러 나가는 것. ¶~기(期) / ~ 일수(日數). **출어-하다**[동][자][여]

출연¹(出捐)[명] 금품을 내어 원조하는 것. **출연-하다**¹[동][타][여]

출연²(出演)[명] (영화·연극·방송이나 음악·무용 등의 무대에) 나가 연기를 하거나 일정한 역할을 맡아 행하는 것. ¶찬조 ~ / 겹치기 ~. **출연-하다**²[동][자][여] ¶텔레비전 드라마에 ~.

출연-료(出演料)[-뇨][명] 출연에 대하여 지급되는 보수. [비]개런티.

출영(出迎)[명] 나가서 맞이하는 것. 또는, 마중 나가는 것. ¶~객(客). **출영-하다**[동][타][여]

출옥(出獄)[명] 형(刑)을 마치고 감옥에서 나오는 것. [비출감(出監). ↔입옥. **출옥-하다**[동][자][여] **출옥-되다**[동][자]

출원(出願)[명] 원서(願書)나 신청서 등을 제출하는 것. ¶특허 ~. **출원-하다**[동][타][여]

출입(出入)[명] 1 (사람이 어느 곳을) 드나드는 일. ¶~ 금지 / ~이 잦다 / 관계자 이외는 ~을 금합니다. 2 잠깐 다녀오려고 자기 집 밖으로 나가는 것. ▶외출. **출입-하다**[동][자][타][여] ¶청와대를 **출입하는** 기자 / "…이 제부터 매일 오실 터이니까 내가 **출입하고** 없더라도 부인께서 잘 접대를 하여야 하여야 하오."《이광수:무정》

출입-구(出入口)[-꾸][명] 출입하는 어귀. ¶비상 ~.

출입-문(出入門)[-임-][명] 사람이 드나드는 문.

출입-증(出入證)[-쯩][명] 출입할 수 있도록 허가한 증표.
출자(出資)[-짜][명] 자금을 내는 일. 특히, 회사나 조합 등 공공사업을 수행하기 위하여 그 구성원이 자본을 내는 일. **출자-하다**[동](자)(타)(여) **출자-되다**[동](자)
출장¹(出張)[-짱][명] 회사나 직장의 업무를 위하여 근무하는 곳을 벗어나 외부의 장소에 나가는 것. ¶해외 ~ / ~을 가다 / 김 과장은 부산에 ~ 중이다. **출장-하다**¹[동](자)(여)
출장²(出場)[-짱][명] 1 어떤 장소에 나가는 것. 2 [체] 경기(競技)를 하러 나가는 것. ¶~ 정지 처분을 하다. **출장-하다**²[동](자)(여)
출장-비(出張費)[-짱-][명] 출장에 소요되는 경비.
출장-소(出張所)[-짱-][명] 관공서나 기업체 등에서 본사나 본점 이외의 필요한 지역에 설치하는 사무소.
출전¹(出典)[-쩐][명] 인용한 글이나 고사성어의 출처가 되는 책. ¶인용문의 ~을 밝히다.
출전²(出戰)[-쩐][명] 1 싸우러 나가는 것. ¶~ 경험이 많은 병사. 2 시합·경기 등에 나가는 것. ¶~ 금지. **출전-하다**[동](자)(여) ¶경기에 ~.
출정¹(出廷)[-쩡][명][법] 법정에 나가는 것. **출정-하다**¹[동](자)(여) ¶목격자가 증인으로 ~.
출정²(出征)[-쩡][명] 적을 정벌하기 위해 전쟁터에 나가는 것. **출정-하다**²[동](자)(타)(여)
출정-식(出征式)[-쩡-][명] 1 군에 입대하여 싸움터에 나가기 전에 갖는 의식. 2 일정한 사회적·정치적 목적을 가지고 집단행동을 시작하기 전에 하는 공식적인 모임.
출제(出題)[-쩨][명] 시험 문제를 내는 것. ¶~ 위원 / ~ 경향. 2 백일장 등에서, 지어야 할 글의 제목을 제시하는 것. **출제-하다**[동](자)(타)(여) **출제-되다**[동](자) ¶입시 문제가 작년에 비하여 어렵게 **출제**되었다.
출중(出衆)[-쭝] →**출중-하다**[-쭝-][형](여) (어떤 대상이) 여럿 가운데에서 두드러지게 뛰어나다. =출군하다. ¶**출중한** 재능 / 무예가 ~ / 미모가 **출중한** 여자.
출중-나다(出衆-)[-쭝-][형] 출중하여 남 다르다. ¶솜씨가 ~.
출진(出陣)[-찐][명] 싸움터로 나아가는 것. **출진-하다**[동](자)(여)
출처(出處)[명] 1 사물이 생겨 나온 근거. ¶소문의 ~를 밝히다. 2 사람이 다니거나 가는 곳.
출척(黜陟)[명] 못된 사람을 내쫓고, 착한 사람을 뽑아 쓰는 것. **출척-하다**[동](타)(여)
출초(出超)[경] '수출 초과'의 준말. ↔입초(入超). **출초-하다**[동](자)(여)
출출[부] 액체가 많이 넘치는 모양. (작)촐촐. 출출.
출출-하다[형](여) (배가) 다소 고픈 느낌이 있다. ¶속이 **출출한데** 뭐 먹을 것 좀 없어요? (작)촐촐하다. **출출-히**[부]
출타(出他)[명] 집에 있지 않고 다른 곳에 나가는 것. ¶아버지께서는 지금 ~ 중이시다. **출타-하다**[동](자)(여)
출토(出土)[명] (땅에 파묻혀 있던 물건이) 땅속에서 밖으로 나오는 것. 또는, (땅속의 유물을) 발견하여 파내는 것. **출토-하다**[동](타)(여) **출토-되다**[동](자) ¶고분(古墳)에서 금관이 ~ / 유적에서 사람과 포유동물의 뼈와 화석이 ~.

출토-품(出土品)[명] 땅속에서 출토되어 나온 고대의 유품(遺品).
출-퇴근(出退勤)[-퇴-/-퉤-][명] 출근과 퇴근. ¶~ 시간. **출퇴근-하다**[동](자)(여)
출판(出版)[명] 글·사진·그림 등의 내용을 편집을 거쳐 인쇄로 복제하고 책으로 만들어 세상에 펴내는 것. (비)출간(出刊). ¶도서 / 양서(良書) / ~ 목록. **출판-하다**[동](타)(여) ¶책을 자비(自費)로 ~. **출판-되다**[동](자) ¶이 책은 지난해에 **출판**되었다.
출판의 자유(出版-自由)[주] 기본권의 하나. 출판이라는 수단을 이용하여 표현 활동을 하는 자유.
출판-물(出版物)[명] 반포(頒布)·판매할 목적으로 인쇄된 서적이나 그림의 총칭.
출판-사(出版社)[명] 책을 출판하는 일을 하는 회사.
출품(出品)[명] 전람회·전시회 등에 작품이나 물품을 내놓는 것. **출품-하다**[동](자)(타)(여) ¶미술 전람회에 **출품할** 작품을 제작 중이다. **출품-되다**[동](자)
출하(出荷)[명] 1 하물(荷物)을 내보내는 것. 2 상품을 시장으로 내보내는 것. (비)적출(積出). ¶~ 가격. ↔입하(入荷). **출하-하다**[동](자)(타)(여) **출하-되다**[동](자) ¶참외가 본격적으로 **출하**되기 시작했다.
출학(黜學)[명] (학칙을 크게 어긴 학생을) 학교에서 내쫓는 것. **출학-하다**[동](타)(여) **출학-되다**[동](자)
출항¹(出航)[명] 선박이나 항공기가 출발하는 것. ¶~ 일시(日時). **출항-하다**¹[동](자)(여)
출항²(出港)[명] 배가 항구를 떠나는 것. =발항(發港). ↔입항. **출항-하다**²[동](자)(여)
출행(出行)[명] 1 밖으로 다니는 것. 2 먼 길을 떠나는 것. **출행-하다**[동](자)(여)
출향(出鄕)[명] 고향을 떠나는 것. (비)이향(離鄕). **출향-하다**[동](자)(여)
출현(出現)[명] (어떤 물체나 대상이 어느 곳에) 주목을 끄는 상태로 모습을 나타내는 것. **출현-하다**[동](자)(여) ¶서책 상에 적기(敵機)가 ~.
출혈(出血)[명] 1 피가 혈관이나 몸 밖으로 나오는 것. ¶뇌에 ~이 일어나 혼수상태에 빠지다 / 부상이 ~이 심하다. ↔지혈(止血). 2 '희생'이나 '손실'을 비유적으로 이르는 말. ¶~ 경쟁 / ~을 무릅쓴 덤핑 판매. **출혈-하다**[동](자)(여) **출혈-되다**[동](자)
출회(黜會)[-훼][명] 회합·단체에서 내쫓는 것. **출회-하다**[동](타)(여) **출회-되다**[동](자)
춤¹ 장단에 맞추어 손이나 발, 몸을 멋스럽게 움직이는 일. (비)무용. ¶민속~ / 어깨(엉덩이) ~ / 사교~ / ~을 추다.
춤² 그릇·신·모자 등의 운두나 높이. ¶~이 높은 항아리.
춤³ '허리춤'의 준말.
춤⁴ [1] (자립) 가늘고 기름한 물건을 한 손으로 쥘 만한 분량. ¶~이 크다(작다). [2] (의존) ①을 세는 단위로 이르는 말. ¶미역 한 ~ / 짚 한 ~ / 볏모 두 ~.
춤-곡(-曲)[음] 춤을 출 때에 맞추어 추도록 연주하는 악곡의 총칭. =무곡(舞曲). 무곡.
춤-꾼 1 춤을 즐겨 추는 사람. ¶현란한 조명 아래 몸을 흔들어 대는 ~들. 2 춤을 전문적으로 또는 직업으로 추는 사람.
춤-바람[-빠-][명] 주로 유부녀가 가정을 돌보지 않을 만큼 사교춤에 빠진 상태. ¶~ 난

탈선 주부.

춤-사위 圀 민속춤에서, 춤 동작의 최소 단위로서의 기본이 되는 낱낱의 일정한 움직임.

춤-추다 瓺 1 장단에 맞추어 손이나 발, 몸을 멋스럽게 움직이어 ~. 2 사물의 현상이나 모습이 안정감 없이 움직이거나 변동을 보이다. 비유적인 말임. ¶춤추는 물가〔주가〕/ 네온사인이 어지럽게 춤추는 도시의 밤거리.

춤-판 圀 춤이 벌어진 자리.

춥다 [-따] 瀆 圁〈추우니, 추위〉(낮은 기온이나 그 밖의 이유로) 몸에 느끼는 기운이 차다. ¶추운 날씨 / 추운 겨울. ↔덥다.

충¹(衝) 圀〔천〕외행성(外行星)이나 달이 지구에서 보아 태양의 정반대 방향에 오는 상태. 또는, 그 시각. 이때, 외행성은 지구에 가장 접근하고, 달은 만월(滿月)이 됨. ▷합(合).

충²(蟲) 圀 '회충(蛔蟲)'의 준말.

충격(衝擊) 圀 1 물체에 급격히 가해지는 힘. ¶~ 완화 장치. 2 마음에 받는 심한 자극. ¶환자에게 ~을 주어서는 안 된다. 3 사회적으로 미치는 큰 영향. ¶9·11 테러 사건은 전 세계에 엄청난 ~을 던져 주었다.

충격-력(衝擊力) [-껵녁] 圀〔물〕타격을 받거나 충돌을 하였을 때 물체와 물체 사이에 생기는 접촉력.

충격-적(衝擊的) [-쩍] 觀圀 마음에 충격을 주거나 사회적으로 충격을 주는 (것). ¶10대들의 탈선에 관한 ~인 보고서.

충격-파(衝擊波) 圀〔물〕보통의 음속보다도 빠르게 전파되는, 공기 중에 생긴 급속한 압축파.

충견(忠犬) 圀 주인에게 충직한 개.

충고(忠告) 圀 (남의 허물을) 충심으로 타이르는 것. ¶~를 듣다 / ~에 따르다. 충고-하다 瓺瓷 ¶친구는 나에게 술을 끊으라고 〔끊을 것을〕 충고했다.

충곡(衷曲) 圀 =심곡(心曲)¹.

충군(忠君) 圀 임금에게 충성하는 것. 충군-하다 瓺

충군-애국(忠君愛國) 圀 임금에게 충성하고 나라를 사랑함. 窗애국.

충당(充當) 圀 (모자라는 것을 다른 것으로) 메우는 것. 충당-하다 瓺 ¶학비를 신문을 판 돈으로 ~. 충당-되다 瓺

충당-금(充當金) 圀〔경〕특정의 손비(損費)에 대한 준비를 위해 설정하는 계정.

충돌(衝突) 圀 1 (둘 이상의 물체가, 또는 어떤 물체가 다른 물체와) 센 힘으로 부딪치는 것. ¶~ 사고. 2 (둘 이상의 의견이나 입장 따위가) 상대의 것을 받아들일 수 없는 상태로 맞서는 것. ¶의견 ~. 충돌-하다 瓺瓷 ¶버스와 화물차가 정면으로 ~ / 결혼 문제로 부자간에 ~. 충돌-되다 瓺

충동(衝動) 圀 1 심하게 마음을 흔들어 놓는 것. 또는, 그러한 자극. ¶~질. 2 갑작스럽게 어떤 일에 대해 느끼는 강렬한 욕망이나 욕. ¶성적(性的)인 ~을 억누르다. 충동-하다 瓺瓷 어떤 일을 하도록 자극을 주어 마음을 흔들다. ¶못된 짓을 하도록 순진한 아이를 ~.

충동-구매(衝動購買) 圀 물건을 살 필요성이나 계획이 없이, 광고를 보거나 상품을 구경하다가 즉흥적으로 사는 것.

충동-이다(衝動-) 瓺 1 어떤 일을 하도록 부추기거나 꼬드기다. ¶"제 말대로만 하세요, 다 잘될 테니." 여자는 생글거리며 김 씨를 충동였다. 2 흥분할 정도로 강한 자극을 주다.

충동-적(衝動的) 觀圀 충동을 느끼고 그것을 그대로 행동으로 옮기는 (것). ¶~인 행동.

충동-질(衝動-) 圀 충동하는 짓. 충동질-하다 瓺瓷 ¶가만히 있는 아이를 충동질해서 싸우게 했으니 나쁜 건 바로 너다.

충렬-사(忠烈祠) [-녈싸] 圀 충신과 열사(烈士)를 기념하기 위하여 세운 사당.

충만(充滿) →충만-하다 觀 (어느 곳이나 마음에 어떤 감정·현상·물질 등이) 가득한 상태에 있다. ¶사랑과 기쁨이 충만한 삶. 충만-히 圁

충매-화(蟲媒花) 圀〔식〕곤충의 매개로 수분(受粉)이 행하여지는 꽃. 일반적으로 꽃잎이 아름답고, 화분(花粉)에 점성(粘性)이 있음.

충복¹(充腹) 圀 음식의 좋고 나쁨을 가리지 않고 배를 채우는 것. 충복-하다 瓺

충복²(忠僕) 圀 1 충성스러운 남자 종. =충노. 2 종처럼 어떤 사람을 충직하게 받드는 사람.

충분¹(忠憤) 圀 충의로 인하여 생기는 분한 마음. ¶"…지금 세상에 ~ 있는 남자들이 무가 국사에 대하여 강개하고 통분치 않으리요마는, …."(구연학: 설중매)

충분²(充分) →충분-하다 觀 분량이 모자람이 없이 넉넉하다. ¶충분한 휴식을 취하다. 충분-히 圁 ¶알아듣도록 ~ 설명하다.

충분-조건(充分條件) [-껀] 圀〔논〕그 자체만으로 어떤 결과를 빚을 수 있는 조건. 가령, 퓨즈가 끊어지는 일은 전등이 꺼지는 일의 충분조건임. ▷필요조건·필요충분조건.

충서(忠恕) 圀 충실하고 인정이 많음.

충서²(蟲書) 圀 조수는 서(鳥獸書).

충성(忠誠) 圀〔'참마음에서 우러나는 정성'이라는 뜻〕 1 (나라에, 또는 임금에게) 몸과 마음을 다 바치는 것. =성충(誠忠). ¶~을 바치다 / ~을 다하다. 2 (직장에, 또는 상관 등에게) 몸과 마음을 바쳐 봉사하는 것. 주로, 비웃거나 비판하는 문맥에서 쓰임. ¶회사에 왜 그리 ~이냐? 충성-하다 瓺瓷 ¶나라에 ~.

충성-스럽다(忠誠-) [-따] 瀆 圁〈-스러우니, -스러워〉충성을 보이는 데가 있다. 충성스레 圁

충성-심(忠誠心) 圀 충성스런 마음.

충수¹(充數) 圀 수효를 채우는 것. ¶백 개가 못 차니 아직 이십여 개를 더 지디어야 이 ~가 되는 것이다.(황순원: 독 짓는 늙은이) 충수-하다 瓺瓷 충수-되다 瓺

충수²(蟲垂) 圀〔생〕맹장의 아래 끝에 붙어 있는 가느다란 관 모양의 돌기. 속은 비고 구부러졌으며, 작은 구멍이 있어 맹장과 연락됨. =막창자꼬리·충양돌기.

충수-염(蟲垂炎) 圀〔의〕충수에 생기는 염증. 오른쪽 하복부의 통증, 발열·메스꺼움·구토 등의 증상이 보임. =맹장염·충양돌기염. 圃맹장염.

충신(忠臣) 圀 임금에게 충성을 다하는 신하. ↔역신(逆臣).

충실¹(充實) 圀 1 (내용 따위가) 제대로 갖추어져 알찬 것. ¶~을 기하다. 2 아이들의 몸이 건강하여 실한 것. ¶신체 ~ 지수. 충실-하다¹ 觀 ¶내용이 충실한 책 / 아이가

실하게 자라다. **충실-히**¹ 튄
충실²(忠實) →**충실-하다**² 혱 충직하고 성실하다. ¶가정에 **충실한** 남편. **충실-히**² 튄
충심(衷心) 명 맡은 바 직책을 ~ 수행하던.
충심¹(忠心) 명 충성스러운 마음.
충심²(衷心) 명 속에서 우러나는 참된 마음. ¶여러분의 열렬한 성원에 ~으로 감사드립니다.
충애(忠愛) 명 1 충성과 사랑. 2 '충군애국(忠君愛國)'의 준말. **충애-하다** 통재
충액(充額) 명 일정한 액수를 채우는 것. **충액-하다** 타여
충양-돌기(蟲樣突起) 명생 =충수(蟲垂)².
충언(忠言) 명 1 충고하는 말. ¶~을 받아들이다. 2 충직하고 바른 말. **충언-하다** 통재여
충용¹(充用) 명 채워서 쓰는 것. **충용-하다** 통태여
충용²(忠勇) 명 충성과 용맹.
충원(充員) 명 모자라는 인원을 채우는 것. **충원-하다** 통태여
충의(忠義) [-의/-이] 명 충성과 절의.
충일(充溢) 명 (어떤 기운이나 분위기가) 가득 차서 넘치는 것. **충일-하다** 통재여 ¶거리에는 크리스마스 기분이 **충일하고** 있었다. 《유주현:허구의 종말》 **충일-히** 튄
충적(沖積) 명 하천에 의해 운반되어 온 흙과 모래가 퇴적하는 것. **충적-하다** 통재여 **충적-되다** 통재
충적-세(沖積世) [-쎄] 명지 지질 시대 제4기 후반의 세. 홍적세(洪積世)의 대빙하가 녹은 다음의 후빙하 시대를 말하며, 현대도 =현세(現世)·홀로세.
충적-토(沖積土) 명지 흙·모래가 물에 흘러내려 저지(低地)에 쌓인 뒤 토양화한 것. 충적 평야의 표층(表層)을 구성함. ↔풍적토(風積土).
충적~평야(沖積平野) 명지 모래와 자갈 등이 퇴적하여 생긴 평야. =퇴적 평야.
충전¹(充電) 명 1 [물] 축전지나 축전기에 전기 에너지를 축적하는 일. ↔방전(放電). 2 비유적으로 쓰여, 휴식하면서 활력을 찾거나 실력을 기르는 일. ¶방학을 ~의 기회로 삼다. **충전-하다**¹ 통재여 ¶전기면도기에 ~. **충전-되다**¹ 통재
충전²(充填) 명 물건을 집어넣어서 빠진 곳, 빈 곳을 채우는 일. **충전-하다**² 통태여 **충전-되다**² 통재
충전-기(充電器) 명 [물] 축전지의 충전에 쓰는 장치.
충절(忠節) 명 충성스러운 절개. ¶~을 지키다 / ~을 기리다.
충정¹(忠情) 명 충성스러운 정의(情誼).
충정²(衷情) 명 마음에서 우러나오는 참된 정. ¶부디 나의 ~을 헤아려 주십시오.
충족(充足) 명 충분하게 채우는 것. **충족-하다**¹ 통태여 ¶조건을 ~ / 기대를 ~. ▷충족하다².
충족-하다²(充足-) [-조카-] 혱여 양에 차서 모자람이 없다. ¶**충족한** 생활을 영위하다. **충족-히** 튄
충직(忠直) 명 →**충직-하다** [-지카-] 혱여 충성스럽고 올곧다. ¶**충직한** 신하 / **충직하게** 직무를 수행하다. **충직-히** 튄
충천(衝天) 명 1 하늘을 찌를 듯이 높이 솟는 것. 2 (기개나 기세 등이) 북받쳐 오르는 것. **충천-하다** 통재여 ¶사기가 ~.

충충-거리다/-대다 통재 땅을 구르듯이 바쁘게 걷다. 잘총총거리다.
충충-하다 혱여 (빛깔이) 맑거나 산뜻하지 못하고 흐리다. ¶빛깔이 **충충한** 옷 / 하늘이 ~. **충충-히** 튄
충치(蟲齒) 명 세균의 작용에 의하여 이가 차츰 썩어 들어가는 질환. 또는, 그런 질환이 있는 이. =삭은니·우치(齲齒). ¶~를 예방하다.
충해(蟲害) 명 해충으로 인한 농작물의 피해.
충혈(充血) 명 [의] 몸의 어느 부분에 피가 지나치게 몰려 붉은빛을 띠는 상태가 되는 것. **충혈-되다** 통재 ¶눈이 벌겋게 ~.
충혼(忠魂) 명 충의를 위하여 죽은 사람의 넋. ¶~을 기리다.
충혼-탑(忠魂塔) 명 충의를 위하여 죽은 사람의 넋을 기리기 위하여 세운 탑.
충효(忠孝) 명 충성과 효도. ¶~ 사상 / ~ 정신.
췌객(贅客) 명 어떤 집에 장가든 사람을 그 집에 대한 관계로 이르는 말.
췌언(贅言) 명 하지 않아도 될 군더더기 말. =췌담(贅談)·췌사(贅辭). 튄군말. ¶~을 ~. **췌언-하다** 통재여
췌장(膵臟) 명 =이자(胰子)³.
췌장-암(膵臟癌) 명[의] 이자에 생기는 암. =췌암(膵癌).
취¹(取) 명 1) 산나물인 곰취·단풍취·참취·수리취 등의 총칭.
취²(嘴) 명[음] 생(笙) 따위의 관악기를 불 때 쓰이는, 대나무로 만든 부리.
취(醉) 명 술에 취한 사람.
취관(吹管) 명 취관 분석을 하는 데 쓰이는 황동제(黃銅製)의 'L'자형 기구. 한쪽 끝을 불꽃 속으로 넣고 다른 쪽 끝에서 공기를 불어 넣음.
취관^분석(吹管分析) 명[화] 시료 분말과 소다회의 혼합물을 목탄(木炭) 표면에 채워 넣고 취관으로 불꽃을 불어 생긴 금속구(金屬球)나 산화물의 피막(被膜)의 형태나 빛깔로 시료의 화학 성분을 분석하는 일.
취구(吹口) 명 나발·피리·취관 등의, 입김을 불어 넣는 구멍.
취급(取扱) 명 1 (물건이나 일 등을) 직업적·업무적으로 다루거나 처리하는 것. ¶~ 주의. 2 (사람을 좋지 않은 자격의 존재로) 생각하여 대하는 것, 사람대접. 튄대우. **취급-하다** 통태여 ¶청과물을 **취급하는** 가게 / 석수는 나를 어린애로 **취급했다**. **취급-되다** 통재
취기¹(臭氣) 명 비위를 상하게 하는 좋지 않은 냄새.
취기²(醉氣) 명 술이 취하여 얼근한 기운. ¶~가 돌다(오르다) / ~가 채 가시지 않다.
취-나물 명 삶은 참취를 양념하여 볶은 나물.
취담(醉談) 명 술이 취하여 함부로 하는 말. =취언. **취담-하다** 통재여
취대(取貸) 명 돈을 꾸어 쓰기도 하고 꾸어 주기도 하는 것. **취대-하다** 통태여
취득(取得) 명 (어떤 물건이나 자격 등을) 자기 것으로 가지는 것. ¶장물 ~. **취득-하다** 통태여
취득-세(取得稅) [-쎄] 명 부동산·자동차·중기(重機)·입목(立木)·선박·광업권·어업권 등의 취득에 대하여 부과하는 지방세.
취락(聚落) 명[지] 인간이 공동생활을 하는 주거(住居)의 집단. 크게 촌락과 도시로 나

취!로(就勞) 圓 일에 착수하는 것. 또는, 일에 종사하는 것. **취!로-하다** 国(자)(여)
취!로^사업(就勞事業) 圓 영세 근로자를 돕기 위하여 정부에서 실시하는 사업. 도로·하천·제방 등 새마을 사업장에서 일을 하게 함.
취!리(取利) 圓 돈·곡식 등을 빌려 주고 그에 대한 변리를 받는 것. **취!리-하다** 国(자)(여)
취!미(趣味) 圓 어떤 사람이 여가 시간에 즐거움을 맛보기 위해 자주 하는 흥미로운 일. 또는, 그런 일에 대한 흥미. ¶~생활 / 서예에 ~를 붙이다 / ~가 고상[저속]하다.
취!바리 圓 [민] 산대놀음에 쓰이는 괴상한 모양의 남자의 탈. 또는, 그 탈을 쓰고 춤추는 사람.
취!보(醉步) 圓 술이 취하여 비틀거리는 걸음걸이.
취!사¹(取捨) 圓 쓸 것은 쓰고 버릴 것은 버리는 것. **취!사-하다**¹ 国(타)(여)
취!사²(炊事) 圓 불을 사용하여 끼니로 먹을 밥이나 음식을 만드는 일. 구어로는 잘 쓰이지 않으며, 주로 군대나 여행 업계·숙박업계 등에서 쓰는 말임. ¶~ 당번 / ~ 금지. **취!사-하다**² 国(자)(여)
취!사-도구(炊事道具) 圓 음식을 만드는 데에 쓰는 기구의 총칭.
취!사-선택(取捨選擇) 圓 여럿 가운데서 쓸 것은 골라 쓰고 버릴 것은 버림. **취!사선택-하다** 国(타)(여)
취!사-장(炊事場) 圓 군대나 기숙사 등과 같이 공동생활을 하는 곳에서, 음식을 만들기 위해 비교적 큰 규모로 만든 공간. ▶부엌.
취!산(聚散) 圓 모이는 것과 흩어지는 것. **취!산-하다** 国(자)(여)
취!색(取色) 圓 낡은 세간 등을 닦고 손질하여 윤을 내는 것. **취!색-하다** 国(타)(여)
취!생-몽사(醉生夢死) 圓 [술에 취하여 살고 꿈을 꾸다가 죽는다는 뜻] 아무 뜻 없이 한 평생을 흐리멍덩하게 살아감. **취!생몽사-하다** 国(자)(여)
취!소(取消) 圓 (기록하였거나 말한 것을) 말살하여 없애 버리는 것. **취!소-하다** 国(타)(여) ¶약속을 ~. **취!소-되다** 国(자) ¶갑작스런 폭우로 야구 경기가 ~.
취!송(翠松) 圓 짙푸른 소나무.
취!수(取水) 圓 강·저수지 등에서 필요한 물을 끌어 오는 것. **취!수-하다** 国(자)(여)
취!수-탑(取水塔) 圓 강·저수지 등에서 물을 끌어 들이기 위한 관이나 수문의 설비가 되어 있는 탑 모양의 구조물. ®배수탑.
취!식(取食) 圓 1 음식을 먹는 것. 2 남의 음식을 염치없이 먹는 일. ¶무전(無錢)~. **취!식-하다** 国(자)(여)
취!안¹(醉眼) 圓 술이 취한 눈.
취!안²(醉顔) 圓 술이 취한 얼굴.
취!약(脆弱·肥弱) 圓 [무르고 약하다는 뜻] 어떤 점에 있어서 약점과 문제를 가지고 있는 것. ¶~점 / 의료 ~ 지역(의료 서비스가 잘 이뤄지지 않는 지역). **취!약-하다** 囹(여) ¶경제적으로 **취약**한 국가 / 이 마을은 수해에 ~.
취!언(醉言) 圓 =취담(醉談). **취!언-하다** 国(자)(여)
취!업(就業) 圓 어떤 직업을 택하여 생계를 잇는 일. (비)취직. ¶~난(難) / ~ 상담. **취!업-하다** 国(자)(여)

취!역(就役) 圓 1 역무(役務)에 종사하는 것. 2 새로 건조된 군함이 임무에 종사하게 되는 것. **취!역-하다** 国(자)(여)
취!우(驟雨) 圓 =소나기.
취!음(取音) 圓 본래 한자어가 아닌 단어를 말의 뜻에는 관계없이 음만 비슷하게 나는 한자로 적는 일. '각시'를 '閣氏'로 쓰는 따위. **취!음-하다** 国(타)(여)
취!임(就任) 圓 임기가 정해져 있거나 계급이 비교적 높은 직위나 직책을 새로 맡아 일하게 되는 것. ¶~ 인사. ↔이임(離任). **취!임-하다** 国(자)(여) ¶대통령으로 ~.
취!임-사(就任辭) 圓 취임할 때에 하는 인사말.
취!임-식(就任式) 圓 취임할 때 행하는 식.
취!입(吹入) 圓 1 (공기 따위를) 불어 넣는 것. 2 레코드를 만들기 위하여 녹음하는 일. **취!입-하다** 国(타)(여) ¶신곡을 ~. **취!입-되다** 国(자)
취!재¹(取才) 圓 재주를 시험하여 사람을 뽑는 것. **취!재-하다**¹ 国(타)(여)
취!재²(取材) 圓 기사나 작품의 재료 또는 제재를 구하여 얻는 것. ¶~ 기자 / ~를 나가다. **취!재-하다**² 国(자)(타)(여) ¶근로 현장에서 **취재하여** 쓴 소설. **취!재-되다** 国(자)
취!재-원(取材源) 圓 기사나 작품 재료의 출처.
취!재-진(取材陣) 圓 신문사나 잡지사 등의 취재부에 속하여 기사의 재료를 얻기 위해 일하는 기자의 무리.
취!조(取調) 圓 (죄인이나 혐의자를) 범죄 사실을 밝히기 위하여 조사하는 것. ¶~판 / ~실 / 경찰의 ~를 받는 것. **취!조-하다** 国(타)(여) ¶피의자를 ~. **취!조-되다** 国(자)
취!종(取種) 圓 생물의 씨를 받는 것. **취!종-하다** 国(타)(여)
취!주(吹奏) 圓[음] (피리·나팔 따위의 관악기를) 불어서 곡을 연주하는 것. **취!주-하다** 国(타)(여)
취!주-악(吹奏樂) 圓[음] 관악기에 타악기를 합하여 대규모의 편성으로 연주되는 음악. 군악대 등의 실용 음악으로서 발달했음. =관악 합주.
취!주^악기(吹奏樂器) [-끼] 圓[음] =관악기(管樂器).
취!중(醉中) 圓 술에 취해 있는 동안. ¶~에 내가 무슨 소릴 했는지 모르겠다. ↔생중(生中).
[**취중에 진담이 나온다**] 취하여 함부로 지껄이는 말에 자기의 속마음을 털어놓는다.
취!지(趣旨) 圓 어떤 일에 담겨 있는 목적이나 의도나 의의. =지취·취의(趣意) ¶사회질서를 바로잡는 데 법의 ~가 있다.
취!직(就職) 圓 (어떤 직장에) 일할 자리를 얻게 되는 것. 비취업(就業). ¶~ 시험. **취!직-하다** 国(자)(여) ¶회사에 ~. **취!직-되다** 国(자)
취!직-난(就職難) [-징-] 圓 직업을 구하는 사람은 많고 일자리는 적어서 취직하기가 매우 어려운 일. ¶경제 불황으로 ~이 극심하다.
취!집(聚集) 圓 모아들이는 것. **취!집-하다** 国(타)(여)
취!침(就寢) 圓 잠자리에 드는 것. ¶~ 시간. ↔기상(起牀)·기침(起寢). **취!침-하다** 国(자)(여)
취!침-나팔(就寢喇叭) 圓 병영·기숙사 등에

서 밤에 자리에 들라는 신호로 부는 나팔.
취:타(吹打)〖명〗〖역〗 군대에서 나발·소라·대각·호적 따위를 불고, 징·북·나(鑼)·바라를 치는 일. 또는, 그 군악. **취:타-하다**〖동〗〖자〗〖여〗
취:-수(吹打手)〖명〗1 군대에서, 관악기와 타악기를 연주하던 군사. 2 대포를 놓던 군사.
취:태(醉態)〖명〗 술에 취했을 때 보이는 태도.
취:택(取擇)〖명〗 가려서 골라 뽑는 것. ⓗ선택. **취:택-하다**〖동〗〖타〗〖여〗 **취:택-되다**〖동〗〖자〗〖여〗
취:하(取下)〖명〗 (신청하였던 일이나 서류 등을) 도로 거두어들이는 것. **취:하-하다**〖동〗〖타〗〖여〗¶소송을 ~.
취:-하다¹(醉─)〖동〗〖자〗〖여〗 1 술·약 기타의 기운이 몸에 퍼져 정신이 정상적 활동을 잃게 되다. ¶~/꽃향기에 ~/감기약에 **취하여** 머리가 어지럽다. 2 (어떤 일에) 열중하여 넋을 빼앗기다. ¶그의 이야기에 **취하여** 시간 가는 줄도 몰랐다.
취:-하다²(取─)〖동〗〖타〗〖여〗 1 (대상을) 버리지 않고 가지다. ¶장점을 **취하고** 단점을 버리다. 2 (자세나 태도를) 어떠한 상태가 되게 가지다. ¶강경한 태도를 ~/차려 자세를 ~. 3 (방법 등을) 쓰거나 강구하다. ¶조치를 ~. 4 (물건이나 금품을) 꾸거나 빌리다. ¶친구한테서 돈을 ~.
취:학(就學)〖명〗 교육을 받기 위하여 학교에 들어가는 것. ¶~ 통지/~ 아동. **취:학-하다**〖동〗〖자〗〖여〗¶초등학교에 ~.
취:학-률(就學率)[-항뉼]〖명〗 학교에 다닐 나이가 된 어린이 수에 대한 실제 다니는 어린이 수의 비율.
취:한(醉漢)〖명〗 술이 잔뜩 취한 사람을 낮추어 이르는 말.
취:합(聚合)〖명〗 여러 가지를 모아서 하나로 합치는 것. **취:합-하다**〖동〗〖타〗〖여〗¶의견을 ~/자료를 ~.
취:항(就航)〖명〗 (배나 비행기가) 일정한 항로에 오르는 것. **취:항-하다**〖동〗〖자〗〖여〗¶동남아 항로에 ~.
취:향(趣向)〖명〗 어떤 사물에 대해 사람의 흥미나 관심이 쏠리는 방향이나 경향. ¶~에 맞게 방을 장식하다 / 소녀들의 ~에나 어울리는 감상적인 소설.
취:후(醉後)〖명〗 술에 취한 뒤. =주후(酒後).
취:흥(醉興)〖명〗 술에 취하여 일어나는 흥겨움. ¶~에 겨워 노래를 흥얼거리다.
측(側)〖의존〗 어떤 무리의 한쪽을 상대적으로 이르는 말. ¶학교 ~ / 야당 ~ / 우리 ~.
측간(厠間)[-깐]〖명〗 =변소.
측거-의(測距儀)[-꺼의/-꺼이]〖명〗〖물〗 목표물까지의 거리를 측정하는 기기. 보통 두 개의 시점에 의한 시차에서 삼각법으로 거리를 구함. =측거기·측원기.
측광(測光)[-꽝]〖명〗 1〖물〗 발광체의 빛의 세기를 재는 것. 2 [사진] 적정 노출을 위해 피사체의 밝기를 측정하는 것. **측광-하다**〖동〗〖자〗〖타〗〖여〗
측근(側近)[-끈]〖명〗 1 곁의 가까운 곳. ¶대통령을 ~에서 모시다. 2 곁에서 가까이 모시는 사람. =측근자.
측도(測度)[-또]〖명〗 도수·척도를 재는 일. **측도-하다**〖동〗〖자〗
측두-골(側頭骨)[-뚜-]〖명〗〖생〗 =옆머리뼈.
측두-엽(側頭葉)[-뚜-]〖명〗〖생〗 대뇌의 양 측면을 이루는 부분. 청각·후각·기억 등을 담당하는 곳임.

측량(測量)[층냥]〖명〗 1 기계를 써서 물건의 길이·넓이·거리·높이·깊이 등을 재어 헤아리는 것. 2 지표 상의 한 부분의 위치·모양·면적·방향 등을 재는 일. 지도 제작, 경계선 구분, 공사 등에 행함. 3 생각하여 헤아리는 것. **측량-하다**〖동〗〖타〗〖여〗¶수심(水深)을 ~ / 그의 속마음을 **측량할** 길이 없다. **측량-되다**〖동〗〖자〗
측면(側面)[층-]〖명〗 1 물체나 대상의 앞·뒤·중앙이 아닌, 옆이 되는 쪽이나 면. ⓗ옆면. ¶~에서 찍은 사진. 2 어떤 일에 있어서 간접적·우회적인 상태. ¶~ 지원. 3 사물을 어떤 각도나 입장에서 전체에서 보는 면. ¶문학 작품을 사회학적 ~에서 접근하다.
측면-도(側面圖)[층-]〖명〗 기계나 구조물을 옆면에서 바라본 상태를 평면적으로 나타낸 도면.
측문(側門)[층-]〖명〗 측면으로 낸 문. ⓗ옆문. ↔정문(正門).
측방(側方)[층-]〖명〗 =옆쪽.
측백-나무(側柏─)[-빽-]〖명〗〖식〗 측백나뭇과의 상록 교목. 가지가 많으며, 잎은 작은 비늘 모양으로 다닥다닥 붙음. 4월에 꽃이 피고, 열매는 둥근 달걀꼴로 가을에 익음. 정원수 또는 촌락이나 묘지 부근의 울타리용으로 심음. 잎과 열매는 약재로 씀. =측백(側柏).
측벽(側壁)[-빽]〖명〗 구조물의 측면에 있는 벽.
측선(側線)[-썬]〖명〗 1 철도 선로에서, 열차 운행에 항시 사용하는 본선(本線) 이외의 선로. 열차 차량의 재편성, 화물의 적재 또는 하차 등에 이용됨. 2〖동〗=옆줄2.
측성(仄聲)[-썽]〖명〗 한자의 사성(四聲) 가운데 상성·거성·입성의 총칭. ↔평성(平聲).
측실(側室)[-씰]〖명〗 1 =곁방2. 3. 2 =첩³I.
측심(測深)[-씸]〖명〗 깊이를 재는 것. **측심-하다**〖동〗〖자〗〖여〗
측심-의(測深儀)[-씸의/-씸이]〖명〗 선박에서 바닷물의 깊이를 재는 기계.
측우-기(測雨器)〖명〗 비가 온 양을 재는 기구. 우리나라에서는, 조선 세종 23년(1441)에 세계 최초로 만들어 우량을 측정, 기록하게 함.
측운(仄韻)〖명〗 한자의 사성(四聲) 가운데 상성·거성·입성의 운(韻). ↔평운(平韻).
측은(惻隱)〖명〗 →**측은-하다**〖형〗 불쌍하고 가엾다. ¶부모를 잃은 아이를 보니 **측은한** 마음이 든다. **측은-히**〖부〗 ~ 여기다.
측은지심(惻隱之心)〖명〗 사단(四端)의 하나. 불쌍히 여기는 마음.
측자(仄字)[-짜]〖명〗 사성(四聲) 가운데 상성·거성·입성에 딸린 한자. 곧, 측운(仄韻)의 한자. ↔평자(平字).
측정(測定)[-쩡]〖명〗 1 일정한 양을 기준으로 하여, 같은 종류의 다른 양들의 크기를 재는 것. 2 추측하여 결정하는 것. **측정-하다**〖동〗〖타〗〖여〗¶길이를 ~/무게를 ~. **측정-되다**〖동〗〖자〗
측정-기(測定器)[-쩡-]〖명〗 측정하는 데 쓰이는 기구나 기계.
측편(側扁)→**측편-하다**〖형〗 두께가 얇고 폭이 넓다.
측-화면(側畫面)[츠콰-]〖명〗〖수〗 투영도에서, 물체의 우측면과 좌측면에 평행을 이루는 화면. ▷입화면·평화면.

측후-소(測候所)[츠쿠-] 圀 '기상대(氣象臺)'의 구칭.
츱츱-하다[-츠파-] 톙여 다랍고 염치가 없다.
층(層) 圀 ①(자립) 1 방과 천장이 위로 둘 이상 포개어지는 건물에서, 같은 높이를 이루는 부분. ¶아래~/아파트 같은 동에 살고 있지만 ~이 다르다. 2 옆으로 길게 펼쳐진 여러 개의 다른 물질들이 위아래로 여러 겹 포개어져 있는 상태. 또는, 그중의 하나. 물질은 주로 대기·흙·액체 따위를 가리킴. ¶오촌~/석탄~/물과 기름은 서로 섞이지 않고 ~을 이룬다./시루떡처럼 켜켜이 ~을 이룬 퇴적암 절벽. 3 (주로 명사나 관형어 다음에 쓰여) 어떤 계층이나 부류의 사람들. 또는, 어떤 사람의 범위나 규모. ¶부유~/상류~/서민~/젊은~/지지하는~/선수~이 얇다. ②(의존) 위로 포개어 지은 건물에서, 수평으로 같은 높이의 부분을 아래에서부터 세어 올라가는 말. 지하의 경우에는 지면에서 가까운 쪽에서부터 세어 감. ¶지하 2~/지상 8~ 건물/우리 사무실은 ○○빌딩 9~에 있다.
층계(層階)[-게/-께] 圀 걸어서 층 사이를 오르내릴 수 있도록 연속적으로 턱이 지게 만들어 놓은 설비. =계층. 圓계단(階段). ¶아파트~/2층 서재로 올라가는 ~/~를 오르다.
층계-참(層階站)[-게/-께-] 圀[건] 층계의 중간에 있는 좀 넓은 곳. =계단참.
층-나다(層-) 통재 층 등이 생기다.
층대(層臺) 圀 '층층대'의 준말.
층류(層流)[-뉴] 圀[물] 속도가 시간적으로 변동하지 않는 유체(流體)의 층을 이루어 흐르는 관 내 또는 경계층 내의 흐름. ↔난류(亂流).
층리(層理)[-니] 圀[지] 퇴적(堆積)을 이루는 암석의 겹친 상태.
층-밀리기(層-) 圀[물] 물체 내부의 면에 반대 방향으로 같은 크기의 힘이 작용했을 때, 물체 내부의 면이 서로 어긋나는 일. =전단(剪斷).
층상(層狀) 圀 층을 이룬 모양. 또는, 겹친 모양.
층생-돌(層-)[-새똘/-샏똘][광] =시금석(試金石)1. 준층돌.
층생-첩출(層生疊出) 圀 무슨 일이 겹쳐 자꾸 일어남. **층생첩출-하다** 통재여.
층수(層數)[-쑤] 圀 층의 수효.
층암-절벽(層巖絶壁) 圀 몹시 험한 바위가 겹겹으로 쌓인 낭떠러지.
층운(層雲) 圀[기상] 하층운(下層雲)의 하나. 지평선과 나란히 층상(層狀)을 이루며 지면 가까이 끼는 구름. =안개구름·층구름.
층적-운(層積雲) 圀[기상] 하층운(下層雲)의 하나. 넓은 하늘을 덮는 회색 구름. 비 오기 전이나 비 온 후에 자주 나타남. =층쌘구름.
층-지다(層-) 통재 1 사물의 배열에 층이 생기거나 높낮이의 차이가 생기다. ¶**층지게** 자른 커트 머리. 2 신분·수준·등급 따위 사이가 있다. ¶두 사람은 집안 간에 너무 **층져서** 결혼하지 못하고 헤어졌다.
층-집(層-)[-찝] 圀 여러 층으로 지은 집. =층옥.
층층(層層) 圀 1 겹겹으로 거듭 쌓인 층. ¶책을 ~으로 쌓다. 2 거듭된 낱낱의 층. ¶~에 비상계단을 설치하다.

층층-계(層層階)[-게/-께] 圀 =층층대.
층층-나무(層層-) 圀[식] 층층나뭇과의 낙엽 활엽 교목. 높이 약 20m. 잎자루가 붉고 잎의 뒷면은 흼. 5~6월에 흰 꽃이 피며, 열매는 가을에 자흑색으로 익음. 산지의 계곡에 자람.
층층-다리(層層-) 圀 =층층대.
층층-대(層層臺) 圀 돌이나 나무 따위로 여러 층이 지게 단을 만들어 높은 곳을 오르내릴 수 있게 만든 설비. =층층계·층층다리. ¶다보탑은 사면에 각각 자그마한 ~가 있다. 준층대.
층층-시하(層層侍下) 圀 부모·조부모 등의 어른들을 모시고 있는 처지. ¶~의 완고한 집안에서 시집살이를 하다.
층층-이(層層-) 톼 여러 층으로 거듭된 모양. ¶벽돌을 ~ 쌓다.
층하(層下) 圀 다른 것보다 낮게 보아 소홀히 대하는 것. ¶~를 두고 대하다. **층하-하다** 통타여 ¶돈이 없다고 사람을 ~.
치[1] 圀(의존) 1 사람을 얕잡아 이르는 말. ¶젊은~들이 술 마시고 떠들다/저~는 구두쇠로 유명하다. 2 물건 또는 대상을 가리키는 말. ¶생선이 어제 ~보다 못하다. 3 몫이나 분량을 가리키는 말. ¶보름~ 양식/이달~ 전기 요금.
치[2] 圀(의존) 길이의 단위. 한 자의 1/10. 곧, 약 3cm. =촌(寸). ¶한 자 닷 ~.
치[3] 圀 1 절구질·도끼질 등에서, 힘을 쓰면서 내는 소리. 2 =체[3].
치-[4] 접튀 동사의 어간 앞에 붙어, '위로 올라가', '위로 향하여'의 뜻을 나타내는 말. ¶~뚫다/~닫다/~솟다.
-치-[5] 접미 동사의 어간에 붙어, 그것에 강세의 뜻을 더해 주는 어간 형성 접미사. ¶밀~다/솟구~다.
-치[6] 접미 일부 명사나 용언의 어간에 붙어, '어떤 물건'의 뜻을 나타내는 말. ¶날림~/마상~/막~/버림~.
치[7](値) 圀[수] 측정하거나 계산하여 얻은 값.
치[8](徵) 圀[음] 오음(五音) 중 넷째 음.
치[9](齒) 圀 ('떨다', '떨리다'와 함께 쓰여) '이'[2]를 나타내는 말.
치(를) 떨다 冠 1 매우 인색하여 내놓기를 꺼리다. ¶돈 한 푼에 ~. 2 몹시 분하거나 지긋지긋하여 이를 떨다. ¶울분을 참지 못해 ~.
치(가) 떨리다 冠 몹시 분하거나 지긋지긋하여 이가 떨리다.
치[10](齒) 圀(의존) 사진 식자에서, 거리나 간격을 나타내는 단위. 1치는 0.25mm임.
-치[11](値) 접미 일부 명사 뒤에 붙어, '수'나 '값'을 나타내는 말. ¶기대~/평균~.
치가[1](治家) 圀 집안일을 보살펴 처리하는 것. **치가-하다** 통재여.
치가[2](置家) 圀 '첩치가'의 준말. **치가-하다**[2] 통재여.
치-감다[-따] 통타 위로 치올려서 감다.
치감고 내리감다 冠 [몸의 위아래를 비단으로 감는다는 뜻] 옷치레를 사치스럽거나 요란하게 하다.
치강(齒腔) 圀[생] 이 속의 빈 곳. 이촉의 끝에 구멍이 통하고 그 속에 치수(齒髓)가 들어 있음.
치경(齒莖) 圀[생] =잇몸.
치경-음(齒莖音)[언] 혀끝과 잇몸 사이에

서 조음되는 음. 'ㄴ', 'ㄷ', 'ㄹ', 'ㄸ', 'ㅌ' 등이 이에 속함. =치조음(齒槽音).
치고 조 1 '그 전체가 예외 없이'의 뜻을 나타내는 보조사. 아래에 흔히 부정을 뜻하는 말이 따름. ¶자식~ 사랑스럽지 않은 자식 없다. 2 '그중에서는 예외적으로'의 뜻을 나타내는 보조사. ¶값싼 물건~ 쓸 만하다.
치고-는 조 '치고'의 힘줌말. ¶새끼~ 예쁘지 않은 것이 없다.
치고-받다[―따] 통(자) 상대와 주먹이나 발 등으로 때리고 맞고 하다. ¶두 아이가 길거리에서 치고받고 싸운다.
치고-서 조 '치고'의 힘줌말. ¶학생~ 그것을 모르는 사람은 없다.
치골¹(恥骨) 명 [생] 골반을 형성하는 엉덩이뼈의 앞쪽 아래 부위를 차지하는 뼈. =불두덩뼈.
치골²(癡骨) 명 남이 비웃는 줄은 깨닫지 못하고 요량 없이 제멋대로만 하는 어리석은 사람.
치과(齒科)[―꽈] 명 1 [의] 이와 그 지지 조직 및 구강의 생리·병리·치료 등을 연구하는, 의학의 한 분과. 2 이를 치료하거나 교정하는 의원이나 병원.
치과^대학(齒科大學)[―꽈―] 명 [교] 치과를 전공하는 단과 대학의 하나. ⓒ치대.
치관(齒冠) 명 잇몸 밖으로 드러나 있는 이의 법랑질로 덮인 부분.
치국(治國) 명 나라를 다스리는 것. 치국-하다
치국-안민(治國安民) 명 나라를 잘 다스리고 백성을 평안하게 함. 치국안민-하다 통(자)(여)
치국-평천하(治國平天下) 명 나라를 잘 다스리고 온 세상을 평안하게 함. 치국평천하-하다 통(자)(여)
치근(齒根) 명 [생] =이촉.
치근-거리다/-대다 통(자)(타) '지근거리다'의 거센말. (작)차근거리다.
치근덕-거리다/-대다[―꺼(때)―] 통(자)(타) '지근덕거리다'의 거센말. (작)차근덕거리다. (센)찌근덕거리다.
치근덕-치근덕 부 '지근덕지근덕'의 거센말. (작)차근덕차근덕. (센)찌근덕찌근덕. **치근덕-하다** 통(자)(타)(여)
치근-치근 부 '지근지근'의 거센말. (센)찌근찌근. **치근치근-하다** 통(자)(타)(여)
치근치근-하다² 형(여) 끈기 있는 물건이 맞닿아서 불쾌한 느낌이 드는 듯하다. 치근치근-히 부
치-굿다[―귿따] 통(타)(ㅅ) <~그으니, ~그어> 위쪽으로 올려 긋다. ↔내리긋다.
치기(稚氣) 명 어리고 유치한 기분이나 감정. ¶~를 부리다 / ~가 어리다.
치기-배(―輩) 명 날치기·소매치기 등의 날쌘 좀도둑의 패거리. ¶~를 소탕하다.
치다¹ 통(자) 1 (눈이나 비 따위가) 바람과 함께 세차게 내리다. ¶눈보라가 치는 밤 / 비바람이 치는 날씨. 2 (천둥·번개·벼락 따위가) 큰 소리나 환한 빛을 내면서 일어나다. ¶천둥이 치는 소리 / 번쩍번쩍 번개가 ~. 3 (물결이나 파도 따위가) 일어 움직임을 이루다. ¶철썩철썩 파도가 ~. 4 (서리가) 추위로 내리다. ¶된서리가 ~.
치다² 통(타) 1 (사람이 몸의 일부나 물체 따위를) 손이나 몸의 어느 부분, 또는 손에 든 물건이 힘있게 닿거나 부딪치게 하다. (비)때리다. ¶손바닥으로 뺨을 ~ / 회초리로 종아리를 ~. 2 (소리를 내는 도구로) 손이나 어떤 물건으로 부딪쳐 소리 나게 하다. ¶피아노를 ~ / 종을 ~. 3 (타자나 무전 따위를) 일정한 장치를 손으로 눌러 글자가 찍히거나 신호가 가게 하다. ¶타자를 ~ / 사령부에 무전을 ~. 4 (괘종시계가 일정한 시각을) 종소리를 냄으로써 알리다. ¶시계가 새벽 두 시를 쳤다. 5 손이나 손에 든 물건으로 물체를 힘있게 하는 동작으로 어떤 놀이나 운동을 하다. ¶팽이를 ~ / 탁구를 ~. 6 (트럼프나 화투 따위를) 패를 한데 모아 양손으로 고루 섞다. 또는, (트럼프나 화투 따위를) 놀이로서 일정한 규칙과 방법에 따라 즐기다. ¶가족들이 트럼프를 ~ / 패를 고루 섞기 위해 화투를 여러 번 ~. 7 떡이 차진 상태가 되게 떡 반죽을 떡메로 두들기다. ¶떡메로 떡을 ~. 8 (못 따위를 어느 곳에) 박히도록 망치 따위의 도구로 두들기다. ¶삐걱거리는 나무 걸상에 못을 ~. 9 (날이 있는 도구로 길이가 있는 물체를) 순간적으로 힘 있게 닿게 하여 잘라지게 하다. ¶칼로 죄인의 목을 ~ / 머리를 짧게 ~. 10 채를 만들기 위해 가늘게 썰거나 저미다. ¶무 / 채를 ~. 11 (밤 따위를) 칼날을 바깥쪽으로 힘주어 여러 번 닿게 하여 속껍질이 벗겨지게 하다. ¶제상에 올리기 위해 날밤을 ~. 12 (상대를) 굴복시키거나 피해를 주기 위해 공격하다. ¶기습적으로 적의 주력 부대를 ~. 13 (가루 상태의 물질을 체로) 흔들어서 가늘고 고운 물질만 남게 하다. ¶콩을 볶아서 빻아 고운 체로 ~. 14 (꼬리나 날개나 활개를) 좌우 또는 상하로 힘 있게 흔들다. ¶개가 꼬리를 ~ / 활개를 치며 걷다. 15 (물장구나 헤엄 따위를) 팔이나 다리로 힘 있게 젓거나 움직여 이뤄지게 하다. ¶개울에서 물장구를 치며 노는 아이들. 16 (몸이나 몸체를) 심하게 움직이는 상태를 이루어 나타내다. ¶몸부림을 ~ / 차체가 요동을 ~. 17 (사람이 큰 소리를) 입이나 목에서 나오게 하다. ¶고함을 ~ / 아우성을 ~. 18 (달아나거나 빨리 움직여 가는 짓을) 행동으로 이루다. ¶도망을 ~ / 달음질을 ~. 19 (속이는 짓이나 짓궂은 짓, 또는 좋지 못한 일을) 행동으로 이루다. ¶장난을 ~ / 사기를 ~. 20 (어떤 웃음을) 얼굴에 나타내다. ¶빗짓다. ¶눈웃음을 ~ / 코웃음을 ~. 21 쇠붙이를 달구어 두들겨서 연장을 만들다. ¶낫을 ~ / 칼을 ~.
치다³ 통(타) 1 (점이나 선이나 그림 따위를) 붓이나 연필 따위로 종이나 천 등의 면에 나타내다. ¶글에 밑줄을 ~ / 화선지에 먹으로 사군자를 ~. 2 (시험을) 어떤 성적이 나오도록 답하거나, 응하여 제 능력이 나타나게 하다. (비)치르다·보다. ¶필기시험을 ~. 3 ('점(占)'을 목적어로 하는 서술어로 쓰이어) (어떤 사람, 특히 점술가나 무당이나 역술가 등이) 자연현상의 관찰이나 신령이나 패(卦)나 사주나 관상 등에 의해 미래의 일이나 인간의 힘으로 알기 어려운 일을 알 수 있는 상태가 되게 하다. 4 ('-(는)다고', '-라고', '-다손', '-ㄴ다손/는다손', '-라손' 등의 꼴이나 조사 '(으)로'의 뒤에 놓여) (무엇을 어떠하다고) 인정하거나 간주하다. 또는, (무엇을 다른 것으로) 비기거나 가상하다. ¶아무리 밉다손 치더라도 그렇게 구박해서야 되겠니? / 소녀의 나이 당년 16세, 꽃으로 치면 봉오리라고나 할까?

치다⁴ [동](타) 1 (음식에 비교적 적은 양의 액체나 가루 상태의 물질을) 맛을 더 좋게 하거나 약간 다른 맛이 나게 하기 위해 붓거나 뿌려서 넣다. ¶국에 간장을 ~. 2 (어떤 대상에 약이나 기름 따위를) 더 좋은 상태나 기능을 가지도록 뿌리거나 바르다. ¶자전거 바퀴에 기름을 ~ / 농작물에 농약을 ~. 3 (잔에 술을) 부어 얼마의 양으로 차게 하다. ¶'와'거의 같은 뜻이나 예스럽고 사용 빈도가 낮은 말. ¶강 변호사는 손수 산월의 잔에 술을 쳤다.《이광수:흙》

치다⁵ [동](타) (어떤 물체를) 공간과 공간 사이에 막히거나 가려지도록 놓거나 세우거나 만들거나 늘어뜨리거나 하다. ¶집 둘레에 울타리를 ~ / 창문에 커튼을 ~ / 야영장에 텐트를 ~. 2 (붕대·신갱기·대님 따위를) 감아 매거나 두르다. ¶각반을 ~.

치다⁶ [동](타) 1 손으로 엮거나 들어서 만들다. ¶멱서리를 ~. 2 (돗자리·가마니 등을) 틀로 짜다. ¶돗자리를 ~ / 가마니를 ~.

치다⁷ [동](타) 1 (가축이나 누에·벌 따위를) 주로 고기를 얻거나 돈을 벌기 위해 보살펴 기르다. ¶집에서 돼지를 ~ / 꿀을 얻기 위해 벌을 ~. 2 (가정에서 다른 사람을) 돈을 받고 머물러 묵게 하다. ¶하숙을 ~ / 민가에서 손님을 ~. 3 가지(를) 치다 →가지¹. 4 새끼(를) 치다 →새끼².

치다⁸ [동](타) 1 (쌓이거나 막힌 불필요한 물건을) 그러내거나 파내어 깨끗이 하다. ¶변소를 ~ / 외양간을 ~. 2 (논이나 물길 등을 만들기 위하여) 땅을 파내거나 고르다. ¶논을 ~ / 도랑을 ~. 3 (걸레나 행주 따위를) 바닥에 대고 닦거나 문지르다. ¶행주를 ~ / 아내는 정분이의 존재를 잊어버린 듯이 썩썩 방걸레를 **치고** 있었다.《전영택:눈 내리는 오후》

치다⁹ [동](타) (달리는 차나 자전거 등이 사람이나 동물을) 강한 힘으로 부딪다. ¶택시가 아이를 치고 달아나다.

치다꺼리 [명] 1 일을 처리 내는 일. ¶손님 ~ / 살림 ~. 2 일을 도와서 거드는 일. ¶자식 ~. ▷뒤치다꺼리. **치다꺼리-하다** [동](타)(여)

치-닫다[-따] [동](자)(ㄷ) 〈~달으니, ~달아〉 1 위쪽으로 달리거나 또는 달려 올라가다. ↔내리닫다. 2 힘차고 빠르게 나아가다. ¶정국(政局)이 대치 국면으로 ~.

치대(齒大) [명](교) '치과 대학'의 준말.

치대다 [동](타) (빨래·반죽 따위를) 무엇에 대고 자꾸 문지르다. ¶빨래를 ~ / 밀가루 반죽을 ~.

치도(治道) [명] 1 =길닦이. 2 다스리는 길. 곧, 정치의 방법. **치도-하다** [동](자)(여)

치도-곤(治盜棍) [명] 1 [역] 조선 시대에 죄인의 볼기를 치던 곤장의 한 가지. 길이 다섯 자 일곱 치, 너비 다섯 치 본 푼, 두께 한 치임. 그러나 몹시 혼남. 또는, 그 곤욕. ¶작업 도중에 제 마음대로 쉬는 것을 들키면 또 한바탕 ~을 맞아야 한다.《전광용:태백산맥》
치도곤을 안기다 〔구〕 1 심한 벌을 주다. 2 화를 입게 하다.

치-뚫다[-뚤타] [동](타) 아래에서 위를 향하여 뚫다.

치-뜨다 [동](타) 〈~뜨니, ~떠〉 눈을 위로 뜨다. ¶여자는 말을 마치고 만기의 얼굴을 살짝 **치떠** 보았다.《손창섭:잉여 인간》 ↔내리뜨다.

치-뜨리다/-트리다 [동](타) 위쪽으로 던져 올리다. =치치다. ¶그 올가미를 소나무 가지로 **치뜨려** 한쪽 끝에 걸쳤다.《유주현:임진강》

치뜰다 [형] 〈치뜨니, 치뜨오〉 하는 행실이나 성정머리가 나쁘고 더럽다.

치렁-거리다/-대다 [동](자) 1 (길게 드리운 물건이) 부드럽게 움직이다. (작)차랑거리다. 2 어떤 일에 있어서 날짜가 자꾸 느즈러지다.

치렁-치렁 [부] 치렁거리는 모양. (작)차랑차랑. **치렁치렁-하다** [동](자)(형)(여) ¶머리가 **치렁치렁한** 처녀 / 옷자락이 **치렁치렁한** 치마.

치렁-하다 [형](여) (길게 드리운 물건이) 땅에 닿을락 말락 하게 부드럽게 늘어져 있다. (작)차랑하다.

치레¹ [명] 1 잘 손질해서 모양을 내는 일. ¶~에 공을 들이다. 2 무슨 일에 실속 이상으로 꾸며 드러냄. ¶~로 하는 인사. **치레-하다** [동](타)(여)

-치레 [접미] 일부 명사 아래에 붙어, '치러 내는 일' 또는 '겉으로만 꾸미는 일'의 뜻을 나타내는 말. ¶병~ / 겉~ / 손님~ / 인사~.

치료(治療) [명] (병이나 상처를) 약을 먹거나 바르거나 수술하거나 침을 맞거나 기타의 의학적인 수단으로 낫게 하는 것. (비)치병. ¶응급 ~ / 약 3주의 ~를 요하는 부상. **치료-하다** [동](타)(여) ¶부상자를 ~. **치료-되다** [동](자)(여)

치료-비(治療費) [명] 병이나 상처를 치료하는 데 드는 비용.

치료-제(治療劑) [명] 병이나 상처를 치료하기 위해 쓰는 약.

치루(痔漏·痔瘻) [명][의] 항문 또는 직장 부위에 누공(瘻孔)이 생기고 고름 따위가 나오는, 치질의 한 가지. =누치(瘻痔).

치롱 [명] 싸리로 가로퍼지게 둥긋이 결어 만든 그릇. 채롱 비슷하나 뚜껑이 없음.

치롱-구니 [명] 어리석어서 쓸모가 없는 사람.

치르다 [동](타) 〈치르느, 치러〉 1 (값이나 돈을) 거래의 대가로 내다. ¶계약금을 ~. 2 (부담이 되거나 고통스러운 일을) 삶을 살거나 생활해 나가는 가운데 겪다. ¶시험을 ~ / 잔치를 ~. 3 (손님을) 맞아 대접하는 일을 하다. ¶우리 집은 요즘 매일 손님을 **치른다**. 4 (끼니를) 거르지 않고 잇는 상태가 되다. ¶느지막하게 아침을 ~.

〔어법〕 일을 잘 치뤄 냈다:치뤄(×)→치러(○). ▶ 어간이 '一'로 끝나는 말은 어미 '-어'와 결합할 때 '一'가 탈락됨.

치리 [명][동] 잉엇과의 민물고기. 몸은 길이 15~25cm로 길고 옆으로 납작하며, 몸빛은 은백색인데 등 쪽은 청갈색임. 하천의 물살이 느린 수역에 삶.

치마 [명] 1 여자가 흔히 아랫도리에 둘러 입는, 가랑이 없이 밑이 하나로 터진 옷. ¶통~ / 스란~ / 다홍~. 2 조복·제복 의 아래에 덧두르는 옷. 3 위의 절반은 흰 종이이고 아래의 절반은 빛깔이 다른 종이로 만든 연에서, 그 아래쪽을 가리키는 말.

치마-끈 [명] 치마허리에 달린, 가슴에 둘러매는 끈.

치마-머리 [명] 머리털이 적은 남자가 상투를 틀 때, 본머리에 덧둘러서 감는 딴머리.

치마-바지 [명] 치마 모양으로 된, 통이 넓은 바지.

치마-분(齒磨粉) [명] 가루로 된 치약. (준)치분.

치마아제(Zymase) [명][화] 당분을 분해하

치마-연(-鳶) 〖명〗 연의 한 가지. 밑 부분에 색깔을 칠한 연. 그 색깔에 따라 먹치마·청치마·홍치마·황치마·보라치마·이동치마·삼동치마·사동치마 등으로 나뉨.

치마-저고리 〖명〗 1 치마와 저고리를 아울러 이르는 말. 2 여자들이 입는 한복을 이르는 말.

치마-폭(-幅) 〖명〗 피륙을 여러 개 이어서 만든 치마의 폭.
[치마폭이 넓다] 자기와 상관도 없는 남의 일에 지나치게 참견한다.

치마-허리 〖명〗 여자 한복에서, 치마 위쪽에 다른 천으로 빙 둘러 따로 댄 부분. 여기에 어깨에 걸치는 부분이나 허리를 매는 끈 따위를 닮. =치맛말기. ▷끈허리·어깨허리.

치맛-단[-마딴/-맏딴] 〖명〗 치마의 아래 끝을 접어서 감친 부분.

치맛-말기[-만-] 〖명〗 =치마허리.

치맛-바람[-마빠-/-맏빠-] 〖명〗 1 치맛자락을 야단스럽게 움직이는 서슬. 2 새색시를 놀림조로 이르는 말. 3 여자의 극성스런 사회 활동을 야유조로 이르는 말. ¶~이 세다.

치맛-자락[-마짜-/-맏짜-] 〖명〗 입은 치마의 아랫부분.

치매(癡呆) 〖심〗 일단 획득한 정상적인 정신 능력, 곧 지능·의지·기억 따위가 대뇌 신경 세포의 손상 등으로 지속적·본질적으로 상실된 상태.

치:명¹(治命) 〖명〗 죽을 무렵에, 맑은 정신으로 하는 유언. ↔난명(亂命).

치:명²(致命) 〖명〗 1 목숨이 끊어질 지경에 이르는 것. 2 [가] '순교(殉敎)'를 가톨릭에서 이르던 말. **치:명-하다** 〖자여〗.

치:명-상(致命傷) 〖명〗 1 목숨이 위험할 정도의 큰 상처. ¶교통 사고로 ~을 입다. 2 다시 회복하기 어려울 정도의 큰 타격.

치:명-적(致命的) 〖관〗 1 생명을 잃을 정도의 (것). ¶~인 상처. 2 일의 성패·흥망 따위에 돌이킬 수 없을 만큼 영향을 주는 (것). ¶~인 실수.

치:명-타(致命打) 〖명〗 치명적인 타격. ¶~를 가하다[입다].

치목(治木) 〖명〗 목재를 다듬고 손질하는 것. **치목-하다** 〖자타여〗.

치민(治民) 〖명〗 백성을 다스리는 것. **치민-하다** 〖자여〗.

치밀(緻密) →**치밀-하다** 〖형여〗 1 (사람이나 성격이) 자상하고 꼼꼼하다. ¶성격이 **치밀하여** 실수가 적다. 2 (하는 일이) 자세하여 빈틈이 없다. ¶치밀한 계획[조사]. 3 (피륙 따위가) 곱고 촘촘하다. =세치(細緻)-다. **치밀-히** 〖부〗.

치-밀다 〖동〗 ①〖자〗〈~미니, ~미오〉 1 아래에서 위로 힘 있게 솟아오르다. ¶(욕심·연기·분노·슬픔 따위가) 세차게 복받쳐 오르다. ¶분노가 ~. 3 오래된 체증으로 생긴 덩어리 따위가 솟아오르다. ② 〖타〗 아래에서 위로 힘 있게 밀어 올리다. ↔내리밀다.

치-받다¹[-따] 〖동〗〖자〗 욕심·분노 등의 감정이 세차게 북받쳐 오르다. ¶그는 내 빈정거림에 화가 **치받는** 거 같았다.

치-받다²[-따] 〖동〗〖타〗 1 (머리나 뿔로 물체를) 위를 향하여 받다. ↔내리받다. 2 세차게 들이받다.

치받-이¹[-바지] 〖명〗 비탈진 곳을 올라가게 된 방향. ↔내리받이.

치받-이²[-바지] 〖명〗〖건〗 집의 천장 산자 안쪽에 흙을 바르는 일. 또는, 그 흙. =앙벽(仰壁). ¶가을즈음 ~를 해 두었더라면 좋았으련만 천장에서는 흙방울이 똑똑 떨어지며 찬 바람이 새어 든다.《김유정:솥》 **치받이-하다** 〖동〗〖자여〗.

치받-치다[-바치-] ①〖자〗 1 연기·불길 따위가 힘차게 위로 솟아오르다. ¶연기가 ~. 2 감정 따위가 세차게 북받쳐 오르다. ¶울화가 ~. ②〖타〗 밑을 버티어 위로 올려 치밀다. ¶짐을 **치받쳐** 들다 / 받침돌이 탑을 **치받치고** 있다.

치받-히다[-바치-] 〖동〗〖자타〗 '치받다²'의 피동사.

치병(治病) 〖명〗 병을 다스리는 것. ㈎치료(治療). **치병-하다** 〖자여〗 **치병-되다** 〖자〗.

치:부(致富) 〖명〗 재물을 모아 부자가 되는 것. **치:부-하다**¹ 〖자여〗.

치부²(恥部) 〖명〗 1 사람의 몸에서, 부끄러워 남 앞에서 노출할 수 없는 부위. 곧, 성기 부분. ㈎음부(陰部). 2 남에게 숨기고 싶은 부끄러운 일이나 사실. ¶회사의 ~를 폭로.

치:부³(置簿) 〖명〗 1 금전이나 물품의 출납을 기록하는 것. 또는, 그 장부. 2 마음속으로 그러하다고 보거나 여기는 것. **치:부-하다**² 〖동〗〖자타여〗 ¶그 말투는 자신의 형사는 아예 그 여자는 피해자이고, 독고는 가해자로 **치부해** 놓고 있는 눈치였다.《이어령:둥지 속의 날개》 **치:부-되다** 〖자〗.

치:부-꾼(致富-) 〖명〗 근면하고 검소하여 부자가 된 사람. 또는, 그럴 만한 사람.

치:부-장(置簿帳)[-짱] 〖명〗 =치부책.

치:부-책(置簿冊) 〖명〗 금품의 출납을 기록하는 장부. =치부장.

치분(齒粉) 〖명〗 '치마분(齒磨粉)'의 준말.

치-불다 〖동〗〈~부니, ~부오〉 바람이 아래에서 위를 향하여 약간 세게 불다.

치-붙다[-붇따] 〖동〗 위로 치켜 올라가 붙다.

치:사¹(致仕) 〖명〗 나이가 많아 벼슬을 사양하고 물러나는 것. **치:사-하다**¹ 〖자여〗.

치:사²(致死) 〖명〗 죽게 하는 것. 또는, 죽음에 이르는 것. ¶업무상 과실 ~. **치:사-하다**² 〖자여〗.

치:사³(致詞·致辭) 〖명〗 1 주로 공적인 자리에서, 어떤 사람을 칭찬하고 격려하는 것. 2 경사가 있을 때 임금에게 올리는 송덕의 글. 3 [음] 악인(樂人)이 경사가 있을 때 풍류에 맞추어 올리는 찬양의 말. **치:사-하다**³ 〖동〗〖타여〗 ¶장군은 병사들의 노고를 **치사했다**.

치:사⁴(致謝) 〖명〗 고맙고 감사하다는 뜻을 나타내는 것. **치:사-하다**⁴ 〖자여〗.

치사⁵(恥事) →**치사-하다**⁵ 〖형여〗 쩨쩨하게 굴어 아니꼽다. ¶**치사하게** 돈 몇 푼 갖고 인색하게 군다.

치-사랑 〖명〗 손윗사람에 대한 사랑. ¶옛말에 내리사랑은 있어도 ~은 없다고 했다. ↔내리사랑.

치:사-량(致死量) 〖명〗 생체를 죽음에 이르게 할 정도의 약물의 양. ¶~을 복용하다.

치사-스럽다(恥事-)[-따] 〖형ㅂ〗〈~스러우니, ~스러워〉 치사한 데가 있다. **치사스레** 〖부〗.

치:사-율(致死率) 〖명〗[의] 어떤 병에 걸린 환자에 대한 그 병으로 죽는 환자의 비율.

치산¹(治山) 〖명〗 1 산소를 손질하여 다듬는 것. 2 산을 잘 다스리는 것. 곧, 나무를 심어

사태·수해를 방지함. ▷치수(治水). **치산-하다**¹ 통(자여)
치산²(治産) 명 1 집안 살림살이를 잘 다스리는 것. 2 가업(家業)에 힘쓰는 것. 3 [법] 재산을 관리·처분하는 것. **치산-하다**² 통(자여)
치산-치수(治山治水) 명 산과 내를 잘 관리하고 돌보아 가뭄이나 홍수 등의 재해를 입지 않도록 예방함. **치산치수-하다** 통(자여)
치-살리다 통(타) 지나치게 치켜세우다.
치상(治喪) 명 초상을 치르는 것. **치상-하다** 통(자여)
치석¹(治石) 명 돌을 다듬는 것. **치석-하다** 통(자여)
치석²(齒石) 명 [의] 이의 표면, 특히 치경(齒頸)에 타액에서 분비된 석회분이 엉겨 붙어서 굳어진 물질. ¶~을 제거하다.
치성(致誠) 명 1 있는 정성을 다하는 것. 2 신이나 부처에게 정성을 드리는 일. ¶산신령께 아들을 점지해 달라고 ~을 드리다. **치성-하다** 통(자여)
치세(治世) 명 1 잘 다스려진 태평한 세상. ↔난세. 2 세상을 잘 다스리는 것. **치세-하다** 통(자여)
치소(嗤笑) 명 빈정거리며 웃는 것. ¶병이 나서 누웠건만, 그는 계집에 취해 누워서 사랑에도 나오지 않는다는, 남의 ~를 면치 못하였다.《박노갑:남풍》 **치소-하다** 통(타여)
치-솟다[-솓따] 통(자) 1 위쪽으로 힘차게 솟다. ¶불길이 하늘로 ~. 2. (느낌·생각·힘 따위가) 세차게 북받쳐 오르다. ¶복수의 감정이 ~.
치송(治送) 명 행장을 꾸려 길을 떠나 보내는 것. **치송-하다** 통(타여)
치수¹(-數) 명 물건의 길이를 어떤 단위로 나타낸 수치. ¶가구의 ~를 재다. ×칫수.
치수²(治水) 명 물을 잘 다스려 그 피해를 막고 이용에 편리를 꾀하는 것. ¶~ 사업. ▷치산(治山). **치수-하다** 통(자여)
치술(治術) 명 1 나라를 잘 다스리는 술책. 2 병을 치료하는 방법.
치-쉬다 통(타) 숨을 크게 들이마시다. ↔내리쉬다.
치식(齒式) 명 [동] 동물의 치아의 종류와 수를 나타내는 식. 아래위턱의 한쪽의 앞니·송곳니·앞어금니·뒤어금니의 수를 왼쪽에서 오른쪽으로 분수식으로 나타냄.
치신(-身) 명 '처신(處身)'을 얕잡아 이르는 말. ❋채신.
치신-머리 명 '치신'을 속되게 이르는 말. ❋채신머리.
치신무지(置身無地) → **치신무지-하다** 형(여) 두려워 몸둘 바를 모르다.
치신-사납다[-따] 형(ㅂ) <~사나우니, ~사나워> 처신을 잘못하여 꼴이 매우 언짢다. ❋채신사납다.
치신-없다[-업따] 형 언행이 경솔하여 남을 대하는 위신이 없다. ❋채신없다. **치신없-이** 부
치-실(齒-) 명 이 사이에 낀 음식물의 찌꺼기를 빼내거나 닦아 내는 데 쓰이는, 왁스를 먹여 만든 의료용실.
치-쏠다 통(타) <~쓰니, ~쓰오> 아래에서 위로 향하여 쏠다. ↔내리쏠다.
치아(齒牙) 명 '이'⁴을 점잖게 이르는 말. 또는, 남을 높여, 그의 '이'⁴을 이르는 말. ¶할아버지께서는 ~가 참 좋으십니다.
치안(治安) 명 1 나라를 편안하게 잘 다스리는 것. 또는, 나라가 편안히 다스려지는 것. 2 국가가 사회의 안녕과 질서를 유지·보전하는 것. ~유지. **치안-하다** 통(타여)
치안^경:찰(治安警察) 명 [법] =보안 경찰.
치약(齒藥) 명 이를 닦을 때 칫솔에 묻혀서 쓰는 물질.
치어(稚魚) 명 알에서 깬 지 얼마 안 되는 물고기. ↔성어(成魚).
치어-걸(↑cheer girl) 명 운동 경기장에서 경쾌한 율동을 하면서 관중들의 환호와 갈채를 이끌어 내는 여자 응원 단원.
치어-리더(cheer leader) 명 경기장에서 관중들의 응원을 조직적으로 이끄는 사람.
치역(値域) 명 [수] 어느 함수에서, 변수가 취할 수 있는 모든 값에 대하여 함수가 취할 수 있는 모든 값의 집합. ▷정의역.
치열¹(治熱) 명 [한] 병의 열기를 다스리는 것. ¶이열(以熱)~. **치열-하다**¹ 통(자여)
치열²(齒列) 명 이가 죽 박힌 열(列)의 생김새. =잇바디. ¶~교정 / ~이 고르다.
치열³(熾烈) → **치열-하다**² 형(여) (세력이) 불같이 아주 맹렬하다. ¶치열한 전투[경쟁]. **치열-히** 부
치-오르다 통(자르) <~오르니, ~올라> 아래에서 위로 향하여 오르다. ¶불길이 ~.
치올리다 통(타) '치오르다'의 사동사.
치와와(chihuahua) 명 [동] 개의 한 품종. 어깨 높이가 약 13cm, 멕시코 원산으로 가장 작은 품종임. 짧은 털에 귀가 쫑긋하며, 눈은 크고 볼록 튀어나옴. 애완용임.
치외^법권(治外法權) [-외-꿘/-웨-꿘] 명 [법] 국제법상, 외국 원수·외교관·외교사절 등 특정의 외국인이 체재국의 관할권에 복종하는 것을 면제받는 권리. 특히, 재판권으로부터 면제되는 특권.
치욕(恥辱) 명 부끄러움과 욕됨. 또는, 수치와 모욕. ¶~을 당하다.
치욕-스럽다(恥辱-)[-쓰-따] 형(ㅂ) <~스러우니, ~스러워> 욕되고 수치스럽다. ¶치욕스러운 과거. **치욕스레** 부
치욕-적(恥辱的)[-쩍] 관 부끄럽고 욕된 (것). ¶~인 사건.
치우다 통 1(타) (어떤 물체나 물질을) 어수선하지 않도록 다른 곳으로 옮기거나 없애다. ¶쓰레기를 말끔히 ~/여기에 둔 가방을 누가 **치웠니?** 2 (어느 곳을) 불필요한 물건을 없애서 말끔해지게 하거나, 어지럽게 놓인 물건을 둘 데에 두거나 가지런하게 하여 말끔해지게 하다. 비정돈하다·정리하다. ¶아이가 어지럽힌 방을 어머니가 깨끗이 ~. 3 (딸을) 시집보내어 집안의 걱정거리를 없애다. 속된 어감의 구어(口語)임. ¶딸년을 빨리 **치워야** 할 텐데, 어디 좋은 자리가 없을까? **2** 보조 (동사의 어미 '-아/어/여'의 아래에 쓰여) 행동을 결단성있게 함을 나타냄과 동시에 동사의 목적어가 되는 대상을 없어지게 하는 뜻을 나타내는 말. ¶사과를 한입에 먹어 ~ / 대통령이 장관을 하루아침에 갈아 ~. ×치다.
치우치다 통(자) 균형을 잃고 한쪽으로 쏠리다. ¶인정에 너무 ~.
치:위(致慰) 명 상중(喪中)이나 복중(服中)에 있는 사람을 위로하는 것. **치:위-하다** 통(타여)
치유(治癒) 명 (병을) 치료하여 낫게 하는 것. **치유-하다** 통(타여) **치유-되다** 통(자) ¶병이 완전히 ~.

치은(齒齦) 똉[생] =잇몸.
치음(齒音) 똉[언] =잇소리.
치읓[-읃] 똉[언] 한글 자음 'ㅊ'의 이름 (2117쪽 '한글 자모' 참고).

어법 치읓이, 치읓을:[치으치], [치으츨](×)→[치으시], [치으슬](○). ▶원칙적인 발음 대신 현실 발음을 인정하여 표준 발음법에 규정화한 것임(발l6).

치-이다¹ 톰[자] (피륙의 올이나 이불의 솜 따위가) 한쪽으로 쏠리거나 뭉치다. ¶이불의 솜이 가장자리로 ~.
치-이다² 톰[자] 1 '치다⁹'의 피동사. 2 덫 따위에 걸리다. ¶덫에 **치인** 쥐. 3 어떤 힘에 구속을 받거나 방해를 당하다. ¶일에 **치여** 꼼짝을 할 수가 없다.
치-이다³ 톰[자] (값이) 얼마씩 먹히다. ¶100개에 50만 원이면 개당 얼마씩 **치이는** 셈이지?
치-이다⁴ 톰[타] '치다²¹'의 사동사.
치인(癡人) 똉 어리석고 못난 사람.
치자(治者) 똉 1 한 나라를 다스리는 사람. 2 권력을 가진 사람. 回권력자.
치:자²(梔子) 똉 치자나무의 열매. 성질이 차서 눈병·황달 등의 해열에 쓰이며 지혈이나 이뇨에 효과가 있음.
치자-나무(梔子-) 똉[식] 꼭두서닛과의 상록 활엽 관목. 높이 1~2m. 6~7월에 백색 꽃이 피며, 가을에 열매가 황갈색으로 익음. 열매는 약재와 물감 원료로 씀.
치:자-색(梔子色) 똉 치자나무 열매로 물들인 빛깔. 약간 붉은빛을 띤 짙은 누른색.
치-잡다[-따] 톰[타] 치켜 올려 잡다.
치장(治粧) 똉 매만져 곱게 꾸미는 것. **치장-하다** 톰[자]집을 아름답게 ~ / 얼굴을 곱게 ~. **치장-되다** 톰[자]
치적(治績) 똉 잘 다스린 공적. 또는, 정치상의 업적.
치정(癡情) 똉 옳지 못한 관계로 맺어진 남녀 간의 애정. ¶~이 얽힌 살인 사건.
치정-극(癡情劇) 똉 1 남녀간의 옳지 못한 애정 관계를 대상으로 다룬 연극. 2 옳지 못한 관계로 맺어진 남녀의 애정을 다룬 영화나 드라마.
치제(致祭) 똉 (임금이) 죽은 신하에게 제문과 제물을 보내어 조의를 나타내는 것. **치제-하다** 톰[자타]
치조(齒槽) 똉[생] =이틀².
치조-골(齒槽骨) 똉[생] =이틀².
치졸(稚拙·穉拙) → **치졸-하다** 혱[여] 유치하고 졸렬하다. ¶**치졸한** 발상 / 언행이 ~.
치죄(治罪)[-죄/-줴] 똉 허물을 다스려 벌하는 것. **치죄-하다** 톰[타]
치주-염(齒周炎) 똉[의] 이를 둘러싼 연조직에 나타나는 염증. 잇몸이 붓고 딱딱해지며 나중에는 이가 빠짐.
치:중¹(置重) 똉 (어떠한 것에) 특히 중점을 두는 일. **치:중-하다** 톰[자여] ¶중공업 육성에 ~ / 영어·수학에 ~. **치:중-되다** 톰[자]
치중²(輜重) 똉 1 말이나 수레에 실은 짐. 2 군대의 여러 가지 물품. 回군수품.
치즈(cheese) 똉 우유 중의 카세인을 응고 발효시킨 식품. 단백질·지방·비타민이 많이 들어 있음. 回건락(乾酪).
치지(差池) → **치지-하다** 혱[여] 들쭉날쭉하여 가지런하지 않다.
치:지도외(置之度外)[-외/-웨] 똉 내버려

두고 문제로 삼지 않음. ¶근자에는 안하무인으로 술주정까지 함부로 해서 아버지조차, "저 자식은 하우불이야." 하고 그만 ~를 한다.《심훈:상록수》 **치:지도외-하다** 톰[타]
치질(痔疾) 똉[한] 항문의 안팎에 생기는 병의 총칭. 치루(痔瘻)·치핵(痔核) 따위.
치차(齒車) 똉 =톱니바퀴.
치-치다 톰[타] 1 획을 위로 올려 긋다. 2 =치뜨리다.
치커리(chicory) 똉[식] 국화과의 여러해살이풀. 높이 60~100cm. 여름에 청색을 띤 자주색, 연분홍색, 흰색 등의 꽃이 핌. 싹은 샐러드로, 뿌리는 커피 혼합물로 씀. 원산지는 지중해 연안 지방임.
치켜-들다 톰[타] <~드니, ~드오> 위로 올려 들다. ¶깃발을 높이 ~.
치켜-뜨다 톰[타] <~뜨니, ~떠> 눈을 아래에서 위로 올려 뜨다. ¶눈을 **치켜뜨고** 노려보다.
치켜-세우다 톰[타] 1 옷깃이나 눈썹 등을 위쪽으로 올리다. 2 정도 이상으로 크게 추켜주다. ×추켜세우다.
치클(chicle) 똉 중남미 원산의 고무 식물 사포딜라에서 채취하는, 껌의 원료.
치키다 톰[타] 위로 향하여 끌어 올리다. ¶바지를 ~.
치킨(chicken) 똉 닭고기. 특히, 기름에 튀기거나 오븐 따위에 구운 닭고기.
치타(cheetah) 똉[동] 포유류 고양잇과의 한 종. 몸길이 1.5m 정도. 몸이 가늘고 길며 다리도 길어 포유류 중에서 단거리를 가장 빨리 달림. 몸빛은 회색 또는 갈색 바탕에 얼룩무늬가 많음.
치태¹(齒苔) 똉[의] 이 따위에 끼는 세균·침·점액물 등의, 젤라틴 모양의 퇴적(堆積). =플라크.
치태²(癡態) 똉 어리석고 못생긴 모양이나 태도. ¶~를 부리다 / ~를 드러내다.
치통(齒痛) 똉 이가 아픈 증세. =이앓이.
치:패(致敗) 똉 살림이 아주 결딴나는 것. **치:패-하다** 톰[자여] ¶우리 형세 착실하여진 사람이 다 수군수군하더니 근래에 어찌한지 형세가 **치패하여** 도리어 빌어먹게 되어 가니…《심청가》
치하¹(治下) 똉 1 통치의 아래. ¶일제(日帝) ~. 2 관할하는 구역의 안. 回관하(管下).
치:하(致賀) 똉 (남이 한 일을) 애쓰거나 잘 했다고 칭찬하는 것. 주로, 윗사람이 아랫사람에게 쓰는 말임. ¶사장님이 사원들에게 그동안 애쓴 보람이 있어 매출이 크게 늘었다고 ~의 말씀을 하셨다. **치:하-하다** 톰[타] ¶공로를 ~.
치한(癡漢) 똉 주로 사람이 많은 곳에서 몰래 여자의 몸을 더듬거나 성적인 행동으로 여자를 괴롭히는 남자. =색광(色狂).
치행(治行) 똉 길 떠날 행장을 차리는 것. **치행-하다** 톰[자여]
치:환(置換) 똉 1 바꾸어 놓는 것. 2 [수] 어떤 것의 순열을 다른 순열로 바꾸어 펼치는 일. 3 [화] 어떤 화합물 속의 원자·원자단을 다른 원자·원자단으로 바꾸어 놓는 일. **치:환-하다** 톰[타여] **치:환-되다** 톰[자]
치-훑다[-훌따] 톰[타] 위쪽으로 향하여 훑다. ¶사람을 **치훑어** 보다. ↔내리훑다.
치희(稚戲)[-히] 똉 1 아이들의 놀이. 2 어리석은 짓.

칙령(勅令) [칭녕] 명 =칙명(勅命).
칙명(勅命) [칭-] 명 임금의 명령. =칙령·칙지.
칙사(勅使) [-싸] 명 칙명을 전달하는 사신. **칙사 대접**(待接) 구 극진하고 융숭한 대접.
칙살-스럽다 [-쌀-따] 형ㅂ <-스러우니, -스러워> (하는 짓이) 얄밉고 잘고 더러운 데가 있다. 작착살스럽다. **칙살스레** 부
칙서(勅書) [-써] 명 임금이 어떤 특정인에게 훈계하거나 알릴 일을 적은 글이나 문서.
칙어(勅語) 명 =칙유(勅諭).
칙유(勅諭) 명 임금이 몸소 타이른 말씀. 또는, 그것을 적은 포고문. =칙어(勅語).
칙임(勅任) 명 칙명으로 벼슬을 시키는 것. 또는, 그 벼슬. **칙임-하다** 동타여
칙지(勅旨) [-찌] 명 =칙명(勅命).
칙칙-폭폭 부 증기 기관차가 연기를 뿜으며 달리는 소리. ¶기차는 ~ 무서운 속도로 서울을 향해 달리고 있었다. 《박완서: 엄마의 말뚝》
칙칙-하다 [-치카-] 형여 1 (빛깔이) 산뜻하거나 맑지 않고 어둡고 짙기만 하다. ¶색깔이 충충하고 **칙칙한** 옷. 2 (숲이나 머리털 따위가) 배어서 걸다.
친-(親) 접두 1 어떤 말 앞에 쓰여, '그것에 찬성하는', '그것을 돕는'의 뜻을 나타내는 말. ¶-정부 인사. 2 친족을 나타내는 말 앞에 쓰여, '직계의', '같은 부모에게서 난'의 뜻을 나타내는 말. ¶-아버지 / -형. ▷ 외(外)-.
친가(親家) 명 1 [법] 결혼을 하거나 양자로 딴 집에 들어갔을 때 본집을 이르는 말. =실가(實家). 2 [불] 승려의 부모가 사는 속가(俗家).
친견(親見) 명 친히 보는 것. ¶부처님 ~이나 할까요? 《김성동: 만다라》 **친견-하다** 동타여
친고(親故) 명 1 친척과 오래 사귄 벗. 2 =친구(親舊)1.
친고-죄(親告罪) [-쬐/-쮀] 명 [법] 범죄의 피해자나 그 밖의 법률에 정한 사람의 고소가 있어야 공소(公訴)를 제기할 수 있는 범죄. 강간죄·명예 훼손죄·모욕죄 따위.
친교(親交) 명 친밀하게 사귀는 교분. ¶-를 맺다 / 그는 김 사장과 ~가 있다.
친구(親舊) 명 1 오랫동안 가깝게 사귀어 온 사람. 주로, 서로 비슷한 나이의 경우에 쓰는 말임. =친고(親故). 비친우. ¶소꿉~ / 옛 ~ / 절친한 ~ / ~가 되다. 2 나이가 비슷하거나 아래인 사람을 낮추거나 무간하게 이르는 말. ¶그는 머리가 좋은 ~야. / 참 웃기는 ~로군.

유의어 **친구 / 동무 / 벗**
예전에 '친구'는 주로 어른들 사이에 쓰였고, '동무'는 아이들 사이에서 쓰였으나, 분단 이후 북쪽에서 '동무'에 특별한 의미를 부여함에 따라 합성어를 이룰 때를 제외하고는 '동무'의 사용이 거의 사라짐. 한편, '벗'은 사람이 아닌 대상에 대해서도 쓰이며, 구어보다는 문어에 주로 쓰임.

친국(親鞫) 명[역] 임금이 중죄인을 친히 신문하는 것. **친국-하다** 동자타여
친권(親權) [-꿘] 명[법] 부모가 미성년인 자식에 대하여 가지는 신분상·재산상의 권리와 의무의 총칭. ¶-을 행사하다.
친권-자(親權者) [-꿘-] 명[법] 친권을 행사하는 사람.

친근(親近) →**친근-하다** 형여 사귀어 지내는 사이가 아주 가깝다. ¶친근한 사이. **친근-히** 부
친근-감(親近感) 명 친근한 느낌.
친기(親忌) 명 부모의 제사.
친-남매(親男妹) 명 같은 부모에게서 난 남매.
친-누나(親-) 명 같은 부모에게서 난 누나.
친-동생(親同生) 명 같은 부모에게서 난 동생.
친-딸(親-) 명 자기가 낳은 딸.
친림(親臨) [칠-] 명 (임금이) 어떤 장소에 임어(臨御)하는 것. **친림-하다** 동자여
친명(親命) 명 부모의 명령.
친모(親母) 명 =친어머니.
친목(親睦) 명 서로 친하여 뜻이 맞고 정다운 것. ¶-을 도모하다 [꾀하다]. **친목-하다** 형여
친목-계(親睦契) [-계/-게] 명 친목을 도모하기 위하여 하는 계.
친목-회(親睦會) [-모퀴/-모퀘] 명 친목을 꾀하기 위한 모임.
친미(親美) 명 미국을 좋아하거나 지지하는 일. ¶-감정 / -군사 정권. ↔반미.
친밀(親密) →**친밀-하다** 형여 지내는 사이가 아주 가깝고 친하다. ¶친밀한 사이. **친밀-히** 부 ~ 지내다.
친밀-감(親密感) 명 친밀한 느낌. ¶초면인데도 ~이 있다.
친병(親兵) 명 임금이나 영주 등이 친히 거느리는 군사.
친봉(親捧) 몸소 거두어 받는 것. **친봉-하다** 동타여
친부(親父) 명 =친아버지.
친-부모(親父母) 명 친아버지와 친어머니. =실부모(實父母).
친북(親北) 명 북한에 동조적이거나 호의적임. ¶-좌파 / -세력.
친분(親分) 명 아주 가깝고 두터운 정분. 비계분. ¶-이 두텁다 / -을 맺다.
친-사돈(親査頓) 명 부부의 양쪽 부모 사이의 관계. 준사돈.
친-삼촌(親三寸) 명 친아버지의 친형제.
친상(親喪) 명 =부모상. ¶-을 당하다.
친-생자(親生子) 명[법] 부모와 혈연관계가 있는 자식. 혼인 중의 출생자와 혼인 외의 출생자가 있음.
친서(親書) 명 1 친히 글씨를 쓰는 것. 또는, 그 글씨. 2 몸소 쓴 편지. 3 한 나라의 국가 원수가 다른 나라의 국가 원수에게 보내는 공식적인 서한. **친서-하다** 동타여 친히 글씨나 편지를 쓰다.
친선(親善) 명 서로 친하여 사이가 좋은 것. ¶국가 간의 ~을 도모하다 [꾀하다].
친선^경!기(親善競技) 명[체] 서로의 친선 관계를 유지·도모하기 위해 하는 경기. ¶월드컵을 앞두고 한·일 축구 ~가 열리다.
친소(親疏) 명 친함과 버성김.
친속(親屬) 명 =친족(親族)1.
친-손녀(親孫女) 명 자기 아들의 친딸. ↔외손녀.
친-손자(親孫子) 명 자기 아들의 친아들. ↔외손자(外孫子).
친수-성(親水性) [-썽] 명[화] 물에 녹기 쉬운 성질. 곧, 분자·원자단이 전기를 띠고 있어 물 분자와 결합하여 물속에서 안정한 상태로 되는 성질. ↔소수성(疏水性).

친수^콜로이드(親水colloid) 명[화] 분산매인 물과 콜로이드 입자와의 친화력이 강한 콜로이드. 비누·젤라틴·단백질·아교의 수용액 따위. ↔소수 콜로이드.

친숙(親熟) 명 =**친숙-하다**. **친숙-하다**[-수카-] 형여 친하여 서로 허물이 없다. **친숙-히** 부.

친-아들(親-) 명 자기가 낳은 아들. 비실자.

친-아버지(親-) 명 자기를 낳은 아버지. =친부(親父)·실부(實父). 비생부(生父).

친-아우(親-) 명 같은 부모에게서 난 아우. =실제(實弟).

친압(親狎) 명 =**친압-하다**. **친압-하다**[-아파-] 형여 버릇없이 너무 지나치게 친하다.

친애(親愛) 명 (사람, 특히 불특정의 많은 사람을) 친밀감을 가지고 소중히 여기는 것. **친애-하다** 동(타)여 ¶**친애하는** 국민 여러분!

친-어머니(親-) 명 자기를 낳은 어머니. =친모(親母)·실모(實母). 비생모(生母).

친-언니(親-) 명 같은 부모에게서 난 언니.

친영(親迎) 명 1 친히 맞이하는 것. 2 육례(六禮)의 하나. 신랑이 신부 집에 가서 신부를 직접 맞는 것. 또는, 그 의식. **친영-하다** 동(타)여.

친-오빠(親-) 명 같은 부모에게서 난 오빠.

친우(親友) 명 친한 벗. 비친구(親舊).

친위(親衛) 명 임금·국가 원수 등의 신변을 안전하게 호위하는 것.

친위-대(親衛隊) 명 임금·국가 원수 등의 신변을 안전하게 지키는 부대.

친일(親日) 명 일제 강점기에, 일제와 야합하여 그들의 침략·약탈 정책을 지지·옹호하여 추종하는 것. ¶~ 문학 / ~ 분자. ↔반일(反日). **친일-하다** 동(자)여.

친일-파(親日派) 명 1 일본과 친하게 지내는 무리. 2 일제 강점기에, 일제와 야합하여 그들의 침략·약탈 정책을 지지·옹호하여 추종한 무리.

친자(親子) 명 =친자식.

친-자식(親子息) 명 자기가 낳은 자식. =친자(親子).

친재(親裁) 명 임금이 몸소 재결하는 것. **친재-하다** 동(타)여.

친전(親展) 명 편지를 받을 사람이 직접 펴보아 주기를 바란다는 뜻으로, 겉봉의 받을 사람의 이름 옆이나 아래에 쓰는 말.

친절(親切) 명 사람을 대하거나 보살피거나 가르쳐 주거나 하는 태도가 정답거나 따뜻하거나 자세하거나 하여 고마움을 느끼게 하는 상태에 있는 것. 또는, 그러한 태도. ¶~을 베풀다. **친절-하다** 형여 ¶그 가게는 손님들에게 매우 ~. **친절-히** 부 ¶그는 외국인에게 시청으로 가는 길을 ~ 안내해 주었다.

친정[1](親征) 명 임금이 몸소 나아가 정벌하는 것. **친정-하다**[1] 동(자)여.

친정[2](親政) 명 1 임금이 직접 정사를 맡아 다스리는 것. 2 권력자가 실질적으로 권력을 장악하여 다스리는 일. ¶당 기구 개편을 통해 총재의 ~ 체제를 강화하다. **친정-하다**[2] 동(자)여.

친정[3](親庭) 명 시집간 여자의 친부모가 사는 집. 또는, 그 집안. =친정집. 비친가(親家). ¶~ 식구.

　친정 일가 같다 관 남이지만 흉허물이 없다.

친정-댁(親庭宅) [-땍] 명 '친정[3]'을 높이어 이르는 말.

친정-살이(親庭-) 명 시집간 여자가 친정에서 사는 일. ↔시집살이. **친정살이-하다** 동(자)여.

친정-아버지(親庭-) 명 결혼한 여자의 아버지.

친정-어머니(親庭-) 명 결혼한 여자의 어머니.

친정-집(親庭-) [-찝] 명 =친정(親庭)[3].

친제(親祭) 명 임금이 몸소 제사를 지내는 것. =친향(親享). **친제-하다** 동(자)여.

친족(親族) 명 1 촌수가 가까운 일가. =친속. 2 [법] 배우자·혈족·인척에 대한 총칭. 8촌 이내의 혈족, 4촌 이내의 인척, 배우자가 이에 해당함. 이 범위는 1990년 1월 개정된 것임. ▷친족.

친족-어(親族語) 명 혈연이나 혼인에 의하여 이루어지는 인간관계를 지칭하는 말. 아버지·아저씨·형·누나·조카·며느리 따위.

친지(親知) 명 서로 잘 알고 가깝게 지내는 사람.

친척(親戚) 명 1 친족과 외척. ¶가까운 [먼] ~. 2 성이 다른 일가붙이. 고종·내종·외종·이종 등. ▷친족.

친친 부 꼭꼭 감기거나 동여매는 모양. =칭칭. ¶새끼로 나무를 ~ 동이다 / 붕대를 ~ 감다. ▷친친.

친친-하다 형여 축축하고 끈끈하여 불쾌한 느낌이 있다. ¶악몽을 꾼 뒤 식은땀이 속옷에 **친친하게** 배다.

친-탁(親-) 명 생김새·성질이 아버지나 할아버지를 닮는 것. =진탁. ↔외탁. **친탁-하다** 동(자)여.

친필(親筆) 명 손수 쓴 글씨. =진적(眞蹟)·진필(眞筆). ¶~ 편지.

친-하다(親-) 형여 가까이 사귀어 정이 두텁다. ¶**친한** 친구 / **친한** 사이 / 영수는 상철이와 ~.

친-할머니(親-) 명 아버지의 친어머니.

친-할아버지(親-) 명 아버지의 친아버지.

친형(親兄) 명 같은 부모에게서 난 형. =실형(實兄).

친-형제(親兄弟) 명 같은 부모에게서 난 형제.

친화(親和) 명 1 서로 사이좋게 지내는 것. 2 [화] 서로 종류가 다른 물질이 화합하는 것. ¶~성(性). **친화-하다** 동(자)여. **친화-되다** 동(자).

친화-력(親和力) 명[화] 여러 원소의 원자가 각각 독특한 친화성을 가지고 결합할 때의 힘. =화학력(化學力).

친환(親患) 명 부모의 병환.

친-히(親-) 부 (주로 윗사람이나 존귀한 대상에 대해 사용하여) 남을 시키거나 남이 대신 하지 않고 자신이 직접. 비몸소. ¶바쁘신데도 불구하고 이곳 데까지 ~ 왕림해 주신 여러 내빈들께 심심한 감사를 드립니다.

칠[1](漆) 명 1 '옻칠'의 준말. 2 겉에 발라 빛깔·광택을 내는 물질. ¶페인트 ~ / ~이 벗어지다. 3 칠감을 바르는 일. ¶~이 잘되었다. 4 물체의 거죽에 칠감이 아닌 물질을 묻히거나 바르는 일. ¶~ 하눈.

칠[2](七) Ⅰ 명 '일곱'과 같은 뜻의 한자어 계통의 수사. 아라비아 숫자로는 '7', 로마 숫자로는 'Ⅶ'로 나타냄. ¶~ 더하기 이는 구. Ⅱ (관) '일곱', '일곱째'의 뜻. ¶~ 권 / ~ 등.

칠각-형(七角形) [-가켱] 명[수] 일곱 개의 선분으로 둘러싸인 평면 도형.
칠갑 몡 어떤 물건 위에 다른 물질을 온통 칠하여 바르는 것. 또는, 그렇게 하여 이루어진 겉더께. =칠갑. [漆甲] 은 취음] **칠갑-하다** 囘(타)(여) ¶글 몇 자 쓰면서 온 옷에 먹을 칠갑하다니.
칠거지악(七去之惡) 몡 지난날 봉건적 사회에서, 아내를 내쫓을 수 있는 이유가 되었던 일곱 가지 허물. 곧, 시부모에게 순종하지 않는 것[不順父母], 자식을 못 낳는 것[無子], 행실이 음탕한 것[淫], 질투하는 것[妬], 나쁜 병이 있는 것[有惡疾], 말이 많은 것[多言], 도둑질하는 것[竊盜]. ▷삼불거(三不去)
칠-그릇(漆-) [-륻] 몡 =칠목기(漆木器)
칠기(漆器) 몡 1 '칠목기(漆木器)'의 준말. ¶나전 ~. 2 옻칠같이 검은 잿물을 입힌 도자기.
칠-꺼리다/-대다 [-껴(때)-] 통(자) 드리운 물건이 너무 길어 바닥에 닿았다 들렸다 하다.
칠떡-칠떡 用 칠떡거리는 모양. **칠떡칠떡-하다** 통(자)(여)
칠-뜨기(七-) 몡 '칠삭둥이'를 속되게 이르는 말.
칠레(Chile) 몡[지] 남아메리카 대륙 남서쪽의, 남북으로 길쭉한 공화국. 수도는 산티아고.
칠레^초석(Chile硝石) 몡[광] 나트륨의 질산염 광물. 백색·적갈색·회색 등의 유리 광택을 가진 결정으로, 질소 비료·질산·화약·유리 등의 원료로 쓰임. =소다 초석
칠면-조(七面鳥) 몡[동] 칠면조과의 새. 날개 길이 약 50cm. 깃털은 광택이 있는 청흑색이며, 머리에서 목까지 피부가 드러나 있는데, 이 부분이 붉은색·파란색 등으로 변함. 식용·애완용으로 사육함.
칠-목기(漆木器) [-끼] 몡 옻칠을 한 나무 그릇. =칠그릇. 준칠기.
칠무늬^토기(漆-土器) [-니-] 몡[고고] 겉면에 적색·청색 광물 안료를 써서 기하학적인 무늬를 그려 넣은 토기. =채문 토기.
칠보(七寶) 몡 금·은·구리 따위의 바탕에 갖가지 유리질의 유약(釉藥)을 녹여 붙여서 꽃·새·인물 따위 무늬를 나타낸는 공예. 또는, 그 공예품. ¶~ 공예.
칠보-단장(七寶丹粧) 몡 여러 가지 패물로 몸을 꾸미는 일. 또는, 그 꾸밈새. **칠보단장-하다** 통(자)(여)
칠보-족두리(七寶-) [-뚜-] 몡 새색시가 쓰는 족두리. 은박을 박고 각종 패물로 꽃모양을 만들어 꿈.
칠부-바지(七分/ㆍ-) 몡 길이가 정강이 밑까지 내려오는 바지. '칠푼 바지'로 순화.
칠분-도(七分搗) 몡 현미에서 씨눈을 70% 정도 남기되, 현미 중량의 95% 정도가 되게 도정하는 일.
칠분도-미(七分搗米) 몡 현미 중량의 95% 정도가 되게 도정한 쌀. =칠분도쌀.
칠삭-동이(七朔童-) 몡 '칠삭둥이'의 잘못.
칠삭-둥이(七朔-) [-싹뚱-] 몡 1 임신한 지 일곱 달 만에 낳은 아이. 2 조금 모자라는 사람을 조롱하여 이르는 말. 삐칠푼이. ×칠삭동이.
칠색(七色) [-쌕] 몡[물] 태양광을 스펙트럼으로 나눌 때 나타나는 일곱 가지 빛깔. 곧, 빨강·주황·노랑·초록·파랑·남빛·보라. =

무지개.
칠색 팔색을 하다 句 매우 질색을 하다. 속된 말임.
칠서(七書) [-써] 몡 =사서삼경.
칠석(七夕) [-썩] 몡 1 음력 칠월 초이렛날의 밤. 이날 밤에 견우성과 직녀성이 오작교에서 만난다는 설화가 있음. 2 음력 칠월 초이렛날. 준칠석날.
칠석-날(七夕-) [-썽-] 몡 '칠석2'를 좀더 구어적으로 이르는 말.
칠성(七星) [-썽] 몡[천] '북두칠성'의 준말.
칠성-판(七星板) [-썽-] 몡 관(棺) 속 바닥에 까는 얇은 널조각. 북두칠성을 본떠서 일곱 구멍을 뚫음.
칠순(七旬) [-쑨] 몡 일흔 살. ¶~ 노인.
칠십(七十) [-씹] I㈜ '일흔'과 같은 뜻의 한자어 계통의 수사. 아라비아 숫자로는 '70', 로마 숫자로는 'LXX'로 나타냄. ¶나이 ~은 '고희(古稀)' 혹은 '종심(從心)'이라고 한다.
II 관 '일흔', '일흔째'의 뜻. ¶~ 명/~ 일.
칠야(漆夜) [-랴] 몡 아주 깜깜한 밤.
칠언^고시(七言古詩) 몡[문] 한 구(句)가 7언으로 된 고시.
칠언-시(七言詩) 몡[문] 한 구(句)가 일곱 글자로 된 한시(漢詩).
칠언^율시(七言律詩) [-뉼씨] 몡[문] 7언 8구로 된 한시. 준칠률.
칠언^절구(七言絶句) 몡[문] 7언 4구로 된 한시.
칠오-조/7·5조(七五調) [-쪼] 몡[문] 신시(新詩)의 한 체. 일곱 자·다섯 자를 섞바꾸어서 음조를 맞추어 시를 지음.
칠월(七月) 몡 한 해의 열두 달 가운데 일곱째 달.
칠음(七音) 몡 1 [음] 음계를 이루는 일곱 가지 소리. 동양 음악에서는 궁(宮)·상(商)·반상(半商)·각(角)·치(徵)·반치(半徵)·우(羽), 서양 음악에서는 도·레·미·파·솔·라·시. 2 [언] 음운상의 일곱 가지 소리. 곧, 아음(牙音)·설음(舌音)·순음(脣音)·치음(齒音)·후음(喉音)·반설음(半舌音)·반치음(半齒音).
칠일-장(七日葬) 몡 죽은 지 이레 만에 지내는 장사. ▷삼일장·오일장·구일장.
칠-장이(漆-) 몡 칠하는 일을 직업으로 하는 사람. =칠공.
칠재(七齋) 몡 1 [불] '칠칠재'의 준말. 2 [역] 고려 국학(國學)의 일곱 가지 분과(分科). 곧, 여택(麗澤)·대빙(待聘)·경덕(經德)·구인(求仁)·복응(服膺)·양정(養正)·강예(講藝).
칠전팔기(七顚八起) [-쩐-] 명 [일곱 번 넘어지고 여덟 번 일어난다는 뜻] 여러 번 실패하여도 굽히지 않고 꾸준히 노력함. ¶~의 의지/~의 정신. **칠전팔기-하다** 통(자)(여)
칠전팔도(七顚八倒) [-쩐-또] 몡 [일곱 번 구르고 여덟 번 거꾸러진다는 뜻] 실패를 거듭하거나 몹시 고생함. =십전구도(十顚九倒). **칠전팔도-하다** 통(자)(여)
칠정(七情) [-쩡] 몡 사람의 일곱 가지 감정. 곧, 희(喜)·노(怒)·애(哀)·낙(樂)·애(愛)·오(惡)·욕(欲) 또는, 희(喜)·노(怒)·우(憂)·사(思)·비(悲)·경(驚)·공(恐).
칠정-산(七政算) [-쩡-] 몡 조선 세종 때 반포한 책력의 하나. =칠정력.
칠족(七族) [-쪽] 몡 1 증조·조부·부(父)·자

기·자(子)·손자·증손의 직계친을 중심으로 하고, 방계친으로 증조의 삼대손이 되는 형제·종형제·재종형제를 포함하는 동종(同宗) 친족. 2 고모의 자녀, 자매의 자녀, 딸의 자녀, 외족(外族), 이종, 생질, 장인·장모 자기 동족.
칠종^경기(七種競技) [-쫑-] 圀[체] 여자 육상 종목의 하나. 1984년 올림픽부터 5종 경기의 종목 내용을 바꾸어 7종 경기라 부르게 됨. 경기 종목은 100m 장애물 달리기·포환던지기·높이뛰기·200m 달리기·멀리뛰기·창던지기·800m 달리기임.
칠종칠금(七縱七擒) [-쫑-] 圀 [제갈량(諸葛亮)이 맹획(孟獲)을 일곱 번 사로잡았다가 일곱 번 놓아 주었다는 데서] 상대방을 마음대로 다룸.
칠-중주(七重奏) [-쯩-] 圀[음] 실내악의 하나. 서로 다른 일곱 개의 악기에 의한 합주. ¶-곡(曲).
칠첩-반상(七─飯床) [-빤-] 圀 밥·국·김치·찌개·찜·간장·초간장·초고추장을 기본 음식으로 하여, 생채·숙채·구이·조림·전·마른 찬(또는 젓갈)·회의 7가지 반찬을 갖춘 상차림. 또는, 그 그릇 한 벌.
칠촌(七寸) 圀 1 아버지의 육촌 형제. 한 항렬 위임. 2 자기와 칠촌 아저씨·아주머니 또는 자기와 칠촌 조카와의 촌수.
칠칠-맞다[-맏따] 혱 ('못하다', '않다'와 함께 쓰여) '칠칠하다2·3'을 속되게 이르는 말. ¶생전 빗질도 안 하고 다니는 **칠칠맞지 못한 여편네** / **칠칠맞지** 못한 일손씨.

> **어법** 저런 칠칠맞은 녀석 같으니:칠칠맞은(×)→칠칠맞지 못한(○), 칠질찮은(○). ▶ '칠칠맞다'는 긍정의 의미를 가진 말이므로, 부정적으로 표현하려면 '못하다', '않다'와 함께 사용해야 함.

칠칠-일(七七日) 圀[불] =사십구일.
칠칠-재(七七齋) [-쩨] 圀[불] =사십구일재. 鐉칠재.
칠칠찮다[-찬타] 혱 칠칠하지 않다. ¶옷매무새가 ~.
칠칠-하다 혱여 1 (나무나 푸성귀, 머리털 따위가) 잘 자라서 보기 좋게 길다. ¶**칠칠하게** 자란 대나무 / **칠칠하게** 나물을 뜯다 / **칠칠하게** 자라 등 뒤로 늘어뜨린 머리. 2 (외모가) 주접이 들지 않고 깨끗하고 단정하다. ¶칠순 노인인데도 아직도 정갈하고 ~. / **칠칠하지** 못하게 옷에 지저분한 것을 묻히고 다닌다. 3 (일하는 것이) 올바르고 야무진 상태에 있다. ¶너는 왜 그리 매사에 **칠칠하지** 못하니? 칠칠-히 튄
칠판(漆板) 圀 검은 칠 등을 하여 분필로 글씨를 쓰도록 만든 나무로 된 판. =흑판(黑板). ¶~에 글씨를 쓰다.
칠판-지우개(漆板-) 圀 칠판에 분필로 쓴 글씨나 그림을 문질러 지우는 도구.
칠팔(七八) 팬 칠이나 팔. 또는, 칠과 팔. ¶~ 두 / ~ 개월 / ~ 일(日).
칠팔-월(七八月) 圀 칠월과 팔월.
칠푼-이(七─) 圀 모자라거나 어리석은 사람을 조롱하여 이르는 말. 비칠삭둥이.
칠피(漆皮) 圀 에나멜을 칠한 가죽. ¶~ 구두.
칠-하다(漆─) 图타여 1 (물감을 따위를 물체에, 또는 물체을 물감 따위로) 색깔이 입혀지게 하다. ¶벽에 페인트를 ~ / 벽을 페인

트로 ~ / 손톱에 매니큐어를 ~. 2 (어떤 물질을 물체에) 광택을 내기 위해, 또는 녹슬거나 썩는 것을 막기 위해 입혀지게 하다. 비바르다. ¶가구에 니스를 ~ / 나사에 기름을 ~.
칠현-금(七絃琴) 圀[음] 줄 일곱을 매어 만든 거문고. 오현금에 문현·무현을 더한 것임.
칠-화음(七和音) 圀[음] 삼화음의 제5음 위의 3도 되는 곳에 또 하나의 음을 쌓아서 네 소리로 된 화음. =사화음. ▷삼화음.
칠흑(漆黑) 圀 옻칠처럼 검고 광택이 있음. 또는, 그런 빛깔. ¶~같이 어두운 밤.
칡[칙] 圀[식] 콩과의 낙엽 활엽 덩굴나무. 8월에 자줏빛 꽃이 피고, 10월에 선형의 꼬투리가 익음. 뿌리는 '갈근(葛根)'이라 하여 약으로 쓰거나 먹으며, 덩굴의 속껍질은 '청올치'라 하여 끈으로 쓰거나 피륙을 짜며, 잎은 사료로 씀.
칡-넝쿨[칭-] 圀 =칡덩굴.
칡-덤불[칙떰-] 圀 칡과 그 밖의 덩굴풀, 나무의 가시 등이 서로 엉클어져 우거진 덤불.
칡-덩굴[칙떵-] 圀 칡의 벋은 덩굴. =칡넝쿨.
칡-범[칙뻠] 圀 몸에 칡덩굴 같은 어룽어룽한 줄이 간 범. ×갈범.
칡-뿌리[칙-] 圀 칡의 뿌리.
침[1] 圀[생] 입속의 침샘에서 분비되는, 무색의 끈기 있는 소화액. 소화 효소인 프티알린을 함유하고 녹말을 엿당으로 분해함. =구액(口液)·타액. ¶군~ / ~을 뱉다 / ~을 질질 흘리다.
[**침 먹은 지네**] 할 말이 있으면서 못 하고 있거나 기운을 못 쓰고 있는 사람의 비유.
[**침 발린 말**] 겉으로만 꾸며 듣기 좋게 하는 말.
침(을) 삼키다 囝 (음식 따위를) 먹고 싶어 하거나, (재물·이익 등을) 얻으려고 탐내다. 비침을 흘리다. ¶누구나 **침을 삼킬** 만한 경품을 내걸다.
침(을) 흘리다 囝 (어떤 대상을) 제 것으로 하고 싶어 게걸스레 탐내다. 비침을 삼키다. ¶월화의 얼굴과 재주를 보고 여러 남자가 **침을 흘리며** 모여들었다.〈이광수:무정〉
침[2](針) 圀 1 드물게 '바늘3'을 달리 이르는 말. 2 벌의 꽁무니에 박혀 있는, 독이 나오는 가늘고 뾰족한 기관.
침[3](鍼) 圀[한] 사람이나 마소 등의 혈(穴)을 찔러 병을 다스리는 데에 쓰는 바늘. 세는 단위는 대. ¶발목을 삐어 ~을 맞았다. / 한의사는 내 팔에 ~을 몇 대 놓아 주었다.
침강(沈降) 圀 1 가라앉아 내려가는 일. 비침하. 2 [지] 지각의 일부가 상대적으로 아래쪽으로 움직이는 것. 또는, 꺼지는 것. ↔융기.
침강-하다 图재여 **침강-되다** 图재
침강^해안(沈降海岸) 圀[지] 지각 변동에 의하여 육지가 침강하여 생긴 해안. ↔융기 해안.
침공(侵攻) 圀 (다른 나라를) 군사력을 이용하여 공격하는 것. **침공-하다** 图재타여 비쳐들어가다. ¶다른 나라를 [에] ~.
침구[1](寢具) 圀 잠을 자는 데에 쓰는 물건. 곧, 이부자리·베개 따위.
침구[2](鍼灸) 圀[한] 침질과 뜸질. ¶~학(學).
침-구멍(鍼-) [-꾸-] 圀 침을 맞은 자리. =침공(鍼孔).
침구-류(寢具類) 圀 잠을 자는 데에 쓰는 이부자리·베개 따위의 종류.

침구-사(鍼灸士) 〖명〗〖한〗 침질과 뜸질을 할 수 있는 자격을 갖춘 사람.
침:낭(寢囊) 〖명〗 =슬리핑백. 〖담털 ~.
침:노(侵擄) 〖명〗 1 (남의 나라를) 불법적으로 쳐들어가는 것. 2 개개거나 해치는 것. **침:노-하다** 〖동〗(타)(여) ¶오랑캐가 변방을 ~.
침-놓다(鍼-) [-노타] 〖자〗 병을 다스리기 위해 몸의 혈을 침으로 찌르다. ¶~을 침주다.
침니(chimney) 〖명〗 ['굴뚝'이라는 뜻] 등산에서, 몸이 들어갈 수 있는 정도의 세로로 갈라진 암벽(巖壁)의 틈.
침-담그다(沈-) 〖타〗 〈-담그니, -담가〉 (감을) 떫은맛을 빼기 위하여 소금물에 담그다.
침:대(寢臺) 〖명〗 사람이 누워 잘 수 있게 만든 가구. 길쭉한 평상에 네 개의 다리가 달려 있음. ㈑침상. ¶간이~ / ~에 눕다.
침:대-보(寢臺褓) [-뽀] 〖명〗 침대의 매트리스 위에 덮는 넓은 천. ¶~를 씌우다.
침:대-차(寢臺車) 〖명〗 침대를 설치하여 놓은 열차.
침독(鍼毒) [-똑] 〖명〗 침을 잘못 맞아 생기는 독기. ¶~이 오르다.
침:략¹(侵掠) [-냑] 〖명〗 침노하여 약탈하는 것. **침:략-하다¹** 〖동〗(타)(여) ¶왜구가 삼남(三南) 지방을 ~.
침:략²(侵略) [-냑] 〖명〗 (다른 나라를) 쳐들어가 영토를 빼앗는 것. ¶무력 ~. **침:략-하다²** 〖동〗(타)(여) ¶이웃 나라를 ~.
침:략-군(侵略軍) [-냑꾼] 〖명〗 남의 나라를 침략하는 군대.
침:략-자(侵略者) [-냑짜] 〖명〗 남의 나라를 침략하는 사람.
침:략-주의(侵略主義) [-냑쭈의/-냑쭈이] 〖명〗 침략을 주요 정책으로 하는 주의.
침:례(浸禮) [-네] 〖명〗〖기〗 침례교에서, 신앙 고백을 통하여 신도가 된 사람에게 베푸는 세례의 한 형식. 온몸을 물에 적심. ▷세례.
침:례-교(浸禮敎) [-네-] 〖명〗〖기〗 기독교의 한 교파. 세례로서의 침례를 중시하며, 외적인 형식과 제도보다 영적인 신앙의 자유를 주장함.
침로(針路) [-노] 〖명〗 1 나침반이 가리키는 방향. 2 선박이나 항공기가 나아갈 방향.
침륜(沈淪) [-뉸] 〖명〗 1 =침몰. 2 (재산이나 권세 따위가) 줄어들어 떨치지 못하는 것. **침륜-하다** 〖동〗(자)(여) **침륜-되다** 〖동〗(자)
침:모(針母) 〖명〗 남의 집 바느질을 하여 주고 삯을 받는 여자.
침:목(枕木) 〖명〗 1 길고 큰 물건 밑을 괴어 놓는 나무토막. 2 기차 선로 아래에 까는 목재나 콘크리트재. ¶~을 깔다.
침몰(沈沒) 〖명〗 (배 따위가 강이나 바다 속으로) 빠져 가라앉는 것. =침륜(沈淪)·침닉. **침몰-하다** 〖동〗(자)(여) ¶배가 폭격을 당해 바다 속으로 ~. **침몰-되다** 〖동〗(자)
침몰-선(沈沒船) [-썬] 〖명〗 물속에 가라앉은 배.
침묵(沈默) 〖명〗 1 (사람이) 입을 다물고 아무 말을 하지 않는 것. ¶~을 지키다 / ~을 깨다 / 두 사람 사이에 무거운 ~이 흐르다. 2 작가가 작품을 발표하지 않고 있는 상태를 비유적으로 이르는 말. ¶오랜 ~을 깨고 문제작을 발표하다. **침묵-하다** 〖동〗(자)(여)
침묵-시위(沈默示威) [-씨-] 〖명〗 침묵으로 자신의 의사를 강하게 표시하는 방법. 아무런 구호도 외치지 않고 한곳에 가만히 있거나 행진을 함. ¶~를 벌이다.
침:방(寢房) 〖명〗 =침실.
침:방울 [-빵-] 〖명〗 침의 작은 덩이. ¶~을 튀기며 열변을 토하다.
침:범(侵犯) 〖명〗 1 (남의 영토·영해나 어떤 영역을) 불법으로 들어가는 것. ¶중앙선 ~. 2 (남의 권리 등을) 함부로 범하는 것. ㈑침해. ¶일조권 ~. 3 (질병이) 누군 부위에) 생겨서 자리 잡는 것. **침:범-하다** 〖동〗(타)(여) ¶북한 함정이 남방 한계선을 ~ / 남의 사생활을 ~ / 뇌와 척수에 **침범하는** 질환 / 행복을 추구할 권리는 누구도 **침범할** 수 없다.
침봉(針峯) 〖명〗 꽃꽂이에서, 굵은 침이 꽂혀 있어 나뭇가지나 꽃의 줄기를 꽂아 고정시키는 제구.
침:불안석(寢不安席) 〖명〗 걱정이 많아서 편안히 자지 못함. ▷좌불안석. **침:불안석-하다** 〖동〗(자)(여)
침사(沈思) 〖명〗 깊이 생각하는 것. **침사-하다** 〖동〗(타)(여)
침사-지(沈沙池) 〖명〗〖건〗 사방 공사를 할 때, 토사의 유실을 막기 위하여 급히 흐르는 물을 가두어 두어 모래와 흙 따위가 가라앉도록 만들어 놓은 못.
침:상¹(枕上) 〖명〗 1 베개의 위. 2 잠을 자거나 누워 있을 때.
침:상²(針狀) 〖명〗 바늘처럼 가늘고 끝이 뾰족한 모양.
침:상³(寢牀) 〖명〗 누워 잘 수 있게 만든 평상. 〖~에 눕다.
침-샘 〖생〗 침을 내보내는 내분비선. 구강 점막에 열려 있음. 포유류에는 귀밑샘·턱밑샘·혀밑샘 등이 있음. =타액선(唾液腺).
침:석(枕席) 〖명〗 1 베개와 자리. 2 =잠자리¹.
침:선(針線) 〖명〗 1 바늘과 실. 2 =바느질. ¶~에 능하다 / ~이 곱다. **침:선-하다** 〖동〗(자)(여) 바느질하다.
침:소(寢所) 〖명〗 사람이 잠을 자는 곳. ¶~에 들다.
침:소봉대(針小棒大) 〖명〗 [바늘만 한 것을 몽둥이만 하다고 말한다는 뜻] 작은 일을 크게 불리어 말함. **침:소봉대-하다** 〖동〗(타)(여) ¶그는 자기의 무용담을 **침소봉대하여** 늘어놓았다.
침수¹(沈水) 〖명〗 1 물에 잠기는 일. 2 〖지〗 해수면이 상승하여, 육지가 바닷물 속으로 가라앉는 현상. **침수-하다¹** 〖동〗(자)(여) **침수-되다¹** 〖동〗(자) ¶홍수로 마을이 ~.
침:수²(浸水) 〖명〗 (집·논밭·도로 등이) 홍수 등으로 물에 잠기는 일. ¶~ 가옥. **침:수-되다²** 〖동〗(자) ¶폭우로 많은 논밭이 ~.
침:수³(寢睡) 〖명〗 '잠'의 높임말. **침:수-하다²** 〖동〗(자)(여)
침수^식물(沈水植物) [-씽-] 〖명〗〖식〗 수중 식물의 한 가지. 몸 전체가 물속에 잠겨 있으며, 식물체의 표면에서 직접 수분이나 양분을 흡수하므로 뿌리가 발달하지 않음. 통발·붕어마름 등.
침수-지(浸水地) 〖명〗 홍수·폭우 등으로 한때 물에 잠긴 땅.
침수^해안(沈水海岸) 〖지〗 해수면의 상승 또는 지각 변동에 의해 육지가 상대적으로 침수하여 생긴 해안. 리아스식 해안·피오르드식 해안 따위. =이수 해안.
침술(鍼術) 〖명〗〖한〗 동양 의학의 치료술의 한 가지. 경혈(經穴)에 침을 찔러 신경을 흥분시키거나 억제하여 자연 치유 작용을 왕성하게 하여 치료하는 방법. =자침법(刺鍼

침시(沈枾) 圀 우린감.
침:식¹(侵蝕) 圀 외부의 어떤 것이 침범해 내부의 영역이나 세력을 줄어들게 하는 것. ¶외래문화에 ~을 당한 전통문화. **침:식-하다**¹ 圄(타여) **침:식-되다**¹ 圄(자)
침:식²(浸蝕) 圀[지] 바위나 땅이 비·바람·하천·빙하 등의 자연현상에 의해 깎이는 일. 또는, 비·바람·하천·빙하 등이 바위나 땅을 깎는 일. **침:식-하다**² 圄(자타여) **침:식-되다**² 圄(자)
침:식³(寢食) 圀 잠자는 일과 먹는 일. =면식(眠食). ¶~을 같이하다 / ~을 잊고 병구완하다. **침:식-하다**³ 圄(자여)
침:식-곡(浸蝕谷) [-꼭] 圀[지] 침식 작용에 의하여 생긴 골짜기. →구조곡(構造谷).
침:식^분지(浸蝕盆地) [-뿐-] 圀[지] 단단한 암석 사이에 있던 약한 암석이 침식되어 이루어진 분지.
침:식^윤회(浸蝕輪廻) [-뉸뉘/-뉸훼] 圀[지] 지형이 침식되어 일정한 과정을 거쳐 변천하여 가는 현상. 곧, 유년기·장년기·노년기를 거쳐 준평원이 되기까지의 일련의 과정. =지형 윤회.
침:식^평야(浸蝕平野) [-냐] 圀[지] 오랜 세월 동안의 침식 작용으로 이루어진 평야.
침:실(寢室) 圀 주로 주택에서, 잠을 자는 용도의 방. =침방.
침:염(浸染) 圀 물감을 푼 물에 섬유를 담가 무늬 없이 물들이는 염색법. **침:염-하다** 圄(자여)
침엽(針葉) 圀[식] 바늘처럼 가늘고 길며 끝이 뾰족한 잎. =침상엽.
침엽-수(針葉樹) [-쑤] 圀[식] 잎이 바늘처럼 생긴 나무의 총칭. 소나무·잣나무·향나무 따위. =바늘잎나무. ↔활엽수.
침엽수-림(針葉樹林) [-쑤-] 圀[식] 침엽수로 이루어진 수림. 열대의 산지에서 교목(喬木) 한계까지 널리 분포함.
침:완-법(枕腕法) [-뻡] 圀 서예에서, 왼손을 오른팔의 팔꿈치에 받치고 글씨를 쓰는 방법.
침울(沈鬱) →**침울-하다** 圀(여) 1 (마음·표정·분위기 등이) 근심·좌절·절망 등으로 어둡다. 卽우울하다. ¶침울한 얼굴[표정]. 2 (날씨가) 을씨년스럽고 음산하다. ¶침울한 날씨가 계속되다. **침울-히** 甼
침:윤(浸潤) 圀 1 물기가 차츰 스며들어 젖는 것. 2 불건전한 사상이나 현상에 물들어 가는 것. 3 [의] 염증이나 악성 종양이 번져서 인접한 조직으로 침입하는 일. ¶폐(肺) ~. **침:윤-하다** 圄(자여) ¶악습에 ~. **침:윤-되다** 圄(자여) ¶공산주의에 ~. / 허무와 절망에 깊숙이 **침윤되어** 방황하고 있는 지산…. 《김성동: 만다라》
침음(沈吟) 圀 1 속으로 깊이 생각하는 것. 2 근심에 잠겨 신음하는 것. **침음-하다** 圄(자타여) ¶(수좌들은) 일체의 사사로운 대화를 단절하고 오직 화두 하나에만 매달려 **침음하는** 것이다. 《김성동: 만다라》
침음-양구(沈吟良久) [-냐-] 圀 속으로 깊이 생각한 지 매우 오랜 뒤. ¶~에 입을 열다 / ~에 시를 읊다.
침의(鍼醫) [-의/-이] 圀[한] 침술로 병을 다스리는 의원.
침:입(侵入) 圀 침범하여 들어가는 것. **침:입-하다** 圄(자타여) ¶남의 나라를 ~ / 균이 몸에 ~.
침:입-자(侵入者) [-짜] 圀 침입한 사람. ¶불법 ~.
침자(針子) 圀 =바늘①1.
침잠(沈潛) 圀 1 물속에 깊숙이 가라앉아서 겉으로 드러나지 않는 것. 2 마음을 가라앉혀서 깊이 사색하거나 자신의 세계에 깊이 몰입하는 것. **침잠-하다** 圄(자여) ¶세상의 번다한 일상사로부터 벗어나 너 자신에게 **침잠하라**.
침-쟁이(鍼-) 圀 1 '침의(鍼醫)'를 낮추어 이르는 말. 2 '아편 중독자'를 얕잡아 이르는 말.
침전¹(沈澱) 圀 1 액체 속에 섞여 있는 물질이 밑바닥에 가라앉는 일. =침재(沈滓). 2 [화] 용액 속에서 화학 변화가 일어날 때 불용성(不溶性)의 반응 생성물이 생기는 일. 또는, 농축·냉각 등에 의하여 용질(溶質)의 일부가 고체로서 용액 속에 나타나는 일. **침전-하다** 圄(자여) **침전-되다** 圄(자여)
침:전²(寢殿) 圀 임금이나 왕비의 침방이 있는 건물.
침전-물(沈澱物) 圀 침전된 물질. 卽앙금.
침전-지(沈澱池) 圀 물속에 섞여 있는 흙·모래를 가라앉혀 물을 맑게 하기 위해 만든 못. =청징지.
침-점(-占) 圀 방향 따위를 정할 때 치는 점. 손바닥에 침을 뱉어 놓고 손가락으로 쳐서 많이 튀는 쪽으로 방향을 잡음.
침정(沈靜) →**침정-하다** 圀(여) (마음이) 차분하고 조용하다. **침정-히** 甼
침-주다(鍼-) 圄(자) =침놓다.
침중(沈重) →**침중-하다** 圀(여) 1 (성질이) 가라앉아서 진득하다. ¶**침중한** 성격. 2 (병세가) 매우 무겁다. ¶영감의 병은 차차 눈에 안 띄게 **침중하여** 들어갔다. 《염상섭: 삼대》
침:지(浸漬·沈漬) 圀 (무엇을) 물속에 담가 적시는 것. **침:지-하다** 圄(자여)
침착¹(沈着) 圀 『물질 따위가』 가라앉아 들러붙는 것. **침착-하다**¹ 圄(자여) ¶색소가 표면에 ~.
침착²(沈着) 圀 어렵거나 위급한 일을 당했을 때 서두르거나 당황하는 데가 없이 차분한 상태. **침착-하다**² 圀(여) ¶**침착한** 태도 / **침착하게** 행동하다. **침착-히** 甼 ~하게 행동하다.
침:책(侵責) 圀 (간접적으로 관계되는 사람에게) 책임을 추궁하는 일. **침:책-하다** 圄(타여)
침척(針尺) 圀 =바느질자.
침체(沈滯) 圀 (사물이나 현상이) 진전되지 못하고 한자리에 머무는 것. ¶~ 국면 / 경기(景氣) ~ 상태에 빠지다. **침체-하다** 圄(자여) **침체-되다** 圄(자여) ¶문화 사업이 ~.
침-칠(-漆) 圀 침을 바르는 일. ¶입술에 ~을 하다. **침칠-하다** 圄(자여)
침침(沈沈) →**침침-하다** 圀(여) 1 광선이 약하여 어두컴컴하다. ¶**침침한** 전등 불빛. 2 눈이 어두워 보이는 것이 흐릿하다. ¶눈이 **침침해서** 잔 글씨가 안 보인다. **침침-히** 甼
침:탈(侵奪) 圀 침범하여 빼앗는 일. **침:탈-하다** 圄(타여)
침-통(鍼筒) 圀 침을 넣어 두는 통.
침:통²(沈痛) →**침통-하다** 圀(여) (표정이나 모습, 목소리가) 슬픔이나 걱정으로 마음의 고통으로 인해 어둡고 무거운 상태에 있다. ¶**침통한** 표정 / **침통한** 목소리로 말하다. **침통-히** 甼

침ː투(浸透)[명] **1** (액체가) 스며드는 일. **2** (어떠한 현상·사상·정책 등이) 깊이 스며들어 퍼지는 것. 침ː투-하다[자여] ¶불교가 현실에 깊이 ~. 침ː투-되다[자]

침팬지(chimpanzee)[명][동] 포유류 유인원과 원숭이의 한 종. 온몸이 검정 또는 암갈색이고, 귀가 큼. 지능이 높고 성질은 명랑하며, 삼림이나 사바나에서 떼 지어 살고 잡식성임. 사람을 잘 따르고, 재주 등을 부림.

침하(沈下)[명] (지반·건물 따위가) 꺼져서 내려앉는 것. 침하-하다[자여] ¶지반이 ~.

침ː학(侵虐)[명] 침범하여 포학하게 행동하는 것. 침ː학-하다[타여]

침ː해(侵害)[명] 침범하여 해를 끼치는 것. =침손. ¶저작권 ~. 침ː해-하다[타여] ¶인권을 ~.

침혹(沈惑)[명] 무엇을 몹시 좋아하여 정신을 잃고 거기에만 빠지는 것. 침혹-하다[자여] 침혹-되다[자]

칩(chip)[명] **1** 노름판에서 판돈 대신 쓰이는, 상아·뼈·플라스틱 따위로 만든 패. **2** 목재를 가늘고 길게 쪼갠 것. 펄프의 원료가 됨. **3**[물] 집적 회로(集積回路)의 전기 회로 부분을 넣어 두는 케이스. 또는, 케이스에 넣은 집적 회로.

칩거(蟄居)[-꺼][명] 나가서 활동하지 않고 집 안에만 틀어박혀 있는 것. ¶~ 생활을 하다. 칩거-하다[자여] ¶산림 지대 바위틈 사이 방공호에 우선 **칩거할** 거처를 마련하였다.《이봉구: 꿈은 아직도》

칩떠-보다[타] (눈을) 치뜨고 보다. ↔내립떠보다.

칫-솔(齒-)[치쏠/칟쏠][명] 이를 닦는 데 쓰이는 솔. ×잇솔.

칫솔-대(齒-)[치쏠때/칟쏠때][명] 칫솔의 손잡이인 막대 모양의 부분. ▷칫솔모.

칫솔-모(齒-毛)[치쏠-/칟쏠-][명] 칫솔에서, 이에 직접 대고 문질러 닦는, 솔 모양의 부분. ¶~는 부드럽고 탄력성 있는 것이 좋다. ▷칫솔대.

칫솔-질(齒-)[치쏠-/칟쏠-][명] 칫솔로 이를 닦는 일이나 방법. ¶아침저녁으로 ~을 하다 /~이 서툴다. 칫솔질-하다[자여]

칫수(-數) "치수"의 잘못.

칭(秤)[명][의존] 무게 백 근(斤)을 이르는 말.

칭량(稱量)[-냥][명] **1** 저울로 다는 것. **2** (사정이나 형편을) 헤아리는 것. 칭량-하다[동]

칭명(稱名)[명] **1** 이름을 속이는 것. **2** 이름을 부르는 것. 칭명-하다[자여]

칭병(稱病)[명] 어떤 일에 대해 자신의 어떤 병으로 말미암은 것이라고 핑계를 대는 것. 칭병-하다[자여] ¶독감을 칭병하고 결근하다 / 그는 강릉 부사로 제수되었으나 **칭병하고** 부임하지 않았다.

칭사(稱辭)[명] 칭찬하여 말하는 것. 또는, 칭찬하는 말. 칭사-하다[자여]

칭송(稱頌)[명] (어떤 대상을) 칭찬하여 기리는 일. 또는, 그 말. ¶~을 받다 / ~이 자자하다. 칭송-하다[타여] ¶사람들은 그의 효행을 **칭송하였다**. 칭송-되다[자]

칭양(稱揚)[명] =칭찬. 칭양-하다[타여]

칭얼-거리다/-대다[자] '찡얼거리다'의 거센말. ¶**칭얼거리는** 아이에게 젖을 물리다. [여]징얼거리다.

칭얼-칭얼[부] '찡얼찡얼'의 거센말. [여]징얼징얼. 칭얼칭얼-하다[자여]

칭원(稱冤)[명] 원통함을 들어서 말하는 것. 칭원-하다[자여]

칭찬(稱讚)[명] (사람이 다른 사람을) 좋은 일을 한다거나 했다고, 또는 어떤 일을 잘한다거나 했다고 말하거나 높이 평가하는 것. 또는, (사람이 다른 사람의 행동이나 특성, 또는 이룬 일을) 좋거나 훌륭하다고 말하거나 높이 평가하는 것. =칭양. ⓗ칭송. ¶~을 듣다 / ~을 받다 / ~이 자자하다 / ~을 아끼지 않다. 칭찬-하다[타여] ¶상대를 극구 ~.

칭칭[부] =친친. ¶머리에 붕대를 ~ 감다.

칭칭-이[명][음] =트라이앵글.

칭탁(稱託)[명] (어떤 것을) 핑계로 대는 것. 칭탁-하다[자여] ¶연실이는 제이 학기 한 학기를 병을 **칭탁하고** 쉬었다.《김동인: 김연실전》

칭탄(稱歎)[명] 칭찬하고 감탄하는 것. 칭탄-하다[타여]

칭탈(稱頉)[명] 무엇 때문이라고 핑계 삼는 것. 칭탈-하다[타여] ¶병을 **칭탈하고** 두문불출하다.

칭-하다(稱-)[타여] (어떤 대상을 무엇이라고) 이름 붙여 일컫다. ¶당명을 민주당이라 ~ / 사람들은 그를 가리켜 김 삿갓이라 **칭하였다**.

칭호(稱號)[명] 어떠한 뜻으로 일컫는 이름. ¶명예로운 ~ / 계관 시인이라는 ~를 얻다.

ㅋ

ㅋ →키읔.

카 I 곤하게 잠잘 때 내쉬는 숨소리. ⊙커. II 맛·냄새가 몹시 맵거나 독할 때 내는 소리. ⊙커.

카나리아(canaria) 명 되샛과의 새. 종달새와 비슷한데, 배와 허리는 누르스름하며 겨드랑이 부분에 검은 얼룩점이 있음. 울음소리가 아름다워 집에서 많이 기름.

카네이션(carnation) 명 석죽과의 여러해살이풀. 높이 30~90cm. 여름에 향기로운 붉은색·흰색의 꽃이 핌. 관상용으로 재배하며, 어버이날에 이 꽃을 가슴에 다는 풍습이 있음.

카논(canon) 명 ['규범', '표준'이라는 뜻] 1 [미] 이상적인 인체의 비례. 고대 그리스의 조각에서 이상적인 비례를 8등신으로 보았음. 2 [음] 대위법(對位法)에 의한 복음악(複音樂)의 작곡 기법. 또는, 그 기법에 의한 악곡. 주제가 되는 가락을 연주하는 선행 성부를 후속 성부가 일정한 관계를 엄격히 유지하면서 모방하여 뒤따름.

카농-포(ⓒcanon砲) 명 [군] 길고 큰 포신(砲身)과 비교적 느리게 타는 화약을 사용하여, 주로 45° 이내의 사각(射角)으로 원거리 사격에 쓰는 대포. ⊙캐넌(cannon).

카누(canoe) 명 통나무·가죽·갈대 등으로 만들어 패들로 젓는, 좁고 긴 원시적인 작은 배. 또는, 이 배에서 발달한 경기용 보트.

카누^경기(canoe競技) 명 [체] 조정 경기의 하나. 각종 배를 패들로 조작하여 잔잔한 호수나 하천의 급류·격류 등의 코스에서 스피드와 득점을 겨루는 경기. 올림픽에서는 카약과 캐나디안 카누의 두 종목이 있음.

카니발(carnival) 명 [가] =사육제(謝肉祭).

카덴차(ⓘcadenza) 명 [음] 악곡이 끝나기 직전에 독주자가 연주하거나 독창자가 노래하는, 기교적이고 화려한 부분.

카드(card) 명 1 생일이나 크리스마스 등을 축하하기 위해 보내는, 그림이나 장식이 인쇄된 종이. ¶크리스마스 ~ / 생일 축하 ~. 2 빳빳하고 탄력성 있는 종이에 숫자나 알파벳, 도형 등이 표시되거나 그려진, 서양식 놀이 도구. 3 어떤 사항을 기록하여 자료로 보관하는 종이. ¶신상 기록 ~ / 도서 목록 ~. 4 어떤 사람의 신분이나 자격 등을 증명하는, 종이나 플라스틱 따위로 만든 명함 크기의 물건. ¶아이디(ID) ~. 5 일정한 기계 장치에 넣거나 대거나 함으로써 돈을 꺼내거나 요금을 지불하거나 할 수 있도록 명함 크기의 플라스틱으로 만든 물건. ¶크레디트 ~ / 전화 ~. 6 문제를 해결할 수 있는 방법이나 방안. ¶협상 ~ / 비장의 ~ / 경제 재건의 결정적 ~. 7 [컴] 문자·숫자 또는 기호를 천공 기록하여 컴퓨터에 대한 정보 매개체로 사용하는 일정한 규격의 종이. 8 [컴] 컴퓨터의 하드웨어 안에 내장되어 있는, 여러 가지 칩이 붙어 있는 납작한 물건. ¶비디오 ~.

카드-깡(card-ⓒ割勘/わりかん) 명 <속> 1 은행에서 대출받을 수 없는 사람을 상대로 하여 카드로 물품을 구입한 것처럼 허위 전표를 끊게 한 뒤 선이자를 떼고 그 차액을 빌려 주는 불법 행위. ¶~ 영업. 2 세금을 포탈하고자 하는 업소를 상대로 하여 다른 업소나 유령 업소의 명의로 허위 매출 전표를 끊을 수 있게 해 주고 그 전표를 할인된 값으로 사들이는 불법 행위.

카드-놀이(card-) 명 카드를 이용한 서양식 게임의 하나. 보통 53매의 카드를 이용함.

카드뮴(cadmium) 명 [화] 푸른빛을 띤 은백색의 고체 원소. 원소 기호 Cd, 원자 번호 48, 원자량 112.40. 합금·도금 등에 쓰임.

카드^섹션(card section) 명 늘어앉은 많은 사람이 어떤 목적을 위하여 여러 가지 빛깔의 카드를 나열하여 어떤 글자나 장면을 나타내어 보이는 방법.

카디건(cardigan) 명 칼라가 없고 앞자락을 단추로 채우게 된, 털로 짠 스웨터.

카라반(ⓒcaravane) 명 =대상(隊商)⁶.

카랑-카랑(-) '가랑가랑'의 센말. ¶크렁크렁. 카랑카랑-하다¹

카랑카랑-하다² 형여 1 하늘이 높고 맑으며 날씨가 맑고 차다. 2 목소리가 쇳소리같이 맑고 똑똑하다. ¶~ 목소리는.

카레(←curry) 명 1 강황(薑黃)·생강·후추·마늘 따위를 섞어 만든 노란 향신료. 맵고 향기로우며, 카레라이스 등 여러 가지 요리에 쓰임. 2 '카레라이스'의 준말.

카레-라이스(←curried rice) 명 인도 요리의 하나. 고기와 채소를 볶아서 물에 알맞게 푼 카레 가루를 섞어 걸쭉하게 끓인 것을 쌀밥에 얹어 먹는 요리. ⊙카레.

카^레이싱(car racing) 명 [체] '자동차 경주'로 순화.

카로티노이드(carotinoid) 명 [화] 카로틴과 유사한 색소의 총칭. 동식물계에 널리 분포하며, 황색·적색·적자색을 나타냄.

카로틴(carotin) 명 [화] 카로티노이드의 하나. 당근의 뿌리나 고추에 들어 있는, 황색 또는 적색의 결정. 동물의 체내에서 비타민 A로 변하여 시각·광합성 등에서 중요한 기능을 함.

카르(ⓒKar) 명 [지] =권곡(圈谷).

카르노^순환(Carnot循環) 명 [물] 프랑스의 물리학자 카르노가 생각한 단열 변화와 등온 변화의 과정으로 이루어지는 이상적인 열기관의 사이클. =카르노 사이클.

카르마(ⓒkarma) 명 [불] =업(業)²·³. 음역어는 갈마(羯磨).

카르스트^지형(ⓒKarst地形) 명 [지] 석회암 대지에 발달된 침식 지형. 석회암의 주성분인 탄산칼슘이 물에 녹아들어 카렌펠트·종유굴 등을 만듦.

카르텔(ⓒKartell) 명 [경] 동일 업종의 기업이 경쟁을 피하여 이익을 확보하기 위해 가격·생산량·판로 등에 대하여 협정을 맺는

카리스마(charisma) 圏 많은 사람들을 강력한 매력으로 사로잡거나 절대적인 권위로 휘어잡는 힘. ¶~가 있는 배우/~를 가지고 조직을 이끌어 나가다.

카리에스(caries) 圏[의] 만성의 골염(骨炎)으로 뼈가 썩어서 파괴되는 질환. 거의 결핵균에 의하여 일어나며, 늑골·척추에 발병함. =골저(骨疽). ¶척추~.

카메라(camera) 圏 1 사진을 찍는 기계. 렌즈를 통하여 순간적으로 광선을 받아들여 뒤에 있는 감광판에 영상이 맺히게 함. =사진기. 2 움직이는 영상을 재현할 목적으로 어떤 장면을 연속적으로 촬영하는 기계. 무비카메라·비디오카메라 따위. =촬영기.

카메라-맨(cameraman) 圏 1 영화·텔레비전·비디오 등의 촬영 기사. 2 =사진 기자.

카메라^앵글(camera angle) 圏 영화·텔레비전·사진 등에서, 피사체에 대한 카메라의 위치나 렌즈의 각도. =사각(寫角)·앵글.

카메룬(Cameroon) 圏 아프리카 대륙, 기니 만에 면한 연방제 공화국. 수도는 야운데.

카메오(㉰cameo) 圏 1 마노(瑪瑙)·조가비·대리석 따위에 정교한 돋을새김을 한 세공품. 2 유명 배우나 인사가 영화의 한 장면에 짤막하게 등장하는 일. 또는, 그런 역할.

카멜레온(chameleon) 圏[동] 파충류 카멜레온과에 속하는 동물의 총칭. 몸길이 30~60cm, 도마뱀과 비슷하나 네 다리와 꼬리가 길고, 겉면에 좁쌀 모양의 돌기가 많음. 몸빛은 보통 회색·황갈색 또는 녹색이고 불규칙한 반점이 있는데, 주위의 환경 및 광선과 온도에 따라 자유로이 변함.

카무플라주(㉰camouflage) 圏 (불리하거나 부끄러운 것 등을) 숨기거나 그렇지 않은 것처럼 보이도록 꾸미는 것. ×캄플라지. 카무플라주-하다 囘[여]¶그는 코 밑의 상처를 카무플라주하기 위해 콧수염을 기른다.

카바레(㉰cabaret) 圏 무대·댄스홀 등의 설비를 갖춘 서양식의 고급 술집.

카바이드(carbide) 圏[화] 1 =탄화물(炭化物). 2 탄소와 금속 원소의 화합물. 특히, 칼슘 카바이드를 가리킴. 물을 부으면 아세틸렌 가스가 발생함. 탄화칼슘의 상표명으로 ¶~등(燈).

카바티나(㉰cavatina) 圏[음] 1 오페라에서 아리아보다 선율적이며 단순한 형식의 서정적인 독창곡. 2 속도가 느린 짧은 기악곡.

카보베르데(Cabo Verde) 圏[지] 아프리카 서부, 대서양 상에 있는 공화국. 수도는 프라이아.

카본(carbon) 圏[물] 아크등(arc燈)·전극 등에 쓰이는 탄소봉 또는 탄소선.

카본-지(carbon紙) 圏 =탄산지(炭酸紙).

카뷰레터(carburetor) 圏 =기화기(氣化器).

카빈-총(carbine銃) 圏[군] 미국 육군이 개발한 경소총(輕小銃). 화력이 세고 사정거리가 짧음.

카세인(casein) 圏[화] 포유류의 젖 속에 80% 정도 함유된 단백질. 모든 필수 아미노산을 함유하고 있어 영양상 중요함. 의약품·접착제·인조 섬유의 제조 등에 쓰임.

카세트(cassette) 圏 카세트테이프를 간편하게 장착(裝着)하여 녹음·재생할 수 있도록 만든 녹음기. =카세트테이프리코더.

카세트-테이프(cassette tape) 圏 전용 플라스틱 케이스에 들어 있는 자기 테이프. 스테레오 녹음·재생이 가능함.

카세트테이프-리코더(cassette tape recorder) 圏 =카세트.

카-섹스(†car sex) 圏 자동차 안에서 하는 성교(性交).

카-센터(†car center) 圏 자동차를 수리하거나 정비하는 업소.

카-스테레오(†car stereo) 圏 자동차에 부착된 입체 음향 재생 장치.

카스텔라(㉰castella) 圏 밀가루에 달걀·설탕 등을 넣고 반죽하여 오븐에 구운 빵.

카스트(caste) 圏 인도 특유의 세습적 신분 제도. 브라만·크샤트리아·바이샤·수드라의 네 계급으로 나뉘며, 결혼·직업·식사 등 일상생활에 엄중한 규제가 있음. =사성(四姓)·사종성.

카시오페이아-자리(Cassiopeia-) 圏[천] 북쪽 하늘의 별자리의 하나. 12월 초저녁에 자오선의 천정(天頂)에서 북쪽 부분을 통과함. 빛나는 별이 'W' 자형으로 늘어서 있어 눈에 띄기 쉽고 북극성을 발견하는 표시가 됨. =닻별.

카약(kayak) 圏 1 에스키모가 사용하는 가죽배. 대개 1인승으로 여름에 바다 수렵에 쓰이는데, 가벼워서 속도가 빠르고 중심이 낮아 높은 파도에도 잘 견딤. 2[체] 카누 경기의 하나. 1인조·2인조·4인조의 세 종목이 있으며, 여자 종목도 있음.

카오스(㉰chaos) 圏 천지 창조 이전의 혼돈 상태. ↔코스모스.

카올린(kaolin) 圏 =고령토(高嶺土).

카우보이(cowboy) 圏 지난날, 미국 서부 지방이나 캐나다·멕시코 등 목장에서, 말을 타고 다니면서 가축을 돌보는 일을 하던 남자.

카운슬러(counselor) 圏 =상담원.

카운슬링(counseling) 圏 심리적인 문제·고민이 있는 사람에 대해 실시하는 상담 활동.

카운터(counter) 圏 1 음식점·다방·술집 등의 가게에서 돈을 내는 곳. 보통, 탁자와 금고가 있음. ¶~를 보다(카운터에서 돈 받는 일을 하다). 2 은행·스탠드바 등에서, 고객과 직접 대면할 수 있도록 설비된 긴 테이블.

카운터블로(counterblow) 圏 권투에서, 상대 선수가 공격해 오는 순간에 되받아 치는 강한 주먹. ¶~를 날리다.

카운터-테너(countertenor) 圏[음] 여성의 음역에 해당하는 높은 음으로 노래하는 남자 가수.

카운터파트(counterpart) 圏 대등한 지위의 상대. 순화어는 '상대방'.

카운트(count) 圏[체] 1 운동 경기에서 행하는 득점 계산. 2 권투에서, 녹다운의 경우에 초를 재는 일. 카운트-하다 囘[자][타][여] 카운트-되다 囘[자].

카운트다운(countdown) 圏 1 로켓이나 유도탄 등을 발사할 때, 발사 순간을 0으로 하고 계획 개시의 순간부터 일(日)·시(時)·분(分)·초(秒)를 거꾸로 세어 가는 일. ¶~이 시작되다. 2 어떤 중요한 일이 임박하여 남은 시간을 헤아리면서 대비하고 있는 상태. '초읽기'로 순화.

카운트-아웃(count-out) 圏[체] 권투에서, 녹다운이 된 선수가 10초를 경과하는 동안 일어서지 못하는 일.

카이모그래프(kymograph) 圏 생물의 몸의 움직임을 기록하는 실험 장치. 근육의 운동, 심장의 박동, 호흡 운동이나 식물의 생장 등의 측정에 사용됨.

카이저-수염([독]Kaiser鬚髥) [명] 〔독일 황제 빌헬름 2세의 수염에서 온 말〕 양쪽 끝이 위로 굽어 올라간 코밑수염.

카인(Cain) [명][성] 아담과 하와의 큰아들. 야훼가 동생 아벨의 제물은 받고 자기의 제물은 거절하자, 동생을 질투하여 돌로 쳐 죽인 인류 최초의 살인자임.

카인의 후예(後裔) [구] 저주받은 무리 또는 죄인을 일컫는 말.

카자흐스탄(Kazakhstan) [명][지] 러시아의 남서쪽에 있는 공화국. 수도는 아스타나. =카자흐.

카지노([이]casino) [명] 룰렛·카드놀이 등으로 도박을 하는 공인 오락장.

카추샤 [명][군] '카투사(KATUSA)' 의 잘못.

카카오([에]cacao) [명] **1** [식] '카카오나무' 의 준말. **2** 카카오나무의 열매. 모양이 오이와 비슷하며, 속에 든 씨는 가루를 내어 코코아를 만듦.

카카오-나무([에]cacao—) [명][식] 벽오동과의 상록 교목. 높이 7~10m. 열매는 '카카오' 라고 하는데 살이 많으며, 등황색 또는 적자색으로 익음. 씨는 코코아·초콜릿 따위의 원료로 씀. 아메리카의 열대 지방에 흔함. =코코아나무. [준]카카오.

카키-색(khaki色) [명] 누른빛에 엷은 다색(茶色)이 섞인 빛깔. 주로 군복에 많이 쓰임.

카타르[1](catarrh) [명][의] 점막 세포에 염증이 생겨 다량의 점액을 분비하는 상태. 감기가 걸렸을 때 콧물이 멈추지 않는 상태 따위를 말함.

카타르[2](Qatar) [명][지] 아라비아 반도 동부, 페르시아 만에 돌출한 수장국(首長國). 수도는 도하.

카타르시스([그]catharsis) [명] **1** [문] 비극(悲劇) 속의 연민과 공포를 통해서 마음이 정화되고 쾌감을 느끼는 일. **2** [심] 자기가 직면한 고뇌 따위를 밖으로 표출함으로써 강박 관념을 해소시키는 일. =정화(淨化).

카타콤(←catacomb) [명][종] 지하 매장소. 특히, 로마 초기에 크리스트교도의 공동묘지가 유명하고, 박해 때에는 예배 장소로서도 사용되었음.

카탈로그(catalog) [명] 선전을 목적으로, 상품의 목록과 가격 등을 사진·그림 등과 함께 인쇄하여 만든 책자나 종이.

카턴(carton) [명] 두꺼운 종이로 만든 상자. 흔히, 병의 대용품으로 씀.

카테고리([독]Kategorie) [명] '범주(範疇)[2]', '부류' 로 순화. ¶~에 들다 / ~에 넣다.

카톨릭 [명] '가톨릭(Catholic)' 의 잘못.

카투사(KATUSA) [명] 〔Korean Augmentation Troops to United States Army〕 주한 미 육군에 파견되어 근무하는 한국군. ×카추샤.

카툰(cartoon) [명] 주로 정치적인 문제를 풍자하는 한 컷짜리 시사만화.

카트(cart) [명] **1** 짐을 싣고 손으로 끌고 다닐 수 있도록, 옆모습이 'ㄴ' 자 모양이 되게 쇠로 틀을 만들고 2개의 바퀴를 밑에 단 운반 기구. **2** =쇼핑카트.

카트리지(cartridge) [명] **1** 프린터나 복사기 등의 잉크가 담겨 있는 용기. ¶잉크 ~. **2** 카메라에 장착하여 사용하는, 필름이 담긴 통. **3** 녹음기나 비디오카세트리코더에 넣어서 사용하는, 테이프가 감아져 있는 용기.

카-퍼레이드(†car parade) [명] 특별 공로를 세운 사람이나 외국 원수 등을 환영하기 위해 자동차에 태우고 시가를 행진하는 일. ¶~를 벌이다.

카페([프]café) [명] 커피 등 음료와 양주(洋酒) 및 간단한 서양식 음식을 파는 집.

카페리(car ferry) [명] 승객과 함께 화물이나 자동차를 실어 운반하는 배. ¶부관(釜關) ~.

카페오레([프]café au lait) [명] 진한 커피와 따뜻한 우유를 비슷한 양으로 섞어 만든 차.

카페인(caffeine) [명][화] 커피의 열매나 잎, 카카오·차 등의 잎에 들어 있는 알칼로이드. 무색의 결정으로 쓴맛이 있음. 흥분제·이뇨제·강심제 등에 쓰이나, 많이 사용하면 중독 증세를 일으킴. =다소(茶素)·다정(茶精).

카펫(carpet) [명] '양탄자' 로 순화.

카-폰(car phone) [명] 차량에 무선 송수신기·안테나를 설치하여 이동 중에도 통화할 수 있는 전화.

카-풀(car pool) [명] 통근이나 여행을 할 때 승용차에 같은 방향의 사람이 함께 타는 일.

카프(KAPF) [명] 〔Korea Artista Proleta Federatio〕[문] 1925년, 김기진(金基鎭)·박영희(朴英熙) 등에 의해 결성된 프롤레타리아 문학인의 전위적(前衛的) 단체. 1935년에 해산됨. =조선 프롤레타리아 예술가 동맹.

카프리치오([이]capriccio) [명][음] 일정한 형식에 구속되지 않는, 자유로운 요소가 강한 기악곡. =광상곡(狂想曲)·기상곡(綺想曲).

카프리치오소([이]capriccioso) [명][음] 악곡의 표현 방법을 나타내는 말로, '자유롭게', '기분이 들뜨게 환상적으로' 의 뜻.

카피(copy) [명] **1** =복사(複寫)[3]. **2** 광고의 문안. **카피-하다** [동][타][여] ¶서류를 ~.

카피-라이터(copywriter) [명] 광고의 문안을 작성하는 사람.

칵 [부] 목구멍에 걸린 것을 힘껏 내뱉는 소리. ¶가래침을 ~ 뱉다.

칵-칵 [부] 자꾸 칵 하는 소리. **칵칵-하다** [동][자][여]

칵칵-거리다/-대다[-꺼(때)-] [동][자] 자꾸 칵칵 소리를 내다. ¶목에 가시가 걸려 ~.

칵테일(cocktail) [명] 몇 가지 양주(洋酒)를 적당히 섞고, 향료·설탕 등과 함께 얼음을 넣고 혼합한 술. =혼합주.

칵테일-글라스(cocktail glass) [명] 거꾸로 된 원뿔 모양으로 다리와 받침대가 달린, 칵테일용의 소형 유리잔.

칵테일-파티(cocktail party) [명] 칵테일을 주로 한, 서서 여러 사람과 자유로이 환담하며 즐기는 서양식의 간단한 연회.

칸[1] [명] [1][자립] **1** 건물에서, 일정한 크기로 나누어 벽으로 둘러막은 공간. **2** 공간에 무엇을 두는 용도의 구조물에서, 안의 공간을 가로지르거나 둘러막아 더 작게 만든 공간. ¶책장의 가운데 ~. **3** 어떤 문자를 써넣을 수 있도록 평면 위에 긋거나 그려 놓은 직선이나 직사각형이나 괄호 등의 공간. ¶다음 빈 ~에 알맞은 말을 써넣으세요. **4** 열차를 구성하는 각각의 차량. ¶식당 ~ / 침대~ / 일등~. [2][의존] **1** 집의 칸살의 수효를 세는 단위. ¶방 한 ~. **2** 책장 따위의 구획된 빈 공간의 수를 세는 단위. **3** 문자를 써넣는 빈 공간의 수를 세는 단위. **4** 열차를 구성하는 차량을 세는 단위. ×간(間).

칸²(khan) 몡 중세기의 몽골·터키·타타르 종족의 군주의 칭호. 한(汗). ¶칭기즈 ~.

칸나(canna) 몡[식] 홍초과의 여러해살이풀. 높이 1~2m. 잎은 긴 타원형이고, 여름과 가을에 빨강·노랑·보라 등의 꽃이 핌. 관상용으로 재배함. =홍초(紅蕉).

칸델라¹(㉭kandelaar) 몡 함석 따위로 만든 호롱에 석유를 넣어 불을 켜 들고 다니는 등(燈).

칸델라²(candela) 몡[의존][물] 광도(光度)의 단위. 1칸델라는 1기압하에서 백금의 응고점 온도에 있는 흑체(黑體) 1cm²의 광도의 60분의 1로, 1촉(燭)의 0.98배임. 기호는 cd.

칸-막이 몡 둘러쌓인 공간의 사이를 가로질러 막음. 또는, 그렇게 막은 물건. 칸막이-하다 통(타여)

칸-살 몡 1 일정한 규격으로 둘러막은 건물의 공간. ¶~을 지르다. 2 사이를 띄운 거리. ×간살.

칸-수(-數)[-쑤] 몡 칸살의 수효.

칸초네(㉭canzone) 몡[음] 이탈리아의 대중적인 가곡.

칸칸-이 𝐹 각 칸마다. ¶이 수납장은 ~ 서랍이 따로 있어 편리하다.

칸타빌레(㉭cantabile) 몡[음] 악곡의 표현 방법을 나타내는 말로, '노래하듯이'의 뜻. ↔안단테.

칸타타(㉭cantata) 몡[음] 17~18세기의 바로크 시대에 발전한 성악곡의 한 형식. 독창·중창·합창과 기악 반주로 이루어짐. =교성곡(交聲曲).

칸통 몡 집의 몇 칸 되는 넓이. ¶세 ~.

칼¹ 몡 물건을 베거나 썰거나 깎는 데 사용하는, 길고 납작한 금속의 한쪽 또는 양쪽 모서리에 날카로운 날이 있고, 한쪽 끝에 자루가 달린 연장. 세는 단위는 자루. =인(刃). ¶부엌~/면도~/~로 베다/~을 갈다/~이 무디다/~이 잘 들다.

[**칼로 물 베기**] 부부는 다투었다가도 시간이 조금 지나면 곧 사이가 다시 좋아짐을 이르는 말.

칼(을) 맞다 𝐹 칼에 찔리다. ¶강도에게 ~.

칼(을) 품다 𝐹 살의(殺意)를 품다.

칼² 몡[역] 중죄인(重罪人)의 목에 씌우는 형구의 하나. 두껍고 기름한 널빤지의 한쪽 끝을 사람의 목이 들어갈 만하게 파고, 양쪽에서 나무 비녀장을 지르도록 되어 있어, 죄인이 자신의 몸을 눕히지 못하도록 하는 것임.

칼(을) 쓰다 𝐹 죄인이 칼의 구멍에 목을 넣다. ¶칼을 쓰고 옥중에 앉아, 이 도령의 꿈을 꾸던 춘향이.

칼-갈이 몡 1 칼을 갈아 날을 세우는 일. 2 칼 가는 일을 직업으로 하는 사람.

칼-국수[-쑤] 몡 밀가루를 손으로 반죽하여 방망이로 얇게 민 뒤, 칼로 가늘게 썰어 팔팔 끓는 국물에 넣어 익힌 국수. 손으로 만드는 대신에 기계를 이용하여 만드는 경우도 있음. =도면(刀麵). ¶닭~/바지락~. ↔틀국수.

칼-금[-끔] 몡 칼날에 스쳐 생긴 가는 금. ¶~이 가다.

칼-깃[-낏] 몡 새의 죽지를 이루고 있는 빳빳하고 긴 부분.

칼-끝[-끋] 몡 칼날의 맨 끝. ¶날카로운 ~.

칼-날[-랄] 몡 물건을 베는, 칼의 얇고 날카로운 쪽. =도인(刀刃). ¶~이 서다/~이 무디다.

칼데라(㉭caldera) 몡[지] 화구 주변의 붕괴·함몰에 의해 생긴, 원형으로 매우 크게 우묵한 곳.

칼데라 호(㉭caldera湖) [지] 칼데라에 물이 괴어 된 호수. 백두산의 천지 등.

칼-등[-뚱] 몡 칼날의 반대쪽인 두꺼운 부분. =도척(刀脊).

칼라(collar) 몡 서양 의복에서, 목 둘레에 길게 덧붙여 다는 부분. 또는, 그 부분에 떼었다 붙였다 할 수 있도록 만든 긴 천. ¶양복[와이셔츠] ~/빳빳한 ~/~를 달다.

칼럼(column) 몡 신문·잡지 등에서, 시사 문제나 사회 현상 등을 촌평하는 기사. 또는, 그 난(欄).

칼럼니스트(columnist) 몡 칼럼 집필자.

칼로리(calorie) 몡 ① [의존] 1 [물] 열량의 단위. 1칼로리는 순수한 물 1g을 1기압하에서 14.5℃에서 15.5℃로 올리는 데 필요한 열량을 가리키는 것으로, 4.1855줄(J)임. 기호는 cal. 2 영양학에서, 식품의 영양가를 열량으로 환산하여 나타낸 단위. 1kcal를 가리킴. 기호는 Cal. ② [자립] 식품의 열량이나 영양가를 이르는 말. ¶~가 높은 식품.

칼륨(㉭Kalium) 몡 알칼리 금속 원소의 하나. 원소 기호 K, 원자 번호 19, 원자량 39.102. 은백색의 연한 금속으로 동식물의 생리에 중요한 역할을 하며, 원자로의 냉각재로 쓰임. =칼리·포타슘.

칼륨^비료(㉭Kalium肥料) 몡 칼륨이 비교적 많이 함유된 비료. 염화칼륨·황산칼륨·두엄 등이 이에 속함. =칼리 비료.

칼륨-염(㉭Kalium鹽) 몡 여러 가지 산기(酸基)와 칼륨의 화합으로 생기는 염의 총칭. 황산칼륨·염화칼륨·질산칼륨·탄산칼륨 따위, 비료로 쓰임.

칼리(㉭kali) 몡[화] =칼륨(Kalium).

칼리포르늄(californium) 몡[화] 인공 방사성 원소의 하나. 원소 기호 Cf, 원자 번호 98, 원자량 251. 캘리포니아 대학 연구실에서 퀴륨에 알파선을 충격가함의 핵반응에 의하여 발견하였음.

칼리프(caliph) 몡 ['후계자'의 뜻] [역] 정치와 종교의 권력을 아울러 갖는, 이슬람 국가의 최고 지도자. =칼리파. ¶정통 ~ 시대.

칼립소(㉭calypso) 몡[음] 서인도 제도의 트리니다드 섬에서 시작된 민속 음악. 또는, 그 리듬(4분의 2박자) 이름. 원래는 흑인의 즉흥적인 이야기를 노래였음.

칼-바람 몡 몹시 차고 매운 바람.

칼-부림 몡 남을 해치려고 칼을 마구 휘두르거나 내젓는 짓. 또는, 그렇게 해서 남을 해치는 짓. ¶백주에 대로에서 ~이 나다. 칼부림-하다 통(재여)

칼-새 몡[동] 칼샛과의 새. 제비와 비슷한데, 몸빛은 흑갈색이며 허리에 하얀 띠가 있고 턱과 목이 약간 흼. 나는 속도가 매우 빠르나는 소리가 들림. 해충을 잡아먹는 익조임. =명매기.

칼슘(calcium) 몡[화] 알칼리 토금속 원소의 하나. 원소 기호 Ca, 원자 번호 20, 원자량 40.08. 은백색의 부드러운 금속으로 동물의 뼈·이의 주요 성분임.

칼-싸움 몡 칼을 무기로 하여 싸우는 싸움. 㽍칼쌈. 칼싸움-하다 통(재여)

칼-싹두기[-뚜-] 몡 밀가루 따위를 반죽하여 굵직굵직하고 조각지게 썰어서 물에 끓인 음식. =도면(刀麵). ▷수제비.

칼-쌈 명 '칼싸움'의 준말. **칼쌈-하다** 자예

칼-자국[-짜-] 명 칼로 찌르거나 베거나 하여 생긴 자국. ¶얼굴에 ~이 있는 흉악범.

칼-자루[-짜-] 명 칼을 손에 안전하게 쥐거나 잡을 수 있게 만든 부분.

칼자루(를) 잡다[쥐다] 관 서로 겨루고 있는 어떤 일에서 상대방보다 유리한 입장에 있다.

칼-잠 〈속〉좁은 방에서 여럿이 잘 때 바로 눕지 못하고 몸의 옆 부분을 바닥에 댄 채로 불편하게 자는 잠.

칼-잡이 명 **1** '검객'을 홀하게 이르는 말. **2** =백정(白丁)**3**.

칼-장단[-짱-] 명 도마질할 때 율동적으로 내는 칼 소리.

칼-질 명 칼로 물건을 베거나 깎거나 써는 짓. ¶~이 서투르다. **칼질-하다** 자타여

칼-집[-찝] 명 칼의 몸체 부분을 꽂아서 넣어 두도록 만든 물건.

칼-집[2] 명 요리를 만들 재료에 칼로 에어서 낸 진집. ¶생선에 ~을 내다.

칼-춤 명 =검무(劍舞). ¶~을 추다.

칼-침(-鍼) 명 칼에 찔리거나 칼로 남을 찌르는 일. ¶~을 놓다[주다] / 정적(政敵)에게 ~을 맞다.

칼칼-하다 형여 **1** 목이 말라 무엇을 마시고 싶은 생각이 있다. ¶목도 **칼칼한데** 막걸리 한잔하고 가지. **2** 맵고 자극하는 맛이 있다. ¶**칼칼한** 맛이 식욕을 돋우는 매운탕. 큰 컬컬하다.

칼-코등이 명 슴베 박은 칼자루의 목 쪽에 감은 쇠테. =검비(劍鼻)·검환(劍環). 준 코등이.

캄보(combo) 명 [음] 3~8명으로 편성된 소규모의 재즈 악단. 빅 밴드의 상대어로 씀.

캄보디아(Cambodia) 명 [지] 동남아시아의 인도차이나 반도에 있는 공화국. 수도는 프놈펜. =캄푸치아.

캄브리아-기(Cambria紀) 명 [지] 고생대의 첫 번째 기. 선캄브리아대에 비해 조류(藻類)·무척추동물이 급격하게 증가하였음.

캄캄-절벽(-絶壁) 명 아무것도 모르고 있다는 말. ¶인 일에 대해서는 ~이다.

캄캄-하다 형여 '깜깜하다'의 거센말. ¶**캄캄한** 밤 / 시험에 떨어졌다는 말에 눈앞이 ~. / 그는 세상 물정에는 **캄캄한** 사람이다. 큰 컴컴하다.

캄파(←⑫kampaniya) 명 '캄파니아'의 준말.

캄파니아(⑫kampaniya) 명 **1** 대중에게 호소하여 어떤 목적을 이루고자 하는 정치적 운동. **2** 대중으로부터 정치 운동의 자금을 모으는 일. 준 캄파. ▷캠페인.

캄플라지 명 '카무플라주(camouflage)'의 잘못.

캅셀(⑤Kapsel) 명 '캡슐(capsule)'의 잘못.

캉캉[1] 명 작은 개가 짖는 소리. 큰 컹컹.

캉캉[2](⑥cancan) 명 2박자·4박자의 빠른 템포의 프랑스 춤. 주름이 많은 긴 치마를 들어 올리고 다리를 번쩍번쩍 들어 보이면서 오리걸음을 흉내 낸 스텝이 특징임.

캉캉-거리다/-대다 자 자꾸 캉캉 소리를 내어 짖다. 큰 컹컹거리다.

캐나다(Canada) 명 [지] 북아메리카 대륙의 북부에 위치하는 영연방(英聯邦)에 속하는 연방 국가. 수도는 오타와.

캐:-내다 타 **1** (땅속에 묻힌 식물이나 광물을) 호미나 괭이 따위의 도구로 땅을 파서 밖으로 들어내다. 비 파내다. ¶고구마를 ~. **2** (모르거나 감추어지거나 드러나지 않은 사실을) 묻거나 따지거나 추적하거나 하여 알아내다. ¶비밀을 ~.

캐넌(cannon) 명 **1** [군] =카농포(canon砲). **2** 당구에서, 치는 사람의 공이 목적하는 공 둘을 연속적으로 맞히는 일.

캐:-다 (캐고/캐어) 타여 **1** (땅속에 묻힌 식물이나 광물 등을) 호미나 괭이 따위의 도구로 땅을 파서 밖으로 드러나게 하거나 나오게 하다. ¶나물[산삼]을 ~ / 괭이로 풀뿌리를 ~. **2** (모르거나 감추어지거나 드러나지 않은 사실을) 알거나 밝히기 위해 묻거나 따지거나 추적하거나 하다. 또는, 묻거나 따지거나 추적하거나 하여 알아내거나 밝히다. ¶뒤를 ~ / 남의 사생활을 꼬치꼬치 ~.

캐드(CAD) 명 [computer-aided design] [컴] =컴퓨터 보조 설계.

캐디(caddie) 명 클럽을 메고 골프 치는 사람을 따라다니며 조언하거나 시중드는 사람.

캐러멜(caramel) 명 우유·버터·물엿·초콜릿 등에 바닐라 따위의 향료를 넣어 고아서 굳힌 과자. ×캬라멜.

캐럴(carol) 명 성탄절을 축하하는 곡이나 노래. =크리스마스 캐럴. ¶크리스마스가 다 가오자, 거리에 ~이 울려 퍼지기 시작했다.

캐럿(carat) 명 [의] **1** 보석의 무게의 단위. 1캐럿은 0.2g. 기호는 ct. **2** 금의 순도(純度)를 나타내는 단위. 순금을 24캐럿으로 침. 기호는 K 또는 Kt.

캐리커처(caricature) 명 주로 신문·잡지 등에서, 유명인의 얼굴을 과장되거나 우스꽝스럽게 변형하여 그린 그림. ¶정치가의 ~.

캐릭터(character) 명 **1** ('성격', '인물'이라는 뜻) 소설·극·만화 등에 등장하는 인물이나 동물. 또는, 그 외모나 이야기 내용에 의해 독특한 개성과 이미지가 부여된 존재. **2** 기업·단체·행사 등을 상징하거나 제품에 이용하기 위해, 동물·사람 등의 모습으로 나타낸 그림이나 형상물.

캐:-묻다[-따] 타 ⓓ〈~물으니, ~물어〉 깊이 파고들어 묻다. ¶남의 사생활을 ~. 본 캐어묻다.

캐미솔(camisole) 명 가슴에서 허리까지 오는 어깨끈이 달린 여자용 속옷.

캐비닛(cabinet) 명 사무용 자료나 물품 등을 넣어 보관하는 장.

캐비지(cabbage) 명 [식] '양배추'로 순화.

캐스터(caster) 명 [방송] **1** 뉴스나 일기 예보 등을 방송을 통해 전달하는 사람. ¶뉴스 ~ / 기상 ~. **2** =스포츠캐스터.

캐스터네츠(castanets) 명 [음] 타악기의 하나. 안쪽을 얕게 도려낸 두 짝의 나무나 상아 등을 끈으로 잡아맨 조가비 모양의 악기.

캐스트(cast) 명 '배역(配役)'으로 순화. ¶~를 정하다.

캐스팅(casting) 명 연극이나 영화 등에서, (어떤 사람을 어떤 역으로) 출연하도록 뽑는 것. **캐스팅-하다** 타여 ¶A 씨를 주연으로 ~. **캐스팅-되다** 자여

캐스팅^보트(casting vote) 명 **1** 가부(可否)가 동수(同數)일 때, 의장이 가부를 결정하는 투표. **2** 의회 같은 데서 두 정당의 세력이 비슷할 때, 그 승패를 결정하는 제3당의 투표. =결재투표·결정투표.

캐시ˆ기억ˆ장치(cache記憶裝置) [―짱―] 몡[컴] 프로그램의 실행 속도를 중앙 처리 장치의 속도에 접근시키기 위하여 개발된 고속 기억 장치.

캐시미어(cashmere) 몡 인도의 카슈미르 지방에서 산출되는 양모로 짠 최고급 모직물. 유연하고 보온성이 풍부함.

캐시밀론(Cashmilon) 몡 합성 섬유의 하나. 천연가스로부터 만든 합성수지를 원료로 한 실. 또는, 그 직물. 일본 상표명에서 온 말임.

캐시^카드(cash card) 몡 현금 카드.

캐어-묻다[―따] 됭(ㄷ) <―물어 ―물어> '캐묻다'의 본딧말. ¶시시콜콜하게 이것저것 캐어묻는 사람은 딱 질색이다.

캐주얼-웨어(casual wear) 몡 격식에 매이지 않고 가볍게 입는 평복. ¶스포티한 ~.

캐주얼-하다(casual―) 혱예 차림새가 격식에 구애되지 않고 간편하다. ¶캐주얼한 옷을 즐겨 입다.

캐처(catcher) 몡[체] =포수(捕手)[2]. ↔피처.

캐치(catch) →캐치-하다 됭(터)예 '포착하다', '알아차리다', '(볼을) 잡다'로 순화. ¶상대 방의 의도를 재빨리 ~ / 타자가 친 볼을 멍추 뛰면서 ~.

캐치-볼(†catch ball) 몡[체] 야구에서, 공을 던지고 받고 하는 연습.

캐치프레이즈(catchphrase) 몡 캠페인 등에서, 남의 주의를 끌기 위하여 내거는 기발한 문구. 옝구호. ¶'하나뿐인 지구'라는 ~를 내얼고 환경 운동을 벌이다.

캐터펼트(catapult) 몡 1[군] 성(城)을 공격하기 위해 만든, 고대 그리스・로마의 투석기(投石機). 2 항공모함 등의 갑판 위에서 항공기를 날게 하기 위한 장치. 중압기・압축 공기 등에 의해서 실린더 내의 피스톤을 주행시키고 그것에 항공기를 연동시켜 날아가게 함. =비행기 사출기・사출기(射出機).

캐터필러(caterpillar) 몡 =무한궤도.

캑 閈 목구멍에 걸린 것을 뱉어 내려고 기침을 힘껏 하는 소리. ¶가래를 ~ 뱉다.

캑-캑 閈 자꾸 캑 하는 소리. **캑캑-하다** 됭(재)예

캑캑-거리다/-대다[―꺼(때)―] 됭(재) 자꾸 캑캑 소리를 내다. ¶목에 가시가 걸려 ~.

캔(can) 몡 양철로 만든 통 모양의 용기(容器). ¶~ 맥주.

캔디(candy) 몡 설탕을 주로 하여 굳혀 만든 과자. 캐러멜・드롭스・봉봉・누가 따위.

캔버스(canvas) 몡 1[미] 유화(油畫)를 그릴 때 쓰는 천. 흔히, 거친 삼베 위에 아교를 먹이고 그 위에 아마인유와 산화아연 등을 덧칠해 만듦. =화포(畫布). 2 [체] 복싱・레슬링 등을 하는 링의 바닥. ¶강한 어퍼컷으로 상대 선수를 ~에 눕히다.

캔슬(cancel) 몡 '취소', '삭제'로 순화. **캔슬-하다** 됭(터)예 ¶수출 계약을 ~. **캔슬-되다** 됭(재)

캘리퍼스(calipers) 몡 직접 자를 대서 재기 어려운 물체의 두께・지름 등을 재는, 컴퍼스 모양의 측정용 기구. =측경기(測徑器).

캘린더(calendar) 몡 =달력.

캠[1](CAM) 몡 [computer-aided manufac-turing] [컴] =컴퓨터 보조 생산.

캠[2](cam) 몡 회전 운동을 왕복 운동・요동 운동 등으로 변환시키는 기계 장치.

캠코더(camcorder) 몡 [camera+recorder] 녹화 재생 기능을 갖춘 비디오카메라.

캠퍼(camphor) 몡[약] =장뇌(樟腦).

캠퍼스(campus) 몡 대학 등의 교정(校庭).

캠페인(campaign) 몡 사회적・정치적 목적을 위하여 조직적・계속적으로 어떤 주의・주장을 알리고 따르게 하는 운동. ¶불조심에 대한 ~을 벌이다.

캠프(camp) 몡 1 야영을 하기 위해 텐트를 치고 일시적으로 머무르는 곳. ¶~를 설치하다. 2 주로 교육이나 훈련을 목적으로 일정한 프로그램을 가지고 일정 기간 동안 진행되는 단체 활동. 또는, 그 장소. ¶여름 ~ / 청소년 ~ / 전지 훈련 ~. 3 임시 활동 본부. ¶선거 ~.

캠프-파이어(campfire) 몡 야영지에서 밤에 피우는 모닥불. 또는, 그것을 둘러싸고 모여 노는 것. ¶~ 주위에 둘러앉아 노래하며 놀다 / 저녁에는 각 팀 별로 ~를 했다.

캠핑(camping) 몡 산이나 강가나 바닷가 등에 텐트를 치고 일시적으로 거기서 머물거나 잠을 자거나 하는 일. =야영. ¶~을 가다. **캠핑-하다** 됭(재)예

캠핑-카(camping car) 몡 장기간의 여행을 하면서 조리와 숙박이 가능하도록 만든 자동차.

캡(cap) 몡 1 테와 운두가 없는 납작한 모자. 2 필기도구의 뚜껑.

캡션(caption) 몡 인쇄물에 실린 삽화・사진의 설명문.

캡슐(capsule) 몡 1 아교로 얇게 만든 작은 갑. 맛이나 냄새가 좋지 않은 가루약이나 기름 따위를 넣어 먹기 쉽도록 하는 데 쓰임. =교갑(膠匣)・교낭(膠囊). ¶~제(劑). 2 우주 비행체의 기밀 용기(氣密容器). ×캅셀.

캥 閈 강아지・여우가 사납게 우는 소리. ▷캉.

캥거루(kangaroo) 몡[동] 포유류 캥거루과에 속하는 동물의 총칭. 몸길이 1~1.6m. 앞다리는 짧고 뒷다리는 커고 튼튼하여 잘 뜀. 암컷은 배에 육아낭(育兒囊)이 있어 새끼를 거기에 넣어 기름. 가죽은 여러 가지 공예품의 재료로 쓰임.

캥-캥 閈 강아지・여우가 자꾸 사납게 우는 소리. ▷캉캉.

캥캥-거리다/-대다 됭(재) 자꾸 캥캥 소리를 내다.

캬라멜 '캐러멜(caramel)'의 잘못.

캭 閈 목구멍에 걸린 것을 떼려고 힘 있게 뱉는 소리. ¶가래침을 ~ 뱉다.

캭-캭 閈 자꾸 캭 하는 소리. **캭캭-하다** 됭(재)예

캭캭-거리다/-대다[―꺼(때)―] 됭(재) 자꾸 캭캭 소리를 내다.

컁 閈 여우가 요사스럽게 우는 소리. ▷캥.

컁-컁 閈 여우가 자꾸 요사스럽게 우는 소리.

컁컁-거리다/-대다 됭(재) 자꾸 컁컁 소리를 내다.

컁컁-하다 혱예 (얼굴이) 몹시 강파르다.

커 I 閈 곤하게 잠잘 때 목젖에 붙은 혀뿌리를 터뜨리며 내는 숨소리. 쥅카.
II 閈 음식 맛이나 술 맛이 몹시 맵거나 독할 때에 내는 소리. 쥅카.

커넥션(connection) 몡 '결탁'으로 순화. ¶경~.

커녕 조 체언이나 용언의 명사형 '-기', 또는 일부의 부사나 연결 어미 다음에 쓰이는 보조사. 1 어떤 부정적인 사실을 서술함에 있어, 앞의 조건이나 상황보다 더 못한 조건이나 상황을 뒤에 제시할 때 쓰임. '말할 것도

없고'의 뜻을 나타내며, 뒤의 대비를 이루는 말 다음에 '도', '조차' 등의 조사가 붙기도 함. 강조의 뜻을 나타낼 때에는 앞에 '은/는'의 조사가 붙음. ¶밥~ 죽도 못 먹는다. / 그는 책~ 신문조차 읽지 않는다. 2 바람직하지 않거나 원치 않은 사실을 서술함에 있어서, 앞의 조건이나 상황에 대한 예상이나 기대와 달리 뒤에 정반대되는 조건이나 상황이 이루어졌음을 나타낼 때 쓰임. '고사하고 도리어'의 뜻을 나타내며, '까지', '만' 등의 조사가 붙기도 함. ¶휴일이라고 쉬기~ 죽도록 일만 했다. / 돈을 벌기~ 있는 돈까지 다 써 버렸다. ▷는커녕·은커녕.

커니와 '하거니와'가 준 말. 조건적인 말의 아래에서, '모르거니와'의 뜻으로 쓰임. ¶지금이라도 비가 오면 ~ 그렇지 않으면 올 농사는 흉년이다.

커닝(†cunning) 명 ['교활한'의 뜻] 시험을 볼 때 남의 답안지를 훔쳐보거나 숨겨 놓은 책이나 쪽지 따위를 몰래 보는 일. **커닝-하다** 동(자)여 ¶커닝하다가 들키다.

커:-다랗다[-라타] 형ㅎ <~다라니, ~다라오, ~다래> 꽤 또는 퍽 크다. 접미사 '-다랗다'가 형용사 어간에 붙는 일반적 관행에서 벗어난 것으로, '크다'가 '커'로 활용한 뒤에 결합한 꼴임. ¶커다란 기쁨 / 목소리가 ~ / 눈을 커다랗게 뜨다. 준커다랗다. ↔작다랗다.

커:-닿다[-다타] 형ㅎ <~다니, ~다오, ~대> '커다랗다'의 준말. ¶커단 가방.

커리어(career) 명 '경력'으로 순화. ¶그는 토픽 기사로만 30년이 넘는 경력을 가진 사람이다.

커리어-우먼(career woman) 명 '전문적 여성'으로 순화.

커리큘럼(curriculum) 명[교] =교육 과정.

커맨드(command) 명 ['명령'이라는 뜻] [컴] 컴퓨터로 시스템이나 장치에 대하여 특정 기능의 실행을 지시하기 위한 정보나 신호.

커뮤니케이션(communication) 명 인간이 서로 의사·감정·사고를 전달하는 일. 언어·문자, 그 밖의 시각·청각에 호소하는 몸짓·표정·소리 등의 수단으로 행함. ¶~이 잘 되는 친구.

커미셔너(commissioner) 명 프로 야구·프로 권투 등에서, 개별 경기나 대회 등 모든 사업을 운영하는 일 자체나 집단의 품위·질서 유지를 위해 전권(全權)이 위임된 최고 책임자. 또는, 최고의 결정 기관.

커미션(commission) 명 1 수수료. 또는, 구전(口錢). 2 일을 봐 주고 규정 외에 받는 사례금.

커미션^닥터(commission doctor) 명[체] 각 경기 연맹의 위촉을 받고, 시합 전의 선수의 건강 진단, 시합 중의 선수의 상처 진단 등을 맡은 지정(指定) 의사.

커밍-아웃(coming out) 명 자신이 동성애자라는 사실을 세상에 밝히는 일.

커버(cover) 명 1 물건을 가리거나 보호하기 위하여 그것을 덮거나 싸는, 천·종이·비닐 등의 물건. ¶책 ~ / 방석 ~를 씌우다. 2 [체] 권투에서, 상대의 공격을 팔과 손으로 막는 일. 3 (비용이나 손실 등을) 감당하거나 메우는 일. 4 (어떤 범위를) 이르러 미치는 것. **커버-하다** 동(타)여 ¶상대 선수의 집을 왼손으로 ~ / 전국을 커버하는 방송망 / 옷을 잘 선택하여 체형의 결점을 ~.

커버-걸(cover girl) 명 잡지 따위의 표지에 사진이 실린 여성. ¶패션 잡지 ~.

커버^글라스(cover glass) 명 현미경으로 관찰할 때 슬라이드 유리 위에 놓은 재료를 덮는, 얇은 소형 유리판. =덮개 유리. ↔슬라이드 글라스.

커버링(covering) 명[체] 권투 경기 따위에서, 팔과 손으로 얼굴을 가려 상대방의 공격을 막는 방법.

커버-스토리(cover story) 명 잡지나 주간지 따위의 표지에 나오는 그림이나 사진에 대한 설명 기사.

커브(curve) 명 1 사물의 형태, 또는 움직이거나 나아가는 방향 등이 원(圓)의 일부처럼 완만한 곡선을 이룬 상태. 또는, 그 곡선. ¶~ 길 / ~를 틀다 / 왼쪽으로 ~를 돌다. 2 [체] 야구에서, 투수의 공이 곧게 가다가 타자 근처에서 좌측이나 우측으로 휘면서 밑으로 떨어지는 상태. 또는, 그런 상태의 공.

커브^볼(curve ball) 명[체] 야구에서, 곧게 가다가 타자 근처에서 좌측이나 우측으로 휘면서 밑으로 떨어지는 투수의 공. =곡구(曲球).

커서(cursor) 명[컴] 컴퓨터의 표시 화면에서, 입력 위치를 나타내는 표시. 비(ㅂ)깜빡이.

커스터드(custard) 명 우유와 달걀노른자에 설탕·향미료 따위를 넣어서 찌거나 구워 크림과 같이 만든 빵.

커-지다 자 크게 되다. ¶키가 ~ / 일이 커지기 전에 잘 수습하시오. ↔작아지다.

커터(cutter) 명 자르거나 깎거나 하기 위한 도구. 재단기, 밀링 머신용 절삭 공구 등.

커트(cut) 명 1 전체 중에서 일부를 잘라 내는 일. 2 미용을 목적으로 머리를 자르는 일. 또는, 그 머리의 모양. 3 [체] 야구에서, 타자가 투수가 던진 공을 잡아채듯이 치는 일. 4 [체] 야구에서, 한 야수가 던진 공이 목적한 야수에게 도달하기 전에 다른 야수가 그 공을 중간에서 잡아 버리는 일. 5 [체] 농구 등에서, 상대방의 공을 빼앗는 일. 6 [체] 탁구나 테니스에서, 라켓을 비스듬히 하여 깎아쳐서 공에 회전력을 주는 일. 7 [영] 영화의 편집·검열을 할 때 필름의 일부분을 잘라 내는 일. **커트-하다** 동(타)여 **커트-되다** 동(자)

커트-라인(†cut line) 명 시험에서, 합격할 수 있는 점수의 최저선. 순화어는 '합격선'. ¶~이 높다.

커튼(curtain) 명 햇빛을 가리거나 바깥에서 들여다보지 못하도록 하기 위해 창문의 안쪽에 다는 커다란 천. 때로, 실내의 공간을 나누는 칸막이로서도 이용됨. ¶~을 달다 / ~을 치다 / ~을 젖히다.

커튼-콜(curtain call) 명 연극·음악회 등에서, 막이 내린 뒤 관객이 찬사의 표현으로 환성과 박수를 보내어 일단 퇴장한 출연자를 무대나 막의 앞으로 다시 불러내는 일.

커틀릿(cutlet) 명 소·돼지·닭 등의 고기를 납작하게 썰어서 빵가루를 묻혀 기름에 튀긴 요리.

커프스(cuffs) 명 와이셔츠나 블라우스 등의 소맷부리의 총칭. 또는, 그 접는 부분.

커프스-단추(cuffs-) 명 커프스에 채우는 장식적인 단추. =커프스버튼.

커프스-버튼(cuffs button) 명 =커프스단추.

커플(couple) 명 한 쌍. 특히, 남녀의 한 쌍. ¶저 두 사람은 잘 어울리는 ~이다.

커플링(coupling) 명 1 [공] 한 축(軸)에서부터 다른 축으로 동력을 전달하는 장치. =축이음. **2** [화] 방향족 디아조늄염에 방향족 아민·페놀 따위가 결합하여 아조(azo) 화합물을 만드는 반응. 아조 염료 합성의 중요한 과정이 됨. **3** [화] 두 개 이상의 생화학적 반응에 대해서, 하나의 반응 생성물이 다른 반응의 기질(基質)로 되는 일.

커플-매니저(†couple manager) 명 조건과 취향이 맞는 남녀를 소개하여 결혼에 이를 수 있도록 도움을 주는 일을 직업으로 하는 사람. 흔히, 결혼 정보 회사에 속해 있음.

커피(coffee) 명 **1** 끓여서 마실 수 있도록 볶아 놓은 커피나무 열매의 씨. 또는, 그것을 빻은 가루. **2** 그 씨를 끓이거나 분말을 뜨거운 물에 타서 만든, 짙은 갈색 음료. 크림이나 설탕을 첨가하기도 함. ¶블랙~ / 진한 ~의 향기 / ~를 끓이다 / ~를 마시다.

커피-나무(coffee-) 명 [식] 꼭두서닛과의 상록 소교목. 높이가 약 8m. 흰 꽃이 피고 홍자색의 열매에 2개의 씨가 들어 있는데, 이 씨가 커피콩임.

커피-색(coffee色) 명 아주 짙은 갈색.

커피-세트(coffee set) 명 커피 마시는 도구의 한 벌.

커피-숍(coffee shop) 명 주로 커피를 파는 가게. 특히, 호텔에 딸린 것을 가리킴. ¶호텔~.

커피-콩(coffee-) 명 커피나무 열매의 씨. 커피의 원료임.

커피-포트(coffeepot) 명 커피를 넣고 끓이는 기계. 주전자.

컥 부 숨이 답답하게 막히는 모양. ¶매캐한 연기에 숨이 ~ 막히다.

컥컥 부 자꾸 컥 하는 모양. ¶갑자기 뜨거운 사우나실에 들어서니 숨이 ~ 막혔다. **컥컥-하다** 동(자여)

컨글로머릿(conglomerate) 명[경] =복합 기업(複合企業).

컨디션(condition) 명 ['형편', '상황'의 뜻] 몸의 건강 상태. ¶출전 선수들의 ~이 매우 좋다.

컨버터블(convertible) 명 지붕을 떼어 내거나 접을 수 있게 되어 모양을 바꿀 수 있는 승용차. 보통 2도어임.

컨베이어(conveyor) 명[공] 물건을 연속적으로 이동·운반하는 띠 모양의 운반 장치. =반송대(搬送帶).

컨베이어^시스템(conveyor system) 명[공] 컨베이어를 사용하는 일관 작업 방식. 능률적이고 대량 생산에 적합함.

컨설턴트(consultant) 명 기업의 경영·관리에 대한 진단과 지도를 하는 전문가.

컨설팅(consulting) 명 어떤 분야에 전문적 지식을 갖춘 사람이 고객을 상대로 상담하고 조언하는 일. ¶창업 ~ / 경영 ~ / 투자 ~. **컨설팅-하다** 동(자타여)

컨센서스(consensus) 명 '합의', '동의'로 순화. ¶여론을 수렴하여 국민의 ~를 이끌어 내다.

컨셉(concept) 명 '콘셉트(concept)'의 잘못.

컨소시엄(consortium) 명 어떤 사업에 여러 업체가 하나로 연합하여 공동으로 참여하는 방식. 또는, 그 연합체. ¶인터넷 업체들이 중국 시장 진출을 위해 ~을 구성하다.

컨테이너(container) 명 수송용의 금속용기. 수송의 신속화·생력화(省力化)를 꾀하고, 철도·자동차의 연계로 출입구에서 출입구까지 일관(一貫) 수송할 수 있음. ¶수출 상품의 ~ 화물선이 나가는 항구.

컨테이너^하우스(container house) 명 일정한 규격으로 만든 소규모의 이동식 건물. 주로, 매점·방갈로·창고·공사 현장 사무실 등으로 이용함.

컨텍스트(context) 명 '문맥', '맥락'으로 순화.

컨텐츠(contents) '콘텐츠(contents)'의 잘못.

컨트롤(control) 명 **1** 통제하고 조절하는 일. **2** [체] 야구에서, 투수가 투구를 조절하는 일. **컨트롤-하다** 동(타여)

컨트리^음악(country音樂) 명[음] 미국 농촌에서 살던 백인들의 대중음악. 동부의 민요에서 발생하였음.

컨트리-클럽(country club) 명 전원생활을 즐기려는 도시 사람을 위해 교외에 골프장·테니스장·수영장 등의 시설을 갖춘 클럽.

컬(curl) 명 머리털을 곱슬곱슬하게 지지는 일. 또는, 그 머리털. **컬-하다** 동(타여)

컬러(color) 명 ['빛깔'의 뜻] **1** 흑백만이 아닌 빛깔이 있는 것. 또는, 천연색의 상태. ¶~가 선명한 화면. **2** 어느 집단이나 지역 등에 특유한 기풍·경향. ¶로컬(local) ~.

컬러리스트(colorist) 명 색채에 대한 전문적 지식과 기술을 가지고 다양한 분야에서 색채와 관련된 업무를 수행하는 사람. 순화어는 '색채 전문가'.

컬러-복사기(color複寫機) [-싸-] 명 그림·글·도면·사진 등을 원래의 색대로 복사하는 기계.

컬러^사진(color寫眞) 명 =천연색 사진.

컬러-텔레비전(color television) 명 화면이 천연색으로 나타나는 텔레비전 수상기. 그 방식. 흑백텔레비전.

컬러-판(color版) 명[인] =원색판(原色版). ¶~ 학습 대백과.

컬러풀(colorful) →**컬러풀-하다** 형(여) '화려하다', '다채롭다'로 순화.

컬러^필름(color film) 명 자연 그대로의 빛깔을 나타내는 사진 필름. =천연색 필름. ↔흑백 필름.

컬럭 부 병 등으로 쇠약한 사람이 힘없이 내는 기침 소리. 작칼락. **컬럭-하다** 동(자여)

컬럭-거리다/-대다 [-꺼(때)-] 동(자) 자꾸 컬럭 소리를 내다. 작칼락거리다.

컬럭-컬럭 부 컬럭거리는 소리. ¶~ 기침을 하다. 작칼락칼락. **컬럭컬럭-하다** 동(자여)

컬렉션(collection) 명 미술품이나 우표·화폐·책·골동품 등을 수집하는 일. 또는, 그 수집품.

컬컬-하다 형(여) **1** 목이 말라 술이나 물을 마시고 싶은 생각이 간절하다. ¶목이 ~. **2** 맵고 얼큰한 맛이 있다. ¶대구탕이 제법 컬컬하군. 작칼칼하다.

컴-도사(←computer道士) 명 <속> 컴퓨터를 아주 잘 다루는 사람.

컴-맹(←computer盲) 명 어떤 사람이 컴퓨터를 전혀 다루지 못하는 상태. 또는, 그 사람. '문맹(文盲)'이라는 말을 빗대어 만든 신조어임. ¶오늘날과 같은 정보화 사회에서 ~들은 점차 설 자리를 잃을 수밖에 없다.

컴백(comeback) 명 예전의 활동 무대에 복귀(復歸)하는 일. 순화어는 '복귀'. **컴백-하다** 동(자여) ¶은막(銀幕)에 ~.

컴섹(†←computer sex) 명 <속> 채팅으로 음란한 대화를 나누며 가상섹스를 하는 일. 인터넷상에서 쓰이는 통신 언어임.

컴컴-하다 〔형〕'껌껌하다'의 거센말. ¶별빛도 없는 **컴컴한** 밤길. 〔잠〕캄캄하다.

컴파일러 (compiler) 〔명〕〔컴〕인간의 언어에 가까운 고급 언어로 작성된 원시 프로그램을 입력으로 받아 기계어(機械語)로 된 목적 프로그램을 출력하기 위해 사용되는 언어 번역 프로그램. ▷어셈블러·인터프리터.

컴퍼스 (compass) 〔명〕 1 자유롭게 폈다 오므렸다 할 수 있는 두 개의 다리가 있는 제도 기구. 원(圓)·호(弧)를 그리는 데 쓰임. =걸음쇠·양각기. ▷디바이더. 2 =나침반. 3 =보폭(步幅).

컴퓨터 (computer) 〔명〕 전자 회로를 이용하여 자동적으로 정보 처리를 하는 장치. 수치 계산·자동 제어·데이터 처리·사무 관리 등 광범위하게 이용됨. =전자계산기.

컴퓨터^게임 (computer game) 〔명〕 마이크로 컴퓨터가 든 게임 소프트웨어와 디스플레이를 사용하여, 화면에 나타난 그림을 조작하며 노는 게임.

컴퓨터^그래픽스 (computer graphics) 〔명〕〔컴〕컴퓨터에 의한 도형·화상(畫像) 처리. 컴퓨터 보조 설계·애니메이션 작성 등에 이용됨.

컴퓨터^바이러스 (computer virus) 〔명〕〔컴〕 =바이러스2.

컴퓨터^보조^생산 (computer補助生産) 〔명〕〔컴〕 컴퓨터를 이용해서 제품 제조의 자동화를 도모하는 것. 컴퓨터로 공작 기계의 선택, 가공 순서 등을 결정함. =캠(CAM).

컴퓨터^보조^설계 (computer補助設計) [-계/-게] 〔명〕〔컴〕 컴퓨터에 입력된 자료를 이용하여 설계하고, 그 설계에 의해 만들어진 제품을 그래픽 화면이나 컴퓨터 인쇄물로 볼 수 있도록 해 주는 시스템. =시에이디·캐드(CAD).

컴퓨터^통신 (computer通信) 〔명〕〔통〕 정보 센터의 컴퓨터와 다수의 퍼스널 컴퓨터를 통신 회선으로 연결하여, 퍼스널 컴퓨터 간에 정보를 송수신하는 일. =피시(PC) 통신.

컴퓨토피아 (computopia) 〔명〕 [computer+utopia] 컴퓨터의 개발이 급속하게 이루어짐에 따라 모든 것을 기계로 해결할 수 있다는 이상 사회론(理想社會論).

컴퓨팅 (computing) 〔명〕컴퓨터를 사용하는 일. 또는, 컴퓨터로 작업하는 일. ¶무선 ~의 장점 / 64비트 ~ 시대가 도래하다.

컵 (cup) 〔Ⅰ〕〔자립〕 1 물이나 술, 차 등의 음료를 담아 들고 마실 수 있도록, 손으로 잡기에 알맞은 크기로 원통형이나 사발 모양에 가깝게 만든 물건. ¶유리 ~ / ~에 물을 따르다. 2 운동 경기 등에서 상으로 주는 큰 잔. 3 브래지어에서, 양 젖가슴이 닿는 부분에 대는 반구형의 물건. A, B, C, D를 붙여 그것의 크기를 나타내기도 함. ¶A ~ 브라 / ~이 없는 브래지어. 4〔체〕골프에서, 그린 위의 홀 안쪽에 끼워 넣는, 금속제의 원통형의 통. ▷홀(hole). 〔Ⅱ〕〔의존〕 음료의 분량을 그것이 담긴 컵의 수로 헤아리는 말. ¶물 한 ~.

컵-라면 (cup←拉麵) 〔명〕 컵 모양의 일회용 용기 속에 든 라면. 또는, 그 용기에 뜨거운 물을 부어 즉석에서 익힌 라면. ▷사발면.

컵-자리 (cup-) 〔명〕〔천〕 5월의 초저녁에 남중하는 별자리, 처녀자리의 남서쪽에 있음.

컵 홀더 (cup holder) ☞ '컵걸이'로 순화.

컷 (cut) 〔Ⅰ〕〔명〕〔1〕〔자립〕 1〔영〕영화·텔레비전 등의 촬영에서, 한 대의 카메라가 찍기 시작하여 마칠 때까지의, 단절이 없는 일련의 영상. =숏. 2〔인〕인쇄물에 넣는 작은 삽화. 〔2〕〔의존〕 필름에서, 사진이 찍히는 화면의 하나하나를 세는 단위. ¶사진 한 ~ / 같은 장면을 여러 ~ 찍다. 〔Ⅱ〕〔감〕〔영〕어떤 장면에 대한 촬영을 중지시킬 때 감독이 외치는 말.

컷오프 (cutoff) 〔명〕〔체〕 3~4라운드의 골프 경기에서, 2라운드까지의 성적으로 3라운드의 진출 여부를 가리는 일. 또는, 2라운드에서 탈락되는 일. **컷오프-되다** 〔동〕〔자〕

컷-인 (cut-in) 〔명〕〔영〕영화·텔레비전에서, 긴 한 장면 사이에 문자·사진의 짧은 장면을 삽입하는 일.

컷인 플레이 (cut-in play) 〔체〕 농구에서, 상대 방의 수비진 사이로 공격해 들어가는 일.

컹컹 〔부〕개가 크게 짖는 소리. 〔잠〕캉캉.

컹컹-거리다/-대다 〔동〕〔자〕 자꾸 컹컹 짖다. 〔잠〕캉캉거리다.

케냐 (Kenya) 〔지〕 아프리카 동부에 있는 공화국. 수도는 나이로비.

케도 (KEDO) [Korean Peninsula Energy Development Organization] 북한에 대한 경수로 사업 지원 및 대체 에너지 제공 등을 추진하기 위해 1995년에 한국·미국·일본이 설립한 기구. =한반도 에너지 개발 기구.

케라틴 (keratin) 〔명〕동물체의 표피·모발·손톱·발톱·뿔·발굽·깃털 등의 주성분인 경단백질의 총칭. =각소(角素).

케이 (K) 〔명〕〔의존〕 합금 속에 들어 있는 금의 비율을 나타내는 단위. 순금은 24K임.

케이블 (cable) 〔Ⅰ〕〔자립〕 1 섬유·철사 따위를 꼬아 만든 굵은 줄. 2 전기가 통하지 않는 물질로 겉을 감싼 전화선이나 전력선. 〔2〕〔의존〕 해상에서 쓰이는 관습적인 길이의 단위. 1케이블은 200~240야드임.

케이블^릴리스 (cable release) 〔명〕〔사진〕 흔들림이 없이 셔터를 작동시키기 위한, 사진기의 보조 기구. 탄력성 있는 줄로 되어 있음. 〔준〕릴리스.

케이블^방송 (cable放送) 〔명〕〔방송〕 동축 케이블이나 광케이블 등을 통해 프로그램을 각 가정이나 지역으로 내보내는 방송.

케이블-카 (cable car) 〔명〕 경사가 급한 곳에 레일을 깔아 강철로 꼬아 만든 강삭으로 차량을 끌어 올려서 사람이나 화물을 운반하는 철도. 또는, 그 차량. 등산이나 광차 운반용으로 쓰임. =강삭 철도.

케이블^티브이 (cable TV) 〔명〕〔방송〕 방송국과 가입자인 각 가정이나 업소 등을 광케이블로 연결하고 그 케이블을 통해 방송 프로그램을 보내는 방식의 텔레비전. =시에이티브이(CATV).

케이스 (case) 〔명〕 1 물건을 넣는 상자나 갑. ¶담배 ~ / 책 ~. 2 '경우', '사례'로 순화. ¶모델 ~ / 이번 ~는 전번 것과 다르다. '웅'의 방언.

케이스바이케이스 (case-by-case) 〔명〕 '사례별', '개개의 경우[상황]'로 순화.

케이에스 (KS) 〔명〕 [Korean Industrial Standards] 한국 산업 규격에 합격된 제품에 붙는 표시. ¶~ 제품.

케이에스^마크 (KS mark) 〔명〕 산업 표준화법에 따라 산업 표준으로 인정된 제품에 표시하는 'ⓚ'의 표.

케이오 (KO) 〔명〕 [knockout] 〔체〕 =녹아웃1. ¶~ 펀치. **케이오-되다** 〔동〕〔자〕

케이오^승(KO勝)[명][체] 권투 경기에서, 상대를 녹아웃시킴으로써 이기는 것. ¶5회전에 ~을 거두다. ↔케이오 패.

케이오^패(KO敗)[명][체] 권투 경기에서, 녹아웃을 당함으로써 지는 것. ↔케이오 승.

케이크(cake) [명] 밀가루·달걀·버터·우유·설탕 등을 주재료로 하여 구워 만든 빵. ¶스펀지~/생일 축하 ~. ×케익.

케이프(cape) [명] 서양식 복장에서, 소매 없이 어깨와 팔, 상반신을 덮듯이 입는 옷.

케익 '케이크'의 잘못.

케일(kale) [명][식] 양배추의 하나. 잎이 오글쪼글하고 결구(結球)가 안 됨. 비타민과 무기영류가 많아 주스를 만드는 데 씀.

케첩(ketchup) [명] 토마토를 으깨어 즙을 낸 것에 향료·식초 등을 넣어 만든 소스. =토마토케첩.

케케-묵다[-따] [형] (일이나 물건이) 아주 오래되어 낡다. ¶케케묵은 장롱/케케묵은 이야기. ×켸켸묵다.

케페우스-자리(Cepheus-) [명][천] 가을철에 북극 가까이의 하늘에 보이는 별자리. 카시오페아자리와 용자리 사이에 있으며, 델타(δ) 별은 변광성임. =세페우스자리.

케플러-망^원경(Kepler望遠鏡) [명][물] 대물렌즈·대안렌즈가 모두 볼록 렌즈로 된 망원경. 천체 망원경의 대부분이 이것임.

케플러의 법칙(Kepler-法則) [-의-/-에-][천] 독일의 천문학자 케플러가 발견한, 행성의 운동에 관한 세 가지 법칙.

켄타우루스-자리(Centaurus-) [명][천] 늦봄에서 초여름에 걸쳐 남쪽 하늘에 보이는 별자리. =센타우루스자리.

켄트-지(Kent紙) [명] 그림·제도에 쓰는 흰색의 종이. 영국의 켄트 주에서 처음으로 생산.

켈로이드(keloid) [명][의] 피부의 결합 조직이 이상 증식하여 단단하게 융기한 것.

켈트^인(Celt人) [명] 인도·유럽 어족에 속하는 민족. 기원전 5세기에서 1세기에 유럽에서 활약하였으며, 현재는 아일랜드·웨일스의 주요 주민임.

켕기다[자] 1 (물체가) 팽팽해져 손이나 몸에 당기거나 조이는 힘이 느껴지다. ¶바지가 작아 ~/연이 한껏 바람을 받아 연줄이 ~. 2 (몸의 일부나 근육·힘줄 등이) 뻣뻣하게 당겨져 아프거나 불편하다. ¶수술한 자리가 ~. 3 마음에 찔리거나 떳떳하지 못한 데가 있어 거리끼거나 겁이 나다. ¶뒤가 ~/거짓말을 한 것이 마음에 ~. 4 마주 버티다. 2[타] 맞당겨 팽팽하게 하다. ¶줄을 ~.

켜 [명] 포개진 물건의 낱낱의 층. ¶시루떡의 ~를 두껍게 앉히다 / 가구에 먼지가 ~ 앉다.

켜-내다 [동][타] 고치에서 실을 켜서 뽑아내다. ×켜내다.

켜다¹ [동][타] 1 어떤 물체에 다른 물체의 끝이나 일부를 부딪치거나 마찰하여 불이 생기게 하다. ¶성냥을 ~. 2 (타는 불로 주위를 환하게 비추는 물건을) 불을 밝히다. ¶촛불을 ~. 3 (전기를 이용하는 물건을) 제 기능을 하도록 전기나 동력의 흐름이 시작되게 스위치를 움직이다. ¶형광등을 ~ / 텔레비전을 ~. ↔끄다. ×키다.

켜다² [동][타] 1 (톱으로 나무를) 세로 방향, 또는 나뭇결의 방향으로 밀었다 당겼다 하여 나누어지게 만들다. ¶통나무를 ~ / 박을 ~. ▷자르다. 2 (현악기를) 줄을 활 따위로 문질러 소리 나게 하다. ¶바이올린을 ~. 3 (실을) 누에고치나 목화 등에서 뽑다. ¶물레를 돌려 실을 ~/누에고치를 ~. 4 (엿을) 다루어 희게 늘여서 뽑다. ¶엿을 ~.

켜다³ [동][타] (물·술 등을) 한꺼번에 많이 마시다. ¶짜게 먹어서 물을 많이 ~.

켜다⁴ [동][타] ('기지개'를 목적어로 하여) (사람이나 동물이) 팔다리나 네다리를 쭉 뻗으며 몸을 펴다.

켜다⁵ [동][타] 우레 따위를 불어 소리를 내다. ¶꿩 사냥을 할 때는 으레 우레를 켠다.

켜-이다 [동][자] '켜다'의 피동사. ¶물이 ~.

켜켜-로 [부] 여러 켜를 이루어. ¶먼지가 ~ 앉은 낡은 책상.

켜켜-이 [부] 여러 켜마다. ¶시루떡에 ~ 팥고물을 얹다.

켠 [명](의존) '편(便)³²'의 잘못.

켤레¹ [수] 두 개의 점·선·수가 서로 특수한 관계를 가지고 있어, 서로 바꾸어 놓아도 그 성질에 변화가 없을 경우의 그 둘의 관계. 구용어는 공액(共軛).

켤레² [명](의존) 신·양말·장갑·방망이 따위의 두 짝을 한데 모아 세는 단위. =족(足). ¶고무신 한 ~ / 양말 두 ~ / 버선 세 ~.

켤레-각(-角) [명][수] 꼭짓점과 두 변이 공통이고 그 합이 360°인 두 개의 각에서 서로 반대쪽에 있는 각. 구용어는 공액각(共軛角).

켤레-호(-弧) [명][수] 합(合)이 한 원주와 똑같은 두 호의 서로의 명칭. 구용어는 공액호.

켯-속 [명](켠속/켣속) 복잡하게 얽힌 사물의 속사정이나 내용. ¶어찌 된 ~인지 알 수가 없다.

켸켸-묵다 [형] '케케묵다'의 잘못.

코¹ [명] 1 사람의 얼굴이나 포유동물의 머리 가운데에 있는, 호흡하거나 냄새 맡는 기능을 하는 기관. 사람의 경우에는 두 눈 사이에서 입 윗부분까지 길고 도도록하게 솟아 있으며, 두 개의 구멍이 뚫려 있음. ¶들창~/매부리~/~를 골다/~를 후비다/~를 벌름거리다/~를 쿵쿵거리다. 2 사람 얼굴의 숨 쉬는 기능을 하는 부분에 뚫린 구멍 속에 들어 있거나, 거기서 흘러나오는 다소 진득한 액체. ¶~를 흘리다/~를 닦다/~를 훌쩍거리다/~를 풀다. ▷콧물. 3 버선·신 등에서, 앞 끝이 오똑하게 내민 부분. ¶버선~ / 구두~ / 고무신의 ~.

코가 꿰이다 [구] 무엇에 꼼짝 못하고 속박되다. ¶돈에 ~ / 여자한테 ~.

코가 납작해지다 [구] 몹시 무안을 당하거나 기가 죽다. ¶필승을 호언하던 녀석을 1회전에서 KO로 눕혀 코가 납작해지게 만들어 놓았다.

코가 높다 [구] 잘난 체하고 뽐내는 기세가 있다. ¶그 여자는 코가 높아서 웬만한 남자는 거들떠보지도 않는다.

코가 비뚤어지게 [구] 몹시 취하도록 술을 마시는 모양. ¶오늘은 ~ 마셔 보자.

코를 맞대다 [구] 아주 가까이 마주 대하다.

코 먹은 소리 [구] 코가 막히거나 하여, 부자연스럽게 콧속을 울리면서 나는 소리.

코 묻은 돈 [구] 어린아이가 가지고 있는 적은 돈을 하찮은 것으로 이르는 말.

코(가) 빠지다 [구] 근심에 싸여 기가 죽고 활기가 없어지다. ¶내 코가 석 자나 빠졌는데 무슨 힘으로 남을 도울 수 있겠는가.
코(가) 세다 남의 말을 잘 듣지 않고 고집이 세다.
코² [1]그물이나 뜨개질한 물건의 눈마다의 매듭. =스웨터의 ~가 풀리다. [2]의존 [1]을 세는 단위로 이르는 말. ¶한 ~ / 32 ~.
코,³ 〈유아〉콜². ¶아가야, ~ 자자.
-코⁴ 접미 일부 한자어 어근에 붙어, 부사어를 만드는 말. ¶기어~ / 맹세~ / 결단~ / 단연~.
코-감기(-感氣) 명 코가 메고 콧물이 나오는 감기. =콧물감기.
코-걸이 명 장식이나 그 밖의 목적으로 사람의 코에 꿰는, 고리 모양의 물건. 아프리카 일부 종족이나 인도 등지에서 전통 습속으로 이용되어 왔는데, 최근에는 전 세계적으로 일부 젊은이들 사이에 피어싱으로서 유행하고 있음.
코-고무신 명 =코신.
코-골이 명 사람이 잠을 자면서 코를 고는 일. 잠을 자는 동안 늘어져 있는 목젖 부위가 호흡할 때 진동하면서 소리를 내는 것임.
코-끝 [-끝] 명 콧등의 끝. ¶~이 뭉툭하다.
코끝도 볼 수 없다 도무지 나타나지 않아 전혀 볼 수 없다. ¶그 사람은 요새 **코끝도 볼 수 없으니** 어찌 된 일이지?
코끼리 명동 몸집이 매우 크고, 원통 모양의 긴 코를 가지고 있으며, 입 양옆에 2개의 상아가 길게 내민 동물. 포유류 코끼릿과에 속하는 동물의 총칭으로, 주로 더운 지방에서 풀을 먹고 삶. 상아는 위턱에서 자란 엄니의 일종으로 공예 재료로 이용됨.
코-납작이 [-짝-] 명 1코가 납작한 사람을 놀림조로 이르는 말. 2 핀잔을 맞아 기가 꺾인 사람을 이르는 말.
코냑(←프cognac) 명 프랑스 코냐크 지방의 명산(名産)인 고급 브랜디. 포도주를 증류하여 통에 넣어 숙성시킨 것임.
코너(corner) 명 1일정한 공간의 구석. 또는, 길모퉁이. ¶홍 ~ / ~를 돌다. 2 쉽게 벗어날 수 없는 난처한 처지. ¶자таться ~에 몰리다. 3 †백화점 등의 매장. ¶숙녀복 ~.
코너링(cornering) 명[체] 스케이트·자동차 경기 등에서, 코너를 도는 것. 또는, 그때의 기술.
코너^아웃(corner out) 명[체] 축구에서, 자기편이 찬 공 또는 자기편 몸에 닿은 공이 자기편 골라인 밖으로 나간 경우.
코너-킥(corner kick) 명[체] 축구에서, 수비 측에 의해 코너 아웃이 된 공을 공격 측이 코너에 놓고 필드 안으로 차는 일.
코벳(cornet) 명[음] 트럼펫과 비슷한 금관 악기. 소리를 조절하는 세 개의 피스톤이 있으며, 트럼펫보다 원형에 가깝고 음색이 좀 부드러움.
코다(이coda) 명[음] 한 악곡이나 악장, 또는 악곡 중의 큰 단락의 끝에 종결 효과를 강조하기 위하여 덧붙이는 부분. =종결부.
코-대답(-對答) 명 탐탁하지 않게 여기는 일에 건성으로 콧소리를 내어 하는 대답. ¶그는 건성으로 ~만 할 뿐, 나를 돌아다보지도 않았다. **코대답-하다** 자여
코덱(codec) 명 아날로그 신호를 디지털 신호로 변환하거나 디지털 신호를 아날로그 신호로 변환하는 데이터 전송 장치.
코드¹(chord) 명[음] 1 =화음(和音). 2 기타 연주에서 손가락으로 짚는 화음.

코드²(code) 명 1상사(商社)가 국제 전보에서 정하여 두고 쓰는 약호·기호·암호. 2 [컴] 정보를 나타내기 위한 기호의 체계. ¶~ 변환 / 완성형 한글 ~. 3 [문] 기호학에서, 상호간에 메시지의 전달을 가능하게 하는 공통의 기호 체계. 또는, 어떤 문화의 성원에게 공통적으로 적용되는, 규칙·관습·규범 등의 의미 체계. ¶외국 영화를 보고 즐기기 위해서는 그들의 독특한 문화적 ~를 먼저 이해해야 한다.
코드³(cord) 명 가느다란 여러 개의 구리줄을 절연물로 싸고 그 위를 무명실 따위로 씌운 전깃줄. ¶전화 ~.
코디(←coordination) 명 1 '코디네이션'의 준말. 2 '코디네이터'의 준말. **코디-하다** 타여 의상·화장·액세서리·구두 등을 전체적으로 조화롭게 갖추어 꾸미다.
코디네이션(coordination) 명 ['동등', '조정(調整)'의 뜻] 의상·화장·액세서리·구두 등을 전체적으로 조화롭게 갖추어 꾸미는 일. 준코디.
코디네이터(coordinator) 명 코디네이션을 전문적으로 하는 사람. 준코디.
코딩(coding) 명 1 어떤 사항을 기호화하는 것. 또는, 기호를 부여하는 것. 2 [컴] 일정한 프로그램의 언어를 써서 프로그램을 작성하는 것. **코딩-하다** 타여
코-딱지 [-찌] 명 콧구멍에 코의 진액과 먼지 따위가 섞여 말라붙은 딱지.
꼬딱지만 하다 공간의 크기나 규모가 아주 작다. 얕잡는 어감이 있는 말임. ¶꼬딱지만 한 방(운동장).
코-뚜레 명 '쇠코뚜레'의 준말.
코란(Koran) 명 이슬람교의 경전. 마호메트가 유일신 알라로부터 받은 계시와 그의 설교를 집대성한 것임. =코란경.
코랄(chorale) 명[음] 독일 프로테스탄트 교회, 특히 루터파의 찬송가.
코러스(chorus) 명 1 =합창(合唱). 2 포크송이나 대중가요에서 반복되는 부분.
코로나(corona) 명[천] 태양 대기의 가장 바깥층에 있는 엷은 가스층. 개기 일식 때 육안으로 보임. =광관(光冠)·백광(白光).
코르덴(←corded velveteen) 명 누빈 것처럼 골이 지게 짠 벨벳 비슷한 직물. ×골덴.
코르사주(프corsage) 명 1가슴에서 허리 근처까지 내려오는, 몸에 꼭 맞는 의복의 허리 부분. 2 여성이 가슴이나 앞 어깨에 다는 꽃장식.
코르셋(corset) 명 1여자용 속옷의 하나. 배와 허리의 모양을 내기 위하여 입음. 2 [의] 의료 기구의 하나. 정형외과에서 환부(患部)의 고정·안정·변형 교정(變形矯正) 및 척추나 골반을 고정하는 데에 씀.
코르크(cork) 명[식] 나무의 코르크 형성층 바깥쪽에 생기는 코르크 조직을 잘라 가공한 것. 가볍고 탄력 있으며, 액체·기체가 통하지 않음. 병마개·보온재·방음재·구명구(救命具) 등에 쓰임. =목전(木栓).
코르크-나무(cork-) 명[식] 참나뭇과의 상록 교목. 높이 약 18m. 꽃은 봄에 피고 열매는 견과임. 줄기의 튼튼한 코르크질에서 코르크를 얻음.
코르크-층(cork層) 명[식] 나무의 겉껍질 안쪽의 부분. 코르크질을 갖춘 여러 층의 세포로 되어 식물체에 물이 드나들지 못하게 하여 내부를 보호함. =보귀켜.

코르티^기관(Corti器官) 명[생] 내이(內耳)의 달팽이관 기저막(基底膜) 위에 있는 나선형의 기관. 음파의 자극을 청신경에 전하는 구실을 함.

코리다 형 '고리다'의 거센말.

코린-내 명 '고린내'의 거센말.

코린트-식(Corinth式) 명[건] 기원전 5~6세기에 발달하였던, 그리스 고전 건축 양식의 하나. 화려하고 섬세하며, 기둥머리에 아칸서스 잎을 조각한 것이 특색임. ▷도리스식·이오니아식.

코-맹맹이 명 '코맹맹이'의 잘못.

코-맹맹이 명 말소리가 코가 막힌 상태에서 불완전하게 나는 상태. 또는, 그런 소리를 내는 사람. 놀림조의 말임. ¶~ 소리를 내다. ×코맹녕이.

코-머거리 명 코가 막혀 말소리를 불완전하게 내거나 냄새를 잘 못 맡거나 하는 상태에 있는 사람. 게시판에 올려 주세요. 얕잡는 말임.

코메디 명 '코미디(comedy)'의 잘못.

코메리칸(†Komerican) 명 [Korean+American] 미국에 사는 한국인.

코멘-소리 명 코가 막힌 사람이 하는 말소리.

코멘트(comment) 명 '논평', '해설', '한 말씀'으로 순화. ¶오늘의 증시 ~ / 좋은 아이디어나 ~를 게시판에 올려 주세요.

코모도(ⓘcomodo) 명[음] 악곡의 속도를 지시하는 말로, '알맞은 빠르기로'의 뜻.

코모로(Comoros) 명[지] 마다가스카르 섬 북쪽의 코모로 제도로 이루어진 공화국. 수도는 모로니.

코뮈니케(㉰communiqué) 명 외교 회의 때에 공식 회의의 경과나 관계국의 의사를 나타낸 성명서.

코뮤니즘(communism) 명[사] =공산주의.

코미디(comedy) 명 즐겁고 우스운 내용을 담은 연극이나 영화나 방송극. ⓑ희극. ×코메디.

코미디언(comedian) 명 코미디에 주로 출연하는 연기자. 희극 배우.

코믹(comic) →**코믹-하다** 형예 (영화·극·글 따위의 내용이나, 또는 연기나 모습 따위가) 웃음이 나게 하는 상태에 있다. ¶코믹한 연기 / 코믹한 영화.

코믹^오페라(comic opera) 명[음] =희가극.

코믹^터치(comic touch) 명 영화·드라마·소설 등의 내용에 희극적 요소를 띠고 있는 상태. ¶가족애(家族愛)를 ~로 그린 영화.

코민테른(Comintern) 명 [Communist International] [사] =제삼 인터내셔널.

코민포름(Cominform) 명 [Communist Information Bureau] 1947년 미국의 봉쇄 정책에 대항하여 유럽 9개국의 공산당이 정보 교환과 활동 조정을 도모하기 위해 조직한 기구. 1956년에 스탈린 비판 후 해산.

코-밀[-밑] 명 코의 아랫부분이라는 뜻》 아주 가까운 곳을 이르는 말. ¶물건을 ~에 두고도 못 찾는다.

코밑-수염(-鬚髯) 명 =콧수염.

코-바늘 명 한쪽 또는 양쪽 끝에 미늘 모양의 갈고리가 달린 짧은 뜨개바늘의 하나.

코발트(cobalt) 명[화] 철족(鐵族)에 속하는 전이 원소의 하나. 원소 기호 Co, 원자 번호 27, 원자량 58.9332. 회백색의 금속 원소로 강자성을 나타냄. 고속도강 등의 합금 제조 외에 유리·도자기의 청색 안료에 이용됨.

코발트-색(cobalt色) 명 코발트의 빛깔처럼 푸르스름한 색깔.

코-방아 →**코방아를 찧다** 귀 앞으로 넘어져서 코를 바닥에 몹시 부딪치다. ¶돌부리에 걸려 넘어져 코방아를 찧었다.

코-배기 명 코가 유난히 큰 사람을 놀림조로 이르는 말.

코-보 명 '코주부'의 잘못.

코볼(COBOL) 명 [common business oriented language] [컴] 사무 자료 처리용 고급 프로그래밍 언어.

코브라(cobra) 명[동] 파충류 코브라과의 독사. 몸빛은 회색·갈색 등 변화가 많음. 몸길이의 약 3분의 1을 땅 위에 곧게 세워 호기(呼氣)를 내면서 공격함. 강한 독이 있음.

코-빼기 명 '코¹'을 홀하게 이르는 말. ×콧배기.

코빼기도 볼 수 없다[못 보다] 귀 도무지 나타나지 않아 전혀 볼 수 없다. 속된 말임.

코빼기도 안 내민다 귀 어떤 자리에 모습을 나타내지 않다. 속된 말임.

코-뼈 명[생] 코를 이루고 있는 뼈. 좌우 한 쌍으로 된 연골임. =비골(鼻骨).

코뿔-소[-쏘] 명[동] 포유류 코뿔솟과에 속하는 동물의 총칭. 몸높이 1.2~2m. 코 위에 하나 또는 두 개의 뿔이 있으며, 다리가 짧고 살갗이 두꺼우며 단단함. 열대의 습지나 초원에 삶. =무소.

코사인(cosine) 명[수] 삼각 함수의 하나. 직각 삼각형의 한 예각을 낀 밑변과 빗변의 비를 그 각에 대하여 이르는 말. 기호는 cos. 구용어는 여현(餘弦). ↔시컨트.

코-숭이 명 1 산줄기의 끝. ¶해가 오르는 것이나 보고 가자 하고 숯은 물가에 쑥 내민 산~에 올라간다. 《이광수·흙》 2 물체의 뾰족하게 내민 앞 끝의 부분. ¶고무신.

코스(course) 명 1 어떤 목적에 따라 다니기에 알맞거나, 가기 위하여 정해 놓은 일정한 길. ¶드라이브 ~ / 산책 ~ / 관광 ~. 2[체] =레인(lane). ¶1·제1~의 선수. 3 거쳐야 할 과정이나 절차. ¶풀~ / 박사 ~를 밟다.

코스닥(KOSDAQ) 명 [Korea Securities Dealers Automated Quotations] [경] 벤처 기업·중소기업에 안정적인 자금을 공급하기 위해 설립된 우리나라의 주식 장외 시장. 1996년에 처음 개장됨. ▷나스닥.

코스모스¹(cosmos) 명[식] 국화과의 한해살이풀. 높이 1~2m. 6~10월에 흰빛·분홍빛·자줏빛 따위의 꽃이 핌. 멕시코 원산으로 관상용으로 재배함.

코스모스²(ⓒcosmos) 명 질서와 조화를 지니고 있는 우주 또는 세계. ↔카오스.

코스타리카(Costa Rica) 명[지] 중앙아메리카의 남쪽에 위치한 공화국. 수도는 산호세.

코스트(cost) 명[경] '생산비'로 순화. ¶~ 다운.

코시컨트(cosecant) 명[수] 삼각 함수의 하나. 직각 삼각형의 빗변과 어떤 예각의 대변과의 비를 그 각에 대하여 이르는 말. 기호는 cosec. 구용어는 여할(餘割). =코섹스.

코-신 명 코가 도도록한 여자의 고무신. =고무신.

코-싸등이 명 '콧등'을 속되게 이르는 말.

코-싸배기 명 '코쭝배기'의 잘못.

코-안경(-眼鏡) 명 안경다리가 없이 콧대에 걸쳐 쓰는 안경.

코알라(koala) 명[동] 포유류 쿠스쿠스과(科)의 한 종. 몸길이가 약 60cm. 몸빛은 윗면은 회색, 아랫면은 황백색임. 머리는 곰과 비슷하고, 나무 위에서 살며 유칼립투스의 잎만 먹음. 암컷의 배에는 육아낭이 있음.
코-앞[-압] 圀 **1** [코의 바로 앞이라는 뜻] 매우 가까운 곳을 이르는 말. ¶~에 두고도 못 찾니? **2** 어떤 기회·시간이 가까이 다가왔음을 나타내는 말. ¶결혼 날짜가 ~에 다가오다.
코-약(-藥) 圀 코 아픈 데에 쓰는 약.
코어(core) 圀 [컴] 이진법으로 표현된 정보의 저장을 위한 자성 물질. 철·산화철 또는 페라이트 등을 재료로 하여 만듦.
코-언저리 圀 코의 가장자리.
코-웃음 圀 코끝으로 가볍게 비웃는 웃음. = 비소(鼻笑).
  코웃음(을) **치다** 丞 **1** 코웃음을 웃다. **2** 남을 깔보고 비웃다. ¶그는 내 말이 가당치 않다는 듯이 **코웃음 쳤다.**
코일(coil) 圀 [물] 나사 모양으로 여러 번 감은 도선. 이곳에 전류를 통하면 강한 전자기장을 만듦. 구용어는 선륜(線輪). = 권선(捲線).
코-쟁이 圀 '서양 사람'을 코가 크다는 뜻에서 놀림조로 이르는 말.
코-주부(-主簿) 圀 코가 큰 사람을 놀림조로 이르는 말. ×코보.
코-쭝배기 圀 '코'를 속되게 이르는 말. ¶공이 갑작스레 날아오는 바람에 피할 겨를도 없이 ~에 맞았다. ×코싸배기.
코-찡찡이 圀 병으로 코가 막혀 말소리가 찡찡하거나 코가 찌그러진 사람을 놀림조로 이르는 말. ㉰찡찡이.
코-청 圀 두 콧구멍 사이의 얇은 막.
코치(coach) 圀 **1** 지도하여 가르치는 일. **2** [체] 운동 경기의 기술·정신을 가르치는 일. 또는, 그 사람. ¶농구 ~. **코치-하다** 图()()()
코-침(-鍼) 圀 자는 사람의 콧구멍에 심지를 넣어 간질이는 짓.
  코침(을) **주다** 丞 **1** 콧구멍에 심지를 넣어 자극하다. ¶장난이 심한 그는 잠자는 친구에게 **코침을 주어** 재채기를 하게 하였다. **2** 사람을 성나게 하다.
코칭-스태프(coaching staff) 圀 [체] 운동 팀에서, 감독을 비롯한 여러 코치들의 진용. ¶시즌이 끝난 뒤 ~를 대폭 개편하다.
코카-나무(coca-) 圀 [식] 코카나뭇과의 상록 관목. 높이 1~2m. 첫여름에 황록색의 꽃이 피며 붉은 열매를 맺음. 페루 원산이며, 잎에서 코카인을 얻음. =코카.
코카인(cocaine) 圀 [화] 코카나무의 잎에서 추출한 알칼로이드. 무색무취의 기둥 모양. 국소 마취제로 쓰임.
코코넛(coconut) 圀 야자나무의 열매. 배젖에서 야자유(椰子油)를 짜며, 이것을 말려 코프라를 만듦.
코코아(cocoa) 圀 **1** 카카오나무의 열매를 말려 얻은 가루. 음료·과자·약용으로 쓰임. **2** **1**을 뜨거운 물이나 우유에 타서 만든 음료. =코코아차.
코코-야자(coco椰子) 圀 [식] =야자나무2.
코크스(cokes) 圀 [광] 석탄을 고온에서 건류(乾溜)하여 휘발 성분을 제거한, 다공질(多孔質)의 고체 물질. 발열량이 커서 연료 및 야금(冶金)이나 가스 제조 등에 쓰임. =골탄(骨炭)·해탄(骸炭).
코-타령 圀 콧소리로 흥얼거리며 부르는 타령. ¶~을 부르다.

코탄젠트(cotangent) 圀 [수] 삼각 함수의 하나. 직각 삼각형의 한 예각을 낀 밑변과 그 각의 대변과의 비를 그 각에 대하여 이르는 말. 기호는 cot. 구용어는 여절(餘切)·여접(餘接).
코-털 圀 콧구멍 속에 난 털. =비모(鼻毛).
코-투레 圀 마소가 코를 떨며 투투 하는 소리를 내는 짓. **코투레-하다** 图()
코트¹(coat) 圀 춥거나 서늘한 날씨에 겉옷 위에 덧입는, 재킷 모양이면서 길이가 더 긴 옷. 圓외투. ¶반~ / 바바리~.
코트²(court) 圀 [체] 테니스·농구·배구 등의 경기장. ¶테니스 ~.
코트디부아르(Côte d'Ivoire) 圀 [지] 서아프리카 기니 만(灣)에 위치한 공화국. 수도는 야무수크로.
코트-지(coat紙) 圀 안료와 풀을 아트지보다 적게 사용하여 표면이 다소 거칠지만 색 인쇄가 잘되어 컬러 인쇄에 많이 쓰이는 인쇄용 종이.
코튼(cotton) 圀 무명실이나 그 직물.
코팅(coating) 圀 **1** 물체를 보호하거나 광택·색깔을 내기 위해 표면에 물질을 바르는 것. ¶~ 렌즈 / 자동차 부식 방지를 위한 ~. **2** = 래미네이팅. **코팅-하다** 图()()()() ¶표면을 **코팅한** 아트지 / 카드를 비닐로 ~.
코페르니쿠스적 전환(Copernicus的轉換) **1** [철] 코페르니쿠스가 지동설(地動說)을 주장하여 천문학의 대전환을 이룬 것에 견주어, 칸트가 그의 저서에서 스스로의 인식론을 특징지은 말. 주관의 선천적 형식이 대상의 인식을 성립시킨다고 하였음. **2** 견해나 사고방식이 종래와는 달리 크게 변하는 것을 비유한 말.
코펠(←⑤Kocher) 圀 등산이나 여행 등을 할 때 휴대할 수 있는 취사용 냄비·공기 따위의 그릇.
코프라(copra) 圀 야자나무 과실의 배젖을 말린 것. 마가린·비누·양초 등의 원료로 쓰임.
코-피 圀 콧구멍에서 흘러나오는 피. ¶~를 흘리다 / ~를 쏟다.
코!-하다 图()() 〈유아〉 자다.
코-허리 圀 콧등의 잘록한 부분. ¶돋보기를 ~에 걸치고 신문을 들여다보다.
  코허리가 시큰하다[시다] 丞 슬픔을 느끼거나 감격하여 코허리가 싸하거나 매운 듯한 상태이다.
코-홀쩍이 圀 코를 훌쩍거리는 사람을 놀림조로 이르는 말.
코-흘리개 圀 **1** 늘 콧물을 흘리는 아이를 놀리는 말. **2** '철없는 아이'를 이르는 말.
콕¹ 囝 작고 날카롭게 또는 얕게, 찌르거나 찍거나 쪼는 모양. ¶바늘로 ~ 찌르다. ㉰쿡.
콕²(cock) 圀 관 속을 흐르는 물체의 양을 조절하기 위한 기구로, 구멍이 있는 쐐기 모양의 마개.
콕-콕 囝 자꾸 콕 하는 모양. ¶팔이 ~ 쑤신다. ㉰쿡쿡. **콕콕-하다** 图()()()()
콕콕-거리다/-대다[-ㄲ(ㄸ)] 图() 계속 콕콕하다. ㉰쿡쿡거리다.
콘(cone) 圀 **1** 확성기에 쓰이는 원뿔형의 두꺼운 종이. **2** 아이스크림을 담는, 원뿔의 과자로 된 물건.
콘덴서(condenser) 圀 =축전기(蓄電器).
콘도(condo) 圀 '콘도미니엄'의 준말.

콘도르(condor) 명[동] 콘도르과의 큰 새. 몸길이 1m, 편 날개 길이 3m 정도. 몸과 다리는 흑색이고 날개에 흰 줄이 있으며, 머리와 목에는 털이 없음.

콘도미니엄(condominium) 명 숙박 시설의 새로운 경영법의 하나. 호텔을 객실 단위로 분양, 구입자는 자기가 사용하지 않는 기간중 관리 회사에 객실의 관리·운영을 위탁하고 임대료로서 수입의 일부를 받는 것이 기본 패턴임. 준 콘도.

콘돔(condom) 명 성교할 때 피임·성병 예방등의 목적으로 남자의 음경에 씌울 수 있도록 얇은 고무 따위로 만든 물건.

콘^브리오(이탈 con brio) 명[음] 악곡의 표현 방법을 나타내는 말로, '생생하게', '쾌활하게', '명랑하게'의 뜻.

콘사이스(†concise) 명 ['간결·간명'의 뜻] 휴대용 사전. ¶영어 ~.

콘서트(concert) 명 음악회 또는 연주회.

콘서트-홀(concert hall) 명 음악회를 열 수 있도록 지은 건물. 비 음악당.

콘센트(†←concentric plug) 명 옥내 배선에서, 전류를 얻기 위하여 플러그를 꽂는 기구.

콘셉트(concept) 명 광고·디자인 등에서, 그 속에 담고자 하는 기본적인 생각. ¶생활의 안락함을 ~로 한 침대 광고. ×컨셉.

콘셉트-카(concept car) 명 미래에 실현되리라고 가상하여 만든 최첨단 자동차.

콘솔(console) 명 1 게임기의 본체. 2 [컴] 컴퓨터 시스템의 관리자가 시스템의 상태를 알아보거나 각종 업무가 처리되기 위해 사용하는 단말 장치. 3 레이더 기지·공항 관제탑 등의 전기·통신 등의 장비를 한군데에 제어하기 위한 장치.

콘스타치(cornstarch) 명 옥수수의 녹말.

콘체르토(이탈 concerto) 명[음] 협주곡.

콘체른(독Konzern) 명[경] 독점적 금융 자본이나 지주 회사를 중핵으로 하여 그 지배하에 두고, 법률상으로는 독립된 다수의 각종기업이 종속하여 형성되는 독점 형태. =재벌(財閥).

콘크리트(concrete) 명[건] 시멘트에 모래와 자갈 등 골재(骨材)를 적당히 섞고 물을 가하여 반죽한 것. 또는, 그것을 굳힌 것. 토목 건축의 재료로 쓰임.

콘크리트^못(concrete→) [-몯] 명 =강철못.

콘택트(contact) 명 '콘택트렌즈'의 준말.

콘택트-렌즈(contact lens) 명 눈물의 표면 장력을 이용하여 각막에 밀착시켜 근시·원시·난시 등 눈의 굴절 이상을 교정하는 얇은 소형 렌즈. =접촉렌즈. 준 콘택트.

콘테스트(contest) 명 용모·작품·기능 등의 우열을 가리는 대회. ¶미인 ~ / 사진 ~.

콘텐츠(contents) 명[컴] 인터넷 등의 통신망을 통해 제공되는 각종의 디지털 정보. 곧, 디지털로 가공된 각종 정보 내용물이나 프로그램, 영화·음악·게임 소프트웨어 등을 가리킴. ¶인터넷 ~의 유료화. ×컨텐츠.

콘트라베이스(contrabass) 명[음] 바이올린류의 현악기 가운데 가장 낮은 음역의 악기. 음색이 중후하고 웅대함. =더블 베이스. 준 베이스.

콘트라스트(contrast) 명[미] =대비(對比). ¶그때는 조선 옷 차림이었지, 코트 밑으로 드러나 뵈던 새빨간 치마와 흰 버선의 강한 ~가 인상적이었지.《황순원:일월》

콘트라파고토(이탈 contrafagotto) 명[음] =더블 바순.

콘트랄토(이탈 contralto) 명[음] =알토1.

콘티(←continuity) 명[영] '콘티뉴이티'의 준말.

콘티뉴이티(continuity) 명 1 [영] 영화·텔레비전 프로그램 등에서, 촬영할 때에 각본을 기초로 하여 각 장면의 구분·내용·대사·음악·효과 등을 상세히 기술한 대본. =슈팅 스크립트·촬영 대본. ¶~를 짜다. 2 만화 제작에서, 칸을 나누어 스토리를 대사로 나타내고, 칸의 화면을 어떻게 구성할 것인지를 지시한 것. 이것을 토대로 하여 만화가 그려짐. 준 콘티.

콘-플레이크(←cornflakes) 명 옥수수 가루로 얇게 만든 가공 식품. 단백질의 질이 좋고 소화가 잘되므로 간단한 아침 식사나 간식 또는 유아식(幼兒食) 등으로 이용됨.

콜-걸(call girl) 명 전화 연락을 받고 남자를 만나 매춘하는 여자.

콜^금리(call金利) [-니] 명[경] 콜 자금의 대차(貸借)에 적용되는 이율. =콜 레이트.

콜드^게임(called game) 명[체] 야구에서, 5회 이상의 경기를 마치고 일몰(日沒), 강우(降雨), 많은 점수 차이 등의 사정으로 심판에 의하여 경기 중지가 선언된 시합. 시합은 그때까지의 득점에 따라 결정됨. ¶~승 / 일몰 ~.

콜드-크림(cold cream) 명 얼굴을 마사지하거나 화장을 지우거나 할 때 사용하는 유성 크림.

콜라(cola) 명 콜라나무 열매의 씨를 원료로 하여 만든. 갈색의 탄산음료.

콜라겐(collagen) 명[생] 경단백질(硬蛋白質)의 하나. 결합 조직의 주성분으로, 뼈·피부 등에 있음. =교원질(膠原質).

콜라-나무(cola-) 명[식] 벽오동과의 상록 교목, 높이 8~15m. 짙은 자줏빛 줄이 있는 노란 꽃이 핌. 긴 타원형의 열매 속에 4~10개의 씨가 있는데, 씨는 콜라의 원료로 쓰임.

콜라주(프 collage) 명[미] 다다이즘이나 팝 아트 따위의 현대 회화에서, 화면에 인쇄물·천·쇠붙이·나뭇조각 등을 붙이는 기법.

콜라-텍(†colatheque) 명 [cola+discotheque] 콜라를 마시며 춤을 출 수 있는 청소년 전용 유흥업소. 술·담배는 팔지 않으며, 콜라 등의 음료수와 과자류만 팔게 되어 있음.

콜레라(cholera) 명[의] 법정 전염병의 하나. 입을 통해 몸 안에 들어온 콜레라균이 소장에 침범하여 일어나며, 설사와 구토에 의한 탈수 증상 등을 일으킴. 음역어는 호열자(虎列剌). =쥐통·호역(虎疫).

콜레스테롤(cholesterol) 명[화] 고등 척추동물의 뇌·신경 조직·부신(副腎)·혈액 등에 많이 들어 있는 대표적인 스테로이드. 혈액 중에 이 양이 많아지면 동맥 경화증을 일으킴. 의약·화장품 따위에 이용됨. =콜레스테린.

콜로니(colony) 명 1 심신 장애인이 일정 지역에서 사회생활을 하면서 치료·훈련 등을 받는 종합적인 사회 복지 시설. 2 [생] 한 지역을 어느 정도의 기간 동안 점유하는 생물의 집단. 3 [동] =군체(群體).

콜로세움(이탈 Colosseum) 명 =원형 경기장.

콜로이드(colloid) 명[화] 지름이 1~100nm 정도의 미립자가 기체·액체·고체의 매체 속에 분산되어 있는 상태. 또는, 그 물질. =교질(膠質).

콜로이드^용액(colloid溶液) 명[화] 콜로이드 입자가 분산해 있는 액체. 흙탕물·우유·비눗물·먹물 따위.

콜록 튀 입을 오므리고 가슴이 울리게 내는 기침 소리. ⓑ쿨룩. **콜록-하다** 동재여

콜록-거리다/-대다 [-꺼(때)-] 동재 자꾸 콜록 소리를 내다. ¶그는 해수병으로 노상 **콜록거린다**. ⓑ쿨룩거리다.

콜록-콜록 튀 콜록거리는 소리. ⓑ쿨룩쿨룩. **콜록콜록-하다** 동재여

콜-론[1] (call loan) 명[경] '단자(短資)'를 빌려 주는 쪽에서 이르는 말. ▷콜머니.

콜론[2] (colon) 명[언] =쌍점(雙點).

콜롬비아(Colombia) [지] 남아메리카 대륙의 북서부에 있는 공화국. 수도는 보고타.

콜리(collie) 명[동] 개의 한 품종. 얼굴이 길고 귀는 작으며, 길고 아름다운 털과 북슬북슬한 꼬리를 가졌음. 목양견(牧羊犬) 또는 애완용으로 기름.

콜-머니(call money) 명[경] '단자(短資)'를 빌리는 쪽에서 이르는 말. ▷콜론.

콜^사인(call sign) 명국가나 무선국의 전파 호출 부호. KBS 제1라디오 방송의 HLKA 따위. =호출 부호.

콜^자금(call資金) 명[경] 금융 기관 상호 간에 대차(貸借)되는, 극히 짧은 기간의 고액 자금.

콜콜[1] 튀 '꼴꼴'의 거센말. ⓑ쿨쿨.

콜콜[2] 튀 곤하게 잠들었을 때에 숨 쉬는 소리. 또는, 그 모양. ⓑ쿨쿨. **콜콜-하다** 동재여

콜콜[3] 튀 시척지근하거나 고리타분한 냄새가 나는 모양. ¶어디서 이상한 냄새가 ~ 나는데, 이게 무슨 냄새지?

콜콜-거리다/-대다[1] 동재 '꼴꼴거리다'의 거센말. ⓑ쿨쿨거리다.

콜콜-거리다/-대다[2] 동재 곤하게 자면서 콜콜 소리를 내다. ⓑ쿨쿨거리다.

콜타르(coal tar) 명 석탄을 고온으로 건류할 때 생기는 기름 상태의 액체. 흑색이고 점성(粘性)이 있으며, 염료·의약·폭약 등의 원료이며, 목재의 방부제로 쓰임. =타르.

콜-택시(call taxi) 명 전화로 호출하여 이용하는 택시.

콜호스(ⓔkolkhoz) 명 소련의 집단 농장. 협동조합 형식에 의하여 농민이 집단 경영을 행함. ▷소프호스.

콜히친(colchicine) 명[화] 콜키쿰의 씨와 비늘줄기에서 채취하는 알칼로이드. 황색의 침상 결정으로, 통풍(痛風)에 특효약이며, 씨 없는 수박 등 식물의 품종 개량에 이용됨.

콤마(comma) 명 1[언] =반점(半點).[3]. 2 '점(點)[7]'의 잘못.

콤바인(combine) 명 익은 곡식을 베는 일과 탈곡하는 일을 동시에 하는 농기계.

콤비(†←combination) 명 1 무엇을 행하기 위하여 두 사람이 짝을 이루는 일. 또는, 그 두 사람. ¶명(名)~/~를 이루다. 2 위아래가 다른 천으로 된 양복 한 벌. 또는, 그 상의(上衣).

콤비나트(ⓔkombinat) 명[경] 생산 과정에 연관이 있는 몇 개의 공장이나 기업을 결합하여 지역적으로도 근접시킨 기업 집단. ¶석유 화학 ~.

콤비네이션(combination) 명[수] =조합(組合).[4].

콤팩트(compact) 명 분·분첩 등을 넣는, 거울이 달린 휴대용 화장 도구.

콤팩트-디스크(compact disk) 명 =시디(CD)[1].

콤플렉스(complex) 명 1[심] 무의식 속에 억압되어 있는 이상 심리나 관념. 2 자기 자신의 어떤 점에 대해 열등감이나 두려움 따위를 무의식 속에 가지고 있는 상태. ¶그 여자는 얼굴의 흉터에 심한 ~을 가지고 있다.

콧-구멍[코꾸-/콘꾸-] 명 코에 뚫린 구멍. =비공(鼻孔)·비문(鼻門).

콧구멍만 하다 판 넓이나 구멍이 매우 작다. ¶콧구멍만 한 방에서 여섯 식구가 살고 있다.

콧-기름[코끼-/콘끼-] 명 콧등에서 나오는 기름.

콧-김[코낌/콘낌] 명 콧구멍에서 나오는 더운 김.

콧김이 세다 판 남에게 미치는 영향력이 크다.

콧-날[콘-] 명 콧마루의 날을 이룬 부분. ¶~이 서다 / ~이 오똑하다.

콧-노래[콘-] 명 입을 다물고 코로 소리를 내어 부르는 노래. ¶~를 부르다 / ~를 흥얼거리다.

콧-대[코때/콘때] 명 콧등의 우뚝한 줄기.

콧대(가) 높다 판 '코가 높다'를 강조하여 이르는 말.

콧대를 꺾다 판 상대방의 자만심이나 자존심을 꺾어서 기가 죽게 하다.

콧대를 세우다 판 젠체하며 거만하게 굴다.

콧대(가) 세다 판 '코(가) 세다'를 강조하여 이르는 말.

콧-등[코뜽/콘뜽] 명 코의, 등성이 모양을 이룬 부분. ¶~이 시큰하다 / ~이 찡하다 / 무거운 광주리를 머리에 이고 행상을 다니는 그 아주머니의 ~에는 항상 땀방울이 송골

콧-마루[콘-] 명 콧등의 마루가 진 부분. =비량(鼻梁). ¶~가 시큰하다.

콧-물[콘-] 명 감기 따위에 걸리거나 울거나 할 때, 코에서 흘러나오는 맑은 액체. ⓑ물코. ¶~이 나오다 / ~이 줄줄 흐르다. ▷코.

콧물-감기(-感氣) [콘-] 명 =코감기.

콧-바람[콘-] 명 코로 내보내는 바람 기운. 또는, 그 소리. ¶그는 내 제안에 못마땅한 듯 ~을 냈다.

콧-방귀[코빵-/콘빵-] 명 남의 말이나 의견이나 태도 등을 무시하거나 시쿠룸게 여길 때, '흥' 하고 코로 소리를 내는 일. ¶하는 꼬락서니를 보면 ~도 안 나온다.

콧방귀를 뀌다 판 남의 말을 들은 체 만 체 하면서 무시하거나 가소롭게 여기다.

콧-방울[코빵-/콘빵-] 명 코끝의 좌우 양쪽으로 불쑥하게 내민 부분.

콧-배기[코빼-] 명 '코빼기'의 잘못.

콧-병(-病) [코뼝/콘뼝] 명 코에 생기는 병. ¶~이 나다 / ~을 앓다.

콧-부리[코뿌-/콘뿌-] 명 콧날 위에 약간 두드러진 부분.

콧-살[코쌀/콘쌀] 명 코를 찡그려 생긴 주름. ¶~을 찌푸리다.

콧-소리[코쏘-/콘쏘-] 명 1 콧구멍으로 나오는 소리. =비음(鼻音). 2[언] =비음(鼻音)[2].

콧-속[코쏙/콛쏙] 명 콧구멍의 속. 비비강(鼻腔). ¶~이 절다.
콧-수염(-鬚髥)[코수-/콛쑤-] 명 코 아래에 난 수염. =코밑수염. ¶~을 기르다.
콧-숨[코쑴/콛쑴] 명 코로 쉬는 숨. =비식(鼻息).
콧-잔등[코짠-/콛짠-] 명 '콧잔등이'의 준말.
콧-잔등이[코짠-/콛짠-] 명 '코허리'의 낮은말. 준콧잔등.
콧-장단[코짱-/콛짱-] 명 콧소리로 맞추는 장단.
콩[1] [식] 콩과의 한해살이풀. 줄기는 높이 60~100cm쯤으로 곧게 서며, 덩굴성 품종도 있음. 여름에 흰색 또는 보라색의 작은 꽃이 피고, 털이 있는 꼬투리를 맺는데 그 속에 씨가 들어 있음. 2 1의 열매. 단백질을 함유한 중요 곡식이며, 된장·두부·기름 따위의 재료로 쓰임.
[**콩 심은 데 콩 나고 팥 심은 데 팥 난다**] 원인에 따라서 그 결과가 생긴다. [**콩으로 메주를 쑨다 하여도 곧이듣지 않는다**] 평소에 거짓말을 많이 하여 신용할 수 없다. [**콩이야 팥이야 한다**] 서로 비슷한 것을 가지고 이러쿵 저러쿵 시비를 따진다.
콩 볶듯 관 1 마구 쏘는 총소리가 몹시 요란한 모양. =콩 튀듯. ¶~ 나는 총소리에 귀가 먹먹하다. 2 남을 못 견디게 몹시 다그쳐 괴롭히는 모양. ¶빚 독촉을 ~ 하다.
콩 튀듯 관 1 =콩 튀듯 팥 튀듯. 2 =콩 볶듯 1. ¶총소리가 ~ 나다.
콩 튀듯 팥 튀듯 관 몹시 화가 나서 팔팔 뛰는 모양. ¶~ 성을 내다.
콩[2] 명 단단한 바닥 위에 작고 무거운 물건이 떨어질 때에 울리는 소리. 큰쿵.
콩가(®conga) 명 1 쿠바의 민속 음악에서 사용되는 타악기. 2 2/4박자로 된 쿠바의 민속 춤곡. 강렬하고 애수가 섞인 리듬으로, 줄지어 행진하면서 춤을 춤.
콩-가루[-까-] 명 1 콩을 볶아 빻아서 만든 가루. 2 어떤 집단의 구성원이 서로 좋은 관계를 이루지 못해 결속의 힘을 잃어버린 상태. 비유적인 말임. ¶회사가 내분으로 ~가 되다.
콩가루(가) **되다** 관 (어떤 물건이 부서져서) 가루가 다 되었음을 비유하여 이르는 말.
콩가루 집안 관 분란이 일어나서 엉망진창이 된 집안.
콩고(Congo) 명 [지] 중부 아프리카의 대서양 연안에 있는 인민 공화국. 수도는 브라자빌.
콩-고물[-꼬-] 명 콩가루로 만든 고물. ¶~을 묻힌 인절미.
콩고^민주^공!화국(Congo民主共和國) [지] 아프리카 대륙 중앙부, 콩고 분지의 대부분을 차지하는 공화국. 수도는 킨샤사. 구 칭은 '자이르'.
콩-국[-꾹] 명 흰콩을 약간 삶아서 맷돌에 갈아 짜낸 물.
콩-국수[-쑤] 명 콩국에 국수를 만 음식. ¶냉~.
콩글리시(†Konglish) 명 [Korean+English] 〈속〉 한국식으로 왜곡된 비문법적인 영어.
콩-기름 명 1 콩에서 짜낸 기름. =두유(豆油)·대두유(大豆油)·태유(太油). 2 '콩나물'의 잘못.

콩-깍지[-찌] 명 콩을 털어 낸 껍데기.
콩-깻묵[-깬-] 명 콩기름을 짜고 남은 찌끼. 사료·비료로 씀. =대두박(大豆粕)·두박(豆粕).
콩-꼬투리 명 콩알이 들어 있는 콩의 꼬투리.
콩-나물 명 콩을 시루 같은 것에 담아 그늘진 곳에 두고 물을 주어 뿌리를 내려 자라게 한 식료품. ¶~을 기르다 / 시루에 ~을 안치다. ×콩기름.
콩나물 교실 관 정원보다 훨씬 많은 학생들로 비좁은 교실.
콩나물-국[-꾹] 명 콩나물을 넣고 끓인 국.
콩나물-밥 명 콩나물을 넣고 지은 밥.
콩나물-시루 명 1 콩나물을 기르는 둥근 질그릇. 2 좁은 장소에 사람이 몹시 많아서 빽빽함을 비유하여 이르는 말. ¶~ 같은 만원 버스.
콩다콩 투 '쿵덕'에 '콩'을 덧붙여 율동적인 효과를 내는 말. 큰쿵더쿵. **콩다콩-하다** 동자타여
콩다콩-콩다콩 투 연하여 콩다콩하는 모양. 또는, 그 소리. 큰쿵더쿵쿵더쿵. **콩다콩콩다콩-하다** 동자타여
콩닥 투 방아확에 공이를 한 번 내리칠 때 나는 소리. 큰쿵덕. **콩닥-하다** 동자타여
콩닥-거리다/-대다 [-꺼-](-때) 자 자꾸 콩닥 소리가 나다. 또는, 자꾸 콩닥 소리를 내다. 큰쿵덕거리다.
콩닥-콩닥 투 콩닥거리는 소리. 큰쿵덕쿵덕. **콩닥콩닥-하다** 동자타여
콩-대[-때] 명 콩을 떨어낸 대.
콩-댐 명 불린 콩을 갈아서 들기름 따위에 섞어 장판에 바르는 일. **콩댐-하다** 동자타여
콩-마당 명 콩을 털려고 널어놓은 마당.
[**콩마당에 넘어졌나**] 얼굴이 얽은 사람을 놀려 이르는 말.
콩마당-질 명 콩에서 콩깍지와 콩알이 분리되도록 떨어내는 일. **콩마당질-하다** 동자여
콩-밥 명 1 쌀에 콩을 섞어서 지은 밥. 2〈속〉[전날 교도소에서 재소자에게 지급하는 식사에는 콩이 많이 들어 있었기 때문에 이르는 말로] 재소자의 밥.
콩밥(을) 먹다 관 감옥살이하다. 속된 말임.
콩-밭[-받] 명 콩을 심어 가꾸는 밭.
[**콩밭에 가서 두부 찾는다**] 몹시 성급하게 서두르는 행위를 이르는 말.
콩-버무리 명 멥쌀가루에 콩을 섞어 켜를 짓지 않고 찐 떡. 콩무리.
콩-비지 명 콩을 갈아 두부를 빼지 않은 채 만든 비지.
콩-소 명 떡에 넣기 위해 콩이나 콩가루로 만든 소.
콩소메(®consommé) 명 육류·야채 따위를 삶아 낸 물을 헝겊 등에 걸러 낸 말간 수프.
콩-알 명 콩의 낱알.
콩알만 하다 관 1 (사람이) 아주 쪼끄맣다. 자기보다 어리거나 몸집이 작은 상대를 말로 제압하려고 할 때 얕잡는 뜻으로 쓰는 말임. ¶콩알만 한 게 까분다. 2 간이 콩알만 해지다 →간(肝)[4].
콩-엿[-엳] 명 볶은 콩을 섞어 만든 엿.
콩-잎[-닙] 명 콩의 잎.
콩-자반 명 콩을 간장에 조린 반찬.
콩-장(-醬) 명 볶은 콩을 장에 넣고 기름·깨·소금·고춧가루 및 다진 파 등을 넣고 버무린 반찬.
콩-죽(-粥) 명 불린 콩을 갈아서 쌀과 함께

끓인 죽.
콩-짚[-집] 〔명〕 깍지가 달린 콩대.
콩켸-팥켸[-케폐-/-케폳케] 〔명〕 〔시루에 떡을 찔 때 어디까지가 콩켜이고 어디까지가 팥켜인지를 구분할 수 없다는 데서〕 사물이 뒤섞여서 뒤죽박죽이 된 것을 가리키는 말. ¶하는 일마다 ~이 된다.
콩-콩¹ 〔부〕 자꾸 콩 하는 소리. 〔큰〕쿵쿵. **콩콩-하다** 〔자타여〕
콩콩² 강아지가 자꾸 짖는 소리. ¶강아지가 ~ 짖다.
콩콩-거리다/-대다¹ 〔동자타〕 자꾸 콩콩 소리가 나다. 또는, 그리되게 하다. 〔큰〕쿵쿵거리다
콩콩-거리다/-대다² 〔동자〕 강아지가 자꾸 콩콩 소리를 내며 짖다.
콩쿠르(㊉concours) 〔명〕 음악·미술·영화 등을 장려하기 위하여 여는 경연회. ¶피아노 ~ / ~에서 입상하다.
콩테(㊉conté) 〔명〕 크레용의 하나. 단단하기가 연필과 숯의 중간 정도이며 화면에 잘 묻음.
콩트(㊉conte) 〔명〕〔문〕 가벼운 일상적 이야기를 고도로 압축하여 유머·풍자·위트 등의 기법으로 다룬, 단편 소설보다 더 짧은 소설. 분량이 200자 원고지 20매 정도임. =장편(掌篇)·장편 소설.
콩팔-칠팔 〔부〕 **1** 두서 없이 마구 지껄이는 모양. ¶아는 것이 많기도 한 인동 할멈도 이 차리에만은 문경이 충청도도 되었다 전라도도 되었다 ~이었다.《이무영:농민》 **2** 하찮은 일을 가지고 시비조로 캐어 따지는 모양. **콩팔칠팔-하다** 〔동자여〕
콩팥[-팓] 〔명〕〔모양은 콩과 같고, 빛깔은 팥과 같다 해서 붙인 이름〕〔생〕 =신장(腎臟)*.
콩-풀 〔명〕 종이나 헝겊 따위를 풀칠하여 붙일 때에, 그 사이에 공기가 들어가서 콩알처럼 겉으로 들뜬 자리.
콰르르 〔부〕'꽈르르'의 거센말. **콰르르-하다** 〔동자여〕
콰릉 〔부〕'꽈르릉'의 거센말. **콰릉-하다** 〔동자여〕
콰릉-거리다/-대다 〔동자〕'꽈르릉거리다'의 거센말.
콰릉-콰릉 〔부〕'꽈르릉꽈르릉'의 거센말. **콰릉콰릉-하다** 〔동자여〕
콱 〔부〕 **1** 힘껏 박거나 찌르거나 부딪치는 모양. ¶~ 부딪치다. **2** 매우 단단히 막거나 막히는 모양. ¶숨이 ~ 막히다 / 말문이 ~ 막히다. **3** 마구 쏟거나 엎지르는 모양. ¶물을 ~ 쏟아 버리다.
콱-콱 〔부〕 자꾸 콱 하는 모양. ¶너무 더워 숨이 ~ 막힌다. **콱콱-하다** 〔동자여〕
콸콸 〔부〕'꽐꽐'의 거센말. ¶물이 ~ 쏟아지다. 〔큰〕퀄퀄.
콸콸-거리다/-대다 〔동자〕'꽐꽐거리다'의 거센말. 〔큰〕퀄퀄거리다.
쾅 〔부〕'꽝'의 거센말. 〔큰〕쿵.
쾅-쾅 〔부〕'꽝꽝'의 거센말. 〔큰〕쿵쿵.
쾅쾅-거리다/-대다 〔동자〕'꽝꽝거리다'의 거센말. 〔큰〕쿵쿵.
쾌¹(快) 〔의〕 **1** 북어 스무 마리를 한 단위로 세는 말. **2**〔역〕 엽전 열 꾸러미. 곧, 열 냥을 한 단위로 세는 말. =관(貫).
쾌²(快) 〔명〕 **1**〔심〕 감정의 근본 방향을 지속으로 나아가려는 상태. **2**'쾌감(快感)'의 준말.
쾌감(快感) 〔명〕 즐겁고 상쾌한 느낌. 특히, 관능적인 즐거움. =쾌미(快味). ¶성적(性的) ~ / 짜릿한 ~ / ~을 느끼다. 〔준〕쾌(快).
쾌거(快擧) 〔명〕 통쾌할 만큼 장한 행위. ¶1977년 한국의 고상돈은 에베레스트 산을 정복하는 ~를 이룩했다.
쾌-남아(快男兒) 〔명〕 기상이 쾌활한 남자. 〔비〕쾌남(快男).
쾌담(快談) 〔명〕 =쾌론. **쾌담-하다** 〔동타여〕
쾌도-난마(快刀亂麻) 〔명〕 어지럽게 뒤얽힌 사물을 큰 힘으로 명쾌하게 처리함.
쾌락¹(快樂) 〔명〕 삶이 유쾌하고 기쁘고 즐거운 상태. ¶육체적 ~ / ~에 빠지다 / ~을 추구하다. **쾌락-하다**¹ 〔형여〕
쾌락²(快諾*) 〔명〕〔'諾'의 본음은 '낙'〕 기꺼이 승낙하는 것. **쾌락-하다**² 〔동타여〕
쾌락-주의(快樂主義) [-쥬이/-쭈이] 〔명〕〔윤〕 쾌락을 행위의 궁극 목적 내지 도덕의 원리로 생각하려는 주의. =쾌락설. ㉠공리주의.
쾌론(快論) 〔명〕 거리낌 없이 시원스럽게 하는 이야기. 또는, 그런 토론. =쾌담(快談). **쾌론-하다** 〔동자여〕
쾌면(快眠) 〔명〕 달게 자는 것. 또는, 단잠. **쾌면-하다** 〔동자여〕
쾌미(快味) 〔명〕 =쾌감(快感).
쾌변¹(快便) 〔명〕 변을 시원스럽게 배설하는 것. 또는, 그 변. **쾌변-하다** 〔동자여〕
쾌변²(快辯) 〔명〕 거침없이 잘하는 말.
쾌보(快報) 〔명〕 듣기에 기쁘고 시원한 소식. ¶~를 받다 / ~에 접하다.
쾌복(快復) 〔명〕 병이나 상처가 나아 건강이 완전히 회복되는 것. 〔비〕쾌차(快差). **쾌복-하다** 〔동자여〕 **쾌복-되다** 〔동자〕
쾌사(快事) 〔명〕 통쾌하고 기쁜 일.
쾌소(快笑) 〔명〕 시원스럽고 즐겁게 웃는 것. 또는, 그런 웃음. **쾌소-하다** 〔동자여〕
쾌속(快速) 〔명〕 속도가 매우 빠른 것. ¶~으로 달리다. **쾌속-하다** 〔형여〕
쾌-속도(快速度) [-또] 〔명〕 매우 빠른 속도. ¶윤전기가 ~로 돌아가다.
쾌속-정(快速艇) [-쩡] 〔명〕 속도가 매우 빠른 작은 배. 〔준〕쾌정(快艇).
쾌승(快勝) 〔명〕 시원스럽게 이기는 것. 또는, 그런 승리. **쾌승-하다** 〔동자여〕
쾌유(快癒) 〔명〕 병이 말끔히 낫는 것. 〔비〕쾌차(快差). ¶~를 빕니다. **쾌유-하다** 〔동자여〕
쾌유-되다 〔동자〕
쾌음(快飮) 〔명〕 유쾌하게 술을 마시는 것. **쾌음-하다** 〔동자여〕
쾌자(快子) 〔명〕 〈㉠掛子〉〔역〕 전투복의 하나. 양옆 솔기의 끝과 등솔의 허리 아래가 터지고 소매는 없음. 근래에는 복건(幞巾)과 함께 명절이나 돌날에 어린아이에게 입힘.
쾌작(快作) 〔명〕 =회심작(會心作).
쾌재(快哉) 〔명〕〔주로 '쾌재를 부르다(외치다)'의 꼴로 쓰여〕 마음먹은 대로 잘되어 만족스럽게 여김. ¶~를 부르며 좋아하다.
쾌저(快著) 〔명〕 내용이 썩 잘된 책. ¶한국 문학을 종결산한 ~.
쾌적(快適) ➜**쾌적-하다**[-저카-] 〔형여〕 (어떤 대상이) 몸으로 느끼기에 알맞추 상쾌하고 즐겁다. ¶쾌적한 주거 환경 / 맑고 쾌적한 날씨.
쾌조(快調) 〔명〕 상태가 아주 좋음. 〔비〕호조.
쾌주(快走) 〔명〕 매우 빨리 달리는 것. **쾌주-하다** 〔동자여〕
쾌차(快差) 〔명〕 병이 거뜬히 낫는 것. 〔비〕쾌복·쾌유. **쾌차-하다** 〔동자여〕 ¶부친의 병환이

빨리 쾌차하시기를 빕니다. 쾌차-되다 통(자)
쾌척(快擲) 명 (금품을 마땅히 쓸 자리에) 시원스럽게 내놓는 것. 쾌척-하다 통(타)(여) ¶장학금으로서 달라하고 학교에 거금을 ~.
쾌청(快晴) →쾌청-하다 형(여) 하늘이 구름 한 점 없이 상쾌하게 맑다. ¶쾌청한 가을 하늘.
쾌쾌(快快) →쾌쾌-하다 형(여) 1 기분이 무척 즐겁다. 2 용기가 있고 시원시원하다. ¶쾌쾌한 기상. 쾌쾌-히 부
쾌투(快投) 명[체] 야구에서, 투수가 멋지게 공을 던지는 일. 쾌투-하다 통(자)(여)
쾌-하다(快-) 형(여) 1 마음이 유쾌하다. 2 병이 완쾌하여 거뜬하다. 3 하는 짓이 시원스럽다. 쾌-히 부 ¶~ 승낙하며.
쾌한(快漢) 명 시원스럽고 쾌활한 사나이. 비쾌남아.
쾌활[1](快活) →쾌활-하다[1] 형(여) (사람의 성격이나 태도가) 밝고 명랑하고 활발하다. ¶쾌활한 성격 / 오랜만에 만난 두 사람은 쾌활하게 얘기를 주고받았다. 쾌활-히[1] 부 ¶~ 웃다.
쾌활[2](快闊) →쾌활-하다[2] 형(여) 마음이 시원스럽고 넓다. 쾌활-히[2] 부
괴괴-하다[괴괴-/퀘퀘-] 형(여) '퀴퀴하다'의 작은말. ¶습기 찬 방에서 괴괴한 냄새가 나다.
쾨헬^번호(⊕Köchel番號) 명[음] 오스트리아의 음악 연구가 쾨헬이 모차르트의 전 작품에 연대순으로 붙인 정리 번호. 약호는 K.
쿠데타(⊕coup d'État) 명 지배 계급 내의 일부 세력이 무력에 의해 정권을 비합법적으로 빼앗는 일. ¶군사 ~ / ~를 일으키다.
쿠란(⊕qurān) 명 =코란.
쿠렁-쿠렁 부 자루나 봉지 속에 넣은 물건이 다 차지 않아 들썩들썩한 모양. 작코랑코랑. 쿠렁쿠렁-하다 통(자)(여)
쿠리다 형 '구리다'의 거센말.
쿠린-내 명 '구린내'의 거센말.
쿠미스(⊕kumys) 명 주로 말젖을 원료로 하여 만든 술. 아시아의 유목민이 음료수로 사용함.
쿠바(Cuba) 명[지] 중앙아메리카 서인도 제도의 최대의 섬인 쿠바와 그 주변의 섬으로 이루어진 공화국. 수도는 아바나.
쿠션(cushion) 명 1 의자·소파·탈것의 좌석 등에 편히 앉도록 솜·스펀지·용수철 등을 넣어 탄력이 생기게 한 부분. 2 솜·스펀지 등을 넣어 폭신폭신하게 만든 등받침. 3 당구대 안쪽의 공이 부딪치는 가장자리의 면. ¶
쿠웨이트(Kuwait) 명[지] 아라비아 반도의 동북부, 페르시아 만에 있는 입헌 군주국. 수도는 쿠웨이트.
쿠키[1](cookie) 명 밀가루를 주원료로 하여 구운 비스킷의 하나.
쿠키[2](cookie) 명[컴] 인터넷 사용자가 웹 사이트에 접속했을 때 그 사이트에서 사용자의 컴퓨터로 보내는 작은 파일. 이후에 그 사용자에 관한 정보를 기억해 두기 위한 것임.
쿠페(⊕coupé) 명 자동차의 한 형(型). 보통 세단보다 좀 작고 두 짝의 문이 있으며, 뒤쪽이 경사진 모양을 이룬 승용차. 뒤에 짐을 넣는 트렁크가 있음.
쿠폰(coupon) 명 1 어떤 물건을 싸게 살 수 있거나 어떤 물건과 교환할 수 있거나 어떤 서비스를 이용할 수 있는 권리를 나타내 주

는 작은 종이. ¶할인 ~ / 무료 ~ / 세차 ~. 2 [경] 채권·공채증서 등의 이자권(利子券).
쿡 부 크고 둔하게 또는 깊게 찌르는 모양. ¶옆구리를 손가락으로 ~ 찌르다. 작콕.
쿡-쿡 부 자꾸 쿡 하는 모양. 작콕콕. 쿡쿡-하다 통(타)(여)
쿡쿡-거리다/-대다[-꺼/-때-] 통(타) 계속 쿡쿡하다. 작콕콕거리다.
쿨렁 부 '콜랑'의 거센말. 작콜랑. 쿨렁-하다 통(자)(여)
쿨렁-거리다/-대다 통(자) '쿨렁거리다'의 거센말. 작콜랑거리다.
쿨렁-쿨렁 부 '콜랑콜랑'의 거센말. 작콜랑콜랑. 쿨렁쿨렁-하다 통(자)(여)
쿨롬(coulomb) 명[물] 전기량의 실용 단위. 1쿨롬은 1초 동안 1암페어의 전류에 의하여 운반되는 전기량임. 기호는 C.
쿨롱의 법칙(Coulomb-法則) [-의-/-에-] [물] 프랑스의 물리학자 쿨롱이 발견한 물리 법칙. '두 전하(電荷) 사이 또는 자기극(磁氣極) 사이에 작용하는 힘은 두 전하량 또는 자기량의 곱에 비례하고 둘 사이의 거리의 제곱에 반비례한다'는 법칙.
쿨룩 부 병으로 인하여 목 속에서 깊이 울려 나오는 기침 소리. 작콜록. 쿨룩-하다 통(자)(여)
쿨룩-거리다/-대다[-꺼/때-] 통(자) 계속하여 쿨룩하다. 작콜록거리다.
쿨룩-쿨룩 부 쿨룩거리는 소리. ¶~ 기침을 하다. 작콜록콜록. 쿨룩쿨룩-하다 통(자)(여)
쿨리(coolie) 명 [<⊕苦力] 육체노동에 종사하는 하층의 중국인·인도인 노동자.
쿨^사이트(cool site) 명[컴] 인터넷에서, 볼만한 가치가 있는 사이트.
쿨쿨[1] '꿀꿀'의 거센말. 작콜콜.
쿨쿨[2] 부 곤하게 깊이 잠들었을 때 크게 숨 쉬는 소리. 또는, 그 모양. ¶아무것도 모르고 ~ 자고 있다. 작콜콜. 쿨쿨-하다 통(자)(여)
쿨쿨-거리다/-대다[1] 통(자) '꿀꿀거리다'의 거센말. 작콜콜거리다.
쿨쿨-거리다/-대다[2] 통(자) 잇달아 쿨쿨하다. ¶쿨쿨거리며 자다. 작콜콜거리다.
쿨-하다(cool-) 형(여) 1 '멋지다', '대단하다', '훌륭하다'로 순화. 2 '냉정하다', '냉혹하다'로 순화.
쿵 부 '꿍'의 거센말. ¶마룻바닥에 ~ 넘어지다 / 멀리서 대포 소리가 ~ 울렸다. 작콩.
쿵더쿵 부 '쿵덕'에 '쿵'을 더한 동적인 효과를 내는 말. 작콩다콩. ×쿵더쿵. 쿵더쿵-하다 통(자)(타)(여)
쿵더쿵쿵더쿵 부 연하여 쿵더쿵하는 모양. 또는, 그 소리. 작콩다콩콩다콩. 쿵더쿵쿵더쿵-하다 통(자)(타)(여)
쿵덕 부 방아확에 공이를 한 번 내리칠 때 나는 소리. 작콩닥. 쿵덕-하다 통(자)(여)
쿵덕-거리다/-대다[-꺼/때-] 통(자)(타) 연해 쿵덕 소리가 나다. 작콩닥거리다.
쿵덕-떡[-떡] 부 북 따위로 장단을 맞추어 치는 소리. 작콩닥떡. 쿵덕떡-하다 통(자)(타)(여)
쿵덕떡-거리다/-대다[-떡꺼/때-] 통(자)(타) 잇달아 쿵덕떡 소리가 나다. 또는, 그런 소리를 내다. 작콩닥떡거리다.
쿵덕떡-쿵덕떡[-떡떡-떡] 부 쿵덕떡거리는 소리. 작콩닥닥콩닥닥. 쿵덕떡쿵덕떡-하다 통(자)(타)(여)
쿵덕-쿵덕 부 '쿵더쿵'의 잘못.
쿵덕-쿵덕 부 쿵덕거리는 소리. ¶~ 방아를

찧다. [작]콩닥콩닥. **쿵덕쿵덕-하다** [동][자][타][여]
쿵작-쿵작 [명] 흥겨운 곡을 합주하는 소리. 또는, 그 모양. **쿵작쿵작-하다** [동][자][여]
쿵쾅 [부] '꿍꽝'의 거센말. **쿵쾅-하다** [동][자][타][여]
쿵쾅-거리다/-대다 [동][자][타] '꿍꽝거리다'의 거센말. ¶아이들이 마루에서 **쿵쾅거리며** 뛰다.
쿵쾅-쿵쾅 [부] '꿍꽝꿍꽝'의 거센말. ¶대포 소리가 ~ 울리다. **쿵쾅쿵쾅-하다** [동][자][타][여]
쿵-쿵 [부] '꿍꿍[1]'의 거센말. ¶마루가 ~ 울리다. [작]콩콩. **쿵쿵-하다** [동][자][타][여]
쿵쿵-거리다/-대다 [동][자][타] 대포나 북의 쿵쿵하는 소리가 자꾸 나다. [작]콩콩거리다. [여]꿍꿍거리다.
쿵푸 [명] '쿵후'의 잘못.
쿵후(←[중]功夫) [명] 무기 없이 유연한 동작으로 손과 발을 이용하여 공격하는, 중국의 호신술. ×쿵푸.
쿼크(quark) [명][물] 물질을 구성하는 가장 기본적인 소립자.
쿼터[1](quarter) [명][의존][체] 농구 등의 운동 경기에서, 한 경기의 시간을 네 등분하였을 때 그 한 부분을 세는 단위.
쿼터[2](quota) [명] 수입하는 물품을 국가에서 제한하여 할당하는 양. ¶~제.
쿼트(quart) [명][의존] 야드파운드법에서, 양(量)의 단위. 1갤런의 1/4 또는 2파인트.
퀀셋(Quonset) [명] 길쭉한 반원형의 간이 건물. 상표명에서 온 말임.
퀄퀄 [부] '꿜꿜'의 거센말. ¶물이 ~ 쏟아져 나오다. [작]콸콸.
퀄퀄-거리다 [동][자] '꿜꿜거리다'의 거센말. [작]콸콸거리다.
퀭-하다 [형][여] (눈이) 몸이 피곤하거나 병을 앓거나 얼이 빠지거나 하여 정기가 없이 흐릿하다. ¶몹시 앓고 난 뒤라 눈이 ~.
퀴륨(curium) [명][화] 악티늄족 원소의 하나. 원소 기호 Cm, 원자 번호 96, 원자량 247. 은색의 고체 금속으로, 헬륨 원자핵을 플루토늄에 조사(照射)하여 만듦.
퀴리([프]curie) [명][의존][물] 방사성의 단위. 1퀴리는 1초에 3.7×10^{10}개의 원자 붕괴를 하는 물질의 양임. 기호는 Ci.
퀴즈(quiz) [명] 어떤 질문에 대한 답을 알아맞히는 놀이 및 그 질문의 총칭. ¶~를 내다 / ~를 풀다.
퀴퀴-하다 [형][여] (어떤 공간이) 습기가 차고 공기가 잘 통하지 않아 곰팡내가 나는 상태에 있다. 또는, (어떤 냄새가) 곰팡내와 같아 불유쾌하다. ¶어둡고 **퀴퀴한** 지하실 / 간밤에는 못 느꼈는데… 한옆으로 쌓아 놓은 이부자리에서는 **퀴퀴한** 냄새가 나는 것 같았다.《최일남:서울 사람들》 [작]쾨쾨하다.
퀵-서비스(†quick service) [명] 일정한 요금을 받고 오토바이 등을 이용하여 서류나 물품을 신속하게 배달해 주는 서비스.
퀸카(†←queen card) [명]〈속〉 어떤 무리 가운데 얼굴·몸매 등 외모가 가장 뛰어난 여성. ¶우리 대학 ~. ↔킹카.
퀼로트([프]culotte) [명] 짧은 바지처럼 두 갈래로 갈라져 있지만, 자락이 넓어서 스커트처럼 보이는 옷.
퀼팅(quilting) [명] 수예 기법의 하나. 이불·쿠션 등에 누비질을 하여 두드러지게 무늬를 나타내는 방법.
큐[1](cue) [명] **1** 당구에서, 공을 치는 막대기. =당구봉·당봉(撞棒). **2** [방송] 대사·동작·음악 등의 시작을 지시하는 신호.
큐[2](Q) [명] 전산 조판이나 사진 식자에서, 급수의 단위를 나타내는 기호.
큐레이터(curator) [명] 박물관이나 미술관에서, 전시회를 기획·홍보하고, 작품을 선정·관리하는 일을 하는 사람. 순화어는 '전시 기획자'.
큐비즘(cubism) [명][미] =입체파(立體派).
큐빅(←cubic *zirconia*) [명] 인조 다이아몬드.
큐시(QC) [명] 〔quality control〕 [경] =품질 관리(品質管理).
큐^시트(cue sheet) [명][방송] 어떤 방송 프로의 상세한 내용을 기입해 놓은 진행표. 연출자가 작성하여 방송 시작 전에 모든 스태프에게 돌리는 것으로, 방송 진행의 기본 틀이 됨.
큐티쿨라-층(cuticula層) [명][생] 생물의 체표 세포로부터 분비하여 생긴 딱딱한 층의 총칭. 몸을 보호하고 수분의 증발을 방지하는 구실을 함. =각피(角皮).
큐틴(cutin) [명][식] 식물의 큐티쿨라층의 주성분. 지방 모양·납(蠟) 모양의 물질로 표면을 보호하는 구실을 함. =각피소(角皮素).
큐피드(Cupid) [명][신화] 로마 신화에 나오는 사랑의 신. 보통 나체에 날개가 달리고 활과 화살을 가진 아이로 그려짐. 그리스 신화의 에로스(Eros)에 해당함. =아모르(Amor).
크-기 [명] 사물의 넓이나 부피 등의 큰 정도. ¶책 판형의 ~ / 주먹만 한 ~의 사과 / 방의 ~가 얼마나 되느냐?
크나-큰 [관] 아주 큰. ¶~ 사랑.
크낙-새[-쌔] [명][동] 딱따구릿과의 새. 몸길이 46cm가량. 몸빛은 배, 허리, 날개깃 끝이 희고 그 밖은 검으며, 수컷은 머리 꼭대기가 진홍색임. 뾰족한 부리로 나무를 찍어 그 속의 벌레를 잡아먹으며, 울음소리가 매우 큼. 우리나라 특산종으로 천연기념물로 지정되어 있음. =골락새.
크놉-액(Knop液) [명][생] 식물 배양액의 하나. 식물이 자라는 데에 필요한 성분이 들어 있어 녹색 식물을 배양하기에 좋음.
크다 Ⅰ [형]〈크니, 커〉 **1** (물체가 부피·길이·넓이·높이 등이나 규모가) 보통의 경우, 또는 기준 대상의 것보다 그 이상이 되는 상태에 있다. ¶큰 강 / 철호는 명수보다 키가 ~. **2** (일의 규모·범위·정도·중요성 등이) 대단하거나 강한 상태에 있다. ¶책임이 ~ / **큰** 타격을 받다 / **큰** 차이가 없다. **3** (어떤 물건이 맞추어야 할 몸이나 물체에) 치수가 남아서 맞지 않는 상태에 있다. ¶이 모자는 나한테 너무 ~. **4** (사람됨이) 뛰어나고 두드러진 상태에 있다. ¶이 학교에서는 **큰** 인물을 많이 배출하였다. **5** (소리가 높거나 거세어) 귀에 들리는 정도가 강하다. ¶**큰** 소리로 말하다. **6** (돈이) 액수나 단위가 보통 정도나 비교 기준보다 위이다. 또는, (수가) 크기가 보통 정도나 비교 기준보다 위이다. ¶100보다 **큰** 자연수 / 사례비라지만 너무 **큰** 돈이라서 선뜻 받기가 어렵다. **7** ➡큰-. ↔작다. ▶많다.
Ⅱ [동][자] **1** (사람이나 동식물이) 몸의 길이가 자라다. ¶10년 전에 심은 나무가 몰라보게 **컸다**. **2** (사람이) 성장하여 어른이 되다. ¶난 이다음에 **커서** 장군이 될 테야. **3** (수준이나 지위 따위가) 더 높거나 나은 상태가 되다. ¶K 기업은 요즘 한창 **크는** 회사다.

크다랗다 [커도 한 그릇 작아도 한 그릇] ㉠양에 관계없이 명목상으로는 같다. ㉡분배하는 양이 같다. [큰 방죽도 개미구멍으로 무너진다] ㉠작은 잘못이라도 곧 손을 쓰지 않으면 큰 화를 입는다. ㉡작은 힘으로도 큰일을 이룰 수 있다.

크-다랗다 휑ⓗ '커다랗다'의 잘못.

크디-크다 휑〈~크니, ~커〉매우 크다. ↔작디작다.

크라우칭^스타트 (crouching start) 몡[체] 단거리 달리기에서, 몸을 웅크린 자세로 출발하는 방법. ▷스탠딩 스타트.

크라운 (crown) 몡 ['왕관'이라는 뜻] 1 [의] 치과에서, 금속관(金屬冠)을 이르는 말. 2 모자에서, 머리를 덮는 부분. ¶~이 높고 챙이 넓은 모자.

크라운-판 (crown判) 몡[인] 책 판형의 하나. 가로 167mm, 세로 236mm의 크기.

크래커 (cracker) 몡 1 밀가루를 주재료로 하여 이스트로 발효시킨, 딱딱하게 구운 비스킷. 단맛은 없음. 2 결혼식·축제 등에서 사용하는 장난감. 종이로 만든 가늘고 긴 통의 끝을 잡아당기면 폭음을 내면서 테이프 등이 튀어나옴. 3 =해커2.

크래킹 (cracking) 몡 1 [화] 중유·경유를 가압·가열 증류하여 휘발유를 제조하는 열분해법. =분해 증류. 2 [컴] =해킹 (hacking).

크랭크 (crank) 몡 1 왕복 운동을 회전 운동으로 변화시키거나 그 반대의 일을 하는 장치. 2 [영] 영화 촬영기의 핸들. 또는, 그것을 회전하여 영화를 촬영하는 일.

크랭크^업 (crank up) 몡[영] 영화의 촬영을 끝내는 것.

크랭크^인 (crank in) 몡[영] 영화의 촬영을 시작하는 것.

크랭크-축 (crank軸) 몡 크랭크에 의하여 회전되는 회전축. =크랭크샤프트.

크렁-크렁 閉 '그렁그렁'의 거센말. ㉲카랑카랑. 크렁크렁-하다 휑여.

크레디트^카드 (credit card) 몡[경] =신용카드.

크레바스 (crevasse) 몡 빙하의 표면에 생긴 깊은 균열.

크레센도 (ⓘcrescendo) 몡[음] 악곡의 표현 방법을 나타내는 말로, '점점 세게'의 뜻. 기호는 <. ↔데크레센도.

크레용 (ⓔcrayon) 몡[미] 그림을 그리는, 막대 모양의 채색 재료. 안료를 파라핀으로 이겨 만듦.

크레이터 (crater) 몡 1 [천] 행성·위성 등의 표면에 보이는 분화구 모양의 지형. 2 [지] =화구(火口)¹³.

크레인 (crane) 몡 1 =기중기(起重機). 2 [영] 카메라를 싣고 상하 또는 좌우로 이동시키면서 촬영할 수 있도록 만든 기계 장치. ▷이동차.

크레졸 (cresol) 몡[화] 콜타르에서 얻는 엷은 갈색의 약산성 액체. 소독제·방부제로 쓰임.

크레타^문명 (Creta文明) 몡[역] 기원전 20세기에서 15세기에 걸쳐서 크레타 섬에서 번영한 고대 문명. 에게 문명의 일부를 이루며 미케네 문명에 이어졌음. 크노소스 궁전이나 다채로운 도자기류로 유명함.

크레틴-병 (cretin病) 몡[의] 선천적인 갑상선의 기능 저하로 지능이나 신체의 발육 저하를 보이는 병. 성인이 되어도 어린아이의 체격 정도 밖에 되지 않음. =선천성 갑상선 기능 저하증.

크레파스 (←ⓙクレパス) 몡 [<ⓔcrayon+pastel] [미] 크레용과 파스텔의 특색을 살려 만든, 막대기 모양의 화구(畫具). 일본에서 개발한 상표명임.

크로노스 (Cronos) 몡[신화] 그리스 신화에 나오는 농경과 계절의 신. 제우스의 아버지임. 로마 신화의 사투르누스(Saturnus)에 해당함.

크로마뇽-인 (Cro-Magnon人) 몡[고고] 1868년 프랑스 남서부 크로마뇽의 바위 유적에서 발견된 화석 인류. 신인(新人)에 속하며, 후기 구석기 문화를 가짐.

크로마토그래피 (chromatography) 몡[화] 흡착제를 사용하여 혼합물의 분리·검출·정량(定量) 등을 하는 방법.

크로스바 (crossbar) 몡[체] 1 축구·럭비 등에서, 두 개의 골포스트 윗부분을 수평으로 연결한 대. 2 높이뛰기에서 쓰이는 가로대.

크로스-스티치 (cross-stitch) 몡 실을 십자형으로 교차시켜 놓는 수. =십자수(十字繡).

크로스워드-퍼즐 (crossword puzzle) 몡 바둑판무늬처럼 선을 그은 칸 안에 주어진 힌트에 따라 빈칸을 메워서 가로세로 말이 되게 하는 놀이. =십자말풀이.

크로스-컨트리 (cross-country) 몡[체] 근대 5종 경기의 한 종목. 육상·사이클·경마·스키 등에서, 숲이나 들판·언덕 등 자연 그대로의 지형을 이용하여 달리는 경기.

크로스^패스 (cross pass) 몡[체] 축구에서, 필드를 가로질러 반대쪽에 있는 선수에게 보내는 패스.

크로아티아 (Croatia) 몡[지] 유럽 남동부, 발칸 반도 북서부에 있는 공화국. 1991년, 유고슬라비아 사회주의 연방 공화국에서 분리·독립했음. 수도는 자그레브.

크로케 (croquet) 몡[체] 구기(球技)의 하나. 8~10명이 두 편으로 나뉘어, 저마다 한 개의 나무 공을 나무망치로 쳐서 땅 위에 배치해 놓은 철문을 통과시켜 승부를 겨룸.

크로켓 (ⓕcroquette) 몡 서양 요리의 하나. 쩌서 으깬 감자와 다져서 기름에 볶은 고기를 섞어 둥글게 모양을 낸 뒤 빵가루를 묻혀서 기름에 튀겨서 만듦.

크로키 (ⓕcroquis) 몡[미] 움직이는 동물이나 사람의 형태를 짧은 시간에 그린 그림. 보통, 연필이나 콩테 등을 사용함.

크롤 (crawl) 몡 '크롤 스트로크'의 준말.

크롤^스트로크 (crawl stroke) 몡[체] 몸 전체를 물속에 잠그고 두 손으로 번갈아 물을 끌어당기며 물장구질을 하면서 나아가는 수영법. 囹크롤.

크롬 (chrome) 몡[화] 은백색의 단단한 금속 원소. 원소 기호 Cr, 원자 번호 24, 원자량 51.996. 내식성이 강하여 도금용·합금 재료로 쓰임.

크루저-급 (cruiser級) 몡[체] 프로 권투 체급의 하나. 79.38~86.18kg의.

크루즈^미사일 (cruise missile) 몡[군] =순항 미사일.

크룩스-관 (Crookes管) 몡[물] 진공도(眞空度)가 수은주 압력 0.1mm 이하의 방전관. 진공 방전의 시험에 사용함.

크리스마스 (Christmas) 몡[가][기] 예수의 탄생을 기념하는 날. 12월 25일. =성탄일(聖誕日)·성탄절.

크리스마스-실 (Christmas seal) 몡 결핵 퇴

치 기금을 모으기 위하여 크리스마스를 전후하여 발행하는, 우표 모양의 증표. 크리스마스 카드 겉봉이나 소포 등에 붙임.

크리스마스-이브(Christmas Eve) 圕 크리스마스의 전야(前夜). 12월 24일 밤.

크리스마스-카드(Christmas card) 圕 크리스마스를 맞아 간단한 축하의 글을 써서 친구·연인·친척, 기타 아는 사람에게 보내는, 아름다운 그림으로 꾸며진 카드.

크리스마스^캐럴(Christmas carol) 圕 =캐럴.

크리스마스-트리(Christmas tree) 圕 크리스마스 때 장식으로 세우는 나무. =성탄목.

크리스천(Christian) 圕 기독교인.

크리스털(crystal) 圕 **1**[광] =수정(水晶)¹. ¶~ 시계. **2**'크리스털 글라스'의 준말.

크리스털^글라스(crystal glass) 圕 굴절률·투명도가 높고 광휘(光輝)가 풍부한 유리. 공예품이나 고급 유리 등으로 쓰임. =수정 유리·크리스털 유리. 徫크리스털.

크리스트-교(Christ敎) 圕[종] 예수 그리스도를 구세주로 믿는 종교. 가톨릭교회와 프로테스탄트 교파들 및 정교회(正敎會)의 3대 교파로 나누어져 있음. =그리스도교·기독교(基督敎)·예수교.

크리켓(cricket) 圕[체] 11명씩으로 된 두 팀이 벌이는, 야구 비슷한 구기(球技). 투수가 던지는 공을 타자가 배트로 친 뒤 주자와 타자가 2개의 위킷(wicket:타자와 주자 뒤에 있는 Ⅲ 모양의 물건) 사이를 달려서 점수를 얻게 되어 있음. 영국의 국기(國技)임.

크릴(krill) 圕[동] 갑각강에 속하는 플랑크톤. 작은 새우 비슷하며 남극에서 삶.

크림(cream) 圕 **1** 우유에서 얻는 지방질. 노란색의 유액상(乳液狀)으로 버터·아이스크림 등의 원료나 조리에 쓰임. =유지(乳脂). **2** 달걀·우유·설탕 등으로 만든, 담황색의 부드러운 식품. ¶~빵. **3** 피부나 머리 손질에 쓰이는 기초화장품. 콜드크림 따위.

크림-빵(cream-) 圕 크림을 속에 넣은 빵.

크림-수프(cream soup) 圕 크림을 써서 걸쭉하게 만든 수프.

크립톤(krypton) 圕[화] 희유기체 원소의 하나. 원소 기호 Kr, 원자 번호 36, 원자량 83.80. 공기 중에 섞여 있는 무색무취의 기체. 백열전구에 봉입하여 방사 효율을 높이는 데 쓰임.

크산토필(㉓Xanthophyll) 圕[식] 카로티노이드 중에서 수산기·카르보닐기 등의 형태로 산소를 함유한 색소의 총칭. 잎·꽃·난황 등 생물계에 널리 존재하며, 엽록체 속에서는 광합성의 보조 색소임. =엽황소(葉黃素).

크샤트리아(㉓ksatriya) 圕 고대 인도 사회의 신분 계급의 하나. 네 계급 가운데 둘째로, 왕과 왕족이 이에 속함.

크세논(㉓Xenon) 圕[화] 희유기체 원소의 하나. 원소 기호 Xe, 원자 번호 54, 원자량 131.30. 공기 중에 가장 적게 존재하는 무색무취의 기체. 어떤 원소와도 화합하지 않음.

큰-[접두] 가족 관계를 나타내는 말 앞에 붙어, 같은 항렬에 속하는 여러 사람 중 맏이거나 서열이 위임을 나타내는 말. ¶~아들 / ~아버지. ↔작은-.

큰개-자리[-짜-] 圕[천] 봄 하늘 은하수 옆에 있는 별자리의 하나. 오리온자리의 동쪽에 있으며 늦겨울 해질녘에 남쪽 하늘에 보임. 주성(主星)은 시리우스임. =대견좌(大犬座).

큰-계집[-계-/-게-] 圕 '본처(本妻)'을 낮추어 이르는 말. ↔작은계집. ×큰어미.

큰-골 圕[생] =대뇌(大腦).

큰곰-자리 圕[천] 북두칠성을 중심으로 하는 별자리의 하나. 이 중 가장 뚜렷한 것이 북두칠성임. =대웅좌. 徫큰곰.

큰-굿[-굳] 圕 크게 벌이는 굿.

큰-기침 圕 인기척을 내거나 위엄을 보이거나 하기 위해 일부러 소리를 크게 내어 하는 기침. ¶김 진사가 수염을 쓰다듬으며 "어험!" 하고 ~을 하다. ▷헛기침·잔기침. **큰기침-하다** 屠짜어

큰-길 圕 넓은 길. =신작로. 凡대도(大道)·대로(大路).

큰길-가[-까] 圕 큰길의 양쪽 옆.

큰-놈 圕 '큰아들'을 낮추어 이르는 말. ↔작은놈.

큰-누나 圕 맏누이를 작은누이에 상대하여 이르는 말. ↔작은누나.

큰-누이 圕 =맏누이. ↔작은누이.

큰-달 圕 한 달의 날수가 양력으로는 31일, 음력으로는 30일까지 있는 달. =대월(大月). ↔작은달.

큰-댁(-宅) 圕 '큰집'의 높임말. ↔작은댁.

큰-돈 圕 액수가 많은 돈.

큰-동서(-同壻) 圕 =맏동서. ↔작은동서.

큰-되[-되/-뒈] 圕 열 홉들이 되를 오 홉들이 되에 상대하여 일컫는 말. ↔작은되.

큰-따님 圕 남의 '큰딸'을 높여 이르는 말. ↔작은따님.

큰따옴-표(-標) 圕[언] 가로쓰기에 사용되는 따옴표의 하나. " "의 이름. **1** 문장 가운데서 직접 대화를 나타낼 때에 씀. **2** 남의 말을 인용할 경우에 씀. =게발톱표.

큰-딸 圕 맏딸을 작은딸에 상대하여 이르는 말.

큰-마누라 圕 본마누라를 작은마누라에 상대하여 이르는 말. ↔작은마누라.

큰 마음 圕{주로, '큰마음(을) 먹다'의 꼴로 쓰여} 크고 넓게 생각하는 마음. ¶~ 먹고 거금을 희사하다. 徫큰맘.

큰-말 圕[언] 단어의 실질적인 뜻은 작은말과 같으면서 표현상의 어감이 크고, 어둡고, 무겁고, 약하게 느껴지는 말. 가령, '노랗다', '까맣다', '아드득'에 대하여, '누렇다', '꺼멓다', '으드득'처럼 'ㅗ', 'ㅏ', 'ㅡ' 따위의 음성 모음을 가짐. ↔작은말.

큰말-표(-標) 圕[언] 문장 부호의 하나 '>'의 이름. 뒷말에 대하여 앞말이 큰말임을 나타낼 때 씀. ↔작은말표.

큰-맘 圕 '큰마음'의 준말.

큰-머리 圕[역] 조선 시대에, 궁중이나 양반 집안에서 예식 때 여자의 어여머리 위에 얹던 가발. 다리로 땋은 머리 모양으로 크게 틀어 올렸음.

큰-며느리 圕 맏며느리를 작은며느리에 상대하여 이르는 말. ↔작은며느리.

큰-못[-몯] 圕[건] 서까래·부연(附椽)을 거는 데에나 대문짝 등에 쓰이는 굵고 긴 못. =대못·대정(大釘). ↔잔못.

큰-물 圕 **1** 비가 많이 와서 강이나 내에 물이 갑자기 크게 붙거나 하는 상태. 또는, 그로 인한 재해. =대수(大水)·한물. 凡홍수(洪水)·시위. **2** 사람이 활동하는 무대가 크고 넓은 곳. 비유적인 말임. ¶사람이란 역시 ~에서 놀아야 한다니까.

큰물(이) 지다 冠 홍수가 나다.

큰-바늘 圀 '분침'을 달리 이르는 말. 시침에 비해 길이가 길다고 해서 붙인 이름임.

큰-바람 圀 [기상] 초속 17.2~20.7m로 부는 바람. 나무의 잔가지가 꺾이고, 보통 걷기가 힘듦.

큰-방(-房) 圀 집안의 맨 어른 되는 부인이 거처하는 방. ¶~ 마님.

큰-보표(-譜表) 圀 [음] 높은음자리 보표와 낮은음자리 보표를 하나로 묶어 세로줄로 이은 보표. 혼성 합창 등에 쓰임.

큰-북 圀 크고 무겁게 만든 북. 땅에 놓거나 받쳐 놓고 침. =베이스 드럼.

큰-불 圀 1 큰 화재. 2 큰 짐승을 잡기 위하여 쏘는 총알. ◁잔불.

큰-비 圀 오래도록 많이 쏟아지는 비.

큰-사람 圀 위대한 사람.

큰-사랑(-舍廊) 圀 웃어른이 거처하는 사랑. ↔작은사랑.

큰-사위 圀 맏사위를 작은사위에 상대하여 이르는 말. ↔작은사위.

큰-사폭(-邪幅) 圀 한복 바지에서, 왼쪽 마루폭에 대어 붙이는 큰 크기의 폭. ▷작은사폭.

큰-산소(-山所) 圀 한 산에 여러 조상의 산소가 있을 때, 그중에서 가장 어른 되는 분의 묘.

큰-살림 圀 규모를 크게 차리고 잘사는 살림살이. **큰살림-하다** 통〈재여〉

큰-상(-床) 圀 잔치 때 주인공을 대접하기 위하여 특별히 많은 음식으로 크게 차리는 상.

큰상을 받다 囝 잔치 때 특별히 크게 차린 상을 주인공이 받다.

큰상-물림(-床-) 圀 혼인 잔치 때, 큰상을 받았다가 물린 뒤 받았던 이의 본집으로 싸서 보내는 음식. =퇴물림·퇴상(退床). 죔상물림.

큰-선비 圀 학식과 덕망이 뛰어난 선비.

큰-센바람 圀 [기상] 초속 20.8~24.4m로 부는 바람. 굴뚝 뚜껑과 슬레이트가 날아가는 등 약간의 건물 피해가 일어남.

큰-소리 圀 1 목청을 돋워 가며 싸우거나 야단치는 소리. ¶옆집 부부는 금실이 좋아 생전 ~ 한 번 나는 법이 없다. 2 뱃심 좋게 장담하는 말. 또는, 사실 이상으로 허풍을 떠는 말. =고언(高言). ¶~를 뻥뻥 치다. 3 남 앞에서 기를 펴고 당당하게 하는 말. =대어(大語)·대언(大言). ¶그는 마누라 앞에서 ~ 한 번 못 치고 산다. **큰소리-하다** 통〈재여〉

어법 연사가 큰소리로 외치다 : 큰소리(×)→큰 소리(○). ▶ 단순히 소리가 크다는 뜻의 큰 소리는 단어가 아니므로 띄어 써야 함.

큰소리-치다 통〈재〉 1 큰소리로 싸우거나 야단을 치다. 2 호언장담을 하다. 또는, 사실 이상으로 허풍을 떨다. ¶쥐뿔도 모르면서 아 체 **큰소리친다**. 3 남 앞에서 기를 펴고 당당하게 말하다. 4 크게 성공하여 **큰소리치고** 살다.

큰-손 圀 1 증권 시장에서, 시황(市況)에 영향을 미칠 정도로 대규모의 거래를 하는 개인 또는 기관 투자자. 2 뒷거래 경제 사회에서의 규모가 큰 사채꾼.

큰-손님 圀 1 특별히 잘 모셔야 할 귀한 손님. 2 홍역. ¶~을 치르다.

큰-손자(-孫子) 圀 =맏손자.

큰-솥[-솓] 圀 안방 부엌에 거는 솥 가운데 가장 큰 솥.

큰수의 법칙(-數-法則)[-의-/-에-][수] 확률론의 기본 법칙의 하나. 관측 횟수에 대한 그 사건의 실현 횟수의 비율(예를 들면, 주사위를 n번 던져 r회 1의 눈이 나왔다면 n분의 r)은 관측 횟수를 많게 하면 계산상의 확률에 가까워진다는 법칙. =대수 법칙(大數法則).

큰-스님 圀 [불] '덕이 높은 승려'를 높여 이르는 말.

큰-아가씨 圀 올케가 맏시누를 높여 이르는 말. ↔작은아가씨.

큰-아기 圀 1 다 큰 계집아이. 또는, 다 큰 처녀. 2 맏딸이나 맏며느리를 다정하게 이르는 말. ↔작은아기.

큰-아기씨 圀 전날에, 하인이 상전의 맏말을 호칭 또는 지칭하던 말. 비큰아씨. ↔작은아기씨.

큰-아들 圀 =맏아들. ↔작은아들.

큰-아버지 圀 아버지의 형. 호칭 및 지칭으로 쓰임. 아버지의 형이 여럿일 때에는 '첫째·둘째·셋째…'의 말을 '큰아버지' 앞에 붙여서 구별함. 첫째 큰아버지는 '백부(伯父)'라고 함. ¶~는 강릉에 사십다. / ~, 이쪽으로 앉으세요. ↔작은아버지.

큰-아씨 圀 1 전날에, 하인이 상전의 맏말을 높여서 호칭 또는 지칭하던 말. 비큰아기씨. 2 전날에, 양전 집의 맏며느리를 호칭 또는 지칭하던 말. ↔작은아씨.

큰-아이 圀 큰아들이나 큰말을 다정하게 이르는 말. 죔큰애. ↔작은아이.

큰-악절(-樂節)[-쩔] 圀 [음] 두 개의 작은 악절이 합친 것. 보통 8마디·12마디로 이루어짐. =대악절(大樂節). ↔작은악절.

큰-애 圀 '큰아이'의 준말. ↔작은애.

큰-어머니 圀 1 큰아버지의 아내. 호칭 및 지칭으로 쓰임. 비백모(伯母). 2 서자(庶子)가 아버지의 본처를 이르는 말. 비적모(嫡母). ↔작은어머니.

큰-어미 圀 1 윗사람이 아랫사람의 큰어머니를 부르는 말. 2 '큰계집'의 잘못.

큰-언니 圀 가장 손위 되는 언니. ↔작은언니.

큰-오빠 圀 가장 손위 되는 오빠. ↔작은오빠.

큰-일 圀 1 어떤 일이나 대상이 문제가 있거나 말썽·사고가 생겨 쉽게 해결할 수 없게 된 상태. 또는, 그 일. ¶서른이 넘도록 시집을 안 가고 있으니 ~이다. 2 여간해서 하기 어려운 중요하고도 중대한 일. ¶나라를 위해 ~을 할 사람.

큰일(이) 나다 囝 쉽게 해결할 수 없는 문제나 말썽이나 사고 등이 생기다. ¶등록 마감일이 오늘인데 다 잃어버렸으니 **큰일 났다**.

큰-일²[-닐] 圀 결혼식이나 환갑잔치와 같은, 노력과 비용이 많이 드는 일. 비대사(大事). ¶~을 치르다.

큰-절¹ 圀 1 혼례·제례·상례 등의 의식에서, 또는 웃어른에게 가장 공손히 올리는 절. 남자는 두 손을 모아 땅에 대고 허리를 굽혀 머리를 숙이며, 여자는 두 손을 이마에 마주 대고 앉아서 허리를 굽힘. ¶~을 올리다. ▷평절. 2 넓은 뜻에서, 서서 하지 않고 앉거나 무릎을 꿇은 자세에서 등을 굽혀 머리를 조아리는 절을 모두 이르는 말. **큰절-하다**

크 **클린 에너지** ●1855

(통)(자)(여)

큰-절² 명 [불] 딸린 절에 대하여 주가 되는 절을 이르는 말. 곧, 본사. =대사(大寺).

큰-집 명 1 아우나 그 자손이 맏형이나 그 자손의 집을 이르는 말. 2 분가(分家)하여 나간 집에서 그 본집을 이르는 말. 비종가(宗家). 3 작은집이나 그 자손이 큰 아누라나 그 자손의 집을 이르는 말. ↔작은집. 4 〈속〉 교도소. 처음에는 재소자들 사이에서 은어로 사용되었음.

큰집 드나들듯 구 어떤 곳에 자주 출입하여 매우 익숙한 모양.

큰-창자 명 [생] =대장(大腸)².

큰-처남(-妻男) 명 맏이가 되는 처남. ↔작은처남.

큰-칼 명 [역] 중죄인의 목에 씌우는 형구(刑具)의 하나. ↔작은칼.

큰코-다치다 자 크게 봉변을 당하다. ¶너, 그렇게 까불다가는 **큰코다칠** 것이다.

큰키-나무 명 [식] =교목(喬木)².

큰-톱 명 두 사람이 마주 잡고 켜는 큰 내릴톱. =대톱.

큰-판 명 크게 벌어진 판.

큰-할머니 명 큰할아버지의 아내. ↔작은할머니.

큰-할아버지 명 할아버지의 맏형. ↔작은할아버지.

큰-형(-兄) 명 맏형을 작은형에 상대하여 이르는 말. ↔작은형.

큰-형수(-兄嫂) 명 맏형수를 작은형수에 상대하여 이르는 말. ↔작은형수.

클라리네티스트(clarinetist) 명 클라리넷 연주가.

클라리넷(clarinet) 명 [음] 목관 악기의 하나. 마우스피스에 한 장의 서가 있으며, 아름다운 음색과 넓은 음역 때문에 각종 합주에서 중요한 구실을 함.

클라비코드(clavichord) 명 [음] 15~19세기 초기에 걸쳐 사용되던 건반 현악기. 직사각형의 상자 모양으로, 건반을 누르면 그 끝에 있는 작은 금속 조각이 현(絃)을 때려 소리가 남.

클라이맥스(climax) 명 홍분·긴장 따위가 최고조에 이른 상태. ¶~에 이르다. 2 =절정(絶頂)3.

클라이언트(client) 명 [컴] 네트워크로 연결된 서버로부터 정보를 제공받는 컴퓨터. ↔서버.

클래스-메이트(classmate) 명 '급우(級友)', '반 친구'로 순화.

클래식(classic) 명 [고전(古典)', '고전적인'의 뜻] [음] =고전 음악. ¶그는 팝송보다 ~을 즐긴다. **클래식-하다** 형여 (음악이나 예술 작품 등이) 고전적인 특성을 가진 상태에 있다. ¶**클래식한** 가곡 / **클래식한** 분위기의 건축물.

클래퍼보드(clapperboard) 명 [영] 영화나 텔레비전 드라마의 촬영 시 그 시작과 끝에, 화면과 음향을 일치시키기 위해 카메라 앞에 놓고 딱 소리가 나게 마주치는 두 짝의 나무판. 보통, 그 위에 장면의 번호를 적어 놓음으로써 편집할 때 편리하도록 함. =딱따기.

클랙슨(klaxon) 명 자동차의 경적. 상표명에서 온 말임. ¶요란한 ~ 소리.

클램프(clamp) 명 1 (기구 등을) 다른 물건에 고정시키는 데 쓰는, 나사가 달린 'ㄷ' 자형의 쇠 장식. 2 막대기 모양으로, 물건을 죄어 고정시키는 굽은 띠 모양의 쇠 장식.

클러치(clutch) 명 일직선 상에 있는 두 축의 한쪽으로부터 다른 축으로 동력을 임의로 단속(斷續)하여 전하는 장치. =연축기(連軸器).

클러치^페달(clutch pedal) 명 자동차의 클러치를 조작하는 페달. 기어 변속을 할 때 밟음.

클럽(club) 명 1 취미나 친목 따위의 공통된 목적으로 모인 사람들이 조직한 단체. ¶헬스~. 2 [체] =골프채. 3 트럼프 패의 하나. 검은빛의 클로버 잎 모양의 무늬가 인쇄되어 있음.

클레이^사격^경기(clay射擊競技) [-껑-] 명 [체] 사격 경기의 하나. 클레이 피전이라고 하는 점토를 구운 접시를 투사기(投射器)로부터 쏘아 올려, 이것을 산탄총으로 하나씩 사격한 다음 깨뜨린 수로 승패를 가림.

클레임(claim) 명 [경] 무역 등 상품 거래에서, 수량·품질·포장 따위에 위약(違約)이 있을 경우, 매주(賣主)에게 손해 배상의 청구와 이의를 제기하는 일. =구상(求償). ¶~이 걸리다 / ~을 청구하다.

클렌징-크림(cleansing cream) 명 얼굴의 화장을 닦아 내는 데 사용하는 크림. ×클린싱크림.

클로렐라(chlorella) 명 [식] 녹조류 클로렐라과 클로렐라속(屬)의 총칭. 민물에 사는 단세포 조류(藻類)로 광합성 능력이 크며 번식력이 왕성함. 인공 배양하여 가축의 사료, 오수 정화(汚水淨化)에 이용함.

클로로포름(chloroform) 명 특유한 냄새가 나는, 무색의 휘발성 액체. 유기 화합물의 용제(溶劑)나 프레온의 원료임.

클로로필(chlorophyll) 명 [식] =엽록소.

클로르-칼크(독Chlorkalk) 명 [화] =표백분.

클로버(clover) 명 [식] =토끼풀.

클로즈-업(close-up) 명 1 [영] [사진] 인물이나 기타의 대상물을 주요 부분이 강조되도록 아주 가까이서 촬영하는 일. 보통, 인물의 경우에는 가슴 위나 얼굴만을 크게 찍는 것을 가리킴. =대사(大寫). ↔롱 숏. 2 (어떤 대상이나 사실을 관심하거나 중요한 문제로 삼아 주목하거나 크게 다루는 것. **클로즈업-하다** 통태여 주인공의 얼굴을 ~. **클로즈업-되다** 자여 절대 빈곤이 사라지면서 '삶의 질'의 문제가 ~.

클리노미터(clinometer) 명 지층면이나 단층면의 주향(走向)이나 경사각 등을 측정하는 데는 쓰는 휴대용이다. =경사계(傾斜計)·경사의·측사기(測斜器).

클리닉(clinic) 명 1 '진료실', '진료소'로 순화. ¶피부 ~ / 디스크 ~ / 볼임 ~. 2 '강좌', '상담실'로 순화. ¶논술 ~ / 농구 ~.

클릭(click) 명 [컴] 마우스의 버튼을 손으로 딸깍 눌렀다 떼는 것. **클릭-하다** 통태여

클린싱-크림 명 '클렌징크림(cleansing cream)'의 잘못.

클린업^트리오(cleanup trio) 명 [체] 야구에서, 장타를 쳐서 주자(走者)를 모두 본루로 돌아오게 하는 비율이 높은 3·4·5번의 강타자(强打者).

클린^에너지(clean energy) 명 공해 물질을 방출하지 않는 깨끗한 에너지. 태양열 에너지 외에 바닷물의 온도 차나 수력·풍력·파력(波力)·지열(地熱) 등을 이용한 발전에

너자기를 이름.
클린치(clinch) 명[체] 권투에서, 상대 선수의 공격을 막기 위해 상대 선수를 껴안는 일. 오래 계속하면 반칙이 됨. **클린치-하다** 자연
클린^히트(clean hit) 명[체] 야구에서, 수비수가 잡을 수 없는 완벽한 안타(安打).
클립(clip) 명 1 탄력이나 나선(螺旋)을 이용하여 종이나 서장(書狀) 같은 것을 끼워 두는 기구. 2 만년필 따위에 달려 있는, 양복 주머니에 끼우는 쇠. 3 여자들이 머리에 웨이브를 만들기 위해 머리를 감는 기구.
큼지막-하다[-마카-] 형여 꽤 큼직하다.
큼직큼직-하다[-지카-] 형여 여럿이 모두 큼직하다. ¶연일 **큼직큼직한** 사건들이 터지다.
큼직-하다[-지카-] 형여 (길이·부피·넓이·크기 따위가) 대체로 크다고 여겨지는 상태에 있다. ¶**큼직한** 거실 / 신문에 광고를 **큼직하게** 내다. **큼직-이** 부
쿵쿵 부 병이나 버릇으로 숨을 콧구멍으로 띄엄띄엄 세차게 내쉬는 소리. **쿵쿵-하다** 자

쿵쿵-거리다/-대다 자 자꾸 쿵쿵하다.
쿵쿵-이 명 쿵쿵하는 콧소리를 섞어서 말을 하는 사람을 놀려 이르는 말.
키¹ 명 1 사람이 다리와 몸을 펴고 똑바로 선 상태에서, 발바닥에서 머리끝에 이르는 몸의 길이. =신장(身長). ¶~가 크다 / ~가 자라다. 2 주로, 네발짐승이나 몸집이 큰 일부 조류 등에서, 다리를 편 상태로 똑바로 섰을 때 발바닥에서 머리끝에 이르는 길이. =체고(體高). ¶기린은 동물 중에서 ~가 가장 크다. 3 식물이나 수직으로 세워진 물체의, 지면에서 꼭대기에 이르는 높이. ¶~가 작은 나무 / ~가 한 길이 넘는 돌담.
[키 크고 싱겁지 않은 사람 없다] 보통 키 큰 사람은 싱겁다.
키² 명 곡식을 담아 공중으로 띄웠다 받았다 하면서 알곡만 남기고 쭉정이·티끌·검부러기 따위는 날려 보내는 데 쓰는, 고리버들이나 대로 앞은 넓고 평평하게, 뒤는 좁고 긋하게 만든 용구.
키³ 명 배의 진행 방향을 조종하기 위해 고물에 설치한 장치. ¶~를 돌리다.
키⁴(key) 명 1 어떤 문제를 해결할 수 있는 실마리. 비관건(關鍵). 3 타자기나 컴퓨터 자판(字板)에서, 글자나 기호를 나타내기 위해 손가락으로 누르는 건반 모양의 부분. 순화하는 말은 글쇠. 4 피아노·풍금 등의 건(鍵). ¶~를 누르다. 5 [음] 특정의 음을 으뜸음으로 하는, 음높이의 단계나 범위. 비조(調). ¶~가 너무 높아서 노래를 부를 수가 없다.
키-꺽다리[-따-] 명 =키다리.
키네틱^아트(kinetic art) 명[미] 움직이는 예술, 또는 움직이게 하는 예술. 관객이 작품을 움직여 그 외관을 변화시키거나 동력(動力)에 의하여 작품 자체가 움직임.
키노드라마(kino-drama) 명[연] 영화를 섞어 상연하는 특수한 연극. =연속극·연쇄극.
키니네 독kinine 명[약] 기나나무의 껍질에서 얻어지는 알칼로이드의 한 가지. 흰색 결정으로 맛은 매우 씀. 보통, 염산염으로서 해열제·건위제로 쓰이며, 특히 말라리아의 특효약임. =퀴닌.

키:다 자 '켜이다'의 준말. ¶물이 자꾸 킨다.
키-다리 명 키가 큰 사람을 놀림조로 이르는 말. =키꺽다리. 비꺽다리. ¶~ 아저씨. ↔난쟁이·작다리. ×키장다리.
키^단어(key單語) 명[컴] =키 워드.
키드득 부 참다못해 입속에서 새어 나오는 웃음소리. 준키득. **키드득-하다** 자여
키드득-거리다/-대다[-꺼(때)-] 자 자꾸 키드득키드득하고 웃는 소리를 내다. 준키득거리다.
키드득-키드득 부 잇달아 키드득 웃는 소리. 준키득키득. **키드득키드득-하다** 자여
키득 부 '키드득'의 준말. **키득-하다** 자여
키득-거리다/-대다[-꺼(때)-] 자 '키드득거리다'의 준말.
키득-키득 부 '키드득키드득'의 준말. **키득키득-하다** 자여
키들-거리다/-대다 자 자꾸 키들키들 웃는 소리를 내다.
키들-키들 부 걷잡지 못하는 웃음을 입속으로 웃는 소리. **키들키들-하다** 자여
키르기스스탄(Kirgizstan) 명[지] 카자흐스탄과 중국을 접하고 있는 공화국. 수도는 비슈케크. =키르기스.
키리바시(Kiribati) 명[지] 중부 태평양, 미크로네시아의 길버트 제도 등으로 이루어져 있는 작은 공화국. 수도는 타라와.
키마이라(Chimaera) 명[신화] 그리스 신화에 나오는 괴수(怪獸). 머리는 사자, 몸통은 양, 꼬리는 뱀의 모양을 하고 있으며 불을 내뿜음.
키보드(keyboard) 명 1 =건반(鍵盤). 2 호텔에서, 열쇠를 걸어 놓아두는 판(板). 3 =자판(字板)¹.
키부츠(kibbutz) 명 이스라엘의 농업 공동체. 개인 소유를 부정하고, 생산·소비 활동과 교육을 공동으로 함. ▷모샤브.
키-순(-順) 명 키 큰 차례. =어깨차례. ¶~으로 서다.
키스(kiss) 명 1 남녀간에 성적(性的)인 사랑의 표현으로 상대의 입에 자기 입을 맞추는 것. =접문(接吻). ¶날카로운 첫 ~의 추억은 나의 운명의 지침을 돌려 놓고 뒷걸음쳐서 사라졌습니다.《한용운:님의 침묵》 2 주로 서양에서, 인사할 때, 또는 우애·존경을 나타낼 때에, 상대의 손등이나 이마, 뺨에 입을 맞추는 일. 우리나라에서는 아기와 부모 같은 관계에서 사랑을 표현하는 뜻으로 행해지는 정도이며, 그런 경우에도 '키스'라는 말 대신 '뽀뽀' 라는 말을 주로 씀. 비입맞춤. **키스-하다** 자여
키우다 타 '크다'의 사동사. ¶짐승을 ~ / 과학자가 될 꿈을 ~.
키^워드(key word) 명 1 문장의 이해나 문제 해결의 단서가 되는 말. 2 [컴] 정보 검색에서, 데이터를 인출할 때 색인(索引)이 되는 말 또는 기호. =키 단어.
키위(kiwi) 명 1 [동] 키위과의 새. 몸길이가 약 50cm. 몸은 둥글고 닭만 한데, 날개와 꼬리는 없고 털 모양의 갈색 깃털이 온몸에 있으며 부리가 긺. 2 [식] 다래나뭇과의 덩굴성 낙엽 관목. 6~7월에 유백색의 꽃이 피고, 가을에 달걀 모양의 열매를 맺음. 열매는 짧은 털이 밀생하고 다갈색이며, 과육은 담녹색으로 씨가 많이 있고, 단맛이 있으나 약간 심.

키읃 [-읃] 몡[언] 한글 자음 'ㅋ'의 이름 (2117쪽 '한글 자모' 참고).

어법 키읃이, 키읃을:[키으키], [키으클](×)→[키으기], [키으글](○). ▶원칙적인 발음 대신 현실 발음을 인정하여 표준 발음법에 규정화한 것임(발16).

키-잡이 몡 배의 키를 조종하는 사람. =조타수(操舵手).

키-장다리 몡 '키다리'의 잘못.

키-조개 몡[동] 연체동물 부족류 키조갯과의 한 종. 껍데기는 키 또는 부채 모양으로 암녹색을 띠고 얇음. 얕은 바다의 진흙 또는 모래 바다에서 사는데, 족사(足絲)를 내어 다른 물건에 들러붙어 생활함.

키-질 몡 1 키로 곡식 같은 것을 까부는 일. 2 (일이나 감정을) 부추겨 더욱 커지게 하는 일. 키질-하다 통<자,타,여>

키치(kitsch) 몡 속되고 저급하며 대중의 기호에 영합하는 예술 작품. 이발소에 걸린 농촌 풍경 그림 따위.

키친-타월(kitchen towel) 몡 기름이나 물 등이 묻은 주방 도구를 닦거나, 튀긴 음식 밑에 깔거나 할 때 쓰는 위생 종이. 순화어는 '종이 행주'. ¶~로 프라이팬의 기름을 닦아 내다.

키커(kicker) 몡[체] 축구에서, 프리 킥·페널티 킥·승부차기 등을 하는 경기자.

키킹(kicking) 몡[체] 축구에서, 반칙의 하나. 고의로 상대편을 차거나, 또는 차려고 하는 행위.

키틴(chitin) 몡[생] 아미노산의 하나. 절지동물의 단단한 표피, 연체동물의 껍질 등의 중요한 구성물질임. =갑각소.

키틴-질(chitin質) 몡[생] 곤충류나 갑각각류의 외골격을 이루는 물질의 총칭. =갑각질.

키-포인트(†key point) 몡 사물의 요점. 비주안점. ¶네가 말하려고 하는 ~가 뭐냐?

키프로스(Kypros) 몡[지] 지중해 동부 키프로스 섬을 영토로 하는 공화국. 수도는 니코시아.

키-홀더(key holder) 몡 여러 개의 열쇠를 가지런히 모아 두는 금속제의 작은 기구.

킥¹ 甲 웃음을 참다못해 입을 다문 상태에서 한번 코로 터져 나오는 웃음소리.

킥²(kick) 몡[체] 축구·럭비 등에서, 공을 발로 차는 것. 킥-하다 통<타,여> ¶공을 길게 ~.

킥-보드(kickboard) 몡 두 손으로 핸들을 잡고 한쪽 발은 발판 위에 올린 뒤 다른 쪽 발로는 땅을 차면서 타는 놀이 기구. 'T'자형의 핸들에 좁고 긴 발판을 붙이고 두개의 작은 바퀴를 단 것.

킥-복싱(kickboxing) 몡[체] 주먹 이외에 발로 차기도 하고 팔꿈치·무릎을 쓰기도 하는 타이 특유의 변형 권투.

킥-오프(kickoff) 몡[체] 축구에서, 경기가 시작될 때나 어느 한 팀이 득점하여 경기를 다시 시작할 때, 공을 중앙선의 가운데에 놓고 처음으로 차는 일. 킥오프-하다 통<자,여>

킥-킥 甲 웃음을 참다못해 입을 다문 상태에서 코로 터져 나오는 웃음을 자꾸 내는 소리. 킥킥-하다 통<자,여>

킥킥-거리다/-대다 [-끼(때)-] 통<자> 자꾸 킥킥하고 웃는 소리를 내다. ¶웃음을 참지 못해 ~.

킥ᵗ**턴**(kick turn) 몡[체] 스키에서, 한쪽 다리를 올리면서 반대 방향으로 도는 방향 전환법.

킬(kill) 몡[체] 테니스·배구 등에서, 상대방이 받을 수 없을 만큼 강하게 공을 쳐 보내는 일. 또는, 그러한 공. 킬-하다 통<자,여>

킬러(killer) 몡 1 [체] 배구에서, 스파이크를 하는 사람. 2 [체] 야구에서, 특정한 팀에 대하여 승률이 높은 투수. 3 '살인 청부업자'로 순화.

킬로(kilo) 몡[의존] 1 '킬로그램'의 준말. ¶체중이 몇 ~ 나가니? 2 '킬로미터'의 준말.

킬로-그램(kilogram) 몡[의존] 미터법에 의한 질량의 기본 단위. 국제 킬로그램원기의 질량을 1킬로그램으로 함. 기호는 kg. 준킬로.

킬로그램-원기(kilogram原器) 몡 미터 조약에 의해, 그 질량을 1kg이라고 정의한 원기.

킬로그램-중(kilogram重) 몡[물] 힘의 크기 또는 무게의 단위. 질량 1kg의 물체에 작용하는 표준 중력의 크기를 1킬로그램중으로 함. 기호는 kgw 또는 kgf. =중량킬로그램.

킬로-리터(kiloliter) 몡[의존] 미터법에서, 부피의 단위. 액체·기체·곡물 따위의 양을 헤아리는 데 쓰임. 1리터의 1000배. 기호는 kl.

킬로-미터(kilometer) 몡[의존] 미터법에서, 길이의 단위. 1미터의 1000배. 기호는 km. 준킬로.

킬로-바이트(kilobyte) 몡[의존][컴] 데이터의 양을 나타내는 단위의 하나. 1바이트의 약 1000배, 곧 1024바이트를 말함. 기호는 kB.

킬로-볼트(kilovolt) 몡[의존][물] 전압의 단위. 1볼트의 1000배. 기호는 kV.

킬로-사이클(kilocycle) 몡[물] 주파수의 단위. 1사이클의 1000배. 기호는 kc.

킬로-암페어(kiloampere) 몡[의존][물] 전류의 단위. 1암페어의 1000배. 기호는 kA.

킬로-와트(kilowatt) 몡[의존][물] 전력의 단위. 1와트의 1000배. 기호는 kW.

킬로와트-시(kilowatt時) 몡[의존][물] 일 또는 전력량(電力量)의 단위. 1와트시의 1000배. 기호는 kWh.

킬로-칼로리(kilocalorie) 몡[의존] 열량의 단위. 식품이나 연료의 열량을 나타낼 때는 그냥 칼로리라고 할 때가 많음. 기호는 kcal 또는 Cal. =킬로그램칼로리.

킬로-톤(kiloton) 몡[의존] 1 질량 또는 무게의 단위. 1톤의 1000배. 2 핵폭탄의 위력을 나타내는 에너지의 단위. TNT 1000톤의 폭발에 해당하는 에너지임. 기호는 kt.

킬로-헤르츠(kilohertz) 몡[의존] 진동수의 단위. 1헤르츠의 1000배. 기호는 kHz.

킬킬 甲 '낄낄'의 거센말. 전캘캘. 킬킬-하다 통<자,여>

킬킬-거리다/-대다 통<자> '낄낄거리다'의 거센말. ¶길길거리며 웃다. 전캘캘거리다.

킷-값 [키깝/킨깝] 몡 키가 큰 만큼 그에 알맞게 하는 행동을 얕잡아 일컫는 말. ¶~도 못하는 녀석.

킹-사이즈(king-size) 몡 치수가 표준보다 특별히 큰 것. 비특대(特大).

킹카(†←king card) 몡[속] 어떤 무리 가운데 얼굴·체구 등 외모가 가장 뛰어난 남성. ¶연예인을 대상으로 네티즌이 뽑은 ~와 퀸카. ↔퀸카.

킹-킹 甲 '낑낑 2·3'의 거센말. 킹킹-하다 통<자,여>

킹킹-거리다/-대다 통<자> '낑낑거리다'의 거센말.

E

ㅌ → 티읕.

타¹(他) Ⅰ 圀 {문어적인 말로 제한적으로 쓰여} 다른 사람. 凰남·타인. ¶~의 추종을 불허하다 / ~의 모범이 되다.
Ⅱ 冠 '다른'의 뜻을 나타내는 말. ¶~ 지방 / ~ 국가 / ~ 업소.

타²(打) 圀[의존] 1 '다스'의 한자 음역어. ¶연필 세 ~ / 양말 한 ~. 2 [체] 골프에서, 타수를 세는 단위. ¶1라운드에서 6언더 파 72를 치다.

타가^수분(他家受粉) [식] 다른 그루의 꽃으로부터 암술이 꽃가루를 받는 일. =딴꽃가루받이·타화 수분.

타가^수정(他家受精) 圀 1 [동] 같은 종류의 다른 개체 사이에 이루어지는 수정. 2 [식] 다른 개체 사이, 또는 다른 그루 사이에서의 수정. 특수한 경우에는 같은 그루 안의 다른 꽃 사이에서의 수정도 말함. =딴꽃 정받이·타화 수정. ↔자가 수정.

타개(打開) 圀 (얽히거나 막힌 일을) 잘 처리하여 해결의 길을 여는 것. **타ː개-하다** 屠(태)④ ¶위기 정국을 ~ / 교착 상태를 ~. **타ː개-되다** 屠(자)

타ː개-책(打開策) 圀 타개할 방책. ¶최상의 ~ / ~ 을 강구하다.

타겟 圀 '타깃(target)'의 잘못.

타격(打擊) 圀 1 때려 침. ¶야구에서의 ~ 순서. 2 어떤 일이 대상에 가하거나 끼치는 좋지 않은 영향이나 손해 또는 손실, 비유적인 말임. ¶경제적 ~ / ~을 입다. 홍수는 곳곳에 엄청난 ~을 주었다. 3 [체] 야구에서, 투수가 던진 공을 배트로 치는 일. =배팅. **타ː격-하다** 屠(태)

타ː격-률(打擊率) [-경뉼] 圀 [체] =타율².
타ː격-수(打擊數) [-쑤] 圀 [체] =타수(打數).1
타ː격-순(打擊順) [-쑨] 圀 [체] =타순(打順).

타결(妥結) 圀 의견이나 입장이 대립되어 있는 둘 이상의 사람이나 단체가 서로 양보하고 절충하여 일을 마무리는 것. 또는, 그 일. ¶양측의 주장이 팽팽하여 아직까지 ~을 보지 못했다. **타ː결-하다** 屠(태)④ **타ː결-되다** 屠(자) ¶노사 분규가 오랜 협상 끝에 원만히 타결되었다.

타계(他界) [-계/-게] 圀 1 다른 세계. 2 [인간계(人間界)를 떠나서 다른 세계로 간다는 뜻에서] (사람이) 죽는 것. 특히, 귀인(貴人)의 죽음을 이르는 말. **타계-하다** 屠(자)④ '죽다'를 높여 이르는 말. ¶그 어른이 **타계하신** 지 10년이 되었다.

타고-나다 屠(태) (사람이 어떤 성품·능력·운명 등을) 처음부터 가진 상태로 태어나다. ¶**타고난** 재주 / 그는 큰 인물이 될 운명을 **타고났다**.

타-고장(他-) 圀 다른 고장. ¶~ 풍습 / ~ 사람.

타-곳(他-) [-곧] 圀 다른 곳.

타관(他官) 圀 =타향(他鄕). ¶~ 사람.
타관-살이(他官-) 圀 =타향살이. **타관살이-하다** 屠(자)④
타교(他校) 圀 다른 학교. ¶~생(生). ↔본교(本校).

타구¹(打毬) 圀[체] 옛날 운동의 한 가지. 두 패로 갈라서 말을 타고 내달아 구장(毬場)의 한복판에 놓인 자기편의 공을 자기편 구문(毬門)에 먼저 넣는 것으로 승부를 겨룸. =격구(擊毬).

타구²(打球) 圀[체] 야구 등에서 공을 치는 일. 또는, 그 공. **타ː구-하다** 屠(자)④

타구³(唾具·唾口) 圀 가래침을 뱉는 그릇. ¶그 선생이 매양, …기침이 나서 ~에 핏덩이를 토하던 생각이 난다. 《이광수:무정》

타국(他國) 圀 다른 나라. =타방(他邦). ¶~ 영토 / ~ 국민.

타국-인(他國人) 圀 =외국인.

타군(他郡) 圀 행정 구역상의 다른 군(郡).

타기¹(唾棄) 圀 [침을 뱉고 내버린다는 뜻] {어떤 대상을} 전혀 가치 없는 것으로 여기거나 돌보지 않고 내팽개치는 것. ¶전통문화는 ~의 대상이 아니라 계승해 나가야 할 소중한 자산이다. **타ː기-하다** 屠(태)④ **타ː기-되다** 屠(자)

타ː기²(惰氣) 圀 게으른 마음.

타ː기만만(惰氣滿滿) → **타ː기만만-하다** 屠④ 게으름이 가득하다. ¶그들은 직업적으로 약간 긴장이 나서 마는 둥 하다가 도로 **《채만식:탁류》**

타깃(target) 圀 1 궁술이나 사격에서, 과녁이나 표적. 2 어떤 일의 목표. 또는, 공격이나 비난의 대상. ¶~으로 삼다. 3 [물] =과녁2. 4 [컴] 컴퓨터의 장치들을 보조·참조·수정하기 위하여 사용되는 지표(指標) 카드나 테스트용의 인자(印字) 기록. ×타겟.

타끈-스럽다 [-따-] 圀⑨ 〈-스러우니, -스러워〉 타끈한 데가 있다. ¶"뒤지통 방필만이라면 **타끈스럽고** 강퍅하기가 근동에서 이름난 사람이유."《송기숙:녹두장군》 **타끈스레** 肎

타끈-하다 圀⑨ 치사하고 인색하며 욕심이 많다. **타끈-히** 肎

타닌(tannin) 圀[화] 차·오배자·몰식자 등 대부분의 식물의 물관부·수피·종자·잎 등에서 추출되는, 무색 또는 담황색의 물질. 매염제·수렴제로 쓰임. =타닌산.

타닌-산(tannin酸) 圀[화] =타닌.

타다¹ 屠(자) 1 {물체나 물질이} 불이 붙어 산소와 급격하게 결합하면서 높은 열과 밝은 빛을 내다. 凰연소(燃燒)하다. ¶마른 장작이 불에 활활 ~. 2 {물체나 물질이} 불꽃에 닿거나 뜨거운 열을 오래 받아 탄소(炭素)와 같은 물질로 바뀌면서 검은 빛깔을 띤 상태가 되다. 凰그스리다. ¶밥이 새까맣게 ~. 3 {사람의 피부가} 햇볕을 오래 쬐어 거무스름한 빛깔을 띤 상태가 되다. 凰그을다. ¶검게 탄 얼굴. 4 {식물이나 논밭이} 가뭄으로 몹시 마른 상태가 되다. ¶오랜 가뭄에 논바닥이 다 **타서** 갈라지고 있다. **5** (목·입술 따위가) 물기가 없어 매우 마른 상태가 되다. ¶목이 **타서** 몹시 갈증이 난다. / 열이 나서 입술이 바짝바짝 **탄다**. **6** (마음이) 조바심이나 걱정으로 괴로운 상태가 되다. ¶속이 ~ / 애간장이 ~.

타다[2] [동] [1][타] **1** (사람이 탈것이나 짐승 따위를) 몸을 실어서 이동 수단으로 이용하다. ¶자동차를 ~ / 비행기를 ~ / 말을 ~. **2** (산이나 나무나 줄 따위를) 밟고 오르거나 지나가다. ¶나무를 ~ / 암벽을 ~ / 줄을 ~. **3** (어떤 대상이 바람·물결·전파 등의 흐름에) 실리어 이동하다. ¶바람을 **타고** 연이 오르다 / 뉴스가 전파를 **타고** 전국에 알려지다. **4** (어떤 조건이나 시간을) 은밀한 일을 꾀하는 기회로 삼다. ¶경비가 허술한 틈을 **타서** 도망을 치다 / 어둠을 **타서** 기습하다. **5** 그네나 시소 등의 놀이 기구에 올라앉아 앞뒤, 위아래로 또는 원을 그리며 움직이다. ¶그네를 ~. [2][자] (탈것이나 짐승의 등 따위에) 몸을 싣다. ¶소 잔등에 **탄** 채 피리를 부는 목동 / 어서 차에 **타**!

타다[3] [동][타] (액체에 그보다 적은 양의 액체나 가루를) 넣어 섞이거나 녹는 상태가 되게 하다. ¶커피에 설탕을 ~ / 약을 물에 **타서** 아이에게 먹이다.

타다[4] [동][타] **1** (받도록 미리 정해져 있거나 허락받거나 한 돈이나 상, 배급 등을) 받아서 가지다. ¶월급을 ~ / 상금을 ~ / 아버지한테서 용돈을 ~. **2** (사람이 어떤 성품이나 능력, 운명 등을) 선천적으로 지니다. ¶복(福)을 **탄** 사람.

타다[5] [동][타] **1** (박 따위를 톱과 같은 기구로) 밀었다 당겼다 하면서 갈라지게 하다. ¶톱으로 박을 ~. **2** (어떤 대상을) 두 쪽으로 줄이나 골을 내다. ¶가르마를 ~ / 밭고랑을 ~. **3** (콩·팥 등을) 맷돌에 갈아서 알알이 쪼개다. ¶맷돌에 녹두를 ~.

타다[6] [동][타] (주로 현악기를) 손가락으로 그 줄을 퉁기거나 뜯어 일정한 곡조의 소리가 나게 하다. 피아노나 오르간과 같은 건반 악기도 그 대상이 될 수 있으나, 근래에 와서는 드물게 쓰임. ¶가야금을 ~ / 하프를 ~ / "얘 순애야, 가서 풍금이나 **타자**.…"《이광수:무정》

타다[7] [동] [1][자] (먼지나 때 따위가) 쉽게 달라붙는 성질을 가지다. ¶때가 잘 **타는** 흰 와이셔츠. [2][타] **1** (어떤 물체가 먼지나 때 따위를) 쉽게 달라붙게 하는 성질을 가지다. ¶때를 잘 **타는** 옷. **2** (사람이 옻과 같은 독한 기운을) 몸에 쉽게 옮는 성질을 가지다. ¶옻을 잘 **타는** 사람. **3** (부끄럼·노여움·무서움 등의 감정이나 간지럼과 같은 육체적 느낌을) 느끼는 상태가 되거나, 잘 느끼는 성질을 가지다. ¶부끄럼을 잘 **타는** 소녀 / 유난히 간지럼을 많이 **타는** 사람. **4** (기후나 계절 변화의 영향을) 쉽게 받는 성질을 가지다. ¶봄을 ~ / 추위[더위]를 ~ / 음료 산업은 계절을 많이 **탄다**.

타다[8] [동][타] (목화에서 씨를 뺀 솜을) 활줄로 튀기어 부드럽게 부풀리다. ¶솜을 ~. ▷틀다.

타다[9] [동][타] 손(을) 타다 ➜손[1].

타닥-거리다/-대다[-꺼(때)-] [동][자][타] **1** 먼지만 날 정도로 살살 두드리다. **2** 좀 지친 걸음으로 느릿느릿 걷다. **3** 가난하여 어렵게 살아가다. **4** 일이 힘에 겨워 애처롭게 겨우 움직이다. [큰]터덕거리다.

타닥-타닥 [부] 타닥거리는 모양. ¶힘없이 ~ 걷다 / 담요의 먼지를 ~ 털다. [큰]터덕터덕. **타닥타닥-하다** [동][자][타][여]

타달-거리다/-대다 [동][자][타] **1** 나른한 몸으로 힘없이 겨우 걷다. **2** 금이 간 질그릇 따위를 두들겨서 잇달아 둔탁한 소리가 나다. 또는, 그런 소리를 나게 하다. **3** 빈 수레가 험한 길 위를 소리를 내며 지나가다. [큰]터덜거리다.

타달-타달 [부] 타달거리는 소리. 또는, 그 모양. [큰]터덜터덜. **타달타달-하다** [동][자][타][여]

타:당(妥當) ➜**타:당-하다** [형][여] 사리에 맞아 마땅하다. ¶**타당한** 처사 / **타당한** 방법.

타:당-성(妥當性)[-썽] [명] 타당한 성질.

타:도[1](打倒) [명] (어떤 세력이나 대상을) 때리거나 쳐서 쓰러뜨리는 것. **타:도-하다** [동][타][여] ¶적을 ~ / 공산주의를 ~. **타:도-되다** [동][자]

타도[2](他道) [명] 행정 구역상의 다른 도(道). ¶~로 전출되다.

타-동사(他動詞) [명][언] 동작이 주어(主語)에만 그치지 않고 다른 사물에 영향을 미치거나 동작의 대상이 되는 목적어가 있어야만 움직임을 나타낼 수 있는 동사. "밥을 먹다.", "수염을 깎다."에서 '먹다', '깎다' 따위. =남움직씨. ↔자동사.

타:락(墮落) [명] 올바른 길에서 벗어나 나쁜 길로 빠지는 것. **타:락-하다** [동][자][여] ¶**타락한** 생활. **타:락-되다** [동][자]

타:락-상(墮落相)[-쌍] [명] 타락한 모습이나 양상. ¶이 영화는 오늘날 우리 사회의 ~을 낱낱이 보여 주고 있다.

타란텔라([이]tarantella) [명][음] 3박자 또는 6박자 계통의 아주 빠른 이탈리아의 춤곡. 또는, 그 곡에 맞추어서 추는 춤.

타래 [명] [1][자립] 실이나 노끈 따위를 사리어 뭉친 것. ¶실~. [2][의존] 실이나 노끈 따위를 사리어 묶음으로 만들어 세는 단위. ¶실 세 ~.

타래-과(-菓) [명] 유밀과의 하나. 밀가루를 꿀물에 반죽하여 네모지게 만든 뒤, 그 위에 칼집을 내고 그 구멍으로 한쪽을 밀어 넣어 비틀리게 꼰 뒤 기름에 띄워 지짐.

타래-박 [명] 대나 나무로 된, 긴 자루 끝에 바가지를 달아 물을 푸는 기구.

타래-버선 [명] 돌 전후의 어린이가 신는 누비버선의 한 가지. 양 볼에 수를 놓고 코에는 색실로 술을 닮.

타래-송곳[-곧] [명] **1** 나사처럼 골이 진 송곳. 둥근 구멍을 뚫는 데에 씀. **2** 용수철처럼 배배 틀린 송곳. 병마개를 빼는 데에 씀.

타래-실 [명] 타래로 되어 있는 실.

타래-타래 [부] 둥글게 뱅뱅 틀어진 모양. ¶새끼를 ~ 서리다. [큰]트레트레. **타래타래-하다** [형][여]

타력[1](他力) [명] 남의 힘. ¶~을 빌리다 / ~에 의지하다. ↔자력.

타:력[2](打力) [명] 야구에서, 타자가 투수의 공을 때려 내는 힘이나 능력. =타격력.

타:력[3](惰力) [명] **1** 타성의 힘. **2** [물] 관성 작용이 가지는 힘. ¶~ 운전.

타:령 [명] **1** [음] 광대의 판소리나 잡가 등의 총칭. **2** [음] 서도 민요의 하나. 도드리장단에 느릿하게 부르는 애수 어린 노래. **3** 《일부 명사와 함께 쓰여》 그 대상을 자꾸 요구하거나 그에 관련된 말을 자꾸 되풀이하는 일. ¶돈~ / 술~ / 옷 ~ / 신세~. **4** 《주로 관형

ㅌ

사 '그'의 다음에 쓰여) 변화나 발전이 없는 상태에 있음을 나타내는 말. ¶사는 게 늘 그 ~이다. ['打令'은 취음]

타:령-조(-調)[-쪼] 圀 타령을 하는 듯한 어조. ¶~로 말하다.

타륜(舵輪) 圀 선박의 키를 조종하는 손잡이가 달린 바퀴.

타르(tar) 圀〔화〕 1 목재·석탄·석유 등의 유기물을 건류 또는 증류할 때에 생기는 까맣고 찐득찐득한 액체의 총칭. 도로 포장용, 기타 공업 원료로 쓰임. 2=콜타르.

타르타로스(Tartaros) 圀〔신화〕 그리스 신화에 나오는 신. 아이테르와 가이아의 아들로, 어머니와 관계를 맺어 괴물 에키드나의 아버지가 되었다 함. 일반적으로 땅 밑에 있다는 암흑계를 말함.

타:매(唾罵) 圀 [침을 뱉으며 꾸짖는다는 뜻] (어떤 대상을) 몹시 경멸하거나 더럽게 생각하여 욕하는 말. **타:매-하다** 图타여 ¶권력에 빌붙는 정상배를 ~.

타:면(打綿) 圀 솜을 타는 것. **타:면-하다** 图 자여

타-민족(他民族) 圀 자기 민족 이외의 다른 민족.

타:박¹ 圀 (어떤 대상을) 그 허물이나 결함을 잡아 나무라거나 판잔하거나 탓하는 것. ¶~을 주다 / ~을 맞다 / ~만 하지 말고 잘 가르쳐 주어라. / 먹을 게 있느니 없느니 반찬 ~이 심하다. **타:박-하다** 图타여

타:박²(打撲) 圀 (사람이나 동물을) 때려 치는 것. **타:박-하다** 图타여

타박-거리다·대다[-꺼(때)-] 图여 힘없이 다리를 짧게 떼어 놓으며 느리게 걷다. 圖터벅거리다.

타:박-상(打撲傷)[-쌍] 圀 맞거나 부딪쳐서 생긴 상처. ¶계단에서 넘어져 무릎에 ~을 입다.

타박-타박 图 타박거리는 모양. 圖터벅터벅. **타박타박-하다**¹ 图자여

타박타박-하다²[-바카-] 혱여 (떡·고구마 따위의 음식이) 물기나 진기가 없어 씹기에 좀 팍팍하다. 圖터벅터벅하다.

타방(他方) 圀 1 '타방면'의 준말. 2 '타지방(他地方)'의 준말.

타-방면(他方面) 圀 다른 방면. 圇타방.

타:법(打法)[-뻡] 圀 1 야구·골프·테니스·탁구·배구 등에서, 공을 배트·골프채·라켓·손 등으로 치는 일정한 방법. ¶밀어 치기 [당겨 치기] ~ (야구). 2 북·장구·피아노 등의 악기를 손이나 도구로 치는 일정한 방법. ¶건반 ~ / 꽹과리의 ~. 3 검도·권투 등에서 죽도나 주먹 등으로 상대를 치는 일정한 방법.

타:봉(打棒) 圀〔체〕 1 야구에서, 배트로 공을 치는 것. 또는, 그 배트. ¶예리한 ~ / ~에 불이 붙다. 2=골프채.

타부 圀 '터부(taboo)'의 잘못.

타분-하다 혱여 1 음식이 약간 상하여 신선한 맛이 없다. 2 입맛이 텁텁하다. 圖터분하다. 3 날씨나 기분이 시원하지 못하여 답답하고 따분하다.

타블로이드-판(tabloid判) 圀〔인〕 신문·잡지 등에서, 보통 신문지의 1/2 크기의 판. 圇타블로이드.

타사(他社) 圀 다른 회사. ¶~ 제품.

타산¹(他山) 圀 다른 산. 또는, 다른 사람 소유의 산.

타:산²(打算) 圀 이해관계를 따져 헤아리는 것. ¶이해 ~ / ~이 빠르다. **타:산-하다** 图타여

타:산-적(打算的) 관圀 사전(事前)에 그 일의 이해관계를 따져 보는 것. ¶~인 사람.

타산지석(他山之石) 圀 [다른 산에서 난 나쁜 돌이라도 자신의 옥돌을 가는 데에 소용이 된다는 뜻] 하찮은 사람의 언행일지라도 자신을 수양하는 데에 도움이 된다는 말. ¶다른 사람의 실수나 그릇된 행동을 헐뜯지만 말고 ~으로 삼을 줄 알아야 한다.

혼동어	타산지석 / 귀감
둘 다 교훈을 얻는 대상을 가리키나, '**타산지석**'이 남의 잘못되거나 하찮은 점을 보고 얻는 것인 데 반해, '**귀감**(龜鑑)'은 남의 훌륭한 점을 보고 얻는 것을 가리킴.	

타살¹(他殺) 圀 남에 의해 죽임을 당하는 것. 또는, 그 죽음. ¶시체 부검 결과 ~인 것으로 확인되다. ↔자살(自殺). **타살-되다**¹ 图자

타:살²(打殺) 圀 때려서 죽이는 것. 圓박살. **타:살-하다** 图타여 **타:살-되다**² 图자

타생(他生) 圀〔불〕 1 자체의 원인이 아니라 다른 원인에 의해 사물이 생겨나는 것. ↔자생. 2 전생이나 내생. ↔이승.

타:석(打席) 圀〔체〕 1 야구에서, 타자가 타격을 하기 위하여 들어서는 곳. 본루 좌우에 흰 선으로 그려진 장방형 테두리 안을 말함. ¶타자가 ~에 들어서다. 2 '타석수'의 준말. ¶5~ 4타수 3안타.

타:석-수(打席數)[-쑤] 圀〔체〕 야구에서, 타자로서 타석에 선 횟수. 준타석.

타:선¹(打線) 圀〔체〕 야구에서, 타력(打力)의 면에서 본 타자의 진용. ¶~이 약하다 [강하다].

타:선²(唾腺) 圀〔생〕 '타액선(唾液腺)'의 준말.

타:설(打設) 圀 건축·건설 공사에서, (콘크리트를) 쏟아 붓거나 채워 넣는 일. 일본 한자어로, 순화어는 '채우기', '붓기', '넣기' 등임. ¶콘크리트 ~ 작업. **타:설-하다** 图타여 **타:설-되다** 图자

타성¹(他姓) 圀 다른 성. 圓이성(異姓).

타:성²(惰性) 圀 1 사람의 말이나 행동에 굳어져 있는 좋지 않은 버릇. 오랫동안 변화나 새로움을 꾀하지 아니하여 나태하게 굳어져 있는 습성. ¶~이 붙다 / ~을 버리다 / ~에 젖다 / ~에 빠진 생활. 2〔물〕=관성(慣性).

타성-바지(他姓-) 圀 자기의 성과 다른 성을 가진 사람.

타:성-적(惰性的) 관圀 오래되어 굳어진 버릇처럼 된 (것). ¶계획도 생각도 없이 ~으로만 살아가는 사람.

타:수(打數) 圀 1 야구에서, 실제로 타석에 들어간 횟수에서 사구(四球)·사구(死球)·희생타 및 타격 방해에 의한 출루의 횟수를 뺀 수. =타격수. ¶3~ 1안타. 2 골프에서, 한 홀이나 라운드나 경기에서 공을 친 횟수.

타:순(打順) 圀〔체〕 야구에서, 타격하는 타자의 순서. =타격순·배팅오더. ¶~을 정하다 [소개하다].

타심(他心) 圀 다른 마음. 또는, 음험한 심사. ▷이심(二心).

타아(他我) 圀〔철〕 자신의 자아(自我)에 대하여, 감정 이입이나 유추, 이해 등에 의해 인

타:-악기(打樂器)[-끼] 명 [음] 두드려서 소리를 내는 악기의 총칭. 나무·가죽·쇠붙이 따위로 만듦. 북·징 따위. ▷관악기.

타!액(唾液) 명 [생] =침².

타!액-선(唾液腺)[-썬] 명 [생] =침샘. 준타선.

타-오르다 통(자)(르)<~오르니, ~올라> 1 불이 붙어 타기 시작하다. ¶타오르는 불길. 2 마음이 불같이 뜨겁게 달아오르다. ¶타오르는 욕망.

타우린(taurine) 명 [생] 동물의 담즙산을 구성하는 아미노산의 일종. 담즙 분비와 지방의 흡수를 원활하게 함. 최근 연구에 따르면 콜레스테롤 조절 작용, 항산화 작용, 시신경 보호 작용, 해독 작용 등이 있다고 함.

타울-거리다/-대다 통(자) 어떤 일을 이루려고 바득바득 애를 쓰다. 흰터울거리다.

타울-타울 튀 타울거리는 모양. 흰터울터울.

타울타울-하다 통(자)여

타워(tower) 명 탑처럼 높게 만든 구조물. ¶남산에는 서울~가 높이 솟아 있다.

타!원(楕圓) 명 [수] 이차 곡선의 하나. 평면 위에서 두 정점(定點)에서의 거리의 합이 언제나 일정하게 되는 점의 자취.

타!원^운동(楕圓運動) 타원형의 궤도를 그리는 운동.

타!원-체(楕圓體) 명 [수] 타원이 그 긴지름이나 짧은지름을 중심으로 돌아서 생기는 입체.

타!원-형(楕圓形) 명 타원으로 된 도형. 또는, 그런 모양.

타월(towel) 명 무명실로 거죽이 보풀보풀하게 짠 천. 또는, 그것으로 만든 수건.

타월을 던지다 귀 권투에서, 선수가 더 이상 싸울 수 없을 때, 그 선수의 매니저가 티케이오(TKO)를 신청하다.

타율¹(他律) 명 자기의 의사에 의하지 않고, 남의 명령이나 속박에 따라 움직이는 것. ↔자율.

타!율²(打率) 명 [체] 야구에서, 안타 수를 타수로 나눈 백분율. =타격률. ↔방어율.

타율-적(他律的)[-쩍] 관명 자기의 의사에 의하지 않고 남의 명령이나 속박에 따라 움직이는 (것). ¶~인 학습 분위기. ↔자율적.

타의(他意)[-의/-이] 명 어떤 일에 영향을 주는 요인으로서의, 다른 사람의 뜻이나 의지. 자의의 반 ~에 의하여 관직에서 물러나다. ↔자의(自意).

타이¹(←Thailand) 명 [지] 인도차이나 반도 중앙부에 있는 입헌 군주국. 수도는 방콕. 음역어는 태국(泰國).

타이²(tie) 명 1 [체] 득점이나 기록을 겨루는 경기에서, 서로 같은 점수나 기록을 낸 상태. 비타이기록. ¶양 팀은 지금 ~를 이루고 있다. 2 [음] =붙임줄. 3 '넥타이'의 준말. ¶~를 매다[풀다].

타이가(㉠taiga) 명 [지] 북유럽·시베리아·북아메리카의 북위 50~70°에 위치하는 아한대 북부에 분포하는 침엽수림.

타이곤(tigon) 명 [tiger+lion][동] 호랑이의 수컷과 사자의 암컷 사이의 교배종. 어미보다 크며 호랑이와 비슷한 무늬가 있고, 수컷은 사자와 같은 갈기가 있음. ▷라이거.

타이-기록(tie記錄) 명 [체] 운동 경기에서, 둘 이상의 경기자가 낸 서로 같은 기록. 또는, 비교 대상이 되는 기록과 같은 기록. ¶세계 기록과 ~을 이루다.

타-이르다 통(타)(르)<~이르니, ~일러> (윗사람이 아랫사람을) 잘못을 깨닫거나 고치도록, 또는 어떤 일을 하는 것이 옳고 좋은 것임을 알도록 타일러서 좋은 말로 문자로. ¶아이를 너무 윽박지르지 말고 알아듣게 잘 타이르세요.

타이머(timer) 명 1 운동 경기 따위에서 시간을 재는 사람. 2 =타임스위치. 3 [사진] =셀프타이머.

타이밍(timing) 명 어떤 일을 하기에 효과적이라고 여겨지는 시간이나 기회. ¶~을 맞추다 / 패스의 ~을 놓치다 / 주식 투자에서는 매매의 ~이 중요하다.

타이^브레이크(tie break) 명 [체] 테니스에서, 듀스가 반복되어 시합이 길어지는 것을 막기 위해 게임 카운트가 6 대 6일 때 7포인트 선취한 쪽을 승자로 하는 일.

타이-스코어(tie score) 명 [체] 경쟁하는 둘 이상의 경기자나 팀이 낸 같은 득점. 비타이(tie).

타이어(tire) 명 자동차·자전거 등의 바퀴의 바깥 둘레에 끼는 고무로 만든 테. 보통, 그 안쪽에 공기를 가득 채운 튜브가 있음. ¶자동차 ~.

타이츠(tights) 명 1 발레나 체조 등을 할 때 입는, 팬티스타킹 모양의 꽉 끼는 옷. 2 주로 어린이들이 신는 허리까지 오는 긴 양말.

타이트(tight) ➡타이트-하다 (형)여 1 여유가 없이 빠듯하다. ¶시간이 ~ / **타이트한** 생활. 2 (옷 따위가) 꽉 끼는 데가 있다. ¶바지가 ~.

타이트-스커트(tight skirt) 명 주름이 없이 꽉 끼는 스커트.

타이틀(title) 명 1 '제목', '표제'로 순화. ¶작품 ~ / 공연 ~ / 앨범 ~. 2 경기나 경쟁에서 획득한 선수권이나 최고의 지위 또는 자격. ¶세계 챔피언 ~ / 홈런왕 ~ / 당선 전에서 ~을 거머쥐다. 3 시디롬이나 디브이디 등에 콘텐츠를 담은 소프트웨어. ¶시디롬 ~ / 게임 ~. 4 영화·텔레비전에서, 문자로 표시한 자막. 제목을 알리는 것, 제작진·출연진을 소개하는 것, 대사를 보이는 것, 종영을 알리는 것 등이 있음.

타이틀^롤(title role) 명 [연][영] '주연', '주역'으로 순화.

타이틀^매치(title match) 명 [체] 권투·레슬링 등에서, 선수권을 걸고 하는 시합. =타이틀전. ↔논타이틀 매치.

타이틀^뮤직(title music) 명 텔레비전·영화 등에서, 작품의 처음에 자막과 함께 나오는 음악.

타이틀-백(↑title back) 명 텔레비전 드라마·영화 등의 첫머리에서, 자막의 배경이 되는 화면.

타이틀-전(title戰) 명 [체] =타이틀 매치.

타이프(type) 명 '타이프라이터'의 준말. ¶~를 치다.

타이프-라이터(typewriter) 명 =타자기. 준타프.

타이피스트(typist) 명 =타자수(打字手).

타이핑(typing) 명 타자기로 치는 일. **타이핑-하다** 통(타)여 ¶이 서류를 **타이핑하여** 주시오.

타인(他人) 명 자기 아닌 다른 사람. 특히, 자기와 아무 관계가 없거나 잘 모르는 사이인 사람. 비남·타자. ¶~의 입장을 배려하다 /

당숙은 나를 본체만체하며 ~ 취급을 했다.

타일(tile) 명[건] 점토(粘土)를 구워서 만든 작고 얇은 물건. 벽·바닥 따위에 붙여 치장하는 데 씀. ¶내장(內裝) ~ / 화장실 바닥 ~을 깔다.

타임(time) 명 ['시간'이라는 뜻][체] 1 경주나 경영 등에서, 일정한 거리를 가는 데 소요된 시간. ¶~을 재다. 2 =타임아웃. ¶~을 걸다 / ~을 선언하다.

타임-머신(time machine) 명 과거와 미래의 시간 여행을 하게 한다는 공상적 기계. 영국의 소설가 웰스(H.G. Wells)의 동명(同名)의 공상 과학 소설에서 온 이름임.

타임-스위치(time switch) 명 일정한 시간이 지나면 자동적으로 전류가 흐르거나 끊어지게 하는 장치.

타임-아웃(time-out) 명[체] 농구·배구 등의 경기에서, 경기를 일시 중지시켜 선수의 교체·휴식·작전의 협의 등을 행하도록 규정된 짧은 시간. 경기 시간에 포함되지 않음. =타임.

타임-업(←time's up) 명[체] 경기 등에서, 규정된 시간이 다 됨.

타임-캡슐(time capsule) 명 후세에 전하기 위하여, 그 시대를 대표·기념하는 기록이나 물건을 넣어서 땅속에 묻어 두는 용기(容器).

타입(type) 명 어떤 부류의 형(型). ¶예술가 ~ / 그 남자는 순종하는 ~의 여자를 좋아한다.

타!자¹(打字) 명 컴퓨터나 타자기의 키를 두드려 글자를 치는 일. ¶~를 치다. **타!자-하다** 동(자)(타)여 ¶영문 편지를 ~. **타!자-되다** 동(자)

타자²(他者) 명 자기 외의 다른 사람. 비타인(他人).

타!자³(打者) 명[체] 야구에서, 배트를 가지고 타석에서 공을 치는 선수. =타수(打手).

타!자-기(打字機) 명 손가락으로 키를 눌러 종이에 글자를 찍는 기계. =타이프라이터. ¶영문 ~ / 한글 ~.

타!자-수(打字手) 명 타자하는 일을 직업으로 하는 사람. =타이피스트.

타!작(打作) 명 1 곡식의 이삭을 떨어내어 알곡을 거두는 일. =바심. 비마당질. ¶보리 ~ / 콩 ~. 2 [농] =배메기. 3 (때로 사람을 심하게 때리는 것. 속된 말임. ¶매~. **타!작-하다** 동(여)

타!작-마당(打作-)[-장-] 명 타작하는 마당.

타!전(打電) 명 무전이나 전보를 치는 것. =타보(打報). **타!전-하다** 동(자)(타)여 ¶긴급 사항을 본부로 ~. **타!전-되다** 동(자) ¶긴급 뉴스가 전 세계에 ~.

타!점¹(打點) 명 1 붓·펜 따위로 점을 찍는 것. 2 마음속으로 정하여 두는 것. **타!점-하다** 동(자)(타)여

타!점²(打點) [-쩜] 명[체] 야구에서, 타자가 안타를 쳐서 득점한 점수. ¶3~을 올리다.

타!제^석기(打製石器) [-끼] [고고] =뗀석기. 준타석기.

타-제품(他製品) 명 1 종류가 다른 제품. 2 물건은 같으나 제작한 회사나 공장이 다른 제품.

타!조(駝鳥) 명[동] 타조과에 속하는 조류의 하나. 키 2~2.5m, 몸무게 136kg 정도로 조류 중에서 가장 큼. 날개가 작아 날지 못하지만, 다리가 길고 튼튼하여 매우 빨리 달리는데, 최고 시속 145km나 된다고 함. 몸빛은 수컷은 흑색, 암컷은 갈색임. 사막·황무지에서 삶.

타!조-법(打租法) [-뻡] 명[역] 조선 시대, 지주와 소작인이 수확을 반씩 나누는 소작 제도. 비타작(打作).

타종¹(他宗) 명 다른 종파.

타종²(他種) 명 다른 종류.

타!종³(打鐘) 명 종을 치는 일. **타!종-하다** 동(자)여

타지¹(他地) 명 다른 지방이나 지역.

타지²(他紙) 명 다른 신문.

타지다 동(자) 꿰맨 데가 터지다. ¶바지가 ~ / 겨드랑이가 ~ / 솔기가 ~.

타-지방(他地方) 명 다른 지방. ¶~ 사람. 준타방(他方).

타지키스탄(Tadzhikistan) 명[지] 중앙아시아의 파미르 고원 지대에 있는 공화국. 수도는 두샨베. =타지크.

타!진(打診) 명 1 [의] 손가락 끝이나 타진기로 가슴·등·관절 등을 두드려서 그 소리 또는 반응으로 증세를 살피는 일. 2 미리 남의 뜻을 살펴보는 것. **타!진-하다** 동(타)여 ¶의사를 ~. **타!진-되다** 동(자)

타처(他處) 명 다른 곳.

타천(他薦) 명 남이 자기를 추천하는 것. **타천-하다** 동(타)여

타타르-족(Tatar族) 명[역] 만주 북방 및 중앙아시아에 살던 몽골 족의 한 부족. 명(明)나라 이후 몽골 족 전체를 가리키는 말로도 쓰임. 음역어는 달단(韃靼).

타!파(打破) 명 (잘못되거나 낡은 관습·제도·신념 따위를) 깨뜨리거나 무너뜨려 없애는 것. **타!파-하다** 동(타)여 ¶미신을 ~ / 구습을 ~ / 계급을 ~. **타!파-되다** 동(자) ¶봉건사상이 ~.

타!합(打合) 명 (어떤 일에 대하여) 서로 좋도록 미리 합의하는 것. ¶~점. **타!합-하다** 동(타)여 **타!합-되다** 동(자)

타향(他鄕) 명 제 고향이 아닌 고장. =타관(他關). ↔고향.

타향-살이(他鄕-) 명 타향에서 사는 일. =타관살이. **타향살이-하다** 동(자)여

타!협(妥協) 명 (두 편이 있는 의견이나 주장을 서로 양보하여 맞추는 것. ¶~을 보다. **타!협-하다** 동(자)(타)여 ¶그는 성미가 대쪽 같아 불의와 **타협할** 줄 모른다. **타!협-되다** 동(자)

타!협-안(妥協案) 명 양편의 주장·의견·이해 따위가 맞서 있을 때 서로 타협하기 위하여 내놓는 안. ¶~을 내놓다.

타!협-적(妥協的) [-쩍] 관(명) 모든 일을 서로 협의해서 하는 (것). 또는, 타협하려는 태도가 있는 (것). ¶~인 해결.

타!협-점(妥協點) [-쩜] 명 어떤 일의 해결에서 타협이 될 수 있는 점. ¶~을 찾다.

타화^수분(他花受粉) 명[식] =타가 수분. ↔자화 수분.

타화^수정(他花受精) 명[식] =타가 수정. ↔자화 수정.

탁 1 갑자기 세게 부딪거나 터지는 소리. 또는, 그 모양. ¶무릎을 ~ 치다. 2 죄어진 것이 갑자기 풀리거나 끊어지는 소리. 또는, 그 모양. ¶잡은 손을 ~ 놓다 / 끈이 ~ 끊어지다. 3 아무 막힘이 없이 시원스러운 모양. ¶~ 트인 전망 / 비밀을 ~ 털어놓다. 4 갑

자기 아주 막히는 모양. ¶숨이 ~ 막히다. ㈜턱.
탁객(濁客)[-깩] 똉 =탁보(濁甫)3.
탁견(卓見)[-껸] 똉 뛰어난 의견이나 견해. =탁식(卓識).
탁구(卓球)[-꾸] 똉[체] 나무로 된 대(臺)의 중앙에 네트를 치고 셀룰로이드 공을 라켓으로 쳐 넘겨 승부를 겨루는 실내 경기. =핑퐁. ¶~장/~을 치다.
탁구-공(卓球-)[-꾸-] 똉 탁구 경기에 쓰이는, 셀룰로이드로 만든 작은 공.
탁구-대(卓球臺)[-꾸-] 똉[체] 탁구 경기에 쓰이는 직사각형의 대.
탁락(卓犖)[탕낙] →**탁락-하다**[탕나카-] 혱[여] =탁월(卓越)하다.
탁론(卓論)[탕논] 똉 뛰어난 이론이나 논지.
탁류(濁流)[탕뉴] 똉 1 흘러가는 흐린 물. 또는, 그 흐름. 2 =무뢰배.
탁마(琢磨)[탕-] 똉 1 옥이나 돌을 쪼고 가는 것. 2 학문이나 덕행을 닦는 것. ¶절차(切磋)~. **탁마-하다** 통[타][여] **탁마-되다** 통[자]
탁발[¹](托鉢)[-빨] 똉[불] 승려가 염불을 하면서 이 집 저 집 다니며 음식이나 돈 등을 얻는 일. 이것은 승려 자신의 교만한 마음을 없애는 수행인 동시에 보시하는 이의 복덕을 길러 주는 일이기도 함. 현재 조계종에서는 이 일을 금하고 있음. **탁발-하다**[¹] 통[타][여] **탁발-되다**[¹] 통[자]
탁발[²](擢拔)[-빨] 똉 =발탁. **탁발-하다**[²] 통[타][여] **탁발-되다**[²] 통[자]
탁발[³](卓拔)[-빨] →**탁발-하다**[³][-빨] 혱[여] 여럿 가운데에서 두드러지게 뛰어난 상태에 있다. ¶탁발한 언어 구사력.
탁발-승(托鉢僧)[-빨-] 똉[불] 탁발하러 다니는 승려.
탁방(坼榜)[-빵] 똉 1[역] 과거에 급제한 사람의 이름을 게시하는 것. 2 과거에 급제한 사람의 이름이 게시되면 과거 시험이 끝나게 되는 데서, 일의 결말을 냄을 비유하는 말. ¶"집에선 결혼 문제로 너무나 귀찮게 구니까, 좌우간 ~을 내려고 일테면 비상수단을 쓴 건데….〃《심훈:상록수》 **탁방-하다** 통[여]
탁방-나다(坼榜-)[-빵-] 통[자] 1 과거 등에 급제한 사람의 성명이 발표되다. 2 (일이) 결말이 나거나 끝장이 나다. =탁방(榜)나다. ¶우리 집 살림이 **탁방난** 것은 아버지 때였으나….《김동리:무녀도》
탁방-내다(坼榜-)[-빵-] 통[타] '탁방나다'의 사동사. ¶그 자리에서 **탁방내야** 될 입장이라면 마지막의 수완을 넘어설 사람도 드물 것으로만 믿어지고 있던 것이다.《이문구:장한몽》
탁보(濁甫)[-뽀] 똉 1 성격이 흐리터분한 사람. 2 아무 분수를 모르는 사람. 3 막걸리를 몹시 좋아하는 사람. =탁객(濁客)·탁춘추(濁春秋).
탁본(拓本)[-뽄] 똉 석비·기와·기물 등에 새긴 문자나 무늬를 종이에 그대로 박아 낸 것. =영본·탑본. ¶~을 뜨다. **탁본-하다** 통[타][여]
탁상(卓上)[-쌍] 똉 책상이나 식탁 같은 탁자의 위.
탁상-공론(卓上空論)[-쌍-논] 똉 현실성이 없는 허황된 이론이나 논의(論議). ¶회의가 ~으로 끝나다.
탁상-시계(卓上時計)[-쌍-계/-쌍-게] 똉 책상 위에 놓고 볼 수 있도록 밑이 넓거나 발

이 달려 있는 시계.
탁상-연설(卓上演說)[-쌍년-] 똉 연회장 등에서, 따로 연단을 베풀지 않고 자기 자리에서 하는 짧은 연설.
탁상-일기(卓上日記)[-쌍-] 똉 책상 위에 놓아두고 그날그날의 업무를 간략하게 적어놓을 수 있도록 날짜 순서대로 종이를 끼워놓은 수첩 크기의 물건.
탁상-출판(卓上出版)[-쌍-] 똉 전자 출판의 하나. 컴퓨터 및 레이저 프린터 등의 주변 장치를 이용하여 입력·편집·교정·출력의 전 과정을 일런하함.
탁상-행정(卓上行政)[-쌍-] 똉 실제의 상황을 직접 확인하지 않거나 실정을 치밀하게 파악하지 못한 채 책상머리에 앉아 안이하고 어설프게 펴는 행정. ¶시 당국의 ~이 예산 낭비를 초래하다.
탁색(濁色)[-쌕] 똉[미] 순색(純色)에 회색을 섞어서 만들어진 색.
탁생(托生·託生) 똉 1 세상에 태어나서 살아가는 것. 2 남에게 의탁하여 살아가는 것. 3[불] 전세의 인연으로 중생이 모태(母胎)에 들어가는 것. **탁생-하다** 통[자][여]
탁설(卓說)[-쎨] 똉 뛰어난 논설.
탁성(濁聲)[-썽] 똉 쉬거나 흐린 목소리.
탁세(濁世)[-쎄] 똉 도덕이나 풍속이 문란한 세상.
탁송(託送)[-쏭] 똉 남에게 부탁하여 물건을 보내는 것. ¶~ 수화물. **탁송-하다** 통[타][여]
탁송-전!보(託送電報)[-쏭-] 똉 전화 가입자가 자기가 사용하는 전화에 의하여 받거나 치는 전보.
탁수(濁水)[-쑤] 똉 흐린 물. ↔청수(淸水).
탁신(託身)[-씬] 똉 남에게 몸을 의탁하는 것. **탁신-하다** 통[자][여]
탁아-소(託兒所) 똉 보육 시설인 '어린이집' 이나 '놀이방' 등을 달리 이르던 말.
탁월(卓越) →**탁월-하다** 혱[여] 남보다 월등히 뛰어나다. =탁락(卓犖)하다. ¶**탁월한** 재능/그의 작품은 사상적 깊이에 있어서나 기교에 있어서나 **탁월한** 수준을 보여 주고 있다.
탁음(濁音) 똉[언] =울림소리. ↔청음(淸音).
탁자(卓子)[-짜] 똉 둥글거나 네모난 판에 여러 개의 다리를 수직으로 단 가구의 총칭. ㈜테이블. ¶사방~/~ 위에 놓인 꽃병.
탁족(濯足)[-쪽] 똉 1 발을 씻는 것. 2 여름철에 계곡 물이나 냇물에 발을 담그고 더위를 쫓는 일. ¶~은 선인들의 피서법이자 건강법이었다. **탁족-하다** 통[자][여]
탁주(濁酒)[-쭈] 똉 =막걸리.
탁지-부(度支部)[-찌-] 똉[역] 조선 고종 32년(1895)에 탁지아문을 고친 이름. 정부의 재무(財務)를 총괄하였음. ㈜탁지.
탁지-아문(度支衙門)[-찌-] 똉[역] 조선 고종 31년(1894)에 정부의 재무를 맡아보던 관아. 호조(戶曹)를 폐하고 탁지부로 개칭됨.
탁출(卓出) →**탁출-하다** 혱[여] 남보다 훨씬 뛰어나다.
탁-탁[¹] 똉 1 일을 결단성 있게 잘 처리하는 모양. ¶일을 ~ 끝내다. 2 침을 세게 자꾸 뱉는 모양. 또는, 그 소리. ¶침을 ~ 뱉다. 3 여러 물건이나 사람이 잇달아 거꾸러지는 모양. ¶일제 사격에 적군이 ~ 쓰러지다. 4 숨이

자꾸 막히는 모양. ¶숨이 ~ 막히다. **5** 자꾸 두드리거나 먼지를 떠는 모양. 또는, 그 소리. ¶이부자리를 ~ 떨다. ㉣턱턱.

탁-탁²(副) 단단한 물건이 자꾸 세게 튀겨나 터지는 소리. 또는, 그 모양. ¶볶고 있는 콩이 ~ 튀다. **탁탁-하다¹** 통(자)

탁탁-거리다/-대다[-꺼(때)-] 통(자)(타) 탁탁 소리가 잇달아 나다. 또는, 그런 소리를 내다.

탁탁-하다²[-타카-] 혱(여) **1** 피륙 따위의 바탕이 촘촘하고 두껍다. ¶탁탁하게 짠 광목. ㉣특특하다. **2** 살림 따위가 넉넉하고 윤택하다.

탁-하다(濁-)[타카-] 혱(여) **1** (액체·공기 등이) 잡물질과 섞여 있어 순수하지 않고 흐리다. ¶공기가 ~ / **탁한** 강물. **2** 얼굴이 환히 트이지 못하다. **3** 성질이 흐리터분하고 바르지 못하다. **4** 소리가 거칠고 굵다. ¶음성이 ~.

탄(炭) 몡 **1** '석탄'의 준말. ¶~을 캐다. **2** '연탄'의 준말. ¶~을 갈다.

탄-값(炭-)[-깝] 몡 석탄·연탄의 값. =탄가(炭價).

탄-갱(炭坑)[광] 석탄을 파내는 구덩이. =석탄갱(石炭坑).

탄-광(炭鑛) 몡[광] 석탄을 캐내는 광산. =석탄광·탄산. ¶~ 지대.

탄광-촌(炭鑛村) 몡 탄광 노동자들이 모여 사는 마을.

탄-금(彈琴) 몡 거문고나 가야금을 타는 것. **탄:금-하다** 통(자)

탄-내¹ 몡 어떤 것이 타서 나는 냄새. ¶밥을 태웠는지 ~가 난다.

탄:-내²(炭-) 몡 연탄·숯 따위가 탈 때에 나는 독한 냄새. ¶~가 지독하게 나다.

탄!대(彈帶) 몡[군] =탄띠1.

탄도(彈道) 몡 발사된 탄환이 목표에 이르기까지의 길. ¶~ 곡선.

탄도^미사일(彈道missile) 몡[군] =탄도 유도탄.

탄도^유도탄(彈道誘導彈) 몡[군] 발사된 후 로켓의 추진력으로 가속되어 날아가다가, 추진제가 다 연소되면 탄도를 그리면서 먼 거리를 비행하는 유도탄. =탄도 미사일. ¶대륙 간 ~. ㉣탄도탄.

탄도-탄(彈道彈) 몡[군] **1** '탄도 유도탄'의 준말. **2** 유도 장치 없이 포물선의 탄도를 날아가는 초음속의 장거리 포탄.

탄도탄^요격^미사일(彈道彈邀擊missile)[-뇨-] 몡[군] 레이더에 포착된 적의 대륙간 탄도 미사일을 따라가서 격추시키기 위한 미사일. ㉣에이비엠(ABM) 요격 미사일.

탄도-학(彈道學) 몡 발사된 탄환이 지나가는 길을 연구하는 학문.

탄두(彈頭) 몡 포탄·미사일의 선단(先端) 부분. ¶핵~.

탄!-띠(彈-) 몡[군] **1** 탄알을 한 줄로 끼우거나 넣어 몸에 간편하게 지닐 수 있도록 한 띠. ¶~를 두르다. **2** 기관총탄을 길게 달아 끼운, 천·쇠 등으로 만든 띠.

탄력(彈力)[탈-] 몡 **1**[물] 어떤 물체가 외부의 힘을 받아 변형되었다가 그 힘이 없어지면 다시 본래의 형태로 돌아가려는 힘. ¶~이 강하다 / ~을 잃다 / ~있는 피부. **2** 힘이 넘치고 생기가 있는 상태의 비유. ¶육상 선수가 ~ 있게 달리다. **3** 상황에 따라 유연하게 대응하는 능력을 비유적으로 이르는 말. ¶~ 있게 대처하다.

탄력-성(彈力性)[탈-썽] 몡 **1**[물] 물체가 외부로부터 힘을 받았을 때 튀기는 힘이 있는 성질. ¶~이 큰 물질. **2** 어떤 상황에 유연하게 대처하는 성질. ¶국제 정세에 ~ 있게 대처하다.

탄력-적(彈力的)[탈-쩍] 관(명) 상황에 따라 유연하게 대응하는 (것). ¶일정을 ~으로 조정하다.

탄로(綻露)[탈-] 몡 숨겨져 있던 일이 드러나는 것. ¶비밀이 ~가 나다. **탄!로-되다** 통(자)

탄!맥(炭脈) 몡 땅속에 묻혀 있는 석탄의 줄기. ¶~을 찾다.

탄복(歎服) 몡 참으로 훌륭하다고 여겨 감탄하는 것. **탄!복-하다** 통(자) ¶주위 사람들은 그의 지극한 효성에 **탄복했다**. **탄!복-되다** 통(자)

탄!부(炭夫) 몡 탄광에서 석탄을 캐는 인부.

탄!-불(炭-)[-뿔] 몡 연탄이 탈 때의 불.

탄산(炭酸) 몡[화] 이산화탄소가 물에 녹아서 생기는 약산(弱酸). 수용액 속에서만 존재하며 분리가 불가능함.

탄산-가스(炭酸gas) 몡[화] =이산화탄소.

탄산-나트륨(炭酸Natrium) 몡[화] 나트륨의 탄산염. 무색의 결정으로, 물에 용해하여 알칼리성을 나타냄. 유리·비누·도기(陶器)·종이·염색·세탁과 위산(胃酸)의 중화제로 쓰임. =탄산소다.

탄산-수(炭酸水) 몡[화] 이산화탄소를 물에 녹인 것. 청량음료나 약용·실험용으로 쓰임. =소다수(soda水).

탄산수소-나트륨(炭酸水素Natrium) 몡[화] 이산화탄소의 결정성 가루. 수용액을 끓이면 이산화탄소가 발생하는데, 청량음료·의약·세제류 등에 씀. =중탄산소다·중조(重曹)·중탄산나트륨.

탄산-음료(炭酸飲料)[-뇨] 몡 이산화탄소를 물에 녹여 만든, 맛이 산뜻하고 시원한 음료.

탄산-지(炭酸紙) 몡 얇은 종이에 기름·납(蠟)·안료 등의 혼합물을 칠한 것. 복사에 쓰임. =탄소지·카본지. ▷복사지.

탄산-천(炭酸泉) 몡[지] 이산화탄소가 녹아 있는 물이 천연으로 솟아나는 샘. 화산 지방에 많음.

탄산-칼슘(炭酸calcium) 몡[화] 칼슘의 탄산염. 석회수에 이산화탄소를 통할 때에 생기는 결정체. 대리석·석회석 등의 주성분임. =석회·탄산석회.

탄상(歎賞·嘆賞) 몡 **1** 탄복하여 몹시 칭찬하는 것. **2** 매우 감탄하면서 구경하는 것. **탄!상-하다** 통(타)(여)

탄!생(誕生) 몡 **1** (사람이) 세상에 태어나는 것. 주로, 문어에서 쓰이는 말임. ¶아기의 ~을 축하드립니다. **2** (어떤 조직·제도·사업체 등이) 세상에 생겨나는 것. =생탄(生誕). **탄!생-하다** 통(자)(여) ¶아기 예수가 ~ / 새 내각이 ~. **탄!생-되다** 통(자)

탄!생-석(誕生石) 몡 1년 12달에 각각 맞추어, 그 태어난 달의 사람이 지니면 행운을 불러들인다는 보석.

탄!생-일(誕生日) 몡 탄생한 날. ㉣탄일.

탄!성¹(彈性) 몡[물] 물체에 외부로부터 힘을 가하면 변형하고, 그 힘을 제거하면 원래의 모양으로 되돌아가려고 하는 성질. ▷소성(塑性).

탄!성²(歎聲·嘆聲) 图 **1** 한탄하여 내는 소리. **2** 감탄하여 내는 소리. ¶설악산의 절경에 ~을 지르다[올리다].

탄!성^고무(彈性-) 图 고무 원료에 황산을 섞어 탄력이 있게 만든 고무.

탄!성-력(彈性力)[-녁] 图[물] 고체의 변형으로 생기는 힘. 처음 상태로 되돌아가려는 성질 때문이며, 물체의 순간적인 변형에만 존재함.

탄!성-체(彈性體) 图[물] 탄성을 나타내는 물체. 특히, 고무처럼 탄성 한계가 큰 물체를 말하기도 함.

탄!성-파(彈性波) 图[물] 탄성체 속에 전달되는 탄성 진동. 음파·지진파 등.

탄!소(炭素) 图[화] 비금속 원소의 하나. 원소 기호 C, 원자 번호 6, 원자량 12.011. 다이아몬드·흑연·비결정성 탄소의 세 종류의 동소체(同素體)가 천연적으로 생산됨. 동위 원소 중에서 질량수 12인 탄소는 원자량의 기준이 됨.

탄!소-강(炭素鋼) 图 탄소 함유량이 2% 이하인 강철. 가공하기 쉽고 저렴하여 여러 가지 일반 강재·볼트·너트 등에 널리 이용됨.

탄!소^동화^작용(炭素同化作用) 图[식] 식물이 공기 중에서 섭취한 이산화탄소와 뿌리에서 흡수한 물로 빛 에너지를 이용하여 탄수화물을 만드는 작용. =탄산 동화 작용.

탄!소^막대(炭素-)[-때] 图[화] =탄소봉.

탄!소-봉(炭素棒) 图[화] 숯·흑연 따위의 탄소의 막대기. 방전(放電)할 때에 쓰임. =탄소막대.

탄!솔(坦率) ➔탄!솔-하다 톙예 성품이 너그럽고 대범하다.

탄!수화-물(炭水化物) 图[화] 당류(糖類) 및 그 유도체의 총칭. 가장 다량으로 존재하는 유기 화합물로, 포도당·수크로오스·녹말 등이 있음. 생물체의 구성 성분. 에너지원으로서 중요함. ≒당질(糖質)·함수 탄소.

탄!식(歎息·嘆息) 图 (사람이) 걱정이나 근심, 슬픔이나 한(恨) 등으로 말미암아 깊은 한숨을 내쉬는 것. ¶눈물과 ~으로 나날을 보내다. **탄!식-하다** 困(타)여 ¶선생은 사회 혼란과 무질서를 목격하고는 깊이 **탄식하**였다.

탄!식-조(歎息調)[-쪼] 图 탄식하는 어조나 투.

탄!신(誕辰) 图 임금이나 성인이 태어난 날.

탄!-알(彈-) 图[군] 총이나 포(砲)에 재어서 쏘아 내보내는 쇳덩이. 일반적으로, 발사되기 전까지의 탄을 가리킨다. =알탄. ⓑ탄환. ¶총포에 ~을 재다.

탄!압(彈壓) 图 어떤 정권이나 통치 집단이 권력이나 무력 등으로 어떤 세력이나 사람들을) 강제로 억눌러 자기의 뜻대로 하지 못하게 하는 것. **탄!압-하다** 困(타)여 ¶독재 정권이 언론을 ~. **탄!압-되다** 困(자)

탄!약(彈藥) 图 탄알과 화약. ¶~ 상자 / ~을 운반하다.

탄!약-고(彈藥庫)[-꼬] 图[군] 탄약을 저장해 두는 창고.

탄!연(坦然) ➔**탄!연-하다** 톙예 마음이 가라앉아 아무 걱정 없이 평정하다.

탄!우(彈雨) 图 빗발같이 쏟아지는 총탄. ¶포연(砲煙) ~.

탄!원(歎願·嘆願) 图 사정을 하소연하여 도와주기를 간절히 바라는 것. **탄!원-하다** 톱(타)여 ¶석방(釋放)을 ~.

탄!원-서(歎願書) 图 탄원을 하는 글. ¶~를 제출하다.

탄!일(誕日) 图 '탄생일'의 준말. ¶석가 ~.

탄자니아(Tanzania) 图[지] 아프리카 동부에 위치한 연합 공화국. 수도는 다르에스살람.

탄!-재(炭-)[-째] 图 '석탄재'의 준말.

탄!저-병(炭疽病)[-뼝] 图 **1**[의] 소·말·양 등 초식 동물에 발생하는 전염병. 내장, 특히 지라가 붓고 혈관에 균이 증식함. 가혹 사람에게 감염되는 수도 있음. =탄저·비탈저(脾脫疽). **2**[농] 식물의 병해. 과실·줄기·잎에 황갈색의 병반이 생기고 적색의 분생 포자(分生胞子)의 덩어리가 생김.

탄!전(炭田) 图[광] 석탄이 자연으로 많이 묻혀 있는 땅. =매전(煤田).

탄젠트(tangent) 图[수] 삼각 함수의 하나. 직각 삼각형의 예각의 대변과 그 각을 낀 밑변의 비를 그 각의 탄젠트라 함. 기호는 tan. 구용어는 정절(正切)·정접(正接).

탄!좌(炭座) 图 상당량의 석탄이 매장되어 있다고 인정하여 설정한, 어떤 지역 내의 석탄 광구(鑛區)의 집합체.

탄!주¹(炭柱) 图[광] 탄갱에서 지면 또는 천장의 침강·함락을 막기 위하여 채굴하지 않고 남겨 둔 석탄의 층.

탄!주²(彈奏) 图 **1** 죄상을 밝혀 아뢰는 것. **2**[음] 바이올린·가야금 따위의 현악기를 타는 것. ¶술을 먹은 뒤에 취흥에 겨워, 때때로 피아노에 앉아서 즉흥으로 ~를 하고 하였는데….〈김동인: 광염 소나타〉 **탄!주-하다** 困(타)여

탄!진(炭塵) 图[광] 탄갱 안의 공기 속에 떠다니는 아주 작은 석탄의 가루.

탄!질(炭質) 图 숯·석탄·무연탄 등의 품질이나 성질.

탄!차(炭車) 图 석탄을 실어 운반하는 차.

탄!창(彈倉) 图[군] 연발총의 보충용 탄알을 재어 두는 통.

탄!층(炭層) 图[광] 땅속에 석탄이 묻혀 있는 층. =석탄층·탄상(炭床).

탄탄(坦坦) ➔**탄!탄-하다¹** 톙예 평평하고 넓다. ¶눈앞에 **탄탄한** 평원이 전개되다. **탄!탄-히** 톱

탄!탄-대로(坦坦大路) 图 **1** 평평하고 넓은 큰 길. **2** 장래가 아무 탈 없이 순탄함을 이르는 말. ¶그가 성공하기까지 ~를 걸어온 것만은 아니다.

탄탄-하다² 톙예 무르거나 느슨하지 않고 아주 야무지고 굳세다. ¶짐이 풀어지지 않게 **탄탄하게** 묶다 / 그는 강철같이 **탄탄한** 몸을 가졌다. / 그 집은 아주 **탄탄해** 보인다. **2** 변동되거나 흔들릴 염려 없이 아주 미덥다. ¶그는 **탄탄한** 직장의 영업 과장이다. ⓑ튼튼하다. **탄탄-히²** 톱

탄탈(⑤Tantal) 图[화] 회흑색의 금속 원소. 원소 기호 Ta, 원자 번호 73, 원자량 180.948. 화학 공업용 내산재(耐酸材), 전자관의 재료 등에 쓰임. =탄탈룸.

탄!피(彈皮) 图[군] 탄환·처탄의 껍데기.

탄!-하다 困여 **1** (남의 일을) 아랑곳하여 시비하다. **2** (남의 말을) 탓하여 나무라다.

탄핵(彈劾) 图 **1** 죄상을 들어서 책망하는 것. ≒탄핵(彈駁). **2**[법] 일반 법원에서는 소추(訴追)가 곤란한, 대통령·국무 위원·법관 등의 신분이 보장되어 있는 공무원의 비행·위법에 대해 국회의 소추에 의해서 헌법 재판소의 심판으로 이를 처벌 또는 파

먼हは 제도. 탄!핵-하다 图(타)예

탄!핵-권(彈劾權)[-꿘] 图[법] =탄핵 소추권.

탄!핵^소추권(彈劾訴追權)[-쏘-꿘] 图[법] 특정 공무원의 비행·위법을 탄핵 소추할 수 있는 국회의 고유한 권리. =탄핵권.

탄!화(炭化) 图[화] 1 유기 물질이 탄소 성분이 풍부한 물질이 되는 일. 2 다른 물질이 탄소와 화합하는 일. 탄!화-하다 图(자)예 탄!화-되다 图예

탄!화-규소(炭化硅素) 图[화] 규사와 코크스를 약 2000℃에서 반응시켜 만든 물질. 굳기 9 이상으로, 연마재·내화재 등으로 씀. =카보런덤.

탄!화-물(炭化物) 图[화] 탄소와 알칼리 금속·알칼리 토류 금속·할로겐 등의 양성 원소와의 화합물. =카바이드.

탄!화-수소(炭化水素) 图[화] 탄소와 수소로 이루어진 화합물의 총칭.

탄!화-칼슘(炭化calcium) 图[화] 산화칼슘과 탄소를 전기로에 넣고 고온으로 가열하여 만든 회색의 고체. 물과 작용하면 아세틸렌 가스를 냄. =탄화석회. 画)카바이드.

탄!환(彈丸) 图[군] 총이나 포에 재어 쏘면 튀어 나가 목표 대상을 살상하거나 파괴하게 되어 있는 물건. 일반적으로, 발사된 이후의 탄을 가리킴. 画)탄알.

탄!흔(彈痕) 图 탄환을 맞은 흔적 또는 자리.

탈![1] 图 1 종이·나무·흙 등으로 사람이나 동물의 얼굴 모양을 본떠 만들어 얼굴에 덮어쓸 수 있게 되어 있는 물건. 画)가면. ¶하회~ / 사자~ / 할미~. 2 (주로 '…의 탈을 벗다 [쓰다]'의 꼴로 쓰여) 사람이 본색을 감추거나 위선적 행동을 하기 위해 쓴다고 가정되는, 비유적인 의미의 가리개. ¶이제 그 위선의 ~을 벗어라. / 양의 ~을 쓴 늑대.

탈 图 1 사람의 신상에 뜻밖에 생기는 사고. ¶아무 ~ 없이 목적지에 도착하다 / 저는 선생님의 염려 덕분에 별 ~이 없이 잘 지내고 있습니다. 2 몸에 생기는 가벼운 병. 특히, 배에 생기는 것을 가리킴. ¶배~ / 속~ / 찬 것을 많이 먹더니 ~이 났다. 3 핑계 또는 트집. ¶~을 잡다. 4 결함이나 허물. ¶그는 자신의 능력을 과신하는 게 ~이다. ▷무탈(無頉).

탈-[3](脫) 쩝뒤 '벗어남', '헤어남'의 뜻을 나타내는 말. ¶~냉전 / ~공업화 / ~식민화(植民化).

탈각(脫却) 图 1 잘못된 생각이나 나쁜 상황에서 벗어나는 것. 2 벗겨 버리는 것. 탈각-하다 图(자)(타)예

탈것[-껏] 图 사람이 타고 다니는 물건의 총칭. 자동차·열차·비행기·배 따위.

탈격(奪格)[-껵] 图[언] 1 인도·유럽 어의 명사의 격의 한 가지. 분리·이탈·원인·수단·방법·때·곳 등의 관계를 표시함. 2 국문법에서 '에게서', '한테서'와 같이 동작이 비롯하는 곳을 나타내는 조사의 한 격.

탈고(脫稿) 图 (작품이나 논문 등을) 원고를 다 써서 마무리 짓는 것. ↔기고(起稿). 탈고-하다 图(타)예 ¶집필 중인 장편 소설을 ~. 탈고-되다 图예

탈곡(脫穀) 图 1 벼·보리의 이삭에서 낟알을 떨어내는 일. 2 곡식의 낟알에서 겉겨를 벗겨 내는 일. 탈곡-하다 图(타)예 ¶벼를 ~.

탈곡-기(脫穀機)[-끼] 图 탈곡하는 농구.

탈골(脫骨) 图[의] =탈구(脫臼). 탈골-하다 图(자)예 탈골-되다 图(자)

탈공업화 사회(脫工業化社會)[-어콰-회/-어콰-훼] 기술 혁신, 도시화 현상, 지식·정보 산업 등이 급속히 발전한 사회. 1950년대 이후로 중화학 공업 중심에서 전환된 선진 공업국의 상황을 말함. 画)정보화 사회.

탈구(脫臼) 图[의] 뼈의 관절이 삐어 물러나는 일. =탈골. 탈구-하다 图(자)예 탈구-되다 图예

탈-근대(脫近代) 图 근대 사회의 속성에서 벗어나는 것. ¶~ 사회 / 근대와 ~의 공존.

탈기(脫氣·奪氣) 图 1 놀라거나 겁에 질려 기운이 아주 빠지는 것. 2 몹시 지쳐서 기운이 빠지는 것. 탈기-하다 图(자)예 탈기-되다 图예

탈!-놀음[-롤-] 图[민] 한 사람 또는 여러 사람이 탈을 쓰고 춤·몸짓·노래·대사 등으로 극적인 장면을 연출하는 우리나라 고유의 연극. 꼭두각시놀음·산대놀음 따위. =탈놀이. 탈놀음-하다 图(자)예

탈!-놀이[-로리] 图[민] =탈놀음. 탈놀이-하다 图(자)예

탈당(脫黨)[-땅] 图 당원이 자기가 소속한 당에서 떠나는 것. ¶~ 선언. ↔입당(入黨). 탈당-하다 图(자)(타)예

탈락 图 매달리거나 한쪽이 떨어진 물건이 흔들리는 소리. 또는, 그 모양. 画)털럭. 탈락-하다[1] 图예

탈락(脫落) 图 1 (경쟁·경선·경기 등에서) 일정한 범위에 들지 못하거나 떨어지거나 빠지지 못하게 되는 것. ¶예선 ~. 2 [언] 둘 이상의 음절이 접속할 때, 한쪽의 모음이나 자음 또는 음절이 없어져 약음(略音)으로 되는 일. '말소'가 '마소'로, '갈고랑이'가 '갈고리'로 되는 따위. 탈락-하다[2] 图(자)예 탈락-되다 图(자) ¶추천에서 ~.

탈락-거리다/-대다[-꺼(때)-] 图(자) 매달리거나 늘어진 물건이 거북하게 자꾸 흔들리다. 画)털럭거리다.

탈락-탈락 图 탈락거리는 모양. 画)털럭털럭. 탈락탈락-하다 图(자)예

탈래-탈래 图 힘없이 간들거리며 걷거나 행동하는 모양. 画)털레털레. 탈래탈래-하다 图예

탈렌트 图 '탤런트(talent)'의 잘못.

탈력(脫力) 图 몸의 힘이 쑥 빠지는 것. ¶~감(感). 탈력-하다 图(자)예

탈루(脫漏) 图 밖으로 빠져서 새는 것. 画)누루(遺漏). ¶세금 ~. 탈루-하다 图(자)예

탈륨(⑤Thallium) 图[화] 납과 비슷한 청백색의 금속 원소. 원소 기호 Tl, 원자 번호 81, 원자량 204.37. 인공 보석을 만드는 데 씀.

탈망(脫網) 图 탈망건. 탈망-하다 图(자)

탈-망건(脫網巾) 图 망건을 벗는 것. =탈망. 탈망건-하다 图(자)예

탈모[1](脫毛) 图 털이 빠지는 것. 또는, 그 털. 탈모-하다 图(자)예

탈모[2](脫帽) 图 모자를 벗는 것. ↔착모(着帽). 탈모-하다 图(자)예

탈모-제(脫毛劑) 图[약] =제모제.

탈모-증(脫毛症)[-쯩] 图[의] 머리 전체 또는 일부분의 모발이 빠져서 없어지는 상태.

탈무드(⑤Talmud) 图 '교훈', '교의'의 뜻 [책] 유대 인의 율법학자의, 사회 전반의 사상(事象)에 대한 구전(口傳)·해설을 집대성한 책.

탈!-바가지[-빠-] 图 1 바가지로 만든 탈.

'탈'¹을 속되게 이르는 말. 3 '철모'를 속되게 이르는 말.

탈-바꿈 명 1 모양이나 형태를 바꾸는 것. 2 [동] = 변태(變態). **탈'바꿈-하다** 재여 모양이나 형태를 바꾸다. **탈'바꿈-되다** 재 ¶달동네가 아파트촌으로 ~.

탈바닥 뷔 '탈파닥'의 여린말. 큰탈박. 센털 버덕. **탈바닥-하다** 자타여

탈박 뷔 '탈바닥'의 준말. 큰털벅. 거탈팍. **탈박-하다** 자타여

탈방 뷔 작은 돌멩이 따위가 물에 떨어져 나는 소리. 큰털벙. **탈방-거리다/-대다** 자타 자꾸 탈방 소리가 나다. 또는, 자꾸 탈방 소리를 내다. 큰털벙거리다.

탈방-탈방 뷔 탈방거리는 소리. 큰털벙털벙. **탈방탈방-하다** 자타여

탈법(脫法) [-뻡] 명 법의 규정을 교묘하게 피하는 것. **탈법-하다** 자여

탈북(脫北) 명 북한에 살던 사람이 북한 체제를 거부하고 북한을 탈출하는 것. ¶~ 인사. **탈북-하다** 동자여

탈북-자(脫北者) [-짜] 명 탈북한 사람.

탈산(脫酸) [-싼] 명[화] 1 금속의 제련에서, 용융 금속이 함유하는 과잉 산소를 제거하는 일. 2 유지(油脂)의 정제에서, 원유 속에 함유된 유리 지방산을 제거하는 일. **탈산-하다** 동자여

탈-삼진(脫三振) 명[체] 투수가 타자로부터 삼진(三振: 스트라이크 아웃)을 이끌어 내는 일. ¶~ 부문 1위 / 그 투수는 오늘 시합에서 8개의 ~을 기록했다.

탈상(脫喪) [-쌍] 명 상기(喪期)가 끝나 상복을 벗는 일. 비해상(解喪). **탈상-하다** 자여

탈색(脫色) [-쌕] 명 1 피륙이나 머리털 따위의 색깔을 빼는 것. ↔염색(染色). 2 빛이 바래어 엷어지는 것. **탈색-하다** 동타여 **탈색-되다** 동자여 ¶옷이 ~.

탈색-제(脫色劑) [-쌕쩨] 명[화] 색깔을 빼는 데에 쓰는 약제.

탈선(脫線) [-썬] 명 1 (기차·전차 따위의 바퀴가) 궤도를 벗어나는 것. ¶열차 ~ 사고. 2 (말·행동 따위가) 나쁜 방향으로 빗나가는 것. ¶청소년의 ~을 막다. 3 목적에서 벗어나 딴 길로 빠지는 것. **탈선-하다** 동자여 **탈선-되다** 동자

탈선-행위(脫線行爲) [-썬-] 명 1 일반적인 규칙이나 상식을 벗어난 행위. 2 목적에서 벗어나 딴 길로 빠지는 행위.

탈세(脫稅) [-쎄] 명[법] 납세 의무자가 세금의 일부 또는 전부를 내지 않는 일. ¶~자 / ~액 / ~ 혐의. **탈세-하다** 동자타여 ¶상속세를 ~.

탈속(脫俗) [-쏙] 명 1 (어떤 사람이) 승려나 수도자가 되어 속된 세상을 벗어나는 것. ↔환속. 2 (어떤 사람이) 세속이나 속된 것에서 벗어나는 것. **탈속-하다** 동자여

탈수(脫水) [-쑤] 명 1 물질에 있는 수분을 제거하는 것. 2 [화] 결정수를 지니는 결정에서 결정수를 제거하는 것. 또는, 화합물 중의 수소와 산소를 물 분자의 형태로 제거하는 것. 3 체내의 수분이 결핍되는 것. **탈수-하다** 자타여 **탈수-되다** 동자 ¶자동으로 탈수되는 세탁기.

탈수-기(脫水機) [-쑤-] 명 세탁·염직(染織)·제약(製藥) 등에서, 물질에서 수분을 제거하는 데에 쓰는 기계.

탈수-제(脫水劑) [-쑤-] 명[화] 물질 속의 수분을 제거하거나 화합물을 분해하여 그 속의 수소와 산소를 제거하는 약제. 염화칼슘·소다 석회·실리카 겔 따위.

탈수-증(脫水症) [-쑤쯩] 명[의] 몹시 땀을 흘리거나 설사를 하는 경우에 체내의 수분이 부족하여 일어나는 증세. 심한 갈증과 정신 장애·경련 등이 따름. =탈수 증상.

탈신(脫身) [-씬] 명 관계하던 일에서 몸을 빼는 것. **탈신-하다** 동자여

탈싹 뷔 작은 사람이나 물건이 갑자기 주저앉거나 내려앉는 모양. 또는, 그 소리. ¶의자에 ~ 앉다. 큰털썩. **탈싹-하다** 동자여

탈싹-거리다/-대다 [-꺼(때)-] 동자 잇달아 탈싹거리다.

탈싹-탈싹 뷔 탈싹거리는 모양. 또는, 그 소리. 큰털썩털썩. **탈싹탈싹-하다** 동자여

탈영(脫營) 명[군] 군인이 병영(兵營)을 빠져나와 도망하는 것. **탈영-하다** 동자여

탈영-병(脫營兵) 명[군] 탈영한 병사.

탈오(脫誤) 명 빠진 글자와 틀린 글자. 비오탈(誤脫).

탈옥(脫獄) 명 죄수가 감옥에서 빠져나와 도망하는 것. ¶집단 ~. **탈옥-하다** 동자타여

탈옥-수(脫獄囚) [-쑤] 명 탈옥한 죄수.

탈의-실(脫衣室) [-의/-이-] 명 목욕탕·수영장 등에서, 옷을 벗어 보관하거나 갈아입는 방.

탈의-장(脫衣場) [-의-/-이-] 명 해수욕장이나 경기장 등에 설치한, 옷을 갈아입는 장소.

탈자(脫字) [-짜] 명 글로 된 인쇄물에서, 교정 미스로 빠뜨린 글자. 또는, 글을 쓸 때 빠뜨린 글자. 비낙자(落字). ¶~가 많은 책.

탈장(脫腸) [-짱] 명[의] =헤르니아(hernia). **탈장-하다** 동자여 **탈장-되다** 동자

탈적(脫籍) [-쩍] 명 호적·병적·당적 따위의 적(籍)에서 빠져나오는 것. **탈적-하다** 동자여 **탈적-되다** 동자

탈주(脫走) [-쭈] 명 (갇힌 곳에서) 벗어나 도주하는 것. =탈신도주(脫身逃走). ¶~자(者). **탈주-하다** 동자여

탈지(脫脂) 명 기름이나 기름기를 빼내는 것. **탈지-하다** 동자타여 **탈지-되다** 동자

탈지-면(脫脂綿) [-찌-] 명[의] 불순물이나 지방분을 제거하고 소독한 솜. 외과 치료에 쓰임. =소독면·정제면. 비약솜.

탈지-분유(脫脂粉乳) [-찌-] 명 탈지유를 건조시켜 만든 가루우유. 단백질·비타민 B_1 등이 풍부하며, 과자·아이스크림·요리 등에 쓰임.

탈지-유(脫脂乳) [-찌-] 명 지방분(크림)을 뺀 우유. 유산 음료·탈지분유 등의 원료가 됨.

탈진(脫盡) [-찐] 명 기운이 다 빠져 없어지는 것. ¶심한 산고(産苦)로 ~ 상태에 빠지다. **탈진-하다** 동자여 **탈진-되다** 동자

탈출(脫出) 명 (자유롭지 못하거나 위험하거나 한 곳을) 자유로워지기 위해, 또는 안전한 상태가 되기 위해 다른 곳으로 벗어나는 것. **탈출-하다** 동자여 ¶포로들이 수용소를 ~ / 죄를 짓고 해외로 ~.

탈출-구(脫出口) 명 1 갇히거나 포위되어 있는 곳에서 빠져나갈 수 있는 틈. 2 어떤 어려

움이나 답답하거나 위기에서 벗어날 수 있는 해결책. 비유적인 말임. ¶여행은 권태로운 일상을 벗어던지는 ~이다.

탈출-극(脫出劇) 뗑 어느 곳을 탈출하는 소동.

탈출^속도(脫出速度) [-또] 뗑 [물] 로켓이나 인공위성이 지구 등 천체의 인력(引力)을 벗어나 무한히 먼 곳까지 갈 수 있는 한계 속도. =이탈 속도.

탈:-춤 뗑[민] 탈놀음에서, 탈을 쓰고 추는 춤. =가면무(假面舞). ¶봉산 ~ / ~을 추다. ▷탈놀음.

탈취¹(脫臭) 뗑 냄새를 빼어 없애는 것. **탈취-하다**¹ 돔[자]여

탈취²(奪取) 뗑 (남의 돈이나 물건 등을) 빼앗아 가지는 것. **탈취-하다**² 돔[타]여 ¶금품을 ~. **탈취-되다** 돔[자]

탈취-제(脫臭劑) 뗑 냄새를 없애는 데에 쓰는 약제(藥劑).

탈타리 뗑 '빈털타리'의 준말. 여털터리.

탈탈 뮈 1 먼지 따위를 가볍고 재게 터는 모양. 또는, 그 소리. ¶바지를 ~ 털다. 2 남은 것이 없도록 죄다 털어 내는 모양. ¶지갑을 ~ 털어 성금을 내다.

탈태(奪胎) 뗑 '환골탈태'의 준말. **탈태-하다** 돔[자]

탈퇴(脫退) [-퇴/-퉤] 뗑 (속해 있는 단체 등에서) 관계를 끊고 물러나는 것. ↔가입 (加入). **탈퇴-하다** 돔[자타]여 ¶서클에서 ~ / 조직을 ~.

탈파닥 뮈 아무렇게나 주저앉는 소리. 또는, 그 모양. ¶아이는 바닥에 ~ 주저앉아 울음을 터뜨렸다. 준탈싹. 큰털퍼덕. 여탈바닥.

탈파닥-하다 돔[자]여

탈팍 뮈 '탈파닥'의 준말. 큰털퍽. 여탈박. **탈팍-하다** 돔[자]여

탈피(脫皮) 뗑 1 [동] 파충류·곤충류 따위가 성장함에 따라 허물이나 표피(表皮)를 벗는 일. 2 낡은 습관·양식·사고방식에서 벗어나서 새로운 방향으로 나가는 것. **탈피-하다** 돔[자타]여 ¶구습을 ~ / 봉건적인 사고방식에서 ~. **탈피-되다** 돔[자]

탈항(脫肛) 뗑[의] 항문의 점막(粘膜)이 밖으로 빠져나오는 일. 만성 변비·치핵 등이 원인임. =장치(腸痔). **탈항-하다** 돔[자]여

탈화(脫化) 뗑 1 허물을 벗고 모양을 바꾸는 일. 2 낡은 형식에서 벗어나 새로운 형식으로 변하는 일. **탈화-하다** 돔[자]여 **탈화-되다** 돔[자]

탈환(奪還) 뗑 (빼앗긴 대상을) 도로 빼앗아 찾는 것. =탈회(奪回). **탈환-하다** 돔[타]여 ¶고지를 ~.

탈황(脫黃) 뗑 석유·천연가스·금속 제련 등의 생산 공정에서, 황 성분을 제거하는 일. 구용어는 탈류(脫硫). **탈황-하다** 돔[타]여

탈회(脫會) [-회/-훼] 뗑 어떤 모임에서 관계를 끊고 빠져나오는 것. ↔입회. **탈회-하다** 돔[자타]여

탐(貪) 뗑 남의 물건을 제 것으로 가지거나 차지하고 싶어 하는 마음. 비욕심. ¶~이 나다 / ~을 내다 / 음식에 ~이 많다.

탐관(貪官) 뗑 옳지 못하게 재물을 탐하는 관리. =탐리(貪吏).

탐관-오리(貪官汚吏) 뗑 욕심이 많고 행실이 깨끗하지 못한 관리.

탐광(探鑛) 뗑[광] 광맥·광상·유전 따위를 찾는 일. **탐광-하다** 돔[타]여

탐구¹(探究) 뗑 (진리·학문·원리 등을) 파고들어 깊이 연구하는 것. ¶자연법칙의 ~. **탐구-하다**¹ 돔[타]여 ¶진리를 ~. **탐구-되다**¹ 돔[자]

탐구²(探求) 뗑 더듬어 찾아 구하는 것. **탐구-하다**² 돔[타]여 **탐구-되다**² 돔[자]

탐구-력(探究力) 뗑 진리·학문·원리 등을 깊이 파고들어 연구하는 힘.

탐구-심(探究心) 뗑 사물을 탐구하려는 마음. ¶~이 강하고 창의력이 뛰어난 학생.

탐구-열(探究熱) 뗑 사물을 탐구하려는 열정.

탐구-욕(探究慾) 뗑 사물을 탐구하려는 욕망. ¶~이 강하다.

탐구-자(探究者) 뗑 탐구하는 사람.

탐-나다(貪-) 쥐 (어떤 대상이) 마음에 들어 제 것으로 만들고 싶은 마음이 생기다. ¶탐나는 옷 / 탐나는 신랑감.

탐-내다(貪-) 티 (어떤 대상을) 제 것으로 만들고 싶어 하다. ¶재물을 ~.

탐닉(耽溺) 뗑 (어떤 일에) 강한 흥미나 즐거움을 느껴 헤어나기 어려운 상태가 되는 것. **탐닉-하다** 돔[자]여 ¶도박에 ~ / 환락에 ~ / 주색에 ~.

탐독(耽讀) 뗑 (어떤 글이나 책을) 특별히 즐겨 읽는 것. **탐독-하다** 돔[타]여 ¶추리 소설을 ~.

탐라(耽羅) [-나] 뗑 '제주도'의 옛 이름.

탐락(耽樂) [-낙] 뗑 주색(酒色)에 빠져서 마음껏 즐기는 것. **탐락-하다** 돔[자]여

탐람(貪婪) [-남] 뗑 재물이나 음식을 탐하는 것. =탐도(貪饕). **탐람-하다** 돔[타]여

탐망(探望) 뗑 1 살펴서 바라보는 것. 2 년지시 바라고 기다리는 것.

탐문¹(探問) 뗑 (알려지지 않은 사실이나 소문을) 더듬어 찾아서 묻는 것. ¶~ 수사. **탐문-하다**¹ 돔[타]여 ¶범인의 행적을 ~.

탐문²(探聞) 뗑 수소문하여 듣는 것. **탐문-하다**² 돔[타]여 ¶이민 간 친구의 근황을 ~.

탐미(耽美) 뗑 아름다움을 추구하여 거기에 깊이 빠지거나 즐기는 것. **탐미-하다** 돔[자][타]여

탐미-적(耽美的) 관[명] 미(美)를 최고의 가치로 삼고, 미에 도취하는 경향이 있는 (것). ¶~인 문장.

탐미-주의(耽美主義) [-의/-이] 뗑[문] 19세기 후반에 유럽에서 나타난, 미(美)의 창조를 예술의 궁극적 목적으로 삼는 문예 사조. =심미주의·유미주의.

탐방¹ 뮈 가볍고 부피가 작은 물체가 얕은 물속에 떨어져 잠길 때 나는 소리. 또는, 그 모양. ¶법을 물속에 ~ 넣다. 큰텀벙. 여담방. **탐방-하다** 돔[자]여

탐방²(探訪) 뗑 1 (명승고적 따위를) 구경하기 위하여 찾는 것. 2 어떤 사실이나 소식을 알아내기 위하여) 목적하는 인물을 찾는 것. ¶명사(名士) ~ / ~ 기사. **탐방-하다**² 돔[타]여 ¶경주 불국사를 ~.

탐방-거리다·-대다 뮈 잇달아 탐방 소리가 나다. 또는, 잇달아 탐방 소리를 내다. 큰텀벙거리다. 여담방거리다.

탐방-탐방 뮈 잇달아 탐방거리는 소리. 큰텀벙텀벙. 여담방담방. **탐방탐방-하다** 돔[자]여

탐보(探報) 뗑 더듬어 찾아서 알리는 것. **탐보-하다** 돔[타]여

탐사(探査) 뗑 (알려지지 않은 사물을) 더듬

어 살펴서 조사하는 것. ¶석유 ~. **탐사-하다** ⟨동⟩⟨타⟩ ¶유적지를 ~. **탐사-되다** ⟨동⟩⟨자⟩

탐사-대(探査隊) ⟨명⟩ 탐사 작업을 위해 조직한 모임. 또는, 그 구성원.

탐색(探索) ⟨명⟩ 감추어진 사실을 알아내기 위하여 살피어 찾는 것. **탐색-하다** ⟨동⟩⟨타⟩⟨여⟩ ¶적의 동향을 ~.

탐색-전(探索戰) [-쩐] ⟨명⟩ 운동 경기나 경쟁 등에서 상대의 전력·전술·형편 등을 탐색하면서 벌이는 싸움. ¶경기 초반에 ~을 벌이다 / 총선을 앞두고 정치권이 물밑 ~에 여념이 없다.

탐-스럽다 [-따] ⟨형⟩⟨ㅂ⟩ ⟨~스러우니, ~스러워⟩ (열매나 꽃이나 눈송이 따위가) 마음이 끌리도록 크고 보기에 좋다. ¶탐스러운 국화 송이 / 함박눈이 탐스럽게 내린다. **탐스레** ⟨부⟩

탐승(探勝) ⟨명⟩ 경치가 좋은 곳을 찾아다니는 것. **탐승-하다** ⟨동⟩⟨타⟩⟨여⟩ ¶우리나라 명산을 두루 ~.

탐승-객(探勝客) ⟨명⟩ 경치가 좋은 곳을 찾아다니는 사람.

탐식(貪食) ⟨명⟩ 음식을 탐하는 것. 또는, 탐내어 먹는 것. **탐식-하다** ⟨동⟩⟨자⟩⟨타⟩⟨여⟩

탐심(貪心) ⟨명⟩ 1 탐내는 마음. 2 탐욕스러운 마음.

탐오(貪汚) ➔**탐오-하다** ⟨형⟩⟨여⟩ 욕심이 많고 하는 짓이 옳지 못하다.

탐욕(貪慾) ⟨명⟩ 지나치게 탐하는 욕심. ¶재물에 대한 ~/~을 다하다.

탐욕-스럽다(貪慾-) [-쓰-따] ⟨형⟩⟨ㅂ⟩ ⟨~스러우니, ~스러워⟩ 탐욕을 부리는 점이 있다. ¶재물을 탐욕스럽게 모으다. **탐욕스레** ⟨부⟩-먹다.

탐욕-적(貪慾的) [-쩍] ⟨관⟩⟨명⟩ 지나치게 탐하는 욕심이 있는 (것). ¶~인 눈초리로 바라보다.

탐정(探偵) ⟨명⟩ (드러나지 않은 사실을) 몰래 살펴 알아내는 것. 또는, 그런 일을 하는 사람. ⟨비⟩정탐. ¶사설(私設)~. **탐정-하다** ⟨동⟩

탐정^소!설(探偵小說) ⟨문⟩ =추리 소설.

탐조(探照) ⟨명⟩ (어떤 대상을) 더듬어 찾으려고 멀리 불빛을 비추는 것. **탐조-하다** ⟨동⟩⟨타⟩⟨여⟩

탐조-등(探照燈) ⟨명⟩ 먼 곳에 있는 목적물을 비추기 위한 대형의 조명 기구. =서치라이트(searchlight).

탐지(探知) ⟨명⟩ (어떤 사실이나 상황을) 더듬어 살펴 알아내는 것. **탐지-하다** ⟨동⟩⟨타⟩⟨여⟩ ¶비밀을 ~ / 첩자를 두어 적정을 ~. **탐지-되다** ⟨동⟩⟨자⟩

탐지-기(探知機) ⟨명⟩ 어떤 사물의 소재나 진부(眞否)를 알아내는 데에 쓰이는 기계의 총칭. ¶전파 ~ / 거짓말 ~.

탐춘(探春) ⟨명⟩ 봄의 경치를 찾아다니며 구경하는 것. **탐춘-하다** ⟨동⟩⟨자⟩

탐탁-스럽다 [-쓰-따] ⟨형⟩⟨ㅂ⟩ ⟨~스러우니, ~스러워⟩ 탐탁한 데가 있다. **탐탁스레** ⟨부⟩

탐탁-하다 [-타카-] ⟨형⟩⟨여⟩ (모양·태도 따위가) 마음에 들어 만족하다. ¶일솜씨가 그리 탐탁하지 않다. **탐탁-히** ⟨부⟩

탐탐(tam-tam) ⟨명⟩ ⟨음⟩ 동양에서 시작된 타악기로 징의 한 가지. 관현악단용으로 만들어졌음.

탐폰(ⓔTampon) ⟨명⟩⟨의⟩ 소독한 솜·거즈 따위를 작은 원통상 또는 구상(球狀)으로 만든 것. 국부(局部)에 넣어서 피를 멈추게 하거나 분비액을 흡수시키는 데에 씀.

탐-하다(貪-) ⟨동⟩⟨타⟩⟨여⟩ (어떤 대상을) 제 것으로 가지거나 차지하고 싶어 하다. ¶재물을 ~ / 높은 벼슬을 ~ / 색(色)을 ~.

탐학(貪虐) ➔**탐학-하다** [-하카-] ⟨형⟩⟨여⟩ 탐욕이 많고 포학하다.

탐험(探險) ⟨명⟩ (어떤 지역이 인류가 기후·지리적인 어려운 조건 때문에 가지 못했던 미지의 곳을) 위험을 무릅쓰고 들어가 살피고 조사하는 것. **탐험-하다** ⟨동⟩⟨타⟩⟨여⟩ ¶북극을 ~ / 아프리카 밀림을 ~.

탐험-가(探險家) ⟨명⟩ 탐험에 종사하는 사람.

탐험-대(探險隊) ⟨명⟩ 탐험을 목적으로 조직된 무리. ¶남극 ~.

탐혹(耽惑) ⟨명⟩ (어떤 사물에) 마음이 빠져 정신이 흐려지는 것. **탐혹-하다** ⟨동⟩⟨자⟩⟨여⟩ **탐혹-되다** ⟨동⟩⟨자⟩

탑(塔) ⟨명⟩ 1 ⟨불⟩ 돌·벽돌·나무 따위를 깎아 여러 층으로 쌓아 올린, 집 모양의 건축물. 세는 단위는 기(基). =탑파(塔婆). ¶~을 쌓다 / ~을 세우다. 2 높고 뾰족하게 세운 건조물의 통칭. ¶기념 ~ / 시계 ~.

탑-돌이(塔-) [-똘-] ⟨명⟩⟨민⟩ 초파일에 절에서 밤새도록 탑을 돌며 부처의 공덕을 기리고 제각기 소원을 비는 행사. 불교 의식에서 차츰 민속놀이로 변한 것임.

탑문(搨文) [탑-] ⟨명⟩ 탑본한 글이나 글자.

탑본(搨本) [-뽄] ⟨명⟩ =탁본(拓本). **탑본-하다** ⟨동⟩⟨타⟩⟨여⟩

탑비(塔碑) [-삐] ⟨명⟩ 탑과 비석.

탑삭 [-싹] ⟨부⟩ '답삭'의 거센말. ⟨큰⟩텁석.

탑삭-거리다/-대다 [-싹꺼(때)-] ⟨동⟩⟨타⟩ '답삭거리다'의 거센말. ⟨큰⟩텁석거리다.

탑삭-나룻 [-쌍-룯] ⟨명⟩ 짧고 다보록하게 많이 난 수염. ⟨큰⟩텁석나룻.

탑삭-부리 [-싹뿌-] ⟨명⟩ 탑삭나룻이 난 사람. ⟨큰⟩텁석부리.

탑삭-탑삭 [-싹-싹] ⟨부⟩ '답삭답삭'의 거센말. ⟨큰⟩텁석텁석. **탑삭탑삭-하다** ⟨동⟩⟨타⟩⟨여⟩

탑상^화!산(塔狀火山) [-쌍-] ⟨지⟩ 거의 뭉쳐서 굳어진 용암이 화구 안에서 지표로 천천히 떠밀려 올라와 분화구 위에 기둥 모양으로 돌출한 것. =벨로니테·용암탑(鎔巖塔).

탑새기-주다 [-쎄-] ⟨동⟩⟨자⟩⟨타⟩ (남의 일을) 방해하여 망치다. ¶그러니까 지주 쪽에 붙어서 이 일에 탑새기출 사람이 신석리 쪽에서 나올 것 같다 이 말인가?⟨송기숙:암태도⟩

탑소록-하다 [-쏘로카-] ⟨형⟩⟨여⟩ '텁수룩하다'의 작은말. **탑소록-이** ⟨부⟩

탑승(搭乘) [-쏭] ⟨명⟩ (비행기·차·배 따위에) 어느 곳을 가기 위해 타는 것. **탑승-하다** ⟨동⟩⟨자⟩⟨여⟩ ¶비행기에 ~.

탑승-객(搭乘客) [-쏭-] ⟨명⟩ 비행기·차·배 따위에 탄 손님.

탑승-권(搭乘券) [-쏭꿘] ⟨명⟩ 비행기·차·배 등을 탈 수 있음을 증명하는 표.

탑승-원(搭乘員) [-쏭-] ⟨명⟩ =승무원(乘務員).

탑승-자(搭乘者) [-쏭-] ⟨명⟩ 비행기·차·배 따위에 타고 있는 사람.

탑신(塔身) [-씬] ⟨명⟩⟨건⟩ 탑의 기단(基壇)과 꼭대기 부분 사이에 있는, 탑의 몸체. 옥개석과 옥신석으로 이뤄져 있음.

탑영(塔影) ⟨명⟩ 탑의 그림자.

탑영²(搨影) ⟨명⟩ 본디의 형상을 본떠서 그리는

것. 또는, 그 그림. 탑영-하다

탑재(搭載) [-째-] 명 **1** (배·차량·비행기 등에 물건을) 옮기기 위해 싣는 것. 또는, (전투기·군함 등에 무기를) 사용할 목적으로 싣는 것. **2** (컴퓨터·자동차 등에 어떤 부품이나 소프트웨어를) 설치하는 것. **탑재-하다** 동(타)여 ¶비행기에 화물을 ~ / 핵무기를 **탑재한** 미사일 / 시디롬 드라이브를 **탑재한** 컴퓨터. **탑재-되다** 동(자) ¶터보 엔진이 **탑재된** 자동차.

탑재-량(搭載量) [-째-] 명 탑재할 수 있는 짐의 양. ¶~ 초과.

탑탑-하다 [-타파-] 형여 **1** (입맛이나 음식 맛, 또는 입 안이) 시원하거나 깨끗하지 못하다. **2** (눈이) 개운하거나 깨끗하지 못하다. **3** (성미가) 까다롭지 않고 소탈하다. **4** (날씨나 공기 따위가) 좀 후텁지근하다. ⓔ텁텁하다.

탑파(塔婆) 명[불] = 탑(塔)1.

탓 [탇] 명 **1** (명사나 관형격 조사 '의', 관형형 어미 '-ㄴ/은', '-는' 다음에 쓰여) 일이 잘못되거나 부정적 현상이 생기는 것에 대한 '때문'의 '원인'을 가리키는 말. ¶제 잘못을 남의 ~으로 돌리다 / 흉년이 들어서 전적으로 가뭄 ~이다. / 밥을 너무 많이 먹은 ~으로 배속이 더부룩하다. **2** (어떤 대상을) 핑계나 구실로 삼아 나무라거나 원망하는 것. ¶날씨 ~을 해 봐야 무슨 소용이 있나. **3** (주로 관형형 어미 '-ㄹ/을' 다음에 쓰여) 일이 잘되고 안 됨이 앞에 오는 동사가 나타내는 행동에 달려 있음을 나타내는 말. ⓑ나름. ¶사람이 성공하느냐 실패하느냐 하는 것은 다 제 할 ~이다. **탓-하다** 동(타)여 (어떤 대상을) 구실삼아 핑계로 삼아 나무라거나 원망하다. ¶그 사람만 **탓할** 일이 아니다. / 가만히 앉아서 날씨만 **탓하지** 말고 가뭄 대책을 세웁시다.

탕[명][의존]〈속〉(주로 '뛰다'와 함께 쓰여) 하루 또는 기준 시간 동안에 일정한 곳을 왕복하거나 다니면서 일을 한 횟수를 세는 말. ¶오늘 두 ~밖에 못 뛰었어. (화물차 운전사의 말) / 창수는 아르바이트를 세 ~이나 뛴다.

탕[²] 부 (작은 것이) 속이 비어 아무것도 없는 모양.

탕[³] 부 총을 쏠 때 나는 소리. '땅[²]'의 거센말임. ¶권총을 ~ 쏘다.

탕[⁴] 부 '땅[²]'의 거센말. ⓔ텅.

탕[⁵](湯) 명 제사에 쓰이는, 건더기가 많고 국물이 적은 국. 소탕(素湯)·육탕(肉湯)·어탕(魚湯) 등이 있음. =탕국. ▷갱(羹).

탕[⁶] 명 목욕탕처럼, 사람이 물속에 몸을 담글 수 있도록 네모지거나 둥글게 공간을 막아 물을 받아 놓을 수 있게 만든 시설. 또는, 거기에 채워진 물. ¶~ 밖으로 나오다 / ~에 몸을 담그다.

-탕[⁷](湯) 접미 **1** 주로 소 따위의 뼈나 생선 등을 넣고 고거나 끓인 음식임을 나타내는 말. ¶대구~ / 갈비~ / 설렁~. **2** 달여서 만든 액제 한약임을 나타내는 말. ¶쌍화~ / 사물(四物)~.

탕갈(蕩竭) 명 (재물이) 다 없어지는 것. 또는, (재물을) 다 없애는 것. **탕갈-하다** 동(자)(타)여.

탕감(蕩減) 명 (세금이나 빚 등을) 일부 또는 전부 면제해 주는 것. **탕감-하다** 동(타)여 ¶소작료를 **탕감해** 주다. **탕감-되다** 동(자)

탕개 명 물건의 동인 줄을 죄는 물건. 동인 줄의 중간에 비녀장을 질러 틀면 줄이 죄어짐.

탕:-거리(湯-) [-꺼-] 명 탕을 끓일 재료.

탕건(宕巾) 명 [<唐巾] 말총으로 앞은 낮고 뒤는 높아 턱이 지게 만들어, 예전에 벼슬아치들이 갓 아래, 망건 위에 쓰던 관(冠).

탕관(湯罐) 명 국을 끓이거나 약을 달이는 손잡이가 달린 작은 그릇. 쇠붙이나 오지 따위로 만듦. ¶약~.

탕:-국(湯-) [-꾹] 명 = 탕(湯)[⁵].

탕:-국물(湯-) [-꿍-] 명 탕의 국물.

탕기(湯器) [-끼] 명 **1**[자립] 국이나 찌개 따위를 담는 작은 그릇. **2**[의존] 국이나 찌개 따위의 분량을 그것이 담긴 탕기의 수로 헤아리는 말.

탕녀(蕩女) 명 음란하고 방탕한 여자. ⓑ음녀(淫女).

탕반(湯飯) 명 = 장국밥2.

탕수-육(糖*水肉) 명 ['糖'의 본음은 '당'] 쇠고기나 돼지고기를 튀긴 것에 초·간장·설탕·야채 등을 넣고, 끓인 녹말 물을 부어 만든 중국 요리.

탕:아(蕩兒) 명 방탕한 사내. = 탕자.

탕액(湯液) 명 한약을 달여 짠 물.

탕약(湯藥) 명[한] 달여서 먹는 한약. = 약탕·탕제(湯劑). ▷환약.

탕:자(蕩子) 명 = 탕아(蕩兒).

탕제(湯劑) 명[한] = 탕약(湯藥).

탕진(蕩盡) 명 (재물 따위가) 죄다 써서 없애 버리는 것. **탕진-하다** 동(타)여 ¶노름으로 유산을 ~. **탕진-되다** 동(자)

탕치(湯治) 명 온천에서 목욕하여 병을 고치는 일. ¶~장(場) / ~ 요법. **탕치-하다** 동(타)여

탕:-치다(蕩-) 동(타) **1** (재산을) 다 없애다. ¶가산을 ~. **2** (빚을) 탕감하다.

탕-탕[¹] 부 여럿이 다 속이 비어 있는 모양. ⓔ텅텅.

탕-탕[²] 부 총탄이나 포탄이 잇달아 터지며 나는 소리. '땅땅[²]'의 거센말임. ¶총을 ~ 쏘다.

탕-탕[³] 부 '땅땅'의 거센말. ⓔ텅텅. **탕탕-하다**[²] 동(자)(타)여

탕-탕[⁴](蕩蕩) → **탕:탕-하다**[³] 형여 **1** 썩 크고 넓다. ¶**탕탕한** 대해(大海). **2** 평탄하거나 평온하다. **3** 물의 흐름이 힘차다. ¶망망한 창해며 **탕탕한** 물결이라.《심청전》

탕탕-거리다/-대다 동(자)(타) '땅땅거리다'의 거센말. ⓔ텅텅거리다.

탕파(湯婆) 명 더운물을 넣어서 몸을 덥게 하는, 함석·자기로 만든 그릇.

탕평-론(蕩平論) [-논] 명[역] 조선 영조 때, 노론과 소론의 인재를 고루 등용하여 당쟁을 없애자고 한 논의.

탕평-책(蕩平策) 명[역] 조선 영조가 당쟁(黨爭)을 없애기 위하여 당파에 관계없이 인재를 등용한 정책. 준탕평.

태[¹] 명 그릇의 깨진 금. ¶~를 메우다.

태[²](胎) 명[생] 태아를 싸고 있는 조직. 곧, 태반과 탯줄을 말함. ⓑ삼.

태:[³](態) 명 **1** =맵시. ¶옷차림이 ~가 있다. / 농밀이도 어미를 닮았는지 차차 자랄수록 얼굴이 ~가 나기 시작했다.《최인욱:전봉준》 **2** 겉에 나타나는 모양새. ¶부유한 ~를 내다.

태-가다 동(자) 그릇이 깨져 금이 가다. ¶독이 ~.

태고(太古) 명 아주 먼 옛날. =반고(盤古). ¶~의 신비를 그대로 간직하고 있는 동굴.

태고-사(太古史) 명 태곳적의 역사.

태고연(太古然) →**태고연-하다** 형여 모습이 태고적인 듯하다.

태곳-적(太古-) [-곧쩍/-곧쩍] 명 아득하 먼 옛날. ¶~ 이야기.

태과(太過) →**태과-하다** 형여 너무 지나치다.

태괘(兌卦) 명 1 8괘의 하나. 상형(象形)은 '☱'. 못을 상징함. 2 64괘의 하나. '☱' 둘이 겹친 것으로, 못 아래에 못이 거듭됨을 상징함. ⦿태(兌).

태교(胎敎) 명 임신 중에 태아에게 좋은 영향을 주기 위해 임부가 정신적인 안정과 수양을 도모하고, 언행을 삼가는 일. **태교-하다** 통재여

태국(泰國) 명[지] '타이'의 음역어.

태권-도(跆拳道) [-꿘-] 명[체] 우리나라 고유의 전통 무예. 손과 발 및 몸의 각 부분을 사용하여 차기·지르기·막기 등의 기술을 구사하면서 공격과 방어를 행함. =태권.

태권도-장(跆拳道場) [-꿘-] 명 태권도를 단련하는 곳.

태그(tag) 명[체] 야구에서, 야수가 손이나 글러브로 공을 잡은 다음 몸을 누(壘)에 대는 일. 또는, 공이나 글러브를 주자에게 대는 일.

태그^매치(tag match) 명[체] 프로 레슬링에서, 레슬러가 팀을 짜서 싸우는 시합 형식. 링 안에서는 1대 1로 싸움.

태극(太極) 명[철] 중국 고대 철학에서, 우주 만물의 근원이 되는 실체.

태극-기(太極旗) [-끼] 명 우리나라의 국기. 흰 바탕의 한가운데에 붉은빛과 푸른빛으로 태극을 상징하는 원을 그리고, 사방 네 귀에는 대각선상으로 사괘(四卦)를 그렸음.

태극-선(太極扇) [-썬] 명 태극 모양을 그린 둥근 부채. =태극부채.

태기(胎氣) 명 임신한 기미. ¶지난달부터 ~가 있다.

태'-깔(態-) 명 1 모양과 빛깔. ¶옷을 ~ 있게 차려입다. 2 교만한 태도. ¶돈 좀 벌더니 몹시 ~을 부린다.

태깔(이) 나다 맵시가 있는 태도가 보이다.

태껸 명[체] 유연하게 움직이다가 순간적으로 손질·발길을 하여 상대를 제압하는 전통 무술. =각희(脚戱).

태'-나다 통자 '태어나다'의 준말.

태낭(胎囊) 명[동] 포유동물의 태아 발생 중에 태아를 싸고 있는 주머니 모양의 것.

태내(胎內) 명 어머니의 배 속.

태다[1](胎-) 탄 '태우다[1]'의 잘못.

태다[2](胎-) 탄 '태우다[2]'의 잘못.

태다[3](胎-) 탄 '태우다[3]'의 잘못.

태다[4](胎-) 탄 '태우다[4]'의 잘못.

태다[5](胎-) 탄 '태우다[6]'의 잘못.

태담(胎談) 명 태아에게 말하거나 이야기를 들려줌으로써 태아와 감정을 교류하는 일.

태'도(態度) 명 1 어떤 사람이 어떤 일을 하거나 다른 사람을 대할 때 나타내는 동작이나 표정, 말씨 등의 모습. ¶건방진 ~ / 겸손한 ~ / 일하는 ~가 진지하다. 2 어떤 대상을 대하는 입장이나 관점. ¶우리의 행동에 대해 그가 어떤 ~를 취할 것인지 궁금하다. / 찬성인지 반대인지 ~를 분명히 해라.

태독(胎毒) 명[의] 젖먹이의 머리나 얼굴에 진물이 흐르며 허는 병증.

태동(胎動) 명 1[생] 모태 안에서 태아가 움직이는 일. 주로 손발을 움직이는 것. 2 어떤 사물 현상이 생기려고 싹트기 시작하는 것. (비)발아. **태동-하다** 통재여 ¶민주주의가 ~.

태두(泰斗) 명 학문이나 예술 분야의 권위자나 대가. ¶경제학의 ~ / 김홍도와 신윤복은 조선 풍속화의 ~로 알려져 있다. ⦿태산북두(泰山北斗).

태령(太嶺) 명 험하고 높은 고개.

태류(苔類) 명[식] 선태식물의 한 강(綱). 잎과 줄기의 구별이 없고, 가는 털과 같은 헛뿌리가 밑동에 있음. 그늘지고 축축한 곳에 남. ▷선류(蘚類).

태막(胎膜) 명[생] 태아를 싸서 보호하고 호흡과 영양을 맡은 막.

태만(怠慢) 명 (어떤 일에) 게으름을 피우는 상태에 있는 것. ¶직무 ~. **태만-하다** 형여 ¶학업에 ~. **태만-히** 튀

태몽(胎夢) 명 임신할 것이라고 알려 주는 꿈. ¶~을 꾸다.

태무(殆無) →**태무-하다** 형여 거의 없다.

태-무심(殆無心) →**태무심-하다** 형여 아주 무심하다. ¶꼼짝하지 않는다는 것 외엔 표정이 **태무심**해서 야단맞고 있다는 느낌이 없다. 《강석경: 숲 속의 방》

태반[1](太半) 명 절반을 훨씬 넘는 정도나 상태. =대반(大半). ¶인천 지역의 대학생은 ~이 서울에서 통학하고 있다. / 그는 일생의 ~을 외국에서 보냈다.

태반[2](殆半) 명 거의 절반.

태반[3](胎盤) 명[생] 임신 중에 모체의 자궁 내벽과 태아 사이에서, 영양 공급·호흡·배설 등의 기능을 맡는 원반 모양의 기관.

태방(兌方) 명 8방의 하나. 정서(正西)를 중심으로 한 45도 각도 안. ⦿태(兌).

태변(胎便) 명 =배내똥1.

태봉(泰封) 명[역] '후고구려'의 다른 국호. 905년 수도를 철원으로 옮기면서 이전의 국호인 '마진'을 개칭한 것임.

태-부족(太不足) 명 몹시 많이 모자라는 일. 또는, 그런 상태에 있는 것. ¶산업 일선에 기술 인력이 ~이다. **태부족-하다** 형여

태사(汰沙) 명 물에 일어서 좋고 나쁜 것을 갈라놓는 일. **태사-하다** 통탄여 **태사-되다** 통재

태사-신(太史-) 명[역] 남자의 마른신의 한 가지. 울을 헝겊이나 가죽으로 하고, 코와 뒤축에 흰 줄무늬를 넣었음. =태사혜(太史鞋).

태산(泰山) 명 썩 높고 큰 산. ¶~이 높다 하되 하늘 아래 뫼이로다.《양사언:옛시조》

태산 같다 관 매우 크거나 많다. ¶해야 할 일이 ~ / 걱정이 ~ / **태산 같은** 은혜.

태산-북두(泰山北斗) [-뚜] 명 ('태산'과 '북두칠성'이라는 뜻) '태두'의 본딧말.

태산-준령(泰山峻嶺) [-줄-] 명 큰 산과 험한 고개.

태상(太上) 명 1 가장 뛰어난 것. 비극상(極上). 2 =천자(天子).

태-상왕(太上王) 명[역] 1 '상왕'을 높여 이르는 말. =태왕. 2 상왕 바로 앞의 왕을 이르는 말.

태생(胎生) 명 1 사람이 일정한 곳에 태어나는 일. ¶부산 ~ / 농촌 ~. 2[생] 모체 안에서 어느 정도의 발달을 한 후에 태어나는 것. 포유동물과 물고기의 일부가 이에 속함.

난생(卵生). 태생-하다 통(자)여

태생^동:물(胎生動物) 명[동] 태생인 동물의 총칭. ↔난생 동물.

태생-적(胎生的) 관 일의 상태가 탄생에서부터 그러할 만큼 근원적인 (것). ¶~ 한계를 안고 출범한 정권.

태생-지(胎生地) 명 태어난 곳.

태서(泰西) 명 '서양(西洋)'을 개화기 때 이르던 말.

태:세(態勢) 명 1 어떤 일에 대응하거나 대처하는 태도와 자세. ¶임전 ~ / 방위 ~를 갖추다. 2 형세나 기세. ¶몹시 화가 난 그는 주먹다짐이라도 할 ~었다.

태손(太孫) 명[역] '황태손'의 준말.

태수(太守) 명[역] 1 = 지방관(地方官). 2 신라 때 각 고을의 버슬아치. 위계는 중아찬(重阿湌)에서 사지(舍知)까지임.

태시(太始) 명 = 태초(太初).

태아(胎兒) 명[생] 모체의 자궁 속에서 자라고 있는 아기. ¶~가 건강하다.

태아-기(胎兒期) 명 수정(受精)부터 출산까지의 약 280일간.

태안(泰安)-**하다** 형여 태평하여 안락하다. 태안-히 부

태양¹(太陽) 명[천] 1 태양계의 중심이 되는 항성. 지구를 비롯한 9개의 행성을 거느리며, 스스로 빛과 열을 냄. '해'를 문어적 또는 전문적으로 이르는 말임. =양명(陽明)·염정(炎精)·염제(炎帝). 비해. 2 매우 소중하거나 희망을 주는 존재로서의 사람을 비유적으로 이르는 말. ¶민족의 ~ / 오, 나의 ~이여!

태:양²(態樣) 명 생긴 모양이나 형태.

태양-계(太陽系) [-게/-계] 명 태양과 그것을 중심으로 공전하는 여러 천체의 집합. 태양 외에 수성·금성·지구·화성·목성·토성·천왕성·해왕성·명왕성의 9개의 행성과 50개 이상의 위성 및 수많은 소행성·혜성·유성(流星)을 포함함.

태양-광(太陽光) 명 태양의 빛을 에너지원으로서 이르는 말. ¶~ 발전 / ~ 시계 / ~ 계산기.

태양-년(太陽年) 명[천] = 회귀년.

태양-력(太陽曆) [-녁] 명 태양의 황도 상 운행, 곧 계절이 바뀌는 주기를 근거로 만들어진 달력. 1년을 365일, 4년만다 윤년을 두어 366일로 하고, 100년마다 윤년을 1회 줄이고, 400년에 윤년을 97회로 함. =신력. 준양력. ↔태음력.

태양^숭배(太陽崇拜) 명[종] 자연 숭배의 하나. 태양을 신격화하여 숭배하는 일.

태양-시(太陽時) 명[천] 태양을 24시간으로 정한 시법(時法). 자오선으로부터 태양 중심까지의 각거리(角距離)에 의해 측정함.

태양-신(太陽神) 명 고대 인류가 신앙의 대상으로서 신격화한 태양.

태양-열(太陽熱) [-녈] 명 태양이 내는 열에너지. 특히, 인간 생활의 이용 대상이 되는 열. ¶~ 주택 / ~ 온수기.

태양열^주:택(太陽熱住宅) [-녈-] 명 태양열을 이용하여 난방이나 온수를 공급하는 구조의 주택.

태양-인(太陽人) 명[한] 사상 의학(四象醫學)에서, 사람의 체질을 넷으로 가른 하나. 폐가 크고 간이 작은 형으로, 용모가 단정하고 천재적이나, 독선적이고 자존심이 강함. ▷사상 의학.

태양-일(太陽日) 명[천] 태양이 어떤 자오선에 남중한 후 다시 그 자오선에 남중할 때까지의 시간.

태양^전:지(太陽電池) 명[물] 태양으로부터 오는 빛에너지를 직접 전기 에너지로 바꾸는 장치. 무인 등대·인공위성 등의 전원으로 쓰임.

태양-초(太陽草) 명 수확한 뒤에 햇볕에 말린 붉은 고추. 기계로 말린 것보다 상품(上品)으로 친다.

태양-충(太陽蟲) 명[동] 원생동물 육질충강 태양충목에 속하는 단세포 동물의 총칭. 몸은 지름 0.05mm쯤의 구형(球形)이고, 많은 위족(僞足)이 방사상으로 나와 있음. 못·호수·늪 등에 떠서 생활하며, 세균이나 편모충을 잡아먹음.

태양-풍(太陽風) 명[천] 태양으로부터 태양계 공간으로 방출되고 있는 플라스마의 흐름. 속도는 매초 350~700km임.

태양^흑점(太陽黑點) [-쩜] 명[천] 태양면에 보이는 검은 반점. 태양면보다 기온이 낮기 때문에 검게 보임. 강한 자기장(磁氣場)이 있으므로, 흑점이 많은 때는 자기 폭풍이나 오로라 활동이 일어나기 쉬움. 준흑점.

태어-나다 통[자] 1 (사람이나 동물이) 어머니 또는 어미의 몸속에서 일정 기간 자라다가, 처음 세상에 나와 삶을 살게 되다. ¶나는 1970년 1월 1일에 **태어났다**. / 동물은 **태어나면서부터** 살아가는 방법을 알고 있다. 2 (사람이 어떤 곳에서, 또는 어떤 상태의 존재로) 삶의 맨 처음을 시작하는 상태가 이루다. ¶그는 가난한 농가에서 **태어났다**. / 순영은 부잣집 외동딸로 **태어났다**. 준 태나다.

태업(怠業) 명 1 표면적으로는 일을 하면서도 집단적으로 작업 능률을 저하시켜 사용자에게 손해를 주는 쟁의 행위. =사보타주. 2 일을 게을리 하는 것. ▷파업. 태업-하다 통[자]여

태:-없다 [-업따] 형 (사람이) 뽐내거나 잘난 체하는 빛이 없다. ¶높은 자리에 있으면서도 겸손하고 **태없는** 사람. 태:없-이 부

태연(泰然) 명 (사람의 행동이나 태도가) 마땅히 두려워하거나 머뭇거리거나 거리낌이 있어야 할 상황에서, 아무렇지도 않게 예사로운 상태. 태연-하다 형여 ¶그는 입술에 침도 안 바르고 거짓말을 **태연하게** 해 댔다. 태연-히 부

태연-스럽다(泰然-) [-따] 형ㅂ 〈-스러우니, -스러워〉 태연한 데가 있다. ¶아무 일도 없었던 것처럼 **태연스럽게** 행동하다. 태연-스레 부

태연-자약(泰然自若) → 태연자약-하다. [-야카-] 형여 태연하고 천연스럽다.

태열(胎熱) 명[의] 갓난아이에게 나타나는, 태중(胎中)의 열로 인한 증상. 흔히, 얼굴이 붉어지고 변비가 생기며, 젖을 먹지 않음.

태엽(胎葉) 명 시계 같은 기계에 탄력을 이용하여 동력으로 쓰는 물건. 얇은 띠 모양의 금속을 감은 것임. ¶시계~ / ~을 감다 / ~이 풀리다.

태왕(太王) 명[역] = 태상왕(太上王).

태우다¹ 통[타] 노름판에서 판돈을 내다. ×태다.

태우다² 통[타] '타다'의 사동사. ¶종이를 불에 ~ / 살갗을 햇볕에 ~ / 애를 ~. ×태다.

태우다³ 통[타] '타다'의 사동사. ¶자전거를

~ / 그네를 ~. ×태다.
태우다⁴ 〖동〗〖타〗 '타다'의 사동사. ¶곗돈을 ~.
태우다⁵ 〖동〗〖타〗 '타다'²의 사동사. ¶가르마를 ~ / 밭골을 ~. ×태우다.
태우다⁶ 〖동〗〖타〗 '타다'³의 사동사. ×태다.
태위(胎位) 〖명〗〖생〗자궁강(子宮腔) 내의 태아의 위치.
태음(太陰) 〖명〗〖천〗태양에 대하여, '달'을 일컫는 말.
태음-년(太陰年) 〖명〗〖천〗태음력에 의한 1년. 태음월을 평년에는 열두 번, 윤달이 있을 때는 열세 번 합한 동안임. 평균 태양일로 나타내면 354.367058일에 해당함.
태음-력(太陰曆) [-녁] 〖명〗〖천〗달이 지구를 한 바퀴 도는 시간을 기초로 하여 만든 역법. 열두 달을 29일의 작은달과 30일의 큰달로 구성함. 1년을 열두 달로 하고 19년에 일곱 번 윤달을 두었음. =구력(舊曆). 〖준〗음력. ↔태양력.
태음-월(太陰月) 〖명〗〖천〗=삭망월(朔望月).
태음-인(太陰人) 〖명〗〖한〗사상 의학(四象醫學)에서, 사람의 체질을 넷으로 가른 하나. 간이 크고 폐가 약한 형으로, 낙천적이며 호걸스러운 기질이 있음. ▷사상 의학.
태음-일(太陰日) 〖명〗〖천〗달이 자오선을 통과하여 다시 그 자오선에 돌아오는 동안. 평균 24시간 50분 28초임. ▷태양일.
태음^태양력(太陰太陽曆) [-냥-] 〖명〗〖천〗태음력을 기초로 태양력과 절충한 역법. 19년에 일곱 번의 윤달을 두어 태양력에 맞춤.
태의-감(太醫監) [-의-/-이-] 〖명〗〖역〗고려 시대에 의약과 치료에 관한 일을 맡아보던 관아.
태일(太一·泰一) 〖명〗〖철〗중국 철학에서, 천지 만물이 나고 이루어진 근원. 또는, 우주의 본체. =태을(太乙).
태자(太子) 〖명〗〖역〗'황태자'의 준말.
태자-궁(太子宮) 〖명〗〖역〗1 '황태자'를 높여 일컫는 말. 2 황태자가 거처하는 궁전. 〖비〗동궁(東宮).
태자-비(太子妃) 〖명〗〖역〗황태자의 아내.
태작(駄作) 〖명〗잘되지 못하거나 보잘것없는 작품. 〖비〗졸작.
태장(笞杖) 〖명〗〖역〗1 태형(笞刑)과 장형(杖刑). 2 볼기를 치는 데 쓰던 형구.
태점(胎占) 〖명〗배 속의 아기가 아들인지 딸인지 알려보는 점.
태조(太祖) 〖명〗〖역〗우리나라 중국에서, 한 왕조를 일으킨 첫 임금에게 올리는 묘호. ¶~ 왕건 / ~ 이성계.
태종(太宗) 〖명〗〖역〗우리나라 중국에서, 한 왕조의 선조(先祖) 가운데 그 공과 덕이 태조에 버금갈 만한 임금에게 올리는 묘호.
태죄(笞罪) [-죄/-줴] 〖명〗〖역〗태형(笞刑)에 해당하는 죄.
태주 〖명〗〖민〗마마를 앓다가 죽은 어린 계집아이의 귀신. =명도(明圖).
태중(胎中) 〖명〗아이를 배고 있는 동안. =태상(胎上).
태-질 〖명〗1 세게 메어치거나 내던지는 짓. 2 〖농〗(볏단·보릿단 등을) 개상에 메어쳐서 낟알을 떠는 일. **태질-하다** 〖자〗〖여〗
태질-치다 〖동〗〖타〗세게 메어치거나 내던지다. ¶아까 거만한 명나라 군인들을 **태질쳐** 버린 일은 참으로 잘했네.《박종화: 임진왜란》 〖준〗태치다.
태초(太初) 〖명〗천지가 개벽한 맨 처음. 곧, 우

주의 시초. =창초·태시(太始).
태클(tackle) 〖명〗〖체〗1 축구에서, 상대방이 가지고 있는 공을 기습적으로 빼앗는 일. 2 럭비·레슬링에서, 상대방의 아랫도리를 잡아 쓰러뜨리는 일. ¶~를 걸다. **태클-하다** 〖동〗〖자〗〖타〗
태타(怠惰) ➡태타-하다 〖형〗〖여〗몹시 게으르다.
태탕(駘蕩) ➡태탕-하다 〖형〗〖여〗1 넓고 크다. 2 (봄 날씨 따위가) 환한 햇살이 비쳐 밝고 따뜻하다. 예스러운 말임. 〖비〗화창하다.
태평(太平·泰平) 〖명〗1 나라가 안정되어 아무 걱정 없이 평안한 것. ¶~ 시절 / ~을 누리다. 2 (사람이) 앞날에 대해 아무 걱정 없이 대비하지 않고 나태한 상태에 있는 것. ¶시험이 코앞에 닥쳤는데 ~이다. **태평-하다** 〖형〗〖여〗¶나라가 ~. **태평-히** 〖부〗
태평-가(太平歌) 〖명〗태평함을 주제로 한 노래.
태평-꾼(泰平-) 〖명〗1 아무 걱정이 없이 마음이 편안한 사람. 2 세상일에 관심이 없고 물정에 어두운 사람을 놓으로 이르는 말.
태평-성대(太平聖代) 〖명〗어진 임금이 잘 다스리는 태평한 세상이나 시대. ¶~를 누리다 / ~를 이루다.
태평-세월(太平歲月) 〖명〗근심이나 걱정이 없는 평안한 시절. ¶~을 누리다 / ~을 구가하다.
태평-소(太平簫) 〖명〗〖음〗우리나라 고유의 관악기. 여덟 구멍이 뚫린 나무 관에 갈때기 모양의 놋쇠를 달았음. =철적(鐵笛). ×날라리·대평소·호가(胡笳)·호적(胡笛).
태평-스럽다(太平-) [-따] 〖형〗〖ㅂ〗〈~스러우니, ~스러워〉태평한 태도가 있다. ¶지금이 몇 신데 **태평스럽게** 앉아 있느냐? **태평스레**
태평-양(太平洋) [-냥] 〖명〗〖지〗오대양의 하나. 유라시아 대륙과 남·북아메리카 대륙 및 오스트레일리아 대륙·남극 대륙 사이에 있는, 세계 최대의 대양. ▷대서양·인도양.
태평양^전:쟁(太平洋戰爭) [-냥-] 〖명〗〖역〗 1941~45년에 연합국과 일본 사이에 벌어진 싸움. 1945년 8월 히로시마·나가사키에 원자 폭탄이 투하됨으로써 일본이 무조건 항복하였고, 그 결과로 우리나라는 1945년 8월 15일에 해방이 되었음.
태평-연월(太平烟月) [-년-] 〖명〗태평하고 안락한 세월. ¶어즈버 ~이 꿈이런가 하노라.(일재:옛시조)
태풍(颱風) 〖명〗〖기상〗1 북태평양 서부에서 발생하여 아시아 대륙 동부로 불어오는 열대성 저기압. 또는, 그 열대성 저기압이 동반하는 폭풍우. 풍속은 초속 17m 이상임. ¶~이 불다. / ~ 북상하다. ▷사이클론·허리케인. 2 '폭풍' 또는 '쌀쌀바람'을 통속적으로 이르는 말.
태풍^경:보(颱風警報) 〖명〗〖기상〗기상 경보의 하나. 태풍의 영향으로 폭풍, 호우 또는 해일 현상 등이 경보 기준에 도달할 것으로 예상될 때에 발표함.
태풍의 눈(颱風-) [-으-/-에-] 1 〖기상〗태풍이 불 때, 중심에 가까울수록 원심력이 세어지기 때문에 태풍 중심부의 10여 km 이내의 권내에 비교적 정밀한 기상 현상이 나타나는 부분. 2 어떤 사물에 큰 영향을 주는 근본이 되는 것. ¶그 사건에 대한 국정 조사 문제가 이번 국회의 ~이 될 것이다.

태풍^주의보(颱風注意報)[-의-/-이-] 명[기상] 기상 주의보의 하나. 태풍의 영향으로 폭풍, 호우 또는 해일 현상 등이 주의보 기준에 도달할 것으로 예상될 때에 발표함.

태피스트리(tapestry) 명 다채로운 색실로 그림을 짜 넣은 직물. 벽걸이나 가리개, 실내 장식품으로 씀.

태피터(taffeta) 명 광택이 있는 얇은 평직(平織)의 견직물. 블라우스·스커트 등의 여성복이나 양복 안감 등에 사용함. =호박단(琥珀緞)

태학(太學) 명[역] 1 고구려 소수림왕 2년 (372)에 설치된 국립 교육 기관. 2 고려 시대의 국자감(國子監)의 한 분과. 3 =성균관.

태학-사(太學士)[-싸] 명[역] 조선 시대에 홍문관의 대제학(大提學)을 달리 일컫던 말.

태허(太虛) 명 1 '하늘1'을 달리 이르는 말. 2 [철] 중국 철학에서, 음양을 낳는 기(氣)의 본체.

태형(笞刑) 명[역] 오형(五刑)의 하나. 태장(笞杖)으로 볼기를 치는 형벌. =태벌. 태형-하다 동[타여]

태환(兌換) 명[경] 지폐를 정화(正貨)와 서로 바꾸는 일. 태환-하다 동[타여]

태환^지폐(兌換紙幣)[-폐/-페] 명[경] 정부 또는 발권 은행에 의하여 정화(正貨)와 자유로이 바꿀 수 있도록 약속되어 있는 지폐. =태환권. ↔불환 지폐.

태-황태후(太皇太后) 명[역] 황통(皇統)에 의하여, 황제의 살아 있는 할머니.

태후(太后) 명[역] '황태후(皇太后)'의 준말.

택길(擇吉)[-낄] 명 =택일(擇日)2. 택길-하다 동[타여]

택배(宅配)[-빼] 명 일정한 요금을 받고 개인 또는 기업으로부터 소형·소량의 화물의 운송을 의뢰받아 가정이나 지정된 장소에까지 직접 배달하는 일. ¶~ 서비스/~ 회사.

택벌(擇伐)[-뻘] 명 나무를 골라 가려서 벌채(伐採)하는 것. 택벌-하다 동[타여]

택시(taxi) 명 정해진 노선이 없이 승객이 원하는 곳까지 태워다 주고, 간 거리와 걸린 시간에 따라 요금을 받게 되어 있는 소형 자동차. 세는 단위는 대(臺). ¶콜~.

택시미터(taximeter) 명 =미터기2.

택일1(擇一) 명 여럿 가운데서 하나를 고르는 것. ¶양자(兩者)~. 택일-하다 동[자여]

택일2(擇日) 명 좋은 날을 가려서 고르는 것. =택길(擇吉). 택일-하다 동[타여]²

택지(宅地)[-찌] 명 주택을 지을 땅. (비)집터. ¶~ 개발/~ 조성.

택진(宅診)[-찐] 명 의사가 자기 집에서 환자를 진찰하는 것. ↔왕진(往診). 택진-하다 동[타여]

택-하다(擇-)[태카-] 동[타여] (어떤 대상을) 여럿 가운데에서 고르다. (비)선택하다. ¶지름길을 ~/길일(吉日)을 ~.

택호(宅號)[태코] 명 이름 대신에, 벼슬 이름이나 시집 또는 장가간 곳의 지명을 붙여서 그 사람의 집을 부르는 이름. 수원댁·이 진사댁 따위.

탤런트(†talent) 명 ['재능'이라는 뜻] 텔레비전 드라마에 출연하는 연기자. ¶인기 ~. ×탈렌트.

탬버린(tambourine) 명[음] 금속 또는 나무로 만든 둥근 테의 한쪽에 가죽을 입히고, 둘레에 작은 방울을 단 타악기. 손으로 가죽을 치거나, 흔들어 방울을 울림. 속칭은 찰내 장식춤.

탭(tap) 명[공] 암나사를 만드는 공구.

탭^댄스(tap dance) 명 밑바닥에 쇠붙이를 댄 구두를 신고, 리드미컬하게 바닥을 치며 추는 춤.

탯!-거리(態-)[태꺼-/탣꺼-] 명 '태(態)1'를 속되게 이르는 말. ¶~가 곱다.

탯-덩이(胎-)[태땡-/탣땡-] 명 못생긴 사람을 얕잡아 일컫는 말.

탯-줄(胎-)[태쭐/탣쭐] 명[생] 태아와 태반을 잇는, 끈 모양의 신체 기관. 이를 통해 태아에게 산소와 영양분을 공급함. =제대(臍帶)·제서(臍緖).

탱고(tango) 명[음] 2/4박자 또는 4/8박자의 경쾌하고 육감적(肉感的)인 춤곡. 또는, 그에 맞추어 추는 사교 댄스.

탱글-탱글 부 탱탱하고 둥글둥글한 모양. ▷당글당글. 탱글탱글-하다 형[여]

탱자 명 탱자나무의 열매. 향기가 좋으며 약용함.

탱자-나무 명[식] 운향과의 낙엽 관목. 높이 3~4m. 5월에 흰 꽃이 피며, 가을에 둥근 열매가 노랗게 익음. 열매는 약용함. 가시가 많으므로, 흔히 울타리 대용으로 심음.

탱중(撑中) →탱중-하다 형[여] 화나 욕심 따위가 가슴속에 가득 찬 상태이다. ¶삼돌이는 앙심을 먹었다. 안현집을 어떻게 해서든지 한번 골리리라는 생각이 가슴속에 탱중하였다.〈나도향: 뽕〉

탱커(tanker) 명 =유조선(油槽船).

탱크(tank) 명 1 물·가스·기름 따위를 넣어 두는 큰 통. ¶석유 저장 ~. 2 [군] =전차(戰車)³.

탱크-로리(†tank lorry) 명 가솔린·프로판 가스·화학 약품 등을 대량으로 실어 나르기 위하여 탱크를 갖춘 화물 자동차.

탱크-차(tank車) 명 액체나 기체를 대량으로 수송하려고 차체를 탱크로 만든 화차(貨車).

탱크-톱(tank top) 명 러닝셔츠 모양의 니트 의류. 또는, 이와 비슷하게 목이나 팔이 노출되는 디자인의 옷. 재킷 안에 입기도 함.

탱탱-하다 형[여] (피부가) 탄력성이 많다. ¶그 여자는 중년의 나이인데도 피부가 ~. ▷땡땡하다.

탱화(幀畫) 명 ['幀'의 본음은 '정'][불] 부처나 보살·성현 등의 모습을 그려 족자나 액자를 만들어 걸게 되어 있는 그림. (준)탱.

터¹ 명 1 집이나 건축물을 지을 자리로서의 땅. 또는, 그것을 지었던 자리로서의 땅. ¶집~/성~/~를 다지다/집을 짓기 위해 ~를 닦다/~가 나쁘다. 2 일의 토대. ¶경제 발전의 ~를 닦다/사업의 ~는 대충 잡힌 셈이니까, 앞으로는 차질 없는 추진이 있을 뿐이다. 3 [일부 명사의 아래에 붙어] '자리'나 '곳'의 뜻을 나타내는 말. ¶놀이~/낚시~/전쟁~/일~.

터(가) 세다 관 (집터가 좋지 않아) 집안에 좋지 않은 일이 잇달아 일어나는 경향이 있다.

터² 명[의존] 1 (어미 '-ㄹ/을'의 아래에 쓰여) 어떤 행동에 대한 '예정'이나 '의지'를 나타내거나, 어떤 작용이나 상태에 대한 '짐작'의 뜻을 나타내는 말. ¶집에 있을 ~이니 전화해라. / 흥, 갈 테면 가라지. 2 (어미 '-ㄴ

은', '-는', '-던'의 아래에 쓰여) 일의 '처지'나 '형편', '기회'의 뜻을 나타내는 말. ¶막 떠나려던 ~에 전화가 걸려 왔다. / 서로 알고 지내는 ~에 야박하게 굴 거 뭐 있어? / 병이 깊은 ~에 그 무슨 즐거움이 있으랴?

터거리 명 '턱¹'을 속되게 이르는 말.

터널(tunnel) 명 1 산·바다·강 등의 밑을 뚫어 만든, 도로나 철도 등의 통로. (비)굴(窟). ¶북악 ~ / ~을 뚫다. 2 《주로 '암흑[어둠/절망]의 터널'의 꼴로 쓰여》 오랫동안의 암담한 지 절망적인 상황. 비유적인 말임. ¶1945년 8월 15일, 우리 민족은 마침내 암흑의 긴 ~을 벗어났다. 3 [체] 야구에서, 야수(野手)가 두 다리 사이로 공을 놓치는 일.

터-놓다[-노타] 타 1 《마음을》 상대에게 열어서 서로 통하게 하다. 또는, 서로 예의나 격식을 차리지 않는 상태가 되다. ¶마음을 터놓고 대화를 나누다 / 그 집안과는 터놓고 지내는 사이다. 2 (속마음이나 비밀을) 상대에게 감추지 않고 솔직하게 내보이다. ¶터놓고 얘기해서 난 아무것도 가진 게 없는 사람입니다. 3 막힌 통로나 닫힌 문 등을 통하게 하다. ¶사람들이 통행하도록 길을 ~.

터닝-슛(turning shoot) 명[체] 농구·축구 등에서 몸을 돌리면서 슛하는 것.

터닝-포인트(turning point) 명 '전환점'으로 순화.

터-다지다 동자 무게가 있는 기구로 쳐서 터를 단단하게 하다. =지정다지다.

터덕-거리다/-대다[-꺼때-] 동(자)타 1 가만가만 여러 번 두드리다. 2 몹시 느르하여 힘없이 발을 떼어 놓으며 걷다. 3 가난하여 어렵게 겨우겨우 살아가다. 4 일이 힘에 벅차서 애처롭게 겨우 움직이다. 잡타닥거리다.

터덕-터덕 부 터덕거리는 모양. ¶어두운 밤길을 혼자서 ~ 걷다. 잡타닥타닥. **터덕터덕-하다** 동(자)타)여

터덜-거리다/-대다 동(자)타 1 몹시 느르하여 지친 걸음으로 힘없이 걷다. 2 깨어진 질그릇 따위를 두드려 잇달아 흐린 소리가 나다. 또는, 그리되게 하다. 3 빈 수레가 험한 길 위를 소리를 내며 지나가다. 잡타달거리다.

터덜-터덜 부 터덜거리는 모양. 잡타달타달. **터덜터덜-하다** 동(자)타)여

터:-득(攄得) 명 깊이 생각하여 이치를 깨달아 알아내는 것. **터:득-하다** 타)여 ¶요령을 ~ / 원리를 ~.

터:-뜨리다/-트리다 동(타) 터지게 하다. ¶폭소를 ~ / 화약을 ~. ×터치다.

터럭 명 사람이나 동물의 '털'을 구어적으로 또는 속되게 이르는 말. 특히, 낱낱의 털을 가리킬 때 쓰임. ¶방원의 가슴은 온 전신의 피가 가슴을 쪼으는 듯하더니 다시 ~이라는 ~은 전부 거꾸로 일어서는 듯하였다. 《나도향 : 물레방아》

터릿^선반(turret 旋盤) 명 많은 공구(工具)를 부착시킨 공구대(工具臺)를 회전시켜, 공구들을 차례로 사용함으로써 능률적으로 여러 가지 가공을 할 수 있게 만든 공작용 선반.

터무니 명 정당한 근거나 이유.

터무니-없다[-업따] 형 허황하고 엉뚱하여 어이가 없다. ¶터무니없는 중상모략. **터무니없-이** 부 =건으로. ¶값이 ~ 비싸다.

터미널(terminal) 명 ['말단(末端)'이라는 뜻] 1 철도·버스 노선 등의 종점. 또는, 많은 교통 노선이 모여 있는 역. 2[물] =단자(端子)⁴. =단말기.

터벅-거리다/-대다[-꺼때-] 동(자) 지친 다리로 힘없이 느릿느릿 걸어가다. 잡타박거리다.

터벅-터벅 부 터벅거리는 모양. ¶지친 몸을 이끌고 ~ 집으로 돌아가다. 잡타박타박. **터벅터벅-하다¹** 동(자)여

터벅터벅-하다²[-버카-] 형여 가루 음식 따위가 물기가 없어 씹기에 좀 퍽퍽하다. 잡타박타박하다.

터번(turban) 명 주로 근동(近東) 여러 나라의 남자들이 의식 또는 장식으로 머리에 감아 두르는 긴 천. 또는, 감아 두른 상태의 그 물건.

터보제트^엔진(turbojet engine) 명 항공기용 제트 기관의 하나. 공기를 흡입하여 고압화하고, 연료와 혼합하여 연소·분출시켜 그 배출된 가스의 반동을 이용하여 추진력을 얻음.

터부(taboo) 명 1 미개 사회에서 신성(神聖)한 것과 속된 것, 깨끗한 것과 부정(不淨)한 것을 구별하여 그것에 대한 접근이나 접촉을 금하는, 그것을 범하면 초자연적인 제재가 가해진다고 믿는 습속. ¶이슬람 사회에서는 돼지고기를 먹는 것이 ~로 되어 있다. 2 특정 집단에서 어떤 행동이나 말을 금하거나 꺼리는 것. 비유적인 말임. =금기(禁忌). ¶아무튼 당황하거나 성급해서도 안 되지만 주저와 비겁은 알피니스트의 ~이다.《송병수: 저 거대한 포옹 속에》 ×타부.

터부룩-하다[-루카-] 형여 '더부룩하다'의 거센말. ¶머리털이 ~. **터부룩-이** 부 ¶~ 자란 수염.

터분-하다 형여 1 음식이 신선한 맛이 없다. 2 입맛이 텁텁하다. 3 날씨나 기분이 시원하지 못하여 답답하고 따분하다. ¶꽃이 피느라, 핀 꽃이 지느라 사철 내내 **터분하던** 하늘이 이제는 말갛게 씻기고 한참 제철이다. 《채만식 : 탁류》 잡타분하다.

터빈(turbine) 명 회전체의 둘레에 여러 개의 깃이나 날개를 달고, 거기에 고압의 증기·물·가스를 내뿜어 고속 회전시킴으로써 동력을 얻는 장치. 증기 터빈·가스 터빈·수력 터빈 등이 있음.

터수 명 1 사람이 처한 형편이나 놓여 있는 입장. (비)처지. ¶끼니도 잇기 어려운 ~에 유람이라니요? / 도대체 네가 대학에 갈 ~냐? 2 다른 사람과 지내고 있는 어떤 관계나 사이. ¶흉허물 없이 지내는 ~에 못 할 말이 어디 있어요?

터실-터실 부 바탕이나 가장자리가 매끈하지 않고 거칠거나 보풀이 일어난 모양. ¶팔꿈치에 구멍이 나고 소매 끝이 ~ 풀린 도꾸리 샤쓰.《오영수 : 후조》 **터실터실-하다** 형여

터-알[-알] 명 집의 울안에 있는 작은 밭.

터울 명 같은 부모한테서 태어난 동기간에서, 먼저 난 사람과 그다음에 난 사람의 나이 차. ¶~이 크다 / ~이 지다 / 큰애와 둘째 애는 세 살 ~이다.

터울-거리다/-대다 동(자) 목적을 이루기 위하여 애를 몹시 쓰다. 잡타울거리다.

터울-터울 부 터울거리는 모양. 잡타울타울. **터울터울-하다** 동(자)여

터전 명 1 집터가 되는 땅. 2 살림의 근거지가 되는 곳. ¶바다가 그들 생활의 ~이었다. 3

자리를 잡고 앉은 곳. =기지(基地). ¶신라의 옛 ~.

터-주 [명][민] 집터를 지키는 지신(地神). 또는, 그 집터. ¶~를 모시다.

터줏-대감(-大監)[-주때-/-줃때-] [명] **1** '터주'의 높임말. **2** 마을이나 단체의 구성원 중 가장 오래되어 터주 격인 사람을 놓으로 일컫는 말.

터줏-자리[-주짜-/-줃짜-] [명][민] 터주를 모신 신단(神壇).

터!지다 Ⅰ[동][자] **1** (물체가) 속이나 다른 부분에서 강하게 미는 힘에 의해 막히거나 둘러싸인 부분이 순간적으로 틈이 생겨 벌어지거나, 조각이 나면서 제 형태를 잃게 되다. 이때, 속에 있는 것이 빠르게 밖으로 나오거나 둘러쌌던 것이 사방으로 흩어지기도 함. ¶강둑이 ~ / 타이어가 ~ / 폭탄이 "꽝!" 하면서 ~. **2** (천이나 가죽 등의 바느질한 부분이) 실이 끊어져 틈이 생겨 벌어지다. ¶셔츠의 겨드랑이가 ~ / 쪼그려 앉다가 바짓가랑이가 ~. **3** (몸이나 물체가) 그 거죽이나 표면이 기후나 내부의 원인으로 틈이 생겨 벌어지다. ¶찬 바람을 쐬어 손등이 ~ / 가뭄으로 논바닥이 ~. **4** (어떤 물체나 방향이) 공간적으로 막히지 않거나 벌어진 상태가 되다. [비]트이다. ¶뒤가 **터진** 미니스커트 / 앞이 탁 **터져** 전망이 좋다. **5** (피가) 코나 항문 등에서 갑자기 쏟아져 나오다. ¶밤을 꼬박 새웠더니 코피가 **터졌다**. **6** (전쟁이나 사건 따위가) 갑자기 또는 뜻밖에 생겨 충격을 주는 상태가 되다. ¶연이어 대형 사고가 ~ / 1950년 6월 25일에 전쟁이 **터졌다**. **7** (속으로 참았던 것이나 쌓였던 감정이) 갑자기 밖으로 나타나거나 표현되다. ¶울음이 ~ / 분통이 ~ / 말문이 ~ / 참았던 웃음이 **터져** 나오다. **8** (여러 사람이 함께 내는 목소리나 박수 소리 따위가) 어느 곳에 갑자기 크게 들리는 상태가 되다. ¶객석에서 환호성이 ~ / 연사의 우스갯소리에 폭소가 ~ / 연주가 끝나자 우레와 같은 박수가 **터져** 나왔다. **9** (속이나 가슴이나 애 등이) 일이 뜻대로 되지 않거나 근심·걱정으로 고통을 느끼는 상태가 되다. ¶어유, 속 **터져**. / 홍 여인은 약속 시각이 1시간이 넘도록 사람이 나타나지 않자 애가 **터졌다**. **10** (복이나 좋은 운수가) 어떤 사람에게 한꺼번에 많이 생기거나 뜻밖에 열리다. ¶득남에 승진까지 했으니 복이 **터졌군**. **11** (사람이 다른 사람에게) 얻어맞거나, 그 결과로 상처가 나다. 속된 어감의 구어(口語)임. ¶한 대 **터져야** 정신을 차리겠니? **12** 축구 경기 따위에서, 득점을 기다리는 상황에서 공이 골문 안에 들어감으로써 점수가 나게 되다. ¶후반에 들어서야 첫 골이 ~.

Ⅱ[형][보조] 《형용사나 동사의 어미 '-아/어/여' 아래에 쓰여》 그 부정적인 상태나 정도가 몹시 심함을 나타내는 말. ¶게을러 ~ / 사람이 물러 ~ / 국수가 불어 ~ / 김치가 시어 ~. ▷빠지다.

터치(touch) [명] **1** 손을 대는 일. **2** 피아노·타이프라이터 등의 키를 누르거나 두드리는 일. **3** 간단한 언급이나 암시. **4** 그림에 있어서의 필치(筆致)나 필촉(筆觸). ¶대담한 ~로 그린 그림. **5** 사진·그림 따위에 가하는 수정(修整). **6** [체] 배구에서, 전위(前衛)가 상대방 코트를 향하여 재빨리 공을 쳐 넣는 공격법. **7** [체] 럭비에서, 골라인에 닿거나, 골라인을 가로질러 골 안에 공을 대는 일. **8** [체] 야구에서, 공을 주자(走者)에게 갖다 대는 일. **9** 당구에서, 공과 공이 맞닿아 있는 일. **터치-하다** [동][자][타][여] ¶나는 그 문제에 대해서는 일절 **터치하지** 않겠다.

터치다 [동][타] '터뜨리다'의 잘못.

터치-다운(touchdown) [명][체] **1** 미식축구에서, 공을 가지고 상대편의 골라인을 넘는 일. 또는, 거기서 얻은 득점. **2** 럭비에서, 수비 선수가 자기편 인골에서 공을 지면에 대는 일.

터치-라인(touchline) [명][체] 축구나 럭비 경기장의 좌우측 한계선. =사이드라인.

터치-스크린(touchscreen) [명][컴] 입력 장치의 하나. 사용자가 화면의 특정 부위에 손이나 특수 장치를 갖다 대면 명령이 실행됨.

터치-아웃(†touch out) [명][체] **1** 야구에서, 수비 측이 주자의 몸에 공을 대어 아웃시키는 일. =척살(刺殺). **2** 배구에서, 공이 수비 측의 손에 맞고 코트를 벗어나 바닥에 떨어지는 일.

터치-패드(touch pad) [명][컴] 손가락이나 펜 등을 접촉하면 화면의 포인터가 따라 움직이게 되어 있는, 패드 모양의 감지 장치.

터키(Turkey) [명][지] 아시아의 서쪽 끝, 유럽의 남동쪽에 있는 공화국. 수도는 앙카라. 음역어는 토이기.

터키-탕(Turkey湯) [명] **1** 터키 인들 사이에 널리 행해지는 목욕 방법. 밀실에 열기(熱氣)를 채우고 그 열로 땀을 낸 뒤 몸을 씻음. **2** '증기탕'으로 순화.

터틀-넥(turtle neck) [명] 목이 긴 스웨터의 깃. 접어서 입음.

터프(tough) ➡**터프-하다** [형][여] '야성적이다', '박력 있다'로 순화. ¶**터프한** 남자.

턱[1] [명] **1** 사람의 얼굴에서, 입 아래에 뾰족하게 내민 부분. ¶주걱~ / ~에 수염이 나다 / ~이 빨다[뾰족하다] / 손으로 ~을 괴다. **2** [생] 사람이나 동물의 머리 부분에서, 이를 떠받치고 있으며, 음식이나 먹이를 먹을 때 열었다 닫았다 할 수 있게 된, 뼈로 이뤄진 두 개의 부분. ¶~이 빠지다.

턱을 까불다 [구] 사람이 거의 죽게 되었을 때, 숨을 모으느라고 턱을 떨다.

턱[2] [명] 평평한 곳의 어느 한 부분이 튀어나와 조금 높게 된 자리. ¶문~ / ~이 지다.

턱[3] [명] 좋은 일이 생겼을 때, 주위 사람에게 음식이나 술을 대접하는 일. ¶승진 ~을 톡톡히 내다 / 득남 ~으로 한잔 사겠습니다.

턱[4] [명][의존] **1** 《어미 '-ㄹ', '-ㄴ' 다음에 '없다'와 쓰임. 반어형이나 의문형일 때에는 '있다'와도 결합함》 일이 그러하거나 일을 그렇게 할 근거나 이치. [비]까닭. ¶그는 착하기로 소문났는데 그런 짓을 할 ~이 있나. / 이 사실을 그가 알 ~이 없다. **2** 《주로 관형사 '그' 다음에 쓰여》 일이 변화나 발전이 없는 형세. ¶일해 놓은 게 여태 그 ~인가. / 장사라고 해야 매일 그 모양 그 ~이죠, 뭐. **3** ➡턱없다.

턱[5] [부] **1** 자연스럽게 동작을 취하는 모양. ¶~ 버티고 서다. **2** 긴장된 마음이 풀리는 모양. ¶마음을 ~ 놓다. **3** 반가운 마음에 남의 손이나 어깨를 갑자기 세게 짚거나 붙잡는 모양. ¶어깨를 ~ 치다. **4** 몹시 막히는 모양. ¶숨이 ~ 막히다. **5** 갑자기 힘없이 쓰러지는 모양. ¶그는 대문을 나서다가 별안간 ~ 쓰러졌다. [작]탁.

E

턱-거리[-꺼-] 똉 1 '언턱거리'의 준말. 2 [한] 풍열(風熱)로 인해 턱 아래에 생기는 종기.

턱-걸이[-거리] 똉 1 [체] 철봉을 손으로 잡고 몸을 당겨 올려 턱이 철봉 위까지 올라가게 하는 운동. 2 어떤 기준에 겨우 미치는 것을 낮잡아 이르는 말. ¶입학시험에 ~로 합격했다. **턱걸이-하다** 통재예 ¶주가가 900선에 가까스로 **턱걸이했다**.

턱-관절(-關節)[-꽌-] 똉 아래턱뼈를 두개골에 관절시키는 관절. =악관절.

턱-밑[텅믿] 똉 턱의 밑이라는 뜻으로, 아주 가까운 곳을 이르는 말. ¶~에 두고도 그걸 못 찾다니.

턱밑-샘[텅믿쌤] 똉 [생] 아래턱의 삼각부에 있는, 침을 분비하는 내분비선. =악하선(顎下腺).

턱-바기 똉 '턱받이'의 잘못.

턱-받이[-빠지] 똉 어린아이의 턱 아래에 대어 주는, 헝겊으로 된 물건. 음식물이나 침이 옷에 안 묻게 함. ×턱받기.'

턱-뼈 똉[생] 사람이나 동물의 턱을 이루고 있는 뼈. =악골(顎骨).

턱-살[-쌀] 똉 1 사람의 얼굴에서, 아래턱에 붙은 살. ¶~이 처지다. 2 '턱¹'을 속되게 이르는 말.

턱-수염(-鬚髥)[-쑤-] 똉 아래턱에 난 수염.

턱시도(tuxedo) 똉 결혼식이나 파티 등의 공식 행사 등에서 남자가 예복 또는 정장으로 입는, 칼라에 광택 있는 실크를 덧댄 재킷 및 바지. 검은색이 일반적이나 흰색 계통의 것도 있음. 흔히, 보타이를 하며 장식으로 폭이 넓은 띠를 두르기도 함.

턱-없다[-업따] 혱 (어떤 일이나 대상이) 이치에 닿지 않거나 그럴 만한 근거가 전혀 없거나 상식에 벗어난 상태에 있다. ¶**턱없**는 요구를 하다. **턱없-이** 뮈 ¶이 물건은 ~ 비싸다.

턱-잎[텅닙] 똉[식] 잎자루 밑에 생기는 1쌍의 작은 잎. 대개는 생장하면서 탈락하며, 쌍떡잎식물에서 흔히 볼 수 있음. =엽탁(葉托)·탁엽.

턱-주가리[-쭈-] 똉 '아래턱'을 속되게 이르는 말. ¶그게 무슨 자랑이라고 ~를 놀리는 거냐.

턱-지다[-찌-] 통재 평평한 곳에 좀 두두룩한 자리가 생기다. 또는, 언덕이 생기다.

턱-짓[-찓] 똉 턱을 움직여 방향을 가리키거나 방향과 관계된 어떤 뜻을 나타내는 짓. 특별한 경우가 아니고는 손으로 가리키는 경우보다 상대를 얕잡는 행동임. ¶투수가 ~으로 사인을 보내다. **턱짓-하다** 통재예

턱-찌끼[-찌-] 똉 먹고 남은 음식. ¶이런 ~ 밥상도 운수 좋은 날이요, 잘 먹는 날이다.《김광주: 종점 소묘》

턱-턱 뮈 1 일을 결단성 있게 잘 처리하는 모양. ¶남들이 쩔쩔매는 일을 그는 ~ 해낸다. 2 물건이나 사람이 연이어 거꾸러지는 모양. ¶건장한 젊은이들이 일사병으로 ~ 쓰러지는 혹서(酷暑) 지대. 3 침을 세게 자꾸 뱉는 모양. 또는, 그 소리. 4 무엇이 자주 막히는 모양. ¶숨이 ~ 막히는 무더위. 5 물건을 자꾸 두드리거나 먼지 등을 터는 모양. 또는, 그 소리. 좌탁탁.

턴(turn) 똉 1 방향을 바꾸는 일. 2 [체] 수영에서 풀(pool)의 한쪽 끝의 벽에서 오던 방향으로 방향을 바꾸어 꺾는 일. **턴-하다** 통재예

턴-버클(turnbuckle) 똉 줄을 당겨 죄는 기구의 하나. 양편에 서로 반대 방향의 수나사가 있어 이것을 회전시켜 양쪽에 이은 줄을 당겨 죔.

턴-테이블(turntable) 똉 1 레코드플레이어 따위의 회전반. 2 열차의 방향 전환에 쓰이는 철도의 차량 회전대.

털 똉 1 사람의 몸의 일부나 동물의 온몸의 살갗에 밖으로 가늘고 길게 나는 물질. 사람의 경우, 주로 팔·다리·겨드랑이 등에 나는 것을 가리키며, 머리털·수염·눈썹 등은 넓은 뜻의 털이기는 하나, 털과는 구별하여 쓰려는 경향이 강함. ¶몸에 ~이 많다 / 닭의 ~을 뽑다 / 양의 ~을 깎다. 2 [식] =융털3. 3 물건의 거죽에 부풀어 일어난 가는 실 모양의 것.

[**털도 아니 난 것이 날기부터 하려 한다**] 어리석은 사람이 제 분수나 실력에 맞지 않을 일을 하려 한다.

털-가죽 똉 짐승의 털이 붙은 가죽. =모물(毛物)·모피(毛皮)·털붙이.

털-갈이 똉 짐승·새 등이 묵은 털이나 깃을 가는 일. **털갈이-하다** 통재예 ¶새들이 **털갈이하는** 계절.

털-게 똉[동] 갑각강 털겟과의 한 종. 등딱지 길이가 약 10cm. 추운 바다에 살며, 몸 전체에 털이 촘촘히 나 있다. 식용됨.

털-곰팡이 똉[식] =자낭균류.

털-구름 똉[기상] =권운(卷雲).

털-구멍 똉 털이 나는 작은 구멍. =모공(毛孔)·모규(毛竅).

털-끝[-끋] 똉 1 ('털끝 하나'의 꼴로 부정을 나타내는 서술어와 함께 쓰여) 사람 몸의 극히 일부를 강조하여 이르는 말. ¶나는 그 여자를 ~ 하나 건드리지 않았다. / 높은 데에서 떨어졌는데 ~ 하나 다치지 않았다. 2 ('털끝만큼도'의 꼴로 부정을 나타내는 서술어와 함께 쓰여) 어떤 일이나 사실에 있어서 극히 작거나 적은 부분을 강조하여 이르는 말. ¶나는 그 남자를 ~만큼도 사랑하지 않아요. / ~만큼도 양심에 거리낌이 없다.

털:다 (털고 / 털어) 통 <터니, 터오> 1 (붙거나 묻거나 한 작은 것을) 흔들거나 치거나 문지르거나 하여 떨어져 나가게 하다. 또는, (어떤 물체를) 흔들거나 치거나 문지르거나 하여 그것에 붙거나 묻어 있는 것을 떨어져 나가게 하다. ¶먼지를 ~ / 담뱃재를 아무 데서나 ~ / 옷을 털어 ~ . ▷털다. 2 (사람이 가진 재물을) 남김없이 털어 내놓다. ¶사재(私財)를 **털어** 학교를 설립하다. 3 (도둑이나 강도 등이 어떤 곳이나 사람을) 대상으로 삼아 재물을 훔치거나 빼앗다. ¶갱이 은행을 ~ / 도둑이 빈집을 ~ .

[**털어서 먼지 안 나는 사람 없다**] 누구나 결점을 찾으려고 뜯어보면 허물 없는 사람은 없다.

털럭 뮈 매달리거나 한쪽이 떨어진 물건이 한번 흔들리는 소리. 또는, 그 모양. 좌탈락. **털럭-하다** 통재예

털럭-거리다/-대다[-꺼(때)-] 통재 (피륙 따위가) 매달리거나 늘어져 둔하게 흔들거리다. 좌탈락거리다.

털럭-털럭 뮈 털럭거리는 소리. 또는, 그 모양. 좌탈락탈락. **털럭털럭-하다** 통재예

털레-털레 뮈 힘없이 천천히 걸어가는 모양.

털리다 통 ①재 '털다'의 피동사. ¶먼지가 ~. ②타 '털다'의 사동사. ¶아이에게 옷의 먼지를 ~. 2 '털다'의 피동사. ¶강도에게 돈을 ~.

털-메기 명 모숨을 굵게 하여 되는대로 험하게 삼은 짚신.

털-모자(-帽子) 명 1 짐승의 털가죽으로 만든 모자. 2 털실로 짠 모자.

털-목도리[-또-] 명 1 짐승의 털가죽으로 만든 목도리. 2 털실로 짠 목도리.

털버덕 튀 '털퍼덕'의 여린말. 준털벅. 작탈바닥. **털버덕-하다** 통자타여

털벅 튀 '털버덕'의 준말. 작탈박. ¶턱퍽. **털벅-하다** 통자타여

털벙 튀 묵직한 돌맹이 따위가 물에 떨어져 나는 소리. 작탈방. **털벙-하다** 통자여

털벙-거리다/-대다 통재타 자꾸 털벙 소리가 나다. 또는, 자꾸 털벙 소리를 내게 하다. 작탈방거리다.

털벙털벙 튀 털벙거리는 소리. 작탈방탈방. **털벙털벙-하다** 통자타여

털-보 명 1 수염, 특히 구레나룻과 턱수염을 많이 기른 사람. 놀림조의 말임. ¶마음씨 좋은 ~. 아저씨. 2 팔·다리·가슴 등에 털이 많이 난 사람. 놀림조의 말임.

털-북숭이[-쑹-] 명 털이 많이 난 사람이나 물건을 이르는 말. 준북숭이.

털-붙이[-부치] 명 1 =털가죽. 2 털로 짠 물건.

털-빛[-삩] 명 짐승의 털의 빛깔. 비모색(毛色).

털-신 명 짐승의 털가죽이나 털로 만든 방한화.

털-실 명 짐승의 털로 만든 실. =모사(毛絲). 준털.

털-쌘구름 명 [기상] =권적운(卷積雲).

털썩 튀 1 두툼하고 큰 물건이 갑자기 땅에 떨어지는 모양. 또는, 그 소리. 2 사람이 갑자기 주저앉는 모양. 또는, 그 소리. ¶땅바닥에 ~ 주저앉다. 작탈싹. **털썩-하다** 통자여

털썩-거리다/-대다[-꺼(때)-] 통재 자꾸 털썩하다.

털썩-털썩 튀 털썩거리는 소리. 또는, 그 모양. 작탈싹탈싹. **털썩털썩-하다** 통자여

털어-놓다[-노타] 통타 (마음속에 있는 사실을) 숨김없이 모두 이야기하다. ¶비밀을 ~하고 싶은 얘기가 있으면 **털어놔** 봐.

유의어	털어놓다 / 불다
둘 다 사람이 속에 감춘 것을 말하는 것을 가리키나, '**털어놓다**'가 강요받지 않고 자발적으로 말하는 상태를 가리킬 수 있는 반면, '**불다**'는 반드시 억압적인 강요가 전제되어야 함. 가령, "친구한테 속마음을 **털어놓다**."는 옳은 문장이지만, "친구에게 속마음을 **불다**."는 옳지 못한 문장임.	

털어-먹다[-따] 통타 가산이나 몸에 지닌 돈을 함부로 써서 없애다. ¶장사 밑천을 ~. ×떨어먹다.

털-옷[-옫] 명 털이나 털가죽으로 만든 옷.

털이-개 명 '먼지떨이'의 잘못.

털-장갑(-掌匣) 명 털실로 짠 장갑.

털-층구름(-層-) 명 [기상] =권층운(卷層雲).

털터리 명 '빈털터리'의 준말. 작탈타리.

작탈래탈래. **털레털레-하다** 재여

털털 튀 1 먼지 따위를 자꾸 터는 모양. 또는, 그 소리. ¶담요를 ~ 털다. 2 가지고 있던 것을 남김없이 내놓는 모양. ¶돈을 있는 대로 ~ 털어 그에게 주었다. 작탈탈. 3 낡은 자동차나 기계 같은 것이 달리거나 돌아가면서 내는 둔탁한 소리. ¶저만치 앞쪽에서 경운기가 ~ 달려왔다. / 선풍기가 ~ 소리를 내며 돌고 있다.

털털-거리다/-대다 통재타 낡은 자동차나 기계 같은 것이 달리거나 돌아가면서 둔탁한 소리를 내다. ¶우리는 **털털거리는** 시외 버스에 몸을 실었다. / **털털거리는** 재봉틀.

털털-이 명 1 차림이나 행동이 털털한 사람. 2 낡아서 털털거리는 자동차·수레 따위. 작탈탈이.

털털-하다 형여 1 (성격이) 까다롭지 않고 소탈하다. ¶사람이 어지간히 **털털하여** 양복 바지에 주름을 세운 일이곤 없어요. 2 (품질이) 수수하다. **털털-히** 튀

털퍼덕 튀 아무렇게나 주저앉는 소리. 또는, 그 모양. ¶그는 커다란 나무 밑에 짐을 부려 놓고 ~ 주저앉았다. 준털퍽. 작탈파닥. 여털버덕. **털퍼덕-하다** 통자타여

털퍽 튀 '털퍼덕'의 준말. 작탈팍. 여털벅. **털퍽-하다** 통자타여

텀벙 튀 무겁고 부피가 큰 물체가 깊은 물속에 떨어져 잠길 때 나는 소리. 또는, 그 모양. ¶개구리가 못 속에 ~ 뛰어들다. 작탐방. **텀벙-하다** 통자여

텀벙-거리다/-대다 통재타 잇달아 텀벙 소리가 나게 하다. 또는, 잇달아 텀벙 소리를 내다. ¶어린아이들이 물속에서 **텀벙거리며** 논다. 작탐방거리다. 여덤벙거리다.

텀벙-텀벙 튀 잇달아 텀벙거리는 소리. 작탐방탐방. 여덤벙덤벙. **텀벙텀벙-하다** 통재타여

텀블링(tumbling) 명 1 =공중제비1. 2 [체] 여러 사람이 손을 맞잡거나 혹은 어깨에 올라타고 앉는 것과 같은 동작으로 여러 가지 모양을 만드는 체조. **텀블링-하다** 통자여

텁석[-썩] 튀 '덥석'의 거센말. 작탑삭.

텁석-거리다/-대다[-썩꺼(때)-] 통타 '덥석거리다'의 거센말.

텁석-나룻[-썽-룬] 명 짧고 더부룩하게 많이 난 수염. 작탑삭나룻.

텁석-부리[-썩뿌-] 명 텁석나룻이 많이 난 사람을 놀림조로 이르는 말. 작탑삭부리.

텁석-텁석[-썩-썩] 튀 '덥석덥석'의 거센말. 작탑삭탑삭. **텁석텁석-하다** 통타여

텁수룩-하다[-쑤루카-] 형여 '덥수룩하다'의 거센말. **텁수룩-이** 튀

텁지근-하다[-찌-] 형여 (입맛이나 음식 맛이) 텁텁하고 개운하지 못하다.

텁텁-하다 형여 1 (입맛이나 음식 맛, 또는 입 안이) 시원하거나 깨끗하지 못하다. ¶자고 일어난 뒤라 입 안이 ~. 2 (눈이) 깨끗하지 못하다. 3 (성미가) 소탈하여 까다롭지 않다. ¶주책없는 인생 속에서 두엄 냄새 같은 **텁텁한** 인정과 구수한 우정을 항상 느껴 오고 있었다.《천승세:감루연습》 4 (날씨 따위가) 맑지 후터분하다. ¶바람 한 점 없이 **텁텁한** 날씨.

텃-논[턴-] 명 집터에 딸리거나 마을 가까이 있는 논.

텃-도지(-賭地) [터또-/턴또-] 명 집터를 빌린 값으로 내는 세.

텃-마당[턴-] 명 타작할 때에 공동으로 쓰

려고 닦은 마당.
텃-밭[터빧/텃빧] 圕 집터에 딸리거나 집 가까이 있는 밭. =대전(垈田). ¶집 뒤에 있는 ~을 일구어 채소를 심다.
텃-새[터쌔/텇쌔] 圕 철을 따라 옮기지 않고 거의 한 지방에서만 사는 새. 참새·까마귀·꿩 등. =유조(留鳥). ↔철새.
텃-세(-勢) [터쎄/텇쎄] 圕 어떤 지역이나 영역이나 집단에 먼저 자리 잡아 세력을 가진 사람들이 나중에 들어오는 사람들에 대해 괄시하거나 따돌리거나 기를 펴지 못하게 하는 일. 때로, 동물의 사회에 대해서도 이 말을 씀. ¶~를 부리다 / ~가 심한 마을.
텃세-하다 圄㉠㉤
텅¹ 閉 큰 공간이 비어 있는 모양. ¶~ 빈 교실 / ~ 빈 유령 도시. ㉤탕.
텅² 閉 '떵'의 거센말. ㉤탕.
텅스텐(tungsten) 圕 광택이 있는 백색 또는 회백색의 금속 원소. 원소 기호 W, 원자 번호 74, 원자량 183.85. 전구의 필라멘트나 전극, 합금 재료로 쓰임. =중석(重石).
텅-텅¹ 閉 여럿이 다 속이 비어서 아무것도 없는 모양. ¶다 나가고 집이 ~ 비었다. ㉤탕탕.
텅-텅² 閉 '떵떵'의 거센말. ㉤탕탕. **텅텅-하다** 閉㉠㉤
텅텅-거리다/-대다 圄㉠㉣ '떵떵거리다'의 거센말. ㉤탕탕거리다.
테¹ 圕 1 그릇의 조각이 어그러지지 못하게 단단히 둘러맨 것. 2 둘레를 두른 물건. ¶소매에 흰 ~를 두르다. 3 '테두리'의 준말.
테² ㉢ 서려 놓은 실의 묶음을 세는 말. ¶
테너(tenor) 圕[음] 성악에서, 남성이 낼 수 있는 가장 높은 음역(音域)의 소리. 또는, 그 음역의 가수. ¶~ 가수.
테누토(⑩tenuto) 圕 악곡의 표현 방법을 나타내는 말로, '음을 충분히 지속하여'의 뜻. 기호는 ten.
테니스(tennis) 圕[체] 중앙에 네트를 치고 양쪽에서 라켓으로 공을 주고받는 운동. 단식·복식·혼합 복식 등의 경기 방식이 있음. =정구(庭球). ¶~ 코트 / ~를 치다.
테니스-장(tennis場) 圕 테니스를 하는 경기장.
테두리 圕 1 물체의 둘레가 되는 가장자리. ⒝윤곽. ㈜테. 2 물건의 가장자리에 두르거나 치는 줄이나 장식. 3 사물의 일정한 범위나 한계. ¶법의 ~에서 벗어난 행동.
테라리엄(terrarium) 圕 1 작은 육서 동물 (陸棲動物)을 사육하는 용기(容器). 2 원예에서, 소형 식물을 밀폐된 유리그릇이나 아가리가 작은 유리병 등의 안에서 재배하는 방법.
테라마이신(Terramycin) 圕[약] 항생 물질인 옥시테트라사이클린의 상표명.
테라바이트(terabyte) 圕㉢[컴] 데이터의 양을 나타내는 단위의 하나. 1테라바이트는 1기가바이트의 약 1000배를 나타내며, 2⁴⁰인 1조 995억 1162만 7776 바이트를 말함. 기호는 TB.
테라스(terrace) 圕[건] 실내에서 직접 밖으로 나갈 수 있도록 방의 앞면에 마련한, 길이나 정원에 뻗어 나온 곳.
테라^코타(⑩terra cotta) 圕 1 [공] 양질의 점토를 소구하여 만든 소상(塑像) 및 그릇. 2 [건] 점토를 구워 기와처럼 만든, 작은

테이블●1879

구멍이 송송 뚫린 건축용 도기.
테러(terror) 圕 1 정치적 목적을 위하여 폭력을 사용하여 상대를 위협하거나 공포에 빠뜨리는 행위. ¶~범 / ~집단 / ~를 가하다. 2 '테러리즘'의 준말.
테러-단(terror團) 圕 테러를 하기 위해 조직된 집단. 미국제 ~를 검거하다.
테러리스트(terrorist) 圕 정치적인 목적을 위해서 계획적으로 폭력을 사용하는 사람. =폭력주의자.
테러리즘(terrorism) 圕 정치적 목적에서 조직적·집단적으로 행해지는 암살·고문·추방·대량 처형 등의 폭력 행위. 또는, 그것을 수단으로 강압하려는 태도. =폭력주의. ㈜테러.
테레빈-유(terebene油) 圕[화] 송진을 수증기로 증류하여 얻는 정유(精油). 무색 또는 담황색이며 독특한 향기가 있음. 용제·바니시·페인트 등의 제조에 쓰임. =송유·송지유(松脂油).
테르븀(terbium) 圕[화] 희토류 원소의 하나. 원소 기호 Tb, 원자 번호 65, 원자량 158.925. 고체 금속임.
테리어(terrier) 圕㉠ 개의 한 품종. 사납고 영리하며 민첩한 사냥개. 현재는 애완용으로 많이 기름.
테릴렌(Terylene) 圕 폴리에스테르 계통의 합성 섬유의 상표명. 잘 구겨지지 않고 마찰과 물에 강해 옷감·호스·어망 등에 이용됨.
테마(⑤Thema) 圕 창작이나 논의의 중심 과제나 주제. ¶~로 삼다 / 인간의 꿈과 사랑을 ~로 한 소설.
테마^뮤직(✝Thema+music) 圕[음] =주제 음악.
테마^음악(⑤Thema音樂) 圕[음] =주제 음악.
테마-주(⑤Thema株) 圕[경] 어떤 사회적 이슈가 생겼을 때, 그 영향을 받아 상승세를 타면서 장을 움직이는 주식.
테마^파크(⑤Thema+park) 圕[건] 특정한 주제를 정해 놓고 그에 맞는 오락 시설을 조성한 대규모 위락 단지. 미국의 디즈니랜드나 우리나라의 에버랜드 따위.
테-메다 圄㉣ '테메우다'의 잘못.
테-메우다 圄㉣ 틈이 벌어진 질그릇이나 나무 그릇의 둘레를 대오리·편철(片鐵)·철사 등으로 둘러서 감다. ×테메다.
테석-테석 閉 반드럽지 못하고 거칠게 일어난 모양. ⒞티석티석. **테석테석-하다** 閉㉠
테스터(tester) 圕[물] 스위치나 단자(端子)를 선택함으로써 하나의 계기로 직류의 전압·전류·저항 값, 교류의 전압 등을 간단히 측정할 수 있는 계기. =회로계(回路計).
테스트(test) 圕 (사람의 능력이나 사물의 상태 등을) 물음에 답하도록 하거나 여러 가지 검사를 하거나 하여 알아보는 것. ⒝시험·실험. ¶~를 받다. **테스트-하다** 圄㉠㉤ ¶영어 실력을 ~.
테-실 圕 서려서 테를 지어 놓은 실.
테왁 圕〈방〉해녀가 물질을 하기 위해 바다로 헤엄쳐 가거나 물질을 하면서 잠시 쉴 때 가슴에 안을 수 있게 되어 있는 공 모양의 물건(제주). 원래는 박으로 만들었으나 요즘은 스티로폼을 재료로 함. 여기에 그물처럼 엮은 망사리를 달아 그 속에 채취한 해산물을 넣음.
테이블(table) 圕 서양식의 탁자나 식탁.

테이블-보(table褓) 圀 테이블 위를 덮는 보.
테이블산-자리(table山−) 圀 [천] 하늘의 남극 가까이에 있는 작은 별자리. 우리나라에서는 보이지 않음.
테이크아웃(takeout) 圀 커피나 음료나 도시락 등을 사는 사람이 가지고 갈 수 있도록 해서 파는 형태. 또는, 그런 소형 점포. ¶~접 / ~커피점.
테이프(tape) 圀 1 종이나 천 등으로 띠처럼 좁고 길게 만든 물건. ¶개막 ~를 끊다 / 이 봉주 선수가 보스턴 마라톤 대회에서 선두로 결승 ~를 끊었다. 2 비닐이나 천 등으로 좁고 길게 만들어 한쪽 또는 양쪽 면에 접착 물질을 바른 물건. ¶양면 ~ / 뜯어진 책표지를 ~로 붙이다. 3 얇은 플라스틱 띠에 자성 재료로 막을 입혀, 소리나 영상 등을 기록하는 데 쓰는 물건. ¶녹음 ~ / 녹화 ~.
테이프를 끊다 관 어떤 일을 맨 처음 시작하다. 비유적인 말로 구어에서 쓰임. ¶친구들 중에서 동수가 결혼의 첫 **테이프를 끊었다**.
테이프-리코더(tape recorder) 圀 자기(磁氣) 테이프에 소리를 녹음·재생하는 장치.
테일러스(talus) 圀 [지] 가파른 낭떠러지 밑이나 경사진 산허리에 고깔 모양으로 쌓인 흙무더기나 돌 부스러기. =애추(崖錐).
테일러-칼라(←tailored collar) 圀 'V' 자 모양의 양복 옷깃. 주로 신사복의 윗옷에 사용.
테제(獨These) 圀 1 [철] =정립(定立)². 안티테제. 2 정치적·사회적 운동의 기본 방침이 되는 강령(綱領).
테크네튬(technetium) 圀 [화] 인공적으로 만들어진, 은백색의 금속 원소. 원소 기호 Tc, 원자 번호 43. 질량수 97∼99의 동위 원소가 있음. 연철(軟鐵)의 부식 방지제 및 원자로 속의 중성자의 흡수제로 쓰임.
테크노(techno) 圀 [음] 컴퓨터·신시사이저·샘플러 등의 첨단 전자 기기에 의해 규칙적이고 반복적인 리듬으로 연주되는 음악. 또는, 그런 음악의 스타일.
테크노-댄스(technodance) 圀 테크노 음악에 맞추어 머리를 좌우로 심하게 흔들면서 추는 춤.
테크노크라트(technocrat) 圀 과학적·전문적 지식이나 능력을 배경으로 현대의 조직이나 사회의 의사 결정과 관리·운영에 있어서 중요한 역할을 하고 있는 사람.
테크니컬^파울(technical foul) 圀 [체] 농구에서, 퍼스널 파울 이외의 파울. 상대 팀의 공격이나 방어를 일부러 방해하는 일, 경기 진행을 지연시키는 일, 심판의 허락 없이 선수를 교체하는 일 따위.
테크닉(technic) 圀 어떤 사람이 예술 창작이나 악기 연주나 운동 등을 해내는 능력이나 기술이나 기교. ¶~이 좋다 / 고도의 ~을 필요로 하는 연주 / 선수의 ~이 뛰어나다.
테트라시클린(tetracycline) 圀 [화] 항생 물질의 하나. 여러 가지 바이러스에 의한 전염병의 치료에 쓰임.
테플론(Teflon) 圀 [화] 플라스틱 계통의 합성 수지 및 섬유. 전기 절연 테이프 및 텔레비전·레이더 따위의 특수 부속품으로 쓰임. 상표명에서 온 말임.
텍사스(Texas) 圀 〈속〉 '윤락가', '사창가'를 이르는 말. ¶~촌 / ~ 골목 / 미아리 ~.
텍사스^히트(†Texas hit) 圀 [체] 야구에서, 타자가 친 공이 알맞게 떠올라 내야수와 외야수의 사이에 떨어져 안타가 되는 일. =텍사스 리거.

텍스(←texture) 圀 1 [자태] 펄프 찌꺼기, 목재 부스러기 따위를 압축하여 만든 널빤지. 보온·방음, 열을 차단하는 데 좋고 가벼워 천장·벽에 붙이는 건축 재료로 쓰임. 2 [의존] 실의 굵기를 나타내는 단위. 실 1km의 무게가 1g일 때 1텍스라고 함. 기호는 tex.
텍스트(text) 圀 1 주석·번역·서문 및 부록 등에 대한 본문 또는 원문. ㉠원전(原典). ~ 비평. 2 [언] 문장보다 더 큰 문법 단위. 문장이 모여서 이루어진 한 덩어리의 글을 가리킴.
텐트(tent) 圀 산이나 들이나 물가 등에서 야영을 할 때, 한두 명 또는 몇 명이 누울 수 있을 만한 크기로 집과 같은 모양의 구조물을 칠 수 있게 만든, 천과 가는 기둥과 말뚝과 로프 등으로 이뤄진 물건. 접어서 가지고 다닐 수 있을 만큼 작고 가벼움. ¶야영장에 ~를 치다. ▷천막.
텐트를 치다 관 〈속〉 음경이 꼿꼿하게 되어 아랫도리옷이 불룩해지다.
텔레마케터(telemarketer) 圀 전화를 이용하여 상품을 홍보하고 판매하는 일을 직업으로 하는 사람.
텔레-마케팅(telemarketing) 圀 [경] 전화를 이용하여 상품 홍보 및 판매, 시장 조사 등을 행하는 마케팅 활동.
텔레메디신(telemedicine) 圀 [의] =원격 진료(遠隔診療).
텔레뱅킹(telebanking) 圀 은행 창구까지 나가지 않고 가정이나 사무실에서 전화를 이용하여 은행 거래를 하는 일. ¶~서비스.
텔레비 圀 '텔레비전'의 잘못.
텔레비전(television) 圀 1 전기에 의해 방송국에서 보내는 전파를 받아 영상과 소리를 재현시킬 수 있도록 만든, 상자 모양의 장치. ¶~을 켜다[끄다] / 고화질 ~. 2 사물의 영상이나 소리를 전파에 실어 보내어 수신 장치에 재현시키는 전기 통신 방식. 또는, 그런 방식으로 이뤄지는, 뉴스·드라마·쇼 등의 프로그램. =티브이(TV). ¶~ 방송국 / ~ 드라마 / ~을 시청하다. ×텔레비·텔레비전.
텔레-타이프(Teletype) 圀 '텔레타이프라이터'의 상표명. ¶~로 송신하다.
텔레-타이프라이터(teletypewriter) 圀 통신문을 부호 전류로 송신하며, 이것을 자동적으로 문자·숫자·기호로 바꾸어 수신기에 인쇄하거나 천공 테이프에 기록하는 장치. =전신 인자기(電信印字機)·텔레프린터.
텔레텍스(teletex) 圀 [통] 워드 프로세서에 고도의 통신 기능을 첨가한 공중 전기 통신 서비스.
텔레텍스트(teletext) 圀 [방송] 텔레비전 전파의 지극히 짧은 간격을 이용하여 문자 정보를 전달하는 다중 방송. 문자 다중 방송의 국제적 통일 호칭임.
텔레파시(telepathy) 圀 [심] 어떤 사람의 생각이나 의식이 감각 기관의 도움 없이 다른 장소에 있는 사람에게 전달되는 일. 초심리학의 대상이 됨. =정신 감응(精神感應). ¶~가 통하다.
텔렉스(telex) 圀 [teletypewriter+exchange] [통] 전화의 자동 교환과 인쇄 전신의 기술을 이용한 기록 통신 방식. 다이얼 등으로 상대 가입자를 호출하며 인쇄 전신기에 의

해 통신함. =가입 전신.

텔루르(독Tellur) [명][화] 은회색의 금속광택이 나는, 비금속 원소의 하나. 원소 기호 Te, 원자 번호 52, 원자량 127.60. 합금 첨가 원소·착색제 등으로 쓰임.

템 [명][의존] 《주로 세는 말 아래에서 조사 '이나' 와 결합하여》 생각보다 정도가 많음을 나타내는 말. ¶두 말 ~이나 먹다 / 석 달 ~이나 걸리다.

템페라(이tempera) [명][미] 아교 또는 달걀의 노른자 따위로 안료를 녹인 불투명한 그림물감. 또는, 그것으로 그린 그림.

템포(이tempo) [명] ['시간' 이라는 뜻] **1** [음] 악곡을 연주하는 속도. =빠르기. **2** 일이 진행되는 빠르기. [비]속도(速度). ¶줄거리 전개의 ~가 빠르다. / 공사의 ~가 느리다.

템포^루바토(이tempo rubato) [명][음] 악곡의 속도를 지시하는 말로, '음의 길이를 조금 바꾸어 자유롭게 느리거나 빠르게, 그러나 전체 연주 시간은 같게' 의 뜻.

템포^프리모(이tempo primo) [명][음] 악곡의 속도를 지시하는 말로, '처음 빠르기로' 의 뜻.

토[1] [명][언] **1** '토씨' 의 준말. **2** 한문의 구절 끝에 붙여 읽는 우리말 부분. 곧, 면(面)·에(崖)·하니(爲尼)·하야(爲也) 따위. ¶~를 붙이다 / ~를 달다.

토[2] [명] **1** 간장을 졸일 때 위에 떠오르는 찌꺼기. **2** 간장을 담은 그릇의 밑바닥에 가라앉는 된장의 부스러기.

토[3](土) [명] **1** [민] 오행(五行)의 하나. 초목이 나고 자라는 흙을 상징하는 것으로, 방위로는 중앙, 색으로는 황색에 해당함. **2** '토요일' 을 줄여 이르는 말. 문장 속에서 자립적으로 쓰이기는 어려우며, 주로 달력이나 문서의 표 등에서 쓰임.

토-[4](土) [접두] 일부 명사 앞에 붙어, '흙' 의 뜻을 나타내는 말. ¶~마루 / ~반자.

토건(土建) [명] '토목건축' 의 준말. ¶~ 회사.

토건-업(土建業) [명] 토목과 건축을 일삼는 직업.

토고(Togo) [명][지] 아프리카 중서부에 있는 공화국. 수도는 로메.

토공(土工) [명] **1** 토목 공사에서, 땅을 깎고 메우고 고르는 등의 작업. **2** =미장이.

토관(土管) [명] 시멘트나 흙을 구워 만든 둥근 관. 연통이나 배수로 등에 씀. ¶~을 묻다.

토-광[1](土-) [명] 널빤지를 깔지 않고 흙바닥 그대로 둔 광.

토광[2](土鑛) [명][광] 흑광(黑鑛)의 산화대(酸化帶)가 흙 같은 엷은 빛의 광석으로 변하여 금분(金粉)과 은분이 풍부한 광석.

토광-묘(土壙墓) [명][고고] =널무덤.

토구(土寇) [명] 지방에서 일어나는 도둑의 떼. =토비(土匪)·토적(土賊).

토-굴[1](土-) [명][동] **1** 땅에서 나는 굴조개의 총칭. **2** 연체동물 부족류 굴과의 한 종. 껍데기는 원형이거나 네모지고 표면에는 잔 비늘이 포개져 있음. 암초 등에 붙어살며, 식용함.

토굴[2](土窟) [명] =땅굴.

토굴-집(土窟-)[-찝] [명] =움집.

토금(土金) [명] **1** 흙이나 모래 속에 섞여 있는 금. **2** 금빛이 나는 흙.

토기[1](土器) [명] **1** 진흙으로 만들어 잿물을 올리지 않고 구운 그릇. =와기(瓦器). **2** [역] 원시 시대에 쓰던, 흙으로 만든 그릇의 유물. ¶민무늬 ~ / 빗살무늬 ~.

토ː기[2](吐氣) [명] =욕지기.

토기-장이(土器-) [명] 토기를 만드는 일을 직업으로 하는 사람. =토기장.

토-끝[-끋] [명] **1** 피륙의 끄트머리. **2** 피륙의 필(疋) 끝에 글씨나 그림이 박힌 부분.

토끼 [명][동] 포유류 토낏과에 속하는 동물의 총칭. 귀가 길고, 뒷다리가 앞다리보다 발달했으며, 꼬리는 짧음. 입에 긴 수염이 있고 윗입술은 세로로 찢어졌음. 초식성이며 번식력이 강함.

[**토끼 둘을 잡으려다가 하나도 못 잡는다**] 욕심을 부려 한꺼번에 여러 가지를 하려 하면 원하는 것 중의 하나도 이루지 못한다.

토끼다 [동][자] 〈속〉 도망치다.

토끼-뜀 [명] 양손은 각각 귀를 잡은 채 쪼그리고 앉은 자세로 토끼처럼 깡충깡충 뛰어서 가는 일. **토끼뜀-하다** [동][자][여]

토끼-띠 [명][민] 토끼해에 난 사람의 띠.

토끼-몰이 [명] 산토끼를 잡기 위하여 목으로 몰아 넣는 일. 또는, 그 일을 하는 사람.

토끼-자리 [명][천] 2월 상순의 저녁, 오리온자리의 남쪽에 보이는 작은 별자리.

토끼-잠 [명] 깊이 들지 못하고 자주 깨는 잠. ¶나는 시간마다 울리는 공습경보에 마음이 불안하여 ~을 자고 있었다.

토끼-장(-欌) [명] 토끼를 넣어 기르는 우리. =토끼집·토사(兎舍).

토끼-전(-傳) [명][문] =별주부전.

토끼-집 [명] =토끼장.

토끼-털 [명] 토끼의 털.

토끼-풀 [명][식] 콩과의 여러해살이풀. 잎은 긴 잎자루 끝에 3개씩 나며, 6~7월에 흰 꽃이 핌. 보통 세 잎이나 간혹 네 잎 달린 것도 있어 '행운' 을 나타낸다고 함. =클로버(clover).

토끼-해 [명][민] =묘년(卯年).

토너(toner) [명][컴] 복사기나 레이저 프린터에서 잉크 대신 사용하는 검은색 탄소 가루.

토너먼트(tournament) [명] 경기 때마다 진 편을 제외시키면서 이긴 편끼리 겨루어 최후에 남은 두 편이 우승을 결정하게 하는 시합. 또는, 그런 경기 방식. ▷리그전.

토네이도(tornado) [명][기상] 미국 중남부에서 볼 수 있는 대규모의 회오리바람. 특히, 봄부터 초여름에 걸쳐 많이 발생하고 파괴력이 큼.

토닉(tonic) [명] 진(gin) 등의 양주에 섞어 마시는 탄산음료의 하나.

토닉-솔파(tonic sol-fa) [명][음] =계이름부르기.

토닥-거리다/-대다[-꺼(때)-] [동][타] **1** 손으로 신체 일부나 그리 단단하지 않은 물체를 자꾸 가볍게 두드리다. [큰]투덕거리다. **2** 자꾸 가볍게 싸우거나 다투다. ¶두 사람은 만났다 하면 **토닥거린다**.

토닥-이다 [동][타] **1** 손으로 신체 일부나 그리 단단하지 않은 물체를 가볍게 두드리다. [큰]투덕이다. **2** 가볍게 싸우거나 다투다.

토닥-토닥 [부] 토닥거리는 모양. ¶그는 대견하다는 듯이 아들의 등을 ~ 두드려 주었다. / 둘이는 만났다 하면 ~ 싸운다. [큰]투덕투덕. **토닥토닥-하다** [동][타][여]

토-담(土-) [명] 흙으로 쌓아 만든 담. =토원(土垣)·토장(土墻).

토담-집(土-)[-찝] [명][건] 토담만 쌓아 그 위에 지붕을 덮어 지은 집. =토실(土室)·토옥(土屋).

토대(土臺) 圀 1 [건] 목조 건축에서, 기초 위에 가로 대어 기둥을 고정하는 목조 부재. 또는, 건축물의 가장 아랫부분. 2 온갖 사물이나 사업의 밑바탕이 되는 기초와 밑천. ¶그는 오랜 현장 경험을 ~로 사업에 성공할 수 있었다. **토대-하다** 圄(자여) 기초하거나 근거하다.

토^댄스(toe dance) 圀 발레에서, 발끝으로 서서 추는 춤.

토라지다 圄(자) (사람이) 상대의 행동이나 태도에 소홀함을 느끼거나 언짢게 생각하여 상대와 말을 하려 하지 않거나 상대를 멀리하려는 심리 상태를 가지다. 주로, 여자나 어린아이에 대해서 쓰는 말. ¶내 말을 오해하였는지 그녀는 **토라져서** 말도 않는다.

토란(土卵) 圀 1 [식] 천남성과의 여러해살이풀. 땅속에 살이 많은 알줄기가 있음. 따뜻하고 습한 곳에서 잘 자라며, 뿌리줄기와 잎자루를 식용함. 2 1의 뿌리줄기. 토란국의 재료임. =우자(芋子)·토련(土蓮).

토란-국(土卵-)[-꾹] 圀 토란을 넣고 끓인 국.

토:렴 圀 식은 밥이나 국수에 뜨거운 국물을 부었다 따랐다 하여 덥게 하는 것. 웬퇴염(退染). **토:렴-하다** 圄(타여)

토:로(吐露) 圀 마음에 있는 것을 죄다 드러내어 말하는 것. 凷토파(吐破). **토:로-하다** 圄(타여)

토록¹ 圀 [광] 다른 잡석과 함께 광맥 밖의 곁에 드러나 있는 광석.

토록² 閏 (일부 체언 아래에 붙어) 앞에 오는 말이 나타내는 정도나 수량에 미침을 나타내는 보조사. ¶종일~/평생~/그~.

토:론(討論) 圀 어떤 의견이나 제안에 대해 찬성과 반대의 의견을 가진 사람들이 서로 논리적인 근거를 제시하면서 상대를 설득하거나 상대에게 자기 의견의 정당함을 주장하며 논하는 것. ¶열민[활발한] ~을 벌이다. ▶토의(討議). **토:론-하다** 圄(타여) ¶교통 문제를 놓고 전문가들이 ~. **토:론-되다** 圄(자)

토:론-자(討論者) 圀 토론하는 사람.

토:론-회(討論會)[-회/-훼] 圀 어떤 문제를 가지고 그 옳고 그름을 서로 논의하는 모임.

토롱(土壟) 圀 흙을 모아 쌓아서 임시로 만든 무덤. =토분(土墳).

토룡^(土龍) 圀[동] =지렁이. ¶-탕(湯).

토류^금속(土類金屬) 圀[화] 원소 주기율표 제3족에 딸린 금속 원소. 알루미늄·갈륨·인듐·탈륨 따위. =토류 금속 원소. 凾토금속.

토륨(thorium) 圀[화] 은백색의 방사성 금속 원소. 원소 기호 Th, 원자 번호 90, 원자량 232.038. 광전관·방전관 등에 쓰임.

토르(torr) 圀(의존)[물] 압력의 단위. 1토르는 1mmHg 또는 1/760기압에 해당함. 기호는 torr.

토르소(⑥torso) 圀[미] 머리·손·발이 없이 몸통만으로 된 소상(塑像).

토리¹ 圀 ①(자립) 실을 둥글게 감은 뭉치. ② (의존) 실 뭉치를 세는 말. ¶실 두 ~.

토리² 圀 1 땅의 메마르거나 기름진 성질. 2 어떤 식물에 맞고 안 맞는 땅의 성질. =지미(地味).

토리첼리의 진공(Torricelli-眞空) [-의/-에-] 圀[물] 한쪽 끝이 막힌 유리관에 수은을 채우고 터진 쪽 끝을 수은 그릇에 담가 관을 거꾸로 세웠을 때, 관의 760mm쯤의 높이의 윗부분에 생기는 진공 부분. 대기압의 작용을 증명하는 데에 쓰임.

토-마루(土-) 圀 시골집에서 볼 수 있는, 흙으로만 쌓아 만든 마루.

토마토(tomato) 圀 1 [식] 가짓과의 한해살이풀. 여름에 노란 꽃이 피고, 동글동글한 열매가 붉게 익음. 밭에 흔히 재배함. 2 1의 열매. 익으면 날로 먹거나 소스·케첩 따위를 만들며 주스로 마시기도 하는데, 비타민이 많이 들어 있음. =일년감.

토마토-케첩(tomato ketchup) 圀 =케첩.

토막¹ 圀 ①(자립) 1 길이가 있는 물체를 잘라낸 한 부분. '도막'에 비해 상대적으로 큰 물체에 대해 쓰는 말. ¶나무~/~을 내다/생선을 ~ 치다. 2 말이나 글의 일부. ② (의존) 덩어리가 진 도막을 세는 말. ¶생선 한 ~ / 이야기 한 ~.

토막²(土幕) 圀 =움집.

토막-극(-劇)[-끅] 圀[연] =촌극(寸劇)1.

토막-글[-끌] 圀 일정한 주제를 담은 짧은 글.

토막-나무[-망-] 圀 토막을 친 나무.

토막-말[-망-] 圀 1 긴 내용을 한 마디로 요약하여 하는 말. 2 토막토막 동안을 두어가며 하는 말.

토막-잠[-짬] 圀 잠깐 동안 자는 잠. ¶식곤증이 몰려오면 10분 정도 ~을 자는 게 좋다.

토막-토막 圀 여러 토막으로 잘린 모양. ¶생선을 ~ 자르다.

토멸(討滅) 圀 (적을) 쳐서 없애는 것. ¶조정에서는 토포사를 내보내서 적당을 ~시키자는 공론도 있었으며, ….(홍명희: 임꺽정) **토멸-하다** 圄(타여) **토멸-되다** 圄(자)

토목(土木) 圀 흙과 돌을 쌓고 목재와 철재를 세워 구성하는 일. 또는, 그것을 기초로 하는 건설 작업.

토목-건축(土木建築)[-껀-] 圀 토목과 건축. 凾토건.

토목^공사(土木工事)[-꽁-] 圀 목재·철재·토석(土石) 등을 이용한, 도로·철도·교량·항만·댐·상하수도·지하철·공항 등의 건설·유지에 관한 공사의 총칭.

토목^공학(土木工學)[-꽁-] 圀 토목 공사에 관한 이론과 실제를 연구하는 공학의 한 분야.

토민(土民) 圀 =토착민.

토박(土薄) →**토박-하다**[-바카-] 圐(여) 땅이 기름지지 못하고 메마르다.

토-박이(土-) 圀 (어느 고장이나 지역에 나라의) 그곳에서 오랫동안 붙박이로 살아온 사람. 凷본토박이. ¶서울 ~.

토박이-말(土-) 圀 =고유어(固有語).

토반(土班) 圀 여러 대(代)를 그 지방에서 붙박이로 사는 양반.

토방(土房) 圀 1 방과 방 사이의 대청을 놓을 자리에, 그냥 맨바닥인 채로 둔 흙바닥. 2 매흙질한 외에 다른 치장 없이 흙바닥으로 마무리된 방. 3 방으로 들어가는 문 앞에 좀 높이 판판하게 다진 흙바닥. 이곳에 쪽마루를 놓기도 함.

토번¹(土蕃) 圀 미개한 지방에 붙박이로 사는 토착민.

토번²(吐蕃) 圀[역] 중국 당송(唐宋) 시대에 티베트족을 일컫던 이름.

토벌(討伐) 圀 (적의 무리를) 무력으로 쳐 없

토벌(討伐)-**하다** 〔타〕여 ¶무장 공비를 ~ / 왜구를 ~. **토벌-되다** 〔동〕자

토벌-대(討伐隊) [—때] 〔명〕 토벌의 임무를 맡은 부대나 대오.

토벽(土壁) 〔명〕 흙벽.

토병(土兵) 〔명〕 그 땅에 붙박이로 사는 사람 가운데서 뽑은 군사.

토분(土粉) 〔명〕 쌀을 쓿을 때에 섞는 희고 고운 흙. =분토(粉土).

토비(土匪) 〔명〕 =토구(土寇).

토사¹(土沙) 〔명〕 흙과 모래. =흙모래. ¶폭우로 제방의 ~가 유실되다.

토:사²(吐絲) 〔명〕 누에가 고치를 만들기 위하여 실을 토해 내는 것. **토:사-하다**¹ 〔동〕자여

토:사³(吐瀉) 〔명〕 '상토하사(上吐下瀉)'의 준말. ¶~가 나다. **토:사-하다**² 〔동〕자여

토:사-곽란(吐瀉霍亂) [—광난] 〔명〕〔한〕 위로는 토하고 아래로는 설사하면서 배가 심하게 아픈 병.

토사구팽(兔死狗烹) 〔명〕 [토끼가 죽고 나면 사냥개는 주인에게 먹히게 된다는 뜻] 적국을 정복한 뒤에 전공(戰功)이 있었던 충신이 죽임을 당하게 됨을 비유한 말. 또는, 필요할 때는 소중히 여기다가 쓸모가 없어지면 버리는 것의 비유.

토산¹(土山) 〔명〕 돌이나 바위는 거의 없이 흙으로만 이루어진 산. =흙메. ↔암산(巖山).

토산²(土産) 〔명〕 '토산물'의 준말.

토산-물(土産物) 〔명〕 그 지방에서 특유하게 나는 물건. ↔토산.

토산-종(土産種) 〔명〕 그 지방에서 특유하게 나는 종자 또는 종류.

토산-품(土産品) 〔명〕 어느 한 지방에서 나는 특유의 물건. ¶~ 전시회.

토색¹(土色) 〔명〕 =흙빛1.

토색²(討索) 〔명〕 금품을 억지로 달라고 조르는 것. **토색-하다** 〔동〕타여

토색-질(討索—) [—찔] 〔명〕 금품을 억지로 달라고 조르는 짓. **토색질-하다** 〔동〕타여

토석(土石) 〔명〕 흙과 돌.

토석-류(土石流) [—석뉴] 〔명〕〔지〕 홍수로 인하여 산사태가 나서 흙과 돌이 섞여 흐르는 물. 또는 그런 흐름.

토선(土船) 〔명〕 흙을 실어 나르는 배. =흙배.

토:설(吐說) 〔명〕 숨겼던 사실을 비로소 밝혀 말하는 것. **토:설-하다** 〔동〕타여

토성¹(土性) 〔명〕 흙의 성분이나 성질.

토성²(土星) 〔명〕〔천〕 태양계의 여섯 번째 행성. 주위에 고리 같은 테가 있는 것으로 유명함. 공전 주기 29.4년이며, 많은 위성을 가짐. =진성(鎭星).

토성³(土城) 〔명〕 1 흙으로 쌓아 올린 성루(城壘). 2 개자리 뒤에 흙을 쌓아 화살을 막는 둑.

토속(土俗) 〔명〕 그 지방의 특유한 습관·풍속. ¶~ 신앙.

토속-어(土俗語) 〔명〕 어느 지방 특유의 정취가 담긴 말. ¶전라도 ~를 사용한 김영랑의 시 / 김유정은 풍부한 ~를 구사하여 향토색 짙은 소설을 썼다.

토속-적(土俗的) [—쩍] 〔관〕〔명〕 그 지방의 특유한 습관·풍속의 (것). ¶~인 음식 / ~ 공예품.

토슈즈(toeshoes) 〔명〕 발레에서, 여성 무용수가 토 댄스를 출 때 신는 신발.

토스(toss) 〔체〕 1 배구에서, 자기편 선수가 공격하기 좋게 공을 가볍게 띄우 주는 일. 2 야구에서, 가까이 있는 자기편 선수에게 공을 가볍게 아래로부터 던져 보내는 일. **토스-하다** 〔동〕타여

토스터(toaster) 〔명〕 전기를 이용하여 식빵을 굽는 기구.

토스트(toast) 〔명〕 식빵을 얇게 썰어 양쪽을 살짝 구워서 버터나 잼 같은 것을 바른 것.

토시 〔명〕 [<⤴套袖] 1 팔뚝에 끼워 추위나 더위를 막는 제구. 한끝은 좁고, 다른 한끝은 넓게 만들어진 것으로, 겨울용은 비단·무명·교직 등으로 만들며 여름용은 등나무·대나무 등으로 만듦. 2 일할 때 팔소매를 가뜬하게 하고 그것이 해지거나 더러워지지 않도록 하기 위해 소매 위에 덧끼는 물건.

토식(討食) 〔명〕 음식을 억지로 청하여 먹는 것. **토식-하다** 〔동〕타여

토신(土神) 〔명〕〔민〕 음양가(陰陽家)에서 말하는, 흙을 맡아 다스린다는 신.

토실-토실 〔명〕 살이 썩 보기 좋을 정도로 찐 모양. ⤴투실투실. **토실토실-하다** 〔형〕여 ¶토실토실한 우리 아기.

토:심(吐心) 〔명〕 남이 불쾌한 낯빛이나 말로 대할 때 느끼는 불쾌하고 아니꼬운 마음.

토:심-스럽다(吐心—) [—따] 〔형〕ㅂ〔<—스러우니, ~스러워〕 좋지 않은 태도로 주는 것을 받을 때 마음이 아니꼽고 불쾌하다. **토:심스레** 〔부〕

토-씨 〔명〕〔언〕 =조사(助詞)³. ⤴토.

토:악-질(吐—) [—찔] 〔명〕 1 먹은 것을 토해 내는 것. 또는, 그런 짓. 2 남의 재물을 부당하게 빼앗거나 받았다가 도로 내놓음을 비유하여 이르는 말. **토:악질-하다** 〔동〕타여

토양(土壤) 〔명〕 1 =흙. 2 식물에 영양을 공급하여 생장하게 할 수 있는 흙. ¶기름진 ~.

토양-오염(土壤汚染) 〔명〕 토양에 카드뮴·구리 등의 중금속과 폴리염화 비닐 등의 화학물질이 축적하여 사람과 동물의 건강 피해와 농작물의 생장 저해를 초래하는 일.

토어(土語) 〔명〕 1 그 고장에서 오랫동안 붙박여 사는 사람들이 쓰는 말. 2 〔언〕 =사투리.

토역(土役) 〔명〕 =토역일. **토역-하다** 〔동〕타여

토역-일(土役—) [—영닐] 〔명〕 =흙일. **토역일-하다** 〔동〕자여

토요(土曜) 〔명〕 (주로, 일부 명사 앞에 쓰여) '토요일'을 줄여 이르는 말.

토-요일(土曜日) 〔명〕 한 주일의 요일의 하나. 금요일의 다음, 일요일의 전에 옴. 우리나라에서는 오전만 업무나 공부하고 쉬는 날이라 하여 '반공일(半空日)'이라고도 함. ▷ 주말.

토욕(土浴) 〔명〕 닭이 흙을 파헤치고 들어앉아 버르적거리면서 흙을 뒤집어쓰는 것. **토욕-하다**

토욕-질(土浴—) [—찔] 〔명〕 토욕하는 짓. **토욕질-하다** 〔동〕자여

토우(土偶) 〔명〕 흙으로 사람이나 동물의 모양을 본떠 만든 것.

토월-회(土月會) [—회/—훼] 〔명〕〔연〕 1922년, 박승희(朴勝喜)를 중심으로 하던 동경 유학생들이 조직한 신극(新劇)의 극단 이름.

토:유(吐乳) 〔명〕 젖먹이가 먹은 젖을 토하는 일. **토:유-하다** 〔동〕자여

토:의(討議) [—의/—이] 〔명〕 어떤 문제에 대하여 가장 합리적인 해답을 이끌어 내기 위해 여러 사람이 각자의 의견을 제시하여 서로 검토하고 의논하는 것. ¶~ 학습 / 조별[분임] ~. **토:의-하다** 〔동〕타여 ¶신라에서는 화

백 회의를 통해 나라의 중요한 일을 **토의했다**. **토!의-되다** 동(자)

유의어 토의 / 토론

둘 다 문제 해결을 위해 여러 사람이 의견을 주고받는 것을 가리키나, '토의'가 문제 해결에 좀 더 무게를 두고 서로 협동하여 이야기를 이끄는 것을 뜻하는 반면, '토론(討論)'은 논제에 대한 찬성과 반대의 입장이 뚜렷이 갈린 상태에서 서로 자기 논리의 타당성과 상대 논리의 부당성을 이야기하는 것을 가리킴. 그러나 '토의'를 넓은 뜻으로 보면, '토론'은 '토의'의 일종이라 할 수 있음.

토익(TOEIC) 명 [Testing of English for International Communication] 국제 커뮤니케이션을 위한 영어 능력 테스트. 특히, 일상생활에서 영어로 의사소통을 하고자 하는 사람을 대상으로 한 시험임. ▷토플.

토인(土人) 명 1 대대로 그 땅에서 붙박이로 사는 사람. 2 문명이 미치지 않는 곳에 토착하여 사는 사람을 얕잡아 이르는 말. ¶아프리카 ~.

토장¹(土葬) 명 시체를 땅속에 파묻는 장례법. ▷수장(水葬)·화장(火葬). **토장-하다** 동(타)

토장²(土醬) 명 =된장.

토장-국(土醬-) [-꾹] 명 =된장국.

토적(土賊) 명 =토구(土寇).

토!정 (吐情) 명 마음속에 있는 사정을 솔직하게 말하는 것. **토!정-하다** 동(자)여

토정-비결(土亭祕訣) 명[책] 조선 명종 때, 토정(土亭) 이지함(李之菡)이 지은 일종의 도참서(圖讖書). 한 해의 신수를 풀어 보는 데에 씀.

토종(土種) 명 일정한 고장이나 나라에서 오랫동안 길러가거나 자생하여 온 동식물의 종자나 품종. ¶~ 벌. ▷재래종.

토종-꿀(土種-) 명 토종벌이 모은 꿀.

토종-닭(土種-) [-딱] 명 재래종이나 토산종(土産種)의 닭.

토죄(討罪) [-죄/-줴] 명 죄목을 들어 책망하여 꾸짖는 것. ¶와락 들어오며, 머슴놈을 때리며 발길로 걸어차며 무슨 ~를 하는데, 머슴이 눈 위에 가로 벋어서서 살려 달라고 빈다.《이인직:은세계》 **토죄-하다** 동(타)여

토!주¹(吐紬) 명 바탕이 두껍고 누르스름한 명주.

토주²(討酒) 명 술을 억지로 청하여 마시는 것. **토주-하다** 동(자)여

토지(土地) 명 1 경지나 주거지와 같이 사람이 생활과 활동에 이용하는 땅. 2 [법] 사람에 의한 이용이나 소유의 대상으로서 받아들여지는 경우의 육지. 3 [경] 생산 요소의 하나. 땅을 포함하여, 하천·대기·지하자원 등의 모든 자연 자원. ▷노동·자본.

토지^개^혁(土地改革) 명[사] 토지의 소유 형태에 관한 개혁.

토지/구^획^정!리(土地區劃整理) [-획정니/-획쩡니] 명[건] 도시 계획의 구역 안에서 공공시설의 개선 및 대지의 이용 가치를 높이기 위하여 건축 대지·도로·하천 등을 개량·폐지하는 등의 정리를 하는 일.

토지^대장(土地臺帳) 명[법] 토지의 소재지·지번(地番)·지목(地目)·지적(地積)·소유자의 주소와 성명 등 여러 가지 사항을 적어 시·군 등에 비치해 두는 장부. =지적 대장(地籍臺帳).

토지-세(土地稅) [-쎄] 명[법] 국가가 토지 소유자에게 토지의 면적·부류·특성에 따라 부과하는 세금.

토지^수용(土地收用) 명[법] 국가가 특정의 공공사업에 필요한 토지의 소유권을 법률로써 강제적으로 징수하는 행정 처분.

토질(土質) 명 1 흙의 물리적·화학적 성질. ¶~을 개량하다. 2 흙을 구성하는 물질.

토착(土着) 명 1 대대로 그 땅에서 살고 있는 것. 2 [생] 생물이 어떤 곳에 침입하여 거기에 정주하는 일. **토착-하다** 동(자)여

토착-민(土着民) [-창-] 명 대대로 그 지방에서 살고 있는 백성. =토민(土民). ▷본토박이.

토착-어(土着語) 명 =고유어(固有語).

토착-화(土着化) [-차콰] 명 (제도·풍습·사상 따위가) 뿌리를 내려 그곳의 성질에 맞게 동화되는 것. 또는, 그리하지 하는 것. ¶불교의 ~. **토착화-하다** 동(자)(타)여 **토착화-되다** 동(자)

토청(土靑) 명[미] 청화 자기에 쓰이는, 우리 나라에서만 나는 푸른 물감.

토치카(@tochka) 명[군] 진지의 중요한 부분을 콘크리트로 견고하게 구축하고, 안에 강력한 중화기를 갖춘 방어 진지. =특화점(特火點).

토카타(⑩toccata) 명[음] 화려하고 기교적인 연주를 필요로 하는, 피아노·오르간 등을 위하여 쓰여진 전주곡.

토코페롤(tocopherol) 명[화] =비타민 이.

토크(torque) 명[물] 회전하고 있는 물체의 회전축 둘레에 작용하는 힘의 모멘트.

토크^쇼(talk show) 명[방송] 텔레비전·라디오 등에서, 연예인이나 기타 유명인이 초대 손님으로 출연하여 진행자와 즐겁고 재미있는 이야기를 나누는 프로. ¶심야 ~.

토큰(token) 명 버스 요금이나 자동판매기 등에 사용하기 위하여 상인·회사 등에서 발행한 동전 모양의 주조물. 요즘은 거의 사용하지 않음. ¶버스 ~.

토키(talkie) 명 =유성 영화.

토^킥(toe kick) 명[체] 축구에서, 발끝으로 공을 차는 일.

토탄(土炭) 명[광] 햇수가 오래 되지 않아 완전히 탄화하지 못한 석탄의 일종. 발열량이 적으며 비료·연탄의 원료로 씀. =이탄(泥炭).

토털(total) 명 '총(總)', '모두'로 순화. ¶비용이 ~ 만 원이 들다.

토털-룩(total look) 명 주체(主體)가 되는 의복에 모자·구두·양말·액세서리 등을 포함시켜 일관성을 갖게 한 차림.

토테미즘(totemism) 명[사] 미개 사회에서, 특정한 동식물이나 자연물이 자기가 속한 부족이나 씨족과 특별한 관계가 있다고 믿고, 그 대상을 신성하게 여겨 숭배하는 태도나 신념 체계.

토템(totem) 명[사] 미개 사회에서, 부족 또는 씨족과 특별한 혈연관계가 있다고 믿어 신성시하는 동식물 또는 자연물. ¶~ 신앙. ~ 숭배.

토!파(吐破) 명 (마음속에 있는 생각을) 털어놓고 말하는 것. 비토로(吐露). ¶…이말 저말을 주섬주섬 꺼내 오다가 나의 며느리가 되어 줌이 어떻겠냐고 꽉 ~를 지었다.《김유정:산골 나그네》 **토!파-하다**¹ 동(타)여

¶들은 일이 없는 사실을 **토파하려** 한다는 것은 무식한 사람의 무식한 행동과 뜻이 같았다.《곽하신:첫날밤》 **토!파-되다¹** 图(자)

토파²(討破) 图 (남의 말을) 허점을 들어 꼼짝 못하게 공격하는 것. **토파-하다²** 图(타)여 **토파-되다²** 图(자)

토파즈(topaz) 图(광) =황옥(黃玉).

토퍼(topper) 图 짧고 조금 헐렁한 여자용 반코트.

토평(討平) 图 무력으로 쳐서 평정하는 것. **토평-하다** 图(타)여 **토평-되다** 图(자)

토포-사(討捕使) 图 각 진영(鎭營)의 도둑을 잡는 일을 맡은 벼슬. 처음에는 수령이 겸하다가 후에는 진영장(鎭營將)이 겸직함.

토품(土品) 图 논밭의 품질.

토플(TOEFL) 图 〔Testing of English as a Foreign Language〕 미국 등 영어를 공용어로 사용하고 있는 나라에 유학하려는 사람을 위한 영어 시험. 특히, 영어로 공부하려고 하는 사람들을 대상으로 한 시험임.

토플리스(topless) 图 여자가 사람들 앞에서 상반신, 특히 젖가슴을 드러내는 상태가 되는 것. 또는, 여자 수영복 따위가 젖가슴을 가리는 부분이 없는 상태인 것. ¶~ 바(bar) / ~ 수영복.

토픽(topic) 图 사람들의 흥미를 끄는 새로운 화제. 또는, 그 화제를 다룬 신문이나 방송의 기사. ¶해외 ~.

토핑(topping) 图 피자·케이크·과자 등의 위에 맛을 내거나 장식하기 위해 어떤 재료를 뿌리는 것. 또는, 그 재료. **토핑-하다** (타)여

토하(土蝦) 图[동] =생이.

토!-하다(吐~) 图(타)여 **1** (먹은 음식이나 식도·기도 등에서 올라오는 피나 숨 따위를) 목구멍을 통해 입 밖으로 쏟아 내거나 나오게 하다. (타)=게우다. ¶속이 메슥거려서 ~ / 폐결핵 환자가 피를 **토하고** 쓰러지다. **2** (어떤 물질을) 관을 이룬 물체의 끝에 있는 구멍으로 세차게 쏟아 내거나 내뿜다. 비유적인 말임. ¶불을 **토하는** 기관총 / 공장 굴뚝들이 시커먼 연기를 **토해** 내고 있다. **3** (어떤 말이나 태도를) 매우 열정적으로 또는 아주 거세게 이루어지게 하다. ¶사자후를 ~ / 열변을 ~ / 기염을 ~.

유의어	토하다 / 게우다
둘 다 먹은 것이 목구멍으로 넘어오는 것을 가리키나, '**토하다**'는 왈칵 입 밖으로 쏟아 내는 것을 가리키고, '**게우다**'는 약한 힘으로 먹은 것이 넘어와 입 안에 머금해지거나 입 밖으로 흘리는 것을 가리킨다. 또한, '**토하다**'는 먹은 것 말고도 피나 말을 입 밖으로 쏟아 내는 것도 가리킬 수 있음.	

토!혈(吐血) 图 위·식도 등의 질환으로 피를 토하는 일. =상혈(上血)·타혈(唾血). **토!혈-하다** 图(자)여

토호(土豪) 图 **1** 지방에서 양반을 떠세할 만큼 세력과 재산이 있는 사람. **2** 지방에 웅거하여 세력을 떨치는 호족(豪族).

토호-질(土豪~) 图 옛날에 지방의 양반이 세력을 믿고 무고한 백성에게 가혹한 행동을 일삼던 짓. **토호질-하다** 图(자)여

토후(土侯) 图(역) 영국의 보호 아래 토후국을 지배하던 세습제의 전제 군주.

토후-국(土侯國) 图 **1** (역) 영국 통치하의 인도에서, 영국의 직할지는 않고 보호국으로서 존속했던 나라. **2** 아시아, 특히 아랍 여러 나라에서 중앙 집권적 국가 행정으로부터 상대적으로 독립하여 부족의 수장(首長)이나 실력자가 지배하는 봉건적 국가.

톡 图 **1** 한 부분이 불거져 오른 모양. ¶~ 튀어나온 개구리의 눈. **2** 가볍게 치거나 건드리는 모양. 또는, 그 소리. ¶아기의 볼을 ~ 건드리다. **3** 갑자기 터지는 모양. 또는, 그 소리. ¶물집이 ~ 터지다. **4** 무엇에 갑자기 걸리는 모양. 또는, 그 소리. **5** 갑자기 튀는 모양. 또는, 그 소리. ¶밤송이가 ~ 튀다. **6** 가볍게 끊어지거나 부러지는 모양. 또는, 그 소리. ¶연필이 ~ 부러지다. **7** 야멸치게 쏘아붙이는 모양. ¶앙칼진 목소리로 ~ 쏘아붙이다. **8** 별안간 심한 자극이 있는 모양. ¶~ 쏘는 맛. 图툭.

톡소이드(toxoid) 图(의) 병원 세균이 만드는 독소를, 그 항원성을 지니게 한 채 포르말린으로 무독화(無毒化)한 것. 디프테리아·파상풍의 예방 백신에 쓰임.

톡탁 图 '똑딱'의 거센말. 图툭탁. **톡탁-하다**

톡탁-거리다/-대다[~꺼(때)~] 图(자)(타) **1** '똑딱거리다'의 거센말. **2** 서로 티격태격 싸우다. 图툭탁거리다.

톡탁-톡탁 图 **1** '똑딱똑딱'의 거센말. **2** 서로 톡탁거리는 모양. 图툭탁툭탁. **톡탁톡탁-하다** 图(자)(타)여

톡-톡 图 **1** 여기저기 쏙쏙 불거져 나온 모양. **2** 살짝살짝 치는 모양. 또는, 그 소리. ¶먼지를 ~ 털다. **3** 여러 번 터지거나 부러지는 모양. 또는, 그 소리. ¶석류알이 ~ 터지다. **4** 무엇이 자주 걸리는 모양. 또는, 그 소리. **5** 여러 번 튀는 모양. 또는, 그 소리. **6** 말을 야멸치게 쏘아붙이는 모양. ¶앙칼진 목소리로 ~ 쏘아붙이다. 图툭툭.

톡톡-하다[~토카~] 图여 **1** 국물이 바특하여 묽지 않다. **2** 피륙이 고르고 단단한 올로 짜서 바탕이 도톰하다. **3** (재산이나 살림살이가) 실속 있게 넉넉하다. ¶"그렇게 나와 보면 어쩔 테요?" "야, 이 친구가 밥줄이 제법 **톡톡한** 모양이로군!" 그는 비쭉 냉소를 쳤다.《김정한:사하촌》 **4** (비판이나 망신이나 꾸중 따위의 정도가) 심하고 단단하다. 图툭툭하다. **톡톡-히** 图 ¶~ 재미를 보다 / 꾸지람을 ~ 듣다.

톤¹(ton) 图 질량의 단위. 미터법에서, 1톤은 1000kg. 기호는 t. ▷영국톤·미국톤. **2** 선박의 크기를 표시하는 단위. 총톤·순톤·배수톤·적화 중량톤 등으로 나타냄. 음역어는 돈(噸).

톤²(tone) 图 **1** 목소리의 크기나 높이. ¶그의 연설은 농촌 문제에서 한층 ~을 높였다. **2** (음) 일정한 높이의 악음(樂音). **3** (미) 색채의 명암이나 농담(濃淡). 또는, 그것이 주는 분위기나 느낌. ¶어두운 ~의 색깔 / 밝은 ~의 사진.

톤-수(ton數) 图 화물의 중량이나 배의 용적 등을 톤의 단위로 나타낸 것.

톨 图(의존) 밤이나 도토리 등의 낱낱의 알을 세는 단위. ¶밤 두 ~.

톨게이트(tollgate) 图 고속도로나 유료 도로에서, 통행료를 받는 곳. ¶고속도로의 ~를 통과하다.

톨로이데(⑤Tholoide) 图(지) =종상 화산(鐘狀火山).

톨루엔(toluene) [명][화] 방향족 탄화수소의 하나. 벤젠의 수소 하나를 메틸기로 치환한 무색의 휘발성 액체. 합성 섬유·물감·폭약·의약품·향료 등의 원료로 쓰임.

톰방 [부] 작고도 좁은 물건이 깊은 물에 떨어질 때 나는 소리. 또는, 그 모양. [큰]툼벙. **톰방-하다** [동](자)(타)(여)

톰방-거리다/-대다 [동](자)(타) 연이어 톰방 소리가 나다. 또는, 톰방 소리를 내다. [큰]툼벙거리다.

톰방-톰방 [부] 톰방거리는 소리. [큰]툼벙툼벙. **톰방톰방-하다** [동](자)(타)(여)

톰톰(tom-tom) [명][음] 아프리카의 민속 악기에서 발달하여 재즈의 드럼으로 쓰는 타악기.

톱[1] [명] 나무나 쇠붙이를 자르거나 켜는 데 쓰는 연장. 강철로 된 얇은 톱양에 날카로운 이가 여럿 있음. 세는 단위는 자루. ¶쇠~ / 실~ / ~으로 박을 켜다 / 나무토막을 ~으로 자르다.

톱[2](top) [명] **1** 순서의 맨 처음. 또는, 정상이나 선두. ¶시험에서 ~으로 합격하다 / 섬유 산업에서 ~을 달리는 기업. **2** 신문의 지면에서, 가장 눈에 잘 띄는 최상단에 해당하는 곳. ¶기사를 1면 ~으로 다루다.

톱-기사(top記事) [명] =머리기사. ¶장관의 독직(瀆職) 사건을 오늘의 ~로 다루다.

톱-날[톰-] [명] 톱니의 날이 선 부분. ¶~이 무디다 / 줄로 밀어서 ~을 세우다.

톱-뉴스(top news) [명] 가장 주목할 만한 중대한 뉴스. ¶오늘 조간의 ~는 집중 호우에 의한 수해 상황이었다.

톱-니[톰-] [명] **1** 톱의 날을 이룬 뾰족뾰족한 이. **2** [식] 잎의 가장자리가 톱날과 같이 된 부분. =거치(鋸齒).

톱니-바퀴[톰-] [명] 둘레에 톱니가 박혀 있는 바퀴. 이와 이가 서로 맞물려 돌아감으로써 동력을 전달함. =기어·아륜·치륜·치차(齒車).

톱-랭커(top ranker) [명] '수위 선수', '정상급 선수'로 순화. ¶세계 ~들이 대거 출전하는 대회.

톱^매니지먼트(top management) [명][경] **1** (사장·중역 등) 기업체의 최고 경영진. **2** 과학적 경영 관리 방식의 하나. 기업의 최고 간부의 지휘·통제를 강력히 함으로써 각 담당자의 책임과 권한을 명확히 하여 능률을 높이자는 경영 관리 방식.

톱-밥[-빱] [명] 톱으로 켜거나 자를 때 나무 같은 것에서 쓸려 나오는 가루. =목설(木屑).

톱-상어[-쌍-] [명][동] 톱상엇과의 바닷물고기. 몸길이 1.5m가량. 몸은 가늘고 긴데, 긴 주둥이 양쪽에 톱니 모양의 이가 줄지어 있음. 개펄 속에 사는 작은 동물을 주둥이로 파내어 먹음.

톱-스타(†top star) [명] 인기 최고의 배우·가수 등의 예능인.

톱-질[-찔] [명] 톱으로 나무나 그 밖의 물건을 자르거나 켜거나 오리는 짓. **톱질-하다** [동](타)(여)

톱-칼 [명] =거도(鋸刀).

톱-클래스(top class) [명] '최상급', '정상급'으로 순화.

톱-타자(top打者) [명][체] 야구에서, 1번 타자.

톱톱-하다[-토파-] [형](여) (국물이) 묽지 않고 바특하다. [큰]툽툽하다.

톳[1][톧] [명][식] 갈조류 모자반과의 해조(海藻). 몸은 섬유상의 뿌리에 의해 지탱되며, 잎은 다육질(多肉質)임. 바닷가 바윗돌에 붙어 큰 군락을 이루며, 잎은 식용함. =녹미채.

톳[2][톧] [명] [1](자립) 김 100장을 한 묶음으로 묶은 덩이. [2](의존) 김의 묶음을 세는 말. ¶김 세 ~.

통[1] [명] 노름할 때에 석 장을 뽑아서 끗수가 열 또는 스물이 되는 수효. =망통.

통[2] [명] **1** 바짓가랑이나 소매 등의 속의 넓이. ¶~이 좁은 바지. **2** 허리·다리 따위의 굵기나 둘레. ¶다리~이 굵다. **3** 사람의 도량이나 씀씀이. ¶~이 큰 사람.

통[3] [명] [1](자립) 속이 차게 자란 배추·박 같은 것의 몸피. ¶~이 실한 배추. [2](의존) 속이 차게 자란 배추·박 들을 세는 말. ¶수박 한 ~.

통[4] [명] [1](자립) 광목·옥양목 등을 셀 때, '필(疋)'과 같은 뜻으로 쓰는 말. ¶광목을 ~으로 끊다. [2](의존) 광목·옥양목 등을 일정한 크기로 끊어 놓은 것을 세는 단위. ¶옥양목 두 ~.

통[5] [명] **1** 뜻이 맞아 하나로 묶여진 무리. **2** 한 구역을 이루는 공간의 일정한 범위.

통[6] [명](의존) 《명사 뒤에 놓이거나 동사의 어미 '-는' 다음에 '통에'의 꼴로 쓰여》 좋지 않거나 바람직하지 않은 일이나 현상이 거세거나 어수선하게 일어나고 있는 상태임을 나타내는 말. ¶북새~ / 난리 ~에 가족과 헤어졌다. / 애들이 떠드는 ~에 공부를 못하겠다.

통[7] [부] 《'않다', '못하다', '없다', '모르다' 등의 앞에 쓰여》 부정적인 일이나 현상이 심한 상태에 있음을 나타내는 말. [비]전혀·도무지. ¶그런 사실은 ~ 모르고 있었다. / 무슨 소린지 ~ 알 수가 없다.

통[8] [부] 속이 텅 빈 나무통이나 작은북 같은 것을 칠 때 나는 소리. [큰]퉁.

통-[9] [접두] 일부 명사나 동사에 붙어서, **1** 통째의 뜻. ¶~나무 / ~닭 / ~마늘. **2** 온통 또는 평균의 뜻. ¶~거리 / ~밀다.

통[10](桶) [명] [1](자립) 어떤 물질을 담을 수 있도록 나무·금속·플라스틱 등으로 깊이가 있게 만든 물건. ¶물~ / 술~ / 기름~ / 쓰레기~. [2](의존) 액체나 가루 등의 분량을 그것이 담긴 통의 수로 헤아리는 말. ¶막걸리 한 ~ / 석유 두 ~.

통[11](筒) [명] 둥글고 긴 동강으로서 속이 빈 물건.

통![12](統) [명] [1](자립) **1** [역] 조선 시대에, 민호(民戶) 편제(編制)의 한 단위. 다섯 집을 한 통, 다섯 통을 한 리(里)로 함. **2** 시(市) 행정의 말단 조직의 하나. 동(洞)의 아래, 반(班)의 위임. **3** [지] 지질 시대 구분 단위의 하나인 세(世)에 형성된 지층. [2](의존) [1]의 1·2를 세는 단위.

통[13](通) [명](의존) 편지·문서·증서 등을 셀 때 쓰는 말. ¶호적 등본 한 ~ / 편지 두 ~.

-통[14](通) [접미] 어떤 명사 아래에 붙어서, 그 방면에 정통함을 나타내는 말. ¶소식~ / 미국~.

-통[15](通) [접미] 전날에, '거리'의 뜻으로 이르던 말. ¶종로~ / 우리는 광화문~에서 전차를 타고 진고개를 거쳐 남산 공원에 올라갔었다.《현진건:희생화》

통가(Tonga) [명][지] 남태평양 사모아 제도

ㅌ

남쪽, 피지 제도 동남쪽에 있는 입헌 군주국. 수도는 누쿠알로파.

통-가죽 [명] 조각으로 잇지 않은, 통짜로 벗겨 낸 짐승의 가죽.

통ː각(痛覺) [명] 피부 및 신체 내부에 아픔을 느끼는 감각.

통ː감¹(痛感) [명] (어떤 느낌이나 감정을) 고통스러울 만큼 강하게 느끼는 것. [비]절감. **통ː감-하다**¹ [동][타][여] ¶책임을 ~ / 약소국의 설움을 ~.

통ː감²(統監) [명] 정치나 군사를 통할하여 감독하는 것. 또는, 그 사람. **통ː감-하다**² [동][타][여]

통ː감-부(統監府) [명][일제] 조선 고종 광무 9년(1905) 을사조약의 체결 후 국권 침탈 때까지 일제가 한국 침략을 목적으로 서울에 둔 관청.

통-감자 [명] 쪼개지 않은, 통째 그대로의 감자.

통-거리 ➜통거리로.

통거리-로 [부] 어떤 사물의 전부. [비]모두.

통-것[-껃] [명] 통으로 된 것. 또는, 통째 그대로의 것.

통겨-주다 [동][타] (남이 모르는 것이나 비밀을) 몰래 알려 주다.

통겨-지다 [동][자] '퉁겨지다'의 작은말.

통ː견(洞見) [명] (앞일을) 환히 내다보는 것. 또는, 속까지 꿰뚫어 보는 것. **통ː견-하다** [동][타][여]

통경(通經) [명] **1** 여자가 처음으로 월경이 시작되는 것. **2** 월경이 잘 나오도록 하는 것. **통경-하다** [동][자][여]

통ː계(統計)[-계/-게] [명] 어떤 자료나 정보를 분석·정리하여 그 내용을 특징짓는 횟수·빈도·비율 등의 수치를 산출해 내는 일. 또는, 그 산출된 수치. ¶~ 숫자 / ~ 자료 / 인구 동태에 대한 ~를 내다.

통ː계-적(統計的)[-계-/-게-] [관][명] 통계에 따른 (것).

통ː계^조사(統計調查)[-계-/-게-] [명] 집단의 여러 성질을 수량적으로 밝히기 위한 조사.

통ː계-청(統計廳)[-계-/-게-] [명] 통계 업무의 전반적인 계획, 통계 기준의 설정 및 종합·조정과 각종 통계 자료의 처리에 관한 사무를 관장하는 중앙 행정 기관. 재정 경제부 장관 소속하에 둠.

통ː계-표(統計表)[-계-/-게-] [명] 여러 가지 일이나 물건의 종별(種別)·대소(大小)·다과(多寡)를 비교하거나 시간적으로 일어나는 숫자적 변동을 비교해 볼 수 있도록 나타낸 표.

통ː계-학(統計學)[-계-/-게-] [명] 수학의 한 부문으로, 사회 현상을 통계에 의하여 관찰·연구하는 학문.

통고(通告) [명] (어떤 사실을) 서면이나 말로 알리는 것. ¶~문 / ~서(書). **통고-하다** [동][타][여] ¶불참을 사전(事前)에 ~.

통고-장(通告狀)[-짱] [명] 소식을 전하여 알리는 서장(書狀).

통-고추 [명] 썰거나 가루를 내지 않은, 통째 그대로의 고추.

통ː곡(痛哭·慟哭) [명] 소리를 아주 크게 내어 슬피 우는 것. ¶대성~. **통ː곡-하다** [동][자][여] ¶어머니는 아들의 시체를 끌어안고 **통곡하였다.**

통과(通過) [명] **1** (사람이나 탈것 등이 어느 곳을) 통하여 지나가거나 오는 것. **2** (길이나 노선 등이 어느 지점을) 거쳐서 지나는 것. [비]경유. **3** (사람이나 서류·안·물건 등이 시험·검사·심사 등을[에]) 알맞거나 좋다는 판정을 받아 합격하거나 승인되는 것. 또는, (검사하거나 심사하는 기관을) 거침으로써 합격되거나 승인되는 것. **통과-하다** [동][자][타][여] ¶국경을 ~ / 시험에[을] ~ / 세관을 ~ / 장애물을 무난히 ~ / 어려운 대학 관문을 ~ / 새 법률안이 국회 상임 위원회를 ~ / 경부선은 대전을 **통과한다. 통과-되다** [동][자] ¶논문이 심사에 ~.

통과^무ː역(通過貿易) [명][경] =중계 무역(中繼貿易).

통과-세(通過稅)[-쎄] [명][법] 통과 화물에 대해 부과하는 조세. 현재는 폐지되었음.

통과^의례(通過儀禮) [명][사] 사람이 태어나서부터 죽을 때까지 반드시 거치게 되는, 탄생·성년·결혼·사망 등에 수반되는 의례. =통과 제의.

통관¹(通關) [명][법] 관세법의 규정에 따라, 화물 수출입의 허가를 받고 세관을 통과하는 일. ¶~ 절차 / ~세(稅). **통관-하다**¹ [동][자][타][여]

통관²(通觀) [명] 전체를 통하여 내다보는 것. 또는, 전체에 걸쳐서 한 번 쭉 훑어보는 것. **통관-하다**² [동][타][여] ¶한국의 근대사를 **통관하자면** 우리 겨레는 고난(苦難)이 자극제가 되어 발전해 왔다고 하겠다.

통ː괄(統括) [명] (낱낱의 일을) 한데 몰아서 잡음. **통ː괄-하다** [동][타][여] **통ː괄-되다** [동][자]

통교(通交) [명] 국가 또는 개인이 서로 우호적인 관계를 맺는 것. **통교-하다** [동][자][여]

통구(通衢) [명] 사방으로 통하여 사람의 왕래가 많은 거리. ¶우치 이리한 뒤에 한 장 방을 써서 ~에 붙였으되 그 글에 하였으되….《전우치전》

통-구이 [명] 돼지나 닭 등을 통째로 불에 굽는 일. 또는, 그렇게 구운 것.

통권(通卷) [명] 잡지나 잡지 형식의 책에서, 발행 횟수를 나타내는 뜻으로 매호에 순차적으로 매겨 나가는 일련번호. [비]지령. ¶~ 제100호.

통근(通勤) [명] (어떤 교통수단으로, 또는 걸어서) 직장에 출퇴근하는 것. ¶~자(者) / ~ 열차 / ~ 버스. **통근-하다** [동][자][여] ¶버스로 ~.

통근-차(通勤車) [명] 통근하는 사람의 편의를 위해 운행되는 자동차나 기차.

통-금¹[-끔] [명] **1** 이것저것 한데 몰아친 값. **2** 물건을 통거리로 파는 값.

통금²(通禁) [명] '통행금지'의 준말.

통기¹(通氣) [명] =통풍(通風)¹. **통기-하다**¹ [동][자][여]

통기²(通寄·通奇) [명] =통지(通知). **통기-하다**² [동][타][여] ¶원님을 보러 왔으니 서울 손님이 왔다고 **통기하여** 주게.《홍명희: 임꺽정》

통기-구(通氣口) [명] 공기가 드나들 수 있게 만든 곳.

통기다 [동][타] '퉁기다'의 작은말.

통-기둥 [명][건] 한 재목으로 이음매 없이 된 높은 기둥.

통기-성(通氣性)[-썽] [명] 공기가 통할 수 있는 성질이나 정도. ¶~이 좋은 옷감.

통-기타(筒guitar) [명] 울림통이 있는 보통 기타의 속칭. ¶~ 가수.

통-김치 [명] 통째로 담근 배추김치.

통-깨 몡 볶아서 빻지 않은 통째로의 깨.
통-꼭지(桶-) [-찌] 몡 통의 바깥쪽에 달린 손잡이. =통젖.
통-꽃[-꼳] 몡[식] 진달래나 도라지의 꽃처럼 꽃잎이 서로 붙어서 한 개의 꽃잎을 이루는 꽃. =합판화(合瓣花). ↔갈래꽃.
통-나무 몡 커거나 짜개지 않은 통째의 나무. ↔각재(角材).
통나무-집 몡 통나무로 지은 집.
통-내외(通內外) [-외/-웨] 몡 두 집 사이의 남녀가 내외 없이 지내는 것. ¶… 누이뻘 되는 소녀가 있었다. 실상 촌수를 따져 가며 ~까지 할 철책도 아니지만….《윤오영:소녀》 **통내외-하다** 图재예.
통념(通念) 몡 일반 사회에 널리 통하거나 받아들여지고 있는 생각이나 관념. ¶사회적 ~을 깨다[뒤집다] / 두 사람의 사랑은 사회 ~으로 볼 때에는 불륜에 지나지 않는다.
통달(通達) 몡 **1** (일정 부문의 일에) 막힘이 없이 환히 통하는 것. 또는, 사물의 이치에 깊이 통하는 것. **2** 고(告)하여 알리는 것. 圓 통지. **통달-하다** 图재예. ¶농촌 경제 문제에 ~.
통-닭[-닥] 몡 털을 뽑고 내장만 뺀 채 몸뚱이를 통거리로 익힌 닭고기.
통닭-구이[-닥꾸-] 몡 구운 통닭. 흔히, 전기 구이를 이름.
통-대 몡 속이 비어 있는 길쭉한 대.
통독(通讀) 몡 (책이나 글을) 세부적인 것보다 전체적인 내용이나 흐름에 주목하면서 처음부터 끝까지 속도감 있게 내리읽는 것. ▷정독. **통독-하다** 图태예 ¶삼국지를 ~.
통-돼지 몡 자르거나 각을 뜨지 않은 통째로의 돼지고기.
통람(通覽) [-남] 몡 (글·책 등을) 처음부터 끝까지 모두 보는 것. **통람-하다** 图태예.
통래(通來) [-내] 몡 =왕래(往來)1. **통래-하다** 图재예.
통렬(痛烈) [-녈] →**통ː렬-하다**[-녈-] 휑예 (비판·어조·논조 따위가) 매섭고 호되다. ¶**통렬한** 공격 / **통렬한** 풍자. **통ː렬-히** 冂 ¶~ 반박하다.
통례(通例) [-녜] 몡 일반적으로 통하여 쓰는 전례. 🔄상례(常例). ¶그 회사는 가을에 한 번 야유회를 가는 것이 ~로 되어 있다.
통로(通路) [-노] 몡 **1** 사람·동물·차 등이 다닐 때 거처로 하는 좁은 길이나 길과 같은 기능을 가진 좁은 공간. =통도. ¶~가 좁다 / ~가 막히다 / 관람석 사이의 ~. **2** 어떤 일이나 의사소통 등이 이뤄지기 위해 거쳐야 하는 중간 과정. ¶신분 상승의 ~를 찾다 / 두 사람 사이에 이해의 ~가 트이다.
통론(通論) [-논] 몡 **1** 사리에 통달한 이론. **2** 어떤 분야의 전반에 걸쳐 논하는 것. ¶음악 ~.
통리(通理) [-니] 몡 **1** 사리에 밝은 것. **2** 사물의 이치에 통달하는 것. **3** 일반에 공통되는 도리. =투리(透理). **통리-하다** 图재예.
통ː리기무-아문(統理機務衙門) [-니-] [역] 고종 17년(1880)에 청나라의 제도를 본떠 베풀어서 군국기무(軍國機務)를 총괄하던 관아.
통ː리내무-아문(統理內務衙門) [-니-] [역] 고종 19년(1882)에 '통리기무아문'을 폐하고 설치한 관아. 내무를 총할하였음. 📖 내무문.
통ː리-아문(統理衙門) [-니-] 몡[역] 고종 19년(1882)에 '통리기무아문'을 폐하고 설치한 관아. 외교 사무를 맡아보았음. =외아문(外衙門).

통-마늘 몡 쪼개지 않은 통째로의 마늘.
통-마루 몡[건] 툇마루를 제외한, 안방과 건넌방 사이에 놓인 마루.
통-만두(桶饅頭) 몡 껍질을 얇게 빚어서 속에 고기·야채 등을 넣은 뒤 동글납작한 작은 찜통에 찐 만두.
통ː매(痛罵) 몡 몹시 꾸짖는 것. 또는, 그 꾸지람. **통ː매-하다** 图예 ¶그런 때마다 그는 행정 당국의 무능을 **통매하면서** 〈DDT 정책〉이라는 말을 내세우곤 했다.《손창섭: 잉여 인간》
통명(通名) 몡 일반에 알려져서 통하는 이름.
통모(通謀) 몡 **1** 남이 모르게 서로 통하여 공모하는 것. **2** [법] 상대방과 사전에 공모하여 의사 표시를 하는 일. **통모-하다** 图재예.
통-모자(-帽子) 몡 운두와 위 뚜껑을 따로 만들어 붙이지 않고 애초에 한살로 만든, 갓 모자의 한 가지.
통-무 몡 자르지 않은 통째로의 무.
통문(通文) 몡[역] 조선 시대에, 민간단체나 개인이 다른 단체나 개인 등에게 공동의 관심사를 통지하던 문서. 서원·향교·유생·문중 등이 대체로 연명으로 작성하여 보냈으며, 그 내용은 통지·문의·선동·권유 등 다양함. ¶사발(沙鉢) ~.
통-밀어 冂 이것저것 가릴 것 없이 전부 평균으로 쳐서. ¶물건 값을 ~ 만 원씩 받다. 🔄밀어.
통-바지 몡 통이 넓은 바지.
통ː박(痛駁) 몡 통렬하게 공박하는 것. **통ː박-하다** 图태예 ¶사교(邪敎)를 ~. **통ː박-되다** 图재.
통ː-반장(統班長) 몡 통장과 반장을 아울러 이르는 말.
통-발(筒-) 몡 가는 댓조각이나 싸리를 엮어서 통같이 만든 고기잡이 도구의 하나. 아가리에 작은 발을 달아 놓아, 한 번 들어간 고기는 거슬러 나오지 못하게 되어 있음.
통방(通房) 몡 교도소·유치장에서, 이웃한 감방의 수감자끼리 암호로 통하는 일. **통방-하다** 图재예.
통-배추 몡 자르거나 썰지 않은 통째로의 배추.
통법(通法) [-뻡] 몡 일반에 공통되는 법칙. 🔄통칙(通則).
통보(通報) 몡 (어떤 소식이나 사실을 사람에게, 또는 기관 등에) 통지하여 보고하는 것. 또는, 그 보고. ¶기상(氣象) ~. **통보-하다** 图태예 ¶사고 소식을 상부에 ~. **통보-되다** 图재.
통-보리 몡 타거나 누르지 않은 통째로의 보리쌀.
통부¹(通訃) 몡 =부고(訃告)². ¶편지 사연을 김 씨가 죽었다는 ~라.《이인직: 은세계》 **통부-하다** 图태예.
통부²(通符) 몡[역] 의금부·병조·형조·한성부의 입직관(入直官)이나 포도청의 종사관(從事官)과 군관(軍官)이 범인을 체포하는 증표로 몸에 차는 부찰(符札).
통분¹(通分) 몡[수] 분모가 다른 분수나 분수식의 분모를 같게 만드는 일. **통ː분-하다**¹ 图태예 ¶분모를 ~. **통분-되다** 图재.
통ː분²(痛憤·痛忿) →**통ː분-하다**² 휑예 원통하고 분하다. **통ː분-히** 冂

통빡 〖명〗〈속〉어림짐작으로 하는 것. 또는, 머리를 굴리는 것. 주로, 청소년들 사이에 유행하는 시쳇말임. ¶~을 굴리다 / ~으로 알아맞히다.

통-뼈 〖명〗 1 두 가닥의 뼈로 이루어져 있지 않고 붙어서 한 가닥처럼 되어 있는 아래팔뼈를 이르는 말. 2 힘이 센 사람을 속되게 이르는 말.

통사¹(通史) 〖명〗역사 기술법의 한 양식. 전 시대와 전 지역에 걸쳐 통관한 종합적인 역사. ¶한국 ~.

통사²(統辭) 〖명〗〖언〗문장에서, 각 성분 간의 관계나 짜임새. ¶~ 구조.

통사-론(統辭論) 〖명〗〖언〗문장을 대상으로 하여, 그 문장을 구성하고 있는 구문(構文) 요소를 분석 기술함으로써, 각 문장 성분이 어떤 규칙 아래 구성되어 있는가를 연구하는 분야. =구문론(構文論)·문장론.

통사-적(統辭的) 〖관형〗통사에 관계된 (것). ¶문법 요소의 ~ 기능.

통-사정(通事情) 〖명〗 1 딱하고 안타까운 형편을 털어놓으면서 애써 사정하는 것. 2 남의 사정을 잘 알아주는 것. ¶없는 사람끼리면 ~은 더 있어야 옳을 일인데 길진이 내외를 말보기는 발샅같이 안다. 《염상섭: 조그만 일》 ㉱통정. **통사정-하다** 〖동〗〖타〗여〗 ¶도와 달라고〔도와줄 것을〕~.

통산(通算) 〖명〗일정 기간에 걸친 수효나 수치 등을) 통틀어 계산하는 것. =통계. ¶~ 전적 20승 1패 / ~ 100호 홈런. **통산-하다** 〖동〗〖타〗여〗

통상¹(通常) I 〖명〗특별하지 않고 예사임. ㉮보통. ¶~의 값. II 〖부〗보통으로, 보통의 경우로. ¶~ 아침 5시에 기상한다.

통상²(通商) 〖명〗외국과 서로 물품을 사고팔고 하는 것. **통상-하다** 〖동〗〖자〗여〗

통상-복(通常服) 〖명〗=평상복.

통-석(痛惜) →**통!석-하다**[-서카-] 〖형〗여〗몹시 애석하고 아깝다.

통설(通說) 〖명〗 1 세상에 널리 알려지고 일반적으로 인정되어 있는 학설. 1학계의 ~을 깨다. 2 매우 능통한 논설. 3 전반에 걸쳐 해석하는 것. 또는, 그 해석. **통설-하다** 〖동〗〖타〗여〗

통성¹(通性) 〖명〗'통유성(通有性)'의 준말.

통성²(通姓) 〖명〗'통성명(通姓名)'의 준말. **통성-하다** 〖동〗〖자〗여〗

통성³(痛聲) 〖명〗병으로 앓는 소리.

통-성명(通姓名) 〖명〗(아직 누군지 잘 모르는 사람과) 인사하고 지내자는 뜻에서 서로 자신의 성명을 밝히는 것. ¶이것도 인연인데 우리 ~이나 하고 지냅시다. 나 「강동호」요. ㉱통성. **통성명-하다** 〖동〗〖자〗여〗

통소(洞簫) 〖명〗〖음〗'퉁소'의 잘못.

통-속[-쏙] 〖명〗 1 비밀한 동아리. 2 비밀리에 서로 통하는 뜻. ¶무슨 ~인지 모르겠다.

통속²(通俗) 〖명〗 1 (주로 복합어의 꼴로 쓰여) 어떤 대상이 일반 대중의 취향을 좇거나 그들의 수준에 맞추어 속되고 천박하게 되거나, 고도의 전문성·예술성을 갖추지 않은 상태. ¶~ 음악. 2 세상에 널리 통하는 일반적인 풍속.

통속-극(通俗劇) [-끅] 〖명〗통속적인 내용의 연극.

통속^문학(通俗文學) [-송-] 〖명〗〖문〗문학적 교양이 비교적 낮은 독자를 상대로, 예술성보다는 흥미를 본위로 한 문학. ↔순수 문학.

통속-성(通俗性) [-씽] 〖명〗통속적인 성질.

통속^소설(通俗小說) [-쏘-] 〖명〗〖문〗흥미 본위의 통속적인 소재를 다루고, 주제나 성격 묘사보다는 사건의 전개를 중요시하는 일종의 대중 소설.

통속-적(通俗的) [-쩍] 〖관형〗(어떤 대상이) 대중의 취향을 좇거나 그 수준에 따름으로써 속되고 천박하거나, 전문성·예술성을 갖추지 않은 상태에 있는 (것). ¶~인 출판물 / ~인 잡지.

통-솔¹ 〖명〗두 겹을 겹쳐 먼저 겉쪽에서 얕게 박은 다음 뒤집어 안쪽에서 다시 박는 바느질 방법.

통솔²(統率) 〖명〗(윗사람이나 책임자가 조직체의 구성원을) 거느려 이끄는 것. =통수(統帥). **통솔-하다** 〖동〗〖타〗여〗 ¶군대를 ~. **통솔-되다** 〖동〗〖자〗

통솔-력(統率力) 〖명〗어떤 무리를 통솔하는 힘. ¶~이 부족하다.

통수(統帥) 〖명〗 1 =통솔(統率)². 2 부하를 통솔하는 장수. **통수-하다** 〖동〗〖타〗여〗

통수-권(統帥權) [-꿘] 〖명〗〖법〗한 나라 전체의 병력을 지휘·통솔하는 권한.

통-술(桶-) 〖명〗통에다 넣어 빚은 술. 또는, 한 통 되는 술.

통시-적(通時的) 〖명〗대상을 파악할 때 시대의 흐름과 변천을 고려하는 입장에 있는 (것). ¶~ 연구 / ~ 음운 변화. ↔공시적.

통신(通信) 〖명〗 1 소식을 전하는 것. 또는, 그 소식. 2 우편·전신·전화 따위로 정보나 의사를 전달하는 일. 3 신문·잡지에 실을 기사의 자료를 보내는 일. **통신-하다** 〖동〗〖자〗여〗

통신의 자유(自由) 〖구〗헌법에 의하여 통신의 비밀이 보장되는 자유.

통신^교육(通信敎育) 〖교〗통학이 곤란한 자를 대상으로, 우편 또는 라디오·텔레비전 등의 통신 수단을 이용하여 실시하는 교육 활동.

통신^기기(通信機器) 〖명〗전화기·무선 전화기 및 그 밖의 통신에 관한 일을 처리하는 장치 또는 기계.

통신-망(通信網) 〖명〗통신사·신문사 등에서, 여러 곳에 통신원을 파견하여 본사와 연락하도록 짜 놓은 연락 체계.

통신-문(通信文) 〖명〗통신하는 문장. 또는, 그 문체(文體).

통신-병(通信兵) 〖명〗〖군〗통신 임무를 맡아보는 사병(士兵).

통신-사¹(通信士) 〖명〗통신 기관 및 선박·항공기 등에서 통신에 관한 일을 맡아보는 기술 요원.

통신-사²(通信社) 〖명〗신문사·잡지사·방송 사업체 따위에 뉴스를 제공하는 기관. 영국의 로이터(Reuter), 미국의 AP 및 UPI 따위.

통신-사³(通信使) 〖명〗〖역〗조선 시대에 우리나라에서 일본으로 보내던 사신. 뒤에 수신사(修信使)로 개칭됨.

통신-소(通信所) 〖명〗통신기를 이용하여 여러 가지 정보를 전달하는 설비.

통신-원(通信員) 〖명〗신문사·방송국 등에서 각 지방이나 외국에 파견되어, 그곳의 뉴스를 취재하여 본사에 통신하는 사람. ¶해외 특파 ~.

통신^위성(通信衛星) 〖명〗〖통〗대륙 간 등 원거리 사이의 전파 통신의 중계에 쓰이는 인공위성.

통신^판매(通信販賣)[명][경] 먼 곳에 있는 소비자로부터 우편 등 통신으로 주문을 받아, 상품을 소포·택배 등으로 보내어 판매하는 소매 방법. 준통판.

통!심(痛心)[명] 몹시 마음이 상하거나 상하게 하는 것. 또는, 그 아픈 마음. **통!심-하다**[자여]

통-심정(通心情)[명] 서로 마음을 주고받음. =통인정(通人情). 준통정. **통심정-하다**[자여]

통!양(痛癢)[명] 1 아픔과 가려움. 2 자신에게 직접 미치는 이해관계의 비유.

통어(通語)[명] 1 =통역(通譯). 2 외국 사람과 서로 말이 통하는 것. **통어-하다**¹[동][자][타여]

통!어²(統御)[명] (어떤 대상을) 거느려서 다스리는 것. **통!어-하다**²[동][타여] ¶전군(全軍)을 ~.

통!어-사(統禦使)[명][역] 1 '삼도 통어사'의 준말. 2 '삼도 육군통어사'의 준말.

통역(通譯)[명] 서로 말이 달라 통하지 않는 사람 사이에서, (어느 나라 말을 다른 나라 말로, 또는 어떤 말을 체계가 다른 말로) 서로 의사가 통할 수 있게 같은 뜻이 되도록 바꾸어 말하는 것. 또는, 그 사람. =통어(通語). 비번역. ¶~ 장교 / 동시~ / ~을 맡다. **통역-하다**[동][타여] ¶영어를 우리말로 ~ / 강연을 수화로 ~.

통역-관(通譯官)[-꽌][명] 통역을 맡아보는 관리.

통역-사(通譯士)[-싸][명] 통역을 할 수 있는 자격을 갖춘 사람.

통-옷[-온][명] 아래위가 붙어 하나로 된 옷.

통용(通用)[명] 1 세상 일반에 널리 통하여 쓰이는 것. ¶~ 화폐 / 금지. 2 이일 저일 또는 여기저기 두루 쓰이는 것. **통용-하다**[동][자][타여] **통용-되다**[동][자]

통용-문(通用門)[명] 대문 이외에 항상 자유롭게 드나들도록 따로 마련된 문.

통용-어(通用語)[명] 일반적으로 널리 통하여 쓰이는 말. ¶영어는 국제 ~이다.

통운(通運)[명] 물건을 실어 옮기는 것. ¶~ 회사. **통운-하다**[동][타여]

통운²(通韻)[명] 1 운(韻)이 서로 통함. 2 한시(漢詩)에서 발음이 비슷하여 서로 통하여 쓸 수 있는 운. 곧, '공(公)', '동(東)', '몽(夢)'의 종성(終聲) 따위.

통원(通院)[명] 병원 등에 치료를 받으러 다니는 것. ¶~ 치료 / ~ 환자. **통원-하다**[동][자여]

통유(通有)[명] 널리 공통으로 다 같이 갖추고 있는 것. ↔특유(特有). **통유-하다**[동][자여]

통-유리(-琉璃)[-뉴-][명] 잇거나 자르지 않은 통째로 된 유리.

통유-성(通有性)[-썽][명] 여럿이 공통으로 가지고 있는 성질. ↔특유성.

통-으로[부] 어떤 대상을 통째로. 또는, 어떤 대상을 전부 다. ¶형이 유산을 ~ 차지하려 한다.

통!음(痛飮)[명] 술을 매우 많이 마시는 것. **통!음-하다**[동][타여]

통-이불(-一)[-니-][명] 자루처럼 만든 이불.

통인(通人)[명] 사물에 대하여 막힘이 없이 두루 통한 사람.

통!일(統一)[명] 1 (서로 다른 사물을) 똑같아지게 하거나 한가지가 되게 하는 것. ¶의견 ~ / 행동 ~ / 용어의 ~. 2 (분열되어 있는 둘 이상의 나라를) 합쳐 하나의 나라가 되게 하는 것. ¶삼국 ~ / 남북 ~ / 천하 ~. 3 (주로 '정신'과 함께 쓰여) 잡념을 버리고 정신을 한곳으로 모으는 것. ¶정신 ~. **통!일-하다**[동][타여] ¶부품 규격을 ~ / 진나라는 역사상 처음으로 중국을 통일하였다. **통!일-되다**[동][자]

통!일-감(統一感)[명] 1 여러 개의 사물이나 사건이 하나의 기준에 따라 일관되는 듯한 느낌. 2 둘 이상으로 나뉘어 있는 사물 따위가 하나로 합쳐진 듯한 느낌.

통!일-부(統一部)[명] 행정 각 부의 하나. 통일 및 남북 대화와 교류·협력에 관한 정책의 수립, 통일 교육, 기타 통일에 관한 사무를 맡아봄. 1998년 '통일원(統一院)'이 개편된 것임.

통!일-성(統一性)[-썽][명] 통일을 이룬 상태. 또는, 그 성질.

통!일^신라(統一新羅)[-실-][명][역] 삼국을 통일한 676년 이후의 신라.

통!일-안(統一案)[명] 1 여럿을 통일하여 하나로 만든 안. ¶맞춤법 ~. 2 통일을 위한 안(議案)이나 법안.

통!일^전!선(統一戰線)[명][사] 정치·사회 운동 따위에 있어서, 여러 당파 또는 단체가 각기 독자적 입장을 견지하면서 공통의 목표를 향하여 일치된 행동을 취하는 투쟁 형태. ¶민족 ~ / ~을 구축하다.

통!일-천하(統一天下)[명] 천하를 통일하는 것. 또는, 통일된 천하.

통!일-체(統一體)[명] 여러 가지가 일정한 조직 계통 아래 한덩이가 된 형체 또는 단체.

통장¹(通帳)[명] 1 금융 기관에서 예금한 사람에게 출납의 상태를 기록하여 주는 장부. ¶예금 ~ / 적금 ~. 2 외상으로 물건을 거래하거나 배급을 탈 때 등에 품명·금액·날짜 등을 적어 놓는 장부.

통!장²(統長)[명] 통(統)의 우두머리.

통-장작(-長斫)[명] 쪼개지 않은 통째의 장작. 또는, 썩 굵게 패 장작.

통전(通電)[명] 1 새로 또는 끊어졌던 전류를 통하는 것. 2 여러 곳에 널리 통지하는 전보. **통전-하다**[동][자][여]

통!절(痛切)→**통!절-하다**[형여] 1 뼈에 사무치게 절실하다. ¶통절한 뉘우침. 2 매우 적절하다. **통!절-히**[부]

통!점(痛點)[-쩜][명][생] 피부에 분포하는 자극을 받으면 아픔을 느끼는 감각점.

통정(通情)[명] 1 '통심정(通心情)'의 준말. 2 '통사정'의 준말. ¶누구를 붙들고 ~을 할 수도 없는 처지였다. 3 세상 일반의 사정이나 인정. 4 남녀가 정을 통하는 것. **통정-하다**[동][자여] 1 =통심정하다. ¶그는 별로 통정할 만한 친구도 없었다. 집에 있을 때에는 혼자 있었고 산보를 해도 늘 혼자 했다.《전영택:운명》 2 남녀가 정을 통하다.

통-젖(桶-)[-젇][명] =통꼭지.

통!제(統制)[명] 1 (어떤 대상을) 일정한 방침이나 목적에 따라 제한하거나 제약하는 것. ¶~ 구역. 2 특히, 권력으로 언론·경제 활동 따위에 제한을 가하는 일. **통!제-하다**[동][타여] ¶출입을 ~ / 교통을 ~. **통!제-되다**[동][자] ¶엄격한 규율로 학생들을 ~.

통!제^가격(統制價格)[-까-][명][경] =공정 가격(公定價格).

통!제-력(統制力)[명] 통제하는 힘. ¶~이 이

통!제-사(統制使)【명】【역】'삼도 수군통제사'의 준말.

통!제-영(統制營)【명】【역】 조선 시대, 삼도 수군통제사의 군영. 준통영.

통-조림(桶-)【명】 고기·과일 따위의 식품류를 가열·살균한 뒤 양철통에 넣고 밀봉하여 오래 저장할 수 있도록 한 식품. ¶복숭아 ~ / 참치 ~.

통조림-통(桶-桶)【명】 통조림을 한 식품이 든 양철통.

통-줄【명】 연을 날릴 때, 얼레 머리를 연이 떠 있는 쪽으로 내밀어 계속 풀어 나가도록 한 줄.
　통줄(을) 주다【구】 얼레 머리를 연이 떠 있는 쪽으로 내밀어 통줄이 나가게 하다. ¶그는 **통줄을 주어** 다른 연을 걸었다.

통!증(痛症) [-쯩]【명】 몸의 어느 부분에 신경이 날카로운 자극을 받아 괴로움을 느끼는 상태나 증세. 비고통·아픔. ¶~이 심하다 / ~이 가시다 / 수술자리에 ~을 느끼다.

통지(通知)【명】 (어떤 사실을) 기별하여 알리는 것. =통기(通寄). ¶서면(書面) ~ / 군대에 입대하라는 ~를 받다. **통지-하다**【타여】¶예비 소집일을 ~. **통지-되다**【자】

통지-서(通知書)【명】 어떤 사실을 기별하여 알리는 문서. ¶합격 ~ / 출두 ~ / 입영 ~ / ~를 보내다[받다].

통지-표(通知表)【명】'생활 통지표'의 준말.

통째【명】 큰 물체나 물건이 둘 이상의 것으로 결합되지 않거나 분리되지 않고 하나의 덩어리로 된 상태. ¶~ 유리로 된 창문 / ~로 끼워 맞추다.

통-짜다【동자】 여럿이 한동아리가 되기로 약속하다.

통-째【부】 어떤 물건을 나누거나 쪼개지 않고 모두 다. =통째로. ×통채.

통째-로【부】 =통째. ¶닭을 ~ 삶다 / 사과를 ~ 먹다.

통-차지【명】 통째 다 제 것으로 차지하는 것. **통차지-하다**【타여】

통!찰(洞察)【명】 (사물이나 현상을) 살피어 그 본질이나 근본을 꿰뚫어 보는 것. ¶예언자적 ~에 의해 씌어진 글. **통!찰-하다**【타여】¶세계 정세를 ~ / 삶의 이면을 깊이 ~.

통!찰-력(洞察力)【명】 사물을 통찰하는 능력. ¶날카로운 ~.

통-채'통째'의 잘못.

통첩(通牒)【명】 1 관청·단체 등에서 문서로 통지하는 일. 또는, 그 글월. ¶최후 ~ / ~을 받다. 2【법】 국제법상, 자기 나라의 태도·정책·사실(事實) 등을 상대국에게 문서로 알리는 의사 표시. **통첩-하다**【동타여】

통!촉(洞燭)【명】 (아랫사람의 뜻이나 형편 등을) 살피어 아는 것. 주로, 봉건 시대에 쓰던 말임. **통!촉-하다**【타여】¶전하, 소신의 충정을 부디 **통촉하여** 주시옵소서.

통!치(統治)【명】 왕이나 대통령, 또는 권력 집단이 강제력을 가지고 그의 정책을 결정하고 국민으로 하여금 국가의 의사에 따르게 하는 일. =통리. ¶~자 / ~ 기구. **통!치-하다**【타여】¶나라를 ~ / 군림하지만 **통치하지 않는** 국왕. **통!치-되다**【자】

통!치-권(統治權) [-꿘]【명】【법】 국민·국토를 다스리는 국가의 절대적 최고 지배권.

통!치권-자(統治權者) [-꿘-]【명】 국민과 국토를 다스리는, 국가의 최고 지배권을 가진 사람.

통-치다【동타】'한통치다'의 잘못.

통-치마【명】 여자의 한복에서, 풀어서 펼칠 수 없게 통으로 만든, 종아리가 나오는 치마. 주름을 넓게 잡고 어깨허리를 달아 활동하기 편리하게 개량한 것으로, 개화기 때에 신여성들이 입기 시작하였음. ¶흰 저고리에 검정 ~를 입은 여성. ↔풀치마.

통칙(通則)【명】 일반에게 공통으로 적용되는 규칙.

통칭¹(通稱)【명】 1 공통으로 쓰이는 이름. 2 일반에 널리 통하여 불리는 이름. **통칭-하다**¹【타여】 두루 일컫다.

통!칭²(統稱)【명】 통틀어 가리키는 것. 또는, 그런 이름. **통!칭-하다**²【타여】¶사과·배·수박 등을 과일이라고 ~.

통!쾌(痛快) → **통!쾌-하다**【형여】 일이 뜻대로 잘 이루어져 쾌감을 느낄 만큼 후련하거나 시원하다. ¶**통쾌한** 홈런을 때리다 / **통쾌하게** 보복하다. **통!쾌-히**【부】

통!쾌-감(痛快感)【명】 통쾌한 느낌.

통!타(痛打)【명】 1 통렬한 공격을 가하여 치명적인 타격을 주는 것. 또는, 그 타격. 2 세차고 심하게 때리는 것. **통!타-하다**【타여】

통!탄(痛歎·痛嘆)【명】 (어떤 일을) 한심하게 여겨 탄식하는 것. 또는, 그 탄식. **통!탄-하다**【타여】¶망국 풍조를 ~.

통탕-거리다/-대다【자타】 단단한 물건을 함부로 두드리거나 발로 구르는 소리가 나다. 또는, 그런 소리를 내다. **통탕-거리다**.

통탕-통탕【부】 통탕거리는 소리. 큰퉁탕퉁탕. **통탕통탕-하다**【자타여】

통통¹【부】 살이 찌거나 붓거나 불어서 몸피가 굵은 모양. ¶매 맞은 종아리가 ~ 붓다. 큰퉁퉁. **통통-하다**¹【형여】¶살이 **통통하게** 찌다 / 볼이 **통통한** 아기. **통통-히**【부】

통통²【부】 1 발로 탄탄한 곳을 자꾸 구를 때 울려 나는 소리. 2 속이 빈 통 같은 것을 잇달아 칠 때 울려 나는 소리. 큰퉁퉁. **통통-하다**²【자타여】

통통³【부】 작은 발동기 따위가 돌아가면서 내는 소리.

통통-거리다/-대다【자타】 자꾸 통통 소리가 나다. 또는, 그러한 소리를 내다. 큰퉁퉁거리다.

통통-걸음【명】 발을 통통 구르며 빨리 걷는 걸음. 큰퉁퉁걸음.

통통-배【명】 발동기가 장치되어 있어 항행할 때 통통 소리를 내는 작은 배.

통-틀다【동타】〈-트니, -트오〉 있는 대로 모두 한테 묶다.

통틀-어【부】 있는 대로 모두 합하여. 비도파니. ¶우리가 가진 돈은 ~ 5만 원이다.

통판(通販)【명】【경】'통신 판매'의 준말.

통!-폐합(統廢合) [-폐-/-페-]【명】 같거나 비슷한 여러 기업·기구 따위를 없애거나 합쳐서 하나로 만드는 것. **통!폐합-하다**【타여】¶여러 개의 금융 기관을 하나로 ~. **통!폐합-되다**【자】

통풍¹(通風)【명】 바람이나 맑은 공기가 잘 드나들 수 있게 하는 것. =통기. ¶~ 장치 / ~이 잘되는 방. **통풍-하다**【자타여】 **통풍-되다**【자】

통!풍²(痛風)【명】【의】 대사 장애나 내분비 장애로 요산(尿酸)이 체내에 비정상적으로 축적되어 관절염을 일으키는 질환.

통풍-구(通風口)【명】 공기가 통하도록 낸 구

명. =공기구멍.

통-하다(通—) 통여 ①재 1 막힘이 없이 트이다. ¶사방으로 **통하는** 길. 2 (마음이나 의사가) 잘 전달되거나 소통되다. ¶마음이 ~ / 문맥이 ~ / 그 친구는 나와 **통하는** 데가 있다. 3 너그럽게 받아들여지다. ¶눈물을 흘린다고 누가 봐줄 줄 알아? 다른 사람은 몰라도 나한테는 안 **통해!** 4 (어떤 곳으로) 이어지다. ¶역으로 **통하는** 지하도. 5 내적으로 관계가 있어 연계되다. ¶문학이 삶과 죽음의 문제를 천착한다는 점에서 종교와 **통하는** 데가 있다. 6 어떠한 자격이나 이름으로 알려지거나 불려지다. ¶구두닦이 축에선 홍재가 제일 컸다. 야간 중학 이학년이었다. 홍재는 작은언니로 **통했다.**《최정희:찬란한 대낮》7 어떤 방면에 능하고 잘 알다. ¶첨단 과학에 환히 **통한** 물리학자. ②타 1 (어떤 길이나 공간을) 거쳐서 지나다. ¶지하도를 **통하여** 건너다. 2 (무엇이나 누구를) 매개로 하거나 중개하게 하다. ¶텔레비전을 **통해** 전국에 생중계하다 / 측근을 **통해** 교섭하다. 3 일정한 기간이나 공간에 걸치다. ¶조선조를 **통해** 세종 대왕만큼 위대한 통치자는 없다. 4 비밀히 연락하거나 관계를 맺다. ¶외간 남자와 정을 ~. 5 (어떤 과정이나 경험 등을) 거치다. ¶현장 경험을 **통해** 얻은 산지식.

통학(通學) 명 (어떤 교통수단으로, 또는 걸어서) 학교에 다니는 것. ¶~ 거리 / 열차 ~. **통학-하다** 통재여 ¶도보로 ~.

통학-로(通學路) [-항노] 명 학교 다니는 길. 곧, 집에서 학교로, 또는 학교에서 집에 이르는 길.

통학-생(通學生) [-쌩] 명 통학하는 학생. ¶~ 열차. ↔기숙생(寄宿生).

통!한(痛恨) 명 가슴이 아프게 몹시 한탄하는 것. **통!한-하다** 통타여

통!할(統轄) 명 모두 거느려서 관할하는 것. **통!할-하다** 통타여

통!합(統合) 명 1 (둘 이상의 조직이나 기구 등을) 하나로 모아 합치는 것. 2 [심] 인격의 구성 요소가 조화로운 구조를 이루는 일. 3 [언] 소쉬르 언어학에서, 언어 요소가 발화(發話)될 때, 일정한 순서로 배열되는 일. 가령, '아주 젊은 사람' 에서 세 단어는 일정한 순서로 배열되는 통합 관계에 있음. ▷연합. **통!합-하다** 통타여 ¶기구를 ~ / 군소 정당을 ~. **통!합-되다** 통재여

통행(通行) 명 1 (일정한 공간을) 통하여 다니는 것. ¶좌측[우측] ~. 2 물건이나 화폐 일반에 두루 쓰이는 것. **통행-하다** 통재

통행-금지(通行禁止) 명 특정한 지역이나 시간에 사람 및 차량의 통행을 금지하는 일. ¶야간 ~ / ~ 시간. 준통금.

통행-료(通行料) [-뇨] 명 유료 도로를 통행하는 차량으로부터 받는 요금. ¶고속도로 ~.

통행-인(通行人) 명 통행하는 사람.

통행-증(通行證) [-쯩] 명 특정 지역이나 금지된 시간에 통행을 허가하는 증명서. =통행권(通行券). ¶야간 ~ / ~을 발급하다.

통!호(統戶) 명 통(統)과 호(戶). ¶"그러면 그 집 ~를 알겠나?…".《이광수:무정》

통혼(通婚) 명 1 혼인할 의사를 표시하는 것. 2 두 집안이나 가문 사이에 서로 혼인 관계를 맺는 것. **통혼-하다** 통재여 ¶매파를 보내어 ~.

통화¹(通貨) 명 [경] 현금으로서의 화폐와 요구불 예금을 합쳐 이르는 말. 전자를 '현금 통화', 후자를 '예금 통화' 로 구분하여 부르기도 함. →유통 화폐.

통화²(通話) 명 ①재배 (어떤 사람과) 전화로 말을 서로 주고받는 것. ¶시외 ~ / 3분 ~ / ~는 간단히 ~ / ~가 길다. ②(의존) 전화를 하는 횟수를 세는 단위. 또는, 전화를 사용한 시간을 기준으로 요금을 매길 때, 그 시간의 구획 단위. ¶시내 전화는 3분이 한 ~이다. **통화-하다** 통재여 ¶친구와 ~. **통화-되다** 통재

통화-량(通貨量) 명 나라 안에서 실제로 유통되고 있는 통화의 양.

통화-료(通話料) 명 전화를 사용하여 통화한 삯으로 내는 요금.

통화^수축(通貨收縮) 명[경] =디플레이션. ↔통화 팽창.

통화^팽창(通貨膨脹) 명[경] =인플레이션. ↔통화 수축.

통!회(痛悔) [-회/-훼] 명 깊이 뉘우치는 것. 통회-하다 통재여

통효(通曉) 명 환하게 깨달아서 아는 것. **통효-하다** 통재여 ¶…서른두 살의 젊은 중 허주(虛舟)는 불법에 **통효하기로** 팔도에 이름이 높았다.《정비석:색지 풍경》

통-후추 명 빻아서 가루로 만들지 않은, 알 그대로의 후추.

톺다 [톱따] ⑤타 1 (주로 가파른 곳을) 오르거나 내려오려고 매우 힘들어 더듬다. ¶험한 산길을 **톺아** 들다. 2 샅샅이 뒤지거나 더듬어 찾거나 살피다. ¶범인이 도주한 곳을 **톺아** 가다.

톺아-보다 통타 훑듯이 샅샅이 살피다. ¶사람을 위아래로 ~.

퇴!각(退却) [퇴-/퉤-] 명 1 뒤로 물러가는 것. 2 금품을 물리쳐서 받지 않는 것. **퇴!각-하다** 통재타여

퇴!각-로(退却路) [퇴강노/퉤강노] 명 =퇴로(退路)².

퇴!거(退去) [퇴-/퉤-] 명 1 물러가는 것. 2 살고 있는 곳에서 딴 곳으로 거주를 옮기는 것. ¶~. **퇴!거-하다** 통재여

퇴!거^신고(退去申告) [퇴-/퉤-] 명 주거(住居)를 이전한 후, 거주하던 시·군·동·면에 신고하는 일. 또는, 그 문서. ↔전입신고.

퇴!고(推敲) [퇴-/퉤-] 명 (당(唐)나라의 시인 가도(賈島)가 '스님이 달빛 아래 문을 밀다' 의 '밀다(推)' 를 '두드린다(敲)' 로 바꿀까 말까 망설이고 있을 때 대문장가 한유(韓愈)를 만나 그의 조언으로 '두드린다' 로 결정했다는 고사에서) 시문(詩文)을 지을 때, 자구를 여러 번 생각하여 고치는 일. ×추고.

퇴!관(退棺) [퇴-/퉤-] 명 나장(裸葬) 하기 위하여 하관(下棺)할 때 관에서 시신을 꺼내고 관을 치우는 것. **퇴!관-하다** 통재여

퇴!교(退校) [퇴-/퉤-] 명 =퇴학(退學). ¶~ 처분. **퇴!교-하다** 통재여

퇴!군(退軍) [퇴-/퉤-] 명 싸움터에서 군대를 물리는 것. ¶~령(令). ↔진군(進軍). **퇴!군-하다** 통재여

퇴!궐(退闕) [퇴-/퉤-] 명 대궐에서 물러나오는 것. ↔입궐. **퇴!궐-하다** 통재여

퇴!근(退勤) [퇴-/퉤-] 명 직장에서 근무를 마치고 나오는 것. ¶~ 시간. ↔출근. **퇴!근-**

퇴근-길(退勤-)[퇴-낄/퉤-낄] 명 퇴근하여 집으로 돌아가는 도중. ↔출근길.
퇴기(退妓)[퇴-/퉤-] 명 기생 노릇을 하다가 그만둔 여자. 비기생퇴물. ¶~ 월매(月梅)의 딸 춘향(春香).
퇴기다[퇴-/퉤-] 통타 '튀기다'의 작은말.
퇴단(退團)[퇴-/퉤-] 명 소속한 단체에서 물러나는 것. ↔입단(入團). **퇴!단-하다** 통자여
퇴락(頹落)[퇴-/퉤-] 명 (건물 따위가) 허물어질 만큼 낡은 상태인 것. **퇴락-하다** 통자여 ¶교정은 너무나 쓸쓸하고 적적해서 한겨울의 고궁 같았다. 낡은 건물들이 넝쿨에 뒤덮여서 한결 퇴락해 보이고 있었다.《최인호:무서운 복수》**퇴락-되다** 통자
퇴!로¹(退老)[퇴-/퉤-] 명 늙어서 벼슬에서 물러나는 것. **퇴!로-하다** 통자여
퇴!로²(退路)[퇴-/퉤-] 명 후퇴할 때 택하게 될 길이나 길목. =퇴각로. ¶적의 ~를 차단하다. ↔진로(進路).
퇴-마냥[퇴-/퉤-] 명[농] 아주 늦게 심은 모.
퇴-맞다(退-)[퇴-/퉤-] 통자 '퇴박맞다'의 잘못.
퇴!물(退物)[퇴-/퉤-] 명 1 윗사람이 쓰던 것을 물려준 물건. 2 퇴박맞은 물건. =퇴물림. 3 어떤 직업에서 물러나 더 이상 쓸모가 없게 된 사람을 낮추어 이르는 말. ¶기생 ~.
퇴!-물림(退-)[퇴-/퉤-] 명 1 =큰상물림. 2 =퇴물1. 3 형의 ~을 아우가 입다.
퇴박(退-)[퇴-/퉤-] 명 마음에 들지 않아 물리치는 것. **퇴!박-하다** 통타여
퇴!박-맞다(退-)[퇴박맏따/퉤박맏따] 통자 마음에 들지 않아 물리침을 받다. ¶결재 서류가 ~. ×퇴맞다.
퇴!보(退步)[퇴-/퉤-] 명 사물이 이제까지의 상태보다 뒤떨어지거나 못하게 되는 것. 비뒷걸음. ¶문화의 ~. ↔진보. **퇴!보-하다** 통자여 ¶기술이 ~.
퇴비(堆肥)[퇴-/퉤-] 명 =두엄. ¶~장(場) ~ 증산으로 논에 ~를 내다. **퇴비-하다** 통타여 퇴비로 만들다.
퇴!사(退社)[퇴-/퉤-] 명 1 사원이 퇴근하는 것. 2 사원이 회사를 그만두고 물러나는 것. ↔입사(入社). **퇴!사-하다** 통자여
퇴!산(退散)[퇴-/퉤-] 명 1 모였던 것이 흩어져 가는 것. 2 흩어져 도망질하는 것. **퇴!산-하다** 통자여
퇴!색(退色·褪色)[퇴-/퉤-] 명 (물체의 색깔이) 바래어 흐릿해지는 일. =투색(渝色). **퇴!색-하다** 통자여 ¶퇴색한 양복 / 단정이 ~ / 그는 사진틀 속의 퇴색한 사진도 유심히 들여다보았다.《최인호:타인의 방》**퇴!색-되다** 통자
퇴!석¹(退席)[퇴-/퉤-] 명 앉았던 자리에서 물러나는 것. =퇴좌(退座). **퇴!석-하다¹** 통자여
퇴석²(堆石)[퇴-/퉤-] 명 1 [지] =빙퇴석(氷堆石). 2 돌을 높이 쌓는 것. 또는, 그 쌓인 돌. **퇴석-하다²** 통자여
퇴!소(退所)[퇴-/퉤-] 명 1 소원(所員)이 퇴근하는 것. 또는, 그 직을 그만두고 물러나는 것. 2 수용소·연수소·훈련소에서 요양·연수·훈련 등을 마치고 나오는 것. **퇴!소-하다** 통자여
퇴속(頹俗)[퇴-/퉤-] 명 쇠퇴하여 문란하여진 풍속. =퇴풍(頹風).
퇴!식-밥(退食-)[퇴-빱/퉤-빱] 명[불] =불공밥.
퇴!실(退室)[퇴-/퉤-] 명 방에서 나가는 것. **퇴!실-하다** 통자타여
퇴!역(退役)[퇴-/퉤-] 명[군] 현역에서 물러나는 것. ¶~ 장군[장교]. **퇴!역-하다** 통자여
퇴!영(退嬰)[퇴-/퉤-] 명 발전·진보하지 못하고 낮은 수준이나 단계에 머무르거나 뒤처지는 것. ↔진취(進取). **퇴!영-하다** 통자여
퇴!영-적(退嬰的)[퇴-/퉤-] 관 낮은 수준이나 단계에 머무르거나 뒤처진 상태에 있는 (것). ¶소극적이고 ~인 자세. ↔진취적(進取的).
퇴!원(退院)[퇴-/퉤-] 명 일정 기간 병원에 머물던 환자가 병원에서 나오는 것. ¶~ 수속. ↔입원(入院). **퇴!원-하다** 통자여 ¶병이 완치되어 ~.
퇴!위(退位)[퇴-/퉤-] 명 1 임금의 자리에서 물러나는 것. 2 위치를 뒤로 물리는 것. **퇴!위-하다** 통자여
퇴!임(退任)[퇴-/퉤-] 명 임기가 만료되거나 정년이 되거나 기타의 이유로 사임하거나 하여 비교적 높은 직위로부터 물러나는 것. ¶~ 인사. **퇴!임-하다** 통자여 ¶그분은 ○○중학교의 교장으로 재직하다가 얼마 전에 퇴임했다.
퇴!자(退字)[퇴짜/퉤짜] 명[역] 상납한 포목의 품질이 낮은 경우에 물리치는 뜻으로 그 귀퉁이에 '退(퇴)' 자를 찍던 일. 또는, 그 글자. ▷퇴짜.
퇴!장(退場)[퇴-/퉤-] 명 1 (배우나 기타의 공연자가) 주어진 연기나 공연을 마치고 무대 밖으로 나가는 것. ↔등장. 2 (선수나 중심이 되는 사람이) 경기장·식장·회의장 등에서 주어진 일을 마친 뒤 또는 중도에 밖으로 나가거나 나오는 것. ↔입장. **퇴!장-하다** 통자여 ¶배우가 무대에서 ~ / 선수들이 심판의 판정에 불만을 품고 집단으로 ~.
퇴적(堆積)[퇴-/퉤-] 명 1 많이 덮혀 쌓이거나 덮혀 쌓는 것. 2 [지] =퇴적 작용. **퇴적-하다** 통자타여 **퇴적-되다** 통자
퇴적-물(堆積物)[퇴정-/퉤정-] 명 1 많이 쌓인 물건. 2 [지] 암석의 파편이나 생물의 유해 따위가 강물·바닷물·빙하·바람 등의 작용으로 운반되어 지표에 쌓인 물건.
퇴적-암(堆積巖)[퇴-/퉤-] 명[광] 퇴적 작용으로 형성된 암석. 사암·역암·석회암·석탄 따위. =성층암·수성암·침적암(沈積巖)·침전암(沈澱巖).
퇴적^작용(堆積作用)[퇴-짝-/퉤-짝-] 명 암석의 파편이나 생물의 유해 등이 물·빙하·바람 등에 의하여 운반되어 어떤 곳에 쌓이는 일. =퇴적.
퇴적-층(堆積層)[퇴-/퉤-] 명[지] 퇴적 작용에 의하여 이루어진 지층.
퇴적^평야(堆積平野)[퇴-/퉤-] 명[지] =충적 평야.
퇴!전(退轉)[퇴-/퉤-] 명 1 파산하여 살림이 다른 사람에게로 넘어가는 것. 2 일이 바뀌어 나쁘게 되는 것. 3 [불] 수행에의 의해 도달한 높은 경지에서 본래의 낮은 자리로 굴러 떨어지는 것. ↔불퇴전. **퇴!전-하다** 통자여 ¶퇴전하지 않고 오래오래 공을 쌓은 결과 깨달음을 얻다.
퇴!정(退廷)[퇴-/퉤-] 명 법정에서 물러나

오는 것. ↔입정(入廷). 퇴:정-하다 자여

퇴:조(退潮) [퇴-/퉤-] 명 1 [지] =썰물. 2 기운·세력 등이 줄어드는 것. 퇴:조-하다 동자여 기운·세력 등이 줄어들다. 퇴:조-되다 자

퇴:주(退酒) [퇴-/퉤-] 명 제사를 지낼 때, 올린 술을 물리는 것. 또는, 그 술. 퇴:주-하다 자

퇴:주-잔(退酒盞) [퇴-잔/퉤-잔] 명 1 제사를 지낼 때 종헌(終獻)에서 물린 술잔. 2 권하거나 드리다가 퇴박맞은 술잔.

퇴:직(退職) 명 직장을 그만두고 지위나 직책에서 물러나는 것. ¶정년~. 퇴:직-하다 자타여

퇴:직-금(退職金) [퇴-끔/퉤-끔] 명 퇴직하는 사람에게 근무처에서 일시금으로 지급하는 돈.

퇴:진(退陣) [퇴-/퉤-] 명 1 군대의 진지를 뒤로 물리는 것. 2 진용을 갖춘 구성원 전체가 물러나는 것. 퇴:진-하다 자여 ¶정치적 책임을 지고 내각이 ~.

퇴:-짜 [퇴-/퉤-] 명 [<퇴자(退字)] 바라는 수준에 이르지 못하여 물리치는 일. ▷퇴자.

퇴짜(를) 놓다 관 (어떤 대상이나 의견 따위를) 받아들이지 않고 물리치다. ¶선본 남자를 ~ / 상대의 제안을 ~.

퇴짜(를) 맞다 관 (어떤 대상이나 의견 따위가 상대에게) 받아들여지지 않고 물리침을 당하다. ¶우리 제품의 수입상에게 ~.

퇴:창(退窓) [퇴-/퉤-] 명 [건] 바람벽 밖으로 쑥 내밀도록 물려서 낸 창.

퇴:척(退斥) [퇴-/퉤-] 명 (요구, 주는 것 따위를) 물리치는 것. 퇴:척-하다 동타여 퇴:척-되다 동자

퇴:청(退廳) [퇴-/퉤-] 명 근무를 마치고 관청에서 물러 나오는 것. ↔등청(登廳). 퇴:청-하다 동자여

퇴:출(退出) [퇴-/퉤-] 명 (부실한 기업을) 없애는 것. 또는, (어떤 사람이) 그가 속한 회사나 집단에서 내몰아 그만두게 하는 것. ¶~ 기업 / ~ 공무원. 퇴:출-하다 동타여 퇴:출-되다 동자 ¶구조 조정으로 많은 근로자가 퇴출되었다.

퇴:치(退治) [퇴-/퉤-] 명 (어떤 대상이나 현상을) 물리쳐서 없어지게 하는 것. ¶문맹 ~. 퇴:치-하다 동타여 ¶괴물을 ~. 퇴:치-되다 동자 ¶전염병이 ~.

퇴:침(退枕) [퇴-/퉤-] 명 서랍이 있는 목침(木枕).

퇴패(頹敗) [퇴-/퉤-] 명 (풍속·도덕·문화 따위가) 쇠퇴하여 문란해지는 것. 비퇴폐(頹廢). 퇴패-하다 동자여

퇴폐(頹廢) [퇴폐/퉤페-] 명 1 쇠퇴하여 결딴이 나는 것. 2 (풍속·도덕·문화 따위가) 문란하여 건전하지 못하게 되는 것. 특히, 성적으로 타락한 상태를 가리킴. 비퇴패(頹敗). ¶~ 영업. 퇴폐-하다 동자여

퇴폐-적(頹廢的) [퇴페-/퉤페-] 관명 도덕·기풍 등이 문란해서 불건전한 (것). ¶~인 생활.

퇴폐-주의(頹廢主義) [퇴페-의/퉤페-이] 명 1 풍속이나 도덕이 불건전하고 문란한 상태. 또는, 그러한 생활 태도. 2 [문] 19세기 말기에 프랑스 및 영국에서 유행한 문학 경향. 병적인 감수성, 탐미적 경향, 전통의 부정 및 비도덕성 등이 특징임. =데카당스.

퇴폐-파(頹廢派) [퇴페-/퉤페-] 명 [문] 퇴폐주의를 신봉하는 일군의 문인. =데카당.

퇴폐-풍조(頹廢風潮) [퇴페-/퉤페-] 명 정신적으로 또는 사회적·문화적으로 어지럽고 문란한 생활 기풍.

퇴:-하다(退-) [퇴-/퉤-] 동타여 1 거절하여 물리치다. ¶그는 공부를 핑계로 그 좋다는 혼처를 퇴하여 버렸다. 2 다시 무르다. 3 더한 것을 덜어 내다.

퇴:학(退學) [퇴-/퉤-] 명 1 다니던 학교를 그만두는 것. 2 학교의 규칙을 어긴 학생에 대한 징계 중에서, 재학 중인 학생을 학적에서 제적시키는 일. =퇴교(退校). ¶~ 처분 / ~을 맞다 / ~을 당하다. 퇴:학-하다 동자타여

퇴:행(退行) [퇴-/퉤-] 명 1 뒤로 물러가는 것. 2 다른 날로 물려서 행하는 것. 3 =퇴화(退化)1. 4 [심] 정신이 어떤 장애를 만나 현재의 발달 단계의 이전으로 돌아가 미숙한 행동을 취하는 일. 퇴:행-하다 동자여

퇴:행-기(退行期) [퇴-/퉤-] 명[의] 병세가 차츰 회복되는 시기.

퇴:혼(退婚) [퇴-/퉤-] 명 혼인하기로 정한 것을 물리는 것. ▷파혼. 퇴:혼-하다 동자여 ¶다 된 혼인을 이편에서 퇴혼하면 그 신부는 생과부로 늙으란 말이냐《현진건:희생화》

퇴:화(退化) [퇴-/퉤-] 명 1 진보 이전의 상태로 되돌아가는 것. =퇴행. 2 [생] 생물의 어떤 기관이나 조직 등이 진화나 개체 발생의 과정에서 발달·분화하지 못하고 단순하게 축소되거나 없어지는 일. ↔진화(進化). 퇴:화-하다 동자여 ¶사람은 오래전에 꼬리가 퇴화하였다. 퇴:화-되다 동자

툇:-간(退間) [퇴깐/퉷깐/퉤깐/퉷깐] 명 [건] 원래의 칸살 밖에다 딴 기둥을 세워 만든 조붓한 칸살. 준퇴.

툇:-돌 [퇴똘/퉷똘/퉤똘/퉷똘] 명 =댓돌1.

툇:-마루(退-) [퇴ㄴ-/퉨ㄴ-] 명 [건] 각 방과 대청에 연결하여 마당 쪽으로 낸 마루. 준퇴(退). ▷쪽마루.

투(套) 명 (의존) (일부 명사나 어미 '-는' 다음에 쓰여) 말이나 글에서 나타나는 특유의 느낌이나 굳어진 버릇이나 스타일 등을 가리키는 말. ¶편지~ / 반말 ~ / 비꼬는 ~로 말하다.

투견(鬪犬) 명 1 개끼리 싸움을 시키는 것. ¶~ 대회. 2 싸움을 시키기 위하여 기르는 개. =투구. 투견-하다 동자여 개끼리 싸움을 시키다.

투계(鬪鷄) [-계/-게] 명 1 =닭싸움1. 2 =싸움닭. 투계-하다 동자여

투고(投稿) 명 (독자가 어떤 내용의 글을) 실어 달라고 신문사·잡지사 등에 원고로 써서 보내는 것. 때로, 대상이 되는 원고가 사진·만화 등을 포함하기도 함. 투고-하다 동타여 ¶잡지에 글을 ~. 투고-되다 동자

투고-란(投稿欄) 명 신문·잡지 등에서, 독자가 투고한 글을 싣는 난. ▷독자~.

투과(透過) 명 1 빛이나 소리, 액체 등이 물체를 꿰뚫고 지나가는 것. 2 [물] 광선 등이 물질의 내부를 통과하는 것. 투과-하다 동자여 ¶빛이 유리를 ~. 투과-되다 동자

투과-성(透過性) [-씽] 명 1 투과하는 성질. ¶~이 강한 방사선. 2 [생] 원형질막 또는 그 밖의 유기성·무기성 피막(皮膜)이 물과 용질을 통과시키는 성질.

투광(透光) 명 빛이 물체를 뚫고 들어가는 것. 또는, 그 빛. **투광-하다** 동재여

투구¹ 명 옛날에, 군인이 전쟁할 때 갑옷과 함께 갖추어 머리에 쓰던, 쇠로 만든 모자.

투구²(投球) 명[체] 공을 던지는 것. 특히, 야구에서 투수가 타자에게 공을 던지는 일. (비)피칭. ¶전력~ / ~ 자세 / 투수의 ~ 내용이 좋다. **투구-하다** 동재여

투구-벌레 명[동] =장수풍뎅이.

투그리다 동재 (짐승이) 싸우거나 공격하려고 으르렁 소리를 내며 노리다. ¶늑대가 이빨을 드러내며 ~.

투기¹(投棄) 명 내던져 버리는 것. ¶쓰레기 ~. **투기-하다**¹ 동타여

투기²(投機) 명 1 확신도 없이 요행만 바라고 큰 이익을 얻으려 하는 것. ¶~ 성향 / ~ 심리. 2[경] 시세 변동을 이용하여 요행히 큰 이익을 얻으려고 행하는 매매 거래. ¶부동산 ~ / ~ 매매. **투기-하다**² 동재여

투기³(妬忌) 명 남자 애인이나 남편이 다른 여자에게 관심을 보이거나 좋아하는 감정을 가지거나 할 때, 화를 내거나 싫어하거나 속상해 하는 것. 다소 예스러운 말임. (비)강샘·질투. ¶~를 부리다. **투기-하다**³ 동재여

투기⁴(鬪技) 명 곡예·운동 등의 재주를 서로 맞붙어 다투는 것. ¶~장(場). **투기-하다**⁴ 동재여

투기-꾼(投機-) 명 투기를 일삼는 사람.

투기-성(投機性) [-썽] 명 투기적인 성질.

투기-심¹(投機心) 명 투기를 하려는 마음. ¶~을 조장하다.

투기-심²(妬忌心) 명 투기하는 마음.

투기-열(投機熱) 명 투기에 대한 열성. ¶~이 높아지다.

투깔-스럽다 [-따] 형비⟨~스러우니, ~스러워⟩ (일이나 물건의) 모양새가 투박스럽고 거칠다. **투깔스레** 부

투덕-거리다/-대다 [-꺼(때)-] 동타 1 잘 울리지 않는 물체를 자꾸 거볍게 두드리다. 줌토닥거리다. 2 땅에 발을 좀 무겁게 내딛는 소리를 잇달아 내다.

투덕-이다 동타 1 잘 울리지 않는 물체를 거볍게 두드리다. 줌토닥이다. 2 땅에 발을 좀 무겁게 내딛는 소리를 내다.

투덕-투덕¹ 부 1 투덕거리는 모양. ¶찰가마지가 손자의 엉덩이를 ~ 두드렸다. / 대문 안에서 발소리가 ~ 나더니 허술하게 차린 중년 부인이 문을 잡아 젖히고 뛰어나온다. ⟨김남천 : 요지경⟩ 줌토닥토닥. 2 땅에 눈이 비 따위가 둔탁하게 자꾸 떨어지는 모양. ¶지붕 위의 눈이 녹아서 ~ 마당 위에 떨어지기 시작했다.⟨황석영 : 삼포 가는 길⟩ **투덕투덕-하다** 동재여

투덕-투덕² 부 얼굴이나 몸에 살이 많이 붙어 있는 모양. ¶그 ~ 살진 검붉은 얼굴에 신들신들하는 웃음까지 흐린다.⟨현진건 : 적도⟩ **투덕투덕-하다**² 형여

투덜-거리다/-대다 동재 혼잣말로 불평을 중얼거리다. ¶일만 시키면 **투덜거린다**. 여두덜거리다.

투덜-투덜 부 투덜거리는 모양. 여두덜두덜. **투덜투덜-하다** 동재여

투도(偸盜) 명 남의 물건을 몰래 훔치는 것. 또는, 그 사람. **투도-하다** 동타여

투런^홈런(two-run home run) 명[체] 야구에서, 주자가 하나일 때 친 홈런. 2명이 홈인을 하는 데서 이르는 말임.

투레-질 명 젖먹이 아이가 두 입술을 떨며 투루루 소리를 내는 것. **투레질-하다** 동재여

투루루 부 젖먹이 아이가 투레질하는 소리.

투르크메니스탄(Turkmenistan) 명[지] 우즈베키스탄에 접경하고 카스피 해에 면하여 있는 공화국. 수도는 아슈하바트. =투르크멘.

투망(投網) 명 1 물고기를 잡으려고 그물을 강물이나 바닷물에 원뿔꼴로 쫙 퍼지도록 던지는 것. 2 =좽이. **투망-하다** 동타여 그물을 강물이나 바닷물에 원뿔꼴로 쫙 퍼지도록 던지다.

투매(投賣) 명 손해를 무릅쓰고 상품을 싼 값에 막 팔아 버리는 것. **투매-하다** 동타여 **투매-되다** 동재

투명(透明) 명 1 (물체나 물질이) 그 속에 들어있거나 그 너머에 있는 물체를 원래의 모습대로 환하고 또렷하게 보이게 하는 상태. ¶~ 유리. ↔불투명. ▷반투명. 2 (일 처리 따위가) 다른 사람에게 그 과정이나 내용을 알게 함으로써 의문의 여지가 없는 상태. **투명-하다** 형여 ¶물이 수정처럼 ~ / 공정하고 **투명한** 수사를 촉구하다.

투명-도(透明度) 명 강이나 호수의 물의 투명함의 정도.

투명-인간(透明人間) 명 몸이 투명해져서 사람의 눈에 보이지 않게 된, 상상적인 인간. 영국 작가 웰스의 동명(同名)의 소설에서 유래함.

투명-체(透明體) 명[물] 유리·물·공기 따위와 같이 빛을 잘 통과시키는 물체. ↔불투명체.

투미-하다 형여 (사람이) 행동이 어리석고 둔하여 한심한 상태에 있다. ¶"…우리가 비록 갑촌이라 한들 비렁뱅이인 집에 어느 **투미한** 위인이 딸을 주겠다고 나서겠으며 당사자인들 전혀 소생까지 있는 위인에게 재취로 오려 하겠느냐?"⟨김주영 : 객주⟩

투박-스럽다 [-쓰-] 형비⟨~스러우니, ~스러워⟩ 투박한 데가 있다. **투박스레** 부

투박-하다 [-바카-] 형여 1 (어떤 대상이) 매끈하게 생기지 않아 볼품이 없다. 또는, 그러면서도 단단하거나 튼튼하다. ¶**투박한** 질그릇[무쇠 솥] / 이 외투는 디자인이 ~ / 굳은살이 박인 **투박한** 손. 2 (말이나 행동, 또는 분위기 따위가) 고상함이나 세련됨이나 꾸밈이 없다. ¶**투박한** 사투리 / 그는 매너는 **투박하지만** 인간미가 넘친다.

투발루(Tuvalu) 명[지] 서남태평양의 산호섬으로 이루어진 독립국. 수도는 푸나푸티.

투베르쿨린(tuberculin) 명[약] 결핵 감염의 여부를 판정하기 위해 쓰이는 주사액.

투베르쿨린^반응(tuberculin反應) 명[의] 투베르쿨린을 피부에 주사하여 결핵 감염의 여부를 판정하는 검사법.

투병(鬪病) 명 [병과 싸운다는 뜻] (환자가) 쉽게 낫기 어려운 병을 고치기 위해 약을 먹거나 수술을 받거나 요양을 하거나 하면서 애쓰는 것. ¶~ 생활. **투병-하다** 동재여

투병-기(鬪病記) 명 투병하는 과정을 적은 글.

투사(投射) 명 1 (창이나 활·포탄 따위를) 던지거나 쏘는 것. 2 [물] =입사(入射)². ¶~ 도법(圖法). 3 [심] 자기 자신이 납득하기 어려운 생각이나 감정, 또는 만족할 수 없는 요구를 가지고 있을 경우에 그것을 남에게 돌려 버림으로써 자신을 정당화하는 무의식

적인 마음의 작용. **투사-하다**¹ 통(타)여 **투사-되다**

투사²(透寫) 명 그림·글씨 따위를 얇은 종이 밑에 받쳐 놓고 그대로 베끼는 것. **투사-하다**² 통(타)여

투사³(鬪士) 명 1 싸움이나 경기장에서 싸우려고 나선 사람. 2 사회 운동 등에서, 앞장서서 투쟁하는 사람. ¶독립~. 3 투지에 불타는 사람.

투사-율(投射率) 명 1 투사하는 비율. 2 [체] 농구 등에서, 슛팅한 것과 득점된 것과의 비율. ¶~이 높은 선수.

투사-지(透寫紙) 명 도면(圖面)·그림 등을 투사하는 데에 쓰는 반투명의 얇은 종이. =트레이싱 페이퍼.

투사-형(鬪士型) 명 1 어깨가 넓고 근육이 발달한 강인한 체격형. ¶~의 체구. 2 투지가 강하고 사회 운동에 활발한 성격.

투색(渝色) 명 =퇴색(退色). **투색-하다** 통(자)여 ¶…단청이 **투색하고** 심히 황량하더라. 〈김만중:사씨남정기〉

투서(投書) 명 드러나지 않은 어떤 사실의 내막이나 남의 비행(非行) 따위를 적어서 몰래 관계 기관에 보내는 것. 또는, 그 글. ¶~가 들어오다. **투서-하다** 통(자)(타)여

투서-함(投書函) 명 투서를 넣는 함.

투석(投石) 명 돌을 던지는 것. 또는, 돌. **투석-하다**¹ 통(자)여

투석²(透析) 명[화] 콜로이드 용액을 반투막(半透膜)을 사이에 두고 물 등의 용매(溶媒)를 통과시켜, 콜로이드 용액 중에 함유되어 있는 저분자 물질을 제거하는 조작. 콜로이드 용액의 정제(精製)나 인공 신장에서 혈액을 정화하는 데에 쓰임. **투석-하다**² 통(타)여

투석-전(投石戰) [-쩐] 명 1 돌을 던지면서 하는 싸움. ¶~이 벌어지다. 2 [민] =석전놀이.

-투성이 접미 1 일부 명사 다음에 쓰여, 그 명사가 뜻하는 물질이 묻어서 더럽게 된 상태를 일컫는 말. ¶옷이 흙~이 되다. 2 일부 명사 다음에 쓰여, 그 명사가 뜻하는 대상이 썩 많음을 일컫는 말. ¶자갈~길 / 얼굴이 주름살~다.

투수¹ 명[체] 야구에서, 내야의 중앙에 서서 타자가 칠 공을 던지는 선수. =피처. ¶명(名)~ / 강속구~. ▷포수(捕手)

투수²(透水) 명 물이 스며드는 것. **투수-하다** 통(자)여

투수-층(透水層) 명[지] 모래나 자갈 등으로 이루어져 물이 잘 스며드는 지층.

투수-판(投手板) 명 투수가 타자에게 공을 던질 때 밟는 판. =피처스 플레이트.

투숙(投宿) 명 (여관·호텔 등의 숙박 시설에) 들어서 묵는 것. **투숙-하다** 통(자)여 ¶온천장에~.

투숙-객(投宿客) [-깩] 명 여관·호텔 등의 숙박시설에 들어가 묵는 사람.

투스텝(two-step) 명 1 2/4박자의 사교춤. 2 [체] 야구에서, 투수가 투구할 때 투수판에서 자기 몸을 받치고 있는 다리를 한 번 더 놓았다가 다시 한 번 고쳐 딛는 일.

투시(透視) 명 1 막힌 물체를 환히 꿰뚫어 보는 것. 2 [심] 초심리학에서, 눈을 가리거나 다른 물체로 가린 상태에서 어떤 물체를 꿰뚫어 보는 초감각적 능력. 3 [의] X선을 이용하여 형광판 위에 투영된 인체의 내부를 검

사·진단하는 일. **투시-하다** 통(타)여 **투시-되다** 통(자)여

투시-도(透視圖) 명[미] 눈으로 보는 것과 같은 원근감이 나타나도록 물건·구조물 등을 그린 그림. =투시화(透視畫).

투시^도법(透視圖法) [-뻡] 명 1 [미] 한 점을 시점(視點)으로 하여, 물체를 원근법에 따라 사람의 눈에 비친 그대로 그리는 방법. =투시 화법·배경 화법·원경법(遠景法). ㈜=투시법. ↔투영 도법. 2 [지] 지도 투영법의 하나. 무한대의 거리 또는 지구상의 한 점이나 지구의 중심에 시점을 두고, 시선에 직각으로 놓인 평면 위에 경위선을 투영하는 방법. =투사 도법.

투시-력(透視力) 명 투시하는 힘.

투식(偸食) 명 공금이나 공곡(公穀)을 도둑질하여 먹는 것. **투식-하다** 통(타)여

투신¹(投身) 명 1 (오랜 세월에 걸쳐 해야 하는 어려운 일이나 큰 일을 하는 세계나 직업 등에) 몸을 던져 뛰어들거나 몸을 바쳐 힘쓰거나 종사하는 것. 2 목숨을 끊기 위하여 높은 곳에서 아래로 자기 몸을 던지는 것. **투신-하다** 통(자)여 ¶정계에 ~ / 다리 위에서 강물에 ~.

투신²(投信) 명[경] '투자 신탁'의 준말. ¶~사 / ~업계.

투신-사(投信社) 명[경] '투자 신탁 회사'의 준말.

투신-자살(投身自殺) 명 물속으로나 높은 곳에서 몸을 던져 자살함. **투신자살-하다** 통(자)여

투실-투실 부 살이 보기 좋을 정도로 통통하게 찐 모양. ¶~ 살진 돼지. ㈜토실토실. **투실투실-하다** 형여

투^아웃(two out) 명[체] 야구에서, 공격 측의 선수가 두 사람 아웃되는 일. =이사(二死).

투약(投藥) 명 병에 알맞은 약제를 지어 주거나 쓰는 것. **투약-하다** 통(자)(타)여 ¶이 처방으로 조제한 약을 **투약해** 보시오. **투약-되다** 통(자)여

투약-구(投藥口) [-꾸] 명 병원 같은 데에서 약을 지어 내주는 조그마한 창구.

투어(tour) 명 '순회', '관광 여행'으로 순화. ¶전국~ · 공연 / 울릉도~ / 온천~.

투여(投與) 명 (특히 약을) 남에게 주는 일. **투여-하다** 통(타)여 ¶환자에게 약을 ~.

투영(投影) 명 1 물체의 그림자가 어떤 물체 위에 비추는 것. 또는, 그 비친 그림자. 2 (대상에 어떤 요소나 내용을) 들어 있게 하거나 나타나게 하는 것. 3 [수] 평면 도형 또는 입체에 평행한 광선을 보내어, 그 그림자가 평면 위에 생기게 한 것. **투영-하다** 통(타)여 **투영-되다** 통(자)여 ¶작품 속에 작가의 사상이 ~.

투영-도(投影圖) 명[미] 투영 도법에 따라 그린 그림. =투영화.

투영^도법(投影圖法) [-뻡] 명[미] 공간에 있는 물체를 한 점 또는 무한 원점(無限遠點)에서 보아 평면 위에 나타내는 도법. =투영 화법. ㈜투영법. ↔투시 도법.

투영-법(投影法) [-뻡] 명[미] '투영 도법'의 준말.

투옥(投獄) 명 (사람을) 옥에 가두는 것. **투옥-하다** 통(타)여 ¶죄수를 ~. **투옥-되다** 통(자)여 ¶**투옥된** 지 2년이 되다.

투우(鬪牛) 명 1 소와 소를 싸움 붙이는 경기.

또는, 그 소. 2 투우사와 소가 싸우는 경기. 에스파냐를 비롯하여 프랑스·포르투갈·중남미에서 행해지고, 에스파냐에서는 국기(國技)로서 특히 발달되었음. ¶~ 시합. **투우-하다** 困
투우-사(鬪牛士) 圈 투우 경기에서 소와 싸우는 사람.
투우-장(鬪牛場) 圈 투우를 하는 곳.
투-원반(投圓盤) 圈[체] =원반던지기.
투-융자(投融資) 圈[경] 투자와 융자.
투입(投入) 圈 1 사람을 더 넣거나 새로 넣는 것. 2 물자나 자금을 들여 넣는 것. **투입-하다** 国囹回 ¶병력을 ~ / 사고 지역에 경찰을 ~ / 자본을 ~. **투입-되다** 国困
투자(投資) 圈 (어떤 일에) 이익을 얻을 목적으로 자본이나 자금을 대는 것. ¶증권 ~ / 설비 ~. **투자-하다** 国困回 ¶막대한 자금을 부동산에 ~. **투자-되다** 国困
투자-가(投資家) 圈 투자하는 일을 하는 사람.
투자^신ː탁(投資信託) 圈[경] 증권 회사가 일반 투자가로부터 자금을 모아 광범위하게 증권 투자를 행하고, 이에 의하여 얻은 이자·배당금·매매 차익 등을 투자가에게 분배하는 제도. 㽝투신(投信).
투자^신ː탁^회ː사(投資信託會社) [-타쾨-/-타퀘-] 圈[경] 수익 증권을 발행하고 신탁 자금을 모아 신탁 은행에 맡기고 그것을 운용하는 회사. 㽝투신사.
투자-액(投資額) 圈 투자하거나 투자하려는 금액.
투자-율(透磁率) 圈[물] 자기장 안의 물질이 자화(磁化)하는 정도를 나타내는 물질 상수.
투자-자(投資者) 圈 어떤 일에 투자한 사람. 田투자가.
투쟁(鬪爭) 圈 1 이기거나 극복하기 위하여 어떤 대상과 싸우는 것. 2 국가·집단·계급·개인 등의 사이에서, 어떤 목적을 관철·성취하기 위하여 힘쓰거나 싸우는 것. ¶계급 ~ / 독립 ~. **투쟁-하다** 国困回 ¶임금 인상 을 위하여 ~.
투전(鬪賤) 圈 두꺼운 종이로 손가락 너비만 하고 다섯 치쯤 되게 만들어, 그림으로 끗수를 나타낸 노름 딱지의 하나. 또는, 그것으로 하는 노름. **투전-하다** 国困
투전-꾼(鬪賤-) 圈 투전을 일삼아 하는 사람.
투전-판(鬪賤-) 圈 투전을 벌여 놓은 판. ¶~에 끼어들다.
투정 圈 (주로 어린아이가 어른에게) 음식이나 옷 등에 대해 못마땅하나 불만을 드러내며 징징거리거나 더 좋은 것을 달라면서 떼를 쓰거나 하는 것. 어른이 주로도 올 때에는 애로 취급하는 어감을 가짐. ¶밥~ / ~을 부리다. **투정-하다** 国困国回 ¶어머니에게 옷이 낡았다며 ~.
투족(投足) 圈 1 발을 내디디는 것. 2 직장이나 사회에 발을 들여놓는 것. **투족-하다** 国困回 ¶나같이 산야에서 생각한 사람은 권문세가(權門勢家)에 **투족**할 수 없소.《홍명희: 임꺽정》
투지(鬪志) 圈 싸워서 이기고자 하는 굳센 마음. ¶불굴의 ~ / ~가 만만하다 / ~를 불태우다.
투지-력(鬪志力) 圈 싸워서 이기고자 하는 의지나 힘.

투창(投槍) 圈[체] =창던지기. **투창-하다** 国
투척(投擲) 圈 (비교적 무거운 물체를) 힘껏 던지는 것. **투척-하다** 国国回 ¶수류탄을 ~ / 포환을 ~.
투척^경ː기(投擲競技) [-껑-] 圈[체] 필드 경기 중에서, 포환던지기·원반던지기·창던지기·해머던지기 등의 총칭. =던지기 경기.
투철(透徹) →**투철하다** 国回 (바람직한 정신이나 자세나 사상 등이) 마음속이나 머릿속에 철저하게 자리 잡은 상태에 있다. ¶사명감이 ~ / 그는 난세를 살면서도 역사 의식이 **투철하였다**. **투철-히** 回
투타(投打) 圈[체] 야구에서, 투구(投球)와 타격(打擊). ¶~에 모두 뛰어난 선수.
투탄(投彈) 圈 수류탄·폭탄을 던지거나 떨어뜨리는 것. **투탄-하다** 国 **투탄-되다** 国困
투-포환(投砲丸) 圈[체] =포환던지기.
투표(投票) 圈 선거 또는 가부(可否)를 결정할 때, 투표용지에 의사를 표시하여 일정한 곳에 내는 일. 또는, 그 표. ¶부정 ~ / ~로 결정하다. **투표-하다** 国困回 **투표-되다** 国困
투표-구(投票區) 圈[법] 투표 관리를 위하여 편의상 구분한, 단위가 되는 구역. 한 선거구에 여러 개의 투표구를 둠. ¶제3~.
투표-권(投票權) [-꿘] 圈 투표할 수 있는 권리. ¶~을 가지다 / ~을 얻다 / ~을 행사하다.
투표-소(投票所) 圈 투표하는 일정한 장소.
투표-용지(投票用紙) 圈 투표에 사용하는 일정한 양식의 종이. 㽝투표지.
투표-율(投票率) 圈 유권자 전체에 대한 투표한 사람의 비율.
투표-자(投票者) 圈 투표하는 사람.
투표-함(投票函) 圈 투표자가 기입한 투표용지를 넣는 상자.
투피스(two-piece) 圈 여성복에서, 주로 같은 천으로 지은 윗도리와 스커트의 둘로 한 벌이 되는 옷.
투피크(tupik) 圈 에스키모의 여름용 천막. 바다표범의 가죽으로 만듦.
투하(投下) 圈 1 던져 아래로 떨어뜨리는 일. 2 어떤 일에 물자·자금·노력 등을 들이는 것. **투하-하다** 国国回 ¶폭탄을 ~. **투하-되다** 国困
투합(投合) 圈 (뜻이나 성질이) 서로 잘 맞는 것. **투합-하다** 国困回 ¶의기(意氣)~. **투합-되다** 国困
투항(投降) 圈 적에게 항복하는 것. **투항-하다** 国 ¶적은 무기를 버리고 아군에게 **투항하였다**.
투-해머(投hammer) 圈[체] =해머던지기.
투호(投壺) 圈 화살을 던져 병 속에 많이 넣는 수효로 승부를 가리는 놀이. **투호-하다** 国
투혼(鬪魂) 圈 끝까지 투쟁하려는 기백.
툭 囝 1 어느 한 부분이 불거져 오른 모양. ¶광대뼈가 ~ 불거지다. 2 슬쩍 치거나 건드리는 모양. 또는, 그 소리. ¶어깨를 ~ 치다. 3 무엇이 갑자기 터지는 모양이나 소리. ¶모래주머니가 ~ 터지다. 4 발길이 무엇에 갑자기 걸리는 모양. 또는, 그 소리. ¶돌부리에 ~ 걸려 넘어지다. 5 갑자기 뛰는 모양. 또는, 그 소리. 6 갑자기 끊어지거나 부러지는 모양. 또는, 그 소리. ¶나뭇가지가 ~ 부

툭박-지다[-빡찌-] 형 툭툭하고 질박하다. ¶그녀의 목소리가 징을 두들겨 패듯 **툭박졌**다.《문순태: 징소리》

툭-탁 '뚝딱'의 거센말. 작톡탁. **툭탁-하다** 동(자)(타)여

툭탁-거리다/-대다[-꺼(때)-] 동(자)(타) 1 '뚝딱거리다'의 거센말. 2 서로 티격태격 싸우다. ¶저 애들은 걸핏하면 **툭탁거리며** 싸운다. 작톡탁거리다.

툭탁-툭탁 무 1 '뚝딱뚝딱'의 거센말. ¶마당 질하는 소리가 ~ 들리다. 2 서로 툭탁거리는 모양. 작톡탁톡탁. **툭탁툭탁-하다** 동(자)(타)여

툭-툭 무 1 (어떤 사건이나 도톰한 것이) 여기저기 쑥쑥 불거져 나온 모양. ¶이마에 혹이 ~ 불거지다. 2 자꾸 가볍게 치거나 털거나 건드리는 모양. 또는, 그 소리. ¶옷의 먼지를 ~ 털다. 3 잇달아 터지는 모양. 또는, 그 소리. 4 발길이 무엇에 자꾸 걸리는 모양. 또는, 그 소리. 5 자꾸 튀는 모양. 또는, 그 소리. ¶콩이 볶이어 ~ 튀다. 6 잇달아 끊어지거나 부러지는 모양. 또는, 그 소리. ¶옥수수 줄기를 ~ 끊다. 7 말을 잇달아 쏘아붙이거나 내뱉는 모양. ¶아무에게나 ~ 농담을 걸다. 작톡톡.

툭툭-하다[-투카-] 형여 1 피륙이 단단한 올로 고르고 배게 짜여 두껍다. ¶**툭툭한** 털옷. 2 국물이 바특하여 묽지 않다. 작톡톡하다.

툭-하면[투카-] 무 조금이라도 무슨 일이 있으면 버릇처럼 곧. 비걸핏하면. ¶저 애는 ~ 운다.

툰드라(tundra) 명[지] 유라시아 대륙·북아메리카의 북극 주변에 펼쳐진 거친 벌판. 일년 내내 얼음과 눈으로 덮여 있으며, 여름 동안만 지표가 조금 녹아 이끼류가 자람.

툴륨(thulium) 명[화] 희토류 원소의 하나. 원소 기호 Tm, 원자 번호 69, 원자량 168.934. 가돌리나이트 등에 들어 있는데, 희토류 원소 중 가장 적게 산출됨.

툴툴 무 마음에 맞지 않아 몹시 투덜거리는 모양. **툴툴-하다** 동자여

툴툴-거리다/-대다 동(자) 자꾸 툴툴하다. ¶그는 무슨 일이 있었는지 되는 일이 없다면서 **툴툴거렸다**.

툼벙 무 크고 묵직한 물건이 깊은 물에 떨어져 잠길 때에 나는 소리. 또는, 그 모양. ¶물에 ~ 빠지다. 작톰방. **툼벙-하다** 동자여

툼벙-거리다/-대다 동(자) 잇달아 툼벙 소리가 나다. 또는, 그런 소리를 내게 하다. ¶아이들이 물속에서 **툼벙거리며** 놀고 있다. 작톰방거리다.

툼벙-툼벙 무 툼벙거리는 소리. 또는, 그 모양. 작톰방톰방. **툼벙툼벙-하다** 동(자)(타)여

툽상-스럽다[-쌍-따] 형ㅂ <-스러우니, -스러워> 투박하고 상스럽다. =투상스럽다. ¶김은 아무 소리도 말려다가 속으로 그러운 데가 없지 않아 **툽상스럽게** 내뱉었다. 《이문구: 우리 동네 김씨》 **툽상스레** 무

툽툽-하다[-투파-] 형여 국물이 바특하여 묽지 않다. 작톱톱하다.

퉁¹ 명 <⑧鍮> 1 품질이 낮은 놋쇠. ¶~부처 / ~사발. 2 품질이 낮은 놋쇠로 만든 엽전.

퉁² 명 퉁명스러운 핀잔. =퉁바리. ¶~을 주다 / ~을 놓다 / ~을 맞다.

퉁³ 무 1 큰 북이나 속이 빈 나무통을 칠 때에 울려 나는 소리. 작통. 2 대포를 쏠 때에 울리는 소리.

퉁겨-지다 동(자) 1 숨겨졌던 일이나 물건이 뜻밖에 쑥 나타나다. 2 짜인 물건이 어긋나서 틀어지다. 3 노리던 기회가 어긋나다. 4 뼈의 관절이 어긋나다. ¶뼈마디가 **퉁겨져** 퉁퉁 부었어요. 작통겨지다.

퉁구리 명 1 (자립) 일정한 크기로 묶거나 사리어 감거나 싼 덩어리. 2 (의존) 1을 세는 단위로 이르는 말. ¶새끼 두 ~.

퉁구스^족(Tungus族) 명 동부 시베리아·중국·만주 등지에 분포하는 몽골계의 한 종족. 툭 나온 광대뼈, 작고 낮은 코, 검은 눈과 머리털, 황색 피부를 가짐.

퉁기다 동(자)(타) 1 짜인 물건이 어긋나서 틀어지게 하다. 2 다른 사람의 요구나 의견을 거절하다. 비퉁기다. 3 뼈의 관절을 어긋나게 하다. 작통기다. 4 (기타·하프 등의 현을) 당겼다 놓아 소리가 나게 하다. =튕기다. ¶기타 줄을 ~.

퉁-때 명 엽전에 묻은 때.

퉁-맞다[-맏따] 동(자) 퉁명스러운 핀잔을 당하다. =퉁바리맞다.

퉁명-부리다 동(자) 괜히 불쾌한 말이나 태도를 짓다.

퉁명-스럽다[-따] 형ㅂ <-스러우니, -스러워> 불쑥 하는 말이나 행동에 불쾌한 빛이 있다. ¶그는 워낙 무뚝뚝하고 **퉁명스러워** 말을 붙이기가 어렵다. **퉁명스레** 무

퉁-바리 명 =퉁². ¶~를 주다 / ~를 맞다 / 그는 공연한 얘기를 꺼냈다가 ~를 맞았다.

퉁바리-맞다[-맏따] 동(자) =퉁맞다.

퉁-방울 명 품질이 낮은 놋쇠로 만든 방울. ¶눈이 ~ 같다.

퉁방울-눈[-룬] 명 퉁방울처럼 불거진 눈.

퉁방울-이 명 1 눈이 퉁방울처럼 불거진 사람.

퉁소 명 <⑧洞簫> [음] 대로 만든 악기의 한 가지. 앞에 구멍이 다섯 개 있고, 뒤에 하나가 있으며, 세로로 붊. ×퉁소.

-퉁이 접미 1 '가' 또는 '가장자리'의 뜻을 나타내는 말. ¶귀~ / 모~. 2 사람의 신체 부위를 나타내는 말이나 사람의 태도나 성질을 나타내는 일부 추상 명사에 붙어, 그 부위를 낮추어 이르거나 그런 태도나 성질을 가진 사람을 얕잡아 이르는 말. ¶젖~ / 눈~ / 심술~ / 미련~.

퉁탕-거리다/-대다 동(자)(타) 단단한 물건을 함부로 요란스럽게 두드리거나 발로 구르는 소리가 나다. 또는, 그러한 소리를 내다. ¶아이들이 마루에서 **퉁탕거리며** 뛰어다닌다. 작통탕거리다.

퉁탕-퉁탕 무 퉁탕거리는 소리. 작통탕통탕. **퉁탕퉁탕-하다** 동(자)(타)여

퉁퉁¹ 무 몹시 살이 붓거나 찌거나 불어서 몸피가 굵은 모양. 작통통. ¶울어서 눈이 ~ 붓다. **퉁퉁-하다**¹ 형여 **퉁퉁-히** 무

퉁퉁² 무 1 발로 탄탄한 곳을 자꾸 구를 때 울려 나는 소리. 2 속이 빈 통 같은 것을 잇달아 두드릴 때 무디게 울리는 소리. 작통통. **퉁퉁-하다**² 동(자)(타)여

퉁퉁-거리다/-대다 동(자)(타) 잇달아 퉁퉁 소리가 나다. 또는, 그런 소리를 내다. 작통통거리다.

퉁퉁-걸음 명 발을 퉁퉁 구르며 걷는 걸음. 작통통걸음.

퉁퉁-증(-症)[-쯩] 명 1 일이 뜻대로 되지 않아 갑갑하게 여기며 골을 내는 증세. ¶팔룡이는 민며느리로 데려다가 기른 아내가 싫어서 날마다 ~을 놓는다더니….《이무영: 농민》 2 마음속으로만 분한 생각을 하고 겉으로는 나타내지 않는 증세.

퉤 튀 침 등을 함부로 뱉는 소리. 또는, 그 모양. ¶침을 ~ 뱉다.

퉤-퉤 튀 침 등을 함부로 잇달아 뱉는 소리. 또는, 그 모양. **퉤퉤-하다** 困(타여)

튀각 명 다시마·미역·파래 등을 기름에 튀긴 반찬. 특히, 절의 음식으로 많이 이용됨. ▷부각.

튀:기 명 1 종(種)이 다른 두 동물 사이에서 난 새끼. 町잡종. 2 인종이 다른 종족 간에 태어난 사람을 얕잡아 이르는 말. 町혼혈아. ×트기·매기.

튀-기다¹ 동(타) 1 (물이나 불꽃 따위를) 튀게 하다. ¶침을 ~ / 물을 ~. 2 (공 따위를) 쳐서 튀게 하다. ¶공을 ~. 3 =팅기다 1·3. ¶수판알을 ~. 困퇴기다.

튀기다² 동(타) 끓는 기름에 넣거나 불에 익혀 부풀어 오르게 하다. ¶기름에 빈대떡을 ~.

튀김 명 고기·생선·야채 따위에 밀가루를 묻혀 끓는 기름에 튀긴 음식. ¶오징어 ~ / 새우 ~.

튀김-옷[-옫] 명 녹말가루나 밀가루 따위로 입히는 튀김의 겉 부분.

튀니지(Tunisie) 명[지] 북아프리카의 중앙부, 지중해에 면한 공화국. 수도는 튀니스.

튀다 困 1 (작은 물체나 방울 등이) 터지는 힘에 의해, 또는 어떤 강한 힘을 받아 공중으로 세게 날아가다. ¶콩이 ~ / 불똥이 ~ / 침이 ~ / 물방울이 ~. 2 (탄성을 가진 물체가) 힘을 받거나 다른 물체와 부딪쳐 다소 센 힘으로 움직이거나 되다. ¶공이 벽에 맞아 ~ / 용수철이 **튀어** 나가다. 3 '달아나다'를 속되게 이르는 말. 특히, 아주 급박한 상황에서 빠르게 달아나는 것을 가리킴. 4 (차림새나 태도 등이) 남에게 거부감을 줄 만큼 눈에 잘 뜨이다. ¶옷 색깔이 너무 **튄다**. / 걔는 행동이 너무 **튀어서** 주위 사람이 싫어한다.

튀-밥 명 1 찹쌀을 볶아 튀긴 것. 유밀과(油蜜菓)에 붙임. 2 주전부리로 먹기 위해 쌀을 튀긴 것.

튀기다 동(困) 1 (길이를 가진 탄력성 있는 물체를) 한쪽으로 고정시킨 상태에서 다른 한쪽을 당기거나 끌었다가 놓아 힘 있게 되돌아가게 하다. ¶고무줄을 ~. 2 (가운뎃손가락이나 집게손가락을) 엄지손가락 끝으로 눌렀다가 놓음으로써 힘 있게 바깥쪽으로 펴지게 하다. 또는, 그렇게 함으로써 (엄지손가락과 다른 손가락 사이에 두었던 물체를) 힘 있게 떨어져 나가게 하다. ¶손가락을

튕겨 이마를 때리다 / 구슬을 손가락으로 ~. 3 (수판알을) 손가락 끝으로 빠르게 올리거나 내리다. =튀기다. ¶수판알을 재빠르게 ~. 4 (주로, '배'나 '배짱'을 목적어로 하여) 거래나 협상 등에서, 상대의 요구나 제안 등을 쉽게 받아들이거나 들어주지 않는 태도를 보이다. ¶상인이 한 푼도 깎아 줄 수 없다며 배짱을 ~. 5 =튕기다. 2 (물체가) 힘을 받는 상태에서 버티다가 더 버틸 수 없는 상태가 되어 빠르게 힘이 미치는 방향으로 움직이다. ¶용수철이 **튕겨** 나가다. 2 (차거나 던지거나 쏘거나 치거나 한 물체가) 다른 물체에 박히거나 꽂히거나 들어가거나 붙거나 하지 않고 바깥쪽으로 반사되듯 움직이다. ¶콘크리트 벽이라 보통 못은 아무리 힘껏 박아도 **튕겨** 나온다. 3 (사람이) 다른 사람의 요구나 제안 등을 쉽게 받아들이거나 들어주지 않는 태도를 보이다. 町튀기다. ¶모처럼 부탁하는데, 거 되게 **튕기네**.

튜너(tuner) 명[물] =동조기(同調器).

튜닉(tunic) 명 허리 밑까지 내려오는 여성용의 낙낙한 블라우스 또는 재킷.

튜닝(tuning) 명 1 라디오·텔레비전 방송 등에서 수신기나 수상기의 다이얼을 돌려 주파수를 동조(同調)시켜 특정한 방송국을 선택하는 일. 2 =조율(調律)². ¶. 3 자동차의 성능을 향상시키거나 겉모양을 보기 좋게 하기 위해 일부를 개조하는 일. ¶엔진 ~.

튜바(tuba) 명 [음] 금관 악기의 하나. 3~5개의 밸브를 가진 큰 나팔로, 장중한 저음을 냄.

튜브(tube) 명 1 치약·채료(彩料) 등을 넣고 짜내어 쓰게 된 용기(容器). 2 자동차·자전거 등의 고무 타이어에 바람을 채우는 고무관. ¶자동차 ~. 3 헤엄이 서투른 사람이 안전을 위하여 사용하는, 자동차 튜브 모양의 공기주머니.

튤립(tulip) 명[식] 백합과의 여러해살이풀. 높이 40cm가량. 땅속에 비늘줄기를 가지며, 늦봄에 노란색·붉은색·흰색 등의 종 모양의 꽃이 핌. 관상용으로 기름.

트기 명 '튀기'의 잘못.

트다¹ 困(트니, 터) 1 (물체가) 표면에 작은 틈이나 금이 생겨 벌어지다. 町갈라지다. ¶구두가 ~ / 장판이 ~. 2 (손등·발등·입술·뺨 등의 살갗이) 추위나 기타의 이유로 작은 틈이나 금이 생기다. ¶겨울이 되면 손발이 ~ / 신열 때문에 입술이 ~. 3 (동쪽 하늘이) 밤의 어둡던 상태에서 해의 환한 빛을 나타내기 시작하다. ¶희부옇게 먼동이 ~ / 동이 **트는** 새 아침. 4 (식물의 싹이나 움 등이) 씨나 열매나 가지 등에서 새로 돋아나거나 자라다. ¶싹이 ~. 5 (어떤 일이나 사람이) 이미 잘될 수 없는 가능성을 가지게 되다. 속된 어감의 구어(口語)임. ¶저 녀석 하는 꼴을 보면 잘되기는 예전에 **텄다니까**.

트다² 동(타)(트니, 터) 1 (사이를 막은 물체나 대상을) 한쪽 공간과 다른 쪽 공간이 서로 통하도록 없애거나 치우거나 하다. ¶물꼬를 ~ / 벽을 **터서** 두 방을 하나로 만들다. 2 (어떤 대상과 거래하는 관계를) 이뤄지게 하다. ¶거래를 ~ / 교역을 ~. 3 (사람이 다른 사람과 마음을) 스스럼없이 열어 서로 통하게 하다. ¶마음을 **트고** 이야기를 나누다. 4 (말을 어떤 사람과) 서로 해라체 또는 반말을

트더지다 하는 상태가 되다. ¶우리 이제부터 말을 트고 지내는 게 어때?

트더지다 통(자) '터지다 1 2'의 잘못.

트라이(try) 명 1 '시도(試圖)³'으로 순화. 2 [체] 럭비에서, 공격하는 편의 선수가 상대편의 인골 안에 공을 찍는 일. **트라이-하다** 통(자)(타)여

트라이아스-기(Trias紀) 명[지] 중생대의 첫 번째 기(紀). 파충류·암모나이트·겉씨식물이 성하고 포유동물이 출현했음. =삼첩기(三疊紀).

트라이아웃(tryout) 명 스포츠에서, 입단을 위한 실력 테스트.

트라이애슬론(triathlon) 명[체] 수영·사이클·마라톤의 세 종목을 연이어 겨루는 경기. 일반적으로 수영 3.9km, 사이클 180.2km, 마라톤 42.195km가 기준임. =철인 레이스.

트라이앵글(triangle) 명[음] 타악기의 하나. 강철봉을 정삼각형으로 구부린 것으로, 같은 재료의 금속봉으로 두들김. 매우 맑은 고음을 냄. =삼각철·칭칭이.

트라코마(trachoma) 명[의] 전염성이 있는 눈의 결막 질환. 눈꺼풀의 안쪽에 투명한 좁쌀만 한 것이 돋아남.

트래버스(traverse) 명 등산이나 스키에서, 비탈을 지그재그로 오르는 일.

트래블링(travelling) 명[체] 농구에서, 반칙의 하나. 경기자가 공을 드리블하지 않고 손에 든 채 세 발짝 이상 가는 것. =워킹(walking).

트래핑(trapping) 명[체] 축구에서, 굴러 오거나 날아오는 공을 발·허벅지·이마·가슴 등으로 멈추게 하는 기술.

트랙(track) 명 1 [체] 육상 경기장이나 경마장의 경주로. 2 [체] '트랙 경기'의 준말. 3 [컴] 자기 디스크·자기 테이프 등의 자기 기록 매체의 표면에서 자기 헤드(磁氣head)를 이동하는 일이 없이 판독이나 기록을 할 수 있는 연결된 부분.

트랙^경기(track競技) 명[체] 육상 경기장의 트랙에서 행하는 경기의 총칭. 단거리 달리기·릴레이 따위. ㈜트랙. ▷필드 경기.

트랙터(tractor) 명 화물 자동차에 실을 수 없을 만큼 크고 무거운 물건을 트레일러에 싣고 끄는 특수한 자동차. ▷견인자동차.

트랜스미션(transmission) 명 =변속기(變速機).

트랜스젠더(transgender) 명 타고난 신체의 성(性)을 부정하고 반대의 성으로 살고 싶어 하는 사람. 또는, 성전환을 한 사람.

트랜싯(transit) 명 측량 기계의 하나. 수평각과 연직각을 정밀하게 측정하기 위한 기계. 지상의 측량 및 천체 관측에 쓰임.

트랜지스터(transistor) 명 1 [물] 규소·게르마늄의 반도체를 이용한, 세 개 이상의 전극이 있는 소자(素子). 증폭·발진 등의 기능이 있으며, 컴퓨터 등에 쓰임. =결정 삼극관. 2 '트랜지스터라디오'의 준말.

트랜지스터-라디오(transistor radio) 명 트랜지스터·다이오드·집적 회로를 사용한 라디오. 휴대용인 것을 지칭하는 경우가 많음. ㈜트랜지스터.

트램펄린(trampoline) 명[체] 스프링이 달린 사각형 또는 육각형의 매트 위에서 뛰어오르거나 공중회전 따위를 하는 운동. 또는, 그 기구.

트랩¹(trap) 명 배나 항공기를 타고 내리는 데 쓰는 사다리. ¶~을 오르다[내려오다].

트랩²(trap) 명 1 배수관의 악취를 막기 위한 장치. 관의 일부를 'U'자, 'S'자 등으로 구부려 물을 고여 있도록 하여 둠. 2 증기난방에서 배관의 응결수를 배출하기 위한 장치. 3 사격의 표적으로서 점토로 만든 비둘기를 발사하는 장치.

트러블(trouble) 명 '불화', '말썽'으로 순화. ¶동료와 ~을 일으키다 / 상사와 ~을 빚다.

트러스(truss) 명[건] 여러 개의 직선 부재(部材)를 삼각형이나 오각형 모양으로 짜맞추어, 지붕이나 교량 등에 도리로 쓰는 구조물.

트러스트(trust) 명[경] 동일 업종의 기업이 자본적으로 결합한 독점 형태. 자유 경쟁에 의한 생산 과잉·가격 하락을 피하고, 시장 독점에 의한 초과 이윤의 획득을 목적으로 하여 형성됨. =기업 합동.

트럭(truck) 명 =화물 자동차.

트럼펫(trumpet) 명[음] 금관 악기의 한 가지. 음색은 대단히 날카롭고 높음. 특히, 재즈 음악에 많이 쓰임.

트럼프(†trump) 명 [본뜻은 카드놀이에서의 으뜸 패] 서양식 놀이딱지. 또는, 그 놀이. 다이아몬드·클럽·하트·스페이드가 각 13장씩, 조커가 한 장으로 모두 53장임.

트렁크(trunk) 명 1 여행용의 큰 가방. 2 자동차 뒤쪽의 짐 넣는 곳.

트렁크스(trunks) 명 남자용 운동 팬츠. 수영·권투 등에서 착용함.

트레드(tread) 명 1 차량에서, 좌우 차바퀴의 중심간 거리. 2 타이어의 노면에 접하는 면. 미끄럼을 방지하기 위해 홈을 팜.

트레-머리 명 옆으로 가르마를 타서 빗은 머리를 뒤에다 넓적한 모양으로 틀어 붙이는, 여자의 머리 모양.

트레몰로(@tremolo) 명[음] 한 음·두 음 또는 몇 개의 음을 될 수 있는 대로 빨리 반복하는 연주법. 주로 기악에 쓰임.

트레-바리 명 이유 없이 남의 말에 반대하기를 좋아하는 성격. 또는, 그런 사람.

트레-방석(-方席) 명 나선 모양으로 틀어서 만든 방석.

트레이너(trainer) 명 1 운동선수를 훈련·지도하는 사람. 2 말·개 따위의 조련사.

트레이닝(training) 명 체력 향상을 위한 훈련.

트레이드(trade) 명[체] 프로 구단 사이에서 소속 선수를 이적시키거나 교환하는 일. **트레이드-하다** 통(타)여 ¶선수를 타 구단에 ~.

트레이드-마크(trademark) 명 1 =상표(商標). 2 어떤 사람의 특징을 나타내는 외모·성향(性向) 따위. ¶입가의 큰 점은 그의 ~이다.

트레이싱^페이퍼(tracing paper) 명 =투사지(透寫紙).

트레일러(trailer) 명 동력을 갖지 않고 다른 견인차에 이끌려 화물이나 여객을 운반하는 차. 견인차를 포함하여 말하는 경우도 있음.

트레일러-트럭(trailer truck) 명 트레일러를 끄는 자동차. 기관과 앞의 운전실만 있고, 뒤에 트레일러를 연결하는 장치가 있음.

트레킹(trekking) 명 비교적 가벼운 배낭을 짊어지고 여유로운 마음으로 산이나 들을 걷는 여행.

트레-트레 [부] 빙빙 틀어진 모양. [작]타래타래. **트레트레-하다** [형][여]

트렌드(trend) [명] '유행', '경향²', '추세'로 순화. ¶소비자들의 새로운 ~.

트렌디(trendy) ➜**트렌디-하다** [형][여] 최신 유행을 따르는 특성이 있다. ¶**트렌디한** 멋〔패션〕.

트렌디^드라마(trendy drama) [명] 도시풍의 생활을 경쾌하고 감각적으로 그린, 신세대 취향의 텔레비전 드라마.

트렌치-코트(trench coat) [명] 방수(防水)가 되는, 외투의 한 가지. 모양은 더블이고 래글런 소매로, 같은 천으로 된 벨트가 달렸으며, 어깨에 덮개를 댄 것도 있음. 전체적으로 품이 넉넉함.

트로이^목마(Troy木馬) [-몽-] [명] 〔목마 속에 숨어서 성 안으로 들어간 그리스 병사들이 트로이를 멸망시켰다는 데에서〕 [컴] 인터넷을 통해 남의 컴퓨터에 숨어들어 그 정보를 빼내는 악성 프로그램.

트로이카([러]troika) [명] **1** 세 필의 말이 끄는 러시아 특유의 썰매나 마차. **2** 어떤 분야나 세계에서, 대립·견제의 관계, 또는 조화·협력의 관계에 있는, 세 명의 핵심적이고 영향력 있는 인물. 또는, 그 세 명에 의해 이뤄지는 틀이나 구도. ¶한국 영화계의 ~.

트로트(†trot) [명] 〔엔카(演歌)의 뿌리라고 할 수 있는 미국 폭스트롯(foxtrot)에서 따온 말임〕 [음] 우리나라 대중가요 형식의 하나. 정형화된 리듬에 일본 엔카에서 들어온 음계를 사용하여 구성지고 애상적인 느낌을 줌. [속]뽕짝.

트로피(trophy) [명] 경기 등에서, 입상을 기념하기 위해 수여하는 컵·기(旗)·방패·상(像) 따위의 기념품. ¶우승 ~ / 기념 ~.

트롤(trawl) [명][수산] '트롤망'의 준말.

트롤리-버스(trolley bus) [명] 도로 위에 가설된 가공선(架空線)에서 전력을 공급받아 궤도 없이 달리는 버스. =무궤도 전차. [준]트롤리.

트롤-망(trawl網) [명][수산] =저인망(底引網). [준]트롤.

트롬본(trombone) [명][음] 금관 악기의 하나. 두 개의 'U' 자 모양의 관을 맞추어 만들며, 관을 뽑거나 당기는 슬라이드 장치로 음의 높이를 변화시킴.

트롬빈(thrombin) [명][화] 혈액이 응고할 때에 피브리노겐을 피브린으로 변하게 하는 단백질 분해 효소. ▷피브린.

트롯(trot) [명] **1** 승마에서 말의 총총걸음을 이르는 말. **2** =폭스트롯.

트름 [명] '트림'의 잘못.

트리니다드^토바고(←Trinidad *and* Tobago) [명][지] 중앙아메리카의 카리브 해 남동쪽에 있는 트리니다드 섬과 토바고 섬으로 이루어진 공화국. 수도는 포트오브스페인.

-트리다 [접미] =-뜨리다.

트리밍(trimming) [명][사진] 화면의 불필요한 부분을 제거하여 구도를 조정하는 일.

트리비얼리즘(trivialism) [명][문] 사물이나 현상의 본질은 탐구하지 않고, 사소한 문제를 상세하게 서술하려는 태도. =쇄말주의(瑣末主義).

트리엔날레([이]triennale) [명] 3년마다 열리는 국제적 미술 전람회. 이탈리아의 밀라노에서 열리는 국제 미술전이 유명함.

트리오(trio) [명] **1** 세 사람으로 짜인 무리. ¶클린업 ~. **2** [음] 삼중창(三重唱) 또는 삼중주(三重奏). ¶남성 ~.

트리오^소나타(trio sonata) [명][음] 삼중주에 의한 소나타. =삼중 주명곡.

트리케라톱스(triceratops) [명][고고] 두 눈 위에 하나씩 길고 강한 뿔이 있고 코 위에 작은 뿔이 있는, 백악기 후기의 초식 공룡.

트리코모나스(trichomonas) [명][동] 원생동물 편모충류에 속하는 기생 원충(寄生原蟲)의 하나. 몸길이 5~30μm. 대부분의 동물 및 사람의 입 안, 창자, 질 등의 점막에 기생함.

트리톤(Triton) [명][신화] 그리스 신화에 나오는 바다의 신. 상반신은 인간이고 하반신은 물고기 모양인데, 큰 소라를 불어 물결을 다스린다고 함.

트리파노소마(trypanosoma) [명][동] 원생동물 동물성 편모충류 트리파노소마과의 한 속(屬). 몸길이 0.01~0.07mm. 몸은 방추형이고 1개의 편모가 있음. 척추동물의 혈액 속에 기생하며, 수면병 등의 병원체임.

트리플-더블(triple-double) [명][체] 농구에서, 한 경기에서 한 선수가 득점·리바운드·어시스트·가로채기·블록 슛 가운데 세 가지 부문에서 두 자릿수를 기록하는 일.

트리플^보기(triple bogey) [명][체] 골프에서, 기준 타수보다 셋 많은 타수로 공을 홀에 넣는 일.

트리플^플레이(triple play) [명][체] 야구에서, 한꺼번에 3명이 아웃되는 일. =삼중살(三重殺). ▷더블 플레이.

트리핑(tripping) [명][체] 축구·농구·아이스하키 등에서, 상대편 선수를 넘어지게 하는 반칙.

트릭(trick) [명] '속임수'로 순화. ¶~을 쓰다.

트릴(trill) [명][음] 어떤 음을 연장하기 위하여, 그 음과 2도 높은 음을 교대로 빨리 연주하여 물결 모양의 음을 내는 장식음. 기호는 tr. =떤꾸밈음·전음(顫音).

트:림 [명] 음식을 먹은 뒤에 소화가 잘 되지 않아 위에 찬 가스가 어떤 소리를 내면서 입 밖으로 나오는 현상. =애기. ¶~이 나오다. ▷신트림. ×트름. **트:림-하다** [동][자][여]

트립시노겐(trypsinogen) [명][생] 이자액 속에 분비되는 트립신의 효소원(酵素原).

트립신(trypsin) [명][생] 이자액에 함유된 소화 효소의 하나. 장 내에서 음식물 속의 단백질 및 그 분해 산물인 프로테오스와 펩톤에 작용하고 폴리펩티드와 소수의 아미노산을 만듦.

트릿-하다[-리타-] [형][여] **1** 먹은 음식이 잘 삭지 않아 가슴이 거북하다. **2** 〈속〉 (성격이) 맺고 끊는 데가 없이 흐리멍덩하다. ¶사람이 ~.

트위스트(twist) [명] 허리를 중심으로 상하체를 좌우로 흔들면서 추는 춤. 4/4박자의 경쾌한 음악에 맞추어 춤.

트-이다 [동][자] **1** (가리거나 막힌 것이) 없거나 없어져 환히 열린 상태가 되다. ¶훤히 **트인** 넓은 길 / 시야가 확 ~. **2** (막혔던 운(運)이) 열려 좋은 상태가 되다. ¶나이 40을 넘기면서 운이 ~. **3** (마음이나 가슴이) 답답함에서 벗어나는 상태가 되다. ¶실컷 울고 났더니 가슴속이 좀 **트이는** 것 같다. **4** (생각이나 지적 능력이) 낮은 수준이나 정도에서 상당한 수준이나 정도에 이르게 되다. [비]깨이다. ¶지능이 ~ / 문리(文理)가 ~. [준]틔

트임 圀 서양식 옷에서, 소맷부리나 재킷·스커트의 옷자락을 튼 것. =슬릿(slit).

트적지근-하다 [-찌-] 闓여 속이 조금 트릿하여 불쾌하다.

트집 圀 1 공연히 조그만 흠집을 들추어 불평을 하거나 말썽을 부림. ¶생~ / ~이 나다 / ~을 부리다. 2 한 덩이가 되어야 할 물건이나 일이 벌어진 틈.

트집(을) 잡다 관 남의 조그만 흠집을 들추어내어 공연히 괴롭게 굴다.

트집-거리 [-꺼-] 圀 공연히 들추어내어 말썽이나 불평을 일으킬 수 있는 흠집.

트집-쟁이 [-쨍-] 圀 트집만 자꾸 잡는 사람.

특가(特價) [-까] 圀 특별히 싸게 매긴 값.

특강(特講) [-깡] 圀 정규적 과정이 아닌, 특별히 마련한 강의. ¶토플(TOEFL) ~.

특경(特磬) [-경] 圀 국악기의 한 가지. 돌로 만든 타악기로 편경(編磬)보다 크며 한 가자(架子)에 하나만 다는데, 풍류를 그칠 때에 침.

특공-대(特攻隊) [-꽁-] 圀[군] 적을 기습 공격하기 위하여 특별히 편성·훈련된 부대. ¶~를 투입하다.

특과(特科) [-꽈] 圀 1 특수한 과목. 2 [군] 육군에서, 보병·포병·기갑·통신·공병 등의 전투 병과 이외의 다른 병과.

특권(特權) [-꿘] 圀 어떤 신분이나 자격이 있는 사람만이 특별히 가지는 권리. ¶불체포〔면책〕 ~ / ~ 의식 / ~을 누리다.

특권^계급(特權階級) [-꿘계-/-꿘게-] 圀[사] 사회적으로 특권을 누리는 계급. 지난날에는 세습적인 귀족 신분이나 성직자 등을 가리켰으나, 오늘날에는 권력이나 부(富)를 누리는 계층을 가리킴. =특권층(特權層).

특권-층(特權層) [-꿘-] 圀[사] =특권 계급.

특근(特勤) [-끈] 圀 근무 시간 외에 특별히 더 하는 근무. ¶~ 수당. 특근-하다 통째예

특급¹(特急) [-끕] 圀 '특급열차'의 준말.

특급²(特級) [-끕] 圀 특별한 계급이나 등급. ¶~ 위스키 / ~호텔.

특급-열차(特急列車) [-끕녈-] 圀 보통의 급행보다 속력이 빠른 열차. 쥰특급.

특기¹(特技) [-끼] 圀 특별히 뛰어난 기술이나 재능. ¶~을 살리다.

특기²(特記) [-끼] 圀 특별히 기록하는 것. ¶~ 사항. 특기-하다 통째예 ¶특기할 만한 일. 특기-되다 통째

특기-병(特技兵) [-끼-] 圀[군] 민간인으로 있을 때 습득한 특별한 기술이나 지식을 가지고 입대한 사병.

특단(特段) [-딴] 圀 (주로 '특단의'의 꼴로 쓰여) 어떤 행위의 강력함이나 각별함이 보통의 정도를 훨씬 넘은 상태에 있는 것. 근래에 쓰이기 시작하여 아직은 생소한 일본 한자어로, '특단의'를 '특별한'으로 고쳐 쓰는 것이 바람직함. ¶~의 조치 / ~의 배려.

특대¹(特大) [-때] 圀 특별히 큼. 또는, 그 물건. ⓑ킹사이즈. ¶~품(品) / ~호(號).

특대²(特待) [-때] 圀 특별한 대우. =특우(特遇). 특대-하다 통때예

특대-생(特待生) [-때-] 圀 학업 성적이 우수하고 품행이 방정하여 수업료 면제 등의 특전을 받는 학생.

특등(特等) [-뜽] 圀 특별히 뛰어난 등급. 보통 1등 위의 등급임. ¶~품(品) / ~석(席) / ~ 사수.

특등-실(特等室) [-뜽-] 圀 병원·기차·호텔 등에 마련된 가장 좋은 방. =특실.

특례(特例) [통녜] 圀 1 특별한 예. 2 특수한 전례.

특례-법(特例法) [통녜뻡] 圀[법] =특별법(特別法).

특매(特賣) [퉁-] 圀 1 특별히 싼 값으로 파는 것. ¶~품 / ~ 가격. 2 경쟁 입찰에 의하지 않고 수의 계약(隨意契約)에 의하여 특정인에게 파는 일. 3 보통 때는 팔지 않는 물건을 특별히 파는 것. 특매-하다 통째예 특매-되다 통째

특매-장(特賣場) [퉁-] 圀 따로 장소를 정하여 물건을 특히 싼 값으로 파는 곳. ¶공산품 ~.

특명(特命) [퉁-] 圀 1 특별한 명령. ¶~을 받다. 2 특별히 임명하는 것. 3 =특지(特旨)'. 4 [군] '특별 명령²'의 준말. 특명-하다 통째예 1 특별히 명령하다. 2 특별히 임명하다.

특명^전권^공사(特命全權公使) [퉁-꿘-] 圀[법] =공사(公使)⁴.

특명^전권^대사(特命全權大使) [퉁-꿘-] 圀[법] =대사(大使)².

특무(特務) [퉁-] 圀 특별한 임무.

특발-성(特發性) [-빨씽] 圀[의] 명확한 원인이 없이 병이 발생하는 성질. ¶~ 고혈압 / ~ 질환.

특별(特別) [-뺄] 圀 (주로 일부 명사 앞에서 관형어으로 쓰여) 어떤 일이나 대상이 보통의 경우와 달리 드물거나 썩 중요하거나 아주 뜻 깊거나 주목할 만하거나 예외에 속하는 상태에 있는 것. ¶~ 취재반 / ~ 대우. 특별-하다 闓여 ¶특별한 모임 / 특별한 사이 / 오늘은 우리 둘만을 위한 특별한 날이다. / 이분은 특별한 분이니 잘 모시게. 특별-히 閨 특별히 허락한다.

특별^검사제(特別檢査制) [-뺄-] 圀[법] 정치적으로 중립이 요구되는 사건을 다루기 위해, 기존의 검찰에 수사를 맡기지 않고 변호사 등을 특별 검사로 임명하여 독립적인 권한을 가지고 수사를 담당하게 하는 제도.

특별^교서(特別敎書) [-뺄-] 圀[정] 필요할 때 통치권자가 수시로 의회에 보내는 교서. ↔연차 교서.

특별-나다(特別-) [-뺄라-] 闓 =유별나다. ¶특별나게 행동하다.

특별^명령(特別命令) [-뺄-녕] 圀 1 특별히 내리는 명령. 2 [군] 한 부대 내의 개인 또는 소집단에 대하여 내리는 명령 형식의 지시. 쥰특명.

특별-법(特別法) [-뺄뻡] 圀[법] 특정한 지역·사람·사항에 한정하여 적용하는 법. =특례법. ↔일반법.

특별-비(特別費) [-뺄-] 圀 특별한 곳에 쓰기 위하여 별도로 계산하여 넣은 비용.

특별^사면(特別赦免) [-뺄-] 圀[법] 형의 선고를 받은 특정 범인에 대하여 형의 집행을 면제시키거나 유죄 선고의 효력을 상실시키는 조치. 쥰특사(特赦). ↔일반 사면.

특별-상(特別賞) [-뺄-] 圀 규정된 부문이나 사항 외에 특별한 부문이나 사항에 대하여 주어지는 상. ⓑ특상.

특별-석(特別席) [-뺄-] 圀 일반석보다 요

금이 특별히 비싸거나, 귀빈을 위해 따로 마련한 좌석. =특석. ↔일반석.
특별-세(特別稅) [-뻘쎄] [명] 특별한 목적을 위하여 부과한 세금.
특별-시(特別市) [-뻘-] [명] 정부가 직접 관할하는 상급 지방 자치 단체의 하나. 특별 행정 구역으로서, 국무총리 소속하에 있으며 중앙 행정 각 부의 지시·감독을 받음. 현재, 서울이 유일한 특별시임. ▷광역시.
특별^인출권(特別引出權) [-뻘-꿘] [명][경] 국제 통화 기금 가맹국이, 국제 수지가 악화되었을 때, 국제 통화 기금에서 무담보로 외화를 인출할 수 있는 권리. =에스디아르(SDR).
특별^활동(特別活動) [-뻘-똥] [명][교] 교과 활동 이외의 특별한 교육 활동. 자치회 활동·클럽 활동 등. [준]특활.
특별^회¦계(特別會計) [-뻘회계/-뻘훼게] [명][법] 특별한 사정이나 필요에 따라 일반 회계에서 분리하여 취급하는 국가 회계의 하나.
특보(特報) [-뽀] [명] 사회적 파장이 큰 긴급 뉴스를 특별히 보도하는 것. 또는, 그 보도. ¶KBS 뉴스 ~. **특보-하다** [동][타][여]
특사¹(特使) [-싸] [명] 특별한 임무를 띤 사절. ¶~를 파견하다.
특사²(特赦) [-싸] [명][법] '특별 사면'의 준말. ¶광복절 ~로 석방되다. **특사-하다** [동][타][여]
특산(特産) [-싼] [명] 어떤 물품·식물·동물 등이 지리적·환경적 요인에 따라 어느 지역에서 특별히 산출된 것임을 나타내는 말. ¶제주 ~ 명물 / 한국 ~ 어종 / 전주 ~ 요리.
특산-물(特産物) [-싼-] [명] 어느 지역에서 특별히 나는 농수산물이나 약초나 기타 생산물. ¶강원도 ~.
특산-품(特産品) [-싼-] [명] 지리적·환경적 요인에 따라 어느 지역에서 특별히 생산되는 물품. ¶담양의 ~인 죽세공품.
특상¹(特上) [-쌍] [명] 특별하게 고급임. 또는, 그 물건. ¶~품(品).
특상²(特賞) [-쌍] [명] 특별한 상. [비]특별상.
특색(特色) [-쌕] [명] 보통의 다른 대상과 비교했을 때 특별히 달라 주목을 끄는 점. 특히, 긍정적으로 다른 점. [비]특징·특장. ¶~을 잘 살리다 / 이번 행사는 예년에 비해 이렇다 할 ~이 없다. / 허스키한 목소리에 그 가수의 ~이 있다.
특석(特席) [-썩] [명] =특별석.
특선(特選) [-썬] [명] **1** 특별히 골라 뽑는 일. ¶여름 상품 ~. **2** 특히 우수하다고 인정되는 작품. ¶~으로 뽑히다. **특선-하다** [동][타][여] 특별히 골라 뽑다. **특선-되다** [동][자]
특설(特設) [-썰] [명] 특별히 설치하는 것. ¶~ 야외무대 / ~ 연구소. **특설-하다** [동][타][여]
특성(特性) [-썽] [명] 일정한 사물에만 있는 특징적인 성질. [비]특유성·특이성. ¶추위에 강한 ~을 가진 작물.
특수¹(特殊) [-쑤] [명] **1** 보통의 것과는 특별히 다른 것. ¶~ 시설. **2** 어떤 종류의 것 전체에 걸친 것이 아니라 한정된 약간의 것만을 이르는 말. ↔보편·일반. **특수-하다**¹ [형][여] ¶**특수한** 상황 / 장애자를 위해 **특수하게** 고안한 자동차.
특수²(特需) [-쑤] [명][경] 특별한 시기나 상황에서 늘어나는 수요. ¶설 ~를 겨냥한 홍보 전략.
특수³(特秀) [-쑤] ➡**특수-하다**² [-쑤-] [형][여] 특별히 뛰어나다.
특수-강(特殊鋼) [-쑤-] [명][화] 탄소강(炭素鋼)에 규소·망간·니켈·크롬·구리·몰리브덴·코발트 등의 원소를 가한 강. =합금강(合金鋼).
특수^교¦육(特殊教育) [-쑤-] [명][교] **1** 신체나 정신에 이상(異常)이 있는 사람에게 특별히 행하는 교육. **2** 특별한 교과나 학과만을 중심으로 하는 교육.
특수^문자(特殊文字) [-쑤-짜] [명] 컴퓨터에 사용되는 문자 따위와 같이 특별한 문자.
특수^상대성^이¦론(特殊相對性理論) [-쑤-썽-] [명][물] 광속도 불변의 원리를 바탕으로 하여, 서로 등속 직선 운동을 하고 있는 관측자에 대하여, 모든 물리 법칙은 같은 형식을 취한다는 이론. 1905년에 아인슈타인이 제창하였음. ↔일반 상대성 이론. ▷상대성 이론.
특수-성(特殊性) [-쑤썽] [명] 사물의 특수한 성질. [비]특이성. ¶지역적인 ~. ↔보편성.
특수-아(特殊兒) [-쑤-] [명] 심신(心身)의 발달이나 행동이 보통 어린이와는 다른 어린이.
특수^은행(特殊銀行) [-쑤-] [명] 국민 경제적 입장에서 특수한 목적을 위해 설립된 법인 형태의 은행. 한국 산업 은행·한국 수출입 은행·기업 은행·농업 협동조합·수산업 협동조합·축산업 협동조합 따위. =특별 은행. ↔일반 은행.
특수-학교(特殊學校) [-쑤-꾜] [명] **1** 신체·기능에 장애가 있는 자에게 특수 교육을 하는 학교. 맹아 학교·농아 학교 따위. **2** 특수한 학과나 교과를 가르치는 학교.
특수-화(特殊化) [-쑤-] [명] 일반적·보편적인 것을 특수한 성격의 것으로 만드는 일. 또는, 그렇게 만들어지는 일. **특수화-하다** [동][자][타][여] **특수화-되다** [동][자]
특식(特食) [-씩] [명] 특별히 잘 차려진 식사.
특실(特室) [-씰] [명] =특등실(特等室). ¶무궁화호 ~.
특약(特約) [명] 특별한 조건을 붙여 계약하거나 약속하는 것. ¶~ 판매. **특약-하다** [동][타][여]
특약-점(特約店) [-쩜] [명] 제조원이나 판매원과 특별한 계약을 맺고 물건을 거래하는 상점.
특-에이(特A) [명] 사물의 최상 등급.
특용(特用) [명] 특별하게 쓰이거나 쓰는 일. 또는, 그런 용도. **특용-하다** [동][타][여]
특용^작물(特用作物) [-장-] [명] 식용 이외의 특별한 용도에 쓰이는 농작물. 담배·차·삼·목화 등. ¶~ 재배.
특유(特有) [명] 일정한 사물에만 특별히 갖추어져 있는 일. ¶그 사람 ~의 정치 감각 / 제주도 ~의 풍속. ↔통유(通有). **특유-하다** [형][여]
특유-성(特有性) [-썽] [명] 특별히 가지고 있는 성질. [비]특성(特性). ↔통유성.
특융(特融) [명] 금전 등을 특별히 융통하는 것. **특융-하다** [동][타][여]
특이(特異) [명] **1** 여느 것과 특별히 다른 것. **2** 보통보다 훨씬 뛰어난 것. **특이-하다** [형][여] ¶**특이한** 체질 / 그는 성격이 ~ / **특이한** 재주.
특이-성(特異性) [-썽] [명] 두드러지게 다른 성질. [비]특수성·특성(特性).

특이^체질(特異體質)[―의] 어떤 물질에 대하여 보통 사람과는 달리 과민한 반응을 일으키는 체질. =특이질.

특작(特作)[―짝] 명 특히 우수한 작품.

특장(特長)[―짱] 명 특별히 뛰어난 장점. 비특색.

특전¹(特典)[―쩐] 명 1 특별히 베푸는 은전(恩典). ¶장학생에게 주는 ~ / ~을 입다. 2 특별한 규칙. 3 특별한 의식.

특전²(特電)[―쩐] 명 어떤 신문사의 독특한 전보 또는 전신. 주로 해외 특파원의 보도에 의한 것임.

특전-대(特戰隊)[―쩐―] 명 특수한 임무를 맡고 특별히 조직한 전투 부대. ¶공수 ~.

특정(特定)[―쩡] 명 특별히 누구라거나 어떤 것이라고 못 박거나 정해 놓음. ¶ ~ 인물 / ~ 사항. ↔불특정. **특정-하다** 타여 ¶ 사진은 기사 내의 **특정한** 사실과 관계없음. **특정-되다** 자

특정^범죄(特定犯罪)[―쩡―죄/―쩡―줴] 명법 형법·관세법·조세법·산림법·마약법 등의 특별 규정을 위반한 범죄. 이에는 가중 처벌의 원칙이 적용됨.

특정-인(特定人)[―쩡―] 명 특별히 지정한 사람. ↔일반인.

특제(特製)[―쩨] 명 특별히 만드는 일. 또는, 그 제품. ¶ ~품. **특제-하다** 타여

특종¹(特種)[―쫑] 명 1 특별한 종류. 2 '특종 기사'의 준말. ¶ ~ 감 / ~ 을 잡다.

특종²(特鐘)[―쫑] 명음 국악기의 하나. 아악을 시작할 때 치는 큰 종. 한 가자(架子)에 하나를 닮. =금종(金鐘).

특종^기사(特種記事)[―쫑―] 명 어느 한 신문사나 잡지사 등에서만 얻은 특별한 기사. ¶ ~ 를 1면 톱으로 보도하다. 준특종.

특주(特酒)[―쭈] 명 1 특수한 방법으로 빚은 질이 좋은 술. 2 =동동주

특지¹(特旨)[―찌] 명 임금의 특별한 명령. =특교(特敎)·특명(特命).

특지²(特志)[―찌] 명 1 좋은 일을 위한 특별한 뜻. 2 '특지가'의 준말.

특지-가(特志家)[―찌―] 명 뜻있는 일을 하고자 하는 사람. 준특지.

특진¹(特診)[―찐] 명 종합 병원에서 환자의 요청에 따라 특정한 의사(전문의 자격을 취득한 지 10년 이상 된 의사)가 진료하는 일. ¶ ~을 받다. **특진-하다**¹ 타여

특진²(特進)[―찐] 명 공로가 뛰어나 특별히 진급하는 것. ¶ ~ 대상자. **특진-하다**² 자여 ¶1계급 ~.

특질(特質)[―찔] 명 1 어떤 사물에만 있는 특수한 성질. 2 특별한 품질.

특집(特輯)[―찝] 명 신문·잡지·방송 등에서, 특정한 문제를 중심으로 하여 편집함. 또는, 그 편집물. ¶ ~ 방송[기사] / 송년 ~ / ~으로 꾸미다.

특징(特徵)[―찡] 명 다른 것과 눈에 띄게 다른 점. 비특색. ¶이 사전의 ~은 풍부한 예문에 있다. / 우리나라 국토는 산지가 매우 많다는 ~을 가지고 있다.

특징-적(特徵的)[―찡―] 관명 특징이 되는 (것).

특징-짓다(特徵―)[―찡진따] 타여ㅅ<―지으니, ―지어> 어떤 사물이 가지는 특징을 규정하다.

특차(特次)[교] 대학 입시에서, 정시에 앞서 시험을 특별히 시행하는 것. 또는, 그 시험. ¶ ~ 시험 / ~ 모집 / ~에 합격하다.

특채(特採) 명 공개적 시험을 거치지 않고, 추천이나 소개, 스카우트 등을 통해 특별히 하는 채용. ▷공채. **특채-하다** 타여 **특채-되다** 자

특청(特請) 명 특별히 청하는 일. 또는, 그 청. **특청-하다** 타여

특출(特出)→**특출하다** 형여 특별히 뛰어나다. ¶ ~ 한 인물.

특칭(特稱) 명 1 전체에서 그것만을 특히 가리켜 일컬음. 또는, 그 칭호. 2[논] 주사(主辭)가 나타내는 사물의 일부분에 관한 것임을 나타내는 일. 또는, 그 칭호. '어떤', '이', '그', '한' 따위의 말이 쓰임. ↔전칭(全稱).

특칭^판단(特稱判斷) 명[논] 정언적 판단의 한 가지. 주사(主辭)의 일부분에 관하여 무엇을 주장하는 판단. ▷전칭 판단.

특특-하다[―트카―] 형여 피륙 등의 바닥이 촘촘하고 두껍다. 작탁탁하다.

특파(特派) 명 특별히 파견하는 일. **특파-하다** 타여 ¶기자를 현장에 ~. **특파-되다** 자 ¶해외 지사로 ~.

특파-원(特派員) 명 1 특별한 임무를 위하여 파견한 사람. 2 뉴스의 취재·보도를 위하여 외국에 파견되어 있는 언론 기자. ¶해외 ~.

특판(特販) 명 상품의 홍보 또는 보급을 위해 특별히 판매하는 일.

특판-가(特販價)[―까] 명 상품의 홍보 또는 보급을 위해 특별히 판매하는 가격.

특판-장(特販場) 명 상품의 홍보 또는 보급을 위해 특별히 전시하여 판매하는 곳. ¶농산물 ~.

특품(特品) 명 특별히 좋은 물품.

특허(特許)[트커] 명 1 특별히 허락하는 일. 2[법] 어떤 사람의 창안으로 이루어진 공업적 발명의 전용권(專用權)을 본인 또는 그 승계자에게만 부여하는 행정 행위. ¶신안(新案) ~. 3 [법] '특허권'의 준말. ¶ ~을 얻다. **특허-하다** 타여 특별히 허락하다.

특허-권(特許權)[트커꿘] 명[법] 공업 소유권의 하나. 자연법칙을 이용한 기술적 사상 가운데 고도의 것(발명)으로 산업상 이용할 수 있는 것에 대하여, 그 고안에 관계되는 방법·물품을 배타적 또는 독점적으로 사용·제조·양도할 수 있는 권리. 준특허.

특허-법(特許法)[트커뻡] 명[법] 발명을 장려·보호·육성함으로써 기술의 진보·발전을 도모하고 국가 산업의 발전에 기여하게 함을 목적으로 하는 법률.

특허-증(特許證)[트커쯩] 명 특허권 설정의 등록을 필한 특허권자에게 발부되는 증명서.

특허-청(特許廳)[트커―] 명 산업 자원부 장관 소속하에 설치된 기관의 하나. 특허·실용 신안·의장(意匠) 및 상표에 관한 사무와 이에 대한 심사·심판 및 항고 심판 사무를 관장함.

특허-품(特許品)[트커―] 명[법] 특허권이 부여된 물품. 또는, 특허를 얻은 상품.

특혜(特惠)[트케/트케] 명 특별한 혜택. ¶ ~를 받다.

특혜^관세(特惠關稅)[트케―/트케―] 명 특정한 나라의 생산품 또는 선박에 대하여 부과하는, 일반 세율보다 낮은 관세. ▷차별 관세.

특혜^무역(特惠貿易)[트케―/트케―] 명[경] 특혜 관세를 적용하는 무역. ▷호혜

역(互惠貿易).
특화(特化)[트콰] 명 1 (어떤 대상을) 구조·기능·역할 등을 특수하게 특별하게 하는 것. 2 한 나라의 산업 구조나 수출 구성에 있어서 특정 산업 또는 상품이 상대적으로 큰 비중을 차지하는 상태가 되게 하는 것. ¶~산업. **특화-하다** 困困 **특화-되다** 통
특활(特活)[트콸] 몡[교] '특별 활동'의 준말.
특효(特效)[트쿄] 명 특별한 효험.
특효-약(特效藥)[트쿄―] 몡 어떤 병에 대하여 특별히 효능을 발휘하는 약. 말라리아에 대한 키니네, 폐렴에 대한 페니실린 따위.
특히(特―)[트키] 뷔 보통과는 다르게. ¶~조심할 일 / ~ 좋아하는 음식.
튼실-하다(―實―) 혱엠 튼튼하고 실하다.
튼튼-하다 혱엠 1 (구조물이나 물건이) 지어지거나 만들어진 상태에 있어서 좀처럼 부서지거나 무너지거나 결딴나거나 끊어지거나 하지 않는 상태에 있다. ¶**튼튼하게** 지은 건물 / **튼튼한** 밧줄로 묶어 놓다. 짝탄탄하다. 2 (사람의 몸이나 뼈나 이 등이) 단단하고 굳세거나 병에 잘 걸리지 않는 힘을 가진 상태에 있다. 비건강하다. ¶위가 ~ / 몸이 **튼튼한** 어른이. 3 (조직이나 기구, 또는 그것을 움직이는 바탕이) 쉽게 무너지거나 흔들리지 않는 상태에 있다. ¶국가의 재정이 ~ / 나라가 **튼튼해야** 국민이 안심하고 살 수 있다. 4 (사상이나 정신이) 나약하지 않고 든든히 없이 굳건하고 확고하게 갖춰진 상태에 있다. ¶정신 무장을 **튼튼하게** 하다. **튼튼-히** 뷔
틀 몡 1 어떤 물건을 받치거나 버티거나 끼우거나 팽팽히 켕기게 하기 위해, 네모나게 테 두리나 뼈대를 짜 놓은 물건. ¶문~ / 창~ / 사진~. 2 액체 상태의 물질을 부어서 어떤 모양으로 굳힐 수 있도록, 그 모양을 음각 또는 양각으로 새긴 물건. ¶쇳물을 ~에 붓다. 3 물건을 만들거나 다룰 때 주로 손으로 움직이며 사용하는, 비교적 간단한 간단한 기계. ¶베~ / 솜~ / 국수~. 4 '재봉틀'을 줄여서 이르는 말. ¶손(발)~. 5 일정하게 형성된 격식이나 방식. ¶~에 박힌 말. 6 사람, 특히 남자의 몸이 외적으로 갖추고 있는 생김새나 균형. 비틀거리·풍채·허우대. ¶~이 좋은 40대 남자.
틀에 맞추다 일정한 형식이나 격식에 기계적으로 맞추다. ¶**틀에 맞춘** 교육.
틀(이) 잡히다 꾸 격에 어울리게 틀이 이루어지다. ¶이젠 사업도 제법 **틀이 잡혀** 간다.
틀거지 명 듬직하고 위엄이 있는 겉모양. 비틀. ¶~가 있다.
틀-국수[―쑤] 몡 틀에 넣어 눌러서 뺀 국수. ↔칼국수.
틀-니[―리] 명 이가 모두 **빠졌거나** 많이 빠졌을 때 잇몸에 자유롭게 끼웠다 뺏다 하면서 사용할 수 있게 만든, 인공의 이로 된 이. 비의치(義齒). ¶~를 해 넣다.
틀다 동탄〈트니, 토오〉1 (길이를 가진 물체를) 그 축을 중심으로 꼬이는 상태가 되게 돌리다. ¶앉아 있기가 전력이 나는지 학생들이 자꾸 몸을 **틀고** 있다. 2 (돌려서 잠갔다 열었다 하는 나사 구조의 물건이나 라디오·텔레비전·전축 등의 스위치를) 열리거나 작용하는 쪽으로 돌리거나 누르거나 하다. ¶수도꼭지를 ~ / 라디오를 ~. 3 (일정한 방향으로 나아가는 물체의 방향이나 방향을 잡는 도구를) 돌리어 다른 방향이 되게 하다. ¶운전사가 자동차를 왼쪽으로 ~ / 핸들을 오른쪽으로 ~. 4 (일)이 되어 가는 대로 두지 않고 전혀 다른 상태가 되게 하다. ¶잘되어 가던 일을 김 과장이 중간에 **틀어** 버렸다. 5 (일정한 머리 모양을) 머리털의 가닥을 꼬아 이뤄지게 하다. ¶상투를 ~. 6 (어떤 형태의 물건을 짚·대·싸리 따위로) 엮거나 꼬아서 만들다. ¶가마니를 ~ / 둥지를 ~. 7 (오랫동안 눌리어 탄력성이 없어진 솜을) 기계[솜틀]에 넣고 돌리거나 활로 부풀려 가볍고 푹신푹신한 상태가 되게 하다. ¶솜을 ~. 8 둥지(를) 틀다 →둥지. 주리(를) 틀다 →주리.
틀리다¹ I 통 ①재 1 (어떤 일이나 대상이) 옳은 것이나 표준적인 것이 아닌 상태가 되다. ¶계산이 ~ / 답이 ~ / 얘기를 끝까지 들어 보지도 않고 화부터 낸 네가 **틀렸어**. 2 (어떤 일이나 대상이나 말이) 이미 주어진 것이나 이전의 말과 마땅히 같아야 함에도 달라진 상태가 되다. ¶어, 물건이 **틀리네**? 주문한 것과 다른데 어찌 된 일입니까? 3 (주로 선어말 어미 '-었-'이나 관형사형 어미 '-ㄹ' 등과 함께 쓰여) (어떤 일이나 사람이) 잘되거나 좋게 될 가망이 없는 상태가 되다. ¶아, 이제 다 **틀렸다**! / 그가 돌아오기는 애초에 **틀린** 일이야. 4 (마음이) 어떤 일에 상하거나 언짢은 상태로 되다. 비꼬이다·뒤틀리다. ¶심사가 ~. ②탄 (문제의 답을) 바르게 맞히지 못하다. ¶3번 답을 ~.
Ⅱ형 '다르다'의 잘못.
틀-리다² 동재 '틀다'의 피동사. ¶수도꼭지가 **틀리지** 않는다.
틀림-없다[―업따] 혱 어긋남이 없다. 비확실하다. ¶그의 계산 / 그는 **틀림없는** 사람이니 믿어도 된다. **틀림없-이** 뷔 ¶그는 오늘 밤 안으로 ~ 올 것이다.
틀-바느질 몡 재봉틀로 하는 바느질. **틀바느질-하다** 통困
틀-스럽다 [―따] 혱ㅂ〈~스러우니, ~스러워〉 (겉모양이) 듬직하고 위엄이 있다. **틀스레** 뷔
틀어-넣다[―너타] 통탄 비좁은 자리에 억지로 돌리면서 들이밀어 넣다. ¶빈 병 속에 헝겊을 **틀어넣어** 깨끗이 닦다.
틀어-막다[―따] 통탄 1 무엇을 틀어넣어 통하지 못하게 하다. ¶쥐구멍을 시멘트로 ~. 2 말이나 행동을 제멋대로 하지 못하게 막다. ¶그는 말을 떼기가 무섭게 내 입을 **틀어막았다**. 3 (잘못된 일이) 드러나지 않도록 억지로 막다.
틀어-박다[―따] 통탄 1 (물건을 좁은 곳에) 억지로 밀어 넣다. ¶그는 차비로 쓰라며 돈봉투를 내 주머니에 **틀어박았다**. 2 (머리 따위를 어느 곳에) 파묻듯 깊숙이 대다. ¶그 여자는 침대에 머리를 **틀어박고** 엉엉 울었다. 3 무엇을 어떤 곳에 아무렇게나 오래 넣어 두다. ¶양말짝을 책상 밑에 **틀어박아** 두다.
틀어박-히다[―바키―] 통재 1 밖에 나가지 않고 집 안에만 있다. 또는, 죽치고 있다. ¶하릴없이 집구석에 ~. 2 '틀어박다'의 피동사.
틀어-잡다[―따] 통탄 1 단단히 움켜잡다. 2 무엇을 자기 손안에 완전히 들게 하다.
틀어-쥐다 통탄 1 단단히 꼭 쥐다. ¶주먹을 ~. 2 무엇을 완전히 자기 마음대로 하다. ¶

틀어-지다 〖동〗㈜ 1 (물체가) 반듯하고 곧바르지 않고 굽거나 꼬이다. ¶줄이 ~. 2 사귀는 사이가 원만하지 않게 되다. ¶두 사람 사이가 ~. 3 마음이 상하여 토라지다. ¶그 친구, 연락도 없는 걸 보니 단단히 **틀어진** 모양이군. 4 꾀하던 일이 어그러지다. ¶계획이 ~/…아마도 열에 아홉은 다 될 뻔하였던 연전 교수의 자리도 **틀어져** 버렸다.《이광수: 흙》

틀-지다 〖형〗 (겉모습이) 당당하고 위엄이 있다. ¶틀진 걸음걸이.

틀-톱 〖명〗 두 사람이 양쪽에서 밀고 당기면서 켜게 된 톱.

틈 〖명〗 1 물체의 어느 부분, 또는 서로 거의 붙거나 이어져 있는 물체와 물체에 벌어져 있는 작은 공간. ㉫사이·간극·틈새·틈바구니. ¶창문 ~으로 바람이 들어서 오너라. 2 어떤 자리에 어울려 있는 여러 사람의 사이. 어울릴 입장이 아니거나 그 자리에 표가 나는 상태에 있는 사람에 대해 쓰는 말. ¶어린아이가 어른들 ~에 끼여 말참견을 하다 / 남자들 ~에 여자가 혼자 끼여 있다. 3 어떤 일을 할 수 있는, 비교적 짧은 시간. ㉫기회·겨를. ¶~을 내다 / 잠시도 쉴 ~이 없다. / 틈만 있으면 책을 읽는다. 4 친하던 관계가 멀어진 상태. ¶연인 관계의 두 사람 사이에 ~이 생기다.

틈-나다 〖동〗㈜ 겨를이 생기다. ¶**틈나는** 대로 한번 찾아가겠네.

틈-내다 〖동〗㈜ 어떤 일을 위해서 겨를을 얻다. ¶아무리 바빠도 틈내어 오너라.

틈-바구니 〖명〗'틈¹'을 말체로 이르는 말. ¶많은 사람들의 ~에 끼여 새우잠을 갔다. / 두 사람이 싸우는 ~에 끼여 매우 난처한 입장이 되었다. 㐀틈바귀.

틈-바귀 〖명〗 '틈바구니'의 준말.

틈-새 〖명〗 벌어져 난 틈의 사이. ¶문 ~로 내다보다.

틈-새기 〖명〗 틈의 아주 좁은 부분. ¶옷자락이 ~에 끼다.

틈새-시장(-市場) 〖명〗 기존의 영업 조직이나 영업 방식이 미치지 못하고 있어, 새로 영업이나 장사를 시작하는 사람이 파고들어 볼 만한 잠재된 시장. ¶~을 노리다.

틈-서리 〖명〗 틈이 난 부분의 가장자리.

틈입(闖入) 〖명〗 기회를 타서 느닷없이 함부로 뛰어드는 것. **틈입-하다** 〖동〗㉧㉠ ¶불온 세력이 학내에 ~.

틈-타다 〖동〗㉧ 1 겨를을 얻다. ¶점심시간을 **틈타** 우체국에 다녀오다. 2 기회를 얻다. ¶밤을 **틈타서** 달아나다.

틈틈-이 〖부〗 1 틈이 난 구멍마다. ¶문풍지를 ~ 붙이다. 2 틈이 있을 때마다. ㉫짬짬이. ¶일하면서 ~ 공부하다.

틕:다 [티-] (틱:고 / 틱어) 〖동〗㈜ '트이다'의 준말. ¶가슴이 환히 **틱는** 듯하다.

틕-우다 [티-] 〖동〗㉧ '트이다'의 사동사. ¶벽을 ~.

티¹ 〖명〗 1 고체의 극히 잘게 부스러진 조각. ¶눈에 ~가 들어가다. 2 조그마한 흠집. ¶~ 없이 맑은 얼굴 / 옥(玉)에도 ~가 있다. (속담)

티(를) 뜯다 〖관〗 공연히 결점을 찾아내어 자꾸 시비하다. ¶티가 있지 못 하는 일을 남이 하면 으레 흠을 잡아 보고 싶고 **티를 뜯어** 보고 싶은 것이 세정(世情)입니다.《김소운: 목근 통신》

티² 〖명〗 어떤 태도나 기색. ¶나이 ~ / 시골 ~ / 촌 ~ / 티를 내다 / 궂한 ~가 나다.

티³(T) 〖명〗 '티셔츠'의 준말. ¶그는 ~만 하나 걸치고 밖에 나갔다.

티⁴(tea) 〖명〗 차(茶). 특히, 홍차.

티⁵(tee) 〖명〗 골프에서, 제1타를 칠 때 공을 올려놓는, 고무·나무·플라스틱 등으로 만든 받침대. ¶~ 그라운드.

티각-태각 〖부〗 '티격태격'의 잘못.

티격-나다 [-겨-] 〖동〗㈜ 서로 뜻이 맞지 않아 사이가 벌어지다.

티격-태격 〖부〗 서로 뜻이 맞지 않아 이러니저러니 시비를 따지는 모양. ¶의견이 달라 ~ 싸우다. ✕티격태격·티각태각. **티격태격-하다** 〖동〗㉧㉠

티^그라운드(←teeing ground) 〖명〗㉦ 골프에서, 각 홀의 제1타를 치는 구역.

티껍다 〖형〗〈방〉 더럽다 (평북)

티끌 〖명〗 1 흙의 작은 알갱이. 또는, 말끔한 공간이나 물체에 더러움이나 흠을 가져다주는, 아주 작은 물체의 조각. ㉫분뇨(粉尿). ¶방에 ~ 하나 없게 쓸고 닦다. 2 양적으로 아주 미미한 상태를 비유적으로 이르는 말. 또는, 아주 무가치한 상태를 비유적으로 이르는 말. ¶불의와 타협할 생각은 ~만큼도 없다. / 그는 아랫사람을 ~만큼도 여기지 않는다.

[**티끌 모아 태산**] 아무리 적은 물건이라도 조금씩 쌓이면 나중에 큰 덩어리가 된다는 말. '진합태산(塵合泰山)'과 같은 말.

티끌-세상 〖명〗 복잡하고 어수선한 세상. ㉫진세(塵世)·진경(塵境)·진계(塵界).

티눈 〖명〗 오랫동안 눌리거나 마찰됨으로써 발바닥이나 발가락이나 손바닥 등의 살갗에 생겨 건드리면 아픔을 느끼게 하는, 약간 도드라지고 딴딴해진 살. 한의학 용어는 계안창(鷄眼瘡). ≡육자. ¶~이 박히다.

티라노사우루스(tyrannosaurus) 〖명〗〖고〗 앞다리가 짧고 꼬리는 길며 굵고 큰 뒷다리로 보행하는, 백악기 후기의 육식 공룡. 몸길이 약 15m.

티록신(thyroxine) 〖생〗 갑상선의 여포(濾胞) 세포에서 분비되는 호르몬. 물질대사를 높이고 정신·신체의 성장·발육을 촉진함.

티-백(tea bag) 〖명〗 1회분의 차(茶)를 넣은 종이 봉지. 끓는 물에 담그면 차가 우러나게 되어 있음.

티브이(TV) 〖명〗 [television] =텔레비전.

티브이에이(TVA) 〖명〗 [Tennessee Valley Authority] 미국의 뉴딜 정책의 하나로 1933년에 설립한, 테네시 강 유역 개발 공사(公社). 또는, 그 사업.

티셔-쓰(T-) 〖명〗 =티셔츠.

티^샷(tee shot) 〖명〗㉦ 골프에서, 티 그라운드에서 치는 제1타.

티석-티석 〖부〗 거죽이나 면이 고르게 반지랍지 못하고 푸석푸석한 모양. ㉠테석테석. **티석티석-하다** 〖형〗㉠

티셔츠(←T-shirt) 〖명〗 'T'자 모양으로 생긴 반소매 셔츠. ㉫티샤쓰, 티셔쓰.

티슈(tissue) 〖명〗 화장용의 얇고 부드러운 질 좋은 종이. ㉫화장지.

티스푼(teaspoon) 〖명〗 =찻숟가락.

티아민(thiamine) 〖명〗〖화〗 =비타민 비 원.

티엔티(TNT) 〖명〗 [trinitrotoluene] 〖화〗 톨루엔에 질산과 황산의 혼합물을 작용시켜 얻는 화합물. 황색의 침상(針狀) 결정으로, 폭약으로서 널리 쓰임. =트리니트로톨루엔.
티오(TO) 몡 [table of organization] 조직표나 편제표에 따른 정원(定員). ¶~가 꽉 차다/~를 대폭 늘리다.
티읕[-읃] 몡 [언] 한글 자음 'ㅌ'의 이름 (2117쪽 '한글 자모' 참고).

> **어법** 티읕이, 티읕을: [티으티], [티으틀](×)→[티으시], [티으슬](O). ➡ 원칙적인 발음 대신 현실 발음을 인정하여 표준 발음법에 규정화한 것임(발16).

티-자(T-) 몡 'T' 자 모양으로 생긴 제도용 큰 자.
티저^광ː고(teaser廣告) 몡 소비자들의 호기심을 유발하기 위해, 한꺼번에 그 내용을 다 드러내지 않고 여러 번에 걸쳐 조금씩 드러내는 기법의 광고.
티커(ticker) 몡 증권 거래소에서, 시시각각 변동하는 시세를 통보·수신(受信)하는 유선 인자식 전신기.
티케(Tyche) 몡 [신화] 그리스 신화에 나오는, 행복과 운명의 여신(女神). 로마 신화의 포르투나에 해당함.
티케이오(TKO) 몡 [technical knockout] [체] 권투에서, 한쪽 선수가 경기를 계속하는 것이 위험할 정도로 부상하였을 경우에, 심판이 시합을 중단시키고 승패를 결정짓는 일.
티켓(ticket) 몡 **1** 입장권·승차권·구매권 등의 표. **2** 주로 스포츠에서, 경쟁을 통해서 얻어야 하는 출전 자격. ¶월드컵 본선에 진출하는 ~을 따다.
티켓-다방(ticket茶房) 몡 손님에게 티켓을 발행하여 여종업원과 다방이 아닌 다른 곳에서 유흥을 즐길 수 있게 하고 돈을 받는 불법 다방.
티크(teak) 몡 [식] 마편초과의 열대성 낙엽교목. 높이 25~30m. 줄기는 곧고 나무껍질은 회백색임. 재목은 가볍고 팽창·수축이 적으며 오래도록 썩지 않아 조선(造船)·가구·차량·조각재로 쓰임.
티타늄(titanium) 몡 [화] =티탄.
티-타임(teatime) 몡 차 마시는 시간.
티탄(Titan) 몡 [화] 은백색의 금속 원소. 원소 기호 Ti, 원자 번호 22, 원자량 47.88. 가볍고 단단하며 내식성이 커서 초음속 항공기의 기체(機體) 재료 등으로 쓰임. =티타늄.
티티-새 몡 [동] =개똥지빠귀.

티푸스(typhus) 몡 [의] 세균의 감염으로 일어나는 장티푸스·파라티푸스·발진 티푸스의 총칭. 모두 법정 전염병이며, 고열·발진 등의 증상을 나타냄. ¶~균(菌).
틴들^현ː상(Tyndall現象) 몡 [물] 투명 물질 중에 많은 미립자가 분산되어 있는 경우, 투사된 광선이 사방으로 산란되어 광선의 통로가 흐리게 보이는 현상.
틴-에이저(teen-ager) 몡 13세부터 19세까지의 소년 소녀. ▷하이틴.
틸트(tilt) 몡 [기울인다는 뜻] [영] 촬영할 때, 카메라의 위치를 고정시킨 상태에서 앞부분만 위 또는 아래로 움직이는 일. ▷팬(pan).
팀(team) 몡 **1** 같은 일에 종사하는 한 무리의 사람. ¶~을 구성하다. **2** [체] 운동 경기의 단체. 곧, 두 패로 나누어 행하는 경기의 한 편짝. ¶첫(백) ~ /~플레이.
팀^스피릿(Team Spirit) 몡 [군] 1976년 이후, 한반도의 유사시에 대비하여 한국군·주한 미군 및 미국 본토에 있는 미군이 합동으로 실시해 온, 방어 계획의 한미 합동 군사 훈련.
팀-워크(teamwork) 몡 팀 구성원이 협동하여 해 나가는 상태. 또는, 그들 상호 간의 연대(連帶). ¶경기에서 이기기 위해서는 선수 개개인의 능력 못지않게 ~가 중요하다.
팀-장(team長) 몡 어떤 일을 함께 하는 팀의 우두머리.
팀파니(①timpani) 몡 [음] 타악기의 하나. 반구형의 북으로, 평면에 쇠가죽을 대고 그 둘레의 나사로써 음률을 조절함. 음역은 저음임.
팀^파울(team foul) 몡 [체] 농구에서, 한 팀의 선수들이 전후반에 각각 범한 파울. 파울이 전후반에 각각 7개가 넘을 경우 파울을 범할 때마다 상대 팀에게 자유투를 허용함.
팀-플레이(team play) 몡 스포츠나 그 밖의 공동 작업에서, 여러 사람의 힘에 의하여 승리 또는 일의 좋은 성과를 위하여 협력하는 일.
팁(tip) 몡 **1** 음식·술 등을 팔거나 서비스업을 하는 곳에서, 손님이 시중을 들거나 봉사하는 사람에게 고마움의 대가로 정해진 요금 외에 주는 돈. ¶~을 주다. **2** [경] 주식 시세를 움직일 만한 정보를 남보다 먼저 아는 것.
팅팅 閈 **1** '땡땡'의 거센말. ¶얻어맞아 눈두덩이 ~ 부어올랐다. **2** 면 따위가 불어서 굵어진 모양. ¶라면이 ~ 불었다. **팅팅-하다** 혱여 ¶발이 물에 불어 ~.

ㅍ

ㅍ →피읖.

파[1] 圓[식] 백합과 여러해살이풀의 하나. 푸른 잎이 속이 빈 대롱 모양을 이루며, 특이한 냄새와 맛이 있어서 양념으로 많이 쓰임.

파[2](派) 圓 ① [자립] 1 특정한 사상이나 주의나 입장을 가짐으로써 다른 집단과 대립되거나 구별되는 사람의 집단. ¶낭만~ / 보수~ / 혁신~ / ~가 갈리다 [나뉘다]. 2 동성동본 (同姓同本)에서, 고관대작이나 학자로서 널리 이름을 남긴 조상을 기점으로 하여 갈려 나온 혈족의 무리. ¶김해 김씨 삼현~. ② [의존] 세는 단위로 이르는 말. ¶여러 ~ / 크리스트교는 가톨릭·그리스 정교회·프로테스탄트의 세 ~로 나뉜다.

파[3](破) 圓 1 깨어지거나 상한 흠집. ¶~가 난 물건. 2 사람의 결점. ¶남의 ~를 잡다.

-파[4](派) [접미] '파동', '물결'의 뜻. ¶충격~ / 전자~ / 지진~.

파[5](이)fa) 圓[음] 1 음이름 '바'의 이탈리아어. 2 장음계에서 넷째 음.

파[6](par) 圓[체] 골프 코스에서, 홀마다 정해져 있는 기본 타수. 250야드(229m) 이하가 파 3으로 쇼트 홀, 470야드(431m) 이상이 파 5로 롱 홀, 그 중간이 파 4로 미들 홀임.

파겁(破怯) 圓 익숙해져 부끄러움이나 두려움이 없어지는 것. ¶처음에는 스스로 제 판단과 의지력을 의심하였으나 하루 이틀, 한 번 두 번 경험함으로써 점점 ~이 되어서 자신이 생기게 되었다.《이광수: 흙》 **파겁-하다** 圖[자](여)

파격(破格) 圓 오랜 관례나 관행이나 틀을 깨뜨리는 일. ¶비키니 수영복은 첫선을 보인 그 시절에는 대단한 ~이자 모험이었다. **파격-하다** 圖(자)(여)

파격-적(破格的) [-쩍] 圍(圓) 어떤 일이나 대상이 오랜 관례나 관행이나 틀을 깨뜨린 상태에 있는 (것). ¶봉급의 ~ 인상 / 재고품을 ~으로 싸게 판매한다.

파견(派遣) 圓 (사람을 어느 곳에) 일정한 임무를 주어 보내는 것. 逊파송(派送). **파견-하다** 圖[타](여) ¶분쟁 지역에 군대를 ~ / 회사에서 김 부장을 미국에 ~. **파견-되다** 圖(자) ¶통신원으로 해외에 ~.

파견-군(派遣軍) 圓[군] 특수한 임무를 띠고 파견된 군대.

파견-단(派遣團) 圓 어떤 임무를 띠고 외부에 파견된 단체.

파경(破鏡) 圓 ['깨어진 거울'이라는 뜻] 1 이지러진 달을 비유하는 말. 2 부부의 금실이 좋지 않아 이별하는 일을 비유하는 말. ¶부부가 성격 차로 ~에 이르다.

파계(派系) [-계/-게] 圓 같은 갈래에서 갈라져 나온 계통.

파계[2](破戒) [-계/-게] 圓[종] 계율을 어기고 지키지 않는 것. **파계-하다** 圖(자)(여)

파계-승(破戒僧) [-계-/-게-] 圓[불] 계율을 어긴 중.

파고(波高) 圓 1 파도의 높이. 2 비유적으로 쓰여, 어떤 관계에서의 긴장의 정도. ¶중동 지역을 둘러싸고 긴장의 ~가 높아지다.

파고-들다 圖(자)(타) 〈-드니, -도오〉 1 속으로 헤집고 들어가다. ¶이불 속을 ~. 2 (추위·바람 등이) 깊이 스며들다. ¶뼛속을 파고드는 추위. 3 비집고 들어가 발을 붙이다. ¶해외 시장을 ~. 4 깊이 캐어 알아내다. ¶이치를 ~ / 내막을 ~.

파곳(fagott) 圓[음] =바순(bassoon).

파과(破瓜) 圓 1 성교(性交)에 의하여 처녀막이 터지는 것. 2 '파과지년'의 준말.

파과지년(破瓜之年) 圓 ['瓜'를 파자(破字)하면 '八'이 두 개가 된 데서] 1 여자의 나이 16세를 이르는 말. 두 개의 '八'을 더하면 16이 되기 때문에 이르는 말임. 2 남자의 나이 64세를 이르는 말. 두 개의 '八'을 곱하면 64가 되기 때문에 이르는 말임. (준)파과. ▷ 미수(米壽)·백수(白壽).

파광(破壙) 圓 1 무덤을 파 옮긴 옛 자리. 2 무덤을 옮기기 위하여 구덩이를 파헤치는 것. **파광-하다** 圖(자)(여)

파괴(破壞) [-괴/-궤] 圓 1 (어떤 물체를) 강한 힘이 미치게 하여 깨뜨리거나 부서지게 하는 것. ¶~력 / ~ 시험. ↔건설(建設). 2 (어떤 대상이나 현상을) 온전하지 않은 상태가 되게 하는 것. ¶가정 ~ / 환경 ~. **파괴-하다** 圖[타](여) ¶기물을 ~ / 질서를 ~. **파괴-되다** 圖(자) ¶파괴된 시설.

파괴^강도(破壞强度) [-괴-/-궤-] 圓[건] 물체가 밖으로부터 어떤 힘을 받았을 때 파괴되지 않고 견딜 수 있는 강도.

파괴-력(破壞力) [-괴-/-궤-] 圓 파괴하는 힘. ¶가공(可恐)할 만한 ~을 지닌 폭탄.

파괴-적(破壞的) [-괴-/-궤-] 圍(圓) 파괴하는 방향으로 나아가는 (것). ↔건설적.

파구(破舊墳) 圓 옮기거나 고쳐 묻기 위하여 무덤을 파내는 것. =파묘. **파구분-하다** 圖(자)(여)

파국(破局) 圓 1 어떤 일이나 사태가 그르치거나 잘못되어 돌이킬 수 없는 상태가 되는 것. 또는, 그 판국. ¶~을 맞다 / 결혼 생활이 ~에 이르다 / 경제적 ~에 직면하다. 2 [문] 희곡에서, 비극적인 결말. =카타스트로프. **파국-하다** 圖(자)(여)

파국-적(破局的) [-쩍] 圍(圓) 어떤 일이나 사태가 잘못되어 돌이킬 수 없는 상태가 되는 (것). ¶사태가 ~으로 치닫다.

파급(波及) 圓 (어떤 일의 여파나 영향을) 차차 다른 데로 미치는 것. **파급-하다** 圖[타](여)
파급-되다 圖(자) ¶외제 물건의 불매 운동이 전국으로 ~.

파기[1](疤記) 圓 어떤 인물의 용모나 신체상의 특징을 적은 글. 또는, 그 기록. ¶모례가 나를 본 일은 없다. 누가 그에게 내 용모~를 하였을까.《이광수: 꿈》

파기[2](破棄) 圓 1 깨뜨리거나 찢어서 내버리는 것. 2 (계약·조약·약속 따위를) 지키지 않고 깨는 것. ¶계약의 ~. 3 [법] 소송법상

원심 판결을 취소하는 일. 구용어는 파훼(破毀). ¶원심 ~. 파기-하다 통(타)예 ¶문서를 ~. 파기-되다 통(자) ¶약혼이 ~.

파-김치 명 쪽파로 담근 김치.
파김치(가) 되다 〔소금에 절인 파가 뻣뻣한 기운을 잃고 축 처지듯〕 (몸이) 지쳐서 몹시 느른하게 되다. ¶종일 잔치를 치르느라고 파김치가 다 되었다.

파나마¹(Panama) 명[지] 중앙아메리카의 파나마 지협에 있는 공화국. 수도는 파나마.

파나마²(panama) 명 '파나마모자'의 준말. ¶육십이가 된 노인의 흰 양복에 ~를 머리에 얹고…. 《염상섭: 굴레》

파나마-모자(panama帽子) 명 파나마풀의 잎을 잘게 쪼개어 짜서 만든 여름 모자. 春 파나마.

파나비전(panavision) 명[영] 와이드 스크린 영화의 촬영 방식의 하나. 컴퓨터로 수차(收差)를 고친 특수 렌즈를 사용하기 때문에, 화상의 일그러짐을 막을 수 있고 화질이 뛰어남.

파-내다 통(타) (묻히거나 박힌 물체를) 파서 꺼내다. 비캐내다. ¶땅속에서 유물을 ~.

파노라마(panorama) 명 1 반원형의 배경화 앞에 초목이나 인형 등을 배치하고 조명을 비추어 야외에서 실지의 경관을 보는 것과 같은 느낌을 가지도록 한 장치. 2 주로 영화·소설 등에서, 변화와 굴곡이 많고 스케일이 큰 이야기. 비유적인 말임. ¶화면에 펼쳐지는 사랑과 우정의 ~.

파노라마^사진기(panorama寫眞機) 명 일반 사진기보다 넓은 각도의 범위를 촬영할 수 있게 되어 있는 특수 사진기. 렌즈 회전식·카메라 회전식 등의 형태가 있다.

파다¹ 통(타) 1 (사람이나 동물이 날카로운 연장이나 손 또는 발로 땅이나 단단한 물체를) 우묵하게 하거나 구멍이 생기도록 헤치거나 뚫거나 깎거나 하다. ¶땅에 구덩이를 ~ / 나무에 구멍을 ~. 2 (칼 따위로 그림이나 글자 따위를) 드러내기 위해 나무나 다른 재료를 깎다. 비새기다. ¶칼로 도장을 ~. 3 (옷의 어떤 부분을) 우묵하게 도려내어 살이 드러나게 하다. ¶목둘레선을 깊이 판 이브닝드레스. 4 (어떤 것을) 알아내거나 밝히기 위해 깊이 연구하거나 궁리하다. ¶사건의 진상을 ~ / 암기 과목을 주로 ~. 5 속에 묻혀 있는 것을 겉으로 드러내 꺼내다. ¶귀지를 ~. 6 (호적 따위의 문서에서 어느 한 부분을) 지워서 없애다. ¶호적에서 이름을 ~.

파다²(頗多) →파다-하다¹ 명(여) 아주 많다. 파다-히¹ 부.

파다³(播多) →파다-하다² 명(여) (소문이 어느 곳에) 널리 알려진 상태에 있다. 비자자하다. ¶곧 인사이동이 있으리라는 소문이 회사 안에 ~. 파다-히² 부.

파닥-거리다/-대다 [-꺼(때)-] 통(자)(타) 자꾸 파닥하다. ¶다리를 다친 참새는 날아오르지 못하고 날개만 파닥거렸다. 준퍼덕거리다. 센파딱거리다.

파닥-이다 통(자)(예) 1 (작은 새가) 날개를 쳐서 소리를 내다. ¶새가 날개를 파닥이며 날아오르다. 2 (물고기가) 꼬리를 쳐서 소리를 내다. ¶물고기가 그물에 갇혀 ~. 3 (작은 깃발이나 빨래 따위가) 거칠게 바람에 날려 소리를 내다. 준퍼덕이다. 센파따이다.

파닥-파닥 부 파닥거리는 모양. 또는, 그 소리. 준퍼덕퍼덕. 센파딱파딱. 파닥파닥-하다 통(자)(타)(예)

파당(派黨) 명 =당파.

파도(波濤) 명 바다에 이는 물결. 특히, 옆으로 길게 가로줄을 그리며 어느 정도의 높이로 힘있게 밀리는 물결. ¶높은 ~ / 철썩이는 ~ 소리 / ~가 하얗게 부서지다 / ~가 밀려오다 / ~가 잔잔해지다 / ~가 일다.

파도-치다(波濤-) 자 바다 물결이 일어나다. ¶파도치는 해변.

파도-타기(波濤-) 명 파도를 이용하여 타원형의 널빤지를 타고 파도를 교묘히 빠져나가며 즐기는 놀이. =서핑(surfing).

파동(波動) 명 1 물결의 움직임. ¶수면(水面)에 ~이 일다. 2 사회적으로 어떤 현상이 퍼져 주위에 그 영향이 미치는 일. ¶석유 ~ / 정치 ~. 3 [물] 공간의 한 점에 생긴 물리적인 상태의 변화가 차차 어떤 속도로 둘레에 퍼져 가는 현상.

파두(波頭) 명 파도나 음파 따위에서, 골과 골 사이의 가장 높은 부분. ↔파미(波尾).

파드닥 부 새나 물고기가 요란하게 날개나 꼬리를 치는 소리. 큰퍼드덕. 파드닥-하다 (자)(예)

파드닥-거리다/-대다 [-꺼(때)-] 통(자)(타) (새나 물고기 따위가) 파드닥 소리를 내며 날개나 꼬리를 자주 치다. ¶물고기가 그물 속에서 ~. 큰퍼드덕거리다.

파드닥-파드닥 부 파드닥거리는 소리. 또는, 그 모양. ¶새가 ~ 날다. 큰퍼드덕퍼드덕. 파드닥파드닥-하다 통(자)(타)(예)

파들-파들 부 '바들바들'의 거센말. 큰푸들푸들. 파들파들-하다 통(자)(예)

파딱-거리다/-대다 [-꺼(때)-] 통(자)(타) '파닥거리다'의 센말. 큰퍼떡거리다.

파딱-이다 통(자)(타)(예) '파닥이다'의 센말. 큰퍼떡이다.

파딱-파딱 부 '파닥파닥'의 센말. 큰퍼떡퍼떡. 파딱파딱-하다 통(자)(타)(예)

파뜩 부 어떤 물체나 생각이 별안간 나타나거나 떠오르는 모양. ¶좋은 생각이 ~ 떠올랐다. ¶검은 물체가 ~ 지나갔다. 큰퍼뜩. 파뜩-하다 통(자)(예)

파뜩-파뜩 부 잇달아 파뜩 나타나거나 떠오르는 모양. 큰퍼뜩퍼뜩. 파뜩파뜩-하다 통(자)(예)

파라-고무(Pará-) 명 1 파라고무나무에서 채취한 생고무. 2 [식] '파라고무나무'의 준말.

파라고무-나무(Pará-) 명[식] 대극과의 상록 교목. 높이 20~40m. 줄기를 째면 흰 젖 같은 액체가 우산과 같은 구조로 탄성 고무를 만듦. 브라질 원산임. 춘파라고무.

파라과이(Paraguay) 명[지] 남아메리카 중남부에 있는 공화국. 수도는 아순시온.

파라다이스(paradise) 명 근심 걱정이 없이 행복을 누리는 곳. 비낙원. ¶남국의 ~, 와이키키 해변.

파라볼라^안테나(parabola antenna) 명[물] 마이크로파 중계나 위성 방송의 수신 등에 쓰이는 접시형 안테나.

파라솔(parasol) 명 햇볕을 가릴 목적으로 사용하는, 우산과 같은 구조의 물건. 해변·강변 등에서 사용하는 것은 크고 고정하는 것인 데 반해, 여자들이 사용하는 것은 작고 휴대하는 것임. 비양산. ¶해변에 늘어선 원색의 ~.

파라오(Pharaoh) 명 ['큰 집'의 뜻] [역] 고대 이집트 왕의 칭호.
파라티온(㊅Parathion) 圐[약] 유기인제(有機燐劑)의 살충 농약의 하나. 황갈색의 액체로, 살충력이 강하고 적용력이 넓으나, 사람과 가축에 대하여 독성이 강함.
파라티푸스(㊅Paratyphus) 圐[의] 법정 전염병의 하나. 파라티푸스균의 경구(經口) 감염에 의하여 일어나는 급성 전염병. 가벼운 증상의 장티푸스와 비슷한 증상이 나타남.
파라핀(paraffin) 圐[화] 1 석유에서 분리되는, 납상(蠟狀)의 고체 반투명한 고체. 양초의 원료, 연고나 화장품의 재료로 쓰임. =석랍(石蠟). 2 메탄계 포화 탄화수소의 총칭.
파라핀-유(paraffin油) 圐[화] 액상(液狀)의 파라핀계 탄화수소의 한 혼합물. 중유(重油)를 증류하여 만듦.
파!락-호(破落戶)[─라코] 圐 행세하는 집안의 자손으로 방탕한 생활에 빠진 사람. 또는, 방탕한 생활로 집안의 많은 재산을 몽땅 털어먹은 사람. ¶대원군은 안동 김씨의 세도 정치 속에서 호신책으로 ~ 노릇을 해야 했다.
파란(波瀾) 圐 1 =파랑(波浪)². 2 순조롭지 않게 일어나는 여러 가지 곤란이나 사건. ¶ ~ 많은 생애 / ~을 겪다.
파란-곡절(波瀾曲折)[─쩔] 圐 생활 또는 일의 진행에서 일어나는 많은 곤란과 변화.
파란-만장(波瀾萬丈) 圐 생활이나 일의 진행에서 여러 가지 곡절이 많고 변화가 심함. **파란만장-하다** 혱¶**파란만장한** 일생.
파란-낯[─빋] 圐 파란 빛깔.
파란-색(─色) 圐 파란 색깔.
파란-중첩(波瀾重疊) 圐 일의 진행에 변화와 난관이 많음. **파란중첩-하다** 혱
파랄림픽(←Paralympics) 圐 국제 신체장애자 체육 대회. 1960년 로마 올림픽 대회 이래 올림픽에 이어 같은 장소에서 거행됨.
파랑¹ 圐 파란 빛깔. 또는, 그런 색을 내는 물감과 같은 물질. ㉠퍼렁.
파랑²(波浪) 圐 작은 물결과 큰 물결. =파란.
파랑-새 圐 1 [동] 파랑샛과의 새. 몸길이 28cm가량. 몸빛은 선명한 청록색에 머리와 꽁지는 흑색이며, 부리와 다리는 선명한 산호색을 띤 적색임. 큰 나무의 높은 곳에 집을 짓고 삶. =청조. 2 푸른 빛깔을 띤 새. 길조를 상징함.
파랑-이 圐 파란 빛깔의 물건. ㉠퍼렁이.
파!랗다[─라타] 혱〈파라니, 파라오, 파래〉1 (어떤 물체나 물질이) 맑은 하늘의 빛깔을 가진 상태에 있다. 넓게는 녹색과 남색을 포함할 수도 있음. ¶**파란** 가을 하늘 / 눈이 **파란** 외국인 / **파란** 싹이 돋아나다. 2 (칼날이) 매우 날카로운 상태에 있다. ¶**파랗게** 날이 선 장검. 3 (얼굴빛이나 입술 등이) 몹시 놀라거나 추워서 핼쑥하거나 푸르께한 상태에 있다. ¶공포로 얼굴이 **파랗게** 질리다 / 추위에서 입술이 ~. ㉠퍼렇다.
파래 圐[식] 녹조류 갈파랫과의 한 속(屬). 몸은 엽상(葉狀)이고 김 비슷하며, 빛깔은 광택 있는 푸른빛임. 민물이 흘러드는 바다에서 잘 자라며, 향기와 맛이 있어 식용함.
파!래-지다 图(재) 1 파랗게 되다. ¶누렇게 말랐던 잔디가 ~. 2 (분노·두려움 따위로 얼굴빛이) 창백하게 되다. ¶공포에 질려 얼굴이 ~ / 추위에 떨어 입술이 ~. ㉠퍼레지다.

파력^발전(波力發電)[─빨쩐] 圐 파도의 운동 에너지를 이용한 발전.
파!렴치(破廉恥) 圐 염치를 모르고 뻔뻔스러운짓. 파렴치-하다 혱¶**파렴치한** 행동.
파!렴치-범(破廉恥犯) 圐[법] 살인·강도·강간 등과 같은 파렴치한 범죄. 또는, 그 범인.
파!렴치-한(破廉恥漢) 圐 염치를 모르는 뻔뻔스러운 사람.
파로틴(parotin) 圐[화] 귀밑샘·턱밑샘에서 분비되는 호르몬. 뼈나 이의 칼슘 침착(沈着)을 촉진시킴.
파롤(㊅parole) 圐[언] 스위스의 언어학자 소쉬르 용어의 하나. 특정한 개인에 의해 특정한 장소에서 사용되는 언어. 언어활동에 있어서 개인적·순간적·구체적·개별적인 측면을 가리킴. ▷랑그.
파!루(罷漏)[─역] 오경 삼점(五更三點)에 쇠북을 33번 치는 일. 서울에서 인정(人定) 이후 야간 통행을 금하였다가, 파루를 치면 풀렸음. ㉠바라. ▷인정.
파룬궁(㊅法輪功) 圐 중국의 리훙즈(李洪志)가 불교와 도교에 기공(氣功)의 원리를 결합하여 만든 수련법.
파르께-하다 혱엷지도 짙지도 않게 약간 파랗다. ㉠푸르께하다.
파르대대-하다 혱천격스럽게 파르스름하다. ㉠푸르데데하다.
파르댕댕-하다 혱칙칙하게 파르스름하다. ㉠푸르뎅뎅하다.
파르르 倒 '바르르'의 거센말. ㉠퍼르르. **파르르-하다** 혱
파르무레-하다 혱엷게 파르스름하다. ㉠푸르무레하다.
파르스레-하다 혱=파르스름하다.
파르스름-하다 혱(빛깔이) 다소 밝고 산뜻하게 파란 데가 있다. =파르스레하다. ¶새싹이 **파르스름하게** 돋아나다. ㉠푸르스름하다.
파르족족-하다[─쪼카─] 혱색이 깨끗하거나 고르지 않고 칙칙하게 파르스름하다. ¶북악산에 아직도 고달 모양으로 녹색이 남았다. 장안 만호에는 **파르족족한** 장막이 덮인다.《이광수: 무정》㉠푸르죽죽하다.
파르티아(Parthia) 圐[역] 고대 서아시아의 왕국(247? B.C.~A.D. 226). 아르사케스가 건국하여 최성기에는 인더스 강에서 유프라테스 강에 걸친 지역을 판도로 하였지만, 사산조 페르시아에게 멸망당함.
파르티잔(←㊅partisan) 圐 =빨치산.
파릇-파릇[─륻─륻] 倒 산뜻하게 군데군데 파르스름한 모양. ¶새싹이 ~ 돋아나다. ㉠푸릇푸릇. **파릇파릇-하다** 혱¶**파릇파릇한** 풀잎.
파릇-하다[─르타─] 혱빛깔이 좀 파란 듯하다. ㉠푸릇-하다.
파!리 圐 파리목 환봉 아목(環縫亞目)에 속하는 곤충의 총칭. 몸길이는 1cm 내외이며, 몸빛은 흑색이나 청록색임. 몸에는 많은 강모가 나 있고 잘 발달된 1쌍의 날개가 있으며, 주둥이가 아래로 뾰족하게 나왔음. 여름에 많이 발생하며, 장티푸스·콜레라·소아마비 따위의 병원균을 매개함.
파리(를) 날리다 倒 (한가하게 파리나 쫓는다는 뜻) 영업이나 가게나 업체에 손님이 없어 장사가 잘 안 되다.
파리 목숨 倒 파리를 죽이듯 쉽게 죽일 수 있는 하찮은 목숨. 비유적인 말임. ¶나치의

지배하에서 유대 인의 목숨은 한낱 ~이었다.
파!리지옥-풀(-地獄-)【명】【식】끈끈이주걱과의 여러해살이풀. 여름에 흰 꽃이 핌. 벌레잡이 식물의 하나로, 잎에는 많은 선(腺)이 있어 벌레들을 유혹하고, 감각모(感覺毛)가 있어 개미·파리 등이 닿으면 급히 잎을 닫아 잡아먹음.
파!리-채【명】파리를 때려잡는 채.
파리-하다【형】【여】(얼굴빛이나 살빛이) 몸이 쇠약하거나 하여 핏기가 없고 해쓱하다. ¶오래 앓아 얼굴이 ~.
파마(←permanent)【명】머리를 전열기와 화학 약품을 사용하여 물결 모양으로 곱슬곱슬하게 지지는 일. 또는, 그 머리. 때로, 머리털이 곧게 펴지게 하는 경우도 있음(스트레이트파마). ¶~를 풀다. ×퍼머. **파마-하다**【동】【자】【타】【여】¶파마하러 미장원에 가다 / 머리를 ~.
파마-머리(←permanent-)【명】파마를 한 머리.
파!망(破網)【명】찢어진 망건. =폐망(敝網).
파-먹다[-따]【동】【타】1 벌지 않고, 있는 것을 떠먹고 놀다. 2 겉에서부터 속으로 움푹하게 먹어 들어가다. ¶벌레가 과일을 ~.
파면(波面)【명】1 파도가 일고 있는 수면. 2【물】어떤 시각에 위상(位相)이 같은 파동이 잇달아 일어나는 연속적인 면.
파!면²(罷免)【명】1 (어떤 직책에 있는 사람을) 자격을 박탈하고 직장에서 내보내는 것. 2【법】공무원의 징계 처분의 하나. 가장 무거운 징계로, 공무원의 신분을 박탈하고 연금 중 기여분을 지급하지 않는 일. ▷징계. **파!면-하다**【동】【타】【여】¶회사에 비리가 있는 간부 사원을 ~. **파!면-되다**【동】【자】¶교직에서 ~.
파!멸(破滅)【명】(어떤 사람이나 집안이나 집단 등이) 세상에서 누리거나 가졌던 지위나 힘 등을 잃고 절망적인 상태에 이르는 것. ¶~의 구렁텅이에 굴러 떨어지다. **파!멸-하다**【동】【자】【여】**파!멸-되다**【동】【자】
파!묘(破墓)【명】=구파분. **파!묘-하다**【동】【자】【여】
파문¹(波紋)【명】1 수면에 이는 잔물결. ¶돌을 던지자 수면에 ~이 일다. 2 물결 모양의 무늬. ㈜파상문(波狀紋). ¶~을 새긴 도자기. 3 어떤 일의 영향. ¶세상에 ~을 일으키다.
파문²(破門)【명】1 사제(師弟)의 의리를 끊고 문하(門下)에서 내쫓는 것. 2【불】신도로서의 자격을 빼앗고 종문(宗門)에서 내쫓는 것. **파문-하다**【동】【타】【여】**파문-되다**【동】【자】【여】
파-묻다[-따]【동】【타】1 파고 그 속에 묻다. ¶김장독을 땅에 ~. 2 남이 모르게 숨겨 감추다. ¶마음속에 깊이 **파묻어** 두었던 비밀. 3 (얼굴이나 몸을 어디에) 묻힐 만큼 깊숙이 기대거나 닿게 하다. ¶그 여자는 사내의 어깨에 얼굴을 **파묻고** 소리 없이 흐느꼈다.
파묻-히다[-무치-]【동】【자】1 '파묻다'의 피동사. ¶흙 속에 **파묻힌** 보물. 2 어떤 사물로 온통 둘러싸이다. 또는, 제한된 공간 속에 틀어박히다. ¶책 속에 **파묻혀** 독서삼매에 빠지다 / 일에 **파묻혀** 살다. 3 (어떤 소리나 모습이 다른 것에) 섞여 잘 드러나지 않게 되다. ¶그의 항변은 사람들의 야유 속에 **파묻혀** 버렸다.
파미(波尾)【명】파도나 음파 따위에서, 마루와 마루 사이의 가장 낮은 부분. ↔파두(波頭).
파발(擺撥)【명】【역】1 조선 시대에 공문(公文)을 급히 보내기 위하여 설치한 역참(驛站) 제도. 2 =파발꾼.
파발-꾼(擺撥-)【명】【역】각 역참에 딸려, 역참 사이에 공문서를 전하는 사람. ㈜파발.
파발-마(擺撥馬)【명】【역】공무로 급히 가는 사람이 타는 말.
파!방(罷榜)【명】【역】과거에 급제한 사람의 발표를 취소하는 것. **파!방-하다**【동】【타】【여】**파!방-되다**【동】【자】
　　파방(을) 치다【구】파방을 하듯이 그 전에 있었던 일을 다시 없던 일로 한다는 뜻에서, 살던 살림을 그만 집어치우다.
파!방-판(罷榜-)【명】일이 다 끝난 판. ¶…삼백여 명 회원의 얼굴은 모란봉 단풍이 비치었는데, 회는 ~에 늘어지게 노는 판이라. 《이인직:모란봉》
파-밭[-빧]【명】파를 심은 밭.
파벌(派閥)【명】이해관계에 따라 따로따로 갈라진 사람들의 무리. ¶~ 싸움 / ~을 만들다.
파병(派兵)【명】군대를 파견하는 것. **파병-하다**【동】【자】【타】【여】¶맹호 부대를 월남전에 ~. **파병-되다**【동】【자】¶6·25 때 한국에 **파병된** 유엔군.
파!본(破本)【명】제본이나 인쇄가 되지 않았거나 파손된 책. ¶~은 교환해 드립니다.
파-뿌리【명】[파의 뿌리가 희다는 데에서] '백발(白髮)'의 비유. ¶검은 머리가 ~ 되도록.
파!사(罷仕)【명】그날의 일을 끝내는 것. **파!사-하다**【동】【자】【여】
파삭-파삭【부】매우 파삭한 모양. ¶~ 바스러지는 푸석돌. ㉣퍼석퍼석. **파삭파삭-하다**【형】【여】
파삭-하다[-사카-]【형】【여】연한 것이 메말라 부스러지기 쉽게 보송보송하다. ㉣퍼석하다.
파!산(破産)【명】1 재산을 모두 잃어버리는 것. ¶사업 실패로 ~ 지경에 이르다. 2【법】채무자가 그 채무를 완제할 수 없는 상태에 있을 때, 그 채무자의 총재산을 모든 채권자에게 공평하게 변제할 것을 목적으로 하는 재판상의 제도. **파!산-하다**【동】【자】【여】¶기업이 ~. **파!산-되다**【동】【자】
파!산^선고(破産宣告)【법】파산 신청에 의하여 법원이 채무자의 파산 원인을 인정하고 파산 결정을 내리는 일.
파상(波狀)【명】1 물결과 같은 형상. 2 물결이 밀려왔다가 밀려가는 것처럼, 어떤 일정한 간격을 두고 반복하는 일.
파상^공격(波狀攻擊)【군】어떤 공격 목표에 대하여, 물결이 밀려왔다가 밀려가는 것처럼 단속적으로 하는 공격.
파상-문(波狀紋)【명】=물결무늬.
파!상-풍(破傷風)【명】파상풍균에 의한 급성 전염병. 상처를 통하여 감염되며 입이 굳어져 벌리기 어렵게 되고, 이어 전신에 경직성 경련을 일으킨다. 사망률이 높음.
파생(派生)【명】사물이나 현상이 본체로부터 갈려 나와 생기는 것. **파생-하다**【동】【자】【여】**파생-되다**【동】【자】
파생-어(派生語)【명】【언】어떠한 원말에서 갈려져 나와 생긴 말. 어근에 접두사 또는 접미사가 붙어 이루어짐. '덧신(덧+신)', '드높다(드-+높다)', '지붕(집+-웅)' 따위. ▷복합어·합성어.
파생-적(派生的)【관】【명】어떤 원칙적인 것에

대하여 종속적이거나 부분적인 (것). 또는, 파생한 (것). ¶~ 집단 / ~ 세포.

파생^접사(派生接辭) [-싸] [명][언] 조어적(造語的)인 기능을 띤 접사. '개-살구', '먹-이'에서의 '개-', '-이' 따위.

파선[1](波線) [명] 물결 모양으로 구불구불한 선. =물결선.

파ː선[2](破船) [명] 풍파 또는 암초 따위의 장애물에 부딪쳐 배가 파괴되는 것. 또는, 그 배. **파ː선-하다** [동][자][여] ¶범선이 풍랑을 만나 ~. **파ː선-되다** [동][자]

파ː선[3](破線) [명] 짧은 선을 간격을 두고 벌여 놓아 이루어진 선. 제도(製圖)에서 보이지 않는 부분의 형태를 나타낼 때 사용함.

파섹(parsec) [명][의존][천] 천문학에서 쓰이는 거리의 단위. 연주 시차 1초에 해당하는 거리. 1파섹은 약 30조 8570억 km, 또는 약 3.26광년임. 기호는 pc.

파ː손(破損) [명] 깨어지거나 망가지거나 하여 못 쓰게 되는 것. 또는, 깨뜨리거나 망가뜨리거나 하여 못 쓰게 만드는 것. **파ː손-하다** [동][자][타][여] ¶기물을 ~. **파ː손-되다** [동][자]

파송(派送) [명] 사람을 일정한 곳으로 임무를 주어 보내는 것. [비]파견. **파송-하다** [동][타][여] **파송-되다** [동][자]

파ː쇄(破碎) [명] 깨뜨려 부수는 것. **파ː쇄-하다** [동][타][여] ¶광석을 **파쇄하여** 선광(選鑛)하다. **파ː쇄-되다** [동][자]

파ː-쇠(破-) [-쇠/-쉐] [명] 깨어져 못 쓰게 된 쇠붙이 그릇이나 쇳조각. =파철.

파쇼([이]fascio) [명] **1** 이탈리아의 파시스트당(黨). **2** 파시즘적인 운동·경향·단체·지배 체제를 가리키는 말.

파수[1](把守) [명] 경계하여 지키는 것. 또는, 그 사람. ¶~를 서다 / ~를 보다. **파수-하다** [동][타][여]

파수[2](派收) [명] **1** 닷새마다 매매한 물건 값을 치르는 일. **2** 장날에서 장날까지의 동안. 곧, 닷새 정도의 동안. ¶그런 일이 있고부터 어린 것은 불덩이 같은 열을 올리며 한 ~쯤 앓다가 깨어났으나, ….《김문수:노리개》

파ː수[3](破水) [명] 분만 때에 양수(羊水)가 터져 나오는 일. 또는, 그 양수.

파수-꾼(把守-) [명] 파수를 보는 사람.

파수-막(把守幕) [명] 파수를 보기 위하여 만든 막.

파수-병(把守兵) [명] 파수를 보는 병정. [비]보초병.

파스[1](PAS) [명] [para-amino salicylic acid] [약] 백색의 쓴맛이 나는 가루로서 결핵의 특효약.

파스[2](←[독]Pasta) [명][약] '파스타'의 준말. ¶물~ / 삔 자리에 ~를 붙이다.

파스너(fastener) [명] **1** 분리되어 있는 것을 잠그는 데 쓰는 기구. **2** =지퍼(zipper).

파스칼(PASCAL) [명][컴] 알골(ALGOL) 계통의 고수준 만능 프로그래밍 언어.

파스칼의 원리(Pascal-原理) [-의월-/-에월-][물] 밀폐한 용기 안의 정지 유체(靜止流體) 중의 한 점의 압력을 어떤 크기만큼 늘리면, 유체 중의 모든 점의 압력은 같은 크기만큼 늘어난다고 하는 원리.

파스타([독]Pasta) [명][약] 다량의 분말제를 포함한 유성(油性)의 연고제. [준]파스.

파스텔(pastel) [명][미] 색깔이 있는 분말 원료를 반죽하여 길쭉하게 굳힌 채색 안료.

파스텔-컬러(pastel color) [명] 밝고 엷은 색깔. 또는, 부드럽고 은은한 색깔.

파스텔-화(pastel畫) [명][미] 파스텔로 그린 그림. 맑고 부드러운 격조를 지님.

파스토랄([프]pastoral) [명] **1** [음] 목가적인 기악곡 또는 성악곡. **2** 전원생활이나 목가적인 정서를 주제로 한 시 문학. [비]목가. **3** 목가적인 풍경화.

파스파^문자('Phags-pa文字) [-짜] [명][역] 중국 원(元)나라의 황제 쿠빌라이의 명에 의해 티베트의 승려인 파스파가 만든 음절 문자.

파슬리(parsley) [명][식] 미나릿과의 두해살이풀. 잎은 짙은 녹색, 꽃은 황록색이고 넓은 달걀꼴의 열매를 맺음. 전체에 독특한 향기가 있어 요리·수프·소스·샐러드 또는 튀김에 씀. =양미나리.

파슬-파슬 [부] '바슬바슬'의 거센말. [큰]퍼슬퍼슬. **파슬파슬-하다** [형][여]

파시(波市) [명] 고기가 한창 잡힐 때 바다 위에서 열리는 생선 시장.

파시스트(fascist) [명] **1** 파시즘을 신봉·주장하는 사람. **2** 이탈리아의 파시스트당원.

파시스트-당(Fascist黨) [명] 이탈리아의 정당. 1919년에 무솔리니가 조직한 반혁명 단체를 기반으로 설립되었으며, 1922년에 정권을 잡고 독재 체제를 확립하였음. =흑셔츠당.

파시즘(fascism) [명] 제1차 세계 대전 후에 나타난 극단적인 전체주의적·배외적 정치 이념. 또는, 그 정치 체제. 일당 독재에 의한 철저한 전제주의·국수주의와 침략 정책을 취하는 것을 특색으로 하였음.

파식(波蝕) [명][지] 물결이 육지를 침식하는 일. **파식-하다** [동][타][여]

파식^대지(波蝕臺地) [-때-] [명][지] 파도의 침식과 풍화 작용으로 인해 바다 밑에 생긴 평탄한 암초면. 바다 쪽으로 완만하게 기울어져 있으며, 해식애의 밑에서 볼 수 있음.

파악(把握) [명] **1** 손에 꽉 잡아 쥐는 것. **2** (어떠한 대상을) 그 내용이나 성질을 바로 이해하여 확실하게 아는 것. **파악-하다** [동][타][여] ¶작품의 주제를 ~ / 민심을 ~. **파악-되다** [동][자]

파ː안-대소(破顔大笑) [명] 활짝 웃는 표정을 지으면서 크게 웃음. **파ː안대소-하다** [동][자][여] ¶손자의 재롱에 **파안대소하는** 할아버지.

파압(波壓) [명] 밀려오는 파도의 압력.

파ː약(破約) [명] 약속을 깨뜨리는 것. =해약(解約). **파ː약-하다** [동][타][여]

파ː양(罷養) [명] 양자 관계의 인연을 끊는 것. =이연(離緣). **파ː양-하다** [동][타][여]

파ː업(罷業) [명] **1** 하던 일을 중지하는 것. **2** '동맹 파업'의 준말. **파ː업-하다** [동][자][여] ¶근로자들이 임금 인상을 주장하며 ~.

파ː연(罷宴) [명] 잔치가 끝나는 것. 또는, 잔치를 끝내는 것. **파ː연-하다** [동][자][타][여]

파ː열(破裂) [명] 깨어지거나 갈라져서 터지는 것. **파ː열-하다** [동][자][여] **파ː열-되다** [동][자] ¶추위에 수도관이 ~.

파ː열-음(破裂音) [명][언] 발음 방법에 의한 음성 분류 방법의 하나. 자음(子音)을 발음할 때 후두 위의 발음 기관의 어느 한 부분을 막고 숨을 그친 다음, 이를 터뜨리면서 내는 소리. 한글의 ㅂ·ㅃ·ㅍ·ㄷ·ㄸ·ㅌ·ㄱ·ㄲ·ㅋ 등과 영어의 p·t·k 등의 소리. =폐쇄음.

파오(←[중]包) [명] 몽골 인의 천막형 이동식

가옥. 골조를 나무로 만들어 그 위를 펠트로 덮음.

파ː옥(破獄) [명] 죄수가 빠져나가기 위하여 옥을 부수는 것. ¶~도주. **파ː옥-하다** [동][자][여]

파우더(powder) [명] 미세한 가루 상태의 물질. 특히, 몸에 바르는 분.

파운데이션(foundation) [명] **1** 얼굴에 입체감을 주고 피부색을 보다 아름답게 하기 위해 얼굴에 바르는 화장품. **2** 몸매의 결점을 보완하거나 체형을 바로잡기 위해 입는 서양식 여성용 속옷. 브래지어·거들·코르셋 등. ▷란제리.

파운드(pound) [명][의존] **1** 야드파운드법의 질량 단위. 1파운드는 0.45359kg, 16온스. 기호는 lb. **2** 영국의 화폐 단위. 1파운드는 100펜스. 기호는 £ 또는 L. **3** 이스라엘·이집트·아일랜드 등의 화폐 단위.

파운드-케이크(pound cake) [명] 달걀에 버터·우유·설탕·밀가루 등을 섞어서 반죽한 것에 건포도나 호두 등을 넣어 구운 케이크.

파울(foul) [명][체] **1** 규칙 위반. [비]반칙(反則). **2** =파울 볼.

파울^그라운드(foul ground) [명][체] 야구장에서, 파울 라인 밖의 운동장.

파울^라인(foul line) [명][체] 야구장의, 본루와 일루 및 본루와 삼루를 연결한 직선과 그 연장선.

파울^볼(foul ball) [명][체] 야구에서, 페어그라운드 밖으로 떨어진 타구. 또는, 야수 등에 닿지 않고 내야에 떨어진 후 1·3루의 베이스보다 앞에서 파울 그라운드로 나간 타구. =파울. ↔페어 볼.

파울^플라이(foul fly) [명][체] 야구에서, 파울 그라운드 위로 쳐 올려진 타구(打球).

파워(power) [명] 어떤 일을 하거나 이룰 수 있는 힘이나 능력. 또는, 다른 대상에 대해 어떤 작용을 미칠 수 있는 힘. ¶우먼~ / ~가 세다 / ~가 없는 허수아비 사장.

파워-게임(power game) [명] '권력 싸움', '힘겨루기' 로 순화.

파워^엘리트(power elite) [명] 사회의 주요 제도의 정점에서 의사 결정과 정책 수행 등을 하는 권력자 집단.

파워-풀(powerful) ➜**파워풀-하다** [형][여] '힘차다', '강력하다' 로 순화. ¶**파워풀한** 동작.

파워^핸들(†power handle) [명] 유압(油壓)·전기·압축 공기 등을 동력원으로 하여 별로 힘을 들이지 않고 조작할 수 있는 핸들.

파월(派越) [명] 월남에 파견하는 것. ¶~ 장병. **파월-하다** [동][자][여]

파ː의¹(罷意) [-의/-이] [명] 하고자 하던 의사를 버리는 것. **파ː의-하다¹** [동][타][여]

파ː의²(罷議) [-의/-이] [명] 의논을 그만두는 것. **파ː의-하다²** [동][자][여] **파ː의-되다** [동][자]

파이¹(pie) [명] **1** 밀가루와 버터를 개어 과실·고기 등을 넣어서 구운 서양 과자. 애플파이·치킨 파이 등이 있음. **2** 나누어 가져야 할 것의 전체 규모. ¶지금 한국 경제는 ~를 키우는 데 힘을 모아야 한다.

파이²/π([그]pi) [명][수] **1** 원주율 기호 'π' 의 이름. **2** 중복 순열의 수를 나타내는 기호인 'Π' 의 이름.

파이널^세트(final set) [명][체] 배구·테니스·탁구 등에서 승패를 가름하는 최종 세트.

파-이다 [동][자] '파다'1·2·3' 의 피동사. [준]패다.

파이렉스^유리(Pyrex琉璃) [명][화] 내열 유리의 한 가지. 화학 분석 기구·특수 진공관·전기 절연용 등으로 쓰임. 상표명임.

파이버(fiber) [명] **1** 철모 밑에 받쳐 쓰는 모자. **2** '스테이플 파이버' 의 준말.

파이트-머니(fight money) [명] 프로 복싱·프로 레슬링 등에서 선수가 경기의 대가로 받는 돈. [비]대전료.

파이팅(†fighting) Ⅰ[감] 운동선수들끼리 잘 싸우자는 뜻으로, 또는 운동선수에게 잘 싸우라는 뜻으로 외치는 구호. 또는, 중요한 일을 해내야 하거나 어려움 속에 있는 사람에게 힘내라, 잘하라는 뜻으로 외치는 말. ¶안정환 선수 ~! / 오빠, ~!

Ⅱ[명] 운동 경기에서 열심히 하고자 하는 태도. ¶~이 좋은 선수.

파이프(pipe) [명] **1** 공기·가스·액체 등을 수송하는 데 쓰는 관(管). 철관·납관·토관·고무관·비닐관 등이 있음. [비]도관(導管). **2** 살담배를 피우는 서양식 담뱃대. **3** 궐련을 끼워 무는 물부리.

파이프-라인(pipeline) [명] 석유·천연가스 등을 목적지까지 수송하기 위해 지상·지하에 고정·매설한 관로(管路).

파이프^오르간(pipe organ) [명][음] 길고 짧거나 굵고 가는 여러 가지 관을 음계적으로 배열하고, 이것에 바람을 보내어 연주하는 건반 악기. 장엄하고 신비로운 음률과 웅장한 저음을 낼 수 있음. ▷리드 오르간.

파인더(†finder) [명][사진] 촬영할 대상을 눈으로 볼 수 있도록 카메라에 낸, 작은 창 모양의 장치. =뷰파인더.

파인애플(pineapple) [명] **1** [식] 파인애플과의 여러해살이풀. 높이 50~120cm. 꽃은 담자색이고, 과육은 식용함. **2** 1의 열매. 향기가 좋고 단백질을 소화시키는 힘이 있음. 날로 먹거나 통조림·주스 등을 만듦.

파인-주스(pine juice) [명] 파인애플의 과즙에 감미료를 탄 음료.

파인^플레이(fine play) [명] 경기(競技)에서 선수가 보여 주는 훌륭하고 멋진 기술. 또는, 정정당당하고 최선을 다하는 경기 태도. ¶외야수가 홈런성 볼을 잡아 내는 ~를 연출하다.

파ː일¹(八*日) [명] ['八' 의 본음은 '팔'] [불] =초파일.

파일²(file) [명] **1** =서류철. **2** [컴] 하나의 단위로서 취급되는 연관된 레코드의 조직적인 집단.

파일³(pile) [명] **1** 직물의 표면을 덮고 있는 부드러운 고나 보풀. 또는, 이런 것이 있는 직물. 벨벳·타월·융단 따위. **2** 건축·토목의 기초 공사를 하는 데에 박는 말뚝. ¶콘크리트 ~ / ~을 박다.

파일럿(pilot) [명] **1** 항공기를 조종하는 일을 직업으로 하는 사람. [비]조종사. **2** 항만이나 강의 물길을 안내하는 사람. [비]도선사.

파일-명(file名) [명][컴] 프로그램 실행 시 식별을 위해 붙이는 파일의 이름. 도스(DOS)에서는 8자 이내의 문자로 구성함. ▷확장자(擴張字).

파일-북(file book) [명] 공책의 종이를 자유로이 끼우고 뺄 수 있게 만든 것.

파ː임 [명] 한자(漢字)의 획 '㇏' 의 이름. ▷삐침.

파ː임-내다 [동][타] 의논하여 결정한 일에 대하여 뒤에 다른 소리를 하여 그르치게 하다.

파ː자(破字) [명] **1** 한자의 자획을 쪼개어 둘 이상의 한자로 나누는 일. 또는, 그렇게 나

●파자마

넌 한자로 전혀 다른 의미를 이끌어 내는 문자 유희. 예를 들어 '米(미)'를 '八十八'로 풀어 미수(米壽)를 88세로 보거나, '朝(조)'에 대해 '十月十日'로 풀어 10월 10일을 가리킨다고 보는 따위. 2 [민] =파자점(破字占). 파ː자-하다 통자여

파자마(←pajamas) 명 1 헐렁한 저고리와 바지로 된 잠옷. 흡습성·통기성이 좋은 타월천·융·무명 등이 주재료임. 2 인도 사람이 입는 통 넓은 바지.

파ː자-쟁이(破字-) 명 =해자(解字)쟁이.

파ː자-점(破字占) 명 [민] 파자로 좋고 나쁨을 점치는 것. 또는, 그 점. =파자(破字)·탁자(拆字)·해자(解字). 파ː자점-하다 통자여

파장¹(波長) 명 1 [물] 파동의 산의 정점에서 이웃하는 다음 산의 정점까지의 거리. 또는, 이웃하는 골과 골 사이의 거리. 2 어떤 일이 사회 전반 또는 일각에 미치는 영향. 비유적인 말임. ¶사회적 ~이 큰 사건.

파ː장²(罷場) 명 1 과장(科場)·백일장·시장(市場) 따위가 파하는 것. 또는, 그때. ¶~이니 싸게 드리겠소. 2 여러 사람이 모여 하는 일이 거의 끝난 판. ¶~에야 나타나서 무얼 하겠다는 거냐? ↔초장(初場). 파ː장-하다 통자여 과장이나 시장 따위가 파하다. ¶서둘러 달려갔으나 이미 **파장한** 뒤였다. 파ː장-되다 통자여

파ː장-머리(罷場-) 명 일이 끝날 무렵. 또는, 파장이 될 무렵. ¶그날이 또 마침 장날이기도 하여 ~에 한찬 생각들이 나서 모두 촌사람들로 좁다란 술청이 몹시 북적대었다.《이무영:농민》

파쟁(派爭) 명 파벌끼리의 다툼.

파ː적(破寂) 명 적적함을 달래거나 없애는 것. ⓑ심심파적·심심풀이. 파ː적-하다 통자여

파ː적-거리(破寂-)[-꺼-] 명 심심풀이가 될 만한 일. ¶···벌장에서 그 조그만 일과에 맥이 나게 되고 더구나 긴 밤은 ~가 없이 지내기 어려웠다.《이효석:화분》

파-전(-煎) 명 밀가루에 길쭉길쭉하게 썬 파를 주로 하여 고기·조갯살·굴 등을 얹어 번철에 넓적하게 지진 전.

파ː접(罷接) 명 글 짓고 책 읽는 모임을 마치는 것. 파ː접-하다 통자여

파ː제삿-날(罷祭祀-)[-산-] 명 제사를 마치는 날. 준파젯날.

파ː젯-날(罷祭-)[-젠-] 명 '파제삿날'의 준말.

파ː종¹(破腫) 명 [한] 종기를 터뜨리는 것. 파ː종-하다 통자여

파종²(播種)[-쫑] 명 [농] =씨뿌리기. ¶~ 시기. 파종-하다² 통타여 ¶보리를 ~.

파종-기(播種期) 명 [농] 파종하는 시기.

파-죽음 명 심하게 맞거나 지쳐서 녹초가 된 상태임을 일컫는 말. ¶~이 되어 돌아오다.

파ː죽지세(破竹之勢)[-찌-] 명 ['대를 쪼개는 형세'라는 뜻] 세력이 강하여 거침없이 물리치거나 쳐들어가는 기세. ¶기선을 잡은 아군(我軍)은 ~로 적진을 돌파했다.

파지¹(把持) 명 움켜 가지는 것. 파지-하다 통타여

파ː지²(破紙) 명 1 종이를 어떤 용도로 쓰다가 잘못되어 버리게 된 종이. 가령, 원고를 잘못 쓰거나 인쇄·복사가 잘못되어 버리는 종이 따위. ¶작품은 되지 않고 ~만 쌓이다. 2 제지·제책 과정에서, 종이를 어떤 규격으로 자르고 남은 종잇조각. 3 종이 관련 업체에서, 운송 따위를 하다가 더럽혀지거나 찢어지거나 하여 사용할 수 없게 된 종이.

파ː직(罷職) 명 관직에서 물러나게 하는 것. ¶봉고(封庫) ~. 파ː직-하다 통타여 파ː직-되다 통자 ¶뇌물 수수(收受) 사건으로 ~.

파착(把捉) 명 1 일의 요점이나 요령을 잘 깨달아 아는 것. ⓑ포착(捕捉). 2 마음을 단단히 먹는 것. 파착-하다 통타여

파ː찰-음(破擦音) 명 [언] 파열과 마찰이 함께 되어 나는 자음. ㅈ·ㅉ·ㅊ 따위.

파천(播遷) 명 [역] 임금이 도성을 떠나 다른 곳으로 피란하는 것. =파월(播越). ¶아관(俄館) ~. 파천-하다 통자여

파ː-천황(破天荒) 명 [중국 당나라 형주 지방은 과거 합격자가 없어 천황(天荒:천지가 열리지 않아 혼돈한 상태)이라 불렸는데, 유세(劉蛻)라는 사람이 처음으로 합격하여 '천황'을 깨뜨렸다는 데서] 이전에 아무도 하지 못한 일을 처음으로 함.

파ː철(破鐵) 명 =파쇠.

파초(芭蕉) 명 [식] 파초과의 여러해살이풀. 길이 2m 내외의 잎이 끝에서 사방으로 퍼지고 밑부분에서는 서로 붙어 굵은 줄기처럼 보임. 여름에 황백색 꽃이 피며, 열매는 육질(肉質)임. 관상용이므로 정원에 심음.

파출-부(派出婦) 명 일반 가정의 요청을 받고 출퇴근하면서 가사를 돌보아 주는 일을 하는 여자.

파출-소(派出所)[-쏘] 명 경찰서 소재지 안에 경찰관을 파견하여 각 관할 지역의 경찰 업무를 일차적으로 처리하게 하는 곳. =경찰 파출소.

파충-류(爬蟲類)[-뉴] 명 [동] 척추동물의 한 강(綱). 피부는 표피가 변화한 비늘로 덮여 있음. 대개 꼬리가 길고 사지는 짧으나, 뱀의 경우는 퇴화됨. 폐호흡을 하며 번온 동물이고 난생 혹은 난태생임. 거북·뱀·악어 따위가 이에 속함. =파충강.

파ː-치(破-) 명 망가져 못 쓰게 된 물건.

파카(parka) 명 1 에스키모가 입는, 후드가 달린 모피 재킷. 2 후드가 달린 윗옷이나 코트. ¶오리털 ~.

파키스탄(Pakistan) 명 [지] 인도 반도 북서부에 있는 공화국. 수도는 이슬라마바드.

파킨슨-병(Parkinson病) 명 [의] 사지와 몸의 떨림·경직 등을 특징으로 하는 신경계의 난치병.

파킹(parking) 명 '주차(駐車)'의 잘못.

파ː탄(破綻) 명 (어떤 일이나 대상이) 잘못되어 결딴이 나거나 돌이킬 수 없는 상태가 되는 것. ¶가정[경제] ~ / 인격 ~이 나다 / ~에 이르다. 파ː탄-하다 통자여 파ː탄-되다 통자

파ː탈(擺脫) 명 형식이나 예절 등으로부터 벗어나는 것. ¶아무튼 고 씨는 그 말썽 많은 시집살이 31년을 큰 ~ 없이 살아왔습니다.《새만식:태평천하》 파ː탈-하다 통자타여 ¶형식은 여태껏 그의 어떤 방탕함을 허물하더니 오늘은 도리어 그 **파탈하고** 쾌활함이 부러운 듯하다.《이광수:무정》

파토스(pathos) 명 [철] 일시적인 격정이나 열정. 또는, 예술에 있어서의 주관적·감정적 요소. ↔에토스.

파ː투(破鬪) 명 화투 놀이에서, 잘못되어 그 판이 무효가 되는 일. ¶~가 나다.

파트(part) 명 1 전체를 구성하는 일부. ¶이

책의 내용은 크게 세 ~로 나뉜다. 2 일을 맡는 역할이나 부서. ¶영업 ~에서 일하다. 3 [음] =성부(聲部)⁴.
파트너(partner) 몡 1 댄스·게임·경기 등을 할 때 어떤 사람과 한 쌍을 이루는 사람. ¶섹스 ~ / 스파링 ~ / 쌍쌍파티에 같이 갈 ~ 가 없다. 2 사업을 같이 하는 사람이나 단체. ¶합작 ~.
파트너-십(partnership) 몡 '협력', '제휴'로 순화.
파트롱(㉮patron) 몡 1 특정의 예술가를 예술상의 주의·활동에 대하여 경제적·정신적으로 지원하는 사람이나 기관. 2 특정한 후원을 하는 사람. 특히, 여성에 대하여 경제적 지원이나 보증을 서 주는 사람을 이름.
파트-타임(part time) 몡 수시(隨時) 계약으로 따라, 시간을 정하여 정규 취업 시간보다 짧은 시간 동안 일하는 것. ¶~으로 일하다. ▷풀타임.
파티(party) 몡 사교·친목 등을 목적으로 한 모임. ¶생일 ~ / 졸업 축하 ~ / ~을 열다.
파파(皤皤) 몡 (일부 명사 앞에 쓰여) 머리털이 세어 허연 상태. ¶~ 할머니. **파파-하다** 혱어
파파-노인(皤皤老人) 몡 머리털이 하얗게 센 늙은이.
파파라치(㉠paparazzi) 몡 유명인을 뒤쫓아 다니면서 그들의 은밀한 사생활을 카메라로 찍어 신문사나 잡지사 등에 파는 일을 직업으로 하는 사람.
파파야(papaya) 몡[식] 파파야과의 상록 교목. 높이 6m가량. 줄기가 연하며 자웅 이주임. 열매는 긴 타원형이고 노랗게 익는데, 향기와 감미가 있어 식용·약용함.
파페라(popera) 몡[음] 팝 요소를 가미한 오페라.
파!편(破片) 몡 유리·사기·쇠붙이 등이 힘있게 깨지면서 사방으로 튄 조각. ¶유리 ~ / 수류탄 ~ / ~에 맞다.
파푸아^뉴기니(Papua New Guinea) 몡[지] 뉴기니 지구와 오스트레일리아령 파푸아 지구가 합쳐 1975년에 독립한 나라. 수도는 포트모르즈비.
파피루스(papyrus) 몡 1 [식] 방동사닛과의 여러해살이풀. 높이 1~2m. 왕골이나 향부자 비슷한 풀로 줄기는 마디가 없음. 뿌리줄기는 식용하며, 관상용임. 나일 강가에서 자람. 2 고대 이집트·로마·그리스 등에서, 1의 줄기로 만들어 쓰던 종이의 대용품. 3 1로 종이나 같이 만든 것에 적은 고대 문서. 고대 이집트·그리스학 연구에 중요 사료(史料)임. =파피루스 문서.
파!-하다¹(破-) 됨타어 (적을) 쳐부수어 이기다.
파!-하다²(罷-) 됨어 [1]짜 (어떤 모임이나 함께하던 일이) 끝나서 다 헤어지다. ¶학교가 ~ / 백일장이 ~. [2]타 (일정한 일을) 마치거나 그만두다. ¶축하 행사를 ~ / 혼담을 ~.
파행(跛行) 몡 1 절뚝거리며 걷는 것. 2 일이 불균형 상태로 진행되는 것을 비유적으로 이르는 말. ¶~ 국회 / 경기(景氣)가 심한 인플레이션 ~을 보이고 있다. **파행-하다** 됨자어
파행-적(跛行的) 관몡 일이 순조롭게 진행되지 않거나 균형이 잡히지 않은 (것). ¶국회가 ~으로 운영되다.

파-헤치다 됨타 1 안에 있는 것이 드러나도록 파서 젖히다. ¶도굴범들이 고분(古墳)을 ~. 2 (비밀하게 감추어진 사실이나 실체를) 밝히어 드러내다. ¶주인공의 내면세계를 ~ / 죄상을 낱낱이 ~.
파형(波形) 몡 1 물결의 모양. 2 전파(電波)나 음파(音波)의 형태.
파!혼(破婚) 몡 (약혼을 한 남녀가, 또는 약혼한 사람이 그 상대와) 약속을 깨고 결혼하지 않기로 하는 것. ↔약혼. **파!혼-하다** 됨재어 **파!혼-되다** 됨재
파!흥(破興) 몡 흥이 깨어지는 것. 또는, 흥을 깨뜨리는 것. =패흥(敗興). **파!흥-하다** 됨재타어 **파!흥-되다** 됨재
팍 뮈 1 힘있게 내지르는 모양. 또는, 그 소리. ¶정강이를 ~ 걷어차다. 2 힘없이 거꾸러지는 모양. 또는, 그 소리. ¶맥없이 ~ 고꾸라지다. 3 진흙 따위를 밟을 때 빠지는 모양. 또는, 그 소리. 큰퍽.
팍삭[-싹] 뮈 1 힘없이 주저앉는 모양. 또는, 그 소리. ¶그 소식을 듣자, 그는 그 자리에 ~ 주저앉았다. 2 메마르고 영성한 물건이 가라앉거나 깨어지는 모양. 또는, 그 소리. ¶낡은 지붕이 ~ 내려앉다. 큰퍽석. **팍삭-하다** 됨재혱어
팍삭-팍삭[-싹-싹] 뮈 자꾸 팍삭 소리를 내며 주저앉거나 깨어지거나 가라앉는 모양. 큰퍽석퍽석. **팍삭팍삭-하다** 됨재혱어
팍신-팍신[-씬-씬] 뮈 매우 팍신한 모양. 큰퍽신퍽신. **팍신팍신-하다** 됨재혱어
팍신-하다[-씬-] 혱어 (고체 물질이나 엉긴 가루 따위가) 보드랍고 탄력성이 느껴지는 상태에 있다. ¶팍신한 솜이불. 큰퍽신하다.
팍팍¹ 뮈 1 잇달아 힘있게 내지르거나 쑤시는 모양. ¶어깨를 ~ 쑤시다. 2 힘없이 자꾸 쓰러지는 모양. ¶추위와 굶주림에 지친 병사들이 행군 도중에 ~ 쓰러졌다. 3 진흙 같은 것을 디딜 때 발이 몹시 빠지는 모양. ¶눈 속에 발이 ~ 빠지다. 큰퍽퍽.
팍팍² 뮈 냄새 따위가 몹시 심하게 나는 모양. ¶술 냄새는 ~ 풍기다.
팍팍-하다[-파카-] 혱어 1 음식이 물기나 끈기가 적어 목이 멜 정도로 메마르고 부드럽지 못하다. ¶국 없이 밥을 먹으려니 너무 **팍팍하여** 목이 멘다. 2 몹시 지쳐서 걸음을 내디디기 어려운 만큼 다리가 무겁다. ¶그녀는 걸음을 옮겨 놓을 수 없이 다리가 **팍팍해** 옴을 느꼈다.《조정래:태백산맥》 큰퍽퍽하다.
판¹ 몡 [1]자립 굿·씨름·도박·놀이·장사 등과 같은 일이 벌어진 자리. ¶~이 벌어지다 / ~이 깨지다. [2]의존 1 '처지', '형편', '판국'의 뜻을 나타내는 말. ¶가세가 기울어 온 식구가 생활 전선에 나서야 할 ~이다. / 이제나저제나 하고 기다리던 ~에 마침내 기회가 왔다. 2 승부를 겨루는 일의 수효를 세는 말. ¶씨름에서 세 ~을 내리 지다.
판²(板) 몡 [1]자립 1 얇고 판판한, 나무·쇠 등으로 된 물체. 띠널빤지. 2 반반한 표면을 사용하는 기구. 바둑판·장기판 등. 3 [인] =판(版) [1]. 4 유성기판·축음기판·레코드판 등의 음반. 5 [지] 지구의 표층을 형성하는, 두께 100km 내외의 암판(巖板). [2]의존 달걀 30개를 오목오목하게 팬 종이 또는 플라스틱에 세워 담은 것을 일컫는 말. ¶달걀 한 ~을 사다.

판³(版) 명 ① (자립) 1 [인] 그림이나 글씨 등을 새겨 찍는 데에 쓰는 나무나 쇠붙이의 조각. =판(板). 2 [인] '활판'의 준말. ¶~을 짜다. 3 [인] 인쇄한 면의 크기. 4 [인] 인쇄해서 책을 만드는 일. ¶~을 거듭하다. 5 [컴] =버전(version). ② (의존) 책의 내용을 개정하거나 증보하여 출간한 횟수를 세는 단위. 맨 처음 출간한 경우는 '1판' 또는 '초판'이라고 함. ¶2~5쇄. ▷쇄(刷).

판에 박은 듯하다[것 같다] 판 사물의 모양이 같거나 같은 일이 되풀이되다. ¶학교에 갔다 와서는 병원 약제실에서 약재사를 거들어 주는 판에 박은 듯한 나날이 단조하지 않을 수 없었다.《안수길:북간도》

판을 거듭하다 판 한번 출판한 책을, 같은 판(版)을 써서 다시 찍어 내다. ¶이 책은 판을 거듭할수록 성가(聲價)가 높아지고

-판⁴(判·版) 접미 책이나 종이의 길이·넓이의 규격을 나타내는 말. ¶타블로이드~ / 명함~ / 사륙~

-판⁵ 접미 책이나 신문 따위를 인쇄하여 펴낸 것을 뜻하는 말. ¶개정~ / 증보~ / 지방~

판⁶(Pan) 명 [신화] 그리스 신화에 나오는 목신(牧神). 상반신은 사람 모습이고 염소의 다리와 뿔을 가지고 있다. 음악·무용을 좋아함.

판-가름 명 시비나 우열을 판단하여 가르는 것. ¶내일이면 시비가 ~ 날 것이다. 판가름-하다 타동타여 ¶승패를 판가름할 수 없는 국면(局面).

판각(版刻·版刻) 명 ① 나뭇조각에 그림이나 글씨를 새기는 것. 비각판(刻板). ¶~술(術). 판각-하다 타동타여 ¶불교 경전을 ~.

판각-본(板刻本) [-뽄] 명 =목판본.

판-값[-깝] 명 물건을 팔고 받은 값. ↔산값.

판-검사(判檢事) 명 판사와 검사.

판결(判決) 명 ① 일의 시비·선악을 판단하여 결정하는 것. ¶~이 나다. 2 [법] 법원이 소송 사건에 대하여 법률에 따라 판단을 내리는 일. ¶무죄 ~ / ~에 불복하다 / 원고 승소 ~를 내리다. 판결-하다 타동타여 판결-되다 동자

판결-례(判決例) 명 [법] =판례(判例).

판결-문(判決文) 명 [법] 법원이 판결을 내린 사실·이유 및 판결 주문(主文) 등을 적은 문서. ☞선고문(宣告文).

판결^주문(判決主文) [법] 판결의 결론 부분. 민사 소송에서는 소송의 각하 또는 청구의 당부(當否) 판단이 표시되고, 형사 소송에서는 형의 선고·공소 기각·면소(免訴)·무죄 등이 표시됨. 준주문(主文).

판공-비(辦公費) 명 기관·조직의 우두머리나 간부가 공적인 일을 하기 위해 쓰는 비용. 또는, 그런 명목으로 책정된 돈.

판관(判官) 명 [역] 1 고려 시대, 개성부(開城府)·중문(中門)·자운방(紫雲坊) 등에 소속된 5품에서 9품까지의 벼슬. 2 조선 시대, 돈령부·한성부·상서원 등 관아의 종5품 벼슬.

판^구조론(板構造論) 명 [지] 해양의 판의 움직임을 양적(量的)으로 다루어 지진 현상이나 산맥·해구(海溝) 등의 성인(成因) 등을 전지구적 규모로 통일적으로 이해하려고 하는 학설.

판국(-局) 명 1 (관형어 뒤에 쓰여) 일이 벌어져 있는 형편. ¶막다른 ~ / 저마 말이 다르니 일이 어찌 돌아가는 ~인지 알 수가 없다. 2 [민] 집터나 묏자리의 위치와 생김새.

판-굿(-굿) 명 [민] 걸립패나 두레패들이 넓은 마당에서 갖가지 풍물을 갖추고 일정한 순서에 따라 재주를 부리며 노는 풍물놀이.

판권(版權) [-꿘] 명 1 [법] 저작권법에 의하여 인정된 무체(無體) 재산권의 하나. 도서 출판에 관한 이익을 독점하는 권리로, 저작권자가 출판을 맡은 사람에게 설정함. 2 책의 맨 앞이나 뒤에 발행일·출판자·저자·발행인·인쇄소 등을 밝혀 놓은 것. 또는, 그 면.

판권-장(版權張) [-꿘짱] 명 [인] 책 따위의 출판물의 맨 끝장에 인쇄 및 발행한 날짜, 저작자·발행자의 주소·이름 등을 밝혀 박은 종이.

판권-지(版權紙) [-꿘-] 명 책의 발행일·출판사·저자·발행인·인쇄소·제책소 등을 밝혀 놓은 지면이나 쪽지. 지면일 경우에는 책의 맨 앞이나 뒤에 위치하며, 쪽지일 경우에는 맨 뒤에 붙임.

판금(販禁) 명 (어떤 상품을) 판매하지 못하도록 하는 것. ¶~ 서적. 판금-하다 동타여

판금-되다 동자

판-나다 자 1 끝장이 나다. ¶싸움이 ~ / "인자 밑천이 다 판났다. 얘기보팅 홀랑 까도 좁쌀 한 알갱이만 한 야기도 없다아."《김문수:노리개》 2 재산이나 물건이 모조리 없어지다. ¶떡이 ~.

판다(panda) 명동 포유류 식육목 판다과의 총칭. 레서판다와 자이언트 판다의 2종이 있음. 레서판다는 몸길이 60cm 내외, 머리의 폭이 넓고 귀가 크며 등 윗부분은 적갈색, 아랫부분과 사지는 검은색임. 주로 야행성이고 나무타기를 잘하며, 나뭇잎·과일·새 쥐 등을 먹음. 자이언트 판다는 몸길이 120~150cm. 어깨에서 목·가슴·앞다리에 이르는 부분 및 귀·뒷다리가 까맣고 다른 부분은 흼. 고지대에 살며, 버섯·죽순·풀·새 등을 먹음. ×팬더.

판-다르다 형르 <-다르니, -달라> 아주 다르다. 비판이하다. ¶그의 성격은 나와는 ~.

판단(判斷) 명 (사물을) 어떤 기준이나 근거에 따라 어떠하다고 생각하거나, 어떠한 것이라고 단정하는 것. ¶~을 내리다 / 모든 것을 네 ~에 맡기겠다. 판단-하다 동자타여 ¶사람을 겉모습만 보고 판단해서는 안 된다. 판단-되다 동자

판단-력(判斷力) [-녁] 명 사물을 정당하게 평가하는 능력. ¶풍부한 지식과 명석한 ~을 기르다.

판도(版圖) 명 1 한 나라의 영토. ¶영국의 해외 식민지 ~ / 제국(帝國)의 ~를 넓히다. 2 어떤 세력이 미치는 영역·범위. ¶재계(財界)의 ~를 바꾸어 놓은 신흥 재벌이 출현하다.

판도라(Pandora) 명 [신화] 그리스 신화에 나오는 인류 최초의 여자. 프로메테우스가 천상의 불을 훔쳐 인간에게 준 데 노하여, 제우스가 인간을 벌하기 위하여 세상으로 보냈다고 함.

판도라의 상자(-箱子) 판 제우스가 모든 죄악과 재앙을 넣고 봉하여 판도라에게 주어 인간 세상에 내려 보냈다는 상자. 판도라가 열어 보지 말라는 명령을 어기고 호기심에서 이것을 열었기 때문에 인간의 모든 불행

이 쏟아져 나왔는데, 급히 닫는 통에 '희망' 만이 상자 속에 남았다고 함.

판독(判讀) 명 **1** (어려운 글귀나 암호·비문 따위를) 뜻을 헤아려 읽는 것. ¶암호~. **2** 컴퓨터나 컴퓨터 시스템을 갖춘 장치가 어떤 정보나 데이터를 읽어 들이는 것. **판독-하다** 통(타)여 ¶비문을 ~ / 바코드를 ~. **판독-되다** 통(자)

판-돈[-똔] 명 노름판에 태워 놓은 돈. 또는, 그 판에 나온 모든 돈.
판돈을 떼다 관 노름판을 벌이고 돈을 딴 사람에게서 얼마씩 떼어 가지다.

판둥-거리다/-대다 통(자) '반둥거리다'의 거센말. 큰펀둥거리다. 센빤둥거리다.

판둥-판둥 부 '반둥반둥'의 거센말. ¶~ 놀기만 한다. 큰펀둥펀둥. 센빤둥빤둥. **판둥판둥-하다** 통(자)여

판들-거리다/-대다 통(자) '반들거리다'의 거센말. 큰펀들거리다. 센빤들거리다.

판-때기(板-) 명 '판'을 격을 낮추어 이르는 말. 또는, 낡거나 헌 '판'을 속되게 이르는 말.

판례(判例)[팔-] 명[법] 법원에서 소송 사건을 판결한 전례. =판결례(判決例). ¶~집(集) / 새로운 ~를 남기다 / 대법원~를 인용하다.

판례-법(判例法)[팔-뻡] 명[법] 판례가 누적되어 성립된, 성문화(成文化)되지 않은 법.

판로(販路)[팔-] 명 상품이 팔리는 방면이나 길. ¶~가 열리다[막히다] / ~를 개척하다.

판막(瓣膜) 명[생] 심장 내벽이나 혈관 특히 정맥 속에 있는, 혈액·림프의 역류를 막는 막. =날름막·판(瓣).

판-막다[-따] 통(타) 마지막 승리를 얻어 그 판의 끝장을 내다.

판-막음 명 그 판에서의 마지막 승리. 또는, 마지막 승부를 가리는 일. **판막음-하다** 통(타)여

판매(販賣) 명 (상품을) 일정한 값을 받고 파는 것. ¶염가 ~ / 할인 ~ / 현금 ~ / ~ 전략. **판매-하다** 통(타)여 ¶물품을 ~ / 도서를 일부로 ~. **판매-되다** 통(자)

판매-가(販賣價)[-까] 명 상품을 판매하는 가격. 준판가.

판매-량(販賣量) 명 일정한 기간에 판매한 양.

판매-망(販賣網) 명 판매를 위한 조직·체계. ¶그 기업은 전국에 ~을 가지고 있다.

판매-액(販賣額) 명 판매한 돈의 액수. 또는, 그 총액.

판매-원(販賣元) 명 어떤 상품의 판매를 담당하는 회사.

판매-원(販賣員) 명 상품 판매에 종사하는 사람.

판매-점(販賣店) 명 상품을 판매하는 가게.

판매-책(販賣責) 명 판매를 책임지고 있는 사람. ¶마약 ~ / 중간 ~.

판매-처(販賣處) 명 어떤 상품을 판매하는 점포.

판매-카르텔(販賣⑤Kartell) 명[경] 동업자 사이의 경쟁에 의한 가격의 하락을 막거나 시장을 지배하기 위하여 맺는 판매상의 협정.

판매-품(販賣品) 명 판매하는 물품이나 상품. ↔비매품(非賣品).

판면(版面) 명 인쇄판의 글씨나 그림이 드러나 있는 겉면.

판명(判明) 명 (어떤 사실을) 판단하여 뚜렷이 밝히는 것. **판명-하다** 통(타)여. **판명-되다** 통(자) ¶피살자의 신원이 ~ / 그 보도는 허위로 판명되었다.

판목¹(板木) 명[건] 두께가 6cm 이상, 너비가 두께의 3배 이상 되는 재목.
판목²(版木) 명 인쇄판을 위하여 글씨나 그림을 새긴 나무.

판-무식(判無識) 명 아주 무식함. ¶나는 정치 문제에 대해서는 ~이오. **판무식-하다** 형여

판무식-쟁이(判無識-)[-쩽-] 명 아주 무식한 사람을 이르는 말.

판-박이(版-) 명 **1** 판(版)으로 박는 일. 또는, 판으로 박아 낸 책. **2** 판에 박은 듯이 꼭 같아 새로움이 없는 모양. 또는, 그런 사람. ¶~ 생활. **3** 아주 흡사하게 닮은 사람. ¶아들의 얼굴이 아버지와 ~이다. **4** 어떤 형상이 인쇄된 종이에 물을 묻히거나 문질러서 종이를 벗겨 낸 인쇄된 형상만 따로 남게 되는 것. 금속·유리·도자기 등의 인쇄에 이용되고, 아이들의 놀잇감으로도 쓰임.

판벽(板壁) 명 판자로 만든 벽. =널벽.

판별(判別) 명 (사물을) 판단하여 뚜렷이 구별하는 것. 또는, 그 구별. **판별-하다** 통(타)여 ¶증언의 진위(眞僞)를 ~. **판별-되다** 통(자)

판별-식(判別式)[-쑤] 명[수] 2차 방정식의 근(根)의 종류를 판별하기 위한 식.

판본(板本·版本) 명 =목판본.

판비(辦備) 명 마련하여 준비하는 것. **판비-하다** 통(타)여

판사(判事) 명[법] 대법원을 제외한 각급 법원의 법관. 대법관 회의의 동의를 얻어 대법원장이 임명함. 임기는 10년이며 연임할 수 있음.

판상¹(板狀) 명 판(板)과 같이 생긴 모양. ¶~ 구조(構造).
판상²(辦償) 명 **1** 빚을 갚는 것. =판제(辦濟). **2** 남에게 입힌 손해를 물어 주는 것. **3** 재물을 내어 지은 죄과를 갚는 것. **판상-하다** 통(타)여

판-상놈(-常-) 명 아주 못된 상놈.

판서¹(判書) 명[역] 고려 말기·조선 시대, 육조의 으뜸 벼슬. 정2품임. ¶이조 ~ / 호조 ~.
판서²(板書) 명 칠판에 분필로 글을 쓰는 것. 또는, 그 글. **판서-하다** 통(타)여

판-세(-勢)[-쎄] 명 판의 형세.

판-셈[-쎔] 명 빚진 사람이 채권자들 앞에 자기의 재산 전부를 내놓고 채권자들끼리 나누어 셈하도록 하는 일. **판셈-하다** 통(타)여

판-소리[-쏘-] 명[음] 한 사람의 소리꾼이 고수(鼓手)의 북장단에 맞추어 일련의 사건이 있는 긴 이야기를 소리[唱]와 곡조 없는 대사이 아니리로 엮어 나가는, 우리 고유의 민속악. 조선 후기 이후에 충청도·전라도를 중심으로 발달함. 세는 단위는 마당.

판수 명 점치는 일을 직업으로 삼는 맹인.

판시(判示) 명[법] 재판하여 보이는 것. **판시-하다** 통(자)여 ¶그 사건에 대해서는 대법원이 **판시한** 판례가 있다.

판-쓸이 명 **1** '고스톱'에서, 한 사람이 깔린 패를 다 먹어 오는 것. **2** 화투판에서, 한 사람이 판돈을 몽땅 다 차지하는 것. =싹쓸이.

판쓸이-하다 통(자)(타)
판연(判然) →판연-하다 형(어) 뚜렷하게 드러나 있다. **판연-히** 부 ¶고래와 상어는 각각 포유류와 어류라는 점에서 ~ 구별된다. 준 판히.
판-유리(板琉璃) [-뉴-] 명 널빤지 모양으로 평평한 유리. =판초자(板硝子).
판윤(判尹) [역] 조선 시대, 한성부(漢城府)의 으뜸 벼슬. 정2품임.
판이(判異) →판이-하다 형(어) (비교되는 대상의 성질이나 모양이나 상태 등이) 또렷이 구별할 수 있을 만큼 아주 다르다. ¶한 형제인데도 얼굴 모습이 ~ / 김 후보는 낙승을 예상했으나 결과는 **판이하게** 나타났다.
판자(板子) 명 =널빤지.
판자-때기(板子-) 명 '판자'를 속되게 이르는 말.
판자-촌(板子村) 명 판잣집이 모여 있는 동네.
판잣-집(板子-) [-자찝/-잗찝] 명 판자로 된 집.
판장(板牆) 명 =널판장.
판재(板材) 명 1 널빤지로 된 재목. 2 관(棺)을 만드는 재목. 비관재(棺材).
판정(判定) 명 판단하여 결정하는 것. ¶~를 내리다. =판정-하다 통(자)(타)(어) ¶심판이 승부를 ~. 판정-되다 통(자)
판정-승(判定勝) 명 [체] 권투·레슬링 시합 따위에서, 심판의 판정으로 이기는 것. ¶심판 전원 일치의 ~을 거두다. 판정승-하다 통(자)(어)
판정^의문문(判定疑問文) 명 [언] 상대에게 '예' 또는 '아니요'의 대답을 요구하는 의문문. "지금 바로 떠나겠느냐?", "밥 먹었니?" 따위의 문장.
판정-패(判定敗) 명 [체] 권투·레슬링 등의 경기에서, 심판의 판정에 의하여 지는 것. **판정패-하다** 통(자)(어)
판지(板紙) 명 두껍고 단단하게 널빤지처럼 만든 종이. 책표지·포장 등에 쓰임. =보드지(board紙).
판초(poncho) 명 1 한 장의 천 중앙에 구멍을 뚫고, 그리로 머리를 내어서 입는 방식의 남미의 총칭. 본래는 중남미의 인디오가 착용하던 직물명인데, 옷 모양의 명칭으로 잘못 알고 전해진 것임. 2 등산이나 하이킹 때 짐을 진 채 머리서부터 쓸 수 있는 우비.
판촉(販促) 명 상품에 대한 수요(需要)를 불러일으켜 판매가 늘어나도록 이끄는 일. ¶~ 활동.
판촉-물(販促物) [-총-] 명 판매 촉진을 위해 무료로 주는 물품.
판촉-전(販促戰) [-쩐] 명 여러 가지 방법을 써서 상품에 대한 수요를 불러일으켜 판매가 늘어나도록 이끌기 위하여 벌이는 경쟁. ¶백화점과 대형 할인 업체 간에 ~이 치열하다.
판출(辦出) 명 (돈이나 물건을) 어떤 일을 위하여 마련해 내는 것. **판출-하다** 통(타)(어) ¶옥남의 남매를 데려올 작정으로 노자를 **판출하려는데**, ….(이인직:은세계) 판출-되다 통(자)
판-치다 통(자) 1 여러 사람이 어울린 판에서 그 판을 지배할 만큼 무엇을 잘하다. ¶노름판에서 ~. 2 거리낌 없이 세력을 부리다. ¶돈과 권력이 **판치는** 세상.
판타지(fantasy) 명 1 짜릿하고 비현실적인 상황에 대한 상상. ¶성적(性的) ~. 2 [문] =판타지 소설. 3 [음] =환상곡(幻想曲)1.
판타지^소^설(fantasy小說) 명 [문] 신비한 마법과 온갖 모험을 그린 소설. 흔히, 요정·괴물·마왕·악령 따위가 등장함. =판타지.
판타지아(⑩fantasia) 명 [음] =환상곡1.
판탈룽(⑫pantalon) 명 아랫부분이 나팔 모양으로 벌어진 여자용 바지.
판판-이 부 판마다 번번이. ¶씨름을 ~ 이기다 / 장기를 ~ 지다.
판판-하다 형(어) 물건의 거죽에 높고 낮은 데가 없이 고르고 넓다. ¶**판판한** 길 / 땅을 **판판하게** 고르다. 큰 편편하다. **판판-히** 부
판형(判型·版型) 명(인) 인쇄물의 크기. 사륙배판·국판·사륙판 등이 있음.
판화(版畫·板畫) 명 여러 가지 재료로 그림을 새긴 판을 만들고, 거기에 잉크나 물감을 발라 종이나 천에 찍어 낸 그림. 판의 재료에 따라 목판화·석판화·동판화 등으로 나뉨.
팔¹ 1 사람이나 원숭이류의 몸에서, 어깨로부터 손끝에 이르는 부분. ¶**팔을** 벌리다', '**팔이** 길다'와 같이 동작이나 상태가 어깨에서 손끝까지 다 미칠 때에는 '손'을 포함해서 가리키기도 함. =상지(上肢). ¶양~ / ~을 끼다 / ~을 올리다 / ~을 굽히다 / ~에 완장을 두르다 / 아이들이 선생님의 ~에 매달리다. 2 윗옷에서, 어깨로부터 밖으로 뻗은 부분. ¶이 옷은 ~이 짧다.
[팔이 들이굽지 내굽나] ㉠사람은 누구나 자기와 가까운 사람에게 정이 쏠리게 마련이라는 말. ㉡무슨 일이나 자기에게 이익이 되도록 처리하는 것이 인지상정이라는 말.
[팔을 걷어붙이다[걷고 나서다] 곤 어떤 일에 적극적으로 나서다. ¶통장 댁 아주머니는 동네 일이라면 **팔을 걷고 나선다**.
팔² [수] I [수] '여덟'과 같은 뜻의 한자어 계통의 수사. 아라비아 숫자로는 '8', 로마 숫자로는 'Ⅷ'로 나타냄. ¶~ 나누기 이는 사. Ⅱ[관] '여덟', '여덟째'의 뜻. ¶제 ~ 권 / 제 ~ 호.
팔-가락지 [-찌] 명 =팔찌.
팔각(八角) 명 =팔모.
팔각-기둥(八角-) [-끼-] 명 [수] 밑면이 팔각형으로 된 각기둥. 구용어는 팔각주.
팔각-정(八角亭) [-쩡] 명 [건] 여덟모가 지게 지은 정자. 준말 =팔모정.
팔각-형(八角形) [-가켱] 명 [수] 여덟 개의 선분으로 둘러싸인 평면 도형.
팔-강(八強) 명 운동 경기에서, 준준결승에 진출한 8개의 팀이나 8명의 선수.
팔-걸이 명 1 팔을 걸치고 앉도록 되어 있는 의자의, 양팔을 걸치는 부분. 2 [체] 씨름에서, 한 손으로 상대자의 다리를 걸고 넘어뜨리는 기술. 3 [체] 수영에서, 몸을 발로 뜨게 하고 두 팔로 번갈아 물을 헤쳐서 나가는 기법.
팔걸이-의자(-椅子) 명 팔걸이가 있는 의자.
팔결 명부 '팔팔결'의 준말.
팔관-회(八關會) [-회/-훼] 명 [역] 고려 시대에 중경(中京)과 서경(西京)에서 토속신에게 제사를 지내던 의식(儀式). ▷연등회.
팔괘(八卦) 명(민) 중국 상고 시대의 복희씨(伏羲氏)가 지었다는 여덟 가지 괘. 곧, ☰ [건(乾)]·☱ [태(兌)]·☲ [이(離)]·☳ [진(震)]·☴ [손(巽)]·☵ [감(坎)]·☶ [간(艮)]·

·릁 [곤(坤)].
팔구(八九) 관 팔이나 구. 또는, 팔과 구. ¶ ~ 명 / ~ 회 / ~ 개월.
팔구-월(八九月) 명 팔월과 구월.
팔^굽혀^펴기[-구펴-] 명 엎드려 뻗친 자세에서 팔을 굽혔다 폈다 하는 운동.
팔-꿈치 명 팔의 위아래 관절이 붙은 자리의 바깥쪽.
팔난(八難) [-란-] 명 여덟 가지의 괴로움과 재난. 곧, 배고픔·목마름·추위·더위·물·불·칼·병란.
팔-난봉[-란-] 명 온갖 난봉을 부리는 사람.
팔-놀림[-롤-] 명 팔의 움직임. 또는, 그 모양. ¶ ~ 이 자유롭지 못하다.
팔다 통(타) 〈파니, 파오〉 1 (어떤 물건이나 권리 등을 다른 사람에게) 값을 받고 넘겨주다. 비판매하다·매각하다·매도하다. ¶ 구멍 가게에서 담배를 ~ / 별명가가 기업에 특허권을 ~. ↔사다. 2 (사람이 품이나 재주 등을) 남을 위해 제공하거나 부리고 돈을 받다. ¶ 품을 **팔아** 입에 풀칠하다. 3 (양심이나 지조, 또는 소중한 대상을) 자신의 이익을 위해 돌보지 않거나 저버리다. ¶ 지조를 **팔아** 권력에 빌붙어 사는 사이비 지식인. 4 (주로, 여자가 남자에게 몸을) 돈을 받고 성적 관계를 맺도록 내맡기거나, (술집과 같은 곳에서 웃음을) 어떤 대가를 받고 시중을 들면서 술손님의 기분을 맞추느라 짐짓 웃다. ¶ 홍등가에서 몸을 파는 여자 / 웃음을 **파는** 거리의 여자. 5 (영향력 있는 어떤 사람의 이름을) 어려운 일을 쉽게 하거나 곤란한 처지를 벗어나게 하려고, 대거나 말하다. ¶ 고위층의 이름을 **팔아** 사기 행각을 벌이다. 6 (사람이 자기 이름이나 얼굴을) 돈이나 명예 따위를 얻기 위해 신문·잡지나 라디오·텔레비전 등에 내놓다. ¶ 학문이 학문에서 게을리 하면서 텔레비전에 빤질나게 나와 얼굴을 **판다**. 7 (곡식 따위를) 돈을 주고 제것으로 가지다. 예스러운 말임. ¶ 아버지가 쌀을 사내에서 쌀을 **팔아** 오셨다. 8 → 한눈팔다.
팔-다리 명 팔과 다리. ¶ ~ 가 쑤시다.
팔-다리뼈 명 팔과 다리의 뼈. =지골(肢骨).
팔다리^운동(-運動) [체] 맨손 체조의 하나. 팔과 다리를 함께 굽혔다 폈다 하는 운동.
팔덕(八德) [-떡] 명 여덟 가지 덕. 인(仁)·의(義)·예(禮)·지(智)·충(忠)·신(信)·효(孝)·제(悌).
팔도(八道) [-또] 명 1 조선 시대에 전국을 8개의 행정 구역으로 나눈 것. 곧, 경기도·충청도·경상도·전라도·강원도·황해도·평안도·함경도. =팔로(八路). 2 우리나라 전체를 이르는 말.
팔도-강산(八道江山) [-또-] 명 [조선 시대에 전국을 8개의 행정 구역, 즉 8도로 나눈 데서] 우리나라 전국의 강산. ¶ ~ 을 유람하다.
팔-등신(八等身) [-뜽-] 명 키가 얼굴 길이의 8배가 되는 몸. 또는, 그런 사람. 균형이 잡힌 아름다운 몸의 표준으로 삼음. =팔두신. 여덟 뼘은 ~ 미인.
팔딱 퉷 1 작고 탄력 있게 뛰는 모양. ¶ 개구리가 ~ 뛰다. 2 맥이 뛰는 모양. 큰 펄떡. **팔딱-하다** 통(자)(타)(여)
팔딱-거리다/-대다[-꺼(때)-] 통(자)(타) 1 자꾸 팔딱 뛰다. ¶ 막 잡은 생선이 ~. 2 맥이

작게 자주 뛰다. ¶ 가슴이 ~. 3 성이 나서 참지 못하고 팔팔 뛰다. 4 문을 여닫으며 자주 들랑거리다. 큰 펄떡거리다.
팔딱-이다 통(자)(타) 작고 탄력 있게 뛰다. ¶ 묘옥의 목덜미에서 맥이 **팔딱**이는 것을 길산이는 똑똑히 보고 있었다. 《황석영: 장길산》 큰 펄떡이다.
팔딱-팔딱 퉷 팔딱거리는 모양. ¶ 손목을 가만히 짚어 보면 맥이 ~ 뛴다. 큰 펄떡펄떡. **팔딱팔딱-하다** 통(자)(타)(여)
팔-때기 명 '팔' 을 격을 낮추어 이르는 말.
팔뚝 명 팔꿈치로부터 손목까지의 부분. ¶ ~ 이 굵다 / ~ 만 한 무.
팔뚝-시계(-時計) 명 '손목시계' 의 잘못.
팔라듐(palladium) 명 백금족 원소의 하나. 원소 기호 Pd, 원자 번호 46, 원자량 106.40. 은백색의 금속으로 왕수에 녹음. 값이 싸며 경도가 높아서 전기용·치과용·장식용 등으로 이용됨.
팔락 퉷 바람에 가볍게 한 번 나부끼는 모양. 또는, 그 소리. 큰 펄럭. **팔락-하다** 통(자)(타)(여)
팔락-거리다/-대다 [-꺼(때)-] 통(자)(타) 자꾸 팔락이다. ¶ 깃발이 ~. 큰 펄럭거리다.
팔락-이다 통(자)(타) 바람에 날려 가볍고 빠르게 나부끼다. ¶ 깃발이 ~. 큰 펄럭이다.
팔락-팔락 퉷 팔락거리는 소리. 또는, 그 모양. 큰 펄럭펄럭. **팔락팔락-하다** 통(자)(타)(여)
팔랑 퉷 바람에 날려 한 번 가볍고 부드럽게 나부끼는 모양. ¶ 종이가 ~ 날다. 큰 펄렁. **팔랑-하다** 통(자)(타)(여)
팔랑-개비 명 1 →바람개비 1. 2 한곳에 오래 있지 못하고 경망스럽게 돌아다니는 사람의 비유.
팔랑-거리다/-대다 통(자)(타) 바람에 날려 계속 가볍게 나부끼다. 또는, 그렇게 되게 하다. 큰 펄렁거리다.
팔랑-팔랑 퉷 팔랑거리는 모양. 큰 펄렁펄렁. **팔랑팔랑-하다** 통(자)(타)(여)
팔레스타인^해^방^기구(Palestine解放機構) 명 이스라엘에 반대하여 팔레스타인 해방을 지향하는 팔레스타인 인의 통일 지도 조직. =피에오(PLO).
팔레오-세(←Paleocene世) [지] 신생대 제3기의 첫 번째 세.
팔레트(palette) 명 [미] 유화나 수채화를 그릴 때 그림물감을 섞거나 물감의 농도를 맞추기 위해 사용하는 판. 금속·플라스틱·나무 등으로 만든 것으로, 모양은 흔히 사각형이나 타원형이며, 엄지손가락이 들어갈 만한 구멍이 뚫려 있음. =조색판.
팔레트^나이프(palette knife) 명 [미] 그림물감을 섞거나 긁어내는 데 쓰는 칼.
팔-리다 통(자) 1 '팔다' 의 피동사. ¶ 물건이 많이 ~. 2 정신(이) 팔리다 →정신(精神)¹.
팔림-새 명 상품의 팔리는 상태. ¶ ~ 가 좋다.
팔만-대장경(八萬大藏經) 명 [불] 불력(佛力)으로 외적의 침략을 막기 위해 고려 고종 때 간행한 대장경. 경판의 수가 8만 1258판에 이름. 현재 합천 해인사에 보관되어 있음. ▷ 고려 대장경.
팔매 명 조그만 돌 따위를 멀리 내던지는 일. ¶ ~ 를 치다.
팔매-질 명 팔매 치는 짓. **팔매질-하다** 통(자)
팔매-치기 명 팔매를 치는 일.

팔면(八面) 명 1 여러 방면. 2 [수] 여덟 개의 평면(平面).
팔면부지(八面不知) 명 어느 모로나 전혀 알지 못하는 사람.
팔면-체(八面體) 명 [수] 여덟 개의 평면으로 이루어진 입체.
팔-모(八-) 명 여덟 개의 모. =팔각(八角)·여덟모.
팔-목 명 팔과 손을 잇는 부분. 비손목.
팔목-시계(-時計) 명 '손목시계'의 잘못.
팔미트-산(←palmitic酸) 명 [화] 고급 포화 지방산의 하나. 상온(常溫)에서 백색의 고체로, 비누·페인트·그리스·화장품 등의 원료로 쓰임.
팔-밀이 명 1 혼인날 신랑이 신부의 집에 이르렀을 때, 신부 집 사람이 읍하여 맞아들이고 행례청(行禮廳)까지 팔을 밀어 인도하는 일. ¶산 안을 한 바퀴 휘돌아 오가의 문전에 와서 신랑이 기러기를 드리고 박유복이의 ~로 초례청에 들어섰다.《홍명희:임꺽정》 2 마땅히 자기가 하여야 할 일을 남에게 미루는 것. 팔밀이-하다 통(자타)(여)
팔방(八方) 명 1 동·서·남·북·동남·동북·서남의 여덟 방위. =팔진. 2 건(乾)·감(坎)·간(艮)·진(震)·손(巽)·이(離)·곤(坤)·태(兌)의 여덟 방향 또는 방면. ¶사방~ ·~으로 수소문하다.
팔방-미인(八方美人) 명 1 어느 모로 보아도 흠이 없이 아름답게 보이는 미인. 2 누구에게나 싫은 소리 못하고 표고처럼 처세하는 사람. 비두루춘풍. 3 여러 방면의 일에 능숙한 사람. 4 아무 일에나 조금씩 손대는 사람을 조롱하여 이르는 말.
팔-베개 명 팔을 베개 삼아 베는 일. ¶~를 하고 눕다. 팔베개-하다 통(자)(여)
팔보-채(八寶菜) 명 중국 요리의 한 가지. 마른 해삼·새우·목이버섯·표고버섯·닭고기·죽순·파·완두콩 등 여덟 가지 재료를 각각 기름에 볶아 육수와 양념을 넣고 끓이다가, 물에 푼 녹말을 부어 걸쭉하게 익힌 음식.
팔부-중(八部衆) 명 불법을 지키는 여덟 신장(神將). 곧, 천중(天衆)·용중(龍衆)·야차(夜叉)·건달바(乾闥婆)·아수라(阿修羅)·가루라(迦樓羅)·긴나라(緊那羅)·마후라가(摩睺羅迦).
팔분(八分) 명 육서(六書)의 하나. 예서(隸書)에 전서(篆書)를 가미하여 장식적인 효과를 낸 서체.
팔분-쉼표(八分-標) 명 [음] 온쉼표의 1/8의 길이를 가지는 쉼표. 기호는 '𝄾'.
팔분-음표(八分音標) 명 [음] 온음표의 1/8의 길이를 가지는 음표. 기호는 '♪'.
팔-불출(八不出) 명 못나고 어리석은 사람. 특히, 자식 자랑, 아내 자랑과 같이 자랑을 늘어놓는 사람을 놀림조 또는 비난조로 이르는 말. =팔불용·팔불취.
팔-뼈 명 팔의 뼈.
팔삭-둥이(八朔-)[-싹뚱-] 명 1 임신한 지 여덟 달 만에 낳은 아이. 2 똑똑하지 못한 사람을 조롱하여 이르는 말.
팔색-조(八色鳥)[-쌕쪼] 명[동] 팔색조과의 새. 몸길이 18cm가량. 몸빛은 머리는 밤색·흑색·황색이고 등은 암녹색이며 등의 끝부분은 남색임. 몸의 아랫부분은 크림색, 턱은 회고 하복부는 진홍색임. 꽁짓깃은 검고 선단부는 남색임.
팔-소매[-쏘-] 명 =소매¹.

팔손-이(八-)[-쏜-] 명[식] 두릅나뭇과의 상록 활엽 관목. 높이 2~3m. 잎은 손바닥 모양으로 갈라지고 10~11월에 흰 꽃이 피며, 열매는 다음 해 5월에 겉게 익음. 바닷가 숲에서 자라며, 관상용으로도 가꿈. 잎은 약용임. =팔손이나무.
팔손이-나무(八-)[-쏜-] 명[식] =팔손이.
팔순(八旬)[-쑨] 명 여든 살. ¶~ 노모(老母).
팔-심[-씸] 명 팔뚝의 힘. ¶~이 세다.
팔십(八十)[-씹] Ⅰ주 '여든'과 같은 뜻의 한자어 계통의 수사. 아라비아 숫자로는 '80', 로마 숫자로는 'LXXX'로 나타냄. ¶나이 ~이 넘다.
Ⅱ관 '여든', '여든째'의 뜻. ¶~ 권 / ~ 명.
팔싹 부 1 연기·먼지 따위가 한바탕 일어나는 모양. 2 맥없이 내려앉거나 주저앉는 모양. 큰펄썩. 팔싹-하다 통(자)(여)
팔싹-팔싹 부 연기·먼지 따위가 잇달아 세게 일어나는 모양. 큰펄썩펄썩. 팔싹팔싹-하다 통(자)(여)
팔-씨름 두 사람이 마주 앉아 손을 맞잡고 팔꿈치를 바닥에 댄 상태로 상대의 손등이 바닥에 닿도록 힘을 겨루는 일. 팔씨름-하다 통(자)(여)
팔아-넘기다 통(타) 1 (어떤 물건의 소유권을 다른 사람에게) 값을 받고 넘겨주다. ¶유산으로 물려받은 땅을 ~. 2 (양심이나 지조 등을) 어떤 이득을 얻기 위하여서 내버리다. ¶양심을 ~. 3 주로 여성을 대상으로 하여 돈을 받고 윤락가나 그 업을 하는 사람에게 넘기다.
팔아-먹다[-따] 통(타) 1 팔아서 없애 버리다. ¶반지를 ~ / 문전옥답 다 팔아먹고 알거지가 되었다. 2 곡식을 사서 먹다. ¶쌀을 ~.
팔열-지옥(八熱地獄) 명 뜨거운 불길로 고통을 받는 여덟 지옥. 곧, 등활(等活)·흑승(黑繩)·중합(衆合)·규환(叫喚)·대규환(大叫喚)·초열(焦熱)·대초열(大焦熱)·무간(無間)지옥. =팔대 지옥.
팔-오금 팔꿈치의 안쪽. 준오금.
팔^운!동(-運動) 명[체] 팔을 굽혔다 폈다 하여 팔을 움직이는 운동.
팔월(八月) 명 한 해의 열두 달 가운데 여덟째 달.
팔-일오/8·15(八一五) 명[역] =팔일오 광복.
팔일오^광복(八一五光復) 명[역] 1945년 8월 15일에 우리나라가 일제로부터 주권을 도로 찾은 일. =팔일오.
팔자(八字)[-짜] 명 [사람의 생년, 월, 일, 시를 각기 천간(天干)과 지지(地支) 두 글자로 나타낸 것이 모두 여덟 글자인 데서] 어떤 사람이 타고난 한평생의 운세. ¶~소관 / 타고난 ~.
[**팔자는 독에 들어가서도 못 피한다**] 운명은 피하려야 피할 수 없다는 말.
팔자(를) 고치다 1 여자가 재혼함을 일컫는 말. 2 갑자기 부자가 되거나 지체가 높아짐을 일컫는 말.
팔자(가) 늘어지다 근심 걱정이 없고 사는 것이 편안하다. ¶고생만 하고 살다가 자식 덕에 **팔자가 늘어진** 셈이지.
팔자에 없다 분수에 넘쳐 어울리지 않다. ¶**팔자에 없는** 호강을 하다.
팔자-걸음(八字-)[-짜-] 명 양쪽 발끝을

바깥쪽으로 많이 벌리고 걷는 걸음. =여덟 팔자걸음. ▷안짱걸음.
팔자-땜(八字-) [-짜-] [명] 어려운 일을 겪었을 때 쓰는 말로, 사나운 팔자를 그 일로 대신하였다는 뜻. **팔자땜-하다** [동][자][여]
팔자-소관(八字所關) [-짜-] [명] 타고난 운수로 인하여 어쩔 수 없이 당하는 일.
팔자-수염(八字鬚髥) [-짜-] [명] 코 밑에 '八(팔)' 자 모양으로 난 수염.
팔자-타령(八字-) [-짜-] [명] 불행한 자신의 신세를 한탄하는 일.
팔작-집(八作-) [-짝찝] [명][건] 네 귀에 모두 추녀를 달아 지은 집. =합각집.
팔절-판(八切判) [-쩔-] [명][사진] 가로 22 cm, 세로 16.5cm 크기의 사진판.
팔-정도(八正道) [-쩡-] [명][불] 수행에 있어서의 여덟 가지 길. 곧, 정견(正見)·정어(正語)·정업(正業)·정명(正命)·정념(正念)·정정(正定)·정사유(正思惟)·정정진(正精進).
팔조지교(八條之教) [-쪼-] [명][역] 고조선 시대에 시행된, 사회 교화를 위한 여덟 가지 관습법. =팔조법·팔조지금법.
팔종성-가족용법(八終聲可足用法) [-쫑-뻡] [명][언] 중세 국어에서, 종성에 쓰이는 글자는 'ㄱ, ㆁ, ㄷ, ㄴ, ㅂ, ㅁ, ㅅ, ㄹ'의 8자로 충분하다는 원리.
팔-주비전(八注比廛) [-쭈-] [명][역] 조선 시대에 서울에 있던 백각전(百各廛) 가운데 여덟 시전(市廛). 곧, 선전(縇廛)·면포전(綿布廛)·면주전(綿紬廛)·지전(紙廛)·저포전(苧布廛)·포전(布廛)·내어물전(內魚物廛)·외어물전(外魚物廛).
팔-죽지[-쭉찌] [명] 팔꿈치에서 어깻죽지 사이의 부분.
팔중-주(八重奏) [-쭝-] [명][음] 실내악(室內樂)의 하나로, 서로 다른 여덟 개의 악기에 의한 합주.
팔질(八耋) [-찔] [명] '여든 살'을 이르는 말.
팔-짓[-찓] [명] 팔을 놀리는 짓. **팔짓-하다** [동][자][여]
팔짝 [부] **1** 문이나 뚜껑 따위를 갑자기 여는 모양. ¶문이 ~ 열리다. **2** 갑자기 뛰어오르거나 나는 모양. ¶개구리가 ~ 뛰어 달아났다. [큰]펄쩍. **팔짝-하다** [동][자][타][여]
팔짝 뛰다 [구] 억울한 일이나 뜻밖의 일을 당하였을 때 강하게 부인하다. ¶그는 그 사람을 만난 일조차 없다면서 **팔짝 뛰었다**.
팔짝-거리다/-대다[-꺼(때)-] [동][자][타] **1** 문 따위를 갑자기 자꾸 여닫다. **2** 갑자기 잇달아 뛰거나 날다. [큰]펄쩍거리다.
팔짝-팔짝 [부] 팔짝거리는 모양. ¶아이가 ~ 뛰면서 울었다. [큰]펄쩍펄쩍. **팔짝팔짝-하다** [동][자][타][여]
팔짱 [명] 《주로, '끼다'와 함께 쓰여》 **1** 두 팔을 굽힌 상태에서 서로 엇걸어 가슴 위에 두는 형태의 자세. ¶~을 끼고 먼 산을 바라보고 있는 모습을 찍은 사진. **2** 양팔의 옷소매를 마주 붙인 상태에서, 두 손을 각각 반대쪽 소매 안으로 넣은 상태. **3** 어떤 사람과 나란히 가거나 서 있거나 할 때, 그 사람의 한쪽 팔을 자기의 한쪽 팔로 감아서 떨어지지 않게 하는 일. ¶다정하게 ~을 끼고 걸어가는 연인들.
팔짱(을) 끼다 [구] 앞에 벌어지고 있는 일을 나서서 해결하려 하지 않고 내버려 두다. [비]수수방관(袖手傍觀)하다. ¶발등에 불이 떨어졌는데도 다들 **팔짱**만 **끼고** 있다.
팔찌 [명] 여자의 팔목에 끼는, 금·은·구리 등으로 된 고리 모양의 장식품. =팔가락지. ¶~를 끼다 / ~를 차다.
팔척-장신(八尺長身) [-짱-] [명] 키가 매우 큰 사람의 몸을 과장하여 일컫는 말.
팔체-서(八體書) [명] 중국 진(秦)나라 때에 쓰인 여덟 가지 글씨체. 곧, 대전(大篆)·소전(小篆)·각부(刻符)·충서(蟲書)·모인(摹印)·서서(署書)·수서(殳書)·예서(隷書). [준]팔서·팔체.
팔초-하다 [형][여] 얼굴이 좁고 아래턱이 뾰족하다. ¶…부끄러운 듯이 꾸미는 을라의 **팔초한** 하얀 얼굴을 머릿속에 그려 보았다.《염상섭: 만세전》
팔촌(八寸) [명] 증조부의 친형제의 증손자·증손녀. 같은 항렬이며, 고조부가 같음. =삼종(三從).
팔팔 [부] **1** 적은 물이 용솟음치며 끓는 모양. ¶물을 ~ 끓이다. **2** 몸이나 온돌방이 높은 열로 매우 뜨거운 모양. ¶몸이 ~ 끓다. **3** 작은 것이 힘 있게 날거나 뛰는 모양. ¶새가 ~ 날다. [큰]펄펄.
팔팔 뛰다 [구] 억울하거나 뜻밖의 일을 당하여 깜짝 놀라거나 매우 세게 부인하다.
팔팔-결 [명][부] 둘 이상의 대상이 서로 아주 다른 상태에 있는 모양. ¶지금 서방님은 아버지와 ~ 달러서 사람이 좋은 편입니다.《홍명희: 임꺽정》 [준]팔결.
팔팔-하다 [형][여] **1** 성질이 괄괄하고 급하다. ¶성질이 **팔팔하여** 싸움을 잘한다. **2** 날 듯이 활발하고 생기가 있다. ¶나이에 비하면 아직 **팔팔한** 편이지. [큰]펄펄하다.
팔푼-이(八-) [명] 조금 모자라는 사람을 업신여겨 이르는 말.
팔풍-받이(八風-) [-바지] [명] 팔방에서 불어오는 바람을 다 받는 곳.
팔한^지옥(八寒地獄) [명][불] 매우 심한 추위로 고통을 받는다는 여덟 지옥. 곧, 알부타·이라부타·알찰타·확확파·호호파·올발라·발특마·마하발특마.
팔-회목[-회-/-훼-] [명] =손회목.
팜^볼(palm ball) [명][체] 야구에서, 투수의 투구법의 하나. 손바닥에 공을 붙이고 엄지손가락과 새끼손가락으로 공을 누르면서 앞으로 밀어내듯이 던지는 것으로, 타자(打者) 바로 앞에서 불규칙한 곡선을 그리게 됨.
팜-유(palm油) [명] 종려나무 열매에서 짜낸 기름. 마가린·비누 등의 원료로 쓰이며, 라면 튀김용 기름으로도 이용됨.
팜톱^컴퓨터(palmtop computer) [명][컴] 손바닥 위에 올려놓을 수 있는 크기의 초소형 퍼스널 컴퓨터.
팜파스(pampas) [명][지] 아르헨티나의 대초원 지대. 땅이 비옥하여 소·양을 방목(放牧)하며, 밀의 산출이 많음.
팜플렛 [명] '팸플릿(pamphlet)'의 잘못.
팝(pop) [명][음] 전기 또는 전자 악기를 사용하여 강렬한 리듬을 나타내는 구미(歐美)의 현대 대중음악. =팝스.
팝^뮤직(pop music) [명][음] **1** 경쾌하고 오락적인 성격을 띤 음악. **2** 순수 음악에 대하여, 대중적인 음악.
팝-송(pop song) [명][음] 구미(歐美)에서 유행하는 대중가요.
팝스 오케스트라(pops orchestra) 널리 알려진 고전 음악이나 세미클래식을 편곡하여 연주하는 교향악단. ¶보스턴 ~.

Ⅱ

팝^아트(pop art) [미] 일상생활에서 범람하는 이미지인 광고·만화·보도 사진 등을 제재로 삼아 그리는, 1960년대에 미국에서 크게 대두한 회화의 경향.

팝업^광:고(pop-up廣告) [명] 어떤 사이트에 접속할 때 화면에 저절로 뜨는 광고.

팝업^메뉴(pop-up menu) [명][컴] 자판의 특정한 키나 마우스 버튼을 누르면 화면에 나타나 필요한 사항을 선택할 수 있도록 해 주는 메뉴.

팝업^윈도(pop-up window) [명][컴] 자판의 특정한 키나 마우스 버튼을 누르면 화면에 나타나는 창. 또는, 어떤 사이트에 접속할 때 화면에 저절로 뜨는 창.

팝콘(popcorn) [명] 1 옥수수의 한 품종. 알 전체가 경질이고 내부가 약간 연질이어서 가열하면 터짐. 2 1의 간을 하여 튀긴 식품.

팟-종 [파쫑/팓쫑] [명] 다 자란 파의 장다리.

팡 [부] 1 갑자기 무엇이 튀거나 터지는 소리. 2 작은 구멍이 환히 뚫어진 모양. ¶구멍이 ~ 뚫리다. 〈큰〉펑.

팡개 [명] 돌멩이나 흙덩이를 찍어 던지게 된 대 토막. 끝이 네 갈래로 짜개져 있으며, 논이나 밭의 새를 쫓는 데 씀.

팡개-치다 [동](타) '팽개치다'의 잘못.

팡이-류(-類) [명][식] =균류(菌類).

팡파르(❾fanfare) [명][음] 1 북과 금관 악기를 사용한 짧고 씩씩한 악곡. 2 축하 의식 등에 쓰이는 트럼펫의 신호. 삼화음(三和音)의 음만을 사용함. ¶올림픽 대회의 개막을 알리는 ~가 울려 퍼지다.

팡파지다 [형] (가로퍼진 모양이다) 동그스름하게 넓적하거나 평평하게 널쩍하다. 〈큰〉펑퍼지다.

팡파짐-하다 [형](여) 동그스름하고 판판하게 옆으로 퍼져 있다. ¶팡파짐한 얼굴. 〈큰〉펑퍼짐하다.

팡팡 [부] 1 눈이나 물 따위가 세차게 쏟아지거나 솟는 모양. ¶샘물이 ~ 솟다. 2 여러 번 거세게 나는 총소리. 3 (주로, '쓰다'와 함께 쓰여) 돈이나 물 등을 헤프게 쓰는 모양. ¶물을 ~ 쓰다. 4 (주로, '놀다'와 함께 쓰여) 아무 일도 하지 않고 빈둥거리는 모양. 〈큰〉펑펑. **팡팡-하다** [동](자)(타)(여).

팡팡-거리다/-대다 [동](자)(타) 1 잇달아 팡팡 소리가 나다. 또는, 그런 소리를 내다. 2 재산을 헤프게 자주 쓰다. 〈큰〉펑펑거리다.

팥 [팓] [명] 1[식] 콩과의 한해살이풀. 높이 50~90cm. 여름에 노란 꽃이 피며, 긴 원통형 꼬투리에 적갈색·검은색·담황색 등의 씨가 들어 있음. 씨는 유용한 잡곡임. 2 1의 열매. 밥·떡 등 주식 외에 떡의 고물 등으로 쓰임. =소두.

[**팥으로 메주를 쑨대도 곧이듣는다**] 지나치게 남을 믿는다.

팥-고물 [팓꼬-] [명] 팥을 삶아 으깨어 만든 고물. 떡에 묻히는 데 씀. ▷콩고물.

팥-노굿 [판-굳] [명] 팥의 꽃. =팥꽃.
   팥노굿 일다 [구] 팥꽃이 피다.

팥-떡 [판-] [명] 팥고물을 묻힌 떡.

팥-물 [판-] [명] 팥을 삶아 짜서 거른 물. 팥죽 쑤는 데 씀.

팥-밥 [팓빱] [명] 쌀에 팥을 섞어서 지은 밥.

팥-비누 [팓삐-] [명] 팥의 껍질을 벗겨 곱게 간 가루. 비누 대신으로 씀.

팥-빵 [팓-] [명] 소로 팥을 넣어 만든 빵.

팥-소 [팓쏘] [명] 팥을 삶아 으깨거나 갈아서 만든 것. 떡이나 빵 등의 속에 넣음.

팥-알 [팓-] [명] 팥의 낱알.

팥-죽(-粥) [팓쭉] [명] 팥을 삶아 거른 팥물에 쌀을 넣고 쑨 죽. 새알심이라 불리는 찹쌀 경단을 함께 섞어 끓이기도 함. 동지 절식임.

팥죽-색(-粥色) [팓쭉쌕] [명] 팥죽의 빛깔과 같이 검붉은 색.

팥죽-할멈(-粥--) [팓쭉칼-] [명] 팥죽 같은 유동식(流動食)이나 먹고, 이가 다 빠진 할머니를 익살스럽게 일컫는 말.

패:¹(敗) [명] ①[자력] 어떤 일에 실패하는 일. 또는, 싸움이나 승부를 가리는 경기 등에서 지는 일. ¶~를 보다 / ~를 경험하다. ②[의존] 운동 경기·게임·바둑 등에서, 겨루어 진 횟수를 세는 단위. ¶축구 예선에서 4승 1~를 기록하다 / 도전자는 20승 1~의 전적을 가지고 있다. ↔승(勝).

패²(牌) [명] ①[자력] 1 이름·특징 따위를 알리기 위하여 글씨를 쓰거나 그리거나 새긴 작은 종이나 나무의 조각. 2 몇 사람이 모인 동아리나 무리. ¶젊은 ~ / ~를 갈라놓다 / ~를 짓다. 3 화투나 투전의 각 장이 나타내고 있는 끗수 따위의 내용. ¶~가 좋다. ②[의존] 12를 세는 단위로 이르는 말. ¶남학생 한 ~와 여학생 한 ~.

패(를) 떼다 [구] 골패·화투 따위를 가지고 패를 맞추어 내다.

패:³(霸) [명] 1 남을 교묘히 속이는 꾀. ¶~를 쓰다. 2 바둑에서, 서로 한 수씩 걸러 가면서 잡으려고 하는 점. ¶~가 나다 [생기다].

패:가(敗家) [명] 집안의 재산을 다 써 없애는 것. **패:가-하다** [동](자)(여).

패:가-망신(敗家亡身) [명] 집안의 재산을 다 써 없애고 몸을 망침. **패:가망신-하다** [동](자)(여) ¶도박으로~.

패:각(貝殼) [명] =조가비.

패:-거리(牌--) [명] '패'(牌)²①2'를 낮추어 이르는 말. ¶주먹질을 일삼는 뒷골목~.

패:검(佩劍) [명] 차는 칼. 또는, 칼을 차는 것. **패:검-하다** [동](자)(여).

패:관(稗官) [명][역] 중국 한나라 때 왕이 민간의 풍속을 살피기 위해 두었던, 세상에 떠도는 이야기를 모아 기록하는 관리.

패:관^기서(稗官奇書) [명][문] =패관 문학.

패:관^문학(稗官文學) [명][문] 민간에 떠도는 이야기에 작가의 창의성과 윤색이 가해져 이룩진, 고려·조선 시대의 산문 문학. 소설의 전신으로서, 이후에 고대 소설로 발전했음. '수이전', '역옹패설', '파한집', '금오신화' 등이 있음. =패관 기서.

패:국(敗局) [명] 세력이 약해진 정국(政局)이나 국면(局面).

패:군(敗軍) [명] 싸움에 진 군대.

패:군지장(敗軍之將) [명] 싸움에 진 장수. 〈비〉패장.

패:권(霸權) [-꿘-] [명] 1 어떤 분야에서 으뜸의 자리를 차지한 권력. ¶전국 선수권 대회에서 ~을 잡다 / ~을 다투다. 2 국제 정치에서 힘이나 경제력으로 다른 나라를 압박하고 자기의 세력을 넓히려는 권력.

패:권-주의(霸權主義) [-꿘-의/-꿘-이] [명][정] 강대한 군사력을 배경으로 세계를 지배하려는 제국주의(帝國主義) 정책을 이르는 말.

패:기(霸氣) [명] 어떤 어려운 일이라도 해내겠다는 자신을 보이는 기백. ¶~에 넘치다.

패:기만만(霸氣滿滿) → **패:기만만-하다** [명]

㉔ 패기가 넘칠 정도로 가득하다. ¶패기만만한 20대 젊은이.
패널(panel) 몡 1 규격 치수대로 만든 건축용 널빤지. 2 [미] =패널화. 3 사진·포스터 등을 붙이는 전시용 판. 4 공개 토론회의 토론자. 또는, 방송의 토크 쇼 등에서 사회자를 도와 프로그램을 함께 진행하는 사람. =패널리스트. ¶토크 쇼의 고정 ~.
패널리스트(panelist) 몡 =패널4.
패널-화(panel畫) 몡 [미] 화포(畫布)를 대신하여 쓰는 화판. 또는, 그 화판에 그린 그림. =패널.
패닉(panic) 몡 '공황(恐慌)'으로 순화. ¶~ 상태에 빠진 증시.
패다¹ 통(자) 1 곡식의 이삭이 나오다. ¶보리 이삭이 ~. 2 사내아이가 성인으로 자라 목소리가 굵어지다. ¶과년한 총각 모양으로 목이 패어서 베이스로 컹컹 짖는 소리는 아주 남성적으로 웅장하였다.《심훈: 황공의 최
패:다² 통(자) (머리 따위가) 몹시 쑤시고 아픈 느낌이 나다. ¶골이 ~ / 머리가 ~.
패:다³ 통(타) (사람이나 동물을) 사정없이 마구 때리다. ¶몽둥이로 두들겨 ~.
패:다⁴ 통(자) '파이다'의 준말. ¶옴폭 팬 보조개.
패:다⁵ 통(타) 도끼로 장작 따위를 쪼개다.
패:담(悖談) 몡 이치에 어긋나게 말하는 것. 또는, 그 말. =패설(悖說). **패:담-하다** 통(자)여
패대기-치다 통(타) 매우 짜증 나거나 못마땅하여 어떤 일이나 물건을 거칠게 내던지다.
패:덕¹(悖德) 몡 도덕과 의리에 어긋나는 것. 또는, 그 행동. ¶~자(者). **패:덕-하다**¹ 통(자)여
패:덕²(敗德) 몡 도덕과 의리를 그르치는 것. 또는, 사람의 도리를 등지는 것. ¶~ 행위. **패:덕-하다**² 통(자)여
패:도(霸道) 몡 인의(仁義)를 무시하고 무력이나 권모술수로써 천하를 다스리는 일. 또는, 그러한 방도. ¶~ 정치. ↔왕도(王道).
패두(牌頭) 몡 1 패의 우두머리. 2 [역] 죄인의 볼기를 치는 형조의 사령(使令).
패드(pad) 몡 1 양복의 모양을 조정하기 위해 어깨 따위에 넣는 심. 2 주로 여성의 옷에서, 몸매의 곡선미를 강조하기 위해 신체 일부에 대는 물건. 3 흡수성이 강한, 여성의 생리 용구. 4 침대보 위에 까는, 네모난 천. ¶침대~.
패랭이 몡 1 [역] 신분이 낮은 사람이나 상제가 쓰는, 댓개비로 결어 만든 갓의 한 가지. =평량립·평량자. 2 [식] '패랭이꽃'의 준말.
패랭이-꽃 몡 [꽃] 석죽과의 여러해살이풀. 높이 약 30cm. 여름에 붉은색 꽃이 핌. 꽃은 '구맥(瞿麥)'이라 하여 약재로 씀. 관상용임. =석죽(石竹). ㉰패랭이.
패러글라이더(paraglider) 몡 스포츠로서 활공을 즐길 수 있도록 특수하게 만든 사각형 또는 부메랑형의 낙하산.
패러글라이딩(paragliding) 몡 패러글라이더를 메고 높은 산의 절벽 등에서 뛰어내려 활공하는 스포츠.
패러다임(paradigm) 몡 어떤 사람이나 집단이 세계나 대상을 바라보거나 판단할 때 가지는 일정한 사고방식이나 인식의 틀. 순화어는 '틀', '체계'. ¶정보화 사회로의 ~ 전환에 따른 교육의 변화가 불가피하다. / 국가적 위기에서 벗어나기 위해서는 국정 운영의 ~을 바꿔야 한다.
패러독스(paradox) 몡 [문] =역설(逆說)².
패러디(parody) 몡 [문][예] 남의 작품을 흉내 내되, 우스꽝스럽게 개작하거나 변형하는 일. 또는, 그 작품. 흔히, 풍자나 아이러니를 내포함. 본래 시·소설 등의 문학에서 쓰이던 말이나, 오늘날에는 영화·드라마·음악·미술 등의 영역에까지 쓰이고 있음. ¶~ 시(詩) / 최인훈의 '구운몽'은 김만중의 동명의 소설을 ~화한 작품이다. **패러디-하다** 통(타)여 ¶페르난도 보테로는 '모나리자'를 패러디하여 뚱뚱하고 못생긴 모나리자를 그려 냈다.
패럿(farad) 몡(의전) [물] 전기 용량의 단위. 1 패럿은 1쿨롬의 전기량으로 대극(對極) 사이에 1볼트의 전위차를 생기게 하는 양임. 기호는 F.
패:려(悖戾) →**패:려-하다** 형)여 (성질이나 언행이) 도리에 어그러지고 사납다.
패:려-궂다(悖戾-) [-굳따] 형 매우 패려하다.
패:류¹(貝類) 몡[동] 조개의 종류. 쌍패류(雙貝類)와 권패류(卷貝類)로 크게 구분됨.
패:류²(悖類) 몡 언행이 거칠고 예의가 없는 무리.
패:륜(悖倫) 몡 인간의 도리에 어그러지는 것. ¶불륜(不倫). **패:륜-하다** 통(자)여
패:륜-아(悖倫兒) 몡 인간의 도리에 어그러진 행위를 하는 사람.
패리티(parity) 몡 1 [경] 다른 나라의 통화(通貨)와의 비율. 2 [경] 농가의 수입과 생활비와의 비율. 3 [컴] 자료 이전 과정에서 생기는 오류를 탐지하기 위해 하나의 비트·단어 또는 낱말 기준으로 하여, 그 안에 포함된 이진법 숫자의 0이나 1의 수를 동일하게 만들어 주는 것.
패:망(敗亡) 몡 패하여 망하는 것. =패상(敗喪). **패:망-하다** 통(자)여 ¶패망한 나라.
패:멸(敗滅) 몡 싸움에 져서 멸망하는 것. **패:멸-하다** 통(자)여
패:물¹(貝物) 몡 산호·호박(琥珀)·수정·대모(玳瑁) 따위로 만든 물건.
패:물²(佩物) 몡 사람의 몸에 차거나 달거나 끼는, 금·은·옥(玉) 따위로 만든 장식물. ¶결혼 예물로 쓸 ~.
패:물-함(佩物函) 몡 패물을 넣어 두는 자그마한 상자.
패:배(敗北) 몡 1 (전쟁·싸움·경쟁 등에서) 상대에게 눌리거나 지는 것. 2 =패주(敗走)². **패:배-하다** 통(자)여 ¶전쟁에서 ~.
패:배-감(敗北感) 몡 싸움이나 경쟁 같은 것에서 자신이 않고 무력해지는 느낌. 또는, 싸움이나 경쟁에서 진 뒤에 느끼는 절망감이나 치욕감. ¶~에 빠지다 / 경기에 잇달아 진 뒤에 우리는 심한 ~을 맛보았다.
패:배-자(敗北者) 몡 패배한 사람. 또는, 패배한 쪽. ↔승리자.
패:배-주의(敗北主義) [-의/-이] 몡 성공이나 승리에 대한 자신감이 없고, 해 보기도 전에 자포자기하는 태도나 사고방식. ¶~에 빠지다.
패:병(敗兵) 몡 싸움에 진 병사.
패:보(敗報) 몡 싸움에 진 소식. ↔승보(勝報).
패:사(敗死) 몡 싸움에 패하여 죽는 것. **패:사-하다** 통(자)여
패:색(敗色) 몡 패할 기미. ¶~이 짙다.

패ː설¹(稗說) 명 =패담(稗談). **패ː설-하다** 통(자타)여

패ː설²(稗說) 명 민간에 떠도는 전설적·교훈적·세속적인 기이한 이야기들.

패ː세(敗勢) 명 패할 형세. ↔승세(勝勢)

패션(fashion) 명 특정한 시기에 널리 유행하는 의복이나 차림새 등의 양식. ¶~의 변화/~을 따르다/새로운 ~을 선보인 의상 발표회.

패션-모델(fashion model) 명 패션쇼 등에서, 새로운 스타일의 옷을 입고 대중에게 선보이는 것을 직업으로 하는 사람. 준모델.

패션-쇼(fashion show) 명 디자이너가 새로운 스타일로 만든 옷을 모델에게 입혀 일반 대중에게 선보이는 쇼.

패ː소(敗訴) 명 소송에 지는 것. =낙과(落科)·낙송(落訟). ↔승소. **패ː소-하다** 통(자)여 **패ː소-되다** 통(자)

패ː수(敗數) [-쑤] 명 [체] 어떤 팀이나 선수가 일정 기간 동안 치른 경기에서 패한 수. ↔승수.

패스(pass) 명 1 (시험에) 합격하는 것. ¶고시 ~. 2 특정 장소나 탈것 등에 입장하는 승차할 때 제시함으로써 개표구를 통과할 수 있는 증표. 3 [체] 구기 종목에서, 같은 편끼리 공을 주고받는 일. 4 카드놀이에서, 자기 차례를 거르고 다음 차례로 돌리는 일. **패스-하다** 통(자)(타)여 ¶사법 시험에 ~/공을 ~.

패스워드(password) 명 [컴] 사용자가 컴퓨터 시스템이나 통신망에 들어갈 때 정당한 사용자임을 확인받기 위해 입력하는 비밀 문자열. 순화어는 '암호'.

패스^워크(pass work) 명 [체] 축구 따위에서, 자기편 선수에게 공을 보내고 받고 하는 일.

패스트-푸드(fast food) 명 주문하면 즉시 완성되어 나오는 식품의 총칭. 햄버거·프라이드치킨 따위. ¶~점(店).

패스포트(passport) 명 정부가 해외여행자에게 교부하는 허가증. 비여권(旅券).

패-싸움(牌-) 명 패끼리 싸우는 일. ¶~을 일으키다(벌이다). 준패쌈. **패싸움-하다** 통(자)여

패-쌈(牌-) 명 '패싸움'의 준말. **패쌈-하다** 통(자)여

패ː악(悖惡) →**패ː악-하다**[-아카-] 형여 도리에 어그러지고 악악하다.

패ː역(悖逆) 명 도리에 어긋나고 불순(不順)한 것. **패ː역-하다** 형여

패ː역-무도(悖逆無道) [-영-] →**패ː역무도-하다** [-영-] 형여 패악하고 불순하여 사람다운 점이 없다.

패ː연(沛然) →**패ː연-하다** 형여 비나 폭포가 쏟아지는 기세가 세차다. **패ː연-히** 부 ¶~ 쏟아지는 비.

패ː왕(霸王) 명 1 패자(霸者)와 왕자(王者). 또는, 패도(霸道)와 왕도. 2 [역] 중국 춘추 전국 시대에 제후를 거느려 천하를 다스리던 사람.

패ː용(佩用) 명 (훈장 따위를) 몸에 다는 것. **패ː용-하다** 통(타)여

패ː운(敗運) 명 기울어져 가는 운수. =패수.

패ː인(敗因) 명 싸움·경쟁·경기 등에 진 원인. ¶경기에서의 ~을 분석하다. ↔승인(勝因).

패ː자¹(悖子) 명 인륜을 거역한 자식.

패ː자²(敗者) 명 싸움이나 경기에 진 사람. ↔승자.

패ː자³(霸者) 명 1 제후의 우두머리. 2 무력·권력으로 천하를 다스리는 사람. 3 어느 분야에서 가장 우수한 사람. 또는, 경기 등의 우승자. ▷왕자(王者).

패ː자^부활전(敗者復活戰) [-쩐] 명 [체] 토너먼트 경기에서, 패한 사람이나 팀에게 다시 한 번 참가할 기회를 주기 위하여 행해지는 시합.

패ː자-전(敗者戰) 명 경기에서 진 사람끼리 승부를 겨루는 시합. ¶승자전.

패ː잔(敗殘) 명 싸움에 져서 세력이 꺾인 나머지. **패ː잔-하다** 통(자)여 싸움에 지고 세력이 여전히 많지 않게 되다.

패ː잔-병(敗殘兵) 명 싸움에 패한 뒤에 살아남은 군사. =잔병(殘兵).

패ː장(敗將) 명 싸움에 패한 장수. 비패군지장(敗軍之將).

[패장은 말이 없다] 패한 뒤에는 변명할 필요가 없다.

패ː전(敗戰) 명 (경기·전쟁 등의) 싸움에 지는 것. =전패(戰敗). ¶~국(國). ↔승전. **패ː전-하다** 통(자)여

패ː전^투수(敗戰投手) [-쑤] 명 [체] 야구에서, 팀의 패배에 책임이 있는 투수. 곧, 선발 완투하여 진 투수, 리드당한 상태에서 교체되었으나 끝내 경기를 이기지 못했을 때 처음 리드당하게 한 투수, 리드하고 있거나 동점인 상태에서 교체되었으나 경기를 패하게 한 투수 등을 가리킴. ↔승리 투수.

패ː주¹(貝柱) 명 [동] =폐각근(閉殼筋).

패ː주²(敗走) 명 싸움에 져서 달아나는 것. =패배(敗北). ¶~병. **패ː주-하다** 통(자)여 ¶패주하는 적들을 뒤쫓다.

패-차다(牌-) 통(자) 좋지 못한 일로 별명이 붙게 되다.

패ː착(敗着) 명 바둑에서, 그곳에 돌을 놓았기 때문에 패하게 된 악수(惡手).

패-총(貝塚) 명 =조개더미.

패치^버전(patch version) 명 [컴] 프로그램 가운데 오류가 있는 부분만을 수정하여 변경한 버전.

패키지(package) 명 1 =소포 우편물. 2 물건을 보호하거나 수송하기 위한 포장 용기. 3 어떤 서비스나 상품이 여러 가지를 한데 묶은 상태인 것. ¶~제품.

패키지-여행(package旅行) 명 미리 정해 놓은 관광 여정에 따라, 각종 교통편·호텔·여관 등의 예약과 비용 일체를 일괄하여 여행업자가 주관하는 단체 여행.

패킹(packing) 명 1 상자에 넣은 화물을 운반할 때 물품이 파손되지 않도록 화물과 상자 사이에 끼워 넣는 물건. 2 관(管)이나 용기(容器) 등의 이음매나 맞닿는 틈새에 액체나 기체가 새지 않도록 끼우는, 고무 따위로 만든 물건. **패킹-하다** 통(타)여

패턴(pattern) 명 사물·현상의 일정한 경향이나 방식. 또는, 규칙적이고 반복적인 사물의 형태. 비유형·틀. ¶생활 ~ / 소비 ~ / 줄무늬 ~.

패ː퇴¹(敗退) [-퇴/-퉤] 명 싸움에 패하고 물러나는 것. **패ː퇴-하다**¹ 통(자)여

패ː퇴²(敗頹) [-퇴/-퉤] 명 쇠퇴하여 몰락하는 것. **패ː퇴-하다**² 통(자)여 **패ː퇴-되다** 통(자)

패패-이(牌牌-) 부 여러 패가 다 각각.

패!-하다(敗-)〖동〗〖자여〗 싸움에 지다. ¶전쟁에 ~ / 축구 결승전에서 상대 팀한테 4 대 3으로 **패했다**.
패:혈-증(敗血症) [-쯩] 〖명〗〖의〗 곪아서 고름이 생긴 상처·종기 따위에서 세균이 계속 혈관으로 들어가 순환하여 위중한 전신 증상(全身症狀)을 일으키는 병.
패호(牌號) 〖명〗 좋지 못하게 남들이 붙여 부르는 별명. 〖별〗별호. **패호-하다**〖동〗〖자여〗 좋지 못한 별명이 붙다.
패:화(貝貨) 〖명〗 미개 시대의 인류가 사용한 조개껍데기로 만든 화폐.
팩¹ 〖부〗 1 몸집이 작은 것이 기운이 빠져서 맥없이 가볍게 쓰러지는 모양이나 소리. ¶ ~ 쓰러지다. 2 (실·끈 따위가) 힘없이 끊어지는 모양이나 소리. 〖큰〗픽.
팩²(pack) 〖명〗 1 피부 미용을 위해 달걀·우유·꿀·진흙·채소·과일·과즙 등을 얼마의 시간 동안 얼굴에 붙이거나 바르는 일. 털구멍의 더러움을 빼고, 혈액 순환을 좋게 하여 살갗을 탄력있게 해 줌. 2 우유나 주스 따위를 밀봉하여 담는, 종이로 된 용기. ¶우유 ~. 3 비닐 용기. ¶비닐 ~에 담아 밀봉한 탕약. 4 〖컴〗 하나의 기억 단위에 두 개 이상의 정보 단위를 집어넣는 것. 5〖체〗 럭비에서, 스크럼을 꽉 짜는 일.
팩성(-性) 〖명〗 '복성(複性)'의 잘못.
팩스(fax) 〖명〗 =팩시밀리.
팩시밀리(facsimile) 〖명〗 사진·도표·문자 등의 정지 화상(靜止畵像)을 점 등의 화소(畵素)로 분해하여 마이크로파로 전송하는 방식. 또는, 그 통신 장치. =팩스.
팩터링(factoring) 〖명〗〖경〗 기업이 상품 등을 판매하여 얻은 외상 매출 채권이나 어음 등을 사들이고 이를 관리하고 회수하는 업무. ¶ ~ 금융.
팩-팩¹ 〖부〗 1 몸집이 작은 것이 지쳐서 힘없이 자꾸 쓰러지는 모양이나 소리. 2 (가는 실이나 새끼 따위가) 힘없이 자꾸 끊어지는 모양이나 소리. 〖큰〗픽픽.
팩-팩² 〖부〗 자그마한 몸으로 지지 않으려고 강곽하게 자꾸 대드는 모양. 〖큰〗곽곽. **팩팩-하다**〖동〗〖자여〗
팩-하다[패카-] 〖동〗〖자여〗 성이 나서 마음이 상한 상태가 되다. ¶그는 아까 일로 **팩해서** 말도 안 한다.
팬¹(fan) 〖명〗 어떤 운동 경기나 영화·연극 등을 구경하기를 열렬히 좋아하는 사람. 또는, 특정의 연예인이나 스포츠 선수나 예술가 등을 열렬히 좋아하는 사람.
팬²(fan) 〖명〗 날개가 빙글빙글 돌아가면서 공기를 환기하거나 내보내거나 열을 식히는 기계 장치.
팬³(pan) 〖명〗 자루가 달린 운두가 얕은 납작한 냄비.
팬⁴(pan) 〖명〗 촬영할 때, 카메라의 위치를 고정시킨 상태에서 오른쪽 또는 왼쪽으로 수평 회전시키는 일. ▷틸트(tilt).
팬더 〖명〗〖동〗'판다(panda)'의 잘못.
팬둥-거리다/-대다 '밴둥거리다'의 거센말. 〖큰〗핀둥거리다. 〖센〗뺀둥거리다.
팬둥-팬둥 〖부〗'밴둥밴둥'의 거센말. 〖큰〗핀둥핀둥. 〖센〗뺀둥뺀둥. **팬둥팬둥-하다**〖동〗〖자여〗
팬들-거리다/-대다 '밴들거리다'의 거센말. 〖큰〗핀들거리다. 〖센〗뺀들거리다.
팬들-팬들 〖부〗'밴들밴들'의 거센말. 〖큰〗핀들핀들. 〖센〗뺀들뺀들. **팬들팬들-하다**〖동〗〖자여〗

팬-레터(fan letter) 〖명〗 연예인이나 운동선수 같은 인기인에게 팬이 보내는 편지.
팬시-상품(fancy商品) 〖명〗 실용성보다는 오밀조밀한 장식성을 중시한, 소녀 취향의 상품. 일용품·문구·장신구·의류 따위에서 그 예를 볼 수 있음.
팬시-점(fancy店) 〖명〗 팬시상품을 전문적으로 취급하는 점포.
팬지(pansy) 〖명〗〖식〗 제비꽃과의 한해살이풀 또는 두해살이풀. 높이 20cm 정도. 봄에 자색·백색·황색의 꽃이 핌. 화단에 많이 심음.
팬츠(pants) 〖명〗 1 다리 부분이 아주 짧은 속바지. 2 운동 경기용의 짧은 바지.
팬-케이크(pancake) 〖명〗 밀가루에 우유와 달걀을 넣고 팬에서 구운 말랑한 빵.
팬-클럽(fan club) 〖명〗 특정의 연예인이나 스포츠 선수나 예술가 등을 열렬히 좋아하는 사람들이 조직한 클럽.
팬터그래프(pantagraph) 〖명〗 1 전차·전기 기관차 등의 지붕에 달아 전선으로부터 전기를 끌어 들이는 장치. 2 도형을 임의의 크기로 확대 또는 축소하여 그릴 수 있는 기계.
팬터마임(pantomime) 〖명〗 =무언극.
팬티(←panties) 〖명〗 성기 및 그 주위와 엉덩이 부분을 가리는, 가랑이 부분이 거의 없거나 아주 짧은 바지 모양을 한 속옷. ¶삼각 ~ / 사각으로 된 ~.
팬티-스타킹(†panty stocking) 〖명〗 발끝에서 허리까지 오는 스타킹.
팬^포커스(pan focus) 〖명〗〖영〗 영화·텔레비전 등에서, 화면 안의 모든 피사체가 선명하게 보이도록 초점을 맞춘 상태. 또는, 그렇게 촬영하는 기법.
팸플릿(pamphlet) 〖명〗 1 설명·광고·선전 등을 기재한 작은 책자. 2 소논문. 특히, 시사 문제에 대한 소논문. ×팜플렛.
팻-말(牌-) [팬-] 〖명〗 무엇을 알리기 위해 글을 써서 세워 놓거나 붙여 놓은 판이나 기둥. =패목(牌木).
팽¹ 팽나무의 열매. 굵은 팥알만 하며 빨갛게 익고 맛이 달콤함.
팽² 〖부〗 1 (작은 것이) 매우 빠르게 한 바퀴 도는 모양. 2 갑자기 정신이 아찔해지는 모양. 3 갑자기 눈에 눈물이 괴는 모양. ¶눈에 눈물이 ~ 돌다. 〖큰〗핑.
팽개-치다 〖동〗〖타〗 1 (물건을) 바닥에 힘 있게 던지다. ¶화를 버럭 내며 책을 땅바닥에 ~. 2 (어떤 일이나 대상을) 책임지지 않고 내버려 두다. ¶제 할 일을 **팽개치고** 놀러 다닌다.
팽그르르 〖부〗'뱅그르르'의 거센말. ¶먹둥이 발을 들어 대근의 옆구리를 호되게 걷어찼고 결과 묶인 그의 몸이 ~ 돌아갔다.《황석영:장길산》〖센〗뺑그르르.
팽글-팽글 〖부〗'뱅글뱅글'의 거센말. 〖큰〗핑글핑글. 〖센〗뺑글뺑글.
팽-나무 〖명〗 느릅나무과의 낙엽 활엽 교목. 높이 20m, 지름 1m에 달하며, 나무껍질은 회색임. 5월에 꽃이 피며, 9월에 작고 둥근 열매가 적갈색으로 익음. 재목은 기구(器具) 또는 숯의 원료가 됨.
팽대(膨大) 〖명〗 부풀어 커지는 것. **팽대-하다**〖동〗〖자여〗 **팽대-되다**〖동〗〖자〗
팽만(膨滿) →**팽만-하다**〖형여〗 1 (배가) 부풀어 그득하다. 2 기운·기세·감정 등이 점점 부풀어 터질 듯하다.
팽만-감(膨滿感) 〖명〗 몸의 한 부분이 부풀어 터질 듯한 느낌. ¶복부 ~.

팽배(澎湃·彭湃) [명] **1** 큰 물결이 서로 부딪쳐 솟구치는 것. **2** (기세나 사조 따위가) 맹렬한 기세로 일어나는 것. **팽배-하다** [동][자][여] ¶우리 사회에는 돈이면 무엇이든 다 된다는 황금만능주의가 **팽배해** 있다.

팽압(膨壓) [명][식] 식물 세포에서 세포벽을 안쪽에서부터 밀어 퍼지게 하는 힘. 세포벽을 긴장시키고 식물체 모양을 유지하는 힘이 됨.

팽윤(膨潤) [명][화] 수분을 내포하여 부풀어 오르는 일. 특히, 고분자 물질의 용매를 흡수하여 부피가 팽창하는 일을 말함. **팽윤-하다** [동][자][여]

팽이 [명] 나무를 원통형으로 깎되 아래쪽을 뾰족하게 만들어 채로 쳐서 땅 위에서 돌리거나, 원뿔꼴로 만들어 끈을 몸체에 감았다가 풀면서 돌리는, 아이들의 장난감. 끈으로 돌리는 것은 구별하여 '줄팽이' 라고 부르기도 함. ¶~를 치다 / ~를 돌리다 / ~가 뱅글뱅글 돌아가다.

팽이-버섯[-섣] [명][식] 담자균류 송이과의 버섯. 삿갓 지름 2~3cm. 겉은 누런 갈색이고 둘레는 옅은 누런색임. 주로 뽕나무·포플러 등의 등걸이나 고목에 나며, 식용함. =팽나무버섯.

팽이-채 [명] 팽이를 치는 채. =채.

팽이-치기 [명] 팽이를 채로 쳐서 돌리는 일. **팽이치기-하다** [동][자][여]

팽창(膨脹) [명] **1** (물체가) 온도나 압력 등의 영향으로 길이나 부피가 늘어나거나 부푸는 것. **2** (사물의 규모나 수량, 세력 등이) 한계에 이를 만큼 커지거나 늘어나는 것. ¶통화 ~ / 인구 ~. **팽창-하다** [동][자][여] ¶세력이 ~ / 쇠는 열을 받으면 **팽창한다**. **팽창-되다** [동][자]

팽창^계¦수(膨脹係數) [-계-/-게-] [명][물] 물체가 온도 1℃ 상승할 때마다 증가하는 길이 또는 체적과, 그 본디의 길이 또는 체적과의 비. =팽창률.

팽창-률(膨脹率) [-뉼] [명][물] =팽창 계수.

팽창-색(膨脹色) [명][미] 같은 거리에 놓여 있는데도 다른 색보다 가까이에 있는 것같이 보이는 빛깔. 적색·황색 따위의 난색(暖色) 계통의 색이 이에 속함. =진출색. ↔수축색.

팽창-주의(膨脹主義) [-의/-이] [명][정] 영토 확장을 꾀하려 하는 경향이나 정책. 흔히, 국내에서는 국가주의를 강조하고 대외적으로는 침략 정책을 써서 결국 전쟁을 불러일으킴.

팽-총(-銃) [명] 팽나무의 열매를 탄알로 삼아 쏘는, 아이들의 장난감 총.

팽-팽[1] [부] **1** 매우 빠르게 자꾸 도는 모양. ¶팽이가 ~ 돈다. **2** 정신이 자꾸 아찔해지는 모양. ¶독한 술을 마셨더니 머리가 ~ 돈다. **3** 총알 따위가 빠르게 지나가는 소리. 또는, 그 모양. [큰]핑핑. **팽팽-하다**[1] [동][자][여]

팽팽[2](膨膨) →**팽팽-하다**[2] [형][여] 한껏 부풀어 땡땡하다. ¶그 여자는 오십이 가까웠어도 얼굴 피부가 **팽팽하고** 아직 몸매도 흐트러지지 않았다.《황석영:돼지꿈》 **팽팽-히**[1] [부]

팽팽-하다[3] [형][여] **1** 잔뜩 켕기어 튀기는 힘이 있다. ¶바람을 받아 돛이 ~ / 줄을 **팽팽하게** 매다. **2** 둘의 힘이 서로 어슷비슷하다. ¶두 팀이 **팽팽한** 접전을 벌이다. [큰]핑핑하다. **3** (성질이) 너그럽지 못하고 예민하다. **팽팽-히**[2] [부] ¶줄을 ~ 당기다 / 여야(與野) 주장이 ~ 맞서 있다.

팽화(膨化) [명][화] 탄성이 있는 겔(Gel)이 액체를 흡수하여 부피가 늘어나는 현상. **팽화-하다** [동][자][여] **팽화-되다** [동][자]

퍅 [부] 가냘픈 몸이 갑자기 힘없이 쓰러지는 모양.

퍅성(愎性) [-썽] [명] 퍅한 성질. ×팩성.

퍅-퍅 [부] **1** 가냘픈 몸으로 지지 않으려고 자꾸 대드는 모양. **2** 힘없이 자꾸 꼬꾸라지거나 쓰러지는 모양. **퍅퍅-하다** [동][자][여]

퍅-하다[퍄카-] [동][자][여] (사람이) 갑자기 성을 잘 내다.

퍼-내다 [동][타] 깊숙한 데에 담긴 것을 길어 내거나 떠내다. ¶우물에서 물을 ~ / 뒤주에서 쌀을 ~.

퍼더-버리다 [동][자] 아무렇게나 앉아 팔다리를 편히 뻗어 버리다. =퍼지르다. ¶마당에 **퍼더버리고** 앉다.

퍼더-앉다[-안따] [동][자] 팔다리를 아무렇게나 하고 편히 앉다. ¶방바닥에 ~.

퍼덕-거리다/-대다[-꺼(때)-] [동][자][타] 잇달아 퍼덕이다. [작]파닥거리다. [센]퍼떡거리다.

퍼덕-이다 [동][자][타] **1** (큰 새가) 날개를 쳐서 소리를 내다. ¶학이 소나무에 날개를 **퍼덕이며** 앉다. **2** (큰 물고기 따위가) 꼬리로 물바닥을 쳐서 소리를 내다. **3** (큰 깃발이나 빨래 따위가) 거칠게 바람에 날려 소리를 내다. [작]파닥이다. [센]퍼떡이다.

퍼덕-퍼덕 [부] 퍼덕거리는 모양. [작]파닥파닥. [센]퍼떡퍼떡. **퍼덕퍼덕-하다** [동][자][타][여]

퍼드덕 [부] 새나 물고기가 날개나 꼬리를 요란스럽게 쳐서 내는 소리. [작]파드닥. **퍼드덕-하다** [동][자][타][여]

퍼드덕-거리다/-대다[-꺼(때)-] [동][자][타] 새나 물고기가 잇달아 퍼드덕 소리를 내며 날개나 꼬리를 치다. [작]파드닥거리다.

퍼드덕-퍼드덕 [부] 퍼드덕거리는 소리. [작]파드닥파드닥. **퍼드덕퍼드덕-하다** [동][자][타][여]

퍼드러-지다 [동][자] 아무렇게나 쭉 뻗고 앉거나 눕다. ¶사람들은 잔디밭에 **퍼드러지게** 앉아 쉬고 있었다.

퍼떡-거리다/-대다[-꺼(때)-] [동][자][타] '퍼덕거리다' 의 센말. [작]파딱거리다.

퍼떡-이다 [동][자][타] '퍼덕이다' 의 센말. [작]파딱이다.

퍼떡-퍼떡 [부] '퍼덕퍼덕' 의 센말. [작]파딱파딱. **퍼떡퍼떡-하다** [동][자][타][여]

퍼¦-뜨리다/-트리다 [동][타] (말·종교·사상·병 등을 세상에) 널리 퍼지게 하다. ¶소문을 온 동네에 ~ / 불교를 온 세계에 ~ / 새 지식을 세상에 ~ / 모기가 병을 ~.

퍼뜩 [부] 어떤 물체나 생각이 별안간 나타나거나 떠오르는 모양. ¶좋은 생각이 ~ 떠오르다 / 검은 물체가 눈앞에 ~ 지나가다. [작]파뜩. **퍼뜩-하다** [동][자][여]

퍼뜩-퍼뜩 [부] 잇달아 퍼뜩 나타나거나 떠오르는 모양. [작]파뜩파뜩. **퍼뜩퍼뜩-하다** [동][자][여]

퍼렁 [명] 퍼런 빛깔. 또는, 그런 색을 내는 물감과 같은 물질. [작]파랑.

퍼¦렇다[-러타] [형][ㅎ] 〈퍼러니, 퍼러오, 퍼레〉 다소 탁하고 어두운 듯하게 파랗다. ¶멍이 **퍼렇게** 들다. [작]파랗다.

퍼레이드(parade) [명] 축제나 축하 행사 등에서, 축하 또는 환영받을 사람들이 장식된 탈 것을 타거나 걸어서 악대 등과 함께 시가를 지나가는 일. ¶카(car) ~ / ~를 벌이다.

퍼ː레-지다 통[자] 퍼렇게 되다. [작]파래지다.
퍼르르 부 '버르르'의 거센말. [작]파르르. **퍼르르-하다** 통[자][여]
퍼-마시다 통[타] (술 따위를) 함부로 많이 마시다. ¶술을 **퍼마시고** 주정을 늘어놓는다.
퍼머 명 '파마'의 잘못.
퍼-먹다[-따] 통[타] (음식·술 따위를) 함부로 마구 먹다. ¶술을 ~ / 배가 고팠던 참이라 밥을 정신없이 **퍼먹었다**.
퍼밀(←permillage) 명[의존] 천분율(千分率)을 나타내는 단위. 기호는 ‰.
퍼-붓다[-붇따] 통[ㅅ] <~부으니, ~부어> 1[자] 비·눈 따위가 마구 쏟아지다. ¶비가 억수같이 ~. 2[타] 1 욕설·비난 따위를 마구 해대다. ¶욕을 ~. 2 (총·포 등으로) 맹렬하게 사격하다. ¶적진에 폭탄을 ~.
퍼블리시티(publicity) 명 신문·방송 등의 보도 매체를 통한 제품의 홍보. 흔히, 보도 자료를 이용해 기사화하는 것을 가리킴.
퍼석-퍼석 부 몹시 퍼석한 모양. [작]파삭파삭. **퍼석퍼석-하다** [여]
퍼석-하다[-서카-] 형[여] 물건이 메마르고 연하여 부피만 엉성하고 부스러지기 쉽다. [작]파삭하다.
퍼센트(percent) 명[의존] 백분율을 나타내는 단위. 기호는 %. =프로. ¶우리나라는 국토의 약 70 ~ 가 산이다.
퍼센티지(percentage) 명 =백분율.
퍼스널^컴퓨터(personal computer) 명[컴] =개인용 컴퓨터. [준]퍼스컴.
퍼스널^파울(personal foul) 명[체] 농구에서, 선수 사이의 신체 접촉으로 일어나는 파울.
퍼스컴(←personal computer) 명[컴] '퍼스널 컴퓨터'의 준말.
퍼스트-레이디(first lady) 명 각계에서 지도적 지위에 있는 여성. 특히, 대통령이나 수상의 부인을 가리키는 말임.
퍼슬-퍼슬 부 '버슬버슬'의 거센말. [작]파슬파슬. **퍼슬퍼슬-하다** 형[여]
퍼즐(puzzle) 명 풀면서 지적(知的) 만족을 얻도록 만든 낱말 맞히기나 도형 맞추기 등의 문제.
퍼ː지다 통[자] 1 (부피를 가진 물체가) 끝 부분이나 옆쪽으로 불룩이 커지거나 넓어지다. [비]벌어지다. ¶아래가 **퍼진** 판탈롱 / 관의 끝이 **퍼진** 나팔. 2 (어떤 물질이나 현상이) 본래 있던 곳에서 점차 공간적으로 넓은 곳에 있는 상태가 되다. [비]번지다·확산되다. ¶독이 몸에 ~ / 전염병이 온 마을에 ~ / 소문이 온 나라 안에 ~. 3 (어떤 대상이) 근원이 되는 것으로부터 그 숫자가 많아지게 되다. ¶자손이 ~ / 나무의 가지가 ~. 4 (밥알이) 푹 삶아져 알맞게 물러지다. ¶밥이 덜 ~. 5 (국수나 수제비 따위가) 불어서 쫄깃쫄깃하지 못한 상태가 되다. ¶국수가 **퍼져서** 맛이 없다. 6 (사람이) 지치거나 힘이 없어지거나 하여 바닥에 아무렇게나 눕다. 구어체의 말임. [비]쓰러지다. ¶얼마나 고되었으면 들어오자마자 **퍼져서** 잠이 들었을까?
퍼-지르다 통[자][르] <~지르니, ~질러> 1 =퍼대버리다. ¶땅바닥에 **퍼질러** 앉아서 말을 놓아 울다. 2 말을 마구 하다. 3 함부로 먹어 대다.
퍼지^이ː론(fuzzy理論) 명[수] 논리 값이 참(1)인지 거짓(0)인지 양자택일이 아닌, 0에서 1까지의 값을 연속적으로 취하는 논리에 의해 구성되는 수학 이론. 자연 언어에서 볼 수 있는 '애매함'을 다룰 수 있고, 시스템 제어나 컴퓨터에 응용됨.
퍼터(putter) 명[체] 골프 클럽의 하나. 헤드가 'ㄴ' 자형이고 타면이 납작한 배트용의 것을 말함.
퍼텐셜(potential) 명[물] 힘의 장(場) 가운데서 물질 입자가 현재의 위치에서 어느 기준점까지 이동할 때, 힘의 크기를 위치의 함수로 나타낸 스칼라량(scalar量).
퍼트(putt) 명[체] =퍼팅. **퍼트-하다** 통[자][여]
퍼팅(putting) 명[체] 골프에서, 그린 위에서 컵을 향하여 공을 쳐서 굴리는 일. =퍼트. **퍼팅-하다** 통[자][여]
퍼펙트-게임(perfect game) 명[체] 1 야구에서, 투수가 상대 팀의 주자(走者)를 한 사람도 내보내지 않고 완투(完投)하여 이긴 시합. 2 볼링에서, 전(全) 프레임을 스트라이크로 종료시킨 게임. 득점은 300이 됨. =완전 시합.
퍼포먼스(performance) 명[예] 관객 앞에서 실험적이고 즉흥적이며 도발적인 예술 행위를 하는 일. 본래 미술에서 출발했으나, 춤·연극·음악 등의 여러 장르가 뒤섞이는 경우가 많음.
퍼프-소매(puff-) 명 어깨 끝이나 소매 끝에 주름을 넣어 약간 부풀게 한 소매.
퍽[1] 부 1 힘 있게 내지르는 모양. 또는, 그 소리. 2 맥없이 거꾸러지는 모양. 또는, 그 소리. 3 진흙 같은 데를 밟았을 때 깊숙이 빠지는 모양. 또는, 그 소리. [작]팍.
퍽[2] 부 썩 많이. 아주 지나치게. ¶얼굴이 ~ 곱다. / 장난이 ~ 심하다.
퍽[3](puck) 명[체] 아이스하키에서 공으로 사용하는, 딱딱한 고무로 만든 원반.
퍽석[-썩] 부 1 맥없이 주저앉는 모양. 또는, 그 소리. 2 메마르고 부피가 엉성하여 가볍게 가라앉거나 여지없이 깨어지는 모양. 또는, 그 소리. [작]팍삭. **퍽석-하다** 형[여]
퍽석-퍽석[-썩-썩] 부 잇달아 퍽석 소리를 내며 주저앉거나 깨어지는 모양. [작]팍삭팍삭. **퍽석퍽석-하다** 통[자]형[여]
퍽신-퍽신[-씬-씬] 부 매우 퍽신한 모양. [작]팍신팍신. **퍽신퍽신-하다** 형[여]
퍽신-하다[-씬-] 형[여] (고체 물질이나 엉긴 가루 따위가) 부드럽고 탄력성이 느껴지는 상태에 있다. [작]팍신하다.
퍽이나 부 '퍽'의 잘못.
퍽-치기 명 느닷없이 달려들어 한 대 퍽 치고 돈이나 물건 따위를 빼앗아 가는 짓. 또는, 그런 짓을 하는 사람.
퍽-퍽 부 1 자꾸 내지르거나 쑤시는 모양. 2 힘없이 자꾸 거꾸러지는 모양. 3 진흙 따위를 디딜 때 자꾸 빠지는 모양. [작]팍팍.
퍽퍽-하다[-퍼카-] 형[여] 1 메진 가루 따위를 입에 넣고 씹을 때 끈기나 물기가 없어서 목이 멜 정도로 메마르다. 2 다리가 너무 지쳐 꼼짝 못할 정도로 무겁고 힘이 없다. [작]팍팍하다.
펀둥-거리다/-대다 통[자] '번둥거리다'의 거센말. [작]판둥거리다. [센]뻔둥거리다.
펀둥-펀둥 부 '번둥번둥'의 거센말. [작]판둥판둥. [센]뻔둥뻔둥. **펀둥펀둥-하다** 통[자][여]
펀드(fund) 명[경] 투자 신탁의 신탁 재산. 또는, 기관 투자가가 관리하는 운용 재산.

펀드^매니저(fund manager)[명][경] 투자 고문 회사·투자 신탁 회사·신탁 은행·생명 보험 회사 등에서 자산을 운영하는 전문가.

펀들-거리다/-대다 [동][자] '번들거리다'의 거센말. ㉥뻔들거리다.

펀들-펀들 [부] '번들번들²'의 거센말. ㉤판들판들. ㉥뻔들뻔들. **펀들펀들-하다** [동][자][여]

펀뜻 [부] '언뜻'의 잘못.

펀치(punch)[명] 1[체] 권투에서, 상대편을 주먹으로 세게 치는 일. 또는, 그 주먹. ¶강(強)~. 2 차표 등을 검사하여 구멍을 뚫는, 집게 비슷한 기구. 3 철판 등에 구멍을 뚫는 공구. 4 과실즙에 설탕·양주 따위를 섞은 음료의 일종.

펀치-기(punch器) [명] 팸플릿 따위를 철할 때, 작은 구멍을 뚫는 기계.

펀치^카드(punch card) [명] =천공 카드.

펀칭(punching)[명][체] 축구에서, 골키퍼가 공을 주먹으로 쳐 내어 막는 일. **펀칭-하다** [동][타][여]

펀칭^백(punching bag) [명][체] 권투에서, 주먹으로 치는 연습을 하는 데 쓰는, 가죽에 모래를 넣은 자루 모양의 물건. ㉫샌드백.

펀칭^볼(punching ball) [명][체] 펀치^백과 빠르게 치는 연습을 하는 데 쓰는 가죽 공.

펀펀-하다 [형][여] 1 물건의 거죽이 높낮이가 없이 고르고 너르다. ¶서면 언덕의 **펀펀한** 잔디밭. ㉤판판하다. 2 살이 올라 통통하다. ¶요즈음 **펀펀하게** 살이 오른 소 엉덩이가 한 번 눈앞에 떠올랐다 사라졌다.《황순원: 카인의 후예》 **펀펀-히** [부] ¶일망무애로 펼쳐진 사막의 사구(沙丘).

펀!-하다 [형][여] (벌판·길·바다 등이) 주위가 막힌 것이 없이 너르다. ¶**펀한** 바다 / 덜크덕덜크덕─**퍼언한** 신작로에 소마차 바퀴 소리가 외로이 울린다.《이무영: 제일 과 제일 장》 ㉤판하다. **펀!-히** [부]

펄 [명] 1 '개펄'의 준말. 2 아주 넓고 평평한 땅.

펄떡 [부] 1 크고 탄력 있게 뛰는 모양. 2 맥이 크게 뛰는 모양. ㉤팔딱. **펄떡-하다** [동][자][타][여]

펄떡-거리다/-대다 [-꺼(때)-] [동][자][타] 1 자꾸 펄떡 뛰다. 2 문을 여닫으며 자꾸 들랑거리다. 3 심장이나 맥이 크게 자꾸 뛰다. ¶심장이 ~. 4 매우 성이 나서 펄펄 뛰다. ㉤팔딱거리다.

펄떡-이다 [동][자][타] 크고 탄력 있게 뛰다. ㉤팔딱이다.

펄떡-펄떡 [부] 펄떡거리는 모양. ㉤팔딱팔딱. ¶갓 잡아 올린 고기가 ~ 뛰다. **펄떡펄떡-하다** [동][자][타][여]

펄럭 [부] 바람에 한 번 빠르게 나부끼는 모양. 또는, 그 소리. ㉤팔락. **펄럭-하다** [동][자][타][여]

펄럭-거리다/-대다 [-꺼(때)-] [동][자][타] 자꾸 펄럭이다. ㉤팔락거리다.

펄럭-이다 [동][자][타] 바람에 날려 세차게 나부끼다. ¶**펄럭이는** 만국기. ㉤팔락이다.

펄럭-펄럭 [부] 펄럭이는 소리. 또는, 그 모양. ㉤팔락팔락. **펄럭펄럭-하다** [동][자][타][여]

펄렁 [부] 바람에 날려 가볍고 부드럽게 한 번 나부끼는 모양. ㉤팔랑. **펄렁-하다** [동][자][타][여]

펄렁-거리다/-대다 [동][자][타] 바람에 날려 계속 가볍게 나부끼다. 또는, 그렇게 하다. ㉤팔랑거리다.

펄렁-펄렁 [부] 펄렁거리는 모양. ㉤팔랑팔랑. **펄렁펄렁-하다** [동][자][타][여]

펄서(pulsar)[명][천] 짧은 주기로 전파를 방사하는 천체. 강한 자기장을 가지며, 자전하는 중성자별임.

펄스(pulse)[명] 매우 짧은 동안만 흐르는 전류.

펄썩 [부] 1 연기나 먼지가 한바탕 일어나는 모양. 2 맥없이 내려앉거나 주저앉는 모양. ㉤팔싹. **펄썩-하다** [동][자][타][여]

펄썩-펄썩 [부] 먼지나 연기가 잇달아 세게 일어나는 모양. ㉤팔싹팔싹. **펄썩펄썩-하다** [동][자][타][여]

펄-조개 [명][동] 연체동물 석패과의 한 종. 껍데기는 타원형으로 얇고, 녹색 또는 황색의 방사상 무늬가 있음. ㉫쎕조개.

펄쩍 [부] 1 문·뚜껑 따위를 급작스럽게 여는 모양. 2 갑자기 뛰거나 나는 모양. ㉤팔짝. **펄쩍-하다** [동][자][타][여]

펄쩍 뛰다 [구] 억울한 일이 있을 때, 놀라면서 세차게 부인하다. ¶자기가 하지 않았다고 ~.

펄쩍-거리다/-대다 [-꺼(때)-] [동][자][타][여] 1 문이나 뚜껑 따위를 급작스럽게 자꾸 여닫다. 2 갑자기 잇달아 뛰거나 날다. ㉤팔짝거리다.

펄쩍-펄쩍 [부] 펄쩍거리는 모양. ㉤팔짝팔짝. **펄쩍펄쩍-하다** [동][자][타][여]

펄펄 [부] 1 많은 물이 넓은 면적으로 자꾸 용솟음치면서 끓는 모양. ¶물이 ~ 끓는다. 2 온 돌방이나 몸이 몹시 뜨겁게 다는 모양. ¶아랫목이 ~ 끓는다. 3 크고 기운차게 이리저리 자꾸 날거나 뛰는 모양. ¶눈이 ~ 날리다. ㉤팔팔.

펄펄 뛰다 [구] 잘못된 일이나 터무니없는 일을 당하여 흥분하거나 노여워하다. ¶수녀가 되겠다는 말에 아버지는 **펄펄 뛰셨다.**

펄펄-하다 [형][여] 1 성질이 왈괄하고 매우 급하다. ¶**펄펄하는** 불같은 성질. 2 날 듯이 활발하고 생기가 있다. ㉤팔팔하다.

펄프(pulp)[명] 목재 등의 식물체를 기계적·화학적으로 처리하여, 셀룰로오스 섬유를 분리하고 물에 현탁(懸濁)한 상태로 한 것. 종이·인조 섬유 등의 원료로 쓰임.

펌웨어(firmware)[명][컴] 롬(ROM: 읽기 전용 기억 장치)에 들어 있는 프로그램. 프로그램이기 때문에 소프트웨어의 특징을 가지면서도, 롬에 고정되어 있기 때문에 하드웨어의 특징도 가지고 있음.

펌프(pump)[명] 1 압력의 작용으로 액체·기체를 빨아올리거나 이동시키는 기계. 2 특히, 사람이 손잡이를 상하로 되풀이하여 움직임으로써 그 압력에 의해 수직으로 움에 박힌 관을 통해 지하수가 땅 위로 나오도록 하는 기구.

펌프-질(pump−) [명] 펌프의 손잡이를 상하로 움직여 물이나 기체가 나오도록 하는 일. **펌프질-하다** [동][자][타][여]

평 [부] 1 갑자기 크게 터지거나 튀면서 나는 소리. 2 구멍이 훤히 뚫어진 모양. ㉤팡.

평크(←puncture)[명] 1 고무 튜브나 공 따위가 구멍이 나 바람이 새는 상태. ¶~를 때우다 / 타이어에 ~가 나다. 2 옷이나 양말 따위가 해지거나 하여 구멍이 생긴 상태. ¶발가락 부분에 ~가 난 양말. 3 <속> 계획이나 약속이 틀어져 이루어지지 못하게 된 상태. ¶여배우가 촬영 스케줄을 ~ 내다 / 비가는 바람에 야유회 계획이 ~가 났다. **4** 〈속〉 수강 과목에 대한 평가에서, 낙제에 해당하는 학점을 받은 상태. ¶교양 영어에서 ~가 나다.

펑크^록(punk rock) 〈명〉〈음〉 1970년대의 록계(rock界)에서, 록의 체제화에 반발하여 본래의, 과격하고 정열적인 사운드를 강조한 그룹의 연주 스타일.

펑크-스타일(punk style) 〈명〉 1970년대 후반에 런던의 하층 계급의 젊은이들 사이에 유행한 복장과 헤어스타일. 너덜너덜한 티셔츠에 술을 단 자켓을 입거나 머리털을 곤추세우는 따위.

펑크-족(punk族) 〈명〉 펑크스타일을 즐겨 하는 사람들의 무리.

펑퍼지다 〈형〉 (가로퍼진 모양이) 둥그스름하게 넓적하거나 평평하게 널찍하다. 〈작〉팡파지다.

펑퍼짐-하다 〈형〉〈여〉 둥그스름하고 편편하게 옆으로 퍼져 있다. ¶펑퍼짐한 엉덩이. 〈작〉팡파짐하다.

펑-펑 〈부〉 **1** 액체가 좁은 구멍으로 세차게 솟구치는 모양. **2** 함박눈이 많이 내리는 모양. **3** 무엇이 잇달아 터지면서 나는 소리. **4**(주로, '쓰다'와 함께 쓰여) 돈이나 물을 등을 헤프게 마구 쓰는 모양. **5**(주로, '놀다'와 함께 쓰여) 아무 일도 하지 않고 빈둥거리는 모양. 〈작〉팡팡. **펑펑-하다** 〈동〉〈자타〉〈여〉

펑펑-거리다/-대다 〈동〉〈자〉〈타〉 **1** 잇달아 펑펑 소리가 나다. 또는, 그런 소리를 내다. **2** 재산을 자꾸 헤프게 쓰다. 〈작〉팡팡거리다.

페가수스(Pegasus) 〈명〉〈신화〉 그리스 신화에 나오는 날개 돋친 천마(天馬). 페르세우스가 메두사의 목을 자를 때 떨어지는 핏방울에서 생겼다 함.

페가수스-자리(Pegasus-) 〈명〉〈천〉 북쪽 하늘의 별자리. 안드로메다자리의 남서쪽, 백조자리의 남동쪽에 있으며, 10월 하순에 남중함.

페그마타이트(pegmatite) 〈명〉〈광〉 석영·장석·운모 등의 거친 입자의 결정으로 이루어진 화성암. =거정 화강암(巨晶花崗巖).

페넌트(pennant) 〈명〉 학교나 단체 등의 마크가 그려진 가늘고 긴 삼각기(三角旗). ¶기념 ~를 펼치다.

페넌트^레이스(pennant race) 〈명〉 운동 경기에서, 장기(長期)에 걸쳐 우승을 겨루는 것. 또는, 그 공식 경기. ¶~를 펼치다.

페널티(penalty) 〈명〉〈체〉 경기자의 규칙 위반 행위에 대한 벌.

페널티^골(penalty goal) 〈명〉〈체〉 페널티 킥으로 들어간 골.

페널티^에어리어(penalty area) 〈명〉〈체〉 축구에서, 수비 선수가 반칙을 범하였을 때 공격 측에게 페널티 킥을 허용하는 벌칙 구역.

페널티^킥(penalty kick) 〈명〉〈체〉 **1** 축구에서, 페널티 에어리어 안에서 수비 측이 반칙하였을 때 공격 측이 얻는 킥. **2** 럭비에서, 경기자가 반칙하였을 때 상대편이 그 자리에서 공을 놓고 자유로이 차게 하는 일.

페놀(phenol) 〈명〉〈화〉 특유한 냄새가 나는 무색의 결정. 방부제·소독 살균제·염료 등의 합성 원료로 쓰임. =석탄산(石炭酸).

페놀^수지(phenol樹脂) 〈명〉〈화〉 페놀류와 알데히드를 축합 중합하여 만드는 수지의 총칭. 베이클라이트는 이 일종임. 내연성·기계 강도가 높고 절연성·내수성이 뛰어나 전기 부품·접착제·버튼·전화기 등에 널리 쓰임.

페놀프탈레인(phenolphthalein) 〈명〉〈화〉 산과 염기를 구별하는 지시약(指示藥). 흰색의 분말로 산성에는 무색, 염기성에는 적색을 나타냄. 염색·의약 등에 쓰임.

페니(penny) 〈명〉〈의존〉 영국의 화폐 단위. 파운드의 1/100에 해당함. ▷펜스.

페니스(㉓penis) 〈명〉 =음경(陰莖).

페니실린(penicillin) 〈명〉 푸른곰팡이의 일종에서 얻는 항생 물질. 폐렴·임질·단독(丹毒)·패혈증·매독 등에 유효함.

페니키아(Phoenicia) 〈명〉〈역〉 기원전 3000년경 셈 족의 일파인 페니키아 인이 현재의 시리아·레바논 연안 부근에 건설한 도시 국가. 기원전 1세기에 로마에 병합되었음.

페니키아^문자(Phoenicia文字) [-짜] 〈명〉 22자의 자음으로 이루어진 페니키아 어의 표음 문자. 오늘날의 알파벳의 근원임.

페니히(㉓Pfennig) 〈명〉〈의존〉 독일의 동화(銅貨). 마르크의 1/100에 해당함.

페닐알라닌(phenylalanine) 〈명〉〈화〉 필수 아미노산의 하나. 물에 잘 녹지 않고 맛이 씀. 각종 단백질에 함유되어 있으며, 발아(發芽)할 때의 종자 등에 많이 들어 있음.

페달(pedal) 〈명〉 재봉틀·악기 따위의 발판이나 자전거의 발걸이. ¶~을 밟다.

페더-급(feather級) 〈명〉〈체〉 권투 체급의 하나. 프로는 55.34~57.15kg, 아마추어는 54~57kg임.

페디오나이트(㉓Pedionite) 〈명〉〈지〉 =용암 대지(鎔巖臺地).

페디큐어(pedicure) 〈명〉 주로 여성들이 발톱을 다듬고 그 위에 어떤 색깔의 물질을 발라 아름답게 꾸미는 일. 또는, 그 일을 위해 사용되는 여러 가지 색깔의 물질. ▷매니큐어.

페레스트로이카(㉓perestroika) 〈명〉 1986년 이후 소련의 고르바초프 정권이 추진하였던 사회주의 개혁 이념. 국내적으로 민주화·자유화를 추진하고, 대외적으로 긴장 완화를 기조로 하였으나, 소련이 해체되면서 사회주의의 붕괴를 촉발시킨 원인이 되었음.

페로몬(pheromone) 〈명〉〈생〉 동물의 체내에서 생산되어 체외로 방출하여 같은 종류의 개체 사이에 특유한 행동이나 생리 작용을 일으키는 물질. 곤충이나 포유류에서 잘 알려져 있음.

페루(Peru) 〈명〉〈지〉 남아메리카 서북부 태평양 연안에 있는 공화국. 수도는 리마.

페르뮴(fermium) 〈명〉〈화〉 악티늄 계열에 속한 인공 방사성 원소의 하나. 원소 기호 Fm, 원자 번호 100, 원자량 257. 주로 플루토늄 등을 장시간 중성자 조사(照射)하여 만듦.

페르미-상(Fermi賞) 〈명〉 이탈리아의 물리학자 페르미를 기념하여 원자 과학에 공이 큰 사람에게 주는 상.

페르소나(㉓persona) 〈명〉 ['가면'이라는 뜻〕 **1** 〈심〉 개인이 사회생활 속에서 사람들로부터 비난받지 않기 위해 겉으로 드러내는, 자신의 본성과는 다른 태도나 성격, 사회의 규범과 관습을 내면화한 것임. **2** 〈문〉 시나 소설의 일인칭 서술자. 작가 자신과는 구별됨. **3** 〈영〉 감독에 의해 영화 속에 창조된 등장인물의 심리적 이미지. '푸précios 틴 소년'에서 스티븐 레이는 닐 조던 감독의 ~이다.

페름-기(←Permian紀) 〈명〉〈지〉 고생대 최후의 기(紀). 세계적으로 조산 운동이 일어났고, 지층이 2층을 이루었으며, 파충류·겉씨식물 등이 나타난다. =이첩기(二疊紀).

페리-보트(ferryboat) 圀 여객·화물·차량을 운반하는 대형 연락선. ¶*부관*(釜關) ~.

페미니스트(feminist) 圀 여성도 남성과 동등한 권리와 기회를 누려야 한다고 믿고, 그 믿음을 생활 속에서 실천하거나 사회적으로 실현하기 위해 노력하는 사람. =여권론자·여권주의자.

페미니즘(feminism) 圀 여성의 사회·정치·법률상의 권리 확장을 주장하는 주의.

페미돔(femidom) 圀 성교할 때 피임하기 위해 여성의 질에 끼워 넣는, 얇은 고무로 된 물건. 상품명에서 온 말임.

페서리(pessary) 圀 자궁 위치의 이상을 바로잡는 데에 쓰는 고무제의 기구. 피임에도 쓰임.

페소(㉧peso) 圀[의존] 쿠바·멕시코·아르헨티나·필리핀 등의 화폐 단위.

페스트(pest) 圀 페스트균에 의한 급성 전염병. 오한·고열·두통·권태·현기증이 나며, 피부가 흑자색으로 변함. 사망률이 높음. =흑사병.

페스티벌(festival) 圀 =축제(祝祭)¹.

페시미스트(pessimist) 圀 =염세주의자.

페시미즘(pessimism) 圀 =염세주의. ↔옵티미즘.

페어^볼(fair ball) 圀[체] 야구에서, 페어그라운드 안에 떨어진 타구. 또는, 야수 등에 닿지 않고 내야에 떨어져 1·3루의 베이스 위, 또는 그 뒤쪽으로 해서 파울 지역으로 나간 타구. ↔파울 볼.

페어^스케이팅(pair skating) 圀 남녀가 한 쌍이 되어 하는 피겨 스케이팅.

페어웨이(fairway) 圀[체] 골프 코스에서, 티그라운드와 그린(green) 사이의 구역. 잔디를 짧게 깎아 플레이하기 좋게 되어 있음.

페어-플레이(fair play) 圀 경기나 승부를 겨룰 때에 요구되는 바르고 훌륭한 행동. 또는, 공명정대한 행동이나 태도. ¶~의 정신. ▷파인 플레이.

페이(pay) 圀 '봉급', '보수⁵'로 순화. ¶~가 높다.

페이드아웃(fade-out) 圀 1 영화·연극에서 어느 장면의 끝에 화면·무대가 점차 어두워지는 일. 또는, 그 기법. 2 라디오에서, 음량(音量)을 점차 감소시키는 일. =에프오(FO). ↔페이드인.

페이드인(fade-in) 圀 1 영화·연극에서 어두운 화면·무대가 점차 밝아지는 일. 또는, 그 기법. 2 라디오에서, 음량을 점차 증가시키는 일. =에프아이(FI). ↔페이드아웃.

페이소스(pathos) 圀 연민의 정 또는 비애감. 甼애수(哀愁). ¶삶의 ~를 섬세한 필치로 그려 낸 소설.

페이스(pace) 圀 1 ['보조(步調)'의 뜻] 어떤 일을 함에 있어서, 자기의 체력이나 능력에 따른 적절한 컨디션이나 리듬이나 속도. ¶자기 ~를 유지하다[잃다] / ~를 늦추다. 2 [체] 야구에서, 투수의 구속(球速).

페이스^페인팅(face painting) 圀 얼굴에 그림이나 무늬 등을 물감으로 그리는 일.

페이지(page) 圀 ①[자립] 1 책이나 공책 등을 이루는 낱장의 하나. 또는, 그 각각의 면마다 매겨지는 일련번호. ¶~를 넘기다. 2 [컴] 한 번에 하나의 화면에 표시되는 텍스트 또는 그래픽 정보의 양. ¶웹 ~ / ~ 미리보기. ②[의존] 책이나 공책 등의 낱장의 면수(面數)를 세는 단위. 또는, 각각의 면에 매겨진 일련번호를 세는 단위. 甼면(面)·쪽. ¶400~짜리 단행본 / 그 내용은 25~ 상단에 나와 있다.

페이지^뷰(page view) 圀[컴] 어떤 사이트의 어떤 페이지를 방문자가 얼마나 보았는지를 나타내는 숫자. ¶서비스 개시 3개월 만에 5000만 ~를 돌파하다.

페이퍼백(paperback) 圀 표지를 종이 한 장으로 장정(裝幀)한, 싸고 간편한 책. 문고관이나 신서(新書) 따위.

페인트(paint) 圀[화] 안료를 전색제(展色劑)와 혼합한 도료(塗料)의 총칭. 칠하여 건조하면 불투명한 윤이 나는 피막이 생김.

페인트^모션(†feint motion) 圀[체] 복싱·축구·농구·배구·핸드볼 등에서, 상대가 예측하지 못한 공격을 하기 위해 상대를 순간적으로 속이는 거짓 동작.

페인트-칠(paint漆) 圀 페인트를 바르는 일. 또는, 그 칠. **페인트칠-하다** 图(자)(타)

페인팅(feinting) 圀[체] 페인트 모션을 취하는 일. ¶절묘한 ~으로 수비수를 제치다. **페인팅-하다** 图(자)(타)

페치카(㉯pechka) 圀 러시아를 비롯한 극한(極寒) 지방의 난방 장치. 돌·벽돌·진흙 따위로 만든 난로를 벽에 붙여서, 벽을 가열하여 방 안을 따뜻하게 함. 甼벽난로.

페타-바이트(petabyte) 圀[의존][컴] 데이터의 양을 나타내는 단위의 하나. 1페타바이트는 1테라바이트의 약 1000배를 나타내며, 2⁵⁰인 1125조 8999억 684만 2624바이트를 말함.

페트-병(PET甁) 圀 [PET;polyethylene terephthalate] 음료를 담는 일회용 플라스틱 병.

페티시즘(fetishism) 圀 1 [심] 주로 남성이 여성의 몸의 특정 부분이나 속옷·스타킹·구두 따위를 보거나 만지면서 성적 쾌감을 얻는 심리. 2 [종][경] =물신 숭배1·2.

페티코트(petticoat) 圀 치마를 넓게 펼쳐지게 함으로써 우아하게 보이도록 하기 위해 받쳐 입는, 주름을 많이 넣고 상하로 여러 층이 지게 만든 속치마. 서양에서 19세기 이전에 널리 착용되었으나, 오늘날 우리나라에서는 한복 치마 속에 입는 경우가 많음.

페팅(petting) 圀 상대 이성의 몸·성기 등을 어루만져 성적(性的)으로 자극하는 일. 甼애무.

페퍼민트(peppermint) 圀 1 [식] 꿀풀과의 여러해살이풀. 줄기 높이 40∼80cm. 여름에서 가을에 걸쳐 백색 또는 보라색의 꽃이 핌. 줄기와 잎을 수증기로 증류하여 페퍼민트 기름을 얻는데, 향미료로서 요리·리큐어 등에 씀. 2 1을 주원료로 한 녹색 리큐어.

페퍼-포그(Pepper Fog) 圀 시위나 폭동을 진압하는 데에 쓰는 최루탄. 상품명에서 온 말임.

페하(㉧pH) 圀[화] 용액의 수소 이온 농도를 나타내는 지수. =피에이치.

펙틴(pectin) 圀[식] 식물체에 널리 함유되어 있는 다당류. 황백색의 분말로, 사과나 감귤류에 많이 들어 있음. 잼·젤리의 제조, 미생물 배양액, 화장품 등에 쓰임.

펜(pen) 圀 1 =펜촉. 2 펜촉을 펜대에 끼워서 글씨를 쓰는 기구. =철필.

펜-글씨(pen-) 圀 펜으로 쓰는 글씨.

펜-네임(pen name) 圀 문예 활동을 할 때 쓰는, 본명(本名) 이외의 이름. 甼필명(筆名).

펜-대(pen-) 圀 펜촉을 끼워서 쓰는 자루.
펜더(fender) 圀 자동차의 바퀴에서 튀어 오르는 흙탕물을 막기 위하여 그 윗부분에 둥글게 씌운 흙받기.
펜던트(pendant) 圀 1 목걸이의 줄에 달아 장식 효과를 더하는, 금이나 은, 쇠붙이, 기타의 물질로 만들거나 보석을 박거나 한 장신구. 2 =샹들리에.
펜션(pension) 圀 별장이나 전원주택 형태로 만든, 유럽풍의 고급 민박 시설.
펜스¹(fence) 圀[체] 야구장에서, 필드를 둘러싼 울타리.
펜스²(pence) 圀(의존) 영국의 화폐 단위의 하나. 페니(penny)의 복수(複數)임.
펜싱(fencing) 圀[체] 철망으로 된 마스크를 쓰고 검(劍)을 쥔 2명의 경기자가 서로 찌르거나 베거나 하여 승패를 겨루는 경기. 에페·사브르·플뢰레의 3종목이 있음.
펜-촉(pen鏃) 圀 잉크나 먹을 찍어서 글씨를 쓰는, 끝이 뾰족한 쇠붙이. =펜.
펜치(⑭ペンチ) 圀 [<pincers] 철사를 끊거나 구부리거나 하는 데에 쓰는, 집게 비슷한 도구.
펜-컴퓨터(pen computer) 圀[컴] 키보드 없이 스크린에 펜으로 입력할 수 있는 노트북형 컴퓨터.
펜-클럽(P.E.N. Club) 圀 [International Association of Poets, Playwrights, Editors, Essayists and Novelists] =국제 펜클럽.
펜타곤(Pentagon) 圀 '5각형'이라는 뜻) 청사(廳舍)가 5각형으로 생긴 데에서 미국의 국방부를 이르는 말.
펜팔(pen pal) 圀 서신을 교환함으로써 우정을 맺고 있는 국내·국외의 벗.
펜-화(pen畫) 圀 잉크·먹물 등을 사용하여 펜으로 그린 그림. =철필화(鐵筆畫).
펠로십(fellowship) 圀 '연구 지원금'으로 순화.
펠리컨(pelican) 圀[동] =사다새.
펠트(felt) 圀 양털이나 그 밖의 짐승 털을 원료로 하여 습기·열·압력을 가하여 만든 물건. 모자·양탄자 등을 만드는 데 쓰임.
펠트-펜(felt pen) 圀 휘발성 잉크를 넣은 용기에 펠트를 심으로 꽂아 쓰는 필기도구. 무엇에든 쓸 수 있고, 빨리 마르는 것이 특징임.
펨프(←pimp) 圀 =뚜쟁이1.
펩신(pepsin) 圀[화] 위액 속에 들어 있는 단백질 분해 효소. 단백질을 펩톤으로 분해하여 장벽(腸壁)에서 잘 흡수할 수 있는 물질로 만듦.
펩톤(peptone) 圀[화] 유도 단백질의 하나. 천연 단백질이 펩신에 의하여 분해된 물질. 환자의 인공영양제로 사용됨.
펭귄(penguin) 圀[동] 펭귄과에 속하는 새의 총칭. 키 40~120cm. 몸은 방추형이고 몸의 뒤쪽에 있는 짧은 발로 육상에서는 직립하여 걸음. 등은 검고 배는 흼. 날개는 지느러미 모양으로 변화하여 날 수 없음. 헤엄을 잘 치며, 고기·낙지·새우 등을 잡아먹음. 남극 지방에 떼 지어 삶.
펴-내다 동(타) 1 개킨 것을 벌려 내놓다. 2 널리 퍼뜨리다. ㉠반포하다. 3 (잡지·서적 등을) 발행하다. ¶책을 ~.
펴낸-이 圀 =발행인1.
펴다 동(타) 1 (접히거나 말리거나 덮이어지거나 한 물체를) 젖히거나 벌리거나 하여 보다 넓은 하나의 평면으로 이뤄지게 하다. 또는, (그런 물체를 어느 곳에) 하나의 평면으로 이뤄지게 놓다. ㉠펼치다. ¶책을 ~ / 우산을 ~ / 아랫목에 이불을 ~. 2 (구부린 물체나 팔·다리·허리 따위를) 하나의 직선이나 그와 비슷한 모양으로 이뤄지게 하다. ¶구부러진 철사를 반듯하게 ~ / 허리를 **펴고** 앉아라. 3 (어깨나 가슴을) 허리를 곧추 세운 상태에서 옆으로 벌어지게 하다. ¶어깨를 **펴고** 씩씩하게 걷다. 4 (쭈글쭈글하거나 울퉁불퉁한 면을 가진 물체를) 판판하거나 평평하게 만들다. ¶양철을 망치로 ~ / 얼굴의 주름살을 **펴고** 활짝 웃다. 5 (가루나 가루 상태의 물질을) 평면에 비교적 얇은 상태로 넓게 늘어놓다. ㉠깔다. ¶멍석 위에 고추를 **펴고** 말리다. 6 (마음에 품은 뜻을) 현실로 이뤄지게 하다. ¶웅지(雄志)를 ~ / 꿈을 ~. 7 (정책이나 작전이나 세력 등을) 베풀어 행하거나 다른 대상에 미치게 하다. ¶선정(善政)을 ~ / 세력을 ~ / 학익진의 전술을 ~. 8 (제도나 문물 등을) 만들어 세상에 널리 행해지게 하다. ¶세종 대왕이 한글을 ~. 9 (기를) 펴다 →기(氣)⁶. 10 허리를 펴다 →허리1.

펴락-쥐락 튀 '쥐락펴락'의 잘못.
펴-이다 동(자) 1 '펴다'의 피동사. ¶주름살이 ~. 2 (살림살이나 형편이) 순조롭게 되어 나아지다. ¶살림이 ~ / 회사 형편이 ~. 준 폐다.
펴-지다 동(자) 펴이게 되다. ¶구김살이 ~.
편¹ 圀 '떡1'을 점잖게 이르는 말.
편²(片) 圀 1(자립) 저울에 달아 파는 인삼의 낱개. ¶~이 크다. 2(의존) 1을 세는 단위로 이르는 말. ¶인삼 스~.
편³(便) 圀 1(자립) 어떤 무리에 대해 패를 가르거나 구분할 때 그 각각의 데. ㉠쪽. ¶~을 가르다 / 노동자의 ~에 서다 / 친구 사이에 내 ~ 네 ~이 어디 있니? 2(의존) 1 어디를 가거나 무엇을 어디로 보내는 데 이용하는 교통수단. ¶비행기 ~ / 열차 ~ / 버스 ~으로 부산에 가다. 2 어떤 물건이나 소식 등을 어디에 사람을 통해 전하고자 할 때, 그 사람이 그쪽으로 가는 기회. ¶친구가 가는 ~에 소식을 전하다. 3 여럿 중에서 어느 것을 선택할 때 그 하나. ¶피곤한 체로는 낮잠이나 자는 ~이 낫겠다. 4 ('-ㄴ(는, 은) 편이다[편에 속하다, 편으로]'의 꼴로 쓰여) 대체로 어떤 부류에 속함을 나타내는 말. ¶그는 공부를 잘하는 ~이다 / 오늘은 좀 흐리기는 하지만 날씨가 좋은 ~으로 운동회를 하는 데 큰 지장은 없겠다. 5 (일부 관형어 뒤에 쓰여) 앞말이 나타내는 방향임을 뜻하는 말. ㉠쪽. ¶왼~ / 오른~ / 이~ / 저~. ▶쪽.
편⁴(編) 圀 1 [음] 국악 곡조의 하나. 2 인명·단체 등의 아래에 붙어, '편찬(編纂)'의 뜻을 나타냄. ¶한글 학회 ~.
편⁵(篇) 圀(의존) 1 책이나 시문(詩文)을 세는 단위. ¶시 한 ~. 2 형식이나 내용·성질 등이 다른 것을 구별하여 나타내는 말. ¶기초 ~. 3 책의 내용을 일정한 단락으로 크게 나눈 부분. 대목의 수효를 가리키는 말임. ¶제 1~ / 제2~.
편각¹(片刻) 圀 =삽시간.
편각²(偏角) 圀 1 [수] 복소평면 위에서 복소수를 나타내는 점과 원점을 잇는 직선이 실축(實軸)과 이루는 각. =경각(傾角). 2 지

편강(片薑) 뗑 생강을 얇게 저며서 설탕에 조려 말린 것.

편거리(片-) 의존 인삼을 한 근씩 골라 맞출 때, 그 편(片)의 수를 세는 말. ¶50~ 금산(錦山) 인삼.

편견(偏見) 뗑 객관적인 판단이나 합리적인 검토 없이 오래전부터 잘못 굳어져 온 생각이나 견해. ¶~에 빠지다 / ~을 가지다.

편경(編磬) 뗑 국악에 쓰이는 타악기. 두 층으로 된 걸이에 각 8개씩의 경쇠를 매달고 침.

편곡(編曲) 뗑[음] 어떤 악기나 어떤 곡을 다른 악기나 다른 형식으로 바꾸어 꾸며서 연주 효과를 달리하는 일. 또는, 그 곡. **편곡-하다** 통(타)여 ¶클래식을 팝 뮤직으로 ~. **편곡-되다** 통(자)여

편광(偏光) 뗑[물] 광파의 진동 방향의 분포가 한결같지 않고 한쪽으로 기울어져 있는 빛. ↔자연광.

편광^현:미경(偏光顯微鏡) 뗑[물] 광물을 광학적으로 관찰하기 위하여 두 개의 니콜 프리즘을 장치한 현미경.

편극(偏極) 뗑 =분극(分極).

편년(編年) 뗑 연대를 따라 역사를 엮음.

편년-체(編年體) 뗑[역] 전통적 역사 기술의 한 형식. 연대순으로 역사를 기록하는 방식으로 공자의 '춘추(春秋)'에서 비롯됨. =기년체. ▷기사 본말체·기전체.

편달(鞭撻) 뗑 1 채찍으로 때리는 것. =편복(鞭扑). 2 (어떤 사람을) 잘할 수 있도록 따끔하게 나무라는 것. ¶지도 ~을 바랍니다. **편달-하다** 통(타)여

편당(偏黨) 뗑 1 한쪽의 당파(黨派). 2 한 당파에 치우치는 것. **편당-하다** 통(자)여 한 당파에 치우치다.

편대(編隊) 뗑[군] 1 비행기 부대 구성 단위의 하나. 2~4대의 비행기로 이루어짐. 2 비행기 등이 짝을 지어 갖춘 대형.

편도¹(片道) 뗑 가고 오는 길 중 어느 한쪽. 또는, 그 길. ¶~ 승차권. ↔왕복(往復).

편도²(扁桃) 뗑[식] 장미과의 낙엽 교목. 높이 6m가량. 봄에 담홍색 꽃이 피고 열매는 복숭아와 비슷한데, 과육이 얇고 수분도 적음. 21의 열매. 종자의 인(仁)이 단맛이 있어 식용함. =아몬드.

편도-선(扁桃腺) 뗑[생] 사람의 입속 양쪽 구석에 하나씩 있는, 편평하고 타원형으로 생긴 림프샘. ¶~이 붓다.

편도선-염(扁桃腺炎) [-념] 뗑[의] 편도선에 생기는 염증. 감기나 과로 등으로 일어남. 편도선이 벌겋게 부으며 음식물을 넘기기가 어려워 됨. =편도염.

편동-풍(偏東風) 뗑[기상] 지구를 띠 모양으로 둘러싸고 동쪽에서 서쪽으로 부는 바람. ▷편서풍(偏西風).

편두(扁豆) 뗑 1 콩과의 덩굴풀. 7~9월에 흰색 또는 자주색 꽃이 피고 꼬투리에 종자가 들어 있음. 어린 꼬투리는 식용, 흰 꽃이 피는 종자는 약용함. =까치콩·작두(鵲豆).

편두-통(偏頭痛) 뗑[의] 발작적·주기적으로 머리의 어느 한쪽에 욱신욱신 아픔을 느끼는 상태. 심하면 반대쪽까지 아픔을 느낌.

편-들다(便-) 통(타) <-드니, -드오> 어느 한쪽을 옹호하고 두둔하다. ¶그는 언제나 약자들을 편드는 사람이다.

편람(便覽) [펼-] 뗑 보기에 편리하도록 간명하게 만든 책. ¶행정 실무 ~.

편력(遍歷) [펼-] 뗑 1 널리 여기저기를 돌아다니는 것. 2 여러 가지 일이나 대상을 삶에서 경험을 하는 것. ¶여성 ~ / 사상 ~. **편력-하다** 통(타)여 ¶종군 기자로 전선을 ~.

편론(偏論) [펼-] 뗑 남이나 다른 당에 대하여 논하는 것. **편론-하다** 통(타)여

편리(便利) [펼-] 뗑 (어떤 대상이) 그것을 이용하거나 어떤 일을 하기에 편하고 쉬우며 이로움이 있는 것. ¶~를 도모하다. ↔불편. **편리-하다** 휑여 ¶교통이 ~ / 아무 때나 편리한 시간에 연락 주십시오.

편리^공:생(片利共生) [펼-] 뗑[생] 한편은 이익을 받으나 다른 편은 이익도 해도 없는 공생의 한 양식. 해삼과 숨이고기 등에서 볼 수 있음. ↔상리 공생(相利共生).

편린(片鱗) 뗑 '한 조각의 비늘'이라는 뜻) 사물의 극히 작은 부분. (비일단(一端). ¶고향에 대한 기억의 ~을 더듬어 본다. / 이 소설은 황량한 삶의 ~들을 그려 낸다.

편-마모(偏磨耗) 뗑 [물체가] 한쪽으로 치우쳐서 닳아지는 것. **편마모-하다** 통(자)여 **편마모-되다** 통(자) ¶공기압이 낮으면 타이어가 편마모된다.

편-마비(偏痲痹) 뗑[의] 몸의 한쪽이 마비되어 움직이지 못하는 질병. ▷반신불수.

편마-암(片麻巖·片麻岩) 뗑[광] 장석·석영·운모·각섬석 등으로 이루어진 변성암. 운모가 갈피 지어 섞이고 다른 광물도 줄무늬를 이룸.

편-먹다(便-) [-따] 통(자) 편을 갈라 짜서 편이 되다. 속된 말임.

편면(片面) 뗑 한쪽 면.

편모¹(片貌) 뗑 연결되지 않고 조각조각 되어 있는 모습. 또는, 일부분의 모습.

편모²(偏母) 뗑 아버지가 죽고 홀로 있는 어머니.

편모³(鞭毛) 뗑[생] 원생동물이 가진 운동 및 영양 섭취의 세포 기관. 긴 채찍 모양의 잔털로 되어 있음.

편모-슬하(偏母膝下) 뗑 어떤 사람이 홀어머니 밑에서 자라고 있거나, 홀어머니를 모시고 있는 상태나 처지. =편모시하. ¶그는 세 살 때 아버지를 여의고 ~에서 자랐다.

편모-시하(偏母侍下) 뗑 =편모슬하.

편모충-류(鞭毛蟲類) [-뉴] 뗑[동] 원생동물문 편모충 아문(亞門)을 구성하는 단세포 생물의 총칭. 계통적으로는 동물과 식물의 중간에 위치하며, 편모로 운동함. 연두벌레·야광충 따위가 이에 속함. =편모류.

편무(片務) 뗑 어느 한쪽에서만 지는 의무. ¶~계약. ↔쌍무(雙務).

편물(編物) 뗑 뜨개질바늘이나 기계로 뜨개질하는 방식으로 실을 짠, 옷·장갑·양말·숄 등의 물건. (비니트.

편발(編髮) 뗑 1 지난날, 관례를 하기 전에 머리를 길게 땋아 내리던 일. 또는, 그 머리. 2 =변발.

편백(扁柏) 뗑[식] 측백나뭇과의 상록 교목. 높이 40m, 지름 2m에 달함. 나무껍질은 적갈색이며, 비늘 같은 잎이 마주남. 봄에 꽃이 피고, 10월에 갈색의 구과(毬果)가 익음. 목재는 질이 좋아 널리 쓰임. =노송나무.

편법(便法) [-뻡] 뗑 원칙이나 정도(正道)를

벗어나서 쉽게 목적을 이루기 위해 사용하는 방법이나 수단. ¶~ 수사/~을 쓰다/일을 절차를 밟지 않고 ~으로 처리하다.
편벽(偏僻)→**편벽-하다**[-벼카-] 형여 1 정상적인 상태에 있지 못하고 한쪽으로 치우쳐 있다. 2 중심에서 떨어져 구석지다.
편벽-되다(偏僻-)[-뙤/-뛔-] 형 공평하지 못하고 한쪽으로 치우치기 쉽다. ¶편벽된 견해. **편벽되-이** 부
편복(便服) 명 평상시에 입는 옷. =편의(便衣).
편사(編絲) 명 수(繡)를 놓거나 여러 가지 무늬를 겉는 실. ≒뜨개실.
편서-풍(偏西風) 명 [기상] 위도 30~65°의 중위도 지역에서 일 년 내내 서쪽에서 동쪽으로 부는 바람.
편성¹(偏性) 명 원만하지 못하고 한쪽으로 치우친 성질. ¶옥순이는 여자의 ~으로 처음에 먹었던 마음이 조금도 변치 않았는데, 그 처음에 먹었던 마음은 무슨 마음인고.《이인직: 은세계》
편성²(編成) 명 1 엮어 모아서 책·신문·방송·영화 따위를 만드는 일. 2 조직이나 대오를 짜서 이루는 것. **편성-하다** 타여 ¶프로그램을 ~/예산을 ~/학급을 ~. **편성-되다** 동자 ¶관현악은 관악기·현악기·타악기로 편성된다.
편성-표(編成表) 명 조직이나 대오의 편성을 계통을 세워 나타낸 표.
편수¹ 명 밀어 편 밀가루 반죽에 채소로 만든 소를 넣고 네 귀를 붙여, 끓는 물에 익혀 장국에 넣어 먹는 여름 음식.
편수² 명 공장(工匠)의 우두머리. ▷도편수.
편수³(編修) 명 책을 편집하고 수정하는 것. ¶~ 자료. **편수-하다** 타여 **편수-되다** 동자
편수-관(編修官) 명 교육 인적 자원부에서 교과용 도서의 편수를 맡아보는 공무원.
편술(編述) 명 엮어서 짓는 것. **편술-하다** 동타여 **편술-되다** 동자
편승(便乘) 명 1 남이 타고 가는 차편을 얻어 타는 것. 2 주체적인 노력 없이 이득을 얻거나 무난하게 처신하기 위하여 (어떤 상황·기회·분위기에) 따르는 것. **편승-하다** 동자여 ¶남의 차에 ~/안이하게 시류에 ~.
편식(偏食) 명 어떤 음식만을 가려서 먹는 것. **편식-하다** 동타여
편심(偏心) 명 1 한쪽으로 치우친 마음. 2 [물] 어떤 물체의 중심이 한쪽으로 치우쳐 있어, 중심이 서로 맞지 않는 상태.
편-싸움(便-) 명 1 편을 갈라서 하는 싸움. ¶~을 벌이다. 2 [민] =석전놀이. 준편쌈. **편싸움-하다** 동자여
편-쌈(便-) 명 '편싸움'의 준말. **편쌈-하다** 동자여
편안(便安)→**편안-하다** 형여 (몸이) 괴롭거나 아프거나 힘들거나 하지 않고 편하여 좋다. 또는, (마음이) 불안함이나 걱정거리가 없이 편하여 좋다. ¶몸이란 마음이 ~. 평안하다. **편안-히** 부 ¶~ 쉬십시오.
편암(片巖·片岩) 명 [광] 석영·운모 따위의 얇은 층으로 이룬 엽편상(葉片狀)의 변성암. 흔히, 연한 회색만이 있는 것으로 됨.
편애(偏愛) 명 둘 이상의 사람 가운데 어느 한 사람이나 한쪽만을 치우치게 사랑하는 것. **편애-하다**¹ 타여 ¶막내를 ~.
편애²(偏隘)→**편애-하다**² 형여 성질이 한쪽에 치우치고 좁다.
편액(扁額) 명 종이·비단·널빤지 따위에 그림을 그리거나 글씨를 써서 방 안이나 문 위에 걸어 놓는 액자. 준액(額).
편역-들다(便-) 동타 '역성들다'의 잘못.
편육(片肉) 명 얇게 썬 수육.
편의(便衣)[-의/-이] 명 =편복(便服).
편의(便宜)[-의/-이] 명 1 생활하거나 일하는 데에 조건이 편하고 좋은 것. ¶~ 시설/~를 제공하다. 2 일의 조건에 있어서 편리함만을 고려하는 상태. ¶~상 존칭은 생략함.
편의-성(便宜性)[-의썽/-이썽] 명 형편이나 조건 등이 편하고 좋은 특성.
편의-점(便宜店)[-의-/-이-] 명 소비자의 편의를 극대화하기 위해, 다양한 일용 잡화나 즉석식품 등을 하루 24시간 판매하는 방식의 소매 점포. 우리나라에서는 1980년대 후반에 처음 생겼음.
편의-주의(便宜主義)[-의-의/-이-이] 명 어떤 일을 근본적으로 처리하지 않고 임시로 둘러맞추는 방법.
편-이¹ 명 =발행인1.
편이²(便易)→**편이-하다** 형여 편리하고 쉽다.
편익(便益) 명 편리하고 유익한 것. ¶성묘객의 ~을 위해 버스를 공원묘지까지 연장 운행하다. **편익-하다** 형여
편일(片日) 명 1 짝이 맞지 않는 날. 곧, 홀수의 날. ↔쌍일(雙日). 2 [민] 육갑(六甲)의 십간(十干)에서, 갑(甲)·병(丙)·무(戊)·경(庚)·임(壬)의 날.
편입(編入) 명 1 짜서 넣는 것. 2 한동아리나 조직 등에 끼어 들어가는 것. ¶~생(生)/~ 시험. **편입-하다** 동자여 **편입-되다** 동자 ¶경기도에 ~/부여는 3세기 말 선비족의 침략을 받아 쇠퇴하였고, 결국은 고구려에 편입되었다.
편자¹ 명 말굽에 대어 붙이는 쇳조각. =제철(蹄鐵)·철제(鐵蹄). ¶~를 박은 말.
편자²(編者) 명 책을 엮은 사람. 비편인이.
편장(便長) 명 당파의 어른. 또는, 편짝의 우두머리.
편재¹(偏在) 명 (어떤 대상이) 한곳에 치우쳐 있는 것. ¶부(富)의 ~. **편재-하다**¹ 동자여 **편재-되다** 동자
편재(遍在) 명 (어떤 대상이) 두루 퍼져 있는 것. **편재-하다**² 동자여
편저(編著) 명 편집하여 저술하는 것. **편저-하다** 동타여
편-저자(編著者) 명 1 편자와 저자. 2 편집하여 저술한 사람.
편전¹(片箭) 명 총통(銃筒)에 넣어서 쏘는, 하나로 된 화살.
편전²(便殿) 명 임금이 평소에 거처하는 궁전.
편제(編制) 명 어떤 조직이나 기구를 편성하여 제정하는 것. 또는, 그 기구나 체제. ¶~를 정비하다. **편제-하다** 동타여 ¶대대(大隊)를 3개 중대로 ~.
편종(編鐘) 명 [음] 아악기의 하나. 12율의 순서로 조율된 종을 한 단에 8개씩, 두 단 16개를 나무틀에 달아 뿔망치로 침. 음색이 웅장함.
편주(片舟·扁舟) 명 작은 배. 비조각배. ¶일엽~.
편중(偏重) 명 (어떤 일에) 한쪽으로 치우치

는 것. **편중-하다** [동][자][타][여] ¶성장에 **편중한** 경제 정책. **편중-되다** [동][자] ¶현재의 음악 교육 과정은 국악보다 서양 음악에 **편중되어** 있다.

편¦지(便紙·片紙) [명] 멀리 떨어져 있는 상대에게 소식이나 사연이나 용무를 알리거나 전하기 위해 일정한 격식에 따라 글로 쓴 것. 또는, 그 글. 세는 단위는 장·통. [비]간찰(簡札)·서간·신서(信書)·서한·서함(書函)·서신·서장(書狀)·서찰. ¶안부 ~ / 연애~ / ~를 쓰다 / ~를 부치다 / ~를 봉하다 / ~를 받다 / ~가 오다. **편¦지-하다** [동][자][여] 편지를 써서 보내다. ¶서울에 가면 잊지 말고 **편지해라**.

편¦지-지(便紙紙) [명] 편지를 쓰는 종이.

편¦지-질(便紙—) [명] '자꾸 편지를 써서 보내는 일'을 못마땅히 여겨 낮추어 이르는 말. ¶~만 하고 한 번도 오지는 않는군. **편¦지질-하다** [동][자][여]

편¦지-투(便紙套) [명] =편지틀.

편¦지-틀(便紙—) [명] 편지 글의 격식 등을 본보기로 보이는 책. =편지투·간독(簡牘).

편직(編織) [명] 실로 뜨개질한 것처럼 짜는 일.

편직-물(編織物) [—징—] [명] 실로 뜨개질한 것처럼 짠 피륙.

편집[1](偏執) [명] 편견을 고집하고 남의 말을 듣지 않는 것. ¶~병. **편집-하다**[1] [동][타][여]

편집[2](編輯) [명] **1** 책·잡지·신문 등의 제작에 있어서, 일정한 방침이나 기획 아래 문자나 사진 등의 원고를 모아 선택·정리하고 지면을 구성하며 그 내용을 교정하는 일. **2** 영화나 방송 드라마 등의 제작에 있어서, 촬영·현상이 끝난 필름이나 녹음이 이뤄진 테이프를 대본에 따라 적절히 자르고 연결하여 일관되고 연속성 있는 작품이 되게 하는 일. **편집-하다**[2] [동][타][여] ¶기사(記事)를 ~. **편집-되다** [동][자]

편집-광(偏執狂) [—꽝] [명][의] 어떤 사물에 집착하여 몰상식한 행동을 예사로 하는 정신병자. =모노마니아.

편집-부(編輯部) [—뿌] [명] 편집을 맡아보는 부서.

편집^위원(編輯委員) [명] 잡지나 전집(全集) 또는 기타 간행물에서, 편집의 방향이나 내용 등을 논의하고 결정하는 사람.

편집-인(編輯人) [명] **1** 편집에 관하여 법적 책임을 지는 사람. **2** 편집을 하는 사람.

편집-장(編輯長) [—짱] [명] 편집하는 사람들의 우두머리로서 편집 업무 전체를 관할하는 사람.

편집-증(偏執症) [—쯩] [명][의] 인격의 붕괴를 보이지는 않으나 피해망상·추적 망상과 같은 논리적·체계적인 망상을 나타내는 병적인 상태. =편집병·파라노이아.

편집-진(編輯陣) [—찐] [명] 어떤 책이나 잡지, 신문 등의 내용을 편집하는 일에 함께 참여하는 사람들.

편집^후¦기(編輯後記) [—지푸—] [명] 편집을 마친 후, 편집의 과정·감상·계획·비평 등을 단편적으로 간단히 적은 글.

편-짓다(片—) [—짇따] [동][타][ㅅ] <~지으니, ~지어> **1** 인삼을 한 근씩 달아 묶을 때 편(片)을 일정한 수효로 골라 놓다. **2** 목재를 용도에 따라 여러 몫으로 나누어 두다.

편-짜다(便—) [동][자] 승부를 겨루기 위하여 편을 갈라 조직하다.

편-짝(便—) [명][의존] 상대하는 두 편에서 어느 한 편을 가리키는 말. ¶이 ~.

편차(偏差) [명] **1** [수] 수치·위치·방향 등이 일정한 기준에서 벗어난 정도나 크기. =편의(偏倚). ¶~가 크다. **2** [군] 정확하게 조준하여 발사한 탄환이 바람 등의 원인으로 표적에 명중하지 않고 생기는, 목표와 탄착점과의 차이. ¶~ 수정(修正).

편찬(編纂) [명] (사전·교과서·자료집 등을) 많은 자료를 모으고 정리하고 해석하여 책으로 꾸며 내는 것. ¶~ 위원. **편찬-하다** [동][타][여] ¶사전을 ~. **편찬-되다** [동][자]

편찮다(便—) [—찬타] [형] **1** '편하지 아니하다'가 준 말. ¶마음이 ~. **2** '아프다2'의 높임말. 보통, 어간에 선어말 어미 '-으시-'를 붙임. ¶몸이 많이 **편찮으십니까**?

> [어법] 배가 편찮으세요?:편찮으세요(×) →아프세요(○). ▶▶ 특정한 부위의 아픔에 대해서는 '편찮다'를 쓰기 어려움.

편충(鞭蟲) [명][동] 선충류 편충과의 기생충. 몸길이 3~5cm. 사람의 장, 특히 맹장에 기생하며, 빈혈·신경증·설사 등을 일으킴.

편취(騙取) [명] 속이어 남의 물건을 빼앗는 것. **편취-하다** [동][타][여] ¶검찰은 수천만 원의 보험금을 **편취한** 김 씨를 구속했다.

편친(偏親) [명] 홀로 된 아버지나 어머니.

편친-시하(偏親侍下) [명] 편친을 모시고 있는 처지.

편파(偏頗) ➔**편파-하다** [형][여] 공평함을 잃고 한쪽으로 치우친 상태에 있다.

편파-적(偏頗的) [관][명] 공정하지 못하고 한쪽으로 치우치는 경향이 있는 (것). ¶~인 판정 / ~으로 보도하다.

편편[1](便便) ➔**편편-하다**[1] [형][여] **1** 아무 일 없이 편안하다. **2** 물건의 배가 부르지 않고 번듯하다. **편편-히**[1] [부] ¶~ 놀다〔지내다〕.

편편[2](翩翩) ➔**편편-하다**[2] [형][여] **1** (나는 모양이) 가볍고 날래다. **2** (외모가) 풍류가 있어 멋스럽다. **편편-히**[2] [부]

편편-이(片片—) [부] 조각조각으로. 또는, 조각조각마다. ¶벚꽃의 꽃잎이 바람에 ~ 흩어진다.

편편찮다(便便—) [—찬타] [형] 불편하고 거북살스럽다.

편평(扁平) ➔**편평-하다** [형][여] 넓고 평평하다. ¶**편평한** 길. **편평-히** [부] ¶땅을 ~ 고르다.

편평-족(扁平足) [명][의] '평발'을 전문적으로 이르는 말.

편포(片脯) [명] 다져서 반대기를 지어 말린 고기.

편-하다(便—) [형][여] **1** (몸이나 마음이) 거북하거나 괴롭지 않아 좋다. ¶무릎 꿇지 말고 **편하게** 앉아라. / 자식 걱정 때문에 마음 **편할** 날이 없다. **2** 쉽고 편리하다. ¶가든지 오든지 너 **편할** 대로 해라. / 목적지까지 정한 시간에 가려면 지하철을 타는 게 가장 **편한** 방법이다. **편-히** [부] ¶집에서 ~ 쉬다.

편향(偏向) [명] **1** 한쪽으로 치우치는 것. **2** [물] 대전(帶電) 입자의 비행 방향을 전기장이나 자기장을 가하여 변화시키는 것. **편향-하다** [동][자][여] **편향-되다** [동][자] ¶우리의 교육은 입시 위주의 교육으로 **편향되어** 시급한 개선이 요구되고 있다.

편협(偏狹·褊狹) ➔**편협-하다** [—혀파—] [형][여] 도량이나 생각하는 것이 좁고 치우쳐 있다. ¶고루하고 **편협한** 인물.
편협-심(偏狹心) [-씸] 몡 편협한 마음.
편형-동물(扁形動物) 몡[동] 동물계의 한 문(門). 몸이 편평하고 환절이 없으며, 대체로 항문이 없음. 와충류·흡충류·조충류의 3강(綱)으로 나뉨.
편히-쉬어(便-) 갑몡 제식 훈련 시 구령의 하나. 말도 하고 양팔도 움직일 수 있을 만큼 행동을 자유로이 하라는 말.
펼쳐-지다[-처-] 동(자) **1**(어떤 물체가) 저절로 또는 힘의 작용을 받아 넓게 퍼지는 상태가 되다. ¶바람에 책이 ~ / 낙하산이 하늘 ~. **2**(볼거리, 들을 거리, 읽을거리 따위가) 사람들 앞에 주의를 끌 만한 상태로 나타내어지다. ¶농구 대잔치가 화려하게 ~. **3**(매우 넓은 평면을 가진 대상이) 평평하고 탁 트인 상태로 드러나다. ¶푸른 바다가 끝없이 ~ / 대평원이 ~.
펼치다[-] 동(타) **1**(접히거나 말리거나 덮어지거나 한 물체를) 최대한의 넓이가 되게 펴다. '펴다'의 힘줌말로, 평면적인 넓이를 더욱 강조한 말임. ¶책을 ~ / 우산을 ~ / 돗자리를 넓게 ~. **2**(마음에 품은 뜻이나 정책·작전·세력 등을) 최대한으로 이뤄지게 펴다. ¶속공의 전술을 ~ / 네 꿈을 맘껏 **펼쳐라**. **3**(어느 정도의 시간적 길이가 있는 볼거리, 들을 거리, 읽을거리 따위를) 눈이나 귀로 보거나 듣거나 감상할 수 있도록 사람들 앞에 주의를 끌 만한 상태로 나타내다. 비유적인 말임. ¶카렌아이드는 ~ / 런던 필하모니가 **펼치는** 환상적인 선율의 세계 / 대평원에서 기마 민족이 **펼치는** 역동의 드라마.
펼친-그림 몡 =전개도(展開圖).
펼침-화음(-和音) 몡[음] 피아노·하프시코드·하프 등에서, 한 개의 화음에 속하는 각 음을 저음 또는 고음에서 차례로, 연속적으로 빠르게 연주하는 일. =아르페지오.
폄(貶) 몡 남을 나쁘게 말하는 일.
폄-하(貶下) 몡 치적(治績)이 나쁜 원(員)을 아래 등급으로 깎아내리는 것. **폄-하-되다** 동(자) **폄-하-하다** 동(타)
폄-하다(貶-) 동(타)예 (다른 사람을) 깎아내려서 나쁘게 말하다.
폄훼(貶毀) 몡 (다른 사람을) 깎아내리고 헐뜯는 것. **폄-훼-하다** 동(타)예 **폄-훼-되다** 동(자)
평[1](評) 몡 어떤 대상에 대해 옳고 그름, 좋고 나쁨, 잘되고 못됨 등을 말하는 것. 또는, 그 말. ¶그 영화는 ~이 좋다. / 그는 친구들 사이에서 ~이 나쁘다.
평[2](坪) 몡(의존) **1** 토지 면적의 단위의 하나. 곧, 여섯 자 평방으로, 3.3058m²임. =보(步). ¶대지 200~. **2** 입체의 단위의 하나. 곧, 여섯 자 입방으로, 6.013m³임. **3** 헝겊·유리·벽 따위의 한 자 평방. **4** 조각·동판 따위의 한 치 평방.
평가[1](平價) [-까] 몡 **1** 비싸지도 싸지도 않은 보통 가격. **2**[경] 한 나라의 통화(通貨)의 대외 가치 기준으로서, 그 나라의 화폐 단위와 특정 금속(보통은 금) 또는 그 중량의 외화(예를 들면 달러)와의 비율로 표시되는 것. **↔**절상[절하]. **3**[경] 유가 증권의 시장 가격이 액면 금액과 같은 것.
평가[2](評價) [-까] 몡 (어떤 대상을) 그 가치나 수준 따위를 따져 평하는 것. 또는, 그 가치나 수준. ¶과대[과소]~ / 절대[상대]~. **평-가-하다** 동(타)예 ¶능력을 높이 ~.
평가-되다 동(자) ¶도스토예프스키의 '죄와 벌'은 러시아 문학의 최대 걸작으로 **평가되**고 있다.
평가-전(評價戰) [-까-] 몡 실력의 정도를 알아보기 위해 하는 운동 경기. ¶월드컵 대표 팀이 브라질 팀과 ~을 치렀다.
평가^절상(平價切上) [-까-쌍] 몡[경] 본위 화폐 중의 순금의 양을 늘리어 하여 통화(通貨)의 대외 가치를 올리는 일. ↔평가 절하.
평가^절하(平價切下) [-까-] 몡[경] 본위 화폐 중의 순금의 양을 줄이거나 하여 통화의 대외 가치를 내리는 일. ↔평가 절상.
평각(平角) 몡[수] 한 점에서 나간 두 반직선이 일직선을 이룰 때 두 반직선이 만드는 각. 2직각, 곧 180°와 같음.
평강(平康) →**평강-하다** 혬예 =평안하다.
평결(評決) 몡 평의하여 결정하는 것. **평결-하다** 동(타)예 **평결-되다** 동(자)
평교(平交) 몡 나이가 서로 비슷한 벗.
평교-간(平交間) 몡 나이가 서로 비슷한 벗 사이. ¶~을 ~임에도 존댓말을 쓴다.
평-교사(平敎師) 몡 특수한 직무나 직책을 맡고 있지 않은 보통의 교사.
평-교자(平轎子) 몡[역] 종1품 이상의 벼슬아치 또는 기로소(耆老所)의 당상관이 타는 남여(籃輿). ㈜교자.
평균(平均) 몡 **1** 물건의 수나 양의 많고 적음을 고르게 하는 일. =연등(連等). **2**[수] 몇 개의 수를 더하여 그 개수로 나누는 것. 또는, 그 값. **평균-하다** 동(타)예
평균-값(平均-) [-깞] 몡[수] 평균하여 얻어지는 값. 구용어는 평균치. ㈜평균.
평균-대(平均臺) 몡[체] **1** 기계 체조 용구의 하나. 몸의 평균 운동을 하는 데 사용하는, 나무로 만든, 높이 1.2m, 길이 5m, 폭 10cm의 대(臺). **2**1을 이용한 여자 체조 경기 종목. 대 위에서 회전·점프·전향(轉向)·걷기 등의 연기를 함. =평형대.
평균^수명(平均壽命) 몡 **1** 년 동안에 죽은 사람의 죽은 나이를 합하여, 이를 죽은 사람의 수효로 나눈 수. ¶의학의 발달로 ~이 연장
평균-율(平均律) [-뉼] 몡[음] 음률(音律) 체계의 하나. 옥타브를 등분할(等分割)하여, 그 단위를 음정 구성의 기초로 삼는 방식임. 보통은 12평균율을 가리킴.
평균-인(平均人) 몡 사회에 있어서 통상의 판단 능력과 행위 능력을 가진 사람.
평균-적(平均的) 관·몡 평균의 상태에 있는 (것). ¶도시 근로자의 ~인 소득 / 이 음식점에 오는 손님은 하루에 ~으로 삼백 명가량 된다.
평균-점(平均點) [-쩜] 몡 각 학과의 점수 총계를 과목의 수로 나눈 수. 주로 학업 성적에서 말하는 것임.
평균-치(平均値) [수] '평균값'의 구용어.
평균^태양(平均太陽) 몡[천] **1** 년을 주기로 하여 천구의 적도(赤道) 위를 일정한 속도로 서쪽에서 동쪽으로 운행한다고 가정한 태양.
평균^태양시(平均太陽時) 몡[천] 평균 태양의 시각(時角)으로 측정하는 시간. 곧, 평균 태양일의 1/24. ㈜평균시.
평균^태양일(平均太陽日) 몡[천] 평균 태양의 중심이 자오선을 통과하였다가 다시 자오선을 통과할 때까지의 시간. 일상생활에서 말하는 하루를 가리킴.

평균^해!수면(平均海水面) 圀[지] 바람이나 그 밖의 일체의 외력(外力)이 작용하지 않으며, 조석(潮汐)에 의한 수위에도 변동이 없다고 가상했을 때의 해면. =평균 수면·평균 해면.

평균-화(平均化) 圀 평균하게 하는 것. ▷평준화. **평균화-하다** 톰[타어] **평균화-되다** 통[자]

평년(平年) 圀 1 1년이 365일 보통의 해. ↔윤년(閏年). 2 농사가 보통으로 된 해. ¶~수확고. =예년(例年) 1 2.

평년-값(平年-)[-깝] 圀[기상] 과거 30년간의 기온이나 강수량 등의 기상 요소를 평균한 값. =평년치. ¶~를 웃도는 기온〔강수량〕.

평년-작(平年作) 圀[농] 풍작도 흉작도 아닌 보통 정도로 된 농사. ¶금년 농사도 ~ 수준에 머물렀다. 준평작.

평!단(評壇) 圀 평론가의 사회.

평-대문(平大門) 圀[건] 행랑채와 높이가 같은 대문. ▷솟을대문.

평등(平等) 圀 차별이 없이 고르고 한결같은 것. ¶남녀~를 주장하다. ↔차별. **평등-하다** 혬[어] ¶평등한 대우〔입장〕/ 만인은 법 앞에 ~.

평등-권(平等權)[-꿘] 圀[법] 1 국제법상 모든 국가가 평등한 권리·의무를 가지는 일. 2 헌법상 모든 국민이 법 앞에 평등한 권리.

평등-사상(平等思想) 圀 모든 사람은 법 앞에 평등하다는 사상.

평등^선!거(平等選擧) 圀[정] 신분·재산·교육·납세 등에 상관없이 모든 선거인에게 평등한 투표권을 주는 그림. ↔차등 선거.

평등-주의(平等主義)[-의/-이] 圀 모든 것에 차별을 두지 않는 태도. ¶~에 입각하여 선거를 치르다.

평!론(評論)[-논] 圀 1 사물의 좋고 나쁨이나 옳고 그른 것을 평하여 논하는 것. 또는, 그 글. 2 문학·예술 작품을 분석하고 평가하며 해설하는 것. 또는, 그 글. ¶문학~/미술~. **평!론-하다** 통[타어] **평!론-되다** 통[자]

평!론-가(評論家)[-논-] 圀 평론을 직업으로 삼은 사람. =비평가. ¶영화 ~/ 문학 ~/ 음악 ~/ 시사 ~.

평맥(平脈) 圀 평상시 또는 건강할 때의 정상 맥박. 1분간에 60~75번 뛰는 것이 보통임.

평-면(平面) 圀 1 평평한 표면. 2[수] 한 표면 위의 임의의 두 점을 지나는 직선이 항상 그 표면 위에 있게 되는 면. ↔곡면(曲面).

평면-각(平面角) 圀[수] 서로 교차되는 두 평면 사이의 각.

평면-거울(平面-) 圀 반사면이 평면을 이룬 거울. =평면경(平面鏡).

평면-도(平面圖) 圀 1 투영 도법에서, 물체를 평면에 투영하여 얻은 그림. 2 건물을 수평 방향으로 절단하여 바로 위에서 내려다본 그림.

평면^도형(平面圖形) 圀[수] 평면에 나타낸 도형. =평면형. ↔입체 도형.

평면-적(平面的) 펜[수] 1 평면이 평평한 (것). 2 내면(內面)에 들어서지 않고 표면상에서만 논의하거나 표현하거나 하는 (것). ↔입체적.

평명(平明) 圀 동이 트는 시각. 또는, 사방이 밝아질 때. ¶이튿날 ~에 초당이 별당에 날이 밝도록 소식 없음을 괴히 여겨….《홍길동전》

평명-체(平明體) 圀[문] 꾸미는 말이 적고 이해하기 쉬운 실용적인 문체. ▷건조체.

평-미레(平-) 圀 말이나 되에 곡식을 담고, 그 위를 평평하게 미는 데 쓰는 방망이 모양의 기구. =평목(平木).

평민(平民) 圀 1 벼슬이 없는 일반인. 2 특권 계급이 아닌 일반 시민. 비서민. ¶~ 출신/~ 귀족.

평민-층(平民層) 圀[사] 평민들로 이루어진 사회 계층.

평-발(平-) 圀 발바닥에 오목 들어간 데가 없이 평평한 발. 걷는 데 불편함. =편발.

평방(平方) 圀[수] 1 '제곱'의 구용어. 2 길이의 단위 아래에 붙어, 그 길이를 한 변으로 하는 정사각형의 넓이를 나타내는 말. ¶5센티미터 ~/1길로 ~. ▷입방.

평방-미터(平方meter) 圀[의존][수] '제곱미터'의 구용어.

평범(平凡) →**평범-하다** 혬[어] 뛰어나거나 색다른 점이 없이 예사롭다. ¶인생을 큰 굴곡 없이 **평범하게** 살아가다 / 그는 남다른 야심도 포부도 없는 **평범한** 월급쟁이일 뿐이다. ↔비범하다. **평범-히** 뷔

평보(平步) 圀 보통 걸음.

평복¹(平服) 圀 1 =평상복. 2 제복(制服)이나 관복(官服)이 아닌 보통의 옷. ¶~ 차림 / 제복을 벗고 ~으로 갈아입다. **평복-하다¹** 통[자어] 평복 차림을 하다.

평복²(平復) 圀 병이 나아 건강이 회복되는 것. =평유(平癒). **평복-하다²** 통[자어] **평복-되다** 통[자]

평사(平射) 圀 1 평면에 투영(投影)하는 일. 2 포(砲)의 앙각(仰角)을 작게 하여, 탄환이 거의 직선으로 날아가도록 발사하는 일. ▷곡사(曲射)·직사(直射). **평사-하다** 통[타어]

평사-낙안(平沙落雁) 圀 ['모래펄에 날아와 앉는 기러기' 라는 뜻] 1 글씨의 획(畫)이 매끈하게 잘 쓰인 상태. ¶구구의 관주(貫珠)로다. 용사비등하고 ~이라.《열녀춘향수절가》 2 여자의 자태가 아름답고 맵시 있는 상태.

평사^도법(平射圖法)[-뻡] 圀[지] 결정학(結晶學)·천문학·지도 등에 사용되는 투영법. 한 구(球)의 지름의 한쪽 끝에 시점(視點)을 두고, 다른 쪽 끝에서 구에 접하는 평면에 투사함.

평-사원(平社員) 圀 간부가 아닌, 가장 아래 계급의 사원. ¶만년 ~.

평상¹(平牀·平床) 圀 밖에다 내어 앉거나 드러누워서 쉴 수 있도록 만든, 나무로 된 침상의 한 가지. 살평상과 널평상이 있음.

평상²(平常) 圀 '평상시'의 준말.

평상-복(平常服) 圀 평상시에 입는 옷. =평복(平服)·통상복.

평상-시(平常時) 圀 특별한 일이 없는 보통 때. =단모(旦暮)·평일. 비평소. ¶~와 다른 옷차림. 준평상·평시·상시. ↔비상시.

평상-심(平常心) 圀 평상시와 같은 차분한 마음. 또는, 동요가 없이 잔잔한 마음. ¶흥분을 가라앉히고 ~을 되찾다 / 수행을 통해 ~을 기르다.

평생(平生) 圀 사람이 살아 있는 날까지의 동안. 비일생. ¶~을 같이 살다 / 교육 사업에 ~을 바치다.

평생^교!육(平生教育) 圀[교] 유년에서부터 노년에 이르기까지 평생 동안 받아야 할 대상으로서의 교육. 학교 교육과 사회 교육으

평생-소원(平生所願) 명 평생을 두고 이루고자 하는 소원. 또는, 아주 간절한 소원.
평생-지기(平生知己) 명 평생을 두고 가까이 지내는 친한 벗.
평생-직장(平生職場) [-짱] 명 평생 근무할 곳으로서의 직장. ¶회사를 ~으로 여기고 열심히 일하다.
평생토록(平生-) 부 일생 동안 걸려서. =일생토록·종신토록. ¶~ 교육에 헌신하다.
평서-문(平敍文) 명 문장의 종류의 하나. 사물을 객관적으로 서술하는 것을 주로 하여, 특별한 수사적 수법을 쓰지 않은 문장. =서술문.
평서-형(平敍形) 명[언] 용언 및 서술격 조사 '이다'의 활용형의 하나. '-다', '-오' 등의 예사로운 종결 어미가 붙은 꼴. =이끎꼴·서술형.
평성(平聲) 명[언] 사성(四聲)의 하나. 가장 낮은 소리임. 2 한자음(漢字音)의 사성의 하나. 낮고 평순(平順)한 소리임. ↔측성.
평소(平素) 명 일상생활에서와 같은 보통 때. 비평상시. ¶그는 ~에 말이 없다. / 시험 때만 공부하지 말고 ~에 잘해라.
평수(坪數) [-쑤] 명 평(坪)으로 따진 넓이.
평-수위(平水位) 명 평상시의 강물의 높이.
평순-모:음(平脣母音) 명 발음할 때 입술을 둥글게 오므리지 않는 모음. 'ㅣ','ㅡ','ㅓ','ㅏ','ㅐ','ㅔ' 따위. ↔원순 모음.
평시(平時) 명 '평상시'의 준말.
평-시조(平時調) 명[문] 시조의 하나. 초장이 3·4·3(4)·4, 중장이 3·4·4(3)·4, 종장이 3·5·4·3으로 글자 총수가 45자 안팎의 가장 기본적이고 대표적인 시조 형식. =단시조·단시조(短時調).
평신(平身) 명 엎드려 절한 뒤에 허리를 본디대로 펴는 일. **평신-하다** 통재
평-신도(平信徒) 명[종] 교직(教職)을 가지지 않은 일반 신자.
평심(平心) 명 '평심서기'의 준말. **평심-하다** 통재
평심-서기(平心舒氣) 명 마음을 평온하고 순화롭게 함. 또는, 그런 마음. 준평심. **평심서기-하다** 통재
평안¹(平安) 명 마음에 걱정이 없거나 아무 탈이 없어 평화로운 상태. ¶신앙 생활을 통해 마음의 ~을 얻다. **평안-하다** 통여 =평강하다. ¶아무쪼록 가정이 **평안하시길** 빕니다. **평안-히** 부 =지내다.

유의어 **평안하다 / 편안하다**
'평안하다'는 마음이 평화롭고 호수처럼 잔잔하다는 뜻이고, '편안하다'는 몸이 힘들거나 불편하거나 괴롭지 않아 좋다는 뜻임. 다만, '마음이 편안하다'라고 할 때도 있는데, 이것은 '마음이 평안하다'와 뜻이 약간 다름. 마음의 평안함은 욕심도 없고 걱정·근심도 없어 마음이 평화로운 것을 가리키고, 마음의 편안함은 흥분이 가라앉거나 불안한 일, 걱정거리가 없어져 마음이 안정된 것을 가리킴.

평안²(平安) 명 '평안도'를 줄여서 이르는 말.
[**평안 감사(監司)도 저 싫으면 그만이다**] 아무리 좋은 일이라도 제 마음에 들지 않으면 강제로 시킬 수 없다.
평안-계(平安系) [-계/-게] 명[지] 고생대 후기에 형성된 지층으로, 단양에서 영월·정선·장성·도계에 이르는 태백산 지역이 이에 속함.
평야(平野) 명 아득히 너른 들.
평양-냉면(平壤冷麵) 명 메밀국수로 찬 장국에 만, 평양의 향토 음식. ☞함흥냉면.
평:어(評語) 명 1 비평하는 말. =평언(評言). 2 [교] 학과 성적을 표시하는 말. 곧, 수·우·미·양·가 따위.
평열(平熱) [-녈] 명 사람이 건강한 때의 체온. 36～37℃임.
평영(平泳) 명[체] 수면에 엎드려 팔다리를 물속에서 동시에 좌우 대칭적으로 움직여 전진하는 방식의 수영. ▷개구리헤엄.
평온(平溫) 명 1 평상시의 온도. 2 평균 온도.
평온²(平穩) →**평온-하다** 형여 평화롭고 안온하다. ¶**평온한** 전원생활. **평온-히** 부
평운(平韻) 명 평성(平聲)에 따른 상하의 30운(韻). ↔측운.
평원(平原) 명 평평하고 드넓은 벌판.
평음(平音) 명[언] =예사소리.
평:의(評議) [-의/-이] 명 서로 의견을 교환하여 의논하는 것. **평:의-하다** 통타여 **평:의-되다** 자
평:의-원(評議員) [-의-/-이-] 명 어떤 일을 평의하는 데 참여하는 사람.
평:의-회(評議會) [-의회/-이훼] 명 어떤 일을 평의하기 위한 모임.
평이(平易) →**평이-하다** 형여 까다롭지 않고 쉽다. ¶**평이한** 문제.
평인(平人) 명 1 벼슬이 없는 사람. 비평민. 2 몸에 병이 없는 사람. 3 상제(喪制)에 대하여, 상제 아닌 사람을 이르는 말.
평일(平日) 명 1 =평상시. 2 일요일이나 명절, 또는 공휴일이 아닌 보통 날. =평상일(平常日).
평자(平字) [-짜] 명 사성(四聲) 중의 평성(平聲)에 딸린 글자. 한시(漢詩)에서 염(簾)을 보는 데 씀. ↔측자.
평:자²(評者) 명 비평하는 사람.
평작(平作) 명[농] '평년작'의 준말.
평잔(平殘) 명 일정 기간 동안의 예금의 평균 잔액. ¶3개월 동안의 ~이 매월 300만 원인 우수 고객.
평장(平葬) 명 '평토장'의 준말. **평장-하다** 통타여
평저(平底) 명 평평한 밑바다.
평전¹(平田) 명 1 높은 곳에 있는 평지(平地). 2 평지에 있는 좋은 밭.
평:전²(評傳) 명 평론을 겸한 전기(傳記).
평-절(平-) 명 웃어른한테 올리는 우리 고유의 절. 남자는 큰절과 거의 같으나, 읍할 때 손을 가슴까지만 올리며, 여자는 한쪽 무릎을 세우고 손을 바닥에 짚은 뒤 머리를 숙임.
평:점(評點) [-쩜] 명 1 시문(詩文)의 중요한 곳에 찍는 점. 2 평가하여 매기는 점수. 3 물건의 가치를 따져 매기는 점수.
평정¹(平定) 명 난리를 평온하게 진정시키는 것. **평정-하다¹** 통타여 ¶반란을 ~. **평정-되다¹** 자
평정²(平靜) 명 마음이 평안하여 피로움이나 갈등이나 흔들림 등이 없는 상태. ¶오랜 방황 끝에 종교에 귀의하여 마음의 ~을 얻다. **평정-하다²**
평:정³(評定) 명 평가하여 결정하는 것. 평

정-하다³ [동][타][여] ¶사업 효과를 ~. 평!정-되다² [동][자]

평정⁴(平正) →**평정-하다**⁴ [여] 공평하여 치우침이 없다.

평조(平調) [명][음] 우리나라 속악(俗樂)의 음계. 서양 음악의 장조(長調)에 가까운 낮은 음조임.

평좌(平坐) [명] 격식을 차리지 않고 편하게 앉는 것. **평좌-하다** [동][자][여]

평준-화(平準化) [명] 수준이나 실력 등을 서로 나지 않게 하는 것. 또는, 그렇게 되는 것. ¶실력 ~ / 고교(高校) ~. **평준화-하다** [동][자][여] **평준화-되다** [동][자]

평지¹(平-) [식] =유채(油菜)¹.
평지²(平地) [명] 바닥이 편편한 땅. ↔산지(山地).
평지-낙상(平地落傷) [-쌍] [명] 평지에서 넘어져 다친다는 뜻으로, 뜻밖에 불행한 일을 겪음을 비유하여 이르는 말. **평지낙상-하다** [동][자][여]

평지-풍파(平地風波) [고요한 땅에 바람과 물결을 일으킨다는 뜻] 평온한 상태에서 갑작스럽게 일어나는 분쟁이나 갈등을 이르는 말. ¶가만히 내버려 둬도 될 일을 공연히 집고 까불어서 ~를 일으키다.

평직(平織) [명] 씨와 날을 한 올씩 엇바꾸어 짜는 방법. 또는, 그렇게 짠 천. ▷능직(綾織).

평-직원(平職員) [명] 간부가 아닌, 가장 아래 계급의 직원.

평-천하(平天下) [명] 천하를 평정하는 것. **평천하-하다** [동][자][여]

평체(平體) [명][인] 사진 식자의 변형 문자의 하나. 변형 렌즈를 써서 세로의 폭을 10~30% 줄인 자체(字體). ↔장체(長體).

평-측(平仄) [명] 평(平)과 측(仄). 곧, 한문의 시·부(賦) 등에서 음운의 높낮이.

평탄(平坦) →**평탄-하다** [형][여] 1 지면이 평평하다. ¶**평탄한** 도로. 2 마음이 편하고 고요하다. ¶마음이 ~. 3 일의 진행이 순조롭다. ¶**평탄하게** 일이 진행되다 / **평탄한** 생애를 보내다.

평토(平土) [명] 관을 묻은 뒤에 흙을 쳐서 평지와 같이 평평하게 하는 것. **평토-하다** [자][여]

평토-장(平土葬) [명] 봉분(封墳)을 만들지 않고 평평하게 매장하는 것. 또는, 그런 매장법. ⓒ평장. **평토장-하다** [동][타][여]

평토-제(平土祭) [명] 무덤을 쓸 때 관을 묻고 흙을 메워 평평하게 하고 나서 드리는 제사. ▷봉분제.

평판¹(平板) [명] 1 평평한 판. 2 [농] 씨를 뿌릴 때 땅을 고르게 하는 농구.

평판²(平版) [명][인] 판면(版面)에 거의 요철(凹凸)이 없고, 잉크의 기름 성분과 물의 반발성에 의하여 그림이나 글자가 인쇄되는 평판한 판.

평!판³(評判) [명] 세상 사람들이 어떤 대상에 대해 판단하여 내리는 평. ¶~이 나쁘다 / 그는 마을에서 효자라는 ~이 자자했다.

평판-인쇄(平版印刷) [명][인] 평판을 써서 하는 인쇄의 총칭. 오프셋 인쇄·석판 인쇄·아연판 인쇄 따위.

평평(平平) →**평평-하다** [형][여] 1 높낮이가 없이 바닥이 고르고 판판하다. 2 특별함이 없이 예사롭고 평범하다. **평평-히** [부]

평!-하다(評-) [동][타][여] 시비·선악·우열 등을 논하여 말하다. ¶작품을 ~ / 후세 사람들은 이 충무공을 성웅(聖雄)으로 **평하고** 있다.

평행(平行) [명][수] 두 개의 직선 또는 평면이 서로 나란히 있어 아무리 연장해도 서로 만나지 않는 일. ↔교차. **평행-하다** [동][자][여] **평행-되다** [동][자]

평행-봉(平行棒) [체] 1 기계 체조 용구의 하나. 대각(臺脚) 위에 평행으로 두 개의 횡목(橫木)을 부착시킨 것. =수평봉. 2 1을 이용한 남자 체조 경기 종목.

평행^사!변형(平行四邊形) [명][수] 서로 마주 대하는 두 쌍의 변이 각기 평행인 사변형. 구용어는 사방형(斜方形). =나란히꼴.

평행-선(平行線) [명] 1 [수] 동일 평면 상에 있으며, 아무리 2개도 교차되지 않는 둘 또는 둘 이상의 직선. 2 대립하는 양자의 의견 등이 서로 양보하지 않고, 같은 상태인 채로.

평행^이동(平行移動) [명][수] 물체 또는 도형의 각 점이 같은 방향으로 같은 거리만큼 옮겨지는 일.

평형(平衡) [명] 1 (물체가 역학적으로 균형이 잡힌 상태에 있다는 뜻에서) 사물이 한쪽으로 기울지 않고 안정하는 것. 2 무게를 달 때, 저울대가 수평을 이루는 상태. 3 [물] 어떤 물체에 동시에 두 힘이 작용할 때, 힘이 전혀 가해지지 않은 것처럼 정지하고 있는 상태. **평형-하다** [형][여]

평형-감각(平衡感覺) [명] 1 [생] 공간에서 신체의 위치나 운동의 변화를 감지하는 감각. 2 일을 한쪽으로 치우침이 없이 판단하여 처리하는 능력. ¶~이 뛰어난 정치인.

평형-기(平衡器) [명][생] 평형감각을 맡은 기관. 무척추동물에서는 평형낭(平衡囊), 척추동물에서는 반고리관임. =평형 기관.

평화(平和) [명] 1 사람들끼리 서로 싸우거나 미워하지 않고 화목한 상태. ¶가정을 ~ 이루다[깨뜨리다]. 2 나라와 나라 사이에 전쟁이 없이 평안한 상태. ¶인류의 ~ / 오늘날 핵무기는 세계의 ~를 위협하고 있다. **평화-하다** [형][여]

평화^공!세(平和攻勢) [명][정] 긴장·갈등 관계에 있는 국가 사이에서, 상대국 국민을 교란시키거나 국제 여론을 자기에게 유리하게 이끌거나 하기 위하여 어느 한쪽 진영에서 갑작스레 내거는 평화 정책.

평화^공존(平和共存) [명][정] 사회 체제가 다른 자본주의 국가와 사회주의 국가가 서로 침범함이 없이 공존이 가능하다는 주장. 또는, 그 상태.

평화-롭다(平和-) [-따] [형][여] <-로우니, -로워> 평온하고 화목한 느낌이 있다. ⓑ평화스럽다. ¶**평화로운** 가정 / 마을 사람들은 서로 돕고 아끼면서 **평화롭게** 살아가고 있다. **평화로이** [부] ~ 살다.

평-화면(平畵面) [명][수] 투영법에서, 물체의 윗면과 아랫면에 평행을 이루는 화면. ▷입화면·측화면.

평화^봉!사단(平和奉仕團) [명] 개발도상국에 파견되어 기술·농업·교육·위생 활동에 봉사하는, 미국 정부 지원의 민간단체.

평화-스럽다(平和-) [-따] [형][여] <-스러우니, -스러워> 평화를 누리는 데가 있거나, 평화의 상태에 가깝다. ⓑ평화롭다. **평화스레** [부]

평화^유지군(平和維持軍) [명] =유엔 평화 유지군.

평화-적(平和的) 관 명 평화로운 (것). ¶~ 정권 교체 / ~ 시위.
평화^조약(平和條約) 명 [법] =강화 조약.
평화-주의(平和主義) [-의/-이] 명 평화를 극력 주장하는 사상·운동의 총칭.
평화^통일(平和統一) 명 전쟁에 의하지 않고 평화적인 방법으로 수행되는 통일.
평활¹(平滑) → **평활-하다**¹ 형여 평평하고 미끄럽다.
평활²(平闊) → **평활-하다**² 형여 평평하고 넓다. ▷闊은 넓을 활.
평활-근(平滑筋) 명 [생] =민무늬근. ↔횡문근(橫紋筋).
폐¹(肺) [폐-/폐] 명 양서류 이상의 척추동물의 공기 호흡을 하는 기관. 흉강(胸腔)에 좌우 한 쌍 있으며, 가운데에는 수많은 폐포(肺胞)가 있음. =부아·폐부(肺腑)·폐장(肺臟)·허파.
폐²(弊) [폐-/폐] 명 1 '폐단(弊端)'의 준말. 2 남에게 끼치는 신세나 괴로움. ¶~를 끼치다 / 그간 ~가 너무 많았습니다.
폐가(廢家) [폐-/폐-] 명 1 버려두어 낡아 빠진 집. =폐옥(廢屋). 2 호주가 죽고 상속인이 없어서, 그 집의 뒤가 끊어지는 일. 또는, 그 집. 3 [법] 호주가 타가(他家)에 입적하기 위하여, 스스로 그 일가를 폐하고 이를 소멸시키는 법률 행위. **폐:가-하다** 동(자)여
폐각-근(閉殼筋) [폐-끈/폐-끈] 명[동] 연체동물 부족류의 조개껍데기를 닫기 위한 한 쌍의 근육. =조개관자·패주(貝柱).
폐:간(廢刊) [폐-/폐-] 명 신문·잡지 따위의 정기 간행물의 간행을 폐지하는 것. **폐:간-하다** 동(타)여 ¶재정난으로 잡지를 ~. **폐:간-되다** 동(자)
폐:강(閉講) [폐-/폐-] 명 하던 강의나 강좌를 폐지하는 것. **폐:강-하다** 동(타)여 **폐:강-되다** 동(자) ¶그 강좌는 수강 신청을 한 학생 수가 너무 적어 폐강되었다.
폐:객(弊客) [폐-/폐-] 명 1 남에게 늘 폐를 끼치는 사람. 2 찾아다니며 귀찮게 구는 사람. =폐꾼.
폐:-건전지(廢乾電池) [폐-/폐-] 명 못 쓰게 되어 버리는 건전지.
폐:-결핵(肺結核) [폐-/폐-] 명 [의] 폐에 결핵균이 침입하여 생기는 만성 전염병. 한의학 용어는 노점(癆漸)·폐로. 속칭은 폐병.
폐:경-기(閉經期) [폐-/폐-] 명 [의] 여성의 월경이 없어지는 시기. 일반적으로 45〜55세의 연령대를 가리킴. =월경 폐쇄기. ▷갱년기.
폐:-곡선(閉曲線) [폐-썬/폐-썬] 명 [수] 한 곡선 상에서 한 점이 한 방향으로 움직여, 출발점으로 되돌아오는 곡선. 원(圓) 따위.
폐:공(廢孔) [폐-/폐-] 명 [지] 지하수·석유 등을 탐사하거나 개발하기 위해 뚫었다가 못 쓰게 되어 그대로 버려둔 구멍. ¶~을 통해 지하수가 오염되다.
폐:-공동(肺空洞) [폐-/폐-] 명 [의] 폐에 생긴 결핵성의 결절(結節)이 변성 액화하여 고름이 되고, 그 자리에 생긴 공동.
폐:과(閉果) [폐-/폐-] 명 [식] 익어도 터지지 않고 껍질이 종자를 싼 채로 떨어지는 열매. 수과(瘦果)·영과(穎果)·익과(翼果)·견과(堅果) 등이 포함됨. ↔열과(裂果).
폐:관¹(閉管) [폐-/폐-] 명 [음] 풍금관(風琴管)이나 클라리넷같이 한쪽 끝이 닫히고 다른 쪽 끝이 열린 관.

폐:관²(閉館) [폐-/폐-] 명 (도서관·박물관·영화관 따위가) 시간이 되어 문을 닫는 것. ↔개관(開館). **폐:관-하다**¹ 동(자)(타)여 **폐:관-되다**¹ 동(자)
폐:관³(廢館) [폐-/폐-] 명 (도서관·박물관·영화관 따위를) 폐쇄하는 것. ↔개관(開館). **폐:관-하다**² 동(자)(타)여 **폐:관-되다**² 동(자)
폐:광(廢鑛) [폐-/폐-] 명 광산에서 광물을 캐는 일을 중지하는 것. 또는, 그 광산. **폐:광-하다** 동(자)(타)여 **폐:광-되다** 동(자)
폐:광-촌(廢鑛村) [폐-/폐-] 명 더 이상 광물 캐는 일을 하지 않아 광산의 터만 남아 있는 곳.
폐:교¹(閉校) [폐-/폐-] 명 학교에서 수업을 중지하고 쉬는 것. **폐:교-하다**¹ 동(자)(타)여 **폐:교-되다**¹ 동(자)
폐:교²(廢校) [폐-/폐-] 명 학교의 운영을 폐지하는 것. 또는, 그 학교. ↔개교(開校). **폐:교-하다**² 동(자)(타)여 **폐:교-되다**² 동(자)
폐:-구간(閉區間) [폐-/폐-] 명 [수] 양 끝을 포함하는 구간. 즉, 실수 a, b에 대하여 $a \leq x \leq b$를 만족시키는 실수 x의 집합. ↔개구간(開區間).
폐:군(廢君) [폐-/폐-] 명 폐위된 임금. =폐주(廢主). 비폐왕.
폐:기(廢棄) [폐-/폐-] 명 1 (어떤 물건을) 더 이상 쓸 수 없게 되어 버리는 것. ¶오래된 서류를 ~ 처분하다. 2 (약속·조약 따위를) 당사자의 의사에 의하여 효력을 잃게 하는 것. **폐:기-하다** 동(타)여 ¶조약을 ~ / 음식물 쓰레기를 함부로 ~. **폐:기-되다** 동(자)
폐:기-물(廢棄物) [폐-/폐-] 명 더 이상 쓸 수 없게 되어 버리는 물건. ¶산업 ~ / 방사성 ~.
폐:꾼(弊-) [폐-/폐-] 명 =폐객(弊客).
폐:농(廢農) [폐-/폐-] 명 농사를 그만두는 것. **폐:농-하다** 동(자)여
폐:다 [폐-/폐-] 동(자) '펴이다'의 준말.
폐:단(弊端) [폐-/폐-] 명 어떤 일이나 행동에서 나타나는 옳지 못한 경향이나 해로운 요소. ¶수도의 인구 집중은 교통 혼잡, 주택 부족, 환경오염 등 많은 ~을 낳고 있다. 준폐(弊).
폐:답(廢畓) [폐-/폐-] 명 농사를 짓지 않고 버려둔 논.
폐:-동맥(肺動脈) [폐-/폐-] 명 [생] 심장에서 폐로 정맥혈을 보내는 혈관. ↔폐정맥.
폐:-디스토마(肺distoma) [폐-/폐-] 명 [동] 편형동물 흡충류 폐흡충과의 기생충. 몸 길이 7〜10mm, 너비 4〜8mm의 달걀꼴이며, 몸빛은 홍갈색임. 사람과 가축의 폐에 기생하여 폐디스토마증을 일으킴.
폐:염(肺炎*) [폐-/폐-] 명 ['炎'의 본음은 '염'] [의] 폐렴 쌍구균·바이러스 등의 감염에 의해 일어나는 폐의 염증. 오한·고열·가슴앓이·기침·호흡 곤란 등의 증상을 보임.
폐:렴-균(肺炎*菌) [폐-/폐-] 명 [생] 폐렴을 일으키는 병원균의 총칭.
폐:로(閉路) [폐-/폐-] 명 [물] =닫힌회로.
폐:-롭다(弊-) [폐-따/폐-따] 형비 <~로우니, ~로워> 1 성가시고 귀찮다. 2 성미가 까다롭다. **폐:로이** 부
폐:막¹(閉幕) [폐-/폐-] 명 1 연극을 마치고 막을 내리는 것. 2 어떤 일이 끝남의 비유. ↔개막(開幕). **폐:막-하다** 동(자)(타)여 ¶연극

을 ~ / 올림픽 경기를 ~. 폐!막-되다 통(자)
폐²막(弊瘼)[폐-/페-] 명 없애기 어려운 폐해.
폐!막-식(閉幕式)[폐-씩/페-씩] 명 행사가 일정 기간 계속될 경우에 마지막 날 그 행사를 끝낼 때 베푸는 식. ¶올림픽 ~. ↔개막식.
폐!-모음(閉母音)[폐-/페-] 명[언] =고모음(高母音). ↔개모음.
폐!문(閉門)[폐-/페-] 명 문을 닫는 것. =폐호(閉戶). ↔개문(開門). 폐!문-하다(자)(타)에 폐!문-되다 통(자)
폐!물(廢物)[폐-/페-] 명 못 쓰게 된 물건.
폐!백(幣帛)[폐-/페-] 명 1 신부가 혼례를 마치고 시댁에 와서 시부를 비롯한 여러 시댁 어른들에게 드리는 첫인사. 신부는 미리 친정에서 준비해 온 대추·밤·술·안주·과일 등을 상 위에 올려놓고 큰절을 올림. 요즈음 혼례에서는, 식을 마친 뒤 바로 예식장에서 행하는 경우가 많음. ¶~ 대추 /~을 드리다 /~을 받다. 2 혼인 전에 신랑이 신부 집에 보내는 채단(采緞) 3 윗사람이나 예를 갖추어야 할 사람을 만나러 갈 때 가지고 가는 물건.
폐!병(肺病)[폐뼝/페뼝] 명[의] 1 폐에 관한 질병의 총칭. =폐환(肺患). 2 '폐결핵'의 속칭. ¶~ 환자.
폐!병-쟁이(肺病-)[폐뼝-/페뼝-] 명 폐병을 앓는 사람을 홀하게 이르는 말.
폐!부(肺腑)[폐-/페-] 명 1 [생] =폐(肺)¹. ¶연기를 ~ 깊숙이 들이마시다. 2 마음의 깊은 속. ¶~에서 우러나오는 호소.
폐부를 찌르다 관 말의 뜻이 마음속 깊은 데까지 와 닿다. ¶폐부를 찌르는 시구(詩句).
폐부에 새기다 관 깊이 명심하여 잊지 않다. ¶계왕의 말이 금석(金石) 같으니 마땅히 폐부에 새기리라.〈김만중 : 구운몽〉
폐!비(廢妃)[폐-/페-] 명 왕비의 자리에서 물러나게 하는 것. 또는, 그 왕비. 폐!비-하다 통(타)에 폐!비-되다 통(자)
폐!사¹(弊社·敝社)[폐-/페-] 명 자기 회사를 겸손하게 이르는 말.
폐!사²(斃死)[폐-/페-] 명 (가축 등이) 병들거나 하여 쓰러져 죽는 것. 폐!사-하다 통(자)에 ¶전염병으로 가축이 ~. 폐!사-되다 통(자)
폐!색(閉塞)[폐-/페-] 명 1 닫아 막는 것. 또는, 닫혀 막히는 것. 2 겨울에 천지가 얼어붙어 생기가 막히는 것. 3 운수가 막히는 것. 폐!색-하다 통(자)(타)에
폐!색^장치(閉塞裝置)[폐-짱-/페-짱-] 명 철도에서, 한 구간의 선로에 한 열차만 운행하게 하여, 그 열차가 있을 때는 다른 열차가 그 구간에 들어가지 못하게 하는 장치. =폐색기.
폐!색^전선(閉塞前線)[폐-쩐-/페-쩐-] 명[기상] 온대 저기압이 발달하고 있을 때, 한랭 전선이 온난 전선을 뒤따라, 난기(暖氣)를 지표로부터 밀어 올림으로써 이루어진 전선.
폐!색-호(廢塞湖)[폐새코/페새코] 명[지] 산사태의 토사(土砂)나 화산의 분출물, 하천의 퇴적 작용 등으로 골짜기나 냇물이 막혀서 생긴 호수. =언색호(堰塞湖).
폐!서(肺-) 명 절지동물 거미류의 호흡 기관. 복부의 체표가 폭 패어서 생긴 자루 속에 많은 엽상물(葉狀物)이 마치 책장이 겹쳐진 것처럼 쌓여 있음.

폐!-서인(廢庶人)[페-/페-] 명 벼슬이나 신분적 특권을 빼앗아 서민이 되게 하는 것. 또는, 그렇게 된 사람. 폐!서인-하다 통(타)에
폐!석(廢石)[폐-/페-] 명 1 광산에서 파낸 것 중 아무 가치가 없는 돌 조각. 2 바둑에서, 쓸모없이 된 돌.
폐!선(廢船)[폐-/페-] 명 1 낡아서 못 쓰게 된 배. 2 선적(船籍)에서 없애 버린 배.
폐!쇄(閉鎖)[폐-/페-] 명 1 (어느 곳을) 통행하지 못하게 닫거나 막아 버리는 것. 2 (기관·단체 따위를) 없애거나 기능을 정지시키는 것. 3 외부와 문화적·정신적 교류를 끊는 것. 폐!쇄-하다 통(타)에 ¶출입구를 ~ / 노사 분규로 공장을 ~. 폐!쇄-되다 통(자) ¶폐쇄된 전체주의 사회.
폐!쇄-성(閉鎖性)[폐-썽/페-썽] 명 폐쇄된 성질이나 상태.
폐!쇄-적(閉鎖的)[폐-/페-] 관명 폐쇄성이 있는 (것). ¶~인 성격.[사회]
폐!쇄^혈관계(閉鎖血管系)[폐-계/페-게] 명[생] 환형동물·척추동물에 발달되어 있는 혈관계. 심장·동맥·모세 혈관·정맥의 네 부분으로 구성됨. ↔개방 혈관계.
폐!쇄^회로^텔레비전(閉鎖回路television) [폐-/페-훼-] 명 =폐회로 텔레비전.
폐!수(廢水)[폐-/페-] 명 공장이나 사육장 등에서 나오는, 화학 물질이나 가축의 분뇨 등으로 더러워진 물. ¶공장 ~ / ~ 처리장 / ~로 오염된 강물.
폐!수^처ː리(廢水處理)[폐-/페-] 명 공장 등에서 내버린 물을 한곳에 모아, 약품으로 중화시켜 독성을 제거하여 내보내는 것.
폐!-순환(肺循環)[폐-/페-] 명[생] 심장에 모인 피가 우심방(右心房)에서 우심실로 가, 폐동맥에 의하여 모세 혈관으로 흘러 폐정맥을 통하여 좌심방으로 들어가는 혈액 순환. ↔소순환(小循環).
폐!-스럽다(弊-)[폐-따/페-따] 형ㅂ변 〈~스러우니, ~스러워〉 남에게 폐를 끼치는 점이 있다. 폐!스레 부
폐!습(弊習)[폐-/페-] 명 1 나쁜 버릇. 2 =폐풍(弊風).
폐!시(閉市)[폐-/페-] 명 시장의 가게를 닫는 것. ↔개시(開市). 폐!시-하다 통(자)에
폐!암(肺癌)[폐-/페-] 명[의] 폐에 생기는 암. 고질적인 기침·가래·흉통(胸痛) 등의 증세가 나타남. =폐장암.
폐!어¹(肺魚)[폐-/페-] 명[동] 경골어류 폐어목(目)에 속하는 담수어.
폐!어²(廢語)[폐-/페-] 명 =사어(死語).
폐!업¹(閉業)[폐-/페-] 명 문을 닫고 영업을 쉬는 것. 폐!업-하다¹ 통(자)에
폐!업²(廢業)[폐-/페-] 명 영업을 그만두는 것. ¶~ 신고. ↔개업. 폐!업-하다² 통(자)에 ¶회사를 ~.
폐!열(廢熱)[폐-/페-] 명 주되는 목적에 쓰이고 난 나머지 열.
폐염 명 '폐렴(肺炎)'의 잘못.
폐!옥(廢屋)[폐-/페-] 명 =폐가(廢家)1.
폐!왕(廢王)[폐-/페-] 명 폐위된 왕. 비폐군(廢君).
폐!원(廢院)[폐-/페-] 명 1 학원·병원 등의 기관이 문을 닫는 것. 2 국회에서 회기를 마치고 문을 닫는 것. ↔개원(開院). 폐!원-하다 통(자)(타)에
폐!위(廢位)[폐-/페-] 명 (왕이나 왕비·세

자 등을) 그 자리에서 물러나게 하는 것. **폐!위-하다** [동](타여) ¶수양 대군은 단종을 폐위하고 왕위에 올랐다. **폐!위-되다** [동](자) ¶장경왕후 윤씨는 단경왕후 신씨가 **폐위되자** 왕비로 책봉되었다.
폐유(廢油) [폐ㅡ/폐] [명] 이미 사용하여 더 사용할 수 없게 된 기름.
폐!-음절(閉音節) [폐ㅡ/폐] [명] [언] 자음으로 끝나는 음절. 국어에서는 어말 자음의 내파(內破) 현상 때문에 두드러짐. '책', '밥', '숲' 따위. ↔개음절(開音節).
폐!인(廢人) [폐ㅡ/폐] [명] 병이나 심리적 원인 등으로 몸과 마음이 정상적인 상태를 잃고 아무 쓸모없이 된 사람. =기인(棄人). ¶그는 사업에 실패하여 가산을 날린 뒤로 ~이 되어 술로 실의의 나날을 보내고 있다.
폐!-일언(蔽一言) [폐ㅡ/폐] →**폐!일언-하다** [동] (앞서의 이런저런 말을 자르거나 막는 문맥에서 '폐일언하고' 꼴로 쓰여) 이러니저러니 더 이상 말하지 말다. (비)일언이폐지하다. ¶책상머리에서 백날 왈가왈부해 보아야 쓸모없는 일이니 **폐일언하고** 직접 실행해 본 뒤에 그 결과를 가지고 다시 이야기하자.
폐!-자원(廢資源) [폐ㅡ/폐] [명] 쓰고 난 자원. ¶~을 다시 활용하자.
폐!-자재(廢資材) [폐ㅡ/폐] [명] 더 이상 사용할 수 없게 되어 버리는 자재.
폐!장(肺臟) [폐ㅡ/폐] [명] [생] =폐(肺).
폐!장²(閉場) [폐ㅡ/폐] [명] 1 (주로 '장(場)'으로 끝나는 명칭의 장소나 백화점·공원·고궁 등을) 닫아서 운영·영업·사용 등을 마치는 것. 문맥에 따라 하루 또는 한 시즌의 끝 마침일 수도 있고, 완전한 종결일 수도 있음. ¶수영장 ~ 시각:오후 8시. 2 [경] 증권 시장이 1년 중 마지막으로 열리는 것. 또는, 그 증권 시장. ↔개장(開場). **폐!장-하다** [동](자)(타)여) ¶8월 20일에 해수욕장을 ~. **폐!장-되다** [동](자)
폐!점(閉店) [폐ㅡ/폐] [명] 1 폐업으로 가게를 그만두는 것. 2 그날의 장사를 마치는 것. ↔개점. **폐!점-하다** [동](자)(타)여) **폐!점-되다** [동](자)
폐!정¹(閉廷) [폐ㅡ/폐] [명][법] 재판·심리 따위를 마치는 것. ↔개정(開廷). **폐!정-하다** [동](자)(타)여) **폐!정-되다** [동](자)
폐!정²(廢井) [폐ㅡ/폐] [명] 쓰지 않고 버려 둔 우물.
폐!-정맥(肺靜脈) [폐ㅡ/폐] [명] [생] 폐에서 깨끗해진 동맥혈을 심장으로 보내는 좌우 두 개의 혈관. ↔폐동맥(肺動脈).
폐!제(廢帝) [폐ㅡ/폐] [명] 폐위된 황제.
폐!족(廢族) [폐ㅡ/폐] [명] 큰 죄를 짓고 죽어 그 자손이 벼슬을 할 수 없는 사람.
폐!지¹(廢止) [폐ㅡ/폐] [명] (실시하던 제도·법규·일 등을) 그만두거나 없애는 것. **폐!지-하다** [동](타)여) ¶악법을 ~ / 노예 제도를 ~. **폐!지-되다** [동](자)
폐!지²(廢紙) [폐ㅡ/폐] [명] 쓰고 버린 종이. ¶~ 수집.
폐!질(廢疾) [폐ㅡ/폐] [명] 고칠 수 없는 병.
폐!차(廢車) [폐ㅡ/폐] [명] 낡거나 파손된 자동차의 차체를 기계로 쭈그러뜨리거나 부서뜨려 폐기하는 것. 또는, 그렇게 폐기된 차. **폐!차-하다** [동](타)여) **폐!차-되다** [동](자)
폐!차-장(廢車場) [폐ㅡ/폐] [명] 일정한 설비를 갖추고 폐차하는 일을 하는 곳.

폐!출(廢黜) [폐ㅡ/폐] [명] 벼슬을 떼고 내보내는 것. **폐!출-하다** [동](타)여) **폐!출-되다** [동](자)
폐!-타이어(廢tire) [폐ㅡ/폐] [명] 구멍이 나거나 오래 사용하여 더 이상 쓸 수 없게 된 타이어.
폐!퇴(廢頹) [폐퇴/폐퉤] [명] 황폐하여 무너지는 것. **폐!퇴-하다** [동](자)여)
폐!포(肺胞) [폐ㅡ/폐] [명] [생] 폐로 들어간 기관지의 끝에 포도송이처럼 달려 있는 자루. 호흡할 때 가스의 교환이 이루어짐. =기포(氣胞)·허파 꽈리.
폐!포-파립(敝袍破笠) [폐ㅡ/폐] [명] 해진 옷과 부서진 갓. 곧, 구차한 차림새. =폐의파관. ¶옆에 있던 사람들은 아까 보던 ~ 속에 저러한 인물이 감추어져 있었던가 자기의 눈을 의심하지 아니할 이 없었다.《홍명희: 임꺽정》
폐!품(廢品) [폐ㅡ/폐] [명] 못 쓰게 되어 버린 물품. ¶~ 활용 / ~ 수집.
폐!풍(弊風) [폐ㅡ/폐] [명] 폐해가 되는 못된 풍습. =폐습(弊習).
폐!하(陛下) [폐ㅡ/폐] [명] 황제에 대한 경칭.
폐!-하다(廢ㅡ) [폐ㅡ/폐] [동](타)여) 1 (있던 제도·법규·기관 등을) 치워 없애다. ¶남녀 차별법을 ~ / 서원(書院)을 ~. 2 (해 오던 일을) 중도에서 그만두다. ¶식음을 ~. 3 어떤 지위에서 내치다. ¶황제를 ~.
폐!합(廢合) [폐ㅡ/폐] [명] (어떤 것을) 폐지하여 다른 것에다 합치는 것. **폐!합-하다** [동](타)여) **폐!합-되다** [동](자)
폐!해(弊害) [폐ㅡ/폐] [명] 폐단으로 생기는 해.
폐!허(廢墟) [폐ㅡ/폐] [명] 건물·성·시가 따위가 파괴되어 황폐하게 된 터. ¶전쟁으로 ~가 된 도시.
폐!허-화(廢墟化) [폐ㅡ/폐] [명] 폐허가 되는 것. 또는, 폐허가 되게 하는 것. **폐!허화-하다** [동](자)(타)여) **폐!허화-되다** [동](자)
폐!현(陛見) [폐ㅡ/폐] [명] 황제를 뵙는 일. **폐!현-하다** [동](자)여)
폐!활량(肺活量) [폐ㅡ/폐] [명] [생] 폐가 공기를 출입시킬 수 있는 최대량. 최대한 공기를 깊이 들이마셨다가 최대한 내쉴 적에 나오는 공기의 양을 측정함. =폐기량(肺氣量).
폐!회(閉會) [폐회/폐훼] [명] 집회나 회의를 마치는 것. ¶~를 선언하다. ↔개회(開會). **폐!회-하다** [동](자)여)
폐!회로^텔레비전(閉回路television) [폐회ㅡ/폐훼] [명] 동일 건물이나 특정 지역 안에서, 유선 또는 특수 무선으로 영상을 전송하는 방식의 텔레비전. =폐쇄 회로 텔레비전·시시 티브이(CCTV).
폐!회-사(閉會辭) [폐회/폐훼] [명] 폐회할 때에 하는 인사말. ↔개회사.
폐!회-식(閉會式) [폐회/폐훼] [명] 집회나 회의를 마칠 때 하는 의식. ↔개회식.
폐!-휴지(廢休紙) [폐ㅡ/폐] [명] 못 쓰게 되어 버리는 휴지. ¶~를 modification 재활용하다.
포¹(包) [명] 장기짝의 하나. '包(포)' 자를 새긴 것으로, 선을 따라 움직이되, 반드시 같은 포가 아닌 말 하나를 넘어야 다닐 수 있음. 한 편에 둘씩 있음.
포²(包) [명][건] 처마를 장식적으로 길게 내밀기 위해 처마 도리 밑에 처마를 받치게 한 짧은 부재(部材).

포³(包) 圀[역] 동학에서, 조직의 단위의 하나. 또는, 그 조직이 있는 곳. '접(接)'보다 큰 조직으로, 그 우두머리를 '포주'라고 함. ▷접(接).

포⁴(包) 圀[의존] '포대(包袋)²'를 세는 단위로 이르는 말. ¶밀가루 한 ~ / 설탕 두 ~.

포⁵(砲) 圀 1 '대포(大砲)¹'의 준말. 2 돌멩이를 튀겨 내쏘는 옛날 무기의 하나.

포⁶(脯) 圀 '포육(脯肉)'의 준말. ¶오징어~ / ~를 뜨다.

포⁷(←point) 圀[의존][인] '포인트²¹'의 준말. ¶8~ 활자.

포개다 圄[타] 놓인 위에서 또 놓다. ¶접시를 포개어 놓다 / 이불을 포개어 쌓다.

포개-지다 圄[자] 포갠 상태로 되다.

포갬-포갬 児 물건을 겹쳐 포개는 모양. 또는, 포개어져 있는 모양. ¶'저것으로 삼동을 나야 한다!' 이렇게 생각하며 수택은 몇 번이고 뜰팡에 ~ 쌓아 논 볏섬을 바라보는 것이었다.⟨이무영:흙의 노예⟩

포격(砲擊) 圀 대포를 쏘는 것. ¶적에게 ~을 가하다. **포격-하다** 圄[타][여].

포경¹(包莖) 圀[의] 음경의 귀두가 포피(包皮)에 싸여 있어 바깥으로 노출되지 못하는 상태. 또는, 그런 성기(性器). 유년기에는 이 상태에 있으나, 사춘기 이후에는 발기되면 포피가 벗겨지게 됨. 団우멍거지. ¶~수술.

포경²(捕鯨) 圀 고래를 잡는 것. 団고래잡이. **포경-하다** 圄[자][여].

포경-선(捕鯨船) 圀 고래를 잡는 설비를 갖춘 배. =경선(鯨船).

포고(布告·佈告) 圀 1 일반에게 널리 알리는 것. 2 국가의 결정적 의사를 공식적으로 일반에게 알리는 일. 3 국제법상, 한 나라가 상대국에 대하여 개전(開戰)의 통고를 하고 그 뜻을 내외에 알리는 일. ¶선전 ~. **포고-하다** 圄[타][여]. ¶적국에게 전쟁을 ~. **포고-되다** 圄[자][여].

포고-령(布告令) 圀 어떤 내용을 포고하는 명령이나 법령.

포고-문(布告文) 圀 널리 펴서 알리는 글.

포괄(包括) 圀 사물·현상을 어떤 범위나 한계 안에 모두 끌어넣는 것. **포괄-하다** 圄[타][여]. ¶과학은 물리학·화학·생물학 등을 포괄하는 개념이다. **포괄-되다** 圄[자].

포괄-적(包括的) [-쩍] 관圀 포괄하는 상태나 그러한 성질의 (것). ¶그의 문학사는 고전 문학과 현대 문학을 ~으로 다루고 있다.

포교¹(布敎) 圀 어떤 종교를 널리 전파하는 일. 특히, 불교에서 널리 쓰는 말임. ¶~ 활동. ▷선교·전도. **포교-하다** 圄[타][여]. ¶불교를 ~ 천주학을 포교하라고 윤허를 내렸을 뿐만 아니라….⟨송기숙:녹두 장군⟩

포교²(捕校) 圀[역] =포도부장.

포구¹(砲口) 圀 =포문(砲門)¹.

포구²(浦口) 圀 배가 드나드는 개의 어귀. 항구보다 규모가 작음.

포근-포근 児 두툼한 물건이 매우 탄력성이 있고 보드라우며 따뜻한 모양. 큰푸근푸근.

포근포근-하다 鬱[여] ¶포근포근한 솜이불.

포근-하다 鬱[여] 1 두툼한 물건이 보드라우며 따뜻하다. ¶포근하고 푹신한 담요. 2 감정이나 분위기가 보드라우며 따뜻하여서 감싸 주는 듯한 느낌이 있다. ¶포근한 어머니의 품 안. 3 겨울의 날씨가 바람이 없고 따뜻하다. ¶올겨울은 날씨가 대체로 ~. 큰푸근하다. **포근-히** 児 ¶아기가 엄마 품에서 ~ 잠들다.

포기 圀 1[자립] 뿌리까지 갖춘 통째로의 초목을 이르는 말. ¶배추 ~가 소담스럽다. 2[의존] 1을 세는 단위. ¶풀 한 ~ 자라지 않는 사막 / 배추 스물다섯 ~.

포:기²(抛棄) 圀 1 (하고자 했던 일을) 어쩔 수 없거나 마지못해 하지 않기로 하는 것. 2 (주어진 권리나 어떤 대상을) 어쩔 수 없거나 마지못해 주장하지 않거나 자기의 것으로 하지 않기로 하는 것. ¶~ 각서. **포:기-하다** 圄[타][여]. ¶진학을 ~ / 권리를 ~ / 출마를 ~ / 난 널 포기할 수 없다. **포:기-되다** 圄[자].

포:기-김치 圀 배추를 통째로 담그는 김치.

포기^나누기 圀 밑동에 나 있는 여러 개의 줄기나 싹 중에서 그 일부를 나누어 따로 이식하는 일. =포기가름.

포니(pony) 圀[동] 몸이 작은 말의 일종. 영국의 셰틀랜드 포니 따위.

포닥 児 새나 물고기가 날개나 꼬리를 가볍고도 재빨리 한 번 치는 소리. 큰푸덕. **포닥-하다** 圄[자][타][여].

포닥-거리다/-대다 [-꺼(때)-] 圄[자][타] 자꾸 포닥거리다.

포닥-이다 圄[자][타] 새나 물고기가 날개나 꼬리를 가볍게 소리 내어 치다. 큰푸덕이다.

포닥-포닥 児 포닥거리는 소리. 큰푸덕푸덕. **포닥포닥-하다** 圄[자][타][여].

포단(蒲團) 圀 1 부들로 짜서 만든 둥근 방석. =부들방석. 2 =이불.

포달 圀 (주로, 여자가) 샘이 나거나 심술이 나서 악을 쓰거나 마구 대들면서 야단스럽게 구는 짓. ¶"고 배라먹을 년이 왜 고렇게 ~을 부려서 장부의 마음을 긁어 놓아!"⟨나도향:문예레양⟩

포달-스럽다 [-따] 鬱[ㅂ]⟨~스러우니, ~스러워⟩ 포달을 부리는 태도가 있다. **포달스레** 児

포대¹(布袋) 圀 베로 만든 자루.

포대²(包袋) 圀[자립][의존] =부대(負袋)².

포대³(砲臺) 圀[군] 포(砲)를 설치하여 포탄을 발사할 수 있도록 견고하게 만든 시설물.

포대기 圀 어린아이를 안거나 업거나 할 때 아이의 몸에 덮는 용도의 작은 천. 또는, 어린아이를 업기 위해 아이의 몸에 둘러서 묶을 수 있게끔 끈을 달아 만든 천. 団강보(襁褓). ¶아기를 ~에 싸서 안다.

포도¹(葡萄) 圀 1 [식] 포도과의 낙엽 덩굴나무. 덩굴은 길게 뻗고 퍼져 나가며, 덩굴손으로 다른 것에 감아 붙음. 첫여름에 담녹색의 꽃이 피고, 가을에 열매인 '포도'가 익음. =포도나무. 2 1의 열매. 빛깔은 푸른빛·자줏빛·검은빛 등 여러 가지가 있으며, 맛은 달고 새콤함. 날로 먹거나, 건포도 또는 포도주로 가공하여 먹음.

포도²(鋪道) 圀 =포장도로.

포:도-군사(捕盜軍士) 圀[역] 조선 시대, 포도청의 군졸. =포졸(捕卒).

포도-나무(葡萄-) 圀[식] =포도¹.

포도-당(葡萄糖) 圀[화] 단당류(單糖類)의 하나. 백색 결정이며, 단맛은 설탕의 절반 정도임. 과일이나 벌꿀 등 널리 생물계에 분포하며, 생물 조직 속에서 에너지원으로 소비됨. =글루코오스.

포:도-대장(捕盜大將) 圀[역] 조선 시대, 포도청의 으뜸 벼슬. 종2품임. 준포장(捕將).

포도-밭(葡萄-)[-받] 圀 포도나무를 심어 가꾸는 밭.
포:도-부장(捕盜部將) 圀[역] 조선 시대, 포도청의 벼슬 이름. =포교(捕校).
포도상 구균(葡萄狀球菌) [생] 포도송이 모양으로 배열하는 구균. 대표적인 화농균이며, 식중독의 원인이 되기도 함.
포도-색(葡萄色) 圀 포도 껍질처럼 붉은빛이 나는 자홍색.
포도-송이(葡萄-) 圀 한 꼭지에 모여 달린 포도 열매의 덩어리.
포도-주(葡萄酒) 圀 포도의 과실 또는 과즙을 발효시킨 양조주. 凹와인(wine).
포도-즙(葡萄汁) 圀 포도를 짜서 만든 즙액.
포:도-청(捕盜廳) 圀[역] 조선 중기 이후 범죄자를 잡기 위하여 설치한 관청. 쥰포청.
포동-빛(葡萄-)[-도삗/-돋삗] 圀 1 포도 껍질에서 나는 빛. 2 검보라색 포도의 껍질의 빛과 같은 사물의 빛깔을 비유하여 이르는 말.
포동-포동 閉 살이 찐 상태가 보기 좋거나 귀여우면서 탄력이 있는 모양. ¶살이 ~ 찐 건강한 아기. 즨푸둥푸둥. 쎈보농보농. **포동포동-하다** 閺옘 ¶아기의 뺨이 ~.
포드닥 閉 작은 새나 물고기가 날개나 꼬리를 가볍게 치는 소리. 즨푸드덕. **포드닥-하다** 閺재타연.
포드닥-거리다/-대다[-꺼(때)-] 閺재타 자꾸 포드닥 소리가 나다. 또는, 그런 소리를 내다. 즨푸드덕거리다.
포드닥-포드닥 閉 포드닥거리는 소리. 즨푸드덕푸드덕. **포드닥포드닥-하다** 閺재타연.
포드득 閉 '보드득'의 거센말. 즨푸드득. 쎈뽀드득. **포드득-하다** 閺재타연.
포드득-거리다/-대다[-꺼(때)-] 閺재타 '보드득거리다'의 거센말. 즨푸드득거리다. 쎈뽀드득거리다.
포드득-포드득 閉 '보드득보드득'의 거센말. 즨푸드득푸드득. 쎈뽀드득뽀드득. **포드득포드득-하다** 閺재타연.
포드졸(⑩podzol) 圀[지] 아한대의 침엽수림 지역에 분포하는 산성 토양.
포라 圀 '포럴(poral)'의 잘못.
포락(浦落) 圀 논밭이 강물이나 냇물에 침식되어 무너져 떨어지는 것. **포락-하다** 閺재연.
포:란(抱卵) 圀 부화하기 위해 어미 새가 일정 기간 동안 알을 품어 따뜻하게 하는 일. **포:란-하다** 閺재연.
포럴(poral) 圀 굵은 강연사(强撚絲)를 사용하여 평직으로 짠 천.
포럼(forum) 圀 1 [역] 고대 로마 시의 중심에 있던 집회용 광장. 2 공공의 광장에서 많은 사람이 모여 공공의 문제에 대해 사회자의 진행으로 공개 토의하는 것. 토의는 참여로 간략한 주제 발표가 있은 뒤, 청중의 참여로 이뤄짐. =포럼디스커션.
포렴(布簾) 圀 음식점이나 상점의 출입문에 간판처럼 글씨를 쓰거나 그림을 그려서 늘어뜨리는 천.
포:로(捕虜) 圀 1 전쟁 중에 적군에게 사로잡힌 군인. 즨=부로(俘虜)·부수(俘囚)·피오더블유(POW). ¶~를 석방하다. 2 어떤 사람이나 일에 매이거나 마음이 쏠려서 꼼짝하지 못하는 것을 비유적으로 이르는 말. ¶사랑의 ~이 되다.
포:로-수용소(捕虜收容所) 圀 포로를 유치·거주시키는 시설.

포:룡-환(抱龍丸) 圀[한] 열로 인한 경풍(驚風)에 쓰는 환약.
포르노(porno) 圀 인간의 성적(性的) 행위나 내용을 노골적으로 묘사함으로써 성욕을 자극하는 소설·영화·사진·그림 따위의 총칭. =포르노그래피. ¶~ 영화[잡지].
포르노그래피(pornography) 圀 =포르노.
포르르 閉 1 '보르르'의 거센말. 2 작은 새가 갑자기 자리를 뜨며 날아가는 소리. ¶인기척에 놀란 참새들이 풀숲에서 ~ 날아올랐다. 즨푸르르. **포르르-하다** 閺재연.
포르말린(⑩Formalin) 圀[의] 포름알데히드의 35~38% 수용액. 사진 필름이나 건판(乾板) 제조 및 소독제·방부제 등으로 널리 이용됨.
포르타멘토(⑩portamento) 圀[음] 한 음에서 다른 음으로 옮아갈 때, 아주 매끄럽게 부르거나 연주하는 일.
포르테(⑩forte) 圀[음] 악곡의 표현 방법을 나타내는 말로, '세게'의 뜻. 기호는 f. ↔피아노(piano).
포르테-피아노(⑩forte piano) 圀[음] 악곡의 표현 방법을 나타내는 말로, '세게 곧 여리게'의 뜻. 기호는 fp.
포르투갈(Portugal) 圀[지] 이베리아 반도의 서단에 위치한 공화국. 수도는 리스본.
포르티시모(⑩fortissimo) 圀[음] 악곡의 표현 방법을 나타내는 말로, '매우 세게'의 뜻. 기호는 ff. ↔피아니시모.
포르티시시모(⑩fortississimo) 圀[음] 악곡의 표현 방법을 나타내는 말로, '가장 더 세게'의 뜻. 기호는 fff. ↔피아니시시모.
포름-산(←formic酸) 圀[화] 자극적인 냄새가 나는 무색의 액체. 벌·개미의 독샘 중에 있으며, 이들 벌레에 쏘이면 아프고 부르르는 원인이 됨. 유기 약품의 합성 원료나 가죽의 무두질에 쓰임. =개미산(酸)·의산(蟻酸).
포름알데히드(formaldehyde) 圀[화] 자극적인 냄새가 강한 기체. 산화되면 포름산을 생성하며, 물에 녹으면 포르말린이 됨. 합성수지의 원료로 쓰임.
포립(布笠) 圀 베·모시 따위로 싸개를 한 갓.
포마드(pomade) 圀 머리털에 바르는 끈기 있는 향유(香油). 주로 남자용임.
포마이카(Formica) 圀 가구 따위에 칠하는 합성수지 도료. 약품이나 열에 강함. 상표명에서 온 말임. ×호마이카.
포마토(pomato) 圀 [potato+tomato] 감자와 토마토의 세포를 융합시켜 얻은 야채. 꽃이나 잎은 양쪽의 중간 형태이며, 열매는 토마토보다 훨씬 작음.
포:만(飽滿) →**포:만-하다** 閺옘 양이 꽉 차서 가득하다.
포:만-감(飽滿感) 圀 음식이 배 속에 꽉 차 배가 부르다는 느낌.
포말(泡沫) 圀 물이 부딪거나 세제와 섞이거나 하여 생기는 거품이나 잔 방울. 凹물거품. ¶파도가 ~을 일으키며 하얗게 부서지다.
포망(布網) 圀 상제가 쓰는, 베로 만든 망건.
포맷(format) 圀 1 일정한 모양이나 형식. 2 [컴] 새 디스크를 정보 기록이 가능한 상태로 만들어 주는 일정한 형식.
포멀리즘(formalism) 圀[문] =형식주의2.
포메이션(formation) 圀[체] 축구·럭비 등에서, 공격과 방어를 효과적으로 하기 위한 팀의 편성 형태. 순화어는 '대형'. ¶4-4-2 ~.

포명(佈明) 圐 세상에 널리 퍼서 두루 밝히는 것. **포명-하다** 퇵퇴

포목(布木) 圐 베와 무명. =목포(木布).

포목-상(布木商) [-쌍] 圐 베와 무명 따위를 파는 장사. 또는, 그 장수.

포목-점(布木店) [-쩜] 圐 베와 무명 따위를 파는 상점.

포문¹(砲門) 圐 대포의 탄알이 나가는 구멍. ▷포구(砲口).
 포문을 열다 団 1 대포를 발사하다. 2 상대를 공격하는 발언을 시작하다. ¶야당은 정부의 실책에 대하여 일제히 **포문을 열었다**.

포문(飽聞) 圐 싫증이 날 만큼 많이 듣는 것. **포문-하다** 퇵퇴

포물면^거울(拋物面一) 圐물 반사면이 회전 포물면으로 되어 있는 오목 거울. 반사 망원경의 대물 거울이나 탐조차, 자동차의 전조등의 반사 거울 등에 쓰임. =포물면경.

포물-선(拋物線) [-썬] 圐 1 [수] 이차 곡선의 하나. 정점(定點)과 정직선(定直線)에서의 거리가 같은 점의 궤적. 2 수직이 아니게 위로 던지거나 쏘아 올리거나 한 물체가 올라갔다가 떨어지면서 공중에 그리는 곡선.

포물선^운동(拋物線運動) [-썬-] 圐물 포물선의 궤도를 따라 움직이는 운동.

포박(捕縛) 圐 (사람이나 동물을 줄로) 도망치거나 움직이지 못하게 사로잡아 묶는 것. 또는, 그 줄. ¶~을 풀고 달아나다. **포박-하다** 퇵퇴 ¶죄인을 오랏줄로 ~. **포박-되다** 퇵재

포-배기 圐 한 것을 자꾸 거듭하는 일. **포배기-하다** 퇵재

포변(浦邊) 圐 =갯가1.

포병(砲兵) 圐[군] 육군 병과(兵科)의 하나로, 화포로 무장한 군대. 또는, 그 군사. 야전 포병·중박격포병·고사포병 등이 있음.

포병-대(砲兵隊) 圐 포병으로 조직된 군대.

포:복¹(怖伏) 圐 두려워서 엎드리는 것. **포:복-하다**¹ 퇵재

포복²(匍匐) 圐 적의 눈에 띄지 않도록 몸의 자세를 낮추어 기는 자세로 이동하는 것. ¶~ 전진. **포복-하다**² 퇵재

포복-절도(抱腹絶倒) [-절또] 圐 배를 그러안고 넘어질 정도로 몹시 웃음. =봉복절도(捧腹絶倒). 㽳절도(絶倒). **포복절도-하다** 퇵재

포-볼(†four ball) 圐체 야구에서, 투수가 타자에게 스트라이크가 아닌 볼을 네 번 던지는 일. 미국에서는 '베이스 온 볼'이라고 함. 포넷볼·사구(四球).

포:부(抱負) 圐 마음속에 간직한, 미래에 대한 훌륭한 계획이나 희망. ¶원대한 ~ / ~가 크다.

포비슴(㉘fauvisme) 圐[미] =야수파(野獸派).

포삭-포삭 퇸 매우 포삭한 모양. 㽳푸석푸석. **포삭포삭-하다** 혱퇴

포삭-하다[-사카-] 혱퇴 부피만 있고 바탕이 거칠어서 부서지기 쉽다. 㽳푸석하다.

포삼(包蔘) 圐 포장한 홍삼(紅蔘).

포상(褒賞) 圐 칭찬하고 권장하여 상을 주는 것. **포상-하다** 퇵퇴 ¶효행(孝行)을 ~. **포상-되다** 퇵재

포상-금(褒賞金) 圐 칭찬하고 장려하여 상으로 주는 돈. ¶올림픽 메달리스트에게 ~을 지급하다 / 교통 법규 위반자를 신고해 ~을 받다.

포:석¹(布石) 圐 1 바둑을 둘 때 처음 돌을 벌여 놓는 일. 2 장래를 내다보아 무엇인가를 벌여 놓음의 비유. **포:석-하다** 퇵재

포석²(鋪石) 圐 도로 포장에 쓰이는 돌.

포선(布扇) 圐 상제가 외출할 때, 얼굴을 가리기 위하여 가지고 다니는 물건. 베 조각에 두 개의 대로 된 자루를 붙였음.

포:섭(包攝) 圐 1 (어떤 사람을) 자기의 동아리나 이념에 동조하도록 끌어들이는 것. 특히, 근래에는 북한의 간첩이나 공작원 등이 남한 사람을 자기편으로 끌어들이는 것을 가리킴. 2 [논] 어떤 개념이 보다 일반적인 개념에 포괄되는 종속 관계. 예를 들면, 포유류가 척추동물에 종속되는 관계 따위. **포:섭-하다** 퇵퇴 **포:섭-되다** 퇵재 ¶그는 고정간첩 김××에게 **포섭되어** 이적(利敵) 활...

포성(砲聲) 圐 대포를 쏠 때 나는 소리. =폿소리. ¶~이 울리다.

포세이돈(Poseidon) 圐[신화] 그리스 신화에 나오는 해신(海神). 황금의 갈기가 있는 말이 끄는 전차에 삼지창을 쥐고 타고 있음. 로마 신화의 넵투누스(Neptunus)에 해당함.

포:수¹(砲手) 圐 1 산에서 총으로 새나 네발짐승을 잡는 사냥꾼. ×총댕이. 2 총포를 가진 군사.

포:수²(捕手) 圐체 야구에서, 본루를 지키며 투수가 던진 공을 받는 선수. =캐처. ▷투수(投手).

포스^아웃(force out) 圐체 야구에서, 후속 타자가 주자가 되었기 때문에 다음 베이스로 가야 할 주자가 미처 베이스에 닿기 전에 수비 측에서 던진 공으로 아웃되는 일. =봉살(封殺).

포스터(poster) 圐 어떤 일을 선전·광고하기 위해 길거리의 벽이나 기둥 등에 붙일 수 있도록 그림·사진 등을 간단한 글과 함께 인쇄한 종이. ¶영화 ~ / 광고 ~가 거리에 붙다.

포스터-물감(poster-) [-깜] 圐 포스터용의 그림물감. =포스터컬러.

포스터-컬러(poster color) 圐 =포스터물감.

포스트(post) 圐 '지위²', '부서²'로 순화.

포스트-모더니즘(postmodernism) 圐[예] ⇒후기 모더니즘.

포스트잇(Postit) 圐 한쪽 끝에 특수한 풀칠이 되어 있어 물체에 쉽게 붙였다 뗐다 할 수 있게 되어 있는 쪽지. 흔히, 책이나 문서에 어떤 표시로 붙여 놓거나 간단한 메모를 남기고자 할 때 사용함. 상표명에서 온 말임.

포스트^플레이(post play) 圐체 농구·축구 등에서, 장신 선수를 상대편 골 앞에 배치하고, 그에게 집중적으로 패스하여 벌이는 공격법.

포슬-포슬 퇸 "보슬보슬"의 거센말. 㽳푸슬푸슬. **포슬포슬-하다** 혱퇴

포:승(捕繩) 圐 죄인을 잡아 묶는 끈. =박승(縛繩)·포승줄. ¶~을 지우다.

포:승-줄(捕繩-) [-쭐] 圐 =포승.

포:식¹(捕食) 圐 잡아먹는 것. **포:식-하다** 퇵퇴

포:식²(飽食) 圐 배부르게 먹는 것. **포:식-하다**² 퇵퇴

포:식-자(捕食者) [-짜] 圐[동] 식용원(食用源)으로 다른 동물을 먹이로 하는 동물.

포신(砲身) 명 포의 몸통.
포실-하다 형여 살림이 넉넉하다. ¶석 씨네 집은 비록 혼자 사는 여인의 집이지만 토지 근본이 있어 놔서 집이 열 간은 되는 **포실한** 초가였다.《황석영:장길산》
포아-풀(㊀poa-) 명[식] 볏과의 여러해살이 풀. 무더기로 나와서 높이 30~60cm로 자라고 밑 부분이 겨울에도 마르지 않음. 잎은 선형이며, 꽃은 5~6월에 핌.
포!악(暴惡) 명 (사람이나 동물이) 사납고 악독하게 구는 것. ¶~을 부리다. **포!악-하다**[1] 동자여 ¶그 도랑 속에서 금순이의 뭐라 고인지 **포악하는** 소리가 들리더니 꽥꽥 소리만 나는 것이 아마 릴로 입을 틀어막는 눈치다.《이무영:농민》▷포악하다[2].
포!악-무도(暴惡無道) [-앙-] 명 법도 도리도 없이 포악하는 뜻으로, 사납고 악착하기가 이를 데 없음. **포!악무도-하다** 형여
포!악-성(暴惡性) [-썽] 명 사납고 악독한 성질.
포!악-스럽다(暴惡-) [-쓰-따] 형ㅂ ⟨~스러우니, ~스러워⟩ 포악한 데가 있다. **포!악스레** 부
포!악-하다[2](暴惡-) [-아카-] 형여 (사람이나 동물의 성질이나 태도가) 사납고 악독하다. ¶성미가 급하고 **포악한** 사내.
포연(砲煙) 명 대포나 포를 쏘았을 때 나는 연기. ¶~이 자욱한 전장.
포연-탄우(砲煙彈雨) 명 '자욱한 총포의 연기와 비 오듯 하는 탄환'이라는 뜻) 치열한 전투를 이르는 말.
포엽(苞葉) 명[식] 싹이나 봉오리를 싸서 보호하는 작은 잎. =꽃턱잎·포(苞)·화포(花苞).
포옹(抱擁) 명 (어떤 사람을) 양팔로 껴안는 것. 또는, (두 사람이, 또는 어떤 사람과) 서로 양팔로 껴안는 것. ¶뜨거운 ~을 나누다. **포!옹-하다** 동자타여 ¶남자와 여자가 서로 정답게 ~ / 어머니는 아들을 힘껏 **포옹하**였다.
포!용(包容) 명 (남을) 아량 있고 너그럽게 감싸 받아들이는 것. **포!용-하다** 동타여 ¶윗사람은 아랫사람의 조그마한 잘못쯤은 **포용할** 줄 알아야 한다.
포!용-력(包容力) [-녁] 명 포용하는 힘. ¶~이 있다[없다].
포워드(forward) 명[체] 축구·럭비·농구 등에서, 자기편 전방에 위치하여 주로 공격을 맡는 선수. ¶센터 ~.
포!원(抱冤) 명 원한을 품는 것. **포!원-하다** 동자여
포!위(包圍) 명 (사람이나 동물이) 달아나거나 벗어나지 못하도록 둘레를 에워싸는 것. **포!위-하다** 동타여 ¶적을 사면에서 ~. **포!위-되다** 동자
포!위-망(包圍網) 명 포위하기 위하여 펼친 조직 체계. ¶~을 뚫다 / ~을 좁히다.
포!유(哺乳) 명 어미가 제 젖으로 새끼를 먹여 기르는 것. **포!유-하다** 동타여
포!유-동물(哺乳動物) 명[동] 포유류에 속하는 동물.
포!유-류(哺乳類) 명[동] 척추동물문 포유강에 속하는 동물의 총칭. 대뇌가 잘 발달하여 동물 중에서 가장 고등하며 새끼를 낳아 젖을 먹여 기름. =포유강.
포!육(哺育) 명 동물이 새끼를 먹여 기르는 것. **포!육-하다** 동타여 **포!육-되다** 동자

포육[2](脯肉) 명 얇게 저며 양념을 하여 말린 고기. =포(脯).
포의(布衣) [-의/-이] 명 1 베로 지은 옷. 2 벼슬이 없는 선비를 이르는 말. =백의(白衣) 백포(白布).
포인터[1](pointer) 명 개의 한 품종. 귀가 처져 있고, 털이 짧으며, 후각이 예민함. 매우 영리하고, 속력과 지구력이 있어 사냥개로 쓰임.
포인터[2](pointer) 명[컴] 마우스 등의 움직임에 따르면서 화면에서의 위치를 나타내 주는 기호. 흔히, 손가락·화살표 등의 모양으로 나타냄. ▷커서.
포인트(point) [1][자립] ['점(點)'이라는 뜻] 1 중요한 사항이나 핵심. ¶장황한 사설은 그만두고 ~만 얘기해라. 2 강조하여 눈에 띄게 하는 요소나 부분. ¶액세서리로 ~를 주다. 3 =전철기(轉轍機). 4 [체] 농구·탁구 등에서의 득점. 5 낚시에서, 물고기가 잘 낚이는 자리. ¶~를 잘 선정하다 / 수초 지역은 붕어가 잘 낚이는 ~다. [2][의존] 1 [인] 포인트 활자의 크기의 단위. 1포인트는 1인치의 약 1/72, 즉 0.3514mm임. 2 [체] 농구·탁구 등에서, 득점 수나 득점 차를 세는 말. ¶46 대 44로 두 ~ 앞서다. 3 [경] 기준 주가 지수와 비교 주가 지수와의 차를 세는 단위. **포!인트** 부 ¶~가 5 ~ 하락하다.
포인트^가드(point guard) 명[체] 농구에서, 팀의 공격을 이끌고 동료 선수가 득점할 수 있도록 도와주는 포지션. 또는, 그 선수.
포일(foil) 명 금·알루미늄 등의 금속 박편. 비박(箔). ¶알루미늄 ~.
포자(胞子) 명[생] 식물이 무성 생식을 하기 위해 형성하는 생식 세포. 보통, 단세포로 단독으로 발아하여 새 세대 또는 새 개체가 됨. =홀씨.
포자-낭(胞子囊) 명[생] 포자를 만들고 그것을 싸고 있는 주머니 모양의 생식 기관. =홀씨주머니.
포자-식물(胞子植物) [-시-] 명[식] 포자에 의하여 번식하는 식물. ↔종자식물.
포자-엽(胞子葉) 명[식] 포자를 만들어 생식을 하는 잎.
포자-체(胞子體) 명[생] 세대 교번을 하는 식물에서 유성 생식의 결과로 이루어진 무성 세대의 식물체. 포자를 만들어 생식함. =조포체(造胞體)·홀씨체. ↔배우체.
포자-충(胞子蟲) 명[동] 원생동물 포자충류에 속하는 동물의 총칭. 포자를 형성하여 번식하며, 누에·양·말·돼지·닭 등에 기생함.
포장[1](布帳) 명 베·무명 따위로 만든 휘장.
포장[2](包裝) 명 (1)물건을 보호하거나 고급스럽게 보이기 위해 용기(容器)에 넣어 싸는 것. 또는, (물건을 종이 따위로) 장식적인 목적으로 싸서 꾸미는 것. ¶~ 용지. 2 (어떤 대상을 그럴듯한 말로) 혹하도록 겉치장 꾸미는 것. 비유적인 말임. **포장-하다**[1] 동타여 ¶상품을 종이로 예쁘게 ~ / 교묘한 말로 **포장한** 상술. **포장-되다**[1] 동자
포장[3](捕將) 명[역] '포도대장'의 준말.
포장[4](褒章) 명 (나라나 사회에) 공헌한 사람에게 주는, 훈장보다 낮은 휘장.
포장[5](鋪裝) 명 길바닥에 돌·시멘트·아스팔트 등을 깔아 길을 단단하게 다져 꾸미는 일. **포장-하다**[2] 동타여 ¶도로를 ~. **포장-되다**[2] 동자
포장-도로(鋪裝道路) 명 길바닥에 돌·시멘

트·아스팔트 등을 깔아 길을 단단하게 다져 사람이나 자동차 등이 다닐 수 있도록 꾸민 도로. =포도(鋪道). ↔비포장도로.

포장-마차(布帳馬車) 명 **1** 비바람·먼지·햇볕 등을 막기 위하여 포장을 둘러친 마차. **2** 주로 밤에 길거리에서 국수·소주 등을 파는, 리어카 따위에 포장을 씌워 만든 이동식 간이 주점.

포장-이사(包裝移徙) 명 이삿짐센터에서 이삿짐 운반뿐만 아니라, 이삿짐을 꾸리고 정리하는 것까지 맡아서 하는 방식의 이사.

포장-지(包裝紙) 명 물건을 싸거나 꾸리는 데 쓰이는 종이.

포전(圃田) 명 =채소밭.

포ː졸(捕卒) 명[역] =포도군사.

포ː주(抱主) 명 **1** =기둥서방. **2** 창녀를 두고 영업을 하는 사람.

포즈(pose) 명 그림·조각·사진 등에서, 예술적·미적 효과나 어떤 상황을 나타내기 위하여 사람이 취하는 자세. ¶~를 잡다 / 다정한 ~ / 카메라맨 앞에서 멋진 ~를 취하다.

포지션(position) 명 〔'위치' 라는 뜻〕 **1** [음] 화음(和音)의 위치. **2** [음] 현악기의 지판(指板) 위의 손가락의 위치. **3** [체] 축구·배구·야구 등에서, 선수들의 각자의 위치. **4** '자리[1]', '지위(地位)[2]' 로 순화.

포지티브(positive) 명 **1** [사진] 사진의 양화(陽畫). 명암·색조가 피사체와 같은 화상·화면. **2** [의] =양성 반응. ↔네거티브.

포ː진[1](布陣) 명 (전쟁이나 경기를 하기 위하여) 진을 치는 것. **포ː진-하다** 동(자)(여) ¶최전방에 5만의 병력이 ~.

포진[2](疱疹) 명[의] 바이러스 감염에 의해 피부나 점막에 수포가 생기는 피부 질환. 입술과 음부 등에 생기는 단순성 포진과 신경통이 동반되는 대상 포진 등이 있음. =헤르페스.

포차(砲車) 명[군] 화포를 끄는 차.

포ː착(捕捉) 명 **1** (어떤 기회를) 놓치지 않고 잡는 것. **2** (어떤 순간적인 장면을 카메라로) 놓치지 않고 찍는 것. **3** (어떤 물체를 레이더로) 그 위치나 진로 따위를 알아내는 것. **4** (어떤 사실을) 정보망이나 수사망 등에 의해 알아내는 것. **포ː착-하다** 동(타)(여) ¶기회를 ~ / 사건 현장을 카메라로 ~. **포ː착-되다** 동(자) ¶비행 물체가 레이더에 ~ / 간첩 활동이 대공 수사 기관에 ~.

포ː청(捕廳) 명[역] '포도청' 의 준말.

포ː충-망(捕蟲網) 명 날아다니는 곤충을 잡는 데 쓰는, 긴 막대기 끝에 한쪽이 터진 그물주머니를 단 물건. =벌레그물.

포ː충-엽(捕蟲葉) 명[식] =벌레잡이잎.

포ː치[1](布置·鋪置) 명 넓게 늘어놓는 것. **포ː치-하다** 동(타)(여) **포ː치-되다** 동(자)

포치[2](porch) 명 건물의 입구에 지붕을 갖추어 차를 대도록 한 곳.

포커(poker) 명 트럼프 놀이의 한 가지. 각자 나누어 받은 5장의 패를 가지고 득점이 되는 일정한 패를 짝 맞추어 승부를 겨루는 놀이.

포커스(focus) 명 '초점(焦點)' 으로 순화.

포켓(pocket) 명 돈이나 작은 소지품을 넣고 다니기 위해 옷의 일부가 되게 옷 안이나 겉에 다는 주머니 모양의 부분. (비)주머니·호주머니. ¶~에 손을 넣다 / ~에서 돈을 꺼내다.

포켓-볼(†pocket ball) 명[체] 당구의 한 가지. 네 귀퉁이와 긴 쿠션 중앙에 6개의 구멍이 있는 직사각형 대 위에서, 1개의 흰 공을 큐볼(큐로 치는 공)로 하여 그 공으로 번호가 붙은 15개(또는 9개)의 여러 가지 색의 공을 쳐서 구멍 속에 넣는 것을 겨루는 게임.

포켓-북(pocket book) 명 호주머니에 들어갈 만한 소형의 책.

포코(ⓘpoco) 명[음] 악곡의 표현 방법을 나타내는 말로, '조금' 의 뜻.

포코^아^포코(ⓘpoco a poco) 명[음] 악곡의 표현 방법을 나타내는 말로, '조금씩', '점점' 의 뜻.

포크(fork) 명 양식(洋食)에서 요리를 찍어 먹거나 얹어 먹는 용구.

포크^댄스(folk dance) 명 **1** 각 민족이나 각 지방에 전하는 민속춤. **2** 레크리에이션으로서 많은 남녀가 쌍을 이루면서 함께 어울려 추는 경쾌한 댄스. 스퀘어 댄스 따위.

포크리프트(forklift) 명 =지게차.

포크^볼(fork ball) 명[체] 야구에서, 투수의 공이 타자 앞에서 회전 없이 큰 각도로 떨어지는 상태. 또는, 그런 상태의 공. 포크처럼 집게손가락과 가운뎃손가락으로 공을 끼어서 던짐.

포크^송(folk song) 명[음] 1950년대에 미국에서 발생한 민요풍의 노래. 소박한 서정성과 사회 비판 등의 내용을 담음. 흔히, 가수가 통기타를 치면서 노래함.

포크-커틀릿(pork cutlet) 명 =돈가스.

포클레인(Poclain) 명 유압을 이용하여 삽 기능을 하는 장치로 땅을 깎거나 흙을 퍼내는 중장비 차. =삽차.

포탄(砲彈) 명[군] =대포알.

포ː탈(逋脫) 명 (세금을) 불법적으로 피하여 면하는 것. **포ː탈-하다** 동(타)(여) ¶세금을 ~ / 조세를 **포탈한** 혐의를 받다. **포ː탈-되다** 동(자)

포탑(砲塔) 명[군] 군함이나 전차의 포 또는 요새 같은 곳에서 대포·포가(砲架)·포원(砲員)을 보호하기 위하여 포신(砲身)만 밖으로 내놓고 두꺼운 강철로 둘러싼 장치.

포태(胞胎) 명 **1** =임신[2]. **2** 태내의 아이를 싸는 얇은 막. **포태-하다** 동(타)(여) 임신을 하다.

포터(porter) 명 호텔이나 역에서 손님의 짐을 날라다 주는 사람. '짐꾼' 으로 순화.

포터블(portable) 명 '휴대용' 으로 순화. ¶~ 라디오.

포털^사이트(portal site) 명[컴] 인터넷 사용자가 원하는 정보나 사이트를 쉽게 찾을 수 있게 도와주는 사이트. 무수한 인터넷 사이트를 분야별·영역별로 구분지어 놓거나 키워드를 입력하는 검색 칸을 둠으로써 손쉽게 정보에 접근할 수 있게 함.

포테이토-칩(potato chip) 명 얇게 썬 감자를 기름에 튀긴 식품.

포트(port) 명[컴] 컴퓨터와 주변 장치를 접속하기 위한 연결 부분. 이것을 통해 프린터·모니터·모뎀 등을 컴퓨터에 연결함.

포트란(FORTRAN) 명 〔formula translator〕[컴] 수리적인 처리나 과학 기술 계산용으로 쓰이는 고급 프로그래밍 언어.

포트폴리오(portfolio) 명 **1** [경] 개개의 금융 기관이나 개인이 보유하는 각종 금융 자산의 표. 또는, 분산 투자를 할 경우, 투자 금액의 배분. ¶실적주 중심의 ~를 구성하다. **2** 일러스트레이터가 자신의 능력을 알리기 위해 제시하는 작품집.

포퓰리스트(populist) 뗑 대중의 인기나 뜻에 영합하려고 하는 정치가나 지도자. 순화어는 '대중 영합주의자'.

포퓰리즘(populism) 뗑 정치를 하거나 정책을 펴는 일에 있어서 대중의 인기나 뜻에 영합하려고 하는 태도나 입장. 순화어는 '대중 영합주의'.

포플러(poplar) 뗑[식] =미루나무.

포플린(poplin) 뗑 직물의 한 가지. 명주실·털실·무명실 등을 이용하여, 날실은 가늘고 촘촘하게 하고 씨실은 굵은 실로 짠, 부드럽고 광택이 나는 평직물. 주로 무명의 것을 말하며, 와이셔츠나 여성 복지용으로 쓰임.

포피(包皮) 뗑 **1** 표면을 싼 가죽. **2** 남성 성기(性器)의 귀두부를 싸고 있는 가죽.

포학(暴虐) ➡포학-하다[-하카-] 혱여 잔인하고 난폭하다. ¶포학한 탐관오리 / 성격이 ~.

포학-무도(暴虐無道)[-항-] ➡포학무도-하다[-항-] 혱여 성질이 잔인하고 난폭하며 도리에 어긋나 막되다.

포한(抱恨) 뗑 원한을 품는 것. 포한-하다 통자여

포함¹ 뗑[민] 무당이 귀신의 말을 받아서 호령하는 일. 포함-하다¹ 통자여

포함²(包含) 뗑 (어떤 대상에 다른 대상을) 그 범위 안에 넣거나 들어 있게 하는 것. 또는, (어떤 대상이 다른 대상을) 속성이나 성분이나 내용으로 가지는 것. 뗍함유. 포함-하다² 통타여 ¶인원은 어린이를 포함해서 75명이다. / 그 시어(詩語)는 여러 가지 의미가 포함되어 있다. 포함-되다 통자 ¶세금이 포함된 가격.

포합-어(抱合語)[-허] 뗑[언] 언어의 형태적 분류의 하나. 에스키모 어나 아이누 어처럼 문장을 구성하는 여러 요소가 밀접하게 결합하여 한 말을 이루어 문장이 곧 단어처럼 되어 있는 언어. =집합어.

포핸드(forehand) 뗑[체] 테니스·탁구 등에서, 손바닥을 상대방 쪽으로 향하여 공을 치는 정상적인 타구법(打球法). ↔백핸드.

포혜(脯醯)[-혜/-헤] 뗑 양념하여 말린 고기와 식혜.

포화¹(砲火) 뗑 **1** 총포를 쏠 때에 일어나는 불. **2** 총포를 쏘는 일. ¶집중 ~.

포화²(飽和) 뗑 **1** 더 이상의 양을 수용할 수 없이 가득 차는 것. ¶서울의 인구는 이미 ~ 상태에 이르렀다. **2**[물] 증기·전류·자기 등 물질 따위가 일정한 조건에서 최대한도까지 채워져 있는 상태. 포화-하다 통자여

포화^용액(飽和溶液) 뗑[화] 어떤 온도하에서 용매(溶媒)에 용질(溶質)을 녹일 수 있을 만큼 녹여 더 이상 녹일 수 없는 상태에 있는 용액. ↔불포화 용액.

포화^증기(飽和蒸氣) 뗑[물] 일정한 온도에서 액체나 고체와 평형 상태에 있는 증기. ↔불포화 증기.

포화^지방산(飽和脂肪酸) 뗑[화] 분자 속에 이중 결합이 없는 지방산. 포름산·팔미트산 따위. ↔불포화 지방산.

포환(砲丸) 뗑 **1** 대포의 탄알. **2**[체] 포환던지기에 쓰이는, 쇠로 만든 공. 남자용은 7.25kg, 여자용은 4kg임.

포환-던지기(砲丸-) 뗑[체] 육상 종목의 한 가지. 지름 2.135m의 원 안에서 쇠로 만든 공을 한 손으로 던져서, 멀리 나간 거리로써 승부를 결정함. =투포환(投砲丸).

포획(捕獲)[-획/-훽] 뗑 **1** 적병을 사로잡는 것. **2** 짐승이나 물고기를 잡는 것. **3**[법] 전시에 적의 선박이나 범도(犯法)한 중립국의 선박을 잡는 것. 포획-하다 통타여 ¶고래를 ~. 포획-되다 통자

포획-물(捕獲物)[-횡-/-휑-] 뗑 사로잡은 짐승이나 물고기.

포효(咆哮) 뗑 (호랑이·사자 등의 사나운 짐승이) 큰 소리로 으르렁거리는 것. 또는, 그 소리. =조효(嘲哮). 포효-하다 통자여

포흠(逋欠) 뗑 관청의 물건을 사사로이 소비하는 것. =흠포(欠逋). ¶그자를 무엇에 입게 보았던지 ~ 있는 것을 탈 잡아 가지고 구실을 떼고 잡아다 경쳐 보냅니다. 《홍명희:임꺽정》 포흠-하다 통타여

폰¹(의존) (어미 '-ㄴ', '-는', '-던'이나 명사 다음에 주격 조사나 서술격 조사와 함께 쓰여) **1** 어떤 범위나 정도를 다소 막연히 추정함을 나타내는 말. 뗍셈. ¶이 일을 하는 데 열흘은 걸린 ~이다. / 크기가 그것의 절반 ~은 된다. **2** 놓이게 된 형편이나 처지의 뜻을 나타내는 말. 뗍편. ¶차라리 모르는 ~이 낫다.

폰² 뗑 **1** 드러나지 않도록 싸거나 덮는 모양. ¶보자기에 ~ 싸다. **2** 잠이 깊고 포근하게 든 모양. ¶한잠 ~ 자다. **3** 힘있고 깊게 찌르는 모양. ¶바늘로 ~ 찌르다. **4** 흠씬 익도록 끓이거나 삶은 모양. ¶곰국을 ~ 끓이다. **5** 몹시 심하게 썩거나 삭은 모양. ¶달걀이 ~ 곪다. **6** 다소 깊고 또렷이 팬 모양. ¶보조개가 ~ 패다. **7** 수렁 따위에 갑자기 빠지는 모양. ¶도랑에 ~ 빠지다. **8** 힘없이 단번에 쓰러지는 모양. ¶빈혈로 ~ 쓰러지다. **9** (숟가락이나 삽 따위로) 물건을 퍼내는 모양. **10** 고개를 깊이 숙이는 모양. ¶잘못을 인정하고서 고개를 ~ 숙이다. ⇨쿡.

폭³(幅) ① (자립) **1** 네모지거나 길이가 있는 물체에 있어서, 긴 쪽의 길이에 대하여 짧은 쪽 길이를 이르는 말. 또는, 공간 상의 어느 두 점 사이의 벌어진 거리. 뗍너비. ¶~이 좁은 도로 / 길이 20m, ~ 15m의 대지 / 걸음의 ~이 크다. **2** 자체 안에 포괄하는 범위. ¶~이 넓은 사람. **3** 하나로 연결하려고 같은 길이로 나누어 놓은 종이·널·천 따위의 조각. ¶치마 ~이 좁다. ② (의존) 종이·포목 따위의 조각이나 그림·족자 등을 셀 때 쓰는 말. ¶한 ~의 그림 / 동양화 수 ~.

폭거(暴擧)[-꺼] 뗑 난폭한 행동.

폭격(爆擊)[-격] 뗑[군] 비행기에서 폭탄을 떨어뜨려 적의 군대나 시설물 또는 국토를 파괴하는 일. ¶용단 ~ / 연합군은 오늘 아침 바그다드 일원에 대규모 ~을 가했다. 폭격-하다 통타여

폭격-기(爆擊機)[-격끼] 뗑[군] 폭탄을 싣고 적의 시설이나 진지를 폭격하는 것을 임무로 하는 항공기.

폭군(暴君)[-꾼] 뗑 포악한 군주.

폭-넓다(幅-)[-널따] 형 **1** 자체 안에 포괄하고 있는 것이 크고 넓다. ¶폭넓은 교제 / 폭넓은 지식. **2** 문제를 고찰하거나 사람들을 대할 때 포용력이 있어 보며 아량이 있다. ¶사람들을 폭넓게 대하다.

폭도(暴徒)[-또] 뗑 난폭한 행동을 일으켜 치안을 문란하게 하는 무리.

폭동(暴動)[-똥] 뗑[법] 내란에까지는 이르지 않았으나 집단적 폭력 행위를 일으켜 사

회의 안녕질서를 어지럽게 하는 일. ¶~을 일으키다.

폭등(暴騰)[-뜽] 명 물건 값이 갑자기 큰 폭으로 오르는 것. ↔폭락. **폭등-하다** 동(자여) ¶흉작으로 채소 값이 ~.

폭등-세(暴騰勢)[-뜽-] 명 물건의 값이나 주가 등이 갑자기 큰 폭으로 오르는 형세. ↔폭락세.

폭락(暴落)[퐁낙] 명 1 물건 값이 갑자기 큰 폭으로 떨어지는 것. (비붕락(崩落). ↔폭등. 2 (사람의 인격이나 위신이) 별안간 여지없이 떨어지는 것. **폭락-하다** 동(자여) ¶주가 (株價)가 ~ / 인기가 ~.

폭락-세(暴落勢)[퐁낙쎄] 명 물건의 값이나 주가 등이 갑자기 큰 폭으로 떨어지는 형세. ↔폭등세.

폭려(暴戾)[퐁녀] →**폭려-하다**[퐁녀-] 형(여) 도리에 어그러지게 모질고 사납다.

폭력(暴力)[퐁녁] 명 사람이 다른 사람을 난폭하게 때릴 때 쓰는, 주먹이나 발이나 몽둥이 따위의 수단. 넓은 뜻으로, 무기로 억누르는 힘을 나타내기도 함. ¶~을 쓰다.

폭력-단(暴力團)[퐁녁딴] 명 폭력을 써서 사사로운 목적을 달성하려는 반사회적 단체.

폭력-배(暴力輩)[퐁녁빼] 명 폭력에 의해 사사로운 목적을 이루려고 하는 무리. 또는, 그 무리에 속하는 사람. ¶~를 소탕하다.

폭력-범(暴力犯)[퐁녁뻠] 명 =강력범.

폭력-적(暴力的)[퐁녁쩍] 명관 걸핏하면 폭력을 쓰려고 하거나 어떠한 일을 폭력으로 해결하려는 태도를 가진 (것). ¶그는 매우 성질이 급하고 ~이다.

폭력-주의(暴力主義)[퐁녁쭈이/퐁녁쭈이] 명 =테러리즘.

폭렬(爆裂)[퐁녈] 명화 =폭발(爆發)². **폭렬-하다** 동(자여) **폭렬-되다** 동(자)

폭로(暴露)[퐁노] 명 1 (감추어진 일을) 사람이 알도록 밝히거나 드러내는 것. ¶~기사. 2 (물건이) 비나 바람에 노출되어 바래는 것. **폭로-하다** 동(자타여) ¶비행을 ~ / 회사의 비리를 세상에 ~. **폭로-되다** 동(자)

폭로-전(暴露戰)[퐁노-] 명(사) 경쟁 상대의 잘못이나 약점을 폭로하여 상대방을 궁지에 빠뜨리고자 하는 대결의 상태. ¶선거전이 막바지에 이르러 흑색선전과 ~으로 치닫다.

폭리(暴利)[퐁니] 명 물건을 팔거나 거래를 하면서 부당하게 또는 지나치게 많이 남기는 이익. ¶매점 매석으로 ~를 취하다. ↔박리(薄利).

폭명(爆鳴)[퐁명] 명 폭발할 때 소리가 나는 것. 또는, 그 소리. **폭명-하다** 동(자여)

폭명^가스(爆鳴gas)[퐁-] 명화 산소 1, 수소 2의 혼합 기체. 불을 붙이면 요란한 소리를 내면서 화합하여 물이 생김. =폭명기.

폭민(暴民)[퐁민] 명 폭동을 일으킨 민중.

폭발¹(暴發)[-빨] 명 1 (속에 쌓여 있던 감정 등이) 일시에 세찬 기세로 걷으로 나타나는 일. 2 (어떤 사건이) 돌발적으로 벌어지는 것. **폭발-하다**¹ 동(자여) ¶분노가 ~ / 참았던 울음이 ~. **폭발-되다**¹ 동(자)

폭발²(爆發)[-빨] 명 1 불이 일어나며 갑작스럽게 터지는 것. 2 (화) 발열(發熱)을 수반하는 급격한 화학 반응. 기체나 액체의 급격한 팽창이나 상변화(相變化), 또는 핵반응의 결과, 급격히 증대한 압력이 순식간에 해방되는 현상. 음향·충격파의 발생이며 기계

적인 파괴를 일으킴. =폭렬(爆裂). **폭발-하다**² 동(자여) ¶지뢰가 ~ / 화약이 굉음을 내며 ~. **폭발-되다**² 동(자)

폭발-력(爆發力)[-빨-] 명 폭탄이나 압축된 가스 등이 터질 때 생기는 힘이나 효과.

폭발-물(爆發物)[-빨-] 명 폭발될 성질이 있는 물질의 총칭. 화약 따위.

폭발-음(爆發音)[-빨-] 명 폭탄이나 압축된 가스 등이 터지면서 내는 요란한 소리. (비폭음. ¶'펑' 하는 ~과 함께 건물에서 화염이 치솟았다.

폭발-적(爆發的)[-빨쩍] 관(명) 짧은 시간에 급속하게 일이 행해지거나 퍼지는 (것). ¶그 노래는 최근 ~인 인기를 얻고 있다.

폭배(暴杯)[-빼] 명 (어떤 사람이) 잔에 잇따라 따른 술을 시간적인 사이를 두지 않고 연거푸 마시는 것. 또는, 그 술. **폭배-하다** 동(타여) ¶황천왕동이가 서너 잔 폭배한 뒤에 잔이 순으로 돌기 시작하였다. (홍명희: 임꺽정)

폭백(暴白)[-빽] 명 1 억울하고 분한 사정을 털어놓고 말하는 것. 2 =발명(發明)². **폭백-하다** 동(자여)

폭사¹(暴死)[-싸] 명 별안간 참혹하게 죽는 것. =폭졸(暴卒). **폭사-하다**¹ 동(자여)

폭사²(爆死)[-싸] 명 폭탄이나 폭약이 터져 죽는 것. **폭사-하다**² 동(자여)

폭삭[-싹] 부 1 쌓인 먼지 따위가 갑자기 가볍게 일어나는 모양. 2 물건이 매우 포삭하여 부드럽게 가라앉거나 쉽게 부서지는 모양. ¶불에 타서 집이 ~ 주저앉다. 3 힘없이 주저앉는 모양. (큰)푹석. 4 늙은 정도가 심한 모양. ¶얼굴이 ~ 늙었다. **폭삭-하다** 동(자여)

폭삭-폭삭[-싹-싹] 부 1 쌓인 먼지 따위가 자꾸 폭삭 일어나는 모양. 2 물건이 잇달아 폭삭 가라앉거나 부서지는 모양. 3 잇달아 폭삭 주저앉는 모양. (큰)푹석푹석. **폭삭-하다** 동(자여)

폭살(爆殺)[-쌀] 명 폭탄·폭약 따위를 폭발시켜서 죽이는 것. **폭살-하다** 동(타여)

폭서(暴暑)[-써] 명 매우 심한 더위. (비폭염(暴炎).

폭설(暴雪)[-썰] 명 갑자기 많이 내리는 눈. ¶간밤에 내린 ~로 교통이 두절되다.

폭소(爆笑)[-쏘] 명 여러 사람이 갑자기 큰 소리로 웃는 웃음. ¶~ 연발 / 관중석에서 ~가 터지다 / ~를 자아내다. **폭소-하다** 동(자여)

폭소-탄(爆笑彈)[-쏘-] 명 폭소를 터뜨리게 하는 웃음거리를 비유하여 이르는 말.

폭스-테리어(fox terrier)[-](명)(동) 개의 한 종. 어깨 높이가 약 38cm. 영국 원산으로, 원래는 여우 사냥용이었으나 현재는 애완용임.

폭스트롯(foxtrot) 명 1910년대 초기에 미국에서 시작된 사교춤. 또는, 그 춤곡. 2/2 또는 4/4박자의 비교적 빠른 템포의 곡임. =트롯.

폭식(暴食)[-씩] 명 1 음식을 한꺼번에 많이 먹는 것. 2 아무것이나 가리지 않고 마구 먹는 것. **폭식-하다** 동(타여)

폭신-폭신[-씬-씬] 부 1 여럿이 모두 폭신한 모양. 2 매우 폭신한 모양. (큰)푹신푹신. **폭신폭신-하다** 형(여) ¶폭신폭신한 침대.

폭신-하다[-씬-] 형(여) 매우 보드랍고 탄력성이 있다. ¶폭신한 안락의자. (큰)푹신하다.

폭신-히 부

폭압(暴壓) 圀 폭력으로 억압하는 것. 또는, 그 억압. ¶~ 정치. **폭압-하다** 图(타)여

폭약(爆藥) 圀[화] 화약류 가운데 충격파에 의해 물체의 파괴에 주로 이용되는 것. 트리니트로페놀·티엔티(TNT) 등. =폭발약.

폭양(曝陽) 圀 뜨겁게 내리쬐는 볕. 뗴뙤약볕. ¶~ 아래서 구슬땀을 흘리다.

폭언(暴言) 圀 어떤 사람을 공격하기 위해 하는 거칠고 상스러운 말. 뗴욕. ¶입에 담을 수 없는 ~을 퍼붓다. **폭언-하다** 图(자)여

폭연(爆煙) 圀 폭발할 때 나는 연기. ¶~과 함께 화약 냄새가 진동한다.

폭염(暴炎) 圀 날이 몹시 더운 상태. 뗴폭서 (暴暑). ¶연일 ~이 계속되다.

폭우(暴雨) 圀 한꺼번에 많이 쏟아지는 비. ¶~로 도처에서 물난리를 겪다.

폭원(幅員·幅圓) 圀 땅이나 지역의 넓이.

폭음¹(暴飮) 圀 1 술을 한꺼번에 많이 마시는 것. 뗴폭주. 2 아무것이나 가리지 않고 마구 마시는 것. **폭음-하다** 图(타)여

폭음²(爆音) 圀 1 화약이나 폭탄 등이 터지면서 내는 소리. 뗴폭발음. ¶~과 포연이 가득한 전쟁터. 2 폭탄이 터지듯이 아주 요란하고 시끄러운 소리. 뗴굉음(轟音). ¶제트기의 ~ / ~을 내며 거리를 질주하는 오토바이 폭주족.

폭정(暴政) [-쩡] 圀 포악한 정치. ¶~에 시달리는 백성들.

폭주¹(暴走) [-쭈] 圀 1 (자동차나 오토바이 등이) 매우 빠른 속도로 난폭하게 달리는 것. 2 [체] 야구에서, 아웃이 될 무모한 주루 (走壘)를 하는 것. 3 [컴] 기계어(機械語)의 프로그램이 제어할 수 없는 실행 상태가 되는 일. **폭주-하다**¹ 图(자)여

폭주²(暴注) [-쭈] 圀 비가 별안간 몹시 쏟아지는 것. **폭주-하다**² 图(자)여

폭주³(暴酒) 圀 한꺼번에 많이 마시는 술. 뗴폭음. **폭주-하다**³ 图(타)여

폭주⁴(輻輳·輻湊) [-쭈] 圀 (일이나 주문이) 짧은 시간에 한곳으로 많이 몰려드는 것. 뗴폭주병진. **폭주-하다**⁴ 图(자)여 ¶주문이 ~ / 기사(記事)가 ~.

폭주-병진(輻輳幷臻) [-쭈-] 圀 [수레의 바퀴통에 바큇살이 모이듯 한다는 뜻] 한곳에 많이 몰려듦을 이르는 말. 뗴폭주. **폭주병진-하다** 图(자)여

폭주-족(暴走族) [-쭈-] 圀 자동차나 오토바이를 매우 빠르게 몰고 난폭하게 몰기를 즐기는 사람들의 무리.

폭죽(爆竹) [-쭉] 圀 가는 대통에 불을 지르거나, 화약을 재어 터뜨려서 소리가 나게 하는 물건. ¶~을 터뜨리다.

폭증(暴增) [-쯩] 圀 갑자기 큰 폭으로 증가하는 것. ¶인구 ~. **폭증-하다** 图(자)여 ¶매년 폭증하는 범죄.

폭탄(爆彈) 圀 1 [군] 금속 용기에 폭약을 채워 던지거나 쏘거나 투하함으로써 사람을 살상(殺傷)하거나 시설을 파괴하려고 만든 무기. ¶폭탄. ¶원자 ~ / 시한 ~. ¶~이 터지다 / 적지에 ~을 투하하다. 2 (관형어적으로 쓰여) 어떤 일이 세상에 커다란 영향을 미치는 상태로 갑작스럽게 일어나는 것의 비유. ¶~ 성명. 3 <속> 얼굴이 못생긴 사람. 특히, 여자.

폭탄-선언(爆彈宣言) 圀 많은 사람을 놀라게 하는 충격적인 선언. ¶그의 ~은 정계에 큰 파문을 일으켰다.

폭탄-주(爆彈酒) 圀 [취하게 하는 위력이 폭탄처럼 강력하다는 데에서] <속> 맥주가 담긴 잔에 양주를 따른 잔을 넣어서 단숨에 들이키는 술.

폭투(暴投) 圀[체] 야구에서, 포수가 잡을 수 없을 정도로 투수가 공을 나쁘게 던지는 일. =와일드 피치(wild pitch). **폭투-하다** 图(타)여

폭파(爆破) 圀 폭발시켜 부수는 것. ¶~ 장치. **폭파-하다** 图(타)여 ¶바위산을 ~. **폭파-되다** 图(자) ¶공습으로 **폭파**된 철교.

폭포(瀑布) 圀 계곡의 물이나 강물이 낭떠러지를 이룬 곳에서 큰 소리를 내며 빠르게 떨어지는 현상. 또는, 그 물줄기. =비천(飛泉).

폭포-수(瀑布水) 圀 폭포를 이루는 물.

폭-폭 ⑨ 1 흠씬 익을 정도로 몹시 끓이거나 삶는 모양. ¶빨래를 ~ 삶다. 2 심하게 자꾸 썩거나 삭는 모양. ¶속을 ~ 썩이다. 3 작은 물건으로 세게 자꾸 찌르거나 쑤시는 모양. 4 작은 것이 힘없이 자꾸 쓰러지는 모양. 5 작은 것이 조금 깊이 자꾸 빠지는 모양. ¶눈구덩이에 발이 ~ 빠지다. 6 작은 숟가락·삽 따위로 물건을 많이씩 자꾸 퍼내는 모양. ¶숟가락으로 밥을 ~ 떠먹다. 7 눈 따위가 많이 내려 쌓이는 모양. ¶함박눈이 ~ 쏟아지다. 邑푹푹.

폭풍¹(暴風) 圀 1 몹시 세차게 부는 바람. 2 [기상] =왕바람. 3 어려운 난관이나 고통의 비유. ¶전쟁의 ~ 속에 휩싸이다.

폭풍²(爆風) 圀 폭발물이 터질 때 일어나는 센 바람.

폭풍-경!보(暴風警報) 圀 [기상] 기상 경보의 하나. 육상에서는 최대 풍속 21m/s 이상 또는 최대 순간 풍속 26m/s 이상이 될 때, 해상에서는 최대 풍속이 21m/s 이상이 3시간 이상 예상되거나 최대 순간 풍속 26m/s 이상이 될 때에 발표한다.

폭풍-설(暴風雪) 圀 폭풍과 함께 세차게 내리는 눈.

폭풍-우(暴風雨) 圀 폭풍이 불면서 세차게 쏟아지는 큰비. ¶~가 휘몰아치다.

폭풍-주!의보(暴風注意報) [-의-/-이-] 圀[기상] 기상 주의보의 하나. 육상에서는 최대 풍속 14m/s 이상 또는 최대 순간 풍속 20m/s 이상이 될 때, 해상에서는 최대 풍속이 14m/s 이상이 3시간 이상 예상되거나 최대 순간 풍속 20m/s 이상이 될 때에 발표한다.

폭한¹(暴寒) [포칸] 圀 갑자기 닥치는 몹시 심한 추위.

폭한²(暴漢) [포칸] 圀 함부로 난폭한 행동을 하는 사나이. =폭객(暴客).

폭행(暴行) [포캥] 圀 1 (사람을) 주먹이나 발이나 몽둥이 따위로 때리는 것. ¶집단 ~ / 불량배에게 ~을 당하다. 2 '강간(强姦)'을 완곡하게 이르는 말. **폭행-하다** 图(타)여

폭행-죄(暴行罪) [포캥쬐/포캥쮀] 圀[법] 남에게 폭행을 가하였으나 상해까지는 입히지 않은 죄. ▷상해죄(傷害罪).

폰(phon) 圀 (의존)[물] 소리 감각의 크기를 나타내는 단위. 소음(騷音)의 표시에 쓰임.

폰-뱅킹(phone banking) 圀[경] 은행이 컴퓨터 시스템을 통해 고객의 전화를 받아 각종 조회, 예금 및 대출에 대한 상담, 자금 이체 등의 업무를 처리해 주는 서비스.

폰-섹스(phone sex) 圀 전화로 상대와 성적인 음란한 대화를 나누는 일. 또는, 그 을

주선하고 요금을 받는 서비스.

폰트(font) [명] 컴퓨터의 화면이나 프린터 등에 출력하기 위해 특징적인 스타일과 형태로 만든 한 무리의 글자. 또는, 그 글자의 모양. ＝글꼴. [비]자체·서체. ¶한글 ～ / 영문 ～ / 다양한 ～를 지원하는 프로그램.

폰팅(†←phone *dat*ing) [명] 서로 모르는 관계의 남녀가 전화로 데이트하는 일. 또는, 돈을 받고 그런 일을 주선하는 서비스. ¶음란～.

폴[1](fall) [명][체] 레슬링에서, 선수의 양 어깨를 동시에 매트(mat)에 대는 일. 아마추어에서는 1초, 프로 레슬링에서는 3초 동안이면 승패가 결정됨. ¶～승(勝).

폴[2](pole) [명][체] 장대높이뛰기에 쓰는 장대.

폴더[1](folder) [명][컴] 윈도에서 서로 관련 있는 소프트웨어를 묶어서 하나의 아이콘으로 나타낸 것. 그 아이콘을 선택하면 관련 있는 소프트웨어들이 있는 또 하나의 창이 화면에 나타남.

폴더[2](polder) [명][지] 네덜란드의 연안 지역에 발달한 간척지. 해면보다 낮음.

폴딱 [부] 힘을 모아 가볍게 뛰는 모양. [큰]풀떡. **폴딱-하다** [동][자][여]

폴딱-거리다/-대다[－꺼(때)－] [동][자] 힘을 모아 잇달아 가볍게 뛰다. [큰]풀떡거리다.

폴딱-폴딱 [부] 폴딱거리는 모양. [큰]풀떡풀떡. **폴딱폴딱-하다** [동][자][여]

폴라로이드^카메라(←Polaroid *Land* camera) [명] 촬영 직후에 카메라 안에서 현상, 인화되어 곧바로 사진이 나오게 되어 있는 카메라.

폴락-거리다/-대다[－꺼(때)－] [동][자][타] 바람에 날려 아주 빠르게 나부끼거나 그렇게 하다. [큰]풀럭거리다.

폴락-폴락 [부] 폴락거리는 모양. [큰]풀럭풀럭. **폴락폴락-하다** [동][자][타][여]

폴란드(Poland) [명][지] 동유럽 북부에 있는 공화국. 수도는 바르샤바.

폴랑 [부] 바람에 날려 한 번 가볍게 나부끼는 모양. [큰]풀렁. **폴랑-하다** [동][자][타][여]

폴랑-거리다/-대다 [동][자][타] 바람에 날려 가볍게 나부끼다. 또는, 그렇게 되게 하다. [큰]풀렁거리다.

폴랑-폴랑 [부] 폴랑거리는 모양. [큰]풀렁풀렁. **폴랑폴랑-하다** [동][자][타][여]

폴로(polo) [명][체] 말을 타고 하는 경기의 하나. 스틱으로 공을 치며, 승패는 골 득점과 반칙 감점의 차에서 얻은 점수로써 결정함.

폴로네즈([프]polonaise) [명][음] 폴란드의 춤곡. 3/4박자의 비교적 느린 곡임.

폴로늄(polonium) [명][화] 방사성 원소의 하나. 원소 기호 Po, 원자 번호 84, 원자량 210. 회백색의 고체 금속임.

폴로^스루(follow-through) [명][체] 야구·테니스·골프 등에서, 타구의 효과를 더욱 올리기 위하여 타구 후 스트로크를 충분히 뻗치는 일.

폴로^신(follow scene) [명][영] 이동 촬영에 의하여 제작된 장면.

폴리스(polis) [명] 고대 그리스의 도시 국가.

폴리스티렌(polystyrene) [명][화] ＝스티렌 수지.

폴리에스테르(polyester) [명][화] 다가(多價) 카르복시산과 다가 알코올의 축합 중합에 의해 얻어지는 고분자 화합물의 총칭. 매우 질기고 잘 구겨지지 않으며 전기 절연성이 높음. 합성 섬유나 수지로서 널리 이용됨.

폴리에틸렌(polyethylene) [명][화] 에틸렌의 첨가 중합에 의해 얻게 되는 고분자 화합물의 총칭. 절연 재료·용기·패킹 등에 쓰임.

폴리염화^비닐(poly鹽化vinyl) [명][화] 염화 비닐의 중합에 의해 얻어지는 고분자 화합물. 경질(硬質) 파이프나 각종 성형품(成型品), 합성 섬유 등에 널리 쓰임. ＝피브이시(PVC).

폴리포니(polyphony) [명][음] ＝다성 음악. ↔모노포니.

폴리프로필렌(polypropylene) [명][화] 프로필렌의 첨가 중합에 의해 얻어지는 고분자 화합물. 매우 질겨 필름이나 성형 제품(成型製品), 섬유 제품 등으로 사용함.

폴립(polyp) [명] **1** [동] 자포동물이 생활사(生活史)의 한 시기에 나타내는 체형. 몸은 원통형 또는 관상(管狀)이며, 상단에 입이 있고 입 주위에 촉수가 있음. 바위 등에 부착하여 고착 생활을 함. **2** [의] 피부나 점막 등의 표면에 발생하는 원형·타원형·달걀꼴의 융기성 종류(腫瘤).

폴-산(←fol*ic*酸) [명][화] 비타민 B 복합체의 하나. 시금치 등의 푸른 잎의 채소, 동물의 간(肝), 효모 등에 들어 있으며, 부족하면 빈혈 등을 일으킴. ＝비타민 엠·엽산(葉酸).

폴싹 [부] 연기나 먼지가 별안간 뭉켜서 한꺼번에 일어나는 모양. [큰]풀썩. **폴싹-하다** [동][자][여]

폴싹-거리다/-대다[－꺼(때)－] [동][자] **1** 연기나 먼지가 뭉켜서 잇달아 일어나다. **2** 잇달아 맥없이 주저앉거나 내려앉다. [큰]풀썩거리다.

폴싹-폴싹 [부] 폴싹거리는 모양. [큰]풀썩풀썩. **폴싹폴싹-하다** [동][자][여]

폴짝 [부] **1** (몸피가 작은 것이) 가볍게 한 번 뛰는 모양. **2** (문 따위를) 갑작스럽게 열거나 닫는 모양. [큰]풀쩍. **폴짝-하다** [동][자][타][여]

폴짝-거리다/-대다[－꺼(때)－] [동][타] (문 따위를) 갑작스럽게 자꾸 여닫으며 들락날락하다. [큰]풀쩍거리다.

폴짝-폴짝 [부] 폴짝거리는 모양. [큰]풀쩍풀쩍. **폴짝폴짝-하다** [동][타][여]

폴카(polka) [명][음] 특징적인 리듬을 갖는 급속한 2/4박자의 춤. 또는, 그 춤곡.

폴트(fault) [명][체] 테니스·배구·배드민턴 등에서, 서브의 실패.

폴폴 [부] **1** 날쌔고 기운차게 자꾸 뛰거나 나는 모양. **2** (적은 물이) 자꾸 끓어오르는 모양. **3** (눈·재·먼지·연기 따위가) 흩날리는 모양. ¶눈이[먼지가] ～ 날리다. [큰]풀풀.

폼[1](form) [명] ['형태', '양식'의 뜻] **1** 사람이 취하는 어떤 몸의 자세. ¶운동은 ～이 중요하다. / 테니스의 백스윙을 하는 ～을 배웠다. **2** 겉으로 드러내는 멋이나 모양이나 거드름. ¶베레모를 ～으로 쓰고 다니다 / 까만 선글라스를 ～ 나게 쓰다.

폼(을) 잡다 [구] **1** (사람이) 어떤 몸의 자세를 취하다. ¶어린 동생이 저도 권투를 하겠다고 제법 **폼을 잡는다**. **2** (사람이) 겉으로 멋이나 모양을 내거나 빼기는 태도를 보이다. ¶돈깨나 벌었다고 **폼 잡고** 다닌다.

폼(을) 재다 [구] 으쓱거리고 뽐내는 티를 짐짓 겉으로 나타내다. 속된 말임.

폼[2](←*plat*form) [명] '플랫폼'의 준말. ¶서울행 열차는 2번 ～에서 출발한다. ×홈.

폿-소리(砲－)[포쏘－/폳쏘－] [명] ＝포성(砲

聲).
퐁 튀 '뽕'의 거센말. ¶구멍이 ~ 뚫리다. ⸨큰⸩풍.
퐁당 튀 작고 단단한 물건이 물에 빠질 때 나는 소리. ¶물에 ~ 뛰어들다. ⸨큰⸩풍덩.
퐁당-거리다/-대다 재타 잇달아 퐁당 소리가 나다. 또는, 그러한 소리를 내다. ¶아이들이 **퐁당거리며** 물놀이를 하고 있다. ⸨큰⸩풍덩거리다.
퐁당-퐁당 튀 퐁당거리는 소리. ¶연못에 ~ 돌을 던지다. ⸨큰⸩풍덩풍덩. **퐁당퐁당-하다** 통타
퐁퐁 튀 1 좁은 구멍으로 액체가 세차게 쏟아져 나오는 소리. 2 '뽕뽕'의 거센말. ⸨큰⸩풍풍. **퐁퐁-하다** 통재
퐁퐁-거리다/-대다 재타 자꾸 퐁퐁 소리가 나다. 또는, 자꾸 퐁퐁 소리를 내다. ¶작은 증기선 한 척이 **퐁퐁거리며** 항구 밖으로 나가고 있다. ⸨큰⸩풍풍거리다.
푄(Föhn) 명 산에서 불어 내리는 건조한 열풍. =풍염(風炎).
표¹(表) 명 1 어떤 사항을 순서에 따라 보기 쉽게 기록한 것. ¶시간~/일람~/~ 작성하다. 2 마음의 뜻·생각을 기록하여 임금에게 올리는 글. =표문(表文). ¶출사(出師)~/~를 올리다. 3 '표적(表迹)'의 준말. ¶~를 내다.
표²(票) 명 ① ㈜럭 1 탈것을 타거나 어떤 장소에 들어갈 때 그 요금을 냈음을 보이기 위해 제시하는, 일정한 양식의 작은 네모 종이. 입장권이나 차표·배표·비행기 표 따위. ¶차~/~를 팔다/~를 예매하다/~가 매진되다. 2 선거를 할 때 유권자가 자기의 의사를 기록하는 쪽지. 세는 단위는 장. ¶많은 ~를 얻다. 3 =가격표(價格表)². 4 =꼬리표1. ② 의존 ①2를 세는 단위로 이르는 말. ¶찬성 7~, 반대 3~.
표(票) **끊다** 구 일정한 돈을 내고 표를 사다.
표³(標) 명 1 증거가 될 만한 필적. 2 준거가 될 만한 형적. 곧, 안표(眼標) 따위. 3 두드러지게 나타나 있는 특징. 4 특징이 되게 하는 어떤 지점. 5 '표지(標紙)²'의 준말.
표결¹(表決) 명 회의에서 가부 의사를 표시하여 결정하는 일. ¶결의안을 ~에 부치다. **표결-하다**¹ 통타여 **표결-되다**¹ 통재여
표결²(票決) 명 투표로써 결정하는 것. **표결-하다**² 통타여
표고 명 식 담자균류 느타릿과의 버섯. 줄기는 굽고 짧으며, 삿갓은 지름 6~10cm로 짙은 다갈색임. 밤나무·떡갈나무 등 활엽수에 나는 식용 버섯으로, 원목에 의한 인공 재배가 실시되고 있음. =표고버섯.
표고²(標高) 명 바다의 수준면(水準面)에서 지표의 어느 지점에 이르는 수직 거리.
표고-버섯 [-섣] 명 식 =표고¹.
표구(表具) 명 동양화(또는, 한국화)나 서예 작품의 뒷면이나 테두리에 종이나 비단 등을 발라 꾸미고, 나무나 기타의 장식으로 족자나 액자나 병풍 등을 만드는 일. **표구-하다** 통타여 ¶고서화를 ~.
표구-점(表具店) 명 표구를 전문으로 하는 가게.
표기¹(表記) 명 1 겉으로 표시하여 기록하는 것. 또는, 그런 기록. 2 글자 또는 음성 기호로 언어를 표시하는 일. ¶로마자 ~. **표기-하다**¹ 통타여 ¶이름을 한자로 ~. **표기-되다**¹ 통재
표기²(標記) 명 표가 되게 기록하는 것. 또는, 그런 기록이나 부호. **표기-하다**² 통타여
표기-법(表記法) [-뻡] 명 언 글자나 부호로 언어를 적어 나타내는 규칙의 총칭. ¶외래어 ~.
표독(慓毒) →**표독-하다** [-도카-] 형여 (사람이나 동물이) 사납고 독기를 가진 상태에 있다. ¶오 영감은 어찌나 **표독한지** 기를 못 펴고 산다. **표독-히** 튀
표독-스럽다(慓毒-) [-쓰-따] 형ㅂ 〈-스러우니, -스러워〉 표독한 데가 있다. ¶**표독스러운** 표정. **표독스레** 튀
표랑(漂浪) 명 1 떠도는 큰 물결. 2 목적이나 기약 없이 떠돌아다니는 것. **표랑-하다** 통재타여 1의 목적이나 기약 없이 떠돌아다니다.
표류(漂流) 명 1 배가 고장을 일으키거나 조난을 당하거나 하여 바다 위에서 방향을 잃고 떠다니는 것. 2 어떤 일이 방향이나 가닥을 잡지 못하고 혼란에 빠지거나 진척 없이 맴도는 것. 비유적인 말임. ¶국정이 ~를 거듭하고 있다. **표류-하다** 통재여 ¶배가 기관 고장을 일으켜 바다 한복판에서 ~.
표리(表裏) 명 겉과 속. 곧, 겉으로 드러내는 언행과 속으로 가지는 생각.
표리부동(表裏不同) →**표리부동-하다** 형여 마음이 음충맞아서 겉과 속이 다르다. ¶**표리부동한** 태도.
표리-일체(表裏一體) 명 두 가지 사물의 관계가 밀접하여 서로 떼지 못함. **표리일체-하다** 통여
표면(表面) 명 1 사물의 가장 바깥쪽 혹은 위쪽 부분. ⸨반⸩겉면. ¶지구의 ~. 2 외부에서 눈에 보이는 부분.
표면^장력(表面張力) [-녁] 명 물 액체의 표면이 스스로 수축하여 가능한 한 작은 면적을 취하려는 힘. =계면 장력.
표면-적¹(表面的) 명 겉과 속이 다를 경우의 겉으로 나타난 (것). ¶~인 이유.
표-면적²(表面積) 명 수 =겉넓이.
표면-파(表面波) 명 물 매질(媒質)의 표면 또는 두 매질의 경계면에 따라 조금씩 움직여 생기는 파동.
표면-화(表面化) 명 (어떤 일이나 현상이) 표면에 드러나는 것. 또는, 그렇게 되게 하는 것. **표면화-하다** 통재타여 **표면화-되다** 통재 ¶누적된 사건들이 ~.
표명(表明) 명 (어떤 의사나 태도를) 드러내어 명백히 하는 것. **표명-하다** 통타여 ¶사의(辭意)를 ~. **표명-되다** 통재
표모(漂母) 명 빨래하는 나이 든 여자.
표몰(漂沒) 명 표유하다가 침몰하는 것. **표몰-하다** 통재여 **표몰-되다** 통재
표묘(縹緲) →**표묘-하다** 형여 아득하게 넓다. ¶동족을 바라보면 궁길이 **표묘하고** 복도(複道)가 옆으로 돌아 있다.《운영전》 **표묘-히** 튀
표박(漂泊) 명 1 (풍랑을 만난 배가) 정처 없이 물 위에 떠도는 것. 2 정처 없이 떠돌아다니며 사는 것. =표우. ¶유리~. **표박-하다** 통재여
표방(標榜) 명 1 (어떤 주의·주장·구호 등을) 드러내어 내걸거나 내세우는 것. 2 남의 선행을 기록하여 널리 여러 사람에게 보이는 것. **표방-하다** 통타여 ¶대한민국은 내외에 자유 민주주의를 **표방하고** 있다.
표-발(票-) [-빨] 명 어떤 입후보자의 지지

표백[表白] 「명」「동」(생각·태도 등을) 드러내어 밝히거나, 나타내어 말하는 것. **표백-하다**[1] 「동」「타」「여」

표백[2][漂白] 「명」 바래거나 약품을 써서 희게 하는 것. **표백-하다**[2] 「동」「타」「여」 ¶옷을 ~. **표백-되다** 「동」「자」

표백-분[漂白粉] [-뿐] 「명」「화」 수산화칼슘에 염소를 흡수시켜 만든 백색 분말. 무명 따위의 표백제 또는 소독제로 쓰임. ≒클로르칼크.

표백-제[漂白劑] [-쩨] 「명」「화」 산화 또는 환원 작용에 의해 유색물(有色物)을 표백하는 약제. 표백분·과산화수소 따위.

표-범[豹-] 「명」「동」 포유류 고양잇과의 맹수. 몸길이 1.2∼1.5m. 몸빛은 담황색 바탕에 매화꽃 모양의 검은 무늬가 있으며, 온몸이 흑색인 것도 있음. 바위가 많은 곳이나 초원에 살며, 동작이 민첩하고 나무에 잘 오르며 성질이 사나움. =돈점박이.

표변[豹變] 「명」 〔표범의 무늬가 가을이 되면 아름다워진다는 데서〕 1 허물을 고쳐 언행이 전과 뚜렷이 달라지는 일. ¶군자(君子)~(군자는 허물을 고쳐 언행이 뚜렷이 달라진다는 말). 2 (생각·태도 등이) 갑자기 좋지 않은 상태로 달라지는 것. 또는, (생각·태도 등을) 갑자기 달리하는 것. **표변-하다** 「동」「자」「여」¶태도가 하루아침에 ~. **표변-되다** 「동」「자」¶유다는 그 길로 곧 도마에게 가서 막달라 마리아의 **표변된** 태도에 대하여 비난과 욕설을 퍼부었다.《김동리:사반의 십자가》

표본[標本] 「명」 1 본보기로 삼을 만한 것. =표품(標品). ¶그의 선행은 만인의 ~이 되었다. 2 [수] 여러 가지 자료를 포함하는 집단 속에서 그 일부를 끄집어내어 조사한 결과로 원래의 집단의 성질을 추측할 수 있는 통계 자료. ≒샘플. ▷모집단(母集團). 3 [생] 생물의 몸 또는 그 일부에 적당한 처리를 하여 일정 기간 동안 보존할 수 있게 한 것.

표본-실[標本室] 「명」 표본을 보호하거나 진열하여 놓은 방.

표본^조사[標本調査] 「명」「수」 통계 조사 방법의 하나. 모집단의 일부분을 표본으로 추출해서 조사함으로써 전체의 성질을 추정하고는 방법. ↔임의 표본 조사. ↔전수 조사.

표본^추출[標本抽出] 「명」「수」 모집단(母集團)에서 표본을 골라내는 일. =샘플링.

표사[漂沙] 「명」 = 유사(流沙)[1]. 2 파랑(波浪)·조류(潮流) 등에 의해 유동되는 토사(土沙). 또는, 그 이동하는 현상.

표사유피[豹死留皮] 「명」 〔표범은 죽어서 가죽을 남긴다는 뜻〕 사람은 죽어서 명예를 남겨야 한다는 말. (비)호사유피(虎死留皮).

표상[表象] 「명」 1 대표로 삼을 만큼 상징적인 것. ¶ 평화는 나라의 ~이다. 2 [철] 감각의 복합체로서 마음에 그릴 수 있는 외적 대상의 상. (비)심상(心象).

표석[1][表石] 「명」 =묘표(墓表)[1].
표석[2][漂石] 「명」 1 [지] 빙하의 작용으로 운반되다가 빙하가 녹은 뒤에 그대로 남아 있는 바윗돌. 2 [광] 풍화 작용에 의하여 노두(露頭)에서 떨어져 나가 흐르는 물을 따라 하류까지 운반된 암석의 조각.

표수[票數] [-쑤] 「명」 전표(傳票)나 투표 등의 수. ¶투표한 ~를 헤아리다.

표시[1][表示] 「명」 (상대에게 자기의 생각이나 감정 등을) 말이나 글이나 행동으로 나타내는 것. ¶의사 ~/약소하지만 감사의 ~이니 받아 주십시오. **표시-하다**[1] 「동」「타」「여」¶불만을 ~. **표시-되다**[1] 「동」「자」

표시[2][標示] 「명」 (어느 곳에 어떤 사실이나 내용을) 문자나 기호나 도형 등으로 나타내는 것. ¶가격 ~/경계 ~. **표시-하다**[2] 「동」「타」「여」¶포장지에 제조 일자를 ~. **표시-되다**[2]

표시-등[表示燈] 「명」 기계의 작동 상태·과정 등을 나타내어 보여 주는 등.

표식[標式] 「명」 '표지(標識)[3]'의 잘못.

표심[票心] 「명」 어떤 후보를 지지하여 표를 던지고자 하는 유권자의 마음. ¶농민들의 ~을 의식한 선심 공약.

표어[標語] 「명」 주의·주장·강령(綱領) 등을 간결하게 나타낸 짧은 어구(語句). =슬로건. ¶반공 ~/~를 내걸다.

표연[飄然] → **표연-하다** 「형」「여」 1 모든 것을 떨쳐 버려 매우 가볍다. 2 나부끼어 팔랑거리는 모양이 가볍다. **표연-히** 「부」

표음[表音] 「명」「언」 문자(文字)가 발음을 나타내고 있는 것. ↔표의(表意). ▷사음(寫音). **표음-하다** 「동」「여」

표음^문자[表音文字] [-짜] 「명」「언」 문자(文字) 중에서, 한 자 한 자 특정의 의미를 나타내지 않고 오로지 하나하나의 음성에 대응하여, 그 발음을 나타내는 것. 한글·로마자·가나(假名) 따위. =기음 문자·사음 문자·소리글자·음표 문자. (준)음자. ↔표의 문자.

표의[1][表衣] [-의/-이] 「명」 =겉옷.
표의[2][表意] [-의/-이] 「명」「언」 문자나 부호로 뜻을 나타내는 일. ↔표음. **표의-하다** 「동」「여」

표의^문자[表意文字] [-의-짜/-이-짜] 「명」「언」 하나하나의 글자가 일정한 뜻을 나타내는 글자. 그림 문자·상형 문자·한자(漢字) 따위. =뜻글자. ↔표음 문자.

표일[飄逸] → **표일-하다** 「형」「여」 1 뛰어나게 훌륭하다. 2 세상일을 마음에 두지 않고 태평하다.

표장[標章] 「명」 무엇을 표시하기 위한 부호나 휘장.

표적[1][表迹] 「명」 겉으로 나타난 자취. ¶일을 한 ~이다. (준)표.

표적[2][標的] 「명」 쏘거나 던져서 맞히는 목표물. 또는, 비난·공격 등의 목표가 되는 대상. ¶~을 맞히다/~을 겨냥하다/공격의 ~이다.

표절[剽竊] 「명」 남의 창작물(문학·음악·미술·논문 등)을 그 내용의 일부를 취하여 자기 창작물에 제 것으로 삼아 이용하는 것. **표절-하다** 「동」「타」「여」

표정[表情] 「명」 1 어떤 감정이나 마음의 상태를 나타내는, 얼굴의 모습이나 눈빛의 상태. ¶웃는 ~/어두운 얼굴 ~이 밝다〔어둡다〕/놀란 ~을 짓다/~이 굳어지다/~을 살피다. 2 (어떤 장소를 나타내는 말 다음에 쓰여) 주로 특별한 날이나 특별한 일이 있을 때, 그곳에 나타난 분위기나 모습을 비유적으로 이르는 말. ¶명절날 거리의 ~.

표제[標題·表題] 「명」 1 서책(書冊)의 겉에 쓰인, 그 책의 이름. 2 연설·예술 작품의 제목. 3 신문·잡지 기사의 제목. 4 서적·장부 중의 항목을 찾기 편리하도록 설정한 제목.
표제-어(標題語) 명 1 기사나 작품 등의 제목으로 쓰인 말. 2 언어 사전·백과사전 등에서, 그 뜻풀이나 어법상의 구실, 또는 그 정보나 지식 등에 대해 설명하기 위해, 항목으로 세워 일정한 순서로 벌여 놓은 단어나 구. =올림말.
표제^음악(標題音樂) 명[음] 문학적·회화적·극적 내용을 음으로 묘사하거나, 그 내용을 설명하거나 암시하는 제목을 붙인 음악. 비발디의 '사계(四季)' 따위. ↔순음악.
표종(表從) 명 =외종(外從).
표주-박(瓢-) 명 조롱박이나 둥근 박을 반으로 쪼개어 만든 작은 바가지.
표준(標準) 명 1 사물의 정도·성격을 알기 위한 근거나 기준. =준거(準據). ¶~ / 가격 / ~으로 삼다. 2 일반적인 것. 또는, 평균적인 것. ¶이만하면 한국 남성의 ~은 될 게다.
표준^규격(標準規格) 명 공업 통제상, 모든 물품의 모양·크기·성능·검사 방법 등을 나타내는 데 필요한 조건을 보이는 기술적인 규정을 어떤 표준에 따라 통일한 것. ¶~품
표준^기압(標準氣壓) 명[의존][물] 압력의 단위. 0℃, 표준 중력일 때 높이 760mm의 수은주가 그 밑면에 가하는 압력에 해당하는 기압이며, 이것을 1기압으로 함. 기호는 atm.
표준^렌즈(標準lens) 명[사진] 사람의 육안과 비슷한 원근감을 가지도록 상을 맺는 렌즈. 가장 널리 쓰이는 렌즈로, 소형 카메라의 경우에는 초점 거리 50mm 렌즈를 가리킴.
표준-말(標準-) 명[언] =표준어.
표준^상태(標準狀態) 명[물] 물질의 기준이 되는 상태. 보통, 0℃, 1기압에서의 기체의 상태를 가리킴.
표준-시(標準時) 명 각국·각 지방에서 사용되고 있는 표준 시각. 평균 태양이 자오선을 통과하는 때를 기준으로 정하는데, 우리나라는 동경 135도를 기준 자오선으로 한 평균 태양시를 씀. ↔지방시.
표준-어(標準語) 명[언] 한 나라의 표준이 되는 말. 우리나라에서는 교양 있는 사람들이 두루 쓰는 현대 서울말로 정함을 원칙으로 함(표준어 규정 총칙 제1항). =대중말·표준말. ↔방언.
표준어^규정(標準語規定) 명[언] 표준어 사정의 원칙과 표준 발음법을 체계화한 규정. 1988년 1월에 문교부가 고시함.
표준^편차(標準偏差) 명[수] 자료의 분산의 정도를 나타내는 수치.
표준-형(標準型) 명 표준이 되는 형.
표준-화(標準化) 명 1 표준에 맞도록 하는 것. 2 관리의 능률을 올리기 위하여 자재·제품 등의 종류·형질·모양·크기 따위를 기준에 따라 통일하는 일. ¶공산품의 ~. **표준화-하다** 통[타여] **표준화-되다** 통[자]
표준^화:석(標準化石) 명[지] 일정한 지층에서만 산출되어 그 지층의 지질 연대를 결정하는 데 표준이 되는 화석. 중생대의 암모나이트나 고생대의 삼엽충처럼 진화의 속도가 빠르고 생존 기간이 짧은 생물의 화석을 가리킴. =시준 화석(示準化石). ▷시상 화석.
표증(表證) 명 겉으로 드러난 증거.
표지(表紙) 명 1 책의 맨 앞뒤의 겉장. =책뚜껑. 2 =서표(書標).
표지²(表紙) 명 증거의 표로 적은 글발의 종이. 준표(標).
표지³(標識) 명 어떤 사실을 알리거나 어떤 사물을 다른 것과 구별하기 위해 눈에 잘 뜨이도록에 해 놓은 표. =표치(標幟). ¶교통 ~ / 안전 ~. ×표시.

● '標識'에서 '識'의 발음
'識'는 '알다', '지식', '식견' 등의 뜻일 때에는 '식'으로 읽고, '기록', '적다', '표(標)' 등의 뜻일 때에는 '지'로 읽음.

표지-등(標識燈) 명 야간에 운행하는 선박·비행기 등이 그 위치를 표시하는 등.
표지-색(標識色) 명[동] 동물체가 지니는, 주위에서 특히 눈에 잘 띄는 색채. 경계색·인식색·위험색 따위. ▷보호색.
표지-판(標識板) 명 어떤 사실이나 정보를 알리기 위해 문자·도형·기호 등으로 나타내어 공개된 장소에 세우거나 내건 판. ¶도로 ~ / 안내 ~.
표징¹(表徵) 명 겉으로 드러나는 특징이나 상징. ¶성인의 ~.
표징²(標徵) 명 어떤 것과 다른 것을 드러내 보이는 뚜렷한 점. =징표(徵標).
표착(漂着) 명 물결에 떠돌아다니다가 어떤 곳에 닿는 것. **표착-하다** 통[자여] **표착-되다** 통[자]
표찰(標札) 명 표로 쓴 종이.
표창(表彰) 명 (공로·선행 등을) 널리 세상에 칭찬하여 알리는 것. **표창-하다** 통[타여] ¶선행을 ~. **표창-되다** 통[자]
표창(鏢槍) 명 던져서 적을 공격하는 창의 한 가지. 끝이 호리병박 모양으로 가운데가 잘록함.
표창-장(表彰狀) [-짱] 명 표창하는 내용을 적은 종이.
표출(表出) 명 겉으로 나타내는 것. **표출-하다** 통[타여] **표출-되다** 통[자]
표층(表層) 명 여러 층으로 된 것의 겉을 이루고 있는 층.
표탈(剽奪) 명 협박하여 빼앗는 것. =표략(剽掠). **표탈-하다** 통[타여] **표탈-되다** 통[자]
표토(表土) 명[농] 토양의 최상층의 부분. 비경토(耕土).
표표(飄飄) →**표표-하다** 형[여] 1 나부끼거나 날아오르는 모양이 가볍다. 2 방랑하는 것이 정처 없다. 표요(飄颻)하다. **표표-히** 부 ¶혼자서 ~ 떠나다.
표피(表皮) 명[생] 1 고등 식물체의 표면을 덮고 있는, 한 층 또는 여러 층의 조직. 식물체를 보호함과 동시에 수분의 증발을 방지함. 2 동물체의 표면을 덮고 있는 피부의 상피 조직.
표피^세:포(表皮細胞) 명[생] 표피를 이루고 있는 세포.
표-하다¹(表-) 통[타여] (어떤 사람에게 그가 하거나 겪은 일에 대해 어떤 감정이나 의사를) 말이나 행동으로 나타내다. ¶경의(敬意)를 ~ / 유족에게 조의(弔意)를 ~ / 도와주신 분들께 감사의 뜻을 ~.
표-하다²(標-) 통[타여] 표지로 삼기 위하여 표시를 하다.
표한(剽悍·慓悍) →**표한-하다** 형[여] 성질이 급하고 사납다.
표할(表割) 명[생] 수정란의 표층에서 분할이 이루어지는 난할 양식. 난황이 중앙에 있는

곤충류·거미류 및 절지동물의 알에서 볼 수 있음.

표현(表現) 명 1 (자신의 생각이나 감정 등을) 말이나 행동으로 드러내어 나타내는 것. ¶의사 ~ / 감정 ~ / 완곡한 ~. 2 (어떤 사상이나 감흥이나 정신적인 작용을) 글이나 그림이나 음악 등의 예술로 나타내는 것. (비)형상화. ¶시적(詩的)인 ~. **표현-하다** 타 (여)느낌을 글로 ~. **표현-되다** 통 (자)

표현-력(表現力) [-녁] 명 표현하는 능력. ¶~이 풍부하다.

표현-주의(表現主義) [-의/-이] 명 [예] 20세기 초기에 독일을 중심으로 일어난 문학·미술 등의 예술 운동. 사실주의 요소를 배격하고 강렬한 내면적 감정, 특히 불안·공포·허무 등의 감정을 표현하고자 하였음.

표현-파(表現派) 명 [예] 표현주의를 주장하는 예술가의 한 파.

표현-형(表現型) 명 [생] 유전학상 단순히 외형상으로만 본 형질. ↔유전자형.

폿-대(標-) [표때/푠때] 명 목표나 표지로서 세워 놓은 대. =표주(標柱). ¶~를 세우다.

폿-돌(標-) [표똘/푠똘] 명 표지로 세우는 돌. =표석(標石).

폿-말(標-) [푠-] 명 표로 박아 세우는 말. =표목(標木). ¶~을 박다.

푸 부 1 입술을 모아 김을 내뿜는 소리. ¶담배 연기를 ~ 내뿜다. 2 힘없이 뀌는 방귀 소리.

푸가(이fuga) 명 [음] 악곡 형식의 하나. 하나의 성부(聲部)가 주제를 나타내면 다른 성부가 그것을 모방하면서 대위법(對位法)에 따라 좇아감. =둔주곡(遁走曲).

푸근-푸근 부 두툼한 물건이 매우 탄력성이 있고 부드러우며 따뜻한 모양. 잭포근포근. **푸근푸근-하다** 형 (여)

푸근-하다 형 (여) 1 두툼한 물건이 부드러우며 따뜻하다. 2 푸근한 솜이불. 2 감정이나 분위기가 부드러우며 따뜻하게 감싸 주는 듯한 느낌이 있다. ¶푸근한 인심 / 푸근한 고향 마을. 3 겨울의 날씨가 바람이 없고 따뜻하다. ¶겨울 날씨치고는 ~. 잭포근하다. **푸근-히** 부

푸-나무 명 1 풀과 나무. 2 '풋나무'의 잘못.

푸네기 명 가까운 자기 살붙이를 얕잡아 이르는 말.

푸념 명 1 [민] 굿을 할 때에 무당이 귀신의 뜻을 받아 정성 들이는 사람을 꾸짖는 것. 2 마음에 품은 불평을 말하는 것. ¶~을 늘어놓다. **푸념-하다** 통 (자)(타)(여)

푸다 통 (타)(여)<푸니, 퍼> 1 (액체나 가루, 또는 알맹이 상태의 물질을) 그것이 차거나 쌓이거나 담겨 있는 곳에 비교적 큰 용기(容器)나 도구를 깊이 넣거나 해서 공간이 있는 부분을 위로 하여 빼내거나 들어 올림으로써, 많은 양이 담기게 하다. ¶바가지로 우물물을 ~ / 밥을 주걱으로 ~. 2 (빨아당기는 힘을 가진 도구로 액체를) 비교적 많은 양을 본래 있던 곳에서 다른 곳으로 가게 하다. ¶양수기로 지하수를 **퍼** 올리다. 3 (사람이 술을) 많은 양을 마시다. ¶그는 매일 술을 푼다.

푸닥-거리 [-꺼-] 명 [민] 부정이나 살을 풀기 위해 무당이 간단하게 음식을 차리고 하는 굿. **푸닥거리-하다** 통 (자)(여) ¶또 접으니 굿이니 **푸닥거리하는** 따위는 일찍 즐겨 않으시던 아버지가 아닌가.〈김성홍: 뭣첩〉

푸닥-지다 [-찌-] 형 적은 것을 많다고 비꼴

때에 '푸지다'의 뜻으로 쓰는 말.

푸대 명 '부대(負袋)' 또는 '포대'의 잘못.

푸-대접(-待接) 명 아무렇게나 하는 대접. =박대(薄待)·소대(疏待)·외대(外待). (비)냉대. **푸대접-하다** 통 (타)(여)

푸덕 부 큰 새나 물고기가 날개나 꼬리를 세차게 한 번 치는 소리. 잭포닥. **푸덕-하다** 통 (자)(타)(여)

푸덕-거리다/-대다 [-꺼(때)-] 통 (자)(타) 자꾸 푸덕이다. 잭포닥거리다.

푸덕-이다 통 (자)(타)(여) 큰 새나 물고기가 날개나 꼬리를 세차게 소리 내어 치다. 잭포닥이다.

푸덕-푸덕 부 푸덕거리는 소리. 잭포닥포닥. **푸덕푸덕-하다** 통 (자)(타)(여)

푸둥-푸둥 부 살이 찐 상태가 보기에 썩 좋지는 않으나 그리 탄력 있어 보이지 않는 모양. ¶~ 살이 찐 중년 여자. 잭포동포동. (여)부둥부둥. **푸둥푸둥-하다** 형 (여)

푸드덕 부 큰 새나 물고기가 날개나 꼬리를 힘차게 치는 소리. 잭포드닥. **푸드덕-하다** 통 (자)(타)(여)

푸드덕-거리다/-대다 [-꺼(때)-] 통 (자)(타) 자꾸 푸드덕 소리가 나다. 또는, 그런 소리를 내다.

푸드덕-푸드덕 부 푸드덕거리는 소리. 잭포드닥포드닥. **푸드덕푸드덕-하다** 통 (자)(타)(여)

푸드득 부 '부드득'의 거센말. 잭파드득·포드득. (센)뿌드득. **푸드득-하다** 통 (자)(타)(여)

푸드득-거리다/-대다 [-꺼(때)-] 통 (자)(타) '부드득거리다'의 거센말. 잭파드득거리다·포드득거리다. (센)뿌드득거리다.

푸드득-푸드득 부 '부드득부드득'의 거센말. 잭파드득파드득·포드득포드득. (센)뿌드득뿌드득. **푸드득푸드득-하다** 통 (자)(타)(여)

푸들(poodle) 명 [동] 개의 한 품종. 유럽 원산의 애완용 개로, 털이 길고 양털 모양이며 아름다움. 털빛은 백색·흑색·갈색 등이 있으며, 영리하고 사람을 잘 따름.

푸들-푸들 부 '부들부들'의 거센말. 잭파들파들. **푸들푸들-하다** 통 (자)(타)(여)

푸딩(pudding) 명 서양식의 연한 생과자. 곡식의 가루에 달걀·우유·크림·설탕·향료 등을 섞고 과실·야채 등을 가하여 구운 것임. 디저트로 많이 쓰임.

푸뜩-푸뜩 부 '퍼뜩퍼뜩'의 잘못.

푸르께-하다 형 (여) 곱지도 짙지도 않게 약간 푸르다. 잭파르께하다.

푸르다 형 (러)<푸르니, 푸르러> 1 하늘빛이나 풀빛이나 쪽빛과 같다. ¶푸른 산 / 푸른 물결 / 푸른 초원 / 푸른 하늘 / 숲이 푸르게 우거지다. 2 서슬(이) 푸르다 →서슬. ×푸르르다.

> 어법 푸르른 가을 하늘 : 푸르른(×)→푸른(○). ☞ '푸르른, 푸르름' 등은 '푸르르다'를 기본형으로 본 것이므로 잘못임.

푸르대-콩 명 [식] 콩의 한 가지. 열매의 껍질과 속살이 다 푸름. =청대콩·청태(靑太).

푸르데데-하다 형 (여) 천해 보이게 푸르스름하다. 잭파르대대하다.

푸르뎅뎅-하다 형 (여) 격에 어울리지 않게 푸르스름하다. 잭파르댕댕하다.

푸르디-푸르다 형 (러)<~푸르니, ~푸르러> 더할 나위 없이 푸르다. ¶푸르디푸른 동해 바다.

푸르락-누르락 [-랑-] 부 몹시 화가 나서 얼굴빛이 푸르게 혹은 누렇게 변하는 모양.

푸르락누르락-하다 통자여
푸르락-붉으락 [부] '붉으락푸르락'의 잘못.
푸르르 [부] 1 '부르르'의 거센말. ¶그는 분을 참지 못해 고함을 지르며 ~ 떨었다. 2 새가 별안간 자리를 뜨며 날아가는 소리. 짝포르르. **푸르르-하다** 통여
푸르르다 [형] '푸르다'의 잘못.
푸르름 [명] '푸른빛', '녹음(綠陰)'의 잘못. 시(詩) 또는 문학적 표현 등에서 쓰이는 말로, '푸르다'의 비표준어인 '푸르르다'의 어간에 접미사 '-ㅁ'이 결합한 파생어임. ¶~이 짙어 가는 유월.
푸르무레-하다 [형여] 옅게 푸르스름하다. 짝파르무레하다.
푸르스레-하다 [형여] =푸르스름하다.
푸르스름-하다 [형여] (빛깔이) 다소 어둡고 충충하게 푸른 데가 있다. =푸르스레하다. ¶인가의 굴뚝에서 푸르스름한 연기가 피어올랐다. 짝파르스름하다.
푸르죽죽-하다 [-쭈카-] [형여] 빛깔이 고르지 못하고 칙칙하게 푸르스름하다. 짝파르족족하다.
푸르퉁퉁-하다 [형여] 산뜻하지 못하게 푸르다.
푸른-곰팡이 [명][식] 자낭균류 진정자낭균목 페니실륨속(屬) 곰팡이의 총칭. 몸은 실 모양의 균사로 되어 있고 포자는 구형이며 녹색이거나 회갈색임. 빵·떡·귤 등의 표면에 기생함. 용균 작용을 가진 것으로부터 페니실린이 만들어졌음.
푸른-똥 [명] =녹변(綠便).
푸른-빛 [-빋] [명] 푸른 빛깔.
푸른-색(-色) [명] 푸른 색깔.
푸른-콩 [명] '푸르대콩'의 잘못.
푸릇-푸릇 [-를-] [부] 군데군데 푸르스름한 모양. ¶~ 새싹이 돋다. 짝파릇파릇. **푸릇푸릇-하다** [형여]
푸리오소(⑨furioso) [부][음] 악곡의 표현 방법을 나타내는 말로, '열렬하게'의 뜻.
푸린(purine) [명][화] 염기성 유기 화합물의 하나. 무색의 결정(結晶)으로 생체 내에는 유도체로서 존재함.
푸만-하다 [형여] 배가 불러 조금 거북한 느낌이 있다.
푸새[1] 옷 등에 풀을 먹이는 일. **푸새-하다** [통타여]
푸새[2] 저절로 나서 자라는 풀의 통칭.
푸서 [명] 피륙을 베어 낸 자리에서 풀어지는 올.
푸석-돌 [-똘] [명][광] 화강암·화강 편마암 등이 풍화 작용을 받아 푸석푸석해진 돌. 준석돌.
푸석-살 [-쌀] [명] 무르고 푸석푸석한 살. ¶살은 문둥이같이 ~이 찌고, 미련하기는 곰 같고, …(이인직:모란봉)
푸석-이 [명] 1 무르고 부스러지기 쉬운 물건. 2 아주 무르게 생긴 사람을 놀림조로 이르는 말.
푸석-푸석[1] [부] 부피만 크고 바탕이 거칠어서 매우 부스러지기 쉬운 모양. 짝포삭포삭. **푸석푸석-하다**[1] [형여] ¶푸석푸석한 돌.
푸석-푸석[2] [부] '부석부석'의 거센말. **푸석푸석-하다**[2] [형여] ¶푸석푸석한 얼굴.
푸석-하다[1] [-서카-] [형여] 살이 핏기가 없이 조금 부어오른 듯하다. ¶잠을 제대로 못 잤더니 얼굴이 ~.
푸석-하다[2] [-서카-] [형여] 부피만 크고 바탕이 거칠어서 부스러지기 쉽다. 짝포삭하다.

푸성귀 [명] 사람이 가꾼 채소나 저절로 난 나물의 통칭.
푸-솜 [명] 타지 않은 날솜.
푸수수 [부] 정돈이 되지 않아 어수선하고 엉성한 모양. **푸수수-하다** [형여]
푸슬-푸슬 [부] '부슬부슬'의 거센말. 짝포슬포슬. **푸슬푸슬-하다** [형여]
푸시-록(push lock) [명] 문 안쪽의 둥근 손잡이 가운데에 튀어나온 단추를 누르면 문이 잠기는 자물쇠.
푸시시[1] [부] 불기가 있는 재 등에 물을 부을 때 나는 소리.
푸시시[2] [부] =부스스. **푸시시-하다** [형여]
푸싱(pushing) [명][체] 축구·농구 등에서, 상대방을 밀어뜨리는 반칙 행위. ¶~ 파울.
푸아즈(ⓔpoise) [명][의존][물] 점도(粘度)의 CGS 단위. 1푸아즈는 1g의 유체(流體)가 1초 사이에 1cm 이동하는 상태임. 기호는 P.
푸접 [명] ('있다', '없다', '좋다' 등과 쓰여) 사람을 대할 때의 인정미나 붙임성. ¶~ 좋은 말솜씨 / 네가 언제 나한테 ~ 있게 대한 적이 있느냐?
푸접-스럽다 [-쓰-따] [형ㅂ] <~-스러우니, ~-스러워> 대하는 품이 인정머리나 붙임성 없이 쌀쌀하다. ¶당신 요즘 나한테 푸접스럽게 대하는 이유가 뭐요? **푸접스레** [부]
푸주 [명] =푸줏간.
푸줄리나(fusulina) [명][고고] 석탄기와 페름기에 번영하였다가 고생대가 끝남과 함께 절멸한 유공충(有孔蟲)의 한 무리. 표준 화석으로서 중요함. =방추충(紡錘蟲).
푸줏-간(-間) [명] [-주깐/-준깐] 쇠고기·돼지고기 등을 파는 가게. =포사(庖肆)·푸주. 旧고깃간. ✕고깃관·다림방·푸줏관.
[**푸줏간에 들어가는 소 걸음**] 벌벌 떨며 무서움에 잠긴 모양. ¶푸한 머리.
푸줏-관(-館) [명] '푸줏간'의 잘못.
푸지다 [형] 매우 많아서 넉넉하다. ¶음식이 ~ / 잔치가 푸지게 벌어지다.
푸-지위(-知委) [명][역] 지위(知委)를 푸는 것. 곧, 명령했던 것을 취소하고 중지시키는 것. **푸지위-하다** 통타여
푸짐-하다 [형여] (물건이나 음식 등이) 많아서 넉넉하다. ¶상품이 ~ / 푸짐하게 차린 음식. **푸짐-히** [부]
푸짓-잇 [-진닏] [명]<궁> 이불잇.
푸코진자(Foucault振子) [명][물] 지구의 자전의 영향을 조사하는 진자. 북반구에서는 진자의 진동면이 시곗바늘이 도는 방향으로 천천히 회전하는 데서 지구의 자전이 입증됨.
푸푸 [부] 입김을 자꾸 내부는 소리.
푸-하다 [형여] 속이 꽉 차지 않고 불룩하게 부풀어 있다. ¶푸한 머리.
푹 [부] 1 드러나지 않게 잘 덮거나 싸는 모양. ¶모자를 ~ 눌러쓰다. 2 잠이 깊고 푸근하게 들거나 곤한 몸을 흡족하게 쉬는 모양. ¶잠이 ~ 들다 / 휴일에 ~ 쉬다. 3 힘 있고 깊게 찌르거나 쑤시는 모양. ¶칼로 ~ 찌르다. 4 흠씬 익도록 삶거나 끓이는 모양. ¶닭을 ~ 고다. 5 좀 심하게 썩거나 삭은 모양. ¶수박이 ~ 썩었다. 6 깊고 뚜렷이 팬 모양. ¶구덩이가 ~ 패다. 7 분량이 갑자기 많이 줄어든 모양. ¶며칠 새에 꿀단지의 꿀이 ~ 줄었네. 8 깊이 빠지거나 들어간 모양. ¶진흙탕에 발

이 ~ 빠지다. **9** 힘없이 쓰러지는 모양. ¶침대에 ~ 쓰러지다. **10** (순가락·삽 따위로) 물건을 많이 퍼내는 모양. ¶흙을 한 삽 ~ 뜨다. **11** 고개를 깊이 숙이는 모양. ¶벼이삭이 고개를 ~ 숙이다. **12** 아주 심하게 젖거나 목소리가 가라앉은 모양. ¶ ~ 가라앉은 목소리 / 빗발을 산책하였더니 운동화며 바지며 ~ 젖었다. 짠폭.

푹석 [-썩] 뵘 **1** 쌓인 먼지 따위가 일시에 심하게 일어나는 모양. **2** 물건이 매우 푹석하여 부드럽게 가라앉았거나 쉽게 부서지는 모양. **3** 힘없이 주저앉는 모양. 짠폭삭. **푹석-하다** 동(재)형여

푹석-푹석 [-썩-썩] 뵘 **1** 쌓인 먼지 따위가 자꾸 푹석 일어나는 모양. **2** 물건이 잇달아 푹석 가라앉거나 주저앉는 모양. **3** 잇달아 푹석 주저앉는 모양. 짠폭삭폭삭. **푹석푹석-하다** 동(재)형여

푹신-푹신 [-씬-씬] 뵘 **1** 여럿이 다 푹신한 모양. **2** 매우 푹신한 모양. 짠폭신폭신. **푹신-하다** 형여 ¶푹신푹신한 소파.

푹신-하다 [-씬-] 형여 (앉거나 기대거나 눕거나 밟는 맛이) 푸근하게 부드럽고 탄력성이 있다. ¶푹신한 쿠션. 짠폭신하다. **푹신-히** 뵘

푹-푹 뵘 **1** 흠씬 익을 정도로 몹시 끓이거나 삶는 모양. ¶빨래를 ~ 삶다. **2** 날씨가 찌는 듯이 무더운 모양. ¶ ~ 찌는 날씨. **3** 심하게 자꾸 썩거나 삭는 모양. ¶과일이 ~ 썩다. **4** 분량이 자꾸 많이 줄어들거나 없어지는 모양. ¶돈이 매달리니까 일이 ~ 준다. **5** 잇달아 세게 깊이 찌르거나 쑤시는 모양. **6** 힘없이 자꾸 쓰러지는 모양. **7** 자꾸 깊이 빠지는 모양. ¶진창길에 발목이 ~ 빠진다. **8** (순가락·삽 따위로) 물건을 많이씩 자꾸 퍼내거나 담는 모양. ¶쌀을 자루에 ~ 퍼 담다. **9** 눈 따위가 많이 내려 쌓이는 모양. **10** 돈 따위를 아낌없이 쓰는 모양. ¶돈을 ~ 쓰다. 짠폭폭.

푹-하다 [푸카-] 형여 (겨울 날씨가) 퍽 따듯하다. ¶푹하게 닿게 날씨가 ~.

푼 [**Ⅰ** 의존] [<분(分)] **1** 조선 말엽, 보조적 화폐 단위의 하나. 보통 1푼은 엽전 한 닢을 가리킴. 전(錢)의 10분의 1임. **2** [1을 일반화하여] 동전을 세는 단위. ¶내 손은 거의 기계적으로 양복 주머니로 돌아가 돈을 찾았다. 주머니에는 백동전 두서너 ~이 있었다. 《유진오: 스리》 **3** 무게의 단위. 한 돈의 10분의 1임. **4** 길이의 단위. 한 치의 10분의 1임. =분. ¶한 치 칠 ~. **5** 전체 수량을 100등분한 것의 비율을 나타내는 단위. 1할의 10분의 1이며, 리의 10배임. ¶타율 3할 5~ 2리. ×부.
Ⅱ 주 =분(分)⁸.

> **어법** 금 세 푼, 엽전 네 푼: 세(×)→서(○), 네(×)→너(○). ▶ '~ 돈, ~ 말, ~ 발, ~ 푼'의 경우에는 '서'와 '너'만 인정함 (표17).

푼!-거리 몡 땔나무·물건 따위를 몇 푼어치씩 팔고 사는 일. =푼내기.

푼!-내기 몡 **1** 푼돈을 가지고 하는 노름. **2** =푼거리.

푼더분-하다 형여 **1** (생긴 모양이) 두툼하고 탐스럽다. ¶푼더분한 얼굴. **2** 살림살이나 사람의 성품이 여유가 있고 넉넉하다. ¶사람이 푼더분하여 째째한 짓은 하지 않는다.

푼더분-히 뵘

푼!-돈 [-똔] 몡 적은 몇 푼의 돈. =분문(分文). ¶한 푼 두 푼 ~을 모아 목돈을 만든다. ↔모갯돈. ×분전·푼전.

푼사 (-絲) 몡 명주실의 하나. 고치를 켠 그대로 꼬지 않은 실. 여러 색을 물들여 수를 놓는 데 씀. =푼사실.

푼!수 몡 **①** 의존 **1** (어미 '-ㄴ', '-는' 다음에 '푼수로는 (치고는)'의 꼴로 쓰여) '상태'나 '정황'을 뜻하는 말. ¶아무리 나이는 열세 살이라 하더라도 실제 일하는 ~로는 어른 한몫을 넉넉히 하는 것이 아닌가.《황순원: 카인의 후예》 **2** 얼마에 상당한 정도. ¶우선 교실 하나 ~는 되는 곳에 너무도 인원이 적으려니와 기자랩시고 편물기 세 대뿐인 것이 한심스럽기 짝이 없었다.《송병수: 해후》 **②** (자립) (속) 생각이 모자라고 어리석은 사람. ¶ ~ 짓을 하다.

푼수에 맞다 관 어떤 정도에 알맞다.

푼!수-데기 [-떼-] 몡 생각이 모자라고 어리석은 사람을 얕잡아 이르는 말.

푼-전 (-錢) 몡 '푼돈'의 잘못.

푼침 (-針) 몡 '분침(分針)'의 잘못.

푼!-이 뵘 분한한 푼씩. ¶ ~ 모은 돈.

푼푼-하다 형여 **1** 모자람이 없이 넉넉하다. ¶살림이 ~ / 팔십 전을 손에 쥔 김 첨지의 마음은 푼푼하였다.《현진건: 운수 좋은 날》 **2** 옹졸하지 않고 너글너글하다. **푼푼-히** 뵘

풀-소 [-쏘] 몡 여름에 생풀만 먹고 사는 소. 힘을 잘 쓰지 못하여 부리기에 부적당함. ×풀소.

풀소-가죽 [-쏘-] 몡 풀소의 가죽. 질기지 않음. ×풀소가죽.

풀소-고기 [-쏘-] 몡 풀소의 고기. 맛이 없음. ×풀소고기.

풀¹ 몡 **1** 곡식이나 물고기의 부레나 합성 섬유 등으로 만들어 물건을 붙이는 데 쓰는 끈끈한 물질. ¶ ~을 쑤다 / ~을 바르다 / 종이를 ~로 붙이다. **2** 옷이나 옷깃·이불잇·실·보(褓) 따위를 빳빳한 기운이 있게 하기 위해 먹이는, 쌀이나 녹말가루 따위로 만드는 끈끈한 물질. ¶ ~ 기운이 세다. **3** (주로, '있다', '죽다', '꺾이다' 등과 함께 쓰여) 사람의 몸짓이나 태도에서 느낄 수 있는 활기나 기세. 비유적인 말임. ¶ ~이 죽다 / ~이 꺾이다.

[**풀 먹은 개 나무라듯 한다**] 몹시 혹독하게 나무라고 탓하다.

풀(이) 먹이다 관 피륙·종이 따위에 풀기가 배어 들게 하다. ¶와이셔츠에 풀을 빳빳이 먹이다.

풀(이) 서다 관 풀을 먹여 피륙이 빳빳해지다. ¶풀이 빳빳이 선 와이셔츠.

풀(이) 죽다 관 **1** 풀기가 적어 빳빳하지 못하다. ¶비를 맞은 모시 두루마기가 풀이 죽어 추레하거나. **2** 활기나 기세가 약해지다. ¶태식이는 시험에 떨어진 뒤로 풀이 죽어 어깨가 축 늘어져 다닌다.

풀² 몡 **1** 목질(木質)이 아닌 연한 줄기에 가늘고 긴 녹색 잎이 달린, 키가 작은 식물. 산이나 들, 마당, 길가 등에 저절로 자람. 소·염소·양 등이 뜯어 먹고 삶. ¶ ~을 베다 / ~이 무성하다 / 소가 확 쥐어뜯어~을 뜯다. **2** 초본 식물의 총칭. ¶한해살이 ~ / 여러해살이 ~. **3** '갈풀'의 준말.

풀³ (pool) 몡 **1** 자동차 등이 모이는 곳. ¶모터~. **2** [경] 공동 이익을 위해 협정을 체결할

기업의 연합체. ¶~제(制). **3** 헤엄칠 수 있도록 물을 담아 놓은 시설. **4** 당구(撞球)에서, 돈을 걸고 게임하는 내기의 하나.

풀-가동(full稼動) [명] (기계·설비·인력 등이, 또는 기계·설비·인력 등을) 있는 대로 다 가동하는 것. **풀가동-하다** [동][타][여] ¶공장의 기계를 24시간 **풀가동하여** 납품 기일을 맞추다. **풀가동-되다** [동][자]

풀-가사리[-까-] [명][식] 홍조류 풀가사릿과의 해조(海藻). 겨울철에 썰물의 경계선에 있는 바위에 붙어 번식함. 겉은 미끄럽고 끈끈하며 광택이 남. 식용하며, 이것을 삶은 물로는 명주·비단 등의 옷감에 풀을 먹임. [준]가사리·풀가시.

풀-각시[-씨] [명] 막대기나 수수깡의 한쪽 끝에 풀로 색시 머리 땋듯이 곱게 땋아 만든 인형.

풀-기(-氣)[-끼] [명] **1** 풀을 먹여 빳빳하게 된 기운. ¶~가 없다. **2** 사람의 씩씩하고 활기찬 기세.

풀-꽃[-꼳] [명] 풀에 핀 꽃. 또는, 꽃이 피어 있는 풀. ¶길섶에 피어 있는 작은 ~.

풀다 [동][타] 〈푸니, 푸오〉 **1** (묶거나 매거나 얽거나 엮거나 감거나 한 줄·끈·실·띠 따위를) 매듭 따위를 없어지게 하여 이어지지 않게 하거나 짜이지 않게 하거나 하나의 길이를 이루게 하다. ¶옷고름을 ~ / 매듭을 ~. **2** (채우거나 차거나 찬 것 등을) 분리되게 하다. ¶단추를 ~ / 나사를 ~ / 손목시계를 ~ / 형사가 범인에게 채운 수갑을 ~. **3** (싸거나 꾸린 짐이나 꾸러미를) 속에 든 물건을 살펴보거나 이용하거나 따로따로 두기 위해 열거나 들추거나 헤치다. ¶짐을 ~ / 여장(旅裝)을 ~ / 보따리를 ~. **4** (물속에서 녹거나 퍼지는 물질을 액체에) 넣어 그 물질의 성분을 띤 액체가 되게 휘젓거나 섞다. ¶밀가루를 **풀어서** 풀을 쑤다. **5** (많은 사람이나 재물 따위를) 넓은 곳에 널리 퍼져 있게 하다. ¶경찰을 **풀어** 범인이 도주한 지리산 일대를 수색하다 / 금융 긴축으로 은행이 시중에 자금을 **풀지** 않고 있다. **6** (갇히거나 통제된 상태의 사람이나 동물을) 자유롭게 활동하도록 밖으로 나가게 하다. ¶모범수를 **풀어** 주다 / 맹견을 **풀어** 놓다. **7** (금지하거나 제한하던 상태를) 없애거나 거두다. [비]해제하다. ¶개발 제한을 ~ / 수입 규제를 ~. **8** (어떤 문제나 다루기 어렵거나 복잡하게 얽힌 일을) 그 답을 이끌어 내거나 아무 문제가 되지 않게 하거나 해결이 나게 하다. [비]해결하다·처리하다. ¶시험 문제를 ~ / 오해를 ~. **9** (어려운 말이나 글을) 알기 쉬운 말이나 글로 바꾸다. 또는, (점괘나 꿈 따위를) 그 숨은 뜻을 밝혀 설명하다. ¶암호문을 ~. **10** (마음속의 노여움이나 원한이나 긴장이나 답답함 등을) 가라앉히거나 사그라져 없어지게 하다. ¶천추의 한을 ~ / 제발 노여움을 **푸십시오.** **11** (굳어진 몸을) 근육이 부드러워지게 하거나, (몸의 피로 상태 등을) 몸이 가뿐한 상태가 되도록, 없어지게 하다. ¶운동선수가 시합 전에 가벼운 운동으로 몸을 ~ / 피로를 ~. **12** (간절히 바라던 것을) 이루어 더 이상 마음에 품지 않게 되다. ¶네가 고시에 합격했으니 이제 원(願)을 **풀었다.** **13** (코를) '흥' 소리를 내어 몸 안의 공기가 콧구멍으로 다소 세게 나가게 하다. 또는, 그렇게 하여 콧속에 찬 액체를 흘러나오게 하다. ¶휴지를 대고 코를 흥~. **14** (어떤 땅에 물을 대거나 일구어 논을) 이루어 만들다. ¶홍 주사네 살림도 꽤 늘어서 새로 **풀어서** 몇 마지기 만들었고,….《전영택:소》

풀-대님[-때-] [명] 바지나 고의를 입고서 대님을 매지 않고 그대로 터놓는 일. **풀대님-하다** [동][자][여]

풀-덤불 [명] 풀이 많이 우거진 덤불.

풀-독(-毒)[-똑] [명] 풀의 독기. ¶몸에 ~이 오르다.

풀떡 [부] 힘을 모아 가볍게 뛰는 모양. [작]폴딱. **풀떡-하다** [동][자][여]

풀떡-거리다/-대다[-꺼(때)-] [동][자] 힘을 모아 잇달아 가볍게 뛰다. [작]폴딱거리다.

풀떡-풀떡 [부] 풀떡거리는 모양. [작]폴딱폴딱. **풀떡풀떡-하다** [동][자][여]

풀-떨기 [명] 풀이 우거져 이룬 떨기.

풀떼기 [명] 잡곡 가루와 늙은 호박 등을 재료로 하여 풀처럼 쑨 음식. 범벅보다 묽고 죽보다 됨. ¶호박 ~ / 수수 ~. [준]풀떽.

풀럭-거리다/-대다[-꺼(때)-] [동][자][타] 바람에 날려 아주 빠르게 나부끼거나 그렇게 하다. [작]폴락거리다.

풀럭-풀럭 [부] 풀럭거리는 모양. [작]폴락폴락. **풀럭풀럭-하다** [동][자][타][여]

풀렁 [부] 바람에 날려 한 번 무겁게 나부끼는 모양. [작]폴랑. **풀렁-하다** [동][자][타][여]

풀렁-거리다/-대다 [동][자][타] 바람에 날려 무겁게 나부끼다. [작]폴랑거리다.

풀렁-풀렁 [부] 풀렁거리는 모양. [작]폴랑폴랑. **풀렁풀렁-하다** [동][자][타][여]

풀려-나다 [동][자] (갇히거나 통제된 상태의 사람이나 동물이) 자유로운 상태가 되다. =풀려나오다. ¶인질이 ~.

풀려-나오다 [동][자] =풀려나다.

풀-리다 [동][자] **1** '풀다'의 피동사. ¶끈이 ~ / 의문이 ~ / 혐의가 ~. **2** (춥던 날씨가) 그다지 춥지 않은 상태가 되다. [비]누그러지다. ¶기승을 부리던 추위가 ~. **3** (강이나 내 등에 얼었던 얼음이) 따뜻해진 날씨로 점차 녹는 상태가 되다. ¶한강의 얼음이 ~. **4** (눈동자 따위가) 또렷하지 못하고 흐려지다. ¶간밤에 과음한 탓인지 눈이 게슴츠레 **풀려** 있다.

풀-막(-幕) [명] 물가나 산기슭에 뜸집처럼 지붕을 풀로 잇고 임시로 지은 막.

풀-매기 [명] 잡초를 뽑아 없애는 일. **풀매기-하다** [동][자][여]

풀-매듭 [명] 풀기 쉽게 매어진 매듭. ↔옭매듭.

풀-머리 [명] 땋거나 걷어 올리지 않고 풀어 헤친 머리털. **풀머리-하다** [동][자][여]

풀무 [명] 지난날, 대장간이나 부엌에서 불을 피울 때 바람을 일으키려고 사용하던 기구. 골풀무와 손풀무의 두 가지가 있음. =야로(冶爐)·풍구.

풀무-질 [명] 풀무로 바람을 일으키는 일. **풀무질-하다** [동][자][여]

풀-무치 [명][동] 메뚜기목 메뚜깃과의 곤충. 몸길이 48~65mm. 몸빛은 황갈색이나 녹색으로 앞날개에 불규칙한 흑갈색 무늬가 있음. 8~9월에 발생하여 양지바른 풀밭에 삶.

풀-물 [명] 풀에서 묻어나 옷 따위에 든 퍼런 물. ¶풀밭에서 뒹굴었더니 옷에 ~이 들었다.

풀-밭[-받] [명] 풀이 촘촘히 나 있는, 비교적 넓고 평평한 땅.

풀백(fullback)[체] 축구에서, 골키퍼 앞에서 수비를 맡는 선수. 또는, 그 수비 위치.
풀-벌레[명] 풀숲에서 사는 벌레의 총칭.
풀-비[-삐][명] 귀얄 대신 쓰려고 짚 이삭으로 만든 작은 비.
풀-빛[-삗][명] 풀의 빛깔. =초색. ¶지금쯤 교정의 ~은 한껏 짙푸르러 있을 것이다.
풀-빵[명] 국화나 붕어 등의 모양으로 우묵하게 팬 틀에 묽은 밀가루 반죽을 부어 구운 빵. 주로, 길거리에서 파는 싸구려 음식임.
풀-뿌리[명] 풀의 뿌리. =초근(草根).
풀뿌리-민주주의(-民主主義)[-의/-이][명][정] 민중의 의사를 직접적으로 반영하고 민중의 지지를 받는 대중적 민주주의. 대의제에 기초한 간접 민주주의와 달리 시민 운동·주민 운동 등의 방식을 통해 주민들이 정치 행위에 직접 참가함.
풀-색(-色)[-쌕][명] 풀의 빛깔처럼 녹색에 노란색이 연하게 섞인 색깔. 연두색과 녹색의 중간색.
풀^세트(full set)[체] 테니스·탁구·배구 등에서, 승부가 최종 세트까지 가는 일.
풀-소[명] '풀소'의 잘못.
풀소-가죽[명] '풀소가죽'의 잘못.
풀소-고기[명] '풀소고기'의 잘못.
풀-솜[-쏨][명] 실을 켤 수 없는 고치를 삶아서 늘여 만든 솜. =명주솜·설면자(雪綿子).
풀-숲[-숩][명] 풀이 마구 자라 우거져 있는 곳. =초망(草莽).
풀^스윙(full swing)[체] 야구·골프 등에서, 공을 멀리 날리기 위해 배트나 클럽을 힘껏 길게 휘두르는 일.
풀-싸움[명] 1 아이들의 민속놀이의 하나. 아이들이 풀밭에서 여러 가지 풀을 뜯어 와 서로 비교하여, 더 많은 종류의 풀을 뜯은 편 아이가 이김. =투초. 2 다른 동리의 풀밭에서 풀을 베었다 해서 일어나는 싸움. 준풀쌈. 풀싸움-하다[동][자]
풀-쌈[명] '풀싸움'의 준말. 풀쌈-하다[동][자][여]
풀썩[1][부] 연기나 먼지 따위가 별안간 한꺼번에 뭉겨서 일어나는 모양. [잘]폴싹. 풀썩-하다[1][동][자][여]
풀썩[2][부] 맥없이 주저앉거나 내려앉는 모양. ¶그 말을 듣는 순간 그 자리에 ~ 주저앉고 말았다. 풀썩-하다[동][자][여]
풀썩-거리다/-**대다**[-꺼(때)-][동][자] 연기나 먼지 따위가 자꾸 뭉겨서 일어나다. [잘]폴싹거리다.
풀썩-풀썩[부] 풀썩거리는 모양. [잘]폴싹폴싹. 풀썩풀썩-하다[동][자][여]
풀-쐐기[명][동] 불나방의 애벌레. 작은 누에처럼 생기고 빛이 검푸르며, 거친 털이 온몸에 촘촘히 나있음. 잡초의 잎을 갉아 먹음. =쐐기.
풀쑥[부] '불쑥'의 거센말.
풀쑥-풀쑥[부] '불쑥불쑥'의 거센말.
풀-씨[명] 풀의 씨.
풀어-내다[동][타] 1 얽힌 것이나 얼크러진 것을 끌러 내다. ¶얽힌 낚싯줄을 ~. 2 (복잡하거나 어려운 문제나 일을) 궁구하여 밝혀내다. ¶어려운 통계 문제를 ~.
풀어-놓다[-노타][동][타] (어떤 목적을 위하여) 사람을 널리 풀어 베풀어 놓다.
풀어쓰-기[명][언] 한글에서 현재 쓰이고 있는 자형(字形)을 풀어서, 초성·중성·종성의 차례대로 늘어놓아 쓰는 방식. '문법'을 'ㅁㅜㄴㅂㅓㅂ'으로 쓰는 따위.

풀어-지다[동][자] 1 (묶거나 매거나 얽거나 엮거나 감기나 한 줄·끈·실·띠 따위가) 매듭 따위가 없어지거나 하여 이어지지 않게 되거나 하나의 길이를 이루게 되다. ¶구두끈이 ~/허리띠가 ~. 2 (잠그거나 채우거나 죄거나 하는 기능의 물건이) 열어지거나 끌러지거나 느슨하게 돌려지다. ¶손목시계가 ~/나사가 ~. 3 (어떤 물질이 액체 속에) 녹거나 퍼지는 상태가 되다. ¶물감이 물에 ~. 4 (어떤 문제나 다루기 어렵거나 복잡하게 얽힌 일이) 그 답이 이끌어지거나 해결이 나다. ¶수학 문제가 잘 안 ~/오해가 쉽게 ~. 5 (마음속의 노여움이나 원한이나 긴장이나 답답함 등이) 가라앉거나 사그라져 없어지다. ¶시험이 끝나고 나니 긴장이 ~/아직도 화가 안 풀어졌니? 6 (춥던 날씨가) 춥지 않은 상태가 되다. ¶날씨가 입춘이 지나면서 ~. 7 (국수·수제비 따위가) 물에 불어서 졸깃졸깃함이 없어지다. ¶국수가 ~. 8 (눈동자가) 초점이 없이 흐리멍덩해지다. ¶그들은 이미 소주로 한판 벌였는지 나를 보고 반갑게 손을 내미는 오만준의 눈은 풀어져 있었다.〈최인호:무서운 복수〉
풀어-헤치다[동][타] 속마음을 거침없이 털어놓다. ¶우리 서로 가슴을 풀어헤치고 얘기해 보자.
풀이[명] 1 뜻을 쉬운 말로 밝혀 말하는 것. ¶낱말 ~. 2 [수] 어떤 문제가 요구하는 결과를 얻어 내는 것. 또는, 그 결과. ¶문제 ~. 풀이-하다[동][타][여] ¶대학 입시 문제를 ~. 풀이-되다[동][자]
풀이-말[명][언] =서술어(敍述語).
풀이-씨[명][언] =용언(用言).
풀-잎[-맆][명] 풀의 잎. =초엽.
풀잎-피리[-맆-][명] =풀피리.
풀-장(pool場)[명] =수영장.
풀-질[명] (무엇을 붙일 자리에) 풀을 바르는 것. 풀질-하다[동][타][여]
풀쩍[부] 1 (약간 크고 무거운 것이) 가볍고 힘 있게 한 번 뛰거나 날아오르는 모양. ¶담을 ~ 뛰어넘다. 2 (문 따위를) 갑자기 열거나 닫는 모양. [잘]폴짝. 풀쩍-하다[동][자][타][여]
풀쩍-거리다/-**대다**[-꺼(때)-][동][타] (문 따위를) 자꾸 갑작스레 여닫으며 드나들다. [잘]폴짝거리다.
풀쩍-풀쩍[부] 풀쩍거리는 모양. [잘]폴짝폴짝. 풀쩍풀쩍-하다[동][타][여]
풀-치다[동][타] 맺혔던 마음을 돌려 너그럽게 용서하다.
풀-치마[명] 양쪽으로 선단이 있어 둘러 입게 만든 치마. ↔통치마.
풀-칠(-漆)[명] 1 (어떤 것을 붙이기 위하여) 무엇을 풀을 바르는 것. ¶봉투에 ~을 하다. 2 겨우 끼니를 이어 가는 것. 풀칠-하다[동][타][여] ¶요즈음 같아서는 입에 풀칠하기도 힘들다.
풀^카운트(full count)[명][체] 1 야구에서, 타자의 볼 카운트가 투 스트라이크 스리 볼이 되었을 경우를 이르는 말. 2 권투에서, 녹다운하였을 때 열까지 세는 일.
풀-칼[명] 된 풀질을 하여 붙이는 데 쓰는, 칼 모양의 물건. 대오리나 나무오리로 만듦.
풀-코스(full course)[명] 1 서양 요리에서, 일정한 순서로 짜여진 식단. 오르되브르·수프·생선 요리·고기 요리·샐러드·디저트·프루츠·커피의 차례가 표준임. 2 마라톤에서, 42.195km 전체의 구간. ¶마라톤 ~를 완주하다.
풀코트^프레싱(full-court pressing) 몡[체] 농구에서, 전면 압박 수비.
풀-타임(full time) 몡 정해진 하루 근무 시간 내내 일하는 일. ▷파트타임.
풀-포기 몡 한 뿌리에서 나온 풀의 덩이.
풀풀 閉 1 날쌔고 기운차게 자꾸 뛰거나 나는 모양. ¶몸이 ~ 나는 새 같다. 2 물이 자꾸 끓어오르는 모양. 3 (눈·재·먼지·연기 따위가) 흩날리는 모양. ¶눈이 ~ 날리다 / 마른 잔디가 ~ 연기를 내며 타 들어가다. 困폴폴.
풀풀-하다 혱예 힘꼴이 있고 성질이 괄괄하다. ¶그런데 그 양반 꽤 청청하시데요. 칼을 휘두르면서 돌 땐 정말 신 내린 무당같이 **풀풀하시더군요**.《황순원:일월》
풀-피리 몡 두 입술 사이에 대거나 물고 불어서 피리와 같은 소리를 내는 대상으로서의 풀잎. =풀잎피리·초금(草琴)·초적(草笛)·호가(胡笳).
풀-하다 툉쟈옛 풀을 먹이다. ¶광목에 ~.
품¹ 몡 1 사람이 다른 사람이나 동물을 안을 수 있는 부분으로서의 가슴. ¶엄마 ~에 안겨 잠이 든 아기. 2 사람이 옷을 입고 있는 상태에서, 물건을 간직하거나 숨길 수 있는, 가슴 부분의 옷 안. ¶칼을 ~에 품은 자객. 3 윗옷의 양쪽 겨드랑이 밑의 가슴을 둘로 두르는 부분의 넓이. ¶~이 크다 / ~을 줄이다. 4 사람이 마음의 위안이나 따뜻한 보호를 받을 수 있는 조국이나 고향이나 가정이나 종교 등을 비유적으로 이르는 말. ¶조국의 ~에 안기다.
[**품 안에 있어야 자식이라**] 자식이 어려서 부모의 품 안에 있을 때는 부모를 따르나, 장성하면 차츰 부모로부터 멀어진다 하여 이르는 말.
품² 몡 머리를 쓰기보다는 몸을 움직여서 하는 일에 있어서, 그 일을 하는 데 드는 힘. 또는, 그 일을 하기 위해 몸을 움직이는 일. ¶왕골자리를 짜려면 ~이 여간 많이 들지 않는다.
품(을) 앗다 쿠 자기가 품을 제공하고 그 값음으로 상대의 품을 받도록 하다.
품(을) 팔다 쿠 품삯을 받고 일하다.
품³ 의존 (용언의 어미 '-ㄴ/-은/-는' 아래에 쓰여) 사람의 행동이나 말씨에서 드러나는 '됨됨이'나 '태도'를 이르거나 사물의 상태에서 드러나는 '모양'이나 '형세'를 이르는 말. =품새. ¶옷 입은 ~이 엉성하다 / 말하는 ~이 많이 배운 사람 같다.
품⁴(品) 몡 ① 자립 1 '품질'의 준말. 2 =품격. 3 [역] '직품(職品)'의 준말. ② 의존[역] 품계의 순위를 매기는 말. ¶정3 ~ / 종6 ~.
-품⁵(品) 접미 '물품'의 뜻을 나타내는 말. ¶특산~ / 골동~ / 필수~.
품-값 [-깝] 몡 =품삯.
품격(品格) [-껵] 몡 1 사람의 품성과 인격. =품. ¶상스런 말은 그 사람의 ~을 떨어뜨린다. 2 사물 따위에서 느껴지는 품위.
품결(稟決) 몡 웃어른이나 상사(上司)에게 여쭈어 처결하는 것. **품결-하다** 튕타예.
품계(品階) [-계/-계] 몡[역] 고려·조선 시대의 벼슬의 등급. 1품에서 9품까지 9등급으로 가르되, 각 등급을 정(正)·종(從)의 구별을 둠으로써 모두 18단계로 나뉨. ㉯계(階).
품고(稟告) 몡 웃어른(上司)에게 여쭈는 것. =품달(稟達)·품신(稟申). **품고-하다** 툉타예.
품관(品官) 몡[역] 품계를 가진 벼슬아치의 총칭.
품귀(品貴) 몡 물건이 귀한 상태. ¶계속되는 폭염으로 냉방 용품이 ~ 현상을 빚고 있다.
품-기다 툉쟈 '품다'의 피동사. ¶가슴에 ~.
품-꾼 몡 '품팔이꾼'의 준말.
품다¹ [-따] 툉고/품어 튕타 1 (새나 닭 등이 알이나 새끼를) 알을 까게 하거나 새끼를 보호하거나 날개나 깃털의 아래에 품어 감싸다. ¶암탉이 알을 ~. 2 (주로, 어른이 아기를) 품 안에 있게 하다. 困안다. ¶엄마가 아기를 품 안에 ~. 3 (사람이 어떤 물건을 가슴 부분의 옷 속에) 넣어 간직하거나 숨기다. ¶아이는 비에 젖을세라 책을 가슴에 **품고** 왔다. 4 (주로, 남자가 이성으로서의 여자를) 성적(性的)으로 소유하다. ¶그 남자는 아직까지 여자를 한 번도 **품어** 본 적이 없는 숫총각이다. 5 (어떤 생각이나 감정을) 잘 드러내지 않게 마음속에 가지거나 지니다. ¶큰 뜻을 ~ / 의혹을 ~ / 원한을 ~.
품다² [-따] 툉타 1 괴어 있는 물을 계속해서 푸다. ¶펌프로 물을 **품어** 올리다. 2 입이나 용기 속에 든 액체를 내뿜다. ¶빨래에 물을 **품어** 다리다.
품달(稟達) 몡 =품고(稟告). **품달-하다** 툉타예.
품대(品帶) 몡[역] 벼슬아치의 관복에 갖추어 두르는 띠. 품계에 따라 다름.
품-돈 [-똔] 몡 품삯으로 받는 돈.
품-등(品等) 몡 품질의 등급.
품명(品名) 몡 1 품종의 명칭. 2 물품의 이름.
품목(品目) 몡 물품의 종류를 보이는 이름. ¶~별 / 수출 ~.
품바 몡 장터나 길거리를 돌아다니면서 동냥하는 사람.
품바^타령 몡 '장타령'을 달리 이르는 말. 후렴구에서 따온 말임.
품별(品別) 몡 품질·품종에 따라 구별하는 것. 또는, 그 구별. **품별-하다** 툉타예. **품별-되다** 툉쟈.
품사(品詞) 몡[언] 단어를 문법적 기능·형태·의미에 따라 나눈 갈래. 현재 우리나라의 학교 문법에서는, 명사·대명사·수사·조사·동사·형용사·관형사·부사·감탄사의 9가지로 분류하고 있음. =씨.
품사^전성(品詞轉成) 몡[언] 어떤 품사가 다른 품사로 바뀌는 일. 가령, 동사 '믿다'가 명사 '믿음'으로 바뀌는 따위.
품-삯 [-싹] 몡 품팔이에 대한 삯. =품값. 困노임(勞賃). ¶~을 받다.
품-새 몡= 품³.
품석(品石) 몡[역] 대궐 안 정전(正殿)의 앞뜰에 품계를 새겨 세운 돌. =품계석(品階石).
품성¹(品性) 몡 품격과 성질. ¶고결한 ~ / ~을 도야하다.
품성²(品性) 몡 타고난 성질. ¶~이 온후한 사람.
품세 몡[체] 태권도에서, 공격과 방어의 기본 기술을 연결한 연속 동작.
품-속 [-쏙] 몡 품의 속. ¶어머니의 따뜻한 ~ / 그녀의 사진을 ~에 간직하다.
품-수(品數) [-쑤] 몡 품(品)의 차례.

품:신(稟申)[명] =품고(稟告). 품:신-하다 [동](타)(여)

품-앗이[명] 1 주로 농촌에서, 어느 한 집에서 힘든 일을 할 때 다른 집에서 함께 일해 주고 다음에 다른 집에서 일할 때 도움을 받은 집이 갚는 뜻에서 함께 일해 주고 하는 것. ¶~로 이웃집 밭을 매다. 2(비유적으로 쓰여) 어떤 사람에게서 은혜를 입거나 어떤 일을 당하거나 한 사람에게 그와 비슷한 일을 하는 것. ¶~로 인제는 네 뺨 좀 때려 보자.《홍명희:임꺽정》 품앗이-하다 [동](자)(여)

품앗이-꾼[명] 품앗이를 하는 사람.

품:위(品位)[명] 1 사람이 갖추어야 할 위엄이나 기품. ¶~를 읽다/~를 지키다/이 옷은 당신의 ~를 높여 줄 것입니다. 2 사물의 가치나 위엄. ¶~ 있는 고급 승용차. 3 금화·은화가 함유하고 있는 금·은의 비례. 4 광석 상태에서 금속의 정도. 특히, 다이아몬드의 품질을 나타내는 등급.

품:의(稟議)[-의/-이][명] (웃어른이나 상사에게) 말이나 글로 여쭈어 의논하는 것. 품:의-하다 [동](타)(여) ¶회사에 자료 구입을 ~.

품:의-서(稟議書)[-의-/-이-][명] 웃어른이나 상사에게 여쭈어 의논하는 글.

품:절(品切)[명] 물건이 다 팔리고 없는 것. =절품(切品). 품:절-하다 [동](자)(여) 품:절-되다 [동](자)

품:종(品種)[명] 1 물품의 종류. 2[농] 같은 종류에 속하는 농작물·가축등을 그 유전 형질에 의하여 다시 세분한 단위의 명칭. 3[생] 생물 분류학상, 종(種)의 하위 단위. ▷종(種).

품:종^개:량(品種改良)[명][생] 순계 분리(純系分離)·교잡·돌연변이 등에 의하여 작물이나 가축을 목적에 맞는 형질(形質)로 개량하는 일. =육종(育種).

품:질(品質)[명] 물건의 질. ¶~ 개선/~이 우수하다(뛰어나다). (준)품(品).

품:질^관리(品質管理)[-괄-][명][경] 기업에서 제품의 품질을 일정하게 유지하고 향상시키기 위해 꾀하는 여러 가지 관리. =큐시(QC).

품:질^보증(品質保證)[명] 제품의 품질이 일정 수준에 있음을 보증하는 일. =큐에이(QA).

품-팔이[명] 품삯을 받고 남의 일을 해 주는 것. =고공. ¶~로 겨우 연명하다. 품팔이-하다 [동](자)(여)

품팔이-꾼[명] 품팔이로 살아가는 사람. (준)품꾼.

품:평(品評)[명] (어떤 물건 등을) 품질의 좋고 나쁨을 평하여 정하는 것. 품:평-하다 [동](타)(여)

품:평-회(品評會)[-회/-훼][명] 일정한 산물·가공품·제품 등을 모아 놓고 품질을 평하는 모임. ¶공산품 ~/~를 열다.

품:-하다(稟-)[동](타)(여) 어떤 일의 가부 또는 의견을 웃어른이나 상사(上司)에서 여쭙다. ¶형님, 두말하실 것 없이 저 사람 말대로 강화에 있는 원범으로 순조 대왕의 뒤를 받들도록 왕대비께 품하십시다.《박종화:전야》

품:행(品行)[명] 사람의 성품과 행실. (비)조행(操行). ¶~이 방정하다.

풋¹[풋][부] 갑자기 짧은 웃음을 터뜨리는 소리.

풋-²[풋][접두] 명사 앞에 붙어서, '새로운 것', '처음 나온 것', '덜 익은 것', '미숙한 것'의 뜻을 나타내는 말. ¶~과일/~사랑/~김치/~나물/~잠.

풋-감[풋깜][명] 빛이 퍼렇고 아직 덜 익은 감.

풋-거름[풋꺼-][명] 생풀이나 생나무 잎으로 하는, 충분히 썩지 않은 거름. =초비(草肥).

풋-것[풋껃][명] 1 아직 덜 익은 곡식이나 과실이나 나물. 2 그해 들어 새로 나온 곡식이나 과실이나 나물.

풋-고추[풋꼬-][명] 1 다 자랐지만 푸른빛을 띠고 있는 고추. ¶~를 된장에 푹 찍어서 먹다. 2 아직 덜 익은 고추. =청고초.

풋-곡식(-穀食)[풋꼭씩][명] 아직 덜 익은 곡식. (준)풋곡.

풋-과실(-果實)[풋꽈-][명] 아직 덜 익은 과실.

풋-과일[풋꽈-][명] 아직 덜 익은 과일.

풋-김치[풋낌-][명] 봄·가을에 새로 나온 열무나 어린 배추로 담근 김치.

풋-나기[명] '풋내기'의 잘못.

풋-나무[명] 갈잎나무·새나무·풋장 따위의 통칭. ×푸나무.

풋-나물[풋-][명] 봄철에 새로 나온 풀과 나무의 연한 싹을 뜯어 만든 나물. =청채.

풋-내[풋-][명] 1 새로 나온 푸성귀·풋나물 따위에서 나는 풀 냄새. 2 익숙하지 못하거나 어린 모양을 비유한 말.

풋-내기[명] 1 경험이 없어 일에 서투른 사람. 2 차분하지 못하여 객기(客氣)를 잘 부리는 사람. ×푸나기.

풋-담배[풋땀-][명] 1 퍼런 잎을 썰어 바로 말린 잎담배. =청초(靑草). 2 배운 지 얼마 되지 않아 아직 맛도 모르고 담배를 피우는 일.

풋-대추[풋매-][명] 1 말리지 않은 대추. 2 덜 익어 퍼런 대추.

풋-되다[풋뙤-/풋뛔-][형] 어리고 경험이나 분별력이 적다. ¶스물이 넘었어도 여전히 풋되기만 하니 큰일이에요.

풋-마늘[풋-][명] 다 자라지 않은 마늘.

풋-머리[풋-][명] 곡식·과실 따위가 아직 무르녹기까지에는 이르지 못하고 이제 겨우 맏물이나 햇것이 나올 무렵. ¶~의 감자.

풋-머슴[명] '선머슴'의 잘못.

풋-바둑[풋빠-][명] 배운 지 얼마 되지 않아 아직 서투른 바둑 솜씨.

풋-바심[풋-][명] 채 익기 전의 벼나 보리를 지레 베어 떨거나 훑는 일. (준)바심. 풋바심-하다 [동](타)(여)

풋-밤[풋빰][명] 아직 덜 익은 밤.

풋-배[풋빼][명] 아직 덜 익은 배.

풋-벼[풋뼈][명] 아직 덜 익은 벼.

풋벼-바심[풋뼈-][명] 풋벼를 베어서 곧 작하는 일. 풋벼바심-하다 [동](자)(여)

풋-볼(football)[명][체] '미식축구'와 '럭비풋볼'을 두루 일컫는 말.

풋-사과(-沙果)[풋싸-][명] 아직 덜 익은 사과.

풋-사랑[풋싸-][명] 1 사춘기 소년·소녀의 서툴고 어설픈 사랑. 2 스치듯 가볍게 맺는 깊이 없는 사랑. ¶하룻밤 ~.

풋-솜씨[풋쏨-][명] 서투른 솜씨.

풋-술[풋쑬][명] 맛도 모르고 마시는 술.

풋워크(footwork)[명] 1 구기(球技)·권투·댄스 따위에서, 발의 놀림. 또는, 발을 쓰는 재간. 2 [체] 피겨 스케이팅에서, 점프나 스핀 사이에 행하는 스케이팅.
풋-잠[푿짬] 명 옅게 든 잠.
풋-장[푿짱] 명 가을에 억새·참나무 등의 잡목이나 잡풀을 베어서 말린 땔나무.
풋-장기(-將棋)[푿짱-] 명 배운 지 얼마 되지 않아 서투른 장기 솜씨.
풋-정(-情)[푿쩡] 명 아직 그리 깊지 않은 정. ¶~이 생기다.
풋-콩[푿-] 명 아직 덜 익은 콩.
풋^폴트(foot fault) 명 [체] 1 테니스·배구에서, 서브할 때 발로 베이스 라인을 밟거나 베이스 라인 안으로 들어가는 일. 2 배드민턴에서, 서브할 때 서버와 리시버가 정지 상태에서 규정된 코트 안의 바닥에 양 다리를 붙이지 않는 일.
풋풋-하다[푿푸타-] 형여 1 (식물의 잎이나 꽃에서 나는 향기가) 잎이 나거나 꽃이 핀 지 얼마 안 되어, 신선하고 좋은 느낌을 주는 상태에 있다. 비싱그럽다. ¶풋풋한 아카시아의 향기. 2 (어떤 일이나 대상이) 완전하거나 세련되지는 않으나 생기가 있고 새로우며 티가 있다. 비청순하다·청초하다. ¶젊은이들의 풋풋한 사랑 이야기 / 신인 배우의 풋풋한 연기.
풍¹ 튀 1 무엇에 무거운 물건이 떨어지거나 구멍이 크게 뚫어지는 소리. 2 '붕¹' 의 거센말. 작퐁.
풍²(風) 명 '허풍(虛風)'의 준말. ¶~이 세다 / ~만 떨었지 되는 일이 없다 / 이놈 ~ 치는 바람에 콩밭 하나만 결딴을 냈다.《김유정:금 따는 콩밭》
풍³(風) 명[한] 정신 작용·근육 신축·감각 등에 이상이 생긴 병. 전풍(顚風)·경풍·중풍 따위.
풍⁴(楓) 명 단풍잎이 그려져 있는 화투짝. 10월이나 열 끗을 나타냄. =단풍.
-풍⁵(風) 접미 명사 아래에 붙어서, '풍속'·'풍채'·'양식'의 뜻을 나타내는 말. ¶복고~ / 민요~의 시 / 학자~의 정치가.
풍각-쟁이(風角-)[-쨍-] 명 시장이나 남의 집 문전으로 돌아다니며 노래를 부르거나 악기를 연주하여 돈을 구걸하는 사람.
풍간(諷諫) 명 완곡한 표현으로 잘못을 고치도록 말하는 것. ↔직간(直諫). **풍간-하다** 통타여
풍건(風乾) 명 바람에 쐬어 말리는 것. **풍건-하다** 통타여
풍격(風格)[-껵] 명 풍채와 품격.
풍경¹(風景) 명 1 어떤 상황이나 형편이나 분위기 가운데에 있는 어느 곳의 모습. 비경치. ¶시골 ~ / ~이 아름답다. 2 [미] '풍경화' 의 준말.
풍경²(風磬) 명 절 등의 건물에서 처마 끝에 다는 작은 종. 바람 부는 대로 흔들려 소리가 남. ¶추녀 끝에 달린 ~이 바람에 댕그렁거리며 맑은 소리를 낸다.
풍경-화(風景畫) 명[미] 자연의 경치를 그린 그림. 준풍경.
풍계(風系)[-계/-게] 명 어떤 넓은 지역에 걸쳐서 부는 일단(一團)의 바람. 무역풍·편서풍·계절풍·해류풍 따위.
풍골(風骨) 명 풍채와 골격. ¶~이 좋다.
풍광(風光) 명 산수의 경치. ¶그 절은 ~이 수려한 곳에 자리 잡고 있다.
풍구(風-) 명 1 바람을 일으켜 곡물에 섞인 먼지·겨·쭉정이 등을 제거하는 농기구. 2 = 풀무. ¶~을 치다.
풍금(風琴) 명[음] 건반 악기의 하나. 페달을 밟아서 바람을 넣어 소리를 냄. 비오르간. ¶~을 치다.
풍기¹(風紀) 명 풍속·풍습에 대한 기율. 특히, 남녀간의 교제에서의 절도(節度). ¶~문란 / ~를 바로잡다.
풍기²(風氣) 명 1 =풍속(風俗)¹. 2 [한] =풍병(風病). 2.3 풍도(風度)와 기상(氣像).
풍기다 통 1(자) 1 (냄새가) 어떤 대상으로부터 비교적 강하게 퍼져 오는 상태가 되다. ¶하수도에서 악취가 ~. 2 (어떤 분위기가) 생기거나 우러나 느껴지다. ¶단아한 멋이 풍기는 중년 여인. 3 (무리를 이룬 새나 닭 따위가) 놀라서 사방으로 흩어지다. ¶총성에 놀라 새 떼가 사방으로 풍겼다. 2(타) 1 (냄새를) 비교적 강하게 주위에 퍼지게 하다. ¶계곡에 발을 담그고 있노라니 옆에서 고기 굽는 냄새를 풍긴다. 2 (어떤 분위기를) 느낄 수 있도록 자아내다. ¶훈훈한 인간미를 ~ / 이국정취를 ~. 3 (무리를 이룬 새나 닭 따위를) 놀래어서 사방으로 흩어지게 하다. ¶아이들이 마당에 뛰어들어 모이를 쪼던 닭들을 ~. 4 (곡식에 섞인 겨·검불 등을) 까불러서 날리다. ¶풍구로 검불을 ~ / 키로 까부르는 ~.
풍년(豐年) 명 농사가 잘된 해. =유년(有年). ¶~이 들다 / ~을 기원하다. ↔흉년.
풍년-거지(豐年-) 명 여러 사람이 다 같이 이익을 보는데, 자기 혼자만 빠짐을 가리키는 말. =풍걸(豐乞).
풍덩 튀 크고 무거운 물건이 깊은 물에 떨어져 빠지는 소리. 작퐁당.
풍덩-거리다/-대다 통(자)(타) 자꾸 풍덩 소리가 나다. 또는, 그러한 소리를 내다. 작퐁당거리다.
풍덩-풍덩 튀 풍덩거리는 소리. 작퐁당퐁당. **풍덩풍덩-하다** 통(자)(타)여
풍뎅이¹ 명 머리에 쓰는 방한구(防寒具)의 한 가지. 남바위와 비슷하나 가에 좁은 모피를 꾸민 점이 다름.
풍뎅이²(風-) 명 딱정벌레목 풍뎅잇과의 곤충. 몸길이 17~23mm. 몸빛은 등은 광택이 나는 금록색이며, 배는 흑록색임. 엄지벌레는 6~8월에 발생하여 각종 활엽수의 잎을 먹고, 애벌레는 땅속에서 농작물·나무뿌리를 갉아 먹음.
풍도¹(風度) 명 풍채와 태도. ¶윤 판서는 호반의 ~로 허허허 너털웃음을 웃으며 말하였다.《홍명희:임꺽정》
풍도²(酆都) 명 도가에서 '지옥' 을 이르는 말. ¶"이업을 잡아 ~에 부쳐 영불출세(永不出世)케 하라."《홍길동전》
풍등(豐登) 명 농사가 아주 잘되는 것. **풍등-하다** 통(자)여
풍란(風蘭)[-난] 명[식] 난초과의 여러해살이풀. 산속 고목(枯木)의 나무줄기나 바위에 붙어 자람. 가을에 흰 꽃이 피는데 뒤에 노랗게 변함. 관상용으로 재배함.
풍랑(風浪)[-낭] 명 1 바람과 물결. 2 [기상] 바람이 강하게 불어 해수면이 거칠어지고 높아져 뾰족한 삼각형 모양으로 되는 물결. ¶~이 일다 / ~이 거세다 / ~에 휩쓸리다.
풍력(風力)[-녁] 명 바람의 세기. =풍세(風勢). 비바람세.
풍력-계(風力計)[-녁계/-녁게] 명[기상] =풍속계.

풍력^계급(風力階級) [-녁꼐-/-녁께-] 명[기상] 눈어림으로 바람의 세기를 정할 때 기준으로 하는 계급. 현재는 보퍼트 풍력 계급이 쓰이고 있음.

풍로(風爐) [-노] 명 1 화로의 한 가지. 흙이나 쇠붙이로 만드는데, 아래에 바람구멍을 내어 불이 잘 붙게 하였음. 2 석유·전기 등을 이용하는 취사용 도구. ¶석유[전기] ~.

풍류(風流) [-뉴] 명 1 속되지 않고 운치가 있는 일. 또는, 자연을 즐겨 시나 노래를 읊조리며 풍치 있고 멋스럽게 노는 일. ×화조풍월. 2 피리·대금 등의 관악 합주나 거문고와 같은 현악기가 중심이 되는 관현 합주를 이르는 말.

풍류^가야금(風流伽倻琴) [-뉴-] 명[음] 정악(正樂)에 쓰이는, 옛 법도대로 만든 가야금. ▷산조 가야금.

풍류-객(風流客) [-뉴-] 명 풍류를 즐기는 사람.

풍림(風林) [-님] 명 1 바람막이 숲. 2 좋은 경치를 이루고 있는 숲.

풍만(豊滿)**→풍만-하다** 형[여] 1 물건이 넉넉하게 있다. 2 (주로 여자가) 성적인 매력이 있게 살이 많은 상태에 있다. 특히, 가슴이나 엉덩이가 큰 상태에 있다. ¶가슴이 **풍만**한 육체미 여배우.

풍매-화(風媒花) 명[식] 바람에 의하여 수분(受粉)이 이루어지는 꽃. 벼·소나무·뽕나무 따위의 꽃.

풍모(風貌) 명 풍채와 용모. =풍재(風裁).

풍문(風聞) 명 이 사람 저 사람을 통해 들리는 확실치 않은 소문. =풍설(風說). ¶~으로 듣다/~이 나돌다.

풍물¹(風物) 명 1 =경치(景致). ¶~시(詩)/산천 ~. 2 어떤 지방의 특별한 구경거리나 산물. ¶~ 기행/세계 각국의 독특한 ~을 소개하는 판광 안내서.

풍물²(風物) 명 1 [음] 농악에 쓰이는 악기의 총칭. 꽹과리·징·북·장구·태평소·소고 따위. 2 [민] 남사당놀이의 첫째 놀이, 주로 윗다리 가락을 바탕으로 한 농악임. 3 [음] '농악'의 잘못.

풍물-놀이(風物-) [-롤-] 명[음] =농악(農樂).

풍물-장이(風物-) 명 농악에 쓰이는 악기를 전문적으로 만드는 사람.

풍물-재비(風物-) 명 농악에서, 악기를 잡고 치거나 불거나 하는 사람.

풍물-패(風物牌) 명[음] 농악에서, 악기를 연주하거나 판의 흥을 돋우는 일을 하는 사람들로 이뤄진 동아리. 곧, 악기를 연주하는 앞치배, 여러 인물로 분장하고 나오는 잡색, 깃발을 드는 기수 등으로 이뤄짐.

풍미¹(風味) 명 1 음식의 격이 있는 맛. ¶조깃국에 쑥갓을 넣어 ~를 내다. 2 사람의 됨됨이에서 풍기는 풍류 있는 멋.

풍미²(風靡) 명 [바람에 초목이 쓰러진다는 뜻] {어떤 사조나 사회적 현상 등이 사회를} 휩쓸거나 밀어닥쳐 널리 퍼지는 것. 또는, (어떤 사람이) 세상에 두각을 나타내며 큰 영향을 미치는 것. **풍미-하다** 동[타][여] ¶청대(靑代)를 **풍미**한 고증학/일세를 **풍미**한 영웅.

풍백(風伯) 명 =풍신(風神)1.

풍병(風病) [-뻥] 명 1 중추 신경 계통에서 일어나는 현기증·졸도·경련 등의 병증의 총칭. 2 풍사(風邪)를 받아 생기는 병의 총칭. =풍기(風氣)·풍증·풍질(風疾).

풍부(豊富)**→풍부-하다** 형[여] 1 양이 넉넉하게 많다. ¶자원이 ~/물자가 ~. 2 (경험·지식·능력 등이) 많이 갖춰져 있다. ¶소질이 ~/경험이 ~/감정 표현이 **풍부**한 배우. **풍부-히** 부

풍비-박산(風飛雹散) [-싼] 명 [바람을 타고 사방으로 날아 흩어지고 우박처럼 깨어져 조각조각 부서진다는 뜻] 하나도 온전치 못하고 모든 게 사방으로 날아 흩어짐. ¶운달산 패가 관군에게 소탕을 당하여 ~ 흩어질 때….《홍명희:임꺽정》 ㉰풍산(風散). 풍지박산. **풍비박산-하다** 동[자][여] ¶가정이 ~.

풍사(風邪) 명[한] 바람이 병의 원인으로 작용한 것을 이르는 말.

풍산-개(豊山-) 명[동] 함경남도 풍산에서 나는 토종 개. 귀는 삼각형으로 작으나 곧추 서 있고, 목은 짧고 굵으며, 꼬리는 엉덩이 위쪽으로 말려 있음. 털빛은 순백이거나 그에 가깝고, 성질은 온순하나 적과 싸울 때는 사나우움.

풍상¹(風尙) 명 1 거룩한 모습. 2 여러 사람의 존경을 받는 일.

풍상²(風霜) 명 1 바람과 서리. 2 많이 겪은 세상의 고난이나 고통. ¶온갖 ~을 다 겪다.

풍석-질(風席-) [-찔] 명 =부뚜질. **풍석질-하다** 동[타][여]

풍선¹(風扇) 명 1 바람을 일으키는 여러 가지 기구. 선풍기 따위. 2 바람을 내어 검불과 티끌을 날리는 농기구의 한 가지.

풍선²(風船) 명 1 공기를 넣어 한껏 부풀려서 장난감이나 파티 등의 실내 장식품이나 대회 등의 분위기를 돋우는 물건으로 쓰는, 얇은 고무나 기타의 재료를 써서 만든 물건. ¶~을 날리다/~을 터뜨리다/~을 불다. 2 =기구(氣球)³. ¶~을 띄우다.

풍선-껌(風船+gum) 명 씹다가 위아래 앞니 사이에 두고 바람을 불어 넣으면 풍선처럼 부풀어 오르게 되어 있는 껌.

풍설¹(風雪) 명 바람과 눈. 鹿눈바람.

풍설²(風說) 명 =풍문(風聞).

풍성(豊盛)**→풍성-하다** 형[여] 넉넉하고 많다. ¶풍성한 수확/오곡이 ~. **풍성-히** 부

풍성-층(風成層) 명[지] 바람에 의하여 운반된 모래와 흙이 쌓여 이루어진 지층. =풍생층(風生層).

풍성-풍성(豊盛豊盛) 부 매우 풍성한 모양. **풍성풍성-하다** 형[여] **풍성풍성-히** 부

풍세(風勢) 명 =풍력(風力).

풍속¹(風俗) 명 옛날부터 그 사회에 행하여 온 사람의 생활 전반에 걸친 습관. =풍기(風氣).

풍속²(風速) 명 바람의 속도. 곧, 단위 시간에 공기가 이동한 거리. m/s나 노트 등으로 나타냄.

풍속-계(風速計) [-꼐/-꼐] 명[기상] 풍속을 재는 계기. =풍력계.

풍속-도(風俗圖) [-또] 명[미] 어느 시대나 사회를 배경으로 한 사람들의 생활 모습을 사실적으로 그린 그림. =풍속화.

풍속-범(風俗犯) 명[법] =풍속 사범.

풍속^사¹범(風俗事犯) [-싸-] 명[법] 미풍양속이나 성도덕에 위배되는 범죄. =풍속범.

풍속-화(風俗畫) [-소콰] 명[미] =풍속도.

풍수¹(風水) 명[민] 1 음양오행설에 기초하여

민속적으로 지켜 내려오는 지술(地術). 집터·묏자리의 방위·지형 등의 좋고 나쁨이 사람의 화복에 절대적 영향을 미친다 함. 2 =지관².
풍수²(豐水)〔명〕시기적으로 수량(水量)이 풍부〔-기(期). ↔갈수(渴水).
풍수-설(風水說)〔명〕〔민〕1 풍수에 관한 학설. 2 =풍수지리설.
풍수-위(豐水位)〔명〕하천의 유량(流量)이 1년을 통하여 95일을 유지하는 수위. ↔갈수위(渴水位).
풍수-쟁이(風水-)〔명〕'지관(地官)²'를 속되게 이르는 말.
풍수-지리(風水地理)〔명〕〔민〕=풍수지리설. ㊤지리(地理).
풍수-지리설(風水地理說)〔명〕〔민〕지형·방위를 인간의 길흉화복과 관련시켜 죽은 사람을 매장하거나 집을 짓는 데 적당한 장소를 구하는 이론. =풍수지리·풍수설.
풍수지탄(風樹之歎·風樹之嘆)〔명〕효도를 다하지 못한 채 어버이를 여읜 자식의 슬픔을 이르는 말.
풍-수해(風水害)〔명〕폭풍우와 홍수로 말미암은 피해.
풍습(風習)〔명〕풍속과 습관.
풍식^작용(風蝕作用)〔-작-〕〔명〕〔지〕바람으로 인해 지표의 흙·모래가 날리거나, 바람에 날려 온 흙·모래 등이 암석을 파괴하는 일. =풍식.
풍신(風神)〔명〕1 바람을 주관하는 신. =풍백(風伯)·풍사(風師). 2 풍채(風采).
풍신-하다〔형여〕(옷이) 약간 커서 입기에 여유가 있다. ¶옷은 풍신하게 입는 게 좋다.
풍악(風樂)〔명〕〔음〕옛날부터 전해 내려오는 우리나라 고유의 음악. ¶~을 울리다 / ~을 즐기다.
풍악(을) 잡히다 ㊀ 풍악을 아뢰게 하다.
풍압(風壓)〔명〕〔물〕물체에 미치는 바람의 압력.
풍압-계(風壓計)〔-께/-께〕〔명〕〔물〕풍압을 재는 기구.
풍약(楓約)〔명〕화투 놀이에서, 단풍 넉 장을 모아서 이루는 약.
풍어(豐漁)〔명〕물고기가 많이 잡히는 것. ↔흉어.
풍어-기(豐漁期)〔명〕한 해 가운데 물고기가 가장 많이 잡히는 시기.
풍염(豐艶)〔명〕➡풍염-하다〔형여〕(살이) 포동포동하고 곱다. **풍염-히**〔부〕
풍요(豐饒)〔명〕매우 많아서 넉넉하고 여유가 있는 것. ¶~ 속의 빈곤/~를 누리다. **풍요-하다**〔형여〕¶**풍요한 생활. 풍요-히**〔부〕
풍요-롭다(豐饒-)〔-〕〔형비〕-로우니, -로워〕풍요한 느낌이 있다. ¶**풍요롭고 안락한 생활을 누리다.
풍우(風雨)〔명〕바람과 비. =풍림(風霖).
풍운(風雲)〔명〕1 자연현상으로서의 바람과 구름. 2〔바람이 불고 구름이 일어난다는 뜻〕사회적·정치적으로 매우 크고 심한 변화가 일어나는 형세. 또는, 그런 형세 속에서 큰 인물이 활약할 수 있는 기회. ¶그는 한평생 ~의 세월을 살아왔다.
풍운의 뜻 ㊀ 사회적·정치적으로 변화가 심한 때에 기회를 얻어 큰일을 이루고자 하는 뜻.
풍운-아(風雲兒)〔명〕사회적·정치적으로 변화가 심하거나 혼란한 때에 기회를 얻어 큰일을 이루거나 크게 활약하는 사람.
풍월(風月)〔명〕1 =청풍명월. 2 자연 경치에 대한 한시를 짓거나 읊는 것. 또는, 그 시. ㊙음풍농월. 3 얻어들은 짧은 지식. **풍월-하다**〔자여〕
풍유¹(諷諭)〔명〕1 슬며시 나무라며 가르쳐 타이르는 것. 2〔문〕=알레고리. **풍유-하다¹**〔타여〕
풍유²(豐裕)〔명〕➡풍유-하다²〔형여〕넉넉하고 부유하다. ㊙풍요(豐饒)하다.
풍유-법(諷諭法)〔-뻡〕〔명〕〔문〕수사법의 하나. 표현하고자 하는 내용을 직접적으로 나타내지 않고 그 내용을 다른 이야기나 속담, 격언, 문장 등을 통해 간접적으로 나타내는 방법.
풍자(諷刺)〔명〕어떤 사람의 악행(惡行)이나 우매함, 또는 사회의 결함이나 악폐 등에 대해 날카롭게 폭로하고 조소하는 일. 문학을 비롯하여 극·영화·회화·만화 등에서 예술적 수법으로 즐겨 이용하는 것임. ¶~시 / ~문학 / ~만화. **풍자-하다**〔타여〕¶사회의 모순을 신랄하게 ~. **풍자-되다**〔자〕
풍자-극(諷刺劇)〔명〕〔연〕사회의 죄악이나 불합리한 점을 풍자하는 내용의 연극 또는 희곡.
풍자-만화(諷刺漫畫)〔명〕사회의 모순이나 불합리한 점을 풍자하는 만화. ▷카툰.
풍자^문학(諷刺文學)〔명〕〔문〕사회의 죄악이나 불합리한 점을 풍자하는 문학.
풍자^소설(諷刺小說)〔명〕기지(機智)·냉소(冷笑) 등의 방법으로 사회나 인생의 결함·죄악·모순 따위를 풍자하는 소설.
풍자-시(諷刺詩)〔명〕〔문〕사회의 죄악상이나 불미스러운 점을 풍자한 시.
풍작(豐作)〔명〕풍년이 든 농사. ↔흉작(凶作).
풍장¹(風葬)〔명〕시체를 한데에 버려두어 비바람에 자연히 없어지게 하는 장사법(葬事法).
풍장²〔음〕'풍물놀이'의 잘못.
풍재(風災)〔명〕=풍해(風害)¹.
풍적-토(風積土)〔명〕〔지〕암석의 자질구레한 것들이 바람에 의하여 운반되어 어떤 곳에 쌓여 된 땅. =풍성토(風成土). ↔충적토.
풍전-등화(風前燈火)〔명〕〔'바람 앞의 등불'이라는 뜻〕사물이 매우 위태로운 처지에 놓여 있음을 비유하여 이르는 말. ¶나라의 운명이 ~와 같다.
풍정(風情)〔명〕풍치가 있는 정회(情懷). =풍회(風懷).
풍조(風潮)〔명〕1 바람에 따라 흐르는 조수. 2 세상이나 시대의 추세. ¶퇴폐~ / 사치 ~.
풍족(豐足)〔명〕➡풍족-하다〔-조카-〕〔형여〕넉넉하여 부족함이 없다. ¶식량이 ~ / 살림이 ~ / 자금이 ~. **풍족-히**〔부〕
풍증(風症)〔-쯩〕〔명〕=풍병².
풍지(風紙)〔명〕'문풍지'의 준말.
풍지-박산(風紙-)〔명〕'풍비박산'의 잘못.
풍진¹(風疹)〔명〕바이러스의 감염으로 일어나는 급성 전염병. 주로 어린이들에게 발병하며, 발열 전후에 발진이 나타나고, 3~4일이면 나음.
풍진²(風塵)〔명〕1 바람에 날리는 티끌. 2 세상에 일어나는 어지러운 일. 3 =병진(兵塵)².
풍진-세계(風塵世界)〔-계/-게〕〔명〕편안하지 못한 세상.
풍차¹(風車)〔명〕1 바람에서 동력을 얻는 원동기, 제분, 양수(揚水), 풍력 발전 등에 쓰임. 2 =바람개비1.
풍차²(風遮) 명 1 겨울에 추위를 막기 위하여 머리에 쓰는, 두건(頭巾)의 한 가지. 2 뒤를 튼, 어린아이의 바지나 고의의 마루폭에 좌우로 길게 댄 헝겊 조각.
풍차-바지(風遮-) 명 마루폭에 풍차를 달아 지은, 뒤를 튼 어린아이의 바지.
풍찬-노숙(風餐露宿) 명 (바람을 피하지 못하고 이슬을 맞으면서 먹고 잔다는 뜻) 객지에서 겪는 많은 고생을 이르는 말. ¶선생은 평생 동안 우국 일념(憂國一念)으로 ~을 마다하지 않았다. **풍찬노숙-하다** 통재여
풍채(風采) 명 드러나 보이는 사람의 겉모양. =풍신(風神). ¶~가 좋다.
풍취(風趣) 명 1 풍경의 아취. 2 =풍치(風致)¹.
풍치¹(風致) 명 격에 맞는 멋. =풍재(風裁)·풍채.
풍치²(風齒) 명 풍증으로 일어나는 치통. ¶~를 앓다. ▷춤치.
풍치-림(風致林) 명 산수의 정취를 더하기 위하여 가꾸는 나무숲.
풍치^지구(風致地區) 도시 안팎의 풍치 유지를 목적으로 도시 계획 구역 내에서 특히 지정하여 보호하는 지구.
풍침(風枕) 명 공기를 불어 넣어서 베는 베개.
풍토(風土) 명 1 그 지방의 기후와 토질(土質). ¶~에 알맞은 종자를 선택하여 심다. 2 어떤 일의 바탕이 되는 제도나 조건을 비유하여 이르는 말. ¶정치 ~.
풍토-병(風土病) [-뼝] 명 특정 지역에 흔히 발생하는 병. 그 지방 특유의 자연환경이나 생활 습관이 관련됨. 열대 지방의 말라리아 따위.
풍토-색(風土色) 명 지방의 풍토를 두드러지게 드러내는 특색.
풍파(風波) 명 1 세찬 바람과 거센 물결. ¶~를 만나다 / ~가 일다. 2 험한 분쟁이나 분란. ¶~를 일으키다. 3 세상살이의 어려움이나 고통. ¶온갖 ~를 겪다.
풍편(風便) 명 1 (주로 '풍편에 듣다[들리다]'의 꼴로 쓰여) '바람의 흐름 속에'의 뜻으로 이르는 말. ¶산 밑의 마을에 맷돌 소리가 ~에 들렸다.《이기영:고향》 2 (주로 '풍편에[으로] 듣다[들리다]'의 꼴로 쓰여) 떠도는 소문. ㉺바람결. ¶그가 죽었다는 사실을 ~에 들었다.
풍-풍 뷔 1 좁은 구멍으로 액체가 세차게 쏟아지는 소리. ¶수돗물이 ~ 쏟아지다. 2 '붕붕¹'의 거센말. 3 '뿡뿡²'의 거센말. ㉠풍풍. **풍풍-하다** 통재여
풍풍-거리다/-대다 재타 자꾸 풍풍 소리가 나다. 또는, 자꾸 풍풍 소리를 내다. ㉠풍풍거리다.
풍해¹(風害) 명 바람으로 인한 재해. =풍재(風災).
풍해²(風解) 명[화] 물을 포함한 결정체가 공기 속에서 수분을 잃고 가루가 되는 일. =풍화(風化). **풍해-하다** 통재여
풍향(風向) 명[지] 바람이 불어오는 방향.
풍향-계(風向計) [-계/-게] 명 바람이 불어오는 방향을 관측하는 계기. =바람개비.
풍향^풍속계(風向風速計) [-꼐/-꼐] 명 풍향계에 바람개비를 달아, 기계 하나로 풍향과 풍속을 함께 관측할 수 있게 된 기계.
풍헌(風憲) 명[역] 조선 시대, 유향소에서 면(面)이나 이(里)의 일을 맡아보던 사람.
풍혈(風穴) 명 1 [지] 산기슭이나 시냇가 같은 곳에 있어 여름에 서늘한 바람이 늘 불어 나오는 구멍이나 바위틈. 2 나무 그릇 따위에 가장자리로 돌아가며 잘게 새긴 꾸밈새.
풍화(風化) 명 1 [지] =풍화 작용. 2 [화] =풍해(風解)². **풍화-하다** 통재여 **풍화-되다** 통재여
풍화^작용(風化作用) 명[지] 지표를 구성하는 암석이 햇빛·공기·물·생물 등의 작용에 의하여 점차로 파괴되거나 분해되는 일. =풍화.
풍후(豐厚) → 풍후-하다 형여 1 아주 넉넉하도록 많다. 2 얼굴이 살져서 덕스럽다. ¶둥그스름하고 살이 풍후한 얼굴에 눈이 큰 것과 눈썹이 긴 것이 얼른 눈에 뜨인다.《이광수:무정》
풍흉(豐凶) 명 풍년과 흉년. =풍겸(豐歉).
풍흉-술(豐胸術) 명[의] 약제의 주입으로 빈약한 유방을 크고 보기 좋게 하는 성형술.
퓨마(puma) 명[동] 포유류 고양잇과의 한 종. 몸길이 1.2〜1.8m. 등은 적회색이고 배는 적백색이며 볼에 검은 얼룩무늬가 있음. 삼림·강변·초원에 살고, 나무에 잘 오르며 사슴·토끼 등을 잡아먹음.
퓨전^뮤직(fusion music) 명[음] 재즈·록·팝 등의 요소와 스타일이 혼합·융합된 1970년대 백인 재즈 음악가들의 음악. 전기 악기나 전자 악기에 의한 새로운 음색이 특징임.
퓨전-요리(fusion料理) 명 국적이 서로 다른 두 가지 이상의 음식을 복합하여 만든 이색 요리.
퓨젤-유(fusel油) 명[화] 알코올이 발효할 때 생기는, 아밀알코올을 주성분으로 하는 여러 가지 고급 알코올의 혼합물. 휘발성·유독성이 있어서 술을 마신 뒤에 두통의 원인이 됨.
퓨즈(fuse) 명[물] 안전기 속에서 전로(電路)를 잇는 납과 주석의 합금선. 전류가 강하면 녹아서 전로를 단절시켜 위험을 방지함.
퓰리처-상(Pulitzer賞) 명 미국의 언론인 퓰리처의 유산으로 제정된 언론·문학상. 해마다 저널리즘 및 문학계에 업적이 우수한 사람을 뽑아 시상함.
프라세오디뮴(praseodymium) 명[화] 희토류 원소의 하나. 원소 기호 Pr, 원자 번호 59, 원자량 140.907. 은백색으로 연성·전성이 풍부하고 아연보다 단단함.
프라이(fry) 명 어떤 음식, 특히 달걀을 노른자와 흰자를 섞지 않은 상태로 프라이팬에 지지는 일. 또는, 그 음식. ¶달걀 ~. **프라이-하다** 통여
프라이드(pride) 명 자기가 한 일이나 자기 자신이나 자기와 밀접하게 관계된 사람이나 단체에 대해 자랑스럽게 생각하는 마음. ㉺자부심·긍지. ¶~가 강하다 / 그는 자기 회사[조상]에 대해 ~를 가지고 있다.
프라이드-치킨(fried chicken) 명 닭고기에 밀가루·소금·후춧가루 등을 묻혀 기름에 튀긴 것.
프라이버시(privacy) 명 개인의 사생활이나 집안의 사사로운 일. 또는, 그것이 남에게나 사회에 알려지지 않으며 간섭받지 않는 권리. ㉺사생활. ¶~를 침해[존중]하다.
프라이-팬(frypan) 명 음식을 지지거나 부치거나 볶는 데 사용하는, 운두가 낮고 바닥이

판판하며 긴 손잡이가 달린 물건.
프라임(prime) 몡 수학 등에서 쓰는 a', b'' 따위의 기호 ′, ″의 이름. ×대시(dash).
프락치(←fraktsiya) 몡 어떤 조직체의 지령을 받고 다른 조직에 침투하여 공작을 수행하는 사람. ¶남로당 국회 ~ 사건.
프랑(⑨franc) 몡(의존) 프랑스·벨기에·스위스의 화폐 단위. 기호는 Fr.
프랑슘(francium) 몡 알칼리 금속 원소의 하나. 원소 기호 Fr, 원자 번호 87, 원자량 223. 모든 동위 원소가 방사성임.
프랑스(France) 몡[지] 서유럽에 있는 공화국. 수도는 파리. 음역어는 불란서(佛蘭西).
프랑스^어(France語) 몡[언] 프랑스 외에, 벨기에 남부, 스위스 서부, 캐나다의 퀘벡 주 등에서 쓰이는 언어. 인도·유럽 어족의 이탤릭 어파에 속함. ⊜불어(佛語).
프랑크^족(Frank族) 몡 게르만의 한 부족. 민족 대이동기에 라인 강 동안에서 갈리아 지방으로 세력을 확대하여 프랑크 왕국을 건국하였음.
프래그머티즘(pragmatism) 몡[철] =실용주의(實用主義).
프랜차이즈(franchise) 몡 1 가맹 사업 본부가 가맹 계약을 맺은 다수의 점포에 대해 자기의 상표·상호·휘장 등을 사용하여 영업 활동을 하게 하는 일. 또는, 그런 방식의 사업. ¶~ 창업. 2 [체] 프로 야구에서, 야구단의 본거지. 또는, 본거지 구장(球場)에서 시합할 때의 독점 흥행권.
프러포즈(propose) 몡 (이성의 상대에게) 자기와 결혼해 줄 것을 청하는 것. ⓑ구혼·청혼. ¶~를 받다. ×프로포즈. **프러포즈-하다** 통(쟈어) ¶여자에게 정식으로 ~.
프런트¹(←front desk) 몡 손님이 호텔에 투숙하거나 호텔을 떠나거나 할 때 일정한 절차를 밟게 하거나 요금을 내게 하거나 하기 위하여 현관에 설치한 곳. ¶~에 열쇠를 맡기다.
프런트²(front) 몡[체] 주로 프로 구단에서, 좋은 성적을 올릴 수 있도록 팀을 구성하고 선수들을 관리하는 역할을 하는 사람. 또는, 그런 일을 하는 사무실.
프런트^코트(front court) 몡[체] 농구 경기장의 중앙에 그은 선에서 상대편 바스켓이 있는 쪽의 코트.
프레리(prairie) 몡[지] 미국 텍사스 주에서 캐나다 중남부에 걸쳐 그레이트플레인스 동쪽, 미시시피 강 유역의 중부·북부에 펼쳐진 초원 지대. 옥수수·밀·목화의 재배지임.
프레스(press) 몡[공] 외력을 가해서 판금(板金)에 구멍 또는 무늬를 내거나, 절단 및 소성(塑性) 변형으로 갖가지 형상을 만들어 내는 기계. 또는, 그 가공 작업. ¶~ 가공.
프레스^센터(press center) 몡 1 신문사가 많이 모여 있는 지역. 2 어떤 기획·사건 등의 취재·보도에 편리하도록 마련된 기자(記者) 전용의 방이나 시설.
프레스코(⑩fresco) 몡[미] 완전히 마르지 않은 회칠을 한 벽면에 수채화 물감으로 그리는 벽화 기술 및 그 작품.
프레스토(⑩presto) 몡[음] 악곡의 속도를 지시하는 말로, '매우 빠르게'의 뜻.
프레스티시모(⑩prestissimo) 몡[음] 악곡의 속도를 지시하는 말로, '아주 빠르게', '프레스토보다 빠르게'의 뜻.
프레온(Freon) 몡[화] 듀폰 회사가 만든 플루오르화탄화수소의 상표명. 전기냉장고의 냉매(冷媒), 에어로졸 분무제, 소화제(消火劑), 플루오르 수지 등에 이용됨. 오존층을 파괴하는 물질로 지적되고 있음.
프레온^가스(Freon gas) 몡[화] 기체 상태의 프레온을 이르는 말.
프레-올림픽(Pre-Olympic) 몡 올림픽이 개최되기 1년 전에 그 개최 예정지에서 운영의 리허설을 겸하여 벌이는 국제적인 경기 대회의 통칭.
프레임(frame) 몡 ['틀', '뼈대'라는 뜻] 1 (자립) 자동차나 자전거, 건조물 등의 뼈대. 2 (의존)[체] 볼링에서, 한 경기를 열로 나누었을 때의 하나를 세는 단위.
프레젠테이션(presentation) 몡 광고 회사가 광고주에게 광고할 제품에 대한 시안(試案)을 시청각 자료와 함께 제시하면서 설명하는 일. =피티(PT).
프레파라트(⑨Präparat) 몡 현미경으로 관찰하기 위하여 준비한 생물 및 광물의 표본.
프렌치-드레싱(French dressing) 몡 식초·샐러드유·후춧가루·소금 등으로 만든 샐러드 소스.
프렌치^소매(French−) 몡 소매를 따로 만들어 붙이지 않고 몸통과 함께 재단하여 만든 소매.
프렌치-키스(French kiss) 몡 서로 입술을 댄 상태로 입을 벌리고 혀를 접촉하는 키스.
프렌치-토스트(French toast) 몡 달걀·우유·설탕 등을 섞어 식빵의 얇은 조각에 발라 구운 음식.
프렐류드(prelude) 몡[음] =전주곡2.
프로¹(pro) 몡 '전문가' 또는 '직업 선수'를 이르는 말. ¶~ 야구 / ~ 기사(棋士). ↔아마추어.
프로²(←⑨procent) 몡(의존) =퍼센트. ¶버스 요금이 10~ 인상되다.
프로³(←program) 몡 '프로그램'의 준말. ¶텔레비전 [라디오] ~.
프로⁴(←prolétariat) 몡[사] '프롤레타리아'의 준말. ↔문학.
프로게스테론(progesterone) 몡[화] 황체(黃體)에서 분비되는 호르몬의 하나. 주로 난소(卵巢)의 황체나 태반에서 분비되며, 임신을 유지하는 작용이 있음. 무월경, 습관성 유산(流産) 등의 치료에 쓰임. =황체 호르몬.
프로그래머(programmer) 몡 1 프로그램을 작성하는 사람. 2 컴퓨터의 프로그래밍에 종사하는 사람.
프로그래밍(programming) 몡[컴] 컴퓨터의 프로그램을 작성하는 일.
프로그래밍^언어(programming語) 몡[컴] 컴퓨터의 프로그램을 작성할 때 사용되는 언어. 베이식·포트란·코볼 등이 있음.
프로그램(program) 몡 1 진행 계획이나 순서. 또는, 그 목록. ¶~을 짜다. 2 [컴] 어떤 문제를 해결하기 위해 컴퓨터에게 주어지는 처리 방법과 순서를 기술한 일련의 명령들의 집합체. ⊜프로.
프로덕션(production) 몡 1 영화나 방송 프로그램이나 광고 등을 제작하는 회사. 2 =기획사.
프로듀서(producer) 몡[방송] 방송 프로그램을 기획하고 연출하는 책임자. =피디(PD).
프로^레슬링(←professional wrestling) 몡

흥행(興行)을 목적으로 하는 레슬링.
프로메테우스(Prometheus) [명][신화] 그리스 신화에 나오는 영웅. 신(神)의 불을 훔쳐다가 인류에게 준 까닭으로 제우스의 노여움을 사서 바위에 묶여 독수리에게 간을 쪼이는 벌을 받았다고 함.
프로메튬(promethium) [명][화] 란탄족 원소의 하나. 원소 기호 Pm, 원자 번호 61, 원자량 145. 핵분열 생성물 중에서 발견된 인공 방사성 원소.
프로모션(promotion) [명] **1** '판매 촉진', '판촉 활동'으로 순화. **2** 광고나 홍보, 또는 판매원 등에 의한 판매 촉진 활동.
프로모터(promoter) [명] 연예인·프로 선수 등의 흥행을 기획하는 사람.
프로^문학(←[프]*prolétariat*文學) [명][문] = 프롤레타리아 문학.
프로-비타민(provitamin) [명] 체내에서 비타민으로 변하는 물질. 카로틴 따위.
프로슈머(prosumer) [명] 〔*pro*ducer(생산자)+*con*sumer(소비자)〕 생산자에게 구체적으로 어떤 신제품의 개발을 요구하거나 아이디어를 제공함으로써, 생산에 적극적으로 기여하는 소비자.
프로^야!구(←*pro*fessional野球) [명] 직업 선수들이 흥행을 목적으로 하는 야구.
프로젝트(project) [명] 연구나 사업 등의 과제. 또는 그 계획.
프로타주([프]frottage) [명][미] 초현실주의의 독특한 기법의 하나. 거친 천·바위·나뭇조각·나뭇잎 등에 종이를 놓고 연필이나 숯 등으로 문질러 일종의 탁본(拓本)을 떠서 회화적인 효과를 내는 방법.
프로테스탄트(Protestant) [명][기] 16세기 종교 개혁의 결과로 로마 가톨릭에서 떨어져 나와 성립된 종교 단체 및 그 분파의 총칭. 또는, 그 신도. =개신교·신교.
프로테아제([독]Protease) [명][생] 단백질이나 펩티드 속의 펩티드 결합을 가수 분해 하는 효소의 총칭. =단백 분해 효소.
프로토콜(protocol) [명][컴] 복수의 컴퓨터 사이나 중앙 컴퓨터와 단말기 사이에서 데이터 통신을 원활하게 하는 통신 규약.
프로-트롬빈(prothrombin) [명][화] 혈장 속에 함유되어 있는 당단백질. 트롬빈으로 변해 혈액 응고에 관여함.
프로트악티늄(protactinium) [명][화] 악티노이드 원소의 하나. 원소 기호 Pa, 원자 번호 91, 원자량 231. 방사성 원소로 우라늄광 속에 미량 존재함.
프로파간다(propaganda) [명] 널리 알리는 것. 주로 '사상(思想)'이나 '교의(敎義)' 등의 선전에 대하여 쓰는 말임. ¶공산당의 ~.
프로판(propane) [명][화] 메탄계 탄화수소의 하나. 냄새·빛깔이 없는 가연성의 기체. 액화 석유 가스의 주성분을 이루며, 가정용이나 자동차 등의 연료가 됨.
프로판^가스(propane gas) [명] 프로판을 주성분으로 하는 메탄계의 액화 탄화수소 가스. 가정의 연료로 많이 쓰임.
프로펠러(propeller) [명] 비행기·배 등에 부착되어 아주 빠르게 돌아감으로써 추진력을 일으키는, 둘 또는 그 이상의 날개로 이루어진 장치. ¶~ 비행기.
프로포즈 [명] '프러포즈(propose)'의 잘못.
프로필(profile) [명] **1** 측면에서 본 얼굴 모습. **2** 어떤 사람의 현재 직업이 무엇이고 과거의 업적이나 해 온 일이 무엇인지 등에 대한 간략한 내용. [비]약력(略歷). ¶작가의 ~.
프로필렌(propylene) [명][화] 에틸렌계 탄화수소의 하나. 특이한 냄새가 나는 무색의 기체. 폴리프로필렌 수지나 합성 세제의 원료로 사용함.
프록시^서버(proxy server) [명][컴] 실제로 정보를 제공하는 서버를 대신하여 사용자로부터의 정보 요구에 응하는 대리 서버. 보안을 위해 외부와 내부의 네트워크를 차단해야 할 경우나, 캐시의 기능으로 인터넷 접속 속도를 빠르게 하고자 할 때 사용됨.
프록-코트(frock coat) [명] 18~19세기에 서양에서 남자들이 입던, 무릎까지 내려오는 정장용 코트.
프롤레타리아([프]prolétariat) [명][사] 자본주의 사회에서 생산 수단을 소유하지 못하고 자신의 노동력을 자본가에게 팔아 생활하는 노동자. =임금 노동자. [비]무산자. [준]프로. ↔부르주아.
프롤레타리아^문학([프]prolétariat文學) [명][문] 프롤레타리아트의 계급의식을 반영하여, 그들의 경제적·정치적 이데올로기를 표방하는 문학. =사회주의 문학·프로 문학. ↔부르주아 문학.
프롤레타리아트([독]Proletariat) [명][사] =무산 계급. ↔부르주아지.
프롤레타리아^혁명([프]prolétariat革命) [-형-] [명][사] 프롤레타리아트가 주체가 되어 자본주의를 타도하고 사회주의를 수립하는 혁명.
프롤로그(prologue) [명] **1** [연] 연극의 맨 처음에, 배우가 작품의 내용이나 작자의 의도 등을 해설하는 말. **2** 드라마·영화·소설 등에서, 도입부에 해당하는 부분. ↔에필로그.
프롬프터(prompter) [명] **1** [연] 객석이나 보이지 않는 곳에서 무대에 등장한 배우에게 대사나 동작을 일러 주는 사람. **2** [방송] 텔레비전 방송에서, 아나운서나 출연자 등이 원고를 들여다보는 부자연스러움을 피하면서 자연스럽게 프로그램을 진행할 수 있게, 카메라 근처나 별도의 곳에 원고의 내용을 써 놓은 장치.
프롬프트(prompt) [명][컴] 사용자의 명령을 받아들일 준비가 되었음을 모니터에 나타내는 표시.
프루트-펀치(fruit punch) [명] 여러 가지 과일을 잘게 썰어 과즙·양주·얼음 등을 섞은 음료.
프룩토오스(fructose) [명][화] =과당(果糖)[1].
프리깃(frigate) [명] **1** 19세기 전반까지 유럽에서 활약한, 돛을 단 목조 군함. **2** 구축함보다 크고 순양함보다 작은, 미국 해군의 군함. =프리깃함.
프리깃-함(frigate艦) [명] =프리깃**2**.
프리랜서(free-lancer) [명] 특정 회사나 조직에 소속되지 않은 상태에서 상대의 요청에 따라 작품이나 서비스를 제공하고 대가를 받는 사람. 자유 기고가·자유 사진가·번역가·통역사·방송 작가 등 많은 종류가 있음.
프리-리코딩(prerecording) [명][영] 영화를 촬영하기 전에 음악이나 대사(臺詞)를 먼저 녹음하는 일. =프리스코어링. ▷동시 녹음·후시 녹음.
프리마^돈나([이]prima donna) [명] 오페라에서, 주역을 맡은 여가수.
프리미엄(premium) [명][경] **1** 동산·부동산

등의 매매에서, 제값에다 더 얹어서 거래되는 웃돈. [비]할증금(割增金). **2** 주식이나 채권 등이 액면 이상의 가격으로 발행·매매되었을 때의 액면 초과액. ¶~이 붙다.

프리^배팅(†free batting) [명][체] 야구에서, 타자의 자유 타격 연습. 18m가량 떨어진 곳에서 보통 속도의 공 또는 타자가 원하는 종류의 공을 던지게 하여 침.

프리-섹스(†free sex) [명] 결혼을 전제로 하지 않거나 결혼하지 않은 상태에서 남녀가 자유롭게 성 관계를 가지는 일.

프리^스로(free throw) [명][체] =자유투.

프리즘(prism) [명][물] 빛을 분산·굴절시킬 때 쓰는, 유리나 수정 등으로 만든 삼각기둥 모양의 광학 부품. =삼릉경(三稜鏡).

프리지어(freesia) [명][식] 붓꽃과의 여러해살이풀. 높이 약 40cm. 뿌리는 방추형의 알뿌리이고 초봄에 황색·흰색 등의 깔때기 모양의 꽃이 피는데, 강한 향기가 남. 꽃꽂이용·분재용으로 재배됨.

프리^킥(free kick) [명][체] 럭비나 축구에서, 특정의 반칙에 대해서 주어지는, 상대방의 방해를 받지 않고 자유롭게 할 수 있는 킥.

프리터(†freeter) [명] [free+[독]Arbeiter] 고정된 직장이 없이 돈이 필요하거나 적당한 일거리가 있을 때에만 아르바이트로 일하는 사람.

프리-토킹(†free talking) [명] 영어 회화의 학습에서, 교재에 구애받지 않는 자유로운 형식의 대화.

프린터(printer) [명] **1** 사진·영화 등에서, 원판으로부터 양화(陽畫)를 인화하는 장치. **2** [컴] 자료를 문자나 도형의 형태로 종이에 찍어 내는 출력 장치.

프린트(print) [명] **1** 등사(謄寫)하는 일. 또는, 등사물. ¶~물(物). **2** 음화(陰畫)에서 양화(陽畫)를 박아 내는 것. 또는, 그 필름. **3** 날염기(捺染機)나 지형(紙型)으로 천에 무늬를 찍는 것. 또는, 그 찍힌 것. **프린트-하다** [동][자][타][여] **프린트-되다** [동][자]

프릴(frill) [명] 주름을 잡아 물결 모양으로 만든, 옷 가장자리의 장식. 주로 여성복·아동복의 소매나 깃에 붙임.

프림(†←[이]*prima*) [명] 커피의 쓴맛을 부드럽게 하기 위해 커피에 넣는 흰색 분말. 물엿·야자유 등이 주성분임. '프리마'라는 상표명에서 생긴 말로 추정됨.

프토마인([독]Ptomain) [명] 동물의 시체가 박테리아의 작용으로 분해되어 발생하는 유독물(有毒物)의 총칭.

프티알린(ptyalin) [명][생] 동물성 아밀라아제의 하나. 고등 동물의 침 속에 들어 있으며, 녹말을 분해하여 덱스트린·엿당을 만듦.

플라멩코([에]flamenco) [명][음] 에스파냐 남부의 안달루시아 지방에 전해 오는 민요. 또는, 그 곡에 맞춰 추는 춤. 기타와 캐스터네츠 소리에 맞춰 손뼉을 치거나 발을 구르거나 하는 동작이 특징임.

플라밍고(flamingo) [명][동] 황새목 플라밍고과에 속하는 새의 총칭. 몸길이 90~120cm. 목과 다리가 매우 길고 온몸이 담홍색임. 물가에 떼 지어 삶. =홍학(紅鶴).

플라본(flavone) [명][화] 식물체에 있는 황색 색소.

플라세보^효!과(placebo效果) [명] 가짜 약을 복용했는데도 좋아질 거라는 믿음만으로 아픈 증상이 호전되는 효과.

플라스마(plasma) [명][물] 자유로이 운동하는 양음(陽陰)의 하전 입자(荷電粒子)가 혼재해 있는 물질의 상태.

플라스크(flask) [명] 목이 길고 몸은 둥글게 만든 화학 실험용 유리병. ¶둥근바닥 ~ / 삼각 ~.

플라스틱(plastic) [명][화] 가소성(可塑性)이 있고 가열에 의해 연화(軟化)하며 임의의 형태로 성형(成型)할 수 있는 고분자 물질의 총칭. 천연적인 것과 합성품이 있는데, 보통은 합성수지를 가리킴. 일용품·기계 부품·건축 재료 등에 널리 쓰임.

플라이-급(fly級) [명][체] 권투 체급의 하나. 프로는 48.98~50.8kg, 아마추어는 48~51kg임.

플라이^볼(fly ball) [명][체] =뜬공.

플라이스토-세(←Pleisto*cene*世) [명][지] =홍적세(洪積世).

플라이오-세(←Plio*cene*世) [명][지] 신생대 제3기 최후의 세. 바다 속에는 유공충이, 육상에는 말·코끼리 등이 번성했음. =선신세.

플라이휠(flywheel) [명][물] =관성 바퀴.

플라크([프]plaque) [명][의] =치태(齒苔)[1].

플라타너스(platanus) [명][식] 버즘나뭇과 버즘나무속(屬)에 속하는 낙엽 교목의 총칭. 나무껍질은 흰 얼룩이 져 있고 세로로 갈라짐. 잎은 손바닥 모양이고, 봄에 엷은 황록색의 꽃이 핌. 가로수·정원수 등으로 심음.

플라토닉^러브(platonic love) [명] 관능적·육체적 사랑이 아닌 순수한 정신적 사랑.

플란넬(flannel) [명] 평직으로 짠, 털이 보풀보풀 일어나는 부드러운 모직물. 셔츠나 양복감으로 많이 쓰임.

플랑크톤(plankton) [명][생] 물, 특히 바다에 떠 있거나 극히 제한적으로 운동을 하는, 물고기의 먹이가 되는 미생물. =부유 생물.

플래니미터(planimeter) [명] 평면 도형의 면적을 재는 기구. =구적계(求積計)·면적계.

플래시(flash) [명] ['섬광'이라는 뜻] **1** =손전등. ¶~를 비추다 / ~를 켜다. **2** 야간이나 어두운 실내에서의 사진 촬영 때 사용하는 섬광 전구나 마그네슘이 내는 순간적인 강한 빛. 또는, 그러한 빛을 내는 장치. =플래시램프. ¶~를 터뜨리다.

플래카드(placard) [명] 기다란 천에 주장하는 바를 적어서 양쪽 끝을 장대에 매어 많은 사람들이 보도록 들고 다니거나 일정한 곳에 달아매거나 하는 물건. ¶~를 들고 시위를 하다.

플래티넘(platinum) [명] '백만 장 판매'로 순화.

플랜(plan) [명] 어떤 목적을 이루기 위하여 일정·방법 등을 구상해 놓은 것. [비]계획. ¶~을 짜다.

플랜테이션(plantation) [명] 열대나 아열대 지방에서, 자본과 기술을 지닌 유럽·미국인이 원주민의 값싼 노동력으로 쌀·고무·솜·담배 따위를 대량으로 가꾸는 농업 경영 형태. =재식 농업.

플랜트(plant) [명] 직접 생산을 하는 일련의 기계나 공장 등의 설비 시스템의 총칭.

플랜트^수출(plant輸出) [명] 공장 시설·기술 등 생산 공정을 이루는 생산재 일습을 수출하는 방식. =설비 수출.

플랫(flat) [명][음] =내림표.

플랫폼(platform) [명] 역에서, 승객이 열차를 타고 내리기 쉽도록 철로 옆으로 지면보다 높여서 설치해 놓은 평평한 장소. [비]승강장. ¶~에 내리다. [준]폼.

플러그(plug) [명] **1** 배선에 접속하기 위해 코드 끝에 부착시키는 접속 기구. ¶~를 꽂다[뽑다]. **2** =점화 플러그.

플러스(plus) [명] **1** (어떤 수를) 더하는 것. 또는, 그 기호인 '+'를 이르는 말. ¶1 ~ 2는 3이다. **2** 전극이나 전하(電荷)에서, 양(陽)의 성질임을 나타내는 말. 또는, 그 기호 '+'를 이르는 말. ¶~극. **3** 반응 검사 등에서, 양성(陽性)임을 나타내는 말. **4** 이익이나 도움, 유리함 등을 뜻하는 말. ¶미국인과의 생활이 영어 학습에 큰 ~가 되었다. ↔마이너스. **플러스-하다** [동][타][여] ¶5에 3을 ~. **플러스-되다** [동][자]

플러스-마이너스(†plus minus) [명] **1** 가감(加減)하는 것. [비]상쇄(相殺). **2** 어떤 수치에 대한 허용 범위나 오차의 범위를 나타내는 데 쓰이는 말. 기호는 ±. ¶~ 5%의 오차. **플러스마이너스-하다** [동][타][여] ¶수입과 지출을 **플러스마이너스하면** 제로다.

플러스-알파(†plus alpha) [명] 기본적인 것에 얼마가 더 추가되는 것. 또는, 주어진 것 외에 덤으로 덧붙는 것. ¶본봉 외에 ~가 있다 / 자격증을 따면 취업 시 ~를 기대할 수도 있다.

플레밍의 법칙(Fleming-法則)[-의-/-에-][물] 전기와 자기의 상호 작용의 방향을 알기 쉽게 기억하기 위한 법칙. 전류가 자기장(磁氣場) 속에서 받는 힘의 방향을 왼손으로 나타내는 방법을 '왼손 법칙', 도체(導體)가 자기장을 가로지를 때 도체에 생기는 기전력(起電力)의 방향을 오른손으로 나타내는 방법을 '오른손 법칙'이라고 함.

플레어[1](flare) [명][천] 태양 채층(彩層)의 작은 부분이 수초 내지 약 1시간 동안에 섬광을 발하는 현상.

플레어[2](flare) [명] **1** '플레어스커트'의 준말. **2** 양재에서, 스커트나 코트 등의 아래쪽이 물결 모양으로 넓게 퍼지게 만드는 일. 또는, 그 넓은 옷자락.

플레어-스커트(←flared skirt) [명] 자연적으로 주름이 잡히며 밑이 퍼진 스커트. [준]플레어.

플레이(play) [명][체] 경기에서 선수들이 펼치는 내용이나 기량. ¶파인 ~.

플레이-메이커(playmaker) [명][체] 축구·농구 등에서, 공격과 수비에 능하여 경기의 흐름을 주도하는 선수.

플레이보이(playboy) [명] 바람기가 있어 여자관계가 많은 남자. [비]바람둥이.

플레이^볼(play ball) [명][체] 야구나 테니스 등에서, 심판이 시합의 '시작'을 알리는 말.

플레이어(player) [명] '선수[4]', '경기자'로 순화.

플레이-오프(play-off) [명][체] **1** 동점(同點)일 때의 결승 시합이나 연장전. **2** 야구의 메이저 리그 등에서, 지역 우승 팀끼리 싸워서 리그의 우승을 결정하기 위한 우승 결정전.

플레이트(plate) [명][물] =양극판.

플렉스타임-제(flextime制) [명] 주일 안에 규정된 노동 시간만 채운다면, 몇 시에 출근하여 몇 시에 퇴근하여도 괜찮은 근무 제도.

플로리스트(florist) [명] 꽃으로 어느 곳을 장식하거나 꽃다발·꽃바구니 등을 만드는 일을 전문적으로 하는 사람.

플로^시트(flow sheet) [명][경] 작업 진도나 처리 순서 등을 도식화(圖式化)한 생산 공정 일람표. =플로 차트.

플로어(floor) [명] 클럽·무도장 등에서, 쇼를 하거나 손님이 춤을 출 수 있도록 되어 있는 마루.

플로^차트(flow chart) [명][경] =플로 시트.

플로피^디스크(floppy disk) [명][컴] 데이터를 입력하거나 파일의 매개체로 사용되는 유연한 기록 매체. 자성(磁性) 물질을 바른 플라스틱제 원반으로, 퍼스널 컴퓨터 등에 널리 사용됨. =디스켓.

플롯(plot) [명][문] =구성(構成)2.

플뢰레([프]fleuret) [명][체] **1** 펜싱 경기의 한 종목. 남녀 종목으로, 동체를 찌르는 것만 유효로 봄. **2** 1에서 쓰는 검. 가늘고 유연함. ▷에페·사브르.

플루오르([독]Fluor) [명][화] 할로겐족 원소의 하나. 원소 기호 F, 원자 번호 9, 원자량 18.9984. 자극적인 냄새가 나는 황록색의 기체. 냉매(冷媒)·수지 등의 제조에 쓰임. =불소(弗素).

플루토늄(plutonium) [명][화] 초우라늄 원소의 하나. 원소 기호 Pu, 원자 번호 94, 원자량 244. 은백색의 금속으로 인공 방사성 원소이며, 핵연료로 이용됨.

플루트(flute) [명][음] 관악기의 하나. 옆으로 쥐고 불며, 아름답고 청신한 음색을 지님.

플루티스트(flutist) [명] 플루트 연주가.

플리머스-록(Plymouth Rock) [명][동] 닭의 한 품종. 미국에서 개량한 난육(卵肉) 겸용종으로 고기가 연하고 맛이 좋으며 알도 많이 낳음.

플린트^유리(flint琉璃) [명] 납으로 된 유리. 비중과 굴절률이 크고 아름다운 광택과 빛을 지님. 크리스탈 유리·모조 보석·광학 유리·방사선 차폐 유리 등에 쓰임. =납유리.

피[1] [명] **1** 사람이나 동물의 몸속에 있는 혈관을 통하여 흐르면서 생명을 유지하는 작용을 하는 붉은빛의 액체. 조직에 산소·영양 호르몬을 공급하고 이산화탄소 등 노폐물을 거두어들이는 역할을 함. =혈액. ¶~를 흘리다 / ~를 토하다 / ~가 나오다 / 매를 맞은 자리에 ~가 맺히다 / 헌혈을 위해 ~를 뽑다. **2** 아버지나 조상을 같이하는 사람들끼리의 관계. ¶~를 나눈 형제 / ~는 못 속인다. / ~는 물보다 진하다. **3** 사람의 죽음에 의한 희생이나 죽음을 무릅쓴 투쟁이나 노력을 비유적으로 이르는 말. ¶~와 땀으로 이룬 사업 / ~의 대가. **4** 사람의 몸과 마음에서 솟구치는 기운이나 정열. [비]혈기(血氣). ¶~ 끓는 젊은이.

❖ **피는 물보다 진하다** [서양 속담에서] 사람의 관계에서 핏줄을 나누지 않은 사람보다는 같은 핏줄로 이어진 사람에게 더 끌리고 정이 가게 마련이라는 말.

피가 거꾸로 솟다 [구] 화가 치밀어 오르다.

피가 마르다 [구] 몹시 괴롭거나 애가 타다. ¶어머니는 행방불명이 된 아들 소식을 **피가 마르게** 기다렸다.

피(가) 끓다 [구] 혈기나 감정 따위가 격렬하게 북받쳐 오르다. ¶**피 끓는** 젊은이.

피도 눈물도 없다 [구] 조금도 인정이 없다.

피를 나누다 [구] 혈육의 관계가 있다. ¶**피를 나눈** 형제끼리 그 무슨 짓이냐.

피를 말리다 [구] 몹시 괴롭히거나 애가 타게 만들다. ¶**피를 말리는** 입시 지옥.

피를 보다 [구] **1** 싸움으로 피를 흘리는 사태가 빚어지다. 2 크게 봉변을 당하거나 곤욕을 치르다. 3 크게 손해를 보다. ¶피를 보는 쪽은 내 쪽이지 그 사람에게야 무슨 손해가 있겠어요.
피를 빨다 囧 착취하다. ¶백성의 피를 빠는 탐관오리.
피에 주리다 囧 죽이거나 다치게 하려는 동물적인 욕망이 끓어오르다. ¶나치스는 피에 주린 늑대처럼 유대 인을 학살하였다.
피와 살이 되다 囧 지식이나 영양분 따위가 완전히 소화되어 자기 것이 되다.
피² 명 1 [식] 볏과의 한해살이풀. 높이 약 1m. 잎은 가늘고 길며, 여름에 담녹색 또는 자갈색의 이삭으로 된 꽃이 핌. 2 1의 열매. 먹거나 사료로 씀.
피³ 囝 1 비웃을 때 입술을 비죽이 벌리며 입김을 내뿜는 모양. 또는, 그 소리. ¶~, 그런 억지가 어디 있어? 2 고무공 따위의 안에 있었던 공기가 새어 나오는 소리.
피⁴(皮) 명 1 물건을 담거나 싸는 가마니·마대·상자 따위의 통칭. 2 =껍데기3.
피-⁵(被) 접두 '피동'의 뜻을 나타내는 말. ¶~보험자 / ~선거권.
피⁶(P) 명 1 ㉥paysage [미] 유화(油畫)에서, 캔버스 치수의 한 계열을 나타내는 말. 2 [point] [인] 포인트 활자의 단위를 나타내는 기호. 3 [page] 페이지를 나타내는 기호.
피:가-수(被加數) [-쑤] 명 [수] 덧셈에서, 더하여지는 수. 4+3=7에서 '4' 따위. ↔가수.
피:감-수(被減數) 명 [수] 뺄셈에서, 빼어지는 수. 9-4=5에서 '9' 따위. ↔감수.
피:검(被檢) 명 1 검거되는 것. 2 검사를 받는 것. **피:검-되다** 통자여 **피:검-되다** 통자 ¶범인이 경찰에 ~.
피-검사(-檢査) [-씨] 명 [의] =혈액 검사.
피겨(figure) 명 [체] '피겨 스케이팅'의 준말.
피겨^스케이팅(figure skating) 명 [체] 스케이트 경기의 하나. 얼음판 위를 활주하면서 여러 가지 도형을 그려, 기술의 정확성과 예술성을 겨루는 경기. 싱글·페어·아이스 댄싱의 3종목이 있음. ㉣피겨.
피:격(被擊) 명 습격 또는 사격을 받는 것. ¶괴한에게 ~을 받다. **피:격-하다** 통자여 **피:격-되다** 통자
피:고(被告) 명 [법] 민사 소송에서, 소송을 당한 사람. ¶~석. ↔원고(原告).

┌─────────────────┐
│ 혼동어   피고 / 피고인 / 피의자 │
│ '피고'는 민사 소송이 제기된 자이고, '피고인'은 범죄의 혐의를 받고 형사 소송이 제기된 자이며, '피의자'는 범죄의 의심을 받고 있으나 아직 공소가 제기되지 않은 자임. │
└─────────────────┘

피-고름 명 피가 섞인 고름. =농혈(膿血).
피:-고용인(被雇傭人) 명 고용이 된 사람.
피:고-인(被告人) 명 [법] 형사 소송에서, 공소 제기를 받은 사람. ¶~ 신문(訊問). ▶피
피곡(皮穀) 명 =겉곡식.
피곤(疲困) 명 (몸이) 지쳐 기운이 빠진 상태에 있는 것. 또는, 시달리거나 볶이어 심리적으로 괴로움이 느껴지는 상태에 있는 것. ¶~을 느끼다. **피곤-하다** 형여 ¶과로한 탓으로 몸이 몹시 ~./사장이 어찌나 들볶는지 정말 ~.
피골(皮骨) 명 살가죽과 뼈. ¶~이 상접하다.
피골-상접(皮骨相接) 명 살가죽과 뼈가 맞붙을 정도로 몹시 마름. =피골상련. **피골상접-하다** 통자여

피:-교육자(被教育者) [-짜] 명 교육을 받는 사람.
피구(避球) 명 [체] 일정한 구획 내에서 두 편으로 갈라져, 한 개의 공으로 상대편을 맞히는 공놀이. 많이 맞히는 편이 이김. =도지볼 (dodge ball).
피그미(Pygmy) 명 아프리카, 콩고 민주 공화국 북동부에 거주하는 채집 수렵민. 남자의 평균 신장은 150cm 정도이며, 피부는 황갈색임.
피-나다 통자 몹시 고생하다. ¶피나는 노력.
피-나무 명 [식] 피나뭇과의 낙엽 활엽 교목. 높이 20m 정도. 여름에 담황색의 꽃이 피고, 가을에 달걀꼴의 과실이 익음. 재목은 가구재, 나무껍질은 섬유 자원으로 쓰임. =단목(椴木)·달피나무.
피:난(避難) 명 재난을 피하여 있는 곳을 옮기는 것. ¶긴급 ~. ▷피란(避亂). **피:난-하다** 통자여
피:난-길(避難-) [-낄] 명 재난을 피하여 가는 길. 또는, 그 도중. ¶~에 헤어진 가족.
피:난-민(避難民) 명 천재지변이나 전쟁 등으로 피난하는 이재민. ¶~ 수용소.
피:난-살이(避難-) 명 피난을 하여 사는 살림살이. **피:난살이-하다** 통자여
피:난-처(避難處) 명 1 재난을 피하여 머무르는 곳. 2 근심·고통·위험 등으로부터 피할 수 있는 장소나 대상.
피날레(㉠finale) 명 1 [음] 한 악곡의 마지막에 붙는 악장. =종곡(終曲). 2 [연] 최후의 막(幕). 3 어떤 일이 극적으로 마무리되는 순간을 비유적으로 이르는 말. ¶9회 말에 4번 타자의 투런 홈런으로 역전의 ~를 장식하다.
피네(㉠fine) 명 [음] =마침.
피-눈물 명 몹시 억울하거나 원통하거나 가슴 아프거나 하여 흘리는 눈물. =혈루(血淚)·홍루(紅淚). ¶~을 흘리다. ¶"고 주은 창자를 채우지 못해서 노랑방퉁이가 돼 가지구 울다 울다 지쳐 늘어진 걸 보면 눈에서, 이 아비놈의 눈에서 ~이 나네그려!"〈심훈:상록수〉
피닉스(phoenix) 명 [신화] =불사조2.
피:다¹ 통자 1 (꽃이) 봉오리의 상태에서 점점 커지면서 꽃잎이 벌어지다 또는 나타나다. 또는, (잎이) 식물의 줄기에서 처음 생겨 자라다. ¶나팔꽃이 활짝 ~ / 봄이 되어 나뭇가지에 새 잎이 ~. 2 (장작·연탄·석탄·숯 등을 가지고 불이) 웬만한 정도로 일어나다. ¶장작불이 ~ / 연탄이 젖어 잘 피질 않는다. 3 (얼굴이) 보기 좋을 만큼 살이 찌면서 혈색이 좋아지다. ¶갑순이가 시집갈 나이가 되니까 얼굴이 확 피었다. 4 (곰팡이가 어떤 물체에, 또는 버짐이나 검버섯이나 열꽃 따위가 얼굴이나 몸에) 생겨서 나타나다. ¶떡에 곰팡이가 ~ / 얼굴에 허옇게 버짐이 ~ / 홍역을 앓느라 온몸에 열꽃이 ~. 5 (보푸라기 따위가) 천의 거죽에 부풀부풀 일다. ¶모직 양복에 보푸라기가 ~. 6 (사는 형편이) 나아지거나 좋아지다. ㉤퍼이다. ¶살림이 ~ / 가정 형편이 ~.
피:다² 통타 '피우다'의 잘못.
피대(皮帶) 명 =벨트2.
피:동(被動) 명 1 어떤 행동이나 작용이 남이 시키거나 외부의 힘에 의해 이뤄지는 상태.

2[언] 주어가 동작을 남의 행동에 의해 행함을 나타내는, 동사의 문법 기능. =수동. ↔능동(能動).

피:동-문(被動文) 圀[언] 피동사가 서술어로 쓰인 문장. 예를 들어, "아기가 어머니 등에 업히다.", "새우가 고래에게 먹히다." 따위. ↔능동문.

피:동-사(被動詞) 圀[언] 문장의 주어가 남의 행동에 의하여 동작을 행함을 나타내는 동사. 동사의 어근에 '-이-', '-히-', '-리-', '-기-' 등이 붙거나 '-아/-어지다' 가 붙어서 이뤄짐. 곧, '안기다', '먹히다', '보이다', '열리다' 따위. ↔능동사.

피:동-적(被動的) 팬圀 어떤 행동을 남이 시켜서 하는 상태에 있는 (것). ↔능동적.

피:동-형(被動形) 圀[언] 접미사 '-이-, -히-, -리-, -기-' 등이 붙어서 피동을 나타내는 동사의 형태. 현대 국어 문법에서는 더 이상 쓰이지 않는 용어임. ↔사동형. ▷피동사.

피둥-피둥 튀 살이 많이 찐 모양. 사람에 대해 쓸 때에는 경멸조의 어감이 있음. ¶놀고 먹어 돼지처럼 살만 ~ 진다. **피둥피둥-하다** 톙어 ¶어미 돼지만큼 살이 ~.

피드백(feedback) 圀 **1**[물] =되먹임. **2**[교] 학생들의 학습 결과를 평가하고 그것을 학습 지도 방법에 효과를 가져올 수 있도록 반영하는 일. **3** 어떤 행위의 결과가 최초의 목적에 부합되는 것인가를 확인하고 그 정보를 행위의 원천이 되는 것에 되돌려 보내어 적절한 상태가 되도록 수정을 가하는 것.

피디(PD) 圀 [program director] [방송] =프로듀서.

피디에이(PDA) 圀 [Personal Digital Assistant] [컴] 정보의 수집·저장·작성·검색 및 통신 기능을 수행할 수 있는, 수첩 크기의 초소형 컴퓨터. 휴대폰과 연결하여 인터넷 접속을 할 수도 있으며, 피시(PC)와 연결해서 사용할 수도 있음. =휴대용 정보 단말기.

피-딱지[-찌] 圀 피가 굳어서 된 딱지.

피-땀 圀 '피와 땀'이라는 뜻 무엇을 이루기 위하여 애쓰는 노력과 정성을 비유하여 이르는 말. ¶저자의 ~이 어린 책.

피땀(을) 흘리다 팬 온갖 힘과 정성을 쏟아 애써 노력하다. ¶피땀 흘려 번돈.

피-똥 圀 피가 섞여 나오는 똥. =혈변(血便).

피뜩 튀 어떤 생각이나 물체가 갑자기 떠오르거나 나타나 보였다가 곧 사라지는 모양. **피뜩-하다** 자어.

피뜩-피뜩 튀 잇달아 떠오르거나 나타나 보였다가 곧 사라지는 모양. **피뜩피뜩-하다** 자어.

피라미 圀 **1**[동] 잉엇과의 민물고기. 몸길이 10~16cm. 몸빛은 등 쪽이 청갈색, 배 쪽은 은백색이며 옆에 암청색의 가로띠가 있음. 산란기가 되면 수컷은 혼인색(婚姻色)을 띰. 강 상류의 맑은 물에 삶. **2** 하찮은 존재의 비유.

피라미드(pyramid) 圀 돌 또는 벽돌을 쌓아 만든 사각뿔의 건조물. 기원전 2700~2500년경에 이집트·수단·에티오피아 등지에서 만들어졌으며, 특히 이집트 왕의 무덤이 유명함. ﾋﾞ금자탑.

피라미드^판매(pyramid販賣) 圀 <속> 회사에서 상품을 판매할 출자자를 모집하고 그 출자자가 다시 다른 출자자를 모집하게 함으로, 조직을 연쇄적으로 확대하여 판매를 촉진하려는 방식. 특히, 그런 방식의 불법 사기 판매를 가리킴.

피라미드-형(pyramid形) 圀 피라미드처럼, 위는 뾰족하고 아래로 갈수록 넓어지는 모양.

피:란(避亂) 圀 난리·전쟁 등을 피하여 다른 곳으로 가는 것. ¶~길. ▷피난(避難). **피:란-하다** 자여.

피:란-길(避亂-)[-낄] 圀 난리를 피하여 가는 길. 또는, 그 도중.

피:란-민(避亂民) 圀 피란하는 백성.

피:란-살이(避亂-) 圀 피란을 하여 사는 살림살이. **피:란살이-하다** 자여.

피:란-처(避亂處) 圀 난리를 피하여 거처하는 곳.

피:랍(被拉) 圀 납치를 당하는 것. ¶~기(機). **피:랍-되다** 자 ¶북한에 피랍된 우리 어선.

피력(披瀝) 圀 (마음속의 생각을 다른 사람에게) 드러내어 말하는 것. **피력-하다** 통타여 ¶이런 날 수양은 자기의 결심을 실천에 옮기고자 그 뜻을 한명회에게 피력하였다. 《김동인:대수양》 **피력-되다** 자.

피로¹(披露) 圀 **1** 문서 따위를 펴 보이는 일. **2** 일반에게 널리 알리는 것. **피로-하다¹** 통타여.

피로²(疲勞) 圀 과로로 인하여 몸이나 정신이 지쳐서 고단한 것. 흔히, 일의 능률이 떨어지고 자극에 대한 반응 능력이 저하됨. ¶~회복 / ~가 쌓이다 / ~가 겹치다 / ~를 풀다. **피로-하다²** 톙어 (사람이 몸이나 정신이) 지쳐서 고단하다. ¶밤을 꼬박 새웠더니 몸이 ~.

피로-감(疲勞感) 圀 피로한 느낌.

피로-연(披露宴) 圀 기쁜 일을 사람들에게 널리 알리기 위하여 베푸는 연회. ¶결혼 ~.

피:뢰-침(避雷針)[-뢰/-뤠-] 圀[물] 벼락의 피해를 막기 위하여 건물의 가장 높은 곳에 세우는, 끝이 뾰족한 금속제의 막대기. =피뢰주(避雷柱).

피륙 圀 필로 된 베·무명·비단 등의 총칭.

피리 圀 [<윿篴] [음] **1** 관(管)에 서를 꽂아 세로로 부는 전통 관악기의 총칭. 현재는 향피리·당피리·세피리가 전하는데, 구멍이 8개임. ▷적(笛). **2** 속이 빈 대에 구멍을 뚫고 불어서 소리를 내는 것의 총칭. ¶갈~ / 보리~. **3** '리코더'를 통속적으로 이르는 말.

피리어드(period) 圀 **1**[자립] '온점'로 순화. **2**[의존][체] 아이스하키 따위에서, 경기 시간의 단위. ¶1피리어드는 20분임. ¶아이스하키의 3~가 끝나다.

피마(-馬) 圀 다 자란 암말. =빈마(牝馬). ↔상마.

피마-자(莋麻子) 圀 **1** [식] 대극과의 한해살이풀. 높이 2m 정도. 잎은 손바닥 모양으로 갈라지며, 8~9월에 엷은 홍색의 꽃이 핌. 열매는 삭과(蒴果)로 3개의 종자가 들어 있는데, 종자로는 기름을 짬. =비마(草麻)·아주까리. **2** 1의 열매의 알맹이. =비마자(草麻子).

피마자-유(莋麻子油) 圀 피마자의 종자로 짠 기름. 완하제·관장제(灌腸劑) 또는 머릿기름 등으로 쓰임. =아주까리기름.

피막¹(皮膜) 圀 **1** 피부와 점막(粘膜). **2** 껍질 같은 얇은 막.

피:막²(被膜) 圀 덮어 싸고 있는 막.

피:막³(避幕)[명] 예전에, 사람이 죽기 직전에 잠시 안치하여 두던, 마을에서 떨어진 외딴 집.

피망(㊤piment)[명] 1[식] 가짓과의 한해살이풀. 높이 60cm가량. 열매는 짧은 타원형으로 꼭대기가 납작하고 크며 세로로 골이 져 있음. 2 1의 열매. 흔히 찬거리로 이용하는데, 별로 맵지 않고 달콤이 남.

피-맺히다[—매치—][동](자) 가슴에 피가 맺힐 정도로 한이 사무치다. ¶**피맺힌** 사연[원한].

피-멍[명] '멍'을 피가 맺힌 것임을 강조하여 이르는 말. ¶~이 들다.

피목(皮目)[명][식] 식물 줄기의 단단한 부분이나 사과의 껍질 등에 있는 작은 구멍. =껍질눈·피공(皮孔).

피물(皮物)[명] 짐승의 가죽.

피-바다[명] '온통 피가 낭자한 곳'을 형용하여 일컫는 말. ¶유혈극이 벌어져 사방이 ~가 되다.

피-바람[명] 수많은 사람을 죽이는 참극을 비유하여 이르는 말. ¶조정에 ~을 일으키다.

피:발(被髮·披髮)[명] 1 머리털을 풀어 헤치는 것. 2 부모가 죽었을 때 머리를 푸는 일. **피:발-하다**[동](자)

피:-배서인(被背書人)[명][법] 배서인의 배서에 의해 어음·수표 등의 지시 증권을 양도받거나 담보로 맡은 사람. ↔배서인.

피-범벅[명] 사방 여러 군데에 피가 묻어 뒤범벅이 됨. ¶~이 된 얼굴.

피벗(pivot)[명] 1 마찰을 적게 하기 위하여 회전하는 축의 지점(支點)을 원뿔꼴로 한 것. 2[체] 농구·핸드볼·배드민턴 등의 구기(球技)나 댄스에서 한 발을 축으로 하여 회전하는 일.

피:병(避病)[명] 병을 피하기 위하여 거처를 옮기는 일. ¶~소(所). **피:병-하다**[동](자여)

피:-병원(避病院)[명] 전염병 환자를 격리하여 수용하는 병원.

피:보험-물(被保險物)[명] 손해 보험 계약의 목적물.

피:보험-자(被保險者)[명][법] 1 손해 보험에서, 계약에 따라 손해의 보상을 받을 수 있는 사람. 2 생명 보험에서, 보험의 대상이 되는 사람. ↔보험자.

피:-보호국(被保護國)[명][법] 보호 국가와 맺은 보호 조약에 따라, 내정(內政)을 비롯하여 특히 외교 관계에 있어 제한을 받는 국가. ↔보호국.

피:복¹(被服)[명] 공문서나 장부 등에서, '옷'을 문어적으로 나타내는 말. 또는, 군대 같은 특수 집단에서 그 구성원이 입는 옷을 이르는 말. ¶신병에게 ~을 지급하다.

피:복²(被覆)[명] 거죽을 덮어 씌우는 것. 또는, 그 덮어 씌운 물건. **피:복-하다**[동](타여) **피:복-되다**[동](자)

피:복-비(被服費)[—삐][명] 옷·신발·장식품 등에 쓰는 비용.

피:복-선(被覆線)[—썬][명] 절연물로 거죽을 덮어 씌운 도선. =절연선(絕緣線).

피봉(皮封)[명] =겉봉2.

피부(皮膚)[명] 동물 몸의 맨 거죽을 싸고 있는 조직. 신체 보호·체온 조절·배설·피부 호흡 등의 작용을 함. 비살갗. ¶~ 이식 수 ~/가 거칠다[곱다]/~을 보호하다.

피부^감:각(皮膚感覺)[생] 피부 겉면에 있는 감각점이 자극을 받음으로써 일어나는 감각. 촉각·온각·냉각·통각·압각 따위.

피부-과(皮膚科)[—꽈][명][의] 피부에 관한 모든 병을 연구·치료하는 의학의 한 분과.

피부-병(皮膚病)[—뼝][명][의] 피부 및 피부에 관계하는 모발·땀샘·피지선 등에 생기는 질병의 총칭.

피부-색(皮膚色)[명] 사람의 피부의 색. 비살빛.

피부-선(皮膚腺)[명][생] 동물의 표피에 분포하는 외분비선. 땀샘·피지선·젖샘·점액선 따위. =피선(皮腺).

피부-암(皮膚癌)[명][의] 피부에 생기는 상피성 악성 종양. 햇볕을 받는 부위 등에 생기기 쉽고 백인에게 많음.

피부-염(皮膚炎)[명][의] 체내 또는 체외의 자극으로 일어나는 피부의 염증.

피부^호흡(皮膚呼吸)[동] 동물의 체표(體表)를 통해 행해지는 호흡. 호흡기가 없거나 발달하지 않은 동물에게 흔히 볼 수 있음.

피-붙이[—부치][명] =혈육. ¶그들 사이에서 난 돌 지난 어린것, 그것이 아득한 이 핏덩이만이 지금의 이인국 박사의 곁을 지켜 주는 유일한 ~다(전광용:꺼삐딴 리).

피브로인(fibroin)[명] 곤충이나 거미의 실샘에서 분비되는 섬유성의 단백질.

피브리노겐(fibrinogen)[화] 혈장(血漿) 중에 함유되어 있는 단백질의 하나. 혈액을 응고시키는 인자의 하나이며, 간세포에서 만들어짐.

피브린(fibrin)[명][생][화] 혈액이 응고할 때 피브리노겐에 트롬빈이 작용하여 생기는 불용성 단백질. 무색·황색을 띤 섬유 모양의 것인데, 혈구(血球)와 엉켜 피를 응고시킴. =섬유소.

피브이시(PVC)[명] [polyvinyl chloride] [화] =폴리염화 비닐.

피비린-내[명] 1 선지피에서 풍기는 비린 냄새. 2 심한 살상(殺傷) 등으로 인한 매우 살벌한 상태. ¶~ 나는 전투.

피:사계^심:도(被寫界深度)[—계—/—게—][명][사진] 초점을 맞춘 지점을 중심으로 하여 앞뒤로 초점이 맞는 범위의 정도. 렌즈의 조리개를 조일수록, 렌즈의 초점 거리가 짧을수록, 피사체의 거리가 멀수록 심도는 깊어짐. =심도.

피-사리[명][농] 농작물 가운데에 섞여서 자란 피를 뽑아내는 일. **피사리-하다**[동](자여)

피:사-체(被寫體)[명][사진] 사진을 찍을 때, 그 대상이 되는 물체.

피:살(被殺)[명] (어떤 사람에게) 죽임을 당하는 것. ¶~자(者). **피:살-되다**[동](자) ¶괴한에게 ~.

피상(皮相)[명] 일이나 현상 따위의 겉으로 나타나 보이는 모양 또는 현상.

피:-상속인(被相續人)[명][법] 권리·재산 따위가 상속되기 전의 소유자. ↔상속인.

피상-적(皮相的)[관형] 사물의 판단이나 파악이 본질에 이르지 못하고 겉으로 나타나 보이는 현상에만 관계하는 (것). ¶~인 판단[관찰].

피새[명] 급하고 날카로워 화를 잘 내는 성질. ¶~를 부리다.

피:서(避暑)[명] 산·강·바다 등의 시원한 곳으로 가서 더위를 피하는 것. ¶~를 가다. **피:서-하다**[동](자여)

피:서-객(避暑客)[명] 피서를 즐기는 사람. ¶~들로 들끓는 해수욕장.

피:서-지(避暑地) 圀 피서하기에 알맞은 지역. 또는, 피서하고 있는 곳.

피:선(被選) 圀 선거에 뽑히는 것. **피:선-되다** 圄(자) ¶국회의원에 ~.

피:선거-권(被選擧權) [-꿘] 圀 [법] 선거에 입후보하여 당선될 수 있는 권리.

피:선거-인(被選擧人) 圀 [법] 피선거권을 가진 사람.

피:소(被訴) 圀 [법] 소송 제기를 당하는 것. **피:소-되다** 圄(자)

피:수(被囚) 圀 옥에 갇히는 것. 또는, 그 죄수. **피:수-하다** 圄(자여) **피:수-되다** 圄(자)

피-수식어(被修飾語) 圀 [언] 글의 성문(成文)의 하나로, 수식어에 의하여 의미상의 한정이 주어지는 말.

피스톤(piston) 圀 **1** [공] 증기 기관·내연 기관 등의 실린더 속을 왕복 운동을 하는 원판형 또는 원통형의 부품. =활塞(活塞). **2** [음] 금관 악기에서, 반음계 연주가 가능하도록 조절하는 장치. =밸브.

피:습(被襲) 圀 습격을 당하는 것. **피:습-하다** 圄(자여) **피:습-되다** 圄(자)

피:승-수(被乘數) [-쑤] 圀 [수] 곱셈에서 곱하여지는 수. 5×2=10에서의 '5' 따위. ↔승수.

피시(PC) 圀 [personal computer] [컴] =개인용 컴퓨터.

피시-방(PC房) 圀 컴퓨터 통신이나 인터넷을 할 수 있도록 여러 대의 컴퓨터를 갖추어 놓고 이용 시간에 따라 요금을 받는 점포. =게임방.

피시에스(PCS) 圀 [Personal Communications Service] [통] =개인 휴대 통신 서비스.

피시^통신(PC通信) 圀(통) =컴퓨터 통신.

피식 圄 순간적으로 웃음이 치밀어 입술을 터뜨리듯 약간 벌리며 싱겁게 한 번 웃는 소리. 또는, 그 모양. ¶그는 내 얘기를 듣더니 어처구니가 없다는 듯이 ~ 웃었다. **피식-하다** 圄(자여)

피식-거리다/-대다 [-꺼(때)-] 圄(자) 웃음이 치밀어 입술을 터뜨리듯 약간 벌리며 싱겁게 자꾸 웃다.

피식-피식 圄 순간적으로 웃음이 치밀어 입술을 터뜨리듯 약간 벌리며 싱겁게 자꾸 웃는 소리. 또는, 그 모양. ¶사람들은 우리의 이상한 몰골을 보고 ~ 웃었다. **피식피식-하다** 圄(자여)

피:신(避身) 圀 위험으로부터 몸을 숨겨 피하는 것. **피:신-하다** 圄(자여) ¶안전한 곳으로 재빨리 ~.

피:신-처(避身處) 圀 위험으로부터 몸을 숨겨 피하는 장소.

피:아(彼我) 圀 저쪽 편과 이쪽 편. 특히, 적군과 아군. ¶어둠 속에서는 ~ 식별이 어렵다.

피:아-간(彼我間) 圀 저쪽 편과 이쪽 편 사이. 특히, 적군과 아군 사이. ¶치열한 공방전으로 ~에 많은 사상자가 발생했다.

피아노¹(piano) 圀 [음] 건반을 누르면 해머가 현을 때려 소리를 내게 되어 있는, 앞에 앉아 열 손가락으로 연주하는 악기. 88건으로 된 것이 표준임. 그랜드 피아노와 업라이트 피아노의 두 종류로 나뉨. =양금(洋琴). ¶ ~를 치다. ▷풍금.

피아노²(ⓓpiano) 圀 [음] 악곡의 표현 방법을 나타내는 말로, '여리게'의 뜻. 기호는 p. ↔포르테(forte).

피아노^사:중주(piano四重奏) 圀 [음] 실내악의 하나. 피아노·바이올린·비올라·첼로 4개의 악기에 의한 합주.

피아노^삼중주(piano三重奏) 圀 [음] 실내악의 하나. 피아노·바이올린·첼로의 3개의 악기에 의한 합주.

피아노^오:중주(piano五重奏) 圀 [음] 실내악의 하나. 피아노·제1바이올린·제2바이올린·비올라·첼로의 다섯 악기에 의한 합주.

피아노포르테(ⓓpianoforte) 圀 [음] 악곡의 표현 방법을 나타내는 말로, '처음은 여리게, 차츰 세게'의 뜻. 기호는 pf.

피아니스트(pianist) 圀 피아노 연주가.

피아니시모(ⓓpianissimo) 圀 [음] 악곡의 표현 방법을 나타내는 말로, '매우 여리게'의 뜻. 기호는 pp. ↔포르티시모.

피아니시시모(ⓓpianississimo) 圀 [음] 악곡의 표현 방법을 나타내는 말로, '아주 여리게'의 뜻. 기호는 ppp. ↔포르티시시모.

피아르(PR) 圀 [public relation] **1** 관청·기업체·단체 등이 일반 대중의 신용과 이해를 얻고 그들의 관심을 끌기 위하여 사업의 취지를 널리 알리는 선전. **2** 자기의 장점이나 특기를 다른 사람들에게 드러내어 알리는 것. ¶자기 ~ 시대. **피아르-하다** 圄(타여) ¶기업의 취지를 ~.

피아르^광:고(PR廣告) 圀 기업이나 공공 기관이 일반 대중의 이해와 신뢰를 얻으려고 행하는 광고.

피:안(彼岸) 圀 [<ⓑpāramitā] [불] 이승의 번뇌를 해탈하여 열반의 세계에 도달하는 일. 또는, 그 경지. ¶~의 세계 / ~에 이르다. ↔차안(此岸).

피어-나다 [-어-/-여-] 圄(자) **1** 꺼져 가던 불이 붙어 일어나다. ¶연탄불이 ~. **2** 곤란한 형편이 좋아지거나 풀리다. ¶가난하던 살림이 ~. **3** 의식이 없던 사람이 차츰 깨어나다. **4** 꽃 따위가 피게 되다. ¶장미꽃이 ~.

피-어리다 圄 (주로 '피어린'의 꼴로 쓰여) 피 흘려 싸우거나 피가 맺히도록 고생한 자취가 깃들어 있다. ¶피어린 투쟁.

피어싱(piercing) 圀 귀·눈썹·코·입술·혀·배꼽 등에 구멍을 뚫고 액세서리로 장식하는 일.

피어-오르다 [-어-/-여-] 圄(자)(르) <~오르니, ~올라> **1** (불이) 붙어서 밑으로부터 위로 불길이 오르다. ¶모닥불이 **피어오르는** 가운데 합창이 시작됐다. **2** (김이나 내, 구름 따위가) 줄지어 위로 올라가다. ¶아지랑이가 ~ / 구름이 뭉게뭉게 ~. **3** (마음속에서 희망이나 꿈, 염원 등이) 강렬해지거나 절실하게 느껴지다. ¶통일에의 열기가 더욱 거세게 ~.

피에로(ⓕpierrot) 圀 [연] 연극이나 서커스에 등장하는 어릿광대.

피에스(P.S.) 圀 [postscript] [뒤에 추가하여 말한다는 뜻] 편지에서 글을 추가할 때, 그 글의 첫머리에 쓰는 말. 冏추신(追伸).

피에이치(pH) 圀 [화] =페하.

피에타(ⓘPietà) 圀 ['경건한 애도'의 뜻] [미] 크리스트교 미술에서 성모 마리아가 예수의 주검을 안고 슬퍼하는 모습을 표현한 작품.

피엑스(PX) 圀 [Post Exchange] 군부대의 기지 내에 설치된 매점. 일상 용품이나 음식물 등을 면세 가격으로 판매함.

피엘오(PLO) 명 [Palestine Liberation Organization][정] =팔레스타인 해방 기구.

피엘-원(PL/1) 명 [Program Language one] [컴] 포트란의 계산 개념과 코볼의 파일 처리 개념을 도입하여 과학 기술 계산과 사무 처리 계산에 적합하도록 만든 언어.

피엠(P.M., p.m.) 명 @post meridiem 오후(午後). 시각을 나타내는 숫자 앞에 덧붙여 '오후 …시'의 뜻을 나타냄. ¶~ 3:00. ↔에이엠.

피오르(ⓔfjord) 명 [지] 빙하의 침식으로 만들어진 골짜기가 빙하의 소실 후 침수해서 생긴 좁고 깊은 만. 횡단면은 'U' 자 모양을 이룸. =피오르 해안·협만(峽灣).

피-오줌 명 '혈뇨(血尿)'를 일상적으로 이르는 말.

피우(ⓘpiù) 명 [음] 악곡의 표현 방법을 나타내는 말로, '좀 더', '더욱'의 뜻.

피-우다 동타 1 '피다'1·2의 사동사. ¶숯불을 ~ / 꽃을 ~. 2 (담배나 아편 따위를) 불을 붙인 상태에서 그 연기를 입 안으로 빨아들였다가 입 밖이나 콧구멍으로 내보내다. ¶담배를 ~ / 대마초를 ~. 3 (냄새나 먼지 따위를) 생기거나 퍼지게 하다. ¶옆집에서 생선 굽는 냄새를 ~ / 아이들이 뛰어다니면서 먼지를 ~. 4 (사람이 부정적이거나 바람직하지 않은 행동이나 태도를) 다른 사람에게 나타내어 보이다. 또는, (사람이 어떤 행동이나 태도를) 부정적이거나 바람직하지 않은 상태로 나타내어 보이다. ¶게으름을 ~ / 거드름을 ~ / 말썽을 ~ / 남을 속이려고 재주를 ~. ×피다.

피읖 [-읖] 명 한글 자음 'ㅍ'의 이름 (2117쪽 '한글 자모' 참고).

어법 피읖이, 피읖을: [피으피], [피으플](×)→[피으비], [피으블](ⓞ). ▶원칙적인 발음 대신 현실 발음을 인정하여 표준 발음법에 규정화한 것임(발16).

피:의(被疑) [-의/-이] 명 범죄의 혐의를 받는 것. ¶~ 사실을 인정할 만한 충분한 증거를 확보하다.

피:의-자(被疑者) [-의/-이-] 명 [법] 범죄의 혐의는 받고 있으나, 아직 공소 제기가 되지 않은 사람. =용의자(容疑者). ▶피고(被告).

피:임¹(被任) 명 어떤 자리에 임명되는 것. **피:임-하다** 동재 **피:임-되다** 동재

피:임(避妊) 명 약을 먹거나 콘돔·루프 등의 기구를 사용하거나 배란일을 피하거나 불임 수술을 받거나 하여, 성교를 하여도 임신이 되지 않게 하는 일. **피:임-하다**² 동재

피:임-법(避妊法) [-뻡] 명 피임하는 방법. ▷불임법.

피:임-약(避妊藥) [-냑] 명 [약] 피임하기 위하여 쓰는 약제.

피자(ⓘpizza) 명 둥글넓적한 밀가루 반죽 위에 치즈·토마토·피망·고기·향료 등을 얹어 구운 음식.

피:자-식물(被子植物) [-싱-] 명 [식] =속씨식물.

피장-파장 명 서로 낫고 못함이 없음. 상대의 행동에 따라 그와 동등한 행동으로 맞서는 일을 일컫는 말. ¶잘못하기는 ~이다. ▷피차일반.

피:재(避災) 명 재해(災害)를 피하는 것. **피:재-하다** 동재

피:접(避接) 명 '비접'의 원말.

피:-제수(被除數) [-쑤] 명 [수] 나눗셈에서, 나눔을 당하는 수. 12÷3=4에서의 '12' 따위. =나뉘는 수. ↔제수(除數).

피-조개 명 [동] 연체동물 돌조갯과의 한 종. 껍데기는 흑갈색이고, 겉면에는 부챗살처럼 줄이 있으며, 살은 붉은빛이고 단맛이 있음. 수심 5〜50m 사이의 고운 모래펄에 서식함.

피:-조물(被造物) 명 조물주에 의하여 지어진 모든 물건. 곧, 삼라만상. ¶인간은 신의 ~.

피-죽¹(-粥) 명 피로 쑨 죽. ¶~도 못 먹은 사람처럼 비실거리다.

피-죽² 명 '죽데기'의 잘못.

피지(皮脂) 명 피지선(皮脂腺)의 분비물. 피부 및 모발 표면에 지방막을 형성하고, 축축하게 하여 보호함.

피지²(Fiji) 명 [지] 뉴질랜드 북쪽에 위치한, 남태평양의 320여 개의 섬으로 이루어진 나라. 수도는 수바.

피:-지배(被支配) 명 지배를 당하는 것. ¶~층(層) / ~ 민족.

피:지배^계급(被支配階級) [-계-/-게-] 명 정치·경제·사회적으로 지배를 당하는 계급.

피지-선(皮脂腺) 명 [생] 진피(眞皮)에 있는 분비선. 지방을 분비하여, 표피와 모발에 광택·유연성·탄력성을 줌. =기름샘·유선(油腺)·지방선(脂肪腺)·지선(脂腺).

피질(皮質) 명 [생] 신장·부신(副腎) 등의 기관의 표층 부분. 또는, 대뇌·소뇌의 표층을 이루는 회백질(灰白質)의 부분. ↔수질(髓質).

피:차(彼此) I 명 어떤 일에 함께 관련되어 있는, 저쪽 사람과 이쪽 사람. 또는, 너와 나. ¶~의 입장을 고려하다.
Ⅱ 부 이쪽 저쪽 가릴 것 없이 둘 다. 비서로. ¶언성 높이고 싸워 봐야 ~ 손해다.

피:차-간(彼此間) 명 부 이쪽 사람과 저쪽 사람 간. 또는, 이쪽 저쪽 가릴 것 없이 모두. ¶~의 우의를 돈독히 하다 / ~에 잘된 일.

피:차-없다(彼此-) [-업따] 형 그쪽이나 이쪽이나 서로 나을 것도 못할 것도 없다. **피:차없-이**

피:차-일반(彼此一般) 명 두 편이 서로 같음. ¶키가 작기로 말하면 ~이다. ▷피장파장.

피처(pitcher) 명 =투수(投手)¹. ↔캐처.

피천 명 아주 적은 액수의 돈.
[피천 한 닢 없다] 수중에 돈이 한 푼도 없다.

피:천²(被薦) 명 추천을 받는 것. **피:천-하다** 동재 **피:천-되다** 동재

피:체(被逮) 명 남에게 잡히는 것. =피착(被捉). **피:체-하다** 동재 **피:체-되다** 동재

피층(皮層) 명 [식] 식물의 조직계의 하나. 표피와 중심주(中心柱) 사이의 세포층으로, 엽록소나 저장 물질을 지니고 있음. =껍질켜·표피층.

피치(pitch) 1 같은 일을 되풀이하거나 일정한 간격으로 일을 행하는 경우의 속도나 횟수. 또는, 작업의 능률. ¶~를 올리다. 2 톱니바퀴의 톱니와 톱니 사이의 거리. 3 [화] =아스팔트1. 4 [음] 높이.

피치블렌드(pitchblende) 명 [광] 우라니아이트의 변종(變種). 비결정질(非結晶質)이고 괴상(塊狀) 임. 우라늄의 원료 광석임. =역청 우라늄석.

피치카토(ⓔpizziccato) 명[음] 바이올린·첼로와 같은 현악기의 현(絃)을 손끝으로 퉁기어 연주함. 또는, 그렇게 연주하는 곡.

피ː침(被侵) 명 침범이나 저축을 당하는 것. **피ː침-하다** 동〈자여〉 **피ː침-되다** 동〈자〉

피칭(pitching) 명 1 [체] 야구에서, 투수가 타자를 향해 공을 던지는 일. ≒피치. 비투구(投球). 2 배·비행기·자동차의 몸체가 시소처럼 앞뒤로 올라갔다 내려갔다 하면서 출렁이는 현상. ↔롤링. **피칭-하다** 동〈자여〉

피카레스크^소ː설@picaresque小說) [피카레스크'는 '악한'이라는 뜻의 에스파냐 어 '피카로(picaro)'에서 온 말][문] =악한 소설.

피케팅(picketing) 명[사] 노동 쟁의 때, 조합원들이 공장·사업장의 출입구에 늘어서거나 스크럼을 짜거나 하면서 파업의 방해자를 막고, 동료 가운데 이탈자를 감시하는 일. **피케팅-하다** 동〈자여〉

피켈(pickel) 명 등산 용구의 하나. 목제 자루에 곡괭이 모양의 금속제 날이 달려 있음. 빙설(氷雪)로 뒤덮인 경사진 곳을 오를 때, 발판 등을 만드는 데에 쓰임.

피켓(picket) 명 1 [사] 노동 쟁의 중, 이탈자나 방해 행위를 막기 위하여 회사·사업소 등의 출입구에 노동자 측에서 내보내는 감시인. 2 어떤 주장을 적은, 자루 달린 판때기. 보통, 시위할 때 들고 다님.

피코-그램(picogram) 명[의존] 질량의 단위. 1피코그램은 1그램의 1조분의 1임. 기호는 pg. ¶그 보고서는 ○○ 회사에서 제조한 패스트푸드에서 1.29~의 다이옥신이 발견되었다고 밝혔다.

피코-미터(picometer) 명[의존] 길이의 단위. 1피코미터는 1미터의 1조분의 1임. 기호는 pm.

피콜로(piccolo) 명[음] 관악기의 하나. 플루트보다 한 옥타브 높으며, 관현악·취주악의 가장 높은 음역을 맡음.

피콜로-플루트(piccolo-flute) 명[음] 플루트 중에서 가장 높은 음역을 맡는, 가장 작은 악기.

피크(peak) 명 어떤 일의 정도나 진행이나 활동 등이 가장 강렬해지거나 고조된 상태. 비절정·정점(頂點). ¶설악산 단풍이 ~를 이루다 / 피서 인파가 8월 초에 ~에 달하다.

피크닉(picnic) 명 '소풍', '야유회'로 순화.

피크-타임(peak time) 명 어떤 일의 정도나 진행이나 활동 등이 가장 강렬해지거나 고조되는 시간대일 때. '절정기', '한창때'로 순화. ¶전력 소비의 ~ / 호텔과 콘도 들이 여름휴가의 ~을 맞다.

피클(pickle) 명 오이 따위의 야채와 과일 등을 소금에 절여, 식초·설탕·향신료를 섞은 액에 다시 담아 절인 서양식 반찬.

피타고라스의 정ː리(Pythagoras-定理) [-의-니/-에-니][수] 직각 삼각형의 빗변을 한 변으로 하는 정사각형의 면적은, 다른 두 변을 각각 한 변으로 하는 두 정사각형의 면적의 합과 같다는 정리.

피ː탈(被奪) 명 빼앗기는 것. ¶국권 ~. **피ː탈-하다** 동〈자여〉

피터^팬^신드롬(Peter Pan Syndrome) [심] 청소년들에게서 볼 수 있는, 동화에 나오는 영원한 소년 피터 팬처럼 언제까지나 어른이 되고 싶어 하지 않는 정신적 증후.

피-턴(P-turn) 명 좌회전이 금지된 교차로에서, 좌회전하고자 하는 차가 'P'자처럼 교차로를 지나서 오른쪽으로 도는 일.

피테칸트로푸스^에렉투스(Pithecanthropus erectus) 명[고고] =직립 원인.

피톤치드(ⓔfitontsid) 명 나무로부터 내뿜겨 주위의 미생물 등을 죽이는 작용을 하는, 보이지 않으나 향기로 느낄 수 있는 물질. 삼림욕은 이 물질을 몸에 쐬기 위한 것으로, 이 물질은 사람에게 활력을 준다고 함.

피-투성이 명 피가 낭자하게 묻은 모양. ¶얼굴이 ~가 되다.

피투피(P2P) 명 [peer to peer] 인터넷을 통해 피시(PC)끼리 서로 파일을 공유하는 일.

피튜니아(petunia) 명[식] 가짓과의 여러해살이풀. 6~10월에 꽃이 피는데, 꽃의 빛깔·모양 등에 변화가 많고 분이나 화단 등에 널리 재배됨.

피트(feet) 명[의존] 길이의 단위. 1피트는 12인치이며, 30.48cm임.

피티¹ 명[생] =혈소판(血小板).

피티²(↑PT) 명 =프레젠테이션.

피-파(P波) 명[지] 지진파의 하나. 지진이 날 때 진원으로부터 지상에 맨 처음 도달하는 종파. ▷에스파(S波).

피파²(FIFA) 명 [ⓕFédération Internationale de Football Association] =국제 축구 연맹.

피펫(pipette) 명[화] 분석용 화학 실험 기구의 하나. 일정한 용적(容積)의 액체를 정확히 재는 데에 쓰이는 흡액(吸液) 유리관.

피폐(疲弊) [-폐/-폐] 명 1 심신이 지쳐서 쇠약한 상태가 되는 것. 2 생활이나 경제력 등이 어렵거나 궁한 상태가 되는 것. ¶농정의 실패가 농촌 경제의 ~를 초래하다. **피폐-하다** 동〈자여〉 ¶**피폐한** 정신/극도로 **피폐해** 있는 경제.

피ː폭¹(被爆) 명 1 폭격을 받는 것. 2 원자탄·수소탄의 폭격을 받는 것. 또는, 그 방사능으로 피해를 입는 것. ¶~자(者). **피ː폭-하다** 동〈자여〉 **피ː폭-되다** 동〈자〉

피ː폭²(被曝) 명 인체가 방사선을 받는 것. **피ː폭-하다²** 동〈자여〉

피피비(ppb) 명[의존] [parts per billion] 미량(微量) 단위의 하나. 10억분의 1을 나타내는 단위. 1ppm의 1000분의 1에 해당함.

피피엠(ppm) 명[의존] [parts per million] 성분비나 농도를 나타내는 단위. 백만분의 몇에 해당하는가를 나타냄. 1ppm은 10^{-6}임.

피하(皮下) 명[생] 살가죽의 밑.

피ː-하다(避-) 명[동] 1 몸을 다른 곳으로 옮겨 드러나지 않도록 하다. ¶공격을 ~ / 날아오는 돌을 ~ / 적이 곧 들이닥칠 것이니 어서 피하십시오. 2 어떤 자리나 경우에 처하지 않도록 하다. ¶언쟁을 ~ / 시선을 ~. 3 행사에 불길한 날을 택하지 않다. ¶손 있는 날을 ~. 4 비·눈 따위를 맞지 않게 몸을 숨기다. ¶처마 밑에서 비를 ~.

피하^조직(皮下組織) 명[생] 척추동물의 진피와 뼈 또는 근육 사이에 있는 결합 조직.

피하^주ː사(皮下注射) 명[의] 피하 조직 속으로 약액(藥液)을 넣는 주사 방법. ↔혈관 주사. ▷근육 주사.

피하^지방(皮下脂肪) 명[생] 포유류의 피부 밑에 형성되어 있는 지방. 영양분을 저장하고 체온을 유지하는 작용을 함.

피ː학대^성ː욕^도착증(被虐待性慾倒錯症)

[-때-또-쫑] 명[의] =마조히즘.
피:학대°음란증(被虐待淫亂症) [-때-난쫑] 명[의] =마조히즘.
피:한(避寒) 명 추위를 피하여 따뜻한 곳으로 옮기는 것. **피:한-하다** 동재여
피:항(避航) 명 배나 비행기가 태풍·폭풍 등의 악천후로 운항을 하지 않고 안전한 곳으로 대피하는 것. **피:항-하다** 동재여 ¶태풍 경보의 발령으로 서둘러 인근 항구로 ~.
피:해¹(被害) 명 어떤 사람이 재물을 잃거나 신체적·정신적으로 해를 입은 상태. 凹손해. ¶~를 입다 / ~을 보상하다. ↔가해.
피:해²(避害) 명 재해·재난을 피하는 것. **피:해-하다** 동재여
피:해-망상(被害妄想) 명[의] 남이 자기에게 해를 입힌다고 생각하는 일. 정신 분열병이나 조울병 환자에게서 자주 보임. ¶~에 빠지다[사로잡히다].
피:해-액(被害額) 명 피해를 입은 액수. ¶화재로 인한 ~을 추산하다.
피:해-자(被害者) 명[법] 해를 입은 사람. ↔가해자.
피:험-자(被驗者) 명 1 시험이나 실험 등의 대상이 되는 사람. 2 [심] 심리학상 연구 대상으로서 시험을 당하는 사람.
피혁(皮革) 명 날가죽 및 무두질한 가죽의 총칭. ¶~화(靴) / 인조 ~.
픽¹ 부 1 기운이 빠져서 맥없이 가볍게 쓰러지는 소리. ¶몇 발짝 걷지 못하고 ~ 쓰러지다. 2 (실이나 끈 등이) 힘없이 끊어지는 모양. 또는, 그 소리. 좍팩.
픽² 부 1 (막혔던 가스나 기체 따위가) 힘없이 터져 나오는 모양. 또는, 그 소리. ¶바람이 ~ 새어 나오다. 2 다물었던 입술을 약간 벌리며 싱겁게 한 번 웃는 모양. 또는, 그 소리.
픽³(pick) 명[음] 셀룰로이드 따위를 삼각형이나 사각형으로 오려 내어, 기타·만돌린 따위를 칠 때 사용하는 것.
픽셀(pixel) 명[컴] 주소화될 수 있는 화면의 가장 작은 단위. 작은 점의 행과 열로 이루어져 있는 화면의 작은 점 각각을 이르는 말임.
픽션(fiction) 명[문] 사실이 아닌 상상에 의해 쓰여진 이야기나 소설. 凹허구(虛構). ↔논픽션.
픽업¹(pick up) 명 (어떤 사람을) 주로 연예인이나 운동선수로, 또는 어떤 배역으로 뽑는 것. 凹발탁. **픽업-하다** 동타여 ¶무명 배우를 주연으로 ~. **픽업-되다** 동재 ¶그는 시에프 감독의 눈에 띄어 모델로 픽업되었다.
픽업²(pickup) 명 1 레코드플레이어에서, 레코드의 홈에서 소리를 재생하는 장치. 2 [체] 럭비에서, 반칙의 하나. 럭(ruck) 안에 있는 공을 손으로 다루거나 손으로 집어 올리는 일. 3 바퀴가 네 개 있고 짐 싣는 부분이 짧은 트럭. =픽업트럭.
픽-픽¹ 부 1 여럿이 잇달아 힘없이 쓰러지는 모양. ¶총탄에 적군이 ~ 쓰러지다. 2 (썩은 줄·끈 등이) 잇달아 힘없이 끊어지는 모양. 또는, 그 소리. ¶새끼줄이 ~ 끊어지다. 좍팩팩.
픽-픽² 부 1 (막혔던 가스나 기체 따위가) 힘없이 자꾸 터져 나오는 모양. 또는, 그 소리. 2 다물었던 입술을 약간 벌리며 싱겁게 자꾸 웃는 소리. **픽픽-하다** 동재여
핀(pin) 명 1 어떤 물체가 다른 물체에 이어지거나 붙어 있도록 꽂을 수 있게 만든, 작고 가늘며 한쪽 끝이 뾰족한 쇠붙이. ¶마른 옷감을 ~으로 꽂다 / 곤충을 ~으로 꽂아 보관하다. 2 물체를 묶거나 고정시키거나 하기 위해 사용하는, 가늘고 둥글거나 얇고 넓적한 쇠붙이를 'U' 자 모양으로 만들어 양쪽 끝을 붙였다 떼었다 할 수 있게 만든 물건. ¶머리 ~ / 안전 ~ / 넥타이 ~. 3 [체] 볼링에서, 공을 굴려 쓰러뜨리는 병 모양의 나무. ¶9번 ~을 처리하다. 4 [체] 골프의 홀에 세우는 표지 막대.

핀둥-거리다/-대다 동재 '빈둥거리다'의 거센말. 좍팬둥거리다. 쎈삔둥거리다.
핀둥이-쏘이다 동재 '핀잔먹다'의 잘못.
핀둥이-주다 동타 '핀잔주다'의 잘못.
핀둥-핀둥 부 '빈둥빈둥'의 거센말. ¶하루 종일 ~ 놀다. 좍팬둥팬둥. 쎈삔둥삔둥. **핀둥핀둥-하다** 동재여
핀들-거리다/-대다 동재 '빈들거리다'의 거센말. 좍팬들거리다. 쎈삔들거리다.
핀들-핀들 부 '빈들빈들'의 거센말. 좍팬들팬들. 쎈삔들삔들. **핀들핀들-하다** 동재여
핀란드(Finland) 명[지] 북유럽의 스칸디나비아 반도에 있는 공화국. 수도는 헬싱키.
핀셋(pincette) 명 작은 물건을 집는 데 쓰는, 쇠붙이를 'V' 자 모양으로 만든 기구.
핀업-걸(pin-up girl) 명 벽에 붙이거나 걸어 놓거나 하는 사진의 모델이 되는, 젊고 매력적인 여자.
핀잔 명 (어떤 사람을) 그가 한 말이나 행동의 잘못을 꼬집어 퉁명스럽게 꾸짖는 것. ¶허튼짓을 하다고 ~을 듣다. **핀잔-하다** 동타여
핀잔-맞다 [-맏따] 동재 =핀잔먹다.
핀잔-먹다 [-따] 동타 핀잔을 당하다. =핀잔맞다. ×핀둥이쏘이다.
핀잔-주다 동타 핀잔을 하다. ×핀둥이주다.
핀치(pinch) 명 절박한 사태. 凹궁지(窮地)·위기. ¶~에 몰리다.
핀치²러너(pinch runner) 명[체] =대주자(代走者).
핀치²히터(pinch hitter) 명[체] =대타자.
핀-컬(pin curl) 명 여성의 머리 손질법의 하나. 머리를 조금씩 말아 핀으로 고정하고 머리에 컬이나 웨이브를 내는 방법. ¶~ 파마.
핀트(ⓔ(ⓝ)brandpunt) 명 [←(ⓝ)brandpunt] 1 사진기나 촬영기에서, 피사체의 상이 렌즈를 통해 필름에 선명하게 맺는 상태. 凹초점. ¶~가 맞지 않은 사진 / 파인더를 보면서 ~를 맞추다. 2 대화를 할 때, 어떤 사람의 말이 다른 사람의 말과 동떨어지지 않고 어울리는 상태. ¶저 사람은 자꾸 ~가 안 맞는 말을 하고 있다.
필¹(匹) 명[의존] 말이나 소를 세는 단위. ¶말 두 ~.
필²(疋) 명[의존] 일정한 길이로 짠 피륙을 셀 때에 쓰는 단위. 1필의 길이는 옷감이나 쓰임에 따라 다르나, 30~40마에 해당함. 광목·옥양목의 경우는 '통'이라 부름. ¶명주 한 ~.
필³(筆) 명[의존] =필지(筆地)³. ¶밭 두 ~ / 여섯 ~의 땅.
-필⁴(畢) 접미 '이미 마침'의 뜻으로 쓰는 말. ¶검사 ~ / 지급 ~ / 접수 ~.
필갑(筆匣) 명 붓·먹·벼루 등을 넣어 휴대할 수 있게 만든 물건.
필경(筆耕) 명 1 직업으로 글이나 글씨를 쓰는 일. 2 원지(原紙)에 철필로 글씨를 쓰는

일. ¶~공(工). 필경-하다 통재여

필경²(畢竟) 튀 끝장에 가서는. =구경(究竟). 비마침내. ¶범인은 ~ 잡히고야 말 것

필경-사(筆耕士) 명 글씨 쓰는 일을 직업으로 하는 사람.

필기(筆記) 명 1 글씨를 쓰는 것. 2 강의·연설 등에서, 그 말을 받아 적는 것. 비노트(note). 필기-하다 통타여 ¶강의 내용을 공책에 ~.

필기-구(筆記具) 명 =필기도구.

필기-도구(筆記道具) 명 글씨를 쓰는 데 사용하는 여러 가지 물건. 연필·볼펜·붓 따위. =필기구. ¶~를 지참하다.

필기-시험(筆記試驗) 명 시험 답안을 글로 써서 치르는 시험. ↔필답시험.

필기-장(筆記帳) [-짱] 명 필기하는 데 쓰는 공책.

필기-체(筆記體) 명 활자가 아니고 손으로 쓸 때의 글씨체. ¶알파벳 ~ 소문자.

필납(必納) [-랍] 명 반드시 납부하는 것. 또는, 납부해야 하는 것. 필납-하다 통타여

필담(筆談) [-땀] 명 (어떤 사람이 다른 사람과) 서로 말이 통하지 않거나 입으로 말을 할 수 없는 경우에, 글을 써 가며 의견이나 생각을 주고받는 것. ¶김영수 씨는 중국인과 한문으로 ~을 나누었다. 필담-하다 통재여

필답(筆答) [-땁] 명 글로 써서 대답하는 것. ¶~으로 하다. 필답-하다 통재여

필독(必讀) [-똑] 명 반드시 읽는 것. 또는, 반드시 읽어야 하는 것. 필독-하다 통타여

필독-서(必讀書) [-똑써] 명 반드시 읽어야 할 책. ¶교양인의 ~.

필두(筆頭) [-뚜] 명 1 붓의 끝. 2 어떤 집단이나 동아리에 대해 언급할 때, 어떤 사람이나 사물이 가장 중심이 되는 지위에 있거나 첫머리에 있음을 나타내는 말. ¶사장을 ~로 하여 모든 사원이 합심하여 노력하다.

필드(field) 명 1 [체] 육상 경기장의 트랙 안쪽에 만들어진 넓은 경기장. 주로 던지기·뛰기 등의 경기를 함. 2 [체] 야구에서, 내야·외야의 총칭. 3 [물] 전기장·자기장을 이르는 말. 4 [컴] 레코드를 구성하는 단위. 한 개 이상의 필드가 모여 한 레코드가 됨. 5 연습장이 아닌 야외 골프장. 6 '현장'으로 순화.

필드-경기(field競技) 명 [체] 육상 경기 중 필드에서 하는 경기. 높이뛰기·장대높이뛰기·멀리뛰기 등의 도약 경기와, 원반던지기·창던지기·해머던지기 등의 투척 경기가 있음. ↔트랙 경기.

필드-하키(field hockey) 명 [체] 11명씩으로 구성된 두 팀이 잔디 경기장에서 스틱으로 공을 쳐서 상대편 골에 넣는 것을 겨루는 경기. 준하키. ▷아이스하키.

필라리아(filaria) 명 [동] 사상충과의 기생충의 총칭. 사람이나 동물의 혈관에 기생함.

필라멘트(filament) 명 [물] 백열전구나 진공관의 내부에 전류를 통하게 하여 열전자를 방출하는, 실처럼 가는 선. =선조(線條)·섬조(纖條).

필력(筆力) 명 1 글씨의 획에 드러난 힘. 비필세(筆勢). 2 글을 짓는 능력. ¶~이 있다 / ~을 키우다.

필로폰(Philopon) 명 각성제의 하나. 대뇌에 대한 강한 흥분 작용이 있으며, 남용하면 불면(不眠)·환각 등의 중독 증상이 나타남. =히로뽕.

필름(film) 명 ['얇은 막'이라는 뜻] 1 사진기나 촬영기의 셔터를 누를 때 렌즈를 통해 들어온 빛이 닿아 피사체의 상을 맺게 되어 있는, 셀룰로이드나 폴리에스테르에 감광제를 바른 물건. 세는 단위는 판·통. ¶흑백[컬러] ~. 2 영화 상영을 목적으로 음화를 변화시켜 편집한 양화. 길이의 단위는 릴(reel)·권(卷). ¶~이 중간에 끊어지다 / ~이 낡아 화면에 비가 온다. 3 합성수지로 된 얇고 투명한 막. ¶비닐 ~.

필름이 끊기다[끊어지다] 관 술이 깬 뒤에 술을 마실 때의 일이 기억나지 않는 상태가 되다. 영화 필름이 상영 도중 끊기는 것에 비유한 말. ¶어제 술자리에서 무슨 일이 있었는지 필름이 끊겨 도무지 모르겠어.

필리핀(Philippines) 명 [지] 서태평양 상에 있는 7000여 개의 섬으로 이루어진 공화국. 수도는 마닐라. 음역어는 비율빈(比律賓).

필링(feeling) 명 '느낌'으로 순화. ¶~이 좋다 / ~이 부드럽다.

필마(匹馬) 명 한 필의 말. ¶오백 년 도읍지를 ~로 돌아드니. (길재: 옛시조)

필마-단기(匹馬單騎) 명 혼자 한 필의 말을 타고 감. 또는, 그 사람.

필명(筆名) 명 1 글씨·글을 잘 써서 떨치는 명성. 2 글을 발표할 때 본명 대신에 쓰는 이름. 비펜네임. ¶~을 짓다 / ~으로 작품을 발표하다.

필목(疋木) 명 필로 된 무명·광목·당목 따위의 총칭.

필묵(筆墨) 명 1 붓과 먹. 2 써 놓은 글씨나 문장. ¶~=묵필(墨筆).

필문-필답(筆問筆答) [-땁] 명 글로 묻고 글로 대답함. 필문필답-하다 통재여

필방(筆房) 명 붓을 만들어 파는 가게.

필배(筆輩) 명 =종배(從輩)².

필법(筆法) [-뻡] 명 글씨나 문장을 쓰는 법.

필봉(筆鋒) 명 1 =붓끝. 2 붓의 위세. 곧, 문장 또는 서화(書畫)의 위세. ¶예리한 ~을 휘두르다.

필부¹(匹夫) 명 1 한 사람의 남자. 2 보잘것없고 하찮은 남자.

필부²(匹婦) 명 1 한 사람의 여자. 2 보잘것없고 하찮은 여자.

필부-필부(匹夫匹婦) 명 평범한 남녀.

필사¹(必死) [-싸] 명 1 반드시 죽는 것. 2 (주로 '필사의'의 꼴로 쓰여) 죽음을 각오하고 행하는 것. ¶~의 탈출. 필사-하다¹ 통재여

필사²(筆寫) [-싸] 명 베끼어 쓰는 것. 필사-하다² 통타여 필사-되다 통재

필사-본(筆寫本) [-싸-] 명 손으로 써서 만든 책.

필사-적(必死的) [-싸-] 관명 죽기로 결심하고 하는 (것). ¶~인 투쟁.

필산(筆算) [-싼] 명 숫자를 써서 계산하는 것. 또는, 그렇게 한 계산. =붓셈. ↔암산(暗算). 필산-하다 통타여

필살(必殺) [-쌀] 명 반드시 죽이는 것. 필살-하다 통타여

필생(畢生) [-쌩] 명 (주로 '필생의'의 꼴로 쓰여) 대상이 일생을 마칠 때까지 이루어지거나 일생에 걸쳐 있는 것임을 나타내는 말. 비일생·평생. ¶~의 업적 / ~의 대작 / ~의 사업.

필석-류(筆石類)[-썽뉴][명][동] 고생대의 캄브리아기에서 석탄기 초기까지 지구 상에 군락을 이루어 살았던 해서 동물. 원색동물에 속하는 것으로 추정됨.

필설(筆舌)[-썰][명]〔'붓과 혀'라는 뜻〕 표현 수단으로서의 글이나 말. ¶그가 겪은 고초는 ~로 다 형용할 수가 없다.

필세(筆勢)[-쎄][명] 글씨의 획에 드러난 기세. 비필력(筆力).

필수¹(必修)[-쑤][명] 반드시 학습하여야 하는 것.

필수²(必須)[-쑤][명] 어떤 일에 있어서, 또는 어떤 일을 위하여 꼭 해야 하거나 있어야 하는 것. ¶~ 조건 / 오늘날과 같은 세계화 시대에 영어를 익히는 것은 ~다.

필수³(必需)[-쑤][명] 어떤 물건이 생활이나 어떤 일에 꼭 필요한 상태.

필수^과목(必須科目)[-쑤-][명] 여러 학과 중에서 꼭 배워야 할 과목. ↔선택 과목.

필수^아미노산(必須amino酸)[-쑤-][명] 동물이 생명을 유지하기 위해 필요한 아미노산 중, 체내에서 합성되지 않거나 합성이 어렵기 때문에 음식물로써 섭취해야 하는 아미노산.

필수-적(必須的)[-쑤-][관][명] 꼭 하여야 하거나 있어야 하는 (것). ¶~인 요소.

필수^지방산(必須脂肪酸)[-쑤-][명] 인체 내에서는 합성되지 않기 때문에 체외로부터 반드시 섭취해야만 하는 지방산.

필수-품(必需品)[-쑤-][명] 일상생활에서 꼭 필요한 것. ¶생활~.

필순(筆順)[-쑨][명] 글씨를 쓸 때 붓을 대는 자획의 순서.

필승(必勝)[-씅][명] 반드시 이기는 것. ¶~을 다짐하다. **필승-하다**[동][자][여]

필시(必是)[-씨][부] 아마도 틀림없이. ¶여태 전화 연락조차 없는 걸 보면 ~ 무슨 일이 생겼음에 틀림이 없다.

필역(畢役)[명] 역사(役事)를 마치는 것. =요역(了役). **필역-하다**[동][타][여]

필연¹(必然)[명] I 어떤 일이 어떤 조건 아래에서 반드시 그렇게 될 수밖에 없는 상태. ¶절대 권력이 절대 부패한다는 건 역사(歷史)의 ~이다. ↔우연. ▷개연(蓋然).
Ⅱ[부] 틀림없이 꼭. =필야(必也). ¶사람이란 ~ 죽게 마련이다.

필연-성(必然性)[-썽][명] 어떤 일이 어떤 조건 아래서 반드시 그렇게 될 수밖에 없는 성질. ↔우연성. ▷개연성.

필연-적(必然的)[관][명] 사물의 그리될 수밖에 없는 (것). ▷개연적.

필연적 판단(必然的判斷)[-쩍][논] 주사(主辭)와 빈사(賓辭)의 결합 또는 분리 관계가 필연적이라는 판단. 'A는 B가 아닐 수 없다' 따위. ▷개연적 판단.

필연-코(必然-)[부] '필연Ⅱ'의 힘줌말. ¶이번에는 ~ 이길 것이다.

필요(必要)[명] (어떤 대상이) 꼭 있어야 하거나 갖추어져야 하는 상태에 있는 것. **필요-하다**[형][여] ¶생활에 필요한 물품 / 그 일을 하는 데는 큰 용기가 ~.

필요-량(必要量)[명] 반드시 요구되는 양.

필요-성(必要性)[-썽][명] 필요로 하는 성질. ¶그 모임에 참석해야 할 ~이 있겠는가.

필요-악(必要惡)[명] 없는 쪽이 바람직하지만 조직 등의 운영상 또는 사회생활상 어쩔 수 없이 필요한 일.

필요-조건(必要條件)[-껀][명][논] 어떤 결과가 발생하기 위해 꼭 있어야 할 조건. 가령, 전기는 전등이 켜지기 위한 필요조건임. ▷충분조건·필요충분조건.

필요충분-조건(必要充分條件)[-껀][명][논] 어떤 결과가 일어나는 데 그 조건이 있어야 하고 동시에 그 결과만이 일어나게 될 조건. 가령, 에이즈 바이러스는 후천성 면역 결핍증 발병의 필요충분조건임. ▷충분조건·필요조건.

필유곡절(必有曲折)[-쩔][명] 반드시 무슨 까닭이 있음.

필자(筆者)[-짜][명] 1 글을 쓴 사람이나 쓰는 사람. 또는, 글을 쓸 사람. 비글쓴이·집필자. ¶~를 구하다 / ~에게 고료를 지급하다. 2 글을 쓰고 있는 사람이 그 글 속에서 자기 자신을 이르는 말. ¶~의 생각으로는 K 씨의 주장이 옳은 것 같다.

필재(筆才)[-쩨][명] 글을 쓰는 재주.

필적¹(匹敵)[-쩍][명] 서로 어슷비슷하여 서로 맞서는 것. =필대(匹對). **필적-하다**[동][자][여] ¶한석봉은 해서·행서·초서에 능하여 그의 글씨에 필적할 자가 없었다.

필적²(筆跡)[-쩍][명] 어떤 사람이 쓴, 그 사람 특유의 글씨 모양. ¶~을 감정하다 / 이 편지와 저 편지는 서로 ~이 다르다.

필전(筆戰)[-쩐][명] 글로써 시비를 가려 겨루는 것. **필전-하다**[동][자][여]

필지¹(必至)[-찌][명] 장차 반드시 그에 이르는 것. **필지-하다¹**[동][자][여]

필지²(必知)[-찌][명] 반드시 알아야 하는 것. ¶~ 사항. **필지-하다²**[동][타][여]

필지³(筆地)[-찌][명][의존] 하나로 구획된 논·밭·임야·대지의 전부를 셀 때에 쓰는 단위. =필(筆). ¶3~의 땅.

필진(筆陣)[-찐][명] 1 정기 간행물의 집필 진용. 2 글로써 논전(論戰)함에 있어 상대자에 대응하는 주장이나 논리의 전개 등에 관한 계획·방법·태도.

필체(筆體)[명] 글씨를 써 놓은 모양새 또는 격식. 비서체. ¶독특한 ~.

필촉(筆觸)[명] 그림에서, 붓놀림에서 오는 느낌. 비터치(touch).

필치(筆致)[명] 1 회화나 서예 등에서, 필세의 운치. 비필법. ¶힘이 넘치는 ~ / 호방한 ~을 보여주는 그림. 2 글에 나타나는 맛이나 솜씨. ¶예리한 ~ / 섬세한 ~로 젊은이의 애정 풍속을 그린 소설.

필터(filter)[명] 1 =여과기(濾過器). 2 [물] 빛을 파장에 따라 선택적으로 투과시키는 작용을 하는 유리. 사진 촬영·광학 실험 등에 쓰임. 3 특정 주파수의 진동 전류를 통과시키기 위한 장치. 4 담배의 진을 거르기 위하여 궐련 끝에 붙여 입에 물게 된 부분. ¶~ 담배.

필터링(filtering)[명][컴] 1 소프트웨어가 특정 조건에 맞는 데이터만 걸러 내는 일. 2 인터넷 접속 제공 업체가 사용자가 유해 사이트에 접속하지 못하도록 차단하는 일. **필터링-하다**[동][타][여]

필통(筆筒)[명] 1 연필과 같은 필기도구나 지우개 등을 담을 수 있도록 연필 길이보다 다소 길게 길쭉이 만든 물건. 2 붓 등을 꽂아 둘 수 있도록 위쪽으로 아가리가 벌어지게 만든, 통 모양의 물건.

필필-이(疋疋-)[부] 1 필마다. 2 여러 필로 연이어.

필-하다(畢-) 동(타여) (어떤 일을) 정해진 절차에 따르거나 주어진 과정 등을 모두 거쳐 마치다. ¶등기(登記)를 ~ / 병역을 ~ / 검사를 ~.

필하모니(독Philharmonie) 명 '음악 애호'의 뜻으로, 교향악단의 명칭에 쓰이는 말. ¶런던 ~.

필혼(畢婚) 명 여러 자녀 중 맨 마지막으로 시키는 혼인. ↔개혼(開婚). **필혼-하다** 동(자여)

필화(筆禍) 명 발표한 글이 법률상으로 또는 사회적으로 문제시되어 제재를 받는 일. ¶ ~ 사건 / ~를 입다.

필획(筆畫) 명 [-획/-훽] =자획(字畫).

필흔(筆痕) 명 글씨의 흔적. 비필적(筆跡).

필-히(必-) 부 꼭. 또는, 반드시. ¶ ~ 도시락을 지참하시오. / ~ 회의에 참석하기 바란다.

핌피(PIMFY) [please in my front yard] 수익성 사업이나 좋은 시설 등을 자기 지역에 유치하려고 하는 이기적인 태도. ▷님비.

핍근(逼近) [-끈] 명 매우 가까이 닥치는 것. **핍근-하다** 동(자여)

핍박¹(逼迫) [-빡] 명 (사람을) 억누르고 괴롭히는 것. ¶ ~을 받다. **핍박-하다**¹ 동(타여) ¶이교도를 ~.

핍박²(逼迫) [-빡] 명 (형편이) 쪼들리거나 어려워 절박한 상태. ¶재정적 ~. **핍박-하다**² 형여

핍색(逼塞) [-쌕] 명 형세가 꽉 막히는 것. 또는, 꽉 막혀 몹시 군색한 것. **핍색-하다** 동(자여)

핏-기[-氣] [피끼/핃끼] 명 사람의 피부에 드러난 피의 불그레한 빛깔. 비혈색(血色). ¶ ~가 돌다 / ~ 잃은 얼굴 / ~ 없는 창백한 얼굴 / 충격적인 소식을 듣고 얼굴의 ~가 싹 가시다.

핏-대¹[피때/핃때] 명 큰 혈관.
핏대(를) 올리다(세우다) 관 목의 핏대에 피가 몰리도록 화를 내거나 흥분하다. ¶사소한 일로 ~.

핏-대²[피때/핃때] 명 피의 줄기.

핏-덩어리[피떵-/핃떵-] 명 1 피가 응고된 덩어리. 2 '갓난아이'를 달리 일컫는 말. =핏덩이. ¶ ~를 데려다 기르다.

핏-덩이[피떵-/핃떵-] 명 =핏덩어리.

핏-물[핀-] 명 '피'를 액체로 강조하여 이르는 말. ¶ ~이 흘러 내를 이루고 전쟁의 잔학함은 결코 숙을 줄 몰랐다.

핏-발[피빨/핃빨] 명 생리적 이상(異常)으로 몸의 어느 부분에 피가 몰려 붉게 된 결. ¶ ~이 삭다 / 머리는 귀밑을 가리고 검은 낯에 수염이 거칠었다. 두 눈에는 항상 붉은 ~이 섰다.《최서해:고국》

핏-방울[피빵-/핃빵-] 명 피가 맺혀 이루어진 작은 방울. ¶칼에 벤 손가락에서 ~이 뚝뚝 떨어지다.

핏-빛[피삗/핃삗] 명 피와 같은 새빨간 빛. ¶ ~으로 물든 저녁놀.

핏-자국[피짜-/핃짜-] 명 피로 물든 자리.

핏-줄[피쭐/핃쭐] 명 1 [생] =혈관. 2 =혈통. ¶한 ~을 타고나다.
핏줄이 당기다 관 혈연의 친밀감을 느끼다.

핏-줄기[피쭐-/핃쭐-] 명 1 솟구치는 피의 줄기. 2 =혈통.

핑 부 1 매우 빠르게 한 바퀴 도는 모양. 2 갑자기 정신이 어찔해지는 모양. ¶머리가 ~ 돌다. 3 갑자기 눈에 눈물이 괴는 모양. ¶눈물이 ~ 돌다. 잘팽.

핑계[-계/-게] 명 어떤 사람이 자기가 한 일이나 할 일에 대해, 다른 사람으로부터 비난이나 추궁을 받지 않기 위해 진짜 이유나 목적을 감추고 겉으로 내세우는 이유나 근거. 비구실. ¶ ~를 삼다 / 아프다는 ~로 불참하다 / 공연히 ~를 대지 말고 사실대로 말해라. **핑계-하다** 동(타여)
[핑계 없는 무덤이 없다] 여러 가지 구실을 내세워 변명하려는 행동을 이르는 말.

핑그르르 부 '빙그르르'의 거센말. ¶그는 ~ 맴을 돌며 쓰러졌다. / 눈에서 눈물이 ~ 돌았다. 잘팽그르르.

핑글-핑글 부 '빙글빙글²'의 거센말. 잘팽글팽글.

핑크-빛(pink-) 명 =분홍빛. ¶ ~ 블라우스 / ~ 꿈 / 어린 소녀의 ~ 소망.

핑크-색(pink色) 명 =분홍색.

핑킹-가위(pinking-) 명 지그재그로 자를 수 있는 날을 가진 가위. 자른 가장자리의 올이 잘 풀리지 않게 하기 위한 것임.

핑퐁(ping-pong) 명[체] =탁구(卓球).

핑-핑 부 1 매우 빠르게 자꾸 도는 모양. 2 정신이 자꾸 어찔해지는 모양. ¶3일 안에 그 많은 일을 처리하라니 머리가 ~ 돌아갈 지경이다. 3 총알 따위가 빠르게 공기를 가르고 지나가는 소리. 또는, 그 모양. ¶총알이 ~ 날아오다. 잘팽팽. 센뼁뼁. **핑핑-하다**¹ 동(자여)

핑핑-하다² 형여 1 잔뜩 켕겨 튀기는 힘이 있다. 2 둘의 힘이 서로 어슷비슷하다. 잘팽팽하다. **핑핑-히** 부

ㅎ →히읗.
ㅎ^**불규칙**^**용!언**(-不規則用言) 명[언] →히읗 불규칙 용언.
ㅎ^**불규칙**^**활용**(-不規則活用) 명[언] →히읗 불규칙 활용.
ㅎ^**종성**^**체언**(-終聲體言) 명[언] →히읗 종성 체언.
하¹ 부 정도가 매우 심하거나 큼을 강조하는 말. '너무', '몹시'의 뜻. ¶그리워 ~ 그리워 님의 신색 ~ 그리워.《정인보:자모곡》/ 남편은 ~ 여이가 없어서 웃기만 하며 아내의 얼굴을 빤히 들여다본다.《염상섭:전화》
하² 부 입을 크게 벌리고 목구멍으로부터 더운 김을 내어 부는 소리, 또는 그 모양. ¶입김을 ~ 불어 유리창을 닦다. 큰허.
하³ 감 기쁨·슬픔·노여움·걱정·한탄 따위의 감정을 나타내는 소리. ¶~, 그것참 놀라운 일이군. 큰허.
하'⁴(下) 명 차례나 등급을 둘 또는 셋으로 나누었을 때, 맨 마지막이나 맨 아래에 해당하는 차례나 등급. ▷상·중.
하¦⁵(夏) 명 전설적인 중국 최고(最古)의 왕조. 우(禹)가 세운 나라로, 폭군 걸왕(桀王) 때 은나라의 탕왕(湯王)에게 멸망되었다고 함.
하¦⁶(夏) 명[역] 오호 십육국(五胡十六國)의 하나. 흉노인 혁련발발이 건국하여 관중(關中)을 지배했으나 북위(北魏)에게 멸망됨.
하¦⁷(下) 명(의존)[불] 승려가 된 뒤로부터의 나이를 셀 때 쓰는 말. ¶법랍(法臘) 20~.
-하⁸(下) 접미 한자로 된 일부 명사에 붙어, '그러한 조건이나 환경 아래에서'의 뜻을 나타냄. ¶단장의 인솔~에 출발하다 / 주민들의 협조~에 사업을 벌이다.
하¦강(下降) 명 1 (물체나 물질이) 높은 데에서 낮은 곳으로 옮겨 가는 것, 또는 그 과정(過程). 비하강(下). ¶~ 기류. ↔상승(上昇). 2 신선이 속계(俗界)로 내려오는 것. 하¦강-하다 통(자여)
비행기가 고도를 낮추어 서서히 하강했다.
하¦강^기류(下降氣流) 명[기상] 상공에서 지표면을 향하여 흐르는 기류. 기온이 상승하고 구름이 없어져 날씨가 좋은 날이 많음. ↔상승 기류.
하¦객(賀客) 명 잔치나 행사 등에 축하하기 위하여 참석한 사람. ¶결혼식에 ~이 많이 왔다.
하게-체(-體) 명[언] 상대 높임법의 하나. 어느 정도 나이가 든 화자가 비슷하게 나이가 든 손아랫사람이나 같은 연배의 친숙한 사이에 보통으로 낮추면서 조금 대접해 주는 뜻을 나타내는 종결형의 말체. '하게', '가네' 따위.
하¦계¹(下界) [-계/-게] 명 1 사람이 사는 이 세상. ↔상계(上界). 2 높은 곳에서 낮은 곳을 이르는 말.
하계²(河系) [-계/-게] 명 강의 본류와 지류의 총칭.
하¦계³(夏季) [-계/-게] 명 (주로, 일이나 행사를 나타내는 일부 명사 앞에서 관형어적으로 쓰여) 그 일이 이루어지는 것이 '여름철'임을 나타내는 말. 비하기(夏期). ¶~ 올림픽. ↔동계.
하고 조 1 둘 이상의 사물을 열거할 때에 쓰는 접속 조사. ¶배 ~ 사과 ~ 감을 가져오너라. 2 비교함을 나타내는 부사격 조사. ¶철수는 너 ~ 닮았다. 3 함께 함을 나타내는 부사격 조사. ¶창수야, 나 ~ 놀자.
하고-많다 [-만타] 형 (주로 '하고많은'의 꼴로 쓰여) =하고많다. ¶하고많은 사람 중에 하필 그런 못된 사람과 어울리다니.
하고-하다 형여 (주로 '하고한'의 꼴로 쓰여) =하고많다.
하¦곡(夏穀) 명 여름에 익어서 거두는 곡식. 보리·밀 따위. 비맥곡(麥穀). ↔추곡.
하¦관¹(下官) 명 직위가 낮은 벼슬아치. ↔상관(上官).
하¦관²(下棺) 명 관을 광중(壙中)에 내리는 것. 하¦관-하다 통(자여)
하¦관³(下顴) 명 얼굴의 광대뼈 아래쪽. ¶그는 ~이 빨고, 눈매가 매서워 강퍅한 인상을 준다.
하관⁴(何關) 명 무슨 관계.
하¦교¹(下校) 명 공부를 끝내고 학교에서 집으로 돌아오는 것. ↔등교. 하¦교-하다¹ 통(자여)
하¦교²(下敎) 명 1 윗사람이 아랫사람에게 가르쳐 보이는 것. 2 [역] 왕의 명령. 비전교(傳敎). 하¦교-하다² 통(타여)
하¦굣-길(下校-) [-교낄/-굗낄] 명 학생이 공부를 끝내고 집으로 돌아오는 길. ↔등굣길.
하구(河口) 명 강물이 바다로 흘러드는 어귀. ¶한강 ~.
하구-언(河口堰) 명 =하굿둑.
하굿-둑(河口-) [-구뚝/-굳뚝] 명 하구의 넓이와 수심을 일정하게 유지하기 위하여, 혹은 바닷물이 침입하는 것을 막기 위하여 하구 부근에 쌓은 댐. =하구언.
하¦권(下卷) 명 두 권 또는 세 권으로 가른 책의 맨 마지막 권. ▷상권·중권.
하¦극상(下剋上) [-쌍] 명 조직체에서, 계급이나 신분이 낮은 사람이 예의나 규율을 무시하고 윗사람을 누르거나, 윗사람보다 윗자리에 있는 것. ¶~의 풍조가 만연하다. 하¦극상-하다 통(자여)
하¦급(下級) 명 1 (일부 명사 앞에 관형어적으로 쓰이거나 복합어로 쓰여) 등급이나 계급을 크게 둘로 나눌 때, 낮은 쪽의 등급이나 계급. ¶~ 학교 / ~ 관청. ↔상급. 2 질이나 수준이나 지위 등이 낮은 급. ¶~품 / ~ 호텔. ↔고급.
하¦급^법원(下級法院) [-뻡-] 명[법] 등급이 위인 법원의 지휘 감독을 받는 법원. 곧, 고등 법원에 대해 지방 법원, 대법원에 대한 고등 법원 따위. ↔상급 법원.

하:급-생(下級生) [-쌩] 圏 학년이 낮은 학생. ↔상급생.
하:급-자(下級者) [-짜] 圏 낮은 등급이나 계급에 있는 사람. ↔상급자.
하:기¹(下記) 圏 어떤 사실을 특히 알리기 위하여 본문 아래에 적는 일. 또는, 그 기록. ¶~ 사항을 유의하기 바람. ↔상기(上記). **하:기-하다** 圄(타)
하:기²(下旗) 圏 기를 내리는 것. ¶-식(式). ↔게양(揭揚). **하:기-하다**² 圄(타)여 **하:기-되다** 圄(자)
하:기³(夏期) 圏 (주로, 관형어적으로 쓰여) 여름의 시기. 비하계(夏季). ¶~ 방학. ↔동기(冬期).
하기-는 凰 '아닌 게 아니라 정말'의 뜻으로, 어떤 사실에 대한 그런 면도 있음을 잠정적으로 긍정할 때 쓰이는 접속 부사. ¶"배울 만큼 배운 사람이 행실이 왜 그 모양이냐?" "많이 배웠다고 다 인품이 훌륭한가?" "~ 그래." 㬉하긴.
하:기-식(下旗式) 圏 게양했던 국기나 단체의 깃발을 내리는 의식.
하기-야 凰 '사실 그대로 말하자면야'의 뜻으로, 이미 있었던 일을 긍정하며 아래에 무슨 조건을 붙이는 말. ¶그는 지독한 노랑이다. ~ 궁한 처지에 그럴 수밖에 없긴 하지만.
하긴 凰 '하기는'의 준말. ¶~ 그 말이 맞아.
하나 Ⅰ㈜ 1 자연수 가운데 맨 처음에 오는 수. 고유어 계통의 수사임. ▷일(一). 2 사람이나 사물을 자연수의 순서대로 셀 때, 맨 처음에 해당하는 수효. ¶~에 5000원인 서츠/나~만 잘되자고 이런 일을 하는 건 아닙니다.
Ⅱ몡 1 사물이 분리되지 않고 단일함을 이룬 상태. ¶마음이 ~가 되다 / 전 국민이 ~로 뭉치다. 2 ('하나의'의 꼴로 쓰여) '일종(一種)의'의 뜻을 나타내는 말. ¶사랑이란 ~의 열정이다. 3 ('하나(도)'의 꼴로 부정적인 뜻의 서술어와 함께 쓰여) 그 서술어의 의미를 매우 강조하거나, 서술어의 대상이 되는 것이 언급될 수 있는 최저의 한계임을 나타내는 말. ¶뭐가 뭔지 ~도 모르겠다. / 그는 까막눈이라 편지 ~ 쓸 줄 모른다. 4 둘 이상으로 구분을 지은 대상 중 어떤 것임을 가리키는 말. ¶생물은 크게 둘로 나뉘는데, ~는 동물이고, 다른 ~는 식물이다.
[**하나를 보고 열을 안다**] 일부를 보고 전체를 미루어 안다. [**하나만 알고 둘은 모른다**] 사물의 한 측면만 보고 두루 보지 못함을 이르는 말.
하나 가득 ㈜ 분량이나 수량이 정해진 한도에 가득하게. ¶과일을 바구니에 ~ 담다.
하나부터 열까지 ㈜ 어떤 것이나 다. ¶~ 제대로 된 것이 없군. / ~ 일일이 내가 나서서 지시를 해야만 되겠느냐.
하나-같다 [-갇따] 톙 (여럿이) 행동·태도·모양 등이 모두 같다. **하나같-이** 凰 ¶요즘 아이들은 발육이 좋아 ~ 큼직큼직하다.
하나-님 圏[기] '하느님'을 개신교에서 유일신(唯一神)의 뜻을 살려 이르는 말. ¶~ 아버지.
하나-하나 Ⅰ 凰 1 한꺼번에 둘 또는 여럿을 대상으로 하지 않고 낱낱이. ¶문제를 풀어 나가다. 2 하나도 빠짐없이 전부. 비일일이. ¶예를 ~ 들자면 한이 없다.
Ⅱ명 집합을 이루는 낱낱의 대상. ¶글씨 ~를 정성껏 쓰다.

하냥 凰 1 '늘'의 잘못. ¶모란이 지고 말면 그뿐 내 한 해는 다 가고 말아 삼백예순날 ~ 섭섭해 우옵내다.《김영랑:모란이 피기까지는》 2 [방] 같이(충청).
하:녀(下女) 圏 지난날, 여자 하인을 이르던 말.
하:념(下念) 圏 윗사람의 아랫사람에 대한 염려. **하:념-하다** 圄(타)여
하늘-타리 圏[식] 박과의 여러해살이 덩굴풀. 여름에 흰 꽃이 피고, 타원형의 열매가 주황색으로 익음. 뿌리·열매·종자는 약용함. 산이나 밭둑에 자람. 비과루.
하늄(hahnium) 圏[화] 원자 번호 105인 새 원소. 원자량 260. 질소 $_7N^{15}$의 이온을 8400만 전자볼트로 가속하여 칼리포르늄 249에 충돌시켜 얻음.
하느-님 圏 1 [종] 우주를 창조하고 주재한다고 믿어지는 초자연적인 절대자. 종교적 신앙의 대상이 됨. 종교에 따라 여러 가지 이름으로 불림. =상천(上天)·천공(天公)·천제(天帝)·황천. 비하늘. 2 [가][기] 크리스트교에서 신봉하는 유일신. 천지의 창조주이며 전지전능하고 영원한 존재로서, 우주 만물을 섭리로써 다스림. =상주(上主)·신(神)·천주(天主). 비하나님.
하느작-거리다/-대다 [-꺼리-] 圄(자)여 (가늘고 긴 나뭇가지나 얇고 가벼운 물건 따위가) 바람을 받아 자꾸 가볍고 느리게 흔들리다. ¶수양버들 가지가 ~. 㬉하늑거리다. 圄흐느적거리다.
하느작-하느작 [-차카-] 凰 하느작거리는 모양. ¶옥색 도포 늘어진 고름이 ~ 가볍게 움직인다.《박종화:다정불심》 㬉하늑하늑. 圄흐느적흐느적. **하느작하느작-하다** 圄(타)
하늘 圏 1 지평선이나 수평선 위로 높고 끝없이 펼쳐진, 해나 달·별을 볼 수 있는 공간. =상천(上天)·태허(太虛). ¶높고 푸른 가을 ~ / ~이 맑다. 2 땅에 있는 사람이 고개를 들어서 보아야 할, 그 위가 어떤 물체로 가려지지 않은 공간. 비허공. ¶새가 ~을 날다. 3 종교적인 관념에서, 신(神)이나 그와 같은 존재가 살고 있고, 사람이 죽어서 영혼이 그곳으로 간다고 믿어지고 있는 세계. ¶~나라 / ~에서 내려온 선녀. 4 천지 만물을 다스리거나 인간의 운명이나 길흉화복을 결정짓는 초월적인 존재. 비하느님. ¶~의 도움을 받다 / 성패(成敗)를 ~에 맡기다.
[**하늘로 올라갔나 땅으로 들어갔나**] 갑자기 아무도 모르게 사라져 버림을 이르는 말. [**하늘 보고 침 뱉기**] 자신에게 해가 나쁜 짓을 함을 이르는 말. [**하늘을 보아야 별을 따지**] 무슨 일이 이루어질 수 있는 조건이나 기회가 도무지 없음을 이르는 말. [**하늘의 별 따기**] 무엇을 얻거나 성취하기가 몹시 어려움을 이르는 말. [**하늘이 무너져도 솟아날 구멍이 있다**] 몹시 어려운 경우에도 헤쳐 나갈 길은 있다는 말.
◈ **하늘은 스스로 돕는 자를 돕는다** [서양 격언에서] 신(神)은 남의 도움을 바라지 않고 스스로 열심히 노력하는 사람에게 도움이나 은총을 베푼다. 곧, 남에게 의지하지 말고 혼자 힘으로 노력하라는 말임.
하늘과 땅 ㈜ 둘 사이에 큰 차이나 거리가 있음을 이르는 말. ¶두 사람의 실력 차는 ~이다.

하늘 높은 줄 모르다 귀 (물가가) 매우 높게 뛰다. ¶아파트 값이 ~.

하늘을 지붕 삼다 귀 1 한데서 기거하다. 2 정처 없이 떠돌아다니는 신세를 비유하여 이르는 말.

하늘을 찌를 듯하다 귀 1 (산이나 건물 등이) 아주 높게 솟아 있다. ¶하늘을 찌를 듯한 첨탑. 2 기세가 대단하다. ¶병사들의 사기는 하늘을 찌를 듯했다.

하늘이 노랗다 귀 기력이 몹시 쇠하거나 절망적 상황으로 인해 하늘이 노랗게 보일 정도가 되다. ¶하루 종일 굶었더니 ~.

하늘이 두 쪽(이) 나도 귀 (어떤 결심을 할 때) 아무리 큰 어려움이 있어도. ¶~ 내 신념을 관철하겠다.

하늘 천(天) **따 지**(地) 귀 천자문의 처음 두 글자의 새김과 음으로, '천자문' 또는 '기초적인 한문 지식'을 일컫는 말. ¶~ 정도는 학교에 들어가기 전에 깨쳤다.

하늘-가[-까] 몡 하늘의 끝.

하늘-거리다/-대다 툉(재)(타) (얇고 부드러운 것이나 길고 가느다란 것이) 가볍게 흔들리며 움직이다. 또는, (얇고 부드러운 것이나 길고 가느다란 것을) 가볍게 흔들어 움직이다. ¶커튼이[코스모스가] 바람에 ~ / 금붕어가 지느러미를 **하늘거리며** 헤엄을 친다. 튄하늘하늘.

하늘-나라[-라-] 몡 종교적인 관념에서, 신(神)이나 신적인 존재가 살고 있다고 믿어지는 세계. 또는, 사람이 죽은 뒤에 그 영혼이 간다고 하는, 은총과 축복의 세계. 비천국.

하늘-땅 몡 하늘과 땅.

하늘-밥도둑 몡[동] '땅강아지'의 잘못.

하늘-빛[-삗] 몡 1 하늘의 빛깔. 2 하늘색을 띤 사물의 빛깔.

하늘-색(-色)[-쌕] 몡 맑은 하늘처럼 엷게 푸른 색깔. 흰색과 푸른색이 섞인 중간 색깔임. ×소라색.

하늘-소[-쏘] 몡[동] 딱정벌레목 하늘솟과에 속하는 곤충의 총칭. 대개 몸이 기름하고 딱지날개가 단단하며 촉각이 긺. 입의 좌우에 날카로운 큰 턱이 있어 작은 가지 등을 잘라 냄. =천우(天牛).

하늘-하늘 귀 하늘거리는 모양. ¶흰 장다리꽃이 바람에 ~ 흔들리고 허공 중에 범나비가 가득히 떠서 까불랑거리는 게 보였다.《황석영:장길산》 튄흘늘흘늘. **하늘하늘-하다**¹ 툉(재)(타).

하늘하늘-하다² 혱(여) (길고 얇은 물체가) 이리저리 움직이는 것이 가볍고 부드럽다. ¶잠자리 날개같이 **하늘하늘한** 잠옷. 튄흘늘흘늘.

하늬-바람[-니-] 몡 농가나 어촌에서 '서풍(西風)'을 이르는 말. =하늬. ¶~에 억새꽃처럼 흰 수염을 휘날리며···《김정한:인간단지》

하님 몡[역] 여자 종을 대접하여 부르거나, 여자 종들이 서로 높여 부르는 말. =하전(下典).

하다 Ⅰ 툉(여) ①(타) 1 (행동이나 작용을 나타내는 명사와 함께 쓰여) (사람이나 동물, 물체 등이 어떤 행동이나 작용을) 몸이나 물체로 나타내거나 정신적으로 이루다. ¶호랑이가 먹이 사냥을 ~ / 프로펠러가 회전을 ~ / 나는 아침마다 운동을 **한다**. 2 (먹을 것, 입을 것, 뗄 것이나 농작물 따위를 나타내는 말과 함께 쓰여) (사람이 먹을 것, 입을 것, 뗄 것, 농작물 따위를) 만들거나 마련하거나 짓다. ¶산에 가서 나무를 ~ / 어머니가 부엌에서 밥을 **하신다**. 3 (밥이나 끼니, 또는 마시거나 피우는 것을 나타내는 말과 함께 쓰여) (사람이 음식이나 담배 따위를) 먹거나 마시거나 피우다. ¶아직 저녁을 안 **했으면** 같이 듭시다. 4 (입거나 쓰거나 칠하거나 하는 물건을 나타내는 말과 함께 쓰여) (사람이 몸의 어느 부분에 어떤 물건을) 입거나 쓰거나 칠하다. ¶복면을 **한** 강도 / 손톱에 빨간색 매니큐어를 **한** 여자. 5 (회사나 사업체를 나타내는 말과 함께 쓰여) (사람이 회사나 사업체를) 거느려 움직이거나 꾸려 나가다. 비경영하다. ¶그는 종로에서 서점을 **하고** 있다. 6 (직업이나 학문·전공 등을 나타내는 말과 함께 쓰여) (사람이 어떤 직업이나 분야의 일을) 생업이나 전공으로 삼다. ¶교사를 ~ / 문학을 **하는** 청년. 7 (어떤 지위나 역할을 나타내는 말과 함께 쓰여) (사람이 어떤 지위나 역할을) 맡거나 책임지거나 지내다. 비역임하다. ¶김창수 군은 학교에서 학생 회장을 **하고** 있다. 8 (값어치를 나타내는 말과 함께 쓰여) (사람이 어떤 값어치를) 비기어 에낄 일을 행동으로 나타내다. ¶얼굴값을 ~ / 밥을 얻어먹었으면 밥값을 **해야지**. 9 (어떤 성과나 성적을 나타내는 말과 함께 쓰여) (사람이 어떤 일을) 이루어 내다. ¶일 등을 ~ / 백일장에서 장원을 ~. 10 (어떤 표정이나 모습을 나타내는 말과 함께 쓰여) (사람이 어떤 표정이나 모습을) 짓거나 나타내다. ¶그 여자는 늘 웃는 얼굴을 **하고** 있다. / 왜 그렇게 슬픈 표정을 **하고** 있니? 11 (조사 '로/으로'가 붙음으로써 어떤 특성이나 자격의 의미를 띠게 되는 말 다음에 쓰여) (사람이 대상을 어떤 특성이나 자격을 띤 것으로) 만들거나 삼다. ¶우표 수집을 취미로 ~. 12 (조사 '로/으로'가 붙은, 장소를 나타내는 말 다음에 쓰여) (사람이 어떤 일을 할 곳을 어느 장소로) 택하여 정하다. ¶소풍 갈 곳을 관악산으로 ~. ②(재) 1 (물건의 값을 나타내는 말 다음에 쓰여) (물건의 값이) 어느 정도에 이르다. ¶"이 사과 한 개에 얼마 **합니까**?" "300원 **합니다**." 2 (시간을 나타내는 말 다음에, 주로 '-쯤 해서[하여]'의 꼴로 쓰여) (그때까지 시각이) 비슷하게 이르다. ¶6시쯤 **해서** 일어나다 / 내년 가을쯤 **해서** 시집을 보냅시다. 3 (종결 어미에 인용을 나타내는 조사 '고'가 붙은 '-다고', '-라고', '-자고', '-냐고' 등의 다음에 쓰여) 말하거나 명령하거나 청하거나 묻다. ¶한번 간다고 **했으면** 가야 할 것 아니냐? / 그는 나에게 어서 가라고 **했다**. 4 ('하면'의 꼴로 쓰여) 앞에 오는 말을 화제로 삼아 '···을 말하기로 하면'의 뜻을 나타낸다. ¶세계적인 성악가 **하면** 카루소를 빼놓을 수 없다. 5 (둘 이상의 명사나 대명사 다음에 '할 것 없다'의 꼴로 쓰여) 구별하여 말하다. ¶너 나 **할** 것 없이 모두 제 잇속만 차리느라 눈이 벌겋다. 6 (의문형 종결 어미 '-나', '-ㄴ가', '-는가' 등의 다음에 쓰여) 의문이 들거나 추측하다. ¶그동안 무슨 소식이 있었나 **해서** 여쭈어 본 거예요. / 아무 연락이 없어 무슨 사고라도 났는가 **했지**. 7 ('-다고', '-라고', '-자고', '-(느)냐고' 등의 뒤에 '하는'의 꼴로 쓰여) 앞에 오는 문장의 내용을 받아 뒤에 오는 체언을 꾸미는 뜻을 나타내는 말. '고 하는'이 '-는'으로 줄 수도 있음. ¶빨리 가라고 **하**는 그의 명령을 나는 따를 수가 없었다. 8 (어떤 문장이나 감탄사 등의 뒤에 쓰여) 그런 말을 입으로 내다. ¶창수는 다 왔구나 **하**면서 좋아했다. 9 (주로, 의성어 뒤에 쓰여) 그런 소리가 나거나 그런 소리를 내다. ¶북소리가 '둥둥' **하**고 울렸다. / '탕' **하**는 총성에 사람들이 깜짝 놀랐다. 10 (인용하는 말 뒤에 주로 '하고/하며/하니' 등의 꼴로 쓰여) 인용하는 기능을 나타내는 말. ¶어머니께서 "철수야!" **하**고 부르셨다. / "어이구 큰일났구나." **하**며 그는 허겁지겁 달아났다. 11 ('로/으로 하여'의 꼴로 쓰여) 앞에 오는 체언이 뒤에 오는 서술어의 원인이 되는 뜻을 나타내는 말. ¶그는 슬픔으로 **하**여 몇 날 며칠을 눈물로 보냈다. 12 (문장 앞에서 '하여', '해서', '한데', '하니', '하면' 등의 꼴로 쓰여) 접속 부사의 구실을 나타내는 말. ¶그는 내 곁을 떠나고 말았다. **하**여 나는 외로운 마음을 가눌 길이 없다. 13 (의존 명사 '체', '척', '양', '뻔' 등의 다음에 쓰여) 의존 명사가 가지는 가식(假飾)이나 과거 기회 등의 뜻을 가지는 동작을 함을 나타내는 말. ¶잘난 체 **한**다 / 아무것도 모르는 양 **한**다 / 하마터면 다칠 뻔**했**다. 14 (대립되는 둘 이상의 사실이나 행동, 상태를 나열하는 '-거나 -거나', '-든가 -든가', '-든지 -든지', '-고 -고', '-락 -락' 등의 구조 다음에 쓰여) 앞의 말을 받아 서술하는 형식을 이루는 말. ¶사람은 즐겁거나 슬플 때 웃거나 울거나 **한**다. / 음식이 있어야 먹든 말든 **할** 게 아니오? / 많은 사람이 가고 오고 **한**다. 15 ('하고도'의 꼴로 쓰여) '…에 그치지 않고 더 나아가'의 뜻을 나타내는 말. ¶100일 **하**고도 이틀 / 서울 **하**고도 명동. ③(보) 1 (동사의 어미 '-기'에 보조사 '는', '도', '나', '만', '조차', '까지', '부터' 등의 말 뒤 아래에 쓰여) 동작의 뜻을 강조하여 나타내는 말. ¶가라면 가기는 **하**겠다. / 놀고먹기만 **한**다. 2 (동사의 어미 '-려(고)', '-으러(고)', '-고자', '-ㄹ까 -ㄹ까'의 아래에 쓰여) 의도나 욕구의 뜻을 나타내는 말. ¶오는 일요일에 산에 가려고 **한**다. / 성공하고자 **하**는 자는 노력을 쌓아야 한다. 3 (용언의 어미 '-게(끔)', '-도록' 아래에 쓰여) 사역(使役)의 뜻을 나타내는 말. ¶노래를 부르게 **하**다 / 잠을 자도록 **해**다. 4 (용언의 어미 '-면/으면'의 아래에 쓰여) 생각하는 바나 소원하는 바를 나타내는 말. ¶그분이 널 보았으면 **하**시더라. / 방이 조용했으면 **한**다. 5 (용언의 어미 '-아야/어야'의 아래에 쓰여) 꼭 그렇게 해야 함을 나타내는 말. ¶먹고살려면 일을 해야 **한**다.

Ⅱ 형 어 ① (의존 명사 '듯', '만', '법' 등의 다음에 쓰여) 앞에 오는 서술어가 그 의존 명사의 추측·가치·가능 등의 뜻을 가지는 상태임을 나타내는 말. ¶비가 올 듯~ / 음식이 먹을 만~ / 일이 될 법~. ② (보) 동사나 서술격 조사의 어미 '-기'에 보조사 '는', '도', '나', '만', '조차', '까지', '부터' 등이 붙은 말 아래에 쓰여) 상태나 사실의 뜻을 강조하여 나타내는 말. ¶얼굴이 예쁘기는 / 불빛이 밝기도 / 사람이 너무 착하기만 **해**서도 안 된다.

Ⅲ 접미 1 명사 아래에 붙어, 동작을 나타내는 동사를 만드는 말. ¶공부~ / 칭찬~ / 명령~. 2 의성·의태 부사에 붙어, 동사나 형용사를 만드는 말. ¶중얼중얼~ / 반질반질~. 3 자립성이 없는 일부 한자어에 붙어, 동사를 만드는 말. ¶구(求)~ / 흥(興) ~ / 망(亡)~. 4 자립성이 있거나 희박한 일부 한자어에 붙어, 형용사를 만드는 말. ¶고독/행복~ / 선(善)~ / 가련~. 5 의성·의태 부사 이외의 일부 성상 부사에 붙어, 동사나 형용사를 만드는 말. ¶돌연(突然)~ / 의견을 달리~ / 목숨이 다~. 6 자립성이 희박한 우리말 어근에 붙어, 동사나 형용사를 만드는 말. ¶이륙~ / 따뜻~ / 차분~. 7 형용사의 어미 '-아/어'에 붙어, 동사를 만드는 말. ¶좋아~ / 예뻐~ / 고통스러워~. 8 접미사 '-ㅁ직/음직'에 붙어, 형용사를 만드는 말.

[**하던 지랄도 멍석 펴 놓으면 안 한다**] 일껏 하던 일도 더욱 잘하라고 떠받들어 주면 안 한다. [**할 일 없으면 낮잠이나 자라**] 쓸데없는 일에 지나치게 참견하는 것을 핀잔 주는 말.

하다-못해 [-모태] 閉 어떤 일을 크게 양보하거나 용납한다고 하더라도 최소한. ¶~ 미안하다는 말 한마디라도 해야 할 게 아닌가.

하:**단**¹ (下段) 명 1 페이지의 아래쪽 부분. ¶95페이지 ~. 2 여러 단으로 된 것의 아래 단. ↔상단(上段).

하:**단**² (下端) 명 아래쪽의 끝. ↔상단(上端).

하:**단**³ (下壇) 명 단에서 내려오는 일. ↔등단(登壇). **하:단-하다** 동자여

하:**달** (下達) 명 상부·윗사람의 뜻이나 명령 등을 아랫사람에게 내리거나 미처 이르게 하는 것. ↔상달(上達). **하:달-하다** 동(타)여

하:**달-되다** 동(자)여 ¶명령이 ~.

하:**답**¹ (下畓) 명 질이 낮은 논.

하:**답**² (下答) 명 윗사람이 아랫사람에게 대답하는 일. 또는, 그 대답. **하:답-하다** 동(자)여

하:**대** (下待) 명 1 낮게 대우하거나 대접하는 것. 2 (상대에게) 낮춤말을 쓰는 것. ↔공대(恭待). **하:대-하다** 동(자)(타)여 ¶과거의 신분 관계 때문에 그 사람은 자기보다 연상(年上)인 김 씨를 **하대하**고 있었다.

하:**-대정맥** (下大靜脈) 명(생) 어류 이외의 척추동물에서, 하반신의 피가 모이는 근본 줄기로, 신정맥(腎靜脈)·간정맥(肝靜脈)을 모아 횡격막을 통해 우심방에 이르는 정맥. ↔상대정맥.

하도¹ 閉 '하'를 강조하여 이르는 말. ¶~ 놀라서 말이 나오지 않는다.

하도² (河道) 명 하천이 흐르는 길.

하:**-도급** (下都給) 명 도급(都給) 받은 일의 전부나 일부를 다른 사람이나 업체에 도급 주는 일.

하도롱-지 (←일ハトロン紙) 명 [<독 patroonpapier] 다갈색의 질긴 종이. 포장지·봉투 등으로 씀.

하:**동** (夏冬) 명 여름과 겨울. ↔춘추(春秋).

하동-거리다 동자 '허둥거리다'의 작은말.

하동-하동 閉 '허둥허둥'의 작은말. **하동하동-하다** 동자 ¶그러나 채훈이는 웬일인지 남자의 눈과 마주치는 것을 피하려 하며 **하동하동하**는 눈치다. (염상섭:전화)

하드 († hard) 명 1 막대기를 꽂은 빙과를 통속적으로 이르는 말. 업계에서는 '바(bar)'로 부름. 2 '하드 디스크'를 통속적으로 이르는 말.

하드^디스크 (hard disk) 명[컴] 표면이 자성

체(磁性體)로 코팅된 견고한 디스크. 플로피 디스크에 비하여 기억 용량이 크고, 읽기·쓰기 속도가 빠름.
하드^록(hard rock) 몡[음] 전기 기타의 거친 사운드, 강한 비트의 드럼, 질규하는 보컬 등을 특징으로 하는 음악. 로큰롤의 발전 형태로, 1960년대 후반에 일어남.
하드보드(hardboard) 몡 펄프에 접착제를 가하여 고온으로 압축한, 판 모양의 인공 목재.
하드보일드(hard-boiled) 몡[문] 소설의 문체가 작가 또는 화자의 감정 표현을 극도로 억제하고 행동과 사건을 주로 짧은 문장의 대화와 묘사에 의해 제시하는 수법을 보이는 상태. ¶~ 스타일을 보이는 헤밍웨이 소설.
하드웨어(hardware) 몡[컴] 컴퓨터를 구성하고 있는 기계 장치의 총칭. 크게 본체(本體)와 주변 장치로 나눌 수 있는데, 본체는 다시 중앙 처리 장치와 주기억 장치로, 주변 장치는 입력 장치·출력 장치·보조 기억 장치 등으로 구분됨. ▷소프트웨어.
하드^트레이닝(hard training) 몡 '강훈련'으로 순화.
하:등¹(下等) 몡 1 아래 등급. 2 품질이 낮은 등급. ↔고등(高等).
하등²(何等) Ⅰ몡 (주로 '하등의'의 꼴로 '없다'와 함께 쓰여) 최소의 정도. 비조금. ¶~의 인연도 없는 사람들.
Ⅱ뷔 최소의 정도조차. ¶그것은 나와 ~ 상관없는 일이다.
하:등^동:물(下等動物) 몡[동] 진화 정도가 낮은 생체의 발생이나 구조가 간단하고 단순한 동물. ↔고등 동물.
하:등^식물(下等植物) [-싱-] 몡[식] 관다발이 발달하지 못한 식물의 총칭. 균류·조류(藻類)·세균류 따위와 같이, 구조가 간단하고 진화 정도가 낮음. =하급 생물. ↔고등 식물.
하:등-품(下等品) 몡 품질이 썩 낮은 물품. ↔상등품.
하라-체(-體) 몡[언] 상대 높임법의 하나. 상대방이 특정 개인이 아닐 때, 낮춤과 높임이 중화된 느낌을 주는 말씨임. '보라', '있는가' 등이 이에 속함. 광고문·연설문 등의 문장에 쓰임.
하:락(下落) 몡 (어떤 대상이) 수준·등급·가치·정도 등이 낮아지거나 떨어지는 것. ¶주가 ~ / 인기 ~ ↔등귀·상등·상승. **하:락-하다** 동(자) ¶달러 시세가 ~.
하:락-세(下落勢) [-쎄] 몡 물가·주가·운세 등이 떨어지는 기세. 비내림세. ¶애정 운이 ~를 타다.
하:란(下欄) 몡 아래의 난. ↔상란(上欄).
하:략(下略) 몡 어떤 글을 인용하거나 할 때, 길이 관계로 뒷부분을 생략하는 것. 흔히, 줄인 부분에 '하략'이라고 씀. ▷상략·중략. **하:략-하다** 동(자)(여) **하:략-되다** 동(자)
하:량(下諒) 몡 윗사람이 아랫사람의 심정을 살펴 알아주는 것. **하:량-하다** 동(타)(여)
하:레¹(下隷) 몡 =하인(下人).
하:례²(賀禮) 몡 축하하여 예를 차리는 것. 또는, 축하하는 예식. ¶신년 ~. **하:례-하다** 동(자)
하롱-거리다/-대다 동(자) 행실이 침착하지 못하고 실없이 달뜨게 행동하다. 큰허롱거리다.
하롱-하롱 뷔 하롱거리는 모양. 큰허롱허롱.

하롱하롱-하다 동(자)어
하:료(下僚) 몡 1 아랫자리에 있는 동료. 2 지위가 낮은 관리.
하루 몡 1 자정(子正)에서 다음 날 자정까지의 동안. 지구가 한 번 자전(自轉)하는 동안으로, 천문학적으로 정오에서 다음 날 정오까지를 가리킴. ¶~는 24시간이다. 2 아침부터 저녁까지 해가 떠 있는 동안. ¶날이 밝으면서 활기찬 ~가 시작되었다. 3 (주로 '하루는'의 꼴로 쓰여) 과거의 어느 날을 막연히 이르는 말. =일일(一日). ¶~는 연락도 없이 고향 친구가 찾아왔다. 4 (초(初)·열·스무 다음에 쓰여) 각각 어느 달의 1일·11일·21일임을 고유어로 나타내는 말. ¶정월 초~.
하루가 멀다고 귀 때를 가리지 않고 거의 매일같이. ¶~ 찾아오다.
하루-갈이 몡 하루 낮 동안에 갈 수 있는 논밭의 넓이.
하루-거리 몡[한] 하루씩 걸러서 앓는 말라리아. =간일학(間日瘧)·초학(初瘧).
하루-건너 뷔 =하루걸러.
하루-걸러 뷔 하루씩 걸러서. =하루건너.
하루-돌이 몡 하루걸러 한 번. ¶상놈이란 죄만으로 ~로 붙들려 가서는 그 호된 매를 맞으니. (이무영 : 농민) ▷사흘돌이.
하루-바삐 뷔 하루라도 빨리. =하루빨리·하루속히. ¶~ 쾌유하시기를 빕니다.
하루-빨리 뷔 =하루바삐.
하루-살이 몡 1 하루살이목 하루살잇과의 곤충. 몸빛은 황백색이며, 여름 저녁에 떼 지어 날아다님. 애벌레는 물속에서 수년간 생활하다가 탈피함. 2 생활이나 목숨의 덧없음을 비유하는 말. ¶~처럼 살다 가는 우리네 인생.
하루-속히(-速-) [-소키] 뷔 =하루바삐.
하루아침-에 뷔 몇 십 년이나 몇 년이나 몇 달 동안이 아니라 아주 짧은 시간에 갑자기. ¶회사가 ~ 망하다 / 그 가수는 ~ 유명해졌다. / 영어 실력은 ~ 향상되지 않는다.
하루-하루 Ⅰ몡 늘 맞게 되는 그때그때의 날. ¶~의 생활에 최선을 다하다.
Ⅱ뷔 1 하루가 지날 때마다. 어떤 현상이 날이 감에 따라 일정하게 변해 감을 나타낼 때 쓰는 말. ¶병세가 ~ 나아지다. 2 늘 맞게 되는 그때그때의 날에. ¶~ 입에 풀칠하기도 힘겹다.
하루-해 몡 하루 중 해가 있는 동안. ¶~가 다 가도록 대체 무얼 했니?
하룻-강아지 [-루깡-/-룬깡-] 몡 1 난 지 얼마 되지 않는 어린 강아지. 2 경험이 적고 얕은 지식밖에 가지지 못한 어린 사람을 얕잡아 이르는 말.
[**하룻강아지 범 무서운 줄 모른다**] 철모르고 함부로 덤비는 것의 비유.
하룻-길 [-루낄/-룯낄] 몡 하루에 걸어서 갈 수 있는 길의 거리. ¶거기까지는 ~이 좋이 된다.
하룻-날 [-룬-] 몡 (초(初)·열·스무 다음에 쓰여) 각각 어느 달의 1일·11일·21일임을 나타내는 말.
하룻-밤 [-루빰/-룯빰] 몡 하루의 밤 동안. 또는, 어느 날 하루의 밤. =일야(一夜). ¶~을 뜬눈으로 꼬박 새다.
[**하룻밤을 자도 만리성을 쌓는다**] 잠깐 사귀어도 깊은 정을 맺을 수 있다는 뜻.
하룻-볕 [-루뼏/-룯뼏] 몡 하루 동안 쬐는

햇볕. ¶~에 새까맣게 타다.

하:류¹(下流) 명 **1** 하천의 아래쪽. ¶낙동강 ~. **2** 하등의 계급. ¶~층 / ~계급. ▷상류·중류.

하류²(河流) 명 강의 흐름.

하:류^사회(下流社會)[-회/-훼] 명 신분이나 생활수준이 낮은 사람들의 사회. =하층 사회.

하:륙(下陸) 명 화물차·배·비행기 따위에 실었던 짐을 땅으로 내리는 것. **하:륙-하다** [동][타][여]

하르르 명 종이나 피륙 같은 것이 여리고 성기며 매우 보드래한 모양. 흰흐르르. **하르르-하다** [형][여] ¶하르르한 비단 치마.

하르방 〈방〉 할아버지(제주).

하릅 명 말·소·개 따위의 나이에서, '한 살'을 이르는 말. ¶~송아지.

하:리(下里) 명 위아래로 나뉜 동리의 아랫마을. ↔상리(上里).

하:릴-없다[-업따] 형 **1** 달리 어떻게 할 도리가 없다. **2** 조금도 틀림이 없다. **하:릴없-이** [부] ¶이젠 어디로 가나? 그들은 ~ 칠성문 밖 빈민굴로 밀리어 오게 되었다.《김동인: 감자》

하:마¹(下馬) 명 말에서 내리는 것. ↔상마(上馬). **하:마-하다** [동][여]

하마²(河馬) 명 포유류 하마과의 한 종. 몸길이가 4m, 몸무게 2~3톤. 몸은 비대하고 머리와 입이 아주 크며 네 다리는 짧음. 전체적으로 갈색이며 털은 거의 없고 피부는 두꺼움. =물둥둥이.

하:마-비(下馬碑) 명 [역] '누구든지 이 앞을 지날 때에는 말에서 내리라'는 뜻을 새긴 돌 비석. '大小人員皆下馬(대소인원개하마)' 또는 '下馬碑'라 새긴 것으로, 조선 시대의 궁가·종묘·문묘 등의 앞에 세웠음.

하마터면 [부] ('-ㄹ 뻔하다'와 함께 쓰이어) 일이 조금만 잘못되었더라면. 또는, 일을 조금만 잘못했더라면. ¶~ 막차를 놓칠 뻔했다. / 그는 ~ 차에 치일 뻔했다. ×하마하마.

하:마-평(下馬評) 명 [관리들을 말에 태우고 온 마부들이 상전이 관청에 들어가 일을 보는 동안에 상전들에 대해 이러쿵저러쿵 평을 했다는 데에서] 관리들의 인사이동이나 관직에 관련하여 세상에 떠도는 평판이나 풍문. ¶~에 오르다 / 개각을 앞두고 ~이 무성하다.

하마-하마 [부] **1** 어떤 기회가 자꾸 닥쳐 오는 모양. **2** 어떤 기회를 자꾸 기다리는 모양. ¶그녀는 그와 만나게 되기를 ~ 기다렸다. **3** '하마터면'의 잘못.

하며 [조] 사물을 열거하는 접속 조사. 열거된 사물들이 모두 어떤 공통된 사실에 귀일함을 나타냄. ¶그 사내는 투박한 손~ 남루한 옷차림~ 어디 한군데 귀티가 나곤 찾아볼 수 없는 사람이었다. ▷하고·이며.

하:면¹(下面) 명 =아랫면. ↔상면(上面).

하:면²(夏眠) 명 [동] 열대 지방의 일부 동물이 더운 여름을 견디기 위하여 아무것도 먹지 않고 잠을 자는 일. =여름잠. ↔동면(冬眠). **하:면-하다** [동][자][여]

하:명(下命) 명 [윗사람이 어떤 일을 아랫사람에게] 명령을 내리는 것. 또는, 그 명령. [비]분부. **하:명-하다** [동][자][여] ¶하명하신 대로 시행하였습니다.

하:모(夏毛) 명 =여름털1. ↔동모(冬毛).

하모니(harmony) 명 **1** [음] =화성(和聲)³. **2** 여러 개의 사물이나 존재 사이의 조화(調和). ¶~를 이루다 / 영상과 음악의 ~.

하모니카(harmonica) 명 [음] 입에 대고 숨을 불어 넣거나 빨아들여서 연주하는, 직사각형의 틀에 조그마한 칸을 여러 개 만들고, 칸마다 금속제의 리드를 두어 그것을 떨게 하여 소리를 내는 악기. ¶~를 불다.

하:문¹(下門) 명 =음문(陰門)².

하:문²(下問) 명 윗사람이 아랫사람에게 묻는 것. **하:문-하다** [동][타][여]

하:문-불치(下問不恥) 명 수치가 아니라는 뜻으로, 모르는 것은 누구에게든지 물어서 식견을 넓히라는 말.

하물(荷物) 명 기차·여객 자동차·비행기·객선 등에 실어 나르는 그리 크지 않은 짐.

하물며 [부] (주로, '-ㄴ데', '-거든', '-거늘' 등의 어미로 끝나는 절 다음에, 반어 의문이나 감탄 의문문, 또는 부정적인 뜻의 서술어와 함께 쓰여) 앞의 사실을 전제로 할 때, 뒤의 사실은 더 말할 나위가 없이 자명함을 나타내는 말. =우황·하황(何況)·황차(況且). [비]더구나나·더구나. ¶미물의 생명도 귀중한 법인데, ~ 사람의 생명이야 더 말하여 무엇 하겠는가?

하:미(下米) 명 품질이 낮은 쌀. ▷상미(上米)·중미(中米).

하바네라(®habanera) 명 [음] 쿠바에서 생겨 에스파냐에서 유행한 민속 춤곡. 또는, 그 춤. 탱고와 비슷한 2/4박자임.

하:-바리(下-) 명 맨 아랫길의 사람을 낮추어 이르는 말. ¶그런 ~들을 데리고 무슨 일을 함당.

하:박(下膊) 명 [생] '아래팔'을 전문적으로 이르는 말. ▷상박(上膊).

하박국-서(←Habakkuk書) 명 [성] 구약 성서 중의 한 권.

하박하박-하다[-바카바카-] [형][여] 과실 따위가 너무 익었거나 오래되어 물기가 적고 매우 퍼석퍼석하다. 흰허벅허벅하다.

하:반¹(下半) 명 둘로 나눈 것의 아래쪽. ↔상반(上半).

하:반²(下盤) 명 [지] 광맥·광층 등의 아래쪽에 있는 암반(巖盤). ↔상반(上盤).

하:-반기(下半期) 명 **1**년을 둘로 나누었을 때의 나중이 되는 기간. ↔상반기.

하:-반부(下半部) 명 어떤 것을 둘로 가를 때, 아래쪽이 되는 부분. ↔상반부.

하:-반신(下半身) 명 몸의 허리 아랫부분. ¶그는 척수를 다쳐 ~을 못 쓴다. ↔상반신.

하:방(下方) 명 아래쪽의 방향. ↔상방(上方).

하:복(夏服) 명 여름철에 입는 옷. ↔동복(冬服).

하:복-부(下腹部)[-뿌] 명 [생] 척추동물의 특히 사람의 복부의 가장 밑 부분.

하:부(下部) 명 **1** 아래쪽 부분. **2** 하급 기관. 또는, 그 사람. ↔상부(上部).

하:부^구조(下部構造) 명 [철] 마르크스주의에서, 정치·법률·사상·예술 등을 상부 구조로 하는 데 대하여, 그러한 것들의 토대가 되는 경제 구조 내지 사회의 생산 양식을 이르는 말. ▷상부 구조.

하:불하(下不下) [부] 낮게 잡아도. [비]소불하. ¶적어두 오륙십 원은 들여야 해 줄 텐데 집의 것하구 합하면 ~ 백 원이로군.《염상섭: 전화》

하비다 동(타) 1 손톱이나 날카로운 것으로 긁어 파다. 2 남의 결점을 들어 헐뜯다. ¶그는 곧잘 남을 **하비는** 버릇이 있다. 큰 허비다.

하비작-거리다/-대다[-꺼(때)-] 동(타) 자꾸 하비어 헤치다. 큰 허비적거리다.

하비작-하비작[-자카-] 부 하비작거리는 모양. 큰 허비적허비적. **하비작하비작-하다** 동(타)여

하뿔싸 감 '아뿔싸'의 거센말. 허뿔싸.

하:사¹(下士) 명(군) 국군 계급의 하나. 부사관의 맨 아래 계급으로, 병장의 위, 중사의 아래임.

하:사²(下賜) 명 《임금이 신하에게, 또는 윗사람이 아랫사람에게 금품이나 관직·이름 등을》 내려 주는 것. ¶임금으로부터 정3품 벼슬을 ~받았다. **하:사-하다**(타)여 ¶왕은 승전을 크게 기뻐하며, 장군에게 옥대(玉帶)와 옥영(玉纓)을 **하사하였다**.

하:-사관(下士官) 명(군) '부사관(副士官)'의 구칭.

하:사-금(下賜金) 명 임금이나 국가 원수 등이 내리는 돈. ¶대통령 ~.

하:사-품(下賜品) 명 임금이나 국가 원수 등이 내리는 물건. ¶대통령 ~.

하:산(下山) 명 산에서 내려가거나 내려오는 것. =낙산. **하:산-하다**(자)여

하상(河床) 명 하천의 바다.

하상²(何嘗) 부 《의문문이나 부정하는 단어와 함께 쓰여》 '따지고 보면'의 뜻을 나타내는 말. ¶내가 ~ 무엇이기에 큰소리냐.

하:서(下書) 명 웃어른이 아랫사람에게 편지를 쓰는 것. 또는, 그 편지. ↔상서. **하:서-하다** 동(자)(타)여 ¶"오늘 또 아버지께서 **하서하셨는데…**."《현진건:희생화》

하:석상대(下石上臺)[-쌍-] 명 일이 급할 때 임시변통으로 이리저리 둘러맞추어 일하거나 행함을 이르는 말. '아랫돌 빼서 윗돌 괴고 윗돌 빼서 아랫돌 괴기'와 같은 말.

하:선¹(下船) 명 배에서 내리는 것. ≒승선. ↔승선. **하:선-하다** 동(자)여

하선²(荷船) 명 짐을 싣는 배. 비짐배. ↔객선(客船).

하:세(下世) 명 =기세(棄世)¹. **하:세-하다** 동(자)여

하소 명 '하소연'의 준말. ¶오죽하여야 요전에는 즈 아내가 우리게 와서 울며불며 ~를 다 하였으랴.《김유정:가을》 **하소-하다**¹ 동(타)여 ¶이 딱한 사정을 누구에게 **하소할** 것인가.

하소²(煆燒) 명 물질을 공기 속에서 태워 휘발성 성분을 없애고 재로 만드는 일. **하소-하다**²(타)여

하소서-체(-體)[언] 상대 높임법의 하나. 상대를 아주 높이는 뜻을 나타냄. 현대 국어에는 거의 쓰이지 않으나, 시어나 편지 글 등에 잔존해 있음. '하시옵소서', '가사이다' 따위가 이에 속함.

하소연 명 《억울하고 딱한 사정을 어떤 사람에게》 하소하듯 이야기하는 것. 준하소. **하소연-하다** 동(타)여 ¶친구에게 억울함을 ~/제발 좀 도와 달라고 ~.

하:속(下屬) 명 =하인배(下人輩).

하:송(下送) 명 1 내려 보내는 것. 2 윗사람이 아랫사람에게 물건을 보내는 것. =하부(下付). **하:송-하다** 동(타)여

하:수¹(下水) 명 가정이나 공장에서 쓰이고 버리는 더러운 물. ¶생활~. ↔상수(上水).

하:수²(下手) 명 낮은 솜씨. 또는, 그러한 솜씨의 사람. =아랫수. ↔상수(上手).

하:수³(下手) 명 1 =착수(着手)². 2 손을 대어 사람을 죽이는 것. **하:수-하다**(타)여 ¶대장부가 어찌 죽기를 두려워하리오. 속히 **하수하라**.《김만중:구운몽》

하:수⁴(下壽) 명 장수(長壽)한 것을 상·중·하로 나눌 때의 제일 적은 나이. 곧 60세 또는 80세의 나이. ↔상수(上壽)·중수(中壽).

하:수-관(下水管) 명 =수채통.

하:수-구(下水溝) 명 하수가 흘러 빠지도록 만든 도랑.

하:수-도(下水道) 명 하수가 흘러 빠지도록 만든 도랑이나 설비. ¶~ 공사. ↔상수도(上水道).

하:수-인(下手人) 명 1 범죄 집단에 속하거나 관계를 맺고, 그 우두머리의 명령에 따라 살인·폭력 등을 저지르는 사람. ¶범죄 조직의 ~에게 폭행을 당하다. 2 힘 있는 자에게 빌붙어 복종하는 자를 비난조로 이르는 말. =하수자. ¶그 단체는 권력의 ~으로 전락하고 말았다.

하:수^처:리장(下水處理場) 명 여러 곳에서 흘러나오는 하수를 모아 정화(淨化)한 뒤 강이나 바다로 흘러보내는 곳.

하:숙(下宿) 명 1 정해진 돈을 내고 비교적 오랫동안 남의 집 방에 머물면서 먹고 자고 하는 일. 또는, 그 집. =사관(私館)·사관(舍館). ¶~ 생활/~을 치다. 2 값싼 여관. **하:숙-하다** 동(자)여 정해진 돈을 내고 비교적 오랫동안 남의 집 방에 머물면서 먹고 자고 하다.

하:숙-방(下宿房)[-빵] 명 하숙하는 방. ¶~을 옮기다.

하:숙-비(下宿費)[-뻬] 명 하숙하는 대가로 내는 돈.

하:숙-생(下宿生)[-쌩] 명 하숙하고 있는 학생.

하:숙-인(下宿人) 명 하숙하고 있는 사람.

하:숙-집(下宿-)[-찝] 명 1 하숙하고 있는 집. 2 하숙을 업으로 하는 집.

하:순¹(下旬) 명 한 달 가운데서 스무하룻날부터 그믐날까지의 동안. =하완(下浣). ▷상순·중순.

하:순²(下詢) 명 임금이 신하나 백성에게 묻는 것. =순문(詢問). **하:순-하다** 동(타)여

하:시¹(下視) 명 1 남을 얕잡아 낮추보는 것. 2 아래를 보는 것. **하:시-하다**(타)여 ¶없이 산다고 저런 것들까지 **하시하나** 싶은 하격지심이 발톱을 세웠던 것이다.《조정래:태백산맥》

하시²(何時) 대(지시) '언제'를 문어적으로 이르는 말. ¶보고 싶으면 ~라도 오너라.

하식(河蝕) 명(지) 하천의 물이 땅을 침식하는 현상.

하:악(下顎) 명(생) =아래턱. ↔상악(上顎).

하:악-골(下顎骨)[-꼴] 명(생) =아래턱뼈. ↔상악골.

하:안(河岸) 명 하천 양쪽의 둔덕.

하:-안거(夏安居) 명(불) 승려들이 여름 석 달 동안 한곳에 모여 참선 수행하는 일. 기간은 음력 4월 15일부터 7월 15일까지임. ▷동안거. **하:안거-하다** 동(자)여

하안^단구(河岸段丘) 명(지) 하천의 양쪽 기슭에 계단 모양으로 형성되어 있는 평평한 지형.

하:야(下野) 명 관리, 특히 대통령이 임기 중

에 관직에서 물러나 일반 국민으로 돌아가는 것. ¶대통령이 ~ 성명(聲明)을 발표하다. 하:야-하다 통(자)어

하야-말갛다[-가타] 휑ㅎ〈-말가니, ~말가요, ~말개〉살빛이 탐스럽도록 매우 희고 맑다. ¶얼굴이 ~. ㄹ허여멀겋다.

하야말쑥-하다[-쑤카-] 휑어 살빛이 하얗고 맑고 깨끗하다. ㄹ허여멀쑥하다. 하야말쑥-히 튀

하얀-빛[-빋] 명 하얀 빛깔.

하얀-색(-色) 명 하얀 색깔.

하양 명 하얀 빛깔. 또는, 그런 색을 내는 물감과 같은 물질.

하:얗다[-야타] 휑ㅎ〈하야니, 하야오, 하얘〉 1 (어떤 물체나 물질이) 밝고 환하게 희다. ¶하얀 솜구름/옷을 때마다 고른 이가 하얗게 드러난다. 2 (물체 위에 먼지가) 소복한 상태에 있다. ¶가구에 먼지가 하얗게 덮이다. 3 (사람의 얼굴이) 놀라거나 무서워서 핏기가 가신 상태에 있다. ¶증거를 들이대자 범인은 얼굴이 하얗게 질렸다. 4 (날이) 환한 상태에 있다. ¶날이 하얗게 밝다. 하얘지다.

> **어법** 머리가 세어 하얗네:하얗네(×)→하얀네(○). ▶ 히읗 불규칙 용언이므로 'ㄴ'이나 'ㅁ'으로 시작되는 어미 앞에서 'ㅎ'이 탈락됨.
> 피부가 하얍니다:하얍니다(×)→하얗습니다(○). ▶ 받침 뒤에서는 '-습니다', 모음 뒤에서는 '-ㅂ니다'임 (표17).

하:애-지다 통(자) 하얗게 되다. ¶공포에 질려 얼굴이 ~. ㄹ허예지다.

하여-가(何如歌) 명[문] 고려 말기에 이방원이 지은 시조. '이런들 어떠하며 저런들 어떠하리'로 시작되는 이 시조는 정몽주의 진심을 떠보고 회유하기 위해 읊은 것이라 함. 단심가.

하여-간(何如間) 튀 어찌하거나 어찌 되든 간에. =하여간에. 비어쨌든지·하여튼. ¶될지 안 될지 모르니까 ~ 해 보자.

하여간-에(何如間-) 튀 =하여간.

하여-금 튀 〈조사 '로/으로'가 붙는 명사나 대명사 다음에, 사역의 의미를 가지는 서술어와 쓰여〉 그 명사나 대명사가 나타내는 존재를 대상으로 하여, 어떤 행동을 시키는 뜻을 나타내는 말. ¶아랫사람으로 ~ 심부름을 하게 하다 / 선생님은 나로 ~ 회한의 눈물을 흘리게 했다.

하여-튼(何如-) 튀 일이나 사정이 어찌 되었든 간에. 비아무튼·어떻든·어쨌든·여하튼. ¶~ 당장 하라.

하여튼-지(何如-) 튀 '하여튼'을 좀 더 구어적으로 이르는 말. ¶~ 조금만 더 참고 견뎌라.

하역(荷役) 명 짐을 싣고 부리는 일. ¶~ 작업. 하역-하다 통(타)어

하역-부(荷役夫)[-뿌] 명 하역에 종사하는 사람.

하염-없다[-업따] 휑 1 한참 동안 어떤 행동을 하면서 특별히 무엇을 한다는 의식이 없는 상태에 있다. 2 어떤 행동이나 심리 현상이 제 의지로는 어찌할 수 없게 계속되는 상태에 있다. ¶하염없는 눈물 / 하염없는 그리움. **하염없-이** 튀 ¶~ 흐르는 눈물 / 나는 ~ 창밖을 바라보고 있다.

하염직-하다[-지카-] 휑어 할 만하다. 할 가치가 있다. ¶하염직한 일.

하:오(下午) 명 =오후1. ↔상오(上午).

하오-체(-體) 명[언] 상대 높임법의 하나. 상대방을 예사로 높이는 뜻을 나타냄. 현대 국어 구어체에서는 거의 쓰이지 않음. '가오', '많소', '있소' 따위가 이에 속함.

하:옥(下獄) 명 죄인을 옥에 가두는 일. 비입옥(入獄). 하:옥-하다 통(타)어 하:옥-되다 통(자)

하와(Hawwäh) 명[성] 하느님이 아담의 갈빗대 하나를 뽑아 만들었다고 하는 인류 최초의 여자. 비이브(Eve).

하우스(house) 명〈속〉도박꾼들이 모여 몰래 도박을 하는 집.

하우스^뮤직(house music) 명[음] 컴퓨터와 신시사이저를 결합시켜 만든, 빠른 템포의 리듬을 중시하는 음악.

하우스-병(house病) 명[의] 비닐하우스 농업에 종사하는 사람에게 주로 나타나는 병. 일사병과 비슷한 증상을 보임.

하우징(housing) 명 1 기계의 부품이나 기구를 싸서 보호하는 틀. 2 토지·가옥·가구·실내 장식 등을 종합적으로 다루는 주택 산업의 총칭.

하우피스(†houffice) 명 [house+office] 일반 주택을 개조하여 사무실로 사용하는 건물.

하:원(下院) 명[정] 양원제(兩院制) 의회에서, 국민의 직접 선거에 의해 선출된 의원으로 구성된 의회. 비~ 의원. ↔상원(上院).

하위1(下位) 명 '화해(和解)'를 속되게 이르는 말. 하위-하다 통(자)어 ¶내가 자네하고 하위하려고 내는 술이니까 첫 잔을 자네가 들게. 〈홍명희: 임꺽정〉

하:위2(下位) 명 낮은 순위나 등급이나 위치. ¶~ 타자(打者) / ~에 머물다. ↔고위·상위(上位).

하:위^개념(下位概念) 명[논] 다른 개념보다 적고 좁은 외연을 가진 개념. '고등학교'는 '학교'의 하위 개념임. =저급 개념. ↔상위 개념.

하:위-권(下位圈) [-꿘] 명 하위에 속하는 범위. ¶성적이 ~에 머물다. ↔상위권.

하:의1(下衣)[-의/-이] 명 '아랫옷'을 문어적으로 이르는 말. ↔상의(上衣).

하:의2(下意)[-의/-이] 명 1 아랫사람의 뜻. 2 국민의 의사. ↔상의(上意).

하:의3(賀意)[-의/-이] 명 축하하는 뜻. ¶결혼식에 참석하여 ~를 전하다.

하:의-상달(下意上達)[-의-/-이-] 명 아랫사람의 뜻을 윗사람에게 전달함. ↔상의하달.

하이넥(←high necked collar) 명 목까지 높이 올라온 옷깃으로, 되접어 꺾지 않는 형의 것.

하이델베르크-인(Heidelberg人) 명[고고] 화석 인류의 하나. 1907년에 독일의 하이델베르크 부근 마이엘에서 아래턱 화석골(化石骨)로 발견됨. 제2간빙기(間氷期)의 인류임.

하이라이스 명 묽게 만든 브라운소스에 야채·고기·버섯 등을 넣어서 밥 위에 얹어 먹는 것.

하이라이트(highlight) 명 1 스포츠·연극·방송 프로 등에서, 가장 중요하거나 흥미 있는 부분이나 장면. ¶스포츠[뉴스] ~ / 올림픽 개막식의 ~. 2 회화나 사진에서, 광선을 강

하이-비전(†←high television) 명 =고선명 텔레비전.
하이에나(hyena) 명[동] 포유류 하이에나과의 동물임. 개와 비슷하나 앞다리가 길고 어깨에 갈기가 있음. 야행성으로 성질이 사나우며 죽은 짐승의 고기를 먹음.
하이재킹(hijacking) 명 운항 중인 항공기·선박 등을 납치하는 것. ¶테러단이 ~을 시도하다.
하이-칼라(†high collar) 명 **1** 머리의 옆과 뒤쪽 아래는 짧게 자르고 앞과 위쪽은 길게 하여 가르마를 타서 옆으로 빗어 넘기거나 가르마 없이 뒤쪽으로 빗어 넘긴, 남자의 머리 모양. 근래에 들어서는 그다지 쓰이지 않는 말임. ¶~를 한 마카오 신사. **2** 서양 풍습이나 개화의 유행을 따르는 일. 또는, 그런 성향을 가진 사람. 지난날 쓰이던 말임. ¶올 때에 입고 온 ~ 양복…. (채만식:얼어 죽은 모나리자) / 봉순이가 어른이 다 되구! 참말 ~구나. 《박경리:토지》
하이킹(hiking) 명 심신을 단련하거나 자연을 즐기기 위해 시골 길이나 산이나 들 등의 먼 거리를 온종일이나 반나절 정도 걷는 일. 때로, 걷지 않고 자전거를 이용하는 경우도 가리킴. ¶~ 코스 / 자전거 ~. **하이킹-하다** 동(자여)
하이테크(high-tech) 명 고도의 과학 기술·첨단 기술 등의 총칭.
하이-틴(high teen) 명 10대 후반의 나이. 또는, 그 나이의 소년 소녀. 보통 17~19세를 가리킴.
하이파이(hi-fi) 명 [high fidelity] 라디오의 수신기나 녹음의 재생 장치에서 나오는 음을 실제의 음에 최대한 가깝게 내는 일.
하이-패션(high fashion) 명 최첨단 유행.
하이퍼론(hyperon) 명 바리온에 속하는 소립자 가운데, 스트레인지니스가 0이 아닌 것의 총칭. =중핵자(重核子).
하이퍼-링크(hyperlink) 명[컴] 단어나 기호, 그림 등을 문서의 다른 요소나 다른 문서로 연결해 놓은 일. 이 부분을 마우스로 클릭하면 지정된 위치로 이동함.
하이퍼-미디어(hypermedia) 명[컴] 뉴 미디어에서 다룬 각종 멀티미디어를 통일적으로 워크스테이션 위에 집적하여, 조작이 가능하도록 한 새로운 미디어.
하이퍼-텍스트(hypertext) 명[컴] 사용자에게 내용의 비순차적 검색이 가능하도록 제공되는 텍스트. 문서 내의 특정한 단어가 다른 단어나 데이터베이스와 연결되어 있어 사용자가 관련 문서를 넘나들면서 원하는 정보를 얻을 수 있음. 전자 사전·멀티미디어 데이터베이스·문장 작성 시스템 따위에 응용됨.
하이포아-(hypo亞) 접두[화] '하이포아…산'의 꼴로 쓰여, 산화 상태가 '아' 보다 낮은 것임을 나타내는 말. ¶~염소산[HClO]. ▷ 과(過)-·아(亞)-.
하이픈(hyphen) 명[언] =붙임표.
하이-힐(←high heeled shoes) 명 뒷굽이 높고 뾰족한 여자 구두. 비뾰족구두. ▷힐.
하인(下人) 명 지난날, 어떤 사람에게 매여 그가 시키는 일만을 하면서 살아가던 낮은 신분의 사람. =하례(下隷). ¶~을 두고 부리다.
하-인방(下引枋) 명[건] 벽의 아래쪽 기둥 사이에 가로지른 인방. =아랫중방·지방(地枋). 준하방. ↔상인방.
하인-배(下人輩) 명 하인의 무리. =하속(下屬)·하솔(下率). 준하배.
하인-청(下人廳) 명[역] 양반집에서 사내 하인들이 거처하는 행랑방.
하일(夏日) 명 =여름날.
하자(瑕疵) 명 **1** 사물의 결함이나 잘못. 비흠. ¶~가 없는 물건. **2**[법] 법률 또는 당사자가 예상한 요건이 충족되어 있지 않은 상태. ¶~ 있는 의사 표시.
하작-거리다/-대다[-꺼(때)-] 동(타) 자꾸 하작이다. 비허적거리다.
하작-이다 동(타) **1** 쌓인 물건의 속을 들추어 헤치다. 비허적이다. **2** 계속하기 싫음이 나서 자꾸 헤치기만 하다.
하작-하작[-자카-] 부 하작거리는 모양. 비허적허적. **하작하작-하다** 동(타여)
하잘것-없다[-껄업때] 형 시시하여 할 만한 것이 없다. 또는, 대수롭지 않다. ¶하잘것없는 일에 시간 빼앗기지 말고 열심히 공부해라. **하잘것없-이** 부
하저(河底) 명 하천(河川)의 밑바닥.
하전(荷電) 명[물] **1** =대전(帶電)⁶. **2** =전하(電荷)².
하절(夏節) 명 =여름철. ¶~기(期).
하정¹(下情) 명 자기의 심정의 겸칭.
하정²(賀正) 명 '새해를 축하합니다' 라는 뜻의 한자어. 주로, 연하장 등에 쓰는 말임. 비근하신년.
하정-배(下庭拜) 명[역] 신분이 낮은 사람이 윗사람을 뵐 때 뜰 아래에서 절하는 일. 또는, 그 절. **하정배-하다** 동(자여)
하제(下劑) 명[약] 설사가 나게 하는 약. =사약(瀉藥)·사제(瀉劑). ▷완하제.
하종(下從) 명 아내가 죽은 남편의 뒤를 따라 자살하는 것. **하종-하다** 동(자여)
하-종가(下終價)[-까] 명[경] 증권 시장에서, 하루에 내릴 수 있는 최저한도까지 내려간 주가. ↔상종가.
하좌(下座) 명 서열이 낮은 쪽의 자리. 비 아랫자리. ¶중국의 식사 예절에서 주인은 문 쪽의 ~에 앉는다. ↔상좌(上座).
하주(荷主) 명 하물의 주인. ▷선하주(船荷主).
하중(荷重) 명 **1** 짐의 무게. **2**[물] 물체에 작용하는 외력(外力). ¶~ 시험 / ~을 견디다 [지탱하다].
하지¹(下肢) 명[생] =다리¹. ▷상지(上肢).
하지²(夏至) 명 24절기의 하나. 6월 21일경으로, 망종(芒種)과 소서(小暑) 사이에 있음. 북반구에서는 낮의 길이가 가장 긺. ↔동지.
하지만 부 앞의 사실에 대해, 상반되는 내용을 일면 긍정하면서 단서를 붙이거나 반박하는 내용을 말하려 할 때, 문장 앞에 쓰는 접속 부사. 주로, 구어체에서 쓰는 말임. 비그러나·그렇지만. ¶네 주장도 일리는 있다. ~ 내 말도 좀 들어다오.
하지-점(夏至點)[-쩜] 명[천] 황도(黃道) 상에서 천구의 북극에 가장 가까이 있는 점. 춘분점의 동쪽 90°에 해당함. 태양이 이 점에 이르면 하지가 됨. ↔동지점.
하직(下直) 명 **1** 먼 길을 떠날 때 웃어른에게 작별을 고하는 것. ¶부모님께 ~ 인사를 올리다. **2** (주로 '세상'을 목적어로 하여) (세상을) 다 살아 죽음을 맞는 것. **3**[역] 서

울을 떠나는 벼슬아치가 임금에게 작별을 아뢰는 것. =숙배(肅拜). **하ː직-하다** 통(자)(타)(여) ¶이 세상을 ~ / 심청이 사당에 들어가 울며 ~.

하ː질¹(下秩) 명 =핫길. ↔상질(上秩). ▷중질(中秩).

하ː질²(下質) 명 하(下)에 속하는 품질. ↔상질(上質).

하ː짓-날(夏至-) [-진-] 명 하지가 되는 날.

하ː차(下車) 명 1 차에서 내리는 것. ↔승차(乘車). 2 차에 실려 있는 짐을 내리는 것. ↔상차(上車). 3→도중하차. **하ː차-하다** 통(자)(타)(여)

하찮다[-찬타] 형 1 그다지 훌륭하지 않다. ¶하찮은 솜씨. 2 대수롭지 않다. ¶하찮은 일[물건]. (본)하찮지 않다.

하ː책(下策) 명 어떤 일을 이루는 데 있어서 의 좋지 않은 방법. ↔상책(上策).

하처(何處) 대(지시) '어디'를 문어적으로 이르는 말.

하천(河川) 명 흔히, '~천(川)'이라 불리는 내를 이르는 말. 또는, 강과 내를 아울러 일컫는 말. ¶생활하수와 공장 폐수로 ~이 오염되다.

하ː청(下請) 명 어떤 회사가 떠맡은 일의 전부나 일부를 다른 회사가 다시 떠맡는 일. =하청부. ¶의류 ~ 공장 / 이 부품 업체는 H 자동차의 ~ 업체이다.

하ː청-부(下請負) 명 =하청(下請).

하ː청-인(下請人) 명 하청을 맡아 하는 사람.

하ː체(下體) 명 허리를 경계로 하여 그 아래쪽의 몸. 곧, 엉덩이·성기·다리가 있는 부분. 또는, 성기가 있는 부분을 완곡하게 이르는 말. 비아랫몸·아랫도리. ¶~의 근육을 단련하다.

하ː측(下側) 명 =아래쪽. ↔상측(上側).

하ː층(下層) 명 1 =아래쪽. 2 재산이 적고 지위가 낮은 계층. ↔상층(上層).

하ː층^계급(下層階級) [-게-/-게-] 명 재산이 적고 사회적 지위도 낮은 계층. 또는, 그 계층에 속하는 사람들. ↔상층 계급.

하ː층-운(下層雲) 명(기상) 2km 이내의 공중에 있는 구름. 층적운·층운이 이에 속한다. ↔상층운.

하ː치(下-) 명 같은 종류의 물건 중에서 가장 품질이 낮은 물건. =하품(下品). ↔상치.

하치-않다 [-안타] 형 '하찮다'의 본딧말.

하치-장(荷置場) 명 1 쓰레기 따위를 거두어 두는 장소. ¶쓰레기 ~ / 분뇨 ~. 2 실었던 짐 따위를 내려놓는 곳.

하켄(독Haken) 명 등산 용구의 한 가지. 머리 부분에 구멍이 있는 못으로, 바위 틈새에 박아 카라비너를 걸고 자일을 꿸. 발판으로 쓰기도 함.

하키(hockey) 명(체) 1 '필드하키'의 준말. 2 '아이스하키'의 준말.

하ː토(下土) 명(농) 농사짓기에 아주 나쁜 땅. ↔상토.

하ː퇴(下腿) [-퇴/-뒈] 명(생) =종아리.

하ː퇴-골(下腿骨) [-퇴-/-뒈-] 명(생) 정강이뼈와 종아리뼈의 총칭.

하트(heart) 명 트럼프 패의 하나. 붉은빛의 심장 모양의 무늬가 인쇄되어 있음.

하트-형(heart形) 명 심장처럼 생긴 모양.

하ː-판¹(下-) 명 마지막 판. ↔상판.

하ː판²(下版) 명(인) 교료(校了)된 조판을 인쇄 또는 지형을 뜨기 위하여 다음 공정으로 옮기는 일. **하ː판-하다** 통(자)(타)(여)

하ː편(下篇) 명 두 편 이상으로 된 책의 맨 나중 편. ↔상편·중편.

하폭(河幅) 명 하천의 너비.

하품¹ 명 졸리거나 피곤하거나 지루함을 느낄 때, 저절로 입이 크게 벌어지면서 숨을 다소 길게 내쉬는 일. ¶~을 참다 / 그의 이야기가 너무 지루하여 자꾸 ~이 나왔다. **하품-하다** 통(자)(여)

하ː품²(下品) 명 1 =하치. 2 낮은 품위.

하프¹(half) 명(체) '하프백'의 준말.

하프²(harp) 명(음) 몸통을 오른쪽 어깨에 기대어 세우고, 양손으로 현을 퉁기며 연주하는, 삼각형의 틀에 보통 47개의 현을 세로로 평행하게 건 악기. =수금(豎琴). ¶~를 뜯다.

하프늄(hafnium) 명(화) 지르코늄과 비슷한, 은백색의 금속 원소. 원소 기호 Hf, 원자 번호 72, 원자량 178.49. 지르콘 광석 속에 있으며, 전구의 필라멘트나 원자로의 제어에 쓰임.

하프^라인(half line) 명(체) 구기(球技)에서, 경기장의 중앙선을 이르는 말.

하프-백(halfback) 명(체) 축구·하키 등에서, 전위(前衛)의 후방의 위치. 또는, 그 위치에 있는 경기자. 준하프.

하프시코드(harpsichord) 명(음) 건반 악기의 한 가지. 그랜드 피아노를 작게 한 듯한 모양의 발현 악기(撥絃樂器). =쳄발로.

하프^타임(half time) 명(체) 축구·농구 등의 경기에서, 전반전과 후반전 사이에 쉬는 시간.

하피스트(harpist) 명 하프 연주가.

하필(何必) 뷔 달리 하거나 달리 되지 않고 어찌하여 꼭. =해필. ¶~ 오늘 비가 올 게 뭐람?

하하¹ 뷔 입을 둥글게 벌리고 크게 웃는 소리. ¶우스갯소리에 모두들 ~ 웃다. (큰)허허. **하하-거리다/-대다** 통(자) 잇달아 하하하고 웃다. (큰)허허거리다.

하하² 감 1 딱하거나 놀랍거나 기막힌 일을 당하였을 때, 탄식하여 내는 소리. ¶~, 또 속았구나. 2 못마땅한 일을 당하였을 때, 가볍게 나무라는 뜻으로 내는 소리. ¶~, 형제끼리 싸우면 되나. (큰)허허.

하ː학(下學) 명 학교에서 그날의 수업을 마치는 것. ¶~ 시간. ↔상학(上學). **하ː학-하다** 통(자)(여) ¶그다음 토요일 하학한 후에 교우회가 모인다고…. 〈현진건: 희생화〉

하ː학-종(下學鐘) [-쫑-] 명 수업을 마치는 시간을 알리는 종. ↔상학종.

하ː한(下限) 명 아래쪽 또는 끝 쪽의 한계. ¶~선(線). ↔상한(上限).

하ː한-가(下限價) [-까] 명(경) 하루에 내릴 수 있는 가격의 하한선까지 내린 주가. ↔상한가.

하ː한-선(下限線) 명 더 이상 내려갈 수 없는 한계선. ¶주가가 ~까지 내려가다. ↔상한선.

하항(河港) 명 하천에 있는 항구. ▷해항(海港).

하해(河海) 명 큰 강과 바다. ¶~와 같은 부모의 은덕.

하ː행(下行) 명 1 아래쪽으로 내려가는 것. 2 중앙에서 지방으로 내려가는 것. ¶~ 열차.

↔상행(上行). **하!행-하다** 〔재〕〔어〕
하!행-선(下行線) 〔명〕 서울에서 지방으로 내려가는 철도나 도로. ↔상행선.
하!향¹(下向) 〔명〕 **1** 아래로 향하는 것. ¶~ 곡선. **2** (열·수준·수량 따위가) 나빠지거나 낮아지거나 작아지거나 적어지는 것. ¶최근 고등학생의 학력이 ~ 평준화되고 있다. ↔상향(上向). **하!향-하다** 〔동〕〔재〕〔어〕
하!향²(下鄕) 〔명〕 **1** 시골로 내려가는 것. **2** 고향으로 내려가는 것. **하!향-하다**² 〔동〕〔재〕〔어〕
하향³(遐鄕) 〔명〕 서울에서 먼 시골.
하!향-세(下向勢) 〔명〕 일의 진행이나 활동 상태가 약해지거나 처지는 형세. ¶주가가 연일 ~를 보이고 있다.
하!향-식(下向式) 〔명〕 방침이나 정책 등이 위에서 결정되어 아래로 전달되는 방식.
하!현(下弦) 〔명〕〔천〕 음력 매월 22~23일경에 뜨는 달. 만월(滿月)과 다음 신월(新月)과의 중간에 뜨며, 둥근 쪽이 위로 향함. ↔상현(上弦).
하!현-달(下弦-) 〔-딸〕 〔명〕〔천〕 하현 때의 반달 모양의 달. ↔상현달.
하!혈(下血) 〔명〕 항문 또는 하문(下門)으로 피를 쏟는 것. **하!혈-하다** 〔동〕〔재〕〔어〕
하!화-중생(下化衆生) 〔명〕〔불〕 보살이 중생을 교화하고 제도하는 일. ↔상구보리(上求菩提).
하!회¹(下回) 〔-회/-훼〕 〔명〕 **1** 다음 차례. **2** 윗사람이 아랫사람에게 내리는 회답. ¶차 안에는 남은 두 사람은 맥이 빠져서 멀거니 나간 사람의 ~만 기다리고 앉았다. 《염상섭: 취우》
하!회²(下廻) 〔-회/-훼〕 〔명〕 어떤 표준보다 밑도는 것. ↔상회(上廻). **하!회-하다** 〔동〕〔타〕〔어〕 ¶작황이 평년작을 ~.
하회^별신굿^탈놀이(河回別神-) 〔-회-썬굳-롤/-훼-썬굳-롤〕 〔명〕〔민〕 경북 안동시 하회 마을에 전해 내려오는 탈놀이. 3년이나 5년, 또는 10년에 한 번씩 음력 정초에 행해지는데, 파계승과 양반을 풍자하고 서민의 굿괼상을 보여 주는 것을 내용으로 함.
하회-탈(河回-) 〔-회-/-훼-〕 〔명〕〔민〕 하회 별신굿 탈놀이에서 쓰는, 나무로 만든 탈. 양반·각시·부네·초랭이·이매·중·할미·선비·백정 등의 종류가 있음.
하!후상박(下厚上薄) 〔명〕 아랫사람에게 후하고 윗사람에 박함. ¶~의 원칙에 의하여 봉급을 올리다. ↔상후하박. **하!후상박-하다** 〔형〕〔어〕
하후하박(何厚何薄) 〔명〕 한쪽은 후하게 하고 다른 한쪽은 박하게 함. 곧, 차별하여 대우함을 이르는 말. **하후하박-하다** 〔재〕〔어〕
학 〔부〕 토하는 소리.
학²(鶴) 〔명〕〔동〕 =두루미.
-학³(學) 〔접미〕 일부 명사 밑에 붙어, 학문의 한 부문을 일컫는 말. ¶국어~ / 지리~ / 경제~.
학감(學監) 〔-깜〕 〔명〕〔교〕 지난날, 학교장의 지휘 아래 학무(學務) 및 학생을 감독하던 직책. ¶경성학교의 ~ 겸 지리 역사를 담임한 교사인 배명식이 술을 먹고 화류계에 다니매, …《이광수: 무정》
학개-서(←Haggai書) 〔명〕〔성〕 구약 성서 중의 한 권.
학계(學界) 〔-계/-께〕 〔명〕 학문을 연구하는 사회. 또는, 학자의 사회. ¶~의 권위자 / ~의 주목을 끌다.
학과¹(學科) 〔-꽈〕 〔명〕〔교〕 교수 및 연구의 편의상 구분한 학술의 분과. ¶~ 시간표.
학과²(學課) 〔-꽈〕 〔명〕〔교〕 학문이나 학교의 과정.
학과^과정(學科課程) 〔-꽈과-〕 〔명〕〔교〕 학교에서 학생들이 공부하는 과목의 내용과 체계. (준)학과(學科). ▷교육 과정.
학과-목(學科目) 〔-꽈-〕 〔명〕〔교〕 학습하는 과목. ▷교과목.
학관(學館) 〔-꽌〕 〔명〕〔교〕 학교의 명칭을 붙일 조건을 갖추지 못한 사립 교육 기관. ¶영수(英數) ~.
학교(學校) 〔-꾜〕 〔명〕 **1** 〔교〕 일정한 시설과 조직을 갖추고 학생들을 교육하는, 사회가 공인하는 제도적 기관. 또는, 그 시설이나 건물. 초등학교·중학교·고등학교·대학교 및 특수학교 등이 있음. ¶~에 다니다 / ~를 졸업하다. ▷학원(學院). **2** 〈은〉 교도소(우범자의 말).
학교-명(學校名) 〔-꾜-〕 〔명〕 학교 이름. (준)교명.
학교^문법(學校文法) 〔-꾜-뻡〕 〔명〕〔언〕 주로 중고등학생을 가르치기 위한 실용적인 목적으로 체계화시킨 문법.
학교-생활(學校生活) 〔-꾜-〕 〔명〕 학생으로서 학교에 학적을 두고 지내는 생활.
학교-의(學校醫) 〔-꾜의/-꾜이〕 〔명〕〔교〕 위탁을 받고, 그 학교의 위생 사무 및 학생의 신체검사를 맡아보는 의사. (준)교의.
학교-장(學校長) 〔-꾜-〕 〔명〕 =교장¹.
학구¹(學究) 〔-꾸〕 〔명〕 **1** 오로지 학문 연구에만 몰두하는 일. **2** 글방의 훈장. =학궁(學窮).
학구²(學區) 〔-꾸〕 〔명〕〔교〕 의무 교육에 따른 행정상의 필요로, 아동이 취학할 학교를 지정하여 갈라놓은 구역. =통학 구역.
학구-열(學究熱) 〔-꾸-〕 〔명〕 학문 연구에 몰두하는 정열. ¶~이 높다.
학구-적(學究的) 〔-꾸-〕 〔관〕〔명〕 학문 연구에 몰두하는 (것). ¶~인 태도.
학구-파(學究派) 〔-꾸-〕 〔명〕 학문을 연구하고자 하는 열의가 높은 부류의 사람. ¶그는 늘 도서관에서 책과 씨름하는 ~.
학군(學群) 〔-꾼〕 〔명〕〔교〕 입시 제도의 개편에 따라 지역별로 나누어 설정한 몇 개의 중학교 또는 고등학교의 무리. ¶공동 ~.
학군-단(學軍團) 〔-꾼-〕 〔명〕〔군〕 '학생 군사 교육단'의 준말.
학규(學規) 〔-뀨〕 〔명〕〔교〕 **1** 학과(學科)의 규칙. **2** =학칙.
학급(學級) 〔-끕〕 〔명〕〔교〕 학교에서, 교수 및 학습 활동을 효율적으로 하기 위해 일정한 수의 학생들로 조직한 단위. =학반(學班). ¶~을 편성하다.
학급^문고(學級文庫) 〔-끕-〕 〔명〕 각 학급에 비치하여 둔 도서. 또는, 그 도서를 모아 둔 곳.
학기(學期) 〔-끼〕 〔명〕〔교〕 한 학년 동안을 학업상의 필요에 의하여 구분한 기간. 보통 두 학기로 나눔.
학기말^시험(學期末試驗) 〔-끼-〕 〔명〕〔교〕 한 학기 동안의 학업 성취 정도를 평가하여, 그 학기가 끝날 무렵에 치르는 시험. =학기말 고사.
학내(學內) 〔항-〕 〔명〕 학교, 특히 대학의 내부. ¶~ 분위기 / ~ 동정.

학년(學年) [학-] [명][교] 1 1년간의 학습 과정의 단위. 2 1년간의 수업하는 학과의 정도에 따라 구분한 학교 교육의 단계. ¶고(高)~ / 저(低)~ / 중학교 1~ / 대학교 1~.

학년-도(學年度) [學年度] [명][의존][교] 한 학년의 과정을 배우는 기간. 우리나라에서는 보통 3월 초부터 이듬해 2월 말까지를 한 학년도로 침. ¶1998~.

학년말^시험(學年末試驗) [학-] [명][교] 한 학년이 끝날 무렵에 치르는 시험. =학년말고사.

학당(學堂) [-땅] [명] 1 =글방. 2 개화기 때 학교를 이르던 말.

학대(虐待) [-때] [명] (사람이나 동물을) 모질게 괴롭히는 것. ¶정신적 ~ / 자기 ~. **학대-하다** [동][타][여] [동]물을 ~.

학덕(學德) [-떡] [명] 학문과 덕행.

학도(學徒) [-또] [명] 예전에 '학생(學生)'을 달리 이르던 말. ¶청년 ~ / ~ 의용군.

학도-병(學徒兵) [-또-] [명] 학생 신분으로 군대에 들어간 군인. 준학병.

학동(學童) [-똥] [명] 1 글방에서 글을 배우는 아동. (비)서동(書童). 2 초등학교의 아동.

학력¹(學力) [항녁] [명] 학교 등에서 계통적인 교육을 통해서 획득한 능력. 또는, 교과 내용을 올바르게 이해하고 그것을 지식으로서 몸에 익히고 그 지식을 응용하여 새로운 것을 창조하는 힘. ¶~ 검사 / 기초 ~ / ~이 저하되다.

학력²(學歷) [항녁] [명] 어떤 사람이 살아오는 동안 받은 학교 교육의 단계. ¶~이 높다[낮다] / 공무원 시험에서 ~ 제한을 철폐하다.

학력-고사(學力考査) [항녁꼬-] [명][교] 일정 범위의 학습 결과에 대하여 얻어진 능력을 평가하기 위하여 실시하는 시험.

학령(學齡) [항녕] [명][교] 1 초등학교에 취학할 의무가 있는 연령. 곧, 만 6세. =취학 연령. ¶~에 달한 아이. 2 =학령기.

학령-기(學齡期) [항녕-] [명] 초등학교에서 의무 교육을 받아야 할 나이의 시기. 만 6~12세임. =학령.

학리(學理) [항니] [명] 학문상의 이론.

학맥(學脈) [학-] [명] 1 일정한 특성을 가지고 이어지는 학문의 계통이나 흐름. ¶이덕형은 남인 출신으로 퇴계의 ~을 이었다. 2 같은 학교를 졸업한 사람들 사이의 유대 관계. (비)학연. ¶인맥과 ~을 동원해서 구명 운동을 벌이다.

학명(學名) [항-] [명] 학문상, 생물을 부르기 위해 세계 공통으로 만들어진 이름. 라틴 어를 사용하여 앞에는 속명(屬名)을, 그 다음에 종명(種名)을 붙이는 방법(이명법)이 쓰이고 있음.

학모(學帽) [항-] [명] '학생모'의 준말.

학문(學問) [항-] [명] 1 지식을 체계적으로 배워서 익히는 일. 또는, 사물을 탐구하여 이론적으로 체계화된 지식을 세우는 일. ¶~에 정진하다. 2 일정한 분야에서 어떤 이론을 토대로 하여 체계화한 지식의 영역. **학문-하다** [동][재][여] 지식을 체계적으로 배워서 익히다. 또는, 사물을 탐구하여 이론적으로 체계화된 지식을 세우다. ¶공자는 15세에 **학문할** 뜻을 세웠다.

학문의 자유(自由) [구] 정치·종교 기타 모든 세력으로부터 학문을 독립시켜 그 자유로운 연구 및 주장을 확보하는 일.

학문-적(學問的) [항-] [관][명] 학문으로서의 방법이나 체계가 서 있는 (것). ¶~ 업적[바탕].

학발(鶴髮) [-빨] [명] 학의 머리처럼 하얀 머리털. 곧, 노인의 백발을 비유하여 이르는 말.

학배기 [-빼-] [명][동] 잠자리의 애벌레.

학번(學番) [-뻔] [명] 1 대학교나 대학원에서, 학교 행정상의 필요에 의해 입학 연도와 학과에 따라 학생들에게 부여하는 고유 번호. 2 [1의 번호가 입학 연도의 숫자로 시작되는 데에서] 어느 해에 입학하였음을 나타내거나, 그런 사람을 뜻하는 말. ¶너는 몇 ~이냐? / 은정이는 89~이다.

학벌(學閥) [-뻘] [명] 1 사회적 지위나 신분의 결정에 전제 조건이 되는 학교 교육을 받은 정도. 또는, 출신 학교(특히, 대학)의 위상이나 등급. ¶인물 좋고 ~ 좋은 일등 신랑감. 2 같은 학교 출신들의 유대 관계에 의해 이뤄지는 세력이나 파벌. ¶~과 인맥에 따라 이뤄진 승진 인사.

학벌-주의(學閥主義) [-뻘-의/-뻘-이] [명] 학벌을 중요하게 여기는 입장이나 태도.

학병(學兵) [-뼝] [명] '학도병'의 준말.

학보(學報) [-뽀] [명] 1 학술의 보고. 2 대학에서, 학술 논문·연구·조사·보고·교내 기사를 싣는 정기적인 신문.

학보-사(學報社) [-뽀-] [명] 학교에서 학보를 발행하는 기관.

학부¹(學府) [-뿌] [명] 학문이나 학자가 모인 곳이라는 뜻으로, 대학을 가리키는 말. ¶최고 ~.

학부²(學部) [-뿌] [명][역] 조선 고종 32년(1895)에 학무아문(學務衙門)을 고친 이름. 교육에 관한 일을 맡아보던 관청.

학부³(學部) [-뿌] [명][교] 1 대학원에 대하여, '대학'을 이르는 말. ¶~ 학생. 2 대학에서, 전공 학과에 따라 나눈 부(部). ¶~별로 신입생을 모집하다.

학-부모(學父母) [-뿌-] [명] 학생의 아버지와 어머니. 학부형.

학부모-회(學父母會) [-뿌-회/-뿌-훼] [명] 자녀의 교육을 위하여 학교와 긴밀한 유대를 가질 목적으로 조직하는 학부모의 회. 또는, 그 회의. 구용어는 학부형회. =부형회(父兄會).

학-부형(學父兄) [-뿌-] [명] 학교에서, 학생의 보호자를 이르는 말. =부형(父兄). (비)학부모.

학비(學費) [-삐] [명] 학업을 닦는 데 드는 비용. ¶~를 벌다[조달하다].

학-뻬리(學-) [명] <속> '학생'을 얕잡아 이르는 말.

학사¹(學士) [-싸] [명] 4년제 대학의 학부나 사관학교를 졸업한 자에게 주는 학위의 칭호. ▷박사·석사.

학사²(學舍) [-싸] [명] 학문을 수학하는 곳. 또는, 그 건물.

학사³(學事) [-싸] [명] 1 학문에 관계되는 일. 2 학교의 교육·경영 등에 관한 모든 것.

학사-모(學士帽) [-싸-] [명] 대학을 졸업할 때 졸업식장에서 졸업 가운과 함께 착용하는 검은색 모자. 위쪽에는 사각형 판 모양의 것이 수평으로 붙어 있고, 한 가닥의 끈과 술이 달려 있음.

학살(虐殺) [-쌀] [명] 참혹하게 죽이는 것. **학살-하다** [동][타][여] ¶양민(良民)을 ~. **학살-되다** [동][재] ¶가족이 모두 공산군에게 ~.

학생(學生) [-쌩] 명 1 학교에 다니면서 교육을 받는 사람. =학도(學徒). 2 명정·신주·지방 등에서, 생전에 벼슬하지 못하고 죽은 남자를 높여 이르는 말. ¶현고(顯考) ~ 부군 신위(府君神位).

학생^군사^교:육단(學生軍事教育團) [-쌩-] [-딴] [군] =아르오티시(ROTC). ㉰학군단(學軍團).

학생-모(學生帽) [-쌩-] 명 학생이 쓰는 제모(制帽). ㉰학모.

학생-복(學生服) [-쌩-] 명 학생이 입는 제복.

학생^운!동(學生運動) [-쌩-] 명 학생들이 교내 문제나 정치·사회·문화·민족 문제에 관하여 조직적으로 일으키는 운동.

학생-증(學生證) [-쌩-] 명 어떤 사람이 학생임을 증명하는, 명함 크기의 카드. ¶~을 제시하다.

학생-회(學生會) [-쌩회/-쌩훼] 명 학생들의 대표로 이루어진 모임.

학설(學說) [-썰] 명 학문적인 문제에 대해 학자가 내세우는 주장이나 이론. ¶새로운 ~을 발표하다 / 기자 조선에 대해서는 ~이 구구하다.

학수-고대(鶴首苦待) [-쑤-] 명 애타게 기다리는 것. **학수고대-하다** 国타여 ¶네가 오기를 학수고대하고 있었다.

학술(學術) [-쑬] 명 학문과 예술. ¶~ 강연.

학술-어(學術語) [-쑬-] 명 학술 연구상 특히 한정된 뜻으로 쓰이는 전문 용어. =갈말. ㉰술어. ▷학술어(常用語).

학술-원(學術院) [-쑬-] 명 학술의 연구와 발전에 기여하기 위하여 권위 있는 학자로 구성된 가장 높은 학술 기관. ㈂아카데미.

학술-적(學術的) [-쑬쩍] 관명 학문과 예술에 관한 성질의 (것). ¶~ 가치.

학술-지(學術誌) [-쑬-] 명 어떤 학술 분야를 다루는 정기 부정기 간행물.

학술-회의(學術會議) [-쑬회의/-쑬훼이] 명 학술에 관한 사항을 토의하는 모임.

학습(學習) [-씁] 명 1 (사물을) 배워서 익히는 일. 교육학에서는 지식의 획득, 인식의 발전, 습관의 형성 따위를 목표로 하는 의식적 행동을 가리킴. 2 [심] 심리적·행동적 경험을 쌓음으로써 행동의 양태가 변화·발전하는 일. **학습-하다** 国타여 ¶개인이 사회의 문화를 학습해 가는 과정을 사회화라고 한다. **학습-되다** 国자 ¶학습된 행동.

학습^발표회(學習發表會) [-씁빨-회/-씁빨-훼] [교] =학예회.

학습-서(學習書) [-씁써] 명 =학습 참고서.

학습-장(學習帳) [-씁짱] 명 1 학습에 필요한 사항을 적는 공책. 2 교과목 학습에 도움이 되게 만들어, 교과서와 함께 보조적으로 쓸 수 있도록 한 책. ¶한자 ~ / 국어 ~.

학습-지(學習誌) [-씁찌] 명 매일매일 일정한 양을 학습할 수 있도록 정기적으로 가정에 배달되는 학습 문제지.

학습^지도안(學習指導案) [-씁찌-] 명 [교] 교과 지도를 위한 계획으로서 교사가 미리 짜 놓는 안. =교수안/교안(敎案).

학습^참고서(學習參考書) [-씁-] 명 학생의 학습을 도와주고 촉진하기 위한 목적으로 만들어진 책. =참고서·학습서.

학승(學僧) [-씅] 명[불] 학식이 높은 승려. 또는, 불교를 학문적으로 연구하는 승려. 특히, 참선 수행보다 불교학 연구에 더욱 힘쓰는 승려. ▷선승.

학식(學識) [-씩] 명 배워서 얻은 체계적인 지식과 식견. ¶~이 풍부하다.

학업(學業) 명 학교에 다니면서 공부하는 일. ¶~에 열중하다 / ~을 마치다.

학연(學緣) 명 같은 학교 출신자끼리 서로 끌어 주고 밀어주는 끈끈한 관계나 인연. ㈂학맥. ㉺~과 지연을 철저히 배제한 공정한 인사 정책. ▷지연(地緣).

학예(學藝) 명 1 학문과 예능. 2 문장과 기예.

학예-회(學藝會) [-회/-훼] 명[교] 학생들의 예능 발표 및 학예품 전시를 주로 하는 특별 교육 활동. ㈂학습 발표회.

학용-품(學用品) 명 연필·필기장 따위와 같이 학습에 필요한 물건.

학우(學友) 명 1 한 학교에서 같이 공부하는 벗. 2 학문상의 벗. =학려(學侶).

학우-회(學友會) [-회/-훼] 명 같은 학교나 같은 고장의 학우들로 조직된 모임.

학원¹(學院) 명 개인이 여러 사람을 대상으로 30일 이상의 교습 과정에 따라 지식·기술·예능·체육 등을 가르치는 곳. 또는, 그 시설. ¶입시 ~ / 요리 ~. ▷학교.

학원²(學園) 명 ['배움의 동산'이라는 뜻] 1 사립학교의 법인. 또는, 그 법인에 속하는 학교. ¶숙명 ~ 재단 이사 / 연세 ~의 창설자인 언더우드 박사 / 경희 ~에 몸담고 있는 교직원과 학생 여러분! 2 학교 사회. 또는, 초·중·고 및 대학을 아우르는 학교. ¶~ 민주화 / ~ 폭력 / ~의 면학 분위기 조성.

학원-물(學園物) 명 중고등학교 학생들의 학교생활을 소재로 다룬 영화·드라마·소설·만화 등의 작품.

학위(學位) 명 어떤 부문의 학술을 닦은 자에 능통한 사람에게 주는 칭호. 학사·석사·박사가 있음. ¶박사 ~ / ~를 수여하다.

학익-진(鶴翼陣) [-찐] 명[군] 학이 날개를 편듯이 치는 진. =학익(鶴翼). ↔어린진.

학인(學人) 명 학자나 문필가가 아호로 흔히 쓰는 말. ¶남산(南山) ~.

학자(學者) [-짜] 명 학문을 연구하는 사람.

학자-금(學資金) [-짜-] 명 학비로 쓰는 돈.

학-자녀(學子女) [-짜-] 명 학교에 다니는 자녀.

학자연-하다(學者然-) [-짜-] 国자여 학자인 체하다. 또는, 학자입네 하고 뽐내다. ¶어줍잖은 글 몇 편 쓰고 ~.

학자-적(學者的) [-짜-] 관명 학자로서의 자질이나 면모를 갖춘 (것). ¶~ 양식.

학장(學長) [-짱] 명 1[교] 단과 대학의 장(長). 2 늙은이의 훈장. ¶이 생원은 샛말 감나뭇골 학장 ~이다.《이무영; 농민》

학적¹(學籍) [-쩍] 명 학생의 성명·생년월일·성별·본적·주소·성적·보호자 등에 관한 기록. ¶~을 두다.

학-적²(學的) [-쩍] 관명 1 학문에 관한 (것). 2 학문으로서의 요건에 적합한 (것).

학적-부(學籍簿) [-쩍뿌] 명 =생활 기록부. ¶~를 열람하다.

학점(學點) [-쩜] 명[교] 1 대학 또는 대학원에서, 졸업하기 위해서 이수해야 할 교육 과정의 standard. 또는, 이수하기 위하여 이수해야 하는 각 학과목의 일정한 값. ¶~ 미달 / ~을 따다 / 3~짜리 전공과목. 2 대학 또는 대학원에서, 학과 성적을 나타낸 점수. A, B, C, D의 등급으로 나누며 F는 낙제를 가리킴. ¶A ~

학정(虐政)[-쩡] 圀 포학한 정치. 凹가정(苛政).
학제(學制)[-쩨] 圀 학교 또는 교육에 관한 제도. ¶~개편(改編).
학질(瘧疾)[-찔] 圀[의] =말라리아.
  학질(을) 떼다 굄 1 학질을 고쳐 그 병에서 벗어나다. 2 괴롭거나 어려운 슬임에서 벗어나느라고 몹시 애를 쓰다. 비유적인 말임. ¶끈질긴 친구에게 붙들려 한사코 놓아주지 않는 바람에 **학질을 뗐다**.
학질-모기(瘧疾-)[-찔-] 圀[동] 파리목 모깃과 아노펠레스속의 총칭. 날개에 흑백의 얼룩무늬가 있고, 앉을 때 몸의 뒤를 올리는 습성이 있음. 말라리아를 매개함. =말라리아모기.
학창(學窓) 圀 학생으로서 학교에 다니는 일. 또는, 그 학교. 주로, 회상하는 문맥에서 과거의 일로서 쓰임. ¶~ 시절 / ~ 생활을 돌이켜 보다.
학-춤(鶴-) 圀[역] 정재(呈才) 때나 구나(驅儺)한 뒤에 향악(鄕樂)에 맞추어 학처럼 차리고 추는 춤. = 학무(鶴舞).
학칙(學則) 圀[교] 학교의 학과·편제 등에 관한 규칙. =교칙(校則)·학규.
학통(學統) 圀 학문의 계통. ¶율곡(栗谷)의 ~을 잇다.
학파(學派) 圀 학문의 유파(流派). =학류(學流). ¶기호(畿湖) ~.
학풍(學風) 圀 1 학문상의 경향. ¶실학파의 ~을 이어받다. 2 학교의 기풍(氣風). 凹교풍(校風). ¶~을 세우다.
학행(學行)[하캥] 圀 1 학문과 덕행. 2 학문과 실행.
학형(學兄)[하켱] 圀 학우를 존대하여 일컫는 말.
학회(學會)[하쾨/하퀘] 圀 학술의 연구·장려를 목적으로 조직된 단체. ¶한글~.
한[1] 囝 1 '하나'의 뜻. ¶~ 마리 / ~ 사람. 2 '어떤'의 뜻. ¶정부의 ~ 관리의 말에 따르면, 곧 개각이 단행될 것이라 했다. 3 (수를 나타내는 말 앞에 쓰여) 대략 미루어. ¶~40세 되어 보이는 사람.

[**한 귀로 듣고 한 귀로 흘린다**] 말을 들으면 잊어 듣지 않은 것과 같다. [**한 번 속지 두 번 안 속는다**] 처음 한 번은 모르고 속지만 그다음부터는 경계하므로 속지 않는다는 말. [**한 번 실수는 병가**(兵家)**의 상사**(常事)] 실수는 누구에게나 다 있는 것이니 크게 탓할 것이 아니라는 말. [**한 일을 보면 열 일을 안다**] 한 가지 일을 보면 그 사람의 다른 모든 행동도 미루어 알 수 있다. [**한 입 건너 두 입 건너**] 소문이 차차 널리 퍼짐을 이르는 말. ¶이 소문은 ~ 그날 해전으로 근동에 파다하니 퍼지고야 말았다. [**한 입으로 두 말 하기**] 한 가지 일에 이랬다저랬다 두 가지 다른 의사를 나타냄을 이르는 말. '일구이언(一口二言)'과 같은 말. [**한 치 걸러 두 치**] 존수나 친분은 조금만 멀어도 크게 다르다는 말.
  한 귀로 흘리다 굄 듣고도 마음에 두지 않고 무시하다. ¶그 사람 말은 한 귀로 듣고 **한 귀로 흘려**버려라.
  한 손 접다 굄 강자가 약자와 맞서 있을 때 자기 힘을 다 쓰지 않고 스스로 힘을 줄이다. ¶그런 작은 일로 어린 동생하고 티격태격해서야 되겠느냐, 네가 **한 손 접어서** 동생에게 양보해야지.
  한 우물을 파다 굄 오랜 세월 동안 한 가지 일만을 목표로 삼아 그 일에 전념하다.
  한 치 앞을 못 보다 굄 1 시력이 좋지 못하여 가까이 있는 것도 보지 못하다. 2 식견이 얕다.
  한 폭의 그림 굄 아름다운 모습을 그림에 비유하여 이르는 말. ¶낙조의 해변 풍경은 그야말로 ~이다.
한[2] 囝 (주로 용기(容器)를 나타내는 말 앞에 쓰여) '하나 가득'의 뜻을 나타내는 말. ¶막걸리를 ~ 사발 들이켜다 / 국을 가마솥으로 ~ 솥 끓이다 / 음식을 상다리가 휘어질 만큼 ~ 상 차리다.
한-[3] 젭튀 1 '큰'의 뜻. ¶~길 / ~시름. 2 '정확한'의 뜻. ¶~가운데. / ~복판. 3 '한창의'의 뜻. ¶~여름 / ~더위. 4 '같은'의 뜻. ¶~집안 / ~가지.
한-[4] 젭튀 1 '바깥'의 뜻. ¶~데 / ~뒷잠. 2 '끼니때 밖'의 뜻. ¶~밥 / ~점심.
한[5] (汗) 圀[역] =칸(khan)[2].
한[6] (限) 圀 ① [자립] 1 (공간·시간·수량·정도의) 끝. ¶~이 넓은 바다. 2 '~기(가) 한이 없다'의 꼴로 쓰여 앞에 쓰인 형용사의 정도가 매우 심함을 나타내는 말. ¶옛 친구를 만나니 기쁘기 ~이 없다. ② [의존] 1 ('-는 한(에 있어서)'의 꼴로 쓰여) 조건의 뜻을 나타내는 말. ¶내가 힘이 닿는 ~ 너를 도와주겠다. 2 ('-는 한이 있더라도[있어도]'의 꼴로 쓰여) 일을 위해 희생하거나 무릅써야 할 극단적 상황을 나타내는 말. ¶권력과 부를 포기하는 ~이 있어도 지조를 버릴 순 없다.
한[7] (恨) 圀 억울하거나 원통하거나 원망스러워 쉽게 잊히지 않고 마음속에 단단히 응어리가 진 감정. ¶천추의 ~ / ~이 맺히다 / ~ 많은 세상 / 여자가 ~을 품으면 오뉴월에도 서리가 내린다.(속담)
한[8] (漢) 圀[역] 중국의 옛 왕조. 일반적으로, 통일 왕조였던 전한(前漢)·후한(後漢)을 가리킴.
한[9] (韓) 圀 '한국'을 줄여 이르는 말.
한가(閑暇) → **한가-하다** 휄어 일이 없어 시간의 여유가 있다. ¶한가한 틈을 타서 책을 읽었다. **한가-히** 튀 ¶~ 앉아 있을 겨를이 없다.
한-가득 튀 꽉 차도록 가득. =한가득히. ¶입안 ~ 밥을 먹다 / 그들은 승리의 기쁨을 ~ 안고 전쟁터에서 돌아왔다. **한가득-하다** 휄어
한가득-히[-드키] 튀 =한가득.
한가락 圀 노래나 소리의 한 곡조.
  한가락 뽑다 굄 노래나 소리·춤·솜씨·재주 따위를 한바탕 멋들어지게 해 보이다.
  한가락 하다 굄 어떤 분야나 방면에서 만만치 않은 솜씨나 재주를 보이다. 구어적인 말임. ¶춤이라면 나도 왕년에 **한가락 했지**.
한가-롭다(閑暇-)[-따] 휄ㅂ <-로우니, -로워> 1 한가한 데가 있다. ¶**한가로운** 하루. 2 (어떤 대상의 움직임이나 모습이) 바쁘거나 급한 데가 없어 보이는 상태에 있다. ¶한가로운 농촌 풍경. **한가로이** 튀 ¶아득한 지평선 하늘가에는 흰 모풍선 같은 구름이 ~ 떠들고 있다.《정비석:색지 풍경》
한-가운데 圀 가운데에서도 특히 중심이 되는 부분. =정중(正中)·한중간. ¶방[운동장] ~ / 과녁의 ~를 맞히다.

한-가위 '추석(秋夕)'을 좀 더 운치 있게 이르는 말. =가위·가윗날·한가윗날.

한-가윗날[-윈-] =한가위.

한-가을 명 1 한창 무르익은 가을철. 2 농사일이 한창 바쁜 가을철. =성추(盛秋).

한-가지 명 사물의 형태·성질·동작 등이 서로 같은 종류. ¶이러나저러나 ~다.

한각(閑却)-**하다** 명 무심하게 내버려 두는 일. 한각-하다 통(타여) 한각-되다(자)

한갓[-갇] 부 1 다른 것 없이 오로지. ¶이 소설은 ~ 머릿속의 상상만으로 씌어진 것은 아니다. 2 고작해야 다만. ¶그것은 ~ 공상에 지나지 않는다.

한갓-되다[-갇뙤-/-갇뛔-] 형 1 부질없고 헛되다. ¶한갓된 욕망의 늪에서 허우적거리다. 2 하찮고 쓸모가 없다. 한갓되이 부 ¶멀리 떠나 소식조차 없는 임을 ~ 기다린 세월이 얼마인고.

한갓-지다[-갇찌-] 형 1 한가하고 조용하다. ¶시골로 내려가서 **한갓지게** 살겠소. 2 잘 정돈되어 난잡하지 않다. ¶그 물건들은 **한갓지게** 선반 위에 올려놓아라.

한:강(漢江) 명 1[지] 우리나라의 중부를 흐르는 강. =한수(漢水). 2 어떤 곳에 물이 많이 괴어 물바다가 된 것을 비유하는 말. ¶천장으로 비가 새어서 방이 ~이 되었다.

[한강에 돌 던지기] 어떤 사물이 지나치게 미미하여 아무런 효과나 영향을 미치지 못함을 이르는 말. '한강투석(漢江投石)'과 같은 말.

한-걱정[-껑] 명 큰 걱정. 한걱정-하다 통(타여)

한건-주의(一件主義)[-껀-의/-껀-이] 명 업적이나 실적을 단 한 번에 이뤄 보려고 알맹이도 없이 무리하게 애쓰는 태도나 경향을 비판적으로 이르는 말. ¶~식 폭로 정치 / 언론이 정부의 ~를 맹렬히 비난했다. ▷한탕주의.

한걸음-에 부 쉬지 않고 한숨에 내처 걷는 걸음으로. ¶먼 길을 ~ 달려오다.

한-겨레 명 큰 겨레라는 뜻으로, 우리 겨레를 이르는 말.

한-겨울 명 겨울 중 가장 추운 시기. =성동(盛冬)·심동(深冬). ↔한여름.

한결 부 상태·정도가 비교 대상이나 이전의 것보다 훨씬 나은 상태로. 한층. 町한층. ¶목욕을 하고 나니 몸이 ~ 가벼워졌다.

한결-같다[-갇따] 형 1 (사람의 긍정적인 마음이나 태도가) 변하지 않고 언제나 같다. =여일하다. ¶마음이 ~ / **한결같은** 사랑으로 돌보아 주다. 2 (여러 대상이) 모두 하나와 같다. 한결같이 부 ¶정수는 경희에게 ~ 사랑하고 아껴 주었다.

한-겻[-겯] 명 =반나절. ¶~도 못 참아서 낮은 구름이 또 뒤이어 바람을 몰아 온다. 《게용묵:제주도 기행》

한!계(限界)[-계/-게] 명 1 능력·가능성 때문에 더 나아갈 수 없거나 더 넘어설 수 없는 상태. 또는, 그 막다른 경계. ¶기술적 ~ / ~를 극복하다 / ~에 부딪다 / 체력에 ~를 느끼다. 2 사물의 정해진 범위. ¶책임 ~가 명확하지 않다.

한!계^비:용(限界費用)[-계-/-게-] 명[경] 생산량이 한 단위 증가할 때 늘어나는 비용. =한계 생산비.

한!계^상황(限界狀況)[-계-/-게-] 명[철] 인간 존재로서의 실존이 불가피하게 부딪힐 수밖에 없는 죽음·고뇌·투쟁·죄 등의 상황. 실존 철학자 야스퍼스의 용어임. =극한 상황.

한!계-선(限界線)[-계-/-게-] 명 한계가 되는 선. ¶북방[남방] ~.

한!계^효:용(限界效用)[-계-/-게-] 명[경] 어떤 종류의 재화가 일정한 욕망을 채우기 위하여 소비될 경우, 마지막 한 단위의 재화로부터 얻어지는 심리적 만족의 정도. =최종 효용.

한-고비 명 어떤 과정에서 가장 중요하거나 긴요한 때. ¶오징어잡이는 지금이 ~다. / 병은 이제 ~를 넘겼다.

한-곳[-곧] 명 일정한 곳. 또는, 같은 곳. ¶~에 오래 머무르다 / 그와 나는 ~에서 근무한다.

한-공중(-空中) 명 하늘의 한복판.

한-과(韓菓) 명 우리나라에서 전통적으로 만들어진 과자. 유밀과·강정·산자·다식(茶食)·전과(煎果) 따위. ▷양과(洋菓).

한관(閑官) 명 한가한 벼슬. 또는, 그 벼슬자리에 있는 사람.

한-구석 명 한쪽으로 치우쳐 구석진 곳. ¶헌 책을 ~에 처박아 두다 / 마음 ~이 텅 비다.

한-국[1](汗國)[역] 칸(khan)이 통치한 나라. 우오고타이(킵차크)~.

한!국[2](韓國) 명 1[지] '대한민국'의 준말. 2[역] '대한 제국'의 준말.

한!국-말(韓國-)[-궁-] 명[언] =한국어.

한!국^산:업^규격(韓國產業規格)[-싼-규-] 명[법] 산업 표준화법에 의하여 우리나라 광공업의 기술적 사항을 통일화·단순화하기 위하여 정한 표준 규격. 이 규격에 합격한 제품은 케이에스(KS) 표시를 함.

한!국^산:업^은행(韓國產業銀行)[-싼-] 명 특수 은행의 하나. 주요 산업 자금을 관리·공급할 목적으로 정부의 단독 출자로 설립된 장기 산업 금융 기관임. ㉰산업 은행.

한!국^수출입^은행(韓國輸出入銀行)[-쑤-] 명 특수 은행의 하나. 수출입과 해외 투자 및 해외 자원 개발에 필요한 금융을 공여하기 위해 설립됨. ㉰수출입 은행.

한!국-어(韓國語) 명[언] 한국인이 쓰는 언어. 계통상 알타이 어족에 속하며, 형태상 교착어임. =한국말. ㉰한어(韓語).

한!국-은행(韓國銀行) 명 우리나라의 중앙 은행. 일반 금융 기관에 대한 예금·대출 업무, 발권 업무·국고 업무·외국환 업무·은행 감독 업무 등을 수행함. ㉰한은.

한!국-인(韓國人) 명 대한민국 국적을 가진 사람. 또는, 한국 사람의 혈통을 가진 사람.

한!국-적(韓國的)[-쩍] 관·명 한국에 관한 (것). ¶~ 정서.

한!국-화(韓國畫)[-구롸] 명[미] 우리나라의 전통적 화법과 그림 도구 및 재료로 이루어지는 회화. 종래에 '동양화'로 불려 왔으나 일제(日帝)에 의해 타율적으로 붙여진 용어라는 이유로, 1970년대에 대체 용어로 만들어진 말임. ▷동양화.

한-군데 명 어떤 일정한 곳. ¶쓰레기를 ~에 모으다.

한극(寒極) 명 지구 위에서 온도가 가장 낮은 지점.

한-근심 명 큰 근심. ¶과년한 딸을 여의고 나니 ~ 놓았다.

한글 명 자음과 모음을 두 개 이상 어울러서 음절 단위로 모아 쓰게 되어 있는, 우리나라 글자의 이름. 조선 세종 28년(1446)에 '훈민정음'이란 이름으로 반포된 것으로, 처음에는 자모가 28개였으나, 오늘날에는 자음 14자와 모음 10자만이 쓰임. 또, 그 자모로써 적을 수 없는 소리는 두 개 이상의 자모로 어우른 글자를 써서 나타낼 수 있음.

한글-날[-랄] 뎽 경축일의 하나. 한글의 우수성을 널리 알리고 세종 대왕의 위업을 기리기 위하여 정한 날. 10월 9일.

한글^맞춤법(-法)[-맏-뻡] 뎽[언] 한글을 어법의 규정에 맞도록 적는 법칙. 현재의 맞춤법은 1930년대에 조선어 학회가 제정한 '한글 맞춤법 통일안'을 개정하여 문교부가 1988년 1월 확정 고시한 것임. =맞춤법.

한글-세대(-世代) 뎽 한글 전용 정책으로 한자(漢字) 교육을 받지 않고 자란 세대를 이르는 말.

한기(寒氣) 뎽 1 서늘하거나 다소 추운 기운. 圓동지 섣달에는 한여름에도 ~을 느낀다. 2 병적으로 몸에 생기는 추운 기운. ¶~가 들다[나다]. ↔서기(暑氣).

한-길¹ 뎽 차와 사람이 많이 다니는 넓은 길. 圓큰길·행로. ¶~에서 공놀이하는 것은 위험하다. ×행길.

한-길² 뎽 목표를 삼고 살아가는 하나의 길. ¶내가 가야 할 길은 오직 ~, 조국과 민족을 위해 신명을 바치는 일이다.

한꺼번-에 円 몰아서 단 한 번에. 또는, 죄다 동시에. 한 번에 하기 어려운 일이나 여러 번 나누어서 해야 할 일을 단 한 번에 하여 이루는 상태를 가리키는 말임. ¶밀린 외상값을 ~ 갚다 / ~ 세 가지 일을 하다. 준한껍에.

한껍-에 円 '한꺼번에'의 준말. ¶그동안 얼씬도 않던 순경 여럿이 ~ 나타나 정세용이와 사포대 간부 4, 5명을 몽땅 잡아 연길(延吉)로 데리고 갔다.《안수길:북간도》

한-껏(限-)[-껃] 円 할 수 있는 데까지. 또는, 한도에 이르는 데까지. ¶~ 먹다 / ~ 즐기다 / 쪽빛으로 ~ 갠 가을 하늘.

한-끝[-끋] 뎽 한쪽의 맨 끝.

한-나절 뎽 하루 중 해가 떠 있는 시간의 절반의 동안. 圓반날. ¶~ 품삯 / 친구와 이런저런 얘기를 나누다 보니 ~이 다 갔다.

한-날 뎽円 같은 날. ¶~에 태어나다.

한날-한시(-時) 뎽 같은 날 같은 시각. ¶~에 태어나다.

[한날한시에 난 손가락도 길고 짧다] 모든 사물은 차이가 있다는 말.

한-낮[-낟] 뎽 낮의 한가운데. 곧, 낮 열두 시를 전후한 때. =오천(午天)·일오(日午)·정양(正陽)·정오(正午). ¶이글거리는 ~의 태양.

한날[-낟] 円 기껏해야 단지. ¶공약은 ~ 말뿐이다 / 인생이란 ~ 일장춘몽이런가!

한-눈¹ 뎽 1 빠르게 한 번 눈으로 보는 상태. ¶~에 알아보다. 2 한 번에 미치는 시야. ¶산에 오르자 마을이 ~에 들어왔다.

한눈² ▷**한눈 붙이다** 囝 잠깐 눈을 붙이고 자다. ¶밤새워 일한 그는 새벽녘에야 겨우 **한 눈 붙였다**.

한-눈-팔다 图(자)<~파니, ~파오>1 길을 가면서 앞을 제대로 보지 않고 엉뚱한 데를 보다. 또는, 주의를 기울여 한곳을 보지 않고 엉뚱한 대상에 눈길을 주다. ¶길거리에서 **한눈팔고** 가다가 전봇대에 부딪혔다. 2 한 대상에 주의나 관심을 기울이지 않고 쓸데없는 일에 관심을 가지다. ¶그는 **한눈팔지** 않고 오로지 공부에만 매달렸다.

한-뉘 뎽 사람이 세상에 태어나서 살아가는 동안. 圓한세상·한평생. ¶학법 어멈! 사람의 ~라는 게 쓰니라.《최서해:폭군》

한다-는 쾬 '한다하는'의 준말.

한다-하는 쾬 재주나 능력 등이 썩 뛰어나다고 하는. ¶~ 씨름판에 ~ 장사들이 다 모이다. 쥰한다는.

한단지몽(邯鄲之夢) 뎽 [노생(盧生)이 한단 땅에서 여옹(呂翁)의 베개를 빌려서 잠을 자며 80년간의 영화로운 꿈을 꾸었는데, 깨고 보니 여옹이 누른 조밥을 짓는 동안이었다는 고사에서] 인생과 영화(榮華)의 덧없음의 비유. =한단몽·황량몽(黃粱夢)·일취지몽.

한달음-에 円 중도에 쉬지 않고 계속 달음질하여. ¶~ 올라오다 / 몸만 성했더라면 ~ 뛰어가 이 기쁜 소식을 부모님께 전했을 텐데!

한담(閑談) 뎽 심심풀이로 하는 이야기. 또는, 한가롭게 하는 이런저런 이야기. ¶~을 나누다. **한담-하다** 图(자여)

한담-설화(閑談屑話) 뎽 심심풀이로 하는 쓸데없는 잔말.

한대(寒帶) 뎽[지] 지구의 남북 위도가 각각 66.33°(극권)에서 남북 양극까지의 지대. 극한의 땅으로, 툰드라 지역과 영구 동토(永久凍土) 지역이 포함됨.

한대^기후(寒帶氣候) 뎽[지] 한대 특유의 한랭한 기후. 연평균 기온이 0°C 이하로, 1년은 낮이 긴 여름과 밤이 긴 겨울로 나뉘고, 봄과 가을은 짧음.

한대-림(寒帶林) 뎽 아한대림(亞寒帶林)을 통속적으로 이르는 말. 엄밀한 의미에서, 한대에는 삼림이 성립하지 않음.

한대^전선(寒帶前線) 뎽[기상] 한대 기단과 열대 기단 사이에 형성되는 전선. 일반적으로 전선 부근에서는 날씨의 변화가 심함. =극전선.

한-대중 뎽 전과 다름없는 같은 정도.

한댕-거리다/-대다 图(자)(타) 자꾸 한댕이다. 圓흔뎅거리다.

한댕-이다 图(자)(타) 작은 물체가 위태롭게 매달려 흔들리다. 또는, 흔들리게 하다. 圓흔뎅이다.

한댕-한댕 円 한댕거리는 모양. 圓흔뎅흔뎅. **한댕한댕-하다** 图(자)(타)(여)

한-더위 뎽 매우 심한 더위. 또는, 최고조에 달한 더위. =성서(盛暑)·성열(盛熱)·성염(盛炎).

한-데¹ 뎽 한곳 또는 한군데. ¶~ 모이다 / ~ 쌓다.

한-데² 뎽 집 밖에서 비바람이나 추위 등을 피할 수 없는 곳. 圓노천(露天). ¶방세가 밀려 ~에 나앉게 생겼다.

한데³ 円 '그러한데'의 뜻의 접속 부사. ¶내일 회합을 갖기로 하자. ~, 장소는 어디로 할까?

한뎃-부엌[-데뿌억/-덷뿌억] 뎽 방고래와 상관없는 한데에 따로 솥을 걸고 쓰는 부엌.

한뎃-잠[-데짬/-덷짬] 뎽 한데에서 자는 잠.

한-도(限度) 뎽 1 한정된 정도. ¶최대[최소] ~. 2 일정한 정도. ¶참는 것도 ~가 있다.

한도막^형식(-形式)[-마껭-] 뎽[음] 두 개의 작은악절로 된 악곡 형식의 하나. 보통 8마디로 이루어짐.

한!도-액(限度額)[명] 일정하게 한정된 액수. ¶카드 사용 ~을 초과하다.
한독(韓獨)[명] 한국과 독일. ¶~ 정상 회담.
한-동갑(-同甲)[명] '동갑'을 나이가 같다는 어감을 강조하여 이르는 말. ¶그와 나는 ~ 인데, 생일이 내가 빠르다.
한-동기(-同氣)[명] '동기'를 부모가 같다는 어감을 강조하여 이르는 말.
한동기-간(-同氣間)[명] 한동기의 사이.
한-동네[명] 같은 동네. 비한마을. ¶그들은 ~에서 자란 친구들이다.
한-동아리[명] 떼 지어 행동하는 무리.
한-동안[명] 꽤 오랫동안. 비한참. ¶발걸음이 ~ 뜸하더니 요즘 들어 잦아졌다.
한!-동자[명] 식후에 다시 밥을 짓는 일.
한-두[관] 하나나 둘. =일이. ¶~ 명 / ~ 개 / 잘못이 ~ 가지가 아니다.
한두-째[수][관] 첫째나 둘째. ¶우리 딸애는 성적이 한두째가 ~ 갑니다.
한!둔[명] 한데서 밤을 지내는 일. 비노숙(露宿). 한!둔-하다[동][자][여] ¶산길에서 날이 저물어 하룻밤 한둔할 수밖에 없었다.
한-둘[수] 하나나 둘. ¶필요한 물건이 ~이 아니다.
한드랑-거리다/-대다[동][자][여] 힘없이 매달린 물건이 좁은 폭으로 자꾸 이리저리 가볍게 흔들리다. 또는, 흔들리게 하다. 큰흔드렁거리다.
한드랑-한드랑[부] 한드랑거리는 모양. 큰흔드렁흔드렁. 한드랑한드랑-하다[동][자][여]
한들-거리다/-대다[동][자][여] 가볍게 이리저리 자꾸 흔들리다. 또는, 자꾸 흔들리게 하다. ¶코스모스가 바람결에 ~. 큰흔들거리다.
한들-한들[부] 한들거리는 모양. ¶단골손님들은 영숙이가 머리를 움직일 때마다 ~ 춤을 추는 그 자줏빛 귀걸이의 아름다움에 탄복하였다.《주요섭:아네모네의 마담》큰흔들흔들. 한들한들-하다[동][자][여]
한등(寒燈)[명] 1 추운 밤에 비치는 등불. 2 쓸쓸히 비치는 등불. ¶설리(雪裏)에 밤이 깊었는데, 주막(酒幕)의 ~이 깜박거리고 있다.
한-때[명] 1 과거의 어느 한 시기. ¶그는 영화 배우로 ~ 이름을 날렸다. 2 짧은 얼마간의 시기. ¶유행은 ~의 현상이다. 3 같은 때. ¶~에 많은 손님이 몰리다. 4 한창 성하거나 왕성한 때. ¶…사람이 세상에 생겨나서 ~를 못 보고 이팔청춘에 죽을 일과….《심청전》
한-뜻[-뜯][명] 같은 뜻.
한란¹(寒暖*)[할-][명] [暖'의 본음은 '난'] 추움과 따뜻함. ¶~의 차이가 심한 지방.
한란²(寒蘭)[할-][명][식] 난초과의 상록 여러해살이풀. 잎은 칼 모양으로 가늘고, 12월부터 이듬해 1월에 걸쳐 잎보다 짧은 꽃줄기 끝에 녹색을 띤 홍자색 꽃이 핌.
한란-계(寒暖*計)[할-계/할-게][명] 사람이 느끼는 한란 범위 내의 온도를 측정하도록 눈금을 설정한 온도계.
한랭(寒冷)[할-][명] 《일부 명사 앞에 쓰여》 춥고 찬 것. ¶~ 고기압 / ~ 기단(氣團). 한랭-하다[형][여]
한랭^전선(寒冷前線)[할-][명][기상] 한랭한 기단이 온난 기단을 밀어젖히고 이동하여 가는 곳에 나타나는 불연속선. ↔온난 전선.
한!량¹(限量)[할-][명] 한정된 분량.
한량²(閑良)[할-][명] 1 [역] 조선 시대에 양인(良人) 이상의 신분으로 벼슬이 없이 한가롭게 지내던 사람. 2 [역] 조선 시대에 무과에 응시한 사람. 또는, 무반(武班) 출신으로 아직 무과에 합격하지 못한 사람. =궁척. 3 특별한 직업 없이 돈 잘 쓰고 놀기 좋아하는 사람. 반활량.
한!량-없다(限量-)[할-업따][형] (어느 정도나 양이) 어느만큼이라고 할 수 없이 아주 크거나 많다. 비그지없다. ¶그의 세심한 배려가 고맙기 ~. 한!량없-이[부] ¶너무 기뻐서 눈물이 ~ 흐르다.
한로(寒露)[할-][명] 24절기의 하나. 10월 8일경으로, 추분(秋分)과 상강(霜降) 사이에 있음. 찬 이슬이 내리는 무렵으로 음력 9월 절기임.
한료(閑寥)[할-] →한료-하다[할-][형][여] 한가하고 고요하다. 비한적(閑寂)하다. 한료-히[부]
한류(寒流)[할-][명][지] 온도가 비교적 낮은 해류. 보통, 극에 가까운 높은 위도의 지역에서 낮은 위도 지역으로 향하여 흐름. ↔난류(暖流).
한!림(翰林)[할-][명][역] 조선 시대의 '예문관 검열(藝文館檢閱:예문관에서 사초(史草)를 기록하는 벼슬)'의 별칭.
한!림-별곡(翰林別曲)[할-][명][문] 고려 고종 때 쓰인 경기체가. 벼슬에서 물러난 문인(文人)들이 풍류적이며 향락적인 생활 감정을 현실 도피적으로 읊은 노래임.
한!림-원(翰林院)[할-][명][역] 고려 시대에 임금의 명령을 받아 문서를 꾸미는 일을 맡아보던 관청.
한-마디[명] 짧은 말마디. ¶그녀는 인사 ~ 없이 훌쩍 떠났다. / 그들의 삶의 실상은 ~로 생지옥, 바로 그것이었다.
한-마을[명] 같은 마을. 비한동네.
한-마음[명] 하나로 합한 마음. ¶~으로 뭉치다. 준한맘.
한마음 한뜻[관] 모든 사람의 마음이 똑같음. ¶~이 되어 이 난관을 헤쳐 나가자.
한!만¹(汗漫)[할-] →한!만-하다¹[형][여] 되는대로 내버려 두고 등한하다. 한!만-히¹[부]
한만²(閑漫)[할-] →한만-하다²[형][여] 아주 한가롭고 느긋하다. ¶교원, 강사도 한만한 출입을 아니 하고 시간을 지키어 왕래한다니 그 얼심은 거룩하오.《이해조:자유종》한만-히²[부]
한!말(韓末)[명] 대한 제국의 시기(時期)를 일컫는 말. ¶~의 국제 정세.
한-맘[명] '한마음'의 준말.
한-목[부] 한꺼번에 다. =한목에. ¶외상 값을 ~ 다 갚다 / 밀린 일을 ~ 해치우다.
한-목소리[-쏘-][명] 1 여럿이 동시에 내는 하나의 목소리. 2 같은 견해의 표현을 비유적으로 이르는 말. ¶정부의 정책에 대하여 야당들은 일제히 ~로 비난하고 나섰다.
한-목숨[-쑴][명] 하나밖에 없는 목숨이라는 뜻으로, 귀중한 생명을 이르는 말. ¶~을 바쳐 나라에 충성할 것을 맹세합니다.
한목-에[부] =한목.
한몫[-목][명] 1 한 사람 앞에 돌아가는 분량. ¶~ 떼어 주다. 2 구성원의 한 사람으로서 해야 할 역할. ¶그는 이번 일에 ~을 톡톡히 하였다.
한몫 끼다[관] 마땅한 자격을 가지고 함께 참가하다. ¶집안일에 나도 한몫 끼어 거들었다.

한몫 보다[잡다] [구] 단단히 이득을 보다. ¶ 추석 대목에 **한몫 보려는** 장사꾼들.

한ː문(漢文) [명] **1** 중국 고전의 문장. 또는, 한자를 가지고 옛 중국어의 문법에 따라 지은 문장. ¶~ 독본 / ~으로 된 고대 소설. **2** '한자(漢字)' 의 잘못.

한ː문-체(漢文體) [명] 한문의 문체.

한ː문-학(漢文學) [명] **1** 한문으로 된 문학. **2** 한문을 연구하는 학문. [준]한학(漢學).

한물 [명] 채소·어물 따위가 한창 쏟아져 나오거나 수확되는 때.

한물-가다 [동][자] **1** (채소·어물 따위가) 한창 쏟아져 나오거나 수확되는 때가 지나 시세가 없다. ¶딸기가 ~. **2** 유행·사조(思潮) 따위가 전성기를 지남의 비유. ¶유행에서 **한물간** 넥타이.

한ː미¹(韓美) [명] 한국과 미국.

한미²(寒微) ➡**한미-하다** [형][여] 구차하고 지체가 변변하지 못하다.

한ː미^행정^협정(韓美行政協定) [-정] [명] [법] 주한 미군의 지위에 대해 한국과 미국이 맺은 행정 협정. 1966년 7월에 조인됨. =소파(SOFA).

한ː-민족(韓民族) [명] 한반도 전역과 그 부속 도서에서 사는 민족. 퉁구스계의 몽골 족으로 중국 북부를 거쳐 동쪽으로 이동하여 온 것으로 추정됨. =한족(韓族). ▷배달민족.

한-밑천[-믿-] [명] 일을 이루는 데 큰 도움이 될 만한 큰돈이나 물건. ¶~ 생기다 / ~ 잡다.

한-바닥 [명] 번화한 중앙의 땅. ¶명동 ~.

한-바탕 Ⅰ[명] 일이 크게 벌어진 판. [비]일장(一場). ¶~의 굿판이 벌어지다. **한바탕-하다** [동][자][타][여] **1** 어떤 일을 크게 한 번 벌이다. **2** 크게 한 번 싸우다.
 Ⅱ[부] 한차례 크게. ¶~ 난리를 겪다 / 욕설을 ~ 퍼붓다.

한ː-반도(韓半島) [명] 아시아 대륙 동북부 끝에서 남쪽으로 돌출한, 한국의 국토를 이루는 반도. 또는, 국제 정치에서 '남북한' 을 이르는 말. ¶~ 정세.

한ː반도^에너지^개발^기구(韓半島energy開發機構) [명] =케도(KEDO).

한-발¹ [부] 어떤 동작이나 행동이 다른 동작이나 행동보다 시간·위치상으로 약간의 간격을 두고 일어남을 나타내는 말. ¶~ 앞서다 / ~ 비켜서다 / 우승을 향해 ~ 다가서다.

한ː발²(旱魃) [명] **1** 가뭄을 맡은 신. **2** =가뭄.

한-밤 [명] 깊은 밤.

한-밤중(-中) [-쭝] [명] 깊은 밤중. =야밤중·오밤중·중야.

한-밥¹ [명] **1** 잠에서 깬 누에가 양껏 먹는 뽕잎. **2** 마음껏 배부르게 먹는 밥.

한ː-밥² [명] 끼니때가 지난 뒤에 차리는 밥.

한-방¹(-房) [명] 같은 방. ¶친구와 ~을 쓰다 / 동생과 ~에서 자다.

한ː방²(韓方) [명][한] 중국에서 전해져 우리나라에서 발달한 전통 의술. ¶~ 병원 / ~ 치료. ↔양방.

한ː방^병ː원(韓方病院) [명] 한의사가 의료를 행하는 곳으로, 입원 환자 30인 이상을 수용할 수 있는 시설을 갖춘 의료 기관.

한ː방-약(韓方藥) [-냑] [명][한] =한약.

한ː방-의(韓方醫) [-의/-이] [명][한] =한의사(韓醫師).

한-배¹ [명] **1** 한 태(胎)에서 나거나 한때에 한 암컷이 낳거나 깐 새끼. ¶이웃집 개와 우리집 개는 ~ 새끼다. / 돼지가 ~에 새끼 아홉을 낳았다. ↔각배. **2** '동복(同腹)²' 를 속되게 이르는 말.

한ː-배² [명] **1** [음] 국악에서, 곡조의 장단. **2** [체] 쏜 화살이 미치는 한도.

한-번(-番) Ⅰ[명] **1** 기회 있는 어떤 때. ¶~ 놀러 가마. **2** ('-아/어 보다' 와 함께 쓰여) 시도의 의미를 강조하는 말. 또는 ('-으면' 등과 함께 쓰여) 조건의 의미를 강조하는 말. [비]일단. ¶되는지 안 되는지 ~ 시험해 보자. / 환경은 ~ 파괴되면 회복하기가 매우 어렵다. **3** (주로 '한번은' 의 꼴로 쓰여) 과거의 어느 때나 기회. ¶~은 산에 갔다가 길을 잃은 적이 있었다. / 그러다가 ~은 용기를 냈다.
 Ⅱ[부] '대단히', '참으로' 등의 뜻으로, 어떤 행동이나 상태를 힘주어 이르는 말. ¶허, 이 사람 배포 ~ 크구먼! / 너, 말 ~ 잘했다!

> **혼동어** **한번 / 한 번**
>
> '**한번**' 은 미래나 과거의 어느 기회를 나타내거나 강조의 뜻을 나타내고, '**한 번**' 은 단순히 1회의 뜻을 나타냄. '**한번**' 에는 1회의 뜻이 완전히 사라진 것은 아니지만, 문맥상 '두 번, 세 번 …' 과 바꾸어 쓸 수 없는 특성이 있음. ¶언제 **한번** 오너라. / **한번**은 이런 일이 있었어. / 날 **한번** 믿어 봐. / 그 녀석 발 **한번** 크다. / 그 섬엔 딱 **한 번** 간 적이 있다.

[한번 엎지른 물은 다시 주워 담지 못한다] 일단 저지른 잘못은 회복하기 어렵다.

한ː복(韓服) [명] 우리 민족의 고유한 의복. 특히, 조선 시대에 입던 형식의 옷. 현재에는 평상복으로 입는 경우는 드물고, 주로 명절이나 경사·상례·제례 등의 경우에 입음. 남자의 옷은 바지·저고리·조끼·마고자·두루마기 등이 있고, 여자의 옷은 저고리·치마·배자·마고자·두루마기·버선 등이 있음. ¶~ 차림. ↔양복.

한ː복-감(韓服-) [-깜] [명] 한복을 지을 옷감.

한-복판 [명] 복판 중에서도 특히 중심이 되는 부분. ¶도시 ~.

한ː불(韓佛) [명] **1** 한국과 불란서[프랑스]. **2** 한국어와 프랑스 어. ¶~ 사전.

한ː-사군(漢四郡) [명][역] 중국 한 무제(漢武帝)가 기원전 108년에 위만 조선을 없애고 그 땅에 설치한 낙랑·임둔·현도·진번의 네 군. =사군(四郡).

한-사람 [명] 같은 사람. ¶그가 바로 범행을 저지른 사람과 ~이라고 목격자는 증언했다.

한-사리 [명] 매달 음력 보름과 그믐을 전후하여 조수의 간만의 차가 가장 커지는 현상. 또는, 그날. =큰사리·사리·대기(大起)·대조(大潮). ↔조금.

한ː사-코(限死-) [부] 어떤 일에 대해 뜻을 굽히지 않고 기어이. ¶부모님이 결혼을 ~ 반대하다 / 밤이 늦었는데 ~ 가겠다고 고집을 부린다.

한산(閑散) ➡**한산-하다** [형][여] **1** 일이 없어 한가하다. ¶거래가 ~. **2** 한적하고 쓸쓸하다. ¶**한산한** 오솔길. **한산-히** [부]

한산도^대ː첩(閑山島大捷) [명][역] 조선 선조 25년(1592) 임진왜란 때, 이순신 장군이 한산도 앞바다에서 일본의 함선 60여 척을 침몰시킨 대승전. =한산 대첩.

한산^모시(韓山-) [명] 한산에서 나는 모시.

ㅎ

한-살이 [명] 1 =일생. 2 [동] 곤충 따위가 알·애벌레·번데기·엄지벌레로 바뀌면서 자라는 변태 과정의 한 차례.

한삼(汗衫) [명] 1 손을 감추기 위하여 두루마기나 저고리 소매 끝에 흰 헝겊으로 길게 덧대는 소매. 2<궁> 속적삼.

한색(寒色) [명] 찬 느낌을 주는 색. 청색이나 자색 계통의 색채. ↔난색(暖色).

한서(寒暑) [명] 1 추위와 더위. ¶~의 차. 2 겨울과 여름. =서한(暑寒).

한서²(漢書) [명] 1 한문으로 된 서적. 2 [책] 중국 전한(前漢)의 역사를 기전체(紀傳體)로 기록한 책.

한선(汗腺) [명][생] =땀샘.

한설(寒雪) [명] 차가운 눈. ¶북풍(北風)~.

한성-부(漢城府) [명][역] 조선 시대의 삼법사(三法司)의 하나. 서울의 행정·사법(司法)을 맡아보았음.

한성-순보(漢城旬報) [명][역] 우리나라에서 최초로 발간된 신문. 조선 고종 20년(1883)에 순한문으로 인쇄되었으며, 일종의 관보(官報) 형식이었음.

한성^유전(限性遺傳) [-뉴-] [명][생] 형질이 암수의 어느 한쪽 성(性)에 한하여 나타나는 유전.

한-세상(-世上) [명] 1 한평생 사는 동안. ¶이래도 ~, 저래도 ~. 2 잘사는 한때. ¶우리도 ~ 누릴 때가 있겠지.

한센-병(Hansen病) [명][의] '나병(癩病)'을 달리 이르는 말. 나병을 발견한 한센의 이름에서 유래한 명칭임.

한-소끔 [부] 1 밥을 짓거나 국·찌개 등을 끓일 때, 그릇 속의 물이 한 번 부르르 끓어오르는 모양. ¶밥이 ~ 끓다. 2 어떤 현상이 일시적으로 크거나 거세게 일어나는 모양. 비유적인 말임. ¶열이 40도까지 오르면서 ~ 되게 앓다 / 필순이가 ~ 모여드는 손님을 혼자 치르고 나니까…<염상섭:삼대>

한-속 [명] 1 같은 마음. 또는, 같은 뜻. ¶두 사람이 ~이 되어 일을 추진한다. 2 같은 셈속.

한손-잡이 [명] =외손잡이1.

한솥-밥 [-솓빱] [명] (주로 '먹다'와 함께 쓰여) 여러 사람이 한집안에 살면서 생활하면서 먹게 되는, 같은 솥에 지은 밥. =한솥엣 밥. ¶~을 먹고 지내는 식구.

한¦수(漢水) [명] 1 큰 강. 2 [지] =한강1.

한-순간(一瞬間) [명] 매우 짧은 동안. ¶일확천금의 꿈이 ~에 사라지다.

한-술 [명] 적은 음식을 비유하여 이르는 말. ¶자네도 이리 와서 ~ 뜨지그래.
[한술 밥에 배부르랴] 무슨 일이든지 단번에 만족한 결과를 얻을 수 없다는 말.
한술 더 뜨다 [구] 이미 잘못되어 있는 어떤 일에서 한 단계 더 나아가 엉뚱한 짓을 하다. ¶저 녀석은 오나가나하면 **한술 더 뜬** 다니까!

한-숨¹ [명] ['한 번의 호흡'이라는 뜻] (주로 '돌리다'와 함께 쓰여) 힘든 일을 하고 나서 잠시 여유를 가지는 상태. ¶~ 돌릴 겨를도 없다. 2 (주로 '자다', '주무시다' 등과 함께 쓰여) 몇 分이나 몇 십 분, 또는 한두 시간 정도의 짧은 잠. ¶~, ~ 잘 잤다.

한-숨² [명] 1 위기의 순간을 무사히 넘기고 나서 마음을 놓아 쉬는 숨. ¶안도의 ~을 쉬다. 2 근심·걱정이나 답답한 일이 있을 때, 길게 내쉬는 숨. =태식(太息). ¶~을 짓다 / 땅이 꺼지게 ~을 쉬다.

한숨-에 [부] 단숨에. 또는, 단결에.

한숨-짓다 [-짇따] [동][자△] <~지으니, ~지어> 한숨을 쉬다.

한¦-스럽다(恨-) [-따] [형][ㅂ] <~스러우니, ~스러워> 한으로 여겨지는 데가 있다. ¶사고를 미리 막지 못한 것이 못내 ~. **한¦스레**

한¦-시¹(一時) [명] 1 같은 시각. ¶한날 ~. 2 잠깐 동안. ¶난 너를 ~도 잊은 적이 없다.
한시가 바쁘다 [구] 시각을 다툴 만큼 몹시 바쁘다.

한¦-시²(漢詩) [명] 한문으로 지어진 시. 고시(古詩)·절구(絶句)·율시(律詩)·배율(排律)·악부(樂府) 등으로 분류됨.

한-시름 [명] 큰 시름. ¶대학도 졸업했고 취직도 하였으니까 자식 일에 대해서는 ~ 놓았다.

한시-바삐 [부] 조금이라도 빨리. ¶경찰은 ~ 인질을 구출하기 위해 특공대를 투입하였다.

한¦-시적(限時的) [관][명] 일정한 기간에 한정되어 있는 (것). ¶~ 파업 / 이 열차는 여름에만 ~으로 운행된다.

한식¹(寒食) [명] 동지로부터 105일째 되는 날. 4월 5일이나 6일쯤이며, 이날 자손들이 조상의 산소를 찾아가 제사를 지내고 사초(莎草)를 하는 등 묘를 돌아봄.
[한식에 죽으나 청명에 죽으나] 한식과 청명은 하루 사이니, 곧 하루 먼저 죽으나 뒤에 죽으나 별 차이가 없다는 뜻.

한¦식²(韓式) [명] 한국 고유의 방식이나 양식(樣式). ¶~ 요리.

한¦식³(韓食) [명] 한국식의 음식 또는 식사.

한 식경(一食頃) [-경] →식경.

한¦식-집(韓食-) [-찝] [명] 한국식의 음식을 만들어 파는 음식점.

한심(寒心) →한심-하다 [형][여] 1 가엾고 딱하다. ¶그는 사고로 아내를 잃고 하루아침에 **한심한** 신세가 되었다. 2 마음에 언짢아 기막히다. ¶사지가 멀쩡한 놈이 늘 놀고 있으니 참으로 ~.

한심-스럽다(寒心-) [-따] [형][ㅂ] <~스러우니, ~스러워> 한심한 데가 있다. ¶**한심스러운** 행동. **한심스레**

한¦약(韓藥) [명] 한방에서 쓰는 약. 풀뿌리·열매·나무껍질 등이 주요 약재임. =한방약(韓方藥). ↔양약(洋藥).

한¦약-국(韓藥局) [-꾹] [명] 전날에, 한약을 짓거나 한약재를 팔던 곳. 또는, 한약업사의 업소의 속칭. =한약방.

한¦약-방(韓藥房) [-빵] [명] =한약국.

한¦약-사(韓藥師) [-싸] [명] 한약 및 한약 제제(製劑)에 관련된 약사(藥事)의 업무를 담당하는 사람.

한¦약업-사(韓藥業士) [-싸] [명][한] 한약업사 시험에 합격하여 허가된 지역 안에서 환자의 요구가 있을 때, 기성 한의서에 따른 처방 또는 한의사의 처방전에 따라 한약을 혼합 판매할 수 있는 사람. 구칭은 한약종상.

한¦약-재(韓藥材) [-째] [명] 한약의 재료.

한¦약종-상(韓藥種商) [-쫑-] [명] '한약업사'의 구칭.

한¦양(漢陽) [명][역] '서울'의 옛 이름.

한¦어(漢語) [명] 중국인이 쓰는 말. ⓑ중국어.

한얼 [명][종] 대종교에서 '우주(宇宙)'를 이르는 말.

한얼-님 [-림] [종] 대종교에서, 하느님. 곧, 단군을 높여 이르는 말.
한!-없다(限-) [-업따] [형] 끝이 없다. ¶어버니의 **한없는** 사랑. **한!없-이** [부] ¶~ 넓은 바다.
한-여름[-너-] [명] 여름 중 가장 더운 시기. =성하(盛夏). ↔한겨울.
한!역(漢譯) [명] 중국 이외의 나라 언어를 한문으로 번역하는 것. 또는, 그 번역한 글이나 책. ¶~ 순향전. **한!역-하다¹** [동](타여)
한!역-되다¹ [동](자여)
한!역²(韓譯) [명] 외국어를 한국어로 번역하는 것. 또는, 그 번역한 글이나 책. **한!역-하다²** [동](타여) ¶외국의 명작(名作)을 ~. **한!역-되다²** [동](자여)
한!영(韓英) [명] 1 한국과 영국. 2 한국어와 영어. ¶~사전.
한-옆[-녑] [명] 한쪽 옆. ¶길을 막지 말고 ~으로 비켜서라.
한!옥(韓屋) [명][건] 우리나라 고유의 건축 양식으로 지은 집. 구들과 마루를 갖춘 독특한 구조를 가짐. =조선집. ↔양옥(洋屋).
한!외(限外) [명] [-외/-웨] 제한된 범위의 밖. 또는, 한도 이상.
한!우(韓牛) [명][동] 몸빛이 황갈색이고 체질은 강하며 성질이 온순한, 우리나라 재래의 소. 고기 맛이 좋고, 일소로 많이 이용함. =한국소.
한!우충동(汗牛充棟) [짐으로 실으면 소가 땀을 흘리고, 쌓으면 들보에까지 미친다는 뜻] 책이 매우 많음을 이르는 말.
한-울 [명][종] 천도교에서의 우주의 본체.
한울-님 [-림] [명] 천도교에서의 하느님.
한월(寒月) [명] 겨울의 달을 달리 이르는 말.
한유(閑裕) → **한유-하다** [형](여) 한가하고 여유가 있다.
한!의(韓醫) [명/-이] [명][한] 1 한방(韓方)의 의술. 2 '한의사'의 준말.
한!의과^대!학(韓醫科大學) [-꽈-] [명][교] 한의학을 연구·강의하는 단과 대학. 준한의대.
한!-의대(韓醫大) [명][교] '한의과 대학'의 준말.
한!-의사(韓醫師) [명][한] 한방 의술을 전문으로 하는 의사. =한방의. 준한의.
한!-의원(韓醫院) [명][한] 한의사가 진료 시설을 갖추고 환자를 치료하는 곳.
한!-의학(韓醫學) [명] 중국으로부터 전래되어 우리나라에서 발달한 고유의 의학. =한방 의학.
한-이레[-니-] [명] =첫이레.
한!인¹(漢人) [명] 한족(漢族)에 속하는 사람.
한!인²(韓人) [명] 한국 사람. 특히, 외국에 살고 있는 한국 사람. ¶엘에이(LA)에는 ~들이 많이 살고 있다.
한!인-촌(韓人村) [명] 외국에서, 한국인이 많이 모여 사는 곳. ¶엘에이(LA) ~.
한!일(韓日) [명] 1 한국과 일본. ¶~ 친선 축구 대회. 2 한국어와 일본어. ¶~사전.
한!일^신협약(韓日新協約) [명][역] 1907년에 일본의 강요에 의하여 한일간에 맺어진 조약. 모든 행정·사법 사무가 통감부(統監府)의 손에 들어가는 등 사실상 합병과 다름없는 내용임. =정미칠조약. 칠조약.
한!일^의정서(韓日議定書) [명][역] 1904년 러일 전쟁을 일으킨 일본의 강요에 의하여 한일간에 맺어진 조약. 일본은 대한 제국을 보호국으로 한다는 내용으로, 우리 주권의 침해가 많았음.
한일-자(--字) [-짜] [명] [한자 '一'의 글자] 굳게 다문 입을 '一(일)'자에 빗대어 나타낸 말. =일자. ¶범인은 입술을 ~로 굳게 다문 채 아무 말도 하지 않았다.
한!일^합방(韓日合邦) [-빵] [명][역] 일본이 '국권 침탈'을 미화하여 이르던 말.
한-입[-닙] [명] 1 한 번 입에 넣을 만한 분량의 음식. ¶(사과를 내밀며) ~만 먹어. 2 분량이 꽤 많거나 크기가 제법 큰 음식을 한번에 입에 넣은 상태. ¶빵을 ~에 먹어 버리다. 3 입에 음식이 가득 들어 있는 상태. ¶상추쌈이 ~이다 / 먹기 싫어서 밥을 ~ 물고 만 있다. 4 많은 먹는 한 사람의 입. ¶~을 덜다 / ~이 늘었다 [줄었다].
한!자(漢字) [-짜] [명] 중국에서 만들어져서 오늘날에도 쓰이고 있는 표의 문자(表意文字). 원칙적으로, 1자(字) 1음절로 1어(語)를 나타냄.
한-자리 [명] 1 같은 자리. ¶오래간만에 가족이 ~에 모였다. 2 한몫 하는 지위. **한자리-하다** [동](자여) 한몫 하는 지위에 오르다. ¶"어 참, 이놈이 장차 **한자리할** 놈인디 말이여."《강용준:그들 몫의 생》
한!자-어(漢字語) [-짜-] [명] 중국의 한자를 바탕으로 하여 이루어진 말(특히, 국어). ¶한국~ / 우리말에서 ~가 차지하는 비율은 무려 60%를 상회하고 있다. ▷고유어.
한!자-음(漢字音) [-짜-] [명] 한자가 가지는 각각의 음. (비)자음(字音).
한-잔(-盞) [명] 가볍게 마시는 적은 양의 술. 술을 절제하여 마셔야 한다는 관념에서 '한 잔[一杯]'이 관용하는 말임. ¶내가 ~ 사지. / 모처럼 친구와 소주 ~ 기울이면서 회포를 풀었다. **한잔-하다** [동](자타여) 가볍게 적은 양의 술을 마시다. ¶잠만 **한잔하고** 가세. **한잔 걸치다** [구] 술을 한잔하다. ¶빈속에 **한잔 걸치자** 금방 취기가 돌았다.
한-잠¹ [명] 잠시 자는 잠. ¶밤새 ~도 못 자다.
한-잠² [명] 깊이 든 잠. ¶그 사람은 ~이 들면 누가 업어 가도 모른다.
한!재(旱災) [명] 가뭄으로 말미암아 사람이나 다른 생물들에 미치는 재앙.
한!-저녁 [명] 끼니때가 지난 다음에 간단히 차린 저녁. ▷한점심.
한적(閑寂) → **한적-하다** [-저카-] [형](여) (어느 곳이) 다니는 사람이 거의 없이 한가하고 조용하다. (비)한료(閑寥)하다. ¶거리가 ~ / **한적한** 시골. **한적-히** [부]
한!-점심 [명] 끼니때가 지난 뒤에 간단히 먹는 점심. ▷한저녁.
한!정(限定) [명] 1 제한하여 정하는 것. 또는, 그 한도. ¶인간의 욕망은 ~이 없다. 2 [논] 개념을 명확하게 하기 위해 한계를 정하는 것. ↔개괄(槪括). **한!정-하다** [동](타여) **한!정-되다** [동](자여)
한!정-식(韓定食) [명] 메뉴가 한국 음식으로 이루어진 정식(定食).
한!정^치산(限定治産) [명][법] 심신 박약자·벙어리·귀머거리·장님·낭비자 등 의사 능력이 불충분한 사람이 자기 재산을 단독으로 관리·처분하는 것을 법률로 금지하는 일.
한!정^치산자(限定治産者) [명][법] 한정 치산의 선고를 받은 사람.
한!정-판(限定版) [명] 부수(部數)를 제한하여 펴낸 출판물이나 레코드. ¶500부 ~.

한제(寒劑)[물] 냉각 효과를 얻기 위한 둘 이상의 물질의 혼합물. 얼음이나 드라이아이스 등에 다른 물질을 첨가함. =기한제(起寒劑).

한:족¹(漢族)[명] 중국에서 살아온 종족. 인종적으로는 황인종에 속함. 한어(漢語)를 언어로 하고, 중국 전 인구의 90% 이상을 차지함. =한민족(漢民族).

한:족²(韓族)[명] =한민족(韓民族).

한:-종일(限終日)[부] 하루 내내. 또는, 해가 질 때까지. ¶비는 수양버들 그늘에서 ~ 은빛 레스false을 짜고 있다.《장만영: 비》

한-주먹[명] 한 번 때리는 주먹. ¶네까짓 녀석쯤 ~에 누일 수 있어.

한-줄기[명] 1 한 번 세게 쏟아지는 소나기 따위의 빗줄기. ¶소나기라도 ~ 쏟아지려는지 먹구름이 몰려온다. 2 같은 계통. ¶~로 이어져 내려온 우리 겨레.

한중¹(寒中)[명] 1 소한(小寒)부터 대한(大寒)까지의 사이. 2 가장 추운 계절.

한:중²(韓中)[명] 1 한국과 중국. 2 한국어와 중국어. ¶~사전.

한중간(一中間)[명] =한가운데.

한중-록(閑中錄)[-녹][명][책] 조선 영조 때 사도 세자의 빈인 혜경궁 홍씨가 남편의 비극적 죽음과 자신의 기구한 운명을 회상하여 쓴 자전적인 글.

한즉[부] 그렇게 하니까. (비)그런즉.

한:증(汗蒸)[명] 몸을 덥게 하여 땀을 내어서 병을 치료하는 것. **한:증-하다**[동](자)(여)

한:증-막(汗蒸幕)[명] 한증을 하기 위하여 갖춘 시설. 담을 둘러막아서 굴처럼 만들고 밑에서 불을 때게 되어 있음.

한:증-탕(汗蒸湯)[명] 한증을 하기 위하여 목욕탕처럼 만든 시설.

한지¹(寒地)[명] 추운 지방. ↔난지(暖地).

한:지²(韓紙)[명] 닥나무 따위의 섬유를 원료로 하여 우리나라 고유의 제조법으로 만든 종이. 창호지 따위. =조선종이.

한직(閑職)[명] 어떤 조직에서 별로 할 일이 없거나 그다지 중요하지 않은 직책이나 직무. ¶~으로 밀려다.

한-집[명] 1 같은 집. ¶그와 나는 ~에서 하숙한다. 2 =한집안.

한-집안[명] 한집에서 사는 가족. ¶~ 식구. 2 같은 일가친척. =한집.

한-째[명] 열·스물·백·천 등의 일부 수사와 어울려 열째·스무째·백째·천째 등의 다음 차례를 이르는 말. ¶열~ / ~백.

한-쪽[명] 어느 하나의 편이나 방향. ¶~ 눈[귀] / ~ 끝 / 액자가 ~으로 기울어지다.

한-차(車)[명] 같은 차. ¶가족이 모두 ~에 타다.

한-차례[명] 어떤 일이 한바탕 일어남을 나타내는 말. ¶비가 ~ 쏟아지다.

한-참[명] Ⅰ 꽤 오랜 시간. 오랜 정도는 말하는 사람의 주관이나 주어진 상황에 따라 다를 수 있으나, 일반적으로 몇 분에서 몇 시간 정도의 시간적 길이를 나타냄. ¶약속 시간을 ~이나 넘기고서야 그가 나타났다.
Ⅱ[부] 꽤 오랜 시간 동안. ¶버스를 ~ 기다리다.

한창 Ⅰ[명] 가장 성한 상태나 그러한 때. ¶더위가 ~이다.
Ⅱ[부] 가장 활기 있게. ¶추수 때라 ~ 바쁘다.

한창-나이[명] 기운이 한창 성할 때의 젊은 나이. ¶~에 그까짓 일도 못 한대서야 말이 되나.

한창-때[명] 원기가 가장 왕성한 때. ¶~를 넘기다 / ~라면 그까짓 일은 아무것도 아니.

한:천¹(旱天)[명] 몹시 가문 여름 하늘. ¶~에 자우(滋雨)를 기다리는 심정.

한천²(寒天)[명] 우뭇가사리를 끓인 뒤 걸러 낸 액체를 식혀서 묵처럼 굳힌 음식. =우무.

한천³(寒天)[명] 추운 겨울철. =한절(寒節).

한-철[명] 어떤 일이 가장 왕성한 철이나 때. ¶메뚜기도 유월이 ~이다. (속담)

한촌(寒村)[명] 가난하고 쓸쓸한 마을.

한-추위[명] 한창 심한 추위.

한축(寒縮)[명] 추워서 기운을 내지 못하는 것. **한축-하다**[동] ¶옥매향의 병은 자다가 **한축하고** 얻은 병이라 뜻인지 짓인지 모른다고 무당 들여 굿도 하고….《홍명희: 임꺽정》

한:출첨배(汗出沾背)[명] 흐르는 땀이 등을 적심. **한:출첨배-하다**[동](자)(여) ¶이때는 오뉴월이라 더위는 심하고 땀은 흘러 **한출첨배**하니 시냇가에 의관과 봇짐을 벗어 놓고….《심청전》

한-층(-層)[부] 상태·정도가 이전 또는 기존의 것보다 훨씬. (비)한결·일층. ¶~ 더 노력하다 / 생활에 ~ 윤기가 생기다.

한-칼[명] 1 칼을 한 번 휘둘러 공격하는 일. ¶~에 베어 쓰러뜨리다. 2 칼로 한 번 베어 낸 고깃덩이. ¶…결혼을 한 후도 고기 ~ 떳떳이 사먹어 보지 못한 그였다.《이무영: 제1과 제1장》

한:탄(恨歎·恨嘆)[명] (어떤 일을) 원통해 하거나 뉘우치며 탄식하는 일. ¶~만 하면 무얼 하겠소. 용기를 내어 일어서시오. **한:탄-하다**[동](비)(여) ¶아무리 **한탄**한들 죽은 사람이 살아 돌아오겠소?

한:탄-스럽다(恨歎-)[-따][형](비)(ㅂ)〈~스러우니, ~스러워〉한탄할 만한 데가 있다. **한:탄스레**[부]

한:탄-조(恨歎調)[-쪼][명] 한탄하는 어조나 투.

한-탕[명] 일을 한 번 크게 벌이는 것. 또는, 그 일. 속된 말임. ¶~ 벌이다 / ~ 잡다.

한탕 치다 부정행위나 범죄 행위 같은 못된 짓을 한바탕 무분별하게 저지르다. 속된 말임. ¶깡패들이 **한탕 치고** 달아나다.

한탕-주의(-主義)[명](-의/-이)[명] 비정상적인 방법으로, 또는 성실한 노력이 없이, 일을 한판 크게 벌여 떼돈을 벌거나 큰 이익을 얻으려고 하는 태도나 경향. ¶사회에 ~가 만연하면서 도박과 투기가 기승을 부리다. ▷한건주의.

한-턱[명] 좋은 일이 생겨 기분을 내느라 주위 사람에게 음식이나 술을 대접하는 일. ¶~을 쓰다. **한턱-하다**[동](자)(여)

한턱-내다[-텅-][동](자) (어떤 사람이 주위 사람에게) 좋은 일이 생긴 데에 대해 기분을 내느라 음식이나 술을 대접하다. (비)한턱하다. ¶득남 턱으로 ~.

한턱-먹다[-텅-따][동](자) 좋은 일이 생긴 사람한테서 음식이나 술을 대접받다. ¶우리 모두 그 집에 불려가서 **한턱먹었네**.

한테[조] '에게'의 뜻으로 쓰이는 부사격 조사. '에게'보다는 구어적인 표현임. ¶개~ 물리다 / 이것은 너~ 주는 선물이다.

한테-로[조] '에게로'의 뜻으로, 구어적으로

쓰이는 말. ¶그 사람은 나~ 다가왔다.

한테-서 [조] '에게서' 의 뜻으로, 구어적으로 쓰이는 말. ¶형~ 소식이 왔다.

한-통 [명] '한통속' 의 준말.

한-통속 [명] 어떤 무리와 뜻이 맞아 어울리는 사람. 또는, 서로 뜻이 맞아 어울리는 무리. 대상이 되는 사람을 부정적으로 보고 이르는 말임. ¶저놈도 그치들과 ~이야. [준]한통.

한통-치다 [동][타] 나누지 않고 한데 합치다. ×통치다.

한파(寒波) [명] **1** 겨울철에 한랭 기단이 위도가 낮은 지방으로 이동하면서 몰고 오는 갑작스런 한기(寒氣). ¶~의 내습. **2**《주로 일부 명사 뒤에 쓰여》 그 명사에 관계된 '어려움' 을 비유적으로 이르는 말. ¶취업 ~ / 경기 ~ / 사정(司正) ~.

한-판 [명] **1** 한 번 벌이는 판. ¶씨름 ~ / ~ 싸움이 벌어지다. **2** [체] 유도에서, 판정(判定)의 하나. 기술로 상대를 완전히 제압하는 일. 이것을 선취하면 이김.

한판-승(-勝) [명][체] 유도에서, 한판의 점수를 따서 이기는 일.

한-패(-牌) [명] 같은 동아리 또는 패. ¶~가 되다 / ~에 끼워 주다.

한-편(-便) Ⅰ [명] **1** 어떤 일에 양면성이 있을 때, '어느 하나의 측면' 을 이르는 말. =일편. ¶그 소식을 듣고 매우 놀랐지만 ~으로는 기뻤다. **2** 두 가지 일을 동시에 행할 때, '어느 한 가지 일 외의 것' 을 이르는 말. ¶그는 농사를 짓는 ~, 목장을 경영하고 있다. **3** 같은 패에 속하는 사람. ¶우리는 ~이다.
Ⅱ [부] **1** 어느 하나의 측면으로. =일편·일방. ¶~ 기쁘지만 다른 ~ 마음이 무겁다. **2** 줄거리가 있는 이야기를 해 나가는 과정에서, 어떤 인물이나 사건에 관한 이야기를 하고 나서, 다른 인물이나 사건에 관한 이야기를 시작할 때, 문두(文頭)에 하는 말. ¶이몽룡은 과거에 장원 급제하여 삼일 유가를 하였다. ~, 춘향은….

한-평생[1](-平生) [명] 어떤 사람이 태어나서 죽을 때까지의 동안. 또는, 태어나서 현재까지의 동안. 일반적으로 나이가 많은 상태에서 죽은 사람이나 노년에 이른 사람에 대해서 쓰는 말임. =일평생. [비]평생·한뉘. ¶그는 교육 사업을 위해 ~을 바쳤다.

한ː-평생[2](限平生) [부] 목숨이 다할 때까지. ¶그 사람은 ~ 잊지 못할 은인이다.

한-풀 [명] 기운·의기·끈기·투지 등의 한 부분.
한풀 꺾이다 [구] 한창이던 기세가 어느 정도 죽다. ¶더위가 ~.
한풀 죽다 [구] 몹시 한풀 꺾이다. ¶거만하던 그가 사업에 실패한 후로는 **한풀 죽었더구먼.**

한ː-풀이(恨-) [명] 원한을 푸는 일. **한ː풀이-하다** [동][자][여]

한풍(寒風) [명] 겨울에 부는 차가운 바람.

한ː-하다[1](限-) [동][자][타][여] (대상을 어떤 범위에) 제한하거나 국한하다. ¶선착순 100명에 **한하여** 기념품을 증정하다.

한ː-하다[2](恨-) [동][타][여] 억울하거나 원통하거나 원망스럽게 생각하다. ¶자기의 저주스런 운명을 ~.

한ː학(漢學) [명] **1** '한문학' 의 준말. ¶~의 대가. **2** 한문 및 한어(漢語)에 관한 학문. **3** 중국 한(漢)·당(唐) 대의 훈고학을 일컫는 말.

한ː학-자(漢學者) [-짜] [명] 한학에 조예가 깊은 사람.

한ː해[1](旱害) [명] 가뭄으로 인한 피해. [비]가뭄해.

한해[2](寒害) [명] 추위로 농작물이 입은 피해. ▷상해(霜害).

한해-살이 [명][식] 식물이 봄에 싹이 터서 그해 가을에 열매를 맺고 말라죽는 것을 이르는 말. =일년생(一年生). ↔여러해살이.

한해살이-풀 [명][식] 일 년 이내에 발아·생장·개화·결실을 하고 고사(枯死)하는 초본 식물. 나팔꽃·벼·호박 따위. =일년생 식물·일년생 초본·일년초. ↔여러해살이풀.

한-허리 [명] 길이의 한중간. ¶두타산은 백두대간의 ~를 이루는 영산(靈山)이다. / 동짓달 기나긴 밤을 ~를 베어 내어….(황진이: 엣시조)

한ː화(韓貨) [명] 한국의 돈. ↔외화(外貨).

한ː흑(韓黑) [명]《일부 명사 앞에 관형어적으로 쓰여》 미국 내에서의 '한국인' 과 '흑인' 을 아울러 이르는 말. ¶~ 갈등 / ~ 친선 / ~ 문제.

할[1](喝·嗽) [명][불] 선종(禪宗)에서, 위엄 있게 꾸짖는 외마디 소리. 또는, 말이나 글로써 표현하기 어려운 불도의 이치를 나타내는 소리. ¶"가을에는 잎이 떨어지고 겨울에는 눈이 내리는구나. 어억!" 대종 소리처럼 우렁찬 선사(禪師)의 ~이 방 안을 흔들었다.《김성동: 만다라》

할[2](割) [명][의존] 전체 수량을 10등분한 것의 비율을 나타내는 단위. 푼의 10배. ¶사 ~의 타율 / 칠 ~ 증가.

할갑다[-따] [형][ㅂ] <할가우니, 할가워> 낄 물건보다 낄 자리가 좀 크다. [큰]헐겁다. **할가이** [부]

할강(割腔) [명][생] 동물의 수정란이 세포 분열을 하여 세포가 증가하고 구상(球狀)으로 벌여 한가운데에 형성한 빈자리. =난할강.

할거(割據) [명] 땅을 나누어 차지하는 것. **할거-하다** [동][자][여] ¶군웅(群雄)이 ~.

할경 [명] **1** 남에게 말로써 업신여기는 뜻을 나타내는 것. **2** 남의 떳떳하지 못한 신분을 드러내는 말. **할경-하다** [동][타][여] ¶…어머니를 얕보고 **할경하는** 말씨로 이런 소리를 하는 데서 행자는 기가 질리며 분해서 울음이 터져나올 것 같았다.《염상섭: 어머니》

할구(割球) [명][생] 수정란의 난할에 의하여 생긴 미분화 세포.

할금 [부] '할끔' 의 여린말. [큰]흘금. **할금-하다** [동][타][여]

할금-거리다/-대다 [동][타] '할끔거리다' 의 여린말. [큰]흘금거리다.

할금-할금 [부] '할끔할끔' 의 여린말. ¶~ 눈치를 살피다. [큰]흘금흘금. **할금할금-하다** [동][타][여]

할긋[-귿] [부] **1** 재빨리 한 번 할겨 보는 모양. ¶사람을 ~ 쳐다보다. **2** 눈에 얼씬 보이는 모양. [큰]흘긋. [센]할끗. **할긋-하다** [동][자][타][여]

할긋-거리다/-대다[-귿꺼(때)-] [동][타] 자꾸 할긋하다. [큰]흘긋거리다. [센]할끗거리다.

할긋-할긋[-그탈귿] [부] 할긋거리는 모양. [큰]흘긋흘긋. [센]할끗할끗. **할긋할긋-하다** [동][타][여]

할기다 [동][타] '흘기다' 의 작은말.

할깃[-긴] [부] 가볍게 한 번 할겨 보는 모양. [큰]흘깃. [센]할낏. **할깃-하다** [동][타][여]

할깃-거리다/-대다[-긴꺼(때)-] [동][타] 눈을 계속해서 흘기다. [큰]흘깃거리다. [센]할낏거리다.
할깃-할깃[-기탇긷] 圉 할깃거리는 모양. ⓒ흘깃흘깃. 솅할낏할낏. **할깃할깃-하다** 圄(타)(여)
할끔 圉 남의 눈치를 살피려고 곁눈으로 살그머니 할겨 보는 모양. ⓒ흘끔. 예할금. **할끔-하다**
할끔-거리다/-대다 圄(타) 자꾸 할끔 할겨 보다. ⓒ흘끔거리다. 예할금거리다.
할끔-할끔 圉 할끔거리는 모양. ⓒ흘끔흘끔. 예할금할금. **할끔할끔-하다** 圄(타)(여)
할끗[-끋] '할긋'의 센말. ⓒ흘끗. **하다**
할끗-거리다/-대다[-끋(때)-] 圄(타) '할긋거리다'의 센말. ⓒ흘끗거리다.
할끗-할끗[-끄탇끋] '할긋할긋'의 센말. ⓒ흘끗흘끗. **할끗할끗-하다** 圄(타)(여)
할낏[-낃] '할깃'의 센말. ⓒ흘낏. **할낏-하다** 圄(자)(여)
할낏-거리다/-대다[-낃껴(때)-] 圄(타) '할깃거리다'의 센말. ⓒ흘낏거리다.
할낏-할낏[-끼탇낃] '할깃할깃'의 센말. ⓒ흘낏흘낏. **할낏할낏-하다** 圄(타)(여)
할당(割當)[-땅] 圀 몫을 갈라 나누는 것. 또는, 그 몫. ¶-금(金). **할당-하다** 圄(타)(여) ¶이익을 고루 ~. **할당-되다** 圄(자)(여)
할당-제(割當制)[-땅-] 圀 몫을 갈라 나누거나 책임을 지우는 제도.
할딱-거리다/-대다[-꺼(때)-] 圄(자) 자꾸 할딱이다. ¶더위에 지친 개가 혀를 빼물고 숨을 **할딱거리고** 있다. ⓒ헐떡거리다.
할딱-이다 圄(자)(타) 1 가쁘고 급하게 숨을 쉬다. 2 신이 커서 할갑게 벗어지다. ⓒ헐떡이다.
할딱-할딱[-타칼-] 圉 할딱거리는 모양. ⓒ헐떡헐떡. **할딱할딱-하다** 圄(타)(여)
할랑-거리다/-대다 圄(자) 1 할가워 이리저리 자꾸 움직이다. 2 삼가고 조심하지 않는 행동을 자꾸 하다. ⓒ헐렁거리다.
할랑-하다 휑(여) 규격이 잘 맞지 않아 따로따로 놀 정도로 할갑다. ¶모자가 커서 ~ / 그는 옷을 **할랑하게** 입는 편이다. ⓒ헐렁하다.
할랑-할랑 圉 할랑거리는 모양. ⓒ헐렁헐렁. **할랑할랑-하다**¹ 圄(여)
할랑할랑-하다² 휑(여) 매우 할가운 듯한 느낌이 있다. ⓒ헐렁헐렁하다.
할래-발딱 圉 '헐레벌떡'의 작은말. **할래발딱-하다** 圄(자)(여)
할래발딱-거리다/-대다[-꺼(때)-] 圄(자)(타) '헐레벌떡거리다'의 작은말.
할릴루야(Hallelujah) 圀 '여호와를 찬양하라'의 뜻)〔성〕하느님을 찬송하며 감사·기쁨의 신앙을 나타내는 말. =알렐루야.
할례(割禮) 圀〔종〕고대로부터 유대 인·이슬람교도·아프리카 종족 등 일부 민족들 사이에 종교적·관습적 이유로 행해져 온, 남자의 음경의 귀두 포피를 잘라 내거나 여자의 음핵을 소음순을 잘라 내는 일. =할손례.
할로겐(⑤Halogen) 圀〔화〕'할로겐족 원소'의 준말.
할로겐족^원소(⑤Halogen族元素)〔화〕주기표 제7족 가운데 플루오르·염소·브롬·요오드·아스타틴의 다섯 원소의 총칭. 가장 전형적인 비금속 원소임. 준할로겐.
할리우드^액션(†Hollywood action) 圀[체] 심판의 눈을 속여 유리한 판정이 이끌어 내기 위해 취하는 과장된 행동. =시뮬레이션 액션.

할마-마마(-媽媽) 圀 임금·왕비 또는 그 자녀들이 할머니를 부르던 말.
할맘구 圀 늙은 여자를 놀리거나 얕잡아 일컫는 말.
할매〈방〉할머니(강원·경남·전남·충남).
할머니 圀 1 아버지의 어머니. 호칭 및 지칭으로 쓰임. 固조모(祖母)·왕모(王母). 2 부모의 어머니와 한 항렬에 있는 여자의 통칭. 3 늙은 여자를 친근하게, 또는 예사롭게 이르는 말.
할머-님 圀 '할머니'의 높임말.
할멈 圀 1 '할미1·2'를 약간 대접하여 이르는 말. 2 지난날, 지체가 낮은 늙은 여자 하인을 이르던 말. 3 늙은 부부 사이에서 남편이 아내를 부르는 말.
할미 圀 ['할머니'를 낮추어 이르는 말〕1 지난날, 지체가 낮은 사람에게 그의 '할머니'를 이르던 말. 2 지난날, 지체가 높은 사람에게 자기의 '할머니'를 이르던 말. 3 여자가 손자·손녀에게 자기 자신을 이르는 말. ↔할아비.
할미-꽃[-꼳] 圀〔식〕미나리아재빗과의 여러해살이풀. 높이 15~30cm. 온몸에 긴 털이 빽빽이 나 있고, 봄에 자줏빛 꽃이 꽃줄기 끝에서 밑을 향하여 핌. 뿌리는 약재로 쓰임. 산이나 들에 저절로 남. =백두옹.
할미-새 圀〔동〕할미샛과의 검은등할미새·긴발톱 할미새·노랑할미새·알락할미새 등의 총칭.
할바-마마(-媽媽) 圀 임금·왕비 또는 그 자녀들이 할아버지를 부르던 말.
할복(割腹) 圀 죽으려고 칼로 배를 가르는 것. ¶~자살. **할복-하다** 圄(자)(여)
할부(割賦) 圀 지불해야 할 물건 값을 여러 번에 걸쳐 일정 기간마다 나누어 내는 일. ¶냉장고를 ~로 구입하다.
할부-금(割賦金) 圀 물건 값에 대하여, 일정 기간마다 나누어 내는 돈.
할부^판매(割賦販賣) 圀〔경〕물건 값을 여러 번에 걸쳐 나누어 갚게 하는 방식의 판매.
할선(割線)[-썬] 圀〔수〕원둘레·곡선을 둘 이상의 점에서 자른 직선. ▷접선(接線).
할아버-님 圀 '할아버지'의 높임말.
할아버지 圀 1 아버지의 아버지. 호칭 및 지칭으로 쓰임. 固조부(祖父)·왕부(王父). 2 부모의 아버지와 한 항렬에 있는 남자의 총칭. 3 늙은 남자를 친근하게, 또는 예사롭게 이르는 말. ¶머리가 허연 걸 보니 자네도 다 됐구먼.
할아범 圀 1 '할아비1·2'를 약간 대접하여 이르는 말. 2 지난날, 지체가 낮은 늙은 남자나 늙은 남자 하인을 이르던 말. ↔할멈.
할아비 圀 ['할아버지'를 낮추어 이르는 말〕1 지난날, 지체가 낮은 사람에게 그의 '할아버지'를 이르던 말. 2 지난날, 지체가 높은 사람에게 자기의 '할아버지'를 이르던 말. 3 남자가 손자·손녀에게 자기 자신을 이르는 말. ↔할머.
할애(割愛) 圀 (소중한 것, 특히 시간이나 돈이나 지면 등을) 상대를 위해, 또는 어떤 일을 위해 그 일부를 사용하는 것. **할애-하다** 圄(타)(여) ¶바쁘신 중에도 이렇게 귀한 시간을 **할애해** 주셔서 대단히 감사합니다. / 그 책은 한국 경제의 문제점을 파헤치는 데 많은 지면을 **할애하고** 있다. **할애-되다** 圄(자)(여) ¶사업을 추진하기 위해 많은 자금이 ~.

할양(割讓)[명] **1**〈땅·물건 등을〉 떼어서 남에게 넘겨주는 것. ≒할여(割與). **2**[정] 국가 사이의 합의에 의하여 자기 나라 영토의 일부를 다른 나라에 넘겨주는 것. ¶~지(地). **할양-하다**[타][여] **할양-되다**[동][자]

할인¹(割引)[명][경] **1** 일정한 값에서 얼마간의 값을 감하는 것. ¶~ 가격 / ~ 판매. ↔할증. **2** '어음 할인'의 준말. **할인-하다**[타][여] ¶정가를 30% **할인하여** 판매하다. **할인-되다**[동][자]

할인²(割印)[명] 서로 관련된 사실을 증명하기 위하여, 도장 하나를 두 장의 서류에 걸쳐 찍는 것. 또는, 그 도장. ▷계인(契印). **할인-하다**²[타][여]

할인-권(割引券)[-꿘][명] 할인할 것을 증명하는 표. ¶상품 ~.

할인^어음(割引-)[명][경] 은행이 어음 할인에 의하여 사들인 어음. ▷어음 할인.

할인-율(割引率)[-뉼][명][경] 할인하는 비율.

할인-점(割引店)[명] 할인된 상품만을 전문적으로 파는 점포.

할증(割增)[-쯩][명] 일정한 값에 얼마를 더하는 것. ¶택시의 ~ 요금. ↔할인(割引). **할증-하다**[타][여] **할증-되다**[동][자]

할증-금(割增金)[-쯩-][명][경] **1** 일정한 가격·급료 등에 여분을 더하여 매매·지급되는 금액. **2** 채권 등의 상환에서 추첨 등의 방법에 의하여 여분으로 주어지는 금액. [비]프리미엄.

할증-료(割增料)[-쯩뇨][명] 정해진 값에 덧붙이는 돈. ¶특별 ~.

할짝-거리다/-대다[-꺼(때)-][동][타] 혀끝으로 잇달아 조금씩 가분가분 핥다. [큰]할쭉거리다.

할짝-할짝[-짜칼-][부] 할짝거리는 모양. ¶개가 밥그릇을 ~ 핥아 먹다. [큰]할쭉할쭉. **할짝할짝-하다**[타][여]

할퀴다[동][타] **1** 손톱이나 날카로운 물건으로 긁어 상처를 내다. ¶각치다. ¶얼굴을 ~. **2** 휩쓸어 많은 손해를 입히다. ¶수마가 **할퀴**고 지나간 마을 / 전쟁이 **할퀴**고 간 상처.

할퀴-이다[동] '할퀴다'의 피동사.

할할[부] 숨이 차서 숨을 고르지 못하게 내쉬는 모양. [큰]헐헐. **할할-하다**[동][자][여]

할할-거리다/-대다[동][자] 숨이 차서 자꾸 숨을 고르지 못하게 하다. ¶비비적거리다가 기진하여 꼼짝을 못하고 **할할거리**는 양어깨를 들어서 자리에 드러눕혔다.《장용학: 요한 시집》[큰]헐헐거리다.

핥다[할따][동][타] 〈사람이나 동물이 입 밖으로 낸 혀로〉 물체의 표면에 대고 스치게 하다. 또는, 그렇게 하여 물체의 표면에 있는 것이 묻어나게 하다. ¶개가 새끼 강아지를 ~ / 아이스크림을 혀로 ~.

핥-이다[할치-][동] **1**[자] '핥다'의 피동사. **2**[타] '핥다'의 사동사.

함¹(函)[명] **1** 옷이나 물건 따위를 넣을 수 있도록 네모지게 만든 통. ¶서류~ / 사서~ / 투표용지를 ~에 넣다. **2** 혼인 때 신랑 측에서 채단과 혼서지를 넣어서 신부 측에 보내는 나무 상자. ¶~을 지다 / ~을 보내다(받다).

함²(緘)[명] 편지 겉봉 뒤쪽의 봉한 자리에 봉한다는 뜻으로 쓰는 글자.

함구(緘口)[명] 입을 다물고 말을 하지 않는 것. ↔개구(開口). **함구-하다**[동][자][여] ¶김 노인은 그 사건에 대해서 **함구하**고 있다.

함구-령(緘口令)[명] 어떤 일의 내용을 말하는 것을 엄금하는 명령. ¶~이 내리다.

함구-무언(緘口無言)[명] 입을 다물고 말이 없음. **함구무언-하다**[동][자][여]

함구불언(緘口不言)[명] 입을 다물고 말을 하지 않음. **함구불언-하다**[동][자][여]

함께[부] **1** 〈어떤 대상과〉 한데 어울리거나 더불어. 또는, 〈둘 이상의 대상이〉 한데 어울리거나 더불어. ¶가족과 ~ 놀러 가다 / 선물과 ~ 꽃다발이 배달되다 / 노부부는 평생을 ~ 살았다. **2** 어떤 현상과 더불어. 또는, 어떤 현상에 바로 이어서. ¶'꽝' 하는 소리와 ~ 여기저기서 비명이 들리다 / 소득 향상과 ~ 어서 문화가 발전하다.

함께-하다[동][자][여] =같이하다. ¶생사를 **함께한** 전우.

함'닉(陷溺)[명] **1** 물속으로 빠져 들어가는 것. **2** 주색(酒色) 등의 못된 구렁에 빠지는 것. **함'닉-하다**[동][여]

함'대(艦隊)[명][군] 군함 두 척 이상으로 짜인 해군 부대. ¶무적~.

함'락(陷落)[-낙][명] **1** 땅이 무너져 내려앉는 것. ¶~ 지진. **2** 적의 성·진지 등을 공격하여 무너뜨리는 것. **함'락-하다**[동][자][여] ¶사흘간의 치열한 싸움 끝에 아군은 적진을 **함락하였다**. **함'락-되다**[동][자] ¶적의 요새가 ~.

함량(含量)[-냥][명] 어떤 물질 속에 포함되어 있는 다른 물질의 양. [비]함유량. ¶~ 미달 / 커피는 카페인 ~이 높다.

함몰(陷沒)[명] **1** 〈땅이〉 아래로 움푹 가라앉거나 꺼지는 것. **2** 〈두개골이나 젖꼭지 따위의 신체 부위가〉 비정상적으로 쑥 들어간 상태가 되는 것. **3** 〈어느 곳이〉 공격을 받아 멸망하는 것. 또는, 〈어느 곳을〉 공격하여 멸망시키는 것. **함'몰-하다**[동][타][여] **함'몰-되다**[동][자] ¶지진으로 땅이 ~ / 유두가 ~ / 공습으로 적진이 ~.

함'몰-호(陷沒湖)[명][지] 지반의 침하·함락으로 이루어진 호수. =함락호.

함묵(緘默)[명] 입을 다물고 조용히 있는 것. **함묵-하다**[동][자][여]

함'미(艦尾)[명] 군함의 뒤 끝. ↔함수(艦首).

함-박 '함지박'의 준말.

함박만 하다[구] 〈기분이 좋아서 벌어진 사람의 입이〉 함박의 속처럼 큰 상태에 있다. ¶철수는 아버지한테서 선물을 받고는 입이 **함박만 하게** 벌어졌다.

함박-꽃[-꼳][명][식] **1** 함박꽃나무의 꽃. **2** 작약의 꽃.

함박꽃-나무[-꼰-][명][식] 목련과의 낙엽 활엽 교목. 높이 4m가량. 봄에 향기로운 큰 흰 꽃이 피며, 열매는 타원형이고 익으면 붉은 씨가 나옴. 산에 저절로 나는데, 관상용으로 심기도 함.

함박-눈[-방-][명] 〔눈송이가 함박꽃처럼 크다는 데에서〕 눈송이가 굵고 탐스럽게 많이 내리는 눈. ¶~이 펑펑 쏟아지다. ▷가루눈.

함박-웃음[명] '밝고 환하게 웃는 웃음'을 함박꽃에 비유하여 이르는 말. ¶어머니가 아이의 재롱을 보면서 ~을 짓다.

함봉(緘封)[명] 〈편지·문서 등의〉 겉봉을 봉하는 것. ↔개봉. **함봉-하다**[동][타][여] **함봉-되다**[동][자]

함부로[부] 조심하거나 삼가거나 깊이 생각함

이 없이 되는대로 마구. ¶어른 앞에서 ~ 말하다 / 길거리에 침을 ~ 뱉다.

함부로-덤부로 [부] '함부로'를 강조하는 말. '덤부로'는 운을 맞추기 위해 만들어진 말임. ¶일을 그렇게 ~ 해서야 되겠느냐?

함빡 [부] **1** 넘치도록 아주 넉넉하게. ¶웃음을 ~ 머금다. **2** 물 따위에 푹 젖은 모양. ¶비를 맞아 옷이 ~ 젖다. [큰]흠뻑.

함ː상(艦上) [명] 군함의 위. ¶~ 훈련.

함석 [명] 겉에 아연을 입힌 얇은 철판. 지붕을 이거나 양동이·대야를 만드는 데 씀. =아연철·함석철. [비]백철(白鐵).

함석-지붕[-찌-] [명] 함석으로 인 지붕.

함석-집[-찝] [명] 함석으로 지붕을 인 집.

함ː선(艦船) [명] 군함·선박 등의 총칭.

함ː성¹(陷城) [명] 성이 함락되거나 성을 함락시키는 것. **함ː성-하다** [동][자][타][여] **함ː성-되다** [동][자]

함ː성²(喊聲) [명] 많은 사람들이 함께 지르는 고함 소리. ¶승리의 ~을 지르다 / 분노한 군중의 ~이 천지를 진동하다.

함·셈^어ː족(Ham-Sem語族) [명][언] 세계 어족의 하나. 함 어족과 셈 어족을 함께 부르는 이름.

함ː수¹(函數)[-쑤] [명][수] 2개의 변수 x, y 사이에 어떤 대응 관계가 있고, x의 값이 정해지면 그것에 대응하여 y의 값이 종속적으로 정해질 때의 대응 관계. 또는, y의 x에 대한 일컬음. =따름수.

함수²(鹹水) [명] 바다나 호수의 짠물. ↔담수(淡水).

함ː수³(艦首) [명] 군함의 앞머리 부분. ↔함미(艦尾).

함수어(鹹水魚) [명] 짠물에 사는 고기. =해어(海魚). [비]바닷물고기. ↔담수어.

함수-호(鹹水湖) [명][지] 염분이 많아서 물맛이 짠 호수. 카스피 해·사해(死海) 따위. =염호(鹽湖). ↔담수호.

함ː실 [명] 부넘기가 없이 불길이 그냥 곧게 고래로 들어가게 된 아궁이.

함씬 [부] '흠씬1'의 작은말.

함양(涵養) [명] (어떤 정신이나 품성을) 기르고 닦는 것. **함양-하다** [동][타][여] ¶애국심을 ~ / 질서 의식을 ~ / 도덕성을 ~. **함양-되다** [동][자]

함^어ː족(Ham語族) [명][언] 이집트를 중심으로 북아프리카에서 많이 쓰이던 어족. 이집트 어·베르베르 어 등이 이에 속하나, 현대에 와서는 거의 사어(死語)가 되었음.

함원(含怨) [명] 원한을 품는 것. **함원-하다** [동][자][여] ¶기집이 **함원하면** 오뉴월에두 서리가 온다네.《홍명희:임꺽정》

함유¹(含有) [명] (어떤 물질을) 성분으로서 포함하고 있는 일. **함유-하다**¹ [동][타][여] ¶비타민 C를 **함유한** 물질. **함유-되다** [동][자]

함유²(含油) [명] 석유가 들어 있는 것. ¶~ 수지(樹脂). **함유-하다**² [동][자][여]

함유-량(含有量) [명] 어떤 물질 속에 함유되어 있는 다른 물질의 양. [비]함량. ¶담배의 니코틴 ~.

함유-층(含油層) [명][지] 석유가 들어 있는 지층. [비]유층(油層).

함ː입(陷入) [명] 빠져 들어가는 것. **함ː입-하다** [동][자][여] **함ː입-되다** [동][자]

함자(銜字)[-짜] [명] 남의 이름을 아주 높여서 이르는 말. '성함'이나 '존함'보다 더 높이는 어감을 가짐. ¶"춘부장의 ~가 어떻게 되시는가?" "예, 기자(基字) 문자(文字)이십니다."

> [어법] 저의 아버지 함자는 김자 영자 철자이십니다:김자 영자 철자(×)→김 영자 철자(○). ▶▶흔히 성(姓)에도 '자' 자를 붙이는 경우가 있는데, 자신의 성은 높이지 않는 것이 전통적 어법이므로 이는 옳지 않음.

함ː장(艦長) [명][군] 군함의 우두머리.

함ː재(艦載) [명] 군함에 싣는 일. **함ː재-하다** [동][타][여] **함ː재-되다** [동][자]

함ː재-기(艦載機) [명][군] 군함이나 항공모함에 실은 비행기. =함상기(艦上機).

함ː적(艦籍) [명][군] 군함이 소속된 적(籍). ¶~부(簿).

함ː정¹(陷穽·檻穽) [명] **1** 짐승을 잡기 위하여 산이나 들에 파 놓은 구덩이. =허방다리. **2** 상대가 어떤 상황에서 곤경에 처하거나 궁지에 몰릴 수밖에 없도록 미리 짜 놓은 계략. 비유적인 말임. ¶~에 빠지다[빠뜨리다]. [**함정에 든 범**] 마지막 운명만 기다리는 처지를 이르는 말.

함ː정²(艦艇) [명][군] 군함·구축함·어뢰정·소해정 등의 총칭.

함^족(Ham族) [명] 노아(Noah)의 아들 함의 후손이라고 전하는 민족. 셈 족·아리안 족과 더불어 유럽 3대 인종의 하나임.

함지 [명] 네모지게 나무로 짜서 만든 그릇. 운두가 좀 깊으며 밑은 좁고 위가 넓음.

함지-박 [명] 통나무의 속을 파서 큰 바가지같이 만든, 전이 없는 그릇. [준]함박.

함ː진-아비(函-) [명][민] 혼인 전날 밤이나 혼인날 신랑 측에서 신부 측으로 보내는 함을 지고 가는 사람.

함초롬-하다 [형][여] 촉촉이 젖어 차분하거나 곱고 생기가 있다. ¶…눈이 검고 콧날이 오뚝하며 입술이 종긋한 것이 마치 산에 핀 도라지꽃같이 **함초롬하였다.**《황석영:장길산》 **함초롬-히** [부] ¶바위 밑에 ~ 핀 들국화.

함축(含蓄) [명] (말이나 글이나 예술적 표현 등이 어떤 뜻을) 깊이 압축하여 담고 있는 상태가 되는 것. **함축-하다** [동][타][여] ¶많은 의미를 **함축하고** 있는 글. **함축-되다** [동][자]

함축-미(含蓄美)[-충-] [명] 겉에 드러내지 않고 속에 지니고 있는 아름다움.

함축-성(含蓄性)[-썽] [명] 말이나 글 중에 어떤 뜻이 함축되어 있는 성질. ¶~ 있는 말을 하다.

함축-적(含蓄的)[-쩍] [관][명] 어떤 내용이나 요소를 함축하고 있는 (것). ¶~인 표현.

함치르르-하다 [형][여] 깨끗하고도 윤이 나 반들반들하다. ¶**함치르르한** 머릿결. [큰]흠치르르하다.

함ː포(艦砲) [명][군] 군함에 장비한 화포. ¶~사격.

함포-고복(含哺鼓腹) [명] 잔뜩 먹고 배를 두드리며 즐김. **함포고복-하다** [동][자][여]

함함-하다 [형][여] **1** 털이 보드랍고 반지르르하다. ¶인순이는 진땀이 송골송골 나서 이마털이 **함함한** 것을 손바닥으로 씻어 넘기며 그의 쌍꺼풀진 눈을 할끗 흘겼다.《이기영:고향》 **2** 소담하고 탐스럽다. **함함-히** [부]

함혐(含嫌) [명] 싫어하는 마음을 품는 것. **함혐-하다** [동][타][여] ¶귀신방에 있든 도깨비가 **함혐하구** 나왔는가 부다구 말들 해요.《홍명희:임꺽정》

ㅎ

함흥-냉면(咸興冷麵) 명 국물 없이 생선회를 곁들여 맵게 비벼 먹는 함흥식 냉면. ▷평양 냉면.

함흥-차사(咸興差使) 명 [조선 태조가 왕위를 물려주고 함흥에 있을 때, 태종이 보낸 차사를 죽이거나 잡아 가두어 돌려보내지 않았다는 고사에서] 심부름을 가거나 어디를 가서 좀처럼 돌아오지 않거나 아무 소식이 없음을 비유하는 말. ¶애는 심부름을 가더니 ~가 됐나, 왜 이리 안 오지?

합¹(合) 명 ① [자럄] ① 여럿을 한데 모음. 또는, 그 모은 수. ② [수] 이상의 수를 더하여 얻은 값. ③ [천] 행성(行星)이 태양과 같은 방향에 있는 상태. ▷내합·외합. ④ [철] =종합(綜合) ② . ② [의존] 칼이나 창으로 싸울 때, 칼이나 창이 서로 마주치는 횟수를 세는 말. ¶1~ / 수 ~ / (율왕이)…급히 맹춘을 취하여 싸우니 십여 ~에 맹춘이 패하여 말머리를 돌려…(홍길동전)

합²(盒) 명 음식을 담는 놋그릇의 하나. 운두가 그리 높지 않고 둥글넓적하며 뚜껑이 있음. 종류는 큰 합, 중합(中盒), 작은 합, 알합 등이 있음.

합각(合閣) [-깍] 명 [건] 지붕 위쪽의 양옆에 박공(博栱)으로 '人(인)' 자 모양을 이루고 있는 각.

합격(合格) [-껵] 명 (사람이나 물건이 시험·검사·심사 등에) 일정한 기준에 드는 자격이나 규격을 갖춘 것으로 판정을 받는 것. ¶~품 / ~ 통지서. ↔불합격. **합격-하다** 재여 ¶공산품 규격에 **합격한** 제품 / 입학시험에 **~**. **합격-되다** 동재

합격-권(合格圈) [-껵꿘] 명 합격할 수 있는 성적의 범위. ¶평균 70점이면 ~에 든다.

합격-률(合格率) [-껵뉼] 명 합격자 수의, 지원자 수에 대한 비율. ¶~이 높다 [낮다].

합격-선(合格線) [-껵썬] 명 합격할 수 있는 최소한의 점수나 수치적인 선. ¶예상 ~.

합격-자(合格者) [-껵짜] 명 입시나 취직 시험 등에 합격한 사람. ¶1차 ~ / 최종 ~ / 수석 ~.

합격-증(合格證) [-껵쯩] 명 합격을 증명하는 문서. ¶~ 교부.

합계(合計) [-꼐 / -께] 명 한데 더하여 셈하는 것. 또는, 그 수. =계. 비합산(合算). ¶~를 내다 / ~가 얼마냐? **합계-하다** 동타여 **합계-되다** 동재

합곡(合谷) [-꼭] 명 [한] 침을 놓는 자리의 하나. 엄지손가락과 집게손가락 사이임.

합군(合郡) [-꾼] 명 여러 군(郡)을 합쳐 새로운 하나의 군으로 하는 것. **합군-하다** 타동

합궁(合宮) [-꿍] 명 부부 사이의 성교. =합금(合衾). **합궁-하다** 자여

합금¹(合金) [-끔] 명 [화] 하나의 금속 원소에 한 종류 이상의 다른 금속 원소 또는 비금속 원소를 첨가하여 만든 금속. 놋쇠·청동 따위. =합성금(合成金).

합금²(合衾) [-끔] 명 ① 남녀가 한 이불 속에서 자는 일. ② =합궁(合宮). **합금-하다** 동재여

합기-도(合氣道) [-끼-] 명 무술의 하나. 맨손 또는 단도·검·창·몽둥이 따위를 쓰며, 관절 지르기와 급소 지르기를 특기로 하는 호신술임.

합당¹(合黨) [-땅] 명 당을 합치는 것. **합당-하다**¹ 재여 **합당-되다** 동재

합당²(合當) [-땅] → **합당-하다**² [-땅-] 형여 (어떤 일이) 사리에 맞아 마땅하다. ¶**합당한** 처사 / 가격이 ~ / 나이와 경력에 따른 **합당한** 대우.

합동(合同) [-똥] 명 ① 본래 따로따로인 여럿의 대상이 모여 같은 행동이나 일을 함께하는 것. ¶~ 작전 / ~ 연설회. ② [수] 두 도형의 크기와 모양이 같아 서로 일치하는 것. 기호는 ≡. ¶닮음. **합동-하다** 동재여 **합동-되다** 동재

합동-결혼식(合同結婚式) [-똥-] 명 한자리에서, 한 사람의 주례로 여러 쌍의 신랑·신부가 함께 치르는 결혼식.

합동^참모^본부(合同參謀本部) [-똥-] 명 [군] 국방부에 딸린 행정 기관의 하나. 군사에 관한 중요 사항을 심의하고 국방부 장관의 자문에 응함.

합력(合力) [함녁] 명 ① 흩어진 힘을 한데 모으는 것. 또는, 그 힘. ② [물] 동시에 작용하는 둘 이상의 힘과 똑같은 효과를 나타내는 하나의 힘. =합성력. ↔분력(分力). **합력-하다** 동재여 흩어진 힘을 한데 모으다.

합례(合禮) [함녜] 명 ① 신랑·신부가 잠자리를 같이하여 첫날밤을 치르는 일. =정례(正禮). ② 예절에 맞는 것. **합례-하다** 동재여

합로(合路) [함노] 명 둘 이상의 길이 한데 합치는 것. 또는, 그 합친 길. **합로-하다** 동재여 **합로-되다** 동재

합류(合流) [함뉴] 명 ① (둘 이상의 흐름이) 한데 합하여 흐르는 것. 또는, 그 흐름. ¶두 강의 ~ 지점. ↔분류(分流). ② 일정한 목적을 위하여 다른 단체나 당과 하나로 합쳐 같은 행동을 하게 되는 것. **합류-하다** 동재여 ¶목적지에서 선발대와 **~**. **합류-되다** 동재

합리(合理) [함니] 명 이론이나 이치에 합당한 것. ↔불합리. **합리-하다** 형여

합리-적(合理的) [함니-] 관명 이치나 논리에 합당한 (것). ¶~인 사고 [행동] / ~인 방안을 모색하다. ↔비합리적.

합리-주의(合理主義) [함니-의 / 함니-이] 명 ① [철] 진정한 인식은 경험이 아닌 생득적인 이성(理性)에 의하여 얻어진다고 하는 입장. =유리론(唯理論)·합리론. ▷경험주의. ② 이성으로 판단하고 합리성을 관철하려고 하는 생활 태도나 사고방식. =이성주의(理性主義).

합리-화(合理化) [함니-] 명 ① 이치나 논리에 합당하게 하는 것. ¶사태의 ~를 도모하다. ② 작업 따위의 노력의 낭비를 없애어 능률화하는 것. ¶경영 ~. ③ (자기의 잘못·실수·실패 등을) 그럴듯한 이유나 구실을 붙여 당연하거나 옳은 것인 양 둘러대거나 생각하는 것. 비정당화. **합리화-하다** 동타여 ¶작업을 **~** / 자기 잘못을 **~**. **합리화-되다** 동재

합명(合名) [함-] 명 ① 이름을 모아서 죽 쓰는 것. ② 공동 책임을 지기 위하여 이름을 함께 쓰는 것. **합명-하다** 동재타여

합명^회사(合名會社) [함-회-/함-훼-] 명 [경] 두 사람 이상의 사원으로 구성되고 사원 전원이 회사의 채무에 대하여 직접 연대하여 무한 책임을 지는 회사. 가족적·개인적 결합에 의한 회사 형태임.

합목적-성(合目的性) [함-쩍씽] 명 [철] 목적의 실현에 적합한 성질. 또는, 어떤 사물이 일정한 목적에 적합한 방식으로 존재하는 성질.

합목적-적(合目的的)[합-쩍쩍] 관명 목적에 적합한 (것).
합문(閤門)[합-] 명 제사에서, 조상의 영혼에게 진지를 권한 뒤 문을 닫고 모두 밖으로 나가 기다리는 일. **합문-하다**
합반(合班)[-빤] 명 두 학급 이상을 합하는 것. 또는, 합친 반. ¶~ 수업. **합반-하다** 동타여 **합반-되다** 동자여
합방(合邦)[-빵] 명 두 나라를 하나로 합치는 것. ¶한일(韓日) ~. **합방-하다** 동타여 **합방-되다** 동자여
합법(合法)[-뻡] 명 법령 또는 규범에 맞는 상태에 있는 것. ¶~ 정부. ↔불법·비합법. **합법-하다** 형여
합법-성(合法性)[-뻡썽] 명 1 [법] 일정 행위가 현행 법규에 저촉되지 않는 성질. ¶~을 내세운 비도덕적 행위. 2 [철] 자연·역사·사회의 현상이 일정한 법칙에 따라 일어나는 일.
합법-적(合法的)[-뻡쩍] 관명 법률에 맞는 (것). ¶~ 절차 / ~으로 권리를 행사하다. ↔비합법적.
합법-화(合法化)[-뻐콰] 명 법령이나 규범에 맞도록 하는 것. ¶교원 노조의 ~. **합법화-하다** 동타여 **합법화-되다** 동자여
합병(合倂)[-뼝] 명 둘 이상의 국가나 기관 등 사물을 하나로 합치는 것. =병합(併合). **합병-하다** 동자타여 ¶두 기업을 ~. **합병-되다** 동자여 ¶그 회사는 경영난으로 재벌에 합병되었다.
합병-증(合倂症)[-뼝쯩] 명 [의] 어떠한 질환과 관련하여 일어나는 다른 질환. 한의학 용어는 합증(合症). ↔여병(餘病).
합본(合本)[-뽄] 명 여러 권을 함께 매어 제본하는 것. 또는, 그 책. ¶상하(上下) ~으로 낸 책. **합본-하다** 동타여
합-부인(閤夫人)[-뿌-] 명 남의 아내에 대한 높임말. (비)영부인.
합사(合絲)[-싸] 명 여러 가닥의 실을 겹쳐서 드리는 것. 또는, 그 실. **합사-하다** 동타여
합삭(合朔)[-싹] 명 [천] 달이 태양과 지구 사이에 들어가 일직선을 이루는 때. 흔히, 일식(日蝕)이 일어남. 준늦달(朏).
합산(合算)[-싼] 명 합하여 계산하는 것. (비)합계. **합산-하다** 동타여 ¶한 달 외상값을 ~. **합산-되다** 동자여
합석(合席)[-썩] 명 어떤 자리(특히, 술자리나 식사하는 자리)에 끼어 함께 앉거나 어울리는 것. ¶(음식점에서) ~ 좀 할 수 있을까요? **합석-하다** 동자여 ¶그들은 나이트클럽에 갔다가 옆 테이블 여자들과 **합석하게** 되었다.
합선(合線)[-썬] 명 음전기와 양전기의 선이 한데 붙는 것. **합선-하다** 동자여 **합선-되다** 동자여
합섬(合纖)[-썸] 명 [화] '합성 섬유'의 준말.
합성(合成)[-썽] 명 1 [둘 이상의 것을] 합쳐서 사물을 이루게 하는 것. ¶사진의 ~. 2 [물] 벡터·힘 등 방향성이 있는 양을 둘 이상 더하여 합치는 것. 3 [화] 둘 이상의 원소를 화학적으로 화합물을 만드는 것. 또는, 목적으로 하는 화합물을 간단한 화합물에서 만드는 것. ¶광(光) ~. ↔분해. **합성-하다** 동타여 **합성-되다** 동자여
합성^고무(合成-)[-썽-] 명 [화] 생고무와 비슷한 성질을 가진 합성 고분자 화합물. 부타디엔·이소프렌·스티렌 따위.
합성^동사(合成動詞)[-썽-] 명 [언] 둘 이상의 말이 결합되어 형성된 동사. '힘들다', '본받다', '들어가다', '가로막다', '뛰놀다' 따위. =복합 동사.
합성^명사(合成名詞)[-썽-] 명 [언] 둘 이상의 말이 결합되어 형성된 명사. '논밭', '눈물', '새해', '어린이', '늦더위' 따위. =복합 명사·거듭이름씨.
합성^명제(合成命題)[-썽-] 명[논][수] 몇 가지 명제가 '또는', '이고', '이면', '아닌' 등으로 연결된 명제.
합성-법(合成法)[-썽뻡] 명 [언] 실질 형태소를 서로 결합하여 합성어를 만드는 단어 형성법.
합성^부사(合成副詞)[-썽-] 명 [언] 둘 이상의 말이 결합되어 형성된 부사. '밤낮', '한바탕', '이른바', '곧잘' 따위. =복합 부사(複合副詞).
합성^사진(合成寫眞)[-썽-] 명 =몽타주 사진.
합성^섬유(合成纖維)[-썽-] 명 [화] 화학 섬유의 하나. 합성 고분자 화합물을 여러 가지 방법으로 자아서 섬유로 만든 것. 석유·석탄·천연가스 등을 원료로 함. 나일론·비닐론·폴리에스테르 따위. 준합섬. ↔천연 섬유.
합성^세제(合成洗劑)[-썽-] 명 [화] 석유 화학적으로 합성된 세제. 용액이 중성(中性)이므로 중성 세제라고도 함.
합성-수(合成數)[-썽-] 명 [수] 1과 자신의 수 이외에도 약수를 가진 자연수. 둘 이상의 소수(素數)를 곱한 수임. =비소수(非素數).
합성^수지(合成樹脂)[-썽-] 명 건축 용재나 각종 부품 및 식기 등에 사용되는 합성 고분자 화합물의 총칭. 폴리염화 비닐·폴리에틸렌·페놀 수지·요소 수지 따위. ↔천연 수지.
합성-어(合成語)[-썽-] 명 [언] 두 개 이상의 실질 형태소가 모여 따로 한 단어가 된 말. '돌다리', '장국밥', '빛나다' 등. =겹씨. ▷복합어·파생어.
합성-음(合成音)[-썽-] 명 [언] 두 낱자가 어울려 된 소리.
합성-주(合成酒)[-썽-] 명 [화] 알코올에 향기·맛·빛깔에 관계있는 약제를 혼합하거나 주류끼리 혼합하여 만든 술. 합성 청주·감미 과실주 등. =화학주. ↔곡주(穀酒).
합성^형용사(合成形容詞)[-썽-] 명 [언] 둘 이상의 말이 결합되어 이루어진 형용사. '손쉽다', '낯설다', '붉디붉다' 따위. =복합 형용사.
합세(合勢)[-쎄] 명 (다른 사람이나 집단과) 세력을 한데 모으는 것. **합세-하다** 동자여 ¶지원 부대와 **합세하여** 총공격을 가하다.
합솔(合率)[-쏠] 명 (흩어져 살던 집안 식구나 친척이) 한집에서 같이 사는 것. **합솔-하다** 동자여
합쇼-체(-體)[-쑈-] 명 [언] 상대 높임법의 하나. 상대를 아주 높이는 뜻을 나타냄. '어서 드십시오', '안녕하십니까', '반갑습니다' 따위.
합수(合水)[-쑤] 명 몇 갈래의 물이 한데 모여 흐르는 것. 또는, 그 물. **합수-하다** 동자여 **합수-되다** 동자여

합숙(合宿)[-쑥] 명 여러 사람이 한곳에 집단적으로 묵는 것. ¶~ 훈련. **합숙-하다** 동

합숙-소(合宿所)[-쑥쏘] 명 합숙하는 곳.

합승(合乘)[-씅] 명 1 (차를) 여럿이 함께 타는 것. =승합. 2 다른 승객이 먼저 타고 있는 택시에 함께 타는 것. **합승-하다** 동(자)(타)(여) ¶그는 방향이 같은 손님과 택시를 합승하였다.

합심(合心)[-씸] 명 마음을 한데 합하는 것. 비협심(協心). **합심-하다** 동(자)(여) ¶모두 합심하여 좋은 성과를 거두자.

합용^병ː서(合用竝書) 명(언) 서로 다른 자음을 나란히 붙여 쓰는 일. 'ㄺ', 'ㄻ', 'ㅄ' 등. ↔각자 병서.

합의¹(合意)[-의/-이] 명 (둘 이상의 사람이, 또는 어떤 사람이(과) 다른 사람과(이) 어떤 일에) 서로 의견이나 뜻을 같이하는 것. ¶~를 보다 / ~에 도달하다. **합의-하다** 동(자)(여) ¶두 사람이 이혼에 ~. **합의-되다**¹ 동

합의²(合議)[-의/-이] 명 1 두 사람 이상이 한자리에 모여서 협의하는 것. 2 [법] 합의 기관이나 합의제 법원에서 어떠한 사실을 토의하여 의견을 종합하는 일. **합의-하다**² 동(자)(여) ¶잘 합의하여 결정해라. **합의-되다**² 동

합의-점(合意點)[-의점/-이점] 명 합의할 수 있는 점. ¶노사 쌍방이 서로 ~을 찾지 못해 진통을 거듭하고 있다.

합의-제(合議制)[-의/-이-] 명 [법] 1 행정 기관의 의사를 여러 구성원이 합의하여 결정하는 제도. 2 재판 사건을 합의제에 의하여 재판하는 제도. ↔단독제(單獨制).

합의제^기관(合議制機關)[-의-/-이-] 명 [법] 여러 구성원이 합의하여 의사를 결정하는 기관. 국회나 각종 위원회 따위. ↔단독 기관.

합의-체(合議體)[-의-/-이-] 명 [법] 복수의 법관으로 구성하는 재판 기관.

합일(合一) 명 여럿이 합하여 하나가 되는 것. **합일-하다** 동(자)(타)(여) **합일-되다** 동(자)

합자¹(合字)[-짜] 명 둘 이상의 글자를 합하여 한 글자를 만드는 것. 또는, 그 글자. **합자-하다** 동(타)(여)

합자²(合資)[-짜] 명 두 사람 이상의 자본을 한데 합치는 것. **합자-하다**² 동(타)(여)

합자^회ː사(合資會社)[-짜회/-짜훼-] 명(경) 두 사람 이상이 합자하여 만든 회사. 무한 책임 사원과 유한 책임 사원으로 구성됨.

합작(合作)[-짝] 명 1 어떤 일을 하기 위해 여럿이 힘을 합하는 것. ¶~ 영화. 2 [경] 둘 이상의 기업이 공동으로 출자하여 기업을 경영하는 것. 구웅어는 합판(合瓣). ¶~ 회사. **합작-하다** 동(자)(여) ¶둘이 합작한 작품. **합작-되다** 동(자)

합작-품(合作品)[-짝-] 명 여럿이 힘을 합해 함께 만든 작품.

합장¹(合掌)[-짱] 명(불) 불가(佛家)에서 인사하거나 절할 때, 두 팔을 가슴께로 들어올려 두 손바닥과 열 손가락을 마주 대는 것. =합수(合手). ¶~ 배례(拜禮). **합장-하다**¹ 동(자)(여)

합장²(合葬)[-짱] 명 여러 사람의 시체를 한 무덤에 묻는 것. 흔히, 부부의 경우를 이름. =합부(合祔). ↔각장(各葬). **합장-하다**² 동(타)(여) **합장-되다** 동(자)

합점(合點)[-쩜] 명 점수를 합함. 또는, 합한 점수.

합종(合從·合縱)[-쫑] 명 [역] '합종설'의 준말. ↔연횡(連衡). 2 굳게 맹세하여 서로 응하는 것. **합종-하다** 동(자)(여) 굳게 맹세하여 서로 응하다.

합종-설(合從說)[-쫑-] 명 [역] 중국 전국 시대에 소진(蘇秦)이 내세운, 진(秦)나라에 대항하기 위한 공수 동맹. 한(韓)·위(魏)·조(趙)·연(燕)·제(齊)·초(楚)의 여섯 나라가 동맹을 주장한 외교 정책임. 준합종. ↔연횡설.

합주(合奏)[-쭈] 명(음) 두 개 이상의 악기로 동시에 연주하는 것. =협주. ¶현악 ~. ↔독주(獨奏). **합주-하다** 동(자)(타)(여)

합주-곡(合奏曲)[-쭈-] 명(음) 합주를 할 수 있도록 작곡한 곡.

합주-단(合奏團)[-쭈-] 명(음) 두 사람 이상으로 조직된 합주 단체.

합죽-거리다/-대다[-쭉꺼(때)-] 동(타) 이가 빠져 우므러진 볼과 입을 자꾸 움직이다.

합죽-선(合竹扇)[-쭉썬] 명 얇게 깎은 겉대를 맞붙여서 살을 만든, 접었다 폈다 할 수 있는 부채.

합죽-이[-쭉-] 명 이가 빠져 입과 볼이 합죽한 사람을 얕잡아 이르는 말.

합죽-하다[-쭈카-] 형(여) 이가 빠져 입술이 조금 우므러져 있다. ¶입이 ~.

합죽-할미[-쭈칼-] 명 이가 빠져서 입이 합죽한 할미.

합죽-합죽[-쭈캄쭉-] 부 합죽거리는 모양. **합죽합죽-하다** 동(자)

합중-국(合衆國)[-쫑-] 명 합성 국가의 하나. 두 개 이상의 나라 또는 주(州)가 같은 주권하에 결합하여 단일한 외교권을 행사하는 나라. ¶아메리카 ~.

합지-증(合指症)[-찌쯩] 명(생) 손가락이나 발가락의 일부 또는 전부가 붙어 있는 기형.

합-집합(合集合)[-찝팝] 명(수) 집합 A의 원소와 집합 B의 원소를 모두 갖는 집합. A U B로 나타냄. =화집합(和集合).

합창(合唱) 명(음) 1 여러 사람이 목소리를 맞추어 같은 선율을 노래하는 것. 2 여러 사람이 2부·3부·4부로 나뉘어 서로 화음을 이루면서 다른 선율로 노래를 부르는 것. =코러스. **합창-하다** 동(타)(여) ¶전교생이 교가를 ~.

합창-곡(合唱曲) 명(음) 합창을 할 수 있도록 작곡한 곡.

합창-단(合唱團) 명(음) 합창을 하기 위해 조직된 모임.

합창-대(合唱隊) 명(음) 합창을 하기 위해 조직된 부서.

합체(合體) 명 1 두 가지 이상의 것이 하나가 되는 것. 또는, 그렇게 되게 하는 것. 2 마음을 하나로 합치는 것. 3 [생] 생물의 유성 생식에서, 접착한 자웅(雌雄)의 배우자의 핵과 세포질이 융합하여 하나의 세포가 되는 현상. =융합. ↔접합(接合). **합체-하다** 동(자)(여) **합체-되다** 동(자)

합치(合致) 명 (의견이나 주장 따위가) 서로 일치하는 것. ¶의견의 ~를 보다. **합치-하다** 동(자)(여) **합치-되다** 동(자) ¶이론과 실제가 ~.

합-치다(合-) 동(자)(타) '합하다'의 힘줌말. ¶힘을 ~ / 살림을 ~ / 이 돈까지 합치면 만

합치-점(合致點)[-쩜] 圀 둘 이상의 것이 서로 합치하는 점. ¶의견의 ~을 찾다.
합판¹(合板) 圀 '베니어합판'의 준말.
합판²(合版) 圀 둘 이상의 사람이 합동하여 책을 출판하는 것. **합판-하다** 타여
합판-화(合瓣花)[-식] 圀 통꽃. ↔이판화.
합편(合編) 圀 두 이상의 글이나 책을 합치어 엮는 것. 또는, 그 책. **합편-하다** 타여
합평(合評) 圀 여러 사람이 모여서 일정한 문제나 예술 작품 등에 대하여 비평하는 일. **합평-하다** 타여
합하(閤下)[하파] 圀 역 정1품 벼슬아치에 대한 경칭.
합-하다(合-)[하파-] 타여 ① 재 둘 이상의 대상이 모여 하나가 되다. ¶내가 **합하여** 큰 강을 이루다. ② 타 1 (어느 것에 다른 것을, 또는 다른 것을 다른 것을[과]) 모아 하나로 만들다. ¶노랑과 파랑을 **합하면** 초록이 된다. / 2에 3을 **합하면** 5이다. 2 (어떤 사람이[과] 다른 사람과[이] 힘·마음·지혜 등을) 모아 더욱 훌륭한 상태가 되게 하다. ¶나는 친구와 힘을 **합해** 어려운 일을 해냈다.
합헌(合憲)[하펀] 圀 헌법의 취지에 맞는 일. ↔위헌(違憲).
합환(合歡)[하판] 圀 1 모여서 기쁨을 함께 하는 것. 2 남녀가 한 이불 속에서 즐기는 것. **합환-하다** 재여
합환-주(合歡酒)[하판-] 圀 전통 혼례식 때 신랑·신부가 서로 잔을 바꾸어 마시는 술.
핫-[한] 접두 옷이나 이불 따위의 말 앞에 쓰여, 솜을 둔 것을 나타내는 말. ¶~바지 / ~이불. 2 배우자를 갖추고 있음을 나타내는 말. ¶~아비 / ~어미. ↔홀-.
핫-것[한껀] 圀 솜을 두어 만든 옷이나 이불.
핫-길(下-)[하낄/핟낄] 圀 같은 종류 가운데 등급이 하(下)에 속하는 상태. 또는, 그 물건이나 존재. =하질(下秩). ¶이 연장은 싸구려 ~이상글. ↔중길.
핫도그(hot dog) 圀 1 ㅜ 길쭉한 소시지에 막대기를 꽂고 밀가루 반죽을 입혀 기름에 튀긴 음식. 2 따끈하게 한 빵을 세로로 갈라 버터 같은 것을 바르고, 뜨거운 소시지와 야채 등을 끼운 음식.
핫-라인(hot line) 圀 1 워싱턴의 백악관과 모스크바의 크렘린 사이에 개설된 직통 텔레타이프 통신 회선. 2 긴급 비상용의 직통 전화.
핫^머니(hot money) 圀 경 국제간에 이동하는 불안정 단기 투기 자금. 정치적 불안, 국제간의 금리 차이, 환율 변동 등의 요인에 의해 국제 금융 시장을 옮겨 다님.
핫-바지(한빠-) 圀 1 솜을 두어 만든 바지. 2 시골 사람 또는 무식하고 어리석은 사람을 얕잡아 이르는 말. ¶아무 말 않는다고 사람을 ~로 아네.
핫-아비[한-] 圀 아내가 있는 남자. 비유부남. ↔홀아비.
핫-어미[한-] 圀 남편이 있는 여자. 비유부녀. ↔홀어미.
핫-옷[한온] 圀 솜을 둔 옷. 비솜옷.
핫-이불[한니-] 圀 솜을 두어 만든 이불. 비솜이불.
핫-이슈(hot issue) 圀 '주논점', '주관점'로 순화.

핫-저고리[한쩌-] 圀 솜을 둔 저고리. 비솜저고리.
핫-케이크(hotcake) 圀 밀가루에 설탕·달걀·버터 등을 넣어 구운 둥근 빵. 비팬케이크.
핫-팬츠(hot pants) 圀 길이가 아주 짧고 몸에 꼭 맞는 여성용 바지.
항¹ 〈방〉 항아리(제주).
항¹²(項) 圀 1 법률이나 문장 등의 각개의 구분. ¶제3~. 2 [경] 예산 편성상의 분류의 하나. 관(款)의 아래, 목(目)의 위. 3 =사항(事項)1. 4 [수] 다항식에서의 각개의 단항식. 동류~. 5 [수] 분수에서의 분모나 분자. 6 [수] 비례식에서 각 부분. 7 [수] 수열·급수(級數)를 이루는 각 수. ¶일반~.
항¹:-³(抗) 접두 '저항'의 뜻을 나타내는 말. ¶~결핵제 / ~히스타민제.
-항⁴(港) 접미 '항구'의 뜻을 나타내는 말. ¶무역~ / 부동(不凍)~ / 인천~.
항:간(巷間) 圀 세상 사람들 사이. =여항간. ¶~의 루머 / ~에 떠도는 소문.
항:거(抗拒) 圀 (어떤 일에) 순종하지 않고 맞서서 반항하는 것. ¶무언(無言)의 ~. **항:거-하다** 재여 ¶불의에~.
항:고(抗告) 圀 [법] 법원의 결정·명령에 대하여 당사자 또는 제삼자가 상급 법원에 불복하는 일. **항:고-하다** 타여
항:고-심(抗告審) 圀 [법] 항고에 대한 상급 법원의 심리.
항:공(航空) 圀 항공기로 공중을 비행하는 일.
항:공-권(航空券)[-꿘] 圀 승객이 항공기를 탈 수 있음을 증명하는 표시로 항공 회사에서 발행하는, 카드 모양의 종이.
항:공-기(航空機) 圀 공중을 비행하는 탈것의 총칭. 특히, '비행기'를 가리킴.
항:공-도(航空圖) 圀 항공용의 지도. 항공로·비행 금지 구역과 비행장·무선 항행 원조 시설 등이 기재되어 있음. =항공 지도.
항:공-로(航空路)[-노] 圀 정기적으로 운항되는 항공기의 노선. 준공로.
항:공-모함(航空母艦) 圀 [군] 군용기를 싣고 발착시킬 수 있는 격납고와 비행 갑판을 갖춘 대형 군함. 준모함·항모.
항:공-사(航空社) 圀 항공 운송 사업을 하는 회사.
항:공-사진(航空寫眞) 圀 비행 중인 항공기에서 고성능 카메라로 지상을 촬영한 사진.
항:공^수송(航空輸送) 圀 항공기에 의한, 사람·우편물·짐 등의 수송. =공중 수송. 준공수.
항:공^우편(航空郵便) 圀 항공기로 우편물을 실어 나르는 우편 제도. 또는, 그 우편물. 준항공편.
항:공-편(航空便) 圀 1 '항공 우편'의 준말. 2 항공기가 내왕하는 편. ¶~으로 귀국하다.
항:구¹(港口) 圀 바다와 맞닿는 육지에 배를 댈 수 있도록 부두 따위를 설비한 곳. ¶~에 배가 정박하다.
항:구²(恒久) → **항구-하다** 형여 변함없이 오래가다. 비영구(永久)하다. **항구-히** 부
항:구^도시(港口都市) 圀 항구를 끼고 발달한 도시. 준항도.
항:구-적(恒久的) 관명 변함없이 오래가는 (것). ¶~인 평화.
항:균(抗菌) 圀 세균의 생장과 발육을 저지하는 작용이 있는 에어컨.
항:균-성(抗菌性)[-썽] 圀 항생 물질 등이

세균의 발육을 저지하는 성질.
항:내(港內) 명 항구의 안. ¶~ 시설.
항-다반(恒茶飯) 명튀 차를 마시고 밥을 먹듯이 늘 있거나 하여 예사로움. =다반.
항다반-사(恒茶飯事) 명 늘 예사롭게 있거나 하는 일. (비)다반사. ¶그는 약속을 어기는 것이 ~이다.
항:도¹(港都) 명 '항구 도시'의 준말. ¶~ 인천.
항:도²(港圖) 명[지] 항구와 그 부근의 지리를 자세히 그려 배가 출입하거나 정박하는 데 이용하도록 한 해도(海圖).
항독-소(抗毒素) [-쏘] 명[의] 생체(生體) 안으로 침입하는 독소와 결합하여 독이 없어지게 하는 성질이 있는 물질.
항등-식(恒等式) 명[수] 식에 포함된 문자에 어떤 값을 넣어도 언제나 성립하는 등식. $(a+b)(a-b)=a^2-b^2$ 따위. ↔방정식.
항:라(亢羅) [-나] 명주·모시·무명실 등으로 짠 피륙의 하나. 구멍이 송송 뚫어져 있어 여름 옷감으로 적합함. ¶~ 적삼.
항력(抗力) 명 유체(流體) 속을 운동할 때 운동 방향과는 반대쪽으로 물체에 미치는 유체의 저항력. 항공 역학에 응용됨.
항렬(行列) [-녈] 명 친족 집단 안에서, 세대(世代) 관계를 나타내는 서열. =돌림. ¶~이 높다(낮다) / 형제는 같은 ~이다.
항렬-자(行列字) [-녈짜] 명 =돌림자.
항:례(抗禮) [-녜] 명 한편으로 치우치지 않고 동등하게 교제하는 것. 또는, 그런 예(禮). **항:례-하다** 동(자)여 ¶조정의 공경과 **항례**하는 선비가 적굴의 적의(賊魁)와 **항례**를 못할까.《홍명희:임꺽정》
항:로(航路) [-노] 명 1 선박이 지나다니는 해로(海路). (비)뱃길. ¶~를 이탈하다. 2 항공기가 통행하는 공로(空路). ¶대권(大圈) ~ / ~를 변경하다 / ~를 개설하다.
항:로^표지(航路標識) [-노-] 명 선박의 항로를 표시하여 항행의 안전을 도모하기 위해 설치하는 표지. 등대·등표·조사등(照射燈)·안개 신호소·무선 방위 신호소 따위.
항만(港灣) 명 외해(外海)로부터의 풍랑을 막고 선박이 안전하게 발착 또는 정박할 수 있게 된, 육지에 파고든 해역. 또는, 인공적으로 이렇게 만든 해역. ¶~ 시설 / ~ 봉쇄.
항:명(抗命) 명 명령·제지(制止)에 따르지 않고 반항하는 것. ¶군(軍) 내부의 ~ 파동. **항:명-하다** 동(자)여
항:목(項目) 명 =조목(條目).
항문(肛門) 명[생] 고등 포유동물에 있는 소화기 말단의 구멍. 직장(直腸)의 끝으로 몸 안의 노폐물을 몸 밖으로 내보내는 곳임. =분문(糞門). (비)똥구멍.
항문-기(肛門期) 명[심] 정신 분석에서, 어린이 성욕(性慾) 발달 단계의 하나로, 항문의 자극에 쾌감을 느끼는 시기. 생후 8개월부터 4세까지임.
항:법(航法) [-뻡] 명 선박이나 항공기가 두 지점 사이를 정확하게 항행하는 기술 또는 방법.
항:법-사(航法士) [-뻡싸] 명 항공기에 탑승하여 그 위치 및 침로(針路)의 측정과 항공상의 자료를 산출하는 사람.
항:변¹(抗卞) 명 =항의(抗議). **항:변-하다**¹ 동(타)여
항:변²(抗辯) 명 1 항거하여 사리를 밝혀서 논하는 것. ¶이 글은 그간 예술가들이 낙후한 문화 행정에 대하여 느낀 울분과 절망을 실은 ~이다. 2 [법] 민사 소송법상 방어 방법의 하나. 상대방의 주장이나 신청을 배제하기 위해 별개의 사항을 주장하는 일. **항:변-하다**² 동(자)여
항복(降伏·降服) 명 힘에 눌려 적에게 굴복하는 것. **항복-하다** 동(자)여 ¶원자 폭탄의 위력 앞에 일본은 무조건 **항복하였다**.
항산(恒産) 명 생활할 수 있는 일정한 재산이나 생업.
항상(恒常) 튀 언제나 변함없이. (비)늘·항시. ¶그는 ~ 바쁘다. / 승리와 영광이 ~ 그대와 함께하기를!
항:생^물질(抗生物質) [-찔] 명[화] 곰팡이나 세균 등의 미생물에 의해 만들어지는 것으로서, 다른 세균이나 미생물의 발육과 번식을 억제하는 물질. 페니실린·스트렙토마이신 따위. =항균성물질.
항:생-제(抗生劑) 명[약] 항생 물질로 된 약제.
항서(降書) 명 항복하는 뜻을 적어 적군에게 보내는 글.
항:설(巷說) 명 항간에서 떠돌아다니는 말. =항담·항어. ¶갖가지 ~이 분분하다(떠돌다).
항성(恒星) 명[천] 천구 상에서 위치를 거의 바꾸지 않는 별. 행성(行星)·위성·혜성 이외의 천체가 이에 해당되며, 자체의 에너지로 빛을 냄. =정성(定星)·붙박이별. ↔행성.
항성^광도(恒星光度) 명[천] 지구의 표면에 수직으로 비치는 항성의 빛의 세기. 1등에서부터 6등으로 나눔. =광도(光度).
항성-년(恒星年) 명[천] 항성계에 대한 지구의 공전 주기. 1항성년은 365.2564일임.
항성-시(恒星時) 명[천] 1항성일을 24로 나눈 시간. 춘분점의 시각 및 자오선의 적경(赤經)과 맞먹음. 태양시보다 하루에 약 4분 빠름.
항성-월(恒星月) 명[천] 항성을 기준으로 하여 달이 지구를 한 바퀴 도는 평균 시간. 평균 27일 7시간 43분 11초임.
항성-일(恒星日) 명[천] 지구가 한 항성에 대하여 1회의 자전을 하는 시간. 23시간 56분 4.091초임.
항성^주기(恒星週期) 명[천] 행성·위성의 항성에 대한 공전 주기.
항:소(抗訴) 명[법] 1 민사 소송에서, 제1심의 종국 판결에 대하여 하는 상소. 2 형사 소송에서, 제1심 판결에 대하여 제2심 법원에 하는 상소. 구용어는 공소(控訴). **항:소-하다** 동(자)여
항:소-심(抗訴審) 명[법] 항소 사건에 대한 항소 법원의 심리.
항:속¹(航速) 명 선박이나 비행기의 운행 속도. ¶최대 ~으로 가다.
항:속²(航續) 명 항공 및 항해를 계속하는 것. **항:속-하다** 동(자)여
항:속-력(航續力) [-송녁] 명 선박 또는 항공기가 한 번 실은 연료만으로 항해 또는 비행을 계속할 수 있는 능력.
항시(恒時) Ⅰ 명 =상시(常時)Ⅱ.
Ⅱ튀 똑같은 상태로 언제나. (비)늘·항상. ¶그는 ~ 출근이 늦는다.
항:심¹(抗心) 명 대항하려는 마음.
항심²(恒心) 명 언제나 지니고 있는 떳떳한

마음.
항아(姮娥)[명][역] 궁중에서, 상궁이 되기 전의 어린 궁녀를 이르는 말.
항아리(缸-)[명] 고추장·된장·간장·김치 등을 담아 두거나 쌀·잡곡 등을 넣어 두는 데 쓰는, 아가리와 밑바닥이 좁고 배가 부르며 전이 달린 오지그릇. 크기는 여러 가지가 있는데, 특히 큰 것은 '독'이라고도 함. ▷독.
항아리-손님(缸-)[명] '유행성 이하선염'을 양쪽 볼이 항아리처럼 부어오른다 하여 이르는 말.
항!암(抗癌)[명] (일부 명사 앞에 쓰여) 암세포를 죽이거나 암세포를 억제함. ¶ ~ 물질 / ~ 작용 / ~ 치료.
항!암-제(抗癌劑)[명][약] 암세포를 죽이거나 암세포가 자라지 못하게 억제하는 약. ¶ ~ 를 투여하다.
항온(恒溫)[명] =상온(常溫)1.
항온-기(恒溫器)[명] 온도 조절기를 사용하여 내부의 온도를 자동적으로 일정하게 유지하도록 한 장치. =항온조·정온기.
항온-동물(恒溫動物)[명][동] =정온 동물.
항용(恒用)[부] 드물지 않게 늘. ¶교통 정체와 주차난은 대도시에서 ~ 겪는 일이다.
항!우-장사(項羽壯士)[명] ['항우 같은 장사'라는 뜻] 힘이 아주 센 사람을 이르는 말. =항장사(項壯士). ¶ ~ 라도 못 당할 일 / 그는 힘이 ~ 다.
항운(航運)[명] 배로 물건을 실어 나르는 것. ㉠조운(漕運). **항!운-하다**[동][타][여]
항원(抗原·抗元)[명][생] 생체 내에 침입하여 항체(抗體)를 형성시키는 단백성 물질. 많은 세균이나 독소가 이에 해당됨. ¶ ~ 물질. ㉠항체.
항!원^항^체^반^응(抗原抗體反應)[의] 항원을 동물 체내에 넣었을 때 항원과 항체 사이에 생기는, 응집 반응·용혈 반응·침강 반응·알레르기 반응 등의 총칭. 혈청 요법이나 예방 접종은 이를 응용한 것임.
항!의(抗議)[-의/-이][명] (어떤 사람에게 또는 어떤 단체에 그의 조치·처리·발언·판정 등을[에 대해]) 부당하다고 여겨 불만을 나타내거나 그러지 말라고 주장하는 것. =항변(抗卞). ¶집단 ~ / ~ 시위. **항!의-하다**[동][자][여] ¶심판의 부당한 판정에 ~ / 공장의 소음에 대해 인근 주민들이 ~.
항!의-서(抗議書)[-의/-이-][명] 항의하는 내용을 적은 문서.
항!일(抗日)[명] 일본 제국주의에 대한 항거. ¶ ~ 운동 / ~ 독립투사. **항!일-하다**[동][자][여]
항!쟁(抗爭)[명] (적이나 불의한 세력에) 대항하여 싸우는 것. ¶불의에 대한 끊임없는 ~. **항!쟁-하다**[동][자][여] ¶삼별초(三別抄)는 끝까지 몽골 군에 **항쟁하였다**.
항!적(航跡)[명] 1 항공기가 통과한 흔적을 연결한 선. 2 선박이 지나간 뒤에 남은 자취.
항!전(抗戰)[명] 적에 대항하여 싸우는 것. **항!전-하다**[동][자][여]
항!진¹(亢進)[명] 1 (기세 따위가) 높아지는 것. 2 (병세 따위가) 심해지는 것. ¶심계(心悸) ~. **항!진-하다**[동][자][여] **항!진-되다**[동][자]
항!진²(航進)[명] 비행기나 선박 등이 전진하는 것. **항!진-하다**[동][자][여]
항!체(抗體)[명][생] 항원(抗原)의 침입을 받은 생체가 그 자극으로 만들어 내는 단백질의 총칭. =면역체(免疫體). ▷항원.

항하-사(恒河沙) Ⅰ[명] ['항하(갠지스 강)의 모래'라는 뜻] 무수히 많은 수량.
Ⅱ[수] 십진급수의 하나. 극(極)의 만 배, 아승기(阿僧祇)의 만분의 일. 곧, 10^{52}.
항!해(航海)[명] (배가) 바다 위를 가는 것. =주항(舟航). ¶ ~ 술(術) / ~ 일지. **항!해-하다**[동][타][여] ¶태평양을 ~.
항!해-도(航海圖)[명] 항해용 해도의 통칭.
항!해-사(航海士)[명] 선박 직원의 하나. 해기사(海技士) 면허장을 가진 자로서, 선박 방위의 측정, 승무원의 지휘, 하역의 감독 등을 맡아봄.
항!해-술(航海術)[명] 선박의 항행 중, 그 선박이 있는 곳의 경위도(經緯度)를 정확히 알고, 항행에 가장 가까운 침로(針路)·항정(航程) 따위를 측정하는 기술.
항!행(航行)[명] (배나 비행기가 어느 곳을) 항로를 따라 나아가는 것. **항!행-하다**[동][자][타][여]
항!히스타민-제(抗histamine劑)[명][약] 체내에 발생하는 히스타민의 작용을 경감시키는 약제. 천식·두드러기·화분증(花粉症) 등의 알레르기성 치료에 이용됨.
해¹[명] **1**[자립] 1 아침에 동쪽에서 떠서 저녁에 서쪽으로 질 때까지 하늘에서 빛과 열을 내어 지구를 밝고 따뜻하게 하는, 크고 둥근 천체. ㉠태양(太陽). ¶ ~ 가 뜨다[지다] / ~ 가 저물다. 2 태양에서 나오는 빛이나 열. ¶이 방은 오후에 ~ 가 든다. 3 날이 밝아서 어두워질 때까지의 동안. ¶ ~ 가 짧다 / ~ 가 노루 꼬리만큼 길어지다 / ~ 안에 다녀오너라. 4 지구가 태양을 한 바퀴 도는 동안. ㉠연(年). ¶ ~ 가 바뀌다 / 달이 가고 ~ 가 다. **2**[의존] 지구가 태양을 한 바퀴 도는 시간의 단위. ¶ 세 ~.
해가 길다[구] 하루의 낮 시간이 길다.
해가 서쪽에서 뜨다[구] 있을 수 없는 일의 비유. ¶네가 그런 일을 해내다니 **해가 서쪽에서 뜨겠다**.
해가 짧다[구] 하루의 낮 시간이 짧다.
해²[의존] 주로 '내', '네', '뉘(누구)', '우리' 아래에 쓰여, 소유물임을 나타내는 말. ㉠것. ¶이건 내 ~ 다. / 저건 뉘 ~ 냐?
해³[부] 1 기운 없이 입을 조금 벌린 모양. ¶입을 ~ 벌리고 바라보다. 2 입을 조금 벌려 속없이 방그레 웃는 모양. 또는, 그 소리. ¶ ~ 웃다. ㉠헤.
해-⁴[접두] 농작물이나 가축 등이 그해에 새로 수확되었거나 나왔거나 태어난 것임을 나타내는 말. 다음에 오는 말이 모음으로 시작하거나 첫 자음이 된소리 또는 거센소리일 때 붙음. ¶ ~ 깍두기 / ~ 쑥 / ~ 암탉 / ~ 콩 / ~ 팥. ㉠햇.
해!⁵(亥)[명][민] 십이지(十二支)의 마지막. 돼지를 상징함.
해!⁶(害)[명] 사람이나 동물에게, 또는 식물 등에 미치는 나쁜 영향이나 작용. ¶ ~ 가 있다[없다] / ~ 를 입다[입히다] / ~ 를 끼치다
해!⁷(解)[명][수] 방정식이나 부등식을 성립시키는 미지수의 값. 또는, 미분 방정식을 만족시키는 함수.
해⁸(垓)[수] 십진급수의 하나. 경(京)의 만 배, 자(秭)의 만분의 일. 곧, 10^{20}.
-해⁹(海)[접미] '바다', 특히 '대양(大洋)의 일부를 이루거나 육지로 둘러싸인 바다'를 나타내는 말. ¶다도 ~ / 지중 ~. ▷양(洋).

해ː갈(解渴)[명] 1 목마름을 해소하는 것. 2 비가 내려 가뭄을 겨우 면하는 일. ¶~의 단비 / 이번 내린 비로 보리 ~은 되었겠지. 3 금전이 융통되는 것. 해ː갈-하다[동][자][여] 해갈-되다[동][자]

해감[명] 1 물속에서 흙과 유기물이 썩어 생기는 냄새나는 찌끼. 2 [식]=해캄.

해감-내[명] 해감의 냄새. ¶~가 나다.

해거(駭擧)[명] 해괴한 짓. ¶먹청이가 ~를 부리러 들자마자 백은 어머니 입에서 발악이 막혔던 물 터진 것같이 쏟아져 나왔다.《홍명희:임꺽정》

해-거름[명] 해가 서쪽으로 기울어질 무렵. ¶온양 온천에서 하룻밤을 묵고 이튿날 ~에 하영과 미혜는 관광호텔을 떠났다.《박경리:타인들》⑥해름.

해-거리[명] 1 한 해를 거름. (비)격년(隔年). 2 과일나무가 한 해에는 열매가 많이 열리고 그 다음 해에는 나무가 약해져서 열매가 거의 열리지 않는 일. 해거리-하다[동][자][여]

해ː결(解決)[명] (어려움에 처하거나 문제가 되는 일을) 답을 찾거나 만족스러운 상태를 이끌어 내어 어려움이나 문제가 되는 것이 없어지게 하는 것. ¶~을 보다 / ~이 나다. 해ː결-하다[동][타][여] ¶사건을 ~ / 분쟁을 ~ / 돈 문제를 ~. 해ː결-되다[동][자] ¶문제가 원만하게 ~.

해ː결-사(解決士)[-싸][명] 1 해결하기 어려운 채권·채무 등에 관련된 일을 전문적으로 청부받아 폭력을 휘둘러 해결해 주고 금품을 받는 폭력배의 속칭. 2 전문적인 지식이나 탁월한 능력으로 문제를 시원하게 해결해 주는 사람. ¶법률 ~ / 고민 ~ / 경기 후반에 안정환 선수를 ~로 투입하다.

해ː결-책(解決策)[명] 어떠한 일이나 문제 따위를 해결하기 위한 방책. ¶~을 모색하다.

해ː경(海警)[명] '해양 경찰대'의 준말.

해ː고(解雇)[명] (사용주가 근로자를) 더 이상 고용하지 않기로 하고 내보내는 것. ¶~를 당하다. 해ː고-하다[동][타][여] 해ː고-되다[동][자] ¶직장에서 ~.

해ː고^수당(解雇手當)[명][사] 사용주가 해고당한 사람에게 주는 위로금.

해골(骸骨)[명] 살이 다 썩어 없어진 송장의 뼈. 또는, 그 머리뼈. =촉루(髑髏). ¶땅을 파다가 ~이 발견되다 / ~이 그려진 해적의 깃발.

해골-바가지(骸骨-)[-빠-][명] '해골'을 속되게 이르는 말. ⑥해골박.

해골-박(骸骨-)[-빡][명] '해골바가지'의 준말.

해ː공(海空)[명] 1 바다와 하늘. 2 해군(海軍)과 공군(空軍).

해괴(駭怪)[-괴/-궤]→해괴-하다[-괴-/-궤-][형][여] 놀랍고 괴상하다. ¶해괴한 일 / 해괴한 소문. 해괴-히[부]

해괴-망측(駭怪罔測)[-괴-/-궤-]→해괴망측-하다[-괴-츠카-/-궤-츠카-][형][여] 말할 수 없이 해괴하다. ¶옷차림이 해괴망측한 히피족 / 별 해괴망측한 꼴 다 보겠네.

해ː구¹(海口)[명] 바다의 후미진 곳으로 들어간 어귀.

해ː구²(海丘)[명][지] 바다 밑에 솟아 있는 고도 1000m 이하의 언덕. ▷해산(海山).

해ː구³(海狗)[명][동]=물개1.

해ː구⁴(海寇)[명] 바다로부터 침입해 들어오는 도둑 떼.

해ː구⁵(海溝)[명][지] 해양 밑바닥에 좁고 길게 도랑 모양으로 움푹 들어간 곳. ▷해연(海淵).

해ː구⁶(海鷗)[명] 바다의 갈매기.

해ː구-신(海狗腎)[명] 물개 수컷의 생식기를 한의학에서 이르는 말. 강정제로 유명함.

해ː군(海軍)[명][군] 함정(艦艇)을 주력으로 하여 바다에서의 전투를 임무로 하는 군대. =수군(水軍). ▷육군·공군.

해ː군^사ː관학교(海軍士官學校)[-꾜][명][군] 해군의 정규 장교를 양성하는 학교. 수업 연한은 4년이며, 졸업과 동시에 학사(學士) 학위를 수여받고 해군 또는 해병 소위로 임관됨. ⓒ해사.

해금¹(奚琴)[명][음] 국악기의 하나. 속이 빈 둥근 나무의 양쪽의 가죽을 매우고 긴 나무를 꽂아 줄을 활 모양으로 건 악기. 속칭은 깡깡이.

해ː금²(海禁)[명] 자국(自國)의 해안에 외국 선박의 항행이나 출어(出漁) 등을 금하는 것. 해ː금-하다¹[동][자][여] 해ː금-되다¹[동][자]

해ː금³(解禁)[명] 금하던 것을 푸는 것. ¶~령 / ~기(期) / ~ 서적. 해ː금-하다²[동][타][여] 해ː금-되다²[동][자]

해ː기(海氣)[명] 바다 위에 어린 기운.

해ː기-욕(海氣浴)[명] 해변에서 맑은 공기를 마시며 바다의 기운을 온몸으로 쐬는 요양법.

해-껏[-껃][부] 해가 질 때까지. ¶어제는 ~ 너를 기다렸다.

해꼬지(書-)[명] '해코지'의 잘못.

해꼬무레-하다[형][여] 생김새가 반듯하고 빛깔이 조금 흰 듯하다. ¶주부의 눈에 비친 덕기는 해꼬무레하고 예쁘장스러운 똑똑한 청년이었다.《염상섭:삼대》 해꼬무레히[부]

해끔-하다[형][여] 빛깔이 조금 희고 깨끗하다. ¶해끔한 얼굴. ⓔ희끔하다. 해끔-히[부]

해끔해끔[부] 빛깔이 여기저기 해끔한 모양. ⓔ희끔희끔. 해끔해끔-하다[형][여]

해끗-해끗[-끄딸][부] 흰 빛깔이 여기저기 나타난 모양. ⓔ희끗희끗. 해끗해끗-하다[형][여] ¶해끗해끗한 눈발이 공중으로 회회 돌아 내려오는데 떨어지는 배꽃 같고 날아오는 버들가지같이 힘없이 떨어지며 간곳없이 스러진다.《이인직:은세계》

해-나다[동][자] 1 날씨가 흐리지 않고 개다. 2 해가 구름 속에서 나와 볕이 나다.

해낙낙-하다[-낭나카-][형][여] 마음이 흐뭇하여 만족한 느낌이 있다.

해ː난(海難)[명] 사고 등으로 인하여 항해 중인 선박의 선체(船體)·인명·화물 등에 생기는 재난.

해ː내(海內)[명] 사면이 바다로 싸인 육지. 곧, '나라 안'을 이르는 말.

해ː-내다[동][타] 1 상대방을 여지없이 이겨 내다. ¶그런 녀석쯤이야 쉽게 해낼 수 있다. 2 맡은 일이나 닥친 일을 능히 처리하다. ¶어떤 일이라도 해내겠다.

해-넘이[명] 수평선이나 지평선이나 산의 너머로 저녁 해가 지는 것. (비)일몰. ⚔해돋이.

해ː녀(海女)[명] 바다 속에 들어가 해삼·전복·미역 따위를 따는 것을 직업으로 하는 여자. =잠녀.

해ː년(亥年)[명][민] 태세(太歲)의 지지(地支)가 해(亥)로 된 해. 을해년(乙亥年)·기해년(己亥年) 따위. =돼지해.

해-님 '해[1]'을 인격화하여 다정하게 이

르는 말. ¶~이 방긋 웃다. ▷달님. ✕햇님.
해:단(解團) 圀 명칭에 '단(團)' 자가 붙은 단체를 해산하는 것. ¶~식. ↔결단. 해:단-하다 图㉠ 해:단-되다 图㉠
해:달(海獺) 圀 图 포유류 족제빗과의 바다 짐승. 몸길이 1m 정도. 몸빛은 다갈색이며, 몸통은 짧고 뒷다리가 길며 발가락은 물갈퀴로 연결되어 있음. 모피는 최고급품으로 취급됨.
해:답(解答) 圀 1 어떤 문제에 대해 출제자가 제시한 정답. 비답. ¶연습 문제의 ~ / 문제가 너무 어려워 ~을 슬쩍 훔쳐보다. 2 문제가 되는 일에 대한 해결 방안. ¶서울시 교통 문제는 아직 신통한 ~을 찾지 못하고 있다. 해:답-하다 图㉣㉠㉠
해:답-집(解答集) [-찝] 圀 문제의 해답을 모아서 엮은 책. ¶입학시험 문제 ~.
해:당¹(害黨) 圀 당을 해롭게 하는 것. ¶~ 행위. 해:당-하다¹ 图㉣㉠
해:당²(該當) 圀 1 (주로 관형어적으로 쓰이어) 앞의 내용과 '관계가 되거나 관련이 있는 바로 그'의 뜻을 나타내는 말. ¶~ 사항 / ~ 기관. 2 (어떤 범위나 경우, 조건 등에) 포함되거나 속하거나 들어맞는 것. ¶너는 자격 요건에 ~이 안 된다. 해:당-하다² 图㉠ ¶이번 태풍은 B급에 해당한다. 해:당-되다 图㉣ ¶남을 속여 재물을 빼앗는 행위는 사기죄에 해당된다.
해:당³(解黨) 圀 당을 해산하는 것. 해:당-하다³ 图㉣㉠
해:당^작용(解糖作用) 圀 图 동물의 대사에서 탄수화물이 분해되어 피루브산과 락트산으로 되는 작용.
해:당-화(海棠花) 圀 图 장미과의 낙엽 활엽 관목. 키가 1~1.5m. 줄기는 가시가 많음. 5~7월에 짙은 홍색의 꽃이 피고, 열매는 8월에 붉게 익음. 꽃은 향수 원료로 쓰고, 열매는 약용·식용함. 바닷가의 모래땅에서 자람. =때찔레·매괴.
해:도¹(海島) 圀 바다 가운데 있는 섬.
해:도²(海圖) 圀 图 바다의 상태를 자세히 적어 넣은, 항해자용의 지도.
해:독¹(害毒) 圀 1 해를 주는 독. 2 어떤 대상에 미치는 악하거나 나쁜 영향. ¶사회에 ~을 주는 음란물.
해:독²(解毒) 圀 독기를 빼어 없애는 것. ¶~ 작용. 해:독-하다 图㉣㉠㉠ 해:독-되다 图㉣
해:독³(解讀) 圀 (난해한 문구나 암호 등을) 읽어서 알아내는 것. 해:독-하다² 图㉣㉠ ¶고문(古文)을 ~ / 암호를 ~. 해:독-되다² 图㉣
해:독-제(解毒劑) [-쩨] 圀 图 몸 안의 독기를 빼어 없애는 약.
해-돋이 [-도지] 圀 수평선이나 지평선이나 산의 너머로 아침 해가 뜨는 것. =해뜨기. 비일출(日出). ¶~를 보러 가다 / 경주 토함산의 ~는 참으로 장관이다. ~해넘이.
해:동(海東) 圀 ['발해(渤海)의 동쪽'이라는 뜻〕옛날에 '우리나라'를 이르던 이름.
해:동²(解凍) 圀 얼었던 것이 녹아서 풀리는 것. 해:동-하다 图㉣㉠㉠
해-동갑(-同甲) 圀 1 해가 질 때까지의 동안. 2 어떤 일을 해질 무렵까지 계속함을 이르는 말. ¶"짐바리 실은 나귀들 발자취가 눈려 까 말일세." 해동갑-하다

해:류●2011

图㉣ 어떤 일을 해질 무렵까지 계속하다. ¶…곰비임배 쉬어서 일백삼십 리 길을 사흘에도 해동갑하여 왔다. 《홍명희:임꺽정》
해:동-기(解凍期) 圀 얼었던 것이 녹아서 풀리는 시기.
해:동-중보(海東重寶) 圀 [역] 고려 성종 때부터 숙종 때까지 통용되던 철전.
해:동-청(海東靑) 圀 =매³.
해:동-통보(海東通寶) 圀 [역] 고려 숙종 7년 (1102)에 만든 구리 돈. 우리나라에서 처음으로 사용한 엽전임.
해:득(解得) 圀 (글을) 깨쳐 읽고 쓸 수 있게 되는 것. ¶~력(力). 해:득-하다 图㉣㉠ ¶국문을 ~. 해:득-되다 图㉣
해-뜨기 圀 =해돋이.
해:-뜨리다/-트리다 图㉣ '해어뜨리다'의 준말.
해뜩-해뜩 [-뜨캐-] 图 흰 빛깔이 군데군데 뒤섞여 보이는 모양. ¶그물이 가까워 올수록 데에야데야는 박자가 빨라진다. …이때쯤은 벌써 멸치가 모래톱에 ~ 뛰어오른다. 《오영수:갯마을》 ⓛ회뜩회뜩. 해뜩해뜩-하다 图㉠
해:라-체(-體) 圀 图 상대 높임법의 하나. 아랫사람에게 아주 낮추는 종결형의 말체. '해라', '먹어라', '앉아라' 따위.
해:량(海諒) 圀 '바다처럼 넓은 마음'으로 너그럽게 양해하는 것. 주로 편지에서 상대방에게 용서를 구할 때 쓰는 말임. 해:량-하다 图㉣㉠ ¶부족한 점을 두루 해량하시기 바랍니다.
해:령(海嶺) 圀 [지] 4000~6000m 깊이의 바다 밑에 산맥 모양으로 솟은 지형. =해저산맥.
해:례(解例) 圀 보기를 들어서 설명하는 것. ¶훈민정음 ~ 본(本). 해:례-하다 图㉣㉠
해:로¹(海路) 圀 배가 다니는 바다 위의 길. 비바닷길.
해:로²(偕老) 圀 부부가 한평생을 함께 살며 늙는 것. ¶~하다.
해로-가(薤露歌) 圀 상여가 나갈 때 부르는 노래. 사람의 목숨이 부추 위의 이슬과 같아서 쉽사리 말라 없어진다는 뜻의 구슬픈 가사와 곡조로 되어 있음.
해로-동혈(偕老同穴) 圀 〔살아서는 같이 늙고 죽어서는 한 무덤에 묻힌다는 뜻〕 생사 (生死)를 같이하자는 부부의 사랑의 맹세. 해로동혈-하다 图㉣㉠
해:-롭다(害-) [-따] 혱㉲ <~로우니, ~로워> (어떤 일이나 대상이 누구에게, 또는 무엇에) 나쁜 영향을 주거나 해를 주는 작용을 하는 상태이다. ¶담배는 건강에 ~. / 너한테 해로운 짓은 안 할 테니 안심해. ↔이롭다. 해:로이 튀
해롱-거리다/-대다 图㉣ 1 술에 취하여 정신이 몽롱한 상태에서 자꾸 실없는 행동을 하다. 2 이성에게 강한 매력을 느끼거나 성적으로 흥분하여 넋이 나간 듯한 상태에서 자꾸 실없이 굴다. 3 버릇없이 경솔하게 자꾸 까불다. ⓛ회롱거리다.
해롱-해롱 튀 해롱거리는 모양. ¶계집애가 술이 곤주 먹고서 ~ 취해 가지고 ~ 까분다. 《채만식:레디메이드 인생》 ⓛ회롱회롱. 해롱해롱-하다 图㉣㉠ ¶너 이 가시내, 날 보면 녀 중둥이 시어서 해롱해롱허지. 《채만식:쑥국새》
해:류(海流) 圀 [지] 일정한 방향과 일정한 속

도로 운동하는 바닷물의 흐름. =무대.

해:류-도(海流圖) 명[지] 해류의 종류·방향·속도 등을 나타낸 그림.

해:류-병(海流瓶) 명[지] 해류를 측정하기 위해 바닷물에 띄우는 병. 내부에 기록 카드를 넣어 바다의 특정 장소에서 물에 띄워 보내면, 그것을 발견한 사람이 발견 장소와 일시를 기록하여 되돌려 보내오는데, 이것으로써 해류의 이동 경로를 앎.

해:륙(海陸) 명 바다와 육지.

해:륙-풍(海陸風) 명[지] 바다와 육지의 기온차로 낮과 밤에 풍향이 바뀌는 바람.

해:름 명 '해거름'의 준말.

해:리¹(解離) 명 1 풀려 떨어지는 것. 또는, 풀어 떨어지게 하는 것. 2 [화] 한 개의 분자 또는 결정이, 그 성분을 구성하고 있는 원자·원자단 또는 이온으로 분해되었다가, 분해 원인이 사라지면 도로 화합하여 본디의 물질이 되는 일. 또는, 그 분해. **해:리-하다** 통(자)(여) **해:리-되다** 통(자)

해:리²(海里) 명(의존) 바다 위의 거리를 나타내는, 길이의 단위. 1해리는 1852m임. =리(浬).

해:리-도(解離度) 명[화] 해리된 분자의 수와 해리되기 전의 분자 총수와의 비.

해:마(海馬) 명 1 실고깃과의 바닷물고기. 몸길이 8cm 안팎. 온몸이 딱딱한 비늘로 덮여 있고, 머리는 말의 머리와 비슷하며, 주둥이는 관 모양임. 수컷의 배에는 육아낭(育兒囊)이 있어, 암컷이 여기에 알을 낳으면 부화시킴. 긴 꼬리로 해조(海藻)를 감고 있는데 곧게 선 채로 헤엄침. =수마. 2 ⇒바다코끼리.

해-마다 위 그해 그해. ¶학생 수가 ~ 줄어들다 / ~ 풍년이 들다.

해:만(海灣) 명 1 바다와 만. 2 [지] =만(灣).

해:-말갛다[-가타] 혱ㅎ<~말가니, ~말가오, ~말개> 빛이 희고 말갛다. (큰)희멀겋다.

해말끔-하다 혱여 얼굴빛이 희고 말끔하다. (큰)희멀끔하다.

해말쑥-하다[-쑤카-] 혱여 얼굴빛이 희고 말쑥하다. (큰)희멀쑥하다. **해말쑥-이** 위

해-맑다[-막따] 혱 1 (빛이나 날씨가) 밝고 환한 상태에 있다. ¶소나무 가지 새로 **해맑은** 아침 햇살이 들이비치고 있었다.《황순원:카인의 후예》 2 (소리가) 탁하지 않고 트인 상태에 있다. ¶요령 소리처럼 **해맑고** 구슬픈 새 울음소리가 귀를 간지럽혔다.《김성동:만다라》 3 (사람의 얼굴이나 표정이) 구김살이나 그늘이 없는 상태에 있다. ¶**해맑은** 미소 / **해맑은** 얼굴. 4 (사람의 눈동자가) 깨끗하게 맑은 상태에 있다. ¶아이의 눈빛이 ~. (큰)희맑다.

해망(駭妄) →**해망-하다** 혱여 해괴하고 요망스럽다. **해망-히** 위

해망-적다 혱 '해망쩍다'의 잘못.

해망-쩍다[-따] 혱 영리하지 못하고 어리석다. ×해망적다.

해-맞이 명 해가 뜨는 것을 구경하거나 맞이하는 일. **해맞이-하다** 통(자)(여)

해머(hammer) 명 1 물건을 두드리기 위한 철제(鐵製)의 대형 망치. 2 [음] 피아노 등 건반 악기에서, 현(絃)을 퉁겨 소리를 내는 작은 망치 모양의 부분. 3 [체] 해머던지기 경기에서 사용하는 기구. 무게는 7.26kg 이상이며, 금속제의 구에 강철선을 붙여 말단에 손잡이를 붙인 것임. =철퇴(鐵槌).

해머-던지기(hammer-) 명[체] 지름이 2.135m 되는 원 안에서 해머를 던져, 그 거리로써 승부를 겨루는 경기. =투해머.

해먹(hammock) 명 기둥 사이나 나무 그늘 같은 곳에 달아매어 침상(寢牀)으로 쓰는 그물.

해먼드^오르간(Hammond organ) 명[음] 소형의 파이프 오르간처럼 생긴 전기 오르간. 상표명에서 온 말임.

해:면¹(海面) 명 =해수면(海水面). ¶호수처럼 잔잔한 ~.

해:면²(海綿) 명 1 [동] 해면동물의 총칭. 2 해면동물의 한 종인 목욕해면을 볕에 쬐어 섬유상의 골격만 남긴 것. 탄력이 있고 수분을 잘 빨아들임. 화장용·사무용·의료용으로 씀. =갯솜.

해:면(解免) 명 1 책임을 벗어서 면하는 것. 2 관직이나 직책 등에서 물러나게 하는 것. =해제(解除). **해:면-하다** 통(타)(여) **해:면-되다** 통(자)

해:면-동물(海綿動物) 명[동] 후생동물계의 한 문(門). 가장 원시적인 다세포 동물임. 몸의 기본형은 항아리 모양이고, 밑면의 끝으로 다른 물체에 부착함. 대부분이 바다에서 남. =갯솜동물.

해:면^조직(海綿組織) 명[식] 잎살을 구성하는 조직의 하나. 책상 조직 밑 부분에 위치하여 세포 간극이 넓어 물질 이동의 통로가 됨. =갯솜 조직·해면상 조직.

해:면-질(海綿質) 명[생] 목욕해면·해변해면 등 해면동물의 골격을 이루는 섬유를 구성하는 단백질. 탄성(彈性)이 풍부함. =갯솜질.

해:명¹(海鳴) 명 폭풍우의 징조로 바다에서 일어나는 우레와 같은 소리.

해:명²(解明) 명 (까닭이나 내용을) 설명하여 납득이 가게 밝히는 것. **해:명-하다** 통(타)(여) ¶사고의 원인을 ~. **해:명-되다** 통(자)

해:몽(解夢) 명 민간 신앙에서, 꿈을 꾼 내용을 가지고 미래에 어떤 좋은 일이나 나쁜 일이 생길 것이라고 풀이하는 일. ¶꿈보다 ~이 좋다. **해:몽-하다** 통(자)(타)(여)

해:무(海霧) 명 해상에 끼는 안개.

해-무늬[-니] 명 해가 비쳐서 얼룩얼룩하게 진 무늬.

해-묵다[-묵따] 통(자) 1 (어떤 물건이) 시간적으로 여러 해를 넘기어 오래되다. ¶**해묵은** 포도주 / 서가에는 **해묵어** 빛바랜 책들이 가득 차 있었다. 2 (어떤 일이) 해결되지 못한 상태에서 여러 해를 넘기거나 많은 시간이 지나다. ¶달걀이 먼저냐 닭이 먼저냐 하는 문제는 **해묵은** 논쟁이다.

해묵-히다[-무키-] 통(타) '해묵다'의 사동사. ¶올해도 맏딸을 출가시키지 못한 채 **해묵히고** 말았다.

해:물(海物) 명 '해산물'의 준말.

해:미 명 바다 위에 끼어 짙은 안개.

해-바라기¹ 명[식] 국화과의 한해살이풀. 높이 2m가량. 여름에 노란색의 둥글고 큰 꽃이 핌. 씨는 기름을 짜서 등유(燈油)로 쓰거나 식용함. =규화(葵花).

해-바라기² 명 겨울에 양지바른 곳에서 햇볕을 쬐는 것. ¶선통이가 느릅나무끝에 들어가니 쇠락한 초가지붕에 스산한 바람이 지나는데 양지 벌에는 헐벗은 아이들이 나와서 ~를 하고 있었다.《황석영:장길산》 **해바**

라기-하다 囨[재여]
해바라기-성(-性)[-썽] 囮 절대 권력에 아부하거나 빌붙어 혜택을 누리고자 하는 속성을 야유하여 이르는 말. ¶~ 정치인[기업인].
해-바라지다 囮 모양새 없이 넓게 바라지다. ¶해바라진 그릇. 囸헤벌어지다.
해-바르다 囮 '양지바르다'의 잘못.
해박(該博) ➔**해박-하다**[-바카-] 囮[여] (어떤 사람이 어느 분야에) 넓고 깊은 지식을 가진 상태에 있다. 또는, (어느 분야에 대한 지식이) 넓고 깊은 상태에 있다. 囸박식하다. ¶**해박한** 지식 / 그는 경제 분야에 ~.
해반드르르-하다 囮[여] 1 모양이 해말쑥하고 반드르르하다. 2 이치에 맞게 꾸며 대어 그럴싸하다. 囹해반들하다. 囻희번드르르하다.
해반주그레-하다 囮[여] 얼굴이 해말쑥하고 반주그레하다. ¶…최 서방도 얼굴만 **해반주그레한** 산옥이보다는 붙임성 있고 서글서글하고 노랫가락 잘하는 도화를 좋아하는 꼴…〈안회남·투쟁〉 囻희번주그레하다.
해ː발(海拔) 囮 해면(海面)으로부터 계산하여 잰 육지나 산의 높이. 囸표고(標高). ¶한라산의 높이는 ~ 1950m이다.
해발쭉 囮 아가리나 구멍 따위가 해바라져서 발쭉한 모양. ¶입을 ~ 벌리고 웃다. 囸헤벌쭉. ×해발쪽. **해발쭉-하다** 囮[여] **해발쭉-이** 囮
해발쪽 囮 '해발쭉'의 잘못.
해ː방¹(亥方) 囮 24방위의 하나. 정북(正北)으로부터 서로 30도의 방위를 중심으로 한 15도 각도 안. 囹해(亥).
해ː방²(海防) 囮 바다로부터의 침입이나 피해 따위를 미리 막아 지키는 것. **해ː방-하다**¹ 囨[타여]
해ː방³(解放) 囮 1 (어떤 대상을 억누르거나 얽매였던 상태에서) 벗어나 자유롭게 하는 것. ¶민족 ~ / 여성 ~ 운동. 2 1945년 8월 15일, 우리나라가 일제(日帝)의 지배로부터 풀려난 일. 囸광복(光復). ¶~을 맞다. **해ː방-하다**² 囨[타여] ¶노예를 억압의 굴레에서 ~. **해ː방-되다** 囨[재] ¶압박과 설움에서 **해방된** 민족.
해ː방-감(解放感) 囮 억눌리거나 얽매이거나 부담스럽던 상태에서 벗어나 자유롭게 된 마음의 상태. ¶시험의 지옥에서 벗어나 ~을 맛보다.
해ː방-구(解放區) 囮 구속과 억압으로부터 벗어나 자유로움이나 해방감을 누릴 수 있는 한정된 구역. ¶대학로, 젊음의 ~ / 인터넷의 표현의 ~가 된 것은 상당 부분 익명성에 그 원인이 있다.
해ː방-둥이(解放-) 囮 우리나라가 해방된 1945년에 태어난 사람을 일컫는 말.
해ː방^신학(解放神學) 囮 교회는 억압받는 자들의 해방을 위하여 혁명 운동에 적극 참여해야 한다는, 중남미 가톨릭계의 유력한 교리.
해ː법(解法)[-뻡] 囮 어떤 문제를 풀거나 곤란한 일을 해결하는 방법. ¶경제 문제에 대한 ~.
해ː변(海邊) 囮 바다와 육지의 경계를 이루는 땅. 흔히, 모래사장을 이루는 경우가 많음. 囸바닷가. ¶~을 거닐다.
해ː병(海兵) 囮[군] 해병대의 병사.
해ː병-대(海兵隊) 囮[군] 육지나 바다 어디에서도 싸울 수 있도록 조직·훈련된 부대. 특히, 상륙 작전에 큰 역할을 수행함.
해ː-보다 囨[타] 대들어 맞겨루거나 싸우다. ¶아니 지금 나랑 한번 **해보잿다는** 거냐?
해ː복(解腹) 囮 =해산(解産)². **해ː복-하다** 囨[재여]
해ː부(解剖) 囮 1[생] (생물체나 시체를) 내부의 구조나 상태를 조사·연구하기 위해 칼로 째어서 가르는 일. 囸해체(解體). ¶생물 시간에 개구리 ~ 실험을 하였다. 2 (어떤 대상을) 깊이 분석하여 연구하는 것. **해ː부-하다** 囨[타여] ¶사인(死因)을 밝히기 위해 사체를 ~ / 작중 인물을 심층적으로 ~. **해ː부-되다** 囨[재]
해ː부-학(解剖學) 囮[생] 생물체 내부의 기구와 구조를 연구하는 학문.
해ː분(海盆) 囮[지] 해저 3000~6000m의 깊이에서 약간 오목하게 들어간 곳.
해ː빙(解氷) 囮 1 봄이 되어 겨우내 얼었던 얼음이 녹아 풀리는 것. ↔결빙(結氷). 2 국가간의 긴장이 완화되는 일. 비유적인 말임. ¶~ 무드(mood). **해ː빙-하다** 囨[재여] **해ː빙-되다** 囨[재] ¶한강이 ~.
해ː빙-기(解氷期) 囮 1 얼음이 녹아 풀리는 때. 2 서로 대립 중이던 세력 사이의 긴장이 완화되는 때. 비유적인 말임. ¶정치적인 ~를 맞이하다.
해ː사¹(海士) 囮[군] '해군 사관학교'의 준말.
해ː사²(海事) 囮 바다에 관한 모든 일. 함정·상선(商船)·어선 및 항해·어로·해운 등이 포함됨.
해사-하다 囮[여] (얼굴이) 희고 곱살하다. ¶부잣집 도령같이 **해사한** 얼굴.
해ː산¹(海山) 囮[지] 깊은 해저에 산처럼 우뚝 솟아 있는 지형. ▷해구(海丘)
해ː산²(解産) 囮 (산모가) 아이를 낳는 일. =해복. 囸분만(分娩). ¶~ 기(期) / 첫 ~이 가까워 오다. **해ː산-하다** 囨[재타여]
해ː산³(解散) 囮 1 회합 등이 끝나서, 사람들이 따로따로 가는 것. ↔집합. 2 집단·조직·단체 등을 해체하여 없애는 것. **해ː산-하다**² 囨[재타여] ¶시위 군중을 ~ / 국회를 ~. **해ː산-되다** 囨[재]
해ː산-구완(解産-) 囮 =해산바라지. **해ː산구완-하다** 囨[여]
해ː산-달(解産-)[-딸] 囮 아이를 낳을 달. =산삭(産朔)·산월(産月). 囸산달.
해ː산-물(海産物) 囮 바다에서 나는 동식물의 총칭. 囹해물·해산.
해ː산-미역(解産-) 囮 해산한 사람이 먹을 미역. =산곽(産藿).
해ː산-바라지(解産-)[-빠-] 囮 해산을 돕는 일. =해산구완. **해ː산바라지-하다** 囨[여]
해ː산-어미(解産-) 囮 =산모(産母).
해ː삼(海蔘) 囮[동] 극피동물 해삼류에 속하는 동물의 총칭. 몸은 원통형에 가깝게 길둥글고, 등에 혹 모양의 돌기가 많이 있으며, 배에 많은 관족(管足)이 달려 있다. 바다 밑에서 살며, 살은 날로 먹거나 말려서 요리에 사용함. =사손.
해ː상¹(海上) 囮 바다 위. ¶~ 근무 / ~ 경비.
해ː상²(海商) 囮 해상(海上)에 있어서의 상행위. 해운업·해상 보험업 따위.
해ː상³(解喪) 囮 어버이의 삼년상을 마치는 것. =종상(終喪)·종제(終制). 囸탈상(脫喪). **해ː상-하다** 囨[재여]

해:상^급유(海上給油) 명 급유함(給油艦)에 의하여, 해상에서 항해 중인 선박에 연료를 공급하는 일. =양상 급유.

해상-도(解像度) 명 텔레비전 화면이나 컴퓨터의 디스플레이 등의 표시의 선명도. 보통, 주사선(走査線)의 밀도로 표시함.

해상-력(解像力) [-녁] 명 사진에서, 피사체의 미세한 상(像)을 재현할 수 있는 렌즈의 능력. 또는, 현미경·망원경 등에서, 상의 미세한 부분을 식별할 수 있는 렌즈의 능력. ¶~이 뛰어난 망원렌즈.

해:상^보:험(海上保險) 명 [경] 항해상의 사고로 발생하는 선박·적화(積貨) 따위의 손해를 보전(補塡)하는 보험.

해서¹(海西) 명 ['바다의 서쪽'이라는 뜻] [지] '황해도'를 일컫는 말.

해서²(海棲) 명 바다 속에서 사는 것. ¶~ 동·물. 해:서-하다 자여

해서³(楷書) 명 한자 서예에서, 흘림이 전혀 없이 정자(正字)로 또박또박 쓴 글씨.

해석¹(解析) 명 사물을 분석하여 논리적으로 밝히는 것. 해:석-하다¹ 타여

해:석²(解釋) 명 1 (어려운 어구나 문장 등을) 그 의미를 밝혀내거나, 그 내용을 설명하는 것. ¶영문~/시구의 ~. 2 (어떤 의미나 현상을) 자기 나름으로 어떤 의미나 의도를 가진 것으로 이해하거나 판단하는 것. ¶선거 결과에 대한 여야의 ~이 서로 다르다. 해:석-하다² 타여 ¶문장의 뜻을 ~. 해:석-되다 자

해:석^기하학(解析幾何學) [-끼-] 명 [수] 기하학의 한 분야. 기하학적 도형을 좌표에 의하여 나타내고 그 관계를 대수·미분·적분을 사용하여 연구하는 학문. =좌표 기하학.

해:석-학¹(解析學) [-서칵] 명 [수] 미분학·적분학에서 발달한 수학의 총칭. 미분 방정식론·적분 방정식론·집합론·복소 함수론 등이 있음.

해:석-학²(解釋學) [-서칵] 명 [철] 해석에 대한 이론과 방법을 다루는 학문. 문헌이나 예술 작품, 넓게는 인간 정신의 산물을 인간이 체험하여 표현된 것으로 보고, 표현을 통하여 근원에 대한 체험을 이해하려고 함.

해:설¹(解雪) 명 눈이 녹는 것. 해:설-하다¹ 자여

해:설²(解說) 명 (어떤 사물의 내용을) 알기 쉽게 풀어서 설명하는 것. 또는, 그렇게 하여 놓은 글. ¶~집(集)/시사 ~ 작품 ~. 해:설-하다² 타여 ¶입시 문제를 ~/운동 경기를 ~. 해:설-되다 자

해:설-자(解說者) [-짜] 명 문제나 사건의 내용을 알기 쉽게 풀어서 설명하는 사람. ¶축구 경기 ~.

해성-층(海成層) 명 [지] 바다 밑에 퇴적하여 이루어진 지층. 층리(層理)가 뚜렷하고, 때때로 해생물(海生物)의 화석이 있음.

해성-토(海成土) 명 [지] 암석의 풍화물이 바닷물의 작용하여 운반·퇴적되어 이루어진 땅.

해소(解消) 명 (어떤 일의 어려움이나 문제가 되는 상태를) 풀어서 없어지게 하는 것. ¶교통난의 ~. 해:소-하다 타여 ¶스트레스를 ~/분쟁을 ~. 해:소-되다 자 ¶긴장이 ~.

해:손(海損) 명 [경] 항해 중의 사고나 해상 위험으로 인하여 선체 및 적재 화물이 입는 손해.

해:송(海松) 명 [식] 1 =곰솔. 2 =잣나무.

해:송-자(海松子) 명 =잣.

해수¹(咳嗽) 명 [의] =기침¹. 1. 변해소.

해수²(海水) 명 바닷물.

해수-면(海水面) 명 바닷물의 표면. =해면.

해수-병(咳嗽病) [-뼝] 명 [한] 기침을 심하게 하는 병. =수해(嗽咳).

해수-욕(海水浴) 명 주로 여름에 더위를 피하여 바다에서 헤엄을 치거나 물놀이를 하며 노는 것. 해:수욕-하다 자여

해수욕-장(海水浴場) [-짱] 명 해수욕하기에 알맞은 자연환경과 설비가 갖추어진 장소.

해수-탕(海水湯) 명 바닷물을 데워서 목욕할 수 있도록 시설을 갖춰 놓은 업소.

해시(亥時) 명 1 십이시의 열두째 시. 곧, 오후 9시부터 11시까지의 동안. 2 이십사시의 스물셋째 시. 곧, 오후 9시 30분부터 10시 30분까지의 동안. 준해(亥).

해-시계(-時計) [-계/-게] 명 [천] 태양의 일주 운동을 이용하여 대략의 시간을 알 수 있게 만든 장치. ▷별시계.

해식(海蝕) 명 해안이 파도나 연안류(沿岸流)에 의해 침식되는 현상. =해안 침식.

해식-굴(海蝕窟) [-꿀] 명 [지] 해식에 의해 해식에 밑 부분의 연약한 암석이 깎여서 생긴 굴. =해식동(海蝕洞).

해식^대지(海蝕臺地) [-때-] 명 [지] 해식으로 인한 토사(土沙)가 퇴적하여 생긴 해저의 대지. 파식 대지의 말단에 형성됨. ▷파식 대지.

해식-동(海蝕洞) [-똥] 명 [지] =해식굴.

해식-애(海蝕崖) 명 [지] 해식과 풍화 작용에 의해 깎인 수직의 낭떠러지.

해:신(海神) 명 바다를 다스리는 신.

해:심¹(害心) 명 해치려는 마음. =해의(害意).

해:심²(海心) 명 바다의 한가운데.

해:심³(海深) 명 바다의 깊이.

해쓱-하다 [-쓰카-] 형여 (얼굴이) 건강이 좋지 않아 핏기가 없이 허옇다. 回창백하다·핼쑥하다. ¶뻣뻣이 말라서 허수아비에 옷을 입힌 듯한 만듯의 해쓱한 낯을 볼 때 삼돌의 가슴에는 가증스런 생각도 치밀고 미운 생각도 치밀었다.《최서해:그믐밤》

해:악(害惡) 명 해가 되는 나쁜 일. ¶~을 끼치다(저지르다).

해-안¹ 명 해가 떠 있는 동안. 圓해전. ¶오늘~에 이 산을 넘어야 한다.

해:안²(海岸) 명 육지가 바다와 접한 부분. =연해안.

해:안-가(海岸-) [-까] 명 =바닷가.

해:안^기후(海岸氣候) 명 [지] 해안을 따라서 있는 육지에서 볼 수 있는 기후. 내륙에 비해 일반적으로 온화하고, 해륙풍이 발달하기 쉬움.

해:안^단구(海岸段丘) 명 [지] 해안선을 따라 생긴, 가늘고 긴 띠 모양의 계단식 지형. =해식 단구.

해:안^사구(海岸沙丘) 명 [지] 모래벌 해안에서 바람에 날린 모래가 퇴적하여 생긴 모래 둔덕.

해:안-선(海岸線) 명 1 [지] 바다와 육지가 맞닿아서 길게 뻗은 선. =정선(汀線). ¶굴곡이 심한 ~. 2 해안을 따라서 놓여진 철도 선로.

해:안^평야(海岸平野) 명 [지] 1 얕은 해저가 해수면의 저하나 지반의 융기로 육지로 바

펀 낮고 평평한 지역. 2 해안을 따라 펼쳐지는 평탄지(平坦地)나 저평지(低平地)의 총칭. 바다에 임한 삼각주·선상지·간석지 등을 포함함.

해:약(解約) 명 1 =파약(破約). 2 [법] =해지(解止). **해:약-하다** 타여 ¶계약을 ~. **해:약-되다** 자

해:양(海洋) 명 지구 전 표면의 약 70%를 차지하는 수권(水圈). 태평양·대서양·인도양 등의 총칭. 지구 상의 물의 99%를 차지함. 비바다.

해:양^경:찰대(海洋警察隊) [-때] 명 경찰청 소속하에 설치된 특별 지방 행정 기관의 하나. 해상 경비·해난 구조와 해양 오염에 대한 감시·방제(防除) 업무 등 해상에 있어서의 경찰 사무를 관장함. 준해경.

해:양^경:찰청(海洋警察廳) 명 해양 수산부 장관 소속하에 설치된 기관의 하나. 해상에서의 경찰 업무를 맡아봄.

해:양-국(海洋國) 명 국토의 전체 또는 대부분이 바다에 에워싸여 있는 나라. ▷대륙국.

해:양^기후(海洋氣候) 명 [지] =해양성 기후.

해:양-성(海洋性) 명 해양이 가지는 특별한 성질. ↔대륙성.

해:양성^기후(海洋性氣候) [-씽-] 명 [지] 섬이나 해안 지방 특유의 기후. 해양의 영향을 받아 기온의 연교차·일교차가 작고 흐린 날씨와 비 오는 날이 많음. =해양 기후. ↔대륙성 기후.

해:양^수산부(海洋水産部) 명 행정 각 부의 하나. 해양 환경 보전, 해양 자원 개발, 해난 사고의 조사 및 수습, 수산물 유통 따위에 관한 사무를 맡아봄.

해:양-학(海洋學) 명 해양에서의 여러 가지 현상을 연구하는 학문. 해양 생물학·해양 지질학·해양 물리학·수산학 따위.

해:어(海魚) 명 바닷물고기.

해어-뜨리다/-트리다 타 닳아서 떨어지게 하다. 준해뜨리다.

해어-지다 자 닳아서 떨어지다. ¶바지의 무릎 부분이 ~. 준해지다.

해:어-화(解語花) 명 '말을 이해하는 꽃'이라는 뜻. 당나라 현종(玄宗)이 양 귀비(楊貴妃)를 가리켜 말했다고 하는 고사에서) '미인(美人)'을 이르는 말.

해:역(海域) 명 바다 위의 일정한 구역.

해:연(海淵) 명 [지] 해구(海溝) 가운데 특히 깊이 들어간 부분.

해:열(解熱) 명 몸의 열기를 풀어 내리는 것. **해:열-하다** 자여 **해:열-되다** 자

해:열-제(解熱劑) [-쩨] 명 [약] 체온 중추에 작용하여 병적으로 상승한 체온을 정상으로 내리게 하는 약제. =지열제·해열약.

해오라기 명 [동] 백로과의 새. 몸길이 56~61cm. 몸은 뚱뚱하고 다리는 짧음. 몸빛은 등은 흑색, 배는 백색, 날개는 회색임. 소나무·삼나무 숲 등에서 주로 밤에 활동함. 여름새임. =벽로(碧鷺)·푸른백로. 준해오리.

해:왕-성(海王星) 명 [천] 태양계의 여덟 번째 행성. 공전 주기는 165년이며, 2개의 위성을 가지고 있음.

해:외(海外) [-외/-웨] 명 '바다의 밖'이라는 뜻) '우리나라 밖의 다른 나라'를 이르는 말. 비국외(國外)·외국(外國). ¶~ 시장 / ~ 유학 / ~ 동포.

해:외-여행(海外旅行) [-외/-웨-] 명 다른 나라로 여행하는 일.

해:요-체(-體) 명 [언] 상대 높임법의 하나. '하오체'와 '합쇼체'를 쓸 자리에 비격식적으로 두루 쓰임. '해요', '가요', '써요' 따위.

해우-차 명 '해웃값'의 잘못.

해:운¹(-運) 명 그해의 운수. =연운(年運).

해:운²(海運) 명 배로 사람을 태워 나르거나 화물을 실어 나르는 일. =해상 운송.

해:운-업(海運業) 명 [경] 삯을 받고 선박을 이용하여 화물이나 승객을 나르는 사업. =항해업.

해웃-값 [-욷깝] 명 기생·창기 등에게 성적 관계를 맺고 주는 돈. =놀음차·해웃돈·화대(花代)·화채(花債). ×해우차.

해웃-돈 [-욷똔] 명 =해웃값.

해:원(解冤) 명 분풀이를 하는 것. **해:원-하다** 자여

해:의(害意) [-의/-이] 명 =해심(害心)¹.

해:이(解弛) 명 정신 자세가 흐트러지고 긴장이 풀려 규율을 잘 지키지 않거나 멋대로 행동하는 상태가 되는 것. **해:이-하다** 형여 ¶기강이 ~ / 정신 상태가 **해이해지다**. **해:이-되다** 자

해:인(海印) 명 [불] 우주의 일체를 깨달아 아는 부처의 지혜.

해:일(海溢) 명 바다 속의 지각 변동이나 해상의 기상 변화에 의하여 바닷물이 갑자기 크게 일어나서 육지로 넘쳐 들어오는 일. ¶~이 일다. **해:일-하다** 자여

해:임(解任) 명 1 (어떤 직책에 있는 사람을) 맡긴 임무를 내놓고 물러나게 하는 것. 2 [법] 공무원의 징계 처분의 하나. 파면 다음으로 무거운 징계로, 공무원의 신분은 박탈하되 연금은 지급하는 일. ▷징계. **해:임-하다** 타여 ¶비위 공무원을 ~. **해:임-되다** 자 ¶교장 직에서 ~.

해:임-장(解任狀) [-짱] 명 1 해임의 내용을 적은 서장(書狀). 2 [법] 외교 사절을 소환할 경우, 본국 정부가 그 주재국 원수나 외무 장관에게 제출하는 해임의 서장.

해:자(垓子) 명 1 능(陵)·원(園)·묘(墓) 등의 경계. 2 성 주위에 둘러 판 못. =성호.

해:자²(楷字) 명 해서로 쓴 글씨.

해:자³(解字) [민] =파자점(破字占).

해:자-쟁이(解字-) 명 해자로서 점치는 일을 직업으로 하는 사람. =파자쟁이.

해작-거리다/-대다 [-꺼(때)-] 타 자꾸 해작이다. ¶아이가 입맛이 없는지 밥그릇을 **해작거리며** 투정을 한다. 큰헤적거리다.

해작-이다 타 탐탁하지 않은 태도로 무엇을 조금씩 들추거나 파서 헤치다. 큰헤적이다.

해작-해작 [-자캐-] 부 해작거리는 모양. 큰헤적헤적. **해작해작-하다** 타여

해:장¹ 명 술을 많이 마신 다음 날, 쓰린 속을 달래거나 가시지 않은 술기운을 풀기 위하여 약간의 술을 마시거나 술기운이 있는 음식을 먹는 일. 원해정(解酲). **해:장-하다¹** 자여

해:장²(海葬) 명 바다에 장사 지내는 것. **해:장-하다²** 타여 **해:장-되다** 자

해:장-국 [-꾹] 명 술 마신 다음 날, 쓰린 속을 풀기 위해 먹는 국물 음식. 보통, 뼈 국물에 시래기와 선지를 넣고 끓인 것을 말함.

해:장-술 [-쑬] 명 술 마신 다음 날, 쓰린 속을 풀기 위해 마시는 술.

해:저(海底) 명 바다의 밑바닥이나 밑 부분.

¶~ 탐사.
해저-곡(海底谷) 〖명〗[지] 대륙붕이나 대륙 사면에 있는 골짜기.
해저드(hazard) 〖명〗[체] 골프에서, 코스 안에 설치한 모래밭·연못·웅덩이 따위의 장애물. 벙커·워터 해저드 등이 있음.
해저^유전(海底油田) 〖명〗 바다 밑에 있는 유전. 대개 대륙붕 위에 개발함.
해저^케이블(海底cable) 〖명〗 바다 속에 부설한 통신용 케이블. =해저 전선.
해저^터널(海底tunnel) 〖명〗 해저를 뚫은 터널. 해협을 횡단하는 철도·도로로서 사용됨.
해저^화산(海底火山) 〖명〗 해저의 화산. 수증기를 뿜어 올리며 부석(浮石)을 날려 해일의 원인이 될 때가 많음.
해적(海賊) 〖명〗 해상에서 배를 습격하여 재물을 빼앗는 도적. ↔산적(山賊).
해적-선(海賊船) [-썬] 〖명〗 해적 행위를 하는 배.
해적-판(海賊版) 〖명〗 국제 저작권 조약에 의해 보호받고 있는 저작물을 저작권자의 허락을 받지 않고 리프린트하거나 복제한 서적·음반·테이프·소프트웨어 따위의 저작물.
해-전¹(海前) 〖명〗 해가 지기 전. 〖비〗해안. ¶~에 일을 마치다.
해-전²(海戰) 〖명〗[군] 바다 위에서 치르는 전투. ▷육전·공중전.
해제¹(解制) 〖불〗 1 안거(安居)를 마치는 것. ↔결제(結制). 2 재계(齋戒)를 푸는 것. 해:제-하다¹ 〖동〗〖자타〗〖여〗
해제² 〖명〗 1 (부설·설치하거나 장비한 것 등을) 제거하는 것. 2 (행동을 구속했던 것을) 취소하는 것. ¶통금 ~ / 계엄 ~. 3 =해면(解免)³. ¶직위 ~. 4 〖법〗 유효하게 성립한 계약의 효력을 당사자의 일방적인 의사 표시에 의하여 소급(遡及)으로 소멸시키는 것. ¶계약 ~. 해:제-하다² 〖동〗〖타〗〖여〗 ¶무장을 ~ / 공습경보를 ~ / 폭풍 경보를 ~. 해:제-되다 〖동〗〖자〗
해:제³(解題) 〖명〗 1 책의 저자·내용·체재·출판 연월일 등에 대한 간단한 설명. 2 문제를 푸는 것. 해:제-하다³ 〖동〗〖타〗〖여〗
해:제-경보(解制警報) 〖명〗 경계경보·공습경보·화생방 경보 등을 발령했다가 해제됨을 알리는 신호. 녹색 깃발이나 방송·경적 등을 이용함.
해-제끼다 〖동〗〖타〗 '해치우다'의 잘못.
해조¹(害鳥) 〖명〗 사람의 생활에 해를 끼치는 새. ↔익조(益鳥).
해조²(海鳥) 〖명〗 =바닷새.
해조³(海潮) 〖명〗[지] =조수(潮水)³.
해조⁴(海藻) 〖명〗[식] 미역·김·다시마 등과 같이, 바다 속에서 자라며 꽃이 피지 않고 열매도 맺지 않는 풀. =마름·바닷말.

혼동어	해조 / 해초
둘 다 바다에서 자라는 풀을 가리키나, '해조'는 꽃이나 열매를 맺지 않고 포자로 번식하는 바다 속 식물을 가리키는 데 반해, '해초(海草)'는 꽃이 피고 열매를 맺는 바다 식물을 가리킴. 김·미역·다시마·파래 등은 해조에 속하고, 새우말·거머리말 등은 해초에 속함.	

해조⁵(諧調) 〖명〗 1 잘 조화됨. 2 조화로운 가락. ¶김영랑의 시편들은 싱그러운 음색과 아름다운 ~를 보여주고 있다.
해:조-음(海潮音) 〖명〗 조수의 소리. 또는, 파도 소리. =조음(潮音).
해-종일(-終日) 〖명〗 하루 종일. ¶~ 밭에서 일하다.
해죽 〖부〗 만족한 듯이 귀엽게 한 번 웃는 모양. =해죽이. 〖큰〗해족. 〖센〗해쭉.
해죽-거리다/-대다 [-꺼(때)-] 〖동〗〖자〗 마음에 흐뭇하여 귀엽게 계속 웃다. ¶장난감을 사 주자, 아이는 해죽거리며 좋아서 어쩔 줄 몰랐다. 〖큰〗해죽거리다. 〖센〗해쭉거리다.
해죽-이 〖부〗 =해죽. 〖큰〗해족이. 〖센〗해쭉이.
해죽-해죽 [-쭈캐-] 〖부〗 해죽거리는 모양. ¶산얼이도 한 사람과 닥뜨린 것만큼은 반갑지 않았지마는 아무튼 ~ 웃어 보였다.〈이태준: 기생 산월이〉 〖큰〗해족해족. 〖센〗해쭉해쭉. 해죽해죽-하다 〖동〗〖자〗〖여〗
해:중(海中) 〖명〗 1 바다 속. 2 바다 가운데.
해:지(解止) 〖명〗[법] 임대차·고용·위임과 같은 계속적 계약 관계를 당사자의 일방적 의사 표시에 의하여 장래에 대하여 소멸시키는 것. =해약. 해:지-하다 〖동〗〖타〗〖여〗
해-지다 〖동〗〖자〗 '해어지다'의 준말. ¶옷이 ~.
해:직(解職) 〖명〗 직책에서 물러나게 하는 것. ¶~ 교수. 해:직-하다 〖동〗〖자타〗〖여〗 해:직-되다 〖동〗〖자〗
해:진(海震) 〖명〗 바다 밑에서 일어나는 지진으로, 바닷물이 갑자기 흔들리는 현상.
해-집합(解集合) [-지팝] 〖명〗〖수〗 방정식이나 부등식의 해(解)를 집합으로 나타낸 것.
해쭉 〖부〗 '해죽'의 센말. =해쭉이. 〖큰〗희쭉.
해쭉-거리다/-대다 [-꺼(때)-] 〖동〗〖자〗 '해죽거리다'의 센말.
해쭉-이 〖부〗 '해죽이'의 센말. =해쭉. 〖큰〗희쭉이.
해쭉-해쭉 [-쭈캐-] 〖부〗 '해죽해죽'의 센말. 〖큰〗희쭉희쭉. 해쭉해쭉-하다 〖동〗〖자〗〖여〗
해찰¹ 〖명〗 마음에 썩 내키지 않아, 물건을 이것저것 부질없이 집적거려 해치는 일. 해:찰¹
해찰² 〖명〗 어떤 일에 주의를 기울이지 않고 딴 짓이나 쓸데없는 짓을 하는 것. 주로, 아이의 행동에 대하여 이르는 말임. ¶~을 부리다. 해:찰-하다 〖동〗〖자〗〖여〗 ¶수업이 끝나는 대로 길에서 해찰하지 말고 집으로 곧장 돌아와야 한다.
해:찰-궂다 [-굳따] 〖형〗 해찰을 부리는 버릇이 있다.
해:찰-스럽다 [-따] 〖형〗〖ㅂ〗 <-스러우니, -스러워> 해찰궂은 데가 있다. 해:찰스레 〖부〗
해-체(-體) 〖명〗〖언〗 상대 높임법의 하나. '해라체'와 '하게체'에 두루 쓰이는 비격식체의 반말. '해', '앉아' 따위.
해:체²(解體) 〖명〗 1 (단체나 조직 등을) 없애어 구성원들이 흩어지게 하는 것. ¶팀이 위기를 맞다. 2 (여러 부분으로 이뤄진 기계나 구조물 등을) 뜯어서 작은 단위로 분리하거나 헐어서 무너뜨리는 것. ¶건물 ~ 작업. 해:체-하다 〖동〗〖타〗〖여〗 ¶기계 부품을 ~ / 정당을 ~. 해:체-되다 〖동〗〖자〗
해:초(海草) 〖명〗[식] 바다에서 자라는, 꽃이 피고 열매를 맺는 풀. ▶해조(海藻).
해:촉(解囑) 〖명〗 (어떤 사람을 맡겼던 직책에서) 물러나게 하는 것. 해:촉-하다 〖동〗〖타〗〖여〗 ¶위원장은 다음의 사유가 발생했을 때 위원을 해촉할 수 있다. 해:촉-되다 〖동〗〖자〗 ¶김 교수는 최근 자문 위원 직에서 해촉되었다.
해:춘(解春) 〖명〗 봄이 되어 얼음과 눈이 녹는 것. 또는, 그 봄. 해:춘-하다 〖동〗〖자〗〖여〗 해:춘-

되다 통(자)
해:충(害蟲) 명 인간의 생활에 직접·간접으로 해를 끼치는 벌레. ¶~을 구제(驅除)하다. ↔익충(益蟲).
해치(hatch) 명 1 화물과 사람의 출입을 위하여 설치한 갑판의 개구부. ⓑ승강구(昇降口). 2 실내의 벽면과 칸막이로 만들어진 개구부.
해:-치다(害-) 타 1 손상하거나 해롭게 하다. ¶미관을 ~ / 공익을 ~ / 담배는 건강을 해친다. 2 다치게 하거나 죽이다. ¶강도가 사람을 ~.
해:-치우다 통(타) 1 (어떤 일을) 빨리 시원스럽게 끝내다. ¶이틀 동안 할 일을 하루에 ~. 2 일의 방해가 되는 자를 없애다. ¶보초(步哨)를 해치우고 잠입하다. 3 먹어 치우다. 구어적 표현임. ¶그는 순식간에 공기밥 두 그릇을 해치웠다.
해:침(海浸) 명(지) 지질 시대에 지반의 침강 등으로 바다가 육지를 덮는 일. =해진. ↔해퇴.
해캄 명(식) 녹조류 별해캄과에 속하는 담수조. 호수·늪 등의 민물에서 볼 수 있음. 머리카락 모양의 사상체인데 덩어리를 이루며, 짙은 녹색을 띰. 논에 번성하면 벼의 생장에 장애가 됨. =수면(水綿)·수태(水苔)·해감.
해커(hacker) 명 1 뛰어난 프로그래밍 능력으로 최고 수준의 성능을 낼 수 있게 시스템을 개조해 내는 컴퓨터광. 2 남의 컴퓨터에 무단으로 침입하여 그것을 이용하거나 파괴하는 사람. =크래커.
해:-코지(害-) 명 (남을) 해하고자 하는 짓. 자(여) 해:코지-하다 자(여)
해-콩 명 그해에 새로 나온 콩. ×햇콩.
해킹(hacking) 명(컴) 남의 컴퓨터 시스템에 허락없이 침입하여 데이터를 빼내거나 파괴하는 일. =크래킹.
해:탈(解脫) 명 1 굴레에서 벗어나는 것. 2 [불] 속세의 속박·번뇌를 벗어나 근심이 없는 편안한 심경에 이르는 것. 해:탈-하다 자(여) ¶생로병사(生老病死)의 괴로움으로부터 ~.
해:태¹(獬豸) 명 시비(是非)·선악(善惡)을 판단하여 안다는 상상의 동물. 사자와 비슷하나 머리에 뿔이 하나 있다 함. 웬해치(獬豸).
해:태²(海苔) 명(식) = 김³.
해:토(解土) 명 봄이 되어 얼었던 땅이 녹아서 풀리는 것. =땅풀림. ¶집을 새로 짓기루 하구 역사를 시키드래두 ~나 돼야지.《홍명희:임꺽정》 해:토-하다 자(여) 해:토-되다
해:토-머리(解土-) 명 봄이 되어 언 땅이 녹기 시작할 때.
해:퇴(海退) [-퇴/-퉤] 명(지) 지질 시대에 육지가 융기하거나 해면이 침강하여 육지의 면적이 넓어지는 현상. ↔해침(海浸).
해트^트릭(hat trick) 명 [19세기 영국에서, 크리켓 경기 중 연속하여 세 타자를 아웃시킨 투수에게 새 모자[hat]를 주었던 데서 유래] [체] 축구·하키 등에서, 한 선수가 한 경기에서 세 골 이상을 넣는 일.
해:파리 명(동) 자포동물 해파리류·히드로충류의 부유 세대의 총칭. 몸은 한천질이고 우산 모양이며, 거의 조류에 따라 움직임. 갓 가장자리에 늘어서 있는 촉수 속의 독침으로 먹이를 쏨.
해-팥 [-팓] 명 그해에 난 팥.

해-포 명 1년이 넘는 동안. ▷달포.
해:풍(海風) 명 바다에서 불어오는 바람. = 바닷바람·조풍(潮風). ↔육풍.
해프닝(happening) 명 1 뜻밖에 일어난, 주의를 끌거나 우스꽝스럽거나 어처구니없는 구경거리나 사건. ⓑ촌극. ¶행사장에서 웃지 못할 ~이 벌어지다. 2 [예] 예술과 일상 생활과의 경계를 없애고 관객의 참여를 유도하며 우발적인 사건을 중심으로 이루어지는 연극적 형태의 표현 양식.
해피^엔드(←happy ending) [예] 소설·연극 등에서, 결말을 행복한 것으로 맺는 일.
해필(奚必) 부 =하필(何必). ¶~ 남이 싫어하는 일을 할 것이 뭐 있겠나.
해:-하다(害-) 타(여) 해를 주거나 입히다. ¶남을 ~ / 건강을 ~.
해학(諧謔) 명 악의 없이 웃음을 자아내는 표현이나 요소. ⓑ유머. ¶풍자와 ~이 가득한 고대 소설.
해학-적(諧謔的) [-쩍] 관·명 해학으로 이루어진 (것). 또는, 해학이 담긴 (것). ¶~인 묘사.
해:할(海割) 명 주위보다 높은 해저의 땅이 썰물 때 드러남으로써 마치 바다가 양쪽으로 갈라진 것처럼 보이는 현상.
해:항(海港) 명 1 해안에 있는 항구. ▷하항(河港). 2 외국 무역을 위한 항구. ¶~ 검역.
해-해 부 해낙낙하여 까불거리며 웃는 소리. 또는, 그 모양. ⓚ헤헤·히히. 해해-하다 자(여) ¶해해하고 웃지만 말고, 내 이야기를 잘 들어와 봐!
해해-거리다/-대다 자 자꾸 해해하고 웃다. ¶칫신없이 해해거리는 사람. ⓚ헤헤거리다·히히거리다.
해:협(海峽) 명(지) 육지 사이에 끼어 있는 좁고 긴 바다. 양쪽이 넓은 바다로 통함. ¶대한 ~.
해:혹(解惑) 명 의혹을 없애는 것. =파혹(破惑). 해:혹-하다 자(여)
해:황(海況) 명 바닷물의 온도·비중·염분·파도·유속(流速) 등 바다의 여러 가지 물리적 형편.
해:후(邂逅) 명 오랫동안 헤어졌다가 우연히 만나는 것. 또는, 그런 만남. 해:후-하다 자(여) ¶부자(父子)가 40년 만에 ~.
핵(核) 명 1 사물의 중심. 2 [생] 생물 세포의 중심이며 소체(小體). 세포의 생활 기능의 중추이며 유전에 관계됨. =세포핵. 3 [식] 어떤 종류의 과실의 종자를 보호하고 있는 단단한 부분. 4 [물] '원자핵'의 준말. ¶~폭발. 5 [군] =핵무기. ¶~ 폐기.
핵-가족(核家族) [-까-] 명(사) 구성원이 한 쌍의 부부로만 이뤄지거나, 한 쌍의 부부와 그들의 미혼 자녀로 이뤄진 형태의 가족. =소가족. ↔확대 가족.
핵-겨울(核-) [-껴-] 명 큰 규모의 핵전쟁이 일어난 뒤 지구에 몰아닥친다는 몹시 추운 기상 상태.
핵과(核果) [-꽈] 명(식) 다육과(多肉果)의 하나. 씨가 단단한 핵으로 싸여 있는 열매. 복숭아·살구 따위.
핵-단백질(核蛋白質) [-딴-찔] 명(생) 동식물의 세포 속에 있는, 핵산과 단백질의 결합물. 염색체 및 바이러스를 구성하는 물질임.
핵력(核力) [행녁] 명(물) 원자핵 속에서, 근접한 양성자와 중성자를 강고(强固)하게 결합시켜 원자핵을 형성하고 있는 힘.

핵막(核膜)[행-] 명〖생〗세포의 핵 물질을 싸고 있는 얇은 껍질.

핵-무기(核武器)[행-] 명〖군〗핵반응에 의하여 핵에너지를 폭발적으로 방출하여 만든 무기의 총칭. 원자 폭탄이나 수소 폭탄, 핵탄두를 장착한 미사일 따위. =원자 무기·핵(核)·핵병기.

핵^무장(核武裝)[행-] 명〖군〗핵무기를 장비하거나 배치하는 일.

핵물리-학(核物理學)[행-] 명〖물〗원자핵의 구조나 반응 등을 연구하는 물리학의 한 부문.

핵-미사일(核missile) 명〖군〗핵탄두를 실어 나를 수 있는 미사일.

핵-반응(核反應)[-빤-] 명〖물〗원자핵이 다른 입자와 충돌하여 다른 종류의 원자핵으로 바뀌는 현상. =원자핵 반응.

핵변(覈辨)[-뼌] 명 사실에 근거를 두어 변명하는 것. ¶자네가 도둑놈의 동류 아니구 긴 것은 나중에 자연 ~이 될 테니 발명 고만하구 걱정이 집이 어느 동넨가 그게나 일러 주게.《홍명희: 임꺽정》 **핵변-하다** 동 (타여).

핵보유-국(核保有國)[-뿌-] 명 핵무기를 가지고 있는 나라.

핵-분열(核分裂)[-뿐-] 명 1〖생〗세포질이 분열하기에 앞서 핵이 분열하는 일. =세포핵 분열. 2〖물〗원자핵이 중성자 또는 감마선 등의 조사(照射)에 의해 거의 같은 크기의 두 개의 원자핵으로 분열하는 현상. =원자핵 분열.

핵-붕괴(核崩壞)[-뿡괴/-뿡궤] 명〖물〗하나의 원자핵이 방사선을 내어 다른 원자핵으로 변하는 현상. 알파 붕괴·베타 붕괴·감마 붕괴 등이 있음. =원자핵 붕괴.

핵산(核酸)[-싼] 명〖화〗염기·당·인산으로 이루어진 뉴클레오티드가 긴 사슬 모양으로 결합한 고분자 물질. 생물의 증식을 비롯한 생명 활동의 유지에 중요한 작용을 함.

핵^실험(核實驗)[-썰-] 명 핵분열이나 핵융합의 실험, 그중에서도 원자 폭탄이나 수소 폭탄 등 핵폭발 장치를 실제로 폭발시켜서 성능·파괴력을 확인하는 실험.

핵심(核心)[-씸] 명 많은 대상이나 복잡한 내용 가운데 가장 중요하거나 중심이 되는 소수의 대상이나 간략한 내용. =알속·핵자(核子). ¶~ 인물 / 문제의 ~을 찌르다〔놓치다〕.

핵심-적(核心的)[-씸-] 관·명 사물의 핵심이 되는 (것). ¶~인 내용.

핵심-체(核心體)[-씸-] 명 1 핵심이 되는 부분. 2〖물〗연료 원자핵 등이 분열하여 에너지를 방출하는 원자로(原子爐)의 중심부.

핵액(核液) 명〖생〗세포의 핵을 채우는 액.

핵-에너지(核energy) 명 핵분열·핵융합 등의 핵반응 때에 방출되는 에너지.

핵-연료(核燃料)[-열-] 명〖물〗원자로(原子爐)에서 핵반응을 일으켜 에너지의 발생원(發生源)이 되는 물질.

핵-우산(核雨傘) 명 국가 안전 보장을 위하여 핵무기가 없는 나라가 의존하는 다른 핵무기 보유국의 핵전력(核戰力).

핵-융합(核融合)[행늉-] 명〖물〗가벼운 몇 개의 원자핵이 에너지를 방출하여 하나의 원자핵으로 융합하는 일. =원자핵 융합.

핵-이성질체(核異性質體) 명 질량수·원자 번호가 같고 그 밖의 성질이 다른 원자핵.

핵자(核子)[-짜] 명 1 =핵심. 2〖물〗원자핵을 구성하는 양성자와 중성자.

핵-자기(核磁氣)[-짜-] 명〖물〗원자핵이 나타내는 자기적 현상 및 그 근원인 자기 모멘트.

핵자기^공명^장치(核磁氣共鳴裝置)[-짜-] 명〖의〗=엠아르아이(MRI).

핵-전쟁(核戰爭)[-쩐-] 명〖군〗핵무기를 사용하는 전쟁.

핵질(核質)[-찔] 명〖생〗세포핵의 핵막에 싸인 원형질의 총칭. 핵액·염색질·인(仁)·과립으로 이루어졌음.

핵-탄두(核彈頭) 명〖군〗미사일 등의 앞부분에 장비한 핵폭발 장치. =원자 탄두.

핵-폐기물(核廢棄物)[-페-/-폐-] 명 원자력을 생성하고 난 후에 버리는 찌꺼기 물질. 방사능이 남아 있어서 특별한 관리가 필요함.

핵-폭발(核爆發)[-빨] 명〖물〗핵반응으로 일어나는 폭발.

핵-폭탄(核爆彈) 명〖군〗핵폭발을 일으키는 원자탄과 수소탄을 이르는 말.

핵^확산^금^지^조약(核擴散禁止條約)[해곽싼-] 명 핵무기를 보유하지 않은 국가가 새로 핵무기를 개발하는 일과 핵보유국이 비보유국에 핵무기를 인도하는 일을 동시에 금지하는 조약. 1970년 3월에 발효됨. =핵확산 방지 조약·엔피티(NPT).

핸드^드릴(hand drill) 명〖공〗공구(工具)의 하나. 손으로 핸들을 돌려 구멍을 뚫게 만든 것.

핸드백(handbag) 명 여성이 화장품·지갑 등의 간단한 소지품을 넣어 어깨에 메거나 손에 들 수 있게 만든 소형 가방. ¶~을 메다〔들다〕.

핸드-볼(handball) 명〖체〗구기(球技)의 하나. 공을 손으로만 패스·드리블하여 상대편 골에 던져 넣어 승부를 가림. 7인제와 11인제가 있음. =송구(送球).

핸드북(handbook) 명 여러 가지 내용을 간략하게 추려 엮은 작은 책자. 비편람(便覽).

핸드^브레이크(hand brake) 명 주차하거나 발로 조작하는 브레이크가 듣지 않을 경우에 사용하는, 손으로 당겨 조작하는 자동차의 제동(制動) 장치. =사이드 브레이크.

핸드-크림(hand cream) 명 손이 거칠어지는 것을 막기 위해 바르는 크림.

핸드-폰(†hand phone) 명 =휴대 전화(携帶電話).

핸들(†handle) 명 기계·기구·자동차·선박 따위에서, 그것을 운전·작동하는 손잡이. 비운전대. ¶~을 잡다〔조종하다〕 / ~을 돌리다.

핸들링(handling) 명〖체〗축구에서, 골키퍼 이외의 선수가 공에 손을 대는 반칙.

핸디(←handicap) 명 '핸디캡1'의 준말.

핸디캡(handicap) 명 1〖체〗승부의 기회를 공평하게 주기 위하여, 실력이 우월한 경기자에게 과하는 불리한 조건. 특히, 골프에서 경기자의 역량 차이에 의한 성적의 차를 줄이기 위해 주어지는 수. 실제의 타수에서 각자의 핸디캡을 뺀 스코어로 승패를 겨룸. 준핸디. 2 불리한 조건. 또는, 심신의 기능 장애에 의하여 활동 능력이 저하되고, 사회적으로 불리한 입장에 놓인 상태. ¶~을 극복하다.

핸섬(handsome) →**핸섬-하다** 형여 (남자가) 얼굴이 잘생기고 체구가 좋아 매력적인 상태에 있다. ¶**핼쑥한** 청년.
핼금 〔부〕 경망스럽게 살짝 곁눈질하여 쳐다보는 모양. 〔큰〕힐금. 〔센〕핼끔. **핼금-하다** 〔동〕〔타〕여
핼금-거리다/-대다 〔동〕〔타〕 경망스럽게 곁눈질하며, 자꾸 살짝살짝 쳐다보다. 〔큰〕힐금거리다. 〔센〕핼끔거리다.
핼금-핼금 〔부〕 핼금거리는 모양. ¶그는 뭔가 할 말이 있는지 ~ 내 눈치를 살폈다. 〔큰〕힐금힐금. 〔센〕핼끔핼끔. **핼금핼금-하다** 〔동〕〔타〕여
핼긋[-귿] 〔부〕 가볍게 살짝 한 번 흘겨보는 모양. 〔큰〕힐긋. 〔센〕핼끗.
핼긋-거리다/-대다[-귿때-] 〔동〕〔타〕 자꾸 핼긋하다. 〔큰〕힐긋거리다. 〔센〕핼끗거리다.
핼긋-핼긋[-귿핼귿] 〔부〕 핼긋거리는 모양. 〔큰〕힐긋힐긋. 〔센〕핼끗핼끗. **핼긋핼긋-하다** 〔타〕여
핼끔 〔부〕 '핼금'의 센말. 〔큰〕힐끔. **핼끔-하다** 〔동〕〔타〕여
핼끔-거리다/-대다 〔동〕〔타〕 '핼금거리다'의 센말. 〔큰〕힐끔거리다.
핼끔-핼끔 〔부〕 '핼금핼금'의 센말. ¶지나가는 여자를 ~ 쳐다보다. 〔큰〕힐끔힐끔. **핼끔핼끔-하다** 〔동〕〔타〕여
핼끗[-끋] 〔부〕 '핼긋'의 센말. 〔큰〕힐끗. **핼끗-하다** 〔동〕〔타〕여
핼끗-거리다/-대다[-끋때-] 〔동〕〔타〕 '핼긋거리다'의 센말. 〔큰〕힐끗거리다.
핼끗-핼끗[-끋핼끋] 〔부〕 '핼긋핼긋'의 센말. 〔큰〕힐끗힐끗. **핼끗핼끗-하다** 〔타〕여
핼리^혜성(Halley彗星)[-헤-/-헤-] 〔명〕〔천〕 거대한 꼬리를 가진, 해왕성족(海王族)의 주기 혜성. 출현 주기는 76년임.
핼쑥-하다[-쑤카-] 〔형〕여 (얼굴이) 핏기가 없고 볼의 살이 빠진 상태에 있다. 〔비〕파리하다·해쓱하다. ¶오래 앓고 난 후라 얼굴이 ~.
햄¹(ham) 〔명〕 돼지고기를 소금에 절인 후 제한 식육 가공품.
햄² (ham) 〔명〕 =아마추어 무선사.
햄릿-형(Hamlet型) 〔명〕 셰익스피어의 비극 '햄릿'에서 유래한 말 사색(思索)·회의(懷疑)의 경향이 강하고, 결단이나 실행력이 약한 성격형. ▷돈키호테형.
햄버거(hamburger) 〔명〕 1 =햄버그스테이크. 2 햄버그스테이크를 둥근 빵에 끼운 음식.
햄버그-스테이크(hamburg steak) 〔명〕 쇠고기나 돼지고기를 잘게 다져 빵가루와 양파 등을 넣고 둥글납작하게 뭉쳐 구운 서양 요리. =햄버거.
햄스터(hamster) 〔명〕〔동〕 포유류 비단털쥣과의 한 종. 몸길이 15cm가량. 몸털은 부드럽고 몸 윗면은 주황색, 아랫면은 회백색이나 순백색인 것도 있음. 의학상의 실험 동물로 이용되거나 애완용으로 기름.
햅쌀 〔명〕 그해에 새로 수확한 쌀. =신미(新米). ↔묵은쌀.
햅쌀-밥 〔명〕 햅쌀로 지은 밥.
햇-[핻] 〔접두〕 농작물이나 가축 등이 그해에 새로 수확되었거나 나왔거나 태어난 것임을 나타내는 말. 첫 자음이 된소리나 거센소리가 아닐 때에 붙음. ¶~곡식 / ~감자 / ~과일. ▷해-.
햇-감자[핻깜-] 〔명〕 그해에 새로 난 감자.
햇-것[핻껃] 〔명〕 해마다 나는 것으로서, 그해 새로 난 것.

햇-고구마[핻꼬-] 〔명〕 그해에 새로 난 고구마.
햇-곡(-穀)[핻꼭] 〔명〕 '햇곡식'의 준말.
햇-곡식(-穀食)[핻꼭씩] 〔명〕 그해에 새로 수확한 곡식. =신곡(新穀). 〔준〕햇곡.
햇-과일[핻꽈-] 〔명〕 그해에 새로 난 과일.
햇-김[핻낌] 〔명〕 그해에 새로 나온 김.
햇-김치[핻낌-] 〔명〕 봄에 새로 난 배추나 무 따위로 담근 김치.
햇-나물[핸-] 〔명〕 그해 들어 새로 캔 나물.
햇-님 〔명〕 '해님'의 잘못.
햇-닭[핻딹] 〔명〕 그해에 나서 자란 닭. ↔묵은닭.
햇-무리[핸-] 〔명〕 햇빛이 대기 속의 수증기에 비쳐 해의 둘레에 둥글게 나타나는 빛깔이 있는 테두리. =일훈(日暈). 〔준〕햇물.
햇무리-구름[핸-] 〔명〕〔기상〕 =권층운(卷層雲).
햇-발[해빧/핻빧] 〔명〕 사방으로 뻗친 햇살. =일각(日脚)·햇귀.
햇-밤[핻빰] 〔명〕 그해에 새로 딴 밤.
햇-벼[핻뼈] 〔명〕 그해에 새로 수확한 벼.
햇-병아리[핻뼝-] 〔명〕 1 새로 깐 병아리. 2 풋내기의 비유. ¶~ 기자.
햇-별[해뼐/핻뼐] 〔명〕 해의 볕.
햇볕^정책(-政策)[해뼏쩡-/핻뼏쩡-] 〔명〕〔정〕 북한의 개방을 유도하기 위해 지원과 교류·협력 등의 우호적 방법으로 북한을 포용하는 정책. 김대중 정부의 대북 정책의 기조였음.
햇-보리[핻뽀-] 〔명〕 그해에 새로 수확한 보리.
햇-빛[해삗/핻삗] 〔명〕 1 해의 빛. 〔비〕일광(日光). ¶찬란한 아침 ~×낮빛. 2 널리 세상에 알려져 칭송을 얻음의 비유. ¶그의 작품은 ~을 보지 못하고 묻혀 버렸다.
햇-살[해쌀/핻쌀] 〔명〕 해의 내쏘는 광선. ¶눈부신 ~.
햇-수(-數)[해쑤/핻쑤] 〔명〕 1 해[年]의 수. 또는, 해를 거듭한 동안. ¶~가 길다 / ~가 오래다. 2 (주로 '햇수로'의 꼴로 쓰여) 기간을 헤아림에 있어서, 그 기간이 몇 개의 해[年]에 걸쳐 있었는지를 따져서 그 수만큼을 년(年)으로 세는 방식. 가령, 1998년 12월에서 1999년 1월까지의 기간은 햇수로 2년임. =연수(年數). ¶만으로 3년, ~로는 4년 걸린 작업. ▷만(滿).
햇-순(-筍)[핻쑨] 〔명〕 그해에 나서 자란 여린 줄기나 가지.
햇-콩 〔명〕 '해콩'의 잘못.
행¹(行) 〔명〕 ① 〔자립〕 1 =줄¹ 4. ¶~을 바꾸다 / ~을 바로잡다. 2 〔문〕 한시(漢詩)의 한 체. 악부(樂府)에서 전화(轉化)한 것. ¶비파(琵琶) ~. ② 〔의존〕 ① 1을 세는 단위로 이르는 말. ¶2~ / 3~.
행²(行) 〔명〕〔불〕 1 스스로 수행하여 부처의 가르침을 실천하는 일. 또는, 부처가 되는 수행. 2 〔불〕 십이 연기의 하나. 몸[身]·입[口]·뜻[意]으로 지은 일체의 행위. 3 〔불〕 생멸 변화하는 모든 현상 세계. 4 〔철〕 인간의 의지적 행동. ↔지(知).
행³(幸) 〔명〕 '다행(多幸)'의 준말. ¶~인지 불행인지. ↔불행(不幸).
-행⁴(行) 〔접미〕 지명 아래에 붙어, '그리로 감'의 뜻을 나타내는 말. ¶서울~ 열차.
행각(行脚) 〔명〕 1 〔불〕 여기저기 돌아다니며 수행하는 것. =유행(遊行). 2 어떤 목적이

행각-승(行脚僧) [-쌩] 圐[불] 여러 곳을 돌아다니며 수행하는 승려.

행간(行間) 圐 1 글의 줄과 줄 사이. 또는, 행과 행 사이. ¶~이 좁다[넓다]. ▷자간(字間). 2 글에 나타나지 않거나 감추어진, 글의 속뜻이나 참뜻. 또는, 글의 속뜻이나 참뜻이 감추어져 있다고 여겨지는, 글줄 사이의 공간. ¶~에 숨어 있는 뜻 / 이 갈림은 문면만 보지 말고 ~을 읽어야 한다.

행객(行客) 圐 =나그네.

행구(行具) 圐 행장(行裝).

행군(行軍) 圐 1 [군] 군대가 대열을 지어 한 곳에서 다른 곳으로 옮기어 가는 일. 凷행진. ¶~ 나팔. 2 여러 사람이 줄을 지어 먼 거리를 행진하는 일. **행군-하다** 困(자)匃 ¶4열 종대로~.

행군-악(行軍樂) 圐[문] =길군악2.

행궁(行宮) 圐[역] 임금이 거둥할 때 머무는 별궁. 凷이궁(離宮).

행-글라이더(hang glider) 圐 알루미늄이나 두랄루민으로 된 틀에 화학 섬유의 천을 발라 날 수 있게 만든 스포츠 기구. 여기에 사람이 매달려, 기류(氣流)를 이용하여 활공함.

행-글라이딩(hang gliding) 圐 행글라이더를 이용하여 체공 시간(滯空時間)을 겨루거나 목표 지점에 착륙하는 것을 겨루는 공중 스포츠.

행기(行氣) 圐 1 기운을 차려 몸을 움직이는 것. 2 호기 또는 기세를 부리는 것. 3 숨결을 잘 통하게 하는 것. 4 기분을 푸는 것. **행기-하다** 困(자)匃

행-길 圐 '한길'의 잘못.

행낭(行囊) 圐 1 우체국에서 수신지의 우체국이나 회사·기관 등에 많은 우편물을 보낼 때, 우편물을 넣을 수 있도록 자루 모양으로 만든 물건. 2 외교 문서를 넣어 보낼 때 쓰는, 자루 모양의 물건. ¶외교~.

행-내기 圐 '보통내기'의 잘못.

행담(行擔) 圐 길 가는 데에 가지고 다니는 작은 상자. 흔히, 싸리나 버들 따위를 결어 만듦.

행동(行動) 圐 1 몸을 움직여 어떤 일을 행하는 것. 사람의 경우에는 몸의 움직임 외에도 말하는 태도도 포함할 수 있음. ¶~이 느리다[빠르다] / ~에 옮기다 / ~을 취하다. 2 [심] 내적·외적 자극에 대하여 사람이나 동물이 동작으로 나타내는, 외부에서 관찰할 수 있는 반응의 총칭. **행동-하다** 困(자)匃

행동-거지(行動-) 圐 몸을 움직여 하는 모든 짓. =동지(動止). ¶~가 수상하다 / ~를 조심하다. 준거지·행지(行止).

행동^과학(行動科學) 圐 인간 행동의 일반 법칙을 컴퓨터 등의 과학적 수법을 이용하여 발견하려는 사회 과학과 자연 과학에서의 새로운 분야.

행동-대(行動隊) 圐 일정한 목적이나 계획을 실현하기 위하여 직접 행동을 취하는 무리.

행동-반경(行動半徑) 圐 1 [군] 군함·항공기 등이 기지를 출발하여 연료의 보급 없이 다시 돌아올 수 있는 최대 행정(行程). 2 행동할 수 있는 범위. ¶~이 넓은 사람.

행동-주의(行動主義) [-의/-이] 圐 1 [심] 심리학의 대상을, 내면적 의식이 아니라 자극과 반응의 관계 속에서 발견되는 객관적 행동에 두는 입장. 2 [문] 제1차 세계 대전 후 프랑스에서 일어난, 행동을 중시하는 문학 운동.

행동-파(行動派) 圐 이론을 생각하기보다 즉시 행동으로 옮기는 사람. 또는, 이론보다 행동을 중히 여기는 주의(主義)를 따르는 사람.

행락(行樂) [-낙] 圐 재미있게 놀며 즐기는 것. **행락-하다** 困(자)匃

행락-객(行樂客) [-낙깩] 圐 놀거나 즐기러 온 사람. ¶~으로 붐비는 유원지.

행랑(行廊) [-낭] 圐 1 대문의 양쪽이나 문간 옆에 있는 방. =행랑방. 2 대문 안에 죽 벌여 있어 하인들이 거처하는 방. =낭하(廊下).

행랑-것(行廊-) [-낭껃] 圐 행랑살이를 하는 하인을 낮추어 이르는 말.

행랑-방(行廊房) [-낭빵] 圐 =행랑(行廊)1.

행랑-살이(行廊-) [-낭-] 圐 남의 행랑을 빌려 살면서 그 대가로 심부름을 해 주는 생활. **행랑살이-하다** 困(자)匃

행랑-아범(行廊-) [-낭-] 圐 행랑살이하는 나이 든 남자 하인.

행랑-어멈(行廊-) [-낭-] 圐 행랑살이하는 나이 든 여자 하인.

행랑-채(行廊-) [-낭-] 圐 행랑으로 쓰는 집채. 凷문간채.

행려(行旅) [-녀] 圐 나그네가 되어 돌아다니는 것. 또는, 그 나그네. **행려-하다** 困

행려-병사(行旅病死) [-녀-] 圐 떠돌아다니다가 타향에서 병들어 죽음. **행려병사-하다** 困

행려병사-자(行旅病死者) [-녀-] 圐 나그네로 다니다가 병이 들어서 죽은 사람.

행려-병자(行旅病者) [-녀-] 圐 떠돌아다니다가 병이 들었으나 치료·간호할 이가 없는 사람.

행력(行歷) [-녁] 圐 1 (어떤 곳을) 거쳐 지나가는 것. 2 지내 온 경력(經歷). **행력-하다** 困(자)匃 (어떤 곳을) 거쳐서 지나가다.

행렬(行列) [-녈] 圐 1 여럿이 줄지어 가는 것. 또는, 그 줄. ¶가장(假裝)~ / 참배~이 끝없이 이어진다. 2 [수] 여러 개의 수나 문자를 직사각형 모양으로 순서 있게 배열하고 괄호로 묶어 놓은 것. 가로의 줄을 행(行), 세로의 줄을 열(列)이라 함.

행례(行禮) [-녜] 圐 예식(禮式)을 올리는 것. 또는, 그 일. **행례-하다** 困(자)匃 ¶남녀가 아직 행례하기 전에 사사로이 상접(相接)함이 예절에 어긋 하거늘….《김만중: 구운몽》

행로(行路) [-노] 圐 1 다니는 길. 2 삶을 살아가는 과정. 凷세로(世路). ¶인생~.

행:**망-쩍다** [-따] 閪 정신을 잘 차리지 않아 주의력이 없고 아둔하다.

행문(行文) 圐 1 문장을 짓는 것. 2 관청의 문서가 오고 가는 것. **행문-하다** 困(자)匃

행방(行方) 圐 사람이 어디로 갔는지, 어디에 있는지에 대한 사실. 또는, 간 곳이나 있는 곳. ¶~이 묘연하다 / 아무도 그의 ~을 모른다.

행방-불명(行方不明) 圐 사람이 어디로 갔는지 어디에 있는지 알 수 없는 상태. ¶밖에 잠깐 나갔다 오겠다고 한 사람이 며칠째 ~이다. 준행불. **행방불명-되다** 困(자)

행보(行步) 명 **1** 걸음을 걷는 것. 또는, 그 걸음. ¶날이 어둑해지자 일행은 ~를 한층 빨리하였다. **2** 일정한 목적지까지 걸어서 가거나 오는 것. ¶한천(寒天)에 어인 ~이십니까? / 덕산이란 오봉산을 둘러싼 겹산으로 미륵동에서는 한 ~에도 안팎 사십 리 길이나 된다.《이무영:농민》 **3** 목적을 실현하기 위해 어떤 일을 추진하는 태도나 속도. 비유적인 말임. ¶협상을 위한 여야의 ~가 빨라지다. **행보-하다** 동[자여] 일정한 목적지까지 걸어서 가거나 오다.

행보-석(行步席) 명 아주 귀한 손님이나 신랑·신부를 맞을 때, 마당에 까는 긴 돗자리.

행!복(幸福) 명 **1** 사람이 생활 속에서 기쁘고 즐겁고 만족을 느끼는 상태에 있는 것. ¶~은 자기 마음속에 있는 것. / 사람의 운수가 좋은 일이 많이 생기거나 풍족한 삶을 누리는 상태에 있는 것. ¶딸의 ~을 빌다. ↔불행(不幸). **행!복-하다** 형여 ¶행복한 가정을 꾸미다.

행!복-감(幸福感) [-깜] 명 행복을 느끼는 마음. ¶~에 젖다.

행!복-스럽다(幸福-) [-쓰-따] 형ㅂ<-스러우니, -스러워> 행복한 데가 있다. **행!복스레** 부

행불(行不) 명 '행방불명'의 준말.

행!-불행(幸不幸) 명 행복과 불행.

행사¹(行使) 명 **1** (어떤 사람에게, 또는 단체에 강제적인 힘을) 따르게 하거나 굴복하게 하기 위해 사용하는 것. ¶무력(武力) ~ / 그가 설득 ~로 나온다면 나도 그에 맞서 싸우겠다. **2** (자기의 권리를) 실현되게 하는 것. ¶권리 ~. **행사-하다**¹ 동[타여] ¶기본권을 ~ / 투표권을 ~. **행사-되다** 동자

행사²(行事) 명 계획과 일정에 따라 많은 사람이 모이거나 참여하여 치르는, 국가나 단체나 집안 등의 특별하거나 중요하거나 이목을 끄는 일. ¶기념~ / 축하~ / 월중~.

행사³(行祀) 명 제사를 지내는 것. **행사-하다**² 동[자여]

행사-장(行事場) 명 행사를 진행하는 장소.

행상(行商) 명 **1** =도붓장사. **2** =도붓장수.

행상-인(行商人) 명 =도붓장수.

행색(行色) 명 겉으로 드러난 사람의 차림새와 행동. ¶~이 초라하다 / ~을 보아하니 객지 사람임이 분명하다.

행서(行書) 명 육서(六書)의 하나. 한자 서예에서, 정자(正字)의 기본 모양을 살리되 획을 약간 흘린 글씨. 해서(楷書)와 초서(草書)의 중간쯤 되는 글씨로, 오늘날 가장 광범위하게 쓰임.

행선¹(行先) 명 가는 곳.

행선²(行船) 명 배가 가는 것. 또는, 그 배. **행선-하다** 동[자여]

행선-지(行先地) 명 가고자 하는 곳. 비목적지.

행성(行星) 명[천] 태양의 주위를 공전하며, 스스로 빛을 내지 못하고 태양의 빛을 반사하여 빛나는 천체. 수성·금성·지구·화성·목성·토성·천왕성·해왕성·명왕성 등이 있음. =떠돌이별·유성(遊星)·혹성(惑星). ↔항성(恒星).

행세¹(行世) 명 **1** 세상에서 사람의 도리를 행하는 것. **2** 처세하여 행동하는 것. 또는, 그 태도. **3** 해당되지 않는 사람이 어떤 당사자인 것처럼 처신하여 행동하는 것. ¶주인을 하다 / 바보 ~를 하다. **행세-하다**¹ 동[자여]

행세²(行勢) 명 권세나 세도를 부리는 것. **행세-하다**² 동[자여] ¶옛날부터 **행세하는** 가문.

행세-꾼(行世-) 명 행세하기를 좋아하거나 행세를 잘하는 사람을 홀하게 이르는 말.

행수¹(行首) 명 **1** 어떤 무리의 우두머리. **2** [체] 한 활터를 대표하여 한량을 거느리는 우두머리.

행수²(行數) [-쑤] 명 글줄의 수. 또는, 그 차례. ¶~를 늘리다.

행수-기생(行首妓生) 명[역] 조선 시대에 관아 기생의 우두머리. =도기(都妓)

행순(行巡) 명 살피며 돌아다니는 것. **행순-하다** 동[자여]

행습(行習) 명 버릇이 들도록 행동하는 것. 또는, 몸에 밴 버릇. **행습-하다** 동[타여] 버릇이 들도록 행동하다.

행시(行試) 명 '행정 고등 고시'의 준말.

행신(行身) 명 =처신. **행신-하다** 동[자여]

행실(行實) 명 어떤 사람이 평소의 생활에서 나타내는 행동의 도덕적·윤리적 상태. 비품행. ¶~이 바르다 / ~이 좋지 않다.

행악(行惡) 명 모질고 나쁜 짓을 행하는 것. 또는, 그런 짓. **행악-하다** 동[자여]

행어(hanger) 명 옷이나 물건을 걸어 둘 수 있도록 만든 물건.

행업(行業) 명[불] 불도(佛道)를 닦는 것. **행업-하다** 동[자여]

행여(幸-) 부 다행스럽게도. 또는, 어쩌다가라도 혹시. 비행여나. ¶바람 소리에조차 ~ 임이 아니실까 마음을 졸이다가 / 뭐, 친구들과 캠핑을 가겠다고? 네 아버지가 ~ 허락하시겠다.

행여-나(幸-) 부 '행여'의 힘줌말. ¶~ 소식을 줄까 하고 기다리다.

행역(行役) 명 먼 길을 여행한 뒤에 느끼는 피곤과 괴로움. ¶…경치 좋은 곳을 지나면 서로 담산논수하고 맑은 밤을 만나면 음풍영월하여 ~의 괴로움을 잊어버리리라.《김만중:구운몽》

행!운(幸運) 명 행복한 운수. 또는, 좋은 운수. ¶~의 여신 / ~을 빌다. ↔불운.

행!운-아(幸運兒) 명 행운을 만나 어떤 일이 아주 잘된 사람. ¶이런 미인과 결혼하다니 자넨 정말 ~로군.

행원(行員) 명 '은행원'의 준말.

행위(行爲) 명 사람이 의지를 가지고 행하는 짓. 비소위(所爲). ¶부정~ / 불법 ~ / 자선 ~ / 범죄 ~.

행인(行人) 명 **1** 길을 걸어서 지나다니는 사람. ¶날씨가 추워지자 거리에는 ~이 뜸해졌다. **2** =사자(使者)¹. **3** [불] =행자2.

행자(行者) 명 **1** [역] 양반의 장례 때, 상제를 모시고 따라가는 사내종. **2** [불] 불도를 닦는 사람. =상좌(上佐). 비행인. **3** [불] 출가하여 아직 사미계나 사미니계를 받지 못한 사람. 승려가 되는 첫 입문 과정임.

행장¹(行狀) 명[역] 조선 시대에, 내왕하는 왜인(倭人)에게 소지하게 한 여행 증명서의 하나. ▷호조(護照).

행장²(行狀) 명 **1** 몸가짐이나 품행. **2** 한문체(漢文體)의 하나로, 사람이 죽은 뒤에 그 평생의 행적을 기록한 글. **3** 교도소에서, 수감자의 언행에 대하여 매긴 성적.

행장³(行長) 명 '은행장'의 준말.

행장⁴(行裝) 명 여행할 때에 쓰이는 모든 기구. =행구. ¶~을 꾸리다 / ~을 풀다.

행장-기(行狀記)〖명〗일생의 행적을 적은 기록.

행재-소(行在所)〖명〗임금이 궁을 떠나 멀리 거둥할 때에 머무는 곳.

행적(行跡·行績·行蹟)〖명〗일정한 동안의 행동의 자취. ¶피의자의 ~을 조사하다.

행전(行纏)〖명〗바지·고의를 입을 때 정강이에 감아 무릎 아래에 매는 물건. 반듯한 헝겊으로 소맷부리처럼 만들고 위쪽에 끈을 두 개 달아서 돌라매게 되어 있음. ¶~을 치다.

행정¹(行政)〖명〗**1** 국가의 목적 또는 공익을 실현하기 위하여 행하는 능동적이고 적극적인 국가 작용. 입법·사법 이외의 국가의 통치 작용임. **2** 〖군〗전술과 전략을 제외한 모든 군사 사항을 관리·운용하는 일. 보급·위생·수송 따위. ¶~병(兵) / ~ 장교.

행정²(行程)〖명〗**1** 멀리 가는 길. 또는, 가는 길의 거리. ¶사흘의 ~. **2** 〖공〗실린더 안에서 피스톤이 왕복하는 거리. ¶4~ 기관.

행정^고등고'시(行政高等考試)〖명〗5급 공무원 공개 경쟁 채용 시험의 하나. 공안직(公安職)·행정직에 종사할 공무원 임용에 실시함. 〖준〗행시.

행정-관(行政官)〖명〗〖법〗국가의 행정 사무를 맡아보는 관리.

행정^구역(行政區域)〖명〗〖법〗행정 기관의 권한이 미치는 범위의 일정한 구역. 서울특별시·광역시·도·시·군·읍·면 등.

행정-권(行政權)[-꿘]〖명〗〖법〗국가가 통치권을 바탕으로 하여 일반 행정을 펴는 권능. 대통령과 그에 딸린 정부에 속함. ▷입법권·사법권.

행정^기관(行政機關)〖명〗〖법〗국가 또는 지방 자치 단체의 행정 사무를 맡아보는 기관. ▷입법 기관·입법 기관.

행정-력(行政力)[-녁]〖명〗행정 업무를 수행할 수 있는 능력이나 수완. ¶~이 마비되다.

행정-법(行政法)[-뻡]〖명〗〖법〗행정 기관의 조직 및 행정권의 작용에 관한 국내 법규.

행정-부(行政府)〖명〗〖법〗삼권 분립에 의한 국가 통치 기구의 하나. 대통령을 수반으로 한 중앙 행정 기관으로 '정부'를 가리킴. ▷사법부·입법부.

행정-사(行政士)〖명〗타인의 부탁에 의해 수수료를 받고 행정 기관에 제출하는 서류를 작성하는 일을 직업으로 하는 사람. 구칭은 행정 서사.

행정^소송(行政訴訟)〖명〗〖법〗행정 법규의 적용에 관련된 분쟁의 판정을 위한 소송. 〖준〗행소.

행정^자치부(行政自治部)〖명〗행정 각 부의 하나. 국무 회의의 제반 사무, 법령·조약의 공포, 정부의 인사 관리 및 후생 복지, 정부 조직과 정원(定員)의 관리, 지방 자치 제도, 선거, 국민 투표, 민방위, 치안, 재난 관리 및 소방에 관한 사무 등을 맡아봄. 1998년 '총무처'와 '내무부'가 통합·개편되어 신설된 것임.

행정^재판(行政裁判)〖명〗〖법〗행정 소송 사건에 대한 재판. ▷사법 재판.

행정-적(行政的)〖관〗〖명〗행정에 관한 성질을 띤(것).

행정-직(行政職)〖명〗일반직 공무원의 한 갈래. 행정 전반에 걸쳐서 사무를 보고 기획 등을 하는 직렬.

행정^처'분(行政處分)〖명〗〖법〗행정 기관이 구체적 사실에 대한 법 집행으로서 하는 공법상의 단독 행위. 영업 허가·조세 부과 따위. ▷사법 처분.

행정-학(行政學)〖명〗〖법〗행정을 연구 대상으로 하는 사회 과학의 한 분야.

행주〖명〗밥상이나 그릇, 개수대 등을 닦거나 훔치는 데에 쓰는 헝겊. ¶마른~.

행주-질〖명〗행주로 밥상·그릇 따위를 훔치는 일. ¶~을 치다. **행주질-하다**〖동〗〖자〗〖여〗

행주-치마〖명〗여자들이 부엌일을 할 때, 옷에 얼룩이나 더러운 것이 묻지 않도록 허리에 둘러 하반신 앞쪽을 가리게 되어 있는, 주로 흰색 천으로 네모지거나 아랫단을 둥글게 만들어 끈을 단 물건. 오늘날에는 '앞치마'라는 말이 더 널리 쓰이며 모양도 다양해짐. ¶~를 두르다.

행줏-감[-주깜/-줃깜]〖명〗행주로 쓸 감.

행진(行進)〖명〗**1**(여럿이) 줄을 지어 앞으로 걸어 나아가는 것. ¶시가~. **2** 이룩해 내거나 빚어진 일이 계속 이어지는 것. 비유적인 말임. ¶상한가 ~ / 적자 ~을 계속하다 / 연승 ~이 이어지다. **행진-하다**〖동〗〖자〗〖여〗(여럿이) 줄을 지어 걸어서 앞으로 나아가다.

행진-곡(行進曲)〖명〗〖음〗행진할 때 사용되는 반주용 음악.

행'짜〖명〗심술을 부려 남을 해치는 짓. ¶~를 부리다.

행차(行次)〖명〗웃어른이 차리고 나서서 길을 가는 것. 또는, 그때 이루는 대열. ¶상감마마 ~요. **행차-하다**〖동〗〖자〗〖여〗

[행차 뒤에 나팔] 일이 다 끝난 다음의 소용없는 말과 행동을 일컫는 말.

행찬(行饌)〖명〗여행이나 소풍을 갈 때 집에서 가지고 가는 반찬. ¶~ 없이 가실진댄 나의 찬합 갈마다가 숙소참 잘 자리에 날 본 듯이 잡수시오.〈열녀 춘향수절가〉

행태(行態)〖명〗어떤 행위나 행동을 할 때 보이는 일정한 양상이나 태도. ¶상품 구매 ~ / 언론의 보도 ~ / 무분별한 소비 ~ / 인터넷 이용 ~.

행'티〖명〗행짜를 부리는 버릇. ¶~를 부리다.

행패(行悖)〖명〗난폭하거나 못된 행동을 하여 남을 괴롭게 하거나 불안하게 하는 것. ¶불량배들이 부녀자에게 ~를 부리다.

행포(行暴)〖명〗함부로 사납게 구는, 난폭한 행위. **행포-하다**〖동〗〖자〗〖여〗

행하(行下)〖명〗**1** 경사(慶事) 따위가 있을 때 주인이 자기 하인에게 내리는 돈이나 물건. **2** 품삯 이외에 더 주는 돈. **3** 놀이가 끝난 뒤에 기생이나 광대에게 주는 보수.

행-하다(行-)〖동〗〖타〗〖여〗(어떤 일을) 행동으로 나타내거나 옮기다. ¶선을 ~ / 말로 아무리 외쳐 보아야 **행하지** 않으면 소용없다.

행형(行刑)〖명〗자유형을 집행하는 일. 징역·금고(禁錮)·구류가 확정된 자에게 형을 집행하는 일. **행형-하다**〖동〗〖자〗〖여〗

향¹(向)〖명〗〖민〗풍수지리에서, 묏자리·집터 따위의 앞쪽 방위. ¶~이 북쪽이라 나쁘다. ↔좌(坐).

향²(香)〖명〗**1** 향내를 풍기는 노리개의 하나. **2** 제사·장례식 등에 쓰이는, 탈 때 향내가 나는 물건. ¶~을 피우다. **3** 차·술, 기타 식품의 좋은 향기. 또는, 인공적인 향기. ¶위스키의 ~ / 그윽한 커피의 ~.

향가(鄕歌)〖명〗〖문〗신라 중기부터 고려 초기에 걸쳐 민간에 널리 유행하던 고유의 시가(詩歌). 향찰(鄕札)로 기록됨. =사뇌가.

향가-집(鄕歌集)〖명〗여러 향가를 한데 모은 책. 신라 때의 향가를 집대성한 '삼대목(三

향곡(鄕曲) 명 시골의 구석. ¶~의 우미한 백성들도 임금에게 충성하고 아비에게 효도할 줄 아는지라.《홍길동전》

향:광-성(向光性) [-썽] 명 [식] 식물체가 광선이 강한 쪽을 향하여 굽는 성질. ↔배광성(背光性). ▷향일성.

향교(鄕校) 명 [역] 고려 시대부터 시작되어 조선 시대에 계승된 지방 교육 기관.

향군(鄕軍) 명 1 '재향 군인'의 준말. 2 '향토 예비군'의 준말.

향긋-하다[-그타-] 형여 옅게 또는 그윽하게 향기롭다. ¶향긋한 풀 냄새. **향긋-이** 부

향기(香氣) 명 꽃이나 향수, 향 같은 데서 나는 좋은 냄새. ¶꽃~ / ~가 나다 / ~가 풍기다 / ~가 그윽하다 / ~를 맡다.

향기-롭다(香氣-) [-따] 형ㅂ <-로우니, -로워> (냄새가) 꽃이나 향수, 향 같은 데서 나는 것처럼 좋은 상태에 있다. ¶향기로운 냄새. **향기로이** 부

향-꽂이(香-) 명 향을 피워 꽂아 놓는 기구.

향-나무(香-) 명 [식] 측백나뭇과의 상록 침엽 교목. 높이 10~20m. 나무껍질은 적갈색이고 세로로 갈라짐. 재목은 조각재·가구재·향료·향재로 쓰임. 산기슭이나 평지에 남.

향낭(香囊) 명 1 '사향낭(麝香囊)'의 준말. 2 향을 넣어 몸에 차는 주머니.

향-내(香-) 명 1 향기로운 냄새. 囲향취·향훈. 2 ~가 나는 향수(香水). ¶향을 피울 때 나는 냄새. ¶빈소에~가 진동한다.

향:년(享年) 명 ['한평생 살아 누린 나이'라는 뜻] 죽은 사람의 나이. ¶~ 70세를 일기로 생을 마쳤다.

향:념(向念) 명 (어떤 대상에 대해) 마음을 기울이는 것. 또는, 그 쏠리는 마음. ¶임에 대한 그녀의 ~은 예나 지금이나 변함이 없다. **향:념-하다** 동재여

향다(香茶) 명 향기로운 차.

향당(鄕黨) 명 자기가 태어났거나 사는 시골의 마을. 또는, 그곳의 사람들.

향:도(嚮導) 명 길을 인도하는 것. 또는, 그 사람. **향:도-하다** 동타여

향도-꾼(香徒-) 명 '상두꾼'의 잘못.

향:락(享樂) [-낙] 명 관능적 쾌락을 누리는 것. ¶~ 산업 / ~에 빠지다. **향:락-하다** 동타여

향:락-주의(享樂主義) [-낙쭈의/-낙쭈이] 명 향락의 추구를 인생의 목적으로 하는 생활 방식.

향랑-각시(香娘-) [-낭-씨] 명[동] =노래기

향랑각시 속거천리(速去千里) 귀 음력 2월 1일에 백지에 먹으로 써서, 기둥·벽·서까래 같은 곳에 거꾸로 붙이는 부적의 말. 이것을 붙이면 집 안의 향랑각시가 없어진다고 함.

향로(香爐) [-노] 명 향을 피우는 자그마한 화로.

향료(香料) [-뇨] 명 식품·화장품 등에 소량 첨가하여 좋은 향기를 내는 데 쓰이는 물질. ¶~를 배합한 아이스크림.

향리¹(鄕吏) [-니] 명[역] 고려·조선 시대에 한 고을에서 대를 이어 내려오던 아전.

향리²(鄕里) [-니] 명 태어나서 자라난 고향의 마을. 回향촌(鄕村).

향명(香名) 명 ['향기로운 이름'이라는 뜻] 좋은 평판(評判)을 이르는 말. ¶~을 오래

전부터 듣삽고….

향미(香味) 명 음식물의 향기로운 맛.

향미-료(香味料) 명 약품이나 음식물에 향미를 더하는 원료. 차조기·파·유자·양하·깨 따위.

향민(鄕民) 명 시골에서 사는 백성. =촌민(村民)·촌백성.

향반(鄕班) 명[역] 시골로 낙향하여 여러 대를 두고 벼슬을 못 하는 양반.

향:발(向發) 명 목적지를 향하여 출발하는 것. =발향(發向). **향:발-하다** 동재여 ¶오후 2시에 미국으로 **향발하는** 비행기.

향:방(向方) 명 일이 어떻게 될 것인지의 여부. ¶증시 ~ / 승부의 ~이 불투명하다 / 승:읍의 ~에 관심이 모아지고 있다.

향:배(向背) 명 어떤 일이 되어 가는 추세. 또는, 어떤 일에 대한 사람들의 태도. ¶종합주가 지수의 ~를 알 수 없다. / 이번 사건에 대한 여론의 ~가 주목된다.

향:복(享福) 명 복을 누리는 것. **향:복-하다** 동재여

향-불(香-) [-뿔] 명 향을 태우는 불. =향화(香火). ¶~을 피우다.

향-비파(鄕琵琶) 명[음] 삼현(三絃)의 하나. 신라 때 만들어진, 5현과 10주(柱)로 된 비파.

향:사(向斜) 명[지] 지각의 습곡(褶曲)으로 오목하게 된 부분. ↔배사(背斜).

향:상(向上) 명 (기능·지위·수준 등이) 높아지거나 나아지는 것. 또는, (기능·지위·수준 등을) 높아지거나 나아지게 하는 것. ¶체력 ~ / 여성의 지위 ~. **향:상-하다** 동재타여 ¶연주 실력이 ~ / 보온 기능을 **향상한** 옷감. **향:상-되다** 동재 ¶성적이 ~.

향:성(向性) [-썽] 명[생] 고착 생활을 하는 동물의 어떤 부분이 외계로부터의 자극에 대해 일정한 방향으로 움직이는 성질. 식물의 경우는 굴성(屈性)이라 하며, 특히 양(陽)의 굴성을 가리킴.

향:수¹(享受) 명 1 (어떠한 혜택을) 받아 누리는 것. 2 (예술상의 미 따위를) 음미하고 즐기는 것. **향:수-하다**¹ 동타여 ¶복락을 ~ / 미(美)를 ~. **향:수-되다** 동재

향:수²(享壽) 명 오래 사는 복을 누리는 것. **향:수-하다**² 동재여 ¶백 살까지 ~.

향수³(香水) 명 화장품의 하나. 향료를 알코올 따위에 풀어 만든 액체. ¶옷에 ~를 뿌리다.

향수⁴(鄕愁) 명 타향이나 타국에 있는 사람이 고향을 그리워하는 생각이나 시름. ¶~에 젖다[잠기다] / 술로 ~를 달래다 / ~에 시달리다.

향수-병(鄕愁病) [-뼝] 명 고향 생각에 젖어 있는 것을 병에 빗대어 이르는 말.

향:수-성(向水性) [-썽] 명[식] 식물의 뿌리가 습기가 많은 쪽으로 뻗는 성질. =향습성. ▷굴수성.

향신-료(香辛料) [-뇨] 명 음식물에 맵거나 향기로운 맛을 더하는 조미료. 고추·후추·마늘·파·깨 등.

향악(鄕樂) 명 궁중 음악으로서의 우리나라 고유의 음악. 당악(唐樂)에 대하여 이르는 말임. =향부악. ▷당악·아악.

향악-기(鄕樂器) [-끼] 명[음] 향악을 연주하는 악기. 거문고·가야금·비파·장구·피리 따위.

향암(鄕闇) 명 시골구석에서 지내 온갖 사리

에 어둡고 어리석음. 또는, 그런 사람. **향암-하다**〖형여〗
향약¹(鄕約)〖명〗〖역〗 조선 시대에 권선징악과 상부상조를 목적으로 만든, 향촌의 자치 규약.
향약²(鄕藥)〖명〗 우리나라에서 나는 약재를 중국 약재에 대하여 이르는 말.
향연¹(香煙)〖명〗 1 향이 타는 연기. ¶~이 자욱한 불당. 2 향기로운 냄새가 나는 담배. 〖비〗향초.
향연²(饗宴)〖명〗 특별히 융숭하게 베푸는 잔치. ¶~을 베풀다.
향우(鄕友)〖명〗 1 고향의 벗. 2 고향이 같은 사람.
향우-회(鄕友會) [-회/-훼] 〖명〗 객지에 있는 향우들끼리 친목을 위해 가지는 모임.
향원(鄕員)〖명〗〖역〗 향소(鄕所)의 직원. 좌수(座首)·별감(別監) 따위.
향:유(享有)〖명〗 (복된 상태를) 누리어 가지는 일. ¶부(富)의 ~. **향:유-하다**〖동〗〖타여〗 행복을 ~. **향:유-되다**〖동〗〖자〗
향유²(香油)〖명〗 1 화장품으로 쓰이는 향기로운 기름. 흔히, 머리에 바름. 2 =참기름.
향유³(鄕儒)〖명〗 시골에서 사는 유생(儒生).
향유-고래(香油-)〖명〗〖동〗 포유류 향유고랫과의 하나. 몸길이는 수컷이 17~19m, 암컷은 13m 정도임. 머리 앞 끝은 칼로 자른 것처럼 뭉툭하고 꼬리지느러미는 큼. 몸빛은 등이 회흑색이며, 배는 담적색임. 뇌유(腦油)는 기계에 사용하고, 용연향은 향료로 쓰임. =말향고래.
향:응¹(響應)〖명〗 1 소리에 따라 마주쳐 그 소리와 같이 울리는 것. 2 남의 주창에 따라 그와 같은 행동을 마주 취하는 것. **향:응-하다**¹〖동〗〖자여〗
향:응²(饗應)〖명〗 특별히 융숭하게 대접하는 것. 또는, 그 대접. ¶~을 제공하다. **향:응-하다**²〖동〗〖타여〗
향:일(向日)〖명〗 1 =지난번. 2 햇볕을 마주 대하여 보는 일. **향:일-하다**〖동〗〖자여〗 햇볕을 마주 대하여 보다.
향:일-성(向日性) [-썽] 〖명〗〖식〗 식물의 줄기·가지·잎 등이 햇볕이 강한 쪽으로 자라는 성질. =해굽성. ↔배일성(背日性).
향:점(向點) [-쩜] 〖명〗〖천〗 태양이 우주 공간에서 움직이고 있는 위치나 방향. 태양은 초속 20km로, 헤르쿨레스자리 방향을 향해 움직임. 적경 270°, 적위 +30° 부근임. =태양향점. ↔배점.
향:정신성^의약품(向精神性醫藥品) [-씽-] 〖명〗〖약〗 중추 신경계에 작용하여 정신 기능에 영향을 미치는 약제의 총칭. 정신 치료약 외에 각성제·환각제 등도 포함됨.
향제(鄕第)〖명〗 고향에 있는 집.
향족(鄕族)〖명〗 향원(鄕員)이 될 자격이 있는 집안.
향중(鄕中)〖명〗 향원(鄕員)의 동아리.
향:지-성(向地性) [-썽] 〖명〗〖식〗 식물의 뿌리가 중력에 의하여 아래쪽으로 향하여 휘는 성질. =땅굽성. ↔배지성(背地性). ▷굴지성(屈地性).
향찰(鄕札)〖명〗〖언〗 신라 때, 한자의 음과 뜻을 빌려 우리말을 표음식(表音式)으로 적던 글. 주로, 향가의 표기에 이용되었음. '去隱春(간 봄), 夜音(밤)' 따위. ▷이두(吏讀).
향청(鄕廳)〖명〗〖역〗 =유향소(留鄕所).
향초(香草)〖명〗 1 향기 나는 풀. 〖비〗방초(芳草). 2 향기로운 담배. 〖비〗향연.

향촌(鄕村)〖명〗 시골 마을. 〖비〗향리(鄕里).
향취(香臭)〖명〗 향기로운 냄새. 〖비〗향내.
향탁(香卓)〖명〗 향로를 올려놓는 좁은 탁자.
향토(鄕土)〖명〗 1 자기가 태어나서 자란 땅. ~애(愛). 2 시골이나 고장. ¶~ 문화 /~ 음식.
향토-색(鄕土色)〖명〗 어떤 지방에서 볼 수 있는 자연·인정·민속 따위의 특색. 〖비〗지방색.
향토^예:비군(鄕土豫備軍)〖명〗〖군〗 향토방위를 위하여 예비역 장병으로 편성한 비정규군. 〖준〗향군·예비군.
향토-적(鄕土的)〖관〗〖명〗 향토의 특성을 띠는 (것). ¶~ 정서 / 김유정은 ~이고 서정적인 작품을 쓴 작가.
향-피리(鄕-)〖명〗〖음〗 피리의 한 가지. 당피리와 같으나 둘째 구멍이 뒤에 있음. =사관.
향:-하다(向-)〖동〗〖자(타)여〗 1 (사람이나 동물, 물체가 어느 쪽으로, 또는 어떤 대상을) 정면이 되게 대하다. ¶국기를 **향하여** 서다 / 말이 동쪽을 **향해** 달린다. / 집이 남쪽으로 **향하**고 있어 해가 잘 든다. 2 (어느 곳으로) 이동할 방향을 정하다. 또는, (어느 곳을) 이동할 방향으로 정하다. 또는, 그 정한 방향으로 가다. ¶전선(戰線)으로 ~ / 철수는 그날 오후 서울을 떠났다. 3 (무엇을) 행동이나 작용의 목표로 하다. ¶통일을 **향한** 우리의 염원 / 미래를 **향한** 인류의 노력. 4 (무엇을) 마음의 작용의 대상으로 하다. ¶임 **향한** 일편단심 / 조국을 **향한** 불타는 충성심.
향:학¹(向學)〖명〗 학문에 뜻을 두고 그 길로 나아가는 것. **향:학-하다**〖동〗〖자여〗
향학²(鄕學)〖명〗 고려 시대의 지방 교육 기관. 중앙의 국학(國學) 또는 국자감에 대한 명칭으로, 성종 때 12목(牧)에 경학박사·의학박사를 한 명씩 파견하여 교육을 전담시켰음.
향:학-열(向學熱) [-녈] 〖명〗 배우려는 열의. ¶높은 ~ / 불을 토하다.
향합(香盒)〖명〗 제사 때에 피우는 향을 담는 합. 놋쇠나 사기 등으로 만듦. =향함.
향화(香火)〖명〗 1 향불. 2 제사에 향을 피운다는 뜻으로, 제사(祭祀)를 이르는 말.
향:후(向後)〖명〗 =이다음. ¶~ 10년 동안의 계획.
향훈(香薰)〖명〗 꽃다운 향기. 〖비〗향내.
허¹〖명〗 입을 벌리고 입김을 한 번 내부는 소리. 또는, 그 모양. 〖작〗하.
허²〖감〗 가볍게 감탄하거나 안타까움을 표현할 때 쓰이는 말. ¶~! 그것참 큰일이로군. 〖작〗하.
허³(虛)〖명〗 1 겉모습은 있으나 내용이 없음. 또는, 허술하여 약점이 되는 것. 〖비〗허점. ¶~를 찌르다 〖노리다〗 / 건강 상식으로는 와실. 2 〖한〗 인체가 병에 대한 저항력이 약한 상태. ↔실(實).
-허⁴(許)〖접미〗 '그쯤 되는 곳'의 뜻을 나타내는 말. ¶낙양성 십리~에. 2 편지나 적발에서 평교(平交) 이하의 사람 성명 아래에 쓰여, '앞'의 뜻을 나타내는 말. ¶배정수~.
허가(許可)〖명〗 1 (권한 있는 사람이나 기관이 누구의 요청을) 받아들이는 것. 〖비〗허락. 2 〖법〗 공익을 위하여 일반적으로 금지하거나 제약하고 있는 행위를 특정한 경우에 행정기관이 이를 해제하여 적법하게 행할 수 있게 하는 일. 영업 허가, 식품 제조업 허가 따위. ¶~를 받다 / ~를 내주다. ▷인가(認可). **허가-하다** 통타 ¶구청에서 고층 건물의 신축을 ~. **허가-되다** 통재

허가-제(許可制) 명 [법] 법률 행위, 특히 영업이나 산업 행위에 있어서 행정 관청 등의 허가를 얻어야 비로소 행할 수 있도록 하는 제도.

허가-증(許可證) [-쯩] 명 [법] 허가하는 사실을 기재하거나 표시한 증서.

허겁(虛怯) 명 마음이 실하지 못하여 겁이 많은 것. ¶~을 떨다. **허겁-하다** 형

허겁-스럽다(虛怯-) [-쓰-따] 형ㅂ <-스러우니, -스러워> 보기에 허겁한 데가 있다. **허겁스레** 튀

허겁-지겁(虛怯-) [-찌-] 튀 정신없이 허둥거리는 모양. ¶~ 달려오다. **허겁지겁-하다** 자여

허경(虛驚) 명 헛것을 보고 놀라는 것. **허경-하다** 자여

허공(虛空) 명 1 아무것도 없는 하늘의 공간. 또는, 땅 위의 비교적 높은 공간. =거지중천. ¶물끄러미 ~만 바라보다. 2 [불] 모양과 빛이 없는 상태.

허교(許交) 명 1 서로 벗하기를 허락하고 사귀는 것. 2 가까이 사귀어 서로 허물없이 '해라' 투의 말씨를 쓰는 것. **허교-하다** 자여 ¶"오래 막혔구려는 무슨 막혔구려야. 일전에 **허교하기**로 약속하지 않았는가."<이광수:무정>

허구¹(虛構) 명 1 거짓을 사실인 것처럼 그럴듯하게 얽이어서 꾸미는 것. ¶~에 가득 찬 날조극. 2 [문] 작가의 상상을 토대로 하여 줄거리를 갖는 이야기를 심미적으로 만들어 엮은 산문. (비)픽션. **허구-하다**¹ 타여 ¶거짓을 사실인 것처럼 그럴듯하게 얽이어서 꾸미다.

허구²(許久) → **허구-하다**² 형여 (날·세월 등이) 매우 오래다. ¶우리 이웃의 몇 집에서 그녀를 배척하긴 말건 그녀는 여전히 **허구한** 날 광주리를 이고 다녔고 품팔이도 다녔다. <박완서:흑과부>

허구리 명 허리, 곧 양족 갈비 아래의 잘쑥한 부분. ¶말 못 하는 벙어리라고 오고 가며 주먹으로 ~를 지르기도 하고 발길로 엉덩이도 친다.<나도향:벙어리 삼룡이>

허구-성(虛構性) [-썽] 명 사실에서 벗어나서 만들어진 모양이나 요소를 가지는 성질.

허근(虛根) 명 [수] 방정식의 근(根) 가운데 허수인 것. ↔실근(實根).

허기¹(虛氣) 명 1 기운을 가라앉힘. 또는, 그 기운. ¶~평심(平心). 2 속이 비어 허전한 기운.

허기²(虛飢) 명 음식을 먹은 지 오래 되어 배고픔을 느끼는 상태. ¶~가 들다 / ~를 느끼다.[채우다]

허기-증(虛飢症) [-쯩] 명 1 몹시 주려 기운이 빠지고 배가 고픈 증세. 2 [한] 위장 등 기타의 병으로 속이 허하여 항상 허기를 느끼는 증세.

허기-지다(虛飢-) 형 1 음식을 먹은 지 오래 되어 배고픔을 느끼는 상태에 있다. ¶**허기진** 배를 채우다. 2 (어떤 일에) 강한 욕구를 느끼는 상태에 있다. ¶배움에 **허기진** 근로 청소년.

허깨비 명 1 기(氣)가 허하여 착각으로 나타나는 환영(幻影). =헛것. ¶~가 보이다. 2 생각보다 아주 가벼운 물건. ¶덩치만 컸지 들고 보니 ~구먼.

허니문(honeymoon) 명 갓 결혼한 남녀가 함께 가지는 휴가나 여행.

허다(許多) → **허다-하다** 형여 매우 많다. ¶장사에서 손해를 보는 예는 ~. **허다-히** 튀

허:닥-하다 [-다카-] 통타여 (모아 둔 물건이나 돈 따위를) 헐어 쓰기 시작하다.

허덕-거리다/-대다 [-꺼(때)-] 통재 자꾸 허덕이다. ¶기업이 불황으로 ~.

허덕-이다 통재 1 (사람이나 동물이) 육체적으로 힘에 겹거나 숨이 차거나 하여 괴로워하다. ¶그 노인은 조금만 걸어도 **허덕인다**. 2 (사람이나 기업·나라 등이) 어려운 처지에서 벗어나지 못하고 고통을 겪다. ¶가난과 질병으로 ~. 3 (어린아이가) 손발을 놀리다.

허덕-지덕 [-찌-] 튀 몹시 허덕이는 모양. **허덕지덕-하다** 자여

허덕-허덕 [-더카-] 튀 자꾸 또는 몹시 허덕이는 모양. **허덕허덕-하다** 자여

허두(虛頭) 명 글이나 말의 첫머리.
  허두를 떼다 관 글이나 말의 첫머리를 시작하다.

허둥-거리다/-대다 통재 어떻게 할 줄 몰라 갈팡질팡하며 다급히 서두르다. ¶그들은 슬픔과 분노로 굳어지고 일그러진 얼굴로 시체들 사이를 정신없이 **허둥거리고** 다녔다.<조정래:태백산맥> 작 하동거리다.

허둥-지둥 튀 다급하여 정신을 못 차리고 몹시 허둥거리는 모양. ¶그는 급한 연락을 받고 ~ 달려 나갔다. 작 하동지동. **허둥지둥-하다** 자여

허둥-허둥 튀 허둥거리는 모양. 작 하동하동. **허둥허둥-하다** 자여 전신에서 땀이 흘렀다. 이빨이 떡떡 마주치고 팔다리는 **허둥허둥하였다**.<이광수:꿈>

허드래 명 '허드레'의 잘못.

허드레 명 허름하고 중요하지 않아 함부로 쓸 수 있는 것. ¶~옷 / 접힌 소매 끝에 때가 전 아내의 ~ 저고리가 그 밥상 위의 벽에 쓸쓸히 걸려 있다.<박경수:펴소기> ×허드래.

허드레-꾼 명 허드렛일을 하는 사람.

허드렛-물 [-렌-] 명 허드레로 쓰는 물.

허드렛-일 [-렌닐] 명 중요하지 않은 일. ¶어머의 걸심에 따라, 옥선은 고두밥(술밥)을 쪄 내고, 김치를 담고, 빨래를 다니고, 온갖 ~을 다 거들고 해도 술청엔 비치지 않았다.<김동리:을화>

허든-거리다/-대다 통재 다리에 힘이 없어 중심을 잃고 이리저리 헛디디다. ¶그 흰 홑이불이 바로 죽음 그것임을 암시하는 것 같아 졸기는 머리끝이 쭈뼛하고 다리가 **허든거렸다**.<채만식:탁류>

허든-허든 튀 허든거리는 모양. **허든허든-하다** 자여

허들(hurdle) 명 [체] 1 육상 경기의 장애물 달리기에 쓰이는, 목제 또는 금속제의 장애물. ¶~을 넘다. 2 장애물을 뛰어넘어 달리는 육상 경기. 남자의 110m·200m·400m, 여자의 100m·200m 등 여러 종목이 있음. =허들 경주.

허락(許諾*) 명 ['諾'의 본음은 '낙'] 1 (어떤 사람이 다른 사람에게 그의 요구나 제안을) 받아들여 좋다고 하는 것. (비)승낙. ¶~을 얻다 / ~을 받다. 2 〈주로, '않다'와 함께 쓰여〉 (양심이 어떤 행동이나 사실을) 인정하거나 긍정하여 받아들이는 것. 3 (상황이나 조건이) 알맞아 문제가 없는 상태가 되는

것. **허락-하다** 동(타)여 ¶아버지가 우리의 결혼을 **허락하셨다**. / 남을 속이자니 양심이 **허락하지** 않는다. **허락-되다** 동(자) ¶그 대학은 기혼 여성의 입학이 **허락되지** 않는다.

허랑(虛浪) →**허랑-하다** 형여 (말이나 짓이) 허황하고 실답지 못하다. ¶하는 짓이 ~. **허랑-히**

허랑방탕(虛浪放蕩) →**허랑방탕-하다** 형여 허랑하고 방탕하다. ¶술과 노름으로 **허랑방탕한** 생활을 하다.

허례(虛禮) 명 겉으로만 꾸민 예절.

허례-허식(虛禮虛飾) 명 예절·법식 등을 겉으로만 꾸며 번드레하게 하는 일. **허례허식-하다**

허룩-하다[-루카-] 형여 (재물이나 물건의 양 따위가) 줄어들거나 없어져 적다. ¶김 노인의 그 많던 재물도 아들 대에선 **허룩하**게 되더니, 그나마도 손자 대에선 거덜이 났다.

허름-하다 형여 헐거나 낡아 보잘것없다. ¶**허름한** 양복 / 다 쓰러져 가는 **허름한** 초가집.

허릅-숭이[-쑹-] 명 일을 실답게 하지 못하는 사람을 얕잡아 이르는 말.

허리 명 1사람이나 동물(특히, 네발짐승)의 윗몸과 아랫몸이 이어지는 잘록한 부분의 둘레. 또는, 그 부분의 양옆이나, 척추 하부(下部)가 있는 등 쪽. ¶~가 굽은 할머니 / ~가 굵다〔가늘다〕 / 띠를 구부리다. 2길이를 가진 물체나 물건의 가운데 부분. ¶산~ / 바늘~ / 기둥 ~에 줄을 매다. 3바지·치마·고의 등의 맨 위가 되는 부분. ¶바지~를 줄이다. 4축구에서, '링커'를 가리키는 말. ¶그 팀은 ~가 약하다.

허리가 부러지다 관용 1어떤 일에 대한 부담이 감당하기 어려운 상태에 있게 되다. ¶딸을 시집보내는 데 혼수 때문에 **허리가 부러질** 지경이다. 2육체적인 일이 몸이 견뎌 내기 어려운 상태에 있게 되다. ¶그는 몇 년 동안 탄광에서 **허리가 부러지라** 일을 했다.

허리가 휘다 관용 생활고나 지나친 노동으로 힘에 겨운 상태가 되다. ¶하루 종일 **허리가 휘도록** 하다.

허리를 굽히다 관용 1허리를 구부려 절하다. 2남에게 겸손한 태도를 취하다. 3머리 숙여 남에게 굴복하다.

허리를 잡다〔쥐고 웃다〕 관용 웃음을 참을 수 없어, 고꾸라질 듯이 마구 웃다.

허리를 펴다 관용 어렵던 살림살이가 좋아져 몸이 고달프지 않은 상태가 되다. ¶자식들이 다 성공해서 그 사람도 이젠 **허리를 펴**고 살게 됐지요.

허리-끈 명 허리띠로 쓰는 끈. ¶~을 매다〔풀다〕.

허리-둘레 명 허리의 가장 가는 부위를 돌려 잰 길이.

허리둘레-선(-線) 명 여성복에서, 허리 부위를 수평으로 한 바퀴 돌린 접합선. =허리선.

허리-등뼈 명(생) =요추(腰椎).

허리-띠 명 허리에 둘러매는 띠. =요대(腰帶). 圓벨트.

허리띠를 늦추다 관용 1생활에 여유가 생기다. 2긴장을 풀고 편안하게 마음을 놓다.

허리띠를 졸라매다 관용 1검소한 생활을 하다. 2새로운 결의와 단단한 각오로 일을 시작하다. 3배고픔을 참다.

허리-뼈 명(생) 장골(腸骨)·엉치등뼈·치골(恥骨) 등 각 한 쌍으로 된 골반. =요골(腰骨).

허리-선(-線) 명 1허리의 외곽이 이루는 추상적인 곡선. ¶여체의 잘록한 ~. 2=허리둘레선.

허리-씨름 명(체) 상대의 허리에 맨 띠를 잡고 하는 씨름. **허리씨름-하다** 동(자)여

허리-춤 명 바지·고의 등의 허리와 살과의 사이. 또는, 치마의 허리와 속옷과의 사이. ¶치맛자락을 걷어 올려 ~에 찌르다. ⓒ춤.

허리케인(hurricane) 명(기상) 대서양 서부의 카리브 해·멕시코 만이나 북태평양 동부에서 발생하는 강한 열대 저기압. 대개 많은 비를 동반함.

허리-통 명 허리의 둘레. ¶~이 굵다.

허릿-단[-리딴/-릳딴] 명 바지나 치마의 허리 부분에 대는 단.

허릿-매[-린-] 명 잘록하다든지 밋밋하다든지 하는, 허리의 외형적 모양새.

허릿-심[-리씸/-릳씸] 명 1허리의 힘. ¶~이 센 씨름꾼. 2화살의 중간의 단단한 정도.

허망(虛妄) →**허망-하다** 형여 1어이가 없고 허무하다. ¶강력한 우승 후보가 무명 선수에게 **허망하게** 패하고 말았다. 2거짓이 많아서 미덥지 않다. 圓허탄(虛誕)하다.

허망-스럽다(虛妄-)[-따] 형ㅂ(~스러우니, ~스러워) 허망한 데가 있다. **허망스레**

허명(虛名) 명 실속 없는 헛된 명성. =허성(虛聲). ¶부귀영화와 ~을 좇는 속된 무리.

허명-무실(虛名無實) 명 헛된 이름만 있고 실상이 없음. **허명무실-하다** 형여

허무(虛無) 명 1아무것도 없고 텅 빈 것. 2세상의 진리나 가치, 또는 인간 존재 자체가 공허하고 무의미한 상태. 주로 느끼다. **허무-하다** 형여 공허하고 무의미하다. 또는, 허전하고 쓸쓸하다. ¶**허무한** 운명 / **허무한** 인생.

허무-감(虛無感) 명 허무한 느낌. ¶삶에 대한 ~이 들다.

허무맹랑(虛無孟浪)[-낭] →**허무맹랑-하다**[-낭] 형여 터무니없이 허황하고 실상이 없다. ¶**허무맹랑한** 소문이 나돌다.

허무-주의(虛無主義)[-의/-이] 명(철) 진리·가치·초월적인 것의 실재나 그 기성의 제도나 가치를 모두 부정하는 사상적 입장. =니힐리즘.

허무주의-자(虛無主義者)[-의-/-이-] 명 허무주의를 신봉하거나 허무주의적인 태도를 가진 사람. =니힐리스트.

허문(虛文) 명 겉만 꾸미고 실속이 없는 글이나 법제(法制).

허물[1] 명 1뱀·매미·누에 등이 성장하거나 변태를 할 때 벗게 되는 몸의 껍질. ▷탈피(脫皮). 2살가죽에서 저절로 일어나 벗어지는 껍질.

허물(을) 벗다[1] 관용 1살갗의 꺼풀이 벗어지다. 2뱀·매미 등이 껍질을 벗어 갈다.

허물[2] 명 1그릇 저지른 실수. 圓과실(過失). ¶~을 덮어 주다. 2=흉. **허물-하다** 타여 허물로 여겨 언짢아하거나 언짢게 말하다. ¶약소하나마 **허물치** 말고 받아 주시오.

허물(을) 벗다[2] 관용 누명이나 죄명을 씻다.

허물다 타여〈허무니, 허무오〉쌓이거나 짜여 있는 것을 헐어서 무느다. ¶집을 ~ / 담을 ~.

허물어-뜨리다/-트리다 〖동〗〔타〕 허물어지게 하다. ¶쌓아 놓은 벽돌을 건드려 ~.

허물어-지다 〖동〗〔자〕 쌓이거나 짜인 것이 무너지다. ¶장마에 댐이 ~.

허물-없다[-업따] 〖형〗 서로 썩 친하여 웬만한 허물쯤은 문제 삼지 않을 만한 상태에 있다. ¶그와 나는 **허물없는** 사이다. **허물없-이** 〖부〗 ¶이웃과 ~ 지내다.

허밍(humming) 〖명〗〔음〕 입을 다물고 코로 소리를 내어 노래 부르는 창법(唱法). 합창 등에 많이 쓰임. ¶~ 코러스.

허발¹ 〖명〗 몹시 주리거나 궁하여 체면 없이 함부로 먹거나 덤비는 것. **허발-하다**¹ 〖동〗〔자여〕 ¶황도 누구 못잖게 술이며 참외를 **허발하고** 걸터들었다.《이문구:으악새 우는 사연》

허발²(虛發) 〖명〗 1 총이나 활을 쏘아서 맞히지 못하는 것. 2 목적을 이루지 못하는 공연한 짓이나 걸음을 하는 것. ¶~을 치다. **허발-하다**² 〖동〗〔자여〕

허방 〖명〗 움푹 팬 땅. ¶~을 딛고 고꾸라지다.

허방(을) 짚다 〖구〗 잘못 알거나 그릇 예산하여 실패하다.

허방(을) 치다 〖구〗 바라던 일이 실패로 돌아가다.

허방-다리 〖명〗 =함정(陷穽)¹.

허배(虛拜) 〖명〗 신위(神位)에 절을 하는 것. **허배-하다** 〖동〗〔자여〕

허벅-다리[-따-] 〖명〗 사람의 넓적다리에서, 몸통에 가까운 위쪽 부분. ¶~까지 오는 스타킹. ▷넓적다리·허벅지.

허벅-살[-쌀] 〖명〗 허벅지의 살.

허벅지[-찌] 〖명〗 허벅다리 안쪽의 살이 많은 부분. ¶~가 들여다보이는 짧은 치마.

허벅허벅-하다[-버커카-] 〖형〗 너무 익었거나, 나무에서 딴 지 오래 되어 과육(果肉)의 수분이 적어진 과실이 끈기가 없이 푸석푸석하다. ¶**허벅허벅한** 사과. 〖작〗하박하박

허분-허분 〖명〗 물기가 조금 있으면서 부드럽게 무른 모양. 〖작〗하분하분. **허분허분-하다** 〖형〗

허브¹(herb) 〖명〗 예로부터 약이나 향료로 써 온 식물. 박하·라벤더·로즈메리 따위.

허브²(hub) 〖명〗〔'바퀴살이 모여 있는 중심축'을 뜻하는 데에서〕 어느 지역과 사통팔달로 연결되어 활동의 중심을 이루는 곳. ¶~ 공항 / 한국이 동북아의 ~가 되기 위해서는 기술 경쟁력 우위를 확보해야 한다.

허브^사이트(hub site) 〖명〗〔컴〕 하나의 운영 사이트를 중심으로 하여 서로 다른 콘텐츠를 제공하는 여러 개의 사이트들이 제휴하여 만들어진 사이트. 이 사이트에 접속하면 한 개의 회원 자격으로 여러 사이트를 이용할 수 있음.

허비(虛費) 〖명〗 헛되이 써 버리는 것. 또는, 그 비용. **허비-하다** 〖동〗〔타여〕 ¶돈〔시간〕을 ~. **허비-되다** 〖동〗〔자〕

허비다 〖동〗〔타〕 손톱이나 발톱 또는 날카로운 물건으로 긁어 파서 생채기를 내다. 〖작〗하비다.

허비적-거리다/-대다[-꺼-/-때-] 〖동〗〔타여〕 계속해서 허비어 내다. 〖작〗하비작거리다.

허비적-허비적[-저커-] 〖부〗 허비적거리는 모양. 〖작〗하비작하비작. **허비적허비적-하다** 〖동〗〔타여〕

허뿔싸 〖감〗 '어뿔싸'의 거센말. ¶~, 내 실수로구나. 〖작〗하뿔싸.

허사¹(虛事) 〖명〗 =헛일. ¶계획한 일이 ~로 돌아가다.

허사²(虛辭) 〖명〗 1〔언〕 =형식 형태소. ↔실사(實辭). 2 =헛언(虛言). **허사-하다** 〖동〗〔자여〕 =헛언하다.

허상(虛像) 〖명〗 1〔물〕 물체에서 나온 광선이 평면거울이나 볼록 렌즈 등에 의해서 발산되었을 때, 실제로는 광선이 그 위치에 모이지 않는데도 그 위치에 물체의 상이 있는 것처럼 보이는 상. 2 실제의 참모습과는 다른, 거짓되게 겉으로 꾸며진 모습. ¶학교 교육의 실상과 ~. ↔실상(實像).

허생-전(許生傳) 〖명〗〔문〕 조선 시대에 박지원(朴趾源)이 지은 한문 소설. 허생의 상행위(商行爲)를 통해 당시의 허약한 국가 경제를 비판하고, 무위도식하는 양반들의 무능을 풍자했음.

허섭스레기[-쓰-] 〖명〗 좋은 것을 골라낸 뒤에 남은 찌꺼기 물건. ¶인적이 뚝 끊긴 한길은 바람뿐이었고 간혹 바람에 밀린 ~들이 차가운 소리를 내며 축담 아래로 밀려갔다.《김주영:객주》

허세(虛勢) 〖명〗 능력도 없으면서 있는 체하면서 빼기고 싶어 하거나, 자신의 능력을 자랑삼아 과시하고 싶어 하는 태도. ¶그는 셋방살이를 하는 처지에 외제 차를 몰면서 ~를 부렸다.

허송(虛送) 〖명〗 (시간이나 세월을) 하는 일 없이 헛되이 보내는 일. =헛도(虛度). **허송-하다** 〖동〗〔타여〕 ¶나는 그 한 해를 고스란히 **허송하고** 말았다.

허송-세월(虛送歲月) 〖명〗 하는 일 없이 세월만 헛되이 보냄. ¶빈둥빈둥 놀면서 ~을 보내다. **허송세월-하다** 〖동〗〔자여〕

허수(虛數) 〖명〗〔수〕 복소수 중에서 실수가 아닌 것. 제곱하여 음수(陰數)가 되는 수를 가리킴. ↔실수. ▷복소수.

허수룩-하다 〖형〗〔여〕 '헙수룩하다'의 잘못.

허수-아비 〖명〗 1 새가 곡식을 쪼아 먹지 못하게 쫓기 위해 막대기와 짚 등으로 사람 모양을 만들어 논밭에 세우는 물건. 2 어떤 구실을 하지 못하고 자리만 잡고 있는 사람. ¶~ 사장. 3 주관 없이 행동하는 사람. 〖비〗로봇. 〖준〗허아비.

허수-하다 〖형〗〔여〕 1 허전하고 서운하다. ¶**허수한** 맘, 텅 빈 것는 심산에 쓰라린 가슴은 그것이 사랑, 사랑이었던 줄이 아니도 잊힙니다.《김소월:자나 깨나 앉으나 서나》 2 짜임새나 단정함이 없이 느슨하다. **허수-히** 〖부〗 ¶사람들은 그의 유언을 들을 때마다 망령된 노인네의 헛소리라고 ~ 들어 넘길 수가 없었다.《전상국:하늘 아래 그 자리》

허술-하다 〖형〗〔여〕 1 오래되거나 헐어서 낡다. ¶**허술한** 옷차림 / 다 쓰러져 가는 **허술한** 초가집. 2 치밀하지 못하고 엉성하여 빈틈이 있다. ¶**허술한** 사람 / 경비(警備)가 ~. 3 무심하거나 소홀하다. **허술-히** 〖부〗

허스키(husky) 〖명〗 (목소리가) 쉬었을 때와 같이 탁하고 거친 상태에 있는 것. 또는, 그런 목소리나 그런 사람. **허스키-하다** 〖형〗〔여〕 ¶**허스키한** 목소리.

허식(虛飾) 〖명〗 실질적인 내용이 없이 겉만 꾸미는 것. ¶허례~. 〖겉〗겉치레. **허식-하다** 〖동〗〔자여〕

허신(許身) 〖명〗 (여자가 남자에게) 몸을 허락하여 내맡기는 것. **허신-하다** 〖동〗〔자여〕

허실¹(虛失) 〖명〗 헛되이 잃는 것. **허실-하다** 〖동〗〔타여〕 ¶노름으로 돈을 ~. **허실-되다** 〖동〗

허실²(虛實) 圀 1 거짓과 참. ¶그 이야기의 ~을 증빙할 만한 자료가 없다. 2 공허(空虛)와 충실(充實). 3 [한] 허증(虛症)과 실증(實症).
허심(虛心) 圀 남의 말을 잘 받아들이는 것. **허심-하다¹** 동재여 ▷허심하다².
허심-탄회(虛心坦懷) [-회/-훼] → 허심탄회하다. [-회/-훼/-훼] 憓 감추어 숨김이 없이 솔직하여 마음에 아무런 거리낌이 없다. ¶속생각을 **허심탄회**하게 얘기하다.
허심-하다²(虛心-) 憓 마음속에 아무 욕심이나 거리낌이 없다. **허심-히** 튀
허약(虛弱) → **허약-하다** [-야카-] 憓 힘이나 기운이 약하다. ¶**허약**한 체질 / 그는 몸이 **허약**해서 병을 자주 앓았다.
허약-자(虛弱者) [-짜] 圀 몸에 힘이나 기운이 없고 약한 사람.
허언(虛言) 圀 실속이 없는 빈말. =허사(虛辭). **허언-하다** 동재여
허여(許與) 圀 허락하여 주는 것. 또는, 마음속으로 허락하는 것. **허여-하다** 동타여 **허여-지다** 동재여
허여-멀겋다 [-거타] 憓ㅎ <~멀거니, ~멀거오, ~멀게> 1 (살빛이) 그리 건강한 느낌을 주지 않게 희다. 또는, 살빛이 흰 상태에 대해 거부감을 가지고 이르는 말. 凱희뿌옇다. ¶핏기 없이 **허여멀건** 얼굴 / 신수는 **허여멀게** 가지고 행실이 개차반이다. 凾하야말갛다. 2 (죽·국물 따위가) 진하지 않아 희멀겋게 흰빛을 띤 상태에 있다. ¶**허여멀건** 죽.
허여멀쑥-하다 [-쑤카-] 憓 허여멀겋고 깨끗하다. 凾하야말쑥하다. **허여멀쑥-히** 튀
허여스레-하다 憓 허여스름하다.
허여스름-하다 憓 조금 허옇다. =허으레하다. ¶**허여스름한** 달빛 / 그의 입술은 **허여스름**하고 아픈 사람처럼 보였다.
허영(虛榮) 圀 자기 분수나 능력이나 수준에 넘치도록 화려하고 요란하게 겉치레를 함으로써, 남에게 자기가 부유하거나 지위가 높거나 품위가 있거나 한 사람으로 보이게 하고 싶어 하는 상태. ¶~에 들뜨다 / ~에 찬 여자.
허영-심(虛榮心) 圀 허영에 들든 마음. ¶~을 부추기다.
허영-주머니(虛榮-) [-쭈-] 圀 허영심이 많은 사람을 조롱하여 이르는 말.
허영-청(虛影廳) 圀 실제의 소재(所在)가 분명하지 못함을 가리키는 말. ⇨허청.
허:옇다 [-여타] 憓ㅎ <허여니, 허여오, 허예> 다소 탁하고 흐릿하게 희다. ¶속잎이 ~ / 머리가 **허옇게** 센 노인. 凾하얗다.
허:예-지다 동재 허옇게 되다. 凾하얘지다.
허욕(虛慾) 圀 헛된 욕심. ¶~을 부리다.
허용(許容) 圀 허락하여 용납하는 것. =용허(容許). **허용-하다** 동타여 ¶일시 체류를 ~. **허용-되다** 동재
허용-량(許容量) [-냥] 圀 약제나 방사선 물질 등에 대하여 인체에 명백히 장애를 일으키지 않는다고 생각되는 최대한도의 양. 이 이하이면 경우에 따라서 사용해도 좋다고 하는 양임. ¶~ 초과.
허우대 圀 (주로 '크다', '멀쩡하다', '좋다' 등과 함께 쓰여) 사람(특히 남자)의 몸의 크기나 외적 신체 조건. 凱덩치. ¶~는 멀쩡한 녀석이 하는 일 없이 밥만 축내고 있다. ×허위대.

허우룩-하다 [-루카-] 憓 매우 가까운 사람과 이별하여 마음이 텅 빈 것같이 허전하고 서운하다. ¶미선 엄마가 미선일 시집보내더니 마음이 **허우룩한지** 고양일 키워 보겠대요.
허우적-거리다/-대다 [-꺼(때)-] 동재타 손발 따위를 자꾸 이리저리 마구 내두르다. ¶물에 빠져 ~. 2 어려운 지경에서 벗어나려고 자꾸 몹시 애쓰다. ×허위적거리다.
허우적-허우적 [-저커-] 튀 허우적거리는 모양. ×허위적허위적. **허우적허우적-하다**
허울 圀 실속과 상관없이 겉으로 드러난 모양. 凱겉모양. ¶~뿐인 명성 / ~은 그럴듯해 보인다.
[허울 좋은 하늘타리] 겉으로 보기에는 훌륭하나 속은 보잘것없다는 말.
허울 좋다 丒 실속은 없으면서 겉으로 보기에만 번지르르하다.
허위(虛僞) 圀 1 진실이 아님을 알면서 진실인 것처럼 보이는 일. 凱거짓. ¶~ 신고 / ~ 증언. 2 [논] 언뜻 보아 올바르게 보이지만 그릇된 추리.
허위-넘다 [-따] 동타 높은 곳을 허우적거리며 애를 써서 넘어가다.
허위-단심 圀 허우적거리며 무척 애를 씀. ¶아무리 기다려도 오지 아니하는 남편을 찾아 ~으로 밤차를 타고 왔다가…. 〈이광수: 흙〉 **허위단심-하다** 동재여
허위대(虛-) '허우대'의 잘못.
허위적-허위적 '허우적허우적'의 잘못.
허위-허위 튀 힘겨운 걸음걸이로 애써 걷는 모양. ¶항공포서 백운산성 금노치(金老峙)를 넘어 양성까지 삼십 리 길을 경순은 기진맥진한 묘옥을 데리고 굽은 채 ~ 걸었다. 《황석영: 장길산》
허자(虛字) [-짜] 圀 한자에서, 비(飛)·행(行)·주(走)·고(高)·저(低) 등과 같이 동사·형용사로 쓰이는 글자. ↔실자(實字).
허장(虛葬) 圀 1 실종되어 죽었다고 여겨지는 사람의 의복·유물 등을 시체 대신으로 장사하는 것. 2 [민] 거짓으로 장사를 지내는 것. 남의 땅에 뫼를 쓰려고 땅임자를 떠보거나, 병자를 낫게 하기 위해 지냈음. =산영장.
허장-성세(虛張聲勢) 圀 실속이 없으면서 허세로만 떠벌림. **허장성세-하다** 동재여
허적-거리다/-대다 [-꺼(때)-] 동타 자꾸 허적이다. 凾하작거리다.
허적-이다 동타 쌓인 물건의 속을 들추어서 헤치다. 凾하작이다.
허적-허적 [-저커-] 튀 허적거리는 모양. 凾하작하작. **허적허적-하다** 동타여
허전(虛傳) 圀 근거 없는 거짓말로 전하는 것. 또는, 그 말. **허전-하다¹** 동타여
허전-거리다/-대다 동재 다리에 힘이 빠져서 쓰러질 듯이 걷다.
허전-하다² 憓 1 (마음이) 뭔가 잃은 듯이 한구석이 텅 빈 상태에 있다. 또는, 서운하고 쓸쓸하다. ¶곱게 기른 딸자식을 여의고 나니 마음 한구석이 **허전하기** 짝이 없다. 2 (늘 가지고 있었거나 마땅히 있어야 할 물건이 없어서) 뭔가 빠진 듯이 어쩐지 텅 빈 듯한 상태에 있다. ¶장롱을 들어내고 보니 방 안이 ~. 3 (배 속이) 빈 듯하거나 만족스러울 만큼 부르지 않다. ¶아무리 먹어도 속이 ~. 凾하전하다.

허전허전-하다 [형여] 1 다리에 힘이 없어 쓰러질 듯한 느낌이 있다. 2 매우 허전하다. ㉭하전하전하다.

허점(虛點)[-쩜][명] 불충분한 점. 또는, 허술한 구석. ㈑허·약점. ¶계획의 ~을 드러내다 / 상대의 ~을 엿보다.

허접-스럽다[-쓰-따][형ㅂ]〈~스러우니, ~스러워〉허름하고 잡스러운 데가 있다. ¶낡고 오래되어 허접스러운 장롱.

허정-거리다/-대다 [자타] 병으로 기력이 쇠약해져서 잘 걷지 못하고 비틀비틀하다. ㉠허청거리다.

허정-허정 [부] 허정거리는 모양. ㉠허청허청. **허정허정-하다** [동자타여]

허줄-하다¹ [형여] '허출하다'의 여린말.
허줄-하다² [형여] (어떤 대상이) 보잘것없이 초라하거나 허름하다. ¶허줄한 집 / 허줄한 옷차림.

허증(虛症)[-쯩][명][한] 기가 부족하여 몸의 저항력과 생리적 기능이 약해진 상태.

허청(虛廳)[명] 1 = 헛청. 2 '허영청'의 준말.
허청-거리다/-대다 [동자타] '허정거리다'의 거센말.

허청-대고 [부] 확실한 계획 없이 마구. ¶경험도 없이 ~ 장사를 시작하다.

허청-허청 [부] '허정허정'의 거센말. 허청허**청-하다** [동자타여]

허-초점(虛焦點)[-쩜][명][물] 평행 광선이 볼록 거울에서 반사하거나 오목 렌즈에서 굴절하여 발산할 때, 그 광선의 연장선이 렌즈나 거울의 뒷면에서 모이는 가상적인 초점.

허출-하다 [형여] 허기가 져 출출하다. ¶허출한 속에 그놈 찌르르하고 넘어 들어가는 한 잔이 왜 아니 생각 간절했겠습니까.《채만식:흥보씨》㉰허줄하다.

허탄(虛誕) →**허탄-하다** [형여] 거짓되고 미덥지 않다. ㈑허망(虛妄)하다.

허탈(虛脫)[명] 기운이 빠지면서 덧없음이나 공허함을 느끼는 상태에 있는 것. ¶바라고 바라던 부와 명성을 손에 넣자 그는 오히려 깊은 ~에 빠졌다. **허탈-하다** [형여]

허탈-감(虛脫感)[명] 허탈한 감정. ¶~에 빠지다.

허탕 [명] 일이 아무 소득이 없게 되는 것. × 헛탕.
  허탕(을) 짚다 [구] 잘못 판단하여 아무 소득 없는 일을 하게 되다. ¶그의 주가(株價) 전망은 항상 빗나가기만 하여 **허탕 짚기**가 일쑤였다.
  허탕(을) 치다 [구] 아무런 소득이 없이 되다. ¶빚을 받으러 갔다가 ~.

허투-지거리 [명] 일정한 상대자 없이 들때놓고 하는 말. '네기', '제기' 따위.

허투루 [부] 아무렇게나 되는대로. ¶돈을 ~ 쓰다 / 지금부터 내가 하는 얘기를 ~ 들어서는 안 된다.

허튼 [관] 《명사 앞에 쓰여》 '헤프게 하는', '함부로 하는', '쓸데없는', '되지못한' 등의 뜻을 나타낸다. ¶~ 말 / ~ 일 / ~ 약속.

허튼-모 [명][농] 못줄을 쓰지 않고 손짐작대로 이리저리 심는 모. =벌모. ↔줄모.

허튼-소리 [명] 쓸데없는 또는 실없이 하는 소리. ¶그는 ~ 나 하고 다닐 위인이 아니다.

허튼-수작(-酬酌)[명] 쓸데없이 함부로 하는 말이나 행동. ¶~ 부리면 혼날 줄 알아. **허튼수작-하다** [동자여]

허튼-짓[-짇][명] 쓸데없이 또는 실없이 하는 짓. ¶다시는 ~ 못 하게 본때를 보여 주란 말이야. **허튼짓-하다** [동자여]

허파 [명][생] = 폐(肺)¹.
  허파에 바람 들다 [구] 실없이 행동하거나 지나치게 웃어 대는 사람의 비유.

허파-꽈리 [명][생] =폐포(肺胞).

허풍(虛風)[명] 어떤 사실을 실제와는 동떨어지게 대단한 것인 양 과장하여 말하는 상태나 태도. ㈑뻥. ¶~이 세다 / 무슨 큰돈이라도 번 것처럼 떠벌리더니 그게 다 ~이더구먼. / 뭐? 시골에 수만 평의 땅을 가지고 있다고? 괜히 ~ 떨지 마. ㉰뚱().
  허풍(을) 치다 [구] 실제와 맞지 않게 허풍으로 말하다.

허풍-선(虛風扇)[명] 1 숯불을 불어서 피우는 손풀무의 하나. 2 =허풍선이.

허풍선-이(虛風扇-)[명] 매우 허풍을 떠는 사람. =허풍선.

허풍-쟁이(虛風-)[명] 허풍을 잘 떠는 사람을 홀하게 이르는 말.

허-하다¹(許-)[동타여] 요구를 들어주다. ¶"소승의 장경 판각 참예를 **허하여** 주시옵소서." 수기 대사는 힘 주어 말했다.《조정래:소설 대장경》

허-하다²(虛-)[형여] 1 옹골차지 못하다. ¶체질이 ~. 2 속이 비다. ¶배 속이 ~. 3 든든하지 못하고 느슨하다. 4 [한] 원기가 부실하다.

허행(虛行)[명] = 헛걸음. **허행-하다** [동자여]

허허¹ [부] 주로 남자 어른이 입을 반쯤 벌리고 너그럽게 웃는 소리. ¶그는 워낙 사람이 좋아서 싫은 소리를 해도 ~ 웃고 넘긴다. ㉭하하. **허허-하다** [동자여]

허허² [감] 1 딱하거나 놀랍거나 기막힌 일을 당하였을 때 탄식하여 내는 소리. ¶~, 이런 변이 있나. 2 못마땅한 일을 당하였을 때 가볍게 나무라는 뜻으로 내는 소리. ¶~, 그런 짓을 하면 쓰나. ㉭하하.

허허-거리다/-대다 [동자] 잇달아 허허 웃다. ㉭하하거리다.

허허-롭다(虛虛-)[-따][형ㅂ]〈~로우니, ~로워〉(마음이) 쓸쓸하고 허전하다. ¶텅 빈 가을 들녘을 바라보노라니 마음이 **허허롭기** 그지없다.

허허-바다 [명] 끝없이 넓고 큰 바다.

허허-벌판 [명] 아무런 장애물도 없이 텅 빈 넓은 벌판.

허허실실(虛虛實實)[명] 허(虛)를 찌르고 실(實)을 꾀하는 계책으로 싸우는 모양을 이르는 말.

허허실실-로(虛虛實實-)[부] 되면 좋고 안 되어도 그만인 식으로. 되어 가는 대로. ¶××서점에 원고 팔 교섭을 하러 ~ 갔다가 빈손으로 돌아와 보니….《염상섭:조그만 일》

허혼(許婚)[명] 혼인을 허락하는 것. **허혼-하다** [동자여]

허황(虛荒) →**허황-하다** [형여] (어떤 일이) 거짓되고 터무니없어서 미덥지 못하다. =허황되다. ¶**허황한** 소문 / **허황한** 꿈.

허황-되다(虛荒-)[-되-/-뒈-][형] =허황하다. ¶평상시 돈을 잘고 멋을 부리는 편이지만 등록금을 털어 사치품을 산다거나 유흥비로 쓸 만큼 **허황된** 아이는 아니었다.《강석정:숲 속의 방》

헉 [부] 1 갑자기 마음에 드는 일이 있을 때 욕심이 나서 덤비는 모양. 2 몹시 놀라거나 숨이 차서 숨을 들이마셔서 호흡을 중지하는 소리. 또는, 그 모양.
헉-헉[허억] 〖부〗 1 욕심이 나서 자꾸 덤비는 모양. 2 놀라거나 숨이 차서 자꾸 호흡이 끊기는 소리. 또는, 그 모양. **헉헉-하다** 〖동〗〖자〗
헉헉-거리다/-대다[허컥커(때)-] 〖동〗〖자〗〖타〗 욕심을 부려 자꾸 덤비거나 거친 숨소리를 자꾸 내다.
헌! 〖관〗 명사 앞에 쓰여, 그 뒤에 오는 사물이 낡거나 오래되거나 처음의 상태에 있지 않음을 나타내는 말. ¶~ 옷 / ~ 구두. ↔새.
헌가(軒架) 〖명〗〖음〗 대례나 대제 때 궁궐의 섬돌 아래 뜰에서 아악을 연주하는 일. 또는, 그때의 악기 편성. 주로 관악기와 타악기가 중심이 됨. ▷등가(登歌).
헌거-롭다(軒舉-) [-따] 〖형〗〖ㅂ〗 <~로우니, ~로워> 풍채가 좋고 당당해 보이는 상태에 있다. ¶그는 맑은선비처럼 신수도 훤하고 풍채도 자못 **헌거로웠다**. **헌거로이** 〖부〗
헌걸-스럽다 [-따] 〖형〗〖ㅂ〗 <~스러우니, ~스러워> 풍채가 좋고 당당해 보이는 데가 있다. **헌걸스레** 〖부〗
헌걸-차다 〖형〗 1 풍채가 매우 좋고 당당하다. ¶그의 **헌걸찬** 외모가 사람의 눈길을 끌었다. 2 기운이나 기상이 매우 장하고 우렁차다. ¶선생께서는 오로지 민족을 위해 **헌걸찬** 일생을 사셨다. 3 키가 매우 크다. ¶어디서나 그 **헌걸찬** 허우대 때문에 그것만으로도 한결 돋보였다.《한무숙:돌》
헌!-것[-걷] 〖명〗 성하지 않고 낡은 물건. 또는, 오래되어 허술한 물건. ↔새것.
헌!-계집[-게-/-게-] 〖명〗 이미 시집갔던 여자를 얕잡아 이르는 말.
헌금(獻金) 〖명〗 1 〖가〗〖기〗 교인들이 신앙적 행위로서 자발적으로 교회에 돈을 내는 것. 또는, 그 돈. ⇒연보(捐補)·연보금·연봇돈. ¶주일 ~ / 감사 ~ / 십일조 ~을 내다. 2 후원자가 정치인이나 정당의 정치 활동을 돕기 위해 자발적으로 돈을 주는 것. 또는, 그 돈. ¶정치 ~. ▷성금. **헌!금-하다** 〖동〗〖자타〗
헌!납(獻納) 〖명〗 1 (국가나 사회 단체 등에 돈이나 재산 등을) 공익을 위해 내놓는 것. 2 예전에, 임금에게 충언(忠言)을 올리던 것. **헌!납-하다** 〖동〗〖자타〗 ¶그는 죽기 전에 자신의 재산을 사회에 **헌납했다**. **헌!납-되다** 〖동〗〖자〗
헌!다(獻茶) 〖명〗 1 제사에서, 국을 물리고 숭늉을 올리는 일. 계문(啓門: 닫았던 문을 여는 일) 다음의 절차로 메를 조금 떠서 숭늉에 맒. 2 〖불〗 부처에게 차를 올리는 일. **헌!다-하다** 〖동〗〖자〗
헌!당(獻堂) 〖명〗〖기〗 교회당을 새로 지어서 하나님께 바치는 것. ¶~식. **헌!당-하다** 〖동〗〖자〗
헌!-데 〖명〗 살갗이 헐어서 상한 자리.
헌등(軒燈) 〖명〗 처마에 다는 등.
헌!법(憲法) [-뻡] 〖명〗〖법〗 국가 기관의 조직 및 작용에 대한 기본적 원칙과 국민의 기본적 권리·의무 등을 규정한 근본법.
헌!법^기관(憲法機關) [-뻡끼-] 〖명〗〖법〗 직접적으로 헌법의 조규(條規)에 근거를 두고 설치된 국가의 기관. 곧, 대통령·정부·국회·법원 등의 총칭. =직접 기관.
헌!법^재판소(憲法裁判所) [-뻡째-] 〖명〗〖법〗 법원의 제청에 의한 법률의 위헌(違憲) 여부, 탄핵, 정당의 해산, 국가 기관 상호 간 또는 국가 기관과 지방 자치 단체 간 및 지방 자치 단체 상호 간의 권한 쟁의, 헌법 소원(訴願)에 관한 것을 심판하는 기관.
헌!병(憲兵) 〖명〗〖군〗 군대의 경찰 업무를 맡아 보는 병과. 또는, 그 군인. ⇒엠피(MP).
헌!사(獻辭·獻詞) 〖명〗 저자·발행자가 그 책을 다른 사람에게 헌정하는 취지를 쓴 글.
헌!상(獻上) 〖명〗 1 임금에게 바치는 것. 2 물건을 삼가 올리는 것. **헌!상-하다** 〖동〗〖타〗〖여〗 **헌!상-되다** 〖동〗〖자〗
헌!-솜 〖명〗 옷·이불 따위에서 빼낸 묵은 솜. =파면사.
헌!-쇠[-쇠/-쉐] 〖명〗 오래되거나 녹이 나서 못쓰게 된 쇠붙이. ⇒고철(古鐵).
헌!수(獻壽) 〖명〗 환갑잔치 등에서, 장수(長壽)를 비는 뜻으로 술잔을 올리는 것. =칭상(稱觴). **헌!수-하다** 〖동〗〖자〗
헌!-수표(-手票) 〖명〗〖속〗 많은 사람의 손에 유통되어 출처의 추적이 어렵게 되어 있는, 뇌물과 같은 검은돈의 거래에 이용되는 수표.
헌!시(獻詩) 〖명〗 시를 지어 바치는 것. 또는, 그 시. **헌!시-하다** 〖동〗〖자〗
헌!식(獻食) 〖명〗〖불〗 문 앞·대문 앞의 시식돌에 밥을 차려 잡귀에게 베풀어 주는 것. **헌!식-하다** 〖동〗〖자〗
헌!신(獻身) 〖명〗 몸과 마음을 바쳐 있는 힘을 다하는 것. **헌!신-하다** 〖동〗〖자〗〖여〗 ¶사회사업에 ~.
헌!신-적(獻身的) 〖관〗〖명〗 헌신하는 정신으로 일하는 (것). ¶자식에 대한 어머니의 ~인 사랑.
헌!-신짝 〖명〗 값어치가 없어 버려도 아깝지 않은 것을 비유하여 이르는 말. ¶자존심을 ~처럼 내팽개치다.
헌신짝 버리듯 하다 〖구〗 요긴하게 쓰고 난 뒤에 조금도 아까워함이 없이 내버리다.
헌앙(軒昻) →**헌앙-하다** 〖형〗〖여〗 (기백이나 기상이) 높고 당당하다. ¶전봉준은 체격이 오척 단신으로 작았지만 담력이 출중하고 기백이 **헌앙하여** '녹두 장군'이라 불렸다.
헌!액(獻額) 〖명〗 훌륭한 업적을 남긴 사람을 기리기 위해 명예의 전당과 같은 기념관에 그의 사진 액자나 부조 초상이나 흉상 등을 바치는 일. ¶~식. **헌!액-하다** 〖동〗〖타〗〖여〗 **헌!액-되다** 〖동〗〖자〗 ¶박신자 선수는 아시아인으로는 처음으로 미국 여자 농구 명예의 전당에 **헌액되었다**.
헌!의(獻議) [-의/-이] 〖명〗 윗사람에게 의견을 아뢰는 것. **헌!의-하다** 〖동〗〖자타〗〖여〗
헌!작(獻爵) 〖명〗 제사 때, 술잔을 올리는 것. =진작(進爵). **헌!작-하다** 〖동〗〖자〗
헌!장(憲章) 〖명〗 1 〖법〗 헌법의 전장(典章). 2 국내적·국제적으로 어떤 사실에 대하여 약속을 이행하기 위한 규범. ¶어린이 ~ / 국민 교육 ~.
헌!정[1](憲政) 〖명〗 =입헌 정치.
헌!정[2](獻呈) 〖명〗 (작품·글·책 등을) 어떤 사람의 업적이나 이름을 널리 기리고자 (그 사람에게) 만들어서 바치는 것. ¶~사(辭). **헌!정-하다** 〖동〗〖타〗〖여〗 ¶책을 스승에게 ~.
헌!-책(-冊) 〖명〗 이미 사용한 책.
헌!책-방(-冊房) [-빵] 〖명〗 헌책을 팔고 사는 가게.
헌칠-하다 〖형〗〖여〗 (사람의 키가) 시원스럽게 크다. ⇒훤칠하다. ¶키가 **헌칠한** 청년.

철-히 튀
헌:털-뱅이 圐 '헌것'을 천하게 이르는 말. ¶좁다란 마당 한구석에다 다 떨어진 ~ 양복으로 몸을 가린 협수룩한 한 사람이 풍로에 부채질하며 밥을 짓고 있다.《심훈:탈춤》
헌헌-장부(軒軒丈夫) 圐 외모가 준수하고 쾌활한 남자. ¶너의 아버지와 갓이 자라든 것이 어제 같은데 네가 나서 벌써 ~가 되었구나.《홍명희:임꺽정》
헌:혈(獻血) 圐 수혈이 필요한 환자를 위하여 건강한 사람이 피를 뽑아 제공하는 일. =공혈. ▷매혈(賣血). **헌:혈-하다** 困㈇
헌:화(獻花) 圐 신전(神前)이나 사자(死者)의 영전에 꽃을 바치는 것. 또는, 그 꽃. ¶식순에 따라 ~가 있겠습니다. **헌:화-하다** 困㈇ ¶국립묘지에 ~.
헌:화-가(獻花歌) 圐[문] 신라 때의 향가의 하나. 성덕왕 때에 소를 몰고 가던 어떤 노인이 수로 부인에게 꽃을 바치며 불렀다는 4구체의 노래임.
헐가(歇價)[-까] 圐 =헐값.
헐-값(歇)[-깝] 圐 그 물건의 원래 값어치보다 훨씬 싼 값. =헐가(歇價). ¶물건을 ~으로 팔다〔넘기다〕.
헐겁다(-)[헐거우니, 헐거워〕 끼울 물건보다 낄 자리가 크다. ¶나사가 ~/마개가 **헐거워** 잘 빠진다. ㈎할갑다. **헐거이** 튀
헐근-거리다/-대다 困 숨이 가빠서 헐떡하며 그르렁거리다. ㈎할근거리다.
헐근-헐근 튀 헐근거리는 모양. ㈎할근할근. **헐근헐근-하다** 困㈇
헐:다[헐니, 헐어〕〈헐니, 허오〉1 몸에 부스럼이나 상처가 나서 짓무르다. ¶입〔코〕 안이 ~. 2 (물건 따위가) 오래되거나 많이 써서 낡아지다. ¶마루가 **헐었다**.
헐:다²[헐니, 헐어〕〈헐니, 허오〉1 (집이나 쌓은 것을) 쓰러뜨리거나 내려앉는 상태로 되게 하다. ㈌허물다·무너뜨리다. ¶집을 **헐고** 새로 짓다. 2 (김치 따위를 저장해 둔 용기를) 뜯고 속에 든 것을 일부 꺼내다. ¶새 독을 **헐어** 김치를 꺼내다. 3 (큰 액수의 돈을) 그 일부를 써서 그 액수의 상태를 유지하지 못하게 되다. ¶만 원짜리 봉지 사자고 10만 원짜리 수표를 **헐** 수는 없잖니? 4 (남을) 나쁘게 말하여 깎아내리다.
헐떡-거리다/-대다[-꺼떼-] 困㈇ 자꾸 헐떡거리다.
헐떡-이다 困㈇ 1 계속하여 숨을 가쁘게 쉬다. ¶숨을 **헐떡이며** 달려오다. 2 신이 헐거워 자꾸 벗겨지다.
헐떡-하다[-떠카-] 困 1 얼굴에 핏기가 없다. ¶얼굴이 **헐떡하고** 어깨가 축 늘어진 병자. 2 몹시 지쳐 눈이 껄떡하다. ㈎할떡하다.
헐떡-헐떡[-떠컬-] 튀 헐떡거리는 모양. ¶숨을 ~ 몰아쉬며 가파른 산길을 올랐다. ㈎할딱할딱. **헐떡헐떡-하다** 困㈇
헐:-뜯다 困 남을 공연히 해쳐서 말하다. ¶뒷전에서 남을 ~.
헐렁-거리다/-대다 困 1 헐거워 이리저리 자꾸 움직이다. 2 삼가고 조심하지 않는 행동을 자꾸 하다. ㈎할랑거리다.
헐렁-이 圐 들떠서 진중하지 못한 사람을 얕잡아 이르는 말.
헐렁-하다 懇 규격이 잘 맞지 않아 따로따로 놀 정도로 헐겁다. ¶셔츠가 ~. ㈎할랑하다.

헐렁-헐렁 튀 헐렁거리는 모양. ㈎할랑할랑. **헐렁헐렁-하다**¹ 困㈇
헐렁헐렁-하다² 懇 1 매우 헐거운 듯한 느낌이 있다. ¶신발이 ~. 2 행동이 들뜨고 실답지 않다. ㈎할랑할랑하다.
헐레-벌떡 튀 숨을 헐떡거리며 가쁘게 내몰아 쉬는 모양. ¶~ 뛰어오다. ㈎할래발딱. **헐레벌떡-하다** 困㈇㈇
헐레벌떡-거리다/-대다[-꺼떼-] 困㈇ 자꾸 헐레벌떡하다. ㈎할래발딱거리다.
헐레이션(halation) 圐[사진] 강한 빛이 필름이나 사진 건판에 닿았을 때, 그 면에서 반사된 빛이 다시 유제(乳劑)에 닿아 감광되는 현상.
헐-리다 困㈇ '헐다¹'의 피동사. ¶집이 ~.
헐:-벗다[-벋따] 困 1 (사람이) 가난하여 옷을 거의 벗다시피 하거나 누더기를 걸친 상태에 있다. ¶**헐벗고** 굶주린 사람들. 2 (산이나 들이) 나무를 베어 없애거나 심지 않아 맨바닥이 드러난 상태에 있다. 비유적인 말임. ¶**헐벗은** 산.
헐수할수-없다[-쑤-쑤업따] 懇 1 어떻게 할 수가 없다. 2 아주 가난하여 살아갈 도리가 없다. **헐수할수없-이** 튀 ¶나두 오늘날 사는 ~ 되었소.《홍명희:임꺽정》
헐-잡다(歇-)[-따] 困㈇ 셈 어림할 수효를 실제보다 낮게 어림잡다. ¶예산을 **헐잡아** 품목 다 사지 못했다.
헐-하다(歇-) 懇 1 값이 시세보다 싸다. ¶배추 값이 ~. 2 (일 따위가) 힘이 들지 않아 쉽다. ¶세상에 **헐한** 일이 어디 있어. 3 (책임 추궁이나 처벌이) 죄에 비해 가볍다. ㈆중하다.
헐헐 튀 숨이 몹시 차서 고르게 내쉬지 못하는 모양. ㈎할할. **헐헐-하다** 困㈇
혈후(歇后) 圐 **혈후-히** 튀 "지금 죄인을 잡아서 저렇게 ~ 하다가 죄인을 잃으면, 우리는 순사또께 목숨을 바칠잔 말이냐?"《이인직:은세계》
험: 圐 '흠(欠)²'의 변한말.
험:구(險口) 圐 남의 단점을 들어 말하거나 험상궂게 욕을 하는 짓. 또는, 그런 사람. =악구(惡口). ¶…윤은 나를 향하여 민의 ~를 하는 것이 버릇이었다.《이광수:무명》 **험:구-하다** 困㈇
험:난(險難) → **험:난-하다** 懇㈇ (지세가) 다니기에 위험하고 어렵다. ¶**험난한** 길. 2 험하여 고생스럽다. ¶**험난한** 인생살이.
험:담(險談) 圐 남의 흠을 찾아내어 하는 말. =험언(險言). ㈌흠구덕. ¶~을 늘어놓다. **험:담-하다** 困㈇
험:로(險路)[-노] 圐 험하고 나쁜 길.
험:산(險山) 圐 가파르고 위험한 산.
험:상(險相) 圐 거칠고 모질게 생긴 모양이나 상태. **험:상-하다** 懇㈇ ¶**험상한** 몰골.
험:상²(險相) 圐 험상스러운 인상(人相).
험:상-궂다(險相-)[-꾿따] 懇 몰골이 매우 험상하다. ¶**험상궂은** 얼굴.
험:상-스럽다(險狀-)[-따] 懇㈇ 〈-스러우니, -스러워〉 험상궂은 데가 있다. ¶**험상스럽게** 생긴 사람. **험:상스레** 튀
험:악(險惡) → **험:악-하다**[-아카-] 懇㈇ 1 지세(地勢)·기후·도로 등이 나쁘고 험하다. ¶**험악한** 날씨/길이 ~. 2 사물의 형세가 매우 나쁘다. ¶**험악한** 분위기가 감돌다. 3 인심·성질·태도·생김새 따위가 흉악하다. ¶**험악한** 얼굴/**험악한** 세상인심.

험:악-스럽다(險惡-)[-쓰-따][형]〈-스러우니, ~스러워〉험악한 데가 있다. 험:악스레[부]
험:준(險峻)[명]→험:준-하다[형][어] 지세(地勢)가 험하며 높고 가파르다. ¶험준한 산맥.
험집[명] '흠집'의 잘못.
험:-하다(險-)[형] 1 지세가 평탄하지 않아 발붙이기 어렵다. ¶험한 골짜기 / 지형이 ~. 2 생김새나 나타난 모양이 보기 싫게 무섭다. ¶험한 얼굴 / 인상이 ~. 3 어떤 상태나 형세가 위태롭다. ¶험한 날씨 / 분위기가 ~. 4 말이나 행동 따위가 몹시 막되다. ¶그런 험한 말을 나에게 하다니. 5 먹고 입는 것이 너무나도 너절하다. 6 매우 거칠고 힘에 겹다. ¶그는 험한 일도 마다하지 않고 했다. 7 매우 비참하다. ¶수재(水災)로 자식을 잃는 험한 꼴을 당했다. 험:-히[부]
헙수룩-하다[-쑤루카-][형] 옷·수염·머리털 등이 허름하고 텁수룩하다. ¶옷차림이 헙수룩한 노인. ×허수룩하다. 헙수룩-히[부]
헙헙-하다[허퍼파-][형] 1 간간함이 없이 너그럽고 대범하다. ¶제 정실 부인이 되어지라고, 오복줄임을 하며, 명화의 청구라면 헙헙하게 들어주었다.《현진건:적도》 2 어이없을 만큼 허하다. ¶그를 만나서 갔다가 건반의 한구석이 떨어진 것 같은 헙헙한 최포가 솟았다.《이효석:화분》 3 (씀씀이가) 규모 없이 헤프다. 헙헙-히[부] ¶돈을 ~ 쓰다.

헛-[헏][접두] 소용이 없거나 참되지 못하거나 속이 비었음을 나타내는 말. ¶~고생 / ~걸음 / ~수고 / ~소문.
헛-간(-間)[헏깐][명] 주로 농가에서, 멍석·지게·농기구나 기타 자질구레한 물건을 넣어 두는 창고. 보통, 문짝이 없이 한쪽 벽이 터져 있음. =공청(空廳).
헛-갈리다[헏깔-][자타] 마구 뒤섞여 분간할 수가 없다. 비헷갈리다. ¶앞뒤 순서가 ~.
헛-걱정[헏꺽쩡][명] 쓸데없이 걱정하는 일. 헛걱정-하다[동][자][여] ¶지갑이 가방 안에 있는 줄도 모르고 잃어버렸다고 ~. 헛걱정-되다[동][자][여]
헛-걸음[헏껄-][명] 누구를 만나거나 어떤 일을 하려고 어느 곳에 갔으나 목적을 이루지 못하여 헛된 상태가 되는 것. =공행(空行)·허행(虛行). ¶그를 만나러 갔다가 출타 중이어서 ~만 하였다. 헛걸음-하다[동][자][여]
헛걸음-치다[헏껄-][동][자] 헛수고만 하고 가거나 오다.
헛-것[헏껀][명] 1 =헛일. ¶애쓴 일이 말짱 ~이다. 2 =헛개비1.
헛-고생(-苦生)[헏꼬-][명] 아무런 보람도 없는 고생. 헛고생-하다[동][자][여]
헛-공부(-工夫)[헏꽁-][명] 아무 쓸데없는 헛된 공부. 헛공부-하다[동][자][여]
헛-구역(-嘔逆)[헏꾸-][명] 게울 것도 없이 나는 욕지기. =건구역.
헛구역-질(-嘔逆)[헏꾸-찔][명] 헛구역을 하는 일. ¶애가 섰는지 자꾸 ~을 한다. 헛구역질-하다[동][자][여]
헛-글[헏끌][명] 배워서 값있게 쓰지 못하는 글.
헛-기운[헏끼-][명] 쓸데없거나 보람 없이 내는 기운. ¶~을 쓰다.
헛-기침[헏끼-][명] 인기척을 내거나, 목청을 가다듬거나, 멋쩍음을 느끼거나, 전후 상황을 모르는 상대에게 어떤 암시를 주려고 하거나 할 때, 기침을 하는 것처럼 내는 소리. 비군기침. ¶창수는 ~을 몇 번 하더니 노래를 부르기 시작했다. ▷큰기침·잔기침. 헛기침-하다[동][자][여]
헛-김[헏낌][명] 딴 데로 새는 김.
헛-나가다[헏-][동][자] 아무렇게나 되는 대로 나가다. ¶말이 ~ / 손이 ~.
헛-나이[헏-][명] 사람이 나이에 걸맞은 성숙함이나 해 놓은 일이 없이 헛되게 먹은 나이. ¶돌이켜 보니 아무것도 해 놓은 일 없이 ~만 먹었다는 회한이 앞선다.
헛-노릇[헏-른][명] 아무 쓸데없는 헛된 일. 헛노릇-하다[동][자][여]
헛-농사(-農事)[헏-][명] 수확이 없거나 이익을 얻는 바가 거의 없게 지은 농사.
헛-놓다[헏노타][동][타] (무엇을) 아무렇게나 되는대로 놓다.
헛-다리[헏따]→헛다리(를) 짚다[구] 어떤 일에 대한 판단이나 처리 방향이 잘못되다. ¶수사는 계속 헛다리만 짚고 있어 아직까지 아무런 갈피도 잡지 못하고 있다.
헛-돈[헏똔][명] 헛되게 쓰는 돈.
헛-돌다[헏똘-][동][자]〈~도니, ~도오〉 (바퀴나 나사 등과 같이 돌려져 되어 있는 물체가) 제구실을 못하고 제자리에서 헛되이 돌다. ¶나사가 마모되어 ~ / 자동차 바퀴가 진흙탕에 빠져 헛돈다.
헛-되다[헏뙤-/헏뛔-][형] 1 아무 보람이나 뜻이 없다. ¶헛된 삶을 살다. 2 허황하여 믿기가 어렵다. ¶헛된 소문. 헛되-이[부] ¶인생을 ~ 살다 / 시간을 ~ 보내다.
헛-들다[헏뜰다][동][타][여]〈~들으니, ~들어〉 1 (말이나 소리를) 기억에 남지 않게 예사로 듣다. 2 잘못 듣다. ¶분명히 무슨 소리가 난 것 같은데... 내가 헛들었나?
헛-디디다[헏띠-][동][타] (발을) 잘못 디디다. ¶계단에서 발을 헛디뎌 아래로 굴러 떨어졌다.
헛-맹세[헏-][명] 거짓으로 맹세하는 것. 또는, 그 맹세. 헛맹세-하다[동][자][여]
헛-먹다[헏-따][동][타] 나이 따위를 보람 없이 먹다. ¶그만한 세상 이치도 모르다니, 자네 나이를 헛먹었군.
헛-물관(-管)[헏-][명][식] 겉씨식물이나 양치식물의 관다발 속의 물관부에 있는 조직. 수분의 통로이며, 조직을 지탱하는 구실을 함. =가도관(假導管)
헛-물켜다[헏-][동][자] 애쓴 보람이 없이 헛일로 되다. 또는, 되지 않을 일을 가지고 헛되이 애를 쓰다. ¶국물이라도 있을까 기대를 했는데 괜히 헛물켰지 뭔가.
헛-바람[헏빠-][명] 1 (주로 '들다'와 함께 쓰여) 허황된 생각에 마음이 들뜬 상태. 비유적인 말임. ¶연예인은 아무나 되는 줄 알아? 공연히 ~ 들어 가지고 신세 망치지 말고 꿈 깨라. 2 쓸데없이 새는 바람. ¶나팔을 힘껏 불어 보았지만 ~ 새는 소리만 났다.
헛-바퀴[헏빠-][명] ('동사 '돌다'와 함께 쓰여) 제자리에서 헛도는 바퀴. ¶자동차가 빙판 길에서 ~만 돌고 있다.
헛-발[헏빨][명] 1 잘못 디디거나 내찬 발. 2 [동] =위족(僞足).
헛-발질[헏빨-][명] 겨냥이 맞지 않아 빗나간 발길질. 헛발질-하다[동][자][여]
헛-방(-放)[헏빵][명] 총을 쏘아서 목표물을 맞히지 못한 상태.

헛-방귀[헏빵-] 圀 배탈이 나서 소리도 냄새도 거의 없이 뀌는 방귀.

헛방-놓다[-放-][헏빵노타] 图(자) 총을 쏘아서 목표물을 맞히지 못하다. =헛불놓다.

헛-배[헏빼] →헛배(가) 부르다 疘 병이나 몸의 이상으로 음식을 먹지 않고도 배가 더 부룩하게 부르다.

헛-배우다[-빼-] 图(자) 1 실속 있게 배우지 않아 잘 배우지 못하다. 2 배워야 할 것을 배우지 않고, 배우지 말아야 할 것을 배우다.

헛-보다 [헏뽀-] (타) (사물을) 잘못 보다. ¶창에 뭔가 어른거렸는데? 내가 **헛보았나**?

헛보-이다[헏뽀-] 图 '헛보다'의 피동사.

헛-불 [헏뿔] 圀 사냥할 때 짐승을 맞히지 못하고 헛되이 한 총질.

헛불-놓다[헏뿔로타] 图(자) =헛방놓다.

헛-뿌리[헌-] 圀 [식] 선태식물이나 조류(藻類) 등에서 자라는 뿌리 모양의 조직. 다른 사물에 부착하여 양분을 흡수하는 역할을 함. =가근(假根).

헛-살다[헏쌀] 图(자) <~사니, ~사오> 1 사람으로서 마땅히 해야 할 일을 하지 못하고 지내다. ¶세상 **헛살았다**고 한탄하다. 2 누릴 수 있는 것을 누리지 못하거나 누리면서도 그것을 느끼지 못하고 살다.

헛-생각[헏쌩-] 圀 헛되이 생각하는 것. ¶공부는 하지 않고 ~만 하다. **헛생각-하다** 图(자)(타)(여)

헛-소리[헏쏘-] 圀 1 이치에 닿지 않거나 들을 가치가 없는 허튼 말. ¶아니 그래 내가 ~나 하고 다닐 위인으로 보입니까? 2 앓는 사람이 정신을 잃고 중얼거리는 말. =섬어(譫語)·허섬. ¶환자가 자꾸 ~를 한다. **헛소리-하다** 图(자)(여)

헛-소문(-所聞)[헏쏘-] 圀 근거 없이 떠도는 소문. =허문(虛聞). ¶~이 나돌다.

헛-손질[헏쏜-] 圀 1 있는 사람이 정신없이 손을 휘젓는 일. 2 쓸데없이 손으로 매만지는 일. 3 겨냥이 빗나가 생각대로 맞지 않는 손질. ¶그 권투 선수는 ~만 했지 펀치 한 번 제대로 날리지 못하였다. **헛손질-하다** 图(자)(여)

헛-수(-手)[헏쑤] 圀 바둑·장기에서, 쓸데없이 두는 수. ▷군수.

헛-수고[헏쑤-] 圀 아무 보람이 없는 수고. **헛수고-하다** 图(자)(여) ¶처음부터 안 될 일을 가지고 공연히 **헛수고하지** 말게.

헛-스윙(-swing) 圀 권투·야구 등에서, 목표물을 맞히지 못하고 주먹이나 배트 등을 허투루 휘두르는 것. ¶투수가 빠른 볼로 타자의 ~를 유도하다. **헛스윙-하다** 图(자)(여)

헛-심[헏씸] 圀 보람없이 쓰는 쓸데없는 힘. 원헛힘.

헛-애[헏-] 圀 아무 보람 없이 쓰는 애.

헛-열매[헏-] 圀 [식] 배·사과 따위와 같이 꽃턱·꽃대의 부분이 씨방과 함께 비대해져서 된 과실. =가과·부과·위과(僞果). ↔참열매.

헛-웃음[헏-] 圀 1 마음에 없이 겉으로 지어서 웃는 웃음. 2 어처구니없어 피 웃는 웃음.

헛-일[헏닐] 圀 쓸모없는 일. =공사(空事)·허사(虛事). 囵공일. ¶여태까지 ~만 했다. **헛일-하다** 图(자)(여)

헛-잠[헏짬] 圀 1 거짓으로 자는 체하는 잠. 2 잔 둥 만 둥 한 잠.

헛-잡다[헏짭따] 图(타) 잘못 잡다. ¶접시를 **헛잡아** 떨어뜨리다.

헛-장[헏짱] 圀 허풍을 치며 떠벌리는 큰소리. ¶~을 치다.

헛-장사[헏짱-] 圀 아무 이익도 남기지 못한 장사. **헛장사-하다** 图(자)(여)

헛-짓[헏찓] 圀 헛된 짓. **헛짓-하다** 图(자)(여)

헛-짚다[헏찝따] 图(타) 1 팔이나 다리가 바닥을 바로 짚지 못하다. ¶발을 **헛짚어** 넘어질 뻔하다. 2 일이나 대상을 잘못 짐작하다. ¶범인을 ~.

헛-청(-廳)[헏-] 圀 헛간으로 된 집채. =허청(虛廳).

헛-총(-銃)[헏-] 圀 실탄을 재지 않고 쏘는 총. 囸공포(空砲).

헛총을 놓다 疘 실탄을 넣지 않고 소리만 나게 총을 쏘다.

헛총-질(-銃-)[헏-] 圀 헛총을 쏘는 일. **헛총질-하다** 图(자)(여)

헛코-골다[헏-] 图(자) <~고니, ~고오> 거짓 자는 체하고 일부러 코를 골다. ¶조신은 잠이 들지 아니하였다. **헛코를 골면서** 평목이 하는 양을 엿보았다.《이광수:꿈》×산코골다.

헛헛-증(-症)[허턷쯩] 圀 배 속이 비어서 무엇인가 먹고 싶은 증세. =복공증(腹空症). 囸공복감. ¶"여기 물 좀 주세요? 도무지 무엇을 먹지 못하니만두루 ~이 나고, 목이 말라서, 물이 한 방울도 없구먼요."《이광수:무명》

헛헛-하다[허터타-] 閑 1 배 속이 비어서 무엇인가 먹고 싶은 상태에 있다. ¶**헛헛한** 배를 조이며 호호 입김만 허옇게 내뿜었다.《안회남:농민의 비애》 2 마음속이 텅 비어 쓸쓸하다. ¶제 몸뚱어리를 송두리째 어디다가 잃어버린 것 같은 **헛헛함**, ….《채만식:탁류》

헝가리(Hungary) 圀[지] 동유럽 중부에 있는 공화국. 수도는 부다페스트.

헝겁-지겁[-찌-] 円 정신없이 허둥거리는 모양. 囷헝겁. **헝겁지겁-하다** 图(자)(여)

헝:겊[-겁] 圀 무엇을 만들고 남은 천의 조각.

헝클다 图(타) <헝크니, 헝크오> (실·머리털 등을) 이리저리 얽히게 하다. 웬엉클다.

헝클-리다 图 '헝클다'의 피동사.

헝클어-뜨리다/-트리다 图 (실·머리털 등을) 헝클어지게 하다. 웬엉클어뜨리다.

헝클어-지다 图(자) (실·머리털 등이) 이리저리 얽힌 상태가 되다. ¶**헝클어진** 실을 풀다 / 바람에 머리카락이 ~. 웬엉클어지다.

헤 円 1 기운 없이 입을 조금 벌린 모양. 2 입을 조금 벌려 속없이 빙그레 웃는 모양. 또는, 그 소리. 囸헤.

헤게모니(⑤Hegemonie) 圀 상대보다 우위에 서서 사물을 주도하는 입장이나 상태. 囸주도권. ¶~를 잡다(쥐다).

헤:-나다 图(자)(타)'헤어나다'의 준말.

헤:다 (헤고 / 헤어) 图(타) 1 팔다리를 놀려 물을 헤치고 앞으로 나가다. 2 어려운 상태에서 벗어나려고 애쓰다. ¶**헤어** 나오기 힘든 악의 구렁텅이에 빠지다.

헤드(head) 圀 1 [물] 전류를 자기(磁氣)로 바꾸고, 자기를 전류로 바꾸는 변환 장치. 페라이트 등의 자기 재료에 코일을 감은 구조임. 테이프의 녹음·재생·말소에 쓰임. 2 [컴] 자기 디스크의 자료를 읽고, 기록하고, 지우는 장치.

헤드기어(headgear) 圀 권투·레슬링 등에서 연습 때 머리를 보호하기 위해 쓰는 덮개나, 아이스하키·미식축구 등에서 쓰는 헬멧 따위.

헤드-라이트(headlight) 圀 =전조등(前照燈). ¶~를 켜다.

헤드라인(headline) 圀 신문이나 잡지 등의 표제(標題).

헤드-램프(head lamp) 圀 광원(鑛員)·등산인·공원(工員) 등이 사용하는, 밴드로 머리 부분에 고정시키거나 모자에 붙여서 켜는 등(燈).

헤드록(headlock) 圀 프로 레슬링에서, 상대의 머리를 옆구리에 끼고 죄는 기술.

헤드-테이블(head table) 圀 '주빈석(主賓席)'으로 순화.

헤드폰(headphone) 圀 **1** 라디오·전축·녹음기 등을 들을 때 사용하는, 귀마개처럼 두 귀를 덮는 소형 스피커. **2** 밴드로 머리에 걸고 귀에 꽂아쓰는 전화 수신기. ▷이어폰.

헤드헌터(headhunter) 圀 헤드헌팅을 맡아서 하는 전문가.

헤드헌팅(headhunting) 圀 기업에는 적합한 인재를, 개인에게는 일하기 적합한 회사를 찾아 주는 일을 전문적으로 하는 것. 순화어는 '인력 중개', '인력 알선'. ¶~ 전문 업체.

헤딩(heading) 圀 **1** 축구에서, 공중으로 떠오른 공을 머리로 받는 일. ¶~슛. **2** =박치기. **헤딩-하다** 동타여 ¶날아오는 공을 점프하면서 ~.

헤딩-슛(heading shoot) 圀 축구에서, 공중으로 떠오른 공을 머리로 받아서 골문에 넣는 일. 또는, 그런 기술.

헤뜨다 동자 ¶헤뜨니, 헤떠¿ 자다가 놀라다.

헤뜨러-지다 동자 쌓이거나 모인 물건이 흩어지다.

헤-뜨리다/-트리다 동타 물건을 어수선하게 헤뜨리다.

헤라(Hera) 圀[신화] 그리스 신화에 나오는 최고의 여신. 제우스의 아내이며, 결혼·출산·가정생활의 수호신임. 로마 신화의 유노(Juno)에 해당함.

헤라클레스(Heracles) 圀[신화] 그리스 신화에 나오는 영웅. 제우스와 알크메네의 아들로 사자 사냥, 괴물 퇴치 등 12가지의 어려운 일을 해냄.

헤로인(heroin) 圀[약] 모르핀으로 만든 습관성·중독성이 강한 마약(痲藥)의 하나.

헤르니아(hernia) 圀[의] 장기(臟器)의 일부가 원래 있어야 할 복강(腹腔)에서 벗어난 상태. =탈장(脫腸).

헤르메스(Hermes) 圀[신화] 그리스 신화에 나오는 목축과 상업의 신. 제우스와 마이아의 아들로 신들의 사자(使者)임. 로마 신화의 메르쿠리우스(Mercurius)에 해당함.

헤르츠(hertz) 圀[의존][물] 진동수(振動數)의 단위. 1초 동안에 n회의 진동수를 n헤르츠라고 함. 기호는 Hz.

헤르페스(ⓔherpes) 圀[의] =포진(疱疹)^2.

헤매다 동자타 **1** (어느 곳을) 길을 잃거나 어디가 어디인지 몰라 목적지를 찾아 이리저리 왔다 갔다 하다. ⓗ방황하다·우왕좌왕하다. ¶길을 잃고 숲 속을 ~. **2** 어떤 일을 어떻게 처리하거나 다루어야 할지 갈피를 잡지 못하다. ¶전혀 예상 밖의 문제가 나오는 바람에 창수는 **헤매다가** 시험을 망쳤다. **3** (사람이 삶과 죽음, 또는 의식과 꿈속의 경계를) 위태롭게 또는 몽롱한 상태로 넘나들다. ¶비몽사몽간을 ~ / 중환자가 생사의 기로에서 ~. **4** 잠을 자거나 심한 육체적 고통을 느끼는 상태에서, 방향 없이 이리저리 왔다 갔다 하다. ¶잠을 자면서 온 방안을 ~. ✕헤매이다.

헤매이다 동(자)타 '헤매다'의 잘못.

헤-먹다 [-따] 형 **1** 공간에 틈이 벌어져 헐겁거나 어울리지 않는 상태에 있다. ¶(방망이가 …배가 너무 안 부르면 다듬잇살이 펴지지 않고 손에 **헤먹기**가 쉽다는 것이고, ….〈윤오영:방망이 깎던 노인〉 **2** 어떤 일을 하는 것이 제대로 되지 않아 싱겁고 맥이 빠진 상태에 있다. ¶남편과 말을 하고 있노라면 칼로 물을 치는 것 같아서 **헤먹기**만 하지 시원한 꼴을 할 수가 없다.〈채만식:명일〉

헤모글로빈(hemoglobin) 圀[생] 척추동물의 적혈구에 들어 있는, 철(鐵)을 함유하는 색소인 햄(heme)과 단백질인 글로빈으로 된 복합 단백질. 혈액 속에서 산소를 운반하는 구실을 함. =혈색소(血色素).

헤모시아닌(hemocyanin) 圀[생] 색소 단백질의 하나. 연체동물·절지동물 등의 혈장(血漿) 속에 들어 있으며, 산소와 결합하여 이를 운반함. =혈청소(血靑素).

헤-무르다 형르 ¶~무르니, ~물러¿ 맺고 끊음이 분명하지 못하고 무르다.

헤-벌리다 동타 어울리지 않게 넓게 벌리다. ¶입을 ~.

헤-벌어지다 I 동자 어울리지 않게 벌어지다. ¶수석 합격의 영광을 안은 그는 입이 **헤벌어지며** 좋아라 했다.
II 형 어울리지 않게 넓게 벌어진 상태에 있다.

헤벌쭉 甼 **1** 아가리·구멍 따위가 넓적하게 벌어져 벌쭉한 모양. **2** 입을 조금 열고 빙긋 웃는 모양. 쟉해발쭉. **헤벌쭉-하다** 형여 **헤벌쭉-이** 甼

헤브라이즘(Hebraism) 圀[역] 고대 히브리인의 사상·문화 및 그 전통. 특히, 유대교와 크리스트교의 전통을 총괄하여 말함. 헬레니즘과 함께 유럽 문화의 2대 원류를 이룸.

헤비-급(heavy級) 圀[체] 권투 체급의 하나. 프로는 86.18kg 이상, 아마추어는 81~91kg임.

헤비-메탈(heavy metal) 圀[음] 묵직한 비트와 강렬한 금속음의 록 음악.

헤:살 圀 짓궂게 훼방하는 것. 또는, 그러한 짓. ¶낚시질하는 사람에게 가서 ~을 부리다 / 자기의 덤덤한 표정이 오히려 모처럼 부드러워지려는 분위기를 ~ 놓지는 않을까 하는 미안감마저 느껴졌다.〈전광용:태백산맥〉 **헤:살-하다** 동타여

헤:살-꾼 圀 헤살을 놓는 사람.

헤스티아(Hestia) 圀[신화] 그리스 신화에 나오는, 난로와 불의 여신. 로마 신화의 베스타(Vesta)에 해당함.

헤:-식다[-따] 형 **1** (밥이) 찰기가 없어 밥알이 쉽게 흩어지는 상태에 있다. ¶**헤식은** 보리밥. **2** (흙 따위가) 기름지지 못하고 말라서 쉽게 부스러지는 상태에 있다. **3** (사람이) 야무진 데가 없이 싱겁고 흐리멍덩하다. ¶사람이 **헤식어서** 제 앞가림도 못 한다. **4** (웃음이) 어설프고 싱겁게 나오는 상태에 있다. ¶'픽' 하고 **헤식게** 웃는다. **5** (어떤 자리나 분위기가) 흥이 깨지거나 열정·흥분 등이 식어서 어색하거나 맥이 빠진 상태에 있

다. ¶승재와 계봉이는 단둘이만 조용한 방 안에서 흥분해 있다가 갑자기 분잡한 거리로 나와서 그런지 기분이 **헤식어** 한동안 말이 없이 걷기만 한다.《채만식:탁류》
헤실-헤실¹ 뿐 어떤 물체가 부스러지거나 헤지기 쉬운 모양. **헤실헤실-하다**¹ 혱여
헤실-헤실² 뿐 싱겁고 어설프게 웃는 모양. **헤실헤실-하다**² 쟈여
헤싱헤싱-하다 혱여 치밀하지 못하여 헐겁고 허전한 느낌이 있다. ¶일요일 낮 예배 때와는 달리 그런지 낮 예배에 건물 안도 다 차지 않아 **헤싱헤싱했다**.《최창학:가사자의 꿈》
헤:아리다 통(타) 1 (비교적 많은 수량의 사물을) 얼마의 수량인지 알아보다. 비세다. ¶만 원짜리로 백 장입니다. **헤아려** 보세요. 2 (사물이 상당히 많은 수효를) 나타내거나 이루는 상태가 되다. ¶백만을 **헤아리는** 병력. 3 (어떤 일을) 미루어 생각하거나, 짐작으로 살펴 알다. ¶너의 고충을 **헤아리지** 못하는 바는 아니지만 당분간 참고 지내라.
헤어-나다 통(자타) (어려운 형편이나 상황에서[을]) 그렇지 않은 형편이나 상황에 이르게 되다. 비벗어나다. ¶그는 절망 속에서 **헤어나지** 못하고 있다. 준헤나다.
헤어-드라이어(hair drier) 명 ⇒드라이기.
헤어-롤(hair roll) 명 '머리 말개'로 순화.
헤어-밴드(hair-band) 명 머리의 앞부분이나 머리카락 위에 하는 띠. 머리카락이 흘러 내려오지 않게 하거나 장식을 위해 씀.
헤어-스타일(hairstyle) 명 사람의 머리털을 매만져 자르거나 빗거나 땋거나 틀어 올리거나 파마하거나 하여 어떤 유형으로 만든 머리 모양. ¶요즘 유행하는 ~ / ~을 바꾸다.
헤어-스프레이(hair spray) 명 머리에 뿌려 머리 모양이 흐트러지지 않게 하는 점착성 액체.
헤어-지다 통(자) 1 (어떤 사람이 다른 사람과) 한곳에 함께 어울려 있다가 다른 곳으로 가 서로 먼 거리에 있게 되다. ¶나는 친구와 학교 앞에서 **헤어졌다**. 2 (어떤 사람이 부부나 애인 관계의 사람과) 그러한 인연을 끊게 되다. 비이별하다·작별하다·결별하다. ¶그 여자는 성격 차이로 남편과 **헤어졌다**. 3 (뭉치거나 붙어 있던 물체나 물질이) 따로따로 떨어지거나 흩어지다. ¶흙덩이가 물에 젖어 ~ / 밥알이 푸슬푸슬 ~. 4 (살갗이) 상하여 이리저리 갈라지다. ¶피곤하여 입술이 ~. 준헤지다.
헤어-핀(hairpin) 명 '머리핀'으로 순화.
헤엄 명 사람이나 물짐승, 물고기 등이 물속에서 나아가기 위해 팔이나 다리나 지느러미나 꼬리 등을 놀리는 일. ¶~을 잘 치다. ▶수영. **헤엄-하다** 통(자여)
헤엄-치다 통(자) (사람이나 물짐승, 물고기 등이) 물속에서 나아가기 위해 팔이나 다리나 지느러미나 꼬리 등을 놀리다. 비수영하다. ¶아이들은 강을 **헤엄쳐** 건넜다. / 여창 속에서 **헤엄치고** 있는 아름다운 열대어.
헤일로(halo) 명 1 해나 달 주위에 나타나는 무리. 2 성상(聖像)의 머리 둘레에 그려진 후광(後光). 비광배(光背).
헤자브(ⓐhejaeb) 명 이슬람권에서 여성이 입는 베일의 한가지 망토 모양의 의복.
헤적-거리다/-대다¹ [-꺼(때)-] 통(자) 활개를 벌려 부드럽게 저으며 걷다.

헤적-거리다/-대다² [-꺼(때)-] 통(타) 자꾸 헤적이다. ¶파묻어 둔 밤을 찾기 위해 화로를 ~. 준해적거리다.
헤적-이다 통(타) 1 감추인 물건을 찾으려고 자꾸 들추어 헤치다. ¶보따리를 ~. 2 탐탁하지 않은 태도로 깨지락거리며 헤치다. 준해적이다.
헤적-질 [-찔] 명 자꾸 헤적이는 짓. 준해적질. **헤적질-하다** 통(자여)
헤적-헤적¹ [-저케-] 뿐 헤적거리는(헤적이다¹) 모양. **헤적헤적-하다**¹ 통(자여)
헤적-헤적² [-저케-] 뿐 헤적거리는(헤적이다²) 모양. 준해작해작. **헤적헤적-하다**² 통(자여)
헤죽-거리다/-대다 [-꺼(때)-] 통(자) 활개를 벌려 가볍게 저으며 걷다. 준해죽거리다.
헤죽-헤죽 [-주케-] 뿐 헤죽거리는 모양. 준해죽해죽. **헤죽헤죽-하다** 통(자여)
헤:-지다 통(자) '헤어지다'의 준말.
헤지라(Hegira) 명 622년에 예언자 마호메트가 메카의 보수적 특권 상인과 귀족의 박해로 소수의 신도와 함께 메디나로 이주한 일. 이해를 이슬람교 기원 원년으로 함.
헤지^펀드(hedge fund) 명[경] 고수익을 추구하는 투기성 국제 단기 자금. 도박성이 커, 국제 금융 시장을 교란시키는 요인으로 지적되기도 함.
헤집다 [-따] 통(타) 긁어 파서 뒤집어 흩다. ¶닭이 땅바닥을 ~.
헤쳐 [-처] 감[명] 제식 훈련 시 구령의 하나. 대오를 떠나서 제각기 흩어지라는 말.
헤치다 통(타) 1 (무엇에 덮이거나 가려진 물체가) 속의 것이 드러나도록 곁에 있는 것을 양옆으로 치우거나 젖히다. ¶아기가 엄마의 젖가슴을 ~ / 노파는 앙금을 **헤치고** 국자를 푹 담가서 갈제비 건더기를 건져 내어 여인에게 내밀었다.《황석영:장길산》 2 (나아가기 어렵게 앞을 가로막고 있는 대상을) 나아갈 수 있는 양옆으로 치우며 가다. ¶인파를 **헤치고** 나아가다 / 물살을 **헤치며** 강을 건너다. 3 (닥치거나 처한 어려움을) 이겨 나가거나 물리치다. ¶고난을 **헤쳐** 나가다. 4 (모여 있는 대상을) 따로따로 흩어지게 하다. ¶내가 너를 열국 중에 흩으며 각 나라에 **헤치고**….《구약 에스겔》
헤테로(hetero) 명[생] 대립 유전자의 조성(組成)이 서로 다르게 맞추어지는 일. =이형(異形). ↔호모(homo).
헤파이스토스(Hephaestos) 명[신화] 그리스 신화에 나오는 불과 대장장이의 신. 로마 신화의 불카누스(Vulcanus)에 해당함.
헤:프다 혱〈헤프니, 헤퍼〉 1 (쓰는 물건이) 보통의 정도보다 더 많이 닳거나 없어지는 상태에 있다. ¶비누가 물러 ~. 비마다다. 2 (물건이나 돈 따위를 쓰는 태도가) 아끼지 않고 보통의 정도보다 많이 쓰는 상태에 있다. ¶그 남자는 돈 씀씀이가 유달리 ~ / 돈을 **헤프게** 쓴다. 3 (말이나 행동이) 삼가는 데가 없이 함부로 또는 마구 나오거나 이뤄지는 상태에 있다. ¶웃음이 ~ / 말이 ~ / 몸을 **헤프게** 굴리는 여자.
헤:피 뿐 헤프게. ¶그는 돈을 너무 ~ 쓴다.
헤-헤 뿐 입을 반쯤 열어 자꾸 빙그레 웃는 소리. 또는, 그 모양. 준해해. **헤헤-하다** 통(자여)
헤헤-거리다/-대다 통(자) 자꾸 헤헤 웃다. ¶**헤헤거리며** 간사를 떨다. 준해해거리다.

헥타르(hectare) 〔명〕〔의존〕 토지의 면적을 나타내는 단위. 1헥타르는 100아르, 즉 1만m². 기호는 ha.

헥토파스칼(hectopascal) 〔명〕〔의존〕 세계 기상 기구(WMO)가 1984년 7월 1일부터 바꾸어 쓰기로 결정한 기압의 단위. 수치상으로 밀리바와 같으며, 1파스칼의 100배임, 1기압은 1013.25헥토파스칼임. 기호는 hPa.

헨리의 법칙(Henry―法則) [―의/―에―] 〔화〕 일정한 온도 아래에서 기체가 액체에 용해될 때, 그 용해량은 기체의 압력에 비례한다는 법칙.

헬-기(←helicopter機) 〔명〕 =헬리콥터. ¶군용 ~.

헬기-장(←helicopter機場) 〔명〕 =헬리포트.

헬드^볼(held ball) 〔명〕〔체〕 농구에서, 양 팀의 두 선수가 동시에 공을 잡고 놓지 않는 일. 점프 볼을 하여 경기를 계속함.

헬라^어(←Hellas語) 〔명〕〔성〕 =그리스 어.

헬레니즘(Hellenism) 〔명〕 알렉산더의 동방 원정 이후, 그리스와 오리엔트가 서로 영향을 주고받음으로써 생긴 역사적 현상. 헤브라이즘과 함께 유럽 문화의 2대 원류를 이룸.

헬렐레 〔부〕 술에 취하거나 얼이 빠지거나 기운이 빠져 몸을 가누지 못하는 모양. 속된 표임. **헬렐레-하다** 〔동〕〔자여〕 ¶재는 여자만 보면 **헬렐레**한다.

헬륨(helium) 〔명〕〔화〕 희유기체 원소의 하나. 원소 기호 He, 원자 번호 2, 원자량 4.0026. 수소 다음으로 가볍고, 다른 원소와 화합하지 않음. 끓는점이 낮아 초저온용 냉매·기구(氣球用) 가스 등으로 쓰임.

헬리코박터-균(helicobacter菌) 〔명〕〔의〕 위 점막에 기생하면서, 위염·위궤양·위암 등을 일으키는 나선균.

헬리콥터(helicopter) 〔명〕 기체(機體)의 상부에 부착시킨 회전 날개를 엔진으로 회전시켜 활주로 없이 거의 수직으로 뜨고 내릴 수 있는 항공기. 앞·뒤·옆으로 나아갈 수 있으며, 공중에서 정지할 수 있는 것이 특징임. =헬기.

헬리포트(heliport) 〔명〕 헬리콥터가 이착륙할 수 있도록 만들어진 공간. =헬기장.

헬멧(helmet) 〔명〕 충격으로부터 머리를 보호하기 위하여 쓰는 투구형의 모자. 군인·광부(鑛夫)·공사장 인부·운동선수 등이 씀.

헬스-클럽(health club) 〔명〕 건강과 미용을 증진시키기 위한 운동·휴식 시설을 갖춘 체육관.

헴 〔감〕 점잔 빼거나 습관적으로 내는 작은 기침 소리.

헷-갈리다[헫갈―] 〔동〕〔자타〕 정신이 혼란스러워 사물을 제대로 판단하거나 분간할 수 없는 상태가 되다. ¶무슨 행사일이라 어디로 가야 할지 ~ / 아이들이 너무 떠들어 정신이 **헷갈려**서 아무것도 못 하겠다. 〔비〕헛갈리다.

헹 〔부〕 아주 야무지게 코를 푸는 소리.

헹-가래 〔명〕 1 어떤 사람의 승리나 성공 등을 축하하는 뜻에서 여러 사람이 그를 몇 차례 공중에 던져 올렸다 받았다 하는 일. ¶우승이 확정되는 순간 선수들은 감독을 ~를 쳤다. 2 장난 또는 벌로, 여러 사람이 어떤 사람의 팔과 다리를 각각 잡고 좌우로 흔드는 일.

헹구다 〔동〕〔타〕 빨거나 씻은 것을 다시 깨끗한 물에 넣어서 흔들어 더러운 것이 빠지게 하다. ¶빨래를 깨끗하게 ~. 〔준〕헤다.

혀 〔명〕 1 동물의 입 안의 아래쪽에 붙어 자유로이 움직이는 살덩이로 된 기관. 맛을 구별하고 음식을 삼키며, 특히 사람에 있어서는 발음(發音)을 하는 데에 중요한 구실을 함. 2 〔음〕'서'의 잘못.

혀가 잘[안] 돌아가다 〔구〕 외국어나 어떤 말의 발음이 정확하게 잘[안] 되다. 또는, 말이 유창하게 잘[안] 되다. ¶술에 취해 도무지 **혀가 안 돌아간다**.

혀가 짧다 〔구〕 혀가 잘 돌지 않아 말을 더듬거나 발음이 명확하지 않다.

혀(가) 꼬부라지다 〔구〕 병중이거나 술에 취하여 혀가 잘 움직이지 않아 발음이 명확하지 않다. ¶그는 만취하여 **혀 꼬부라진** 소리를 했다.

혀를 깨물다 〔구〕 어떤 일을 힘들게 억지로 참다.

혀를 내두르다 〔구〕 매우 놀라거나 어이없어서 말을 못하다. ¶**혀를 내두르게** 비싼 물건.

혀를 돌리다 〔구〕 무심코 말을 입 밖에 내다. ¶함부로 **혀를 놀렸다**가는 경칠 줄 알아라.

혀를 차다 〔구〕 마음이 언짢거나 유감의 뜻을 나타낼 때, 혀끝으로 입천장을 쳐서 소리를 내다. ¶노인은 젊은이의 무례한 행동이 못마땅해서 **혀를 끌끌 찼다**.

혀-꼬부랑이 〔명〕 혀가 꼬부라져서 말을 반벙어리처럼 하는 사람을 놀려 하는 말.

혀-꽃[―꼳] 〔명〕〔식〕 혀꽃부리로 된 꽃의 총칭. =설상화(舌狀花).

혀-끝[―끝] 〔명〕 비교적 자유롭게 움직일 수 있는, 혀의 맨 앞부분. =설단(舌端)·설두(舌頭)·설첨(舌尖).

혀끝에 오르내리다 〔구〕 남의 입에 화제로 오르다.

혀끝-소리[―끋쏘―] 〔명〕〔언〕 혀끝과 윗잇몸 사이에서 나는 소리. 'ㄷ', 'ㄹ' 따위. =설단음(舌端音).

혀밑-샘[―믿쌤] 〔명〕〔생〕 혀 아래, 점막 밑의 침샘의 하나. =설하선(舌下腺).

혀-뿌리 〔명〕 입의 안쪽 아래에 고정되어 있어 자유롭게 움직일 수 없는, 혀의 부분. =설근(舌根).

혀옆-소리[―엽쏘―] 〔명〕〔언〕 혀끝을 윗잇몸에 아주 붙이고, 혀 양쪽의 트인 데로 날숨을 흘려 내는 소리. 곧, '쌀', '길' 따위에서의 'ㄹ' 음. =설측음(舌側音).

혀-짜래기 〔명〕'혀짤배기'의 준말.

혀-짤배기 〔명〕 혀가 짧아서 'ㄹ' 받침 소리를 똑똑하게 내지 못하는 사람. 〔준〕혀짜래기.

혀짤배기-소리[―쏘―] 〔명〕 혀가 짧아 'ㄹ' 받침 소리를 똑똑하게 내지 못하는 말소리. 〔준〕혀짜래기소리. **혀짤배기소리-하다** 〔동〕〔자여〕

혁낭(革囊) [혁―] 〔명〕 가죽으로 만든 주머니 또는 가방.

혁대(革帶) [―때] 〔명〕 가죽으로 만든 띠. 〔비〕허리띠.

혁명(革命) [형―] 〔명〕 1 헌법의 범위를 벗어나서 국가의 기초, 사회의 제도, 경제의 조직을 급격하게 근본적으로 고치는 일. ¶군사 ~ / 무혈 ~ / ~을 일으키다. 2 이전의 왕통(王統)을 뒤집고 다른 왕통이 대신하여 통치자가 되는 것. ¶역성(易姓) ~. 3 종래의 관습·제도·방식을 단번에 깨뜨리고 질적(質的)으로 새로운 것을 세우는 것. ¶산업 ~ / 컴퓨터의 출현은 모든 분야에 일대 ~을 가져왔다. **혁명-하다** 〔동〕〔자타여〕

혁명-가(革命家) [형―] 〔명〕 혁명을 위하여 활동하는 사람.
혁신(革新)[—씬] 똉 묵은 풍속·관습·조직·방법 등을 바꾸어 아주 새롭게 하는 것. ¶기술 ~. / ~ 정당. **혁신-하다** 툉태에 **혁신-되다** 툉재

혁신-적(革新的)[—씬—] 괜똉 묵은 조직이나 제도·관습·방법 등을 바꾸어 새롭게 하는 (것). ¶~인 개편.

혁신-주의(革新主義)[—씬—의/—씬—이] 똉 종래의 관습·조직·방법 등을 바꾸어 새로운 방향을 지향하는 입장이나 사고방식. ↔보수주의.

혁파(革罷) 똉 (기구·제도·법령 따위를) 낡거나 문제가 있어 폐지하는 것. **혁파-하다** 툉태에 **혁파-되다** 툉재

혁필-화(革筆畫)[—미] 납작한 가죽에 여러 빛깔의 물감을 묻혀, 글자(주로 한자)를 쓰면서 그 뜻에 어울리는 그림을 함께 그린 그림.

혁혁(赫赫)[혀켝] → **혁혁-하다**[혀커카—] 톙여 (공로나 업적이) 빛이 나게 뚜렷하다. ¶**혁혁한** 공을 세우다. **혁혁-히** 튀

현[1](弦) 똉 1 = 활시위. 2 [수] 원·곡선의 호(弧)의 두 끝을 잇는 선.
현[2](絃) 똉 [음] 현악기에 켕겨 맨 줄.
현[3](縣) 똉 [역] 지방 행정 구획의 하나.
현[4](現) 괜 명사 앞에 붙어, '현재의', '지금의' 의 뜻을 나타내는 말. ¶~ 국방부 장관.

현-가(現價)[—까] 똉 1 현재의 가격. 2 [경] 장래의 어느 때 지급할 일정한 금액을 현재를 기준으로 계산한 가격.

현감(縣監) 똉 [역] 고려·조선 시대의 작은 현의 원. 종6품의 지방 문관임.

현격(懸隔) → **현격-하다**[—껴카—] 톙여 (사물의 차이가) 뚜렷하거나 두드러진 상태에 있다. ¶사고방식의 **현격한** 차이. **현격-히** 튀

현고(顯考) 똉 신주나 축문 등에서, 돌아가신 '아버지'를 가리켜 이르는 말. ¶~ 학생부군(學生府君). →현비(顯妣).

현-고조고(顯高祖考) 똉 신주나 축문 등에서, 돌아가신 '고조할아버지'를 가리켜 이르는 말.

현-고조비(顯高祖妣) 똉 신주나 축문 등에서, 돌아가신 '고조할머니'를 가리켜 이르는 말.

현관[1](玄關)[—건] 똉 빌딩이나 주택 등의 건물 정면에 딸려 있는, 가장 주가 되는 출입구. ¶~ 마루 / ~ 홀(hall).

현관[2](顯官) 똉 1 높은 관직. 또는, 그 관리. 2 [역] 문무(文武)의 양반만이 하는 벼슬.

현관-문(玄關門) 똉 현관에 달린, 드나드는 문. ¶~을 항시 열어 두다.

현교[1](祆敎) 똉 [종] 조로아스터교를 중국에서 일컫는 말.

현교[2](顯敎) 똉 [불] 널리 대중들에게 개방되어 있는 가르침으로서, 그 세계관이나 종교적 이상에 도달하는 방법을 명료한 언어로 표현하는 불교. 부처가 중생을 위해 직접 말한 가르침을 토대로 함. ↔밀교(密敎).

현군(賢君) 똉 어질고 현명한 임금.
현금[1](現今) 똉 바로 이제.
현금[2](現金) 똉 1 정부나 중앙은행에서 발행한 지폐나 주화를 유가 증권과 구별하여 이르는 말. ¶고액 수표는 곤란하니 ~으로 지불해 주십시오. 2 현재 가지고 있는 돈.

현금-가(現金價)[—까] 똉 현금으로 거래할 때의 가격.

현금^인출기(現金引出機) 똉 예금을 현금으로 자동 인출 하는 기계. =현금 자동 지급기.

현금^자동^지급기(現金自動支給機)[—끼] 똉 =현금 인출기.

현금-주의(現金主義)[—의/—이] 똉 [경] 회계상 이익 계산 방식의 한 가지. 현금의 수입·지출의 시점에서 수익과 비용을 계정하는 방식. 2 눈앞의 이익만 탐하여 만사를 처리하는 주의.

현금^카드(現金card) 똉 현금 인출기에 넣어 원하는 액수의 돈을 자기 계좌에서 꺼내 쓸 수 있게 된, 플라스틱 카드. =캐시 카드·현금 인출 카드.

현기(眩氣) 똉 어지러운 기운. =어지럼.
현기-증(眩氣症)[—쯩] 똉 머리가 어지럽고 눈앞이 깜깜해지는 증세. =어지럼증. 비어질증. ¶낭떠러지 위에서 아래를 내려다보니 ~이 난다.

현념(懸念) 똉 늘 마음에 두고 생각하는 것. **현념-하다** 툉태

현답(賢答) 똉 현명한 대답. ¶우문(愚問) ~.
현대(現代) 똉 1 지금의 이 시대. 2 [역] 역사의 시대 구분의 하나. 근대 이후의 시대로, 사상(思想)이나 그 밖의 여러 현상이 현재와 같다고 생각되는 때부터 지금까지의 시기. 우리나라의 경우, 1945년 광복 이후의 현재를 가리킴.

현대^국어(現代國語) 똉 [언] 국어의 역사에서, 20세기 초기부터 현재까지의 국어.

현대^무용(現代舞踊) 똉 20세기에 들어서 전통적인 발레의 고정관념과 형태로부터 벗어나 자유롭고 개성적인 표현을 추구한 무용.

현대-문(現代文) 똉 [문] 현대어를 바탕으로 한 문체. 또는, 그러한 문장. ↔고문(古文).

현대^문학(現代文學) 똉 근대 문학을 계승하여 현대에 이루어진 문학. 우리나라에서는 1910년대의 태동기를 거쳐 1920~30년대에 정립되었음.

현대-물(現代物) 똉 현대 사회의 사건·풍속 등을 묘사한 소설·희곡 따위. ↔시대물(時代物).

현대-병(現代病)[—뼁] 똉 현대 사회가 지나치게 복잡화·다양화·기능화되는 데에서 오는 병. 정신병·공해병·직업병·성인병 따위.

현대-사(現代史) 똉 일반적으로 제2차 세계대전 이후의 역사.

현대-식(現代式) 똉 수준이나 양식(樣式)에 있어서 현대적인 방식. ¶~ 장비 / ~으로 지은 고층 건물.

현대-어(現代語) 똉 [언] 현대인이 지금 사용하고 있는 말.

현대-인(現代人) 똉 현대에 살고 있는 사람. 특히, 현대에 어울리는 생활과 생각을 갖고 있는 사람. ¶~의 의식 구조.

현대-적(現代的) 괜똉 현대에 적합한 느낌이 있거나 현대에 특징적인 (것). ¶~인 생활양식.

현대-전(現代戰) 똉 고도로 발달한 과학 무기를 써서 하는 현대의 전쟁.

현대-판(現代版) 똉 고전(古典)이나 옛날의 사건을 현대적 감각으로 재현한 것. ¶~ 춘향전.

현대-화(現代化) 똉 시대에 뒤떨어진 체제·기구·설비·방법 등을 현대에 알맞은 새로운

현등(舷燈) 몡 야간에 항해하는 선박의 양쪽 뱃전에 달아 그 진로를 알리는 등.

현:란¹(眩亂)[혈-] →**현!란-하다**¹[혈-] 혱 옝 정신이 헷갈려 어수선하다.

현:란²(絢爛)[혈-] →**현!란-하다**²[혈-] 혱 옝 1 (불빛이나 색채나 장식 따위가) 눈이 부시도록 찬란하다. ¶네온사인이 **현란한** 명동의 밤거리. 2 (글이) 미사여구를 많이 사용한 상태에 있다. ¶감각적이고 **현란한** 문체.

현량-과(賢良科)[혈-꽈] 몡 옉 조선 중종 때 경학(經學)에 밝고 덕행이 높은 사람을 천거하여 대책(對策)으로 시험을 보아 뽑던 과거.

현:령(縣令)[혈-] 몡 옉 1 신라·고려 시대의 현의 으뜸 벼슬. 2 조선 시대, 큰 현의 원. 종5품 지방 문관임. ▷현감(縣監).

현맥(玄麥) 몡 쓿지 않은 보리.

현명(賢明) →**현명-하다** 혱 어질고 영리하여 사리에 밝다. ¶**현명한** 사람 / **현명한** 판단 / **현명하게** 일을 처리하다. **현명-히** 뷔

현모(賢母) 몡 어진 어머니.

현모-양처(賢母良妻) 몡 어진 어머니이면서 또한 착한 아내.

현:몽(現夢) 몡 죽은 사람이나 신령이 꿈에 나타나는 것. **현!몽-하다** 됭재옝

현묘(玄妙) →**현묘-하다** 혱 이치나 기예(技藝)의 경지가 헤아릴 수 없이 깊고 미묘하다.

현무(玄武) 몡 1 쳔 28수(宿) 중, 북쪽에 있는 일곱 별의 총칭. 곧, 두(斗)·우(牛)·여(女)·허(虛)·위(危)·실(室)·벽(壁). 2 민 북쪽의 신. 물의 신으로, 거북과 뱀을 하나로 한 모양임.

현무-암(玄武巖·玄武岩) 몡 괄 화산암(火山巖)의 한 가지. 회록색 내지 흑색의 치밀한 암석. 장석·감람석·휘석이 주성분이며, 기둥 모양인 것이 많음.

현문(舷門) 몡 선박의 뱃전 옆에 만들어 놓은 출입구.

현문-우답(賢問愚答) 몡 현명한 물음에 대한 어리석은 대답. ↔우문현답.

현!물(現物) 몡 1 금전은 아니나 금전적 가치가 있는 물품. 2 견 거래에서, 매매 계약이 이루어짐과 동시에 인도되게 되어 있는, 주식·상품 등의 물건. ㉡실물.

현!물^거래(現物去來) 몡 견 매매 계약이 이루어짐과 동시에 주식이나 상품을 인도하고 그 대금을 결제하게 되어 있는 거래. =실물 거래. ↔선물 거래.

현!물-세(現物稅)[-쎄] 몡 금전이 아닌 현물로 바치는 세. ㉡물납세.

현!물-환(現物換) 몡 견 외국 무역에서, 상품의 매매 계약과 동시에 자국 화폐와 외국 화폐를 교환하여 환결제(換決濟)를 하는 일. ↔선물환.

현미(玄米) 몡 벼의 껍질만 벗기고 쓿지 않은 쌀. ㉡매조미쌀. ↔백미(白米).

현!미-경(顯微鏡) 몡 뭍 아주 작은 물체만을 확대하여 보는 장치.

현!미경-자리(顯微鏡-) 몡 쳔 염소자리의 남쪽에 있는 별자리. 초가을의 저물녘에 남

현부(賢婦) 몡 1 현명한 부인. 2 어진 며느리.

현-부인(賢夫人) 몡 1 어진 부인. 2 남의 부인을 높여 이르는 말.

현비¹(賢妃) 몡 1 어진 왕비. 2 옉 고려 시대, 내명부(內命婦)의 정1품.

현비²(顯妣) 몡 신주나 축문 등에서, 돌아가신 '어머니'를 가리켜 이르는 말. ㉡선비(先妣). ▷현고(顯考).

현사(賢士) 몡 어진 선비.

현:-사당(見祠堂) 몡 신부(新婦)가 처음으로 시집의 사당에 절하는 일. **현!사당-하다** 됭재옝

현!상¹(現狀) 몡 현재의 상태. ¶~ 유지 / ~을 타파하다.

현!상²(現象) 몡 1 사물의 어떤 모습이나 상태. 9ㅇ존층이 파괴되면 어떤 생리 / 도미노 ~ / 오존층이 파괴되면 어떤 일이 일어날까? 2 쳘 감각적으로 경험되고 의식에 주어지는 대상. ▷물자체.

현!상³(現像) 몡 사진 촬영한 필름이나 인화지를 약품으로 처리하여 찍힌 상(像)이 눈에 보이도록 하는 것. **현!상-하다** 됭타옝 ¶필름을 ~. **현!상-되다** 됭재

현!상⁴(懸賞) 몡 무엇을 모집하거나 구하거나 사람을 찾는 일 따위에 상을 내거는 일. ¶~ 모집.

현!상-계(現象界)[-계/-게] 몡 쳘 감각으로 직감할 수 있는 자연계. 또는, 경험의 세계. =객체계(客體界).

현!상-금(懸賞金) 몡 무엇을 모집하거나 구하거나 사람을 찾는 일 따위에 상으로 내건 돈. ¶~을 내걸다.

현!상-액(現像液) 몡 사진 사진 현상에 쓰이는 약물.

현!상-적(現象的) 관몡 현상으로 드러나 있는 (것). 또는, 현상에 국한되어 있는 (것). ¶~ 접근 / ~ 판단.

현!상-학(現象學) 몡 쳘 1 헤겔이 그의 저서 '정신 현상학'에서 보인, 정신이 가장 단순한 감각적 확신에서 최고의 절대지(絶對知)에 이르는 변증법적 발전의 철학. 2 객관적 세계가 독립적으로 존재한다는 입장을 비판하면서, 순수 의식의 본질을 분석·기술하고자 하는 후설의 철학 이론.

현!생(現生) 몡 이 세상의 생애.

현!생^인류(現生人類)[-일-] 몡 교 현재 생존하고 있는 인류. 또는, 이와 같은 종(種)에 속하는 화석 인류. =현세 인류.

현!세(現世) 몡 1 불 삼세(三世)의 하나. 지금 이 세상. =현재. 2 지 =충적세.

현!세^인류(現世人類)[-일-] 몡 교 =현생 인류.

현!세-주의(現世主義)[-의/-이] 몡 쳘 현세를 긍정하고 전세(前世)나 내세(來世)의 있고 없음에 관심이 없는 사고방식.

현손(玄孫) 몡 손자의 손자. =고손(高孫).

현!-손녀(玄孫女) 몡 손자의 손녀.

현!수-교(懸垂橋) 몡 견 양쪽 언덕에 줄이나 쇠사슬을 건너지르고, 거기에 의지하여 매달아 놓은 다리. =조교(弔橋)·현교.

현!수-막(懸垂幕) 몡 선전문·구호문(口號文) 따위를 적어 세로나 가로로 길게 매단 막.

현!수-선(懸垂線) 몡 수 실이나 끈 따위의 양쪽 끝을 고정하고 중간을 자유로 늘어뜨렸을 때, 실이 이루는 곡선. =수곡선.

현숙(賢淑) →**현숙-하다**[-수캬-] 혱 옝 (여자가) 마음이 어질고 정숙하다. ¶**현숙한** 아내[며느리].

현:시¹(現時) 명 지금 이때.
현:시²(顯示) 명 (어떤 내용을) 나타내어 보이는 것. **현:시-하다** 통(타여) ¶존재의 진리를 시어(詩語)로 ~.
현:-시점(現時點) [-쩜] 명 지금 이 시점. ¶~에서 볼 때 그 일은 아직 시기상조이다.
현:신(現身) 명 1 아랫사람이 윗사람에게 처음으로 자신을 보이는 것. 2 현세에서의 몸. 3 [불] =응신(應身). ¶태전 현감은 새로 도임하여 절도사에게 **현신하러** 온 길이요….《홍명희:임꺽정》**현:신-되다** 통(자)
현:실¹(玄室) 명 1 [역] 왕세자의 관(棺)을 묻는 광중(壙中). 2 [고고] =널방.
현:실²(現實) 명 어떤 사람이 현재 처해 있는 상황. 또는, 어떤 사실이나 현상이 현재 실제로 존재하는 상태. ¶가혹한 ~ / ~을 직시하다 / 이상과 ~의 차이 / 그의 예언이 ~로 나타나다.
현:실-감(現實感) 명 어떤 일이 현실이라고 여겨지거나 현실에서 가능하다고 여겨지는 느낌. ¶~이 결여된 공허한 주장 / 이 소설은 하층민의 삶을 ~ 있게 보여 주고 있다.
현:실-성(現實性) [-썽] 명 실제로 일어날 수 있거나 현실에 있을 수 있는 가능성. =리얼리티. ¶~이 없는 이야기.
현:실-적(現實的) [-쩍] 명 현실성을 띤 것. 그 일은 ~으로 불가능하다.
현:실-주의(現實主義) [-의/-이] 명 이상에 구애되지 않고, 현실을 중시하는 입장. =리얼리즘.
현:실주의-자(現實主義者) [-의-/-이-] 명 현실을 중시하는 입장이나 태도를 가진 사람. =리얼리스트.
현:실-화(現實化) 명 현실로 되거나 현실로 되게 하는 것. **현:실화-하다** 통(자타여) **현:실화-되다** 통(자) ¶그것은 도저히 **현실화될** 수 없는 탁상공론에 불과하다.
현악(絃樂·弦樂) 명[음] 바이올린과 같은 현악기로 연주하는 음악.
현악-기(絃樂器) [-끼] 명[음] 현(絃)을 손가락으로 퉁기거나 활로 마찰하거나 건반으로 쳐서 음을 내는 악기. =탄주 악기.
현악^사:중주(絃樂四重奏) [-싸-] 명[음] 제1, 제2바이올린과 비올라·첼로의 4개의 현악기에 의한 실내악 연주.
현악^삼중주(絃樂三重奏) [-쌈-] 명[음] 바이올린·비올라·첼로의 3개의 현악기에 의한 실내악 연주.
현악^오:중주(絃樂五重奏) 명[음] 주로 2개의 바이올린과 2개의 비올라, 1개의 첼로로, 또는 2개의 바이올린과 1개의 비올라, 2개의 첼로로 편성된 실내악 연주.
현:안(懸案) 명 아직 해결되지 않은 채 남아 있는 문제 또는 안. ¶시급히 해결해야 할 ~이 산적하여 있다.
현:업(現業) 명 현재 하고 있는 업무.
현:역(現役) 명 1 [군] 현재 각 부대에 소속되어 복무하고 있는 병역. 또는, 그 군인. ↔예비역. 2 현재 그 직무에 종사하고 있는 사람. ¶~ 국회의원.
현:역-병(現役兵) [-뼝] 명[군] 현역에 복무하고 있는 병사.
현:연(顯然) →**현:연-하다** 형(여) 나타나는 정도가 뚜렷하다. ¶밤이 무양(無恙)한 것을 기뻐하는 기색이 **현연하였다.**《홍명희:임꺽정》 **현:연-히** 부 ¶공부 정도는 같으나 열두 살 된 아이와 열아홉 살 된 아이의 지각 범절은 ~ 다른지라. 《이인직:은세계》

현:요(眩耀) →**현:요-하다** 형(여) 눈부시고 찬란하게 빛나고 있다.
현월(弦月) 명 =초승달.
현인(賢人) 명 어질고 총명하여 성인 다음가는 사람. =현자(賢者).
현인-군자(賢人君子) 명 1 현인과 군자. 2 어진 사람.
현:임(現任) 명 현재의 직임. =시임(時任).
현자(賢者) 명 =현인(賢人). ↔우자(愚者).
현:장(現場) 명 1 사건이나 사고가 발생한 곳. 또는, 사람들의 이목을 끌 만한 일이 실제로 진행되고 있는 곳. ¶화재 ~ / 사고 ~에 나가 있는 중계차. 2 일을 지휘·감독하는 회사에 상대하여, 회사 밖에서 공사나 거래 등이 실제로 이뤄지는 곳. ¶공사 ~ / ~ 감독. 3 국외자(局外者)의 입장에서, 어떤 직업의 일을 실제로 행하고 있는 곳. ¶작업 ~ / 이세=체험.
현:장-감(現場感) 명 어떤 일이 이뤄지고 있는 현장에서 느낄 수 있는 느낌. ¶~을 살린 뉴스 보도.
현:장^검증(現場檢證) 명[법] 법원이나 수사 기관이 범죄의 현장이나 기타 법원 외의 장소에서 실시하는 검증. =실지 검증.
현:장^부재^증명(現場不在證明) 명[법] =알리바이(alibi).
현:장^학습(現場學習) [-씁] 명[교] 학습에 필요한 자료가 있는 현장을 찾아가서 하는 학습.
현:재¹(現在) Ⅰ 명 1 바로 지금 진행되고 있는 시간. 그 이전은 과거, 그 이후는 미래임. 또는, 지금하고 있는 일. =시재(時在). ¶과거를 떨쳐 버리고 ~에 충실하도록 하여라. 2 (때를 나타내는 말 다음에 쓰여) 사물이 변화하는 상태를 어느 지점에서 끊어서 파악하려고 할 때, 그 시점을 가리키는 말. ¶1998년 1월 1일 ~ 서울특별시의 인구. 3 [불] =현세(現世). 4 [언] 시제(時制)의 하나. 지금 행해지고 있는 동작이나 지금의 상태를 나타내는 어법. 동사의 경우, 선어말 어미 '-ㄴ/는-'을 붙여서 나타내며, 형용사나 서술격 조사 '이다'는 기본형으로 나타냄. =이적. ▷과거·미래.
Ⅱ 부 지금 이 시점에. ¶그는 ~ 대학 재학 중이다.
현:재²(顯在) 명 겉으로 나타나 있는 일. ↔잠재(潛在). **현:재-하다** 통(자여)
현:재-법(現在法) [-뻡] 명[문] 수사법의 하나. 과거·미래의 사실, 또는 눈앞에 없는 사실을 마치 눈앞에 있는 것처럼 나타내는 방법. "기차는 서울을 벗어나 너른 벌판을 달린다." 따위.
현:재^예:정(現在豫定) 명[언] 현시점에서, 앞으로 그렇게 될 것이 단정적으로 예상되는 상황을 나타내는 어법. '학교에 가게 된다' 따위.
현:재^완료(現在完了) [-왈-] 명[언] 구미어(歐美語)에서, 현재까지의 동작이 끝났음을 나타내는 시제(時制)의 하나.
현:재^진:행(現在進行) 명[언] 동작이 현재 진행중에 있음을 나타내는 어법.
현:저(顯著) →**현:저-하다** 형(여) (어떤 현상이) 두드러지게 뚜렷하다. =표저하다. ¶**현저한** 변화. **현:저-히** 부
현:조(顯祖) 명 이름이 높이 드러난 조상.

현:-조고(顯祖考)[명] 신주나 축문 등에서, 돌아가신 '할아버지'를 가리켜 이르는 말.

현:-조비(顯祖妣)[명] 신주나 축문 등에서, 돌아가신 '할머니'를 가리켜 이르는 말.

현:존(現存)[명] (어떠한 대상이 어느 곳에) 현재 존재하거나 살아 있는 것. ¶ ∼ 인물. **현:존-하다**[동][자여] ¶신라의 석굴암은 경주에 원형 그대로 **현존**하고 있다.

현:-존재(現存在)[명][철] 하이데거의 철학 용어. 자기를 인간으로서 이해하고 있는 존재자. 사물이나 도구 등의 존재와는 달리, 실존(實存)으로서 그 세계 내에 존재함을 이름.

현:-주소(現住所)[명] 1 현재 살고 있는 곳. ↔원주소. 2 문제 또는 논의의 대상이 되는 사회적인 현상이나 일에 있어서, 현재의 상황이나 형편이나 수준. 비유적인 말임. ¶교통 문화의 ∼ / 한국 문학의 ∼ / 학원 폭력의 ∼를 짚어 보다.

현:-증조고(顯曾祖考)[명] 신주나 축문 등에서, 돌아가신 '증조할아버지'를 가리켜 이르는 말.

현:-증조비(顯曾祖妣)[명] 신주나 축문 등에서, 돌아가신 '증조할머니'를 가리켜 이르는 말.

현:지(現地)[명] 어떤 일이 벌어진 바로 그곳.

현:지-답사(現地踏査)[−싸][명] 현지에 직접 가서 조사하는 일. **현:지답사-하다**[동][타여]

현:지⌒로케이션(現地location)[명][영] =현지 촬영.

현:지-인(現地人)[명] 그 지역에 터전을 두고 사는 사람.

현:지-처(現地妻)[명] 외지(外地)에 나가 있는 남자가 현지에서 얻어 그곳에 있는 동안 데리고 사는 여자.

현:지⌒촬영(現地撮影)[명][영] 현지에 가서 하는 야외 촬영. =로케이션·현지 로케이션. ¶아프리카로 ∼을 떠나다.

현:직¹(現職)[명] 현재의 직업. 또는, 그 직임.

현:직²(顯職)[명] 높고 중요한 직위.

현:찰(現札)[명] 현금(現金)으로서의 지폐. ¶빳빳한 ∼.

현창(舷窓)[명] 뱃전에 낸 창.

현:창²(顯彰)[명] (훌륭한 인품이나 업적이) 세상에 밝게 드러나는 것. 또는, (훌륭한 인품이나 업적을) 세상에 밝게 드러내는 것. ¶∼비(碑) / ∼ 사업. **현:창-하다**[동][자타여] ¶이 문집은 그의 제자들이 스승의 덕을 **현창**하기 위해 간행한 것이다. **현:창-되다**[동][자]

현처(賢妻)[명] 어진 아내.

현:척(現尺)[명] 있는 그대로 나타낸 치수. ↔축척(縮尺).

현철¹(賢哲)[명] 어질고 사리에 밝은 사람.

현철²(賢哲) →**현:철-하다**[형여] 어질고 사리에 밝다.

현:출¹(現出)[명] 겉으로 드러나는 것. **현:출-하다**[동][자여]

현:출²(顯出)[명] 두드러지게 드러나거나 드러내는 것. **현:출-하다**²[동][자여] **현:출-되다**[동][자] ¶손잡이에서 피의자의 지문이 ∼.

현:충-사(顯忠祠)[명] 충절을 추모·기념하기 위하여 세운 사당.

현:충-일(顯忠日)[명] 나라를 위하여 싸우다 숨진 장병과 순국선열들의 충성을 기리기 위하여 제정한 기념일. 6월 6일.

현:충-탑(顯忠塔)[명] 나라를 지키기 위해 싸우다 숨진 사람들의 충성을 기리기 위해 세운 탑.

현측(舷側)[명] =뱃전.

현:탁-액(懸濁液)[명][화] =서스펜션1.

현:판(懸板)[명] 글씨나 그림을 새겨 문위나 벽에 거는 널조각.

현:판-식(懸板式)[명] 관청·회사·단체·모임 등의 간판을 처음으로 거는 것을 기념하는 식.

현:품(現品)[명] 현재 있는 물품.

현:하(現下)[명] 현재의 형편 아래. ¶∼의 국내외 정세.

현학(玄學)[명] 1 심오한 학문. 2 노장(老莊)의 학문.

현:학²(衒學)[명] 자기에게 학식이나 지식이 많음을 남 앞에서 드러내어 뽐내는 것. **현:학-하다**[동][자여]

현:학-적(衒學的)[−쩍][관][명] 태도가 자기에게 학식이나 지식이 많음을 드러내어 뽐내는 상태에 있는 (것). ¶그 글은 서양의 학설을 ∼으로 늘어놓았을 뿐 자기 목소리는 없다.

현합(賢閤)[명] 남을 높여 그의 '아내'를 이르는 말. ⑥부인(夫人)·영부인.

현:행(現行)[명] 현재 행하는 것. 또는, 행해지고 있는 것. ¶∼ 교육 제도. **현:행-하다**[동][자여] **현:행-되다**[동][자]

현:행-범(現行犯)[명][법] 현재 범행을 실행 중이거나 범행 직후에 발각된 범죄. 또는, 그 범인. =현행 범인.

현:행-법(現行法)[−뻡][명][법] 현재 시행되고 있으며, 또한 효력이 있는 법률. ¶∼에 저촉되는 행위.

현:현(顯現)[명] 명백하게 나타나거나 나타내는 것. **현:현-하다**[동][자타여] **현:현-되다**[동][자]

현:형¹(現形)[명] 형체를 드러내는 것. 또는, 그 형체. =현영(現影). **현:형-하다**[동][자여]

현:형²(賢兄)[명] 친구를 높여 이르는 말.

현:혹(眩惑)[명] 사람의 마음을 홀리거나 정신을 빼앗아 제대로 판단하지 못하게 만드는 것. **현:혹-하다**[동][자여] ¶소비자의 마음을 **현혹하는** 과대 광고. **현:혹-되다**[동][자] ¶감언이설에 **현혹되지** 마라.

현:화(現化)[명] 1 현실에 나타나는 일. 2 신불(神佛) 등이 형체를 바꾸어 세상에 나타나는 것. **현:화-하다**[동][자여]

현:화-식물(顯花植物)[−싱−][명][식] =종자식물. ↔은화식물.

현:황¹(現況)[명] 현재의 상황. ¶∼ 파악 / ∼을 보고하다.

현:황²(眩慌·眩煌) →**현:황-하다**[형여] 어지럽고 황홀하다.

현훈(玄纁)[명] 장사 지낼 때에 산신에게 드리는, 검은빛과 붉은빛의 두 조각 헝겊의 폐백.

혈¹(穴)[명] 1[민] 풍수지리에서, 정기(精氣)가 모인 자리. 2[한] 침이나 뜸을 놓는 자리.

혈²(血)[명][한] 온몸을 순환하면서 영양 작용을 하는 피. 서양 의학의 '혈액'보다 포괄적인 개념을 가짐.

혈거(穴居)[명] 동굴 속에 사는 것. =혈처(穴處). ¶∼ 시대. **혈거-하다**[동][자여]

혈관(血管)[명] 혈액을 체내의 각부로 내는 관(管). 널리 전신에 분포하며, 동맥·정맥·모세 혈관으로 나뉨. =맥도(脈道)·핏줄.

혈관-계(血管系)[−게/−게][명][생] 혈액 순

환을 하는 기관의 계통. 척추동물에서는 심장·동맥·모세 혈관·정맥으로 이루어지며, 혈액은 그 순서로 순환함.

혈관^주사(血管注射)[명][의] 혈관에 놓는 주사. ↔피하 주사.

혈구(血球)[명][생] 혈액의 고형 성분으로서 혈장(血漿) 속에 떠다니는 세포. 적혈구·백혈구·혈소판이 있음.

혈기(血氣)[명] 1 목숨을 유지하는 피와 기운. 2 격동하기 쉬운 의기. ¶~가 왕성하다.

혈농(血膿)[-롱][명] 피가 섞인 고름.

혈뇨(血尿)[-료][의] 오줌에 피가 섞여 나오는 병. =요혈(尿血).

혈담(血痰)[-땀][명] 피가 섞여 나오는 가래. 기관지 확장증·폐암·폐결핵·폐렴 따위에서 볼 수 있음.

혈당¹(血糖)[-땅][명][생] 혈액 속에 포함되어 있는 포도당. 뇌와 적혈구의 에너지원이 되고, 핵산·젖당 등의 중요 물질의 공급원이 됨.

혈당²(血黨)[-땅][명] 생사를 같이하는 무리.

혈로(血路)[명] 포위망이나 곤경을 벗어나는 험하고 어려운 고비의 길. ¶~를 뚫다.

혈루(血淚)[명] =피눈물.

혈류(血流)[명] 피의 흐름.

혈맥(血脈)[명] 1[생] 피가 도는 줄기. 준맥. 2 =혈통(血統).

혈맥-상통(血脈相通)[-쌍-][명] 혈맥이 서로 통함. 곧, 혈육 관계가 있음.

혈맹(血盟)[명] 1 피로써 굳게 다짐하여 이루어진 맹세. 2 희생을 무릅쓰고 도움을 주는 동맹국. ¶미국은 6·25 때 우리를 도운 ~이다.

혈변(血便)[명] =피똥.

혈병(血餠)[명][생] 혈액이 응고되어 생기는 암적색의 덩이. 피브린의 작은 망에 적혈구·백혈구·혈소판이 엉켜 생김.

혈분(血分)[명][생] 영양 상태로 보았을 때의 피의 분량.

혈색(血色)[-쌕][명] 살갗에 보이는 핏기. ¶~이 좋은 40대 남자.

혈색-소(血色素)[-쌕쏘][명][생] =헤모글로빈.

혈서(血書)[-써][명] 제 손가락에 상처를 내어 흘러나오는 피로 쓴 글씨. 흔히, 강한 결심이나 맹세, 요구 등을 나타내기 위해 씀. ¶~를 쓰다.

혈성(血性)[-썽][명] 1 의협심과 혈기가 있는 성질. 2 몸의 분비물이나 배설물 등에 피가 섞인 것. ¶~ 설사.

혈성-남자(血性男子)[-썽-][명] 용감하고 의기가 있어 죽기를 두려워하지 않는 사나이.

혈세(血稅)[-쎄][명] 국민이 희생과 고통을 무릅쓰고 낸 소중한 세금. 또는, 국민의 희생으로 거둔 세금. ¶정부의 실정으로 국민의 ~를 낭비하다.

혈소판(血小板)[-쏘-][명][생] 혈액의 유형(有形) 성분의 하나. 핵이 없고 지름 2~3 μm의 소체(小體). 혈액 응고에 중요한 역할을 함. =피티.

혈속(血屬)[-쏙][명] 혈통을 이어 가는 살붙이.

혈손(血孫)[-쏜][명] 혈통을 이어 가는 자손. =혈사(血嗣).

혈안(血眼)[명] ['핏발이 선 눈'이라는 뜻] (주로 '혈안이 되다'의 꼴로 쓰여) 어떤 일을 이루려고 애가 달아 기를 쓰고 있는 상태. ¶농

들은 우리를 잡으려고 ~이 되어 있다.

혈암(頁巖)[명][광] =셰일(shale).

혈압(血壓)[명][생] 심장에서 혈액을 밀어낼 때, 혈관 내에 생기는 압력. 보통 위팔의 동맥에서 측정한 값을 말하며, 심장 수축기의 것을 최고 혈압, 확장기의 것을 최저 혈압이라고 함. ¶~을 재다 / ~이 높다[낮다].

혈압-계(血壓計)[-계/-께][명] 혈압을 재는 계기(計器).

혈액(血液)[명][생] '피¹'을 의학·생리학·생물학 등에서 이르는 말. 주로, 치료·검사·실험 등의 대상으로서 쓰이는 말임. ¶~ 응고 / ~ 채취.

혈액^검사(血液檢査)[-껌-][명] 혈액형이나 질병 유무 등을 알기 위하여 피를 뽑아 행하는 검사. =피검사.

혈액^순환(血液循環)[-쑨-][명][생] 동물 체내에서 진행되는 피의 순환. 보통은 심장 또는 유사 기관의 박동에 의하여 행해짐.

혈액-원(血液院)[명] 환자·의료 기관과 헌혈자 사이에서 수혈용 혈액을 보존·관리하고 필요에 따라 공급함을 목적으로 하는 기관. =혈액은행.

혈액-은행(血液銀行)[명] =혈액원.

혈액-형(血液型)[-애켱][명][생] 적혈구와 혈청(血淸)의 응집 반응을 기초로 분류한 혈액의 유형(類型). ABO식과 Rh식 따위가 있음.

혈연(血緣)[명] 같은 핏줄에 속하는 사람들끼리의 인연이나 관계. ¶~ 공동체 / 가족은 ~이나 혼인에 의해 맺어진 공동체이다.

혈연-관계(血緣關係)[-계/-게][명] 부모와 자식, 형제를 기본으로 하는 관계 및 양자 등을 포함한 관계.

혈온(血溫)[명] 피의 온도.

혈우-병(血友病)[-뼝][의] 조그만 상처에도 피가 쉽게 나오고 잘 멎지 않는 병. 반성 유전으로, 남자에게만 나타남.

혈육(血肉)[명] 1 피와 살. ¶땅에서 모든 ~ 있는 자의 행위가 패괴함이었더라.《구약 창세기》 2 부모·자식·형제 등의 혈통으로 맺어진 육친. ¶이 세상에 ~이라곤 동생 하나뿐이다.

혈육을 나누다[구] 피와 살을 나누다. 곧, 골육간이다. ¶혈육을 나눈 형제.

혈장(血漿)[-짱][명][생] 혈액의 액상(液狀) 성분. 물질의 수송, 가스 교환, 혈액 응고, 면역 등의 역할을 함.

혈전¹(血栓)[-쩐][명][생] 생물체의 혈관 안에서 피가 굳어서 된 고형물(固形物).

혈전²(血戰)[-쩐][명] 생사(生死)를 가리지 않고 치열하게 싸우는 것. 또, 그 싸움. ¶~ 끝에 적의 요새를 점령하다. **혈전-하다**[동]《여》.

혈족(血族)[-쪽][명] 같은 조상에서 갈려 나온 친족. 직계 혈족과 방계 혈족이 있음.

혈종(血腫)[-쫑][의] 내출혈로 말미암아 혈액이 한곳에 모여 혹 같은 덩이가 됨.

혈중^알코올^농도(血中alcohol濃度)[-쭝-][명] 혈액 속에 포함된 에탄올의 양(量). 음주(飮酒)에 따라서 증가하는데, 보통은 혈액 100cc 중 50mg 정도에서 사람이 얼근하게 취하고, 200mg 이상이면 만취가 됨.

혈청(血淸)[명][생] 혈액을 용기에 받아서 방치했을 때, 세포 성분과 응고 성분이 제거되어 생기는 담황색의 투명한 액체. 면역 항체나 각종 영양소·노폐물을 함유함.

혈청-소(血靑素) 명[생] =헤모시아닌.
혈통(血統) 명 같은 핏줄을 타고난 겨레붙이의 계통. =핏줄·핏줄기·혈맥(血脈). ¶왕가의 ~이 끊기다.
혈통-주의(血統主義) [-의/-이] 명[법] 출생 시의 부모의 국적에 따라 국적을 결정하는 주의. =속인주의(屬人主義). ↔출생지주의.
혈투(血鬪) 명 피 흘리며 싸우는 싸움. 곧, 치열하거나 처절하게 벌이는 전투나 경기나 싸움. 비혈전.
혈행(血行) 명[생] 혈액의 순환.
혈혈(孑孑) →혈혈-하다 형[여] 의지가지없이 외롭다. ¶혈혈한 여자의 몸으로 어찌 칠 년을 유리하리마. 《김만중: 사씨남정기》 **혈혈-히** 부
혈혈-단신(孑孑單身) 명 의지할 곳이 없는 외로운 홀몸. ¶일점혈육도 없이 ~으로 살아가다.
혈홍-색(血紅色) 명 핏빛과 같이 짙고 선명한 빨간색.
혈흔(血痕) 명 피가 묻은 흔적.
혐기(嫌忌) 명 싫어하여 꺼리는 것. **혐기-하다** 동[타][여]
혐기-성(嫌氣性) [-썽] 명[생] 산소를 싫어하는 세균의 성질. ↔호기성(好氣性).
혐연-권(嫌煙權) [-꿘] 명 담배를 피우지 않는 사람이 공공장소에서 담배 연기를 거부할 권리.
혐오(嫌惡) 명 (어떤 대상을) 싫어하고 미워하는 것. 비염오(厭惡). **혐오-하다** 동[타][여]
혐오-감(嫌惡感) 명 싫어하고 미워하는 감정. ¶상대에게 ~을 주는 행위 / ~이 들다 / ~을 일으키다.
혐오-스럽다(嫌惡-) [-따] 형[ㅂ] <-스러우니, -스러워> 혐오감을 주는 점이 있다. ¶그의 제자노라 하면서 스승이 부당한 취급을 받는데도 어쩔 수 없이 지켜보고 있는 자기가 혐오스러웠다. 《서영은: 뿔 그리고 방패》 **혐오스레** 부
혐원(嫌怨) 명 싫어하고 원망하는 것. **혐원-하다** 동[타][여]
혐의(嫌疑) [-의/-이] 명 수사 기관에서 어떤 사람이 어떤 죄를 저질렀을 것이라고 의심하는 일. 또는, 그 의심이 타당한 정도. ¶살인 ~ / 수뢰 ~ / ~를 씻다[벗다] / ~를 받다 / ~가 짙다 / 경찰은 김 씨에게 ~를 두고 있다.
혐의-스럽다(嫌疑-) [-의-따/-이-따] 형[ㅂ] <-스러우니, -스러워> =혐의적다. **혐의스레** 부
혐의-자(嫌疑者) [-의-/-이-] 명 혐의를 받는 사람.
혐의-쩍다(嫌疑-) [-의-따/-이-따] 형 혐의할 만한 점이 있다. =혐의스럽다.
협객(俠客) [-깩] 명 의협심이 강하여 불의를 보고 참지 못하는, 무술이 뛰어난 남자. 주로, 지난 시대에 쓰던 말임.
협격(挾擊) [-격] 명 1 =협공(挾攻). 1. 2 [체] =협공(挾攻) 2. **협격-하다** 동[타][여]
협곡(峽谷) [-꼭] 명 1 험하고 좁은 골짜기. 2 [지] 하천 하부의 심한 침식으로 인하여 생기는 좁고 깊은 골짜기.
협공(挾攻) [-꽁] 명 1 사이에 끼워 놓고 양쪽에서 공격하는 것. =협격. 2 [체] 야구에서, 누 와 누 사이에 있는 주자를 아웃시키려고 수비 측이 양쪽에서 공격하는 일. =협격.

▷협살. **협공-하다** 동[타][여] ¶적을 ~.
협궤(狹軌) [-꿰] 명[건] 궤간(軌間)이 표준궤간인 1.435m보다 좁은 궤도. ↔광궤(廣軌).
협기(俠氣) [-끼] 명 호방하고 의협심이 강한 기상(氣像).
협낭(頰囊) [-낭] 명 다람쥐나 원숭이 따위의 볼 안에 있는 주머니 모양으로 생긴 것. 이곳에 먹이를 저장하여 둠.
협도(鋏刀) [-또] 명 약재를 써는 연장. 두 끝을 조붓한 널빤지에 박은 아래쪽의 날은 'ㅡ' 모양이고, 긴 자루에 박은 위쪽의 날은 작두와 비슷한데, 두 날을 겹쳐 대고 고두쇠를 질렀음.
협동(協同) [-똥] 명 서로 마음과 힘을 합하는 것. ¶~심. **협동-하다** 동[자][여] ¶마을 사람들이 협동하여 길을 닦다.
협동-심(協同心) [-똥-] 명 어떤 일을 할 때 서로 협동하는 마음. ¶~을 키우다[가르다] / ~이 부족하다.
협동-조합(協同組合) [-똥-] 명[사] 소비자·농민·중소기업자 등이 각자의 생활 또는 사업의 개선을 위하여 만든 협력 조직.
협력(協力) [협녁] 명 (사람과) (이) (과), 또는 어떤 사람이 다른 사람에게) 힘을 합하여 돕는 것. ¶~ 관계. **협력-하다** 동[자][여] ¶귀하의 사업에 적극 협력하겠습니다.
협력-체(協力體) [협녁-] 명 힘을 합하여 서로 돕는 관계에 있는 조직체. ¶백화점에서는 ~와 함께 경품 행사를 벌였다.
협로¹(夾路) [협노] 명 큰길에서 갈라진 좁은 길.
협로²(峽路) [협노] 명 산속에 난 좁은 길. 또는 두메의 길.
협만(峽灣) [협-] 명[지] =피오르.
협박(脅迫) [-빡] 명 (어떤 사람에게, 또는 어떤 사람을) 어떤 일을 행하도록 위협하는 것. ¶~ 전화[편지]. **협박-하다** 동[타][여] ¶강도가 행인에게 칼을 들이대고 돈을 내놓으라고 ~ / 철수는 영호를 협박해서 돈을 뜯어냈다.
협박-장(脅迫狀) [-빡짱] 명 협박하는 내용을 적은 글.
협박-조(脅迫調) [-빡쪼] 명 남에게 어떤 일을 하도록 위협하는 투. ¶요구에 응하지 않자 ~로 으르대다.
협살(挾殺) [-쌀] 명[체] 야구에서, 누 사이에 있는 주자를 몰아 아웃시키는 일. ▷협공. **협살-하다** 동[타][여] **협살-되다** 동[자]
협상(協商) [-쌍] 명 1 협의에 의하여 어떤 목적에 부합될 결정을 하는 일. 2 [정] 수개국이 특정한 사항에 대한 협력을 결정하는 일. 동맹(同盟)에 이르지 않는 정도의 친선 관계를 말함. ¶~이 결렬되다. **협상-하다** 동[타][여] ¶휴전을 ~. **협상-되다** 동[자]
협소(狹小) [-쏘] →협소-하다 [-쏘-] 형[여] (공간이 어떤 일을 하기에) 좁고 작다. ¶행사를 치르기에는 장소가 너무 ~.
협실(夾室) [-씰] 명 =곁방1.
협심(協心) [-씸] 명 (여러 사람이) 마음을 합하는 것. **협심-하다** 동[자][여]
협심-증(狹心症) [-씸쯩] 명[의] 심장부에 갑자기 일어나는 심한 동통(疼痛)이나 발작의 증세.
협약(協約) 명 1 협의하여 약속하는 것. 2 개인과 단체, 또는 단체 상호 간의 교섭이나

협의에 의해 맺어진 계약. ¶단체 ~ / 근로 ~. **3**[정] 국제간 조약의 한 가지. 본질과 효력은 조약과 같은 것으로, 주로 문화적 내용의 것이나 입법적인 것에 붙이는 말임. ▷협정(協定). **협약-하다** 통(타)여 **협약-되다** 자

협업(協業) 명[경] **1** 많은 사람이 일정한 계획 아래 노동을 분담하여 협동적·조직적으로 일하는 것. **2** =분업(分業). **협업-하다** 통(자)여

협연(協演) 명[음] 한 독주자가 다른 독주자나 악단 한 악곡을 연주하는 것. **협연-하다** 통(자)여 ¶세계적인 피아니스트, 국내 교향악단과 ~.

협의(協議) [-의/-이] 명 여러 사람이 모여 의논하는 것. **협의-하다** 통(타)여 ¶안건을 ~. **협의-되다** 통(자)

협의²(狹義) [-의/-이] 명 어떤 말의 개념을 정의할 때, 좁은 의미. ¶~의 문학 / ~로 해석하다. ↔광의(廣義).

협의^이혼(協議離婚) [-의이-/-이이-] 명 부부의 협의에 의한 이혼.

협잡(挾雜) [-잡] 명 이익을 얻으려고 다른 사람과 짜고 그릇된 짓으로 남을 속이는 것. **협잡-하다** 통(자)여

협잡-꾼(挾雜-) [-잡-] 명 협잡질을 하는 사람.

협잡-배(挾雜輩) [-잡빼] 명 협잡질을 일삼는 무리.

협잡-질(挾雜-) [-잡찔] 명 협잡을 하는 짓. **협잡질-하다** 통(자)여

협정(協定) [-쩡] 명 **1** 협의하여 결정하는 것. 또는, 그 결정. **2**[정] 국제간 조약의 한 가지. 국제법상 효력 등은 조약과 같으나, 주로 정부가 단독으로 외국 정부와 체결하는 조약을 가리킴. ¶관세 ~ / 한일 ~을 맺다. ▷협약(協約). **협정-하다** 통(타)여 **협정-되다** 자

협정^관세(協定關稅) [-쩡-] 명[경] 통상항해 조약이나 관세 조약에 의하여 정해진 관세.

협정^세율(協定稅率) [-쩡-] 명[경] 조약에 의하여 특별히 협정된 관세율.

협조¹(協助) [-쪼] 명 (어떤 사람이 다른 사람에게, 또는 어떤 사람이 어떤 일에) 힘을 모아 돕는 것. **협조-하다**¹ 통(자)여 ¶이번 모금 운동에 **협조하여** 주십시오.

협조²(協調) [-쪼] 명 힘을 합하여서 서로 조화를 이루는 것. ¶노사(勞使) ~. **협조-하다**² 통(자)여 **협조-되다** 자

협조-적(協調的) [-쪼-] 관명 협조하는 성질이나 상태에 관한 (것). ¶~ 자세.

협주(協奏) [-쭈] 명 =합주(合奏). **협주-하다** 통(자)(타)여

협주-곡(協奏曲) [-쭈-] 명[음] 독주 악기와 관현악이 합주하면서 독주 악기의 기교가 충분히 발휘되도록 작곡된 소나타 형식의 악곡. =콘체르토. ¶피아노 〔바이올린〕 ~.

협죽-도(夾竹桃) [-쭉또] 명[식] 협죽도과의 상록 관목. 높이 2m 이상. 여름에 연분홍이나 흰빛의 꽃이 피며 향기가 좋음. 가지·잎·꽃은 강심제·이뇨제로 쓰임. 관상용임.

협지(夾紙) [-찌] 명 편지 속에 따로 적어서 넣는 쪽지.

협진(協診) [-찐] 명 양방의와 한방의가 협력하여 환자를 진료하는 일. ¶양한방 ~. **협진-하다** 통(자)여

협착(狹窄) → **협착-하다** [-차카-] 형

지하고 있는 자리가 몹시 좁다. ¶양실이 없는 것과 넓은 정원이 없는 것이 불편이었다. "이 집이 **협착해서** 어떻게 살어!"〈이광수: 흙〉

협착-증(狹窄症) [-쯩] 명[의] 심장 또는 혈관의 판막(瓣膜)이나 관이 좁아지는 증상.

협찬(協贊) 명 (어떤 일을) 협력하여 돕는 것. 특히, (어떤 행사를) 금전을 제공하여 돕는 것. ¶대기업의 ~을 얻어 육상 대회를 개최하다. ▷후원(後援). **협찬-하다** 통(타)여 **협찬-되다** 자

협화-음(協和音) [혀퐈-] 명 =어울림음. ↔불협화음.

협회(協會) [혀푀/혀풰] 명 같은 종류의 일을 하는 사람들이 그 일을 협력을 통해 효과적으로 이루기 위해 조직한 모임. ¶출판 ~ / 문인 ~.

혓-바늘 [혀빠-/혇빠-] 명 혀에 좁쌀알 같은 살이 도드라져 무엇이 닿을 때 따끔거리는 증상. 또는, 그렇게 도드라진 살. 피로할 때 생기는 경우가 있음. ¶~이 돋다 / ~이

혓-바닥 [혀빠-/혇빠-] 명 **1** 혀의 윗면. **2** '혀¹'을 속되게 이르는 말.

혓-소리 [혀쏘-/혇쏘-] 명[언] 혀와 잇몸의 작용으로 나는 소리. ㄴ·ㄷ·ㄸ·ㅌ 따위. =설성(舌聲)·설음(舌音).

혓-줄기 [혀쭐-/혇쭐-] 명 혀의 밑동.

형(兄) 명 **1** 같은 부모한테서 태어난 남자 사이에서, 나이가 적은 쪽 남자에 대해 나이가 많은 쪽 남자를 이르거나 부르는 말. 아주 드물게 여자 자매 사이에서 나이가 많은 쪽 여자를 가리킬 때도 있음. ¶~이 동생과 사이 좋게 지내다 /, 나하고 같이 가. ↔아우. **2** 일가친척 가운데 항렬이 같은 남자 사이에서, 나이가 적은 쪽 남자에 대해 나이가 많은 쪽 남자를 이르거나 부르는 말. ¶사촌 ~. ↔동생. **3** 나이가 약간 차이 나는 남자끼리의 남자 사이에서, 나이가 적은 남자가 나이가 많은 남자를 가리켜 대접하는 뜻으로, 또는 정다움을 나타내어 이르거나 부르는 말. ¶후배 녀석이 ~, ~ 하면서 따라다닌다. ⦗높⦘형님. **4** 나이가 비슷한 청년 이상의 남자 사이에서, 서로 상대방을 높이어 이르는 말. 성(姓) 다음에 쓰이기도 하는데, 이때에는 지칭과 호칭이 다 될 수 있음. ¶~의 건투를 빕니다. / 김 ~, 술이나 한잔합시다. **5**〈속〉 20세 전후의 여자 대학생이 나이가 위인 남자 선배를 이르거나 부르는 말.

[**형만 한 아우 없다**] 아무래도 경험을 많이 쌓은 형이 아우보다 낫게 마련이다.

형²(刑) 명[법] '형벌(刑罰)'의 준말. ¶5년 ~을 선고받다 / ~이 집행되다.

형³(形) 명 외관으로 나타나는 모양.

형⁴(型) 명 **1** 상대적인 특성으로 구별되는 유형(類型)이나 형태. ¶새로운 ~의 자동차. **2** =거푸집¹. **3** =꼴³.

-**형**⁵(形) 접미 명사 아래 붙어, 그 명사와 외관상 닮은꼴을 하고 있음을 나타내는 말. ¶피라미드~ / 반달~ 눈썹 / 'V'자~ 목둘레선.

-**형**⁶(型) 접미 명사 아래 붙어, 그러한 유형이나 형식을 가지고 있음을 나타내는 말. ¶비만~ / 햄릿~.

형강(形鋼) 명 자른 면이 일정한 모양으로 된 압연(壓延) 강철재.

형광(螢光) 圀 1=반딧불. 2〖물〗어떤 종류의 물체가 빛·X선·전자 빔 등을 받았을 때에 내는 고유한 빛.

형광^도료(螢光塗料) 圀 형광 물질이 들어 있는 도료. =발광 도료(發光塗料).

형광-등(螢光燈) 圀 1〖물〗진공 유리관 속에 수은과 아르곤을 조금 넣고 안쪽 벽에 형광 도료를 칠한 방전등(放電燈)의 한 가지. 2 아둔하고 반응이 느린 사람을 속되게 일컫는 말.

형광^물질(螢光物質) [-찔] 圀〖물〗형광을 발하는 물질. 석유·플루오레세인·에오신 따위. =형광체(螢光體).

형광-색(螢光色) 圀 형광 물질을 넣어 만든 색, 빛을 받았을 때 밝게 빛나 눈을 자극하는 특성이 있음. ¶~무대복 / ~스카복.

형광-체(螢光體) 圀〖물〗=형광 물질.

형교(桁橋) 圀〖건〗나무·철강·콘크리트 등의 도리로 놓은 다리.

형구(刑具) 圀 형벌을 가하거나 고문을 하는 데에 쓰이는 여러 가지 기구.

형국(形局) 圀 1 어떤 일이 벌어진 형편이나 국면. ¶불리한~. 2〖민〗관상·풍수지리 등에서, 얼굴이나 집터·묏자리 등의 걸모양 및 부분의 생김새. =체국(體局).

형극(荊棘) 圀 1 나무의 온갖 가시. 2 '고난'을 비유하여 이르는 말. ¶~의 길.

형기(刑期) 圀〖법〗형벌의 집행 기간. ¶~를 채우다 / ~를 마치다.

형-님(兄-) 圀 1·2·3 을 높여 호칭 또는 지칭하는 말. 여자 사이의 경우에는 손위 동기 또는 손위 시누이나 손위 동서를 일컬음. ⓗ형장.

형량(刑量) [-냥] 圀 죄인에게 내리는 형벌의 정도. 보통, 복역해야 할 기간을 가리킴. ¶판사가 무거운 ~을 선고하다.

형리(刑吏) [-니] 圀〖역〗지방 관아의 형방(刑房) 아전.

형명(刑名) 圀〖법〗사형·징역·금고·구류 등 형(刑)의 이름.

형무-소(刑務所) 圀 '교도소'의 구칭.

형문(刑問) 圀〖역〗1 형장(刑杖)으로 죄인의 정강이를 때리는 형벌. 2 죄인의 정강이를 때리며 캐어묻는 것. =형신(刑訊)·형추(刑推). **형문-하다** 탄어

형방(刑房) 圀〖역〗조선 시대에 형전(刑典)에 관한 사무를 맡아보던, 승정원과 각 지방 관아의 육방(六房)의 하나.

형벌(刑罰) 圀 범죄에 대한 법상의 효과로서 국가 등이 범죄자에게 제재(制裁)를 가하는 것. 또는, 그 제재. ¶~을 주다 / ~을 가하다. 䝷형(處刑). **형벌-하다** 탄어

형법(刑法) [-뻡] 圀〖법〗범죄 및 이를 범한 때에 가해지는 형벌을 규정한 법률. =형률(刑律).

형부¹(兄夫) 圀 언니의 남편. ↔제부(弟夫).

형부²(刑部) 圀〖역〗고려 시대, 육부(六部)의 하나. 법률·소송·재판 등에 관한 일을 맡아 봄.

형사(刑事) 圀 1〖법〗형법의 적용을 받는 사건. ¶~문제. ↔민사(民事). 2 범죄의 수사 및 범인의 체포를 직무로 하는 사복(私服) 경찰관의 통칭. ¶사복~ / ~기동대.

형사-법(刑事法) [-뻡] 圀〖법〗국가 형벌권의 행사에 관한 일체 법률의 총칭. ↔민사법(民事法).

형사^사:건(刑事事件) [-껀] 圀〖법〗형법의 적용을 받게 될 사건. ↔민사 사건.

형사^시효(刑事時效) 圀〖법〗형사(刑事)에 관한 시효. 일정 기간의 경과에 따라 공소권이 소멸되는 공소 시효와 형의 집행권이 소멸되는 형(刑)의 시효로 나뉨. ¶~가 지난 사건.

형사^재판(刑事裁判) 圀〖법〗형사 사건에 관한 재판. ↔민사 재판.

형사^책임(刑事責任) 圀〖법〗범죄 행위에 대하여 형벌을 받아야 할 법률상의 책임.

형사^피:고인(刑事被告人) 圀〖법〗범죄의 혐의가 있어 검사에 의해 기소되어 법원의 심리(審理)를 받고 있는 피의자.

형살(刑殺) 圀 사형을 집행하는 것. **형살-하다** 탄어

형상¹(形狀) 圀 =형상(形象)¹1.

형상²(形相) 圀 1 =형상(形象)¹1. 2〖철〗실체의 본질. 플라톤에 있어서는 참된 실재인 이데아, 아리스토텔레스에 있어서는 가능태(可能態)인 질료(質料)에 대해 현실태(現實態)를 가리킴. =에이도스. ▷질료.

형상³(形象) 圀 1 물건의 생긴 모양. =형상(形狀)·형상(形相). 2〖철〗감각으로 포착한 것이나 심중의 관념 등을 예술가가 어떤 표현 수단에 의하여 구상화(具象化)하는 일. **형상-하다** 탄어 **형상-되다** 자

형상-화(形象化) 圀 형체로는 분명히 나타나 있지 않은 것을 어떠한 방법이나 매체를 통하여 구체적인 형상으로 나타내는 것. 특히, 어떤 소재를 예술가에 의해 기초되어 재창조하는 것. **형상화-하다** 탄어 ¶이별의 슬픔을 시(詩)로 ~. **형상화-되다** 자

형색(形色) 圀 1 형상과 빛깔. ¶~이 초라하다. 2 안색이나 표정.

형석(螢石) 圀〖광〗플루오르화칼슘으로 이루어진 광물. 유리와 같은 광택이 나는 무른 결정으로 가열하면 인광(燐光)을, 자외선을 쬐면 형광(螢光)을 발함. 알루미늄 제련이나 제철의 융제(融劑)로 쓰임.

형설(螢雪) 圀 '차움이 반딧불로 글을 읽고, 손가락이 눈빛으로 글을 읽었다'는 고사에서, 갖은 고생을 하며 부지런하고 꾸준히 학문을 닦음. ¶~의 공(功)을 쌓다.

형설지공(螢雪之功) 圀 고생을 하면서 공부하여 얻은 보람. ▷형설.

형성¹(形成) 圀 어떤 조직·구조·모양을 갖춘 사물을 이루는 것. ¶인격~. **형성-하다** 탄어 ¶파벌을 ~ / 여론을 ~. **형성-되다** 자 ¶저기압권이 ~.

형성²(形聲) 圀 육서(六書)의 하나. 두 글자를 합하여 새 글자를 만드는데, 한쪽은 뜻을 나타내고 다른 쪽은 음을 나타냄. '請'의 경우, '言'은 뜻을 나타내고 '靑'은 음을 나타내는 따위. =해성(諧聲).

형성-층(形成層) 圀〖식〗쌍떡잎식물과 겉씨식물의 줄기나 뿌리에 있는 분열 조직. 왕성한 세포 분열이 이루어져 안쪽에 물관부, 바깥쪽에 체관부를 만듦. =부름켜.

형세(形勢) 圀 1 살림살이의 경제적인 형편. 2 =정세(情勢). ¶~가 불리[유리]하다. 3〖민〗풍수지리설에서, 산형(山形)과 지세(地勢)를 일컫는 말.

형수(兄嫂) 圀 형의 아내. ↔제수(弟嫂).

형승(形勝) →**형승-하다** 형어 지세나 풍경이 뛰어나다.

형식¹(形式) 圀 1 사물이 존재하고 있을 때 외부로 나타나 있는 모양. 2 일을 할 때의 일

정한 절차·방법·양식. 또는, 그 한 무리의 물건을 특징짓는, 공통적으로 갖춘 모양. 3 실질·내용이 없이 그대로 이어지는 방법·양식 등. 또는, 그러한 체재만 갖춘 것. ¶~뿐인 질의응답. ↔내용.

형식²(型式) 圐 자동차·기구(器具) 등의 구조나 외형(外形) 따위의 특정한 형(型). 비모델.

형식^논리학(形式論理學)[-싱놀-] 圐[논] 사고·판단의 타당성을, 그 형식적·추상적 측면에서 연구하는 학문.

형식-미(形式美)[-싱-] 圐[미] 예술 작품에서 겉으로 드러나는 형식상의 조화·균형·율동 따위의 미(美).

형식-적(形式的)[-쩍] 관뼹 형식을 주로 하는 (것). ¶~ 절차. ↔실질적.

형식-주의(形式主義)[-쭈의/-쭈이] 圐 1 사물의 내용적 측면을 경시하고 형식적 측면을 중시하는 주장. 대개 부정적인 의미로 말함. 2[문] 작품의 사회 배경이나 사상으로부터 독립하여 언어 세계로서 작품을 이해하고 그 수법·형태·구조 등을 밝히려는 비평 태도. ≒포멀리즘.

형식-지(形式知)[-찌] 圐 객관적으로 체계화되어 전달되고 공유될 수 있는 지식. ▷암

형식^형태소(形式形態素)[-시켱-] 圐[언] 조사·어미 따위와 같이, 말과 말 사이의 문법적 관계를 나타내는 형태소. =허사(虛辭). ↔실질 형태소.

형식-화(形式化)[-시콰] 圐 1 (사물이) 일정한 형식을 갖추는 것. 또는, (사물을) 일정한 형식을 갖추게 하는 것. 2 내용을 도외시하고 형식만을 갖추는 것. **형식화-하다** 됭(자)여 **형식화-되다** 됭(자)

형씨(兄氏) 때[인칭] 청년 또는 그 이상의 나이를 먹은 남자가 잘 모르는 동년배의 남자를 부르거나 지칭하는 말.

형안(炯眼) 圐 1 빛나는 눈. 또는, 날카로운 눈매. 2 사물에 대한 관찰력이 뛰어난 눈.

형언(形言) 圐 형용하여 말하는 일. **형언-하다** 됭(타)여 ¶이루 **형언**할 수 없는 참상.

형용(形容) 圐 1 사물의 생긴 모양. 2 어떠함을 말·글·몸짓 등으로 나타내는 것. **형용-하다** 됭(타)여 ¶이루 **형용**할 수 없는 고통 / 설악의 단풍은 말로 **형용하기** 어려울 만큼 아름답다.

형용-사(形容詞) 圐[언] 품사의 하나. 사물의 상태나 성질이 어떠한지를 나타내되, 활용을 하는 단어. 분류 기준에 따라 본형용사·보조 형용사, 성상 형용사·지시 형용사, 규칙 형용사·불규칙 형용사 등으로 나뉨. '기쁘다', '아니하다', '그러하다' 따위. =그림씨.

형용사-구(形容詞句) 圐[언] 형용사의 구실을 하는 구. 가령, "그녀의 옷는 얼굴은 너무나 사랑스럽다."에서 '너무나 사랑스럽다'가 그것임.

형이상(形而上)[철] 이성적 사유 또는 직관에 의해서만 포착되는 초자연적이며 구극적(究極的)인 것. ↔형이하.

형이상-학(形而上學) 圐[철] 존재의 실체와 궁극적인 원리를 감각이 아닌 순수한 사고를 통해 알고자 하는 학문. ≒형이하학.

형이상학-적(形而上學的)[-쩍] 관뼹 1[철] 형이상학에 관한 (것). 2 본질적이고 심층적인 (것). 또는, 관념적이고 정신적인 (것).

¶비즈니스 전략이 현장 중심의 형이하학적 접근이라면 사상과 철학을 전달하는 사고적 리더십은 ~ 접근이라 할 수 있다. ↔형이하학적.

형이하(形而下) 圐[철] 감성적(感性的)인 경험으로 모양을 파악할 수가 있는 것. ↔형이상.

형이하-학(形而下學) 圐[철] 형체를 갖추고 있는 사물에 관한 학문. 물리학·동물학·식물학 따위. ↔형이상학.

형이하학-적(形而下學的)[-쩍] 관뼹 1[철] 형이하학에 관한 (것). 2 현상적이고 표리적인 (것). 또는, 물질적이고 육체적인 (것). ¶세속적 성공을 추구하는 ~ 인생관. ↔형이상학적.

형장¹(刑杖) 圐[역] 죄인을 신문할 때 쓰는 몽둥이. =신장(訊杖).

형장²(刑場) 圐 사형을 집행하는 곳. 비사형장(死刑場).

형장의 이슬로 사라지다 团 사형이 집행되어 죄인이 죽다.

형장³(兄丈) 때[인칭] 나이가 비슷한 친구 사이에서 상대방을 높여 일컫는 말. ¶"~은 어찌 소제 길동을 모르시나이까?"〈홍길동전〉

형적(形迹) 圐 남은 흔적. ¶~도 없이 사라지다.

형제(兄弟) 圐 1[자립] 1 어떤 부모 밑에 자식인 남자가 둘 이상 있을 때, 손위 남자인 '형'과 손아래 남자인 '아우'를 아울러 이르는 말. ≒곤제(昆弟). ¶의좋은 ~ / ~는 용감했다. 2 어떤 부모 밑에 자식이 둘 이상일 때, 손위의 사람과 손아래의 사람을 아울러 이르는 말. ≒동근(同根). 비동기(同氣). ¶이 집은 ~가 5남 2녀다. 3[가][기] 하느님을 믿는 신자끼리 스스로를 일컫는 말. 2[의존] 남자 또는 남녀 동기(同氣)의 수효를 세는 말. ¶삼~/오~.

형제-간(兄弟間) 圐 형과 아우의 사이. ¶~에 그럴 수가 있느냐.

형제-애(兄弟愛) 圐 형제간의 사랑. 비우애.

형제-자매(兄弟姉妹) 圐 형제와 자매.

형제주인-어멈(兄弟主人-) 圐 '쌍동중매'의 잘못.

형제지국(兄弟之國) 圐 아주 친밀하고 가깝게 지내는 나라. 또는, 서로 혼인 관계가 있는 나라.

형조(刑曹) 圐[역] 고려·조선 시대, 육조(六曹)의 하나. 법률·소송·형옥·노예 등에 관한 일을 맡아보던 관서.

형지(型紙) 圐 어떤 본을 떠서 만든 종이. 양재·수예 등에 쓰임.

형질(形質) 圐 1 형태와 성질. 곧, 생긴 모양과 그 바탕. 2[생] 생물 분류의 기준이 되는 모든 형태적 특징. 특히, 표현형(表現型)으로서 나타나는 각종(種)의 유전적 성질.

형처(荊妻) 圐 [중국 후한의 양홍(梁鴻)의 아내 맹광(孟光)이 가시나무 비녀를 꽂고 무명으로 만든 치마를 입었다는 고사에서] 남에게 자기의 아내를 낮추어 일컫는 말.

형체(形體) 圐 물건의 생김새. 또는, 그 바탕이 되는 몸. ¶~도 알아볼 수 없을 정도로 부패된 변사체.

형태(形態) 圐 1 어떤 물체의 생긴 모양. 특히, 그 윤곽이 나타내는 모양. 비생김새. ¶거북선의 ~ / 그는 얼굴 ~가 네모지다. 2 사물이 나타내는, 어떤 특징의 양상. ¶도시의 ~ / 범죄의 여러 가지 ~ / 알츠하이머병

은 가장 흔한 ~의 노인성 치매이다.

형태-론(形態論) 〖명〗〖언〗 단어의 어형(語形) 변화의 굴절과 단어의 형성인 파생·합성 등을 다루는 문법의 한 부문. 조사·어미·접사 등을 주요 분석 대상으로 함.

형태-소(形態素) 〖명〗〖언〗 1 의미를 가지는 요소로서는 더 이상 분석할 수 없는 가장 작은 말의 단위. 2 문법적·관계적인 뜻만을 나타내는 단어 또는 단어의 부분.

형태^심리학(形態心理學) [-니-] 〖명〗〖심〗 정신 현상을 개개의 감각적 요소의 집합으로 보지 않고, 하나의 전체로서의 구조나 특질을 가지고 있다고 보는 심리학. =게슈탈트 심리학.

형태-학(形態學) 〖명〗〖생〗 생물의 모양이나 구조 등을 연구하는 학문. 조직학·세포학·해부학·발생학 따위.

형통(亨通) 〖명〗 모든 일이 뜻과 같이 잘되어 가는 것. ¶만사 ~. **형통-하다** 〖자여〗

형-틀(刑-) 〖역〗 죄인을 신문할 때에 앉히는, 의자 모양의 형구(刑具). ¶~에 묶다.

형편(形便) 〖명〗 1 일이 되어 가는 모양이나 경로 또는 결과. ¶~을 살피다. 2 살림살이의 형세. ¶~이 피다 / ~이 어렵다.

형편-없다(形便-) [-업따] 〖형〗 1 일의 경로나 결과 등이 썩 좋지 못하다. ¶판매 실적이 ~. 2 사물의 내용 등에 도무지 취할 바가 없다. ¶형편없는 책 / 성적이 ~. **형편없-이** 〖부〗 품질이 ~ 나쁘다.

형평(衡平) 〖명〗 둘 이상의 대상에 대해 어디에도 치우침이 없이 공정하거나 균형을 이룬 상태. ¶조세 ~의 문제 / ~의 원칙에 어긋나다.

형해(形骸) 〖명〗 1 사람의 몸 또는 몸을 이룬 뼈. 2 생명이 없는 육체. 3 내용이 없는 뼈대. 곧, 형식뿐이고 가치나 의의(意義)가 없는 것.

형형(炯炯) →**형형-하다** 〖형여〗 (광선이나 광채가) 반짝반짝 빛나면서 밝다. ¶그러나 그의 눈은 야릇한 광채가 일렁이며 **형형하게** 빛나고 있었다.《조정래:태백산맥》 **형형-히** 〖부〗

형형색색(形形色色) [-쌕] 〖명〗 온갖 모양과 가지가지의 색깔. 비가지각색. ¶~의 만국기 / ~의 옷차림.

혜:감(惠鑑) [혜-/혜-] 〖명〗 자기가 지은 책을 남에게 증정할 때, '보아 주십시오'라는 뜻으로 받는 사람 이름 다음에 쓰는 말. 비혜존. ¶김동리 선생 ~

혜:량(惠諒) [혜-/혜-] 〖명〗 '살펴서 이해함'의 뜻으로, 편지에서 쓰는 말. 겸손한 표현임. **혜:량-하다** 〖타여〗 ¶이렇게 늦게서야 인사 드림을 **혜량하여** 주시기 바랍니다.

혜:민-국(惠民局) [혜-/혜-] 〖명〗〖역〗 고려·조선 시대, 가난한 백성의 질병을 치료해 주던 관아.

혜:민-서(惠民署) [혜-/혜-] 〖명〗〖역〗 조선 세조 12년에 '혜민국'을 고친 이름.

혜:민-원(惠民院) [혜-/혜-] 〖명〗〖역〗 조선 말기에 가난한 백성을 구휼(救恤)하고 구호하는 일을 맡아보던 관아.

혜:서(惠書) [혜-/혜-] 〖명〗 남이 보내어 온 편지를 높여 일컫는 말.=혜찰·혜한·혜함.

혜:성(彗星) [혜-/혜-] 〖명〗 1 [천] 반점(斑點) 또는 성운(星雲) 모양으로 보이고, 때로 태양의 반대쪽을 향한 꼬리를 수반하는 태양계 내의 천체. 태양열의 영향으로 가스와 미진(微塵)을 분출하고, 흔히 타원 궤도를 그리며 운행함. =꼬리별·미성(尾星)·살별. ¶핼러 ~. 2 어떤 분야에서 갑자기 뛰어나게 드러나는 것을 비유하여 일컫는 말. ¶~처럼 나타난 신예 작가.

혜:성-가(彗星歌) [혜-/혜-] 〖명〗〖문〗 신라 진평왕 때에 융천사(融天師)가 지은 10구체 향가. 심대성(心大星)을 범한 혜성을 물리치고자 부른 노래임.

혜:안(慧眼) [혜-/혜-] 〖명〗 사물의 본질이나 현상을 슬기롭게 꿰뚫어 보거나 훤히 예측하는 안목. ¶미래를 내다보는 ~.

혜:존(惠存) [혜-/혜-] 〖명〗 '받아 간직하여 주십사' 는 뜻으로, 자기의 저서·작품 등을 남에게 증정할 때 쓰는 말. 비혜감(惠鑑).

혜:지(慧智) [혜-/혜-] 〖명〗 총명한 슬기.

혜:택(惠澤) [혜-/혜-] 〖명〗 자연이나 문명이나 단체 등이 사람에게 베푸는 이로움이나 이익. ¶문명 자연의 ~ / ~을 입다 / 학교로부터 장학금 ~을 받다.

호¹ 〖부〗 입을 약간 오므리고 더운 입김을 내뿜는 소리. ¶유리창을 ~ 분 뒤에 닦다. ¶~후.

호:²(戶) 〖자립〗 호적상의 가족으로 이루어진 집. 〖의존〗 집의 수효를 세는 단위. ¶300~.

호³(弧) 〖수〗 원둘레 또는 곡선 상의 두 점에 의하여 한정된 부분. =원호(圓弧).

호⁴(湖) 〖명〗 '호수(湖水)⁴'의 준말. ¶바이칼 ~.

호:⁵(號) 〖1〗 〖자립〗 1 본명이나 자(字) 대신에 부르는 이름. 흔히, 자기의 거처, 취향, 인생관 등을 반영하여 지음. 오늘날에는 저명인사나 문필가나 예술가 등이 일부 사용하고 있는 정도임. =별호(別號). 비당호. ¶정철의 ~는 송강(松江)이다. 2 세상에 널리 드러난 이름. ¶구두쇠로 ~가 나다. 3 정기 간행물을 펴낸 차례나 횟수. 또는, 그 차례에 해당하는 간행물. ¶지난 ~ / 이번 ~ / ~를 거듭하다 (정기 간행물을 계속해서 펴내다). 〖2〗 〖의존〗 1 연속되는 사물의 차례를 나타내는 단위. 곧, 신문·잡지의 발행의 차례, 우주선·위성 등의 발사의 차례, 방의 순서의 차례, 태풍의 발생 차례, 등록의 차례 등을 나타냄. ¶통권 200~ (잡지) / 아폴로 제1~ / 제8~ 태풍 / 등록 번호 바-1078~ / 101~ 법정. 2 동일한 번지나 공동 주택의 같은 동(棟) 안의 구역에서, 가구들을 각각 구별하여 매긴 번호. ¶207번지 32~. 3 [미] 애버스의 크기를 나타내는 단위. 1호부터 시작하여 숫자가 커질수록 크기가 커짐. 4 [인] 활자의 크기를 나타내는 단위의 하나. 초호부터 8호까지 있는데, 숫자가 커질수록 활자가 작아짐. ¶2~ 활자.

호⁶(壕) 〖군〗 '참호(塹壕)'의 준말.

호:-⁷(好) 〖접두〗 명사 앞에 쓰여, '좋은'의 뜻을 나타내는 말. ¶~남아 / ~경기 / ~시절.

호-⁸(胡) 〖접두〗 일부 명사 앞에 쓰여, '중국에서 들어온'의 뜻을 나타내는 말. ¶~떡 / ~배추 / ~콩.

-호⁹(號) 〖접미〗 비행기·배·열차 등의 이름에 붙여 쓰는 말. ¶새마을~ / 메이플라워~.

호가(呼價) 〖명〗 1 팔거나 사려는 물건의 값을 부르는 것. 2 〖경〗 증권 시장에서, 매수자(買受者)와 매도자(賣渡者)가 각각 주문하는 주식의 가격. **호가-하다** 〖타여〗 ¶수십억 원을 **호가하는** 고급 아파트.

호가호위(狐假虎威) 〖명〗 [여우가 호랑이의 위

세를 빌려 호기를 부린다는 뜻) 남의 권세를 빌려 위세를 부림의 비유. **호가호위-하다** 통[자여]

호!각[1](互角)[명] 서로 낫고 못함이 없음. 곧, 역량이 비슷함.

호!각[2](號角)[명] 불어서 소리를 내는 신호용의 물건. ¶~을 불다. (비)호루라기.

호!각-세(互角勢) [-쎄] [명] =호각지세.

호!각지세(互角之勢) [-찌-] [명] 역량이 서로 비슷비슷하여 우열을 가리기 어려운 형세. =호각세. ¶결승전에서 두 팀이 ~를 이루다.

호감(好感)[명] 어떤 사람에 대해 좋은 사람이라고 여기거나 사귀어 보고 싶다고 느끼거나 하는 감정. (비)호감정. ¶~을 주다/~이 가다.

호!-감정(好感情)[명] 상대를 좋게 여기는 감정. (비)호감. ↔악감정.

호강(好感)[명] 호화롭고 편안한 삶을 누리는 것. **호강-하다** 통[자여]¶아들 덕에 ~.

호강-스럽다[-따][형ㅂ]〈-스러우니, -스러워〉 호강을 누리는 점이 있다. **호강스레**[부]

호객(呼客)[명] 주로 장사하는 집에서, 지나가는 사람을 손님으로 불러들이는 것. ¶~ 행위. **호객-하다** 통[자여]

호객-꾼(呼客-)[명] 장사하는 집에 고용되어, 지나가는 사람을 가게로 불러들이는 일을 하는 사람.

호걸(豪傑)[명] 지혜·용기가 뛰어나고 기개와 풍모가 있는 사람. ¶영웅~/ 장안의 ~.

호걸-스럽다(豪傑-)[-따][형ㅂ]〈-스러우니, -스러워〉 호걸과 같은 데가 있다. 또는, 호걸의 기질을 가진 데가 있다. **호걸스레**[부]

호격(呼格)[-껵][언] 어떤 체언이 부르는 말로 쓰였음을 나타내는 격. =부름자리.

호격조^사(呼格助詞)[-껵쪼-][명][언] 사람·물건 따위를 부를 때 쓰는 격조사. '철수야'의 '야', '하늘아'의 '아' 따위. =독립격조사.

호!-경기(好景氣)[명][경] 경기 순환의 한 단계. 모든 기업체의 활동이 정상(正常) 이상에 있을 때의 상태. ¶~를 누리다. ↔불경기(不景氣).

호곡(號哭)[명] 소리를 내어 슬피 우는 것. 또는, 그 울음. **호곡-하다** 통[자여]

호!구[1](戶口)[명] 호수(戶數)와 식구 수. ¶~ 조사.

호!구[2](虎口)[명] 1 ['범의 아가리'라는 뜻] 매우 위태로운 지경이나 경우. ¶~에 들다/~를 벗어나다. 2 바둑에서, 하나의 바둑돌이 상대의 바둑돌에 의해 삼면이 둘러싸이고 한쪽만 트인 그 속. ¶~를 치다.

호구[3](糊口·餬口)[명] [입에 풀칠을 한다는 뜻] 겨우 끼니를 이어가는 것. ¶~책. **호구-하다** 통[자여] ¶이러저리 돌아다니면서 구두도 고쳐 주고 가마도 붙여 주었다. 이리하여 호구하게 되었다.《최서해: 탈출기》

호!구[4](護具)[명][체] 검도·태권도 등에서, 몸을 보호하기 위해 얼굴·몸통 따위에 착용하는 도구.

호!구[5][명] '괴통'의 잘못.

호!구-별성(戶口別星)[-썽][명][민] =역신(疫神)[1]. (존)별성.

호!구^조사(戶口調査)[명] 1 호수(戶數) 및 인구를 조사하는 일. 2 집집마다 다니면서 가족의 동태를 조사하는 일.

호구지책(糊口之策)[명] 겨우 먹고 살아갈 수 있는 방책. =호구책·호구지계. ¶~을 찾다.

호구-책(糊口策)[명] =호구지책.

호국[1](胡國)[명] 지난 시대에, 약탈과 침략을 일삼던 변방의 이민족을 얕잡아, 그들이 세운 나라를 이르던 말. 곧, 거란·여진·선비·흉노 따위.

호!국[2](護國)[명] 외적으로부터 나라를 지키는 것. ¶~ 정신/~ 영령. **호!국-하다** 통[자여]

호궁(胡弓)[명][음] 1 동양의 현악기의 하나. 바이올린과 비슷한 악기로, 네 개의 현을 말총으로 맨 활로 탐. 2 호금(胡琴)[1].

호궤(犒饋)[명] 군사들에게 음식을 베풀어 위로하는 것. **호궤-하다** 통[타여]

호금(胡琴)[명] 1 =비파(琵琶). 2 당악(唐樂)을 연주하는 현악기의 하나. 대로 만들어 뱀 껍질을 입혔으며, 현은 두 개임. =호궁.

호!기[1](好期)[명] 좋은 시기.

호!기[2](好機)[명] 좋은 기회. =호기회(好機會). ¶물실(勿失) ~.

호기[3](呼氣)[명] 1 내쉬는 숨. (비)날숨. ↔흡기(吸氣). 2 기운을 내뿜음. **호기-하다** 통[자여] 기운을 내뿜다.

호!기[4](浩氣)[명] =호연지기(浩然之氣).

호기[5](豪氣)[명] 1 씩씩하고 장한 기상. ¶~가 만만하다. 2 꺼드럭거리는 기운. ¶~를 부리다.

호기-롭다(豪氣-)[-따][형ㅂ]〈-로우니, -로워〉 꺼드럭거리며 뽐내는 기운이 있다. **호기로이**[부]

호!기-성(好氣性)[-씽][명][생] 세균 따위가 산소를 좋아하여 공기 중에서 잘 자라는 성질. ¶~ 세균. ↔혐기성(嫌氣性).

호기-스럽다(豪氣-)[-따][형ㅂ]〈-스러우니, -스러워〉 호기로운 데가 있다. ¶날마다 술타령만 하고 댕기더니 누구를 끌고 와 호기스럽게 밥을 차려 오라고 할까!《이해조: 빈상설》 **호기스레**[부]

호!기-심(好奇心)[명] 색다르거나 신기하거나 이상한 일이나 대상에 끌려 그 정체나 내용을 알고 싶어 하는 마음. ¶~이 많다/~이 생기다[발동하다]/~을 자극하다.

호!기회(好機會)[-회/-훼][명] =호기(好機)[2].

호남(湖南)[명] ['호(湖: 김제 벽골제로 추정)의 남쪽'이라는 뜻][지] 전라남북도를 일컫는 말.

호!-남아(好男兒)[명] 남자답고 서글서글하며 체구가 좋은 남자. =호남자.

호!-남자(好男子)[명] =호남아.

호!남-형(好男型)[명] 호남아의 유형. ¶~의 30대 남자.

호농(豪農)[명] 땅을 많이 가지고 크게 짓는 농사. 또는, 그 집. =대농(大農).

호!다(호고/호아)[통타] 천을 겹쳐 땀을 곱걸지 않고 일정한 간격이 있게 꿰매다. ¶박지 말고 중중 호아 짓지요. 입은 모양만 고의 적삼이면 되지 않아요.《홍명희: 임꺽정》

호담(豪膽) → **호담-하다** [형여] 매우 담대하다.

호!당(戶當)[명] 집마다 배당된 몫.

호!대(浩大) → **호!대-하다** [형여] 매우 넓고 크다.

호도[1](糊塗)[명] [어떤 일을] 일시적으로 발라 맞추어 속이거나 감추는 것. **호도-하다** 통[타여] ¶진실을 ~.

호도[2](胡桃) [명] '호두'의 잘못.
호도[3](弧度) [명][의존][수] '라디안'의 구용어.
호도깝-스럽다[-쓰-따] [형][ㅂ] 〈~스러우니, ~스러워〉 (말이나 행동이) 조급하고 경망스러운 데가 있다. ¶…현마는 금시 **호도깝스럽게** 표정을 누그러뜨리면서 아무렇지도 않다는 듯이 헤적헤적 웃는 것이었다.《이효석:화분》 **호도깝스레** [부]
호도-법(弧度法)[-뻡] [명][수] 라디안을 단위로 하여 중심각을 재는 방법.
호되다[-되-/-퉤-] [형] 정도가 매우 심하다. ¶**호된** 추위 / 아버지한테 **호되게** 꾸중을 듣다.
호두 [명] 〔<호도(胡桃)〕 호두나무의 열매. =당추자(唐楸子). ¶~를 까다. ×호도.
호두-과자(-菓子) [명] 속껍질을 벗긴 호두의 속살을 갈아 밀가루에 섞어서 호두알 모양으로 둥글게 구워 만든 과자. 충청남도 천안의 명물임.
호두-나무 [명][식] 가래나뭇과의 낙엽 활엽 교목. 높이 20m가량. 나무껍질은 회백색이며 세로로 길게 갈라짐. 4~5월에 꽃이 피고 10월경에 열매가 익음. 열매인 호두는 먹으며, 목재는 가구를 만드는 데 씀.
호둣-속[-두쏙/-둗쏙] ➜**호둣속 같다** [구] 일이 복잡하여 갈피를 잡을 수 없다. ¶**호둣속 같은** 세상 / **호둣속 같은** 미로.
호드기 [명] 봄철에 물오른 버드나무 가지를 비틀어 뽑은 통껍질이나 밀짚 토막으로 만든 피리.
호드득 [부] **1** 깨·콩 따위를 볶을 때 튀면서 나는 작은 소리. **2** 잔 나뭇가지나 검불 따위가 탈 때 나는 소리. [큰]후드득. **호드득-하다** [동][자][여]
호드득-거리다/-대다[-꺼(때)-] [동][자] **1** 경망스럽게 자꾸 방정을 떨다. **2** 깨·콩 따위를 볶을 때 튀는 소리가 계속하여 나다. **3** 잔 나뭇가지나 검불 따위가 기세 좋게 타들어 가는 소리가 잇달아 나다. [큰]후드득거리다.
호드득-호드득[-드코-] [부] 호드득거리는 모양. 또는, 그 소리. [큰]후드득후드득. **호드득호드득-하다** [동][자][여]
호들갑 [명] 경망스럽게 야단을 피우는 말이나 행동. ¶~을 부리다 / 깔깔 웃으며 ~을 떨다. ▷호들갑.
호들갑-스럽다[-쓰-따] [형][ㅂ] 〈~스러우니, ~스러워〉 야단스럽고 방정맞다. **호들갑스레** [부]
호-떡(胡-) [명] 밀가루 반죽에 설탕으로 소를 넣어 둥글넓적하게 구워 만든 중국식 음식.
호떡-집(胡-)[-찝] [명] 호떡을 구워 파는 가게.
호떡집에 불난 것 같다 [구] 왁자지껄하게 떠드는 모양을 일컫는 말.
호락-질[-찔] [명] 남의 힘을 빌리지 않고 가족끼리 농사를 짓는 일. **호락질-하다** [동][자][여]
호락-호락[-라코-] [부] 일이나 사람이 만만하여 다루기 쉬운 모양. ¶그는 그렇게 ~ 넘어갈 사람이 아니다. **호락호락-하다** [형][여] ¶인생의 첫발자국에서 딴죽에 나자빠지거나 뒤통수를 치고 물러설 그런 **호락호락한** 명신이는 아닙니다.《염상섭:취우》
호란(胡亂) [명] 조선 시대에, 여진족이 세운 청나라가 두 차례에 걸쳐 우리나라에 쳐들어와 일으킨 전쟁. ¶병자~ / 정묘~.
호ː랑-나비(虎狼-) [명][동] 나비목 호랑나빗과의 곤충. 편 날개 길이 8~12cm. 날개는 검거나 녹황색이고, 검은빛의 줄무늬와 얼룩얼룩한 점이 있으며 뒷날개에 가는 돌기가 있음. =범나비·봉접(鳳蝶).
호ː랑-이(虎狼-) [명] **1** [동] 포유류 고양잇과의 한 종. 몸길이 약 2m. 몸빛은 등은 황갈색에 검은 가로무늬가 있고 배는 희며, 꼬리는 길고 검은 줄무늬가 늘어섬. 삼림이나 대숲에 단독 또는 암수 한 쌍이 삶. 날카로운 엄니와 갈고리 모양의 발톱을 가지고 사슴이나 멧돼지를 잡아먹음. 어린 것은 '개호주'라고 부름. 울음소리는 '어흥'. =범. **2** 몹시 사납고 무서운 사람을 비유하여 이르는 말. ¶~ 선생님.
[**호랑이 담배 먹을 적**] 지금과는 형편이 아주 다른 까마득한 옛날. [**호랑이도 제 말 하면 온다**] 자리에 없는 사람 이야기를 하는데, 공교롭게 그 사람이 나타난다. [**호랑이에게 물려 가도 정신만 차리면 산다**] 아무리 위급한 상태에 몰려도 정신만 똑똑히 차리고 있으면 어려움을 면할 수 있다.
호래비-좆 [명][농] '홀아비좆'의 잘못.
호래-아들 [명] =호래자식. [원]홀의아들.
호래-자식(-子息) [명] 배운 데 없이 제풀로 자라 교양이나 버릇이 없는 놈. =호노자식·호래아들. [큰]후레자식. ×호로자식.
호렴(胡鹽*) [명] 〔'鹽'의 본음은 '염'〕 **1** 중국에서 나는, 알이 굵고 거친 소금. =청염. **2** 알이 굵은 천일염. [원]호염.
호ː령(號令) [명] **1** (사람을[에게]) 큰소리로 명령하거나 꾸짖는 것. **2** (어느 지역이나 천하를) 세력을 잡고 떵떵거리며 지배하는 것. **3** =구령(口令). **호ː령-하다** [동][자][타][여] ¶눈을 부릅뜨고 추상같이 ~ / 천하를 **호령하는** 권문세가.
호ː령-질(號令-) [명] 큰소리로 꾸짖는 짓. **호ː령질-하다** [동][자][여]
호ː령-호령(號令號令) [명] 정신 차릴 틈도 주지 않고 잇달아 큰소리로 꾸짖음. **호ː령호령-하다** [동][타][여]
호로로 [부] 호루라기나 호각 등을 부는 소리. [큰]후루루. ×호루루.
호로록 [부] **1** 작은 날짐승이 날개를 가볍게 치며 갑자기 나는 소리. ¶참새가 ~ 날아가다. **2** 더운물이나 묽은 죽 등을 빨리 들이마시는 소리. ¶숭늉을 ~ 마시다. [준]호록. [큰]후루룩. **호로록-하다** [동][자][타][여]
호로록-거리다/-대다[-꺼(때)-] [동][자][타][여] **1** (작은 날짐승이) 잇달아 호로록 날다. **2** (더운물이나 묽은 죽 등을) 잇달아 들이마시다. [준]호록거리다. [큰]후루룩거리다.
호로록-호로록[-로코-] [부] 호로록거리는 모양. 또는, 그 소리. [준]호록호록. [큰]후루룩후루룩. **호로록호로록-하다** [동][자][타][여]
호로-자식(-子息) [명] '호래자식'의 잘못.
호롱 [명] 석유등의 석유를 담는 그릇. 사기·유리·양철 따위로 작은 병처럼 만듦.
호롱-불[-뿔] [명] 호롱에 켠 불.
호루라기 [명] **1** 운동 경기나 교통정리 등을 할 때 입에 물고 불어서 '호로로' 소리를 내게 되어 있는 물건. [비]호각·휘슬. **2** 살구 씨의 양쪽에 구멍을 뚫고 속을 파내어 호각 모양으로 부는 것. [비]우레. ×호루루기.
호루루 [부] '호로로'의 잘못.
호루루기 [명] '호루라기'의 잘못.
호르르 [부] **1** 작은 날짐승이 가볍게 날개를 치며 갑자기 나는 소리. ¶인기척에 놀라 새 한

마리가 ~ 날아오른다. **2** 얇은 종이나 검불 등이 타오르는 모양. 또는, 그 소리. 圖후르르. **호르르-하다** 图<>
호르몬(hormone) 圀[생] 체내의 특정한 조직 또는 기관에서 생산되어 직접 체액 중에서 분비·운반되어 특정한 조직이나 기관의 활동을 극히 적은 양으로 조절하는 생리적 물질의 총칭. =내분비물. ¶남성 ~.
호르몬-제(hormone劑) 圀[약] 호르몬을 순수하게 뽑아내거나 합성하여 만든 약제. 몸 안의 호르몬 부족이나 과잉을 조절하며, 성기의 발육 부진, 갱년기 장애 등의 치료에 쓰임. 인슐린·코르티손 따위.
호른(⒟Horn) 圀[음] 금관 악기의 하나. 활짝 핀 나팔꽃 모양이며, 음색은 부드럽고 애조를 띰.
호리¹ 圀[농] 한 마리의 소가 끄는 쟁기. ▷겨리.
호리²(毫釐) 圀 **1** 자 또는 저울 눈금의 호(毫)와 이(釐). **2** 매우 적은 분량의 비유.
호리다 图(타) **1** 여자나 귀신이나 여우 등이 사람을 강한 매력이나 묘한 술수로 사로잡아 정신을 흐리게 하다. ¶요부의 색정적인 자태가 뭇 사내를 ~. **2** 그럴듯한 말로 속여 넘기다. 圖후리다.
호리-병(-瓶) 圀 호리병박 모양으로 생긴 병. 술·약 따위를 담아 가지고 다니는 데 씀. 웬호로병(葫蘆瓶).
호리병-박(-瓶-) 圀 **1**[식] 박과의 한해살이 덩굴풀. 호에 깔때기 모양의 흰 꽃이 피며, 길쭉하고 가운데가 잘록한 모양의 열매가 열림. 인가 근처에서 재배함. **2**¹의 열매. 껍질이 단단하여 말려서 그릇으로 씀. =조롱박·호로(葫蘆).
호리호리-하다 톙<> 몸매가 가늘고 키가 커서 날씬하다. ¶키가 크고 **호리호리한** 남자. 圖후리후리하다.
호마이카 '포마이카(Formica)'의 잘못.
호:망(虎網) 圀 예전에, 호랑이의 침입을 막기 위하여 쳐놓던 그물.
호면(湖面) 圀 호수의 수면.
호명(呼名) 圀 이름을 부르는 것. **호명-하다** 图<> **호명-되다** 图<>
호모(homo) 圀 **1**[생] 생물학상 순수하고 질이 같은 것. =동형(同型). ↔헤테로. **2** 동성연애 또는 동성연애자. 특히, 남성의 경우를 가리킴. ↔레즈비언.
호모ˆ사피엔스(⒟Homo sapiens) 圀[고고] ('지혜 있는 인간'이라는 뜻) 호모 에렉투스의 뒤를 이어 나타난, 현생 인류의 하나. 네안데르탈인이 이에 해당함.
호모ˆ사피엔스ˆ사피엔스(⒟Homo sapiens sapiens) 圀[고고] 현생 인류로 분류되는, 호모 사피엔스의 아종(亞種). 약 4만 년 전에 나타났으며 후기 구석기 문화를 창조함. 크로마뇽인이 이에 해당함.
호모ˆ에렉투스(⒟Homo erectus) 圀[고고] =직립 원인.
호모ˆ에코노미쿠스(⒟Homo economicus) 圀 ('경제적 인간'이라는 뜻) 경제 원칙을 따라 합리적으로 행동하는 인간의 유형을 가리키는 말. =경제인.
호모ˆ파베르(⒟Homo faber) 圀 ('공작하는 사람'이라는 뜻) 물건이나 연장을 만들어 사용하는 데에 인간의 특성·본질이 있다고 하는 인간관. =공작인(工作人).
호물-거리다/-대다 图<타> 이가 빠진 입으로 연달아 가볍게 음식을 씹다. 圖후물거리다.
호물-호물 閈 호물거리는 모양. 圖후물후물. **호물호물-하다** 图<>
호미 圀 김을 매는 데 쓰는 농기구의 하나. 끝이 뾰족하고 위는 넓적한 날의 목을 휘어 둥근 나무 자루에 낌.
[**호미로 막을 것을 가래로 막는다**] 적은 힘을 들여서 해결할 수 있는 일을 기회를 놓쳐 큰 힘을 들이게 된다.
호미-씻이 圀[민] 음력 7월쯤에, 농가에서 논매기의 만물을 끝내고 날을 받아 하루를 즐기며 노는 일. **호미씻이-하다** 图<>
호미-질 圀 호미로 김을 매거나 흙을 파는 일. **호미질-하다** 图<>
호민(豪民) 圀 부자이며 세력이 있는 백성.
호:민-관(護民官) 圀[역] 고대 로마의 평민 보호를 위한 관직. 원로원이나 집정관의 결정에 대해 거부권을 가지며, 후에는 입법권을 장악함.
호-밀(胡-) 圀[식] 볏과의 한해살이풀 또는 두해살이풀. 밀과 비슷하나 키가 더 크고, 잎은 밀보다 작으며 짙은 녹색임. 뿌리가 발달하여 추위에 잘 견딤. 열매의 가루로 빵·국수 등을 만들어 먹음. =라이보리·호맥(胡麥).
호:박¹ 圀 **1**[식] 박과의 한해살이 덩굴풀. 여름에 종 모양의 노란 꽃이 피며, 크고 길둥근 담황색의 열매를 맺음. 열매·잎·순은 먹음. **2**¹의 열매. 흔히 찬거리로 쓰임. 세는 단위는 개통. **2**=남과. **3** 못생긴 여자를 놀림조로 이르는 말.
[**호박에 말뚝 박기**] 심술궂고 잔인한 짓을 일컫는 말. [**호박에 침주기**] ㉠아무 반응이 없음을 일컫는 말. ㉡일이 아주 하기 쉬운 것을 일컫는 말. [**호박이 넝쿨째로 굴러 떨어졌다**] 생각지도 못한 횡재를 하였다.
호:박²(琥珀) 圀[광] 지질 시대의 나무의 진 따위가 땅속에 묻혀 굳어진 광물. 누른빛으로 투명 또는 반투명하고 윤이 남. 질이 좋은 것은 장식용으로 쓰임.
호:박-개[-깨] 圀[동] 뼈대가 굵고 털이 북슬북슬한 개.
호:박-고지[-꼬-] 圀 호박을 얇게 썰어 말린 찬거리. 물에 불려 볶아 먹음.
호:박-꽃[-꼳] 圀 **1** 호박의 꽃. **2** 예쁘지 않은 여자의 비유.
[**호박꽃도 꽃이냐**] 여자는 모름지기 예뻐야 한다는 말.
호:박-단(琥珀緞) [-딴] 圀 =태피터(taffeta).
호:박-떡 圀 오가리나 얇게 썬 청둥호박을 넣고 찐 시루떡.
호:박-벌[-뻘] 圀[동] 벌목 꿀벌과의 곤충. 몸길이 18mm 남짓, 암컷·일벌은 몸이 흑색 털로 덮이고 배 앞 끝의 3마디는 적갈색 털로 덮여 있음. =웅봉(熊蜂). 圖박벌.
호:박-색(琥珀色) [-쌕] 圀 호박의 빛깔. 투명한 누런빛.
호:박-순(-筍) [-쑨] 圀 호박 줄기에서 돋아나는 연한 줄기. 찬거리로 쓰임.
호:박-씨 圀 호박의 씨.
[**호박씨 까서 한입에 털어 넣는다**] 애써 푼푼이 모은 것을 한꺼번에 없앤다.
호:박-엿[-녇] 圀 청둥호박을 고아서 만든 엿.
호:박-잎[-닢] 圀 호박의 잎사귀. 연한 것

은 찬거리로 쓰임.
호:박-전(-煎) [-쩐] 명 통으로 얇게 썬 애호박에 밀가루와 달걀을 묻혀 지진 음식.
호:박-죽(-粥) [-쭉] 명 잘 익은 호박을 삶아서 짓이겨 팥을 넣고 쌀가루를 풀어서 쑨 죽.
호반(湖畔) 명 호수의 가. 비호숫가. ¶~의 벤치.
호발(毫髮) 명 자디잔 털. 곧, 아주 잔 물건을 일컫는 말.
호:방¹(戶房) 명[역] 조선 시대에 호전(戶典)에 관한 일을 맡아보던, 승정원과 각 지방 관아의 육방(六房)의 하나.
호:방²(豪放) →**호방-하다** 형여 (사람이) 도량이 넓어 작은 일에 거리낌이 없다. =호종(豪縱)하다. 비호탕하다. ¶활달하고 **호방**한 성격.
호-배추(胡-) 명[식] 1 중국종 배추. 2 재래종에 대하여 개량한 결구배추를 이르는 말.
호:법(護法) 명 1 법을 수호하는 일. 2 [불] 불법을 수호하는 일. 3 [불] 염불 기도로 악마나 질병을 물리치는 일. 또는, 그 법력(法力). **호:법-하다** 동여
호:별(戶別) 명 집집마다. ¶~ 방문 / ~로 할당하다.
호:봉(號俸) 명 1 자립 직계(職階)·연공(年功) 등에 따라 정해지는 어떤 급여 체계 안에서의 등급. ¶~이 높다 / ~을 책정하다. 2 의존 급여의 등급을 매기는 말. ¶3~.
호:부¹(戶部) 명 고려 시대, 육부(六部)의 하나. 호구(戶口)·공부(貢賦)·전량(錢糧) 등에 관한 일을 맡아봄.
호:부²(好否) 명 좋음과 좋지 않음. ¶선택에 ~를 가리지 않다.
호:부³(護符) 명 재액을 면하게 하고 몸이나 집을 지켜 준다고 생각되어 문이나 벽에 붙이거나 몸에 지니는 부적.
호부-호형(呼父呼兄) 명 아버지를 아버지라 부르고 형을 형이라 부름. **호부호형-하다** 동자여 ¶길동은 **호부호형**하지 못하는 자신의 신세를 슬프게 여겼다.
호비다 동타 '후비다'의 작은말. 여오비다.
호비작-거리다/-대다 [-꺼(때)-] 동타 '오비작거리다'의 거센말. ¶귓구멍을 ~. 큰후비적거리다.
호비작-호비작 [-자코-] 부 '오비작오비작'의 거센말. 큰후비적후비적. **호비작호비작-하다** 동타
호비-칼 명 나막신의 콧속을 호벼 파내는 칼. 몸이 바짝 굽고 칼날이 양쪽으로 나 있음.
호:사¹(好事) 명 1 좋은 일. 2 일을 벌이기를 좋아하는 것. **호:사-하다**¹ 동자여 일을 벌이기를 좋아하다.
호:사²(豪奢) 명 호화롭게 사치하는 것. 또는, 그 사치. **호:사-하다**² 동자여
호:사-가(好事家) 명 1 일을 벌이기를 좋아하는 사람. 2 남의 일에 유달리 관심이나 흥미를 가지는 사람.
호:사-다마(好事多魔) 명 좋은 일에는 흔히 방해되는 일이 많음. **호:사다마-하다** 형여
호사-수구(狐死首丘) 명 =수구초심.
호사-스럽다(豪奢-) [-따] 형ㅂ <-스러우니, -스러워> 돈을 부리는 태도가 있다. ¶호사스러운 생활. **호사스레** 부
호:사유피(虎死留皮) 명 [호랑이는 죽어서 가죽을 남긴다는 뜻] 사람은 죽어서 명예를 남겨야 한다는 말. 비표사유피(豹死留皮).

호산나(hosanna) 명감 ['간구하오니 우리를 구하여 주소서'의 뜻] [성] 하느님을 찬양하는 말.
호:상¹(好喪) 명 복을 누리며 오래 산 사람이 죽은 상사(喪事).
호상²(弧狀) 명 활등처럼 굽은 모양.
호:상³(湖上) 명 호수 위.
호상⁴(豪商) 명 아주 큰 규모로 장사하는 상인.
호:상⁵(護喪) 명 1 초상(初喪) 치르는 모든 일을 책임지고 맡아 보살피는 것. 2 초상 치르는 일을 총괄적으로 책임지고 보살피는 사람. =호상차지. **호:상-하다** 동자여
호:상-차지(護喪次知) 명 =호상(護喪)².
호:색(好色) 명 여색(女色)을 몹시 좋아하는 것. =탐색. **호:색-하다** 동자여
호:색-가(好色家) [-까] 명 여색을 몹시 좋아하는 사람. 비색골.
호:색-꾼(好色-) 명 여색을 몹시 좋아하는 사람을 얕잡아 이르는 말. 비색골.
호:색-한(好色漢) [-새칸] 명 여색을 특히 좋아하는 사내. 비색한(色漢).
호:생(互生) 명[식] =어긋나기. **호:생-하다** 동여
호서(湖西) 명[지] 충청남북도를 이르는 말.
호:석(護石) 명 =둘레돌.
호:선¹(互先) 명 맞바둑. ↔정선(定先).
호:선²(互選) 명 어떤 조직의 구성원들이 그 구성원들 중에서 어떤 사람을 투표하여 뽑는 것. 또는, 그 선거. **호:선-하다** 동타여 ¶상임 위원회의 간사는 위원회의 위원 중에서 **호선**한다.
호세아-서(Hosea書) 명[성] 구약 성서 중의 한 권.
호소¹(呼訴) 명 1 억울하고 원통한 사정을 관청이나 남에게 하소연하는 것. 2 (어떤 사람에게 또는 어떤 대중에 어떤 일을:에) 같이 호응하여 따르도록 제기하는 것. 3 (글·노래 등이) 사람의 마음을 강하게 사로잡거나 뭉클하게 감동시키는 것. **호소-하다** 동타여 ¶억울한 사정을 ~ / 여러분에게 적극 동참해 주실 것을 여러분에게 간곡히 **호소**하는 바입니다. / 그의 노래는 뭔가 **호소**하는 힘이 있다.
호소²(湖沼) 명 호수와 늪. 비소호(沼湖).
호소-력(呼訴力) 명 글이나 노래 등이 사람의 마음을 강하게 사로잡거나 뭉클하게 감동시키는 힘. ¶~이 있는 노래 / 그의 연설은 강한 ~을 가지다.
호소-문(呼訴文) 명 원통하거나 딱한 사정을 하소연하는 글.
호:송(護送) 명 1 보호하여 보내는 것. 2 [법] 죄인 따위를 감시하면서 데려가는 것. 비압송. ¶~차. **호:송-하다** 동타여 **호:송-되다** 동자여
호:수¹(戶數) [-쑤] 명 1 집의 수효. 2 호적상의 가호(家戶) 수.
호:수²(好手) 명 1 기술이 뛰어남. 또는, 그 사람. 2 바둑·장기 등에서, 잘 둔 수. ↔악수(惡手).
호:수³(好守) 명[체] 야구·축구 등에서 수비를 잘 하는 것. 또는, 훌륭한 수비. =호수비(好守備). ¶~ 호타(好打). **호:수-하다** 동자여
호수⁴(湖水) 명[지] 땅이 우묵하게 들어가서 물이 괴어 있는 곳. 못이나 늪보다 넓고 깊음. ¶인공 ~. 준호(湖).

호:수[5](號數)[-쑤] 명 **1** 연속되는 사물의 차례, 특히 신문·잡지의 호나 방(房)의 호 등의 수. ¶발행 ~ / 객실 ~. **2** 번지나 동(棟)의 호의 수. ¶~가 잘못 표기되어 편지가 반송되다. **3** [인] 활자의 호의 수. **4** [미] 캔버스의 호의 수. ¶이 산수화의 ~는 얼마나 되나?

호숫-가(湖水-)[-수까/-순까] 명 호수와 육지가 잇닿은 곳. 또는, 그 부근의 땅.

호스(hose) 명 액체나 기체를 보내는 부드러운 관(管). 고무·비닐·헝겊 제품 등이 있음.

호스텔(hostel) 명 =유스 호스텔.

호스트-바(†host bar) 명 남자가 여성 고객에게 성적(性的) 서비스를 제공하는 술집.

호스티스(†hostess) 명 [본뜻은 '파티 등을 주관하는 여주인'] 댄스홀 등의 술집에서, 술 시중과 성적 서비스를 제공하는 접대부. 1970~80년대에 많이 쓰인 말임.

호스피스(hospice) 명 죽음이 임박한 환자에게 자신의 삶을 정리하고 평안하게 죽음을 맞이할 수 있도록 어떤 프로그램을 가지고 돌보아 주는 일. 또는, 그런 일을 하는 종교 단체나 병원. ¶~ 활동 / ~ 간병인 / ~ 자원 봉사자.

호:승[1](胡僧) 명 [불] 인도나 서역에서 온 승려.

호:승[2](好勝) → **호:승-하다** 형여 경쟁심이 매우 강하다.

호:승지벽(好勝之癖) 명 경쟁하여 반드시 이기기를 즐기는 성벽. 준승벽.

호:-시절(好時節) 명 좋은 때. ⇒춘삼월 호.

호:시-탐탐(虎視眈眈) 명 [호랑이가 눈을 부릅뜨고 먹이를 노려본다 뜻] 기회를 노리고 형세를 살피는 상태를 비유하는 말. ¶침략의 기회를 엿보다. **호:시탐탐-하다** 동(자여)(타여)

호:식(好食) 명 **1** 좋은 음식을 먹는 것. 또는, 그 음식. ¶호의(好衣)~. ↔악식. **2** 좋은 음식을 좋아하여 유달리 잘 먹는 것. **호:식-하다** 동(자여)

호:신(護身) 명 몸을 보호하는 것. ¶~을 위하여 태권도를 배우다. **호:신-하다** 동(자)(타여)

호:신-술(護身術) 명 자기의 몸을 보호하기 위하여 익히는 무술. 태권도·유도·검도 따위. ⇒보신술.

호:신-용(護身用)[-뇽] 명 몸의 보호용으로 쓰임. =보신용(保身用). ¶~ 권총.

호:실(號室) 명 (주로, 수를 나타내는 말과 함께 쓰여) 일정한 호수가 매겨진 방. ¶3-/ 할머니는 몇 ~에 입원하셨니?

호심(湖心) 명 호수의 한가운데.

호:안(護岸) 명 하안(河岸)이나 해안 등의 제방을 수해 등으로부터 보호하는 일. 또는, 그것을 위한 시설.

호:안-석(虎眼石) 명 [광] 푸른 섬면이 층상(層狀)으로 혼입되어 있는 석영(石英). 황갈색의 광택이 있고, 닦으면 호랑이의 눈처럼 빛남. 장식품으로 씀.

호:양(互讓) 명 서로 양보하거나 사양하는 것. **호:양-하다** 동여

호언(豪言) 명 의기양양하여 호기롭게 말하는 것. 또는, 그 말. **호언-하다** 동(자여)

호언-장담(豪言壯談) 명 뱃심 좋게 의기양양하여 말함. **호언장담-하다** 동(자여)

호:연[1](好演) 명 아주 좋은 연기 또는 연주.

호:연[2](浩然) → **호:연-하다** 형여 넓고 크다.

호:연-히 부

호:연지기(浩然之氣) 명 **1** 온 세상에 가득 찬 넓고 큰 원기(元氣). **2** 거침없이 넓고 큰 기개나 도량. =호기(浩氣). ¶~를 기르다[키우다].

호:열자(虎列刺)[-짜] 명 '콜레라'의 일본식 음역어. 일본 음역 한자인 '虎列刺'는 일본 발음으로 '고레라(コレラ)'로서, 우리 한자음으로는 '호열랄'로 읽혀야 하나 '刺(랄)'가 '刺(자)'로 오인한 것이 굳어져 '호열자'가 됨. 이 말은 개화기 이후 계속 쓰여 왔으나, 오늘날에는 극히 드물게 쓰임.

호:오(好惡) 명 좋음과 싫음.

호:외(號外)[-의/-웨] 명 **1** 정한 호수 외에 임시로 발행하는 신문이나 잡지. ¶~ 발행. **2** 일정한 수나 번호 밖에 덧붙인 것.

호:우[1](好雨) 명 농사철에 맞추어 제때 내리는 비. ▷감우(甘雨).

호:우[2](豪雨) 명 줄기차게 내리퍼붓는 큰비. ↔소우(小雨). ⇒집중 호우.

호:우-경:보(豪雨警報) 명 [기상] 기상 경보의 하나. 24시간의 강우량이 150mm 이상 예상될 때에 발표함.

호:우^주:의보(豪雨注意報)[-의/-이-] 명 [기상] 기상 주의보의 하나. 24시간의 강우량이 80mm 이상 예상될 때에 발표함.

호:운(好運) 명 좋은 운수. ↔악운(惡運).

호원(呼冤) 명 원통함을 하소연하는 것. ▷칭원(稱冤). **호원-하다** 동(자여)

호:위[1](扈衛) 명 궁궐을 지키는 것. **호:위-하다** 동여

호:위[2](護衛) 명 (어떤 사람을) 따라다니며 보호하고 지키는 것. ¶~ 군사 / 대통령은 경호원들의 ~를 받으며 식장(式場)에 들었다. **호:위-하다** 동(타여)(재) ¶경찰차가 가두 행렬을 ~. **호:위-되다** 동(자)

호:위-병(護衛兵) 명 곁에 따라다니며 호위하는 병사. =위병.

호:유[1](互有) 명 공동으로 가지고 있는 것. **호:유-하다** 동(타여)

호유[2](豪遊) 명 호화롭게 노는 것. **호유-하다** 동(자여)

호음(豪飮) 명 술을 매우 잘 마시는 것. **호음-하다** 동(자여)

호:읍(號泣) 명 목 놓아 소리 높여 우는 것. ▷호곡(號哭). **호:읍-하다** 동(자여)

호응(呼應) 명 **1** [부름에 따라서 대답한다 뜻] 호소에 마주 응하는 것. ¶1970년대에 새마을 운동은 국민들의 많은 ~을 받았다. **2** [언] 글이나 말 속에서 어떤 특정한 말 다음에는 반드시 일정한 말이 따르는 일. 부정(否定)의 호응, 가정(假定)의 호응, 의문의 호응 등이 있음. **호응-하다** 동(자여)

호:의[1](好意)[-의/-이] 명 남에게 친절하게 대하거나 도움을 주려고 하는 의도나 마음씨. (비)선의(善意). ¶~를 가지다 / ~를 배풀다 / ~를 보이다 / 남의 ~를 무시하다.

호:의[2](好誼)[-의/-이] 명 가까운 정분. 또는, 좋은 정의.

호:의-적(好意的)[-의-/-이-] 관 상대의 입장이나 생각을 존중하여 도움이 되도록 배려하는 (것). ¶나의 제안에 대하여 그들은 ~인 반응을 보였다.

호:의-현상(縞衣玄裳)[-의-/-이-] 명 **1** 흰 저고리와 검은 치마. **2** 학(鶴)의 외모를 형용한 말.

호:의-호:식(好衣好食)[-의-/-이-] 명 ['좋은 옷과 좋은 음식'이라는 뜻] 잘 입고

잘 먹음. ¶악의악식·조의조식. 호!의호!식-하다 통(자여)

호이스트(hoist) 몡 소형의 감아올리는 장치. 공장 내의 재료 운반·조립에 사용함.

호!인(好人) 몡 대인 관계가 원만하고 좋은 사람.

호!장¹(戶長) 몡 [역] 고을 아전의 맨 윗자리. 또는, 그 직에 있는 사람.

호장²(豪壯) → 호장-하다

호장-하다(豪壯-) 형여 1 세력이 호기롭고 왕성하다. 2 호탕하고 씩씩하다. 호장-히 튀

호!재(好材) 몡 [경] 증권 거래에서, 시세 상승의 요인이 되는 재료. ¶증권 시장에 ~가 겹쳐 주가가 폭등하였다. ↔악재(惡材).

호!적¹(戶籍) 몡 [법] 호주를 중심으로 하여 그 집에 속하는 사람의 본적지·성명·생년월일 등 신분에 관한 사항을 기록한 공문서. =장적(帳籍). ¶~에 올리다.

호적²(號笛) 몡 1 =사이렌(siren). 2 신호로 부는 피리.

호적³(胡笛) 몡 [음] '태평소(太平簫)'의 잘못.

호!적^등본(戶籍謄本) [-뚱-] 몡 호적 원본의 전부를 복사한 공인 문서.

호!-적수(好敵手) [-쑤] 몡 비교적 뛰어난 재주나 실력을 가진 사람에 대하여, 그와 대등한 수준을 지니고 있어서 싸움이나 경쟁을 벌일 만한 좋은 상대. ¶~를 만나다.

호!적^초본(戶籍抄本) 몡 호적 원본 중에서 신청자가 필요한 부분만 복사한 공인 문서.

호!전¹(好戰) 몡 싸움 또는 전쟁을 좋아함.

호!전²(好轉) 몡 1 잘 안되던 일이 잘되어 가기 시작하는 것. 2 병의 증세가 차차 나아지기 시작하는 것. ↔악화(惡化). 호!전-하다 통(자여) 호!전-되다 통(자) ¶경기가 ~ / 병세가 ~.

호!전³(護全) 몡 온전하게 보호하는 것. 호!전-하다² 통(타여) 호!전-되다² 통(자)

호!전-적(好戰的) 관 싸움하기를 즐기는 (것). ¶~인 기질.

호접(胡蝶) 몡 =나비².

호접-몽(胡蝶夢) [-쩜-] 몡 [중국의 장자(莊子)가 꿈에 나비가 되어 즐겁게 놀다가 깬 뒤에 자기가 나비가 되었는지 나비가 자기가 되었는지 판단하기 어렵다고 했다는 고사(故事)에서] 장자가 꾼 나비의 꿈. 이것과 저것, 선과 악, 삶과 죽음 등의 구별을 버리고 만물과 자아가 일체가 되어야 함을 주장하기 위해서 끌어 온 비유적인 예임. =장주지몽(莊周之夢).

호젓-하다 [-저타-] 형여 1 (어떤 길이나 장소가) 사람의 왕래가 적어 조용하거나 쓸쓸하다. ¶호젓한 오솔길 / 깊은 산속 호젓한 곳에 자리 잡은 산사. 2 남과 떨어져 있어 방해되는 것이 없이 여유롭거나 홀가분하다. ¶오랜만에 단둘만의 호젓한 시간을 가지다. 3 외따로 있어 외롭고 쓸쓸하다. ¶그 노인은 자식도 없이 호젓하게 지낸다. 호젓-이 튀 ¶서쪽 산봉우리 위에 달이 ~ 걸려 있다.《전광용:태백산맥》

호정(糊精) 몡 [화] =덱스트린(dextrin).

호!정-출입(戶庭出入) 몡 병자나 노인이 겨우 마당 안에서만 드나듦. 호!정출입-하다 통(자여)

호!조¹(戶曹) 몡 [역] 고려·조선 시대, 육조(六曹)의 하나. 호구(戶口)·공부(貢賦) 등에 관한 일을 맡아보던 관아.

호!조²(好調) 몡 상황이나 형편 등이 좋은 상태. ¶수출이 ~를 보이다.

호!조³(護照) 몡 [역] 조선 말기에 외국인에게 내주던 여행권. ▷행장(行狀).

호!-조건(好條件) [-껀] 몡 좋은 조건. ↔악조건.

호족(豪族) 몡 지방에서 재산이 많고 세력이 강한 집안.

호졸근-하다 형여 1 (종이나 피륙 따위가) 약간 젖어 풀기가 없어져 보기 흉하게 늘어진 상태에 있다. ¶옷이 비에 젖어 ~. 2 (몸이) 고단하여 축 늘어지도록 힘이 없다. 톤줄근하다. 호졸근-히 튀

호!종(扈從) 몡 [역] 임금의 거가(車駕)를 모시고 따라가는 것. 또는, 그 사람. ¶~을 거느리다. 호!종-하다 통(타여) ¶어가(御駕)를 ~

호!주¹(戶主) 몡 1 한 집안의 주장이 되는 사람. 2 [법] 한 집안의 호주권을 가지고 가족을 거느리며 부양할 의무가 있는 사람. ¶~ 상속.

호!주²(好酒) 몡 술을 좋아하는 것. 호!주-하다 통(자여)

호주³(濠洲) 몡 [지] '오스트레일리아'의 음역어.

호-주머니(胡一) 몡 돈이나 물건을 담을 수 있도록 옷의 일부에 틈을 내어 그 안쪽에 헝겊을 덧대어 단 주머니. =의낭. 비포켓. ¶~를 뒤지다.

호!차(戶車) 몡 문이나 창의 여닫음을 부드럽게 하기 위하여 문짝 아래에 홈을 파고 끼우는 작은 쇠바퀴.

호초(胡椒) 몡 1 =후추. 2 [한] 후추의 껍질. 설사·구토·곽란 등에 약으로 쓰임.

호출(呼出) 몡 1 (아랫사람을) 연락하여 불러내는 것. ¶상사의 ~을 받고 달려가다. 2 (사람을) 무선 교신에서 신호를 보내어 찾거나 부르는 것. 3 =소환(召喚)¹. 호출-하다 통(타여) 호출-되다 통(자)

호출-기(呼出機) 몡 =무선 호출기.

호출^부!호(呼出符號) 몡 =콜 사인(call sign).

호출-장(呼出狀) [-짱] 몡 [법] =소환장.

호치(皓齒) 몡 희고 깨끗한 이.

호치키스(Hotchkiss) 몡 여러 장의 종이를 사이에 끼우고 누르면, 'ㄷ' 자 모양의 가는 꺾쇠가 나오면서 종이를 뚫고 들어가 철하게 되어 있는 기구. 상표명에서 온 말임. =스테이플러.

호칭(呼稱) 몡 이름 지어 부르는 것. 특히, 주의를 끌거나 말을 걸기 위해 상대를 부르는 것. 또는, 그 이름. ¶아내에 대한 ~은 '여보', '임자', '마누라' 등이다. 호칭-하다 통(타여) 호칭-되다 통(자)

호칭-어(呼稱語) 몡 [언] 어떤 대상을 직접 부를 때에 쓰는 말. '여보', '철수야', '오빠' 따위.

호-콩(胡一) 몡 [식] =땅콩.

호쾌(豪快) 몡 (사람이, 또는 사람의 태도가) 호탕하고 쾌하다. ¶호쾌한 남아 / 그 남자는 큰 소리로 호쾌하게 웃었다. 2 [타격 따위가] 시원하고 후련하게 이뤄진 상태에 있다. ¶호쾌한 장타(長打)를 날리다.

호크(←④haak) 몡 단추처럼 쓰이는, 옷의 벌어진 곳을 맞물려 잠그는 갈고리 모양의 물건. ¶~를 채우다.

호!타(好打) 명[체] 야구에서, 타자가 좋은 타격을 보이는 것. ¶3안타 3타점의 ~를 기록하다.
호탕(豪宕) →호탕-하다 형여 (사람이) 성격이 시원시원하고 활달한 기개가 있다. 예호방하다. ¶호탕한 사나이 / 호탕하게 껄껄 웃다.
호텔(hotel) 명 시설이 잘되어 있고 규모가 큰 고급 숙박업소. 일반적으로 서양식 고층 건물을 갖추고 있으며, 커피숍·식당·나이트클럽 등을 부대시설로 가진 경우가 많음. ¶관광~.
호텔리어(hotelier) 명 호텔 경영자.
호통 명 아랫사람의 잘못에 대해 큰소리로 된통 꾸짖는 것. 호통-하다 통(자)(타)(여)
호통(을) 치다 [관] 크게 꾸짖고 주의를 주다. ¶아버지가 밤늦게 돌아온 딸에게 ~.
호통-바람[-빠-] 명 호통을 치는 바람.
호!투(好投) 명 야구에서, 투수가 공을 잘 던지는 것. 호!투-하다 통(자)(여)
호패(號牌) 명[역] 조선 시대에 16세 이상의 남자가 차던, 신분을 증명하는 패. 직사각형으로 성명과 나이, 태어난 해의 간지를 새기고 관인(官印)을 찍음.
호!평(好評) 명 좋게 평하는 것. 또는, 그 평. ¶~을 받다. ↔악평(惡評). 호!평-하다 통(타)(여)
호포(戶布) 명[역] 조선 시대에, 봄·가을에 집집마다 무명이나 모시 등으로 내던 세(稅). →호포전.
호풍(胡風) 명 1 호인(胡人)의 풍속. 2 호지(胡地)로부터 불어오는 바람. 곧, 북풍을 이름. ¶아직 시월 초승이건만 눈은 펄펄 날리고 ~은 맵고 싸늘했다.《박종화: 다정불심》
호풍-환우(呼風喚雨) 명 요술로 바람과 비를 불러일으킴. 호풍환우-하다 통(자)(여)
호프(⑧Hof) 명 잔에 담아 파는 생맥주. ¶~집. 생맥줏집.
호피(虎皮) 명 호랑이의 털가죽.
호!학(好學) 명 학문을 좋아하는 것. 호!학-하다 통(자)(여)
호!한(好漢) 명 의협심이 강한 훌륭한 남자.
호해(湖海) 명 1 호수와 바다. 또는, 바다처럼 큰 호수. 2 =강호(江湖) [3].
호!행(護行) 명 보호하며 따라가는 것. 호!행-하다 통(타)(여)
호!헌(護憲) 명 헌법을 어기거나 고치지 못하도록 보호하여 지키는 것. 호!헌-하다 통(자)(여)
호협(豪俠) →호협-하다 [-혀파-] 형(여) 호방하고 의협심이 강하다.
호형(弧形) 명 1 활의 모양. 2 [수] '부채꼴[2]'의 구용어.
호형-호제(呼兄呼弟) 명 [서로 형이니 아우니 하고 부른다는 뜻] 아주 가까운 친구 사이를 일컫는 말. =왈형왈제. 호형호제-하다 통(자)(여) ¶두 사람은 호형호제하는 사이다.
호!혜(互惠) [-혜/-혜] 명 서로 특별한 편의와 이익을 주고받는 것. ¶~ 평등의 원칙.
호!혜^관세(互惠關稅) [-혜-/-혜-] 명[경] 통상 협정을 한 당사국이 서로 관세를 인하하여 무역 증진을 꾀하는 관세. ▷특혜관세.
호!혜^무^역(互惠貿易) [-혜-/-혜-] 명[경] 호혜 평등의 원칙에 따른 무역. ▷특혜무역.
호!혜^조약(互惠條約) [-혜-/-혜-] 명[경] 제삼국보다 유리한 조건을 서로 제공하기로 하고 맺는 두 국가 간의 조약. =상호조약.

호호¹ 뷔 주로 여자가 입을 작게 벌리고 다소 억제하면서 웃는 소리. ¶여자는 손으로 입을 가리고 ~ 웃었다. 호호-하다¹ 통(자)(여)
호-호² 뷔 입을 약간 오므리고 더운 입김을 자주 내뿜는 모양. 또는, 그 소리. ¶손을 녹이느라 입김을 ~ 불다. (큰)후후. 호호-하다² 통(타)(여)
호!호³(戶戶) 명뷔 집집마다. ¶가가(家家)~.
호호-거리다/-대다¹ 통(자) 호호 소리를 내며 웃다.
호호-거리다/-대다² 통(타) 자꾸 호호 소리를 내며 입김을 내뿜다. (큰)후후거리다.
호호-백발(皓皓白髮)[-빨] 명 온통 하얗게 센 머리. ¶~의 꼬부랑할미.
호!호탕탕(浩浩蕩蕩) →호!호탕탕-하다 형(여) 아주 넓어서 끝이 없다.
호화(豪華) 명 (주로 일부 명사 앞에 쓰여) 사치스럽고 화려한 것. ¶~ 주택/~ 별장/~ 호화-하다 형(여)
호화-롭다(豪華-)[-따] 형(ㅂ)<-로우니, -로워> 사치스럽고 화려한 느낌이 있다. 예호화스럽다. ¶호화로운 옷차림. 호화로이 뷔 꾸민 집.
호화-선(豪華船) 명 호화로운 시설을 갖춘 대형의 여객선.
호화-스럽다(豪華-)[-따] 형(ㅂ)<-스러우니, -스러워> 사치스럽고 화려한 데가 있다. 예호화롭다. ¶호화스러운 예물. 호화스레 뷔
호화찬란(豪華燦爛)[-찰-] →호화찬란-하다[-찰-] 형(여) 눈부시도록 빛나고 호화롭다. ¶호화찬란한 보석.
호화-판(豪華-) 명 어떤 곳이나 자리가 호화롭게 꾸며지거나 베풀어져 있는 상태. 또는, 사치스러운 것. ¶~ 결혼식 / 그 부부는 집 안을 ~으로 꾸며 놓고 산다.
호화-판²(豪華版) 명 표지·용지·장정 따위를 호화롭게 꾸민 출판물. ¶~ 양장(洋裝).
호!환¹(互換) 명 서로 교환하는 것. 호!환-하다 통(타)(여) 호!환-되다 통(자)
호!환²(虎患) 명 사람이나 가축이 호랑이에게 당하는 해(害). ¶~을 입다.
호!환-성(互換性)[-썽] 명 1[공] 다른 것, 특히 다른 기계 부품 등과 서로 교환하여 사용할 수 있는 성질. 2[컴] 컴퓨터의 프로그램을 변경하지 않고 다른 컴퓨터로도 그대로 사용할 수 있는 성질.
호!활(豪活) →호!활-하다 형(여) (성격이) 호방하고 쾌활하다.
호!황(好況) 명 경기(景氣)가 좋음. 예호경기. ¶~을 누리다 / ~ 국면으로 접어든 경제. ↔불황.
호흡(呼吸) 명 1 숨을 내쉬고 들이쉬는 일. 생물이 몸 밖에서 산소를 흡입하여 몸 안의 물질을 산화하고, 그 결과로 생긴 이산화탄소를 배출하는 작용. 또는, 그 과정. 2 어떤 일을 함께하는 사람들끼리 마음이 맞아 조화를 이루는 것. ¶~이 맞다 / 선수들이 연습을 통해 ~을 맞추다. 호흡-하다 통(타)(여) ¶산소를 ~ / 관객들과 함께 호흡하는 배우.
호흡을 같이하다 [관] 어떤 상대의 생각이나 의향을 잘 알아 그와 보조를 함께하다. ¶노사(勞使)가 호흡을 같이하여 난관에 봉착

한 회사를 구하다.

호흡-기(呼吸器)[-끼] 圈[생] 호흡 작용을 맡은 기관. 고등 동물의 폐, 어류의 아가미, 거미류의 폐서(肺書), 곤충류의 기관(氣管) 따위. =호흡 기관.

호흡-률(呼吸率)[-흡뉼] 圈[생] 체내(體內)에서 영양소가 산화되어 발생한 이산화탄소와 소비한 산소와의 용적비(容積比).

호흡-뿌리(呼吸-) 圈[식] 공기뿌리의 하나. 공기 중에 뻗어 나와 통기(通氣) 기능을 함. =호흡근.

호흡^운!동(呼吸運動) 圈[생] 동물이 외호흡(外呼吸)을 하는 운동. 사람은 늑간근과 횡격막의 활동에 의함.

호흡^중추(呼吸中樞)[-쭝-] 圈[생] 호흡 운동을 맡은 신경 중추. 연수(延髓)에 있으며, 호흡 운동을 통합 조정함.

혹¹ 1 병적인 원인이나 얻어맞아 툭 불거진 살덩이. ¶~이 나다. 2 몸속에 생긴 불필요한 살덩이. ¶자궁에 ~이 생기다. 3 식물의 줄기·뿌리 따위에 불룩하게 생기는 덩어리. ¶뿌리~. 4 지스러운 물건이나 일의 비유.
[혹 떼러 갔다 혹 붙여 온다] 이익을 얻으러 갔다가 도리어 손해를 보고 온다.

혹² 閉 1 적은 양의 액체를 단숨에 들이마실 때 나는 소리. 또는, 그 모양. 2 입을 오므리고 입김을 세게 부는 소리. 또는, 그 모양. ㈜훅.

혹³(或) 閉 1 '혹시'의 준말. ¶~ 안 올지도 모른다. / 그를 만날 수 있을까 하여 여기까지 찾아왔습니다. 2 정해져 있거나 늘 그렇지는 않지만 어쩌다가. 삐간혹·혹간. ¶그 선생님도 ~ 농담을 하실 때가 있다.

혹간(或間)[-깐] 閉=간혹(間或).

혹-대패[-때-] 圈[공]=뒤대패.

혹독(酷毒)[-똑] →**혹독-하다**[-또카다] 圈[여] (어떤 일이나 현상이나 행위의 상황이나 상태가) 그것을 당하거나 겪는 사람이 견디기 어려울 만큼 모질고 독하다. ¶혹독한 추위 / 혹독한 고문(拷問). **혹독-히** 閉 ¶~ 비판하다.

혹-부리[-뿌-] 圈 얼굴에 혹이 달린 사람을 농조로 이르는 말. ¶~ 영감.

혹사¹(酷使)[-싸] 圈 심하게 부리는 것. **혹사-하다**¹ 匽[타여] ¶일꾼을 ~. **혹사-되다** 匽[자]

혹사²(酷似)[-싸] →**혹사-하다**²[-싸-] 圈[여] (두 대상이) 서로 아주 많이 닮은 상태에 있다. ¶처음 보는 사람은 분간을 못 하리만큼 그들의 얼굴은 ~.《현진건:빈처》**혹사-히** 閉

혹서(酷暑)[-써] 圈 몹시 심한 더위. =혹열·혹염. ↔혹한.

혹설¹(或說)[-썰] 圈 어떤 사람이 주장하는 말이나 학설.

혹설²(惑說)[-썰] 圈 사람을 미혹시키는 말이나 주장.

혹성(惑星)[-썽] 圈[천]=행성(行星).

혹세(惑世) 圈 세상을 어지럽게 하는 것. 또는, 어지러운 세상. **혹세-하다** 匽[자여]

혹세-무민(惑世誣民)[-쎄-] 圈 세상을 어지럽히고 사람들의 판단을 흐리게 하여 속임. **혹세무민-하다** 匽[자여]

혹시¹(或是)[-씨] 閉 1 어쩌다가 우연한 기회에. ¶~ 이 근처에 올 일이 있으면 꼭 들러라. 2 그럴 리는 없겠지만 어쩌다가. 또는, 그렇게 될 가능성은 희박하지만 그래도 어쩌다가. =혹여(或如)·혹자(或者). ¶~ 불합격되더라도 낙심하지 마라. / 이 복권이 1등에 당첨될지 ~ 알아? ㈜혹(或).

혹시²(或時)[-씨] 閉 어떤 때에 어쩌다가.

혹시-나(或是-)[-씨-] 閉 '혹시'의 힘줌말. ¶~ 하고 기대했으나 실패하고 말았다.

혹심(酷甚)[-씸] →**혹심-하다**[-씸-] 圈[여] (부정적 현상이) 지독하면서 심하다. ¶가뭄이 ~/ **혹심한** 피해 / 영하 20도를 밑도는 **혹심한** 추위. **혹심-히** 閉

혹여(或如) 閉=혹시(或是)¹.

혹-위(-胃) 圈 반추위(反芻胃)의 제1위. 삼킨 음식물을 섞으며, 박테리아의 작용으로 먹이의 거친 섬유를 분해하여 다시 입으로 내보냄.

혹-은(或-) 閉 1 그렇지 않으면. 삐또는. ¶내일 ~ 모레. 2 ('혹은 ~ 혹은 ~'의 꼴로 쓰여) '더러는', '개중에는'의 뜻을 나타내는 말. ¶꽃잎은 하나, 둘, 팔라당팔라당 공중을 날으며 ~ 머리 위로 ~ 옷고름 고에 사뿐 얹히기도 한다.《김유정:야앵》

혹자(或者)[-짜] I 圈 굳이 누구인가를 밝힐 필요가 없거나 밝히고 싶지 않은 어떤 사람. ¶~는 말하기를 실패는 성공의 어머니라 했다.
II 閉=혹시(或是)¹.

혹정(酷政)[-쩡] 圈 혹독한 정치.

혹평(酷評) 圈 아주 나쁘게 평하는 것. ¶~을 받다. →악평(惡評). **혹평-하다** 匽[타여]

혹-하다(惑-)[호카-] 匽[자여] (어떤 일이나 대상에) 홀딱 반하거나 빠져서 정신을 못 차리다. ¶여자의 미모에 ~.

혹한(酷寒)[호칸] 圈 몹시 심한 추위. 삐극한(極寒). ↔혹서.

혹형(酷刑)[호켱] 圈 가혹한 형벌. **혹형-하다** 匽[타여]

혹-혹 閉 1 액체를 조금씩 잇달아 들이마실 때 내는 소리. 또는, 그 모양. 2 입을 오므리고 잇달아 입김을 내부는 소리. 또는, 그 모양. ㈜훅훅. **혹혹-하다** 匽[타여]

혹화(酷禍)[호콰] 圈 몹시 심한 재화(災禍).

혼(魂) 圈 1 사람의 몸에 깃들어 정신 작용을 다스리는, 보이지 않는 존재. 삐넋. ¶~이 나가다. 2 죽은 사람의 영혼. 삐혼령. 3 예술 작품을 위대하게 하는, 치열하거나 높은 정신, 비유적인 말임. ¶~을 담은 작품.

혼겁(魂怯) 圈 혼이 빠지도록 겁을 내는 것. **혼겁-하다** 匽[자여]

혼!-계영(混繼泳)[-계-/-게-] 圈[체] 수영 경기 종목의 하나. 정해진 거리를 4명의 선수가 배영·평영·접영·자유형의 순서로 헤엄을 침. 200m와 400m가 있음. =메들리 릴레이.

혼곤(昏困) →**혼곤-하다** 圈[여] 의식이 흐릿하고 기운이 빠진 상태에 있다. 또는, 정신과 기운을 차릴 수 없을 만큼 곤하다. ¶그는 자리에 눕자마자 몰려드는 피로감을 이기지 못하고 **혼곤한** 잠에 빠져 들었다. **혼곤-히** 閉 ~ 잠들다.

혼구멍-나다(魂--) 匽[자] '혼꾸멍나다'의 잘못.

혼금(閽禁) 圈[역] 관아에서 잡인의 출입을 금지하는 일.

혼기(婚期) 圈 사람이 혼인하기에 알맞은 나이. 또는, 그런 시기. ¶~가 차다 / ~를 놓치다 / ~가 가까워진 처녀.

혼꾸멍-나다(魂--) 匽[자] '혼나다'를 속되게 이르는 말. ×혼구멍나다.
혼꾸멍-내다(魂—) [동][타] '혼내다'를 속되게 이르는 말. ×혼구멍내다.
혼-나다(魂—) [동][자] **1** 무서움·고통·어려움 등을 참거나 견디느라 매우 힘들다. ¶웃음을 참느라 ~ / 배고파서[무서워서] **혼났다.** **2** (주로 윗사람에게) 심한 꾸지람을 듣거나 매를 맞거나 하다. ¶지각했다고 선생님께 **혼났다.**
혼-내다(魂—) [동][타] 심하게 꾸지람을 하거나 벌을 주다.
혼담(婚談) [명] 혼인에 관하여 오가는 말. =연담(緣談)·혼삿말. ¶~이 들어오다 / ~을 꺼내다.
혼도(昏倒) [명] 정신이 어지러워 넘어지는 것. **혼도-하다** [동][자][여] **혼도-되다** [동][자]
혼ː돈(混沌·渾沌) [명] **1** 천지개벽 초에 하늘과 땅이 아직 나누어지지 않은 상태. **2** 사물의 구별이 확실하지 않은 상태. **3** 어떤 대상에 대해 갈피를 잡을 수 없어 뚜렷한 생각이나 인식을 가질 수 없는 상태. ¶가치관의 ~ / ~에 빠지다. ▶혼동. **혼ː돈-하다** [형][여] 사물의 구별이 확실하지 않다. ¶땅이 **혼돈하고** 공허하며 흑암이 깊음 위에 있고….《구약 창세기》 **혼ː돈-되다** [동][자] 어떤 대상에 대해 갈피를 잡을 수 없게 되다. ¶가치관이 **혼돈되어** 있는 사회.
혼ː동(混同) [명] (어떤 대상을 다른 대상으로) 잘못 아는 것. 또는, (어떤 대상과[을] 다른 대상을[과]) 서로 같은 것으로 잘못 생각하는 것. **혼ː동-하다** [동][타][여] ¶이름이 비슷해 **혼동하기** 쉽다. / 자유와 방종을 **혼동하지** 마라. **혼ː동-되다** [동][자]

혼동어 **혼동 / 혼돈**

'**혼동**'은 착각을 일으켜 이것과 저것을 제대로 구별하지 못하는 것을 가리키고, '**혼돈**'은 어떻게 된 것인지 어떻게 해야 하는 것인지 갈피를 잡지 못하는 것을 가리킴. 또한, '**혼동**'은 사물의 모양이나 성질이 비슷할 때 일어나고, '**혼돈**'은 옳고 그름을 판단하는 능력을 가지지 못할 때 생김.

혼ː란¹(混亂) [홀—] [명] 갈피를 잡을 수 없게 뒤죽박죽이 되어 어지러운 것. ¶정치적 ~이 계속되다. **혼ː란-하다**¹ [형][여] **혼ː란-되다** [동][자] 갈피를 잡을 수 없게 뒤죽박죽이 되다. ¶전후의 **혼란된** 사회.
혼란²(昏亂) [홀—] ➜**혼란-하다**² [홀—] [형][여] 정신이 흐리고 어지럽다.
혼ː란-기(混亂期) [홀—] [명] 어지럽고 질서가 없는 시기. ¶고려 말의 ~.
혼ː란-상(混亂相) [홀—] [명] 어지럽고 질서가 문란한 모양.
혼ː란-스럽다(混亂—) [홀—따] [형][ㅂ] <~스러우니, ~스러워> 혼란한 데가 있다. **혼ː란스레** [부]
혼령(魂靈) [홀—] [명] 죽은 사람의 넋. [비]영혼·혼(魂).
혼례(婚禮) [홀—] [명] **1** 혼인의 예절. =빙례(聘禮). **2** '혼례식'의 준말. ¶~를 올리다 / ~를 치르다.
혼례-복(婚禮服) [홀—] [명] 혼례식 때에 신랑과 신부가 예복으로 입는 옷.
혼례-식(婚禮式) [홀—] [명] =결혼식. [준]혼례.
혼망(昏忘) [명] 정신이 흐려서 잊어버리기를 잘하는 것. **혼망-하다** [동][자][여]
혼몽(昏懜) ➜**혼몽-하다** [형][여] 정신이 흐릿해 가물가물하다. ¶내가 이겼는지, B가 이겼는지, 내가 이겼어도 비굴하게 이긴 것만 같은 **혼몽한** 속에서 나는 다시 깊은 잠에 떨어졌다.《전광용:사수》
혼미(昏迷) [명] 정신이 흐리고 사리에 어두운 상태. **혼미-하다** [형][여]
혼바람-나다(魂—) [—빠—] [동][자] '혼나다1'을 강조하여 속되게 이르는 말.
혼ː방(混紡) [명] 성질이 다른 섬유를 섞어 짜는 일. **혼ː방-하다** [동][타][여] **혼ː방-되다** [동][자]
혼ː방-사(混紡絲) [명] 성질이 다른 섬유를 섞어서 짠 실.
혼ː방-직(混紡織) [명] 성질이 다른 섬유를 섞어서 짠 천.
혼백¹(魂帛) [명] 신주(神主)를 만들기 전에 명주를 접어서 만들어 임시로 쓰는 신위(神位). 초상에만 쓰임.
혼백²(魂魄) [명] 죽은 사람의 몸을 떠나 있는 넋.
혼-불(魂—) [명] <방> 사람의 혼을 이루는 바탕. 죽기 얼마 전에 몸에서 빠져나간다고 하는데, 크기는 종발만 하며 맑고 푸르스름한 빛을 띤다고 함(전라).
혼비(婚費) [명] 혼인에 드는 비용. =혼수(婚需).
혼비백산(魂飛魄散) [—싼] [명] [혼백이 이리저리 흩어진다는 뜻] 몹시 놀라 넋을 잃음. **혼비백산-하다** [동][자][여] ¶**혼비백산하여** 도망치다.
혼사(婚事) [명] 혼인에 관한 일.
혼삿-길(婚事—) [—사낄/—삳낄] [명] =혼인길. ¶~이 막히다.
혼삿-말(婚事—) [—삳—] [명] =혼담(婚談).
혼상(婚喪) [명] 혼인에 관한 일과 초상에 관한 일.
혼ː색(混色) [명] 색을 섞는 것. 또는, 그 색. **혼ː색-하다** [동][타][여]
혼서(婚書) [명] 혼인 때, 신랑 집에서 예단에 붙여 신부 집에 보내는 편지. =예장·예서.
혼서-지(婚書紙) [명] 혼서를 쓰는 종이.
혼ː선(混線) [명] **1** 전신·전화 따위의 선이 서로 닿아 신호·통신이 엉클어지는 것. **2** 언행이 앞뒤가 안 맞아 종잡을 수 없는 것. ¶~을 빚다 / 학설이 구구하여 ~을 초래하다. **혼ː선-되다** [동][자] ¶전화가 ~.
혼ː성¹(混成) [명] (서로 성질이 다른 것을) 한데 섞어서 만드는 것. ¶~ 팀 / 남녀 ~ 듀엣. **혼ː성-하다** [동][타][여] **혼ː성-되다** [동][자]
혼ː성²(混聲) [명] **1** 뒤섞인 소리. **2** [음] 남성(男聲)과 여성(女聲)을 서로 합함. ¶~ 4부 합창. ↔단성(單聲).
혼ː성-림(混成林) [—님] [명] =혼합림.
혼ː성-암(混成巖·混成岩) [명][광] **1** 마그마가 기존의 암석 또는 암편 등과 반응하여 생긴 암석. **2** 변성암과 화성암이 뒤섞인 조직을 가진 암석의 총칭.
혼ː성-주(混成酒) [명] 양조주나 증류주에 향료·감미료·색소 등을 첨가하여 만든 술. 매실주·미림·베르무트·리큐어 따위.
혼ː성-팀(混成team) [명] 남자와 여자 또는 둘 이상의 팀에서 뽑힌 선수로 이루어진 팀.
혼ː성^합창(混聲合唱) [명][음] 남성(男聲)과 여성(女聲)이 혼합하여 하는, 가장 대표적인 합창. 보통, 여성을 소프라노와 알토, 남성을 테너와 베이스 등으로 나누어 4부 합창으로 함.
혼!솔(-) 홈질로 꿰맨 옷의 솔기.
혼수¹(昏睡) 명 1 정신이 가물가물해지면서 잠이 드는 것. 2 의식을 잃는 것. ¶~상태.
혼수²(婚需) 명 1 혼인 하는 데 드는 물건. =혼수품. ¶~를 장만하다. 2 =혼비(婚費).
혼수-상태(昏睡狀態) 완전히 의식을 잃고 인사불성이 된 상태. ¶~에 빠지다 / 사흘 만에 ~에서 깨어나다.
혼수-품(婚需品) 명 =혼수(婚需)¹.
혼!숙(混宿) 명 여러 남녀가 한방에서 뒤섞여 함께 자는 일. **혼!숙-하다** 동(자)
혼!순환^소:수(混循環小數) 명(수) 소수 둘째 자리 이하부터 순환하는 소수. ▷순환소수.
혼숫-감(婚需-) [-수깜/-순깜] 명 혼수로 쓸 물건. ¶~을 장만하다.
혼!식(混食) 명 쌀에 잡곡을 섞어 지은 밥을 먹는 것. ¶~ 장려 / 보리 ~. **혼!식-하다** 동(자)여 ¶백미에 잡곡을 ~.
혼!신(渾身) 명 (주로 '혼신의'의 꼴로 쓰여) 온몸으로 열정을 쏟거나 정신을 집중하는 상태. 또는, 그때의 온몸. ¶~의 노력 / 목적을 달성하기 위하여 ~의 힘을 기울이다.
혼야(婚夜) 명 혼인한 날의 밤. 비첫날밤.
혼약(婚約) 명 (남자와 여자가, 또는 어떤 사람이 이성의 상대와) 혼인하기로 약속하는 것, 또는 그 약속. ¶도련님과 저는 ~을 맺었습니다. **혼약-하다** 동(자)여 **혼약-되다** 동(자)
혼!연(渾然) → **혼!연-하다** 형(여) 1 다른 것이 조금도 섞이지 않고 고르다. 2 구별이나 차별 또는 결점이 없다. **혼!연-히** 부
혼!연-일체(渾然一體) 명 사상·행동 따위가 조금의 차이도 없이 한 덩어리가 됨.
혼!영(混泳) 명(체) 수영 경기 종목의 하나. 일정한 거리를 몇 개의 구간으로 나누어 한 사람이 각 구간을 여러 가지 영법(泳法)으로 헤엄침.
혼외-정사(婚外情事) [-외-/-웨-] 명 배우자가 아닌 다른 이성(異性)과 벌이는 정사(情事).
혼!욕(混浴) 명 남녀가 같은 욕탕에서 함께 목욕하는 일. **혼!욕-하다** 동(자)여
혼!용(混用) 명 (서로 다른 사물을) 섞어서 쓰거나 함께 쓰는 것. **혼!용-하다** 동(타)여 ¶국한문을 ~. **혼!용-되다** 동(자) ¶미국에서는 미터법과 야드파운드법이 혼용되고 있다.
혼유-석(魂遊石) 명 ('영혼이 나와서 노는 돌'이라는 뜻) 1 상석(床石) 뒤 무덤 앞에 놓는 직사각형의 돌. =석안. 2 능원(陵園)의 봉분 앞에 놓는 직사각형의 돌.
혼!융(混融) 명 (이질적인 것이) 한데 섞이어 융화하거나 융합하는 것. **혼!융-하다** 동(자)여 ¶동양 문화와 서양 문화가 ~. **혼!융-되다** 동(자) ¶국악과 양악이 혼융된 창작곡.
혼!음(混淫) 명 (여러 명의 남녀가) 뒤섞여 성행위를 하는 것. **혼!음-하다** 동(자)여
혼!음²(混飮) 명 종류가 다른 술을 섞어서 마시는 것. **혼!음-하다²** 동(타)여
혼인(婚姻) 명 (남자와 여자가, 또는 어떤 사람이 이성의 상대와) 예를 갖추어 부부가 되는 것. 준결혼. ¶~ 신고. **혼인-하다** 동(자)여 ¶성식은 열여섯 나던 해에 같은 동리의 윤문(尹門) 처자와 **혼인하였다**.
혼인-길(婚姻-) [-낄] 명 혼인할 기회나 자리. =혼삿길. ¶누구 ~ 막히는 걸 보시려고…

혼인-날(婚姻-) 명 =혼일(婚日).
혼인^비행(婚姻飛行) 명(동) 곤충의 암수가 교미하기 위하여 한데 섞여 공중을 나는 일. =결혼 비행.
혼인-색(婚姻色) 명(동) 동물의 번식기에 한하여 나타나는 몸빛. 어류·양서류·파충류 등에서 볼 수 있음.
혼인-식(婚姻式) 명 =결혼식.
혼인^신고(婚姻申告) 명 결혼한 사실을 관할 관청에 신고하는 일.
혼인-집(婚姻-) [-찝] 명 혼례를 치르고 잔치를 베푸는 집. =혼가(婚家).
혼일(婚日) 명 혼인하는 날. =혼인날.
혼!입(混入) 명 (어떤 것에 다른 것을) 한데 섞는 것. **혼!입-하다** 동(타)여 **혼!입-되다** 동(자)
혼자 I 명 자기 한 몸. 비단독(單獨).
Ⅱ 부 단독으로. 비홀로. ¶~ 여행을 떠나다 / ~ 남겨 두다.
혼자-되다[-뙤-/-뛔-] 동(자) =홀로되다.
혼!잡(混雜) 명 (거리나 장소 등이) 많은 사람이나 차나 물건 등이 질서 없이 뒤섞여 다니기에 불편한 상태에 있는 것. ¶교통 ~ / 광장이 인파로 일대 ~을 이루다. **혼!잡-하다** 형(여) ¶많은 자동차들로 **혼잡한** 거리.
혼!잡-스럽다(混雜-) [-쓰-따] 형(ㅂ) <~스러우니, ~스러워> 혼잡한 데가 있다. **혼!잡스레** 부
혼잣-말[-잔-] 명 남을 상대하지 않고 혼자서 하는 말. =독어(獨語)·독언(獨言)·혼잣소리. ¶~로 중얼거리다. **혼잣말-하다** 동(자)여
혼잣-소리[-자쏘-/-잗쏘-] 명 =혼잣말. **혼잣소리-하다** 동(자)여
혼잣-손[-자쏜/-잗쏜] 명 도움 없이 혼자서 일하는 처지. =단손.
혼!재(混在) 명 (서로 이질적인 것이) 함께 존재하는 것. **혼!재-하다** 동(자)여 ¶근대와 전근대가 **혼재하는** 사회. **혼!재-되다** 동(자) ¶중국에는 많은 민족과 언어가 **혼재되어** 있다.
혼!전¹(婚前) 명 결혼하기 전. ¶~ 관계 / ~ 성교.
혼!전²(混戰) 명 1 엎치락뒤치락하면서 승패나 우열을 예측하거나 판가름할 수 없을 만큼 치열하게 전개되는 전투나 경기나 경쟁. ¶~을 거듭한 끝에 간신히 이기다. 2 두 편이 뒤섞여 싸우는 것. **혼!전-하다** 동(자)여
혼절(昏絶) 명 정신이 아찔하여 까무러치는 것. **혼절-하다** 동(자)여
혼정-신성(昏定晨省) 명 아침저녁으로 부모의 안부를 물어 살핌. 준정성(定省). **혼정신성-하다** 동(자)여
혼!조-세(混潮勢) 명 주가 등이 등락을 거듭하며 불안정한 상태에 있는 형세.
혼쭐-나다(魂-) [-라-] 동(자) 1 몹시 혼나다. 2 매우 훌륭하여 정신이 흐릴 정도가 되다.
혼쭐-내다(魂-) [-래-] 동(타) 몹시 꾸짖거나 벌을 주다. ¶거짓말한 아이를 ~.
혼-찌검(魂-) 명 '혼¹'을 속되게 이르는 말. ¶~이 나다 / ~을 내다.
혼처(婚處) 명 혼인할 자리. ¶마땅한 ~가 나서다.
혼!천-의(渾天儀) [-의/-이] 명(천) 지난날, 천체의 위치나 운행을 관측하던 장치.

혼취(昏醉) 명 정신이 몽롱하도록 술에 취하는 것. ¶~ 상태에 빠지다. **혼취-하다** 동자여 **혼취-되다** 동자

혼:탁(混濁) 명 1 (액체나 기체가) 잡것이 섞여 맑지 않고 흐린 것. 2 (사회 현상 따위가) 바람직하지 못한 상태로 어지러운 것. ¶선거 운동이 막바지에 이르면서 과열과 ~을 보이다. **혼:탁-하다** 형여

혼:탕(混湯) 명 남녀가 함께 목욕할 수 있게 되어 있는 욕탕. 圓남탕.

혼택(婚擇) 명 혼인할 좋은 날을 가리는 것. **혼택-하다** 동자여

혼:합(混合) 명 1 뒤섞어서 한데 합하는 것. 2 [화] 두 가지 이상의 물질이 각각의 성질을 지니면서 뒤섞이는 일. **혼:합-하다** 동자타 **혼:합-되다** 동자

혼:합-농업(混合農業) [-합-] 명 [농] 곡물 경작과 목축을 겸하는 집약 농업.

혼:합-눈(混合-) [-합-] 명 [식] 꽃이 될 눈과 잎이 될 눈이 함께 있는 눈. 자란 뒤에 잎과 꽃으로 갈림. =섞인눈·혼아(混芽)·혼합아. ▷꽃눈·잎눈.

혼:합-림(混合林) [-함님] 명 [지] 여러 종류의 나무로 이루어진 숲. =혼성림·혼효림.

혼:합-문(混合文) [-합-] 명 [언] 복문(複文)과 중문(重文)이 혼합되어 구성된 문장. 곧, 한 문장 안에 종속절과 대등절이 동시에 있는 문장. 가령, "여름이 되면 녹음이 우거지고, 가을이 되면 나뭇잎이 떨어진다." 따위. =혼문(混文)·혼성문.

혼:합-물(混合物) 명 1 여러 가지가 뒤섞어 이루어진 물건. 2 [물][화] 두 가지 이상의 물질이 각각의 성질을 지니면서 뒤섞인 물질.

혼:합-복식(混合複式) [-뽁씩] 명 [체] 테니스·탁구 등에서 남녀 각각 1명씩 2인이 1조가 되어 대전하는 시합 형식.

혼행(婚行) 명 혼인 때 신랑이 신부 집으로 가거나 신부가 신랑 집으로 가는 일. **혼행-하다** 동자여

혼행-길(婚行-) [-낄] 명 혼행하는 길.

혼:혈(混血) 명 다른 종족과 통혼(通婚)하여 혈통이 섞이는 것. 또는, 그 혈통. ↔순혈. 2 '혼혈아'의 준말. **혼:혈-하다** 동자여 다른 종족과 통혼하여 혈통이 섞이다.

혼:혈-아(混血兒) 명 혈통이 다른 종족 간에서 태어난 아이. 圓튀기. 준혼혈.

혼:화(混和) 명 여럿이 한데 섞거나 섞어 합치는 것. **혼:화-하다** 동자타 **혼:화-되다** 동자

혼:효(混淆) 명 뒤섞는 것. 또는, 뒤섞이게 하는 것. ¶옥석(玉石)~. **혼:효-하다** 동자타 **혼:효-되다** 동자

혼:효-림(混淆林) 명 [지] =혼합림(混合林).

홀-[1] 접두 짝이 없이 하나뿐이라는 뜻. ¶~몸/~아비/~이불.

홀[2](笏) 명 [역] 1 조선 시대, 벼슬아치가 임금을 만날 때 조복(朝服)에 갖추어 손에 쥐던 물건. 2 '홀기(笏記)'의 준말. ¶~을 부르다.

홀[3](hall) 명 건물 안의 넓은 방.

홀[4](hole) 명 [체] 1 골프에서 그린 위에 설치된, 지름 4.25인치(약 10.8cm)의 구멍. ▷컵. 2 티 그라운드에서 홀까지의 구역. 골프 코스의 가장 기본 단위. ¶18~을 돌다 / 박세리 선수가 1번 ~에서 버디를 잡으면서 좋은 출발을 보였다.

홀가분-하다 형여 1 거추장스럽거나 짐스러운 물건을 가지지 않게 되어 몸이 편한 상태에 있다. ¶무거운 가방을 맡기고 나니 아주 ~. 2 마음의 부담이나 책임 등을 벗게 되어 마음이 편한 상태에 있다. ¶시험을 마치고 나니 마음이 ~. **홀가분-히** 부

홀기(笏記) 명 [역] 혼례나 제례 때 의식의 순서를 적은 글. 준홀(笏).

홀대(忽待) [-때] 명 (사람을) 무시하거나 업신여기는 태도로, 또는 친절이나 예의를 보이지 않고 아무렇게나 대하는 것. **홀대-하다** 동타여 ¶손님을 ~ / 시어머니를 ~.

홀더(holder) 명 서류 따위의 보관철.

홀드(hold) 명 1 야구에서, 자기 팀이 앞서고 있을 때 투입된 투수가 다음 투수에게 마운드를 넘겨 줄 때까지 상대 팀에게 동점이나 역전을 허용하지 않는 일. 중간 계투의 실적을 평가하는 잣대임. ¶무실점 ~ / 차 선수는 올 시즌에서 15~의 성적을 거두었다. 2 암벽 등반에서, 손을 잡을 수 있거나 발로 디딜 수 있는 곳.

홀딩(holding) 명 [체] 1 배구에서, 공이 경기자의 손 또는 팔에서 정지하는 것. 반칙이 됨. 2 농구·축구·핸드볼 등에서, 부정한 수단으로 상대의 움직임을 방해하는 반칙 행위. 3 권투에서, 상대의 팔을 붙잡아 공격을 저지하는 반칙 동작.

홀랑 부 1 남김없이 벗어지거나 뒤집히는 모양. ¶아이들은 모두 옷을 ~ 벗고 개울로 뛰어들었다. 2 힘차게 뛰거나 뛰어넘는 모양. ¶개천을 ~ 뛰어넘다. 3 날쌔게 먹어 치우는 모양. ¶~ 마셔 버리다. 4 몹시 반하거나 여지없이 속는 모양. ¶여자한테 ~ 반하다 / 꾐에 ~ 넘어가다. **홀딱-하다** 동여

홀딱-거리다/-대다 [-꺼(때)-] 동 신 위가 헐거워서 자꾸 벗어지려 하다. 圓홀떡거리다.

홀딱-홀딱[1] [-따콕-] 부 홀딱거리는 모양. 圓홀떡홀떡. **홀딱-홀딱-하다**[1] 동여

홀딱-홀딱[2] [-따콕-] 부 1 계속해서 옷을 벗는 모양. 2 계속해서 힘차게 뛰어넘는 모양. 3 자꾸 날쌔게 먹어 치우는 모양. 圓홀떡홀떡. **홀딱-홀딱-하다**[2] 동타여

홀라당 부 1 속의 것이 한꺼번에 드러나도록 할갑게 벗어지거나 뒤집히는 모양. ¶바람에 비닐하우스의 비닐들이 ~ 벗어져 여기저기 나뒹군다. 2 좀 가지고 있던 돈 따위를 다 날려 버리는 모양. ¶그나마 몇 푼 안 되는 전세금 보증금마저 ~ 다 까먹었다. 圓홀러덩.

홀라당-홀라당 부 1 속의 것이 다 드러나도록 할갑게 자꾸 벗어지거나 벗겨나 뒤집히는 모양. 2 돈이나 재산 따위를 자꾸 다 날려 버리는 모양. 圓홀러덩홀러덩. **홀라당홀라당-하다** 동자여

홀랑 부 1 미끄럽게 벗어진 모양. ¶이마가 ~ 벗어지다. 2 속이 다 보이도록 뒤집힌 모양. ¶배가 ~ 뒤집히다. 3 구멍이 넓어서 헐겁게 들어가는 모양. 4 남김없이 벗은 모양. ¶~ 다 벗은 몸.

홀랑-하다 형여 들어간 물건이 겉의 물건보다 작아서 공간의 여유가 많다. 圓홀렁하다.

홀랑-홀랑[1] 부 홀랑거리는 모양. 圓홀렁홀렁. **홀랑홀랑-하다**[1] 동자여

홀랑-홀랑[2] 부 계속하여 홀랑 벗거나 뒤집히는 모양. 圓홀렁홀렁.

홀로 부 자기 혼자서만. ¶외딴길을 ~ 걸어가

홀로그래피(holography) [명][물] 두 개의 레이저 광선이 만나 일으키는 빛의 간섭 효과를 이용하여 필름이나 건판에 피사체의 입체상을 기록하는 기술.

홀로그램(hologram) [명][물] 레이저 광선을 이용하여 렌즈 없이 피사체의 입체상을 기록한 필름이나 사진.

홀로-되다[-되-/-뒈-] [동][자] 부부 중 한쪽이 죽어 홀로 남다. =혼자되다.

홀로-이[부] '홀로'의 힘줌말.

홀리다 [동][자] 유혹에 빠져 정신을 차리지 못하다. ¶여자한테 ~ / 여우한테 ~.

홀-맺다[-맫따][동][타] 풀 수 없도록 단단히 옭아매다.

홀-몸 [명] 1 배우자나 형제가 없는 사람. =척신. (비)단신(單身)·독신. 2 '홑몸'의 잘못.

홀뮴(holmium) [명][화] 희토류 원소의 하나. 원소 기호 Ho, 원자 번호 67, 원자량 164.930. 미량으로 존재하기 때문에 순수하게는 얻기 어려움.

홀-소리[-쏘-][명][언] =모음(母音). ↔닿소리.

홀-수(-數)[-쑤][명][수] 2로 나누어서 나머지가 생기는 수. 1, 3, 5, 7, 9 따위의 수. =기수(奇數). ↔짝수.

홀스타인(Holstein) [명][동] 젖소의 한 품종. 몸에 흑백의 얼룩무늬가 있고, 젖의 양이 많음. 네덜란드 원산임.

홀시(忽視)[-씨][명] 1 눈여겨보지 않고 슬쩍 보아 넘김. 2 깔보는 것. **홀시-하다** [동][타][여] **홀시-되다** [동][자]

홀-씨 [명][생] =포자(胞子).

홀씨-주머니 [명][식] =포자낭.

홀-아버지 [명] 1 아내와 사별하거나 이혼하여 혼자 자식을 기르면서 사는 남자. 2 홀몸이 된 아버지.

홀-아비 [명] 아내와 사별하거나 이혼하여 혼자 사는 남자. 다소 낮추는 어감이 있는 말임. ↔핫아비.

[홀아비는 이가 서 말이고 홀어미는 은이 서 말이라] 여자는 혼자 살 수 있어도 남자는 돌보아 줄 사람이 없으면 군색해짐을 이르는 말.

홀아비-좆[-존][명][농] 쟁기의 한마루의 위 명엣줄이 닿는 곳에 가로 꿰어, 아래덧방을 누르는 작은 나무. ×호래비좆.

홀-앗이 [명] 살림살이를 혼자서 맡아 꾸려 나가는 처지.

홀앗이-살림 [명] 가족이 단출한 살림.

홀-어머니 [명] 1 남편과 사별하거나 이혼하여 혼자 자식을 기르면서 사는 여자. ¶그 처녀는 ~ 밑에서 자랐지만 어딘가 참하지 않다. (낮)홀어미. 2 홀몸이 된 어머니.

홀-어미 [명] '홀어머니'를 낮추어 이르는 말. (비)과부(寡婦). ¶그 아이는 ~ 밑에서 자란 탓인지 천방지축이다. ↔핫어미.

홀연(忽然) [부] 뜻하지 않게 갑자기. **홀연-하다** [형][여] **홀연-히** [부] ¶그는 아무 연락도 없이 ~ 자취를 감추어 버렸다.

홀인원(hole in one) [명][체] 골프에서, 티 샷 한 공이 그대로 홀에 들어가는 일.

홀지-에(忽地-)[-찌-] [부] 갑작스럽게.

홀-짝[부] 1 홀수와 짝수. 2 주먹에 구슬이나 동전 따위를 쥐고 그 수가 홀수인지 짝수인지 알아맞히는 놀이.

홀짝[부] 1 적은 양의 액체를 단숨에 들이마시는 모양. 또는, 그 소리. 2 단번에 가볍게 뛰거나 날아오르는 모양. 3 흘러내리는 콧물을 들이마시는 소리. 또는, 그 모양. (큰)훌쩍. **홀짝-하다** [동][타][여]

홀짝-거리다/-대다[-꺼때] [동][자] 자꾸 홀짝하다. ¶국물만 홀짝거리지 말고 건더기도 먹어라. (큰)훌쩍거리다.

홀짝-이다[-짜기-] [동][자][타] 1 적은 양의 액체를 들이마시다. 2 콧물을 들이마시면서 느끼어 울다. (큰)훌쩍이다.

홀짝-홀짝[-짜콜-] [부] 홀짝거리는 모양. 또는, 그 소리. (큰)훌쩍훌쩍. **홀짝홀짝-하다** [동][여]

홀쭉-이 [명] '홀쭉이'의 잘못.

홀쭉-하다 [형][여] '홀쭉하다'의 잘못.

홀쭉-이 [명] 몸이 가냘프거나 볼에 살이 없이 여윈 사람. ↔뚱보.

홀쭉-하다[-쭈카-] [형][여] 1 (몸이) 야위어 팔다리가 가늘고 몸통도 작다. 또는, (배나 얼굴의 볼이) 내밀지 않고 들어가 있다. ¶몸이 홀쭉하게 마른 사내 / 며칠 병치레를 하더니 눈이 쑥 들어가고 볼이 홀쭉해졌다. 2 (부피를 가진 물건이) 속에든 것이 없어 납작하거나 부피가 줄어든 상태에 있다. ¶주머니가 비어 ~ / 짐을 덜어 냈더니 배낭이 홀쭉해졌다. (큰)훌쭉하다. ×홀쪽하다. **홀쭉-히** [부]

홀쭉-홀쭉[-쭈콜-] [부] 여럿이 다 홀쭉한 모양. (큰)훌쭉훌쭉. **홀쭉홀쭉-하다** [형][여]

홀쳐-매다[-처-] [동][타] 풀리지 않도록 단단히 잡아매다. ¶자루를 ~.

홀치기 [명] 1 배낭이나 자루처럼 만들고 아가리에 끈을 꿰어 훑쳐매게 된 물건. 2 [수산] 물고기 떼를 몽땅 싸서 훑쳐 잡는 그물의 하나.

홀치다 [1][타] 벗어나거나 풀리지 않도록 동여매다. [2][자] '훑이다'의 잘못.

홀태-바지 [명] 통이 매우 좁은 바지.

홀-하다(忽-) [형][여] 1 (사람의 말이나 행동이) 점잖지 않거나 격식을 갖추지 않아 가볍다. ¶사람을 홀하게 대하다. 2 (대상이) 대수롭거나 대단치 않다. ¶처음 대면하는 감사의 눈에도 전봉준이 그리 홀하게는 보이지 않는 모양이었다.《최인욱·전봉준》

홀현홀몰(忽顯忽沒) [명] 문득 나타났다가 문득 없어짐. **홀현홀몰-하다** [동][여]

홀홀[부] 1 날짐승이 잇달아 날개를 치며 가볍게 나는 모양. 2 가볍게 움직여 날듯이 뛰는 모양. 3 가볍고 작은 물건을 자꾸 멀리 던지거나 뿌리는 모양. 4 옷·먼지 따위를 잇달아 가볍게 떠는 모양. 5 옷 따위를 가볍게 벗어버리는 모양. 6 물이나 죽 따위를 조금씩 들이마시는 모양. 7 불길이 조금씩 일어나는 모양. (큰)훌훌.

훑다[홀따] [동][타] '훑다'의 작은말로, 홀하게 또는 품수가 낮게 이르는 말.

훑-이다[홀치-] [동][자] 1 '훑다'의 피동사. 2 부풋하고 많던 것이 다 빠져 졸아들다. (큰)훌이다.

홈[1] [명] 오목하고 길게 팬 부분.

홈[2](home) [명][체] '홈 베이스'의 준말.

홈-게임(home game) [명][체] =홈경기.

홈-경기(home競技) [명][체] 프로 야구·축구·농구 등에서, 자기 팀의 연고지에서 하는 경기. =홈 게임. ↔어웨이 경기.

홈-구장(home球場) [명][체] =홈그라운드.

홈-그라운드(←home grounds) [명][체] 팀의

소재지에 있는 운동장. =홈구장.
홈-닥터(home doctor) 명 한 가족의 건강 상태를 맡아 관리하는 의사. 비가정의. ▷주치의.
홈-드라마(†home drama) 명 가정의 일상 생활을 주제로 한 극이나 영화. =가정극(家庭劇).
홈-드레스(†home dress) 명 집에서 입는 간편하고 실용적인 부인용 원피스.
홈-런(home run) 명[체] 야구에서, 타자가 홈 베이스까지 살아서 돌아올 수 있도록 친 안타. 주로 공이 외야의 펜스를 넘어간 것을 이름. =본루타(本壘打).
홈런-왕(Home run王) 명[체] 프로 야구에서, 한 시즌을 통하여 가장 많은 홈런을 때린 타자에게 주는 타이틀.
홈룸(homeroom) 명[교] 중고등학교에서, 학교생활 전반에 대하여 학생들이 자유롭게 토의하고 담임교사의 지도를 받을 수 있게 마련한 시간. 또는, 그러한 자치 활동.
홈-뱅킹(home banking) 명 가정에 있으면서 받을 수 있는 은행 업무의 각종 서비스. 은행의 호스트와 가정의 개인용 컴퓨터를 전화 회선으로 연결하여 이루어짐.
홈^베이스(home base) 명[체] 야구에서, 포수가 있는 자리. =본루(本壘). ⑥홈.
홈^쇼핑(home shopping) 명[경] 가정에서 케이블 티브이나 인터넷 등을 통하여 상품 광고나 목록을 보고 물건을 주문하여 구매하는 것.
홈스테이(homestay) 명 '민박'으로 순화.
홈스트레치(homestretch) 명[세] 육상 경기나 경마에서, 결승점이 있는 쪽의 직선 코스.
홈^스틸(†home steal) 명[체] 야구에서, 홈 베이스로 도루(盜壘)하는 일.
홈스펀(homespun) 명 굵은 양털로 성기게 짠, 촉감이 거칠고 투박한 옷감.
홈앤드어웨이(home-and-away) 명 '교환 경기'로 순화.
홈-오토메이션(home automation) 명[컴] 가정내의 컴퓨터 기기·통신 회선 등을 이용하여 생활을 기능화·자동화하는 일. 자동 방재(防災)·방범 시스템, 홈뱅킹 따위.
홈-웨어(†home wear) 명 집에서 입는 평상복.
홈-인(†home in) 명[체] 야구에서, 주자가 홈 베이스에 살아 돌아오는 일. =세이프 인. **홈인-하다** 동[자]여
홈:-질 명 겉과 안을 같은 길이의 바늘땀으로 꿰매는 바느질. **홈:질-하다** 동[타]여
홈착-거리다/-대다[-껴〈때〉-] 1 보이지 않는 곳에 있는 것을 찾으려고 자꾸 더듬어 뒤지다. 2 흐르는 눈물을 이리저리 씻다. ⑧홈척거리다.
홈착-홈착[-차콤-] 튀 홈착거리는 모양. ⑧홈척홈척. **홈착홈착-하다** 동[타]여
홈치다 동[타] '훔치다'의 작은말로, 홀하게 또는 품격이 낮게 이르는 말.
홈-타기 명 옴폭하게 팬 자리나 갈라진 살.
홈^터미널(home terminal) 명[컴] 가정에 설치된 컴퓨터의 단말기. 이것을 조작하여 여러 가지 정보 서비스를 받게 됨.
홈-통(-桶) 명 지붕의 빗물이나 개숫물 등을 모아서 한곳으로 흘려보내기 위해 양철판 또는 얇은 쇠붙이 판을 접어서 길게 이어 만든 장치.

홈^팀(home team) 명[체] 운동 경기에서, 다른 팀을 맞이하여 싸우는 주인 격의 팀.
홈-파다 동[타] '옴파다'의 거센말. ⑥홈파다.
홈^페이지(home page) 명[컴] 인터넷에서, 웹(web)에 접속하였을 때 처음 표시되는 화면. 정보 제공자가 그 정보에 대한 목록이나 안내 등을 제시해 놓은 것임. 또는, 그 화면이 안내하는 구체적인 정보.
홉[1] [의존] 용량 단위의 하나. 한 되의 1/10.
홉[2] (hop) 명[식] 삼과의 여러해살이 덩굴풀. 길이 6~12m. 줄기와 잎자루에 가시가 있고, 여름에 황록색의 수꽃과 녹색의 암꽃이 핌. 열매는 솔방울 비슷하며, 쓴맛이 있어 건위제나 맥주의 향미료로 쓰임.
홉-뜨다 동[타] 〈~뜨니, ~떠〉 눈알을 굴려 눈시울을 치뜨다. ¶그 오라질 년이 그날 저녁부터 가슴이 땅긴다, 배가 켕긴다 하며 눈을 **홉뜨고** 지랄병을 하였다.《현진건:운수 좋은 날》
홉사[-싸] 되나 저울로 단위를 삼아 셀 때 남는 분량.
홋홋-하다[호토타-] [형]여 딸린 사람이 적어서 매우 홀가분하다. 비단출하다. ¶부부만 사는 **홋홋한** 살림. **홋홋-이** 튀
홍(紅) →홍색(紅色).
홍건-적(紅巾賊) 명 ('머리에 붉은 건을 두른 도적'이라는 뜻) 중국 원나라 말기에 허베이 성 일대에서 일어난 반란군의 무리. 고려 공민왕 때 고려에 침입하기도 하였음.
홍경래의 난:(洪景來-亂) [-내의-/-내에-] [역] 조선 순조 때, 평안북도 가산군에서 홍경래가 지방 차별과 조정의 부패에 항거하여 일으킨 반란 사건.
홍곡(鴻鵠) 명 큰 기러기와 고니. 곧, 큰 인물을 비유한 말.
홍곡지지(鴻鵠之志) [-찌-] 명 원대한 포부.
홍길동-전(洪吉童傳) [-똥-] 명[문] 조선 광해군 때 허균(許筠)이 지은 소설. 최초의 한글 소설로, 부정부패, 서얼차대 등의 사회적 모순을 고발하였음.
홍단(紅短) 명 화투에서, 붉은 띠가 있는 송·매조·벚꽃의 다섯 끗짜리 석 장을 맞추어 이루는 단. ▷청단·초단.
홍-당무(紅唐-) 명 1 [식] 무의 하나. 뿌리의 껍질이 붉으나 속은 흼. 2 [식] =당근. 3 수줍거나 무안하여 붉어진 얼굴을 비유하여 이르는 말. ¶경희는 철수의 청혼을 받고 얼굴이 一가 되어 아무 말도 못 했다.
홍동백서(紅東白西) [-써] 명 제사상을 차릴 때 붉은 과일은 동쪽, 흰 과일은 서쪽에 차리는 격식. ▷어동육서(魚東肉西).
홍두깨 명 1 다듬잇감을 감아서 다듬이질하는 데 쓰는, 단단한 나무로 만든 도구. 2 쟁기질이 서툴러 갈리지 않고 남은 고랑 사이의 땅. 3 =홍두깨살.
홍두깨-다듬이 명 홍두깨에 감아서 하는 다듬이.
홍두깨-살 명 소 볼기에 붙은 고기. 주로 산적에 씀. =홍두깨.
홍두깨-질 명 다듬잇감을 홍두깨에 감아 하는 다듬이질. **홍두깨질-하다** 동[타]여
홍등(紅燈) 명 붉은 등불.
홍등-가(紅燈街) 명 ('붉은 등이 켜져 있는 거리'라는 뜻) 여자가 몸을 파는 집이 죽 늘어선 거리. 비매음굴·사창가.
홍로-점설(紅爐點雪) [-노-] 명 [빨갛게 단

화로 위에 눈을 조금 뿌린 것 같다는 뜻] 큰 일을 하는 데 있어 작은 힘으로는 아무 도움이 되지 않음을 일컫는 말. ¶오주의 먹은 마음은 ― 같이 사라지고 미친 마음이 왈칵 나왔다.《홍명희: 임꺽정》

홍루(紅樓) [-누] 명 기생집을 이르는 말. 비기루. ▷청루(靑樓)

홍마(紅馬) 명 쌍륙 따위에서, 붉은 글씨를 쓴 말. ↔청마(靑馬)

홍모(鴻毛) 명 ['기러기의 털'이라는 뜻] 매우 하찮은 사물을 비유하여 일컫는 말.

홍문-관(弘文館) 명 조선 시대의 삼사(三司)의 하나. 궁중의 경적(經籍)·문서 등을 관리하고 왕의 자문에 응하던 관아. =옥당(玉堂)

홍반(紅斑) 명 붉은 빛깔의 얼룩점.

홍범-십사^조(洪範十四條) [-싸-] 명 [역] 조선 고종 31년(1894)에 제정 공포된, 정치 혁신을 위한 14개 조목의 강령(綱領).

홍법(弘法) 명 [불] 불도를 널리 펴는 일. **홍법-하다** 자여

홍보¹(弘報) 명 널리 알리는 것. 또는, 그 소식이나 보도. ― 자료. **홍보-하다** 타여 ¶우리나라의 판광지를 세계에 ~.

홍보²(紅褓) 명 붉은 빛깔의 보자기.

홍보-물(弘報物) 명 어떤 사실이나 제품 등을 널리 알리기 위해 만든 인쇄물 따위의 물건. ¶출판사 ~을 배포하다.

홍복(洪福) 명 매우 큰 복력(福力).

홍사-등롱(紅紗燈籠) [-농] 명 [역] 1 붉은 운문사(雲紋紗)를 몸체로 삼고 위아래에 푸른 천으로 동을 달아서 옷을 한 등롱. 2 조선 시대, 품등(品燈)의 하나. 정1품·종1품의 벼슬아치가 밤나들이에 사용하던 것. 붉은 사(紗)로 옷을 한 등. 준홍등롱·홍사롱. ▷등롱

홍살-문(紅-門) 명 능(陵)·원(園)·묘(廟)·궁전 등의 정면에 세우는 붉은 칠을 한 문. 둥근 기둥 두 개를 세우고 지붕이 없이 붉은 살을 박았음. 준홍문.

홍삼(紅蔘) 명 수삼을 껍질째 증기로 찐 뒤 건조시킨 것. 가공 과정에서 검붉은색을 띠기 때문에 붉은 삼이라는 뜻의 이름이 붙음. ↔백삼(白蔘)

홍상(紅裳) 명 1 붉은 치마. 비다홍치마. ¶녹의(綠衣) ~. 2 [역] 조복(朝服)에 딸린 아래옷의 하나. 붉은 바탕에 검은 선을 둘렀음.

홍색(紅色) 명 빨간색.

홍소(哄笑) 명 입을 크게 벌리고 떠들썩하게 웃는 것. 또는, 그러한 웃음. ¶큰 소리로 껄껄~를 터뜨리다. **홍소-하다** 자여

홍수(洪水) 명 1 비가 많이 와서 하천이 넘치거나 땅이 물에 잠기게 된 상태. 비큰물. ¶~가 나다. 2 사람이나 사물이 제한된 곳에 엄청나게 많이 있는 상태를 비유적으로 이르는 말. ¶차량이 ~를 이루다 / 오늘날 우리는 정보의 ~ 속에서 살고 있다.

홍수^경보(洪水警報) 명 [기상] 장마나 폭우로 어느 지역에 홍수가 날 것을 미리 경계하는 기상 경보.

홍시(紅枾·紅柿) 명 푹 익어 붉고 말랑말랑한 감.

홍-실(紅-) 명 붉은 빛깔의 실. =홍사.

홍-싸리(紅-) 명 붉은 싸리가 그려져 있는 화투짝. 7월이나 일곱 끗을 나타냄.

홍안(紅顏) 명 ['붉은 얼굴'이라는 뜻] 혈색이 좋아 복숭앗빛을 띤 얼굴. 또는, 젊고 아름다운 얼굴. ¶~의 소년.

홍어(洪魚·鯕魚) 명 [동] 가오릿과의 바닷물고기. 몸길이 약 1.5m. 몸은 마름모꼴로 넓적하고, 몸빛은 등은 갈색, 배는 희거나 회색임. =고동무치.

홍어-회(洪魚膾) [-회/-훼] 명 홍어를 회쳐서 파·마늘·깨소금·참기름·고추장에 무친 음식.

홍업(洪業·鴻業) 명 나라를 세우는 큰 사업. =대업(大業)·비업(丕業).

홍역(紅疫) 명 [의] 얼굴과 온몸에 좁쌀 같은 붉은 종기가 생기고 발열·기침 등의 증세를 보이는 급성 전염병. 주로, 봄철에 어린아이들에게 생기는 병으로, 한 번 앓고 나면 강한 면역이 생겨 다시 걸리지 않음. =마진(痲疹).

홍역(을) 치르다 관 몹시 애를 먹거나 어려움을 겪다. ¶교통 체증이 심해 출근할 때마다 한바탕 홍역을 치른다.

홍연-석(紅鉛石) 명 [광] 기둥이나 바늘 모양의 결정으로 산출되는 크롬산염의 광물. 짙은 홍색이나 황홍색으로 반투명임. 가루로 만들어 채료(彩料)·안료 등으로 쓰임. 구용어는 홍연광.

홍염(紅焰) 명 1 붉은 불꽃. 2 [천] 태양의 채층(彩層) 전면에서 밝은 가스돌이쳐 일어나는 붉은빛의 가스체. 개기 일식 때에 볼 수 있음. =프로미넌스.

홍엽(紅葉) 명 1 가을에 낙엽이 지기 전에 잎이 붉은색으로 변하는 현상. 2 붉은 잎.

홍예(虹霓·虹蜺) 명 1 = 무지개. 2 [건] '홍예문'의 준말.

홍예(틀) 틀다 관 [문(門) 따위를 무지개 모양으로 만들다. ¶병원은 객사 울퉁불퉁한 넓은 마당 한편 끝 남문으로 통하는 홍예튼 돌다리 못 미쳐서였다.《이광수: 흙》

홍예-다리(虹霓-) 명 양 끝은 처지고 가운데는 둥글고 높이 솟게 만든 다리. =홍교(虹橋).

홍예-문(虹霓門) 명 [건] 문의 윗부분을 무지개 모양으로 반원형이 되게 만든 문. 준홍예.

홍옥(紅玉) 명 1 [광] 강옥(鋼玉)의 하나. 미량의 크롬이 들어 있어 적색을 띰. 장식용의 것은 보석으로 쓰임. =루비·홍보석. 2 사과 품종의 하나. 겉껍질이 유난히 붉으며, 과육은 신맛이 있음.

홍위-병(紅衛兵) 명 중국 문화 대혁명의 선도 역을 맡은 급진적 학생 조직.

홍의(紅衣) [-의/-이] 명 1 붉은빛의 옷. 2 [역] 각 궁전의 별감과 능원의 수복(守僕)이 입는 붉은빛의 웃옷.

홍익(弘益) 명 1 큰 이익. 2 널리 이롭게 하는 것. ¶~ 이념. **홍익-하다** 타여

홍익-인간(弘益人間) 명 널리 인간 세계를 이롭게 한다는 뜻. 국조(國祖) 단군의 건국 이념임.

홍-인종(紅人種) 명 피부색이 붉은 인종. 아메리칸 인디언이 이에 속함. =홍색 인종.

홍-일점(紅一點) [-쩜] 명 ['푸른 잎 가운데 피어 있는 한 송이의 붉은 꽃'이라는 뜻] 1 여럿 가운데 오직 하나 이채를 띠는 것. 2 많은 남자 틈에 하나뿐인 여자를 이르는 말. =일점홍. ¶미스 김은 우리 부서의 ~이다. ↔청일점.

홍장¹(紅帳) 명 붉은빛의 휘장.

홍장²(紅粧) 명 1 연지 등으로 붉게 하는 화

장.②미인의 화장을 형용하여 이르는 말.③붉게 피어 있는 꽃의 비유.

홍적-세(洪積世)[-쎄][명][지] 신생대 제4기 전반(前半)의 세. 인류가 발생·진화하였으며, 지구가 널리 빙하로 덮여 몹시 추웠음. 매머드 따위와 현재의 식물과 같은 것이 생육하였음. =플라이스토세.

홍조(紅潮)[명]①아침 햇살이 바다에 비쳐 붉게 물든 경치.②부끄럽거나 취하여 붉어진 얼굴빛. ¶얼굴에 ~를 띠다.③'월경(月經)'을 점잖게 일컫는 말.

홍조-류(紅藻類)[명][식] 엽록소 외에 홍조소를 함유하여 홍색·자색을 띠는 식물 무리. 몸은 대개 다세포로 실 모양이나 잎 모양을 이루며, 주로 바다에 삶. 김·우뭇가사리·풀가사리 등이 이에 속함. ▷붉은말·홍조·홍조식물.

홍조-소(紅藻素)[명] 홍조류 및 남조류에 있는 홍색의 색소 단백질.

홍조-식물(紅藻植物)[-씽-][명][식]=홍조류(紅藻類).

홍-주석(紅柱石)[명][광] 기둥 모양의 결정을 이루는 광물. 단단하고 광택이 있으며, 장미색·적갈색을 띰. 고열에 강하므로 내화물(耐火物)로 쓰임. 우리나라 특산임.

홍진(紅塵)[명]①햇빛에 비쳐 벌겋게 일어나는 티끌.②번거롭고 속된 세상.

홍차(紅茶)[명] 차나무의 잎을 발효시켜 녹색을 빼내고 말린 찻감. 우려낸 물은 붉은 빛깔을 띠고 향기가 있음. ▷녹차(綠茶).

홍채(虹彩)[명][생] 안구(眼球)의 각막과 수정체 사이에 있는, 고리 모양의 얇은 막. 눈동자의 열림을 조절하여 안구 내로 들어오는 빛의 양을 조절함. ▷눈조리개.

홍-치마(紅-)[명] '다홍치마'의 준말.

홍콩(Hong Kong)[명][지]=홍콩차이나.

홍콩차이나(Hong Kong China)[명][지] 중국 광둥 성(廣東省) 남단에 접한 주룽 반도(九龍半島)와 그 맞은편의 홍콩도로 이루어진 특별 행정구. 1842년 영국의 식민지가 되었다가 1997년 중국에 반환됨. =홍콩.

홍패(紅牌)[명][역] 문과(文科)의 회시(會試)에 급제한 사람에게 그 성적의 등급·성명을 기록하여 주는 붉은 빛의 증서.

홍포(紅布)[명] 붉은 빛깔의 옷감.

홍학(紅鶴)[명]=플라밍고.

홍합(紅蛤)[명][동] 연체동물 부족류 홍합과의 한 종. 바닷조개로, 조가비는 길이 13cm, 높이 6cm임. 모양은 삼각형에 가까운 타원형이며, 껍데기 빛깔은 흑갈색이고 살은 적등색임. 얕은 바다의 암초에 붙어삶. =담채(淡菜).

홍홍[부] 코쩡쩡이가 말할 때 헛김이 섞여 나오는 소리.

홀¹[혼][명] 짝을 이루지 않거나 겹이 아닌 것.

홀-²[혼][접두] 명사 위에 붙어서, '한 겹', '외톨'의 뜻을 나타내는 말. ¶~이불 / ~바지.

홀-겹[혼겹][명] 여러 겹이 아닌 한 겹.

홀겹-실 '외올실'의 잘못.

홀-껍더기[명] '홀껍데기'의 잘못.

홀-껍데기[혼-떼-][명]①한 겹으로 된 껍데기.②겉으로 지을 옷감의 안감을 끼지 않은 겉감. ×홀껍더기.

홀-꽃[혼꼳][명][식] 하나의 꽃잎으로 이루어진 꽃. =단판화(單瓣花). ↔겹꽃.

홀-꽃잎[혼꼰닙][명][식] 한 겹으로 이루어진 꽃잎. =단판(單瓣). ↔겹꽃잎.

홀-눈[혼-][명][동] 곤충류·거미류 등의 절지동물에서 볼 수 있는 간단한 구조의 작은 시각기(視覺器). 어둡고 밝은 것을 구분하는 정도의 작용을 함. =단안(單眼). ↔겹눈.

홀-닿소리[혼따쏘-][언]=단자음(單子音).

홀-몸[혼-][명]①딸린 사람이 없는 몸.②임신하지 않은 몸. 흔히, 임신한 상태를 가리켜 '홀몸이 아니다'라고 표현함. ×홀몸.

홀-문장(-文章)[혼-][언] 주어와 서술어가 각각 하나씩 있어, 주술 관계가 한 번만 이루어지는 문장. "비가 내린다.", "꽃이 활짝 피었다."와 같은 문장. =단문(單文). ↔겹문장.

홀-바지[혼빠-][명] 홀겹으로 된 바지. ↔겹바지.

홀-박자(-拍子)[혼빡짜][명][음] 강약의 배치가 가장 단순한 박자. 2박자·3박자 따위. =단순 박자. ↔겹박자.

홀-받침[혼빧-][명][언] 한 개의 자음으로 이루어진 받침. '옷', '집'에서, 'ㅅ', 'ㅂ' 따위. =홑받침. ↔쌍받침.

홀-버선[혼빠-][명] 한 겹으로 된 버선. ↔겹버선.

홀-벌[혼별][명]①한 겹으로 된 물건.②'단벌'의 잘못.

홀-벽(-壁)[혼뼉][명] 한쪽만 흙을 바른 얇은 벽.

홀-볏[혼뼏][명][동] 한 장으로 된 닭의 볏.

홀-실[혼씰][명]=외올실.

홀-씨방(-房)[혼-][명][식] 콩처럼 단 하나로 된 씨방. =단실 자방·홑씨방.

홀-열매[혼녈-][명][식] 한 개의 꽃에서 생긴 과실. =단과(單果)·단화과(單花果).

홀-옷[혼옫][명] 한 겹으로 된 옷. =단의(單衣).

홀원소^물질(-元素物質)[혼-쩔][명][화] 단일한 원소로 되어 있으면서 고유한 화학적 성질을 가진 물질. 수소(H_2)·산소(O_2)·오존(O_3)·구리(Cu) 따위. =단체(單體). ↔화합물.

홀-으로[부] 세기 쉬운 적은 수효로.

홀으로 보다[구] 대수롭지 않게 보다. ¶역사를 왜곡한 일본 교과서 문제는 결코 홀으로 볼 일이 아니다.

홀-이불[혼니-][명] 모시나 삼베 등으로 한 겹으로 된 이불. ↔겹이불.

홀-잎[혼닙][명][식]①한 장의 잎사귀로 된 잎. =단엽(單葉). ↔겹잎.②'홀꽃잎'의 준말.

홀-자락[혼짜-][명] 양복 저고리의 섶을 조금 겹치게 하여 단추를 외줄로 단 것, 또는 그렇게 지은 옷. ⑧싱글브레스트. ↔겹자락.

홀-적삼[혼쩍쌈][명] 홀겹으로 된 적삼.

홀-지다[혼찌-][형] 복잡하지 않고 단순하다.

홀-집[혼찝][명] 한 채로 된 구조가 간단한 집. ↔겹집.

홀-창(-窓)[혼-][건] 안쪽에 덧끼우는 미닫이가 없이 한 겹으로 된 창. ↔겹창.

홀-청[혼-][명] 이불·요 등의, 사람 몸이 닿는 쪽 거죽에 씌우는 홑겹의 피륙. ¶이불~.

홀-치마[혼-][명]①한 겹으로 된 치마. ↔겹치마.②속에 아무것도 입지 않고 입은 치마.

홀-홀소리[호톨쏘-][명][언]=단모음(單母音).

화¹(火) 몡 '화요일'을 줄여 이르는 말. 문장 속에서 자립적으로 쓰이기는 어려우며, 주로 달력이나 문서의 표 등에서 쓰임.

화:²(火) 몡 1 '화기(火氣)¹'의 준말. 2 [민] 오행(五行)의 하나. 활활 타오르는 불을 상징하는 것으로, 방위로는 남쪽, 계절로는 여름, 색으로는 적색에 해당함. 3 못마땅하거나 언짢아서 나는 성. ¶~를 내다 /~를 끓이다 /~가 치밀다.
화가 머리끝까지 나다 쿤 몹시 화나다.

화:³(禍) 몡 어떤 사람이 뜻하지 않게 죽거나 크게 다치거나 집안에 큰 불행이 닥치거나 하는 사고나 변고. 回재난·재앙. ¶~를 당하다[입다] /~를 면하다 /~를 부르다.

-화⁴(化) 점미 명사 아래에 붙어서, 그렇게 만들거나 됨을 나타내는 말. ¶전문~ / 대충~ / 기계~ / 현실~

-화⁵(畫) 점미 '그림'의 뜻. ¶동양[서양] ~ / 풍경[정물] ~

화:가(畫家) 몡 그림 그리는 것을 직업으로 하는 사람.

화:각(畫角) 몡 1 목기(木器)의 세공품을 곱게 하는 꾸밈새의 한 가지. 채화(彩畫)를 그리고 그 위에 쇠뿔을 썩 얇게 오려서 덧붙임. 2 [음] 뿔로 만든 아름다운 피리. 3 [사진] 카메라 렌즈가 촬영할 수 있는 일정한 범위의 각도. 가령 초점 거리 50mm 렌즈의 경우, 화각은 약 46°가 됨. ¶초점 거리가 길어질수록 ~은 좁아지고 초점 거리가 짧아질수록 ~은 넓어진다.

화간(和姦) 몡 부부 아닌 남녀가 어느 일방의 강제에 의해서가 아니라 서로 좋아서 성 관계를 맺는 것. ▷강간. **화간-하다** 동(재)

화갑(華甲) 몡 ['화(華)'를 파자(破字)하면 十(십)이 여섯, 一(일)이 하나인 데서] 61세를 이르는 말. 回환갑.

화강-석(花崗石) 몡 [광] =화강암.

화강-암(花崗岩·花崗巖) 몡 [광] 석영·운모·사장석 등으로 이루어진 심성암(深成巖). 단단하며 갈면 광택이 남. 석재(石材), 토목·건축용 석재로 쓰임. =쑥돌·화강석.

화:경(火鏡) 몡 ['햇볕에 비추어서 불을 일으키는 거울'이라는 뜻] '볼록 렌즈'를 이르는 말.

화:공¹(化工) 몡 [공] 1 '화학 공업'의 준말. 2 '화학 공학'의 준말.

화:공²(火攻) 몡 불로 적을 공격하는 것. **화:공-하다** 태(여)

화:공³(畫工) 몡 옛날에, 그림 그리는 일을 직업으로 하는 사람을 이르던 말. =도공(圖工)·화사(畫師).

화공⁴(靴工) 몡 구두를 만드는 직공.

화:곽(火-) 몡 '성냥'의 잘못.

화관(花冠) 몡 1 [식] =꽃부리. 2 아름답게 장식한 관. 3 칠보로 꾸민 여자의 관. 예장(禮裝)할 때에 씀. 4 [역] 나라의 잔치 때, 기녀(妓女)·무동(舞童)들이 쓰는 관.

화:광(火光) 몡 =불빛¹.

화광-동진(和光同塵) 몡 [빛을 감추고 티끌 속에 섞여 있다는 뜻] 자기의 뛰어난 재덕(才德)을 나타내지 않고 세속과는 중국 사람.

화교(華僑) 몡 외국에 가서 사는 중국 사람.

화:구¹(火口) 몡 1 불을 때는 아궁이의 아가리. 2 불을 내뿜는 아가리. 3 [지] 화산의 가스·수증기·재·불 등을 내뿜는 구멍. =분화구·크레이터.

화:구²(火具) 몡 1 밤에 불을 켜서 밝히는 데 쓰는 도구. 등불·촛불 따위. 2 폭발에 쓰는 여러 도구. 뇌관·신관·도화관·폭발관·점화관 따위.

화:구³(畫具) 몡 그림을 그리는 데 쓰는 도구.

화:구-구(火口丘) 몡 [지] 화산의 화구 안에 겹으로 터져 나온 비교적 작은 화산.

화:구-원(火口原) 몡 [지] 중앙 화구 언덕과 외륜산(外輪山) 사이에 있는 평평한 땅.

화:구-호(火口湖) 몡 [지] 화산의 화구가 막혀 물이 괸 호수. 백두산의 '천지', 한라산의 '백록담' 따위.

화근(禍根) 몡 화를 부르거나 나쁜 일을 생기게 하는 원인이나 빌미. ¶그는 보증을 잘못 선 게 ~이 되어 결국 집을 날렸다.

화:급(火急) 몡 걷잡을 수 없이 타는 불과 같이 대단히 급한 것. ¶~을 다투다 /~을 요하는 일. **화:급-하다** 혱(여) ¶화급한 용무 / 감영의 정에 군졸이지만 쫓기던 자가 맹호처럼 맞닥뜨리더니 화급하게 착 흩어진다.⟨황석영:장길산⟩ **화:급-히** 본

화:기¹(火氣) 몡 1 불의 뜨거운 기운. 回불기운. 2 ~조심. 춘화증. 2 불에 덴 자리에 남아 있는, 뜨겁거나 화끈거리는 기운. ¶~를 빼다. 3 가슴이 답답해지는 기운. ¶~가 가시지 않는다. 4 화가 치밀어 오르는 기운. 回화증(火症).

화:기²(火器) 몡 1 [군] 화약의 힘으로 발사되는 병기. 총포 따위. =화병(火兵). 2 불을 담는 그릇의 총칭.

화기³(和氣) 몡 1 따스하고 화창한 일기. 2 온화한 기색. 또는, 화목한 분위기. ↔노기. ¶얼굴에 ~가 돌다. 3 생기가 도는 기색.

화기⁴(花期) 몡 식물에서, 꽃이 피는 시기. 또는, 그 기간. ¶석곡은 흰색 또는 담홍색의 꽃이 피며, ~는 5~6월이다. / 이 식물은 ~가 길어 여름내 꽃이 핀다.

화기⁵(花器) 몡 꽃을 꽂는 그릇. 꽃병·수반·꽃바구니 따위.

화기애애(和氣靄靄) →**화기애애-하다** 혱(여) 온화한 기색이 가득하다. ¶시종 **화기애애**한 분위기 속에서 회의가 진행되다.

화길(和吉) →**화길-하다** 혱(여) 유순하고 복스럽다.

화끈 본 1 뜨거운 기운을 받아 몸이나 쇠 등이 갑자기 달아오르는 모양. ¶부끄러워 얼굴이 ~ 달아오르다. 2 흥분이나 긴장 등이 고조되는 모양. ¶후끈. **화끈-하다** 혱(여) 1 뜨거운 느낌이 있다. ¶한증탕에 들어가니 온몸이 ~. 2 흥분시키는 강렬함이 있다. ¶우리 선수들은 과연 **화끈**한 경기를 보여 주었다. 3 (성격이) 소극적이지 않고 시원시원하다. ¶**화끈**한 남자.

화끈-거리다/-대다 동(재) 잇달아 화끈하다. ¶거짓말이 탄로 나 얼굴이 ~. 큰후끈거리다.

화끈-화끈 본 화끈거리는 모양. 큰후끈후끈. **화끈화끈-하다** 혱(여) ¶창피해서 얼굴이 ~.

화:나다(火-) 동(재) 언짢아서 화기(火氣)가 생기다. ¶화난 얼굴로 쳐다보다.

화:난(禍難) 몡 재앙과 환난. =화환(禍患).

화:내다(火-) 동(재) 몹시 노하여 화증을 내다. ¶화내지 말고 차근차근히 말해 보아라.

화냥-기(-氣) [-끼] 몡 제 남편 이외의 남자와 정을 통하는 바람기.

화냥-년 몡 화냥기가 있는 여자나 화냥질을 한 여자를 욕하여 이르는 말.

화낭-질(女郞-) 圀(여자가) 제 남편 이외의 남자와 정을 통하는 짓. 비서방질. **화낭질-하다** 통(자)여

화년(華年) 圀 1 61세를 이르는 말. 2 소년(少年)의 꽃다운 나이.

화:농(化膿) 圀[의] 상처 등이 곪아서 고름이 생기는 것. 화농균이 일으키는 염증임. **화:농-하다** 통(자)여 **화:농-되다** 통(자)

화:농-균(化膿菌) 圀 화농성 염증의 원인이 되는 세균의 총칭.

화:농-성(化膿性) [-썽] 圀 종기가 곪아서 고름이 생길 성질.

화다닥 [-딱] 閉 1 갑자기 일어나거나 뛰어나가려고 몸을 급하게 움직이는 모양. 2 일을 급하게 서두르는 모양. ¶밀린 빨래를 ~ 해치우다. **화다닥-하다** 통(자)여

화다닥-거리다/-대다 [-딱거-(때)-] 통(자) 자꾸 화다닥하다. 큰후다닥거리다.

화다닥-화다닥 [-따꽈-딱] 閉 화다닥거리는 모양. 큰후다닥후다닥. **화다닥화다닥-하다** 통(자)여

화단¹(花壇) 圀 화초를 심기 위하여 흙을 한층 높게 쌓아 놓은 꽃밭.

화:단²(畫壇) 圀 화가(畫家)의 사회.

화:단³(禍端) 圀 화를 일으킬 실마리. ¶무심코 한 말이 ~이 되다.

화답(和答) 圀 1 (상대의 시나 노래 등에) 응하여 시나 노래 등으로 답하는 것. 2 (상대의 환영이나 배려, 호의적인 태도에) 답례하는 행동을 보이는 것. **화답-하다** 통(자)여 ¶정몽주는 이방원의 '하여가'에 '단심가'로 화답했다./선수들이 관중들의 환호에 손을 흔들어 화답했다.

화대(花代) 圀 1 =놀음차. 2 =해웃값.

화:덕(火-) 圀 1 숯불을 피워서 쓰게 만든 큰 화로. 2 한데에서 솥을 걸기 위하여 쇠나 흙으로 아궁이처럼 간단히 만든 물건.

화:독(火毒) 圀 불의 독한 기운.

화:독-내(火毒-) [-동-] 圀 음식이 눌어서 타게 된 때에 나는 냄새.

화동¹(和同) 圀 두 사람 사이가 벌어졌다가 다시 잘 맞게 되는 것. ▷화합(和合). **화동-하다** 통(자)여 **화동-되다** 통(자)

화동²(花童) 圀 환영식과 같은 의식에서 환영의 대상이 되는 사람에게 꽃다발을 주는 어린이.

화두(話頭) 圀 1 대화의 방향이 되는 말의 첫머리. ¶말머리. ¶~를 꺼내다/그는 슬쩍 ~를 다른 데로 돌렸다. 2 [불] 수행자가 깨달음을 얻기 위해 참선을 통해 탐구하는 문제. 흔히, 수행자가 스승이나 선사로부터 화두를 받는데, 널리 알려져 있는 것으로 '개에게 불성이 없다', '이 무엇고?', '뜰 앞의 잣나무', '마른 똥 막대기' 등이 있음. ¶그는 효봉 스님으로부터 ~를 받았는데, 그것은 "부처와 부처도 서로 알아보지 못하는데 어떤 것이 부처인가?"였다. 3 해결이 결코 쉽지 않지만 반드시 풀어야 할 과제. ¶환경 문제는 오늘날 우리 인류에게 던져진 ~이다.

유의어	화두 / 공안
둘 다 수행자에게 깨달음을 주기 위한 문제를 가리키나, '**화두**'가 수행자의 주체적 참구(參究)의 대상으로서의 문제인 데 반해, '**공안**(公案)'이 옛 고승들이 남긴 객관적 유산으로서의 문제를 뜻함.	

화드득 閉 1 묽은 똥이 갑작스레 나오는 소리. ▷푸드득. 2 경망하게 방정을 떠는 모양. 3 숯불이나 나뭇가지 등이 불꽃을 튀기며 타거나 총포 따위가 터지는 소리. **화드득-하다** 통(자)여

화드득-거리다/-대다 [-꺼(때)-] 통(자) 자꾸 화드득 소리가 나다.

화드득-화드득 [-드콰-] 閉 화드득거리는 소리. 또는, 그 모양. **화드득화드득-하다** 통(자)여

화들짝 閉 갑자기 호들갑스럽게 펄쩍 뛸 듯이 놀라는 모양. ¶개가 달려들자 그는 ~ 놀라 달아났다. **화들짝-하다** 통(자)여

화:-등잔(火燈盞) 圀 놀라거나 앓아서 휑해진 눈을 형용하는 말.

화:-딱지(火-) [-찌] 圀 '화(火)³'을 속되게 이르는 말.

화라지 圀 1 가로퍼진 긴 나뭇가지를 땔나무로 이르는 말. ×화다지. 2 '활대'의 잘못.

화락(和樂) ➡화락-하다 [-라콰-] 혱여 화평하고 즐겁다.

화란(和蘭) 圀[지] '네덜란드'의 음역어.

화랑¹(花郞) 圀[역] 신라 때의 청소년의 종교적·사회적·교양적 집단인 민간 수양 단체. 또는, 그 단체의 우두머리. =국선(國仙).

화:랑²(畫廊) 圀 그림 등의 미술품을 진열하여 전시하는 곳. 대개 화상(畫商)이 가게를 겸함.

화랑-도¹(花郞徒) 圀[역] 화랑의 무리. =국선도(國仙徒). 준낭도.

화랑-도²(花郞道) 圀[역] 화랑이 지켜야 할 도리. 삼교(三教)·삼덕(三德)·오계(五戒)를 신조로 함.

화랑-이(花郞-) 圀[민] 광대와 비슷한 놀이꾼의 패. 옷을 잘 꾸며 입고 가무 행락(歌舞行樂)을 일삼던 점이 다름. ▷광대.

화려(華麗) ➡화려-하다 혱여 1 (외양이) 눈부시게 아름답다. ¶**화려한** 옷차림/**화려한** 무늬. 2 (어떤 일이나 생활 등이) 보통의 사람이 누리기 어려울 만큼 대단하거나 눈길을 끄는 상태에 있다. 비호화롭다. ¶**화려한** 경력의 소유자/상류 계층의 **화려한** 생활을 동경하다. **화려-히** 閉

화려-체(華麗體) 圀[문] 문체(文體)의 하나. 감정적이고 호화스러운 색채와 음악적 가락으로 화려하고 선명한 인상을 주는 문체. ↔건조체.

화:력¹(火力) 圀 1 불의 힘. ¶~이 세다. 2 [군] 총포 따위 무기의 위력. ¶최신의 ~을 지닌 미사일 부대.

화:력²(畫歷) 圀 화가로서 그림을 그려 온 경력. ¶~ 50년을 결산하는 전시회.

화:력^발전(火力發電) [-빨쩐] 圀 석탄·석유·천연가스 등의 연소(燃燒)로 얻은 열에너지로 발전기를 돌려 전기 에너지를 발생시키는 방식. ▷수력 발전.

화:력^발전소(火力發電所) [-빨쩐-] 圀 화력 발전으로 전력을 발생시켜 배전(配電)하는 발전소.

화:력-전(火力戰) [-쩐] 圀[군] 1 소총·기관총·대포 등의 화약을 쓰는 병기로 벌이는 싸움. 2 부대의 이동보다는 주로 사격을 주고받으면서 우세한 화력으로 적을 굴복시키는 전투.

화렴(火廉) 圀[민] 매장한 시체가 까맣게 변하는 일.

화:로(火爐) 圀 숯불을 담아 두는 그릇.

화:롯-가(火爐-) [-로까/-롣까] 圀 1 화로의 옆. 2 화로의 변두리. =노변(爐邊).

화:롯-불(火爐—) [-로뿔/-론뿔] 명 화로에 담은 불.
화:룡-점정(畫龍點睛) [양(梁)나라 때의 화가 장승유(張僧繇)가 용(龍)을 그린 뒤 마지막에 눈동자를 그려 넣었더니 그 용이 홀연히 구름을 타고 하늘로 날아 올라갔다는 고사에서] 무슨 일을 하는 데 가장 중요한 부분을 완성시킴을 이르는 말. =점정.
화류¹(花柳) 명 1 꽃과 버들. 2 '유곽(遊廓)'을 비유하여 이르는 말.
화류(樺榴) 명 자단(紫檀)의 목재. 붉은빛을 띠며, 결이 곱고 단단하여 건축·가구·미술품 등의 재료로 씀.
화류-계(花柳界) [-계/-게] 명 창녀나 기생들의 사회.
화류-병(花柳病) [-뼝] 명[의] =성병(性病)².
화륜-선(火輪船) 명 '기선(汽船)'의 개화기 때의 명칭. =윤선.
화륜-차(火輪車) 명 '기차(汽車)'의 개화기 때의 명칭. =화륜거.
화리(禾利·花利) 명 1 수확이 예상되는 벼를 매매의 대상으로 일컫는 말. 2 [역] 조선 후기에 논의 경작권을 매매의 대상으로 일컫던 말.
화리(를) 끼다 (구) 논의 매매에 있어서, 화리를 그 조건에 포함하다.
화:마(火魔) 명 화재를 마귀에 비유한 말.
화면(畫面) 명 1 그림이 그려진 면이나 공간. ¶투박한 질감의 ~/기하학적인 ~ 구성. 2 필름·인화지 등에 촬영된 영상(映像)이나 사상(寫像). 3 영사막이나 브라운관이나 모니터 등에 영상이 비추어지니 면이나 공간. 또는, 비추어지는 그 영상. ¶대형 ~/~이 흐리다[선명하다]. 4 [영] 영화나 텔레비전 드라마에서, 한 장면 안에서 카메라가 움직일 때마다 달라지는 광경이나 모습. ▷장면.
화:명¹(花名) 명 꽃의 이름.
화:명²(畫名) 명 1 =화제(畫題)¹. 2 영화의 이름. 3 화가로서의 명성.
화:목¹(火木) 명 =땔나무.
화목(和睦) 명 (어울려 사는 사람들의 관계가) 서로 맞고 정다운 것. ¶집안의 ~을 깨뜨리다. 화목-하다 [형제산의 ~에가 있는 화목한 집안/이웃과 화목하게 지내다.
화:목(畫木) 명 =꽃나무¹.
화무십일홍(花無十日紅) [열흘 붉은 꽃이 없다는 뜻] 한번 성하면 반드시 머지않아 쇠해짐을 이르는 말. ▷권불십년(權不十年).
화:문¹(火門) 명 총이나 포 따위의 화기의 아가리.
화문(花紋) 명 =꽃무늬.
화문-석(花紋席) 명 꽃의 모양을 놓아 짠 돗자리. =꽃돗자리.
화:물(貨物) 명[경] 운반할 수 있는 물품의 총칭.
화:물-선(貨物船) [-썬] 명 화물을 운반하는 배.
화:물^열차(貨物列車) [-렬-] 명 화물만 운반하는 열차. ▷객차(客車).
화:물^자동차(貨物自動車) 명 화물을 운반하는 자동차. 세는 단위는 대(臺). =트럭. 화차.
화:물-차(貨物車) 명 화물을 운반하는 자동차·열차 등의 총칭.

화:물-칸(貨物-) 명 =짐칸.
화밀(花蜜) 명[식] 꽃 속에 생기는 꿀.
화발허통-하다(形) 막힌 것이 없이 사방이 확 터진 상태에 있다.
화:방¹(火防) 명 땅에서부터 중방 밑까지 돌 섞은 흙으로 쌓아 올린 벽.
화:방²(畫舫) 명 그림을 그려서 아름답게 장식한 놀잇배. =그림배.
화백(和白) 명[역] 신라 때의 회의 제도. 진골(眞骨) 이상의 귀족이 모여 나라의 중대사를 의논하던 것으로, 만장일치제였음.
화:백(畫伯) 명 '화가(畫家)'를 대접하여 부르는 말. 주로, 성(姓) 아래에 붙여, 호칭 또는 지칭으로 사용됨. ¶김~/이~.
화법(話法) [-뻡] 명[언] 문장이나 담화에서, 다른 사람의 말을 인용하여 재현하는 방법. 직접 화법과 간접 화법이 있음.
화:법(畫法) [-뻡] 명[미] 그림을 그리는 방법. =화격(畫格).
화:병(火病) 명[한의] 분노·좌절·울분·억울함 등이 오랜 기간 해소되지 못하고 억제됨에 따라 생기는, 가슴이 답답하고 머리가 아프며, 쉽게 우울해지고 허무감에 빠지는 병.
화:병²(花瓶) 명 =꽃병.
화:병³(畫瓶) 명 표면에 그림을 그린 병.
화:병⁴(畫餅) 명 '화중지병(畫中之餅)'의 준말.
화:보¹(花譜) 명 꽃의 이름, 특성, 피는 시기 따위에 관하여 적은 책.
화:보²(畫報) 명 세상에 일어난 일을 보도하는 그림이나 사진. 또는, 그 인쇄물.
화:보³(畫譜) 명 1 여러 가지 그림을 모아 놓은 책. 2 화가의 계통·전통 따위를 적어 놓은 책.
화:보^모방주의(畫譜模倣主義) [-의/-이] 명[미] 화보의 그림을 흉내 내어 그리는 태도. 개성이나 창의력이 없는 그림을 그리는 일을 이름.
화복(華服) 명 물을 들인 천으로 만든 옷. 비무색옷. ↔소복(素服). 화복-하다(동)(자) 화복을 입다.
화:복²(禍福) 명 재화(災禍)와 복록.
화:본(畫本) 명[미] 옛날에, 화풍이나 화법을 참고하기 위해 사용했던, 유명 화가의 그림을 모은 책. 대개 목판으로 인쇄한 것임.
화:부(火夫) 명 기관(汽罐) 따위에 불을 때는 사람.
화분¹(花盆) 명 화초를 심는 그릇. =꽃분.
화분²(花粉) 명[식] 현화식물의 수술의 꽃밥 속에 들어 있는 가루 모양의 물질. =꽃가루·예분(蕊粉).
화분-낭(花粉囊) 명[식] 속씨식물의 꽃밥을 이루는 화분 주머니. =꽃가루주머니.
화분-대(花盆臺) 명 화분을 올려놓는 받침.
화분-증(花粉症) [-쯩] 명 화분에 의해 점막이 자극되어 일어나는 알레르기. 결막염·비염·천식 등의 증상이 나타남. =건초열·고초열.
화사(華奢) →화사-하다(形) 좀 화려하게 곱다. ¶한복을 화사하게 차려입다.
화:사첨족(畫蛇添足) 명 [뱀을 그리면서 발까지 그린다는 뜻] 쓸데없는 짓을 하여 오히려 일을 그르침을 이르는 말. ▷사족.
화산(火山) 명[지] 땅속의 뜨거운 마그마와 가스 등이 지표를 뚫고 나와 이룬 산. 활화산·휴화산·사화산으로 구별됨.

화ː산-대(火山帶) [명][지] 화산이 집중적으로 분포하고 있는 띠 모양의 지대. 환태평양 화산대와 지중해 화산대가 그 대표적 예임.

화ː산-도(火山島) [명][지] =화산섬.

화ː산-력(火山礫)[-녁] [명][지] 화산이 분출할 때 터져 나온 지름 4~32mm의 용암의 조각. 주로 화산암의 암석편으로 되어 있음.

화ː산-섬(火山-) [명][지] 바다에서 화산이 폭발하여 이루어진 섬. 울릉도·하와이 섬 따위. =화산도.

화ː산-암(火山巖·火山岩) [명][지] =분출암(噴出巖).

화ː산^작용(火山作用) [명][지] 화성 작용(火成作用)의 하나. 지하의 마그마가 지표 또는 지표 근처에서 일으키는 현상. =화산 활동.

화ː산-재(火山-) [명][지] 화산에서 분출된 부스러기의 자디잔 찌꺼기 재. =화산회(火山灰).

화ː산-탄(火山彈) [명][지] 화산에서 분출된 용암이 지름 32mm 이상의 원형이나 타원형으로 굳어진 덩어리.

화ː산-호(火山湖) [명][지] 화산 작용으로 이루어진 화구 속에 물이 괴어 생긴 호수.

화ː산-회(火山灰)[-회/-훼] [명][지] =화산재.

화살 [명] **1** 활시위에 오늬를 메워서 당겨 쏘는 기구. 가는 대로 줄기를 삼고, 아래 끝에는 쇠붙이로 만든 촉을 꽂으며 위쪽에는 새의 깃을 세 줄로 붙여 만듦. [준]살. **2**《주로 '화살을 돌리다', '…의 화살'의 꼴로 쓰여》 비난이나 질문 등이 상대를 곤란하거나 당황스럽게 할 만큼 날카롭거나 매서운 상태를 비유하여 이르는 말. ¶그는 나에게 질문의 ~을 던졌다. / 사람들은 그에게 비난의 ~을 퍼부었다. / 업무과장을 나무라던 사장이 이번에는 생산과장에게 ~을 돌려 생산 실적의 부진을 질책했다.

화살-대[-때] [명] 화살의 몸체가 되는 대. =전죽. [준]살대.

화살-자리 [명][천] 여름철 남쪽 하늘에 보이는 별자리. 은하수 가운데 자리 잡고 있음.

화살-촉(-鏃) [명] 화살 끝에 박은 뾰족한 쇠. =살밑·전촉. [준]살촉·활촉.

화살-표(-標) [명] 방향을 가리키기 위한, 화살 모양의 표시나 부호. 곧, '→', '➡' 따위. ¶~를 따라 이동하면 목적지에 도달할 수 있다.

화ː상1(火傷) [명] 고온의 기체·액체·고체, 화염 등에 닿았을 때 일어나는 피부의 손상. ¶3도 ~.

화상2(和尙) [명][불] **1** 수행을 많이 한 승려. **2** '승려'를 높여 이르는 말. 2인칭임. ¶"나는 ~이 부러워. ~의 그 처절한 신심이 무섭기도 하고…."《김성동:만다라》

화ː상3(畫商) [명] 그림을 파는 장수나 장사.

화ː상4(畫像) [명] **1** 사람의 얼굴을 그림으로 그린 형상. [비]초상(肖像). **2** '얼굴'을 속되게 이르는 말. **3** 어떤 사람을 마땅찮게 여겨 홀하게 일컫는 말. ¶저 연놈이 무슨 죄 있느냐? 우리 댁 서방님인지 남방님인지 그 ~이 다 자취지.《이해조:빈상설》 **4** 텔레비전 수상기의 화면에 나타나는 상(像).

화ː상^회ː의(畫像會議)[-회의/-훼이] [명] 원격지를 통신 회선으로 연결하여 텔레비전·전화 등을 이용하여 서로 화상을 보면서 하는 회의.

화색1(和色) [명] 얼굴에 드러난 혈색 좋고 환한 빛. ¶얼굴에 ~이 돌다.

화ː색2(禍色) [명] 재앙이 일어날 기미.

화ː생(化生) [명][생] 어떤 특정한 기관으로 분화한 생물의 조직·세포가 재생이나 병리적 변화로 인해 아주 다른 형체로 변화하는 일.

화ː생-하다 [동][자][여]

화ː생방^무ː기(化生放武器) [명][군] 제2차 세계 대전 후 현저하게 발달한 화학·생물학 및 방사능 무기 등 대량 파괴 무기의 총칭. =시비아르 무기·에이비시 무기.

화ː생방-전(化生放戰) [명][군] 화학·생물학·방사능 무기를 사용하는 전쟁. =에이비시 전쟁.

화서(花序) [명][식] =꽃차례.

화ː석(化石) [명] **1** [지] 지질 시대에 살았던 생물의 몸체나 생활 흔적, 배설물 등이 퇴적암 속에 그대로 남아 있거나 돌로 굳어져 있는 물질. 생물체의 일부 또는 전부가 돌로 굳어진 것, 생물체의 외형이 도장 찍히듯 퇴적물에 찍힌 것, 발자국이나 기어 다닌 흔적이 남아 있는 것 등이 있음. 생물의 진화나 지질 시대의 환경 등을 알아보는 데 중요한 자료가 됨. ¶암모나이트 ~ / 공룡 ~ / 나뭇잎 ~. **2** 변화·발전이 없거나 움직임이 없이 돌처럼 굳어져 있는 상태. 비유적인 말임. ¶그는 뜻밖의 소식에 너무 놀라 온몸이 ~으로 굳어져 버리는 듯했다.

화ː석^연료(化石燃料)[-성녈-] [명] 연료로서 사용할 수 있는 임의의 탄화수소를 포함한 물질. 석유·석탄·천연가스 따위.

화ː석^인류(化石人類)[-일-] [명] 화석으로 그 존재가 알려져 있는 과거의 인류.

화ː선(畫仙) [명] 매우 뛰어난 솜씨를 가진 화가. [비]화성(畫聖).

화ː-선지(畫宣紙) [명] 선지(宣紙)의 한 가지. 옥판선지보다 질이 약간 낮고 폭이 조금 큼.

화설(話說) [부] 고대 소설에서 이야기를 시작할 때 그 첫머리에 쓰는 말. ¶~, 명나라 가정 연간에 금릉 순천부에 한 명인이 있으되,…《김만중:사씨남정기》 ▷각설(却說).

화ː섬-사(化纖絲) [명] 화학 섬유로 만든 실. ▷면사·견사.

화ː성1(化成) [명] **1** 길러서 자라게 하는 것. **2** [화] 다른 물질이나 원소가 화합하여 새 물체를 형성하는 것. **3** 덕화되어 선(善)해지는 것. **화ː성-하다** [동][자][타][여] **화ː성-되다** [동][자]

화ː성2(火星) [명][천] 태양계의 네 번째 행성. 지구와 목성 사이에 있으며, 공전 주기는 1.88년임. 두 개의 위성을 가지며, 겨울이 되면 커지는 극관(極冠)이 알려져 있음.

화성3(和聲) [명][음] 화음을 계속적으로 연결한 것. 또는, 그 방법. 특히, 일정한 법칙에 의한 화음의 연결을 가리킴. =하모니(harmony).

화ː성4(畫聖) [명] 매우 뛰어난 화가. [비]화선.

화성-법(和聲法)[-뻡] [명][음] 화음을 기초로 하여 가락을 조직하는 방법. ↔대위법.

화ː성-암(火成巖·火成岩) [명][지] 마그마가 냉각·응고되어 생긴 암석의 총칭. 화강암·현무암 등이 이에 속하며, 크게 화산암·반심성암·심성암으로 나뉨.

화ː성-인(火星人) [명] 화성에 살고 있으리라고 믿는 상상의 지적(知的) 생물.

화ː세(火勢) [명] 불이 타오르는 기세.

화ː소(畫素) [명] 텔레비전이나 사진 전송에서, 화면을 분해한 미소한 단위 요소.

화수분 [명] 그 안에 어떤 물건이든 넣어 두면 새끼를 쳐서 끝이 없이 나온다는 전설적인 보물단지. 재물이 자꾸 생겨 아무리 써도 줄지 않음을 이르는 말. ¶~이 따로 있나, 한 푼이라도 버는 게 ~이지.

화¦-숙(火-) 图 '화전(火田)'의 잘못.

화순(和順) →화순-하다 [형여] 온화하고 양순하다.

화술(話術) 图 자기의 감정이나 의사를 말로 명확하게 표현하는 기술. 町말재주. ¶뛰어난 ~ / ~에 능한 사람 / ~이 좋다.

화ː승(火繩) 图 불을 붙게 하는 데 쓰는 노끈. 대의 속살을 꼬아 만든 것으로, 총열에 화약과 탄약을 재고 이 노끈에 불을 댕겨 귀약통에 대어 폭발시켰음. =화승심지. ▷도화선.

화ː승-총(火繩銃) 图 화승으로 화약에 불을 붙여 쏘는 구식 총. =조총(鳥銃).

화ː식¹(火食) 图 불에 익힌 음식을 먹는 것. 또는, 그 음식. ↔생식. **화ː식-하다**¹ 图[자](타)[여]

화식²(花式) 图[식] 꽃을 구성하는 꽃받침·꽃부리·수술·암술 등의 종류·수·배열 상태를 기호(각각 K·C·A·P)와 숫자로 나타냄.

화식³(和食) 图 일본식 요리. 町왜식. ¶하늘과 신명은 알건마는 ~ 먹는 사람이야 이런 줄을 누가 알아주랴.(이광수:무정)

화ː식⁴(貨殖) 图 재물을 늘리는 것. **화ː식-하다**² 图[자][여]

화식-도(花式圖)[-또] 图[식] 꽃의 횡단면을 기초로 하여 화식(花式)을 모형적 도식(圖式)으로 그린 그림.

화신¹(化身) 图 1 [불] 중생을 구제하기 위하여 여러 가지로 형상을 바꾸어 이 세상에 나타난 부처의 몸. 2 어떤 추상적인 특질이 구체화 또는 유형화된 것. ¶미(美)의 ~ / 사랑의 ~.

화신²(火神) 图 불을 관장하는 신.

화신³(花信) 图 꽃이 피었다는 소식.

화신⁴(花神) 图 1 꽃을 관장하는 신. 2 꽃의 정기.

화ː실(畫室) 图 미술가가 작업하는 방. 町아틀리에.

화씨(華氏) 图 [고안자인 독일의 파렌하이트(D.G. Fahrenheit)의 음역어인 화륜하(華倫海)에서 유래](물) '화씨온도'의 준말.

화씨-온도(華氏溫度)[물] 图 화씨온도계의 눈금의 명칭. 기호는 °F. ㉜화씨. ▷섭씨온도.

화씨-온도계(華氏溫度計)[-계/-게] 图 [물] 물의 어는점을 32°F, 끓는점을 212°F로 하고 그 사이를 180등분한 온도계.

화ː약¹(火藥) 图 충격·점화 등에 의해 순간적으로 연소(燃燒) 또는 분해 반응을 일으키고 다량의 열과 기체를 발생시켜, 파괴·추진 등의 작용을 행하는 물질. =염초(焰硝). 町약(藥).
[화약을 지고 불로 들어간다] 스스로 위험한 일을 끌어들임을 이르는 말.

화약(和約) 图 서로 전쟁을 하지 않고 평화를 지키기로 약속하는 일. 또는, 그 약속에 따라 맺는 조약. **화약-하다** 图[자](타)[여]

화ː약-고(火藥庫)[-꼬] 图 1 화약을 저장하는 곳집. 2 분쟁이나 전쟁 따위로 위험한 지역을 일컫는 말.

화ː약-심지(火藥-)[-씸-] 图 =화승.

화양-누르미(華陽-) 图 삶은 도라지를 짤막하게 자르고 쇠고기 햄셋을 같이 썰어서 각각 양념하여 볶아서 꼬챙이에 꿰고,

끝에 삼색사지(三色絲紙)를 감은 음식. =화양적·화향적. ㉜누르미·횡누르미.

화엄-경(華嚴經) 图[불] 석가가 도를 이룬 뒤 깨달은 대로 설법하였다는 경문. 화엄종의 근본 경전임. 정식 이름은 '대방광불화엄경'. ㉜화엄.

화엄-종(華嚴宗) 图[불] 신라 때, 의상(義湘)이 화엄경에 의거하여 세운 불교의 한 파. 화엄경을 근본 경전으로 함. ㉜화엄.

화염(火焰) 图 불이 났을 때, 물체를 태우면서 타오르는 불. 町불꽃. ¶건물이 순식간에 ~에 휩싸이다.

화염^방사기(火焰放射器) 图[군] 석유·중유·휘발유 등의 혼합 액체를 압축가스로 분사시켜 점화하여 적의 병사나 주요한 군사 시설물을 태워 버리는 무기.

화염-병(火焰瓶)[-뼝] 图 휘발유나 화염제를 유리병에 넣어 만든, 일종의 화학 수류탄. 불을 붙여 던지면 깨지면서 불이 일어남.

화요(火曜) 图 (주로, 일부 명사 앞에 쓰여) '화요일'을 줄여 이르는 말.

화-요일(火曜日) 图 한 주일의 요일의 하나. 월요일의 다음, 수요일의 전에 옴.

화용(花容) 图 꽃처럼 아름다운 여자의 얼굴. =화안(花顏).

화용-월태(花容月態) 图 아름다운 여인의 얼굴과 맵시를 일컫는 말.

화ː원¹(火源) 图 불이 난 근원.

화원²(花園) 图 1 꽃을 심은 동산. 2 =꽃집.

화월(花月) 图 1 꽃과 달. 2 꽃 위에 비치는 달. 3 꽃이 피고 달이 밝은 그윽한 정취.

화음(和音) 图[음] 높이가 다른 둘 이상의 음이 함께 울릴 때 어울리는 소리. 협화음·불협화음 따위. =아코르·코드(chord).

화응(和應) 图 화답하여 응하는 것. **화응-하다** 图[자][여]

화의(和議)[-의/-이] 图 1 더 이상 서로 싸우지 않기로 협상하여 정하는 것. ¶남한산성으로 피해 있던 인조는 주화파의 주장에 따라 청나라와 ~를 맺었다. 2 [법] 기업이 파산에 직면했을 때, 파산을 피할 수 있게 법원 중재하에 채권자(금융 기관)와 채무자(기업) 사이에 맺어지는 강제 계약. 채권 행사를 일정 기간 유예하고 대출금을 탕감함. **화의-하다** 图[자][여]

화이-사상(華夷思想) 图 중국 민족이 스스로를 '중화(中華)'라 하여 중시하고, 주변 민족들을 '이적(夷狄)'이라 하여 멸시하던 사상. 町중화사상.

화이트^골드(white gold) 图[화] 금 75%, 니켈 15%, 아연 10%로 이루어진 흰빛의 합금. 장식용으로 백금 대신 씀.

화이트-보드(white board) 图 주로 강연·강의·회의 등에서 전용 필기구(펠트펜)로 쓰면서 설명할 수 있도록 만든 흰색의 네모 판. ▷칠판.

화이트-칼라(white-collar) 图 [흰 깃의 뜻으로 화이셔츠를 입은 데서] 정신노동을 하는 근로자. 주로 사무실 안에서 근무함. 町샐러리맨. ↔블루칼라.

화ː인¹(火印) 图 =낙인(烙印)1.

화ː인²(火因) 图 화재의 원인.

화ː인³(禍因) 图 재앙의 원인.

화자(話者) 图 말을 하는 사람. ↔청자(聽者).

화장¹(-長) 图 저고리의 깃고대 중심에서 소매 끝까지의 길이.

화:장²(火葬)〖명〗 시체를 불에 태워서, 그 남은 뼈를 모아 장사 지내는 것. 불교에서는, 다비(茶毘)라고 함. =소산(燒散). **화:장-하다**〖동〗〖타〗〖되다〗〖동〗

화장³(化粧)〖명〗 얼굴에 크림·분·연지·루주나 색을 내는 물질 등을 발라 곱게 꾸미는 것. ¶짙은[엷은] ~ / ~을 고치다. **화장-하다²**〖동〗〖재〗〖여〗 곱게 화장한 얼굴.

화장-기(化粧氣) [-끼]〖명〗 화장한 흔적. ¶~ 없는 얼굴.

화장-대(化粧臺)〖명〗 화장을 그 앞에서 할 수 있도록 거울을 달고 서랍 따위를 갖춘, 탁자 또는 상자 모양의 기구.

화장-독(化粧毒) [-똑]〖명〗 화장품을 잘못 썼을 때 피부에 생기는 부작용.

화장-발(化粧-) [-빨]〖명〗 화장을 했을 때 얼굴에 나타나는 효과. ¶~이 잘 받는다.

화장-수(化粧水)〖명〗 피부를 매끄럽고 부드럽게 하기 위하여 화장에 앞서 바르는 액체.

화장-실(化粧室)〖명〗 ('화장을 고치는 방'이라는 뜻) 사람이 대소변을 볼 수 있도록 만든 곳.

> 〈유의어〉 **화장실 / 변소 / 뒷간**
> 얼마 전까지만 해도 '**변소**'가 가장 보편적으로 쓰이던 말이었으나, 현재는 '**변소**'의 완곡한 표현이었던 '**화장실**'이 가장 일반적이고 널리 쓰이는 말이 됐다. '**뒷간**'은 집 뒤의 후미진 곳에 있다 하여 붙인 말로, 재래식이거나 허름하게 지은 것을 가리키나 근래에는 농촌 지역이나 고령층의 사람을 제외하고는 잘 사용하지 않음.

화장-지(化粧紙)〖명〗 '휴지(休紙)²'를 달리 이르는 말. ¶두루마리 ~.

화:장-터(火葬-)〖명〗 시체를 화장하는 장소.

화장-품(化粧品)〖명〗 화장할 때 바르거나 칠하거나 뿌리는 물건이나 물질. 크림·분·루주·향수 따위. =연지분.

화:재(火災)〖명〗 불이 나는 재앙. 또는, 불로 인한 재앙. 〖비〗불. 〖예〗 ~의 예방 / ~이 발생하다.

화:재-경보기(火災警報器)〖명〗 불이 났을 때 자동적으로 경보를 울리는 장치.

화:재^보^험(火災保險)〖명〗〖경〗 화재로 인한 손해를 보상하는 보험.

화:적(火賊)〖명〗 =불한당(不汗黨)1.

화:적-질(火賊-) [-찔]〖명〗 떼 지어 다니며 행하는 도적질. **화:적질-하다**〖동〗〖여〗

화:전¹(火田)〖명〗 원시적 농사 방법의 하나. 산이나 들에서 초목에 불을 지르고 그 자리를 파 일구어 농사를 짓는 밭. ×화숙.

화:전²(火箭)〖명〗 예전에 싸움에서 쓰던, 불을 붙여 쏘는 화살. =불살·불화살.

화전³(花煎)〖명〗 **1** =꽃전. ¶~을 부치다. **2** 차전병의 하나. 찹쌀가루 반죽을 썩 두껍게 접시만 한 둘레로 만들고, 위쪽에는 바둑판무늬를 지게 한 다음, 번철에 기름을 부어 아주 띄워 지진 것처럼 만듦.

화전-놀이(花煎-)〖명〗 꽃잎을 따서 전을 부쳐 먹으며 노는 부녀자의 봄놀이.

화:전-민(火田民)〖명〗 화전을 일구어 농사를 짓는 사람.

화:점¹(火點) [-쩜]〖명〗〖군〗 기관총과 같은 자동 화기를 배치한 개개의 진지.

화점²(花點) [-쩜]〖명〗 바둑판에서, 기본이 되는 아홉 개의 점. ¶~ 정석(定石).

화접(花蝶)〖명〗 꽃과 나비. ¶~ 무늬 / 바위와 ~을 한 폭에 그린 그림.

화제¹(和劑)〖명〗〖한〗 '약화제(藥和劑)'의 준말.
화제(를) 내다〖구〗 약방문(藥方文)을 쓰다.

화:제²(畫題)〖명〗 **1** 그림의 이름이나 제목. =화명(畫名). **2** 그림 위에 쓰는 시문(詩文).

화제³(話題)〖명〗 사람들이 이야기를 나눌 때 그 대상이 되는 소재. 〖비〗이야깃거리. ¶~의 인물 / ~가 풍부하다 / 최근의 뉴스가 ~로 삼다 / 신발명품이 ~에 오르다.

화젯-거리(話題-) [-제꺼/-젣꺼-]〖명〗 화제가 될 만한 것.

화조(花鳥)〖명〗 **1** 꽃과 새. **2** 꽃을 찾아다니는 새. **3** 〖미〗 꽃과 새를 함께 그린 그림이나 무늬.

화조-문(花鳥紋)〖명〗 꽃과 새를 넣은 무늬.

화조-월석(花朝月夕) [-썩]〖명〗 **1** 꽃 피는 아침과 달 밝은 밤. 곧, 경치가 좋은 시절을 이르는 말. **2** 음력 2월 보름과 8월 보름.

화조-풍월(花鳥風月)〖명〗 **1** 천지간의 아름다운 경치. **2** =풍류(風流)1.

화조-화(花鳥畫)〖명〗〖미〗 꽃과 새를 소재로 한 동양화의 총칭.

화:주¹(化主)〖명〗〖불〗 **1** 중생을 교도하는 교주. 곧, 부처를 가리킴. **2** =화주승. **3** =시주(施主).

화:주²(火酒)〖명〗 알코올 도수가 아주 높은 술. 소주·보드카 따위.

화:주³(貨主)〖명〗 화물의 임자.

화:주-승(化主僧)〖명〗 민간에서 시주하는 물건을 얻어 절의 양식을 대는 승려. =화주.

화:-주역(畫周易)〖명〗 주역의 효사(爻辭)를 풀이하여 그림으로 나타낸 책. =화적(畫籍).

화:주역-쟁이(畫周易-) [-쩽-]〖명〗 화주역을 가지고 남의 사주를 풀이하여 주는 것을 직업으로 하는 사람.

화중-왕(花中王)〖명〗 ('꽃 중의 왕'이라는 뜻) '모란꽃'을 이르는 말. 〖준〗화왕.

화:중지병(畫中之餠)〖명〗 실제로 이용할 수 없거나 차지할 수 없는 것을 이르는 말. '그림의 떡'과 같은 말. 〖준〗화병.

화:증(火症) [-쯩]〖명〗 화를 벌컥 내는 증(症). 〖비〗화기(火氣). ¶~이 나다 / ~을 내다.

화:지(畫紙)〖명〗 그림을 그리는 데 쓰이는 질이 좋은 종이.

화:질(畫質)〖명〗 텔레비전 따위에서, 색조·선명도·밝기 따위의 화상(畫像)의 질. ¶고(高) ~.

화:집(畫集)〖명〗 =화첩(畫帖).

화:차¹(火車)〖명〗 **1** 불로 적을 공격하는 데 쓰는 병거(兵車). **2** =기차(汽車)1. **3** 우리나라의 옛 전차(戰車).

화:차²(貨車)〖명〗 화물 열차. ↔객차.

화창(和暢)→**화창-하다**〖형〗〖여〗 (날씨 또는 마음이) 온화하고 맑다. ¶화창한 봄날.

화채¹(花菜)〖명〗 설탕을 탄 오미잣국에 과실이나 꽃잎을 넣고 실백잣을 띄운 음료.

화채²(貨債)〖명〗 =해웃값.

화:첩(畫帖)〖명〗 그림을 모아 엮은 책. =화집.

화초(花草)〖명〗 **1** 꽃이 피는 풀과 나무. 또는, 관상용의 모든 식물의 총칭. 예사 단위는 그루·주·포기·떨기. =꽃나무. 〖비〗화훼(花卉). **2** (일부 명사 앞에 쓰여) 그 물건이 노리개나 장식적인 대상임을 나타내는 말. ¶~ 말.

화초-밭(花草-) [-빧]〖명〗 화초를 심고 잘 가

꾼밭. =화전(花田).
화초-분(花草盆)圓 화초를 심는 화분.
화초-장(花草欌)圓 화초 무늬를 넣은 의걸이장.
화초-첩(花草妾)圓 =노리개첩.
화촉(華燭)圓 빛깔을 들인 밀초. 흔히, 혼례 의식에 쓰임.
화촉을 밝히다 句 결혼식을 올리다.
화촉-동방(華燭洞房) [-똥-]圓 첫날밤에 신랑 신부가 자는 방.
화친(和親)圓 1 서로 의좋게 지내는 것. 2 나라 사이의 좋은 교분. ¶~을 맺다. **화친-하다** 冏冏 서로 의좋게 지내다.
화톳-불 [-토뿔/-톧뿔]圓 장작을 한군데에 모아 질러 놓는 불.
화¹**-통**(火-)圓 =울화통.
화-통²(火筒)圓 기차나 기선의 굴뚝.
화투(花鬪)圓 솔·매화·벚꽃·난초·모란·오동 등 열두 가지의 그림이 각각 4장씩 모두 48장으로 끗수를 다투는 놀이의 한 가지. 또는, 그 딱지. 민화투·짓고땡·육백·고스톱 따위가 있음. ¶~를 치다. **화투-하다** 冏冏 화투를 가지고 오락이나 노름을 하다.
화투-장(花鬪張) [-짱-]圓 =화투짝.
화투-짝(花鬪-)圓 화투의 낱장. =화투장.
화투-판(花鬪-)圓 화투를 치고 있는 판.
화파(畫派)圓[미] 회화 예술상의 파.
화판(畫板)圓 1 그림을 그릴 때 받치는 판. 2 유화를 그리는 판자.
화평(和平)圓 1 마음이 평안한 것. 2 나라 사이가 화목하고 평화스러운 것. **화평-하다** 冏 **화평-히** 閇
화폐(貨幣) [-페/-폐]圓[경] 상품의 가치를 매기는 척도이자 재화의 교환 수단이 되는, 정부나 중앙은행에서 발행한 지폐 및 주화. 빈금전. ¶~ 경제/신용 ~. ▷통화(通貨). ▶돈.
화폐^가치(貨幣價値) [-페-/-폐-]圓[경] 화폐가 지니는 구매력. 곧, 재화나 서비스에 대한 화폐의 교환 가치. =통화 가치.
화폐^개:혁(貨幣改革) [-페-/-폐-]圓[경] 물가와 경기의 안정을 기하기 위해 정부가 화폐의 가치를 통제·조절하는 조치. =통화 개혁.
화폐^경제(貨幣經濟) [-페-/-폐-]圓[경] 화폐를 재화의 교환 및 유통의 수단으로 하는 경제 양식. ▷자연 경제.
화포¹(火砲)圓[군] 대포 따위의 화기(火器).
화포²(畫布)圓[미] =캔버스(canvas)1.
화폭(畫幅)圓 '그림을 그리는 천이나 종이'를 아름다운 풍경이나 대상을 담는 곳으로서 이르는 말. ¶바다 풍경을 ~에 담다.
화-풀이(火-)圓 어떤 일로 화가 났을 때, (엉뚱한 사람에게) 화를 내어 분을 푸는 것. ¶선생님한테 야단맞고 나에게 ~냐? **화풀이-하다** 冏冏
화품(畫品)圓 회화 작품의 품격. =화격.
화풍(畫風)圓 그림을 그리는 경향.
화필(畫筆)圓 그림을 그리는 붓.
화:-하다¹ 冏冏 입 안이 얼얼하면서 시원한 느낌이 있다. ¶박하사탕이 ~.
화:-하다²(化-)冏冏 어떤 상태가 다른 상태로 변화되다. ¶진눈깨비가 되었다가 아예 가랑비로 **화해** 버린 그 속을 전 중대원은 전속력으로 달려가고 있었다.《곽학송:집행인》
화-하다³(和-)冏冏 무엇을 타서 섞다.

화-하다⁴(和-)冏 (날씨·마음·태도 따위가) 따뜻하고 부드럽다.
화학(化學)圓 자연 과학의 한 분야. 물질을 구성하고 있는 원자나 분자에 주목하여, 물질의 조성·구조, 그 생성과 분해의 반응 및 다른 물질과의 사이에 일으키는 반응을 연구함.
화학-간장(化學-醬) [-깐-]圓 기름을 뺀 콩을 염산으로 분해하여 만든 간장. ▷양조 간장.
화학^결합(化學結合) [-껄-]圓[화] 분자를 구성하는 각 원자 사이의 결합. 이온 결합·공유 결합·금속 결합·배위 결합 등으로 나뉨.
화학^공업(化學工業) [-꽁-]圓[공] 화학적 처리를 주요 공정으로 하는 제조 공업. 준화공.
화학^공학(化學工學) [-꽁-]圓[공] 화학 공업의 공정, 기계·기구의 설비 및 운용과 공장 관계 사항을 연구하는 공학. 준화공.
화학로-자리(化學爐-) [-항노-]圓[천] 가을의 남쪽 하늘의 별자리. 고래자리의 남쪽에 있음.
화학^무기(化學武器) [-항-]圓[군] 화학전에 쓰이는 무기의 총칭. 독가스·화염 방사기 따위. ▷화학 병기.
화학^반:응(化學反應) [-빤-]圓[화] 두 가지 이상의 물질 사이에 화학적 변화가 일어나는 일.
화학^반:응식(化學反應式) [-빤-]圓[화] 분자식으로 화학 반응을 표시하는 식.
화학^변:화(化學變化) [-뻔-]圓[화] =화학적 변화.
화학^비:료(化學肥料) [-뻐-]圓[농] 화학적 처리에 의하여 인공적으로 생산되는 비료. ▷유기 비료.
화학^섬유(化學纖維) [-섬-]圓[공] 화학적인 가공에 의하여 인공으로 만드는 섬유. 준화섬(化纖).
화학-솜(化學-) [-쏨]圓 화학적으로 처리하여 만든 솜.
화학-식(化學式) [-씩]圓[화] 물질의 화학 조성을 원소 기호를 조합하여 나타낸 식. 실험식·분자식·시성식(示性式)·구조식 등이 포함됨.
화학^에너지(化學energy)圓[물] 화학 결합의 결과로 물질 내에 보유되어 있는 에너지. 화학 반응의 결과 에너지를 방출 또는 흡수하여 화학 변화를 일으킴.
화학-자(化學者) [-짜]圓 화학을 전문으로 연구하는 사람.
화학-적(化學的) [-쩍]관圓 물체의 위치·형상·대소 따위가 아니라 그 물질 자체에 관계되는 (것).
화학적 변:화(化學的變化) [-쩍-]圓[화] 물질이, 그 자신 또는 다른 물질과의 상호 작용에 의하여 새로운 물질로 바뀌는 일. =화학 변화. ↔물리적 변화.
화학적 산소^요구량(化學的酸素要求量) [-쩍-]圓[화] 물의 오염도를 나타내는 지표(指標)의 하나. 물속의 유기물(有機物)을 산화제로 산화하는 데에 소비되는 산소양. 단위는 ppm. =시오디(COD).
화학-전(化學戰) [-쩐]圓[군] 화학 무기로 싸우는 전쟁.
화학적-조미료(化學調味料) [-쪼-]圓 화학적으로 합성하여 만드는 조미료.

화!학^합성(化學合成)[-하캅썽] 똉[화] 1 화학 반응에 의한 합성. 2 어떤 종류의 세균이, 무기물을 산화할 때 떨어져 나오는 에너지를 이용하여 체내의 유기물을 합성하는 일. ↔생합성.

화!합¹(化合) 똉[화] 둘 이상의 물질 또는 원소가 화학적으로 결합하여 다른 물질을 생성하는 일. ↔분해. **화!합-하다**¹ 통재어 **화!합-되다**¹ 통재

화합(和合) 똉 화목하게 합하는 것. ¶형제간에 ~이 잘되다. **화합-하다**² 통재어 **화합-되다**²

화!합-물(化合物)[-합-] 똉[화] 화합에 의하여 만들어진 물질. ↔홑원소 물질.

화해(和解) 똉 (사람과) 다툼을 그치고 서로 나쁜 감정을 푸는 것. ¶~를 청하다. **화해-하다** 통재어 ¶친구와 ~. **화해-되다** 통재

화햇-술(和解-)[-해쑬/-핻쑬] 똉 서로 감정이나 오해를 풀어 버리기 위하여 마시는 술.

화향(花香) 똉 1 꽃의 향기. 2 [불] 불전에 올리는 꽃과 향.

화!형(火刑) 똉 사람을 불에 태워 죽이는 형벌. =분형(焚刑).

화!형-식(火刑式) 똉 사라져야 할 대상을 상징하는 허수아비나 그림 등을 만든 뒤 그것을 불태우는 의식.

화호(和好) → **화호-하다** 휑어 화평하고 사이가 좋다.

화혼(華婚) 똉 남의 결혼을 아름답게 이르는 말. ¶축(祝) ~.

화환(花環) 똉 축하나 환영이나 애도 등의 뜻을 나타내기 위해 꽃을 모아 고리같이 둥글게 만든 물건. 사람의 목에 걸 수 있게 되어 있는 것과 버팀대에 붙여 세워 놓게 되어 있는 것이 있음. =화륜. ¶~을 목에 걸다.

화훼(花卉) 똉 1 관상하기 위해 재배하는 식물. 특히, 초본 식물. 주로 원예 분야에서 쓰는 말임. 휑화초. 2 [미] 화초를 주제로 하여 그린 그림.

확¹ 똉 방아나 절구에서, 곡식을 담아 놓고 찧을 수 있게 움푹 들어간 판 부분. 휑방아확.

확² 휨 1 바람·냄새·기운 등이 갑자기 세게 끼치는 모양. ¶창문을 열자 찬 바람이 방 안으로 ~ 들어왔다. 2 불길이 갑자기 세게 일어나는 모양. ¶불길이 ~ 번지다. 3 갑자기 달아오르거나 몹시 뜨거운 느낌이 일어나는 모양. ¶얼굴이 ~ 달아오르다. 4 일이 날래고 힘차게 진행되는 모양. ¶물을 ~ 끼얹다. 5 매어 있거나 막혔던 것이 갑자기 풀리거나 열리는 모양. ¶문이 ~ 열리다 / 시야가 ~ 트이다.

확고(確固)[-꼬] → **확고-하다**[-꼬-] 휑어 (마음이나 태도가) 확실하고 굳다. ¶~한 신념 / 의지가 ~. **확고-히** 휨 ¶자기의 의사를 ~ 밝히다.

확고-부동(確固不動)[-꼬-] → **확고부동-하다**[-꼬-] 휑어 (마음이나 태도가) 확고하여 흔들리지 않다. ¶확고부동한 태도[결심].

확답(確答)[-땁] 똉 자기의 태도나 결심 등을 확실하게 밝히는 대답. ¶~을 받다. **확답-하다** 통태어

확대(廓大)[-때] 똉 넓혀 크게 하는 것. **확대-하다**¹ 통태어 ¶영토를 ~. **확대-되다**¹ 통재

확대²(擴大)[-때] 똉 1 (어떤 일이나 대상의 범위를) 본래보다 더 큰 규모가 되게 하는 것. ¶무역의 ~. ↔축소. 2 (사진이나 영상이나 상 등을) 본래의 것, 또는 기준이 되는 것의 크기보다 더 크게 하는 것. ¶~ 인화. **확대-하다**² 통태어 ¶확대한 사진 / 사업 규모를 ~. **확대-되다**² 통재 ¶전쟁이 ~.

확대^가족(擴大家族)[-때] 똉[사] 혈연 관계인 두 쌍 이상의 부부와 그 자녀로 이뤄진 형태의 가족. 여기에는 한 쌍의 부부가 부모와 함께 가족을 구성하는 형태와 결혼한 형제들이 분가하지 않고 가족을 구성하는 형태의 두 가지가 있음. ↔핵가족.

확대-경(擴大鏡)[-때-] 똉 작은 물체를 확대해서 볼 수 있도록 한 개의 볼록 렌즈에 테를 두르고 손잡이를 달아 만든 도구. =돋보기. ¶~으로 식물을 관찰하다.

확대-일로(擴大一路)[-때-] 똉 사태 등이 곧장 확대되어 가는 형세. ¶노사 분규가 ~를 걷고 있다.

확대^해^석(擴大解釋)[-때-] 똉 1 [법] =확장 해석. 2 어떤 일이나 말·행동 등을 있는 그대로 받아들이지 않고, 특별한 의미를 부여하거나 뜻을 넓혀서 해석하는 것. ¶장관의 이번 발언에 대해서는 언론이 ~ 한 것으로 보인다.

확대-회의(擴大會議)[-때회이/-때훼이] 똉 결의권이 있는 구성원 외에 관계자들을 광범위하게 참가하게 하는 회의.

확률(確率)[황뉼] 똉[수] 하나의 사상(事象) 혹은 사건이 일어날 수 있는 가능성의 정도. 또는, 그 수치. =개연량(蓋然量)·개연율(蓋然率). ¶복권이 당첨될 ~이 높다 [낮다].

확률^변^수(確率變數)[황뉼-] 똉[수] 한 시행에서 표본 공간을 정의 구역으로 하는 실수 함수.

확립(確立)[황닙] 똉 (체계·견해·조직 등을) 확고하게 세우는 것. **확립-하다** 통태어 ¶올바른 국가관을 ~ / 교통질서를 ~. **확립-되다** 통재

확보(確保)[-뽀] 똉 (필요한 물건이나 추상적 사물을) 확실하게 가지는 것. **확보-하다** 통태어 ¶물증을 ~ / 교두보를 ~ / 유리한 고지를 ~. **확보-되다** 통재 ¶비상식량이 ~ / 예산이 ~.

확산(擴散)[-싼] 똉 1 (이념이나 사회적 운동·문제·질병 등이) 더 넓은 범위로 퍼지는 것. 2 [물] 서로 농도가 다른 물질이 혼합될 때, 시간이 지나면서 점차 같은 농도가 되는 현상. **확산-하다** 통재어 **확산-되다** 통재 ¶유행성 결막염이 전국적으로 ~ / 반전 운동이 ~.

확성-기(擴聲器)[-썽-] 똉 소리를 크게 하여 멀리까지 들리게 하는 기구. =스피커.

확신(確信)[-씬] 똉 굳게 믿는 것. 또는, 그러한 신념. ¶~이 서다. **확신-하다** 통태어 ¶나는 그의 결백을 확신한다.

확신-범(確信犯)[-씬-] 똉[법] 도덕적·종교적·정치적 확신이 결정적 동기가 되어 행해지는 범죄. 또는, 그 범인. 사상범·정치범 등.

확실(確實)[-씰] → **확실-하다**[-씰-] 휑어 (어떤 일이나 사실이) 틀림없이 그러하다. 또는, 틀림없이 믿을 수 있거나 믿을 만하다. ¶확실한 증거 / 그가 언제 돌아올지 확실하지 않다. **확실-히** 휨 ¶~ 형이 동생보

다 낫다.
확실-성(確實性)[-씰썽] 圀 어떤 일의 가능성이 확실한 것. ¶우리 계획이 실행될지 어떨지 아직 ~이 없다.
확실-시(確實視)[-씰씨] 圀 확실한 것으로 보는 것. 확실시-하다 图타여 확실시-되다 图자 ¶한국 대표팀의 압승이 ~.
확약(確約) 圀 확실하게 약속하는 것. 또는, 그러한 약속. ¶~을 받다. 확약-하다 图타여
확언(確言) 圀 (어떤 일이나 사실을) 확실하게 말하는 것. 또는, 그러한 말. 확언-하다 图타여 ¶그 점은 확언하기 어렵다.
확연(確然) ➔확연-하다 혱여 확실한 데가 있다. 확연-히 图 ¶수사 결과 죄상이 ~ 드러났다.
확인(確認) 圀 (어떤 사실이) 틀림이 있는지 없는지, 또는 어떠한 상태인지 알아보는 것. 확인-하다 图타여 ¶조회를 통해 신원을 ~. 확인-되다 图자 ¶사고 여객기의 사망자 수는 확인되지 않았다.
확인-서(確認書) 圀 어떤 사실을 확인하는 뜻으로 쓴 글이나 서류. ¶병원에서 진찰~를 받다.
확인^의문문(確認疑問文) 圀[언] 어떤 사실을 알고 그것을 확인하는 의문문. '철수는 집에 갔지 않니?' 따위.
확장(擴張)[-짱] 圀 (대상을) 늘려 넓히는 것. ¶도로 ~ 공사. ↔축소. 확장-하다 图타여 ¶점포를 ~. 확장-되다 图자
확장-명(擴張名)[-짱-] 圀[컴]=확장자.
확장-자(擴張字)[-짱-] 圀[컴] 파일명 뒤에 부가적으로 붙이는 이름. 보통 3자의 문자를 사용하는데, 파일명과의 사이에 피리어드(.)를 찍음. 예를 들어, '.exe'(실행 파일의 경우), '.sys'(시스템 파일의 경우) 따위. = 확장명.
확장^해석(擴張解釋)[-짱-] 圀[법] 법 해석을 할 때 법규의 문자·문장의 뜻을 보통의 경우보다 넓혀서 해석하는 방법. =확대해석.
확적(確的)[-쩍] ➔확적-하다[-쩌카-] 혱여 확실하여 틀림이 없다. 삐적확(的確)하다. 확적-히 图 ¶앞장선 허 생원의 이야기 소리는 꽁무니에 선 동이에게는 들리지 않았다.〈이효석: 메밀꽃 필 무렵〉
확정(確定)[-쩡] 圀 일이 확실히 정해지는 것. 또는, 일을 확실히 정하는 것. ¶~안(案). 확정-하다 图타여 ¶출국 일자를 ~. 확정-되다 图자 ¶당선이 ~.
확정^기한(確定期限)[-쩡-] 圀[법] 도래하는 시기가 확정되어 있는 기한. ↔불확정기한.
확정^일자(確定日字)[-쩡-짜] 圀[법] 증서가 작성된 일자에 대하여 완전한 증거력이 있다고 법률에서 인정하는 일자.
확정-적(確定的)[-쩡-] 판圀 확정할 만한 (것). ¶그의 승진은 거의 ~이다.
확증(確證)[-쯩] 圀 확실히 증명하는 것. 또는, 확실한 증거. ¶~을 얻다 / 범행에 대한 ~을 잡다. 확증-하다 图타여 확증-되다 图자
확진(確診)[-찐] 圀 확실하게 진단을 하는 것. 또는, 그 진단. ¶의사의 ~으로 병명을 알게 되다. 확진-하다 图타여 확진-되다 图자
확집(確執)[-찝] 圀 자기주장을 굳이 고집

하는 것. ¶지조란 것은 순일(純一)한 정신을 지키기 위한 불타는 신념이요 눈물겨운 정성이며, 냉철한 ~이요 고귀한 투쟁이기까지 하다.〈조지훈: 지조론〉 확집-하다 图타여
확충(擴充) 圀 (어떤 대상을) 더 늘리거나 채우거나 키워서 충실하게 하는 것. ¶시설 ~ / 인원 ~. 확충-하다 图타여 ¶사업을 ~. 확충-되다 图자
확호(確乎)[화코] ➔확호-하다[화코-] 혱여 아주 든든하고 굳세다. 확호-히 图
확-확[화콱] 图 1 바람·냄새·기운 따위가 잇달아 세게 끼치는 모양. ¶술 냄새를 ~ 풍기다. 2 불길이 잇달아 세게 일어나는 모양. ¶불이 ~ 번지다. 3 느낌이 잇달아 일어나는 모양. ¶그 말을 들으니 얼굴이 ~ 달아오른다. 4 매어 있거나 막혔던 것이 잇달아 힘차게 풀리거나 열리는 모양. ¶사업이 계획대로 ~ 풀린다. 확확-히 图
환[1] 圀 아무렇게나 마구 그리는 그림. ¶나는 틈만 나면 소녀의 아버지가 일하는 겉에 서서 크고 작은 여러 가지 모양으로 목각을 하거나 그 위에 청홍으로 ~을 치는 것을 지켜보곤 했습니다.〈강정규: 돌〉
환[2](丸) 圀 ① 자립 [약] 가루로 만든 약재를 반죽하여 조그맣게 동글동글하게 빚은 상태. 또는, 그런 상태로 만든 약. ¶우황청심~ / 약을 ~으로 짓다. ▷-정(錠). ② 의존 환으로 된 약의 개수를 세는 말.
환[3](換) 圀 1 [경] 어음·수표에 의하여 대차(貸借)를 결제하는 방법. 떨어진 지역에 있는 채권자와 채무자 사이에 대차를 결제하는 경우, 원격지에 현금을 수송하는 위험·불편을 피하기 위하여 쓰임. 2 [역] '환전(換錢)'의 준말.
환[4](環) 圀[화] 고리 모양으로 결합되어 있는 원자(原子)의 집단.
환[5](圓) 의존 1 1953년부터 1962년까지의 우리나라 화폐 단위의 하나. 1환은 100전임. 2 [역] 대한 제국 때의 화폐 단위. ▷원.
환:가(換價)[-까] 圀 1 집이나 토지를 바꿀 때 치르는 값. 2 값으로 환산하는 것. 또는, 그 값. 환:가-하다 图타여 값으로 환산하다.
환:각(幻覺) 圀[심] 감각 기관을 자극하는 외부 사물이 없는데도 마치 그 사물이 있는 것처럼 일어나는 감각. ¶~ 작용.
환:각-제(幻覺劑)[-쩨] 圀[약] 환각을 일으키는 약제. 엘에스디(LSD)·대마초 따위.
환갑(還甲) 圀 [육십갑자의 '갑'으로 되돌아온다는 뜻] 나이 예순한 살을 이르는 말. =회갑. 삐갑년·화갑.
환갑 진갑(進甲) 다 지내다 团 세상을 살 만큼 살다. 어지간히 오래 살다.
환갑-날(還甲-)[-감-] 圀 환갑이 되는 해의 생일날. =갑날.
환갑-노인(還甲老人)[-감-] 圀 나이가 예순한 살 되는 노인.
환갑-연(還甲宴) 圀 =환갑잔치. 환:갑연-하다 图자여
환갑-잔치(還甲-)[-짠-] 圀 환갑을 축하하여 벌이는 잔치. =갑연·환갑연·회갑연. 환갑잔치-하다 图자여
환거(鰥居) 圀 홀아비로 사는 것. 환거-하다 图자여
환:^거래(換去來) 圀[경] 1 은행이 고객의 주문에 따라서 환을 취결(就結)하는 일. 2 은행 사이에서 환어음을 매매하는 일.

환경(環境) 〖명〗 1 사람이나 동식물의 존재에 커다란 영향을 미치는, 눈·비·바람 등의 기후적 조건이나 산·강·바다·공기·햇빛·흙 등의 자연적 조건. ¶자연~/~ 보호/~ 파괴. 2 사람이 생활하는 주위의 상태나, 생활하기 위해 만든 물리적 조건. ¶생활~/가정~/작업~/~ 미화. 3 〖컴〗 응용 프로그램을 위한 하드웨어와 운영 체제. ¶도스~/윈도~.

환경-미화원(環境美化員) 〖명〗 차도·인도 등의 거리나 공공건물·학교·병원·사무실·아파트 등을 청소하는 사람. 거리 미화원·건물 미화원·굴뚝 미화원 등으로 구분됨. 〖준〗미화원.

환경-부(環境部) 〖명〗 행정 각 부의 하나. 자연 환경과 생활환경의 보전, 환경오염 방지에 관한 업무를 맡아봄. 1994년 12월 환경처를 승격시켜 발족한 것임.

환경-오염(環境汚染) 〖명〗 인간의 활동에 의해 발생하는 대기·수질·토양의 오염 및 소음·진동 등으로 자연환경과 생활환경이 손상되는 일.

환경^호르몬(環境hormone) 〖명〗 인간이나 동물의 체내에 축적될 경우 내분비계의 기능에 이상을 일으켜, 생식 기능·면역 기능 등을 파괴하거나 기형·성장 장애 등을 가져오는 유해 화학 물질. 환경에 배출된 화학물질이 체내에서 호르몬처럼 작용한다 하여 붙여진 말임.

환-고향(還故鄕) 〖명〗 고향으로 돌아가거나 돌아오는 것. **환고향-하다** 〖동〗〖자여〗

환곡(還穀) 〖명〗〖역〗 조선 시대, 삼정(三政)의 하나. 국가가 비축했던 곡식을 춘궁기에 백성에게 꾸어주었다가 추수 후 돌려받는 곡식 및 그 제도. =환상(還上)·환자(還子).

환골-탈태(換骨奪胎) 〖명〗 〔뼈를 바꾸고 태(胎)를 빼낸다는 뜻〕 (사람이나 사물이) 보다 좋은 방향으로 바뀌어 완전히 새롭게 됨. ¶우리 회사는 재도약의 기회를 마련하기 위해 ~의 노력을 기울이고 있다./신앙을 가진 후로 그의 삶은 ~의 모습을 보이고 있다. 〖준〗탈태. **환!골탈태-하다** 〖동〗〖자여〗

환관¹(宦官) 〖명〗〖역〗 거세된 남자로 궁정에서 사역하는 내관(內官), 궁문 수위, 궁중의 전명(傳命), 왕의 출행 시 수행하는 일을 맡아봄. =내관·내시·중관(中官)·환자(宦者)·황문.

환관²(還官) 〖명〗 지방관이 자기의 임소(任所)로 돌아가거나 돌아오는 것. **환관-하다** 〖동〗〖자여〗

환!국¹(換局) 〖명〗 시국(時局) 또는 판국이 바뀌는 것. **환!국-하다** 〖동〗〖자여〗

환국²(還國) 〖명〗 =귀국(歸國)². **환국-하다**² 〖동〗〖자여〗

환군(還軍) 〖명〗 군사를 돌이켜 돌아오는 것. =회군(回軍). **환군-하다** 〖동〗〖자여〗

환궁(還宮) 〖명〗 임금·왕비 등이 대궐로 돌아오는 것. =환어·환행. **환궁-하다** 〖동〗〖자여〗 ¶어가(御駕)가 ~.

환!금(換金) 〖명〗 1 물건을 팔아서 돈으로 바꾸는 것. ↔환물. 2 〖경〗 한 나라의 돈을 다른 나라의 돈으로 바꾸는 일. **환!금-하다** 〖동〗〖타여〗

환!금-성(換金性) [-씽] 〖명〗 물건을 팔아서 현금으로 바꿀 수 있는 성질.

환급(還給) 〖명〗 도로 돌려주는 것. 〖비〗환부(還付). ¶~금(金). **환급-하다** 〖동〗〖타여〗 **환급-되다** 〖동〗〖자여〗 ¶과한한 세금이 ~.

환!기¹(喚起) 〖명〗 (생각·의식 등을) 되살려 불러일으키는 것. **환!기-하다**¹ 〖동〗〖타여〗 ¶화재에 대한 주의를 ~. **환!기-되다**¹ 〖동〗〖자여〗

환!기²(換氣) 〖명〗 탁한 공기를 맑은 공기로 바꾸는 것. ¶~통/~구/~가 잘되는 방. **환!기-하다**² 〖동〗〖타여〗 ¶방을 자주 ~. **환!기-되다**² 〖동〗〖자여〗

환!기-구(換氣口) 〖명〗 환기 또는 온도 조절을 하기 위해 만든 구멍.

환!기-창(換氣窓) 〖명〗 환기를 목적으로 지붕 위나 벽에 만든 창.

환!기-통(換氣筒) 〖명〗 방 안의 공기를 바꾸려고 지붕에 구멍을 뚫어 만든 장치.

환!난(患難) 〖명〗 근심과 재난.

환!난-상휼(患難相恤) 〖명〗 환난이 생겼을 때 서로 도와주는 것. =환난상구. **환!난상휼-하다** 〖동〗〖자여〗

환납(還納) 〖명〗 도로 바치는 것. **환납-하다** 〖동〗〖타여〗 **환납-되다** 〖동〗〖자여〗

환담(歡談) 〖명〗 정답고 즐겁게 이야기하는 것. 또는, 그 이야기. ¶~을 나누다. **환담-하다** 〖동〗〖자여〗

환대(歡待) 〖명〗 정성껏 후하게 대접하는 것. ¶~를 받다. **환대-하다** 〖동〗〖타여〗

환도¹(環刀) 〖명〗〖역〗 군복을 입고 허리에 차는, 자루 끝에 둥근 고리가 있는 칼.

환도²(還都) 〖명〗 전쟁 등 나라에 어려움이 있어 정부가 한때 수도를 버리고 옮겨 갔다가 다시 돌아오는 것. **환도-하다** 〖동〗〖자여〗

환도-성(丸都城) 〖명〗〖역〗 고구려가 평양으로 천도하기 전의 도성. 압록강 중류의 서안에 있었음.

환!등(幻燈) 〖명〗 1 그림·사진·실물 따위를 강한 불빛으로 비춰서 그 반사광을 렌즈에 의하여 확대 영사하는 장치. 〖비〗슬라이드. 2 '환등기'의 준말.

환!등-기(幻燈機) 〖명〗 오목 거울, 볼록 렌즈 등을 이용하여 그림·사진·실물 따위를 스크린에 확대해 영사하는 기계. 〖준〗환등.

환락(歡樂) 〖활〗 〖명〗 즐겁고 흥겹고 유쾌한 상태. 특히, 말초적인 쾌락을 느끼는 상태. ¶~의 밤/~의 도시/~을 좇다/~에 빠지다.

환락-가(歡樂街) 〖활-까〗 〖명〗 술집·요릿집·극장 따위의 유흥장이 많이 늘어선 거리.

환!란(患亂) 〖활-〗 〖명〗 근심과 재앙. ¶~이 닥쳐서.

환로(宦路) 〖활-〗 〖명〗 벼슬살이를 하게 되는 일. =환도(宦途). 〖비〗벼슬길. ¶~에 오르다/앞으로 한참 동안은 ~가 험하마 하더라도 별 풍파 없이 나가게 되시리라.〈홍명희: 임꺽정〉

환!롱(幻弄) 〖활-〗 〖명〗 교묘한 못된 꾀로 남을 속이고 농락하는 것. **환!롱-하다** 〖동〗〖타여〗 **환!롱-되다** 〖동〗〖자〗

환!롱-질(幻弄-) 〖활-〗 〖명〗 교묘한 못된 꾀로 남을 속이고 농락하는 짓. **환!롱질-하다** 〖동〗〖자여〗

환류(還流) 〖활-〗 〖명〗 1 물 또는 공기의 흐름이 방향을 바꾸어 되돌아 흐르는 일. 2 〖지〗적도 해류가 대륙이나 섬에 부딪혀서 흐로 나뉘어 극지방을 향해 점차 동쪽으로 흐르는 난류. 멕시코 만류 따위.

환!매¹(換買) 〖명〗 값을 따지어 물건을 서로 바꾸는 것. **환!매-하다**¹ 〖동〗〖타여〗

환매²(還買) 〖명〗 일단 남에게 팔았던 물건을

다시 사들이는 일. ¶~ 채권. 환매-하다² 图타여

환매³(還賣) 图 사들인 물건을 되파는 일. 환매-하다³ 图타여

환매^조건부^채!권(還買條件附債券) [-껀-꿘] 图[경] 증권 회사가 채권을 팔되, 일정 기간 후에 일정 가격으로 다시 사들이기로 조건을 붙인 채권. ㈜환매채.

환매-채(還買債) 图[경] '환매 조건부 채권'의 준말.

환!멸(幻滅) 图 품어 온 꿈이나 기대나 환상이 깨어질 때 느끼는 허무함이나 쓰라림. ¶그는 배우 생활에 ~을 느끼고 은막을 떠났다.

환!멸-감(幻滅感) 图 꿈이나 기대나 환상이 깨어진 데서 오는 허무하고 쓰라린 느낌.

환!몽(幻夢) 图 허황된 꿈. ¶~에 사로잡히다

환!문(喚問) 图 소환하여 신문(訊問)하는 것. 환!문-하다 图타여

환!물(換物) 图 돈을 물건으로 바꾸는 것. ¶~ 투기 / 인플레에 따른 ~ 심리의 확산. ↔ 환금.

환!부¹(患部) 图 병 또는 상처가 난 자리.

환!부²(還付) 图 도로 돌려주는 것. ㈜환급(還給). 환!부-하다 图타여 환!부-되다 图자여

환!부역조(換父易祖) [-쪼-] 图 [아버지·할아버지를 바꾼다는 뜻] 지체가 낮은 사람이 부정한 수법으로 무후(無後)한 양반집의 뒤를 이어 양반 행세를 하는 짓을 비웃어 이르는 말. 환!부역조-하다 图자여

환!불¹(換拂) 图 환산(換算)하여 지불하는 것. 환!불-하다¹ ¶달러를 원화로 ~

환!불²(還拂) 图 (요금이나 대금을 지불했던 사람에게) 물품·서비스 등에 문제가 있거나 자신의 사정으로 인해 되돌려 주는 것. 환!불-하다² 图타여 ¶공연이 취소되자 주최 측은 입장료를 환불하였다.

환!산(換算) 图 어떤 단위로 표시된 수를 다른 단위로 고치는 것. 또는, 그렇게 고치는 계산. 환!산-하다 图타여 ¶평수를 미터법으로 ~ / 돈으로 환산하지 못할 정신적 피해. 환!산-되다 图자여

환!상¹(幻想) 图 1 어떤 세계가 현실적으로 존재하지 않고 공상으로만 존재하는 상태. 또는, 어떤 생각이 현실에 기초를 두지 않고 공상으로만 가능한 상태. 또는, 그 세계나 생각. ¶~의 세계 / ~에 빠지다 / 인류에게 장밋빛 미래만이 있으리라는 건 ~에 불과하다. 2 (주로 '환상의'의 꼴로 쓰여) 어떤 일이나 대상이 더할 나위 없이 훌륭한 상태. ¶~의 콤비 / 박 선수의 ~의 투구 / 미녀들이 펼치는 ~의 무대. ▷환상적.

환!상²(幻像) 图 [심] 착각이나 신비한 체험에 의해, 실제로는 존재하지 않거나 다른 사람은 볼 수 없는 형상이 눈앞에 나타나는 일. 또는, 그 형상. ㈜환영(幻影). ¶기도와 비몽사몽간에 ~을 보니…. 《신약 사도행전》

환!상³(喚想) 图 (지난 일을) 돌이켜 생각하는 것. 환!상-하다 图타여

환상⁴(環狀) 图 고리처럼 동그랗게 생긴 형상. = 환형(環形). ~ 철도.

환!상-곡(幻想曲) 图[음] 1 형식상의 구애를 받지 않고 자유로운 악상의 전개에 의하여 작곡된 낭만적인 악곡. = 판타지·판타지아. 2 어떤 명곡의 주요 부분만을 발췌·편곡한 악곡.

환!상-적(幻想的) 관图 1 환상인 (것). 또는, 환상에 가까운 (것). 2 어떤 대상이 기가 막히게 좋거나 훌륭한 (것). ¶~인 콤비 / 맛이 ~이다.

환!생¹(幻生) 图 1 환상처럼 나타나는 것. 2 [불] 형상을 바꾸어 다시 태어나는 것. ㈜환생(還生). 환!생-하다¹ 图자여

환!생²(還生) 图 1 [불] 윤회설에서, 죽은 사람이 모습을 바꾸어 다시 태어나는 것. ㈜환생(幻生). 2 되살아나는 것. 환!생-하다² 图자여

환!성¹(喚聲) 图 고함치는 소리.

환!성²(歡聲) 图 기쁘거나 즐거워서 지르는 소리. ㈜환호성. ¶~을 올리다[지르다].

환!세(換歲) 图 해가 바뀌는 것. 환!세-하다 图자여

환속(還俗) 图 (승려나 수도자가) 승려 생활이나 수도 생활을 그만두고 다시 속인이 되는 것. ㈜탈속(脫俗). 환속-하다 图자여 ¶승려가 ~.

환송¹(還送) 图 1 도로 돌려보내는 것. = 회송. ㈜반송. 2 [법] 민사 소송법에서, 상급심이 원판결을 취소한 경우, 심리를 다시 하게 하기 위해 사건을 항소심 또는 제일심 법원에 돌려보내는 일. 환송-하다¹ 图타여 환송-되다 图자여

환송²(歡送) 图 (먼 곳으로 떠나는 사람이나 돌아가는 손님이나 속했던 집단에서 좋은 일로 떠나는 사람 등을) 격식을 갖추어 기쁜 마음으로 보내는 것. ¶공항으로 ~ 나가다. ↔환영. 환송-하다² 图타여

환송-연(歡送宴) 图 환송하는 뜻으로 베푸는 연회.

환송-회(歡送會) [-회/-웨] 图 환송의 뜻으로 베푸는 모임. ¶졸업생 ~.

환수(還收) 图 도로 거두어들이는 것. 환수-하다 图타여 ¶빌려 준 돈을 ~. 환수-되다 图자여

환!술(幻術) 图 남의 눈을 속여 괴상한 것을 나타나 보이게 하는 기술.

환!승(換乘) 图 목적지에 가기 위해서 어떤 탈것을 다른 탈것으로 바꾸어 타는 것. ¶지하철 ~ 주차장. 환!승-하다 图자여

환!승-역(換乘驛) [-녁] 图 다른 노선으로 바꾸어 탈 수 있도록 마련된 역.

환!시¹(幻視) 图 현실로는 없는 것이 있는 것처럼 보이는 현상.

환시²(環視) 图 1 많은 사람이 둘러서서 보는 것. ¶중인(衆人) ~. 2 사방을 둘러보는 것. 환시-하다 图자여타여

환!-시세(換時勢) 图[경] = 환율(換率).

환심(歡心) 图 상대의 언행이 비위에 맞아 기분이 좋거나 흐뭇한 마음.

환심(을) 사다 ⓖ 알랑거리거나 비위를 맞추어 상대의 기분을 좋아지게 함으로써 자기에 대한 좋은 느낌을 가지게 하다. ¶그는 직장에서 상사의 환심을 사려고 온갖 짓을 다한다.

환약(丸藥) 图 약재를 가루로 만들어 반죽하여 작고 동글동글하게 빚은 약. = 환제(丸劑). ㈜정제(錠劑)·알약. ▷탕약.

환어(幻御) 图 = 환궁. 환어-하다 图자여

환!-어음(換-) 图[경] 발행자가 지급인에 대하여 어음의 소지인에게 일정한 금액을 지급할 것을 위탁한 어음. 지급인은 인수하는 것으로 지급 의무를 짐. 대개는 국제 거래에 사용됨.

환:언(換言)〔명〕(어떤 말을) 이해를 돕거나 쉽게 하기 위해 다른 말로 바꾸는 것. **환:언-하다**〔동〕(자)(타)(여)

환:영¹(幻影)〔명〕 1 공상이나 환각에 의하여, 눈앞에 있지 않은 것이 있는 것처럼 보이는 것. =곡두. (비)환상(幻想). ¶그는 먼 산을 바라보며 이북 땅 고향 산천의 ~을 쫓고 있었다. 2〔심〕사상이나 감각의 착오로 사실이 아닌 것을 사실처럼 인정하는 현상. (비)환상(幻像).

환영²(歡迎)〔명〕 1 (먼 곳에서 돌아오는 사람이나 외부에서 오는 손님이나 어느 집단에 새로 들어오는 사람 등을) 격식을 갖추어 기쁘고 반갑게 맞는 것. ¶가도의 ~ 인파 / 파티 / 열렬한 ~을 받다. ↔환송. 2 (어떤 일이나 대상을) 기쁘게 받아들이는 것. ¶투고 ~ / 비시 카드. **환영-하다**〔동〕(타)(여) ¶신입 사원을 박수로 ~ / 정부의 개혁 정책을 ~.

환영-사(歡迎辭)〔명〕 환영의 뜻을 나타내는 인사말.
환영-연(歡迎宴)〔명〕 환영하여 베푸는 연회.
환영-회(歡迎會)〔-회/-훼〕〔명〕 환영하는 뜻으로 베푸는 모임. ¶신입생 ~.
환옥¹(丸玉)〔명〕〔고고〕=구슬옥.
환옥²(環玉)〔명〕〔역〕=도리옥.
환:욕(宦慾)〔명〕 벼슬에 대한 욕심.
환원(還元)〔명〕 1 본디의 상태로 되돌리는 일. 2〔화〕어떤 물질이 산소의 일부 또는 전부를 잃거나 외부에서 수소를 흡수하는 화학 변화. 넓은 뜻으로는, 원자·분자·이온이 전자를 얻는 반응을 포함하기도 함. ↔산화. **환원-하다**〔동〕(자)(타)(여) ¶물건 값을 종전대로 ~. **환원-되다**〔동〕(자)

환원-제(還元劑)〔명〕〔화〕다른 물질에 환원을 일으키게 하는 물질. 수소·탄소·금속 나트륨·아황산염 따위. ▷산화제.

환원-주의(還元主義)〔-의/-이〕〔명〕 다양한 현상을 어떤 기본적인 하나의 원리 또는 요인으로써 모두 설명하려는 주의.

환:위-법(換位法)〔-뻡〕〔명〕〔논〕 원명제의 주어와 술어의 위치를 바꾸어도 뜻을 바꾸지 않고 새 판단이 이끌어 내는 추리법. 예를 들어, "경주는 신라의 서울이다."→"신라의 서울은 경주이다." 따위. ▷환질법.

환:유-법(換喩法)〔-뻡〕〔명〕 수사법의 하나. 어떤 낱말을 직접 사용하기보다는, 그 말과 밀접한 관계가 있어 쉽게 연상이 되는 말로 바꾸어 사용하는 방법. 가령, '장성(將星)'을 '별', '간호사'를 '백의(白衣)의 천사'로 나타내는 따위. =대유법. ▷제유법.

환:율(換率)〔명〕〔경〕 두 나라 화폐 간의 교환 비율. 곧, 한 나라 돈의 단위로 표시한 외국 화폐의 가격. ¶=환시세·외국환 시세·외환율. ¶~이 내려가다[올라가다] / 달러화에 대한 원화 ~.

환:자¹(患者)〔명〕 다치거나 병이 나서 치료를 받거나 받아야 할 사람. (비)병자(病者). ¶중 ~ / 입원[외래] ~ / 의사가 ~를 진료하다.

┌─ **유의어** ─ **환자 / 병자** ────────┐
│ 둘 다 병이 있는 사람을 가리키나, '환자'
│ 는 특히 병원에서 치료를 받는 사람을 가
│ 리키는 뜻이 강하고, '병자'는 병을 비교
│ 적 오래 앓고 있는 사람을 가리키는 경향
│ 이 강함. 사용 빈도 면에서는 '환자'가 훨
│ 씬 많이 쓰임.
└─────────────────────┘

환자²(還子)〔명〕〔역〕=환곡(還穀).

환:자-복(患者服)〔명〕 병원에서 입원한 환자가 입는 옷.
환:장(換腸)〔명〕 1 (사고나 행동이) 비정상적인 상태로 바뀌어 달라지는 것. =환심장(換心腸). 2 (어떤 일이나 대상에) 지나치게 즐기거나 탐하여 제정신을 차리지 못할 지경이 되는 것. 비난을 담은 공격적인 말임. ¶계집이라면 ~을 한다. **환:장-하다**〔동〕(자)(여) ¶
환:-쟁이〔명〕 그림 그리는 것을 직업으로 하는 사람을 얕잡아 이르는 말.
환:전(換錢)〔명〕 1〔경〕서로 종류가 다른 화폐와 화폐, 또는 화폐와 금전(金錢)을 교환하는 일. 2〔역〕 환표(換標)로 보내는 돈. (준)환(換). **환:전-하다**〔동〕(타)(여) 서로 종류가 다른 화폐를 교환하다. ¶달러를 원화로 ~.
환:전-소(換錢所)〔명〕 돈을 외국 돈이나 소액권 또는 동전으로 바꾸어 주는 곳.
환:절¹(換節)〔명〕 철이 바뀌는 것.
환절²(環節)〔명〕〔동〕 환형동물이나 절지동물의 체절(體節)=고리마디.
환:절-기(換節期)〔명〕 계절이 바뀌는 시기. =변절기. ¶~의 건강에 조심하다.
환:절-머리(換節-)〔명〕 철이 바뀔 무렵.
환제(丸劑)〔명〕 =환약(丸藥).
환조(丸彫)〔명〕〔미〕 한 덩어리 재료에서 물체의 총체(總體)를 입체적으로 조각해 내는 일, 그런 기법의 조각물.
환:-중매인(換仲買人)〔명〕〔경〕 환시장에서, 은행 상호 간 또는 은행과 상인 사이에서 외국환(外國換) 어음의 매매를 주선하고 매개하는 일을 직업으로 하는 사람. =환 브로커.
환:지(換地)〔명〕 토지를 서로 바꾸거나, 토지를 팔고 대토(代土)를 얻는 것.
환:질-법(換質法)〔-뻡〕〔명〕〔논〕 원명제가 긍정이면 부정으로, 부정이면 긍정으로 질을 바꾸되, 뜻을 바꾸지 않고 새 판단을 이끌어 내는 추리법. 예를 들어, "모든 식물은 생물이다."→"어느 식물도 무생물이 아니다." 따위. ▷환위법.
환-짓다(丸-)〔-짇따〕〔동〕(자)(여)〈~지으니, ~지어〉 약재를 환약으로 만들다.
환:-차손(換差損)〔명〕〔경〕 환율(換率)이 변동할 때 생기는 손해. 환율이 오르면 수입 회사나 차관(借款)이 손해를 보고, 내리면 수출 회사 등이 손해를 봄. ▷환차익.
환:-차익(換差益)〔명〕〔경〕 환율(換率)이 변동할 때 생기는 이익. 환율이 오르면 수출 회사 등이 이익을 보고, 내리면 수입 회사나 차관(借款) 업체가 이익을 봄. ▷환차손.
환:청(幻聽)〔명〕〔심〕 실제로 존재하지 않는 소리가 들리는 청각성의 환각. 알코올 중독·정신 분열증 등에서 나타난다.
환초(環礁)〔명〕〔지〕 고리 모양으로 큰 원을 이룬 산호초.
환촌(環村)〔명〕〔지〕 슬라브 민족의 취락 형태의 하나. 교회의 광장을 중심으로 농가가 고리 모양으로 형성되며, 경작지는 그 주위에 방사상(放射狀)으로 분포되어 있음.
환:치(換置)〔명〕 바꾸어 놓는 것. **환:치-하다**〔동〕(타)(여) **환:치-되다**〔동〕(자)
환:-치기(換-)〔명〕〔경〕 외국에서 외화를 빌려 쓰고 국내에서 한화(韓貨)로 갚는 일. **환:치기-하다**〔동〕(자)(여)
환:-치다〔동〕(자) '그림 그리다'를 얕잡는 뜻으로 이르는 말.
환:치-법(換置法)〔-뻡〕〔명〕〔문〕 수사법(修辭

환태평양 조'산대(環太平洋造山帶) 〔명〕〔지〕 고생대 말기에서 현재까지 조산 운동을 거듭하고 있는 환태평양 지대.

환택(還宅) 〔명〕 남이 자기 집으로 돌아감을 높여 하는 말. **환택-하다** 〔동〕〔자여〕

환'평가(換平價) [-까] 〔명〕〔경〕 국제 통화 기금 협정의 가맹국이 공통 척도인 금 또는 미화 달러로써 표시한, 환시세의 표준이 될 자국 통화의 가치 기준.

환'표(換票) 〔명〕 1 표를 바꾸는 것. 2 선거에서 어떤 특정 후보자를 부정으로 당선시킬 목적으로 표를 바꾸는 일. **환'표-하다** 〔동〕〔자여〕

환'풍-기(換風機) 〔명〕 실내의 더러워진 공기를 바깥의 맑은 공기와 바꾸는, 프로펠러 모양의 팬이 달린 전기 기구.

환'-하다 〔형여〕 1 (어떤 공간이) 물체가 잘 보일 만큼 빛이 환하게 비치는 상태이다. 또는, (빛이) 물체를 잘 보이게 할 만큼 강한 상태에 있다. ⊟밝다. ¶창이 많아 방 안이 ~. / 전등의 불빛이 대낮같이 ~. 2 (공간의 앞이) 막힌 데 없이 탁 트인 상태이다. ⊟시원하다. ¶전망이 **환하게** 트이다. 3 어떤 일이나 대상에 대해 잘 알고 있는 상태에 있다. ¶그는 그 지방의 지리에 대해 ~. / 내 속셈을 내가 **환하게** 알고 있다. 4 (사람의 얼굴이) 잘생겨 보기에 시원스럽다. ¶인물이 ~. / 얼굴이 달덩이처럼 ~. ⊟훤하다. 5 (얼굴 표정이) 기분이 좋아 생기가 있거나 웃음을 띤 상태에 있다. ¶방학을 맞아 시골 외갓집에 갔더니 외할머니가 **환한** 얼굴로 맞아 주셨다. 6 맛이 얼얼한 듯하면서 개운하고 시원한 느낌이 있다. ⊟화하다. **환'-히** 〔부〕 ¶휘영청 밝은 달빛이 온 마당을 ~ 비추고 있다.

환향(還鄕) 〔명〕 고향으로 돌아가는 것. **환향-하다** 〔자여〕 ¶금의(錦衣) ~.

환'형¹(幻形) 〔명〕 병이 들거나 늙어서 얼굴 모양이 달라지는 것. **환'형-하다**¹ 〔자여〕 **환'형-되다**

환'형²(換刑) 〔명〕〔법〕 벌금·과료를 물지 못하는 사람을 노역장에 유치시키는 일. **환'형-하다**² 〔동〕〔타여〕

환형³(環形) 〔명〕 =환상(環狀)⁴.

환형-동물(環形動物) 〔명〕〔동〕 동물계의 한 문(門). 몸은 앞뒤로 이어지는 많은 환절(環節)로 이루어지며 가늘고 길. 지렁이·거머리 따위가 이에 속함.

환호(歡呼) 〔명〕 기뻐하거나 감격하여 부르짖는 것. ¶~가 터지다 / 연도에 늘어선 시민들은 개선한 올림픽 선수단을 향해 국기를 흔들며 열렬한 ~를 보냈다. **환호-하다** 〔자여〕 ¶**환호하는** 군중.

환호-성(歡呼聲) 〔명〕 기쁘거나 감격하여 부르짖는 소리. ¶~을 올리다[지르다].

환호-작약(歡呼雀躍) 〔명〕 기뻐하거나 감격하여 소리를 치며 날뜀. **환호작약-하다** 〔동〕〔자여〕

환'후(患候) 〔명〕 어른의 병을 높여 이르는 말. ¶요즈음 ~가 어떠하신지요.

환희(歡喜) [-히] 〔명〕 즐겁고 기쁨. =환열·흔희(欣喜). ¶~에 넘치다 / ~에 찬 얼굴.

활 〔명〕 1 화살을 메우어서 쏘는 기구. 댓개비나 단단한 나무 또는 쇠를 휘어 반달 모양의 몸체를 만들고, 두 끝에 시위를 건 다음 화살을 줄에 메위 당겼다 놓으면 줄의 탄력으로 화살이 튀어 나감. 2 〔음〕 찰현악기의 현(絃)을 켜는 데 쓰이는 것.

활(을) 메우다 〔구〕 1 활을 새로 만들다. 2 활의 몸에 시위를 걸다.

활강(滑降) 〔명〕 1 미끄러져 내리는 것. 주로, 스키에서 말함. 2 '활강 경기'의 준말. **활강-하다** 〔타여〕 미끄러져 내리다. ¶스키를 타고 빠른 속도로 급사면을 ~.

활강-경'기(滑降競技) 〔명〕〔체〕 스키의 알파인 종목의 하나. 급사면 (急斜面)에 설치된 코스를 빠른 속도로 미끄러져 내달려 그 속도를 겨루는 경기. ⓒ활강.

활개 〔명〕 1 새의 양쪽 죽지로부터 날개까지의 부분. 2 사람의 어깨에서 양쪽 팔까지 또는 궁둥이에서 양쪽 다리까지의 부분.

활개(를) 젓다 〔구〕 걸음을 걸을 때, 두 팔을 서로 엇갈리게 앞뒤로 흔들다.

활개(를) 치다 〔구〕 1 힘차게 활개를 젓다. ¶가슴을 펴고 **활개 치면서** 행진하다. 2 두 날개를 펴서 젓다. ¶새가 **활개 치면서** 하늘로 날아오른다. 3 당당하고 활기 있게 행동하다. ¶지금은 어렵고 가난하지만 **활개 치고** 살 날이 올 것이다. 4 버젓이 거들먹거리며 해세하다. 또는, (부정적 현상이) 마구 횡행하다. ¶가짜가 **활개 치는** 세상.

활개(를) 펴다 〔구〕 떳떳하여 기를 펴다.

활갯-짓 [-개찓/-갣찓] 〔명〕 1 활개를 치는 짓. 2 새가 두 날개를 치는 짓. **활갯짓-하다** 〔동〕〔자여〕

활공(滑空) 〔명〕 1 항공기가 공중에서 엔진을 끄고 중력과 부력에 의해 비행하는 상태. 2 새가 날개를 움직이지 않고 나는 것. **활공-하다** 〔자여〕

활공-기(滑空機) 〔명〕 =글라이더.

활구(闊口) 〔명〕 고려 시대에 화폐(貨幣)의 한 가지로 쓰이던, '은병(銀甁)²'의 속칭.

활극(活劇) 〔명〕 1 격투·충격 따위를 주로 하는 연극이나 영화. ¶서부 ~. 2 영화의 격투 장면과 같이 때리고 치고 하는 싸움.

활기(活氣) 〔명〕 1 활동의 원천이 되는 정기(精氣). ¶~에 넘쳐 있다 / ~가 없다 / 건강을 회복하여 ~를 되찾다. 2 활발한 기운. ¶건축 경기가 ~를 띠다.

활기-차다(活氣-) 〔형〕 활기가 가득하다.

활-꼴 〔명〕〔수〕 원의 호(弧)와 그 두 끝을 맺는 현(弦)으로 이루어지는 도형. 구용어는 궁형(弓形). ⊟결원(缺圓).

활달(豁達) [-딸] ➜**활달-하다** [-딸-] 〔형여〕 도량이 넓고 크다. ¶성격이 ~.

활-대 [-때] 〔명〕 돛 위에 가로 댄 나무. ×화라지.

활동(活動) [-똥] 〔명〕 1 사람이나 단체 등이 어떤 목적을 가지고 행동하거나 어떤 일을 이루기 위해 움직이는 것. ¶정치 / 봉사 ~ / ~ 무대. 2 사람이 몸을 활발하게 움직이면서 생활하는 것. ¶허리를 다쳐 ~이 부자유스럽다. 3 (동물이나 식물이) 먹이를 찾으러 다니거나 양분을 흡수하거나 하는 등의 행동이나 작용을 활발하게 이루는 것. 또는, (생물체의 조직이나 기관 등이) 생명 현상을 유지하기 위해 그 기능이나 작용을 활발하게 이루는 것. ¶밤에 ~을 하는 부엉이 / 위(胃)의 ~. 4 화산이나 마그마 따위의 분출이나 움직임의 작용. ¶화산 ~. **활동-하다** 〔동〕〔자여〕 ¶그 가수는 해외 무대에서 **활동하고** 있다.

활동-가(活動家) [-똥-] 〔명〕 적극적으로 행동하는 사람. 특히, 정치 활동에 적극적인

활동-력(活動力)[-똥녁] 명 활동하는 힘이나 능력. ¶나이는 많지만 아직도 ~이 있는 사람.

활동-복(活動服)[-똥-] 명 일상생활에서 활동하기에 편한 복장.

활동-비(活動費)[-똥-] 명 어떤 일의 성과를 거두기 위해 힘쓰는 데에 필요한 비용.

활동-사진(活動寫眞)[-똥-] 명 지난날, '영화(映畫)'를 이르던 말. 움직이는 사진이라는 뜻으로 영화 초기에 널리 쓰임. ¶마주 보는 두 사람의 흉중에는 십여 년 전 일이 ~ 모양으로 획획 생각이 난다.《이광수:무정》

활동-적(活動的)[-똥-] 관 활동력이 있는 (것). 또는, 활발하게 움직이는 (것). ¶~인 옷차림 / 성격이 쾌활하고 ~이다.

활동^전:류(活動電流)[-똥절-] 명 [생] 생물의 조직이나 세포가 자극을 받거나 상처를 입는 경우에 그 부분에 일어나는 전류. = 동작 전류.

활-등[-뜽] 명 활의 몸체의 바깥쪽 부분. ¶ ~처럼 굽은 해안선 / 등이 ~같이 굽은 노인.

활딱 부 1 남김없이 벗거나 벗어진 모양. ¶머리가 ~ 벗어진 사람. 2 액체가 갑자기 끓어 넘는 모양. 큰 훨떡.

활량 명 1 [역] '한량(閑良)²'의 변한말. 2 활 쏘는 일을 즐기거나 활을 잘 쏘는 사람.

활력(活力) 명 생기 있는 기운. 또는, 왕성한 생활 의욕이나 기력. ¶~을 잃다 / ~이 넘치다 / 피부에 ~을 주는 영양 크림.

활력-소(活力素)[-쏘] 명 활력을 불어넣어 주는 요소. ¶전자 공업이 우리나라 산업의 ~.

활로(活路) 명 곤란을 뚫고 살아 나갈 길. ¶ ~가 열리다 / ~를 찾다 [모색하다].

활-머리 명 [역] 어여머리의 맨 위에 얹는, 나무로 다리(月子)를 틀 것과 같이 새겨 만들어 검은 칠을 한 물건. ▷어여머리.

활-무대(活舞臺) 명 힘껏 활동할 수 있는 장소나 분야.

활물(活物) 명 살아 있는 동물이나 식물. 또는, 살아 있는 것. ↔사물(死物).

활물^기생(活物寄生) 명 [생] 다른 생물체에 붙어서 양분을 얻어서 자기의 생활을 위해 소비하는 생활양식. ↔사물 기생.

활발(活潑) → **활발-하다** 형여 생기 있고 힘차며 시원스럽다. ¶**활발한** 성격 / **활발한** 움직임. **활발-히** 부

활보(闊步) 명 큰 걸음으로 힘차고 당당하게 걷는 것. 또는, 그 걸음. **활보-하다** 자타 여 ¶거리를 ~.

활빈-당(活貧黨) 명 전날에, 부자의 재물을 빼앗아 가난한 사람들을 도와주었다는 도둑의 무리.

활석(滑石)[-썩] 명 [광] 마그네슘의 규산염을 주성분으로 하는, 백색 또는 녹회색의 부드럽고 무른 광물. 절연재, 화장품·의약품의 원료 등으로 쓰임. =탤크(talc)·탤컴.

활성(活性)[-썽] 명 [화] 물질이 에너지나 빛 등에 의하여 활발해지며, 반응 속도가 빨라지는 성질. 또는, 촉매의 반응 촉진 능력. ↔비활성.

활성^산소(活性酸素)[-썽-] 명 [생] 음식물로 섭취한 영양소를 에너지로 바꾸는 대사 과정에서 발생하는 독성 산화 물질. 각종 질병과 노화(老化)를 일으키는 물질로 알려져 있음.

활성-탄(活性炭)[-썽-] 명 [화] 기체나 색소의 분자 등에 대하여 흡착성이 큰 탄소질의 물질. 탈취·탈색·정제(精製)·정수(淨水) 등에 쓰임.

활성-화(活性化)[-썽-] 명 1 [화] 물질의 반응성이 높아지는 일. 원자나 분자가 빛·열 등의 에너지를 받아 높은 에너지 상태가 되는 것 따위. 2 사회·조직 등의 기능을 활발하게 하는 일. **활성화-하다** 자여 ¶남북통일 논의를 ~ / 기존 체제를 ~. **활성화-되다** 자여

활수¹(活水)[-쑤] 명 흐르거나 움직이는 물. ↔사수(死水).

활수²(滑水)[-쑤] 명 수상 비행기나 비행정이 물 위를 미끄러져 달리는 것. **활수-하다**¹ 자여

활수³(滑手)[-쑤] 명 무엇이나 아끼지 않고 시원스럽게 잘 쓰는 배포.

활수⁴(滑手)[-쑤] →**활수-하다**² [-쑤-] 형여 물건을 아끼지 않고 쓰는 배포가 시원스럽다. ¶삼천 냥이나 되는 큰 돈을 몸값을 치르라고 **활수하게** 보내 준 흥선의 친구 김병학이 고마웠다.《박종화:전야》

활-시위[-씨-] 명 활의 몸체 양 끝에 팽팽하게 걸어 놓은 줄. 이 줄에 화살을 걸고 당겼다 놓음으로써 화살이 튀어 나가게 됨. =궁현(弓弦)·현(弦)·활줄. 준시위.

활시위(를) 얹다 관 활의 몸체에 활시위를 메우다.

활-쏘기 명 활을 쏘는 일. 또는, 그런 기술. ¶ ~ 대회.

활씬 부 제법 넓게 벌어지거나 열린 모양. ¶ 인수는 뒷방으로 가서 피곤한 몸을 ~ 펴고 누워 버렸다.《전영택:크리스마스 전야의 풍경》 큰 훨씬.

활안(活眼) 명 사리를 밝게 식별하는 눈.

활액(滑液) 명 윤활액.

활약(活躍) 명 (어떤 사람이 어느 분야나 세계에서 어떤 자격의 존재로) 활발히 활동하는 것. ¶맹~ / ~상(相) / 눈부신 ~. **활약-하다** 자여 ¶기자로 ~ / 정계에서 ~.

활어¹(活魚) 명 살아 있는 물고기. 특히, 잡은 뒤에 수조 따위에 넣어서 산 상태로 둔 식용 바닷물고기. ▷활선어.

활어²(活語) 명 [언] 1 현재 쓰이는 말. ↔사어(死語). 2 =용언(用言).

활연(豁然) 명 1 환하게 터져 시원한 모양. 2 의문을 밝게 깨닫는 모양. **활연-하다** 형여 **활연-히** 부

활엽-수(闊葉樹)[-쑤] 명 잎이 넓은 나무의 총칭. 동백나무·단풍나무·밤나무 따위. =넓은잎나무. ↔침엽수.

활엽수-림(闊葉樹林)[-쑤-] 명 활엽수로 이루어진 숲.

활-옷[-온] 명 1 [역] 공주·옹주의 대례복(大禮服). 2 전통 혼례 때 새색시가 입는 예복. 붉은 비단으로 원삼(圓衫)처럼 지었는데, 가슴·등·소매 끝 부분에 모란꽃 수를 놓았음.

활용(活用) 명 1 (어떤 것을) 그 기능이나 용도에 맞게 이용하는 것. ¶컴퓨터 ~ 능력. 2 [언] 동사·형용사·서술격 조사의 어간에 어미가 결합하여 어떤 문법적 기능을 나타내는 현상. 가령, '먹다'의 경우, 어간 '먹-'에 어미 '-는다, -느냐, -고, -게'와 같은 어미가 결합하여, '먹는다, 먹느냐, 먹고, 먹게'

등으로 바뀌어 쓰이는 일. =끝바꿈·어미변화. ¶동사의 ~. **활용-하다** 동(자)(타)여 ¶운동장을 임시 주차장으로 ~ / 일부 동사는 불규칙하게 활용한다. **활용-되다** 동(자)

활용-어 (活用語) 명 활용하는 단어. 동사·형용사·서술식 조사의 총칭.

활용^어:미 (活用語尾) 명[언] 어미의 교체로 활용될 때 그 교체되는 부분.

활용-형 (活用形) 명[언] 어간에 어미가 결합한 형태. 가령, '가고, 가니, 가면' 등은 '가다'의 활용형임.

활유-법 (活喩法) [-뻡] 명[문] 수사법의 하나. 무생물을 마치 살아 있는 것처럼 나타내는 표현 방법. '울부짖는 바람', '꿈틀거리는 산맥' 따위. ▷의인법.

활인¹ (活人) 명 사람의 목숨을 살리는 것. ¶~ 검법(劍法). **활인-하다** 동(자)(타)여

활인² '할인(割引)'의 잘못.

활인-서 (活人署) 명[역] 조선 시대, 서울의 의료에 종사하던 관아.

활자 (活字) [-짜] 명[인] 1 사각기둥 모양의 금속 윗면에 글자나 기호를 도드라지게 새겨 인쇄에 사용하는 물건. 주로, 금속(금속납)으로 만드나 옛날에는 나무로 만들기도 했음. 이것을 이용한 인쇄를 '활판 인쇄'라고 함. ¶납 ~ / 금속 ~. 2 1을 이용하여 인쇄한 출판물의 문자. 넓은 뜻으로는 그뿐만 아니라 컴퓨터 조판에 의한 출판물의 문자도 아울러 가리킴. ¶~ 매체 / 깨알 같은 ~ / 신문의 본문 ~를 키우다.

활자-금 (活字金) [-짜-] 명[인] 활자·연판(鉛版) 또는 공목류(空目類)를 주조하는 데 쓰이는 합금. =주자쇠.

활자-본 (活字本) [-짜-] 명[인] 활판으로 인쇄한 책. =활판본.

활자-체 (活字體) [-짜-] 명[인] 활자의 자체. 명조체(明朝體)·청조체(淸朝體)·송조체(宋朝體)·고딕체·이탤릭체 따위. =인쇄체(印刷體).

활자-화 (活字化) [-짜-] 명 원고가 활자로 인쇄되어 나오는 것. 또는, 인쇄하여 책이나 인쇄물로 나오게 하는 것. **활자화-하다** 동(자)(타)여 **활자화-되다** 동(자)

활-잡이 명 1 활을 잘 쏘는 사람. 2 활 쏘는 일을 직업으로 하는 사람. =궁수.

활주 (滑走) [-쭈] 명 1 (땅이나 물 위를) 미끄러져 달리는 것. 2 항공기가 이착륙하기 위하여 활주로 위를 달리는 것. **활주-하다** 동(타)여

활주-로 (滑走路) [-쭈-] 명 비행장 안에서 비행기가 이착륙할 때 달리는 길.

활-줄 [-쭐] 명 =활시위.

활-줌통 [-쭘-] 명 =줌통.

활-집 [-찝] 명 활을 넣어 두는 자루. =궁대(弓袋)·궁의(弓衣).

활짝 부 1 문 따위가 한껏 시원스럽게 열린 모양. ¶문을 ~ 열어 놓고 청소를 하다. 2 넓고 멀리 시원스럽게 트인 모양. =활찐. 3 밥 따위가 흠씬 퍼진 모양. 4 햇볕・꽃잎 따위가 한껏 핀 모양. ¶~ 핀 나팔꽃. 5 날이 맑게 개거나 환히 밝은 모양. ¶~ 갠 하늘. 6 얼굴에 가득히 웃음을 띤 모양. ¶~ 웃는 소녀의 맑은 얼굴.

활찐 부 =활짝1·2. ¶문이 ~ 열리다 / ~ 트인 평야.

활차 (滑車) 명[물] =도르래.

활착 (活着) 명 접목(椄木)하거나 옮겨 심은 식물이 서로 붙거나 뿌리를 내려서 사는 것. **활착-하다** 동(자)여

활-촉 (-鏃) 명 '화살촉'의 준말.

활-터 명 활쏘기를 하는 곳. =사장(射場).

활판 (活版) 명[인] 활자로 짜서 만든 인쇄판. 또는, 그것에 의한 인쇄. =식자판(植字版)·활자판. 준판(版).

활판-본 (活版本) 명[인] =활자본.

활판^인쇄 (活版印刷) 명[인] 활판으로 하는 인쇄. 또는, 그 인쇄물.

활-화산 (活火山) 명[지] 지금도 화산 활동을 계속하고 있는 화산. ↔사화산(死火山).

활활 부 1 불길이 세고 시원스럽게 타오르는 모양. ¶~ 타오르는 성화대의 불길. 2 날짐승이 높이 떠서 느릿느릿 날개를 치며 시원스럽게 나는 모양. 3 부채 따위로 느릿느릿 시원스럽게 부치는 모양. 4 옷을 시원스럽게 벗어부치는 모양. ¶옷을 ~ 벗어던지다. 큰 훨훨.

활황 (活況) 명 거래 따위가 활기를 띤 상황. ¶~ 증시(證市).

홧:김-에 (火-) [화낌-/홧낌-] 부 화가 난 김에. ¶팔을 뒤로 돌려 밧줄로 칭칭 동여매고는 덤석부리가 — 면상을 두어 번 내지르는데 코피가 터져 버렸다.⟨황석영:장길산⟩
[홧김에 서방질한다] 화가 난 김에 차마 못할 짓을 한다.

홧:-술 (火-) [화쑬/홧쑬] 명 화가 나서 마구 마시는 술.

홧홧 [화퐛] 부 달듯이 뜨거운 기운이 이는 모양. ¶열이 ~ 나다. **홧홧-하다** 형여 ¶밤바람에 얼었던 두 볼이 스팀 기운에 녹기 시작했음인지 세형은 두 뺨이 **홧홧해** 오르기 시작한다. ⟨염흥섭:인생 사막⟩

황¹ 명 ['짝이 맞지 않는 골패'라는 뜻](주로 '황이다'의 꼴로 쓰여) 아무 쓸모 없는 일. 또는, 기대와 달리 알맹이가 없는 상태. 다소 속된 말임. ¶아무리 장사가 잘되어도 남는 게 없으면 말짱 ~이라니까. / 한가락 하는 줄 알았더니 실력이 ~이다.

황² (黃) ➡황색(黃色).

황³ (黃) 명 1 [광] 비금속 원소의 하나. 원소 기호 S, 원자 번호 16, 원자량 32.064. 냄새가 없고 수지 광택이 있는 황색의 결정. 화약·성냥·의약품 등의 원료로 쓰임. =석유황·유황(硫黃). 2 [한] 구보(狗寶) 등이 들어 있는 한약.

황갈-색 (黃褐色) [-쌕] 명 검은빛을 띤 누른 빛. ¶~ 이름의 말.

황감 (惶感) ➡**황감-하다** 형여 황송하고 감격스럽다. ¶저를 불러 주신 것만도 **황감한데** 여비까지 주시다니요. **황감-히** 부

황건-적 (黃巾賊) 명[역] 중국 후한 말에 장각(張角)을 수령으로 하여 하북(河北)에서 일어난 유적(流賊). 모두 황건(黃巾)을 쓴 데서 이 이름이 유래.

황겁 (惶怯) ➡**황겁-하다** [-거파-] 형여 겁을 먹어 얼떨떨하다. ¶"정선이, 정선이 정신 차려!" 하고 갑진은 **황겁하여** 정선의 몸을 힘껏 흔들었다.⟨이광수:흙⟩ **황겁-히** 부

황경 (黃經) 명[천] 춘분점에서 황도(黃道)를 따라 동쪽으로 돌아서 잰 각도.

황-고집 (黃固執) 명 고집이 몹시 센 사람. 또는, 그런 고집.

황곡 (黃麯) 명 ['麯'의 본음은 '국'] 빛깔이 누르스름한 누룩. 주로 간장·약주·정종 등을 만드는 데 쓰임. =황국.

황공(惶恐) ➡황공-하다 〖형여〗(지존한 존재의 은덕 따위가) 분에 넘쳐 두렵다. 또는, (지존한 존재의 위엄에) 대하기가 어렵고 두렵다.

황공-무지(惶恐無地) 〖명〗 황공하여 몸둘 데가 없음. ¶~로소이다. **황공무지-하다**〖형여〗

황구¹(黃口) 〖명〗 ['부리가 누른 새 새끼'라는 뜻] 어린아이를 이르는 말. 또는, 철없이 미숙한 사람을 얕잡아 이르는 말.

황구²(黃狗) 〖명〗 털빛이 누런 개. ㈜누렁이.

황국¹(皇國) 〖명〗 **1** 황제가 다스리는 나라. **2** 전날의 제국주의 일본이 자기 나라를 일컫던 말.

황국²(黃菊) 〖명〗 빛이 누른 국화. =황화.

황국^협회(皇國協會) [一구켜푀/一구켜퀘] 〖명〗 광무 2년(1898)에 조직된 보수(守) 정치·사회단체. 이기동(李基東)·홍종우(洪鍾宇) 등이 중심이 되고 보부상과 연결되어 독립 협회의 행동을 견제했으나 1899년에 해체됨.

황궁(皇宮) 〖명〗 황제의 궁궐.

황그리다 〖동재〗 욕되리만큼 매우 낭패를 당하다. ¶얼굴에 눈물이 흐른 채 **황그리는** 걸음으로 문 앞의 언덕을 내려와 개울을 건너고 맞은쪽에 뚫린 콩밭 길로 들어섰다.《김유정;소낙비》

황금(黃金) 〖명〗 **1** '금(金)'을 누른빛으로 뜻에서 달리 이르는 말. **2** '돈'이나 '재물'을 일컫는 말. ¶~에 눈이 어두워 부정을 저지르다. **3** (일부 명사를 꾸미는 구조로 쓰여) 아주 귀중하거나 보배롭거나 가치 있는 것임을 비유적으로 이르는 말. ¶~연휴/~어장/~ 같은 세월.

황금 알을 낳는 거위 〖하루에 한 개씩 황금 알을 낳는다는 이솝 우화의 거위〗 큰 이익을 가져다주는 사업이나 대상을 비유하여 이르는 말. ¶컴퓨터 관련 산업이 ~로 부상하고 있다.

황금-기(黃金期) 〖명〗 어떤 대상이나 현상이 최상의 상태에 이르러 보배로운 시기. ㈜전성기·최성기·절정기. ¶인생의 ~ / 문화의 ~ / 지금 한국 영화 산업은 새로운 ~를 맞고 있다.

황금-률(黃金律) [一뉼] 〖명〗 뜻이 심오하여 인생에 매우 유익한 잠언(箴言).

황금-만능(黃金萬能) 〖명〗 돈만 있으면 만사를 다 마음대로 할 수 있다는 말. ¶~ 풍조가 만연하다.

황금만능-주의(黃金萬能主義) [一의/一이] 〖명〗 황금만능의 사고방식이나 태도.

황금-물결(黃金-) [一껼] 〖명〗 논밭에서 벼가 누렇게 익어 물결치는 광경을 비유하여 이르는 말.

황금-벌판(黃金-) 〖명〗 누렇게 익은 벼로 가득 찬 벌판을 비유하여 이르는 말.

황금^분할(黃金分割) 〖수〗 평면 기하에서, 한 선분을 두 부분으로 나눌 때, 전체에 대한 큰 부분의 비와 큰 부분에 대한 작은 부분의 비가 같게 되는 분할.

황금-비(黃金比) [一삐] 〖수〗 선분(線分)을 둘로 나누었을 때, 긴 부분과 짧은 부분의 비가, 전체와 긴 부분의 비와 같게 될 때의 비. √5+1:2(≒1.618:1). =외중비(外中比).

황금-빛(黃金-) [一삗] 〖명〗 **1** 황금에서 나는 빛. **2** 황금의 빛과 같은 사물의 빛깔을 비유하여 이르는 말. ¶멀리 보이는 논이 ~으로 익어 가고 있었다.

황금-색(黃金色) 〖명〗 황금의 빛깔처럼 짙게 누른 색깔.

황금^시간대(黃金時間帶) 〖명〗 텔레비전이나 라디오의 시청률·청취율이 가장 높은 시간대. 광고 요금이 가장 비싼 때로, 흔히 오후 7시에서 9시까지를 가리키나 명확히 정해진 것은 아님. =골든아워·프라임 타임. ¶방송국에서 ~에 오락 프로를 집중 편성하다.

황금-시대(黃金時代) 〖명〗 **1** 문화가 가장 발달되어 행복과 평화가 가득 찬 시대. **2** 개인의 일생에서 가장 번영한 시대.

황금-연휴(黃金連休) [一년一] 〖명〗 명절이나 공휴일이 이어지는 연휴.

황급(遑急) ➡황급-하다 [一그파一] 〖형여〗 매우 급하다. **황급-히** 〖부〗 ¶놀란 개가 ~ 달아났다.

황기(黃芪·黃耆) 〖명〗 〖식〗 콩과의 여러해살이풀. 높이 1m 정도. 뿌리는 두툼하고, 여름에 나비 모양의 담황색 꽃이 핌. 높은 산에 나며, 뿌리는 약용함. =단너삼.

황녀(皇女) 〖명〗 황제의 딸. ↔황자(皇子).

황달(黃疸) 〖명〗 〖한〗 피부나 점막이 누른빛으로 되는 증상. 간 세포의 기능 이상, 담도(膽道)의 폐색, 적혈구의 과잉 파괴 등에 의해 일어남. =달병(疸病)·달증(疸症).

황당(荒唐) ➡황당-하다 〖형여〗 **1** (어떤 말이나 내용이) 도무지 이치에 닿지 않아 실제로 가능하지 않을 성싶다. ㈜허황하다. ¶**황당**한 공상 소설. **2** 어떤 일이 터무니없거나 엉뚱하여 어이없다. ¶선생님은 학생의 엉뚱한 질문에 **황당한** 표정을 지으셨다.

황당무계(荒唐無稽) [一계/一계] ➡황당무계-하다 [一계/一계] 〖형여〗 (어떤 말이나 내용이) 도무지 이치에 닿지 않아 믿을 수 없다. ¶**황당무계한** 에스에프 영화.

황도¹(黃桃) 〖명〗 〖식〗 복숭아의 한 품종. 과실의 살이 노랗고 치밀함. 통조림용으로 많이 쓰임.

황도²(黃道) 〖명〗 〖천〗 천구 상의 태양의 궤도. 하늘의 적도에 대하여 23°5′ 기울어져 있음.

황도-광(黃道光) 〖명〗 일몰 후의 서쪽 하늘, 또는 일출 전의 동쪽 하늘에 지평선으로부터 하늘의 황도에 따라 원뿔 모양으로 퍼져 보이는 희미한 빛의 띠.

황도-대(黃道帶) 〖명〗 〖천〗 황도를 중심으로 하여 너비 16°되는 띠 모양의 천역(天域). 태양·달·행성이 이 띠 안에서 운행하는. =수대(獸帶).

황도^십이궁(黃道十二宮) 〖명〗 〖천〗 황도대에 있는 열두 별자리. 이에는 양자리·황소자리·쌍둥이자리·게자리·사자자리·처녀자리·천칭자리·전갈자리·궁수자리·염소자리·물병자리·물고기자리가 있음. =십이 성좌. ㈜십이궁.

황동(黃銅) 〖명〗 〖광〗 =놋쇠.

황동-석(黃銅石) 〖명〗 〖광〗 구리와 철의 황화 광물. 황금색이며 금속광택이 있음. 구리의 가장 중요한 광석임. 구용어는 황동광.

황량(荒凉) [一냥] ➡황량-하다 [一냥一] 〖형여〗 황폐하여 쓸쓸하다. ¶**황량한** 벌판.

황록-색(黃綠色) [一녹쌕] 〖명〗 누른빛을 띤 녹색.

황룡(黃龍) [一뇽] 〖명〗 누른 빛깔의 용.

황룡-기(黃龍旗) [一뇽一] 〖명〗 **1** 〖역〗 조선 시대, 의장기(儀仗旗)의 하나. 임금의 거둥 때나 국상의 발인 때, 또는 정재 때에 쓰는 큰기로, 기의 면에 황룡을 그렸음. **2** 중국 청나라의 국기(國旗). 누른 삼각 기폭에 용(龍)을 그렸음.

황마(黃麻) 圀[식] 피나뭇과의 여러해살이풀. 높이 1m가량. 여름부터 가을까지 노란 꽃이 핌. 줄기의 섬유를 주트라 하며, 계추리를 만드는 데 씀.

황막(荒漠) →**황막-하다**[-마카-] 혱여 거칠고 아득하게 넓다. ¶황막한 대지(大地).

황망(慌忙) →**황망-하다** 혱여 (사람의 태도가) 마음이 급하거나 당황하여 허둥거리는 상태에 있다. ¶그는 급보를 받고 **황망하여** 달려왔다. **황망-히** 뷔 ¶~ 도망을 가다.

황매(黃梅) 圀 익어서 누렇게 된 매실(梅實). ↔청매(靑梅).

황-매화(黃梅花) 圀 **1**[식] 장미과의 낙엽 활엽 관목. 높이 2m 안팎. 봄에 가지 끝에 노란 꽃이 피고, 가을에 견과가 익음. 절이나 촌락 부근에 심음. =죽도화·죽도화나무·황매. **2**의 꽃.

황명(皇命) 圀 황제의 명령.

황모¹(黃毛) 圀 족제비의 꼬리털. 빳빳한 세필(細筆)의 붓을 만드는 데 씀.

황모²(黃-) 圀[농] 맥황이 든 보리나 밀. **황모(가) 들다** 관 보리나 밀이 맥황에 걸려서 석게 되다.

황무-지(荒蕪地) 圀 돌보지 않고 버려둔 거친 땅. ¶~를 개간하다.

황반(黃斑) 圀 **1** 누른 빛깔의 반문(斑紋)이나 반점. **2**[의] 눈의 망막 중앙에 있는 반점.

황-밤(黃-) 圀 말려 껍질과 보늬를 벗긴 밤. =황률(黃栗).

황백(黃白) 圀 황금과 백은(白銀). 곧, '돈'을 뜻하는 말.

황-부루(黃-) 圀 누른 바탕에 흰 털이 섞인 말.

황비(皇妃) 圀 황제의 아내.

황비철-석(黃砒鐵石) 圀[-썩][광] 철·비소의 황화물(黃化物). 황색을 띤 은백색의 금속광택이 있음. 구용어는 황비철광. =독사(毒砂).

황사(黃沙) 圀 **1** 중국 대륙에서 강한 바람을 타고 날아온 누런빛의 먼지. **2**[기상] =황사현상. ¶봄의 불청객인 ~가 올해도 어김없이 우리나라에 찾아왔다.

황사-등롱(黃紗燈籠) 圀[-농][역] **1** 누른 운문사(雲紋紗)의 바탕에 위아래로 붉은 운문사의 동을 달아 씌운 등롱. 품계가 나들이할 때 씀. **2** 조선 시대의 품등(品燈)의 하나로, 누른 운문사를 씌운 등롱. 당하관(堂下官)이 밤에 들고 다님. ㉤황등롱.

황사^현^상(黃沙現象) 圀[기상] 중국과 몽골의 사막이나 황토 지대의 누런 먼지가 강풍으로 날아올라 점차 내려오는 현상. 봄·초여름에 우리나라에도 날아옴. =황사.

황산(黃酸) 圀 무색투명의 끈기가 있는 액체. 강산(强酸)으로 강한 탈수 작용이 있으며, 화학 공업에 널리 쓰임. =유산(硫酸).

황산-구리(黃酸-) 圀[화] 구리의 황산염. 청색 안료, 도금액, 보르도액 등에 쓰임. =황산동.

황산-나트륨(黃酸㊀Natrium) 圀[화] 나트륨의 황산염. 무색의 결정으로 하제(寒劑), 건조제, 펄프·유리의 제조 등에 쓰임. =황산소다·망초.

황산-마그네슘(黃酸magnesium) 圀[화] 마그네슘의 황산염. 하제(下劑)·매염제 등에 쓰임.

황산-암모늄(黃酸ammonium) 圀[화] 황산에 암모니아를 흡수시켜 만든, 무색투명한 결정. 대표적인 질소 비료임. =유안.

황산-지(黃酸紙) 圀[화] 황산으로 처리한 반투명한 종이. 내수성(耐水性)·내유성(耐油性)이 있으므로, 버터 등의 식품이나 약품의 포장지, 특수 인쇄용지 등에 쓰임. =유산지(硫酸紙).

황산-칼륨(黃酸㊀Kalium) 圀[화] 칼륨의 황산염. 무색투명의 결정으로, 칼륨 비료·유리·의약품의 제조에 쓰임.

황상(皇上) 圀 현재 살아서 나라를 다스리고 있는 황제를 이르는 말.

황¹-새 圀[동] 황샛과의 새. 백로와 비슷한데 날개 길이는 약 66cm. 몸빛은 순백색이고 날개 끝의 깃털과 부리는 검은색임. 다리가 길고 발에 물갈퀴가 있어 물 위를 잘 걸음. =관조(鸛鳥).

황¹새-걸음 圀 긴 다리로 성큼성큼 걷는 걸음.

황새치-자리(黃-) 圀[천] 겨울의 남쪽 하늘에 있는 별자리. 우리나라에서는 잘 보이지 않음.

황색(黃色) 圀 삼원색의 하나. 무지개 중 위에서 세 번째에 있는 색깔. 해바라기꽃이나 호박꽃과 같은 색임. ㉤노란색·노랑.

황색^신문(黃色新聞) 圀[-썬-] =옐로 페이퍼.

황색^인종(黃色人種) 圀 =황인종(黃人種).

황색-토(黃色土) 圀[지] 다습한 아열대의 상록 활엽수림 아래에 발달하는, 황색을 띤 토양.

황-석어(黃石魚) 圀[동] =참조기.

황성¹(皇城) 圀 황제가 있는 나라의 도성(都城). ㉤제도(帝都)·제성·제향·경(皇京).

황성²(荒城) 圀 거칠게 황폐한 성.

황성-신문(皇城新聞) 圀 대한 제국 말기에 발간된 일간 신문의 하나. 1898년 창간한 것으로 1910년에 폐간되었음.

황-소 圀 **1** 큰 수소. =황우(黃牛). ↔암소. **2** 미련하거나 기운이 세거나 많이 먹는 사람의 비유. ¶기운이~ 같은 사람.

황소-구리 圀[동] 양서류 개구릿과의 한 종. 몸길이 17~20cm. 수컷의 등은 짙은 녹색 바탕에 검정 얼룩점이 있고, 암컷의 등은 갈색 바탕에 검정 얼룩무늬가 있음. 물갈퀴가 발달하였고 고막이 크며, 5월에 나와 소와 비슷한 울음소리를 냄. 식용하기도 함.

황소-걸음 圀 **1** 황소처럼 느리게 걷는 걸음. **2** 느리기는 하나 착실하게 해 나가는 행동의 비유.

황소-고집(-固執) 圀 =쇠고집.

황소-바람 圀 문틈이나 그 밖의 좁은 틈에서 방 안으로 거세게 들어오는 찬 바람을 과장해서 이르는 말. ¶말이 아랫목이나 더운 기라곤 없다. 게다가 지대가 높아선지 창틈으로 스며드는 ~이 차가웠다.《김정한:인간단지》

황소-울음 圀 황소의 울음소리처럼 큰 소리로 울부짖는 울음.

황소-자리 圀[천] 황도 십이궁의 둘째 별자리. 오리온자리와 양자리 사이에 있으며, 1월 하순 초저녁에 자오선을 통과함. =금우궁(金牛宮).

황손(皇孫) 圀 황제의 후손.

황송(惶悚) →**황송-하다** [형어] 분에 넘쳐 고맙고도 송구하다. ¶뜻밖에도 귀한 물건을 보내 주시니 **황송하기** 이를 데 없습니다.
황-수정(黃水晶) [명][광] 수정 중에서 황색을 띤 것. 장식돌·도장 재료 등으로 쓰임.
황실(皇室) [명] 황제의 집안. =제실(帝室).
황아 [명] [<황화(荒貨)] 여러 가지 자질구레한 일용품. 담배쌈지·바늘·실 따위.
황아-장수 [명] 집을 찾아다니며 여러 가지 자질구레한 일용품을 파는 사람.
황야(荒野) [명] 사람이 땅을 갈거나 이용하지 않아 풀이 마구 자란 들판. =황원(荒原). [비]광야.
황어(黃魚) [명][동] 잉엇과의 물고기. 몸길이 10~45cm. 방추형이고 몸빛은 등은 푸른빛이 도는 검은색, 배는 흼. 하천이나 연해에 많으며 맛이 좋음. =설치.
황ː연(晃然) [부] 1 환하게 밝은 모양. 2 환히 깨닫는 모양. ¶—대각(大覺). **황ː연-하다** [형어] **황ː연-히** [부]
황ː연-대각(晃然大覺) [명] 환하게 모두 깨달음. **황ː연대각-하다** [동][자어]
황엽(黃葉) [명][식] 가을에 낙엽이 지기 전에 식물의 푸른 잎이 노랗게 변하는 현상. 또는, 노랗게 된 잎.
황옥(黃玉) [명][광] 플루오르와 알루미늄을 함유한 규산염 광물. 투명 또는 반투명하며, 노란색은 보석으로서 사용함. =토파즈(topaz).
황옥-석(黃玉石) [—석] [명][광] 빛깔이 누른 옥돌의 총칭.
황우(黃牛) [명] 1 누른 빛깔의 소. 2 =황소1.
황원(荒原) [명] =황야(荒野).
황위(皇位) [명] 황제의 지위. =황조(皇祚).
황위(皇威) [명] 황제의 위엄과 위세.
황위³(黃緯) [명][천] 천구의 황도면을 기준으로 측량한 위도. 황도를 0도로 하고 북극을 +90도, 남극을 —90도로 함.
황은(皇恩) [명] 황제의 은혜.
황음(荒淫) [명] 함부로 음탕한 짓을 하는 것. **황음-하다** [동][자어]
황의(黃衣/—의) [명] 누른 빛깔의 옷.
황-인종(黃人種) [명] 피부색에 따라 구분한 인종의 하나. 신체적 특징으로는 황갈색의 피부, 검은 눈동자, 검고 곧은 머리털, 평평한 얼굴과 낮은 코 등을 들 수 있음. 동북 아시아 일대의 주민들과 동남아시아의 말레이시아·인도네시아 등지의 주민, 터키족, 아메리칸 인디언 등이 이에 속함. =몽고 인종·아시아 인종·황색 인종.
황자(皇子) [명] 황제의 아들. ↔황녀.
황-적색(黃赤色) [—색] [명] 누른빛을 띤 적색.
황제¹(皇帝) [명] 1 왕이나 제후를 거느리고 나라를 통치하는 임금을 왕이나 제후와 구별하여 이르는 말. 2 '임금'을 이르는 말. =천자(天子). ▷대제(大帝)·왕(王).
황제²(黃帝) [명] 중국의 전설상의 제왕으로 삼황(三皇)의 한 사람.
황제-주(皇帝株) [명] 주식 시장에서 최고 수준이라 할 만한 고가의 주식.
황제-펭귄(皇帝penguin) [명][동] 펭귄과의 새. 몸길이 약 1.2m로 펭귄 종류 중 최대종임. 몸빛은 등 쪽은 암회색, 배 쪽은 흰색, 머리는 검은색이고 목 옆쪽은 황색임. 남극 대륙에서 집단으로 번식함. =킹펭귄.
황조(皇祖) [명] 1 황제의 조상. 2 황제를 지낸 선조(先祖). 3 죽은 자기 할아버지를 높여 이르는 말.
황조²(黃鳥) [명][동] =꾀꼬리1.
황조-가(黃鳥歌) [명][문] 고구려의 유리왕이 정답게 짝을 지어 나는 꾀꼬리를 보고 자기의 외로움을 탄식하여 지었다는, 우리나라에서 가장 오래된 노래.
황-조롱이(黃—) [명][동] 맷과의 철새. 몸길이 33~35cm. 몸빛은 등은 적갈색에 검은 반점이 있고 배는 담갈색에 검은 세로무늬가 있으며, 머리·허리·꽁지 부분은 회청색임.
황족(皇族) [명] 황제의 가까운 친족.
황지¹(荒地) [명] 황폐해진 땅. 또는, 경작에 적합하지 않은, 생산성이 낮은 땅.
황지²(黃紙) [명] 빛깔이 누른 종이.
황진(黃塵) [명] 1 누른 흙먼지. 2 =속진(俗塵)1.
황ː차(況且) [부] =하물며.
황천¹(皇天) [명] 1 크고 넓은 하늘. [비]중천. 2 =하느님.
황천²(荒天) [명] 비바람이 심한 날씨.
황천³(黃泉) [명] 사람이 죽은 뒤에 그 혼이 간다고 하는 세상. [비]저승.
황천-객(黃泉客) [명] 황천에 가는 사람. 곧, 죽음에 이른 사람.
황천객이 되다 [관] 죽다.
황천-길(黃泉—) [—길] [명] 죽어서 저승으로 가는 길. ¶—에 오르다.
황철-나무[—라—] [명][식] 버드나뭇과의 낙엽 교목. 높이 30m 정도. 4월에 적갈색 꽃이 피고, 열매에는 흰 솜털이 있는 씨가 생김. 펄프재·성냥개비 제조에 쓰임. =백양(白楊).
황철-석(黃鐵石) [—석] [명][광] 철과 황을 주성분으로 하는, 놋쇠 빛깔의 광택이 나는 광물. 황산의 제조나 제철의 원료로 쓰임. 구용어는 황철광.
황청(黃淸) [명] 빛깔이 누르고 품질이 좋은 꿀의 한 가지.
황체(黃體) [명][생] 여성이나 동물의 암컷의 난소(卵巢)에서 알이 배출된 뒤에 난소의 여포(濾胞)가 변화하는 것. 내분비선과 같은 역할을 하며, 여성 호르몬을 분비함.
황체ˆ호르몬(黃體hormone) [명][생] =프로게스테론.
황-초¹(黃—) [명] 1 꼭지만 빼 놓고 노랗게 칠한 연(鳶). 2 =밀초.
황초²(荒草) [명] 거칠게 마구 자라서 무성한 풀.
황촉(黃燭) [명] =밀초.
황촌(荒村) [명] 황폐하여 쓸쓸한 마을.
황칙(皇勅) [명][역] 황제의 명을 널리 국민에게 알릴 목적으로 적은 것.
황칠(黃漆) [명] 황칠나무의 진으로 만든 누른 빛깔의 칠.
황칠-나무(黃漆—) [—라—] [명][식] 두릅나뭇과의 상록 활엽 교목. 높이 15m 정도. 6월에 꽃이 피고, 10월에 열매가 검게 익음. 나무의 즙은 황칠로 씀. 산기슭의 숲 속에 남.
황태(黃太) [명] 빛깔이 누르면서 살이 연하고 맛이 좋은 북어. =더덕북어. ×노랑태.
황-태손(皇太孫) [명][역] 황위를 이을 황손(皇孫). [준]태손.
황-태자(皇太子) [명][역] 황위를 이을 황자(皇子). =국저(國儲)·저군·저궁. [준]태자.
황태자-비(皇太子妃) [명] 황태자의 아내.
황-태제(皇太弟) [명] 황위를 계승할 황제의

동생.

황-태후(皇太后) 〖명〗〖역〗 1 황제의 생존한 모후(母后). 2 선제(先帝)의 생존한 황후. ㈜태후.

황토(黃土) 〖명〗 1 붉은빛을 띤 누르스름한 흙. 2 〖지〗 바람에 의해 운반되어 퇴적한, 담황색 또는 회황색의 미세한 모래나 점토.

황토-색(黃土色) 〖명〗 황토의 붉고 누르스름한 빛깔. =토색.

황톳-길(黃土-) [-토낄/-톧낄] 〖명〗 황토로 이루어진 길.

황통(皇統) 〖명〗 황제의 계통이나 혈통. ¶~을 이을 태자.

황폐(荒廢) [-폐/-페] 〖명〗 1 (땅·숲·집 따위가) 돌보지 않고 버려두거나 훼손하여 못 쓰게 되는 것. 2 (정신·삶 등이) 거칠어지고 메말라 본질적인 것을 잃게 되는 것. **황폐-되다** 〖동〗〖자〗¶황폐된 도시 (땅) / 물질적 풍요에도 불구하고 정신적으로는 황폐된 삶을 살고 있는 현대인.

황폐-하다(荒廢-) [-폐/-페] 〖형〗〖여〗 1 (땅·숲·집 따위가) 돌보지 않고 버려두거나 훼손하여 못 쓰게 된 상태에 있다. ¶남벌로 인해 **황폐해진** 삼림. 2 (정신·삶 등이) 거칠어지고 메말라 본질적인 것을 잃은 상태에 있다. ¶현대인은 자연을 접하지 않은 채 문명 속에서 살아가면서 점차 정서가 **황폐해지고** 있다.

황폐-화(荒廢化) [-폐-/-페-] 〖명〗 황폐해지거나 황폐하게 만드는 것. ¶국토의 ~ / 황폐화의 이농의 가속화로 농촌이 ~. **황폐화-되다** 〖동〗〖자〗¶무분별한 개발로 자연이 ~.

황포¹(黃布) 〖명〗 누른 빛깔의 포목.

황포²(黃袍) 〖명〗〖역〗 누른 빛깔의 옷감으로 지은 임금의 예복(禮服).

황해(黃海) 〖명〗〖지〗 중국 본토와 한반도로 에 위싸인 해양.

황혼(黃昏) 〖명〗 1 해가 서산으로 넘어갈 무렵. 또는, 그때 남아 있는 햇살의 붉은 기운. ¶~ 녘 / 서편 하늘에 ~이 들다 / 바다에 ~을 머금은 물비늘이 보석처럼 눈부시다. 2 인생이 한창때를 지나 말년이 된 상태. 비유적인 말임. ⟨비⟩ 늘그막. ¶인생의 ~을 맞다.

> 〖유의어〗 **황혼** / **저녁노을** / **땅거미**
> 모두 해질 무렵에 나타나는 상태를 가리키나, '**황혼**'은 해가 서산에 걸려 있거나 막 넘어간 뒤에 하늘과 사방에 남아 있는 햇빛의 기운을 뜻하고, '**저녁노을**'은 하늘이 붉게 물들어 있는 상태를 뜻하며, '**땅거미**'는 해가 서산으로 완전히 넘어가 물체를 겨우 알아볼 정도로 어둑어둑한 상태를 뜻함.

황혼이 깃들다 〖구〗 해가 지고 어둑어둑해지다.

황혼-기(黃昏期) 〖명〗 1 해가 지고 어스름해지는 무렵. 2 사람의 생애나 나라의 운명 등이 한창 고비를 지나 쇠퇴하여 종말에 이른 때. 비유적인 말임. ¶로마 제국의 ~ / 인생의 ~에 접어들다.

황홀(恍惚·慌惚) →**황홀-하다** 〖형〗〖여〗 1 (사물이나 대상이) 눈부시게 찬란하다고 화려하여 마음을 강렬하게 사로잡는 상태에 있다. 또는, 기막힌 아름다움이나 관능 따위에 취하거나 마음을 빼앗겨 정신을 차리기 어려운 상태에 있다. ¶바다 속의 **황홀한** 비경 / 다이아몬드가 **황홀한** 빛을 발하다 / 그녀의 고혹적인 눈길과 마주치는 순간 **황홀한** 전율이 온몸을 스치고 지나갔다. 2 정신이 어질어질하고 몽롱하다. ¶양인의 기색이 엄연하거늘 급히 약을 흘려 넣은데 이슥고 깨어나 정신이 **황홀하여** 진정치 못하는지라. 《전우치전》**황홀-히** 〖부〗

황홀-경(恍惚境) 〖명〗 황홀한 상태나 경지. ¶~에 빠지다.

황화¹(黃化) 〖명〗 1 〖화〗 황과 어떤 물질이 화합하는 일. =유화. 2 〖식〗 빛의 결핍으로 식물의 세포가 엽록소를 형성하지 못하는 현상. **황화-하다** 〖동〗〖자여〗

황화²(荒貨) 〖명〗 '황아'의 잘못.

황화-물(黃化物) 〖명〗 〖화〗 황과 황보다 양성(陽性)인 원소와의 화합물.

황화-수소(黃化水素) 〖명〗 〖화〗 썩은 달걀 냄새가 나는 무색의 유독(有毒) 기체. 화학 분석용 시약(試藥)으로 쓰임.

황황(遑遑) →**황황-하다** 〖형〗 갈팡질팡 어쩔 줄 모르게 급하다. **황황-히** 〖부〗 ¶작물과 일년간을 ~ 마친 뒤에 연실이는 행장을 가다듬어 가지고 다시 조선으로 돌아왔다. 《김동인: 김연실전》

황황-망조(遑遑罔措) 〖명〗 마음이 급하여 허둥지둥하며 어찌할 바를 모름. **황황망조-하다**

황후(皇后) 〖명〗 황제의 정실(正室).

홰¹ 〖명〗 ① 〖자립〗 새장이나 닭장 속에 새나 닭이 앉도록 가로지른 나무 막대. ¶닭이 ~에 올라앉다. ② 〖의존〗 새벽에 닭이 홰를 치면서 우는 번수를 세는 말. ¶닭이 세 ~ 울다.

홰² 〖명〗 싸리·갈대 등을 묶어 불을 붙여서 밤길을 밝히거나, 제사 때 화톳불을 놓는 데 쓰는 물건.

홰³ 〖명〗 '홰대'의 준말.

홰-치다 〖동〗〖자〗 닭이나 새가 날개를 펴서 탁탁 치다.

홰홰 〖부〗 1 무엇을 자꾸 휘두르거나 휘젓는 모양. ¶손을 ~ 내젓다. 2 잇달아 감거나 감기는 모양. ¶연줄을 ~ 감다.

홱 〖부〗 1 망설임이 없이 시원스럽게 하는 모양. ¶몸을 ~ 돌리다. 2 일을 얼른 해치우는 모양. ¶문을 ~ 닫다. 3 무엇을 힘차게 던지거나 뿌리는 모양. ¶돌멩이를 ~ 뿌리다 / 돌을 ~ 던지다. 4 힘을 주어 날쌔게 뿌리치는 모양. ¶붙든 손을 ~ 뿌리치다. 5 바람 따위가 갑자기 세게 불어 닥치는 모양. ¶바람이 ~ 불자 촛불이 꺼졌다. 6 무엇을 갑자기 힘 있게 빨리 돌리는 모양. ¶운전대를 ~ 돌리다.

홱-홱 〖부〗 1 망설임이 없이 시원스럽게 계속하여 하는 모양. 2 일을 계속하여 얼른 해치우는 모양. 3 무엇을 계속하여 힘차게 던지거나 뿌리는 모양. 4 힘을 주어 날쌔게 계속 뿌리치는 모양. 5 바람 따위가 계속하여 세게 불어 닥치는 모양. 6 무엇을 계속하여 힘 있게 빨리 돌리는 모양.

횃-대 〖명〗 〖홰때/홷때〗 간짓대를 잘라 두 끝에 끈을 매어 벽 같은 데 달아매어 옷을 걸게 한 막대. =의항. ㈜홰.

횃댓-보(-褓) [홰때뽀/홷땓뽀] 〖명〗 횃대에 걸어 놓은 옷을 덮는 보자기.

횃-불 [홰뿔/홷뿔] 〖명〗 홰에 켠 불. =거화(炬火)·수화. ¶~을 들다.

횃불-잡이 [홰뿔-/홷뿔-] 〖명〗 횃불을 손에 든 사람.

행댕그렁-하다 [형여] 1 속이 비고 넓기만 하여 허전하다. 2 넓은 곳에 물건이 조금밖에 없어 잘 어울리지 않고 빈 것 같다. ¶집 안은 사람이 살지 않는 듯 **행댕그렁하였다**. ⓒ행하다. ⓒ휑뎅그렁하다.

횅-하다 [형여] 1 (사물의 이치나 학문 등에) 막힐 것이 없이 다 잘 알아 환하다. ¶동네 일이라면 무엇이나 **횅한** 아주머니. 2 (구멍 같은 것이) 막힌 데 없이 뚫려 시원스럽다. ¶굴이 **횅하게** 뚫려 있다. 3 '행댕그렁하다'의 준말. ⓒ휑하다.

회¹ [회] 1 가늘고 긴 물건에 센 바람이 부딪쳐 나는 소리. 2 숨을 한꺼번에 세게 내쉬는 소리. ⓒ휘.

회²(回) [명] ①[자립] (주로 '회를 거듭하다'의 꼴로 쓰여) 어떤 일이 주기적으로 이루어진 정도. ¶대회가 ~를 거듭할수록 질적·양적으로 향상되고 있다. ②[의존] (한자어 수사 아래에 쓰여) 어떤 일이 몇 번 이뤄지는지를 세는 단위. ¶주사위를 3~ 던졌을 때 6의 눈이 나올 확률은 얼마인가? 2 어떤 일이 몇 번째 이뤄지는 것인지 차례를 가리키는 말. ¶제10~ 글짓기 대회.

회³(灰) [회/훼] [화] 1 '석회'의 준말. 2 '산화칼슘'의 속칭.

회⁴(蛔) [회/훼] [동] =회충.

회가 동(動) **하다** ㈜ [회충이 움직인다는 뜻] 구미가 당기거나 무엇을 하고 싶은 마음이 생기다.

회⁵(會) [회/훼] [명] 공동의 목적을 이루기 위하여 조직한 모임. ¶~를 조직하다.

회⁶(膾) [회/훼] [명] 생선이나 고기를 날로 먹기 위하여 살을 얇게 뜨거나 잘게 썰어 놓은 것. ¶생선~ / ~를 치다 / ~를 안주로 하여 술을 마시다.

-회⁷(會) [회/훼] [접미] 일부 명사에 붙어, '단체', '조직'임을 나타내는 말. ¶동창~ / 친목~.

회갈-색(灰褐色) [회-색/훼-색] [명] 회색을 띤 갈색.

회갑(回甲) [회-/훼-] [명] =환갑.

회갑-연(回甲宴) [회-/훼-] [명] =환갑잔치.

회개(悔改) [회-/훼-] [명] (잘못이나 죄를) 뉘우치고 다시 되풀이하지 않도록 하는 마음의 상태가 되는 것. 주로, 종교적 문맥(특히, 크리스트교)에서 많이 쓰임. **회개-하다** [동타여] ¶**회개하라**, 천국이 가까웠느니라. ▷[신약 마태복음].

회격(灰隔) [회-/훼-] [명] 관(棺)을 광중(壙中)에 내려놓고, 그 사이를 석회로 메워서 다지는 것. =회다짐. **회격-하다** [동타여]

회:견(會見) [회-/훼-] [명] 어떤 사람과 소견을 발표하기 위해 절차를 밟아 공식적으로 사람을 만나는 것. ¶~가(記) / 기자(記者)~. **회:견-하다** [동타여]

회:견-장(會見場) [회-/훼-] [명] 회견하는 장소.

회:계(會計) [회계/훼계] [명] 1 나가고 들어온 돈을 따져서 셈하는 것. 2 개인이나 기업 따위의 경제 활동 상황을 일정한 계산 방법으로 기록하고 정보화하는 것. 또한, 그 방법. ·사무나 그 담당자. **회:계-하다** [동타여]

회:계^감사(會計監査) [회계-/훼계-] [명] [경] 회사의 재산·영업 상황을 기록한 서류의 기재가 회사의 실제 재정 상태를 올바르게 나타내고 있는가의 여부를 독립된 제삼자가 검사하는 일.

회:계-사(會計士) [회계-/훼게-] [명] =공인회계사.

회:계^연도(會計年度) [회계-/훼게-] [명] [법] 회계상의 편의에 따라 설정한 일정 기간. 우리나라에서는 1월 1일부터 12월 31일까지임.

회:계-학(會計學) [회계-/훼게-] [명] [경] 기업 따위의 회계에 관한 학문. 부기(簿記) 기술, 고정 자산·유동 자산의 평가 및 경영 분석, 원가 계산, 예산 통제 따위를 연구의 대상으로 함.

회고(回顧) [회-/훼-] [명] (지나간 일이나 지난 시절을) 돌이켜 생각하는 것. **회고-하다¹** [동타여] ¶청년 시절을 ~ / 옛날 일을 ~. **회고-되다¹** [동자]

회고(懷古) [회-/훼-] [명] 옛 자취를 돌이켜 생각하는 것. =회구(懷舊). **회고-하다²** [동자여] **회고-되다²** [동자]

회고-담(回顧談) [회-/훼-] [명] 지나간 일을 생각하며 하는 이야기.

회고-담(懷古談) [회-/훼-] [명] 옛 자취를 돌이켜 생각하며 하는 이야기.

회고-록(回顧錄) [회-/훼-] [명] 지난 일을 회고하여 적은 기록.

회:관(會館) [회-/훼-] [명] 집회나 회의 등을 목적으로 지은 건물. =회당. ¶마을 ~ / 청소년 ~ / 체육 ~.

회교(回敎) [회-/훼-] [명] [종] =이슬람교.

회교-국(回敎國) [회-/훼-] [명] =이슬람교국.

회교-도(回敎徒) [회-/훼-] [명] =이슬람교도.

회구(懷舊) [회-/훼-] [명] =회고(懷古)². **회구-하다** [동자여]

회군(回軍) [회-/훼-] [명] =환군(還軍). ¶위화도(威化島) ~. **회군-하다** [동자여]

회귀(回歸) [회-/훼-] [명] 한 바퀴 돌아서 본디의 자리나 상태로 돌아가거나 돌아오는 것. **회귀-하다** [동자여] **회귀-되다** [동자]

회귀-년(回歸年) [회-/훼-] [명] [천] 태양이 황도(黃道) 위의 춘분점을 지나서 다시 춘분점으로 돌아오기까지의 기간. 1회귀년은 365.2422일임. =태양년.

회귀^무풍대(回歸無風帶) [회-/훼-] [명] [지] 무역풍이 반대로 오는 무역풍을 만나 무풍(無風)이 되는 지방. 위도 30° 부근임. ▷무풍대.

회귀^본능(回歸本能) [회-/훼-] [명] =회귀성(回歸性).

회귀-선(回歸線) [회-/훼-] [명] [천] 지구 위 적도를 중심으로 남북 각 23°27'을 지나는 위선. 북쪽을 북회귀선, 남쪽을 남회귀선이라 함.

회귀-성(回歸性) [회-성/훼-성] [명] 연어·송어 따위가 바다에서 자라 성숙한 다음, 산란(産卵)하기 위해 태어난 하천으로 다시 돌아오는 습성. =회귀 본능.

회:규(會規) [회-/훼-] [명] =회칙(會則).

회:기(會期) [회-/훼-] [명] 국회나 지방 의회, 기타 여러 날 계속되는 회의 등이 개회하여 폐회하기까지의 기간.

회-나무 [회-/훼-] [명] [식] 노박덩굴과의 낙엽 활엽 교목. 높이 4m 정도. 6~7월에 흑자색 꽃이 피고, 10월에 열매가 익음. 산 중턱이상에서 자라는데 정원수로 심으며, 나무 껍질은 새끼 대용임.

회-냉면(膾冷麵) [명] 홍어나 가자미 등의 생선회를 고추장으로 양념하여 냉면에 얹어 비벼 먹을 수 있게 만든 음식.

회!담(會談)[회-/훼-] 명 일정한 지위에 있는 사람들이 어떤 문제를 가지고 한 자리에 모여서 의논하는 것. 또는, 그 토의. ¶정상~ / 남북 적십자 ~ / ~을 열다 / ~이 결렬되다. 회!담-하다 통(자)여

회!담-장(會談場)[회-/훼-] 명 회담하는 장소.

회답(回答)[회-/훼-] 명 물음이나 편지 등에 대답하는 것. ¶편지한 지 한 달이 넘도록 회답이 없다. 회답-하다 통(자)여

회!당(會堂)[회-/훼-] 명 1 =회관. 2 [가][기] '교회²'를 예스럽게 이르는 말. 3 유대교에서, 예배를 보는 건물.

회!-덮밥(膾-)[회덥빱/훼덥빱] 명 생선회를 밥 위에 얹은 덮밥. 갖은 양념을 하여 비벼 먹음.

회!동(會同)[회-/훼-] 명 여러 사람이 같은 목적으로 모이는 것. ¶여야 대표의 ~. 회동-하다 통(자)여 ¶전원(全員)이 회동하여 사후 대책을 강구하다.

회동그라-지다[회-/훼-] 통(자) 갑자기 휘둘러 동그라지다. 큰휘둥그러지다.

회-동그랗다[회-라타/훼-라타] 형(ㅎ)<-동그라다, ~동그라요, ~동그래> 1 놀라거나 두려워서 크게 뜬 눈의 모양이 동그랗다. 큰휘둥그렇다. 2 일이 모두 끝나고 남은 것이 없다. 3 짐을 싼 모양이나 옷맵시가 매우 가든하다. 4 순례는 치마를 솜씨 있게 회동그랗게 싸매 원편 무릎을 세우고 앉는다.《염상섭:취우》

회동그래-지다[회-/훼-] 통(자) 눈이 회동그랗게 되다. 큰휘둥그레지다.

회동그스름-하다[회-/훼-] 형여 놀라거나 무서워서 크게 뜬 눈이 동그스름하다. 큰휘둥그스름하다.

회!두리[회-/훼-] 명 여럿 중의 맨 끝. 또는, 맨 나중에 돌아오는 차례. 준회.

회똑-거리다/-대다[회-꺼(때)-/훼-꺼(때)-] 통(자) 1 위태롭게 이리저리 흔들리다. 2 일이 성패(成敗)의 고비에서 위태위태하다. 큰휘뚝거리다.

회똑-회똑[회똑꾀/훼똑꾀] 부 회똑거리는 모양. 큰휘뚝휘뚝. 회똑회똑-하다 통(자)여

회람(回覽)[회-/훼-] 명 (어떤 문서나 글을) 여럿이 차례로 돌려 보는 것. 또는, 그 문서나 글. ¶회간(回看). ¶~을 돌리다. 회람-하다 통(타)여 회람-되다 통(자)

회람-판(回覽板)[회-/훼-] 명 여러 사람에게 알리는 문서를 붙여 차례차례 돌려 보기 위한 판. 비돌림판.

회랑(回廊)[회-/훼-] 명[건] 1 정당(正堂)의 좌우에 있는 기다란 집채. 2 양옥의 어떤 한 방을 중심으로 하여 둘러 댄 마루.

회례¹(回禮)[회-/훼-] 명 사례의 뜻으로 나타내는 예. =반례(返禮). 회례-하다¹ 통(자)여

회례²(廻禮)[회-/훼-] 명 돌아다니며 인사를 하는 것. 또는, 그 인사. 회례-하다² 통(자)여

회!례³(會禮)[회-/훼-] 명 1 회합이나 회의의 예의. 2 서로 만나서 나누는 인사. 회!례-하다³ 통(자)여

회로(回路)[회-/훼-] 명 1 돌아오는 길. =반로(返路). 비귀로. 2 [물] '전기 회로'의 준말. 3 생체 내에서 진행되는 물질과 에너지의 교대 과정 중에서, 화학 반응의 경로가 순환하는 부분.

회!뢰(賄賂)[회뢰/훼뤠] 명 뇌물을 주거나 받는 행위. 또는, 그 뇌물. 회!뢰-하다 통(자)여

회류¹(回流)[회-/훼-] 명 뺑 돌아서 흐르는 것. 회류-하다¹ 통(자)여

회류²(會流)[회-/훼-] 명 물줄기가 한데 모여 흐르는 것. 회류-하다² 통(자)여

회마(回馬)[회-/훼-] 명 1 타고 가던 말을 돌려 돌아가는 것. 2 말을 돌려보내는 것. 회마-하다 통(자)여

회!맹(會盟)[회-/훼-] 명 1 모여서 맹세하는 것. 2 [역] 공훈이 있는 사람의 이름을 책에서 써 올릴 때, 임금과 신하가 모여서 서로 맹세하는 일. 회!맹-하다 통(자)여

회모(懷慕)[회-/훼-] 명 마음속 깊이 사모하는 것. 회모-하다 통(자)여

회목[회-/훼-] 명 손목이나 발목의 잘록한 부분.

회문(回文)[회-/훼-] 명 =회장(回章)¹.

회-반죽(灰-)[회-/훼-] 명 횟가루에 물을 섞어 이긴 물건.

회-백색(灰白色)[회-쌕/훼-쌕] 명 잿빛을 띤 흰빛.

회백-질(灰白質)[회-찔/훼-찔] 명[생] 뇌나 척수를 이루는 물질의 하나. 신경 세포가 모여 있으며 회백색을 띰. =회색질.

회벽(灰壁)[회-/훼-] 명 석회를 바른 벽.

회보¹(回報)[회-/훼-] 명 1 대답으로 하는 보고. 2 돌아와서 여쭙는 것. 회보-하다 통(타)여 ¶즉시 회보하시기 바랍니다.

회!보²(會報)[회-/훼-] 명 회에 관계되는 일을 회원에게 알리는 간행물. ¶~를 발행하다.

회복(回復·恢復)[회-/훼-] 명 1 (일·건강 등을) 나빠지던 상태에서 다시 상태로 되돌리는 것. ¶경기 ~ / 되게 앓고 난 뒤에 몸이 ~이 잘 안 되다. 2 (잃어버리거나 없어진 것을) 다시 되찾거나 원 상태로 되돌리는 것. ¶실지(失地) ~. 회복-하다 통(타)여 ¶건강을 ~ / 명예를 ~ / 신용을 ~ / 보약을 먹고 원기를 ~. 회복-되다 통(자) ¶경기가 ~ / 사회 질서가 ~.

회복-기(回復期)[회-끼/훼-끼] 명 1 병이 나아 가는 시기. ¶~의 환자. 2 경기(景氣)가 회복되어 가는 시기.

회복-세(回復勢)[회-쎄/훼-쎄] 명 병이나 경기(景氣) 등이 점차 나아지거나 좋아지는 상태. ¶증시가 서서히 ~를 보이다.

회복-실(回復室)[회-씰/훼-씰] 명 수술 환자를 수술 직후 마취에서 깨어나 회복될 때까지 일정 기간 안정시키는 병실.

회부(回附)[회-/훼-] 명 (어떤 물건·사건을) 어떤 대상에게 돌려보내거나 넘기는 것. 회부-하다 통(타)여 ¶재판에 ~. 회부-되다 통(자)

회분(灰分)[회-/훼-] 명 석탄이나 목탄이 다 탄 뒤에 남는 불연성의 광물질. 비재.

회!비(會費)[회-/훼-] 명 회를 유지하기 위하여 회원에게서 걷는 돈. ¶~를 내다 / ~를 거두다.

회!사(會社)[회-/훼-] 명[법] 상행위 또는 기타의 영리 사업을 목적으로 설립된 사단 법인. ¶주식~ / 무역 ~ / 보험 ~ / ~를 운영하다.

회사² [명] '괴사(壞死)'의 잘못.
회ː사-원(會社員) [회-/훼-] [명] 회사에 근무하는 사람. (비)사원.
회ː사-인간(會社人間) [회-/훼-] [명] 자기 자신이나 가족보다 회사를 더 중요시하고 회사를 위해 희생을 무릅쓰는 유형의 인간.
회ː사^조합(會社組合) [회-/훼-] [명][사] 사용인의 뜻대로 운영되거나, 소요 경비의 대부분을 회사의 보조에 의존하는 등 자주성이 없는 노동조합. =어용 조합.
회ː사-채(會社債) [회-/훼-] [명][법] =사채(社債)².
회상(回想) [회-/훼-] [명] (지난 일을) 돌이켜 생각하는 것. 또는, 그 생각. ¶~에 잠기다. **회상-하다** [동][타][여] ¶학창 시절을 ~. **회상-되다** [동][자]
회상-록(回想錄) [회-녹/훼-녹] [명] 과거의 일을 그 관계자가 회상하여 기록한 것.
회색(灰色) [회-/훼-] [명] 1 검은색과 흰색의 중간 색깔. (비)잿빛. ¶~ 구름. 2 정치적 경향이나 노선이 뚜렷하지 않은 상태를 이르는 말.
회색-분자(灰色分子) [회-뿐/훼-뿐] [명] 소속이나 경향·노선 등이 뚜렷하지 않은 사람을 이르는 말.
회색-빛(灰色-) [회-삗/훼-삗] [명] 회색을 띤 빛깔. ¶~ 구름 /~ 도시.
회생(回生) [회-/훼-] [명] 다시 살아나는 것. (비)소생. ¶기사(起死) ~. **회생-하다** [동][자][여]
회ː석(會席) [회-/훼-] [명] 여러 사람이 한자리에 모임. 또는, 그런 자리. **회ː석-하다** [동][자][여]
회선¹(回船) [회-/훼-] [명] 1 돌아가는 배. 2 배를 돌려 돌아오는 것. **회선-하다¹** [동][자][여]
회선-되다 [동][자]
회선²(回旋·廻旋) [회-/훼-] [명] 한곳에 붙은 물체가 빙빙 도는 것. **회선-하다²** [동][자][여]
회선³(回線) [회-/훼-] [명] 전화가 통할 수 있도록 가설된 선.
회송(回送) [회-/훼-] [명] =환송(還送)¹. **회송-하다** [동][타][여] **회송-되다** [동][자]
회수¹(回收) [회-/훼-] [명] 도로 거두어들이는 것. ¶자금의 ~가 늦다. **회수-하다** [동][타][여] ¶빈 병을 ~ / 대금을 ~ / 설문지를 ~. **회수-되다** [동][자]
회수² [명] '횟수(回數)'의 잘못.
회수-권(回數券) [회-꿘/훼-꿘] [명] 승차권 등의 회분을 한 뭉치로 하여 파는 표.
회ː순(會順) [회-/훼-] [명] 회의를 진행하는 순서.
회-술레(回-) [회-/훼-] [명] 1 사람을 끌고 다니며 창피를 주는 일. ¶…무식한 시골 하인이 차지의 뒤통수를 쳐서 갓 탕건 망건을 한꺼번에 벗기고 상투를 잡고 ~를 시켰다. 《홍명희:임꺽정》 2 남의 비밀을 들추어내어 널리 퍼뜨리는 일. **회술레-하다** [동][타][여]
회시(回示) [회-/훼-] [명] 회답하여 보이거나 지시하는 것. 또는, 그 회답. **회시-하다** [동][타][여]
회ː식(會食) [회-/훼-] [명] 여러 사람이 모여 함께 음식을 먹는 일. 또는, 그 모임. **회ː식-하다** [동][자][여]
회신¹(回信) [회-/훼-] [명] 편지나 전신·전화 등의 회답. ¶~을 보내다 / ~을 받다. **회신-하다** [동][자][여]
회신²(灰燼) [회-/훼-] [명] 불에 타고 남은 끄트러기나 재.

회심¹(灰心) [회-/훼-] [명] 모든 욕망이나 정열 따위가 일지 않는, 재처럼 사그라진 싸늘한 마음.
회심²(回心) [회-/훼-] [명] 1 마음을 고치는 것. (비)개심(改心). 2 [종] 과거의 생활을 뉘우쳐 고치고 신앙에 눈을 뜨는 일. **회심-하다** [동][자][여]
회심³(悔心) [회-/훼-] [명] 잘못을 뉘우치는 마음.
회심⁴(會心) [회-/훼-] [명] 어떤 일이나 대상이 생각했던 그대로여서 마음에 흡족한 상태. ¶~작 / ~의 미소를 짓다.
회ː심-작(會心作) [회-/훼-] [명] 자기 작품 중에서 가장 마음에 흐뭇하게 들어맞는 작품. =쾌심작(快心作)·쾌작.
회양-목(-楊木) [회-/훼-] [명][식] 회양목과의 상록 활엽 관목. 봄에 엷은 황색 꽃이 피며, 열매는 타원형이고 6~7월에 갈색으로 익음. 나무가 단단하여 도장·지팡이 및 조각재로 쓰이며, 가지와 잎은 약재로 쓰임. 석회암 지대에 자라며, 정원수로 심기도 함. =황양목.
회ː연(會宴) [회-/훼-] [명] 여러 사람이 모여 잔치를 베푸는 것. 또는, 그 잔치. **회ː연-하다** [동][자][여]
회오(悔悟) [회-/훼-] [명] 잘못을 뉘우쳐 깨닫는 것. ¶~의 눈물을 흘리다. **회오-하다** [동][타][여]
회오리 [회-/훼-] [명] 바람이 한곳에서 뱅뱅 돌아 물이나 검불 등이 몰려 깔때기 모양으로 하늘 높이 오르는 현상. ¶~가 일다.
회오리-바람 [회-/훼-] [명][기상] 갑자기 저기압이 생겨 주위의 공기가 한꺼번에 모여들어 나선상으로 일어나는 공기의 선회(旋回) 운동. =돌개바람·선풍(旋風)·양각(羊角)·용숫바람·표풍(飄風)·회풍(回風). (준)회리바람.
회오리-밤 [회-/훼-] [명] 밤송이 속에 외톨로 들어 있는 동그랗게 생긴 밤. (준)회리밤.
회오리-치다 [회-/훼-] [동][자] 어떤 감정·기세·사상 등이 세차게 설레어 움직이다. ¶그의 죽음을 안 순간 가슴속에 슬픔이 **회오리쳤다.**
회ː우¹(會友) [회-/훼-] [명] 같은 회의 회원.
회ː우²(會遇) [회-/훼-] [명] 오다가다 만나거나 마주치는 것. **회ː우-하다** [동][자][여]
회ː원(會員) [회-/훼-] [명] 어떤 회를 구성하는 사람. ¶명예 ~.
회ː원-국(會員國) [회-/훼-] [명] 국제적인 조직체의 구성원이 되어 있는 나라. ¶국제 연합 ~.
회ː원-권(會員券) [회-꿘/훼-꿘] [명] 회원임을 증명하는 표(票). 또는, 회원 방식의 모임·흥행 등의 입장권.
회ː원-증(會員證) [회-쯩/훼-쯩] [명] 어떤 사람이 회원임을 증명하는, 명함 크기의 카드.
회유¹(回遊) [회-/훼-] [명] 널리 돌아다니면서 유람하는 것. **회유-하다¹** [동][자][여]
회유²(回游·洄游) [회-/훼-] [명] 물고기가 알을 낳거나 먹이를 찾기 위하여 계절을 따라 일정한 시기에 한 곳에서 다른 곳으로 떼지어 헤엄쳐 다니는 일. **회유-하다²** [동][자][여]
회유³(懷柔) [회-/훼-] [명] (어떤 사람이 다른 사람을) 제 뜻에 따르도록 구슬리고 달래는 것. **회유-하다³** [동][타][여] ¶적을 ~. **회유-되다** [동][자]

회유-어(回游魚)[회-/훼-] 명 [동] 계절적으로 일정한 경로를 따라서 이동하는 물고기.

회유-책(懷柔策)[회-/훼-] 명 정부나 자본가가 반대 당이나 노동자에게 적당한 양보 조건을 제시하여 설복하려는 정책.

회음(會陰)[회-/훼-] 명 [생] 사람의 외음부와 항문의 사이에 있는 부위.

회¦의¹(會意)[회-/훼-] 명 육서(六書)의 하나. 둘 이상의 한자(漢字)를 합하여 새로 한 글자를 만들고, 그 뜻도 합성되어 이루어지는 것. '日'과 '月'이 합하여 '明'이 되는 따위.

회¦의²(會議)[회의/훼이] 명 1 여럿이 모여 어떤 문제에 대하여 의논하는 것. ¶가족/간부 ~/~를 열다./~를 소집하다. 2 어떤 사항을 평의하는 기관. ¶법관 ~. **회¦의-하다**¹ 통(자)(여) 여럿이 모여 어떤 문제에 대하여 의논하다.

회의³(懷疑)[회의/훼이] 명 비교적 확실하거나 문제가 없다고 생각해 왔던 일에 대해서 정말 그러할까 의문을 가지게 되는 것. ¶~에 빠지다./~가 들다/인생에 ~를 느끼다. **회의-하다**² 통(타)(여)

회¦의-록(會議錄)[회의-/훼이-] 명 회의의 진행 사항과 결과를 적은 기록.

회의-론(懷疑論)[회의-/훼이-] 명 [철] 인간의 인식은 주관적·상대적이라고 보아 진리의 절대성을 의심하고 궁극적인 판단을 하지 않는 사상적 태도. =회의설·회의주의. ↔독단론.

회¦의-석(會議席)[회의-/훼이-] 명 회의를 하는 자리.

회¦의-소(會議所)[회의-/훼이-] 명 1 회의를 하는 장소. 2 회의를 하는 단체나 기관.

회¦의-실(會議室)[회의-/훼이-] 명 회의를 하는 방.

회¦의-장(會議場)[회의-/훼이-] 명 회의를 하는 장소.

회의-적(懷疑的)[회의-/훼이-] 관 어떤 일에 확신을 가지지 못한 상태에 있는 (것). ¶그들은 이번 계획이 성공할지에 대해 매우 ~이다.

회임(懷妊)[회-/훼-] 명 =임신(妊娠)². **회임-하다** 통(자)(여)

회¦자(膾炙)[회-/훼-] 명 ['회와 구운 고기'라는 뜻] 널리 관심의 대상이 되어 사람들의 입에 많이 오르내리는 것. **회¦자-하다** 통(자)(여) **회¦자-되다** 통(자) ¶인구(人口)에 **회자되는 명시(名詩).**

회¦자정리(會者定離)[회-니/훼-니] 명 만난 자는 반드시 헤어지게 된다는 말. 불교에서는, 만남과 헤어짐이 덧없는 일이라는 뜻으로 쓰는 말이나, 일반적으로는 헤어짐을 아쉬워하면서 쓰는 말임.

회장¹(回章)[회-/훼-] 명 여러 사람이 돌려 보도록 하는 글. =회문(回文). ¶~을 돌리다.

회장²(回裝)[회-/훼-] 명 1 병풍·족자 따위의 가장자리에 테를 두르듯 다른 색깔로 꾸민 부분. 2 여자 저고리의 깃·끝동·고름·겨드랑이 따위를 빛깔 있는 헝겊으로 꾸미는 일. 또는, 그 꾸밈새. **회장-하다** 통(여)

회장³(回腸) [회-/훼-] 명 위쪽은 공장(空腸)에 이어지고 아래쪽은 맹장에 이르는 소장(小腸)의 일부. =돌창자.

회¦장⁴(會長)[회-/훼-] 명 1 회를 대표하고 회의 일을 총괄하는 사람. ¶동창회 ~/~를 선출하다. 2 여러 회사를 거느린 기업의 최고 대표자. 때로, 사장직을 물러난 사람이 가지는 명예직을 가리키는 경우도 있음.

회¦장⁵(會場)[회-/훼-] 명 공식적인 모임이나 회의가 베풀어지는 장소.

회¦장-단(會長團)[회-/훼-] 명 회장·부회장 등을 집합적으로 이르는 말.

회장-저고리(回裝-)[회-/훼-] 명 회장을 하여 지은 저고리. 반회장저고리와 삼회장저고리가 있음. ↔민저고리.

회저 명 '괴저(壞疽)'의 잘못.

회전¹(回轉·廻轉)[회-/훼-] 명 1 어떤 축을 중심으로 하여 그 둘레를 도는 것. =전회. ¶좌[우] ~. 2 (주로, '두뇌'나 '머리'와 함께 쓰여) 어떤 생각을 하거나 묘안을 짜느라 머리를 쓰는 것. 구어적으로 말임. ¶두뇌 ~이 빠르다. 3 [경] 상품이 팔려서 투자와 자금의 회수를 되풀이하는 것. ¶자금의 ~이 빠르다. **회전-하다** 통(자)(타)(여) ¶바퀴가 빙글빙글 ~/지구는 태양의 주위를 **회전한다. 회전-되다** 통(자)

회¦전²(回戰)[회-/훼-] 명 의존 동일한 상대와 겨루는 경기에서, 대전의 수효나 순서를 세는 단위. ¶1~ 경기가 시작되다.

회전^날개(回轉-)[회-/훼-] 명 회전에 의하여 양력(揚力)이 생기는 날개. 헬리콥터의 날개 따위. =회전익(回轉翼).

회전-력(回轉力)[회-녁/훼-녁] 명 [물] 물체를 회전시키는 힘.

회전-로(回轉爐)[회-노/훼-노] 명 [공] 밑부분이 원형인 회전식 열처리로. 단조품(鍛造品) 등의 재료의 연속 가열에 쓰임.

회전-면(回轉面)[회-/훼-] 명 [수] 어떤 평면 곡선을 그 평면 위의 일직선을 축으로 하여 회전시킬 때에 생기는 곡면. 구면(球面)이나 원기둥의 측면 따위.

회전-목마(回轉木馬)[회-/훼-] 명 놀이 기구의 하나. 원형의 받침에 목마를 설치하여 사람을 태워 움직이는 기계 장치.

회전^무¦대(回轉舞臺)[회-/훼-] 명 [연] 무대의 주요 부분을 원형(圓型)으로 잘라 수평으로 돌 수 있도록 한 장치.

회전-문(回轉門)[회-/훼-] 명 큰 건물의 출입구에 설치하는 회전식의 문.

회전-식(回轉式)[회-/훼-] 명 고정되지 않고 이리저리 돌 수 있는 것. 또는, 그런 방식. ¶~의 문.

회전^운¦동(回轉運動)[회-/훼-] 명 1 [물] 물체가 회전축의 둘레를 일정한 거리를 두고 도는 운동. 2 [체] 맨몸으로 땅 위에서 돌거나, 철봉 같은 것을 축으로 하여 앞뒤로 도는 운동.

회전-의자(回轉椅子)[회-/훼-] 명 좌우로 회전할 수 있게 만든 의자.

회전^이동(回轉移動)[회-/훼-] 명 [수] 도형의 각 점이 일정한 점을 중심으로 하는 원주를 따라 같은 방향으로 같은 각만큼 회전하여 새로운 도형으로 옮기는 일.

회전-창(回轉窓)[회-/훼-] 명 [건] 창짝의 중심부에 축(軸)을 장치하여 축을 중심으로 회전시켜서 여닫게 만든 창.

회전-체(回轉體)[회-/훼-] 명 1 회전하는 물체. 2 [수] 평면 도형이 같은 도형 안에 있는 직선을 축으로 회전하여 생기는 입체. =맴돌이.

회전-축(回轉軸)[회-/훼-] 명 1 [물] 회전

운동의 중심이 되는 직선. =돌대. 2 회전하는 기계의 축의 총칭. 바퀴의 샤프트 따위.

회절(回折) [회-/훼-] 명 [물] 음파·전파·빛 따위의 파동(波動)이 장애물로 인하여 차단되었을 때, 장애물의 그림자 부분에까지도 파동이 전파되는 현상.

회절-격자(回折格子) [회-/훼-] [-짜/훼-짜] 명 [물] =회절발.

회절-발(回折-) [회-/훼-] 명 [물] 빛의 회절을 이용하여 스펙트럼을 얻는 장치. =격자·회절격자.

회정(回程) [회-/훼-] 명 돌아오는 길에 오르는 것. **회정-하다** 동(자여)

회중¹(會中) [회-/훼-] 명 1 모임을 갖는 도중. 2 [불] 설법을 하는 도중.

회중²(會衆) [회-/훼-] 명 많이 모인 군중. ¶김 후보는 ~을 향하여 한 표를 부탁하였다. / 월와와 영채는 ~을 헤치고 들어가 저편 구석에 가지런히 앉았다.《이광수:무정》

회중³(懷中) [회-/훼-] 명 1 =품속. 2 =마음속.

회중-시계(懷中時計) [회-계/훼-게] 명 주로 상의, 특히 조끼 따위의 주머니에 넣고 다닐 수 있게 만든 작은 시계. 오늘날에는 거의 사용하지 않음. (비)몸시계.

회중-전등(懷中電燈) [회-/훼-] 명 =손전등.

회지(會誌) [회-/훼-] 명 어느 회에서 발행하는 기관 잡지(機關雜誌).

회진¹(回診) [회-/훼-] 명 의사가 환자의 병실을 돌아다니며 환자의 상태를 살피는 것. ¶~ 시간. **회진-하다** 동(타여)

회진²(灰塵) [회-/훼-] 명 1 재와 먼지. 2 하잘것없는 물건.

회집(會集) [회-/훼-] 명 여러 사람이 많이 모이는 것. 또는, 여러 사람을 많이 모으는 것. **회집-하다** 동(자여) ¶아직도 동경 유학생 간에는 남녀가 **회집할** 수 있는 곳은 예수교 예배당밖에 없었다.《김동인:김연실전》

회청-거리다/-대다 [회-/훼-] 자(타) '회청거리다'의 작은말.

회청-회청 [회-회-/훼-훼-] 부 '휘청휘청'의 작은말. **회청회청-하다** 동(자타여)

회천(回天) [회-/훼-] 명 1 천자(天子)의 마음을 되돌이키게 하는 것. 2 형세를 일변시키는 것. **회천-하다** 동(타여)

회첨(會檐) [회-/훼-] 명 [건] 처마가 'ㄱ' 자 모양으로 꺾여서 굽은 곳. ×회춤.

회청-색(灰靑色) [회-/훼-] 명 잿빛 바탕에 푸른빛이 섞인 빛깔.

회초리 [회-/훼-] 명 주로 아이의 잘못을 다스리기 위해 종아리 등을 때릴 때 쓰는, 가는 나뭇가지를 꺾어 다듬은 물건. 또는, 마소 등을 부릴 때 쓰는 가는 나뭇가지. ¶~를 들다 / 어머니는 ~로 아이의 종아리를 때리다. ▷휘추리.

회춘(回春) [회-/훼-] 명 1 봄이 다시 돌아오는 것. 2 중한 병에서 회복되어 건강을 되찾는 것. 3 (노인이) 도로 젊어지는 것. 4 [지] 노년기·장년기의 하천이 다시 침식력을 회복하여 하저(河底)를 침식하고 유년기의 성질을 띠는 현상. **회춘-하다** 동(자여)

회출 명 1 '골목'의 잘못. 2 '회첨'의 잘못.

회충(蛔蟲) [회-/훼-] 명(동) 사람의 몸속, 특히 작은창자에 기생하는, 길이 15~30cm의 지렁이처럼 생긴 벌레. 구토·두통·배앓이 따위를 일으킴. =거위(蛔). (준)충.

회충-약(蛔蟲藥) [회-냑/훼-냑] 명 회충을 없애는 약. =회약(蛔藥).

회:**칙**(會則) [회-/훼-] 명 모임의 규칙. =회규.

회칠(灰漆) [회-/훼-] 명 물체의 표면에 석회를 칠하는 일. **회칠-하다** 동(자여)

회:**칼**(膾-) [회-/훼-] 명 회를 치는 데에 쓰는 칼.

회편(回便) [회-/훼-] 명 돌아가거나 돌아오는 인편.

회포(懷抱) [회-/훼-] 명 세상을 살아오면서 마음속에 품어 온 온갖 번민이나 시름이나 긴장이나 자질구레한 생각. ¶쌓인 ~를 풀다.

회피(回避) [회-/훼-] 명 1 몸을 피하고 만나지 않는 것. 2 책임을 지지 않고 꾀를 부리는 것. 3 일하기를 꺼려 선뜻 나서지 않는 것. 4 [법] 재판관이나 서기가 제척(除斥) 또는 기피의 원인이 있다고 생각할 경우에 스스로 그 사건을 다루기를 피하는 일. **회피-하다** 동(타여) ¶책임을 ~ / 언급을 ~ / 어려운 일을 ~ / 사람 만나기를 ~.

회:**한**(悔恨) [회-/훼-] 명 뉘우치고 한탄하는 것. =오한(懊恨). ¶~의 눈물 / ~이 서린 목소리. **회**:**한-하다** 동(타여)

회:**합**(會合) [회-/훼-] 명 1 토론이나 상담을 위해 여럿이 모이는 일. 또는, 그 모임. ¶정기 총회의 ~을 가지다. 2 [화] 2개 이상의 동일 물질의 분자나 이온이 결합하여 한 개의 분자나 이온처럼 행동하는 현상. **회**:**합-하다** 동(자여)

회항(回航) [회-/훼-] 명 1 (비행기나 배가) 기상 악화나 기타의 문제로 되돌려 목적지에 가지 못하고 되돌아가거나 되돌아오는 것. 2 곳곳에 들르면서 항해하는 것. **회항-하다** 동(자)(타여) ¶짙은 안개로 비행기가 착륙하지 못하고 ~.

회향¹(回向·廻向) [회-/훼-] 명 1 얼굴을 돌려 딴 데로 향하는 것. 2 [불] 자신이 쌓은 공덕을 다른 중생에게 되돌려 주거나 자기의 성불을 위해 돌리는 것. 3 [불] 불사(佛事)나 불교 행사를 마치는 것. ¶~ 법회. 4 [불] 부처에게 감사하는 마음을 돌리는 것. **회향-하다**¹ 동(자)(타여) ¶그는 부처님 가르침대로 **회향하는** 삶을 살겠다고 다짐했다. / 부처님 오신 날 봉축 행사를 성대히 **회향하였다.** / 부처님께 **회향합니다.**

회향²(懷鄕) [회-/훼-] 명 고향을 몹시 그리며 생각하는 것. (비)망향. **회향-하다**² 동(자여)

회혼(回婚) [회-/훼-] 명 부부가 함께 맞는, 혼인한 지 예순 돌 되는 날. 또는, 그해.

회혼-례(回婚禮) [회-녜/훼-녜] 명 회혼을 축하하는 잔치.

회:**화**¹(會話) [회-/훼-] 명 어떤 사람이 외국어로 일상적인 대화를 나누는 일. ¶영어 ~ / 일어 ~ / 독해는 웬만큼 되는데 ~가 잘 안 된다. **회**:**화-하다** 동(자여)

회:**화**²(繪畵) [회-/훼-] 명[미] 평면 위에 색과 선을 써서 여러 가지 형상을 표현하는 조형 예술. (비)그림.

회화-나무 [회-/훼-] 명[식] 콩과의 낙엽 활엽 교목. 높이 25m가량. 속껍질은 노랗고 특유한 냄새가 남. 8월에 황백색 꽃이 피며, 염주 모양의 열매가 10월에 익음. 산이나 들 및 촌락 부근에 흔히 심음. 목재는 가구재로 쓰이며, 꽃과 열매는 약용함. =괴목(槐木)·해 나무.

회:화^문자(繪畵文字)[회-짜/훼-짜] 명 그림이나 대상을 본뜬 도안으로 의미를 전달하는 문자 체계. 고대 이집트의 그림 문자 따위가 여기에 속함. =그림 문자.

회:화-체(會話體)[회-/훼-] 명 주로 외국어 학습에서, '구어체'나 '대화체'를 이르는 말.

회환(回還)[회-/훼-] 명 갔다가 다시 돌아오는 것. =환래(還來). 회환-하다 통(자여)

회회(回回) 명 1 여러 번 잘게 감거나 감기는 모양. 2 이리저리 좁게 휘두르는 모양. ¶팔을 ~ 젓다. 훈휘휘.

회회-교(回回敎)[회회-/훼훼-] 명 종 = 이슬람교.

회훈(回訓)[회-/훼-] 명 정 해외 공관의 청훈(請訓)에 대한 본국 정부의 회답 훈령. 회훈-하다 통(자여)

회흑-색(灰黑色)[회-쌕/훼-쌕] 명 검은빛을 띤 짙은 잿빛.

획[획/훽] 부 1 빨리 돌거나 스치는 모양. ¶고개를 ~ 돌리다. 2 바람이 세차게 부는 모양. 3 갑자기 힘껏 내던지는 모양. ¶돌멩이를 ~ 던지다. 훈획.

획(畫·劃)[획/훽] 명 ① [자베] 1 글씨나 그림에서 붓으로 그은 줄이나 점의 총칭. ¶~을 긋다 / ~이 굵다 (가늘다). 2 역수(易數)의 괘를 나타내는 산가지의 가로 그은 표시. 곧, 양(陽)인 —, 음(陰)인 --의 일컬음. ② (의존) 1을 세는 단위로 이르는 말. ¶한 ~ / 두 ~.

획을 긋다 관 어떤 범위와 시기를 분명하게 구분짓다. ¶아폴로 11호의 달 착륙은 한 시대의 획을 그은 엄청난 사건이었다.

획기-적(劃期的)[획끼-/훽끼-] 관 명 어떤 과정에서 전연 새로운 시대가 열릴 만큼 뚜렷이 구분되는 (것). ¶~인 진전 / 성과가 ~이다.

획득(獲得)[획득/훽득] 명 (어떤 물건이나 대상을) 얻거나 따서 자기의 것으로 만드는 것. ¶~물 / 부의 ~. 획득-하다 통(타여)¶지식을 ~ / 정권을 ~ / 금메달을 ~. 획득-되다 통(자여)

획득^형질(獲得形質)[획뜨켱-/훽뜨켱-] 명 생 생물이 환경 요인 또는 기관(器官)의 용불용(用不用)에 의해 얻은 형질로, 후세에 유전적으로 전해지지 않는 것. =후천 형질. ⊕유전 형질.

획력(畫力·劃力)[횡녁/훽녁] 명 글씨나 그림의 획에 나타난 힘. 비필력.

획수(畫數·劃數)[획쑤/훽쑤] 명 글씨 획의 수효.

획순(畫順·劃順)[획쑨/훽쑨] 명 글씨 획의 순서. ¶글자를 ~에 따라 쓰다.

획연(劃然)[획-/훽-] →획연-하다 [획-/훽-](형여) 구별이 명확하다. 획연-히 부

획인(畫引·劃引)[획-/훽-] 명 한자 색인의 하나. 획수에 따라 글자를 찾아볼 수 있도록 한 것임.

획일(劃一)[획-/훽-] →획일-하다 [획-/훽-](형여) 1 모두가 한결같아서 차이나 다름이 없다. 2 줄을 친 듯 가지런하다.

획일-적(劃一的)[획-쩍/훽-쩍] 관 명 1 모두가 한결같아서 차이나 다름이 없는 (것). ¶교육 방법이 ~이다. 2 줄을 친 듯 가지런한 (것). ¶~으로 구획된 시가지.

획일-주의(劃一主義)[획-의/훽-이] 명 개인의 심리·사고·행동 양식을 일정한 틀에 넣어 규격화하는 경향.

획정(劃定)[획쩡/훽쩡] 명 명확히 구별하여 정하는 것. 획정-하다 통(타여) 획정-되다 통(자)

획지(劃地)[획찌/훽찌] 명 도시의 건축지를 갈라서 나눌 때의 단위가 되는 땅. ⊕블록.

획책(劃策)[획-/훽-] 명 일을 꾸미기나 꾀하는 것. 또는, 그 계책. 획책-하다 통(타여)

획획[회획/훽훽] 부 1 연달아 빨리 돌아가는 모양. ¶바람개비가 ~ 돌다. 2 바람이 잇달아 세게 부는 모양. 3 무엇을 자꾸 힘주어 던지는 모양. ¶강물에 돌을 ~ 던지다. 훈획획.

횟-가루(灰-)[회까-/휀까-/훼까-/훼까-] 명 '산화칼슘'의 속칭.

횟:-감(膾-)[회깜/휀깜/훼깜/훼깜] 명 회를 만드는 데 쓰는 고기나 생선.

횟-물(灰-)[횐-/휀-] 명 '석회수'를 일상적으로 이르는 말.

횟-배(蛔-)[회빼/휀빼/훼빼/훼빼] 명 한 =거위배. ¶~을 앓다.

횟수(回數)[회쑤/휀쑤/훼쑤/훼쑤] 명 어떤 일을 행한 수. ¶사용 ~ / 운항 ~ / ~가 잦다 / ~를 늘리다.

횟:-집(膾-)[회쩝/휀쩝/훼쩝/훼쩝] 명 생선회를 전문으로 파는 집.

횡(橫)[횡/휑] 부 1 바람이 갑자기 빠르게 부는 소리. 2 작은 것이 바람을 일으키며 빠르게 날아가거나 떠나가 버리는 소리. 또는, 그 모양. 훈횡.

횡(橫)[횡/휑] 명 =가로¹. ⊕종(縱).

횡격-막(橫膈膜·橫隔膜)[횡겨-/휑겨-] 명 생 포유류의 배와 가슴 사이에 있는 근육성의 막. 수축·이완에 의하여 폐의 호흡 작용을 도움. =가로막. 훈격막.

횡관(橫貫)[횡-/휑-] 명 가로로 꿰뚫는 것. ¶~ 철도. ↔종관(縱貫). 횡관-하다 통(타여)

횡단(橫斷)[횡-/휑-] 명 1 도로나 강과 같이 띠 모양으로 뻗어 있는 것을 직각으로 가로질러 건너편으로 가는 것. ¶~ 보도. 2 대륙이나 대양을 동서의 방향으로 가로질러 가는 것. ¶태평양 ~. 3 가로로 끊는 일. ¶~면. ↔종단(縱斷). 횡단-하다 통(타여) ¶대륙을 ~.

횡단-로(橫斷路)[횡-노/휑-노] 명 1 도로를 횡단하는 길. 2 바다나 대륙 등을 횡단하는 항로.

횡단-면(橫斷面)[횡-/휑-] 명 물체를 그 길이에 직각이 되게 가로 자른 면. ↔종단면.

횡단-보도(橫斷步道)[횡-/휑-] 명 보행자가 차도를 횡단할 수 있도록 안전표지나 도로 표지로 표시한 도로의 부분. =건널목.

횡단^비행(橫斷飛行)[횡-/휑-] 명 산이나 강, 바다 등을 횡단하는 장거리 비행. ¶대서양 ~.

횡대(橫隊)[횡-/휑-] 명 가로 줄지어 늘어선 대오(隊伍). ¶~ 비행 / 2열 ~로 서다. ↔종대.

횡-듣다(橫-)[횡-따/휑-따] 통(타여)〈-듣으니, ~들어〉(무슨 말을) 잘못 듣다. 비빗듣다. ¶남의 말을 ~.

횡렬(橫列)[횡녈/휑녈] 명 가로로 줄을 짓는 것. 또는, 그 줄. ↔종렬. 횡렬-하다 통(자여)

횡령(橫領)[횡녕/휑녕] 명 (남의 재물, 특히 공금을) 불법적으로 차지하여 가지는 것. ¶

~죄(罪). **횡령-하다** 통(타)여 ¶공금을 ~.
횡령-되다 통(자)

횡령-죄(橫領罪)[횡녕죄/횡녕쮀] 명[법] 형법에서, 남의 재물을 보관하는 사람이 그 재물을 불법으로 취득하여 자기 것으로 만들거나 그 반환을 거부함으로써 성립하는 죄.

횡류(橫流)[횡뉴/휑뉴] 명 1 물이 옆으로 꿰져 흐르는 것. 2 물품을 정당한 경로를 밟지 않고 전매하는 것. **횡류-하다** 통(자)여

횡목(橫木)[횡-/휑-] 명 가로질러 놓은 나무.

횡문-근(橫紋筋)[횡-/휑-] 명[생] =가로무늬근. ↔평활근.

횡보(橫步)[횡-/휑-] 명 1 옆으로 걷는 것. 또는, 그런 걸음. 2 시세 따위가 상승하거나 하락하지 않고 그 수준을 유지하는 것. (비)옆걸음. ¶증시가 보합권에서 ~를 보이다. **횡보-하다** 통(자)여

횡-보다(橫-)[횡-/휑-] 통(타) (어떤 대상을) 잘못 보다. (비)빗보다. ¶"댁이 어데길래 저 양반이 가셨더란 말이오? 어두운 밤이니까 **횡보셨나** 보오."《이해조:빈상설》

횡보-세(橫步勢)[횡-/휑-] 명[경] 주가 등의 시세가 한동안 변동이 없이 계속되는 상태. ¶건설업종이 2, 3일 ~를 보이더니 점차 상승세를 타고 있다.

횡사(橫死)[횡-/휑-] 명 뜻밖의 재앙을 당하여 죽는 것. ¶비명(非命) ~. **횡사-하다** 통(자)여

횡산(橫産)[횡-/휑-] 명 아이를 가로 낳는 것. 곧, 태아가 팔부터 나오는 것. **횡산-하다** 통(타)여

횡서(橫書)[횡-/휑-] 명 글씨를 가로로 쓰는 것, 또는 그 글씨. (비)가로쓰기. ↔종서. **횡서-하다** 통(타)여

횡선(橫線)[횡-/휑-] 명 가로 그은 줄. (비)가로줄. ↔종선.

횡선^수표(橫線手票)[횡-/휑-] 명[경] 표면에 두 줄의 평행선을 그은 수표. 수표 소지인은 일단 자기의 거래 은행에 예입한 후라야 대금을 찾을 수 있다.

횡설수설(橫說竪說)[횡-/휑-] 명 조리도 없고 앞뒤도 맞지 않는 말을 이러쿵저러쿵 늘어놓는 것. **횡설수설-하다** 통(자)여 ¶술에 ~.

횡수(橫數)[횡-/휑-] 명 뜻밖의 운수.

횡수-막이(橫數-)[횡-/휑-] 명[민] 그해의 액운을 막으려고 정월에 무당을 시켜 하는 굿. **횡수막이-하다** 통(자)여

횡-십자(橫十字)[횡-짜/휑-짜] 명 'X' 모양을 이르는 말.

횡액(橫厄)[횡-/휑-] 명 뜻밖에 당하게 되는 재액. ¶"먹고살 걱정을 말으시고 영문에서 ~만 아니 당할 도리를 하시오."《이인직:은세계》

횡와(橫臥)[횡-/휑-] 명 모로 눕거나 가로 눕는 것. **횡와-하다** 통(자)여

횡일-성(橫日性)[횡-씅/휑-씅] 명[식] 식물체의 일부가 햇빛이 쬐는 방향과 직각이 되도록 굴곡하는 성질.

횡재¹(橫災)[횡-/휑-] 명 뜻하지 않은 재난. **횡재-하다**¹ 통(자)여

횡재²(橫財)[횡-/휑-] 명 뜻밖에 재물을 얻는 것. 또는, 그 재물. **횡재-하다**² 통(자)여

횡재-수(橫財數)[횡-쑤/휑-쑤] 명 뜻밖에 재물을 얻는 좋은 운수.

횡-적(橫的)[횡쩍/휑쩍] 관명 어떤 사물에 횡으로 관계하는 (것). ¶~ 관계 / ~ 연락. ↔종적(縱的).

횡조(橫組)[횡-/휑-] 명[인] =가로짜기.

횡주(橫走)[횡-/휑-] 명 1 가로질러 뛰어가는 것. 2 바른길을 버리고 바르지 못한 길로 가는 것. 3 함부로 날뛰고 다니는 것. =횡치(橫馳). **횡주-하다** 통(자)여

횡지-성(橫地性)[횡-씅/휑-씅] 명[식] 식물이 중력 방향에 대해 거의 직각으로 굴곡하는 성질.

횡철(橫綴)[횡-/휑-] 명 1 자모(字母)를 가로 풀어서 쓰는 철자. 2 가로 꿰매는 것. **횡철-하다** 통(타)여

횡축(橫軸)[횡-/휑-] 명 1 가로걸도록 꾸민 족자. 2 [수] '가로축'의 구용어. ↔종축(縱軸).

횡파(橫波)[횡-/휑-] 명 1 배의 옆쪽으로 부딪치는 물결. 2 [물] 파동의 진행 방향과 파동을 전파하는 매질(媒質)의 진동 방향이 직각으로 된 파동. 현(絃)의 진동, 전자파, 지진의 S파가 그 예임. =고저파(高低波). ↔종파(縱波).

횡판(橫板)[횡-/휑-] 명 가로 건너지른 널빤지.

횡포(橫暴)[횡-/휑-] 명 남의 입장을 살피지 않거나 남의 뜻을 헤아리지 않고, 제멋대로 일을 처리하거나 행하는 상태에 있는 것. ¶~가 심하다 / 독점 기업의 ~를 막고자 결성된 소비자 단체. **횡포-하다** 형(여)

횡폭(橫幅)[횡-/휑-] 명 =가로나비.

횡행(橫行)[횡-/휑-] 명 [모로 간다는 뜻] 1 (강도·불량배 따위가) 사회의 안녕·질서를 어지럽히며 거리낌 없이 제멋대로 행동하는 것. 2 (범죄나 악 따위가) 사회에 마구 일어나는 것. **횡행-하다** 통(자)여 ¶백주에 강도가 ~ / 범죄가 ~.

횡화(橫禍)[횡-/휑-] 명 뜻밖이지 않은 화난.

효¹(爻) 명[민] 역(易)의 괘(卦)를 나타내는 가로 그은 획. '—'을 양(陽), '--'을 음(陰)으로 함. 밑에서부터 세어 초효(初爻), 이효(二爻), …, 상효(上爻)라 함.

효²(孝) 명 자식이 부모를 잘 섬기고 받드는 일. 전통적인 유교적 도덕 규범의 하나임. ¶~는 백행(百行)의 근본이다. ↔불효(不孝).

효과(效果) 명 1 어떤 목적을 지닌 행위에 의하여 나타나는 보람이 있는 좋은 결과. ¶역 ~ / 큰 ~를 거두다. 2 [연][영] 시각 또는 청각적 수단을 통하여 장면에 어울리는 분위기나 실감 등을 인공적으로 자아내는 일. 또는, 그것을 맡은 사람. ¶음향 ~ / 조명 ~. 3 [체] 유도에서, 판정의 하나. 경기자가 건 기술이 유효에 약간 미치지 못했을 때, 또는 누르기 선언 후 10초 이상 20초 미만이었을 때에 선언됨.

효과-음(效果音) 명 연극·영화·방송극의 진행을 돕고, 배경적 효과를 주는 음향.

효과^음악(效果音樂) 명 연극·영화·방송극의 진행을 돕고 배경적 효과를 주기 위하여 연주하는 음악.

효과-적(效果的) 관명 효과가 있는 (것). ¶~인 방법 [수단]

효녀(孝女) 명 효성이 지극한 딸. ¶~ 심청.

효능(效能) 명 병을 다스리는 효과. ¶약의 ~ / ~이 있다.

효도(孝道) 명 부모를 잘 섬기는 도리. **효도-하다** 통(자)여 어버이를 정성껏 잘 섬기

다. ¶사람이란 모름지기 부모님께 **효도**하고 윗사람을 공경할 줄 알아야 한다.
효도(를) 보다 句 자녀나 며느리들에게서 효도로 섬김을 받다.
효:두(曉頭) 명 동이 틀 무렵의 새벽.
효력(效力) 명 1 어떤 대상이 다른 대상에 작용하여 나타내는 힘. 비효과·효험. ¶그의 충고는 큰 ~을 발휘했다. 2 법률·규칙 따위의 작용. ¶~ 발생/~ 정지/~을 상실하다.
효모(酵母) 명 [식]'효모균'의 준말.
효모-균(酵母菌) 명 [식] 자낭균류(子囊菌類)에 속하는 균류. 엽록소가 없는 단세포로 이루어진 원형 또는 타원형의 하등 식물. 발효 작용을 하여 술이나 빵을 만드는 데 쓰임. 뜸팡이·이스트. 준효모.
효박(淆薄) → **효박-하다**[-바카-] 형여 (인정이나 물정 등이) 쌀쌀하고 각박하다.
효부(孝婦) 명 효성이 지극한 며느리.
효빈(效嚬) 명 월(越)나라의 미녀 서시(西施)가 배가 아파 얼굴을 찡그리자 어떤 추녀가 미인은 얼굴을 찡그리는 것이라 생각하고 자기도 찡그렸다는 고사에서[덩달아 남의 흉내를 냄. 또는, 남의 결점을 장점인 줄 알고 본뜸.
효상(爻象) 명 좋지 못한 몰골. = 경광(景光).
효성¹(孝誠) 명 마음을 다하여 부모를 섬기는 정성. ¶~이 지극하다.
효성²(曉星) 명 1 = 샛별. 2 매우 드문 존재를 비유하여 이르는 말.
효성-스럽다(孝誠-)[-따] 형ㅂ<-스러우니, -스러워> 효성을 다하는 태도가 있다. **효성-스레** 부
효소(酵素) 명 [화] 생물의 세포 내에서 합성되어 소화·호흡 등, 생체 내에서 행해지는 거의 모든 화학 반응의 매체가 되는 고분자 화합물의 총칭. 술·간장·치즈 등의 식품 제조 및 소화제 등의 의약품에 이용됨. = 뜸씨·뜸팡이.
효수(梟首) 명 죄인의 목을 베어 높은 곳에 매다는 형벌. ¶군문(軍門)~ / 위장을 중상시킨 죄목으로 내가 ~를 당하게 되었네. «홍명희:임꺽정» **효수-하다** 동태여 **효수-되다** 동자
효시¹(梟示) 명 죄인의 목을 베어 높이 매달아 경계하는 뜻으로 뭇사람에게 보이는 것. **효시-하다** 동태여 **효시-되다** 동자
효시²(嚆矢) 명 1 = 우는살. 2 [옛날 중국에서 전쟁에서 싸움을 시작할 때 우는살을 먼저 쏘았다는 데서] 온갖 사물의 맨 처음이 됨의 비유. ¶우리나라 신소설의 ~는 이인직의 '혈의 누'이다.
효심(孝心) 명 효도(孝道)하는 마음. ¶~이 지극한 소녀.
효용¹(效用) 명 1 어떤 물건이나 대상을 이용하거나 사용했을 때의 좋은 효과나 이로움. 비쓸모·유용. ¶여러 가지 ~을 가진 도구. 2 [] 재화(財貨)가 인간의 욕망을 만족시킬 수 있는 능력. ¶~ 가치 / 한계 ~.
효용²(驍勇·梟勇) → **효용-하다** 형여 사납고 날쌔다.
효웅(梟雄) 명 사납고 용맹스러운 영웅.
효유(曉諭·曉喩) 명 깨달아 알아듣도록 타이르는 것. **효유-하다** 동태여
효율(效率) 명 1 들인 힘이나 노력에 대해 얻어진 이로운 결과의 정도. ¶경영 ~ / 업

무 ~을 높이다. 2 [물] 기계가 한 일의 양과 그에 공급된 모든 에너지와의 비.
효율-적(效率的)[-쩍] 관명 효율을 내거나 효율이 있는 (것). ¶~인 방안.
효율-화(效率化) 명 효율이 있게 하는 것. 또는, 효율이 있는 상태로 되는 것. ¶경영 [자원]의 ~. **효율화-하다** 동자타여 **효율화-되다** 동자
효:자(孝子) I 명 부모를 잘 섬기는 아들. II 대[인칭] 제사(祭祀)에서, 제주(祭主)가 부모의 혼백 앞에 스스로를 지칭하는 말.
효:자-문(孝子門) 명 효자를 표창하여 기리고자 세우는 정문(旌門).
효:자-손(孝子-) 명 대나무의 끝을 손가락처럼 구부려 손이 미치지 않는 곳을 긁도록 만든 물건.
효조(孝鳥) 명 어미에게 먹이를 물어다 주어 보은(報恩)한다는 데서 '까마귀'를 달리 이르는 말.
효:충(孝忠) 명 충성을 힘써 다하는 것. **효충-하다** 동자여
효:친(孝親) 명 어버이에게 효도하는 것. **효친-하다** 동자여
효:행(孝行) 명 부모를 효성으로 잘 섬기는 행실. ¶남다른 ~으로 칭송이 자자하다.
효험(效驗) 명 일이나 작용의 좋은 보람. 비효용(效用). ¶~이 있다(없다) / 보약을 먹고 ~을 보았다.
후¹ 부 입을 오므린 상태로 앞으로 내밀어 날숨을 내뿜는 소리. 또는, 그 모양. ¶촛불을 ~ 불어 끄다 / 담배 연기를 ~ 내뿜다. 작호.
후:² 감 '후유'의 준말.
후:³(後) 어떤 시간에 이루어지는 행동이나 일을 나타내는 명사나, 시간적 수치를 나타내는 말이나, 동사의 어미 '-ㄴ', '-은' 다음에 놓여, 그 말이 나타내는 것을 기준으로 하여 그보다 뒤에 오는 시간적 위치임을 나타내는 말. 한편, 기준이 되는 시점이 날짜로 제시될 때에는 그 날짜를 범위에 포함하지 않는 뜻을 가짐. ¶식사 ~ / 1년 ~ / 공부를 마친 ~에 음악을 듣다. ▷이후(以後). 2 기준이 되는 때를 제시하지 않은 상태에서, 말하는 시점으로부터 얼마간의 시간이 지난 뒤의 시점을 막연히 이르는 말. 비나중·추후(追後). ¶~에 연락하겠다. / 지금은 바쁘니 ~에 다시 얘기하자. ↔전(前).
후:⁴(後) 접두 일부 명사 앞에 붙어, '뒤', '다음'의 뜻을 나타내는 말. ¶~보름 / ~서방 / ~백제 / ~삼국.
후각(嗅覺) 명 [생] 냄새를 느끼는 감각. 휘발성 물질이 비강(鼻腔) 상부의 점막에 부착하여, 후각기를 자극할 때에 생기는 감각임. = 후감(嗅感). ¶~을 자극하는 약품 냄새 / ~이 발달하다 [예민하다].
후각-기(嗅覺器)[-끼] 명 [생] 화학적 자극을 수용하고, 후각을 일으키게 하는 동물의 기관. 척추동물의 코, 곤충의 촉각(觸角) 따위. 준후관.
후:각-조직(厚角組織)[-쪼-] 명 [식] 쌍떡잎식물의 줄기나 잎 또는 꽃의 최초의 지지 조직으로서, 주연부(周緣部)에 있는 표피의 바로 밑에 발달하는 조직.
후:건(後件)[-껀] 명 [논] 가언적 판단에 있어서 귀결을 표시하는 부분. 가령, "만일 내일 비가 오면 소풍은 연기된다."에서 '소풍은 연기된다'와 같은 부분을 가리킴. ↔전건

(前件).

후:견(後見) 【1】역량이나 능력이 부족한 사람의 뒤를 돌보아 주는 것. 【2】[법] 친권자가 없는 미성년자나 한정 치산자·금치산자를 보호하여 그의 재산 관리 및 법률 행위를 대리하는 직무. 후:견-하다 통(타)연 ¶그는 한 젊은 음악가를 후견하고 있다.

후:견-인(後見人) 명 남을 후견하는 사람.

후:경(後景) 명 【1】배후의 경치. ↔전경(前景). 【2】[연] 무대의 배경.

후:계(後繼) [-계/-게] 명 어떤 일이나 사람의 뒤를 잇는 것. 후:계-하다 통(자)연

후:계-자(後繼者) [-계-/-게-] 명 어떤 일이나 사람의 뒤를 잇는 사람.

후:-고구려(後高句麗) 명 [역] 궁예가 송악(개성)에 도읍을 정하고 세운 나라(901~918). 국호를 마진·태봉 등으로 고침. 후백제·신라와 함께 후삼국을 이룸.

후골(喉骨) 명 성년 남자의 목구명 속에 있는, 갑상 연골이 돋보이는 부분. =결후·울대뼈.

후:광(後光) 명 【1】[불] 부처의 몸 뒤로부터 내비치는 빛. 또는, 그것을 상징하여 불상의 머리 뒤에 붙인 금빛의 둥근 바퀴. =배광(背光)·원광. ¶~이 새겨진 불상. ▷광배(光背) 【2】크리스트교 예술에서, 그리스도나 성인 등의 머리 부분을 둘러싼 광휘. 【3】어떤 사물을 더욱 빛나게 하거나 더 두드러지게 하는 배경적인 현상을 비유하여 이르는 말. ¶그는 독립투사인 자기 아버지의 ~을 입어 국회의원에 당선되었다.

후:광^효과(後光效果) 명 [심] 사람이나 사물의 어떤 하나의 특징에 대하여 좋거나 나쁜 인상을 받으면 그 사람·사물의 모든 특징도 실제 이상으로 높거나 낮게 평가되는 현상. =광배 효과.

후:구-동물(後口動物) 명 [생] 원구(原口) 또는 그 부근에서 항문이 생기고 반대쪽의 외배엽이 함입하여 입이 생기는 동물군. ↔선구동물.

후:군(後軍) 명 뒤에 있는 군대. ↔전군(前軍).

후:굴(後屈) 명 뒤쪽으로 굽어 있음. ¶자궁(子宮)~.

후:궁(後宮) 명 【1】제왕의 첩. ↔정궁(正宮). 【2】주가 되는 궁전의 뒤쪽에 있는 궁전. =후정(後庭).

후:금(後金) 명 [역] 여진족의 족장 누르하치가 세운 나라(1616~36). 중국 청(淸)나라의 전신(前身)임.

후:기¹(後記) 명 【1】뒷날의 기록. 【2】본문의 뒤에 기록하는 것. 또는, 그 기록. ¶편집 ~. 후:기-하다 통(타)연 본문 뒤에 기록하는 것. 후:기-되다 (자)

후:기²(後期) 명 【1】한 기간을 둘 또는 셋으로 나누었을 때, 맨 나중의 시기. ¶프로 야구 ~리그 / 조선 ~의 작품. ↔전기. 【2】뒷날의 기약.

후:기^모더니즘(後期modernism) 명[예] 모더니즘이 확립해 놓은 도그마·원리·형식 등에 대한 거부 및 반작용으로 일어난 문학·예술상의 경향. 특히, 1960년 전후의 미국·프랑스 소설의 실험적 작풍, 구조주의 이후의 전위적 비평을 가리킴. =포스트모더니즘.

후:기^인상파(後期印象派) 명 [미] 19세기 말에 프랑스에서 일어난 미술 운동의 한 파. 인상파의 화풍을 개성적으로 발전시켜, 주관적 표현을 중시하고 극히 간략한 기교를 쓴 세잔·고흐·고갱 등의 화풍임.

후끈 부 【1】몸이나 쇠 따위가 뜨거운 기운을 받아서 갑자기 달아오는 모양. ¶얼굴이 ~ 달아오르다. 【2】흥분이나 긴장 등이 갑자기 아주 고조되는 모양. 작화끈. 후끈-하다 형연

후끈-거리다/-대다 통(자) (몸이나 쇠 따위가) 몹시 뜨거운 기운을 받아 계속하여 크게 달아오르다. ¶불에 덴 자리가 ~. 작화끈거리다.

후끈-후끈 부 후끈거리는 모양. 작화끈화끈. 후끈후끈-하다 형연 ¶난로를 피웠더니 방안이 ~.

후:납(後納) 명 지불할 돈을 당장에 내지 않고 나중에 내는 것. ¶요금 ~. 후:납-하다 통(타)

후:년(後年) 명 【1】올해의 다음다음 해. =내명년. (비)내내년. 【2】뒤에 오는 해.

후:뇌(後腦) [-뇌/-뇌] 명 [생] 척추동물의 뇌의 발생 과정에서 신경관 상단부에 생기는 세 개의 팽대부(膨大部)의 최후부가 다시 전후의 두 부로 분화하여 생기는 전방 부분. 후에 뇌교(腦橋)와 소뇌로 분화함.

후닥닥 [-딱] 부 【1】갑자기 일어나거나 뛰어나가려고 몸을 급하게 움직이는 모양. ¶~ 달아나다. 【2】일을 급하게 서두르는 모양. ¶일을 ~ 해치우다. 작화다닥. 후닥닥-하다 통(자)연

후닥닥-거리다/-대다 [-딱(때)-] 통(자) 자꾸 후닥닥하다. 작화닥닥거리다.

후닥닥-후닥닥 [-따쿠-딱] 부 후닥닥거리는 모양. 작화닥닥화닥닥. 후닥닥후닥닥-하다 통(자)

후:단(後端) 명 뒤의 끝. ↔전단(前端).

후:대¹(後代) 명 앞으로 올 세대. =아랫대. ¶~에 자랑스러운 유산을 물려주자. ↔선대(先代)·전대.

후:대²(厚待) 명 후하게 대접하는 것. 또는, 그러한 대접. ¶~에 감사하다. ↔박대(薄待). 후:대-하다 통(타)연

후더분-하다 형연 열기가 차서 조금 더운 느낌이 있다. 후더분-히 부

후:-더침(後-) 명【1】'안후더침'의 준말. 【2】거의 낫다가 다시 더친 병. (비)후탈.

후:덕¹(厚德) 명 후한 덕. ↔박덕.

후:덕²(厚德) 명 ➔후:덕-하다 [-더카-] 형연 (사람이) 마음이 너그럽고 덕을 많이 베푸는 상태에 있다. ¶그는 인품이 후덕하여 따르는 사람이 많다. ↔박덕하다.

후덥지근-하다 [-찌-] 형연 습기가 많아 불유쾌하게 더운 데가 있다. (비)후텁지근하다. ¶장마철의 후덥지근한 날씨.

후두(喉頭) 명 [생] 인두(咽頭)와 기관(氣管) 사이의 부분. 기도(氣道)의 일부를 이루고, 중앙부에는 성대가 있음.

후두-개(喉頭蓋) 명 [생] 혀뿌리의 아래 뒤쪽에 있어, 후두 입구의 앞 벽을 이루어 위쪽으로 돌출한 부위. 음식물을 삼킬 때 인두를 막아서 기관(氣管)으로 들어가는 것을 막음. =회염·후두덮개.

후:-두골(後頭骨) 명 [생] =뒷머리뼈.

후두둑 부 빗방울이나 자잘한 돌이 갑자기 떨어지는 소리. ¶~ 떨어지는 빗방울.

후두둑 '후드득'의 잘못.

후:두-부(後頭部) 명 [생] 머리의 뒷부분.

후두-암(喉頭癌) 명 [의] 후두에 생기는 암종.

후두가 좁아지고 목소리가 쉬며 호흡이 곤란해짐.
후두-염(喉頭炎)[명][의] 후두에 생기는 염증. 목이 아프고, 가래가 나옴. =후두 카타르.
후:두-엽(後頭葉)[명][생] 대뇌 반구의 맨 뒷부분. 시각 기능을 담당하는 곳임. ▷전두엽.
후두-음(喉頭音)[명][언]=목구멍소리.
후:-둥이(後-)[명] 쌍둥이 중에서 나중에 낳은 아이. ↔선둥이.
후드(hood)[명] 1 방한복·비옷 등에 달린 쓰개. 2[사진]=렌즈 후드. 3 연기·냄새 등을 배출시키기 위하여 가스대 위나 화장실 등에 장치하는 공기 배출 장치. 4 기계·기구 등의 덮개.
후드득[부] 1 콩·깨 등을 볶을 때에 튀는 소리. 2 나뭇가지나 검불 따위가 타 들어가는 소리. ㉠호드득. 3 굵은 빗방울이 성기게 떨어지는 소리. ×후두둑. **후드득-하다**[동][자][여]
후드득-거리다/-대다[-꺼-(때)-][동][자][타] 1 경망스럽게 자꾸 방정을 떨다. 2 콩이나 깨를 볶을 때에 튀는 소리가 잇달아 나다. 3 나뭇가지나 검불이 기세 좋게 타들어 가는 소리가 잇달아 나다. ㉠호드득거리다. 4 굵은 빗방울이 성기게 계속 떨어지다.
후드득-후드득[-드쿠-][부] 후드득거리는 모양. ㉠호드득호드득. **후드득후드득-하다**[동][자][여]
후들-거리다/-대다[동] ①[자](팔다리나 몸이) 자꾸 크게 떨리다. ¶기진맥진하여 다리가 ~. ②[타](팔다리나 몸을) 자꾸 흔들어 떨다.
후들-후들[부] 후들거리는 모양. ¶많은 사람 앞에 서니 다리가 ~ 떨린다. **후들후들-하다**[동][자][타][여]
후딱[부] 빨리 날쌔게 행동하는 모양. ¶밥을 ~ 먹고 일어서다.
후딱-후딱[-따쿠-][부] 닥치는 대로 날쌔게 진행되는 모양. ¶일을 ~ 해치우다.
후락(朽落)[명] 오래되어 낡고 썩어서 못 쓰게 되거나 빛깔이 바래어 떨어지는 것. ㈜퇴락. **후락-하다**[동][자][여] ¶가뜩이나 **후락**한 에배당 안은 콩나물을 기르는 것처럼 아이로 빽빽하다.《심훈:상록수》
후:-략(後略)[명] 글을 인용하거나 할 때, 길이 관계로 뒷부분을 생략하는 것. ▷전략·중략. **후:략-하다**[동][타][여]
후레-아들[명]=후레자식.
후레-자식(-子息)[명] 배운 데 없이 막되게 자라서 버릇이 없는 놈이라는 말. =후레아들. ㉠호레자식.
후려-갈기다[동][타](사람이나 동물을) 채찍이나 손바닥 등으로 사정없이 힘껏 갈기다. ¶옥사장들은 허리에 찼던 철편을 끌러 조신의 등덜미를 **후려갈기며** 끊어져라 하고 끄대기를 늘였다.《이광수:꿈》
후려-내다[동][타] 매력이나 그럴듯한 수단으로 남의 정신을 흐리게 하여 꾀어내다. ¶순진한 처녀를 ~.
후려-잡다[-따][동][타] 1 후려서 자기 손아귀에 넣다. ¶머리채를 ~ / 멱살을 ~. 2 사람이나 사물에 대하여 강한 지배력을 가지다. 비유적인 말임.
후려-치다[동][타](사람이나 동물을) 채찍이나 몽둥이나 주먹 등으로 사정없이 힘껏 치거나 때리다. ¶등을 한 대 ~.
후련-하다[형][여] 마음에 맺혔던 일이 답답하던 것이 풀려서 시원스럽다. ¶모든 것을 고백하고 나니 속이 ~. **후련-히**[부]

후:-렴(後斂)[명][음] 노래의 각 절 끝에 붙여 같은 가락으로 되풀이하여 부르는 짧은 가사. =리프레인·후념.
후루루[부] 호루라기나 호각 따위를 불 때 나는 소리. ㉠호로로.
후루룩¹[부] 1 날짐승이 갑자기 날개를 가볍게 치며 나는 소리. 2 국 같은 음식을 야단스럽게 들이마시는 소리. ㉤후룩. ㉠호로록. **후루룩-하다**[동][자][타][여] ¶**후루룩**하고 새가 날아가다.
후루룩²[부] 책을 손으로 쥐듯이 하고 책장을 빠르게 넘기는 모양. ¶책을 ~ 넘기다.
후루룩-거리다/-대다[-꺼(때)-][동][자][타] 1 (날짐승이) 날개를 잇달아 가볍게 치며 날다. 2 (죽 같은 음식을) 계속 야단스럽게 들이마시다. ㉤후룩거리다. ㉠호로록거리다.
후루룩-후루룩[-루쿠-][부] 후루룩거리는 소리. 또는, 그 모양. ¶국물을 ~ 들이마시다. ㉠호로록호로록. **후루룩후루룩-하다**[동][자][타][여]
후룩[부] '후루룩¹'의 준말. ㉠호록. **후룩-하다**[동][자][타][여]
후룩-거리다/-대다[-꺼(때)-][동][자][타] '후루룩거리다'의 준말. ㉠호록거리다.
후룩-후룩[-루쿠-][부] '후루룩후루룩'의 준말. ㉠호록호록. **후룩후룩-하다**[동][자][타][여]
후:-륜(後輪)[명] 자동차·자전거 등의 뒷바퀴. ↔전륜.
후르르[부] 1 날짐승이 나는 모양. 또는, 그 소리. 2 얇은 종이나 마른 나뭇잎 따위가 순식간에 타오르는 모양. 또는, 그 소리. ㉠호르르. **후르르-하다**[동][자][타][여]
후리다[동][타] 1 휘몰아 채거나 쫓다. ¶매가 장끼를 **후리려** 한다. / 그물을 **후릴** 곳을 찾으면서 남대천 물줄기를 따라 올라갔다.《이효석:들》 2 깎거나 베다. 또는, 휘우듬하게 도려내다. ¶대패로 나무 모서리를 ~. 3 (남의 것을) 슬쩍 가지거나 갑자기 빼앗다. ¶남의 돈을 후려 먹다. 4 그럴듯한 방법으로 사람의 정신을 흐리게 하여 꾀어내다. ¶여자야 어디 없느냐. 카페에 가도 수두룩하고 여학생을 **후려내더라도** 주체를 못 할 형편이다.《이광수:흙》
후리-질[명] 1 후릿그물로 물고기를 잡는 일. 2 사람들을 모두 후려 들이는 짓. **후리질-하다**[동][자][여]
후리-채[명] 곤충 따위를 후려 사로잡는 데 쓰는 물건. 긴 자루 끝에 올이 성긴 그물이 달려 있음.
후리후리-하다[형][여] 키가 늘씬하게 크다. ¶키가 **후리후리한** 청년 / **후리후리하고** 늠름한 모습. ㉠호리호리하다.
후림[명] 남을 꾀어 후리는 짓. ㉠호림.
후림-불[명] 1 =뿔. 2 정신 차릴 사이조차 없이 갑자기 휩쓸리는 서슬. ¶무심결에 가슴속에다 사랑의 백우전(白羽箭)을 박아 주고 간 상감마마! / 내게 다쳐진 염통에 유황불을 던지고 간 상감마마!《박종화:다정불심》 2 남의 일에 아무 까닭 없이 걸려드는 일.
후림-비둘기[-삐-][명] 다른 비둘기를 꾀어 후려 들이는 비둘기.
후릿-그물[-리끄-/-릳끄-][명] 강이나 바다에 넓게 둘러치고는 여러 사람이 벼리의 두 끝을 끌어당겨서 물고기를 잡는 큰 그물. ㉠호림. ×들망.
후:-머리(後-)[명] 1 순서대로 계속하여 가는

일의 끝. 2 행렬의 뒤쪽. ↔선머리.
후:면(後面) 명 1 뒤쪽의 면. 2 [불] 절의 큰방의 뒤쪽. 어린 사미들이 앉는 곳임. ↔전면.
후무리다 동(타) (남의 물건을) 슬그머니 제 것인 양 가지다. ¶"허어, 목도리 목도리 하 니 그렇게 탐이 나면 **후무려** 넣을 일이지, 세찬으로 줄까?"《염상섭: 만세전》
후:문¹(後門) 명 =뒷문1. ▷정문(正門).
후:문²(後聞) 명 어떤 일에 관한 뒷말. 비뒷소문.
후물-거리다/-대다 동(자)(타) 이가 빠진 입으로 음식물을 계속하여 건정건정 섭다. 작호물거리다.
후:-물림(後一) 명 남이 쓰던 물건을 물려받음. 또는, 그 물건. ¶이 구두는 형의 ~이다.
후물-후물 부 후물거리는 모양. 작호물호물.
후물후물-하다 동(자)(여)
후미¹ 명 산길이나 물가의 굽어서 휘어진 곳.
후:미²(後尾) 명 1 뒤쪽의 끝. 2 대열(隊列)의 맨 뒤.
후:미³ 명 =뒷맛1.
후미-지다 형 1 산길이나 물가가 매우 깊게 굽어 들어가 있다. ¶**후미진** 골짜기. 2 아주 구석지고 으슥하다. ¶**후미진** 골목.
후:박¹(厚朴) → **후:박-하다** [-바카-] 형(여) 인정이 두텁고 거짓이 없다.
후:박²(厚薄) 명 1 두꺼움과 얇음. 2 후함과 박함.
후:박-나무(厚朴一) [-방-] 명[식] 녹나뭇과의 상록 교목. 높이 20m, 지름 1m 정도. 초여름에 황록색 꽃이 피며, 동그란 열매가 흑자색으로 익음. 나무껍질은 염료·약재로 쓰고, 목재는 가구재·선박재로 씀. 해변이나 산기슭에 남.
후:반(後半) 명 시간적 길이나 차례가 있는 대상에 있어서, 중간에서부터 끝까지의 동안이나 부분. ¶20세기 ~/↔전반(前半).
후:반-기(後半期) 명 어떤 기간을 둘로 나누었을 때, 뒤의 기간. ¶인생의 ~/~를 결산하다. ↔전반기.
후:반-부(後半部) 명 후반을 이루는 부분. ↔전반부.
후:반-생(後半生) 명 사람의 한평생을 둘로 나누었을 때, 뒤의 절반. ↔전반생.
후:반-전(後半戰) 명 축구·농구·핸드볼 등과 같이 중간에 쉬는 시간을 두어, 전후를 구별하는 경기에서, 뒤에 하는 경기. ↔전반전.
후:발(後發) 명 1 뒤늦게 어떤 일을 시작하거나 길을 떠나는 것. ↔업체. ↔선발(先發). 2 나중에 쏘는 것. **후:발-하다** 동(자)(타)(여)
후:발-대(後發隊) [-때] 명 다른 대(隊)보다 늦게 출발한 대. ¶~가 먼저 도착하다. ↔선발대.
후:방(後方) 명 1 =뒤쪽. 2 전선(戰線)에서 뒤쪽으로 멀리 떨어진 지역. ¶적의 ~을 습격하다. /~에 배치되다. ↔전방.
후:배(後輩) 명 1 같은 분야에서 자기보다 늦게 종사하여 학문·기술·경험 등이 자기보다 뒤진 사람. 비후진(後進). 2 같은 학교를 자기보다 늦게 졸업한 사람. ¶학교 ~/↔선배.
후:배-주(後配株) 명[경] 보통주에 비하여 이익 배당 등을 뒤늦게 받는 주식. 보통 대주주·발기인·경영자 등이 취득함. ↔우선주(優先株).
후:배-지(後背地) 명[지] 도시나 항구의 경제적 세력권에 들어 밀접한 관계를 갖는 주변 지역.

후:-백제(後百濟) [-쩨] 명[역] 견훤이 완산주(전주)에 도읍을 정하고 세운 나라(900~936). 후고구려·신라와 함께 후삼국을 이루었으나 고려에 의해 멸망함.
후:벽(後壁) 명 =뒷벽.
후:보¹(後報) 명 뒤이은 소식. ▷속보(續報).
후:보²(候補) 명 1 어떤 직위의 사람으로 뽑히기 위해서 그 선거에 나선 사람. ¶대통령 ~/반장 ~. 2 시합이나 경쟁 등에서, 어떤 지위나 등급에 오를 가능성이 있는 대상. ¶우승 ~로 지목되다. 3 팀의 정규 선수나 베스트 멤버에게 문제가 생겼을 때 대신 뛰기 위해 대기하고 있는 선수. ¶~ 선수.
후:-보름(後一) 명 한 달을 둘로 나누었을 때 뒤의 보름. 곧, 열엿새부터 그믐까지의 동안. ＝후망. ↔선보름.
후보-생(候補生) 명 일정한 과정을 수료하면 어떤 직위에 오를 수 있는 자격을 갖춘 생도. ¶사관 ~.
후보-자(候補者) 명 후보로 나선 사람.
후보-작(候補作) 명 입상의 후보가 되는 작품. ¶수상 ~.
후보-지(候補地) 명 장차 어떤 목적에 이용될 가능성이 있는 땅. ¶공장 ~ / 서해안은 조력(潮力) 발전소의 유력한 ~이다.
후:부¹(後夫) 명 =후서방.
후:부²(後部) 명 뒤쪽 부분. ↔전부(前部).
후:분(後分) 명 사람의 한평생을 초분·중분·후분의 셋으로 나눈 것의 끝 부분. 곧, 늙바탕의 운수나 처지.
후:불¹(後佛) 명[불] 장차 나타날 부처. 곧, 미래불인 미륵불을 일컬음.
후:불²(後拂) 명 물건이나 서비스를 먼저 받은 뒤 값을 치르는 것. ¶요금은 ~이다. ↔선불. **후:불-하다** 동(타)(여) **후:불-되다** 동(자)
후:불-제(後拂制) [-쩨] 명 후불로 값을 치르는 제도.
후:비(后妃) 명 제왕(帝王)의 배필. 준후(后).
후비다 동(타) 1 (구멍의 안벽을 어떤 물체로) 다소 힘을 주어 긁거나 그렇게 하여 안벽에 붙은 것을 떨어져 나오게 하다. ¶손가락으로 코를 ~/귀이개로 귀를 ~. 2 (물체를) 그 표면을 날이 있는 도구로 깎아 구멍을 내거나 패게 하다. 3 (일의 내막이나 비밀을) 드러나도록 캐다. 작호비다. 여우비다.
후비적-거리다/-대다 [-쩌(쩨)-] 동(타) '우비적거리다'의 거센말. 작호비작거리다.
후비적-후비적 [-쩌쿠-] 부 '우비적우비적'의 거센말. 작호비작호비작. **후비적후비적-하다** 동(타)(여)
후:사¹(後事) 명 1 =뒷일. 2 ~를 맡기다. 3 죽은 뒤의 일. ¶~를 부탁하다.
후:사²(後嗣) 명 대(代)를 이을 아들. =후승. ¶너도 아다시피 내가 ~가 없어 그러니 네가 내 아들이나 하나 낳아 주렴.《나도향: 물레방아》
후:사³(厚謝) 명 도움·협조·은공 등에 대해 후하게 사례하는 것. **후:사-하다** 동(자)(여) ¶알려 준 이에게 **후사하겠**음.
후:-살이(後一) 명 다시 시집가서 사는 일. ＝후가(後嫁). ¶~를 가다. **후:살이-하다** 동(자)(여)
후:-삼국(後三國) 명[역] 통일 신라 말기에 있었던 세 나라. 곧, 신라·태봉·후백제.
후:생¹(厚生) 명 생활이 넉넉해지고 윤택해지도록 꾀하는 일. ¶~ 복지 사업.

후:생²(後生) 명 1 뒤에 태어난 사람. 2 뒤에 배운 사람. 3 [불] =내생(來生).
후:생-동물(後生動物) 명[동] 단세포 원생동물을 제외한 다른 모든 동물의 총칭. ↔원생동물.
후:생-비(厚生費) 명 후생 사업에 쓰이는 비용.
후:생^주:택(厚生住宅) 명 주택난을 해소하기 위하여 입주자가 힘에 그리 벅차지 않은 지불 방법으로 살 수 있도록 지은 주택.
후:-서방(後書房) [-써-] 명 후실이 가서 살 때의 남편. =후부(後夫).
후:설^모:음(後舌母音) 명[언] 혀의 뒤쪽과 여린 입천장 사이에서 발음되는 모음. 'ㅜ', 'ㅗ' 따위.
후:설-음(後舌音) 명[언] =연구개음.
후:세(後世) 명 1 어떤 사람이나 화자(話者), 또는 그를 포함한 동시대 사람들이 죽고 난 다음에 오게 될 먼 미래의 세상. ¶~에 이름을 남기다. 2 [불] =내세(來世).
후:속(後續) 명 어떤 대상의 뒤를 잇는 것. 또는, 어떤 일이 다른 일에 이어져 이루어지는 것. ¶~ 인사(人事) / ~ 조치 / ~ 부대. 후:속-하다 통(자)명. 후:속-되다 통(자).
후:속-타(後續打) 명[체] 야구에서, 안타에 이어 득점으로 연결시켜 줄 안타나 홈런. ¶중전 안타로 출루했으나 ~ 불발로 득점에 실패했다.
후:손(後孫) 명 여러 대가 지난 뒤의 자손. =말예(末裔)·세사(世嗣)·자손·후속(後屬). ¶~에게 물려주다. 춘손(孫).
후:송(後送) 명 1 후방으로 보내는 것. 2 뒤에 보내는 것. 후:송-하다 통(타)명. ¶부상병을 ~. 후:송-되다 통(자).
후:수(後手) 명 바둑·장기 등에서, 뒤에 두는 일. ↔선수(先手).
후:순위-채(後順位債) 명[경] =후순위 채권.
후:순위^채권(後順位債券) [-꿘] 명[경] 채권 발행 기업이 도산했을 경우, 변제 순위가 일반 사채보다 뒤지나 금리는 매우 높은 채권. =후순위채.
후:술(後述) 명 뒤에 기술(記述)하는 것. ↔전술(前述). 후:술-하다 통(타)명.
후:시^녹음(後時錄音) 명[영] 영화에서, 먼저 화면을 촬영한 다음, 화면에 맞추어서 대화·음악 등을 녹음하는 일. =애프터 리코딩. ▷동시 녹음·프리리코딩.
후:식(後食) 명 1 나중에 먹는 것. 2 서양 요리에서, 식사 후에 먹는 과일·아이스크림 등의 간단한 음식. 回디저트. 후:식-하다 통(타)명. 나중에 먹다.
후:신(後身) 명 1 [민] 다시 태어난 몸. 2 어떤 사물·조직·단체의 이름이나 형태가 바뀌어 달라진 뒤의 실체. ↔전신(前身).
후:신경(嗅神經) 명[생] 뇌신경의 하나. 비강(鼻腔)의 점막에 분포되어 있는, 냄새를 맡는 감각 신경.
후:실(後室) 명 '후처'의 높임말. =계배(繼配)·계실. ¶~ 자식 / ~로 들어가다.
후:안(厚顔) →후:안-하다 형(여) 낯이 두껍고 뻔뻔하다.
후:안-무:치(厚顔無恥) →후:안무치-하다 형(여) 낯가죽이 두꺼워 뻔뻔스럽고 부끄러움이 없다. ¶부도덕하고 후안무치한 행동.
후:약(後約) 명 뒷날에 하기로 한 기약. 또는, 뒤에 하는 약속. ↔선약.

후:여 감 =휘이.
후:연(後緣) 명 뒤쪽의 가장자리. ↔전연.
후:열(後列) 명 뒤에 늘어선 줄. 回뒷줄. ↔전열.
후:예(後裔) 명 (주로 '…의 후예'의 꼴로 쓰여) 먼 훗날의 자손. 回후손. ¶카인의 ~ / 칭기즈 칸의 ~.
후:원(後苑) 명 대궐 안에 있는 동산.
후:원²(後援) 명 (어떤 사람이나 일을) 뒤에서 도와주는 것. ¶~을 요청하다. ▷협찬.
후:원-하다 통(타)명 ¶신문사가 주최하고 문화 관광부가 후원하는 전국 어린이 글짓기 대회.
후:원³(後園) 명 집 뒤에 있는 작은 동산이나 정원.
후:원-금(後援金) 명 개인이나 단체의 활동·사업 등을 돕기 위한 기부금.
후:원-자(後援者) 명 후원하여 주는 사람.
후:원-회(後援會) [-회/-훼] 명 사람·단체·사업 등을 후원하기 위하여 조직한 회.
후:위¹(後衛) 명 1 뒤쪽에 대한 방위나 호위. 2 [군] '후위대'의 준말. 3 [체] 축구·배구 등에서, 주로 수비를 맡는 경기자. ↔전위(前衛).
후:위²(後魏) 명[역] =북위(北魏)².
후:위-대(後衛隊) 명[군] 주력 부대의 뒤쪽을 엄호하는 부대. 또는, 그 병사. 춘후위. ↔전위대.

후유 감 일이 고될 때 힘에 부치어 내는 소리. 2 어려운 일을 끝내거나 어려운 고비를 넘기고 한숨 돌릴 때에 내는 소리. ¶~, 겨우 다 마쳤다. / ~, 이제야 안심이다. 춘후·휴.
후:유-증(後遺症) [-쯩] 명 1 [의] 질병 초기의 급성 증상이 없어진 뒤에 오래 지속되는 비진행성(非進行性) 기능 장애. 2 어떤 일을 치르고 난 뒤에 생긴 부작용.
후:은(厚恩) 명 두터운 은혜.
후:음(喉音) 명[언] =목구멍소리.
후:의¹(厚意) [-의/-이] 명 두터이 인정을 베푸는 마음. ¶~에 감사하다.
후:의²(厚誼) [-의/-이] 명 사귀어 두터워진 정. ¶~를 다지다.
후:인(後人) 명 후세의 사람. ↔훗사람. 回뒷사람. ↔선인(先人).
후:일(後日) 명 앞으로 다가올 날. 回뒷날. ¶~을 기약하다 / 그럼 ~에 다시 만나세.
후:일-담(後日談·後日譚) [-땀] 명 비교적 널리 알려진, 중요하거나 특기할 만한 일이 있고 난 뒤 후일에서야 알게 된, 그에 얽힌 세세하거나 자질구레한 이야기. 回뒷이야기·일화. ¶백화점 붕괴 사고 생존자들에 대한 ~을 기사화하다.
후:임(後任) 명 앞사람에 뒤이어 맡아보는 임무. 또는, 그 사람. ¶~(者). ↔전임·선임.
후:임-자(後任者) 명 후임이 되는 사람. ↔전임자(前任者).
후:자(後者) 명 두 가지 사물을 들어서 말할 때의 뒤의 것. ↔전자(前者).
후:작¹(後作) 명 뒤에 만든 작품.
후:작²(後爵) 명 1 [역] 오등작(五等爵)의 둘째 작위. 공작의 아래, 백작의 위임. 2 유럽에서, 중세 이후의 귀족 계급 중 둘째 작위. 공작의 아래, 백작의 위임. 춘후(侯).
후:장¹(後章) 명 문장을 몇 개의 장으로 나눌 때, 어떤 장의 뒤에 나오는 장. ↔전장(前章).

후!장²(後場) 【명】【경】증권 거래소에서, 오후에 열리는 거래. ¶~ 시세. ↔전장(前場).
후!-제(後-) 【명】뒷날의 어느 때.
후조(候鳥) 【명】【동】=철새.
후!주(後主) 【명】선주(先主)의 뒤를 이은 주군(主君). ↔선주.
후줄근-하다 【형여】 1 (종이·피륙 따위가) 약간 젖어 풀기나 팽팽한 상태에 있다. ¶후줄근한 옷차림 / 속옷이 땀에 후줄근하게 젖다. 2 (몸이) 고단하여 맥없이 늘어진 상태에 있다. 쎈호줄근하다. 후줄근-히 ¶노파가 사라지자 옥선은 절로 눈이 뜨였지만, 골은 깨어질 듯이 아프고 전신은 식은땀에 ~ 젖은 채었다.《김동리:을화》
후!중-기(後重氣) [-끼] 【명】뒤가 무지근한 느낌.
후지다 【형】〈속〉(물건이나 대상이) 질·수준 등이 나쁘거나 낮다. ¶후진 대학에 다니다.
후!진¹(後陣) 【명】맨 뒤에 친 진. 쎈후군(後軍). ↔선진(先陣)·전진(前陣).
후!진²(後進) 【명】 1 어떤 전문 분야나 직업에 먼저 진출한 사람으로부터 그 지식이나 기술 등을 이어받을 사람. 쎈후배. ¶~ 을 양성하다. 2 (자동차·열차·배 등이) 뒤로 가는 것. 3 (주로, 관형어적으로 쓰이거나 복합어를 이루는 쎄에) 문물의 발달이 뒤진 것. ↔선진(先進). 후!진-하다 【자여】(자동차·열차·배 등이) 뒤로 가다. ¶후진해서 차를 돌려라.
후!진-국(後進國) 【명】 문물의 발전이 뒤진 나라. ↔선진국.
후!진-성(後進性) [-썽] 【명】 일정한 수준에서 뒤떨어지거나 뒤진 상태, 또는 그 특성.
후!집(後集) 【명】 시집(詩集)·문집(文集) 등을 낸 다음 다시 추려 만든 책.
후!차(後次) 【명】 차례에서의 나중. ↔선차.
후!차-적(後次的) 【관】 차례로 보아 보다 뒤의 (것). ¶~ 인 문제는 나중에 이야기합시다.
후!처(後妻) 【명】 나중에 맞은 아내. ↔전처.
후!천(後天) 【명】 1 천운(天運)에 뒤짐. 2 성질·체질·질환 따위를 태어난 뒤에 가지게 되는 일. ↔선천(先天).
후!천-성(後天性) [-썽] 【명】 후천적으로 얻어진 성질 또는 성품. ↔선천성.
후!천성^면!역(後天性免疫) [-썽-] 【명】【의】후천적으로 생긴 면역. 병을 앓거나 예방 접종 따위를 하여 얻어짐. =획득 면역. ↔선천성 면역.
후!천성^면!역^결핍증(後天性免疫缺乏症) [-썽-쯩] 【명】=에이즈(AIDS).
후!천-적(後天的) I 【명】 태어난 후에 얻어진 것. ¶습관은 ~으로 형성된다. ↔선천적. II 【관】 태어난 후에 얻어진 (것).
후추 ⇨후추나무의 열매. 양념이나, 위한(胃寒)·구토·곽란 등에 약재로 씀. =호초(胡椒).
후추-나무 【명】【식】후춧과의 관목. 줄기는 지름 2cm 정도의 원기둥 모양이데, 덩굴지는 성질이 있다. 여름에 작고 흰 꽃이 피며, 열매는 둥글고 붉게 익는데, 맵고 향기로워 양념으로 쓰며, 한방에서는 약재로 씀. =호초나무.
후출-하다 【형여】 배 속이 비어 먹고 싶은 생각이 나다. ¶후출한데 뭐 좀 없나. ▷출출하다.
후춧-가루 [-추까/-춘카-] 【명】 후추를 곱

게 간 가루. 양념으로 씀.
후!취(後娶) 【명】=재취(再娶). ¶~로 가다. ↔전취. 후!취-하다 【자여】
후!치-사(後置詞) 【명】【체】체언 뒤에 오는 부속어. 특히, 본래 자립적이던 단어가 문법 기능만을 갖게 된 것으로, '부터, 까지, 마저, 더불어'와 같은 보조사를 가리킴.
후킹(hooking) 【명】 럭비에서, 스크럼 가운데의 공을 발로 끄집어내는 일.
후!탈(後頉) 【명】 1 =뒤탈. 2 거의 낫다가 다시 덧난 병. 비후더침.
후터분-하다 【형여】 불쾌할 정도로 무더운 기운이 있다. ¶후터분한 날씨. 후터분-히 【부】
후텁지근-하다 [-찌-] 【형여】 불쾌할 정도로 무더운 데가 있다. ¶잔뜩 찌푸린 후텁지근한 여름 날씨. 후텁지근-히 【부】
후!퇴(後退) [-퇴/-퉤] 【명】 1 (전투 중인 군인이나 군대가) 열세 또는 작전상의 이유 때문에 뒤로 물러나는 것. ¶작전상 ~. ↔전진. 2 (사물 현상이) 활발함이나 발전을 보이지 못하고 저조하거나 전보다 못한 상태가 되는 것. 또는, (어떤 추상적 세력이) 힘을 잃고 뒤로 물러나는 상태가 되는 것. ¶경기(景氣)의 ~ / 장마 전선의 ~. 후!퇴-하다 【자여】 ¶한국은 총체적인 경제 위기에 몰리면서 선진국의 문턱에서 투자 위험 국가로 후퇴하고 말았다.
후!편¹(後便) 【명】 1 =뒤쪽. 2 나중의 인편이나 차편. ↔뒤편.
후!편²(後篇) 【명】 책(특히, 소설책)이 두 권 또는 세 권으로 나뉘거나 내용적으로 둘 또는 셋으로 나뉘었을 때, 맨 마지막에 해당하는 책이나 부분. ↔전편·중편.
후풍(候風) 【명】 배가 떠날 때에 순풍(順風)을 기다리는 것. 후풍-하다 【자여】
후프(hoop) 【명】 운동 기구의 하나. 지름 2m가량의 두 개의 쇠테와 하나의 철봉으로 평행하게 맞붙여 그 안에 들어가 손발을 걸고 옆으로 굴러 가도록 만든 것.
후!-하다(厚-) 【형여】 1 인심이 좋거나 정이 두텁다. ¶후한 인심. 2 두께가 얇지 않고 두껍다. 3 인색하지 않고 풍분하다. ¶접수가 ~/ 보수가 ~. ↔박하다. 후!-히 【부】 ¶~ 사례하겠느니라.
후!학(後學) 【명】 1 후진의 학자. =말학(末學). ↔선학. 2 학자가 자기를 겸손하게 이르는 말.
후!한(後漢) 【명】【역】 중국 왕조의 하나(25~220). 왕망에게 빼앗긴 한(漢) 왕조를 유수(劉秀)가 다시 찾아 부흥시킨 나라. 위(魏)나라에게 멸망됨.
후!항(後項) 【명】 1 뒤에 적힌 조항. 2 【수】 둘 이상의 항 중에서 뒤의 항. ↔전항(前項).
후!행(後行) 【명】 전통 혼례에서, 신랑의 일행으로 따라가는 사람. 보통 신랑의 근친 중 2, 3명이 따르게 됨. =위요·후배(後陪).
후!-형질(後形質) 【명】【생】 원형질의 물질대사의 결과로 생긴 물질의 총칭. ▷원형질.
후!환(後患) 【명】 뒷날의 걱정과 근심. ¶~거리 / ~을 없애다 / ~이 두렵다.
후!회(後悔) [-회/-훼] 【명】 《자기가 한 일이나 행동을》잘못이나 실수임을 뒤늦게 뼈아프게 생각하는 것. 후!회-하다 【자타여】 ¶이미 엎지른 물인데, 이제 와서 후회한들 무슨 소용이 있겠는가. ▶뉘우치다. 후!회-되다 【자여】
후!회-막급(後悔莫及) [-회-끕/-훼-끕]

후회막심 뗑 일이 잘못된 뒤에 아무리 뉘우쳐도 어찌 할 수가 없음. ¶그 땅을 팔아 버린 것을 이제 와서 생각하니 ~일세.

후회-막심(後悔莫甚) [-회-씸/-홰-씸] 뗑 더할 나위 없이 후회스러움. ¶자식을 제대로 가르치지 못한 것이 ~이다.

후회-스럽다(後悔-) [-회-따/-홰-따] 혱⟨~-스러우니, ~-스러워⟩ 이전의 잘못을 깨치고 뉘우치는 데가 있다. ¶그의 입장을 생각하지 않고 경솔하게 행동한 것이 후회스러웠다.

후후¹ 뛤 입술을 둥글게 오므리고 작게 웃는 소리.

후-후² 뛤 입술을 오므린 상태로 앞으로 내밀어 다소 찬 기운이 나오도록 날숨을 힘차게 뱉는 소리. 또는, 그 모양. ¶뜨거운 국물을 ~ 불어 먹다. 懇호호. **후후-하다** 통(타여)

후후-거리다/-대다 통(타) 자꾸 후후 소리를 내다. ↔후후거리다.

후:-후년(後後年) 뗑 =내후년. ↔전전년.

후희(後戲) [-히] 뗑 성행위에서, 삽입이 끝난 뒤 마무리 단계로서 상대의 몸을 부드럽게 만져 주면서 친밀감을 나누는 일. ↔전희.

훅¹ 뛤 1 입을 오므리고 입김을 갑자기 세게 내부는 소리. ¶옷에 붙은 검불을 ~ 불어 떼다. 2 액체를 단숨에 들이마시는 소리. ¶든 한약을 ~ 들이마시다. 懇혹. 3 냄새나 바람이 갑자기 밀려들거나 끼치는 모양. ¶방문을 열어젖혔다. ~ 하고 바람이 밀려 들어왔다.⟨김성동:만다라⟩ 4 높은 데를 가볍게 뛰어넘는 모양. ¶웬 검은 그림자가 담을 ~ 뛰어넘었다. 5 행동이 몹시 날쌘 모양.

훅²(hook) [체] '갈고리' 라는 뜻] 권투에서, 팔을 직각으로 구부리고 허리의 회전을 이용하여 상대방의 옆구리나 옆 턱, 관자놀이 등을 공격하는 동작.

훅-훅[후쿡] 뛤 1 입을 오므리고 입김을 자꾸 세게 내부는 소리. 또는, 그 모양. ¶아궁이에 입을 대고 ~ 불다. 2 액체를 조금씩 자꾸 마시는 소리. 또는, 그 모양. 懇혹혹. 3 숨이 막힐 정도로 몹시 더운 기운이 자꾸 세차게 끼치는 모양. ¶더운 바람이 ~ 분다. 4 몹시 날쌔게 자꾸 뛰는 모양. ¶많은 장애물을 ~ 뛰어넘다. **훅훅-하다** 통(자여)

훈:(訓) 뗑 어떤 한자의 뜻. 예를 들어 '天'은 '하늘', '火'는 '불'이 그 훈임. =새김. ▷음(音)

훈:계(訓戒) [-계/-게] 뗑 타일러서 경계하는 것. 또는, 그 말. **훈:계-하다** 통(타여)

훈:계^방:면(訓戒放免) [-계-/-게-] 뗑 =훈방(訓放).

훈:계-조(訓戒調) [-계쪼/-게쪼] 뗑 타일러서 잘못이 없도록 주의를 주는 듯한 투. ¶~로 말하다.

훈:고(訓詁) 뗑 자구(字句)의 해석. 문장 전체의 의의를 설명하는 것이 아니고 부분적인 문자나 어구를 설명하는 것임.

훈:고-학(訓詁學) 뗑 유학 경전의 자구(字句)에 관하여 그 해석을 주로 하는 학문. 송(宋)・명(明)의 의리(義理)에 관한 학문에 대하여, 한(漢)・당(唐)의 경학(經學)을 가리키는 말임.

훈공(勳功) 뗑 나라를 위하여 세운 공로. =훈로. 傘훈(勳).

훈구(勳舊) 뗑 공로가 있는 구신(舊臣).

훈구-파(勳舊派) 뗑[역] 조선 세조 때의 유림(儒林) 네 파 중의 하나. 대개 임금이 아끼는 신하, 공이 있는 신하 또는 어용 학자로 구성되었으며, 벼슬이 높은 귀족 계급으로 당시의 대표적인 지배 계급이었음. ▷사림파

훈기(薰氣) 뗑 1 훈훈한 기운. ¶몸에 ~가 있다. 2 =훈김2.

훈-김(薰-) 뗑 1 연기나 김 등으로 말미암아 생기는 훈훈한 기운. ¶군불을 지폈더니 아랫목에 ~이 좀 도는 것 같다. 2 따뜻한 정(情) 또는 권세 있는 사람의 세력이나 그 영향을 비유하여 이르는 말. =훈기(薰氣).

훈:도¹(訓導) 뗑 1 [역] 조선 시대, 전의감(典醫監)・관상감(觀象監)・사역원(司譯院) 등에 둔 종9품 벼슬. 2 [일제] 초등학교의 교원(敎員).

훈도²(薰陶) 뗑 교화(敎化)하고 훈육하는 것. **훈도-하다** 통(타여) **훈도-되다** 통(자)

훈:독(訓讀) 뗑 한자(漢字)의 뜻을 새겨 읽는 것. ↔음독(音讀). **훈:독-하다** 통(타여)

훈등(勳等) 뗑 훈공의 등급.

훈:련(訓鍊・訓練) [훌-] 뗑 1 무술을 연습하는 것. 2 군사・. 2 가르쳐 익히게 하는 것. 3 [교] 일정한 목표나 기준에 도달할 수 있도록 실천시키는 실제적 활동. 정신적인 것과 기술적인 것이 있음. **훈:련-하다** 통(자)(타여)

훈:련-되다 통(자) ¶잘 훈련된 개.

훈:련-대장(訓鍊大將) [훌-] 뗑[역] 조선 시대에 훈련도감의 종2품 주장(主將).

훈:련-도감(訓鍊都監) [훌-] 뗑[역] 조선 선조에 실시한 오군영(五軍營)의 하나. 당시 수도의 수비를 담당하고 삼수병(三手兵)을 양성하였음.

훈:련-병(訓鍊兵) [훌-] 뗑[군] 각 부대에 배치되기 전에 훈련소에서 훈련을 받는 병사. =훈병.

훈:련-복(訓鍊服) [훌-] 뗑 훈련할 때에 입는 옷. ¶예비군 ~.

훈:련-소(訓鍊所) [훌-] 뗑 훈련을 하기 위하여 마련한 장소. 또는, 그런 기관.

훈:련-원(訓鍊院) [훌-] 뗑[역] 조선 세조 때 군사의 시재(試才), 무예의 연습, 병서(兵書)의 강습 따위를 맡아보던 관아.

훈:령(訓令) [훌-] 뗑 상급 관청에서 하급 관청의 집무를 지휘・감독하기 위하여 내리는 명령. ¶국무총리 ~에 따라 행정 자치부는 행정 용어들을 우리말로 순화하고 있다. **훈:령-하다** 통(타여)

훈:몽(訓蒙) 뗑 어린아이나 초학자(初學者)에게 글을 가르치는 것. ¶~자회(字會). **훈:몽-하다** 통(자여)

훈:민-가(訓民歌) 뗑[문] 조선 선조 때 정철(鄭澈)이 지은 16수의 연시조. 강원도 관찰사로 부임하였을 때 백성을 일깨우기 위하여 지은 것임. =경민가.

훈:민-정음(訓民正音) 뗑 ['백성을 가르치는 바른 소리' 라는 뜻] 1443년에 세종 대왕이 집현전 학자들의 도움을 얻어 창제(創製)한 우리나라 글자. 자음 17자, 모음 11자 모두 28자로 이루어졌음. 傘정음.

훈:방(訓放) 뗑 (비교적 죄가 가벼운 범법자를) 훈계하여 풀어 주는 것. =훈계 방면. **훈:방-하다** 통(타여) **훈:방-되다** 통(자) ¶주모자가 아닌 사람들은 모두 훈방되었다.

훈:병(訓兵) 뗑[군] =훈련병.

훈:사(訓辭) 뗑 훈계하는 말.

훈:수(訓手) 뗑 1 바둑・장기 등에서, 옆에서 구경하는 사람이 끼어들어 수를 가르쳐 주

는 것. 2 남의 일에 끼어들어 도움말을 줌당시고 이래라저래라 하는 것. 훈:수-하다 동(자)(타)(여) ¶훈수할 생각 말고 보고만 있게.

훈:수-꾼(訓手-) 명 훈수하는 사람.

훈습(薰習) [향이 그 냄새를 옷에 배게 한다는 뜻] [불] 우리가 행하는 선악이 없어지지 않고 반드시 어떤 인상이나 힘을 마음속에 남기는 것을 이르는 말. 훈습-하다 동(타)(여)

훈:시(訓示) 명 (윗사람이 아랫사람에게) 주의 사항을 주거나 가르쳐 타이르는 것. ¶일장(一場) ~ / 교장 선생님의 ~. 훈:시-하다 동(타)(여)

훈신(勳臣) 명 공을 세운 신하.

훈연(燻煙) 명 연기로 그을리는 것. 또는, 그 연기. 훈연-하다 동

훈:요^십조(訓要十條) [-쪼] 명 [역] 고려 태조가 자손들에게 남겨 준 열 가지 가르침. 불교 신앙과 풍수지리설을 중시한 내용을 담고 있음.

훈위(勳位) 명 공훈과 위계(位階). 준훈(勳).

훈:유(訓諭·訓喩) 명 가르쳐 타이르는 것. 훈:유-하다 동(타)(여)

훈:육(訓育) 명 (자식이나 제자 등을) 바람직한 품성과 인격을 가질 수 있도록 가르치거나 기르는 것. ~ 주임(생활 지도 교사를 예전에 이르던 말). 훈:육-하다 동(타)(여) ¶그는 자식을 엄하게 훈육했다. 훈:육-되다 동(자)

훈작(勳爵) 명 훈등과 작위.

훈:장(訓長) 명 1 지난날, 글방의 선생을 이르던 말. 비학구(學究). 2 '교사(敎師)'를 예스럽게 낮추어 이르는 말. ¶~ 노릇 하기가 어디 쉬운 일인가요?
[훈장 똥은 개도 안 먹는다] 애탄 사람의 똥은 몹시 쓰다는 데서, 선생 노릇이 몹시 힘듦을 이르는 말.

훈장²(勳章) 명 나라에 공이 있는 사람에게 내려 주는 휘장. ¶문화 ~ / ~을 타다(수여하다).

훈:장-질(訓長-) 명 1 글방의 선생 노릇. 2 학생을 가르치는 일을 속되게 또는 얕잡아 이르는 말. 훈:장질-하다 동(자)

훈제(燻製) 명 소금에 절인 고기를 나무가 타는 연기에 쐬어 건조시키는 일. 또는, 그 식품. 독특한 향미가 생길 뿐 아니라 방부 효과도 얻게 됨. ¶~ 오징어. 훈제-하다 동(타)(여)

훈제-품(燻製品) 명 훈제하여 만든 수육(獸肉)이나 어육(魚肉).

훈^족(Hun族) 명 [역] 아시아의 유목 기마 민족. 중앙아시아의 스텝 지대에서 활약하였는데, 4세기 중기에 서쪽으로 이동하여 유럽에 침입함으로써 게르만 민족 대이동을 유발시켰음.

훈증¹(燻蒸) 명 1 더운 연기에 쐬어서 찌는 것. 2 유독 가스를 발생시켜 살충·살균하는 일. 훈증-하다¹ 동(타)(여) 훈증-되다 동(자)

훈증²(薰蒸) →훈증-하다² 형(여) 찌는 듯이 무덥다.

훈채(葷菜) 명 파·마늘처럼 특이한 냄새가 나는 채소.

훈척(勳戚) 명 나라를 위하여 세운 공로가 있는 임금의 친척.

훈:칙(訓飭) 명 훈령으로 경계하여 단속하는 것. 훈:칙-하다 동(타)(여)

훈풍(薰風) 명 첫여름에 부는 훈훈한 바람. ¶ 현관의 문을 밀자 여름밤의 ~이 풍겨진다. 《김이석:아름다운 행렬》

훈향(薰香) 명 훈훈한 향기. 또는, 향긋한 향기. ¶젊은 느티나무의 그루 사이로 들장미의 엷은 ~이 흩어지곤 하였다. 《강신재:젊은 느티나무》

훈:화¹(訓話) 명 교훈이나 훈시하는 말.

훈:화²(薰化) 명 훈도하여 좋은 길로 인도하는 것. 훈화-하다 동(타)(여)

훈훈(薰薰) →훈훈-하다 형(여) 1 (기온이나 바람이나 공간의 안 등이) 매우 느끼기에 괜찮을 만큼 온도가 높다. '따뜻하다'와 '덥다'의 중간쯤 되는 상태임. ¶훈훈한 바람 / 바깥 날씨는 차가운데 집 안은 훈훈했다. 2 마음을 녹여 주는 따스한 감정이 있다. ¶고향 사람들의 훈훈한 인정에 감격하였다. 훈훈-히 (부)

훑-다[-따] 동(타) 1 휘몰아서 대강 훔치어 닦다. 2 휘몰아서 몹시 나무라다. (비)닦다. ¶청년은 첫마디부터 끝마디까지 훑닦아 세우는 소리를 하다가 휙 나가 버린다. 《염상섭:삼대》

훌떡 (부) 1 남김없이 벗어지거나 뒤집히는 모양. ¶옷을 ~ 벗다 / 이마가 ~ 벗어지다. 2 힘차게 뛰거나 뛰어넘는 모양. ¶담을 ~ 넘다. 3 날쌔게 먹어 치우는 모양. ¶하나 남은 떡을 ~ 먹어 치우다. (작)홀딱. 훌떡-하다 동(타)(여)

훌떡-거리다/-대다 [-꺼(때)-] 동(자) 신이 헐거워서 자꾸 벗어지려 하다. (작)홀딱거리다.

훌떡-훌떡¹[-떠쿨-] (부) 훌떡거리는 모양. (작)홀딱홀딱. (부)(자)

훌떡-훌떡²[-떠쿨-] (부) 1 계속해서 옷을 벗는 모양. ¶옷을 ~ 벗고는 바로 바닷물로 뛰어든다. 2 계속해서 힘차게 뛰어넘는 모양. ¶장애물을 ~ 잘도 넘는다. 3 자꾸 날쌔게 먹어 치우는 모양. ¶그는 어느새 밥 한 그릇, 국 한 그릇을 ~ 다 먹어 치우고 일어섰다. (작)홀딱홀딱. 훌떡훌떡-하다² 동(타)(여)

훌라^댄스(hula dance) 명 =훌라 춤.

훌라^춤(hula-) 명 엉덩이를 마구 흔들거나 허리를 빙글빙글 돌리는, 폴리네시아의 민속춤. =훌라 댄스.

훌라-후프(Hula-Hoop) 명 플라스틱으로 만든 둥근 테를 허리나 목으로 빙빙 돌리는 놀이. 또는, 그 물건. 상표명에서 온 말임.

훌러덩 (부) 1 속의 것이 시원스럽게 드러나도록 헐겁게 벗어지거나 벗거나 뒤집히는 모양. ¶속옷을 ~ 벗다. 2 가지고 있던 돈 따위를 모조리 날려 버리는 모양. (작)홀라당.

훌러덩-훌러덩 (부) 1 속의 것이 시원스럽게 드러나도록 헐겁게 자꾸 벗어지거나 벗거나 뒤집히는 모양. 2 돈이나 재산 따위를 자꾸 모조리 날려 버리는 모양. (작)홀라당홀라당.
훌러덩훌러덩-하다 동(자)(여)

훌렁 (부) 1 미끄럽게 벗어진 모양. ¶이마가 ~ 벗어지다. 2️⃣는 이 다 보이도록 뒤집힌 모양. ¶우산이 ~ 뒤집히다. 3 구멍이 넓어서 헐겁게 들어가는 모양. ¶장갑이 커서 손이 ~ 들어간다. 4 남김없이 벗은 모양. ¶옷을 ~ 벗다. (작)홀랑.

훌렁-하다 형(여) 들어간 물건이 겉의 물보다 작아서 공간의 여유가 많다. ¶바지가 너무 ~. (작)홀랑하다.

훌렁-훌렁 (부) 훌렁거리는 모양. ¶발바닥에도 끈적거리는 물이 괴어 이따금씩 고무신

이 ~ 벗어진다.《곽하신:실낙원》 [작]홀랑홀랑. **훌렁훌렁-하다** [형][여]

훌렁-훌렁[2] [부] 계속하여 훌렁 벗거나 뒤집는 모양. [작]홀랑홀랑.

훌륭-하다 [형][여] **1** (사람이, 또는 그의 언행이나 업적 등이) 칭찬할 만하거나 우러러볼 만하다. ¶**훌륭한** 지도자 / **훌륭한** 업적을 남기다. **2** (사물의 상태가) 썩 좋아서 나무랄 데가 없다. ¶**훌륭한** 솜씨[옷차림]. **훌륭-히** [부] ¶자식을 ~ 키우다 / 어른도 하기 힘든 일을 어린아이가 ~ 해냈다.

훌리건(hooligan) [명] 경기장 등에서 난동을 일삼는 극렬 축구 팬.

훌-부시다 [동][타] **1** 그릇 따위를 깨끗이 씻어 내다. ¶김장독을 ~. **2** 음식을 남기지 않고 부신 듯이 시원스레 죄다 먹다.

훌-뿌리다 [동][자][타] **1** 눈비가 마구 날려 뿌리다. **2** 함부로 냉정하게 뿌리치다.

훌쩍[1] [부] **1** 단숨에 가볍게 뛰거나 날아오르는 모양. ¶장애물을 ~ 뛰어넘다 / ~ 말에 올라타다. **2** 액체를 단숨에 남김없이 들이마시는 소리. 또는, 그 모양. ¶우유를 ~ 마시다. **3** 흘러내리는 콧물을 들이마시는 소리. 또는, 그 모양. [작]홀짝. **훌쩍-하다** [동][타][여]

훌쩍[2] [부] 망설이지 않고 갑자기 떠나는 모양. ¶고향을 ~ 떠나다.

훌쩍-거리다/-대다[—꺼(때)—] [동][자][타] 자꾸 훌쩍이다. ¶**훌쩍거리지**만 말고 자세히 얘기해 봐. [작]홀짝거리다.

훌쩍-이다 [동][자][타] **1** 적은 양의 액체를 들이마시다. **2** 콧물을 들이마시다. 또는, 콧물을 들이마시면서 느끼어 울다. [작]홀짝이다.

훌쩍-훌쩍[—쩌쿨—] [부] 훌쩍거리는 모양. [작]홀짝홀짝. **훌쩍훌쩍-하다** [동][자][타][여]

훌쭉-하다[—쭈카—] [형][여] '홀쭉하다'의 큰말. **훌쭉-히** [부]

훌쭉-훌쭉[—쭈쿨—] [부] '홀쭉홀쭉'의 큰말. **훌쭉훌쭉-하다** [형][여]

훌치다 [동][자] 촛불·등잔불의 불꽃이 바람에 쏠리다.

훌훌 [부] **1** 날짐승이 날개를 가볍게 치며 나는 모양. ¶학이 ~ 날다. **2** 시간적 사이를 두고 몸을 가볍게 움직여 날듯이 뛰는 모양. **3** 가벼운 물건을 계속 멀리 던지거나 뿌리는 모양. ¶볍씨를 ~ 뿌리다. **4** 옷 같은 것을 자꾸 떠는 모양. ¶이불을 ~ 털다. **5** 옷 따위를 거침새 없이 벗어부치는 모양. ¶옷을 ~ 벗어 버리다. **6** 묽은 죽이나 국 같은 것을 시원스럽게 들이마시는 모양. ¶더운 국물을 ~ 마시다. **7** 불이 시원스럽게 타오르는 모양. ¶집이 ~ 타다. [작]홀홀.

훑다[훌따] [동][타] **1** (긴 물체를) 거기에 달린 작은 물체가 떨어지도록 다른 물체의 좁은 틈에 끼워 잡아당기다. ¶벼를 ~ / 버들잎을 손가락으로 ~. **2** (물체의 표면이나 표면에 붙어 있는 것을) 깎거나 떨어지게 하다. ¶그물로 바다 밑을 ~ / 독한 약이라 위벽을 **훑는다**. **3** (사람의 몸이나 어떤 장소나 책·글 따위를) 전체를 죽 더듬어 살피다. ¶집 안을 샅샅이 ~ / 서류를 처음부터 끝까지 죽 ~. [작]홅다.

훑어-가다 [동][타] **1** 어느 한쪽에서부터 더듬거나 살피어 가다. **2** 있는 대로 빡빡 빻어가다.

훑어-보다 [동][타] 위아래로 빈틈없이 눈여겨보다. ¶서류를 자세히 ~ / 사람을 위아래로 ~.

훑-이[훌치] [명] 새끼 따위를 훑어 겉의 험한 것을 떨어내는 집게 같은 기구.

훑-이다[훌치—] [동][자] **1** '훑다'의 피동사. **2** 부풋하고 많던 것이 다 빠져서 졸아들다. [작]홅이다. ×훌치다.

훔척-거리다/-대다[—꺼(때)—] [동][타] **1** 보이지 않는 데 있는 것을 찾으려고 자꾸 더듬어 뒤지다. **2** 흐르는 눈물을 이리저리 자꾸 씻다. [작]홈착거리다.

훔척-훔척[—처쿰—] [부] 훔척거리는 모양. [작]홈착홈착. **훔척훔척-하다** [동][타][여]

훔쳐-보다[—처—] [동][타] **1** 몰래 엿보다. **2** 남이 모르게 흘깃흘깃 보다. ¶아내는 울다 말고 축축한 눈으로 독고의 화난 얼굴을 흘깃 **훔쳐보았다**.《이어령:둥지 속의 날개》

훔치다 [동][타] **1** (물체의 겉에 묻어 있는 물기나 물질을 천으로 된 물건으로) 물체의 면에 대고 밀거나 당겨 없어지거나 깨끗해지게 하다. [비]닦다. ¶걸레로 방을 ~ / 손수건으로 이마의 땀을 ~ / 아이가 흘러나온 코를 옷소매로 ~. **2** (남의 물건이나 돈 따위를) 다른 사람들이 모르게 가져다가 자기 것으로 삼다. [비]슬쩍하다·절도하다. ¶소매치기가 승객의 호주머니에서 돈을 ~. **3** 야구에서, (출루한 주자가 다음 누를) 수비의 허점을 틈타 뛰어가 차지하다. ¶2루 주자가 3루를 ~. **4** (논이나 밭의 풀을) 손으로 뜯어내다. ¶논의 풀을 ~. [작]홈치다. **5** ➡훔쳐보다. **6** 입술을 훔치다 ➡입술.

훔켜-잡다[—따] [동][타] '움켜잡다'의 거센말. [작]홈켜잡다.

훔켜-쥐다 [동][타] '움켜쥐다'의 거센말. [작]홈켜쥐다.

훔키다 [동][타] '움키다'의 거센말. [작]홈키다.

훔훔-하다 [형][여] 얼굴에 몹시 만족한 빛을 띠다. [작]홈홈하다.

훗¦-국(後—)[후꾹/훋꾹] [명] 진국을 우려낸 건더기로 다시 끓인 국.

훗¦-날(後—)[훈—] [명] 뒤에 올 날. [비]뒷날. ¶~ 네가 자식을 낳게 되면 이 아비 심정을 이해할 게다. ▶앞날.

훗¦-달(後—)[후딸/훋딸] [명] **1** =내달. **2** 어떤 달을 기준으로 하여 그달 뒤에 돌아오는 달. [비]익월·이듬달.

훗¦배-앓이(後—)[후빼알—/훋빼알—] [명][한] 해산한 뒤에 생기는 배앓이. =후복통.

훗¦-사람(後—)[후싸—/훋싸—] [명] =후인(後人).

훗¦-일(後—)[훈닐] [명] =뒷일.

훗훗-하다[후투타—] [형][여] **1** 좀 갑갑할 정도로 훈훈하게 덥다. **2** 마음을 부드럽게 녹여 주는 듯한 훈김이 있다. ¶그 마을 사람들의 순박한 인간미가 **훗훗하게** 느껴졌다. **훗훗-이** [부] ¶"주막까지 부지런히들 가게나. 뜰에 불을 피우고 ~ 쉬어."《이효석:메밀꽃 필 무렵》

훠이 [감] 새 떼를 쫓을 때 사람이 지르는 소리. =후여. [비]쉬. ¶"저놈의 까치, ~! ~!" 과수원 아저씨는 까치를 쫓느라 종일 쉴 틈이 없었습니다.

훤당(萱堂) [명] 편지 등에서, 남의 어머니를 높여 이르는 말. [비]자당(慈堂).

훤소(喧騷) ➡**훤소-하다** [형][여] 뒤떠들어서 소란하다.

훤자(喧藉) [명] 여러 사람의 입으로 퍼져서 왁자하게 되는 것. **훤자-하다** [동][자][여]

훤칠-하다 [형][여] (키가) 늘씬하게 크다. 또는 (외모가) 보기 좋게 훤하다. [비]헌칠하다. ¶

동생은 작달만한데 형은 ~. / 키가 훤칠하게 큰 소나무 / 그는 귀공자처럼 외모가 아주 ~. 훤칠-히 튀

훤!-하다 혱여 1 (공간이나 빛이) 다소 흐릿하게 밝다. 2 (공간의 앞이) 넓고 탁 트인 상태에 있다. ¶훤하게 트인 시가로. 3 어떤 일이나 대상에 대해 분명하게 알고 있는 상태에 있다. ¶그런 일이야 보지 않고도 훤하게 안다. 4 (사람의 얼굴이나 얼굴빛이) 잘생겼거나 혈색이 돌아 보기에 좋은 상태에 있다. ¶인물이 ~. 좝환하다. 훤!-히 튀 ¶그들의 비밀을 나는 ~ 알고 있다. / 언덕 위에 서니 아랫마을이 ~ 내려다보였다.

훤화(喧譁) 몜 지껄여 떠드는 것. 훤화-하다

훨떡 튀 1 죄다 시원스레 벗거나 벗어진 모양. 또는, 뒤집거나 뒤집히는 모양. ¶옷을 ~ 벗어젖히다 / 장기판을 ~ 뒤집다. 2 액체가 한꺼번에 갑자기 끓어 넘치는 모양. 좝활딱.

훨썩 튀 몹시 넓게 벌어지거나 열린 모양. 좝활싹.

훨씬 튀 1 어떤 것에 비하여 그 정도가 더하게. ¶이것은 저것보다 ~ 크다. 2 제법 넓게 벌어지거나 열린 모양. 좝활씬.

훨쩍 튀 1 문 따위가 한껏 시원스럽게 열린 모양. 2 넓고 멀리 시원스럽게 트인 모양. = 훨찐. 3 밥 따위가 무르녹도록 잘 퍼진 모양. 좝활짝.

훨찐 튀 = 훨쩍1·2.

훨훨 튀 1 불길이 세고 시원스럽게 타오르는 모양. ¶장작불이 ~ 타오르다. 2 날짐승이 높이 떠서 느릿느릿 날개를 치며 시원스럽게 나는 모양. ¶새가 ~ 날아가다. 3 부채 따위로 느릿느릿 시원스럽게 부치는 모양. 4 옷을 시원스럽게 벗는 모양. ¶옷을 ~ 벗어던지다. 좝활활.

훼!기(毁棄) 몜 헐거나 깨뜨려 버리는 것. ¶~죄(罪). 훼!기-하다 퇴여

훼!방(毁謗) 몜 (남의 일을) 잘못되도록 헐뜯거나 좋지 않은 짓을 하는 것. 비방해. 훼!방-하다 퇴여 ¶사사건건 우리 일을 ~. 훼방(을) 놓다 구 남의 일을 헐뜯어 방해하다.

훼!방-꾼(毁謗-) 몜 훼방을 놓는 사람.

훼!사(毁事) 몜 남의 일을 훼방하는 것. 훼!사-하다 퇴여

훼!상(毁傷) 몜 몸에 상처를 내는 것. 훼!상-되다 자

훼!손(毁損) 몜 1 헐어서 못 쓰게 하는 것. 2 체면이나 명예를 손상하는 것. ¶명예 훼!손-하다 퇴타여 ¶기계를 ~. 훼!손-되다 퇴자

훼!욕(毁辱) 몜 헐뜯어 욕하는 것. 훼!욕-하다 퇴타여

훼!절(毁節) 몜 절개를 깨뜨리는 것. 비변절. 훼!절-하다 퇴여

훼!철(毁撤) 몜 부수어 치워 버리는 것. 훼!철-하다 퇴여

훼!파(毁破) 몜 헐어 깨뜨리는 것. = 훼괴. 훼!파-하다 퇴여 훼!파-되다 퇴자

횅댕그렁-하다 혱여 1 속이 비고 넓기만 하여 허전하다. 2 넓은 공간에 들어 있는 것이 조금밖에 없어 허전하고 빈 것 같다. ¶방 안에는 온기가 있었으나 아무런 가구나 장식도 없어서 어쩐지 횅댕그렁한 느낌이었다.《황석영:장길산》 준횅하다. 좝행댕그렁

횅-하다 혱여 1 막힘이 없이 잘 알아 환하다. ¶영어 문법에 대해 ~. 2 구멍 따위가 시원스럽고 밝게 잘 뚫려 있다. ¶횅하게 뚫린 굴. 3 '횅댕그렁하다'의 준말. 좝행하다. 4 눈이 쑥 들어가 보이고 정기가 없다. ¶앓고 나더니 눈이 ~.

휘[1] 몜 1 센 바람이 가늘고 긴 물건에 부딪쳐 나는 소리. 2 숨을 한꺼번에 세게 내쉬는 소리. 좝회. 3 사방을 대강 둘러보는 모양. ¶한바퀴 ~ 돌아보다.

휘-[2] 접두 '감다/돌다/말다' 등의 동사에 붙어, 그 움직임이 '휘휘' 이루어짐을 나타내는 말. ¶~감다 / ~돌다 / ~말다. 2 일부 동사에 붙어, 그 동작이나 행동이 '마구', '심하게' 이루어짐을 나타내는 말. ¶~날리다 / ~늘어지다 / ~몰아치다. 3 일부 형용사에 붙어, '매우'의 뜻을 나타내는 말. ¶~둥글다.

휘[3](諱) 몜 죽은 조상이나 높은 어른의 이름. ▷휘자.

휘-갈기다 톰타 휘둘러 갈기다. ¶휘갈겨 쓴 글씨.

휘감-기다 톰 '휘감다'의 피동사. ¶바람이 불어 치마가 다리에 ~.

휘-감다 [-따] 톰타 마구 휘둘러 감다. ¶머리에 붕대를 친친 ~ / 칡덩굴이 나무를 휘감고 올라가다.

휘갑 몜 1 = 휘갑치기. 2 너더분한 일을 잘 마무르는 것. 휘갑-하다 퇴타

휘갑치-기 몜 옷감 따위의 마름질한 가장자리가 풀리지 않도록 꿰매는 일. 한 바늘씩 또는 두세 바늘씩 떠 감. = 휘갑.

휘갑-치다 톰타 피륙·명석·돗자리 등의 가장자리가 풀리지 않도록 얽어서 둘러 감아 꿰매다. ¶외딴 주막에는 앞마당에서 늙은이가 맷방석의 휘갑을 치고 뒷마당에서 떡정이가 나무갈로 칼춤을 추고 있다.《홍명희:임꺽정》

휘-날리다 톰 [1]자 1 바람에 거세게 나부끼다. ¶휘날리는 태극기. 2 거세게 필릴 흩어져 날다. ¶눈보라가 ~. [2]타 1 바람에 거세게 나부끼게 하다. ¶갓발을 ~. 2 거세게 필 펄 흩어져 날게 하다. ¶오색 종이를 ~. 3 (명성·이름 따위를) 널리 떨치다.

휘-늘어지다 톰 풀기가 없이 아래로 축 휘어져 늘어지다. ¶휘늘어진 버들가지.

휘다 톰 [1]자 (나무·쇠 등의 물체나 허리 따위가) 힘을 받거나 변형되어 구부러지다. ¶나무에 가지가 휘도록 열매가 열렸다. / 상다리가 휘도록 음식을 차렸다. / 허리가 휜 꼬부랑 노인. [2]타 (나무·쇠 등의 곧은 물체를) 힘을 주어 구부리다. ¶나뭇가지를 휘어서 꺾다 / 그 차력사는 맨손으로 쇠파이프를 휠 수 있다.

휘-달리다 톰자 빨리 달리거나 바쁘게 돌아다니다. ¶모든 산맥(山脈)들이 바다를 연모해 휘달릴 때도 차마 이곳을 범(犯)하던 못하였으리라.《이육사:광야》

휘-덮다 [-덥따] 톰타 휘몰아 덮다.

휘덮-이다 톰자 '휘덮다'의 피동사.

휘도(輝度) 몜【물】 발광체(發光體)의 단위 면적의 밝기.

휘-돌다 톰자타 〈~도니, ~도오〉 1 어느 점을 중심으로 하여 마구 돌다. 2 굽이를 따라 휘어 돌다. ¶구불구불하고 축축한 산길을 휘돌아 오른 삼돌이는 쓰러진 나무둥걸에

휘돌리다 걸터앉았다.《최서해:그믐밤》 3 여러 곳을 순서대로 돌다. ¶마을을 한 바퀴 ~. 4 어떤 기운이나 공기가 거칠게 떠돌다. ¶냉랭한 기운이 ~.

휘돌-리다 동(자) '휘돌다'의 사동사.

휘동(麾動) 명 지휘하여 움직이는 것. **휘동-하다** 동(타여)

휘-동석(輝銅石) 명[광] 구리의 황화물. 대개 덩이 모양이고 흑회색을 띠며, 구리의 중요한 원광(原鑛)임. 구용어는 휘동광.

휘-두르다 동(타르)〈~두르니, ~둘러〉1 무엇을 이리저리 마구 내어 두르다. ¶주먹을 ~ /몽둥이를 ~. 2 남을 정신 차릴 수 없도록 얼떨떨하게 만들다. 3 남의 뜻을 무시하고 자기가 원하는 대로 하다. ¶권력을 ~.

휘-둘러보다 동(타여) 휘휘 둘러보다.

휘둘리다 동(자) '휘두르다'의 피동사. ¶배에 휘둘리고 먼 길을 걸어와서, 두세 시간이나 뜻밖의 취조를 받기는 참기 어려운 고통이었다.《심훈:상록수》

휘둥그러-지다 동(자) 갑자기 휘둘려 둥그러지다. (작)회동그라지다.

휘-둥그렇다 [-러타] 형(ㅎ)〈~둥그러니, ~둥그러오, ~둥그래〉놀라거나 두려워서 크게 뜬 눈의 모양이 둥그렇다. (작)회동그랗다.

휘둥그래-지다 동(자) 눈이 휘둥그렇게 되다. ¶깜짝 놀라는 눈이 ~. (작)회동그래지다.

휘둥그스름-하다 형(여) 놀라거나 무서워서 크게 뜬 눈이 둥그스름하다. (작)회동그스름하다.

휘뚜루 부 무엇에나 닥치는 대로 맞게 쓰일 만하게. 또는, 아무렇게나 되는대로. ¶할 말 안 할 말 구별하지 않고 ~ 주워섬기다 / 어렇게나 ~ 들으라고 말하고 특별히 형수에게 대하여 말을 붙인다.《홍명희:임꺽정》

휘뚜루-마뚜루 부 이것저것 가리지 않고 닥치는 대로 마구 해치우는 모양. ¶그까짓 것 기위 잘살기는 틀린 바에야 ~ 제 맘대로나 살다 죽지 무어 거리낄 것 있나.《이기영:고향》

휘뚝-거리다/-대다 [-꺼(때)-] 동(자) 1 넘어질 듯 넘어질 듯하며 흔들리다. ¶기운은 허한데 업순이는 만만치 않은 짐까지 한 손에 들고 그 뒤를 따르자니 자꾸만 아랫도리가 휘뚝거리고 발길이 제대루 안 떼어지는 같았다.《채만식:병이 낫것든》 2 일이 위태위태하여 마음을 놓을 수 없는 고비에 서다. **휘뚝거리다** .

휘뚝-휘뚝 [-뚜퀴-] 부 휘뚝거리는 모양. ¶농부들은 머리에서 수건을 풀어 제각기 얼굴을 가리기에 바쁘게 너럭바위 위에 ~ 쓰러졌다.《김정한:사하촌》 (작)회뚝회뚝. **휘뚝-하다** 동(자여)

휘뚤-휘뚤 부 길 따위가 이리저리 구불구불한 모양. (작)회똘회똘. **휘뚤휘뚤-하다** 형(여)

휘-말다 동(타)〈~마니, ~마오〉1 함부로 휘어 감아 말다. ¶그는 돗자리를 둘둘 휘말아 농 위에 올려놓았다. 2 옷 따위를 적셔 더럽히다. ¶어디를 쏘다니다가 바지를 온통 흙탕물에 휘말아 가지고 왔니?

휘말-리다 동(자) 1 '휘말다'의 피동사. ¶휘말린 달력을 다리미로 다리다. 2 물살 따위에 휩쓸리다. ¶배가 급류에 ~. 3 어떤 사건이나 감정에 완전히 휩쓸려 들어가다. ¶염문에 ~ / 사람들의 말싸움에 **휘말려** 들다.

휘-모리 명[음] '휘모리장단'의 잘못.

휘모리-장단 명[음] 판소리 및 산조 장단의 한 가지. 처음부터 급하게 휘몰아 부름. =단모리장단. ×휘모리.

휘-몰다 동(타)〈~모니, ~모오〉1 마구 휘어잡아 몰다. ¶바람이 낙엽을 **휘몰아** 갔다. 2 비바람 따위가 어느 지역을 마구 몰아치다. ¶거센 눈보라가 벌판을 **휘몰고** 지나갔다.

휘몰아-치다 동(자) (비바람 따위가) 세차게 휘몰아 한곳으로 불어치다. ¶눈보라가 ~.

휘-몰이 명 한곳으로 휘모는 일. 또는, 그런 짓.

휘몰이-판 명 휘모는 판국. 또는, 그 형세.

휘-묻이 [-무지] 명[농] 식물의 가지를 휘어 그 끝을 땅속에 묻어서 뿌리가 내린 뒤에, 그 가지를 잘라 한 개체를 만드는 인공 번식법. =취목(取木). ▷꺾꽂이. **휘묻이-하다** 동(자)

휘발(揮發) 명 액체가 상온에서 기체가 되어 날아 흩어지는 현상. ▷기화(氣化). **휘발-하다** 동(자)

휘발-성(揮發性) [-쌩] 명 물질이 휘발하는 성질.

휘발-유(揮發油) [-류] 명[화] 1 =가솔린. 2 끓는점이 30~220℃인 휘발성 경질 석유 제품.

휘석(輝石) 명[광] 철·마그네슘·칼슘 등의 규산염 광물. 화성암·변성암을 구성하는 주요 광물임.

휘선(輝線) 명[물] 휘선 스펙트럼에서 밝게 빛나는 선. ↔흡수선.

휘선^스펙트럼(輝線spectrum) 명[물] 원자가 에너지가 높은 상태에서 원래의 상태로 바뀔 때 단색광의 밝은 선으로 나타나는 빛의 스펙트럼. ▷선 스펙트럼.

휘슬(whistle) 명 1 운동 경기 따위에서, 심판 등이 입에 물고 불어서 어떤 신호로서 소리를 내는 물건. (비)호루라기. ¶주심이 경기 종료를 알리는 ~을 불다.

휘안-석(輝安石) 명[광] 안티몬의 황화물로 이루어진 광물. 연회색(鉛灰色)으로 금속광택이 나며, 안티몬의 원료 광석임. 구용어는 휘안광.

휘암(輝巖·輝岩) 명[광] 휘석(輝石)을 주성분으로 하여 이루어진 화성암의 하나. 빛깔은 엷은 녹색 또는 어두운 녹색임.

휘양 명 머리에 쓰는 방한구의 하나. 남바위와 비슷하나 목덜미와 뺨까지 싸게 되어 있으며, 볼끼는 뒤로 잦혀 매기도 함. (원)휘항(揮項).

휘어-가다 동(자) 굽이쳐 흘러가다.

휘어-넘어가다 동(자) 남의 꾐에 빠져 속아 넘어가다.

휘어-들다 동(자)〈~드니, ~드오〉안쪽으로 굽어지다. 또는, 안쪽으로 휘어져 들어오거나 들어가다. ¶다리를 건너면 오른쪽에 밭이 있고 왼쪽으로 **휘어들면** 절이 있다. / 코너킥이 절묘하게 **휘어들어** 골인되었다.

휘어-박다 [-따] 동(타) 1 높은 곳에서 세게 넘어뜨리다. 2 남을 함부로 다루어 굴복하게 하다.

휘어-잡다 [-따] 동(타) 1 구부려 거머잡다. ¶팔을 ~. 2 사람을 손아귀에 넣고 부리다. ¶부하 직원을 ~.

휘어-지다 동(자) 곧은 물체가 어떤 힘을 받아서 구부러지다. ¶못이 들어가지 않고 ~.

휘영청 부 달빛 따위가 몹시 환하게 밝은 모양. ¶~ 밝은 달.

휘우듬-하다 형(여) 조금 휜 듯하다. ¶휘우듬

휩싸이다

(불길·연기·눈 따위가) 온통 뒤덮다. ¶눈은 소리 없이 내려서 천 리에 뻗친 수수밭을 하얗게 **휩싸** 안았다.〈박종화:다정불심〉 3 (어떤 대상을) 어떤 감정이나 분위기에 꼼짝없이 놓이게 하다. ¶공포감이 그의 마음을 **휩쌌다**.

휩싸-이다 통[자] '휩싸다'의 피동사. ¶온 나라가 공포에 ~. ¶집이 화염에 ~. ㉰휩쎄다.

휩쓸-다 통[타] (휩쓰니, 휩쓰오) 1 (태풍이나 홍수 따위가 어느 곳을) 강한 힘으로 타격을 주다. ¶태풍이 남해안을 **휩쓸고** 지나갔다. 2 (전쟁이나 전염병이나 기타의 현상이 어느 곳을) 강한 영향을 미치다. ¶전쟁이 **휩쓸고** 간 폐허의 땅 / 월드컵 열풍이 온 나라를 ~. 3 (사람이나 단체가 여러 상이나 메달이나 대회 등을) 자기 한 사람이 따가나 이기다. ¶그 선수는 전국 규모의 대회를 모두 **휩쓸었다**. 4 (사람이 어느 곳을) 거침없이 다니면서 함부로 행동하다. ¶불량배들이 거리를 **휩쓸고** 다니면서 행패를 부렸다.

휩쓸-리다 통[자] '휩쓸다'의 피동사. ¶파도에 ~ / 분위기에 ~ / 나쁜 친구들에게 ~.

휫-손 [휜손] 명 1 남을 휘어잡아 잘 부리는 솜씨. 2 일을 휘어잡아 잘 처리할 만한 솜씨.

휭 튀 1 바람이 갑자기 빠르고 세게 부는 소리. 2 바람을 일으키며 빠르게 날아가거나 떠나가 버리는 소리. 또는, 그 모양. ¶그는 말을 마치기 무섭게 ~ 나가 버렸다. ㉰횡.

휭-하니 튀 '횡허케'의 잘못.

휴 감 '후유'의 준말.

휴가(休暇) 명 속해 있는 직장이나 군대 등의 허가를 받아 일정 기간을 쉬는 것. 또는, 그 기간. ¶유급 ~ / 월차 ~ / 출산 ~ / ~를 얻다.

휴가-병(休暇兵) 명[군] 휴가를 받은 사병.

휴가-비(休暇費) 명 기업 등에서 휴가를 얻은 사람에게 주는 돈.

휴가-증(休暇證)[-쯩] 명[군] 휴가를 허가하는 사실을 기재한 증명서.

휴가-철(休暇-) 명 많은 사람들이 휴가를 즐기는 기간. ¶여름 ~을 맞아 피서객들로 붐비는 해수욕장.

휴간(休刊) 명 신문·잡지 등의 정기 간행물의 발행을 한때 쉬는 일. **휴간-하다** 통[타]

휴간-되다 통[자]

휴간-지(休墾地) 명 개간하지 않아 묵어 있는 땅. ⓑ묵은땅.

휴강(休講) 명 강의를 쉬는 것. **휴강-하다** 통[자]

휴거(携擧) 명[기] 예수가 재림할 때 구원받는 사람을 공중으로 들어 올리는 것. **휴거-하다** 통, **휴거-되다** 통[자]

휴게(休憩) 명 일을 하거나 길을 걷다가 잠깐 쉬는 것. =게휴. ⓑ휴식(休息). ¶~ 시간.

휴게-하다 통

휴게-방(休憩房) 명 1 = 전화방. 2 잠시 머물러 휴식이나 수면을 취할 수 있는 시설을 갖춘 업소.

휴게-소(休憩所) 명 잠깐 동안 머물러 쉬도록 마련한 장소. ¶간이 ~.

휴게-실(休憩室) 명 잠시 머물러 쉴 수 있게 마련해 놓은 방.

휴경(休耕) 명 부치던 땅을 얼마 동안 묵히는 것. **휴경-하다** 통[타]

휴관(休館) 명 도서관·미술관·영화관 등이 일반에게 공개되지 않고 쉬는 것. **휴관-하다** 통[자]

휴교(休校) 명 1 학교가 수업을 한동안 쉬는 것. 2 학생이 학교 수업을 쉬는 것. ¶동맹 ~. **휴교-하다** 통[자][타]

휴교-령(休校令) 명[교] 학교에 대하여 건물 관리 등의 단순한 관리 업무를 제외한 학교의 모든 기능을 정지시키는 명령. ¶~을 내리다.

휴대(携帶) 명 손에 들거나 몸에 지니는 것. **휴대-하다** 통[타] ¶주민 등록증을 상시 ~.

휴대-용(携帶用) 명 (일부 명사 앞에 쓰여) 손에 들거나 몸에 지니고 다닐 수 있게 만든 물건. ¶~ 물통 / ~ 녹음기.

휴대^전!화(携帶電話) 명 개인이 휴대하여 옥내·옥외에서는 물론 이동 중에도 통화할 수 있는 소형 무선 전화기. =핸드폰.

휴대-폰(携帶phone) 명 '휴대 전화'로 순화.

휴대-품(携帶品) 명 몸에 지니거나 손에 들고 다니는 물건.

휴등(休燈) 명 전등을 가설한 설비는 그대로 두고 한동안 불을 켜지 않는 일. **휴등-하다** 통[타][자] **휴등-되다** 통[자]

휴머니스트(humanist) 명 인간다운 따뜻한 인정이 있는 사람. 또는, 휴머니즘의 입장에선 사람. =인도주의자. ¶그는 이 시대의 마지막 ~이다.

휴머니즘(humanism) 명 1 = 인도주의. 2 = 인문주의.

휴머니티(humanity) 명 '인간성', '인간애'로 순화. ¶~의 회복을 염원하다.

휴먼-드라마(human drama) 명 인간애나 인간 승리를 감동적으로 그린, 영화나 드라마나 소설이나 논픽션.

휴먼^릴레이션스(human relations) 명 조직에 있어서의 인간관계, 사람과 사람의 심리적 관계. =에이치아르(HR).

휴면(休眠) 명 1 사물이 거의 활동하지 않는 것. 2[생] 동식물이 일정 기간 생활 기능을 활발하지 않거나 발육을 정지하는 것. ¶~기(期) / ~ 상태. ▷동면. **휴면-하다** 통[자]

휴무(休務) 명 직무를 하루 또는 한동안 쉬는 것. ¶토요일 ~. **휴무-하다** 통[자]

휴무-일(休務日) 명 직무를 보지 않고 쉬는 날. ¶정기 ~.

휴식(休息) 명 일의 도중에서 잠깐 쉬는 것. ⓑ휴게(休憩)·휴지(休止). ¶~ 공간 / ~을 취하다. **휴식-하다** 통[자]

휴식-년(休息年)[-닝-] 명 자연 자원을 보호하거나 훼손된 자연을 회복시키기 위해, 출입·접근을 금지시키거나 이용하지 못하도록 정한 해.

휴식-처(休息處) 명 휴식하는 곳.

휴양(休養) 명 1 기후·경치 등이 좋은 곳에서 편히 쉬면서 심신을 건강하게 하는 것. ¶~을 가다. 2 조세를 가볍게 하여 민력(民力)을 기르는 것. **휴양-하다** 통[자]

휴양-림(休養林)[-님] 명 '자연 휴양림'의 준말.

휴양-지(休養地) 명 기후·경치 등이 좋아 휴양하기에 알맞은 곳.

휴업(休業) 명 사업이나 영업을 일시적으로 중단하고 한동안 쉬는 것. ¶금일 ~. ▷개업(開業). **휴업-하다** 통[자]

휴일(休日) 명 일요일이나 공휴일과 같이 일을 하지 않고 쉬는 날.

휴재(休載) 명 신문·잡지 따위에 연재하던 글을 한동안 싣지 않는 것. **휴재-하다** 통[타]

한 해안선. 휘우듬-히 튀

휘우뚱 튀 사람이나 물체가 중심을 잃고 한 쪽으로 쓰러질 듯한 모양. 휘우뚱-하다 동 자여

휘우뚱-거리다/-대다 동자 자꾸 휘우뚱하다.

휘우뚱-휘우뚱 튀 휘우뚱거리는 모양. 휘우뚱휘우뚱-하다 동자여

휘움-하다 형여 조금 휘어져 있다. ¶휘움하게 벋은 지붕마루, 커다란 날짐승이 날개를 편 듯한 모양…. 《황순원:일월》 휘움-히 튀

휘-은석(輝銀石) 명 광 황화은으로 이루어진 광물. 흑회색으로 금속광택이 나며, 은의 중요한 원료 광석임. 구용어는 휘은광.

휘자(諱字) [-짜] 명 죽은 조상이나 높은 어른의 이름자.

휘장¹(揮帳) 명 피륙을 여러 폭으로 이어서 둘러치는 장막. ¶~을 둘러치다.

휘장²(徽章) 명 =배지(badge)².

휘장-걸음(揮帳-) [-껄-] 명 1 말을 곧게 몰지 않고 둥그렇게 돌아서 달리게 하는 걸음. 2 두 사람이 양쪽에서 한 사람의 팔과 허리춤을 잡고 휘몰아 걸리는 걸음.

휘적-거리다/-대다 [-꺼(쩨)-] 동자타 걸을 때에 두 팔을 잇달아 자꾸 휘젓다.

휘적-휘적 [-저꺽-] 튀 휘적거리는 모양. ¶봉삼은 희자가 저만치 앞서 걷는 모습을 발견하였다.《김주영:객주》 휘적휘적-하다 동자타여

휘-젓다 [-젇따] 동타ㅅ <~저으니, ~저어> 1 (액체 등을) 길이가 있는 물체로 골고루 섞이게 마구 젓다. ¶달걀을 풀어 ~. 2 걷거나 할 때 팔을 심하게 앞뒤로 또는 이리저리 움직이다. ¶팔을 휘저으며 급히 걸어가다. 3 (사람이 어느 곳을) 마구 다니면서 질서나 분위기를 어지럽히다. ¶불량배들이 거리를 휘젓고 다닌다. 4 (마음을) 마구 흔들어서 어지럽게 만들다. ¶공연히 사람 마음만 휘젓고 떠나 버린 야속한 사람.

휘정-거리다/-대다 동타 물 따위를 자꾸 저어서 흐리게 하다.

휘정-휘정 튀 휘정거리는 모양. 휘정휘정-하다 동타여

휘주근-하다 형여 1 풀기가 빠져 후줄근하다. 2 몹시 지쳐서 기운이 없다. ¶그의 몸은 솜같이 휘주근하고 등에 붙은 점심 못 먹은 배는 꼴꼴 운다.《최서해:고국》 휘주근-히 튀

휘-주무르다 동타르 <~주무르니, ~주물러> 아무 데나 마구 주무르다.

휘지다 동자 앓거나 시달려 기운이 빠지거나 기력이 쇠약해지다. ¶며칠 된통 앓고 났더니 몸이 휘진다.

휘-지르다 동타르 <~지르니, ~질러> 옷을 휘젓어 더럽히다.

휘철-석(輝鐵石) [-썩] 명 광 적철석의 하나. 결정면이 잘 발달해 있고, 구릿빛의 아름다운 금속광택이 남. 구용어는 휘철광. =경철석.

휘청-거리다/-대다 동자타 1 (가늘고 긴 물체가) 탄력 있게 휘어지면서 자꾸 흔들리다. ¶어린나무가 바람에 ~. 휘청거리는 구름다리. 2 (다리나 몸이, 또는 다리나 몸의) 기운이 빠지거나 술에 취하거나 하여 똑바로 서거나 걷지 못하고 자꾸 좌우로 기울거나 기울어지게 하다. ¶벼랑 끝에서 저자 두려움에 절로 다리가 휘청거렸다. 3 (어떤 대상이) 어려움에 부딪혀 자꾸 위험하거나 불안정한 상태가 되다. 비유적인 말임. ¶한국 경제가 ~ / 사업 실패로 집안이 ~. 작회창거리다.

휘청-하다 동자타 1 (가늘고 긴 물체가) 한 차례 탄력 있게 휘어지다. ¶낚싯대가 휘청하면서 팽팽해졌다. 2 (다리나 몸이, 또는 다리나 몸의) 한 차례 좌우로 기우뚱하다. ¶발을 헛디뎌 몸이[을] ~. 3 (어떤 대상이) 어려움에 부딪혀 위험하거나 불안정한 상태가 되다. 비유적인 말임. ¶부도 위기로 회사가 ~.

휘청-휘청 튀 휘청거리는 모양. 작회창회창. 휘청휘청-하다 동자타여

휘추리 명 길고 가느다란 나뭇가지. ¶싸리를 걸어 만든 어리. ▷회초리.

휘파람 명 입술을 좁게 오므리고 그 사이로 입 안의 공기를 불어서 내는 '휘' 하는 소리. 또는, 그런 소리로 내는 어떤 곡의 가락. ¶~을 불다.

휘파람-새 명 동 휘파람샛과의 새. 몸길이 13cm가량. 몸빛은 등은 갈색을 띤 녹색이고 배는 흼. 울음소리가 고움. 우리나라에서는 흔한 여름새임.

휘하(麾下) 명 1 우두머리의 지휘 아래. ¶장군의 ~에 들어오다. 2 우두머리의 지휘 아래에 딸린 사람. ¶그는 자기의 ~가 아닌 사람은 철저하게 배격한다.

휘-하다(諱-) 동타여 입 밖에 내어 말하기를 꺼리다.

휘호¹(揮毫) 명 붓을 휘둘러 글씨를 쓰거나 그림을 그리는 것. =휘쇄·휘필. 휘호-하다 동타여

휘호²(徽號) 명 역 왕비가 죽은 후에 시호(諡號)와 함께 올리는 존호.

휘황(輝煌) 명 →휘황-하다 형여 '휘황찬란하다'의 준말. ¶학락가의 휘황한 불빛. 휘황-히 튀

휘황찬란(輝煌燦爛) [-찰-] 명 →휘황찬란-하다 [-찰-] 형여 (불빛이나 반사되는 빛 따위가) 정신을 빼앗을 만큼 눈부시게 빛나는 상태에 있다. ¶네온사인이 ~ / 휘황찬란한 보석. 준휘황하다.

휘-휘 튀 1 여러 번 휘감거나 감기는 모양. ¶실을 ~ 감다. 2 이리저리 휘두르는 모양. ¶지팡이를 ~ 내두르다. 작회회. 3 이리저리 둘러보는 모양. ¶상점 안을 ~ 둘러보다.

휘휘-친친 튀 여러 번 단단히 둘러 감거나 감기는 모양. 작회회찬찬.

휘휘-하다 형여 무서운 느낌이 들 정도로 쓸쓸하고 적막하다. ¶세 사람이 함께 있는데도 불구하고 산속은 패나 휘휘한 느낌을 자아냈다.《전상국:길》 작회회하다.

획 튀 1 재빨리 돌아가는 모양. ¶모퉁이를 ~ 돌아가다. 2 바람이 갑자기 세게 부는 모양. 3 갑자기 힘차게 던지는 모양. ¶공을 ~ 던지다. 4 갑자기 지나가거나 떠오르는 모양. 5 일을 빨리 해치우는 모양. ¶숙제를 ~ 해치우다. 작획.

획-획 [획획] 튀 1 계속해서 급히 돌아가는 모양. 2 바람이 잇달아 세게 부는 모양. 3 계속해서 세게 던지는 모양. 4 계속해서 빠르게 지나가거나 떠오르는 모양. 작획획.

휠체어(wheelchair) 명 다리를 잘 못 쓰는 사람이나 몸을 가누기 어려운 환자 등이 앉은 채로 이동할 수 있도록 바퀴를 단 의자.

휩싸다 동타 1 (물건을) 휘휘 감아서 싸다. 2

휴전(休戰) 명 〔군〕 전쟁 당사국들이 서로 협정을 맺고 전쟁을 일시적으로 멈추는 것. ¶~협정. 휴전-하다 통휴전-되다 통(자)
휴전-선(休戰線) 명 휴전 협정에 따라서 결정되는 쌍방의 군사 분계선.
휴정(休廷) 명 법원에서, 재판 도중에 쉬는 일. ¶~을 선언하다. ▷개정(開廷). 휴정-하다 통(자여)
휴주(携酒) 명 술병을 몸에 지니고 가는 것. 휴주-하다 통(자여)
휴지¹(休止) 명 1 하던 것을 멈추고 쉬는 것. ㈜휴식. 2 〔법〕 당사자의 의사 또는 태도에 의하여 소송 절차의 진행을 정지하는 일. 휴지-하다 통(자여)
휴지²(休紙) 명 1 못 쓰게 된 종이. 2 밑을 닦는다든지 코를 풀 때 쓰는 허드레 종이. =화장지(化粧紙). ×수지.
휴지-기(休止期) 명 〔생〕 생물 세포가 기능적으로 활동하고 있으나, 핵분열이나 세포 분열을 하고 있지 않는 시기.
휴지-부(休止符) 명 〔언〕〔음〕 =쉼표.
휴지-통(休紙桶) 명 휴지나 자질구레한 쓰레기를 버리는 통.
휴지-핵(休止核) 명 〔생〕 세포 분열을 하지 않는 보통의 상태에 있는 핵. =정지핵(靜止核).
휴지-화(休紙化) 명 (어떤 일이) 이행되지 않아 쓸모없게 되는 것. 또는, (어떤 일을) 이행하지 않아 쓸모없게 만드는 것. 휴지화-하다 통(자)(타)여 휴지화-되다 통(자여) ¶예산 삭감으로 그 계획은 휴지화되고 말았다.
휴직(休職) 명 봉급생활자가 그 신분과 자격을 가지면서 일정한 기간 직무를 쉬는 것. 휴직-하다 통(자여)
휴직-원(休職願) 명 다니고 있는 직장을 일정 기간 쉬겠다고 직장의 상사에게 청원하는 서류. ¶~을 제출하다.
휴진(休診) 명 의료 기관에서 진료를 쉬는 것. 휴진-하다 통(자)
휴학(休學) 명 〔교〕 질병·사고, 기타 사정으로 재적한 채 한동안 학교를 쉬는 것. ¶~원(願). 휴학-하다 통(자여) ¶병으로 1년을 ~.
휴한(休閑) 명 〔농〕 토양을 개량하기 위하여 한때 작물 재배를 중지하는 것. 휴한-하다 통(자여)
휴한-지(休閑地) 명 1 얼마 동안 경작을 하지 않고 놀려 두는 토지. 2 =공지(空地).
휴항(休航) 명 (배나 비행기가) 운항을 쉬는 것. 휴항-하다 통(자여)
휴-화산(休火山) 명 〔지〕 옛날에 분화하다가 지금은 분화를 멈추고 있으나, 앞으로 활동할 가능성이 있는 화산. ▷활화산.
휴회(休會) 명 [-회/-훼] 1 회의 도중에 쉬는 것. ¶의장이 몹시 소란해지자 의장이 ~를 선언하였다. 2 〔법〕 국회 따위가 스스로 의사(議事)를 중지하고 쉬는 것. 3 〔경〕 거래소에서 입회를 쉬는 것. ▷산회(散會). 휴회-하다 통(자여)(타)여 휴회-되다 통(자여)
휼금(恤金) 명 정부에서 이재민에게 주는 돈.
휼전(恤典) 명 [-전] 명 정부에서 이재민을 구제하는 은전(恩典). ¶부장 연천령은 국상(國喪)에 신명을 바쳤사온즉 ~을 내리심이 마땅하올 줄 아뢰오.《홍명희:임꺽정》
흉 명 1 살갗의 상처가 아문 뒤에 남은 자국. ㈜흉터. ¶~이 지다 / 얼굴에 ~이 깊이 패어 있다. 2 남의 비웃음을 살 만한 거리. =허물. ¶남의 ~을 보다 / ~이 없는 사람이 어디 있나.
흉가(凶家) 명 그 집에 사는 사람마다 흉한 일을 당하는 불길한 집.
흉강(胸腔) 명 〔생〕 늑골·가슴등뼈·가슴뼈·가로막으로 둘러싸인 공간. 내부에 심장·폐·대동맥·식도가 있음.
흉격(胸膈) 명 〔생〕 심장과 지라 사이의 가슴 부분.
흉계(凶計·兇計) 명 [-계/-게] 명 흉악한 계책. ¶~를 꾸미다.
흉골(胸骨) 명 〔생〕 =가슴뼈.
흉곽(胸廓) 명 〔생〕 가슴을 둘러싸고 있는, 바구니 모양의 골격. 흉추·늑골·가슴뼈로 이루어짐.
흉괘(凶卦) 명 언짢은 점괘. ↔길괘(吉卦).
흉근(胸筋) 명 〔생〕 가슴에 붙어 있는 근육.
흉금(胸襟) 명 가슴속에 품은 생각. ㈜마음속.
  흉금을 털어놓다 구 가슴속의 생각을 스스럼없이 모두 털어놓고 이야기하다. ¶우리 서로 흉금을 털어놓고 이야기합시다.
흉기(凶器·兇器) 명 1 사람을 살상(殺傷)할 때 쓰는 연장. ¶~를 휘두르는 강도. 2 초상 때 쓰는 도구. 그릇이나 상여 따위.
흉내 명 (주로 '내다'와 함께 쓰여) 남이 하는 말이나 행동을 그대로 옮겨서 하는 짓. ¶창호는 원숭이 ~를 잘 낸다. / 성수가 선생님 말투를 ~ 내자 아이들이 와 웃었다. ▷입내.
흉내-말 명 〔언〕 어떤 사물이나 현상의 소리·모양·동작 등을 흉내 내어 이르는 말. 의성어와 의태어가 있음. =시늉말.
흉내-쟁이 명 남의 흉내를 잘 내는 사람.
흉년(凶年) 명 농작물이 잘되지 않은 해. =겸년(歉年)·기년(饑年)·기세(飢歲)·흉세·재년(災年)·황세. ¶~이 들다. ↔풍년(豊年).
흉년-거지(凶年-) 명 얻어먹기 어려울 때의 거지. 곧, 주위 환경이 불리하여 애를 쓰나 그 효과가 적음을 이르는 말.
흉노(匈奴) 명 〔역〕 중국 진(秦)·한(漢) 대에, 몽골 고원에서 활약한 유목 기마 민족.
흉도(凶徒·兇徒) 명 1 사납고 흉악한 무리. 2 모반인(謀叛人)이나 폭도.
흉리(胸裏) [-니] 명 =흉중(胸中).
흉막(胸膜) 명 〔생〕 =늑막(肋膜).
흉모(凶謀·兇謀) 명 음흉한 모략이나 꾀. ㈜흉계.
흉몽(凶夢) 명 불길한 꿈. ↔길몽(吉夢).
흉물(凶物) 명 1 성질이 음흉한 사람. 2 흉측스럽게 생긴 사람이나 동물이나 물건.
  흉물(을) 떨다 구 음흉한 속셈으로 의뭉한 짓을 하다.
흉물-스럽다(凶物-) [-따] 형비 〈~스러우니, ~스러워〉 흉물스러운 데가 있다. ¶부서진 자동차가 골목길에 흉물스럽게 버려져 있다. 흉물스레 부
흉배(胸背) 명 1 가슴과 등. 2 가슴의 뒷부분. ↔흉복(胸腹). 3 〔역〕 조선 시대에, 문무관(文武官)이 입던 관복의 가슴과 등에 붙이는, 학이나 범을 수놓은 표장.
흉범(凶犯·兇犯) 명 살인범과 같은 흉악한 범인.
흉벽(胸壁) 명 1 성곽·포대(砲臺) 등 중요한 곳에 쌓는, 사람의 가슴 높이만 한 담. =흉장(胸牆). 2 〔생〕 흉곽(胸廓)의 외벽.
흉변(凶變) 명 사람이 죽는 등의 불길한 사

흉보(凶報) 명 1 불길한 기별. 2 사람이 죽었다는 통지. 비흉음. ↔길보(吉報).
흉-보다 目 (남을) 흉을 들어 말하면서 비웃거나 한심하게 여기다. ¶그는 제 흉은 모르고 남 흉보기에 바쁘다.
흉복(胸腹) 명 1 가슴과 배. 2 가슴의 복부. ↔흉배(胸背).
흉부(胸部) 명 [생] 가슴 부위. 특히, 심장·폐·늑골 등이 있는, 해부학적 대상으로서의 가슴. ¶~ 엑스선 검사.
흉사(凶事) 명 1 흉흉하고 언짢은 일. ↔길사(吉事). 2 사람이 죽는 일.
흉살(凶煞) 명 [민] 불길한 운수나 흉한 귀신.
흉상¹(凶相) 명 1 좋지 못한 관상. ↔길상. 2 보기 흉한 사람의 몰골.
흉상²(胸像) 명 [미] 가슴 윗부분의 사람 형상을 나타낸 조각상이나 초상화.
흉선(胸腺) 명 =가슴샘.
흉설(凶說·兇說) 명 음흉하고 험한 말.
흉성(凶星) 명 [민] 불길한 흉조가 있는 별. ↔길성.
흉수(凶水) 명 [의] 흉강 속에 괴는 물.
흉식^호흡(胸式呼吸) [-시코-] 명 주로 늑골의 운동에 의하여 행해지는 호흡. ▷복식호흡.
흉악(凶惡·兇惡) → 흉악-하다 [-아카-] 혱여 1 마음이 음흉하고 악하다. ¶흉악한 범인. 2 겉모양이 흉하고 무섭다. ¶흉악한 모습. 흉악-히 用
흉악-망측(凶惡罔測) [-앙-] → 흉악망측-하다 [-앙-츠카-] 혱여 몹시 흉악하다. ¶흉악망측한 짓을 하다. 흉측하다.
흉악망측-스럽다(凶惡罔測-) [-앙-쓰-따] 혱ㅂ <~스러우니, ~스러워> 흉악망측한 데가 있다. 준흉측스럽다. 흉악망측스레 用
흉악-무도(凶惡無道) [-앙-] → 흉악무도-하다 [-앙-] 혱여 성질이 사납고 악하며 도의심이 없다. ¶흉악무도한 강도.
흉악-범(凶惡犯) [-뻠] 명 흉악한 범죄를 저지름. 또는, 그러한 범인.
흉악-스럽다(凶惡-) [-쓰-따] 혱ㅂ <~스러우니, ~스러워> 흉악한 데가 있다. 흉악스레 用
흉어(凶漁) 명 물고기가 아주 적게 잡힘. ↔풍어.
흉어-기(凶漁期) 명 다른 때에 비하여 물고기가 아주 적게 잡히는 시기.
흉-업다(凶-) [-따] 혱ㅂ <~어우니, ~어워> (말이나 행동이) 불쾌할 정도로 흉하다. ¶굵다랗게 불거진 두 눈동자는 부옇게 백태가 덮인 데다가 붉은 발까지 섞여 흉업게 못하여 무섭기까지 했다.《채만식:얼어 죽은 모나리자》×흉업다.
흉위(胸圍) 명 =가슴둘레.
흉음(凶音) 명 1 궂은일의 기별. 2 사람의 죽음을 알리는 소식. 비부고(訃告)·흉보.
흉일(凶日) 명 불길하거나 언짢은 날. ↔길일(吉日).
흉작(凶作) 명 [농] 자연재해·일기불순 등으로 농작물의 수확이 평년작을 훨씬 밑도는 것. 또는, 그런 농사. ↔풍작.
흉-잡다 [-따] 目 (남의) 잘못을 꼬집어서 들추어내다.
흉잡-히다 [-자피-] 困 '흉잡다'의 피동사. ¶남에게 흉잡히지 않도록 행동을 조심해라.
흉장(胸章) 명 가슴에 다는 표장(標章).
흉적(凶賊·兇賊) 명 매우 흉악한 도둑.
흉조¹(凶兆) 명 불길한 조짐. =흉증. ↔길조(吉兆).
흉조²(凶鳥·兇鳥) 명 흉물스러운 새. ↔길조(吉鳥).
흉중(胸中) 명 가슴속. 또는, 마음. =흉오(胸奧)·흉리(胸裏)·흉곡(胸曲). ¶오랫동안 품고 있던 ~의 말을 쏟아 놓다.
흉증-맞다(凶證-) [-맏따] 혱 음흉하고 험상궂은 태도가 있다.
흉증-스럽다(凶證-) [-따] 혱ㅂ <~스러우니, ~스러워> 음흉하고 험상궂은 데가 있다. 흉증스레 用
흉추(胸椎) 명 [생] 척추에서, 경추와 요추 사이에 있는 추골. 사람의 경우에는 12개로 구성됨. =가슴등뼈.
흉측(凶測·兇測) → 흉측-하다 [-츠카-] 혱여 '흉악망측하다'의 준말. ¶심보가 흉측한 사람. 흉측-히 用 ¶얼굴이 ~ 생긴 사람.
흉측-스럽다(凶測-) [-쓰-따] 혱ㅂ <~스러우니, ~스러워> '흉악망측스럽다'의 준말. ¶흉측스러운 생각. 흉측스레 用
흉탄(凶彈·兇彈) 명 흉한이 쏜 탄알. ¶대통령은 테러범이 쏜 ~을 맞고 그 자리에서 절명(絶命)하였다.
흉-터 명 살갗의 상처가 아문 뒤에 그 흔적이 남은 자리. 비흠. ¶얼굴에 커다란 ~가 있어 험상궂게 보인다.
흉통(胸痛) 명 [한] 가슴이 아픈 증세.
흉패(凶悖·兇悖) → 흉패-하다 혱여 험상궂고 패악하다.
흉포(凶暴·兇暴) → 흉포-하다 혱여 매우 거칠고 사납다. ¶흉포한 무리. 흉포-히 用
흉포-화(凶暴化) 명 (사람의 행동이나 성질이) 흉포한 상태로 되는 것. 흉포화-하다 困자여 ¶범죄 수법이 ~. 흉포화-되다 困(자)
흉-하다(凶-) 혱여 1 운이 사납거나 불길하다. 2 보기에 언짢거나 징그럽다. ¶흉한 장면 / 몰골이 ~. 3 나쁘거나 궂다. 4 내숭스럽고 거칠다. 흉-히 用
흉하적 명 남의 잘못을 초들어 말하는 짓. ¶더구나 한통이 돼서 며느리 ~을 하지 않는 것이 못마땅하니까 더욱이 싫증이 났다.《염상섭:삼대》흉하적-하다 困(타)여
흉한(凶漢·兇漢) 명 흉악한 짓을 하는 사람. 비악당·악한.
흉행(凶行·兇行) 명 1 매우 거칠고 사나운 행동. 2 사람을 해치는 흉악한 짓. 흉행-하다 困자여
흉-허물 명 흉이나 허물이 될 만한 일.
흉허물(이) 없다 困 서로 흉허물을 가리지 않을 만큼 사이가 가깝고 친하다. ¶흉허물 없이 지내는 사이.
흉-헙다(凶-) 혱ㅂ '흉업다'의 잘못.
흉흉(洶洶) → 흉흉-하다 혱여 1 물결이 어지럽게 일어나 매우 술렁거리다. 2 뒤숭숭하여 매우 어수선하다. ¶홍수와 지진으로 천재(天災)가 겹치자 민심이 흉흉하였다. 흉흉-히 用
흐너-뜨리다/-트리다 困(타) 흐너지게 하다.
흐너-지다 困(자) 포개져 있던 작은 물건이 낱낱이 허물어지다.
흐-느끼다 困(자) 흑흑 소리를 내면서 서럽게 울다.
흐느낌 명 흑흑 느껴 우는 것.

흐느적-거리다/-대다 [-꺼(때)-] 통(자)(타) (길거나 얇은 물체가) 자꾸 느리고 다소 무겁게 구불구불 움직이다. ¶문어가 긴 다리를 ~. ㈜흐늑거리다. ㈜하느작거리다.

흐느적-흐느적 튀 흐느적거리는 모양. ㈜흐늑흐늑. ㈜하느작하느작. **흐느적흐느적-하다** 통(자)(타)(여) ¶육신이 **흐느적흐느적하도록** 피로했을 때만 정신이 은화처럼 맑소.〈이상: 날개〉.

흐늘-거리다/-대다 통(자)(타) (길이나 평면이 있는 물체가) 자꾸 출렁이듯 둔하고 부드럽게 움직이다. 또는, 그렇게 되게 하다. ㈜하늘거리다.

흐늘-흐늘 튀 흐늘거리는 모양. ¶여자는 밑도 끝도 없는 기묘한 노래를 흥얼거리며 춤추듯 ~ 걸어왔다.〈임철우: 붉은기〉 ㈜하늘하늘. **흐늘흐늘-하다** 통(자)(타)(여)

흐늘흐늘-하다² 형(여) 물체가 지나치게 무르거나 성기어 뭉크러질 듯하다. ¶나물을 너무 삶아서 ~. ㈜하늘하늘하다.

흐드러-지다 형 1 많은 꽃이 활짝 핀 상태가 볼만한 광경을 이룬 상태에 있다. ¶코스모스가 **흐드러지게** 핀 오솔길. 2 흡족하도록 넉넉하다. ¶잠을 **흐드러지게** 자다 / **흐드러지게** 먹고 마시며 하루를 즐기다.

흐들갑 명 믿음성 없이 너무 허풍을 떨며 소란하게 떠벌리는 태도. ¶~을 떨다 / ~을 부리다. ▷호들갑.

흐들갑-스럽다 [-쓰-따] 형(비) 〈-스러우니, ~스러워〉 경망스럽게 떠벌리는 태도가 있다. **흐들갑스레** 튀

흐르다¹ 통(르)〈흐르니, 흘러〉 ① (자) 1 (액체 상태의 물질이) 높은 곳에서 낮은 곳으로 움직이다. ¶냇물이 ~. **흐르는** 눈물 / 한강이 서해로 **흘러** 들어가다. 2 (공중의 공기나 구름·안개 따위가) 기압이 높은 곳에서 낮은 곳으로, 또는 바람의 작용을 받아 움직이다. ¶제트 기류가 ~ / 북쪽 저편으로 유유히 **흐르는** 구름. 3 (가루 상태의 물질이) 작은 구멍이나 틈으로 빠져나가다. ㈑새다. ¶모래가 구멍으로 ~. 4 (얼마의 길이를 가진 시간이나 세월 등이) 현재의 상태에서 과거의 상태가 되다. ㈑지나다·가다. ¶두 사람이 결혼한 지 벌써 10년이 **흘렀다**. / 마음의 상처는 세월은 저절로 아물게 될 것이다. 5 (전기나 액체 따위가) 선(線)이나 관(管)을 통해 일정한 방향으로 움직이다. ¶고압 전류가 **흐르는** 전선. 6 (조용한 상태나 비교적 조용한 음악이) 어느 공간에 얼마 동안 이어지다. ¶텅 빈 건물에 무거운 정적이 ~ / 카페 안에 기타 연주곡이 조용히 ~. 7 (물체가) 표면에 번질번질한 상태가 나타나다. ¶기름기가 **흐르는** 햅쌀밥. 8 (사람의 태도나 모습이) 어떤 경향이나 상태를 띠거나 나타내다. ¶귀티가 ~ / 정실에 ~. 9 (일이) 어떤 방향으로 이루어져 나아가다. ¶이야기가 엉뚱한 방향으로 ~. 10 (물체의 바깥을 이루는 선이) 매끄럽게 이어진 상태가 되다. ¶고혹적으로 **흐르는** 여체의 곡선. ② (타) (액체 상태의 물질이 어느 쪽으로) 나아가면서 움직이다. ¶그 강은 도시의 한복판을 **흐르고** 있다.

흐르다² 통(자)(르)〈흐르니, 흘러〉 짐승이 교미(交尾)하다.

흐르르 튀 종이·옷감 따위가 얇고 풀기가 없는 모양. ㈜하르르. **흐르르-하다** 형(여)

흐름 명 1 물 따위가 흐르는 것. ¶강물의 ~. 2 비유적으로 쓰여, 시간적으로 흐르는 것. ¶역사의 ~ / 한국 문학사의 ~을 요약하다.

흐름-소리 [-쏘-] 명(언) =유음(流音).

흐리다¹ 통(타) 1 (사람이나 동물이 물을) 흙이나 더러운 물질이 섞이게 하여 속이 또렷하게 보이지 않게 하다. ¶미꾸라지 한 마리가 온 웅덩이 물을 **흐린다**. 2 (어떤 물질이 유리와 같이 투명한 물체를) 그 표면에 끼거나 덮여 속이 또렷하게 보이지 않게 하다. ¶솥에서 나오는 더운 김이 유리창을 **흐린다**. 3 (사람이 말 따위를) 잘 알아들을 수 없게 발음하다. ¶자신이 없어 말끝을 ~. 4 (사람이 얼굴 표정을) 걱정이나 시름이 있는 것과 같은 상태가 되게 하다. ¶김 선생은 전화를 받더니 이내 얼굴빛을 **흐렸다**. 5 (욕심이나 어떤 정서의 상태가 사람의 생각이나 판단을) 올바르게 이루어지지 못하게 하다. ¶감정의 동요가 판단력을 ~ / 맹목적 사랑이 그의 이성(理性)을 **흐리고** 말았다. 6 (어떤 사람이 여러 사람이 이루는 분위기를) 좋지 않은 상태로 만들다. ¶불량 학생이 학교 분위기를 ~.

흐리다² 형 1 (물이나 유리 따위의 물질이나 물체가) 다른 물질이나 더러운 것이 섞이거나 묻어 속이 또렷하게 보이지 않는 상태에 있다. ㈑부옇다·탁하다. ¶비가 온 뒤라 냇물이 ~ / 차창이 **흐려서** 밖이 잘 안 보인다. 2 (날씨나 하늘이) 구름이 많이 낀 상태에 있다. 또는, 그런 탓으로 햇빛이 환하지 못한 상태에 있다. ¶**흐린** 날씨. ↔맑다. 3 (전등불이나 촛불 따위의 불빛이) 밝게 비치지 못하는 상태에 있다. ¶전구가 수명이 거의 다 되어 불빛이 ~. 4 (사물의 색채나 밝기, 윤곽 등이) 또렷하지 못하고 희미하거나 어렴풋하다. ㈑흐릿하다. ¶사진이 **흐리게** 나왔다. 5 (사람의 얼굴 표정이) 걱정이나 시름, 언짢은 기분이 나타난 상태에 있다. ¶안색이 ~. 6 (사람의 의식이나 정신이) 또렷하지 않고 흐리멍덩하다. ¶아흔을 넘긴 노인이라 정신이 ~. 7 (기억하거나 판단·분별하는 것이) 또렷하거나 똑똑하지 않고 어렴풋하거나 둔하다. ¶오래 된 일이라 기억이 ~. ㈜하리다. 8 (눈이) 잘 보이지 않는 상태에 있다. 9 셈이 흐리다 ☞셈.

흐리다-흐리다 형 매우 흐리다.

흐리-마리 튀 생각이나 기억, 일 등이 분명하지 않은 모양. ¶딱 부러지지 않게 ~ 대답하다. **흐리마리-하다** 형(여)

흐리멍덩-하다 형 1 기억이 아름아름하여 똑똑하지 못하고 흐리다. ¶기억이 ~. 2 일의 경과나 결과가 분명하지 않다. ¶셈이 ~. 3 정신이 가물가물하여 몽롱하다. ¶취기는 아직도 완전히 가셔지지 않았다. 머리는 무겁고.〈전광용: 태백산맥〉 4 귀에 들리는 것이 희미하다. ㈜하리망당하다. ×흐리멍텅하다.

흐리멍텅-하다 형 '흐리멍덩하다'의 잘못.

흐리터분-하다 형(여) (사람의 행동이나 태도 등이) 분명한 데가 없이 흐릿하고 둔하다. ¶**흐리터분한** 사람. ㈜하리타분하다. **흐리터분-히** 튀

흐린-소리 명(언) =울림소리. ↔맑은소리.

흐릿-하다 [-리타-] 형(여) 조금 흐리다. ¶날이 종일 **흐릿하여** 고단하고 까부라지는 필순이의 마음은 한층 더 무거웠다.〈염상섭: 삼대〉

흐무러-지다 통(자) 1 잘 익어서 무르녹다. ¶

흐무러진 홍시(紅枾). 2 물에 불어서 아주 흐무러지다. ㉠흐무러지다.

흐물-흐물 [뷔] **1** 흠씬 익어서 매우 무른 모양. ¶화로 속에 묻어 둔 고구마를 꺼내 보니 먹기 좋게 ~ 익었다. ㉠하물하물. **2** 엉길 힘이 없어 아주 흐무러진 모양. **흐물흐물-하다** [형여] ¶시금치가 너무 데쳐져 ~.

흐뭇-하다 [━무타━] [형여] 마음이 흡족하여 불만이 없다. ¶흐뭇한 인정 / 아들의 대견스러운 말을 들으니 참 ~. ㉠하뭇하다. **호뭇-이** [뷔]

흐벅-지다 [━찌━] [형] (살 따위가) 탐스럽게 부피가 있고 부드럽다. ¶가을 채전(菜田)에 속살 굳은 무같이 **흐벅진** 허리.《김주영:객주》

흐슬-부슬 [뷔] 차진 기가 없고 부스러져 헤질 듯한 모양. **흐슬부슬-하다** [형여]

흐지-부지 [뷔] <휘지비지(諱之祕之)> 끝을 분명히 맺지 않고 흐리멍덩하게 넘겨 버리는 모양. ¶시작은 요란했는데 지속적인 관심과 호응이 없어 ~ 끝나 버렸다. **흐지부지-하다**[1] [동][타] **흐지부지-되다** [동][자] ㉮게회시 ~.

흐지부지-하다[2] [형여] 끝이 분명하지 못하고 흐리멍덩하다. ¶거창하게 시작했던 일이 **흐지부지하게** 끝나 버렸다.

흐트러-뜨리다 / ━트리다 [타] 몹시 흐트러지게 하다. ¶머리카락을 ~.

흐트러-지다 [자] **1** (가지런하거나 질서 있는 물체가) 일정한 방향 없이 이리저리 얽히거나 들쭉날쭉한 상태가 되다. ¶곱게 빗은 머리가 바람에 ~ / 학생들의 대오(隊伍)가 ~. **2** (옷차림이나 사람의 자세 등이) 빼딱하게 비뚤어지거나 단정하지 못한 상태가 되다. ¶흐트러진 옷차림새 / 일지 스님은 몇 시간 동안 조금도 **흐트러짐**이 없이 가부좌를 틀고 있다. **3** (사람의 정신 작용이) 집중되지 못하거나 잡념이 생기는 상태가 되다. ¶주의력이 ~ / 정신이 ~.

흐흐 [뷔] **1** 데설궂게 웃는 소리. 또는, 그 모양. **2** 흐뭇하여 참지 못하여 입을 조금 벌리고 은근히 웃는 소리. 또는, 그 모양. **흐흐-하다** [동][자]

흑[1] 한 번 흐느끼는 소리.
흑[2] (黑) [명] '흑지'의 준말.
흑[3] (黑) →흑색1.
흑-갈색(黑褐色) [━깔━] [명] 검은빛이 도는 짙은 갈색.
흑건(黑鍵) [━껀] [명][음] =검은건반. ↔백건(白鍵).
흑-내장(黑內障) [흥━] [명][의] 겉보기에는 이상이 없으나 시력을 완전히 상실하는 병.
흑노(黑奴) [흥━] [명] **1** 흑인 노예. **2** 흑인종을 얕잡아 이르는 말. ㉠검둥이.
흑단(黑檀) [━딴] [명][식] 감나뭇과의 상록 활엽 교목. 엷은 황색 꽃이 피고, 열매는 작은 감처럼 생겼음. 심재(心材)는 광택이 나는 검은빛이며, 가구·악기 등의 재료로 씀.
흑-담즙질(黑膽汁質) [━땀━찔] [명][심] 기질(氣質)의 한 유형. 우울해지기 쉽고, 사소한 일도 중대한 것으로 생각하고 계속 걱정하는 기질. ≒우울질.
흑당(黑糖) [━땅] [명] =흑설탕.
흑룡(黑龍) [흥농] [명] 검은빛의 용.
흑린(黑燐) [흥닌] [명][화] 인(燐)의 동소체의 하나. 황린을 1만 2000기압에서 200℃로 가열하여 만든 물질. 열·전기의 도체임.

흑마(黑馬) [흥━] [명] 털빛이 검은 말. [비]검정말.
흑막(黑幕) [흥━] [명] **1** 검은 장막. **2** 겉으로 드러나지 않은 음흉한 내막. ¶사건의 ~을 밝히다.
흑-맥주(黑麥酒) [흥━쭈] [명] 맥주의 한 종류. 착색한 맥아(麥芽)를 사용하므로 암갈색을 띰.
흑반(黑斑) [━빤] [명] 검은 반점.
흑반-병(黑斑病) [━빤뼝] [명][농] =검은별무늬병.
흑발(黑髮) [━빨] [명] 검은 머리털. ↔백발.
흑백(黑白) [━빽] [명] **1** 검은 빛깔과 흰 빛깔. **2** 색조가 흰빛과 검은빛의 농담으로 이루어진 것. ¶~ 텔레비전 / ~ 사진. **3** 옳고 그름. [비]잘잘못. ¶~을 가리다 / ~이 분명하지 않다. **4** 바둑의 흑지와 백지. **5** 흑인과 백인. ¶~ 분규.
흑백⌒논리(黑白論理) [━뻥놀━] [명] 모든 문제를 흑이 아니면 백, 선이 아니면 악이라는 방식의 두 가지로만 구분하려는 논리. 두 가지 극단 이외의 것을 인정하려 하지 않는 편협한 사고 논리임.
흑백⌒사진(黑白寫眞) [━빽싸━] [명] 실물의 형상이 검은색 하나의 짙고 엷음으로 나타난 사진. ↔천연색 사진.
흑백⌒영화(黑白映畫) [━뺑녕━] [명] 화면에 비치는 영상이 검은색 하나의 짙고 엷음으로 나타나는 영화. ↔천연색 영화.
흑백-텔레비전(黑白television) [━빽━] [명] 영상이 검은색 하나의 짙고 엷음으로 나타나는 텔레비전. ↔컬러텔레비전.
흑백⌒필름(黑白film) [━빽━] [명] 사물을 찍어서 검은색의 짙고 엷음으로 사진을 만들 수 있는 필름. ↔컬러 필름.
흑-빵(黑━) [명] 호밀 가루로 만든, 빛깔이 검은 빵.
흑사-병(黑死病) [━싸뼝] [명][의] =페스트.
흑-사탕(黑沙糖) [━싸━] [명] =흑설탕.
흑색(黑色) [━쌕] [명] **1** 숯·먹과 같은 빛깔의 색. ㉠백색. **2** [사] '무정부주의'를 상징하는 빛깔. ¶~ 분자.
흑색-선전(黑色宣傳) [━쌕썬━] [명] 사실이 아닌 이야기를 지어 내어 상대방을 중상모략하고 혼란하게 하는 정치적 술책. ↔백색선전.
흑색⌒인종(黑色人種) [━쌕━] [명] =흑인종.
흑색⌒화약(黑色火藥) [━쌔콰━] [명][화] 질산칼륨 75%, 황 10%, 숯가루 15%의 비율로 섞어 만든, 흑색 또는 갈색의 폭약. 폭발력이 약하고 연기가 나므로 불꽃놀이나 엽총 등에 쓰임.
흑석(黑石) [━썩] [명] **1** 검은 빛깔의 돌. **2** [광] =흑요암(黑曜巖). **3** 검은 바둑돌. [비]흑지.
흑-설탕(黑雪糖*) [━썰━] [명] 정제하지 않은 검은 빛깔의 가루 설탕. =흑당(黑糖)·흑사탕(黑沙糖).
흑손(黑損) [━쏜] [명][인] 인쇄가 지나치게 검게 되어 쓰지 못하는 신문 용지. ↔백손.
흑송(黑松) [━쏭] [명][식] =곰솔.
흑-수정(黑水晶) [━쑤━] [명][광] 검은빛의 수정. ≒오수정.
흑심(黑心) [━씸] [명] 음흉하고 부정한 욕심이 많은 마음. ¶~을 품다.
흑-싸리(黑━) [명] **1** 검은 싸리가 그려져 있는 화투짝. 4월이나 네 끗을 나타냄. **2** 남의 일에 훼방을 잘 놓는 사람의 별명.
흑연[1](黑煙) [명] **1** 시꺼먼 연기. **2** 먹물 대신에 숯가루를 줄에 칠하여 쓰는 화공(畫工)의 먹줄.
흑연[2](黑鉛) [명][광] 거의 탄소로 이루어진, 검은빛의 무른 광물. 연필심·도가니·전기로·전극 등에 사용됨. =석묵(石墨).
흑연-석(黑鉛石) [명][광] 흑연을 주성분으로 하는 광물. 검은색이 나며, 조각 모양으로 광택이 있음. 구용어는 흑연광.
흑-염소(黑-) [명] 털의 빛깔이 검은 염소.
흑요-석(黑曜石) [명][광] =흑요암.
흑요-암(黑曜巖·黑曜岩) [명][광] 유리질의 화산암. 주로 흑색을 띠며, 유리 광택이 있음. 구워서 분말로 하여 단열재에 이용함. =오석(烏石)·흑요석·흑석(黑石).
흑우(黑牛) [명] **1** 털빛이 검은 소. **2** [민] 제주도에서, 대제(大祭)의 희생으로 바치는 검은 소.
흑운(黑雲) [명] 검은 구름. ↔백운.
흑-운모(黑雲母) [명][광] 운모의 한 가지. 비늘 모양 또는 육각판 모양의 결정으로 흑색·암녹색·암갈색의 유리 광택이 있음. 화성암·변성암의 조암 광물로 널리 볼 수 있음. =검은돌비늘.
흑의(黑衣) [-의/-이] [명] **1** 검은 옷. **2** 흑색의 승려 옷. **3** [역] 공용(公用) 인부들이 입는 검은 웃옷. 두루마기와 같으나 무와 섶이 없이 세 자락으로 만듦.
흑인(黑人) [명] 흑인종에 속하는 사람. 비칭은 '검둥이'. [비]니그로. ↔백인.
흑인^영가(黑人靈歌) [-녕-] [명][음] 미국의 흑인이 부르는 종교적인 민요. 괴로운 현실에서 벗어나려는 소원과 신(神)의 은혜에 감사하는 기도를 담고 있는 것이 특징임.
흑-인종(黑人種) [명] 피부색에 따라 구분한 인종의 하나. 신체적 특징으로는 검은 피부, 곱슬머리, 넓고 평평한 코, 두꺼운 입술 등을 들 수 있음. 아프리카·멜라네시아·미국·서인도 등지에 분포함. =니그로 인종·흑색 인종.
흑-임자(黑荏子) [명] =검은깨[1].
흑자[1](黑子) [-짜] [명] **1** '흑지'의 원말. **2** [의] =사마귀[1].
흑자[2](黑字) [-짜] [명] **1** 먹으로 쓴 글자. **2** [수입 초과액을 표시할 때 흑색이나 청색 잉크를 쓰는 데서][경] 수입이 지출보다 많아서 생기는 이익. ↔적자(赤字).
흑자-색(黑紫色) [-짜-] [명] 검은빛을 띠는 짙은 보라색.
흑-장미(黑薔薇) [-짱-] [명] 꽃의 빛깔이 검붉은 장미.
흑적-색(黑赤色) [-쩍쌕] [명] 검붉은 색.
흑점(黑點) [-쩜] [명] **1** 검은 점. **2** [천] '태양 흑점'의 준말.
흑지 [-찌] [명] 검은 바둑돌. [비]흑석(黑石). [준]흑. [원]흑자(黑子). ↔백지.
흑-채문(黑彩紋) [명] 검은 선(線)으로 된 채문. ↔백채문.
흑책-질 [-찔] [명] 교활한 수단으로 남의 일을 방해하는 짓. **흑책질-하다** [동][타][여]
흑청(黑淸) [명] 조청과 비슷한 검은 빛깔의 꿀.
흑체(黑體) [명][물] 모든 파장의 전자기파를 완전하게 흡수하는 물체.
흑칠(黑漆) [명] 검은 빛깔의 옻.
흑탄(黑炭) [명][광] =역청탄.
흑토(黑土) [명][지] 부식질이 많은 검은색 또는 흑갈색의 기름진 땅. =흑색토(黑色土).
흑토^지대(黑土地帶) [명][지] 흑토가 널리 분포된 지대. 농업에 적합하며, 흑해 연안의 남부 러시아에서 중앙아시아에 이르는 광대한 지대가 대표적임. [준]흑토대.
흑판(黑板) [명] =칠판.
흑-표범(黑豹-) [명] 몸의 털빛이 검은 표범.
흑풍(黑風) [명] 먼지나 모래를 일으키며 햇빛을 가리고 강하게 부는 회오리바람.
흑피(黑皮) [명] 검은빛의 가죽.
흑-흑 [흐큭] [부] **1** 설움이 북받쳐 자꾸 흐느껴 우는 소리. ¶~ 느껴 울다. **2** 몹시 찬 기운을 받을 때 자꾸 내는 숨소리. **흑흑-하다** [동][자][여]
흔단(釁端) [명] 서로 사이가 벌어지거나 다르게 되는 시초나 단서. ¶~을 열다 / ~이 생기다.
흔뎅-거리다/-대다 [동][자][타] 자꾸 흔뎅이다. [작]한댕거리다.
흔뎅-이다 [동][자][타] 큰 물체가 위태롭게 매달려 흔들리다. 또는, 흔들리게 하다. [작]한댕이다.
흔뎅-흔뎅 [부] 흔뎅거리는 모양. [작]한댕한댕. **흔뎅흔뎅-하다** [동][자][타][여]
흔드렁-거리다/-대다 [동][자][타] 매달린 물건이 좁은 폭으로 자꾸 이리저리 가볍게 흔들리다. 또는, 흔들리게 하다. ¶썩은 이가 ~. [작]한드랑거리다.
흔드렁-흔드렁 [부] 흔드렁거리는 모양. [작]한드랑한드랑. **흔드렁흔드렁-하다** [동][자][타][여]
흔들-거리다/-대다 [동][자][타] 이리저리 자꾸 흔들리다. 또는, 흔들리게 하다. ¶나뭇잎이 바람에 ~. [작]한들거리다.
흔들다 [동][타] 〈흔드니, 흔드오〉 **1** (사람이나 동물이 몸의 일부나 전체를, 또는 사람이 손으로 잡은 물체를) 대체로 좌우 또는 앞뒤의 방향으로 얼마 동안 왔다 갔다 하게 하다. ¶잘 가라고 손을 ~ / 강아지가 꼬리를 ~. **2** (매우 큰 소리나 큰 힘을 가하는 대상이 주위를) 전체적으로 약간의 폭으로 왔다 갔다 하게 하다. ¶천둥소리가 천지를 ~. **3** (어떤 일이 일정한 범위의 대상을) 큰 충격을 주어 떠들썩하거나 어수선하게 하다. ¶정계의 비리 사건이 온 나라 안을 ~. **4** (어떤 일이나 말 등이 마음을) 들뜨거나 설레거나 약한 상태가 되게 하다. ¶그 여자의 그윽한 눈빛이 내 마음을 **흔들었다**. **5** (사람이 어떤 대상을) 권력을 가지고 마음대로 움직이다. ¶천하를 **흔드는** 세도가.
흔들-다리 [명] 나란히 두 줄의 밧줄 사이에 발판을 잇대어 붙이고 그 위쪽에 두 줄의 밧줄을 두어 손으로 잡을 수 있게 한, 건널 때 흔들리는 다리. ¶계곡 사이에 걸려 있는 ~.
흔들-리다 [동][자] **1** 상하나 좌우 또는 앞뒤로 자꾸 움직이다. ¶배가 파도에 ~. **2** '흔들다'의 피동사. ¶친구의 유혹에 결심이 ~.
흔들-바람 [명][기상] 초속 8.0~10.7m로 부는 바람. 잎이 있는 작은 나무가 흔들리기 시작하며, 작은 물결이 읾. =질풍.
흔들-바위 [명] 사람이 힘껏 밀면 흔들흔들하는, 산에 있는 큰 바위.
흔들-의자(-椅子) [명] 앉아서 앞뒤로 흔들 수 있도록 다리 밑에 두 개의 휜 받침대를 단 의자.
흔들-이 [명] **1** [물] =진자(振子). **2** 몸이나 손

발을 늘 흔드는 사람의 별명.
흔들-흔들 흔들거리는 모양. ㉠한들한들.
흔들흔들-하다 통㉦㉠ ¶책상이 한쪽 다리가 짧아 **흔들흔들**한다.
흔연(欣然) →**흔연-하다** 형㉠ 기쁘거나 반가워 기분이 좋다. **흔연-히** 부 ¶~ 승낙하다 / 집 안을 ~ 맞아들이다.
흔연-스럽다(欣然-)[-따] 형ㅂ <-스러우니, ~스러워> 흔연한 데가 있다. **흔연스레** 부
흔적(痕跡·痕迹) 명 뒤에 남은 자국이나 자취. ¶누군가 다녀간 ~이 있다.
흔적^기관(痕跡器官)[-끼-] 명[생] 진화 과정에서 그 기능을 상실하여 흔적만 남아 있는 동물의 기관. 사람의 꼬리뼈, 남성의 젖꼭지 따위. ↔퇴화 기관.
흔전-만전 형㉠ 1 아주 흔하고 넉넉한 모양. 2 돈이나 물건 따위를 조금도 아끼지 않고 함부로 쓰는 모양. ¶돈을 ~ 쓰다. **흔전만전-하다** 형㉠
흔천-동지(掀天動地) 명 1 큰 소리로 천지를 뒤흔듦. 2 천지가 뒤흔들리도록 기세를 떨침. **흔천동지-하다** 통㉦
흔쾌(欣快) →**흔쾌-하다** 형㉠ 기쁘고 유쾌하다. **흔쾌-히** 부 ¶그는 나의 제안을 ~ 받아들였다.
흔-하다 형㉠ (어떤 대상이나 일이) 보통의 정도를 넘게 자주 있거나 생기거나 대할 수 있는 상태에 있다. 비많다. ¶흔해 빠진 물건 / 저토록 건실한 청년은 우리 주위에서 **흔치** 않다. ↔귀하다·드물다. **흔-히** 부 ¶~ 있는 일 / 이런 풀은 산에서 ~ 볼 수 있다.
흔흔(欣欣) →**흔흔-하다** 형㉠ 마음에 매우 기쁘고 흡족하다. **흔흔-히** 부
흔희-작약(欣喜雀躍)[-히-] 명 너무 좋아서 뛰며 기뻐함. **흔희작약-하다** 통㉦㉠

흘게 명 고동·매듭·사복·사개 등을 단단하게 죈 정도나 그 단단하게 맞추어서 짠 자리.
흘게(가) 늦다 관 1 흘게가 조금 풀려 단단하지 못하다. 2 하는 짓이 야무지지 않다. ¶"무얼 할 줄이나 아나요? 아무것도 모르지, 게다가 **흘게가 늦고** 게을러빠지고 눈치는 없고…."(이광수:무명)
흘겨-보다 통㉤ (어떤 사람을) 흘기는 눈으로 보다. ¶그는 못마땅한 표정으로 나를 **흘겨보았다**.
흘근-거리다/-대다 통㉦ 게으르게 느릿느릿 행동하다.
흘근-흘근 부 흘근거리는 모양. **흘근흘근-하다** 통㉦㉠
흘금 부 '흘끔'의 여린말. ㉠할끔. **흘금-하다** 통㉤㉠
흘금-거리다/-대다 통㉤ '흘끔거리다'의 여린말. ㉠할금거리다.
흘금-흘금 부 '흘끔흘끔'의 여린말. ㉠할금할금. **흘금흘금-하다** 통㉤㉠
흘긋[-귿] 부 1 재빨리 한 번 흘겨보는 모양. 2 눈에 얼씬 보이는 모양. ㉠할긋. ㉣흘끗. **흘긋-하다** 통㉤㉠
흘긋-거리다/-대다[-귿꺼-] 통㉤ 잇달아 흘긋하다. ㉠할긋거리다. ㉣흘끗거리다.
흘긋-흘긋[-그틀귿] 부 흘긋거리는 모양. ㉠할긋할긋. ㉣흘끗흘끗. ¶내 얼굴에 뭐가 묻었는지 사람들이 ~ 쳐다본다. **흘긋흘긋-하다** 통㉤㉠
흘기다 통㉤ ('눈'을 목적어로 취하여) 눈동자를 한쪽 끝으로 돌려 못마땅하게 보다. ¶눈을 ~. ㉠할기다.

흘기-죽죽[-쭉] 부 흘겨보는 눈에 못마땅한 빛이 나타나는 모양. ㉠할기족족. **흘기죽죽-하다** 형㉠
흘깃[-긷] 부 가볍게 한 번 흘겨보는 모양. ㉠할깃. ㉣흘낏. **흘깃-하다** 통㉤㉠
흘깃-거리다/-대다[-긷꺼(때)-] 통㉤ 눈을 자주 흘기다. ㉠할깃거리다. ㉣흘낏거리다.
흘깃-흘깃[-기틀긷] 부 흘깃거리는 모양. ㉠할깃할깃. ㉣흘낏흘낏. **흘깃흘깃-하다** 통㉤㉠
흘끔 부 곁눈으로 한 번 훔쳐보는 모양. ¶~ 곁눈질을 하다. ㉠할끔. ㉥흘금. **흘끔-하다** 통㉤㉠
흘끔-거리다/-대다 통㉤ (어떤 사람이나 대상을) 곁눈질로 자주 훔쳐보다. ¶지나가는 여자를 ~. ㉠할끔거리다. ㉥흘금거리다.
흘끔-흘끔 부 흘끔거리는 모양. ¶옆 사람을 ~ 쳐다보다. ㉠할끔할끔. ㉥흘금흘금. **흘끔흘끔-하다** 통㉤㉠
흘끗[-끋] 부 '흘긋'의 센말. ¶한 번 ~ 보더니 그냥 지나치더군. ㉠할끗. **흘끗-하다** 통㉦㉤㉠
흘끗-거리다/-대다[-끋꺼(때)-] 통㉤ '흘긋거리다'의 센말. ㉠할끗거리다.
흘끗-흘끗[-끄틀끋] 부 '흘긋흘긋'의 센말. ㉠할끗할끗. **흘끗흘끗-하다** 통㉤㉠
흘낏[-낃] 부 '흘깃'의 센말. ㉠할낏. **흘낏-하다** 통㉤㉠
흘낏-거리다/-대다[-낃꺼(때)-] 통㉤ '흘깃거리다'의 센말. ㉠할낏거리다.
흘낏-흘낏 부 '흘깃흘깃'의 센말. ㉠할낏할낏. **흘낏흘낏-하다** 통㉤㉠
흘러-가다 통㉦ 1 흐르면서 나아가다. ¶강물이 ~. 2 (시간이나 세월이) 지나가다. ¶흘러간 노래 / 세월이 ~.
흘러-나오다 통㉦ 1 흘러서 밖으로 나오다. ¶바위틈으로 물이 ~. 2 (어떤 물건 또는 말소리나 음악 등이) 밖으로 퍼져 나오다. ¶라디오에서 흥겨운 노랫가락이 ~.
흘러-내리다 통㉦㉤ 1 높은 곳에서 낮은 곳으로 흐르거나 떨어지다. ¶폭포수가 계곡으로 ~. 2 맨 것이 풀리거나 헐거워져서 아래로 미끄러지다. ¶바지가 ~ / 스타킹이 ~.
흘러-넘치다 통㉦ =넘쳐흐르다. ¶물이 욕실 바닥에 ~ / 눈가에 애교가 ~.
흘러-들다 통㉦ <-드니, -드오> 1 (액체 등이) 흘러서 들어가거나 들어오다. ¶공장 폐수가 한강으로 ~. 2 (물건 등이) 어떻게 되어 들어오거나 새어 들다. 3 (부정적인 사상이나 생활양식 등이) 스며들다. ¶대도시의 퇴폐 문화가 농촌까지 ~. 4 정처 없이 떠다니다가 저도 모르게 들어오다.
흘러-보다 통㉤ (남의 속을) 슬그머니 떠보다.
흘러-오다 통㉦ 1 (물 등이) 흐르면서 내려오다. 2 (말소리나 음악 등이 냄새 등이) 퍼져 오다. ¶옆집에서 피아노 소리가 ~. 3 처 없이 떠돌아다니다가 들어오다.
흘레 명 짐승의 암컷과 수컷이 교접하는 것. 또는, 그 짓. 비교미(交尾). **흘레-하다** 통㉦㉤㉠ ¶누군들 돼지가 아니겠어, 처먹고 잠자고 꿀꿈대고 암수컷이 **흘레하고**, 자 누군들 돼지가 아니냐고?(호영송:존재의 빛)
흘레-붙다[-붇따] 통㉦ '흘레하다'를 속되

흘레붙-이다[-부치-] 통(타) '흘레붙다'의 사동사.
흘려-듣다[-따] 통(타)(여)〈~들으니, ~들어〉 (남의 말을) 귀여겨듣지 않고 귓전으로 지나쳐 듣다. ¶선생님의 말씀을 ~.
흘려-버리다 통(타) 주의 깊게 듣지 않고 넘겨 버리다. ¶오늘 저녁 가족회의가 있다는 말을 ~.
흘려-보내다 통(타) 1 흘러가는 것을 그냥 내 버려 두다. ¶전류를 ~. 2 주의 깊게 듣지 않고 지나쳐 버리다. ¶엄마의 잔소리를 ~.
흘려-쓰기 명 글자를 흘려서 쓰는 기법.
흘리다 통(타) 1 (액체나 가루나 작은 알갱이 상태의 물질을) 밖으로 흐르거나 넘치거나 구멍·틈으로 새는 상태가 되게 하다. ¶밥을 흘리면서 먹다 / 바닥에 물을 흘리지 마라. 2 (땀·눈물·콧물·침·피 따위의 액체를) 몸 밖으로 내다. ¶땀을 뻘뻘 ~ / 소리 없이 눈물을 ~. 3 (비교적 작은 크기의 물건을) 부주의하여 엉뚱한 곳에 떨어뜨리다. ¶수첩을 어디서 흘렸는지 모르겠어. 4 (글씨를) 또박 또박 쓰지 않고 획을 잇닿게 하여 알아보기 힘든 상태가 되게 하다. ¶빠르게 쓴 흘린 글씨. 5 (말을) 귀담아듣지 않고 귓전으로 지나치다. ¶한 귀로 듣고 한 귀로 ~. 6 (갚아야 할 돈 따위를) 조금씩 여러 차례로 나누어서 갚다. ¶외상값을 흘림흘림 흘려 주다. 7 (잘 알려지지 않은 사실을) 남이 알도록 은밀히 퍼뜨리다. ¶권력의 측근이 언론에 개각설을 ~. 8 그림에서, 흐린 빛깔로 붓질하여 붓 자국이 잘 보이지 않게 하다.
흘림¹ 명 글씨를 또박또박 쓰지 않고 흘려서 쓰는 일. (비)초서(草書). ¶글씨를 ~으로 쓰다.
흘림² 명 [건] 1 기둥머리 쪽을 밑동보다 조금 가늘게 하는 일. 2 수평면을 기준으로 한 기울기의 정도.
흘림-걸그물 명 [수산] 어망의 한 가지. 배와 함께 떠다니다가 물고기가 그물코에 걸리거나 그물에 감싸이게 함. =유자망(流刺網).
흘림-기둥[-미-] 명 [건] 배가 볼록한 기둥. 그리스·로마 등의 건축 양식에서 볼 수 있음.
흘림-낚시[-낙씨] 명 강이나 계곡 등에서 견지나 릴 낚싯대를 써서 낚싯줄이 흘러 내려가게 하여 물고기를 낚는 낚시질.
흘림-체(-體) 명 흘림으로 쓰는 글씨체.
흘수(吃水)[-쑤] 명 선박이 떠 있을 때 수면에서 선체의 최하부까지의 수직 거리. 선체가 물속에 잠긴 깊이임.
흘수-선(吃水線)[-쑤-] 명 배가 잔잔한 물에 떠 있을 때 선체와 수면이 접하는 분계선.
흙[흑] 명 바위가 부서져서 이루어진 것과 동식물의 썩은 것이 섞여서 된, 땅거죽을 이루는 가루 또는 작은 알갱이 상태의 물질. =토양. (비)땅. ¶찰~/모래~/~을 파다/사람은 죽어서 한 줌의 ~으로 돌아간다.
흙-가루[흑까-] 명 가루처럼 매우 잘고 보드라운 흙. ¶메마른 땅에 누런 ~가 날린다.
흙-감태기[흑깜-] 명 흙을 온통 뒤집어쓴 사람이나 물건. ¶진흙탕에 빠져 ~가 되었다.
흙-강아지[흑깡-] 명 1 온통 흙을 묻히고 뒤집어쓴 강아지. 2 땅에 뒹굴거나 하여 온몸에 흙을 묻힌 사람을 우스갯소리로 이르는 말. ¶아이들이 개펄에서 ~가 되어 놀고 있다.
흙-구덩이[흑꾸-] 명 흙을 우묵하게 파낸 자리.
흙-내[흥-] 명 =흙냄새.
  흙내(를) 맡다 관 옮겨 심은 식물이 새 땅에 뿌리를 내려 생기가 나다.
흙-냄새[흥-] 명 흙에서 나는 냄새. =흙내.
흙-다리[흑따-] 명 긴 나무를 걸쳐 놓고 흙을 덮어 만든 다리. =토교(土橋).
흙^댐(-dam)[-] 명 흙으로 쌓아 올린 댐. =토언제(土堰堤).
흙-더미[흑떠-] 명 흙이 한데 모여 쌓인 더미. ¶산사태로 집이 ~ 속에 묻혔다.
흙-덩어리[흑떵-] 명 엉겨 뭉쳐진 흙의 덩어리.
흙-덩이[흑떵-] 명 흙이 엉겨 된 덩이. =토괴(土塊). ¶~를 끄다.
흙-뒤[흑뛰] 명 발뒤축의 위쪽 근육.
흙-먼지[흥-] 명 흙이 일어나서 생긴 먼지.
흙-메[흥-] 명 =토산(土山)¹.
흙-모래[흥-] 명 =토사(土沙)¹.
흙-무더기[흥-] 명 모여서 쌓인 흙.
흙-물[흥-] 명 흙으로 흐려진 물.
흙-바닥[흑빠-] 명 흙으로 된 맨바닥.
흙-바람[흑빠-] 명 흙먼지를 일으키는 바람.
흙-바탕[흑빠-] 명 1 흙으로 된 밑바탕. (비)토대. 2 흙의 질. ¶~이 걸다.
흙-받기[흑빧끼] 명 1 흙손질할 때 이긴 흙을 받쳐 드는 기구. 2 자전거·자동차 등의 바퀴에 덧 대어, 튀는 흙을 막는 장치.
흙-밭[흑빧] 명 흙투성이가 된 밭.
흙-밥[흑빱] 명 쟁이·호미 등으로 한 번 떠서 올리는 흙. 또는, 쟁기 등에 갈려 넘어가는 흙. ¶땅은 기름져, 푹신한 ~으로 몇 삽을 안 떠서 벌써 밭두둑이 두둑하였다.
흙-방(-房)[흑빵] 명 방바닥과 벽에 장판이나 도배를 하지 않은 방.
흙-벽(-壁)[흑뼉] 명 종이를 바르지 않아 흙이 드러나 있는 벽. =토벽(土壁).
흙-벽돌(-壁-)[흑뼉똘] 명 흙을 재료로 하여 만든 벽돌.
흙-비[흑삐] 명 바람에 날려 비처럼 떨어지는 보드라운 모래흙. =토우(土雨).
흙-빛[흑삗] 명 1 흙의 빛깔. =토색(土色). 2 크게 낙망하거나 경악하거나 할 때 나타나는 어둡거나 굳어진 얼굴빛의 상태. 비유적인 말임. ¶회사가 부도났다는 말에 그의 낯빛은 ~으로 변했다.
흙-빨래[흑-] 명 흙탕물에 빨래한 것처럼 옷에 온통 흙물이 묻는 것. **흙빨래-하다** 통(타)
흙-손[흑쏜] 명 이긴 흙을 떠서 바르고 그 거죽을 반반하게 하는 연장. 갸름하고 얇은 철판 조각에 손잡이가 달려 있음.
흙손-질[흑쏜-] 명 흙을 바르고 나서 흙손으로 반반하게 마무리하는 일. **흙손질-하다** 통(타)(여)
흙-일[흥닐] 명 흙을 다루어 이기거나 바르는 일. =토역·토역일. **흙일-하다** 통(자)(여)
흙-장난[흑짱-] 명 흙을 만지며 노는 장난. ¶아이들이 모래밭에서 ~을 하며 논다. **흙장난-하다** 통(자)(여)
흙-질[흑찔] 명 흙을 바르거나 이기는 일. **흙질-하다** 통(자)(여)
흙-집[흑찝] 명 흙으로 지은 집.
흙-칠[흑-] 명 1 무엇에 흙을 묻히는 일. ¶

새 옷에 ~을 하고 왔다. 2 어떤 깨끗한 것을 더럽히는 일을 비유하여 이르는 말. ¶그런 짓은 네 얼굴에 ~을 하는 것밖에 안 돼. 흙칠-하다 통자여

흙-탕[흑-] 명 '흙탕물'의 준말.

흙탕-길[흑-낄] 명 흙탕물이 질펀하게 깔린 길.

흙탕-물[흑-] 명 흙이 풀려 몹시 흐려진 물. ¶~을 튀기다. ⓒ 흙탕.

흙-투성이[흑-] 명 온몸에 흙이 잔뜩 묻은 상태. ¶옷이 온통 ~다.

흠¹ 갑 1 만족하거나 흥겨울 때, 콧숨을 내쉬며 내는 소리. ¶네 혼자 힘으로 해 보겠다고? ~. 기특한 생각이다. 2 언짢거나 아니꼬울 때 입을 다물고 콧숨을 내쉬며 비웃는 소리. ¶~, 어지간히 잘난 체하는군.

흠²(欠) 명 1 깨어지거나 상한 자리. ¶접시에 ~이 생기다. 2 사물의 불완전하거나 잘못된 부분. ⓗ 하자(瑕疵). ¶이 소설은 문장은 유려하나 구성이 단조로운 게 ~이다. 3 사람의 언행에 나타나는 결점. ¶너는 무슨 일이든지 꾸물꾸물 오래 하는 것이 ~이다. ⓥ 험.

흠:-가다(欠-) 통자 =흠지다.

흠:-구덕(欠-) 명 남의 허물을 헐뜯궂게 말하는 것. 또는, 그 말. ⓗ 험담. 흠:구덕-하다 통자여

흠:-나다(欠-) 통자 =흠지다.

흠:내다(欠-) 통자여 '흠나다'의 사동사. ¶그렇게 만지작거리다가 물건에 **흠낼라**.

흠:-되다(欠-) [-되-/-뒈-] 통자 =흠지다. ¶그것이 뭐 그리 **흠될** 일이겠소?

흠:-뜯다(欠-) [-따] 통타 남의 흠을 꼬집어 말하다.

흠모(欽慕) 명 공경하며 사모하는 것. 또는, 인격을 존경하여 우러러 따르는 것. **흠모-하다** 통타여 ¶내가 **흠모하는** 은사.

흠복(欽服) 명 마음으로부터 깊이 존경하여 따르는 것. 흠복-하다 통타여

흠뻑 뷔 1 모자람이 없도록 아주 넉넉하게. ¶화초에 물을 ~ 주다. 2 물이나 땀 등이 폭 배도록 젖은 모양. ¶온몸이 비에 ~ 젖다. ⓕ 함빡.

흠선(欽羨) 명 우러러 공경하고 부러워하는 것. 흠선-하다 통타여

흠실-흠실 뷔 너무 삶아져서 물크러질 정도가 된 모양. ⓕ 함실함실. 흠실흠실-하다 형여

흠씬 뷔 1 정도가 다 차고도 남을 만큼 넉넉하게. ¶눈물이 덧거니 맺거니 하여 저고리 앞섶이 ~ 젖었다.〈홍명희: 임꺽정〉 ⓕ 함씬. 2 매 따위를 심하게 맞는 모양. ¶깡패한테 ~ 두들겨 맞다.

흠앙(欽仰) 명 공경하고 우러러 사모하는 것. 흠앙-하다 통타여

흠:-잡다(欠-) [-따] 통타 흠이 되는 점을 들추어내다. ¶**흠잡을** 데 없는 작품.

흠:절(欠節) 명 부족하거나 잘못된 점. =흠점(欠點)·흠처(欠處). ⓗ 결점(缺點).

흠정(欽定) 명 군주가 손수 제정하는 것. 또는, 군주의 명령으로 제정된 것. ¶~ 영역 성서. 흠정-하다 통타여

흠정^헌법(欽定憲法) [-뻡] 명 [법] 군주의 단독 의사로 제정된 헌법. ↔민정 헌법.

흠:-지다(欠-) 통자 흠이 생기다. =흠가다·흠나다·흠되다.

흠:-집(欠-) [-찜] 명 흠이 진 자리나 흔적. ¶~ 하나 없는 조선 백자. ✕험집.

흠축(欠縮) 명 일정한 수효에서 부족함이 생기는 것. =흠결. ⓗ축(縮). ¶~을 내다. 흠축-하다 통자여

흠:축-나다(欠縮-) [-충-] 통자 흠축이 생기다.

흠칫 뷔 놀라거나 겁이 나서 어깨나 목을 움츠리는 모양. ¶~ 놀라다. 흠칫-하다 통자여

흠칫-거리다/-대다[-칟거(때)-] 통자여 어깨나 목을 움츠리며 자꾸 놀라다.

흠칫-흠칫[-칟흠친] 뷔 흠칫거리는 모양. ¶환자는 식은땀을 흘리며 헛소리를 내는가 하면 ~ 놀라기도 했다. 흠칫흠칫-하다 통자여

흠향(歆饗) 명 (신이나 신령이) 제물을 받거나 제사 음식의 향기를 맡는 것. 흠향-하다 통타여 ¶여호와께서 그 향기를 **흠향하시**고….《구약 창세기》

흡기¹(吸氣) [-끼] 명 1 들이쉬는 숨. ⓗ 들숨. ↔호기. 2 기체를 빨아들이는 것. 특히, 내연 기관에서 연료의 혼합기를 기통 안으로 빨아들이는 것. 또는, 그 기체. 흡기-하다 통자여

흡기²(吸器) [-끼] 명 [식] 기생 식물의 뿌리에서 양분을 빨아들이는 기관.

흡반(吸盤) [-빤] 명 [동] =빨판.

흡사(恰似) [-싸] 뷔 사물·대상의 모습이나 현상이 사실은 그렇지 않으나 정말 그렇게 느껴지며, 또는 사실은 그것이 아니나 정말 그것인 듯하게. ⓗ 마치. ¶행동하는 것이 ~ 미친 사람 같다./벚꽃이 ~ 눈이라도 오는 것처럼 바람에 날린다.

흡사-하다(恰似-) [-싸-] 형여 (어떤 사물이나 대상과) 그 모습이나 현상 등이 구별하기 어려울 만큼 비슷한 상태에 있다. ¶얼굴이 **형제처럼** ~. 흡사-히 뷔

흡수(吸收) [-쑤] 명 1 (물·먼지·열 따위를) 안으로 빨아들이는 것. ¶빗물의 ~가 잘 이뤄지는 모래땅. 2〈생물의 기관이나 조직 등이 영양분이나 수분 등을〉받아들여 취하는 것. ¶소장에서 양분의 ~가 이뤄진다. 3〈지식·기술 등을〉받아들여 자기의 것으로 만드는 것. ¶선진 기술의 ~. 4〈사물이나 세력 등을〉모아다여 하나로 합치는 것. ¶통일/부동층 ~. 5〈수요나 욕구 등을〉받아들여 해소하는 것. ¶노동력 ~. 6〈소음이나 충격 등을〉받아들여 없애는 것. ¶소음 ~ 바닥재/이 골프화는 충격 ~ 기능이 있다. 흡수-하다 통타여 ¶종이가 수분을 ~/땅이 태양의 열을 ~/독서를 통해 지식을 ~. 흡수-되다 통자

흡수-선(吸收線) [-쑤-] 명 [물] 연속 스펙트럼에 나타나는 어두운 선. =암선. ↔휘선.

흡수^스펙트럼(吸收spectrum) [-쑤-] 명 [물] 물질 중에 연속 스펙트럼을 갖는 빛이나 X선을 통과시켰을 때, 그 물질에 특유한 파장 영역이 흡수되어 어두운 부분이 생긴 스펙트럼.

흡수^합병(吸收合倂) [-쑤-뼝] 명 [경] 회사 합병 방식의 하나. 합치는 두 회사 중 한 회사는 존속하고, 소멸된 회사의 권리·의무가 남은 회사에 포괄 승계되는 방법. =병탄 합병(倂呑合倂).

흡습-성(吸濕性) [-씁썽] 명 물질이 공기 중의 습기를 빨아들이는 성질.

흡연¹(吸煙) 圈 담배를 피우는 것. 문어적인 말임. 圓끽연. ¶~ 금지 / 최근 여성 ~ 인구가 늘고 있다. **흡연-하다** 署困어

흡연²(翕然) →**흡연-하다**² 톙에 (대중의 의사가) 하나로 쏠리는 정도가 대단하다. **흡연-히** 튀

흡연-실(吸煙室) 圈 담배를 피우기 위해 마련된 방. =흡연실.

흡열(吸熱) 圈 열을 빨아들이는 것. ↔방열(放熱). **흡열-하다** 署困어

흡열^반응(吸熱反應) 圈[화] 주위의 열을 흡수하며 진행하는 화학 반응. ↔발열 반응.

흡음(吸音) 圈[물] 음파가 매질(媒質)을 통과할 때나 표면에 닿을 때, 소리 에너지가 감소하는 과정. **흡음-하다** 署困어

흡음-재(吸音材) 圈 음파를 흡수하는 건축 재료. 텍스·유리 섬유·펠트 따위.

흡인(吸引) 圈 빨아들이거나 끌어 들이는 것. **흡인-하다** 署困어 **흡인-되다** 署困

흡인-력(吸引力) [-녁] 圈 1 빨아들이거나 끌어당기는 힘. ¶블랙홀은 엄청난 ~으로 모든 물체를 잡아당긴다. 2 사람의 마음을 사로잡거나 끄는 힘. 圓매력. ¶~ 있는 연기 / 그의 눈빛에는 알 수 없는 ~이 있다.

흡입(吸入) 圈 1 (공기나 연기 등을) 호흡을 통해 몸속에 받아들이는 것. ¶담배 연기 ~으로 인한 간접 흡연. 2 (기체나 액체, 먼지 등을) 기계로 빨아들이는 것. ¶지방 ~ 수술. **흡입-하다** 署困어 ¶대마초를 **흡입**한 혐의로 구속되다 困어 ¶먼지를 진공청소기로 ~.

흡입-되다 署困 ¶엔진에 **흡입되는** 공기.

흡입-구(吸入口) [-꾸] 圈 흡입하는 구멍. ¶공기 ~.

흡입-력(吸入力) [-임녁] 圈 흡입하는 힘. ¶~이 뛰어난 진공청소기.

흡족(洽足) [-쪽] →**흡족-하다** [-쪼카-] 톙에 모자람이 없거나 충분하여 만족스럽다. ¶**흡족**한 표정을 짓다 / 결과를 **흡족**하게 여기다. **흡족-히** 튀 ¶비가 ~ 내리다.

흡착(吸着) 圈 다른 물질의 표면에 달라붙는 것. **흡착-하다** 署困어 ¶미세한 부유 먼지를 **흡착**하는 성능이 뛰어난 공기 청정기. **흡착-되다** 署困 ¶황토를 적조 해역에 뿌리면 적조 생물이 황토에 **흡착되어** 가라앉는다.

흡착-제(吸着劑) [-쩨] 圈 다른 물질을 흡착하는 능력이 크고, 물질의 분리·농축에 쓰이는 물질.

흡혈(吸血) [호펼] 圈 (생물이 다른 생물의 몸으로부터) 피를 빨아 먹는 것. ¶~ 모기 / ~ 박쥐. **흡혈-하다** 署困어

흡혈-귀(吸血鬼) [호펼-] 圈 1 사람의 피를 빨아 먹는다는 전설상의 귀신. 2 다른 사람을 혹독하게 착취하여 자기 욕심을 채우는 사람을 비유적으로 이르는 말.

흥¹ 튀 코를 풀거나 할 때 코로 숨을 세게 내보내면서 내는 소리.

흥² 튀 1 비웃을 때 코로 한 번 내는 소리. ¶~, 누가 그 속을 모를 줄 알고? 2 흥에 겨워 코로 내는 소리.

흥¹³(興) 圈 즐거워 절로 노래를 부르거나 춤을 추거나 하고 싶어 지는 마음의 상태. ¶~을 북돋우다 / ~이 절로 나다 / ~에 겨워 춤을 추다.

흥감¹ 圈 넌덕스러운 말로 실지보다 지나치게 떠벌리는 짓. ¶아낙네는 다시 본 일이 없고 아까 ~을 떨던 입과는 달리…. 〈손소희: 전말〉 **흥감-하다** 署困

흥감²(興感) 圈 1 마음이 움직여 느끼는 것. ¶~을 주는 글. 2 흥겹게 느끼는 것. ¶~에 겨워 춤을 추다. **흥감-하다** 署困어

흥감-스럽다(興感-) [-따] 톙ㅂ 〈~스러우니, ~스러워〉 흥감을 느낄 만하다. 또는, 흥감에 젖어 있다.

흥건-하다 톙에 (물 같은 것이) 잠기거나 괼 정도로 많다. ¶폭우가 쏟아져 빗물이 마당에 **흥건하게** 괴었다. 歪한다. **흥건-히** 튀 ¶온몸이 땀에 ~ 젖다.

흥!-겹다(興-) [-따] 톙ㅂ 〈~겨우니, ~겨워〉 흥을 강렬히 느끼게 하는 상태에 있다. 또는, 흥을 억누를 수 없는 상태에 있다. ¶흥겨운 노랫가락 / 소풍을 가서 우리 모두 **흥겹게** 놀고 왔다. **흥!-겨이** 튀

흥기(興起) 圈 1 떨치고 일어나는 것. 2 세력이 왕성해지는 것. 3 의기(義氣)가 일어나는 것. **흥기-하다** 署困어

흥!-김-에(興-) [-낌-] 튀 흥취가 일어나는 바람에. ¶~ 만취하다.

흥덩-흥덩 튀 1 물 따위가 넘칠 만큼 매우 많은 모양. 2 국물은 많고 건더기가 적은 모양. **흥덩흥덩-하다** 톙에

흥뚱-항뚱 튀 어떤 일에 정신을 온전히 쓰지 않고 눈치를 살피며 꾀를 부리거나 마음이 들떠 있는 모양. **흥뚱항뚱-하다** 톙에

흥륭(興隆) [-늉] 圈 일이 잘되어 매우 번성하는 것. **흥륭-하다** 署困어 **흥륭-되다** 署困

흥망(興亡) 圈 나라·민족·기업 등이 흥하거나 망하는 일. 또는, 흥하기도 하고 망하기도 하는 것. **흥망-하다** 署困어

흥망성쇠(興亡盛衰) [-쇠/-쉐] 圈 흥하고 망함과 성하고 쇠함.

흥!미(興味) 圈 어떤 일이나 대상에 마음이 이끌려 해 보고 싶거나 알고 싶거나 관심을 가지게 된 상태. ¶~를 일으키다.

흥!미-롭다(興味-) [-따] 톙ㅂ 〈~로우니, ~로워〉 (어떤 일이나 대상이) 흥미를 느끼게 하는 데가 있다. ¶곤충의 생활이 퍽 ~.

흥!미-진진(興味津津) →**흥!미진진-하다** 톙에 (어떤 일이나 대상이) 흥미를 느끼게 하는 점이 많다. ¶**흥미진진한** 기삿거리 / 아프리카 사람들의 풍습을 그린 영화를 **흥미진진**하게 보았다.

흥!밋-거리(興味-) [-미꺼-/-믿꺼-] 圈 흥미를 일으킬 만한 일.

흥부-가(興夫歌) 圈[음] 판소리 다섯 마당 가운데 하나. 착한 흥부가 제비 다리를 고쳐 주고 부자가 되는 이야기를 판소리로 짠 것.

흥부-전(興夫傳) 圈[문] 조선 시대에 쓰여진, 작자·연대 미상의 고대 소설의 하나. 인색한 형 놀부와 착한 아우 흥부 사이에 이루어지는 이야기로, 권선징악을 주제로 함. =놀부전.

흥분(興奮) 圈 1 마음이 편안하게 가라앉지 않고 설레거나 두근거리거나 들뜨거나 격해지는 상태가 되는 것. 또는, 그 상태. ¶~의 도가니 / ~을 가라앉히고 냉정하게 생각해 보아라. 2[생] 생물체의 감각 세포나 신경 세포 등이 자극을 받아 활발한 반응을 보이는 상태. **흥분-하다** 署困어 ¶**흥분한** 목소리로 말하다. **흥분-되다** 署困

흥분-제(興奮劑) 圈[약] 중추 신경을 자극하여 뇌·심장의 기능을 활발하게 하는 약.

흥성(興盛) 圈 매우 왕성하게 일어나는 것.

(비)융성. 흥성-되다 통에

흥성-흥성(興盛興盛) 튀 활기차게 번성하여 보기에 질번질번한 모양. **흥성흥성-하다** 형 여 ¶거리는 세모를 맞는 사람들로 흥성흥성했다.

흥신-소(興信所) 명 의뢰자의 요청에 따라 대가를 받고 기업이나 개인의 신용, 재산 상태, 개인적인 비행 따위를 비밀리에 조사하여 의뢰자에게 알려 주는 사설 기관.

흥야-항야 튀 '흥이야항이야'의 준말. **흥야항야-하다** 통 자여

흥얼-거리다/-대다 통자여 1 흥에 겨워서 계속 입속으로 노래를 부르다. ¶흥얼거리면서 일을 하다. 2 남이 알아듣지 못할 말을 입 속으로 자꾸 지껄이다.

흥얼-흥얼 튀 흥얼거리는 모양. ¶~ 콧노래를 부르다. **흥얼흥얼-하다** 통자타여 ¶자네, 혼자서 무얼 흥얼흥얼하고 있나?

흥업(興業) 명 1 사업이나 산업을 일으키는 것. 2 학업을 힘써 일으키는 것. **흥업-하다** 통여

흥왕(興旺)→흥왕-하다 통여 성하게 일어나 잘되어 가다. ¶사업이 ~. ↔망하다.

흥행(興行) 명 대중을 상대로 하여 연극·영화·서커스·쇼 등의 볼거리를 영리 목적의 사업으로서 공연하거나 상영하는 일. ¶그 영화는 ~에 실패했다. **흥행-하다** 통타여

흥행-되다 통자

흥행-물(興行物) 명 흥행의 대상이 되는 연극·영화·서커스·쇼 등의 총칭.

흥행-사(興行師) 명 연극·영화·서커스·쇼 등의 흥행을 직업으로 하는 사람.

흥흥 튀 1 코를 잇따라 세게 풀거나 콧김을 부는 소리. 2 시늘하게 잇달아 웃는 소리. 3 흥겨워서 계속 콧노래를 부르는 소리. 또는, 그 모양. **흥흥-하다** 통자여

흥흥-거리다/-대다 통자 1 코를 잇달아 세게 풀거나 콧김을 불다. 2 흥겨워서 계속 콧노래를 부르다. 3 어린아이가 무엇을 달라고 보채어 울다.

흩-날리다[흗-] 통자타 흩어지며 날리다. 또는, 흩어져 날게 하다. ¶눈보라가 ~.

흩다[흗따] 통타 한곳에 모였던 것을 다 각각 떨어져 헤지게 하다.

흩-뜨리다/-트리다[흗-] 통타 흩어지게 하다. ¶닭이 모이를 **흩뜨리면서** 콕콕 쪼아 먹고 있다.

흩-뿌리다[흗-] 통타 마구 뿌리다.

흩어-뿌림[흗-] 명 여기저기 흩어지게 씨를 뿌리는 일. =노가리·산파(散播).

흩어-지다 통자 1 (한군데에 있거나 있어야 할 다수의 물건이나 사람이) 따로따로 되는 상태로 여기저기 떨어져 있게 되다. ¶전쟁 통에 식구들이 뿔뿔이 ~. 2 '흐트러지다'의 잘못.

흩-이다[흐치-] 통자 1 흩어지게 되다. 2 '흘다'의 피동사.

희-가극(喜歌劇)[히-] 명음 희극적인 내용의 가극. 노래 외에 대사와 경쾌한 음악이 수반되며, 해피 엔드로 끝남. =코믹 오페라·오페라 코미크·오페라 부파.

희-가스(稀gas)[히-] 명화 =희유기체.

희곡(戲曲)[히-] 명문 원칙적으로 무대 상연을 전제로, 인간의 행동과 극적인 사건을 대사·지문(地文)·해설을 통해 표현한, 문학의 한 갈래. 내용에 따라, 비극·희극·희비극·통속극 등으로 나눔. ≒드라마.

희구(希求)[히-] 명 (어떤 일을) 바라며 구하는 것. **희구-하다** 통타여 ¶자유를 ~.

희귀(稀貴)[히-] →**희귀-하다**[히-] 형여 드물어서 매우 귀하다. ¶희귀한 동물. **희귀-히** 튀

희귀-본(稀貴本)[히-] 명 드물어서 매우 진귀한 책.

희귀종(稀貴種)[히-] 명 아주 드물어서 귀한 물건이나 품종.

희극(喜劇)[히-] 명 1연영 내용이 경쾌하고 관객의 웃음을 많이 유발하며 행복한 결말을 가지는 연극. 때로, 그런 내용의 영화나 방송 드라마를 가리키기도 함. ⓑ코미디. 2 남의 웃음거리가 될 만한 일이나 사건. ↔비극.

희극^배우(喜劇俳優)[히-빼-] 명 희극에 출연하는 배우. ⓑ코미디언.

희극-적(喜劇的)[히-쩍] 관명 1 희극의 요소를 가진 (것). 2 우스꽝스럽고 꼴불견인 (것).

희-금속(稀金屬)[히-] 명화 =희유금속.

희끄무레-하다[히-] 형여 1 (빛깔이) 바랜 듯한 흰빛을 조금 띠고 있다. ¶희끄무레하

흥정 명 물건을 사고파는 일. ⓑ매매(賣買). 2 물건을 사고팔기 위해 가격 등을 의논하는 것. ¶~을 붙이다 / ~이 깨지다. 3 어떤 문제의 형세를 자기에게 보다 유리하게 하기 위해 상대방에게 수작을 거는 일. **흥정-하다** 통타여 ¶값을. **흥정-되다** 통자 [흥정은 붙이고 싸움은 말리랬다] 좋은 일은 서로 도와주고 궂은일은 말리라는 뜻.

흥정-거리[-꺼-] 명 흥정할 만한 물건이나 대상.

흥진비래(興盡悲來) 명 즐거운 일이 다하면 슬픈 일이 옴. 곧, 흥망성쇠가 엇바뀜을 가리키는 말. ↔고진감래.

흥청-거리다/-대다 통자 1 흥에 겨워서 마음껏 거드럭거리다. ¶시간도 잊은 채 ~. 2 돈·물건을 아끼지 않고 함부로 쓰다. ¶말 분위기에 들떠 사람들이 **흥청거린다**. 3 막대기·줄 따위가 자꾸 탄력성 있게 흔들리다.

흥청-망청 튀 1 흥청거리며 마음껏 즐기는 모양. ¶~ 휴일을 보내다. 2 돈·물건 따위를 아끼지 않고 마구 쓰는 모양. ¶~ 돈을 뿌리고 다니다. **흥청망청-하다** 통자여

흥청-흥청 튀 흥청거리는 모양. **흥청흥청-하다** 통자여

흥-취(興趣) 명 아름다운 자연을 접하거나 좋은 때를 맞아 마음에 일어나는 즐거움. 흥치. ¶자연의 ~에 흠뻑 젖다 / 풍물놀이가 명절의 ~를 돋우다.

흥-치(興致) 명 그윽한 즐거움과 고상한 멋. ⓑ흥취. ¶월색이 명랑하여 그윽한 ~를 돋거늘 능히 잠을 이루지 못하고…. 《김만중: 구운몽》

흥-타령(興-)[명음] 사설의 구절 끝마다 '흥' 소리를 넣어 흥겹게 부르는 속요의 한 가지.

흥패(興敗) 명 흥하여 일어남과 잘못되어 패함.

흥-하다(興-) 통자여 번성하여 일어나다.

게 닳아빠진 낡은 청바지. **2** (형체나 밝기 등이) 희미하거나 흐릿하다. ¶저 멀리서 뭔가 **희끄무레한** 물체가 흔들리는 게 보였다. / 창밖이 **희끄무레하게** 밝아 왔다. ㉔해끄무레하다.
희끔-하다[히―] [형여] 빛깔이 약간 희고 깨끗하다. ㉔해끔하다. **희끔-히** [부]
희끔-희끔[히―] [부] 여러 군데가 희끔한 모양. ㉔해끔해끔. **희끔희끔-하다** [형여]
희끗-거리다/-대다[히끋꺼(때)―] [동](자) 어질증이 나서 어뜩어뜩하여지다.
희끗-희끗¹[히끄끋끋] [부] 희끗거리는 모양. **희끗희끗-하다¹** [동](자)여
희끗-희끗²[히끄끋끋] [부] 흰 빛깔이 군데군데 나타난 모양. ㉔해끗해끗. **희끗희끗-하다²** [형여] ¶머리가 ~.
희나리[히―] [명] **1** 채 마르지 않은 장작. **2** '희아리'의 잘못.
희년(稀年)[히―] [명] 나이 일흔 살을 이르는 말.
희노애락 [명] '희로애락(喜怒哀樂)'의 잘못.
희누르스레-하다[히―] [형여] =희누르스름하다.
희누르스름-하다[히―] [형여] 흰빛을 약간 띠면서 누르스름하다. =희누르스레하다.
희다[히―] [형] **1** (어떤 물체나 물질이) 하늘에서 내린 눈의 빛깔을 가진 상태에 있다. 흰옷 / 흰 구름 / 살결이 ~ / 그 여자는 얼굴이 ~. ↔검다. **2** =희떱다2. ¶엄지가락 장기 자루구 흰 체하다가 새끼가락 장기가 되면 부끄럽지 않으냔 말이지. 《홍명희: 임꺽정》 **3** [물] 스펙트럼의 모든 광선이 혼합하여 눈에 반사된 것과 같다.
흰 눈으로 보다 [구] 못마땅하여 눈을 흘기다. ¶마호메트 알리 ― 누가 그를 흑인이라고 **흰 눈으로** 흘겨볼 것인가. 《이어령: 둥지 속의 날개》
희대(稀代)[히―] [명] 세상에 드문 것. [비]희세(稀世). ¶~의 사기꾼.
희대-미문(稀代未聞)[히―] [명] 매우 드물어 좀처럼 듣지 못함.
희디-희다[히―] [형] 몹시 희다.
희떱다[히―따] [형][ㅂ]〈희떠우니, 희떠워〉 **1** 가진 것 없이 씀씀이가 헤퍼 아니꼬운 티를 꼴사납다. ¶쥐뿔도 없는 녀석이 여자 앞에서는 **희떱게** 돈을 뿌려 댄다. **2** 실속이 없이 거드럭거리며 큰소리치는 태도가 있다. =희다. ¶밑천도 없이 사업을 하겠다니, 그런 **희떠운** 소릴랑 하지 마세요.
희뜩-거리다/-대다[히―꺼(때)―] [동](자) 어질증이 아주 심하여 아뜩아뜩하여지다.
희뜩-희뜩¹[히뜨키―] [부] 희뜩거리는 모양. **희뜩희뜩-하다¹** [동](자)여
희뜩-희뜩²[히뜨키―] [부] 흰 빛깔이 군데군데 뒤섞여 얼비치는 모양. ㉔해뜩해뜩. **희뜩-하다²**
희-라(噫―)[―] [감] 아아 슬프도다.
희락(喜樂)[히―] [명] 기쁨과 즐거움. [비]희열.
희랍(希臘)[히―] [명][지] 그리스 특히, 고대 그리스. '그리스'의 고대 이름인 '헬라스(Hellas)'의 음역어임. ¶~ 신전 / ~ 철학 / 고대 ~.
희랍^문자(希臘文字)[히랍―짜] [명] =그리스 문자.
희랍-어(希臘語)[히―] [명][언] =그리스 어.
희로(喜怒*)[히―] [명] ['怒'의 본음은 '노'] 기쁨과 노여움.
희로애락(喜怒*哀樂)[히―] [명] 기쁨과 노여움과 슬픔과 즐거움. ×희노애락.
희롱(戱弄)[히―] [명] **1** (사람을) 말이나 행동으로 실없이 놀리는 것. **2** (이성을) 성적(性的)인 놀림감으로 삼는 것. **희롱-하다** [동](타여) ¶부녀자를 ~.
희롱-거리다/-대다[히―] [동](자) 자꾸 실없이 굴거나 까불다. ㉔해롱거리다.
희롱-해롱[히―] [부] 희롱거리고 해롱거리는 모양. **희롱해롱-하다** [동](자)여
희롱-희롱[히―히―] [부] 희롱거리는 모양. ㉔해롱해롱. **희롱희롱-하다** [동](자)여
희-맑다[히막따] [형] 빛깔이 희고 맑다. ¶희맑은 얼굴. ㉔해맑다.
희망(希望)[히―] [명] **1** (어떤 것을) 이루거나 얻고자 바라는 것. ¶~에 넘치다. **2** 앞날에 어떤 일이 잘 이루어질 가능성. =기망(冀望)·희원. ¶~이 보이다. **희망-하다** [동](타여) ¶나는 장차 항해사가 될 것을 **희망한다**.
희망^이익(希望利益)[히―] [명][경] 장래에 취득이 가능한 확실한 이익.
희망-자(希望者)[히―] [명] 어떤 일을 하기를 희망하는 사람. ¶취업 ~.
희망-적(希望的)[히―] [관명] 희망하여 기대가 충족될 상태인 (것). ¶~인 상태 / ~ 관측. ↔절망적(絶望的).
희망-차다(希望―)[히―] [형] 희망이 가득하다. ¶희망찬 새해가 밝아 오다.
희-멀겋다[히―거타] [형ㅎ]〈~멀거니, ~멀거오, ~멀게〉 희고 멀겋다. ¶**희밀겋**은 죽 / 해가 서산에 지기도 전에 동편 산봉우리 위에는 **희멀건** 달이 솟아 있었다. ㉔해말갛다.
희멀끔-하다[히―] [형여] 얼굴빛이 희고 멀끔하다. ㉔해말끔하다.
희멀쑥-하다[히―쑤카―] [형여] 얼굴빛이 희고 멀쑥하다. ㉔해말쑥하다. **희멀쑥-이** [부]
희문(戱文)[히―] [명] **1** 장난삼아 쓴 글. **2** [문] 중국 원나라 때 남쪽에서 일어난 희곡의 한 체.
희-묽다[히묵따] [형] 얼굴이 희고 그 됨됨이가 야무지지 못한 상태에 있다. [비]허여멀겋다.
희미(稀微)[히―] →**희미-하다**[히―] [형여] **1** (보이는 모양이나 들리는 소리, 빛의 밝기나 색깔의 농도 등이) 또렷하지 못하여 잘 보이거나 들리지 않는 상태에 있다. ¶개 짖는 소리가 **희미하게** 들리다 / 구름 사이로 산봉우리가 **희미하게** 보이다. ↔뚜렷하다. **2** (생각이나 기억 등이) 잘 나지 않는 상태에 있다. [비]흐릿하다·어렴풋하다. ¶하도 오래전 일이라 기억이 ~.
희박(稀薄)[히―] →**희박-하다**[히바카―] [형여] **1** 기체·액체가 짙지 못하고 묽거나 엷다. **2** 일의 희망·가망이 적다. ¶합격할 가능성이 ~. **3** 정신 상태가 약하다. **4** 농도·밀도가 옅거나 얕다.
희번덕-거리다/-대다[히―꺼(때)―] [동](자)(타) **1** 눈을 크게 뜨고 흰자위를 굴려 움직이다. ¶독기 오른 눈을 ~. **2** (물고기 따위가) 몸을 젖히며 자꾸 번득거리다. ㉔해반닥거리다.
희번덕-이다[히―] [동](자)(타)여 **1** 눈을 크게 뜨고 흰자위를 번득이며 움직이다. **2** 물고기 따위가 몸을 젖히며 번득이다. ㉔해반닥이다.
희번덕-희번덕[히―더키―] [부] 희번덕거리는 모양. ㉔해반닥해반닥. **희번덕희번덕-하다** [동](자)(타)여

희번드르-하다 [히-] 형여 1 모양이 희멀쑥하고 번드르르하다. ¶겉모양만 **희번드르르**할 뿐이다. 2 이치에 맞게 꾸며 대어 그럴싸하다. ㈜희번들하다. ㉝해반드르르하다.

희번-하다 [히-] 형여 동이 트며 허연 빛살이 약간 비쳐서 번하다. ¶김범우가 이 격문을 대한 것은 날이 **희번하게** 트여 올 즈음이었다.<조정래: 태백산맥>

희보(喜報) [히-] 명 기쁜 소식. ㊉낭보. ↔비보(悲報).

희-부옇다 [히-여타] 형ㅎ <~부여니, ~부여오, ~부옇게>희끄무레하고 부옇다. ¶아지랑이 아른거리는 봄날의 **희부연** 산야. ㉪희뿌옇다.

희부예-지다 [히-] 동자 희부옇게 되다. ㉪희뿌예지다.

희불그레-하다 [히-] 형여 빛깔이 희고 불그레하다.

희불자승(喜不自勝) [히-] 명 어찌할 줄을 모를 만큼 매우 기쁨. **희불자승-하다** 형여

희붐-하다 [히-] 형여 날이 새려고 밝은 빛이 비쳐 오다. ㈜붐하다. **희붐-히** 튀 ¶동녘 하늘이 ~ 밝아 왔다.

희비(喜悲) [히-] 명 기쁨과 슬픔. ¶~쌍곡선 / ~가 엇갈리다.

희-비극(喜悲劇) [히-] 명[연] 1 희극과 비극. 2 희극적이면서 비극적인 연극. =트래지코미디.

희비-쌍곡선(喜悲雙曲線) [히-썬] 명 어떤 사람에게 기쁜 일과 슬픈 일이 동시에 생긴 상태. ¶인생살이에는 ~이 얽히기 마련이다.

희-뿌옇다 [히-여타] 형ㅎ <~뿌여니, ~뿌여오, ~뿌옇게>'희부옇다'의 센말. ¶매연으로 **희뿌연** 도시의 하늘.

희사¹(喜事) [히-] 명 기쁜 일.

희사²(喜捨) [히-] 명 1 남을 위하여 즐거운 마음으로 재물을 내놓는 것. 2 신불(神佛)의 일로 금전이나 토지 따위를 기부하는 것. **희사-하다** 동타여 ¶장학금으로 거액을 ~.

희사-금(喜捨金) [히-] 명 희사하여 내놓은 돈.

희살(戲殺) [히-] 명 장난을 하다가 잘못하여 사람을 죽이는 것. **희살-하다** 동타여

희색(喜色) [히-] 명 기뻐하는 얼굴빛. ¶그의 얼굴에 ~이 감돌았다.

희색만면-하다(喜色滿面-) [히생-] 형여 기뻐하는 빛이 얼굴에 가득하다.

희생(犧牲) [히-] 명 1 다른 사람이나 어떤 일을 위해 자신의 목숨이나 재물, 이익 등의 소중한 것을 버리는 것. ¶~은 비록 고통스러운 것이지만 그 열매는 아름답다. 2 뜻밖의 재난이나 전쟁, 권력 등에 의해 목숨을 잃거나 피해를 입는 것. ¶전쟁으로 인해 무고한 백성들의 ~이 엄청나게 컸다. 3 신에게 제물로 바치는 소·양·염소 따위의 산 짐승. **희생-하다** 동자타여 ¶나라를 위해 자기의 목숨을 **희생한** 애국 투사. **희생-되다** 동자 ¶지진으로 인해 많은 사람들이 **희생되**었다.

희생-물(犧牲物) [히-] 명 희생된 물건이나 사람.

희생^번트(犧牲bunt) [히-] 명[체] 야구에서, 타자가 주자를 진루시키기 위해 자기는 아웃되면서 행하는 번트. =보내기 번트.

희생-양(犧牲羊) [히-냥] 명 1 신에게 제물로 바치는 양. 2 어떤 목적을 위해, 또는 어떤 의도에 의해, 남을 대신하여 억울하게 목숨을 잃거나 큰 피해를 입은 사람. ㊉속죄양. ¶그는 역사의 소용돌이 속에서 거대한 음모의 ~이 되고 말았다.

희생-자(犧牲者) [히-] 명 희생된 사람. ¶갑작스런 홍수로 많은 ~가 생기다.

희생-적(犧牲的) [히-] 관명 남이나 어떠한 사물을 위하여 희생하는 것. ¶~ 봉사.

희생-정신(犧牲精神) [히-] 명 다른 사람이나 어떤 목적을 위하여 자신의 목숨·재산·명예·이익 등을 바치거나 버리는 정신.

희생-타(犧牲打) [히-] 명 야구에서, 타자 자신은 아웃되나, 그것으로 자기편의 주자가 진루(進壘)하거나 득점할 수 있는 타격. 번트나 외야 플라이 따위.

희생^플라이(犧牲fly) [히-] 명[체] 야구에서, 타자가 플라이를 쳐서 주자를 진루시키거나 홈인시킬 때의 플라이.

희서(稀書) [히-] 명 희귀한 책.

희석(稀釋) [히-] 명 1 (어떤 액체에 물이나 다른 물질을) 넣어서 묽어지게 하는 것. 2 (어떤 대상을) 다른 것을 가지고 의외나 가치가 낮아지게 하거나 정도가 약해지게 하는 것. **희석-하다** 동타여 ¶농약을 물에 타서 ~. **희석-되다** 동자 ¶록(rock)은 상업주의에 물들면서 접차 본연의 저항 정신이 **희석되**어 있다.

희석-제(稀釋劑) [히-쩨] 명[화] 부피를 늘리거나 농도를 묽게 하기 위하여, 물질이나 용액에 첨가시키는 비활성물질.

희성(稀姓) [히-] 명 매우 드문 성(姓). ㊉벽성(僻姓).

희세(稀世) [히-] 명 세상에 드문 것. ㊉희대(稀代). ¶~의 군자(君子).

희소(稀少) [히-] 명 (일부 명사 앞에 쓰여) 매우 드물고 적음. ¶인구 ~ 지역. **희소-하다** 형여

희소-가격(稀少價格) [히-까-] 명 귀중한 미술품이나 골동품과 같이 그 공급 수량이 자연적으로 제한되거나 고정되었기 때문에 완전 경쟁이 이루어지지 못하여 형성되는 가격.

희소-가치(稀少價値) [히-] 명 드물기 때문에 생기는 가치. ¶~가 떨어지다.

희소-성(稀少性) [히-썽] 명[경] 인간의 욕망에 비해 그 충족 수단이 질적·양적으로 유한(有限)하거나 부족한 상태를 이르는 말.

희-소식(喜消息) [히-] 명 기쁜 소식.

희수¹(稀壽) [히-] 명 나이 일흔 살을 일컫는 말.

희수²(喜壽) [히-] [喜의 초서가 七十七을 세로로 써 놓은 것과 비슷한 데에서] 나이 일흔일곱 살을 일컫는 말.

희아리 [히-] 명 조금 상한 채로 말라서 희끗희끗하게 얼룩이 진 고추. ×회나리.

희열(喜悅) [히-] 명 어떤 일에 만족하여 기쁨이나 즐거움을 느끼는 것. ㊉희락(喜樂). ¶~을 맛보다 / 폭주족들은 엄청난 스피드에서 ~을 느낀다. **희열-하다** 동자여

희영-수(戲-) [히-] 명 남과 더불어 실없는 말이나 짓을 하는 일. ¶미연이가 장쇠와 결혼을 하겠다고 선언한 순간 군중은 물을 끼얹은 듯 고요해졌다. 일종의 ~기분으로 요구에 미연이가 딱 잘라서 응하고 나니 순간 어이가 없는 모양이다.<이무영: 농민> **희영수-하다** 동자여

희원(希願) [히-] 명 =희망. **희원-하다** 동

희유(稀有)[히−] →희유-하다[히−] [형여] 흔하지 않고 드물다.

희유-금속(稀有金屬)[히−] [명] [화] 지구 상에 천연으로 존재하는 양이 적거나, 존재량은 많아도 품위가 높으거나, 순수한 금속으로서 얻기 어려운 금속. 니켈·코발트·크롬·망간·티탄 등. =희금속(稀金屬).

희유-기체(稀有氣體)[히−] [명] 주기율표 제0족에 속하는 헬륨·네온·아르곤·크립톤·크세논·라돈의 여섯 기체 원소의 총칭. 공기 중에 미량 존재하며 화학적으로 비활성이고 보통의 조건에서는 화합물을 만들지 않음. =희가스.

희유-원소(稀有元素)[히−] [명] [화] 산출량이 비교적 적은 원소의 총칭. 희유기체류 원소, 희토류 원소, 백금족 원소, 우라늄 등. =희원소.

희읍스레-하다[히−쓰−] [형여] =희읍스름하다.

희읍스름-하다[히−쓰−] [형여] 환하거나 깨끗하지 못하게 흰빛을 띤 상태에 있다. =희읍스레하다. ¶희읍스름한 달빛. 〔작〕해읍스름하다. **희읍스름-히** [부]

희치-희치[히−히−] [부] 1 피륙·종이 따위가 군데군데 치이거나 미어진 모양. 2 물건의 반드러운 면이 무엇에 스쳐서 드문드문 벗어진 모양. **희치희치-하다** [형여]

희토류 원소(稀土類元素)[히−] [명] [화] 란탄족 원소 15개와 스칸듐·이트륨을 더한 17개 원소의 총칭. 연마제·고성능 자석·형광체 등에 필수적인 것이며, 각종 제품의 신소재로서 이용됨.

희학(戲謔)[히−] [명] 실없는 말로 하는 농지거리. **희학-하다** [동여]

희한(稀罕)[히−] →희한-하다[히−] [형여] 1 귀할 만큼 드물다. ¶희한한 일. 2 (어떤 현상이나 대상이) 좀처럼 대하기 어려운 만큼 특이하거나 기묘하다. ¶희한하게 생긴 곤충. **희한-히** [부]

희화¹(戲化)[히−] [명] 익살스러운 것이 되게 하는 것. **희화-하다** [동여] **희화-되다** [동자] ¶독재자의 모습이 **희화된** 영화.

희화²(戲畫)[히−] [명] 익살맞게 그린 그림.

희화-화(戲畫化)[히−] [명] 인물의 외모나 성격, 또는 사건을 의도적으로 우스꽝스럽게 묘사하거나 풍자하는 일. **희화화-하다** [동타여] ¶박지원의 '호질(虎叱)'은 위선적 양반을 **희화화한** 작품이다. **희화화-되다** [동자]

희희(嘻嘻)[히히] [부] 바보처럼 웃는 모양. 또는, 그 소리.

희희-낙락(喜喜樂樂)[히히낙낙] [부] 1 매우 기뻐하는 것. 2 (둘 이상의 사람이) 기분이 좋아 함께 웃고 떠드는 것. 상대의 행동을 못마땅하게 여겨 야유조로 이르는 말임. **희희낙락-하다** [동자여] ¶연놈이 찰싹 붙어 앉아 **희희낙락하고** 있다. / 노모는 답답한 토굴에 누워 있다가 갑자기 흰 눈 벌판과 평화스럽게 연기가 오르는 마을의 굴뚝들을 대하자 한철 가벼워진 듯 **희희낙락하였다**. 《황석영:장길산》

희희덕-거리다 [동자] '시시덕거리다'의 잘못.

흰가룻-병(−病)[−루뻥/−룯뼝] [명] [식] 식물의 잎·어린 열매 따위에 자낭균으로 말미암아 생기는 병.

흰-개미[힌−] [명] [동] 흰개미목 흰개밋과의 곤충. 몸길이 4.5∼7.5mm. 머리는 흑갈색이고 몸빛은 흼. 땅속에 묻힌 나무 속에 살며, 가옥(家屋)의 목재를 해침.

흰-건(−鍵)[힌−] [명] [음] =흰건반. ↔검은건.

흰-건반(−鍵盤)[힌−] [명] [음] 피아노·풍금·아코디언 등과 같은 건반 악기의 흰색의 건반. =흰건·백건(白鍵). ↔검은건반.

흰-곰[힌−] [명] [동] 포유류 식육목 곰과의 짐승. 대형의 곰으로 몸길이 1.8∼2.5m. 온몸에 순백색 털이 촘촘히 나 있음. 머리가 비교적 작으며, 목이 길고, 헤엄을 잘 침. =백곰·북극곰.

흰-깨[힌−] [명] 흰 참깨. ↔검은깨.

흰-나비[힌−] [명] [동] 1 나비목 흰나빗과에 속하는 곤충의 총칭. =백접(白蝶)·백호접(白蝴蝶). 2 =배추흰나비.

흰-둥이[힌−] [명] 살빛이 흰 사람이나 털빛이 흰 동물을 놀림조로 일컫는 말. ↔검둥이.

흰-떡[힌−] [명] 멥쌀가루를 고수레하여 시루에 찐 다음 안반에 놓고 떡메로 쳐서 만든 떡. 지금은 기계로 만듦. =백병(白餠).

흰-말[힌−] [명] =백마(白馬).

흰-머리[힌−] [명] 세어서 하얗게 된 머리카락이나 머리털. 〔비〕백발(白髮). ¶∼를 뽑다 / ∼가 희끗희끗하다.

흰-모래[힌−] [명] =백사(白沙)¹.

흰-무리[힌−] [명] 멥쌀가루를 켜가 없게 그대로 시루에 안쳐서 찐 떡. =백편.

흰-밥[힌−] [명] 잡곡을 섞지 않고 쌀로만 지은 밥. =백반.

흰-불나방[힌−나−] [명] [동] 나비목 불나방과의 나방. 온몸이 흰색이고, 배 양쪽에 붉은 무늬가 줄지어 있음. 여름철에 많으며, 애벌레는 질경이·민들레 등의 잎을 먹음. ▷미국흰불나방.

흰-빛[힌빋] [명] 흰 빛깔. ↔검은빛.

흰-색(−色)[힌−] [명] 흰 색깔. ↔검은색.

흰-소리[힌−] [명] 1 ('희떠운 소리'가 준 말) 실속 없이 거드럭거리며 허풍을 떠는, 믿음성이 없는 소리. ¶∼를 치다 / 오개준은 원래가 과묵하고 술이나 몇 잔 들어가야 ∼나 한마디씩 던지는 위인이라⋯.《황석영:장길산》 2 '헛소리'의 잘못. **흰소리-하다** [동자여]

흰-수작(−酬酌)[힌−] [명] 실속 없이 자랑으로 떠벌리는 짓과 말. **흰수작-하다** [동자여]

흰-쌀[힌−] [명] 희게 쓿은 멥쌀. 〔비〕백미(白米).

흰-엿[힌녇] [명] 검은엿을 더울 때 켜서 빛깔이 희게 만든 엿. =백당(白糖). ↔갱엿.

흰-옷[히논] [명] 물감을 들이지 않은 흰빛의 옷. =백의(白衣).

흰-인(−燐)[힌닌] [명] [화] 담황색을 띤 고체상의 인. 맹독이 있으므로 물속에서 보존함. =백린(白燐)·황린(黃燐).

흰-자[힌−] [명] [생] '흰자위'의 준말.

흰-자위[힌−] [명] 1 새알이나 달걀 따위의 속에 노른자위를 둘러싼 빛이 흰 부분. ↔노른자위. 2 눈알의 흰 부분. =백목(白目). 〔준〕흰자. ↔검은자위.

흰자-질(−質)[힌−] [명] [생] =단백질(蛋白質).

흰-죽(−粥)[힌−] [명] 흰쌀로만 쑨 죽. ×백죽(白粥).

흰-쥐[힌−] [명] [동] 유럽산 시궁쥐의 사육 변종. 몸길이 20cm가량. 온몸은 순백색이며 눈이 붉음. 실험용으로 쓰이며, 애완용으로도 기름. =백서(白鼠).
흰-피톨[힌-][생] =백혈구. ↔붉은피톨.

휑!-하다[힝-][형](피곤하거나, 놀라거나 또는 머리가 아파서) 정신을 못 차릴 만큼 머리가 떵하다

휑!-허케[힝-][부] 지체하지 않고 아주 빠르게 가는 모양. ¶~ 다녀오다 / ~ 가 버리다. ×횡하니.

히¹ 1 마음에 만족함을 느껴 어리석게 한 번 웃는 소리. 2 비웃을 때에 내는 소리.

-히-² [접미] 주로 ㄱ·ㄷ·ㅂ·ㅈ·ㄵ·ㄺ·ㄼ 등의 받침으로 끝나는 용언의 어간에 붙어, 1 동사가 사동의 기능을 갖게 만드는 어간 형성 접미사. ¶썩~다 / 앉~다 / 읽~다 / 입~다. 2 동사가 피동의 기능을 갖게 만드는 어간 형성 접미사. ¶먹~다 / 밟~다 / 얽~다 / 잡~다. 3 형용사를 사동의 기능을 갖는 동사로 만드는 어간 형성 접미사. ¶넓~다 / 밝~다 / 좁~다.

-히³ [접미] 주로 '-하다'가 붙어 형용사가 되는 어근 밑에 붙어, 부사로 만드는 말. 드물게 '-하다'가 붙지 않는 형용사 어간이나 기타의 어근에 붙어서 부사를 만들기도 함. ¶급~ / 엄~ / 정확~ / 작~ / 특~.

히드라¹(Hydra)[명][신화] 그리스 신화에 나오는 9개의 머리를 가진 뱀. 헤라클레스가 퇴치했음.

히드라²(hydra)[명][동] 자포동물 히드로충류 히드라과의 한 속(屬)의 총칭. 몸길이 약 1cm. 몸은 갈색으로 원통 모양이고, 입 주위에 6~8개의 촉수가 있음. 담수(淡水)의 늪 속의 나무나 돌 같은 데 붙어 생활하며, 재생력이 강함. 동물학 연구 재료로 쓰임.

히득-거리다/-대다[-꺼(때)-][동][자] 입을 볼썽없이 벌리어 거볍고 싱겁게 자꾸 웃다. [작]해득거리다.

히득-히득[-드키-][부] 히득거리는 소리. 또는, 그 모양. [큰]해득해득. **히득히득-하다**[동][자여]

히든-카드(hidden card)[명] ('숨겨 놓은 카드'라는 뜻) 상대가 예측하지 못하도록 숨겨 놓은 특별한 방법이나 수단. 순화어의 '비책', '비장의 무기'. ¶무한 경쟁에서 살아남으려면 자신만의 ~를 개발해야 한다.

히뜩[부] 슬쩍 휘돌아 보는 모양. ¶발을 멈추고 ~ 돌아보다. 2 맥없이 넘어지거나 동그라지는 모양. ¶~ 나자빠지다.

히뜩-거리다/-대다[-꺼(때)-][동][자][타] 1 자꾸 언뜻 휘돌아 보다. 2 맥없이 자꾸 넘어지거나 동그라지다.

히뜩-히뜩[-뜨키-][부] 히뜩거리는 모양. **히뜩히뜩-하다**[동][자][타][여]

히로뽕[←(일)ヒロポン] [명] [<philopon:메스암페타민(methamphetamine)의 상표명] =필로폰.

히말라야-삼나무(Himalaya杉)[명][식] 소나뭇과의 상록 교목. 높이 10m가량. 가지는 아래로 휘어 늘어짐. 꽃은 10~11월에 피는데 노목(老木)이라야 비로소 피고, 적갈색의 장타원형 열매를 맺음. 정원수로 심음. =개잎갈나무.

히브리-서(←히'bry書)[명][성] 신약 성서 중의 한 권. 신앙을 권면하는 내용을 담음.

히브리^어(←히'bry語)[명][언] 이스라엘에서 쓰이고 있는 언어. 함·셈 어족에 속함. 고대 히브리 어는 구약 성서의 언어임.

히브리-인(←히'bry人)[명] 기원전 1000년경 아시아의 팔레스타인에 정착하여 살던 고대 민족의 하나.

히스타민(histamine)[명][화] 동물의 조직 내에 널리 존재하는 화학 물질. 과잉으로 활성화되면 알레르기 질환의 원인이 됨.

히스테리(⑤Hysterie)[명] 1[의] 신경증의 하나. 정신적 원인으로 운동 마비·실성(失性)·경련 등의 신체 증상이나, 건망(健忘) 등의 정신 증상이 나타나는 것. 2 사소한 일에 극도로 흥분하거나 신경이 아주 예민해져 감정을 억제하거나 조절하지 못하는 상태. ¶노처녀의 ~.

히스테릭(hysteric) →**히스테릭-하다**[형][여] 히스테리의 성질을 띠고 있다.

히스토그램(histogram)[명][수] 도수 분포표의 하나. 가로축에 계급을, 세로축에 도수를 취하고, 도수 분포의 상태를 직사각형의 기둥 모양으로 나타낸 그래프. ▷막대그래프.

히스티딘(histidine)[명][화] 단백질을 구성하는 염기성 아미노산의 한 가지. 헤모글로빈 속에 많이 들어 있음.

히스패닉(Hispanic)[명] 미국에 사는 라틴 아메리카계의 사람. ¶흑인과 ~에 대한 백인의 인종 차별.

히아데스-성단(Hyades星團)[명][천] 황소자리 부근에 있는 'V' 자형의 산개 성단(散開星團). 약 100개의 항성이 모여 있으며, 거리는 130광년임.

히아신스(hyacinth)[명][식] 백합과의 여러해살이풀. 높이 15~30cm. 비늘줄기에서 피침형의 잎이 뭉쳐나며, 초여름에 여러 가지 빛깔의 종 모양의 꽃이 핌. 관상용으로 심으며 많은 원예종이 있음.

히어로(hero)[명] 1'영웅'으로 순화. 2'(남자) 주인공'으로 순화.

히에로글리프(hieroglyph)[명] 상형 문자. 특히, 이집트 고(古) 왕조의 비문에 쓰여진 것을 가리키는 말. =신성 문자.

히읗-은[언] 한글 자음 'ㅎ'의 이름 (2117쪽 '한글 자모' 참고).

> **어법** 히읗이, 히읗을:[히으히], [히으흘](×)=[히으시], [히으슬](○). ▶원칙적인 발음 대신 현실 발음을 인정하여 표준 발음법에 규정화한 것임(발16).

히읗^불규칙^용!언/ㅎ 불규칙 용언(-不規則用言)[-은쁠-징농-][명][언] 히읗 불규칙 활용을 하는 용언.

히읗^불규칙^활용/ㅎ 불규칙 활용(-不規則活用)[-은쁠-치콴-][명][언] 일부 형용사에서 어간의 끝 'ㅎ'이 'ㄴ'이나 'ㅁ'으로 시작되는 어미 앞에서 글이 활용되는 형식. '파랗다'가 '파라니', '파라면'으로 변하는 따위. =히읗 변칙 활용.

히읗^종성^체언/ㅎ 종성 체언(-終聲體言)[-은쫑-][명][언] 중세 국어에서 'ㅎ'을 말음으로 가지는 체언. 약 80여 개가 있는데, 모음으로 시작하는 조사 앞에서는 그대로 유지되고 유기음화할 수 있는 'ㄱ', 'ㄷ'과 만나서는 그것과 결합하여 'ㅋ', 'ㅌ'을 만들며, 휴지(休止)나 관형격 표지 'ㅅ', 'ㅎ' 앞에서는 탈락됨. 갏(칼)·겨슳(겨울)·ᄀᆞᄒᆞ(그늘)·긿(길)·돓(돌)·낳(나이)·냏(내)·옿(위) 따위.

히죽[부] 흡족한 태도로 슬쩍 한 번 웃는 모양. =히죽이. [작]해죽. [센]히쭉.

히죽-거리다/-대다[-꺼(때)-][동][자] 흡족

히죽-이 〖부〗 =히죽. ¶본시 말수가 없는 그는, 누가 무슨 말을 하면 ~ 웃기만 한다. 좐해죽이. 쎈히쭉이.

히죽-히죽[-주키-] 〖부〗 히죽거리는 모양. 좐해죽해죽. 쎈히쭉히쭉. **히죽히죽-하다** 〖동〗

히쭉 〖부〗 '히죽'의 센말. =히쭉이. 좐해쭉.

히쭉-거리다/-대다[-껴(때)-] 〖'히죽거리다'의 센말. 좐해쭉거리다.

히쭉-이 〖부〗 '히죽이'의 센말. =히쭉. 좐해쭉이.

히쭉-히쭉[-쭈키-] 〖부〗 '히죽히죽'의 센말. 좐해쭉해쭉. **히쭉히쭉-하다** 〖동〗

히치하이크(hitchhike) 〖명〗 지나가는 자동차에 편승해 가면서 목적지까지 가는 무전여행. **히치하이크-하다** 〖동〗자여〗

히타이트(Hittite) 〖명〗[역] 기원전 1900년경에 소아시아에서 일어난 고대 시리아 민족. 전차·철제 무기 및 유목 민족 특유의 기마 전술에 의하여 크게 세력을 떨침.

히타이트^어(Hittite語) 〖명〗[언] 인도·유럽 어족의 한 어파(語派)의 언어. 고대 히타이트 제국 시대인 기원전 1500~1200년경에 쓰이다.

히터(heater) 〖명〗 '난방 장치'의 하나. 주로 가스나 전기를 이용하여 방이나 차 안의 공기를 따뜻하게 하는 장치. ¶가스~ / 전기 ~ / -를 켜다.

히트(hit) 〖명〗 1 [체] =안타(安打). 2 세상에 발표한 것이 크게 호응을 얻거나 인기를 끄는 일. ¶신곡이 ~를 치다. **히트-하다** 〖동〗자여〗

히트-송(hit song) 〖명〗 대중들로부터 인기를 얻어 성공한 노래. ¶금주의 ~.

히트^앤드^런(hit and run) 〖체〗 야구에서, 주자와 타자가 미리 약속하고 투수가 투구 동작을 하자마자 주자는 다음 누(壘)로 달리고 타자는 무조건 그 공을 치는 일.

히프(hip) 〖명〗 1 =엉덩이. 2 엉덩이 둘레의 치수. 양복의 제도에서는 'H'라는 약호로 나탬. ×힙.

히프노스(Hypnos) 〖명〗[신화] 그리스 신화에 나오는 수면(睡眠)의 신. 지하의 암흑계에 살며 수면과 꿈을 준다고 함.

히피(hippie) 〖명〗 기성의 사회 통념·제도·가치관에 구애됨이 없이 인간성의 회복, 자연에의 귀의 등을 주장하며 자유로운 생활양식을 추구하는 행동을 하는 젊은이들. 1960년대 후반부터 미국을 중심으로 일어나 전 세계에 유행함. 〜족(族).

히히 〖부〗 남을 놀리듯이 껄걸거리며 웃는 소리. 또는, 그 모양. 좐해해. **히히-하다** 〖동〗

히히-거리다/-대다 〖동〗자〗 히히 소리를 잇달아 내며 웃다. ¶두 아우가 **히히거리는** 것을 보고서 형은, 비로소 자기가 속았다는 것을 알았다. 좐해해거리다.

히히덕-거리다 〖동〗자〗 '시시덕거리다'의 잘못.

히힝 〖부〗 말의 울음소리.

힉소스(Hyksos) 〖명〗[역] 고대 오리엔트의 유목 민족. 기원전 18세기부터 기원전 16세기에 걸쳐 이집트를 지배했으나 제18왕조에 의해 추방됨.

힌두-교(Hindu敎) 〖명〗[종] 인도의 토착 신앙·풍속과 브라만교가 융합한 민족 종교. =인도교(印度敎).

힌두스타니^어(Hindustani語) 〖명〗[언] 현대의 힌디 어와 우르두 어(Urdu語)의 바탕이 된 언어. 인도·유럽 어족의 인도 어파에 속함.

힌두^족(Hindu族) 〖명〗 인도인의 한 종족.

힌디^어(Hindi語) 〖명〗[언] 인도·유럽 어족의 인도·이란 어파(語派)에 속하는 언어. 인도 공화국의 공용어임.

힌트(hint) 〖명〗 어떤 일을 해결하거나 참작하거나 할 때에 실마리가 되는 것. 비암시(暗示). ¶~를 주다.

힐(heel) 〖명〗 ['발꿈치'의 뜻] '하이힐'의 준말.

힐금 〖부〗 눈동자를 흘겨 뜨고 한 번 바라보는 모양. 좐핼금. 쎈힐끔. **힐금-하다** 〖동〗타여〗

힐금-거리다/-대다 〖동〗타〗 눈동자를 흘겨 뜨고 자꾸 쳐다보다. 좐핼금거리다. 쎈힐끔거리다.

힐금-힐금 〖부〗 힐금거리는 모양. 좐핼금핼금. 쎈힐끔힐끔. **힐금힐금-하다** 〖동〗타여〗

힐긋[-귿] 〖부〗 거볍게 슬쩍 한 번 흘겨보는 모양. 좐핼긋. 쎈힐끗. **힐긋-하다** 〖동〗타여〗

힐긋-거리다/-대다[-귿꺼(때)-] 〖동〗타〗 거볍게 슬쩍슬쩍 흘겨보다. 좐핼긋거리다. 쎈힐끗거리다.

힐긋-힐긋[-그틀귿] 〖부〗 힐긋거리는 모양. 좐핼긋핼긋. 쎈힐끗힐끗. **힐긋힐긋-하다** 〖동〗

힐끔 〖부〗 '힐금'의 센말. ¶~ 쳐다보다. 좐핼끔. **힐끔-하다** 〖동〗타여〗

힐끔-거리다/-대다 〖동〗타〗 '힐금거리다'의 센말. ¶선생님이 혹시 화내시지 않을까 하고 그는 교단 쪽을 **힐끔거리고** 있었다. 좐핼끔거리다.

힐끔-힐끔 〖부〗 '힐금힐금'의 센말. 좐핼끔핼끔. **힐끔힐끔-하다** 〖동〗타여〗

힐끗[-끋] 〖부〗 1 눈에 얼른 띄는 모양. ¶창밖을 지나가는 그녀의 모습이 ~ 보였다. 2 '힐긋'의 센말. ¶그는 내 얼굴을 한 번 ~ 보더니 이내 시선을 창문 쪽으로 옮겼다. 좐핼끗. **힐끗-하다** 〖동〗자여〗

힐끗-거리다/-대다[-끋꺼(때)-] 〖동〗타〗 '힐긋거리다'의 센말. 좐핼끗거리다.

힐끗-힐끗[-끄틀끋] 〖부〗 '힐긋힐긋'의 센말. ¶사내는 그 여자를 ~ 훔쳐보고 있었다. 좐핼끗핼끗. **힐끗힐끗-하다** 〖동〗

힐난(詰難) 〖명〗 (사람의) 잘못한 점을 들어 비난하는 것. **힐난-하다** 〖동〗타여〗 ¶사람들 앞에서 동료를 ~.

힐난-조(詰難調)[-난쪼] 〖명〗 트집을 잡아 거북할 만큼 따지는 듯한 투. ¶~로 따져 묻다.

힐문(詰問) 〖명〗 트집을 잡아 따져 묻는 것. **힐문-하다** 〖동〗자여〗

힐빌리(hillbilly) 〖명〗[음] 미국 남부와 서부에서 불리는 향토색 짙은 민요. 가사·멜로디가 소박한 것이 특징임.

힐책(詰責) 〖명〗 (어떤 사람에, 또는 그의 행동을) 잘못을 들어 말해 가면서 꾸짖는 것. **힐책-하다** 〖동〗타여〗 ¶그는 화를 내면서 아내의 게으름을 거리의 창녀에게보다 더 심한 욕으로 **힐책하면서** 수염을 깎기 시작했다. 《최인호: 타인의 방》

힘 〖명〗 1 사람이나 동물이 몸을 움직이거나 몸의 어느 부분으로 물건을 움직일 수 있는 근육의 작용. 또는, 그 작용의 세기. ¶~이 세다[약하다] / ~이 없다 / ~이 빠지다 / ~을 주다 / ~을 겨루다 / 그 남자는 ~이 장사다. **2** 어떤 물체나 물질이 스스로 움직이거나 다른 물체나 물질을 움직이게 하는 작용. 또는, 그 작용의 세기. ¶엔진의 ~이 강한 자동차 / 풍차는 바람의 ~을 이용하는 동력 장치다. **3** 어떤 대상이 도움이 되거나 편안한 마음을 가지게 하는 상태. ¶그의 따뜻한 말 한마디가 내게 큰 ~이 되었다. **4** 어떤 일에 대한 의욕이나 용기. ¶위인의 전기를 읽고 ~을 얻다. **5** 어떤 일을 할 수 있는 능력이나 어떤 일에 들이는 정성이나 노력. ¶~이 자라는 데까지 여러분을 돕겠습니다. / 학문 연구에 온 ~을 기울이다. **6** 사람이나 사물이 대상에 어떤 영향을 미치는 작용이나 능력. [비]영향력. ¶~ 있는 자 / 술의 ~을 빌려 객기를 부리다 / 오늘날 텔레비전의 ~은 막강하다. **7** 사람이나 단체나 나라에 대해 제 뜻을 강제적으로 따르게 하는 작용. ¶형이 동생을 ~으로 누르다. **8** [물] 정지하고 있는 물체를 움직이게 하고, 또 움직이는 상태를 변화시키거나 아주 정지시키는 작용.

힘-겨루기 [명] 승부 따위를 위하여 힘이나 세력을 보여 주거나 확장하려고 서로 버티는 일. ¶차기 회장 자리를 놓고 미묘한 ~가 벌어지다.

힘-겨룸 [명] 힘의 세고 약함을 겨루는 일. **힘겨룸-하다** [동][자][여]

힘-겹다[-따] [형][ㅂ] 〈~겨우니, ~겨워〉 힘에 부쳐 능히 당해 내기 어렵다. ¶그건 나로서는 **힘겨운** 일이오. / 연장전 끝에 상대 팀을 **힘겹게** 이겼다.

힘-껏[-껃] [부] 힘이 미치는 데까지. 있는 힘을 다하여. [비]극력. ¶~ 뛰어라. / 제 ~ 해 보겠지만 일이 잘될지는 모르겠어요.

힘-꼴 [명] '힘'을 얕잡아 이르는 말. ¶~이나 쓰다.

힘-내다 [동][자] 꾸준히 힘을 써서 일을 행하다.

힘-닿다[-다타] [동][자] 힘이나 권세·위력 등이 미치다. [비]힘자라다. ¶**힘닿는** 데까지 도와주마.

힘-들다 [형] 〈~드니, ~드오〉 노력이 많이 필요하거나 하기가 어렵다. ¶멀어서 가기가 ~. / 요즈음은 초가집을 찾아보기 ~.

힘-들이다 [동][자] 힘이나 마음을 기울여 쓰다. ¶남이 **힘들여** 한 일을 당신이 그렇게 깎아내린단 말이오!

힘-살[-쌀] [명] =근육(筋肉). ¶팔에 ~이 불거졌다.

힘-세다 [형] **1** 힘이 많아서 억세다. ¶**힘센** 사람. **2** 힘이 많아 뻣뻣하고 굳다. ▷힘차다.

힘-쓰다 [동][자] 〈~쓰니, ~써〉 **1** 힘을 들여 일하다. ¶오직 학업에만 ~. **2** 남을 도와주다. ¶당신이 **힘쓰면** 될 일이다. **3** 어떤 일에 공헌하다. ¶향토사(鄕土史) 연구에 **힘쓴** 그의 공로를 치하한다. **4** 괴로움을 참아 가며 꾸준히 행하다. ¶원예(園藝)에 **힘쓴** 보람으로 그는 크게 성공하였다.

힘-없다[-업따] [형] **1** 기운이나 기력이 없다. **2** 권세나 능력 등이 없다. ¶**힘없고** 가난한 사람. **힘없-이** [부]

힘의 모멘트(-moment) [-의-/-에-] [물] 힘이 물체를 어느 기준점의 주위를 회전시키는 효과를 나타내는 양. 그 크기는 기준점에서 힘의 작용선에 내린 수선의 길이와 힘의 크기의 곱으로 나타냄.

힘-입다[-닙따] [동][자] 어떤 도움이나 배려, 추세 등에 힘을 얻다. ¶우리 선수단은 국민들의 성원에 **힘입어** 올림픽에서 우수한 성적을 거두었다.

힘-자라다 [동][자] 힘이 미치다. [비]힘닿다.

힘-자랑 [명] 힘이 센 것을 자랑하는 것. **힘자랑-하다** [동][자][여]

힘-장사 [명] 힘이 센 장사.

힘-점(-點) [-쩜] [명][물] 지레 따위로 어떤 물체를 움직일 경우 그 물체에 힘이 작용하는 점. =역점.

힘-주다 [동][자] (주로 '힘주어'의 꼴로 쓰여) 어떤 말이 두드러지거나 강한 뜻을 가지게 하다. [비]강조하다. ¶사장은 생산성 향상에 대해 **힘주어** 말했다.

힘-줄[-쭐] [명][생] **1** 근육의 양 끝에 있으면서 근육을 뼈에 결합시키는, 가늘고 질긴 흰빛의 섬유성 조직. =건(腱). **2** 사람의 살갗에 불거져 있거나 퍼렇게 드러나 보이는 혈관. ¶~이 불뚝 드러나 보이는 굳센 팔. **3** 모든 물질에서 섬유로 이루어진 가는 줄. =힘줄기. [변]심줄.

힘-줄기[-쭐-] [명] **1** [생] =힘줄. **2** 힘이 뻗친 줄기.

힘줌-말 [명][언] 어떤 말에 소리를 조금 달리하거나 또는 조금 더하거나 하여 그 말의 뜻을 강조하는 말. '깨다'에 대한 '깨뜨리다' 따위.

힘-지다 [형] **1** 힘이 있다. ¶신념에 찬 그의 **힘진** 말에 사람들은 저절로 승복하고 말았다. **2** 힘이 들 만하다.

힘-차다 [형] 힘이 있고 씩씩하다. ¶걸음걸이가 ~ / **힘차게** 노 저어라.

힙 [명] '히프(hip)'의 잘못.

힙합(hip-hop) [명] 1980년대에 미국의 하류층 흑인들 사이에서 유행하기 시작한, 힘 있고 동적인 춤과 음악. 또는, 그런 춤과 음악을 즐기는 집단의 문화. 춤은 자유롭고 즉흥적이며(브레이크댄스 따위), 음악은 비트와 랩을 위주로 함. ¶~ 음악 / ~ 춤 / 체크무늬 남방에 헐렁한 바지를 엉덩이에 걸쳐 입은 ~ 스타일의 패션.

힝 Ⅰ[부] 코를 세게 푸는 소리.
Ⅱ[감] 아니꼬워 코로 비웃는 소리.

힝-힝 Ⅰ[부] **1** 잇달아 코를 푸는 소리. **2** 말이 콧소리를 내며 우는 소리.
Ⅱ[감] 잇달아 코로 비웃는 소리.

한글 자모

❋ 자음 ❋

ㄱ 한글 자모의 첫째 글자. 이름은 기역. 목젖으로 콧길을 막고 혀뿌리를 높여 연구개를 막았다가 뗄 때에 나는 무성 파열음. 어중의 유성음 사이에서는 유성음으로 나며, 받침으로 그칠 때는 혀뿌리를 떼지 않음.

ㄲ 'ㄱ'의 된소리. 이름은 쌍기역. 목젖으로 콧길을 막으면서 숨길을 닫고, 혀뿌리를 연구개에 붙였다가 떼면서 세게 터뜨려 내는 소리. 받침으로 그칠 때는 'ㄱ'과 같은 소리가 됨.

ㄴ 한글 자모의 둘째 글자. 이름은 니은. 혀끝을 윗잇몸에 붙였다가 떼면서 날숨을 콧구멍으로 나오게 하여 코 안의 울림을 일으키는 유성음. 받침으로 그칠 때는 혀끝을 떼지 않음.

ㄷ 한글 자모의 셋째 글자. 이름은 디귿. 목젖으로 콧길을 막고 혀끝을 윗잇몸에 붙여 날숨을 막았다가 뗄 때 목청을 울리지 않고 내는 무성 파열음. 받침으로 그칠 때는 혀끝을 떼지 않음.

ㄸ 'ㄷ'의 된소리. 이름은 쌍디귿. 목젖으로 콧길을 막고 혀끝을 윗잇몸에 붙였다가 떼면서 세게 터뜨려 내는 소리.

ㄹ 한글 자모의 넷째 글자. 이름은 리을. 모음 사이에 올 때는 목청을 울리면서 혀끝이 윗잇몸을 한 번 가볍게 치면서 진동하는 탄설음이며, 받침으로 그칠 때는 혀끝을 윗잇몸에 꼭 붙이고 혀의 양옆으로 날숨을 내보내며 목청을 울리는 혀옆소리.

ㅁ 한글 자모의 다섯째 글자. 이름은 미음. 입을 다물고 날숨을 코 안으로 내보내며 목청을 울려 내는 유성음.

ㅂ 한글 자모의 여섯째 글자. 이름은 비읍. 목젖으로 콧길을 막고 두 입술을 다물었다가 떼면서 내는 무성 파열음. 받침으로 그칠 때는 입술을 떼지 않음.

ㅃ 'ㅂ'의 된소리. 이름은 쌍비읍. 목젖으로 콧길을 막으면서 숨길을 닫고, 입술로 입길을 막았다가 떼면서 세게 터뜨려 내는 소리.

ㅅ 한글 자모의 일곱째 글자. 이름은 시옷. 목젖으로 콧길을 막고 앞 혓바닥을 윗잇몸에 닿을 듯 말락 하게 올려, 내쉬는 숨이 그 사이를 비집고 나오면서 마찰하여 나는 무성 마찰음. 받침으로 그칠 때는 'ㄷ'과 같은 소리가 됨.

ㅆ 'ㅅ'의 된소리. 이름은 쌍시옷. 목젖으로 콧길을 막고 앞 혓바닥을 윗잇몸에 닿을 정도로 높여 그 사이를 통과하는 숨이 마찰을 일으키게 하면서 세게 터뜨려 내는 소리. 받침으로 그칠 때는 'ㄷ'과 같은 소리가 됨.

ㅇ 한글 자모의 여덟째 글자. 이름은 이응. 음절의 첫소리에서는 소릿값이 없음. 받침에서는 혀뿌리를 연구개에 붙여 입길을 막고 콧구멍 길을 튼 뒤에 목청을 떨고 코 안을 울려 내는 유성음.

ㅈ 한글 자모의 아홉째 글자. 이름은 지읒. 목젖으로 콧길을 막고 앞 혓바닥을 경구개에 넓게 대었다가 날숨으로 터뜨리면서 마찰도 함께 일으키며 내는 무성 파찰음. 받침으로 그칠 때는 'ㄷ'과 같은 소리가 됨.

ㅉ 'ㅈ'의 된소리. 이름은 쌍지읒. 숨길을 닫고 앞 혓바닥을 경구개에 단단히 붙였다가 입김을 밀면서 세게 터뜨릴 때 나는 소리.

ㅊ 한글 자모의 열째 글자. 이름은 치읓. 목젖으로 콧길을 막고 앞 혓바닥을 경구개에 넓게 대었다가 터뜨리되 날숨을 거세게 내뿜으면서 내는 무성 파찰음. 받침으로 그칠 때는 'ㄷ'과 같은 소리가 됨.

ㅋ 한글 자모의 열한째 글자. 이름은 키읔. 목젖으로 콧길을 막고 혀뿌리를 높여 연구개 뒤쪽에 붙여 입길을 막았다가 뗄 때에 거세게 나는 무성 파찰음. 받침으로 그칠 때는 'ㄱ'과 같은 소리가 됨.

ㅌ 한글 자모의 열두째 글자. 이름은 티읕. 목젖으로 콧길을 막고 혀끝을 윗잇몸에 대어 입길을 막았다가 숨을 불어 내면서 혀끝을 힘있게 파열시켜 내는 무성 파열음. 받침으로 그칠 때는 'ㄷ'과 같은 소리가 됨.

ㅍ 한글 자모의 열셋째 글자. 이름은 피읖. 목젖으로 콧길을 막고 입을 다물었다가 날숨을 거세게 내뿜으면서 내는 무성 파열음. 받침으로 그칠 때는 'ㅂ'과 같은 소리가 됨.

ㅎ 한글 자모의 열넷째 글자. 이름은 히읗. 목청을 좁혀 그 사이로 날숨을 내보낼 때 그 가장자리를 마찰시켜 내는 무성 마찰음. 받침으로 그칠 때는 'ㄷ'과 같은 소리가 되며, ㄱ·ㄷ·ㅂ·ㅈ과 만나면 앞뒤를 가리지 않고 ㅋ·ㅌ·ㅍ·ㅊ의 소리로 바뀜.

한글 자모

❋모음❋

ㅏ	한글 자모의 열다섯째 글자. 이름은 아. 혀를 아주 낮추고 아래턱을 당겨서 입을 크게 벌리어 내는 단모음. 양성 모음에 속함.
ㅐ	한글 자모 'ㅏ'와 'ㅣ'의 합한 글자. 이름은 애. 혀를 'ㅏ'소리를 내는 위치보다 조금 높은 자리에서 약간 내어 밀고 입을 반만 벌리어 내는 단모음. 양성 모음에 속함.
ㅑ	한글 자모의 열여섯째 글자. 이름은 야. 혀의 위치와 입 모양을 'ㅣ'소리를 낼 때와 같이 시작하여 'ㅏ'로 옮기면서 내는 이중 모음. 양성 모음에 속함.
ㅒ	한글 자모 'ㅑ'와 'ㅣ'의 합한 글자. 이름은 얘. 혀의 위치와 입 모양을 'ㅣ'소리를 낼 때와 같이 시작하여 'ㅐ'로 옮기면서 내는 이중 모음. 양성 모음에 속함.
ㅓ	한글 자모의 열일곱째 글자. 이름은 어. 혀를 보통의 위치에 놓고 입을 약간 크게 벌리어 입 안의 안쪽을 넓게 하면서 내는 단모음. 음성 모음에 속함.
ㅔ	한글 자모 'ㅓ'와 'ㅣ'의 합한 글자. 이름은 에. 혀를 'ㅓ'소리 내는 위치보다 조금 높은 자리에서 앞으로 약간 내어 밀고 보통으로 입을 열어 입아귀가 붙지 않을 정도로 하여 내는 단모음. 음성 모음에 속함.
ㅕ	한글 자모의 열여덟째 글자. 이름은 여. 혀의 위치와 입 모양을 'ㅣ'소리를 낼 때와 같이 시작하여 'ㅓ'로 옮기면서 내는 이중 모음. 음성 모음에 속함.
ㅖ	한글 자모 'ㅕ'와 'ㅣ'의 합한 글자. 이름은 예. 혀의 위치와 입 모양을 'ㅣ' 소리를 낼 때와 같이 시작하여 'ㅔ'로 옮기면서 내는 이중 모음. 음성 모음에 속함.
ㅗ	한글 자모의 열아홉째 글자. 이름은 오. 혀를 조금 뒤로 당기들이고 두 입술을 둥글게 하여 내는 단모음. 양성 모음에 속함.
ㅘ	한글 자모 'ㅗ'와 'ㅏ'의 합한 글자. 이름은 와. 혀의 위치와 입 모양을 'ㅗ' 소리를 낼 때와 같이 시작하여 'ㅏ'로 옮기면서 내는 이중 모음. 양성 모음에 속함.
ㅙ	한글 자모 'ㅗ'와 'ㅏ'와 'ㅣ'의 합한 글자. 이름은 왜. 혀의 위치와 입 모양을 'ㅗ' 소리를 낼 때와 같이 시작하여 'ㅐ'로 옮기면서 내는 이중 모음. 양성 모음에 속함.
ㅚ	한글 자모 'ㅗ'와 'ㅣ'의 합한 글자. 이름은 외. 혀를 보통 위치에서 앞으로 조금 밀어내면서 두 입술을 좁혀 둥글리는 듯이 하면서 내는 단모음. 양성 모음에 속함. 표준 발음법에 따라 이중 모음인 [웨]로도 발음할 수 있음.
ㅛ	한글 자모의 스무째 글자. 이름은 요. 혀의 위치와 입 모양을 'ㅣ' 소리를 낼 때와 같이 시작하여 'ㅗ'로 옮기면서 내는 이중 모음. 양성 모음에 속함.
ㅝ	한글 자모 'ㅛ'와 'ㅣ'의 합한 글자. 이름은 왜. 혀의 위치와 입 모양을 'ㅣ' 소리를 낼 때와 같이 시작하여 'ㅚ'로 옮기면서 내는 이중 모음. 현대 국어에서는 거의 쓰이지 않음.
ㅜ	한글 자모의 스물한째 글자. 이름은 우. 혀를 보통의 위치에 놓고 두 입술을 둥글게 한 상태에서 입을 조금 벌려서 내는 단모음. 음성 모음에 속함.
ㅝ	한글 자모 'ㅜ'와 'ㅓ'의 합한 글자. 이름은 워. 혀의 위치와 입 모양을 'ㅜ' 소리를 낼 때와 같이 시작하여 'ㅓ'로 옮기면서 내는 이중 모음. 음성 모음에 속함.
ㅞ	한글 자모 'ㅜ'와 'ㅓ'와 'ㅣ'의 합한 글자. 이름은 웨. 혀의 위치와 입 모양을 'ㅜ' 소리를 낼 때와 같이 시작하여 'ㅔ'로 옮기면서 내는 이중 모음. 음성 모음에 속함.
ㅟ	한글 자모 'ㅜ'와 'ㅣ'의 합한 글자. 이름은 위. 혀를 'ㅣ'에 두고 입술을 좁혀 내는 단모음. 때로 이중 모음으로 혀의 위치와 입 모양을 'ㅜ' 소리와 같이 시작하여 'ㅣ'로 옮기면서 이중 모음으로 발음할 수 있음. 음성 모음에 속함.
ㅠ	한글 자모의 스물두째 글자. 이름은 유. 혀의 위치와 입 모양을 'ㅣ' 소리를 낼 때와 같이 시작하여 'ㅜ'로 옮기면서 내는 이중 모음. 음성 모음에 속함.
ㆌ	한글 자모 'ㅠ'와 'ㅣ'의 합한 글자. 이름은 윾. 혀의 위치와 입 모양을 'ㅣ' 소리를 낼 때와 같이 시작하여 'ㅟ'로 옮기면서 내는 이중 모음. 현대 국어에서는 거의 쓰이지 않음.
ㅡ	한글 자모의 스물셋째 글자. 이름은 으. 혀를 에사로 편 채 경구개 가까이에 놓는 동시에 약간 뒤로 다가들이는 듯하면서 입술은 편편한 대로 얕게 열어 내는 단모음. 음성 모음에 속함.
ㅢ	한글 자모 'ㅡ'와 'ㅣ'의 합한 글자. 이름은 의. 혀의 위치와 입 모양을 'ㅡ' 소리를 낼 때와 같이 시작하여 'ㅣ'로 옮기면서 내는 이중 모음. 음성 모음에 속함.
ㅣ	한글 자모의 스물넷째 글자. 이름은 이. 혀의 앞 바닥과 중앙 부분의 양편 가장자리를 아주 높여 경구개에 가장 가까이 접근시키고 입술을 편편한 대로 얕게 열고 입아귀를 양편으로 당기는 듯이 하면서 내는 단모음. 중세어에서는 중성 모음이었으나 현대어에서는 음성 모음화함.

부록

북한어 소사전 · · · · 2120

국어의 로마자 표기법 · · · · 2136

한문 교육용 기초 한자 · · · · 2139

돋워보기 항목 색인 · · · · 2145

대법원 선정 인명용 한자 · · · · 2149

북한어 소사전

북한어 – 남한어

• 남북한이 공통으로 사용하는 말
 (예 : 수당•→ '수당'은 남북 공통어)

가

가시절 초보 시절
가계표(家系表) 신상명세서
가급금(加給金) 수당•
가녘 가장자리•
가는밸 작은창자
가다리 갈래•
가담가담 가끔•
가닿다 도착하다•
가두녀성 전업 주부
가두배추 양배추
가드라들다 오그라들다•
가락장갑 다섯 손가락 장갑
가락지빵 도넛
가로타다 1 가로채다• 2 가로맡다•
가마치 누룽지•
가사싸움 집안싸움•
가생이 가장자리•
가슴띠 브래지어
가슴안보개 내시경•
가슴헤염 평영
가시대 싱크대
가시물 개숫물
가시아버지 장인
가시어머니 장모
가시장 찬장
가시집 처가
가위주먹 가위바위보
가을뻐꾸기소리 헛소문•
가쯘하다 가지런하다•
각이하다 서로 다르다
각전 거스름돈•
간새 간•[짠맛의 정도]
간참(看參) 참견•
갈개다 사납게 또는 난잡하게 행동하다
갈람하다 얼굴이나 몸매가 갸름하다
감투 억울한 누명
갑삭하다 갭직하다•
갑작바람 돌풍

갑작부자 벼락부자•
갑작죽음 돌연사
강구다 귀를 기울이다•
강보리밥 꽁보리밥•
강좌장 (대학의) 학과장
강판 얼어붙은 강의 표면
같기식 등식
같기표 등호
개끼다 사레들리다•
개채머리없다 채신머리없다•
개체위생 개인 위생
개체생활 사생활•
거님길 산책로
거세차다 몹시 세차다
건늠길 횡단로
건발기 헤어드라이어
건병 꾀병•
걸싸다 1 (일솜씨나 행동이) 매우 기운차고
 빠르다 2 성격이 괄괄하다
걸써 건성으로•
걸음길 보도•
걸음발 걸음걸이•
걸탐스럽다 1 의욕적이다 2 욕심이 많다
게바라다니다 게처럼 이리저리 다니다
게사니 거위
게으름뱅이 나무늘보
겨울나이 겨우살이•
겨울나이차비 겨우살이 준비
격검 펜싱
결속하다(結束—) 마무리하다•
결패 패기•
계단승강기 에스컬레이터
계란소(鷄卵素) 단백질•
계절조 철새•
계호원(戒護員) 교도관
고기떡 어묵
고다 시끄럽게 떠들다
고리틀운동 안마•[체조]
고망년 옛날 옛적

북한어 소사전

고모사촌	고종 사촌•
고뿌	컵
고성기	스피커
고속도선	쾌속선•
고슬고슬하다	곱슬곱슬하다•
고아대다	시끄럽게 떠들어 대다
고전형	그레코로만형[레슬링]
고층살림집	아파트
고포(古布)	누더기
곡상(斛上)	고봉 ¶그릇에 밥을 ~으로 담다.
곤기(困氣)	피곤한 느낌이나 기색
곤닭알	상한 달걀
곧은박이	고집불통•
곰열	웅담
곱등어	돌고래
공걸음	헛걸음•
공격어김	오프사이드
공기갈이	환기
공몰기	드리블
공민증	주민 등록증
공빼앗기	인터셉트[농구]
과따대다	몹시 떠들어 대다
과일단물	주스
과일단졸임	잼
과학환상소설	공상 과학 소설
곽밥	열차에서 파는 도시락
광폭영화	시네마스코프
교양원	유치원 교사
교예사	곡예사
교통안전원	교통순경
교학	장학관
교화소	교도소
구강과	치과
구경표	관람권•
구답시험	구술시험
구대원	고참
구두술	구둣주걱
구멍수	난관을 해결할 만한 수단
구석차기	코너킥
군관	장교
군중가요	대중가요•
굵은벨	큰창자
굼때다	둘러맞추다•
굽어들다	의지나 주장 등을 굽히다
굽인돌이	모퉁이•
궁겁다	궁금하다•
그닥	그다지•
그루빠	그룹
그림분필	파스텔•
그시그시	그때그때•
그지간	그동안•
그쯘하다	1 빠짐없이 다 갖추어져 있다 2 미끈하고 번듯하다
근터구	1 핑계• 2 근거•
급양	급식
급해맞다	매우 다급하다
긍지스럽다	자랑스럽다•
기둥도표	막대그래프
기둥선수	주전 선수
기름배	유조선•
기름사탕	캐러멜
기름크림	콜드크림
기슭바다	연안해•
기억	기억
긴련락	롱 패스[축구]
길깔이돌	포석•
길량식	먼 길을 갈 때 준비하는 양식
까까쟁이	이발사•
까드리다	몸을 웅크리거나 구부리다
까리	기회•
까리까리하다	아리송하다•
까박을 붙이다	트집을 잡다•
까벨	케이블
까부리다	바싹 꼬부리다
깍두기판	질서 없이 뒤범벅이 된 판
깔다구	볼품없이 삐쩍 마른 사람
깜빠니야	캠페인
깡지	찌꺼기•
깨우기	(사진) 현상
깨우다	(사진을) 현상하다
꺼꺼부정하다	몹시 꾸부정하다
꺽두룩하다	멋없이 키가 크다
껍진거리다	끈적거리다•
꼭자무식	일자무식•
꼴을 먹다	무안을 당하다•
꽝포	허풍•
꽝포쟁이	허풍쟁이•
꾀바리	꾀바른 사람
꾹돈	뇌물로 주는 돈

꿀비 단비•
꿈만하다 대수롭지 않다 ¶꿈만하게 여기다.
끌바 배나 큰 물건에 걸고 끄는 밧줄
끌배 예인선•
끌신 슬리퍼
끌차 견인차
끌힘 인력(引力)
끼식 끼니•

나

굴다 나뒹굴다
나뉜옷 투피스
나들문 출입문
나라길 국도
나리옷 어린이 원피스
나무랍다 섭섭하고 분하다
나비혜염 접영
나세 서로 같거나 비슷한 나이
나주막 나중•
나지다 나타나다•
낙지 오징어
난탕을 치다 행패를 부리다•
낟알털기 탈곡
날거리 하루의 일감
날래 빨리•
날맥주 생맥주•
날면들면 들락날락•
날물 썰물•
날바다 아득하게 넓은 바다
날세 날씨•
날치기사격 클레이 사격
남북머리 짱구 머리
남비탕 찌개•
남성고음 테너•
남성저음 베이스
남성중음 바리톤•
남잡이 남을 해코지하는 것
납작못 압정
낮추불다 겸손하게 대하다
낮춤하다 나지막하다•
내구럽다 연기가 맵다
내굴 연기•
내굴찜 훈제•
내다 (술이나 물 등을) 들이켜다• ¶쭉 냅시다.

내리먹다 좌천되다•
내리조기다 냅다 때리다
내밀성 일을 강력하게 추진하는 능력
내오다 기관이나 단체를 새로 만들다
내우하다 내외(內外)하다•
내절로 스스로•
냄내다 배웅하다•
넉적다 뻔뻔스럽다•
넋살탕 호된 골탕
넝에 바다표범•
넣는사람 투수
녀성고음 소프라노
녀성저음 알토•
녀성중음 메조소프라노
노죽 다른 사람의 마음에 들기 위해 말·표정·몸짓·행동 등을 일부러 지어내어 하는 것 ¶~을 떨다.
농마 녹말
눅거리 싸구려 물건
눅다 (값이) 싸다•
눅잦히다 진정시키다•
눈고패 눈사태•
눈딱총을 놓다 눈총을 주다•
눈량 적설량
눈맛 눈으로 보고 느끼는 맛
눈무지 눈 더미
눈발림 겉으로만 그럴듯한 것
눈치기차 제설차
늄 알루미늄
늄창 알루미늄 새시
느질느질 느릿느릿•
느질다 몹시 느리다
늘늘하다 넉넉하다•
늘크데하다 활기 없이 축 늘어져 있다
능달 응달

다

과대다 몹시 다그치다
다님표 운행표
다리돌 징검돌•
다리매 각선미
다문 하다못해 다만 ¶~ 하루라도 쉬어라.
단고기 개고기
단꺼번에 단번에•
단마디 한마디•
단매 단 한 번의 강한 타격

북한어 소사전

단묵 젤리
단물약 시럽
단설기 카스텔라
단수수 사탕수수•
단얼음 빙수•
단졸임 잼
달린옷 원피스
닭공장 양계장
닭알 달걀
답새기다 두들겨 패거나 족치다
당콩 강낭콩
대방(對方) 상대방•
대상하다(對相—) 상대하다•
대좌 대령
댕기운동 리본 체조
더미구름 뭉게구름•
덜기 뺄셈
덤벼치다 분별없이 날뛰다
덧머리 가발•
도간도간 드문드문•
도나트 도넛
도레라 트레일러
돈넣기 입금•
돌가위보 가위바위보
돌따서다 가던 길을 되돌아서다
돌물 마그마
돌바숨기 쇄석기
돌바탕 돌이 온통 깔린 땅바닥
돌아치다 1 바쁘게 왔다갔다 하다 2 쓸데없이 싸돌아다니다
동가슴 앙가슴•
동동이 부표•
동숙생 룸메이트
동시랗다 동그스름하다•
동약 한약
동의학 한의학
동집게 족집게•
된매 세게 때리거나 맞는 매
된코 매우 큰 타격
두리 둘레
두벌농사 이모작
두벌자식 손자•
둥글파 양파•
뒤거두매 뒷마무리
드림말 헌사•

드림시 헌시•
드살 남을 휘어잡으며 드세게 구는 것 ¶~ 센 성격.
들리다 들르다
들물 밀물•
들부시다 마구 부수다
들장나다 들통 나다•
들추다 (타는 것이) 위아래로 몹시 흔들리다
디읃• 디귿
따기군 소매치기•
따따하다 따스하다•
따라난병 합병증•
따바리 똬리•
딱친구 단짝 친구•
땅고집 옹고집•
땅속물 지하수•
땅크 탱크
때식 끼니•
똘 다이너마이트
뚜꺼먹다 땡땡이치다•
뚜지다 (땅을) 파 뒤집다
똑쟁이 무뚝뚝한 사람
뛰위하다 말이나 소문이 미덥지 못하다
뜨더국 수제비•
뜨락또르 트랙터
뜬말 뜬소문•
뜰힘 부력
띠끔하다 뜨끔하다•

라

라지오 라디오
락자없다 영락없다
락후생 열등생
랭풍기 에어컨
레루 레일
려과담배 필터 담배
력서 1 책력• 2 달력•
련맹전 리그전•
로동개미 일개미
로동벌 일벌
로이마치스 류머티즘
로할아버지 증조부•
롱말 농담
료해하다 사정이나 형편을 알아보다
륜운동 링 운동[체조]

류환선 순환선

마
마가을 늦가을•
마감역 종착역•
마라손 마라톤
마룩 국물•
마스다 1 깨뜨리다• 2 낡은 것을 없애다
마음다툼 갈등•
만가동 풀가동
만능나사틀개 멍키 스패너
만부하 기계가 자기의 능력을 완전히 내어 움직이는 상태
만약시 만약의 경우
만풍년 큰 풍년
말공부 공염불
말공부쟁이 공염불을 일삼는 사람
말밥 구설수
말수더구 1 말수• 2 말솜씨•
말째다 1 (몸이) 거북하고 불편하다 2 (사람이나 일이) 다루기에 까다롭다
맛내기 조미료
망꼬리 맨 꼴찌
망탕 되는대로 마구
맞단추 똑딱단추•
맞혼인 연애결혼
매생이 나룻배
매시시하다 나른하다•
맹눈 까막눈•
맹종맹동하다 주관 없이 남이 시키는 대로 행동하다
머리받기 헤딩
머물새 텃새
먹석이 먹보•
먹이작물 사료 작물
메사하다 쑥스럽다•
멜가방 배낭
멱다시 멱살•
면바로 정면으로
명인(名人) 위인(偉人)•
모대기다 괴롭거나 안타까워 몸을 뒤틀며 움직이다
모두매 뭇매•
모두하다 모두 합치다
모를 박다 (중요한 일에) 힘을 기울이다
모사전송기 팩스

모사탕 각설탕•
모색(貌色) 얼굴의 생김새나 차린 모습
모지름 안간힘
모터찌클 모터사이클
목달개 칼라
목수건 스카프
몰사격 집중 사격•
몰아주다 왕따시키다
몸매띠 코르셋
몸틀 마네킹
묘준하다 조준하다•
무더기비 집중 호우
무둑하다 수북하다•
무드기 수북이•
무른고약 연고•
무릎싸움 닭싸움
무리등 상들리에
무맥하다 무기력하거나 줏대가 없다
무연하다 아득하게 넓다
무우겨절임 단무지
무우오가리 무말랭이
무잠이 해녀•
무지개다리 아치교•
무지다 무더기로 모아 쌓다
묵새기다 (마음의 감정이나 고통을) 애써 참아 사그라드리다
문다지다 함부로 마구 문대다
문제를 세우다 논의나 비판의 대상으로 삼다
문지기 골키퍼
문화어 표준어
물들체 염색체
물레걸음 뒷걸음질
물말 하마•
물멀기 큰 물결
물바래 물보라•
물스키 수상 스키
물앉다 주저앉다•
물주리 물부리•
물찰찰이 물수제비뜨기
물참봉이 되다 물에 흠뻑 젖다
물촉새 물총새
물크림 로션
못다 1 여러 개를 한데 붙이거나 이어서 어떤 물건을 만든다 2 다른 사람과 어떤

관계를 맺다
뭉개치다 뭉개서 망가지게 하다
미끄럼약 윤활제•
미누스 마이너스
미시리 얼간이•
미츠러지다 미끄러지다•
미타하다 미심쩍다•
민간오락 민속놀이
민족음악 국악

바다나물 미역·다시마·김 등 먹을 수 있는 해조류
바다농사 해산물을 자연 채취하거나 양식하는 일
바라다니다 싸돌아다니다•
바라이데 버라이어티 쇼
바람이 풍치(風齒)•
바람종 풍경(風磬)•
바빠맞다 몹시 바쁘다
바빠치다 바빠서 이리저리 돌아다니다
바삭과자 전병(煎餅)
바재이다 바장이다
바줄당기기 줄다리기•
박산나다 박살 나다•
박죽 밥주걱•
반디빛등 형광등•
발가우리하다 발그스름하다•
발가지다 지나치게 약삭빠르고 되바라지다
발딱코 들창코•
발바리차 소형 자동차
발쪽 족발
발췌 발췌•
발편잠 편안한 잠
밤을 패다 밤을 새우다•
밥곽 도시락 또는 도시락 통
방거두매 방 청소
방송원 아나운서
배들배들하다 앓거나 허약하여 기운이 없다
배무이 조선(造船)•
배중 설사 증세가 있는 배앓이
배터 나루터•
뱉풀이 화풀이•
번대머리 대머리•
벌방 들이 넓고 논밭이 많은 고장
벌차기 프리 킥
베차다 벅차다•
벼가을 벼를 베어 거두어들이는 일
별보라 밤하늘에 많은 별들이 깔려 있는 것을 이르는 말
별찌 별똥별
병력서(病歷書) 차트
병실(兵室) 내무반
별소금 천일염
보가지 복어•
보안원 경찰
보위색 국방색
보총 소총•
복닥불 사람이 정신을 차릴 수 없게 볶아대며 야단스럽게 구는 상태
복새통 북새통•
볶음판 프라이팬
볼웃음 미소•
부교장 교감
부등부등 부득부득•
부루 상추•
부림소 일소
부스럭돈 잔돈
부족점 단점•
분공(分工) 할당된 업무, 또는 업무를 할당하는 것
분주소 파출소
분크림 파운데이션
분필그림 파스텔화•
불망종 불망나니•
불서럽다 몹시 서럽다
불종 화재경보기•
불피코 기필코•
붙어살이 기생•
비물닦개 (자동차의) 와이퍼
비양 비아냥
빈말공부 탁상공론•
빌림값 임차료•
빙상관 실내 스케이트장
빙상호케이 아이스하키
빛섬유까벨 광케이블
빛합성 광합성•
빤빤머리 삭발한 머리
빨락종이 셀로판•
빨래방치 빨랫방망이•

빨래집 세탁소
빼람 서랍•
뻘럭불가담나라 비동맹국
삐뚤서 조금 삐뚤게
삐뚤서하다 조금 삐뚤다
사군데 사방 여러 곳
사귀다 교차하다•
사내번지개 성질이 남자처럼 괄괄한 여자
사등뼈 등골뼈•
사라구 씀바귀
사려물다 이를 악물다
사민(私民) 민간인•
사변 중대한 일 ¶획기적 ~.
사사모사 사사건건•
사자고추 피망
사품치다 물살이 세차게 흐르다
산날 산등성이•
산줄기 산맥
살결물 스킨로션
삼촌어머니 작은어머니
삽삽하다 사근하근하다•
삽하다 험하다•
새리새리하다 (기억이) 가물가물하다•
새막이 칸막이•
새망 경솔하고 얄밉게 구는 것 ¶~을 떨다.
새없다 주책없다•
색동다리 무지개•
색쌈 계란말이
색텔레비죤 컬러텔레비전
샘치바위 샘물이 솟아나는 바위
생눈길 아무도 밟지 않은 눈 위에 처음으로 난 길
생둥이 풋내기•
생물 생선•
샴팡 샴페인
서기(書記) 보좌관
서마서마하다 (마음이) 조마조마하다•
섞음헤엄 혼영
선자리걸음 제자리걸음•
선전화 포스터
설기과자 카스텔라
성근하다 성실하고 부지런하다
성수가 나다 일이 잘되어 신이 나다
소개신(紹介信) 소개장•

소리판 레코드•
소보(小報) 속보(速報)
소소리높다 하늘로 솟아 있는 모양이 매우 높다
소조(小組) 동아리
소좌 소령
속감 골재•
속고무 튜브•
속구구 속셈•
속대 줏대
손가락말 수화•
손가락무늬 지문•
손기척 노크•
손세 손짓•
손짐 수하물
손탁 손아귀 또는 손아귀의 힘 ¶~에 넣다/~이 세다.
솔솔이 물뿌리개•
송아지동무 소꿉친구•
수원(隨員) 수행원•
수중교예 수중 발레
수지연필 샤프•
수집다 수줍다•
수표하다 서명하다•
숙보다 깔보거나 업신여기다
순간타격 스파이크[배구]
슬치다 스치다•
승강내기 서로 지지 않으려고 겨루는 것
승벽내기 서로 지지 않으려고 기를 쓰는 것
승자전 토너먼트
시듬프다 마음에 맞갖잖고 시들하다
시뚝하다 마음에 언짢아서 토라져 있다
시보영화 시사 기록 영화
시살스럽다 진저리가 날 정도로 귀찮다
시울다 눈이 부셔서 바로 보기 거북하다
시형 남편의 형
식수절 식목일
식의주 의식주•
실말 참말•
실머리 실마리•
싱겁둥이 싱거운 사람
쌍붙이 짝짓기
쌍태머리 가랑머리•
쓰레기김치 섞박지

썩살 굳은살•
썩장 청국장•
쓰겁다 마음에 언짢다
씨붙임 씨뿌리기•
씨엉씨엉 기운차게 일하는 모양

아
아글타글 아등바등
아바이 중년 이상의 남자를 친근하게 부르는 말
아부재기 엄살을 부리는 태도나 말
아수하다 아쉽다•
아시저녁 초저녁•
아이보개 베이비시터
아지 식물의 어린 가지나 가는 가지
아짜아짜하다 아슬아슬하다•
아침대거리 아침 교대
안받침하다 뒷받침하다
안싸다 감싸다•
앉아버티기 연좌시위
알림판 게시판•
알맞춤하다 비슷하게 알맞다
알심있게 실속 있고 착실하게
알쓸이철 산란기
알씬하다 냄새나 자극이 심하다
애군 애물•
애모쁘다 애가 타고 안타깝다
애어리다 아주 어리다
야단독판 남을 깔보며 무시하고 혼자 야단스레 설치는 것
야시꼽다 아니꼽다•
야장간 대장간•
야장쟁이 대장장이
약간한 얼마 안 되는
양말바지 팬티스타킹
양산치마 개더스커트
얘질거리다 얄밉고 깜찍하게 굴다
어드메 어디에
어뜩새벽 꼭두새벽•
어로공 어부
어른싸다 어른스럽다•
어망결에 얼떨결에•
어방 부근•
어방없다 어림없다•
어방치기 어림짐작•
어벌 생각하는 구상이나 배포

어성버성하다 서먹서먹하고 어색하다
어슬막 해 질 무렵
억다짐 억지다짐•
억이 막히다 기가 막히다•
얼굴이 넓다 발이 넓다•
얼럭밥 잡곡밥
얼리다 1 어르다• 2 달래다• 3 구슬리다•
얼림수 상대방을 살살 구슬려 속여 넘기는 것
얼벌벌하다 얼얼하다•
얼빤하다 똑똑하지 못하고 어벙하다
얼싸하다 그럴싸하다
얼죽음 반죽음•
얼치다 얼떨떨해지다•
엄지고기 성어(成魚)
에미나이 '계집아이'를 홀하게 이르는 말
에우다 끼니를 대충 때우다
여가리 가장자리•
여덟달내기 팔삭동이
여름살이옷 여름옷•
역스럽다 역겹다•
연구생 대학원생
연구원 대학원
연송 연방•
열스럽다 열없다
영광차다 매우 영광스럽다
영화문학 시나리오
예술체조 리듬 체조
오그랑수 속임수•
오돌지다 오달지다•
오돌차다 매우 오달지다
오레미 올케•
오륙 온몸•
오림책 스크랩북
오목샘 보조개•
오새없다 주책없다•
옥파 양파•
올려치기 어퍼컷
올방자 책상다리•
올코 올가미•
옷걸개 옷걸이•
웅근일식 개기 일식
웅달치 아주 작은 물고기
웅하다 꽁하다•
와드드하다 매우 크거나 요란하여 생각했

던 것보다 대단하다
왁새 왜가리•
왕가물 심한 가뭄
왕땅 장땡
왕벌젖 로열 젤리
왕청같다 엉뚱하다•
왜서 왜
외짝사랑 짝사랑•
외태머리 한 가닥으로 땋은 머리
왼심을 쓰다 고심하다•
우 위
우단점 장단점
우둘렁거리다 투덜거리다•
우등불 화톳불
우선우선하다 (목소리나 표정이) 시원시원하다•
우야 일부러•
우점(優點) 장점•
우쭐렁거리다 우쭐거리다•
우편국 우체국
우편통신원 집배원
욱다짐 우격다짐•
욱닥욱닥 북적북적•
울대덮개 후두개
원쑤 원수
원주필 볼펜
월프람 텅스텐
위생실 화장실•
위생종이 화장지
위생차 앰뷸런스
유람뻐스 관광버스
유보도(遊步道) 산책로
유술(柔術) 유도(柔道)
은을 내다 (일이나 행동에서) 보람을 거두다
음악무용극 뮤지컬
의거자 귀순자
의례(儀禮) 의전(儀典)
이돌 치석
이름못하다 이루 말할 수 없다
이모사촌 이종 사촌•
이바퀴 톱니바퀴
이발 이빨•
이상사람(以上—) 손윗사람
이쏘기 치통
이솔 칫솔
이신작칙 솔선수범
인민 국민
인민소비품 생활필수품
인민학교 초등학교
인차 금방
인츰 금방
일군땅 개간지
일떠서다 (건축물 등이) 건설되다•
일떠세우다 (건축물 등을) 건설하다•
일본새 근무 태도
일없다 괜찮다•
일참 일을 하다가 쉬는 시간
입쓰리 입덧•
입연지 립스틱
잊음증 건망증•

자

자기절로 자기 스스로
자랑차다 매우 자랑스럽다
자래우다 키우다•
자료기지 데이터베이스
자분참 지체 없이 곧
자비로 자기 스스로
자연부원 천연자원
자짠지 장아찌•
작간(作奸) 농간
작의형제 결의형제•
작풍 태도나 품성
잔즛이 1 드러나지 않게 조용히 2 지그시•
잠나라 꿈나라•
잠내 잠이 덜 깬 기색
잠약 수면제
잡탕말 외래어
장님유리 불투명 유리
장달음 줄달음•
장알 손바닥에 박힌 굳은살
재구를 치다 탈을 내다•
재등 고갯마루
재밤 깊은 밤
재밤중 한밤중•
저녁켠 저녁이 되어 가는 때
저마끔 저마다•
전기밥가마 전기밥솥
전기송곳 전기 드릴
전기신호판 전광판

전기여닫개 스위치*
전기종 벨
전등알 백열전구
전사(戰士) 사병(士兵)
전실(前室) 거실
전주대 전선주
전탕 모두 다
전화종 전화벨*
점도록 오래도록
점수이김 판정승
점심곽 도시락
정무원(政務員) 공무원
제가다리로 저마다*
제김에 저절로
제도루메기 도로 아미타불
제마끔 저마다*
제잡이 스스로 자기 자신을 망치는 것
조기다 마구 두들기거나 패다
조련찮다 만만찮다*
조마(造馬) 뜀틀
조마구 조무래기*
조막돌 조약돌*
조선화 한국화
종다리 종아리*
종시계 자명종*
주글살 주름살*
주런이 줄을 지어 가지런히
주머니종 무선 호출기
주석단 본부석
주패 트럼프*
죽탕 곤죽이 되어 뒤범벅된 상태
줄끔줄끔 절룩절룩*
중낮 한낮
중좌 중령
줴기밥 주먹밥*
증견자 목격자*
증기빵 찐빵*
지내 너무 지나치게
지늙다 지레 늙다
지르보다 눈을 부릅뜨고 보다
지상호케이경기 필드하키
지숙하다 지긋하다*
지쩌 끈기 있게 줄곧
지어 심지어*
지은옷 기성복

직승기 헬리콥터
직일(直日) 당직(當直)
직장세대 맞벌이 가정
직판 맞대 놓고 직접
진단장 짙은 화장
질거세다 나이보다 일찍 머리가 세다
질군 마니아
질길성 내구성
질바 질빵
짐렬차 화물 열차
짐함 콘테이너
집난이 시집간 딸
집단체조 매스 게임
집안거두매 집안 살림*
짜르다 짧다*
짝패 짝꿍
짬수 어떤 일을 할 수 있는 알맞은 낌새
   나 형편
짬시간 여가 시간
쨈하다 무릎맞춤하다*
쪼박 조각*
쪼박지 쪼가리*
쪽무이 여러 쪽을 한데 이어 붙여서 어떤
   물건을 만드는 것
쪽무이그림 모자이크
쬐쬐하다 쩨쩨하다*
찔게 반찬*

차

차굴 터널
차넣기 슛
차단소 검문소
차례지다 (몫으로) 배당되다*
차마당 주차장*
차요시하다 소홀히 하다*
찬물마찰 냉수마찰
찬물미역 냉수욕
참대곰 판다(panda)
참참하다 아주 참하다
창가림막 커튼
철바람 계절풍
첫차기 킥오프
초기 심한 시장기
초들초들하다 몹시 시들어 말라 있다
촌바우 촌뜨기*
총적(總的) 총체적*

ㅊ

총탁(銃托) 개머리판
추동하다 부추기거나 고무하다
추세우다 (몸을) 추스르다•
치레거리 액세서리

칼

칼제비국 칼국수•
코집이 틀리다 앞으로 잘되기는 다 글러지다
쿵창판 (북이나 징을 울리는) 흥겨운 자리
큰보임새 클로즈업
클락새 크낙새

타

타개다 (콩·팥 등을) 타다•
타발하다 탁박하다•
탁없다 턱없다
탈가(脫家) 가출
탐오랑비(貪汚浪費) 횡령•
태공하다(怠工一) 태만히 하다•
태앉다 임신하다•
터문 처지나 형편
테울다 통곡하다•
통꼴 완전히 실패하거나 크게 망신을 당하는 것
통신학부 방송 통신 대학
통장갑 벙어리장갑•
퇴매하다 (말이나 행동이) 얄밉고 재수 없다
투구 럭비
퉁구리 물건을 일정한 크기로 묶거나 사리거나 싼 덩어리 ¶~ 위생지/실 ~.
튐성 탄성
트적질 트집을 부리는 것
특각(特閣) 안가(安家)

파

파고철 고철•
판가리 판가름•
판공 리바운드 볼[농구]
판이 나다 결판이 나다•
판조립 몽타주
팔갑 팔순•
팔굽대기 팔꿈치 보호대
팔매선 포물선•
퍼그나 보통 정도를 넘을 만큼 꽤
푸릇하다 푸르스름하다•
풀판 풀이 많이 자라고 있는 들판
피게 딸꾹질•
피끗 퍼뜩•
피눈 혈안
피타다 1 몹시 애타다 ¶피타게 부르짖다. 2 혼신을 다하다 ¶피타는 노력을 기울이다.
피형 혈액형

하

하내비 할아비•
하바닥 맨 밑바닥
하불 홑이불•
학생물림 사회 초년생
한당대 한평생•
함께살이 공생•
해가늠 해를 보고 시간을 헤아려 짐작하는 것
해비 여우비
해지기 일몰
행표 수표
허거프다 어이없다•
허궁 1 물체가 공중에 번쩍 쳐들렸다가 떨어지는 모양 2 보람 없이 3 허공•
허궁다리 현수교
허궁치기 일을 계획성 없이 무턱대고 하는 것
허리쉼 일을 하는 도중에 잠깐 쉬면서 허리의 피로를 푸는 것
허양 1 거침없이 그냥 2 남김없이 깡그리 3 맥없이 그대로
헐끔하다 얼굴이 거칠하고 눈이 떼꾼하다
헤가르다 헤쳐 가르다 ¶물결을 ~.
헤염 헤엄
헨둥하다 뚜렷하고 명백하다
호상(互相) 상호(相互)•
호위(護衛) 경호(警護)
혼쌀나다 혼쭐나다•
화학빨래 드라이클리닝
후과(後果) 좋지 못한 결과
후렁후렁하다 헐렁헐렁하다•
후아버지 새아버지
후어머니 새어머니
훔친범 절도범•
휘거 피겨 스케이팅
휴식일 공휴일
흐름선 컨베이어
흡진기 진공청소기
힘바리 완력가

남한어 – 북한어

• 남북한이 공통으로 사용하는 말
(예: 가끔•→ '가끔'은 남북 공통어)

가끔• 가담가담
가랑머리• 쌍태머리
가로맡다• 가로타다
가로채다• 가로타다
가발• 덧머리
가위바위보 돌가위보, 가위주먹
가장자리• 가녁, 여가리, 가생이
가지런하다• 가쯘하다
가출 탈가(脫家)
각선미 다리매
각설탕• 모사탕
간• 간새[짠맛의 정도]
갈등• 마음다툼
갈래• 가다리
감싸다• 안싸다
강낭콩 당콩
개간지 일군땅
개고기 단고기
개기 일식 옹근일식
개더스커트 양산치마
개머리판 총탁(銃托)
개숫물 가시물
갭직하다• 갑삭하다
거스름돈 각전
거실 전실(前室)
거위 게사니
건망증 잊음증
건설되다• 일떠서다
건설하다• 일떠세우다
건성으로• 걸써
걸음걸이• 걸음발
검문소 차단소
게시판• 알림판
겨우살이• 겨울나이
견인차 끌차
결의형제 작의형제
결판이 나다• 판이 나다
경찰 보안원
경호(警護) 호위(護衛)
계란말이 색쌈
계절풍 철바람
고갯마루 재등
고봉 곡상(斛上)

고심하다• 원심을 쓰다
고종 사촌• 고모사촌
고집불통• 곧은박이
고참 구대원
고철• 파고철
곡예사 교예사
곡재• 속감
골키퍼 문지기
곱슬곱슬하다• 고슬고슬하다
공무원 정무원(政務員)
공상 과학 소설 과학환상소설
공생• 함께살이
공염불 말공부
공휴일 휴식일
관광버스 유람뻐스
관람권 구경표
광케이블 빛섬유까벨
광합성 빛합성
괜찮다• 일없다
교감 부교장
교도관 계호원(戒護員)
교도소 교화소
교차하다• 사귀다
교통순경 교통안전원
구둣주걱 구두술
구설수 말밥
구술시험 구답시험
구슬리다• 얼리다
국도 나라길
국물• 마룩
국민 인민
국방색 보위색
국악 민족음악
굳은살• 썩살
궁금하다• 궁겁다
귀를 기울이다• 강구다
귀순자 의거자
그다지• 그닥
그동안• 그지간
그때그때• 그시그시
그럴싸하다• 얼싸하다
그레코로만형 고전형[레슬링]
그룹 그루빠
근거• 근터구

근무 태도 일본새
금방• 인차, 인츰
급식 급양
기가 막히다• 억이 막히다
기생• 붙어살이
기성복 지은옷
기역 기윽
기필코• 불피코
기회• 까리
까막눈• 맹눈
깨뜨리다• 마스다
꼭두새벽• 어뚝새벽
꽁보리밥• 강보리밥
꽁하다• 옹하다
꾀병• 건병
꿈나라 잠나라
끈적거리다• 껍진거리다
끼니• 끼식, 때식

나뒹굴다• 나굴다
나루터• 배터
나룻배 매생이
나른하다• 매시시하다
나무늘보 게으름뱅이
나중• 나주막
나지막하다• 낮춤하다
나타나다• 나지다
날씨• 날세
내구성 질길성
내무반 병실(兵室)
내시경 가슴안보개
내외(內外)하다• 내우하다
냉수마찰 찬물마찰
냉수욕 찬물미역
넉넉하다• 늘늘하다
노크• 손기척
녹말 농마
논밭• 포전
농간 작간(作奸)
농담 롱말
누더기 고포(古布)
누룽지• 가마치
눈 더미 눈무지
눈사태• 눈고패
눈총을 주다• 눈딱총을 놓다

| 느릿느릿• 느질느질 | 디글 디읃• | 무선 호출기 주머니종 |
| 늦가을• 마가을 | 따스하다• 따따하다 | 무안을 당하다• 꼴을 먹다 |

다이너마이트 폴

단무지 무우겨절임	딸꾹질• 피게	무지개• 색동다리
단백질• 계란소(鷄卵素)	땡땡이치다• 뚜꺼먹다	물보라• 물바래
단번에• 단꺼번에	똑딱단추• 맞단추	물부리• 물주리
단비• 꿀비	똬리• 따바리	물뿌리개• 솔솔이
단점• 부족점	뜀틀 조마(造馬)	물수제비뜨기 물찰찰이
단짝 친구• 딱친구	뜨끔하다• 띠끔하다	물총새 물촉새
달걀 닭알	뜬소문• 뜬말	뭇매• 모두매

| 달래다• 얼리다 | | 뭉게구름• 더미구름 |

라디오 라지오

달력• 력서	럭비 투구	뮤지컬 음악무용극
닭싸움 무릎싸움	레일 레루	미끄러지다• 미츠러지다
당직(當直) 직일(直日)	레코드• 소리판	미소• 볼웃음
대령 대좌	로션 물크림	미심쩍다• 미타하다
대머리• 번대머리	로열 젤리 왕벌젖	민간인• 사민(私民)
대장간• 야장간	롱 패스 긴련락[축구]	민속놀이 민간오락
대장장이 야장쟁이	룸메이트 동숙생	밀물• 들물
대중가요• 군중가요	류머티즘 로이마치스	

바다표범• 넝에

대학원 연구원	리그전• 련맹전	바리톤 남성중음
대학원생 연구생	리듬 체조 예술체조	바장이다 바재이다
데이터베이스 자료기지	리바운드 볼 판공[농구]	박살 나다• 박산나다
도넛 가락지빵, 도나트	리본 체조 댕기운동	반죽음• 얼죽음
도로 아미타불 제도루메기	립스틱 입연지	반찬• 찔게
도시락 밥곽, 점심곽	링 운동 륜운동[체조]	발그스름하다• 발가우리하다
도시락 통 밥곽		

마그마 돌물

돌고래 곱등어	마네킹 몸틀	발이 넓다• 얼굴이 넓다
돌연사 갑작죽음	마니아 질군	발췌• 발취
돌풍 갑작바람	마라톤 마라손	밤을 새우다• 밤을 패다
동그스름하다• 동시랑다	마무리하다• 결속하다	밥주걱• 박죽
동아리 소조(小組)	마이너스 미누스	방송 통신 대학 통신학부
둘러맞추다• 굼때다	막대그래프 기둥도표	방 청소 방거두매
둘레• 두리	만만찮다• 조련찮다	배낭• 멜가방
뒷걸음질 물레걸음	말솜씨• 말수더구	배당되다 차례지다
뒷마무리 뒤거두매	말수• 말수더구	배웅하다• 냄내다
뒷받침하다• 안받침하다	매스 게임 집단체조	백열전구 전등알
드라이클리닝 화학빨래	먹보• 먹석이	버라이어티 쇼 바라이데
드리블 공몰기	멍키 스패너 만능나사틀개	벅차다• 베차다
드문드문• 도간도간	메조소프라노 녀성중음	벙어리장갑• 통장갑
들락날락• 날면들면	멱살• 멱다시	베이비시터 아이보개
들르다 들리다	모자이크 쪽무이그림	베이스 남성저음
들이켜다• 내다	모터사이클 모터찌클	벨 전기종
들창코• 발딱코	모퉁이• 굽인돌이	벼락부자• 갑작부자
들통 나다• 들장나다	목격자• 증견자	별똥별 별찌
등골뼈• 사등뼈	몽타주 판조립	보도• 걸음길
등식 같기식	무릎맞춤하다• 쨈하다	보조개• 오목샘
등호 같기표	무랭이 무우오가리	보좌관 서기(書記)
		복어• 보가지

본부석	주석단
볼펜	원주필
부근•	어방
부득부득	부등부등
부력	뜰힘
부표•	동동이
북새통•	복새통
북적북적	욱닥욱닥
불망나니•	불망종
브래지어	가슴띠
비동맹국	쁠럭불가담나라
비아냥	비양
빙수	단얼음
빨랫방망이•	빨래방치
빨리•	날래
뺄셈	덜기
뻔뻔스럽다•	넉적다

사근하근하다•	삽삽하다
사레들리다•	개끼다
사료 작물	먹이작물
사병(士兵)	전사(戰士)
사사건건•	사사모사
사생활•	개체생활
사탕수수•	단수수
산등성이•	산날
산란기	알쏠이철
산맥	산줄기
산책로	거님길, 유보도(遊步道)
상대방•	대방(對方)
상대하다•	대상하다(對相一)
상추	부루
상호(相互)•	호상(互相)
새아버지	후아버지
새어머니	후어머니
생맥주•	날맥주
생선	생물
생활필수품	인민소비품
샤프•	수지연필
샴페인	샴팡
샹들리에	무리등
서랍•	빼람
서명하다•	수표하다
석박지	써레기김치
성어(成魚)	엄지고기
세탁소	빨래집
셀로판•	빨락종이

소개장•	소개신(紹介信)
소꿉친구•	송아지동무
소령	소좌
소매치기•	따기군
소총	보총
소프라노	녀성고음
소홀히 하다•	차요시하다
속보(速報)	소보(小報)
속셈•	속구구
속임수•	오그랑수
손아귀	손탁
손윗사람	이상사람(以上一)
손자	두벌자식
손짓•	손세
솔선수범	이신작칙
쇄석기	돌바숨기
수당	가급금(加給金)
수면제	잠약
수북이•	무드기
수북하다•	무둑하다
수상 스키	물스키
수제비	뜨더국
수줍다•	수집다
수중 발레	수중교예
수표	행표
수하물	손짐
수행원•	수원(隨員)
수화	손가락말
순환선	륜환선
숯•	차넣기
스스로•	내절로
스위치	전기여닫개
스치다	슬치다
스카프	목수건
스크랩북	오림책
스킨로션	살결물
스파이크	순간타격[배구]
스피커	고성기
슬리퍼	끌신
시나리오	영화문학
시네마스코프	광폭영화
시럽	단물약
시원시원하다•	우선우선하다
식목일	식수절
신상명세서	가계표(家系表)
실내 스케이트장	빙상관
실마리	실머리
심지어•	지어

싱크대	가시대
싸돌아다니다•	바라다니다
썰물•	날물
쑥스럽다•	메사하다
씀바귀	사라구
씨뿌리기•	씨붙임

아나운서	방송원
아니꼽다•	야시꼽다
아등바등	아글타글
아리송하다•	까리까리하다
아쉽다•	아수하다
아슬아슬하다•	아짜아짜하다
아이스하키	빙상호케이
아치교•	무지개다리
아파트	고층살림집
안가(安家)	특각(特閣)
안간힘	모지름
안마•	고리틀운동
알루미늄	놈
알토•	녀성저음
압정	납작못
앙가슴•	동가슴
애물•	애군
액세서리	치레거리
앰뷸런스	위생차
양계장	닭공장
양배추	가두배추
양파•	옥파, 둥글파
어르다	얼리다
어른스럽다•	어른싸다
어림없다•	어방없다
어림짐작•	어방치기
어묵	고기떡
어부	어로공
어이없다•	허거프다
어퍼컷	올려치기
억지다짐•	억다짐
얼간이•	미시리
얼떨결에•	어망결에
얼얼하다•	얼벌벌하다
엉뚱하다•	왕청같다
에스컬레이터	계단승강기
에어컨	랭풍기
여가 시간	짬시간
여름옷•	여름살이옷
여우비	해비

역겹다• 역스럽다	인력(引力) 끌힘	조약돌• 조막돌
연고• 무른고약	인터셉트 공빼앗기[농구]	조준하다• 묘준하다
연기• 내굴	일개미 로동개미	족발 발쪽
연방• 연송	일몰 해지기	족집게• 동집게
연안해• 기슭바다	일벌 로동벌	종아리• 종다리
연애결혼 맞혼인	일부러• 우야	종착역• 마감역
연좌시위 앉아버티기	일소 부림소	좌천되다• 내리먹다
열등생 락후생	일자무식• 꼭자무식	주름살• 주글살
열없다 열스럽다	임신하다• 태앉다	주먹밥• 줴기밥
염색체 물들체	임차료• 빌림값	주민 등록증 공민증
영락없다 락자없다	입금 돈넣기	주스 과일단물
예인선• 끌배	입덧• 입쓰리	주저앉다• 물앉다
옛날 옛적 고망년		주전 선수 기둥선수
오그라들다• 가드라들다	자랑스럽다• 긍지스럽다	주차장• 차마당
오달지다• 오돌지다	자명종 종시계	주책없다• 새없다, 오새없다
오래도록 점도록	작은어머니 삼촌어머니	줄다리기• 바줄당기기
오징어 낙지	작은창자 가는밸	줄달음• 장달음
오프사이드 공격어김	잔돈• 부스럭돈	줏대 속대
온몸• 오륙	잡곡밥• 얼럭밥	중령 중좌
올가미• 올코	장교 군관	증조부• 로할아버지
올케• 오레미	장단점 우단점	지그시• 잔즛이
옷걸이• 옷걸개	장땡 왕땅	지긋하다• 지숙하다
옹고집• 땅고집	장모 가시어머니	지문• 손가락무니
와이퍼 비물닦개	장아찌• 자짠지	지하수• 땅속물
완력가 힘바리	장인 가시아버지	진공청소기 흡진기
왕따시키다 몰아주다	장점• 우점(優點)	진정시키다• 눅잦히다
왜• 왜서	장학관 교학	질빵 질바
왜가리• 왁새	잼 과일단졸임, 단졸임	집배원 우편통신원
외래어 잡탕말	저마다• 저마끔, 제가다리	집안 살림• 집안거두매
우격다짐• 욱다짐	로, 제마끔	집중 사격• 몰사격
우쭐거리다• 우쭐렁거리다	저절로• 제김에	집중 호우 무더기비
우체국 우편국	적설량 눈량	징검돌• 다리돌
운행표 다님표	전광판 전기신호판	짝꿍 짝패
웅담 곰열	전기 드릴 전기송곳	짝사랑• 외짝사랑
원수 원쑤	전기밥솥 전기밥가마	짝짓기 쌍붙이
원피스 달린옷	전병(煎餅) 바삭과자	짧다• 짜르다
위 우	전선주 전주대	짱구 머리 남북머리
위인(偉人) 명인(名人)	전화벨• 전화종	쩨쩨하다• 쬐쬐하다
유도(柔道) 유술(柔術)	절도범• 홈친범	쪼가리• 쪼박지
유조선• 기름배	절룩절룩• 줄끔줄끔	찌개• 남비탕
윤활제• 미끄럼약	접영 나비헤염	찌꺼기• 깡지
응달 능달	제설차 눈치기차	찐빵• 증기빵
의식주• 식의주	제자리걸음• 선자리걸음	
의전(儀典) 의례(儀禮)	젤리 단묵	차트 병력서(病歷書)
이모작 두벌농사	조각• 쪼박	찬장• 가시장
이발사• 까까쟁이	조무래기• 조마구	참견• 간참(看參)
이빨• 이발	조미료 맛내기	참말• 실말
이종 사촌• 이모사촌	조선(造船)• 배무이	책력• 력서

북한어 소사전

남한어	북한어
책상다리•	올방자
처가	가시집
천연자원	자연부원
천일염	볕소금
철새•	계절조
청국장•	썩장
초등학교	인민학교
초저녁•	아시저녁
촌뜨기•	촌바우
총체적•	총적(總的)
추스르다	추세우다
출입문	나들문
치과	구강과
치석	이돌
치통	이쏘기
칫솔	이솔

카

남한어	북한어
카스텔라	단설기, 설기과자
칸막이•	새막이
칼국수•	칼제비국
칼라	목달개
캐러멜	기름사탕
캠페인	깜빠니야
커튼	창가림막
컨베이어	흐름선
컬러텔레비전	색텔레비존
컵	고뿌
케이블	까벨
코너킥	구석차기
코르셋	몸매띠
콘테이너	짐함
콜드크림	기름크림
쾌속선•	고속도선
크낙새	클락새
큰창자	굵은밸
클레이 사격	날치기사격
클로즈업	큰보임새
키우다•	자래우다
킥오프	첫차기

타

남한어	북한어
타박하다•	타발하다
탁상공론•	빈말공부
탄성	튐성
탈을 내다•	재구를 치다
탈곡	낟알털기
탱크	땅크
터널	차굴
턱없다	탁없다
텃새	머물새
텅스텐	월프람
테너•	남성고음
토너먼트	승자전
톱니바퀴	이바퀴
통곡하다•	테울다
투덜거리다•	우둘렁거리다
투수	넣는사람
투피스	나뉜옷
튜브•	속고무
트랙터	뜨락또르
트럼프•	주패
트레일러	도레라
트집을 잡다•	까박을 붙이다

파

남한어	북한어
파스텔•	그림분필
파스텔화•	분필그림
파운데이션	분크림
파출소	분주소
판가름•	판가리
판다(panda)	참대곰
판정승	점수이김
팔삭둥이	여덟달내기
팔순•	팔갑
패기	결패
팩스	모사전송기
팬티스타킹	양말바지
퍼뜩•	피끗
펜싱	격검
평영	가슴헤염
포물선	팔매선
포석	길깔이돌
포스터	선전화
표준어	문화어
푸르스름하다•	푸릇하다
풀가동	만가동
풋내기•	생둥이
풍경(風磬)•	바람종
풍치(風齒)•	바람이
프라이팬	볶음판
프리 킥	벌차기
피겨 스케이팅	휘거
피망	사자고추
필드하키	지상호케이경기
핑계	근터구

하

남한어	북한어
하마•	물말
한국화	조선화
한낮•	중낮
한마디•	단마디
한밤중•	재밤중
한약	동약
한의학	동의학
한평생•	한당대
할아비	하내비
합병증	따라난병
해녀•	무잠이
행패를 부리다•	난탕을 치다
허공•	허궁
허풍•	꽝포
허풍쟁이•	꽝포쟁이
헌사•	드림말
헌시•	드림시
헐렁헐렁하다•	후렁후렁하다
험하다•	삽하다
헛걸음	공걸음
헛소문	가을뻐꾸기소리
헤딩	머리받기
헤어드라이어	건발기
헤엄	헤염
헬리콥터	직승기
현상	깨우기[사진]
현상하다	깨우다[사진]
현수교	허궁다리
혈안•	피눈
혈액형	피형
형광등	반디빛등
혼영	섞음헤염
혼쭐나다•	혼쌀나다
홑이불	하불
화물 열차	짐렬차
화장실•	위생실
화장지	위생종이
화재경보기•	불종
화톳불	우등불
화풀이•	뱉풀이
환기	공기갈이
횡단로	건늠길
횡령•	탐오랑비(貪汚浪費)
후두개	울대덮개
훈제•	내굴찜

국어의 로마자 표기법

2000. 7. 7. 고시

제 1 장 표기의 기본 원칙

제 1 항 국어의 로마자 표기는 국어의 표준 발음법에 따라 적는 것을 원칙으로 한다.

제 2 항 로마자 이외의 부호는 되도록 사용하지 않는다.

제 2 장 표기 일람

제 1 항 모음은 다음 각 호와 같이 적는다.

1. 단모음

ㅏ	ㅓ	ㅗ	ㅜ	ㅡ	ㅣ	ㅐ	ㅔ	ㅚ	ㅟ
a	eo	o	u	eu	i	ae	e	oe	wi

2. 이중 모음

ㅑ	ㅕ	ㅛ	ㅠ	ㅒ	ㅖ	ㅘ	ㅙ	ㅝ	ㅞ	ㅢ
ya	yeo	yo	yu	yae	ye	wa	wae	wo	we	ui

[붙임 1] 'ㅢ'는 'ㅣ'로 소리 나더라도 ui로 적는다.

〈보기〉 광희문   Gwanghuimun

[붙임 2] 장모음의 표기는 따로 하지 않는다.

제 2 항 자음은 다음 각 호와 같이 적는다.

1. 파열음

ㄱ	ㄲ	ㅋ	ㄷ	ㄸ	ㅌ	ㅂ	ㅃ	ㅍ
g, k	kk	k	d, t	tt	t	b, p	pp	p

2. 파찰음

ㅈ	ㅉ	ㅊ
j	jj	ch

3. 마찰음

ㅅ	ㅆ	ㅎ
s	ss	h

4. 비음

ㄴ	ㅁ	ㅇ
n	m	ng

5. 유음

ㄹ
r, l

[붙임 1] 'ㄱ, ㄷ, ㅂ'은 모음 앞에서는 'g, d, b'로, 자음 앞이나 어말에서는 'k, t, p'로 적는다. ([ ] 안의 발음에 따라 표기함.)

〈보기〉 구미   Gumi   영동   Yeongdong
       백암   Baegam   옥천   Okcheon
       합덕   Hapdeok   호법   Hobeop
       월곶[월곧]   Wolgot   벚꽃[벋꼳]   beotkkot
       한밭[한받]   Hanbat

[붙임 2] 'ㄹ'은 모음 앞에서는 'r'로, 자음 앞이나 어말에서는 'l'로 적는다. 단, 'ㄹㄹ'은 'll'로 적는다.

〈보기〉 구리	Guri	설악	Seorak
칠곡	Chilgok	임실	Imsil
울릉	Ulleung	대관령[대괄령]	Daegwallyeong

제 3 장 표기상의 유의점

제 1 항 음운 변화가 일어날 때에는 변화의 결과에 따라 다음 각 호와 같이 적는다.

 1. 자음 사이에서 동화 작용이 일어나는 경우

  〈보기〉 백마[뱅마] Baengma   신문로[신문노] Sinmunno
   종로[종노] Jongno   왕십리[왕심니] Wangsimni
   별내[별래] Byeollae   신라[실라] Silla

 2. 'ㄴ, ㄹ'이 덧나는 경우

  〈보기〉 학여울[항녀울] Hangnyeoul   알약[알략] allyak

 3. 구개음화가 되는 경우

  〈보기〉 해돋이[해도지] haedoji   같이[가치] gachi
   맞히다[마치다] machida

 4. 'ㄱ, ㄷ, ㅂ, ㅈ'이 'ㅎ'과 합하여 거센소리로 소리 나는 경우

  〈보기〉 좋고[조코] joko   놓다[노타] nota
   잡혀[자펴] japyeo   낳지[나치] nachi

  다만, 체언에서 'ㄱ, ㄷ, ㅂ' 뒤에 'ㅎ'이 따를 때에는 'ㅎ'을 밝혀 적는다.

  〈보기〉 묵호 Mukho   집현전 Jiphyeonjeon

 [붙임] 된소리되기는 표기에 반영하지 않는다.

  〈보기〉 압구정 Apgujeong   낙동강 Nakdonggang
   죽변 Jukbyeon   낙성대 Nakseongdae
   합정 Hapjeong   팔당 Paldang
   샛별 saetbyeol   울산 Ulsan

제 2 항 발음상 혼동의 우려가 있을 때에는 음절 사이에 붙임표(-)를 쓸 수 있다.

  〈보기〉 중앙 Jung-ang   반구대 Ban-gudae
   세운 Se-un   해운대 Hae-undae

제 3 항 고유 명사는 첫 글자를 대문자로 적는다.

  〈보기〉 부산 Busan   세종 Sejong

제 4 항 인명은 성과 이름의 순서로 띄어 쓴다. 이름은 붙여 쓰는 것을 원칙으로 하되 음절 사이에 붙임표(-)를 쓰는 것을 허용한다. (( ) 안의 표기를 허용함.)

  〈보기〉 민용하 Min Yongha(Min Yong-ha)
   송나리 Song Nari(Song Na-ri)

 (1) 이름에서 일어나는 음운 변화는 표기에 반영하지 않는다.

  〈보기〉 한복남 Han Boknam(Han Bok-nam)
   홍빛나 Hong Bitna(Hong Bit-na)

 (2) 성의 표기는 따로 정한다.

제 5 항 '도, 시, 군, 구, 읍, 면, 리, 동'의 행정 구역 단위와 '가'는 각각 'do,

si, gun, gu, eup, myeon, ri, dong, ga'로 적고, 그 앞에는 붙임표(-)를 넣는다. 붙임표(-) 앞뒤에서 일어나는 음운 변화는 표기에 반영하지 않는다.

〈보기〉 충청북도　　Chungcheongbuk-do
　　　　 제주도　　　Jeju-do　　　　　의정부시　　Uijeongbu-si
　　　　 양주군　　　Yangju-gun　　　 도봉구　　　Dobong-gu
　　　　 신창읍　　　Sinchang-eup　　 삼죽면　　　Samjuk-myeon
　　　　 인왕리　　　Inwang-ri　　　　당산동　　　Dangsan-dong
　　　　 봉천 1동　　Bongcheon 1(il)-dong
　　　　 종로 2가　　Jongno 2(i)-ga
　　　　 퇴계로 3가　Toegyero 3(sam)-ga

〔붙임〕 '시, 군, 읍'의 행정 구역 단위는 생략할 수 있다.

〈보기〉 청주시　Cheongju　　　　함평군　Hampyeong
　　　　 순창읍　Sunchang

제 6 항　자연 지물명, 문화재명, 인공 축조물명은 붙임표(-) 없이 붙여 쓴다.

〈보기〉 남산　　　Namsan　　　　　속리산　　Songnisan
　　　　 금강　　　Geumgang　　　　독도　　　Dokdo
　　　　 경복궁　　Gyeongbokgung　무량수전　Muryangsujeon
　　　　 연화교　　Yeonhwagyo　　　극락전　　Geungnakjeon
　　　　 안압지　　Anapji　　　　　 남한산성　Namhansanseong
　　　　 화랑대　　Hwarangdae　　　 불국사　　Bulguksa
　　　　 현충사　　Hyeonchungsa　　 독립문　　Dongnimmun
　　　　 오죽헌　　Ojukheon　　　　 촉석루　　Chokseongnu
　　　　 종묘　　　Jongmyo　　　　　다보탑　　Dabotap

제 7 항　인명, 회사명, 단체명 등은 그동안 써 온 표기를 쓸 수 있다.

제 8 항　학술 연구 논문 등 특수 분야에서 한글 복원을 전제로 표기할 경우에는 한글 표기를 대상으로 적는다. 이때 글자 대응은 제2장을 따르되 'ㄱ, ㄷ, ㅂ, ㄹ'은 'g, d, b, l'로만 적는다. 음가 없는 'ㅇ'은 붙임표(-)로 표기하되 어두에서는 생략하는 것을 원칙으로 한다. 기타 분절의 필요가 있을 때에도 붙임표(-)를 쓴다.

〈보기〉 집　　　jib　　　　　　　짚　　　　jip
　　　　 박　　　bakk　　　　　　값　　　　gabs
　　　　 붓꽃　　buskkoch　　　　먹는　　　meogneun
　　　　 독립　　doglib　　　　　문리　　　munli
　　　　 물엿　　mul-yeos　　　　굳이　　　gud-i
　　　　 좋다　　johda　　　　　 가곡　　　gagog
　　　　 조랑말　jolangmal　　　 없었습니다　eobs-eoss-seubnida

부 칙

1. (시행일) 이 규정은 고시한 날부터 시행한다.
2. (표지판 등에 대한 경과 조치) 이 표기법 시행 당시 종전의 표기법에 의하여 설치된 표지판(도로, 광고물, 문화재 등의 안내판)은 2005. 12. 31.까지 이 표기법을 따라야 한다.
3. (출판물 등에 대한 경과 조치) 이 표기법 시행 당시 종전의 표기법에 의하여 발간된 교과서 등 출판물은 2002. 2. 28.까지 이 표기법을 따라야 한다.

새로 조정된 한문 교육용 기초 한자 (1800자)

중학교용 (900자)

2000. 12. 30. 교육부 공표

가	佳 假 價 加 可 家 歌 街
각	各 脚 角
간	干 看 間
갈	渴
감	感 敢 減 甘
갑	甲
강	强 江 講 降
개	個 改 皆 開
객	客
갱	更
거	去 居 巨 擧 車
건	乾 建
견	堅 犬 見
결	決 潔 結
경	京 庚 慶 敬 景 競 經 耕 輕 驚
계	季 溪 界 癸 計 鷄
고	古 告 固 故 考 苦 高
곡	曲 穀 谷
곤	困 坤
골	骨
공	公 共 功 工 空
과	果 科 課 過
관	官 觀 關
광	光 廣
교	交 敎 校 橋
구	久 九 口 句 救 求 究 舊
국	國
군	君 軍 郡
궁	弓
권	勸 卷 權
귀	歸 貴
균	均
극	極
근	勤 根 近
금	今 禁 金
급	及 急 給
기	其 基 己 幾 技 旣 期 氣 記 起
길	吉
난	暖 難
남	南 男
내	乃 內
녀	女
년	年
념	念
노	怒
농	農
능	能
다	多
단	丹 但 單 短 端
달	達
담	談
답	答
당	堂 當
대	代 大 對 待
덕	德
도	刀 到 圖 島 度 徒 道 都
독	獨 讀
동	冬 動 同 東 洞 童
두	斗 豆 頭
득	得
등	燈 登 等
락	樂 落
란	卵
랑	浪 郎
래	來
랭	冷
량	兩 凉 良 量
려	旅
력	力 歷
련	練 連
렬	列 烈
령	令 領
례	例 禮
로	勞 老 路 露
록	綠
론	論
료	料
류	柳 流 留
륙	六 陸
륜	倫
률	律
리	利 李 理 里
림	林
립	立
마	馬
막	莫
만	晩 滿 萬
말	末
망	亡 忙 忘 望
매	妹 每 買 賣
맥	麥
면	免 勉 眠 面
명	名 命 明 鳴
모	暮 母 毛
목	木 目
묘	卯 妙
무	務 戊 武 無 舞 茂
묵	墨
문	問 文 聞 門
물	勿 物
미	味 尾 未 米 美
민	民
밀	密
박	朴
반	半 反 飯
발	發
방	房 放 方 訪 防
배	拜 杯
백	白 百
번	番
벌	伐
범	凡
법	法
변	變

별	別				
병	丙	兵	病		
보	保	報	步		
복	伏	復	服	福	
본	本				
봉	奉	逢			
부	否	夫	婦	富	扶	浮
	父	部			
북	北				
분	分				
불	不	佛			
붕	朋				
비	備	比	悲	非	飛	鼻
빈	貧				
빙	氷				
사	事	仕	使	史	四	士
	寺	巳	射	師	思	死
	私	絲	舍	謝		
산	山	散	産	算		
살	殺				
삼	三				
상	上	傷	商	喪	尙	常
	想	相	賞	霜		
색	色				
생	生				
서	序	暑	書	西		
석	夕	席	惜	昔	石	
선	仙	先	善	線	船	選
	鮮				
설	舌	設	說	雪		
성	城	姓	性	成	星	盛
	省	聖	聲	誠		
세	世	勢	歲	洗	稅	細
소	小	少	所	消	笑	素
속	俗	續	速		
손	孫				
송	松	送			
수	修	受	壽	守	愁	手
	授	收	數	樹	水	秀
	誰	雖	須	首		
숙	叔	宿	淑		
순	純	順			
술	戌				
숭	崇				

습	拾	習			
승	乘	勝	承		
시	始	市	施	是	時	示
	視	詩	試		
식	式	植	識	食		
신	信	新	申	神	臣	身
	辛				
실	失	室	實		
심	心	深	甚		
십	十				
씨	氏				
아	兒	我			
악	惡				
안	安	案	眼	顔		
암	巖	暗			
앙	仰				
애	哀	愛			
야	也	夜	野		
약	弱	約	若	藥		
양	揚	洋	羊	讓	陽	養
어	於	漁	語	魚		
억	億	憶			
언	言				
엄	嚴				
업	業				
여	余	如	汝	與	餘	
역	亦	易	逆		
연	然	煙	研		
열	悅	熱			
염	炎				
엽	葉				
영	榮	永	英	迎		
예	藝				
오	五	午	吾	悟	烏	誤
옥	屋	玉			
온	溫				
와	瓦	臥			
완	完				
왈	曰				
왕	往	王			
외	外				
요	要				
욕	欲	浴			
용	勇	容	用		

우	于	又	友	右	宇	尤
	憂	牛	遇	雨		
운	云	運	雲		
웅	雄				
원	元	原	圓	園	怨	遠
	願				
월	月				
위	位	偉	危	威	爲	
유	唯	幼	有	柔	油	猶
	由	遊	遺	酉		
육	肉	育			
은	恩	銀			
을	乙				
음	吟	陰	音	飮		
읍	泣	邑			
응	應				
의	依	意	矣	義	衣	議
	醫				
이	二	以	已	異	移	而
	耳				
익	益				
인	人	仁	印	因	寅	引
	忍	認			
일	一	日			
임	壬				
입	入				
자	姉	子	字	慈	者	自
작	作	昨			
장	場	壯	將	章	長	
재	再	哉	在	才	材	栽
	財				
쟁	爭				
저	低	著	貯		
적	敵	的	赤	適		
전	傳	全	典	前	展	戰
	田	錢	電	絶		
절	節	絶			
점	店				
접	接				
정	丁	井	停	定	庭	情
	政	正	淨	精	貞	靜
	頂				
제	帝	弟	祭	第	製	諸
	除	題			

조	兆 助 早 朝 祖 調 造 鳥	추	推 秋 追	하	下 何 夏 河 賀
족	族 足	축	丑 祝	학	學
존	存 尊	춘	春	한	寒 恨 漢 閑 限 韓
졸	卒	출	出	합	合
종	宗 從 種 終 鐘	충	充 忠 蟲	항	恒
좌	坐 左	취	取 吹 就	해	亥 害 海 解
죄	罪	치	治 致 齒	행	幸 行
주	主 住 宙 晝 朱 注 走 酒	칙	則	향	向 鄕 香
		친	親	허	虛 許
죽	竹	칠	七	혁	革
중	中 衆 重	침	針	현	現 賢
즉	卽	쾌	快	혈	血
증	增 曾 證	타	他 打	협	協
지	之 只 地 志 持 指 支 枝 止 知 紙 至	탈	脫	형	兄 刑 形
		탐	探	혜	惠
		태	太 泰	호	乎 呼 好 戶 湖 虎 號 或
직	直	택	宅		
진	盡 眞 辰 進	토	土		
질	質	통	統 通	혼	婚 混
집	執 集	퇴	退	홍	紅
차	且 借 次 此	투	投	화	化 和 火 畫 花 華 話 貨
착	着	특	特		
찰	察	파	波 破	환	患 歡
참	參	판	判	활	活
창	唱 昌 窓	팔	八	황	皇 黃
채	採 菜	패	敗 貝	회	回 會
책	冊 責	편	便 片 篇	효	孝 效 後
처	妻 處	평	平	후	厚
척	尺	폐	閉	훈	訓
천	千 天 川 泉 淺	포	布 抱	휴	休
철	鐵	폭	暴	흉	凶 胸
청	晴 淸 聽 請 靑	표	表	흑	黑
체	體	품	品	흥	興
초	初 招 草	풍	豐 風	희	喜 希
촌	寸 村	피	彼 皮		
최	最	필	匹 必 筆		

※ 예전의 1800자에서 제외된 한자 (중학교육용:4자)

硯(연)　貳(이)　壹(일)　楓(풍)

고등학교용 (900자)

가	暇 架
각	刻 却 覺 閣
간	刊 姦 幹 懇 簡 肝
감	監 鑑
강	剛 康 綱 鋼
개	介 慨 概 蓋
거	拒 據 距
건	件 健
걸	乞 傑
검	儉 劍 檢
격	擊 格 激 隔
견	牽 絹 肩 遣
결	缺
겸	兼 謙
경	傾 卿 境 徑 硬 竟 警 鏡 頃
계	係 啓 契 戒 桂 械 系 繫 繼 階
고	姑 孤 庫 枯 稿 顧 鼓
곡	哭
공	供 孔 恐 恭 攻 貢
과	寡 誇
곽	郭
관	冠 寬 慣 管 貫 館
광	狂 鑛
괘	掛
괴	塊 壞 怪 愧
교	巧 矯 較 郊
구	丘 俱 具 區 懼 拘 構 狗 球 苟 驅 龜
국	局 菊
군	群
굴	屈
궁	宮 窮
권	券 拳 厥
궤	軌
귀	鬼
규	叫 糾 規
균	菌
극	克 劇
근	僅 斤 謹

금	琴 禽 錦
급	級
긍	肯
기	企 器 奇 寄 忌 旗 棄 機 欺 畿 祈 紀 豈 飢 騎
긴	緊
나	那
낙	諾
납	納
낭	娘
내	奈 耐
녕	寧
노	努 奴
뇌	惱 腦
니	泥
다	茶
단	團 壇 斷 旦 檀 段
담	擔 淡
답	畓 踏
당	唐 糖 黨
대	帶 臺 貸 隊
도	倒 塗 導 挑 桃 渡 盜 稻 跳 逃 途 陶
독	毒 督 篤
돈	敦 豚
돌	突
동	凍 銅
둔	屯 鈍
등	騰
라	羅 絡
란	亂 欄 蘭
람	濫 覽
랑	廊
략	掠 略
량	梁 糧 諒
려	勵 慮 麗
력	曆
련	憐 戀 聯 蓮 鍊
렬	劣 裂
렴	廉
렵	獵

령	嶺 零 靈
례	隷
로	爐
록	祿 錄 鹿
롱	弄
뢰	賴 雷
료	了 僚
룡	龍
루	屢 樓 淚 漏 累
류	類
륜	輪
률	栗 率
륭	隆
릉	陵
리	吏 履 梨 裏 離
린	隣
림	臨
마	磨 麻
막	幕 漠
만	慢 漫
망	妄 罔 茫
매	埋 媒 梅
맥	脈
맹	孟 猛 盟 盲
면	綿
멸	滅
명	冥 銘
모	侮 冒 募 慕 某 模 謀 貌
목	牧 睦
몰	沒
몽	夢 蒙
묘	墓 廟 苗
무	貿 霧
묵	默
미	微 眉 迷
민	憫 敏
밀	蜜
박	博 拍 泊 薄 迫
반	伴 叛 班 盤 般 返
발	拔 髮
방	倣 傍 妨 芳 邦
배	倍 培 排 背 輩 配

한문 교육용 기초 한자

백	伯
번	煩 繁 飜
벌	罰
범	犯 範
벽	壁 碧
변	辨 辯 邊
병	屛 竝
보	寶 普 補 譜
복	卜 腹 複 覆
봉	封 峯 蜂 鳳
부	付 副 府 符 簿 腐
	負 賦 赴 附
분	墳 奔 奮 憤 粉 紛
불	拂
붕	崩
비	卑 妃 婢 批 碑 祕
	肥 費 頻
빈	賓 頻
빙	聘
사	似 司 寫 捨 斜 斯
	査 沙 祀 社 蛇 詐
	詞 賜 辭 邪
삭	削 朔
상	像 償 嘗 床 桑 狀
	祥 裳 詳 象
새	塞
색	索
서	庶 徐 恕 敍 緖 署
	誓 逝
석	析 釋
선	宣 旋 禪
섭	攝 涉
소	召 掃 昭 燒 疏 蔬
	蘇 訴 騷
속	屬 束 粟
손	損
송	訟 誦 頌
쇄	刷 鎖
쇠	衰
수	囚 垂 帥 搜 殊 獸
	睡 輸 遂 隨 需
숙	孰 熟 肅
순	巡 循 旬 殉 瞬 脣
술	術 述
습	襲
승	昇 僧 侍 矢 飾
시	息 愼 晨
식	伸 愼 尋
신	審 尋
심	
쌍	雙
아	亞 牙 芽 雅 餓
악	岳
안	岸 雁
알	謁
압	壓 押
앙	央 殃
애	涯
액	厄 額
야	耶
약	躍
양	壤 楊 樣
어	御
억	抑
언	焉
여	予 輿
역	域 役 疫 譯 驛
연	宴 延 沿 演 燃 燕
	緣 軟 鉛
열	閱
염	染 鹽
영	影 映 泳 營 詠
예	譽 銳 豫
오	傲 嗚 娛 汚
옥	獄
옹	擁 翁
완	緩
외	畏
요	搖 腰 謠 遙
욕	慾 辱
용	庸
우	偶 優 愚 羽 郵
	韻
원	員 援 源 院
월	越
위	僞 圍 委 慰 緯 胃
	衛 謂 違
유	乳 儒 幽 悠 惟 愈
윤	維 裕 誘
	潤 閏
은	隱
음	淫
응	凝
의	儀 宜 疑
이	夷
익	翼
인	姻
일	逸
임	任 賃
자	刺 姿 恣 紫 玆 資
작	爵 酌
잔	殘
잠	暫 潛
잡	雜
장	丈 墻 奬 帳 張 掌
	粧 腸 臟 莊 葬 藏
	裝 障
재	宰 災 裁 載
저	底 抵
적	寂 摘 滴 積 籍 績
	賊 跡
전	專 殿 轉
절	切 折 竊
점	占 漸 點
접	蝶
정	亭 廷 征 整 程 訂
제	制 堤 提 濟 際 齊
조	弔 操 條 潮 照 燥
	租 組
졸	拙
종	縱
좌	佐 座
주	周 奏 州 柱 株 洲
	珠 舟 鑄
준	俊 準 遵
중	仲
증	憎 症 蒸 贈
지	智 池 誌 遲
직	織 職
진	振 珍 鎭 陣 陳 震
질	姪 疾 秩
징	徵 懲

차	差		탁	卓 托 濁 濯		향	享 響
착	捉 錯		탄	彈 歎 炭 誕		헌	憲 獻 軒
찬	讚 贊		탈	奪		험	險 驗
참	慘 慙		탐	貪		현	懸 玄 絃 縣 顯
창	倉 創 暢 蒼		탑	塔		혈	穴
채	債 彩		탕	湯		혐	嫌
책	策		태	怠 態 殆		협	脅
척	戚 拓 斥		택	擇 澤		형	亨 螢 衡
천	薦 賤 踐 遷		토	吐 討		혜	兮 慧
철	哲 徹		통	痛		호	互 毫 浩 胡 護 豪
첨	尖 添		투	透 鬪		혹	惑
첩	妾		파	把 播 派 罷 頗		혼	昏 魂
청	廳		판	板 版 販		홀	忽
체	替 滯 逮 遞		편	偏 編 遍		홍	弘 洪 鴻
초	抄 礎 秒 肖 超		평	評		화	禍 禾
촉	促 燭 觸		폐	幣 廢 弊 肺 蔽		확	擴 確 穫
총	總 聰 銃		포	包 捕 浦 胞 飽		환	丸 換 環 還
최	催		폭	幅 爆		황	況 荒
추	抽 醜		표	標 漂 票		회	悔 懷
축	畜 築 縮 蓄 逐		피	疲 被 避		획	劃 獲
충	衝		필	畢		횡	橫
취	臭 趣 醉		하	荷		효	曉 侯 候
측	側 測		학	鶴		후	毁
층	層		한	旱 汗		휘	揮 輝
치	値 恥 置		할	割		휴	携
칠	漆		함	含 咸 陷		흡	吸
침	侵 寢 枕 沈 浸		항	巷 抗 港 航 項		희	戲 稀
칭	稱		해	奚 該			
타	墮 妥		핵	核			

※ 예전의 1800자에서 제외된 한자 (고등학교용: 40자)

憩(게)	戈(과)	瓜(과)	鷗(구)	閨(규)	濃(농)	潭(담)
桐(동)	洛(락)	爛(란)	藍(람)	朗(랑)	蠻(만)	矛(모)
沐(목)	栢(백)	汎(범)	膚(부)	弗(불)	酸(산)	森(삼)
盾(순)	升(승)	阿(아)	梧(오)	刃(인)	雌(자)	蠶(잠)
笛(적)	蹟(적)	滄(창)	悽(처)	稚(치)	琢(탁)	兎(토)
弦(현)	灰(회)	喉(후)	噫(희)	熙(희)		

돋워보기 항목 색인

숫자는 본문 페이지

유의어·혼동어의 구별

▽ 유의어　•혼동어
→ 설명 있는 항목 앞에

가(이)→는(은) 384	교사/교원▽ 178	는(은)/가(이) 384
가격→값 44	교원→교사 178	**늘리다/늘이다**▽ 387
가락지→반지 715	구금→구속 189	늘이다→늘리다 387
가름하다/갈음하다 9	구류→구속 189	다투다→싸우다 1157
간석지→간척지 31	구명→규명 221	단근질→담금질 420
간척지/간석지▽ 31	**구속/구인/구금/구류**• 189	**단어/어휘**▽ 410
갈음하다→가름하다 9	구인→구속 189	**단점/결점/약점**▽ 411
값/가격/삯▽ 44	국가→애국가 1218	**달리다/뛰다**▽ 417
거나하다→얼근하다 1262	**국정 감사/국정 조사**• 200	**담금질/단근질** 420
-거니와→-려니와 556	국정 조사→국정 감사 200	-대→-데 457
거부→거절 71	**국회/의회**▽ 203	**덥다/따뜻하다/뜨겁다**▽ 454
거절/거부▽ 71	귀감→타산지석 1860	-데/-대 457
걱정/근심/시름▽ 74	**규명/구명** 221	**돈/화폐**▽ 475
건넌방/건넛방▽ 75	**규정(規程)/규정(規定)**• 222	**동네/마을**▽ 483
건넛방→건넌방 75	규정(規定)→규정(規程) 222	동무→친구 1826
게우다→토하다 1885	그슬리다→그을리다 230	**두껍다/두툼하다**• 496
견디다→참다 1756	**그을리다/그슬리다**• 230	두렵다→무섭다 652
결재/결제• 96	**그전/그 전**• 231	두툼하다→두껍다 496
결점→단점 411	극장→영화관 1317	뒷간→화장실 2067
결제→결재 96	근심→걱정 74	뒷날→앞날 1216
경례→인사 1483	금방→지금 1697	드디어→마침내 575
경험→체험 1791	**기류/바람**▽ 255	드림→올림 1343
곁→옆 1317	기명→서명 985	등기→등록 519
고국→조국 1635	기쁘다→즐겁다 1692	**등록/등기**• 519
고뇌→고민 126	기후→날씨 325	따뜻하다→덥다 454
고민/번민/고뇌▽ 126	**까지/조차/마저**▽ 275	**따르다/붓다/쏟다**▽ 525
고발→고소 129	**꼬리/꽁지**▽ 286	땅거미→황혼 2080
고소/고발▽ 129	꽁지→꼬리 286	뛰다→달리다 417
고요하다/조용하다• 131	꽤→제법 1627	뜨겁다→덥다 454
곰탕→설렁탕 1005	나들이→외출 1363	**-려니와/-거니와**▽ 556
공안→화두 2063	**날씨/일기/기후**▽ 325	**(으)로서/(으)로써**▽ 559
곶→반도 709	낯→얼굴 1261	(으)로써→(으)로서 559
과료→과태료 162	넘어지다→쓰러지다 1167	마가린→버터 760
과실→과일 162	녹각→녹용 364	**마술/요술**• 572
과일/과실▽ 162	**녹용/녹각**• 364	마을→동네 483
과태료/과료▽ 162	**뇌사/식물인간 상태**▽ 372	마저→까지 275
관습→인습 1485	**뉘우치다/후회하다**▽ 382	**마침내/드디어**▽ 575

막대기/작대기▽ 577	병자→환자 2073	**숲/수풀** 1095
많다(많은 경험/큰 경험)▽ 584	볕→빛 880	승강이→실랑이 1142
많은 경험/큰 경험→많다 584	복음 성가→찬송가 1753	시름→걱정 74
말→언어 1259	**부끄럽다/수줍다**▽ 816	시신→시체 1125
말다툼/말싸움▽ 586	**부엌/주방/취사장**▽ 824	**시체/사체/송장/주검/시신** 1125
말싸움→말다툼 586	불(不)-→비(非)- 858	식물인간 상태→뇌사 372
맞추다/맞히다' 596	불다→털어놓다 1878	**실랑이/승강이**▽ 1142
맞히다→맞추다 596	불법→위법 1406	**실수/실패**▽ 1144
매우새→매무시 598	붓다→따르다 525	실패→실수 1144
매무시/매무새 598	브이시아르→브이티아르 857	**십팔번/애창곡** 1155
매우/아주/몹시▽ 600	**브이티아르/브이시아르'** 857	**싸우다/다투다'** 1157
모국→조국 1635	**비(非)-/불(不)-**▽ 858	썩이다→썩히다 1163
목숨→생명 975	**빛/볕** 880	**썩히다/썩이다'** 1163
목적/목표▽ 636	**사람/인간'** 901	쏟다→따르다 525
목표→목적 636	**사사/사숙'** 908	**쓰다/적다**▽ 1166
몹시→매우 600	사숙→사사 908	**쓰러지다/넘어지다'** 1167
묘지→무덤 648	사체→시체 1125	**-씨(이씨/이 씨)'** 1169
무덤/묘지▽ 648	삯→값 44	아기→어린이 1249
무섭다/두렵다' 652	**산림/삼림'** 928	**아니요/아니오'** 1175
문명→문화 666	**살/세**▽ 935	아이→어린이 1249
문화/문명▽ 666	**살지다/살찌다'** 938	아주→매우 600
믿음직하다/믿음 직하다→	살찌다→살지다 938	**앞날/뒷날/훗날'** 1216
직하다 1716	삼림→산림 928	**애국가/국가'**▽ 1218
바람→기류 255	상영관→영화관 1317	애끓다→애끊다 1219
반도/곶' 709	**새/조류'** 964	**애끊다/애끓다'** 1219
반지/가락지' 715	**생명/목숨'**▽ 975	**애인/연인'** 1221
발견/발명' 720	**서명/기명'** 985	애창곡→십팔번 1155
발달/발전' 721	**서양화가/서양 화가'** 988	약점→단점 411
발명→발견 720	선하다→착하다 1752	**어린이/아기/아이**▽ 1249
발전→발달 721	**설렁탕/곰탕'** 1005	**어스름/으스름'** 1252
방금→지금 1697	세→살 935	어지간히→제법 1627
배웅→전송 1587	**소리치다/외치다'** 1035	어휘→단어 410
버터/마가린' 760	**속도/속력'** 1047	**언어/말'** 1259
번개/벼락/천둥' 760	속력→속도 1047	**얼굴/낯'** 1261
번민→고민 126	손→손님 1053	**얼근하다/거나하다'** 1262
벌리다/벌이다' 765	**손님/손'**▽ 1053	**에다/에이다'** 1272
벌이다→벌리다 765	손실 보상→손해 배상 1056	에이다→에다 1272
벗→친구 1826	**손해 배상/손실 보상'** 1056	역→정거장 1609
벗겨지다/벗어지다' 771	**솔직하다/정직하다'** 1057	연인→애인 1221
벗어지다→벗겨지다 771	송장→시체 1125	열사→의사 1453
벼락→번개 760	**수영/헤엄'**▽ 1076	**영화관/상영관/극장'** 1317
변소→화장실 2067	수줍다→부끄럽다 816	**옆/곁'** 1317
변조→위조 1408	수풀→숲 1095	-오→-우 1375

올림/드림ᵛ 1343	정직하다→솔직하다 1057	천둥→번개 760
외출/출입/나들이ᵛ 1363	제법/꽤/어지간히ᵛ 1627	**체험/경험**ᵛ 1791
외치다→소리치다 1035	**조국/모국/고국**ᵛ 1635	출입→외출 1363
요술→마술 572	조류→새 964	취사장→부엌 824
-우/-오ᵛ 1375	**조리다/졸이다** 1638	**친구/동무/벗**ᵛ 1826
운석/유성 1387	**조약돌/자갈** 1642	크다→많다 584
웃-/윗-/위-* 1392	조용하다→고요하다 131	**타산지석/귀감*** 1860
웃옷/윗옷* 1392	조차→까지 275	**털어놓다/불다**ᵛ 1878
위-→웃- 1392	졸이다→조리다 1638	토론→토의 1884
위법/불법 1406	**좇다/쫓다** 1657	**토의/토론** 1884
위조/변조 1408	좌우하다→좌지우지하다 1659	**토하다/게우다**ᵛ 1885
윗-→웃- 1392	**좌지우지하다/좌우하다*** 1659	편→쪽 1740
윗옷→웃옷 1392	주검→시체 1125	편안하다→평안하다 1937
유성→운석 1387	주방→부엌 824	**평안하다/편안하다**ᵛ 1937
으스름→어스름 1252	주요하다→중요하다 1686	**피고/피고인/피의자*** 1969
의사/열사 1453	**줍다/집다** 1679	피고인→피고 1969
의회→국회 203	**중역/임원** 1686	피의자→피고 1969
이씨/이 씨→-씨 1169	**중요하다/주요하다** 1686	**한번/한 번** 1996
인간→사람 901	**즐겁다/기쁘다** 1692	**해조/해초** 2016
인사/경례 1483	**지금/방금/금방** 1697	해초→해조 2016
인습/관습ᵛ 1485	**직하다(믿음 직하다/믿음직하다)*** 1716	헤엄→수영 1076
일기→날씨 325		호우→집중 호우 1730
임원→중역 1686	집다→줍다 1679	혼돈→혼동 2055
자갈→조약돌 1642	**집중 호우/호우** 1730	**혼동/혼돈** 2055
작다(작은 수/적은 수) 1533	**쪽/편**ᵛ 1740	**화두/공안** 2063
작대기→막대기 577	쫓다→좇다 1657	**화장실/변소/뒷간** 2067
작은 수/적은 수→작다 1533	**착하다/선하다** 1752	화폐→돈 475
저녁노을→황혼 2080	**찬송가/복음 성가** 1753	**환자/병자*** 2073
적다→쓰다 1166	**참가/참여/참석**ᵛ 1755	**황혼/저녁노을/땅거미**ᵛ 2080
적다→작다 1533	**참다/견디다**ᵛ 1756	후회하다→뉘우치다 382
전송/배웅ᵛ 1587	참석→참가 1755	훗날→앞날 1216
정거장/역ᵛ 1609	참여→참가 1755	

틀리기 쉬운 어법

가능(가능한*) 4	**걸맞다**(걸맞는*) 80	**날**(날더러*) 323
갑갑하다(갑갑치*) 43	**계시다**(계신다*) 114	**날개**(나래*) 324
같다(같애*) 51	**구르다**(굴르지*) 186	**날다**(날으는*) 324
개다(개인*) 54	**귀하**(김영철 사장님 귀하*) 220	**낯설다**(낯설은*) 335
거(거에요*) 64		**냄새**(내음*) 346
거북하다(거북치*) 69	**그리고**(그리고 나서*) 228	**-냐**(먹었냐*/깊냐*) 348
거짓말(거짓말 시키다*) 72	**그을다**(그을은*) 230	**냥**(세*/네*) 348
거칠다(거칠은*) 73	**깨끗하다**(깨끗치*) 280	**너무**(너무 예쁘다*) 349
건들다(건들었다*) 76	**깨우치다**(깨우쳤다*) 281	**넉넉하다**(넉넉치*) 350

놀라다(놀랠*) 367	서다(섯거라*) 983	있다(있슴*) 1511
놓다(세를 놈*) 372	서둘다(서둘어서*) 984	자(세*/네*) 1513
돈(석*/넉*) 475	서슴다(서슴치*) 987	자문(자문을 받다*) 1521
되(세*/네*) 492	서툴다(서툴었다*) 990	잠그다(잠궈*) 1542
되다(되*/됬다*) 493	설레다(설레임*) 1006	-장이(점장이*) 1555
들르다(들려*) 514	섬(세*/네*) 1009	저리다(저린다*) 1569
디귿(디그디*/디그들*) 521	섭섭하다(섭섭치*) 1010	접수(학교에 원서를 접수하다*) 1606
딛다(딛었다*) 523	성대모사(성대묘사*) 1012	
떼다(딱지를 떼다*) 536	쉬다(김치가 쉬다*) 1096	주관식(주관식 문제*) 1662
말(세*/네*) 584	-스럽다(자랑스런) 1097	주다(주라*) 1663
말다(말아*/말아라*) 586	시들다(시들은*) 1115	지읒(지오지*/지으즐*) 1707
맑다(맑고 있다*) 590	쓰다(쓸려거든*) 1167	찌들다(찌들은*) 1743
머물다(머물었다*) 608	않다(좋지 않느냐*) 1203	치르다(치뤄*) 1822
며칠(몇 일*) 616	알맞다(알맞는*) 1205	치읓(치으치*/치으즐) 1825
바람(바램*) 699	알은체(글줄이나 읽었다고 알은체한다*) 1207	칠칠맞다(칠칠맞은*) 1829
발(세*/네*) 719		큰소리(큰소리로 외치다*) 1854
배다(배이다*) 741	양해(양해 말씀) 1241	키읔(키오키*/키으클*) 1857
배우다(배워 주다*) 745	어떻다(어떻해) 1246	티읕(티으티*/티으들*) 1907
벌금(공과금에 대한 벌금*) 764	옛(옛부터) 1323	편찮다(배가 편찮으세요*) 1934
	오다(와라*) 1326	푸르다(푸르른*) 1954
부수다(부셨다*) 822	오랫만(오랫만*) 1328	푼(세*/네*) 1956
빌리다(빌어서*) 876	우리나라(저희 나라*) 1378	피읖(피으피*/피으플*) 1973
사르다(사루어*) 903	-으니(작으니°/작니°) 1432	하얗네(하얗네*) 1986
삼가다(삼가하십시오*) 940	익숙하다(익숙치*) 1478	함자(김자 영자 철자*) 2003
생각(생각치*) 973	임(우리 님*) 1502	히읗(히으히*/히으흘*) 2114

기타 정보

감(감의 여러 가지 이름) 36	숟가락(왜 표기가 '숟가락'인가) 1092
구절('句'의 읽기) 192	의('의'의 다의성) 1451
금강산(금강산의 여러 가지 이름) 240	-이(부사화 접미사 '-이/-히'의 구별) 1457
마다하다('마다하다'의 준 꼴) 568	이다(어간 '이-'의 생략) 1460
명태(명태의 여러 가지 이름) 623	인삼(인삼의 여러 가지 이름) 1484
발랄('발랄'의 한자) 722	있다('있다'의 품사 문제) 1511
송곳니(왜 표기가 '송곳니'인가) 1058	표지('標識'에서 '識'의 발음) 1953

표

그리스 문자 228	수 1064	육십갑자 1427
나이 314	시아버지 1120	이십사시 1470
남편 331	시어머니 1120	이십사절기 1470
로마 숫자 558	십이지 1154	장모 1552
며느리 616	아내 1174	장인 1555
사위 914	아버지 1182	척관법 1768
생일잔치 979	어머니 1250	

대법원 선정 인명용 한자 (2964자)

( ) 안은 허용되는 속자·약자   1991.1, 1991.3, 1994.7. 공포

가	家佳街可歌加價假架暇嘉嫁稼賈駕伽		昄	녕	寧
각	各角脚閣却覺刻珏恪殼	괘	掛	노	奴努怒
		괴	塊愧怪壞	농	農濃
		굉	宏	뇌	腦惱
간	干間看刊肝幹簡姦懇艮杆諫玕侃竿揀墾	교	交校橋教(教)郊較巧矯僑喬嬌膠	뉴	紐鈕
갈	渴葛	구	九口求救究久句舊具俱區驅鷗苟拘狗丘懼龜構球坵玖矩邱銶鳩溝購軀耉	능	能
감	甘減感敢監鑑(鑒)勘堪瞰			니	泥
				다	多茶
갑	甲鉀			단	旦但丹單短團端段斷壇檀鍛緞
강	江降講强(强)康剛鋼綱堈岡崗姜橿杠彊慷	국	國菊局鞠	달	達
		군	君郡軍群	담	談淡潭擔譚膽澹罩
개	改皆個(箇)開介慨概蓋(盖)价凱愷漑	굴	屈窟	답	答畓踏
		궁	弓宮窮躬	당	堂當唐糖黨塘鐺
객	客	권	權勸卷券拳圈眷	대	大代待隊帶對貸臺垈玳戴袋擡
갱	更坑	궐	厥闕		
거	去巨居車擧距拒據渠遽鉅	궤	軌	덕	德(悳)
		귀	貴歸鬼龜	도	道導度渡島都桃圖途到徒稻跳陶刀倒盜逃挑堵塗棹濤燾禱鍍蹈
건	建乾件健巾虔楗鍵傑杰	규	叫規閨圭奎揆珪逵窺葵		
걸		균	均菌畇鈞		
검	儉劍(劒)檢	귤	橘	독	獨督篤讀毒
게	憩揭	극	極克劇剋隙	돈	豚敦墩惇暾頓
격	格擊激隔檄	근	近勤根斤僅謹槿瑾瑾墐媛筋劤	돌	突乭
견	犬見堅肩絹遣牽鵑			동	東凍同洞桐銅動童冬棟董潼垌瞳
결	決結潔缺訣	금	金錦今琴禁禽衾襟昑		
겸	兼謙鎌	급	及級給急汲	두	斗豆頭杜枓
경	京景輕經庚耕敬驚慶競竟境鏡頃傾硬警徑卿侗俲儆坰勁憬擎暻更涇炅璟耿莖鯨梗橄逕頸冏	긍	肯亘(亙)兢矜	둔	鈍屯遁
		기	其基期旗己紀記起奇寄騎器既技企氣祈幾機畿豈忌飢棄欺淇琪璂棋祺錤驥麒玘杞崎琦綺錡箕岐汽沂圻耆璣磯冀驥曁埼譏緊	득	得
				등	登燈等藤謄騰鄧
				라	羅螺
계	癸季界計溪鷄繼系係戒械繼契桂啓階誡娃古故固苦考(攷)高告枯姑庫孤鼓稿顧敲叩皐			락	樂洛落絡珞酪
				란	卵亂蘭爛欄瀾瓓
고				람	藍覽濫
				랑	郎浪朗廊琅瑯
		긴	緊	래	來徠萊
		길	吉佶桔姞	랭	冷
곡	谷曲穀哭	나	那娜奈奈拏	략	略掠
곤	困坤昆崑琨錕	낙	諾	량	良凉兩梁量糧諒亮倆樑粮
골	骨	난	暖難煖		
공	工功空共公孔供恭攻恐貢珙控	날	捺	려	旅麗慮勵呂侶黎閭
		남	南男楠湳	력	力歷曆
과	果課科過戈瓜誇寡菓	납	納	련	連蓮聯練鍊戀憐煉璉
곽	郭廓	낭	娘	렬	列烈裂劣洌
관	官觀關館(舘)管貫慣冠寬款琯灌瓘錧梡	내	乃內奈耐柰	렴	廉濂簾斂
		녀	女	렵	獵
괄	括	년	年(秊)	령	令領嶺零靈伶玲鈴齡
광	光廣鑛优匡曠珖洸枙	념	念		姈哈怜

례	禮例	반	半班般盤反返叛飯件 潘畔磐頒	새	塞
로	老勞路露爐魯盧鷺	발	發拔髮鉢渤潑	색	色索嗇穡
록	祿綠錄鹿氶	방	方傍芳放倣訪防妨房 邦坊彷昉龐	생	生
론	論			서	西書緒序叙(敍)徐庶 暑署恕抒瑞樓(栖)曙 壻(婿)舒誓惜
롱	弄瀧瓏籠	배	倍培拜配杯(盃)背排 輩湃陪褒(裵)		
뢰	雷賴			석	石夕昔惜席析釋碩奭 汐淅晳錫鉐祏
료	料了僚	백	白伯百栢(柏)佰帛		
룡	龍(竜)	번	番飜(翻)繁煩蕃	선	仙善先宣鮮選船線旋 禪扇渲瑄琁璿璇羨嬋 銑墡愃膳繕珗
루	累樓屢淚漏	벌	伐罰閥		
류	柳流留類琉劉瑠	범	凡汎犯範帆氾范机		
륙	六陸	법	法	설	雪說設舌卨楔薛
륜	倫輪侖崙綸	벽	壁碧璧闢	섬	暹蟾纖
률	栗率律	변	變辨辯邊卞	섭	涉燮攝葉
륭	隆	별	別	성	成城誠盛省聖聲星性 姓惺晟(晠)城醒珹娍
름	凜	병	丙兵幷(幷)立(並)屛 病炳柄晒(昺)秉棅倂 絣鉼瓶		
릉	陵綾菱			세	世歲洗勢細稅
리	利梨里理裏(裡)離吏 履李璃莉离俚悧			소	小少召昭所素笑訴掃 疎蔬蔬消燒騷沼邵紹 韶巢炤翛柖
		보	保報步普補譜寶堡甫 輔菩		
린	隣潾璘麟				
림	林臨琳霖淋	복	福復腹複卜伏服馥鍑	속	束速俗續屬粟
립	立笠粒	본	本	손	孫損遜巽
마	馬麻磨瑪	봉	鳳封奉逢峯(峰)蜂俸 捧琫棒烽蓬鋒	솔	率帥
막	莫漠幕			송	松送訟頌誦宋淞
만	萬滿晚慢漫蠻曼蔓鏋 万	부	富副付府符附夫扶部 浮簿婦赴賦父膚負否 腐孚芙溥敷傅復	쇄	刷鎖
				쇠	衰釗
말	末茉			수	水殊守秀壽數樹修 (脩)須首受授收帥手 隨洙需輸誰愁睡雖囚 獸洙琇銖垂粹繡隋穗 髓
망	亡妄忘忙望罔茫網	북	北		
매	每梅妹埋枚賣買	분	分粉扮奔憤墳奮汾芬 盆		
맥	麥脈				
맹	孟猛盟盲萌	불	不弗佛拂		
면	面免勉綿眠冕棉	붕	朋崩鵬		
멸	滅	비	比批非悲妃備肥祕 (秘)飛費鼻卑婢碑枇 琵扉庇譬	숙	叔淑肅宿孰熟塾琡璹 橚
명	明名銘命鳴冥溟				
모	模謀某募慕暮母毛矛 貌冒摸牟謨			순	順純旬瞬巡盾循脣殉 洵珣荀筍舜淳諄錞醇 焞
		빈	貧賓頻彬斌濱嬪		
목	木沐牧目睦穆	빙	憑氷聘		
몰	沒	사	四士仕寺社思事史使 私司詞巳祀師絲沙舍 査射謝寫辭似斯斜賜 詐捨死蛇邪泗娑糸砂 紗徙奢嗣	술	戌述術
몽	夢蒙			숭	崇嵩
묘	卯妙苗墓廟描錨畝			슬	瑟膝璱
무	戊茂武務霧無(无)舞 貿拇珷廡撫懋			습	習拾襲濕
				승	勝承昇升乘僧丞陞繩
묵	墨默			시	時始是市侍詩試矢示 視柴施屍特
문	文門問聞汶紋炆	삭	朔削		
물	勿物	산	山産算散酸珊傘		
미	美未味米尾眉微迷渼 彌薇嵄	살	殺薩	식	式植識息食飾埴殖湜 軾寔栻
		삼	三森參杉蔘		
민	民敏憫玟旻閔珉岷 忞愍旼	삽	揷(挿)	신	信新臣申伸神辛身晨 愼紳莘薪迅訊
		상	上相想霜祥床(牀)尙 常裳賞償像狀嘗桑 商傷喪庠湘箱翔詳爽 塽		
밀	密蜜			실	實室失悉
박	朴博泊拍迫薄珀撲璞 鉑			심	心深審尋甚沁沈
				십	十什
				쌍	雙

씨	氏
아	亞兒阿牙芽雅我餓娥峨衙
악	岳惡樂堊嶽
안	安案眼岸鴈(雁)顔晏按
알	謁
암	巖(岩)暗庵菴
압	壓鴨押
앙	央仰映昂鴦
애	愛涯哀厓崖艾
액	額厄液
앵	鶯
야	野夜也耶冶
약	約藥若弱躍
양	陽楊揚羊洋養樣讓壤襄孃漾
어	魚漁語御於
억	億憶抑檍
언	言焉諺彦
엄	嚴奄俺掩
업	業業
여	予余餘如與輿汝
역	亦易役域譯驛疫逆賜
연	延研硯沿鉛演然燃煙(烟)宴燕緣軟衍淵姸娟涓筵沇瑌
열	悅熱閱說
염	染炎鹽琰艶(艷)
엽	葉燁曄
영	永泳詠英營榮濚映迎影暎楹渶煐瑛瑩盈鍈嬰
예	豫藝譽銳叡(睿)預芮乂
오	五吾誤梧悟娛午烏傲汚伍吳旿晤嗚奧珸
옥	玉屋獄鈺沃
온	溫瑥穩媼
옹	翁雍壅擁
와	瓦臥
완	完緩浣婉玩琓琬莞垸
왈	曰
왕	王往旺汪枉
외	外畏
요	要搖謠遙腰堯曜耀瑤夭樂繞姚
욕	欲浴慾辱
용	用容勇庸溶鎔瑢榕蓉湧涌踊墉鏞茸
우	于宇雨羽遇愚偶憂優郵右友牛又尤祐佑寓禹瑀玗迂堣隅釪雩旭昱煜郁頊彧
운	云雲運韻沄澐耘蔚
웅	雄熊
원	元院原源願員圓援遠園怨袁垣媛嫄瑗沅洹苑轅愿
월	月越
위	位偉緯圍衛(衞)爲委謂慰威胃危僞違尉瞱渭瑋韋魏
유	乳有由油儒遺愈維惟唯酉幼幽悠柔誘猶遊裕侑宥庚兪楡洧喩瑜猷濡愉釉攸柚
육	肉育堉
윤	潤閏尹允玧鈗胤贇阭融
은	恩銀隱垠殷誾溵
을	乙
음	音陰吟飮淫
읍	邑泣
응	應膺鷹凝
의	義議儀衣依宜矣意醫疑倚誼毅擬懿
이	二貳以夷已耳異移而伊易彛(彝)怡爾珥弛頤
익	益翼翊瀷謚翌
인	人仁印因姻寅引忍認刃
일	一壹日逸溢鎰馹佾
임	壬任賃妊姙稔
입	入卄
자	子字者資姿姉(姊)玆慈紫自雌恣刺仔磁滋藉瓷
작	作昨爵酌灼芍雀鵲
잔	殘
잠	暫潛(潜)蠶箴
잡	雜
장	丈場長張章障壯裝莊(庄)墻(牆)將奬帳掌粧藏臟葬匠暲杖薔璋奘漳樟蔣
재	才材財再在載栽裁哉災宰梓縡齋溨
쟁	爭錚
저	著低貯底抵苧邸楮的寂邸摘滴積續蹟跡赤籍笛敵賊迪
전	全錢電展田前專傳轉典戰佺栓詮銓琠甸塡殿奠荃雋
절	切絶節折哲
점	占店漸點(点)
접	接蝶
정	丁停亭訂頂井程定貞廷庭正政淨整征情靜精汀玎町呈妌偵湞幀楨禎挺綎鼎晶晸柾鉦淀錠鋌鄭靖埕靚鋥侹
제	制提題堤帝弟齊濟第製際諸除祭悌梯瑅
조	兆祖助組租造操早條朝潮照燥鳥弔彫措晁窕曹祚肇詔釣趙遭
족	族足
존	存尊
졸	卒拙
종	宗種鐘從縱終悰琮淙棕鍾悰綜琡
좌	左佐坐座
죄	罪
주	主住柱注周宙州洲走晝朱株舟酒周奏湊柱註珠鑄疇週駐迺(酒)姝澍
죽	竹
준	俊準遵峻浚晙埈焌竣駿准濬雋儁畯隼
줄	茁
중	中仲重衆
즉	卽
즐	櫛
즙	汁
증	曾增贈證蒸憎症甑烝
지	地池之只止志誌持指知智至紙支枝遲旨沚址祉趾祇芝摯鋕
직	直織職植稷
진	眞鎭辰振進珍診盡陳陣晉(晋)津瑨秦畛震塵瑱璡(琎)禛診縝塡賑
질	質秩姪疾瓆
집	集執潗(潗)楫輯什鏶
징	徵懲澄
차	次借此差車叉瑳

착	着錯捉	탄	炭彈歎吞坦灘誕	혁	革赫爀奕
찬	贊(賛)讚(讃)撰燦璨粲瓚澯纂纘鑽	탈	脫奪	현	玄弦絃現顯縣懸賢峴晛泫炫玹鉉見眩
		탐	探貪耽		
찰	察	탑	塔	혈	血穴
참	參慘慙(慚)	탕	湯	협	協脅俠峽浹挾
창	昌唱倉創蒼滄暢窓廠敞彰昶菖	태	太泰態怠殆兌汰台胎邰	형	亨兄形螢刑型邢珩洞炯衡澄瑩馨熒
채	採彩菜債埰蔡采寀綵	택	宅澤擇垞	혜	惠慧兮蕙彗譿寭憓
책	策責(冊)	토	土討兎吐	호	乎呼互好戶毫豪浩湖胡虎號護晧皓澔昊淏濠灝鎬壺祜琥瑚頀顥壕
처	處妻悽	통	通統痛桶		
척	尺拓戚斥陟坧	퇴	退堆		
천	川天千踐淺泉薦遷賤仟阡	투	投透鬪		
		특	特	혹	或惑
철	哲鐵徹喆澈轍綴撤	파	波派頗罷播破巴把琶芭坡	혼	昏婚混魂渾
첨	添尖僉瞻			홀	忽惚
첩	妾帖捷	판	判板版販阪坂	홍	弘洪紅鴻泓烘虹鉷
청	靑淸請晴廳聽	팔	八	화	化花貨和禾華火畫(畵)話禍嬅樺
체	體替締遞諦	패	貝敗霸浿佩牌		
초	草(艸)初抄招超礎肖樵焦蕉楚	팽	彭澎	학	確穫擴
		편	便編篇遍片扁偏	환	換環還丸歡患喚奐渙煥晥幻桓紈鐶驩
촉	促燭觸	평	平評坪枰		
촌	寸村	폐	幣廢閉肺弊蔽陛	활	活闊(濶)
총	總聰寵叢銃	포	布包抱胞飽浦捕葡褒	황	黃皇況荒鳳晃滉榥煌璜媓堭熀
최	最催崔	폭	暴爆幅 砲		
추	追抽推秋楸樞鄒錐錘醜	표	票標漂表杓彪豹驃	회	會回悔懷灰廻恢晦檜澮繪誨
		품	品稟		
축	丑畜祝縮築蓄逐軸	풍	豊(豐)風楓	획	劃獲
춘	春椿瑃賰	피	皮被彼避疲	횡	橫
출	出	필	匹必筆畢泌弼珌苾馝佖	효	孝效(効)曉涍爻驍斅
충	忠充衝蟲(虫)沖(冲)衷珫	하	下河荷何夏賀霞廈(厦)昰	후	侯候喉厚後后逅屋
췌	萃			훈	訓勛(勳,勛)君熏薫壎塤燻鑂
취	取趣就吹臭醉翠聚	학	學鶴	훤	喧暄萱
측	側測	한	寒汗漢韓限閑旱恨澣瀚翰閒	훼	毁
층	層			휘	揮輝彙徽暉煇
치	治置値致齒稚恥熾峙雉馳	할	割轄	휴	休携烋
		함	咸含陷函涵艦	흉	胸凶
칙	則勅	합	合	흑	黑
친	親	항	抗航港巷恒(恆)項亢沆姮	흔	欣炘昕
칠	七漆			흘	屹
침	針侵浸沈枕寢琛	해	亥該奚海解害偕楷諧	흠	欽
칩	蟄	핵	核	흡	吸洽恰翕
칭	稱秤	행	行幸杏	흥	興
쾌	快夬	향	向享響鄕香珦	희	熙喜希稀戱噫姬僖嬉禧憙熹義曦晞嘻爔橲
타	他打妥墮	허	許虛墟		
탁	濯琢托濁卓侔琸託鐸晫度擢拓	헌	憲獻軒櫶		
		험	驗險	힐	詰

훈민정음 학습 국어사전

발 행 일	2004년 1월 20일 초판 발행 2016년 1월 5일 10쇄 발행
발 행 처	(주)금성출판사
발 행 인	김인호
주 소	서울시 마포구 만리재옛길 23(공덕동)
대표전화	(02)2077-8000~9
등 록 일	1965년 10월 19일 제10-6호
조 판	주식회사 아트미디어
인 쇄	(주)보진재
제 책	삼화인쇄(주)

ⓒ2004 (주)금성출판사
· 본사는 출판윤리강령을 준수합니다.
· 내용 문의 (02)2077-8099
· 구입 문의 (02)2077-8140

정가 **30,000원**

ISBN 978-89-07-04489-1 01710

잘못 쓰기 쉬운 말 300

틀린 말	바른 말	틀린 말	바른 말	틀린 말	바른 말
가리마	가르마	남사스럽다	남우세스럽다	모브신	몹신(mob scene)
가이없다	가없다	너댓	네댓	목메이다	목메다
가탈스럽다	까다롭다	넌센스	난센스	무우	무
간(間)	칸	널판지	널빤지	미류나무	미루나무
간지럽히다	간질이다	넓죽	넙죽	미싯가루	미숫가루
강남콩	강낭콩	네째	넷째	미이라	미라
개구장이	개구쟁이	노다지	언제나	미쟁이	미장이
개발쇠발	괴발개발	놀래키다	놀래다	밑둥	밑동
개피	개비	눈꼽	눈곱	-바기	-배기
객적다	객쩍다	눈쌀	눈살	바둥바둥	바동바동
갱의실	경의실(更衣室)	닐리리	늴리리	바람떡	개피떡
거렁뱅이	비렁뱅이	님	임	바래다	바라다
거에요	거예요	단촐하다	단출하다	바램	바람[所望]
거진	거의	달이	다달이	바베큐	바비큐
거치장스럽다	거추장스럽다	달디달다	다디달다	-박이	-배기
건데기	건더기	더우기	더욱이	발렌타인데이	밸런타인데이
걸리적거리다	거치적거리다	덩쿨	덩굴 / 넝쿨	발자욱	발자국
겁장이	겁쟁이	돈나물	돌나물	밧데리	배터리
경귀	경구(警句)	돍	돌	배암	뱀
고냉지	고랭지	두리뭉실하다	두루뭉술하다	백말	백마
골덴	코르덴	둘쳐메다	둘러메다	벌러지	벌레 / 버러지
꿇리다	골다	뒤안	뒤꼍	보루박스	보드상자
곱배기	곱빼기	들쳐업다	둘러업다	보여지다	보이다
곱추	꼽추	등물	목물	복숭아뼈	복사뼈
괴팍하다	괴팍하다	디룩디룩	뒤룩뒤룩	부비다	비비다
군둥내	군내	땡초	땡추	부숴지다	부서지다
군시렁거리다	구시렁거리다	떨구다	떨어뜨리다	부주금	부조금(扶助金)
굽신거리다	굽실거리다	떼놈	되놈	불그락푸르락	붉으락푸르락
귀절	구절(句節)	또아리	똬리	불독	불도그
귀후비개	귀이개	뜨락	뜰	불리우다	불리다
그리고 나서	그러고 나서	-ㄹ께	-ㄹ게	비로서	비로소
금새	금세	-ㄹ래야	-려야	비전	비전(vision)
길다랗다	기다랗다	-ㄹ려고	-려고	뺏지	배지(badge)
-길래	-기에	-ㄹ소냐	-ㄹ쏘냐	뺨따구니	뺨따귀
까망	깜장	라카	래커	삐까번쩍하다	번쩍번쩍하다
까탈스럽다	까다롭다	류마치스	류머티즘	삐라	전단(傳單)
깡보리밥	꽁보리밥	린네르	린넨	사둔	사돈(査頓)
깡소주	강소주	링게르	링거	사잇길	샛길
깡술	강술	마춤	맞춤	삭월세	사글세
깡총깡총	깡충깡충	맘모스	매머드	산수갑산	삼수갑산(三水甲山)
꼬라지	꼬락서니	매니아	마니아(mania)	살륙	살육(殺戮)
꼬시다	꾀다	맨날	만날	삵괭이	살쾡이 / 삵
꼭둑각시	꼭두각시	맹숭맹숭	맨송맨송	삼가하다	삼가다
꾸어 주다	뀌어주다	먹거리	먹을거리	삼춘	삼촌(三寸)
끄적거리다	끼적거리다	멀국	국물	상치	상추
끼여들다	끼어들다	멋장이	멋쟁이	새다	새우다
나레이션	내레이션	멍멍하다	먹먹하다	새앙쥐	생쥐
나무래다	나무라다	메꾸다	메우다	샤베트	셔벗(sherbet)
나부라기	나부랭이	몇 일	며칠	샤시	새시(sash)
나으리	나리	모밀국수	메밀국수	설겆이	설거지

약호 및 약어

1. 품사 및 문법 요소

「명」	명사	「형」(보조)	보조 형용사
「명」(의존)	의존 명사	「관」	관형사
「대」	대명사	「부」	부사
「수」	수사	「감」	감탄사
「동」	동사	「조」	조사
「동」(자)	자동사	「접두」	접두사
「동」(타)	타동사	「접미」	접미사
「동」(보조)	보조 동사	「어미」	어미
「형」	형용사	「구」	관용구

2. 불규칙 활용

- 「ㄷ」 ㄷ 불규칙 용언
- 「ㅂ」 ㅂ 불규칙 용언
- 「ㅅ」 ㅅ 불규칙 용언
- 「ㅎ」 ㅎ 불규칙 용언
- 「러」 러 불규칙 용언
- 「르」 르 불규칙 용언
- 「여」 여 불규칙 용언
- 「우」 우 불규칙 용언
- 「거라」 거라 불규칙 용언
- 「너라」 너라 불규칙 용언

3. 전문어

[가]	가톨릭	[식]	식물학·식물명
[건]	건축·토목	[신화]	신화
[경]	경제학	[심]	심리학
[고고]	고고학	[약]	약학·약품명
[공]	공업·공학	[언]	언어학
[광]	광물학·광물명	[역]	역사·고제도
[교]	교육학	[연]	연극
[군]	군사	[영]	영화
[기]	개신교	[예]	예술 일반
[기상]	기상학	[윤]	윤리학
[논]	논리학	[음]	음악
[농]	농업	[의]	의학
[동]	동물학·동물명	[인]	인쇄
[문]	문학	[일제]	일제 강점기 제도
[물]	물리학	[정]	정치
[미]	미술·공예	[종]	종교 일반
[민]	민속	[지]	지리학·지학·지명
[방송]	방송	[책]	책명
[법]	법률·법학	[천]	천문학
[불]	불교	[철]	철학
[사]	사회학	[체]	체육
[사진]	사진	[컴]	컴퓨터
[생]	생물학·생리학	[통]	통신
[성]	성서	[한]	한의학
[수]	수학	[화]	화학
[수산]	수산업		

4. 특수어

〈궁〉	궁중어	〈속〉	속어	〈은〉	은어
〈유아〉	유아어	〈방〉	방언		

5. 외래어의 국적

「그」	그리스 어	「에」	에스파냐 어
「네」	네덜란드 어	「이」	이탈리아 어
「노」	노르웨이 어	「일」	일본어
「독」	독일어	「중」	중국어
「라」	라틴 어	「타」	타이 어
「러」	러시아 어	「페」	페르시아 어
「말」	말레이시아 어	「포」	포르투갈 어
「몽」	몽골 어	「프」	프랑스 어
「범」	범어	「헝」	헝가리 어
「베」	베트남 어	「히」	히브리 어
「스」	스웨덴 어	「힌」	힌디 어
「아」	아랍 어		

6. 기타 기호 및 약어

- [ ] 어원, 한자 속음에 대한 본음, 고사성어의 유래, 용례에서 대치할 수 있는 낱말
- [ ] 발음을 표시함
- [ ] 속담을 보임
- ( ) 용법상의 문법 정보를 보임
- 〈 〉 예문의 출전을 밝힘
- 〈 〉 불규칙 용언의 활용 형태를 보임
- = 동의어 앞에
- → 풀이하고자 하는 항목 앞에
- ← 원음이 변질된 외래어 앞에
- ↔ 상대어 또는 반대어 앞에
- ▷ 참고어 앞에
- × 비표준어 또는 잘못된 말 앞에
- ː 표제어에서 긴소리가 나는 음절 다음에
- - 표제어에서 복합어의 결합 단위 사이에
- ^ 표제어에서 띄어 쓰는 것이 원칙이나 붙여 쓰는 것도 허용함을 나타냄
- — 어원에서 순 우리말 부분이나 발음에서 변화되지 않는 부분을 나타냄
- † 해당 외국에서 쓰이지 않는 외래어 표시
- * 한자어에서 속음으로 나는 한자 다음에
- ¶ 용례가 시작됨을 나타냄
- ~ 용례에서 표제어 부분의 생략, 활용의 예에서 어근의 생략
- / 용례에서 여러 예문의 구분, 표제어를 복수로 제시
- ❈ 외국에서 들어온 격언·속담·명언 앞에
- ▶ 유의어·혼동어의 의미 변별을 보인 표제어 앞에

「비」	비슷한 말	「작」	작은말	「낮」	낮춤말
「본」	본딧말	「여」	여린말	「원」	원말
「준」	준말	「센」	센말	「변」	변한말
「속」	속어	「거」	거센말	「참고」	참고
「큰」	큰말	「높」	높임말		